Personalbuch 2014 – online-Version

Sehr geehrte Personalbuch-Leserin,
sehr geehrter Personalbuch-Leser,

mit dem Kauf der diesjährigen Ausgabe des Personalbuchs, dem *Personalbuch 2014*, erhalten Sie wieder einen kostenfreien Zugang auf die online-Version des *Personalbuchs 2014* in beck-online.DIE DATENBANK. Damit haben Sie unabhängig vom gedruckten Buch über das Internet jederzeit einen orts- und zeitunabhängigen Zugriff auf den kompletten Datenbestand des *Personalbuchs 2014*.

Die online-Version enthält neben dem kompletten Werk die in den einzelnen Stichwortbeiträgen zitierte Rechtsprechung in den drei behandelten Rechtsgebieten Arbeitsrecht, Lohnsteuerrecht und Sozialversicherungsrecht im Volltext, sämtliche zitierten Gesetze, Verordnungen und Verwaltungsanweisungen. Alles einfach per Mausklick direkt aufrufbar!

Und noch viel mehr:

Nur in der online-Version enthalten sind unterjährige Aktualisierungen der einzelnen Stichworte in Form von Anmerkungen jeweils zum 1. 7., 1. 10. sowie 1. 1., mit denen die online-Version von den Autoren des Personalbuchs auf dem aktuellen Rechtsstand gehalten wird. Damit sind Sie immer up to date.

Nur in der online-Version verfügbar sind **Musterformulare** zum Personalrecht wie Arbeitsverträge, Abfindungsvereinbarungen, Sozialplan u.a.

Nutzen Sie das Angebot. Gehen Sie online!

Und so geht's:

1. Rufen Sie die Internetadresse www.freischaltung.beck.de auf.
2. Geben Sie Ihre persönliche Freischaltnummer (steht unten auf dieser Seite) ein und folgen Sie den Anweisungen auf dem Bildschirm.
3. Zur Bestätigung Ihrer Anmeldung erhalten Sie umgehend Ihre Zugangsdaten per E-Mail, mit denen Sie sich auf der Homepage www.beck-online.de anmelden und sofort auf die online-Version des *Personalbuchs 2014* zugreifen können.

Ihr Freischaltcode: KUE-S-W5Q7G-FAEJJ-UKCFF

Ihren Freischaltcode können Sie bis zum 31. 5. 2015 uneingeschränkt nutzen. Dann erscheint das neue Personalbuch 2015 mit neuem Freischaltcode.

PERSONALBUCH 2014

Personalbuch 2014

Arbeitsrecht · Lohnsteuerrecht
Sozialversicherungsrecht

Herausgegeben
von

Jürgen Röller
Fachanwalt für Arbeitsrecht in Köln

Bearbeitet von
Dr. Hans Eisemann, Präsident des Landesarbeitsgerichts Brandenburg a. D.;
Dr. Thomas Griese, Staatssekretär im Ministerium für Umwelt, Landwirtschaft, Ernährung, Weinbau und Forsten Rheinland-Pfalz;
Prof. Dr. Thomas Kania, Fachanwalt für Arbeitsrecht in Köln;
Dr. Jochen Kreitner, Vorsitzender Richter am Landesarbeitsgericht Köln;
Dr. Sabine Poeche, Richterin am Arbeitsgericht Köln;
Jürgen Röller, Fachanwalt für Arbeitsrecht in Köln;
Dr. Michael Ruppelt, Präsident des Landessozialgerichts Hamburg a. D.;
Prof. Dr. Rainer Schlegel, Vorsitzender Richter am Bundessozialgericht;
Dr. Ralf Seidel, Richter am Finanzgericht München;
Michael Ingo Thomas, Rechtsanwalt und Steuerberater, Richter am Bundesfinanzhof a. D.;
Prof. Dr. Thomas Voelzke, Vorsitzender Richter am Bundessozialgericht;
Petra Windsheimer, Vorsitzende Richterin am Finanzgericht München.

Begründet von
Dr. Wolfdieter Küttner, Fachanwalt für Arbeitsrecht und Steuerrecht in Köln
Ausgeschiedene Autoren:
Dr. Dietmar Bauer† (1.-9.A.)
Ulrich Huber (1.-16.A.)
Dr. Wolfdieter Küttner (1.-16.A.)
Dr. Ludwig Macher (1.-19.A.)
Birgit Reinecke† (1.-20.A.)

21., vollständig neubearbeitete Auflage

VERLAG C. H. BECK MÜNCHEN 2014

Zitiervorschlag:

Küttner/Verfasser, Personalbuch 2014 *Stichwort,* Rz ...

www.beck.de

ISSN 0946–5944
ISBN 978 3406 63714 8

© 2014 Verlag C. H. Beck oHG
Wilhelmstraße 9, 80801 München
Satz, Druck und Bindung: Druckerei C. H. Beck Nördlingen
(Adresse wie Verlag)

Gedruckt auf säurefreiem, alterungsbeständigem Papier
(hergestellt aus chlorfrei gebleichtem Zellstoff)

Vorwort zur 21. Auflage 2014

Die 21. Auflage des Personalbuchs, das *Personalbuch 2014*, bringt die Stichworte zum Personalrecht in den drei Rechtsgebieten Arbeitsrecht, Lohnsteuerrecht und Sozialversicherungsrecht auf den Stand 1. Januar 2014. Rechtsprechung, Schrifttum, aktuelle Gesetzesänderungen und neue Verwaltungsanweisungen wurden umfassend ausgewertet und in die einschlägigen Stichworte eingearbeitet, um die Benutzer zuverlässig und übersichtlich über den neuesten Rechtsstand zu informieren.

Die Stichworte *Betriebliche Gesundheitsförderung, Befreiung von der Versicherungspflicht, Lebenspartnerschaft, Freiwillige Leistungen, Gefährdungsbeurteilung, Werkvertrag* und *Whistleblowing* wurden neu aufgenommen.

Im Arbeitsrecht wurde die Rechtsprechung zum Urlaubsrecht ebenso eingearbeitet wie die zur Vergütung von Leiharbeitnehmern bei unwirksamer Bezugnahme auf die Tarifverträge der CGZP, des Weiteren die Rechtsprechung zum Recht der Allgemeinen Geschäftsbedingungen sowie zum Befristungsrecht und zur dynamischen Bezugnahme auf Tarifverträge. Aktuelle politische Brisanz besitzt das Thema Missbrauch von *Werkverträgen*, was dazu geführt hat, dieses Stichwort neu aufzunehmen. Auch die Themen *Gefährdungsbeurteilung* und *Whistleblowing* sind aktuelle arbeitsrechtliche Fragestellungen, die in der betrieblichen Praxis zunehmend an Bedeutung gewinnen.

Im Lohnsteuerrecht wurden die Änderungen durch das neue Reisekostenrecht eingearbeitet, was zu einer Neukommentierung der Stichworte *Arbeitnehmerbeförderung, Dienstreise, doppelte Haushaltsführung, Einsatzwechseltätigkeit, Fahrtätigkeit* und *Fahrten zwischen Wohnung und Arbeitsstätte* geführt hat.

Im Sozialversicherungsrecht ist der Entwurf eines Gesetzes über Leistungsverbesserungen in der gesetzlichen Rentenversicherung (RV-Leistungsverbesserungsgesetz)v. 15.1.2014 bereits in die einschlägigen Stichworte eingearbeitet worden.

Die elektronische Ausgabe des *Personalbuchs 2014*, auf die alle Nutzer einen kostenfreien online-Zugang zu beck-online. DIE DATENBANK erhalten, enthält neben dem kompletten Werk die in den einzelnen Stichwortbeiträgen zitierte Rechtsprechung im Volltext sowie sämtliche zitierten Gesetze, Verordnungen und Verwaltungsanweisungen. Nur in der online-Version verfügbar sind *Musterformulare* zum Personalrecht wie Arbeitsverträge, Aufhebungsvereinbarungen, Sozialplan ua.

Ebenfalls nur in der online-Version verfügbar sind Updates der einzelnen Stichworte in Form von Anmerkungen jeweils zum 1. Juli, 1. Oktober und 1. Januar, mit denen die online-Version auf den jeweils aktuellen Rechtsstand gebracht wird. Wir empfehlen Ihnen, dieses Zusatzangebot zu nutzen.

Im Jahr 2013 verstarb nach langer Krankheit Birgit Reinecke. Wir haben mit Birgit Reinecke eine profilierte Autorin verloren, die an der konzeptionellen Entwicklung und Gestaltung des Personalbuchs wesentlich beteiligt war. Das Personalbuch hat Birgit Reinecke viel zu verdanken.

Mit Dr. Sabine Poeche, Richterin am Arbeitsgericht Köln, wurde für Frau Reinecke eine Nachfolgerin gefunden, die die bisher von Frau Reinecke betreuten Stichworte bearbeitet.

Verlag und Herausgeber danken den Autoren für ihre Arbeit. Anregungen und Kritik werden wie immer gerne entgegengenommen.

Köln, im Februar 2014 *Jürgen Röller*

Vorwort zur Erstauflage

Arbeitsrecht, Lohnsteuerrecht und Sozialversicherungsrecht sind drei Rechtsgebiete, die trotz ihrer gegenseitigen Abhängigkeiten in der Fachliteratur weitgehend isoliert dargestellt werden. Auch die Rechtsprechung der drei Fachgerichtsbarkeiten lässt häufig die zwingenden Bezüge der drei Rechtsgebiete zueinander vermissen.

Das *Personalbuch* geht hier konsequent einen neuen Weg. Die einzelnen Stichworte bringen eine vernetzte und ergebnisorientierte Darstellung der drei Rechtsgebiete, wobei die Probleme stichwortbezogen jeweils in der Reihenfolge Arbeitsrecht, Lohnsteuerrecht und Sozialversicherungsrecht dargestellt und gelöst werden. Verweisungen zwischen den drei Rechtsgebieten und zwischen den einzelnen Stichworten zeigen die Bezüge zu benachbarten Problemfeldern auf. Dadurch soll der Benutzer vor punktuellen Lösungen bewahrt werden, die in der Praxis häufig zu personalpolitisch und wirtschaftlich unerwünschten Ergebnissen führen.

Das *Personalbuch* beschränkt sich bewusst auf die Darstellung der arbeitsrechtlichen, lohnsteuerrechtlichen und sozialversicherungsrechtlichen Probleme *privater* Arbeitgeber. Problemstellungen aus dem Dienstrecht öffentlicher Arbeitgeber wurden (mit Ausnahme der Kirchen) nur behandelt, soweit sich aus ihnen Entwicklungstrends für das private Arbeitsrecht ergeben; im Betriebsverfassungsrecht wurde von einer Darstellung der betriebsverfassungsrechtlichen Organisation abgesehen, da es hierzu umfassende und qualitativ gute Fachliteratur in Fülle gibt. Die steuerrechtlichen Beiträge sind auf das vom Arbeitgeber zu beachtende Lohnsteuerrecht konzentriert und verzichten deshalb auf Erörterungen des übrigen Steuerrechts, soweit dies nicht für die Erschließung der lohnsteuerrechtlichen Problematik erforderlich ist. Die Ausführungen zum Sozialversicherungsrecht beschränken sich entsprechend der Zielsetzung des Werks gleichfalls auf die Aspekte, die aus der Sicht des aktiven Arbeitsverhältnisses und seiner Beendigung für den Praktiker erforderlich sind.

Das *Personalbuch 1994* gibt den Gesetzes- und Rechtsstand 1. Januar 1994 wieder. Rechtsprechung und Literatur – regelmäßig zitiert nach den Zeitschriften, die den Praktikern am leichtesten zugänglich sind – wurden weitgehend bis Ende November 1993 berücksichtigt und geben dem Benutzer je nach seinen Erfordernissen Gelegenheit zur vertiefenden Befassung mit seinem speziellen Problem. Die Straffung der Darstellung auf das Wesentliche, das konsequente Herausarbeiten der jeweiligen Rechtsprobleme sowie das Aufzeigen von Lösungsansätzen bei noch strittigen oder noch nicht ausdiskutierten Problemen geben dem Benutzer des Werks einen sicheren und schnellen Zugriff zur Lösung seiner Fragestellungen an die Hand. Dieser Zielsetzung dient auch das ausführliche und umfangreiche Sachverzeichnis, durch das das *Personalbuch* über die einzelnen Hauptstichworte hinaus in seiner ganzen Breite und Fülle von Informationen zusätzlich erschlossen wird.

Verlag, Herausgeber und Autoren beabsichtigen, das *Personalbuch* künftig jährlich mit dem jeweiligen Rechtsstand 1. Januar des Erscheinungsjahres erscheinen zu lassen. Auf diese Weise wird dem Benutzer nicht nur ein hochaktuelles Werk mit dem jeweiligen Rechtsstand 1. Januar des Erscheinungsjahres in die Hand gegeben, er braucht dann auch nur noch die Entwicklungen des laufenden Kalenderjahres im Auge zu behalten und hat den zusätzlichen Vorteil, bei langjährigen Rechtsstreitigkeiten auf die Rechtslage früherer Jahre zurückgreifen zu können.

Das *Personalbuch* wendet sich an die Verantwortlichen der Personalabteilungen, deren Partner (Betriebsräte) und Berater (Rechtsanwälte, Steuerberater) sowie an die Gerichtsbarkeiten der drei abgehandelten Rechtsgebiete.

Herzlicher Dank geht an die Autoren für ihren neben der beruflichen Belastung erbrachten zeit- und kräftezehrenden Einsatz. Höchste Anerkennung verdient ihre Fähigkeit, die vielschichtigen Probleme der drei Rechtsgebiete in einer Weise darzustellen, dass sie auch dem juristisch nicht geschulten, mit Personalangelegenheiten befassten Praktiker verständlich sind.

Dank gebührt ferner Albert Buchholz und Hans Josef Hunold vom Steuerrechtlichen Lektorat des Verlages, von denen die Anregung für dieses Werk ausging und die mit großem

Vorwort

Engagement dazu beigetragen haben, die Konzeption und Verwirklichung des Werks zu ermöglichen. Frau Rechtsreferendarin Annette Schwirten hat unermüdlich an der Vereinheitlichung der Manuskripte mitgewirkt.

Herausgeber, Autoren und Verlag sind für Kritik und Anregungen dankbar, um für zukünftige Auflagen den Benutzungswert des *Personalbuchs* zusätzlich zu erhöhen und zu verbessern.

Köln, im Januar 1994 *Wolfdieter Küttner*

Stichwortübersicht
Küttner, Personalbuch 2014

Ein ausführliches Sachverzeichnis befindet sich am Ende des Werkes.

1 Abfindung
2 Abmahnung
3 Abwerbung
4 Ältere Arbeitnehmer (50+)
5 Änderungskündigung
6 Änderungsvorbehalte
7 Aktienoptionen
8 Altersentlastungsbetrag
9 Altersgrenze
10 Altersrente
11 Altersteilzeit
12 Altersvorsorgevermögen
13 Amtspflichtverletzung (Betriebsrat)
14 Annahmeverzug
15 Anrechnung anderweitigen Einkommens
16 Anrechnung übertariflicher Entgelte
17 Anrufungsauskunft
18 Antragsveranlagung
19 Anwesenheitsprämie
20 Anzeigepflichten Arbeitgeber
21 Anzeigepflichten Arbeitnehmer
22 Arbeitgeber
23 Arbeitgeberdarlehen
24 Arbeitgeberhaftung
25 Arbeitgeberzuschuss
26 Arbeitnehmer (Begriff)
27 Arbeitnehmerähnliche Personen
28 Arbeitnehmerähnliche Selbstständige
29 Arbeitnehmerbeförderung
30 Arbeitnehmerdarlehen
31 Arbeitnehmerentsendung
32 Arbeitnehmererfindung
33 Arbeitnehmerhaftung
34 Arbeitnehmerüberlassung/Zeitarbeit
35 Arbeitsbereitschaft
36 Arbeitsbescheinigung
37 Arbeitsentgelt
38 Arbeitsförderung
39 Arbeitsgemeinschaft (ARGE)
40 Arbeitskampf (Vergütung)
41 Arbeitskleidung
42 Arbeitslosengeld
43 Arbeitslosengeld II
44 Arbeitslosenversicherungsbeiträge
45 Arbeitslosenversicherungspflicht
46 Arbeitsmittel
47 Arbeitspapiere
48 Arbeitspflicht
49 Arbeitsplatzbeschreibung
50 Arbeitssicherheit/Arbeitsschutz
51 Arbeitsstätte
52 Arbeitsstoffe, gefährliche
53 Arbeitsunfähigkeit
54 Arbeitsunfähigkeitsbescheinigung
55 Arbeitsunfall
56 Arbeitsverhinderung
57 Arbeitsvermittlung (private)
58 Arbeitsvertrag
59 Arbeitszeit
60 Arbeitszeitmodelle
61 Arbeitszimmer
62 AT-Angestellte
63 Aufhebungsvertrag
64 Aufrechnung
65 Aufsichtsratsvergütung (Arbeitnehmer)
66 Aufwandsentschädigung
67 Aufwendungsersatz
68 Aufzeichnungspflichten
69 Ausbilder
70 Ausbildungsfreibetrag
71 Ausbildungskosten
72 Ausbildungsverhältnis
73 Ausgleichsquittung
74 Aushänge im Betrieb
75 Aushilfskräfte
76 Auskunftspflichten Arbeitgeber
77 Auskunftspflichten Arbeitnehmer
78 Ausländer
79 Auslandsreise
80 Auslandstätigkeit
81 Auslösung
82 Ausschlussfrist
83 Ausschreibung
84 Außenprüfung
85 Außerordentliche Einkünfte
86 Auswahlrichtlinie

90 Befreiung von der Versicherungspflicht
91 Befristetes Arbeitsverhältnis
92 Behinderte
93 Beihilfeleistungen
94 Beitragsbemessungsgrenzen
95 Bereitschaftsdienst
96 Berufsausbildungsförderung
97 Berufskrankheit

Stichwortübersicht

- 98 Beschäftigungsanspruch
- 99 Beschäftigungsgesellschaft
- 100 Beschäftigungsverbot
- 101 Beschwerderecht (Arbeitnehmer)
- 102 Betrieb (Begriff)
- 103 Betriebliche Altersversorgung
- 104 Betriebliche Berufsbildung
- 105 Betriebliches Eingliederungsmanagement
- 106 Betriebliche Gesundheitsförderung
- 107 Betriebliche Übung
- 108 Betriebsänderung
- 109 Betriebsarzt
- 110 Betriebsausflug
- 111 Betriebsbeauftragte
- 112 Betriebsbuße
- 113 Betriebsgeheimnis
- 114 Betriebsjubiläum
- 115 Betriebskindergarten
- 116 Betriebsordnung
- 117 Betriebsrat
- 118 Betriebsratsfreistellung
- 119 Betriebsratskosten
- 120 Betriebsratsmitglied
- 121 Betriebsratsschulung
- 122 Betriebssport
- 123 Betriebsstätte
- 124 Betriebsstörung
- 125 Betriebsteil
- 126 Betriebsübergang
- 127 Betriebsurlaub
- 128 Betriebsveranstaltung
- 129 Betriebsvereinbarung
- 130 Betriebsversammlung
- 131 Bewerbung
- 132 Bewirtungsaufwendungen
- 133 Bildschirmarbeitsplatz
- 134 Bildungsurlaub
- 135 Bruttolohnvereinbarung

- 136 Compliance

- 140 Datenschutz
- 141 Dienstreise
- 142 Dienstwagen
- 143 Dienstwohnung
- 144 Diskriminierung
- 145 Doppelte Haushaltsführung

- 150 Ehrenamtliche Tätigkeit
- 151 Ein-Euro-Job
- 152 Eingruppierung
- 153 Einigungsstelle
- 154 Einmalzahlungen
- 155 Einsatzwechseltätigkeit
- 156 Einstellung
- 157 Einstellungsuntersuchung
- 158 ELENA
- 159 Elterngeld
- 160 Elternzeit
- 161 Entgeltabtretung
- 162 Entgeltfortzahlung
- 163 Entgeltnachzahlung
- 164 Entgeltrückzahlung
- 165 Entgeltverzicht
- 166 Entgeltzahlungsformen
- 167 Entgeltzuschläge
- 168 Erstattungsanspruch der Agentur für Arbeit
- 169 Erwerbsminderung
- 170 Essenszuschuss
- 171 EU-Recht
- 172 Europäischer Betriebsrat

- 180 Fahrgemeinschaft
- 181 Fahrtätigkeit
- 182 Fahrten zwischen Wohnung und Arbeitsstätte
- 183 Fahrtkostenzuschuss
- 184 Faktisches Arbeitsverhältnis
- 185 Familiäre Mitarbeit
- 186 Familienversicherung
- 187 Fehlgeldentschädigung
- 188 Forderungsübergang bei Dritthaftung
- 189 Fortbildung
- 190 Freie Mitarbeit
- 191 Freistellung von der Arbeit
- 192 Freiwillige Leistungen
- 193 Freiwilligendienste
- 194 Freizeitbeschäftigung
- 195 Fürsorgepflicht

- 200 Gefährdungsbeurteilung
- 201 Geldwerter Vorteil
- 202 Geringfügige Beschäftigung
- 203 Gesamtbetriebsrat
- 204 Geschäftsführer
- 205 Gesundheitszeugnis
- 206 Gewerkschaftsrechte (im Betrieb)
- 207 Gewissensfreiheit
- 208 Gleichbehandlung
- 209 Grenzgänger
- 210 Gründungszuschuss
- 211 Gruppenarbeitsverhältnis
- 212 Günstigkeitsprinzip

- 220 Handelsvertreter
- 221 Hauswirtschaftliches Beschäftigungsverhältnis
- 222 Heimarbeit
- 223 Hinterbliebenenrente

Stichwortübersicht

225 Incentivereisen
226 Insolvenz des Arbeitgebers
227 Insolvenz des Arbeitnehmers
228 Interessenausgleich
229 Internet-/Telefonnutzung

230 Jahresarbeitsentgelt
231 Jugendarbeitsschutz
232 Jugend- und Auszubildendenvertretung

240 Kinderfreibetrag
241 Kindergeld
242 Kindervergünstigungen
243 Kirchenarbeitsrecht
244 Kirchenlohnsteuer
245 Kleinbetrieb
246 Kontrolle des Arbeitnehmers
247 Konzernarbeitsverhältnis
248 Konzernbetriebsrat
249 Krankenbehandlung
250 Krankengeld
251 Krankengeldzuschuss
252 Krankenversicherungsbeiträge
253 Krankenversicherungspflicht
254 Krankenversicherungsträger
255 Krankheit (Arbeitnehmer)
256 Kündigung, allgemein
257 Kündigung, außerordentliche
258 Kündigung, betriebsbedingte
259 Kündigung, personenbedingte
260 Kündigung, verhaltensbedingte
261 Kündigung, vor Dienstantritt
262 Kündigungsfristen
263 Kündigungsschutz
264 Künstlersozialversicherung
265 Kur
266 Kurzarbeit

270 Lebensgemeinschaft (nichteheliche)
271 Lebenspartnerschaft
272 Leistungsbestimmung
273 Leistungsorientierte Vergütung
274 Leistungsverweigerungsrecht
275 Leitende Angestellte
276 Lohnabzugsverfahren
277 Lohnersatzleistungen
278 Lohnkonto
279 Lohnkostenzuschuss
280 Lohnlisten
281 Lohnsteuerabführung
282 Lohnsteuerabzugsmerkmale
283 Lohnsteueranmeldung
284 Lohnsteueraußenprüfung
285 Lohnsteuerberechnung
286 Lohnsteuerbescheinigung

287 Lohnsteuerermäßigung
288 Lohnsteuerhaftung
289 Lohnsteuerjahresausgleich
290 Lohnsteuerklassen
291 Lohnsteuernachforderung
292 Lohnsteuerpauschalierung
293 Lohnsteuertabellen
294 Lohnzufluss

300 Massenentlassung
301 Medizinischer Dienst
302 Mehrfachbeschäftigung
303 Meinungsfreiheit
304 Meldepflichten Arbeitgeber
305 Meldepflichten Arbeitnehmer
306 Minderjährige
307 Mindestentgelt
308 Minijob
309 Mitarbeiterbeteiligung
310 Mitbestimmung, personelle Angelegenheiten
311 Mitbestimmung, soziale Angelegenheiten
312 Mitbestimmung, wirtschaftliche Angelegenheiten
313 Mittelbares Arbeitsverhältnis
314 Mobbing
315 Mutterschaftsgeld
316 Mutterschaftshilfe
317 Mutterschutz

320 Nachtarbeit
321 Nachteilsausgleich
322 Nebentätigkeit
323 Nettolohnvereinbarung
324 Nichtraucherschutz

330 Pauschbeträge
331 Pause
332 Persönlichkeitsrecht
333 Personalakte
334 Personalauswahl
335 Personalinformationssystem
336 Personalplanung
337 Pfändung
338 Pflegeversicherungsbeiträge
339 Pflegeversicherungsleistungen
340 Pflegeversicherungspflicht
341 Pflegezeit
342 Praktikant
343 Probearbeitsverhältnis
344 Prokurist
345 Provision

350 Rechtsanwaltskosten
351 Rehabilitation (berufliche)

Stichwortübersicht

352 Rentenanpassung
353 Rentenauskunft
354 Rentenbeginn
355 Rentenversicherungsbeiträge
356 Rentenversicherungsfreiheit
357 Rentenversicherungspflicht
358 Rentenversicherungsrechtliche Zeiten
359 Rentnerbeschäftigung
360 Restmandat/Übergangsmandat
361 Rückzahlungsklausel
362 Rufbereitschaft
363 Ruhen des Arbeitsverhältnisses

370 Sachbezug
371 Sachverständiger
372 Säumniszuschlag
373 Saisonarbeit
374 Scheinselbstständigkeit
375 Schmiergeld
376 Schwangerschaftsabbruch
377 Schwarzarbeit
378 Schwerbehindertenvertretung
379 Solidaritätszuschlag
380 Sonderausgaben
381 Sonn- und Feiertagsarbeit
382 Sonstige Bezüge
383 Sozialeinrichtungen
384 Soziale Netzwerke
385 Sozialplan
386 Sozialversicherungsausweis
387 Sozialversicherungsbeiträge
388 Sperrzeit
389 Stellenbeschreibung
390 Stellensuche
391 Sterbegeld
392 Steuerfreie Einnahmen
393 Studentenbeschäftigung

400 Tarifeinheit
401 Tarifvertrag
402 Teilzeitbeschäftigung
403 Telearbeit
404 Tendenzbetrieb
405 Treuepflicht
406 Trinkgeld

410 Übergangsgeld/Überbrückungsgeld
411 Überstunden
412 Umgruppierung
413 Umschulung
414 Umwandlung

415 Umzugskosten
416 Unfallrente
417 Unfallversicherung
418 Unkündbarkeit
419 Unterlassungsanspruch
420 Unternehmen
421 Urheberrecht
422 Urlaubsabgeltung
423 Urlaubsanspruch
424 Urlaubsdauer
425 Urlaubsentgelt
426 Urlaubsgeld
427 Urlaubsgewährung
428 Urlaubsregelungen
429 Urlaub, unbezahlter

430 Verbesserungsvorschläge
431 Verdachtskündigung
432 Verdienstbescheinigung
433 Vergleich
434 Verjährung
435 Vermittlungsbudget
436 Vermögenswirksame Leistungen
437 Verpflegungsmehraufwendungen
438 Verschwiegenheitspflicht
439 Versetzung
440 Vertragsbruch
441 Vertragsstrafe
442 Vertrauensleute
443 Verwirkung
444 Verzicht
445 Vorschuss

450 Wahlanfechtung
451 Wegeunfall
452 Wehrdienst
453 Weisungsrecht
454 Weiterbeschäftigungsanspruch
455 Weiterbildung
456 Werbungskosten
457 Werkvertrag
458 Wertguthaben/Zeitguthaben
459 Wettbewerb
460 Wettbewerbsverbot
461 Whistleblowing
462 Wiedereinstellungsanspruch
463 Wintergeld

470 Zeugnis
471 Zielvereinbarung
472 Zurückbehaltungsrecht

Verzeichnis der Abkürzungen und der abgekürzt zitierten Literatur

Zeitschriften werden, soweit nicht anders angegeben, nach Jahr und Seite zitiert.

aA	anderer Ansicht/Auffassung
AAG	Gesetz über den Ausgleich der Arbeitgeberaufwendungen für Entgeltfortzahlung (Aufwendungsausgleichsgesetz) vom 22.12.2005 (BGBl I 05, 3686), zuletzt geändert mWv 1.1.2013 durch Art 13 Abs 6 des Gesetzes zur Neuordnung der Organisation der landwirtschaftlichen Sozialversicherung (LSV-Neuordnungsgesetz – LSV-NOG) vom 12.4.2012 (BGBl I 12, 579)
aaO	am angegebenen Ort
AbfG	Gesetz zur Vermeidung, Verwertung und Beseitigung von Abfällen vom 27.9.1994 (BGBl I 94, 2705), aufgehoben durch Art 10 des Gesetzes zur Bereinigung des Bundesrechts im Geschäftsbereich des Bundesministeriums für Umwelt, Naturschutz und Reaktorsicherheit (Rechtsbereinigungsgesetz Umwelt – RGU) vom 11.8.2009 (BGBl I 09, 2723)
Abk	Abkommen
AblEG	Amtsblatt der Europäischen Gemeinschaften (Ausg C Mitteilungen und Bekanntmachungen; Ausg L Rechtsvorschriften)
ABl EU	Amtsblatt der Europäischen Union (Ausg C Mitteilungen und Bekanntmachungen; Ausg. L Rechtsvorschriften)
ABM	Allgemeine Maßnahmen zur Arbeitsbeschaffung aus Mitteln der Bundesagentur für Arbeit
Abs	Absatz
Abschn	Abschnitt
AcP	Archiv für die civilistische Praxis (Zeitschrift)
AdV	Aussetzung der Vollziehung
aE	am Ende
ÄndG	Änderungsgesetz
AE	Arbeitsrechtliche Entscheidungen (Informationsdienst der Arbeitsgemeinschaft Fachanwälte für Arbeitsrecht)
AEAO	Anwendungserlass zur AO, herausgegeben vom BMF
AEntG	Gesetz über zwingende Arbeitsbedingungen für grenzüberschreitend entsandte und für regelmäßig im Inland beschäftigte Arbeitnehmer und Arbeitnehmerinnen (Arbeitnehmer-Entsendegesetz – AEntG) vom 20.4.2009 (BGBl I 09, 799), zuletzt geändert durch Art 1c des Gesetzes zum Vorschlag für eine Verordnung des Rates über die Erweiterung des Geltungsbereichs der Verordnung (EU) Nr 1214/2011 des Europäischen Parlaments und des Rates über den gewerbsmäßigen grenzüberschreitenden Straßentransport von Euro-Bargeld zwischen Mitgliedstaaten des Euroraums vom 25.11.2012 (BGBl II 12, 1381)
AEUV	Vertrag über die Arbeitsweise der Europäischen Union (verabschiedet mit dem Vertrag von Lissabon (EUV)
aF	alte Fassung
AfA	Absetzungen für Abnutzung
AFG	Arbeitsförderungsgesetz vom 25.6.1969 (BGBl I 69, 582), außer Kraft mWv 1.1.1999 durch Art 82 des Gesetzes zur Reform der Arbeitsförderung vom 24.3.1997 (BGBl I 97, 594)

Abkürzungsverzeichnis

AFBG	Gesetz zur Förderung der beruflichen Aufstiegsfortbildung (Aufstiegsfortbildungsförderungsgesetz) idF der Bekanntmachung vom 8.10.2012 (BGBl I 12, 2126)
AFRG	Gesetz zur Reform der Arbeitsförderung (Arbeitsförderungs-Reformgesetz) vom 24.3.1997 (BGBl I 97, 594), zuletzt geändert durch Art 9 des Ersten SGB III-Änderungsgesetzes vom 16.12.1997 (BGBl I 97, 2970)
AG	Aktiengesellschaft
AGB-DDR	Arbeitsgesetzbuch der Deutschen Demokratischen Republik
AGB-Gesetz	Gesetz zur Regelung des Rechts der Allgemeinen Geschäftsbedingungen idF vom 29.6.2000 (BGBl I 2000, 946); aufgehoben mWv 1.1.2002 durch Art 6 Nr 4 Schuldrechtsmodernisierungsgesetz vom 26.11.2001 (BGBl I 01, 3138)
AGG	Allgemeines Gleichbehandlungsgesetz vom 14.8.2006 (BGBl I 06, 1897), zuletzt geändert durch Art 8 SEPA-BegleitG vom 3.4.2013 (BGBl I 13, 610)
AiB	Arbeitsrecht im Betrieb (Zeitschrift)
Aichberger	*Aichberger,* Sozialgesetzbuch RVO (Loseblatt)
AktG	Aktiengesetz vom 6.9.1965 (BGBl I 65, 1089), zuletzt geändert durch Art 26 2. KostenrechtsmodernisierungsG vom 23.7.2013 (BGBl I 13, 2586
ALG	Gesetz über die Alterssicherung der Landwirte (ALG) vom 29.7.1994 (BGBl I 94, 1890), zuletzt geändert durch Art 16 Abs 17 BUK-NeuorganisationsG vom 19.10.2013 (BGBl I 13, 3836)
AlGeld	Arbeitslosengeld
AlHilfe	Arbeitslosenhilfe
AltZertG	Gesetz über die Zertifizierung von Altersvorsorge- und Basisrentenverträgen (Altersvorsorgeverträge-Zertifizierungsgesetz) vom 26.6.2001 (BGBl I 01, 1310), zuletzt geändert durch Art 6 AIFM-Steuer-Anpassungsgesetz vom 18.12.2013 (BGBl I, 4318)
AltTZG 1996	Altersteilzeitgesetz vom 23.7.1996 (BGBl I 96, 1078), zuletzt geändert durch Art 13 Abs 7 des Gesetzes zur Neuordnung der Organisation der landwirtschaftlichen Sozialversicherung (LSV-Neuordnungsgesetz – LSV-NOG) vom 12.4.2012 (BGBl I 12, 579)
AMBV	Verordnung über Sicherheit und Gesundheitsschutz bei der Benutzung von Arbeitsmitteln bei der Arbeit (Arbeitsmittelbenutzungsverordnung) vom 11.3.1997 (BGBl I 97, 450), aufgehoben durch Art 8 Abs 2 Nr 3 der Betriebssicherheitsverordnung vom 27.9.2002 (BGBl I 02, 3777)
ANBA	Amtliche Nachrichten der Bundesagentur für Arbeit
AngKSchG	Gesetz über die Fristen für die Kündigung von Angestellten (Angestellten-Kündigungsschutzgesetz) vom 9.7.1926 (RGBl I S 399), aufgehoben durch Art 7 des Gesetzes zur Anpassung des EWR-Ausführungsgesetzes vom 27.9.1993 (BGBl I 93, 1666)
AngV	Angestelltenversicherung
AngVers	Die Angestelltenversicherung (Zeitschrift)
Anh	Anhang
Anm	Anmerkung
AnwK-BGB/*Bearbeiter*	AnwaltKommentar Bürgerliches Gesetzbuch: BGB, hrsg von *Dauner-Lieb/Heidel/Ring,* 2010–2012
Anzinger/Koberski	*Anzinger/Koberski,* Kommentar zum Arbeitszeitgesetz, 4. Aufl 2014

Abkürzungsverzeichnis

AO	Abgabenordnung 1977 idF vom 1.10.2002 (BGBl I 02, 3866; ber BGBl I 03, 61), zuletzt geändert durch Art 13 Gesetz zur Anpassung des Investmentsteuergesetzes und anderer Gesetze an das AIFM-Umsetzungsgesetz (AIFM-Steuer-Anpassungsgesetz – AIFM-StAnpG) vom 18.12.2013 (BGBl I, 4318)
AO-Hdbuch	Amtliches AO-Handbuch, herausgegeben vom BMF
AOK	Allgemeine Ortskrankenkasse
AP	Arbeitsrechtliche Praxis (Nachschlagewerk des Bundesarbeitsgerichts)
APS/Bearbeiter	Großkommentar zum Kündigungsrecht, hrsg von *Ascheid/ Preis/Schmidt*, 4. Aufl 2012
ArbBeschFG	Arbeitsrechtliches Gesetz zur Förderung von Wachstum und Beschäftigung (Arbeitsrechtliches Beschäftigungsförderungsgesetz) vom 25.9.1996 (BGBl I 96, 1476)
ArbG	Arbeitsgericht
ArbGeb	Arbeitgeber
ArbGG	Arbeitsgerichtsgesetz idF vom 2.7.1979 (BGBl I 79, 953; ber 1036), zuletzt geändert durch Art 3 G zur Förderung des elektronischen Rechtsverkehrs mit den Gerichten vom 10.10.2013 (BGBl I, 3786)
AR-Blattei	*Oehmann/Dieterich,* Arbeitsrecht-Blattei (Loseblatt)
ArblV	Arbeitslosenversicherung
ArbN	Arbeitnehmer/in
ArbNErfG	Gesetz über Arbeitnehmererfindungen vom 25.7.1957 (BGBl I 57, 756) idF des BGBl III, Gliederungsnummer 422–1, zuletzt geändert mWv 1.10.2009 durch Art 7 des Gesetzes zur Vereinfachung und Modernisierung des Patentrechts vom 31.7.2009 (BGBl I 09, 2521)
ArbPlSchG	Gesetz über den Schutz des Arbeitsplatzes bei Einberufung zum Wehrdienst (ArbPlSchG) in der ab 18.6.2009 geltenden Fassung vom 16.7.2009 (BGBl I 09, 2055), zuletzt geändert Art 2 Abs 7 15. G zur Änd des SoldatenG vom 8.4.2013 (BGBl I, 730)
ArbSchG	Gesetz über die Durchführung von Maßnahmen des Arbeitsschutzes zur Verbesserung der Sicherheit und des Gesundheitsschutzes der Beschäftigten bei der Arbeit (Arbeitsschutzgesetz) vom 7.8.1996 (BGBl I 96, 1246), zuletzt geändert durch Art 8 BUK-Neuorganisationsgesetz vom 19.10.2013 (BGBl I, 3836)
ArbStättV	Verordnung über Arbeitsstätten (Arbeitsstättenverordnung) vom 12.8.2004 (BGBl I 04, 2179), zuletzt geändert durch Art 4 der Verordnung zur Umsetzung der Richtlinie 2006/25/EG zum Schutz der Arbeitnehmer vor Gefährdungen durch künstliche optische Strahlung und zur Änderung von Arbeitsschutzverordnungen vom 19.7.2010 (BGBl I 10, 960)
ArbuR	Arbeit und Recht (Zeitschrift)
ArbZG	Arbeitszeitgesetz vom 6.6.1994 (BGBl I 94, 1170), zuletzt geändert durch Art 3 Abs 6 G zur Umsetzung des Seearbeitsübereinkommens 2006 der Internationalen Arbeitsorganisation vom 20.4.2013 (BGBl I, 868)
ArbZRG	Gesetz zur Vereinheitlichung und Flexibilisierung des Arbeitszeitrechts (Arbeitszeitrechtsgesetz) vom 6.6.1994 (BGBl I 94, 1170)
ArEV	Verordnung über die Bestimmung des Arbeitsentgelts in der Sozialversicherung (Arbeitsentgeltverordnung) idF vom 18.12.1984 (BGBl I 84, 1642), aufgehoben mWv 31.12.2006 durch Art 4 Satz 2 der Verordnung zur Neuordnung der Regelungen über die sozialversicherungsrechtliche Beurteilung

Abkürzungsverzeichnis

	von Zuwendungen des Arbeitgebers als Arbeitsentgelt vom 21.12.2006 (BGBl I 06, 3385)
ARGE	Arbeitsgemeinschaft
ArGV	Verordnung über die Arbeitsgenehmigung für ausländische Arbeitnehmer (Arbeitsgenehmigungsverordnung) vom 17.9.1998 (BGBl I 98, 2899), zuletzt geändert durch Art 6 und 10 G zur Anpassung von Rechtsvorschriften des Bundes infolge des Beitritts der Republik Kroatien zur EU vom 17.6.2013 (BGBl I 13, 1555 iVm Bek v 21.6.2013, BGBl II 13, 680)
ARS	Arbeitsrechts-Sammlung, Entscheidungen des Reichsarbeitsgerichtes und des Reichsehrengerichtshofes, der Landesarbeitsgerichte, Arbeitsgerichte und Ehrengerichte
ARSt	Arbeitsrecht in Stichworten (Zeitschrift)
Art	Artikel
ASAV	Verordnung über Ausnahmeregelungen für die Erteilung einer Arbeitserlaubnis an neu einreisende ausländische Arbeitnehmer (Anwerbestoppausnahmeverordnung) vom 17.9.1998 (BGBl I 98, 2893), aufgehoben mWv 31.12.2011 durch Art 2 der Verordnung zur Änderung und Aufhebung arbeitsgenehmigungsrechtlicher Vorschriften vom 12.12.2011 (BGBl I 11, 2691)
ASiG	Gesetz über Betriebsärzte, Sicherheitsingenieure und andere Fachkräfte für Arbeitssicherheit vom 12.12.1973 (BGBl I 73, 1885), zuletzt geändert durch Art 3 Abs 5 G zur Umsetzung des Seearbeitsübereinkommens 2006 der Internationalen Arbeitsorganisation vom 20.4.2013 (BGBl I 13, 868)
AStG	Gesetz über die Besteuerung bei Auslandsbeziehungen (Außensteuergesetz) vom 8.9.1972 (BGBl I 72, 1713), zuletzt geändert durch Art 7 des Jahressteuergesetzes 2010 (JStG 2010) vom 8.12.2010 (BGBl I 10, 1768)
AsylbLG	Asylbewerberleistungsgesetz idF vom 5.8.1997 (BGBl I 97, 2022), zuletzt geändert durch Entscheidung des Bundesverfassungsgerichts (zu § 3 Abs 2 S 2 Nr 1 und § 3 Abs 2 S 3 iVm Abs 1 S 4 Nr 2 des Asylbewerberleistungsgesetzes sowie § 3 Abs 2 S 2 Nr 2 und Nr 3 und § 3 Abs 2 S 3 in Verbindung mit Abs 1 S 4 Nr 1 des Asylbewerberleistungsgesetzes) vom 18.7.2012 (BGBl I 12, 1715)
AsylVfG	Asylverfahrensgesetz idF vom 2.9.2008 (BGBl I 08, 1798), zuletzt geändert durch Art 1 G zur Umsetzung der RL 2011/95/EU vom 28.8.2013 (BGBl I 13, 3474)
ATE	Auslandstätigkeitserlass (betr Steuerliche Behandlung von Arbeitnehmereinkünften bei Auslandstätigkeit) vom 31.10.1983 (BStBl I 83, 470)
AU	Arbeitsunfähigkeit
AuA	Arbeit und Arbeitsrecht (Zeitschrift)
AuB	Arbeit und Beruf (Zeitschrift)
AufenthG	Gesetz über den Aufenthalt, die Erwerbstätigkeit und die Integration von Ausländern im Bundesgebiet (Aufenthaltsgesetz) idF vom 25.2.2008 (BGBl I 08, 162), zuletzt geändert durch Art 3 G zur Änd des BundeszentralregisterG und anderer registerrechtlicher Vorschriften vom 6.9.2013 (BGBl I 13, 3556)
Aufl	Auflage
AÜG	Gesetz zur Regelung der gewerbsmäßigen Arbeitnehmerüberlassung (Arbeitnehmerüberlassungsgesetz – AÜG) vom 3.2.1995 (BGBl I 95, 158), zuletzt geändert durch Art 2 Abs 61, Art 4 Abs 46 G zur Strukturreform des Gebührenrechts des Bundes vom 7.8.2013 (BGBl I 13, 3154)

Abkürzungsverzeichnis

AuslG	Gesetz über die Einreise und den Aufenthalt von Ausländern im Bundesgebiet (Ausländergesetz) vom 9.7.1990 (BGBl I 90, 1354), aufgehoben durch Art 13 des Gesetzes zur Steuerung und Begrenzung der Zuwanderung und zur Regelung des Aufenthalts und der Integration von Unionsbürgern und Ausländern (Zuwanderungsgesetz) mWv 1.1.2005 vom 30.7.2004 (BGBl I 04, 1950)
AVermV	Verordnung über Arbeitsvermittlung durch private Arbeitsvermittler (Arbeitsvermittlerverordnung) vom 11.3.1994 (BGBl I 94, 563); aufgehoben durch Art 12 des Gesetzes zur Vereinfachung der Wahl der Arbeitnehmervertreter in den Aufsichtsrat vom 23.3.2002 (BGBl I 02, 1130)
AVG	Angestelltenversicherungsgesetz vom 28.5.1924 (RGBl I 24, 563), aufgehoben mWv 31.12.1991 durch Art 83 des Gesetzes zur Reform der gesetzlichen Rentenversicherung (Rentenreformgesetz 1992) vom 18.12.1989 (BGBl I 89, 2261)
AVmEG	Gesetz zur Ergänzung des Gesetzes zur Reform der gesetzlichen Rentenversicherung und zur Förderung eines kapitalgedeckten Altersvorsorgevermögens (Altersvermögensergänzungsgesetz – AVmEG) vom 21.3.2001 (BGBl I 01, 403), zuletzt geändert durch Art 1 des Gesetzes zur Verbesserung des Hinterbliebenenrentenrechts vom 17.7.2001 (BGBl I 01, 1598)
AVmG	Gesetz zur Reform der gesetzlichen Rentenversicherung und zur Förderung eines kapitalgedeckten Altersvorsorgevermögens (Altersvermögensgesetz) vom 26.6.2001 (BGBl I 01, 1310), zuletzt geändert durch Art 7 des Gesetzes zur Fortentwicklung des Unternehmenssteuerrechts (Unternehmenssteuerfortentwicklungsgesetz – UntStFG) vom 20.12.2001 (BGBl I 01, 3858)
AWbG NRW	Gesetz zur Freistellung von Arbeitnehmern zum Zwecke der beruflichen und privaten Weiterbildung (Arbeitnehmer-Weiterbildungsgesetz Nordrhein-Westfalen) vom 6.11.1984 (GV NW 1984 S 678), zuletzt geändert durch Art 1 des Gesetzes zur Änderung des Arbeitnehmerweiterbildungsgesetzes vom 8.12.2009 (GV NW 2009 S 752)
Az	Aktenzeichen
BA	Bundesagentur für Arbeit
BAföG	Bundesgesetz über individuelle Förderung der Ausbildung (Bundesausbildungsförderungsgesetz – BAföG) idF vom 6.6.1983 (BGBl I 83, 645; ber 1680), neu gefasst durch Bekanntmachung der Neufassung des Bundesausbildungsförderungsgesetzes vom 7.12.2010 (BGBl I 10, 1952), zuletzt geändert durch Art 5 G zur Verbesserung der Rechte von international Schutzberechtigten und ausländischen Arbeitnehmern vom 29.8.2013 (BGBl I 13, 3484, ber S 3899)
BAföGÄndG	Zweiundzwanzigstes Gesetz zur Änderung des Bundesausbildungsförderungsgesetzes (22. BAföGÄndG) vom 23.12.2007 (BGBl I 07, 3254)
BAG	Bundesarbeitsgericht
BAGE	Entscheidungssammlung des Bundesarbeitsgerichts
BAnz	Bundesanzeiger
BArbBl	Bundesarbeitsblatt
Bartenbach/Volz	*Bartenbach/Volz*, Arbeitnehmererfindergesetz, Kommentar, 5. Aufl 2013
BAT	Bundesangestelltentarif/-vertrag

Abkürzungsverzeichnis

3. BauArbBedV	Dritte Verordnung über zwingende Arbeitsbedingungen im Baugewerbe vom 21.8.2002 (BGBl I 02, 3372), aufgehoben durch Vierte Verordnung über zwingende Arbeitsbedingungen im Baugewerbe mWv 31.10.2003 vom 13.12.2003 (BAnz 03, 26093)
Bauer/Göpfert/Krieger	*Bauer/Göpfert/Krieger,* Allgemeines Gleichbehandlungsgesetz, 3. Aufl 2011
Baumbach/Hopt	*Baumbach/Hopt,* Handelsgesetzbuch, Kommentar, 36. Aufl 2014
BaWü	Baden-Württemberg
Bay	Bayern
BayLfSt	Bayerisches Landesamt für Steuern (bis 31.7.2005 OFD München und OFD Nürnberg)
BB	Betriebs-Berater (Zeitschrift)
Bbg	Brandenburg
BBG	Bundesbeamtengesetz (BBG) idF vom 5.2.2009 (BGBl I 09, 160), zuletzt geändert durch Art 2 G über die Gewährung eines Altersgelds für freiwillig aus dem Bundesdienst ausscheidende Beamte, Richter und Soldaten vom 28.8.2013 (BGBl I 13, 3386)
BBiG	Berufsbildungsgesetz (BBiG) vom 23.3.2005 (BGBl I 05, 931), zuletzt geändert durch Art 22 G zur Förderung der elektronischen Verwaltung sowie zur Änd weiterer Vorschriften vom 25.7.2013 (BGBl I 13, 2749)
Bd	Band
BdF	Bundesminister der Finanzen
BDA	Bundesvereinigung der deutschen Arbeitgeberverbände
BDSG	Bundesdatenschutzgesetz (BDSG) idF vom 14.1.2003 (BGBl I 03, 66), zuletzt geändert durch Art 1 des Gesetzes zur Änderung datenschutzrechtlicher Vorschriften vom 14.8.2009 (BGBl I 09, 2814)
BeckPersHB/Bd	Beck'sches Personalhandbuch, Bände I und II (Loseblatt)
BeckRS	Beck Rechtsprechung Nr (Rechtsprechung in beck-online)
BeckVerw	Beck Verwaltung Nr (Erlasse in beck-online)
BEEG	Gesetz zum Elterngeld und zur Elternzeit vom 5.12.2006 (BGBl I 06, 2748), zuletzt geändert durch Art 1 BetreuungsgeldG vom 15.2.2013 (BGBl I 13, 254)
BEG	Bundesgesetz zur Entschädigung für Opfer der nationalsozialistischen Verfolgung (Bundesentschädigungsgesetz) idF vom 29.6.1956 (BGBl I 56, 562), zuletzt geändert durch Art 11 2. Kostenrechtsmodernisierungsgesetz vom 23.7.2013 (BGBl I 13, 2586)
BeitrRLUmsG	Gesetz zur Umsetzung der Beitreibungsrichtlinie sowie zur Änderung steuerlicher Vorschriften (Beitreibungsrichtlinie-Umsetzungsgesetz – BeitrRLUmsG) vom 7.12.2011 (BGBl I 11, 2592)
BEM	Betriebliches Eingliederungsmanagement
BerBiFG	Berufsbildungsförderungsgesetz (BerBiFG) idF vom 12.1.1994 (BGBl I 94, 78), aufgehoben mWv 31.3.2005 durch Art 8 des Gesetzes zur Reform der beruflichen Bildung (Berufsbildungsreformgesetz) vom 23.3.2005 (BGBl I 05, 931)
BerBiRefG	Gesetz zur Reform der beruflichen Bildung (Berufsbildungsreformgesetz) vom 23.3.2005 (BGBl I 05, 931)
BerlinFG	Gesetz zur Förderung der Berliner Wirtschaft (Berlinförderungsgesetz 1990) idF vom 2.2.1990 (BGBl I 90, 173), zuletzt geändert durch Art 2 Abs 5 des Gesetzes zur Einführung des Elterngeldes mWv 1.1.2007 vom 5.12.2006 (BGBl I 06, 2748)

Abkürzungsverzeichnis

BErzGG	Gesetz zum Erziehungsgeld und zur Elternzeit (Bundeserziehungsgeldgesetz) idF vom 9.2.2004 (BGBl I 04, 206), außer Kraft mWv 31.12.2008 durch Art 3 des Gesetzes zur Einführung des Elterngeldes vom 5.12.2006 (BGBl I 06, 2748), zuletzt geändert durch Beschl des BVerfG – 1 BvL 2/10, 1 BvL 3/10, 1 BvL 4/10, 1 BvL 3/11 – vom 10.7.2012 (BGBl I 13, 1898)
BeschFG	Gesetz über arbeitsrechtliche Vorschriften zur Beschäftigungsförderung (Beschäftigungsförderungsgesetz 1985) vom 26.4.1985 (BGBl I 85, 710), außer Kraft durch Art 3 des TzBfG vom 21.12.2000 (BGBl I 2000, 1966)
BeschSchG	siehe BSchuG
BeschV	Verordnung über die Zulassung von neueinreisenden Ausländern zur Ausübung einer Beschäftigung (Beschäftigungsverordnung) mWv 1.1.2005 vom 22.11.2004 (BGBl I 04, 2937), zuletzt geändert durch Art 4 Satz 2 VO zur Änd des Ausländerbeschäftigungsrechts vom 6.6.2013 (BGBl I 13, 1499)
betr	betreffen, betrifft, betreffend
BetrAVG	Gesetz zur Verbesserung der betrieblichen Altersversorgung vom 19.12.1974 (BGBl I 74, 3610), zuletzt geändert durch Art 4e des Gesetzes zur Verbesserung der Rahmenbedingungen für die Absicherung flexibler Arbeitszeitregelungen und zur Änderung anderer Gesetze mWv 1.1.2009 vom 21.12.2008 (BGBl I 08, 2940)
BetrSichV	Verordnung über Sicherheit und Gesundheitsschutz bei der Bereitstellung von Arbeitsmitteln und deren Benutzung bei der Arbeit über Sicherheit beim Betrieb überwachungsbedürftiger Anlagen und über die Organisation des Betrieblichen Arbeitsschutzes (Betriebssicherheitsverordnung) vom 27.9.2002 (BGBl I 02, 3777), zuletzt geändert durch Art 5 des Gesetzes über die Neuordnung des Geräte- und Produktsicherheitsrechts vom 8.11.2011 (BGBl I 11, 2178)
BetrVerf-Reformgesetz	Gesetz zur Reform des Betriebsverfassungsgesetzes vom 23.7.2001 (BGBl I 01, 1852)
BetrVG	Betriebsverfassungsgesetz idF vom 25.9.2001 (BGBl I 01, 2518), zuletzt geändert durch Art 3 Abs 4 G zur Umsetzung des Seearbeitsübereinkommens 2006 der Internationalen Arbeitsorganisation vom 20.4.2013 (BGBl I 13, 868)
BewG	Bewertungsgesetz idF vom 1.2.1991 (BGBl I 91, 230), zuletzt geändert durch Art 3 Gesetz zur Anpassung des Investmentsteuergesetzes und anderer Gesetze an das AIFM-Umsetzungsgesetz (AIFM-Steuer-Anpassungsgesetz – AIFM-StAnpG) vom 18.12.2013 (BGBl I 13, 4318)
BfA	Bundesversicherungsanstalt für Angestellte
BFH	Bundesfinanzhof
BFHE	Sammlung der Entscheidungen und Gutachten des Bundesfinanzhofes
BFHEntlG	Gesetz zur Entlastung des Bundesfinanzhofs (BFH-Entlastungsgesetz) vom 8.7.1975 (BGBl I 75, 1861), außer Kraft durch das Erste Gesetz über die Bereinigung von Bundesrecht im Zuständigkeitsbereich des Bundesministeriums der Justiz vom 19.4.2006 (BGBl I 06, 866)
BFH/NV	Sammlung amtlich nicht veröffentlichter Entscheidungen des BFH (Zeitschrift)
BG	Berufsgenossenschaft/Die Berufsgenossenschaft (Zeitschrift)
BGA	Bundesgesundheitsamt

Abkürzungsverzeichnis

BGB	Bürgerliches Gesetzbuch vom 18.8.1896 (RGBl S 195), idF vom 2.1.2002 (BGBl I 02, 42; ber 2909 und BGBl I 03, 738), zuletzt geändert durch Art 4 Abs 5 G zur Einführung eines Datenbankgrundbuchs vom 1.10.2013 (BGBl I 13, 3719)
BGBl	Bundesgesetzblatt (zitiert nach Teil, Jahrgang und Seite)
BGG	Gesetz zur Gleichstellung behinderter Menschen (Behindertengleichstellungsgesetz – BGG) vom 27.4.2002 (BGBl I 02, 1467), zuletzt geändert durch Art 12 des Gesetzes zur Änderung des Vierten Buches Sozialgesetzbuch und anderer Gesetze mWv 1.1.2008 vom 19.12.2007 (BGBl I 07, 3024)
BGH	Bundesgerichtshof
BGHZ	Amtliche Sammlung von Entscheidungen des Bundesgerichtshofs in Zivilsachen
BGleiG	Gesetz zur Gleichstellung von Frauen und Männern in der Bundesverwaltung und in den Gerichten des Bundes (Bundesgleichstellungsgesetz) vom 30.11.2001 (BGBl I 01, 3234), geändert durch Art 15 Abs 54 des Gesetzes zur Neuordnung und Modernisierung des Bundesdienstrechts (Dienstrechtsneuordnungsgesetz – DNeuG) vom 5.2.2009 (BGBl I 09, 160; ber 462)
BG-Vorschrift	Berufsgenossenschaftliche Vorschrift
BildScharbV	Verordnung über Sicherheit und Gesundheitsschutz bei der Arbeit an Bildschirmgeräten (Bildschirmarbeitsverordnung) vom 4.12.1996 (BGBl I 96, 1843), zuletzt geändert durch Art 7 der Verordnung zur Rechtsvereinfachung und Stärkung der arbeitsmedizinischen Vorsorge vom 18.12.2008 (BGBl I 08, 2768)
BImSchG	Gesetz zum Schutz vor schädlichen Umwelteinwirkungen durch Luftverunreinigungen, Geräusche, Erschütterungen und ähnliche Vorgänge (Bundesimmissionsschutzgesetz) idF vom 26.9.2002 (BGBl I 02, 3830), zuletzt geändert durch Art 1 Elftes ÄndG vom 2.7.2013 (BGBl I 13, 1943)
32. BImSchV	32. Verordnung zur Durchführung des Bundes-Immissionsschutzgesetzes (Geräte- und Maschinenlärmschutzverordnung) vom 29.8.2002 (BGBl I 02, 3478), zuletzt geändert durch Art 9 des Gesetzes über die Neuordnung des Geräte- und Produktsicherheitsrechts vom 8.11.2011 (BGBl I 11, 2178; ber 12, 131)
BioStoffV	Verordnung über Sicherheit und Gesundheitsschutz bei Tätigkeiten mit biologischen Arbeitsstoffen (Biostoffverordnung) vom 27.1.1999 (BGBl I 99, 50), zuletzt geändert durch Art 3 Satz 2 VO zur Neufassung der BiostoffVO und zur Änd der GefahrstoffVO vom 15.7.2013 (BGBl I 13, 2514)
BKGG	Bundeskindergeldgesetz idF vom 28.1.2009 (BGBl I 09, 160; ber 3177), zuletzt geändert durch Art 15 Amtshilferichtlinie-UmsetzungsG vom 26.6.2013 (BGBl I 13, 1809)
BKK	Betriebskrankenkasse; Die Betriebskrankenkasse (Zeitschrift)
BKV	Berufskrankheiten-Verordnung vom 31.10.1997 (BGBl I 97, 2623), zuletzt geändert durch Art 1 der Zweiten Verordnung zur Änderung der Berufskrankheiten-Verordnung mWv 1.7.2009 vom 11.6.2009 (BGBl I 09, 1273)
Blomeyer/Rolfs/Otto	*Blomeyer/Rolfs/Otto,* Betriebsrentengesetz, Kommentar, 5. Aufl 2010
Bln	Berlin
BlStSozArbR	Blätter für Steuerrecht, Sozialversicherung und Arbeitsrecht (Zeitschrift)
Blümich/Bearbeiter	*Blümich,* Kommentar zu EStG, KStG, GewStG und Nebengesetze (Loseblatt)
BMA	Bundesminister(ium) für Arbeit und Sozialordnung

Abkürzungsverzeichnis

BMAS	Bundesminister(ium) für Arbeit und Soziales
BMF	Bundesministerium für Finanzen
BMT-G II	Bundesmanteltarif für Arbeiter gemeindlicher Verwaltungen und Betriebe
BNichtrSchG	Gesetz zur Einführung eines Rauchverbotes in Einrichtungen des Bundes und öffentlichen Verkehrsmitteln (Bundesnichtraucherschutzgesetz − BNichtrSchG) mWv 1.9.2007 vom 20.7.2007 (BGBl I 07, 1595)
BochKomm	Bochumer Kommentar zum Sozialgesetzbuch
Boecken	*Boecken,* Unternehmensumwandlungen und Arbeitsrecht, 1996
b+p	Betrieb + Personal (Zeitschrift)
BPersVG	Bundespersonalvertretungsgesetz vom 15.3.1974 (BGBl I 74, 693), zuletzt geändert durch Art 3 Abs 2 G zur Familienpflegezeit und zum flexibleren Eintritt in den Ruhestand für Beamtinnen und Beamte des Bundes vom 3.7.2013 (BGBl I 13, 1978)
BPflV	Verordnung zur Regelung der Krankenhauspflegesätze (Bundespflegesatzverordnung) vom 26.9.1994 (BGBl I 94, 2750), zuletzt geändert durch Art 5b G zur Beseitigung sozialer Überforderung bei Beitragsschulden in der Krankenversicherung vom 15.7.2013 (BGBl I 13, 2423)
BpO	Allgemeine Verwaltungsvorschrift für die Betriebsprüfung (Betriebsprüfungsordnung) vom 17.12.1987 (BStBl I 87, 802), außer Kraft 31.12.1999
BpO 2000	Betriebsprüfungsordnung vom 15.3.2000 (BStBl I 2000, 368; ber 480), zuletzt geändert durch Allgemeine Verwaltungsvorschrift zur Änderung der Betriebsprüfungsordnung vom 20.7.2011 (BStBl I 11, 710)
Brackmann	*Brackmann,* Handbuch der Sozialversicherung (Loseblatt)
BRAGO	Bundesgebührenordnung für Rechtsanwälte idF vom 26.7.1957 (BGBl I 57, 907), aufgehoben durch Art 6 des Gesetzes zur Modernisierung des Kostenrechts (Kostenrechtsmodernisierungsgesetz) vom 5.5.2004 (BGBl I 04, 718)
Brand	*Brand,* Sozialgesetzbuch, Arbeitsförderung, Kommentar, 6. Aufl 2012
BRat	Betriebsrat
BRD	Bundesrepublik Deutschland
BR-Drs	Bundesratsdrucksache
Brecht	*Brecht,* Heimarbeitsgesetz (Kommentar), 1977
Breithaupt	*Breithaupt,* Sammlung von Entscheidungen aus dem Sozialrecht (zitiert nach Jahrgang und Seite)
Brem	Bremen
BRRG	Rahmengesetz zur Vereinheitlichung des Beamtenrechts (Beamtenrechtsrahmengesetz) idF vom 31.3.1999 (BGBl I 99, 654), zuletzt geändert durch Art 15 Abs 14 des Gesetzes zur Neuordnung und Modernisierung des Bundesdienstrechts (Dienstrechtsneuordnungsgesetz − DNeuG) vom 5.2.2009 (BGBl I 09, 160; ber 462)
BSchuG	Gesetz zum Schutz der Beschäftigten vor sexueller Belästigung am Arbeitsplatz (Beschäftigtenschutzgesetz) vom 24.6.1994 (BGBl I 94, 1406), aufgehoben durch Art 4 des Gesetzes zur Umsetzung europäischer Richtlinien zur Verwirklichung des Grundsatzes der Gleichbehandlung mWv 17.8.2006 vom 14.8.2006 (BGBl I 06, 1897)
BSeuchG	Gesetz zur Verhütung und Bekämpfung übertragbarer Krankheiten beim Menschen (Bundes-Seuchengesetz) idF vom 18.12.1979 (BGBl I 79, 2262; BGBl I 80, 151), außer Kraft

Abkürzungsverzeichnis

	mWv 1.1.2001 durch Art 5 Abs 1 Satz 2 Nr 1 des Seuchenrechtsneuordnungsgesetzes vom 20.7.2000 (BGBl I 2000, 1045)
BSG	Bundessozialgericht
BSG 2007	Gesetz zur Bestimmung der Beitragssätze in der gesetzlichen Rentenversicherung für das Jahr 2007 (Beitragssatzgesetz 2007 – BSG 2007) vom 21.12.2006 (BGBl I 06, 3286)
BSGE	Entscheidungen des Bundessozialgerichts (Band, Seite); Amtliche Sammlung
BSHG	Bundessozialhilfegesetz idF vom 23.3.1994 (BGBl I 94, 646; ber 2975), aufgehoben durch Art 68 des Gesetzes zur Einordnung des Sozialhilferechts in das Sozialgesetzbuch mWv 1.1.2005 vom 27.12.2003 (BGBl I 03, 3022); Ausnahmen: § 101a tritt am 1.7.2005, § 100 Abs 1 am 1.1.2007 außer Kraft
bspw	beispielsweise
BSSichErmG	Leistungsentgeltverordnung 2003 und Mindestnettobetrags-Verordnung 2003 (Artikel 10 des Beitragssatzsicherungsermächtigungsgesetzes) vom 23.12.2002 (BGBl I 02, 4637)
BSSichG	Gesetz zur Sicherung der Beitragssätze in der gesetzlichen Krankenversicherung und in der gesetzlichen Rentenversicherung (Beitragssatzsicherungsgesetz) vom 23.12.2002 (BGBl I 02, 4637), außer Kraft mWv 5.5.2007 durch Art 62 des Zweiten Gesetzes über die Bereinigung von Bundesrecht im Zuständigkeitsbereich des Bundesministeriums für Wirtschaft und Technologie und des Bundesministeriums für Arbeit und Soziales vom 25.4.2007 (BGBl I 07, 594)
BStBl	Bundessteuerblatt (zitiert nach Teil I bzw II, Jahrgang und Seite)
BSZG	Bundessonderzahlungsgesetz (BSZG) idF vom 28.2.2005 (BGBl I 05, 464), aufgehoben durch Art 17 Abs 10 des Gesetzes zur Neuordnung und Modernisierung des Bundesdienstrechts (Dienstrechtsneuordnungsgesetz – DNeuG) mWv 31.12.2010 vom 5.2.2009 (BGBl I 09, 160; ber 462), aufgehoben durch Art 6 Satz 2 des Gesetzes zur Wiedergewährung der Sonderzahlung vom 20.12.2011 (BGBl I 11, 2842)
BT-Drs	Bundestagsdrucksache
Buchholz	*Buchholz*, Sammel- und Nachschlagewerk der Rechtsprechung des Bundesverwaltungsgerichts
Buchst	Buchstabe
BÜVO	Verordnung über die Durchführung der Beitragsüberwachung und die Auskunfts- und Vorlagepflichten (Beitragsüberwachungsverordnung) idF vom 28.7.1997 (BGBl I 97, 1930), aufgehoben durch Verordnung über die Berechnung, Zahlung, Weiterleitung, Abrechnung und Prüfung des Gesamtsozialversicherungsbeitrages (Beitragsverfahrensverordnung – BVV) mWv 30.6.2006 vom 3.5.2006 (BGBl I 06, 1138)
BUKG	Gesetz über die Umzugskostenvergütung für die Bundesbeamten, Richter im Bundesdienst und Soldaten (Bundesumzugskostengesetz) idF vom 11.12.1990 (BGBl I 90, 2682), zuletzt geändert durch Art 15 Abs 42 des Gesetzes zur Neuordnung und Modernisierung des Bundesdienstrechts (Dienstrechtsneuordnungsgesetz – DNeuG) vom 5.2.2009 (BGBl I 09, 160; ber 462)
BUrlG	Mindesturlaubsgesetz für Arbeitnehmer (Bundesurlaubsgesetz) vom 8.1.1963 (BGBl I 63, 2), zuletzt geändert durch Art 3 Abs 3 G zur Umsetzung des Seearbeitsübereinkommens 2006

Abkürzungsverzeichnis

	der Internationalen Arbeitsorganisation vom 20.4.2013 (BGBl I 13, 868)
BVA	Bundesversicherungsamt
BVerfG	Bundesverfassungsgericht
BVerfGE	Amtliche Sammlung der Entscheidungen des Bundesverfassungsgerichts
BVerfGG	Gesetz über das Bundesverfassungsgericht idF vom 11.8.1993 (BGBl I 93, 1473), zuletzt geändert durch Art 1 ÄndG vom 29.8.2013 (BGBl I 13, 3463)
BVerwG	Bundesverwaltungsgericht
BVFG	Gesetz über die Angelegenheiten der Vertriebenen und Flüchtlinge (Bundesvertriebenengesetz) idF vom 10.8.2007 (BGBl I 07, 1902), zuletzt geändert durch Art 1 Zehntes ÄndG vom 6.9.2013 (BGBl I 13, 3554)
BVG	Gesetz über die Versorgung der Opfer des Krieges (Bundesversorgungsgesetz) idF vom 22.1.1982 (BGBl I 82, 21), zuletzt geändert durch Art 1 19. KOV-Anpassungsverordnung 2013 vom 14.8.2013 (BGBl I 13, 3227)
BVV	Verordnung über die Berechnung, Zahlung, Weiterleitung, Abrechnung und Prüfung des Gesamtsozialversicherungsbeitrages (Beitragsverfahrensverordnung – BVV) vom 3.5.2006 (BGBl I 06, 1138), zuletzt geändert durch Art 9 des Gesetzes zu Änderungen im Bereich der geringfügigen Beschäftigung vom 5.12.2012 (BGBl I 12, 2474)
bzgl	bezüglich
BZRG	Gesetz über das Zentralregister und das Erziehungsregister (Bundeszentralregistergesetz) idF vom 21.9.1984 (BGBl I 84, 1229), zuletzt geändert durch Art 1 G zur Änd des BundeszentralregisterG und anderer registerrechtlicher Vorschriften vom 6.9.2013 (BGBl I 13, 3556)
BZSt	Bundeszentralamt für Steuern; bis 31.12.2005 Bundesamt für Finanzen (BfF)
bzw	beziehungsweise
ChemG	Gesetz zum Schutz vor gefährlichen Stoffen (Chemikaliengesetz – ChemG) idF vom 2.7.2008 (BGBl I 08, 1146), zuletzt geändert durch Art 4 Abs 101 G zur Strukturreform des Gebührenrechts des Bundes vom 7.8.2013 (BGBl I 13, 3154)
cic	Culpa in contrahendo
Cramer	*Cramer,* Schwerbehindertengesetz, 6. Aufl 2011
ContStifG	Gesetz über die Conterganstiftung für behinderte Menschen (Conterganstiftungsgesetz – ContStifG) idF vom 25.6.2009 (BGBl I 09, 1537), zuletzt geändert durch Art 1 Drittes ÄndG vom 26.6.2013 (BGBl I 13, 1847)
Däubler/Bearbeiter	*Däubler* (Hrsg), Tarifvertragsgesetz, Kommentar, 3. Aufl 2012
DAngVers	Deutsche Angestellten-Versicherung (Zeitschrift)
DB	Der Betrieb (Zeitschrift)
DBA	Doppelbesteuerungsabkommen
DDR	Deutsche Demokratische Republik
DEÜV	Verordnung über die Erfassung und Übermittlung von Daten für die Träger der Sozialversicherung (Datenerfassungs- und -übermittlungsverordnung) idF vom 23.1.2006 (BGBl I 05, 152), zuletzt geändert durch Art 16 Abs 5 BUK-NeuorganisationsG vom 19.10.2013 (BGBl I 13, 3836)
DGB	Deutscher Gewerkschaftsbund

Abkürzungsverzeichnis

DGUV	Deutsche Gesetzliche Unfallversicherung, Spitzenverband der gewerblichen Berufsgenossenschaften und der Unfallversicherungsträger der öffentlichen Hand
dgl	dergleichen/desgleichen
dh	das heißt
Die Beiträge	Die Beiträge zur Sozial- und Arbeitslosenversicherung (Zeitschrift)
DIN	Deutsche Industrienorm
DKK/*Bearbeiter*	*Däubler/Kittner/Klebe/Wedde* (Hrsg), Betriebsverfassungsgesetz, Kommentar, 14. Aufl 2014
DLW/*Bearbeiter*	*Dörner/Luczak/Wildschütz,* Handbuch des Fachanwalts Arbeitsrecht, 11. Aufl 2014
DOK	Die Ortskrankenkasse (Zeitschrift)
DRV	Deutsche Rentenversicherung (Zeitschrift)
DRVB	Deutsche Rentenversicherung Bund
DStJG, Bd	Deutsche Steuerjuristische Gesellschaft e. V., Band
DStR	Deutsches Steuerrecht (Zeitschrift)
DStRE	DStR-Entscheidungsdienst (Beilage zur Zeitschrift DStR)
DStZ	Deutsche Steuerzeitschrift (Zeitschrift)
DV	Durchführungsverordnung
EBRat	Europäischer Betriebsrat
EBRG	Gesetz über Europäische Betriebsräte (Europäische Betriebsräte-Gesetz) idF vom 7.12.2011 (BGBl I 11, 2650)
EDV	Elektronische Datenverarbeitung
EEÄndG	Gesetz zur Änderung der Berücksichtigung von Entlassungsentschädigungen im Arbeitsförderungsrecht (Entlassungsentschädigungs-Änderungsgesetz) vom 24.3.1999 (BGBl I 99, 396)
EFG	Entscheidungen der Finanzgerichte (Zeitschrift)
EFZG	Gesetz über die Zahlung des Arbeitsentgelts an Feiertagen und im Krankheitsfall (Entgeltfortzahlungsgesetz) vom 26.5.1994 (BGBl I 94, 1065), zuletzt geändert durch Art 1a des Gesetzes zur Änderung des Transplantationsgesetzes vom 21.7.2012 (BGBl I 12, 1601)
EG	Europäische Gemeinschaft(en)
EGAHiG	Gesetz zur Durchführung der EG-Richtlinie über die gegenseitige Amtshilfe im Bereich der direkten Steuern, bestimmter Verbrauchsteuern und der Steuern auf Versicherungsprämien (EG-Amtshilfe-Gesetz) vom 19.12.1985 (BGBl I 85, 2441; ber 93, 169), zuletzt geändert durch Art 31 Abs 9 Gesetz zur Umsetzung der Amtshilferichtlinie sowie zur Änderung steuerlicher Vorschriften (Amtshilferichtlinie-Umsetzungsgesetz – AmtshilfeRLUmsG) vom 26.6.2013 (BGBl I 13, 1809)
EGBGB	Einführungsgesetz zum Bürgerlichen Gesetzbuch idF vom 21.9.1994 (BGBl I 94, 2494), zuletzt geändert durch Art 4 Abs 4 G zur Einführung eines Datenbankgrundbuchs vom 1.10.2013 (BGBl I 13, 3719)
EGHGB	Einführungsgesetz zum Handelsgesetzbuch vom 10.5.1897 (RGBl S 437), zuletzt geändert durch Art 2 G zur Änd des HGB vom 4.10.2013 (BGBl I 13, 3746)
EGInsO	Einführungsgesetz zur Insolvenzordnung vom 5.10.1994 (BGBl I 94, 2911), zuletzt geändert durch Art 6 G zur Verkürzung des Restschuldbefreiungsverfahrens und zur Stärkung der Gläubigerrechte vom 15.7.2013 (BGBl I 13, 2379)

Abkürzungsverzeichnis

EGV	Vertrag zur Gründung der Europäischen Gemeinschaft idF bis 30.11.2009 vom 25.3.1957, zuletzt geändert durch Art 2 des Vertrages von Lissabon vom 13.12.2007 (ABl Nr C 306, 1)
EHR	*Eicher/Haase/Rauschenbach,* Die Rentenversicherung der Arbeiter und der Angestellten (Loseblatt)
EhrenAmtVO	Verordnung über die ehrenamtliche Betätigung von Arbeitslosen vom 24.5.2002 (BGBl I 02, 1783), zuletzt geändert durch Art 11 EhrenamtsstärkungsG vom 21.3.2013 (BGBl I 13, 556)
EigZulG	Eigenheimzulagengesetz idF vom 26.3.1997 (BGBl I 97, 734), zuletzt geändert durch Art 22 des Jahressteuergesetzes 2009 (JStG 2009) vom 19.12.2008 (BGBl I 08, 2794)
Einmalzahlungs-NeuregelungsG	Gesetz zur Neuregelung der sozialversicherungsrechtlichen Behandlung von einmalig gezahltem Arbeitsentgelt (Einmalzahlungs-Neuregelungsgesetz) vom 21.12.2000 (BGBl I 2000, 1971)
ELENA-VerfahrensG	Gesetz über das Verfahren des elektronischen Entgeltnachweises (ELENA-Verfahrensgesetz) vom 28.3.2009 (BGBl I 09, 634; ber 1141), zuletzt geändert durch Art 3 des Gesetzes zur Änderung des Beherbergungsstatistikgesetzes und des Handelsstatistikgesetzes sowie zur Aufhebung von Vorschriften zum Verfahren des elektronischen Entgeltnachweises vom 23.11.2011 (BGBl I 11, 2298)
ELStAM	Elektronische Lohnsteuerabzugsmerkmale
EPersR	Personalrecht, Grundsatzentscheidungen mit Erläuterungen (Entscheidungssammlung)
ErfK/*Bearbeiter*	Erfurter Kommentar zum Arbeitsrecht, hrsg von *Dieterich/Hanau/Schaub*, 14. Aufl 2014
Erman/*Bearbeiter*	*Erman,* Handkommentar zum Bürgerlichen Gesetzbuch, 13. Aufl 2011
Ersatzkasse	Ersatzkasse (Zeitschrift)
ESt	Einkommensteuer
EStDV	Einkommensteuer-Durchführungsverordnung 2000 vom 10.5.2000 (BGBl I 2000, 717), zuletzt geändert durch Art 2 Verordnung zur Übertragung der Zuständigkeit für das Steuerabzugs- und Veranlagungsverfahren nach den §§ 50 und 50a des Einkommensteuergesetzes auf das Bundeszentralamt für Steuern und zur Regelung verschiedener Anwendungszeitpunkte und weiterer Vorschriften vom 24.6.2013 (BGBl I 13, 1679)
EStG	Einkommensteuergesetz idF vom 8.10.2009 (BGBl I 09, 3366; ber 3862), zuletzt geändert durch Art 11 Gesetz zur Anpassung des Investmentsteuergesetzes und anderer Gesetze an das AIFM-Umsetzungsgesetz (AIFM-Steuer-Anpassungsgesetz – AIFM-StAnpG) vom 18.12.2013 (BGBl I 13, 4318)
EStH	Einkommensteuerhinweise 2008 im Amtlichen Einkommensteuer-Handbuch 2008, hrsg vom BMF
EStR	Einkommensteuer-Richtlinien 2008 vom 16.12.2005 idF der Einkommensteuer-Änderungsrichtlinien 2008 vom 18.12.2008 (BStBl I 08, 1017)
etc	et cetera
EU	Europäische Union
EuGH	Europäischer Gerichtshof
EuroAS	Informationsdienst europäisches Arbeits- und Sozialrecht
1. EuroEG	Gesetz zur Einführung des Euro vom 9.6.1998 (BGBl I 98, 1242)

Abkürzungsverzeichnis

2. EuroEG	Zweites Gesetz zur Einführung des Euro vom 24.3.1999 (BGBl I 99, 385)
3. EuroEG	Gesetz über die Änderung währungsrechtlicher Vorschriften infolge der Einführung des Euro-Bargeldes (Drittes Euro-Einführungsgesetz) vom 16.12.1999 (BGBl I 99, 2402)
4. EuroEG	Gesetz zur Einführung des Euro im Sozial- und Arbeitsrecht sowie zur Änderung anderer Vorschriften (Viertes Euro-Einführungsgesetz) vom 21.12.2000 (BGBl I 2000, 1983), zuletzt geändert durch Art 3 Nr 1 des Gesetzes zur Änderung des Gaststättengesetzes und anderer Gewerbeordnungen vom 13.12.2001 (BGBl I 01, 3584)
EUV	Vertrag über die Europäische Union (Vertrag von Lissabon)
EUVerf	Vertrag über eine Verfassung für Europa vom 29.10.2004 (ABl EU C 04, 310), geändert durch Art 13. 14. 15 des Protokolls über die Bedingungen und Einzelheiten der Aufnahme der Republik Bulgarien und Rumäniens in die Europäische Union mWv 1.1.2007 vom 25.4.2005 (ABl Nr L 157 S 29), außer Kraft mWv 1.11.2006
EV	Vertrag zwischen der Bundesrepublik Deutschland und der Deutschen Demokratischen Republik über die Herstellung der Einheit Deutschlands – Einigungsvertrag – vom 31.8.1990 (BGBl II 90, 889), zuletzt geändert durch Art 109 des Gesetzes über die weitere Bereinigung von Bundesrecht vom 8.12.2010 (BGBl I 10, 1864, 1880 ff)
evtl	eventuell
EWG	Europäische Wirtschaftsgemeinschaft
EWR	Europäischer Wirtschaftsraum
EzA	Entscheidungssammlung zum Arbeitsrecht
EzA-SD	Entscheidungssammlung zum Arbeitsrecht-Schnelldienst (Zeitschrift)
EzAÜG	*Becker,* Entscheidungssammlung zum Arbeitnehmerüberlassungsgesetz und zum sonstigen drittbezogenen Personaleinsatz (Loseblatt)
FA	Finanzamt
FA Arbeitsrecht	Fachanwalt Arbeitsrecht (Zeitschrift)
FamRZ	Zeitschrift für das gesamte Familienrecht
FD-ArbR	Fachdienst Arbeitsrecht
FD-StR	Fachdienst Steuerrecht
ff	folgende
FG	Finanzgericht
FGO	Finanzgerichtsordnung idF vom 28.3.2001 (BGBl I 01, 443), zuletzt geändert durch Art 6 G zur Förderung des elektronischen Rechtsverkehrs mit den Gerichten vom 10.10.2013 (BGBl I 13, 3786)
FinBeh	Finanzbehörde
FinMin	Finanzminister(ium)
Fitting	*Fitting/Engels/Schmidt/Trebinger/Linsenmaier,* Betriebsverfassungsgesetz, Kommentar, 26. Aufl 2012
FK-InsO/*Bearbeiter*	Frankfurter Kommentar zur Insolvenzordnung, hrsg von *Klaus Wimmer,* 7. Aufl 2013
FMBl	Amtsblatt des Bayerischen Staatsministeriums der Finanzen
FöJG	Gesetz zur Förderung eines freiwilligen ökologischen Jahres idF vom 15.7.2002 (BGBl I 02, 2600), aufgehoben mWv 31.5.2008 durch Art 3 des Gesetzes zur Förderung von Jugendfreiwilligendiensten vom 16.5.2008 (BGBl I 08, 842)

Abkürzungsverzeichnis

FördG	Gesetz über Sonderabschreibungen und Abzugsbeträge im Fördergebiet (Fördergebietsgesetz) idF vom 23.9.1993 (BGBl I 93, 1654), zuletzt geändert durch Art 129 der Siebenten Zuständigkeitsanpassungs-Verordnung vom 29.11.2001 (BGBl I 01, 2785; ber 02, 2972)
FPersG	Gesetz über das Fahrpersonal von Kraftfahrzeugen und Straßenbahnen (Fahrpersonalgesetz) idF vom 19.2.1987 (BGBl I 87, 640), zuletzt geändert durch Art 2 G zur Änd des GüterkraftverkehrsG und anderer Gesetze vom 17.6.2013 (BGBl I 13, 1558)
FPfZG	Gesetz über die Familienpflegezeit (Familienpflegezeitgesetz – FPfZG) vom 6.12.2011 (BGBl I 11, 2564)
FR	Finanz-Rundschau (Zeitschrift)
FRG	Fremdrentengesetz vom 25.2.1960 (BGBl I 60, 93), zuletzt geändert durch Art 16 Abs 2 BUK-NeuorganisationsG vom 19.10.2013 (BGBl I 13, 3836)
FSgG	Gesetz zur Förderung eines freiwilligen sozialen Jahres idF vom 15.7.2002 (BGBl I 02, 2596), aufgehoben mWv 31.5.2008 durch Art 3 des Gesetzes zur Förderung von Jugendfreiwilligendiensten vom 16.5.2008 (BGBl I 08, 842)
FS Küttner	Personal im Wandel. Festschrift für Wolfdieter Küttner zum 70. Geburtstag, hrsg von *Hanau/Röller/Macher/Schlegel*, München 2006
FVG	Gesetz über die Finanzverwaltung idF vom 4.4.2006 mWv 1.1.2006 (BGBl I 06, 846), zuletzt geändert durch Art 2 AIFM-Steuer-AnpassungsG vom 18.12.2013 (BGBl I 13, 4318)
Gagel/Bearbeiter	*Gagel*, Sozialgesetzbuch III – Arbeitsförderung, Kommentar (Loseblatt)
Gamillscheg	*Gamillscheg*, Kollektives Arbeitsrecht, 1997 (Band I), 2008 (Band II)
GBl	Gesetzblatt
GbR	Gesellschaft bürgerlichen Rechts
GBRat	Gesamtbetriebsrat
GdB	Grad der Behinderung
GefStoffV	Verordnung zum Schutz vor Gefahrstoffen (Gefahrstoffverordnung) vom 26.11.2010 (BGBl I 10, 1643), zuletzt geändert durch Art 2 VO zur Neufassung der BiostoffVO und zur Änd der GefahrstoffVO vom 15.7.2013 (BGBl I 13, 2514)
gem	gemäß
GenDG	Gesetz über genetische Untersuchungen bei Menschen (Gendiagnostikgesetz – GenDG) mWv 1.2.2010 vom 31.7.2009 (BGBl I 09, 2529; ber 3672), zuletzt geändert durch Art 2 Abs 31, Art 4 Abs 18 G zur Strukturreform des Gebührenrechts des Bundes vom 7.8.2013 (BGBl I 13, 3154)
GenG	Gesetz betreffend die Erwerbs- und Wirtschaftsgenossenschaften (Genossenschaftsgesetz – GenG) idF vom 16.10.2006 mWv 18.8.2006 (BGBl I 06, 2230), zuletzt geändert durch Art 8 G zur Verkürzung des Restschuldbefreiungsverfahrens und zur Stärkung der Gläubigerrechte vom 15.7.2013 (BGBl I 13, 2379)
Germelmann/Matthes Prütting/Müller-Glöge	*Germelmann/Matthes/Prütting/Müller-Glöge*, Arbeitsgerichtsgesetz, Kommentar, 8. Aufl 2013
GesamtKomm/*Bearbeiter*	*Bley/Gitter/Gagel/Heinze/Kopp/Müller/Schneider-Dannwitz/Schroeter/Schwerdtfeger*, Gesamtkommentar Sozialgesetzbuch – Sozialversicherung (Loseblatt)

Abkürzungsverzeichnis

GewO	Gewerbeordnung idF vom 22.2.1999 (BGBl I 99, 202), zuletzt geändert durch Art 2 G zur Änd des BundeszentralregisterG und anderer registerrechtlicher Vorschriften vom 6.9.2013 (BGBl I 13, 3556)
GewStG	Gewerbesteuergesetz idF vom 15.10.2002 (BGBl I 02, 4167), zuletzt geändert durch Art 4 Gesetz zur Umsetzung der Amtshilferichtlinie sowie zur Änderung steuerlicher Vorschriften (Amtshilferichtlinie-Umsetzungsgesetz – AmtshilfeRLUmsG) vom 26.6.2013 (BGBl I 13, 1809)
GewStR	Gewerbesteuer-Richtlinien 1998 vom 21.12.1998 (BStBl I Sondernummer 2)
GG	Grundgesetz für die Bundesrepublik Deutschland vom 23.5.1949 (BGBl I 49, 1), zuletzt geändert durch Art 1 des Gesetzes zur Änderung des Grundgesetzes (Art 91e) vom 21.7.2010 (BGBl I 10, 944)
ggf	gegebenenfalls
GK	Gemeinschafts-Kommentar
GK-BetrVG/*Bearbeiter*	Gemeinschaftskommentar zum Betriebsverfassungsgesetz, von *Wiese/Kreutz/Oetker/Raab/Weber/Franzen,* 10. Aufl 2014
GK-BUrlG/*Bearbeiter*	Gemeinschaftskommentar zum Bundesurlaubsgesetz, von *Stahlhacke/Bachmann/Bleistein/Berscheid,* 5. Aufl 1992
GKG	Gerichtskostengesetz vom 5.5.2004 (BGBl I 04, 718), zuletzt geändert durch Art 5 Abs 5 G zur Modernisierung des GeschmacksmusterG sowie zur Änd der Regelungen über die Bekanntmachungen zum Ausstellungsschutz vom 10.10.2013 (BGBl I 13, 3799)
GK-HGB/*Bearbeiter*	Gemeinschaftskommentar zum Handelsgesetzbuch, von *Ensthaler,* 8. Aufl 2013
GK-SGB I/*Bearbeiter*	Gemeinschaftskommentar zum Sozialgesetzbuch – Allgemeiner Teil, von *Kretschmer/von Maydell/Schellhorn,* 3. Aufl 1996
GK-SGB III/*Bearbeiter*	Gemeinschaftskommentar zum Arbeitsförderungsrecht (Loseblatt) von *Ambs/Feckler/Götze/Hess/Holst/Knickrehm/Kuck/Marschner/Masuch/Müller-Kohlenberg/Rademacher/Wagner*
GK-SGB IV/*Bearbeiter*	Gemeinschaftskommentar zum Sozialgesetzbuch – Gemeinsame Vorschriften für die Sozialversicherung, von *Gleitze/Krause/von Maydell,* 2. Aufl 1993
GK-TzA/*Bearbeiter*	Gemeinschaftskommentar zum Teilzeitarbeitsrecht, von *Becker/Danne/Lang,* 1987
GKV-Gesundheitsreformgesetz 2000	Gesetz zur Reform der gesetzlichen Krankenversicherung ab dem Jahr 2000 vom 22.12.1999 (BGBl I 99, 2626), geändert durch Art 3 des Arzneimittelausgaben-Begrenzungsgesetzes vom 15.2.2002 (BGBl I 02, 684)
GKV-Wettbewerbsstärkungsgesetz	Gesetz zur Stärkung des Wettbewerbs in der Gesetzlichen Krankenversicherung (GKV-Wettbewerbsstärkungsgesetz – GKV-WSG) vom 26.3.2007 (BGBl I 07, 378), zuletzt geändert durch Art 4 des Gesetzes zur Änderung des Infektionsschutzgesetzes und weiterer Gesetze vom 28.7.2011 (BGBl I 11, 1622)
GL	*Galperin/Löwisch,* Kommentar zum Betriebsverfassungsgesetz, 6. Aufl 1982
GmbH	Gesellschaft mit beschränkter Haftung
GmbHG	Gesetz betreffend die Gesellschaften mit beschränkter Haftung idF vom 20.5.1898 (RGBl Teil 2, 846), zuletzt geändert durch Art 27 2. Kostenrechtsmodernisierungsgesetz vom 23.7.2013 (BGBl I 13, 2586)
GmbHR	GmbH-Rundschau (Zeitschrift)

Abkürzungsverzeichnis

GmbH-Steuerpraxis	Zeitschrift
GPSG	Gesetz über technische Arbeitsmittel und Verbraucherprodukte (Geräte- und Produktsicherheitsgesetz – GPSG) mWv 1.5.2004 vom 6.1.2004 (BGBl I 04, 2; ber 11.2.2004, BGBl I 04, 219), aufgehoben durch Art 37 Abs 1 des Gesetzes über die Neuordnung des Geräte- und Produktsicherheitsrechts vom 8.11.2011 (BGBl I 11, 2178)
Grabitz/EWG-Vertrag	*Grabitz* (Hrsg), Kommentar zum EWG-Vertrag, Stand 1990
grds	grundsätzlich
GRG	Gesetz zur Strukturreform im Gesundheitswesen (Gesundheits-Reformgesetz) vom 20.12.1988 (BGBl I 88, 2477), zuletzt geändert durch Art 105 des Gesetzes zur Ausführung des Abkommens vom 2. Mai 1952 über den Europäischen Wirtschaftsraum vom 27.4.1993 (BGBl I 93, 512) (siehe auch Entscheidung des Bundesverfassungsgerichts vom 7.8.2000 (BGBl I 2000, 1300)
Griebeling	*Griebeling/Griebeling*, Betriebliche Altersversorgung, 2. Aufl 2003
Gröninger/Gehring	*Gröninger/Gehring*, Jugendarbeitsschutzgesetz, Kommentar (Loseblatt)
Gröninger/Thomas SchwbG	*Gröninger/Thomas*, Schwerbehindertengesetz, Kommentar (Loseblatt)
Gröninger/Thomas MuSchG	*Gröninger/Thomas*, Mutterschutzgesetz, Kommentar (Loseblatt)
Grüner	*Grüner*, Sozialgesetzbuch, Kommentar (Loseblatt)
GRUR	Gewerblicher Rechtsschutz und Urheberrecht (Zeitschrift)
GS	Großer Senat
GSG	Gesetz über technische Arbeitsmittel (Gerätesicherheitsgesetz – GSG) idF vom 11.5.2001 (BGBl I 01, 866), aufgehoben durch Art 28 des Gesetzes zur Neuordnung der Sicherheit von technischen Arbeitsmitteln und Verbraucherprodukten mWv 1.5.2004 vom 6.1.2004 (BGBl I 04, 2; 219)
GSiG	Gesetz über eine bedarfsorientierte Grundsicherung im Alter und bei Erwerbsminderung vom 26.6.2001 (BGBl I 01, 1310), aufgehoben durch Art 68 Abs 1 Nr 5 des Gesetzes zur Einordnung des Sozialhilferechts in das SGB vom 27.12.2003 (BGBl I 03, 3022)
GSNRW	Gesetzessammlung Nordrhein-Westfalen
GVBl	Gesetz- und Verordnungsblatt
GVG	Gerichtsverfassungsgesetz idF vom 9.5.1975 (BGBl I 75, 1077), zuletzt geändert durch Art 5 Abs 1 G zur Modernisierung des GeschmacksmusterG sowie zur Änderung der Regelungen über die Bekanntmachungen zum Ausstellungsschutz vom 10.10.2013 (BGBl I 13, 3799)
HAG	Heimarbeitsgesetz vom 14.3.1951 (BGBl I 51, 191), zuletzt geändert durch Art 225 der Neunten Zuständigkeitsanpassungsverordnung vom 31.10.2006 (BGBl I 06, 2407)
HaKo-BetrVG/*Bearbeiter*	Betriebsverfassungsgesetz Handkommentar, hrsg von *Düwell*, 4. Aufl 2014
HandwO	Gesetz zur Ordnung des Handwerks (Handwerksordnung) idF vom 24.9.1998 (BGBl I 98, 3074; ber 160, BGBl I 06, 2095), zuletzt geändert durch Art 19 G zur Förderung der elektronischen Verwaltung sowie zur Änd weiterer Vorschriften vom 25.7.2013 (BGBl I 13, 2749)

Abkürzungsverzeichnis

Hauck/Noftz/Bearbeiter	Hauck/Noftz, Kommentar zum SGB (Loseblatt)
Hbg	Hamburg
H/B/N/B	Hartmann/Böttcher/Nissen/Bordewin, Kommentar zum Einkommensteuergesetz (Loseblatt)
Heilmann	Heilmann, Mutterschutzgesetz, Kommentar, 2. Aufl 1991
Hennig/Bearbeiter	Hennig, SGB III, Kommentar mit Nebenrecht (Loseblatt)
Herkert	Herkert, Berufsbildungsgesetz mit Nebenbestimmungen, Kommentar (Loseblatt)
Hess	Hessen
Heuermann/Wagner	Heuermann/Wagner, Das gesamte Lohnsteuerrecht (Loseblatt)
HEZG	Gesetz zur Neuordnung der Hinterbliebenenrenten sowie zur Anerkennung von Kindererziehungszeiten in der gesetzlichen Rentenversicherung (Hinterbliebenenrenten- und Erziehungszeiten-Gesetz) vom 11.7.1985 (BGBl I 85, 1450)
HFR	Höchstrichterliche Finanzrechtsprechung, Entscheidungssammlung
HGB	Handelsgesetzbuch vom 10.5.1897 (RGBl I 1897, 219; ber BGBl I 99, 42) idF vom BGBl Teil III, Gliederungsnummer 4100–1, zuletzt geändert durch Art 1 ÄndG vom 4.10.2013 (BGBl I 13, 3746)
HHG	Gesetz über Hilfsmaßnahmen für Personen, die aus politischen Gründen in Gebieten außerhalb der Bundesrepublik Deutschland in Gewahrsam genommen wurden (Häftlingshilfegesetz – HHG) idF vom 2.6.1993 (BGBl I 93, 838), zuletzt geändert durch Art 6 Abs 3 des Gesetzes zur Änderung des Bundesversorgungsgesetzes und anderer Vorschriften vom 20.6.2011 (BGBl I 11, 1114)
HHR	Herrmann/Heuer/Raupach, Kommentar zur Einkommensteuer und Körperschaftsteuer (Loseblatt)
HHS	Hübschmann/Hepp/Spitaler, Kommentar zur Abgabenordnung und Finanzgerichtsordnung (Loseblatt)
HK-AGG/Bearbeiter	Däubler/Bertzbach, Allgemeines Gleichbehandlungsgesetz, 3. Aufl 2013
hM	herrschende Meinung
HMW/Stichwort	Hartz/Meeßen/Wolf, ABC-Führer Lohnsteuer (Loseblatt)
Höfer	Höfer, Gesetz zur Verbesserung der betrieblichen Altersversorgung (Loseblatt-Kommentar), Bd I: 10. Aufl 2008; Bd II: 6. Aufl 2010
von Hoyningen-Huene	von Hoyningen-Huene/Linck, Kündigungsschutzgesetz, Kommentar, 15. Aufl 2013
HRG	Hochschulrahmengesetz idF vom 19.1.1999 (BGBl I 99, 18), zuletzt geändert durch Art 2 des Gesetzes zur Änderung arbeitsrechtlicher Vorschriften in der Wissenschaft vom 12.4.2007 (BGBl I 07, 506)
Hromadka/Sieg	Hromadka/Sieg, Sprecherausschussgesetz, Kommentar, 2. Aufl 2010
Hs	Halbsatz
HSG	Hess/Schlochauer/Glaubitz, Betriebsverfassungsgesetz, 5. Aufl 1997
HSR/Bearbeiter	Sozialrechtshandbuch, hrsg von von Maydell/Ruland/Becker, 5. Aufl 2012
H/S/W/G	Hess/Schlochauer/Worzalla/Glock, Kommentar zum Betriebsverfassungsgesetz, 6. Aufl 2003
Huber	Huber, Handbuch des Ausländer- und Asylrechts (Loseblatt)
HVBG-Info	Informationsblatt des Hauptverbandes der gewerblichen Berufsgenossenschaften

Abkürzungsverzeichnis

HVGBG AID	Hauptverband der gewerblichen Berufsgenossenschaften, Aktueller Informationsdienst für die berufsgenossenschaftliche Sachbearbeitung
H/W/G/N/R	*Hess/Worzalla/Glock/Nicolai/Rose,* BetrVG – Kommentar zum Betriebsverfassungsgesetz, 9. Aufl 2014
HWK/*Bearbeiter*	*Henssler/Willemsen/Kalb,* Arbeitsrecht, Kommentar, 5. Aufl 2012
HzA	*Stahlhacke,* Handbuch zum Arbeitsrecht (Loseblatt)
HZvG	Gesetz zur Neuregelung der Hüttenknappschaftlichen Zusatzversicherung im Saarland (Hüttenknappschaftliches Zusatzversicherungs-Gesetz) vom 21.6.2002 (BGBl I 02, 2167), zuletzt geändert durch Art 18 des Gesetzes zur Strukturreform des Versorgungsausgleichs (VAStrRefG) mWv 1.9.2009 vom 3.4.2009 (BGBl I 09, 700)
HZvNG	Gesetz zur Einführung einer kapitalgedeckten Hüttenknappschaftlichen Zusatzversicherung und zur Änderung anderer Gesetze (Hüttenknappschaftliches Zusatzversicherungs-Neuregelungsgesetz – HZvNG) vom 21.6.2002 (BGBl I 02, 2167)
idF	in der Fassung
idR	in der Regel
IfSG	Gesetz zur Verhütung und Bekämpfung von Infektionskrankheiten beim Menschen (Infektionsschutzgesetz – IfSG) vom 20.7.2000 (BGBl I 2000, 1045), zuletzt geändert durch Art 2 Abs 36, Art 4 Abs 21 G zur Strukturreform des Gebührenrechts des Bundes vom 7.8.2013 (BGBl I 13, 3154)
IHK	Industrie- und Handelskammer
iH (d)/(v)	in Höhe (des/der)/(von)
IKK	Innungskrankenkasse
Inf	Die Information über Steuer und Wirtschaft (Zeitschrift)
info also	Informationen zum Arbeitslosenrecht und Sozialhilferecht (Zeitschrift)
insbes	insbesondere
InsO	Insolvenzordnung vom 5.10.1994 (BGBl I 94, 2866), zuletzt geändert durch Art 6 G zur Änd. des Prozesskostenhilfe- und Beratungshilferechts vom 31.8.2013 (BGBl I 13, 3533)
InsOÄndG	Gesetz zur Änderung der Insolvenzordnung und anderer Gesetze vom 26.10.2001 (BGBl I 01, 2710)
InvZul	Investitionszulage
InvZulG 2005	Investitionszulagengesetz 2005 idF vom 30.9.2005 (BGBl I 05, 2961)
InvZulG 2007	Investitionszulagengesetz 2007 idF vom 23.2.2007 (BGBl I 07, 282), zuletzt geändert durch Art 2 des Gesetzes zur Schaffung einer Nachfolgeregelung und Änderung des Investitionszulagengesetzes 2007 vom 7.12.2008 (BGBl I 08, 2350)
InvZulG 2010	Investitionszulagengesetz 2010 (InvZulG 2010) vom 7.12.2008 (BGBl I 08, 2350), zuletzt geändert durch Art 10 des Gesetzes zur Beschleunigung des Wirtschaftswachstums (Wachstumsbeschleunigungsgesetz) vom 22.12.2009 (BGBl I 09, 3950)
iS (d)/(v)	im Sinne (des/der)/(von)
IStR	Internationales Steuerrecht (Zeitschrift)
iVm	in Verbindung mit
IWB (F)	Internationale Wirtschaftsbriefe (Zeitschrift), Fach
iwS	im weiteren Sinne
JAE	Jahresarbeitsentgelt
JAEGrenze	Jahresarbeitsentgeltgrenze

Abkürzungsverzeichnis

JArbSchG	Gesetz zum Schutze der arbeitenden Jugend (Jugendarbeitsschutzgesetz) vom 12.4.1976 (BGBl I 76, 965), zuletzt geändert durch Art 3 Abs 7 G zur Umsetzung des Seearbeitsübereinkommens 2006 der Internationalen Arbeitsorganisation vom 20.4.2013 (BGBl I 13, 868)
JAV	Jahresarbeitsverdienst
JAV	Jugend- und Auszubildendenvertretung
JAVGrenze	Jahresarbeitsverdienstgrenze
Jg	Jahrgang
Job-AQTIV-Gesetz	Gesetz zur Reform der arbeitsmarktpolitischen Instrumente vom 10.12.2001 (BGBl I 01, 3443), zuletzt geändert durch Art 103 des Dritten Gesetzes für moderne Dienstleistungen am Arbeitsmarkt vom 23.12.2003 (BGBl I 03, 2848)
JStG 1996	Jahressteuergesetz 1996 vom 11.10.1995 (BGBl I 95, 1250)
JStG 1997	Jahressteuergesetz 1997 vom 20.12.1996 (BGBl I 96, 2049)
JStG 2007	Jahressteuergesetz 2007 vom 13.12.2006 (BGBl I 06, 2878)
JStG 2008	Jahressteuergesetz 2008 vom 20.12.2007 (BGBl I 07, 3150)
JStG 2009	Jahressteuergesetz 2009 vom 19.12.2008 (BGBl I 08, 2794)
JStG 2010	Jahressteuergesetz 2010 vom 8.12.2010 (BGBl I 10, 1768)
JZ	Juristen-Zeitung (Zeitschrift)
KAGBefrVO	Verordnung über die Bezugsfrist für das Kurzarbeitergeld vom 26.11.2008 (BGBl I 08, 2332), aufgehoben durch § 2 Satz 2 der Verordnung über die Bezugsdauer für das Kurzarbeitergeld vom 7.12.2012 (BGBl I 12, 2570)
Kap	Kapitel
KassHB/*Bearbeiter*	Kasseler Handbuch zum Arbeitsrecht in zwei Bänden, hrsg von *Leinemann*, 2. Aufl 2000
KassKomm/*Bearbeiter*	Kasseler Kommentar zum Sozialversicherungsrecht (Loseblatt)
KAUG	Konkursausgleichsgeld
KBRat	Konzernbetriebsrat
Kempen/Zachert	*Kempen/Zachert,* Tarifvertragsgesetz, 5. Aufl 2014
KFR/F	Kommentierte Finanzrechtsprechung (Fach)
Kfz	Kraftfahrzeug
KG	Kommanditgesellschaft
KGaA	Kommanditgesellschaft auf Aktien
KHEntgG	Gesetz über die Entgelte für voll- und teilstationäre Krankenhausleistungen (Krankenhausentgeltgesetz – KHEntgG) vom 23.4.2002 (BGBl I 02, 1412), zuletzt geändert durch Art 5a G zur Beseitigung sozialer Überforderung bei Beitragsschulden in der Krankenversicherung vom 15.7.2013 (BGBl I 13, 2423)
KHV	Verordnung zur Verwendung von Gebärdensprache und anderen Kommunikationshilfen im Verwaltungsverfahren nach dem Behindertengleichstellungsgesetz (Kommunikationshilfenverordnung) vom 17.7.2002 (BGBl I 02, 2650), geändert durch Art 15 des Gesetzes zur Änderung des Vierten Buches Sozialgesetzbuch und anderer Gesetze mWv 1.1.2008 vom 19.12.2007 (BGBl I 07, 3024)
KiLSt	Kirchenlohnsteuer
KindArbSchV	Verordnung über den Kinderarbeitsschutz (Kinderarbeitsschutzverordnung) vom 23.6.1998 (BGBl I 98, 1508)
Kittner/Däubler/Zwanziger	*Kittner/Däubler/Zwanziger,* Kündigungsschutzrecht, Kommentar, 8. Aufl 2011
KiSt	Kirchensteuer
Kj	Kalenderjahr
Klein	*Klein,* Abgabenordnung, 11. Aufl 2012

Abkürzungsverzeichnis

km	Kilometer
Knopp/Bearbeiter	*Knopp/Kraegeloh,* Berufsbildungsgesetz, Kommentar, 5. Aufl 2005
KO	Konkursordnung idF vom 20.5.1898 (RGBl Teil 2, 612), zuletzt geändert durch Art 5 des Gesetzes zur Haftungsbeschränkung in der Binnenschifffahrt vom 25.8.1998 (BGBl I 98, 2489), aufgehoben zum 1.1.1999 durch Art 2 Nr 4 des Einführungsgesetzes zur Insolvenzordnung (EGInsO) vom 5.10.1994 (BGBl I 94, 2911)
Koberski/Asshoff/Hold	*Koberski/Asshoff/Hold,* Arbeitnehmer-Entsendegesetz, 3. Aufl 2011
KÖSDI	Kölner Steuerdialog (Zeitschrift)
Ko/Ha	*Koch/Hartmann/Kaltenbach/Maier,* Die Rentenversicherung im Sozialgesetzbuch, Loseblattsammlung, bearbeitet von *Harthun-Kindl/Hennies/Kaltenbach/Maier/Wagner*
KR/Bearbeiter	*Ezel/Bader/Fischermeier/Friedrich/Griebeling/Lipke/Pfeiffer/Rost/Spilger/Vogt/Weigand/Wolff,* Gemeinschaftskommentar zum Kündigungsschutzgesetz, 10. Aufl 2013
Krauskopf	*Krauskopf/Schroeder-Printzen,* Soziale Krankenversicherung (Loseblatt)
KrPflG	Gesetz über die Berufe in der Krankenpflege (Krankenpflegegesetz) vom 16.7.2003 (BGBl I 03, 1442), zuletzt geändert mWv 1.4.2012 durch Art 35 des Gesetzes zur Verbesserung der Feststellung und Anerkennung im Ausland erworbener Berufsqualifikationen vom 6.12.2011 (BGBl I 11, 2515)
KrVAGBegrG 2003	Gesetz zur Begrenzung der Ausgaben der gesetzlichen Krankenversicherung für das Jahr 2003 vom 23.12.2002 (BGBl I 02, 4637)
KrW-/AbfG	Gesetz zur Förderung der Kreislaufwirtschaft und Sicherung der umweltverträglichen Beseitigung von Abfällen (Kreislaufwirtschafts- und Abfallgesetz) vom 27.9.1994 (BGBl I 94, 2705), aufgehoben mWv 31.5.2012 durch Art 6 Abs 1 Satz 2 des Gesetzes zur Neuordnung des Kreislaufwirtschafts- und Abfallrechts vom 24.2.2012 (BGBl I 12, 212)
KrWG	Gesetz zur Förderung der Kreislaufwirtschaft und Sicherung der umweltverträglichen Bewirtschaftung von Abfällen (Kreislaufwirtschaftsgesetz – KrWG) mWv 1.6.2012 vom 24.2.2012 (BGBl I 12, 212), zuletzt geändert durch § 44 Abs 4 TiergesundheitsG vom 22.5.2013 (BGBl I 13, 1324)
K/S	*Kirchhof/Söhn,* Einkommensteuergesetz, Kommentar in 12 Bänden (Loseblatt)
KSchG	Kündigungsschutzgesetz vom 25.8.1969 (BGBl I 69, 1317), zuletzt geändert durch Art 3 Abs 2 G zur Umsetzung des Seearbeitsübereinkommens 2006 der Internationalen Arbeitsorganisation vom 20.4.2013 (BGBl I 13, 868)
KSSA	Gesetz zu Korrekturen in der Sozialversicherung und zur Sicherung der Arbeitnehmerrechte vom 19.12.1998 (BGBl I 98, 3843), geändert durch Art 23 des Gesetzes zur Reform der Renten wegen verminderter Erwerbsfähigkeit vom 20.12.2000 (BGBl I 00, 1827)
KStG	Körperschaftsteuergesetz idF vom 15.10.2002 (BGBl I 02, 4144), zuletzt geändert durch Art 12 Gesetz zur Anpassung des Investmentsteuergesetzes und anderer Gesetze an das AIFM-Umsetzungsgesetz (AIFM-Steuer-Anpassungsgesetz – AIFM-StAnpG) vom 18.12.2013 (BGBl I, 4318)
KSVG	Gesetz über die Sozialversicherung der selbständigen Künstler und Publizisten (Künstlersozialversicherungsgesetz) vom

XXXIII

Abkürzungsverzeichnis

	27.7.1981 (BGBl I 81, 705), zuletzt geändert durch Art 16 Abs 18 BUK-NeuorganisationsG vom 19.10.2013 (BGBl I, 3836)
KüSozAbgV 2013	Künstlersozialabgabe-Verordnung 2013 vom 29.8.2012 (BGBl I 12, 1865)
KV	Krankenversicherung
KVdR	Krankenversicherung der Rentner
KVLG	Gesetz zur Weiterentwicklung des Rechts der gesetzlichen Krankenversicherung (Gesetz über die Krankenversicherung der Landwirte) vom 10.8.1972 (BGBl I 72, 1433), aufgehoben durch Art 8 des Gesetzes zur Neuausrichtung der Pflegeversicherung (Pflege-Neuausrichtungs-Gesetz – PNG) vom 23.10.2012 (BGBl I 12, 2246)
KVRS	Die Krankenversicherung in Rechtsprechung und Schrifttum (Zeitschrift)
KWG	Gesetz über das Kreditwesen (Kreditwesengesetz) idF vom 9.9.1998 (BGBl I 98, 2776), zuletzt geändert durch Art 1, Art 8 CRD IV-Umsetzungsgesetz vom 28.8.2013 (BGBl I, 13 3395)
LadSchlG	Gesetz über den Ladenschluss idF vom 2.6.2003 (BGBl I 03, 744), zuletzt geändert durch Art 228 der Neunten Zuständigkeitsanpassungsverordnung vom 31.10.2006 (BGBl I 06, 2407; ber BGBl I 07, 2149)
LAG	Landesarbeitsgericht
LAGE	Landesarbeitsgerichtsentscheidungen
Leinemann/Linck	*Leinemann/Linck,* Urlaubsrecht, Kommentar, 2. Aufl 2001
lfd	laufend
LfS	Landesamt für Steuern
LFZG	Gesetz über die Fortzahlung des Arbeitsentgelts im Krankheitsfalle (Lohnfortzahlungsgesetz) vom 27.7.1969 (BGBl I 69, 946), aufgehoben zum 31.12.2005 durch Art 4 des Gesetzes über den Ausgleich von Arbeitgeberaufwendungen und zur Änderung weiterer Gesetze vom 22.12.2005 (BGBl I 05, 3686)
LG	Landgericht
Littmann	*Littmann/Bitz/Meinicke,* Das Einkommensteuerrecht (Loseblatt)
Lkw	Lastkraftwagen
Löwisch	*Löwisch/Spinner,* Kommentar zum Kündigungsschutzgesetz, 10. Aufl 2013
LPartG	Gesetz über die Eingetragene Lebenspartnerschaft (Lebenspartnerschaftsgesetz) vom 16.2.2001 (BGBl I 01, 266), zuletzt geändert durch Art 8 Personenstandsrechts-Änderungsgesetz vom 7.5.2013 (BGBl I 13, 1122)
LPVG	Personalvertretungsgesetz für das Land Nordrhein-Westfalen (Landespersonalvertretungsgesetz) vom 3.12.1974 (GV NRW S 1514), zuletzt geändert durch Art 4 des Gesetzes zur Änderung des Hochschulgesetzes, des Kunsthochschulgesetzes und weiterer Vorschriften vom 31.1.2012 (GV NRW, 90)
LS	Leitsatz
L/S/B	*Lademann/Söffing/Brockhoff,* Kommentar zum Einkommensteuergesetz (Loseblatt)
LSG	Landessozialgericht
LSt	Lohnsteuer
LStDV	Lohnsteuer-Durchführungsverordnung idF vom 10.10.1989 (BGBl I 89, 1848), zuletzt geändert durch Art 5 Gesetz zur Änderung und Vereinfachung der Unternehmensbesteuerung

Abkürzungsverzeichnis

	und des steuerlichen Reisekostenrechts vom 20.2.2013 (BGBl I 13, 285)
LStH	Lohnsteuerhinweise 2012 im Amtlichen Lohnsteuerhandbuch 2012, hrsg vom BMF
LStR	Lohnsteuer-Richtlinien 2011 (LStR 2011) vom 10.12.2007 (BStBl I 07, Sondernummer 1/2007) idF der LStÄR 2011 vom 23.11.2010 (BStBl I 10, 1325)
LuftBO	Betriebsordnung für Luftfahrtgerät vom 4.3.1970 (BGBl I 70, 262; ber 2669), zuletzt geändert durch Art 3 VO zur Änd. luftrechtlicher Vorschriften über die Prüfung, die Zulassung und den Betrieb von Luftfahrtgerät, über das Luftfahrtpersonal und die Kosten der Luftfahrtverwaltung vom 15.2.2013 (BGBl I 13, 293)
Lutter/*Bearbeiter*	*Lutter/Winter*, Umwandlungsgesetz, 5. Aufl 2014
LVA	Landesversicherungsanstalt
LW	*Lauterbach,* Unfallversicherung (Loseblatt), Kommentar zum Dritten und zum Fünften Buch der RVO (vormals Lauterbach/Watermann)
Marienhagen	*Marienhagen,* Lohnfortzahlungsgesetz, Kommentar (Loseblatt)
Marienhagen/Pulte	*Marienhagen/Pulte,* Arbeitszeitgesetz, Kommentar (Loseblatt)
MdE	Minderung der Erwerbsfähigkeit
MDR	Monatsschrift für Deutsches Recht (Zeitschrift)
mE	meines Erachtens
Meisel/Sowka	*Meisel/Sowka,* Mutterschutz und Erziehungsurlaub, 5. Aufl 1999
MeVo	Mecklenburg-Vorpommern
Meyer-Ladewig	*Meyer-Ladewig/Keller/Leitherer,* Sozialgerichtsgesetz, Kommentar, 10. Aufl 2012
MHbeG	Gesetz zur Beschränkung der Haftung Minderjähriger (Minderjährigenhaftungsbeschränkungsgesetz) vom 25.8.1998 (BGBl I 98, 2487), aufgehoben durch Art 126 des Ersten Gesetzes über die Bereinigung von Bundesrecht im Zuständigkeitsbereich des Bundesministeriums der Justiz vom 24.4.2006 (BGBl I 06, 866)
MiArbG	Gesetz über die Festsetzung von Mindestarbeitsbedingungen vom 11.1.1952 (BGBl I 52, 17), zuletzt geändert durch Art 1 des Ersten Gesetzes zur Änderung des Gesetzes über die Festsetzung von Mindestarbeitsbedingungen vom 22.4.2009 (BGBl I 09, 818)
MindNettoBetrV 2005	Verordnung über die Mindestnettobeträge nach dem Altersteilzeitgesetz für das Jahr 2005 (Mindestnettobetrags-Verordnung 2005) vom 15.12.2004 (BGBl I 04, 3470), aufgehoben mWv 31.12.2007 durch § 2 Satz 2 der Verordnung über die Mindestnettobeträge nach dem Altersteilzeitgesetz (Mindestnettobetrags-Verordnung) vom 19.12.2007 (BGBl I 07, 3040)
MindNettoBetrV	Verordnung über die Mindestnettobeträge nach dem Altersteilzeitgesetz (Mindestnettobetrags-Verordnung) vom 19.12.2007 (BGBl I 07, 3040)
MitbestG	Gesetz über die Mitbestimmung der Arbeitnehmer (Mitbestimmungsgesetz) vom 4.5.1976 (BGBl I 76, 1153), zuletzt geändert mWv 1.4.2012 durch Art 2 Abs 113 des Gesetzes zur Änderung von Vorschriften über Verkündung und Bekanntmachungen sowie der Zivilprozessordnung, des Gesetzes betreffend die Einführung der Zivilprozessordnung und der Abgabenordnung vom 22.12.2011 (BGBl I 11, 3044)

Abkürzungsverzeichnis

MMR	MultiMedia und Recht (Zeitschrift)
Mrozynski	*Mrozynski*, Sozialgesetzbuch, Allgemeiner Teil, Kommentar, 4. Aufl 2010
MTArb	Manteltarifvertrag für Arbeiterinnen und Arbeiter des Bundes der Länder vom 6.1.1995, aufgehoben durch TV vom 1.9.2009 (StAnz 09, 2977)
MTB-II	Manteltarifvertrag für Arbeiter des Bundes
MTL-II	Manteltarifvertrag für Arbeiter der Länder
MTV	Manteltarifvertrag
MüKo/*Bearbeiter*	Münchener Kommentar zum Bürgerlichen Gesetzbuch in 12 Bänden, hrsg von *Rebmann/Säcker*, Gesamtreihe: 4. Aufl 2000; Einzelbände: 6. Aufl ab 2011
MünchArbR/*Bearbeiter*	Münchener Handbuch zum Arbeitsrecht in zwei Bänden, hrsg von *Richardi/Wlotzke/Wißmann/Oetker*, 3. Aufl 2009
MuSchArbV	Verordnung zum Schutze der Mütter am Arbeitsplatz vom 15.4.1997 (BGBl I 97, 782), zuletzt geändert durch Art 5 Abs 9 der Verordnung zur Neufassung der Gefahrstoffverordnung und zur Änderung sprengstoffrechtlicher Verordnungen vom 26.11.2010 (BGBl I 10, 1643)
MuSchG	Gesetz zum Schutze der erwerbstätigen Mutter (Mutterschutzgesetz) idF vom 20.6.2002 (BGBl I 02, 2318), zuletzt geändert durch Art 6 des Gesetzes zur Neuausrichtung der Pflegeversicherung (Pflege-Neuausrichtungs-Gesetz – PNG) vom 23.10.2012 (BGBl I 12, 2246)
MuSchRiV	Verordnung zur ergänzenden Umsetzung der EG-Mutterschutz-Richtlinie (Mutterschutzrichtlinienverordnung) vom 15.4.1997 (BGBl I 97, 782)
MV	Verordnung über Mitteilungen an die Finanzbehörden durch andere Behörden und öffentlich-rechtliche Rundfunkanstalten (Mitteilungsverordnung) vom 7.9.1993 (BStBl I 93, 1554), zuletzt geändert durch Art 58 des Dritten Gesetzes für moderne Dienstleistungen am Arbeitsmarkt vom 23.12.2003 (BGBl I 03, 2848)
mwN	mit weiteren Nachweisen
mWv	mit Wirkung vom
NachwG	Gesetz über den Nachweis der für ein Arbeitsverhältnis geltenden wesentlichen Bedingungen (Nachweisgesetz) vom 20.7.1995 (BGBl I 95, 946), zuletzt geändert durch Art 6 des Gesetzes zu Änderungen im Bereich der geringfügigen Beschäftigung vom 5.12.2012 (BGBl I 12, 2474)
Natzel	*Natzel*, Berufsbildungsrecht, Ausbildung, Fortbildung und Umschulung, 3. Aufl 1982
NdS	Niedersachsen
Neumann/Biebl	*Neumann/Biebl*, Arbeitszeitgesetz, Kommentar, 16. Aufl 2012
Neumann/Pahlen	*Neumann/Pahlen/Majerski-Pahlen*, Sozialgesetzbuch IX, Kommentar, 12. Aufl 2010
nF	neue(re) Fassung
Niesel	*Niesel*, Sozialgesetzbuch, Arbeitsförderung, Kommentar, 5. Aufl 2010
NJW	Neue Juristische Wochenschrift (Zeitschrift)
NJW-RR	Neue Juristische Wochenschrift, Rechtsprechungs-Report Zivilrecht (Zeitschrift)
nrkr	nicht rechtskräftig
Nr(n)	Nummer(n)
NRW	Nordrhein-Westfalen

Abkürzungsverzeichnis

nv	nicht veröffentlicht
NWB (F)	Neue Wirtschaftsbriefe (Fach), Loseblattsammlung
NZA	Neue Zeitschrift für Arbeitsrecht
NZA-RR	NZA-Rechtsprechungs-Report Arbeitsrecht (Zeitschrift)
NZB	Nichtzulassungsbeschwerde
NZG	Neue Zeitschrift für Gesellschaftsrecht (Zeitschrift)
NZS	Neue Zeitschrift für Sozialrecht
oa	oder andere(s), oben angegeben
oÄ	oder Ähnliche(s)
OECD	Organisation for Economic Cooperation and Development
öAT	Zeitschrift für das öffentliche Arbeits- und Tarifrecht
ÖkoStRefG	Gesetz zum Einstieg in die ökologische Steuerreform vom 24.3.1999 (BGBl I 99, 378)
OFD	Oberfinanzdirektion
og	oben genannt
OHG	Offene Handelsgesellschaft
OLG	Oberlandesgericht
OLGZ	Entscheidungen der Oberlandesgerichte in Zivilsachen, Amtliche Entscheidungssammlung
OT-Mitgliedschaft	Mitgliedschaft im Arbeitgeberverband „ohne Tarifbindung" (OT)
Otten	*Otten,* Heim- und Telearbeit, Kommentar zum HAG und heimarbeitsrelevanten Normen sowie Erläuterungen zur Telearbeit, 1996
OVG	Oberverwaltungsgericht
OWiG	Gesetz über Ordnungswidrigkeiten idF vom 19.2.1987 (BGBl I 87, 602; ber BGBl I 99, 1237), zuletzt geändert durch Art 18 G zur Förderung des elektronischen Rechtsverkehrs mit den Gerichten vom 10.10.2013 (BGBl I, 3786)
Palandt/Bearbeiter	*Palandt,* BGB, Kommentar, 73. Aufl 2014
PassG	Passgesetz vom 19.4.1986 (BGBl I 86, 537), zuletzt geändert durch Art 8 G zur Förderung der elektronischen Verwaltung sowie zur Änd. weiterer Vorschriften vom 25.7.2013 (BGBl I, 13 2749)
PatG	Patentgesetz idF vom 16.12.1980 (BGBl I 81, 1), zuletzt geändert durch Art 1 G zur Novellierung patentrechtlicher Vorschriften und anderer Gesetze des gewerblichen Rechtsschutzes vom 19.10.2013 (BGBl I, 3830)
Personal	Personal-Zeitschrift für Human Resource Management (Zeitschrift)
Personal-Profi	Zeitschrift im Beck Wirtschaftsverlag
PersR	Personalrecht (Zeitschrift)
PersVG	siehe BPersVG
Peters Hdb	*Peters,* Handbuch der Krankenversicherung (Loseblatt)
Peters SGB I	*Peters,* Sozialgesetzbuch – Allgemeiner Teil (Loseblatt)
Peters SGB IV	*Peters,* Sozialgesetzbuch, Gemeinsame Vorschriften für die Sozialversicherung (Loseblatt)
PflegeV	Pflegeversicherung
PflegeVG	Gesetz zur sozialen Absicherung des Risikos der Pflegebedürftigkeit (Pflege-Versicherungsgesetz) vom 26.5.1994 (BGBl I 94, 1014), zuletzt geändert durch Art 265 der Neunten Zuständigkeitsanpassungsverordnung vom 31.10.2006 (BGBl I 06, 2407)
PflegeZG	Gesetz über die Pflegezeit (Pflegezeitgesetz) mWv 1.7.2008 vom 28.5.2008 (BGBl I 08, 874, 896)

Abkürzungsverzeichnis

PflVersG	Gesetz über die Pflichtversicherung für Kraftfahrzeughalter (Pflichtversicherungsgesetz) idF vom 5.4.1965 (BGBl I 65, 213), zuletzt geändert mWv 1.1.2012 durch Art 1 der Verordnung zur Anpassung der Mindestversicherungssummen und zur Änderung der Kraftfahrzeug-Pflichtversicherungsverordnung vom 6.12.2011 (BGBl I 11, 2628)
Pkw	Personenkraftwagen
PM	Pressemitteilung
Podzun	*Podzun,* Der Unfallsachbearbeiter (Loseblatt)
privKV	Private Krankenversicherung
ProdSG	Gesetz über die Bereitstellung von Produkten auf dem Markt (Produktsicherheitsgesetz – ProdSG) vom 8.11.2011 (BGBl I 11, 2178)
ProstG	Gesetz zur Regelung der Rechtsverhältnisse der Prostituierten (Prostitutionsgesetz) vom 20.12.2001 (BGBl I 01, 3983)
PSV	Pensionssicherungsverein
PSW	*Peters/Sautter/Wolff,* Kommentar zur Sozialgerichtsbarkeit (Loseblatt)
RAG	Reichsarbeitsgericht
RAG ARS	Reichsarbeitsgericht-Arbeitsrechtssammlung
RAnpG	Rentenanpassungsgesetz
RAM	Reichsarbeitsminister
RdA	Recht der Arbeit (Zeitschrift)
RdV	Recht der Datenverarbeitung (Zeitschrift)
Reha	Rehabilitation
RFH	Reichsfinanzhof
RG	Reichsgericht
RGZ	Amtliche Sammlung von Entscheidungen des Reichsgerichtshofs in Zivilsachen
RGBl	Reichsgesetzblatt
RGRK/Bearbeiter	Das Bürgerliche Gesetzbuch, Kommentar, hrsg von Mitgliedern des Bundesgerichtshofes, 12. Aufl 1975–1999
RhPf	Rheinland-Pfalz
Richardi/Bearbeiter	*Richardi,* Betriebsverfassungsgesetz mit Wahlordnung, Kommentar, 14. Aufl 2014
Rittweger	*Rittweger/Petri/Schweikert,* Altersteilzeit, Kommentar, 2. Aufl 2002
RIW	Recht der Internationalen Wirtschaft (Zeitschrift)
RKnG	Reichsknappschaftsgesetz idF vom 1.7.1926 (RGBl I, 369), außer Kraft mWv 1.1.1992 (BGBl I 89, 2261)
RöV	Verordnung über den Schutz vor Schäden durch Röntgenstrahlen (Röntgenverordnung) idF vom 30.4.2003 (BGBl I 03, 605), zuletzt geändert durch Art 2 der Verordnung zur Änderung strahlenschutzrechtlicher Verordnungen vom 4.10.2011 (BGBl I 11, 2000)
Rohlfing/Bearbeiter	Kündigungsschutzgesetz, Kommentar (Loseblatt)
Rowedder/Schmidt-Leithoff/ Bearbeiter	*Rowedder/Schmidt-Leithoff,* GmbHG, Kommentar, 5. Aufl 2013
RPauschVO	Verordnung über die Pauschalierung und Zahlung des Ausgleichsbetrags der Bundesagentur für Arbeit an die Träger der gesetzlichen Rentenversicherung für arbeitsmarktbedingte Rente wegen voller Erwerbsminderung vom 27.9.2002 (BGBl I 02, 3961), zuletzt geändert durch Art 1 der Ersten Verordnung zur Änderung der Verordnung über die Pauschalierung und Zahlung des Ausgleichsbetrags der Bundesagentur für

Abkürzungsverzeichnis

	Arbeit an die Träger der gesetzlichen Rentenversicherung für arbeitsmarktbedingte Renten wegen voller Erwerbsminderung vom 17.12.2010 (BGBl I 10, 2127)
RRG	Gesetz zur Reform der gesetzlichen Rentenversicherung (Rentenreformgesetz 1999) vom 16.12.1997 (BGBl I 97, 2998), zuletzt geändert durch Art 22 des Gesetzes zur Reform der Renten wegen verminderter Erwerbsfähigkeit vom 20.12.2000 (BGBl I 01, 1827)
Rspr	Rechtsprechung
RStBl	Reichssteuerblatt
RStR	Rechtsprechung Steuerrecht (Beilage zur Zeitschrift DStR)
RTV	Rahmentarifvertrag
RV	Rentenversicherung
RVA EuM	Reichsversicherungsamt, Entscheidungen und Mitteilungen, hrsg von Mitgliedern des Reichsversicherungsamtes
RV-BZV	Verordnung über die Zahlung von Beiträgen zur gesetzlichen Rentenversicherung vom 30.10.1991 (BGBl I 91, 2057), zuletzt geändert durch Art 7 des Gesetzes vom 23.7.1996 (BGBl I 96, 1078)
RVG	Gesetz über die Vergütung der Rechtsanwältinnen und Rechtsanwälte (Rechtsanwaltsvergütungsgesetz) vom 5.5.2004 (BGBl I 04, 718), zuletzt geändert durch Art 5 Abs 7 G zur Modernisierung des GeschmacksmusterG sowie zur Änderung der Regelungen über die Bekanntmachungen zum Ausstellungsschutz vom 10.10.2013 (BGBl I, 3799)
RVO	Reichsversicherungsordnung vom 15.12.1924 (RGBl I, 509) idF des BGBl III, Gliederungsnummer 820–1, zuletzt geändert durch Art 7 des Gesetzes zur Neuausrichtung der Pflegeversicherung (Pflege-Neuausrichtungs-Gesetz – PNG) vom 23.10.2012 (BGBl I 12, 2246)
RVTräger	Rentenversicherungsträger
Rz	Randziffer
S	Seite
s	siehe
Saarl	Saarland
SachBezV	Verordnung über den Wert der Sachbezüge in der Sozialversicherung (Sachbezugsverordnung 1997) vom 19.12.1994 (BGBl I 94, 3849), aufgehoben durch Art 4 Satz 2 der Verordnung zur Neuordnung der Regelungen über die sozialversicherungsrechtliche Beurteilung von Zuwendungen des Arbeitgebers als Arbeitsentgelt mWv 31.12.2006 vom 21.12.2006 (BGBl I 06, 3385)
Sachs	Sachsen
SachsAnh	Sachsen-Anhalt
SAE	Sammlung arbeitsrechtlicher Entscheidungen (Zeitschrift)
Sandmann/Marschall	*Sandmann/Marschall,* Arbeitnehmerüberlassungsgesetz (Loseblatt)
Schaub/Bearbeiter	*Schaub/Koch/Linck/Vogelsang,* Arbeitsrechts-Handbuch, 15. Aufl 2013
Schlegel/Voelzke Bearbeiter	*Schlegel/Voelzke,* Praxiskommentar SGB: Allgemeiner Teil – SGB I, Herausgeber Voelzke, 2. Aufl 2011; Grundsicherung für Arbeitsuchende – SGB II, Herausgeber Radüge, 3. Aufl 2012; Gemeinsame Vorschriften für die Sozialversicherung – SGB IV, Herausgeber Schlegel, 2. Aufl 2011; Gesetzliche Krankenversicherung – SGB V, Herausgeber Schlegel/Engelmann, 2. Aufl

Abkürzungsverzeichnis

	2012; Gesetzliche Rentenversicherung – SGB VI, Herausgeber Winkler/Skipka, 2. Aufl 2013; Gesetzliche Unfallversicherung – SGB VII, Herausgeber Brandenburg, 2009; Rehabilitation und Teilhabe behinderter Menschen – SGB IX, Herausgeber Kreitner/Luthe, 2010; Soziale Pflegeversicherung SGB XI, 2013, Herausgeber Hauck; Sozialhilfe – SGB XII, Herausgeber Coseriu/Eicher, 2011
Schleusener/Suckow/Voigt ..	*Schleusener/Suckow/Voigt,* Allgemeines Gleichbehandlungsgesetz, 4. Aufl 2013
SchlHol	Schleswig-Holstein
Schmidt	*Schmidt/Koberski/Tiemann/Wascher,* Heimarbeitsgesetz, Kommentar, 4. Aufl 1998
Schmidt/Bearbeiter	*Schmidt,* Einkommensteuergesetz, Kommentar, 32. Aufl 2013
Schmitt	*Schmitt,* Entgeltfortzahlungsgesetz und Aufwendungsausgleichsgesetz, Kommentar, 7. Aufl 2012
Schubel/Engelbrecht	*Schubel/Engelbrecht,* Kommentar zum Gesetz über die gewerbsmäßige Arbeitnehmerüberlassung, 1973
Schüren/Hamann	*Schüren/Hamann,* Arbeitnehmerüberlassungsgesetz, Kommentar, 5. Aufl 2013
Schulin Bd./Bearbeiter	*Schulin,* Handbuch des Sozialversicherungsrechts in 4 Bänden; Band 1 „Krankenversicherungsrecht", München 1994; Band 2 „Unfallversicherungsrecht", München 1996; Band 3 „Rentenversicherungsrecht", München 1999; Band 4 „Pflegeversicherungsrecht", München 1997
Schwab ArbNErf	*Schwab,* Arbeitnehmererfindungsrecht, Handkommentar, 2. Aufl 2010
SchwArbG	Gesetz zur Bekämpfung der Schwarzarbeit (Schwarzarbeitergesetz) idF vom 6.2.1995 (BGBl I 95, 165), aufgehoben durch Art 26 des Gesetzes zur Intensivierung der Bekämpfung der Schwarzarbeit und damit zusammenhängender Steuerhinterziehung mWv 31.7.2004 vom 21.7.2004 (BGBl I 04, 1842)
SchwarzArbG	Gesetz zur Bekämpfung der Schwarzarbeit und illegalen Beschäftigung (Schwarzarbeitsbekämpfungsgesetz) vom 23.7.2004 (BGBl I 04, 1842), zuletzt geändert durch Art 7 des Gesetzes über die Vereinfachung des Austauschs von Informationen und Erkenntnissen zwischen den Strafverfolgungsbehörden der Mitgliedstaaten der Europäischen Union vom 21.7.2012 (BGBl I 12, 1566)
SchwbAV	Zweite Verordnung zur Durchführung des SchwbG (Schwerbehinderten-Ausgleichsabgabeverordnung) vom 28.3.1988 (BGBl I 88, 484), zuletzt geändert durch Art 7 des Gesetzes zur Einführung Unterstützter Beschäftigung vom 22.12.2008 (BGBl I 08, 2959)
SchwbAwV	Schwerbehindertenausweisverordnung idF vom 25.7.1991 (BGBl I 91, 1739), zuletzt geändert mWv 1.1.2013 durch Art 1 der Dritten Verordnung zur Änderung der Schwerbehindertenausweisverordnung vom 7.6.2012 (BGBl I 12, 1275)
SchwbBAG	Gesetz zur Bekämpfung der Arbeitslosigkeit Schwerbehinderter vom 29.9.2000 (BGBl I 2000, 1394)
SchwbG	Gesetz zur Sicherung der Eingliederung Schwerbehinderter in Arbeit, Beruf und Gesellschaft (Schwerbehindertengesetz) idF vom 26.8.1986 (BGBl I 86, 1421, 1550), aufgehoben durch Art 63 des SGB IX vom 19.6.2001 (BGBl I 01, 1046)
SchwbWV	siehe WVO
SchwHilfeG	Gesetz zur Hilfe für Frauen bei Schwangerschaftsabbrüchen in besonderen Fällen (Schwangerenhilfegesetz) vom 21.8.1995

Abkürzungsverzeichnis

	(BGBl I 95, 1050), aufgehoben durch Art 37 des Gesetzes über die weitere Bereinigung von Bundesrecht vom 8.12.2010 (BGBl I 10, 1864)
SeeArbzNV	Verordnung betreffend die Übersicht über die Arbeitsorganisation und die Arbeitszeitnachweise in der Seeschifffahrt (See-Arbeitszeitnachweisverordnung) vom 5.7.2002 (BGBl I 02, 2571)
SeemG	Seemannsgesetz vom 26.7.1957 (BGBl II 57, 713), zuletzt geändert durch Art 7 Abs 4 G zur Umsetzung des Seearbeitsübereinkommens 2006 der Internationalen Arbeitsorganisation3 vom 20.4.2013 (BGBl I, 868)
SEStEG	Gesetz über steuerliche Begleitmaßnahmen zur Einführung der Europäischen Gesellschaft und zur Änderung weiterer steuerrechtlicher Vorschriften vom 7.12.2006 (BGBl I 06, 2782; ber I 07, 68)
SFHÄndG	Schwangeren- und Familienhilfeänderungsgesetz vom 21.8.1995 (BGBl I 95, 1050)
SG	Sozialgericht
SGb	Die Sozialgerichtsbarkeit (Zeitschrift)
SGB	Sozialgesetzbuch
SGB I	Sozialgesetzbuch (1. Buch), Allgemeiner Teil, vom 11.12.1975 (BGBl I 75, 3015), zuletzt geändert durch Art 9 und 10 BUK-NeuorganisationsG vom 19.10.2013 (BGBl I, 3836)
SGB II	Sozialgesetzbuch (2. Buch), Grundsicherung für Arbeitsuchende, idF vom 13.5.2011 (BGBl I 11, 850, ber 2094), zuletzt geändert durch Art 1 G zur Änd des Zweiten Buches Sozialgesetzbuch und anderer Gesetze vom 7.5.2013 (BGBl I, 1167)
SGB III	Sozialgesetzbuch (3. Buch), Arbeitsförderung, vom 24.3.1997 (BGBl I 97, 594), zuletzt geändert durch Art 11 BUK-NeuorganisationsG vom 19.10.2013 (BGBl I, 3836)
SGB III – AnpVO 2002	SGB III-Anpassungsverordnung vom 12.6.2002 (BGBl I 02, 1840), aufgehoben mWv 4.5.2007 durch Art 68 des Zweiten Gesetzes über die Bereinigung von Bundesrecht im Zuständigkeitsbereich des Bundesministeriums für Wirtschaft und Technologie und des Bundesministeriums für Arbeit und Soziales vom 25.4.2007 (BGBl I 07, 594)
SGB III – LEntgV	Verordnung über die Leistungsentgelte für das Arbeitslosengeld, das Teilarbeitslosengeld, das Unterhaltsgeld und die Arbeitslosenhilfe sowie die pauschalierten Nettoentgelte für das Kurzarbeitergeld und das Winterausfallgeld für das Jahr 2004 (SGB III – Leistungsentgeltverordnung 2004) vom 22.12.2003 (BGBl I 03, 3100), aufgehoben mWv 5.5.2007 durch Art 58 des Gesetzes vom 25.4.2007 (BGBl I 07, 594)
SGB IV	Sozialgesetzbuch (4. Buch), Gemeinsame Vorschriften für die Sozialversicherung, idF vom 12.11.2009 (BGBl I 09, 3710, ber 3973), zuletzt geändert durch Art 3 und 4 BUK-NeuorganisationsG vom 19.10.2013 (BGBl I, 3836)
4. SGB IV-ÄndG	Viertes Gesetz zur Änderung des Vierten Buches Sozialgesetzbuch und anderer Gesetze vom 22.12.2011 (BGBl I 11, 3057), zuletzt geändert durch Art 13 Abs 17 des Gesetzes zur Neuordnung der Organisation der landwirtschaftlichen Sozialversicherung vom 12.4.2012 (BGBl I 12, 579)
SGB V	Sozialgesetzbuch (5. Buch), Gesetzliche Krankenversicherung, vom 20.12.1988 (BGBl I 88, 2477), zuletzt geändert durch Art 1 13. SGB V-ÄndG vom 22.12.2013 (BGBl I, 4382)

Abkürzungsverzeichnis

SGB VI	Sozialgesetzbuch (6. Buch), Gesetzliche Rentenversicherung, idF vom 19.2.2002 (BGBl I 02, 754; ber 1404, 3384), zuletzt geändert durch § 1 Abs 3, §§ 3 und 5 Sozialversicherungs-RechengrößenVO 2014 vom 2.12.2013 (BGBl I, 4038)
SGB VII	Sozialgesetzbuch (7. Buch), Gesetzliche Unfallversicherung, vom 7.8.1996 (BGBl I 96, 1254), zuletzt geändert durch Art 5 und 6 BUK-NeuorganisationsG vom 19.10.2013 (BGBl I, 3836)
SGB VIII	Sozialgesetzbuch (8. Buch), Kinder- und Jugendhilfe, idF der Bekanntmachung vom 11.9.2012 (BGBl I 12, 2022) mWv 1.1.2012, zuletzt geändert durch Art 1 Kinder- und JugendhilfeverwaltungsvereinfachungsG vom 29.8.2013 (BGBl I, 3464)
SGB IX	Sozialgesetzbuch (9. Buch), Rehabilitation und Teilhabe behinderter Menschen vom 19.6.2001 (BGBl I 01, 1046), zuletzt geändert mWv 1.1.2013 durch Art 3 des Gesetzes zur Änderung personenbeförderungsrechtlicher Vorschriften vom 14.12.2012 (BGBl I 12, 2598)
SGB X	Sozialgesetzbuch (10. Buch), Sozialverwaltungsverfahren und Sozialdatenschutz, idF vom 18.1.2001 (BGBl I 01, 130), zuletzt geändert durch Art 6 G zur Förderung der elektronischen Verwaltung sowie zur Änd weiterer Vorschriften vom 25.7.2013 (BGBl I, 2749)
SGB XI	Sozialgesetzbuch (11. Buch), Soziale Pflegeversicherung, vom 26.5.1994 (BGBl I 94, 1014), zuletzt geändert durch Art 2a G zur Beseitigung sozialer Überforderung bei Beitragsschulden in der Krankenversicherung vom 15.7.2013 (BGBl I, 2423)
SGB XII	Sozialgesetzbuch (12. Buch), Sozialhilfe mWv 1.1.2005 vom 27.12.2003 (BGBl I 03, 3022), zuletzt geändert durch § 2 Regelbedarfsstufen-FortschreibungsVO 2014 vom 15.10.2013 (BGBl I, 3856)
SGG	Sozialgerichtsgesetz idF vom 23.9.1975 (BGBl I 75, 2535), zuletzt geändert durch Art 7 BUK-NeuorganisationsG vom 19.10.2013 (BGBl I, 3836)
SKWPG	1. SKWPG: Erstes Gesetz zur Umsetzung des Spar-, Konsolidierungs- und Wachstumsprogramms vom 21.12.1993 (BGBl I 93, 2353), zuletzt geändert durch Art 59 des Gesetzes zur Bereinigung von Bundesrecht im Zuständigkeitsbereich des Bundesministeriums der Finanzen und zur Änderung des Münzgesetzes vom 8.5.2008 (BGBl I 08, 810) 2. SKWPG: Zweites Gesetz zur Umsetzung des Spar-, Konsolidierungs- und Wachstumsprogramms vom 21.12.1993 (BGBl I 93, 2374)
Slg	Sammlung der Rechtsprechung des Gerichtshofes der Europäischen Gemeinschaften
SMV	*Schönberger/Mehrtens/Valentin,* Arbeitsunfall und Berufskrankheit, 8. Aufl 2010
Soergel/Bearbeiter	*Soergel/Siebert,* Bürgerliches Gesetzbuch, Kommentar, 13. Aufl 2000 ff
sog	sogenannt(e)
SolZ	Solidaritätszuschlag
SolZG	Solidaritätszuschlaggesetz 1995 (SolzG 1995) idF vom 15.10.2002 (BGBl I 02, 4130), zuletzt geändert mWv 1.1.2012 durch Art 6 des Gesetzes zur Umsetzung der Beitreibungsrichtlinie sowie zur Änderung steuerlicher Vorschriften (Beitreibungsrichtlinie-Umsetzungsgesetz – BeitrRLUmsG) vom 7.12.2011 (BGBl I 11, 2592)

Abkürzungsverzeichnis

SozG	Sozialgericht
SozJG	Gesetz zur Förderung eines freiwilligen sozialen Jahres (Soziales-Jahr-Gesetz) idF vom 15.7.2002 (BGBl I 02, 2596), aufgehoben mWv 31.5.2008 durch Art 3 des Gesetzes zur Förderung von Jugendfreiwilligendiensten vom 16.5.2008 (BGBl I 08, 842)
SozPlKonkG	Gesetz über den Sozialplan im Konkurs- und Vergleichsverfahren vom 20.2.1985 (BGBl I 85, 369), außer Kraft seit 1.1.1999 durch Art 22 des EGInsO vom 5.10.1994 (BGBl I 94, 2911)
SozR	Sozialrecht, Entscheidungssammlung, bearbeitet von den Richtern des BSG
SozR 3	Sozialrecht, 3. Folge (ab 1.1.1990)
SozSich	Soziale Sicherheit (Zeitschrift)
SozV	Sozialversicherung
SozVers	Die Sozialversicherung (Zeitschrift)
SPA	Schnellbrief für Personalwirtschaft und Arbeitsrecht (Zeitschrift)
SprAuG	Gesetz über Sprecherausschüsse der leitenden Angestellten (Sprecherausschußgesetz) vom 20.12.1988 (BGBl I 88, 2312), zuletzt geändert durch Art 222 der Neunten Zuständigkeitsanpassungsverordnung vom 31.10.2006 (BGBl I 06, 2407; ber BGBl I 07, 2149)
SpTrUG	Gesetz über die Spaltung der von der Treuhandanstalt verwalteten Unternehmen vom 5.4.1991 (BGBl I 91, 854), zuletzt geändert durch Art 8 des Gesetzes zur Einführung internationaler Rechnungslegungsstandards und zur Sicherung der Qualität der Abschlussprüfung (Bilanzrechtsreformgesetz) vom 4.12.2004 (BGBl I 04, 3166)
SpURT	Sport und Recht (Zeitschrift)
StÄndG	Steueränderungsgesetz
Stahlhacke/Preis/Vossen	*Stahlhacke/Preis/Vossen,* Kündigung und Kündigungsschutz im Arbeitsverhältnis, 10. Aufl 2010
StandOG	Gesetz zur Verbesserung der steuerlichen Bedingungen zur Sicherung des Wirtschaftsstandorts Deutschland im Europäischen Binnenmarkt (Standortsicherungsgesetz) vom 13.9.1993 (BGBl I 93, 1569)
Staub/Bearbeiter	*Staub,* Handelsgesetzbuch, Großkommentar zum HGB, 5. Aufl 2009 ff
Staudinger/Bearbeiter	*Staudinger,* BGB, Kommentar, 14. Aufl 2003 ff
StbJb	Steuerberater-Jahrbuch
StBP	Die steuerliche Betriebsprüfung (Zeitschrift)
StEK	Steuererlasse in Karteiform, hrsg von Felix/Carlé
StEntlG 1999/2000/2002	Steuerentlastungsgesetz 1999/2000/2002 vom 24.3.1999 (BGBl I 99, 402)
StEuglG	Gesetz zur Umrechnung und Glättung steuerlicher Euro-Beträge (Steuer-Euroglättungsgesetz) vom 19.12.2000 (BGBl I 2000, 1790), zuletzt geändert durch Art 10 des UntStFG vom 20.12.2001 (BGBl I 01, 3858)
StGB	Strafgesetzbuch idF vom 13.11.1998 (BGBl I 98, 3322), zuletzt geändert durch Art 5 Abs 18 G zur Modernisierung des GeschmacksmusterG sowie zur Änderung der Regelungen über die Bekanntmachungen zum Ausstellungsschutz vom 10.10.2013 (BGBl I, 3799)
Stpfl/stpfl	Steuerpflichtiger/steuerpflichtig
StRK	Steuerrechtskartei
StromStG	Stromsteuergesetz (StromStG) vom 24.3.1999 (BGBl I 99, 378, I 2000, 147), zuletzt geändert mWv 1.1.2013 durch Art 2 des

Abkürzungsverzeichnis

	Gesetzes zur Änderung des Energiesteuer- und des Stromsteuergesetzes sowie zur Änderung des Luftverkehrsteuergesetzes vom 5.12.2012 (BGBl I 12, 2436)
StSenkG	Gesetz zur Senkung der Steuersätze und zur Reform der Unternehmensbesteuerung (Steuersenkungsgesetz) vom 23.10.2000 (BGBl I 2000, 1433), zuletzt geändert durch Art 8 des Gesetzes zur Änderung des Investitionszulagengesetzes 1999 vom 20.12.2000 (BGBl I 2000, 1850)
StSenkErgG	Gesetz zur Ergänzung des Steuersenkungsgesetzes (Steuersenkungsergänzungsgesetz) vom 19.12.2000 (BGBl I 2000, 1812)
StuB	Steuer- und Bilanzpraxis (Zeitschrift)
StuW	Steuer und Wirtschaft (Zeitschrift)
StVG	Straßenverkehrsgesetz idF vom 5.3.2003 (BGBl I 03, 310), zuletzt geändert durch Art 1 Fünftes G zur Änd. des StraßenverkehrsG und anderer Gesetze vom 28.8.2013 (BGBl I, 3313)
StVj	Steuerliche Vierteljahresschrift (Zeitschrift)
StVollzG	Gesetz über den Vollzug der Freiheitsstrafe und der freiheitsentziehenden Maßregeln der Besserung und Sicherung (Strafvollzugsgesetz) vom 16.3.1976 (BGBl I 76, 581; ber 1999, 1096; BGBl I 77, 436), zuletzt geändert durch Art 7 G zur Intensivierung des Einsatzes von Videokonferenztechnik in gerichtlichen und staatsanwaltschaftlichen Verfahren vom 25.4.2013 (BGBl I, 935)
StVZO	Straßenverkehrs-Zulassungs-Ordnung idF vom 26.4.2012 (BGBl I 12, 679), zuletzt geändert durch Art 8 Neunte VO zur Änd der Fahrerlaubnis-VO und anderer straßenverkehrsrechtlicher Vorschriften vom 5.11.2013 (BGBl I, 3920)
SvEV	Verordnung über die sozialversicherungsrechtliche Beurteilung von Zuwendungen des Arbeitgebers als Arbeitsentgelt (Sozialversicherungsentgeltverordnung) vom 21.12.2006 (BGBl I 06, 3385), zuletzt geändert durch Art 1 Sechste ÄndVO vom 21.10.2013 (BGBl I, 3871)
SVReGrV 2012	Verordnung über maßgebende Rechengrößen der Sozialversicherung für 2012 (Sozialversicherungs-Rechengrößenverordnung 2012) vom 2.12.2011 (BGBl I 11, 2421)
SVReGrV 2013	Verordnung über maßgebende Rechengrößen der Sozialversicherung für 2013 (Sozialversicherungs-Rechengrößenverordnung 2013) vom 26.11.2012 (BGBl I 12, 2361)
SVwG	Gesetz über die Selbstverwaltung auf dem Gebiet der Sozialversicherung (Selbstverwaltungsgesetz) idF vom 23.8.1967 (BGBl I 67, 917), außer Kraft durch Art 26 des RRG 1992 vom 18.12.1989 (BGBl I 89, 2261)
SW	*Stege/Weinspach/Schiefer,* Betriebsverfassungsgesetz, Kommentar, 9. Aufl 2002
Thür	Thüringen
Thüsing	*Thüsing,* Arbeitsrechtlicher Diskriminierungsschutz, 2. Aufl 2013
Thüsing/Bearbeiter	*Thüsing,* Fünftes Vermögensbildungsgesetz, Kommentar, 1992
T/K	*Tipke/Kruse,* Kommentar zur Abgabenordnung/Finanzgerichtsordnung (Loseblatt)
TRAS	Technische Regeln für Anlagensicherheit
TRGS	Technische Regeln für Gefahrstoffe
TSG	Gesetz über die Änderung der Vornamen und die Feststellung der Geschlechtszugehörigkeit in besonderen Fällen (Transsexu-

Abkürzungsverzeichnis

	ellengesetz) vom 10.9.1980 (BGBl I 80, 1654), zuletzt geändert durch § 8 Abs 1 Nr 3, § 8 Abs 1 Nr 4 der Entscheidung des Bundesverfassungsgerichts (zu § 8 Absatz 1 Nummer 3 und 4 des Transsexuellengesetzes) vom 11.1.2011 (BGBl I 11, 224)
TVAng	Tarifvertrag für die Angestellten der Deutschen Bundespost
TVArb	Tarifvertrag für Arbeiter der Deutschen Bundespost
TVG	Tarifvertragsgesetz idF vom 25.8.1969 (BGBl I 69, 1323), zuletzt geändert durch Art 88 des Gesetzes über die weitere Bereinigung von Bundesrecht vom 8.12.2010 (BGBl I 10, 1864)
TVöD	Tarifvertrag für den öffentlichen Dienst
Tz	Teilziffer(n)
TzBfG	Gesetz über Teilzeitarbeit und befristete Arbeitsverträge (Teilzeit- und Befristungsgesetz) vom 21.12.2000 (BGBl I 2000, 1966), zuletzt geändert mWv 1.4.2012 durch Art 23 des Gesetzes zur Verbesserung der Eingliederungschancen am Arbeitsmarkt vom 20.12.2011 (BGBl I 11, 2854)
ua	unter anderem
uÄ	und Ähnliche(s)
Ulber	Ulber, Arbeitnehmerüberlassungsgesetz, 4. Aufl 2012
Ulmer/Habersack/Henssler	Ulmer/Habersack/Henssler, Mitbestimmungsrecht, 3. Aufl 2013
UmsGSozSichAbk	Gesetz zur Umsetzung von Abkommen über Soziale Sicherheit und zur Änderung verschiedener Zustimmungsgesetze vom 27.4.2002 (BGBl I 02, 1464)
UmwG	Umwandlungsgesetz vom 28.10.1994 (BGBl I 94, 3210; BGBl I 95, 428), zuletzt geändert mWv 1.4.2012 durch Art 2 Abs 48 des Gesetzes zur Änderung von Vorschriften über Verkündung und Bekanntmachungen sowie der Zivilprozessordnung, des Gesetzes betreffend die Einführung der Zivilprozessordnung und der Abgabenordnung vom 22.12.2011 (BGBl I 11, 3044)
UntStFG	Gesetz zur Fortentwicklung des Unternehmenssteuerrechts vom 20.12.2001 (BGBl I 01, 3858)
UrhG	Gesetz über Urheberrecht und verwandte Schutzrechte (Urheberrechtsgesetz) vom 9.9.1965 (BGBl I 65, 1273), zuletzt geändert durch Art 1 G zur Nutzung verwaister und vergriffener Werke und einer weiteren Änd des UrheberrechtsG vom 1.10.2013 (BGBl I, 3728)
UrlGG	Gesetz über die Gewährung eines jährlichen Urlaubsgeldes (Urlaubsgeldgesetz – UrlGG) idF vom 16.5.2002 (BGBl I 02, 1780), aufgehoben durch Art 18 Abs 1 Nr 2 Bundesbesoldungs- und -versorgungsanpassungsgesetz 2003/2004 vom 10.9.2003 (BGBl I 03, 1798)
Urt	Urteil
USG	Gesetz über die Sicherung des Unterhalts der zum Wehrdienst einberufenen Wehrpflichtigen und ihrer Angehörigen (Unterhaltssicherungsgesetz) idF vom 26.8.2008 (BGBl I 08, 1774), zuletzt geändert durch Art 2 Abs 9 15. G zur Änd des SoldatenG vom 8.4.2013 (BGBl I, 730)
USK	Urteilssammlung für die gesetzlichen Krankenkassen
USt	Umsatzsteuer
UStG	Umsatzsteuergesetz idF vom 21.2.2005 mWv 1.1.2005 (BGBl I 05, 386), zuletzt geändert durch Art 4 Gesetz zur Anpassung des Investmentsteuergesetzes und anderer Gesetze an das AIFM-Umsetzungsgesetz (AIFM-Steuer-Anpassungsgesetz – AIFM-StAnpG) vom 18.12.2013 (BGBl I, 4318)

Abkürzungsverzeichnis

uU	unter Umständen
UV	Unfallversicherung
UVAV 2002	Verordnung über die Anzeige von Versicherungsfällen in der gesetzlichen Unfallversicherung (Unfallversicherungs-Anzeigeverordnung – UVAV) vom 23.1.2002 (BGBl I 02, 554), geändert durch Art 459 der Neunten Zuständigkeitsanpassungsverordnung vom 31.10.2006 (BGBl I 06, 2407)
UVEG	Gesetz zur Einordnung des Rechts der gesetzlichen Unfallversicherung in das Sozialgesetzbuch (Unfallversicherungs-Einordnungsgesetz) vom 7.8.1996 (BGBl I 96, 1254), zuletzt geändert durch Art 9 des 3. Wahlrechtsverbesserungsgesetzes vom 29.4.1997 (BGBl I 97, 968)
UVMG	Unfallversicherungsmodernisierungsgesetz vom 30.10.2008 (BGBl I 08, 2130), zuletzt geändert durch Art 3 des Zweiten Gesetzes zur Änderung des SGB VII vom 5.12.2012 (BGBl I 12, 2447)
UVTräger	Unfallversicherungsträger
UVV	Unfallverhütungsvorschriften = BG-Vorschrift
UWG	Gesetz gegen den unlauteren Wettbewerb (UWG) mWv 4.8.2009 vom 3.3.2010 (BGBl I 10, 254), zuletzt geändert durch Art 6 G gegen unseriöse Geschäftspraktiken vom 1.10.2013 (BGBl I, 3714)
vAw	von Amts wegen
VBL	Versorgungsanstalt des Bundes und der Länder
VDR	Verband Deutscher Rentenversicherungsträger
VerbKomm	Kommentar zur RVO des Verbandes Deutscher Rentenversicherungsträger (Loseblatt)
VerbrKrG	Verbraucherkreditgesetz vom 17.12.1990 (BGBl I 90, 2840) idF vom 29.6.2000 (BGBl I 2000, 940), aufgehoben durch Art 6 Nr 3 des Gesetzes zur Modernisierung des Schuldrechts vom 26.11.2001 (BGBl I 01, 3138)
VerglO	Vergleichsordnung vom 26.2.1935 (RGBl I 35, 321), außer Kraft seit 1.1.1999 durch Art 2 Nr 1 des EGInsO vom 5.10.1994 (BGBl I 94, 2911)
VermBDV	Verordnung zur Durchführung des Fünften Vermögensbildungsgesetzes vom 20.12.1994 (BGBl I 94, 3904), zuletzt geändert durch Art 14 des Gesetzes zur Modernisierung und Entbürokratisierung des Steuerverfahrens (Steuerbürokratieabbaugesetz) mWv 1.1.2009 vom 20.12.2008 (BGBl I 08, 2850)
VermBG	Fünftes Gesetz zur Förderung der Vermögensbildung der Arbeitnehmer idF vom 4.3.1994 (BGBl I 94, 406), zuletzt geändert durch Art 13 des Gesetzes zur Umsetzung der Beitreibungsrichtlinie sowie zur Änderung steuerlicher Vorschriften (Beitreibungsrichtlinie-Umsetzungsgesetz – BeitrRLUmsG) vom 7.12.2011 (BGBl I 11, 2592)
VermLG	Gesetz über vermögenswirksame Leistungen für Beamte, Richter, Berufssoldaten und Soldaten auf Zeit idF vom 16.5.2002 (BGBl I 02, 1778)
VermVergVO	Verordnung über die Zulässigkeit der Vereinbarung von Vergütungen von privaten Vermittlern mit Angehörigen bestimmter Berufe und Personengruppen (Vermittler-Vergütungsverordnung) vom 27.6.2002 (BGBl I 02, 2439)
VersR	Versicherungsrecht (Zeitschrift)
VG	Verwaltungsgericht

Abkürzungsverzeichnis

VGH	Verwaltungsgerichtshof
vgl	vergleiche
vH	vom Hundert
VO	Verordnung
Volmer/Gaul	*Volmer/Gaul,* Arbeitnehmererfindungsgesetz, Kommentar, 2. Aufl 1983
VRG	Gesetz zur Förderung von Vorruhestandsleistungen (Vorruhestandsgesetz) vom 13.4.1984 (BGBl I 84, 601), zuletzt geändert durch Art 2 des Gesetzes über den Ausgleich von Arbeitgeberaufwendungen und zur Änderung weiterer Gesetze vom 22.12.2005 (BGBl I 05, 3686)
VSSR	Vierteljahresschrift für Sozialrecht, hrsg von W. Boecken und R. Pitschas
VuV	Vermietung und Verpachtung
VVaG	Versicherungsverein auf Gegenseitigkeit
VVG	Gesetz über den Versicherungsvertrag vom 23.11.2007 (BGBl I 07, 2631), zuletzt geändert durch Art 9 G zur Umsetzung der VerbraucherrechteRL und zur Änd des G zur Regelung der Wohnungsvermittlung vom 20.9.2013 (BGBl I, 3642)
VwGO	Verwaltungsgerichtsordnung idF vom 19.3.1991 (BGBl I 91, 686), zuletzt geändert durch Art 5 G zur Förderung des elektronischen Rechtsverkehrs mit den Gerichten vom 10.10.2013 (BGBl I, 3786)
VwVG	Verwaltungs-Vollstreckungsgesetz vom 27.4.1953 (BGBl I 53, 157), zuletzt geändert durch Art 4 Abs 1 des Gesetzes zur Reform der Sachaufklärung in der Zwangsvollstreckung vom 29.7.2009 (BGBl I 09, 2258)
WahlO	Wahlordnung
Wannagat	*Wannagat,* Sozialgesetzbuch, Kommentar (Loseblatt)
WFG	Gesetz zur Umsetzung des Programms für mehr Wachstum und Beschäftigung in den Bereichen der Rentenversicherung und Arbeitsförderung (Wachstums- und Beschäftigungsförderungsgesetz) vom 25.9.1996 (BGBl I 96, 1461; ber 1806)
WHG	Gesetz zur Ordnung des Wasserhaushalts (Wasserhaushaltsgesetz – WHG) idF vom 31.7.2009 (BGBl I 09, 2585), zuletzt geändert durch Art 2 Abs 100, Art 4 Abs 76 G zur Strukturreform des Gebührenrechts des Bundes vom 7.8.2013 (BGBl I, 3154)
WiB	Wirtschaftsrechtliche Beratung (Zeitschrift)
Wiedemann/Bearbeiter	*Wiedemann,* Tarifvertragsgesetz, Kommentar, 7. Aufl 2007
Wiegand/Bearbeiter	*Wiegand/Gouder/Haus/Hohlmann/Dennhardt,* Kommentar zum Schwerbehindertengesetz (Loseblatt)
Wissing/Bearbeiter	*Wissing/Mutschler/Bartz/Schmidt-De Caluwe,* SGB III, Arbeitsförderung (Loseblatt)
WissZeitVG	Gesetz über befristete Arbeitsverträge in der Wissenschaft (Wissenschaftszeitvertragsgesetz – WissZeitVG) vom 12.4.2007 (BGBl I 2007, 506)
Wlotzke/Preis	*Wlotzke/Preis,* Betriebsverfassungsgesetz, Kommentar, 4. Aufl 2009
WM	Wertpapiermitteilungen (Zeitschrift)
WoGG	Wohngeldgesetz (WoGG) idF vom 24.9.2008 (BGBl I 08, 1856), zuletzt geändert durch Art 9 Abs 5 SEPA-BegleitG vom 3.4.2013 (BGBl I, 610)
Wohlgemuth/Lakies	*Wohlgemuth/Lakies/Malottke,* BBiG Berufsbildungsgesetz, 3. Aufl 2006

Abkürzungsverzeichnis

WoPDV	Verordnung zur Durchführung des Wohnungsbau-Prämiengesetzes (WoPDV 1996) idF vom 30.10.1997 (BGBl I 97, 2684), zuletzt geändert durch Art 6 des Gesetzes zur verbesserten Einbeziehung der selbstgenutzten Wohnimmobilie in die geförderte Altersvorsorge (Eigenheimrentengesetz – EigRentG) vom 29.7.2008 (BGBl I 08, 1509)
WoPG	Wohnungsbau-Prämiengesetz (WoPG 1996) idF vom 30.10.1997 (BGBl I 97, 2678), zuletzt geändert durch Art 7 des Gesetzes zur bestätigenden Regelung verschiedener steuerlicher und verkehrsrechtlicher Vorschriften des Haushaltsbegleitgesetzes 2004 vom 5.4.2011 (BGBl I 11, 554)
WPflG	Wehrpflichtgesetz (WPflG) idF der Bekanntmachung vom 15.8.2011 (BGBl I 11, 1730) mWv 1.7.2011, zuletzt geändert durch Art 2 Abs 8 G zur Fortentwicklung des Meldewesens vom 3.5.2013 (BGBl I, 1084)
WRP	Wettbewerb in Recht und Praxis (Zeitschrift)
WSI-Mitteilungen	Monatszeitschrift des Wirtschafts- und Sozialwissenschaftlichen Instituts in der Hans-Böckler-Stiftung
Wulffen	*von Wulffen*, SGB X, Kommentar, 8. Aufl 2014
WVO	Werkstättenverordnung vom 13.8.1980 (BGBl I 80, 1365) zum Schwerbehindertengesetz, zuletzt geändert durch Art 8 des Gesetzes zur Einführung Unterstützter Beschäftigung vom 22.12.2008 (BGBl I 08, 2959)
WzS	Wege zur Sozialversicherung (Zeitschrift)
zB	zum Beispiel
ZDG	Gesetz über den Zivildienst der Kriegsdienstverweigerer (Zivildienstgesetz) idF vom 17.5.2005 (BGBl I 05, 1346; ber 2301) mWv 30.4.2005, zuletzt geändert durch Art 4 Abs 2 G zur Übertragung der Zuständigkeiten der Länder im Bereich der Beschädigten- und Hinterbliebenenversorgung nach dem Dritten Teil des SoldatenversorgungsG auf den Bund vom 15.7.2013 (BGBl I, 2416)
ZESAR	Zeitschrift für Europäisches Sozial- und Arbeitsrecht
ZfA	Zeitschrift für Arbeitsrecht
ZfS	Zentralblatt für Sozialversicherung
ZfSH	Zeitschrift für Sozialhilfe
ZfSH/SGB	Zeitschrift für Sozialhilfe und Sozialgesetzbuch
ZGR	Zeitschrift für Unternehmens- und Gesellschaftsrecht
ZIAS	Zeitschrift für ausländisches und internationales Arbeits- und Sozialrecht
Ziff	Ziffer
ZInsO	Zeitschrift für das gesamte Insolvenzrecht
ZIP	Zeitschrift für Wirtschaftsrecht
Zöller/Bearbeiter	*Zöller*, Zivilprozessordnung, Kommentar, 30. Aufl 2014
Zöllner/Loritz	*Zöllner/Loritz/Hergenröder*, Arbeitsrecht, 6. Aufl 2008
ZPO	Zivilprozessordnung idF vom 5.12.2005 (BGBl I 05, 3202) berichtigt BGBl I 06, 431 und BGBl I 07, 1781, mWv 21.10.2005, zuletzt geändert durch Art 1 G zur Förderung des elektronischen Rechtsverkehrs mit den Gerichten vom 10.10.2013 (BGBl I, 3786)
ZPO-RG	Gesetz zur Reform des Zivilprozesses (Zivilprozessreformgesetz) vom 27.7.2001 (BGBl I 01, 1887), zuletzt geändert durch Art 5 Abs 1a des Gesetzes zur Modernisierung des Schuldrechts vom 26.11.2001 (BGBl I 01, 3138)
ZRP	Zeitschrift für Rechtspolitik

Abkürzungsverzeichnis

ZSB	*Zweng/Scheerer/Buschmann,* Handbuch der Rentenversicherung, Kommentar (Loseblatt)
zT	zum Teil
ZTR	Zeitschrift für Tarifrecht
zz/zZ	zurzeit/zur Zeit
zzgl	zuzüglich

Verzeichnis der Musterformulare in der online-Version

Die hier aufgelisteten Musterformulare finden Sie ausschließlich in der online-Version des Personalbuchs 2013 in beck-online.DIE DATENBANK.

M1 Abfindung
  M1.1 Vereinbarte Abfindung
  M1.2 Hinweis nach § 1a KSchG
  M1.3 Auflösungsantrag nach den §§ 9, 10 KSchG
M3 Abmahnung
  M3.1 Abmahnung
M5 Altersteilzeit
  M5.1 Altersteilzeitvertrag (Blockmodell)
  M5.2 Altersteilzeitvertrag (Teilzeitmodell)
M7 Arbeitnehmerentsendung
  M7.1 Vertrag über die Entsendung bei fortbestehendem Inlandsarbeitsvertrag
  M7.2 Versetzung zu einer ausländischen Tochtergesellschaft
M9 Arbeitsverträge
  M9.1 Arbeitsvertrag mit Bezugnahme auf einen Tarifvertrag
  M9.2 Arbeitsvertrag ohne Bezugnahme auf einen Tarifvertrag
  M9.3 AT-Arbeitsvertrag
  M9.4 Freie Mitarbeit, Vertrag
  M9.5 Geschäftsführervertrag
  M9.6 Heimarbeitsvertrag
  M9.7 Leiharbeitsvertrag mit Bezugnahme auf den Tarifvertrag BZA/DGB
  M9.8 Leitende Angestellte, Arbeitsvertrag
  M9.9 Arbeitsvertragliche Anrechnungsklausel
  M9.10 Arbeitsvertragliche Freistellungsklausel
  M9.11 Freistellungsklausel im konkreten Einzelfall
  M9.12 Verschwiegenheitsklausel im Arbeitsvertrag
  M9.13 Rückzahlungsklausel in einer Fortbildungsvereinbarung
  M9.14 Arbeitsvertrag für geringfügig entlohnte Beschäftigte
M11 Ausgleichsquittung
  M11.1 Ausgleichsquittung
M13 Ausschlussfrist – Verfallsklausel im Arbeitsvertrag
  M13.1 Einfache Ausschlussfrist
  M13.2 Doppelklausel
M15 Befristetes Arbeitsverhältnis
  M15.1 Befristetes Arbeitsverhältnis, Befristungsklauseln
M17 Betriebsratsanhörung
  M17.1 Anhörung des Betriebsrats zu einer beabsichtigten ordentlichen Kündigung nach § 102 BetrVG
M19 Einigungsstelle
  M19.1 Antrag auf Errichtung einer Einigungsstelle, außergerichtlich
  M19.2 Antrag auf Errichtung einer Einigungsstelle, gerichtlich
M21 Einstellung
  M21.1 Antrag auf Zustimmung des Betriebsrats
  M21.2 Einstellungsfragebogen
  M21.3 Einverständniserklärung des einzustellenden Arbeitnehmers zu einer ärztlichen Untersuchung

M23 Elternzeit
    M23.1 Elternteilzeitvereinbarung
M25 Erfindungen und qualifizierte technische Verbesserungsvorschläge
    M25.1 Arbeitnehmererfindungsrecht
    M25.2 Betriebsvereinbarung Betriebliches Vorschlagswesen (BVW)
    M25.3 Geschäftsführererfindung
M27 Geringfügige Beschäftigung
    M27.1 Verzicht der Rentenversicherungsfreiheit durch den Arbeitnehmer
    M27.2 Belehrung durch den Arbeitgeber zum Aufstockungsbetrag der RV
M29 Interessenausgleich
    M29.1 Interessenausgleich, allgemein
    M29.2 Interessenausgleich mit Auswahlrichtlinie
    M29.3 Interessenausgleich mit Altersgruppen
M31 Kündigung
    M31.1 Außerordentliche Kündigung, allgemein
    M31.2 Außerordentliche Kündigung mit sozialer Auslauffrist
    M31.3 Kündigung, ordentliche
    M31.4 Kündigungsschutzklage
    M31.5 Probearbeitsverhältnis, Probezeitklauseln im Arbeitsvertrag
    M31.6 Änderungskündigung, allgemein
    M31.7 Klage gegen eine Änderungskündigung nach Vorbehalt
M33 Lohnsteuer: Anträge und Rechtsbehelfe
    M33.1 Anrufungsauskunft nach § 42e EStG
    M33.2 Antrag auf Aussetzung des Verfahrens
    M33.3 Antrag auf Ruhen des Verfahrens
    M33.4 Aufrechnung nach § 226 Abgabenordnung
    M33.5 Aussetzung der Vollziehung der Prüfungsanordnung
    M33.6 Einspruch gegen Nachforderungsbescheide
    M33.7 Erklärung gegenüber dem Betriebsstättenfinanzamt zur Religionszugehörigkeit für die Erhebung der pauschalen Einkommensteuer nach § 37b Abs 4 EStG
    M33.8 Erklärung gegenüber dem Betriebsstättenfinanzamt zur Religionszugehörigkeit für die Erhebung der pauschalen Lohnsteuer nach § 40, § 40a Abs 1, 2a und 3 und § 40b EStG
M35 Rechtsanwaltskosten
    M35.1 Antrag auf Gewährung von Prozesskostenhilfe
M37 Sozialplan
    M37.1 Sozialplan
M39 Stellenausschreibung
    M39.1 Stellenausschreibung
M41 Versetzung
    M41.1 Unterrichtung des Betriebsrats über eine beabsichtigte Versetzung nach § 99 BetrVG
M43 Verzicht – Tatsachenvergleich
    M43.1 Tarifliche Mehrarbeitsvergütung
    M43.2 Sozialplanabfindung
    M43.3 Urlaub
M45 Zeugnis
    M45.1 Einfaches Zeugnis
    M45.2 Qualifiziertes Zeugnis, Aufbau

Abfindung

A. Arbeitsrecht
Eisemann

Übersicht

	Rz		Rz
1. Arten der Abfindungen	1–9	c) Antrag des Arbeitgebers	23–29
a) Vereinbarte Abfindung	1, 2	d) Beiderseitiger Antrag	30
b) Betriebsbedingte Abfindung	3–8	e) Auflösungszeitpunkt	31, 32
c) Auflösungsabfindung	9	f) Abfindungshöhe	33–36
2. Auflösungsabfindung im Einzelnen	10–38	g) Sonstiges	37, 38
a) Sozialwidrigkeit	13–16	3. Verfahrensfragen	39
b) Antrag des Arbeitnehmers	17–22	4. Muster	40

1. Arten der Abfindungen. Abfindungen für den Verlust des Arbeitsplatzes kennt das **1** Gesetz im *Sozialplan,* beim *Nachteilsausgleich* und im KSchG. Sie können auch vereinbart werden.

a) Vereinbarte Abfindung. Durch einzelvertraglich vereinbarte Abfindungen werden Ansprüche aus einem **Sozialplan** nach § 77 Abs 4 Satz 2 BetrVG in ihrem Bestand nicht berührt. Ob und inwieweit der eine Anspruch auf den anderen angerechnet werden kann, ist eine Frage der Auslegung der getroffenen Vereinbarungen (BAG 27.4.95 – 6 AZR 902/94, NZA 96, 150). Sozialplanansprüche können jedenfalls nicht in der Form unterschritten werden, dass ArbN gegen Zahlung einer Abfindung auf die höheren Ansprüche aus einem Sozialplan verzichtet, wie § 77 Abs 4 Satz 2 BetrVG zeigt. Die einzelvertragliche Vereinbarung von Nachzahlungen aus einem künftigen und möglicherweise günstigeren Sozialplan sichern auch für die ArbN Zahlungen aus dem Sozialplan, die von seinem Geltungsbereich nicht erfasst werden (BAG 6.8.97 – 10 AZR 66/97, NZA 98, 155).

Vereinbarte Abfindungen müssen sich am **Gleichbehandlungsgrundsatz** ausrichten. Eine Gruppenbildung erfordert daher einen nach dem Zweck der Leistung gerechtfertigten Sachgrund und darf vor allem nicht diskriminieren. Die Höhe der Abfindung darf daher nicht auf das **Lebensalter** bei Beginn einer Altersteilzeit abstellen (BAG 18.9.07 – 9 AZR 788/06). Die Zahlung der vereinbarten Abfindung darf davon abhängig gemacht werden, dass der ArbN **keine Klage** gegen die Beendigung des Arbeitsverhältnisses erhebt (BAG 15.2.05 – 9 AZR 116/04, NZA 05, 1117). Weder der Gleichbehandlungsgrundsatz noch das Maßregelungsverbot des § 612a BGB werden damit verletzt. Die Gruppenbildung ist sachgerecht. Wer Kündigungsschutzklage erhebt, wird nicht gemaßregelt. Er erhält nur die für den Verzicht auf Klage versprochene Gegenleistung nicht. Die Unwirksamkeit einer entsprechenden Regelung im Sozialplan folgt aus seinem Zweck (BAG 31.5.05 – 1 AZR 254/04, NZA 05, 997; s *Sozialplan* Rz 20), der hier keine Rolle spielt. Es stellt keine unzulässige Benachteiligung nach § 4 Abs 1 Satz 2 TzBfG dar, wenn der ArbGeb **Teilzeitbeschäftigten** nur eine Abfindung „pro rata temporis" anbietet (BAG 13.2.07 – 9 AZR 729/05, NZA 07, 860).

Wird eine Abfindung einzelvertraglich „**brutto = netto**" vereinbart, bedeutet dies allein **2** nicht, dass der ArbGeb die Steuern und Sozialabgaben trägt. Dies kann sich nur aus den Begleitumständen bei Abschluss der Vereinbarung ergeben (BAG 21.11.85 – 2 AZR 6/85 – nv). Es empfiehlt sich daher, eine von der gesetzlichen Regelung abweichende Verteilung der Abgabenlast im Vertragstext selbst unmissverständlich zu regeln. Ruht der Anspruch auf Zahlung von AlGeld nach § 143a SGB III, weil das Arbeitsverhältnis vorzeitig gegen Zahlung einer Abfindung ohne Einhaltung der Kündigungsfrist beendet wurde, geht der Anspruch des ArbN auf Zahlung einer Abfindung in Höhe des im Ruhenszeitraum bezogenen AlGeldes nach § 115 Abs 1 SGB X auf die BA über. Wollen ArbN und ArbGeb im Innenverhältnis davon abweichen, müssen sie das vereinbaren. Eine allgemeine Ausgleichsklausel reicht hierfür nicht aus (BAG 9.10.96 – 5 AZR 246/95, NZA 97, 376). Ohne eine solche Vereinbarung darf der ArbGeb die Abfindung um den von ihm an die BA iHd AlGeldes geleisteten Betrag kürzen (zu anderen Fällen der Anrechnung von Abfindungen auf Leistun-

1 Abfindung

gen der BfA Rz 60 ff). Der ArbGeb darf mit Gegenansprüchen gegenüber dem Abfindungsanspruch **aufrechnen,** soweit der ArbN nicht den Pfändungsschutzantrag nach § 850i ZPO gestellt hat (BAG 27.10.05 – 8 AZR 546/03, NZA 06, 259). Die Anrechnung einer im Aufhebungsvertrag enthaltenen Abfindung nach den §§ 9, 10 KSchG auf künftige **Betriebsrentenansprüche** lässt sich nicht wirksam vereinbaren (BAG 24.3.98 – 3 AZR 800/96, NZA 98, 1280). Nach Eintritt des Versorgungsfalls endet das Abfindungsverbot in § 3 BetrAVG. Die Ansprüche dürfen jetzt kapitalisiert und abgefunden werden (BAG 21.3.2000 – 3 AZR 127/99, NZA 01, 1308). Soll die vereinbarte Abfindung mit einer möglicherweise schon vor Vollendung des 60. Lebensjahres entstehenden betrieblichen Invalidenrente verrechnet werden, ist die darin enthaltene aufschiebend bedingte Tilgungsbestimmung nach § 3 Abs 1 BetrAVG unwirksam (BAG 17.10.2000 – 3 AZR 7/00, NZA 01, 963). Zahlt ein ArbGeb nach Schließen seines Betriebes **freiwillig Abfindungen,** sind die Leistungen nach dem von ihm bestimmten Verteilungsschlüssel am **Gleichbehandlungsgrundsatz** zu messen. Dabei kann es gerechtfertigt sein, ArbN von Zahlungen auszunehmen, die das Arbeitsverhältnis vorzeitig durch Aufhebungsvertrag aufgelöst (BAG 25.11.93 – 2 AZR 324/92, NZA 94, 788) oder selbst gekündigt haben (BAG 8.3.95 – 5 AZR 869/93, NZA 95, 675), nachdem sie eine andere Beschäftigung gefunden hatten. Ob der Anspruch auf die in einem **Aufhebungsvertrag** vereinbarte Abfindung entsteht, wenn der ArbN vor der vereinbarten Beendigung des Arbeitsverhältnisses stirbt, hängt vom Inhalt der Vereinbarung ab (BAG 16.5.2000 – 9 AZR 277/99, NZA 2000, 1236). Ein **Abfindungsvergleich** kann dem Wiedereinstellungsanspruch entgegenstehen (BAG 28.6.2000 – 7 AZR 904/98, NZA 2000, 1097; s *Wiedereinstellungsanspruch* Rz 3). Bei **Führungskräften** finden sich Vereinbarungen über die Zahlung einer Abfindung bei (auch einseitiger) Beendigung des Beschäftigungsverhältnisses nicht selten bereits im **Arbeitsvertrag.** Sie nehmen ihnen nicht den Kündigungsschutz, auf den sie selbst gegen Bezahlung nicht vorab verzichten können (s *Verzicht* Rz 2). Arbeitsvertragliche Abfindungen sind auch nicht im Rahmen der sozialen Auswahl bei betriebsbedingten Kündigungen zu berücksichtigen. Für **leitende Angestellte** bedeutet die vertraglich vereinbarte Abfindung vor dem Hintergrund des § 14 Abs 2 Satz 2 KSchG jedenfalls de facto den Verlust von Kündigungsschutz, wenn sie die Höchstsätze des § 10 KSchG übersteigt.

3   **b) Betriebsbedingte Abfindung.** Nach § 1a Abs 1 KSchG kann der ArbGeb im Geltungsbereich dieses Gesetzes (ErfK/*Oetker* KSchG § 1a Rz 3) seit dem 1.1.04 dem ArbN bei einer **betriebsbedingten Kündigung** seinen Arbeitsplatz nach festen Sätzen „abkaufen". Dies gilt ebenso für eine aus dringenden betrieblichen Gründen ausgesprochene **Änderungskündigung,** soweit sie wegen Nichtannahme oder vorbehaltloser Ablehnung des Änderungsangebots zur Beendigung des Arbeitsverhältnisses führt (BAG 13.12.07 – 2 AZR 663/06, NZA 08, 528). Der ArbGeb muss die Kündigung mit dem **Hinweis** verbinden, dass er sie auf dringende betriebliche Erfordernisse stützt und dass der ArbN eine Abfindung beanspruchen kann, wenn er daraufhin die Klagefrist für eine Kündigungsschutzklage nach § 4 KSchG verstreichen lässt. Ein Hinweis auf die abstrakte oder konkrete Höhe der Abfindung ist ebenso wenig erforderlich, wie der ausdrückliche Hinweis auf § 1a Abs 2 KSchG (BAG 13.12.07 – 2 AZR 807/06, NZA 08, 904). Der Anspruch entsteht selbst dann im gesetzlichen Umfang, wenn der ArbGeb mit dem Hinweis auf § 1a KSchG die Angabe eines zu niedrigen Betrags verbindet, aber zugleich zu verstehen gibt, er wolle eine Abfindung in der gesetzlichen Höhe zahlen (BAG 19.6.07 – 1 AZR 340/06, NZA 07, 1357).

Wie der Wortlaut zeigt, führt nur der schriftliche Hinweis nach Abs 1 zum Anspruch auf Abfindung (ErfK/*Oetker* KSchG § 1a Rz 9). Er muss „in der Kündigungserklärung" enthalten sein, die ihrerseits nach § 623 BGB für ihre Wirksamkeit die **Schriftform** voraussetzt. Er kann aus dem gleichen Grund ebenso wenig vorab erteilt oder nachgeholt werden. Im letzteren Fall würde der ArbGeb im Übrigen die Überlegungsfrist des ArbN, die sich aus der Dauer der Klagefrist nach § 4 KSchG ergibt, unzulässig verkürzen. Bei form- und fristgerechtem Hinweis steht dem nicht klagenden ArbN eine Abfindung zu. Der erfolgreiche Hinweis soll dem ArbG einen Kündigungsschutzprozess ersparen. Der Anspruch auf die betriebsbedingte Abfindung entfällt daher, wenn der ArbN **verspätet Kündigungsschutzklage** erhebt oder sich auf andere Weise vor oder nach Ablauf der Frist des § 4 KSchG gerichtlich gegen die Kündigung zur Wehr setzt (BAG 20.8.09 – 2 AZR 267/08, NZA 09,

1197; BAG 13.12.07 – 2 AZR 971/06, NZA 08, 696), selbst wenn er mit einer **Klagerücknahme** den Prozess beendet (BAG 13.12.07 – 2 AZR 971/06, NZA 08, 696). Der Betroffene hat die Klagefrist für die Kündigungsschutzklage nicht „verstreichen" lassen unabhängig davon, dass die Klage prozessual nach § 263 Abs 3 ZPO nicht anhängig geworden ist. Die prozessuale Rechtsfolge schlägt nicht auf den materiellen Anspruch durch.

Die betriebsbedingte Abfindung ist mit dem Ablauf der Kündigungsfrist **fällig**. Tarifliche 4 Kündigungsfristen können nach § 622 Abs 4 BGB kürzer sein als die dreiwöchige Klagefrist des § 4 KSchG. In diesem Fall tritt die Fälligkeit bei Ablauf der Klagefrist ein, weil der Anspruch vorher nicht entstehen kann. Nach Auffassung des BAG (10.5.07 – 2 AZR 45/06, NZA 07, 1043) **entsteht** der Anspruch auch erst nach Ablauf der Kündigungsfrist. Endet das Arbeitsverhältnis vorher durch Tod des ArbN, kann der Anspruch deshalb nicht nach § 1922 BGB auf dessen Erben übergehen. Die **Höhe** der Abfindung beträgt nach § 1a Abs 2 KSchG 0,5 Monatsverdienste für jedes Jahr des Bestehens des Arbeitsverhältnisses. Dabei sind Zeiträume von mehr als sechs Monaten auf ein Jahr aufzurunden. Als Monatsverdienst gilt wie bei der Auflösungsabfindung nach § 10 Abs 3 KSchG der Monatsbruttobezug im letzten Monat des Arbeitsverhältnisses (Einzelheiten Rz 33). Anders als dort fehlt bei der betriebsbedingten Abfindung die absolute Höchstbegrenzung. Die Abfindung wird daher bei einer Beschäftigung von mehr als 24 Jahren auch dann höher als 12 Bruttomonatsverdienste sein, wenn der ArbN das 50. Lebensjahr noch nicht vollendet hat.

Der Anspruch entsteht ebenso, wenn der ArbGeb gegenüber **besonders geschützten** 5 **Personen** – BRäte, Schwangere, Mitarbeiter in Elternzeit, schwerbehinderte Menschen – die Kündigung mit dem Hinweis nach § 1a KSchG verbindet, ohne die jeweiligen „Vorverfahren" eingehalten zu haben. Es geht nicht um die (sichere) Unwirksamkeit dieser Kündigungen, sondern um die Entstehung eines Abfindungsanspruchs. Die neue Klagefrist des § 4 KSchG gilt für alle Unwirksamkeitsgründe einer Kündigung. § 1a KSchG erfasst daher auch ArbN, deren Kündigung aus anderen als den in § 1a KSchG genannten Tatbeständen unwirksam ist (vgl *Stahlhacke/Preis/Vossen* Rz 1167c). Der ArbGeb ist auch dann verpflichtet, die Abfindung zu zahlen, wenn der ArbN auf den Hinweis hin keine Klage erhoben hat und betriebsbedingte Gründe bei Ausspruch der Kündigung in Wahrheit fehlten (*Stahlhacke/Preis/Vossen* Rz 1167e). Anspruchsbegründend ist allein der angegebene Kündigungsgrund zusammen mit dem Hinweis des ArbGeb im Kündigungsschreiben. Der Hinweis nach § 1a KSchG hindert den ArbGeb jedoch nicht, die Kündigung im **Prozess** auch oder ausschließlich auf andere Gründe zu stützen. Die Vorschrift löst kein Verwertungsverbot für andere Kündigungsgründe aus. Sie regelt die Voraussetzungen für das Entstehen eines Abfindungsanspruchs. Sie ändert weder das Kündigungsrecht noch das Prozessrecht im Übrigen. Begrenzungen der Möglichkeiten des Arbeitgebers, Kündigungsgründe auszuwechseln ergeben sich daher auch nach Einführung des § 1a KSchG allein aus den Mitbestimmungsvorschriften und dem Prozessrecht (s hierzu *Kündigung, allgemein* Rz 71 ff). Die **Anfechtung** des Hinweises nach Abs 1 oder einer im Nichterheben einer Kündigungsschutzklage liegenden konkludenten „Annahme des Angebotes" sind ausgeschlossen. Die betriebsbedingte Abfindung kommt nicht durch Vereinbarung zustande. Es handelt sich um einen gesetzlichen Anspruch, der weder ein Angebot, noch seine Annahme voraussetzt (offen gelassen in BAG 10.5.07 – 2 AZR 45/06, NZA 07, 1043; aA ErfK/*Oetker* KSchG § 1a Rz 8). Der ArbGeb weist nur auf eine Rechtslage hin, die sich unmittelbar aus dem Gesetz ergibt. Der ArbN nimmt kein Angebot an, er schafft nur durch Nichterheben der Klage die tatsächlichen Voraussetzungen für den Abfindungsanspruch. So kann der ArbN keine „Annahmeerklärung" anfechten, wenn sich später die Zahlungsunfähigkeit des ArbGeb herausstellt oder betriebsbedingte Gründe für die Kündigung in Wahrheit fehlten. Im Einzelfall kann dies aber die nachträgliche Zulassung einer Kündigungsschutzklage rechtfertigen.

Eine **Anrechnung** betriebsbedingter Abfindungen auf Abfindungen aus einem Sozialplan 6 findet von Gesetzes wegen nicht statt (*Rolfs* ZIP 04, 333; aA *Preis* DB 04, 70). Hier handelt es sich um einen individuellen Anspruch aus dem KSchG, dort um einen betriebsverfassungsrechtlichen, der gerade nicht daran geknüpft werden darf, dass der ArbN auf die Klage verzichtet (s *Sozialplan* Rz 21). Die Anrechnung darf aber im Sozialplan selbst geregelt werden (BAG 19.6.07 – 1 AZR 340/06, NZA 07, 1357). Tarifvertragsparteien können vereinbaren, dass ein Anspruch auf Abfindung nach § 1a KSchG tarifliche Abfindungsansprüche ausschließt (BAG 16.12.10 – 6 AZR 423/09, NZA-RR 11, 421).

1 Abfindung

7 Die **Vereinbarung von Abfindungen** bleibt von der gesetzlichen Neuregelung unberührt. Dem ArbGeb bleibt unbenommen, entsprechende Angebote mit höheren oder geringeren Abfindungen zu machen (BAG 10.7.08 – 2 AZR 209/07; BAG 13.12.07 – 2 AZR 807/06, NZA 08, 904). Dann handelt es sich jedoch nicht um eine „betriebsbedingte Abfindung" nach § 1a KSchG, sondern um das Angebot auf Abschluss eines Aufhebungsvertrages, dessen Wirksamkeit sich nach den allgemeinen Regeln richtet. Das Angebot des ArbGeb muss daher vom ArbN zumindest konkludent angenommen werden, soweit nicht der ArbGeb nach § 151 BGB hierauf verzichtet hat oder eine Annahmeerklärung nach der Verkehrssitte nicht zu erwarten ist. Ob ein ArbGeb das Verfahren nach § 1a KSchG einleitet oder ein Angebot auf Abschluss eines Aufhebungsvertrages macht, hängt von der **Auslegung** aller in diesem Zusammenhang von ihm abgegebenen Erklärungen und den Umständen des Einzelfalles ab (BAG 10.7.08 – 2 AZR 209/07; BAG 13.12.07 – 2 AZR 807/06, NZA 08, 904). Dabei darf nicht vorschnell auf ein Angebot auf Abschluss einer von § 1a KSchG losgelösten Vereinbarung geschlossen werden. Dieser Wille muss sich vielmehr eindeutig und unmissverständlich aus dem Kündigungsschreiben ergeben. Enthält das Kündigungsschreiben einen vollständigen Hinweis nach § 1a KSchG, spricht dies für einen Anspruch nach dieser Vorschrift (BAG 10.7.08 – 2 AZR 209/07; BAG 13.12.07 – 2 AZR 807/06, NZA 08, 904).

8 Ob der in § 1a KSchG normierte Verzicht auf eine Kündigungsschutzklage eine **Sperrzeit** nach § 144 SGB III auslöst, lässt sich dem Gesetzeswortlaut nicht mit Sicherheit entnehmen. Das BSG hat zum Aufhebungsvertrag zuletzt entschieden, dass keine Sperrzeit zu verhängen ist, wenn dem ArbN eine rechtmäßige Kündigung aus nicht verhaltensbedingten Gründen droht und zugleich deutlich gemacht, dass es auf eine ausnahmslose Prüfung der Rechtmäßigkeit der Kündigung verzichtet, wenn die Abfindungshöhe nicht die in § 1a Abs 2 vorgesehene Höhe übersteigt (BSG 12.7.06 – B 11a AL 47/05 R, NZA 06, 1359). Dies lässt darauf schließen, dass auch im Fall des § 1a KSchG unter dieser Voraussetzung keine Sperrzeit anfällt (Einzelheiten *Sperrzeit* Rz 11).

9 c) **Auflösungsabfindung.** Das **Kündigungsschutzgesetz** dient in erster Linie dem Schutz der Arbeitsplätze. Bei sozialwidriger Kündigung soll die Klage zum Fortbestand des Arbeitsverhältnisses führen. Dieser Grundsatz wird auch durch §§ 9, 13, 14 KSchG durchbrochen. Danach kann das Arbeitsverhältnis bei Unwirksamkeit der Kündigung auf Antrag gegen Zahlung einer Abfindung aufgelöst werden. Das KSchG bietet jedoch – sieht man von § 1a KSchG ab – kein beliebiges Wahlrecht zwischen Abfindung und Bestandsschutz. Die **Auflösung** gegen Abfindungszahlung **durch Urteil** des ArbG ist nur in bestimmten Fällen möglich. In der Praxis hat sich freilich diese Form der Beendigung eines Kündigungsschutzprozesses im Weg über den (gerichtlichen) Vergleich weitgehend durchgesetzt.

10 **2. Auflösungsabfindung im Einzelnen.** Stellt ein ArbG fest, dass ein Arbeitsverhältnis aus Gründen, die im KSchG liegen, nicht durch eine zuvor vom ArbGeb ausgesprochene Kündigung beendet ist, hat es nach § 9 KSchG auf Antrag dieses Arbeitsverhältnis aufzulösen. Der **Antrag des Arbeitnehmers** ist begründet, wenn ihm die Fortsetzung des Arbeitsverhältnisses nicht mehr zugemutet werden kann; der **Antrag des Arbeitgebers,** wenn Gründe vorliegen, die eine den Betriebszwecken dienliche weitere Zusammenarbeit nicht erwarten lassen. In beiden Fällen erfolgt die Auflösung gegen Zahlung einer Abfindung, deren Höhe in § 10 KSchG geregelt ist. Der Auflösungsantrag kann nach außerordentlicher Kündigung nur vom ArbN gestellt werden (§ 13 Abs 1 KSchG). Wurden Geschäftsführer, Betriebsleiter oÄ leitende Angestellte gekündigt, braucht der ArbGeb seinen Auflösungsantrag nach § 14 Abs 2 KSchG nicht zu begründen. Im einheitlichen Arbeitsverhältnis mit mehreren Arbeitgebern kann die Auflösung durch Urteil (§ 9 KSchG) grundsätzlich nur insgesamt erfolgen. Ausreichend ist im Regelfall ein Auflösungsgrund, der für oder gegen einen der Arbeitgeber vorliegt (BAG 19.4.2012 – 2 AZR 186/11, NZA 13, 27).

Die Auflösung des Arbeitsverhältnisses auf Antrag des ArbGeb bedeutet für den betroffenen ArbN den Verlust des Arbeitsplatzes trotz sozialwidriger Kündigung. Für den ArbGeb wird damit neben der Kündigung eine weitere Möglichkeit der Beendigung von Arbeitsverhältnissen geschaffen. Die **Sozialwidrigkeit** der zuvor ausgesprochenen Kündigung macht es erforderlich, an die Voraussetzungen des vom ArbGeb gestellten Auflösungsantrages strenge Anforderungen zu stellen. Soweit der ArbN den Auflösungsantrag stellt, geht es letzten Endes darum, Bestandsschutz zu kapitalisieren. Bei der Bemessung der Abfindungszahlung darf daher nicht übersehen werden, dass der die Abfindung rechtfertigende Grund in erster Linie in der Sozialwidrigkeit der Kündigung liegt.

Die gerichtliche Auflösung des Arbeitsverhältnisses nach § 9 KSchG kann nur im **Kündigungsprozess** erfolgen. Ohne vorangegangene arbeitgeberseitige Kündigung und den vom ArbN anhängig gemachten Kündigungsschutzprozess besteht keine Möglichkeit, das Arbeitsverhältnis von ArbG durch Urteil auflösen zu lassen. Der entsprechende Antrag wäre unzulässig (BAG 29.5.59 – 2 AZR 450/58, NJW 59, 1942). Schon der zulässige – wenn auch unbegründete – Auflösungsantrag des ArbGeb soll dem ArbN den Anspruch auf Beschäftigung (s *Weiterbeschäftigungsanspruch* Rz 11, 12) für die Dauer des Kündigungsschutzprozesses nehmen (BAG 16.11.95 – 8 AZR 864/93, NZA 96, 589). 11

Werden ArbN in **Kleinbetrieben** mit regelmäßig nicht mehr als zehn Beschäftigten (§ 23 Abs 1 KSchG) oder nicht länger als sechs Monate beschäftigte ArbN (§ 1 Abs 1 KSchG) gekündigt, können keine Auflösungsanträge gestellt werden. Der Auflösungsantrag setzt voraus, dass die Klage innerhalb der **Dreiwochenfrist** des § 4 KSchG erhoben oder trotz Verspätung nach § 5 KSchG zugelassen wurde, wie die §§ 1, 4, 9, 13 KSchG zeigen. 12

Das **Berufsausbildungsverhältnis** kann nach Kündigung nicht gegen Zahlung einer Abfindung durch Urt aufgelöst werden. Der Grund liegt im Zweck der Berufsausbildung, die verstärkten Bestandsschutz genießt (BAG 29.11.84, DB 85, 2515).

Unbenommen bleibt in jedem Fall, Arbeits- oder Ausbildungsverhältnisse auch ohne Vorliegen der gesetzlichen Voraussetzungen durch Aufhebungsvertrag (s *Aufhebungsvertrag* Rz 1 ff) – ggf gegen Zahlung einer Abfindung – zu beenden.

a) Sozialwidrigkeit. Die Auflösung des Arbeitsverhältnisses nach § 9 KSchG setzt voraus, dass im Kündigungsschutzprozess die Sozialwidrigkeit der ArbGebseitigen Kündigung durch Urt ausgesprochen wird. Wird die Klage abgewiesen, weil die Kündigung sozial gerechtfertigt ist, kann der Auflösungsantrag nicht zuerkannt werden. Das Arbeitsverhältnis wurde schon durch Kündigung aufgelöst. Dasselbe gilt, wenn die Kündigung nach § 7 KSchG als wirksam gilt, weil der ArbN zu spät Klage erhoben hat (s *Kündigungsschutz* Rz 104 ff). 13

Ist die Kündigung **nur aus anderen Gründen** als denen des Kündigungsschutzgesetzes (einschließlich des § 13 Abs 1 und 2 KSchG) unwirksam – zB wegen fehlender Anhörung des BRates – kann nach § 13 Abs 3 KSchG ein Auflösungsantrag nicht erfolgreich gestellt werden (BAG 29.1.81 – 2 AZR 1055/78, NJW 82, 1118). Ist die angegriffene Kündigung **nicht nur sozialwidrig**, sondern **auch aus anderen Gründen** unwirksam, obsiegt der ArbN mit seinem begründeten Auflösungsantrag, wenn das Gericht auch die Sozialwidrigkeit feststellt (BAG 29.1.81 – 2 AZR 1055/78, NJW 82, 1118). Der Auflösungsantrag des ArbGeb ist dagegen nur zulässig, wenn der von ihm geltend gemachte Kündigungssachverhalt lediglich nach § 1 KSchG wegen Sozialwidrigkeit zur Unwirksamkeit der Kündigung führt (BAG 23.2.10 – 2 AZR 554/08, NZA 10, 1123), es sei denn, die Unwirksamkeit aus anderen Gründen beruht auf einer Norm, die nicht den ArbN schützen will (BAG 28.8.08 – 2 AZR 63/07, NZA 09, 275; BAG 27.9.01 – 2 AZR 389/00, NZA 02, 1171). Für die Auffassung des BAG spricht, dass es beim KSchG in erster Linie um den Bestandsschutz des Arbeitsverhältnisses geht. Das KSchG ist kein Abfindungsgesetz. Die Privilegierung, sich trotz unwirksamer Kündigung gegen den Willen des Betroffenen aus einem Arbeitsverhältnis „herauskaufen" zu dürfen, muss auf die Fälle beschränkt bleiben, wo das Arbeitsverhältnis allein aus Gründen des KSchG beendet ist. 14

Im Prozess um die Wirksamkeit einer **Änderungskündigung** kann der Auflösungsantrag nur gestellt werden, wenn der Vorbehalt nicht erklärt wurde (BAG 27.9.01 – 2 AZR 176/00, NZA 02, 1277). Denn nur in diesem Fall geht es um die Beendigung des Arbeitsverhältnisses. Abfindungen wegen der mit einer Änderungskündigung verbundenen Verschlechterung der Arbeitsbedingungen sieht das Gesetz nicht vor, wie § 9 KSchG zeigt („durch die Kündigung nicht aufgelöst"). 15

Soll das Arbeitsverhältnis nach **außerordentlicher oder sittenwidriger Kündigung** aufgelöst werden, kommt es für den Auflösungsantrag nicht auf die Sozialwidrigkeit der Kündigung sondern auf ihre Unwirksamkeit nach § 626 Abs 1 BGB bzw nach § 138 BGB an. 16

b) Antrag des Arbeitnehmers. Das Arbeitsverhältnis wird nicht „von Amts wegen" sondern nur auf Antrag aufgelöst. Der ArbN kann die Auflösung des Arbeitsverhältnisses 17

1   Abfindung

verlangen, wenn ihm seine Fortsetzung nicht mehr zuzumuten ist. Der Begriff der **Unzumutbarkeit** deckt sich nicht mit dem in § 626 Abs 1 BGB. Der Antrag setzt also nicht voraus, dass der ArbN einen „wichtigen Grund" vorträgt. Es reicht vielmehr aus, dass die Fortsetzung des Arbeitsverhältnisses für den ArbN zu unerträglichen Bedingungen führen würde (BAG 26.11.81 – 2 AZR 509/79, NJW 82, 2015). Das Gericht prüft im Rahmen von § 9 KSchG – anders als bei der außerordentlichen Kündigung (s *Kündigung, außerordentliche* Rz 30) – ob die Fortsetzung des Arbeitsverhältnisses auf unbestimmte Dauer zumutbar ist. Das rechtfertigt den unterschiedlichen Bewertungsmaßstab.

18   Maßgeblicher **Zeitpunkt** für die Prüfung der Unzumutbarkeit ist der Zeitpunkt der Entscheidung über den Auflösungsantrag in der Tatsacheninstanz (BAG 30.9.76 – 2 AZR 402/75, NJW 77, 695). Damit hat das Gericht in seine Überlegungen auch Geschehnisse einzubeziehen, die erst **nach Ausspruch der Kündigung** bis zum Zeitpunkt der letzten mündlichen Verhandlung vor dem LAG aufgetreten sind. Darin liegt der wesentliche Unterschied zur Prüfung der Sozialwidrigkeit.

19   Zur **Begründung** seines Auflösungsantrags kann sich der ArbN nicht allein darauf berufen, dass ein Kündigungsschutzprozess geführt wird. Das Arbeitsverhältnis kann aber aufzulösen sein, weil ein Kündigungsschutzverfahren über eine offensichtlich sozialwidrige Kündigung seitens des Arbeitgebers mit einer solchen Schärfe geführt worden ist, dass der Arbeitnehmer mit einem schikanösen Verhalten des ArbGeb und anderer Mitarbeiter rechnen muss, wenn er in den Betrieb zurückkehrt (BAG 11.7.13 – 2 AZR 241/12, NZA 13, 1259). Und es soll aufzulösen sein, wenn feststeht, dass sich der ArbGeb ungeachtet der im Kündigungsschutzprozess vertretenen Rechtsauffassung des Gerichts auf jeden Fall von dem ArbN trennen will und offensichtlich beabsichtigt, mit derselben oder einer beliebigen anderen Begründung solange Kündigungen auszusprechen, bis er sein Ziel erreicht hat (BAG 11.7.13 – 2 AZR 241/12, NZA 13, 1259). Hat der ArbN eine neue Arbeitsstelle gefunden oder sich vorsorglich auf § 12 KSchG berufen, hindert ihn dies nicht daran, den Auflösungsantrag zu stellen (BAG 19.10.72 – 2 AZR 150/72, AP KSchG 1969 § 12 Nr. 1).

20   Als Auflösungsgründe kommen nur Umstände in Betracht, die in einem **inneren Zusammenhang** mit der Kündigung stehen oder im Laufe des Kündigungsstreites entstanden sind. Ist dies nicht der Fall, kann der ArbN nur seinerseits kündigen (BAG 24.9.92 – 8 AZR 557/91, NZA 93, 362). Die Unzumutbarkeit kann sich aus dem Verhalten des ArbGeb im Prozess oder außerhalb des Prozesses (zB durch Erklärungen gegenüber Dritten) ergeben. Das Verhalten Dritter reicht aus, wenn es vom ArbGeb veranlasst, zumindest gebilligt wurde (BAG 14.5.87 – 2 AZR 294/86, NZA 88, 16). Dabei kann es sich auch um Prozessbevollmächtigte handeln (BAG 30.6.59 – 3 AZR 111/58, AP Nr 56 zu § 1 KSchG).

21   Der ArbN kann sich **nicht** auf Auflösungsgründe berufen, die er selbst herbeigeführt hat (BAG 23.10.08 – 2 AZR 483/07, NZA-RR 09, 362). Hat er den Auflösungsgrund nur mitverursacht, soll dies anders sein (KR/*Spilger* § 9 KSchG Rz 46).

22   Stellt das Gericht fest, dass eine **außerordentliche Kündigung** unbegründet oder eine ordentliche Kündigung sittenwidrig und damit unwirksam ist, muss es nach § 13 KSchG das Arbeitsverhältnis auf Antrag des ArbN ebenso auflösen, wenn ihm seine Fortsetzung nicht zugemutet werden kann und er rechtzeitig Klage erhoben hat. Kommt die **Umdeutung** einer fristlosen in eine ordentliche Kündigung in Betracht, kann der ArbN den Auflösungsantrag bezogen auf die fristlose Kündigung oder auf die umgedeutete (unwirksame) ordentliche Kündigung stellen (BAG 26.8.93, DB 94, 432).

23   **c) Antrag des Arbeitgebers.** Der ArbGeb kann die Auflösung des Arbeitsverhältnisses verlangen, wenn Gründe vorliegen, die **eine den Betriebszwecken dienliche weitere Zusammenarbeit** zwischen ArbGeb und ArbN **nicht erwarten lassen.** Den Antrag kann auch der ArbGeb stellen, der vor einem Betriebsübergang gekündigt hat und seine ArbGeb-Stellung vor dem Auflösungsantrag an den Betriebserwerber verloren hat, wenn der Auflösungszeitpunkt vor dem Betriebsübergang liegt (BAG 24.5.05 – 8 AZR 246/04, NZA 05, 1178). An den ArbGebSeitigen Auflösungsantrag sind strenge Anforderungen zu stellen, um den durch das KSchG gewährten Bestandsschutz zu sichern (BVerfG 22.10.04 – 1 BvR 1944/01, NZA 05, 41; BAG 23.10.08 – 2 AZR 483/07, NZA-RR 09, 362). Dennoch sind nicht Gründe erforderlich, die auch eine außerordentliche Kündigung rechtfertigen können. Dann brauchte der ArbGeb in den meisten Fällen keine Auflösungsmöglichkeit gegen Abfindungszahlung (BAG 14.5.87, DB 88, 295). Tatbestände, welche zur Rechtfertigung

einer ordentlichen verhaltensbedingten Kündigung nicht ausreichen, können für sich allein auch den Auflösungsantrag des ArbGeb nicht begründen. Der Auflösungsantrag erfordert im Vergleich mit der gescheiterten Kündigung eine zusätzliche Begründung (BVerfG 15.12.08 – 1 BvR 347/08). So kann das Arbeitsverhältnis nur aufgelöst werden, wenn der ArbGeb zusätzlich greifbare Tatsachen vorträgt, die erkennen lassen, warum der Kündigungssachverhalt eine weitere gedeihliche Zusammenarbeit nicht erwarten lässt, obwohl er die Kündigung selbst nicht rechtfertigt (BVerfG 22.10.04 – 1 BvR 1944/01, NZA 05, 41; BAG 23.2.10 – 2 AZR 554/08, NZA 10, 1123). Die **Auflösungsgründe** müssen nicht im Verhalten, insbesondere nicht im schuldhaften Verhalten des ArbN liegen (BAG 9.9.10 – 2 AZR 482/09, BB 10, 2148; BAG 23.10.08 – 2 AZR 483/07, NZA-RR 09, 362). Die erforderliche Gesamtabwägung verlangt eine Berücksichtigung aller Umstände, die für oder gegen die Prognose sprechen, eine weitere, den Betriebszwecken dienliche Zusammenarbeit zwischen den Parteien sei nicht mehr zu erwarten. So können die Kündigungsgründe geeignet sein, den sonstigen Auflösungsgründen besonderes Gewicht zu verleihen (BAG 23.6.05 – 2 AZR 256/04, NZA 06, 363). Der zulässige, wenn auch unbegründete, Auflösungsantrag des ArbGeb soll ihn von der Pflicht befreien, den ArbN für die Dauer des Kündigungsschutzprozesses auf der Grundlage des allgemeinen Beschäftigungsanspruchs zu beschäftigen (BAG 16.11.95, NZA 96, 589).

Maßgeblicher **Zeitpunkt** für die Entscheidung des Gerichts über einen ArbGebSeitigen Auflösungsantrag ist die letzte mündliche Verhandlung (BAG 23.10.08 – 2 AZR 483/07, NZA-RR 09, 362; BAG 2.6.05 – 2 AZR 234/04, NZA 05, 1208). Wie beim Auflösungsantrag des ArbN können daher auch Tatbestände herangezogen werden, die erst **nach Kündigung** entstanden sind, wie etwa der zwischenzeitliche Wechsel eines Vorgesetzten (BAG 10.7.08 – 2 AZR 1111/06, NZA 09, 312) oder während des Kündigungsschutzprozesses auftretende Spannungen, welche eine Fortsetzung des Arbeitsverhältnisses sinnlos erscheinen lassen (BAG 9.9.2010 – 2 AZR 482/09, NJW 2010, 3798).

Als **Auflösungsgründe** kommen nur Umstände in Betracht, die das persönliche Verhältnis zum ArbGeb, die Wertung der Persönlichkeit des ArbN, seine Leistung oder seine Eignung für die gestellten Aufgaben und sein Verhältnis zu den übrigen Mitarbeitern betreffen (BAG 9.9.10 – 2 AZR 482/09, BB 10, 2148; BAG 23.10.08 – 2 AZR 483/07, NZA-RR 09, 362). Dabei darf der ArbGeb Spannungen zwischen dem ArbN und seinen Kollegen nicht ohne Rücksicht darauf lösen, wer sie (überwiegend) verursacht hat. Daher kann die bloße Weigerung von Kollegen, mit einem ArbN zusammenzuarbeiten den Auflösungsantrag des ArbGeb nicht begründen (BAG 2.6.05 – 2 AZR 234/04, NZA 05, 1208). Störungen des Betriebsfriedens, welche durch die Weitergabe des Inhalts vertraulicher Kollegengespräche eingetreten sind, können regelmäßig den Auflösungsantrag des ArbGeb nicht begründen. Dies widerspräche der auf der Vertraulichkeit des Gesprächs beruhenden kündigungsrechtlichen Wertung (BAG 10.12.09 – 2 AZR 534/08, NZA 2010, 698). Rein wirtschaftliche oder betriebliche Gründe reichen grds nicht für die Begründung des ArbGebSeitigen Auflösungsantrags aus (BAG 9.12.55 – 1 AZR 531/54 – AP KSchG § 7 Nr 2; *Schaub* § 141 Rz 36). Bei dem antragsbegründenden Verhalten des ArbN (zB Beleidigung des ArbGeb) kann es sich um sein Verhalten inner- oder außerhalb des Prozesses handeln. So können unzutreffende Tatsachenbehauptungen in Schriftsätzen, soweit sie den Tatbestand der Verleumdung oder üblen Nachrede erfüllen, den Auflösungsantrag des ArbGeb begründen (LAG Köln 29.9.82, DB 82, 124). Dabei ist zu berücksichtigen, dass Erklärungen im laufenden Kündigungsschutzprozess durch ein berechtigtes Interesse des ArbN gedeckt sein können. Auch starke, eindringliche Ausdrücke und sinnfällige Schlagworte dürfen benutzt werden, um die eigene Rechtsposition zu verstärken, selbst wenn man sie auch vorsichtiger hätte formulieren können (BAG 10.12.09 – 2 AZR 534/08, NZA 2010, 698). Dies gilt insbesondere für unzutreffende Rechtsaufführungen (BAG 2.6.05 – 2 AZR 234/04, NZA 05, 1208). Im **Tendenzbetrieb** kann ein verstärktes Interesse des ArbGeb an einer Vertragsauflösung vorliegen. Dies kann dazu führen, dass dort Sachverhalte für einen Auflösungsantrag des ArbGeb ausreichen, die woanders nicht hinreichend wären (BAG 23.10.08 – 2 AZR 483/07, NZA-RR 09, 362).

Das **Verhalten Dritter** kann ausreichen, wenn der ArbN es veranlasst oder es sich zu eigen gemacht hat und sich nachträglich nicht davon distanziert. Dabei kann es sich auch um seinen Prozessbevollmächtigten handeln (BAG 9.9.10 – 2 AZR 482/09, NJW 10, 3798).

1 Abfindung

Der Auflösungsantrag des ArbGeb kann auch auf Gründe gestützt werden, die ihm bei Ausspruch der Kündigung bekannt waren und – etwa wegen Nichtanhörung des BRat – zu ihrer Begründung im Prozess nicht verwertet werden dürfen (BAG 10.10.02 – 2 AZR 240/01, AP KSchG 1969 § 9 Nr 45). Der ArbGeb muss den BRat lediglich die „Gründe für die Kündigung" mitteilen, nicht aber Gründe für eine anderweitige Beendigung des Arbeitsverhältnisses. Der ArbGeb kann den Antrag nicht auf Tatsachen stützen, die er selbst oder Personen, für die er nach § 278 BGB einzustehen haben, provoziert haben (BAG 2.6.05 – 2 AZR 234/04, NZA 05, 1208).

27 Nach unwirksamer **außerordentlicher Kündigung** kann der ArbGeb keinen Auflösungsantrag stellen, wie § 13 Abs 1 KSchG zeigt, der dieses Recht nur dem ArbN zugesteht. Man will den in der unberechtigten außerordentlichen Kündigung liegenden besonders schweren Verstoß nicht mit der Möglichkeit eines Auflösungsantrages „prämieren" (BAG 26.10.79 – 7 AZR 752/77, NJW 80, 1484). Dies gilt auch, wenn der ArbGeb außerordentlich mit sozialer Auslauffrist kündigt (BAG 26.3.09 – 2 AZR 879/07, NZA 09, 679). Hat der ArbGeb vorsorglich auch fristgerecht gekündigt oder wird die außerordentliche Kündigung umgedeutet, soll der Auflösungsantrag gestellt werden dürfen (BAG 26.10.79 – 7 AZR 752/77, NJW 80, 1484).

28 Der im Kündigungsschutzprozess des **leitenden Angestellten,** Geschäftsführers oder Betriebsleiters vom ArbGeb gestellte Auflösungsantrag braucht nach § 14 Abs 2 Satz 2 KSchG wegen der besonderen Vertrauensstellung dieses Personenkreises nicht begründet werden. Hierzu gehören nur ArbN, bei denen die im Gesetz genannten notwendigen Befugnisse den wesentlichen Teil ihrer Tätigkeit ausmachen, im Innen- und Außenverhältnis bestehen, eine bedeutende Anzahl von ArbN oder zumindest einen qualitativ bedeutsamen Personenkreis erfassen und ihre Stellung prägen (BAG 18.10.2000 – 2 AZR 465/99, NZA 01, 437; 27.9.01 – 2 AZR 176/00, NZA 02, 1277). Das Gericht muss dann auf Antrag das Arbeitsverhältnis trotz sozialwidriger Kündigung auch auflösen, wenn keine Störung des Vertrauensverhältnisses erkennbar ist (s *Leitende Angestellte* Rz 14–19). Ist ein ArbN in einem einheitlichen Arbeitsverhältnis mit mehreren ArbGeb nur im Verhältnis zu einem von ihnen leitender Angestellter nach § 14 Abs 2 KSchG und stellt dieser den Auflösungsantrag, schlägt dies wegen der vereinbarten Einheitlichkeit des Arbeitsverhältnisses auf die Beziehung zu den anderen ArbGeb durch. Eine Fortsetzung des einheitlichen Arbeitsverhältnisses ist der Arbeitgeberseite dann in der Regel insgesamt unzumutbar (BAG 19.4.2012 – 2 AZR 186/11, NZA 13, 27).

29 Das Arbeitsverhältnis von **Mandatsträgern** lässt sich grds nicht über den ArbGebseitigen Auflösungsantrag beenden. Nach fristloser ArbGebseitiger Kündigung kann er schon nach § 13 Abs 1 KSchG nicht gestellt werden. Im Übrigen sind die Bestimmungen über den besonderen Kündigungsschutz dieser Personengruppe wohl als lex specialis gegenüber § 9 KSchG anzusehen (ErfK/*Kiel* KSchG § 9 Rz 21).

30 **d) Beiderseitiger Antrag.** Stellen beide Seiten den Auflösungsantrag, muss das Gericht dennoch die gesetzlichen Voraussetzungen prüfen und notfalls beide Anträge abweisen (offen gelassen BAG 23.6.93 – 2 AZR 53/93, NZA 94, 264). Dies gilt jedenfalls für die Prüfung der Sozialwidrigkeit (*Schaub* § 141 Rz 24). Die Auflösung eines Arbeitsverhältnisses nach den §§ 9, 10 KSchG bei wirksamer Kündigung ist schon gedanklich ausgeschlossen. Das Gericht muss darüber hinaus nachprüfen, ob zumindest einer der Auflösungsanträge begründet ist (KR/*Spilger* § 9 Rz 66; aA ErfK/*Kiel* KSchG § 9 Rz 24). Das KSchG dient dem Bestandsschutz von Arbeitsverhältnissen. Allein die Willensübereinstimmung der Parteien kann daran nichts ändern. Es steht ihnen im Übrigen frei, sich in diesem Fall – wie sonst auch – vergleichsweise zu einigen oder nach Anerkenntnis ein Anerkenntnisurteil zu beantragen.

31 **e) Auflösungszeitpunkt.** Nach § 9 KSchG muss das Gericht das Arbeitsverhältnis zu dem **Zeitpunkt** auflösen, an dem es bei gerechtfertigter Kündigung geendet hätte (BAG 21.5.08 – 8 AZR 623/07, NZA-RR 09, 75). Bei einer ordentlichen Kündigung ist dies der Zeitpunkt, zu dem die maßgebliche Kündigungsfrist abgelaufen wäre. Dies gilt auch dann, wenn der ArbGeb sie nicht eingehalten hat. Es kommt nicht darauf an, ob der ArbN dies im Rechtsstreit gerügt hat. Im Rahmen der Festlegung des Auflösungszeitpunktes des Arbeitsverhältnisses nach § 9 Abs 2 KSchG muss nicht neben der Sozialwidrigkeit der Kündigung ein Verstoß gegen die ordnungsgemäße Kündigungsfrist geltend gemacht werden (BAG 21.6.12 – 2 AZR 694/11, NZA 13, 199). Der Antrag kann nicht mehr gestellt werden,

wenn das Arbeitsverhältnis im Auflösungszeitpunkt bereits aus anderen Gründen beendet war – etwa dem Tod des ArbN (BAG 23.2.10 – 2 AZR 554/08, NZA 10, 1123). Hat das Arbeitsverhältnis erst nach dem Auflösungszeitpunkt, aber vor Erlass des Auflösungsurteils geendet (etwa durch Renteneintritt), steht dies seiner gerichtlichen Auflösung nicht im Weg (BAG 23.2.10 – 2 AZR 554/08, NZA 10, 1123). Endet ein Arbeitsverhältnis möglicherweise wegen einer weiteren Kündigung alsbald nach dem Auflösungszeitpunkt und steht nicht mit Gewissheit fest, ob das Arbeitsverhältnis durch die weitere Kündigung aufgelöst wird, muss das zur Entscheidung über einen Auflösungsantrag berufene Gericht eine Prognose über die Wahrscheinlichkeit der Beendigung des Arbeitsverhältnisses treffen (BAG 11.7.2013 – 2 AZR 241/11, NZA 13, 1259). Bei **ordentlicher Kündigung** ist Auflösungszeitpunkt der letzte Tag der für das Arbeitsverhältnis einschlägigen Kündigungsfrist. Billigkeitserwägungen sind fehl am Platz (BAG 25.11.82 – 2 AZR 21/81, AP KSchG 1969 § 9 Nr 10). Dies kann dazu führen, dass ein Arbeitsverhältnis zum Ablauf der Kündigungsfrist aufgelöst wird, obwohl der Grund für die Auflösung erst lange Zeit später gelegt wurde. Der Verzugslohnanspruch kann höher sein als die von § 10 KSchG in der Höhe begrenzte Abfindung. Dies soll der Gesetzgeber in Kauf genommen haben (BAG 16.5.84 – 7 AZR 280/82, NZA 85, 60).

Beantragt der ArbN nach **fristloser Kündigung** die Auflösung des Arbeitsverhältnisses, **32** hat das Gericht nach § 13 Abs 1 Satz 4 KSchG für die Auflösung des Arbeitsverhältnisses den Zeitpunkt festzulegen, zu dem die außerordentliche Kündigung ausgesprochen wurde. Dies ist problematisch. So prämiert man den ArbGeb, der im Prozess einen erheblichen Auflösungsgrund setzt, welcher dem ArbN keine Wahl lässt, als den Auslösungsantrag zu stellen. Denn die Abfindung kann nicht immer den Verlust des Verzugslohns ausgleichen. Kommt die Umdeutung einer außerordentlichen in eine ordentliche Kündigung in Betracht, kann der ArbN wählen, ob er Auflösung bezogen auf die eine oder die andere Kündigung beantragt (BAG 21.5.2008 – 8 AZR 623/07, NZA-RR 09, 75) und so selbst bestimmen, zu welchem Zeitpunkt das Arbeitsverhältnis aufgelöst wird.

f) Abfindungshöhe. Bei der Abfindung handelt es sich um eine vom Gericht nach **33** pflichtgemäßem Ermessen festzusetzende **Entschädigung** für den Verlust des sozialen Besitzstandes (BAG 12.6.03 – 8 AZR 341/02, AP BGB § 628 Nr 16). Sie soll dem ArbN einen **pauschalen Ausgleich** für die Vermögens- und Nichtvermögensschäden gewähren, die sich aus dem Verlust des Arbeitsplatzes ergeben. Sie schließt daher weitere Schadensersatzansprüche aus, die sich als unmittelbare Folge des Arbeitsplatzverlustes ergeben, wie zB den Ersatz des Schadens, der auf dem mit der Beendigung des Arbeitsverhältnisses einhergehenden Verlust einer Ruhegeldanwartschaft vor Eintritt der Unverfallbarkeit beruht (BAG 12.6.03 – 8 AZR 341/02, AP BGB § 628 Nr 16). Unbenommen bleibt es dem ArbN Schäden geltend zu machen, die lediglich mittelbar durch die Auflösung des Arbeitsverhältnisses verursacht werden wie die Behinderung bei der Stellensuche durch verspätete Herausgabe von Arbeitspapieren oder die Erteilung eines unrichtigen Zeugnisses.

Die **Höhe** der Abfindung ist in § 10 KSchG für die gerichtliche Auflösung **begrenzt**. Es **34** ist ein Betrag bis zu 12 Monatsverdiensten festzusetzen; er kann auf 15 oder 18 Monatsverdienste festgesetzt werden, wenn das Arbeitsverhältnis mindestens 15 bzw 20 Jahre bestand und der ArbN mindestens das 50. bzw das 55. Lebensjahr vollendet hat. Entscheidend ist der Zeitpunkt, zu dem das Arbeitsverhältnis aufgelöst wird. Die Erhöhung ist nach § 10 Abs 2 Satz 2 KSchG ausgeschlossen, wenn der ArbN im Auflösungszeitpunkt das nach SGB VI maßgebliche Lebensalter für die Regelaltersgrenze erreicht hat. Ob die Höhe von Abfindungen auch an das Alter gekoppelt werden darf, ist fraglich. Mit dieser Regelung werden ArbN schlechter gestellt, die zwar die erforderlichen Betriebszugehörigkeitszeiten aufzuweisen haben, aber nicht das nach dem Gesetz erforderliche Alter. Das könnte eine **Diskriminierung wegen des Lebensalters** darstellen. Der nationale Richter dürfte diese Bestimmungen so nicht mehr anwenden (vgl EuGH 22.11.05 – *Mangold* NZA 05, 1345; BAG 26.4.06 – 7 AZR 500/04, NZA 06, 1162). Ob allein die Verknüpfung mit der Betriebszugehörigkeit und die geringeren Chancen älterer ArbN auf dem Arbeitsmarkt eine Diskriminierung ausschließen, wird sich zeigen.

Als **Monatsverdienst** gilt nach § 10 Abs 3 KSchG das, was dem ArbN bei der für ihn **35** maßgeblichen Arbeitszeit in dem Monat, in welchem das Arbeitsverhältnis nach § 9 Abs 2 KSchG endet, an Geld- und Sachbezügen zusteht. Dabei ist vom Bruttoverdienst auszuge-

1 Abfindung

hen. Überstunden werden nur berücksichtigt, wenn sie zur regelmäßigen Arbeitszeit geworden sind (KR/*Spilger* § 10 Rz 29). Kurzarbeit ist nicht zu berücksichtigen (*Kittner/Däubler/ Zwanziger* § 10 KSchG Rz 18). Unerheblich ist, ob der ArbN zuletzt tatsächlich beschäftigt wurde. Ohne Einfluss sind daher Arbeitsunfähigkeit, Erholungsurlaub, unbezahlter Urlaub. Sachbezüge sind mit dem wahren Wert einzubringen (BAG 22.9.60, DB 60, 1158). Zuwendungen, die für längere Zeiträume geleistet werden – Tantiemen, 13. und 14. Monatsgehalt – sind anteilig zu berücksichtigen (BAG 19.6.07 – 1 AZR 340/06, NZA 07, 1357). Die „echte" Weihnachtsgratifikation soll nicht mit einzubeziehen sein (KR/*Spilger* § 10 Rz 33; *Stahlhacke/Preis/Vossen* Rz 2015; aA ErfK/*Kiel* KSchG § 10 Rz 3). Zusätzliches Urlaubsgeld ist zu berücksichtigen, wenn es auf einem einzel- oder kollektivrechtlichen Anspruch beruht (KR/*Spilger* § 10 Rz 33). Bei Stundenlöhnern kann ein Beendigungsmonat mit überdurchschnittlicher Zahl von Arbeitstagen angemessen berücksichtigt werden (KR/*Spilger* § 10 Rz 32).

36 Nach § 9 Abs 1 Satz 1 KSchG ist der ArbGeb im Auflösungsurteil zu einer **„angemessenen Abfindung"** zu verurteilen. Dabei ist das Gericht bei der **Festlegung** der Höhe einer Abfindung nicht an die Anträge der Parteien gebunden. Es entscheidet im Rahmen der gesetzlichen Höchstgrenzen nach pflichtgemäßem **Ermessen.** Es hat dabei alle Umstände zu berücksichtigen, die eine Erhöhung oder Ermäßigung der Abfindung als billig erscheinen lassen (BAG 12.6.03 – 8 AZR 341/02, AP BGB § 628 Nr 16). Dazu gehören vor allem der Grad der Sozialwidrigkeit einer Kündigung (BAG 20.11.97 – 2 AZR 803/96, RzK I 11c Nr 13) und die Folgen der Entlassung für den ArbN (BAG 15.2.73 – 2 AZR 16/72, AP KSchG 1969 § 9 Nr 2). Zu berücksichtigen sind ebenso die Dauer der Betriebszugehörigkeit, Alter, Familienstand und die wirtschaftliche Lage des ArbGeb (BAG 25.11.82 – 2 AZR 21/81, AP KSchG 1969 § 9 Nr 10). In der Praxis hat sich als erste „Auffanggröße" die Formel durchgesetzt, je Beschäftigungsjahr ein halbes Bruttomonatsgehalt anzusetzen. Der gerichtliche **Vergleichsvorschlag** wird vor allem auch am jeweiligen **Prozessrisiko** ausgerichtet sein.

37 g) **Sonstiges.** Die Abfindung kann **abgetreten** werden; auch die Vorausabtretung ist zulässig (KR/*Spilger* § 10 Rz 15). Sie ist als Arbeitseinkommen **pfändbar** (BAG 12.9.79 – 4 AZR 420/77, AP ZPO § 850 Nr 10). Da es sich um eine nicht wiederkehrende zahlbare Vergütung handelt (BAG 12.9.79 – 4 AZR 420/77, AP ZPO § 850 Nr 10), kann der Antrag nach § 850i ZPO gestellt werden (OLG Düsseldorf 28.8.79, BB 80, 44) und Teile der Abfindung der Pfändung entzogen werden. Soweit sie pfändbar ist, kann der ArbGeb gegen den Anspruch auf Abfindung mit eigenen Ansprüchen **aufrechnen** (BAG 20.8.96 – 9 AZR 964/94, NZA 97, 563). Das Arbeitsverhältnis wird erst mit Rechtskraft der Entscheidung aufgelöst (BAG 3.4.08 – 2 AZR 720/06, NZA 08, 1258). Die Verpflichtung zur Zahlung der Abfindung ist jedoch nach § 62 Abs 1 ArbGG vorläufig vollstreckbar (BAG 9.12.87 – 4 AZR 561/87, NZA 88, 843). Die im Vergleich vereinbarte Abfindung entsteht mit seinem Abschluss. Ihre Fälligkeit kann sich nach § 271 Abs 1 BGB aus den Umständen ergeben. Wird der Vergleich vor dem vereinbarten Ende des Arbeitsverhältnisses geschlossen und soll die Abfindung entsprechend den §§ 9, 10 KSchG gezahlt werden, liegen hierin Umstände, aus denen sich als Fälligkeitszeitpunkt der Tag der Beendigung des Arbeitsverhältnisses ergibt (BAG 15.7.04 – 2 AZR 630/03, NZA 05, 292), der bei langen Kündigungsfristen Monate später liegen kann. Ein etwaiges Insolvenzrisiko trägt damit der ArbN. Die bei einer Frühpensionierung im Aufhebungsvertrag vereinbarte Abfindung wird erst mit dem vereinbarten Termin des Ausscheidens fällig, solange nicht etwas anderes vereinbart ist (BAG 26.8.97 – 9 AZR 227/96, NZA 98, 643).

38 Die rechtskräftig zugesprochene Abfindung ist **vererblich.** Stirbt der ArbN nach der letzten mündlichen Verhandlung in der Tatsacheninstanz und wird das Auflösungsurteil rechtskräftig, geht der Abfindungsanspruch ebenso auf seine Erben über. Dies gilt – anders als beim Aufhebungsvertrag (s oben Rz 2) – auch, wenn der ArbGeb verstirbt, bevor der im Urt festgesetzte Aufhebungszeitpunkt eingetreten ist (BAG 25.6.87 – 2 AZR 504/86, NZA 88, 466). Falls nicht vereinbart wurde, dass der ArbN den vereinbarten Beendigungszeitpunkt erleben muss, geht ein in einem Prozessvergleich vereinbarter Abfindungsanspruch auf die Erben über, wenn der ArbN vor dem im Abfindungsvergleich festgelegten Auflösungszeitpunkt verstirbt (BAG 22.5.03 – 2 AZR 250/02 AP Nr 8 zu § 767 ZPO). Das Recht, den **Auflösungsantrag** zu stellen, ist höchstpersönlich und damit nicht vererblich (KR/*Spilger*

§ 10 Rz 18). Hat der verstorbene ArbN den Auflösungsantrag schon gestellt, können seine Erben ihn weiterbetreiben (*Kittner/Däubler/Zwanziger* § 10 KSchG Rz 33).

Ausschlussfristen erfassen nicht die Abfindung nach den §§ 9, 10 KSchG (BAG 13.1.82 – 5 AZR 546/79, AP KSchG 1969 § 9 Nr 7). Dies gilt auch, wenn die Abfindung in einem außergerichtlichen (BAG 22.1.87 – 2 AZR 98/86 – nv) oder gerichtlichen Vergleich vereinbart wurde (BAG 13.1.82 – 5 AZR 546/79, AP KSchG 1969 § 9 Nr 7). Wird nach der Eröffnung des **Insolvenzverfahrens** ein Kündigungsschutzprozess gegen den Insolvenzverwalter fortgesetzt und schließen die Parteien einen Abfindungsvergleich, handelt es sich bei dem Abfindungsanspruch idR um eine Masseverbindlichkeit (BAG 12.6.02 – 10 AZR 180/01, NZA 02, 974).

3. Verfahrensfragen. Der Auflösungsantrag kann nach § 9 Abs 1 Satz 3 KSchG grds bis zur letzten mündlichen Verhandlung vor dem LAG gestellt werden. Er kann bis zu diesem Zeitpunkt – auch ohne Einwilligung des Gegners – zurückgenommen werden (BAG 26.10.79 – 7 AZR 752/77, AP KSchG 1969 § 9 Nr 5). Wird die Kündigung vom ArbGeb nach Anhängigkeit der Kündigungsschutzklage zurückgenommen, kann danach noch der Auflösungsantrag gestellt werden (BAG 19.8.82 – 2 AZR 230/80, AP KSchG 1969 § 9 Nr 9). Hat der ArbN den Auflösungsantrag bereits vor Rücknahme der Kündigung gestellt, kann er daran festhalten (BAG 29.1.81 – 2 AZR 1055/78, AP KSchG 1969 § 9 Nr 6). Bei beiderseitigem Auflösungsantrag entscheidet das Gericht erst über den des ArbN als unechtem Hilfsantrag. Erweist er sich als unbegründet, wird der Antrag des ArbGeb als echter Hilfsantrag geprüft (KR – *Spilger* KSchG § 9 Rz 65). Hat das ArbG über den Kündigungsschutzantrag und die Auflösung entschieden, kann die Berufung auf den Auflösungsantrag beschränkt werden (BAG 27.9.01 – 2 AZR 389/00, NZA 02, 1171). Hat das ArbG das Arbeitsverhältnis auf Antrag des Klägers aufgelöst, kann dieser jedoch nicht allein mit dem Ziel Berufung einlegen, den Auflösungsantrag zurückzunehmen; umgekehrt kann er ebenso wenig Berufung einlegen mit dem ausschließlichen Ziel, vor dem LAG den Auflösungsantrag zu stellen, wenn er ihn vor dem ArbG nicht gestellt hat (BAG 3.4.08 – 2 AZR 720/06, NZA 08, 1258). Eine Wiederaufnahmeklage des ArbN kann auf die auf Antrag des ArbGeb erfolgte Auflösung des Arbeitsverhältnisses gegen Abfindung beschränkt werden (BAG 2.12.99 – 2 AZR 843/98, NZA 2000, 733). Wird der Betrieb nach Rechtshängigkeit der Kündigungsschutzklage und innerhalb der Kündigungsfrist veräußert, ist der bis dahin nicht gestellte Auflösungsantrag gegen den Betriebserwerber zu stellen (BAG 20.3.97 – 8 AZR 769/95, NZA 97, 937). Legt der ArbN gegen ein vom ArbGeb erwirktes Auflösungsurteil Berufung ein, muss dieser den Auflösungsantrag in der Berufungsinstanz nicht erneut stellen (BAG 25.10.89 – 2 AZR 633/88, NZA 90, 561). Der durch ein erstinstanzliches Urteil nicht beschwerte ArbGeb oder ArbN kann den Auflösungsantrag nach § 9 Abs 1 Satz 3 KSchG im Berufungsverfahren bis zum Schluss der mündlichen Verhandlung nur im Wege der Anschlussberufung stellen. Eine ausdrückliche Bezeichnung als Anschlussberufung ist dabei nicht erforderlich (BAG 11.7.13 – 2 AZR 241/12, NZA 13, 1259). Nimmt der im Kündigungsschutzprozess in erster Instanz unterlegene ArbGeb die von ihm eingelegte Berufung in der Berufungsverhandlung zurück, wird damit der vom ArbN erstmals durch Anschlussberufung verfolgte Auflösungsantrag unzulässig (BAG 3.4.08 – 2 AZR 720/06, NZA 08, 1258). Der Auflösungsantrag kann zwar bis zum Schluss der mündlichen Verhandlung in der Tatsacheninstanz gestellt werden. Durch die Rücknahme der Berufung wird aber die Lage hergestellt, wie sie ohne Berufung bestanden hätte.

4. Muster. S Online-Musterformulare *„M1 Abfindung"* u *„M43.2 Sozialplanabfindung"*.

B. Lohnsteuerrecht

Seidel

I. Allgemeines. Mit Ablauf der Übergangsfrist zur abgeschafften Freibetragsregelung des § 3 Nr 9 EStG zum 1.1.08 (s Personalbuch 2009) ist eine Steuerbegünstigung von Abfindungen bei Vorliegen der Voraussetzungen nur mehr als steuerbegünstigte Entschädigung nach § 24 Nr 1 iVm § 34 Abs 1 und 2 Nr 2 EStG oder steuerbegünstigte Vergütung für eine mehrjährige Tätigkeit (§ 34 Abs 1 und 2 Nr 4 EStG) möglich (s dazu *Außerordentliche Einkünfte* Rz 2 ff). Zur Zuordnung des Besteuerungsrechts bei Abfindungen an ArbN im Verhältnis BRD/Niederlande und BRD/Belgien s BFH 2.9.03 – I R 90/08, DStRE 09, 1377; im Verhältnis BRD/Schweiz s BFH 2.9.09 – I R 111/08, DStR 09, 2235; im

1 Abfindung

Verhältnis BRD/Großbritannien und Nordirland s BMF 2.12.11 – IV B 3 – S 1301 – GB/10/10001; Dok 2011/0926572, www.bundesfinanzministerium.de; s auch *Auslandstätigkeit* Rz 43. Entlassungsabfindungen beschränkt stpfl ArbN sind seit 2004 nach § 49 Abs 1 Nr 4d EStG stpfl (vgl BFH 27.8.08 – I R 81/07, BStBl II 09, 632).

42 **II. Sonderfälle. Weitere Abfindungen des Arbeitgebers** stellen **Kapitalabfindungen** und **Ausgleichszahlungen** nach §§ 21, 48 BeamtenversorgungsG oder entsprechendem Landesrecht und nach §§ 28–35, 38 Abs 1 SoldatenversorgungsG dar. Sie sind gem § 3 Nr 3a und 3d EStG steuerfrei. Die Abfindungen, die ArbGeb ihren ArbN für **vertragliche Versorgungsansprüche** gewähren, sind grds Arbeitslohn, unabhängig davon, ob der ArbN bereits eine Versorgung erhält oder nicht. Steuerfrei ist allerdings eine Abfindung für Versorgungsleistungen, soweit sie ganz oder teilweise auf früheren Beitragsleistungen des ArbN beruht. Werden **Arbeitnehmerbeiträge für eine künftige Altersversorgung** wegen vorzeitigen Ausscheidens aus dem Betrieb ausgeschüttet, so unterliegen sie dann nicht der LSt, wenn sie bereits bei der Einbehaltung als Lohnteil versteuert wurden (*HMW*/Zukunftssicherung von Arbeitnehmern Rz 141, 143). Zu den Einschränkungen der Abfindungsmöglichkeiten von Rentenanwartschaften durch das AltEinkG s *Betriebliche Altersversorgung* Rz 43. Auch die **Abfindungen nach dem Mühlengesetz**, die der ArbGeb seinerseits wieder von der öffentlichen Hand erstattet erhält, sind nach § 7 Abs 15 Mühlengesetz steuerfrei (BGBl I 65, 45 iVm BGBl I 59, 282). Abfindungen wegen vorzeitiger Räumung einer Dienst- bzw Werkswohnung sind stpfl Arbeitslohn und stellen keine Entschädigung dar, wenn das Arbeitsverhältnis fortgesetzt wird (BFH 25.8.93, BStBl II 94, 185). Zur steuerlichen Behandlung des **Veränderungsgeldes** für ausscheidende ehemalige Beamte der Telekom als Abfindung und Entschädigung s OFD Chemnitz 18.6.97, BB 97, 1673. Zu Zahlungen im Rahmen von ArbNErfindungen s *Arbeitnehmererfindung* Rz 31.

43 **III. Abfindungen von dritter Seite,** die beim ArbN steuerfrei sind, sind die Abfindungen nach dem **Mühlenstrukturgesetz** (§ 7 iVm § 5 Abs 4, BStBl I 72, 18 sowie die hierzu ergangene Verordnung, BStBl I 72, 400), die **Kapitalabfindungen** der **gesetzlichen Unfallversicherung** (§ 3 Nr 1a EStG), die Kapitalabfindungen aufgrund **der gesetzlichen Rentenversicherung** oder **berufsständischen Versorgungseinrichtungen,** die diesen entsprechen (§ 3 Nr 3c EStG), und die **Leistungen aus öffentlichen Mitteln** an ArbN des Steinkohlen-, Pechkohlen- und Erzbergbaus, des Braunkohlenbergbaus und der Eisen- und Stahlindustrie aus Anlass von Stilllegungs-, Einschränkungs-, Umstellungs- oder Rationalisierungsmaßnahmen (§ 3 Nr 60 EStG). Zu Abfindungen des **Pensionssicherungsvereins** s *Außerordentliche Einkünfte* Rz 8.

C. Sozialversicherungsrecht

Voelzke

Übersicht

	Rz		Rz
I. Einführung	51	2. Ruhen nach § 143a SGB III	60–85
II. Beitragspflicht	52–56	a) Vorzeitige Beendigung	62–71
1. Echte Abfindung	52	b) Entlassungsentschädigung	72–75
2. Scheinabfindung	53–55	c) Ruhenszeitraum	76–85
3. Weiterbestehendes Arbeitsverhältnis	56	3. Sozialversicherungsschutz	86, 87
		IV. Auswirkungen des § 1a KSchG	88
III. Ruhen des Anspruchs auf Arbeitslosengeld	57–87	V. Arbeitslosengeld II	89
1. Allgemeines	57–59	VI. Abfindung von Leistungen	90

51 **I. Einführung.** Für Abfindungszahlungen wegen der Beendigung des Arbeitsverhältnisses sind in der SozV keine Pflichtbeiträge zu entrichten. Im Leistungsrecht der ArblV führen Abfindungen nach § 158 SGB III zum Ruhen des Anspruchs auf AlGeld, wenn das Arbeitsverhältnis ohne Einhaltung einer der ordentlichen Kündigungsfrist des ArbGeb entsprechenden Frist beendet worden ist. Einer besonderen Betrachtung bedürfen die Auswirkungen des Abfindungsanspruchs nach § 1a KSchG auf das Arbeitsförderungsrecht. Regelungen über die Abfindung von Leistungen der SozV finden sich in der UV und der RV.

52 **II. Beitragspflicht. 1. Echte Abfindung.** Zum Arbeitsentgelt, für das SozVBeiträge abzuführen sind, gehören nach § 14 SGB IV alle laufenden und einmaligen Einnahmen aus

Abfindung 1

einer versicherungspflichtigen Beschäftigung. Die zuvor höchst streitige Frage der Beitragspflicht einer wegen der Beendigung einer versicherungspflichtigen Beschäftigung als Entschädigung für die Zeit danach gezahlten Abfindung hat das BSG mit der grundlegenden Entscheidung vom 21.2.90 (– 12 RK 20/88, BB 90, 1520) dahingehend entschieden, dass es sich **nicht um beitragspflichtiges Arbeitsentgelt** handelt (vgl auch BAG 9.11.88, DB 89, 327). Es liegt insoweit kein Arbeitsentgelt iSd für die SozV und ArblV maßgebenden Vorschrift des § 14 Abs 1 SGB IV vor (Näheres: *Arbeitsentgelt* Rz 85 ff), weil sich die „echte" Abfindung zeitlich nicht der versicherungspflichtigen Beschäftigung zuordnen lässt, sondern als Entschädigung für den Wegfall künftiger Verdienstmöglichkeiten gezahlt wird. Nach der Entscheidung des BSG sind daher die Grundsätze des Steuerrechts zur Steuerpflicht von „Bezügen und Vorteilen aus früheren Dienstleistungen" auf den Begriff des Arbeitsentgelts in der SozV nicht übertragbar. Für die Beitragsfreiheit ist unerheblich, ob die Zahlung der Abfindung auf Arbeitsvertrag, Betriebsvereinbarung, Tarifvertrag oder gesetzlichen Regelungen beruht. Nicht der Beitragspflicht unterliegen deshalb Zahlungen zur Abgeltung eines Anspruchs auf Zusatzversorgungsleistungen für Zeiten nach Beendigung des Beschäftigungsverhältnisses (BSG 7.3.07 – B 12 KR 4/06 R, SGb 07, 285). Beitragsrechtliche Relevanz kann die Zahlung einer Abfindung allerdings teilweise erlangen, wenn der ArbN sich nach Beendigung des Beschäftigungsverhältnisses freiwillig in der KV weiterversichert (vgl hierzu BSG 23.2.88 – 12 RK 34/86, BB 88, 1966). Renten der betrieblichen Altersversorgung sind als Versorgungsbezüge auch dann beitragspflichtig, wenn sie auf einem Sozialplan beruhen, der Leistungen für den Fall des vorzeitigen Ausscheidens aus dem Betrieb vorsieht (BSG 26.3.96 – 12 RK 44/94, NZA 96, 1064 zu einer Ausgleichszahlung).

2. Scheinabfindung. Eine lediglich als Abfindung bezeichnete Zahlung von **rückständigem Arbeitsentgelt** anlässlich einer einvernehmlichen Beendigung des Arbeitsverhältnisses oder seiner gerichtlichen Auflösung im Kündigungsschutzprozess unterliegt hingegen der Beitragspflicht in der SozV (BSG 21.2.90 – 12 RK 65/87, BB 90, 1704). Ebenso ist ein „Abfindungsvergleich" zu beurteilen, wenn die „Abfindung" in Wirklichkeit nur nachgezahltes Arbeitsentgelt umfasst. Bei einem derartigen Abfindungsvergleich kommt es für die Beitragspflicht entscheidend darauf an, ob die vergleichsweise geregelte Zahlung für den Verlust des Arbeitsplatzes oder wegen des hohen Prozessrisikos gezahlt wird. Lassen sich die Zahlungen zeitlich der versicherungspflichtigen Beschäftigung zuordnen, so handelt es sich um beitragspflichtiges Arbeitsentgelt. In Abfindungsbeträgen enthaltene Lohnrückstände sind den Zeiten der versicherungspflichtigen Beschäftigung und damit den beitragspflichtigen Einnahmen zuzurechnen (*Schlegel/Voelzke/Werner* SGB IV § 14 Rz 89). Der Wille der Parteien, die Belastung mit SozVBeiträgen zu vermeiden, ist nach § 32 SGB I unbeachtlich. Anhaltspunkte für das Vorliegen von in der Abfindung verborgenem Arbeitsentgelt sind gegeben, wenn mit der Vereinbarung der Abfindung auf Ansprüche auf Arbeitsentgelt verzichtet wird, bei einer Vorverlegung des Endes des Arbeitsverhältnisses auf einen Zeitpunkt vor Beendigung der tatsächlichen Beschäftigung und uU auch, wenn für die Zeit zwischen der tatsächlichen Beendigung der Beschäftigung und dem Ende des sozialversicherungsrechtlichen Beschäftigungsverhältnisses iSd § 7 SGB IV (s *Arbeitnehmer (Begriff)*) kein Arbeitsentgelt zugebilligt wird (BSG 21.2.90 – 12 RK 65/87, BB 90, 1704; *Gagel* BB 89, 430).

Ebenfalls nicht als echte Abfindung im vorstehenden Sinne sind Zahlungen anzusehen, die anlässlich der Schließung von **Unterstützungskassen** von Unternehmen an ArbN geleistet werden. Zu derartigen „Abfindungszahlungen" kommt es, wenn die beschäftigten ArbN bzw Mitglieder zum Zeitpunkt der Schließung der Unterstützungskasse zur Abgeltung künftiger Versorgungsansprüche eine einmalige Zahlung erhalten. Hierbei wird die Zahlung der Abfindung nicht an den Erlebensfall des ursprünglichen Beginns der Versorgungsbezüge gekoppelt. Es handelt sich um Arbeitsentgelt iSv § 14 SGB IV, das als einmalig gezahltes Arbeitsentgelt zu verbeitragen ist. Hingegen handelt es sich bei einer Zahlung zur Abgeltung eines Anspruchs auf Zusatzversorgungsleistungen für Zeiten nach Beendigung des Arbeitsverhältnisses nicht um Arbeitsentgelt (BSG 7.3.07 – B 12 KR 4/06 R, SozR 4–2400 § 14 Nr 8).

Ggf unterliegt das von der echten Abfindung abzutrennende **getarnte Arbeitsentgelt** der Beitragspflicht. Zu beachten ist, dass im Rahmen der Begrenzung des § 28g SGB IV der

1 Abfindung

ArbGeb bei verspätetem Beitragsabzug auch den ArbNAnteil tragen muss. Da der Anspruch auf den ArbNAnteil vom GesamtSozVBeitrag nur durch Abzug vom Arbeitsentgelt realisiert werden kann, hat der ArbGeb diesen Anteil nach einer Beendigung des Beschäftigungsverhältnisses auch wirtschaftlich zu tragen. Etwas anderes gilt nach § 28g Satz 4 SGB IV nur, wenn der ArbN die für die Durchführung des Meldeverfahrens und die Beitragszahlung erforderlichen Angaben nicht gemacht hat.

56 **3. Weiterbestehendes Arbeitsverhältnis.** Werden Abfindungszahlungen als Ausgleich für eine Änderung der Vertragsbeziehungen bei ansonsten weiterbestehendem Arbeitsverhältnis vereinbart, so handelt es sich um beitragspflichtiges Arbeitsentgelt iSd § 14 SGB IV. Abfindungen sind Arbeitsentgelt, wenn sie bei **Fortsetzung** des versicherungspflichtigen Beschäftigungsverhältnisses nach einer Änderungskündigung oder nach einer einvernehmlichen Änderung des Arbeitsvertrages als Gegenleistung für die Verschlechterung der Arbeitsbedingungen gezahlt werden. Dies hat das BSG für eine Abfindungszahlung wegen einer Rückführung der Entlohnung auf die tarifliche Einstufung (BSG 28.1.99 – B 12 KR 6/98 R, SozR 3–2400 § 14 Nr 16) sowie wegen Verringerung der wöchentlichen Arbeitszeit (BSG 28.1.99 – B 12 KR 14/98 R, SozR 3–2400 § 14 Nr 17) entschieden. Beitragsrechtlich unterliegt eine derartige Abfindungszahlung als einmalig gezahltes Arbeitsentgelt der Beitragspflicht.

57 **III. Ruhen des Anspruchs auf Arbeitslosengeld. 1. Allgemeines.** Der Anspruch auf eine Abfindung kann bei einer sich an die Beendigung des Beschäftigungsverhältnisses anschließenden Zeit der Arbeitslosigkeit zum Ruhen des Leistungsanspruchs führen (§ 158 SGB III). § 158 SGB III greift nur ein, wenn bei einer Beendigung des Arbeitsverhältnisses die für den ArbGeb geltende Kündigungsfrist nicht eingehalten wurde.

58 Von der Rspr bislang nicht geklärt ist, ob eine Anwendung des § 158 SGB III ausscheidet, wenn die Abfindung im Rahmen der Beendigung des Arbeitsverhältnisses nach **§ 1a KSchG** gezahlt wird (so *Peters-Lange/Gagel* NZA 05, 742; *Voelzke* SGb 07, 713; zu den sperrzeitrechtlichen Folgen s Rz 88). Hierfür spricht, dass ansonsten in den Fällen des § 1a KSchG von den Sozialgerichten regelmäßig die Einhaltung der Kündigungsfrist zu prüfen wäre. Ein Ausschluss kann jedoch nur befürwortet werden, wenn die in § 1a KSchG geregelte Höhe nicht überschritten wird.

59 Die Ruhensregelung beim Zusammentreffen von AlGeld mit Abfindungen aus dem Arbeitsverhältnis (§ 158 SGB III) unterstreicht den Charakter der ArblV als einer Schadensversicherung. Die Regelung beruht auf dem Grundgedanken, dass Abfindungen, die dem Zeitraum nach Beendigung des Beschäftigungsverhältnisses zuzurechnen sind, auch Arbeitsentgeltansprüche abdecken, soweit der Zeitraum vor Ablauf der Kündigungsfrist des ArbGeb betroffen ist (*Hauck/Noftz/Valgolio*, SGB III, § 158 Rz 14).

60 **2. Ruhen nach § 158 SGB III.** Hiernach führt die Zahlung einer Abfindung, Entschädigung oder ähnlichen Leistung, die für die Zeit nach dem Ende des Arbeitsverhältnisses wegen dessen Beendigung gezahlt wird, zum Ruhen des Anspruches auf AlGeld, wenn die für den ArbGeb geltende ordentliche Kündigungsfrist nicht eingehalten wurde. Die Regelung verfolgt den Zweck, den Doppelbezug von Arbeitsentgelt und AlGeld zu verhindern (BSG 5.2.98 – B 11 AL 65/97 R, SozR 3–4100 § 117 Nr 15). Sie beruht auf der Vermutung, dass Abfindungszahlungen bei einer Beendigung des Arbeitsverhältnisses ohne Einhaltung der ordentlichen Kündigungsfrist nicht allein als Entschädigung für den Verlust des sozialen Besitzstandes anzusehen sind, sondern auch **Arbeitsentgeltansprüche** enthalten. Die typisierende Wertung des § 158 SGB III, jede Abfindung enthalte in einem pauschalierten Umfang eine Entschädigung für ausgefallenes Arbeitsentgelt, kann auch nicht dadurch widerlegt werden, dass dem Arbeitslosen aufgrund fortdauernder Arbeitsunfähigkeit kein Arbeitsentgelt zustehen konnte (BSG 20.1.2000 – B 7 AL 48/99 R, SozR 3–4100 § 117 Nr 20). Gleichgestellt sind nach § 158 Abs 3 SGB III Vereinbarungen über eine Abfindung bei einem Fortbestehen des Arbeitsverhältnisses ohne Lohnansprüche, wenn die zu beachtenden Fristen nicht eingehalten werden.

61 Das **rechtliche Ende des Arbeitsverhältnisses** grenzt den Anwendungsbereich des § 157 Abs 1 SGB III und des § 158 SGB III gegeneinander ab. Nach § 157 Abs 1 SGB III ruht der Anspruch auf Arbeitsentgelt während der Zeit, für die der Arbeitslose Arbeitsentgelt erhält oder zu beanspruchen hat (s *Arbeitslosengeld* Rz 50). Der Ruhenstatbestand des § 157

Abs 1 SGB III erfasst Ansprüche auf Arbeitsentgelt, die im Zeitraum zwischen der Beendigung des Beschäftigungsverhältnisses im leistungsrechtlichen Sinn und dem Ende des Arbeitsverhältnisses begründet werden. Dagegen greift die Ruhenswirkung bei Entlassungsentschädigungen nach § 158 SGB III nur bei Ansprüchen aus dem Arbeitsverhältnis, die der Zeit nach der rechtlichen Beendigung des Arbeitsverhältnisses zuzurechnen sind (BSG 23.6.81 – 7 RAr 29/80, SozR 4100 § 117 Nr 7).

a) Vorzeitige Beendigung. Zum Ruhen des Anspruchs auf AlGeld kommt es nur, wenn das Arbeitsverhältnis ohne Einhaltung einer der ordentlichen Kündigungsfrist des ArbGeb entsprechenden Frist beendet worden ist oder die fiktiven Kündigungsfristen des § 158 Abs 1 Satz 3 und 4 SGB III nicht eingehalten worden sind. Die Vorschrift findet auch auf die vorzeitige Beendigung befristeter Arbeitsverhältnisse Anwendung (KassHB SGB III/*Voelzke*). Auch die **Art und Weise der Beendigung** des Arbeitsverhältnisses ist für die Anwendung des § 158 Abs 1 SGB III ohne Bedeutung. Eine Nichtanwendung des § 158 Abs 1 SGB III kommt allerdings für die Beendigung des Arbeitsverhältnisses nach § 1a KSchG in Betracht (*Voelzke* SGb 07, 717; s unten Rz 88).

aa) Ordentliche Kündigungsfrist. Maßgebend ist grds die ordentliche Kündigungsfrist des ArbGeb. Unerheblich ist, ob dem ArbN eine kürzere Kündigungsfrist zusteht (BSG 29.8.91 – 7 RAr 130/90, NZA 92, 387). Bei einem Betriebsübergang ist die Kündigungsfrist maßgebend, die für den bisherigen ArbGeb galt (BSG 29.8.91 – 7 RAr 68/90, SozR 3–4100 § 117 Nr 5). Eine etwaige kürzere Kündigungsfrist des ArbN bleibt in jedem Falle unbeachtlich, denn § 158 SGB III unterscheidet nicht danach, aus welchem Grund das Arbeitsverhältnis aufgelöst wurde und wer gekündigt hat. Dies gilt sogar dann, wenn dem ArbN ein Recht zur fristlosen Kündigung zustand (BSG 29.8.91 – 7 RAr 130/90, SozR 3–4100 § 117 Nr 6).

Das Arbeitsverhältnis wird auch ohne Einhaltung der ordentlichen Kündigungsfrist des ArbGeb beendet, wenn das Arbeitsgericht das Arbeitsverhältnis **nach einer unbegründeten außerordentlichen Kündigung** des ArbGeb zum Zeitpunkt der Kündigung gegen Zahlung einer Abfindung auflöst (BSG 8.12.87 – 7 RAr 48/86, SozR 4100 § 117 Nr 21). § 158 SGB III nimmt im Ergebnis nur diejenigen Fälle vom Ruhen des Anspruchs aus, in denen dem ArbGeb berechtigterweise ein Grund zur außerordentlichen Kündigung zustand. Löst das Gericht das Arbeitsverhältnis zu dem Zeitpunkt auf, zu dem es bei begründeter außerordentlicher Kündigung geendet hätte (§ 13 Abs 1 KSchG), so folgt daraus, dass in der festzusetzenden Abfindung regelmäßig auch das dem ArbN entgangene Arbeitsentgelt enthalten ist.

bb) Fiktive Fristen. Für ArbN, die nicht mehr ordentlich gekündigt werden können oder nur noch eingeschränkt kündbar sind, fingiert das Gesetz Fristen, die eingehalten werden müssen, wenn Auswirkungen auf den AlGeldanspruch vermieden werden sollen (§ 158 Abs 1 Satz 3 und 4 SGB III). Die Dauer der fiktiven Fristen ist nach der Intensität des Kündigungsschutzes abgestuft.

Bei einem zeitlich unbegrenzten **Ausschluss der ordentlichen Kündigung** des ArbGeb muss nach § 158 Abs 1 Satz 3 Nr 1 SGB III eine Beendigungsfrist von 18 Monaten eingehalten werden. Ob ein Ausschluss auf Dauer tatsächlich vorliegt, ist anhand der konkreten arbeits- oder tarifvertraglichen Bestimmungen unter Einschluss der regelmäßigen Lebensarbeitszeit festzustellen. Entscheidend dafür, ob das ordentliche Kündigungsrecht dauernd ausgeschlossen ist, ist die Rechtslage im Zeitpunkt der Kündigung bzw der Beendigungsvereinbarung. Ist bezogen auf die Person des ArbN und seine Arbeitsstelle eine Kündigungsmöglichkeit nach dem einschlägigen Arbeits- oder Tarifvertrag konkret eröffnet (zB durch eine tarifliche Öffnungsklausel), so gilt die im Einzelfall maßgebliche ordentliche Kündigungsfrist bzw die Jahresfrist des § 158 Abs 1 Satz 4 SGB III.

Bei ArbN, deren ordentliche Kündigung zeitlich begrenzt ausgeschlossen ist (zB für BRat, Schwangere; vgl *Kündigungsschutz* Rz 145) muss als fiktive Frist die ordentliche Kündigungsfrist eingehalten werden, die für den ArbGeb gelten würde, wenn die ordentliche Kündigung nicht ausgeschlossen wäre (§ 158 Abs 1 Satz 3 Nr 2 1. Alternative SGB III). Auch bei einem **befristeten Arbeitsvertrag** kann ein zeitlich begrenzter Ausschluss der Kündigung greifen, denn nach § 15 Abs 2 TzBfG unterliegt ein befristetes Arbeitsverhältnis nur dann der ordentlichen Kündigung, wenn dies einzelvertraglich oder im anwendbaren Tarifvertrag vereinbart ist. Ist diese Möglichkeit nicht vereinbart worden, so ist eine vorzeitige Beendi-

1   Abfindung

gung nur im Wege der außerordentlichen Kündigung möglich. Der Ruhenszeitraum ist nach § 158 Abs 2 Satz 2 Nr 2 SGB III jedenfalls auf den Zeitraum bis zum Ablauf der Befristung beschränkt. Die Regelung gilt nicht nur bei in der Person bzw Funktion des ArbN begründeten vorübergehenden Kündigungsausschlüssen, sondern grds **bei allen zeitlich begrenzten Ausschlüssen** der ordentlichen Kündigung. § 158 Abs 1 Satz 3 Nr 2 Alt 1 SGB III – und nicht die Jahresfrist des § 158 Abs 1 Satz 4 SGB III – kommt deshalb auch bei einem zeitlich begrenzten Ausschluss der betriebsbedingten Kündigung durch Tarifvertrag zur Anwendung (BSG 15.12.99 – B 11 AL 29/99 R, AiB 2000, 185).

68   Die ordentliche Kündigungsfrist gilt nach § 158 Abs 1 Nr 2 2. Alternative SGB III ebenfalls als fiktive Kündigungsfrist, wenn der ArbN unkündbar ist, jedoch die Voraussetzungen für eine **fristgebundene Kündigung aus wichtigem Grund** vorliegen. Durch diese Vorschrift wird die Kündigung von ArbN erfasst, deren ordentliche Kündigung zwar zeitlich unbegrenzt ausgeschlossen ist, denen aber nach der Rspr des BAG unter Einhaltung einer Frist außerordentlich gekündigt werden kann, wenn der ArbGeb den ArbN nicht mehr beschäftigen kann und die Weiterzahlung des Arbeitsentgelts zu einer unzumutbaren Belastung des ArbGeb führen würde.

69   Die fiktive Kündigungsfrist beträgt **ein Jahr,** wenn dem ArbN nur bei Zahlung einer Abfindung, Entschädigung oder ähnlichen Leistung ordentlich gekündigt werden kann (§ 158 Abs 1 Satz 4 SGB III). Durch § 158 Abs 1 Satz 4 SGB III werden auch Kündigungen erfasst, die durch einen **Sozialplan** ermöglicht werden (KassHB SGB III/*Voelzke* § 12 Rz 226; kritisch zur Anwendung des § 158 Abs 1 Satz 4 SGB III auf Abfindungen, die auf Sozialplänen beruhen, *Gagel* NZS 2000, 327; *Hauck/Noftz/Valgolio* SGB III § 158 Rz 77). Die Vorschrift geht von dem Grundgedanken aus, dass die Rechtsstellung der betroffenen ArbN stärker als die ordentlich kündbarer ArbN, jedoch schwächer als die unkündbarer ArbN ist. Insoweit ist es interessengerecht, die fiktive Kündigungsfrist von einem Jahr auch dann anzuwenden, wenn die Entlassung eines tarifvertraglich geschützten ArbN nur mit Zustimmung der Tarifvertragsparteien erfolgen kann (BSG 5.2.98 – B 11 AL 65/97 R, NZS 98, 538; aA *Köster* NZS 2000, 537). Die einjährige Kündigungsfrist ist auf die Dauer der ordentlichen Kündigungsfrist des ArbGeb zu reduzieren, wenn ohne die Möglichkeit der ordentlichen Kündigung wegen des Sozialplans zugleich die Voraussetzungen für eine fristgebundene Kündigung aus wichtigem Grund vorgelegen hätten (BSG 29.1.01 – B 7 AL 62/99 R, SozR 3–4100 § 117 Nr 22). Das Ruhen des Anspruchs auf AlGeld auf der Grundlage der Jahresfrist tritt auch ein, wenn ein ArbN nur noch für den Fall ordentlich kündbar ist, dass ein für ihn geltender Sozialplan vorliegt und der Sozialplan für ihn eine Abfindung vorsieht (BSG 29.1.02 – B 7a AL 62/99 R, NZS 01, 552). Gleichgestellt ist der Fall, dass einem ArbN aufgrund einer tarifvertraglichen Regelung nur noch bei einer Betriebsänderung ordentlich gekündigt werden kann und aufgrund der konkreten Verhältnisse in dem betroffenen Betrieb bei einer Betriebsänderung die Aufstellung eines Sozialplans erforderlich ist (BSG 9.2.06 – B 7a AL 44/05 R, NZA-RR 06, 663). Wird bereits im Arbeitsvertrag eine Abfindungszahlung bei ordentlicher Kündigung durch den ArbGeb vereinbart, so findet die Vorschrift keine Anwendung, weil in diesen Fällen entgegen dem Grundgedanken des Abs 1 Satz 4 die Abfindung nicht gezahlt wird, um die sonst nicht mögliche ordentliche Kündigung zu erreichen.

70   **cc) Berechnung der Kündigungsfristen.** Für den Beginn der Kündigungsfristen des Abs 1 ist vom **Tag der Kündigung** bzw bei Fehlen einer Kündigung von dem Tag auszugehen, an dem der **Aufhebungsvertrag** geschlossen worden ist (§ 158 Abs 1 Satz 2 SGB III). Die Regelung zur Bestimmung des Beginns der Kündigungsfrist gilt für die ordentliche Kündigungsfrist des ArbGeb nach Satz 1 und für die fiktiven Fristen nach Satz 3 und 4. Die Kündigungsfrist beginnt mit der Kündigung, die der Beendigung des Arbeitsverhältnisses vorausgegangen ist. Dies ist der Fall, wenn die Kündigungserklärung als einseitig empfangsbedürftige Willenserklärung mit dem Zugang beim ArbN wirksam geworden ist (§ 130 BGB). Die von § 623 BGB geforderte Schriftform muss gewahrt werden, weil ansonsten mangels Vorliegens einer wirksamen Kündigungserklärung die Einhaltung der maßgebenden Kündigungsfrist nicht möglich ist.

71   Die Frist ist auch dann von der Kündigungserklärung aus zu berechnen, wenn eine Aufhebungsvereinbarung oder eine Auflösung nach §§ 9, 10 KSchG der Kündigung nachfolgt und diese ersetzt. Der Lauf der Kündigungsfrist bestimmt sich, selbst wenn das Arbeitsver-

hältnis später durch einen Aufhebungsvertrag oder durch ein Gestaltungsurteil beendet wird, nach dem ersten Ausspruch der Kündigung. Es genügt, wenn die Kündigung als auslösender Tatbestand einer Entwicklung anzusehen ist, die letztlich die Beendigung des Arbeitsverhältnisses herbeigeführt hat. Erforderlich ist allerdings, dass die Kündigung Anlass für die Beendigung war und insoweit auch ein **ursächlicher Zusammenhang** gegeben ist (BSG 8.6.89 – 7 RAr 128/87, SozR 4100 § 117 Nr 25). Von einem ursächlichen Zusammenhang zwischen der Kündigung und der Beendigung des Arbeitsverhältnisses kann auch dann ausgegangen werden, wenn der ArbN eine offensichtlich rechtswidrige Kündigung hinnimmt. Der ursächliche Zusammenhang wird hingegen unterbrochen, wenn der ArbN nach Ausspruch der Kündigung ein Angebot des ArbGeb zur Weiterarbeit annimmt oder er die Kündigung erfolgreich anficht. In einem derartigen Fall ist von der erneuten Kündigungserklärung auszugehen.

b) Entlassungsentschädigung (Abfindung, Entschädigung oder ähnliche Leistung) iSd § 158 Abs 1 SGB III ist jede Zahlung des ArbGeb, die sich als Entschädigung für die vorzeitige Beendigung des Arbeitsverhältnisses darstellt. Ausreichend ist, dass zwischen der Beendigung des Arbeitsverhältnisses und der Entlassungsentschädigung ein ursächlicher Zusammenhang besteht. Unerheblich ist demgegenüber, wie die Zuwendung bezeichnet wird, nach welchen Rechtsgrundlagen sie gewährt wird und ob sie in Raten oder einer Summe gezahlt wird. Entlassungsentschädigung ist deshalb auch die auf Vereinbarung im **Arbeitsvertrag** oder auf einer tariflichen oder betrieblichen Regelung beruhende Leistung, die in einem Auflösungsurteil nach §§ 9, 10 KSchG festgelegte Abfindung (BSG 8.12.87 – 7 RAr 48/86, BB 88, 1827), der Schadensersatzanspruch nach § 628 Abs 2 BGB (BSG 13.3.90 – 11 RAr 69/89, NZA 90, 906), die tarifliche Abfindung aufgrund eines Optionsrechts des ArbN (BSG 21.9.95 – 11 RAr 23/95, BB 96, 1335) und die Zahlung einer Sozialplanabfindung (BSG 29.8.91 – 7 RAr 130/90, NZA 92, 387). Als eine zum Ruhen des AlGeldes führende Leistung gilt auch die Gewährung eines im Zusammenhang mit dem Ausscheiden aus dem Arbeitsverhältnis an den ArbN von einer Hilfskasse gewährten Darlehens, das zu einem späteren Zeitpunkt vom ArbGeb an die Hilfskasse zurückgezahlt wird (BSG 3.3.93 – 11 RAr 57/92, NZS 93, 462). Das Gesetz erfordert keinen ursächlichen Zusammenhang zwischen der **vorzeitigen** Beendigung und der Entlassungsentschädigung. Es können deshalb auch nicht die Fälle ausgenommen werden, bei denen die Abfindung auch am Ende der ordentlichen Kündigungsfrist zu zahlen gewesen wäre.

Nicht als Entlassungsentschädigung sind Zahlungen zu berücksichtigen, die der Beschäftigte bei Beendigung des Beschäftigungsverhältnisses ohnehin hätte beanspruchen können (zB Provisionen, Gewinnbeteiligungen). Entscheidend ist, ob die Beendigung des Arbeitsverhältnisses lediglich als **Anlass für die Zahlung** angesehen werden muss, weil der Anspruch bereits während des Arbeitsverhältnisses erdient war. Praktisch bedeutsam ist es deshalb, Zahlungen auf erdiente Ansprüche aus dem Arbeitsverhältnis neben der Abfindungszahlung gesondert auszuweisen. Wird in einem Vergleich zwischen den Arbeitsvertragsparteien als Ende des Arbeitsverhältnisses ein Zeitpunkt festgesetzt, der später als das Ende der tatsächlichen Beschäftigung liegt und eine Abfindung gezahlt, so geht das BSG davon aus, dass es sich in erster Linie um **Restlohn** handelt, der nach § 158 Abs 1 SGB III in voller Höhe auf das AlGeld anzurechnen ist (BSG 23.6.81 – 7 RAr 29/80, SozR 4100 § 117 Nr 7; s hierzu auch *Gagel* NZA 85, 273).

Enthält eine Gesamtzahlung bei Beendigung des Arbeitsverhältnisses mehrere **Teilbeträge,** die aus unterschiedlichen Rechtsgründen zu zahlen sind, so ist jeder Teilbetrag rechtlich gesondert zu würdigen. Besteht jedoch wegen der Beendigung des Arbeitsverhältnisses Anspruch auf verschiedene Zahlungen des ArbGeb, die alle dem Begriff der Entlassungsentschädigung iSd § 158 SGB III unterfallen, so werden diese zu einer einheitlichen Abfindung zusammengerechnet (BSG 13.3.90 – 11 RAr 69/89, NZA 90, 906). Aus der Gesamtabfindung ist der Teil zu ermitteln, der zum Ruhen des AlGeldes führt.

Das sog **Rentenprivileg** begünstigt ArbGebLeistungen, die nach § 187a Abs 1 SGB VI zum Ausgleich von Rentenminderungen bei vorzeitigem Bezug einer gesetzlichen Rente wegen Alters unmittelbar an den RVTräger gezahlt werden, wenn der ArbN frühestens mit Vollendung des 55. Lebensjahres aus dem Arbeitsverhältnis ausscheidet. Diese Leistungen werden nicht als Entlassungsentschädigungen berücksichtigt (§ 158 Abs 1 Satz 6 SGB III; vgl zur Vereinbarung von Ausgleichsleistungen in Aufhebungsverträgen *Schrader* NZA 03, 593);

1 Abfindung

das Gleiche gilt für ArbGebBeiträge, die zum Ausgleich von Versorgungseinbußen an berufsständische Versorgungseinrichtungen gezahlt werden. Dem Privileg unterfallen Zahlungen nicht, die unmittelbar dem ArbN zufließen, selbst wenn damit der Zweck des Ausgleiches von Renteneinbußen verfolgt wird.

76 **c) Ruhenszeitraum.** Liegen die Voraussetzungen des § 158 Abs 1 SGB III vor, so tritt als **Rechtsfolge** das Ruhen des Anspruchs ein. Unerheblich ist, zu welchem Zeitpunkt der Arbeitslose den Anspruch auf AlGeld erhebt. Eine Minderung der Dauer des Anspruchs auf AlGeld infolge von Ruhenszeiten nach § 158 SGB III sieht § 148 SGB III nicht vor. Es wird lediglich der Beginn der Leistung um den Ruhenszeitraum auf einen späteren Zeitpunkt hinausgeschoben. Der Ruhenszeitraum nach § 158 SGB III läuft auch während einer Zeit, in der der Leistungsanspruch wegen einer Sperrzeit ruht (zu Konkurrenzen mit anderen Ruhenstatbeständen s KassHB SGB III/*Voelzke* § 12 Rz 47). Erhält der ArbN eine Urlaubsabgeltung oder hat er eine solche zu beanspruchen, so verlängert sich der Ruhenszeitraum wegen der Entlassungsentschädigung um die Zeit des abgegoltenen Urlaubs (§ 158 Abs 1 Satz 5 SGB III).

77 Der Ruhenszeitraum nach § 158 SGB III ist **kalendermäßig zu bestimmen.** § 158 Abs 1 Satz 1 SGB III sieht vor, dass das Ruhen wegen der Abfindung am Tage nach der Beendigung des Arbeitsverhältnisses beginnt. Maßgebend ist das rechtliche Ende des Arbeitsverhältnisses, wie es sich aus der Kündigung, dem Aufhebungsvertrag oder einem nachfolgenden Urteil oder Vergleich ergibt. Die Ruhenswirkung tritt unabhängig davon ein, ob die Abfindung bereits fällig ist und ob sie dem ArbN demzufolge zur Verfügung steht. Der Arbeitslose erhält ggf AlGeld im Wege der Gleichwohlgewährung (§ 158 Abs 4 SGB III). Der Anspruch auf die Entlassungsentschädigung geht gem § 115 SGB X in gleicher Höhe auf die BA über (s *Erstattungsanspruch der Agentur für Arbeit* Rz 20).

78 Für den Beginn des Ruhenszeitraums ist das Ende des Arbeitsverhältnisses maßgebend, wegen dessen Beendigung die Abfindung gewährt wird und nach dessen Bedingungen sich Eintritt und Dauer des Ruhens bestimmen (BSG 15.2.2000 – B 11 AL 45/99 R, SozR 3–4100 § 117 Nr 21 zu einem Anschlussarbeitsverhältnis). Als Kriterien für die Bestimmung der Dauer des Ruhenszeitraumes nennt das Gesetz:
– den Ablauf der ordentlichen Kündigungsfrist (§ 158 Abs 1 Satz 1 SGB III),
– die fiktiven Kündigungsfristen nach § 158 Abs 1 Satz 3 und 4 SGB III,
– die Jahresfrist (§ 158 Abs 2 Satz 1 SGB III),
– den Zeitpunkt, zu dem bei einer Befristung das Arbeitsverhältnis ohnehin geendet hätte (§ 158 Abs 2 Satz 2 Nr 2 SGB III),
– den Zeitpunkt, zu dem der ArbGeb zur Kündigung des Arbeitsverhältnisses aus wichtigem Grund ohne Einhaltung einer Kündigungsfrist berechtigt ist (§ 158 Abs 2 Satz 2 Nr 3 SGB III),
– die Berechnung des Zeitraumes anhand des zuletzt verdienten Arbeitsentgelts (je nach Betriebszugehörigkeit und Lebensalter zwischen 25 und 60 %, § 158 Abs 2 Satz 2 Nr 1 und Satz 3 SGB III).

79 § 158 Abs 2 SGB III enthält neben der ordentlichen Kündigungsfrist des ArbGeb (s oben Rz 63) und den fiktiven Kündigungsfristen (s oben Rz 65) vier Regelungen, die das Ruhen zusätzlich zeitlich begrenzen können. Maßgebend ist die für den Arbeitslosen **günstigste Alternative.** Auch hier wird die Kündigungsfrist von der ersten Erklärung an berechnet, die die Beendigung des Arbeitsverhältnisses herbeiführen sollte. Dies gilt auch, wenn nicht die Kündigung, sondern eine danach getroffene Vereinbarung zur Beendigung des Arbeitsverhältnisses geführt hat und insoweit ein ursächlicher Zusammenhang besteht (BSG 8.6.89 – 7 RAr 128/87, SozR 4100 § 117 Nr 25). Die Jahresfrist des § 158 Abs 2 Satz 1 SGB III läuft hingegen erst mit der Beendigung des Beschäftigungsverhältnisses.

80 **aa) Begrenzung auf ein Jahr.** Nach § 158 Abs 2 Satz 1 SGB III ruht der Anspruch auf AlGeld, beginnend mit dem Eintritt des Ruhens, für höchstens ein Jahr. Die Jahresfrist läuft kalendermäßig ab (BSG 29.10.86 – 7 RAr 48/85, SozR 4100 § 117 Nr 17). Die Jahresfrist macht die fiktive Kündigungsfrist von 18 Monaten nicht gegenstandslos, da der Lauf der Kündigungsfristen bereits mit dem Ausspruch der Kündigung beginnt.

81 **bb) Begrenzung durch Befristung.** § 158 SGB III ist auch auf befristete Arbeitsverhältnisse grds anzuwenden (BSG 12.12.84 – 7 RAr 87/83, SozR 4100 § 117 Nr 13). Wird ein befristetes Arbeitsverhältnis auf andere Weise vorzeitig beendet, so ist ein Ruhen nach

§ 158 Abs 2 Satz 2 Nr 2 SGB III höchstens bis zu dem Zeitpunkt vorgesehen, in dem das Arbeitsverhältnis wegen der Befristung geendet hätte. Voraussetzung ist allerdings, dass die Befristung unabhängig von der Vereinbarung über die Beendigung des Arbeitsverhältnisses bestanden hat. Auf die arbeitsrechtliche Wirksamkeit der Befristung kommt es nicht an, wenn unstreitig eine Befristung vereinbart wurde und diese von den Arbeitsvertragsparteien nicht in Frage gestellt wird (*Hauck/Noftz/Valgolio* SGB III, § 158 Rz 127). Nimmt der ArbN die Beendigung mit Fristablauf hin, so ist dies auch im Rahmen der Ruhensregelung zu akzeptieren. Ohne Bedeutung ist in diesem Zusammenhang, ob die ArbN die Möglichkeit gehabt hätte, eine Fortsetzung des Arbeitsverhältnisses zu verlangen.

cc) Begrenzung durch Recht zur fristlosen Kündigung. Der Leistungsanspruch ruht **82**
nach § 158 Abs 2 Satz 2 Nr 3 SGB III nicht über den Tag hinaus, zu dem der ArbGeb das Arbeitsverhältnis fristlos hätte kündigen können. Unbeachtlich ist, ob der ArbN fristlos hätte kündigen können (BSG 29.8.91 – 7 RAr 130/90, NZA 92, 387; LSG Hess 22.5.13 – L 6 AL 5/10, zum Mobbing des ArbN). Der Grundgedanke der Begrenzung ist, dass bei Vorliegen eines Grundes zur fristlosen Kündigung die gezahlte Leistung keine Abfindung von Arbeitsentgeltansprüchen für die Zeit nach dem Zeitpunkt der fristlosen Kündigung beinhaltet. Folglich können nur Gründe für eine fristlose Kündigung berücksichtigt werden, die vor dem Abschluss der Vereinbarung über die Zahlung einer Entlassungsentschädigung lagen. Für die Begrenzung des Ruhenszeitraumes nach dieser Regelung ist es ausreichend, dass eine fristlose Kündigung des ArbGeb möglich war, ohne dass die Kündigung tatsächlich ausgesprochen werden muss. Das Recht zur fristlosen Kündigung ist dann ggf von den Sozialgerichten nachzuprüfen (BSG 17.2.81 – 7 RAr 94/79, DB 81, 1983). Sonstige formelle Wirksamkeitsvoraussetzungen für die Ausübung des außerordentlichen Kündigungsrechts sind für die Anwendung der Norm unerheblich.

dd) Prozentgrenze. Ausgangspunkt für die Begrenzung des Ruhenszeitraums nach **83**
§ 158 Abs 2 Satz 2 Nr 1 und Satz 3 SGB III ist das während der letzten Beschäftigung kalendertäglich verdiente Bruttoarbeitsentgelt; die Berechnung des kalendertäglichen Arbeitsentgelts folgt im Wesentlichen der Berechnung des Bemessungsentgelts beim AlGeld (vgl im Einzelnen *Hauck/Noftz/Valgolio* SGB III § 158 Rz 119 ff). Zudem ist der Prozentsatz des Teils der Entlassungsentschädigung zu ermitteln, der zum Ruhen führt. Er beträgt höchstens 60 vH und vermindert sich sowohl für je fünf Jahre des Arbeitsverhältnisses als auch für je fünf Lebensjahre nach Vollendung des 35. Lebensjahres um je fünf vH. Die Umrechnung des berücksichtigungsfähigen Teils der Abfindung auf den Ruhenszeitraum wird in der Weise vorgenommen, dass das AlGeld bis zu dem Tag ruht, an dem der Arbeitslose bei Fortbestand des Arbeitsverhältnisses den entsprechenden Betrag verdient hätte. Da AlGeld nach § 154 SGB III kalendertäglich geleistet wird, ist der zum Ruhen führende Teil der Abfindung auf Kalendertage umzurechnen. Die Frist beginnt an dem Tag, der auf die Beendigung des Arbeitsverhältnisses folgt und läuft kalendermäßig ab. Der anzurechnende Teil der Abfindung darf 25 vH nicht unterschreiten:

	Lebensalter am Ende des Arbeitsverhältnisses						**84**
Betriebs- oder Unternehmenszugehörigkeit	unter 40 Jahre vH	ab 40 Jahre vH	ab 45 Jahre vH	ab 50 Jahre vH	ab 55 Jahre vH	ab 60 Jahre vH	
weniger als 5 Jahre	60	55	50	45	40	35	
5 und mehr Jahre	55	50	45	40	35	30	
10 und mehr Jahre	50	45	40	35	30	25	
15 und mehr Jahre	45	40	35	30	25	25	
20 und mehr Jahre	40	35	30	25	25	25	
25 und mehr Jahre	35	30	25	25	25	25	
30 und mehr Jahre		25	25	25	25	25	
35 und mehr Jahre			25	25	25	25	

1 Abfindung

85 **Berechnungsbeispiel** für das Ruhen nach § 158 SGB III bei Nichteinhaltung der Kündigungsfrist um 90 Tage: Kalendertägliches Bruttoentgelt 100 €; ArbN 53 Jahre; 14 Jahre Betriebszugehörigkeit; Abfindung 24 000 €.

1. Schritt: Maßgebender Prozentsatz der Abfindung unter Berücksichtigung von Lebensalter und Betriebszugehörigkeit = 35 %
2. Schritt: Zu berücksichtigender Teil der Abfindungssumme = 8400 €
3. Schritt: Ruhenszeitraum entspricht Kalendertagen, in denen zu berücksichtigender Abfindungsbetrag verdient worden wäre = 84 Kalendertage

Ergebnis: Nach § 158 Abs 1 Satz 1 und 2 SGB III ruht der Anspruch für 90 Kalendertage; maßgebend ist deshalb die günstigere Berechnung nach § 158 Abs 2 Satz 2 Nr 1 und Satz 3 SGB III, so dass der Anspruch längstens für 84 Kalendertage ruht.

86 **3. Sozialversicherungsschutz.** Während der Dauer des Ruhenszeitraums besteht für den ArbN grds kein Schutz der gesetzlichen **Krankenversicherung.** Eine Vorschrift, die wie bei der Sperrzeit bzw bei der Urlaubsabgeltung Versicherungsschutz auch ohne Leistungsbezug sichert, existiert nicht. Eine begrenzte Absicherung wird insoweit erreicht, als § 19 Abs 2 SGB V den Versicherungsschutz Versicherungspflichtiger noch auf einen Monat nach dem Ende der Pflichtmitgliedschaft erstreckt. Eine weitergehende Absicherung in der KV und PflegeV genießen nach § 10 SGB V bzw § 25 SGB XI Familienversicherte; allerdings erhalten Familienversicherte kein Krankengeld (§ 44 Abs 1 Satz 2 SGB V). Greift keine der geschilderten Möglichkeiten ein, empfiehlt sich während der Ruhenszeit der Beitritt zur freiwilligen Versicherung (§ 9 SGB V).

87 In der **Rentenversicherung** besteht während des Ruhenszeitraums nach § 158 SGB III keine Versicherungspflicht. Allerdings kann der Ruhenszeitraum rentenrechtlich nach § 58 Abs 1 Nr 3 SGB VI als Anrechnungszeit berücksichtigt werden, wenn der Arbeitslose wegen der Arbeitslosigkeit bei einer deutschen Agentur für Arbeit als Arbeitsuchender arbeitslos gemeldet war. Keine Anrechnungszeit wird begründet, soweit gleichzeitig eine Sperrzeit eingetreten ist (vgl aber KassKomm/*Gürtner* § 58 SGB VI Rz 30).

88 **IV. Auswirkungen des § 1a Kündigungsschutzgesetz:** Durch den Gesetzgeber sind die arbeitsförderungsrechtlichen Folgen einer Beendigung des Arbeitsverhältnisses nach § 1a KSchG nicht eindeutig geklärt. Es stellt sich bei einer Kündigung des ArbGeb und der Ankündigung einer Abfindungszahlung nach § 1a KSchG die Frage, ob der ArbN im Hinblick auf die Hinnahme der Kündigung und die Entgegennahme der Abfindung den Eintritt einer **Sperrzeit** wegen Arbeitsaufgabe befürchten muss (zu den Voraussetzungen im Einzelnen s *Sperrzeit* Rz 9 ff). Die Frage ist mit dem Urt des BSG vom 25.4.02 – B 11 AL 89/01 R (= NZS 03, 221) zu verneinen, denn in diesem Urt hat das BSG ausgesprochen, dass dem ArbN nur bei einem aktiven Verhalten im Zusammenhang mit der Beendigung des Arbeitsverhältnisses eine Sperrzeit droht. Hingegen bleibt die Hinnahme einer (rechtswidrigen) Kündigung sanktionslos. Überträgt man diese Grundsätze auf ein Vorgehen nach § 1a KSchG, so kann gegen den ArbN ein Vorwurf wegen einer Verletzung seiner arbeitsförderungsrechtlichen Obliegenheiten nicht erhoben werden. Eine Sperrzeit tritt folglich nicht ein (ebenso *Besgen* FA 04, 174; *Giesen/Besgen* NJW 04, 189; *Hanau* ZIP 04, 1177; *Rolfs* ZIP 04, 341). Aus dem Urt des BSG zu den sperrzeitrechtlichen Folgen des Abwicklungsvertrages (BSG 18.12.03 – B 11 AL 35/03 R, NZA 04, 661) ergibt sich insoweit nichts anderes. Zudem würde eine andere Beurteilung die Absicht des Gesetzgebers konterkarieren, den ArbGeb durch § 1a KSchG die Beendigung von Arbeitsverhältnissen zu erleichtern. Es ist deshalb davon auszugehen, dass eine Sperrzeit wegen eines wichtigen Grundes nicht eintritt, wenn die in § 1a KSchG vorgesehene Abfindungshöhe nicht überschritten wird. Wird bei der Beendigung des Arbeitsverhältnisses die in § 1a KSchG geregelte Abfindungshöhe eingehalten, so dürfte zudem unerheblich sein, ob das Arbeitsverhältnis durch Kündigung des ArbGeb oder durch Aufhebungsvertrag beendet worden ist (vgl hierzu BSG 12.7.06 – B 11a AL 47/05 R, NJW 06, 3514; BSG 2.5.12 – B 11 AL 6/11 R, NZS 12, 874; Näheres: *Aufhebungsvertrag* Rz 34).

89 **V. Arbeitslosengeld II.** Das *Arbeitslosengeld II* wird nur gezahlt, wenn der Berechtigte hilfebedürftig ist. Der Anspruchsberechtigung steht es entgegen, wenn das zu berücksichtigende Einkommen den Bedarf übersteigt (s *Arbeitslosengeld II* Rz 14). Abfindungszahlungen, die nach Stellung des Antrags auf AlGeld II im Bedarfszeitraum zufließen, sind als berücksichtigungsfähiges **Einkommen** und nicht als Vermögen zu behandeln (BSG 3.3.09 – B 4 AS 47/08 R, NJW 09, 3323). Es handelt sich nicht um Einnahmen, die wegen ihrer Zweckbestimmung nicht zu berücksichtigen wären (§ 11a Abs 3 SGB II). Die Abfindung ist nach § 11 Abs 3 Satz 3 SGB II auf einen Zeitraum von 6 Monaten aufzuteilen und monatlich mit einem entsprechenden Teilbetrag zu berücksichtigen, wenn der Leistungsanspruch durch die Berücksichtigung in einem Monat entfällt. Eine für den ArbN regelmäßig günstigere Berücksichtigung als Vermögen kommt nur in Betracht, wenn der Zufluss der Abfindung vor Antragstellung erfolgt.

VI. Abfindung von Leistungen. Soweit gesetzliche Regelungen dies ausnahmsweise 90
bestimmen, können Leistungen der SozV abgefunden werden. Vorgesehen ist eine Abfindung für Verletztenrenten (§§ 75 ff SGB VII), für Witwen- und Witwerrenten (§ 80 SGB VII) in der gesetzlichen UV sowie für Witwen- und Witwerrenten bei Wiederheirat in der gesetzlichen RV (§ 107 SGB VI).

Abmahnung

A. Arbeitsrecht
Eisemann

Übersicht

	Rz		Rz
1. Grundsätze	1–5	6. Mandatsträger	34, 35
2. Vorstufen	6–8	7. Gegenrechte	36–41
3. Erforderlichkeit	9–23	8. Streitigkeiten	42–45
4. Voraussetzungen	24–30	9. Muster	46
5. Zeitablauf	31–33		

1. Grundsätze. Regelmäßig vom Vertragspartner hingenommene Verstöße gegen ver- 1
tragliche Pflichten können zu einer inhaltlichen Änderung eines Vertrages führen. Wer dies verhindern will, muss klarstellen, dass er solch ein Verhalten nicht duldet. Er muss **rügen**. Wer Vertragsverstöße darüber hinaus zum Anlass nehmen will, den Vertrag einseitig zu lösen, muss dem Schuldner zuvor die Folgen seines vertragswidrigen Verhaltens vor Augen führen und deutlich machen, dass die vertraglichen Beziehungen im Wiederholungsfall beendet werden – er muss den Vertragspartner **warnen**. Die **Abmahnung** verbindet beides. Mit ihr rügt man konkretes Fehlverhalten und warnt mit der Kündigungsandrohung vor weiteren Verstößen (BAG 19.7.12 – 2 AZR 782/11, NZA 13, 91).

Eine verhaltensbedingte Kündigung ist nicht verhältnismäßig und ungerechtfertigt, wenn 2
es mildere Mittel gibt, eine Vertragsstörung für die Zukunft zu verhindern (BAG 24.3.11 – 2 AZR 282/10, NZA 11, 1029). Die erforderliche Abmahnung ist daher **Wirksamkeitsvoraussetzung** für eine auf vertragswidriges Verhalten gestützte einseitige Auflösung (Beendigungskündigung) oder Abänderung (Änderungskündigung) von Arbeitsverhältnissen (BAG 21.11.85 – 2 AZR 21/85, NZA 86, 713). Verhaltensbedingte Kündigungen dienen im Übrigen nicht der Sanktion für vergangenes Fehlverhalten. Das Arbeitsverhältnis soll nur aufgelöst werden, wenn auch in Zukunft erhebliche Vertragspflichtverletzungen zu erwarten sind. Wie bei jeder Kündigung gilt auch hier das Prognoseprinzip (BAG 23.6.09 – 2 AZR 283/08, NZA 09, 1168). Die Prognose ist negativ, wenn aus der konkreten Pflichtverletzung geschlossen werden kann, der ArbN werde in Zukunft den Arbeitsvertrag auch nach einer Kündigungsdrohung erneut in gleicher oder ähnlicher Weise verletzen. Er muss sich als „beratungsresistent" erwiesen haben. Auch deshalb setzt die verhaltensbedingte Kündigung eine Abmahnung voraus. Sie dient der Objektivierung der negativen Prognose (BAG 23.6.09 – 2 AZR 283/08, NZA 09, 1168; BAG 31.5.07 – 2 AZR 200/06, NZA 07, 922).

Die **beiderseitige Pflicht zur Abmahnung** vor einer einseitigen Beendigung des Ar- 3
beitsverhältnisses trifft ArbGeb und ArbN (BAG 28.10.71 – 2 AZR 15/71, AP § 626 BGB Nr 62). Für ArbNseitige Kündigungen gilt dies nur, soweit das Beschäftigungsverhältnis ohne Einhaltung von Kündigungsfristen gelöst werden soll. Es gibt keinen Kündigungsschutz für ArbGeb gegen fristgerechte Kündigungen.

Für die Abmahnung ist nach der Rspr unerheblich, ob das beanstandete Verhalten **sub-** 4
jektiv vorwerfbar ist. Es reicht aus, wenn der ArbGeb einen **objektiven Verstoß** gegen

2 Abmahnung

arbeitsvertragliche Pflichten rügt (BAG 11.12.01 – 9 AZR 464/00, NZA 02, 965). Man begründet dies mit dem fehlenden Strafcharakter einer Abmahnung (BAG 7.11.79 – 5 AZR 962/77 AP BetrVG 1972 § 87 Betriebsbuße Nr 3). Die Abmahnung solle ja nur klarstellen, dass der ArbN vertragswidrig handelt, und ihm deutlich machen, dass er in Zukunft bei derartigen Verstößen auch mit einer Kündigung rechnen muss. Die Abmahnung könne in diesen Fällen zur Klärung beitragen, ob es um eine verhaltens- oder personenbedingte Kündigung geht. Dies ist zumindest missverständlich. Abmahnungen bereiten die **verhaltensbedingte Kündigung** vor. Diese setzt grds schuldhaftes Verhalten voraus (s *Kündigung, verhaltensbedingte* Rz 5).

5   Die Abmahnung grenzt nicht die personen- von der verhaltensbedingten Kündigung ab. Sie ist Rechtsfolge eines subjektiv vorwerfbaren vertragswidrigen Verhaltens. Sie setzt nicht nur **steuerbares Verhalten,** sondern auch **Verschulden** voraus. Auch bei einer pflichtwidrigen objektiven Minderleistung wird die Abmahnung ausgesprochen, weil diese verschuldet sein soll, mag sich die Berechtigung dieses Vorwurfs auch erst im Prozess herausstellen (vgl BAG 27.11.08 – 2 AZR 675/07, NZA 09, 842). Personenbedingte Leistungsmängel sind nicht steuerbar. Der ArbN will den Vertrag erfüllen, er kann es aber nicht. Hier macht eine Abmahnung keinen Sinn. Nur wenn Leistungsmängel auf steuerbarem Verhalten beruhen, kann sich überhaupt die Frage stellen, ob für eine Abmahnung erheblich ist, dass ein Verhalten subjektiv nicht vorgeworfen werden kann. Beruht das vertragswidrige Verhalten des ArbN auf einem verschuldeten **Rechtsirrtum** über den Inhalt seiner Arbeitspflichten, ist eine Abmahnung möglich. Anders ist es, wenn ihm der Irrtum nicht vorgeworfen werden kann. Es bleibt dem ArbGeb aber unbenommen, den ArbN auf seinen Irrtum aufmerksam zu machen und aufzufordern, sich in derartigen Situationen vertragstreu zu verhalten. Für eine förmliche Abmahnung fehlt das Verschulden. Kommt es trotz dieses Hinweises zu einem Vertragsverstoß, kann dies bedeuten, dass man dem ArbN vorwerfen kann, sich nicht kompetenten Rechtsrat geholt zu haben. Seinen Rechtsirrtum hat er in diesem Fall fahrlässig herbeigeführt bzw aufrechterhalten, den Vertragsverstoß verschuldet, was jetzt eine Abmahnung rechtfertigen kann.

6   **2. Vorstufen.** Der kollegiale Ratschlag, die Belehrung, Vorhaltungen, Ermahnungen, Verwarnungen, Verweis sind **Vorstufen der Abmahnung.** Sie enthalten – anders als die Abmahnung – keine Kündigungsandrohung und sind deshalb kündigungsrechtlich ohne entscheidende Bedeutung.

7   Bei der **Betriebsbuße** handelt es sich nicht um eine Abmahnung. Mit der Betriebsbuße wird eine **kollektivrechtlich begründete** betriebliche Ordnungsstrafe verhängt. Sie kommt nur bei gemeinschaftswidrigem Verhalten, bei Verstößen gegen die kollektive betriebliche Ordnung, in Betracht und setzt voraus, dass eine von den Betriebspartnern vereinbarte Bußordnung besteht (BAG 17.10.89 – 1 ABR 100/88, NZA 90, 193). Mit der Abmahnung wird **individualrechtlich** die Verletzung von Schuldnerpflichten geahndet. Verstößt ein ArbN zugleich gegen seine arbeitsvertraglichen Pflichten und gegen die betriebliche Ordnung, kann der ArbGeb wählen, welchen Pflichtverstoß er beanstanden will (BAG 7.11.79 – 5 AZR 962/77, AP BetrVG 1972 § 87 Betriebsbuße Nr 4).

8   Die **Bindung** des ArbGeb an eine Abmahnung bedeutet, dass er nicht allein wegen des von ihm gerügten Verhaltens eine Kündigung aussprechen kann (BAG 13.12.07 – 6 AZR 145/07, NZA 08, 403). Er hat mit der Abmahnung auf sein Kündigungsrecht verzichtet (BAG 26.11.09 – 2 AZR 751/08, NZA 10, 823). Dies gilt selbst dann, wenn eine Abmahnung nicht erforderlich ist, weil es sich zB um eine ordentliche Kündigung vor Ablauf der Wartezeit handelt (BAG 13.12.07 – 6 AZR 145/07, NZA 08, 403). Der abgemahnte Pflichtverstoß ist als Kündigungsgrund damit nicht generell verbraucht. Er darf jedoch erst nach einem erneuten Verstoß zur Begründung der Kündigung herangezogen werden (BAG 26.11.09 – 2 AZR 751/08, NZA 10, 823). Die verhaltensbedingte Kündigung erfordert eine **vergebliche Abmahnung** (BAG 6.3.03 – 2 AZR 128/02, NZA 03, 1388). Mit der Abmahnung verzichtet der ArbGeb nur hinsichtlich der zum Zeitpunkt ihres Ausspruchs vorliegenden und bekannten Gründe auf das Kündigungsrecht. Treten weitere Gründe hinzu oder werden sie erst nach der Abmahnung bekannt, kann er ohne erneuten Pflichtverstoß kündigen und dabei unterstützend auf die abgemahnten Gründe zurückgreifen, sofern und soweit sie auch ohne Abmahnung oder aufgrund einer früheren Abmahnung, die die Warn-

Abmahnung 2

funktion erfüllt, erheblich sind (unklar BAG 26.11.09 – 2 AZR 751/08, NZA 10, 823; deutlicher BAG 10.11.88 – 2 AZR 215/88, NZA 89, 633). Beispiel: Ist ein ArbN zweimal abgemahnt worden und erfährt der ArbGeb nach der zweiten Abmahnung von weiteren Verstößen aus dem Zeitraum zwischen den Abmahnungen, kann er eine Kündigung auch ohne erneuten Verstoß aussprechen und hierbei unterstützend die mit der zweiten Abmahnung gerügten Vertragsverstöße heranziehen.

3. Erforderlichkeit. Die **Pflicht zur Abmahnung** folgt auch nach Einführung des 9 § 314 Abs 2 BGB aus dem Grundsatz der Verhältnismäßigkeit und damit aus **arbeitsrechtlichen Grundsätzen** (BAG 23.10.08 – 2 AZR 483/07, NZA-RR 09, 362). Beruht die Vertragspflichtverletzung auf einem steuerbaren Verhalten des ArbN, ist grds davon auszugehen, dass sein künftiges Verhalten schon durch die Androhung von Folgen für den Bestand des Arbeitsverhältnisses positiv beeinflusst werden kann. Ordentliche und außerordentliche (Änderung-)Kündigung wegen einer Vertragspflichtverletzung setzen deshalb regelmäßig eine Abmahnung voraus (BAG 25.10.12 – 2 AZR 495/11, NZA 13, 319). Die erforderliche Abmahnung ist damit **Wirksamkeitsvoraussetzung** für die auf vertragswidriges Verhalten gestützte einseitige Auflösung oder Abänderung von Arbeitsverhältnissen (BAG 24.3.2011 – 2 AZR 282/10, NZA 11, 1029). Selbst bei Straftaten gegen das Vermögen oder Eigentum des ArbGeb muss jedenfalls stets geprüft werden, ob nicht die Prognose gerechtfertigt ist, der ArbN werde sich nach seiner Abmahnung in Zukunft vertragstreu verhalten (BAG 9.6.2011 – 2 AZR 381/10, NZA 11, 1027; BAG 10.6.2010 – 2 AZR 541/09, NZA 10, 1227). Aus der Warnfunktion der Abmahnung folgt, dass sie andererseits nicht erforderlich ist, wenn das Arbeitsverhältnis einverständlich abgeändert oder aufgehoben wird.

Auch in der **Wartezeit** (keine sechs Monate der Beschäftigung) und im **Kleinbetrieb** 10 (regelmäßig nicht mehr als fünf bzw zehn ArbN) ist die vergebliche Abmahnung jedenfalls vor Ausspruch einer **außerordentlichen Kündigung** erforderlich, soweit die Rspr sie auch sonst verlangt. Dies gilt unabhängig davon, ob sich der ArbN in einem Probe- oder in einem Aushilfsarbeitsverhältnis befindet (BAG 15.8.84 – 7 AZR 228/82, AP Nr 8 zu § 1 KSchG 1969). Vor Ausspruch einer **fristgerechten Kündigung** ist hier eine Abmahnung entbehrlich, solange sich der ArbGeb mit der Kündigung nicht in Widerspruch zu seinem vorangegangenen Verhalten setzt (BAG 21.2.01 – 2 AZR 579/99, NZA 01, 951). Wer noch keinen Kündigungsschutz hat, braucht nicht abgemahnt zu werden. Mahnt der ArbGeb dennoch ab, verzichtet er damit auf die Kündigung wegen der abgemahnten Pflichtwidrigkeit. Kündigt er dann ohne einen neuen Pflichtverstoß des ArbN im unmittelbaren zeitlichen Zusammenhang mit der Abmahnung, spricht dies dafür, dass die Kündigung wegen der abgemahnten Pflichtverletzung erfolgt und damit unwirksam ist. Zu ihrer Wirksamkeit muss der ArbGeb daher darlegen, welche anderen Gründe ihn zur Kündigung bewogen haben (BAG 13.12.07 – 2 AZR 145/07, NZA 08, 403).

Bei **besonderem Kündigungsschutz** – zB während der Schwangerschaft – müssen 11 ArbN auch im Kleinbetrieb oder vor Ablauf der Wartezeit vor einer verhaltensbedingten Kündigung vergeblich abgemahnt worden sein.

Bei Pflichtverletzungen im **Verhaltens- und Leistungsbereich** ist eine vergebliche Abmahnung vor Ausspruch der Kündigung grds **erforderlich** (BAG 17.2.94 – 2 AZR 616/93, 12 NZA 94, 656). Zu diesem Bereich gehören als Hauptpflichten die Arbeits- und Vergütungspflicht, der sog Betriebsbereich sowie die Nebenpflichten, soweit sie den Leistungsbereich berühren. Zu typischen Störungen im Bereich der Hauptpflichten zählen Arbeitsbummelei (BAG 27.1.88 – 5 AZR 604/86, ZTR 88, 309), verspätete Arbeitsaufnahme (BAG 17.3.88, NZA 89, 261), Überziehen von Pausen, fehlerhaftes Arbeiten (BAG 7.9.88, NZA 89, 272), Nichtbefolgen von Arbeitsanweisungen (BAG 15.1.86, NZA 86, 421); zu den Störungen im Bereich der Nebenpflichten gehört die ständig verspätete Krankmeldung. Bei den Störungen im Betriebsbereich handelt es sich zB um Störungen der Betriebsordnung – Verstoß gegen Rauch- oder Alkoholverbote (BAG 22.7.82, NJW 83, 700) –, des Betriebsfriedens – Tätlichkeiten gegenüber Mitarbeitern (BAG 12.7.84, NZA 85, 96) – und des Betriebsablaufs.

Auch bei Pflichtverletzungen im **Vertrauensbereich** kann es Fälle geben, in denen eine 13 Abmahnung ausreicht, den ArbN anzuhalten, sich in Zukunft vertragstreu zu verhalten (BAG 9.6.2011 – 2 AZR 381/10, NZA 11, 1027). Zu den Störungen im Vertrauensbereich gehören vor allem unerlaubte Handlungen wie Diebstahl (BAG 13.12.84, NZA 85, 288),

Eisemann

2 Abmahnung

Unterschlagung, Betrug – zB Abändern der Stempelkarte (LAG Hamm 20.2.86, DB 86, 1338), Annahme von Schmiergeldern (LAG Köln 4.1.84, DB 84, 1101), Erschleichen oder Abändern von Arbeitsunfähigkeitsbescheinigungen (LAG Brem 15.2.85, BB 85, 1129), Tätlichkeiten gegenüber dem ArbGeb, grobe Beleidigungen von Vorgesetzten oder ArbGeb, unsittliches Verhalten gegenüber Mitarbeitern oder Auszubildenden (BAG 9.1.86, NZA 86, 467), Stalking (BAG 19.4.12 – 2 AZR 258/11, NZA-RR 12, 567), Verrat von Betriebsgeheimnissen, schwere Verstöße gegen das Wettbewerbsverbot.

14 Ob auch hier eine Abmahnung erforderlich ist, hängt vom **Einzelfall** ab. Dabei kommt es insbes auf die Intensität der Pflichtverletzung und deren Folgen, auf eine Wiederholungsgefahr, den Grad des Verschuldens und darauf an, ob es sich bei der Pflichtverletzung um ein Verhalten handelt, das insgesamt auf Heimlichkeit angelegt ist (BAG 21.6.12 – 2 AZR 153/11, NZA 12, 1025; BAG 19.4.12 – 2 AZR 258/11, NZA-RR 12, 567). Eine Abmahnung ist im Vertrauensbereich jedenfalls erforderlich, wenn die (ordentliche oder außerordentliche) Kündigung angesichts der Umstände des Einzelfalles eine unverhältnismäßige Reaktion des ArbGeb darstellt (BAG 9.6.2011 – 2 AZR 381/10, NZA 11, 1027 – s *Kündigung, außerordentliche* Rn 32, *Kündigung, verhaltensbedingte* Rn 7). Eine Abmahnung ist in diesem Bereich ebenso erforderlich, wenn vertragswidriges Verhalten des ArbN vom ArbGeb geduldet wurde (BAG 9.1.86 – 2 ABR 24/85, NZA 86, 467); typisches Beispiel ist das Dulden unerlaubter privater Telefongespräche vom Dienstapparat, die der ArbN nicht bezahlt.

15 **Außerdienstliches** vertragswidriges **Verhalten** ist ebenso abzumahnen, bevor darauf eine Kündigung gestützt wird. Dies kann im Einzelfall anders sein. So bedarf nach der Rspr die Kündigung wegen zahlreicher Lohnpfändungen keiner Abmahnung, weil der ArbN bei der Gestaltung seiner privaten Vermögensverhältnisse nicht durch arbeitsvertragliche Nebenpflichten gebunden ist (BAG 4.11.81 – 7 AZR 264/79, NJW 82, 1062).

16 Für die außerordentliche **arbeitnehmerseitige Kündigung** gelten die gleichen Grundsätze. Typische Fälle ArbNSeitiger Kündigungen mit Abmahnungsverpflichtung sind die unregelmäßige verspätete Zahlung der Arbeitsvergütung und die Arbeit unter unzumutbaren Arbeitsbedingungen (BAG 26.7.07 – 8 AZR 796/06, NZA 07, 1419).

17 Bei **personenbedingten Störungen** kommt eine Abmahnung nicht in Frage. Sie sind nicht vom Willen des ArbN abhängig. Gemeint sind krankheits- oder altersbedingte, auf Alkohol- oder Drogenabhängigkeit beruhende Leistungsminderungen. Die Abgrenzung zwischen verhaltens- oder personenbedingter Störung ist nicht immer einfach. Die Erforderlichkeit der Abmahnung richtet sich in diesen Fällen danach, aus welchem Bereich die Störung kommt, welcher Bereich ihr das Gepräge gibt (BAG 21.11.85 – 2 AZR 21/85, NZA 86, 713).

18 Die Abmahnung ist **entbehrlich,** wenn bereits von vornherein erkennbar ist, dass eine Verhaltensänderung in Zukunft auch nach Abmahnung nicht zu erwarten ist (BAG 25.10.12 – 2 AZR 495/11, NZA 13, 91), weil der ArbN etwa zu erkennen gibt, dass ihn nur eine Kündigung von einem bestimmten Verhalten abbringen kann (BAG 24.3.11 – 2 AZR 282/10, NZA 11, 1029; BAG 12.1.06 – 2 AZR 179/05, NZA 06, 980). Sie ist bei besonders schwerwiegenden Pflichtverletzungen entbehrlich, bei denen selbst die erstmalige Hinnahme dem Arbeitgeber nach objektiven Maßstäben unzumutbar und damit offensichtlich – auch für den Arbeitnehmer erkennbar – ausgeschlossen ist (BAG 25.10.12 – 2 AZR 495/11, NZA 13, 319; BAG 19.4.12 – 2 AZR 258/11, NZA-RR 12, 567; BAG 24.3.11 – 2 AZR 282/10, NZA 11, 1029) – so zB schon beim einmaligen eigenmächtigen Urlaubsantritt trotz Hinweis des ArbGeb auf arbeitsrechtliche Konsequenzen (BAG 22.1.98 – 2 ABR 19/97, NZA 98, 708). Sie ist auch bei einer Versetzung entbehrlich, weil sie den ArbN stärker belastet als die vom ArbGeb getroffene Maßnahme (BAG 24.4.96 – 5 AZR 1031/94, NZA 96, 1088).

19 Ob die „**vorweggenommene Abmahnung**" eine Abmahnung entbehrlich macht, wird nicht einheitlich beantwortet (LAG Hamm 16.12.82, BB 83, 1601 einerseits und *Schaub* § 132 Rz 18 andererseits). Dabei handelt es sich um Fälle, in denen der ArbGeb – etwa durch Anschlag am schwarzen Brett – allgemein bestimmte Kündigungstatbestände vorankündigt, wie zB Alkohol- und Drogenkonsum im Betrieb. Die Abmahnung ist auch in diesen Fällen grds erforderlich. Beim Anschlag am schwarzen Brett fehlt die für den ArbN notwendige Eindeutigkeit der Abmahnung (LAG Hamm 17.3.11 LAGE BGB 2002 § 626 Nr 33). Eine Ausnahme wird man nur machen können, wo es darum geht, schwerwiegende Vertragsverletzungen als solche zu kennzeichnen – mehrfacher Diebstahl von Lebensmitteln im Großhandel (LAG Köln 6.8.99 LAGE § 626 Nr 127). Denn hier wird nur über den

allgemeinen Hinweis ein Zustand wieder hergestellt, der ohne die vorangegangene Duldung des ArbGeb schon bestanden hätte: Die grundsätzliche Möglichkeit, ohne Abmahnung zu kündigen. Bei einem Streit um den Umfang der Arbeitsaufgaben kann der ArbGeb durch Androhung der Kündigung für den Fall der Arbeitsverweigerung wirksam vorab abmahnen (BAG 5.4.01 – 2 AZR 580/99, NZA 01, 893).

Nur bei **gleichartigen Wiederholungsfällen** ist eine erneute Abmahnung vor Ausspruch der Kündigung nach der Rspr entbehrlich. Pflichtverletzungen sollen gleichartig sein, wenn sie in einem inneren Bezug zu der der Kündigung zugrunde liegenden negativen Zukunftseinschätzung stehen (BAG 16.9.04 – 2 AZR 406/03, NZA 05, 459). Abmahnung und Kündigungsgründe müssen in einem inneren Zusammenhang stehen (BAG 13.12.07 – 2 AZR 818/06, NZA 08, 589). Dabei darf der Sinn dieser Rspr nicht aus dem Auge verloren werden. Hat eine Abmahnung „gewirkt" und der ArbN sein Verhalten geändert, kann es geboten sein, bei einem erneuten Vertragsverstoß, der mit den abgemahnten Verstößen in keinem Zusammenhang steht, erneut abzumahnen und nicht zu kündigen. Der Kreis gleichartiger Vertragsverstöße darf nicht zu eng gezogen werden, sonst wird die Regelung unsinnig. Das BAG hat daher zB ständige Unpünktlichkeit und Verstöße gegen die Anzeigepflicht als Ausdruck einer „spezifischen Unzuverlässigkeit" gewertet und keine erneute Abmahnung gefordert (BAG 16.9.04 – 2 AZR 406/03, NZA 05, 459). 20

Dies alles ist nicht unproblematisch. Zwar liegt es tatsächlich „auf der Hand", dass Vertragsverstöße, die mit abgemahnten Pflichtverletzungen in keinem Zusammenhang stehen, nichts zur Einschätzung der Frage beitragen können, ob mit einer Wiederholung der abgemahnten Pflichtverletzung zu rechnen ist (BAG 16.9.04 – 2 AZR 406/03, NZA 05, 459). Damit wird jedoch die Warnfunktion der Abmahnung überzogen. ArbN könnten ohne Kündigungsrisiko alle ungleichartigen Vertragsverstöße bis zur Abmahnung sozusagen „durchprobieren". Die Gleichartigkeit von Vertragsverstößen lässt sich darüber hinaus nicht immer sicher bestimmen. In der großen Mehrzahl der Fälle wird die Abmahnung zugleich Ausdruck einer allgemeinen Unzufriedenheit mit dem Leistungs- oder Ordnungsverhalten des Mitarbeiters sein. Jedenfalls lässt sich idR aus verschiedenen „Störkomplexen" auf eine generelle Unzuverlässigkeit eines ArbN schließen (APS/*Dörner/Vossen* KSchG § 1 Rz 428). Freilich darf sich der ArbGeb mit der vorangegangenen Abmahnung nicht selbst binden. Wenn er die Kündigung nur für den Fall „weiterer gleichartiger" Verstöße androht, muss er bei nachfolgenden ungleichartigen Verstößen erneut abmahnen. 21

Zahlreiche Abmahnungen wegen gleichartiger Pflichtverletzungen, denen keine weiteren Konsequenzen folgen, können kontraproduktiv sein. Sie schwächen die Warnfunktion der Abmahnung so ab, dass trotz eines weiteren Vertragsverstoßes nicht gekündigt werden kann, weil der ArbN sie für „leere" Drohungen halten darf (BAG 27.9.12 – 2 AZR 955/11, NZA 13, 425). Der ArbGeb muss in diesen Fällen die letzte Abmahnung vor Ausspruch einer Kündigung besonders eindringlich gestalten, um dem ArbN klar zu machen, dass weitere Pflichtverletzungen nunmehr zum Ausspruch einer Kündigung führen werden (BAG 15.11.01 – 2 AZR 609/00, NZA 02, 968; BAG 16.9.04 – 2 AZR 406/03, NZA 05, 459). 22

Die **unwirksame Kündigung** kann die Abmahnung ersetzen. Ist die auf einen unstreitigen Sachverhalt gestützte verhaltensbedingte Kündigung aus formellen Gründen – zB Nichtanhörung des BRat – unwirksam oder reichen die vorgetragenen Vertragsverstöße für eine Kündigung nicht aus, stellt diese Kündigung zugleich eine Abmahnung dar (BAG 19.2.09 – 2 AZR 603/07, NZA 09, 894). Der ArbGeb darf daneben den ArbN zur Klarstellung in diesen Fällen auch ausdrücklich mit den Kündigungsgründen abmahnen (BAG 7.9.88 – 5 AZR 625/87, NZA 89, 272). 23

4. Voraussetzungen. Die Abmahnung ist **formfrei.** Sie kann daher auch mündlich ausgesprochen werden. Tarifverträge können etwas anderes vorsehen. Aus Beweisgründen sollte die Abmahnung allerdings stets schriftlich erteilt werden. Sie muss nicht als „Abmahnung" bezeichnet sein (BAG 18.1.80 – 7 AZR 75/78 AP KSchG 1969 § 1 Verhaltensbedingte Kündigung Nr 3). 24

Der **Inhalt** einer Abmahnung folgt aus ihrer Funktion. Neben einer Rüge des genau bezeichneten Fehlverhaltens – Rügefunktion – muss sie einen Hinweis enthalten, wonach im Wiederholungsfall Bestand oder Inhalt des Arbeitsverhältnisses gefährdet sind – kündigungsrechtliche Warnfunktion (BAG 19.4.12 – 2 AZR 258/11, NZA-RR 12, 567). Der 25

2 Abmahnung

ArbGeb kann frei darüber entscheiden, ob und ggf welches Fehlverhalten des ArbN er missbilligt und ob er deswegen eine mündliche oder schriftliche Abmahnung erteilt. Er kann dabei gleichartiges Fehlverhalten oder auch verschiedene Arten von Fehlverhalten zusammenfassen. Geht es um ein Verhalten, das sich über einen längeren Zeitraum erstreckt, ist es ihm überlassen, ob und ggf hinsichtlich welcher Zeitabschnitte er den ArbN abmahnen will (BAG 14.12.94 – 5 AZR 137/94, NZA 95, 676). Der Betroffene muss der Abmahnung aber zweifelsfrei entnehmen können, was ihm vorgeworfen wird, wie er sein Verhalten in Zukunft einzurichten hat, welche Sanktionen ihm drohen, wenn er sich nicht entsprechend verhält. Schlagworte wie „Störung des Betriebsfriedens", „Unzuverlässigkeit", „mangelnde Arbeitsbereitschaft" reichen nicht aus (BAG 27.11.08 – 2 AZR 675/07, NZA 09, 842). Der ArbGeb muss mit anderen Worten die gerügten Vorfälle einzeln konkret mit Datum und ggf Uhrzeit schildern. Denn nur so kann sich der ArbN gegen unberechtigte Vorwürfe substantiiert zur Wehr setzen. Dabei orientieren sich die Anforderungen an die Konkretisierung an dem, was der ArbGeb wissen kann. Bei der quantitativen Minderleistung sind dies die Arbeitsergebnisse und deren erhebliches Zurückbleiben hinter den Leistungen vergleichbarer ArbN, verbunden mit der Rüge des ArbGeb, dass aus seiner Sicht der ArbN seine Leistungsfähigkeit pflichtwidrig nicht ausschöpft. Ob dies tatsächlich der Fall ist oder nicht, ist dann ggf im Abmahnungsprozess nach den Grundsätzen zu klären, die das BAG für Kündigungen wegen Minderleistungen aufgestellt hat (BAG 27.11.08 – 2 AZR 675/07, NZA 09, 842). Bei der Androhung muss das Wort „Kündigung" nicht fallen. Es reicht aus, wenn der ArbGeb in einer für den ArbN hinreichend deutlich erkennbaren Art und Weise darauf hinweist, dass im Wiederholungsfalle der Inhalt oder der Bestand des Arbeitsverhältnisses gefährdet ist (BAG 18.1.1980 – 7 AZR 75/78, AP KSchG 1969 § 1 Verhaltensbedingte Kündigung Nr 3). Dabei kann er sich grundsätzlich darauf beschränken, mit „arbeitsrechtlichen Konsequenzen" zu drohen, weil schon damit ausgedrückt wird, dass der ArbN im Wiederholungsfall auch mit einer Beendigung des Arbeitsverhältnisses rechnen muss (BAG 19.4.12 – 2 AZR 258/11, NZA-RR 12, 567). Wer sich für den Fall eines erneuten Vertragsverstoßes zur (Änderungs-)Kündigung entschlossen hat, sollte dies jedoch im eigenen Interesse unmissverständlich – dh ausdrücklich – klarstellen.

26 **Abmahnungsberechtigt** ist jeder, der dem Betroffenen gegenüber weisungsbefugt ist (BAG 18.1.80 – 7 AZR 75/78 AP KSchG 1969 § 1 Verhaltensbedingte Kündigung Nr 7). Dies kann neben dem **Dienstvorgesetzten** auch der unmittelbare **Fachvorgesetzte** sein. Abmahnungsberechtigt ist auch der vom ArbGeb hierzu bevollmächtigte **Rechtsanwalt** (BAG 15.7.92 – 7 AZR 466/91, NZA 93, 220).

27 Für den **Zugang** der Abmahnung gelten die allgemeinen Regeln zum Zugang von Willenserklärungen, zB der Kündigung (BAG 9.4.84, NZA 85, 124; s *Kündigung, allgemein* Rz 50–57). Dies bedeutet ua, dass dem der deutschen Sprache nicht mächtigen ausländischen Mitarbeiter die Abmahnung übersetzt werden muss. Im Einzelfall kann es gegen Treu und Glauben verstoßen, sich auf Sprachunkenntnis zu berufen (BAG 9.8.84, NZA 85, 124; s *Ausländer* Rz 10).

28 Die Abmahnung muss **verhältnismäßig** sein. Eine unverhältnismäßige Abmahnung ist unwirksam (BAG 27.11.08 – 2 AZR 675/07, NZA 09, 842). Zwar entscheidet der ArbGeb zunächst selbst, ob ein Fehlverhalten des ArbN missbilligen und deswegen eine Abmahnung erteilen will, er darf dabei jedoch nicht gegen das Übermaßverbot verstoßen und mit Kanonen auf Spatzen schießen (BAG 13.11.92 – 5 AZR 74/91, NZA 92, 690). Allgemein gilt: Geringfügige Rechtsverstöße dürfen nicht zu schwerwiegenden Maßnahmen führen, wenn andere weniger einschneidende Maßnahmen möglich sind, die den Interessen des ArbG ebenso gut dienen. Abmahnungen belasten das Arbeitsverhältnis erheblich, weil nicht nur ein Fehlverhalten gerügt, sondern auch mit der Auflösung des Arbeitsverhältnisses gedroht wird. Selbst eine Strafversetzung beschwert ein Arbeitsverhältnis weniger, sodass sie auch ohne Abmahnung möglich ist (BAG 24.4.96 – 5 AZR 1031/94, NZA 96, 1088). Zwar ist unerheblich, ob das abgemahnte Verhalten im Wiederholungsfall eine Kündigung rechtfertigen könnte (BAG 30.5.96 – 6 AZR 537/95, NZA 97, 145). Dennoch können einzelne Bagatellverstöße nicht abgemahnt werden, weil dies gegen das Übermaßverbot verstoßen würde. Die Verhältnismäßigkeit kann aber aus einer Häufung geringfügiger Verstöße folgen. Eine Abmahnung ist jedenfalls verhältnismäßig, wenn ein besonnener ArbGeb die Pflichtverstöße nach Art und Gewicht für kündigungsrechtlich erheblich halten durfte, weil der

ArbN seinen Arbeitspflichten „in nicht ganz unerheblichem Umfang" nicht nachgekommen ist (BAG 31.8.94 – 7 AZR 893/93, NZA 95, 225).

Die **Anhörung** des ArbN vor Übernahme einer Abmahnung in seine Personalakte war in 29 einzelnen Tarifverträgen vorgeschrieben. Dies entspricht einem allgemeinen Rechtsgrundsatz. Er verlangt, dass der ArbN Gelegenheit erhalten muss, zu Sachverhalten Stellung zu nehmen, die sich für ihn negativ auswirken können und in die Personalakte aufgenommen werden (aA *Schaub* § 132 Rz 14). Unterlässt der ArbGeb die Anhörung des ArbN, **bevor** er eine Abmahnung in die Personalakte aufnimmt, ist die Abmahnung formell unwirksam. Er muss sie auf Verlangen wieder aus der Personalakte entfernen, kann sie jedoch nach erfolgter Anhörung erneut in die Personalakte aufnehmen. Die wegen fehlender Anhörung formell unwirksame Abmahnung reicht jedoch für die Kündigung aus. Sie hat ja ihre Warnfunktion nicht verloren (BAG 19.2.09 – 2 AZR 603/07, NZA 09, 894).

Der **Betriebsrat** muss vor der Abmahnung weder angehört noch unterrichtet werden. 30 Die Abmahnung ist in der Betriebsverfassung **mitbestimmungsfrei** (BAG 17.1.91 – 2 AZR 375/90, NZA 91, 557). Er darf daher auch nach § 80 BetrVG weder verlangen, dass ihm eine Durchschrift, noch dass ihm eine Kopie der Abmahnung ausgehändigt wird (LAG SchlHol 27.5.83, DB 83, 2845). Ebenso wenig kann er von sich aus die Abmahnung in der Personalakte einsehen, wie § 83 BetrVG zeigt. In einigen Personalvertretungsgesetzen ist die Beteiligung des Personalrates vor der Abmahnung vorgesehen. Wird der BRat zur nachfolgenden Kündigung nach § 102 BetrVG angehört, müssen ihm auch die Abmahnung und die Reaktionen des ArbN mitgeteilt werden (BAG 30.8.89 – 2 AZR 453/88, DB 90, 1928).

5. Zeitablauf. Eine **„Regelausschlussfrist",** innerhalb der eine Abmahnung erklärt 31 werden muss, besteht nicht (BAG 14.12.94 – 5 AZR 137/94, NZA 95, 676). Insbesondere müssen Pflichtverletzungen, die eine außerordentliche Kündigung begründen könnten, nicht innerhalb der zweiwöchigen Ausschlussfrist des § 626 Abs 2 BGB abgemahnt werden. Bei Bagatellverstößen, die jeder für sich mangels Verhältnismäßigkeit keine Abmahnung rechtfertigen können und erst durch ständige Wiederholung das Gewicht eines abmahnungsfähigen Verhaltens gewinnen, wird deutlich, dass die Abmahnung grds nicht an Zeitvorgaben gebunden ist. Zur zeitnahen Dokumentation bieten sich Ermahnung, Verweis uÄ an.

Das Recht **auf Abmahnung** kann **verwirken,** wenn der ArbN sich nach einer Ver- 32 fehlung längere Zeit vertragstreu verhalten hat – **Zeitmoment** – und aus den Umständen des Einzelfalles folgt, dass auf seine alten Verfehlungen nicht mehr zurückgegriffen werden darf – **Umstandsmoment** (BAG 14.12.94 – 5 AZR 137/94, NZA 95, 676). Dies kann der Fall sein, wenn der ArbGeb durch sein Verhalten zu erkennen gibt, dass er die Angelegenheit „begraben" hat und von seinem Abmahnungsrecht keinen Gebrauch machen will, oder wenn er zB den ArbN befördert hat. Für die Dauer des erforderlichen Zeitraums ist die Art und Schwere des vorangegangenen Verstoßes ausschlaggebend. Entscheidend ist immer der Einzelfall.

Das Recht **aus Abmahnung** kann **verwirken,** wenn sich der Mitarbeiter nach einer 33 Abmahnung längere Zeit vertragstreu verhält oder der ArbGeb weitere Pflichtverletzungen unbeanstandet hinnimmt und der ArbN sich deshalb auf den Fortbestand des Arbeitsverhältnisses eingerichtet hat. Ist das Recht aus der Abmahnung verwirkt, bedarf eine verhaltensbedingte Kündigung einer erneuten vorangegangenen vergeblichen Abmahnung. Auch hier besteht keine Regelfrist Das Zeitmoment hängt vielmehr von Art und Schwere der abgemahnten Vertragsverstöße ab (BAG 14.12.94 – 5 AZR 137/94, NZA 95, 676; BAG 13.10.88 – 6 AZR 144/85, NZA 89, 716).

6. Mandatsträger. Betriebsratsmitglieder und **Jugendvertreter** dürfen wegen der 34 Verletzung arbeitsvertraglicher Pflichten wie jeder andere ArbN abgemahnt werden (BAG 15.7.92 – 7 AZR 466/91, NZA 93, 220); so bei unbefugtem Verlassen des Arbeitsplatzes zur Wahrnehmung nicht erforderlicher Amtstätigkeit (Teilnahme an Gerichtsterminen einzelner ArbN), soweit erkennbar ist, dass es sich nicht um eine BRatTätigkeit handelt (BAG 31.8.94 – 7 AZR 893/93, NZA 95, 225), unberechtigter Inanspruchnahme von Freistellungen (BAG 19.7.83 – 1 AZR 307/81, AP BetrVG 1972 § 87 Betriebsbuße Nr 5), Besuch nicht erforderlicher Schulungen (BAG 10.11.93 – 7 AZR 62/92, NZA 94, 500), verbotswidriger parteipolitischer Betätigung im Betrieb (BAG 12.6.86, NZA 87, 153), Verteilung gewerkschaftlichen Werbematerials während der Arbeitszeit (BAG 13.11.91 – 5 AZR 74/91, NZA

2 Abmahnung

92, 690), unterlassener Abmeldung beim ArbGeb vor Aufnahme von BRatTätigkeiten (BAG 15.7.92 – 7 AZR 466/91, NZA 93, 220). Verletzt der Mandatsträger lediglich seine **Amtspflichten,** scheidet eine Abmahnung aus. Hier bleibt nur der Weg des Ausschlussverfahrens nach § 23 Abs 1 BetrVG. Stellt die Amtspflichtverletzung zugleich einen Verstoß gegen arbeitsvertragliche Pflichten dar, kann insoweit abgemahnt werden (BAG 10.11.93 – 7 AZR 682/92, NZA 94, 500; s auch *Amtspflichtverletzung (Betriebsrat)* Rz 2).

35 **Gewerkschaftliche Vertrauensleute** genießen keinen besonderen Schutz. Sie können wie jeder andere ArbN abgemahnt werden.

36 **7. Gegenrechte.** Der ArbN kann eine **Gegendarstellung** auch gegenüber der berechtigten Abmahnung zu den Personalakten geben. Für den mitbestimmten Betrieb ist dies in § 83 Abs 2 BetrVG geregelt. Für alle anderen Betriebe folgt die entsprechende Verpflichtung des ArbGeb aus Treu und Glauben (*Schaub* § 132 Rz 38). Die Gegendarstellung darf erst mit der Abmahnung aus der Personalakte entfernt werden. Grenzen für die Gegendarstellung ergeben sich aus Rechtsmissbrauchsgrundsätzen. Sie muss sachlich sein und sich auf die Punkte beziehen, welche Gegenstand der Abmahnung sind.

37 Macht der ArbN von seinem **Beschwerderecht** Gebrauch, kann der BRat nicht die Einigungsstelle nach § 85 Abs 2 BetrVG anrufen, soweit der ArbN mit seiner Beschwerde den Widerruf der Abmahnung bzw ihre Entfernung aus der Personalakte bezweckt. Er macht damit einen Rechtsanspruch geltend. Insoweit ist der Weg in die Einigungsstelle verschlossen (BAG 28.6.84, NZA 85, 189). Dies hindert den BRat nicht, eine gütliche Einigung mit dem ArbGeb anzustreben.

38 Der ArbN kann **Beseitigung** und **Rücknahme** einer **ungerechtfertigten** Abmahnung verlangen. Befindet sich diese in der Personalakte, ist sie daraus zu entfernen. Sie verliert damit ihre Wirkung (BAG 5.8.92 – 5 AZR 531/91, NZA 93, 838). Die Rspr begründet dies mit der allgemeinen Fürsorgepflicht des ArbGeb, mit Treu und Glauben, dem Persönlichkeitsrecht des ArbN und einem aus § 1004 BGB hergeleiteten Rechtsgedanken, der jedermann die Verpflichtung auferlegen soll, Störungen der Rechtsstellung Dritter zu unterlassen (BAG 15.1.86 – 5 AZR 70/84, NZA 86, 421). Deshalb kann der ArbN die Beseitigung dieser Beeinträchtigung verlangen, wenn a) die Abmahnung formell nicht ordnungsgemäß zustande gekommen ist, b) unrichtige Tatsachenbehauptungen enthält, c) auf einer unzutreffenden rechtlichen Bewertung des Verhaltens des ArbN beruht, d) den Grundsatz der Verhältnismäßigkeit verletzt, e) kein schutzwürdiges Interesse des ArbGeb am Verbleib der Abmahnung in der Personalakte mehr besteht oder f) wenn sie statt eines konkret bezeichneten Fehlverhaltens nur pauschale Vorwürfe enthält (BAG 27.11.08 – 2 AZR 675/07, NZA 09, 842; BAG 11.12.01 – 9 AZR 464/00, NZA 02, 965). Enthält die Abmahnung ehrverletzende Äußerungen, ist sie gleichzeitig zu widerrufen (BAG 27.11.85 – 5 AZR 101/84, NZA 86, 227). Dieser Widerruf kann auch noch nach der Entfernung einer Abmahnung aus der Personalakte verlangt werden (BAG 15.4.99 – 7 AZR 716/97, NZA 99, 1037).

39 Die Entfernung einer **zu Recht** erteilten Abmahnung aus seiner Personalakte kann ein ArbN nur verlangen, wenn das gerügte Verhalten für das Arbeitsverhältnis in jeder Hinsicht bedeutungslos geworden ist (BAG 19.7.12 – 2 AZR 495/11, NZA 13, 319). Das ist nicht der Fall, solange eine zu Recht erteilte Abmahnung etwa für eine zukünftige Entscheidung über eine Versetzung oder Beförderung und die entsprechende Eignung des ArbN, für die spätere Beurteilung von Führung und Leistung in einem Zeugnis oder für die im Zusammenhang mit einer möglichen späteren Kündigung erforderlich werdende Interessenabwägung von Bedeutung sein kann. Darüber hinaus kann es im berechtigten Interesse des ArbGeb liegen, die Erteilung einer Rüge im Sinne einer Klarstellung der arbeitsvertraglichen Pflichten weiterhin dokumentieren zu können. Auch wenn sich eine Abmahnung noch in der Personalakte befindet, ist im Rahmen eines möglichen Kündigungsrechtsstreits aber stets zu prüfen, ob ihr noch eine hinreichende Warnfunktion zukam (BAG 19.7.2012 – 2 AZR 782/11, NZA 13, 91).

40 Wird eine Abmahnung auf **mehrere Vertragsverstöße** gestützt, von denen einige zu Unrecht erhoben werden, muss sie insgesamt aus der Personalakte entfernt werden, behält aber ihre Wirkung als mündliche Abmahnung, soweit die Vorwürfe zutreffen (BAG 19.2.09 – 2 AZR 603/07, NZA 09, 894). Es bleibt dem ArbGeb überlassen, eine auf die zutreffenden bzw nachgewiesenen Pflichtverletzungen beschränkte Abmahnung auszusprechen (BAG

13.3.91 – 5 AZR 133/90, NZA 91, 768). Auf die gesonderte „Einzelabmahnung" jedes Vertragsverstoßes kann er nur ausweichen, soweit die Abmahnungen dadurch nicht unverhältnismäßig erscheinen und deshalb unwirksam sind (s oben Rz 28).

Tarifliche oder vertragliche allgemeine **Ausschlussfristen** erfassen nicht den Anspruch auf Beseitigung oder Rücknahme einer Abmahnung (BAG 14.12.94 – 5 AZR 137/94, NZA 95, 676). Er beruht ua auf dem Persönlichkeitsrecht. Derartige Ansprüche unterliegen grds nicht allgemeinen Ausschlussfristen (s *Ausschlussfristen* Rz 9). Das Recht, die Beseitigung einer Abmahnung gerichtlich zu verlangen, kann aber **verwirken** (BAG 13.3.87 – 7 AZR 601/85, NZA 87, 518). Nach **Beendigung des Arbeitsverhältnisses** kann der ArbN nur dann die Entfernung einer Abmahnung aus der Personalakte verlangen, wenn sie ihm noch schaden kann (BAG 14.9.94 – 5 AZR 632/93, NZA 95, 220). Dies ist jedenfalls der Fall, wenn die Abmahnung zu Unrecht erfolgte (LAG Berlin-Brandenburg 18.7.11 – 10 Ta 1325/1, RdV 11, 250). Der Anspruch auf Entfernung dieser Abmahnung folgt aus der in § 241 Abs 2 BGB enthaltenen Pflicht des ArbGeb, keine unrichtigen Daten über den ArbN aufzubewahren (BAG 16.11.10 – 9 AZR 573/09, NZA 11, 453). 41

8. Streitigkeiten. Die **Darlegungs- und Beweislast** zur Rechtfertigung der Abmahnung trifft im arbeitsgerichtlichen Prozess den ArbGeb (BAG 13.3.87 – 7 AZR 601/85, NZA 87, 518). Hat der ArbN davon abgesehen, die Berechtigung einer Abmahnung gerichtlich überprüfen zu lassen, ist er nicht daran gehindert, die Richtigkeit der abgemahnten Pflichtwidrigkeiten im nachfolgenden Kündigungsschutzprozess zu bestreiten (BAG 13.3.87 – 7 AZR 601/85, NZA 87, 518). 42

Schließen die Parteien einen **Prozessvergleich,** wonach die Abmahnung nach Ablauf einer bestimmten Zeit aus der Personalakte zu entfernen ist, soll darin allein keine Anerkennung der Berechtigung dieser Abmahnung durch den ArbN liegen (LAG Hamm 5.2.90, DB 90, 691). Wird die Klage auf Beseitigung einer Abmahnung rechtskräftig abgewiesen, soll das Gericht im Kündigungsschutzprozess an den Inhalt dieser Abmahnung gebunden sein (ArbG Wetzlar 12.4.90, DB 90, 2480). Im Streit um die Entfernung eines Abmahnungsschreibens aus der Personalakte darf das Gericht den ArbGeb ohne entsprechenden Antrag nicht für berechtigt erklären, erneut schriftlich abzumahnen (BAG 14.12.94 – 5 AZR 696/93, NZA 95, 461). 43

Das **Nachschieben von Abmahnungsgründen** im Beseitigungsprozess ist unzulässig (*Schaub* § 132 Rz 41). Das folgt schon aus der Warnfunktion einer Abmahnung und der Pflicht, die Abmahnungsgründe zu konkretisieren. Es bleibt dem ArbGeb unbenommen, eine neue Abmahnung auszusprechen. 44

Der **Streitwert** einer Beseitigungsklage wird im Regelfall mit einem Bruttomonatsverdienst anzusetzen sein (LAG Nürnberg 11.11.92, NZA 93, 430; LAG Hamm 15.8.89, DB 89, 2032). 45

9. Muster. S Online-Musterformular *„M3.1 Abmahnung"*. 46

B. Lohnsteuerrecht *Seidel*

Für das LStRecht hat die Abmahnung keine Bedeutung. Zur lohnsteuerlichen Behandlung einer Betriebsbuße (s oben Rz 7) s *Betriebsbuße* Rz 11, 12. 47

C. Sozialversicherungsrecht *Ruppelt*

Die arbeitsrechtliche Abmahnung hat keine sozialversicherungsrechtlichen Auswirkungen. 48

Abwerbung

A. Arbeitsrecht *Röller*

1. Begriff. Abwerbung ist das mittelbare oder unmittelbare nachhaltige Einwirken auf einen arbeitsvertraglich gebundenen ArbN mit dem Ziel, diesen zur Begründung eines neuen Arbeitsverhältnisses mit dem Abwerbenden oder einem Dritten zu veranlassen; s *Vogt/Oltmanns* ArbRAktuell 11, 604; *Braun* DB 02, 2326, *Schmiedl* BB 03, 1120. 1

3 Abwerbung

2. Abwerbung von Arbeitskollegen. Im **bestehenden Arbeitsverhältnis** ist der ArbN aufgrund der ihm obliegenden **Treuepflicht** nicht berechtigt, andere Mitarbeiter seines ArbGeb abzuwerben. Dies gilt auch während seiner **Freistellung**.

Die zweck- und zielgerichtete und mit einer gewissen Beharrlichkeit und Ernsthaftigkeit betriebene Abwerbung stellt einen wichtigen Grund für eine außerordentliche Kündigung dar (BAG 11.11.80 – 6 AZR 292/78; LAG RhPf 6.3.12 – 3 Sa 612/11, BeckRS 2012, 68307). Nach Auffassung des LAG Bln-Bbg setzt der Ausspruch der Kündigung eine vorangegangene Abmahnung voraus (LAG Bln-Bbg 30.8.12 – 10 Sa 1198/12, BeckRS 2012, 75347). Der wichtige Grund erfordert keine Abwerbung mit unlauteren Mitteln oder in verwerflicher Weise (ErfK/*Müller-Glöge* § 626 BGB Rz 62).

Abzugrenzen ist die unerlaubte Abwerbung von der zulässigen Vorbereitung einer selbstständigen (Wettbewerbs-)Tätigkeit für die Zeit nach dem Ausscheiden (BAG 26.6.08 – 2 AZR 190/07, NZA 08, 1415). **Erlaubt** sind **Mitteilungen an andere Mitarbeiter**, er werde den ArbGeb verlassen, sich selbstständig machen oder ein neues Arbeitsverhältnis mit einem anderen ArbGeb eingehen. Mehrere ArbN können auch während eines bestehenden Arbeitsverhältnisses aufgrund einer **gemeinsamen Initiative** verabreden, gemeinsam in die Dienste eines neuen ArbGeb zu treten, sich gemeinsam selbstständig zu machen oder gemeinsam aus dem bestehenden Arbeitsverhältnis auszuscheiden (LAG HH 21.12.99 – 2 Sa 62/99, BeckRS 2009, 68068; LAG RhPf 7.2.92 – 6 Sa 528/91, DB 92, 789).

Nach Beendigung des Arbeitsverhältnisses ist eine Abwerbung von früheren Arbeitskollegen zulässig, da die Treuepflichten gegenüber dem ArbGeb mit Beendigung des Arbeitsverhältnisses geendet haben (*Vogt/Oltmanns* ArbRAktuell 11, 604; *Schmiedl* BB 03, 1120).

3. Abwerbung von Arbeitnehmern durch Wettbewerber. Diese ist als Teil des freien Wettbewerbs grds erlaubt. Sie ist nur dann sittenwidrig gem §§ 3, 4 Nr 10 UWG, wenn wettbewerbsrechtlich unlautere Begleitumstände hinzukommen, insbesondere unlautere Mittel eingesetzt oder unlautere Zwecke verfolgt werden (BAG 26.9.12 – 10 AZR 370/10, NZA 13, 152; BGH 9.2.06 – I ZR 73/02, NZA 06, 500). Unzulässig sind zB täuschende und irreführende Angaben, die die Entscheidung des umworbenen ArbN beeinflussen, herabsetzende Äußerungen über den bisherigen ArbGeb, unsachliche Abwerbemethoden wie Eindringen in den räumlichen Betriebsbereich des Konkurrenten, das Aussetzen von „Kopfprämien" für gelungene Abwerbung oder das Aufsuchen geschäftsungewandter ArbN in der Privatwohnung sowie die Leistung unerbetener Kündigungshilfe (*Hefermehl/Köhler/Bornkamm* § 4 Rn 10104 ff). **Verboten** ist insbesondere die **Abwerbung unter Verleitung zum Bruch des Arbeitsvertrages,** zB durch Beendigung ohne Einhaltung der vereinbarten oder gesetzlichen Kündigungsfrist sowie einer vereinbarten Befristung (OLG Bbg 6.3.07 – 6 U 34/06, NZA-RR 08, 79; OLG Düsseldorf 30.4.02 – 20 U 15/02, NJW-RR 03, 104). Weitere Bsp s *Benecke/Pils* NZA 05, 561. Demgegenüber ist das bloße Ausnutzen eines fremden Vertragsbruchs zulässig, wenn keine besonderen Umstände hinzutreten (BGH 17.2.56 – I ZR 57/74, GRUR 56, 274; *Klaas* NZA 84, 313). Nicht wettbewerbswidrig ist es, wenn ein ArbN von einem **Personalberater** am Arbeitsplatz in einem ersten zur Kontaktaufnahme geführten Telefongespräch nach seinem Interesse an einer neuen Stelle befragt und diese kurz beschrieben wird. Wettbewerbswidrig handelt der im Auftrag eines Wettbewerbers anrufende Personalberater jedoch dann, wenn er sich bei einem solchen Gespräch darüber hinwegsetzt, dass der ArbN kein Interesse hat, das Gespräch über eine knappe Stellenbeschreibung hinaus ausdehnt (BGH 4.3.04 – I ZR 221/01, NZA 04, 795), oder wenn er dem ArbN Daten zu dessen Lebenslauf und bisherigen Tätigkeiten vorhält (BGH 22.11.07 – I ZR 183/04, NZA 08, 177). Werden dienstliche Telefoneinrichtungen zur Direktansprache am Arbeitsplatz benutzt, ist nicht danach zu unterscheiden, ob Festnetz- oder Mobiltelefone benutzt werden (BGH 9.2.06 – I ZR 73/02, NZA 06, 500).

4. Sanktionen gegen den Abwerbenden. a) Unterlassung der Beschäftigung. Bei wettbewerbswidrigem Handeln des Abwerbenden kann von diesem Unterlassung der Beschäftigung des abgeworbenen ArbN verlangt werden, wenn und soweit er sich durch die Beschäftigung einen Wettbewerbsvorsprung verschafft hat (BAG 19.2.71 – I ZR 97/69, DB 71, 826). Das Verbot der Beschäftigung des Abgeworbenen kann im Wege der **einstweiligen Verfügung** durchgesetzt werden (LG Saarbrücken 27.10.72, NJW 73, 373; aA OLG Celle

7.2.60, DB 60, 295). Die dadurch möglicherweise entstehende gewisse Vorwegnahme der endgültigen Entscheidung ist nicht zu vermeiden.

b) Schadensersatzansprüche. Gegen das wettbewerbswidrig abwerbende Unternehmen 6 bestehen Schadensersatzansprüche gem §§ 249 ff, 823 BGB unter dem Gesichtspunkt des Eingriffs in den eingerichteten und ausgeübten Gewerbebetrieb (MünchArbR/*Blomeyer* § 53 Rz 116) sowie gem § 826 BGB. Der Schaden kann in einer Gewinnminderung, den Kosten für Ersatzkräfte bzw Überstundenzuschläge für verbleibende ArbN liegen. Ob ein Schaden entstanden und wie hoch er ist, entscheidet der Tatrichter nach § 287 Abs 1 ZPO. Eine Schätzung darf nur dann unterbleiben, wenn sie mangels konkreter Anhaltspunkte völlig in der Luft hinge und daher willkürlich wäre (BAG 26.9.12 – 10 AZR 370/10, NZA 13, 152). Zur Anwendbarkeit des § 311 Abs 2 Nr 3 BGB s *Benecke/Pils* NZA 05, 561. Bei Verstößen gegen das UWG bestehen Ansprüche auf Schadensersatz und Gewinnabschöpfung (§§ 9, 10 UWG). Diese Ansprüche unterliegen einer kurzen Verjährungsfrist von 6 Monaten (§ 11 UWG).

5. Sanktionen gegen den Abgeworbenen. a) Unterlassungsanspruch. Die hM verneint im Grundsatz einen einklagbaren Anspruch des ArbGeb auf Unterlassen einer anderweitigen Tätigkeit. Eine Ausnahme macht sie für den Fall, dass der ArbGeb ein berechtigtes Interesse am Unterbleiben einer Arbeitsleistung gerade bei dem betreffenden Unternehmen hat, bspw Tätigkeit eines vertragsbrüchigen ArbN für einen Wettbewerber (BAG 17.10.69 – 3 AZR 442/68, AP § 611 BGB Treuepflicht Nr 7; *Benecke/Pils* NZA 05, 561). 7

b) Schadensersatzansprüche. Erfüllt der abgeworbene ArbN seine Arbeitsvertragspflicht vertragswidrig nicht, kommen Schadensersatzansprüche gem §§ 280 ff BGB in Betracht. Im Einzelnen s *Benecke/Pils* NZA 05, 561. 8

c) Auswirkungen auf den neuen Arbeitsvertrag. Die wettbewerbswidrige Abwerbung hat nicht automatisch die Nichtigkeit des Arbeitsvertrages zur Folge. Diese kann sich jedoch aus einer Verletzung von Strafnormen (§§ 201 ff, 263 StGB) oder berufsständischen Regeln sowie aus § 138 BGB ergeben. Die Grenze zur Sittenwidrigkeit ist überschritten, wenn der neue Arbeitsvertrag eine Schädigung des AltArbGeb ermöglicht. Dem abgeworbenen ArbN können in dem Fall der Nichtigkeit des neuen Arbeitsvertrages Ansprüche gem §§ 311a Abs 2 Satz 1, 280 Abs 1, 311 Abs 1, 241 Abs 2 (cic) gegen den Abwerbenden zustehen (*Benecke/Pils* NZA 05, 561). 9

6. Rückwerben abgeworbener Arbeitnehmer. Sind ArbN **in wettbewerbswidriger Weise abgeworben** worden, richtet sich die Beurteilung einer Rückwerbung nach den gleichen Erwägungen wie sie für die Abwerbung gelten. Jedoch sind mildere Maßstäbe anzulegen, wenn sie der Abwehr einer unzulässigen Abwerbung dient (BGH 21.12.66 – I b ZR 146/64, NJW 67, 873). 10

7. Abwerbeverbote. In der Praxis wurden häufig Abwerbeverbote zwischen ArbGeb oder zwischen ArbGeb und ArbN vereinbart. Übersehen wird dabei § 75 f HGB. Abwerbeverbote zwischen ArbGeb sind danach zwar nicht nichtig, aber nicht durchsetzbar und damit sinnlos. Sind sie durch ein Vertragsstrafenversprechen abgesichert, sind sie nichtig. § 75 f HGB wird auch im Verhältnis zum eigenen ArbN zu berücksichtigen sein, soweit diesem als zukünftigem ArbGeb während der Vertragslaufzeit die Abwerbung von Kollegen untersagt wird. S ausführlich *Schloßer* BB 03, 1382. 11

8. Rechtsweg. Zuständig für Streitigkeiten **zwischen Arbeitgeber und Arbeitnehmer** ist das **Arbeitsgericht,** wenn um Ansprüche wegen unzulässiger Abwerbung, zB **Schadensersatz- oder Unterlassungsansprüche,** gestritten wird (§ 2 Abs 1 Nr 3a und d ArbGG; *Fischer* DB 98, 1182). Die Zuständigkeit des ArbG kann auch gegeben sein, wenn sich der Kläger ausschließlich auf wettbewerbsrechtliche Anspruchsgrundlagen stützt, der beanstandete Wettbewerbsverstoß jedoch in einer inneren Beziehung zum (früheren) Arbeitsverhältnis steht (OLG Frankfurt 23.9.10 – 6 W 123/10, BeckRS 2010, 29284). 12

Streitigkeiten zwischen ArbGeb und einem **Dritten,** zB einem „Headhunter" oder einem abwerbenden Unternehmen, werden vor den **ordentlichen Gerichten** entschieden.

B. Lohnsteuerrecht
Seidel

1. Kopfprämien. Zahlt der abwerbende ArbGeb Kopfprämien an **Mitarbeiter** seines Unternehmens für die Anwerbung fremder ArbN, liegt hierin stpfl Arbeitslohn des ArbN, 15

4 Ältere Arbeitnehmer (50+)

der als sonstiger Bezug der LSt unterliegt (vgl auch *Schmidt/Krüger* § 19 Rz 100: Belohnung; s *Sonstige Bezüge* Rz 2 ff). Es ist steuerrechtlich unerheblich, ob dies zulässig ist (§ 40 AO).

16 Bei der Zahlung von Prämien an „**Headhunter**" (s oben Rz 4, 5) ist lohnsteuerlich nichts veranlasst. Für den zahlenden ArbGeb sind dies Betriebsausgaben, für den (selbstständigen) Headhunter Betriebseinnahmen. Werden für den Headhunter (zB Unternehmensberatung) andere Personen tätig, ist nach allgemeinen Kriterien zu entscheiden, ob diese dessen ArbN sind oder selbstständig (zB sog Searchers) handeln (s *Arbeitnehmer (Begriff)* Rz 30 ff). Ist der Prämienempfänger ArbN des früheren ArbGeb des Abgeworbenen, kommt mE keine Lohnzahlung durch Dritte (s *Lohnabzugsverfahren* Rz 15) in Betracht, sondern eine Besteuerung beim ArbN als sonstige Leistung gem § 22 Nr 3 EStG (s auch *Schmidt/Weber-Grellet* § 22 Rz 150: Belohnungen und *Schmiergeld* Rz 9).

17 **2. Schadensersatz. a) Gegen den Abwerbenden.** Schadensersatzleistungen des abwerbenden ArbGeb an den früheren ArbGeb des Abgeworbenen (s oben Rz 7) stellen jeweils Betriebsausgaben bzw Betriebseinnahmen dar, sind jedoch lohnsteuerrechtlich unbeachtlich. Handelt es sich um Schadensersatzleistungen eines ArbN des abwerbenden Unternehmens, stellen die Zahlungen Werbungskosten (s *Werbungskosten* Rz 2 ff) bei seinen Einkünften aus nichtselbstständiger Arbeit (s oben Rz 15) dar.

Hat ein ArbN des früheren ArbGeb des Abgeworbenen Schadensersatz zu leisten, liegen Werbungskosten im Rahmen seiner sonstigen Einkünfte gem § 22 Nr 3 EStG vor (s oben Rz 16). Hat er keine Belohnung für die Abwerbung erhalten, kann er die Schadensersatzzahlungen mE nicht als Werbungskosten bei seinen Einkünften aus nichtselbstständiger Arbeit abziehen (s auch *Arbeitnehmerhaftung* Rz 27).

18 **b) Gegen den Abgeworbenen.** Bei Schadensersatzzahlungen des abgeworbenen ArbN an den früheren ArbGeb handelt es sich mE um vorweggenommene Werbungskosten (s *Werbungskosten* Rz 9) im Rahmen der Einkünfte aus nichtselbstständiger Arbeit aus dem neuen Arbeitsverhältnis.

19 **c) Gegen den Headhunter.** Hat dieser Schadensersatz zu leisten, weil er die Grenze einer zulässigen Abwerbung eines ArbN im Betrieb des bisherigen ArbGeb (per Telefon, E-Mail, persönlichen Besuch) überschreitet (BGH 4.3.04 – I ZR 221/01, NJW 04, 2080; BB 04, 1464; s auch oben Rz 5, 7), liegen bei ihm Betriebsausgaben und beim – bisherigen – ArbGeb Betriebseinnahmen vor.

C. Sozialversicherungsrecht *Voelzke*

20 Ob ein Beschäftigungsverhältnis iSd § 7 SGB IV durch Abwerbung des ArbN von einem anderen ArbGeb begründet wird, ist für die sozialversicherungsrechtlichen Folgen der Beschäftigung ohne Belang.

Ältere Arbeitnehmer (50+)

A. Arbeitsrecht *Kania*

1 **1. Allgemeines.** Auch ältere ArbN sind „normale" ArbN. Eine besondere Berücksichtigung finden sie im Recht deshalb, weil sie in stärkerem Maße von Arbeitslosigkeit betroffen sind. Die Staaten der europäischen Union haben sich 2000/2001 das Ziel gesetzt, bis im Jahre 2010 einen Anteil von 50 % bei der Erwerbstätigkeit von 55- bis 64-Jährigen zu erreichen. Der deutsche Gesetzgeber hat mit Maßnahmen zur Vermeidung und Bekämpfung der Arbeitslosigkeit älterer ArbN mit dem sog Job-AQTIV-Gesetz vom 10.12.2001 begonnen. Die verschiedenen Förderelemente, die sich aus gesetzlichen Förderansprüchen und zusätzlichen Förderprogrammen zusammensetzen, waren mit dem Gesetz zur Verbesserung der Beschäftigungschancen älterer ArbN vom 19.4.2007 (BGBl I 2007, 538) ausgebaut und mit dem Gesetz zur Verbesserung der Eingliederungschancen am Arbeitsmarkt vom 20.12.11 wieder eingeschränkt worden.

2 **2. Gesetzliche Sonderregelungen.** Als einzige rein arbeitsrechtliche Sonderregelung zur Förderung der Beschäftigung älterer ArbN ist § 14 Abs 3 TzBfG zu nennen, der zum

Ältere Arbeitnehmer (50+)   4

1.5.2007 die vom EuGH mit der Mangold-Entscheidung (EuGH 22.11.05 – C 144/04, NZA 05, 1345) für europarechtswidrig erklärte Vorgängerregelung abgelöst hat (Näheres s *Befristetes Arbeitsverhältnis* Rz 13). Die übrigen Fördermaßnahmen sind im SGB III geregelt und sehen finanzielle Zuschüsse seitens der BA vor (dazu unten Rz 11 f).

3. Sonstige Förderprogramme. Neben den gesetzlichen Sonderregelungen will die   3
Bundesregierung die Arbeitslosigkeit älterer ArbN durch zusätzliche Förderprogramme bekämpfen. Zu nennen ist hier zum einen das Programm „Perspektive 50plus – Beschäftigungspakte für Ältere in den Regionen". Mit diesem Programm werden 78 „Innovative Regionalprojekte" zur beruflichen Wiedereingliederung älterer ArbN ab 50 Jahren gefördert. Die jetzt dritte Programmphase 2011 bis 2015 strebt vor allem die Integration älterer Langzeitarbeitsloser in den Arbeitsmarkt an (Näheres www.perspektive50plus.de). Weiter besteht seit Mai 2002 die Initiative Neue Qualität der Arbeit (INQA). Mit dieser Initiative werden Betriebe und Verwaltungen dabei unterstützt, ihre Arbeitsbedingungen modern und altersgerecht zu gestalten (Näheres www.inqa.de).

B. Lohnsteuerrecht *Windsheimer*

1. Steuerliche Besonderheiten für ältere Arbeitnehmer bestehen in nur eingeschränk-   6
tem Umfang (s *Altersgrenze* Rz 15 ff; *Altersentlastungsbetrag* Rz 6 ff). Der **Eingliederungszuschuss** für ArbGeb (§ 88 iVm § 131 SGB III) ist für diese zunächst als Betriebseinnahme zu erfassen und bei der Lohnzahlung als Betriebsausgabe zu behandeln (s *Arbeitsförderung* Rz 8; *Lohnkostenzuschuss* Rz 5 ff). Auch die Rückzahlung des Eingliederungszuschusses (§ 92 SGB III) ist Betriebsausgabe. Für die Lohnsteuer aus dem Arbeitsentgelt an den ArbN 50+ bestehen keine Besonderheiten (s *Lohnsteuerberechnung* Rz 2 ff).

2. Leistungen der Entgeltsicherung (§ 417 SGB III) sind steuerfrei (§ 3 Nr 2 EStG).   7
Sie unterliegen dem Progressionsvorbehalt (§ 32b Abs 1 Nr 1a EStG; s *Lohnersatzleistungen* Rz 6). **Leistungen zur Förderung der beruflichen Weiterbildung** an den ArbN (§ 81 iVm § 82 SGB III) sind ebenfalls steuerfrei (§ 3 Nr 2 EStG); s auch *Weiterbildung* Rz 7.

C. Sozialversicherungsrecht *Voelzke*

1. Allgemeines. Mit dem **Gesetz zur Verbesserung der Beschäftigungschancen**   11
älterer Menschen vom 19.4.07 (BGBl I 07, 538) strebte der Gesetzgeber gezielt eine Erhöhung der Erwerbsbeteiligung älterer ArbN, eine bessere Wiedereingliederung älterer Arbeitsloser in den Arbeitsmarkt sowie eine Erhöhung der Teilnahme an beruflicher Weiterbildung an (BT-Drs 16/3793 S 1). Die gezielte Förderung älterer ArbN wurde mit dem Gesetz zur Verbesserung der Eingliederungschancen am Arbeitsmarkt vom 20.12.11 (BGBl I 11, 2854) wieder zurückgefahren.

2. Weiterbildung beschäftigter Arbeitnehmer. § 82 SGB III regelt die Förderung der   12
beruflichen Weiterbildung von in einem Arbeitsverhältnis stehenden, mindestens **„45 Jahre alten Arbeitnehmern"** durch die volle oder teilweise Übernahme von Weiterbildungskosten. Hinsichtlich der Voraussetzung, dass der ArbN das 45. Lebensjahr vollendet haben muss, ist auf den Beginn der konkreten persönlichen Teilnahme abzustellen. Die ArbN müssen zudem in einem Arbeitsverhältnis stehen und für die Zeit der Teilnahme an der Maßnahme Anspruch auf Arbeitsentgelt haben. Es werden nur ArbN in Betrieben gefördert, in denen **weniger als 250 Arbeitnehmer** beschäftigt sind. Die Weiterbildungsmaßnahme muss außerhalb des Betriebes, dem der ArbN angehört, durchgeführt werden. Entscheidend ist insoweit allein, dass es sich bei dem Maßnahmeträger um eine organisatorisch von dem Betrieb unabhängige Stelle handelt (*Hauck/Noftz/Radüge* SGB III § 82 Rz 10). Inhaltlich müssen Kenntnisse und Fertigkeiten vermittelt werden, die über ausschließlich arbeitsplatzbezogene kurzfristige Anpassungsfortbildungen hinausgehen. Maßnahme und Träger müssen für die Förderung zugelassen sein.

Der Anspruch ist nach § 82 Satz 1 SGB III auf die **volle oder teilweise Übernahme der Weiterbildungskosten** durch die BA gerichtet. Erstattungsfähig sind die unmittelbar durch die Weiterbildung erfassten Kosten (s *Weiterbildung* Rz 22). Lohnkosten werden nicht erfasst. Die Anspruchsberechtigten können einen Bildungsgutschein erhalten. Die Entscheidung über die Förderung und deren Umfang steht im Ermessen der Agentur für Arbeit.

5 Änderungskündigung

13 **3. Eingliederungszuschuss.** Die befristete Regelung über den Eingliederungszuschuss (§ 131 SGB III) für ältere ArbN knüpft systematisch an die Regelungen über die allgemeinen Eingliederungszuschüsse (s *Lohnkostenzuschuss* Rz 12) an. Die Voraussetzungen eines derartigen Eingliederungszuschusses sind erfüllt, wenn sämtliche Voraussetzungen des § 88 SGB III erfüllt sind und der mittelbar begünstigte ArbN das **50. Lebensjahr vollendet** hat. Maßgebend ist insoweit der Zeitpunkt der tatsächlichen Beschäftigungsaufnahme (BSG 6.4.06 – B 7a AL 20/05 R, NZA RR 06, 605).

14 Hinsichtlich des Förderungsumfangs ordnet § 131 SGB III eine gegenüber dem allgemeinen Eingliederungszuschuss erweiterte **Förderdauer von 36 Monaten** an. Bei der Ermessensentscheidung über die Festlegung der Förderdauer sind die jeweiligen Eingliederungserfordernisse des Einzelfalls der entscheidende Maßstab (*Hauck/Noftz/Voelzke* SGB III § 131 Rz 10). Für die Förderhöhe gelten die ansonsten für Eingliederungszuschüsse nach §§ 89 ff SGB III geltenden Maßstäbe (s *Lohnkostenzuschuss* Rz 20).

Die besondere Förderung für ältere ArbN wird durch § 131 SGB III in der Weise begrenzt, dass die Förderung bis zum **31.12.2014** begonnen haben muss.

Änderungskündigung

A. Arbeitsrecht *Eisemann*

Übersicht

	Rz		Rz
1. Grundlagen	1–11	4. Reaktionen	30–33
2. Arten	12–14	a) Annahme	31
3. Kündigungsgründe	15–29	b) Ablehnung	32
a) Außerordentliche Änderungskündigung	16	c) Vorbehalt	33
b) Ordentliche Änderungskündigung	17, 18	5. Kündigungsschutzverfahren	34–41
		a) Konstellationen	35, 36
		b) Prozess	37
c) Gründe in der Person	19	c) Auflösungsantrag	38
d) Gründe im Verhalten	20	d) Weiterbeschäftigung	39, 40
e) Betriebsbedingte Gründe	21–26	6. Mitbestimmung	41
f) Soziale Auswahl	27–29	7. Muster	42

1 **1. Grundlagen.** In den durch den **Arbeitsvertrag** abgesteckten Grenzen lassen sich Arbeitsbedingungen durch einfache **Weisung** des ArbGeb ändern (s *Weisungsrecht* Rz 2 ff). Sollen diese Grenzen überschritten werden und kommt es nicht zu einer einvernehmlichen Neuregelung des Arbeitsverhältnisses, kann der ArbGeb eine **Änderungskündigung** aussprechen. Ist diese wirksam, führt sie zur einseitigen Abänderung des Arbeitsvertrages.

2 **Beispiel:** Wird ein Mitarbeiter zu im Arbeitsvertrag vereinbarten festen Arbeitszeiten eingestellt, ist der ArbGeb nicht berechtigt, ihm kraft Direktionsrecht andere Arbeitszeiten zuzuweisen. Dies erfordert eine Änderungskündigung, wenn sich die Beteiligten nicht auf eine einvernehmliche Änderung einigen können.

Die **gesetzliche Regelung** der Änderungskündigung in § 2 KSchG brachte den ArbN einen erheblichen Vorteil. Bisher konnten sie gegen die Änderungskündigung nur mit der Kündigungsschutzklage vorgehen. Der verlorene Prozess führte zum Verlust des Arbeitsplatzes. Jetzt können sie ohne Arbeitsplatzrisiko isoliert die Zulässigkeit der Änderung ihrer Arbeitsbedingungen gerichtlich überprüfen zu lassen. Ihr Preis für diese Regelung besteht darin, dass sie nach Ablauf der Kündigungsfrist schon vor rechtskräftiger Entscheidung dieses Prozesses erst einmal zu den geänderten Bedingungen arbeiten müssen.

3 Bei der Änderungskündigung handelt es sich um ein aus zwei Willenserklärungen **zusammengesetztes Rechtsgeschäft** (BAG 10.9.09 – 2 AZR 822/07, NZA 10, 333). Zur Beendigung des Arbeitsverhältnisses muss als zweites Element das Angebot zu seiner Fortsetzung unter geänderten Bedingungen hinzukommen. Die **einseitige Änderung** des Inhalts von Arbeitsverträgen durch Änderungskündigung erhält der ArbGeb nur um den Preis der Beendigung des Arbeitsverhältnisses, die er mit dem Abschluss eines neuen Arbeitsvertrages zu den geänderten Bedingungen verbindet. Diese **notwendige Beendigung** des Arbeitsverhältnisses zur Abänderung des Inhalts des Arbeitsvertrages unterscheidet die Änderungskündigung von der unzulässigen Teilkündigung (s *Kündigung, allgemein* Rz 6). Die Änderungskündigung bedarf zu ihrer Wirksamkeit nach § 623 BGB der **Schriftform** (s *Kündigung, allgemein* Rz 28 ff). Dies gilt nicht nur für die in ihr enthaltene Beendigungskündigung, sondern auch für das mit ihr verbundene Änderungsangebot (BAG 10.9.09 – 2 AZR 822/07, NZA 10, 333; BAG 16.9.04 – 2 AZR 628/03, NZA 05, 635). Es ist Bestandteil des Rechtsgeschäfts. Der Vorbehalt des gekündigten ArbN und seine Annahme des Änderungsangebots werden jedoch von § 623 BGB nicht erfasst (ErfK/*Müller-Glöge* § 623 BGB Rz 12).

Da der ArbN von Gesetzes wegen innerhalb einer kurzen Frist auf das **Vertragsangebot** 4 eines ArbGeb reagieren und sich entscheiden muss, ob er die geänderten Arbeitsbedingungen ablehnt oder mit oder ohne Vorbehalt annimmt, ist erforderlich, dass schon mit dem Änderungsangebot – und nicht erst durch spätere Erläuterungen – zweifelsfrei klargestellt wird, zu welchen neuen Arbeitsbedingungen das Arbeitsverhältnis nach dem Willen des ArbGeb fortbestehen soll (BAG 21.9.06 – 2 AZR 120/06, NZA 07, 435). Das mit der Kündigung unterbreitete Änderungsangebot muss so konkret gefasst, dh **eindeutig bestimmt** bzw **zumindest bestimmbar** sein, dass es der ArbN ohne Weiteres mit Ja oder Nein beantworten kann. Fehlt diese Klarheit und Verständlichkeit des Angebots, ist die Änderungskündigung insgesamt unwirksam (BAG 29.9.11 – 2 AZR 523/10, NZA 12, 628). Dabei reicht es aus, dass das Änderungsangebot im Kündigungsschreiben hinreichend Anklang gefunden hat. Wie sonst auch können zusätzlich außerhalb des Kündigungsschreibens liegende Umstände herangezogen werden (BAG 10.9.09 – 2 AZR 822/07, NZA 10, 333). Der ArbN muss auch erkennen können, zu welchem Zeitpunkt die Änderung eintreten soll (BAG 29.9.12 – 2 AZR 523/10, NZA 12, 628). Erklärt der ArbGeb zur selben Zeit mehrere Änderungskündigungen, die jede für sich ein Angebot zur Fortsetzung des Arbeitsverhältnisses unter Änderung lediglich einer bestimmten jeweils anderen Vertragsbedingung und den Hinweis enthalten, der ArbN erhalte zugleich weitere Änderungskündigungen, sind die Angebote nicht hinreichend bestimmt und alle Änderungskündigungen unwirksam (BAG 10.12.09 – 2 AZR 534/08, NZA 2010, 698).

Die Änderungskündigung hat **Vorrang** vor der Beendigungskündigung. Darin liegt ihre 5 große praktische Bedeutung. Lässt sich eine Beendigungskündigung durch Ausspruch einer Änderungskündigung vermeiden, muss der ArbGeb von diesem milderen Mittel Gebrauch machen. Tut er es nicht, ist allein deshalb die Beendigungskündigung unwirksam (BAG 21.4.05 – 2 AZR 132/04, NZA 05, 1289). Möchte er sofort eine Beendigungskündigung aussprechen, muss er dem ArbN das Änderungsangebot mit dem deutlichen Hinweis unterbreiten, dass der Bestand des Arbeitsverhältnisses auf dem Spiel steht, wenn das Angebot nicht angenommen wird. Dies Angebot kann allenfalls in Extremfällen – zB zukünftiger offensichtlich völlig unterwertiger Beschäftigung – unterbleiben (BAG 21.4.05 – 2 AZR 132/04, NZA 05, 1289). Nach einem Änderungsangebot ist die Beendigungskündigung nur zulässig, wenn der ArbN unmissverständlich zum Ausdruck gebracht hat, er werde die geänderten Arbeitsbedingungen bei Ausspruch einer Änderungskündigung nicht, auch nicht unter dem Vorbehalt ihrer sozialen Rechtfertigung annehmen. Er kann daher den ArbGeb im Kündigungsschutzprozess nicht mehr auf die Möglichkeit einer Änderungskündigung verweisen (BAG 21.4.05 – 2 AZR 132/04, NZA 05, 1289).

Die Änderungskündigung hat **Nachrang** gegenüber der Ausübung des Direktionsrechtes. 6 Sie ist „überflüssig", wenn die angestrebte Änderung der Arbeitsbedingungen keine Vertragsänderung benötigt, weil sie schon durch einfache Weisung herbeigeführt werden kann (BAG 26.1.12 – 2 AZR 102/11, NZA 12, 856) oder die Änderung auf andere Weise – etwa durch eine Betriebsvereinbarung (BAG 24.8.04 – 1 AZR 419/03, NZA 05, 51) – herbeigeführt wurde.

Bei der Änderungskündigung handelt es sich um eine **echte Kündigung,** die deshalb den 7 für die Beendigungskündigung geltenden allgemeinen Grundsätzen unterliegt. Der ArbGeb muss die Kündigungsfristen und gesetzlichen **Kündigungsbeschränkungen** beachten. Werdende und junge Mütter, Schwerbehinderte, Mandatsträger, Wehr- oder Zivildienstleistende sind – wie sonst – gegen die Kündigung besonders geschützt. Tariflicher oder einzelvertraglicher Ausschluss von Kündigungen erfasst auch die Änderungskündigung, weil dies

5 Änderungskündigung

dem allgemeinen Sprachgebrauch entspricht (BAG 22.4.10 – 2 AZR 80/09, NZA-RR 11, 75).

8 Der **Massenentlassungsschutz des § 17 KSchG** gilt nach der bisherigen Rechtsprechung nicht für Änderungskündigungen, die von den ArbN unter dem Vorbehalt ihrer sozialen Rechtfertigung angenommen worden sind (BAG 10.3.82 – 4 AZR 158/79, NJW 82, 2839). Nachdem das BAG unter „Entlassung" die Kündigung selbst versteht (BAG 23.3.06 – 2 AZR 343/05, NZA 06, 971; s *Massenentlassung* Rz 8), sollten Änderungskündigungen grundsätzlich – unabhängig vom späteren Verhalten des ArbN – beim Überschreiten der Schwellenwerte vorsorglich angezeigt werden (offen gelassen BAG 1.3.07 – 2 AZR 580/05, NZA 07, 1445; ErfK/*Kiel* KSchG § 17 Rz 13), weil der ArbGeb noch nicht wissen kann, ob der Vorbehalt erklärt wird.

9 § 2 KSchG verlangt, dass der ArbGeb dem ArbN im **Zusammenhang** mit der Kündigung die Fortsetzung des Arbeitsverhältnisses zu geänderten Bedingungen anbietet. Dieser Zusammenhang besteht, wenn sich aus den Gesamtumständen zweifelsfrei ergibt, dass der ArbGeb vorrangig die Durchsetzung veränderter Arbeitsbedingungen und nicht die Beendigung des Arbeitsverhältnisses anstrebt. Bei der Änderungskündigung geht es um ein zusammengesetztes Rechtsgeschäft. Die **Verknüpfung** von Kündigung und Änderungsangebot kann **auf verschiedene Weise** vorgenommen werden.

10 Der ArbGeb kann eine **unbedingte Kündigung** aussprechen und mit ihr die Fortsetzung des Arbeitsverhältnisses zu geänderten Bedingungen anbieten: „Hiermit kündigen wir das Arbeitsverhältnis zum Ablauf des ... Gleichzeitig bieten wir Ihnen an, das Arbeitsverhältnis ab dem ... zu folgenden geänderten Bedingungen fortzusetzen ...". Der ArbGeb kann eine **bedingte Kündigung** aussprechen, die gelten soll, falls der ArbN das Vertragsangebot nicht annimmt: „Wir kündigen Ihnen zum ... unter der Bedingung, dass sie unser Angebot zur Fortsetzung des Arbeitsverhältnisses mit folgenden Änderungen nicht bis zum ... annehmen." Denkbar ist auch, dass der ArbGeb in dem Kündigungsschreiben, mit dem er eine bedingte oder unbedingte Kündigung ausspricht, nur ein **Angebot aufrechterhält,** das er zuvor schon vergeblich gemacht hat: „Wir kündigen Ihnen ... (oder „unter der Bedingung zum ..."). Das Ihnen am ... gemachte Angebot zur Änderung des Arbeitsvertrages erhalten wir aufrecht."

11 Das Vertragsangebot kann der Kündigung **nicht nachfolgen** (BAG 17.5.01 – 2 AZR 460/00, NZA 02, 54), weil so die dem ArbN im Gesetz eingeräumte Überlegungsfrist verkürzt würde und bei der Bewertung der Änderungskündigung Umstände herangezogen würden, die bei ihrem Zugang noch nicht vorlagen.

12 **2. Arten.** Die Änderungskündigung kann als ordentliche oder außerordentliche Kündigung ausgesprochen werden.

13 Zu dem vom ArbGeb zu tragenden Risiko gehört auch die Einhaltung der ordentlichen Kündigungsfrist (BAG 2.3.06 – 2 AZR 64/05, NZA 06, 985). Eine **außerordentliche Änderungskündigung** wird daher in der Regel nur dann in Betracht kommen, wenn die ordentliche Änderungskündigung durch Gesetz – zB § 15 KSchG –, Tarifvertrag oder Einzelarbeitsvertrag ausgeschlossen worden ist (BAG 1.3.07 – 2 AZR 580/05, NZA 07, 1445 – Tarifvertrag; BAG 2.3.06 – 2 AZR 64/05, NZA 06, 985 – Arbeitsvertrag). Dieser Ausschluss ordentlicher Kündigungen führt jedoch nicht zur Herabsetzung der an die außerordentliche Kündigung zu stellenden Aufforderungen (BAG 2.3.06 – 2 AZR 64/05, NZA 06, 985; BAG 1.3.07 – 2 AZR 580/05, NZA 07, 1445). Betriebliche Gründe können grundsätzlich keine außerordentliche Änderungskündigung rechtfertigen. Der ArbGeb muss sich an die Kündigungsfrist halten. Betriebsbedingte Änderungskündigungen können allenfalls mit einer sozialen Auslauffrist ausgesprochen werden, um so zu verhindern, dass der ArbN auch bei einem Wegfall der Beschäftigungsmöglichkeit noch über Jahre hinweg weiterbeschäftigt werden müsste (BAG 18.3.10 – 2 AZR 337/08, NZA-RR 11, 18). Weil eine gesonderte gesetzliche Bestimmung fehlt, sind auf die außerordentliche Änderungskündigung im Übrigen die Regeln aus § 2 KSchG anzuwenden (BAG 7.5.84, DB 85, 446).

14 Die **ordentliche Änderungskündigung** muss im Anwendungsbereich des KSchG **sozial gerechtfertigt** sein. Sie kann – wie die Beendigungskündigung – aus personen-, verhaltens- oder betriebsbedingten Gründen erklärt werden. Besteht das Änderungsbedürfnis schon für einen Zeitpunkt vor Ablauf der Kündigungsfrist und reichen ihre Gründe für eine

Änderungskündigung 5

außerordentliche Änderungskündigung nicht aus, darf der ArbGeb nach Ausspruch einer ordentlichen Änderungskündigung nicht einseitig die Arbeitsbedingungen de facto durch eine (de iure rechtswidrige) Weisung ändern und damit den Kündigungsschutz aushebeln. Die Änderungskündigung wirkt erst zum Ablauf der ordentlichen Kündigungsfrist. Auch das Änderungsangebot des ArbGeb nach § 2 KSchG muss sich daran orientieren. Der ArbGeb darf daher auch mit einer ordentlichen Änderungskündigung nicht die Änderung der Arbeitsbedingungen schon vor Ablauf der ordentlichen Kündigungsfrist anbieten. Dies führt zur Unwirksamkeit der Änderungskündigung (BAG 29.9.11 – 2 AZR 523/10, NZA 12, 628; BAG 21.9.06 – 2 AZR 120/06, NZA 07, 435).

3. Kündigungsgründe. Da es bei der Änderungskündigung nicht nur um die Beendigung eines Arbeitsverhältnisses, sondern darum geht, ob es zu geänderten Bedingungen fortgesetzt wird, gilt hier ein **anderer Maßstab** bei der Beurteilung ihrer Wirksamkeit. 15

a) Außerordentliche Änderungskündigung. Diese muss nach **§ 626 Absatz 2 BGB** – wie die außerordentliche Beendigungskündigung – innerhalb von zwei Wochen nach Kenntnis der Kündigungsgründe zugegangen sein (BAG 25.3.76, DB 76, 1066) und setzt voraus, dass die sofortige Änderung der Arbeitsbedingungen **unabweisbar** notwendig ist (BAG 21.6.95 – 2 ABR 28/94, NZA 95, 1157). Dem **ArbGeb** muss die Fortsetzung des Arbeitsverhältnisses mit den bisherigen Arbeitsbedingungen **unzumutbar** und (kumulativ!) dem **ArbN** müssen die geänderten Arbeitsbedingungen **zumutbar** sein (BAG 6.3.86 – 2 ABR 15/85, NZA 87, 102). Bei einem **Ausschluss der ordentlichen Kündigung** sind extreme Ausnahmefälle denkbar, in denen eine außerordentliche Kündigung mit sozialer Auslauffrist in Frage kommt. Die Anforderungen an die Wirksamkeit einer **außerordentlichen betriebsbedingten Änderungskündigung** sind in diesem Fall erheblich. Der ArbGeb trägt das Betriebsrisiko. Deshalb kann nicht jede mit dem Festhalten am Vertragsinhalt verbundene Last einen wichtigen Grund zur außerordentlichen Änderungskündigung bilden (BAG 2.3.06 – 2 AZR 64/05, NZA 06, 985). Dies gilt unabhängig davon, ob der Ausschluss einer ordentlichen Kündigung im Arbeitsvertrag (BAG 2.3.06 – 2 AZR 64/05, NZA 64/05), in AVR (BAG 22.4.10 – 2 AZR 80/09, NZA-RR 11, 75) oder Tarifvertrag (BAG 1.3.07 – 2 AZR 580/05, NZA 07, 1445) vereinbart wurde. In beiden Fällen sind die ArbGeb bewusst ein hohes Risiko eingegangen und haben den ArbN gewissermaßen einen Beamtenstatus verliehen. Diese Last müssen sie daher grundsätzlich auch tragen. Bei sog „unkündbaren" ArbN ist jedoch eine außerordentliche Änderungskündigung als Druckkündigung – etwa wegen mangelnder Fähigkeiten zur Menschenführung – möglich (BAG 31.1.96 – 2 AZR 158/95, NZA 96, 581). Für eine betriebsbedingte außerordentliche Änderungskündigung ist entscheidender Gesichtspunkt, ob das geänderte unternehmerische Konzept zwingend die vorgeschlagenen Änderungen erzwingt, ob diese unabweisbar notwendig und dem ArbN zumutbar sind oder ob es im Wesentlichen auch ohne oder mit weniger einschneidenden Änderungen durchsetzbar bleibt (BAG 28.5.09 – 2 AZR 844/07, NZA 09, 954). Wird ein Arbeitsverhältnis jedoch sinnentleert, weil eine Arbeitsleistung nicht mehr erbracht werden kann – „Heizer auf der E-Lock" – und deshalb auf unzumutbar lange Zeit Vergütung ohne Gegenleistung gezahlt werden müsste, ist eine außerordentliche Änderungskündigung mit notwendiger Auslauffrist möglich (BAG 18.3.10 – 2 AZR 337/08, NZA-RR 11, 18; BAG 1.3.07 – 2 AZR 580/05, NZA 07, 1445). So kann gegenüber sog „unkündbaren" ArbN eine außerordentliche Änderungskündigung mit Auslauffrist bei einer Verlegung des Betriebssitzes gerechtfertigt sein, um den im Arbeitsvertrag festgeschriebenen Arbeitsort neu festzulegen (BAG 28.5.09 – 2 AZR 844/07, NZA 09, 954). Der wichtige Grund fehlt aber, wenn die Änderungskündigung auf die Versetzung eines ArbN zielt, die nicht auf einer Betriebsverlegung beruht, und der ArbGeb zuvor nicht alles Zumutbare unternommen hat, um sie zu vermeiden (BAG 2.3.06 – 2 AZR 64/05, NZA 06, 985). Ein wichtiger Grund für eine außerordentliche Änderungskündigung mit notwendiger Auslauffrist zur **Reduzierung des Entgelts** eines ordentlich unkündbaren ArbN kann gegeben sein, wenn nur so der konkreten Gefahr einer Betriebsschließung wegen Insolvenz begegnet werden kann (BAG 1.3.07 – 2 AZR 580/05, NZA 07, 1445). Im Geltungsbereich des **TVöD** kann der ArbGeb eine außerordentliche betriebsbedingte Änderungskündigung aussprechen, mit der ArbN auch um mehr als eine Gehaltsgruppe herabgruppiert werden (BAG 27.11.08 – 2 AZR 757/07, NZA 09, 481). 16

5 Änderungskündigung

17 **b) Ordentliche Änderungskündigung.** Maßstab für die Prüfung der **Sozialwidrigkeit** einer ordentlichen Änderungskündigung ist nicht die Beendigung des Arbeitsverhältnisses, sondern allein die soziale Rechtfertigung der Änderung von Arbeitsbedingungen Dies gilt auch, wenn der ArbN das Änderungsangebot abgelehnt hat (BAG 10.9.09 – 2 AZR 822/07, NZA 10, 333). Der Grund liegt darin, dass der ArbGeb in beiden Fällen mit der Änderungskündigung nicht die Weiterbeschäftigung als solche in Frage stellt, sondern allein den Inhalt des Arbeitsvertrages.

18 Die **Prüfung** der Sozialwidrigkeit erfolgt in **zwei Stufen.** Das Gericht muss klären, ob Gründe in der Person, dem Verhalten oder dringende betriebliche Erfordernisse das Änderungsangebot bedingen und ob die vorgeschlagene Änderung des Arbeitsvertrages gesetzeskonform (BAG 24.4.97 – 2 AZR 352/96, NZA 97, 1047) bzw tarifkonform (BAG 18.12.97 – 2 AZR 709/96, NZA 98, 304) und vom ArbN billigerweise hinzunehmen ist. Die Änderungskündigung ist sozial gerechtfertigt, wenn die Änderung der Arbeitsbedingungen nach § 1 Abs 2 KSchG **unvermeidbar** war und (kumulativ!) die neuen, dem Gesetz entsprechenden (BAG 24.4.97 – 2 AZR 352/96, NZA 97, 1047) Arbeitsbedingungen **erforderlich** und für den ArbN annehmbar sind (BAG 10.9.09 – 2 AZR 822/07, NZA 10, 333). Dabei muss der ArbN nur solche Änderungen billigerweise hinnehmen, die dem Grundsatz der **Verhältnismäßigkeit** entsprechen. Die Änderungen müssen geeignet und erforderlich sein, um den Inhalt des Arbeitsvertrages den geänderten Beschäftigungsmöglichkeiten anzupassen (BAG 10.9.09 – 2 AZR 822/07, NZA 10, 333). Ein Änderungsangebot, dessen Inhalt den arbeitsrechtlichen **Gleichbehandlungsgrundsatz** verletzt, widerspricht der Verhältnismäßigkeit und führt daher zur Unwirksamkeit der Änderungskündigung (BAG 3.7.03 – 2 AZR 617/02, AP KSchG 1969 § Nr 74). Die Gründe für die Änderungskündigung müssen bei vernünftiger Abwägung der Interessen des ArbGeb gegenüber denen des ArbN an der Aufrechterhaltung seiner bestehenden Arbeitsbedingungen billig und angemessen erscheinen lassen, um der Änderung willen das Mittel der Kündigung zu gebrauchen und damit das Arbeitsverhältnis zu gefährden und unter Umständen zu beenden. So kann auch eine Änderungskündigung gerechtfertigt sein, mit welcher der ArbGeb dem ArbN nur seine **befristete Weiterbeschäftigung** zu veränderten Bedingungen anbietet (BAG 25.4.96 – 2 AZR 609/95, NZA 96, 1197).

19 **c) Gründe in der Person. Personenbedingte Änderungskündigungen** kommen vor allem bei krankheits- oder altersbedingt nachlassender Leistungsfähigkeit in Betracht. Eine Änderungskündigung setzt hier voraus, dass der ArbN seine bisherige Tätigkeit nicht weiter ausüben kann und ein anderer freier, gleichwertiger oder schlechterer Arbeitsplatz vorhanden ist oder durch Ausüben des Weisungsrechts geschaffen werden kann, an dem sich die verminderte Leistungsfähigkeit des ArbN nur noch so auswirkt, dass künftig nicht mehr mit erheblichen betrieblichen Beeinträchtigungen des ArbGeb zu rechnen ist (BAG 22.9.05 – 2 AZR 519/04, NZA 06, 486). Dabei ist auch eine Verminderung der Arbeitsmenge bei gleichzeitiger Kürzung der Bezüge denkbar. Eine isolierte Herabsetzung der Vergütung ohne Änderung der Tätigkeit ist jedoch unzulässig, weil der ArbN keinen bestimmten Leistungserfolg schuldet (*Schaub* § 137 Rz 40). Im Übrigen stehen die Kündigungsgründe für eine personenbedingte Änderungskündigung zur Verfügung, die auch eine Beendigungskündigung rechtfertigen könnten (s *Kündigung, personenbedingte* Rz 31 ff).

20 **d) Gründe im Verhalten. Verhaltensbedingte Änderungskündigungen** sind – wie die Beendigungskündigung – grds nur nach vorangegangener vergeblicher *Abmahnung* (s dort Rz 2) möglich (BAG 23.6.09 – 2 AZR 283/08, NZA 09, 1168; BAG 18.11.86 – 7 AZR 674/84, NZA 87, 418). Der ArbGeb muss – etwa bei Streitigkeiten – prüfen, ob die Beschäftigung an einem anderen Arbeitsplatz möglich ist, an dem das beanstandete Verhalten wegfällt oder den Betriebsablauf nicht mehr erheblich stört (BAG 22.7.82 – 2 AZR 30/81, NJW 83, 700).

21 **e) Betriebsbedingte Gründe.** Die **betriebsbedingte Änderungskündigung** steht in der betrieblichen Praxis deutlich im Vordergrund. Sie ist sozial nicht gerechtfertigt, wenn der ArbGeb den Arbeitsvertrag durch das Änderungsangebot ohne Gründe iSv § 2 KSchG – etwa durch eine doppelte Schriftformklausel – erweitert (BAG 29.9.11 – 2 AZR 523/10, NZA 12, 628). Sie ist nur sozial gerechtfertigt, wenn sich der ArbGeb bei einem an sich anerkennenswerten Anlass darauf beschränkt, lediglich solche Änderungen vorzuschlagen, die der ArbN billigerweise hinnehmen muss. Diese sind nach dem Grundsatz der Verhältnismäßigkeit zu ermitteln (BAG 10.9.09 – 2 AZR 822/07, NZA 10, 333). Die Änderungen müssen geeignet und erforderlich sein, um den Inhalt des Arbeitsvertrages den geänderten Beschäftigungsmöglichkeiten anzupassen. Ausgangspunkt ist die bis dahin geltende vertragliche Regelung. Der ArbGeb muss die Änderungen auf das unbedingt erforderliche Maß beschränken und darf sich mit seinem Vorschlag nicht weiter vom Inhalt des bisherigen Arbeitsverhältnisses entfernen, als zur Anpassung an die geänderten Beschäftigungsmöglichkeiten erforderlich ist (BAG 10.9.09 – 2 AZR 822/07, NZA 10, 333; BAG 3.4.08 – 2 AZR 500/06, NZA 08, 812). Stehen mehrere Möglichkeiten der Änderung von Arbeitsbedingungen zur Verfügung, muss der ArbGeb dem ArbN die auch ihm zumutbare Änderung anbieten, welche diesen am wenigsten belastet (BAG 17.3.05 – 2 ABR 2/04, NZA 05, 949). *Beispiel:* Ist die Beschäftigungsmöglichkeit als Kfz-Meister weggefallen, darf der ArbGeb nicht die Tätigkeit eines Ungelernten anbieten, solange die Stelle eines gelernten Kfz-Monteurs frei ist. Ein anerkennenswerter Anlass ist nur dann gegeben, wenn das Bedürfnis für die Weiterbeschäftigung des ArbN zu den bisherigen Bedingungen entfallen ist, unabhängig davon, ob der ArbN das Änderungsangebot abgelehnt oder unter Vorbehalt angenommen hat (BAG 10.9.09 – 2 AZR 822/07, NZA 10, 333; BAG 18.1.07 – 2 AZR 796/05, NZA 08, 1208). Das kann auf einer nur der Missbrauchskontrolle unterliegenden unternehmerischen Entscheidung zur Umstrukturierung des Betriebs beruhen (BAG 3.4.08 – 2 AZR 500/06, NJW 08, 812; BAG 23.6.05 – 2 AZR 642/04; NZA 06, 92). Zu den weiteren betriebsbedingten Anlässen für die Änderungskündigung kann auf die Beendigungskündigung hingewiesen werden (s *Kündigung, betriebsbedingte* Rz 2 ff). Dabei rechtfertigt die Zumutbarkeit der neuen Arbeitsbedingungen für sich allein jedoch genauso wenig eine Änderungskündigung, wie der Wunsch des ArbGeb, über die Änderungskündigung zu einer einheitlichen Umsetzung eines Sanierungskonzepts oder allgemein zu einer Vereinheitlichung der Arbeitsbedingungen zu kommen (BAG 29.9.11 – 2 AZR 523/10, NZA 12, 628; BAG 1.3.07 – 2 AZR 580/05, NZA 07, 1445).

Die Entscheidung des ArbGeb, den Betrieb **ohne Reduzierung des Arbeitsvolumens** 22 als Ganzes so **umzuorganisieren,** dass dies zu einer Herabsetzung und anderen Lage der Arbeitszeit für ArbN führt, ist wirksam, solange betriebliche Gründe dies bedingen (BAG 22.4.04 – 2 AZR 385/03, NZA 04, 1158). Hierzu soll allein der Entschluss des ArbGeb ausreichen, einen vom Umfang her konkretisierten Dienstleistungsbedarf nur mit Volltags- oder teilweise auch mit Halbtagsbeschäftigungen abzudecken. Diese Entscheidung soll daher nicht auf ihre Zweckmäßigkeit, sondern lediglich zur Vermeidung von Missbrauch auf offene Unvernunft oder Willkür zu überprüfen sein (BAG 22.4.04 – 2 AZR 385/03, NZA 04, 1158). Eine **Arbeitszeitreduzierung** kann als dringendes betriebliches Erfordernis für eine Änderungskündigung nur in Betracht kommen, wenn der Arbeitgeber sich infolge eines **Rückgangs des im Betrieb vorhandenen Arbeitsvolumens** dazu entschließt, die Arbeitszeit der bei ihm beschäftigten Arbeitnehmer zu reduzieren und neu zu verteilen. Dabei kann er weitgehend frei die Entscheidung treffen, ob das noch verbleibende Arbeitsvolumen durch weniger Vollzeitkräfte oder durch alle beschäftigten Arbeitnehmer in Teilzeit erledigt wird (BAG 26.11.09 – 2 AZR 658/08, NZA-RR 10, 448).

Soll durch das Änderungsangebot neben der Tätigkeit auch die Vergütung geändert 23 werden, sind beide Elemente des Änderungsangebots am Verhältnismäßigkeitsgrundsatz zu messen. Eine gesonderte Rechtfertigung der Vergütungsänderung ist nur dann entbehrlich, wenn sich die geänderte Vergütung aus einem im Betrieb angewandten Vergütungssystem ergibt – „**Tarifautomatik**" (BAG 3.4.08 – 2 AZR 500/06, NZA 08, 812). Wird die Tätigkeit eines **AT-Angestellten** nach Neufassung des tariflichen Gehaltssystems von den Merkmalen einer tariflichen Vergütungsgruppe erfasst, ergibt sich allein daraus kein dringendes betriebliches Erfordernis für eine Änderungskündigung zur Anpassung der vertraglichen Gehaltsabreden an die Tarifbestimmungen (BAG 10.9.2009 – 2 AZR 822/07, NZA 10, 334). Ergibt sich bei einer Änderungskündigung die Höhe der Vergütung für die geänderte Tätigkeit nicht automatisch etwa aus einem Tarifvertrag oder einer vom ArbGeb aufgestellten Vergütungsordnung, sondern hat der ArbGeb die Gehälter aller vergleichbaren ArbN **frei ausgehandelt,** so ist nach den Grundsätzen der abgestuften Darlegungs- und Beweislast zu prüfen, ob die dem ArbN konkret angebotene Vergütung dessen Änderungsschutz hinreichend berücksichtigt. Der ArbGeb ist nicht verpflichtet, dem betroffenen ArbN im Wege der Änderungskündigung die höchste für vergleichbare Tätigkeiten gezahlte Ver-

5 Änderungskündigung

gütung anzubieten. Er muss ihn vielmehr nur unter Berücksichtigung seines Änderungsschutzes in das frei ausgehandelte Vergütungsgefüge einordnen. Bietet er dem ArbN eine Vergütung an, die die durchschnittlich gezahlte Vergütung merklich unterschreitet, so muss er darlegen, welche weiteren Gesichtspunkte ihn zu dieser niedrigen Vergütungsfestsetzung bewogen haben und inwiefern dabei der bestehende Änderungsschutz hinreichend berücksichtigt ist. Bewegt sich demgegenüber die angebotene Vergütung verglichen mit der der anderen ArbN im oberen Bereich, so spricht zunächst eine Vermutung dafür, dass die angebotene Vergütung vom ArbN billigerweise hinzunehmen ist. Dann muss der ArbN im Rahmen der abgestuften Darlegungslast weitere Gesichtspunkte vortragen, die es gerade bei ihm unter Berücksichtigung seines Änderungsschutzes erfordern, dass seine geänderte Tätigkeit noch höher vergütet wird (BAG 3.4.08 – 2 AZR 500/06, NZA 08, 812).

24 Eine Änderungskündigung zur **Entgeltsenkung** ist nicht allein deshalb gerechtfertigt, weil eine gesetzliche Regelung die Möglichkeit vorsieht, durch Parteivereinbarung einen geringeren (tariflichen) Lohn festzulegen, als er dem ArbN bisher gesetzlich oder vertraglich zustand (BAG 12.1.06 – 2 AZR 126/05, NZA 06, 587). Grds sind einmal geschlossene Verträge einzuhalten. Es ist allgemein anerkannt, dass Geldmangel den Schuldner nicht entlastet. Der schwerwiegende Eingriff in das Leistungs-/Lohngefüge wegen **schlechter Ertragslage,** wie es die Änderungskündigung zur Durchsetzung einer erheblichen Lohnsenkung darstellt, ist deshalb nur dann begründet, wenn durch das Senken der Personalkosten die Stilllegung des Betriebes oder eine deutliche Reduzierung der Belegschaft verhindert werden kann (BAG 10.9.09 – 2 AZR 822/07, NZA 10, 333) Regelmäßig setzt deshalb eine solche Situation einen umfassenden Sanierungsplan voraus, der alle gegenüber der beabsichtigten Änderungskündigung milderen Mittel ausschöpft (BAG 26.6.08 – 2 AZR 139/07; BAG 12.1.06 – 2 AZR 126/05, NZA 06, 587). Im Prozess muss der ArbGeb dazu die Finanzlage des Betriebs, den Anteil der Personalkosten, die Auswirkungen der erstrebten Kostensenkung für den Betrieb und für die ArbN darlegen und verdeutlichen, warum andere Maßnahmen nicht in Betracht kommen (BAG 10.9.09 – 2 AZR 822/07, NZA 10, 333). Bei nur vorübergehenden wirtschaftlichen Verlusten müssen ArbN keine Entgeltsenkung auf Dauer hinnehmen (BAG 1.3.07 – 2 AZR 580/05, NZA 07, 1445). Die fehlende Rentabilität einer unselbstständigen Betriebsabteilung stellt nur dann ein betriebliches Erfordernis dar, wenn sie auf das wirtschaftliche Ergebnis des Gesamtbetriebs durchschlägt (BAG 12.11.98 – 2 AZR 91/98, NZA 99, 471). Hat der ArbGeb mit einzelnen ArbN eine höhere Vergütung vereinbart, als sie dem betrieblichen Niveau entspricht, kann er sie nicht unter Berufung auf den Gleichheitssatz anpassen (BAG 1.7.99 – 2 AZR 826/98, NZA 99, 1336). Hat der ArbGeb mit anderen ArbN eine Entgeltsenkung vereinbart, reicht allein sein Bestreben, die Löhne zu vereinheitlichen, für eine Änderungskündigung nicht aus (BAG 12.1.06 – 2 AZR 126/05, NZA 06, 587). Im Ergebnis kann so die Änderung des Inhalts von Arbeitsverträgen für den ArbGeb schwieriger sein als die Beendigung von Arbeitsverhältnissen. Allerdings unterliegt die Änderungskündigung zur Anpassung vertraglicher Nebenabreden (zB kostenlose Beförderung zum Betriebssitz, Fahrtkostenzuschuss, Mietzuschuss) an geänderte Umstände nicht den gleichen strengen Maßstäben wie die Änderungskündigung zur Geldabsenkung, wenn die Parteien diese arbeitsvertragliche Nebenabrede an Umstände geknüpft haben, die nicht notwendig während der gesamten Dauer des Arbeitsverhältnisses vorliegen (BAG 20.6.13 – 2 AZR 396/12, NZA 13, 1409; BAG 27.3.03 – 2 AZR 74/02, NZA 03, 1029). Der ArbGeb ist endlich nicht verpflichtet, die mit Kostensenkung begründeten Änderungskündigungen mehrerer ArbN durch die Beendigung der Arbeitsverhältnisse von weniger schutzbedürftigen ArbN zu vermeiden (BAG 19.5.93, DB 93, 1879).

25 **Übertarifliche Bezahlung** kann nicht allein unter Berufung auf den Gleichbehandlungsgrundsatz abgebaut werden (BAG 1.7.99 – 2 AZR 826/98, NZA 99, 1336; BAG 20.1.2000 – 2 ABR 40/99, NZA 00, 592); tariflich gesicherte Leistungen lassen sich mit einer Änderungskündigung nicht abbauen (BAG 10.2.99 – 2 AZR 422/98, NZA 99, 657). Wirkt ein Tarifvertrag nach § 4 Abs 5 TVG nur noch nach, kann eine Änderungskündigung sozial gerechtfertigt sein (BAG 27.9.01 – 2 AZR 236/00, NZA 02, 750). Die innere Zwangslage der Bewilligung einer Lohnzulage (Festhalten von Arbeitskräften) begründet für sich keine spätere Änderungskündigung (LAG Düsseldorf 21.5.71, DB 72, 100). Wird eine übertarifliche Zulage auf Weisung der Aufsichtsbehörde gestrichen (Hausbrand), kann dies eine Änderungskündigung rechtfertigen (LAG Saarbrücken 19.9.62, DB 62, 1343).

Ein Leiter der Lohnabrechnung kann bei **Wegfall seines Arbeitsplatzes** durch Einführung von EDV über eine Änderungskündigung zum Sachbearbeiter in der Lohnbuchhaltung gemacht werden (LAG Düsseldorf 21.1.83, DB 83, 1931). Das mit der Änderungskündigung verbundene Angebot an einen Angestellten in mittlerer Position, bei deutlicher Minderung der Bezüge als ungelernter Arbeiter weiter zu arbeiten, ist regelmäßig unzumutbar (LAG RhPf 24.1.86, DB 86, 1728). Eine Änderungskündigung soll gerechtfertigt sein, wenn der teilzeitbeschäftigte ArbN erforderliche Mehrarbeit ablehnt und deshalb ein ArbN eingestellt werden soll, der die gesamte Arbeit übernimmt (LAG Bln 15.1.81, DB 82, 334). Ein Änderungsangebot zur Lage der Arbeitszeit einer teilzeitbeschäftigten ArbN, das gegen § 2 BeschFG verstößt, führt zur Sozialwidrigkeit der entsprechenden Änderungskündigung (BAG 24.4.97 – 2 AZR 352/96, NZA 97, 1047). Scheidet eine Führungskraft aus, kann dessen Sekretärin nicht ohne weiteres über eine Änderungskündigung abgelöst werden (LAG BaWü 29.1.73, DB 73, 2454). Der sog „**Ferienüberhang**" kann bei Musikschullehrern durch Änderungskündigung beseitigt werden, indem die vertraglich vereinbarte Arbeitszeit und damit die Vergütung abgesenkt (BAG 26.1.95, NZA 95, 628) oder die Stundenzahl außerhalb der Ferien entsprechend angehoben wird (BAG 26.1.95, NZA 95, 626).

f) Soziale Auswahl. Das Gebot der sozialen Auswahl gilt auch für betriebsbedingte Änderungskündigungen (BAG 18.1.07 – 2 AZR 796/05, NZA 08, 1208). Denn der ArbGeb muss eine Auswahl vornehmen, wenn für eine Weiterbeschäftigung unterschiedliche Tätigkeiten zur Verfügung stehen, von denen sich einige mehr, andere weniger vom Inhalt des bisherigen Arbeitsvertrages entfernen und im Einzelfall mehrere ArbN um eine geringere Anzahl günstigerer Arbeitsplätze konkurrieren (BAG 24.5.12 – 2 AZR 163/11, NZA-RR 13, 74; BAG 12.8.2010 – 2 AZR 945/08, NZA 11, 460). Der **Maßstab** ist auch hier **abgewandelt.** Während bei der Beendigungskündigung darauf abgestellt wird, ob ArbN, gemessen an dem bisher eingenommenen Arbeitsplatz, vergleichbar sind (s *Kündigung, betriebsbedingte* Rz 31–33), bezieht sich ihre Austauschbarkeit bei der Änderungskündigung auch auf den angebotenen neuen Arbeitsplatz. Vergleichbar sind ArbN, die zusätzlich auch für die Tätigkeit, die Gegenstand des Änderungsangebotes ist, wenigstens annähernd gleich geeignet sind (BAG 18.1.07 – 2 AZR 796/05, NZA 08, 1208). Dies kann zu einer Verengung des in die Sozialauswahl einzubeziehenden Kreises von ArbN führen.

Bei der **sozialen Betroffenheit** ist nicht danach zu fragen, welchen ArbN der Verlust des Arbeitsplatzes am härtesten trifft, sondern primär danach, welchem ArbN eine Umstellung auf die neue Tätigkeit nach seiner Vorbildung und seinen persönlichen Eigenschaften leichter oder schwerer fällt und wie sich die vorgeschlagene Änderung auf den sozialen Status vergleichbarer ArbN auswirkt (BAG 18.1.07 – 2 AZR 796/05, NZA 08, 1208). Auch hier sind allein die Kriterien Betriebszugehörigkeit, Unterhaltspflichten, Lebensalter und Schwerbehinderung maßgebend. Zwar sind diese für die besondere Situation einer Änderungskündigung oft nicht aussagekräftig genug. Auf eine Heranziehung zusätzlicher Faktoren und Kriterien muss aber wegen der klaren gesetzlichen Regelung verzichtet werden. Es kommt allenfalls eine Ergänzung im Rahmen der Gewichtung der Grunddaten aus § 1 Abs. 3 KSchG in Betracht, soweit die ergänzenden Faktoren einen unmittelbaren Bezug zu diesen Grunddaten haben (BAG 12.8.10 – 2 AZR 945/08, NZA 11, 460). So kann zB die Umsetzung in die Schichtarbeit einen nur kurze Zeit beschäftigten Elternteil mit schulpflichtigen Kindern besonders hart treffen. Der längere Zeit tätige kinderlose Mitarbeiter wird deshalb eher mit einer Änderungskündigung rechnen müssen.

Auch bei einer Änderungskündigung verfügt der ArbGeb bei der Sozialauswahl über einen **Beurteilungsspielraum** (BAG 18.1.07 – 2 AZR 796/05, NZA 08, 1208; s *Kündigung, betriebsbedingte* Rz 37). Er muss soziale Kriterien nur „ausreichend", nicht „richtig", berücksichtigen. Er kann – wie sonst auch – nach § 1 Abs 3 S 2 KSchG von diesen Grundsätzen abweichen (APS/*Künzl* KSchG § 2 Rz 292), soweit die unveränderte Weiterbeschäftigung bestimmter ArbN im berechtigten betrieblichen Interesse liegt, die deshalb nicht in die soziale Auswahl einbezogen werden müssen (s *Kündigung, betriebsbedingte* Rz 38 f). Für Änderungskündigungen können Auswahlrichtlinien nach § 1 Abs 4 KSchG vereinbart (BAG 12.8.10 – 2 AZR 945/08, NZA 11, 460) und Namenslisten nach § 1 Abs 5 KSchG aufgestellt werden (BAG 19.6.07 – 2 AZR 304/06, NZA 08, 103).

5 Änderungskündigung

30 **4. Reaktionen.** Nach Ausspruch der Änderungskündigung hat der ArbN **drei Möglichkeiten:** Annahme, Annahme unter Vorbehalt und Ablehnung des Änderungsangebotes.

31 **a) Annahme.** Nimmt der ArbN das Angebot der geänderten Vertragsbedingungen an, wird das Arbeitsverhältnis zu diesen neuen Bedingungen von dem Zeitpunkt an **fortgeführt,** zu dem die Kündigung wirksam geworden wäre. Die Annahme kann **formfrei** und durch **schlüssiges Verhalten** erfolgen. Die stillschweigende Annahme kann darin liegen, dass der ArbN nach Ablauf der Kündigungsfrist widerspruchslos zu neuen Bedingungen weiterarbeitet (BAG 19.6.86 – 2 AZR 565/85, NZA 87, 94). Nur die Annahme des in der Änderungskündigung liegenden Änderungsangebots *unter* Vorbehalt ist an die Frist des § 2 Satz 2 KSchG gebunden. Die Annahme *ohne* Vorbehalt kann auch danach erklärt werden, wenn der ArbGeb hierfür nicht nach § 148 BGB eine Frist gesetzt hat (BAG 6.2.03 – 2 AZR 674/01, NZA 03, 659). Allerdings gilt die gesetzliche Frist in diesem Fall als Mindestfrist für die vom ArbGeb gesetzte Frist. Bestimmt er eine kürzere Frist, ist die Kündigung nicht allein deshalb unwirksam, sie setzt nur die gesetzliche Frist des § 2 Satz 2 KSchG in Lauf (BAG 1.2.07 – 2 AZR 44/06, NZA 07, 925; BAG 18.5.06 – 2 AZR 230/05, NZA 06, 1092). Wie spät die Erklärung ohne Fristsetzung sein darf, entscheidet der Einzelfall (BAG 6.2.03 – 2 AZR 674/01, NZA 03, 659). Nach fristloser Änderungskündigung erklärt der ArbN durch seine (sofortige) Weiterarbeit zunächst nur, dass er das Angebot annimmt. Er kann dann innerhalb der Frist des § 2 Satz 2 KSchG noch erklären, ob er mit Vorbehalt oder außerhalb der Frist, aber ohne Vorbehalt annehmen will (BAG 6.2.03 – 2 AZR 674/01, NZA 03, 659).

32 **b) Ablehnung.** Nach Ablehnung des Änderungsangebotes wird aus der Änderungskündigung eine Beendigungskündigung, gegen die der ArbN wie sonst auch nach § 4 Satz 1 KSchG vorgehen kann.

33 **c) Vorbehalt.** Der ArbN kann nach § 2 KSchG das Angebot des ArbGeb „unter dem Vorbehalt annehmen, dass die Änderung der Arbeitsbedingungen nicht sozial ungerechtfertigt". Er stellt damit klar, dass er die Änderung der Arbeitsbedingungen vorerst nur zeitweise, bis zur gerichtlichen Entscheidung über die Wirksamkeit der Änderungskündigung, akzeptiert. Diese Erklärung ist nicht formgebunden, sie kann mündlich erfolgen, muss aber klar und eindeutig sein (ErfK/*Oetker* KSchG § 2 Rz 37). Sie muss innerhalb der Kündigungsfrist, spätestens innerhalb von drei Wochen nach Zugang der Kündigung erfolgen. Solange der ArbN den Vorbehalt noch erklären kann, ist seine widerspruchslose Weiterarbeit auf dem neuen Arbeitsplatz nicht als vorbehaltlose Annahme des Angebots anzusehen (BAG 6.2.03 – 2 AZR 674/01, NZA 03, 659). Die Frist ist nur durch Eingang beim ArbGeb, nicht durch Eingang der Erklärung beim ArbG, gewahrt. § 167 ZPO ist unanwendbar (BAG 17.6.98 – 2 AZR 336/97, NZA 98, 1225). Bei einer außerordentlichen Änderungskündigung muss der ArbN den Vorbehalt nicht sofort, sondern nur unverzüglich erklären (APS/*Künzl* KSchG § 2 Rz 217). So beibt ihm auch hier eine Überlegungsfrist. Versäumt der ArbN, rechtzeitig den Vorbehalt zu erklären, muss er zu den neuen Arbeitsbedingungen weiterarbeiten, soweit er nicht Klage gegen die Beendigung seines Arbeitsverhältnisses erhebt, die nach versäumter Frist für die Erklärung des Vorbehalts ggf nach § 5 KSchG wegen gleichzeitig versäumter Klagefrist nachträglich zugelassen werden muss.

34 **5. Verfahren.** Hat der ArbN den Vorbehalt nicht erklärt und Kündigungsschutzklage erhoben, ist Streitgegenstand die Beendigung des Arbeitsverhältnisses durch die Änderungskündigung. Hat der ArbN das Änderungsangebot des ArbGeb unter Vorbehalt angenommen und Änderungsschutzklage nach § 4 Satz 2 KSchG erhoben, streiten die Parteien nicht über eine Beendigung ihres Arbeitsverhältnisses und damit nicht über die Rechtswirksamkeit der ausgesprochenen Kündigung, sondern über die Berechtigung des Angebots auf Änderung der Arbeitsbedingungen. Streitgegenstand der Änderungsschutzklage ist nicht die Wirksamkeit der Kündigung, sondern der Inhalt der für das Arbeitsverhältnis geltenden Vertragsbedingungen (BAG 26.1.12 – 2 AZR 102/11, NZA 12, 856).

35 **a) Konstellationen.** Hat der ArbN das Änderungsangebot **angenommen,** ist die Kündigung auch ohne Klage gegenstandslos. Eine dennoch erhobene Klage müsste abgewiesen werden.

Hat der ArbN das Änderungsangebot **endgültig abgelehnt** oder **nicht rechtzeitig den Vorbehalt erklärt,** kann er eine allgemeine Kündigungsschutzklage erheben, mit dem

Änderungskündigung 5

Antrag, festzustellen, dass das Arbeitsverhältnis nicht durch die Kündigung vom ... aufgelöst wurde. Streitgegenstand ist die Beendigung des Arbeitsverhältnisses durch Änderungskündigung. Verliert der ArbN den Prozess, ist das Arbeitsverhältnis beendet. Auf die vom ArbGeb angebotene Änderung der Arbeitsbedingungen kann er in diesem Verfahren nicht mehr zurückgreifen. Für dieses Kündigungsschutzverfahren gelten die Regeln für die Beendigungskündigung. Die Unwirksamkeit der Änderungskündigung muss nach § 4 Satz 2 KSchG binnen drei Wochen nach Zugang der Kündigung gerichtlich geltend gemacht werden (Einzelheiten s *Kündigungsschutz* Rz 104–118). Vereinbaren ArbGeb und BRat einen Interessenausgleich mit **Namensliste**, gilt für die dort aufgeführten ArbN auch nach einer Änderungskündigung § 1 Abs 5 KSchG. Zu Gunsten des ArbGeb wird jedenfalls vermutet, dass der Betroffene nicht mehr benötigt wird und eine anderweitige Beschäftigungsmöglichkeit im Betrieb fehlt. Diese Vermutung erstreckt sich auch auf die fehlende Beschäftigungsmöglichkeit in einem anderen Betrieb des Unternehmens, wenn die Namensliste mit dem GBRat vereinbart wurde. Die Anwendung des § 1 Abs 5 KSchG sagt allerdings nichts darüber, ob die vorgeschlagene Änderung vom ArbN billigerweise hingenommen werden muss. Eine Verschiebung der Darlegungs- und Beweislast kommt insoweit allenfalls in Frage, wenn der Interessenausgleich konkrete Vorgaben zur Änderung der Arbeitsbedingungen enthält. Wie sonst auch, wird die Sozialwahl nach Namensliste nur noch auf grobe Fehlerhaftigkeit überprüft (BAG 19.6.07 – 2 AZR 304/06, NZA 08, 103; Einzelheiten *Interessenausgleich* Rz 7 und *Kündigung, betriebsbedingte* Rz 60). § 1 Abs 5 KSchG gilt nicht für die außerordentliche Änderungskündigung (BAG 28.5.09 – 2 AZR 844/07, NZA 09, 754). § 1a KSchG ist auch auf die betriebsbedingte Änderungskündigung anwendbar, soweit der Vorbehalt nicht erklärt wurde (BAG 13.12.07 – 2 AZR 663/06, NZA 08, 528; Einzelheiten Abfindung Rz 3–8).

Hat der ArbN **rechtzeitig den Vorbehalt** erklärt, steht fest, dass das Arbeitsverhältnis **36** weiterhin fortbestehen wird. **Streitig** ist nur, zu welchen **Bedingungen**. Klagt er nicht, gilt die Änderungskündigung nach § 7 KSchG als von Anfang an rechtswirksam. Der Vorbehalt erlischt. Die neuen Arbeitsbedingungen sind endgültig festgeschrieben.

Klagt der ArbN **rechtzeitig,** ist Streitgegenstand des gerichtlichen Verfahrens nach rechtzeitig erklärtem Vorbehalt allein, ob für das Arbeitsverhältnis die vertraglichen Bedingungen gelten, die mit der Änderungskündigung angeboten wurden, oder ob der ArbN zu den alten Bedingungen weiterarbeiten kann (BAG 26.1.12 – 2 AZR 102/11, NZA 12, 856). § 6 KSchG ist entsprechend anwendbar (hierzu *Kündigungsschutz* Rz 116). Gewinnt der ArbN den Prozess, gilt die Änderungskündigung nach § 8 KSchG von Anfang an als rechtsunwirksam. Er arbeitet zu den alten Bedingungen weiter. Soweit er unter Vorbehalt zu einer geringeren Vergütung gearbeitet hat, muss der ArbGeb nachzahlen. Verliert der ArbN den Prozess, setzt sich das Arbeitsverhältnis zu den neuen Bedingungen fort. Kann der ArbGeb die Änderung der Arbeitsbedingungen schon durch einfache Weisung herbeiführen oder gelten die neuen Arbeitsbedingungen auch ohne Änderungskündigung schon aus anderen Gründen, ist eine Änderungskündigung „überflüssig" (BAG 26.8.08 – 1 AZR 353/07, NZA-RR 09, 300). Eine gegen sie gerichtete Klage setzt nach § 2 Satz 1 KSchG voraus, dass der ArbGeb zur Änderung der Arbeitsbedingungen das bestehende Arbeitsverhältnis kündigen musste. Das ist nur der Fall, wenn er die von ihm erstrebte Änderung auf Basis der bestehenden vertraglichen Regelungen gerade nicht erreichen konnte. Während das Weisungsrecht der wechselnden Konkretisierung des unveränderten Vertragsinhalts dient, zielt die Änderungskündigung auf eine Änderung des Vertrags. Vom ArbGeb erstrebte Änderungen, die er schon durch Ausübung seines Weisungsrechts nach § 106 Satz 1 GewO durchsetzen kann, halten sich im Rahmen der vertraglichen Vereinbarungen und sind keine „Änderung von Arbeitsbedingungen" nach § 2 Satz 1, § 4 Satz 2 KSchG. Soll am bestehenden Vertragsinhalt nichts geändert werden, liegt daher in Wirklichkeit kein Änderungsangebot vor. Die vermeintlich erst herbeizuführenden Vertragsbedingungen gelten bereits. Eine Änderungsschutzklage ist in diesem Fall – notwendig – unbegründet. Ob der ArbGeb sein Direktionsrecht tatsächlich bereits (wirksam) ausgeübt hat, soll dabei unerheblich sein (BAG 26.1.12 – 2 AZR 102/11, NZA 12, 856).

b) Prozess. Als **Prozessantrag** sieht § 4 Satz 2 KSchG vor: „Festzustellen, dass die **37** Änderung der Arbeitsbedingungen sozial ungerechtfertigt oder aus anderen Gründen rechtsunwirksam ist". Bei diesem Antrag kann das Gericht über alle denkbaren Gründe für eine

5 Änderungskündigung

Unwirksamkeit der Änderungskündigung entscheiden. Will der Arbeitnehmer geltend machen, der Arbeitgeber habe bei der Beurteilung, welchem Arbeitnehmer er die Weiterbeschäftigung zu objektiv schlechteren Bedingungen anbietet, soziale Gesichtspunkte nicht hinreichend beachtet, muss er dies – wie in den Fällen der Beendigungskündigung – konkret rügen. Andernfalls braucht der Arbeitgeber die soziale Rechtfertigung der getroffenen Auswahlentscheidung mit Blick auf § 1 Abs 3 KSchG nicht näher zu begründen (BAG 24.5.2012 – 2 AZR 163/11, NZA-RR 13, 74). Vom Arbeitgeber erstrebte Änderungen, die sich schon durch die Ausübung des Weisungsrechts gemäß § 106 S 1 GewO durchsetzen lassen, halten sich im Rahmen der vertraglichen Vereinbarungen und sind keine „Änderung der Arbeitsbedingungen" iSv § 2 S 1, § 4 S 2 KSchG. Eine ordentliche oder außerordentliche Änderungskündigung ist in einem solchen Fall „überflüssig" und eine Änderungskündigungsschutzklage unbegründet, weil der bestehende Vertragsinhalt nicht geändert wird (BAG 19.7.2012 – 2 AZR 25/11, NZA 12, 1038; BAG 26.1.2012 – 2 AZR 102/11).

38 c) **Auflösungsantrag.** Der Auflösungsantrag nach § 9 KSchG kann gestellt werden, wenn der ArbN den Vorbehalt nicht erklärt hat. Jetzt geht es allein um den Bestand des Arbeitsverhältnisses nach Änderungskündigung. Dies macht die Auflösung möglich.

Der Auflösungsantrag kann nicht gestellt werden, nachdem der Vorbehalt erklärt wurde (ErfK/*Oetker* KSchG § 2 Rz 73; *Schaub* § 137 Rz 58). Der Auflösungsantrag setzt voraus, dass ein Arbeitsverhältnis durch Kündigung beendet werden sollte. § 9 KSchG betrifft seinem Wortlaut nach nur die Beendigungskündigung. § 8 KSchG nimmt nicht auf diese Vorschrift Bezug. Wer mit der Erklärung des Vorbehaltes zu erkennen gibt, dass er in jedem Fall weiterarbeiten will, sei es zu den alten Bedingungen nach gewonnenem oder zu den neuen nach verlorenem Prozess, lässt damit idR erkennen, dass er an einer Beendigung des Arbeitsverhältnisses nicht interessiert ist. Jedenfalls kann der Auflösungsantrag nicht damit begründet werden, die Weiterarbeit zu den geänderten Arbeitsbedingungen sei unzumutbar.

39 d) **Weiterbeschäftigung.** Hat der ArbN den **Vorbehalt nicht erklärt,** gelten die allgemeinen Grundsätze zur Weiterbeschäftigung während des Kündigungsschutzprozesses (s *Weiterbeschäftigungsanspruch* Rz 11–17). Der Streitgegenstand ist – wie sonst auch – in diesem Fall die Beendigung des Arbeitsverhältnisses oder seine Fortsetzung zu den alten Bedingungen. Erklärt das ArbGeb die beendigende Änderungskündigung für unwirksam, muss es daher auf Antrag den ArbGeb verurteilen, den ArbN zu den bisherigen Bedingungen für die Dauer des Prozesses weiterzubeschäftigen, solange nicht die Interessen des ArbGeb überwiegen, für diese Zeit von der Beschäftigungspflicht entbunden zu werden (BAG GS 27.2.85 – GS 1/84, NZA 85, 702).

40 Hat der ArbN den **Vorbehalt erklärt,** muss er nach Ablauf der Kündigungsfrist bis zur rechtskräftigen Entscheidung des Kündigungsschutzprozesses zu den geänderten Arbeitsbedingungen weiterarbeiten. Ein Antrag auf Weiterbeschäftigung zu den alten Arbeitsbedingungen wäre unbegründet (BAG 28.5.09 – 2 AZR 844/07, NZA 09, 954). Die Verpflichtung, während des Prozesses zu den neuen Bedingungen zu arbeiten, ist der Preis für den gesetzlichen Ausschluss des Risikos, den Arbeitsplatz endgültig zu verlieren. Wer dieses Risiko mit der Erklärung ausschließt, er sei bereit, erst einmal zu veränderten Arbeitsbedingungen weiter zu arbeiten, kann sich mit dieser Erklärung nicht in Widerspruch setzen, indem er vor Gericht das Gegenteil beantragt. Dies gilt grds auch bei einem Anspruch auf behinderungsgerechte Beschäftigung aus § 81 Abs 4 SGB IX (BAG 28.5.09 – 2 AZR 844/07, NZA 09, 954).

41 6. **Mitbestimmung.** Der **Betriebsrat** ist nach § 102 BetrVG und bei Versetzung oder Umgruppierung daneben nach § 99 BetrVG zu beteiligen, weil es nicht nur um die Beendigung eines Arbeitsverhältnisses, sondern auch um seine Änderung geht (BAG 27.9.01 – 2 AZR 236/00, NZA 02, 750; Einzelheiten s *Mitbestimmung, personelle Angelegenheiten* Rz 8 ff, 17; *Versetzung* Rz 24). Solange er diesen Maßnahmen nicht zustimmt oder seine Zustimmung durch gerichtliche Entscheidung rechtskräftig ersetzt ist, bleibt die Änderungskündigung als solche zwar wirksam, ihre Ausführung ist bis dahin jedoch unmöglich und der ArbN ist daher auch nach Ablauf der Kündigungsfrist auf dem alten Arbeitsplatz zu beschäftigen (BAG 22.4.10 – 2 AZR 491/09, NZA 10, 1235). Durch die rechtskräftige Abweisung eines Antrags auf Ersetzung der vom BRat verweigerten Zustimmung wird die Ausführung der mit der Änderungskündigung beabsichtigten Vertragsänderung nicht dau-

ernd unmöglich. Der ArbGeb kann jederzeit erneut die Zustimmung des BRats zur beabsichtigten Vertragsänderung beantragen und – falls dieser seine Zustimmung erneut verweigert – ihre gerichtliche Ersetzung beantragen (BAG 22.4.10 – 2 AZR 491/09 nv).

7. Muster. S Online-Musterformulare *„M31.6 Änderungskündigung, allgemein"*, u *„M31.7* 42 *Klage gegen eine Änderungskündigung nach Vorbehalt"*.

B. Lohnsteuerrecht
Seidel

1. Weiterbeschäftigung. Zahlungen anlässlich einer Änderungskündigung oder einer 43 Änderungsvereinbarung (zB Abfindung bei niedriger entlohntem Arbeitsplatz) sind als Einmalzahlungen zu versteuern (s *Einmalzahlungen* Rz 31). Solche Leistungen des ArbGeb können jedoch nach § 24 Nr 1a iVm § 34 Abs 1 und 2 Nr 2 EStG als Entschädigung unter bestimmten Voraussetzungen steuerbegünstigt sein, wenn die Änderungskündigung oder die Änderungsvereinbarung vom ArbGeb veranlasst ist, was regelmäßig der Fall sein wird (s *Offerhaus* DB 91, 2456; s aber auch BFH 28.11.91 – XI R 7/90, BFH/NV 92, 305: Änderungskündigung ArbN; Näheres s *Abfindung* Rz 41 ff und *Außerordentliche Einkünfte* Rz 6 f).

2. Auflösung des Arbeitsverhältnisses. Seit 1.1.08 gibt es bei Abfindungen wegen 44 Auflösung des Arbeitsverhältnisses keine Steuerfreibeträge mehr, s *Abfindung* Rz 41. Auch hier ist aber eine Steuerbegünstigung als Entschädigung möglich (s oben Rz 43).

C. Sozialversicherungsrecht
Schlegel

Abfindungen anlässlich einer Änderungskündigung. Wird eine Änderungskündi- 45 gung ausgesprochen und nimmt der ArbN die angebotenen Bedingungen an, die auf dem neuen Arbeitsplatz zu einem geringeren Arbeitsentgelt des ArbN führen, sind Abfindungen anlässlich dieser Änderungskündigung nicht nach § 14 SGB IV iVm §§ 1 ArEV, 3 Nr 9 EStG beitragsfrei, da es an der Auflösung des Dienstverhältnisses/Beschäftigungsverhältnisses fehlt. Letzteres wird nicht aufgelöst, sondern unter modifizierten Bedingungen umgestaltet und fortgesetzt (vgl BSG 28.1.99 – B 12 KR 14/98 R, SozR 3–2400 § 14 Nr 17; 28.1.99 – B 12 KR 6/98 R, SozR 3–2400 § 14 Nr 16). Akzeptiert der ArbN die neuen Bedingungen nicht und scheidet er aus dem Arbeitsverhältnis/Beschäftigungsverhältnis aus, liegt ein Fall beitragsfreier Abfindungen vor, es sei denn, die Abfindung stellt in Wahrheit eine Zahlung rückständigen Entgelts aus der Zeit dar, als das Beschäftigungsverhältnis noch bestand (vgl *Abfindung*). Zur **Entgeltsicherung** durch Transferkurzarbeitergeld bei betrieblicher Restrukturierung vgl § 111 SGB III.

Änderungsvorbehalte

A. Arbeitsrecht
Kania

I. Allgemeines. Entschließt sich der ArbGeb, zusätzlich zum Tarif- oder Fixgehalt wei- 1 tergehende Leistungen zu gewähren, ergibt sich vielfach das Bedürfnis, diese Vergütungsbestandteile möglichst flexibel zu gestalten und insbes eine langfristige Bindung zu vermeiden bzw beenden zu können. Dies gilt nicht allein für Jahressonderleistungen wie zB das Weihnachtsgeld, sondern auch für Bestandteile der fortlaufend gezahlten Vergütung, die wie etwa Provisionen von der Leistung und dem Erfolg des ArbN abhängig sind. Zudem kann das Bedürfnis bestehen, besondere Aufgaben, Beförderungsstellen oder sonstige Rahmenbedingungen der zu leistenden Arbeit nicht „für immer" festzuschreiben.

Ohne entsprechende vertragliche Vorsorgeregelung besteht grds keine Möglichkeit, 2 eine einmal gewährte Leistung einzustellen oder zu reduzieren, ohne den Bestand des Arbeitsverhältnisses insgesamt in Frage zu stellen (BAG 14.6.95, DB 95, 2273). Die einseitige Veränderung einzelner Arbeitsbedingungen stellt eine sog **Teilkündigung** dar. Diese ist nach der Rspr des BAG unzulässig, weil sie zu einer Veränderung des Verhältnisses von Leistung und Gegenleistung führen würde; keinem Vertragspartner soll es möglich sein, sich zum Teil der Bindung aus dem Arbeitsvertrag zu entziehen, ohne zugleich den anderen Partner daraus

6 Änderungsvorbehalte

zu entlassen (BAG 7.10.82, DB 83, 1368; BAG 23.8.89, DB 90, 740; kritisch *Stahlhacke/ Preis/Vossen* Rz 139). Dem ArbGeb bleibt freilich die Möglichkeit, mit seinem ArbN einen Änderungsvertrag zu schließen. Hierzu bedarf es allerdings grds der ausdrücklichen Annahme eines entsprechenden Angebots seitens des ArbGeb. Das bloße Schweigen des ArbN auf einen Aushang des ArbGeb, wonach eine Jahressonderleistung aus wirtschaftlichen Gründen nicht gezahlt werde, genügt nicht (BAG 14.8.96, NZA 96, 1323). Gelingt eine Einigung nicht, kommt theoretisch der Ausspruch einer Änderungskündigung (Näheres s *Änderungskündigung* Rz 22 ff) und in noch enger begrenzten Ausnahmefällen eine Berufung auf die Lehre vom Wegfall der Geschäftsgrundlage in Betracht (vgl BAG 25.2.88, NZA 88, 769 zur Anpassung des Arbeitsvertrages eines Krankenhausarztes wegen der gesetzlichen Neuregelung der Kostenerstattungspflicht bei Privatliquidation).

3 **Vertragliche Regelungen,** die eine „ewige Bindung" an einmal gewährte außertarifliche Leistungen verhindern sollen, sind idealtypisch Widerrufsvorbehalt, Freiwilligkeitsvorbehalt und Teilbefristung. In ihren Wirkungen unterscheiden sich diese eng miteinander verwandten Rechtsinstitute wie folgt: Der **Freiwilligkeitsvorbehalt** soll von vornherein die Entstehung eines Anspruchs auf die jeweilige Leistung für die Zukunft unterbinden; die **Teilbefristung** bewirkt, dass der Zeitraum, in dem ein Anspruch auf die jeweilige Leistung bestehen soll, von vornherein verbindlich festgelegt wird; und beim **Widerrufsvorbehalt** wird eine Leistung zunächst unbefristet zugesagt, aber dem ArbGeb die Möglichkeit eingeräumt, durch Ausübung des Widerrufsrechts die Weitergewährung der Leistung zu beenden. Bezogen auf eine Flexibilisierung von Art und Ort der Tätigkeit ist in erster Linie an **Versetzungsvorbehalte** auf der Grundlage des § 106 GewO zu denken (näheres s *Versetzung* Rz 2 ff). Aber immer dann, wenn die Zuweisung einer Tätigkeit zugleich zu einer Veränderung der Vergütungsstruktur führt, sind (auch) die Maßstäbe der nachfolgend dargestellten Flexibilisierungsvorbehalte zu beachten. Zur besonderen Problematik der Auswirkungen von Tariferhöhungen auf Vergütungsbestandteile s *Anrechnung übertariflicher Entgelte* Rz 1 ff. Zu den Besonderheiten der Beendigung und des Widerrufs von Versorgungszusagen s *Betriebliche Altersversorgung* Rz 36 ff.

4 **II. Widerrufsvorbehalt. 1. Inhaltskontrolle. a) Formularverträge.** Die Rspr unterzieht Widerrufsvorbehalte einer zweistufigen Überprüfung: Auf der ersten Stufe ist zu fragen, ob der vertraglich vereinbarte Widerrufsvorbehalt überhaupt rechtswirksam ist. Der Prüfungsmaßstab für vorformulierte Widerrufsvorbehalte ergibt sich aus § 307 BGB sowie insbes § 308 Nr 4 BGB. Das BAG (12.1.05 – 5 AZR 364/04, NZA 05, 465) leitet aus diesen Vorschriften **zwei Wirksamkeitsvoraussetzungen für Widerrufsvorbehalte** ab:

5 Der **Umfang** der variablen Ausgestaltung der Vergütung muss für den ArbN „zumutbar" iSd § 308 Nr 4 BGB sein und darf insbes nicht zu einer übermäßigen Einschränkung der vertraglichen Rechte iSd § 307 Abs 2 Nr 1 BGB führen. Mit diesem rechtlichen Anknüpfungspunkt sucht das BAG den Anschluss an seine frühere Rspr zum „Kernbereich des Arbeitsvertrags". Die Grenze zieht das BAG, wenn der **widerrufliche Anteil am Gesamtverdienst unter 25 bis 30 %** liegt und der Tariflohn nicht unterschritten wird (BAG 12.1.05 – 5 AZR 364/04, NZA 05, 465, 467; BAG 11.10.06 – 5 AZR 721/05, NZA 07, 87; BAG 18.3.09 – 10 AZR 289/08, NZA 09, 535: Grenze sei ein „Viertel des Jahresgesamteinkommens"). Damit bleibt die neuere Rspr trotz des vermeintlichen Anschlusses an die frühere „Kernbereichs-Rspr" inhaltlich hinter dieser zurück. Denn zum einen war nach früherer Rspr jedenfalls bei Spitzenverdiensten auch die Vereinbarung eines höheren variablen Anteils möglich (BAG 28.5.97 – 5 AZR 126/96, DB 97, 2620 zu einer „Entwicklungsklausel" eines Chefarztes). Zum anderen scheint das BAG dazu zu tendieren, den Tariflohn als verbindliche Untergrenze anzunehmen, was der bisherigen Rspr nicht in gleicher Deutlichkeit zu entnehmen war (vgl BAG 18.3.09 – 10 AZR 289/08, NZA 09, 535; so auch *Preis/Lindemann* NZA 06, 632). Dies erscheint mehr als zweifelhaft für nicht tarifgebundene Unternehmen. Der Tariflohn würde damit zu einer Art „Normallohn", wofür sich im Gesetz kein Anhaltspunkt findet. Insofern bleibt abzuwarten, ob das BAG tatsächlich auch bei nicht tarifgebundenen Unternehmen eine Flexibilisierung unterhalb des Tariflohns für unzulässig halten wird. Die Vorgaben der Rspr können auch nicht dadurch umgangen werden, dass in Bezug auf Vergütungs- und andere materielle Arbeitsbedingungen auf ergänzende „Arbeitsordnungen" oder „Policies" verwiesen wird, die dann ihrerseits einschränkungslos einseitig vom ArbGeb änderbar sind (BAG 11.2.09 – 10 AZR 222/08, NZA 09, 428).

Formelle Anforderungen ergeben sich nach Auffassung des BAG insbes aus dem Transparenzgebot gem § 307 Abs 1 Satz 2 BGB. Daraus ergebe sich, dass eine Bestimmung nicht nur klar und verständlich sein, sondern auch die Angemessenheit und Zumutbarkeit erkennen lassen müsse. Der Maßstab der §§ 307, 308 Nr 4 BGB habe im Text der Klausel zum Ausdruck zu kommen, was erfordere, dass Voraussetzungen und Umfang der vorbehaltenen Änderungen möglichst konkret anzugeben seien (BAG 12.1.05 – 5 AZR 364/04, NZA 05, 465, 468). Unzulässig sind danach Widerrufsvorbehalte, die das Widerrufsrecht nach „freiem Ermessen" oder „jederzeit und ohne Angaben von Gründen" erlauben. Aus den in der Klausel zu nennenden Widerrufsgründen müsse sich zumindest die Richtung erkennen lassen, aus der der Widerruf möglich sein soll (wirtschaftliche Gründe, Leistung oder Verhalten des ArbN, BAG 12.1.05 – 5 AZR 364/04, NZA 05, 465, 468). Diese Anforderungen der Inhaltskontrolle betreffen nicht nur Geldleistungen, sondern gelten als allgemeiner Maßstab für die widerrufliche Ausgestaltung von ArbGebLeistungen (vgl ausführlich *Preis/Lindemann* NZA 06, 632), zB für die widerrufliche Überlassung eines Dienstwagens zur Privatnutzung (BAG 21.3.12 – 5 AZR 651/10, NZA 12, 616; 13.4.10 – 9 AZR 113/09, NZA-RR 10, 457; 19.12.06 – 9 AZR 294/06, BB 07, 1624).

b) Altverträge. Da die maßgeblichen Regelungen der §§ 307 ff BGB seit dem 1.1.03 auch auf Altverträge, die vor dem Inkrafttreten der Schuldrechtsreform am 1.1.02 begründet wurden, Anwendung finden, sind grds auch nicht hinreichend konkretisierte Widerrufsvorbehalte in Altverträgen unwirksam. Das BAG versucht jedoch dem Umstand, dass sich insofern die Unwirksamkeit aus formellen Anforderungen ergibt, die zum damaligen Zeitpunkt überhaupt nicht erkennbar waren, Rechnung zu tragen: Unverhältnismäßig sei insofern der ersatzlose Wegfall des Widerrufsvorbehalts gem § 306 Abs 2 BGB. Stattdessen sei die entstehende Vertragslücke im Wege der **ergänzenden Vertragsauslegung** zu schließen. Insofern liege es nahe, dass die Parteien bei Kenntnis der neuen gesetzlichen Anforderungen die Widerrufsmöglichkeit zumindest bei wirtschaftlichen Verlusten, ggf auch bei sonstigen wirtschaftlichen Gründen vereinbart hätten (BAG 12.1.05 – 5 AZR 364/04, NZA 05, 465, 468; BAG 20.4.11 – 5 AZR 191/20, NZA 11, 796). Im Ergebnis werden also Widerrufsvorbehalte in Alt-Verträgen grds so angesehen, als wäre der Widerruf aus wirtschaftlichen Gründen vereinbart worden.

c) Individualvereinbarungen. Konsequenz der Geltung der §§ 307 ff BGB ist die Freistellung echter Individualvereinbarungen von der Inhaltskontrolle. Ein Rückgriff auf die mit der angeblichen „strukturellen Unterlegenheit des ArbN" begründete Inhaltskontrolle von Individualvereinbarungen gem § 242 BGB ist mit der gesetzgeberischen Geltungsanordnung der AGB-Vorschriften in § 310 Abs 4 BGB nicht zu vereinbaren (ErfK/*Preis* §§ 305–310 BGB Rz 27; BAG 25.5.05 – 5 AZR 572/04, aA *Maschmann* RdA 05, 212; *Hanau/Hromadka* NZA 05, 73). Allerdings werden echte Individualvereinbarungen im Arbeitsvertrag die Ausnahme sein. Wenn sich nämlich herausstellt, dass kein wirkliches Aushandeln vorliegt, weil der ArbGeb den gesetzesfremden Kern der Klausel nicht ernsthaft zur Disposition des ArbN gestellt hat, liegt eben keine echte Individualvereinbarung vor, was wiederum zur Anwendung der §§ 305 ff BGB führt (*Preis/Bender* NZA-RR 05, 337, 339).

2. Ausübungskontrolle. Die zweite Stufe der Rechtmäßigkeitsprüfung betrifft nach der Rspr des BAG die konkrete Ausübung des vorbehaltenen Widerrufsrechts im Einzelfall. Diese muss im Einzelfall **billigem Ermessen** iSd § 315 BGB entsprechen. Insofern hat sich durch die Geltung der §§ 307 ff BGB keine Änderung ergeben (BAG 12.1.05 – 5 AZR 364/04, NZA 05, 465, 469). Die Ausübungskontrolle findet – anders als die Inhaltskontrolle gem §§ 305 ff BGB – auch auf in Betriebsvereinbarungen enthaltene Widerrufsvorbehalte Anwendung (BAG 1.2.06 – 5 AZR 187/05, NZA 06, 563). Ob der Maßstab billigen Ermessens gewahrt ist, ist anhand der konkreten Umstände des Einzelfalls zu untersuchen, wobei die beiderseitige Interessenlage gegeneinander abzuwägen ist (BAG 13.5.87, NZA 88, 95; BAG 26.5.92, DB 93, 642). Nur „vernünftige Erwägungen" reichen für die Billigkeit eines Widerrufs nicht aus; erforderlich ist vielmehr nach der Rspr ein „sachlicher Grund" (BAG 13.5.87, NZA 88, 95). Aus diesem Erfordernis ergibt sich zweierlei: Einmal muss der Grund für den Widerruf am **Zweck der Leistung** gemessen werden und zu diesem im

6 Änderungsvorbehalte

Verhältnis stehen. Daran fehlt es etwa, wenn eine Leistungszulage für überdurchschnittliche Qualität der Arbeit wegen krankheitsbedingter Fehlzeiten widerrufen wird, der ArbN aber während der Arbeitsfähigkeit weiterhin überdurchschnittliche Qualität leistet (BAG 1.3.90, ZTR 90, 291). Zum zweiten folgt aus dem Erfordernis eines „sachlichen Grundes" die Pflicht zur Beachtung des **Gleichbehandlungsgrundsatzes** bei Ausübung eines Widerrufsrechts (BAG 22.12.70, DB 71, 729). Dies gilt in zwei Richtungen: Der Widerruf kann der Herbeiführung der Gleichbehandlung dienen, etwa wenn eine bestimmte ArbNGruppe bislang eine Zulage erhielt, um eine im Vergleich zu anderen ArbN angemessene Vergütung zu erhalten, und nach einer Tariferhöhung für diese Gruppe die Beibehaltung der Zulage zu einer ungerechtfertigten Besserstellung führen würde (BAG 30.8.72, DB 73, 480). Der Gleichbehandlungsgrundsatz kann aber auch einem Widerruf entgegenstehen, zB wenn aus wirtschaftlichen Gründen nur die Gratifikation einer ArbNGruppe gestrichen werden soll und dieser damit ein „Sonderopfer" zugemutet wird. Wird dagegen der Gleichbehandlungsgrundsatz gewahrt, können **wirtschaftliche Gesichtspunkte** wie finanzielle Engpässe des ArbGeb, die Einbettung in ein Sanierungskonzept zur Rettung des Betriebs oder die Vermeidung ansonsten notwendiger betriebsbedingter Kündigungen durchaus sachliche Gründe für den Widerruf außertariflicher Leistungen liefern (LAG Hamm 19.4.99 – 16 Sa 562/98, NZA-RR 99, 569).

10 **3. Hinweise zur Vertragsgestaltung.** Die Vorgaben der §§ 307, 308 Nr 4 BGB in der Interpretation des BAG sind nunmehr unbedingt zu beachten, da bei der Ausgestaltung von Neuverträgen Fehler bei der Vertragsgestaltung die zwingende Unwirksamkeit der Klausel nach sich ziehen würden (§ 306 Abs 2 BGB). Vom **Umfang** her sollte deshalb allenfalls ein Vergütungsbestandteil von 25 % der Gesamtvergütung unter Widerrufsvorbehalt gestellt werden. Im Hinblick auf die Ausführungen des BAG im Urt vom 12.1.05 ist auch nicht tarifgebundenen ArbGeb zu raten, sich an den einschlägigen Tarifverträgen zu orientieren und nach Möglichkeit nur übertarifliche Vergütungsbestandteile variabel auszugestalten. **Widerrufsgründe** sind in der Vertragsklausel so konkret wie möglich anzugeben. Als Mindestregelung muss in die Klausel aufgenommen werden ob der Widerruf aus wirtschaftlichen, leistungs- und/oder verhaltensbedingten Gründen möglich sein soll. Das BAG sagt weiter, der Grad der Störung ... muss konkretisiert werden (BAG 12.1.05 – 5 AZR 364/04, NZA 05, 465, 468). Das spricht sehr deutlich dafür, möglichst klare und einfache Vorgaben in die Vertragsklausel aufzunehmen, etwa bei wirtschaftlichen Gründen auf das Erreichen konkreter Eckdaten („keine Verluste", „Gewinn von ...%") abzustellen. Schließlich ist darauf hinzuweisen, dass auf eine **sprachlich klare und eindeutige Formulierung** zu achten ist, denn Zweifel bei der Auslegung gehen gem § 305c Abs 2 BGB zu Lasten des ArbGeb (BAG 20.1.10 – 10 AZR 914/08, NZA 10, 445). Die Bezeichnung einer Leistung sowohl als freiwillig als auch als widerruflich führt wegen Verstoß gegen das Transparenzgebot gem § 307 Abs 1 Satz 2 BGB sogar zur Unwirksamkeit des Vorbehalts, denn der Freiwilligkeitsvorbehalt soll die Entstehung eines Anspruchs verhindern (s unten Rz 11 ff), der Widerspruchsvorbehalt setzt dagegen einen entstandenen Anspruch voraus. Auch eine Teilbarkeit der Klausel und ihre teilweise Aufrechterhaltung kommt dann nicht in Betracht (BAG 14.9.11 – 10 AZR 526/10, NZA 12, 81; 8.10.10 – 10 AZR 671/09, NZA 11, 628).

11 **III. Freiwilligkeitsvorbehalt. 1. Zulässigkeit.** Früher hatte das BAG bei der Zusage von Gratifikationen und ähnlichen Jahressonderleistungen die Rechtmäßigkeit von Freiwilligkeitsvorbehalten in Formulararbeitsverträgen anerkannt. Dabei hat es den **Anwendungsbereich** der Freiwilligkeitsvorbehalte auf **Sonderzahlungen** beschränkt. Laufendes Arbeitsentgelt wird nicht erfasst, da im Gegenseitigkeitsverhältnis stehende Leistungen nicht disponibel gestellt werden können. Der Ausschluss jeden Rechtsanspruchs auf das laufende Arbeitsentgelt im Interesse des ArbGeb an einer Flexibilisierung seiner Leistungspflichten würde nämlich die synallagmatische Verknüpfung der Leistungen beider Vertragsparteien lösen (BAG 25.4.07 – 5 AZR 627/06, NJW 07, 853). Seit der Erstreckung des AGB-Rechts auf Arbeitsverträge hat das BAG allerdings die Möglichkeiten, durch einen vorformulierten arbeitsvertraglichen Freiwilligkeitsvorbehalt ungewollte Bindungen zu verhindern, zunehmend begrenzt und hohe Anforderungen an die Klauselformulierungen gestellt. So hat es klargestellt, dass ein Freiwilligkeitsvorbehalt nur dann statthaft sein kann, wenn die Sonderleistung **nicht zuvor konkret versprochen** wurde. Eine im Arbeitsvertrag vorformulierte Regelung, mit der der ArbGeb zB jedes Jahr die Zahlung eines konkret bezifferten Weihnachtsgeldes in Aussicht stellt, sei bereits ein Leistungsversprechen iSv § 308 Nr 4 BGB. Dann sei es widersprüchlich, einerseits eine Zusatzleistung in bestimmter Höhe zuzusagen und sie andererseits entgegen diesem Versprechen an einen Freiwilligkeitsvorbehalt zu binden (s Formulierungsbeispiele im Einzelnen Rz 13). Solche **widersprüchlichen Klauseln** seien nicht klar und verständlich und deshalb wegen Verstoßes gegen das Transparenzgebot gem § 307 Abs 1 Satz 2 BGB unwirksam (BAG 10.12.08 – 10 AZR 1/08, DB 09, 684). Gleichermaßen hat es in der **Kombination eines Freiwilligkeitsvorbehalts mit einem Widerrufsvorbehalt** eine ebensolche **intransparente Klausel** gesehen, da sich beide Vorbehalte ausschließen (s Rz 10). Nunmehr hat das BAG in einer neueren Entscheidung die **Anforderungen an die Formulierung der Klausel weiter verschärft** (BAG 14.9.11 – 10 AZR 526/10, NZA 12, 81): Danach sei eine **Klausel unwirksam, die sonstige, im Vertrag nicht vereinbarte Leistungen** erfasst. Würden alle zukünftigen Leistungen unabhängig von ihrer Art und ihrem Entstehungsgrund der Freiwilligkeit unterstellt, werde der ArbN gem § 307 Abs 1 Satz 1, Abs 2 Nr 1 und 2 BGB regelmäßig unangemessen benachteiligt. Ein solcher **Pauschalvorbehalt** beziehe nämlich unzulässigerweise laufende Leistungen und sogar – entgegen dem Vorrang der Individualabrede aus § 305b BGB – künftige ausdrückliche vertragliche Einzelabreden mit ein und erfasse auch solche Abreden, die durch späteres konkludentes Verhalten des ArbGeb (zB aufgrund Gesamtzusage) Bestandteil des Arbeitsvertrages werden (BAG 14.9.11 – 10 AZR 526/10, NZA 12, 81). Demgegenüber hatte der gleiche Senat noch in seiner Entscheidung vom 30.7.08 erklärt, dass der ArbGeb nicht jede Sonderzahlung mit einem Freiwilligkeitsvorbehalt verbinden müsse, um einen Rechtsanspruch des ArbN auf die Leistung für künftige Bezugszeiträume ausschließen. Es genüge ein klarer und verständlicher Hinweis (BAG 30.7.08 – 10 AZR 606/07, NZA 08, 1173).

Darüber hinaus hat das BAG mit seiner Entscheidung vom 14.9.11 die Anwendbarkeit von Freiwilligkeitsvorbehalten bei **Sonderleistungen weiter eingeschränkt.** Zuletzt waren Freiwilligkeitsvorbehalte nicht nur ausschließlich bei in Aussicht gestellten Gratifikationen und ähnlichen Formen der „Treuevergütung" statthaft, sondern es konnte auch – soweit kein konkreter Entgeltanspruch begründet wurde – eine **leistungsorientierte Sonderzahlung** unter Freiwilligkeitsvorbehalt gestellt werden (BAG 30.7.08 – 10 AZR 606/07, NZA 08, 1173). Auf den Zweck der Sonderleistung, zB die Honorierung erbrachter oder künftiger Betriebstreue und/oder die zusätzliche Vergütung der im Bezugszeitraum geleisteten Arbeit, sollte es gerade nicht ankommen. Maßgeblich war lediglich, dass es sich um eine Sonderzahlung handelte, die „zusätzlich" zum laufenden Arbeitsentgelt gewährt werde, wobei aber allein die Bezeichnung als „Sonderzahlung" nicht ausreichen sollte. Nicht für zulässig wurde dagegen ein Vorbehalt in dem Fall erachtet, in dem eine monatliche Leistungszulage freiwillig bezahlt wurde, da es sich hierbei um laufendes Arbeitsentgelt handelte (BAG 25.4.07 – 5 AZR 627/06, NZA 07, 853). Nunmehr hat das BAG mit seinem Urteil vom 14.9.11 eine synallagmatische Verknüpfung bei ArbGebLeistungen auf **jede nach Zeitabschnitten bemessene Vergütung** erstreckt. Eine solche bestehe nicht nur bei der eigentlichen Grundvergütung, sondern bei **jedweder zusätzlichen Abgeltung der Arbeitsleistung** in Form einer Zulage oder sonstigen laufenden Leistung (BAG 14.9.11 – 10 AZR 526/10, NZA 12, 81). Damit wird sich die Möglichkeit eines zulässigen Freiwilligkeitsvorbehaltes auf echte Gratifikationszahlungen beschränken, für die der ArbGeb keine konkrete Gegenleistung erwartet (zB Jubiläums-, Geburtstagsgelder, Urlaubs- und Weihnachtsgelder). Eine eindeutige und rechtssichere Abgrenzung ist jedoch problematisch (vgl auch Kritik zur BAG-Rspr: *Bauer/Medem* NZA 12, 894; *Preis/Sagan* NZA 12, 697). Soweit nach diesen Voraussetzungen dann tatsächlich eine Sonderzahlung vorliegt, soll die Höhe der unter Vorbehalt gestellten Leistung für die wirksame Vereinbarung nicht von Bedeutung sein; die für Widerrufsvorbehalte geltenden Flexibilisierungshöchstgrenzen (s oben Rz 5) gelten nicht für Freiwilligkeitsvorbehalte (BAG 18.3.09 – 10 AZR 289/08, NZA 09, 539).

2. Hinweise für die Vertragsgestaltung. Als Folge der neuen BAG-Rspr reduziert sich der Anwendungsbereich der Freiwilligkeitsvorbehalte somit auf zwei Wirkungsweisen: Zum einen sind sie im Wesentlichen – wie in ihrem Ursprung – auf die Vermeidung von Rechtsansprüchen aus betrieblicher Übung beschränkt (BAG 30.7.08 – 10 AZR 606/07, NJW 08,

6 Änderungsvorbehalte

3596; BAG 18.3.09 – 10 AZR 289/08, NZA 09, 535). Zum anderen erfassen sie lediglich Gratifikationen, die nicht gleichzeitig die Arbeitsleistung abgelten sollen, egal ob es sich um laufende Leistungen oder um Einmalzahlungen handelt. Bei der **Formulierung** ist zu beachten, dass ein Freiwilligkeitsvorbehalt von vornherein ausscheidet, wenn gleichzeitig ein Entgeltanspruch begründet wird. **Unzulässig** wäre etwa folgende Klausel: „Als Sonderleistung zahlt das Unternehmen als Urlaubsgeld zum 1.7. und als Weihnachtsgeld zum 1.12. eines jeden Jahres jeweils 50 % des vereinbarten Brutto-Monatsverdiensts. Hierbei handelt es sich um eine freiwillige Leistung …". Denn hier liegt im ersten Satz bereits eine ausdrückliche Leistungszusage, zu der der nachfolgende Freiwilligkeitsvorbehalt im Widerspruch steht. Ebenso ist die Formulierung, dass die Zahlung „anteilig als Urlaubs- und Weihnachtsgeld gewährt werden kann" (BAG 17.4.13 – 10 AZR 281/12, NZA 13, 787) oder „zurzeit wird Urlaubsgeld iHv … € gewährt" (BAG 20.2.13 – 10 AZR 177/12, NZA 13, 2844) bereits ein konkretes Leistungsversprechen. Eine Zahlung darf allenfalls unverbindlich in Aussicht gestellt werden, wobei nicht schon die bloße Bezeichnung der Leistung als „freiwillig" ausreicht (BAG 17.4.13 – 10 AZR 281/12, NZA 13, 787). Weiterhin sollte sich – als Folge der neuen BAG-Rspr – die Ankündigung einer möglichen Sonderleistung auf eine konkrete Leistung beschränken und nicht lediglich pauschal Sonderzahlungen in Aussicht stellen. **Denkbar** wäre etwa folgende Klausel: „Als freiwillige Leistung – ohne jeden Rechtsanspruch – wird in Abhängigkeit von der Geschäftslage im November festgelegt, ob und in welcher Höhe dem ArbN ein Weihnachtsgeld gezahlt wird" oder „Über die Gewährung einer Weihnachtsgratifikation wird jedes Jahr neu entschieden, mit der Maßgabe, dass auch mit einer wiederholten Zahlung kein Rechtsanspruch für die Zukunft begründet wird". Für konkretere Anspruchszusagen bliebe nur die Möglichkeit der Vereinbarung eines Widerrufsvorbehalts bzw einer Teilbefristung (s Rz 4, 14) im jeweils zulässigen Rahmen. Bei der **Verwendung eines Pauschalvorbehaltes** ist nach der neuen BAG-Rspr Vorsicht geboten. Dann müsste zusätzlich klargestellt werden, dass laufende Leistungen und individuelle Vertragsabreden vom Vorbehalt nicht erfasst werden. Eine mögliche Formulierung könnte so aussehen: „Sonstige, in diesem Vertrag nicht vereinbarte Leistungen, die der ArbGeb an den ArbN zusätzlich zum laufenden Entgelt erbringt, sind freiwillig und werden mit der Maßgabe erbracht, dass auch bei wiederholter Zahlung kein Rechtsanspruch für die Zukunft begründet wird. Das gilt nicht für Sonderzahlungen, für die künftig mit dem ArbN Abweichendes vereinbart wird." Eine rechtssichere Formulierung erscheint jedoch nach alledem zweifelhaft (vgl auch *Preis/Sagan* NZA 12, 697). Ganz auf der sicheren Seite ist der ArbGeb, wenn er – ungeachtet der damit in der Praxis verbundenen Schwierigkeiten – eine Leistung erst gar nicht in Aussicht stellt, sondern einfach zB am Jahresende das Weihnachtsgeld auszahlt und zudem bei jeder tatsächlichen Gewährung der Sonderleistung oder im Zusammenhang mit der konkreten Zahlungsankündigung einer Einmalleistung den Vorbehalt wiederholt.

14 **IV. Teilbefristung.** Das BAG hatte die Möglichkeit der Befristung einzelner Arbeitsbedingungen und auch der befristeten Gewährung einzelner Vergütungsbestandteile im Grundsatz stets anerkannt. In jüngeren Entscheidungen, die sich mit Alt-Verträgen vor Erstreckung des AGB-Rechts auf Arbeitsverhältnisse befassten, suchte das Gericht den Anschluss an seine „Kernbereichs-Rechtsprechung" zu Widerrufsvorbehalten. Danach sollte ein sachlicher Grund für die Befristung einzelner Arbeitsbedingungen zu verlangen sein, wenn ein Eingriff in den Kernbereich des Arbeitsverhältnisses vorliege (BAG 15.4.99 – 7 AZR 734/97, DB 99, 1963; BAG 14.1.04 – 7 AZR 213/03, NZA 04, 719; zur Kritik s Personalbuch 2009, Änderungsvorbehalte Rz 13).

15 Mit der Geltung des **AGB-Rechts im Arbeitsverhältnis** ist diese Rspr überholt. Prüfungsmaßstab für entsprechende Vertragsklauseln ist nun § 307 BGB. Es ist also zu fragen, ob die vorformulierte Befristung der Arbeitsbedingung den ArbN iSd § 307 Abs 1 BGB unangemessen benachteiligt. Eine unangemessene Benachteiligung liegt dann vor, wenn die Teilbefristung unter Berücksichtigung der Interessen des ArbN nicht durch **billigenswerte Interessen des Arbeitgebers** gerechtfertigt ist, wobei ein typisierender, vom Einzelfall losgelöster Maßstab anzulegen ist (BAG 27.7.05 – 7 AZR 486/04, NZA 06, 40). Unter Berücksichtigung dieses Prüfungsmaßstabs behalten dann auch der Kernbereich des Arbeitsverhältnisses und die Wertungen der früheren Rspr ihre Bedeutung (vgl zu Widerrufsvorbehalten BAG 12.1.05 – 5 AZR 364/04, NZA 05, 465). Je näher die Befristung einer Arbeitsbedingung an den Kernbereich des Arbeitsverhältnisses heranreicht, desto stärker ist die Gefahr einer unangemessenen Benachteiligung des ArbN; und je weiter die Befristung vom Kernbereich entfernt ist, desto geringer ist die Gefahr. Abstrakt bedeutet dies, dass für jede Teilbefristung ein Rechtfertigungsgrund erforderlich ist, dessen Anforderungen mit der Nähe zum Kernbereich des Arbeitsverhältnisses steigt. Besteht ein angemessener Grund für die Befristung, liegt dagegen keine unangemessene Benachteiligung iSd § 307 vor (vgl ausführlich *Preis/Bender* NZA-RR 05, 337 ff).

Das bedeutet **im Einzelnen:** Wenn es um die Befristung von Vergütungsbestandteilen geht, kann nichts anderes gelten als für Widerrufsvorbehalte: Die Befristung von mehr als 25–30 % der Vergütung und/oder von Vergütungsbestandteilen unterhalb des Tarifniveaus dürften unzulässig sein (vgl zu Widerrufsvorbehalten oben Rz 5); die Befristung von Vergütungsbestandteilen oberhalb des Tarifniveaus und innerhalb der genannten Schwankungsbreite ist aus wirtschaftlichen, leistungs- oder verhaltensbedingten Gründen möglich (weiter gehend *Willemsen/Jansen* RdA 10, 1). Für Vergütungsleistungen, die nicht im Gegenseitigkeitsverhältnis zur Arbeitsleistung stehen wie echte Gratifikationen, dürften deutlich erleichterte Anforderungen an die sachliche Rechtfertigung gelten. Die bloße Unsicherheit der weiteren Entwicklung dürfte ausreichen. Die zeitweise Übertragung einer höherwertigen Tätigkeit (mit höherer Vergütung) ist als bloße Begünstigung ebenfalls durch jeden nachvollziehbaren Grund, etwa die Erprobung, zu rechtfertigen. Lediglich bei Kettenbefristungen, also zB bei der wiederholten befristeten Übertragung einer höherwertigen Tätigkeit, steigen die Anforderungen an den Befristungsgrund, um eine unangemessene Benachteiligung iSd des § 307 BGB auszuschließen (LAG Düsseldorf 28.9.06 – 11 Sa 828/06, NZA-RR 07, 238; *Preis/Bender* NZA-RR 05, 337). Die befristete Erhöhung der regelmäßigen Arbeitszeit in einem erheblichen Umfang verlangt besondere Belange auf ArbGebSeite. Eine unangemessene Benachteiligung iSd § 307 Abs 1 Satz 1 BGB kann nicht angenommen werden, wenn die Befristung auf Umständen beruht, die die Befristung des gesamten Arbeitsvertrages nach § 14 Abs 1 TzBfG sachlich rechtfertigen könnten (BAG 15.12.11 – 7 AZR 394/10, NZA 12, 674). Dem können ausnahmsweise außergewöhnliche Umstände entgegenstehen, zB der Wunsch des teilzeitbeschäftigten ArbN nach Verlängerung seiner Arbeitszeit gem § 9 TzBfG (BAG 2.9.09 – 7 AZR 233/08, NZA 09, 1253). Allein die Ungewissheit des künftigen Arbeitskräftebedarfs reicht als Grund für die bloß befristete Erhöhung der regelmäßigen Arbeitszeit nicht aus (BAG 27.7.05 – 7 AZR 486/04, NZA 06, 40). Die arbeitsmarktpolitisch motivierte Regelung des § 14 Abs 2 TzBfG liefert freilich keine vergleichbare Vermutungsgrundlage (so aber *Lunk/Leder* NZA 08, 504).

Wie Widerrufsvorbehalte unterliegt auch die Befristung einzelner Arbeitsbedingungen dem **Transparenzgebot** gem § 307 Abs 1 Satz 2 BGB. Fraglich ist, ob daraus auch die Verpflichtung folgt, wie bei Widerrufsvorbehalten (s oben Rz 6) in einer formularmäßigen Abrede den Befristungsgrund zumindest stichwortartig zu umschreiben (so *Preis/Bender* NZA-RR 05, 337). Das BAG (2.9.09 – 7 AZR 233/08, NZA 09, 1253) hat eine solche Verpflichtung jedenfalls für die befristete Arbeitszeitaufstockung verneint. Dem Transparenzgebot sei bei der kalendermäßigen Befristung allein durch die Angabe des Beendigungszeitpunkts genüge getan. Insofern bestehe keine mit Widerrufsvorbehalten vergleichbare Ungewissheit. Dem ArbN sei unmissverständlich klar, dass die vereinbarte Regelung mit Fristablauf ohne weitere Handlungen des ArbGeb ende. Eine besondere Form für die Befristungsabrede ist nicht vorgeschrieben. Das Schriftformerfordernis gem § 14 Abs 4 TzBfG findet keine Anwendung (BAG 3.9.03 – 7 AZR 106/03, NZA 04, 255). Die Befristungsabrede kann also auch per Telefax oder E-Mail erfolgen. Will der ArbN die Unwirksamkeit der Befristung der einzelnen Vertragsbedingungen gerichtlich geltend machen, gilt hierfür nicht die Klagefrist gem § 17 TzBfG (BAG 4.6.03 – 7 AZR 406/02, BB 03, 1683).

V. Mitbestimmung des Betriebsrats. Das Mitbestimmungsrecht des BRat gem § 87 Abs 1 Nr 10 BetrVG erstreckt sich bei freiwilligen Leistungen des ArbGeb nur auf die gerechte Ausgestaltung der zusätzlichen Leistung in dem vom ArbGeb vorgegebenen finanziellen Rahmen. Es dient nicht dazu, ursprünglich freiwillige Leistungen in zwingende Leistungen umzuwandeln. Demzufolge ist der **vollständige Widerruf** einer außertariflichen

6 Änderungsvorbehalte

Leistung mitbestimmungsfrei, sofern die endgültige Einstellung der Leistung beabsichtigt ist (BAG 13.1.87, DB 87, 1096). Dasselbe gilt auch für die Einstellung einer unter Freiwilligkeitsvorbehalt gewährten oder nur befristet zugesagten Leistung. Gibt es allerdings **mehrere nicht tariflich geregelte Leistungen** im Betrieb (zB Weihnachtsgeld und Urlaubsgeld), besteht nach der neuen Rspr des BAG das Risiko, dass das Mitbestimmungsrecht nur dann entfällt, wenn alle nicht tariflich geregelten Leistungen vollständig widerrufen werden (vgl ausführlich ErfK/*Kania* § 77 Rz 112a). Dies liegt daran, dass das BAG nun grds alle nicht tariflichen Leistungen als einheitlichen „Vergütungstopf" betrachtet (BAG 23.6.09 – 1 AZR 214/08, NZA 09, 1159). Die Konsequenzen dieser neuen Rspr hat das BAG durch eine neuerliche Korrektur eingedämmt: Wenn eine Leistung alleiniger Gegenstand einer Betriebsvereinbarung sei und der ArbGeb die komplette Einstellung der Leistung entweder gegenüber dem BRat oder gegenüber den ArbN eindeutig erkläre, ende diese Betriebsvereinbarung ohne Nachwirkung mit Zugang der Erklärung (so BAG 5.10.10 – 1 ABR 20/09, NZA 10, 598).

19 Steht der **Widerruf** einer übertariflichen Leistung **im Zusammenhang mit einer vom Arbeitgeber geplanten Neuverteilung** eines ggf gekürzten Zulagenvolumens, war lange Zeit auch innerhalb des BAG streitig, inwiefern ein Mitbestimmungsrecht des BRat gem § 87 Abs 1 Nr 10 BetrVG besteht. Der GS des BAG hat mit Beschluss vom 3.12.91 (NZA 92, 749) diese Frage für die Praxis verbindlich geklärt. Der GS unterscheidet zwischen der Ausübung des Widerrufs einerseits und der Neuverteilung des verbleibenden Zulagenvolumens andererseits. Der Widerruf als solcher unterliegt auch im Zusammenhang mit einer geplanten Kürzung oder Neuverteilung einer außertariflichen Leistung nicht der Mitbestimmung. Mitbestimmungspflichtig ist dagegen grds die Neuverteilung des (gekürzten) Zulagenvolumens, es sei denn, dass der Widerruf nicht zu einer Änderung der Verteilungsgrundsätze führt, also im Regelfall bei einer Kürzung der außertariflichen Leistung gegenüber allen ArbN zum gleichen Prozentsatz (BAG GS 3.12.91, NZA 92, 749).

20 Ein Mitbestimmungsrecht entsteht danach in erster Linie beim **teilweisen Widerruf** einer außertariflichen Leistung; das Mitbestimmungsrecht kann aber auch beim **gänzlichen Widerruf** einer Zulage eingreifen, wenn diese im Zusammenhang mit einer geplanten Neuverteilung, eventuell auch in geringerem Volumen (BAG 17.1.95, DB 95, 1410), steht. Das BAG versucht hier Umgehungsversuchen entgegenzuwirken. Das Gericht stellt deshalb für das Eingreifen des Mitbestimmungsrechts maßgeblich darauf ab, ob ein **unmittelbarer Zusammenhang** zwischen der Einstellung und der Neugewährung einer übertariflichen Leistung besteht. Ein solcher unmittelbarer Zusammenhang wird dann bejaht, wenn der ArbGeb schon bei der Einstellung der übertariflichen Leistung plant, hierdurch eingesparte Mittel als neue übertarifliche Leistung an die ArbN auszuschütten. Genaue Vorstellungen über den Kreis der zu begünstigenden ArbN und die Art der Zulage muss der ArbGeb noch nicht entwickelt haben (BAG 3.5.94, DB 94, 2450; BAG 17.1.95, DB 95, 1410).

21 **Missachtet** der ArbGeb ein danach bestehendes Mitbestimmungsrecht des BRat in Bezug auf die Änderung der Verteilungsgrundsätze, soll der – an sich nicht mitbestimmte – Widerruf gegenüber dem einzelnen ArbN unwirksam sein, mit der Folge, dass bis zur Einigung mit dem BRat ein Anspruch auf die Zulage in bisheriger Höhe erhalten bleibt (BAG GS 3.12.91, NZA 92, 749). Allerdings besteht die Möglichkeit, durch eine Betriebsvereinbarung die Neuverteilung der Zulage rückwirkend auf den Zeitpunkt der Ausübung des Widerrufsrechts zu regeln (BAG 19.9.95, DB 96, 1576). Der Missachtung des Mitbestimmungsrechts soll es nach dem Grundsatz vertrauensvoller Zusammenarbeit (§ 2 Abs 1 BetrVG) gleichstehen, wenn der ArbGeb eigene neue Verteilungsgrundsätze vorgibt, über die er keine Verhandlungen zulässt, sondern für den Fall abweichender Vorstellungen des BRat eine (mitbestimmungsfreie) Einstellung der Leistung vorsieht (BAG 26.5.98 – 1 AZR 704/97, NZA 98, 1292).

22 **Kein Mitbestimmungsrecht** besteht von vornherein, wenn die Ausübung des Widerrufs durch die besonderen Umstände des einzelnen **individuellen Arbeitsverhältnisses** bedingt ist (BAG GS 3.12.91, NZA 92, 749). Bei der Annahme eines solchen Tatbestandes ist die Rspr allerdings sehr zurückhaltend. So bejahte das BAG einen für das Eingreifen der Mitbestimmung notwendigen kollektiven Tatbestand auch dann, wenn eine übertarifliche Leistung gegenüber einzelnen ArbN aus Leistungsgründen oder wegen Krankheit gekürzt wurde, weil bei beiden Gesichtspunkten die Leistung der einzelnen ArbN notwendigerweise

zueinander in ein Verhältnis gesetzt werden müsse (BAG 22.9.92, NZA 93, 566; ausführlich dazu *Wiese* RdA 95, 355). Näheres zur diesbezüglichen Mitbestimmung s *Anrechnung übertariflicher Entgelte* Rz 3 ff.

B. Lohnsteuerrecht
Windsheimer

Die LSt richtet sich unabhängig von Zahlungsvereinbarungen nach dem *Lohnzufluss* Rz 2 ff. Bewirkt der Widerruf eine Rückzahlung empfangener Leistungen, richtet sich die steuerliche Behandlung nach den Grundsätzen der *Entgeltrückzahlung* Rz 17. Zum Widerrufsvorbehalt bei einer Pensionszusage s *Betriebliche Altersversorgung* Rz 156. 26

C. Sozialversicherungsrecht
Schlegel

Die **Nichtzahlung laufenden Arbeitsentgelts** bei Fälligkeit ändert nichts daran, dass der ArbGeb aus dem geschuldeten Arbeitsentgelt den GesamtSozVBeitrag zahlen muss. Gem § 22 Abs 1 SGB IV entsteht der Beitragsanspruch bei einmalig gezahltem Arbeitsentgelt dagegen erst, wenn das Arbeitsentgelt auch ausgezahlt ist. 31

Bei der erstmaligen Feststellung einer **Verletztenrente in der Unfallversicherung** kann abweichend von § 48 SGB X nach der vorläufigen Entschädigung der Vomhundertsatz der MdE auch dann abweichend von der vorläufigen Entschädigung festgestellt werden, wenn sich die Verhältnisse nicht geändert haben (vgl § 62 Abs 2 Satz 2 SGB VII, sog Änderungsvorbehalt). Die Rente wird jedoch spätestens mit Ablauf von drei Jahren nach dem Versicherungsfall kraft Gesetzes nicht mehr als „vorläufige Entschädigung", sondern als „Rente auf unbestimmte Zeit" geleistet, sodass der „Vorläufigkeitsvorbehalt" in dem den Rentenanspruch feststellenden Verwaltungsakt gesetzesunmittelbar entfällt (vgl dazu BSG 16.3.10 – B 2 U 2/09 R, BeckRS 2010, 69720). 32

Aktienoptionen

A. Arbeitsrecht
Röller

Übersicht

	Rz		Rz
1. Begriff und Funktionsweise	1	b) Wartefristen	10
2. Aktienrechtliche Voraussetzungen	2–4	c) Verfallklauseln	11
a) Beschluss der Hauptversammlung	2	d) Haltefristen/Veräußerungssperren	12
b) Aktienoptionsplan	3	5. Auswirkungen von Betriebsübergang, Verschmelzung und Squeeze-Out auf Aktienoptionen	13–15
c) Optionsvertrag	4		
3. Aktienoptionen als Bestandteil der Vergütung	5–8	a) Betriebsübergang	13
a) Gewährung durch den Vertragsarbeitgeber	5	b) Verschmelzung	14
		c) Squeeze-Out	15
b) Gewährung durch Konzernmuttergesellschaft	6	6. Karenzentschädigung	16
c) Aufteilung der Gesamtvergütung	7	7. Mitbestimmungsrechte des Betriebsrats	17
d) Begünstigter Personenkreis	8	8. Zuständigkeit der Arbeitsgerichte	18
4. AGB-Kontrolle	9–12		
a) Transparenzgebot (§ 307 BGB)	9		

1. Begriff und Funktionsweise. Mit der Gewährung von Aktienoptionen durch den ArbGeb wird dem ArbN das Recht auf Bezug von Aktien des Unternehmens nach Ablauf einer Wartefrist und bei Erreichen vorab definierter Erfolgsziele gewährt. Der Aktienoptionsplan muss mindestens ein rechtliches (im Sinne einer aufschiebenden Bedingung) oder wirtschaftliches Erfolgsziel vorsehen, § 193 Abs 2 Nr 4 AktG. Die Erfolgsziele werden in der Praxis nicht einheitlich gesetzt. Die Optionen können unmittelbar an die positive Entwicklung des eigenen Aktienkurses gebunden sein; zum Teil findet eine Orientierung an einem Aktienindex (zB dem DAX) statt oder es wird die Entwicklung des Aktienkurses im Verhältnis zum Branchendurchschnitt als maßgebliche Größe herangezogen. 1

7 Aktienoptionen

Die Ausübung der Optionen und der Erwerb der Aktien ist nur innerhalb eines vorab festgelegten Ausübungszeitraums möglich. Für die Ausübung der Optionen müssen die Mitarbeiter einen Ausübungspreis zahlen. Der Gewinn ist die Differenz zwischen Kauf- und Verkaufspreis der Aktien. Dieser Gewinn muss versteuert werden. Liegt der Aktienkurs zum Ausübungszeitpunkt unter dem Ausübungspreis, verfallen die Optionen.

In der Praxis weit verbreitet sind auch virtuelle Aktienoptionsprogramme (s hierzu LAG BaWü 17.1.12 – 22 Sa 77/11, BeckRS 2012, 68072). Bei ihnen soll der Inhaber der Optionen keine Aktien erhalten, sondern eine Zahlung, deren Höhe sich nach der Wertsteigerung einer fiktiven Option nach Maßgabe der Bezugsgrößen richtet.

2   **2. Aktienrechtliche Voraussetzungen. a) Beschluss der Hauptversammlung.** Aktienoptionspläne basieren in Deutschland überwiegend auf der Ausgabe von Bezugsrechten an Mitarbeiter und Mitglieder des Vorstandes, für deren Ausübung Aktien durch eine bedingte Kapitalerhöhung bereitgestellt werden. Hierfür ist ein Beschluss der Hauptversammlung erforderlich (§ 192 Abs 2 Nr 3 AktG), durch den die wesentlichen Bedingungen des Aktienoptionsrogramms, insbesondere die Wartefrist für die erstmalige Ausübung der Optionen und das Erfolgsziel festgelegt werden. Bei dem Beschluss der Hauptversammlung handelt es sich um eine reine Innenmaßnahme der Gesellschaft. Von ihm geht noch keine begünstigende Wirkung zu Gunsten der teilnahmeberechtigten Mitarbeiter aus. Neben Aktienoptionsplänen mittels einer bedingten Kapitalerhöhung besteht die Möglichkeit zum Erwerb eigener Aktien durch das Unternehmen gem § 71 Abs 1 AktG, um sie an Inhaber von Aktienoptionen auszugeben.

3   **b) Aktienoptionsplan.** In ihm werden von dem Unternehmen die näheren Voraussetzungen für die Teilnahme festgelegt. Erst durch den Aktienoptionsplan geht eine begünstigende Wirkung für die Mitarbeiter aus. Darüber hinaus enthält er Konkretisierungen der allgemeinen Rahmenbedingungen für die Ausübung der Optionen, also der Wartefrist, des Erfolgsziels und der Ausübungszeiträume sowie üblicherweise Verfallklauseln für den Fall des Ausscheidens des Mitarbeiters aus dem Arbeitsverhältnis. Aufgestellt wird der Aktienoptionsplan vom Vorstand des Unternehmens, das die Aktienoptionen ausgibt.

4   **c) Optionsvertrag.** Der Optionsvertrag – auch Gewährungsvertrag genannt – berechtigt den ArbN unter der Bedingung des Ablaufs der Wartefrist und des Erreichens des Erfolgsziels zum Erwerb von Aktien der Gesellschaft zu einem zuvor festgelegten Preis, dem sog Ausübungs- oder Basispreis. Die Rechtsnatur des Optionsvertrages ist nicht abschließend geklärt; Einvernehmen besteht darüber, dass er wesentlich durch kaufrechtliche Elemente geprägt ist (*Willemsen/Müller-Bonanni* ZIP 03, 1177; *Bauer/Göpfert/v. Steinau-Steinrück* ZIP 01, 1129; *Lembke* BB 01, 1469). Die eigentliche Option, dh der Anspruch auf einen bei Erfolg des Programms verbilligten Kauf von Aktien, ist Bestandteil des Optionsvertrages. Parteien des Optionsvertrages sind regelmäßig der ArbN und diejenige Gesellschaft, auf deren Aktien die Optionen lauten.

Mit dem Abschluss des Optionsvertrages erfüllt die Gesellschaft den Anspruch des Mitarbeiters aus dem Aktienoptionsplan, den Anspruch auf Gewährung von Aktienoptionen (*Willemsen/Müller-Bonanni* ZIP 03, 1177; *Bauer/Göpfert/v. Steinau-Steinrück* ZIP 01, 1129).

5   **3. Aktienoptionen als Bestandteil der Vergütung. a) Gewährung durch den Vertragsarbeitgeber.** Die Gewährung von Aktienoptionen ist Bestandteil der arbeitsvertraglichen Vergütungsregelung und damit arbeitsrechtlich als Arbeitsentgelt zu qualifizieren. Dies gilt unabhängig davon, ob das Bezugsrecht im Arbeitsvertrag oder später vereinbart wird. Im Gegensatz zu anderen Sondervergütungen haben Aktienoptionen ungleich größeren spekulativen Charakter. Sie stellen weniger Gegenleistung für erbrachte Leistungen, sondern vielmehr Gewinnchance und Anreiz für zukünftigen Einsatz dar (BAG 28.5.08 – 10 AZR 351/07, NZA 08, 1066).

6   **b) Gewährung durch Konzernmuttergesellschaft.** Schließt der ArbN den Optionsvertrag über die Gewährung der Optionen nicht mit seinem ArbGeb, sondern mit der Konzernmuttergesellschaft ab, können Ansprüche aus dieser Vereinbarung nur gegenüber der vertragsschließenden Konzernmuttergesellschaft geltend gemacht werden. Der Optionsvertrag wird nicht Bestandteil des Arbeitsverhältnisses mit dem VertragsArbGeb. Er steht rechtlich selbstständig neben diesem Arbeitsvertrag (BAG 16.1.08 – 7 AZR 887/06, NZA 08,

836; 12.2.03 – 10 AZR 299/02, NZA 03, 487; *Lingemann/Diller/Mengel* NZA 2000, 1191; *Willemsen/Müller-Bonanni* ZIP 03, 1177; aA *Lipinski/Melms* BB 03, 150). Dies bedeutet nicht, dass der VertragsArbGeb unter keinen Umständen selbst Verpflichteter aus einem von der Konzernmuttergesellschaft aufgelegten Aktienoptionsplan sein kann. Voraussetzung hierfür ist jedoch, dass aus dem Arbeitsvertrag mit dem VertragsArbGeb ein entsprechender Rechtsbindungswille hergeleitet werden kann. Eine eigene Verpflichtung des VertragsArb-Geb kann bspw dann bestehen, wenn der ArbN diesem gegenüber auf eine höhere Barvergütung im Hinblick darauf verzichtet, dass er Aktienenoptionen von der Konzernmuttergesellschaft erhält (*Annuß/Lembke* BB 03, 2230; *Willemsen/Müller-Bonanni* ZIP 03, 1177).

c) **Aufteilung der Gesamtvergütung.** Ungeklärt ist bislang die Frage, wie die Gesamtvergütung zulässigerweise zwischen Festvergütung und Aktienoptionen aufgeteilt werden kann. Aktienoptionen sind als Sachbezug zu betrachten, so dass § 107 Abs 2 GewO diesen auf einen nicht vorher definierten Teil des Arbeitsentgelts beschränkt. Nach Auffassung des LAG Dü verstößt eine Regelung, wonach ein erheblicher Teil der Vergütung durch die Gewährung von Aktienoptionen gewährt wird, gegen § 107 Abs 2 GewO mit der Folge, dass der ArbGeb zur Zahlung der vereinbarten Vergütung verpflichtet bleibt (30.10.08 – 5 Sa 977/08, NZG 09, 280). Ein Anteil von bis zu 50% der Gesamtvergütung wird in der Lit als noch zulässig angesehen (*Röder/Göpfert* BB 01, 2002). 7

d) **Begünstigter Personenkreis.** Der Vorstand bestimmt idR, welchen ArbNGruppen in welchem Umfang Aktienoptionen gewährt werden. Diese Entscheidung muss sich am arbeitsrechtlichen **Gleichbehandlungsgrundsatz** messen lassen. Zulässig ist es, den Kreis der Bezugsberechtigten auf **bestimmte Hierachieebenen** zu beschränken. Die Gruppe der Bezugsberechtigten muss sich jedoch klar von der vom Bezugsrecht Ausgenommenen abgrenzen lassen, damit eine willkürliche Auswahl ausgeschlossen ist (BAG 21.10.09 – 10 AZR 664/08, NZA 10, 632; *Lembke* BB 01, 1469; *Lingemann/Diller/Mengel* NZA 2000, 1191). Teilzeitbeschäftigte dürfen von der Gewährung der Aktienoptionen nicht ausgenommen werden (*Legerlotz/Laber* ArbRE 01, 58; aA *Baeck/Diller* DB 98, 1405). ArbN, die unter Verletzung des Gleichbehandlungsgrundsatzes von der Gewährung von Aktienoptionen ausgenommen werden, haben einen Auskunftsanspruch bzgl der Bedingungen des Aktienoptionsplans, um den ihnen zustehenden Schadensersatzanspruch gegen den ArbGeb geltend machen zu können (BAG 21.10.09). 8

4. AGB-Kontrolle. Die Regelungen in den Aktienoptionsplänen und Optionsverträgen stellen AGB iSv § 305 Abs 1 BGB dar (BAG 28.5.08 – 10 AZR 351/07, NZA 08, 1066). Zum Begriff der AGB s *Arbeitsvertrag* Rz 24. 9

a) **Transparenzgebot (§ 307 BGB).** Dieses gilt über § 307 Abs 3 Satz 2 BGB auch für vertragliche Hauptleistungen mit der Folge, dass auch die Vereinbarungen über die für die Gewährung von Aktienoptionen zu erfüllenden Voraussetzungen und ihre Höhe unter dem Gesichtspunkt der Transparenz überprüfbar sind. Die Regelungen in Aktienoptionsplänen und Optionsverträgen müssen deshalb klar und verständlich formuliert sein. Der ArbN muss erkennen können, unter welchen Voraussetzungen und in welcher Höhe ein Anspruch auf die Option bestehen soll. Besonderes Augenmerk ist dabei auf in der Praxis übliche Regelungen zu richten, durch die sich die Gesellschaft das Recht vorbehält, die Optionsbedingungen unter bestimmten Voraussetzungen anzupassen.

b) **Wartefristen.** Sie haben zum Inhalt, dass der Optionsberechtigte die Option erst nach Ablauf eines bestimmten Zeitraums nach Abschluss des Optionsvertrages ausüben kann. Gem § 193 Abs 2 Nr 4 AktG muss die Wartefrist **mindestens 4 Jahre** betragen. Wartefristen von bis zu 5 Jahren werden unter Hinweis auf § 624 BGB als zulässig angesehen (BAG 28.5.08; *Lingemann/Diller/Mengel* NZA 2000, 1191; *Pulz* BB 04, 1107; *Schanz* NZA 2000, 626, der auch Wartefristen von mehr als 5 Jahren für zulässig erachtet). 10

c) **Verfallklauseln.** Klauseln, die für die Ausübung der Aktienoptionen nach Ablauf der Wartefrist an das Bestehen eines ungekündigten Arbeitsverhältnisses knüpfen, sind zulässig, und zwar auch für den Fall einer betriebsbedingten Kündigung (BAG 28.5.08; *Pulz* BB 04, 1107; *Mechlem/Melms* DB 2000, 1614; *Bauer/Göpfert/v. Steinau-Steinrück* ZIP 01, 1129; *Reim* ZIP 06, 1075). Strittig ist die Frage, welche Bindungsdauer zulässig ist. Die hM in der Lit tendiert dahin, in Anlehnung an den Rechtsgedanken aus §§ 624 BGB, 15 Abs 4 TzBfG 11

7 Aktienoptionen

eine maximal zulässige Dauer für Verfallklauseln von 5 Jahren anzunehmen (*Pulz* BB 04, 1107; *Baeck/Diller* DB 98, 1405; *Röder/Göpfert* BB 01, 2002).

12 **d) Haltefristen/Veräußerungssperren.** Haltefristen sehen vor, dass der Optionsbegünstigte auf der Grundlage einer Aktienoption bereits erhaltene Aktien für einen gewissen Zeitraum nach dem Erwerb nicht veräußern darf. Sichergestellt werden soll damit, dass das Interesse des Optionsbegünstigten am Unternehmenserfolg auch zukünftig anhält. Solche Klauseln sind zulässig (*Mechlem/Melms* DB 2000, 1614; *Lingemann/Diller/Mengel* NZA 2000, 1191). Wenig diskutiert ist hingegen die Frage nach der zulässigen Dauer von Haltefristen. Soweit zu der Frage überhaupt Stellung genommen wird, wird unter Hinweis auf § 723 Abs 32 BGB eine zeitliche Grenze von 5–10 Jahren befürwortet (*Lingemann/Diller/Mengel* NZA 2000, 1191; *Baeck/Diller* DB 98, 1405); nach aA sollen nur Haltefristen von 3 Jahren zulässig sein (*Reim* ZIP 06, 975).

13 **5. Auswirkungen von Betriebsübergang, Verschmelzung und Squeeze-Out auf Aktienoptionen. a) Betriebsübergang.** Strittig ist, ob die ArbN im Falle des Betriebsübergangs ihre bereits erhaltenen oder zugesagten Optionen verlieren, dh ob die Bezugsrechte erlöschen oder ob der Erwerber in die Verpflichtungen aus dem Optionsvertrag eintritt. Teilweise wird in der Lit die Auffassung vertreten, die Optionsrechte verfallen ersatzlos, weil sie den stillschweigenden Vorbehalt enthielten, dass das Arbeitsverhältnis mit dem gewährenden Unternehmen zumindest bis zum Ablauf der Wartezeit und dem Erreichen des Erfolgsziels bestehen müsse (*Bauer/Göpfert/v. Steinau-Steinrück* ZIP 01, 1129). Nach aA geht der Anspruch des ArbN aus dem Optionsvertrag gem § 613a BGB auf den Erwerber über. Weil dem Erwerber die Gewährung der Option idR rechtlich unmöglich (§ 275 Abs 1 BGB) sei, sei der Optionsvertrag nach § 313 BGB wegen Störung der Geschäftsgrundlage dergestalt anzupassen, dass dem ArbN eine angemessene Entschädigung gegen den Erwerber zustehen soll (*Tappert* NZA 02, 1188; *Lembke* BB 01, 1469; *Nehls/Sudmeyer* ZIP 02, 201). ME ist bei der Lösung an der Trennung von Arbeitsvertrag und Optionsvertrag anzusetzen. Bereits **ausübungsreife Optionen** sind **keine übergangsfähigen Rechte iSd § 613a BGB**, da lediglich noch ein kauf- bzw aktienrechtliches Rechtsverhältnis zwischen ArbGeb und ArbN besteht. Die ausübungsreifen Optionen kann der ArbN auch nach dem Betriebsübergang noch gegenüber dem Veräußerer ausüben. Die Ansprüche aus **noch nicht ausübungsreifen Optionen** sowie auf die zukünftige Gewährung von Optionen gehen demgegenüber mit dem Arbeitsverhältnis nach § 613a BGB über. Da der Erwerber idR nicht in der Lage sein wird, die Pflichten aus dem Optionsvertrag zu erfüllen, erlöschen diese (§ 275 Abs 1 BGB). Gem § 313 BGB steht dem ArbN ein **wertgleicher Ersatzanspruch** (Geldanspruch, Teilnahme an einem vergleichbaren Mitarbeiterprogramm) gegen den Erwerber zu. Dies gilt unabhängig davon, ob es sich bei den Aktienoptionen um einen wesentlichen oder unwesentlichen Teil des Gesamteinkommens handelt (so auch, teilweise jedoch differenzierend *Willemsen/Müller-Bonanni* ZIP 03, 1177; *Schnitker/Grau* DB 02, 2497; *Balze/Rebel/Schuck* Rz 1079).

Bei **Gewährung der Aktienoptionen durch die Konzernmuttergesellschaft** gehen die Ansprüche wegen der Trennung von Optionsvertrag und Arbeitsvertrag nicht gem § 613a BGB über (BAG 3.5.06 – 10 AZR 310/05, NZA 06, 1296).

14 **b) Verschmelzung.** Liegt dem Betriebsinhaberwechsel eine umwandlungsrechtliche Verschmelzung zu Grunde, ist zu beachten, dass mit dem Wirksamwerden der Verschmelzung gem § 20 Nr 2 UmwG der übertragende Rechtsträger erlischt. Gem § 23 UmwG ist deshalb der übernehmende Rechtsträger verpflichtet, den Inhabern von stimmrechtslosen Sonderrechten im übertragenden Rechtsträger – zu denen auch die Inhaber von Aktienoptionen zählen – gleichwertige Rechte im übernehmenden Rechtsträger einzuräumen (*Willemsen/Müller-Bonanni* ZIP 03, 1177; *Lutter/Grunewald* § 23 Rz 10).

15 **c) Squeeze-Out.** Gem §§ 327a ff AktG hat der Mehrheitsaktionär, sofern er mindestens 95% der Aktien an einer Gesellschaft hält, die Möglichkeit, die verbliebenen Minderheitsaktionäre auszuschließen. Mit Eintragung des Beschlusses der Hauptversammlung ins Handelsregister gehen die Aktien der Minderheitsaktionäre auf den Hauptaktionär über. Als Ausgleich für den Ausschluss haben die Minderheitsaktionäre Anspruch auf Zahlung einer Barabfindung, deren Höhe gem § 327b AktG vom Hauptaktionär festzulegen ist. Der Squeeze-Out, dh die Eintragung des Hauptversammlungsbeschlusses in das Handelsregister

hat bezogen auf die Inhaber von Aktienoptionen zur Folge, dass sie ihren Anspruch auf Verschaffung von Aktien verlieren. Anstelle dieses Anspruchs tritt der Anspruch auf Zahlung einer Barabfindung. Dies folgt daraus, dass die Stellung der Inhaber von Aktienoptionen nicht stärker sein kann als die der Aktionäre, aber auch nicht schlechter sein darf (*Wilsing/ Kruse* ZIP 02, 1469). Der Optionsinhaber ist deshalb wirtschaftlich so zu behandeln wie der Aktieninhaber. Dies kann dergestalt erfolgen, dass die Inhaber von Aktienoptionen die auch den Minderheitsaktionären zustehende volle Barabfindung erhalten (*Vossius* ZIP 02, 511) oder indem man ihnen nur den Anspruch auf eine Barabfindung einräumt, die dem Wert ihrer Optionsrechte entspricht und die nach anerkannten Bewertungsverfahren zu ermitteln ist (*Wilsing/Kruse* ZIP 02, 1465; *Adams* ZIP 02, 1325).

6. Karenzentschädigung. Ob der Wert von gewährten Aktienoptionen bei der Berechnung der Karenzentschädigung zu berücksichtigen ist, hängt davon ab, ob sie Arbeitsentgelt im eigentlichen Sinne sind, dh Gegenleistung für die Arbeitsleistung oder ob es sich lediglich um Leistungen handelt, die nur anlässlich des Arbeitsvertrages gewährt wurden (s oben Rz 5). Wurden die Aktienoptionen zur Förderung der allgemeinen Mitarbeitermotivation oder -identifikation gewährt oder sollen sie lediglich einen Anreiz für den Verbleib des ArbN im Unternehmen schaffen, handelt es sich um ArbGebLeistungen, die außerhalb des Synallagmas stehen und die deshalb bei der Berechnung der Karenzentschädigung nicht zu berücksichtigen sind. Dies gilt auch dann, wenn die Aktienoptionen durch die Konzernmuttergesellschaft gewährt wurden (aA *Bauer/Diller* Rz 139a; *Buch* BB 2000, 1294). Zur Berechnung des Wertes für den Fall der Berücksichtigung der Aktienoptionen s *Bauer/Diller* Rz 254. **16**

7. Mitbestimmungsrechte des Betriebsrats. Bei der Einräumung von Aktienoptionen für Mitarbeiter steht dem BRat nach § 87 Abs 1 Nr 10 BetrVG ein Mitbestimmungsrecht zu, da es sich um eine Einführung und Anwendung neuer Entlohnungsmethoden handelt (*Bauer/Herzberg* NZA 11, 713; *Baeck/Diller* DB 98, 1405; kritisch *Kau/Kukat* DB 99, 2505). Werden die Aktienoptionen durch die ausländische Muttergesellschaft gewährt, soll dem BRat ein Anspruch auf Zurverfügungstellung der erforderlichen Unterlagen zur Prüfung der Frage zustehen, ob ein Mitbestimmungsrecht besteht (LAG Nürnberg 22.1.02 – 6 TaBV 19/ 01, NZA-RR 02, 247). **17**

8. Zuständigkeit der Arbeitsgerichte. Streitigkeiten zwischen ArbN und ArbGeb aus einem Aktienoptionsplan oder dem sich anschließenden Optionsvertrag sind vor den Arbeitsgerichten auszutragen, § 2 Abs 1 Nr 4a ArbGG. Werden die Aktienoptionen durch die Konzernmuttergesellschaft gewährt, besteht keine Zuständigkeit des Arbeitsgerichts. § 2 Abs 1 Nr 3a ArbGG ist idR nicht einschlägig, da kein Rechtsstreit aus einem Arbeitsverhältnis vorliegt. Auch Nr 4a ist nicht einschlägig, da keine Rechtsstreitigkeit zwischen ArbN und ArbGeb über Ansprüche vorliegt, die mit dem Arbeitsverhältnis in rechtlichem oder unmittelbarem wirtschaftlichen Zusammenhang stehen. Die Konzernmuttergesellschaft ist nicht ArbGeb iS dieser Bestimmung. **18**

B. Lohnsteuerrecht *Thomas*

Übersicht

	Rz		Rz
1. Lohncharakter	21	3. Wandlungsgenussschein	31, 32
2. Lohnzufluss	22–30	4. Bewertung	33–38
a) Grundsätze	22	a) Gegenstand	33–36
b) Zufluss bei Optionen	23, 24	b) Sonderbewertung	37, 38
c) Optionen Dritter	25	5. Erdienenszeitraum	39, 40
d) Übertragbarkeit	26, 27	6. Lohnsteuerabzug	41
e) Drittverwertung	28–30		

1. Lohncharakter. Erhält der ArbN von seinem ArbGeb Aktien unmittelbar oder im Rahmen eines eingeräumten Optionsrechts unter dem Verkehrswert (vgl § 8 Abs 2 Satz 1 EStG), so wird im Regelfall davon ausgegangen werden können, dass der Preisnachlass als Vorteil „für eine Beschäftigung" (§ 19 Abs 1 Nr 1 EStG) gewährt worden ist, also Arbeits- **21**

7 Aktienoptionen

lohn darstellt (BFH 21.12.06 – VI B 24/06, BFH/NV 07, 699). Ob ein Optionsrecht für eine Beschäftigung oder als zusätzliches Entgelt im Rahmen einer Anteilsveräußerung gewährt wurde, ist Tatfrage, die nicht allein nach der äußeren Erscheinungsform, sondern danach zu beurteilen ist, was wirtschaftlich gewollt und bewirkt worden ist (BFH 30.6.11 – VI R 80/10, DStR 11, 1757). Weniger naheliegend ist ein Veranlassungszusammenhang zu einem künftigen Dienstverhältnis, insbes wenn die verbilligte Überlassung nach den Umständen des Falles auch auf einer gesellschaftsrechtlichen Veranlassung beruhen kann (BFH 20.5.10 – VI R 12/08, DStR 10, 1888). Ertrag der Arbeit kann auch anzunehmen sein, wenn eine solche Vergünstigung durch einen Mitgesellschafter des ArbGeb erfolgt (BFH 24.2.81 – VIII R 109/76, BStBl II 81, 707; BFH 19.6.08 – VI R 4/05, DStR 08, 1632; *Simons/Knoll/Portner* DB 02, 2070). Ein geldwerter Vorteil wird ebenfalls erzielt, wenn der ArbN überlassene Aktien auf Grund einer Option bei gesunkenem Kurs dem ArbGeb wieder zum Ausgabewert zurückgeben darf (BFH 9.4.13 – VIII R 19/11, DStR 13, 1658). Die zu einem Aufsichtsratmitglied, also zu Einkünften aus selbständiger Arbeit (§ 18 Abs 1 Nr 3 EStG) ergangene Entscheidung ist auf ArbN übertragbar, wenn der ArbGeb durch Übernahme des Kursrisikos Vorteile verschafft. Überlässt der ArbGeb dem ArbN unmittelbar – also ohne vorgeschaltete Option – Aktien unter dem Verkehrswert, fließt der diesbezügliche geldwerte Vorteil mit der Verschaffung der Aktien zu. Stammen die Aktien aus einer Kapitalerhöhung erfolgt der Zufluss zum Zeitpunkt der Eintragung der Kapitalerhöhung, weil beim zeichnenden ArbN die neuen Mitgliedschaftsrechte zu diesem Zeitpunkt Kraft Gesetzes (§ 189 AktG) entstehen, ohne dass es eines besonderen weiteren Aktes bedarf (BFH 29.7.10 – VI R 30/07, DStR 10, 2231; dort auch zur Bewertung der Aktie nach § 11 Abs 2 BewG; ebenso BFH 29.7.10 – VI R 53/08, BFH/NV 11, 18; ähnlich FG Hbg 18.11.09 – 6 K 127/07, DStRE 10, 722 = EFG 10, 492 mit Anm *Neu*).

22   **2. Lohnzufluss. a) Grundsätze.** Die Lohnbesteuerung knüpft an den Zufluss (§ 11 Abs 1 Satz 1 EStG) von Arbeitslohn an (§ 38 Abs 2 Satz 2 EStG). Anders als im Sozialrecht (vgl BFH 29.5.08 – VI R 57/05, DStRE 08, 1050) und anders als beim Betriebsvermögensvergleich kommt es bei den Überschusseinkünften nicht auf die Begründung von Ansprüchen an, sondern auf deren Erfüllung (BFH 9.10.02 – VI R 112/99, BStBl II 02, 884 = DStR 02, 2167 mit Anm *MIT*). Nach dem die LSt beherrschenden **Realisierungsprinzip** ist nicht das Verpflichtungs- sondern das Erfüllungsgeschäft maßgebend. Das gilt sogar, wenn der ArbGeb interne Maßnahmen trifft, mittels deren ein dem ArbN eingeräumter Anspruch finanziell abgesichert wird (BFH 27.5.93 – VI R 19/92, BStBl II 94, 246). Anders ist es nur, wenn dem ArbN **Ansprüche gegen Dritte** – also am Markt – und nicht nur gegenüber dem ArbGeb, eingeräumt werden, beispielsweise wenn an der Börse gehandelte Optionsscheine übertragen werden (FG Münster 15.7.08 – 1 K 4029/06 E, DStRE 09, 589; *Portner* DStR 10, 1316). Wird eine Bank zur Abwicklung eingeschaltet, ist sie nicht Dritter im obigen Sinn, sondern nur Zahlstelle des ArbGeb, wenn Letzterer im Innenverhältnis den dem ArbN zugewendeten Vorteil trägt (BFH 23.6.05 – VI R 10/03, BStBl II 05, 770 = DStRE 05, 991 mit Anm *Thomas* KFR F 6 EStG § 19, 3/05, S 423).

23   **b) Zufluss bei Optionen.** Nach den obigen Grundsätzen sind Ansprüche des ArbN auf künftige Leistungen des ArbGeb aus Optionsrechten, Anwartschaften uÄ noch kein Arbeitslohn. Bei einer Aktienoption fließt Arbeitslohn erst zu, wenn die Option ausgeübt wird und der Kurswert bei Verschaffung der Aktie den Übernahmepreis übersteigt (BFH 24.1.01 – I R 100/98, BStBl II 01, 509 und I R 119/98, BStBl II 01, 512; BFH 20.11.08 – VI R 25/05, BStBl II 09, 382). Nach dem BMF-Schreiben vom 10.3.03 (BStBl I 03, 234) ist für den Zufluss der Tag der Ausbuchung der Aktie aus dem Depot des Überlassenden maßgebend. Fällt dieser nicht mit dem Tag der Einbuchung im Depot des ArbN zusammen, dürfte letzterer maßgebend sein (BFH 12.10.06 – VI B 12/06, BFH/NV 07, 40), weil der Verschaffungsanspruch erst damit erfüllt ist.

24   Kann der ArbN die verschafften Aktien veräußern, steht einem Lohnzufluss nicht entgegen, dass er hinsichtlich der Verwendung des Veräußerungserlöses gebunden ist (BFH 1.2.07 – VI R 73/04, BFH/NV 07, 896). Auch sog Sperr- bzw Haltefristen stehen einem Zufluss nicht entgegen. Das ist aber anders, wenn der ArbN die Verfügungsmacht aus rechtlichen Gründen noch nicht erlangen kann (BFH 30.6.11 – VI R 37/09, DStRE 11, 1247 zu „restricted shares"; *Heurung/Hilbert/Engel* DStR 11, 2436). Kommt es zur Ausübung der

Option nicht mehr, weil der Kurswert unter den Übernahmepreis gesunken ist, führt eine früher gezahlte Optionsprämie im Verfallsjahr zu (vergeblichen) Erwerbsaufwendungen. Zwar ist die Optionsprämie in einem Vorjahr abgeflossen. Der endgültige Verlust ist aber erst jetzt eingetreten (BFH 3.5.07 – VI R 36/05, DStR 07, 1158; vgl aber BFH 19.12.07 – IX R 11/06, BStBl II 08, 519 zum Verfallen einer Option außerhalb eines Dienstverhältnisses; BFH 13.2.08 – IX R 68/07, BStBl II 08, 522 zum Barausgleich bei einer Kaufoption und BFH 4.10.07 – VI B 137/06, BFH/NV 08, 66 zur betroffenen Einkunftsart bei Kosten einer Optionsausübung). Können aufgrund einer Verfallsklausel Aktien, die im Rahmen eines Optionsprogramms gewährt wurden, zurückgefordert werden, führt dies zu negativen Einnahmen. Diese sollen mit dem zuvor erzielten geldwerten Vorteil zu bewerten sein (BFH 17.9.09 – VI R 17/08, DStR 09, 2529). Näher dürfte liegen, sich am Wert der Aktien zum Zeitpunkt der Rückgabe zu orientieren, weshalb die negativen Einnahmen je nach zwischenzeitlicher Entwicklung der Aktien den ursprünglichen Vorteil über- oder unterschreiten können. Verzichtet der ArbGeb auf die Rückforderung, führt der Verzicht zu Arbeitslohn, der aber mit den negativen Einnahmen aus zurückgegebenen Aktien kompensiert wird (BFH 30.9.08 – VI R 67/05, BStBl II 09, 282 = DStRE 09, 150). Während der Laufzeit der Option kann der Basispreis noch lohnneutral herabgesetzt werden (zur aktienrechtlichen Zulässigkeit *Ackermann/Suchan* BB 02, 1497); zu Negativ-Tantiemen statt Aktienoptionen bei fallenden Kursen vgl *Niehues* DB 02, 2395. Ist das Optionsrecht mit einer Ausübungssperre versehen, kommt es ebenfalls nicht auf den Zeitpunkt der erstmaligen Ausübbarkeit an, sondern auf den des tatsächlichen Aktienbezugs (BFH 20.6.01 – VI R 105/99, BStBl II 01, 689 = DStR 01, 1341 mit Anm *MIT*). Entsprechendes gilt, wenn einem Geschäftsführer versprochen wird, dass er einen GmbH-Anteil zu einem bestimmten Preis erwerben kann. Dann liegt bei Übertragung des GmbH-Anteils ein geldwerter Vorteil in der Höhe vor, in der das Entgelt unter dem Marktwert zu diesem Zeitpunkt liegt. Der Zufluss einer stillen Beteiligung erfolgt bereits durch Gutschrift auf dem Beteiligungskonto (BFH 11.2.10 – VI R 47/08, DStRE 10, 790); zur Erfüllung durch Abfindung einer Option vgl unten Rz 27.

c) Optionen Dritter. Daraus folgt aber nicht, dass Optionen, die dem ArbN von einem 25 mit dem ArbGeb verbundenen Unternehmen eingeräumt werden, grds anders zu beurteilen wären. Denn auch bei Lohnzahlungen Dritter liegt ein Zufluss erst bei der tatsächlichen Leistung des Dritten vor. Kauft der ArbGeb dagegen marktgängige Optionsrechte bei Dritten ein und überträgt er sie ganz oder teilweise unentgeltlich auf seine ArbN, wendet er bereits damit den diesbezüglichen Vorteil als Arbeitslohn zu, weshalb Wertsteigerungen bis zur Ausübung der Option nicht mehr als Arbeitslohn erfasst werden können. Dabei ist zweifelhaft ob Marktgängigkeit die uneingeschränkte Veräußerbarkeit der Option an einem vorhandenen und für alle offenen Markt (so OFD Bln v 25.3.99 – St 423 – S 2347 – 1/99, DB 99, 1241) voraussetzt (*Thomas* DStZ 99, 710, 713; *Haas/Pötschan* DStR 2000, 2018; *Hoffmann* DStR 01, 1789; nach FG Münster 9.5.03 – 11 K 6754/01 L, EFG 03, 1172 kommt es auf die Handelbarkeit nicht an). Allerdings gehen bei diesem Modell die Vorteile der herkömmlichen Aktienoptionspläne (*Bredow* DStR 98, 380 mit vertraglicher Mustervereinbarung) verloren. Inwieweit die Weiterübertragung von Fremdoptionen bei Einschaltung nahe stehender Unternehmen und Aufnahme von Verfall- und Bindungsklauseln (s oben Rz 3 ff) gem § 42 AO zu einem Missbrauch von Gestaltungsmöglichkeiten (vgl BFH 25.11.93 – VI R 115/92, BStBl II 94, 424 mwN) führt, bedarf einer Einzelfallwürdigung. Im Übrigen sollen nach *Knoll* StuW 98, 133; BB 2000, 919 die Auffassungsunterschiede zum zutreffenden Besteuerungszeitpunkt von Vorteilen aus Aktienoptionen unter ökonomischen Gesichtspunkten irrelevant sein, weil beide möglichen Besteuerungsverfahren im Durchschnitt zu derselben steuerlichen Belastung führten.

d) Übertragbarkeit. Teilweise wird in der Literatur vertreten, dass jedenfalls bei über- 26 tragbaren Optionen Lohnzufluss bereits bei Einräumung des Optionsrechts und nicht erst bei dessen Ausübung anzunehmen sei, weshalb zwischenzeitliche Kursgewinne unberücksichtigt blieben *(von Einem* in Haarmann Hemmelrath & Partner Gestaltung und Analyse in der Rechts-, Wirtschafts- und Steuerberatung von Unternehmen, 1998, S 389; *Haas/Pötschen* DB 98, 2138; *Kau/Leverenz* BB 98, 2269; s auch *Herzig* DB 99, 1; *Jäger* DStR 99, 28). Dem ist nicht zu folgen, weil die Übertragbarkeit eines Anspruchs noch nicht seine Erfüllung bewirkt und damit noch keinen Zufluss (BFH 15.11.07 – VI R 66/03, BStBl II 08, 375 = DStR 08, 241). Deshalb ändert die bloße Übertragbarkeit – ungeachtet dessen, ob sie durch Sondervereinz

7 Aktienoptionen

barungen (zB Vorkaufs-, Kündigungsrecht des ArbGeb, Mitteilungspflicht, Erfordernis der Zustimmung zur Abtretung usw) erschwert worden ist – nichts daran, dass mit der Einräumung einer übertragbaren Option noch kein Lohnzufluss erfolgt (BFH 20.11.08 – VI R 25/05, BStBl II 09, 382 = DStRE 09, 207 mit Anm *Busch* DStR 09, 898). Ebenso wie bei anderen Gehaltsansprüchen vor ihrer Erfüllung ein Zufluss nicht schon deswegen angenommen werden kann, weil sie vererbt, übertragen oder gepfändet werden können (s *Entgeltabtretung* Rz 13 ff; *Pfändung* Rz 38 ff), führt auch bei Optionen die Übertragbarkeit noch nicht zum Lohnzufluss.

27   Allerdings stellt die vom ArbGeb gezahlte **Entschädigung für den Verzicht** des ArbN auf eine ihm eingeräumte Erwerbsoption eine anderweitige Erfüllung des Anspruchs durch den ArbGeb und damit einen Lohnzufluss dar (BFH 18.12.01 – IX R 24/98, BFH/NV 02, 904; ebenso zur Abstandszahlung für den Verzicht auf ein Andienungs- und Vorkaufsrecht BFH 19.6.08 – VI R 4/05, BStBl II 08, 826 = DStR 08, 1632 und zur Abfindung einer Versorgungszusage BFH 12.4.07 – VI R 6/02, BStBl II 07, 581 = DStR 07, 894 mit Anm *Heeg/Schramm* DStR 07, 1706; bzw zur Novation BFH 22.7.97 – VIII R 57/95, BStBl II 97, 755). Entsprechendes gilt für andere Erfüllungssurrogate, bei denen weitere Erfüllungsansprüche gegen den ArbGeb nicht mehr bestehen (BFH 23.6.05 – VI R 10/03, BStBl II 05, 770, 775).

28   **e) Drittverwertung.** Räumt der ArbGeb seinem ArbN eine Aktienoption ein und überträgt letzterer sie entgeltlich auf eine ihm gehörende GmbH, nimmt der BFH einen Lohnzufluss zum Zeitpunkt der Übertragung der Option auf die GmbH an und nicht zu dem späteren Zeitpunkt der Verschaffung der Aktien durch den ArbGeb (BFH 18.9.12 – VI R 90/10, DStR 13, 245). Das eröffnet Gestaltungsmöglichkeiten. Denn danach müsste Entsprechendes gelten, wenn der ArbN die Option an nahe Angehörige veräußert, mit der Folge, dass die Differenz zwischen dem vom ArbGeb verschafften und dem bei der Veräußerung der Option erzielten Vorteil unversteuert bleibt. Allerdings widerspricht die obige Entscheidung der übrigen Rspr der Ertragsteuersenate des BFH, nach welcher bei einer Aktienoption sowohl der Zeitpunkt als auch die Höhe des Lohnzuflusses von der Erfüllungshandlung des ArbGeb abhängt (vgl Rz 22 ff). Zum Zeitpunkt der Übertragung der Option auf die GmbH des ArbN hat der ArbGeb noch nichts erfüllt. Zwar erzielt der ArbN einen Zufluss, jedoch erfolgt dieser in seiner privaten Vermögenssphäre und nicht durch – noch ausstehende – Erfüllungshandlungen des ArbGeb. Das wird besonders deutlich, wenn die Option nicht ausgeübt wird, weil am Ende der Optionsfrist der vereinbarte Kaufpreis den Wert der Aktie übersteigt. Dann hat die Option nie zu einem Lohnzufluss geführt, unabhängig davon ob sie zwischenzeitlich vererbt, verschenkt oder veräußert worden ist (vgl dazu Rz 26).

29   Übersteigt umgekehrt der bei Ausübung der Option erzielte geldwerte Vorteil (Wert der verschafften Aktien abzüglich des Betrages, der hierfür zu entrichten ist) den Preis, den der ArbN für den Verkauf der Option erhalten hat, so ist als zugeflossener Arbeitslohn der insgesamt vom ArbGeb zugewendete geldwerte Vorteil anzusetzen, da er Ertrag der Arbeit ist. Der Wenigererlös des ArbN beruht auf einer steuerlich nicht relevanten vorgezogenen Lohnverwendung über noch nicht zugeflossenen Arbeitslohn. Der Wenigererlös, wie auch etwaige Kosten für die Veräußerung des Optionsrechts stellen beim ArbN weder Werbungskosten, noch negative Einnahmen dar, weil sie in der privaten Vermögenssphäre angefallen sind. Aus dem gleichen Grund führt ein Veräußerungsgewinn des ArbN aus einer Beteiligung an seinem ArbGeb nicht zu Lohn, auch wenn eine solche Beteiligung vom ArbGeb als wünschenswert angesehen wurde (BFH 17.6.09 – VI R 69/06, DStR 09, 2092; zum Veräußerungsverlust BFH 12.5.95 – VI R 64/94, BStBl II 95, 644; BFH 2.3.05 – VI R 36/01, DStRE 05, 1440 sowie *Arbeitnehmerdarlehen* Rz 11).

30   Das beschriebene Ergebnis weicht nicht vom BFH-Urt vom 26.7.85 – VI R 200/81 (BFH/NV 86, 306) zur vererblichen Option auf verbilligten Erwerb eines Grundstücks vom ArbGeb ab. Dort wurde entschieden, dass ein Lohnzufluss weder durch die Einräumung der Option, noch den zwischenzeitlichen Tod des ArbN, sondern erst durch die Verschaffung des verbilligten Grundstücks bewirkt wird. Allerdings wurde der diesbezügliche geldwerte Vorteil nicht sämtlichen Erben des ArbN (so noch das aufgehobene Urt des FG München vom 29.7.81, EFG 82, 179), sondern dem überlebenden Ehegatten zugerechnet. Dabei wurde aus den besonderen Umständen des Falles (Neubestimmung des Kreises der Berech-

tigten durch den überlebenden Ehegatten mit Zustimmung des ArbGeb sowie Ausübung der Option und Übertragung des Grundstücks in derselben notariellen Urkunde) geschlossen, dass der geldwerte Vorteil in der Person des Ehegatten entstanden sei. Dem liegt die Vorstellung zugrunde, dass der Vorteil wirtschaftlich betrachtet bereits dem überlebenden Ehegatten zugewendet worden sei und die Weitergabe an die anderen Erben eine Einkommensverwendung beinhalte. Die Sicht, dass auch bei Übertragung der Option auf Dritte der erst bei Verschaffung der verbilligten Aktien in Höhe des Preisnachlasses entstehende geldwerte Vorteil zufließe, entspricht der Handhabung in anderen Fällen, in denen der Arbeitslohn nicht an den ArbN ausgezahlt wird (BFH 15.11.07 – VI R 66/03, BStBl II 08, 375 zum gesetzlichen Übergang einer Lohnforderung).

3. Wandlungsgenussschein. Die Option kann dadurch eingeräumt werden, dass sie 31 derart an eine Wandelschuldverschreibung (s oben Rz 2; vgl auch *Hamacher* DB 2000, 2396; *Delp* BB 01, 1438; *Schawilye/Rohlfs/Siddiqui* Lohn + Gehalt 7/2000, 52 ff) oder ein ArbNDarlehen (s BFH 20.5.10 – VI R 12/08, DStR 10, 1888 sowie *Arbeitnehmerdarlehen* Rz 8 ff) gebunden wird, dass innerhalb der Optionsfrist dafür eine bestimmte Anzahl von Aktien zu einem zuvor festgelegten Preis verlangt werden kann. Dabei ist zu unterscheiden ob die Wandelschuldverschreibung bzw das Wandeldarlehen lediglich der Kapitalbeschaffung oder der Zuwendung von Lohn dient. Ersteres ist anzunehmen, wenn es sich um ein marktübliches Geschäft handelt. Dann agieren ArbGeb und ArbN wie fremde Dritte und der Vorteil eines späteren günstigen Aktienbezugs stellt nicht Lohn, sondern Kapitaleinnahme dar. Wird auf den Finanzierungsbeitrag des ArbN bei sonst marktüblichen Konditionen noch ein Rabatt eingeräumt, ist dieser bereits zum Zeitpunkt der Darlehenshingabe Arbeitslohn, auf den ggf § 19a EStG angewendet werden kann. Stellt die Option dagegen Ertrag der Arbeit dar, was sich insbesondere aus dem Kreis der Begünstigten und den Bezugskonditionen ergibt, kommt es wie bei normalen ArbN-Aktienoptionen zur Endbesteuerung, dh Arbeitslohn fließt erst bei Gewährung der verbilligten Aktien zu. Dabei besteht nur die Besonderheit, dass das eingesetzte Darlehen als Anschaffungskosten des Aktienerwerbs den geldwerten Vorteil mindert (BFH 23.6.05 – VI R 124/99, BStBl II 05, 766 mit Anm *Ackert* BB 05, 1778, *Lochmann* DB 05, 1721, *Bergkemper* FR 05, 1049, *Thomas* KFR F 6 EStG § 19, 3/05 S 423; BFH 23.6.05 – VI R 10/03, BStBl II 05, 770 mit Anm *Schultz* DB 05, 1882). Die **Erlangung** der Wandelschuldverschreibung bzw die Erbringung des ArbNDarlehens kann durch Lohnverrechnung, durch sonstige Mittel des ArbN oder eine zusätzliche Zuwendung des ArbGeb finanziert sein. Nur im letztgenannten Fall liegt zusätzlicher Arbeitslohn vor. Die Zinsen stellen bei allen drei Fallgestaltungen, sofern sie marktgerecht sind, nicht Lohn, sondern Einnahmen aus Kapitalvermögen dar. Stammt der später vorgesehene Eigenbeitrag des ArbN aus einem Vermögensbildungsmodell, bei dem lediglich eine nicht verzinsliche Gutschrift in den Büchern des ArbGeb mit Verfügungssperre vorgenommen wird, kann ein Zufluss noch zu verneinen sein (BFH 14.5.82 – VI R 124/77, BStBl II 82, 469 mit kritischer Anm *Wagner* BB Beilage 11 zu Heft 41/98). Dann werden die Aktien unter Verwendung der Gutschrift nicht mit Mitteln des ArbN, sondern des ArbGeb verschafft, weshalb sich der geldwerte Vorteil des verbilligten Aktienerwerbs insofern erhöht.

Bei **Geschäften unter Fremden** sieht der BFH (Urt v 30.11.99 – IX R 70/96, BStBl II 32 2000, 262) bei Schuldverschreibungen mit variablem Zins, die in solche mit festem Zins umgetauscht werden können, die Ausübung des Umtauschrechts nicht als einen neuen Anschaffungsvorgang an. Fraglich ist ob Gleiches gilt, wenn neben den Verzinsungsvarianten zusätzlich eine Option auf Aktien gewährt wird (verneinend *Harenberg* NWB F 3, 11005 f). Der BMF (Schreiben vom 24.5.2000, DStR 2000, 1227; vgl dazu *Schumacher* DStR 2000, 1218; *Harenberg* NWB F 3, 11317) nimmt bei Umtauschanleihen mit Aktienwahlrecht bei Ausübung dieses Rechts an, dass die Differenz zwischen dem Zahlungsbetrag und dem höheren Wert der Aktien als zusätzliche Zinsen Einnahmen aus Kapitalvermögen darstellen.

4. Bewertung. a) Gegenstand der Bewertung ist, wenn die Verschaffung der Aktien 33 vom ArbGeb geschuldet ist, nicht der Wert des Optionsrechts, sondern der Wert der verschafften Aktien zum Zeitpunkt ihrer Übertragung, ggf abzüglich eines eigenen finanziellen Beitrags des ArbN. Dabei kommt es weder darauf an, ob dieser Vorteil bei einer späteren Veräußerung tatsächlich erzielt werden konnte (BFH 27.7.11 – VI B 160/10, BFH/NV 11, 1869), noch, auf welche Weise der ArbGeb die Aktien seinerseits erworben hat und ob ihm

7 Aktienoptionen

dabei überhaupt Kosten entstanden sind (aA *Portner* DStR 98, 1535 unter 4. für den Fall der Kapitalerhöhung; dazu BFH 25.8.10 – I R 103/09, DStR 10, 2453 mit Anm *Buciek* FR 11, 234 und *Prinz* FR 11, 234) bzw ob der ArbGeb die Aktien zu einem früheren Zeitpunkt oder aufgrund günstiger Einkaufskonditionen billiger hatte erwerben können. Denn Sachbezüge, zu denen auch verbilligt abgegebene Aktien gehören, sind gem § 8 Abs 2 Satz 1 EStG mit dem üblichen Endpreis am Abgabeort anzusetzen. Dieser muss mit den beim ArbGeb abziehbaren Betriebsausgaben weder der Höhe nach, noch nach dem Abzugszeitpunkt korrespondieren (s *Sachbezug* Rz 16).

34 Ebenfalls irrelevant ist, ob der ArbGeb eigene (vgl dazu BFH 11.7.86 – VI R 163/82, BStBl II 87, 300 mit Anm *oV* HFR 86, 584) oder fremde Aktien verbilligt zuwendet, da für die Sachbezugsbewertung nach § 8 Abs 2 Satz 1 EStG (zur Sonderbewertung nach § 8 Abs 3 EStG s unten) weder die Herkunft noch der bisherige Eigentümer des verbilligt überlassenen Gegenstandes von Bedeutung ist. Danach bemisst sich der geldwerte Vorteil nach dem Preis, den der ArbN am Abgabeort für die erhaltenen Aktien üblicherweise selbst hätte entrichten müssen abzüglich seines eigenen Erwerbsbeitrages. Dabei rechtfertigt eine befristete Veräußerungssperre regelmäßig keinen Bewertungsabschlag (BFH 7.4.89 – VI R 47/88, BStBl II 89, 608 mit Anm *Thomas* KFR F 6 EStG § 19, 1/89 S 297 sowie ZL FR 89, 639).

35 Diese Grundsätze gelten regelmäßig ebenfalls, wenn eine – inländische oder ausländische – Muttergesellschaft des ArbGeb dem ArbN im Rahmen ihres Aktienoptionsplanes verbilligte Aktien zuwendet. Dass die Muttergesellschaft dabei eigene Interessen verfolgen kann, hindert noch nicht die Annahme von Lohnzahlungen Dritter (aA *Portner* DStR 97, 1876), wenn der Vorteil dem Betreffenden gerade in Hinblick auf seine Tätigkeit als ArbN, also als zusätzlicher Ertrag seiner Arbeit gewährt wird. Dabei kann die Beurteilung als Arbeitslohn nicht von einer bestimmten Mindestbeteiligung am ArbGeb abhängig gemacht werden, weil Lohnzahlungen Dritter in Einzelfällen auch von Geschäftspartnern des ArbGeb ohne jegliche gegenseitige Beteiligung möglich sind.

36 Wird dem ArbN dagegen vom ArbGeb ein Optionsrecht zugewendet, bei dem ein fremder Dritter dem ArbN (nicht lediglich als Rückdeckung dem ArbGeb) die Verschaffung von Aktien zu einem bestimmten Preis garantiert, stellt nur die Zuwendung des Optionsrechts Arbeitslohn dar, während die Vertragserfüllung des Dritten außerhalb des Dienstverhältnisses stattfindet. Ausgangspunkt der Bewertung ist dann derjenige Betrag, den der ArbN für ein solches Optionsrecht selbst hätte entrichten müssen.

37 **b) Sonderbewertung. aa) Vermögensbeteiligung.** Vor 2009 (mit Übergangsregelung gemäß § 52 Abs 35 EStG bis 2015, vgl dazu *Mitarbeiterbeteiligung* Rz 23) war nach § 19a Abs 2 Satz 2 EStG für die Bewertung von bestimmten Vermögensbeteiligungen, die der ArbGeb dem ArbN zuwendet, nämlich für bestimmte Aktien, Wandelschuldverschreibungen und Genussscheine nicht deren Wert am Tag der Überlassung, sondern – sofern sie zum amtlichen Handel zugelassen sind – der Kurswert am Tag der Beschlussfassung über die Überlassung maßgebend, wenn dazwischen nicht mehr als neun Monate lagen (vgl BFH 4.4.01 – VI R 96/00, BStBl II 01, 813 und VI R 173/00, BStBl II 01, 677, DStR 01, 1522 mit Anm *MIT; Thomas* KFR/F 6 EStG § 19a, 1/01, S 453). Waren die Voraussetzungen einer Vorteilsbewertung nach § 19a Abs 2 EStG aF gegeben, gingen sie einer Bewertung nach § 8 Abs 2 Satz 1 EStG vor (BFH 1.2.07 – VI R 72/05, DStRE 07, 674), schränkten aber nicht die Sachbezugsfreigrenze des § 8 Abs 2 Satz 9 EStG ein (BFH 6.7.11 – VI R 35/10, BFH/NV 11, 1683).

38 **bb) Rabattbesteuerung.** Gem § 8 Abs 3 EStG werden Preisnachlässe, die der ArbGeb auf Gegenstände seiner eigenen Produktpalette seinen ArbN gewährt, dadurch begünstigt, dass die Gegenstände mit einem Abschlag von 4 vH auf den üblichen Angebotspreis bewertet werden und die danach verbleibenden geldwerten Vorteile bis zu 1080 € jährlich je betroffenem ArbN steuerfrei sind. Dabei gehören nur die Leistungen zur begünstigten Produktpalette, die vom ArbGeb nicht überwiegend für den Bedarf seiner ArbN erbracht, also mindestens zur Hälfte am Markt angeboten werden. Da Gegenstand der Bewertung der Preisnachlass auf Aktien ist, müssen die verbilligt zugewendeten Aktien vom ArbGeb sonst wenigstens zur Hälfte am Markt vertrieben werden. Das bedeutet, dass die Vorteile des § 8 Abs 3 EStG vor allem ArbN des Bankgewerbes zugute kommen und im Übrigen nur, wenn der ArbGeb mindestens so viele Aktien dieser Art an fremde Dritte vertreibt, wie er verbilligt an seine ArbN weitergibt. Bei virtuellen Aktienoptionsprogrammen (vgl *Schmidbauer* DStR 2000,

1487) greift die Rabattbesteuerung ebenfalls nicht ein. Denn wenn dem ArbN nicht Aktien verschafft werden, sondern zum Ausübungszeitpunkt die Differenz zwischen Basispreis und Kurswert ausbezahlt wird, liegt kein Sachbezug, sondern eine Barlohnzahlung vor, für die die Bewertung des § 8 Abs 3 EStG nicht anwendbar ist (BFH 23.8.07 – VI R 44/05, BStBl II 08, 52 = DStR 07, 2107).

5. Erdienenszeitraum. Vorteile aus Aktienoptionen sind regelmäßig „Anreizlohn", also eine Vergütung für die gesamte Laufzeit der Option (BFH 24.1.01 – I R 100/98, BStBl II 01, 509). Sie können aber ausnahmsweise Entlohnung für eine zurückliegende Zeit sein, zB wenn der ArbN die Optionszusage für einen konkreten Arbeitserfolg erhält. Die nachträgliche Verlängerung der Ausübungsfrist über das Ende des Arbeitsverhältnisses hinaus hat nicht zur Folge, dass der geldwerte Vorteil als Entschädigung für den Verlust des Arbeitsplatzes anzusehen wäre (FG Hbg 30.4.08 – 3 K 108/07, DStRE 09, 912). Sofern eine Entlohnung für mehrere Jahre vorliegt (was ungeachtet der Laufzeit der Option eine Beschäftigung von mehr als zwölf Monaten voraussetzt), greift die Fünftelungsregelung des § 34 Abs 1 Satz 2 EStG ein. Danach ist im Jahr des Zuflusses die auf die begünstigten Einkünfte entfallende ESt derart zu ermitteln, dass die auf ein Fünftel dieser Einkünfte anfallende ESt verfünffacht wird. Das gilt auch, wenn der ArbGeb jedes Jahr ein neues Optionsmodell mit mehrjähriger Laufzeit auflegt, wenn die jeweils gewährte Option nicht in vollem Umfang einheitlich ausgeübt wird (BFH 19.12.06 – VI R 136/01, BStBl II 07, 456 = DStR 07, 234 mit Anm *Ackert* BB 07, 363; *Strnad* DB 07, 499) und wenn die Bezugsberechtigung von einer Leistungsbeurteilung des jeweiligen Vorgesetzten abhängt (BFH 19.12.06 – VI R 24/01, BFH/NV 07, 881). Hieran hat sich nichts durch die redaktionelle Neufassung des § 34 Abs 2 Nr 4 EStG geändert (BFH 18.12.07 – VI R 62/05, BStBl II 08, 294 = DStRE 08, 275).

Sofern der ArbN nicht während der ganzen Laufzeit der Option im Inland tätig war, ist derjenige Teil des im Zuflussjahr zu erfassenden Arbeitslohns, der auf die Inlandstätigkeit entfällt einzubeziehen und zwar auch dann, wenn der ArbN zum Ausübungszeitpunkt im Ausland wohnt und deswegen nicht unbeschränkt stpfl ist (BFH 24.1.01 – I R 119/98, BStBl II 01, 512; FG BaWü 24.4.08 – 3 K 381/08, EFG 08, 1677). Arbeitslohn aus der Option, der auf ausländische Tätigkeitszeiten entfällt und im Rahmen eines DBA steuerfrei ist, unterliegt nach § 32b Abs 1 Nr 3 EStG lediglich dem Progressionsvorbehalt (BFH 24.1.01 – I R 100/98, BStBl II 01, 509). Hierbei können sich dadurch Schwierigkeiten ergeben, dass in einigen Ländern nicht wie im Inland Endbesteuerung (bei Optionsausübung), sondern Anfangsbesteuerung (bei Einräumung der Option) gilt (vgl *Gosch* DStR 01, 939). Diese Schwierigkeiten müssen ggf im Verständigungsverfahren gelöst werden.

6. Lohnsteuerabzug. Der mit der Ausübung der Option verbundene geldwerte Vorteil ist, wenn er vom ArbGeb zugewendet wird, als sonstiger Bezug (Einzelheiten s *Sonstige Bezüge* Rz 2 ff) zu erfassen. Ist der ArbN ausgeschieden und kann deshalb die auf die verbilligten Aktien entfallenden LSt nicht aus dem laufenden Lohn gedeckt werden, kann der ArbGeb dies dem FA mit befreiender Wirkung mitteilen (§ 38 Abs 4 EStG; zur Haftung bei unterlassener Mitteilung BFH 9.10.02 – VI R 112/99, BStBl II 02, 884 = DStR 02, 2167 mit Anm *MIT*). Dann muss die LSt beim ArbN nachgefordert werden (FG München 11.1.99 – 8 V 3484/98, EFG 99, 381 = DStRE 99, 429). Handelt es sich dagegen um eine Lohnzahlung Dritter, etwa bei Zuwendung durch ein verbundenes Unternehmen, unterliegen solche Zuflüsse dem LStAbzug, wenn sie der ArbGeb kennt oder erkennen kann, was insbesondere anzunehmen ist, wenn ArbGeb und Dritter verbundene Unternehmen iS von § 15 AktG sind (§ 38 Abs 1 Satz 2 EStG). Der ArbN hat solche Drittzahlungen dem ArbGeb anzugeben (§ 38 Abs 4 Satz 3 EStG; vgl im Übrigen BFH 10.5.06 – IX R 82/98, BStBl II 06, 669 = DStR 06, 1268 mit Anm *Heuermann* Inf 06, 607).

C. Sozialversicherungsrecht *Schlegel*

1. Beitragsrecht: Die Sozialversicherungsträger berücksichtigen den geldwerten Vorteil einer Aktienoption erst bei Ausübung der Option (Besprechungsergebnis vom 26./27.5.99, Die Beiträge 99, 249). Die Spitzenverbände der SozVTräger haben sich auch hinsichtlich des Zuflusszeitpunkts dem BMF angeschlossen (vgl 31.10.03, Die Beiträge 03, 119 ff). Danach soll als Zuflusszeitpunkt des geldwerten Vorteils aus der Ausübung des Optionsrechts der Tag der Ausbuchung aus dem Depot gelten, unabhängig davon, ob die

8 Altersentlastungsbetrag

Kurse zwischen der Optionsausübung und der Ausbuchung gestiegen oder gefallen sind. Hat das Beschäftigungsverhältnis bereits im Vorjahr geendet, soll der geldwerte Vorteil nur dann der Beitragspflicht unterliegen, wenn er im 1. Quartal des Kj anfällt. Ein aufgrund einer Aktienoption nach dem 31. 3. eines Kj zufließender geldwerter Vorteil soll überhaupt nicht beitragspflichtig sein.

52 **2. Leistungsrecht.** Soweit die Einräumung von Aktienoptionen als beitragspflichtiges Arbeitsentgelt anzusehen ist und kein Fall von Einmalzahlungen vorliegt, finden die Aktienoptionen als Bestandteil des Arbeitsentgelts Eingang in die Bemessung von Lohnersatzleistungen (zB Krankengeld, AlGeld).

Altersentlastungsbetrag

A. Arbeitsrecht
Griese

1 Der steuerrechtliche Altersentlastungsbetrag hat arbeitsrechtlich idR keine unmittelbaren Auswirkungen, weil es die zwischen den Arbeitsvertragsparteien geltende Vergütungsregelung grds unberührt lässt. Da die geschuldete Vergütung grds eine **Bruttovergütung** (Näheres: *Bruttolohnvereinbarung* Rz 2; BAG 16.6.04 – 5 AZR 521/03, NZA 04, 1274) ist, von der die nach der jeweiligen gesetzlichen Regelung anfallenden Steuern abzuführen sind, verändern zusätzliche Steuerfreibeträge den Bruttovergütungsanspruch des ArbN nicht, so dass sich ein Altersentlastungsbetrag auf die geschuldete Bruttovergütung nicht auswirkt. Allerdings verändert (verbessert) dies den Nettobetrag der auszuzahlenden Vergütung. Mittelbar bewirkt daher der Altersentlastungsbetrag in problematischer Weise eine Besserstellung von älteren gegenüber jüngeren ArbN, weil bei identischem Bruttoverdienst der ältere ArbN eine höhere Nettovergütung erhält, so dass eine **altersbezogene Diskriminierung** in Rede steht (vgl zur generellen Problematik EuGH 22.11.05 – C-144/04, DB 06, 2638).

2 Der Abbau des Altersentlastungsbetrages durch das AltEinkG (BGBl I 04, 1427) baut diese **Ungleichbehandlung auf längere Sicht ab.** Kraft seiner Fürsorgepflicht ist der ArbGeb verpflichtet, die Steuerabzüge vom Entgelt des ArbN unter korrekter Anwendung von Freibeträgen und damit auch des Altersentlastungsbetrages zu ermitteln und abzuführen (BAG 11.10.89 – 5 AZR 585/88, NZA 90, 309). Die Fehleranfälligkeit wird durch den jährlichen Abschmelzungsprozess (s unten Rz 4 f) erhöht. Zu den arbeitsrechtlichen Konsequenzen fehlerhafter Berechnung und Abführung s *Bruttolohnvereinbarung* Rz 5.

3 Ist ausnahmsweise eine **Nettolohnvereinbarung** (s *Nettolohnvereinbarung* Rz 1 ff) getroffen worden, bleibt bei Änderungen der Besteuerungsgrundlagen, also auch bei Wirksamwerden eines Altersentlastungsbetrages, der **Nettoanspruch des Arbeitnehmers unverändert,** die Bruttovergütung kann hingegen bei erstmaligem Eingreifen eines Altersentlastungsbetrages sinken (s auch *Steuerfreie Einnahmen* Rz 3).

B. Lohnsteuerrecht
Windsheimer

6 **1. Zweck.** Der Altersentlastungsbetrag (§ 24a EStG) ist ein bei der jährlichen EStVeranlagung (vgl §§ 25, 46 EStG; s *Antragsveranlagung* Rz 7), zu berücksichtigender Abzugsposten, der bei ArbN wie bei sonstigen Stpfl von der Summe der Einkünfte abgezogen wird und somit das zu versteuernde Einkommen mindert (§ 2 Abs 3 Satz 1 EStG). Er soll die aus **aktiver** Tätigkeit stammenden zu versteuernden Einkünfte steuerlich entlasten. Die Umstellung der Besteuerung der Alterseinkünfte auf die nachgelagerte Besteuerung ab 2005 (s *Altersrente* Rz 8) hat der Gesetzgeber zum Anlass genommen, den Altersentlastungsbetrag wie den Versorgungsfreibetrag (s *Altersgrenze* Rz 19) ab 2005 bis 2040 jährlich mindernd bis auf 0 € abzusenken.

7 **2. Voraussetzungen.** Der Altersentlastungsbetrag wird unbeschränkt und ab 2009 auch beschränkt Stpfl (§ 50 Abs 1 Satz 3 EStG) ab dem nächsten Jahr nach Vollendung des 64. Lebensjahrs gewährt, also für das Jahr 2014 denen, die vor dem 2.1.1950 geboren sind und die Einkünfte beziehen, die weder aus Versorgungsbezügen iSd § 19 Abs 2 EStG (s *Altersgrenze* Rz 17 ff) noch aus Leibrenten iSd § 22 Nr 1 Satz 3 Buchst a EStG noch aus Einkünften iS des § 22 Nr 4 Satz 4 Buchst b, § 22 Nr 5 Satz 1, soweit § 52 Abs 34c EStG

anzuwenden ist, noch aus § 22 Nr 5 Satz 2 Buchst a EStG stammen (§ 24a Satz 2 EStG). Außer Betracht bleiben also auch Leistungen eines Pensionsfonds, bei denen der Versorgungsfreibetrag (§ 19 Abs 2 EStG) Anwendung findet sowie die sonstigen Einkünfte mit Ertragsanteilbesteuerung; s *Altersrente* Rz 8 ff).

3. Höhe. Der Altersentlastungsbetrag beträgt:
Auszug aus der gesetzlichen Tabelle (§ 24a Satz 5 EStG):

Das auf die Vollendung des 64. Lebensjahres folgende Kalenderjahr	in % der Einkünfte	Höchstbetrag
2005	40 %	1900 €
...	...	...
2013	27,2 %	1292 €
2014	25,6	1216 €
2015	24,0	1140 €
...	...	...
2030	8 %	380 €
...	...	...
2040	0 %	0 €

Die Besteuerung nach obiger Tabelle gilt auch für StPfl, die vor dem Jahr 2005 das 64. Lebensjahr vollendet haben.

4. Bemessungsgrundlage. Bei Einkünften aus nichtselbstständiger Arbeit wird der Altersentlastungsbetrag nach dem stpfl Arbeitslohn (brutto vor jedem Abzug, jedoch ohne pauschaliert besteuerten Arbeitslohn) bemessen.

Außer Betracht bleiben grundsätzlich Einkünfte aus Kapitalvermögen, wenn sie der Abgeltungssteuer unterlegen haben (§ 2 Abs 5b EStG); FG Düsseldorf 13.10.2010 – 15 K 2712/10 E, BeckRS 2011, 94304; ebenso FG Münster 28.3.12 – 11 K 3383/11 E, BeckRS 2012, 95083, R 24a EStR

Beispiel: Ein 65-jähriger StPfl hat im Jahr 2014 folgende Einkünfte:
aus nichtselbständiger Arbeit	28 000 €
darin enthaltene Versorgungsbezüge	12 000 €
aus Kapitalvermögen, die der Abgeltungssteuer unterliegen	1000 €
aus Vermietung und Verpachtung	– 3000 €

Der Altersentlastungsbetrag beträgt 25,6 % aus 16 000 € (nichtselbständige Einkünfte ohne Versorgungsbezüge) = 4096 €, höchstens 1216 €. Die Einkünfte aus Kapitalvermögen bleiben außer Betracht, weil der Abgeltungssteuer unterliegend (§ 2 Abs 5b EStG), die Einkünfte aus VuV bleiben außer Betracht, weil negativ.

Bei der Steuerermäßigung nach § 34 EStG ist bei der Bemessung der außerordentlichen Einkünfte der Altersentlastungsbetrag nicht miteinzubeziehen (BFH 15.12.05 – IV R 68/04, BFH/NV 06, 723). Bei einer negativen Summe der Einkünfte entfällt der Altersentlastungsbetrag (FG München 13.4.04 – 5 K 1744/02, BeckRS 2004, 26016248). Die um den Verlustvortrag geminderten Einkünfte aus privaten Veräußerungsgeschäften dienen als Bemessungsgrundlage für den Altersentlastungsbetrag (FG Berlin-Brandenburg 15.6.11 – 7 K 7303/08, BeckRS 2011, 96090; aA FG Sachsen-Anhalt 14.9.11 – 2 K 1832/08, BeckRS 2011, 97006; offen gelassen BFH 22.11.12 – III R 66/11, DStR 2013, 459).

5. Jahresveranlagung. Bei aktiven ArbNBezügen, von denen der LStAbzug vorgenommen worden ist, findet eine Jahresveranlagung nur statt, wenn die Summe der einkommensteuerpflichtigen Einkünfte – ohne Lohneinkünfte – abzüglich Altersentlastungsbetrag mehr als 410 € beträgt (§ 46 Abs 2 Nr 1 EStG).

8 Altersentlastungsbetrag

Beispiel:

Versorgungsbezüge in 2014 nach § 19 Abs 2 EStG eines über 64-jährigen früheren ArbN	30 000 €
nicht der LSt zu unterwerfende nichtselbstständige Nebeneinkünfte, zB Urlaubsabgeltung	
(BFH 21.2.03 – VI R 74/00, BStBl II 03, 496; s *Urlaubsabgeltung* Rz 13)	1200 €
Prüfung, ob Veranlagung vAw (§ 46 Abs 2 Nr 1 EStG; s *Antragsveranlagung* Rz 7):	1200,00 €
abzüglich Altersentlastungsbetrag (§ 24a EStG) 25,6 % aus 1200 €:	307,20 €
vAw zu veranlagen, da Nebeneinkünfte höher als 410 € sind (§ 46 Abs 2 Nr 1 EStG):	892,80 €

Eine Veranlagung vAw findet nicht statt, wenn die Summe der Einkünfte negativ ist (§ 46 Abs 2 Nr 1 EStG.

Bei **zusammenveranlagten Ehegatten** ist der Altersentlastungsbetrag jedem Ehegatten in gesondert zu berechnender Höhe zu gewähren, der die altersmäßigen Voraussetzungen erfüllt und entsprechend aktive Einkünfte bezieht (§ 24a Satz 4 EStG).

10   **6. Lohnsteuerabzug (§ 39b Abs 2 Sätze 2 und 3 EStG).** Der ArbGeb hat den Altersentlastungsbetrag ohne Rückgriff auf die Lohnsteuerabzugsmerkmale vom laufenden Arbeitslohn in Abzug zu bringen (§ 39b Abs 2 Satz 3 EStG) und zwar für 2014 bei monatlicher Zahlung mit monatlich höchstens 101,33 € (1216 : 12), bei wöchentlicher Zahlung mit wöchentlich höchstens 23,64 € (1216 € × 7 Tage : 360 Tage) und bei tagesweiser Zahlung mit täglich höchstens 3,37 € (1216 € : 360 Tage). Diese Beträge dürfen nicht überschritten werden, auch wenn in den vorangehenden Lohnzahlungszeiträumen desselben Kj der jeweilige Höchstbetrag nicht ausgeschöpft worden ist (vgl R 39b.4 Abs 2 Satz 3 LStR). Beim **permanenten Jahresausgleich** durch den ArbGeb gilt diese Einschränkung nicht (s *Lohnsteuerjahresausgleich* Rz 15 ff). Bei LStPauschalierung greift der Altersentlastungsbetrag nicht ein (vgl R 39b.4 Abs 3 Satz 4 LStR).

11   **7. Bei sonstigem Bezug** (s *Sonstige Bezüge* Rz 2 ff) ist der Altersentlastungsbetrag in Abzug zu bringen, soweit er nicht schon beim laufenden Arbeitslohn abgezogen worden ist (§ 39b Abs 3 Satz 3 EStG). Ist der Altersentlastungsbetrag beim sonstigen Bezug in Abzug gebracht worden, weil zB in den ersten Monaten des Jahres kein laufender Arbeitslohn bezahlt worden ist, so darf der ArbGeb bei erstmaliger Zahlung vom laufenden Arbeitslohn den Altersentlastungsbetrag hier nur noch abziehen, soweit er sich bei den sonstigen Bezügen nicht ausgewirkt hat (R 39b.4 Abs 2 Satz 3 LStR).

12   **8. Vorsorgepauschale (§ 10c EStG).** Für die Berechnung der Vorsorgepauschale und der Mindestvorsorgepauschale ist der Arbeitslohn nicht (mehr) um den Versorgungsfreibetrag (§ 19 Abs 2 EStG; s *Altersgrenze* Rz 19) und den Altersentlastungsbetrag (§ 24a EStG) zu vermindern; zur Rechtslage bis einschließlich 2009 siehe § 10c Absatz 2 Satz 3 EStG aF; BFH 27.5.09 – X R 50/06, BFH/NV 09, 1635.

C. Sozialversicherungsrecht   *Voelzke*

16   Das Erste Gesetz für moderne Dienstleistungen am Arbeitsmarkt vom 23.12.02 (BGBl I 02, 4607) hatte mit der jetzt in § 418 SGB III getroffenen Regelung einen Anreiz für ArbGeb geschaffen, ältere ArbN einzustellen. Nach dieser Vorschrift wird ein ArbGeb, der ein Beschäftigungsverhältnis mit einem Arbeitslosen begründet, der das 55. Lebensjahr vollendet hat, von der Tragung seines Anteils der **Beiträge zur Arbeitsförderung** befreit. Die Vorschrift sollte ArbGeb einen Anreiz bieten, verstärkt ältere ArbN einzustellen (BT-Drs 15/25 S 36). Voraussetzung für die Befreiung vom ArbGebBeitragsanteil war, dass (1.) der ArbN das 55. Lebensjahr vollendet hat, (2.) der ArbN vor der Einstellung arbeitslos gewesen ist und (3.) das Beschäftigungsverhältnis erstmals mit diesem ArbGeb begründet wurde. Die Erfüllung der genannten Voraussetzungen führte auch bei der Beschäftigung von ArbN, die zuvor AlGeld II bezogen haben, zu einer Beitragsentlastung beim ArbGeb. Eine Beschäftigung, die vollständig vor dem 7.11.02 liegt, bleibt für die Befreiung von der Beitragszahlung unbeachtlich. Die Beitragsfreiheit trat bei Vorliegen der Voraussetzungen hierfür kraft Gesetzes ein (*Hauck/Noftz/Voelzke* SGB III, § 418 Rz 17). Sie setzt insbesondere keinen Antrag bei der Krankenkasse oder bei der Agentur für Arbeit voraus. Bei Vorliegen der Voraussetzungen des § 418 SGB III trägt der ArbGeb seinen Beitragsanteil nicht. Der versicherungspflichtige

Beschäftigte trägt die Hälfte des Beitrages, der ohne die Regelung zu zahlen wäre. Die Inanspruchnahme der Beitragsentlastung ist zeitlich nicht begrenzt. Sie gilt nach § 418 Abs 2 SGB III letztmals für Beschäftigungsverhältnisse, die **vor dem 1.1.08 begründet** worden waren.

Für ältere ArbN tritt eine Entlastung ferner dadurch ein, dass eine Beschäftigung nach Erreichen der Regelaltersgrenze nur in eingeschränktem Umfang der Versicherungs- bzw Beitragspflicht unterliegt. In der **Arbeitslosenversicherung** sind ArbN, die das für den Anspruch auf Regelaltersrente maßgebende Lebensjahr vollendet haben, ausnahmslos von der Versicherungspflicht freigestellt (§ 28 Abs 1 Nr 1 SGB III). Unerheblich ist für diesen Befreiungstatbestand, ob der ArbN eine Rente bezieht. Die Versicherungsfreiheit betrifft nur den ArbN, während der ArbGeb nach § 346 Abs 3 SGB III hinsichtlich seines Anteils beitragspflichtig bleibt. 17

Versicherungsfreiheit in der gesetzlichen **Rentenversicherung** besteht für Personen, soweit diese nicht ohnehin wegen des Bezuges einer Vollrente wegen Alters versicherungsfrei sind, wenn sie bis zum Erreichen der Regelaltersgrenze nicht versichert waren oder nach Erreichen der Regelaltersgrenze eine Beitragserstattung aus ihrer Versicherung erhalten (§ 5 Abs 4 Nr 3 SGB VI). Übt eine gem § 5 Abs 4 Nr 3 SGB VI versicherungsfreie Person eine abhängige Beschäftigung aus, so hat der ArbGeb die Hälfte des Beitrages zu zahlen, der im Falle der Versicherungspflicht zu zahlen wäre (§ 172 Abs 1 Satz 1 Nr 3 und 4 SGB VI). Zusätzliche Voraussetzung der Verpflichtung des ArbGeb zur Beitragszahlung ist, dass der ArbN ohne Berücksichtigung des Befreiungstatbestandes versicherungspflichtig wäre. 18

In der **Krankenversicherung** und in der sozialen **Pflegeversicherung** besteht keine unmittelbar an das Lebensalter anknüpfende Möglichkeit zur Befreiung von der Versicherungspflicht. 19

Altersgrenze

A. Arbeitsrecht *Kreitner*

1. Allgemeines. Seit Inkrafttreten des AGG im Jahr 2006 ist das Alter als arbeitsrechtliches Differenzierungskriterium in vielfacher Hinsicht in Frage gestellt (vgl *Diskriminierung* Rz 85 ff). Altersgrenzen sind hiervon sowohl zu Beginn des Arbeitsverhältnisses als auch als Beendigungstatbestand betroffen. So hat das BAG zuletzt die von der Lufthansa als **Einstellungsvoraussetzung** für extern ausgebildete Piloten tariflich vorgeschriebene Höchstaltersgrenze von 32 Jahren für unwirksam erachtet (BAG 8.12.10 – 7 ABR 98/09, NZA 11, 751; anders noch früher bei Lehrern BAG 11.4.06 – 9 AZR 528/05, NZA 06, 1217; vgl auch OVG NW 27.7.10 – 6 A 282/08, BeckRS 2010, 51406). Ebenfalls unwirksam sind Mindestaltersgrenzen für den Einstieg in bestimmte Beamtenlaufbahnen (BVerwG 26.9.12 – 2 C 74.10, BeckRS 2012, 60251). Vorgaben bei der **Beendigung** des Arbeitsverhältnisses macht § 41 SGB VI. Diese Vorschrift ist in der Vergangenheit mehrfach grundlegend geändert worden (vgl hierzu die ausführliche Darstellung im Personalbuch 2002 Altersgrenze Rz 2, 5), zuletzt mWv 1.1.08 durch das RV-Altersgrenzenanpassungsgesetz (BGBl I 07, 554) im Hinblick auf die Anhebung der gesetzlichen Regelaltersgrenze (vgl auch *Betriebliche Altersversorgung* Rz 35, *Altersrente* Rz 4). Die rechtliche Behandlung von Altersgrenzen war auch Gegenstand der arbeitsrechtlichen Abteilung des 67. Deutschen Juristentages 2008 (Näheres s das Gutachten von *Preis* Band I Gutachten Teil B; vgl hierzu auch *Waltermann* NJW 08, 2529). 1

2. Kündigung. Nach **§ 41 Satz 1 SGB VI** ist der Umstand, dass ein ArbN Anspruch auf eine Rente wegen Alters hat, nicht als ein Grund anzusehen, der die Kündigung des Arbeitsverhältnisses durch den ArbGeb nach dem KSchG bedingen kann. Der Anspruch auf Altersrente vor Erreichen der Regelaltersgrenze darf bei einer **betriebsbedingten Kündigung** auch nicht bei der Sozialauswahl berücksichtigt werden. Das folgt bereits unmittelbar aus § 1 Abs 3 Satz 1 KSchG. 2

Ebenfalls unberührt von § 41 Satz 1 SGB VI bleibt die Möglichkeit des ArbGeb unter Beachtung der allgemeinen rechtlichen Voraussetzungen wegen altersbedingter Vermin- 3

9 Altersgrenze

derung der Leistungsfähigkeit des ArbN aus **personenbezogenen Gründen** eine Änderungs- oder Beendigungskündigung auszusprechen (Näheres *Kündigung, personenbedingte* Rz 29 ff).

4   **3. Aufhebungsvereinbarungen.** Von den mehrfachen Gesetzesänderungen in den letzten Jahren ist insbesondere die Regelung der Aufhebungsvereinbarungen betroffen gewesen (Näheres s Personalbuch 2002 Altersgrenze Rz 5, 10). Dabei ist die Kenntnis der früheren Rechtslage in Einzelfällen auch weiterhin von Bedeutung, da es nach der ständigen Rspr des BAG für die rechtliche Beurteilung auf den Zeitpunkt der Vereinbarung ankommt (BAG 22.5.12 – 9 AZR 453/10, BeckRS 2012, 70999; 20.2.02 – 7 AZR 748/00, NZA 02, 789). Generelle Vereinbarungen, die eine Beendigung von Arbeitsverhältnissen bei möglichem Rentenbezug vorsehen, können sowohl einzelvertraglich (im Arbeitsvertrag oder einer späteren Sondervereinbarung) als auch kollektivrechtlich (durch Tarifvertrag oder Betriebsvereinbarung) erfolgen (BAG 31.7.02 – 7 AZR 118/01, NZA 03, 620). Bestimmt eine Betriebsvereinbarung als Beendigungszeitpunkt das Erreichen des gesetzlichen Rentenalters, ist hierfür das Geburtsdatum des ArbN maßgebend, das er erstmals gegenüber einem Sozialleistungsträger angegeben hat (BAG 14.8.02 – 7 AZR 469/01, NZA 03, 1397).

5   Nach **§ 41 Satz 2 SGB VI**, der gem § 10 Satz 3 Nr 5 AGG von den Vorschriften des AGG unberührt bleibt, gilt eine Vereinbarung, die die Beendigung eines Arbeitsverhältnisses zu einem Zeitpunkt vorsieht, in dem der ArbN vor Erreichen der Regelaltersgrenze eine Rente wegen Alters beantragen kann, dem ArbN gegenüber als auf das Erreichen der Regelaltersgrenze abgeschlossen, es sei denn, dass die Vereinbarung innerhalb der letzten drei Jahre vor diesem Zeitpunkt abgeschlossen oder von dem ArbN bestätigt worden ist. § 41 SGB VI dient damit nur dazu, dem ArbN trotz gegenteiliger Vereinbarung die Entscheidungsfreiheit über sein Ausscheiden zu gewährleisten. Konkrete mit dem Ausscheiden verbundene Leistungen lassen sich aus dieser Vorschrift nicht begründen (BAG 18.2.03 – 9 AZR 136/02, NJW 03, 3005). Nach seinem Normzweck, der insbesondere in der Entstehungsgeschichte zum Ausdruck kommt, erfasst § 41 Satz 2 SGB VI ausschließlich **einzelvertragliche Altersgrenzenregelungen** (ErfK/*Rolfs* § 41 SGB VI Rz 12). Dies verdeutlicht nicht zuletzt auch die Bestätigungsoption, die nur für individuelle Vereinbarungen sinnvoll erscheint. Für den Bereich der Altersteilzeit gilt im Anwendungsbereich des AltTZG die Sonderbestimmung des § 8 Abs 3 AltTZG (BAG 22.5.12 – 9 AZR 453/10, BeckRS 2012, 70999; s auch *Altersteilzeit* Rz 8).

6   Demgemäß geht das **BAG** bislang in ständiger Rspr von der rechtlichen Zulässigkeit einzelvertraglicher Altersgrenzenregelungen innerhalb der allgemeinen gesetzlichen Schranken aus (grundlegend BAG GS 7.11.89 – GS 3/85, NZA 90, 819; *Linsenmaier* RdA 03, Sonderbeilage Heft 5, 22). Nach den RsprGrundsätzen zur Befristungskontrolle von Arbeitsverhältnissen bedarf es danach eines **sachlichen Grundes**, da mit der Altersgrenzenvereinbarung eine funktionswidrige Verwendung des befristeten Arbeitsvertrages und damit eine objektive Umgehung zwingenden Kündigungsschutzrechts verbunden sein kann (BAG 20.2.02 – 7 AZR 748/00, NZA 02, 789; 19.11.03 – 7 AZR 296/03, NZA 04, 1336; vgl auch § 14 Abs 1 Satz 2 Nr 6 TzBfG). Unter dem Gesichtspunkt der Altersdiskriminierung sind im Schrifttum insoweit mehrfach europarechtliche Bedenken geltend gemacht worden (vgl *Kamanabrou* NZA 06 Beilage 3, 138), die allerdings zuletzt der **EuGH** weitestgehend ausgeräumt haben dürfte (s unten Rz 9). Zwar betrafen diese Entscheidungen tarifliche Altersgrenzenregelungen. Die dort angenommene arbeitsmarktbezogene Rechtfertigung wird aber von arbeitsvertraglichen Altersgrenzen letztlich gleichermaßen bewirkt (*Bauer/von Medem* NZA 12, 945; *Temming* NZA 07, 1193).

7   Bei Abwägung des Fortsetzungsinteresses des ArbN mit dem Beendigungsinteresse des ArbGeb hat bei einer auf das **Erreichen der Regelaltersgrenze** abstellenden Beendigung **regelmäßig** das Bedürfnis des ArbGeb Vorrang, wenn der ArbN durch den Bezug einer gesetzlichen Altersrente oder im gleichen Maße im Wege der privaten Altersvorsorge durch Abschluss einer sog befreienden Lebensversicherung wirtschaftlich abgesichert ist (BAG 27.7.05 – 7 AZR 443/04, NZA 06, 37; LAG NdS 20.6.07 – 15 Sa 1257/06, BeckRS 2007, 46076; kritisch *Waltermann* ZfA 06, 305). Soweit die Rspr zunächst auch **frühere Beendigungstermine** für wirksam gehalten hat (BAG 19.11.03 – 7 AZR 296/03, NZA 04, 1336: 63. Lebensjahr; 20.2.02 – 7 AZR 738/00, NZA 02, 789: 60. Lebensjahr bei Piloten), dürfte

Altersgrenze 9

dies nach der neueren Rspr von EuGH und BAG zu entsprechenden tariflichen Altersgrenzen nicht mehr haltbar sein (Näheres s unten Rz 9).

Dabei ist § 41 Satz 2 SGB VI **nicht einschränkungslos** auf jede einzelvertragliche 8 Altersgrenzenvereinbarung anzuwenden, die ein vorzeitiges Ausscheiden vor Erreichen der Regelaltersgrenze vorsieht. Die Vorschrift unterstützt als flankierende arbeitsrechtliche Regelung die Anhebung der für den Rentenanspruch maßgeblichen Lebensarbeitszeit und dient damit der Konsolidierung der Rentenfinanzen. Dementsprechend erfasst sie nur die Fälle, die mit dem Anspruch auf gesetzliche Altersrente zusammenhängen. Aus diesem Grund hat das BAG die Altersgrenzenvereinbarung eines ArbN, der eine befreiende, vom ArbGeb bezuschusste Lebensversicherung abgeschlossen hatte, nicht an § 41 Abs 4 Satz 3 SGB VI in der damals geltenden Fassung gemessen (BAG 14.10.97 – 7 AZR 660/96, NZA 98, 652).

Unabhängig von § 41 Satz 2 SGB VI sind nach der ständigen Rspr des **BAG** aber auch 9 generelle **kollektivrechtliche** – also durch Tarifvertrag (BAG 25.2.98 – 7 AZR 641/96, NZA 98, 715; 11.3.98 – 7 AZR 700/96, NZA 98, 716) oder Betriebsvereinbarung (BAG GS 7.11.89 – GS 3/85, NZA 90, 816; BAG 5.3.13 – 1 AZR 417/12, NZA 13, 916) erfolgende – **Altersgrenzenregelungen** zulässig. Für beide verlangt das BAG ebenfalls das Vorliegen eines sachlichen Grundes, wobei es tarifvertragliche Altersgrenzen, die den Anforderungen der arbeitsgerichtlichen Befristungskontrolle genügen, regelmäßig als mit Art 12 GG vereinbar ansieht (BAG 21.9.11 – 7 AZR 134/10, NZA 12, 271). Daher hat das BAG eine tarifliche Altersgrenze, die die Beendigung des Arbeitsverhältnisses für den Zeitpunkt des Erreichens der sozialversicherungsrechtlichen **Regelaltersgrenze** vorsieht, für zulässig erachtet und hierin insbes keine unzulässige Altersdiskriminierung gesehen (BAG 18.6.08 – 7 AZR 116/07, NZA 08, 1302; 8.12.10 – 7 AZR 438/09, NZA 11, 586; 12.6.13 – 7 AZR 917/11, BeckRS 2013, 72801). Dem folgt grds die InstanzRspr (LAG Hamm 11.11.09 – 5 Sa 893/09, NZA-RR 10, 249: tarifliche Altersgrenze „65 Jahre" bei Stationierungsstreitkräften; LAG Hbg 22.2.11 – 4 Sa 76/10, BeckRS 2011, 72311: tarifliche Altersgrenze „gesetzliche Regelaltersgrenze" bei Hamburger Hochbahn; aA ArbG Hbg 25.1.11 – 21 Ca 235/08, BeckRS 2011, 67703: tarifliche Altersgrenze „65 Jahre" im Tarifvertrag Gebäudereinigung).

Diese Rspr des BAG ist im Grundsatz durch den **EuGH** zuletzt für **tarifvertragliche Altersgrenzen,** die auf die **Regelaltersgrenze** des Rentenrechts abstellen, mehrfach bestätigt worden. Solche sind danach zulässig, sofern die Maßnahme objektiv und angemessen ist und im Rahmen des nationalen Rechts durch ein Ziel, das in Beziehung zur Beschäftigungspolitik und zum Arbeitsmarkt steht, gerechtfertigt ist und schließlich die Mittel, die zur Erreichung dieses im Allgemeininteresse liegenden Ziels eingesetzt werden, nicht als dafür unangemessen und nicht erforderlich erscheinen (EuGH 16.10.07 – C-411/05, NZA 07, 1219 – Palacios, mit Anm von *Kocher* RdA 08, 238; EuGH 12.10.10 – C-45/09, NZA 10, 1167 – Rosenbladt mit Anm von *Preis* NZA 10, 1323; EuGH 5.7.12 – C-141/11, NZA 12, 785 – Hörnfeldt mit Anm von *Wachter* ZESAR 13, 129; *Joussen* ZESAR 11, 201; *Bayreuther* NJW 11, 19; *Bauer/Diller* DB 10, 2727). Prüfungsmaßstab ist also nicht die Unverhältnismäßigkeit im Einzelfall, sondern ausreichend für die Rechtswirksamkeit der Altersgrenzenregelung ist eine generell abstrakte Eignung, in verhältnismäßiger Weise zur Erfüllung eines arbeitsmarkt- und beschäftigungspolitischen Ziels beizutragen (vgl hierzu EuGH 5.3.09 – C-388/07, NZA 09, 305 – Age Concern England mit Anm *Wank* SAE 10, 123). Gesetzgeber und Tarifvertragsparteien haben damit einen weiten Ermessensspielraum. Bei **früheren Beendigungsterminen** stellt der EuGH strenge Anforderungen an die Verhältnismäßigkeit und hat zuletzt die generelle tarifliche Altersgrenze von 60 Jahren für Piloten für europarechtswidrig erklärt (EuGH 13.9.11 – C-447/09, NZA 11, 1039 – Prigge). Diese Altersgrenze bedeute eine unverhältnismäßige Anforderung iSv Art 4 Abs 1 und die Flugsicherheit stelle kein legitimes Ziel iSv Art 6 Abs 1 der Richtlinie 2000/78/EG dar. Dem folgt mittlerweile das BAG unter Aufgabe seiner früheren Rspr (BAG 15.2.12 – 7 AZR 946/10, NZA 12, 866; 18.1.12 – 7 AZR 112/08, NZA 12, 575). Das Gleiche gilt für die gleichlautende Altersgrenze für Flugingenieure (BAG 15.2.12 – 7 AZR 904/08, BeckRS 2012, 69922) sowie für das Kabinenpersonal (BAG 15.2.12 – 7 AZR 756/09, BeckRS 2012, 69921; 19.10.11 – 7 AZR 253/07, BeckRS 2012, 68565). Ebenfalls unwirksam ist die tarifliche Altersgrenze von 55 Jahren für Fluglotsen (vgl LAG Düsseldorf 9.3.11 – 12 TaBV 81/10, NZA-RR 11, 474).

9 Altersgrenze

In anderem Zusammenhang hat sich der EuGH zuletzt mit der Höchstaltersgrenze von 68 Jahren für die Ausübung des Berufs des Vertragszahnarztes beschäftigt. Er hat dabei die Wirksamkeit der Altersgrenze von dem konkreten Regelungsziel abhängig gemacht und die Verteilung der Berufschancen zwischen den Generationen innerhalb der Berufsgruppe der Vertragszahnärzte als legitimes Ziel ausreichen lassen. Ein mögliches Nachlassen der persönlichen Leistungsfähigkeit des Zahnarztes genügt dem EuGH nicht (EuGH 12.1.10 – C-341/08, NZA 10, 155). Auf eine Vorlage aus Österreich hat der EuGH auch eine **Altersuntergrenzenregelung** als nicht angemessen iSv Art 6 Abs 1 der Richtlinie 2000/78 angesehen (EuGH 18.6.09 – C-88/08, NZA 09, 891 – Hütter). Im deutschen Recht stellt sich diese Problematik insbes bei § 622 Abs 2 BGB (Näheres s *Kündigungsfristen* Rz 2).

10 Bei Betriebsvereinbarungen gelten zusätzlich lediglich die allgemeinen Schranken des Tarifvorrangs nach § 87 Abs 1 BetrVG und der Tarifüblichkeit iSd § 77 Abs 3 BetrVG. Bei sämtlichen kollektivrechtlichen Altersregelungen ist im Verhältnis zum Einzelarbeitsvertrag immer das **Günstigkeitsprinzip** zu beachten. Günstiger ist dabei regelmäßig die Bestimmung, die dem ArbN eine längere Wahlmöglichkeit belässt (BAG GS 7.11.89 – GS 3/85, NZA 90, 816).

11 **4. Bestätigung einer Aufhebungsvereinbarung.** Der ArbGeb kann den ArbN bei einer einzelvertraglichen Altersgrenzenvereinbarung, die auf einen vor Erreichen der Regelaltersgrenze liegenden Zeitpunkt datiert, innerhalb der letzten drei Jahre des Arbeitsverhältnisses ersuchen, diese Vereinbarung zu bestätigen. Maßgeblich für die Berechnung des Dreijahreszeitraums ist dabei der vereinbarte Zeitpunkt des Ausscheidens des ArbN und nicht der erreichten Regelaltersgrenze (BAG 17.4.02 – 7 AZR 40/01, AP Nr 14 zu § 41 SGB VI). Bestätigt der ArbN die Vereinbarung, so endet bei Vorliegen der sonstigen Rechtmäßigkeitsvoraussetzungen das Arbeitsverhältnis zu dem früheren Zeitpunkt. Handelt der ArbN nicht, kann er sich auf die Fiktion des § 41 Satz 2 SGB VI berufen. Sie gewährleistet die Entscheidungsfreiheit des ArbN über sein Ausscheiden, wenn er die befristete Bestätigungsmöglichkeit versäumt hat. Eine Verpflichtung des ArbN zur Mitwirkung an der Aufrechterhaltung der regelmäßig bereits bei der Eingehung des Arbeitsverhältnisses vereinbarten Altersgrenzenklausel besteht nicht.

12 **5. Weiterbeschäftigungsvereinbarung.** Ist eine Altersgrenze einzelvertraglich vereinbart und will der ArbGeb den ArbN über den vereinbarten Beendigungszeitpunkt hinaus weiterbeschäftigen, so liegt eine Einstellung vor, die nach § 99 BetrVG der Zustimmung des BRat bedarf (BAG 23.6.09 – 1 ABR 30/08, NZA 09, 1162). Eine Betriebsvereinbarung mit einer Altersgrenzenregelung steht einer solchen Weiterbeschäftigung nicht grds entgegen, da sie kein Beschäftigungsverbot über den Beendigungszeitpunkt hinaus begründet (BAG 10.3.92 – 1 ABR 67/91, NZA 92, 992). Die Gewährung einer Zulage an derart weiterbeschäftigte ArbN stellt keine Altersdiskriminierung der „regulär" beschäftigten ArbN dar (LAG Düsseldorf 12.4.12 – 11 Sa 1362/11, NZA-RR 12, 511). Auch eine befristete Weiterbeschäftigung erscheint sachlich gerechtfertigt. Da insoweit noch keine Entscheidung des BAG vorliegt, sollte die Befristung möglichst zusätzlich durch einen Sachgrund nach § 14 Abs 1 Satz 2 TzBfG abgesichert werden (*Bauer/von Medem* NZA 12, 945).

13 **6. Betriebliche Altersversorgung.** Für die betriebliche Altersversorgung besteht gesetzlich keine bestimmte Altersgrenze. Allerdings geht § 2 Abs 1 BetrAVG davon aus, dass ein Arbeitsverhältnis grds bis zum Erreichen der Regelaltersgrenze dauert. Ist in einer Versorgungsordnung geregelt, dass das Arbeitsverhältnis mit Erreichen dieses Zeitpunkts in das Altersrentenverhältnis übergeht, so stellt dies eine zulässige Altersgrenzenregelung dar. Eine solche Klausel ist nicht überraschend iSv § 305c BGB (BAG 6.8.03 – 7 AZR 9/03, NZA 04, 96). Es liegt auch keine Altersdiskriminierung vor; § 10 Satz 3 Nr 4 AGG. Auch die Festlegung einer Mindestbetriebszugehörigkeit von 15 Jahren bis zum Erreichen der Regelaltersgrenze in einer betrieblichen Versorgungsordnung ist rechtswirksam (BAG 12.2.13 – 3 AZR 100/11, NZA 13, 733). Scheidet ein ArbN vor Eintritt des Versorgungsfalls aus dem Unternehmen des ArbGeb aus und ist seine Versorgungsanwartschaft nach § 1b BetrAVG unverfallbar, wird sie nach § 2 BetrAVG ratierlich gekürzt, soweit die jeweilige Versorgungsordnung keine für den ArbN günstigere Berechnungsmethode vorsieht (vgl zuletzt BAG 19.7.11 – 3 AZR 434/09, NZA 12, 155; Näheres s *Betriebliche Altersversorgung* Rz 40). Zulässig ist eine Gestaltung der betrieblichen Altersversorgung, nach der das Interesse des

ArbN an einer Weiterbeschäftigung über eine Altersgrenze hinaus dadurch vermindert wird, dass Beschäftigungszeiten nach vollendeter Altersgrenze zu keinen Rentensteigerungen führen. Ob bereits bestehende Anwartschaften in dieser Weise nachträglich eingeschränkt werden können, erscheint unter Vertrauensschutzgesichtspunkten fraglich. Eine Höchstaltersgrenze (hier: 50 Lebensjahr bei Eintritt in das Arbeitsverhältnis) kann im Leistungsplan einer Unterstützungskasse wirksam vereinbart werden (BAG 12.11.13 – 3 AZR 356/12, Pressemitteilung Nr 68/13).

B. Lohnsteuerrecht *Windsheimer*

Das Erreichen bestimmter Altersgrenzen wirkt sich für den ArbN einkommensteuerlich wie folgt aus:

1. Zur Rechtslage bei **Abfindungen** bis 2005 und ab 2006 s *Abfindung* Rz 41. **15**

2. Zur Besteuerung der **Altersrente** aus der gesetzlichen RV s *Altersrente* Rz 7 ff. Zur **16** Anhebung der Altersgrenze vom 60. auf das 62. Lebensjahr beim *Altersvorsorgevermögen* s dort Rz 8, bei Basisrentenverträgen s *Sonderausgaben* Rz 7, bei der *betrieblichen Altersversorgung* s dort Rz 103, 153, 170; generell BMF 6.3.12 – IV C 3 – S 2220/11/10002, BStBl I 12, 238.

3. Versorgungsbezüge. a) Definition. Hierunter fallen Bezüge und sonstige Vorteile, **17** die auf einem früheren Dienstverhältnis beruhen und keine Renten sind (§ 19 Abs 1 Satz 1 Nr 2 EStG). § 19 Abs 2 Satz 2 EStG definiert die Versorgungsbezüge. Eine Aufzählung der einzelnen Versorgungsbezüge enthält R 19.8 LStR. Hauptfälle sind die Beamtenpensionen und die Betriebsrenten aus Direktzusagen und Unterstützungskassen (s *Betriebliche Altersversorgung* Rz 102). Abgrenzung zur Altersrente s *Altersrente* Rz 10. Die Bezüge nach unwiderruflicher Freistellung vom Dienst bis zur Versetzung in den Ruhestand („58er-Regelung") sind ebenfalls Versorgungsbezüge (BFH 12.2.09 – VI R 50/07, DStR 09, 793); demgegenüber gehören Einkünfte, die in der Freistellungsphase im Rahmen der Altersteilzeit nach dem sog Blockmodell erzielt werden, noch zur aktiven Arbeitszeit, so dass keine Versorgungsbezüge vorliegen (BFH 21.3.13 – VI R 5/12, BStBl II 13, 611, s *Altersrente* Rz 10). Ruhegehaltszahlungen an ehemalige NATO-Angehörige sind Versorgungsbezüge (BFH 22.11.06 – X R 29/05, BStBl II 07, 402), ebenso Beihilfezahlungen im Krankheitsfall an Versorgungsempfänger BFH 6.2.13 VI R 28/11 – BStBl II 13, 572).

b) Versorgungsfreibetrag und Zuschlag zum Versorgungsfreibetrag. Von Versor- **18** gungsbezügen bleiben ein nach einem Prozentsatz ermittelter, auf einen Höchstbetrag begrenzter Betrag (Versorgungsfreibetrag) und ein Zuschlag zum Versorgungsfreibetrag steuerfrei. Versorgungsbezüge im privaten Dienst wegen Erreichens einer Altersgrenze sind nur nach Vollendung des **63.** bzw bei Schwerbehinderung des **60. Lebensjahres** begünstigt. Demgegenüber knüpfen die Freibeträge für Bezieher öffentlicher Versorgungsbezüge nicht an eine bestimmte Altersgrenze an (verfassungsgemäß s BFH 7.2.13 VI R 12/11 – BStBl II 13, 576). Der Versorgungsfreibetrag gilt nur bei früherer nichtselbständiger Arbeit (BFH 18.10.06 – XI R 45/05, BFH/NV 07, 880); s auch unten c) Lohnsteuerabzug Rz 21.

aa) Zum Versorgungsfreibetrag bis 2004. S Personalbuch 2007.

bb) Rechtslage ab 2005 (§ 19 Abs 2 EStG; BMF 13.9.10 – IV C 3 – S 2222/09/ **19** 10041, IV C 5 – S 2345/08/0001, BStBl I 10, 681; hierzu *Wagner-Jung* DStR 10, 2497). In Angleichung an die aufgrund der Rspr des BVerfG (BVerfGE 105, 73 ff, s *Altersrente* Rz 8) ab 2005 geänderte Rentenbesteuerung verringert sich der Versorgungsfreibetrag jährlich um bestimmte %-Punkte von 3000 € in 2005 bis auf 0 € ab 2040. Das Gleiche gilt für den Zuschlag zum Versorgungsfreibetrag von 900 € im Jahr 2005 auf 0 € ab 2040. Der Zuschlag zum Versorgungsfreibetrag wurde als Ausgleich für den fast gänzlichen Wegfall des Werbungskostenpauschbetrags (§ 9a Nr 1b EStG: 102 € ab 2005) geschaffen. In welcher Höhe Versorgungsfreibetrag und Zuschlag zum Versorgungsfreibetrag gewährt werden, hängt vom Jahr des Beginns des Versorgungsbezugs ab. Diese Besteuerungssituation wird im Jahr des Beginns des Versorgungsbezugs festgestellt und bleibt bis zum Ende des Versorgungsbezugs unverändert (§ 19 Abs 2 Satz 8 EStG). Für Bestands-Versorgungsempfänger, also diejenigen, die am 1.1.05 bereits Versorgungsbezüge beziehen, gilt die Rechtslage für 2005.

9 Altersgrenze

cc) Die Freibeträge betragen:
Auszug aus der gesetzlichen Tabelle (§ 19 Abs 2 Satz 3 EStG):

Jahr des Versorgungsbeginns	Versorgungsfreibetrag in % der Versorgungsbezüge	Versorgungsfreibetrag Höchstbetrag	Zuschlag zum Versorgungsbetrag
2004	40 %	3072 €	–
2005	40 %	3000 €	900 €
...	...	...	...
2013	27,2 %	2040 €	612 €
2014	25,6 %	1920 €	576 €
2015	24,0 %	1800 €	540 €
...	...	...	...
2030	8 %	600 €	180 €
...	...	...	...
ab 2040	0 %	0 €	0 €

20 **dd) Bemessungsgrundlage.** Für den Versorgungsfreibetrag ist die Bemessungsgrundlage das 12fache des ersten Monats des Versorgungsbezugs zuzüglich Sonderzahlungen mit Rechtsanspruch, für Bestands-Versorgungsempfänger von Januar 2005.

	Beispiel für Bestandspensionäre (bis 2005):		*Beispiel für Neupensionäre ab 1.1.2013:*	*ab 1.1.2014*
Monatliche Pension 2000 € brutto × 12	24 000 €		24 000 €	24 000 €
Zzgl Weihnachtsgeld	+ 1000 €		+ 1000 €	+ 1000 €
	25 000 €		25 000 €	25 000 €
Versorgungsfreibetrag 40 %, höchstens	3000 €	27,2 % bzw 25,6 % höchst.	2040 €	1920 €
Zuschlag zum Versorgungsfreibetrag	+ 900 €		+ 612 €	+ 576 €
	3900 €		2652 €	2496 €
Werbungskostenpauschbetrag	+ 102 €		+ 102 €	+ 102 €
Summe Abzugsbeträge	4002 €		2754 €	2598 €
	25 000 €		25 000 €	25 000 €
	– 4002 €		– 2754 €	– 2598 €
Zu versteuernde Versorgungsbezüge	20 998 €		22 246 €	22 402 €

Die jährlichen Freibeträge (3900 € bis 2005; ab 2006 s Tabelle Rz 19) bleiben unverändert bis zum Ende der Zahlung der Versorgungsbezüge. Sie dürfen nicht zu negativen Einkünften führen. Bei **Hinterbliebenenbezügen** ändert sich die Bemessungsgrundlage (monatliche Pension), nicht aber der ursprüngliche Freibetrag (§ 19 Abs 2 Satz 7 EStG; Einzelheiten *Hinterbliebenenrente* Rz 12). Bei Bezug von mehreren Versorgungsbezügen mit unterschiedlichem Bezugsbeginn ist für die Höhe des Versorgungsfreibetrags und des Zuschlags zum Versorgungsfreibetrag der Beginn des ersten Versorgungsbezugs maßgebend (§ 19 Abs 2 Satz 6 EStG). Bei unterjährigem Beginn des Versorgungsbezugs sind die Freibeträge zeitanteilig zu gewähren (§ 19 Abs 2 Satz 12 EStG).

Altersgrenze 9

Beispiel für Neupensionär ab 1.10.2014		
Monatliche Pension 1500 € brutto × 3		4500 €
Zzgl. Weihnachtsgeld		1000 €
		5500 €
Versorgungsfreibetrag:		
12 × 1500 € =	18 000 €	
Weihnachtsgeld	1000 €	
	19 000 €	
Hieraus 25,6 %	höchstens 1920 €	
Zuschlag zum Versorgungsfreibetrag	576 €	
	2496 €	
$3/_{12}$-Anteil (ab 1.10.2013)	624 €	
Werbungskostenpauschbetrag	102 €	
Summe Abzugsbeträge	726 €	726 €
Zu versteuernde Versorgungsbezüge 2013		4774 €

c) Lohnsteuerabzug (§ 39b Abs 2 Satz 3 EStG). Der frühere ArbGeb hat bei der Aus- **21** zahlung des Versorgungsbezugs LSt einzubehalten (s *Lohnsteuerberechnung* Rz 2 ff; *Lohnsteuertabellen* Rz 8, 10). Der Versorgungsfreibetrag und der Zuschlag zum Versorgungsfreibetrag mindern die Bemessungsgrundlage im Jahr 2014 pro Monat um höchstens (1920 € + 576 € = 2496 € : 12 =) 208 €.
Bei laufenden und außerordentlichen Versorgungsbezügen darf der Höchstbetrag, der sich nach dem Jahr des Versorgungsbeginns bestimmt, nicht überschritten werden (s oben Rz 19). Bei Arbeitslohn, der nach §§ 40 bis 40b EStG pauschal besteuert wird, darf der Versorgungs-Freibetrag nicht berücksichtigt werden (R 39b.3 Abs 1 Satz 4 LStR), ebenso nicht bei Einkünften aus selbstständiger Arbeit (FG SchlHol 4.4.01 – I 1197/98, EFG 01, 1147). Zu steuerfreien Renten und Kapitalabfindungen im Öffentlichen Dienst s § 3 Nr 3 EStG. Bezüglich der Versorgungsbezüge treffen den ArbGeb Aufzeichnungspflichten nach § 4 Abs 1 Nr 4 LStDV.

d) Veranlagung. Der Bezug von Versorgungsbezügen führt in den meisten Fällen zur **22** Jahresveranlagung (§ 46 Abs 2 Nr 3 EStG; s *Antragsveranlagung* Rz 11; *Lohnsteuerbescheinigung* Rz 24). Ausgleichszahlungen, die ein zum Versorgungsausgleich verpflichteter Ehegatte aufgrund einer Vereinbarung gemäß § 1587o BGB an den anderen Ehegatten leistet, um Kürzungen seiner zukünftigen Versorgungsbezüge (§ 19 Abs 1 Satz 1 Nr 2 EStG) zu vermeiden, können sofort abziehbare Werbungskosten bei den Einkünften aus nichtselbständiger Arbeit sein (BFH 24.3.2011 – VI R 59/10, DStR 2011, 1123; s *Werbungskosten* Rz 34; im Gegensatz hierzu *Altersrente* Rz 15.

4. Altersentlastungsbetrag (§ 24a EStG). S *Altersentlastungsbetrag* Rz 6 ff. **23**

5. a) Riester-Rente s *Altersvorsorgevermögen* Rz 8. **24**
b) Rürup-Rente s *Altersrente* Rz 22; *Sonderausgaben* Rz 8.

6. Sonstige Altersgrenzen. S *Kindervergünstigungen* Rz 5 ff und *Minderjährige* Rz 32 ff. **25**

C. Sozialversicherungsrecht *Ruppelt*

1. Begriff. Die Renten wegen Alters der gesetzlichen RV können nach dem Erreichen **31** der für die Rentenart jeweils geltenden Altersgrenze in Anspruch genommen werden. Diese Altersgrenzen, die zum Teil aus übergangsrechtlichen Vertrauensschutzgründen in Abhängigkeit vom Geburtsjahrgang des Versicherten dynamisch ausgestaltet sind, werden bei den Erläuterungen zu den Altersrenten im Einzelnen aufgeführt (s *Altersrente* Rz 41 ff).

9 Altersgrenze

32 **2. Anhebung der Altersgrenzen.** Bereits die Rentenreform 1992 verfolgte das Ziel, das zahlenmäßige Verhältnis zwischen Beitragszahlern und Rentnern zu verbessern, um die damit in Zusammenhang stehenden Belastungen der RV zu mindern. Ziel war die Flexibilisierung und Verlängerung der Lebensarbeitszeit durch Anhebung der Altersgrenzen für die vorgezogenen Altersrenten. Allerdings erwies sich die ab 1.1.01 vorgesehene stufenweise Anhebung als zu wenig effizient. Bereits 1996 wurde die Anhebung der Altersgrenzen für die vorgezogenen Altersrenten beschleunigt (Personalbuch 2012 Altersgrenze Rz 32).

33 Durch das RV-Altersgrenzenanpassungsgesetz vom 20.4.07 (BGBl I 07, 554), das in seinen wesentlichen Regelungen am 1.1.08 in Kraft getreten ist, wird die Altersgrenze zur Inanspruchnahme der **Regelaltersrente** (Regelaltersgrenze) zwischen 2012 und 2029 schrittweise von 65 auf 67 Jahre angehoben. Auch das Renteneintrittsalter der vorgezogenen Altersrenten wird entsprechend erhöht, wobei für rentennahe Jahrgänge und Versicherte, die im Hinblick auf ihre Verrentung bereits versicherungsrechtlich wirksame Dispositionen getroffen haben (zB Altersteilzeit vereinbart haben oder Anpassungsgeld für entlassenen ArbN des Bergbaus beziehen) Vertrauensschutzregelungen gelten, die im Einzelnen in *Altersrente* Rz 41 ff dargestellt sind.

34 **3. Vorzeitige Inanspruchnahme.** Die vorgezogenen Renten (nicht die Regelaltersrente und die Altersrente für besonders langjährig Versicherte) können auch vorzeitig innerhalb bestimmter – während einer Übergangsphase vom Geburtsjahrgang abhängigen – Altersgrenzen in Anspruch genommen werden. Zu den für die einzelnen Renten geltenden Zugangsmöglichkeiten für die vorzeitige Inanspruchnahme s *Altersrente* Rz 41 ff. Um die verlängerte Rentenbezugsdauer auszugleichen, verringert sich der Zugangsfaktor für jeden Kalendermonat, für den die Renten vorzeitig in Anspruch genommen werden, nach § 77 Abs 2 Satz 1 Nr 2a SGB VI um 0,003, was zu einer Rentenminderung von 0,3 vH für jeden Monat führt, den die Rente vorzeitig in Anspruch genommen wird. Wird die Rente also ein Jahr vor der regelmäßigen Altersgrenze dieser Rente in Anspruch genommen, beträgt die Rentenkürzung 3,6 vH.

35 Zur Vermeidung von Nachteilen räumt § 187a Abs 1 Satz 1 SGB VI den Versicherten das Recht ein, bis zum Erreichen der Regelaltersgrenze Beiträge auf das Rentenkonto einzuzahlen, um die durch die vorzeitige Inanspruchnahme der Rente bedingten Rentenminderungen bei Erreichen der Regelaltersgrenze auszugleichen. Um die Rentenminderung und die durch die Ausgleichsbeiträge entstehende finanzielle Belastung absehen zu können, haben Versicherte, die das 54. Lebensjahr vollendet haben, gegen den RVTräger einen Auskunftsanspruch. Der RVTräger hat Auskunft zu erteilen über Höhe der Beitragszahlung, die erforderlich ist, um die Rentenminderung wegen vorzeitiger Inanspruchnahme der Altersrente auszugleichen (vgl § 109 SGB VI).

36 **4. Koalitionsvereinbarung 2013.** Nach dem auf Koalitionsabreden 2013 beruhenden Entwurf eines Gesetzes über Leistungsverbesserungen in der gesetzlichen Rentenversicherung vom 15.1.2014 soll für Rentenzugänge ab 1.7.2014 eine **abschlagsfreie Rente ab dem 63. Lebensjahr** für Versicherte mit 45 Versicherungsjahren eingeführt werden. Im Gegensatz zur Altersrente für besonders langjährige Versicherte (s *Altersrente* Rz 46) sollen dabei nicht nur Pflichtbeitragszeiten anrechnungsfähig sein. Auf die 45 Versicherungsjahre sollen neben Pflichtbeitragszeiten (aus Beschäftigung, selbstständiger Tätigkeit oder Pflege) Zeiten der Kindererziehung bis zum 10. Lebensjahr des Kindes (s *Rentenversicherungsrechtliche Zeiten* Rz 14 ff) und **Zeiten des Bezuges von AlGeld I** Berücksichtigung finden. Der Bezug von Arbeitslosenhilfe oder von AlGeld II nach dem SGB II bleibt unberücksichtigt, womit Langzeitarbeitslose idR die Voraussetzungen dieser Rente nicht werden erfüllen können. Hingegen können Bezieher von AlGeld I schon mit dem 61. Lebensjahr aus dem Erwerbsleben ausscheiden, wenn sie die erforderlichen 45 Versicherungsjahre durch den zweijährigen Bezug des AlGeld I bis zum 63. Lebensjahr erreichen. Die Altersgrenze von 63 Jahren soll nur für Versicherte gelten, die vor dem 1.1.1953 geboren sind. Für jüngere Versicherte soll die Grenze schrittweise angehoben werden. Ab dem Geburtsjahrgang 1964 soll dann für diese Rente eine Altersgrenze von **65 Jahren** gelten. Diese Pläne, die für einen Großteil der männlichen Versicherten wieder zur Rückkehr der Altersgrenze von 65 Jahren führen, sind angesichts der demografischen Entwicklung wenig geeignet, die Strukturprobleme der gesetzlichen RV zu lösen.

Altersrente

A. Arbeitsrecht *Kreitner*

1. Allgemeines. In § 6 BetrAVG wird die Berechtigung des ArbN zum Bezug von Leistungen der betrieblichen Altersversorgung unter bestimmten Voraussetzungen an Altersleistungen aus der gesetzlichen RV gekoppelt. Macht der ArbN von der Möglichkeit einer vorzeitigen Inanspruchnahme der gesetzlichen RV Gebrauch, hat dies nach § 6 BetrAVG einen gleichzeitigen **Anspruch auf Leistungen aus der betrieblichen Altersversorgung** zur Folge. Dies gilt als zwingende gesetzliche Rechtsfolge, unabhängig davon, ob die Versorgungsordnung eine entsprechende Regelung enthält. Mit dem RV-Altersgrenzenanpassungsgesetz (BGBl I 07, 554) ist die gesetzliche Altersgrenze stufenweise angehoben und sind § 2 Abs 1 sowie § 6 BetrAVG mWz 1.1.08 entsprechend angepasst worden (Näheres s unten Rz 4). 1

Die **Höhe des vorzeitigen Ruhegelds** richtet sich primär nach den Bestimmungen der jeweiligen Versorgungsordnung, soweit diese mit den allgemeinen Grundsätzen des Betriebsrentenrechts übereinstimmen (BAG 21.8.01 – 3 AZR 649/00, NZA 02, 1395 für eine Invalidenrente). Danach kann der ArbGeb bei dem bis zur Inanspruchnahme der vorgezogenen Betriebsrente **betriebstreuen ArbN** eine zweifache Kürzung der Vollrenten vornehmen. Die **erste Kürzung** erfolgt gem § 2 Abs 1 BetrAVG zeitratierlich wegen der Beendigung des Arbeitsverhältnisses vor Erreichen der Regelaltersgrenze (Quotient aus tatsächlicher und möglicher Betriebszugehörigkeit). Sie kann bei entsprechender Ausgestaltung der Versorgungszusage auch durch die Addition von Rentenbausteinen pro Beschäftigungsjahr erfolgen (BAG 29.7.97 – 3 AZR 114/96, NZA 98, 543). Die **zweite Kürzung** kann wegen der früheren Inanspruchnahme und dem daraus folgenden längeren Bezug der Betriebsrente vorgenommen werden. Sie ist nach der ständigen Rspr des BAG als versicherungsmathematischer Abschlag in einer Größenordnung von 0,3 bis 0,6 % pro Monat der vorgezogenen Inanspruchnahme angemessen (vgl BAG 28.3.95 – 3 AZR 900/94, NZA 96, 39; 29.7.97 – 3 AZR 134/96, NZA 98, 544). Höhere Abschläge sind nichtig und werden vom BAG im Wege der ergänzenden Auslegung auf das zulässige Höchstmaß reduziert (BAG 28.5.02 – 3 AZR 358/01, AP Nr 29 zu § 6 BetrAVG). Sieht die Versorgungsordnung lediglich eine „versicherungsmathematische Herabsetzung" vor, ohne deren Höhe anzugeben, ist eine monatliche Kürzung von 0,5 % nach jüngster Rspr des BAG möglich (BAG 29.9.10 – 3 AZR 557/08, NZA 11, 206; 8.3.11 – 3 AZR 666/09, NZA-RR 11, 591). Das erscheint bei Vornahme der Klauselkontrolle nach § 307 Abs 2 BGB bedenklich. 2

Regelt die Versorgungsordnung einen solchen versicherungsmathematischen Abschlag nicht, kann er als zweite zeitratierliche Kürzung (sog unechter Abschlag) vorgenommen werden. Diese ratierliche Kürzung ist zwar systemfremd, aber insbesondere wegen des schützenswerten Vertrauens der ArbGeb auf die bisherige Rspr des BAG jedenfalls derzeit noch geboten (instruktiv *Bepler* in Festschrift für Förster 01, 237; aA LAG Köln 25.7.05 – 2 Sa 1196/04, DB 05, 2699: Mehrkostenberechnung nach Sterbetafeln). Diese Kürzungsmöglichkeit besteht auch bei schwerbehinderten ArbN trotz vorzeitigen ungekürzten Rentenbezugs in der SozV (LAG Köln 19.7.10 – 2 Sa 249/10, BeckRS 2010, 72871). Sie gilt auch bei Gesamtversorgungszusagen (BAG 19.6.12 – 3 AZR 289/10, BeckRS 2012, 73015). Enthält die Versorgungsordnung allerdings Anhaltspunkte, die gegen solche Abschläge sprechen, scheidet eine zweite Kürzung insgesamt aus (BAG 23.1.01 – 3 AZR 164/00, NZA 02, 93; LAG Köln 18.1.07 – 10 Sa 937/05, BeckRS 2007, 41760 zu einer sog Besitzstandsrente). Seine frühere Rspr, wonach auch neben einem in der Versorgungszusage enthaltenen versicherungsmathematischen Abschlag immer eine doppelte zeitratierliche Kürzung vorzunehmen war, hat das BAG mit der vorgenannten Entscheidung ausdrücklich aufgegeben (zuletzt bestätigt durch BAG 19.4.11 – 3 AZR 318/09, BeckRS 2011, 73551; 12.12.06 – 3 AZR 716/05, NZA-RR 07, 434).

Das Gleiche gilt grds für den bereits vor Inanspruchnahme der vorgezogenen Betriebsrente ausgeschiedenen **Versorgungsanwärter.** Allerdings fallen bei ihm bei einem fehlenden

10 Altersrente

versicherungsmathematischen Abschlag die beiden zeitratierlichen Kürzungen auseinander. Die erste unmittelbare Anwendung des § 2 Abs 1 BetrAVG besteht wiederum aus dem nunmehr größeren Quotient von tatsächlicher zur möglichen Betriebszugehörigkeit. Der unechte Abschlag ist der Quotient aus hypothetischer Betriebszugehörigkeit bis zur vorzeitigen Inanspruchnahme und möglicher Betriebszugehörigkeit bis zum Erreichen der Regelaltersgrenze und entspricht damit dem des betriebstreuen ArbN.

Diese RsprÄnderung hat das BAG mittlerweile mehrmals bestätigt (BAG 24.7.01 – 3 AZR 567/00, NZA 02, 672; 28.5.02 – 3 AZR 358/01, AP Nr 29 zu § 6 BetrAVG; 7.9.04 – 3 AZR 524/03, NZA 05, 895 [LS]). Gleichzeitig hat der 3. Senat darauf hingewiesen, dass diese Grundsätze auf **tarifliche Versorgungsregelungen** keine Anwendung finden, da § 2 BetrAVG gem § 17 Abs 3 BetrAVG tarifdispositiv ist (BAG 24.7.01 – 3 AZR 681/00, NZA 02, 1291; 18.11.03 – 3 AZR 517/02, AP Nr 26 zu § 1 BetrAVG Berechnung). Der Gesetzgeber hat im Rahmen der Gesetzesnovellierung durch das AltEinkG im Jahr 2004 in diese neuere BAG-Rspr bewusst nicht eingegriffen.

3 Ältere Versorgungsordnungen differenzieren in Anlehnung an die **unterschiedlichen Altersgrenzen für Männer und Frauen** in der gesetzlichen RV meist gleichermaßen geschlechtsspezifisch. Dies ist verfassungsrechtlich für eine Übergangszeit nicht zu beanstanden (BAG 3.6.97, DB 97, 1778; vgl im Übrigen *Betriebliche Altersversorgung* Rz 35), stellt aber nach der Rspr des EuGH seit der sog Barber-Entscheidung (17.5.90, DB 90, 1824; bestätigt durch EuGH 14.12.93, DB 94, 228) einen Verstoß gegen Art 141 EGV dar. Dementsprechend ist auch ein niedrigerer versicherungsmathematischer Abschlag für Frauen oder sogar ein auf Männer beschränkter, versicherungsmathematischer Abschlag für die vorzeitige Renteninanspruchnahme wirksam, soweit er Beschäftigungszeiten vor dem 17.5.90 betrifft (BAG 29.9.10 – 3 AZR 564/09, AP Nr 62 zu § 2 BetrAVG; 23.9.03 – 3 AZR 304/02, AP Nr 14 zu § 1 BetrAVG Gleichberechtigung). Zur konkreten Rentenberechnung eines nach Vollendung des 60. Lebensjahres aber vor Erreichen der Regelaltersgrenze ausscheidenden Mannes: BAG 17.9.08 – 3 AZR 1061/06, AP Nr 59 zu § 2 BetrAVG.

4 **2. Neue Regelaltersgrenze.** Seit dem 1.1.08 gelten die mit dem RV-Altersgrenzenanpassungsgesetz stufenweise angehobenen neuen Regelaltersgrenzen (§§ 35, 235 SGB VI) auch in § 6 BetrAVG als Bezugspunkt für den vorgezogenen Betriebsrentenbezug. Gleichwohl bleibt für Beginn und Höhe der vorgezogenen Betriebsrente primär die Versorgungszusage maßgeblich. Sieht diese eine feste Altersgrenze „65. Lebensjahr" vor, ist dies regelmäßig als Inbezugnahme der gesetzlichen Regelaltersgrenze auszulegen, so dass nunmehr die neue gesetzliche Regelaltersgrenze gilt (BAG 15.5.12 – 3 AZR 11/10, NZA-RR 12, 433; LAG BlnBbg 20.8.13 – 7 Sa 83/13, BeckRS 2013, 21272 – nicht rkr, Az beim BAG: 1 AZR 853/13; *Zwanziger* DB 12, 2632; *Schumacher* DB 13, 2331; *Walldörfer/Wilhelm* BB 12, 3137; kritisch *Diller/Beck* DB 12, 2398). Andere feste Altersgrenzen wird man ohne zusätzliche Anhaltspunkte regelmäßig als konstitutive Bestimmung auslegen müssen, so dass die Anhebung der gesetzlichen Regelaltersgrenze ohne Einfluss bleibt. Scheidet der ArbN dann erst nach Erreichen dieser Grenze (ggf erst mit 67 Jahren) aus dem Arbeitsverhältnis aus, dürften die weiteren Beschäftigungsmonate grundsätzlich rentensteigernd zu berücksichtigen sein (*Rolfs* NZA 11, 540). Eine arbeitgeberseitige Änderung/Anpassung der Versorgungsregelung an die neue Gesetzeslage ist nach der Dreistufentheorie (Näheres s *Betriebliche Altersversorgung* Rz 71) wegen der allein vorliegenden sachlichen Gründe grds nur auf der dritten Stufe möglich (*Höfer* BB 07, 1445; allgemein zur nachträglichen Heraufsetzung der Altersgrenze LAG Köln 14.6.07 – 10 Sa 766/06, NZA-RR 08, 267). Etwas anders ist dies bei einer Gesamtversorgung. Hier ist die Anbindung an die gesetzliche Rente deutlich enger, da sich jede Absenkung des gesetzlichen Rentenniveaus unmittelbar erhöhend auf die Betriebsrente auswirkt. Allerdings wird man auch hier allein aufgrund der angehobenen Regelaltersgrenze noch nicht von einer beachtlichen Störung der Geschäftsgrundlage ausgehen können. Bei neuen Versorgungszusagen nach dem 1.1.08 sollte schließlich auf die gesetzlichen Regelaltersgrenzen Bezug genommen werden.

5 **3. Ruhen.** Die vorzeitige betriebliche Altersleistung **ruht,** wenn der ArbN wegen des Überschreitens der Hinzuverdienstgrenzen (s unten Rz 52) seinen Anspruch auf Leistungen der gesetzlichen RV verliert. Dies ergibt sich aus § 6 Satz 2 BetrAVG und ist die konsequente

Folge der engen Koppelung beider Versorgungssysteme. Gleichermaßen entfällt nach der gesetzlichen Regelung der Anspruch auf vorzeitige betriebliche Altersrente bei Inanspruchnahme einer Teilrente (s unten Rz 53). Der Gesetzgeber wollte damit die komplizierte Berechnung von Teilrenten im Bereich der betrieblichen Altersversorgung vermeiden (*Höfer* § 6 Rz 2574).

Das Ruhen der betrieblichen Altersversorgung hängt letztlich von der Entscheidung des ArbGeb ab, da nach § 6 Satz 2 BetrAVG der ArbGeb lediglich berechtigt, nicht jedoch verpflichtet ist, die Zahlungen aus dem betrieblichen Versorgungssystem einzustellen. Hierbei ist insbesondere der arbeitsrechtliche Gleichbehandlungsgrundsatz zu beachten. Entfallen zu einem späteren Zeitpunkt die Ruhensvoraussetzungen, so **lebt** der ursprüngliche Anspruch auf Leistungen aus der betrieblichen Altersversorgung **wieder auf.**

4. Anzeigepflicht. Wegen der Auswirkungen des Überschreitens der gesetzlichen Hinzuverdienstgrenzen ist der ArbN gem § 6 Satz 3 BetrAVG zur unverzüglichen **Anzeige** derartiger Beschäftigungen gegenüber dem ehemaligen ArbGeb verpflichtet. Trotz der eindeutigen gesetzlichen Regelung erscheint ein nochmaliger Hinweis des ArbGeb auf diese Anzeigepflicht gegenüber dem ArbN im Rahmen der Versorgungszusage bzw bei der Gewährung von Leistungen aus der betrieblichen Altersversorgung empfehlenswert, um Rechtsstreitigkeiten um Rückforderungen zu vermeiden. **6**

Die Anzeigepflicht gilt auch, wenn ein ArbN in einem Großunternehmen nach Aufgabe seines alten Arbeitsplatzes eine neue *Rentnerbeschäftigung* aufnimmt und dabei die Hinzuverdienstgrenzen überschreitet. Der Begriff des „ausgeschiedenen" ArbN, wie ihn § 6 BetrAVG verwendet, ist nach Sinn und Zweck der Vorschrift weit auszulegen (*Höfer* § 6 Rz 2588 ff).

Kommt der ArbN der gesetzlichen Anzeigepflicht nicht nach und erhält er auf diese Weise unberechtigt Leistungen aus der betrieblichen Altersversorgung, ist er gem § 812 BGB zur Rückzahlung verpflichtet. Bei schuldhafter Verletzung der Anzeigepflicht (zB bei vorherigem Hinweis des ArbGeb), bestehen darüber hinaus Schadensersatzansprüche des ArbGeb aus positiver Forderungsverletzung und § 823 Abs 2 BGB iVm § 6 BetrAVG. Schließlich können strafrechtliche Sanktionen (§ 263 StGB) in Betracht kommen.

5. Teilrente. Macht der ArbN von der Möglichkeit Gebrauch, nach § 42 Abs 1 SGB VI eine Teilrente zu beantragen (s unten Rz 53), kann er bei mehr als sechsmonatiger Beschäftigungsdauer in einem Unternehmen mit mehr als 15 ArbN nach § 8 Abs 1 TzBfG vom ArbGeb eine entsprechende Verringerung der vertraglich vereinbarten Arbeitszeit verlangen. Außerhalb des Anwendungsbereichs des TzBfG gewährt § 42 Abs 3 SGB VI lediglich einen Erörterungsanspruch gegenüber dem ArbGeb. **7**

B. Lohnsteuerrecht *Windsheimer*

Übersicht

	Rz		Rz
I. Rechtslage ab 2005	8–10	8. Rentenzahlungen ins Ausland	18
1. Übersicht	8	9. Rentenzahlungen aus dem Ausland	19
2. Einführung	9	land	19
3. Abgrenzung	10	III. Betriebsrente	20
a) Zu den Versorgungsbezügen	10	IV. Riester-Rente	21
b) Zur Altersteilzeit	10	V. Rürup-Rente	22–24
II. Rente aus der gesetzlichen Rentenversicherung	11–19	1. Anwendungsbereich	22
1. Kennzeichen	11	2. Beitragsphase und Voraussetzungen der Steuerbegünstigung	23
2. Besteuerung der Bestandsrentner	12		
3. Besteuerung der Neurentner	13	3. Leistungsphase	24
4. Besteuerungsverfahren	14	VI. Andere privat finanzierte Renten	25–27
5. Jahresveranlagung	15	1. Rentenarten	25
6. Sonderfragen	16	2. Ertragsanteil	26
7. Steuerliche Auswirkung	17	3. Besteuerung	27
		Literaturhinweise	28

I. Rechtslage ab 2005. (Zur Rechtslage bis 2004 s Vorauflagen.)

10 Altersrente

1. Übersicht.

Schema

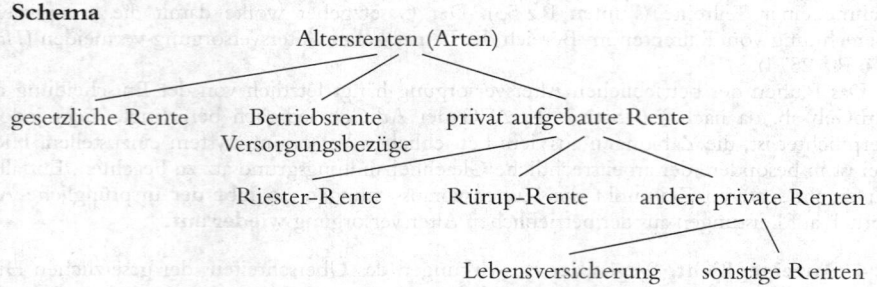

Grundsätzlich gilt für alle Rentenarten die **nachgelagerte Besteuerung:**
- § 22 Nr 1 Satz 3 Buchstabe a) aa) EStG: gesetzliche Renten, Rürup-Rente,
- § 22 Nr 5 EStG: Betriebsrenten und Riester-Rente
- § 19 Abs 2 Satz 2 EStG: Versorgungsbezüge (Beamtenpensionen, Leistungen aus Unterstützungskassen und Pensionszusagen).
- **Ausnahme:** § 22 Nr 1 Satz 3 Buchstabe a) bb) EStG: andere privat finanzierte Renten werden mit dem Ertragsanteil besteuert.

a) Unter dem Stichwort *Altersrente* werden hier abgehandelt:
- Renten aus der gesetzlichen Rentenversicherung
- Rürup-Rente
- andere private Renten

b) Unter den Stichwörtern *Rentenanpassung* und *Rentenbeginn* werden die bezeichneten Sonderprobleme zur gesetzlichen *Rentenversicherung* angesprochen.

c) Unter den Stichwörtern *Rentenversicherungsbeiträge* und *Sonderausgaben* wird die Beitragsphase der Rentenversicherung behandelt.

d) Unter dem Stichwort *Betriebliche Altersversorgung* werden die Arten der Betriebsrente abgehandelt:
- Direktversicherung
- Pensionskasse
- Pensionsfonds
- Pensionszusage
- Unterstützungskasse

e) Unter dem Stichwort *Altersgrenze* werden abgehandelt:
- die Versorgungsbezüge

f) Unter dem Stichwort *Altersvorsorgevermögen* wird abgehandelt:
- Riester-Rente

2. Einführung. Seit dem 1.1.2005 AltEinkG (5.7.04, BGBl I 04, 1427) gilt aufgrund von BVerfG (6.3.02 – 2 BvL 17/99, BVerfGE 105, 73 ff = BStBl II 02, 618) für die drei Säulen der Altersversorgung (gesetzliche RV, Betriebsrente und Privatrente, s *Betriebliche Altersversorgung* Rz 101 ff, *Altersvorsorgevermögen* Rz 6 ff) die **nachgelagerte Besteuerung.** Nachgelagerte Besteuerung bedeutet: die Leistungsphase, dh der Zufluss der Rente, wird in voller Höhe besteuert. Als Korrelat hierzu wird die Beitragsphase steuerlich verschont (s *Sonderausgaben* Rz 5 ff). Bei den Sozialversicherungsrenten wird die volle Wirkung der nachgelagerten Besteuerung durch eine Übergangsregelung bis 2040 abgefedert (§ 22 Nr 1 Satz 3 EStG), bei weitgehender steuerlicher Verschonung der Beitragsleistungen (§ 10 Abs 1 bis Abs 4a EStG und § 10c EStG; s im Einzelnen hierzu *Sonderausgaben* Rz 5 ff).

3. Abgrenzung. a) Zu den Versorgungsbezügen. Die Versorgungsbezüge (§ 19 Abs 2 Satz 2 EStG) wurden bisher schon in voller Höhe besteuert. Hieran hat sich seit 2005 im Grundsatz nichts geändert (Einzelheiten s *Altersgrenze* Rz 19 ff). Wegen der Übergangsregelung bis 2040, wonach Renten und Versorgungsbezüge noch unterschiedlich besteuert werden (s oben Rz 9), ist die Unterscheidung zwischen den beiden Arten der Altersbezüge bedeutsam. Die BFH-Rspr stellt darauf ab, ob der ArbN ins Gewicht fallende Eigenbeiträge zu seiner Altersversorgung geleistet hat, so zB der ArbNAnteil der RV: dann Rente. Fehlt es hieran, zB Beamtenpension: dann Versorgungsbezug (BFH 22.11.06 – X R 29/05, DStRE 07, 820). Übernimmt der ArbGeb Beiträge zur freiwilligen RV, sind die Altersbezüge nicht als Versorgungsbezüge, sondern als Rente zu versteuern, wenn die Leistungen aus der gesetzlichen RV auf die zugesagten beamtenrechtlichen Versorgungsbezüge angerechnet werden sollen (BFH 5.9.06 – VI R 38/04, BStBl II 07, 181; Nichtanwendungserlass des BMF wegen der Gefahr des Missbrauches, BMF 13.2.07 – IV C 5 – S 2333/07/0002, BStBl I 07, 270).

b) Zur Altersteilzeit. Die im Rahmen der Altersteilzeit im sog Blockmodell in der Freistellungsphase bezahlten Vergütungen sind Ausfluss der Tätigkeit während der Arbeitsphase. Es handelt sich nicht um ein Ruhegehalt. Die Vergütung für die vereinbarte Altersteilzeit dient nicht der Versorgung des ArbN nach Beendigung seiner aktiven Tätigkeit. Die Altersteilzeit geht vielmehr beim sog Blockmodell dem eigentlichen Ruhestand voraus. Die Freistellungsphase repräsentiert einen Teil der aktiven Tätigkeit, auch wenn sich für den ArbN diese Phase subjektiv nicht von dem eigentlichen Ruhestand unterscheidet (BFH 21.3.13 – VI R 5/12, BStBl II 13, 611); *Altersteilzeit* Rz 26 ff.

II. Rente aus der gesetzlichen Rentenversicherung.

1. Kennzeichen. Das Charakteristikum der Sozialversicherungsrente iSd § 22 Nr 1 Satz 3 Buchst a Doppelbuchst aa EStG ist, dass sie der sog. **Basisversorgung** dient. Zu den wesentlichen Merkmalen der Basisversorgung gehört, dass die Rente erst bei Erreichen einer bestimmten Altersgrenze bzw bei Erwerbsunfähigkeit gezahlt wird und als Entgeltersatzleistung der Lebensunterhaltssicherung dient (BFH 14.7.10 – X R 37/08, BStBl II 11, 628).

2. Besteuerung der Bestandsrentner (§ 22 Nr 1 Satz 3 Buchstabe a) aa) EStG). Rentner, die bereits 2004 eine Rente aus der gesetzlichen RV bezogen haben und weiter beziehen (Bestandsrentner), werden ab 2005 wie folgt besteuert: 50 % der Jahresbruttorente 2005 und folgende Jahre sind steuerfrei; die anderen 50 % werden als Sonstige Einkünfte gemäß § 22 EStG im Rahmen einer durchzuführenden Veranlagung der Besteuerung unterworfen (s unten Rz 15). Der 50 %-Satz bleibt bis zum Rentenende beibehalten.

Beispiel: Der Stpfl bezieht seit 2004 eine monatliche Rente iHv 1000 €.
Besteuerung 2005 und folgende Jahre, solange die Rentenhöhe sich nicht ändert:
Steuerpflichtig (50 %)   6000 €
./. Werbungskosten, ggf Pauschbetrag (§ 9a Nr 3 EStG)   102 €
Sonstige Einkünfte   5898 €

Der Übergang des Besteuerungssatzes von 27 % (bis 2004 bei Rentenbeginn mit 65 Jahren) auf 50 % (ab 2005) und höher entspricht verfassungsrechtlichen Grundsätzen (BFH 26.11.08 – X R 15/07, DStR 09, 32; hierzu *Förster* DStR 09, 141; *Köhler* BB 09, 428). Ein Vertrauensschutz auf die Beibehaltung der Ertragsanteilsbesteuerung besteht nicht (BFH 19.1.10 – X R 53/08, DStRE 10, 537). Auch die Übergangsregelung ist verfassungsgemäß (BFH 4.2.10 – X R 58/08, DStRE 10, 600). Die Inflationsentwicklung steht der nachgelagerten Besteuerung nicht entgegen (BFH 4.2.10 – X R 52/08, BFH/NV 10, 1253). Eine Übermaßbesteuerung liegt nicht vor (BFH 18.5.10 – X R 29/09, BFH/NV 10, 1719). Rentenerhöhungen sind zu 100 % stpfl (BFH 6.3.13 – X B 113/11, BFH/NV 13, 929; s Beispiel unten und *Rentenanpassung* Rz 2). Schließlich ist die Rentenbesteuerung mit dem Ertragsanteil, also vor 2005, gegenüber der Besteuerung von privaten Renten auch verfassungsgemäß, auch wenn die gesetzlichen Renten niedriger als die privaten Renten sind (BFH 17.7.08 – X R 29/07, BFH/NV 08, 1834). Keine Vorläufigkeit mehr bei der Rentenbesteuerung vor 2005 (BMF 20.6.08 – IV A 3 – S 0338/07/10010, BStBl I 08, 678). Die Höherbesteuerung gilt auch für **Rentennachzahlungen** ab 2005, die Jahre vor 2005 betreffen (BFH 13.4.11 – X R 1/10, DStRE 11, 1055; zum Abzug der Vorsorgeaufwendungen in diesem Zusammenhang OFD Frankfurt 21.9.11 – S 2255 A – 23 – St 218, ESt-Kartei He § 22 EStG Karte 13; s auch *Sonderausgaben* Rz 9, 10; kritisch zur BFH-Rspr der neuen Rentenbesteuerung *Stützel* DStR 10, 1545; s auch *Sonderausgaben* Rz 7 ff.

3. Besteuerung der Neurentner (§ 22 Nr 1 Satz 3a) aa) EStG). Liegt der Rentenbeginn im Jahr 2005, gilt die Besteuerung wie bei den Bestandsrentnern (s oben Rz 12). Neurentner

10 Altersrente

ab 2006 wachsen schrittweise in die steuererhöhende nachgelagerte Besteuerung hinein. Der steuerpflichtige Rentenanteil steigt ab 2006 von 52% bis zu Neurentnern ab dem Jahr 2040 auf 100%.

Besteuerungstabelle (§ 22 Nr 1 Satz 3a) aa) Satz 3 EStG – Auszug)

2005	2006	...	2013	2014	2015	...	2030	...	2040
50%	52%	...	66%	68%	70%		90%	...	100%

Der Besteuerungs-%-Satz bleibt ab Rentenbeginn für den Rest der Rentenlaufzeit konstant. Der **lebenslängliche Rentenfreibetrag** berechnet sich aus der Bezugsgröße des zweiten Kalenderjahres der Jahresbruttorente nach Rentenbeginn (§ 22 Nr 1 Satz 3a) aa) Sätze 4 und 5 EStG).

Beispiel: Ein ArbN geht ab 1.1.2013 in Rente. Seine monatliche Rente beträgt 1000 €. Die Rente wird zum 1.7.2013 und zum 1.7.2014 um je 1% erhöht. Die Rente beträgt also ab 1.7.2013 1010 €, ab 1.7.2014 1020,10 €.

	Besteuerung in 2013:	Besteuerung in 2014:
Rente Januar bis Juni	6000,– €	6060,– €
Rente Juli bis Dezember	6060,– €	6120,60 €
Rentenjahresbetrag:	12 060,– €	12 180,60 €
stpfl lt Tabelle 66%	7959,60 €	8039,19 €
steuerfrei 34%	4100,40 €	4141,41 €

Rentenfreibetrag ab 2014 bis Rentenende: 4141,41€.

Fortsetzung des Beispiels: Der Rentner stirbt im November 2015.
Besteuerung in 2015:

Rente Januar bis November (11 × 1020,10 =)	11 221,10 €
abzüglich Rentenfreibetrag	– 4141,41 €
stpfl Rentenanteil	7079,69 €

Der zu versteuernde Betrag fließt nach Abzug von Werbungskosten, ggf Pauschbetrag (§ 9a Satz 1 Nr 3 EStG: 102 €), als Sonstige Einkünfte in die Jahresveranlagung ein (s unten Rz 15). Aus den Beispielen ist ersichtlich, dass Rentenerhöhungen voll der Besteuerung unterliegen.

Der ursprüngliche %-Satz der Steuerpflicht der Rente bleibt bei **Umwandlungen von Renten** erhalten, zB wenn eine Erwerbsminderungsrente in die Regelaltersrente überführt wird (FG Berlin 30.11.05 – 2 K 2059/02, EFG 06, 504) oder die **Hinterbliebenenrente** nach dem Tod des Rentenberechtigten (§ 22 Nr 1 Satz 3a) aa) Satz 8 EStG; s *Hinterbliebenenrente* Rz 13).

Beispiel: Der Stpfl bezieht seit 2004 eine Erwerbsunfähigkeitsrente in Höhe von 600 € monatlich, die ab 2010 mit Erreichen des 65. Lebensjahres in die Altersrente umgewandelt wird. Im Jahr 2004 wurde die Erwerbsunfähigkeitsrente als abgekürzte Leibrente mit einem Ertragsanteil von 11% (Laufzeit 6 Jahre bis zum Bezug der Altersrente) versteuert. Ab dem Jahr 2005 beträgt der Besteuerungsanteil 50%. Der Rentenfreibetrag beträgt ab 2005 3600 € (600 € × 12 Monate × 50%). Ab der Altersrente im Jahr 2010 gilt: Beginn Altersrente im Jahr 2010 abzüglich Laufzeit der Erwerbsunfähigkeitsrente 6 Jahre = 2004; damit gilt der Besteuerungsanteil in Höhe von 50%. Der Rentenfreibetrag (50%) wird im Jahr 2011 auf Grund der in 2011 bezogenen Rente neu ermittelt und auf Dauer festgeschrieben.

14 **4. Besteuerungsverfahren** (§ 22a EStG). Die leistungsverpflichteten RVTräger haben der Zentralen Stelle (§ 81 EStG, Deutsche Rentenversicherung Bund) bis zum 1. März des Folgejahres der Rentenzahlung ihre Rentenzahlungen mitzuteilen (§ 22a Abs 1 Satz 1 EStG). Diese teilt unter Überwachung des Bundeszentralamts für Steuern (BZSt, früher BfF) den Finanzämtern die Rentenzahlungen mit (§ 52 Abs 38a EStG; § 139b AO). Einzelheiten zu § 22a EStG BMF 7.12.11 – IV C 3 – S 2257 – c/10/10005:003. Das FA prüft, ob der Rentenempfänger mit seiner Rente und ggf anderen Einkünften stpfl ist und wird ihn ggf zur Abgabe einer ESt-Erklärung auffordern (s *Antragsveranlagung* Rz 7 ff). Rentner sind auch dann zur Abgabe einer ESt-Erklärung verpflichtet, wenn ihnen das FA vor 2005 mitgeteilt hatte, dass sie nicht mehr zur Abgabe einer ESt-Erklärung verpflichtet seien (FG RhPF 24.7.13 – 4 V 1522/13, BeckRS 13, 95965). Die erstmalige Übermittlung von Rentenbe-

zugsmitteilungen erfolgte ab 1.10.2009. Die Übermittlung und Auswertung der Rentenbezugsmitteilungen sollte bis 31.12.2011 abgeschlossen sein. Über die Rentenbezugsmitteilung ist der Stpfl zu informieren (§ 22a Abs 3 EStG). Bei verspäteter Mitteilung durch den mitteilungsverpflichteten Rentenversicherungsträger kann ein Verspätungsgeld festgesetzt werden, Höchstbetrag 50 000 € (§ 22a Abs 5 EStG, § 3 Abs 4 AO, erstmals anzuwenden für Mitteilungen von Rentenzahlungen ab 2010), sowie ein Bußgeld bei unterlassener, unrichtiger oder unvollständiger Mitteilung der Rentenzahlungen (§ 50 f EStG; Einzelheiten *Hörster* NWB 2010, 4176).

5. Jahresveranlagung. Im Rahmen der ESt-Veranlagung sind die Renteneinnahmen abzüglich Werbungskosten, ggf Pauschbetrag (§ 9a Nr 3 EStG: 102 €) als Sonstige Einkünfte anzusetzen (§ 22 Nr 1 Satz 3 Buchst a) Doppelbuchst aa) EStG: vorläufig nach § 165 Abs 1 Satz 2 Nr 3 AO; BMF 16.5.11 – IV A 3 – S 0338/07/10010, DStR 11, 975 unter Anlage 5.). Als den Pauschbetrag übersteigende **Werbungskosten** kommen in Betracht: Rechtsberatungs- und Prozesskosten zur Erlangung der Rente, Schuldzinsen für Kredit zwecks Nachentrichtung freiwilliger Beiträge, sonstige Kreditkosten, Gewerkschaftsbeiträge. Werbungskosten sind in voller Höhe abziehbar, nicht nur in Höhe des Besteuerungsanteils. Die Beiträge zur Erlangung der Rente sind nur beschränkt als Sonderausgaben, nicht als vorab entstandene Werbungskosten, abzugsfähig (BVerfG 25.2.08 – 2 BvR 325/07, HFR 08, 753; insoweit vorläufig, s oben BMF 16.5.11, DStR 11, 975 unter Anlage 4; Einzelheiten hierzu *Rentenversicherungsbeiträge* Rz 2; *Sonderausgaben* Rz 9). Dies gilt auch für einpendelnde Grenzgänger, deren Rente im Wohnsitzland der vollen Besteuerung unterliegt (BFH 24.6.09 – X R 57/06, DStR 09, 1799; s *EU-Recht* Rz 28 und *Grenzgänger* Rz 8). Das Gleiche gilt bei einem unbeschränkt steuerpflichtigen ausländischen ArbN, dessen freiwillige Altersvorsorgeleistungen des inländischen ArbGeb an ein ausländisches Versicherungsunternehmen nicht steuerfrei nach § 3 Nr 62 EStG zu behandeln sind, während die spätere Rente hieraus im Ausland nachgelagert voll besteuert wird (BFH 28.5.2009 – VI R 27/06, DStR 2009, 1845). Der Versorgungsfreibetrag (§ 19 Abs 2 EStG; s *Altersgrenze* Rz 18) greift nicht ein (BFH 18.10.06 – XI R 45/05, BFH/NV 07, 880). Zahlungen im Rahmen des Versorgungsausgleichs zugunsten des geschiedenen Ehegatten sind Sonderausgaben (§ 10 Abs 1 Nr 1b EStG; s im Gegensatz hierzu bei den Versorgungsbezügen *Altersgrenze* Rz 22). Zinszahlungen auf Grund von Rentennachzahlungen sind stpfl Kapitaleinkünfte (BFH 13.11.07 – VIII R 36/05, DStRE 08, 612).

6. Sonderfragen. Sachleistungen und der Kinderzuschuss aus der gesetzlichen RV sind steuerfrei (§ 3 Nr 1b EStG), ebenso die Zuschüsse der RVTräger zu den KV- und PflegeVBeiträgen der Rentner (§ 3 Nr 14 EStG). Nicht steuerfrei ist der Kinderzuschuss zu einer Rente aus einem berufsständischen Versorgungswerk (BFH 31.8.11 – X R 11/10, BeckRS 2012, 94484). Steuerfrei sind auch Zahlungen des ArbGeb zur Übernahme der Beiträge iSd § 187a SGB VI, soweit diese 50 % der Beiträge nicht übersteigen (§ 3 Nr 28 EStG). Hierunter fallen ua Beiträge für die vorzeitige Inanspruchnahme der Altersrente wegen **Arbeitslosigkeit,** um eine Rentenminderung zu vermeiden. Zum **Altersübergangsgeld** s *Übergangsgeld* Rz 8 ff, zur **vorgezogenen** Altersrente wegen Erwerbsunfähigkeit, s *Rentenbeginn* Rz 5 sowie R 22.4 Abs 5 EStR; FG Münster 23.11.95, EFG 96, 231. Zum rückwirkenden Wegfall des Krankengeldes wegen **rückwirkender Gewährung einer Rente** s *Lohnersatzleistungen* Rz 20. Zur Abfindung anlässlich **Vorruhestand** s *Abfindung* Rz 44. Bei der Pfändung einer Rente an der Quelle muss der Höhe nach die ESt im Wohnsitzstaat mindernd berücksichtigt werden (EuGH 29.4.04 – C-224/02, Fall *Pusa*, IStR 05, 62).

7. Steuerliche Auswirkung. Unter Berücksichtigung des Grundfreibetrages (§ 32a Abs 1 Satz 2 Nr 1 EStG) und der Beiträge zur Kranken- und PflegeV (§ 10 Abs 1 Nr 2a EStG; s *Sonderausgaben* Rz 4) fällt ab dem Jahr 2005 bei einer Jahresbruttorente bis ca 18 700 € keine ESt an, wenn der StPfl keine anderen Einkünfte bezieht. Bei zusammen veranlagten Ehegatten gilt in etwa der doppelte Betrag. Bei Rentenbeginn nach 2005 setzt die Steuerpflicht wegen des höheren stpfl Rentenanteils bereits bei entsprechend niedrigerer Rente ein, was durch Rentenanpassungen noch verschärft wird.

Beispiel (nach Neuer Verband der Lohnsteuerhilfevereine): Der Rentner bezieht in 2010 eine eigene Rente und nach dem Tod seiner Ehefrau zusätzlich eine Witwenrente. Rentenbeginn beider Renten war bis 2005.

10 Altersrente

	Ehemann	Witwenrente
gesetzliche Rente 2005	20173 €	4803 €
Rente 2010 nach Rentenerhöhungen	21000 €	5000 €
davon steuerpflichtig (50 %; s Anm)	10913 €	2598 €
abzüglich Werbungskosten Pauschbetrag	102 €	102 €
Renteneinkünfte	10811 €	2496 €
Gesamtbetrag der Einkünfte		13307 €
abzüglich eigene Kranken- und Pflegeversicherungsbeiträge		2561 €
abzüglich Sonderausgabenpauschbetrag		36 €
zu versteuerndes Einkommen		10710 €
Einkommensteuer 2010		445 €

Anmerkung: Steuerpflichtig sind 50 % der Rente aus 2005. Beim Ehemann sind das 10 086 €. Hinzu kommen die Erhöhungen zu 100 %, also (21000 € ./. 20 173 € =) 827 €. $^1/_2$ der Rente aus 2005 = 10 086 € + 827 € = 10 913 €. Entsprechende Berechnung bei der Witwenrente.

18 8. Rentenzahlungen ins Ausland. Hat der Rentenempfänger seinen inländischen Wohnsitz aufgegeben (s hierzu *Auslandstätigkeit* Rz 37 ff), unterliegt er mit seinen Renteneinkünften der beschränkten Steuerpflicht (§ 49 Abs 1 Nr 7 EStG; s *Ausländer* Rz 42). Ist nach dem DBA dem Wohnsitzstaat das Besteuerungsrecht für die Rente zugewiesen (vgl Art 18 OECD-MA: Besteuerung der Ruhegehälter im Ansässigkeitsstaat), unterliegen die Renteneinkünfte nicht der inländischen Besteuerung (FG BaWü 9.10.09 – 10 K 3312/08, IStR 10, 257). Das Prinzip, dass Altersbezüge im Ansässigkeitsstaat zu versteuern sind, auch wenn die Beiträge im früheren Tätigkeitsstaat erbracht worden sind, gilt (noch) grundsätzlich, auch nach DBA USA 1989 aF (BFH 8.11.2010 – I R 106/09, BeckRS 2011, 94004; anders zB Art 18 Abs 3 Buchst c DBA Kanada: Quellensteuerrecht Deutschland, Anrechnung der deutschen Steuer auf die kanadische Steuer, BFH 13.12.11 – I B 159/11, IStR 12, 588; BayLfSt 8.6.11 – S 1301.1.1–93/4 St 32, IStR 11, 776). Wegen des erhöhten Sonderausgabenabzugs ist eine Änderung der DBA geplant (zur Problematik der zwischenstaatlichen Besteuerung von Renten *Decker/Looser* IStR 09, 652). Ist nach dem DBA dem Rente zahlenden Staat das Besteuerungsrecht zugewiesen, darf die Steuer nicht höher sein als bei einem Inländer (EuGH 9.11.06 – C-520/04, IStR 06, 821). Dies gilt auch für die nachgelagerte Besteuerung, anderenfalls eine unzulässige Diskriminierung vorliegen würde (BFH 24.6.09 – X R 57/06, BStBl II 09, 1000 unter II. 2. b. bb; s *Grenzgänger* Rz 89). Zur Frage der Sicherung der Besteuerung der Rente nach Wegzug ins Ausland *Wernsmann/Nippert* DStR 05, 1123; OFD Hannover 15.12.06 – S 2369 – 24 – StO 211, IStR 07, 76. Der Rentenempfänger kann die inländische Besteuerung beantragen (§ 1 Abs 3 EStG; s *Ausländer* Rz 38). Die örtliche Zuständigkeit bei einer inländischen Veranlagung liegt zentral beim FA Neubrandenburg (§ 19 Abs 6 AO iVm EStZuStVO, BGBl I 09, 3). Zu aktueller BFH-Rspr zu Art 18 OECD-MA *Ismer* IStR 11, 577.

19 9. Rentenzahlungen aus dem Ausland. Zahlt ein ausländischer SozVTräger die Rente, zB bei Grenzgängern, so steht das Besteuerungsrecht grundsätzlich dem Staat zu, in dem der Bezugsberechtigte ansässig ist (vgl Art 18 OECD-MA; *s oben Rz 18;* Art 14 Abs 2 Nr 1 DBA Frankreich; BFH 25.3.10 – X B 142/09, IStR 10, 458; Decker/Looser IStR 09, 652). Wechselkursschwankungen beeinflussen den steuerfreien Teil der Rente (§ 22 Nr 1 Satz 3 Buchst a) Doppelbuchst aa) Satz 6 EStG; BayLfSt 4.5.09 – S 2225.1.1–3/2, IStR 09, 704). Ausländische Währungen sind anhand der von der Europäischen Zentralbank veröffentlichten monatlichen Durchschnittsreferenzkurse umzurechnen (BFH 3.12.09 – VI R 4/08, DStR 10, 479). Zu Schweizer Grenzgängern s *Grenzgänger* Rz 23. Pensionen der Europäischen Organisation für Kernforschung (Cern) mit Sitz in Genf und der Bank für Internationalen Zahlungsausgleich (BIZ) mit Sitz in Bern sind mit einer gesetzlichen Rentenversicherung vergleichbar und daher bei Ansässigkeit des Rentenberechtigten im Inland auch im Inland nachgelagert zu versteuern (OFD Münster 15.5.2009 – S 2255 – 48 – St 22–31,

BeckVerw 159531). Steht das Besteuerungsrecht der Rente gem DBA dem ausländischen Staat als früherem Tätigkeitsstaat zu (sog Quellenstaat, so zB Art 18 Abs 2 DBA DK), so unterliegt diese bei Vergleichbarkeit mit der Rente der inländischen RV dem Progressionsvorbehalt (§ 32b Abs 1 Nr 3 EStG; BFH 14.7.10 – X R 37/08, IStR 10, 809 = BStBl II 11, 628; s *Lohnersatzleistungen* Rz 5).

III. Betriebsrente s *Betriebliche Altersversorgung* Rz 101 ff. **20**

IV. Riester-Rente s *Altersvorsorgevermögen* Rz 6 ff. **21**

V. Rürup-Rente. 1. Anwendungsbereich. Bei der Rürup-Rente handelt es sich um **22** eine freiwillige zusätzliche Altersvorsorgemaßnahme, die durch privaten Kapitalaufwand erwirtschaftet wird. Man spricht von eigener kapitalgedeckter Altersversorgung (§ 10 Abs 1 Nr 2.b) EStG). Abgeschlossen wird hierzu eine private Leibrentenversicherung, deren Bedingungen mit denen der gesetzlichen RV vergleichbar sind. Die Rürup-Rente (auch **Basis-Rente** genannt) ist vor allem für Selbstständige gedacht, die ansonsten für ihre Beitragszahlungen in die Altersvorsorge keine Steuererleichterung erwarten könnten. Aber auch besser verdienende ArbN profitieren von der Rürup-Rente. Denn durch den neu geschaffenen Sonderausgaben-Höchstbetrag von 20 000 € pro Jahr und Person (§ 10 Abs 3 EStG) kann auch ein ArbN zusätzliches Vermögen für den Ruhestand aufbauen und gleichzeitig Steuerersparnis nutzen. Ab 2014 werden im Rahmen dieses Abzugsvolumens auch Beiträge für einen Vertrag, der ausschließlich der Absicherung der Erwerbsminderung und Berufsunfähigkeit dient, steuerlich gefördert (§ 10 Abs 1 Nr 2.b)bb) EStG (s auch *Sonderausgaben* Rz 7 ff).

2. Beitragsphase und Voraussetzungen der Steuerbegünstigung s *Sonderausgaben* **23** Rz 8.

3. Leistungsphase (§ 22 Nr 1 Satz 3a) aa) EStG). Es gelten die Ausführungen zur **24** gesetzlichen Rente entsprechend, dh nachgelagerte Besteuerung mit Übergangsphase bis zum Jahr 2040 (s oben Rz 12 ff).

VI. Andere privat finanzierte Renten. 1. Rentenarten (§ 22 Nr 1 Satz 3 Buchst. a) **25** Doppelbuchst bb) EStG). Renten, die nicht unter § 22 Nr 1 Satz 3 Buchst a) Doppelbuchst aa) EStG fallen, werden weiterhin mit dem Ertragsanteil besteuert (hierzu *v. Oertzen/Stein* DStR 09, 1117). Dies sind in erster Linie Rentenleistungen, die auf versteuerten Beiträgen beruhen, so zB Veräußerungsrenten, Renten aus Kapitallebensversicherungen mit Rentenwahlrecht, Renten aus Direktversicherungen, zu denen die Beiträge pauschal versteuert wurden (s *Lohnsteuerpauschalierung* Rz 44, 45; *Betriebliche Altersversorgung* Rz 144). Hierunter fallen aber auch Renten, soweit diese auf bis zum 31.12.2004 geleisteten Beiträgen beruhen, welche oberhalb des Betrags des Höchstbetrags zur gesetzlichen RV gezahlt wurden. Der Stpfl muss für die letztgenannte Ertragsanteilbesteuerung einen Antrag stellen und nachweisen, dass Beiträge oberhalb der jeweiligen Höchstbeträge (West) der gesetzlichen RV mindestens 10 Jahre gezahlt wurden (§ 22 Nr 1 Satz 3 Buchst a) Doppelbuchst bb) Satz 2 EStG; sog **Öffnungsklausel**. Einzelheiten hierzu BMF 19.8.13 – IV C 3 – S 2221/12/ 10010:004, IV C 5-S 2345/08/001, BStBl I 13, 1087, Rz 238 ff. Die 10-Jahresfrist ist verfassungsgemäß (BFH 4.2.10 – X R 58/08, DStRE 10, 600). Es kommt auf die tatsächlich geleisteten Beträge an, nicht auf Anwartschaften (BFH 19.1.10 – X R 53/08, DStRE 10, 537; BFH 18.5.10 – X R 29/09, BFH/NV 10, 1719). Entscheidend ist, in welchem Jahr und für welche Jahre die Beiträge geleistet wurden (BFH 18.5.10 – X R 1/09, BeckRS 2010, 25016353). Verträge innerhalb der EG sind anzuerkennen (EuGH 30.1.07 – C-150/ 04 IStR 07, 214). Auch **VBL-Renten** gehören hierher. Einzelheiten OFD Rheinland 17.10.07 – S 1301 – St 52, IStR 07, 831, auch zur Zahlung ins Ausland (s hierzu oben Rz 18). Zur Besteuerung von Kapitallebensversicherungen bei Einmalauszahlung (§ 20 Abs 1 Nr 6 EStG) BMF 1.10.09 – IV C 1 – S 2252/07/0001, BStBl I 09, 1172 und 1188. Zur steuerlichen Anerkennung von Renten- und Lebensversicherungen gegen Einmalbetrag BFH 15.12.99 – X R 23/95, DStR 2000, 515; OFD Münster 25.8.09 – S 2212 – 40 – St 22–31, BeckVerw 229014.

2. Ertragsanteil. Der der Besteuerung zu Grunde zu legende Ertragsanteil der Rente **26** beträgt lt Tabelle (§ 22 Nr 1 Satz 3 Buchst a Doppelbuchst bb Satz 4 EStG – Auszug –, im Einzelnen s *Rentenbeginn* Rz 8):

10 Altersrente

Vollendetes Lebensalter bei Rentenbeginn								
50	...	55 bis 56	...	60 bis 61	62	63	64	65 bis 66	...
Ertragsanteil 30 %		26 %		22 %	21 %	20 %	19 %	18 %	

Die neuen Ertragsanteile gelten ab 2005 auch für Renten, die vor 2005 zu laufen begonnen haben. Beachtenswert ist, dass zB für einen 65-Jährigen der zu versteuernde Ertragsanteil von bisher 27 % (bis 2004) auf 18 % (ab 2005) gesenkt wurde.

27 **3. Besteuerung.** Der Bruttobetrag der Rente ist mit dem Ertragsanteil zu erfassen. Als Werbungskosten kommen insbesondere Schuldzinsen für die Refinanzierung in Betracht (BFH 25.6.08 – X R 36/05, DStR 08, 2204), wobei die Überschusserzielungsabsicht geprüft wird (BFH 20.6.06 – X R 3/06, BStBl II 06, 870). Ein weiterer Abzug, Freibetrag oÄ kommt nicht in Betracht (BVerfG 22.9.09 – 2 BvL 3/02, DStRE 09, 1292). Weitere Einzelheiten werden, weil ohne unmittelbaren Bezug zu einem Arbeitsverhältnis, hier nicht dargestellt.

28 **Literaturhinweise zur aktuellen Rechtslage:** BMF 19.8.13 – IV C 3 – S 2221/12/10010:004, IV C 5 – S 2345/08/0001, BStBl I 13, 1087; *Wagner-Jung* DStR 10, 2497; *Myßen/Wolter* NWB 11, 280; *Gunsenheimer* NWB 11, 1634.

C. Sozialversicherungsrecht *Ruppelt*

41 **1. Allgemeines.** Das SGB VI bezeichnet die Rentenarten, die das Erreichen einer bestimmten Altersgrenze voraussetzen, als Renten wegen Alters (§ 33 Abs 2 SGB VI). Seit Inkrafttreten des RV-Altersgrenzenanpassungsgesetzes vom 20.4.07 (BGBl I 07, 554) zum 1.1.08 gibt es im SGB VI sieben Renten wegen Alters mit unterschiedlichen Anspruchsvoraussetzungen. Davon laufen zwei Rentenarten aus (Altersrente wegen Arbeitslosigkeit oder nach Altersteilzeitarbeit und Altersrente für Frauen). Diese Renten können nur noch Versicherte beanspruchen, die vor dem 1.1.52 geboren sind. Ein Wechsel zu einer anderen Altersrentenart ist möglich, wenn erstmals die Voraussetzungen der anderen Rente erfüllt werden. Die Renten wegen Alters werden grds nur auf Antrag gewährt (§ 115 Abs 1 SGB VI). Sie werden vom Ersten des Kalendermonats an geleistet, zu dessen Beginn die Anspruchsvoraussetzungen erfüllt sind, wenn der Antrag bis zum Ende des dritten Kalendermonats nach Ablauf des Monats gestellt wird, in dem die Anspruchsvoraussetzungen erfüllt sind. Ansonsten beginnt die Rente ab dem Antragsmonat (§ 99 Abs 1 SGB VI; s *Rentenbeginn* Rz 14 ff).

42 **2. Anhebung der Altersgrenzen.** Nachdem bereits in der Vergangenheit die Altersgrenzen für die vor der Regelaltersgrenze gewährten Altersrenten kontinuierlich angehoben worden sind (vgl Personalbuch 2007 *Altersgrenze* Rz 27), wurden durch das RV-Altersgrenzenanpassungsgsetzes vom 20.4.07 (BGBl I 07, 554) auch die **Regelaltersgrenze** von 65 auf 67 Jahre angehoben. Die Anhebung erfolgt stufenweise für Versicherte ab dem Jahrgang 1947 bis zum Jahre 2029. Entsprechend der Anhebung der Regelaltersgrenze werden auch die Altersgrenzen der vorgezogenen Altersrenten weiter angehoben. Zur **geplanten abschlagsfreien Rente** ab dem 63. Lj s *Altersgrenze* Rz 36.

43 **3. Vorzeitige Inanspruchnahme.** Die vorgezogenen Altersrenten – das sind die Renten, die vor der Regelaltersgrenze bezogen werden – können nach Maßgabe im Einzelnen geregelter Altersgrenzen vorzeitig, dh vor Erreichen des jeweiligen Zugangsalters, in Anspruch genommen werden. Für jeden Monat der vorzeitigen Inanspruchnahme mindert sich jedoch der Rentenzahlbetrag um 0,3 vH (§ 77 Abs 2 SGB VI). Der vorzeitigen Inanspruchnahme einer vorgezogenen Rente steht also ein Rentenabschlag gegenüber. Zur Vermeidung von Nachteilen, die bei vorzeitiger Inanspruchnahme einer vorgezogenen Rente entstehen, weil durch Beitragsausfall die ab dem 65. Lebensjahr zu zahlende Regelaltersrente gemindert ist, räumt § 187a SGB VI die Möglichkeit ein, eigene Ausgleichsbeträge zu entrichten (s *Altersgrenze* Rz 34).

44 **4. Regelaltersrente.** Versicherte haben nach § 35 SGB VI Anspruch auf Regelaltersrente, wenn sie die **Regelaltersgrenze** erreicht und die **allgemeine Wartezeit** erfüllt haben. Die Regelaltersgrenze wird nach Maßgabe des § 235 SGB VI stufenweise auf 67 Jahre angehoben. Für Versicherte der Jahrgänge 1947 bis 1958 erfolgt die Anhebung um je einen

Monat pro Jahrgang, sodass mit dem Jahrgang 1958 die Regelaltersgrenze von 66 Jahren erreicht ist. Ab dem Jahrgang 1959 erfolgt die Anhebung um je zwei Monate pro Jahrgang und ist mit dem Jahrgang 1964 abgeschlossen. Eine **Vertrauensschutzregelung** normiert § 235 Abs 2 Satz 2 SGB VI für Versicherte bis zum Jahrgang 1954, die vor dem 1.1.07 Altersteilzeit (s *Altersteilzeit* Rz 36) vereinbart haben und für Versicherte (ohne Jahrgangsbegrenzung), die Anpassungsgeld für entlassene ArbN des Bergbaus bezogen haben. Für diese Versicherten wird die Altersgrenze von 65 Jahren nicht angehoben. Die **allgemeine Wartezeit** beträgt fünf Jahre (§ 50 Abs 1 SGB VI). Es sind Beitragszeiten (§ 55 SGB VI) einschließlich Kindererziehungszeiten und Zeiten anrechenbar, die sich aus einem durchgeführten Versorgungsausgleich ergeben (§ 52 SGB VI). Unter den Voraussetzungen des § 53 SGB VI kann eine vorzeitige Wartezeiterfüllung gegeben sein (etwa bei verminderter Erwerbsfähigkeit nach Arbeitsunfall). Der Beginn der Altersrente kann über die Regelaltersgrenze hinausgeschoben werden, um den Rentenanspruch zu erhöhen (§§ 63 Abs 5, 77 Abs 2 Satz 1 Nr 2 Buchst b SGB VI).

5. Altersrente für langjährige Versicherte. Versicherte haben Anspruch auf ungekürzte Altersrente, wenn sie das 67. Lebensjahr vollendet und die **Wartezeit von 35 Jahren** erfüllt haben (§ 36 SGB VI). Allerdings sieht § 236 Abs 1 SGB VI eine Übergangsregelung für die Geburtsjahrgänge 1949 bis 1963 vor: Jahrgänge vor 1949 können diese Rente noch ab Vollendung des 65. Lebensjahres in Anspruch nehmen. Für die Jahrgänge von 1949 bis 1963 wird die Altersgrenze sukzessive nach Maßgabe der Tabelle nach § 236 Abs 2 SGB VI angehoben. Versicherte der Geburtsjahrgänge ab 1964 können eine abschlagsfreie Altersrente für langjährige Versicherte erst ab dem 67. Lebensjahr erhalten. Bedeutung kommt dieser Rente daher künftig nur noch wegen der Möglichkeit der vorzeitigen Inanspruchnahme ab dem 63. Lebensjahr unter Inkaufnahme der Abschläge nach § 77 Abs 2 Satz 1 Nr 2 Buchst a SGB VI zu. Eine **Vertrauensschutzregelung** findet sich in § 236 Abs 2 Satz 3 SGB VI für Versicherte bis zum Jahrgang 1954, die vor dem 1.1.07 Altersteilzeitarbeit (s *Altersteilzeit* Rz 36) vereinbart haben, und für Versicherte (ohne Jahrgangsbegrenzung), die Anpassungsgeld für entlassene ArbN des Bergbaus bezogen haben. Für diese Versicherten wird die Altersgrenze von 65 Jahren für den abschlagsfreien Bezug der Rente nicht angehoben. Eine **besondere Vertrauensschutzregelung** enthält § 236 Abs 3 SGB VI für Versicherte der Geburtsjahrgänge 1948 bis 1954, die im Hinblick auf die nach altem Recht vorgesehen gewesene Absenkung des vorgezogenen Zugangsalters auf 62 Jahre vor dem 1.1.07 Altersteilzeitarbeit vereinbart haben. Für diese Versicherten wird die für die **vorzeitige Inanspruchnahme** der Altersrente für langjährige Versicherte maßgebliche Altersgrenze stufenweise auf 62 Jahre abgesenkt. Auf die **Wartezeit von 35 Jahren** werden alle rentenrechtlichen Zeiten nach § 54 SGB VI einschließlich der Berücksichtigungszeiten angerechnet (§ 51 Abs 3 SGB VI). Für entlassene ArbN des Bergbaus, die Anpassungsgeld bezogen haben, ist die vorzeitige Inanspruchnahme dieser Rente bei Erfüllung der sonstigen Voraussetzungen bis zum Jahrgang 1963 möglich.

6. Altersrente für besonders langjährige Versicherte. Versicherte haben nach § 38 SGB VI Anspruch auf abschlagsfreie Altersrente für besonders langjährig Versicherte, wenn sie das **65. Lebensjahr** vollendet und die **Wartezeit von 45 Jahren** erfüllt haben. Diese durch das RV-Altersgrenzenanpassungsgesetz vom 20.4.07 (BGBl I 07, 554) eingeführte Rente wird nur von wenigen Versicherten in Anspruch genommen werden können, weil nach § 51 Abs 3a SGB VI auf die Wartezeit nur **Pflichtbeitragszeiten** (ohne Zeiten des Bezugs von ALG oder ALG II) und Berücksichtigungszeiten (s *Rentenversicherungsrechtliche Zeiten* Rz 14 ff) anrechenbar sind. Kalendermonate, die durch Versorgungsausgleich oder Rentensplitting ermittelt werden, bleiben ebenfalls unberücksichtigt. Die **vorzeitige Inanspruchnahme** dieser Rente ist **nicht** möglich.

7. Altersrente für schwerbehinderte Menschen. Diese Rente erhalten nach § 37 SGB VI auf Antrag Versicherte, wenn sie das 65. Lebensjahr vollendet haben, bei Beginn der Altersrente als schwerbehinderte Menschen nach § 2 Abs 2 SGB IX anerkannt sind (GdB mindestens 50 vH) und die **Wartezeit von 35 Jahren** erfüllt haben. Eine vorzeitige Inanspruchnahme dieser Rente ist nach Vollendung des 62. Lebensjahres unter Inkaufnahme des verminderten Zugangsfaktors nach § 77 Abs 2 Satz 1 Nr 2 Buchst a SGB VI möglich. Allerdings sieht § 236a SGB VI für **rentennahe Jahrgänge** und für vor 1964 geborene Ver-

10   Altersrente

sicherte Sonderregelungen vor, die einen Rentenzugang bereits vor dem 62. bzw 65. Lebensjahr ermöglichen:

a) Versicherte, die vor dem 17.11.50 geboren sind und am 16.11.2000 schwerbehindert, berufsunfähig oder erwerbsunfähig nach dem am 31.12.2000 geltenden Recht (s *Erwerbsminderung* Rz 15) waren, können die abschlagsfreie Rente bereits ab dem 60. Lebensjahr erhalten, wenn sie die genannten Voraussetzungen auch bei Rentenbeginn erfüllen und die Wartezeit zurückgelegt haben (§ 236a Abs 4 SGB VI). Die Schwerbehinderung am 16.11.2000 kann auch rückwirkend festgestellt werden (BSG 29.11.07 – B 13 R 44/07 R, NZS 08, 602).

b) Versicherte, die vor dem 1.1.51 geboren sind, können die abschlagsfreie Rente ab dem 63. Lebensjahr auch dann beziehen, wenn sie zu Rentenbeginn zwar nicht schwerbehindert, aber berufs- oder erwerbsunfähig nach dem bis zum 31.12.2000 geltenden Recht sind und die Wartezeit erfüllen (§ 236a Abs 3 SGB VI).

c) Versicherte, die vor dem 1.1.52 geboren sind, haben Anspruch auf diese Altersrente nach Vollendung des 63. Lebensjahres. Für sie ist die vorzeitige Inanspruchnahme dieser Rente (unter Inkaufnahme eines verminderten Zugangsfaktors) ab dem 60. Lebensjahr möglich, wenn sie jeweils bei Rentenbeginn schwerbehindert sind und die Wartezeit erfüllt ist (§ 236a Abs 2 Satz 1 SGB VI).

d) Versicherte, die vor dem 1.1.55 geboren sind und bereits vor dem 1.1.07 Altersteilzeit verbindlich vereinbart oder (ohne Jahrgangsbegrenzung) Anpassungsgeld für entlassene ArbN des Bergbaus bezogen haben, können die abschlagsfreie Rente ab dem 63. Lebensjahr und unter Inkaufnahme des verminderten Zugangsfaktors ab dem 60. Lebensjahr beziehen, wenn sie bei Rentenbeginn schwerbehindert sind und die Wartezeit erfüllen (§ 236a Abs 2 Satz 3 SGB VI).

e) Für Versicherte, die nach dem 31.12.51 geboren sind, werden die nach altem Recht geltenden Altersgrenzen von 60 Jahren (verminderter Zugangsfaktor) und 63 Jahren (abschlagsfreie Rente) **stufenweise** auf 62 bzw 65 Jahre nach Maßgabe der Tabelle in § 236a Abs 2 Satz 2 SGB VI angehoben. Für nach 1963 geborene Versicherte gelten dann die Altersgrenzen des § 37 SGB VI von 62 bzw 65 Jahren.

48   **8. Altersrente wegen Arbeitslosigkeit oder nach Altersteilzeit. a) Anspruchsvoraussetzungen.** Anspruch auf diese Rente haben nach § 237 Abs 1 u 2 SGB VI Versicherte, wenn sie (1.) vor dem 1.1.52 geboren sind, (2.) abhängig vom Geburtsjahrgang das 60. bis 65. Lebensjahr vollendet haben, (3.) die Wartezeit von 15 Jahren erfüllt haben, (4.) zum Zeitpunkt des Rentenbeginns arbeitslos sind und nach Vollendung eines Lebensalters von 58 Jahren und 6 Monaten insgesamt 52 Wochen arbeitslos waren oder Anpassungsgeld für entlassene ArbN des Bergbaus bezogen haben oder die Arbeitszeit aufgrund von Altersteilzeitarbeit iSd §§ 2 und 3 Abs 1 Nr 1 AltTZG 1996 für mindestens 24 Kalendermonate vermindert haben, sowie (5.) innerhalb der letzten 10 Jahre vor Beginn der Rente mindestens 8 Jahre Pflichtbeitragszeiten zurückgelegt haben. Die **vorzeitige Inanspruchnahme** dieser Rente ist unter Inkaufnahme eines verringerten Zugangsfaktors abhängig vom Geburtsjahrgang ab dem 60. bis 63. Lebensjahr möglich. Der Begriff der Arbeitslosigkeit entspricht dem Recht der ArblV. Dem Rentenanspruch steht nicht entgegen, wenn sich der Versicherte während der 52 Wochen Arbeitslosigkeit nicht ernsthaft um Arbeit bemüht hat oder nur deshalb nicht arbeitslos war, weil er einer Tätigkeit im Rahmen einer Arbeitsgelegenheit nach dem SGB II nachgegangen ist (§ 237 Abs 2 Satz 1 SGB VI). Wegen Krankheit Arbeitsunfähige sind nicht arbeitslos. Pflichtbeitragszeiten sind Zeiten, für die Pflichtbeiträge gezahlt wurden oder für die Pflichtbeiträge als gezahlt gelten (§ 55 SGB VI). Dazu gehören insbesondere Kindererziehungszeiten, nicht jedoch im Wege des Versorgungsausgleichs übertragene Zeiten. Pflichtbeitragszeiten sind auch Zeiten, für die Beiträge gezahlt wurden, die als Pflichtbeiträge gelten. Der Zehnjahreszeitraum kann sich durch Anrechnungszeiten, Ersatzzeiten und Rentenbezugszeiten wegen verminderter Erwerbsfähigkeit verlängern. Da sich der Beginn der Rahmenfristen nach dem Rentenbeginn richtet, kann eine verspätete Antragstellung dazu führen, dass der Rentenanspruch durch Zeitablauf verloren geht. Altersteilzeitarbeit liegt vor, wenn für den Versicherten nach dem AltTZG Aufstockungsbeiträge zum Arbeitsentgelt und Beiträge zur gesetzlichen RV für den Unterschiedsbetrag zwischen dem Arbeitsentgelt für die Altersteilzeit und mindestens 90 vH des Vollzeitarbeitsentgelts gezahlt worden sind (s *Altersteilzeit*).

b) Altersgrenze und Vertrauensschutz. Die Altersgrenze von 60 Jahren für die ab- 49
schlagsfreie Zahlung dieser Rente wird für Versicherte, die nach dem 31.12.36 geboren sind,
kontinuierlich in Monatsschritten nach Maßgabe der Anlage 19 zum SGB VI angehoben, bis
für die Geburtsjahrgänge 1949 bis 1951 die Altersgrenze von 65 Jahren erreicht ist. Die
vorzeitige Inanspruchnahme ist möglich, allerdings werden diese Antragsgrenzen für zwischen
1946 und 1951 geborene Versicherte ebenfalls nach der Anlage 19 zum SGB VI angehoben.
Im Januar 1946 geborene Versicherte können die Rente vorzeitig frühestens mit 60 Jahren
und einem Monat in Anspruch nehmen, im Dezember 1948 geborene und Jüngere frühestens
mit 63 Jahren. **Besondere Vertrauensschutzregelungen** gelten für Versicherte, die am
14.2.96 oder am 1.1.04 arbeitslos waren und/oder bereits Dispositionen für den Rentenbezug
getroffen hatten. Die Voraussetzungen ergeben sich im Einzelnen aus § 237 Abs 4 SGB VI
für den abschlagsfreien Rentenbezug und aus § 237 Abs 5 SGB VI für die vorzeitige Inanspruchnahme der Rente. Die Rente wegen Arbeitslosigkeit oder nach Altersteilzeit läuft 2016
aus, da dann die letzten Berechtigten das 65. Lebensjahr vollenden werden.

9. Altersrente für Frauen. Anspruch auf diese Altersrente haben nach § 237a SGB VI 50
vor dem 1.1.52 geborene weibliche Versicherte, die das 60. Lebensjahr vollendet, die Wartezeit von 15 Jahren erfüllt und nach Vollendung des 40. Lebensjahres mehr als zehn Jahre
Pflichtbeitragszeiten zurückgelegt haben. Für jeden Monat der vorzeitigen Inanspruchnahme
vor dem 65. Lebensjahr verringert sich der Zugangsfaktor um 0,003 (§ 77 Abs 2 Satz 2
Nr 2a SGB VI), was einer Rentenminderung von jeweils 0,3 vH je Monat der vorzeitigen
Inanspruchnahme entspricht. Diese Rente läuft im Jahr 2016 aus, da dann die letzten berechtigten Frauen das 65. Lebensjahr vollenden werden.

10. Altersrente für langjährig unter Tage beschäftigte Bergleute erhalten nach § 40 51
SGB VI auf Antrag Versicherte, die das 62. Lebensjahr vollendet und die Wartezeit von
25 Jahren erfüllt haben. Auf diese Wartezeit werden nach §§ 51 Abs 2, 238 SGB VI grds nur
Beitragszeiten auf Grund einer Beschäftigung mit ständigen Arbeiten unter Tage § 61
SGB VI) angerechnet. Das RV-Altersgrenzenanpassungsgesetz vom 20.4.07 (BGBl I 07, 554)
führte auch für diese Rente zur Anhebung der Altersgrenze um zwei Jahre. Durch die Übergangsregelungen in § 238 Abs 1 u 2 SGB VI verbleibt es für Versicherte bis zum Geburtsjahrgang 1951 und für Versicherte, die Anpassungsgeld für entlassene ArbN des Bergbaus
oder Knappschaftsausgleichsleistung bezogen haben, bei der Altersgrenze von 60 Jahren für
den abschlagsfreien Bezug der Rente. Für Bergleute ab dem Geburtsjahrgang 1952 wird die
Altersgrenze nach Maßgabe der Tabelle in § 238 Abs 2 SGB VI schrittweise angehoben, bis
die Altersgrenze für nach dem 31.12.63 geborene Bergleute bei 62 Jahren liegt. Versicherte,
die vor dem 1.1.1964 geboren sind, können die Rente nach § 238 Abs 1 SGB VI vorzeitig
bei Erfüllung der Voraussetzungen im Übrigen ab dem 60. Lebensjahr unter Inkaufnahme
von Abschlägen beanspruchen.

11. Hinzuverdienstgrenzen. Die Altersrenten vor Erreichen der Regelaltersgrenze wer- 52
den nicht oder nicht in vollem Umfang geleistet, wenn die Hinzuverdienstgrenzen des § 34
Abs 3 SGB VI durch Arbeitsentgelt oder Arbeitseinkommen des Rentners überschritten
werden (s *Rentnerbeschäftigung* Rz 7 ff).

12. Teilrente. Die Altersrenten können entweder in voller Höhe oder als Teilrente in 53
Anspruch genommen werden (§ 42 Abs 1 SGB VI). Die Teilrente beträgt ein Drittel, die
Hälfte oder zwei Drittel der erreichten Vollrente. Der Versicherte kann unter den Teilrenten
frei wählen, wenn die entsprechenden Hinzuverdienstgrenzen eingehalten werden, die abgestuft umso höher sind, je niedriger der Anteil der Teilrente an der Vollrente ist; außerdem
hängen sie ua von dem im letzten Kj vor Beginn der ersten Altersrente erzielten Bruttoarbeitsverdienst ab (§ 34 Abs 3 SGB VI). Die Teilrente ermöglicht einen gleitenden Übergang vom Erwerbsleben in den Ruhestand, wobei die Wahl der Teilrente idR nur sinnvoll
ist, wenn die entsprechenden Hinzuverdienstgrenzen ausgenutzt werden. Da Bezieher einer
Teilrente nicht versicherungsfrei sind, besteht die Möglichkeit, durch weitere Beitragszahlungen eine Steigerung der späteren Vollrente zu erreichen. Ausführlich zu Teilrente und
Hinzuverdienst s *Rentnerbeschäftigung* Rz 7 ff.

13. Grundsicherung. Personen, die die Altersgrenze erreicht oder das 18. Lebensjahr 54
vollendet haben und dauerhaft voll erwerbsgemindert sind, können neben den beitragsabhängigen Rentenleistungen der gesetzlichen RV Leistungen der beitragsunabhängigen,

11 Altersteilzeit

bedarfsorientierten Grundsicherung in Anspruch nehmen (§ 19 Abs 2 SGB XII). Die Altersgrenze entspricht derjenigen für die Regelaltersrente und wird für Geburtsjahrgänge ab 1947 sukzessive bis zum Jahrgang 1964 auf 67 Jahre angehoben (s Rz 44). Die Leistungsvoraussetzungen ergeben sich aus §§ 41 ff SGB XII und sind bedarfsorientiert. Wesentlicher Unterschied zur allgemeinen Leistung der Sozialhilfe ist der Umstand, dass Unterhaltsansprüche gegen Kinder und Eltern unberücksichtigt bleiben, sofern deren jährliches Gesamteinkommen iSd § 16 SGB IV unter einem Betrag von 100 000 € liegt. Einkommen und Vermögen des nicht getrennt lebenden Ehepartners oder Lebenspartners sowie des Partners einer eheähnlichen Gemeinschaft werden bei der Bedürftigkeitsprüfung allerdings berücksichtigt (§ 43 Abs 1 SGB XII). Die Leistungen entsprechen im Wesentlichen den allgemeinen Leistungen nach dem SGB XII (Sozialhilfe) nach Maßgabe des § 42 SGB XII.

Altersteilzeit

A. Arbeitsrecht *Kreitner*

Übersicht

	Rz		Rz
1. Allgemeines	1	5. Sonderprobleme des Blockmodells	13–17
2. Tarifvertragliche Flankierung	2	a) Abwicklung	13
3. Altersteilzeitverhältnis	3–10	b) Vorzeitige Beendigung	14
a) Rechtsnatur und Ausgestaltung	3, 4	c) Insolvenz	15, 16
b) Anspruch	5	d) Betriebsverfassungsgesetz	17
c) Sonderschutz	6, 7	6. Erörterungsanspruch	18
d) Beendigung	8	7. Streitigkeiten	19
e) Betriebsverfassungsrecht	9, 10	8. Muster	20
4. Tarifliche Probleme	11, 12		

1 **1. Allgemeines.** Das AltTZG 1996 bezweckt einen vereinfachten, vorzeitigen, gleitenden Übergang in den Ruhestand, den es urspr für beide Vertragsparteien durch Subventionierung seitens der BA attraktiv machen wollte (Näheres zu Historie und Zweck des Gesetzes s unten Rz 36 ff). Nach Ablauf der Förderung durch die BA zum 31.12.09 (s unten Rz 37) gewinnen mittlerweile andere allgemeine Arbeitszeitmodelle (Langzeitkonten) an Bedeutung (*Hanau* NZA 09, 225; Näheres s *Arbeitszeitmodelle* Rz 11 ff).

2 **2. Tarifvertragliche Flankierung.** In fast allen bedeutenderen Wirtschaftszweigen existieren **Tarifverträge** zur Umsetzung der gesetzlichen Regelung (BAG 18.9.01 – 9 AZR 397/00, NZA 02, 1161; 30.9.03 – 9 AZR 590/02, AP Nr 17 zu § 1 TVG Tarifverträge: Chemie; 12.8.08 – 9 AZR 620/07, NZA-RR 09, 430: Anspruch auf Abschluss eines Altersteilzeitvertrages für die Chemische Industrie; BAG 18.11.03 – 9 AZR 122/03, NZA 04, 545: Anspruch auf Abschluss eines Altersteilzeitvertrages; 29.7.03 – 9 AZR 450/02, AP Nr 8 zu § 3 ATG: Berechnung des Aufstockungsbetrags; LAG Köln 28.2.02 – 10 Sa 1146/01, NZA-RR 03, 204: Berechnung des Aufstockungsbetrags für die Metall- und Elektroindustrie; LAG BlnBbg 4.6.10 – 6 Sa 225/10, BB 10, 1724). Im **öffentlichen Dienst** gilt der Tarifvertrag zur Regelung der Altersteilzeitarbeit vom 5.5.98, der zwischenzeitlich mehrfach aktualisiert worden ist (BAG 17.8.10 – 9 AZR 409/09, NZA 11, 161: kein genereller Ausschluss des Blockmodells; 15.11.11 – 9 AZR 387/10, NZA 12, 218: Handhabung der Überlastquote; 1.10.02 – 9 AZR 278/02, NZA 03, 1341: Berechnung der Arbeitszeit; 14.8.07 – 9 AZR 18/07, NZA 08, 1194: Berechnung der Arbeitszeit bei vereinbartem Leistungsbestimmungsrecht des ArbGeb; 12.4.11 – 9 AZR 19/10, NZA 11, 1044: kein Anspruch des ArbN auf individuelle Verteilung der Arbeitszeit; 19.2.13 – 9 AZR 452/11, NZA-RR 13, 494; 19.1.10 – 9 AZR 51/09, AP Nr 3 zu § 4 ATG; 18.11.03 – 9 AZR 270/03, AP Nr 1 zu § 12 ATG: Berechnung des Aufstockungsbetrags, 27.4.04 – 9 AZR 18/03, NZA 05, 821: vorzeitige Beendigung des Altersteilzeitvertrages wegen Anspruch auf Altersrente; 11.4.06 – 9 AZR 369/05 NZA 06, 926: Reduzierung auf die Hälfte der bisherigen wöchentlichen Arbeitszeit als zwingende Voraussetzung gem § 2 Abs 1 Nr 2 AltTZG; 21.2.12 – 9 AZR 479/10, NZA-RR 12, 444; 23.1.07 – 9 AZR 393/06, NZA 07, 1236: Anspruch auf Abschluss eines Altersteilzeitvertrags; 15.9.09 – 9 AZR 608/08, NZA 10, 32:

Abschluss des Altersteilzeitvertrags frühestens ein Jahr vor Beginn der Altersteilzeit; 22.5.12 – 9 AZR 423/10, BeckRS 2012, 70998: Höhe der Teilzeitvergütung in der Freistellungsphase; 20.3.12 – 9 AZR 489/10, NZA 12, 1169: Ortszuschlag in der Freistellungsphase; 14.11.12 – 10 AZR 903/11, NZA 13, 634: Tarifliche Sonderzahlung bei rückwirkender Vertragsänderung in einen Altersteilzeitvertrag; LAG Köln 20.6.08 – 11 Sa 499/08, BeckRS 2009, 50577: Höhe der Sonderzuwendung in Freistellungsphase; vgl zur BA: BAG 14.10.03 – 9 AZR 146/03, NZA 04, 860).

3. Altersteilzeitverhältnis. a) Rechtsnatur und Ausgestaltung. Das Altersteilzeitverhältnis ist ein **vollwertiges Arbeitsverhältnis**. Es kann als normales Teilzeitarbeitsverhältnis ausgestaltet sein (Näheres s *Teilzeitbeschäftigung* Rz 4). Denkbar ist auch ein Job-Sharing oder ein Abrufarbeitsverhältnis (s *Teilzeitbeschäftigung* Rz 34–37). Als solches unterliegt es insbesondere auch den allgemeinen und besonderen gesetzlichen Kündigungsschutzbestimmungen. Gleiches gilt zB für gesetzliche Arbeitsschutzbestimmungen, Arbeitszeitvorschriften sowie Mitwirkungsrechte des BRat (*Rombach* RdA 99, 194; Näheres s unten Rz 9). Bei der Auslegung einer Altersteilzeitvereinbarung ist bis zum 31.12.09 grds davon auszugehen, dass die Vertragsparteien idR eine öffentlich-rechtliche Förderung sicherstellen wollen (BAG 18.8.09 – 9 AZR 482/08, NZA 10, 503; 15.12.09 – 9 AZR 46/09, NZA 10, 452: zur befristeten Arbeitszeitverlängerung oder -verkürzung vor Übergang in die Altersteilzeit; zur Vertragsauslegung im Einzelfall s LAG Bln 10.2.04 – 13 Sa 2465/03, NZA-RR 04, 398; LAG Düsseldorf 17.12.03 – 17 Sa 1042/03, NZA-RR 04, 404). Bei einem nach Abschluss des Altersteilzeitvertrages erfolgenden Betriebsübergang findet § 613a BGB uneingeschränkt – auch in der Freistellungsphase – Anwendung (BAG 30.10.08 – 8 AZR 54/07, NZA 09, 432; Näheres s *Betriebsübergang* Rz 1 ff). Nach § 7 Abs 1a SGB IV und § 14 Abs 4 TzBfG bedarf der Altersteilzeitvertrag der **Schriftform**. Er muss zwingend vor Beginn der Altersteilzeit abgeschlossen werden. Der Antrag des ArbN, das Arbeitsverhältnis als Altersteilzeitarbeitsverhältnis fortzuführen, ist ein Angebot auf Abschluss eines Änderungsvertrages. Ein solches Angebot muss so konkret sein, dass es mit einem einfachen „Ja" angenommen werden kann (BAG 14.5.13 – 9 AZR 664/11, BeckRS 2013, 70485). Hat der ArbN den Antrag rechtzeitig vor dem gewünschten Beginn der Altersteilzeit gestellt, so kann der ArbGeb verurteilt werden, diesem auch rückwirkend zuzustimmen (BAG 23.1.07 – 9 AZR 393/06, NZA 07, 1236). Dies ist abzugrenzen vom unzulässigen rückwirkenden Vertragsschluss durch Rückdatierung des Änderungsvertrages (BAG 15.9.09 – 9 AZR 608/08, NZA 10, 32; 4.5.10 – 9 AZR 155/09, NZA 10, 1063). Schließlich gilt für das Altersteilzeitverhältnis auch das **Gleichbehandlungsgebot**. Eine Tarifregelung, die wegen des früheren Rentenbezugs Frauen mittelbar von Teilzeitvereinbarungen ausschließt, ist daher europarechtswidrig (EuGH 20.3.03 – Rs C-187/00 – Kutz-Bauer, NZA 03, 506). Das Gleiche gilt grds auch für eine unterschiedliche Behandlung von behinderten Menschen. Zu prüfen bleibt aber immer, ob die Ungleichbehandlung sachlich gerechtfertigt ist (BAG 18.11.03 – 9 AZR 122/03, NZA 04, 545; 27.4.04 – 9 AZR 18/03, NZA 05, 821; *Rolfs* SAE 04, 209). Dementsprechend besteht für eine Stichtagsregelung in einer Betriebsvereinbarung über die Gewährung von Altersteilzeit ein breiter Ermessensspielraum (LAG Köln 24.3.05 – 6 Sa 1305/04, BeckRS 2005, 42365). In einem Interessenausgleich angebotene Altersteilzeitverträge dürfen besondere Anreize enthalten (BAG 15.4.08 – 9 AZR 26/07, NZA-RR 08, 580). Ohne Sachgrund ist demgegenüber der Ausschluss von Lehrern in Altersteilzeit von einer ansonsten geltenden Pflichtstundenermäßigung für ältere Lehrkräfte (BAG 13.6.06 – 9 AZR 588/05, NZA-RR 07, 41) sowie die Anrechnung von Erschwerniszuschlägen auf Aufstockungsbeträge (BAG 4.5.10 – 9 AZR 181/09, BeckRS 2010, 72933). Auch von einer kraft Gesamtzusage allen übrigen ArbN gewährten Leistungsprämie darf der ArbGeb AltersteilzeitArbN nicht ohne Grund ausnehmen (BAG 24.10.06 – 9 AZR 681/05, AP Nr 263 zu § 611 BGB Gratifikation). Bei der Gewährung von Abfindungen wegen vorzeitiger Beendigung des Arbeitsverhältnisses kann die Dauer des Altersteilzeitverhältnisses ein Kriterium für die Abfindungshöhe darstellen, sofern ein angemessenes Verhältnis zwischen Abfindungshöhe und ersparten Aufwendungen besteht (BAG 18.9.07 – 9 AZR 788/06, AP Nr 29 zu § 307 BGB). Sieht eine Anpassungsklausel in einem vorformulierten Altersteilzeitvertrag eines AT-Angestellten die Teilhabe an der allgemeinen tariflichen Entwicklung vor, nehmen die bislang außertariflich vereinbarten Bezüge an den künftigen tariflichen Gehaltserhöhun-

11 Altersteilzeit

gen teil (BAG 15.3.05 – 9 AZR 97/04, AP Nr 33 zu § 157 BGB). Ob sich die Altersteilzeit auf die Berechnung der **Betriebsrente** auswirkt, richtet sich nach den Regelungen in der jeweiligen Versorgungsordnung (BAG 17.4.12 – 3 AZR 280/10, NZA-RR 12, 489).

4 Ein Altersteilzeitverhältnis iSd AltTZG setzt ua voraus, dass das Vertragsverhältnis zumindest so lange dauert, bis Altersrente (ggf mit Abschlägen) in Anspruch genommen werden kann. Dabei kann die Arbeitszeit während der gesamten Zeit gleichmäßig auf die Hälfte reduziert oder eine ungleichmäßige Arbeitszeitverteilung vereinbart werden. Das letztgenannte aus Arbeitsphase und Freistellungsphase bestehende sog **Blockmodell** stellt entgegen dem Grundgedanken des Gesetzgebers das in der Praxis ganz überwiegend gewählte Altersteilzeitverhältnis dar. Gem § 2 Abs 2 AltTZG bedarf es hierfür grds einer tariflichen Regelung, wobei entsprechende Öffnungsklauseln für Betriebsvereinbarungen möglich sind und die tarifliche Regelung durch nicht tarifgebundene Arbeitsvertragsparteien im Geltungsbereich des Tarifvertrages übernommen werden kann.

5 **b) Anspruch.** Die Eingehung eines Altersteilzeitvertrages kann weder vom ArbN noch vom ArbGeb erzwungen werden. Ein Anspruch auf Abschluss eines solchen Vertrages ergibt sich auch nicht aus § 8 TzBfG (*Zwanziger* RdA 05, 226). Das AltTZG hat insoweit spezialgesetzlichen Charakter, wie ua die zusätzliche Belastung des ArbGeb mit den Aufstockungsbeträgen nach § 3 Abs 1 Nr 1 AltTZG verdeutlicht. Ausnahmsweise kann der ArbGeb verpflichtet sein, den Antrag des ArbN innerhalb einer bestimmten Frist zu bescheiden (BAG 27.1.11 – 8 AZR 280/09, BeckRS 2011, 70206). Einen Kontrahierungszwang verhindert auch die sog **Überforderungsklausel** in § 3 Abs 1 Nr 3 AltTZG. Nach dieser Vorschrift, die gesetzessystematisch an versteckter Stelle im Rahmen der Anspruchsvoraussetzungen für eine Bezuschussung durch die BA in das Gesetz eingestellt worden ist, soll eine zu weitgehende Inanspruchnahme eines ArbGeb durch bestehende kollektivrechtliche Anspruchsnormen (Betriebsvereinbarung oder Tarifvertrag) verhindert werden (vgl zB zur tariflichen Regelung in der chemischen Industrie BAG 18.9.01 – 9 AZR 397/00, NZA 02, 1161; 12.8.08 – 9 AZR 620/07, NZA-RR 09, 430). Es ist daher rechtlich unbedenklich, wenn ein grds gewährter tariflicher Anspruch im Sinn der gesetzlichen Überforderungsklausel im Tarifvertrag selbst eingeschränkt wird (BAG 30.9.03 – 9 AZR 590/02, AP Nr 17 zu § 1 TVG Tarifverträge: Chemie mit möglichen Rechtsmissbrauchsbeispielen). Die Bedeutung der Überforderungsquote für die Auslegung des Altersteilzeittarifvertrages im öffentlichen Dienst ist streitig (vgl LAG München 30.6.10 – 2 Sa 261/10 sowie LAG BaWü 9.2.10 – 14 Sa 26/09, BeckRS 2010, 67938). Demgegenüber ist die vom ArbGeb praktizierte Handhabung, Altersteilzeitverträge frühestens ein Jahr vor Beginn der Altersteilzeit abzuschließen (BAG 15.9.09 – 9 AZR 608/08, NZA 10, 32) unproblematisch. Die gängige tarifliche Formulierung, wonach die Arbeitszeit entweder im Block- oder im Teilzeitmodell verteilt werden kann, gibt dem ArbN nur einen Anspruch auf den Abschluss eines Altersteilzeitvertrages. Trifft der ArbGeb freiwillig mit über 5 % seiner Belegschaft Altersteilzeitvereinbarungen, ist er an den arbeitsrechtlichen Gleichbehandlungsgrundsatz gebunden (BAG 15.11.11 – 9 AZR 387/10, NZA 12, 218; 15.4.08 – 9 AZR 111/07, NZA-RR 08, 547). Bei Vorliegen besonderer Umstände, die darauf schließen lassen, der ArbGeb werde sich dauerhaft nicht auf die Überlastquote berufen, kann ein dahingehendes Recht des ArbGeb verwirken (BAG 18.10.11 – 9 AZR 225/10, BeckRS 2012, 65541).

Wegen der Ausgestaltung hat der ArbGeb ein **Leistungsbestimmungsrecht,** das nach § 315 BGB auszuüben ist (BAG 12.12.2000 – 9 AZR 706/99, NZA 01, 1209; 26.6.01 – 9 AZR 244/00, NZA 02, 44; 3.12.02 – 9 AZR 457/01, NZA-RR 03, 613). Dabei sind grds alle sachlichen Gründe berücksichtigungsfähig, die sich aus dem Wechsel des ArbN in die Altersteilzeit ergeben (BAG 14.10.08 – 9 AZR 511/07, AP Nr 41 zu § 1 TVG Altersteilzeit; 15.9.09 – 9 AZR 643/08, NZA-RR 10, 551; 17.8.10 – 9 AZR 414/09, BeckRS 2010, 73740; 12.4.11 – 9 AZR 19/10, NZA 11, 1044). Ein genereller Ausschluss des Blockmodells ist danach unzulässig (BAG 17.8.10 – 9 AZR 401/09, NZA 11, 161). Anders ist dies im Altersteilzeit-Tarifvertrag in der chemischen Industrie geregelt. Dort kann ein ArbN den Abschluss eines Altersteilzeitvertrages im Blockmodell verlangen (BAG 12.8.08 – 9 AZR 620/07, NZA-RR 09, 430). Maßgeblicher Zeitpunkt für die Überprüfung der Billigkeit ist derjenige der ArbGebEntscheidung (LAG SchlHol 22.6.10 – 5 Sa 415/09, BeckRS 2010, 72714; LAG RhPf 28.5.10 – 9 Sa 753/09, BeckRS 2010, 71281; LAG Düsseldorf 3.2.10 – 12 Sa 1346/09, BeckRS 2010, 67729).

c) **Sonderschutz.** Gem § 8 Abs 1 AltTZG rechtfertigt die Möglichkeit eines ArbN **6** Altersteilzeit in Anspruch zu nehmen, keine **Kündigung** iSv § 1 Abs 2 Satz 1 KSchG und kann auch nicht bei der Sozialauswahl nach § 1 Abs 3 KSchG nachteilig berücksichtigt werden. Letzteres ergibt sich aufgrund der enumerativ genannten Sozialauswahlkriterien bereits unmittelbar aus § 1 Abs 3 KSchG.

§ 8 Abs 2 AltTZG stellt sicher, dass der ArbGeb das **Wiederbesetzungsrisiko** bezüglich **7** der freigemachten Stelle nicht durch eine Koppelung an die Aufstockungsbeträge auf den ArbN in Altersteilzeit **verlagert.** Typische Problemfälle sind die von vornherein unterbliebene Nachbesetzung sowie die vorzeitige Beendigung des neu eingegangenen Arbeitsverhältnisses mit dem bislang arbeitslosen ArbN, sei es aufgrund schlechter Arbeitsleistung, schlechter wirtschaftlicher Situation des Unternehmens oder gar durch eine Eigenkündigung des ArbN. Ist eine betriebsbedingte Kündigung erforderlich, wird diese regelmäßig den neu eingestellten ArbN aufgrund seiner vergleichsweise schlechten Sozialdaten treffen. Der Erhalt der Erstattungsleistungen der BA stellt für den ArbGeb kein wirtschaftliches Bedürfnis iSv § 1 Abs 3 Satz 2 KSchG dar, das der Sozialauswahl entgegenstünde (aA *Stück* NZA 2000, 749). **Jegliche** den ArbN einschränkende **Bedingung** ist in der Altersteilzeitvereinbarung **ausgeschlossen,** wenn ein tariflicher oder in einer Betriebsvereinbarung geregelter unbedingter Anspruch des ArbN auf den Abschluss eines Altersteilzeitvertrages existiert (§ 4 Abs 1 TVG, § 77 Abs 4 BetrVG). Die Vereinbarung einer Erstattungspflicht bereits erhaltener Aufstockungsbeiträge im Fall einer vorzeitigen Beendigung des Altersteilzeitverhältnisses durch arbeitnehmer- oder arbeitgeberseitige Kündigung wird hiervon nicht tangiert (*Bauer* NZA 97, 401).

d) **Beendigung.** Das Altersteilzeitverhältnis endet regelmäßig durch **Befristung** mit dem **8** Zeitpunkt, in dem der ArbN Anspruch auf die gesetzliche Altersrente hat. Das kann gem § 8 Abs 3 AltTZG in der Altersteilzeitvereinbarung festgelegt werden. Diese Regelung ist damit eine Spezialvorschrift zu § 41 Satz 2 SGB VI (BAG 22.5.12 – 9 AZR 453/10, BeckRS 2012, 70999). § 8 Abs 3 AltTZG ist auf Zweckbefristungen entsprechend anwendbar (BAG 27.4.04 – 9 AZR 18/03, NZA 05, 821). Bei derartigen Befristungen sind die §§ 305 ff BGB zu beachten. So kann eine auflösende Bedingung, wonach das Arbeitsverhältnis mit Ablauf des Kalendermonats endet, in dem der ArbN zum Bezug der frühestmöglichen gesetzlichen Altersrente berechtigt ist, bei gegenteiligem Verlauf der Vertragsverhandlungen als Überraschungsklausel anzusehen sein (BAG 8.8.07 – 7 AZR 605/06, AP Nr 4 zu § 21 TzBfG). Die Befristung eines Altersteilzeitverhältnisses mit einem von der gesetzlichen RVPflicht befreiten ArbN ist sachlich gerechtfertigt, wenn im Beendigungszeitpunkt gewählt wird, der nach der Auszahlung der befreienden Lebensversicherung liegt (BAG 16.11.05 – 7 AZR 86/05, NZA 06, 535). Da das Altersteilzeitverhältnis ein befristetes Arbeitsverhältnis darstellt, ist es grds nur außerordentlich kündbar. Die Möglichkeit einer ordentlichen **Kündigung** muss gem § 15 Abs 3 TzBfG ausdrücklich vereinbart werden. Ist dies der Fall, bleibt eine verhaltens-, personen- oder betriebsbedingte Kündigung uneingeschränkt möglich. Durch die Anhebung der gesetzlichen Regelaltersgrenze mWv 1.1.08 und den nach § 237 SGB VI unveränderten Stichtagsbezug (1.1.52) für die Gewährung einer Altersrente nach Altersteilzeit ergeben sich zusätzliche Abstimmungsprobleme. ArbN, die vor dem 1.1.52 geboren sind, müssen Rentenabschläge hinnehmen. Für nach dem Stichtag Geborene muss zunächst insbesondere das Datum des gesetzlichen Rentenbezugs geklärt werden (vgl *Melms/Schwarz* DB 06, 2010; *Birk* NZA 07, 244; *Schreiner* NZA 07, 846; *Hanau* NZA 07, 848). Zu Sonderproblemen bei der vorzeitigen Beendigung eines Altersteilzeitverhältnisses im Blockmodell s unten Rz 14.

e) **Betriebsverfassungsrecht.** Es kann das Mitbestimmungsrecht des BRat aus § 87 **9** Abs 1 Nr 2 BetrVG eingreifen, da mit der Altersteilzeit eine Veränderung von Lage und Verteilung der Arbeitszeit verbunden ist (vgl LAG Köln 16.12.05 – 11 TaBV 48/05, BeckRS 2005, 19817; 12.12.05 – 12 TaBV 49/05). § 2 Abs 2 AltTZG ist insoweit keine der Mitbestimmung nach § 87 Abs 1 BetrVG sperrende Regelung, da sie keine abschließende Regelung darstellt und den Arbeitsvertragsparteien ein Regelungsspielraum verbleibt (ErfK/*Rolfs* § 8 ATG Rz 10; aA *Bauer* NZA 97, 401). Gleichwohl wird es idR an dem für die Mitbestimmung erforderlichen kollektiven Tatbestand fehlen.

Der Wechsel in ein Altersteilzeitverhältnis ist auch keine mitbestimmungspflichtige Einstellung iSv § 99 Abs 1 BetrVG (BVerwG 12.6.01 – 6 P 11/00, NZA 01, 1091; *Fitting* § 99 **10**

11 Altersteilzeit

Rz 41). Schließlich ist der AltersteilzeitArbN grds auch aktiv und passiv wahlberechtigt zum BRat (zu Besonderheiten beim Blockmodell s unten Rz 17).

11 **4. Tarifliche Probleme.** Ein wesentlicher Gegenstand der Altersteilzeittarifverträge in den verschiedenen Branchen ist die teilweise Gewährung eines unterschiedlich ausgestalteten **Anspruchs** der ArbN auf den Abschluss eines Altersteilzeitvertrages (s oben Rz 5).

12 Daneben geht es in den Tarifverträgen um die Höhe und die Ausgestaltung der **Aufstockungsbeträge.** Da sich der Aufstockungsbetrag regelmäßig nach der Höhe des Nettobetrags im bisherigen Arbeitsverhältnis bestimmt, hat die vom ArbN gewählte LStKlasse Auswirkung auf die Höhe des Aufstockungsbetrags. Wechselt der ArbN die LStKlasse nur, um einen höheren Aufstockungsbetrag zu erzielen, so stellt dies ein rechtsmissbräuchliches Verhalten dar, das der ArbGeb unberücksichtigt lassen kann. Rechtsmissbrauch ist dabei zu vermuten, wenn der **Wechsel der Steuerklasse** offensichtlich steuerrechtlich nachteilig ist (BAG 9.9.03 – 9 AZR 554/02, AP Nr 2 zu § 4 ATG). Die Wahl der LStKlassenkombination IV/IV ist regelmäßig nicht missbräuchlich (BAG 13.6.06 – 9 AZR 423/05, NZA 07, 275). Eine Beratungspflicht des ArbGeb über die Wahl der für den günstigsten Steuerklasse besteht nicht (LAG Köln 18.12.08 – 7 Sa 816/08, NZA-RR 09, 677). Ohne besondere Vereinbarung im Altersteilzeitvertrag ist der ArbGeb auch nicht zur Erstattung der finanziellen Mehrbelastung des ArbN verpflichtet, die durch den **Progressionsvorbehalt** (s unten Rz 27) entstehen kann (BAG 25.6.02 – 9 AZR 155/01, NZA 03, 860; 1.10.02 – 9 AZR 298/01, BeckRS 2010, 71476). Nach dem im öffentlichen Dienst geltenden Tarifvertrag hat der ArbN bei einer vorzeitigen Beendigung des Arbeitsverhältnisses Anspruch auf Ausgleichsleistungen, die als Differenz zwischen den erhaltenen Bezügen inklusive Aufstockungsbeträgen und der Vergütung berechnet werden, die er für den Zeitraum ohne Eintritt in die Altersteilzeit erhalten hätte. Dabei kann der ArbGeb die **Aufstockungsbeträge anrechnen** (BAG 14.10.03 – 9 AZR 146/03, NZA 04, 860 zur BA; kritisch *Rolfs* RdA 04, 370), nicht jedoch die von ihm nach der tariflichen Regelung allein zu tragenden Beiträge zur gesetzlichen RV (BAG 18.11.03 – 9 AZR 270/03, NZA 04, 1223). Im Geltungsbereich eines Tarifvertrages kann der ArbGeb den tariflichen Aufstockungsbetrag nicht unter Bezugnahme auf das AltTZG einseitig unterschreiten (BAG 20.1.09 – 9 AZR 677/07, NZA 10, 295). Bei der Bemessung des Aufstockungsbetrags dürfen die Tarifparteien eine typisierende Betrachtung zugrunde legen. Daher hat das BAG den im Tarifvertrag der Eisen-, Metall- und Elektroindustrie NRW enthaltenen Abzug der gesetzlich gewöhnlich anfallenden Abzüge für wirksam erachtet, und hiervon auch bei einem ArbN, der keiner kirchensteuererhebenden Religionsgemeinschaft angehört, die **Kirchensteuer** als umfasst angesehen und in Abzug gebracht (BAG 29.7.03 – 9 AZR 450/02, NZA 05, 308). Nach dem im öffentlichen Dienst geltenden Tarifvertrag ist insoweit ein besonderes altersteilzeitspezifisches Teilzeitnettoentgelt zugrunde zu legen, das ohne Freibeträge berechnet wird (BAG 17.1.06 – 9 AZR 558/04, NZA 06, 1001; zur Ermittlung des Aufstockungsbetrags nach dem Altersteilzeittarifvertrag der Deutschen Post vgl LAG Köln 8.8.06 – 9 Sa 403/06). Schließlich löst allein die weitere Fortführung eines Teilzeitarbeitsverhältnisses durch einen älteren ArbN **ohne** Abschluss einer **Altersteilzeitvereinbarung** regelmäßig keinen Anspruch auf einen solchen Aufstockungsbetrag aus (BAG 20.8.02 – 9 AZR 710/00, NZA 03, 510).

13 **5. Sonderprobleme des Blockmodells. a) Abwicklung.** Bei **Krankheit** des ArbN in der Arbeitsphase ist der ArbGeb im Rahmen der Entgeltfortzahlung zur Fortzahlung der Altersteilzeitvergütung verpflichtet. In der Freistellungsphase besteht der Vergütungsanspruch unabhängig von der aktuellen Arbeitsfähigkeit des ArbN (LAG Köln 11.5.01 – 11 Sa 228/01, NZA-RR 02, 580; zum Anspruch auf Krankengeld s unten Rz 84). Bei **Urlaub** in der Arbeitsphase bestehen ebenfalls keine Besonderheiten. In der Arbeitsphase nicht genommener Urlaub verfällt regelmäßig, da der Beginn der Freistellungsphase wegen der fehlenden Beendigung des Arbeitsverhältnisses keinen Abgeltungstatbestand iSd § 7 Abs 4 BUrlG darstellt und der Übertragungszeitraum am Ende der Freistellungsphase idR abgelaufen sein wird (BAG 15.3.05 – 9 AZR 143/04, NZA 05, 995). Mit der Freistellung bringt der ArbGeb regelmäßig sowohl den gesetzlichen als auch ggf existierenden weiteren tariflichen Urlaub zum Erlöschen (BAG 16.10.12 – 9 AZR 234/11, NZA 13, 575). Beim **Leistungsentgelt** werden monatlich zu zahlende Bezüge, die der ArbN in der Arbeitsphase angespart hat, zeitversetzt in dem entsprechenden Monat der Freistellungsphase fällig. Bezüge, die auf das

Jahr bezogene Zahlungen beinhalten, sind in dem Monat der Freistellungsphase zu zahlen, der durch seine kalendermäßige Benennung dem Monat der Arbeitsphase entspricht (BAG 21.1.11 – 9 AZR 870/09, NZA 11, 593). Wird eine **Zulage** am Ende der Arbeitsphase bzw in der Freistellungsphase widerrufen, ist sie gleichwohl regelmäßig weiter zu gewähren, da der ArbN die gesamte Arbeitsleistung hierfür bereits in der Arbeitsphase erbracht hat (BAG 24.6.03 – 9 AZR 353/02, AP Nr 1 zu § 4 ATG; *Weishaupt* ZTR 03, 435; aA *Langenbrinck* ZTR 04, 222). Eine **Tariferhöhung** wirkt grds auch während der Freistellungsphase (BAG 22.5.12 – 9 AZR 423/10, BeckRS 2012, 70998). Ein **tariflicher Bewährungsaufstieg** kommt mangels tatsächlicher Arbeitsleistung während der Freistellungsphase nicht in Betracht (BAG 4.5.10 – 9 AZR 184/09, NZA 11, 644). Eine **Herabgruppierung** während der Altersteilzeit reduziert nicht automatisch insgesamt die in der Freistellungsphase zu zahlende Vergütung. Vielmehr entspricht diese spiegelbildlich der in der Arbeitsphase angesparten Vergütung (BAG 4.10.05 – 9 AZR 449/04, NZA 06, 506). Das gilt auch für den **Ortszuschlag** im öffentlichen Dienst bei einer Änderung der persönlichen Verhältnisse in der Freistellungsphase (BAG 20.3.12 – 9 AZR 489/10, NZA 12, 1169). Für die Berechnung der in der Altersteilzeit geschuldeten **Arbeitszeit** ist der Zeitpunkt des Übergangs in die Altersteilzeit maßgeblich. Eine Durchschnittsberechnung ist nicht anzustellen (BAG 17.7.07 – 9 AZR 1113/06, NZA-RR 08, 162; 14.8.07 – 9 AZR 18/07, NZA 08, 1194; 19.5.09 – 9 AZR 145/08, NZA 10, 176). Vereinbaren ArbN und ArbGeb im Blockmodell bereits für die Arbeitsphase eine unwiderrufliche **Freistellung** des ArbN, liegen die sozialrechtlichen Voraussetzungen für den vorzeitigen Bezug von Altersrente nach Altersteilzeit nicht vor (BAG 10.2.04 – 9 AZR 401/02, NZA 04, 606; *Oberthür* NZA 05, 377; *Abeln/Gaudernack* BB 05, 43; *Rittweger* NZA 04, 590 mit Umgehungsbeispielen aus der Praxis). Endet das Altersteilzeitverhältnis vorzeitig durch den **Tod** des ArbN, hängt die Abwicklung von den tariflichen, betrieblichen oder einzelvertraglichen Regelungen ab. Stirbt der ArbN in der aktiven Phase, haben seine Erben jedenfalls bei einer entsprechenden tariflichen Regelung Anspruch auf die vom Erblasser erbrachte, noch nicht vergütete Arbeitsleistung. Eine Anrechnung der Aufstockungsbeträge durch den ArbGeb bedarf einer besonderen Rechtsgrundlage (LAG NdS 25.6.03 – 2 Sa 1556/02, NZA-RR 04, 254).

b) Vorzeitige Beendigung. Die vorzeitige Beendigung des Altersteilzeitverhältnisses ist **14** auch im Blockmodell nicht grds ausgeschlossen. Die teilweise vertretene Gegenmeinung (*Reichling/Wolf* NZA 97, 422), die einen Kündigungsausschluss gestützt auf § 242 BGB annimmt, überzeugt nicht. Allerdings ergeben sich Besonderheiten. Eine **betriebsbedingte Kündigung** kommt regelmäßig nur in der Arbeitsphase in Betracht, da nur tatsächlich vorhandener Beschäftigungsbedarf wegfallen kann (LAG Düsseldorf 27.5.03 – 16 Sa 1439/02, NZA-RR 03, 635). Das gilt selbst dann, wenn sich der ArbN am Ende der Arbeitsphase befindet (BAG 16.6.05 – 6 AZR 476/04, NZA 06, 270). Jedoch kann in einem solchen Fall die grds auch bei betriebsbedingten Kündigungen vorzunehmende Interessenabwägung ausnahmsweise relevant werden (BAG aaO). Die vorgenannten Grundsätze gelten auch im Insolvenzfall (BAG 5.12.02 – 2 AZR 571/01, NZA 03, 789; 16.6.05 – 6 AZR 476/04, NZA 06, 270; kritisch *Schweig/Eisenreich* BB 03, 1434). Problematisch ist auch die Sozialauswahl im Hinblick auf die Zuordnung der AltersteilzeitArbN zu den Vollzeit- oder Teilzeitbeschäftigten. Wegen des Vollzeitcharakters der Tätigkeit in der Arbeitsphase erscheint dabei trotz des rechtlich insgesamt bestehenden Teilzeitarbeitsverhältnisses eine Vergleichsbetrachtung mit den Vollzeitbeschäftigten sachgerecht (*Stück* NZA 2000, 749; *Schafft* FA Arbeitsrecht 2000, 370). Ein Rückgriff auf die allgemeinen Grundsätze des Kündigungsrechts und der danach maßgebenden Organisationsentscheidung des ArbGeb ist nicht möglich (aA ErfK/*Rolfs* § 8 ATG Rz 18). Eine **verhaltensbedingte Kündigung** wird in der Freistellungsphase nur in außergewöhnlichen Fällen in Betracht kommen, in denen trotz nicht zu erbringender Arbeitsleistung ein Vertrauensverlust die Fortsetzung des Arbeitsverhältnisses unzumutbar macht (zB LAG SchlHol 18.1.05 – 2 Sa 413/04, NZA-RR 05, 367: Diebstahl).

Darüber hinaus kann die vorzeitige Beendigung aufgrund der eingetretenen Vertragsstörung **weitere Abwicklungsprobleme** verursachen. Grds sind die bereits erbrachten, aber noch nicht vergüteten Arbeitsleistungen wie entstandene, aber noch nicht fällige Entgeltansprüche im gewöhnlichen Arbeitsverhältnis zu behandeln. Die in der Freistellungsphase zu leistenden Zahlungen sind eine in der Fälligkeit hinausgeschobene Vergütung für bereits geleistete Tätigkeit (BAG 19.10.04 – 9 AZR 645/03, NZA 05, 408).

11 Altersteilzeit

15 **c) Insolvenz.** Das Hauptproblem der Vergütungsansprüche im gestörten Blockmodell lag früher im Insolvenzrisiko und der fehlenden gesetzlichen **Insolvenzsicherung** (vgl Personalbuch 2003 Altersteilzeit Rz 8). Insoweit greift seit dem 1.7.04 die Insolvenzsicherungspflicht nach § 8a AltTZG. **Voraussetzung** ist danach, dass eine Altersteilzeitvereinbarung nach § 2 Abs 2 AltTZG zu einem Wertguthaben führt, das den Betrag des Dreifachen des Regelarbeitsentgelts nach § 6 Abs 1 AltTZG einschließlich des darauf entfallenden ArbGebAnteils am GesamtSozVBeitrag übersteigt. Dieses Wertguthaben darf nicht mit bereits gezahlten Aufstockungsbeiträgen verrechnet werden. Anderes gilt nur bei der vorzeitigen Beendigung des Arbeitsverhältnisses (LAG Hamm 12.12.07 – 3 Sa 1468/07, NZA-RR 08, 462). Ohne die konkret möglichen **Sicherungsmittel** abschließend zu benennen, werden in § 8a Abs 1 Satz 2 AltTZG lediglich bestimmte untaugliche Mittel (bilanzierte Rückstellungen und Einstandspflichten zwischen Konzernunternehmen) ausgeschlossen (zum Sonderfall der Besicherung nach § 303 AktG s OLG Zweibrücken 8.1.04 – 4 U 70/03, NZA-RR 04, 428). Die Insolvenzsicherung **beginnt** mit der ersten Gutschrift, also am Ende des ersten Monats der Arbeitsphase. Sie **umfasst** nur das Wertguthaben einschließlich des SozVAnteils, nicht jedoch die Aufstockungsbeträge sowie den zusätzlichen RVBeitrag auf das Wertguthaben. Derartige Wertguthaben gehen bei einem zwischenzeitlichen Betriebsübergang gem § 613a Abs 1 BGB auf den Erwerber über. Wird zur Absicherung eines Altersteilzeitguthabens eine sog Doppeltreuhand vereinbart, ist die zugunsten des ArbN vereinbarte Sicherungstreuhand idR insolvenzfest und begründet in der Insolvenz des ArbGeb (Treugebers) ein Absonderungsrecht an dem Sicherungsgegenstand. Die Verwertung des Treuguts richtet sich nach §§ 166–173 InsO (BAG 18.7.13 – 6 AZR 47/12, BeckRS 2013, 72734). Gem § 8a Abs 3 AltTZG muss der ArbGeb dem ArbN beginnend mit der ersten Gutschrift in halbjährlichem Abstand die von ihm zur Sicherung des Wertguthabens ergriffenen Maßnahmen in Textform (§ 126b BGB) **nachweisen**. Zur verwaltungsmäßigen Entlastung des ArbGeb können die Betriebsparteien eine andere gleichwertige Nachweisform vereinbaren. **Sanktioniert** wird ein Verstoß des ArbGeb gem § 8a Abs 4 AltTZG durch den dann eingreifenden Anspruch des ArbN auf Sicherheitsleistung durch Stellung eines tauglichen Bürgen oder Hinterlegung von Geld oder Wertpapieren nach Wahl des ArbN. Eine weitergehende persönliche deliktische Haftung der GmbH-Geschäftsführer scheitert am eingeschränkten Schutzgesetzcharakter des § 8a AltTZG (BAG 23.2.10 – 9 AZR 44/09, NZA 10, 1418). Der Anspruch auf Insolvenzsicherung ist auf die Zeit vor Eröffnung des Insolvenzverfahrens beschränkt (BAG 15.1.13 – 9 AZR 448/11, NZA-RR 13, 303). Die Insolvenzsicherung ist gem § 8a Abs 5 AltTZG **zwingend**. Abweichende Vereinbarungen sind zum Nachteil der ArbN nicht möglich. Das gilt auch für Tarifverträge und Betriebsvereinbarungen. Ausgenommen von der Insolvenzsicherungsverpflichtung sind Bund, Länder, Gemeinden und die übrigen öffentlichen ArbGeb, über deren Vermögen die Eröffnung eines Insolvenzverfahrens nicht zulässig ist.

16 Für die bis zum 30.6.04 tatsächlich begonnenen **Altverträge** bleibt es bei der Insolvenzproblematik und der Frage nach der insolvenzrechtlichen Qualität der Forderungen. Ausgehend von § 108 Abs 2 InsO sind alle Forderungen, die auf Zeiträume vor der Eröffnung des Insolvenzverfahrens entfallen, lediglich Insolvenzforderungen. Im übrigen ist nach dem Zeitpunkt der Insolvenzeröffnung zu differenzieren. Erfolgt sie während der Freistellungsphase, sind die danach zu leistenden Zahlungen ebenfalls Insolvenzforderungen (BAG 30.10.08 – 8 AZR 54/07, NZA 09, 432). Wird das Insolvenzverfahren jedoch noch während der Arbeitsphase eröffnet, ist die danach verdiente Vergütung Masseforderung und in der Freistellungsphase „spiegelbildlich" zu dem Zeitraum der Arbeitsphase auszuzahlen, in dem sie verdient wurde (BAG 19.10.04 – 9 AZR 645/03, NZA 05, 527; 19.10.04 – 9 AZR 647/03, NZA 05, 408; zuletzt bestätigt durch BAG 23.2.05 – 10 AZR 602/03, NZA 05, 694; 19.12.06 – 9 AZR 230/06, BB 07, 1281). Schadensersatzansprüche können bei Altverträgen bestehen, wenn eine Insolvenzsicherungspflicht anderweitig – bspw in einer Betriebsvereinbarung – geregelt war. Dies begründet aber keine persönliche Haftung von Organvertretern einer Kapitalgesellschaft (BAG 21.11.06 – 9 AZR 206/06, NZA 07, 693; 16.8.05 – 9 AZR 470/04, NZA 06, 1052; 16.8.05 – 9 AZR 79/05, NZA 06, 1057). Anders kann dies allerdings sein, wenn sie vorspiegeln, die tariflich vorgeschriebene Insolvenzsicherung sei erfolgt (BAG 13.2.07 – 9 AZR 207/06, NZA 07, 878), oder wenn sie auf andere Weise persönliches Vertrauen für die störungsfreie Durchführung des Vertrags in Anspruch genommen haben (BAG 13.2.07 – 9 AZR 106/06, NZA 08, 121). Im Übrigen sind Wertguthaben keine sonstigen Rechte iSv § 823 Abs 1 BGB und § 7d SGB IV ist kein Schutzgesetz iSv § 823 Abs 2 BGB (BAG 13.12.05 – 9 AZR 436/04, NZA 06, 729; 12.4.11 – 9 AZR 229/10, NZA 11, 1350).

d) Betriebsverfassungsgesetz. In betriebsverfassungsrechtlicher Hinsicht stellt sich beim sog Blockmodell die Frage nach der Betriebszugehörigkeit des AltersteilzeitArbN während der Freistellungsphase. Die **Betriebszugehörigkeit** entscheidet insbesondere über das aktive und passive Wahlrecht zum BRat und ist immer dann bedeutsam, wenn das Gesetz bestimmte Betriebsgrößen verlangt (zB §§ 1, 9 ff, 38, 99, 106, 111 BetrVG). Sie setzt neben dem Bestehen eines Arbeitsverhältnisses regelmäßig einen Einsatz des ArbN zur Erfüllung des Betriebszwecks, also die Zuweisung eines Arbeitsbereichs innerhalb der Betriebsorganisation voraus (BAG 29.1.92 – 7 ABR 27/91, NZA 92, 894). Eine solche fortbestehende Eingliederung fehlt beim AltersteilzeitArbN in der Freistellungsphase, so dass er nicht als ArbN des Betriebs im betriebsverfassungsrechtlichen Sinn anzusehen ist (BAG 16.4.03 – 7 ABR 53/02, NZA 03, 1345). Dies gilt unabhängig von der Dauer des Freistellungsblocks. Entscheidend ist allein, dass die Ausgliederung des ArbN wegen des bevorstehenden Ruhestands dauerhaft und endgültig ist (ebenso für die Zugehörigkeit zum Aufsichtsrat: BAG 25.10.2000 – 7 ABR 18/00, NZA 01, 461; LAG Nbg 16.2.06 – 2 TaBV 9/06, NZA-RR 06, 358).   17

6. Erörterungsanspruch. Außerhalb des AltTZG sieht § 42 Abs 3 SGB VI einen Anspruch des ArbN gegen den ArbGeb auf Erörterung von Altersteilzeitmöglichkeiten vor. Nach dieser Vorschrift kann ein ArbN, der wegen der Inanspruchnahme einer Teilrente seine Arbeitsleistung einschränken will, von seinem ArbGeb verlangen, die Möglichkeiten einer solchen Einschränkung mit ihm zu erörtern. Macht der ArbN aus seinem Arbeitsbereich Vorschläge, so ist der ArbGeb zur Stellungnahme verpflichtet. Besonders sanktioniert wird ein gegenteiliges Verhalten des ArbGeb allerdings nicht.   18

7. Streitigkeiten. Für sämtliche Forderungen des ArbN gegen den ArbGeb aus dem Altersteilzeit-Arbeitsverhältnis ist das **Arbeitsgericht** sachlich **zuständig** (zur örtlichen Zuständigkeit in der Freistellungsphase ArbG Dortmund 21.5.02 – 9 Ca 2490/02, NZA 02, 1359). Macht der ArbN einen Anspruch auf Abschluss eines Altersteilzeitvertrages gerichtlich geltend, geschieht dies im Hauptsacheverfahren. Eine einstweilige Verfügung scheidet in aller Regel wegen unzulässiger Vorwegnahme der Hauptsache aus (LAG Köln 12.5.04 – 7 Sa 242/04).   19

8. Muster. S Online-Musterformulare *„M5 Altersteilzeit"*.   20

B. Lohnsteuerrecht
Seidel

1. Allgemeines. Die neben dem Arbeitslohn, der dem üblichen LStAbzug unterliegt, zusätzlich gezahlten Leistungen an den ArbN nach dem AltTZG sind gem § 3 Nr 28 EStG grds steuerfrei und führen nicht zu einer Kürzung der Werbungskosten nach § 3c EStG (OFD Magdeburg 12.8.08 – S 2350 – 33 – St 223, BeckVerw 127261). Zur Rückzahlung zu Unrecht gezahlter Beträge s *Arbeitnehmerhaftung* Rz 29. Zur Teilrente s unten Rz 30. Die Absicherung der Ansprüche der ArbN (s oben Rz 15, 16 und unten Rz 58) für den Fall der Insolvenz, führt nicht zu geldwerten Vorteilen der ArbN (BMF 13.2.98 – IV B 6 – S 2333 – 43/97, FR 98, 395). Zu Abfindungen im Zusammenhang mit Altersteilzeitmodellen s *Außerordentliche Einkünfte* Rz 7. Ein fiktiver Abzug der LSt bei der Bestimmung der Bemessungsgrundlage im Rahmen der Berechnung des Aufstockungsbetrags widerspricht bei im Wohnsitzstaat besteuerten **Grenzarbeitnehmern** den europarechtlichen Regelungen zur ArbN-Freizügigkeit (s EuGH 28.6.12 – C-172/11, IStR 12, 585).   26

2. Leistungen. a) Aufstockungsbeträge nach § 3 Abs 1 Nr 1a AltTZG sind steuerfrei, auch soweit sie über die im Gesetz genannten Mindestbeträge (20% des Arbeitsentgelts) hinausgehen und zusammen mit dem während der Altersteilzeit bezogenen Nettoarbeitslohn monatlich 100% des maßgebenden Arbeitslohns (üblicher Nettoarbeitslohn ohne Altersteilzeit) nicht übersteigen (Näheres hierzu LStR 3.28 Abs 3; Berechnungsbeispiel s LStH 3.28). Sie sind auch dann steuerfrei, wenn der frei gewordene Voll- oder Teilzeitarbeitsplatz entgegen § 3 Abs 1 Nr 2 AltTZG nicht wieder besetzt wird, jedoch müssen die persönlichen Voraussetzungen des § 2 AltTZG, zB Verringerung der wöchentlichen Arbeitszeit auf die   27

11 Altersteilzeit

Hälfte, vorliegen (vgl FG NdS 14.6.07 – 11 K 541/06, EFG 07, 1410). Die Steuerfreiheit der Aufstockungsbeträge entfällt daher, wenn der ArbN vertraglich von der Arbeitsleistung freigestellt ist und tatsächlich keine Arbeitsleistung erbringt (HessFG 3.12.07 – 11 K 2422/06, EFG 08, 781). Bei **vorzeitiger Beendigung** bleibt sie bis zu diesem Zeitpunkt erhalten. Allerdings sind Arbeitslohnnachzahlungen bei vorzeitiger Beendigung stpfl. Es handelt sich insoweit um nach dem Zuflussprinzip (§ 11 EStG) zu erfassende *Sonstige Bezüge* (s dort Rz 2 ff; vgl BFH 15.12.11 – VI R 26/11, BStBl II 12, 415 zum **Blockmodell**). Die in der Freistellungsphase nach dem Blockmodell erzielten Einkünfte stellen regelmäßig keine Versorgungsbezüge dar, sondern Lohn, so dass der Versorgungsfreibetrag (§ 19 Abs 2 Satz 2 Nr 1a EStG) nicht anzuwenden ist (BFH 21.3.13 VI R 5/12, BStBl II 13, 611). Ggf kommt eine Steuerermäßigung für Vergütungen für mehrjährige Tätigkeit in Betracht (s *Außerordentliche Einkünfte* Rz 17 ff). Steuerfreiheit der Aufstockungsbeträge kommt dagegen nicht in Betracht, wenn das Altersteilzeitarbeitsverhältnis über die in § 5 Abs 1 AltTZG genannten Altersgrenzen hinaus fortgesetzt wird (LStR 3.28 Abs 1). Die Aufstockungsbeträge sind während des gesamten höchstmöglichen Verteilzeitraums, also bis zu 10 Jahren, steuerfrei (BMF 10.6.98 – IV B 6 – S 2333 – 6/98, DB 98, 1307). Zu den steuerfreien Aufstockungsbeträgen gehören unter bestimmten Voraussetzungen auch Sachbezüge, zB Firmenwagen (s LStR 3.28 Abs 3 Satz 5). Für die Steuerfreiheit kommt es nicht darauf an, dass die Altersteilzeit vor dem 1.1.10 begonnen wurde und durch die BA nach § 4 AltTZG gefördert wird (§ 1 Abs 3 AltTZG; LStR 3.28 Abs 2 Satz 1). Allerdings unterliegen die Aufstockungsbeträge gem § 32b Abs 1 Nr 1g EStG dem **Progressionsvorbehalt**, dh die übrigen stpfl Einkünfte werden dem Steuersatz unterworfen, der sich ergäbe, wenn die Aufstockungsbeträge stpfl wären (s *Lohnersatzleistungen* Rz 17). Die Berücksichtigung erfolgt allerdings erst durch das FA im Wege der – deswegen – obligatorisch durchzuführenden EStVeranlagung (§ 46 Abs 2 Nr 1 EStG; s auch *Antragsveranlagung* Rz 7). Da der Progressionsvorbehalt erst im Rahmen der EStVeranlagung angewandt wird, kann dies zu EStNachzahlungen führen. Der ArbGeb hat die Aufstockungsbeträge im Lohnkonto (s *Lohnkonto* Rz 5; § 41 Abs 1 Satz 5 EStG) und in der LStBescheinigung (s *Lohnsteuerbescheinigung* Rz 19; § 41b Abs 1 Nr 5 EStG) einzutragen. Einen LStJahresausgleich (s *Lohnsteuerjahresausgleich* Rz 5) darf er in diesem Fall nicht durchführen (§ 42b Abs 1 Nr 4 EStG). Erfolgt eine Aufstockung nur bis zur Höhe des gesetzlichen Mindestnettobetrags, werden durch den Progressionsvorbehalt die Mindestnettobeträge entsprechend § 3 Abs 1 Nr 1a AltTZG iVm der MindNettoBetrV (s unten Rz 60) im Ergebnis regelmäßig nicht erreicht, wenn sich für den Mindestnettobetrag wegen der Steuerklasse bzw der Höhe des Betrages eine Steuer ergeben würde, da dann dieser Steuersatz auf das eigentliche Arbeitsentgelt anzuwenden ist. Zu angesparten Arbeitsentgelten s *Arbeitszeitmodelle* Rz 17. Zu **Gehaltsumwandlungen** von Wertguthaben auf Arbeitszeitkonten zugunsten einer betrieblichen Altersversorgung, die beim Blockmodell während der Arbeits- und Freistellungsphase möglich ist, s BMF 17.11.04 – IV C 4 – S 2222 – 177/04; IV C 5 – S 2333 – 269/04, BStBl I 04, 1065 sowie *Wertguthaben/Zeitguthaben* Rz 7.

28 **b) Beiträge zur Rentenversicherung** des ArbN in der gesetzlichen RV durch den ArbGeb nach § 3 Abs 1 Nr 1b AltTZG (s unten Rz 62) sind ebenfalls steuerfrei, auch wenn sie über die Mindestbeträge hinausgehen oder der freigewordene Teilzeitarbeitsplatz nicht wieder besetzt wird (LStR 3.28 Abs 2). Auch hier müssen die persönlichen Voraussetzungen des § 2 AltTZG erfüllt sein. Die Beiträge unterliegen aber – anders als die Aufstockungsbeträge – nicht dem Progressionsvorbehalt und der Aufzeichnungspflicht (*Frotscher* EStG Kommentar § 3 Rz 177e sowie *HMW*/Altersteilzeit Rz 28). Freiwillig vom ArbGeb übernommene Beiträge, mit denen Rentenminderungen aufgrund einer vorzeitigen Inanspruchnahme von Renten vermieden werden sollen (§ 187a SGB VI), sind iHv 50 % der RVBeiträge steuerfrei (§ 3 Nr 28 EStG; s *Steuerfreie Einnahmen* Rz 21: Rentenversicherungsbeiträge). Der verbleibende stpfl Teil der zusätzlichen RVBeiträge einschließlich ggf vom ArbGeb getragener Steuerabzugsbeträge sind Teil der Entschädigung im Zusammenhang mit der Auflösung eines Dienstverhältnisses. Leistet der ArbGeb die Beiträge in Teilbeträgen, ist dies für die Frage der Zusammenballung unerheblich. Die dem ArbN darüber hinaus zugeflossene Entschädigung (Einmalbetrag) kann daher aus Billigkeitsgründen auf Antrag unter den übrigen Voraussetzungen begünstigt besteuert wurden (BMF 24.5.04 – IV A 5 – S 2290 – 20/04, BStBl I 04, 505, Tz 21; s auch *Außerordentliche Einkünfte* Rz 5 ff).

Altersteilzeit

c) **Aufwendungen des Arbeitgebers im Sinne des § 4 Absatz 2 AltTZG** (vgl unten 29 Rz 73) für von der Versicherungspflicht befreite ArbN, bei denen ein Beitrag zur RV nicht in Betracht kommt, sind ebenfalls steuerfrei. Für sie gilt im Übrigen dasselbe wie für die Beiträge zur RV.

3. **Teilrente** (s unten Rz 93). Zur steuerlichen Behandlung der Rentenleistungen aus der 30 gesetzlichen RV (sonstige Einkünfte) s *Altersrente* Rz 8 ff und für Versorgungsbezüge *Altersgrenze* Rz 17 ff. Zur lohnsteuerlichen Behandlung des Hinzuverdienstes s *Rentnerbeschäftigung* Rz 4–6.

C. Sozialversicherungsrecht *Schlegel*

Übersicht

	Rz		Rz
Altersteilzeitarbeit nach dem AltTZG 1996	38–93	4. Leistungen an den Arbeitgeber	73
1. Gesetzeszweck und systematische Überlegungen	38–41	5. Anspruchshindernde Umstände	74–80
2. Regelungsgegenstand des AltTZG	42, 43	a) Aufgabe der Altersteilzeitarbeit	75
3. Anspruchsvoraussetzung für Anspruch des Arbeitgebers	44–72	b) Vollendung des 65. Lebensjahres	75
a) Vollendung des 55. Lebensjahres	45	c) Erreichen der Rentenbezugsvoraussetzungen	76
b) Verminderung der Arbeitszeit	46, 47	d) Bezug eines Altersruhegeldes	77
c) Altersteilzeitvertrag	48	e) Aufnahme von Nebentätigkeiten	78
d) Arbeitszeitgestaltung/Grundsatz der Privatautonomie	49	f) Überstunden	79
e) Förderungsdauer	50–56	g) Verstöße gegen die Wiederbesetzungspflicht	80
f) Versicherungsschutz in der Sozialversicherung	57	6. Beitrags- und Versicherungspflicht	81
g) Sicherung von Wertguthaben	58, 59	7. Berechnung von Lohnersatzleistungen	82–90
h) Vorversicherungszeit	60	a) Arbeitslosigkeit	82
i) Aufstockungsbeträge	61	b) Kurzarbeitergeld oder Winterausfallgeld	83
j) Beiträge zur Rentenversicherung	62	c) Krankengeld und Verletztengeld	84–86
k) Wiederbesetzung des freigewordenen Arbeitsplatzes mit einem Arbeitslosen	63–67	d) Rente wegen voller Erwerbsminderung	87–89
l) Beginn der Förderung nach Wiederbesetzung	68–70	e) Tod des Arbeitnehmers	90
m) Kausalität der Einstellung eines Arbeitslosen	71	8. Mitwirkungspflichten	91
n) Überforderungsschutz	72	9. Schriftformerfordernis	92
		10. Abgrenzung zum rentenrechtlichen Teilrentenmodell	93

Altersteilzeitarbeit nach dem Gesetz zur Förderung eines gleitenden Übergangs in den 38 Ruhestand vom 23.7.1996 (BGBl I 96, 1078; im Folgenden **AltTZG 1996**).

1. **Gesetzeszweck und systematische Überlegungen.** Das AltTZG 1996 hat Vorbilder im früheren Vorruhestandsgesetz (VRG) und im AltTZG vom 20.12.88 (BGBl I 88, 2343), deren zeitlicher Anwendungsbereich nicht mehr gegeben ist. Da sich das AltTZG an die Systematik des AltTZG vom 10.12.88 und an das frühere VRG anlehnt sowie vielfach wortgleiche oder annähernd wortgleiche Formulierungen wie diese Vorgängergesetze enthält, kann bei Auslegungsfragen weitgehend auf die zum VRG und zum AltTZG vom 10.12.88 ergangene Rspr und Literatur zurückgegriffen werden. Sämtliche der genannten Gesetze haben, bzw hatten, die Gemeinsamkeit, dass es sich um **reine Subventionsgesetze** handelt, bzw handelte.

Die Förderung durch die BA ist **Ende 2009 ausgelaufen.** Dh seit dem 1.1.2010 kommt 39 eine Subventionierung durch die BA (Erstattung der Aufstockungsbeträge und höheren RV-Beiträgen) nur noch in Betracht, wenn es sich um Altfälle handelt, die mit der Altersteilzeit noch unter Geltung des AltTZG begonnen haben. Auch über 2009 hinaus ist es jedoch bei der steuerlichen Begünstigung der Aufstockungsbeträge und höheren RVBeiträgen geblieben (vgl dazu *Hanau* NZA 09, 225; *Hanau/Veit* NJW 09, 182).

11 Altersteilzeit

40 Neben **einer Eindämmung der extensiven rentenrechtlichen Frühverrentungspraxis** in den 1980er Jahren zu Lasten der gesetzlichen RV und der BA (vgl BT-Drs 13/4336 S 1) ging es beim AltTZG 1996 auch darum, auf denjenigen Arbeitsplätzen, die durch den Übergang zur Teilzeit jedenfalls zum Teil frei wurden, Arbeitslose zu beschäftigen, um dem damals sehr hohen Arbeitslosenstand entgegenzuwirken. Ziel des Gesetzes war somit auch eine Umverteilung von Arbeit innerhalb der arbeitsfähigen Bevölkerung.

41 Als flankierende Maßnahme zum subventionsrechtlichen Teil des AltTZG wurde für den Bereich der gesetzlichen RV eine **neue Rentenart** eingeführt; neben die Altersrente wegen Arbeitslosigkeit trat der Rententatbestand der **Altersrente nach Altersteilzeitarbeit.** Danach konnte, wer das 60. Lebensjahr vollendet, eine Wartezeit von 15 Kj zurückgelegt, in den letzten 10 Jahren vor Beginn der Rente acht Jahre Pflichtbeitragszeiten zurückgelegt und mindestens 24 Kalendermonate Altersteilzeitarbeit iSd AltTZG ausgeübt hat, ein vorzeitiges Altersruhegeld beanspruchen (vgl § 237 SGB VI). Allerdings wurde das Eintrittsalter für die Rente wegen Arbeitslosigkeit oder nach Altersteilzeitarbeit ebenfalls stufenweise auf zunächst 63 Jahre angehoben. Im Übrigen sind auch bei der Altersrente nach Altersteilzeitarbeit die üblichen Rentenabschläge hinzunehmen (vgl § 237 SGB VI). Versicherte haben nur dann Anspruch auf Altersrente nach Altersteilzeitarbeit, wenn ihnen im gewählten Blockmodell nach erfüllter einjähriger Arbeitsphase in der anschließenden Freistellungsphase bis zum Ablauf der 24 Kalendermonate Arbeitsentgelt und Aufstockungsbeträge (einschließlich zusätzlicher Beiträge zur Rentenversicherung) auch gezahlt werden (BSG 17.4.07 – B 5 R 16/06 R, BeckRS 2007, 47008).

42 **2. Regelungsgegenstand des AltTZG.** Dieser subventionsrechtliche Teil des AltTZG war bis zum 31.12.2009 befristet. Nach § 16 AltTZG werden Altersteilzeitmodelle durch die Bundesagentur für Arbeit (nur noch) gefördert, wenn sie vor dem 1.1.2010 begonnen haben. Die Voraussetzung des § 3 Abs 1 Nr 2 AltTZG (Wiederbesetzungspflicht) müssen nicht vor dem 1.1.10 vorliegen. Dadurch wird die Förderung der Altersteilzeit in den Fällen von verblockter Altersteilzeit auch dann nicht ausgeschlossen, wenn die Wiederbesetzung erst mit Beginn der sog Freistellungsphase erfolgt (vgl BT-Drs 15/1515 S 136 zu Nr 17). **Gesetzliches Leitbild** ist eine kontinuierliche Reduzierung der Arbeitszeit, dh dass der ArbN zwar weiterhin bis zum Rentenbeginn arbeitet, er jedoch ab einem bestimmten Zeitpunkt seine Arbeitszeit reduziert und insoweit durch Regelungen nach Maßgabe des AltTZG unterstützt wird (dazu unter Rz 40–42). Man könnte insoweit von einem **Kontinuitätsmodell** sprechen. In der Praxis durchgesetzt hat sich indessen das sog **Blockmodell.** Dieses wird vom Gesetz anerkannt, jedoch nur für den Fall, dass insoweit besondere gesetzliche Voraussetzungen erfüllt sind; denn die gesetzlich erforderlichen Voraussetzungen der für die Altersteilzeit prägenden Arbeitszeitreduzierung sind im Blockmodell nun unter den in § 2 Abs 2 Satz 2 AltTZG genannten besonderen Voraussetzungen erfüllt. Im Blockmodell gehen ArbGeb und ArbN regelmäßig davon aus, dass sich an das **Ende der Freistellungsphase der Beginn der Rente** unmittelbar anschließt. Kommt es hierbei zu einem Störfall und wird der ArbN noch vor Rentenbeginn arbeitslos, gilt Folgendes: Vereinbart ein ArbN mit seinem ArbGeb Altersteilzeit im Blockmodell unter Umwandlung eines unbefristeten Arbeitsverhältnisses in ein befristetes, liegt darin die Lösung eines Beschäftigungsverhältnisses vor, die eine **Sperrzeit** für das ArbLG auslösen kann. Ein wichtiger Grund für die Lösung des Beschäftigungsverhältnisses, der den Eintritt einer Sperrzeit verhindert, liegt aber vor, wenn der ArbN bei Abschluss der Vereinbarung beabsichtigt, aus dem Arbeitsleben auszuscheiden und eine entsprechende Annahme prognostisch gerechtfertigt ist (BSG 21.7.09 – B 7 AL 6/08 R).

43 Das AltTZG regelt, unter welchen Voraussetzungen und in welcher Höhe dem ArbGeb Ansprüche gegen die BA erwachsen. Nach § 1 AltTZG fördert die BA den gleitenden Übergang älterer ArbN vom Erwerbsleben in den Ruhestand, sofern sie ihre Arbeitszeit um die Hälfte verkürzen und damit die Einstellung eines sonst arbeitslosen ArbN ermöglichen. Das AltTZG verlangte ursprünglich einen Übergang von einer Vollzeit- zu einer Teilzeitbeschäftigung (vgl § 2 Abs 1 Nr 2 AltTZG aF). Seit 1.1.2000 konnten auch ArbN Altersteilzeit in Anspruch nehmen, die zuvor nicht vollzeitbeschäftigt waren. Die Arbeitsvertragsparteien bleiben hinsichtlich der Gestaltung der Altersteilzeitarbeit frei. Auf dem durch Übergang zu Altersteilzeitarbeit freigewordenen Arbeitsplatz sollen zuvor Arbeitslose oder

Altersteilzeit 11

gleichgestellte Personengruppen beschäftigt werden. Werden die Mindestbedingungen des AltTZG eingehalten, ist die Altersteilzeitarbeit in besonderer Weise sozial abgesichert. Erfüllt der ArbGeb seine Pflicht zur Wiederbesetzung des (teilweise freigewordenen Arbeitsplatzes), erhält er die in § 4 AltTZG vorgesehenen Leistungen der Agentur für Arbeit, die einer Erstattung derjenigen Beträge entsprechen, die er als Aufstockungsbetrag oder höhere RVBeiträge für den ausgeschiedenen ArbN zusätzlich aufwenden muss.

3. Anspruchsvoraussetzung für Anspruch des Arbeitgebers. Nach § 4 AltTZG 44 kann der ArbGeb von der BA bestimmte Leistungen verlangen (hierzu s unten Rz 57 ff). Dafür sind folgende Voraussetzungen zu erfüllen:

a) **Vollendung des 55. Lebensjahres.** § 2 Abs 1 Nr 1 AltTZG beschränkt den persön- 45 lichen Anwendungsbereich des AltTZG auf ArbN, dh auf **abhängig Beschäftigte.** Diese müssen bei Beginn der Altersteilzeit das 55. Lebensjahr vollendet haben. Ist Altersteilzeitarbeit in einem **Blockmodell** vereinbart, können die Arbeits- und Freistellungsblöcke frühestens ab Vollendung des 55. Lebensjahres berechnet werden. Zeiten der Arbeitsleistung vor Vollendung des 55. Lebensjahres können in ein Blockmodell nicht eingerechnet werden und damit auch nicht zu einer Freistellung des ArbN unmittelbar ab Vollendung des 55. Lebensjahres führen. Die Versicherungsträger lassen insoweit Ausnahmen zu, wenn bereits vor Übergang in die Altersteilzeitarbeit ein **Wertguthaben** (Einzelheiten hierzu *Wertguthaben/Zeitguthaben* Rz 7 ff) aufgrund einer Vereinbarung über flexible Arbeitszeitgestaltung iSv § 7 Abs 1a SGB IV angespart wurde. Dieses kann in den Zeitraum der Altersteilzeit übertragen und abgefeiert werden. Dadurch kann sich die in der Arbeitsphase der Altersteilzeit zu erbringende Arbeitsleistung verringern. Unzulässig ist es jedoch, eine Vereinbarung über Altersteilzeit rückzudatieren. Der persönliche Anwendungsbereich des ATG ist nicht eröffnet, wenn bereits eine **(volle) Beamtenpension oder eine (volle) Soldatenversorgung** bezogen wird. Auch in diesem Fall ist der persönliche Anwendungsbereich das ATG nicht eröffnet, so das BSG für einen bereits mit 41 Jahren mit voller Soldatenversorgung pensionierten „Düsenjägerpiloten", der nach Ausscheiden aus der Bundeswehr als abhängig beschäftigter Flugzeugführer eine Altersteilzeitvereinbarung beantragt hatte (BSG 21.3.07 – B 11a AL 9/06 R, BeckRS 2007, 45322).

b) **Verminderung der Arbeitszeit auf die Hälfte der bisherigen wöchentlichen** 46 **Arbeitszeit.** Bis Ende 1999 musste eine Verminderung der Arbeitszeit auf die Hälfte der tariflichen regelmäßigen Arbeitszeit stattfinden. Seit 1.1.2000 ist es gem § 2 Abs 1 Nr 2 AltTZG ausreichend, wenn die bisherige regelmäßige wöchentliche Arbeitszeit auf die Hälfte reduziert wird (zur Ermittlung der bisherigen wöchentlichen Arbeitszeit vgl § 6 Abs 2 AltTZG). Diese auf das Gesetz zur Fortentwicklung der Altersteilzeit vom 20.12.99 (BGBl I 99, 2494) zurückgehende Änderung ermöglicht es erstmals auch **Teilzeitbeschäftigten**, die Regelungen des AltTZG in Anspruch zu nehmen. Allerdings muss auch bei einer Halbierung der bisherigen wöchentlichen Arbeitszeit die Versicherungspflicht noch bestehen bleiben. Dies ist dann der Fall, wenn auch in der reduzierten Beschäftigung die Grenzen der Geringfügigkeitsregelung des § 8 Abs 1 SGB IV noch überschritten werden (vgl BT-Drs 14/1831 S 7 zu Art 1 Nr 1). Dies wiederum ist seit Aufhebung der 15--Stunden-Grenze des früheren § 8 Abs 1 Nr 1 SGB IV unproblematisch, zumal eine Beschäftigung seit 1.4.03 – unabhängig von der Zahl der Arbeitsstunden – bei einem Arbeitsentgelt von mehr als 450 € zur Versicherungspflicht führt (vgl *Geringfügige Beschäftigung* Rz 25, 33).

Dadurch wird gewährleistet, dass der ArbN auch bei der Altersteilzeitarbeit weiterhin in 47 der ArblV, der RV, der KV und der PflegeV versicherungspflichtig bleibt (vgl §§ 24, 25, 27 Abs 2 SGB III; § 8 SGB IV); der ArbN kann sich, wenn und solange er der Altersteilzeitarbeit nachgeht, nicht arbeitslos melden und neben dem Altersteilzeitentgelt noch AlGeld oder AlHilfe beanspruchen. Andererseits hat das Erfordernis einer mehr als nur geringfügigen Beschäftigung für den ArbN den Vorteil, dass er auch durch die Altersteilzeitarbeit Ansprüche auf AlGeld erwirbt.

c) **Altersteilzeitvertrag.** Der Verminderung der Arbeitszeit muss eine **Vereinbarung** 48 **zwischen dem Arbeitgeber und dem Arbeitnehmer** zugrunde liegen, die in der Zeit nach den 14.2.96 geschlossen wurde (§ 2 Abs 1 Nr 2 AltTZG). Zu diesem Stichtag vgl BT-Drs 13/4877 S 28. Früher getroffene Vereinbarungen können den Anspruch nicht

11   Altersteilzeit

auslösen. Das Altersteilzeitarbeitsverhältnis muss **vor seinem Beginn vereinbart** worden sein. Eine rückwirkende Umwidmung oder Umwandlung eines „normalen" Arbeitsvertrags in einen Altersteilzeitarbeitsvertrag mit Wirkung gegenüber der SozV oder der BA ist deshalb grds ausgeschlossen (Ausnahme, gerichtlicher Vergleich; BAG 31.1.07 – 9 AZR 393/06, AP Nr 2 zu § 2 ATG). Es ist möglich, in einem Tarifvertrag, oder einer Betriebsvereinbarung eine Pflicht des ArbGeb zum Abschluss solcher Vereinbarungen und damit mittelbar zur Schaffung von Teilzeitarbeitsplätzen zu schaffen; soweit dies nicht geschehen ist, steht der Abschluss einer derartigen Vereinbarung im Ermessen der Arbeitsvertragsparteien (vgl BT-Drs 13/4336 S 17 zu § 2). Durch das Erfordernis einer Vereinbarung zwischen ArbGeb und ArbN wird auch bei einem tarifvertraglich vorgesehenen Rechtsanspruch auf Altersteilzeitarbeit gewährleistet, dass der einzelne ArbN frei entscheiden kann, ob er Altersteilzeitarbeit leisten oder er seine Beschäftigung weiterhin im bisherigen Umfang ausüben will. Er wird zu einem Übergang zu Altersteilzeitarbeit weder durch das AltTZG verpflichtet noch kann eine derartige Verpflichtung tarifvertraglich geregelt werden. Der **Privatautonomie des ArbN** wird insoweit gegenüber kollektiv-rechtlichen Regelungen der Vorrang eingeräumt.

49   **d) Arbeitszeitgestaltung/Grundsatz der Privatautonomie.** Der gesetzliche Normalfall geht davon aus, dass die Arbeitszeit auf die Hälfte der bisherigen wöchentlichen Arbeitszeit reduziert wird (§ 2 Abs 1 Nr 2 AltTZG). In der Gestaltung der Arbeitszeit sind die Arbeitsvertragsparteien flexibel, dh, sie können die Verteilung der erforderlichen Mindestarbeitszeit nach eigenen Vorstellungen regeln. So ist es zB möglich, dass der ArbN täglich mit verminderter Stundenzahl, dass er nur eine bestimmte Anzahl von Tagen in der Woche, dass er in wöchentlichem oder sogar nur in monatlichem Wechsel arbeitet. Allerdings wird der sozialversicherungsrechtliche Status nur dann aufrecht erhalten, wenn bei der vertraglichen Gestaltung der Arbeitszeit iSv Arbeitszeitkonten (Blockbildung, Sabbat-Jahr) bestimmte Mindestanforderungen eingehalten werden.

50   **e) Förderungsdauer in Abhängigkeit von der rechtlichen Grundlage der Altersteilzeitarbeit.** Die **zeitliche Dauer** der Förderung eines Altersteilzeit-Arbeitsverhältnisses in Form von Leistungen an den ArbGeb (Erstattungen) kommt für **maximal sechs Jahre** in Betracht, für einen längeren Zeitraum sind Leistungen an den ArbGeb in keinem Fall zu erbringen (§ 2 Abs 3 Satz 2 AltTZG). Wie lange der ArbGeb die Leistungen nach § 4 Abs 1 AltTZG beanspruchen kann, hängt davon ab, welche Qualität die Vereinbarung über die Blockbildung im Einzelfall hat. Der Gesetzgeber ging dabei davon aus, dass für den ArbN bei der Verteilung der Altersteilzeitarbeit auf längere Zeiträume **besondere Risiken** bestehen, etwa darin, dass in der arbeitsfreien Phase beim ArbGeb Zahlungsunfähigkeit eintritt, also für das bereits angesparte Arbeitszeitkonto kein Arbeitsentgelt mehr geleistet wird.

51   Diese Risiken – so die Begründung des Gesetzentwurfs zum AltTZG – könnten in Tarifverträgen und vergleichbaren Regelungen entsprechende Berücksichtigung finden (vgl BT-Drs 13/4877 S 29 zu § 2 Abs 2 des Entwurfs). Für die „große Blocklösung" sieht das Gesetz deshalb einen **Tarifvorbehalt** vor. Dabei bedient sich das Gesetz der Rechtsfigur der Gleichstellung: Es stellt Blockmodelle dem Modellfall der kontinuierlichen Reduzierung von Altersteilzeitarbeit (vgl § 2 Abs 2 Nr 2 AltTZG) hinsichtlich Leistungen nach § 4 Abs 1 AltTZG nur dann gleich, wenn bestimmte Mindestanforderungen erfüllt sind. Dazu im Einzelnen:

52   Förderungsfähig ist Altersteilzeitarbeit in **Verteilungszeiträumen von bis zu sechs Jahren** nur dann, wenn die Verteilung der wöchentlichen Arbeitszeit auf einer qualifizierten tarifvertraglichen Regelung beruht (sog Tarifvorbehalt). Dies ist der Fall bei Regelung in einem **Tarifvertrag** oder Regelungen in einer **Betriebsvereinbarung,** die aufgrund eines Tarifvertrages getroffen wurde (**Tariföffnungsklausel** erforderlich!), **Regelungen der Kirchen** oder Regelung einer öffentlich-rechtlichen Religionsgesellschaft (vgl § 2 Abs 2 Nr 1, 2. Alt AltTZG).

53   Bei ArbN eines **nicht tarifgebundenen Arbeitgebers** kann Altersteilzeitarbeit in Verteilungszeiträumen von bis zu sechs Jahren unter bestimmten, engen Voraussetzungen ebenfalls gefördert werden. Hierfür ist gemäß § 2 Abs 2 Sätze 2 bis 4 AltTZG Voraussetzung, dass es überhaupt einen Altersteilzeit-Tarifvertrag gibt, der aufgrund seines Geltungsbereichs (sachlich und örtlich) für den ArbGeb in Betracht käme. Diese tarifvertragliche Regelung über

Altersteilzeitarbeit muss von dem nicht tarifgebundenen ArbGeb übernommen worden sein. Die Übernahme der Regelung über Altersteilzeitarbeit kann erfolgen
– im Wege einer **Betriebsvereinbarung** oder
– durch **Vereinbarung zwischen dem Arbeitgeber und dem Arbeitnehmer,** wenn im Unternehmen **kein Betriebsrat** besteht (vgl § 2 Abs 2 Satz 2 AltTZG).

Denkbar ist auch, dass die Arbeitsvertragsparteien **einen Verteilzeitraum für die Altersteilzeitarbeit von über sechs Jahren** vereinbaren. Auch in diesem Fall kommt eine Förderung durch die BA für einen – von den Arbeitsvertragsparteien zu bestimmenden – innerhalb des Gesamtzeitraumes liegenden Zeitraum von sechs Jahren in Betracht, wenn die Fördervoraussetzungen (Reduzierung der Arbeitszeit auf die Hälfte, Einstellung eines Arbeitslosen; Tarifvorbehalt etc) in diesem Sechs-Jahres-Zeitraum erfüllt sind (vgl BR-Drs 1000/97 S 26 zu Nr 2 Buchst b). So können die Arbeitsvertragsparteien zB vereinbaren, dass die Altersteilzeitarbeit in einem Blockmodell von der Vollendung des 55. bis zur Vollendung des 65. Lebensjahres erbracht werden soll. Gegenüber der BA können sie bestimmen, dass die Dauer des maßgeblichen Förderzeitraums bei $57^{1}/_{2}$ Jahren des ArbN beginnen und enden soll, wenn er $62^{1}/_{2}$ Jahre alt geworden ist; erforderlich ist in diesem Fall, dass der ArbN in diesem Zeitraum nicht mehr als die Hälfte der regelmäßigen tariflichen Arbeitszeit erbringt, er also etwa bis zur Vollendung des 60. Lebensjahres vollzeitbeschäftigt war und danach das gesparte Konto abfeiert. **54**

Ist die Altersteilzeitarbeit dagegen nicht durch Tarifvertrag oder durch eine tarifvertraglich zulässige Betriebsvereinbarung geregelt oder hat ein nicht tarifgebundener ArbGeb im Geltungsbereich eines Tarifvertrages für Altersteilzeit bestehende Arbeitszeitregelungen weder durch Betriebsvereinbarung noch bei Fehlen eines Betriebsrates durch Einzelvertrag mit dem ArbN übernommen, soll es sich nach § 2 Abs 2 Satz 1 1. Alt AltTZG nur dann um Altersteilzeit iSd AltTZG handeln, wenn der Verteilzeitraum drei Jahre beträgt. Nur in diesem Fall soll die Altersteilzeit auch subventionsfähig sein. Unklar ist bereits, in welchem Verhältnis diese Regelung zu § 2 Abs 2 Satz 5 AltTZG steht. Danach gilt nämlich Folgendes: In einem Bereich, in dem tarifvertragliche Regelungen zur Verteilung der Arbeitszeit nicht getroffen sind oder üblicherweise nicht getroffen werden, kann eine Verteilung der Arbeitszeit auf einen Zeitraum von bis zu sechs Jahren durch Betriebsvereinbarung oder, wenn ein BRat nicht besteht, durch schriftliche Vereinbarung zwischen ArbGeb und ArbN getroffen werden. Fraglich ist, ob dies nur für außertarifliche Angestellte oder sämtliche ArbN gilt, für die es einen entsprechenden Tarifvertrag nicht gibt. Zu den freien Branchen und **Bereichen ohne Tarifvertrag** gehören insbesondere die freien Berufe (Rechtsanwälte, Notare, Steuerberater, Wirtschaftsprüfer), Arbeitgeber- und Unternehmerverbände, Industrie- und Handelskammern, Handwerkskammern, Makler, Handelsvertreter, Werbeagenturen, Privatschulen, Sportvereine, Gewerkschaften, Schausteller- und Zirkusunternehmen, Software-Entwickler, Freie Wohlfahrtspflege. In Branchen mit Tarifverträgen gelten deren Regelungen nach § 5 Abs 3, 4 BetrVG nicht für sog **außertarifliche Angestellte**. § 2 Abs 2 Satz 5 AltTZG soll es nach in der Literatur vertretener Ansicht insbesondere den **außertariflichen Angestellten** und den Angehörigen oder oben genannten Branchen ermöglichen, durch Betriebsvereinbarung Blockmodelle mit einer längeren Laufzeit zu vereinbaren (*Preis/Rolfs* SGb 98, 147, 150). Dem ist zuzustimmen. Zwar sind **leitende Angestellte** aus dem Anwendungsbereich des BetrVG ausgeschlossen (vgl § 5 Abs 3 BetrVG), so dass für sie eine Regelung der Altersteilzeit in „größeren Blöcken" durch Betriebsvereinbarung ausscheidet. Es gibt jedoch keine sachlichen Gründe dafür, ihnen die Vereinbarung von Altersteilzeitarbeit in Verteilzeiträumen über drei Jahren gänzlich zu verweigern. Sie können entsprechende Blockmodelle daher zumindest durch Einzelvertrag regeln (*Diller* NZA 98, 792, 796; offengelassen von *Preis/Rolfs* SGb 98, 147, 150). **55**

Gleiches gilt mE jedoch nicht nur für leitende Angestellte und die Angehörigen der og Branchen, in denen der Abschluss von Tarifverträgen nicht üblich ist, sondern über den Wortlaut des § 2 Abs 2 Satz 1, 1. Alternative AltTZG hinaus für **alle übrigen Arbeitnehmer,** für die eine tarifvertragliche Regelung über Altersteilzeit nicht existiert, sei es, weil es für ihren Arbeitsbereich zwar Tarifverträge, jedoch keinen Altersteilzeittarifvertrag gibt, sei es, weil sie nicht unter den persönlichen oder räumlichen Geltungsbereich eines bestehenden Altersteilzeitvertrages fallen. Auch sie können nach dem Wortlaut des § 2 Abs 2 Satz 5 AltTZG die Arbeitszeit im Blockmodell auf bis zu sechs Jahre durch Einzelvertrag mit dem **56**

11 Altersteilzeit

ArbGeb verteilen. Nur so ist es möglich, die sachlich nicht gerechtfertigte Ungleichbehandlung verschiedener ArbNGruppen zu verhindern. Zwar hatte diese **Ungleichbehandlung** ihren Grund ursprünglich darin, dass vor Inkrafttreten des Gesetzes zur sozialrechtlichen Absicherung flexibler Arbeitszeitregelungen vom 6.4.98 (BGBl I 98, 688) keine gesetzliche Pflicht zur Sicherung von angesparten Wertguthaben (dazu Rz 38 ff) bestand und der Gesetzgeber glaubte, nur bei tarifvertraglich geregelter Altersteilzeit bestehe eine hinreichende Absicherung des ArbN, wenn der Tarifvertrag entsprechende Sicherungsklauseln vorsieht. Mit Inkrafttreten des § 7d SGB IV jedoch ist die Sicherung von Wertguthaben für alle ArbN gesetzlich vorgeschrieben. Gegenstand eines Tarifvertrags ist deshalb nicht mehr das „Ob", sondern nur noch die Ausgestaltung dieser Sicherung. Der ursprüngliche Zweck des Tarifvorbehalts in § 2 Abs 2 AltTZG hat deshalb seine Bedeutung verloren. Aus Gründen der **Gleichbehandlung** ist es daher geboten, auch solche Blockmodelle bis zur Höchstdauer von sechs Jahren zu fördern, die nicht auf einem Tarifvertrag beruhen oder auf eine derartige tarifvertragliche Regelung zurückgehen. Erforderlich ist nur, dass der **Nachweis ausreichender Sicherung des angesparten Wertguthabens** für die gesamte Dauer der Blockbildung vorliegt (str).

57 **f) Versicherungsschutz in der Sozialversicherung.** Der ArbN steht in derartigen Fällen der Verteilung der Arbeitszeit – auch wenn er einen ganzen Monat lang nicht arbeitet – für den gesamten Zeitraum, für den die Altersteilzeitarbeit vereinbart ist, in einem sozialversicherungsrechtlichen Beschäftigungsverhältnis, so dass die **Kontinuität des Versicherungsschutzes** gewährleistet ist (vgl § 2 Abs 2 AltTZG; BT-Drs 13/4336 S 17 zu § 2 Abs 2; BT-Drs 13/4877 S 29 zu § 2 Abs 2).

58 **g) Sicherung von Wertguthaben.** Nach § 8 Abs 1 AltTZGTG muss ein Wertguthaben bereits ab der ersten Gutschrift gegen Zahlungsunfähigkeit gesichert werden, wenn aufgrund der Altersteilzeitvereinbarung feststeht, dass das Wertguthaben das Dreifache des Regelarbeitsentgelts iSv § 6 Abs 1 ATG einschließlich des darauf entfallenden ArbGebAnteils am GesamtSozVBeitrag übersteigen wird. Zu sichern sind neben dem Wertguthaben auch die darauf entfallenden GesamtSozVBeiträge (vgl BT-Drs 15/1515 S 134 f zu Nr 7). Die **Art der Insolvenzsicherung** unterliegt weitgehend der Gestaltungsfreiheit des ArbGeb, wie er ein Wertguthaben sichert. Als geeignete Sicherungsmittel kommen insoweit Bankbürgschaften, oder die Verpfändung von Wertpapieren an den ArbN etc in Betracht. Ausdrücklich ausgeschlossen ist dagegen eine Sicherung allein durch bilanzielle Rückstellung sowie zwischen Konzernunternehmen begründete Einstandspflichten, insbesondere Bürgschaften, Patronatserklärungen oder Schuldbeitritte (§ 8a Abs 1 Satz 2 AltTGG).

59 Es besteht eine **Nachweispflicht des Arbeitgebers** gegenüber dem ArbN. Der ArbGeb muss dem ArbN mit der ersten Gutschrift, danach alle sechs Monate in Textform mitteilen, welche Sicherungsmaßnahmen er ergriffen hat (vgl § 8a Abs 3 AltTZG). Kommt der ArbGeb seiner Sicherungspflicht oder seiner Nachweispflicht nicht nach, kann der ArbN **Sicherheitsleistung** in Höhe des Wertguthabens durch Stellung eines tauglichen Bürgen oder die Hinterlegung von Geld oder Wertpapiere iSv § 234 Abs 1 und 3 BGB verlangen (vgl § 8a Abs 4 ATG). Außerdem besteht ein **Verbot nachteiliger Abweichung.** Vereinbarungen über den Insolvenzschutz die von den Vorgaben des § 8a AltTZG zum Nachteil des ArbN abweiche, sind unwirksam (§ 8a Abs 5 AltTZG). Allerdings gelten die Regelungen der Abs 1 bis 5 des § 8a ATG nicht für die öffentliche Hand (vgl § 8 Abs 6 AltTZG).

60 **h) Vorversicherungszeit** (§ 2 Abs 1 Nr 3 AltTZG). Der ArbN muss innerhalb der letzten 5 Jahre vor Beginn der Altersteilzeitarbeit mindestens 1080 Kalendertage (dh 3 Jahre) in einer versicherungspflichtigen Beschäftigung iSd SGB III gestanden haben. Seit 1.1.2000 ist nicht erforderlich, dass dabei die vereinbarte Arbeitszeit der tariflichen regelmäßigen wöchentlichen Arbeitszeit entspricht. Zeiten mit Anspruch auf AlGeld oder AlHilfe sowie Zeiten, in denen Versicherungspflicht nach § 26 Abs 2 SGB III bestand (betr Krankengeldbezug etc) stehen den Beschäftigungszeiten gleich. Seit 1.7.04 können die Vorversicherungszeiten auch mit Zeiten einer versicherungspflichtigen Beschäftigung erfüllt werden, die im Geltungsbereich der Verordnung (EWG) 1408/71, dh im Europäischen Wirtschaftsraum zurückgelegt worden ist (vgl § 2 Abs 1 Nr 3 AltTZG).

61 **i) Aufstockungsbeträge.** Bei Fällen, in denen die **Altersteilzeit nach dem 30.6.04** begonnen hat, gilt Folgendes: Aufzustocken ist nicht das tatsächliche Arbeitsentgelt aus der verminderten Arbeitszeit, sondern das **Regelarbeitsentgelt** iSv § 6 Abs 1 AltTG. Das

Altersteilzeit

Regelarbeitsentgelt ist das auf einen Monat entfallende, vom ArbGeb regelmäßig zu zahlende sozialversicherungspflichtige Arbeitsentgelt, soweit es die Beitragsbemessungsgrenze der ArbIV nicht überschreitet. Entgeltbestandteile, die nicht regelmäßig/laufend gezahlt werden (zB Urlaubsgeld, Weihnachtsgeld usw) sind dabei nicht zu berücksichtigen. Die Aufstockung auf einen Mindestnettobetrag entfällt seit 1.7.04 (zur Gesetzesbegründung vgl BT-Drs 15/1515 S 133 zu Nr 3 und S 134 zu Nr 6; für Altfälle vgl § 15g AltTZG). Die Aufstockung kann jedoch über dieses Regelarbeitsentgelt hinausgehend „weitere Entgeltbestandteile" umfassen (vgl § 3 Abs 1 Nr 1 Buchst a) AltTZG nF), dh zB auch anteilige Sonderzuwendungen.

j) Beiträge zur Rentenversicherung. Seit 1.7.2004 sind zusätzliche RVBeiträge mindestens in Höhe des Betrages zu entrichten, „der auf 80 vH des Regelarbeitsentgelts für die Altersteilzeitarbeit, begrenzt auf den Unterschiedsbetrag zwischen 90 vH der monatlichen Beitragsbemessungsgrenze und dem Regelarbeitsentgelt entfällt, höchstens bis zur Beitragsbemessungsgrenze" (so § 3 Abs 1 Nr 1 Buchst b) AltTZG, vgl BT-Drs 15/1515 S 133 zu Nr 3). 62

k) Wiederbesetzung des freigewordenen Arbeitsplatzes mit einem Arbeitslosen. Der ArbGeb musste, aus Anlass des Übergangs des ArbN in die Altersteilzeitarbeit ursprünglich einen bei der Agentur für Arbeit arbeitslos gemeldeten ArbN gerade auf dem freigemachten oder auf einem in diesem Zusammenhang durch Umsetzung freigewordenen Arbeitsplatz versicherungspflichtig iSd SGB III beschäftigen und dies auch nachweisen (vgl BSG 23.2.11 – B 11 AL 14/10 R: Wiederbesetzung bei demselben Arbeitgeber iS des Arbeitsrechts, zur Fallkonstellation eines Widerspruchs gegen den Übergang des Arbeitsverhältnisses bei einem Betriebsübergang nach § 613a BGB). Der ArbGeb hat keinen Anspruch, wenn er auf dem freigemachten Arbeitsplatz einen ArbN beschäftigt, der zwar arbeitsuchend, nicht jedoch **arbeitslos gemeldet** ist (BSG 3.12.2009 – B 11 AL 40/08 R, NZA-RR 2010, 547). 63

Bei ArbGeb, die idR nicht mehr als 50 ArbN beschäftigen, wird unwiderlegbar vermutet, dass der neu eingestellte ArbN auf dem freigemachten oder einem in diesem Zusammenhang durch Umsetzung freigemachten Arbeitsplatz beschäftigt wird (zur Berechnung dieser Betriebsgröße vgl § 7 AltTZG). Durch diese **Vermutungsregelung** wird jedenfalls der Sache nach bei ArbGeb dieser Größenordnung auf einen Nachweis von Wiederbesetzungsketten verzichtet (vgl hierzu BT-Drs 14/1831 S 8 zu Art 1 Nr 2 Buchst a, aa). Für größere Unternehmen bleibt es nach der Fassung des § 3 Abs 1 Nr 2 AltTZG beim Erfordernis des **Wiederbesetzungsnachweises.** 64

Der betrieblichen Praxis wird dadurch Rechnung getragen, dass auch **Wiederbesetzungsketten** zulässig sind. Der neu eingestellte ArbN muss nicht unmittelbar auf dem frei gewordenen Arbeitsplatz beschäftigt werden, vielmehr reicht es aus, dass auf den frei gewordenen Arbeitsplatz ein anderer Betriebsangehöriger nachrückt und die durch dieses Nachrücken frei gewordene Stelle von einem neu eingestellten Arbeitslosen besetzt wird. Erforderlich ist bei derartigen **innerbetrieblichen Umsetzungen** lediglich, dass der Zusammenhang von Altersteilzeit-Arbeitsplatz und letztlich wiederbesetztem Arbeitsplatz in **schlüssiger Kette** nachvollziehbar ist. Nach Ansicht der Arbeitsämter muss der wiederbesetzte freigemachte/frei gewordene **Arbeitsplatz funktionsadäquat wiederbesetzt werden.** Dies wirft keine Probleme auf, wenn sich an dem durch Übergang zur Altersteilzeitarbeit teilweise frei gewordenen Arbeitsplatz funktional nichts ändert oder lediglich Veränderungen vorliegen, die dem allgemeinen technischen Fortschritt entsprechen. Ändert sich die Funktion des Arbeitsplatzes, zB durch technische Fortentwicklung oder strukturellen Wandel, nimmt die BA eine Wiederbesetzung auch dann noch an, wenn der mit der Tätigkeit des Altersteilzeit-ArbN verbundene übergeordnete **arbeitstechnische** Zweck erhalten bleibt und auf dem neue Arbeitsplatz im Wesentlichen die **gleichen Kenntnisse und Fertigkeiten** verlangt werden (vgl *Preis/Rolfs* SGb 98, 147, 152). 65

Eine Wiederbesetzung des teilweise frei gewordenen Arbeitsplatzes iSv § 3 Abs 1 Nr 2, Abs 3 AltTZG liegt dann nicht mehr vor, wenn der ArbGeb das Ausscheiden des AltersteilzeitArbN dazu nutzt, dessen **Arbeitsplatz zu streichen,** und er statt dessen an ganz anderer Stelle im Betrieb einen Arbeitslosen oder Auszubildenden einstellt und dadurch die Mitarbeiterzahl insgesamt nicht verringert wird. Ein funktionaler oder arbeitstechnischer Zusammenhang zwischen dem frei gewordenen und besetzten Arbeitsplatz ist hier nicht erkennbar. Der Wortlaut des Gesetzes („auf dem freigemachten oder auf einem im Zusammenhang 66

11 Altersteilzeit

durch Umsetzung frei gewordenen Arbeitsplatz") lässt es im Regelfall nicht zu, nur auf die Aufrechterhaltung der absoluten Mitarbeiterzahl abzustellen, selbst wenn hierdurch ebenfalls ein Beitrag zum Abbau von Arbeitslosigkeit geleistet wird (vgl *Preis/Rolfs* SGb 98, 147, 152; ablehnend dagegen *Stindt* DB 96, 2281; *Diller* NZA 96, 847, 850).

67 Es ist nicht erforderlich, dass der eingestellte ArbN auch Leistungen der BA bezogen hat, sofern bei dem ArbN nur die ernsthafte Bereitschaft zur Inanspruchnahme der Vermittlungsdienste der BA bestand. Dh es reicht nicht aus, dass der ArbGeb einen ArbN entlässt, sich dieser arbeitslos meldet und ihn der ArbGeb, um die Vergünstigungen des AltTZG in Anspruch nehmen zu können, sogleich wieder einstellt (BSG 25.10.88 – 7/11b RAr 12/87, SozR 7825 § 2 Nr 1 Satz 2 zur insoweit vergleichbaren Vorschrift des § 2 Abs 1 Nr 2 VRG). Der Einstellung eines Arbeitslosen steht es gleich, wenn ein **Arbeitnehmer nach Abschluss seiner Ausbildung** eingestellt wird. Dabei spielt es keine Rolle ob der Auszubildende im eigenen Betrieb des ArbGeb oder in einem fremden Betrieb ausgebildet wurde. In **Kleinbetrieben** wird der Wiederbesetzungspflicht bereits durch die versicherungspflichtige Beschäftigung **(Einstellung) eines Auszubildenden** Genüge getan.

68 l) Beginn der Förderung nach Wiederbesetzung. Die Leistungen nach § 4 AltTZG können frühestens ab dem Zeitpunkt verlangt werden, von dem an der Wiederbesetzungspflicht erstmals Genüge getan ist. Eine rückwirkende Leistungsgewährung ab Beginn der Altersteilzeit findet bei einer späteren erstmaligen Wiederbesetzung nicht statt (so zum VRG BSG 29.11.88 – 11 RAr 43/87, SozR 7825 § 2 Nr 2; § 5 Abs 2 Satz 2 AltTZG gilt hier nicht). Der Leistungsanspruch besteht aber dann fort, wenn der ArbGeb für insgesamt drei Jahre (zu Recht) Leistungen nach § 4 AltTZG erhalten hat, also der teilweise freigewordene Arbeitsplatz für drei Jahre wiederbesetzt war (§ 5 Abs 2 Satz 2 AltTZG; BSG 9.8.90 – 7 RAr 62/89, SozR 3–7825 § 2 Nr 1 Satz 4 zum AltTZG vom 10.12.88). Endet die Altersteilzeitarbeit in den Fällen des § 3 Abs 3 AltTZG vorzeitig, erhält der ArbGeb für seine bis dahin entstandenen Aufwendungen (Aufstockungsbetrag, höhere RVBeiträge) dennoch die Leistungen der BA, solange der Wiederbesetzungspflicht Genüge getan ist (vgl hierzu BT-Drs 14/1831 S 9 zu Nr 8 Buchst b).

69 Gelingt es dem ArbGeb nicht, den (teilweise) freigewordenen Arbeitsplatz wiederzubesetzen, erhält er – obgleich er an seinen ArbN vertragliche Altersteilzeitleistungen erbringen muss – keine Leistungen der BA, dh der ArbGeb trägt das **Wiederbesetzungsrisiko.** Gelingt die Wiederbesetzung zunächst, wird der eingestellte ArbN danach aber auf dem freigemachten Arbeitsplatz nicht mehr beschäftigt (etwa weil er gekündigt hat), besteht für die Zeit der Nichtbesetzung des Arbeitsplatzes kein Anspruch des ArbGeb gegen die BA auf Leistungen nach § 4 AltTZG (§ 5 Abs 2 Satz 1 AltTZG). Wird allerdings innerhalb von drei Monaten der Arbeitsplatz neu mit einem arbeitslos gemeldeten ArbN besetzt, werden die Leistungen nicht nur für die Zeit ab der Einstellung, sondern auch für die vorherige Vakanz-Zeit gezahlt (§ 5 Abs 2 Satz 2 AltTZG).

70 § 3 Abs 3 AltTZG trägt der Wiederbesetzungspflicht insbesondere hinsichtlich der Möglichkeit längerfristiger Verteilungszeiträume Rechnung, namentlich in den Fällen, in denen der ältere ArbN zunächst seine Arbeitsleistung in einer Vollzeittätigkeit erbringt und danach eine **längere Phase ohne Arbeitsleistung** folgt. In diesem Fall ist die Wiederbesetzungspflicht erfüllt, wenn der neu eingestellte Arbeitslose seine Beschäftigung erst in der Phase ohne Arbeitsleistung des älteren ArbN aufnimmt (vgl BT-Drs 13/4877 S 29 zu § 3; zur Klarstellung vgl auch BT-Drs 15/1515 S 134 zu Nr 3 Buchst c). Erst ab diesem Zeitpunkt erhält dann der ArbGeb die nach § 4 AltTZG vorgesehenen Leistungen.

71 m) Kausalität der Einstellung eines Arbeitslosen. „Aus Anlass des Übergangs" des ArbN in die Teilzeitarbeit wird der (teilweise) freigewordene Arbeitsplatz auch dann besetzt, wenn dies mit einer gewissen zeitlichen Verzögerung geschieht, sofern nur der ArbGeb die feste Absicht hatte, den Arbeitsplatz wiederzubesetzen und diese Absicht von den Begleitumständen objektiv getragen wird. Entfällt die Absicht aber von vornherein oder steht die Gesamtheit der Begleitumstände (zB Auftragsmangel) mit dieser Absicht nicht in Einklang, ist die Neueinstellung nicht „aus Anlass" iSd § 3 Abs 1 Nr 2 AltTZG erfolgt (BSG 9.8.90 – 7 RAr 62/89, SozR 3–7825 § 2 Nr 1 zur entsprechenden Vorschrift des VRG). Feste zeitliche Grenzen bestehen insoweit nicht, doch nimmt das BSG als Faustregel an, dass der erforderliche Zusammenhang bei einer Vakanz von 6 Monaten nicht mehr vorliegt (BSG 29.5.90 – 11 RAr 107/88, SozR 3–7825 § 2 Nr 2 S 13 zum AltTZG vom 10.12.88). Diese Faustregel ist als

Altersteilzeit

kraft Richterrecht festgesetzte Grenzziehung aus Gründen der Praktikabilität zu akzeptieren; ihre Herleitung aus § 1276 Abs 1 RVO aF (Zeitrente) überzeugt jedoch nicht.

n) Überforderungsschutz ist gegeben, wenn die freie Entscheidung des ArbGeb über 72 die Vereinbarung eines Teilzeitarbeitsverhältnisses auch dann noch gegeben ist, wenn über 5 vH der ArbN des Betriebes die Altersteilzeitregelung für sich in Anspruch nehmen wollen oder wenn eine Ausgleichskasse der ArbGeb oder eine gemeinsame Einrichtung der Tarifvertragsparteien besteht (§ 3 Abs 1 Nr 3 AltTZG). Beim Überforderungsschutz soll es sich nach den abzulehnenden Vorstellungen des Gesetzgebers um eine echte Anspruchsvoraussetzung handeln; durch sie sollen insbesondere **Kleinbetriebe** und Betriebe mit überdurchschnittlich vielen älteren ArbN vor übermäßigen finanziellen Belastungen geschützt werden (BT-Drs 13/4336 S 18 zu § 3). Diese Auslegung des § 3 Abs 1 Nr 3 AltTZG würde dazu führen, dass einem ArbGeb, der mehr als fünf Prozent seiner Belegschaft in Altersteilzeit beschäftigt, obwohl der Tarifvertrag keine Überforderungsklausel vorsieht, von der BA weder die Aufstockungsbeträge noch die höheren RVBeiträge erstattet würden, und dies obgleich der ArbGeb entsprechend viele Arbeitslose eingestellt und er damit den Primärzweck des Gesetzes in besonderem Maße erfüllt hat (wie hier *Boecken* Gutachten 62. DJT 1992, B S 176 f; *Preis/Rolfs* SGb 98, 147, 154). Um diese mit dem Gesetzeszweck kaum zu vereinbarende **Benachteiligung** solcher ArbGeb auszuschließen, ist § 3 Abs 1 Nr 3 AltTZG teleologisch dahingehend auszulegen, dass der ArbGeb eine tarifvertraglich vorgesehene Pflicht zur Eingebung von Altersteilzeit-Arbeitsverhältnissen dann nicht mehr erfüllen muss, wenn der Tarifvertrag keinen Überforderungsschutz vorsieht und in seinem Betrieb die Fünf-Prozent-Grenze überschritten wird (aA insoweit *Boecken* Arbeit und Sozialpolitik 98, S 29, 33). Das Fehlen einer derartigen Klausel schließt weder Erstattungen der BA aus noch schränkt es den sozialversicherungsrechtlichen Schutz des ArbN ein.

4. Leistungen an den Arbeitgeber. Bei einer ab 1.7.04 aufgenommenen Altersteilzeit- 73 arbeit ist der 20%ige Aufstockungsbetrag des § 3 Abs 1 Nr 1 Buchst a) AltTZG nF (ohne aufgestockte Sonderzuwendungen) sowie der sich aus 80 vH des Regelarbeitsentgelt ergebende zusätzliche RVBeitrag (vgl § 4 Abs 1 AltTZG nF) zu erstatten. Bei einem **von der Rentenversicherungspflicht befreiten Arbeitnehmer** ist es nicht möglich, für ihn Beiträge zur RV abzuführen. In diesem Fall erhält der ArbGeb jedoch den Betrag, den er für vergleichbare Aufwendungen des ArbN (zB eine befreiende Lebensversicherung) aufwendet, und zwar bis zu dem Betrag, den er der bei hypothetischer RVPflicht des ArbN nach § 4 Abs 1 Nr 2 AltTZG zu beanspruchen hätte (vgl § 4 Abs 2 AltTZG). Die **Höhe der Erstattungsleistungen an den Arbeitgeber** wird gem § 12 Abs 2 Satz 1 AltTZG zu Beginn des Erstattungsverfahrens „in monatlichen Festbeträgen für die gesamte Zeit der Förderungsdauer festgelegt". Eine Dynamisierung der Erstattungsbeträge (zB nach erfolgter Lohnerhöhung mit entsprechend höheren Aufstockungsbeträgen und höheren, zusätzlichen RVBeiträgen) findet nicht statt. Eine **Herabsetzung des Erstattungsbetrages** erfolgt nur dann, wenn sich das berücksichtigungsfähige Regelarbeitsentgelt um mindestens 10 € verringert hat (§ 12 Abs 2 Satz 2). Dagegen sind die Aufstockungsbeträge und die höheren RVBeiträge jeweils nach Maßgabe des tatsächlichen Arbeitsentgelts zu berechnen, so dass zwischen den Zahlungspflichten des ArbGeb und seinen Erstattungsansprüchen insbesondere nach Erhöhungen des Arbeitsentgelts keine Kongruent mehr besteht. Aus Gründen der Praktikabilität (vgl BT-Drs 15/1515 S 135 zu Nr 11 Buchst b) sind derartige „Äquivalenzabweichungen" indessen sachlich gerechtfertigt. Die Förderung wird damit in der **Praxis** allerdings vielfach unter der tatsächlich zu leistenden Aufstockung liegen (vgl *Grimmke/Podewin/Thau* AltersteilzeitG, § 4 Rz 13).

5. Anspruchshindernde Umstände. Sieht § 5 AltTZG sieht Ruhens- und Erlöschens- 74 tatbestände vor. Dies sind: Aufgabe der Altersteilzeitarbeit (Abs 1 Nr 1, 1. Alt); Erreichen des 65. Lebensjahres (Abs 1 Nr 1 2. Alt), Erreichen der Voraussetzungen für den Bezug einer Altersrente (Abs 1 Nr 2); Bezug einer Rente (Abs 1 Nr 3); Ausübung einer mehr als geringfügigen Beschäftigung oder Tätigkeit (Abs 3), Verrichtung von Mehrarbeit, die den Umfang der Geringfügigkeitsgrenze übersteigt (Abs 4) und Verstoß gegen die Wiederbesetzungspflicht (Abs 2).

a) Aufgabe der Altersteilzeitarbeit. Diese liegt vor, wenn der ArbN die Altersteilzeit- 75 arbeit ganz einstellt oder er wieder zur Vollzeittätigkeit übergeht.

11 Altersteilzeit

b) Vollendung des 65. Lebensjahres.

76 **c) Erreichen der Rentenbezugsvoraussetzungen.** Der Erfüllung der Rentenbezugsvoraussetzungen (ggf auch eines vorgezogenen Altersruhegeldes) steht es gleich, wenn ein von der RVPflicht befreiter ArbN die Voraussetzungen für den Bezug einer der Rente vergleichbaren Leistungen einer Versicherungs- oder Versorgungseinrichtung oder eines privaten Versicherungsunternehmens erfüllt hat. Der Anspruch erlischt in diesem Fall mit dem Ablauf des Kalendermonats, in dem die Anspruchsvoraussetzungen für die Rente erfüllt werden. Der Anspruch erlischt ausnahmsweise dann nicht, wenn das Altersruhegeld wegen vorzeitiger Inanspruchnahme nur mit Rentenabschlägen in Anspruch genommen werden könnte.

77 **d) Bezug eines Altersruhegeldes.** Der Anspruch des ArbGeb auf Leistungen der BA erlischt bei Bezug eines Altersruhegeldes oder bei von der RVPflicht befreiten ArbN – mit Beginn einer der **Rente vergleichbaren Leistung** (zB Leistungen aus befreiender Lebensversicherung) bereits mit Beginn des Monats des Rentenbezuges. Der Anspruch erlischt in den Fällen des § 5 Abs 1 Nr 3 AltTZG auch dann, wenn das Altersruhegeld wegen vorzeitiger Inanspruchnahme mit Rentenabschlägen in Anspruch genommen wird. § 5 Abs 1 Nr 3 AltTZG enthält keine dem § 5 Abs 1 Nr 2 AltTZG entsprechende Ausnahmeklausel.

78 **e) Aufnahme von Nebentätigkeiten.** Mehr als geringfügige Beschäftigungen oder selbstständige Tätigkeiten, die der AltersteilzeitArbN neben seiner Teilzeitbeschäftigung ausübt, führen gem § 5 Abs 3 AltTZG zum Ruhen des Erstattungsanspruchs gegen die BA. Nebenbeschäftigungen des TeilzeitArbN dürfen somit die Grenzen des § 8 SGB IV nicht überschreiten. Der Anspruch nach § 4 AltTZG erlischt ganz, wenn er mindestens 150 Kalendertage geruht hat. § 5 Abs 3 AltTZG gewährt **Vertrauensschutz des Arbeitgebers** insofern, als er den Erstattungsanspruch bei einer Nebentätigkeit des ArbN, die zum Ruhen des Anspruchs führt, nur mW für die Zukunft (§ 48 Abs 1 Satz 1 SGB X), nicht aber mW für die Vergangenheit verliert. Nach § 48 Abs 1 Satz 2 Nr 3 SGB X soll ein Verwaltungsakt mW vom Zeitpunkt der Änderung der Verhältnisse an aufgehoben werden, sofern nach Antragstellung oder Erlass des Verwaltungsaktes Einkommen oder Vermögen erzielt worden ist, das zum Wegfall oder zur Minderung des Anspruchs geführt haben würde. Wäre diese Vorschrift im ATG anwendbar, entfiele der Erstattungsanspruch des ArbGeb von dem Zeitpunkt an, ab dem der ArbN aus einer Nebentätigkeit mehr als 450 € Arbeitsentgelt uU beansprucht hat. § 5 Abs 3 ATG bestimmt, dass **§ 48 Abs 1 Satz 2 Nr 3 SGB X keine Anwendung** findet, denn der ArbGeb hat von der Nebentätigkeit seines ArbN oftmals keine Kenntnis. Im Übrigen indessen bleibt es beim Regelungskonzept des § 48 SGB X.

79 **f) Überstunden.** Erhebliche Überstunden (Mehrarbeit) führen dann zum Erlöschen des Anspruchs nach § 4 AltTZG, wenn die Mehrarbeit den Umfang der Geringfügigkeitsgrenze des § 8 SGB IV überschreitet. Während sich § 5 Abs 3 AltTZG auf eine geringfügige Beschäftigung bei einem anderen ArbGeb bezieht, regelt § 5 Abs 4 AltTZG den Fall, dass beim selben ArbGeb trotz Übergangs zur Teilzeitarbeit erhebliche Mehrarbeit geleistet wird, die subventionsrechtlich und im Hinblick auf den Zweck des AltTZG Arbeitslosigkeit zu beseitigen, nicht anders behandelt werden kann, als wenn die Mehrarbeit in einem gesonderten Beschäftigungsverhältnis verrichtet würde. Mehrarbeit unterhalb der genannten Geringfügigkeitsgrenze ist dagegen unschädlich (vgl BT-Drs 13/4336 S 19 zu § 5 Abs 4). § 5 Abs 4 AltTZG erhielt seine Fassung „Mehrarbeit, die den Umfang der Geringfügigkeitsgrenze überschreitet" noch zu einer Zeit, als der **Geringfügigkeitstatbestand** des § 8 Abs 1 Nr 1 SGB IV noch eine **Zeitkomponente** (weniger als 15 Stunden die Woche) enthielt. Die jetzige Fassung des § 8 SGB IV stellt nur auf eine **Entgeltkomponente**, nämlich das Überschreiten der **450 €**-Grenze ab. Demgemäß kann auch bei § 5 Abs 4 AltTZG nur noch auf das Arbeitsentgelt aus der Mehrarbeit abgestellt werden, während der **zeitliche Umfang der Mehrarbeit** insoweit keine Rolle spielt. Abzustellen ist auf den Monat als dem auch bei § 8 SGB IV maßgeblichen Beurteilungszeitraum. Dh, in Kalendermonaten, in denen mit Mehrarbeit monatlich mehr als 450 € Arbeitsentgelt verdient wird, ruht der Anspruch des ArbGeb auf Erstattungsleistungen. Hat der Anspruch auf diese Weise für mehr als 150 Tage geruht, erlischt der Anspruch insgesamt; mehrere Ruhenszeiträume sind zusammenzurechnen (§ 5 Abs 4 Satz 2, iVm Abs 3 Sätze 2 und 3 AltTZG).

80 **g) Verstöße gegen die Wiederbesetzungspflicht.** Diese lassen den Anspruch ebenfalls erlöschen (vgl § 3 Abs 2 AltTZG).

Altersteilzeit 11

6. Beitrags- und Versicherungspflicht. TeilzeitArbN sind in der gesetzlichen KV, RV, 81
PflegeV und ArblV versicherungs- und beitragspflichtig. Dies ist dadurch gewährleistet, dass
der TeilzeitArbN gem § 2 Abs 1 Nr 2 AltTZG mehr als geringfügig iSv § 8 SGB IV
beschäftigt sein muss. Beitragspflichtig ist jedoch nur das Altersteilzeit-Arbeitsentgelt ohne
den Aufstockungsbetrag; der Aufstockungsbetrag selbst ist gem § 1 ArEV im Hinblick auf
dessen Steuerfreiheit nicht dem Arbeitsentgelt zuzurechnen und damit beitragsfrei.

7. Berechnung von Lohnersatzleistungen. a) Arbeitslosigkeit. Für den Fall, dass der 82
ArbN arbeitslos wird, stellt § 10 Abs 1 Satz 1 AltTZG sicher, dass das AlGeld, die AlHilfe
oder das Unterhaltsgeld nicht nur nach dem erzielten Arbeitsentgelt aus der Altersteilzeitarbeit berechnet werden, vielmehr werden diese Leistungen nach einem Arbeitsentgelt
berechnet, das der ArbN erzielt hätte, wenn er die Arbeitszeit nicht vermindert hätte (vgl
BT-Drs 13/4336 zu § 10 Abs 1). Diese Vergünstigung gilt aber nur solange, bis der ArbN
eine Rente wegen Alters, ggf auch mit einer Rentenminderung wegen vorzeitiger Inanspruchnahme, in Anspruch nehmen kann; von diesem Zeitpunkt an sind die Lohnersatzleistungen neu festzusetzen (vgl BT-Drs 13/4877 S 30 zu § 10 Abs 2).

b) Kurzarbeitergeld oder Winterausfallgeld. Bezieht der ArbN **Kurzarbeitergeld** 83
oder **Winterausfallgeld,** gilt für die Berechnung der Leistungen des § 3 Abs 1 Nr 1 oder
des § 4 AltTZG das Entgelt für die vereinbarte Arbeitszeit als Arbeitsentgelt für die Altersteilzeitarbeit (vgl § 10 Abs 4 AltTZG). Dies bedeutet, dass der ArbGeb den Aufstockungsbetrag
und die zusätzlichen RVBeiträge (Leistungen nach § 3 Abs 1 Nr 1 AltTZG) aus einem
Umfang zu zahlen hat, als ob der ArbN die vereinbarte Arbeitszeit gearbeitet hätte. Allerdings
erstreckt sich diese Fiktion nur auf die Leistungen nach § 3 Abs 1 Nr 1 und § 4 AltTZG (vgl
BT-Drs 13/4336 S 20 zu § 10 Abs 3).

c) Krankengeld und Verletztengeld. Bei **krankheitsbedingter Arbeitsunfähigkeit** 84
des ArbN **in der Arbeitsphase** kommt nach dem Ende des Lohnfortzahlungszeitraumes ein
Anspruch auf Krankengeld, Versorgungskrankengeld, Verletztengeld oder Übergangsgeld in
Betracht. Diese Leistungen werden nach den allgemeinen Vorschriften – ausgehend vom
tatsächlich erzielten Entgelt aus der Teilzeitarbeit – berechnet. Da jedoch aus dem (steuerfreien) Aufstockungsbetrag keine Beiträge gezahlt werden, kann der Aufstockungsbetrag bei
der Bemessung der genannten Lohnersatzleistungen ebenfalls keine Berücksichtigung finden
(vgl § 14 SGB IV iVm § 1 Abs 1 Nr 1 SvEV). § 10 Abs 2 AltTZG sieht deshalb vor, dass
die BA während des Bezuges der genannten Lohnersatzleistungen **an die Stelle des Arbeitgebers tritt** und sie (anstatt des ArbGeb) an den ArbN zusätzlich zu den genannten Lohnersatzleistungen (Krankengeld usw) den Aufstockungsbetrag nach § 3 Abs 1 Nr 1 AltTZG
zahlt, und zwar bis zur Höhe des Erstattungsbetrags nach § 4 AltTZG und zeitlich bis zum
Ende des Höchstförderungszeitraumes von fünf Jahren. Außerdem übernimmt die BA in
diesem Zeitraum die Pflicht zur Zahlung der zusätzlichen Beiträge nach § 3 Abs 1 Nr 2
AltTZG. Die BA übernimmt die Aufstockungsbeträge und höheren RVBeiträge aber nur
dann, wenn es sich um einen ArbN handelt, „für den die BA **Leistungen nach § 4
erbracht**" hat, dh, wenn der ArbGeb den Arbeitsplatz wieder besetzt hat. Ist dies nicht der
Fall, wird das Krankengeld nur aus dem Altersteilzeitentgelt berechnet. Hier besteht für den
ArbN das Bedürfnis, nach einem tarifvertraglich oder zumindest einzelvertraglich vereinbarten höheren Krankengeld, für den Fall, dass der ArbGeb von der BA keine Erstattungsleistungen nach § 4 AltTZG erhält. Der soziale Schutz des ArbN sollte nämlich nicht davon
abhängen ob der ArbGeb seiner Wiederbesetzungspflicht genügt oder nicht.

Bei **privat Krankenversicherten** entsteht das weitere Problem, dass bei ihnen kein 85
Krankengeld gewährt wird, aus dem Pflichtbeiträge zur RV zu entrichten sind. Zusätzliche
RVBeiträge können jedoch nur gezahlt werden, wenn **Grundbeiträge** geleistet werden.
Privat Krankenversicherte können daher im Falle einer länger dauernden Krankheit nach § 4
Abs 3 Satz 1 Nr 2 SGB VI einen **Antrag auf Pflichtversicherung in der Rentenver-
sicherung** stellen. Den Grundbeitrag hierfür hat der ArbN gem § 170 Abs 1 Nr 5 SGB VI
selbst zu tragen. Den Aufstockungsbetrag nach § 10 Abs 2 iVm § 3 Abs 1 Nr 1 Buchst b)
AltTZG übernimmt die BA. Macht der ArbN von diesem Antragsrecht keinen Gebrauch,
werden von der BA zusätzliche RVBeiträge nach § 10 Abs 2 ATG nicht gezahlt.

Krankheitsbedingte Arbeitsunfähigkeit in Blockmodellen scheidet aus, sofern sich 86
der ArbN bereits **in der Freistellungsphase** befindet. Krankheitsbedingte Arbeitsunfähig-

Schlegel

11 Altersteilzeit

keit setzt nämlich voraus, dass der ArbN im Rahmen seines Beschäftigungsverhältnisses einer bestimmten versicherten Arbeit nachgeht. Hieran dürfte es fehlen, wenn sich der ArbN bei der großen Blocklösung bereits in der arbeitsfreien Phase befindet und er bereits endgültig aus dem Betrieb ausgeschieden ist, der ArbN sich also in einem „Quasi-Frühruhestand" befindet. Im Übrigen erhält der ArbN in der arbeitsfreien Phase weiterhin die vereinbarte Vergütung, so dass die für krankheitsbedingte Arbeitsunfähigkeit typische Bedarfslage (Entgeltfortzahlung oder Krankengeld) ohnehin nicht gegeben ist. Jedenfalls tritt nach § 49 Abs 1 Nr 5 SGB V ein **Ruhen des Krankengeldanspruches** ein, soweit und solange für Zeiten einer Freistellung von der Arbeitsleistung eine Arbeitsleistung nicht geschuldet wird. Dies gilt auch für Fälle, in denen ein aufgrund Altersteilzeit-Arbeit angespartes Wertguthaben zur Zahlung von Arbeitsentgelt in der arbeitsfreien Phase führt (zur Höhe des Krankengeldes bei Arbeitsunfähigkeit in der Arbeitsphase vgl § 10 Abs 2 AltTZG; vgl hierzu BR-Drs 1000/97 S 23 zu Art 3 Nr 2 – § 49 SGB V = BT-Drs 13/9818 S 13; zur Pflicht, in solchen Fällen nur den ermäßigten KV-Beitragssatz nach § 243 SGB V zahlen zu müssen vgl BSG 22.8.04 – B 12 KR 22/02 R, SozR 4–2500 § 243 Nr 1).

87 **d) Rente wegen voller Erwerbsminderung.** Erwerbsunfähigkeit setzt voraus, dass der ArbN aufgrund Krankheit, Behinderung usw auf nicht absehbare Zeit außerstande ist, unter den üblichen Bedingungen des Arbeitsmarktes mindestens drei Stunden täglich zu arbeiten (vgl § 43 Abs 2 Satz 2 SGB VI). Tritt volle Erwerbsminderung während kontinuierlich verkürzter Arbeitszeit ein, bestehen keine Besonderheiten.

88 Besonderheiten bestehen bei Altersteilzeit im Blockmodell. Für Versicherte, die aufgestocktes Altersteilzeitentgelt von ihrem ArbGeb beziehen, sind **Leistungen zur Teilhabe durch einen RVTräger** selbst dann nicht nach § 12 Abs 1 Nr 4a SGB VI ausgeschlossen, wenn sie sich bereits **in der Passivphase eines Blockmodells** befinden (BSG 26.6.07 – B 1 KR 34/06 R = BSGE 98, 267 = SozR 4–3250 § 14 Nr 4, anders BSG 14.12.06 – B 4 R 19/06 R = SozR 4–3250 § 14 Nr 3). Bei aufgestocktem Entgelt für die Altersteilzeitarbeit handelt es sich nach Ansicht des 1. Senats nicht um Leistungen für Personen, die „dauerhaft" aus dem Erwerbsleben ausgeschieden sind und durch betriebliche Versorgungsleistungen auf die Altersrente hingeführt werden. Denn an die Phase der Altersteilzeit kann sich eine weitere Arbeitsphase oder Arbeitslosigkeit anschließen. Der Betroffene ist nicht gehalten, im Anschluss an die Altersteilzeit Altersrente in Anspruch zu nehmen. Tritt **volle Erwerbsminderung während der Arbeitsphase** ein, gilt Folgendes: Hinsichtlich eines angesparten Wertguthabens können RVBeiträge noch mit Wirkung für die Rente wegen Erwerbsunfähigkeit entrichtet werden (vgl § 70 Abs 3 SGB V). Für die Zahlung der Beiträge zur KV, PflegeV und ArblV aus dem angesparten Wertguthaben gilt die allgemeine Regelung des § 23b SGB IV über die Behandlung angesparter Wertguthaben in Störfällen (vgl § 10 Abs 5 Satz 1, 2. Hs AltTZG). Für die Beiträge zur RV wird § 23b SGB IV modifiziert, denn der ArbGeb hat auch in der Arbeitsphase bereits Beiträge in Höhe von mindestens 90 vH des bisherigen Arbeitsentgelts gezahlt (vgl § 3 Abs 1 Nr 1 Buchst b) AltTZG). Müssten nun nochmal RV-Beiträge aus dem angesparten Wertguthaben nach § 23b Abs 2 SGB IV entrichtet werden, wäre der ArbGeb mehrfach belastet. Nach § 10 Abs 5 Satz 1, 1. Hs AltTZG sind Beiträge aus dem Wertguthaben nur noch aus dem Unterschiedsbetrag zu zahlen zwischen dem Betrag, den der ArbGeb der Berechnung nach § 3 Abs 1 Nr 1 Buchst b) AltTZG zugrunde gelegt hat, und 100 vH des bis zu dem Zeitpunkt der nicht zweckentsprechenden Verwendung erzielten bisherigen Arbeitsentgelts.

89 Zweifelhaft ist, ob in der **arbeitsfreien Phase** noch eine volle Erwerbsminderung iSv § 43 Abs 2 Satz 2 SGB VI eintreten kann. Auch wenn die medizinischen und versicherungsrechtlichen Voraussetzungen vorliegen, fehlt es an der weiteren Voraussetzung, dass die Erwerbsminderung einen gesetzlich relevanten Ausfall des Arbeitsentgelts verursacht. Der ArbGeb bleibt – anders als in der Arbeitsphase – bei gesetzlich angeordneter Aufrechterhaltung des Beschäftigungsverhältnisses (vgl § 7 Abs 1a SGB IV) auch ohne Arbeitsleistung bis zum vorgesehenen zeitlichen Ende der Vereinbarung zur Zahlung des Arbeitsentgelts verpflichtet, und zwar in einer Größenordnung, die Renten wegen Erwerbsunfähigkeit ausschließt. Wird der ArbN in der arbeitsfreien Phase sozialversicherungsrechtlich so behandelt, als ginge er tatsächlich einer Arbeit mit entsprechender Entlohnung nach, ist diese Rechtsfolgenanordnung auch im Rahmen der tatbestandlichen Voraussetzungen des § 43 SGB VI beachtlich.

e) Tod des Arbeitnehmers. Dieser führt in der Arbeitsphase oder in der arbeitsfreien 90
Phase eines Blockmodells dazu, dass das von ihm bis zum Tod angesparte Wertguthaben bzgl
des Arbeitsentgelts an seine Erben ausgezahlt wird. Die nach § 23b Abs 2 SGB IV zu
zahlenden Beiträge werden auch in diesem Fall bei der Hinterbliebenenrente berücksichtigt
(vgl § 70 Abs 3 SGB VI).

8. Mitwirkungspflichten. Der ArbN muss Änderungen der ihn betreffenden Verhält- 91
nisse, die für die Leistungen nach § 4 AltTZG erheblich sind, dem ArbGeb unverzüglich
mitzuteilen. Tatbestände, die hierfür in Betracht kommen, sind insbesondere die Aufnahme
einer mehr als geringfügigen Beschäftigung und der Bezug eines vorgezogenen Altersruhegeldes bzw vergleichbarer Leistungen. Verletzt der ArbN seine Mitteilungspflicht vorsätzlich
oder grob fahrlässig, so hat er der BA die zu Unrecht gezahlten Leistungen zu erstatten (§ 11
AltTZG). Daraus folgt zugleich, dass der ArbGeb in diesen Fällen des **Fehlverhaltens eines
ArbN**, die an sich zum Wegfall der Voraussetzungen des § 4 AltTZG führen, den gleichwohl
gezahlten Zuschuss nicht zurückzahlen muss (vgl § 11 Abs 2 Satz 3 AltTZG).

9. Schriftformerfordernis. Anträge auf Leistungen nach §§ 4 und 10 Abs 1 AltTZG 92
werden auf schriftlichen Antrag, der bei der Agentur für Arbeit zu stellen ist, gewährt. Zuständig
ist die Agentur für Arbeit, in dessen Bezirk der Betrieb liegt, in dem der ArbN beschäftigt ist.

10. Abgrenzung zum rentenrechtlichen Teilrentenmodell. Das Rentenrecht sieht 93
mit der sog Teilrente (dazu sogleich unter II.) ein Nebeneinander von Rentenbezug und der
Ausübung einer Beschäftigung vor. Das dadurch mögliche Konkurrenzverhältnis regelt § 5
Abs 1 Nr 2 und 3 AltTZG dahingehend, dass der Anspruch des ArbGeb auf Leistungen nach
§ 4 AltTZG erlischt, wenn der ArbN die Voraussetzungen für ein Altersruhegeld erfüllt oder
er eine Altersrente erhält. Andererseits ist es möglich, dass sich an eine Zeit des durch das
AltTZG geforderten Übergangs vom Erwerbsleben in den Ruhestand eine weitere Teilzeitbeschäftigung anschließt, die vom Bezug einer Teilrente begleitet wird.

Altersvorsorgevermögen

A. Arbeitsrecht *Kreitner*

Der Begriff des Altersvorsorgevermögens stellt einen wesentlichen Aspekt des im Jahr 2001 1
novellierten Rentenrechts dar. Er findet sich insbesondere in dem Gesetz zur Reform der
gesetzlichen RV und zur Förderung eines kapitalgedeckten Altersvorsorgevermögens (AVmG)
vom 26.6.01 (BGBl I 01, 1310). Mit diesem Artikelgesetz sind eine Vielzahl insbesondere
sozial- und steuerrechtlicher Vorschriften modifiziert worden. In arbeitsrechtlicher Hinsicht ist
durch Art 9 dieses Gesetzes ausschließlich das BetrAVG betroffen, das in wesentlichen Punkten
geändert worden ist. Gem Art 35 AVmG sind diese Änderungen zu verschiedenen Zeitpunkten (1.1.01, 27.6.01 und 1.1.02) in Kraft getreten. Wegen der Einzelheiten wird auf die
Ausführungen zum Stichwort *Betriebliche Altersversorgung* Rz 1 ff verwiesen.

B. Lohnsteuerrecht *Windsheimer*

Übersicht

	Rz		Rz
I. Allgemeines	6	IX. Nachgelagerte Besteuerung	17
II. Begünstigter Personenkreis	7	X. Pfändungsschutz	18
III. Altersvorsorgevertrag	8, 9	XI. Verfahrensfragen	19–21
1. Inhalt	8	1. Antragserfordernis	19, 20
2. Art des Vertrags	9	a) Zulagen	19
IV. Altersvorsorgebeiträge	10	b) Sonderausgabenabzug	20
V. Zulagen	11	2. Bescheinigungspflicht	21
VI. Sonderausgabenabzug	12–14	XII. Selbstgenutzte Immobilie	22–25
1. Grundsatz	12	1. Ansparphase	22
2. Ehegatten	13	2. Nachgelagerte Besteuerung	23
3. Günstigerprüfung	14	3. Schädliche Verwendung	24
VII. Mehrere Altersvorsorgeverträge	15	4. Verfahren	25
VIII. Schädliche Verwendung	16		

12 Altersvorsorgevermögen

6 **I. Allgemeines.** Die Altersvorsorge ist gesetzlich auf dreierlei Arten geregelt:
- die gesetzliche Altersvorsorge über die gesetzliche Rentenversicherung (s *Altersrente* Rz 8; *Rentenversicherungspflicht* Rz 2);
- die betriebliche Altersversorgung über die Betriebsrente (s *Betriebliche Altersversorgung* Rz 101 ff);
- die private Altersvorsorge unter der Bezeichnung Altersvorsorgevermögen.

Mit dem Begriff Altersvorsorgevermögen ist der kapitalmäßige Aufbau einer Altersversorgung auf Rentenbasis mittels Kapitaldeckung umschrieben, die wegen der demographischen Entwicklung und damit einhergehend mit der angenommenen Minderung der gesetzlichen Altersversorgung eine zusätzliche Absicherung der finanziellen Ausstattung im Alter bewirken soll (s auch *Altersrente* Rz 9; *Betriebliche Altersversorgung* Rz 101). Der Aufbau dieser zusätzlichen Altersversorgung namens **Riester-Rente** durch den Stpfl ist nicht verpflichtet. Anreiz hierfür sind die Altersvorsorgezulage (§§ 79 ff EStG) und der Sonderausgabenabzug nach § 10a EStG, die gewährt werden, wenn der Stpfl im Rahmen eines zertifizierten Altersvorsorgevertrags eigene Sparbeiträge erbringt (daher die Bezeichnung Kapitaldeckungsverfahren im Gegensatz zum Umlageverfahren bei der gesetzlichen Rentenversicherung). Laut Mitteilung des BMA von Anfang 2010 sind seit Einführung der Riester-Rente im Jahr 2002 mehr als 13 Mio Riester-Verträge abgeschlossen worden. Die Besteuerung dieser kapitalgedeckten Rente richtet sich nach § 22 Nr 5 EStG. Hierdurch kommen als wesentliches Merkmal der Riester-Rente die staatliche Förderung in der Ansparphase und die nachgelagerte Besteuerung in der Leistungsphase zum Ausdruck.

7 **II. Begünstigter Personenkreis** (§ 10a EStG). Bezogen auf das Arbeitsverhältnis sind in erster Linie Pflichtversicherte in der inländischen gesetzlichen RV (s hierzu *Rentenversicherungspflicht* Rz 3 ff) und Angehörige des Öffentlichen Dienstes begünstigt. Dazu gehören auch beschränkt Stpfl, die durch ein **inländisches Alterssicherungssystem** abgesichert sind, also Grenzgänger ins Inland. Unbeschränkt Stpfl, die in einer ausländischen gesetzlichen Rentenversicherung pflichtversichert sind, also Grenzgänger ins Ausland, gehören nur noch dann zum begünstigten Personenkreis, wenn die ausländische Pflichtmitgliedschaft vor dem 1.1.2010 begründet wurde (§ 52 Abs 24c Satz 2 EStG). Unmittelbar begünstigt sind aber auch Empfänger von AlGeld II, auch wenn sie in der RV nicht mehr pflichtversichert sind (§ 10a Abs 1 Satz 3 EStG; s *Arbeitslosengeld* Rz 12 ff), Bezieher einer Rente wegen Erwerbsunfähigkeit bzw -minderung bis zum 67. Lebensjahr und entsprechend Versorgungsempfänger wegen Dienstunfähigkeit, Kindererziehende während der rentenrechtlich zu berücksichtigenden Zeiten (*Rentenversicherungsrechtliche Zeiten* Rz 14), sowie Beschäftigte internationaler Organisationen wie zB NATO, WEU, OECD (*Auslandstätigkeit* Rz 73 ff; s im Einzelnen die Auflistung in § 10a Abs 1 EStG und in BMF 24.7.13 – IV C 3 – S 2015/11/10002 und IV C 5 – S 2333/09/10005, BStBl I 13, 1022 Rz 1–283). Wenn nur ein Ehegatte (§ 26 Abs 1 EStG) zum unmittelbar begünstigten Personenkreis gehört, ist der andere Ehegatte mittelbar zulagenberechtigt, wenn ein auf seinen Namen lautender Altersvorsorgevertrag besteht, auf den er mindestens 60 € pro Jahr einzahlt (ab 2012) (§§ 10a Abs 3, Abs 4 Satz 3, 79 Satz 2 EStG, BFH 21.7.09 – X R 33/07, DStR 09, 2000; Übergangsregelung § 52 Abs 63a und 63b EStG). Nach § 2 Abs 8 EStG gehören nunmehr auch Lebenspartner zu den mittelbar zulagenberechtigten Personen iSv § 79 Satz 2 EStG. Wer nicht unter den begünstigten Personenkreis fällt (zB geringfügig Beschäftigte, soweit sie nicht eigene Beiträge zur RV leisten, freiwillig Versicherte der gesetzlichen RV), kann eine steuerlich begünstigte Altersversorgung mittels der **Rürup-Rente** aufbauen (s *Altersrente* Rz 22 ff). Wird die Verdienstgrenze des Mini-Jobs auf 450 € angehoben (der Zeitpunkt war bei Redaktionsschluss noch offen), fällt auch der Geringverdiener unter den begünstigten Personenkreis (s *Geringfügige Beschäftigung* Rz 50, 68). Der Ausschluss selbständig Tätiger von der Riesterrente ist verfassungsgemäß (BVerfG 18.12.02 – 2 BvR 367/02, NZA 03, 376 = HFR 03, 409; Vertragsgestaltungen hierzu *Dommermuth/Risthaus* DB 09, 812).

8 **III. Altersvorsorgevertrag. 1. Inhalt.** Altersvorsorgezulage (§ 79 EStG) und Sonderausgabenabzug (§ 10a EStG) setzen einen nach dem Altersvorsorgeverträge-Zertifizierungsgesetz geschlossenen Vertrag voraus, den die Versicherungswirtschaft anbietet. Hiernach darf die Auszahlung nicht vor Beginn des 60. Lebensjahres, bei Abschluss des Vertrags nach dem 31.12.2011 des 62. Lebensjahres, erfolgen, wobei eine Absicherung gegen Erwerbsunfähigkeit und eine Hinterbliebenenversorgung zulässig ist (§ 82 Abs 3 EStG). Weiterhin muss die Auszahlung der eingezahlten Beträge (Eigenbeiträge plus Zulagen) garantiert sein, wobei eine Minderung um bis zu 15 % bei Erwerbsminderung und Hinterbliebenenversorgung zulässig ist. Es dürfen nach Rentenbeginn nur monatliche Auszahlungen mit der Möglichkeit der Auszahlung von 30 % zum Rentenbeginn oder ein Auszahlungsplan mit anschließender Teilkapitalverrentung vorgesehen sein. Die Monatsleistungen dürfen in einer Jahreszahlung erfolgen. Die Abschluss- und Vertriebskosten müssen über einen Zeitraum von mindestens fünf Jahren verteilt werden. Schließlich muss für den Anleger die Möglichkeit bestehen, den Vertrag ruhen zu lassen, zu kündigen, zu wechseln sowie zum Wohnungsbau zu verwenden.

2. Art des Vertrages. Der Anleger kann den Altersvorsorgevertrag in seinem Namen als Privatmann abschließen (§ 82 Abs 1 EStG) oder als ArbN im Rahmen der betrieblichen Altersversorgung durch einen Pensionsfonds, eine Pensionskasse oder eine Direktversicherung (§ 82 Abs 2 EStG; siehe hierzu *Betriebliche Altersversorgung* Rz 107, 118 f). Möglich sind also eine Rentenversicherung oder Banksparpläne oder Fondssparpläne. Bei diesen Anlageformen ist auch eine **Barlohnumwandlung** möglich s *Betriebliche Altersversorgung* Rz 123, dort auch zur lohnsteuermindernden Wirkung. 9

Die Zertifizierung des Altersvorsorgevertrags = die Feststellung, dass der Vertrag nach § 10a EStG steuerlich förderungsfähig ist, ist ein Grundlagenbescheid (§ 82 Abs 1 Satz 2 EStG). Die FinBeh hat insoweit keine eigene Prüfungskompetenz. Ab 1.7.2010 ist für die Zertifizierung der Altersvorsorgeverträge das BZSt zuständig. Die bis dahin von der bisher zuständigen Bundesanstalt für Finanzdienstleistungsaufsicht (BaFin) und dem zuvor zuständigen Bundesaufsichtsamt für das Versicherungswesen erteilten Zertifikate bleiben gültig.

IV. Altersvorsorgebeiträge. Geförderte Altersvorsorgebeiträge sind Beiträge und Tilgungsleistungen, die der Zulagenberechtigte bis zum Beginn der Auszahlungsphase zugunsten eines auf seinen Namen lautenden zertifizierten Altersvorsorgevertrags (s Rz 8 und 9) leistet (§ 82 EStG). Die dem Vertrag gutgeschriebenen oder zur Tilgung eingesetzten Zulagen stellen keine Altersvorsorgebeiträge dar und sind selbst nicht zulagefähig. Die Beiträge und die daraus fließenden Zinsen und sonstigen Vorteile sind steuerfrei. Sie unterliegen auch nicht der Abgeltungssteuer. Zahlungen Dritter können dem Anleger zugerechnet werden. Das hat insbesondere Bedeutung bei Ehegatten, wenn der begünstigte Ehegatte für den nicht begünstigten Ehegatten Beiträge auf dessen Vorsorgevertrag bezahlt, damit auch dieser die Zulage erhält. 10

Bei Verträgen, die vor dem 1.1.2012 abgeschlossen worden sind, bewirkt eine Erhöhung der Beiträge keine höhere Leistung (BMF 26.7.11 – IV C 3 – S 2220/11/10002, DStR 11, 2001).

V. Zulagen (§§ 84, 85 EStG). Gewährt werden auf Antrag jährlich eine **Grundzulage** (§ 84 EStG) und eine **Kinderzulage** (§ 85 EStG), abhängig vom Kindergeld. 11

Grundzulage ab 2008	154 €
Kinderzulage ab 2008 pro Kind, für das Kindergeld gezahlt wird,	185 €
bei Geburt nach dem 31.12.2007	300 €

Ab 2008 erhalten Berufseinsteiger bis zur Vollendung des 25. Lebensjahres einmalig eine um 200 € erhöhte Grundzulage (§ 84 Satz 2 EStG). Die Zulage ist antragsabhängig bis zum Ablauf des zweiten Kalenderjahres nach Beitragszahlung (§ 89 EStG). Antragsformular BMF 20.10.09 – IV C 3 – S 2493/07/10004, BStBl I 09, 1267.

In voller Höhe werden die Zulagen nur gezahlt, wenn der Anleger den jährlichen **Mindesteigenbeitrag** erbringt (§ 86 Abs 1 Satz 1 EStG). Dieser beträgt ab 2008 4 % der seit Vertragsschluss im Vorjahr bezogenen beitragspflichtigen Einnahmen iSd SGB VI, **höchstens** aber den Betrag, der in § 10a Abs 1 EStG als Höchstbetrag genannt ist, ab 2008 2100 € jährlich, abzüglich des Zulagenanspruchs (§ 86 Abs 1 EStG). Der Anleger muss **mindestens** 60 € pro Jahr leisten (Sockelbetrag, § 86 Abs 1 Satz 4 EStG), auch wenn der Sockelbetrag höher sein sollte als der errechnete Mindesteigenbeitrag (§ 86 Abs 1 Satz 5 EStG). Bei der Berechnung des Mindesteigenbeitrags werden die Zulagen abgezogen. Bei geringerem

12   Altersvorsorgevermögen

Eigenbeitrag sind die Zulagen nach dem Verhältnis der geleisteten Beiträge zum erforderlichen Mindestbeitrag zu kürzen.

Beispiel: Der ledige rentenversicherungspflichtige A in Düsseldorf hatte im Jahr 2013 beitragspflichtige Einnahmen iHv 53 000 €. Im Jahr 2014 zahlt er in seinen Altersvorsorgevertrag 1946 € ein. Mindesteigenbeitrag: 4 % aus 53 000 € = 2120 €, höchstens 2100 € ./. 154 € = 1946 €. Die Zulage wird in voller Höhe gewährt. Der über dem Höchstbetrag von 2100 € liegende Betrag wird nicht gefördert.

Fortsetzung des Beispiels: A hat zwei im Jahr 1995 und 1997 geborene Kinder, die ihm zugeordnet werden. Mindesteigenbeitrag 2100 € abzüglich (154 € + 2 × 185 € =) 524 € = 1576 €.

Sind beide **Ehegatten** unmittelbar begünstigt (s Rz 7), ist der Mindesteigenbeitrag für jeden getrennt zu berechnen. Die Kinderzulage wird der Mutter zugeordnet, auf Antrag beider Eltern dem Vater (§ 85 Abs 2 EStG). Ist nur ein Ehegatte unmittelbar begünstigt, hat der andere Anspruch auf eine ungekürzte Zulage, wenn der unmittelbar begünstigte seinen Mindesteigenbeitrag unter Berücksichtigung der den Ehegatten insgesamt zustehenden Zulagen erbracht hat (§ 86 Abs 2 EStG). Ab dem Beitragsjahr 2012 muss allerdings auch der nur mittelbar begünstigte Ehegatte mindestens 60 € jährlich auf seinen Altersvorsorgevertrag einzahlen (§§ 79 Satz 2, 86 Abs 2 Satz 1 EStG).

Beispiel: A, verheiratet und zwei im Jahr 1995 und 1997 geborene Kinder, hat ein sozvpfl Einkommen von 30 000 €. Die Ehefrau ist nicht berufstätig. A zahlt in je einen Altersvorsorgevertrag der Ehegatten ein. Die Zulagen betragen (2 × 154 € für A und Ehefrau + 2 × 185 € für die Kinder =) 678 €. Erforderlicher Mindesteigenbeitrag (4 % aus 30 000 € = 1200 € ./. 678 € =) 522 €. Die Ehefrau muss keinen eigenen Mindesteigenbeitrag erbringen, ab 2012 jedoch mindestens 60 € leisten.

Die Versagung der Zulage kann nicht unmittelbar gegen das AVmG durch Verfassungsbeschwerde angefochten werden (BVerfG 4.3.05 – 2 BvR 99/03, BFH/NV 05, 257).

12   **VI. Sonderausgabenabzug** (§ 10a EStG). **1. Grundsatz.** Der begünstigte Anleger kann auf Antrag im Rahmen der Jahresveranlagung seine Beiträge ab 2008 zzgl der Zulagen bis 2100 € als Sonderausgaben abziehen, wenn er in die Übermittlung seiner Daten an die zentrale Stelle (§ 81 EStG) eingewilligt hat (§ 10a Abs 2a EStG), wobei der Antrag auf die Riester-Rente als Einwilligung fingiert wird (§ 10a Abs 5 Satz 5 EStG). Die Höhe der vom Anleger geleisteten Beiträge ist durch eine Bescheinigung des Anbieters nachzuweisen (§ 10a Abs 5 Satz 4 ff EStG).

Beispiel: A als begünstigter rentenversicherungspflichtiger ArbN hat 40 000 € Einnahmen. Sein Mindesteigenbeitrag beträgt (4 % aus 40 000 € =) 1600 €. Die Höchstgrenze von 2100 € ist nicht erreicht, so dass von 1600 € auszugehen ist. Der Mindesteigenbeitrag beträgt (1600 ./. Zulage 154 € =) 1446 €. Leistet A diesen Betrag, beträgt der Sonderausgabenabzug (1446 € + Zulage 154 € =) 1600 €.

13   **2. Bei Ehegatten/Lebenspartnern** nach § 26 EStG findet keine Verdoppelung der Beträge statt, vielmehr ist auf die persönlichen Verhältnisse des einzelnen Ehegatten/Lebenspartner abzustellen. Bei je eigenem Vertrag der Ehegatten/Lebenspartner kann jeder Ehegatte/Lebenspartner die Höchstbeträge für sich in Anspruch nehmen. Ist ein Ehegatte/Lebenspartner unmittelbar und der andere mittelbar zulagenberechtigt, erhöht sich der Betrag iHv 2100 € (Rz 12) um 60 € (§ 10a Abs 3 Satz 3 und 4 EStG).

14   **3. Günstigerprüfung** (§ 10a Abs 2 EStG). Im Rahmen der Jahresveranlagung wird vAw überprüft, ob der Sonderausgabenabzug günstiger ist als die Zulagen. Ist dies der Fall, wird die tarifliche ESt um den Anspruch auf Zulage erhöht (§ 10a Abs 2 Satz 1 EStG). Ist dies nicht der Fall, dh sind die Zulagen günstiger, verbleibt es bei den Zulagen.

15   **VII. Mehrere Altersvorsorgeverträge** (§ 87 Abs 1 EStG). Die Zulagen sind auf höchstens zwei Verträge beschränkt. Der begünstige Anleger kann jedes Jahr neu bestimmen, auf welche(n) Vertrag/Verträge die Zulage gewährt werden soll. Ab 2011 ist die Übertragung von bisher gebildetem Altersvorsorgevermögen auf einen anderen Vorsorgevertrag, der auf den Namen des Stpfl bzw bei dessen Tod auf den Namen des Ehegatten/Lebenspartner lautet, gesetzlich steuerbefreit (§ 3 Nr 55c EStG). Die FinVerw hat dies bisher schon so gehandhabt. § 22 Nr 5 Satz 2 EStG stellt eine einheitliche Besteuerung der späteren Auszahlung sicher. Das gleiche gilt für die Übertragung von Anrechten aus einem nach § 5a AltZertG zertifizierten Vertrag (§ 3 Nr 55d EStG). Beim Sonderausgabenabzug besteht eine derartige Beschränkung nicht.

16   **VIII. Schädliche Verwendung** (§§ 93, 94 EStG). Wird das angesparte Kapital einschließlich Zulagen nicht zweckentsprechend verwendet, sind die Zulagen zurückzugewähren und der Sonderausgabenabzug wird rückgängig gemacht. Eine schädliche Verwendung

Altersvorsorgevermögen 12

liegt zB vor, wenn vor Fälligkeit der Rente eine (Teil-)Kapitalauszahlung erfolgt oder wenn nach Beginn der Auszahlungsphase im Fall des Todes des Anlegers die Rente vorbehaltlich einer vereinbarten Hinterbliebenenrente an die Erben weitergezahlt wird. Bei Ehegatten/ Lebenspartner nach § 26 Abs 1 EStG kann das geförderte Altersvorsorgevermögen im Fall des Todes des zulagenberechtigten Ehegatten/Lebenspartners auf einen eigenen Altersvorsorgevertrag des überlebenden Ehegatten/Lebenspartner übertragen werden, ohne dass dies eine schädliche Verwendung darstellt. Keine schädliche Verwendung liegt bei Wegzug aus dem Inland vor.

> **Beispiel:** Eine ausländische Kapitalanlagegesellschaft hat mit dem seinerzeit unbeschränkt StPfl einen im Inland geförderten Basisrentenvertrag nach § 10 Abs 1 Nr 2 Buchst b EStG abgeschlossen. Bei Beendigung der unbeschränkten Steuerpflicht und mit dem Beginn der beschränkten Steuerpflicht (Umzug ins EU-Ausland) darf die Riester-Zulage nicht zurückgefordert werden (EuGH 10.9.09 – C 269/07, DStR 09, 1954 zu § 95 EStG; s oben Rz 7).

Eine schädliche Verwendung hat der Anbieter der zentralen Stelle mitzuteilen. Bei schädlicher Verwendung ist das ausgezahlte Altersvorsorgevermögen abzüglich der Eigenbeiträge als Leistung nach § 22 Nr 5 Satz 3 EStG zu versteuern.

Einzelheiten BMF 24.7.13 – IV C 3 – S 2015/11/10002 ua, BStBl I 13, 1022.

IX. Nachgelagerte Besteuerung (§ 22 Nr 5 EStG). Während der Ansparphase fallen 17 keine Steuern an, weder Abgeltungssteuer noch Kapitalertragsteuer. Die Rente ist mit ihrer Auszahlung insoweit in voller Höhe zu versteuern, als für die Altersvorsorgebeiträge die Zulagen und/oder der Sonderausgabenabzug in Anspruch genommen worden sind. Sind in der Ansparphase die staatlichen Vergünstigungen nur teilweise in Anspruch genommen worden, sind die Leistungen entsprechend aufzuteilen. Für die Frage des Aufteilungsmaßstabes gilt BMF 24.7.13 – IV C 3 – S 2015/11/10002 ua, BStBl I 13, 1022. Die nicht geförderten Beiträge sind nach § 22 Nr 5 Satz 2 Buchst a), b), c), EStG je nach Art der Leistung zu versteuern, die geförderten Beiträge nach § 22 Nr 5 Satz 1 EStG. Der Anbieter hat dem Stpfl beim erstmaligen Bezug und bei Änderung der Leistungen die jeweiligen Leistungen zu bescheinigen (§ 22 Nr 5 Satz 7 EStG; BMF 23.3.09 – IV C 3 – S 2257 – b/ 07/10002, BStBl I 09, 489 mit einer detaillierten Aufstellung der Besteuerung nach § 22 Nr 5 EStG). Der Stpfl reicht diese Bescheinigung im Rahmen seiner ESt-Erklärung ein. Zusätzlich sind die Erträge aus den Eigensparbeiträgen zu versteuern. Von den so ermittelten Einnahmen sind die Werbungskosten, ggf der Werbungskostenpauschbetrag (§ 9a Nr 3 EStG) abzuziehen. Der Versorgungsfreibetrag (§ 19 Abs 2 EStG; s *Altersgrenze* Rz 17) greift nicht ein. Zu Verträgen, die vor dem 1.1.2005 abgeschlossen worden sind und zu sonstigen Übergangsproblemen s Personalbuch 2008 *Altersvorsorgevermögen* Rz 5. Leistungen **ausländischer** Zahlstellen unterliegen bei beschränkter Steuerpflicht (s *Ausländer* Rz 42) der inländischen Besteuerung (§ 49 Abs 1 Nr 10 EStG).

X. Pfändungsschutz (§ 97 EStG). Das durch Zulagen oder Sonderausgabenabzug ge- 18 förderte Altersvorsorgevermögen einschließlich Zinsen und Wertzuwächsen ist nicht übertragbar und damit während der Ansparphase auch nicht pfändbar (§ 851 Abs 1 ZPO; LAG Rh-Pf 3.11.06 – 3 Sa 414/06; BeckRS 2007, 40442). Für die Auszahlungsphase gelten keine Besonderheiten, also zB § 850 ZPO, wonach Arbeitseinkommen, worunter die Riester-Rente fällt, bis 985,15 € monatlich Pfändungsschutz genießt. Auch bei Bezug von Grundsicherungsleistungen nach SGB V oder SGB XII bleiben das angesammelte Kapital und die laufenden Beiträge vor Anrechnung geschützt.

XI. Verfahrensfragen. 1. Antragserfordernis (§ 89 EStG). **a) Zulagen.** Die Zulagen 19 werden nur gewährt, wenn der Anleger beim Anbieter einen entsprechenden Antrag nach vorgeschriebenem Vordruck innerhalb einer Zwei-Jahresfrist seit dem Beitragsjahr stellt. Antragsvordruck: BMF 20.10.09 – IV C 3 – S 2493/07/10004, BStBl I 09, 1267. Ein entsprechender Dauerauftrag beim Anbieter ist zulässig. Der Anbieter leitet den Antrag an die zentrale Stelle (§ 81 EStG) weiter, die nach Überprüfung der Voraussetzungen die Zulage an den Anbieter auszahlt, der die Zulage dem Altersvorsorgevertrag gutschreibt (§ 90 EStG). Für die Rückforderung der Zulage, zB weil der Anleger nicht zum begünstigten Personenkreis gehört, gilt § 88 EStG iVm § 170 Abs 3 AO.

12   Altersvorsorgevermögen

Beispiel: Der Zulageantrag für das Beitragsjahr 2006 geht im Jahr 2008 ein. Im Jahr 2008 wird die Zulage gewährt. Im Jahr 2012 stellt die zentrale Stelle fest, dass der Anleger nicht zum begünstigten Personenkreis gehört. Sie fordert im Jahr 2012 die Zulage zurück. Die Rückforderungsfrist beginnt mit Ablauf des Jahres der Antragstellung (§ 170 Abs 3 AO), also 31.12.2008, und beträgt vier Jahre (§ 169 Abs 2 Satz 1 Nr 2 AO). Somit ist die Rückforderung innerhalb der Festsetzungsfrist erfolgt.

20   **b) Sonderausgabenabzug** (§ 10a EStG). Der entsprechende Antrag ist im Rahmen der jährlichen EStErklärung zu stellen. Die Höhe der Beiträge ist vom Anbieter der Riester-Verträge durch Datenfernübertragung an die zentrale Stelle bis 28. Februar des Folgejahres der Beitragszahlung zu übermitteln (§ 10a Abs 5 S 4 ff EStG; Einzelheiten BMF 18.8.11 – IV C 3 – S 2222/09/10057:003, BeckVerw 2011, 252417). Die auf Grund der Beiträge zu gewährende Steuerermäßigung wird gesondert festgestellt (§ 10a Abs 4 Satz 1 EStG) und fließt in die EStVeranlagung mit ein.

Ist die Bescheinigung unzutreffend und wird sie daher nach Bekanntgabe des Steuerbescheids vom Anbieter aufgehoben oder korrigiert, kann der Steuerbescheid insoweit geändert werden (§ 10a Abs 5 Satz 3 bzw ab 2010 Satz 11 EStG).

21   **2. Bescheinigungspflicht** (§ 22 Abs 5 Satz 7 und § 92 EStG). Der Anbieter hat dem Zulageberechtigten jährlich eine Bescheinigung über seine Einzahlungen und über den Stand des Kontos auszustellen. Die Bescheinigungspflicht erstreckt sich auch auf die Auszahlungsphase (BMF 17.12.10 – IV C 3 – S 2257 – b/07/10002, BStBl I 11, 6).

Literaturhinweis zur Riester-Rente: BMF 24.7.13 – IV C 3 – S 2015/11/10002 –, IV C 5 – S 2333/09/10005, BStBl I 13, 1022; *Myßen/Fischer* NWB 11, 4304 und 4390.

22   **XII. Selbstgenutzte Wohnimmobilie** (§ 92a EStG, neu geregelt ab 2008 durch das Eigenheimrentengesetz, BGBl I 08, 1509; **Wohn-Riester;** anzuwenden ab 2008, § 52 Abs 24b EStG).

1. Ansparphase. Für die Ansparphase gelten im Grundsatz die obigen Regelungen entsprechend. Das Sparkapital wird einem Wohnförderkonto zugeschrieben, das bei einem Anbieter, auch einer Bausparkasse, geführt wird. Hierfür erhält der Anleger die Zulagen. Gefördert werden Baumaßnahmen für eine eigengenutzte im Inland und im EU/EWR-Ausland gelegene Immobilie, die nach dem 31.12.2007 angeschafft oder hergestellt wird und als Hauptwohnsitz genutzt wird. Ab dem Veranlagungsjahr 2013 kann die Förderung auch für Umbaumaßnahmen zur Reduzierung von Barrieren in oder an der Wohnung in Anspruch genommen werden (§ 92a Abs 1 Satz 1 Nr 3 EStG). Der Anleger kann angespartes Kapital für eine begünstigte Wohnung dem Wohnförderkonto entnehmen (Mindestentnahme- und Mindestrestbetrag betragen jeweils 3000 €, § 52 Abs 23h EStG).

Alternative: Erbringt der Anleger für ein Wohnbaudarlehen Tilgungsleistungen von mindestens 4 % der maßgebenden Einnahmen, höchstens 2100 € abzüglich Zulage, werden dem Anleger die Zulagen wie oben dargestellt als weitere Tilgungsleistungen gewährt, die die Darlehensschuld entsprechend mindern,

Auf Antrag des Zulagebegünstigten wird auch die Günstigerprüfung Zulage/Sonderausgabe durchgeführt. Die für Förderberechtigte bis zur Vollendung des 25. Lebensjahres einmalige Erhöhung der Grundzulage um 200 € (§ 84 Satz 2 EStG) wird bei der Berechnung der Günstigerprüfung zwischen Zulagenanspruch und Sonderausgabenabzug zugunsten des Stpfl nicht berücksichtigt.

23   **2. Nachgelagerte Besteuerung.** Im Wohnförderkonto werden nach dessen Inanspruchnahme die gewährten Zulagen, die geförderten Tilgungsbeträge sowie der entnommene Altersvorsorge-Eigenheimbetrag erfasst (§ 92a Abs 2 Satz 1 EStG). Der Saldo der geförderten Beträge des Wohnförderkontos wird auf Antrag entweder als Einmalbetrag mit 30 % Abschlag (§ 22 Nr 5 Satz 5 iVm § 92a Abs 2 Satz 6 EStG) oder verteilt bis zum 85. Lebensjahr besteuert (§ 22 Nr 5 Satz 4 iVm § 92a Abs 2 Satz 4 Nr 2 und Satz 5 EStG).

24   **3. Schädliche Verwendung.** Die Aufgabe der Selbstnutzung führt zur unmittelbaren Besteuerung des Stands des Wohnförderkontos (§ 22 Nr 5 Satz 4 iVm § 92a Abs 3 Satz 5 EStG). Die Übertragung des Altersvorsorgevertrages im Fall des Todes des bisher begünstigten Ehegatten auf den im EU-Ausland überlebenden Ehegatten ist unschädlich.

25   **4. Verfahren.** (§ 92b EStG). Die Zulagen werden auf Antrag bei der Zulagenstelle gewährt. Zugleich ist dem Zulagenberechtigten mitzuteilen, welche Beträge er förderun-

schädlich entnehmen kann. Der Anbieter erteilt bis 2009 die für den Sonderausgabenabzug erforderliche Bescheinigung (§ 10a Abs 5 EStG). Ab 2010 kommt es zur Datenfernübertragung (s oben Rz 20). Zur Mitteilung nach § 22 Nr 5 Satz 7 EStG s oben Rz 17. Der Anbieter hat auch das Wohnförderkonto zu führen und die erforderlichen Daten der zentralen Stelle mitzuteilen (§ 22a EStG).

Literaturhinweis zum „Wohn-Riester": BMF 24.7.13 – IV C 3 – S 2015/11/10002, IV C 5 – S 2333/09/10005, BStBl I 13, 1022; *Myßen/Fischer* NWB 13, 1977.

C. Sozialversicherungsrecht *Ruppelt*

Die Rentenreform 2001 führte durch das **Altersvermögensergänzungsgesetz** (AVmEG) vom 21.3.01 (BGBl I 01, 403) und das **Altersvermögensgesetz** (AVmG) vom 26.6.01 (BGBl I 01, 1310) zu tiefgreifenden Veränderungen in der gesetzlichen RV. Neben der Neuordnung der *Hinterbliebenenrente* war Kernstück der Reform die Verminderung der Rentenanpassung, um trotz sich verschlechternder demographischer Bedingungen die Stabilität der Beiträge zu erhalten. Der **Absenkung des Nettorentenniveaus** steht die Förderung eines eigenverantwortlichen (und freiwilligen) Aufbaus einer **privaten kapitalgedeckten Altersvorsorge** gegenüber („Riester-Rente"). S im Einzelnen Rz 6 ff. 31

Amtspflichtverletzung (Betriebsrat)

A. Arbeitsrecht *Kreitner*

1. Begriff. Eine Amtspflichtverletzung durch ein BRatMitglied setzt einen Verstoß des BRatMitglieds gegen seine betriebsverfassungsrechtlichen Pflichten voraus. Deutlich zu unterscheiden ist hiervon die Verletzung arbeitsvertraglicher Pflichten (zB Schlechtleistung, Verspätung etc), die für ein BRatMitglied die gleichen arbeitsvertraglichen Konsequenzen (Abmahnung, Kündigung, Entgeltkürzung etc) hat wie für sonstige ArbN. Denkbar sind allerdings Überschneidungen dahingehend, dass die Amtspflichtverletzung gleichzeitig einen Arbeitsvertragsverstoß darstellt. Der ArbGeb kann dann wählen, ob er nur die kollektiv- oder individualrechtliche Pflichtverletzung sanktioniert oder ob er beide Verfahren gleichzeitig betreibt (LAG BaWü 23.11.07 – 7 Sa 118/06, BeckRS 2010, 67397). Schließlich kann eine Pflichtverletzung des gesamten BRat vorliegen (dazu unten Rz 11). 1

2. Abmahnung. Amtspflichtverletzungen können nach bislang herrschender Ansicht in Rspr und Schrifttum nicht Gegenstand einer Abmahnung sein. Insofern ist allein die Sanktionierung nach § 23 Abs 1 BetrVG möglich (aA *Kania* NZA 96, 970; *Schleusener* NZA 01, 640, *Freckmann/Koller-van Delden* BB 06, 490, die für eine „betriebsverfassungsrechtliche Abmahnung" als milderes Sanktionsmittel plädieren; vgl auch ArbG Bln 10.1.07 – 76 BV 16593/06, BeckRS 2008, 56299). Bei Verletzung arbeitsvertraglicher Pflichten durch ein BRatMitglied gelten die allgemeinen Abmahnungsgrundsätze. Dies gilt auch dann, wenn der arbeitsvertragliche Pflichtverstoß im Zusammenhang mit der BRatTätigkeit steht (BAG 15.3.95 – 7 AZR 643/94, NZA 95, 961: An- und Abmeldung zur Ausübung von BRatTätigkeit (Näheres s *Betriebsratsfreistellung* Rz 22), BAG 13.11.91, DB 92, 843: Gewerkschaftswerbung durch freigestelltes BRatMitglied; BAG 10.11.93, DB 94, 2554: Teilnahme an nicht erforderlicher BRatSchulung, wenn die fehlende Erforderlichkeit ohne weiteres erkennbar war; BAG 31.8.94, DB 95, 1235 und LAG Brem 28.6.89, DB 90, 742: Teilnahme an Gerichtsverhandlung). Eine Abmahnung scheidet lediglich dann aus, wenn das objektiv gegebene Fehlverhalten des BRatMitglieds aus einer Verkennung schwieriger und ungeklärter Rechtsfragen resultiert (BAG 31.8.94, DB 95, 1235). Amtspflichtverletzungen können auch nicht zur Verhängung einer *Betriebsbuße* führen, da dies gem § 87 Abs 1 Nr 1 BetrVG nur bei Verstößen gegen die betriebliche, nicht die betriebsverfassungsrechtliche Ordnung möglich ist. 2

3. Schadensersatz/Strafe. Die Verletzung von Amtspflichten kann eine Schadensersatzpflicht der BRatMitglieder nach §§ 823, 826 BGB auslösen, soweit dem ArbGeb ein nachweisbarer Schaden entstanden ist und die strengen tatbestandlichen Voraussetzungen dieser Vorschriften im Einzelfall vorliegen. Bei Verstößen gegen die Geheimhaltungspflicht in Bezug auf Betriebs- und Geschäftsgeheimnisse gilt die besondere Strafvorschrift des § 120 BetrVG. 3

13 Amtspflichtverletzung (Betriebsrat)

4. Ausschluss aus dem Betriebsrat. Die schärfste arbeitsrechtliche Sanktion gegenüber einem BRatMitglied stellt dessen Ausschluss aus dem BRat dar. Das Verfahren ist in § 23 Abs 1 BetrVG geregelt.

a) Antragsberechtigt sind gem § 23 Abs 1 Satz 1 BetrVG mindestens ein Viertel der wahlberechtigten ArbN, der ArbGeb sowie jede im Betrieb vertretene Gewerkschaft. Die Mindestzahl von einem Viertel der wahlberechtigten ArbN ist nicht auf die einzelne ArbNGruppe (Arbeiter, Angestellte) bezogen, der das auszuschließende BRatMitglied angehört, sondern auf den gesamten Betrieb. Sie muss während des gesamten Verfahrens, also auch in der Rechtsmittelinstanz, erfüllt sein (BAG 14.2.78, DB 78, 1451 [LS]: für das Wahlanfechtungsverfahren). Soweit antragstellende ArbN während des Verfahrens aus dem Betrieb ausscheiden, können sie durch neueingestellte ArbN ersetzt werden, da auch für sie die geschehene Amtspflichtverletzung einen Vertrauensverlust hinsichtlich des ausgeschlossenen BRatMitglieds bewirkt. Einzelne BRatMitglieder sind nicht antragsbefugt (LAG München 5.2.09 – 3 TaBV 107/08, BeckRS 2009, 67451).

b) Grobe Pflichtverletzung. § 23 Abs 1 BetrVG verlangt eine grobe Verletzung der gesetzlichen Pflichten durch das BRatMitglied. Zu den gesetzlichen Pflichten gehören sämtliche Pflichten, die den Einzelnen als BRatMitglied betreffen, unabhängig davon, ob sie sich unmittelbar aus dem Gesetz ergeben oder in Tarifverträgen oder Betriebsvereinbarungen näher konkretisiert sind. Eine grobe Pflichtverletzung liegt nach der Rspr des BAG vor, wenn sie objektiv erheblich und offensichtlich schwerwiegend ist. Letztlich muss unter Berücksichtigung aller Umstände des Einzelfalls eine weitere Ausübung des BRatAmtes untragbar erscheinen (BAG 22.6.93 – 1 ABR 62/92, NZA 94, 184; LAG Hamm 20.3.09 – 10 TaBV 149/08, BeckRS 2009, 72938; LAG RhPf 17.12.09 – 5 TaBV 16/09, BeckRS 2010, 68272). Dabei genügt ein einmaliger Pflichtverstoß, sofern er die vorgenannte Voraussetzung erfüllt. Mehrere leichtere Verstöße können ebenfalls ein entsprechendes Gewicht erlangen, insbesondere wenn der ArbGeb zuvor auf diese Pflichtverletzungen hingewiesen hat und sie sich durch eine gewisse Beharrlichkeit auszeichnen. Auch Pflichtverletzungen, die sich erst im Verlauf des Amtsenthebungsverfahrens ergeben, können bei der Gesamtwürdigung einbezogen werden (LAG MeVo 31.3.05 – 1 TaBV 15/04). Erforderlich ist ferner ein grobes Verschulden des BRatMitglied iSv Vorsatz oder grober Fahrlässigkeit (BAG 21.2.78, DB 78, 1547). Daher scheidet eine grobe Pflichtverletzung idR aus, wenn sich das BRatMitglied bemüht, die eingetretene Störung des Betriebsfriedens durch eine im Ergebnis jedenfalls vertretbare Erklärung seines Verhaltens zu bereinigen (LAG Bln 17.3.88, BB 88, 1045) oder sich bei den Betroffenen entschuldigt (ArbG Marburg 28.5.99 – 2 BV 4/99, NZA-RR 01, 94). Auch vorheriges provokatives Verhalten des ArbGeb ist in der Gesamtabwägung zu berücksichtigen und führt idR zum Fehlen einer groben Pflichtverletzung auf BRatSeite (LAG Hamm 6.2.09 – 13 TaBV 138/08, BeckRS 2009, 62379; ArbG Marburg 28.5.99 – 2 BV 3/99, NZA-RR 01, 91). Im Zeitpunkt der gerichtlichen Entscheidung darf die Amtszeit des BRatMitglieds noch nicht abgelaufen sein; es sei denn, die Pflichtverletzung wirkt sich auch in der folgenden Amtsperiode weiterhin aus (vgl LAG Hamm 9.2.07 – 10 TaBV 54/06; *Richardi/Thüsing* § 23 Rz 25).

In folgenden **Fällen** hat die Rspr einen **groben Pflichtverstoß** iSv § 23 Abs 1 BetrVG angenommen:

- **Parteipolitische Betätigung** im Betrieb, die zu ernstlicher Gefährdung des Betriebsfriedens führt (BAG 21.2.78, DB 78, 1547: Agitation; BAG 4.5.55, DB 55, 631, LAG Düsseldorf/Köln 23.6.77, DB 77, 2191: in Betriebsversammlung; LAG NdS 19.5.78 – 9 TaBV 10/77 –: Flugblätter). Nach seiner neueren Rspr legt das BAG allerdings einen engeren Begriff der parteipolitischen Betätigung zugrunde (BAG 17.3.10 – 7 ABR 95/08, NZA 10, 1133; Näheres s *Betriebsrat* Rz 54).
- **Gewerkschaftswerbung** durch Druckausübung (LAG SchlHol 25.5.67, BB 67, 1334; LAG Köln 15.12.2000 – 11 TaBV 63/00, NZA-RR 01, 371; ArbG München 19.7.79, EzA Nr 8 zu § 23 BetrVG).
- **wilder Streik** (LAG Hamm 23.9.55, BB 56, 41; LAG Bay 23.5.58, DB 58, 900; ArbG Hagen 6.10.11 – 4 BV 39/10: Aufruf; LAG BaWü 24.6.74 – 1 TaBV 3/74 –: Teilnahme; LAG Hamm 6.11.75, DB 76, 343: Aufruf zu Werksbesetzung).
- **erhebliche Funktionsbeeinträchtigungen** innerhalb des BRat (BAG 5.9.67, BB 67, 1335: grundsätzliche Ablehnung der Zusammenarbeit durch BRatMehrheit; ständiges Fernbleiben von BRat-Sitzungen; LAG Hess 23.5.13 – 9 TaBV 17/13, BeckRS 2013, 70451: Diffamierung des BRat-

Amtspflichtverletzung (Betriebsrat)

Vorsitzenden durch Hitlervergleich „33 hat sich auch schon so einer an die Macht gesetzt mit solchen Methoden").
- **Vertraulichkeit** (BAG 22.5.59, BB 59, 848: Weitergabe von Gehaltslisten an Gewerkschaft; LAG Düsseldorf 9.1.13 – 12 TaBV 93/12, BeckRS 2013, 71924: Zitat aus Bewerbungsschreiben eines Mitarbeiters in Betriebsversammlung; LAG BlnBbg 12.11.12 – 17 TaBV 1318/12, NZA-RR 13, 293: unberechtigte Einblicknahme in elektronisch geführte Personalakten; LAG München 15.11.77, DB 78, 894: Weitergabe vertraulicher Informationen an ArbGeb; ArbG Marburg 28.5.99 – 2 BV 4/99, NZA-RR 01, 94: Weitergabe von persönlichen ArbNDaten an andere ArbN; ArbG Wesel 16.10.08 – 5 BV 34/08, NZA-RR 09, 21: Gewährung der Einsichtnahme in Bewerbungsunterlagen, die dem BRat nach § 99 BetrVG vorgelegt worden waren, für drittes Unternehmen).
- **Annahme von Vorteilen** zum Zweck der Beeinflussung der BRatTätigkeit (LAG München 15.11.77, DB 78, 894).
- **Spesenbetrug** durch unrichtige Abrechnung von Reisekosten im Zusammenhang mit einer BRatSitzung (LAG Hamm 23.4.08 – 10 TaBv 117/07).
- **unterlassene Überwachung der Grundsätze des § 75 Abs 1 BetrVG** durch aktive Einflussnahme auf die ArbN unter Kündigungsandrohung in Anwesenheit der Geschäftsleitung, über deren Sanierungskonzept per Handzeichen abzustimmen (ArbG Freiburg 15.10.97 – 6 BV 2/97, AiB 98, 402).
- **beharrliche Weigerung, Betriebsversammlungen einzuberufen** ua mit dem Ziel, eine gewerkschaftliche Einflussnahme zu verhindern (ArbG Stuttgart 24.7.13 – 22 BV 13/13).
- **Diffamierung des ArbGeb gegenüber Dritten** (ArbG Marburg 28.5.99 – 2 BV 3/99, NZA-RR 01, 91: Vorwurf der „Faustrechtsausübung" und des „dreisten Versteckens der Wahrheit" durch ArbGeb gegenüber der Agentur für Arbeit; LAG NdS 25.10.04 – 5 TaBV 96/03, NZA-RR 05, 530: Beleidigung von Vorgesetzten als „Arschlöcher" und Ankündigung „so richtig auf den Putz zu hauen" und „der Firma zu zeigen, wo es langgeht").
- **sexuelle Belästigung von Mitarbeitern** unter Ausnützung des BRatAmts (LAG Hess 11.12.08 – 9 TaBV 141/08).

c) **Rechtsfolge** des rechtskräftigen gerichtlichen Ausschlusses ist das Ende der Mitgliedschaft im BRat sowie ggf im GBRat (§ 49 BetrVG) bzw KBRat (§ 57 BetrVG). Gleichzeitig endet der besondere Kündigungsschutz gem §§ 15 KSchG, 103 BetrVG. Ein nachwirkender Kündigungsschutz besteht gem § 15 Abs 1 Satz 2 KSchG nicht. Mangels entgegenstehender gesetzlicher Regelungen behält das ausgeschlossene BRatMitglied die Rechte aus § 37 Abs 4 und 5 sowie § 38 Abs 4 BetrVG.

d) **Verfahren.** Zur Einleitung des Verfahrens bedarf es eines förmlichen Antrags eines Antragsberechtigten beim örtlich zuständigen ArbG. Das Verfahren ist als Beschlussverfahren gem §§ 2a, 80 ff ArbGG zulässig, solange die Amtsperiode des auszuschließenden BRatMitglied andauert (s oben Rz 5). Es ist mangels Rechtsschutzinteresses einzustellen, wenn das BRatMitglied sein Amt niederlegt. Das Gleiche gilt selbst dann, wenn es nach Ablauf der Amtsperiode in den neuen BRat gewählt wird (BAG 29.4.69, DB 69, 1560; LAG Bln 19.6.78, DB 79, 112; LAG Brem 27.10.87, DB 88, 136 [LS]). Der ArbGeb ist an dem gerichtlichen Verfahren zu beteiligen (BAG 22.6.93, DB 94, 234).

Es besteht die Möglichkeit des **einstweiligen Rechtsschutzes.** Wegen der nur vorläufigen Regelungsmöglichkeit kann dem BRatMitglied im Wege der einstweiligen Verfügung jedoch nur die weitere Ausübung der Amtstätigkeit bis zur Entscheidung in der Hauptsache im ordentlichen Beschlussverfahren untersagt werden (BAG 29.4.69, DB 69, 1560; LAG Hamm 18.9.75, BB 75, 1302; *Korinth* ArbRB 07, 189).

Die **Kosten** des Verfahrens trägt nach § 40 Abs 1 BetrVG der ArbGeb, es sei denn, die Verteidigung gegenüber dem Ausschlussantrag ist von vornherein offensichtlich aussichtslos (BAG 19.4.89, DB 90, 740).

5. **Auflösung des gesamten Betriebsrats.** Hat nicht nur ein BRatMitglied eine grobe Amtspflichtverletzung begangen, sondern liegt ein grober Pflichtverstoß des BRat insgesamt vor, kann das ArbG auf Antrag (wie oben Rz 8) den gesamten BRat auflösen und gem § 23 Abs 2 BetrVG unverzüglich einen Wahlvorstand für die Neuwahl einsetzen.

Beispiele für einen derartigen kollektiven Pflichtverstoß:
- **Schwerwiegende Verletzung von Geschäftsführungspflichten** (Unterlassen der Wahl eines BRatVorsitzenden; LAG Hamm 25.9.59, DB 59, 1227; ArbG Wetzlar 22.9.92, DB 92, 2216: Unterlassen der Einberufung von Betriebsversammlungen und der Erstellung von Tätigkeitsberichten; ArbG Krefeld 6.2.95, NZA 95, 803; wahrheitswidrige Sachinformation der Belegschaft).

14 Annahmeverzug

– **Verhältnis zum Arbeitgeber** (ständige Verweigerung der Zustimmung bei mitbestimmungspflichtigen Maßnahmen aus unsachlichen Gründen; Verstöße gegen Friedenspflicht des § 74 Abs 2 BetrVG; ArbG Krefeld 6.2.95, NZA 95, 803: Strafanzeige gegen Geschäftsführer).
– **Vertraulichkeit** (LAG Bln 26.6.86, ArbuR 89, 258 [LS]: Aushang von Sitzungsprotokollen mit Gehaltsangaben einzelner ArbN am Schwarzen Brett).

12 Anders als die Amtsniederlegung eines BRatMitglied führt der **Rücktritt des gesamten Betriebsrats** nicht zum Wegfall des Rechtsschutzinteresses für das Ausschlussverfahren, da der BRat gem § 22 BetrVG bis zur Neukonstituierung geschäftsführend tätig bleibt. Lediglich nach Ablauf der Amtsperiode entfällt auch hier das Rechtsschutzinteresse.

13 6. Für den **Sprecherausschuss** der leitenden Angestellten gelten gem § 9 Abs 1 SprAuG die gleichen Grundsätze (vgl im Einzelnen *Hromadka/Sieg* SprAuG § 9 Rz 2 ff, 17 ff; *Löwisch* SprAuG § 9 Rz 1 ff).

B. Lohnsteuerrecht *Windsheimer*

14 Schadensersatzleistungen (s oben Rz 3) können Werbungskosten sein; Strafen sind steuerlich nicht abzugsfähig (§ 12 Nr 4 EStG); s auch *Betriebsbuße* Rz 11.

C. Sozialversicherungsrecht *Schlegel*

15 Amtspflichtverletzungen des BRat haben sozialversicherungsrechtlich keine Auswirkungen.

Annahmeverzug

A. Arbeitsrecht *Griese*

1 **1. Begriff.** Der Annahmeverzug im Arbeitsverhältnis ist in § 615 BGB geregelt. Annahmeverzug ist gegeben, wenn der ArbN arbeiten will, der ArbGeb den ArbN jedoch nicht beschäftigen kann oder will. Für diesen Fall ordnet § 615 BGB an, dass der ArbN die Vergütung verlangen kann und zur Nachleistung der dadurch ausgefallenen Arbeit, nicht verpflichtet ist. Die infolge der vom ArbGeb verursachten Nichtbeschäftigung ausfallende Zeit ist deshalb gleichwohl zu entgelten. Hauptanwendungsfall des Annahmeverzugs ist die Nichtbeschäftigung des ArbN nach Ausspruch einer **arbeitgeberseitigen** Kündigung, die sich im Nachhinein als **rechtsunwirksam** erweist. Weitere Anwendungsfälle sind die **Suspendierung** oder **Freistellung** des ArbN von der Arbeitspflicht im laufenden Arbeitsverhältnis sowie gem § 615 Satz 3 BGB der Ausfall der Arbeit aus wirtschaftlichen oder produktionstechnischen Gründen (**Betriebsrisiko** des ArbGeb; zB auch Witterungsgründe: BAG 9.7.08 – 5 AZR 810/07, NZA 08, 1407; Brand: LAG Köln 26.7.10 – 5 Sa 485/10), die rechtswidrige Zuweisung von nicht geschuldeter Arbeit unter Überschreitung des Weisungsrechts, ferner die rechtswidrige **Aussperrung** (nicht der rechtmäßige Streik, BAG 17.7.12 – 1 AZR 563/11; s auch *Arbeitskampf (Vergütung)* Rz 16); zum Anspruch bei mittelbarer Aussperrungsbetroffenheit s *Griese* Das Arbeitsrecht der Gegenwart, Bd 33, 1996, 542), die vorsorgliche Vergabe von Arbeiten an ein Fremdunternehmen wegen befürchteten Streikaufrufes (BAG 15.12.98 – 1 AZR 289/98, AP Nr 154 zu Art 9 GG Arbeitskampf mit Anm *von Otto*) oder die einseitig ohne die nach § 87 Abs 1 Nr 3 BetrVG erforderliche Zustimmung des BRat angeordnete und daher unwirksame **Kurzarbeit** (s auch BAG 27.1.94 – 6 AZR 541/93, NZA 95, 134).

2 Diesen Fällen ist gemeinsam, dass der ArbGeb trotz fortdauernden Arbeitsverhältnisses die Arbeitsleistung des ArbN nicht annimmt und deshalb gem § 615 BGB zur Fortzahlung der Vergütung verpflichtet bleibt. § 615 BGB ist einer der gesetzlich geregelten Fälle, in denen Anspruch auf Vergütung ohne Arbeitsleistung besteht.

3 **2. Voraussetzungen.** Der Annahmeverzug hat folgende **Voraussetzungen:**
   a) **Fortbestehen des Arbeitsverhältnisses.** Er muss in den Zeitraum eines fortbestehenden Arbeitsverhältnisses fallen. Im Fall einer ArbGebSeitigen Kündigung bzw nach Ablauf der Kündigungsfrist ist dies nur gegeben, wenn nachträglich die Rechtsunwirksamkeit der Kündigung festgestellt wird.

b) Angebot der Arbeitsleistung. Weitere Voraussetzung ist, dass der ArbN seine Arbeitsleistung gem §§ 293 ff BGB angeboten hat. Im laufenden Arbeitsverhältnis ist gem § 294 BGB grds ein **tatsächliches** Arbeitsangebot erforderlich (BAG 30.4.08 – 5 AZR 502/07, NZA-RR 08, 551). Das bedeutet, dass der ArbN den Arbeitsort in Arbeitskleidung aufsuchen muss und dort tatsächlich für die Erbringung der geschuldeten Arbeitsleistung zur Verfügung steht. Nach einer Krankheit muss sich der ArbN im ungekündigten Abseitsverhältnis ebenfalls zur Arbeitsaufnahme zurückmelden, indem er arbeitsbereit am Arbeitsplatz erscheint (BAG 29.10.92 – 2 AZR 250/92, MDR 94, 77). Das Angebot von Diensten, die vertraglich nicht geschuldet sind, zB Zusatz- oder Mehrarbeit, setzt den ArbGeb insoweit nicht in Annahmeverzug (LAG SchlHol 22.4.97, ArbuR 97, 373). 4

Ein **wörtliches** Angebot reicht gem § 295 BGB aus, wenn der ArbGeb erklärt hat, er werde die Arbeitsleistung nicht annehmen, oder wenn zur Erbringung der Arbeitsleistung eine Mitwirkungshandlung des ArbGeb erforderlich ist. Dabei muss der ArbGeb nicht ausdrücklich erklären, er werde die Arbeitsleistung des ArbN nicht mehr annehmen. Es reicht, wenn sich dies mittelbar oder konkludent aus den Handlungen oder Erklärungen des ArbGeb ergibt, etwa durch Ausspruch einer Kündigung, die Verweigerung des Zutritts oder die Nichtverfügungstellung von notwendigen Arbeitsmitteln, (zB Sperrung von Dienst-PC oder Diensthandy, Entzug von Schlüsseln) da damit zugleich zum Ausdruck gebracht wird, man werde die Arbeitsleistung ggf nach dem angekündigten Beendigungstermin nicht mehr annehmen, oder durch die Ankündigung einer rechtswidrigen Aussperrung oder einer einseitigen, unter Verstoß gegen rechtliche Grenzen (*Weisungsrecht*, Mitbestimmung des BRat) beabsichtigten Arbeitszeitverlegung.

Im Unterschied zum tatsächlichen Angebot muss sich der ArbN beim wörtlichen Angebot nicht zum Arbeitsplatz begeben; für ein wörtliches Angebot reicht eine, auch konkludente Willenserklärung des ArbN aus, aus der sich ergibt, dass er weiter arbeiten will. So liegt regelmäßig in der Erhebung der **Kündigungsschutzklage** zugleich ein konkludentes wörtliches Angebot iSd § 295 BGB, die Arbeit fortsetzen zu wollen (BAG 19.4.90 – 2 AZR 591/89, BB 90, 2190). Besteht im laufenden Arbeitsverhältnis Streit über den Umfang der Arbeitszeit, ist zumindest ein wörtliches Angebot gem § 295 BGB notwendig (BAG 25.4.07 – 5 AZR 504/06, NZA 07, 801). 5

Nach § 296 S 1 BGB ist ein **Angebot** des ArbN **überflüssig**, wenn der ArbGeb zur Erbringung der Arbeitsleistung eine Mitwirkungshandlung vorzunehmen hat, die kalendermäßig bestimmt ist. Nach der Rspr (BAG 21.3.85 – 2 AZR 201/84, NZA 85, 778) ist diese Norm anzuwenden auf die häufigste Konstellation des Annahmeverzuges, in der der ArbGeb die Arbeitsleistung des ArbN aufgrund einer ArbeitGebseitigen Kündigung zurückweist, die sich im Nachhinein als rechtsunwirksam herausstellt. Für diesen Fall ist ein tatsächliches oder wörtliches Angebot gem § 296 BGB entbehrlich, da dem ArbGeb die nach dem Kalender bestimmte Mitwirkungshandlung obliegt, dem ArbN **für jeden Tag** einen funktionsfähigen Arbeitsplatz zur Verfügung zu stellen und den Arbeitseinsatz des ArbN fortlaufend zu planen und durch Weisungen zu konkretisieren (BAG 19.1.99 – 9 AZR 679/97, NZA 99, 925). Unterlässt er dies, weil er – **unrechtmäßig** – gekündigt haben will, steht fest, dass die Mitwirkungshandlung nicht erbracht wurde, so dass ein Angebot des ArbN gem § 296 BGB überflüssig ist. Dies gilt nicht, wenn der ArbGeb bei Ausspruch einer ordentlichen Kündigung die Kündigungsfrist unrichtig bemessen hat und die Kündigung in eine solche zum richtigen Kündigungsfristtermin umgedeutet werden kann (BAG 15.5.13 – 5 AZR 130/12). Ist der ArbGeb vertraglich zu flexibler Arbeitsanforderung, etwa bei Arbeit auf Abruf, berechtigt, kommt er ohne weiteres Angebot des ArbN in Annahmeverzug, wenn die vertraglich festgelegte Mindeststundenzahl nicht erreicht wird, weil in der zeitlich ausreichenden Arbeitsanforderung die geschuldete Mitwirkungshandlung des ArbGeb liegt (BAG 8.10.08 – 5 AZR 715/07, NZA 09, 920; LAG Köln 4.3.10 – 6 Sa 117/10, ArbuR 10, 444). § 296 BGB ist ferner einschlägig, wenn **unberechtigt**, zB unter Verstoß gegen § 106 GewO **unbezahlte Arbeitspausen** und -unterbrechungen angeordnet werden. 6

Die unterlassene Mitwirkung des ArbGeb kann ferner darin liegen, dass er dem ArbN nicht die Möglichkeit gibt, sich in **Schichtpläne** einzutragen (BAG 12.6.96 – 5 AZR 960/94, NJW 97, 962, 965), ihn von anfallenden Überstunden ausschließt (BAG 7.11.02 – 2 AZR 742/00, NZA 03, 1139) oder – noch drastischer – bereits einen Nachfolger eingestellt hat (für den GmbH-Geschäftsführer BGH 9.10.2000 – II ZR 75/99, NZA 01, 36).

14   Annahmeverzug

Überflüssig ist ein Angebot des ArbN auch dann, wenn der ArbN bei Ausspruch der Kündigung arbeitsunfähig krank war oder später während der Annahmeverzugsperiode erkrankt. Eine Pflicht zur Gesundmeldung besteht insoweit nicht, wenn der ArbN durch Erhebung einer Kündigungsschutzklage oder sonstigen Widerspruch gegen die Kündigung seine weitere Leistungsbereitschaft deutlich gemacht hat (BAG 24.11.94 – 2 AZR 179/94, DB 95, 1181).

7   Da die Mitwirkungshandlung des ArbGeb im Arbeitsverhältnis regelmäßig kalenderbestimmt ist, wird ein Angebot auch in anderen Annahmeverzugsfällen überflüssig, in denen der ArbGeb die Mitwirkungshandlung nach vorheriger Ankündigung tatsächlich nicht erbringt, etwa im Fall der Durchführung einer rechtswidrigen **Aussperrung** oder der einseitig durchgesetzten **Suspendierung** (LAG Hamm 20.5.88, LAGE § 615 BGB Nr 16). Ohnehin ist ein Angebot immer dann überflüssig, wenn der ArbGeb zuvor erklärt hat, er werde die Arbeit des ArbN auf keinen Fall mehr annehmen, etwa durch Erteilung eines Hausverbots (BAG 20.3.86, EzA § 615 BGB Nr 48). Anders verhält es sich, wenn eine eigene **Kündigung des Arbeitnehmers,** ein Aufhebungsvertrag (BAG 7.12.05 – 5 AZR 19/05, NZA 06, 435) oder die Befristung des Arbeitsverhältnisses vorliegen, die der ArbN jeweils gerichtlich erfolgreich angegriffen hat. In diesen Fällen ist für den Annahmeverzug ein tatsächliches, ggf auch ein wörtliches Angebot des ArbN gem § 295 BGB erforderlich, das regelmäßig in der Klage auf Feststellung der Rechtsunwirksamkeit von Aufhebungsvertrag bzw Befristung liegt.

8   Im Fall des **Betriebsübergangs** wirkt der gegenüber dem früheren Inhaber eingetretene Annahmeverzug ohne erneutes Angebot gegenüber dem Betriebsübernehmer fort (BAG 21.3.91 – 2 AZR 577/90, DB 91, 1886).

9   c) **Leistungsfähigkeit und -willigkeit.** Für den Annahmeverzug ist weiterhin Voraussetzung, dass der ArbN gem § 297 BGB leistungsfähig und leistungswillig ist. An der **Leistungsfähigkeit** gem § 297 BGB mangelt es insbesondere dann, wenn der ArbN während des Annahmeverzugszeitraums **arbeitsunfähig krank** ist. Für Krankheitszeiten innerhalb des Annahmeverzugszeitraums besteht lediglich ein Vergütungsfortzahlungsanspruch im Krankheitsfall nach den jeweiligen gesetzlichen Vorschriften, nicht jedoch ein Anspruch auf Annahmeverzugslohn. Ist ein **Schwerbehinderter** aus gesundheitlichen Gründen außerstande, seine arbeitsvertraglich geschuldete Leistung zu erbringen, so entsteht ebenfalls kein Anspruch auf Annahmeverzugslohn (BAG 23.1.01 – 9 AZR 287/99, NZA 01, 1020). Auch eine Neuausübung des Direktionsrechts kann nicht verlangt werden (BAG 19.5.10 – 5 AZR 162/09, NZA 10, 1119). Jedoch kann sich der ArbGeb dann schadenersatzpflichtig gem § 280 BGB machen, wenn er es unterlässt, den Arbeitsplatz mit erforderlichen technischen Arbeitshilfen auszustatten (BAG 23.1.01 – 9 AZR 287/99, NZA 01, 1020) oder den Schwerbehinderten auf einen leidensgerechten freien Arbeitsplatz zu versetzen (BAG 4.10.05 – 9 AZR 632/04; BAG 19.5.10 – 5 AZR 162/09, NZA 10, 1119) und auch nicht gegenüber der Agentur für Arbeit auf das Direktionsrecht gegenüber dem Schwerbehinderten verzichtet, so dass der Schwerbehinderte keine Leistungen der Agentur für Arbeit erhält (BAG 10.7.91 – 5 AZR 383/90, BB 92, 211). Kann der ArbN aufgrund seiner Schwerbehinderung nur einen Teil der im Arbeitsplatz anfallenden Arbeiten verrichten, kann Schadensersatzpflicht eintreten, wenn der ArbGeb es unterlässt, eine zumutbare, vertrags- und leidensgerechte Tätigkeit zuzuweisen (BAG 8.11.06 – 5 AZR 51/06, ZTR 2007, 204–205). Im Rechtsstreit darüber, ob ein ArbGeb einen geeigneten Arbeitsplatz anbieten kann, genügt der ArbN den Darlegungsanforderungen, wenn er allgemein angibt, welche Tätigkeiten er ausführen kann, ohne einen konkreten Arbeitsplatz benennen zu müssen (BAG 5.7.95 – 5 AZR 269/95, ArbuR 95, 332).

10   Ist zwischen ArbN und ArbGeb streitig, ob eine die Leistungsfähigkeit ausschließende Arbeitsunfähigkeit des ArbN vorliegt, so ist entscheidend, ob der ArbN, ggf nach sachverständiger medizinischer Begutachtung, **objektiv arbeitsunfähig** war (BAG 29.10.98 – 2 AZR 666/97, NJW 99, 3432). Die objektive Arbeitsunfähigkeit beurteilt sich nicht nach der zuletzt übertragenen Tätigkeit, sondern nach der vom ArbN aufgrund des Arbeitsvertrages geschuldeten Tätigkeit, die der ArbGeb als vertragsgemäß hätte annehmen müssen (BAG 20.1.98 – 9 AZR 812/96, NZA 98, 816). Macht der ArbGeb geltend, der ArbN sei während der Freistellungsphase nicht leistungsfähig gewesen (§ 297 BGB), hat er als Gläubiger die **Beweislast für die fehlende Leistungsfähigkeit** des ArbN (BAG 23.1.08 – 5 AZR

393/07, NZA 08, 595). Legt ein ArbN ein ärztliches Attest vor, das einen Arbeitsplatzwechsel empfiehlt, kann daraus noch keine fehlende Leistungsfähigkeit geschlossen werden, solange der ArbN zur Weiterarbeit auf dem bisherigen Arbeitsplatz bereit ist (BAG 17.2.98 – 9 AZR 130/97, NZA 1999, 33). Der ArbGeb muss ausreichende Indiztatsachen für die Arbeitsunfähigkeit vortragen und unter Beweis stellen. Dabei kann es reichen darzulegen, dass der ArbN vor und nach dem Annahmeverzugszeitraum **durchgehend arbeitsunfähig krank** war, und sich auf ärztliches Sachverständigengutachten inklusive Entbindung von der ärztlichen Schweigepflicht zu berufen (BAG 5.11.03 – 5 AZR 562/02, ArbuR 04, 116). Auch eine Alkoholkrankheit kann den Annahmeverzug ausschließen (LAG SchlHol 28.11.88, NZA 89, 472). Solange der ArbN tatsächlich arbeitet kann, auch wenn ärztliche Gutachten anderes indizieren, nicht von krankheitsbedingt fehlender Leistungsfähigkeit ausgegangen werden (LAG Köln 10.5.10 – 5 Sa 1528/09).

Sonstige Leistungshindernisse stehen dem Annahmeverzug ebenfalls entgegen, so etwa der Entzug der Fahrerlaubnis bei einem Kraftfahrer, der nicht anderweitig eingesetzt werden kann (BAG 18.12.86 – 2 AZR 34/86, NJW 87, 2837), die fehlende Approbation des Arztes (BAG 6.3.74, EzA § 615 BGB Nr 21) oder die fehlende Arbeitserlaubnis eines ausländischen ArbN (BAG 19.1.77, EzA § 19 AFG Nr 3; s dazu auch *Ausländer* Rz 2, 53), ein öffentlich-rechtliches Beschäftigungsverbot (BAG 15.6.04 – 9 AZR 483/03, NZA 05, 462) oder der Zeitraum einer Streikteilnahme (BAG 17.7.12 – 1 AZR 563/11). Ein anspruchsausschließendes Unvermögen gem § 297 BGB kann in einer unterlassenen Fortbildung liegen; dies setzt aber voraus, dass die Fortbildung durch eindeutige Rechtsnorm vorgeschrieben und die Beschäftigung nicht aus anderen Gründen unterblieben ist (BAG 18.3.09 – 5 AZR 192/08, NZA 09, 611).

Neben diesen objektiven Leistungshindernissen schließt auch die subjektive **Leistungsunwilligkeit** den Annahmeverzug aus (BAG 19.5.04 – 5 AZR 434/03, NZA 04, 1064). Dabei ist der ArbGeb sowohl für mangelnde Leistungsfähigkeit als auch für mangelnde Leistungswilligkeit **darlegungs- und beweispflichtig.** Aus der Aufnahme einer anderweitigen Tätigkeit während des Kündigungsschutzprozesses kann regelmäßig nicht auf mangelnde Leistungswilligkeit geschlossen werden, da der ArbN nach gewonnenem Kündigungsschutzprozess das Wahlrecht zwischen dem alten und dem neuen Arbeitsplatz hat (§ 12 KSchG). Anders ist es, wenn der ArbN von sich aus erklärt, das Arbeitsverhältnis sei völlig zerrüttet und er werde sich eine neue Arbeitsstelle suchen (BAG 24.9.03 – 5 AZR 591/02, NZA 03, 1387). Ein längerer Auslandsaufenthalt allein lässt noch nicht auf Leistungsunwilligkeit und damit eine Beendigung des Annahmeverzuges schließen, soweit der ArbN erreichbar war und nach einer Aufforderung durch den ArbGeb seine Arbeit ohne größere Überbrückungszeiten hätte aufnehmen können (BAG 11.7.85, EzA § 615 BGB Nr 52). Mangelnde Leistungswilligkeit kann sich hingegen aus der Ablehnung einer zumutbaren vertragsgerechten **Prozessbeschäftigung** ergeben (BAG 13.7.05 – 5 AZR 578/04, NZA 05, 1348), soweit der ArbN kein Zurückbehaltungsrecht wegen noch ausstehender Vergütungsansprüche geltend machen kann.

d) Nichtannahme der geschuldeten Arbeitsleistung. Schließlich ist Voraussetzung für den Annahmeverzug die Nichtannahme der geschuldeten Arbeitsleistung. Dabei liegt Nichtannahme nicht nur dann vor, wenn der ArbGeb die Arbeitsleistung des ArbN überhaupt nicht annimmt, sondern auch dann, wenn er ihm eine andere als die geschuldete Tätigkeit zuweisen will (BAG 3.12.80, BB 81, 1399; *Erman/Hanau* § 615 BGB Rz 10). Deshalb kommt ein ArbGeb auch dann in Annahmeverzug, wenn er dem ArbN statt einer gebotenen Änderungskündigung eine Beendigungskündigung ausgesprochen hat, und dem ArbN vor dem Ausspruch einer Änderungskündigung und deren Kündigungsfristablauf eine andere als die ursprüngliche geschuldete Arbeit zuweisen will (BAG 27.1.94 – 2 AZR 584/93, BB 94, 1714). Nichtannahme ist erst recht gegeben, wenn sich die Änderungskündigung als rechtsunwirksam erweist (ErfK/*Preis* § 615 BGB Rz 59). Nach § 298 BGB liegt Nichtannahme ferner vor, wenn der ArbGeb zwar die Arbeitsleistung des ArbN annehmen, die **geschuldete Gegenleistung,** das Arbeitsentgelt, jedoch **nicht erbringen will.** Ebenso verhält es sich, wenn der ArbGeb das rückständige Entgelt für den bereits abgelaufenen Annahmeverzugszeitraum nicht nachzahlen will, da dem ArbN hinsichtlich dieser **rückständigen Entgeltansprüche ein** *Zurückbehaltungsrecht* zusteht (BAG 21.5.81 – 2 AZR 95/79, NJW 82, 122). Dem Zurückbehaltungsrecht kann der ArbGeb nicht entgegenhalten, der ArbN müsse

14 Annahmeverzug

zunächst Krankengeld in Anspruch nehmen (LAG Köln 20.1.10 – 9 Sa 991/09, ArbuR 10, 269).

13 Ein **Verschulden** ist für den Annahmeverzug nicht Voraussetzung. So gerät der ArbGeb auch dann in Annahmeverzug, wenn er zB schuldlos von der Rechtswirksamkeit seiner Kündigung oder der Rechtswirksamkeit einer durchgeführten Aussperrung ausgeht. Ganz ausnahmsweise tritt bei besonders groben Pflichtverstößen des ArbN wegen Unzumutbarkeit kein Annahmeverzug ein. Hierzu reicht nicht jedes Verhalten aus, das zur fristlosen Kündigung aus wichtigem Grund berechtigt. Erforderlich ist vielmehr ein besonders grober Vertragsverstoß und die Gefährdung von Rechtsgütern des ArbGeb, seiner Familienangehörigen oder anderer ArbN, deren Schutz Vorrang vor dem Interesse des ArbN an der Erhaltung seines Verdienstes hat (BAG 29.10.87 – 2 AZR 144/87, BB 88, 914), etwa massive Gewalttätigkeit gegen den ArbGeb oder dessen Familienangehörige (BAG GS 26.4.56, AP MuSchG § 9 Nr 5). Ein solcher Unzumutbarkeitsfall liegt auch vor, wenn bei einem Erzieher einer Kindertagesstätte ein dringender Verdacht des sexuellen Missbrauchs von Kleinkindern vorliegt (LAG Bln 27.11.95 – 9 Sa 85/95, ArbuR 96, 229).

14 **3. Rechtliche Konsequenzen des Annahmeverzugs.** Rechtsfolge des Annahmeverzuges ist, dass die Vergütung für die Dauer des Annahmeverzuges nachgezahlt werden muss, ohne dass der ArbN zur Nachleistung der Arbeit verpflichtet wäre.

15 **a) Berechnung des nachzuzahlenden Entgelts.** Für die Berechnung des nachzuzahlenden Entgelts gilt grds das Entgeltausfallprinzip. Der ArbN hat also Anspruch auf diejenige Vergütung, die er erhalten hätte, wenn er tatsächlich gearbeitet hätte. Bei Zeitlohnvergütung ist die regelmäßige Stunden-, Tage- oder Monatsvergütung einschließlich zwischenzeitlich eingetretener Verdiensterhöhung nachzuzahlen. Sind regelmäßig Überstunden geleistet worden und wären sie auch im Annahmeverzugszeitraum angefallen, ist auf dieser Basis abzurechnen (BAG 18.9.01 – 9 AZR 307/00, NZA 02, 268). Auch **Gratifikationen** und **Zulagen,** die im Fall der tatsächlichen Arbeitsleistung gezahlt worden wären, gehören zum nachzuzahlenden Arbeitsentgelt. Bei *leistungsorientierter Vergütung* (s *Leistungsorientierte Vergütung;* etwa **Akkord, Prämien, Provision**) ist eine Berechnung unter Zugrundelegung des leistungsbezogenen Verdienstes eines vergleichbaren ArbN durchzuführen. Falls ein solcher nicht zur Verfügung steht, ist eine Durchschnittsberechnung auf der Grundlage der in der Vergangenheit erzielten leistungsabhängigen Vergütung vorzunehmen, wobei als angemessene Vergleichsperiode die letzten drei Monate, in denen der ArbN noch gearbeitet hat, ausreicht (ErfK/*Preis* § 615 BGB Rz 77). Bei Annahmeverzug wegen Betriebsstilllegung muss die entgangene Höhe der Provision geschätzt werden; Maßstab kann der ausgezahlte Provisionsvorschuss sein (BAG 11.8.98 – 9 AZR 410/97, BB 98, 1796). Während des Annahmeverzugs vorenthaltene **Sachleistungen,** zB Pkw-Nutzung (s *Dienstwagen* Rz 10), Gewährung von Wohnung und Verpflegung oder verbilligter Warenbezug sind abzugelten, ggf nach der SvEV. Nicht erstattungspflichtig sind Leistungen, die auf konkretem Aufwand des ArbN beruhen, der wegen Nichtarbeit nicht anfällt, zB Fahrtkostenzuschüsse, Schmutzzulagen, Aufwendungen- und Spesenersatz.

16 **b) Anrechnung von Zwischenverdienst.** Anzurechnen ist der **erzielte Zwischenverdienst** (§ 615 Satz 2 BGB, § 11 Nr 1 KSchG), also derjenige, den der ArbN durch anderweitige Arbeit während des Annahmeverzugszeitraums verdient hat. Im Prozess muss der ArbGeb darlegen, dass der ArbN anderweitig gearbeitet und dadurch Verdienst erzielt hat. Alsdann ist es Sache des ArbN, Auskunft über die Höhe des erzielten Verdienstes zu geben (BAG 19.7.78 – 5 AZR 748/77, NJW 79, 285). Der ArbGeb hat darüber hinaus einen selbstständig einklagbaren Auskunftsanspruch. Bestehen begründete Zweifel an der Richtigkeit oder Vollständigkeit der Auskunft, hat der ArbGeb gegen den ArbN einen Anspruch auf Abgabe einer eidesstattlichen Versicherung (BAG 29.7.93 – 2 AZR 110/93, DB 93, 2437). In diesem Fall besteht auch ein *Zurückbehaltungsrecht.* Ein teilzeitbeschäftigter ArbN muss sich nicht jeden im Annahmeverzugszeitraum durch eine weitere Teilzeitbeschäftigung erzielten Verdienst anrechnen lassen, sondern nur einen solchen, der kausal durch das Freiwerden der Arbeitskraft ermöglicht worden ist. Eine Anrechnung ist nur möglich, wenn sich entweder aus objektiven oder aus subjektiven Umständen ergibt, dass der ArbN nicht beide **Teilzeitbeschäftigungen** nebeneinander ausgeübt hätte (BAG 6.9.90 – 2 AZR 165/90, NZA 91, 221). Eine Anrechnung bei Teilzeitbeschäftigten scheidet daher regelmäßig aus, wenn keine

Kollision der Arbeitszeiten zwischen Teilzeittätigkeit und Zwischenverdiensttätigkeit besteht (LAG Köln 10.12.07 – 14 Sa 1148/07, BeckRS 2008, 52734). Haben ArbN und ArbGeb sich auf eine bezahlte Freistellung, etwa bis zum Ablauf der Kündigungsfrist geeinigt, findet mangels anderweitiger Vereinbarung keine Anrechnung statt (BAG 19.3.02 – 9 AZR 16/01, NZA 02, 1055).

Die vollständige Anrechnung des gesamten anderweitigen Verdienstes setzt die Beendigung des Annahmeverzuges im Zeitpunkt der gerichtlichen Entscheidung voraus; vorher besteht nur ein Recht auf teilabschnittsbezogene Auskunft und ggf Anrechnung (BAG 24.8.99 – 9 AZR 804/98, NZA 2000, 818). Nimmt der ArbN als Zwischentätigkeit eine selbstständige Tätigkeit auf, ist für die Höhe des anzurechnenden Verdienstes der jeweilige Steuerbescheid maßgebend.

c) **Böswillig unterlassener Zwischenverdienst.** Anzurechnen ist weiterhin der böswillig unterlassene Zwischenverdienst (§ 615 Satz 2 dritte Alternative BGB, § 11 Nr 2 KSchG). Böswilligkeit ist gegeben, wenn der ArbN trotz Kenntnis eine zumutbare Arbeitsmöglichkeit vorsätzlich nicht wahrnimmt. Dabei ist der ArbN nicht verpflichtet, eine anders geartete oder geringerwertige Tätigkeit aufzunehmen (BAG 27.1.94 – 2 AZR 584/93, BB 94, 1714). Der ArbN ist erst recht **nicht verpflichtet, sich auf eine dauerhafte verschlechternde Änderung** seines Arbeitsvertrages einzulassen (BAG 11.1.06 – 5 AZR 98/05, BB 06, 835), wohl aber bei betrieblichem Notfall (zB Brand) auf vorübergehend vertraglich nicht geschuldete Tätigkeiten (BAG 7.2.07 – 5 AZR 422/06, NZA 07, 561). Die Nichtannahme einer Änderungskündigung unter Vorbehalt kann ein böswilliges Unterlassen iSd § 615 Satz 2 BGB darstellen (BAG 26.9.07 – 5 AZR 870/06, NZA 08, 1063). Keine Böswilligkeit ist gegeben, wenn der ArbN sich während der Annahmeverzugsperiode auf einen anderen Beruf vorbereitet, Weiterbildungsmaßnahmen besucht oder ein Studium aufnimmt. Bei der Zumutbarkeit ist zu berücksichtigen, dass der ArbN keine besonderen Anstrengungen schuldet, da der ArbGeb ihn in diese Lage gebracht hat. So ist es für den ArbN regelmäßig nicht zumutbar, im Fall einer unrechtmäßigen Kündigung ein neues Dauerarbeitsverhältnis einzugehen, da damit die Rückkehr auf den alten Arbeitsplatz gefährdet ist. **Eine Meldung als Arbeitssuchender bei der Agentur für Arbeit kann nicht verlangt werden, da keine Obliegenheit besteht, zugunsten des ArbGeb, der für den vertragswidrigen Zustand verantwortlich ist, die Vermittlungsdienste der BA in Anspruch zu nehmen** (BAG 16.5.2000 – 9 AZR 203/99, NZA 01, 26). Dies gilt auch nach Verschärfung der Meldepflichten für den AlGeldBezug in §§ 37b, 140 SGB III (*Ricken* NZA 05, 327). Im Fall des Betriebsübergangs wird man es dem ArbN nicht als böswillig unterlassenen Zwischenverdienst anrechnen können, wenn er von seinem nach § 613a BGB bestehenden Widerspruchsrecht Gebrauch macht und deshalb eine Tätigkeit beim Betriebsübernehmer ablehnt. Ansonsten würde das gesetzliche Widerspruchsrecht leerlaufen. Für die Frage der Zumutbarkeit einer Arbeit nach § 11 Satz 1 Nr 2 KSchG kann auch der Zeitpunkt eines Arbeitsangebots von Bedeutung sein. Der ArbN muss eine deutliche Verschlechterung seiner Arbeitsbedingungen nicht akzeptieren, solange er berechtigte Aussichten hat, rechtzeitig eine günstigere Arbeit zu finden (BAG 11.10.06 – 5 AZR 754/05, NJW 07, 2060).

d) **Leistungen der Sozialversicherungsträger.** Anrechnen lassen muss sich der ArbN ferner Leistungen der Sozialversicherungsträger und der öffentlichen Hand, die er **infolge** der beschäftigungslosen Zeit erhalten hat (§ 11 Nr 3 KSchG). Hierzu gehören insbesondere Leistungen der ArblV, Krankengeld und Leistungen der Sozialhilfeträger (s BAG 26.5.93 – 5 AZR 405/92, DB 93, 2035), nicht aber Berufsunfähigkeitsrente (BAG 24.9.03 – 5 AZR 282/02, NZA 03, 1332). Bei Zusammentreffen von böswillig unterlassenem Zwischenverdienst und AlGeldBezug hat eine proportionale Zuordnung zu erfolgen (BAG 11.1.06 – 5 AZR 125/05, BB 06, 722).

Nicht höchstrichterlich entschieden ist, ob das **Überbrückungsgeld** nach § 57 SGB III, das die Aufnahme einer selbstständigen Tätigkeit unterstützen soll, anrechnungspflichtig ist. Für die Anrechnung spricht, dass die Leistung als Entgeltersatzleistung konzipiert und hinsichtlich der Berechnung an das *Arbeitslosengeld* angelehnt ist.

Im Annahmeverzugslohnprozess muss der ArbN diese Leistungen beziffern. Der ArbGeb hat diese Beträge derjenigen Stelle zu erstatten, die sie an den ArbN geleistet hat (§ 11 KSchG). In Höhe des **gewährten AlGeldes** sind die Annahmeverzugslohnansprüche nach § 115 SGB X auf die Agentur für Arbeit übergegangen und führen zu einem **gegen den**

14 Annahmeverzug

ArbGeb gerichteten Erstattungsanspruch (Näheres: *Erstattungsanspruch der Agentur für Arbeit* Rz 53 ff). Der Anspruchsübergang ist beim Arbeitslosengeld II darauf beschränkt, was der ArbN selbst erhält. Lebt der ArbN in einer **Bedarfsgemeinschaft,** etwa mit Lebensgefährte, Ehepartner oder Kindern, geht der Anspruch nur in Höhe der Leistungen über, **die für den ArbN persönlich gezahlt werden**, nicht aber bezüglich der Beträge, die er für Lebensunterhalt, Wohnung und Heizung für die weiteren Mitglieder der Bedarfsgemeinschaft erhält (LAG Köln 16.9.10 – 7 Sa 385/09; zustimmend *Kohte/Beetz*, jurisPR-ArbR 17/2011 Anm 6, teilweise abweichend BAG 21.3.12 – 5 AZR 61/11).

Hinsichtlich des übergegangenen Vergütungsanspruchs kann der ArbN gegen den ArbGeb im Wege der gewillkürten Prozessstandschaft auf Zahlung an die BA klagen (BAG 19.3.08 – 5 AZR 432/07, NJW 08, 2204). Die BA kann dem ArbN auch nach Klageerhebung mit rückwirkender Kraft die Ermächtigung zur Prozessführung einräumen (BAG 23.9.09 – 5 AZR 518/09, NZA 10, 781).

19   **e) Ersparte Aufwendungen.** Anders als § 11 KSchG sieht § 615 Satz 2 BGB die Anrechnung von ersparten Aufwendungen vor. Bei einem **Annahmeverzug im Anwendungsbereich des KSchG (§ 23 Abs 1 KSchG) geht § 11 KSchG vor** und es findet keine Anrechnung ersparter Aufwendungen statt (HWK/*Krause* § 615 BGB Rn 87); anders ist es bei nicht unter das KSchG fallenden Kleinbetrieben. Die Ausnahme für Kleinbetriebe ist verfassungsrechtlich nach der Entscheidung des BVerfG (Beschl v 24.6.10 – 1 BvL 5/10, NZA 10, 1004) haltbar (anders LAG Nürnberg 9.3.10 – 7 Sa 430/09, DB 10, 1070).

Zu den ersparten Aufwendungen können etwa entfallende Fahrtkosten oder entfallende Reinigungskosten für Berufskleidung gehören. Eine Pauschalierung, zB durch km- oder Reinigungspauschalen ist nur bei entsprechender Vereinbarung möglich.

20   **4. Ende des Annahmeverzugs.** Die Beendigung des Annahmeverzugs, die nur für die Zukunft Wirkungen entfalten kann, setzt ein, wenn sich der ArbGeb bereit erklärt, die Arbeitsleistung des ArbN wieder vertragsgemäß annehmen zu wollen. Der ArbGeb muss den ArbN daher zur Arbeitsleistung auffordern, um den Annahmeverzug für die Zukunft zu beenden (BAG 19.1.99 – 9 AZR 679/97, ArbuR 99, 354). Nach einem obsiegenden **Urteil im Kündigungsschutzprozess** darf der ArbN ebenfalls abwarten, bis er vom ArbGeb zur Arbeitsleistung aufgefordert wird. Der Annahmeverzug wird hingegen nicht dadurch beendet, dass der ArbN im Kündigungsschutzprozess einen erfolglosen Auflösungsantrag gem §§ 9, 10 KSchG gestellt hat (BAG 18.1.63, AP § BGB Nr 22).

Bietet der ArbGeb dem ArbN eine vorläufige **befristete Weiterbeschäftigung** für die Dauer des Kündigungsschutzprozesses **(Prozessbeschäftigung)** an, so beendet dies den Annahmeverzug noch nicht (BAG 14.11.85 – 2 AZR 98/84, NZA 86, 637). Die Ablehnung dieses Angebots kann sich jedoch als böswilliges Unterlassen eines Zwischenverdienstes iSd § 615 Satz 2 3. Alternative BGB darstellen (BAG 22.2.2000 – 9 AZR 194/99, ArbuR 2000, 315). Ob dies so ist, hängt von den Umständen des Einzelfalls ab. Bei betriebsbedingten Gründen und auch bei personenbedingten Gründen dürfte es dem ArbN idR zumutbar sein, bis zur endgültigen Entscheidung im Kündigungsschutzprozess die Arbeit wieder zu verrichten. Dies gilt insbesondere dann, wenn er einen **Weiterbeschäftigungsantrag** gestellt und damit selbst zum Ausdruck gebracht hat, dass er eine Weiterbeschäftigung während des Kündigungsschutzprozesses für zumutbar hält. Andererseits wird bei verhaltensbedingten und insbesondere bei fristlosen Kündigungen idR die Unzumutbarkeit der vorläufigen Weiterarbeit gegeben sein. Anders ist es, wenn der ArbN selbst einen **gerichtlichen Weiterbeschäftigungsantrag** gestellt hat, erst recht wenn er damit in erster Instanz obsiegt (BAG 24.9.03 – 5 AZR 500/02, NZA 04, 90). Böswilligkeit kann aber nicht allein daraus hergeleitet werden, dass ein erstrittenes Weiterbeschäftigungsurteil nicht vollstreckt wird (BAG 22.2.2000 – 9 AZR 194/99, NZA 2000, 817), solange kein Angebot des ArbGeb vorliegt.

Wird eine Weiterbeschäftigung zu denselben Arbeitsbedingungen, aber veränderter Gehaltsstruktur und verringertem Gehalt angeboten, schließt dies böswilliges Unterlassen nicht von vornherein aus. Die Zumutbarkeitskriterien aus der Arbeitsförderung in § 121 SGB III können aber nicht angewandt werden (BAG 16.6.04 – 5 AZR 508/03, NZA 04, 1155). Der ArbN darf nicht zur Bedingung der Prozessbeschäftigung machen, dass der ArbGeb auf die Wirkungen der Kündigung endgültig verzichtet (BAG 13.7.05 – 5 AZR 578/04, NZA 05, 1348).

5. Unabdingbarkeit. Die Rechtsfolgen des § 615 Satz 1 BGB sind nach richtiger Auf- 21
fassung durch einzelvertragliche Abrede im Voraus **nicht abdingbar**, da es sich um eine
ArbNSchutzvorschrift handelt, bei deren vollständiger Abbedingung der Kündigungsschutz
umgangen würde (*Otto* Einführung in das Arbeitsrecht, 2. Aufl S 181, Fn 12). Eine Abbedingung in Formulararbeitsverträgen scheitert bereits an **dem Verbot unangemessener
Benachteiligung gem § 307 BGB (für LeihArbN s ausdrücklich § 11 Abs 4 Satz 2
AÜG).** Wegen § 307 BGB ist es auch nicht möglich, § 615 BGB dadurch abzubedingen,
dass der ArbGeb mit dem ArbN Arbeit auf Abruf allein nach den Erfordernissen des
Betriebes und ohne ein Mindestdeputat und ein angemessenes Verhältnis von festen und
variablen Arbeitsbedingungen vereinbart (BAG 9.7.08 – 5 AZR 810/07, NZA 08, 1407).
Nachträgliche Abbedingung oder ein nachträglicher Verzicht sind jedoch möglich, ebenso
eine Abbedingung durch Kollektivnormen (Betriebsvereinbarung oder Tarifvertrag, s dazu
Otto SAE 88, 142).

6. Verjährung und Verfall. Die Annahmeverzugslohnansprüche werden fällig, wie wenn 22
die Dienste geleistet worden wären. Es gilt die dreijährige **Regelverjährungsfrist** zum Ende
des Kj gem § 195 BGB, die durch eine Kündigungsschutzklage nur ganz ausnahmsweise bei
einem Verstoß gegen Treu und Glauben (§ 242 BGB) unterbrochen wird (BAG 7.11.07 –
5 AZR 910/06, NZA-RR 08, 399). Die durch eine Kündigungsschutzklage mögliche,
verjährungsunterbrechende Wirkung des § 203 BGB kann freilich entfallen, wenn der
arbeitsgerichtliche Gütetermin scheitert, weil der ArbGeb Vergleichsverhandlungen explizit
ablehnt.

Die tariflichen **Verfallfristen** sind zu beachten. Verlangt eine tarifliche Verfallklausel die 23
schriftliche Geltendmachung innerhalb einer bestimmten Frist, so reicht bei Annahme-
verzugslohnansprüchen wegen rechtsunwirksamer Kündigung die fristgerechte Erhebung der
Kündigungsschutzklage zur Geltendmachung der Annahmeverzugslohnansprüche aus, die
während des Kündigungsschutzprozesses fällig werden (BAG 9.8.90 – 2 AZR 579/89, BB
91, 279). Die fristwahrende Wirkung der Kündigungsschutzklage fällt nicht durch ein
Ruhen des Kündigungsschutzprozesses (BAG 7.11.91 – 2 AZR 34/91, NZA 92, 521). Bei
einer sog zweistufigen **vertraglichen** Ausschlussfrist, die zunächst schriftliche und danach
gerichtliche Geltendmachung verlangt, wird die zweite Stufe, die gerichtliche Geltendmachung, ebenfalls durch die Kündigungsschutzklage gewahrt, soweit die Annahmeverzugslohnansprüche von der Wirksamkeit der Kündigung abhängen (BAG 19.3.08 – 5 AZR 429/
07, NZA 08,757). Ebenso ist es bei einer zweistufigen **tariflichen** Ausschlussfrist (BAG
19.9.12 – 5 AZR 627/11 unter Aufgabe der früheren Rspr BAG 26.4.06 – 5 AZR 403/05,
BB 06, 1750).

Im Insolvenzfall sind Ansprüche auf Annahmeverzugslohn (zB aufgrund von Nicht- 24
beschäftigung durch den Insolvenzverwalter), die nach Verfahrenseröffnung entstanden sind,
Masseverbindlichkeiten nach § 55 Abs 1 Nr 2 InsO, die gem § 53 InsO vorweg zu befriedigen sind.

Der Anspruch auf Annahmeverzugsvergütung ist gem § 286 BGB zu **verzinsen**. Als
kalenderbestimmte, idR monatsweise fällig werdende Leistung bedarf es wegen § 286 Abs 2
Nr 1 BGB keiner Mahnung. Die Höhe des Zinssatzes liegt gem § 288 Abs 1 BGB fünf
Prozentpunkte oberhalb des Basiszinssatzes (s *Entgeltnachzahlung* Rz 3, 5). Die Verzinsung
hängt vom Verschulden ab, das der ArbGeb im Einzelfall gem § 286 Abs 4 BGB widerlegen
kann (BAG 13.6.02 – 2 AZR 391/01, NZA 03, 44). Ab Rechtshängigkeit folgt die Zins-
pflicht aus § 291 BGB, auf Verzug und Verschulden kommt es dann nicht mehr an.

B. Lohnsteuerrecht *Seidel*

1. Der LSt ist der **tatsächlich geleistete Bruttoarbeitslohn** zu unterwerfen. Wird daher 25
der Lohn für den Zeitraum des Annahmeverzugs nachgezahlt, so ist er als laufender Arbeitslohn in dem Lohnzahlungszeitraum (s *Lohnsteuerberechnung* Rz 6) zu versteuern, in dem er
geleistet wurde. Zur Berechnung der LSt s *Entgeltnachzahlung* Rz 6. Bezieht sich der Gesamtbetrag oder ein Teilbetrag auf Lohnzahlungszeiträume, die in einem anderen Jahr als dem der
Zahlung enden, so ist er als sonstiger Bezug zu behandeln (s *HMW*/Nachzahlung von
Arbeitslohn Rz 4; s auch *Sonstige Bezüge* Rz 2 ff und *Entgeltnachzahlung* Rz 8). Bei einer

14   Annahmeverzug

Nachzahlung für mehrere Kj und zum Verfahren, wenn der ArbN bereits ausgeschieden ist, s *Sonstige Bezüge* Rz 10, 11 und *HMW* aaO Rz 5.

26   **2. Bei Anrechnung anderer Beträge** auf den nachzuzahlenden Arbeitslohn (Leistungen der SozVTräger bzw der öffentlichen Hand – zB AlGeld –, Zwischenverdienst oder böswillig unterlassener Zwischenverdienst), hat der ArbGeb nur den von ihm geleisteten Bruttolohn der LSt zu unterwerfen. Dazu gehört mE auch die vom ArbGeb gem § 11 Nr 3 KSchG direkt an die leistende Stelle zurückgezahlte öffentliche Leistung (s oben Rz 18), da der vom ArbGeb geschuldete Arbeitslohn nur zur Abkürzung des Zahlungsweges auf den ArbN und die leistende Stelle aufgeteilt wird. Enthält der wegen Annahmeverzug geleistete Nachzahlungsbetrag auch **fiktive Zuschläge** für Sonntags-, Feiertags- oder Nachtarbeit, sind diese nicht im Rahmen des § 3b EStG steuerfrei (s *Sonn- und Feiertagsarbeit* Rz 17 ff), da die Steuerfreiheit nur bei tatsächlich geleisteter Arbeit zu diesen Zeiten gilt (s auch BFH 26.10.84 – VI R 199/80, BStBl II 85, 57 bei Fortzahlung der Zuschläge im Krankheitsfall oder bei Mutterschutz). Zur steuerlichen Behandlung der SozVBeiträge, des AlGeldes und des Krankengeldes (unten Rz 30 bis 33) s *Sozialversicherungsbeiträge* Rz 14 ff, *Arbeitslosengeld* Rz 4 ff, *Krankengeld* Rz 6 ff.

C. Sozialversicherungsrecht
Schlegel

27   **1. Versicherungsschutz in der Renten-, Kranken-, Pflege- und Arbeitslosenversicherung. a) Fortbestehen des Beschäftigungsverhältnisses.** Das Recht der SozV und der ArblV knüpft für die Versicherungs- und Beitragspflicht nicht an den Begriff des Arbeitsverhältnisses, sondern an den Begriff des Beschäftigungsverhältnisses an. Beschäftigung ist nach § 7 Abs 1 SGB IV „die nichtselbstständige Arbeit, insbesondere in einem Arbeitsverhältnis". Wird Arbeit als der zweckgerichtete Einsatz der eigenen körperlichen und geistigen Kräfte und Fähigkeiten zu einem durch den Arbeitsvertrag vereinbarten Zweck verstanden, könnte die Definition des § 7 Abs 1 SGB IV den Schluss nahelegen, dass der Schutz der SozV und ArblV ausnahmslos eine tatsächlich erbrachte Arbeitsleistung voraussetzt und dieser Schutz entfällt, wenn die Arbeit – wie im Falle des Annahmeverzugs – tatsächlich nicht erbracht wird. Dem ist jedoch nicht so, da es andernfalls der ArbGeb in der Hand hätte, durch einen einseitigen Akt – etwa eine (ggf unberechtigte) fristlose Kündigung – den Versicherungsschutz des ArbN mit uU schwerwiegenden Folgen für seinen Versicherungsschutz zu beenden, selbst wenn die Voraussetzungen für eine fristlose Kündigung des Arbeitsverhältnisses nicht vorliegen. Versicherungsschutz in der RV, KV, PflegeV und ArblV besteht im Hinblick auf das soziale Schutzbedürfnis des ArbN auch in Fällen des Annahmeverzugs des ArbGeb (zu den Voraussetzungen des Annahmeverzuges s oben Rz 3 ff), solange das Arbeitsverhältnis rechtlichen Bestand hat und der ArbN nicht ein anderweitiges Beschäftigungsverhältnis eingeht (vgl BSG 5.5.88 – 12 RK 43/86, SozR 2400 § 2 Nr 25 mwN; zur Anrechnung anderweitigen Verdienstes während des Annahmeverzuges vgl BSG 17.3.93 – 10 RAr 7/91, SozR 3–4100 § 141b Nr 6).

28   **b) Hauptanwendungsfälle.** Für ArbN, deren Arbeitsverhältnis nach **Eröffnung des Insolvenzverfahrens** fristgemäß gekündigt worden ist, endet die Versicherungs- und Beitragspflicht nicht schon mit der sofortigen Freistellung von der Arbeit (BSG 26.11.85 – 12 RK 51/83, SozR 4100 § 168 Nr 19). Ebenso wurde entschieden, wenn der ArbGeb nach einer (unwirksamen) **Kündigung** den ArbN nicht mehr beschäftigt hat, der ArbN aber dienstbereit geblieben war. Selbst dort wurden noch Beschäftigungsverhältnisse als mit entsprechender Versicherungs- und Beitragspflicht entstanden angenommen, wo der ArbGeb den Arbeitsvertrag bereits vor der Arbeitsaufnahme fristgemäß gekündigt, auf die Arbeitsleistung verzichtet, sich jedoch zur Lohnzahlung verpflichtet hatte (BSG 18.9.73 – 12 RK 14/72, SozR Nr 73 zu § 165 RVO); das BSG führte aus, dass eine versicherungspflichtige Beschäftigung zwar nicht bereits mit dem Abschluss eines Arbeitsvertrages vorliege, sondern hierfür zusätzlich das schuldrechtliche Arbeitsverhältnis durch die „Einstellung" des ArbN in den Erfüllungszustand übergehen muss. Hierfür sei aber nicht erforderlich, dass die Arbeit tatsächlich aufgenommen wird. Es genüge vielmehr, dass der ArbN sich der Verfügungsgewalt (Dispositionsbefugnis) des neuen ArbGeb unterstelle, die dieser auch dadurch ausübe, dass er den ArbN von der Arbeit freistelle. Entsprechendes gilt für den Annahmeverzug während eines **Kündigungsschutzprozesses;** hier besteht wegen Annahmeverzugs des

ArbGeb das Beschäftigungsverhältnis bis zu dem im Prozess festgestellten Ende des Beschäftigungsverhältnisses fort; allerdings werden im Falle des Kündigungsschutzprozesses die für die Dauer des Verfahrens anfallenden GesamtSozVBeiträge erst mit der rechtskräftigen Beendigung des Prozesses fällig, sofern die Beiträge nicht ausnahmsweise bereits vorher von der Einzugsstelle berechtigt angefordert werden (BSG 25.9.81 – 12 RK 58/80, SozR 2200 § 405 Nr 10). Auch können in der Zeit der Freistellung bei fortbestehendem Arbeitsverhältnis trotz faktischer Arbeitslosigkeit – wie im regulären Beschäftigungsverhältnis – weiterhin **versicherungsrechtlich beachtliche Zeiten** zurückgelegt und zB die für das AlGeld erforderlichen Anwartschaftszeiten erworben werden (BSG 3.6.04 – B 11 AL 70/03 R, SozR 4–4300 § 123 Nr 2; zur Versicherungs- und Beitragspflicht bei Freistellung BSG 24.9.2008 – B 12 KR 22/07 R SozR 4–2400 § 7 Nr 9).

2. Versicherungsschutz in der gesetzlichen Unfallversicherung. In der gesetzlichen UV endet das Beschäftigungsverhältnis von ArbN, deren Arbeitsverhältnis fristgerecht gekündigt wird (zB wegen Konkurseröffnung) bereits mit dem Beginn der **Freistellung** von der Arbeit. Für die Zeit der Freistellung bis zum Ende des Arbeitsverhältnisses sind in der UV deshalb auch keine Umlage-Beiträge an die BG zu leisten. Zwar gilt auch für den Bereich der gesetzlichen UV derselbe Begriff des Beschäftigungsverhältnisses wie in den anderen Versicherungszweigen, doch bestehen im Bereich der UV insoweit erhebliche Unterschiede, als das Risiko eines Arbeitsunfalls mit der Freistellung von der Arbeit im Wesentlichen entfällt (BSG 30.7.81 – 8/8a RU 48/80, SozR 2200 § 723 Nr 5; 26.11.85 – 12 RK 51/83, SozR 4100 § 168 Nr 9). 29

3. Beiträge zur Kranken-, Pflege-, Renten- und Arbeitslosenversicherung sind für die Zeit des Annahmeverzugs aus demjenigen Arbeitsentgelt zu entrichten, das der ArbN erhalten hätte, wenn tatsächlich gearbeitet worden wäre. Erfolgt die Zahlung des Arbeitsentgelts für den Zeitraum des Annahmeverzugs in Form einer Nachzahlung, ist die Nachzahlung denjenigen Entgeltabrechnungszeiträumen zuzuordnen, für die sie gewährt wird. **Fiktive Zuschläge** für Sonntags-, Feiertags- und Nachtarbeit, die in der Nachzahlung enthalten sind, unterliegen voll der Beitragspflicht; beitragsfrei gem § 1 ArEV iVm § 3b EStG sind derartige Zuschläge nämlich nur dann, wenn sie für tatsächlich geleistete Sonn-, Feiertags- und Nachtarbeit geleistet werden; dies ist beim Annahmeverzug nicht der Fall. 30

4. Sozialleistungen während der Zeit des Annahmeverzuges sind nicht ausgeschlossen. Der formale Fortbestand des Arbeits- und Beschäftigungsverhältnisses steht dem nicht entgegen. 31

a) Krankengeld kann der ArbN beanspruchen, wenn eine während des Annahmeverzuges bestehende Krankheit zur Arbeitsunfähigkeit führt, die (nicht erfüllte) Lohnfortzahlungsansprüche auslöst. Der Krankengeldanspruch des ArbN gegen die Krankenkasse ruht gem § 49 Abs 1 Nr 1 SGB V nämlich nur, wenn und solange der ArbGeb tatsächlich Arbeitsentgelt – und sei es in Form einer Lohnfortzahlung – gewährt. In diesem Fall geht der Anspruch des ArbN auf Lohnfortzahlung gem § 115 SGB X auf die Krankenkasse über. 32

b) Arbeitslosengeld. Gewährung von AlGeld kommt in Betracht, wenn das Arbeitsverhältnis zB wegen Eröffnung des Insolvenzverfahrens fristgemäß gekündigt, der ArbN aber mit sofortiger Wirkung von der Arbeit freigestellt wird. Hierdurch endet das versicherungs- und beitragspflichtige Beschäftigungsverhältnis nicht, so dass an sich auch keine Arbeitslosigkeit vorliegt und der Anspruch auf AlGeld gem § 157 Abs 1 SGB III im Hinblick darauf ruhen würde, dass der „Arbeitslose" Arbeitsentgelt zu beanspruchen hat. Das SGB III geht jedoch davon aus, dass der formale Fortbestand des Arbeitsverhältnisses der Arbeitslosmeldung nicht entgegensteht, so dass AlGeld trotz des noch bestehenden Beschäftigungsverhältnisses „gleichwohl" gewährt wird, wenn der ArbN das ihm zustehende Arbeitsentgelt nicht erhält (sog **Gleichwohlgewährung;** vgl § 157 Abs 3 SGB III). In Höhe des gezahlten AlGeld geht dann der Anspruch des ArbN gegen den ArbGeb auf die BA über (§ 115 Abs 1 SGB X). Der **Forderungsübergang** erstreckt sich auch auf die von der BA für die Zeit des Annahmeverzuges an andere Versicherungsträger entrichteten SozVBeiträge. Das AlGeld ersetzt hier ausnahmsweise also nicht den wegen Arbeitslosigkeit ausgefallenen Lohn, sondern den Lohn, der ungeachtet eines bestehenden Beschäftigungsverhältnisses nicht gezahlt wird; insoweit tritt die BA in Vorleistung (BSG 26.11.85 – 12 RK 51/83, SozR 4100 § 168 Nr 19). 33

15 Anrechnung anderweitigen Einkommens

34 **5. Kein Kurzarbeitergeld in Zeitarbeitsunternehmen.** Ob für LeiharbN Kurzarbeitergeld überhaupt wirksam vereinbart werden kann, wird vom BSG angezweifelt. Jedenfalls verneint das BSG für **Leiharbeitnehmer** Ansprüche auf Kurzarbeitergeld. Gem § 11 Abs 4 Satz 2 AÜG ist es zum Schutz des LeiharbN untersagt, den Vergütungsanspruch bei Annahmeverzug vertraglich zu beschränken oder gar aufzuheben. Schutzzweck der Vorschrift ist es, den LeiharbN vor der Verlagerung des ArbGebRisikos in Zeiten einer fehlenden Einsatzmöglichkeit zu schützen. Der Arbeitsausfall in **Zeitarbeitsunternehmen** ist grds branchenüblich; er gilt deshalb regelmäßig als vermeidbar, so dass kein Kurzarbeitergeld gezahlt werden kann (BSG 21.7.09 – B 7 AL 3/08 R, BSGE 104, 83).

Anrechnung anderweitigen Einkommens

A. Arbeitsrecht
Griese

1 Die Anrechnung anderweitigen Einkommens findet in einer Reihe von gesetzlich geregelten Fällen statt. Sie **bedeutet** arbeitsrechtlich, dass der ArbN Leistungen verschiedener ArbGeb oder eines ArbGeb und eines Sozialleistungsträgers nicht oder nicht vollständig kumulativ beziehen darf, sondern aufeinander anrechnen lassen muss.

2 **Wichtigster Anwendungsfall** ist die Anrechnung von erzieltem oder böswillig unterlassenem Zwischenverdienst während des Annahmeverzugs (s *Annahmeverzug* Rz 17) gem § 615 Satz 2 BGB bzw § 11 Nr 1 u 2 KSchG, ferner die Anrechnung von Sozialleistungen im Annahmeverzugszeitraum nach § 11 Nr 3 KSchG (s *Annahmeverzug* Rz 18 und *Arbeitslosengeld* Rz 49). Weiterer Anwendungsfall ist die Anrechnungspflicht gem § 74c HGB, wonach sich derjenige, der aufgrund eines vertraglich vereinbarten Wettbewerbsverbots **Karenzentschädigung** zu beanspruchen hat, anderweitige Einkünfte in gewissem Umfang auf seinen Anspruch anrechnen lassen muss (Näheres s *Wettbewerbsverbot* Rz 33). Schließlich ist als Anwendungsfall die teilweise Anrechnung von Einkommen auf Rentenleistungen bei der Beschäftigung von Rentnern zu nennen (Einzelheiten s *Rentnerbeschäftigung* Rz 14 ff).

3 Die jeweils einschlägige Anrechnungsnorm bestimmt Gegenstand, Voraussetzungen und Umfang der Anrechnungspflicht.

B. Lohnsteuerrecht
Seidel

4 Der LSt unterliegt nur der tatsächlich gezahlte (ggf gekürzte) stpfl Bruttoarbeitslohn des ArbGeb an den ArbN (s auch *Arbeitsentgelt* Rz 30 ff). Die LStPflicht der anzurechnenden Leistungen (zB erzielter Zwischenverdienst bzw AlGeld) richtet sich nach den für diese Leistungen geltenden Regelungen (zB Arbeitslohneigenschaft des Zwischenverdienstes oder Steuerfreiheit des AlGeldes, § 3 Nr 2 EStG). Soweit eine Anrechnung des freiwillig unterlassenen Zwischenverdienstes erfolgt (oben Rz 2), verbleibt es bei der Besteuerung des tatsächlich gezahlten Lohnes. Hat allerdings der ArbGeb nach § 11 Nr 3 KSchG im Rahmen der Lohnnachzahlung bei Annahmeverzug vom ArbN während der Zeit des Annahmeverzugs bezogene Leistungen (zB AlGeld) wegen der Anrechnung auf die Lohnnachzahlung direkt an die leistende Stelle zurückzuzahlen, gehört mE auch diese Zahlung zum stpfl Bruttoarbeitslohn (s auch *Annahmeverzug* Rz 26).

C. Sozialversicherungsrecht
Voelzke

5 **1. Allgemeines.** Im Sozialrecht finden sich, abhängig vom Zweck der jeweiligen Leistung, sehr unterschiedliche Regelungen über das „Ob" und das „Wie" der Anrechnung von Einkommen auf die zu gewährenden Leistungen. Lediglich für das Zusammentreffen von Einkommen mit Renten wegen Todes enthalten die §§ 18a–18e SGB IV vor die Klammer gezogene allgemeine Regelungen über das zu berücksichtigende Einkommen und die Einkommensermittlung. Soweit nicht spezielle Vorschriften eingreifen, ist der Leistungsberechtigte im Rahmen der **Mitwirkungspflichten** nach § 60 SGB I zu den erforderlichen Angaben über die Einkommenserzielung und über Einkommensänderungen verpflichtet. Die Verpflichtung zur Angabe der für die Erbringung der Leistung erheblichen Tatsachen besteht gem § 60 Abs 1 Nr 1 SGB I auch ohne Aufforderung durch den Leistungsträger und schließt die Zustimmung zur Auskunftserteilung durch Dritte (natürliche und juristische Personen) ein (zum Umfang der Zustimmungsobliegenheit *Schlegel/Voelzke/Kampe* SGB I, § 60 Rz 32). Bei der Gewährung laufender Leistungen erstreckt sich die Mitwirkungspflicht auch auf die Mitteilung von Änderungen der (wirtschaftlichen) Verhältnisse des Betroffenen (§ 60 Abs 1 Nr 2 SGB I). Schließlich ist der Leistungsempfänger nach § 60 Abs 1 Nr 3 SGB I ua zur Vorlage von Beweisurkunden (zB Steuerbescheid) verpflichtet (vgl hierzu BSG 26.5.83 – 10 RKg 13/82, SozR 1200 § 66 Nr 10). Leistungsempfänger nach dem SGB II sind verpflichtet, ihre Kontoauszüge der letzten drei Monate vorzulegen, dürfen jedoch die Empfänger von Zahlungen in den Kontoauszügen schwärzen, wenn dadurch besondere personenbezogene Daten (Parteizugehörigkeit, Bekenntnis etc) offengelegt werden müssten (BSG 19.9.08 – B 14 AS 455/07 R, SozR 4–1200 § 60 Nr 2). Ist die Mitwirkung für den Berechtigten unzumutbar, so hat die Behörde die erforderlichen Daten selbst zu ermitteln (BSG 10.3.93 – 14b/4 REg 1/91, SozR 3–7833 § 6 Nr 2). Nach einem schriftlichen Hinweis und Fristsetzung ist der Leistungsträger bei einer Verletzung der Mitwirkungspflicht zur **Versagung** und **Entziehung** der Leistung berechtigt (§ 66 SGB I). Die Mitwirkungspflichten nach den §§ 60 ff SGB I bestehen von der Stellung des Antrags bis zum vollständigen Abschluss des Leistungsverfahrens (*Schlegel/Voelzke/Kampe* SGB I, § 60 Rz 27).

Verfahrensrechtlich ist zu beachten, dass die Erzielung von Einkommen oder Vermögen **6** nach Antragstellung oder Erlass des Bewilligungsbescheides, das zum Wegfall oder zur Minderung des Anspruches geführt haben würde, die Behörde nach § 48 Abs 1 Satz 2 Nr 3 SGB X idR zur **rückwirkenden Aufhebung** des Bescheides berechtigt, ohne dass es auf ein Verschulden des Betroffenen ankommt. Da die Regelung nicht ausdrücklich besagt, von wem das Einkommen erzielt sein muss, ist eine Aufhebung auch gerechtfertigt, wenn ein Dritter das Einkommen erzielt (*Schlegel/Voelzke/Brandenburg* SGB X, § 48 Rz 123). Die Erzielung von Einkommen, welches das Ruhen des Leistungsanspruches herbeiführt, wird ebenfalls erfasst (BSG 19.2.86 – 7 RAr 55/84, SozR 4100 § 48 Nr 22). Der Anwendungsbereich des § 48 Abs 1 Satz 2 Nr 3 SGB X wird nicht eröffnet, wenn lediglich ein Wechsel der Einkommensart eintritt, ohne dass sich das anzurechnende Einkommen erhöht (BSG 15.12.99 – B 11 AL 57/99 R, SozR 3–4100 § 138 Nr 14). Eine weitere Begrenzung des Anwendungsbereiches ergibt sich daraus, dass sich die zu Unrecht bezogene Sozialleistung und das Einkommen, das zum Wegfall der Sozialleistung geführt hat, decken müssen (BSG 23.3.95 – 13 RJ 39/94, SozR 3–1300 § 48 Nr 37).

§ 48 Abs 1 Satz 2 SGB X ist einer Mussvorschrift angenähert und räumt dem Leistungs- **7** träger nur in **Ausnahmefällen** (sog atypischer Fall) ein Ermessen ein. Das Eintreten von Einkommens- oder Vermögenslosigkeit reicht zur Annahme eines atypischen Falles allein noch nicht aus (BSG 26.11.86 – 7 RAr 65/85, NZA 87, 467). Ein Ausnahmefall kann vorliegen, wenn der Berechtigte auf die Richtigkeit des Verwaltungsaktes vertrauen durfte und er das später erzielte Einkommen irreversibel verbraucht hat (BSG 19.2.86 – 7 RAr 55/84, SozR 1300 § 48 Nr 22). Eine Ermessensausübung ist auch erforderlich, wenn der Leistungsempfänger zwar die Aufnahme der Nebentätigkeit mitgeteilt hatte, eine Anrechnung aber wegen eines Verwaltungsfehlverhaltens unterblieb (BSG 28.6.90 – 7 RAr 132/88, SozR 3–4100 § 115 Nr 1). Ein atypischer Fall, der die Behörde verpflichtet, über die rückwirkende Aufhebung der Leistungsbewilligung eine Ermessensentscheidung zu treffen, liegt auch vor, wenn der ArbN durch die Aufrechnung von Forderungen des ArbGeb gegen rückständige Gehaltsforderungen von einer Schuld befreit wird (BSG 29.6.94 – 1 RK 45/93, SozR 3–1300 § 48 Nr 33). In der ArblV ist nach § 330 Abs 3 SGB III auch in atypischen Fällen kein Ermessen auszuüben, sondern eine gebundene Entscheidung zu treffen. Bei der Vorlage einer Nebeneinkommensbescheinigung des ArbGeb bei der BA werden die dort enthaltenen Angaben dem ArbN zugerechnet (BSG 5.2.04 – B 11 AL 39/03 R, SozR 4–4300 § 128 Nr 1).

2. Einzelne Leistungen. Die Anrechnungs- und Ruhensvorschriften unterscheiden sich **8** ua hinsichtlich der zu berücksichtigenden Einkommensarten, des Zeitpunkts der Anrechnung und des Umfangs der Einkommensanrechnung. Sie enthalten idR auch Bestimmungen über die Berücksichtigung von Leistungen, die aufgrund von anderen öffentlich-rechtlichen Vorschriften erbracht werden. Der nachfolgende tabellarische Überblick beschränkt sich auf die Anrechnung von Erwerbseinkommen:

15 Anrechnung anderweitigen Einkommens

	Leistung	Anrechnungs-Ruhensvorschrift	Anrechenbares Einkommen	Umfang der Anrechnung/Freibeträge
9	**Altersrente,** § 35 SGB VI	§ 34 Abs 2 und 3 SGB VI	Arbeitsentgelt und Arbeitseinkommen	Bis zum Erreichen der Regelaltersrente führt die Überschreitung der Hinzuverdienstgrenze zum Wegfall der Rente, ggf besteht Anspruch auf niedrigere Teilrente; Näheres: *Rentnerbeschäftigung*
10	**Arbeitslosengeld,** § 137 SGB III	§ 155 SGB III	Arbeitsentgelt aus weniger als 15 Stunden wöchentlich umfassender Beschäftigung nach Abzug der Steuern, der SozVBeiträge und der Werbungskosten	Anrechnung erfolgt nach Abzug eines Freibetrages iHv 165 €; Näheres: *Arbeitslosengeld*
11	**Arbeitslosengeld II,** § 19 SGB II	§§ 11, 11b Abs 3 SGB III	Einkommen aus Erwerbstätigkeit	s *Arbeitslosengeld II*
12	**Berufsausbildungsbeihilfe,** § 56 SGB III	§ 67 SGB III	Einkommen des Auszubildenden, seines nicht dauernd von ihm getrennt lebenden Ehegatten und seiner Eltern	Freibeträge entsprechend BAföG; Näheres: *Berufsausbildungsförderung*
13	**Elterngeld,** §§ 1 ff BEEG	§ 2 Abs 3 BEEG	Einkommen aus Erwerbstätigkeit, das für Monate nach der Geburt des Kindes erzielt wird	Einkommen führt zur Minderung des berücksichtigungsfähigen Einkommens vor der Geburt; Näheres: *Elterngeld*
14	**Erwerbsminderungsrente,** § 43 SGB VI	§ 96a SGB VI	Arbeitsentgelt oder Arbeitseinkommen	Gestaffelte Hinzuverdienstgrenze, die bei Überschreitung zur Gewährung einer Teilrente oder zum Wegfall der Rente führt; Näheres: *Rentnerbeschäftigung*
15	**Erziehungsrente,** § 47 SGB VI	§ 97 SGB VI iVm §§ 18a–18e SGB IV	Arbeitsentgelt, Arbeitseinkommen und vergleichbares Einkommen (insbes aus öffentlich-rechtlichen Dienstverhältnissen)	40 vH des die gesetzlichen Freibeträge übersteigenden Einkommens; Näheres: *Hinterbliebenenrente*
16	**Kindergeld,** § 62 EStG, § 1 BKGG	–	–	Keine Anrechnung; Näheres: *Kindergeld*
17	**Krankengeld,** § 44 SGB V	§ 49 SGB V	Beitragspflichtiges Arbeitsentgelt oder Arbeitseinkommen, ohne Zuschüsse zum Arbeits-	In voller Höhe; Näheres: *Krankengeld*

Anrechnung anderweitigen Einkommens

Leistung	Anrechnungs-Ruhensvorschrift	Anrechenbares Einkommen	Umfang der Anrechnung/Freibeträge	
		entgelt, wenn sie nicht zusammen mit Krankengeld Nettoarbeitsentgelt übersteigen; ohne einmalig gezahltes Arbeitsentgelt		
Kurzarbeitergeld, § 95 SGB III	§ 106 Abs 3 SGB III	Entgelt aus einer anderen während des Bezuges von Kurzarbeitergeld aufgenommenen Beschäftigung	Anrechnung erfolgt in voller Höhe; Näheres: *Kurzarbeit*	18
Mutterschaftsgeld, § 200 RVO	§ 200 Abs 4 RVO	Beitragspflichtiges Arbeitsentgelt oder Arbeitseinkommen, ohne einmalig gezahltes Arbeitsentgelt	In voller Höhe; Näheres: *Mutterschaftsgeld*	19
Pflegegeld, § 37 SGB XI	–	–	Keine Anrechnung; Näheres: *Pflegeversicherungsleistungen*	20
Übergangsgeld, § 119 SGB III, § 20 SGB VI, § 49 SGB VII	§ 52 SGB IX	Erwerbseinkommen aus einer Beschäftigung oder einer während des Anspruchs auf Übergangsgeld ausgeübten Tätigkeit, das bei Beschäftigten um die gesetzlichen Abzüge und um einmalig gezahltes Arbeitsentgelt und bei sonstigen Leistungsempfängern um 20 vH zu vermindern ist; Leistungen des Arbeitgebers zum Übergangsgeld, soweit sie zusammen mit dem Übergangsgeld das vor Beginn der Leistung erzielte, um die gesetzlichen Abzüge verminderte Arbeitsentgelt übersteigen	Näheres: *Übergangsgeld Überbrückungsgeld*	21
Verletztengeld, § 45 SGB VII	§ 52 SGB VII	Arbeitsentgelt und Arbeitseinkommen, gekürzt um einmalig gezahltes Arbeitsentgelt; keiner Anrechnung unterliegen Zuschüsse des ArbGeb zum Verletztengeld, soweit sie zusammen mit dem	In voller Höhe; Näheres: *Unfallversicherung*	22

16 Anrechnung übertariflicher Entgelte

	Leistung	Anrechnungs-Ruhensvorschrift	Anrechenbares Einkommen	Umfang der Anrechnung/Freibeträge
			Verletztengeld das Nettoarbeitsentgelt nicht überschreiten	
23	Verletztenrente, § 56 SGB VII	–	–	Keine Anrechnung; Näheres: *Unfallversicherung*
24	Waisenrente, § 48 SGB VI, § 67 SGB VII	§ 97 Abs 1, 2 SGB VI iVm §§ 18a–18e SGB IV, § 68 SGB VII	Arbeitsentgelt, Arbeitseinkommen und vergleichbares Einkommen (insbesondere aus öffentlich-rechtlichen Dienstverhältnissen)	40 vH des die gesetzlichen Freibeträge übersteigenden Einkommens des über 18 Jahre alten Waisen; Näheres: *Hinterbliebenenrente*
25	Witwen- und Witwerrente, § 46 SGB VI, § 65 SGB VII	§ 97 Abs 1, 2 SGB VI iVm §§ 18a–18e SGB IV, § 65 Abs 3 SGB VII	Arbeitsentgelt, Arbeitseinkommen und vergleichbares Einkommen (insbes aus öffentlich-rechtlichen Dienstverhältnissen)	40 vH des die gesetzlichen Freibeträge übersteigenden Einkommens; Näheres: *Hinterbliebenenrente*

Anrechnung übertariflicher Entgelte

A. Arbeitsrecht   *Kreitner*

1 **1. Allgemeines.** Die Frage einer Anrechnung über- oder außertariflicher Entgelte kann sich in unterschiedlichen Fallkonstellationen stellen (RsprÜbersicht bei *Reiter* DB 06, 2686; *Boemke/Seifert* BB 01, 985; zur Abgrenzung über- und außertariflicher Zulagen BAG 7.2.07 – 5 AZR 41/06, NZA 07, 934). So hat das BAG zuletzt die Anrechenbarkeit von ArbGebLeistungen, die auf der Grundlage eines Haustarifvertrages gezahlt wurden, auf den Mindestlohnanspruch aus dem allgemeinverbindlichen Verbandstarifvertrag nach zweckbezogenen Kriterien beurteilt und zur Prüfung der Europarechtskonformität den EuGH vorab angerufen (BAG 18.4.12 – 4 AZR 168/10 (A), NZA 13, 386; vgl auch BAG 18.4.12 – 4 AZR 139/10, NZA 13, 392). Meist geht es jedoch in der Praxis entweder um die Anrechnung aus Anlass einer Tariflohnerhöhung oder um Anrechnungen bzw Verrechnungen, die unabhängig von allgemeinen Lohn- bzw Gehaltserhöhungen durch den Widerruf von Zulagen oder sonstigen zusätzlichen Leistungen des ArbGeb (Näheres s *Änderungsvorbehalte* Rz 1 ff) erfolgen. Für die Beurteilung des rechtlichen Gestaltungsspielraums des ArbGeb muss zwischen individual- und kollektivrechtlichem Bereich unterschieden werden.

2 **2. Individualrechtlich** ist eine Anrechnung von übertariflichen Zulagen aus Anlass einer Tariflohnerhöhung **grundsätzlich zulässig.** Im Zweifel ist davon auszugehen, dass die Arbeitsvertragsparteien die Anrechnung von außertariflichen Zulagen zulassen wollten (BAG 9.12.97 – 1 AZR 330/97, NZA 98, 609; 3.6.98 – 5 AZR 616/97, NZA 99, 208). Selbst eine in der Vergangenheit jahrelang geübte entgegengesetzte Praxis kann nach der Rspr des BAG aus Anlass einer Tariflohnerhöhung ohne weiteres aufgegeben und eine Anrechnung vorgenommen (BAG 22.9.92 – 1 AZR 235/90, NZA 93, 232) werden, denn allein in der tatsächlichen Zahlung liegt keine vertragliche Abrede, die Zulage solle auch nach einer Tariflohnerhöhung als selbstständiger Lohnbestandteil neben dem jeweiligen Tariflohn gezahlt werden (BAG 16.5.12 – 10 AZR 252/11, BeckRS 2012, 71267). Das gilt grds gleichermaßen hinsichtlich pauschalierter Einmalzahlungen für die bei Tarifabschluss zurückliegenden Monate (BAG 25.6.02 – 3 AZR 167/01, NZA 02, 1216; 16.4.02 – 1 AZR 363/01, NZA 03, 224; 1.3.06 – 5 AZR 540/05, NZA 06, 688; vgl auch BAG 9.11.05 – 5 AZR 105/05, AP Nr 196 zu § 1 TVG Tarifverträge: Metallindustrie zur sog ERA-Strukturkomponente). Über Mög-

Anrechnung übertariflicher Entgelte 16

lichkeit und Umfang der Anrechnung entscheidet zunächst die Formulierung der vertraglichen Vergütungsabrede bzw der konkreten Anrechnungsklausel (BAG 19.4.12 – 6 AZR 691/10, NZA-RR 12, 525; 23.9.09 – 5 AZR 973/08, DB 09, 2787). Ist der Anrechnungsvorbehalt auf kommende Lohnerhöhungen bezogen, muss das Anrechnungsrecht bis zur erstmöglichen Umsetzung der Lohnerhöhung ausgeübt werden (BAG 17.9.03 – 4 AZR 533/02, NZA 04, 437). Derartige Anrechnungsklauseln sind auch in Formulararbeitsverträgen zulässig und verstoßen weder gegen § 308 Nr 4 BGB noch gegen § 307 Abs 1 Satz 2 BGB (BAG 1.3.06 – 5 AZR 363/05, NZA 06, 746; 27.8.08 – 5 AZR 820/07, NZA 09, 49). Im Übrigen gelten die allgemeinen Grundsätze, ua der Gleichbehandlungsgrundsatz.

Etwas anderes gilt nur dann, wenn der individuelle Arbeitsvertrag ein **Anrechnungsverbot** enthält. Dies kann zB dergestalt geschehen, dass eine Zulage als „tariffest" oder „nicht anrechenbar" bezeichnet wird. Hier kann individualrechtlich eine Anrechnung, also eine Verringerung der Zulage, nur im Wege einer Änderungskündigung erfolgen. Das Gleiche gilt im Zweifel für **zweckbestimmte Zulagen** (zB Leistungs- oder Erschwerniszulagen), da die Zweckbestimmung als konkludentes Anrechnungsverbot zu verstehen ist (BAG 23.3.93, NZA 93, 806; 14.8.01 – 1 AZR 744/00, NZA 02, 342) sowie für die Anrechnung eines Lohnausgleichs der Arbeitszeitverkürzung (BAG 3.6.98 – 5 AZR 616/97, NZA 99, 208; 15.3.2000 – 5 AZR 557/98, NZA 01, 105). Hierdurch bedingte Vergütungsänderungen sind keine Tariflohnerhöhungen im vorgenannten Sinn. Wegen der individualrechtlichen Möglichkeit, unabhängig von Tariflohnerhöhungen bislang gewährte Zulagen auf ein niedrigeres Niveau zurückführen zu können, wird auf die Ausführungen zum Stichwort *Änderungsvorbehalte* Rz 4 ff verwiesen. 3

3. Kollektivrechtlich ist bei der Anrechnung über- bzw außertariflicher Zulagen grds das Mitbestimmungsrecht des BRat gem **§ 87 Absatz 1 Nr 10 BetrVG** betroffen. Danach besteht ein erzwingbares Mitbestimmungsrecht des BRat in sämtlichen Fragen der betrieblichen Lohngestaltung, das den ArbN vor einer einseitig an den Interessen des ArbGeb orientierten oder sogar willkürlichen Lohngestaltung schützen und die Angemessenheit und Durchsichtigkeit des innerbetrieblichen Lohngefüges und die Wahrung der innerbetrieblichen Lohngerechtigkeit sichern soll (BAG 31.1.84, DB 84, 1351; BAG GS 3.12.91 – GS 2/90, NZA 92, 749). Ausgehend von diesem Normzweck ist die Reichweite des Mitbestimmungsrechts und damit die vom BRat erzwingbare Einflussnahme zu beurteilen. Nach einem langjährigen Meinungsstreit hat der **Große Senat des BAG** in seiner Entscheidung vom 3.12.91 (GS 2/90, NZA 92, 749) hierzu **folgende Grundsätze** aufgestellt, die das BAG seither konsequent anwendet und fortführt: 4

(1) Weder der **Tarifvorbehalt** nach § 77 Abs 3 BetrVG **noch** der **Tarifvorrang** des § 87 Abs 1 Eingangssatz BetrVG **stehen** grds einem **Mitbestimmungsrecht entgegen.** § 87 Abs 1 Eingangssatz BetrVG kann lediglich in Ausnahmefällen zu einem Ausschluss der Mitbestimmung führen, wenn im Tarifvertrag selbst eine inhaltlich einschlägige und abschließende Regelung über den Mitbestimmungstatbestand enthalten ist. Üblicherweise legt der Tarifvertrag jedoch nur ein Mindestentgelt fest, so dass eine Sperrwirkung für die betriebliche Mitbestimmung nicht eintreten kann. § 77 Abs 3 BetrVG hindert lediglich Regelungen der Betriebsparteien über die Weitergabe von Tariflohnerhöhungen (BAG 30.5.06 – 1 AZR 111/05, NZA 06, 1170). 5

(2) Ein Mitbestimmungsrecht greift ein, wenn sich durch die Anrechnung bzw den Widerruf von Zulagen die Verteilungsgrundsätze ändern und darüber hinaus für eine anderweitige Anrechnung bzw Kürzung ein Regelungsspielraum verbleibt (BAG 10.3.09 – 1 AZR 55/08, NZA 09, 684). Dabei ist unerheblich, ob die Anrechnung durch gestaltende Erklärung erfolgt oder sich automatisch vollzieht. 6

(3) Mitbestimmungsfrei ist der Anrechnungsvorgang bzw der Zulagenwiderruf, wenn dadurch das Zulagenvolumen völlig aufgezehrt wird oder die Tariflohnerhöhung vollständig und gleichmäßig auf die über-/außertariflichen Zulagen angerechnet wird (BAG 1.3.06 – 5 AZR 363/05, NZA 06, 746; 30.5.06 – 1 AZR 111/05, NZA 06, 1170; 27.8.08 – 5 AZR 820/07, NZA 09, 49; 22.5.12 – 1 AZR 94/11, NZA 12, 1234). Dies gilt auch im Fall einer geplanten vollständigen Anrechnung, die irrtümlich nur zT durchgeführt wird. Hier trägt allerdings der ArbGeb die Darlegungs- und Beweislast für die fehlerhafte Umsetzung der Anrechnungsentscheidung (BAG 31.10.95, DB 96, 1189). Oftmals vereinbaren die Tarif- 7

16 Anrechnung übertariflicher Entgelte

vertragsparteien bei einer prozentualen Tariferhöhung eine Einmalzahlung für die vor dem Tarifabschluss liegenden Monate. In einem solchen Fall löst bereits die ungekürzte Weitergabe der Einmalzahlung bei ansonsten vollständiger Anrechnung das Mitbestimmungsrecht des BRat aus (BAG 21.9.99 – 1 ABR 59/98, NZA 2000, 898). Soweit keine vollständige Anrechnung erfolgt (BAG 25.6.02 – 3 AZR 167/01, NZA 02, 1216) muss der ArbGeb sie daher von der Anrechnung ausnehmen, um mitbestimmungsfrei agieren zu können (BAG 14.8.01 – 1 AZR 744/00, NZA 02, 342; 16.4.02 – 1 AZR 363/01, NZA 03, 224).

8 Im Einzelnen sind folgende **Prüfungsschritte** zu beachten:

Damit ein Mitbestimmungsrecht nach § 87 Abs 1 Nr 10 BetrVG überhaupt eingreifen kann, muss zunächst ein **kollektiver Tatbestand** vorliegen. Die individuelle Lohngestaltung des einzelnen Arbeitsverhältnisses unterfällt nicht der Mitbestimmung des BRat (BAG 22.9.92 – 1 AZR 459/90, NZA 93, 566). Nicht entscheidend ist insoweit, wieviele ArbN von der Maßnahme betroffen sind. Denn selbst wenn eine größere Anzahl von ArbN Zulagenkürzungen hinnehmen muss, hat dies nicht zwangsläufig den kollektiven Charakter der Maßnahme zur Folge. Es sind andererseits generelle Regelungsfragen vorstellbar, die vorübergehend nur einen ArbN betreffen, auch können individuelle Sonderregelungen auf Wunsch der betroffenen ArbN gehäuft auftreten (BAG 22.9.92 – 1 AZR 235/90, NZA 93, 232).

9 Eine Orientierungshilfe bieten mehrere auf der Grundlage der Rspr des GS ergangene spätere **Einzelfallentscheidungen** des BAG. Ist zB – wie bei Kürzungen aus Leistungsgründen – notwendigerweise ein Vergleich mit anderen ArbN vorzunehmen, ist der kollektive Bezug stets vorhanden (BAG 22.9.92 – 1 AZR 459/90, NZA 93, 566; 3.5.94, DB 94, 2450). Das Gleiche gilt, wenn der ArbGeb bei einem Teil der ArbN eine Anrechnung vornimmt, weil sie hohe krankheitsbedingte Fehlzeiten aufweisen (BAG 22.9.92 – 1 AZR 460/90, NZA 93, 568). Ebenfalls kollektiven Charakter hat eine Anrechnung, die bei einer Mehrzahl von ArbN vorgenommen wird, deren Tätigkeit nicht mehr der Eingruppierung entspricht (BAG 23.3.93, DB 93, 1931) oder wenn ein bestehendes Gehaltssystem für AT-Angestellte nach abstrakt generellen Kriterien aus Anlass einer Tariferhöhung geändert wird (BAG 28.9.94 – 1 AZR 870/93). Gleiches gilt, wenn der ArbGeb Steigerungen des Tarifgehalts aufgrund von Alterssprüngen, Höhergruppierungen oder Erhöhungen der tariflichen Leistungszulage anrechnet (BAG 22.4.97, DB 97, 2081). Entscheidend ist letztlich, ob es um die Strukturformen des Entgelts einschließlich ihrer näheren Vollzugsformen geht (BAG 9.7.96 – 1 AZR 690/95, NZA 97, 277). Letzteres ist bei einer Änderung der Verteilungsgrundsätze (der zweiten Grundvoraussetzung einer Mitbestimmungspflicht) für über-/außertarifliche Zulagen immer der Fall.

10 Demgegenüber **fehlt es an einem kollektiven Tatbestand,** wenn der ArbGeb eine Anrechnung nur bei einem einzelnen ArbN vornimmt, weil dieser trotz einer Umsetzung auf einen tariflich niedriger bewerteten Arbeitsplatz unverändert die bisherige Vergütung erhält (BAG 22.9.92 – 1 AZR 461/90, NZA 93, 569; LAG BaWü 10.12.96, NZA 97, 1125), oder wenn die Anrechnung auf Wunsch eines ArbN zur Vermeidung steuerlicher Nachteile vorgenommen wird (BAG 27.10.92, DB 93, 1143).

11 Die als weitere Mitbestimmungsvoraussetzung erforderliche **Änderung der Verteilungsgrundsätze,** liegt immer dann vor, wenn sich aufgrund der Anrechnung das Verhältnis der Zulagen verschiedener ArbN zueinander verändert (BAG 26.5.98 – 1 AZR 704/97, NZA 98, 1292; 8.6.04 – 1 AZR 308/03, NZA 05, 67). Dies ist aufgrund der üblicherweise differenzierten Zulagengestaltung bei einer Anrechnung regelmäßig der Fall. Selbst bei einer summenmäßig oder prozentual gleichen Anrechnung führt allein eine bislang unterschiedliche Zulagenhöhe bei einzelnen ArbN zu einer Änderung des Verteilungsschlüssels im Verhältnis der Zulagen untereinander (BAG 14.2.95, DB 95, 1917).

12 Unverändert bleiben die Verteilungsgrundsätze nur dann, wenn der ArbGeb bislang eine für alle ArbN prozentual zum jeweiligen Tariflohn gleiche Zulage gezahlt hat und diese nunmehr in gleichem prozentualem Umfang angerechnet bzw gekürzt wird. Der GS des BAG führt folgendes Zahlenbeispiel an:

Ein ArbGeb zahlt allen ArbN eine übertarifliche Zulage von 10 % (zB A: 2000 € + 200 €, B: 3000 € + 300 €, C: 5000 € + 500 €). Anlässlich einer Tariflohnerhöhung um 6 % rechnet er 4 % an: Die Zulage verringert sich damit um den gleichen Prozentsatz auf 6 % vom bisherigen Tariflohn (im Beispielsfall A: 120 €, B: 180 €, C: 300 €). Das Verhältnis der Zulagen zueinander (im Beispielsfall 2 : 3 : 5) bleibt unverändert.

Anrechnung übertariflicher Entgelte

Dabei kann der ArbGeb nach der Rspr des BAG (19.9.95 – 1 AZR 208/95, NZA 96, 386) auch schrittweise vorgehen, indem er zunächst unter Beibehaltung der Verteilungsrelationen eine mitbestimmungsfreie Kürzung vornimmt, um dann anschließend eine rückwirkende Änderung der Verteilungsrelationen anzustreben. Der Abschluss einer solchen, rückwirkenden Betriebsvereinbarung setzt jedoch voraus, dass der ArbGeb seine Belegschaft bereits mit Vornahme der Kürzung über seine weiteren Absichten in Kenntnis setzt und so die Entstehung schutzwürdigen Vertrauens verhindert. Allerdings darf der ArbGeb eine in Aussicht gestellte Vollanrechnung gegenüber dem BRat **nicht als Druckmittel** verwenden, um dessen Zustimmung zu einer teilweisen und damit mitbestimmungspflichtigen Anrechnung zu erhalten. Ein solches Verhalten stellt einen Verstoß gegen § 87 Abs 1 Nr 10 BetrVG sowie den Grundsatz der vertrauensvollen Zusammenarbeit gem § 2 Abs 1 BetrVG dar (BAG 26.5.98 – 1 AZR 704/97, NZA 98, 1292). Die Abgrenzung und genaue Erfassung eines mitbestimmungswidrigen Verhaltens des ArbGeb ist in diesem Bereich problematisch, da nur der funktionswidrige Gebrauch, nicht jedoch die Vollanrechnung generell unzulässig ist (vgl *Hanau* RdA 99, 263; *Reichold* SAE 99, 121). 13

Zu einer Änderung der Verteilungsgrundsätze kann es ausnahmsweise dennoch kommen, wenn nach der bisher geltenden Regelung alle ArbN einen bestimmten **Sockelbetrag** erhalten sollen, die prozentual gleichmäßige Anrechnung aber dazu führt, dass dieser Betrag bei einzelnen ArbN unterschritten wird. 14

Des Weiteren muss trotz der Anrechnung bzw Kürzung der Zulage ein **Regelungsspielraum** verbleiben. Dem können **Hinderungsgründe** tatsächlicher oder rechtlicher Natur entgegenstehen.

In tatsächlicher Hinsicht scheidet ein Mitbestimmungsrecht aus, wenn die Anrechnung so weitgehend ist, dass sie insgesamt zum Wegfall der Zulage führt. Ohne verbleibendes Zulagenvolumen scheidet eine Verteilung und damit gleichzeitig jede dahingehende Mitwirkungshandlung des BRat aus. 15

In rechtlicher Hinsicht sind nach der Rspr des GS die Mitbestimmungsgrenzen dann erreicht, wenn der ArbGeb eine Tariflohnerhöhung vollständig auf alle Zulagen anrechnet, unabhängig davon, ob hierdurch eine Änderung der Verteilungsgrundsätze bewirkt wird (BAG 22.9.92 – 1 AZR 405/90, BB 93, 135; 27.10.92, DB 93, 1143; 3.3.93, DB 93, 1930). Die individualrechtlichen Vorgaben schränken den Handlungsspielraum des ArbGeb ein und verhindern eine andere Verteilungsalternative (BAG 22.9.92 – 1 AZR 235/90, NZA 93, 232). Das Gleiche gilt, wenn aufgrund individualrechtlicher Vorgaben (s oben Rz 2) ausnahmsweise eine Anrechnung ausgeschlossen ist. Nimmt der ArbGeb in einem solchen Fall dennoch eine Anrechnung vor, so ergibt sich aus diesem vertragswidrigen Verhalten kein Mitbestimmungsrecht des BRat (BAG 7.2.96, DB 96, 1630). 16

Diese Rspr ist im Schrifttum auf Kritik gestoßen (DKK/*Klebe* § 87 Rz 259 ff). Ihr wird vorgehalten, dass Mitbestimmungsrechte des BRat grds nicht durch entgegenstehende einzelvertragliche Bindungen des ArbGeb unterlaufen werden könnten. 17

Zu Recht sieht demgegenüber das BAG einen **weiteren rechtlichen Hinderungsgrund** bei einer bestehenden mitbestimmten Zulagenregelung (BAG 9.12.97 – 1 AZR 319/97, NZA 98, 661). Beachtet der ArbGeb diese bei der Zulagenänderung und vollzieht er damit letztlich nur diese Kollektivvereinbarung, so scheiden weitere Mitbestimmungsrechte aus. Der bloße Vollzug einer mitbestimmten Regelung kann kein neues Mitbestimmungsrecht auslösen (BAG 22.9.92 – 1 AZR 405/90, BB 93, 135; BAG 14.2.95, DB 95, 1917). 18

Im Regelfall wird jedoch ein solcher Regelungsspielraum existieren. Es genügt bereits, dass der ArbGeb einen oder einzelne ArbN von der Anrechnung ausschließt (BAG 22.9.92, DB 93, 385). Erst recht greift das Mitbestimmungsrecht des BRat ein, wenn der ArbGeb bestimmte Gruppen von ArbN von der Anrechnung ausnehmen will. Gleiches gilt, wenn der ArbGeb im Zusammenhang mit der vollständigen Anrechnung die übertariflichen Zulagen neu festsetzen und hierdurch die Anrechnung zum Teil kompensieren will (BAG 3.5.94, DB 94, 2450) oder bei mehreren zeitlich versetzten Engelterhöhungen (BAG 10.3.09 – 1 AZR 55/08, NZA 09, 684), sofern dem eine **einheitliche Konzeption** zugrunde liegt (BAG 17.1.95, NZA 95, 792; 14.2.95, NZA 96, 328). Das Gleiche gilt, wenn der ArbGeb bei einer zweistufigen Tariferhöhung nur die zweite Stufe (vollständig) mit der übertariflichen Zulage verrechnet (BAG 14.2.95, NZA 95, 795). 19

16   Anrechnung übertariflicher Entgelte

20   Das Mitbestimmungsrecht greift auch ein, wenn die außertariflichen Angestellten von einer Anrechnung ganz oder teilweise ausgenommen werden sollen (BAG 27.10.92, BB 93, 1589), oder wenn bei der Anrechnung zwischen Arbeitern und Angestellten differenziert wird (LAG Hamm 18.1.94, NZA 95, 93). Es bezieht sich auf die **Verteilung des übertariflichen Zulagenvolumens** und die diesbezüglichen Verteilungsgrundsätze und erfasst nicht die Frage, ob und in welchem Umfang Mittel für eine übertarifliche Vergütung bereit gestellt werden müssen. Ob die übertarifliche Vergütung bei den ArbN arbeitsvertraglich bzw abrechnungsmäßig getrennt ausgewiesen wird, ist unerheblich. Entscheidend ist, dass sich rechnerisch ermitteln lässt in welchem Umfang und mit welcher Verteilungsmasse übertariflich vergütet wird (BAG 22.9.92 – 1 AZR 405/90, BB 93, 135).

21   Etwas anderes gilt allerdings dann, wenn innerhalb eines Betriebes **verschiedenartige Entgeltsysteme** bestehen, die durch Unterschiede in den Tätigkeiten sachlich bedingt sind. Hier erstreckt sich das Mitbestimmungsrecht aus § 87 Abs 1 Nr 10 BetrVG nicht auf das Verhältnis der einzelnen Entgeltsysteme zueinander. Daher kann ein ArbGeb mitbestimmungsfrei in einem Entgeltsystem eine vollständige Anrechnung vornehmen und das andere Entgeltsystem hiervon unberührt lassen (BAG 19.9.95 – 1 ABR 20/95, NZA 96, 484).

22   Diese Mitbestimmungsgrundsätze gelten gleichermaßen für Anrechnungen aus Anlass einer Tariflohnerhöhung wie für Zulagenkürzungen aus sonstigen Gründen bei individualrechtlich vorbehaltenem Widerruf (BAG GS 3.12.91 – GS 2/90, NZA 92, 749; BAG 10.11.92, DB 93, 439). Im Übrigen kann der BRat jederzeit von seinem **Initiativrecht** Gebrauch machen, sofern er eine Änderung des vorhandenen Zulagensystems erreichen will. Bei einer bestehenden Zulagenregelung auf der Grundlage einer oder mehrerer Betriebsvereinbarungen müssen diese allerdings zunächst gekündigt werden.

23   **4. Rechtsfolge** einer unterlassenen, aber im konkreten Fall erforderlichen Wahrung der Mitbestimmungsrechte des BRat ist die **Unwirksamkeit** der Anrechnungsmaßnahmen (BAG 28.9.94 – 1 AZR 870/93, NZA 95, 277; 25.7.96 – 6 AZR 179/95, NZA 97, 620; 22.5.12 – 1 AZR 94/11, NZA 12, 1234), denn die ordnungsgemäße Beteiligung des BRat ist nach der ständigen Rspr des BAG Wirksamkeitsvoraussetzung einer jeden Maßnahme, die für den ArbN nachteilig ist (BAG 10.3.09 – 1 AZR 55/08, NZA 09, 684; 3.12.91 – GS 2/90, NZA 92, 749).

24   Die Verletzung des Mitbestimmungsrechts selbst kann **keine zusätzlichen Ansprüche** begründen, die bislang nicht bestanden. Insbesondere kann der BRat im Rahmen der Geltendmachung seines Mitbestimmungsrechts keinen Einfluss auf das Zulagenvolumen nehmen (LAG Frankfurt 12.9.91, NZA 92, 565 für die gleichbehandlungswidrige Einführung einer Zulage; aA DKK/*Klebe* § 87 Rz 260). Derartige Ansprüche können sich allenfalls individualrechtlich aus dem Gleichbehandlungsgebot ergeben (BAG 20.8.91, DB 92, 687). Ist der ArbGeb wegen Verletzung des Mitbestimmungsrechts verpflichtet, die übertarifliche Leistung im bisherigen Umfang fortzuführen, so kann er die weiteren Zahlungen unter dem Vorbehalt einer späteren Änderung (unter Mitwirkung des BRat) leisten und kann dann bei einer entsprechenden Einigung mit dem BRat später zu viel gezahlte Beträge zurückfordern.

25   **5. Muster.** S Online-Musterformular „*M9.9 Arbeitsvertragliche Anrechnungsklausel*".

B. Lohnsteuerrecht
Windsheimer

26   Bei der Anrechnung übertariflicher Entgelte auf die vom ArbGeb geschuldete Vergütung kommt es für die LSt auf die tatsächlich gezahlte Vergütung an; dh arbeitsvertraglich geschuldete Vergütung abzüglich Anrechnung übertariflicher Entgelte = tatsächlich ausbezahlte Vergütung; diese ist Bemessungsgrundlage für die LSt.

C. Sozialversicherungsrecht
Voelzke

27   Für die SozV hat die Frage der Wirksamkeit einer Anrechnung übertariflicher Entgelte keine unmittelbare Bedeutung.

Anrufungsauskunft

A. Arbeitsrecht
Poeche

1. Interessenlage. Der ArbGeb hat die LSt für Rechnung des ArbN vom Lohn einzube- 1
halten (§ 38 Abs 3 Satz 1 EStG) und an das FA abzuführen. Er haftet dem FA gegenüber auf
Nachzahlung, falls er die LSt falsch berechnet und deshalb zu wenig abgeführt hat. Er hat
dann gegen den ArbN Anspruch auf Erstattung der nachentrichteten Lohnsteuern (BAG
16.6.04 – 5 AZR 521/03, NZA 04,1274). Die Realisierung des Erstattungsanspruchs ist
typischerweise mit Risiken behaftet, wenn eine Aufrechnung gegen Entgeltansprüche des
ArbN wegen der Pfändungsgrenzen (*Aufrechnung* Rz 7, *Pfändung* Rz 23) oder wegen der
Beendigung des Arbeitsverhältnisses ausscheidet und ein gerichtlicher Titel erwirkt und
vollstreckt werden muss. Gegenläufig ist der ArbN daran interessiert, dass der ArbGeb nicht
zuviel LSt abführt und ihm das FA zuviel gezahlte LSt erst aufgrund der *Antragsveranlagung*
erstattet. § 42e EStG ermöglicht beiden Arbeitsvertragsparteien, die Steuerpflichtigkeit
von ArbGebLeistungen durch eine Anrufungsauskunft des BetriebsstättenFA verbindlich zu
klären.

2. Einholung der Auskunft durch den Arbeitgeber. a) Risikoentlastung. Die Ver- 2
letzung der auf öffentlichem Recht beruhenden Verpflichtung des ArbGeb zur ordnungsgemäßen Berechnung und Abführung von Steuern schließt Ersatzansprüche des ArbN bei
fehlerhafter Handhabung nicht aus.
 Einzustehen hat der ArbGeb für die verkehrsübliche Sorgfalt (§ 276 BGB). Bei **unklarer
Rechtslage** hat er sich deshalb durch eine Anrufungsauskunft über die Steuerpflichtigkeit
der gewährten Geld- und Sachleistungen zu unterrichten (BAG 30.4.08 – 5 AZR 725/07,
NZA 08, 884). Die Auskunft des FA schließt **Schadensersatzansprüche** des ArbN mangels
Verschuldens des ArbGeb auch dann aus, wenn sie inhaltlich unrichtig ist, vorausgesetzt, der
ArbGeb hat den steuerrelevanten Sachverhalt ordnungsgemäß dargestellt. Darauf soll es dann
nicht ankommen, wenn der ArbN auf seine getrennte Anfrage hin dieselbe, unrichtige
Auskunft erhalten hat (BAG 11.10.89 – 5 AZR 585/88, NZA 90, 309).

b) Anspruch des Arbeitnehmers. Der ArbN hat gegen den ArbGeb **keinen Anspruch** 3
auf Einholung einer Anrufungsauskunft (offen gelassen in LAG Hamm 6.12.2000 – 14 Sa
1615/00, LAGE § 2 ArbGG 1979 Nr 37). Der Weg, den der ArbGeb einschlägt, um die LSt
zutreffend zu ermitteln, ist ihm überlassen. Grund und Höhe des **Schadensersatzanspruchs** bei fehlerhafter Anwendung des Steuerrechts durch den ArbGeb richten sich
nach allgemeinen Grundsätzen: Bei zu viel entrichteter LSt wird es wegen der Erstattungs-
möglichkeit im Wege der *Antragsveranlagung* regelmäßig um einen Zinsschaden gehen. Bei zu
geringer Abführung der LSt kommen Kreditkosten in Betracht, falls der ArbN keine Steuerstundung erhält und die nunmehr nachzuzahlende Steuer zuzüglich etwaiger Kosten finanzieren muss.

3. Einholung der Auskunft durch den Arbeitnehmer. Zur Bindungswirkung der 4
dem ArbN erteilten Auskunft im Veranlagungsverfahren s Rz 12.

B. Lohnsteuerrecht
Seidel

1. Allgemeines. a) Auskünfte. Im Steuerrecht lassen sich mehrere Arten von verbind- 5
lichen Auskünften des FA unterscheiden: – Auskünfte nach § 89 Abs 2 AO (allgemein
verbindliche Auskünfte), die allerdings gebührenpflichtig sind (§ 89 Abs 3–5 AO; s auch
BMF 8.12.06 – IV A 4 – S 0224 – 12/06, BStBl I 07, 66 und *Wedelstädt* DB 06, 2368).
Damit wurde die bisher von der Rspr entwickelte Regelung gem den Grundsätzen von Treu
und Glauben gesetzlich geregelt. Näheres enthält die RechtsVO zu § 89 Abs 2 AO (Steuer-
auskunftsVO vom 30.11.07, BStBl I 07, 820). Zur Zuständigkeit des FA oder des BZSt und
zur Festsetzung und Erhebung von Gebühren nach § 89 Abs 3–5 AO s BMF 11.12.07 –
IV A 4 – S 0062/07/0003, BStBl I 07, 894; die Gebührenpflicht ist nicht verfassungswidrig
(BFH 30.3.11 – I R 61/10, BStBl II 11, 536); – Verbindliche Zusagen im Anschluss an eine
Außenprüfung (s *Außenprüfung* Rz 8; §§ 204 ff AO; s auch *Heuermann/Wagner* Teil K

17 Anrufungsauskunft

Rz 55 ff) und – die Anrufungsauskunft (§ 42e EStG). Normale Auskünfte, zB die künftige steuerliche Behandlung bestimmter Ausgaben und die Anrufungsauskunft sind weiterhin gebührenfrei (LStR 42e).

b) Zweck. Das BetriebsstättenFA (s *Betriebsstätte* Rz 4 ff und unten Rz 6) hat auf Anfrage eines Beteiligten darüber Auskunft zu geben, ob und inwieweit im einzelnen Fall die Vorschriften über die LSt anzuwenden sind (§ 42e EStG). Da der ArbGeb hinsichtlich des LStAbzugsverfahrens (s *Lohnabzugsverfahren* Rz 2 ff) öffentlich-rechtliche Pflichten zu erfüllen hat, dient die Möglichkeit der verbindlichen Auskunft über seine lohnsteuerlichen Pflichten im Einzelfall der Verminderung seines Haftungsrisikos (s *Lohnsteuerhaftung* Rz 4 ff). Die Anrufungsauskunft bedingt weder ein besonderes rechtliches Interesse des Anfragenden noch ist sie auf Zweifelsfälle beschränkt (*HMW*/Auskünfte und Zusagen des Finanzamts Rz 14).

6 **2. Beteiligte.** Auskunftsberechtigt sind neben dem ArbGeb auch der ArbN als Steuerschuldner (BFH 9.10.92 – VI R 97/99, BStBl II 93, 166) sowie Personen, die Auskunft über ihre ArbGebEigenschaft wünschen. Als Beteiligte sind aber auch alle Personen anzusehen, die darüber hinaus als Haftende in Anspruch genommen werden können (zB gesetzliche Vertreter, Vermögensverwalter und Verfügungsberechtigte iSd §§ 34, 35 AO – s *Lohnsteuerhaftung* Rz 29 ff – sowie Gesamtrechtsnachfolger, § 45 AO). ArbGebVerbände oder Gewerkschaften sind nicht auskunftsberechtigt, der BRat nur, wenn er vom ArbGeb oder ArbN bevollmächtigt ist (s *HMW*/Auskünfte und Zusagen des Finanzamts Rz 19).

7 **3. Zuständigkeit.** Die Auskunft kann nur von einem **zuständigen Beamten** des BetriebsstättenFA erteilt werden. Das sind regelmäßig der Amtsleiter, der LStSachgebietsleiter und der zeichnungsberechtigte Beamte des ArbGebBezirks. Eine unrichtige Auskunft eines unzuständigen Beamten bindet das FA nicht. Evtl kann aber eine LStHaftung wegen Rechtsirrtums ausgeschlossen sein (s *Lohnsteuerhaftung* Rz 23). Sieht man in der Anrufungsauskunft einen Verwaltungsakt (Näheres s unten Rz 10), kommt es auf die interne Zuständigkeit nicht an (*Heuermann/Wagner* Teil K Rz 22). Bei mehreren lohnsteuerrechtlichen Betriebsstätten wird die Auskunft nur vom FA, in dessen Bezirk sich die Geschäftsleitung befindet, erteilt. Ist dieses FA kein BetriebsstättenFA, ist das FA zuständig, in dessen Bezirk sich die Betriebsstätte mit den meisten ArbN befindet (§ 42e Sätze 2 und 3 EStG). Bei Konzernunternehmen kommt – insbesondere auf Antrag – bei einem Fall von einigem Gewicht, wenn erkennbar ist, dass die Auskunft auch für andere ArbGeb des Konzerns von Bedeutung ist, eine Abstimmung unter den betroffenen FA in Betracht. Befindet sich die Konzernzentrale im Ausland, koordiniert das FA die Abstimmung, das als erstes mit der Angelegenheit betraut war (LStR 42e Abs 3). In Fällen der Lohnzahlung durch Dritte, in denen der Dritte ArbGebPflichten trägt (s *Lohnabzugsverfahren* Rz 16, 17), ist dessen BetriebsstättenFA zuständig. Dies gilt auch, wenn der Dritte Arbeitslöhne aus mehreren Dienstverhältnissen zusammenfasst (LStR 42e Abs 4). Die Auskunft des LStAußenprüfers stellt keine Anrufungsauskunft dar. Sie kann jedoch ebenso wie eine im vorhergehenden Prüfungsbericht ausdrücklich unbeanstandete strittige Handhabung bei der Haftungsinanspruchnahme im Rahmen der Ermessensausübung zu berücksichtigen sein (s auch *Lohnsteueraußenprüfung* Rz 17; s *Schmidt/Krüger* § 42e Rz 3; *HMW*/Auskünfte und Zusagen des Finanzamts Rz 46).

8 **4. Form** ist nicht vorgeschrieben, weder für die Anfrage noch für die Auskunft. Da aber Unklarheiten und Beweisschwierigkeiten zulasten dessen gehen, der sich auf die Auskunft beruft, kann der Auskunftsberechtigte eine schriftliche Auskunft verlangen. Dem steht im Rahmen einer pflichtgemäßen Ermessensausübung das Verlangen des FA nach einer schriftlichen Anfrage gegenüber (s LStR 42e Abs 1 Satz 3: „soll" und *Schmidt/Drenseck* § 42e Rz 4). Mündliche oder telefonische Auskünfte sollte der ArbGeb dem FA zur Beweissicherung bestätigen (*HMW*/Auskünfte und Zusagen des Finanzamts Rz 44).

9 **5. Anwendungsbereich.** Die Anfrage muss einen konkreten betrieblichen Vorgang betreffen, wie in diesem Fall die Vorschriften über die LSt (EStG, EStDV, EStR, LStDV, LStR und sonstige Verwaltungsanweisungen) anzuwenden sind (vgl FG München 17.2.12 – 8 K 3916/08, EFG 12, 2313). Sie kann sich auf alle Vorgänge beziehen, die mit der Einbehaltung und Abführung der LSt einschließlich des LStJahresausgleichs durch den ArbGeb sowie seiner Haftung zusammenhängen. Der betreffende Sachverhalt ist in allen wesentlichen Punkten darzulegen. Wurde er später in einem für die Entscheidung wesentlichen Punkt anders verwirklicht, entfällt eine Bindungswirkung (*HMW*/Auskünfte und

Anrufungsauskunft 17

Zusagen des Finanzamts Rz 24). Die Bindung (an eine verbindliche Zusage) kann auch entfallen, wenn offensichtlich ist, dass der Stpfl die Rechtswidrigkeit erkannt hat oder hätte erkennen können (BFH 16.7.02 – IX R 28/98, BStBl II 02, 714). Gegenstand der Auskunft kann nicht sein, was nicht mit der Einbehaltung und Abführung der LSt zusammenhängt, zB ob bestimmte Aufwendungen des ArbN Werbungskosten, Sonderausgaben oder außergewöhnliche Belastungen sind. Diese Entscheidung wird allein vom WohnsitzFA des ArbN bei dessen Besteuerung getroffen (*Schmidt/Krüger* § 42e Rz 6).

6. Wesen. Der BFH hat mit Urteil vom 30.4.09 – VI R 54/07 (BStBl II 2010, 996) seine 10 bisherige Rechtsprechung geändert und sieht die Anrufungsauskunft nicht mehr als unverbindliche Rechtsauskunft (Wissenserklärung), sondern als einen feststellenden Verwaltungsakt (s auch *Schmidt/Krüger* § 42e Rz 7 mwN; *Heuermann/Wagner* Teil K Rz 27). Zur Drittwirkung s unten Rz 11 ff. Weicht der ArbGeb von einer erteilten Anrufungsauskunft ab, kann er nicht dadurch einen Haftungsausschluss (s hierzu *Lohnsteuerhaftung* Rz 15) bewirken, dass er die Abweichung, die Differenzbeträge und die steuerlichen Daten der ArbN dem BetriebsstättenFA gem § 41c Abs 4 EStG anzeigt (BFH 4.6.1993, BStBl II 93, 687; s auch *Anzeigepflichten Arbeitgeber* Rz 9 und *Lohnsteuerberechnung* Rz 25).

7. Wirkungen. a) Bindung im Lohnsteuerabzugsverfahren. aa) Auskunft gegen- 11
über dem Arbeitgeber bindet das BetriebsstättenFA und schließt eine Haftung des ArbGeb selbst dann aus, wenn das FA eine unklare oder falsche Auskunft gegeben hat und die zu wenig erhobene LSt beim ArbN nicht hereinzuholen ist. Der Vertrauensschutz gilt nur dann, wenn dem FA alle rechtlich bedeutsamen Tatsachen mitgeteilt worden sind. Die Bindung setzt keine entsprechenden Dispositionen der Beteiligten voraus. Sie besteht auch ohne ausdrücklichen Widerruf nicht mehr, wenn die gesetzliche Grundlage, auf der die Auskunft beruht, sich ändert oder entfällt (s auch FG Düsseldorf 8.5.03 – 15 K 1455/00 H (L), EFG 03, 1105; DStRE 03, 961; Rev VI R 34/03 zurückgenommen). Dies gilt nicht, wenn sich lediglich die Verwaltungsauffassung oder die BFH-Rspr ändert. Hier hat das FA aber die Möglichkeit, die Auskunft für die Zukunft zu widerrufen (*HMW*/Auskünfte und Zusagen des Finanzamts Rz 32). Die Bindungswirkung erstreckt sich auch auf Nachforderungsbescheide nach § 40 Abs 1 Satz 1 Nr 2 EStG bei Pauschalierung der LSt s *Lohnsteuerpauschalierung* Rz 19. Der ArbGeb ist hingegen beim Steuerabzug an die Auskunft nicht gebunden, setzt sich allerdings bei Nichtbeachtung dem Haftungsrisiko aus (s *HMW*/Auskünfte und Zusagen des Finanzamts Rz 28; *Schmidt/Krüger* § 42e Rz 8). Entgegen dem Urteil des FG Düsseldorf 15.4.08 – 10 K 3840/04 AO (EFG 08, 1290), wonach das BetriebsstättenFA dem ArbN gegenüber durch die dem ArbGeb erteilte (unrichtige) Auskunft nicht gehindert ist, die LSt von ihm zu verlangen, ist aufgrund der geänderten BFH-Rspr auch eine Bindungswirkung gegenüber dem ArbN im LStAbzugsverfahren anzunehmen (Verwaltungsakt mit Drittwirkung, s auch *Schmidt/Krüger* § 42e Rz 8). Das VeranlagungsFA muss sich Kenntnisse der Oberbehörde bzw der zentralen Außenprüfungsstelle über eine ihm nicht bekannte Tatsache nicht zurechnen lassen (BFH 13.1.11 – VI R 63/09, BFH/NV 11, 743 und VI R 61/09, DStR 11, 521).

bb) Auskunft gegenüber dem Arbeitnehmer. Erhält der ArbN eine für ihn günstige 12 Auskunft, so hat er einen zivilrechtlichen Anspruch gegen den ArbGeb, entsprechend zu verfahren, sofern nicht die Auskunft offensichtlich unrichtig ist (vgl auch oben Rz 9). Der ArbGeb hat aufgrund der Bindung des BetriebsstättenFA kein Haftungsrisiko (Verwaltungsakt mit Drittwirkung). Bei einer für den ArbN ungünstigen Auskunft wird er den ArbGeb wegen dessen Haftungsrisikos kaum zu einer anderen Handhabung veranlassen können (*Schmidt/Krüger* § 42e Rz 9).

b) Bindung im Veranlagungsverfahren des Arbeitnehmers. Diese löst eine dem 13 ArbGeb oder dem ArbN im LStAbzugsverfahren erteilte Anrufungsauskunft nicht aus. Das LStAbzugsverfahren ist das Vorauszahlungsverfahren des ArbN, das wegen der Einschaltung des ArbGeb durch die Anrufungsauskunft ergänzt wird. Dessen Besonderheiten und Regelungen wirken daher nicht in das Veranlagungsverfahren hinein (BFH 13.1.11 – VI R 61/09, DStR 11, 521). Von daher ist eine Begrenzung der Bindungswirkung – wie bei einem normalen Vorauszahlungsverfahren – gerechtfertigt. Hinzu kommt, dass für Entscheidungen im LStAbzugsverfahren nur das BetriebsstättenFA zuständig ist. Nicht einmal die Eintragung eines Freibetrags nach § 39a EStG, die vom WohnsitzFA vorgenommen wird,

17 Anrufungsauskunft

bindet dieses bei der Veranlagung, da es sich um unabhängige Besteuerungsverfahren handelt (s *Lohnsteuerermäßigung* Rz 13).

Die vom BFH vertretene Auffassung führt auch zu einer Gleichstellung der ArbN mit den übrigen Stpfl, bei denen die ESt zunächst im Vorauszahlungsverfahren erhoben wird. Unabhängig von § 42e EStG kann sich ausnahmsweise kann sich aber eine Bindung nach den allgemeinen Grundsätzen von Treu und Glauben ergeben, wenn der ArbN im Vertrauen auf die für ihn günstige Auskunft wirtschaftlich disponiert hat (vgl auch *HMW*/Auskünfte und Zusagen des Finanzamts Rz 39; *Schmidt/Krüger* § 42e Rz 13; *von Bornhaupt* FR 93, 55).

14 **c) Dauer.** Da nach der geänderten Rspr des BFH die Erteilung wie die Aufhebung der Anrufungsauskunft einen Verwaltungsakt darstellen, ist eine Rücknahme bzw ein Widerruf jedenfalls unter den Voraussetzungen der §§ 130 ff AO möglich. Der BFH hat nunmehr entschieden, dass die FinBeh eine Anrufungsauskunft mit Wirkung für die Zukunft analog § 207 Abs 2 AO aufheben oder ändern kann (BFH 2.9.10 – VI R 3/09, BStBl II 11, 233; s auch *Schmidt/Krüger* § 42e Rz 12; *Schulze*, BB 09, 2123). Die Auskunft kann auch bereits bei Erteilung befristet werden (LStR 42e Abs 1 Satz 4). Das BMF hat sich mit Schreiben vom 18.2.11 – IV C 5 – S 2388/0–01; Dok 2011/0110501 (BStBl I 11, 213) der Auffassung des BFH angeschlossen.

15 **8. Rechtsbehelfe.** Die Vorschrift des § 42e EStG gibt dem **Arbeitgeber** nicht nur ein Recht auf förmliche Bescheidung seines Antrags. Sie vermittelt ihm auch einen Anspruch darauf, dass die Anrufungsauskunft inhaltlich richtig ist und berechtigt ihn damit auch, eine ihm erteilte Anrufungsauskunft erforderlichenfalls im Klagewege inhaltlich überprüfen zu lassen (BFH 30.4.09 – VI R 54/07, BFH/NV 09, 1528). Der **Arbeitnehmer** kann jedenfalls die entsprechende LStAnmeldung anfechten (s *Lohnsteueranmeldung* Rz 15) und anschließend einen Erstattungsantrag gem § 37 Abs 2 AO stellen, bzw nach Ablauf des Kj die entsprechenden Einwendungen bei der EStVeranlagung geltend machen (BFH 12.10.95, BStBl II 96, 87; bei einem Streit über das Bestehen einer beschränkten Steuerpflicht oder Steuerfreiheit aufgrund von DBA s BFH 12.6.97, BStBl II 97, 660 und 16.2.96, IStR 96, 293; s auch *Schmidt/Krüger* § 42e Rz 14).

16 **9. Muster.** S Online-Musterformular „*M33.1 Anrufungsauskunft nach § 42e EStG*"; s auch FG München 17.2.12 – 8 K 3916/08, EFG 12, 2313.

C. Sozialversicherungsrecht *Schlegel*

18 **1. Allgemeines – Verbindliche Auskünfte und Vertrauensschutz im Sozialrecht.** Das Sozialrecht kennt keine der Anrufungsauskunft iSv § 42e EStG unmittelbar vergleichbare Vorschrift. Ähnliche Funktionen nehmen jedoch die Ansprüche der Versicherten und ihrer ArbGeb auf Aufklärung, Beratung und Auskunft ein. Vertrauensschutz wird im Sozialrecht im Wesentlichen durch den richterrechtlichen Herstellungsanspruch und die Möglichkeit gewährt, verwaltungsverfahrensrechtliche Zweifelsfragen der Versicherungs- und Beitragspflicht durch Verwaltungsakt klären zu lassen. Das gilt auch für das unter 3. dargestellte Anfrageverfahren nach § 7a SGB IV zur Beurteilung der Frage, ob eine Beschäftigung iSd SozV vorliegt.

19 **2. Feststellung der Versicherungs- und Beitragspflicht durch die Einzugsstelle.** Bestehen seitens des ArbN (Auftragnehmers) oder des ArbGeb (Auftraggebers) Zweifel hinsichtlich der rechtlichen Behandlung eines Einzelfalles (zB über das Bestehen der Versicherungs- und Beitragspflicht; über das Vorliegen von Versicherungsfreiheit wegen geringfügiger Beschäftigung oder über die Beitragshöhe) kann auf ihren Antrag eine Entscheidung der Einzugsstelle herbeigeführt werden (vgl § 28h Abs 2 S 1 SGB IV). Die Einzugsstelle hat hierüber einen Verwaltungsakt zu erlassen, der mit Widerspruch und Klage angefochten werden kann; diese haben keine aufschiebende Wirkung. Diese Entscheidungen der Einzugsstelle ergehen idR personenbezogen, dh die Feststellungen sind für jeden einzelnen ArbN gesondert zu treffen; ein sog Summenbescheid ist nur ausnahmsweise zulässig (vgl § 28h Abs 2 S 2 SGB IV; zum Beitragssummenbescheid vgl *Lohnkonto* Rz 21).

20 Wird dieser Verwaltungsakt bestandskräftig, ist seine Aufhebung bzw Rücknahme nur noch unter engen Voraussetzungen möglich. Es tritt insoweit ein verwaltungsverfahrensrechtlich bewirkter Schutz des Adressaten des Verwaltungsaktes ein. Für die Rücknahme oder

Aufhebung der Entscheidung gelten die §§ 44 ff SGB X. War ein begünstigender Verwaltungsakt von Anfang an rechtswidrig, beurteilt sich die Rücknahmen nach § 45 SGB X; wurde er später durch eine wesentliche Änderung der rechtlichen oder tatsächlichen Verhältnisse rechtswidrig, richtet sich die Aufhebung nach § 48 SGB X (vgl BSG 27.1.00 – B 12 KR 10/99 R, SozR 3–2400 § 28h Nr 11).

Treten Zweifelsfragen über die Versicherungspflicht und das Beitragsrecht im Rahmen einer **Betriebsprüfung** auf, werden Verwaltungsakte einschließlich der Widerspruchsbescheide über die Versicherungspflicht und Beitragshöhe abweichend von § 28h Abs 2 SGB IV nicht von den Einzugsstellen, sondern den **Trägern der RV** als zuständiger Prüfbehörde erlassen (§ 28p Abs 1 S 5 SGB IV). 21

3. Feststellung abhängiger Beschäftigung im Anfrageverfahren. § 7a SGB IV sieht darüber hinaus ein eigenständiges Anfrageverfahren vor, in dem die Frage geklärt wird, ob eine bestimmte Arbeitsleistung als Beschäftigung iSd SozV anzusehen ist. Hierfür ist die Deutsche Rentenversicherung Bund (DRVB) zuständig. Diese entscheidet auf schriftlichen Antrag der Beteiligten, dh des ArbGeb oder des ArbN bzw des Auftraggebers oder des Auftragnehmers. Die DRVB fordert Unterlagen an, aufgrund derer sie die Entscheidung treffen kann und unterrichtet die Beteiligten vorab über die beabsichtigte Entscheidung. Ergibt sich aus der ArbGebMeldung nach § 28a Abs 3 SGB IV, dass der Beschäftigte Angehöriger des ArbGeb oder geschäftsführender Gesellschafter einer GmbH ist, muss die Einzugsstelle (Adressat der ArbGebMeldung) bei der DRVB ein Statusfeststellungsverfahren beantragen (vgl § 7a Abs 1 Satz 2 SGB IV). 22

Die Besonderheit des Anfrageverfahrens liegt ua darin, dass Widerspruch und Klage gegen die Entscheidung der DRVB aufschiebende Wirkung haben (vgl § 7a Abs 7 S 1 SGB IV) und die Fälligkeit des Gesamtsozialversicherungsbeitrags hinausgeschoben werden kann, wenn der Anfrageantrag innerhalb eines Monats nach Aufnahme der Beschäftigung gestellt wird; der Beitrag wird dann erst fällig, wenn die Entscheidung über das Vorliegen einer versicherungspflichtigen Beschäftigung unanfechtbar geworden ist (vgl § 7a Abs 6 Satz 2 SGB IV). Hierdurch kann es jedoch zu erheblichen Beitragsnachzahlungen kommen. 23

4. Allgemeine Auskunfts- und Beratungsansprüche. a) Auskünfte. Die Träger der SozV sowie die nach Landesrecht hierfür für zuständig erklärten Auskunfts- und Beratungsstellen haben Auskünfte über alle sozialen Angelegenheiten nach dem SGB zu erteilen (§ 15 SGB I); die Auskunftspflicht erstreckt sich primär auf die Benennung der für die Sozialleistung zuständigen Leistungsträger (**„Wegweiserfunktion"**) sowie auf alle Sach- und Rechtsfragen, die für die Auskunftssuchenden von Bedeutung sein können und zu deren Beantwortung die Auskunftsstelle imstande ist (§ 15 Abs 2 SGB I). Die Auskunftsstellen sind verpflichtet, untereinander und mit den anderen Leistungsträgern mit dem Ziel zusammenzuarbeiten, eine möglichst umfassende Auskunftserteilung durch eine Stelle sicherzustellen (§ 15 Abs 3 SGB I). 24

b) Beratung. § 14 SGB I räumt jedermann einen Anspruch auf Beratung „über seine Rechte und Pflichten" nach dem SGB ein. Die Beratung erfolgt durch die sachlich zuständigen Leistungsträger. Die Vorschriften auf Auskunftserteilung und Beratung nach §§ 14, 15 SGB I gehen insofern weiter als die Anrufungsauskunft nach § 42e EStG, als sie sich nicht auf einzelne Fragen des Beitragsrechts bzw die Anwendbarkeit einzelner beitragsrechtlicher Vorschriften auf den Einzelfall beschränken, sondern alle sozialen Angelegenheiten nach dem SGB betreffen können. Andererseits tritt bei der Auskunftserteilung und Beratung nach §§ 14, 15 SGB I keine der Anrufungsauskunft vergleichbare unmittelbare Bindungswirkung ein. Eine solche kann nur mittels einer Zusicherung nach § 34 SGB X, nicht aber mittels einfachen Auskunftsersuchens bzw Beratungsersuchens erreicht werden. Zu einem ähnlichen Schutz wie die Anrufungsauskunft kann jedoch der sozialrechtliche Herstellungsanspruch führen. 25

c) Sozialrechtlicher Herstellungsanspruch. Dieser ist ein vom BSG entwickeltes Rechtsinstitut, das tatbestandlich an die Verletzung behördlicher Auskunfts-, Beratungs- und Betreuungspflichten im Sozialrechtsverhältnis anknüpft. Er soll „als Institut des Verwaltungsrechts eine Lücke im Schadensatzrecht schließen", ist aber nicht auf die Gewährung von Schadensersatz iS einer Kompensationsleistung gerichtet. Sein Tatbestand setzt auf Seiten des Versicherungsträgers deshalb auch kein Verschulden bei der Verletzung behördlicher 26

17   Anrufungsauskunft

(Neben-)Pflichten voraus (vgl BSG 25.1.94 – 7 RAr 50/93, SozR 3–4100 § 249e Nr 4; BVerwG 18.4.97 – C-38/95 NJW 97, 2966, 2967; BGH 11.2.88 – III ZR 221/86, BGHZ 103, 242, 246). Schließlich muss die Pflichtverletzung für den sozialrechtlichen Schaden ursächlich, also der Schaden dem Versicherungsträger zurechenbar, sein. Der sozialrechtliche Herstellungsanspruch ist seiner Rechtsfolge nach auf Naturalrestitution gerichtet, dh auf Vornahme einer Handlung zur Herstellung einer sozialrechtlichen Position im Sinne desjenigen Zustandes, der bestehen würde, wenn der Sozialleistungsträger die ihm aus dem Sozialrechtsverhältnis erwachsenen Nebenpflichten ordnungsgemäß wahrgenommen hätte (vgl BSG 22.3.89 – 7 RAr 80/87, SozR 4100 § 137 Nr 12). Die begehrte Amtshandlung muss ihrer Art nach zulässig sein (zB Ausübung von Gestaltungsrechten), wobei nicht alle Voraussetzungen gesetzlich geregelter Amtshandlungen vorliegen müssen; andernfalls bedürfte es des Herstellungsanspruchs nicht (BSG 27.1.2000 – B 12 KR 10/99 R, SozR 3–2400 § 28h Nr 11). Der Anspruch ist mangels einer Regelungslücke nicht gegeben, wenn die Rechtsfolgen einer Verletzung von Nebenpflichten des Sozialleistungsträgers in Richtung auf einen sozialrechtlichen Anspruch des Betroffenen gesetzlich ausdrücklich geregelt sind (vgl BSG 23.7.86 – 1 RA 31/85, SozR 1300 § 44 Nr 23).

27   **5. Spezielle Auskunfts- und Beratungspflichten im Beitragsrecht** obliegen den Einzugsstellen kraft ihrer Fürsorgepflicht gegenüber den in Dienst genommenen ArbGeb. Insbesondere haben die Einzugsstellen durch geeignete Maßnahmen sicherzustellen, dass die ArbGeb ihre Verpflichtungen sachgerecht erfüllen können. Geschieht dies nicht, kann dies bewirken, dass Beiträge nicht mehr in der vom Gesetz vorgesehenen Weise erhoben werden können und dadurch den ArbGeb unzumutbare Lasten aufgebürdet werden. Das bedeutet allerdings nicht, dass in allen Fällen, in denen eine unklare Rechtslage besteht, der ArbGeb das Risiko eines Rechtsirrtums über die Abführung von SozVBeiträgen, solange er keine Entscheidung der Einzugsstelle eingeholt hat, von sich abwälzen kann. In diesen Fällen kann vom ArbGeb verlangt werden, dass er sich mit einem konkreten Beratungsersuchen an die Einzugsstelle wendet und den Erlass eines Verwaltungsaktes herbeiführt (vgl BSG 27.1.2000 – B 12 KR 10/99, SozR 3–2400 § 28h Nr 11). Es ist jedoch nicht vertretbar, dem ArbGeb das aus einer ungeklärten Rechtslage resultierende Risiko anzulasten, insbesondere dann nicht, wenn eine rückwirkende Beitragserhebung zu unverhältnismäßigen verwaltungsmäßigen Schwierigkeiten führen würde, ohne dass seitens der betroffenen ArbN nennenswerte Vorteile gegenüberstünden, wie dies etwa bei der nachträglichen Zulassung der Pauschalbesteuerung durch das FA erforderlich werden könnte (BSG 27.9.83 – 12 RK 10/82, SozR 5375 § 2 Nr 1).

28   Zur Pflicht der Einzugsstelle gehört es insbesondere, ArbGeb auf **geänderte Rechtsprechung zu Fragen des Beitragsrecht** rechtzeitig hinzuweisen (BSG 18.11.80 – 12 RK 59/79, SozR 2200 § 1399 Nr 13). Die konkrete Art und Weise der Beratung ist den Leistungsträgern nicht im Einzelnen vorgeschrieben. Jedoch muss, da der Versicherte/ArbGeb einen Anspruch auf individuelle Beratung hat, diese nach Inhalt und Form dem besonderen Bedarf angepasst sein, der die Beratungspflicht ausgelöst hat.

29   Zur Erfüllung ihrer Beratungspflicht dürfen sich Leistungsträger grds auch der Übersendung von **Merkblättern** bedienen. Dies ist jedoch nicht als ausreichende Beratung anzusehen, wenn der Versicherte in schwierigen Fragen um Beratung gebeten und seine Unsicherheit deutlich gemacht hat. Ebenso wird idR die Übersendung von meist allgemein gehaltenen Merkblättern nicht ausreichen, wenn zwar kein Beratungsbegehren geäußert worden ist, sich jedoch ein besonderer Beratungsbedarf anderweitig ergeben hat, etwa für den Leistungsträger erkennbar ist, dass der Verlust erheblicher Rechtspositionen auf dem Spiel steht (BSG 7.11.91 – 12 RK 22/91, SozR 3–1200 § 14 Nr 5). Merkblätter können insbesondere dazu dienen, die **allgemeine Aufklärungspflicht** der Leistungsträger und ihrer Verbände nach § 13 SGB I zu erfüllen. Bei der Aufklärung nach § 13 SGB I handelt es sich um eine allgemeine Aufklärung der Bevölkerung über Rechte und Pflichten nach dem Sozialgesetzbuch, Informationen, die insbesondere durch Merkblätter, Broschüren und Veranstaltungen, wie etwa Fernsehsendungen, in Betracht kommen. Pflichtverletzungen nach § 13 SGB I können indessen nicht zur individuellen Rechtsposition des einzelnen Bürgers über den sozialrechtlichen Herstellungsanspruch führen (vgl BSG 21.6.90 – 12 RK 27/88, SozR 3–1200 § 13 Nr 1; 24.7.03 – B 4 RA 13/03 R, SozR 4–1200 § 46 Nr 1).

In der **gesetzlichen Rentenversicherung** erfolgt durch einen **Vormerkungsbescheid** **30** (§ 149 Abs 5 Satz 1 SGB VI) die verbindliche Feststellung der im Versicherungsverlauf enthaltenen Daten zum Vorliegen oder Nichtvorliegen der für einen späteren Rentenanspruch möglicherweise bedeutsamen rentenrelevanten Tatbestände, dh insbesondere zur Zurücklegung rentenrechtlicher Zeiten iS der §§ 54 bis 61 SGB VI durch den Versicherten. Demgegenüber sind **Renteninformationen und Rentenauskünfte** iSv § 109 Abs 1 und 4 SGB VI über die Höhe der zu erwartenden Rente nicht rechtsverbindlich (vgl BSG 25.2.10 – B 13 R 41/09 R, BeckRS 2010, 69532).

Antragsveranlagung

A. Arbeitsrecht *Griese*

Durch die Antragsveranlagung werden unmittelbar nur die Beziehungen zwischen ArbN **1** und FA berührt, denn es handelt sich um ein **Antragsverfahren des ArbN gegenüber dem FA.** Die für die Antragsveranlagung erforderliche LStBescheinigung hat der ArbGeb als Teil seiner **Abrechnungspflicht** (§ 108 GewO) nach Ende des Kj ordnungsgemäß zu erstellen und dem ArbN zur Verfügung zu stellen (s *Lohnsteuerbescheinigung* Rz 1 ff). Schuldhafte Verstöße des ArbGeb hiergegen, sei es die Nichterfüllung, oder die unvollständige oder falsche Ausfüllung oder die verspätete Erfüllung, können zu einem Schadensersatzanspruch des ArbN gegen den ArbGeb aus § 280 BGB bzw § 286 BGB führen (s *Arbeitspapiere* Rz 12). Der Ersatzanspruch nach § 61 Abs 2 ArbGG erfasst auch den Schadensersatzanspruch wegen entgangenem Anspruch auf Steuererstattung (BAG 20.2.97 – 8 AZR 12/95, NZA 97, 880). Soweit es um einen Streit um die richtige Ausfüllung einer Lohnsteuerbescheinigung geht, ist regelmäßig der Finanzrechtsweg gegeben (BAG 7.5.13 – 10 AZB 8/13). Zur Abführung von Steuern und SozVBeiträgen s BAG 30.4.08 – 5 AZR 725/07, NZA 08, 884. Danach haftet der ArbGeb gem § 280 BGB dem ArbN auf Schadensersatz, wenn er bei der Einbehaltung und Abführung von Lohnsteuern und SozVBeiträgen schuldhaft Nebenpflichten verletzt und dadurch Schäden des ArbN verursacht. Dabei hat der ArbGeb für die verkehrsübliche Sorgfalt einzustehen (§ 276 BGB). Dies zieht bei unklarer Rechtslage regelmäßig die Notwendigkeit nach sich, eine *Anrufungsauskunft* (s *Anrufungsauskunft* Rz 1 ff) beim BetriebsstättenFA einzuholen.

B. Lohnsteuerrecht *Seidel*

1. Allgemeines. Seit 1991 ist für unbeschränkt einkommenstpfl ArbN die Möglichkeit **2** weggefallen, einen Antrag auf Durchführung eines LStJahresausgleichs beim FA zu stellen, wenn sie nicht nach § 46 EStG vAw zur ESt zu veranlagen sind (s unten Rz 7 ff). Der ArbN kann aber zur Anrechnung der LSt auf die ESt eine Veranlagung beantragen (§ 46 Abs 2 Nr 8 EStG; s auch EStR 46.2). Dieser Antrag ist ebenso wie der bisherige Antrag auf LStJahresausgleich beim FA unabhängig von dem vom ArbGeb durchgeführten LStJahresausgleich (s *Lohnsteuerjahresausgleich* Rz 2 ff), zu stellen. Daneben kann eine EStVeranlagung auch noch zur Berücksichtigung von Verlustabzügen nach § 10d EStG (Vor- und Rückträge bei der Ermittlung des Gesamtbetrags der Einkünfte nicht ausgeglichener Verluste) oder einer Steuerermäßigung nach § 34f Abs 3 EStG (Vor- und Rücktrag von Baukindergeld, soweit es sich im betreffenden Jahr nicht steuerentlastend ausgewirkt hat; auslaufend, vgl auch unten Rz 4) beantragt werden (s auch *Lohnsteuerermäßigung* Rz 9). Zur Veranlagung der auf Antrag als unbeschränkt stpfl zu behandelnden Personen (§ 1 Abs 3 EStG; s *Ausländer* Rz 38) sowie EU- und EWR-Staatsangehöriger (§ 1a EStG; s *Ausländer* Rz 39) s *Grenzgänger* Rz 16, 17 und unten Rz 14. Ferner können auch beschränkt Stpfl, die Staatsangehörige eines EU- oder EWR-Staates sind und in einem dieser Staaten wohnen (s *Grenzgänger* Rz 17), die Veranlagung zur ESt beantragen; dies gilt auch, wenn die ESt durch Steuerabzug erhoben worden ist (§ 50 Abs 2 Nr 4b, 5 iVm § 50a Abs 1, 2 und 4 sowie iVm § 46 Abs 2 Nr 8 EStG). Besteht während eines Kj sowohl unbeschränkte als auch beschränkte EStPflicht, sind die während der beschränkten EStPflicht erzielten inländischen Einkünfte in eine Veranlagung zur unbeschränkten EStPflicht einzubeziehen (§ 2 Abs 7 Satz 3 EStG). Zu den Tat-

18   Antragsveranlagung

beständen für eine EStVeranlagung vAw s. unten Rz 7 ff. Ab 2011 müssen Stpfl, die **auch Gewinneinkünfte** erzielen, ihre ESt-Erklärung grds mittels Internet übermitteln (§ 25 Abs 4 iVm § 52 Abs 39 EStG).

3   **2. Verfahren. a) Der Antrag** wird durch die Abgabe einer EStErklärung auf amtlich vorgeschriebenem Vordruck beim WohnsitzFA des ArbN gestellt (§ 46 Abs 2 Nr 8 Satz 2 EStG; § 19 AO; s auch BFH 22.5.06 – VI R 02/02, BStBl II 07, 2 bei einseitig bedrucktem Formular sowie FG Bbg 14.6.06 – 3 K 956/05, EFG 06, 1521: nur Mantelbogen; Hauptsacheerledigung der Rev VI R 52/06). Bei beschränkt Stpfl (s oben Rz 2 sowie *Lohnsteuerberechnung* Rz 18, 22) ist grds das BetriebsstättenFA zuständig (§ 50 Abs 2 Satz 3 EStG; bei Steuerklasse VI s § 50 Abs 2 Satz 4 EStG). Ein Fristverlängerungsantrag zur Abgabe der EStErklärung beinhaltet keinen Antrag auf Veranlagung (BFH 3.6.86, BStBl II 87, 421). Der Pfändungsgläubiger eines LStErstattungsanspruchs ist nicht berechtigt, für den Vollstreckungsschuldner die EStVeranlagung zu beantragen (BFH 18.8.98 – VII R 114/97, BStBl II 99, 84; BFH 29.2.2000 – VII R 109/98, BFH/NV 2000, 901; DStR 2000, 874 bzgl Ehegattenveranlagung). Nach § 87a iVm § 150 Abs 1 Satz 2 AO kann die Erklärung auch in elektronischer Form übermittelt werden (vgl auch DStR 02, 1333, 1334 und ELSTER-Verfahren, s dazu www.bundesfinanzministerium.de/Steuern). Seit 1.1.06 kann die Steuererklärung online und damit papierlos dem FA übermittelt werden. Die bisher erforderliche Übersendung eines Ausdrucks mit Unterschrift an das FA entfällt (Näheres https://www.elster.de/eportal). Zur elektronischen Übernahme von Steuerdaten s auch SteuerdatenübermittlungsVO lt BMF 15.1.07 – IV C 6 – 02250 – 138/06, BStBl I 07, 95. Bei einer per Telefax übersandten EStErklärung fehlt die gem § 25 Abs 3 Satz 4 EStG erforderliche eigenhändige Unterschrift (FG Sachs-Anh 22.6.06 – 1 K 948/04, EFG 07, 1518; BFH 20.6.08 – VI R 9/07: Hauptsacheerledigung, da 2-Jahresfrist aufgehoben wurde). Für ArbN, die nur bestimmte Werbungskosten, Sonderausgaben und außergewöhnliche Belastungen geltend machen, stellen die meisten Bundesländer eine zweiseitige **vereinfachte Steuererklärung** zur Verfügung (die Vordrucke und das Infoblatt hierzu sind bei dem FA oder auf den Internetseiten des jeweiligen Finanzministeriums bzw OFD – Bayern: Landesamt für Steuern – erhältlich). Seit 2009 ist die gem §§ 139a–d AO 11-stellige **Identifikationsnummer** bei Anträgen, Erklärungen oder Mitteilungen gegenüber den FinBeh anzugeben. Im BZSt wurden die wichtigsten persönlichen Daten (Name, Geburtstag, Geburtsort, Geschlecht, Adressen, auch frühere sowie das zuständige FA, Sterbetag) nach dem Meldestand 1.7.07 erfasst. Hinsichtlich der Verfassungsmäßigkeit der ID-Nummer sind beim BFH fünf Musterverfahren anhängig (Az II R 46–50/10).

4   **b) Antragsfristen.** Der Antrag kann bis zum Ablauf der allgemeinen Festsetzungsfrist von 4 Jahren gestellt werden (s § 52 Abs 55j Satz 2 EStG 2008; *Verjährung* Rz 33 ff). Die zusätzliche dreijährige Anlaufhemmung nach § 170 Abs 2 Satz 1 Nr 1 AO greift jedoch nicht (BFH 14.4.11 – VI R 53/10, BStBl II 11, 746; aA FG BaWü 28.2.11 – 10 K 3092/08, EFG 11, 1228; Rev Az des BFH VI R 16/11). Der Antrag muss mindestens die erforderlichen Personalangaben enthalten und eigenhändig unterschrieben sein (EStH 46.2: Rechtswirksamer Antrag). Ausnahmsweise kann ein Bevollmächtigter unter Offenlegung des Vertretungsverhältnisses die ESt-Erklärung unterzeichnen, wenn ein ausländischer ArbN auf Dauer in sein Heimatland zurückgekehrt ist (BFH 10.4.02 – VI R 66/98, BStBl II 02, 455). Bei elektronischer LStBescheinigung ist die Angabe des Bruttolohns und der einbehaltenen LSt nicht mehr erforderlich, sondern ab 2010 nur noch die Angabe der e-Tin bzw der ID-Nummer (s BMF 9.9.09 – IV C 5 – S 2378/09/10004; Dok 2009/0724054, BStBl I 09, 1313; s *Lohnsteuerbescheinigung* Rz 13).

5   **c) Antragsrücknahme.** Da es bei einer EStVeranlagung auch zu Steuernachforderungen des FA kommen kann, kann der ArbN, um dieser Folge zu entgehen, den Antrag zurücknehmen. Die FÄ weisen in Fällen der Antragsveranlagung bei einer Nachforderung durch einen Erläuterungstext auf die Möglichkeit der Antragsrücknahme hin (s zB OFD München 16.4.92 – S 2380). Die Rücknahme ist wohl so lange möglich, wie und soweit der Bescheid materiell noch geändert werden kann (Anfechtung, Vorläufigkeit, Änderung aus anderen Gründen). Durch die Antragsrücknahme kann der ArbN aber nicht generell einer LStNachforderung ausweichen (vgl *Schmidt/Kulosa* § 46 Rz 31). Eine Nachforderung kann dann erfolgen, wenn sie ohne Antragsveranlagung möglich ist, zB Durchführung einer Veranlagung vAw bei Vorliegen der anderen Tatbestände des § 46 EStG (zB andere Einkünfte von mehr als 410 € oder Anwendung des Progressionsvorbehalts bei Bezug von AlGeld, § 46 Abs 2 Nr 1 EStG; s auch unten Rz 7 ff) oder im Rahmen des vom Veranlagungsverfahren unabhängigen LStAbzugsverfahrens (s *Lohnabzugsverfahren* Rz 2 ff), wenn der ArbGeb die LSt unzutreffend einbehalten hat (§ 42d Abs 3 Nr 1 EStG; s auch *Lohnsteuernachforderung* Rz 10).

d) Für verheiratete Arbeitnehmer gelten dieselben Grundsätze wie bei einer Veranlagung vAw, dh für nicht dauernd getrennt lebende Ehegatten (s EStR 26 Abs 1) besteht ein **Wahlrecht** zwischen einer Zusammenveranlagung oder einer getrennten Veranlagung (§§ 26, 26a, 26b EStG). Die bisherige besondere Veranlagung nach § 26b EStG aF fällt ab 2013 weg. Bei getrennter Veranlagung nach § 26a EStG ist entgegen der bisherigen Rechtslage eine freie Zuordnung verschiedener Kosten nicht mehr möglich (§ 26a Abs 2 EStG; vgl dazu die Einzelheiten OFD Frankfurt 20.8.12 – S 2262 A – 10 – St 216, DStR 12, 2282). Zur Zustimmungspflicht des Ehegatten zum Antrag auf Zusammenveranlagung s BGH 12.6.02 – XII ZR 28/00, DStRE 02, 1121, 25.6.03 – XII ZR 161/01, BFH/NV Beilage 04, 95 (bei Ehegatteninnengesellschaft); BGH 13.11.04 – XII ZR 128/02 – HFR 05, 267 und BGH 23.5.07 – XII ZR 250/04, DStR 07, 1408 (Zustimmung im Trennungsjahr). Das FA und die FG haben außer bei erkennbar willkürlicher Verweigerung der Zustimmung die zivilrechtliche Zustimmungspflicht nur zu beachten, wenn sie zivilrechtlich festgestellt ist (FG Köln 19.1.05 – 15 V 6203/04, EFG 05, 703). Eine Zusammenveranlagung ist nicht davon abhängig, dass beide Ehegatten Einkünfte (aus nichtselbständiger Arbeit) haben. Die bei **Abgabe der Steuererklärung** getroffene Wahl der Veranlagung ist mit dem ab dem VZ 2013 geltenden Recht grundsätzlich bindend und kann nach Eintritt der Unanfechtbarkeit nur unter bestimmten kumulativen Voraussetzungen geändert werden (§ 26 Abs 2 Satz 2 und 4 EStG). Ist der Bescheid dem anderen Ehegatten gegenüber bereits bestandskräftig, kann dieser nach § 175 Abs 1 Nr 2 AO geändert werden (BFH 3.3.05 – III R 22/02, BStBl II 05, 690; s auch BFH 28.7.05 – III R 48/03, BStBl II 05, 865). Beantragt nur ein Ehegatte die getrennte Veranlagung, ist auch der andere Ehegatte zwingend getrennt zu veranlagen (BFH 21.9.06 – VI R 80/04, BStBl II 07, 11). Das Wahlrecht zugunsten der Zusammenveranlagung kann nach dem Tod des Ehegatten nur mit Zustimmung des Erben ausgeübt werden. Bis zur Ermittlung des Erben ist daher getrennt zu veranlagen (BFH 21.6.07 – III R 59/06, BStBl II 07, 770). Bei dauernd getrennt lebenden Ehegatten findet ab dem dem Trennungsjahr folgenden Kj eine Einzelveranlagung wie bei Einzelpersonen statt (§ 25 EStG; vgl hierzu *Schmidt/Seeger* § 26 Rz 10 ff, 36). Zur Erstattung überzahlter ESt bei zusammenveranlagten Ehegatten s OFD München 1.12.03 – S 0160 – 2 St 312, DStR 04, 139 und BFH 30.9.08 – VII R 18/08, BStBl II 09, 38: Erstattung vorausbezahlter ESt bei Insolvenz eines Ehegatten. Da Ehegatten Gesamtschulder der festgesetzten Steuer sind, kann jeder Ehegatte die Aufteilung der Steuerschuld gem §§ 268 ff AO beantragen. Dies gilt auch für den Ehegatten, der Gesamtrechtsnachfolger seines verstorbenen Ehegatten ist (BFH 17.1.08 – VI R 45/04, BStBl II 08, 418). Auch Partner einer **eingetragenen Lebenspartnerschaft** haben nunmehr Anspruch auf Durchführung einer Zusammenveranlagung unter Anwendung der Splittingtabelle. Mit Beschlüssen vom 7.5.2013 hat das BVerfG in den zur Frage der Anwendung des Ehegattensplittings auf eingetragene Lebenspartnerschaften entschieden, dass die Ungleichbehandlung mangels ausreichender Sachgründe gegen den allgemeinen Gleichheitssatz verstoße und damit verfassungswidrig sei. Die Rechtslage muss rückwirkend zum 1.8.2001 geändert werden (BVerfG 7.5.2013 – 2 BvR 909/06; 2 BvR 1981/06; 2 BvR 288/07, DStR 2013, 1228). Die Rechtsprechung des BVerfG wurde mit dem neuen § 2 Abs 8 EStG (BStBl I 13, 898) umgesetzt. Die Regelung ist auf alle noch nicht bestandskräftigen Fälle anzuwenden.

3. Veranlagung von Amts wegen. Bei Vorliegen bestimmter Tatbestände ist eine ESt-Veranlagung auch bei Einkommen, die ganz oder teilweise aus Einkünften aus nichtselbstständiger Arbeit bestehen vAw durchzuführen (§ 46 Abs 2 Nr 1–7 EStG). Hier hat der Stpfl eine EStErklärung abzugeben. Unterlässt er dies, so führt das FA eine Schätzung (§ 162 AO) durch. Eine Anrechnung von LSt kommt nur bei entsprechendem Nachweis in Betracht, eine Schätzung der LSt nur ausnahmsweise (OFD Frankfurt/Main 12.6.03 – S 0335 A – 2 – St II 44, DStZ 03, 590). Ferner kann das FA Verspätungszuschläge festsetzen (§ 152 AO).

18 Antragsveranlagung

Die „Summe der Einkünfte" ist der Saldo nach horizontaler und vertikaler Verrechnung, vgl im Einzelnen BFH 26.3.13 VI R 22/11, BStBl II 13, 631.

Veranlagungstatbestände liegen vor, wenn

8 (1) die positive Summe der einkommensteuerpflichtigen Einkünfte, die nicht dem LStAbzug zu unterwerfen waren, mehr als 410 € beträgt (§ 46 Abs 2 Nr 1 EStG; s aber auch § 46 Abs 5 EStG: Härteregelung EStH 46.3 und Beispiel *Altersentlastungsbetrag* Rz 9), oder

9 (2) die Summe der Leistungen und Einkünfte, die dem Progressionsvorbehalt (§ 32b EStG, zB bestimmte ausländische Einkünfte und *Lohnersatzleistungen* Rz 5 ff) unterliegen, mehr als 410 € beträgt (§ 46 Abs 2 Nr 1 EStG), oder

10 (3) der Stpfl nebeneinander von mehreren ArbGeb Arbeitslohn bezogen hat, der nicht nach § 38 Abs 3a Satz 7 EStG (s *Lohnabzugsverfahren* Rz 17) für den LStAbzug zusammengerechnet worden ist (§ 46 Abs 2 Nr 2 EStG), oder

11 (4) beim Stpfl die Summe der beim LStAbzug im Rahmen der Vorsorgepauschale berücksichtigten Teilbeträge für die gesetzliche und private KV und PflegeV (s *Lohnsteuertabellen* Rz 8–19) größer ist als die als Sonderausgaben nach § 10 Abs 1 Nr 3 und 3a, Abs 4 EStG abziehbaren Beträge und der im Kj insgesamt erzielte Arbeitslohn 10 200 € (bei Zusammenveranlagung 19 400 €) übersteigt (§ 46 Abs 2 Nr 3 EStG), oder

12 (5) bei zusammen zu veranlagenden Ehegatten beide Arbeitslohn bezogen haben und einer für den Veranlagungszeitraum ganz oder teilweise nach Steuerklasse V oder VI (s *Lohnsteuerklassen* Rz 10, 11) besteuert oder bei Steuerklasse IV der Faktor (§ 39 f EStG) eingetragen worden ist (§ 46 Abs 2 Nr 3a EStG), oder

13 (6) für den Stpfl ein Freibetrag im Rahmen der LStErmäßigung (s *Lohnsteuerermäßigung* Rz 3), ausgenommen der Behinderten- und Hinterbliebenenpauschbetrag (s *Behinderte* Rz 71–75), ermittelt wurde (§ 46 Abs 2 Nr 4 iVm § 39a Abs 1 Nr 1–3, 5 oder 6 EStG) und der im Kj erzielte Arbeitslohn 10 200 Euro (Ehegatten 19 400 Euro) übersteigt, oder diese Freibeträge auf einer Bescheinigung für den LStAbzug (§ 39 Abs 3 Satz 1 EStG; s *Lohnsteuerabzugsmerkmale* Rz 26 und *Lohnsteuerberechnung* Rz 17 ff) eingetragen sind, oder

14 (7) bei einem Elternpaar, das dauernd getrennt lebt oder nicht miteinander verheiratet ist,

(a) das Elternpaar gemeinsam eine Aufteilung des Ausbildungsfreibetrages in einem anderen Verhältnis als je zur Hälfte beantragt (§ 46 Abs 2 Nr 4a) d) EStG; s auch *Ausbildungsfreibetrag* Rz 12, oder

(b) das Elternpaar gemeinsam eine Aufteilung des dem gemeinsamen Kind zustehenden Pauschbetrags für Körperbehinderte oder Hinterbliebene in einem anderen Verhältnis als je zur Hälfte beantragt (§ 46 Abs 2 Nr 4a) e) EStG; s auch *Behinderte* Rz 75), oder

15 (8) die LSt für einen sonstigen Bezug iSd § 34 Abs 1 und Abs 2 Nrn 2, 4 EStG nach § 39b Abs 3 Satz 9 EStG oder für einen sonstigen Bezug nach § 39c Abs 3 EStG ermittelt wurde (§ 46 Abs 2 Nr 5 EStG; s *Außerordentliche Einkünfte* Rz 18, 19 und *Lohnabzugsverfahren* Rz 16), oder

16 (9) der ArbGeb die LSt von einem sonstigen Bezug berechnet hat und dabei der Arbeitslohn aus früheren Dienstverhältnissen des Kj außer Betracht geblieben ist (§§ 46 Abs 2 Nr 5a, 39b Abs 3 Satz 2, 41 Abs 1 Satz 7 EStG, Großbuchstabe S, s *Sonstige Bezüge* Rz 5 ff), oder

17 (10) die Ehe des ArbN im Veranlagungszeitraum durch Tod, Scheidung oder Aufhebung aufgelöst worden ist oder sein Ehegatte der aufgelösten Ehe im Veranlagungszeitraum wieder geheiratet hat (§ 46 Abs 2 Nr 6 EStG), oder

18 (11) für einen unbeschränkt Stpfl iSd § 1 Abs 1 EStG (s *Lohnsteuerberechnung* Rz 7) bei der Bildung der Lohnsteuerabzugsmerkmale (§ 39 EStG; *Lohnsteuerabzugsmerkmale* Rz 8 ff) ein in einem EU- oder EWR-Staat lebender Ehegatte (§ 1a Abs 1 Nr 2 EStG) berücksichtigt worden ist (§ 46 Abs 2 Nr 7a EStG), oder

(12) das BetriebsstättenFA für einen auf Antrag als unbeschränkt stpfl zu Behandelnden (§§ 1 Abs 3 und/oder 1a EStG) Lohnsteuerabzugsmerkmale gebildet hat (§ 39 Abs 2 Sätze 2 bis 4, § 46 Abs 2 Nr 7b EStG; s hierzu *Lohnsteuerabzugsmerkmale* Rz 8 ff und *Lohnsteuerberechnung* Rz 20 sowie *Grenzgänger* Rz 15).

19 **4. Vorläufigkeit.** In bestimmten Fällen werden die EStVeranlagungen von den FA im Hinblick auf anhängige Musterverfahren vor dem BFH oder dem BVerfG hinsichtlich einzelner Besteuerungstatbestände (punktuell) vorläufig durchgeführt, dh sie sind nach Er-

gehen der Musterentscheidung in diesem Punkt ohne Weiteres abänderbar (s im Einzelnen zuletzt BMF 29.8.2013 – IV A 3 – S 0338/07/10010; Dok 2013/0717733, BStBl. I 2013, 978).

C. Sozialversicherungsrecht *Voelzke*

Für die SozV hat die Frage der Wirksamkeit einer Anrechnung übertariflicher Entgelte keine unmittelbare Bedeutung. 27

Anwesenheitsprämie

A. Arbeitsrecht *Griese*

1. Begriff und Erscheinungsformen. Die Anwesenheitsprämie ist ein besonderer Vergütungsbestandteil. Sie wird vom ArbGeb zugesagt, um die Anwesenheit am Arbeitsplatz zu honorieren. Der ArbN erhält die Anwesenheitsprämie zusätzlich zu seiner normalen Vergütung. Anwesenheitsprämien sind **sozialpolitisch** wie auch **rechtlich umstritten.** Die sozialpolitische Kritik entzündet sich daran, dass die Anwesenheitsprämie nicht nur bei unentschuldigtem Fehlen, sondern auch bei entschuldigten Fehlzeiten, etwa Krankheit oder Mutterschutz, wegfallen soll. Dies könne bewirken, trotz Krankheit zu arbeiten und dadurch die Gesundheit zu gefährden. Auf der anderen Seite wird das Interesse des ArbGeb gesehen, die anwesenden Mitarbeiter zu belohnen und Missbräuche bei der Entgeltfortzahlung zurückzudrängen. 1

Rechtlich sind Anwesenheitsprämien deshalb umstritten, weil die Frage beantwortet werden muss, ob und unter welchen Voraussetzungen Abwesende Anspruch auf sie haben. Die Rspr hierzu hat **keine einheitliche Linie** gefunden (s unten Rz 11 ff). Die Anwesenheitsprämie kommt in zwei Erscheinungsformen vor. Zum einen wird sie als **laufende Anwesenheitsprämie** gezahlt. In diesen Fällen wird die Anwesenheitsprämie als Aufschlag zur laufenden Vergütung gewährt, etwa als Zulage pro Anwesenheitsstunde oder als monatliche Zulage bei einer vom ArbGeb festgesetzten Mindestanwesenheitszeit. 2

Zum anderen wird die Anwesenheitsprämie als **einmalige Zahlung** für einen längerfristigen Zeitraum zugesagt. Häufigster Anwendungsfall dieser einmaligen Anwesenheitsprämie ist die Staffelung einer jährlichen Sonderzahlung nach Anwesenheitszeiten. 3

2. Rechtsgrundlage. Die Rechtsgrundlage der Anwesenheitsprämie ist meistens eine individualvertragliche Zusage des ArbGeb. Als Anspruchsgrundlage in Betracht kommen auch eine Gesamtzusage des ArbGeb, eine arbeitsvertragliche Einheitsregelung oder eine betriebliche Übung, ferner der arbeitsrechtliche Gleichbehandlungsgrundsatz. Möglich, wenngleich selten, ist schließlich, dass eine Betriebsvereinbarung oder ein Tarifvertrag die Rechtsgrundlage bilden. Bei der Zusage einer Anwesenheitsprämie ist der ArbGeb an den **Gleichbehandlungsgrundsatz und die Diskriminierungsverbote des AGG** gebunden. Die Differenzierung muss dem Leistungszweck entsprechen. Gestaltet der ArbGeb die Weihnachtsgratifikation als Anwesenheitsprämie aus, um leichtfertigen Krankmeldungen vorzubeugen, verletzt der ArbGeb den arbeitsrechtlichen Gleichbehandlungsgrundsatz, wenn er ArbN, die einer Arbeitszeitverlängerung nicht zugestimmt haben, von der Zahlung ausnehmen will (BAG 26.9.07 – 10 AZR 569/06, NZA 07, 1424). 4

3. Laufende Anwesenheitsprämie. Die Zusage einer laufenden Anwesenheitsprämie ist zulässig. Aufgrund der zwingenden Entgeltfortzahlungsbestimmungen des EFZG ergibt sich jedoch, dass sie im Einzelfall auch abwesenden ArbN gezahlt werden muss. Hierzu ist nach der Art der Fehlzeit des ArbN zu differenzieren. 5

a) Fehlzeiten wegen Krankheit. Die Anwesenheitsprämie ist Teil des fortzuzahlenden Entgelts, das der ArbN erhalten hätte, wenn er gearbeitet hätte. Nach § 4 Abs 1 EFZG muss daher die Anwesenheitsprämie als Teil des fortzuzahlenden Entgelts weiter gezahlt werden, wenn der ArbN arbeitsunfähig krank ist. Der Entgeltfortzahlungsanspruch im Krankheitsfall umfasst daher die Anwesenheitsprämie (BAG 4.10.78 – 5 AZR 886/77, DB 79, 797). Dies bedeutet andererseits, dass dem krankheitsbedingt abwesenden ArbN die Anwesenheitsprämie nur insoweit gezahlt werden muss, als er überhaupt Entgeltfortzahlungsansprüche hat. 6

19   Anwesenheitsprämie

Bestehen diese nicht, etwa wegen groben Eigenverschuldens gem § 3 Abs 1 Satz 1 EFZG (s *Entgeltfortzahlung* Rz 11 ff) an der Krankheit oder enden sie, etwa wegen **Überschreitung des sechswöchigen Entgeltfortzahlungszeitraums**, entfällt bzw endet damit auch der Anspruch auf die Anwesenheitsprämie (BAG 23.5.84 – 5 AZR 500/81, NZA 85, 89). Dies ist wegen der in § 12 EFZG angeordneten **Unabdingbarkeit** durch einzelvertragliche Regelung nicht abänderbar.

7   **b) Berechtigte Abwesenheit mit Entgeltanspruch.** Die Anwesenheitsprämie muss ferner den abwesenden ArbN bezahlt werden, wenn diese während der Abwesenheit einen zwingend vorgeschriebenen Entgeltanspruch haben. Dies trifft auf die **Mutterschutzfristen**, idR 6 Wochen vor und 8 Wochen nach der Geburt (§ 3 Abs 2 und § 6 Abs 1 MuSchG), ebenso zu wie auf **Urlaubsabwesenheit** (§ 11 BUrlG).

8   **c) Berechtigte Abwesenheit ohne Entgeltanspruch.** Fehlt der ArbN berechtigt, ohne in dieser Zeit Entgeltansprüche zu haben, entsteht kein Anspruch auf eine Anwesenheitsprämie. Fallbeispiele hierfür sind die **Elternzeit (§ 15 BEEG)**, die **Pflegezeit** (s dort) nach § 3 PflegeZG und die Vereinbarung zusätzlichen **unbezahlten Urlaubs**.

9   **d) Unberechtigte Fehlzeiten.** Liegt unberechtigtes Fehlen vor, kann die laufende Anwesenheitsprämie nicht beansprucht werden. Insoweit ist auch eine überproportionale Kürzungsregelung möglich, etwa dergestalt, dass eine monatlich gewährte Anwesenheitsprämie bereits dann nicht gezahlt wird, wenn nur ein unberechtigter Fehltag vorliegt.

10   **4. Einmalige Anwesenheitsprämien.** Bei einmaligen, insbesondere jährlichen Anwesenheitsprämien ist wiederum nach der Art der Fehlzeit zu differenzieren.

11   **a) Fehlzeiten wegen Krankheit.** Ursprünglich nahm die Rspr an, dass eine jährlich in Abhängigkeit von der Anwesenheit gezahlte Zuwendung überhaupt nicht zur Vergütung gehöre, mit der Folge, dass die Zuwendung für alle Fälle der Abwesenheit gekürzt oder ausgeschlossen werden konnte, mithin auch für Fälle der Krankheit (BAG 9.11.72, DB 73, 189). Demgegenüber wurden später Vereinbarungen als nichtig beurteilt, die eine Kürzung jährlich gezahlter Anwesenheitsprämien wegen krankheitsbedingter Fehlzeiten vorgaben (BAG 19.5.82 – 5 AZR 466/80; BAG 23.5.84 – 5 AZR 500/81). Demgegenüber bedeutete das Urt des BAG v 15.2.90 (– 6 AZR 381/88, NZA 90, 601) eine neuerliche Wende. Danach hielt das BAG eine vertragliche **Kürzungsvereinbarung** für **rechtswirksam**, die Fehlzeiten anspruchsmindernd berücksichtigte, für die der ArbGeb Lohn- oder Gehaltsfortzahlung im Krankheitsfall zu erbringen hatte. Das BAG unterwarf solche Kürzungsvereinbarungen der **Billigkeitskontrolle,** hielt die Grenzen jedoch nicht für überschritten, wenn die Vereinbarung eine – überproportionale – **Kürzung von bis zu $1/60$ pro Fehltag** vorsah.

12   In einer weiteren Entscheidung (BAG 26.10.94 – 10 AZR 482/93, DB 95, 830) hat das BAG darüber hinaus einen Kürzungsfaktor von $1/30$ pro Fehltag als vom Beurteilungsermessen der Betriebspartner gedeckt gehalten.

13   Durch das ArbBeschFG ist seit 1996 dieses von der BAG-Rspr erweiterte Recht, aufgrund einer Vereinbarung Kürzungen wegen Arbeitsunfähigkeit vornehmen zu können, **wieder beschränkt worden.** Nach dem durch dieses Gesetz neu eingeführten § 4b (seit 1.1.99 § 4a) EFZG ist zwar eine Vereinbarung über die Kürzungen von Leistungen, die der ArbGeb zusätzlich zum laufenden Arbeitsentgelt erbringt **(Einmalzahlungen)**, auch für Zeiten der Arbeitsunfähigkeit infolge Krankheit weiterhin zulässig, darf aber für jeden Tag der Arbeitsunfähigkeit infolge Krankheit ein Viertel des Arbeitsentgelts, das im Jahresdurchschnitt auf einen Arbeitstag entfällt, nicht überschreiten. In der Sache bedeutet dies eine Korrektur (so zutreffend *Hanau* Zeitschrift für Rechtspolitik, 1996, 349; *Preis* NJW 96, 3376) der Entscheidung des BAG vom 26.10.94 – 10 AZR 482/93, DB 95, 830. Während aufgrund des Kürzungsfaktors der BAG-Entscheidung von $1/30$ bspw eine Sonderzuwendung von einem Monatsentgelt bereits nach 30 Arbeitsunfähigkeitstagen vollständig entfiele, ist dies nach der ab Oktober 1996 geltenden gesetzlichen Regelung erst der Fall, wenn der ArbN im Kj (bei unterstellt durchschnittlich 21 Arbeitstagen im Monat) an 84 Arbeitstagen krankheitsbedingt gefehlt hat. Das Paradoxe der gesetzlichen Neuregelung ist, dass die Kürzung sich umso geringer auswirkt, je höher die Sonderzuwendung ist. Beträgt die Sonderzuwendung zB zwei Monatsentgelte würde sie nach der BAG-Entscheidung vom 26.10.94 wiederum nach 30 Arbeitsunfähigkeitstagen vollständig entfallen, während dies nach der gesetzlichen Rege-

Anwesenheitsprämie 19

lung in § 4a EFZG erst nach 168 Arbeitsunfähigkeitstagen (bei unterstellten 21 Arbeitstagen pro Monat) der Fall wäre.

Konsequenter wäre ein proportionales Kürzungsvereinbarungsrecht (Kürzung im Verhältnis Zahl der krankheitsbedingten Fehltage zur Gesamtzahl der Arbeitstage im Kalenderjahr), wie dies im Gesetzesantrag des Landes Bbg für ein Arbeitsvertragsgesetz (dort § 52 Abs 2) enthalten ist (BR-Drs 671/96; s dazu *Griese* NZA 96, 803).

Die Begrenzung der Kürzungsmöglichkeit in § 4a EFZG findet auch Anwendung auf eine **quartalsweise** gewährte Anwesenheitsprämie und steht damit einer Regelung entgegen, die einen Wegfall einer vierteljährlich gewährten Anwesenheitsprämie schon bei einem Krankheitstag vorsieht. Gewährt ein ArbGeb eine Weihnachtszuwendung ohne Rechtsbindung als freiwillige Leistung für die Zukunft, kann für ArbN mit Fehlzeiten eine Kürzung in den Grenzen des § 4a Satz 2 EFZG erfolgen (BAG 7.8.02 – 10 AZR 709/01, NZA 02, 1284). Die Kürzungsbegrenzung durch § 4a EFZG greift ebenfalls, wenn in Abhängigkeit von den Fehlzeiten nicht Entgeltansprüche gekürzt, sondern der oberhalb des gesetzlichen Mindesturlaubs zugesagte vertragliche Zusatzurlaub gekürzt werden soll (LAG Rh-Pf 1.3.2012 – 11 Sa 647/11).

b) Berechtigte Fehlzeiten mit Entgeltanspruch. Eine vertraglich vereinbarte Kürzung **14** einer einmaligen, jährlichen Anwesenheitsprämie aufgrund sonstiger berechtigter Fehlzeiten mit Entgeltanspruch ist hingegen problematisch. Dieses Problem stellt sich insbesondere hinsichtlich der Inanspruchnahme der **Mutterschutzfristen.** Diesbezüglich spricht mehr für die Entscheidung des BAG 8.10.86 (– 5 AZR 582/85, DB 87, 795), wonach es mit dem Schutzzweck des MuSchG nicht vereinbar ist, jährliche Sonderzahlungen wegen Fehlzeiten in der Mutterschutzfrist anspruchsmindernd zu berücksichtigen (ebenso *Hanau/Vossen* DB 92, 221 und BAG 12.5.93 – 10 AZR 528/91, DB 93, 2339; anders dagegen BAG 12.7.95 – 10 AZR 511/94, NZA 95, 1165; s auch EuGH 21.10.99 – Rs C-333/97, NZA 99, 1325). Freilich steht den Tarifvertragsparteien die Möglichkeit abweichender Regelung offen.

c) Berechtigte Fehlzeiten ohne Entgeltanspruch. Ist der ArbN ohne Entgeltanspruch **15** berechtigt abwesend (Elternzeit, Pflegezeit, unbezahlter Sonderurlaub) kann dies bei einer jährlichen Anwesenheitsprämie anspruchsmindernd berücksichtigt werden. Wenn der Leistungszweck ausschließlich in der Belohnung der Arbeitsleistung und nicht auch in der Honorierung der Betriebstreue liegt, ergibt sich das Kürzungsrecht aus dem Leistungszweck, ansonsten bedarf es auch hier einer **Kürzungsvereinbarung** (Näheres s *Einmalzahlung*).

d) Unberechtigte Fehlzeiten. Ebenso wie bei laufenden Anwesenheitsprämien hat ein **16** ArbN auch bei einmalig gezahlten Anwesenheitsprämien keinen Zahlungsanspruch, soweit er unberechtigt gefehlt hat. Ein proportionales Kürzungsrecht ($^1/_{220}$ pro unberechtigten Fehltag bei 220 Arbeitstagen pro Jahr) wird insoweit schon aus dem Leistungszweck zu folgern sein, ohne dass es einer vertraglichen Vereinbarung bedarf.

5. Mitbestimmung des Betriebsrats. Ob Anwesenheitsprämien gezahlt werden und **17** welche Bedingungen, insbesondere Kürzungsvereinbarungen gelten sollen, ist eine Frage der betrieblichen Lohngestaltung. Der BRat hat daher im Rahmen des § 87 Abs 1 Nr 10 BetrVG ein Mitbestimmungsrecht (s *Einmalzahlung* Rz 9 ff), soweit nicht eine tarifliche Regelung besteht.

B. Lohnsteuerrecht
Thomas

Anwesenheitsprämien insbesondere Weihnachtsgeld sind Arbeitslohn. Sie unterliegen im **18** Zeitpunkt des Lohnzuflusses (s *Lohnzufluss* Rz 2 ff) dem LStAbzug. Zu Streikbruchprämien s *Arbeitskampf (Vergütung)* Rz 15, 24.

C. Sozialversicherungsrecht
Schlegel

Beitragspflichtiges Arbeitsentgelt. Anwesenheitsprämien sind Arbeitsentgelt iSd § 14 **19** Abs 1 Satz 1 SGB IV und damit im Grundsatz beitragspflichtig. Unerheblich ist, dass die Gewährung einer Anwesenheitsprämie unmittelbar weder von einem bestimmten Arbeitsergebnis noch von irgendeinem wirtschaftlichen Erfolg, sondern allein von der tatsächlichen Anwesenheit des einzelnen ArbN an seinem Arbeitsplatz abhängt. Sie honoriert ein positives Betriebsverhalten des ArbN, indem sie für generalisierte Verhaltens- und Leistungsmerkmale

20 Anzeigepflichten Arbeitgeber

gezahlt wird, die über die gewöhnlichen Anforderungen des Zeit- und Leistungslohnes noch hinausgehen.

20 Beitragsrechtlich sind Anwesenheitsprämien demjenigen Entgeltabrechnungszeitraum zuzuordnen, für den sie gezahlt werden (zur Behandlung laufend gezahlter Anwesenheitsprämien bei Auszahlung in Form einer Nachzahlung vgl BSG 27.10.89 – 12 RK 9/88, SozR 220 § 385 Nr 22 den vergleichbaren Fall einer Montagebeteiligung).

Anzeigepflichten Arbeitgeber

A. Arbeitsrecht
Poeche

1 **1. Allgemeines.** Die Begriffe Anzeige- und Meldepflicht werden im allgemeinen Sprachgebrauch synonym verwendet. In der Sache geht es jeweils um die Verpflichtung, einem Dritten (Behörde oder Vertragspartner) von einem Zustand oder einem Vorgang unaufgefordert Mitteilung zu machen. Rechtstechnisch wird in der Gesetzessprache im Steuerrecht der den hoheitlichen Charakter stärker betonende Begriff „Anzeigepflicht", im Sozialrecht der der „Meldepflicht" gebraucht. Eine einheitliche Handhabung lässt sich allerdings nicht feststellen.

2 **2. Arbeitsvertragsrecht.** Im unmittelbaren Verhältnis vom ArbGeb zum ArbN spielen Anzeigepflichten eine untergeordnete Rolle. Die Verpflichtung des ArbGeb, den ArbN von sich aus über einen Sachverhalt zu informieren, der für diesen persönlich oder seine Rechtsstellung bedeutsam ist, wird vielmehr durch Begriffe wie Aufklärungs-, Belehrungs- oder Hinweispflicht gekennzeichnet (s *Aufhebungsvertrag* Rz 13–15; *Auskunftspflichten Arbeitgeber* Rz 2–10; *Fürsorgepflicht* Rz 14–18; *Personalauswahl* Rz 24). Im Bereich des **BetrVG** geht es um Unterrichtung, Anhörung und Mitteilung (vgl §§ 81, 99, 102, 111 BetrVG). Anzeigepflichten kommen zum Tragen, wenn der ArbGeb öffentlich-rechtlichen Verpflichtungen schuldhaft nicht nachkommt oder er anspruchserhaltende Anzeigen nicht erstattet. Soweit die öffentlichen Normen Gegenstand der arbeitsvertraglichen Vereinbarung sein können, kann der ArbN ihre Beachtung auch arbeitsvertraglich verlangen. Folge einer unterlassenen Anzeige können daher **Schadensersatzansprüche** des ArbN sein.

3 **3. Zusatzversorgung.** Hat ein ArbGeb durch unrichtige Entgeltmitteilungen an eine Versorgungskasse für den ArbN eine ungünstige Versorgungslage geschaffen, muss er der Kasse auch noch nach Beendigung des Arbeitsverhältnisses berichtigte Meldungen erstatten (BAG 14.10.98 – 3 AZR 377/97, NZA 99, 876).

4 **4. Arbeitsschutz.** Anzeigepflichten des ArbGeb finden sich vor allem im **technischen und sozialen Arbeitsschutz.** Sie dienen der Kontrolle über die Einhaltung der Schutzvorschriften und sollen der **Aufsichtsbehörde und den Berufsgenossenschaften** ermöglichen, die ihnen übertragenen Aufgaben zu erfüllen. Im technischen Bereich sind überwachungsbedürftige Anlagen erlaubnispflichtig, ihr Betrieb mithin anzuzeigen (§ 13 BetrSichV). Jeder Unfall, bei dem ein Mensch getötet oder verletzt worden ist, und jeder Schadensfall, bei dem Bauteile oder sicherheitstechnische Einrichtungen versagt haben oder beschädigt worden sind, sind der zuständigen Aufsichtsbehörde nach § 18 BetrSichV anzuzeigen. Im Bereich der *Heimarbeit* sind bei Eingreifen besonderer Gefahrvorschriften Namen und Arbeitsstätten der HeimArbN mitzuteilen (§ 15 HAG). Für den sozialen Arbeitsschutz ist beispielhaft hinzuweisen auf die Anzeige statistischer Daten wie die Zahl der Arbeitsplätze und ihre Besetzung mit behinderten Menschen (§ 80 SGB IX), die Einstellung auf Probe und die Beendigung von Arbeitsverhältnissen schwerbehinderter Menschen (§ 90 Abs 3 SGB IX), die Veränderungen auf Seiten des Verleihers im Bereich der ArbNÜberlassung (§ 7 Abs 1 AÜG), die Anzeige der erlaubnisfreien ArbNÜberlassung (§ 1a AÜG) und die Benachrichtigung von der Mitteilung einer Frau über ihre Schwangerschaft oder deren Eigenkündigung (§§ 5 Abs 1 Satz 3, 9 Abs 2 MuSchG, vgl hierzu BAG 19.8.82 – 2 AZR 116/81, NJW 83, 1391). Arbeitsunfälle sind anzeigepflichtig gegenüber dem Träger der UV (§ 193 SGB VII). Die **Verletzung** von Anzeigepflichten ist regelmäßig mit **Bußgeld** bewehrt.

5. Entlassungsschutz. § 17 KSchG verpflichtet den ArbGeb, unter den dort im Einzelnen genannten Voraussetzungen die **Entlassung** von ArbN vorher der Agentur für Arbeit **anzuzeigen**. Die Arbeitsverwaltung soll in die Lage versetzt werden, sich rechtzeitig auf zu erwartende Entlassungen größeren Umfangs einzustellen und Vorsorgemaßnahmen zu treffen. Anzeigepflichtige **Massenentlassungen** werden nach § 18 Abs 1 KSchG nur mit Zustimmung der Agentur für Arbeit wirksam. Näheres s *Massenentlassung* Rz 21–25.

B. Lohnsteuerrecht *Seidel*

1. Allgemeines. Das Vorliegen einer Anzeigepflicht erfordert das Tätigwerden der damit belasteten Person von sich aus. Demgegenüber bestehen Auskunftspflichten erst aufgrund einer besonderen Aufforderung durch das FA. Sinn der Anzeigepflichten ist es, unbekannte Steuerfälle aufzudecken und/oder die richtige Besteuerung zu gewährleisten. Nach § 33 Abs 1 AO ist der ArbGeb auch insoweit Stpfl, als er durch die Steuergesetze auferlegte Anzeigepflichten zu erfüllen hat. Diese öffentlich-rechtliche Pflicht haben, wenn der ArbGeb keine natürliche Person ist, bei juristischen Personen (zB GmbH, AG) die gesetzlichen Vertreter, bei nichtrechtsfähigen Personenvereinigungen (zB OHG, KG, GbR) und Vermögensmassen die Geschäftsführer zu erfüllen.

Soweit **nichtrechtsfähige Personenvereinigungen** ohne Geschäftsführer sind, trifft diese Verpflichtung die Mitglieder oder Gesellschafter, bei nichtsfähigen Vermögensmassen diejenigen, denen das Vermögen zusteht. Liegt die Vermögensverwaltung nicht bei den Eigentümern des Vermögens oder deren gesetzlichen Vertretern, haben die Vermögensverwalter (zB Insolvenzverwalter, Liquidator, Testamentsvollstrecker) die steuerlichen Pflichten zu erfüllen (§ 34 AO; s auch *T/K* § 34 Rz 9). Grds ist es unerheblich, wer betriebsintern hierfür zuständig ist; dem FA gegenüber sind die genannten Personen verantwortlich (s *Lohnsteuerhaftung* Rz 30 ff). Dies gilt auch, wenn es sich um eine Lohnzahlung durch Dritte handelt, bei der der ArbGeb oder der Dritte verpflichtet ist, die LSt einzubehalten (s *Lohnabzugsverfahren* Rz 14 ff).

2. Lohnsteuerabzugsverfahren (s hierzu *Lohnabzugsverfahren* Rz 2 ff). **a) Lohnsteuereinbehaltung.** Der ArbGeb hat dem BetriebsstättenFA gegenüber eine unverzügliche und unabhängig vom Erreichen des Mindestbetrags (§ 41c Abs 4 Satz 1 Nr 3 EStG: 10 €; LStR 41c.2 Abs 1) bestehende Anzeigepflicht im Fall fehlender Barmittel (s dazu § 38 Abs 4 Sätze 1 und 2 EStG und *Lohnabzugsverfahren* Rz 26) und bei fehlenden oder erkennbar unrichtigen Angaben des ArbN zu ihm von Dritten gewährtem Arbeitslohn (zB Rabatt; s dazu § 38 Abs 4 Satz 3 EStG und *Lohnabzugsverfahren* Rz 15). Zu den Anzeigepflichten des ArbGeb im Rahmen der Bildung und Anwendung der ELStAM s *Lohnsteuerabzugsmerkmale* Rz 21.

b) Änderung des Lohnsteuerabzugs. Der ArbGeb hat dem BetriebsstättenFA auch unverzüglich anzuzeigen, wenn er die Änderung des LStAbzugs trotz ihm rückwirkend zur Verfügung gestellter elektronischer Lohnsteuerabzugsmerkmale oder der ihm vom ArbN vorgelegten Bescheinigung für den LStAbzug unterlässt (§ 41c Abs 1 Nr 1 EStG), die LSt nachträglich nicht einbehalten kann, weil der ArbN vom ArbGeb keinen Arbeitslohn mehr bezieht oder der ArbGeb nach Ablauf des Kj die LStBescheinigung bereits übermittelt oder ausgeschrieben hat (§ 41c Abs 4 Satz 1 Nr 1 und 2 EStG; s *Lohnsteuerberechnung* Rz 26). Dies gilt auch, wenn der ArbGeb erkennt, dass er die LSt nicht vorschriftsmäßig einbehalten hat (§ 41c Abs 1 Nr 2, Abs 4 EStG). Zur Korrekturberechtigung einer von einem Angestellten des ArbGeb vorsätzlich falsch abgegebenen LSt-Anmeldung s BFH 21.4.10 – VI R 29/08, BStBl II 10, 833.

3. Form und Inhalt der Anzeige. In der schriftlich zu erstattenden Anzeige, die sich ggf auf die letzten vier Kj zu erstrecken hat, sind Name und Anschrift des ArbN, der Anzeigegrund und die für die Berechnung der LStNachforderung erforderlichen Mitteilungen über Höhe und Art des Arbeitslohns, zB Auszug aus dem Lohnkonto, anzugeben (LStR 41c.2 Abs 2).

4. Wirkungen. Das Betriebsstätten- bzw das WohnstättenFA fordert die zu wenig einbehaltene LSt vom ArbN nach (§§ 38 Abs 4 Satz 3; 41c Abs 4 Satz 2 EStG; s auch LStR 41c.2 Abs 3, LStR 41c.3 und *Lohnsteuernachforderung* Rz 9, 14). Die Bagatellgrenze von 10 € gilt nicht bei Nachforderungen wegen nicht ausreichenden Barlohns (s oben Rz 8).

21   Anzeigepflichten Arbeitnehmer

12   **5. Verletzung der Anzeigepflicht.** Der ArbGeb kann durch die Anzeige seine Haftungsinanspruchnahme vermeiden (§ 42d Abs 2 EStG ausdrücklich für § 38 Abs 4 Satz 2, § 41c Abs 4 EStG). Neben oder anstelle des ArbGeb können aber bei Nichterfüllung der Anzeigepflicht auch die unter Rz 6 und 7 genannten Personen persönlich haften, soweit Steueransprüche infolge vorsätzlicher oder grob fahrlässiger Verletzung der ihnen auferlegten Pflichten nicht oder nicht rechtzeitig festgesetzt oder erfüllt oder Steuererstattungen ohne rechtlichen Grund gezahlt werden (§ 69 AO; Näheres s *Lohnsteuerhaftung* Rz 30 ff).

Hinzu kommt die Gefahr einer Bestrafung wegen **Steuerhinterziehung**, denn hierfür genügt, dass die FinBeh pflichtwidrig über steuerlich erhebliche Tatsachen in Unkenntnis gelassen werden, wenn dadurch Steuern verkürzt oder – auch für einen anderen – ungerechtfertigte Steuervorteile erlangt werden (§ 370 Abs 1 Nr 2 AO). Eine Steuerverkürzung kann schon dann vorliegen, wenn die Steuer nicht rechtzeitig festgesetzt wird (§ 370 Abs 4 Satz 1 AO). Wird die Tat nur leichtfertig begangen, kommt eine Geldbuße in Betracht (§ 378 AO, Ordnungswidrigkeit). Durch eine **Selbstanzeige** (§ 371 AO), zB durch spätere Nachholung der unterlassenen Anzeige, kann eine Bestrafung oder Geldbuße vermieden werden.

13   **6. Vermögensbildung.** Zu den Anzeigepflichten bei der Gewährung vermögenswirksamer Leistungen s *Vermögenswirksame Leistungen* Rz 58, 61, 62.

14   **7. Betriebliche Altersversorgung.** Nach § 5 Abs 2 LStDV hat der ArbGeb der Versorgungseinrichtung (Pensionsfonds, Pensionskasse, Direktversicherung), die für ihn die kapitalgedeckte betriebliche Altersversorgung durchführt, spätestens 2 Monate nach Ablauf des Kj oder nach Beendigung des Dienstverhältnisses im Laufe des Kj die für den ArbN geleisteten und nach § 3 Nr 56 und 63 EStG steuerfrei belassenen, nach § 40b EStG (in der am 31.12.04 geltenden Fassung) pauschal besteuerten und die individuell besteuerten Beiträge mitzuteilen. Dies gilt auch für die nach § 3 Nr 66 EStG steuerfrei belassenen Leistungen (s auch *Betriebliche Altersversorgung* Rz 125 ff, 138 ff). Eine Mitteilung des ArbGeb kann nur unterbleiben, wenn die Versorgungseinrichtung die steuerliche Behandlung der Beitragsleistungen bereits kennt oder aus den bei ihr vorhandenen Daten feststellen kann und dies dem ArbGeb mitgeteilt hat (§ 5 Abs 3 LStDV).

15   **8. Allgemeine Anzeigepflicht.** Auf die generelle Verpflichtung, der Gemeinde oder dem FA die Eröffnung, Verlegung oder Aufgabe eines land- und forstwirtschaftlichen oder eines gewerblichen Betriebes bzw einer Betriebsstätte (s *Betriebsstätte* Rz 2 ff) mitzuteilen, wird hingewiesen. Das Gleiche gilt für eine freiberufliche Tätigkeit (§ 138 Abs 1 AO; Näheres s *T/K* § 138 Rz 1).

C. Sozialversicherungsrecht
Schlegel

16   Das Sozialrecht kennt eine Reihe von Vorschriften, die den ArbGeb zur Anzeige und Meldung sozialrechtlich relevanter Umstände verpflichten. Eine begrifflich exakte Abgrenzung zwischen Anzeigepflichten einerseits und Meldepflichten andererseits ist nicht möglich, obgleich der Begriff Meldepflichten üblicherweise für Mitteilungspflichten des ArbGeb im Beitragsrecht verwendet wird. Tatbestände, für die der ArbGeb anzeige- bzw meldepflichtig ist, werden deshalb dargestellt unter dem Stichwort *Meldepflichten Arbeitgeber*.

Anzeigepflichten Arbeitnehmer

A. Arbeitsrecht
Poeche

1   **1. Allgemeines.** Begrifflich geht es bei Anzeigepflichten des ArbN um die Verpflichtung, dem ArbGeb unaufgefordert einen Sachverhalt mitzuteilen, dessen Kenntnis für den ArbGeb und seine Vermögensinteressen von Bedeutung ist. Synonym werden die Begriffe Mitteilungspflicht (vgl § 18 ArbNErfG) und Meldepflicht (§ 5 ArbNErfG) verwandt. Im Zusammenhang mit den vom ArbN bei Einstellungsverhandlungen mitzuteilenden Umständen haben sich die Begriffe Auskunfts- und Offenbarungspflicht eingebürgert (s *Auskunftspflichten Arbeitnehmer* Rz 4–12; *Personalauswahl* Rz 11 f). **Grundlage** von Anzeigepflichten des ArbN sind die arbeitsrechtlichen Bestimmungen (Gesetz, Tarifvertrag, Betriebsvereinbarung und Arbeitsvertrag). Sie können als Haupt- oder Nebenpflicht bestehen. Ihre Verletzung kann

Schadensersatzansprüche des ArbGeb begründen und zur Abmahnung oder Kündigung führen. Normiert ist die Pflicht des ArbN, eine Arbeitsunfähigkeit oder die Bewilligung einer Kur unverzüglich anzuzeigen (§§ 5, 9 EFZG; Näheres s *Arbeitsunfähigkeit* Rz 5–8; *Kur* Rz 6); bei Inanspruchnahme der kurzzeitigen Arbeitsverhinderung iSv § 2 PflegeZG (*Pflegezeit* Rz 13–15), zur Anzeige einer Beschäftigung oder Erwerbstätigkeit bei der Inanspruchnahme einer vorzeitigen Altersrente gem § 6 S 3 BetrAVG; zur Anzeigepflicht von Erfindungen der an einer Hochschule Beschäftigten nach § 42 ArbNErfG s *Arbeitnehmererfindung* Rz 5. Vgl auch *Meldepflichten Arbeitnehmer* Rz 1.

2. Anzeigepflicht zur Schadensabwehr. Jeder ArbN hat dem ArbGeb Störungen und Schäden in seinem Arbeitsbereich anzuzeigen. Das gilt insbesondere für alle Vorkommnisse, die ihn an seiner Arbeitsleistung hindern und die er nicht selbst beseitigen kann (zB Ausbleiben von Material auf der Baustelle, Maschinenstillstand, Computerausfall uä). Er kann hiervon absehen, wenn die Störung oder der Schaden unerheblich oder dem ArbGeb bereits bekannt ist. ArbN mit **Aufsichts- und Kontrollfunktionen** wie etwa Innenrevision, Werkschutz, Hausdetektei, sind zur umfassenden Unterrichtung über alle Besonderheiten und Unregelmäßigkeiten im kontrollierten Aufgabenbereich verpflichtet. Auffällige ArbN sind namentlich zu benennen. Gleiches gilt, wenn den ArbN eine sog **aktualisierte Überwachungs- und Kontrollpflicht** trifft. So, wenn er dienstlich in seinem Aufgabenbereich mit einem Dritten zusammenarbeitet, von dem er vermutet, dass dieser Unterschlagungen begeht und Wiederholungsgefahr besteht (BAG 18.6.70 – 1 AZR 520/69, DB 70, 1598; vgl auch LAG Hamm 29.7.94 – 18 [2] Sa 2016/93, BB 94, 2352). Jeder ArbN ist darüber hinaus aufgrund arbeitsvertraglicher Nebenpflicht (§ 241 Abs 2 BGB, s *Treuepflicht* Rz 1) gehalten, die Interessen des ArbGeb zu wahren, alles zu unterlassen, was diesen schädigen kann und ihm drohende Gefahren abzuwenden. Die Verpflichtung zur Schadensabwehr schließt die Anzeige eingetretener oder drohender Schäden ein (BAG 1.6.95 – 6 AZR 912/94, NZA 96, 135). Dieser Grundsatz gilt nicht uneingeschränkt. Geht die Gefahr von einem anderen ArbN außerhalb des Arbeitsbereichs des ArbN aus, muss dieser nur dann namentlich genannt werden, wenn Personenschaden droht oder ein sonstiger erheblicher Schaden im Raum steht. Denunziantentum ist vorzubeugen (aA wohl LAG Bln 9.1.89 – 9 Sa 93/89, BB 89, 630; wie hier MüKo/*Müller-Glöge* § 611 Rz 438). In keinem Fall besteht eine Verpflichtung zur Selbstbezichtigung; diese ist unzumutbar (BGH 23.2.89 – IX ZR 236/86, DB 89, 1464).

Anzeigepflichten können sich ferner aus einem möglichen **Interessenkonflikt** ergeben. Jedenfalls ArbN in leitender Position müssen verwandtschaftliche Beziehungen zu einem Dritten offenbaren, mit dem der ArbGeb über den Abschluss eines bedeutenden Geschäfts verhandelt, dessen spätere Abwicklung in den Verantwortungsbereich des ArbN fällt. Das Unterlassen der Anzeige kann eine fristlose Kündigung rechtfertigen (LAG Nbg 5.9.90 – 3 Sa 346/89, DB 90, 2330). **Abwerbungsversuche** durch Headhunter sind nicht anzeigepflichtig. Eine entsprechende Vertragsklausel erscheint bedenklich (aA *Busch/Dendorfer* BB 02, 301). Dagegen sind **Bestechungsversuche** nicht nur im öffentlichen Dienst, sondern auch in der Privatwirtschaft grds anzeigepflichtig. Betroffen ist die unmittelbare Rechtsbeziehung des ArbGeb zum Kunden/Lieferanten. Auf die Gefahr, dass auch andere ArbN angesprochen werden, kommt es nicht an (so HWK/*Thüsing* § 611 Rz 367).

Grund und Dauer einer Arbeitsverhinderung iSd § 616 BGB sind dem ArbGeb ebenfalls rechtzeitig anzuzeigen (vgl *Joussen* BeckOK-Arbeitsrecht § 616 BGB Rn 50).

3. Gesundheitsschutz. Schwere Erkrankungen, die wegen ihrer Ansteckungsgefahr Gesundheit oder Leben Dritter gefährden, sind vom ArbN zu offenbaren. Zu den besonderen Unterstützungspflichten der Beschäftigten im Bereich des **Arbeitsschutzes** s *Arbeitssicherheit/Arbeitsschutz* Rz 15; *Meldepflichten Arbeitnehmer* Rz 2. Eine ArbN, die dem ArbGeb das Bestehen einer Schwangerschaft mitgeteilt hat, hat den ArbGeb unverzüglich zu unterrichten, wenn die **Schwangerschaft** vorzeitig **endet** (BAG 18.1.2000 – 9 AZR 932/98, NZA 2000, 1157; 13.11.02 – 9 AZR 590/99, EzA-SD 02 Nr 15 [red LS]).

4. Privatsphäre. Umstände aus dem persönlichen Bereich sind anzuzeigen, wenn sie die Höhe des dem ArbN zu zahlenden Entgelts beeinflussen. Kommt es infolge der Nichtanzeige zu einer Überzahlung, ist der ArbGeb bei schuldhafter Nichtanzeige der Veränderung der persönlichen Verhältnisse des ArbN nicht auf Ansprüche aus ungerechtfertigter Bereicherung (§§ 812 ff BGB) beschränkt. Vielmehr erwächst ihm auch ein Schadensersatzanspruch, dessen

21 Anzeigepflichten Arbeitnehmer

Höhe durch sein mitwirkendes Verschulden gemindert sein kann (LAG BaWü 11.1.89 – 9 Sa 36/88, ZTR 89, 192; LAG Bln 15.12.95 – 6 Sa 94/95, BB 96, 1335). Diese Anzeigepflicht besteht über das **Ende des Arbeitsverhältnisses** hinaus, wenn der ArbN vom ArbGeb ein Ruhegeld erhält, auf das anderweitig bezogene Renten anzurechnen sind (BAG 27.3.90 – 3 AZR 187/88, NZA 90, 776).

6   **5. Gehaltsüberzahlung.** Der ArbN ist grds nicht verpflichtet, aus Anlass der Gehalts- oder Lohnüberweisung die ihm erteilte Entgeltabrechnung zu überprüfen und den ArbGeb auf mögliche Fehler hinzuweisen. Anderes gilt aber dann, wenn er eine ungewöhnlich hohe Zahlung erhält, für die kein Grund ersichtlich ist. In einem solchen Fall muss er den ArbGeb unterrichten, damit dieser die Angelegenheit klären und ggf seinen Rückzahlungsanspruch geltend machen kann (BAG 1.6.95 – 6 AZR 912/94, NZA 96, 135).

Eine **tarifliche Ausschlussfrist,** die an die Fälligkeit des Anspruchs anknüpft, beginnt bei vermeidbaren Abrechnungsfehlern idR schon im **Zeitpunkt der Überzahlung** (BAG 16.11.89 – 6 AZR 114/88, DB 90, 1194). Anderes gilt, wenn es dem ArbGeb praktisch unmöglich ist, den Rückforderungsanspruch mit seinem Entstehen (§ 271 BGB) geltend zu machen. Das wird angenommen, wenn der ArbN ihn nicht vom Wegfall anspruchsbegründender Tatsachen informiert und der ArbGeb nicht schuldhaft versäumt hat, sich vom Bestehen des Anspruchs Kenntnis zu verschaffen. Die Ausschlussfrist beginnt dann erst mit der Kenntnis von der Zuvielzahlung (BAG 19.2.04 – 6 AZR 664/02, ZTR 04, 539). Teils wird angenommen, auch in diesem Fall beginne die Ausschlussfrist im Zeitpunkt der Überzahlung. Der an sich gegebene Verfall des Rückzahlungsanspruchs bleibt dann nach den Grundsätzen von Treu und Glauben für den ArbGeb ohne Folgen. Dem Forderungsverfall steht die Einwendung der **unzulässigen Rechtsausübung** entgegen (BAG 23.5.01 – 5 AZR 374/99, ZTR 02, 84). Allerdings darf der ArbGeb nicht tatenlos bleiben. Die Einwendung entfällt, wenn der ArbGeb von anderer Seite Umstände erfährt, die den wirklichen Sachverhalt erkennen lassen oder die ihn jedenfalls zu Nachforschungen hätten veranlassen müssen und er trotzdem über einen längeren Zeitraum untätig bleibt (BAG 13.10.10 – 5 AZR 648/09, NZA 11, 219; BAG 10.3.05 – 6 AZR 217/04, NZA 05, 812). Das LAG Nürnberg (9.6.11 – 7 Sa 28/11, nv) will den Rückzahlungsanspruch des ArbGeb quoteln, wenn diesem ein „Mitverursachensanteil" anzulasten ist – ein im Rahmen des Bereicherungsrechts ungewöhnlicher Weg. Zeigt der ArbN über einen längeren Zeitraum eine offenkundige Überzahlung nicht an und beruft er sich anschließend auf den Wegfall der Bereicherung, so kommt eine ordentliche **Kündigung** des ArbN auch ohne vorherige Abmahnung in Betracht (LAG Köln 9.12.04 – 6 Sa 943/04, BeckRS 2005, 40938).

7   **6. Weitere Beschäftigungsverhältnisse.** Die Aufnahme eines weiteren Beschäftigungsverhältnisses ist ohne gesonderte vertragliche Vereinbarung dem ArbGeb anzuzeigen, soweit dadurch dessen Interessen betroffen sind (BAG 18.1.96 – 6 AZR 314/95, NZA 97, 41), zB wenn durch sie die Grenze der geringfügigen Beschäftigung überschritten wird und Melde- und Abführungspflichten des ArbGeb ausgelöst werden. Zum Umfang des Schadensersatzanspruchs des ArbGeb bei Verletzung dieser Nebenpflicht und Verschweigen einer bereits bestehenden Beschäftigung bei Aufnahme der Tätigkeit s BAG 27.4.95 – 8 AZR 382/94, NZA 95, 935 und *Mehrfachbeschäftigung* Rz 5 f. Näheres zur Anzeigepflicht bei dem Bezug von *Altersrente* s dort Rz 6. Unterlässt der ArbN die Anzeige einer **genehmigungspflichtigen Nebentätigkeit** und ist er wegen der Inanspruchnahme von Einrichtungen und Material des ArbGeb zur Zahlung eines Nutzungsentgeltes verpflichtet, beginnen tarifliche Verfallfristen wegen des Nutzungsentgelts idR erst mit Erteilung einer Abrechnung über die erzielten Nebeneinnahmen durch den ArbN (BAG 16.11.89 – 6 AZR 168/89, BB 90, 711). S auch *Nebentätigkeit* Rz 3, 4.

8   **7. Umzug.** Der ArbN sollte im eigenen Interesse dem ArbGeb jede Änderung seiner Wohnanschrift mitteilen und so dafür sorgen, dass er postalisch erreichbar ist. Andernfalls kann es ihm nach Treu und Glauben verwehrt sein, sich auf den verspäteten Zugang einer schriftlichen Kündigung zu berufen (BAG 22.9.05 – 2 AZR 366/04, NZA 06, 204). Der Einwand greift nicht, wenn die neue Anschrift auf einer Arbeitsunfähigkeitsbescheinigung vermerkt war (BAG 18.2.77 – 2 AZR 770/75, DB 77, 1194; s auch *Kündigung, allgemein* Rz 52).

Anzeigepflichten Arbeitnehmer   21

8. Whistleblowing. Nicht um eine Anzeigepflicht, sondern um ein **Anzeigerecht** geht 9
es bei dem sog. Whistleblowing („Alarm schlagen"; Whistleblower = „Pfeifenbläser" =
jemanden verpfeifen), s auch *Whistleblowing*. Das deutsche Arbeitsrecht regelt bisher nicht
ausdrücklich, ob der ArbN berechtigt ist, die Strafverfolgungs- und Aufsichtsbehörden über
im Betrieb festgestellte ungesetzliche Praktiken zu informieren. Auch im Übrigen gibt es
keine allgemein verbindlichen Regelungen zum Umgang mit unlauteren oder ethisch
zweifelhaften Praktiken. „Whistleblowing" wird im Kündigungsrecht problematisiert (*Kündigung, verhaltensbedingte* Rz 21) und betrifft außerdem die Mitbestimmung des BRat (*Weisungsrecht* Rz 12). Ob die in der letzten Legislaturperiode diskutierte gesetzliche Regelung
weiter verfolgt wird, ist abzuwarten (vgl dazu *Sasse* NZA 08, 992; zu Whistleblowing-
Systemen *Mahnhold* NZA 08, 737 zum ArbNSchutz *Döse* AuR 09, 189). Vor dem Hintergrund des Urt des EGMR vom 21.7.11 (− 28274/08, NZA 11, 1269), in dem die
Kündigung einer Altenpflegerin, die gegen ihren ArbGeb Strafanzeige erstattet hatte, als
Verstoß gegen ihr Recht auf freie Meinungsäußerung gem Art 10 EMRK angesehen wurde,
ist die Diskussion wieder aufgelebt. Während die Bundesregierung der Ansicht ist, sog
Whistleblower seien bereits durch das bestehende Arbeitsrecht ausreichend geschützt (BT-
Drs 17/7053), haben die SPD-Fraktion und die Fraktion Bündnis 90/Die Grünen Gesetzentwürfe vorgelegt (BT-Drs 17/8567 „Hinweisgeberschutzgesetz" und BT-Drs 17/9782)
(kritisch hierzu *Mengel* CCZ 12, 146; *von Busekist/Fahrig* BB 13, 119).

Zunehmend diskutiert wird die Frage, ob und mit welchem Inhalt die Verpflichtung des
ArbN zur Anzeige von Fehlverhalten Dritter als Compliance-Bestandteil in sog **Whistleblower-Klauseln** aufgenommen werden kann (Näheres *Compliance* Rz 6; *Hoffmann/Schulte* in
BeckOK GewO § 106 Rz 71; *Schulz* BB 11, 629). Letztlich werden diese kaum weitergehende Verpflichtungen vorsehen können, als nach den oben beschriebenen Grundsätzen
ohnehin schon bestehen (iE wohl ebenso *Mengel* Compliance und Arbeitsrecht, Teil 1, Kap 1
A III 4b, Rdn 25 f). S. Näheres *Whistleblowing*.

B. Lohnsteuerrecht
Seidel

1. Allgemeines s zunächst *Anzeigepflichten Arbeitgeber* Rz 6. Minderjährige oder be- 10
schränkt geschäftsfähige ArbN haben die Anzeigepflichten, da sie nach bürgerlichem Recht
dann regelmäßig partiell geschäftsfähig sind (§ 113 BGB), selbst zu erfüllen (§ 79 Abs 1 Nr 2
AO; s auch *Minderjährige* Rz 32–35).

2. Allgemeine Anzeigepflicht. Der ArbN hat als Stpfl, wenn er nachträglich erkennt, 11
dass eine von ihm oder für ihn gegenüber dem FA abgegebene Erklärung unrichtig oder
unvollständig ist und es dadurch zu einer Verkürzung von Steuern kommen kann oder bereits
gekommen ist, die Verpflichtung, dies dem FA unverzüglich anzuzeigen und das Erklärte
richtig zu stellen (§ 153 Abs 1 AO). War ihm die Unrichtigkeit bereits bei der Abgabe der
Erklärung bekannt, dh wird die Erklärung von vornherein unrichtig oder unvollständig
abgegeben, trifft § 153 Abs 1 AO nicht zu, sondern es kommt **Steuerhinterziehung** in
Betracht (§ 370 AO). Eine Pflicht zur Selbstbezichtigung besteht dann nicht, der ArbN hat
aber die Möglichkeit der strafbefreienden **Selbstanzeige** (§ 371 AO). Fallen die Voraussetzungen für eine Steuerbefreiung, Steuerermäßigung oder sonstige Steuervergünstigung nachträglich ganz oder teilweise weg, so besteht – außer bei der LStErmäßigung (§ 39a Abs 4
Satz 4 EStG) – eine Anzeigepflicht gem § 153 Abs 2 AO.

3. Besondere Anzeigepflichten. a) Gespeicherte Lohnsteuerabzugsmerkmale. 12
Keine Anzeigepflicht besteht idR bei Änderung der Steuerklasse bzw der Zahl der Kinderfreibeträge, da diese aufgrund der Mitteilungen der Meldebehörden über den geänderten
Familienstand (§ 39e Abs 2 Satz 2 EStG) regelmäßig automatisch geändert werden (§ 39
Abs 5 Sätze 1 und 3 EStG; s auch *Lohnsteuerabzugsmerkmale* Rz 17).

Eine **Anzeigepflicht** gegenüber dem FA besteht hingegen bei Wegfall der Voraussetzun- 13
gen für den Entlastungsbetrag für Alleinerziehende (§ 24b EStG; § 39 Abs 5 Satz 2 EStG)
sowie bei Wechsel des ArbN von der unbeschränkten in die beschränkte EStPflicht (§ 39
Abs 7 Satz 1 EStG;s zur beschränkten Steuerpflicht *Lohnsteuerberechnung* Rz 9–11).

b) Lebensversicherungsvertrag. Der ArbN hat seinem WohnsitzFA unverzüglich die 14
Abtretung und Beleihung von Versicherungsverträgen, deren Laufzeit vor dem 1.1.05 be-

22 Arbeitgeber

gonnen hat, zum Zwecke der Nachversteuerung anzuzeigen, wenn die Darlehen den Betrag von 25 565 € übersteigen (§ 29 iVm § 30 EStDV).

15 **c) Keine Anzeigepflicht** gegenüber dem FA hat der ArbN, wenn er erkennt, dass der ArbGeb die LSt nicht vorschriftsmäßig vom Arbeitslohn einbehalten hat (s *Lohnabzugsverfahren* Rz 19 ff) oder weiß, dass der ArbGeb die einbehaltene LSt nicht vorschriftsmäßig angemeldet hat. Er kann **jedoch** eine **Inanspruchnahme** für zu wenig einbehaltene oder nicht abgeführte LSt im Rahmen der Gesamtschuldnerschaft **vermeiden**, wenn er dies dem FA unverzüglich mitgeteilt hat (§ 42d Abs 3 Satz 4 EStG; s auch *Lohnsteuerhaftung* Rz 19, 20).

16 **d) Verletzung der Anzeigepflichten** wegen unzutreffend gespeicherter ELStAM (s oben Rz 12) durch den ArbN führt zu seiner Inanspruchnahme für die zu wenig einbehaltene LSt durch das FA, wenn diese 10 € übersteigt (§ 39 Abs 4 Satz 4, Abs 5a Satz 4 EStG; s auch *Lohnsteuernachforderung* Rz 3 ff). Ggf kann die Verletzung der Anzeigepflichten auch zu einer Bestrafung wegen **Steuerhinterziehung** führen. Hierfür genügt es, wenn die FinBeh pflichtwidrig über steuerlich erhebliche Tatsachen in Unkenntnis gelassen wird, wenn dadurch Steuern verkürzt oder ungerechtfertigte Steuervorteile erlangt werden (§ 370 Abs 1 Nr 2 AO). Auch eine nicht rechtzeitige Steuerfestsetzung kann schon eine Steuerverkürzung darstellen (§ 370 Abs 4 Satz 1 AO). Eine Geldbuße im Rahmen einer Ordnungswidrigkeit kommt in Betracht, wenn die Tat lediglich leichtfertig begangen wird (§ 370 AO). Durch eine **Selbstanzeige** (§ 371 AO), zB bei späterer Nachholung der unterlassenen Anzeige, kann eine Bestrafung oder Geldbuße vermieden werden.

17 **e) Lohnzahlung durch Dritte**, zB Rabatte, hat der ArbN dem ArbGeb am Ende des jeweiligen Lohnzahlungszeitraums (idR mtl) anzugeben (§ 38 Abs 4 Satz 3 EStG; s hierzu *Lohnabzugsverfahren* Rz 16).

C. Sozialversicherungsrecht *Schlegel*

18 Das Sozialrecht sieht in einer Reihe von Vorschriften Pflichten des ArbN zur Meldung beitragsrechtlich oder leistungsrechtlich relevanter Umstände vor. Insbesondere im Beitragsrecht ist hierfür der Begriff der **Meldepflichten** gebräuchlich, ohne dass sich jedoch hinreichende Abgrenzungskriterien zu sonstigen Anzeigepflichten des ArbN ergeben würden. Schlussfolgerungen aus dem Begriff der Anzeigepflichten einerseits und dem Begriff der Meldepflichten andererseits ergeben sich nicht. Zu den Pflichten, die den ArbN gegenüber dem ArbGeb oder SozVTrägern hinsichtlich der Anzeige beitrags- oder leistungsrechtlich relevanter Umstände treffen, s *Meldepflichten Arbeitnehmer* Rz 3 ff.

Arbeitgeber

A. Arbeitsrecht *Röller*

1 **1. Begriff.** ArbGeb ist, wer die **Arbeitsleistung** des ArbN **kraft Arbeitsvertrages fordern** kann und dessen Arbeitsentgelt schuldet (BAG 25.4.01 – 7 AZR 376/00, NZA 01, 1384; LAG MeVo 5.2.08 – 1 Sa 87/07, BeckRS 2008, 52943). Wie der ArbNBegriff wird auch der Begriff des ArbGeb vom Gesetzgeber stillschweigend vorausgesetzt. Er wird mittelbar über den ArbNBegriff definiert. ArbGeb ist, wer mindestens eine Person beschäftigt (BAG 21.1.99 – 2 AZR 648/97, NZA 98, 539).

2 Die ArbGebStellung kann sich auch **kraft gesetzlicher Fiktion** ergeben. Einen solchen Fall regelt § 10 Abs 1 iVm § 9 Nr 1 AÜG. Danach wird der Entleiher ArbGeb des bei ihm eingesetzten LeihArbN, wenn der Verleiher nicht über die nach § 1 AÜG erforderliche Erlaubnis zur gewerbsmäßigen ArbNÜberlassung verfügt. Einen weiteren Fall regelt § 164 Abs 2 BGB. Gibt ein Angestellter bei Verhandlungen über einen Arbeitsvertrag nicht zu erkennen, dass er nur Vertreter des „richtigen" ArbGeb ist, kann er selbst als ArbGeb in Anspruch genommen werden.

3 Nur wenn der ArbGeb in Ausübung seiner gewerblichen oder selbstständigen Berufstätigkeit handelt, ist er zugleich Unternehmer iSd § 14 BGB und damit Adressat des Verbraucherschutzrechts.

Arbeitgeber 22

2. Rechtsform. ArbGeb kann eine **natürliche Person** oder eine **juristische Person** 4 des privaten oder des öffentlichen Rechts sein. Die rechtliche Organisationsform ist für den ArbGebBegriff nicht von Bedeutung. Bei Personengesellschaften wie der GbR ist diese und nicht der einzelne Gesellschafter als ArbGeb anzusehen (BAG 30.10.08 – 8 AZR 397/07, NZA 09, 485; 1.12.04 – 5 AZR 597/03, NZA 05, 318). Die Einhaltung der Schriftform bei Ausspruch einer Kündigung (§ 623 BGB) durch eine GbR behandelt BAG 21.4.05 – 2 AZR 162/04, NZA 05, 865. Zu den Problemen eines ArbN einer GbR s auch *Diller* NZA 03, 401.

3. Mehrheit von Arbeitgebern. Bei einem **einheitlichen Arbeitsverhältnis** können 5 auf ArbGebSeite mehrere natürliche oder juristische Personen beteiligt sein. Nach Auffassung des BAG (27.3.81, DB 82, 1569; kritisch: *Schwerdtner* ZIP 82, 900 f; *Schulin* SAE 83, 288, 294 ff; *Wiedemann* Anm zu BAG AP Nr 1 zu § 611 BGB Arbeitgebergruppe) soll für die Annahme eines einheitlichen Arbeitsverhältnisses nicht Voraussetzung sein, dass die ArbGeb zueinander in einem bestimmten – insbesondere gesellschaftsrechtlichen – Rechtsverhältnis stehen, einen gemeinsamen Betrieb führen oder den Arbeitsvertrag gemeinsam abschließen. Die Annahme eines einheitlichen Arbeitsverhältnisses hat zur Konsequenz, dass alle ArbGeb Gesamtschuldner hinsichtlich der Beschäftigungs- und Vergütungspflicht des ArbN sind. Eine Kündigung des ArbN kann mangels ausdrücklich abweichender Vereinbarung nur insgesamt, von und gegenüber allen auf einer Seite Beteiligten erfolgen. Mehrere ArbGeb hat ein **Arbeitnehmer innerhalb eines Konzerns,** der ein aktives Vertragsverhältnis mit der aufnehmenden Gesellschaft begründet und es bei einem passiven/ruhenden Vertragsverhältnis mit der entsendenden Gesellschaft belässt. Bilden die beteiligten Unternehmen zur einheitlichen Leitung eines **gemeinsamen Betriebes** eine BGB-Gesellschaft, werden allein hierdurch die Unternehmen nicht ArbGeb der im gemeinsamen Betrieb beschäftigten ArbN (BAG 29.9.04 – 1 AZR 473/03, NZA-RR 05, 616 LS; 5.3.87 – 2 AZR 623/85, NZA 88, 32). Ansprüche sind deshalb gegen den eigenen VertragsArbGeb geltend zu machen. Gründen mehrere juristische Personen zu einem bestimmten Zweck eine GmbH und weisen zur Erfüllung ihrer Aufgaben ArbN zur Dienstleistung zu, ohne ihr gegenüber den ArbN über das fachliche Weisungsrecht hinausgehende Kompetenzen in personellen und sozialen Angelegenheiten einzuräumen, liegt ein Gemeinschaftsunternehmen, aber kein gemeinsamer Betrieb vor (BAG 9.6.11 – 6 AZR 132/10, BeckRS 2011, 74719).

4. Aufspaltung der Arbeitgeberfunktionen. Eine solche ist kraft Delegation oder kraft 6 rechtstatsächlicher Gegebenheiten im Arbeitsleben häufig anzutreffen. Sie tritt immer dann ein, wenn der ArbGeb nicht selbst ArbN beschäftigt, sondern diese beschäftigen lässt. Die Delegation von ArbGeb Funktionen ist bei Sonderformen des Arbeitsverhältnisses anzutreffen, so zB bei der Beschäftigung von deutschen ArbN bei den ausländischen Streitkräften (Art 56 Zusatzabkommen zum NATO-Truppenstatut; BAG 14.1.93 – 2 AZR 387/92, NZA 93, 981), beim Gesamthafenarbeitsverhältnis (BAG 2.11.93 – 1 ABR 36/93, DB 94, 985), beim Leiharbeitsverhältnis (s *Arbeitnehmerüberlassung/Zeitarbeit*), beim mittelbaren Arbeitsverhältnis (s *Mittelbares Arbeitsverhältnis*), beim Gruppenarbeitsverhältnis (als Unterform des mittelbaren Arbeitsverhältnisses), bei der Bauarbeitsgemeinschaft (§ 9 BRTV) und im Konzern (BAG 9.9.82 – 2 AZR 253/80, DB 83, 1715 s *Konzernarbeitsverhältnis*).

5. Prozessrechtliche Bedeutung. Dem ArbGebBegriff kommt im Prozessrecht besondere Bedeutung zu. Insbesondere bei fristgebundenen Klagen (zB §§ 4, 7 KSchG) muss der 7 ArbN innerhalb der gesetzlichen Frist die richtige Partei verklagen. Ist der ArbGeb eine juristische Person, ist diese zu verklagen.

Die **GbR** besitzt die aktive und passive Prozessfähigkeit. Klagen sind gegen die GbR und 8 nicht gegen die einzelnen Gesellschafter zu richten (BAG 1.3.07 – 2 AZR 525/05, NJW 07, 2877).

Die **OHG** und die **KG** sind als solche ArbGeb und unter ihrer Firma zu verklagen (§§ 124 9 Abs 1, 161 Abs 2 HGB). Für Lohnforderungen und die Zahlung einer Abfindung gem § 9 KSchG haften neben der Gesellschaft als ArbGeb auch die persönlich haftenden Gesellschafter (§§ 128, 161, 171 Satz 1 HGB; BAG 6.5.86 – 1 AZR 553/84, DB 86, 2027; zur Haftung eines ausgeschiedenen Komplementärs für Lohnforderungen s BAG 21.7.77 – 3 AZR 189/76, DB 78, 303).

22   Arbeitgeber

10   Der **Kommanditist einer KG** ist nicht ArbGeb. Die Einstandspflicht nach § 171 HGB begründet keine ArbGebÄhnliche Stellung; für Klagen aus diesem Rechtsgrund sind deshalb die ArbG nicht zuständig (BAG 23.6.92 – 9 AZR 308/91, NZA 93, 862).

11   Bei der **GmbH & Co KG** kann zweifelhaft sein, ob ArbGeb die KG, die GmbH oder der Geschäftsführer der GmbH persönlich ist. IdR handelt der Geschäftsführer der GmbH für die GmbH & Co KG. Diese ist deshalb zu verklagen; eine Klage lediglich gegen die GmbH als persönlich haftende Gesellschafterin reicht nicht aus (LAG Bln 18.1.82 – 9 Sa 98/81, BB 82, 679). Eine GmbH & Co KG verliert ebenso wie die GmbH nicht ihre Parteifähigkeit, wenn sie im Handelsregister gelöscht und kein verteilbares Vermögen mehr vorhanden ist (BAG 9.7.81, DB 82, 182; aA BGH 5.4.79, BGHZ 74, 212).

12   Eine **Vor-GmbH** ist entsprechend § 50 Abs 2 ZPO passiv parteifähig und kann daher bereits als ArbGeb verklagt werden. Dies gilt auch nach Aufgabe der Eintragungsabsicht (BGH 31.3.08 – II ZR 308/06, BB 08, 1249). Die Gesellschafter einer Vor-GmbH haften für alle Verbindlichkeiten der Vor-Gesellschaft entsprechend ihrer Beteiligung am Gesellschaftsvermögen. Es besteht eine einheitliche Gründerhaftung in Form einer bis zur Eintragung der Gesellschaft andauernden Verlustdeckungshaftung, die nicht auf die Höhe des Einlageversprechens beschränkt ist. Es handelt sich jedoch um eine Innenhaftung gegenüber der Vor-Gesellschaft selbst, nicht um eine unmittelbare Haftung gegenüber den Gesellschaftsgläubigern. Diese müssen sich vielmehr an die Vor-GmbH halten und können sich ggf deren Ausgleichsansprüche gegen die Gesellschafter pfänden und zur Einziehung überweisen lassen (BAG 25.1.06 – 10 AZR 238/05, BB 06, 1916). Etwas anderes gilt dann, wenn die Vor-GmbH vermögenslos ist, sie insbesondere keinen Geschäftsführer mehr hat oder weitere Gläubiger nicht vorhanden sind, ebenso wenn es sich um eine Ein-Mann-Vor-GmbH handelt. In diesen Fällen hält die Rechtsprechung ausnahmsweise den unmittelbaren Durchgriff auf die Gründungsgesellschafter für zulässig. Diese haften anteilig entsprechend dem Verhältnis ihrer Beteiligung am Gesellschaftsvermögen (BAG 25.1.06).

13   Bei einem innerhalb eines Konzerns beschäftigten ArbN ist ArbGeb nicht der **Konzern,** sondern die Gesellschaft, mit welcher der ArbN einen Arbeitsvertrag geschlossen hat. Der Konzern ist kein Rechtssubjekt (*Windbichler* Arbeitsrechtliche Vertragsgestaltung im Konzern, 1989, S 2; *Staudinger/Richardi* Vorbem zu §§ 611 ff; s auch *Konzernarbeitsverhältnis* Rz 1).

14   Der **nicht rechtsfähige Verein** ist als solcher zu verklagen (§ 50 Abs 2 ZPO).

15   **6. Arbeitgeber und Betriebverfassung.** Der ArbGebBegriff wird im BetrVG in zweifacher Weise gebraucht: Zum einen ist der ArbGeb Vertragspartner des ArbN und zum anderen Organ der Betriebsverfassung (*Fitting* § 1 Rz 236). ArbGeb iSd Betriebsverfassung ist die Person, die die maßgebliche Entscheidung trifft. Dies ist abhängig von der Struktur des Betriebs, der Maßnahme und dem in Betracht kommenden betriebsverfassungsrechtlichen Recht des BRat oder auch des ArbN. Die Begriffe Unternehmen und ArbGeb in den Vorschriften der §§ 111–113 BetrVG sind deckungsgleich und bezeichnen lediglich unterschiedliche Funktionen, Tätigkeiten und Rechtsbeziehungen derselben Person (BAG 15.1.91 – 1 AZR 94/90, DB 91, 1472). Sie fallen aber nicht zusammen. Probleme bei der „Suche nach dem ArbGeb" in der Betriebsverfassung behandelt *Wißmann* NZA 01, 409.

16   Als Organ der Betriebsverfassung muss der **Arbeitgeber vor Ort** präsent sein. Ein ausländischer ArbGeb, dessen Geschäftsleitung im Ausland sitzt, hat als Konkretisierung des Gebots zur vertrauensvollen Zusammenarbeit mit dem BRat sicherzustellen, dass er die ihm zustehenden betriebsverfassungsrechtlichen Rechte und Pflichten ausüben bzw erfüllen kann. Dabei kann er sich nur durch betriebsangehörige Personen vertreten lassen, nicht jedoch durch betriebsfremde (*Fitting* § 1 Rz 240). Weigert sich der ausländische ArbGeb, die hinreichende Präsenz eines entscheidungsbefugten Ansprechpartners für den BRat vor Ort sicherzustellen, kann ihm dies durch das ArbG auf Antrag des BRat gem § 23 Abs 3 BetrVG aufgegeben werden.

17   **7. Tariffähigkeit.** Gem § 2 Abs 1 TVG ist der einzelne ArbGeb tariffähig. Der Zweck der Beschäftigung von ArbN spielt für die ArbGebEigenschaft und die Tariffähigkeit eines einzelnen ArbGeb keine Rolle; tariffähig sind auch nicht gewerbliche ArbGeb, Unternehmen im Belegschaftsbesitz, Beschäftigungsgesellschaften und karitative Organisationen (LAG Bbg 24.2.94, DB 94, 1245 mwN).

Arbeitgeber 22

8. **Arbeitsgerichtsbarkeit.** Gem §§ 16 Abs 1 (ArbG), 35 Abs 1 (LAG), § 41 Abs 1 18 (BAG) ArbGG stellen ArbGeb die Hälfte der ehrenamtlichen Richter in allen Rechtszügen der Arbeitsgerichtsbarkeit. Zu ehrenamtlichen Richtern aus Kreisen der ArbGeb können auch ArbN berufen werden: Geschäftsführer, Betriebsleiter oder Personalleiter, soweit sie zur Einstellung von ArbN im Betrieb berechtigt sind, sowie Personen, denen Prokura oder Generalvollmacht erteilt ist (§ 22 Abs 2 ArbGG).

B. Lohnsteuerrecht *Seidel*

1. **Allgemeines.** Die lohnsteuerrechtliche Bedeutung der ArbGebEigenschaft liegt darin, 19 dass der ArbGeb im Rahmen des LStAbzugsverfahrens (s *Lohnabzugsverfahren* Rz 2 ff) eine Reihe von **steuerlichen Pflichten** zu erfüllen hat (§§ 38 ff EStG; s auch *Lohnsteuerabführung* Rz 2 ff, *Lohnsteueranmeldung* Rz 2 ff), die auch zu einer nachträglichen **Inanspruchnahme** führen können (s *Lohnsteuerhaftung* Rz 4 ff und *Lohnsteuernachforderung* Rz 16). Grds treffen die Pflichten nur inländische ArbGeb, ausnahmsweise ausländische ArbNVerleiher (s *Arbeitnehmerüberlassung / Zeitarbeit* Rz 71). Inländischer ArbGeb ist dabei in den Fällen der ArbNEntsendung (s *Arbeitnehmerentsendung* Rz 1 ff) auch das in Deutschland ansässige aufnehmende Unternehmen, das den Arbeitslohn wirtschaftlich trägt; eine Auszahlung an den ArbN im eigenen Namen und für eigene Rechnung ist nicht erforderlich (§ 38 Abs 1 Satz 2 EStG; s auch *Arbeitnehmerüberlassung / Zeitarbeit* Rz 73 und *Arbeitnehmerentsendung* Rz 15 f). Zu den ArbGebPflichten eines **Dritten** s *Lohnabzugsverfahren* Rz 16, 17. Zum wirtschaftlichen ArbGebBegriff iSd Abkommensrechts (DBA) hat der BFH entschieden, dass die ausländische Tochtergesellschaft nicht notwendig ArbGeb des von der inländischen Muttergesellschaft entsandten ArbN wird, wenn sie den Teil des Arbeitslohnes, der auf die Tätigkeit im Ausland entfällt, der Muttergesellschaft erstattet. Es ist zusätzlich erforderlich, dass der Einsatz des ArbN im Interesse der Tochtergesellschaft erfolgt und dieser in deren Arbeitsablauf eingebunden ist (BFH 23.2.05 – I R 46/03, BStBl II 05, 547; s auch *Arbeitnehmerentsendung* Rz 15 und BMF 14.9.06 – IV B 6 – S 1300 – 367/06, BStBl I 06, 532 Rz 64 ff). Bei der Besetzung der ehrenamtlichen Richter an den FG spielt die ArbGebEigenschaft im Gegensatz zu den ArbG (s oben Rz 18) und SG (s unten Rz 25) keine Rolle.

2. **Definition.** Der steuerrechtlich eigenständige Begriff des ArbGeb wird vom EStG 20 nicht definiert. In Umkehrung des Begriffs des Arbeitnehmers (s *Arbeitnehmer (Begriff)* Rz 28 ff) aus § 1 Abs 2 LStDV ergibt sich aber, dass ArbGeb derjenige ist, dem der ArbN die Arbeitskraft schuldet, unter dessen Leitung er tätig wird oder dessen Weisungen er zu folgen hat. Dies ist regelmäßig der Vertragspartner aus dem Dienstvertrag (BFH 17.2.95 – VI R 41/92, BStBl II 95, 390). ArbGeb ist auch, wer Arbeitslohn aus einem früheren Dienstverhältnis an einen ehemaligen ArbN oder dessen Rechtsnachfolger zahlt. In Grenzfällen ist aber nicht entscheidend, wer nach bürgerlichem Recht Vertragspartner ist oder wer den Lohn auszahlt, weil ArbGeb und Lohnauszahler verschiedene Personen sein können (§ 38 Abs 1 Satz 3 EStG; LStR 38.4).

Ausschlaggebend ist das **Gesamtbild der tatsächlichen Verhältnisse** (s auch *Arbeitneh-* 21 *mer (Begriff)* Rz 38). Danach ist ArbGeb, wer aufgrund seiner tatsächlichen Machtstellung ArbN einstellen, entlassen und über deren Arbeitskraft verfügen kann (*Thürmer* § 19 EStG Rz 130). Dies können alle natürlichen und juristischen Personen des privaten und des öffentlichen Rechts (bei Letzteren hat die öffentliche Kasse, die den Arbeitslohn auszahlt, die ArbGebPflichten zu erfüllen, § 38 Abs 3 Satz 2 EStG), aber auch Personenzusammenschlüsse ohne eigene Rechtspersönlichkeit sein (zB OHG, KG).

Auch eine **BGB-Gesellschaft** als zivilrechtlich nicht rechtsfähige Personenvereinigung 22 kann ArbGeb sein (BFH 17.2.95, BStBl II 95, 390). Auch die Literatur geht überwiegend davon aus, dass eine GbR steuerrechtlich ArbGeb sein kann (*Blümich / Thürmer* § 19 Rz 131; *HMW*/Arbeitgeber Rz 5; *Heuermann / Wagner* Teil C Rz 65). Im Arbeitsrecht sieht das BAG nunmehr auch die GbR als ArbGeb an (s oben Rz 8). Im Steuerrecht ist die GbR auch sonst steuerrechtsfähig und damit als Beteiligte eines Steuerrechtsverhältnisses Träger steuerlicher Rechte und Pflichten (*T/K* § 33 AO Rz 56, 60, 70).

Dafür spricht auch § 34 Abs 1 AO, nach dem die **Geschäftsführer** nichtrechtsfähiger 23 Personenvereinigungen deren steuerliche Pflichten zu erfüllen haben. Diese und die weiteren in den §§ 34, 35 AO genannten Personen (zB gesetzliche Vertreter natürlicher und juris-

22 Arbeitgeber

tischer Personen, Geschäftsführer von Vermögensmassen bzw an deren Stelle Tretende gem § 34 Abs 2 AO sowie Vermögensverwalter und Verfügungsberechtigte) sind keine ArbGeb, da sie für andere handeln. Zu den Vermögensverwaltern iSd § 34 Abs 3 AO zählen auch der Insolvenzverwalter und der Testamentsvollstrecker (*T/K* § 34 AO Rz 9). Sie sind als Parteien kraft Amtes jedoch ArbGeb, wenn sie nach Insolvenzeröffnung bzw Tod des ArbGeb ArbN weiter beschäftigen (*K/S* § 19 Rz B 124). Dieser Personenkreis kann aber bei zumindest grob fahrlässiger Verletzung seiner Pflichten – neben oder anstelle des ArbGeb – für die LSt, die KiSt und den SolZ haften (§§ 34, 35, 69, 71 AO; s auch *Lohnsteuerhaftung* Rz 30 ff). Auch ein ArbN kann gleichzeitig ArbGeb sein (zB Hauspersonal, Chefarzt; s aber auch FG Düsseldorf 29.4.02 – 17 K 2860/99 E, EFG 02, 971). Zu Unterarbeitsverhältnissen zwischen Ehegatten/Lebenspartnern s *Familiäre Mitarbeit* Rz 30. Zur ArbGebStellung beim mittelbaren Arbeitsverhältnis s *Mittelbares Arbeitsverhältnis* Rz 21, 22 bei einer Organschaft s *Konzernarbeitsverhältnis* Rz 21 ff und bei der ArbNÜberlassung s *Arbeitnehmerüberlassung/Zeitarbeit* Rz 71, 73.

24 **3. Arbeitgeber kraft gesetzlicher Fiktion** sind – für die Erhebung der LSt – die Pensionskasse oder das Unternehmen der Lebensversicherung für die in § 3 Nr 65 EStG genannten Leistungen (§ 3 Nr 65 Satz 5 EStG). Zur gesetzlichen Fiktion nach § 10 Abs 1 iVm § 9 Nr 1 AÜG (s oben Rz 2) vgl *Arbeitnehmerüberlassung/Zeitarbeit* Rz 73.

C. Sozialversicherungsrecht *Voelzke*

25 **1. Allgemeines.** Im SozVRecht wird der ArbGeb im Rahmen eines **öffentlich-sozialversicherungsrechtlichen Pflichtverhältnisses** zur Beitragsberechnung und -abführung herangezogen (kritisch zum Umfang Inanspruchnahme der ArbGeb in der SozV *Schlegel* in FS 50 Jahre BSG, 265 ff). Es handelt sich bei den hiermit zusammenhängenden Aufgaben um eine gesetzliche „Indienstnahme als Privater", die eine eigene Entscheidungsbefugnis iSd Delegation öffentlicher Aufgaben nicht enthält (BSG 27.11.84 – 12 RK 31/82, NZA 85, 468). Im Recht der ArblV sind dem ArbGeb zusätzliche Pflichten auferlegt (zB Erteilung der Arbeitsbescheinigung, Erstattungsansprüche der BA). Die ArblV hält auch Leistungen für ArbGeb bereit.

In der gesetzlichen UV ist jeder **Unternehmer** Mitglied der sachlich und örtlich zuständigen Berufsgenossenschaft. Unternehmer ist in der UV derjenige, dem das Ergebnis des Unternehmens unmittelbar zum Vor- oder Nachteil gereicht (§ 136 Abs 3 Nr 1 SGB VII). Der Begriff des Unternehmers in der UV ist mit dem Begriff des ArbGeb im Beitragsrecht weitgehend identisch. Unternehmer ist danach, wer das unmittelbare wirtschaftliche Wagnis trägt und weitgehende Einwirkung auf die Führung, zumindest aber maßgeblichen Einfluss auf die kaufmännische Leitung des Unternehmens hat (*Schlegel/Voelzke/Quabach* SGB VII § 136 Rz 37).

In allen Zweigen der SozV sind die ArbGeb im Rahmen der Selbstverwaltung in den **Selbstverwaltungsorganen** vertreten (§ 29 Abs 2 SGB IV). Bei der Besetzung der Kammern und Senate für Angelegenheiten der SozV und der ArblV in allen Instanzen der Sozialgerichtsbarkeit gehört je ein ehrenamtlicher Richter dem Kreis der Versicherten und der ArbGeb an (§§ 12 Abs 2, 33, 46 Abs 1 SGG). Da die SozV historisch nur auf die Absicherung der ArbN abzielt, besteht eine Versicherungspflicht oder Versicherungsberechtigung für ArbGeb im Regelfall nicht (zur Einbeziehung von „abhängigen Selbstständigen" s *Arbeitnehmerähnliche Selbstständige* Rz 5).

26 **2. Beitragsrecht.** Obwohl den ArbGeb ua die Meldepflichten gegenüber der Einzugsstelle (§ 28a SGB IV) und die Zahlungspflichten hinsichtlich des GesamtSozVBeitrages (§ 28e SGB IV) treffen, ist eine Legaldefinition des sozialversicherungsrechtlichen Begriffs des ArbGeb unterblieben. Wie im LStRecht wird deshalb auch im SozVRecht der ArbGeb-Begriff mittelbar aus dem Begriff des Beschäftigten (§ 7 SGB IV) abgeleitet. ArbGeb ist danach derjenige, der einen anderen beschäftigt, zu dem also der Beschäftigte in persönlicher Abhängigkeit steht (BSG 27.7.11 – B 12 KR 10/09 R = SozR 4-2400 § 28e Nr 4). Als ArbGeb kommen insbesondere **natürliche und juristische Personen** sowie **Personenvereinigungen** in Betracht. In Zweifelsfällen stellt die Rspr auf die Tragung des Unternehmerrisikos, das Innehaben eines Weisungsrechts und die Verpflichtung zur Lohn- oder Gehaltszahlung ab (BSG 26.1.78 – 2 RU 90/77, DB 78, 1359). Unerheblich ist, wer das

Weisungsrecht tatsächlich ausübt. ArbGeb ist auch, wer den Betrieb in eigenem Namen aber auf fremde Rechnung führt, da nur er dem ArbN gegenüber als Inhaber der Rechte und Pflichten aus dem Arbeitsvertrag in Erscheinung tritt (BSG 16.3.72 – 3 RK 73/68, BSGE 34, 111).

a) Kapitalgesellschaften sind in ihrer Eigenschaft als juristische Personen ArbGeb, deren 27 ArbGebPflichten von ihren gesetzlichen oder hierzu bestellten Vertretern wahrgenommen werden. Stellt sich die Berufung des Gesellschafter-Geschäftsführers einer Einmann-GmbH auf die Selbstständigkeit der Gesellschaft als rechtsmissbräuchlich dar, so kann er ausnahmsweise für Beitragsschulden in Anspruch genommen werden (Näheres: *Geschäftsführer* Rz 50).

b) Personengesellschaften sind als solche ArbGeb der zu ihnen in einem Beschäfti- 28 gungsverhältnis stehenden ArbN. Als ArbGeb kann neben den Personengesellschaften des HGB auch die BGB-Gesellschaft auftreten (so zur Anwaltssozietät: BSG 16.2.83 – 12 RK 30/82, SozR 5486 Art 3 § 2 Nr 3). Soweit das Zivilrecht eine persönliche Haftung von Gesellschaftern für Verbindlichkeiten der Gesellschaft vorsieht, gilt das auch für die beitragsrechtlichen Verbindlichkeiten. Werden Gesellschafter für Beitragsrückstände haftbar gemacht, so sind sie durch Verwaltungsakt geltend zu machen (zur Haftung eines Kommanditisten BSG 26.6.75 – 3/12 RK 1/74, SozR 2200 § 393 Nr 2).

c) Beschäftigungsgesellschaften. Unter dem Begriff der Beschäftigungsgesellschaft 29 werden Gesellschaften erfasst, die ehemalige Mitarbeiter von Firmen beschäftigen, die ihr bisheriges Beschäftigungsverhältnis aus **strukturbedingten Gründen** beendet haben (Näheres: *Beschäftigungsgesellschaft* Rz 14).

d) Einzelfälle. Für die Dauer der Fortführung des Insolvenzverfahrens hat der **Insolvenz-** 30 **verwalter** die ArbGebPflichten der für die Masse tätigen ArbN wahrzunehmen. Die Weiterführung eines zum Nachlass gehörenden Handelsgeschäfts durch den **Testamentsvollstrecker** begründet dessen ArbGebEigenschaft lediglich dann, wenn er im eigenen Namen als Inhaber des Handelsgeschäfts auftritt (BSG 17.12.85 – 12 RK 35/84, SozR 2200 § 393 Nr 12). Eine Sonderregelung ist in § 28e Abs 2 SGB IV für die ArbGeb von LeihArbN geschaffen (s *Arbeitnehmerüberlassung/Zeitarbeit*). Als ArbGeb von Heimarbeitern und Hausgewerbetreibenden gilt nach § 12 Abs 3 SGB IV derjenige, der die Arbeit unmittelbar an sie vergibt. Bei Mitgliedern der Vertretungsorgane der Studentenschaft ist die verfasste Studentenschaft Arbeitgeberin (BSG 27.7.11 – B 12 KR 10/09 R, SozR 4–2400 § 28e Nr 4).

3. Versicherungspflicht oder -berechtigung. In der KV und ArblV sind selbstständig 31 Tätige, unabhängig davon, ob sie auch als ArbGeb auftreten, grds nicht versicherungspflichtig. Eine Ausnahme hiervon bilden in der KV Künstler und Publizisten nach Maßgabe des KSVG. Zur Vermeidung des Erschleichens von KVSchutz entfällt die Versicherungspflicht aus einer Nebenbeschäftigung nach § 5 Abs 5 SGB V, wenn hauptberuflich eine selbstständige Tätigkeit ausgeübt wird (s hierzu KassKomm/*Peters* § 5 SGB V Rz 152 ff). In der ArblV besteht ab 1.2.06 erstmals die Möglichkeit, dass sich ua selbstständig Tätige, die eine Tätigkeit von mindestens 15 Stunden wöchentlich aufnehmen und ausüben, auf Antrag ein Versicherungspflichtverhältnis begründen (§ 28a Abs 1 Satz 1 Nr 2 SGB III; Näheres: *Arbeitslosenversicherungspflicht*).

In der RV sind bestimmte Gruppen von Selbstständigen gem § 2 SGB VI versicherungs- 32 pflichtig (Lehrer und Erzieher, die keine ArbN beschäftigen; Pflegepersonen, die keine ArbN beschäftigen; Hebammen und Entbindungspfleger; Seelotsen; Künstler und Publizisten nach Maßgabe des KSVG; Hausgewerbetreibende; Küstenschiffer und Küstenfischer, die regelmäßig nicht mehr als vier ArbN beschäftigen; Handwerker, die in die Handwerksrolle eingetragen sind). Ferner unterliegen seit dem 1.1.99 nach § 2 Satz 1 Nr 9 SGB VI auch sog ArbNÄhnliche Selbstständige der RVPflicht (s *Arbeitnehmerähnliche Selbstständige*). Nicht nur vorübergehend **selbstständig Tätige,** die nicht nach § 2 SGB VI versicherungspflichtig sind, können von der Möglichkeit der Versicherungspflicht auf Antrag Gebrauch machen, wenn sie die Versicherungspflicht innerhalb von fünf Jahren nach Aufnahme der selbstständigen Tätigkeit oder dem Ende der Versicherungspflicht aufgrund dieser Tätigkeit beantragen (§ 4 Abs 2 SGB VI). Schließlich eröffnet § 7 SGB VI selbstständig Erwerbstätigen, die nicht versicherungspflichtig sind, das Recht der freiwilligen Versicherung.

In der UV sind gem § 2 SGB VII selbstständig Tätige in erheblichem Umfang in den 33 versicherten Personenkreis einbezogen (Zwischenmeister und Hausgewerbetreibende;

23 Arbeitgeberdarlehen

Schausteller; landwirtschaftliche Unternehmer, soweit sie Mitglied einer landwirtschaftlichen Berufsgenossenschaft sind; Küstenschiffer und Küstenfischer, die höchstens vier ArbN gegen Entgelt beschäftigen; im Gesundheits- oder Veterinärwesen oder in der Wohlfahrtspflege Tätige, soweit sie nicht nach § 4 Abs 3 SGB VII als selbstständig tätige Ärzte, Zahnärzte, Tierärzte, Heilpraktiker oder Apotheker versicherungsfrei sind). Nach § 3 Abs 1 SGB VII kann die Versicherung durch Satzung des Trägers der UV auf **Unternehmer** erstreckt werden, die nicht schon kraft Gesetzes versichert sind. Geschäftsführer einer GmbH, die wegen ihrer beherrschenden Stellung als Gesellschafter keine ArbN sind, können nicht durch Satzung in die Versicherung einbezogen werden (BSG 25.10.89 – 2 RU 12/89, BG 90, 357). Sowohl Unternehmer als auch Personen, die in Kapital- oder Handelsgesellschaften regelmäßig wie ein Unternehmer selbstständig tätig sind, können der UV gem § 6 SGB VII freiwillig beitreten, soweit sie nicht bereits kraft Gesetzes oder Satzung versichert sind.

34 **4. Leistungen der Arbeitsförderung.** Die Agenturen für Arbeit können an ArbGeb die Eingliederungszuschüsse (Näheres: *Lohnkostenzuschuss*) sowie Zuschüsse im Rahmen der *Berufsausbildungsförderung* und der Teilhabeleistungen (Näheres: *Rehabilitation (berufliche)*) erbringen. Hinzu kommt die Arbeitsmarktberatung (§ 34 SGB III) und die Ausbildungs- und Arbeitsvermittlung (§§ 35 ff SGB III; Näheres: *Stellensuche*). ArbGeb iSd Arbeitsförderungsrechts sind natürliche oder juristische Personen, die künftig einen ArbN in einem Arbeitsverhältnis beschäftigen wollen oder sich in einer Entscheidungssituation befinden, die dies möglich erscheinen lässt (BT-Drs 13/4941 S 153). Damit geht der ArbGebBegriff des SGB III aufgrund von Sinn und Zweck der Arbeitsförderung über den allgemeinen Begriff des ArbGeb hinaus. Fallen das Recht zur Entgegennahme der Arbeitsleistung und die Verpflichtung zur Zahlung des Arbeitsentgelts auseinander, so ist ein Lohnkostenzuschuss demjenigen zu gewähren, der zur Zahlung des Arbeitsentgelts verpflichtet ist. Die Leistungen des Arbeitsförderungsrechts für ArbGeb werden nach Maßgabe des § 16 SGB II auch für die Beschäftigung von erwerbsfähigen Leistungsberechtigten gewährt (s *Arbeitslosengeld II* Rz 23).

Arbeitgeberdarlehen

A. Arbeitsrecht *Griese*

1 **1. Begriff.** Ein ArbGebDarlehen liegt vor, wenn der ArbGeb dem ArbN über die Entgeltzahlung hinaus einen Betrag zur Verfügung stellt, der mit den normalen Bezügen nicht oder nicht sofort erreicht werden kann und zu dessen Erlangung auch sonst üblicherweise Kreditmittel in Anspruch genommen werden. Abzugrenzen sind ArbGebDarlehen von Vorschüssen und Abschlagszahlungen, die sich beide auf das Entgelt des ArbN beziehen. **Abschlagszahlungen** sind Leistungen des ArbGeb auf das bereits verdiente, aber noch nicht abgerechnete Entgelt, **Vorschüsse** sind Leistungen auf das zukünftig zu verdienende Entgelt. Demgegenüber ist für ArbGebDarlehen charakteristisch, dass die Zahlung **kreditweise** und losgelöst von erdienten oder zukünftig zu verdienenden Entgeltansprüchen erfolgt. Bei der Vergabe und den Konditionen gilt der Gleichbehandlungsgrundsatz. So dürfen zB Teilzeitkräfte von der Vergabe von vergünstigten ArbGebDarlehen nicht ausgeschlossen werden (BAG 27.7.94 – 10 AZR 538/93, NZA 94, 1130).

2 **2. Gewährung des Arbeitgeberdarlehens.** Für das Zustandekommen eines Darlehensvertrages gelten die Bestimmungen der §§ 488 ff BGB. Der Darlehensvertrag setzt die **Einigung** darüber voraus, dass der geleistete Betrag **darlehensweise gewährt wird,** der ArbN also zur Rückzahlung verpflichtet ist. Von einer arbeitsvertraglichen Schriftformklausel wird die Vereinbarung eines ArbGebDarlehens idR nicht erfasst (LAG Köln Urt vom 27.4.01 – 11 Sa 1315/00, NZA-RR 02, 369). Die Regelung der Modalitäten der Rückzahlung obliegt der Vereinbarung der Parteien. Es empfiehlt sich daher, die Einzelheiten der Rückzahlung, insbesondere die Fälligkeit und die Höhe von Rückzahlungsraten im Darlehensvertrag festzulegen. Sollen Rückzahlungsraten durch Verrechnung (rechtlich: Aufrechnung) mit dem laufenden Entgeltanspruch erbracht werden, sind gem § 394 BGB die **Pfändungsgrenzen,** insbesondere diejenigen, die aus § 850c ZPO folgen, zu beachten (s *Aufrechnung* Rz 7 f und *Pfändung* Rz 20 ff). Dies bedeutet, dass dem ArbN unter Berücksichtigung seiner Unterhaltspflichten nach Abzug der Darlehensraten der **unpfändbare Teil seines Entgelts verbleiben muss**. Bei der Verteilung des pfändbaren Betrages gehen **Vorpfändungen und zeitlich früher erfolgte Entgeltabtretungen** vor. Eine Sicherung der Rückzahlung durch eine Entgeltabtretung in Höhe der monatlichen, unter Beachtung der Pfändungsgrenzen zulässigen Rückzahlungsrate ist möglich. Diesen Zweck erfüllt nach §§ 392, 406 BGB auch eine **Aufrechnungsvereinbarung**, in der festgelegt ist, dass die konkret festgelegten monatlichen Rückzahlungsraten jeweils am Fälligkeitstag der Entgeltzahlung mit dieser verrechnet werden dürfen. Ist keine Regelung der Rückzahlungsmodalitäten getroffen worden, kann der ArbGeb nicht von sich aus einseitig Rückzahlungsraten oder einen Rückzahlungstermin festsetzen. Er muss vielmehr nach § 488 Abs 3 BGB das Darlehen unter Einhaltung der regelmäßig dreimonatigen Kündigungsfrist kündigen.

a) Verbot der Kreditierung eigener Waren. Der gewährte und mit dem Entgelt raten- 3 weise zu tilgende Kredit darf nicht daran gebunden sein, Waren des ArbGeb auf Kredit zu erwerben. Dies verstößt gegen das in § 107 Abs 2 Satz 2 u 3 GewO (vor dem 1.1.03 § 115b Abs 2 GewO) festgelegte Kreditierungsverbot (s *Entgeltzahlungsformen* Rz 5).

b) Regelungen über Allgemeine Geschäftsbedingungen. Die zum Schutz der Ver- 4 braucher geltenden Regelungen über allgemeine geschäftsbedingungen, die zunächst im AGB-Gesetz geregelt waren und durch die Schuldrechtsmodernisierung ab 2002 (BGBl I 01, 3138) in das BGB (§§ 305–310) integriert wurden, gelten nach § 310 Abs 4 Satz 2 BGB auch für ArbGebDarlehen. Bereits der Arbeitsvertrag ist ein Verbrauchervertrag nach § 310 Abs 3 BGB (BAG 25.5.05 – 5 AZR 572/04, NZA 05, 1111). Der ArbN ist Verbraucher iSd § 13 BGB (BVerfG 23.11.06 – 1 BvR 1909/06, NZA 07, 85). Demzufolge ist bei vorformulierten Kreditverträgen die Inhaltskontrolle nach §§ 305 ff BGB vorzunehmen.

Deshalb sind Bestimmungen des Kreditvertrages gem § 307 BGB darauf hin zu überprüfen, ob sie eine **unangemessene Benachteiligung des Kreditnehmers** darstellen (ErfK/*Preis* § 611 BGB Rz 637; BAG 26.5.93 – 5 AZR 219/92, BB 93, 1659). Aus diesem Grund kann eine jederzeitige Kündigungsmöglichkeit im Hinblick auf eine gleichzeitige langfristige Tilgungsvereinbarung unwirksam sein (LAG Hamm 19.2.93 – 10 Sa 1397/92, BB 93, 1517). Dies gilt auch für Sicherungsverträge, die zur Sicherung eines ArbGebDarlehen geschlossen werden. Eine Bürgschaft, die die Mutter eines Verkaufsfahrers zur Sicherung aller Ansprüche aus dem Arbeitsverhältnis übernimmt, ist deshalb rechtsunwirksam, weil kein anerkennungswertes Interesse des ArbGeb besteht, alle künftigen Forderungen aus dem Beschäftigungsverhältnis absichern zu lassen (BAG 27.4.2000 – 8 AZR 286/99, NZA 2000, 940).

Die Inhaltskontrolle greift ebenso ein, wenn ArbGebDarlehen zur Finanzierung von **Mitarbeiterbeteiligungen** gewährt werden; dabei sind Klauseln in arbeitsvertraglichen Vereinbarungen, die auf kollektivrechtlich ausgehandelte Vertragsbedingungen Bezug nehmen oder inhaltlich mit ihnen übereinstimmen, nach denselben Maßstäben auszulegen wie einseitig vom ArbGeb vorformulierte Klauseln (BAG 19.3.09 – 6 AZR 557/07, NZA 09, 896).

Die zusätzlichen Verbraucherkreditschutzregelungen der §§ 492–498 BGB, insbesondere das Widerrufsrecht nach § 495 BGB finden keine Anwendung gem § 491 Abs 2 Nr 2 BGB, soweit Zinsen unterhalb des Marktniveaus vereinbart werden (zur Widerrufsbelehrung s *Bülow* NJW 10, 1713).

3. Verzinsung des Arbeitgeberdarlehens. Ein Zinsanspruch des ArbGeb besteht nach 5 § 488 Abs 2 BGB nur, wenn dieser **ausdrücklich vereinbart** worden ist. Ohne Zinsvereinbarung wird nicht etwa der gesetzliche Zinssatz geschuldet, es handelt sich vielmehr dann um ein zinsloses Darlehen. Werden für eine Mehrzahl von ArbN in ArbGebDarlehensverträgen gegenüber dem aktuellen Kapitalmarkt **günstigere Zinsen** vereinbart, so handelt es sich um eine Vergünstigung, auf die auch andere ArbN unter dem Gesichtspunkt des Gleichbehandlungsgrundsatzes Anspruch erheben können (LAG Hamm 19.3.93, BB 93, 1593). Es ist daher unzulässig, Teilzeitkräfte von dem Bezug zinsgünstiger Darlehen auszuschließen (BAG 27.7.94 – 10 AZR 538/93, NZA 94, 1130). Zusätzlich ist zu beachten, dass **die Vergabe zinsgünstiger Darlehen** eine Frage der betrieblichen Lohngestaltung

23 Arbeitgeberdarlehen

und damit nach § 87 Abs 1 Nr 10 BetrVG **mitbestimmungspflichtig** ist (BAG 9.12.80 – 1 ABR 80/77, NJW 82, 253; *Fitting* § 87 Rz 408).

Kommt der ArbN mit der Rückzahlung des ArbGebDarlehens in Verzug, bestimmt sich der gesetzliche Zinssatz für den Verzugsschaden nach § 288 Abs 1 BGB und liegt fünf Prozentpunkte oberhalb des Basiszinssatzes.

6 **4. Rückzahlung bei Ausscheiden des Arbeitnehmers.** Scheidet der ArbN aus dem Arbeitsverhältnis aus, wird die Rückzahlung des Darlehens **nicht automatisch** fällig. Es kann nicht ohne weiteres angenommen werden, dass der weitere Fortbestand des Arbeitsverhältnisses Geschäftsgrundlage des Darlehensvertrages ist (BAG 5.3.64 – 5 AZR 172/63, AP Nr 2 zu § 607). Dies schon deshalb nicht, weil der Verwendungszweck des Darlehens (zB Immobilienerwerb, Finanzierung von Anschaffungen) mit dem Arbeitsverhältnis in keinem unmittelbaren Zusammenhang steht. Ohne besondere Vereinbarung läuft daher der Darlehensvertrag zu den vorherigen Konditionen weiter, auch wenn das Arbeitsverhältnis endet (ErfK/*Preis* § 611 BGB Rz 637). Ist das ArbGebDarlehen zur Finanzierung von Unternehmensaktien, die anlässlich eines Börsengangs entstehen, gewährt worden, muss der ArbGeb über die besonderen Risiken, die hierin liegen, aufklären; andernfalls macht sich der ArbGeb schadensersatzpflichtig und der ArbN kann gegen den Darlehensrückzahlungsanspruch mit diesem Schadensersatzanspruch aufrechnen (BAG 4.10.05 – 9 AZR 598/04, NZA 06, 545). Eine allgemeine Rechtsberatung über die Folgen des Scheiterns eines Börsengangs ist nicht geschuldet (BAG 28.9.06 – 8 AZR 568/05, NJW 07, 2348).

7 Sind **Rückzahlungsmodalitäten** oder ein Rückzahlungstermin **nicht vereinbart**, kann das Darlehen nach § 488 Abs 3 BGB unter Beachtung der Kündigungsfrist gekündigt werden. Ist die ratenweise Rückzahlung oder ein fester Rückzahlungstermin vereinbart, bleibt es im Fall der Beendigung des Arbeitsverhältnisses bei diesen Bestimmungen, dh, der ArbN ist verpflichtet, die Raten weiterhin zu erbringen bzw zum Rückzahlungstermin zurückzuzahlen. Für den Fall des Zahlungsverzuges bei zwei aufeinander folgenden Kreditraten kann entsprechend § 498 BGB die Gesamtfälligkeit des Darlehensrestes vereinbart werden.

8 Eine vertragliche Bestimmung, die die **sofortige Rückzahlung** des Darlehens bei Beendigung des Arbeitsverhältnisses vorsieht, wird nur in sehr engen Grenzen zulässig sein. Sie kann nicht getroffen werden für betriebsbedingte ArbGebKündigungen und für ArbNKündigungen, für die der ArbGeb einen wichtigen Grund gesetzt hat, weil insoweit der ArbGeb, die Bedingung, die zur Gesamtfälligkeit geführt hat, selbst herbeigeführt hat (§ 162 BGB; BAG 24.2.64 – 5 AZR 201/63, AP Nr 1 zu § 607 BGB). Insoweit müssen die Grundsätze, die für die Rückzahlung von Ausbildungskosten bei betriebsbedingter Kündigung gelten (BAG 6.5.98 – 5 AZR 535/97, NZA 99, 79), auch hier Anwendung finden. Eine Vereinbarung einer sofortigen Fälligkeit in Formularverträgen hält wegen § 307 Abs 2 Nr 1 BGB der Inhaltskontrolle nicht Stand, weil von dem Grundgedanken der gesetzlichen Regelungen in § 488 Abs 3 BGB und § 162 BGB abgewichen wird. Gleiches gilt für eine vertragliche Regelung, wonach der ArbGeb bei Beendigung des Arbeitsverhältnisses ein Recht zur Kündigung des Darlehensvertrages eingeräumt wird (LAG Sachs 20.7.12 – 3 Sa 71/12).

9 Hinsichtlich sonstiger ArbNKündigungen wird eine solche Bestimmung immer unter dem Gesichtspunkt der nach **Artikel 12 Absatz 1 GG unzulässigen Kündigungserschwerung** zu prüfen sein (einschränkend *Erman/Hanau* § 611 BGB Rz 468). Die Gesamtfälligkeitsregelung kann die grundgesetzlich garantierte Freiheit, jederzeit unter Beachtung der Kündigungsfristen den Arbeitsplatz zu wechseln, in unzulässiger Weise beeinträchtigen. Dies gilt insbesondere, wenn das zurückzuzahlende Darlehen das monatliche Entgelt des ArbN erheblich übersteigt und dem ArbN die sofortige Rückzahlung des gesamten noch ausstehenden Darlehens aus diesem Grund wirtschaftlich nicht möglich ist (zB Darlehen für größere Anschaffungen oder Immobilienerwerb) oder wenn eine langfristige Tilgungsvereinbarung getroffen wurde (vgl LAG Hamm 19.2.93, DB 94, 1243). Zulässig wird hingegen eine Gesamtfälligkeitsregelung sein, die für den Fall einer vom ArbN verursachten und verschuldeten außerordentlichen ArbGebKündigung getroffen wird.

10 Denkbar ist schließlich für den Fall einer ordentlichen ArbNKündigung zu vereinbaren, die **Zinsvergünstigungen** ab Beendigung des Arbeitsverhältnisses **entfallen zu lassen** und die Darlehensbedingungen an den aktuellen Kapitalmarkt anzupassen (BAG 23.2.99 – 9 AZR 737/97, NZA 99, 1212). Ein **rückwirkender Wegfall** von Zinsvergünstigungen

Arbeitgeberdarlehen 23

wird hingegen regelmäßig der gerichtlichen AGB-Kontrolle nicht standhalten (BAG 16.10.91 – 5 AZR 35/91, NZA 92, 793). Der Wegfall der Zinsvergünstigung kann erst ab dem rechtlichen Ende des Beschäftigungsverhältnisses eintreten. Eine Vereinbarung, die die Zinsvergünstigung bereits mit dem ersten Tag eines Erziehungsurlaubs wegfallen lässt, wenn der ArbN das Arbeitsverhältnis nach Ende des Erziehungsurlaubs nicht fortsetzt, ist daher unzulässig (BAG 16.10.91 – 5 AZR 35/91, NZA 92, 793). Die Rückzahlungsforderung kann, soweit dies nicht vertraglich ausgeschlossen ist, abgetreten werden; dies verstößt nicht gegen datenschutzrechtliche Bestimmungen (BVerfG 11.7.07 – 1 BvR 1025/07, ZIP 07, 2348).

Ob eine tarifliche Verfallklausel, die sich auf alle Ansprüche aus dem Arbeitsverhältnis bezieht, auch Ansprüche auf Rückzahlung von ArbGebDarlehen erfasst, hängt von der konkreten Ausgestaltung des Darlehensvertrags ab, insbesondere davon, wie eng das Arbeitgeberdarlehen mit dem Arbeitsverhältnis verknüpft ist (BAG 21.1.10 – 6 AZR 556/07, DB 10, 675).

Eine in einem Abwicklungsvertrag enthaltene Klausel, dass „mit Erfüllung dieser Vereinbarung alle gegenseitigen Ansprüche, gleich welchen Rechtsgrundes, seien sie bekannt oder unbekannt, abgegolten und erledigt sind", erfasst auch eventuelle Darlehensrückzahlungsansprüche des ArbGeb (LAG Köln 19.9.07 – 7 Sa 410/07; s auch BAG 19.3.09 – 6 AZR 557/07, NZA 09, 896).

B. Lohnsteuerrecht *Thomas*

1. Begriff. Ein ArbGebDarlehen liegt vor, wenn der ArbGeb dem ArbN das Darlehen 12 gewährt. Im umgekehrten Fall des ArbN als Darlehensgeber spricht man von *Arbeitnehmerdarlehen*. Nicht als Darlehen werden angesehen Reisekostenvorschüsse, vorschlüssiger Auslagenersatz, Lohnabschläge und Lohnvorschüsse, sofern es sich bei letzteren nur um eine abweichende Vereinbarung über die Bedingungen der Lohnzahlung handelt (BMF 1.10.08, DStR 08, 2063 Tz 2).

2. Steuerliche Einordnung. Der Darlehenszufluss als durchlaufender Posten begründet 13 keine zu versteuernde Einnahmen. Jedoch liegt Arbeitslohn vor, wenn bzw soweit der ArbGeb auf seinen Rückzahlungsanspruch aus dem Darlehen verzichtet (vgl BFH 12.12.75 – VI B 124/75, BStBl II 76, 543; BFH 27.3.92 – VI R 145/89, BStBl II 92, 837). Zur Frage, wann bei noch nicht ausgezahltem Lohnanspruch ein Vereinbarungsdarlehen, und damit ein Lohnzufluss anzunehmen ist, vgl *Arbeitsentgelt* Rz 77 und *Lohnzufluss* Rz 10. Die vom ArbN entrichteten Zinsen können je nach Verwendung des Darlehens Werbungskosten sein, zB bei den Einkünften aus Vermietung und Verpachtung (auch der Nutzungsvorteil eines zinsfreien Darlehens führt zu Werbungskosten; BFH 4.6.96 – IX R 70/94, BFH/NV 97, 20) oder aus nichtselbstständiger Arbeit, wenn mit dem Darlehen ein Arbeitsmittel (s *Arbeitsmittel* Rz 11) erworben worden ist.

3. Arbeitslohn. a) Zinsvorteile. Gewährt der ArbGeb ein Darlehen zu günstigeren als 14 marktüblichen Konditionen, so sind die diesbezüglichen Zinsvorteile – unabhängig von der Verwendung des Darlehens (aA *K/S* § 19 Rz B 886, wenn ein Arbeitsmittel angeschafft wird) – Arbeitslohn. Ein Zinsvorteil wird aber nur erfasst, wenn die Summe der noch nicht getilgten Darlehen am Ende des Lohnzahlungszeitraums 2600 € übersteigt (BMF 1.10.08, DStR 08, 2063 Tz 3). Gewährt der ArbGeb zu Darlehen Dritter Zinszuschüsse, leistet er Barlohn (BFH 4.5.06 – VI R 67/03, DStRE 06, 1174 mit Anm *MIT*; FG Hess 5.3.90, EFG 90, 523 betr Übernahme von Teilzahlungszuschlägen). Zu Überzinsen, die der ArbGeb dem ArbN gewährt (zB eine Bank ihren Mitarbeitern), s *Arbeitnehmerdarlehen* Rz 9.

b) Bewertung. Frühere Verwaltungsregelungen (R 31 Abs 11 LStR vor 2008) hatten 15 vorgesehen, dass bei Unterschreiten eines für alle Darlehensarten einheitliche Referenzinses von 5 % ein geldwerter Vorteil auch dann vorliegt, wenn das ArbGebDarlehen nicht unter dem marktüblichen Zins lag. Nachdem der BFH dem nicht gefolgt ist (BFH 4.5.06 – VI R 28/05, BStBl II 06, 781 = DStR 06, 1594), ist Maßstabzins jetzt der für vergleichbare Darlehen am Abgabeort – auch unter Einbeziehung allgemein zugänglicher Internetangebote – günstigste Zins (BMF 1.10.08, DStR 08, 2063 Tz 4). Vergleichbar sind Darlehen, die hinsichtlich Kreditart, Laufzeit und Zinsbindung einander im Wesentlichen entsprechen (vgl aber BFH 30.5.01 – VI R 123/00, BStBl II 02, 230 = DStR 01, 1656). Dabei wird offenbar

23 Arbeitgeberdarlehen

die Bonität des Darlehensschuldners vernachlässigt. Maßgebender Zeitpunkt ist die Vergabe bzw bei Änderung der Konditionen, zB bei Prolongation, der Zeitpunkt der veränderten Bedingungen (BMF 1.10.08, DStR 08, 2063 Tz 5). Wird als Maßstab nicht der günstigste Zins am Markt, sondern der von der Deutschen Bundesbank je Kreditart unter Neugeschäfte veröffentliche Effektivzins – also ein gewichteter Durchschnittszins – zugrundegelegt, kann von diesem ein Unsicherheitsabschlag von 4% vorgenommen werden (BMF 1.10.08, DStR 08, 2063 Tz 8). Das gilt auch für die Frage, ob die Sachbezugsfreigrenze von 44 € (§ 8 Abs 2 Satz 9 EStG) eingehalten ist. Für Altdarlehen wurden Übergangsregelungen getroffen (BMF 1.10.08, DStR 08, 2063 Tz 9 ff).

16   Liegen die **Voraussetzungen des § 8 Abs 3 EStG** vor (s *Sachbezug* Rz 27 ff), wie zB bei einem zinsverbilligten Darlehen einer Bank an ihre ArbN, ist die Differenz zum marktüblichen Zins als Arbeitslohn zu erfassen. Dabei ist vom Angebotspreis lt Preisaushang bzw Preisverzeichnis (BMF 1.10.08, DStR 08, 2063 Tz 15) ein Bewertungsabschlag von 4% vorzunehmen und ein noch nicht verbrauchter Rabattfreibetrag abzuziehen. Wenn die Darlehensgewährung nicht zum Geschäftsgegenstand des ArbGeb gehört, greift § 8 Abs 3 EStG nicht ein (BFH 18.9.02 – VI R 134/99, BStBl II 03, 371). Das kann sogar bei einer Spezialbank der Fall sein, wenn sie keine Kredite an Jedermann vergibt (BFH 9.10.02 – VI R 164/01, DStRE 02, 1481 mit Anm *MIT*). Ein dem ArbGebDarlehen vergleichbares Geschäft liegt auch nicht vor, wenn der ArbGeb Gelder auf einem Festgeldkonto bei einer Bank anlegt (BFH 9.10.02 – VI R 54/01, DStRE 03, 1) oder wenn er beim Verkauf von Waren den Kunden Zahlungsziele einräumt. Vgl im Übrigen zu Fremddarlehen des ArbGeb gleicher Art BMF 21.7.03, BStBl I 03, 391.

C. Sozialversicherungsrecht *Schlegel*

17   **1. Verzicht auf Darlehensrückzahlung.** Verzichtet der ArbGeb ganz oder teilweise darauf, dass der ArbN ein ihm gewährtes Darlehen zurückzahlt, hat dies seinen Grund regelmäßig in der Arbeitsleistung des ArbN, zumindest hängt der Verzicht mit dem Arbeitsverhältnis zusammen. Der im Verzicht zu sehende geldwerte Vorteil ist dann als **Arbeitsentgelt** iSv § 14 Abs 1 Satz 1 SGB IV anzusehen.

18   Dabei wird es sich regelmäßig um einen den Einmalzahlungen iSd § 23a SGB IV gleichzustellenden Vorteil handeln. Zu dessen beitragsrechtlicher Behandlung s *Einmalzahlungen*.

19   **2. Zinszuschuss.** Gewährt der ArbGeb seinem ArbN einen Zinszuschuss zu einem vom ArbN bei einem Dritten aufgenommenen Darlehen, handelt es sich – je nach Zahlungsweise – ebenfalls um laufendes oder einmalig gezahltes Arbeitsentgelt.

20   **3. Zinsvorteile. a) Allgemeines.** Bei einem verbilligten Darlehen ist zu unterscheiden, ob es sich beim ArbGeb um eine Bank handelt oder ob der ArbGeb Darlehen nicht geschäftsmäßig vergibt.

21   **b) Bank als Arbeitgeber.** Sofern ArbN von Banken ein verbilligtes Darlehen erhalten, handelt es sich bei der Differenz zwischen dem marktüblichen Zins und dem tatsächlich zu zahlenden Zins um einen geldwerten Vorteil, der als Arbeitsentgelt iSv § 14 SGB IV anzusehen ist (§ 3 Abs 2 SvEV iVm § 8 Abs 2 EStG).

22   Derartige geldwerte Vorteile sind als zusätzlich zum Arbeitsentgelt gewährte sog **Personalrabatte** steuerfrei, soweit sie aus dem Dienstverhältnis im Kj den Freibetrag des § 8 Abs 3 EStG nicht übersteigen. Da die Zinsverbilligung regelmäßig zusätzlich zum Arbeitslohn und nicht an dessen Stelle gewährt wird, fällt der Vorteil unter § 1 SvEV. Das bedeutet: Der geldwerte Vorteil ist nicht dem Arbeitsentgelt zuzurechnen und damit auch beitragsfrei, soweit er steuerfrei ist. Zinsvergünstigungen an ArbN einer Bank sind beitrags- und leistungsrechtlich also dann relevant, wenn und soweit sie den Personalrabatt übersteigen.

23   **c) Sonstige Arbeitgeber.** Bei Zinsverbilligung eines Darlehens sonstiger ArbGeb entfällt das Privileg der Steuerfreiheit nach § 8 Abs 3 Satz 1 EStG. Der geldwerte Vorteil ist damit im Prinzip in voller Höhe und ohne Freibetrag als beitragspflichtiges Arbeitsentgelt anzusehen. Gesetzlich angeordnete Steuerfreiheit iSv § 1 Abs 1 SvEV liegt an sich nicht vor.

24   Von der **Finanzverwaltung** wurden bisher aber auch diese Vorteile aus Vereinfachungsgründen (s oben Rz 15) nur dann als steuerpflichtig angesehen, wenn die Summe des noch nicht getilgten Darlehens am Ende des Lohnzahlungszeitraumes 2600 € überstieg und soweit der Effektivzins für ein Darlehen 6 vH unterschreitet (Abschn 31 Abs 8 LStR; s auch oben

Rz 15). Die Spitzenverbände der SozVTräger haben daraus den Schluss gezogen, dass Zinsersparnisse gem § 1 ArEV (jetzt § 1 SvEV) auch nicht dem Arbeitsentgelt iSd SozV zuzurechnen sind, soweit diese von den Finanzbehörden als lohnsteuerfrei behandelt werden. Soweit LStPflicht bestehe, müssten aus den Zinsersparnissen/Zinszuschüssen auch GesamtSozVBeiträge entrichtet werden (vgl Besprechungsergebnis vom 28./29.3.90, DB 90, 1519 Nr 9). Beträgt der Zinssatz des ArbGeb also etwa 3 vH, ist der Zinsvorteil gegenüber einem (hypothetischen) Zinssatz von 6 vH als Sachbezug dem Arbeitsentgelt zuzurechnen.

Eine **Rechtsgrundlage** für dieses Vorgehen (der Finanzbehörden und) der SozVTräger besteht nicht; es ist nicht ersichtlich, weshalb Zinsvorteile aus Darlehen, deren noch nicht getilgte Summe am Ende des Entgeltabrechnungszeitraumes 2600 € nicht übersteigt, völlig beitragsfrei sein sollen und weshalb Zinsvorteile nur auszunehmen sind, soweit der Effektivzins für das Darlehen den og vH-Satz unterschreitet. Wünschenswert wäre deshalb, dass der Gesetzgeber diese – ohne Zweifel praktische – Vorgehensweise der Finanzbehörden und der SozVTräger legalisiert. Bis dahin müsste richtigerweise der gesamte effektive Zinsvorteil aus dem ArbGebDarlehen als geldwerter, für geleistete Arbeit gewährter Vorteil der Beitragspflicht unterworfen werden. Gleichwohl können sich ArbGeb und ArbN auf die gefestigte Praxis der SozVTräger verlassen, die sich hier der Vorgehensweise der Finanzbehörden anschließen. 25

Arbeitgeberhaftung

A. Arbeitsrecht
Griese

1. Begriff und Bedeutung. Der Begriff umschreibt die Haftung des ArbGeb gegenüber den bei ihm tätigen ArbN. Die Haftung des ArbGeb gegenüber dem ArbN unterscheidet sich von der zivilrechtlichen Haftung aus dem BGB in mehrfacher Hinsicht. Hervorzuheben ist der **weitgehende Ausschluss der Haftung für Personenschäden** einerseits, und die **partielle Erweiterung der Haftung auf unverschuldete Sachschäden** andererseits. Infolge der unterschiedlichen Ausgestaltung der Haftung für Personen- und Sachschäden müssen in jedem Schadensfall die Ansprüche getrennt nach Personen- und Sachschaden geprüft werden. Die Haftung des ArbGeb für die ordnungsgemäße Abführung von LSt und SozVAbgaben wird unten ab Rz 22 sowie bei *Bruttolohnvereinbarung* Rz 5–11 und *Sozialversicherungsbeiträge* Rz 1 ff behandelt. Zur Frage, **wer** als ArbGeb für die ArbGebPflichten haftet, s *Arbeitgeber* Rz 1 ff, zur Durchgriffshaftung BAG 13.6.97 – 9 AZR 38/96, NZA 97, 1128 und BAG 8.9.98 – 3 AZR 185/97, NZA 99, 543. 1

2. Haftung für Personenschäden von Arbeitnehmern. Personenschäden sind die Schäden, die aus der Verletzung oder Tötung eines ArbN resultieren. Nach § 823 BGB würde der ArbGeb für jeden Personenschaden seiner ArbN, den er vorsätzlich oder fahrlässig verursacht, voll haften. Tatsächlich entfällt die Haftung infolge gesetzlichen Haftungsausschlusses weitgehend und wird auf die gesetzliche UV verlagert. 2

a) **Haftungsausschluss gemäß § 104 SGB VII.** § 104 SGB VII hat die Funktion des § 636 RVO (s *Rolfs* NJW 96, 3177) übernommen. Nach dieser Bestimmung ist die Haftung des ArbGeb ausgeschlossen, wenn der Personenschaden auf einem **Versicherungsfall** (§ 7 SGB VII: Arbeitsunfälle oder Berufskrankheiten) beruht, der ArbGeb den Unfall nicht vorsätzlich herbeigeführt hat und der Unfall nicht auf dem versicherten Weg eingetreten ist. Statt des ArbGeb kann die gesetzliche UV in Anspruch genommen werden. Der weitgehende Ausschluss der Haftung des ArbGeb beruht auf dem Grundgedanken, dass der Verunglückte durch die Leistungen der gesetzlichen UV einen gleichwertigen Ausgleich für seine Schadensersatzansprüche erhält. Die gesetzliche UV haftet zudem nicht nur für verschuldete, sondern auch für **unverschuldete Arbeitsunfälle**. § 254 BGB gilt nicht, so dass die UV auch bei Eigenverschulden des ArbN voll eintritt. Ferner hat die Haftungsverlagerung auf die gesetzliche UV für die ArbN den Vorteil, dass sie stets einen solventen Haftungsschuldner haben und nicht Gefahr laufen müssen, ihre Haftungsansprüche infolge einer Insolvenz des ArbGeb nicht realisieren zu können. Da die ArbGeb allein die Beiträge an die BG als Träger der gesetzlichen UV erbringen, rechtfertigt sich die gesetzlich vorgenommene Haftungsverlagerung. 3

24 Arbeitgeberhaftung

4 **b) Voraussetzungen des Haftungsausschlusses.** Der Haftungsausschluss setzt zunächst voraus, dass der Personenschaden aufgrund eines Versicherungsfalls der gesetzlichen UV (Einzelheiten s *Arbeitsunfall* Rz 28) eingetreten ist. Ein Arbeitsunfall setzt eine **betriebliche Tätigkeit** des ArbN voraus. Das Verlassen der Arbeitsstelle einschließlich des Weges auf dem Werksgelände bis zum Werkstor gehört noch zur betrieblichen Tätigkeit (BAG 14.12.2000 – 8 AZR 92/00, NZA 01, 549). Der Haftungsausschluss greift somit nicht ein, soweit der ArbGeb im außerbetrieblichen, privaten Bereich eine Schädigung des ArbN verursacht.

5 Zur betrieblichen Tätigkeit gehören jedoch nicht nur die arbeitsvertraglich geschuldete Arbeitsleistung, sondern auch alle damit in Zusammenhang stehenden Maßnahmen. Hierher gehören zB auch vorbeugende ärztliche Untersuchungen, die der ArbGeb im Hinblick auf besondere Gesundheitsgefahren der betrieblichen Tätigkeit angeordnet hat, so dass die unmittelbare Haftung des ArbGeb für durch die Untersuchung verursachten Schäden ausgeschlossen ist (BAG 18.10.90 – 8 AZR 344/89, NZA 91, 275).

6 Voraussetzung des Haftungsausschlusses ist nicht, dass ein wirksamer Arbeitsvertrag zwischen ArbGeb und ArbN vorliegt. Auch der **rechtswidrig beschäftigte Arbeitnehmer** (§ 7 Abs 2 SGB VII) oder der mithelfende ArbN eines anderen ArbGeb können die Leistungen der gesetzlichen UV beanspruchen, müssen jedoch andererseits den Haftungsausschluss hinnehmen. Denn gegen Arbeitsunfall versichert sind nicht nur die ArbN, sondern auch solche Personen, die wie ArbN im Betrieb tätig geworden sind. Entscheidend ist mithin die tatsächliche **Eingliederung** in den Betrieb (BAG 19.2.09 – 8 AZR 188/08, NZA-RR 10, 123). Deshalb kann auch die kurzzeitige spontane Hilfeleistung eines fremden ArbN für den Betrieb unter den gesetzlichen UVSchutz fallen und somit die Haftung des ArbGeb ausschließen (BAG 28.2.91 – 8 AZR 521/89, BB 91, 1193). Andererseits reicht hierfür nicht die bloße Arbeitsberührung ohne konkrete Tätigkeit für den Betrieb aus (BAG 13.4.83, DB 83, 2258). Arbeiten mehrere ArbGeb auf einer (vorübergehend) gemeinsamen Betriebsstätte (zB mehrere Unternehmen auf einer Baustelle, freiberuflicher Tierarzt in landwirtschaftlichem Betrieb) kann einem ArbGeb der Haftungsausschluss gem § 106 Abs 3 SGB VII auch dann zugute kommen, wenn er einen anderen ArbGeb oder die ArbN eines anderen ArbGeb schädigt. Voraussetzung ist, dass der ArbGeb persönlich auf der gemeinsamen Betriebsstätte gearbeitet hat (BGH 3.7.01 – VI ZR 284/00, NZA 01, 1143). Eine gemeinsame Betriebsstätte liegt nur vor, wenn aufeinander bezogene Arbeiten ausgeführt werden; ein zufälliges Zusammentreffen reicht nicht aus (BGH 14.9.04 – VI ZR 32/04, NZA 05, 643). Die Haftungsfreistellung kann auch bei ausländischen ArbGeb, die **aus dem Ausland Arbeitnehmer entsenden,** in Betracht kommen (BGH 7.11.06 – VI ZR 211/05, NJW 07, 1754). Die Haftungsprivilegierung gilt auch gegenüber einem anderen geschädigten ArbGeb, der freiwillig oder kraft Satzung versichert ist (BAG 17.6.08 – VI ZR 257/06, NZV 08, 504).

7 Weitere Voraussetzung für den Haftungsausschluss ist, dass der ArbGeb **nicht vorsätzlich** gehandelt hat. Dies setzt zumindest bedingten Vorsatz bzgl Verletzungshandlung und Verletzungserfolg voraus (so BAG 10.10.02 – 8 AZR 103/02, NZA 03, 436; ebenso *Rolfs* NJW 96, 3177, 3179; aA *Waltermann* NJW 97, 3401, 3402). Vorsatz kann zB vorliegen, wenn ein ArbGeb einen ArbN in Kenntnis der Gefahr ein Einer Baustelle einsetzt, auf der dieser Asbest einatmen muss; der Vorsatz eines Erfüllungsgehilfen wird dabei gem § 278 Satz 1 BGB wie eigener Vorsatz gewertet (BAG 28.4.11 – 8 AZR 769/09, BeckRS 2011, 75828).

Der Haftungsausschluss gilt nur für fahrlässig verursachte Schäden, allerdings auch für grobe Fahrlässigkeit des ArbGeb. In letzterem Fall kann die BG als Träger der gesetzlichen UV gem §§ 110, 111 SGB VII **Regress** beim ArbGeb für die von ihr erbrachten Aufwendungen nehmen.

Schließlich war gem § 636 RVO, der bis zum 31.12.96 galt, Voraussetzung für den Haftungsausschluss, dass der Unfall **nicht bei Teilnahme am allgemeinen Verkehr** stattfand. Die dadurch vorgegebene Unterscheidung zwischen allgemeinem Straßenverkehr und betriebsbedingten Straßenverkehr ist ab 1.1.97 entfallen, da nach § 104 Abs 1 SGB VII kein Haftungsausschluss greift, wenn der Unfall auf dem versicherten Weg eingetreten ist (*Rolfs* NJW 96, 3179). Das BAG (Urt vom 19.8.04 – 8 AZR 349/03, ArbuR 04, 350; Urt vom 24.6.04 – 8 AZR 292/03, ArbuR 04, 272; ebenso BGH 9.3.04 – VI ZR 439/02, NZA 04, 1165) will zum versicherten Weg entgegen dem Wortlaut von § 8 Abs 2 SGB VII jedoch **nur den privat organisierten Weg von der Wohnung zur Arbeitsstelle** zählen, nicht dagegen Betriebswege, zB den Rücktransport von einer auswärtigen Baustelle zur Wohnung

Arbeitgeberhaftung 24

des ArbN. Damit soll der Haftungsausschluss selbst dann greifen, wenn ein ArbN auf einem Rücktransport von einer Messe zu seiner Wohnung als Beifahrer wegen eines funktionsunfähigen Sicherheitsgurtes zu Schaden kommt, obwohl der ArbGeb den Sicherheitsmangel kannte (BAG 19.8.04 – 8 AZR 349/03, ArbuR 04, 350). Rechtlich geboten ist ein solch weitreichender Haftungsausschluss nicht. Es gibt auch keinen praktischen Anlass dafür, da für die Schäden die Kfz-Haftpflichtversicherung aufkommen würde (s *Griese* in FS Küttner, S 165 ff).

Von einem Unfall auf einem Betriebsweg ist jedenfalls nur dann auszugehen, wenn die gemeinsame Fahrt der Arbeitskollegen selbst als Teil des innerbetrieblichen Organisations- und Funktionsbereiches erscheint; der Umstand, dass der ArbGeb eine gemeinsame Fahrt mehrerer ArbN angeregt hat, reicht dafür nicht aus (OLG Dresden 19.3.08 – 7 U 1753/07, NZV 09, 87).

c) Reichweite des Haftungsausschlusses. Soweit ein Haftungsausschluss gegeben ist, 8 erfasst er sämtliche Ansprüche gegen den ArbGeb. Dies bedeutet, dass nicht nur die Haftung für eigenes Verschulden des ArbGeb bis hin zur groben Fahrlässigkeit ausgeschlossen ist; es bedeutet auch, dass die Haftung für fremdes Verschulden, für das der ArbGeb nach zivilrechtlichen Vorschriften einstehen müsste, zB § 278 BGB oder § 831 BGB, entfällt. Am einschneidensten ist die von der Rspr gezogene und durch das UVEG nicht veränderte Konsequenz, wonach mit dem Haftungsausschluss auch Ansprüche auf **Schmerzensgeld** (§ 253 Abs 2 BGB) ausgeschlossen sind (BAG 8.12.70, DB 71, 774; *Deutsch* ZRP 98, 291). Das BVerfG bejaht die Vereinbarkeit dieses Ergebnisses mit der Verfassung (BVerfG 8.2.95 – 1 BvR 753/94, NJW 95, 1607). Misslich für die betroffenen ArbN ist hieran, dass die gesetzliche UV zwar den materiellen Personenschaden ausgleicht, nicht jedoch den zum immateriellen Bereich zählenden Schmerzensgeldanspruch.

d) Kritik. Das Ergebnis ist rechtlich, mehr aber noch rechtspolitisch äußerst fragwürdig 9 (s ErfK/*Rolfs* § 104 SGB VII Rz 2–3; *Richardi* NZA 02, 1009; *Fuhlrott* NZS 07, 237; *Griese* in FS Küttner, S 165 ff). Bedenkenswert ist bereits, ob unter dem Begriff „Ersatz des Personenschadens", den § 104 SGB VII für den Haftungsausschluss übernommen hat, nicht nur der materielle Personenschaden verstanden werden muss. Es erscheint zudem verfassungsrechtlich nicht gerechtfertigt, den betroffenen ArbN im Gegensatz zu anderen Geschädigten den Schmerzensgeldanspruch zu entziehen, ohne dies durch eine Ersatzleistung der gesetzlichen UV für die immateriellen Schäden auszugleichen. Besonders widersprüchlich ist, dass der UVTräger im Rahmen des Regresses gegen den ArbGeb, der grob fahrlässig gehandelt hat, ein fiktives Schmerzensgeld verlangen darf, dieses an den geschädigten ArbN aber nicht weitergeben muss (BGH 27.6.06 – VI ZR 143/05, NJW 06, 3563). Dies steht zudem in deutlichem Kontrast zu der ansonsten in der zivilrechtlichen Judikatur zu Tage getretenen Tendenz, Schmerzensgeldansprüche über den von § 253 BGB bestimmten und durch die Schuldrechtsmodernisierung erweiterten Rahmen hinaus zuzulassen, etwa im Bereich der schweren Persönlichkeitsrechtsverletzung. Noch deutlicher ist der Kontrast, wenn man die gesetzgeberischen Anstrengungen zum Ersatz immaterieller Schäden berücksichtigt, etwa im Reisevertragsrecht (§ 651f Abs 2 BGB) oder im Datenschutzrecht (§ 7 Abs 2 BDSG). So hat ein ArbN zwar Anspruch auf immateriellen Schadensersatz, wenn er nutzlos Urlaubszeit aufwendet oder eine öffentliche Stelle infolge rechtswidriger Datenverarbeitung eine schwere Persönlichkeitsrechtsverletzung verursacht, nicht jedoch wenn er von einer – ungleich schwerer wiegenden – Verletzung mit Dauerfolgen aufgrund eines vom ArbGeb verschuldeten Arbeitsunfalls betroffen ist. Es ist nicht zu vermitteln, dass zB ein ArbN, der in einem Betriebsfahrzeug wegen eines funktionsunfähigen Sicherheitsgurtes gravierend zu Schaden kommt, keinen Schmerzensgeldanspruch hat, obwohl der ArbGeb den Sicherheitsmangel kannte (so aber BAG 19.8.04 – 8 AZR 349/03, ArbuR 04, 350). Das Argument, es gehe darum, innerbetriebliche Rechtsauseinandersetzungen zu vermeiden, überzeugt nicht. Denn eine **strafrechtliche Auseinandersetzung** wegen auch fahrlässiger Körperverletzung (Anklage, Privatklage, Nebenklage) wird durch den Haftungsausschluss nicht ausgeschlossen und führt über § 153a StPO ggf doch faktisch zu einem Schmerzensgeld. Zudem wird das Argument der Vermeidung innerbetrieblicher Streitigkeiten ohnehin nicht konsequent durchgehalten, wie die innerbetrieblichen Schadensersatzansprüche wegen Mobbing zeigen.

24 Arbeitgeberhaftung

Vorzuziehen ist es daher, den Schmerzensgeldanspruch zuzulassen und auf das strafrechtliche Instrumentarium jedenfalls bei **normaler** Fahrlässigkeit zu verzichten. Letztlich führt der gegenwärtige Rechtszustand zu einem Missverhältnis zwischen dem Ersatz von Personen- und Sachschäden. Während die Personenschadenhaftung des ArbGeb beschränkt ist, wird die Sachschadenhaftung des ArbGeb über die Verschuldenshaftung des BGB hinaus ausgedehnt (s unten Rz 14 und *Aufwendungsersatz* Rz 6 ff). Durch das seit dem 1.8.02 geltende Gesetz zur Änderung schadensersatzrechtlicher Vorschriften wurde das Missverhältnis noch vergrößert, da Geschädigte auch bei verschuldensunabhängiger Haftung Schmerzensgeldansprüche haben, ArbN aber nicht einmal bei grober Fahrlässigkeit des ArbGeb. Schließlich spricht der Präventivgedanke dafür, den zugunsten des ArbGeb geltenden Haftungsausschluss nicht auf Schmerzensgeldansprüche zu erstrecken.

10 e) **Gesundheitsschäden,** die durch eine **Verletzung von Aufklärungspflichten** des ArbGeb entstehen, etwa unterlassene Hinweise auf Gesundheitsgefahren bei der Arbeit, werden vom Haftungsausschluss nicht erfasst. Sie können gem §§ 618 Abs 3 iVm 280 Abs 1 BGB schadensersatzpflichtig sein. Die aus § 618 Abs 1 BGB folgenden Aufklärungspflichten werden durch §§ 14, 12 ArbSchG konkretisiert. Der Haftungsanspruch schließt einen Schmerzensgeldanspruch ein (BAG 14.12.06 – 8 AZR 628/05, NZA 07, 262). Der Haftungsausschluss gem § 105 I SGB VII erfasst nicht Schmerzensgeldansprüche von Angehörigen oder Hinterbliebenen eines Versicherten auf Grund sog Schockschäden infolge eines Arbeitsunfalles des Versicherten (BGH 6.2.07 – VI ZR 55/06, NJW-RR 07, 1395).

11 **3. Sachschäden.** Für den Ersatz von Sachschäden sind die Deliktsrechtsbestimmungen des BGB unbeschränkt maßgebend, insbesondere §§ 280, 278, 823, 831, BGB. Die dort vorgesehene Verschuldenshaftung wird jedoch ergänzt durch verschuldensunabhängige Haftungstatbestände.

12 a) **Verschuldenshaftung.** Nach § 823 BGB haftet der ArbGeb für schuldhaft verursachte **Eigentumsverletzungen.** Dazu bedarf es einer konkreten schuldhaften Pflichtverletzung. So kann ein Verstoß gegen Fürsorge-, Obhuts- und Verwahrungspflichten eine Haftung auslösen (Näheres s *Fürsorgepflicht* Rz 11 ff). Diese Verschuldenshaftung ergibt sich auch, wenn der ArbGeb gegen seine aus § 34 Abs 6 ArbstättV folgende Pflicht verstößt, dem ArbN ein abschließbares Fach zur Aufbewahrung seiner **persönlichen Wertsachen** zur Verfügung zu stellen und dem ArbN deshalb Gegenstände abhanden kommen. Dieser Pflicht ist genüge getan, wenn ein ArbN ein abschließbares Fach in einem Kleiderschrank, Büroschrank oder Schreibtisch hat (LAG Hamm 6.12.89, DB 90, 1467).

Nach § 831 BGB haftet der ArbGeb weiterhin, wenn er Verrichtungsgehilfen, also zB **andere Arbeitnehmer** des Betriebes, nicht ordnungsgemäß ausgewählt oder überwacht hat und hierdurch der ArbN einen Sachschaden erleidet. Ebenso haftet der ArbGeb für das Verschulden von Erfüllungsgehilfen nach § 278 BGB (LAG Frankfurt aM 12.3.90, BB 91, 349). Ein Mitverschulden mindert den Haftungsanspruch je nach dem Grad des Mitverschuldens bis hin zum völligen Ausschluss des Anspruchs, etwa bei grober Nachlässigkeit im Umgang mit den eigenen Sachen oder bei Mitnahme von besonders wertvollen, nicht arbeitsnotwendigen Gegenständen in den Betrieb.

13 b) **Haftung ohne Verschulden.** Ohne Verschulden haftet der ArbGeb unter dem Gesichtspunkt des Aufwendungsersatzes (Einzelheiten s *Aufwendungsersatz* Rz 6 ff) für Sach- und Vermögensschäden nach § 670 BGB, soweit sich dabei ein besonderes, vom ArbGeb zu tragendes und nicht abgegoltenes Risiko verwirklicht hat. Der ArbGeb haftet nicht für Geldbußen oder -strafen, die gegen den ArbN bei Rechtsverstößen anlässlich der Ausübung der Tätigkeit, zB wegen Lenkzeitenüberschreitung verhängt werden (BAG 25.1.01 – 8 AZR 465/00, NZA 01, 653).

14 **4. Verletzung sonstiger absoluter Rechte.** Die **schuldhafte** Verletzung sonstiger absoluter Rechte des ArbN führt zur deliktischen Verschuldenshaftung nach § 823 Abs 1 BGB. Als solches ist das **allgemeine Persönlichkeitsrecht** anerkannt (BAG 16.5.07 – 8 AZR 709/06, NZA 07, 1155; *Palandt/Thomas* § 823 Rz 175 mwN; zu Ansprüchen bei *Mobbing* s dort u BAG 25.10.07 – 8 AZR 593/06, NZA 08, 223), so dass Persönlichkeitsrechtsverletzungen zu Ansprüchen auf Unterlassung und Beseitigung und in schweren Fällen auch zum **Schmerzensgeldanspruch** des ArbN führen (Näheres: *Persönlichkeitsrecht* Rz 14).

Schwere Ehrverletzungen, zB die Bezeichnung einer ArbN durch den ArbGeb in einer Presseveröffentlichung als „faulste Mitarbeiterin Deutschlands", als „schräg und unehrlich" und die Behauptung, „die ArbN wisse wohl nicht, von wem sie schwanger sei", können auch nicht durch die Pressefreiheit (Art 5 Abs 1 Satz 2 GG) gerechtfertigt werden und führen zu Unterlassungs-, Schadensersatz- und Schmerzensgeldansprüchen (BAG 18.2.99 – 8 AZR 735/97, NZA 99, 645). Die Rspr lässt offen, ob zu den absoluten Rechten, deren Verletzung entschädigungspflichtig ist, auch das Recht am Arbeitsplatz gehört (BAG 4.4.98 – 8 AZR 786/96, NJW 99, 164: Verletzung durch Druckkündigung; zum sog **Auflösungsverschulden** s *Kündigung, außerordentliche* Rz 83–85). Eine rechtsunwirksame Kündigung ist ohne Hinzutreten besonderer Umstände keine Persönlichkeitsverletzung, so dass der ArbGeb für einen später verübten Selbstmord des ArbN nicht haftbar gemacht werden kann, wenn nicht erkennbare Anhaltspunkte für eine Suizidgefährdung vorlagen (BAG 24.4.07 – 8 AZR 347/07, DB 07, 2086).

5. Vermögensschäden. Soweit der ArbN ohne Verletzung eines absoluten Rechts einen **15 Vermögensschaden** erleidet, kann ein Schadensersatzanspruch aus einer schuldhaften Verletzung von Vertrags- oder Vertragsnebenpflichten (§§ 280, 282 BGB), etwa **Hinweis- und Belehrungspflichten** des ArbGeb (s *Fürsorgepflicht* Rz 14 ff u BAG 4.5.10 – 9 AZR 184/09) oder aus dem schuldhaften Verstoß gegen Schutzgesetze nach § 823 Abs 2 BGB (zB durch Verstoß gegen § 2 NachwG; ArbG Frankfurt 25.8.99 – 2 Ca 477/99, ArbuR 99, 485) folgen. Die Haftung kann auch gegen einen **Insolvenzverwalter** persönlich nach § 823 Abs 2 BGB iVm § 263 StGB zum Tragen kommen, wenn er im Rahmen einer Betriebsstilllegung vorsätzlich falsche Angaben macht (LAG Köln 10.12.07 – 14 Sa 1108/07, BeckRS 2008, 52733).

Bei Vertragsanbahnung können Aufklärungspflichten über die Situation des Unternehmens bestehen (BAG 14.7.05 – 8 AZR 300/04, NZA 05, 1298). Auch eine fehlerhafte Auskunft des ArbGeb über Versorgungsansprüche kann zur Haftung führen (BAG 21.11.2000 – 3 AZR 13/00, NZA 02, 618; BAG 24.9.09 – 8 AZR 444/08, NZA 10, 337). Für die Haftung gegenüber **Bewerbern** im Hinblick auf **diskriminierungsfreien** Umgang ist § 15 AGG (s dazu *Ausschreibung* Rz 3) maßgebend; danach ist ua Voraussetzung, dass die Bewerbung bei der Entscheidung über die Stellenbesetzung schon vorlag. Bewirbt sich ein schwerbehinderter ArbN auf eine zeitlich überholte Internet-Stellenanzeige, deren Löschung nach Besetzung der Stelle versäumt wurde, und geht die Bewerbung deshalb erst nach Abschluss des Stellenbesetzungsverfahrens ein, liegt keine Benachteiligung vor, so dass kein Schadensersatzanspruch gegeben ist (BAG Urteil vom 19.8.10 – 8 AZR 370/09; s ferner BAG 23.8.12 – 8 AZR 285/11 zu Altersdiskriminierung).

Der ArbGeb haftet ferner, wenn er es unterlässt, einen geschädigten ArbN auf das Bestehen einer betrieblichen Unfallversicherung hinzuweisen (BAG 26.7.07 – 8 AZR 707/06, NJOZ 08, 3171). Zu den Vertragspflichten, für die nach § 280 BGB gehaftet wird, gehört auch die richtige Berechnung und Abführung von SozVBeiträgen (s *Sozialversicherungsbeiträge* Rz 3 u *Schwarzarbeit* Rz 1 ff).

Die Haftung für Vorsatz kann wegen § 276 Abs 3 BGB nicht vertraglich im voraus ausgeschlossen werden, ebenso wenig wegen § 202 Abs 1 BGB die Verjährung entsprechender Ansprüche verkürzt werden, so dass arbeitsvertragliche Verfallklauseln diesbezüglich keine Wirkung entfalten können (BAG 20.6.13 – 8 AZR 280/12).

6. Haftungsausgleich und Regress vgl *Arbeitsunfall* Rz 18 ff. **16**

B. Lohnsteuerrecht *Seidel*

1. Allgemeines. Im Steuerrecht wird der Begriff Haftung nur in Bezug auf das „Ein- **17** stehenmüssen" für eine fremde Schuld gebraucht. Wenn dort von der Haftung des ArbGeb die Rede ist, ist damit die Haftung des ArbGeb für die nach den allgemeinen Vorschriften **erhobene LSt und KiSt** gemeint (im Gegensatz zur LStPauschalierung, s *Lohnsteuerpauschalierung* Rz 5), die Steuerschulden des ArbN darstellen (§ 38 Abs 2 EStG). Diese Haftung des ArbGeb für die LSt, KiSt und den SolZ ist unter dem Stichwort *Lohnsteuerhaftung* Rz 4 ff dargestellt. Die folgenden Ausführungen (Rz 19–21) betreffen daher die lohnsteuerliche Behandlung der Schadensersatzleistungen des ArbGeb, die sich aus der arbeitsrechtlichen ArbGebHaftung (s oben Rz 1 ff) ergeben.

24 Arbeitgeberhaftung

18 2. Die **Leistungen aus der gesetzlichen Unfallversicherung** sind sowohl in Kapital- als auch in Rentenform steuerfrei (§ 3 Nr 1a EStG; Näheres s *Unfallrente* Rz 8). Zu Leistungen einer freiwilligen betrieblichen UV des ArbGeb zugunsten des ArbN s BMF 28.10.09 IV C 5 – S 2332/09/10 004; Dok 2009/0690175; BStBl I 09, 1275) und *Unfallrente* Rz 12 ff.

19 3. **Schadensersatz** stellt grds keinen steuerbaren Vorgang dar. Dies gilt auch für Leistungen des ArbGeb an den ArbN. Allerdings hält sich das Steuerrecht an diesen Grundsatz nur, soweit der Schadensersatz auf einer **gesetzlichen Verpflichtung** des ArbGeb beruht. Dies trifft auf Ansprüche des ArbN aus unerlaubter Handlung (§§ 823 ff BGB), Gefährdungshaftung oder aus der schuldhaften **Verletzung einer Vertragspflicht,** zB der Fürsorgepflicht (s *Fürsorgepflicht* Rz 24) zu, soweit hier ein zivilrechtlicher Schadensersatzanspruch besteht (s auch LStH 19.3: Schadensersatzleistungen). Darüber hinausgehende Beträge sind aber Arbeitslohn, so dass auch ein Verschulden des ArbN zu prüfen ist (s auch *Arbeitsentgelt* Rz 54 ff). Bei Anspruchskonkurrenz (zB mit unerlaubter Handlung) gehen die vertraglichen Ansprüche vor. Bewirkt zB eine fehlerhafte LStBescheinigung durch den ArbGeb, dass der ArbN zu einer überhöhten ESt veranlagt wird, so kann dem ArbN gegen den ArbGeb ein Schadensersatzanspruch zustehen, dessen Erfüllung durch den ArbGeb nicht zu Lohnzufluss führt (BFH 20.9.96, BStBl II 97, 144). Zur Mehrbedarfsrente nach § 843 Abs 1 BGB vgl BFH 25.10.94 (BStBl II 95, 121); zu weiteren Schadensersatzrenten s BMF 15.7.09 (BStBl I 09, 836) sowie BFH 26.11.08 – X R 31/07, BStBl II 09, 651: Schadensersatzrente nach § 844 Abs 2 BGB).

20 Schadensersatz als **Ersatz für entgangenen oder entgehenden Arbeitslohn** oder für die Aufgabe oder Nichtausübung einer Tätigkeit ist als Arbeitslohn stpfl (s *Arbeitsentgelt* Rz 54 ff; § 2 Abs 2 Nr 4 LStDV; § 24 Nr 1 EStG; s auch *Außerordentliche Einkünfte* Rz 4 ff und BFH 6.7.05 – XI R 46/04, BStBl II 06, 55: Schadensersatz wegen schuldhaft verweigerter Wiedereinstellung; zu Leistungen im Zusammenhang mit UV des ArbGeb zugunsten des ArbN s BMF 28.10.09 – IV C 5 – S 2332/09/10004; Dok 2009/0690175; BStBl I 09, 1275 Tz 2.1.5). Das gilt auch dann, wenn ein anderer als der ArbGeb den Lohnersatz zahlt (*Schmidt/Krüger* § 19 Rz 100: Schadensersatz). Ggf muss im Schätzungswege eine Aufteilung auf stpfl Lohnersatz, steuerfreies Schmerzensgeld und Sachschaden (ggf stpfl, s oben Rz 19) vorgenommen werden. Zahlt ein **Dritter**, zB der Unfallverursacher, so ist das LStAbzugsverfahren nicht durchführbar, da der Schädiger nicht ArbGeb ist. Der ArbGeb ist nicht zum Abzug verpflichtet, weil der Dritte nicht für ihn bezahlt. In diesen Fällen ist daher eine EStVeranlagung (s auch *Antragsveranlagung* Rz 7 ff) durchzuführen (*HMW*/Schadensersatz Rz 16).

21 Zur lohnsteuerlichen Behandlung des Aufwendungsersatzes durch den ArbGeb (s oben Rz 13) s *Aufwendungsersatz* Rz 23 ff. Zum Ersatz von Schäden auf einer Dienstreise s *Dienstreise* Rz 55–57. Schadensersatzleistungen des ArbGeb an die **Bundesagentur für Arbeit** (s unten Rz 33) sind lohnsteuerlich unbeachtlich, jedoch vom ArbGeb als Betriebsausgaben abziehbar (s aber auch *Erstattungsanspruch der Agentur für Arbeit* Rz 12 ff). Wird der Hauptunternehmer im Baugewerbe als Haftender für die Beitragsschulden des Nachunternehmers in Anspruch genommen (s unten Rz 26 ff) ist der Haftungsbetrag als Betriebsausgabe abzugsfähig. Lohnsteuerlich ist für ihn nichts veranlasst. Hinsichtlich der lohnsteuerlichen Behandlung der SozVBeiträge beim ArbGeb (s unten Rz 22–24) und beim ArbN s *Sozialversicherungsbeiträge* Rz 14 ff.

C. Sozialversicherungsrecht
Schlegel

22 **I. Haftung für Sozialversicherungsbeiträge. 1. Grundsätzliche alleinige Haftung des Arbeitgebers.** Schuldner der Beiträge im Verhältnis zu Einzugsstelle ist allein der ArbGeb (§ 253 SGB V, § 60 Abs 1 Satz 2 SGB XI, § 174 Abs 1 SGB VI, § 348 Abs 2 SGB III jeweils iVm § 28e Abs 1 Satz 1 SGB IV). Der ArbN hat den GesamtSozVBeitrag ausnahmsweise nur dann zu zahlen, wenn ArbGeb ein ausländischer Staat oder eine internationale oder zwischenstaatliche Organisation ist (vgl § 28 m SGB IV, vgl dazu *Schlegel/Voelzke* SGB IV, § 28 m Rz 19 ff). Dieser Quellenabzug gilt nicht für einen von den Krankenkasse möglicherweise einzufordernden kassenindividuellen Zusatzbeitrag nach § 242 SGB V, dem die Kasse beim versicherten ArbN selbst einziehen muss (vgl dazu *Krankenversicherungsbeiträge* Rz 33 f).

Arbeitgeberhaftung 24

Für **nicht abgeführte Sozialversicherungsbeiträge** haftet allein der ArbGeb. Der 23 ArbN ist im Arbeitsverhältnis lediglich verpflichtet, den Abzug der ArbNAnteile vom Bruttolohn nach Maßgabe des § 28g SGB IV zu dulden. Die Einzugsstelle kann sich hinsichtlich nicht abgeführter Beiträge nur an den ArbGeb halten, der für die Erfüllung der Beitragschuld mit seinem Vermögen haftet. Dies gilt selbst dann, wenn ein ArbGeb im Einvernehmen mit seinem ArbN von dem ausgezahlten Lohn keine Beiträge und Steuern abführt. Wird dieses später entdeckt, so sind Beiträge wie bei einer Nettolohnvereinbarung zu zahlen (vgl § 14 Abs 2 Satz 2 SGB IV, *Schwarzarbeit, Nettolohnvereinbarung*). Soweit der ArbN die Hälfte des Beitrags zu tragen hat, bezieht sich das rechtlich nur auf sein Verhältnis zum ArbGeb. Zieht der ArbGeb den ArbNAnteil nicht vom Lohn ab und darf er den Abzug auch nicht mehr nachholen (vgl § 28g Abs 1 Satz 3 SGB IV, dazu *Lohnabzugsverfahren*), geht die Beitragslast hinsichtlich des ArbNAnteils kraft Gesetzes auf den ArbGeb über, so dass er nunmehr auch wirtschaftlich die gesamte Beitragslast allein zu tragen hat (BSG 22.9.88 – 12 RK 36/86, SozR 2100 § 14 Nr 22).

2. Gesamtschuldnerische Haftung des Reeders und des Arbeitgebers. Für die 24 Zahlungspflicht des ArbGeb, der in § 28e, § 13 Abs 1 Satz 2 SGB IV genannten Seeleute, haften der ArbGeb und der Reeder als Gesamtschuldner (§ 28e Abs 3 SGB IV).

3. Quasi-Bürgenhaftung des Entleihers von Arbeitnehmern. Im Falle erlaubter 25 **Arbeitnehmerüberlassung** haftet für die Erfüllung der Zahlungspflicht des ArbGeb zusätzlich auch der Entleiher wie ein selbstschuldnerischer Bürge. Der Entleiher kann die Zahlung allerdings verweigern, solange der ArbGeb (Verleiher) von der Einzugstelle nicht gemahnt worden ist (vgl § 28e Abs 2 SGB IV). Aus einem Vergleich mit § 28e Abs 3b SGB IV ergibt sich, dass diese Haftung verschuldensunabhängig ist.

4. Quasi-Bürgenhaftung im Baugewerbe für Beitragsschulden des Nachunter- 26 **nehmers. a) Allgemeines.** Bauunternehmer haften im Zusammenhang mit SozVBeiträgen der ArbN ihrer Nachunternehmer (Subunternehmer) wie selbstschuldnerische Bürgen (vgl § 28e Abs 3a SGB IV). Der in Anspruch genommene Bauunternehmer kann die Zahlung allerdings verweigern, solange der ArbGeb (Nach-/Subunternehmer) von der Einzugstelle nicht gemahnt worden ist (vgl § 28e Abs 3a Satz 3 iVm Abs 2 SGB IV). **Zweck** dieser Haftung ist es, die Bauunternehmer zu veranlassen, bei der Auswahl ihrer Nachunternehmer zu prüfen, ob diese sich illegaler Praktiken bedienen, anstatt wie bisher oftmals trotz eindeutiger Indizien für das Vorliegen von illegaler Beschäftigung, zB wegen unrealistischer Preiskalkulation, die Augen zu verschließen (so die Gesetzesbegründung BT-Drs 14/8221 S 11). Das für Gesamtsozialversicherungsbeiträge geltende Haftungssystem im Baugewerbe nach § 28e Abs 3a–3f SGB 4 findet auch für die Beitragshaftung in der gesetzlichen UV entsprechende Anwendung (BSG 27.5.08 – B 2 U 11/07 R; zum Ganzen *Langner/Hübsch* BB 08, 2127).

b) Verschuldensabhängige Haftung. Die Haftung des Hauptunternehmers tritt nicht 27 ein, wenn er nachweist, dass er ohne eigenes Verschulden davon ausgehen konnte, dass der Nachunternehmer oder ein von ihm beauftragter Verleiher seine Zahlungspflicht erfüllt (vgl § 28e Abs 3b SGB IV). Diesen Nachweis wird der Bauunternehmer idR dadurch führen können, dass er sich in regelmäßigen Abständen eine entsprechende vom Nachunternehmer beigebrachte Bescheinigung der Einzugsstelle über die Zahlung der SozVBeiträge für die auf einer bestimmten Baustelle eingesetzten ArbN vorlegen lässt. Zu einer „baustellenspezifischen" Führung der Lohnunterlagen sind Bauunternehmer seit 1.8.02 durch § 28 f Abs 1a SGB IV verpflichtet. Danach hat der Unternehmer bei Ausführung eines Dienst- oder Werkvertrages im Baugewerbe die Lohnunterlagen und die Beitragsabrechnung so zu gestalten, dass eine Zuordnung der ArbN, des Arbeitsentgelts und des darauf entfallenden Gesamt-SozVBeitrages zu dem jeweiligen Dienst- oder Werkvertrag möglich ist. Weiter kommt zum Nachweis der erforderlichen Sorgfalt in Betracht, dass der Hauptunternehmer das Angebot des Subunternehmers auch darauf hin überprüft, ob in der **Kalkulation** die Zahlung von SozVBeiträgen in einer realistischen Höhe veranschlagt ist. Weiter kann sich der Hauptunternehmer **Freistellungsbescheinigungen** der Finanzbehörden über die Erfüllung der Steuerpflicht des Nach-/Subunternehmers nach dem Gesetz zur Eindämmung der illegalen Beschäftigung vorlegen lassen.

24 Arbeitgeberhaftung

28 **c) Voraussetzungen der Haftung.** Die Haftung ist nur für Unternehmer des **Baugewerbes** angeordnet (vgl § 28e Abs 3a S 1 SGB IV). Unternehmen, die selbst keine Bauunternehmen sind, sondern nur „**Bauherren**", die als Letztbesteller eines Werkes auftreten, werden von der Haftungsregelung nicht erfasst (vgl BT-Drs 14/8221 S 15). Um zu verhindern, dass die Haftung des Hauptunternehmers durch die Bildung von **Bauträgergesellschaften** oder vergleichbaren Konstruktionen umgangen wird, beschränkt sich die Haftung nicht nur auf diejenigen Unternehmen, die selbst von einem Auftraggeber einen Bauauftrag bekommen haben, sondern bezieht auch gewerbliche Auftraggeber ein (vgl § 28e Abs 3e SGB IV).

Die Haftung greift nur dann ein, wenn der geschätzte **Gesamtwert** aller für ein Bauwerk in Auftrag gegebenen Bauleistungen mindestens 275 000 € beträgt. Für die Schätzung gilt § 3 der VergabeVO (vgl § 28e Abs 3d SGB IV).

29 Die Haftung erstreckt sich auf Beitragsschulden bzgl derjenigen ArbN, die bei dem von ihm bestellten Bauprojekt eingesetzt werden. Insoweit ist die Haftung **projekt- oder baustellenbezogen.** Dabei spielt es keine Rolle, ob die Beitragsschulden für „eigene" ArbN des beauftragten Nach-/Subunternehmers entstehen, oder für vom Nachunternehmern entliehene ArbN. Dh, die Haftung des Hauptunternehmers greift auch dann ein, wenn der beauftragte Nach-/Subunternehmer zur Ausführung des Auftrages seinerseits einen **Arbeitnehmer-Verleiher** einschaltet; der Hauptunternehmer haftet auch für die gegenüber dem Verleiher aufgrund der Arbeit am Bauprojekt entstehenden Beitragsschulden (vgl § 28e Abs 3a SGB IV).

30 Dagegen gilt die Haftung nicht für **weitere Nachunternehmer,** die vom beauftragten Nachunternehmer als **Sub-Sub-Unternehmer** eingeschaltet werden. Die im ursprünglichen Gesetzentwurf auch insoweit vorgesehene Haftung des Hauptunternehmers für die Beitragschulden von Nach-Nach bzw Sub-Sub-Unternehmern ist nicht Gesetz geworden. Dies ist sachgerecht, da es kaum Möglichkeiten des Hauptunternehmers gibt, die Erfüllung der Zahlungspflichten der weiteren Nachunternehmer festzustellen.

31 **5. Umfang der Haftung.** In sämtlichen Fällen (Haftung des ArbGeb, Entleihers und des Bauunternehmers) erstreckt sich die Haftung neben den Beiträgen auch auf Säumniszuschläge sowie die Zinsen für gestundete Beiträge (§ 28e Abs 4 SGB IV).

32 **II. Schadensersatzrechtliche Einstandspflichten des Arbeitgebers** sind im Wesentlichen in folgenden Fällen vorgesehen.

33 **1. Ausfüllen unzutreffender Bescheinigungen.** Füllt der ArbGeb die bei Beendigung eines Beschäftigungsverhältnisses auszufüllende Arbeitsbescheinigung (§ 312 SGB III), eine Nebeneinkommensbescheinigung (§ 313 SGB III) oder eine Insolvenzgeldbescheinigung (§ 314 SGB III) nicht, nicht richtig oder nicht vollständig aus, hat er der BA den daraus entstehenden Schaden zu ersetzen (§ 321 SGB III). Einzelheiten s *Arbeitsbescheinigung*.

34 **2. Kurzarbeitergeld, Winterausfallgeld, Wintergeld.** Erfüllt der ArbGeb vorsätzlich oder fahrlässig seine Verpflichtungen zur oder bei der Beantragung, Errechnung und Auszahlung dieser Leistungen nicht, ist er der BA zum Ersatz des daraus entstandenen Schadens verpflichtet (vgl §§ 321, 320 SGB III).

35 **III. Beitrags- und leistungsrechtliche Behandlung von Schadensersatz.** Gem § 14 SGB IV gehören zum Arbeitsentgelt nur laufende oder einmalige Einnahmen aus einer Beschäftigung, unabhängig davon, ob ein Rechtsanspruch auf die Einnahmen besteht, unter welcher Bezeichnung oder in welcher Form sie geleistet werden und ob sie unmittelbar aus der Beschäftigung oder im Zusammenhang mit ihr erzielt werden. Stehen dem ArbN Ansprüche aus unerlaubter Handlung (§§ 823 ff BGB) oder aus Gefährdungshaftung gegen seinen ArbGeb zu und stehen diese Ansprüche mit einer Schädigung des ArbN im Arbeits- oder Dienstverhältnis im Zusammenhang, liegt gleichwohl kein Arbeitsentgelt vor. Die Einnahme beruht hier auf gesetzlicher Rechtsgrundlage und nicht, wie § 14 SGB IV verlangt, auf Rechtsbeziehungen aus dem Beschäftigungsverhältnis. Schadensersatzansprüche sind deshalb weder bei der Beitragsbemessung noch bei der Leistungsbemessung zu berücksichtigen.

Arbeitgeberzuschuss

A. Arbeitsrecht
Griese

1. Allgemeines. ArbGebZuschuss bildet den Oberbegriff für Zuschussleistungen, die der 1 ArbGeb an den ArbN erbringt. Es kann sich um Zuschüsse zu Aufwendungen des ArbN handeln, die zu dessen persönlichen Lebensbedarf gehören und die der ArbGeb aus sozialen Gründen bezuschusst, obwohl hierzu keine gesetzliche Verpflichtung besteht. Beispiele hierfür sind der *Essenszuschuss* und der *Fahrtkostenzuschuss* für die zur privaten Lebensführung gehörenden Fahrten zwischen Wohnung und Arbeitsstätte. Es kann sich ferner um Zuschüsse handeln, die zusätzlich zu *Lohnersatzleistungen* der SozVTräger in bestimmten sozialen Situationen gewährt werden. Beispiele hierfür sind der Zuschuss zum Krankengeld (s *Krankengeldzuschuss* Rz 1) im Fall der über 6 Wochen hinaus andauernden Arbeitsunfähigkeit und der Zuschuss zum Verletztengeld beim Arbeitsunfall nach Ablauf des Entgeltfortzahlungszeitraumes sowie der Zuschuss zum Kurzarbeitergeld (BAG 28.5.96 – 3 AZR 752/95, NZA 97, 101 oder Unterhaltsgeld, das während einer Umschulung gezahlt wird (BAG 24.11.93 – 4 AZR 225/93, NZA 94, 471). Schließlich werden auf gesetzlicher Grundlage Zuschüsse geschuldet, so nach § 14 MuSchG der Zuschuss zum *Mutterschaftsgeld* (s *Mutterschutz* Rz 33).

2. Rechtsgrundlage. Ist der Zuschussanspruch nicht gesetzlich geregelt, kann er sich nur 2 aus Tarifvertrag, Betriebsvereinbarung oder gesamt- oder einzelvertraglicher Grundlage (Betriebliche Übung, Gesamtzusage, arbeitsvertragliche Einheitsregelung, Arbeitsvertrag) ergeben. Eine Ungleichbehandlung verschiedener ArbNGruppen, zB Arbeiter und Angestellte, ohne sachlichen Grund ist unzulässig (BAG 28.5.96 – 3 AZR 752/95, NZA 97, 101). In der Rechtsgrundlage kann zugleich festgelegt werden, dass der Zuschussanspruch unter bestimmten Voraussetzungen entfällt (BAG 10.11.93 – 4 AZR 642/92, NZA 94, 467).

Für Klagen von freiwillig in der gesetzlichen KV Versicherte auf ArbGebZuschuss zur Kranken- und PflegeV gem § 257 SGB V sind die Sozialgerichte, nicht die Arbeitsgerichte zuständig, ebenso für die Rückforderung zu Unrecht geleisteter Zuschüsse (BAG 19.8.08 – 5 AZB 75/08, NZA 08, 1313).

3. Mitbestimmungspflichtigkeit. Ist eine gesetzliche oder tarifliche Anspruchsgrund- 3 lage nicht gegeben, greift für die Zuschussgewährung das Mitbestimmungsrecht des BRat nach § 87 Abs 1 Nr 10 BetrVG ein, da die Gewährung von Zuschüssen eine Form der **betrieblichen Lohngestaltung** ist. Der ArbGeb ist zwar frei in seiner Entscheidung, ob und in welchem Umfang (Dotierungsrahmen) er Mittel für Zuschüsse zu bestimmten Zwecken zur Verfügung stellen will. Bei der Verteilung dieser Zuschüsse, insbesondere bei den Verteilungskriterien hat der BRat jedoch ein erzwingbares Mitbestimmungsrecht und kann auch von seinem Initiativrecht Gebrauch machen.

B. Lohnsteuerrecht
Thomas

1. Grundsätze. Die steuerliche Beurteilung eines ArbGebZuschusses richtet sich nach 4 dem Verwendungszweck des Zuschusses. In aller Regel stellt der Zuschuss Arbeitslohn dar, und zwar nicht nur für den Fall, dass private Kosten des ArbN bestritten werden, sondern auch bei Werbungskostenersatz. Ob das Nutzungsentgelt für eine Garage oder ein Arbeitszimmer Arbeitslohn oder Mietzahlung darstellt, hängt davon ab, ob der ArbN dem ArbGeb Räumlichkeiten überlässt oder ob der ArbGeb lediglich einen Kostenzuschuss für die Nutzung durch den ArbN gewährt (vgl BFH 7.6.02 – VI R 145/99, BStBl II 02, 829; BFH 8.3.06 – IX R 76/01, BFH/NV 06, 1810; BFH 2.10.08 – VI B 102/07, BFH/NV 09, 148). Kein Arbeitslohn ist gegeben, wenn der Zuschuss im überwiegend eigenbetrieblichen Interesse (vgl dazu *Arbeitsentgelt* Rz 48) des ArbGeb geleistet wird oder Auslagenersatz vorliegt (vgl BFH 7.6.02 – VI R 1/00, DStRE 03, 1 mit Anm *MIT*). Steuerlich geläufiger als ArbGebZuschuss ist der Begriff **Beihilfe**. Einzelne Zuschüsse bzw Beihilfen sind steuerbefreit (s *Beihilfeleistungen* Rz 3 ff).

25 Arbeitgeberzuschuss

5 **2. Zusätzlichkeitserfordernis.** Teilweise hängt die Steuerbefreiung bzw eine Pauschalierungsmöglichkeit davon ab, dass der Zuschuss zusätzlich zum ohnehin geschuldeten Arbeitslohn gewährt wird, zB in § 3 Nr 33 EStG (Kinderbetreuung), § 3 Nr 34 EStG (Gesundheitsförderung) § 40 Abs 2 Nr 1 EStG (Essenszuschuss), § 40 Abs 2 Nr 5 (Personalcomputer, Internetzugang), § 40 Abs 2 Satz 2 EStG (Fahrtkostenzuschuss). Da ohnehin „geschuldet" nur der Lohn ist, auf den ein einklagbarer arbeitsrechtlicher Anspruch besteht, entfällt die Steuerfreiheit bzw Pauschalierbarkeit in den obigen Fällen nicht, wenn der Zuschuss mit einer **freiwilligen** Sonderzahlung verrechnet wird (BFH 1.10.09 – VI R 41/07, DStR 10, 156, ein nach § 40 Abs 2 Satz 2 EStG pauschal versteuerter Fahrtkostenzuschuss statt freiwilligem Weihnachtsgeld). Dem ist die Verwaltung unter Aufgabe ihrer bisher abweichenden Auffassung gefolgt (R 3.33 Abs 5 Satz 3 LStR). Konsequenterweise hätte sie dann auch die echte Barlohnumwandlung als unschädlich ansehen müssen, was aber nicht geschehen ist (R 3.33 Abs 5 Satz 2 LStR).

6 **3. Barlohnumwandlung.** Diese unterscheidet sich von der Barlohnverwendung dadurch, dass bisher geschuldeter Barlohn arbeitsvertraglich wirksam herabgesetzt und statt dessen ganz oder teilweise eine andere – ggfalls begünstigte – Lohnform vereinbart wird. Demgegenüber bleibt bei der Barlohnverwendung der arbeitsrechtlich geschuldete Barlohn unverändert; er kann aber im Wege der Ersetzungsbefugnis anderweit erfüllt werden. Bei der Barlohnverwendung ist das Zusätzlichkeitserfordernis nicht erfüllt, weil die arbeitsrechtliche Verpflichtung mit ohnehin geschuldetem und nicht mit zusätzlichem Lohn beglichen wird (BFH 6.3.08 – VI R 6/05, BStBl II 08, 530 = DStR 08, 861, Warengutscheine statt Urlaubsgeld; BFH 10.6.08 – VI B 113/07, BFH/NV 08, 1482, Deputate statt Weihnachtsgeld; vgl auch BFH 15.5.98 – VI R 127/97, BStBl II 98, 518 = DStR 98, 1126 mit Anm MIT zur Verrechnung von Weihnachtsgeld mit einer Gratifikation; BFH 12.3.93 – VI R 71/92, BStBl II 93, 521, Lohntausch aufgrund einer tarifvertraglichen Öffnungsklausel).

Bei der echten Barlohnumwandlung ist nicht mehr der bisherige, sondern nur noch der arbeitsrechtlich wirksam herabgesetzte Barlohn „geschuldet". Weitere funktionsgebundene und deshalb begünstigte Lohnanteile werden also zusätzlich zum ohnehin geschuldeten Arbeitslohn gewährt. Trotzdem verneint die Verwaltung hier das Zusätzlichkeitserfordernis (R 3.33 Abs 5 Satz 2 LStR). Der BFH geht neuerdings noch einen Schritt weiter. Während er bisher nur darauf abgestellt hat, ob die ggf begünstigte Leistung „zu dem Arbeitslohn hinzukommt, den der ArbGeb aus anderen Gründen schuldet" (BFH 15.5.98 – VI R 127/92, BStBl II 98, 518 unter 1.), also den Zusatzlohn dem ohnehin geschuldeten Lohn gegenübergestellt hat, bezieht der BFH den Zusatzlohn jetzt überraschenderweise dann in den ohnehin geschuldeten Lohn mit ein, wenn der Zusatzlohn seinerseits nicht unter Freiwilligkeitsvorbehalt steht (BFH 19.9.12 – VI R 54/11, DStR 12, 2427 mit Anm ge und VI R 55/11, DStR 12, 2431). Damit wird angenommen, der Gesetzgeber würde die Begünstigungszwecke nur verwirklicht sehen wollen, wenn sie mit Vorbehaltslohn, also sozusagen nach Gutsherrenart, gewährt werden. Eine solche Einschränkung entspricht weder dem naheliegenden Wortlautverständnis, noch gibt es Hinweise, der Gesetzgeber habe ein so überraschendes Ziel verfolgt, zumal der BFH selbst annimmt, das Zusätzlichkeitserfordernis bezwecke, die Begünstigungsfolgen auszuschließen, wenn regelbesteuerter Lohn in begünstigten Lohn umgewandelt wird. Über dieses Ziel geht die Auslegung des BFH weit hinaus, weil sie dazu führt, dass die Begünstigungen auch dann entfallen, wenn der Zusatzlohn nicht aus einer Lohnumwandlung hervorgegangen ist, aber auf ihn ein arbeitsrechtlicher Anspruch besteht. Da für eine derartige Verschärfung der Anforderungen durch den BFH in der Tat kein Anlass bestand (vgl auch *Obermair* DStR 13, 1118; *Plenker* DB 13, 1202) wendet sie die Verwaltung zu Recht nicht an (BMF 22.5.13 DStR 13, 1133).

Aber auch die Auffassung der Verwaltung, dass eine echte Lohnumwandlung schädlich sei, ist zweifelhaft, da die zusätzlich funktionsgebundenen Lohnteile zum derzeit arbeitsrechtlich geschuldeten regelbesteuerten Lohn hinzukommen. Deshalb ist auch unschädlich, wenn den ArbN in Aussicht gestellt wird, dass bei Wegfall von Begünstigungsvoraussetzungen (zB Eintritt der Schulpflicht bei § 3 Nr 33 EStG; andere Pauschalierungsgrenzen bei § 40 Abs 2 Satz 2 EStG wegen Umzugs) der Barlohn wieder angehoben wird. Denn künftige Ansprüche begründen keinen derzeit geschuldeten Lohn. Es wäre widersinnig anzunehmen, der Gesetzgeber habe angesichts des progressiven Steuertarifs steuerliche Entlastungen von einer Erhöhung der Lohnkosten des ArbGeb abhängig machen wollen. Im Übrigen wird nur die an Wortlaut, Systematik und Gesetzeszweck orientierte Auslegung (vgl im Einzelnen *Thomas* DStR 11, 789) einer gleichheitskonformen Besteuerung gerecht, die nicht darauf abhebt, ob die jeweilige Lohnformenvereinbarung bei Vertragsbeginn oder nachträglich bzw mit Barlohnumwandlung oder ohne eine solche durch Verwendung anstehender Lohnerhöhung getroffen wurde.

4. Bewertungsvorteile. Wird Barlohn in Sachlohn umgewandelt, um eine günstigere **7** Bewertung zu erlangen, ist dies zulässig, wenn keine ausdrückliche gesetzliche Einschränkung besteht (zB Überlassung eines Dienstwagens bei gleichzeitiger Lohnkürzung; BFH 20.8.97 – VI B 83/97, BStBl II 97, 667; vgl auch *Thomas* DStR 97, 1841; *Wagner* BB 97, 150 und Beilage 11 zu BB Heft 41/98; zu Gestaltungsmöglichkeiten bei Gehaltserhöhungen vgl *Grube* DStR 97, 1956); zur Umwandlung von Barlohn in steuerfreien Reisekostenersatz BFH 27.4.01 – VI R 2/98 (BStBl II 01, 601 = DStR 01, 1479 mit Anm. *MIT; Bergkemper* KFR/F 3 EStG § 3, 1/01, S 391) sowie in ArbNFinanzierte betriebliche Altersversorgung (BMF 4.2.2000 BStBl I 2000, 354 = DStR 2000, 327; BFH 29.7.10 – VI R 39/09, BFH/NV 10, 2296) und in pauschal besteuerte Zukunftsicherungsleistungen (*Klöckner* NWB F 6, 4195, 4199).

C. Sozialversicherungsrecht *Ruppelt*

1. Beitragszuschuss zur Krankenversicherung. a) Freiwillige Versicherung in der **11** **gesetzlichen Krankenversicherung.** Ausschließlich wegen Überschreitens der JAEGrenze nach § 6 Abs 1 Nr 1 SGB V (s *Beitragsbemessungsgrenzen* Rz 5 ff) versicherungsfreie Beschäftigte (keine sonstigen Gründe) haben nach § 257 Abs 1 Satz 1 SGB V gegen ihren ArbGeb einen Anspruch auf **Beitragszuschuss** zur **freiwilligen** KV nach § 9 SGB V. Als **Zuschuss** ist dem in der gesetzlichen KV freiwillig versicherten Beschäftigten der Betrag zu zahlen, den der ArbGeb bei Versicherungspflicht des Beschäftigten zu tragen hätte (§ 257 Abs 1 Satz 1 SGB V). Bestehen mehrere Beschäftigungsverhältnisse, haben die ArbG den Zuschuss anteilig zu tragen (§ 257 Abs 1 Satz 2 SGB V).

b) Private Krankenversicherung. Ein Zuschuss wird unter der in Rz 11 dargelegten **12** grundsätzlichen Voraussetzung für eine private KV nur gezahlt, wenn das Versicherungsunternehmen
– diese KV nach Art der Lebensversicherung betreibt,
– einen Basistarif iSd § 12 des Versicherungsaufsichtsgesetzes anbietet,
– soweit es über versicherte Personen im brancheneinheitlichen Standardtarif iSv § 257 Abs 2a SGB V in der bis zum 31.12.08 geltenden Fassung verfügt, sich verpflichtet, die in § 257 Abs 2a SGB V in der bis zum 31.12.08 geltenden Fassung in Bezug auf den Standardtarif genannten Pflichten einzuhalten (vgl hierzu Personalbuch 2006),
– sich verpflichtet, den überwiegenden Teil der Überschüsse, die sich aus dem selbst abgeschlossenen Versicherungsgeschäft ergeben, zugunsten der Versicherten zu verwenden,
– vertraglich auf das ordentliche Kündigungsrecht verzichtet,
– die KV nicht zusammen mit anderen Versicherungssparten betreibt, wenn das Versicherungsunternehmen seinen Sitz im Geltungsbereich des SGB V hat.
Der Versicherungsnehmer hat dem Arbeitgeber jeweils nach Ablauf von drei Jahren eine Bescheinigung des Versicherungsunternehmens darüber vorzulegen, dass die Aufsichtsbehörde dem Versicherungsunternehmen bestätigt hat, dass es die Versicherung, die Grundlage des Versicherungsvertrages ist, nach den genannten Voraussetzungen betreibt. Der Zuschuss beträgt die Hälfte des Betrags, der sich unter Anwendung des um 0,9 Beitragssatzpunkte verminderten allgemeinen Beitragssatzes der Krankenkassen und der bei Versicherungspflicht zugrunde zu legenden beitragspflichtigen Einnahmen als Beitrag ergibt, höchstens jedoch die Hälfte des Betrages, den der Beschäftigte an seine private KV zu zahlen hat. Prämien für Familienangehörige sind gds mitzurechnen, wenn diese im Falle der Versicherungspflicht im Rahmen der *Familienversicherung* (s dort Rz 5 ff) mitversichert wären (KassKom/*Peters* § 257 SGB V Rz 15). Für **Klagen** auf Zahlung des ArbGebZuschusses nach § 257 SGB V ist der Rechtsweg zu den Sozialgerichten gegeben (BAG 1.6.99 – 5 AZB 34/98, NJW 2000, 1811; Gem Senat der obersten Gerichtshöfe des Bundes 4.6.74 – GmS-OGB 2/73, NJW 74, 2087).

26 Arbeitnehmer (Begriff)

13 **c) Nicht abdingbar** zu Ungunsten des ArbN sind die gesetzlichen Regelungen über den Beitragszuschuss. Bestehen innerhalb desselben Zeitraums mehrere Beschäftigungsverhältnisse, sind die beteiligten ArbGeb anteilig nach dem Verhältnis der Höhe der jeweiligen Arbeitsentgelte zur Zuschusszahlung verpflichtet (§ 257 Abs 1 Satz 2 SGB V).

14 **d) Sonderregelungen** gelten für Bezieher von Kurzarbeitergeld oder Vorruhestandsgeld sowie für Versicherte ohne Anspruch auf Krankengeld (§ 257 Abs 2 Satz 3–5, Abs 3, 4 SGB V).

15 **2. Pflegeversicherung.** Für den Beitragszuschuss des ArbGeb zur sozialen oder privaten PflegeV gilt eine dem KVRecht entsprechende Regelung (s im Einzelnen *Pflegeversicherungsbeiträge* Rz 34).

16 **3. Zuschüsse zum Krankengeld und andere Zuschüsse** des ArbGeb aufgrund Tarifvertrags oder sonstiger Vereinbarung finden ihre Grundlage im Arbeitsvertragsrecht. Neben dem Zuschuss zu den Beiträgen der **privaten Krankenversicherung** kann zB auch eine Bezuschussung des Eigenanteils des versicherten ArbN erfolgen (vgl Rz 1). Zur Anrechnungsfreiheit auf das Krankengeld und zur Beitragsfreiheit der Zuschüsse nach § 23c SGB IV s *Krankengeldzuschuss* Rz 3 ff.

17 **4. Mutterschaftsgeld.** Zum ArbGebZuschuss zum Mutterschaftsgeld nach § 14 Abs 1 Satz 1 MuSchG s *Mutterschutz* Rz 33, 39.

18 **5. Berufsständische Versorgungseinrichtung.** Von der RVPflicht befreite Mitglieder berufsständischer Versorgungseinrichtungen erhalten nach Maßgabe von § 172a SGB VI hierzu vom ArbGeb einen Beitragszuschuss.

Arbeitnehmer (Begriff)

A. Arbeitsrecht Röller

Übersicht

	Rz		Rz
1. Begriff	1	d) Schiffsbesatzungen	13
2. Vertragliche Verpflichtung zur Dienstleistung	2, 3	e) Land- und Forstwirtschaft	14
		f) Künstler, Medienmitarbeiter	15
a) Privatrechtlicher Vertrag als Ausgangspunkt	2	7. Beschäftigungsverhältnisse außerhalb des Geltungsbereichs des Arbeitsrechts	16–23
b) Vertragsbezeichnung und -durchführung	3	a) Beamte, Richter, Soldaten, Zivildienstleistende	16
3. Persönliche Abhängigkeitt	4		
4. Ansätze zur Neubestimmung des Arbeitnehmerbegriffs	5	b) Strafgefangene, Fürsorgezöglinge	17
		c) Pflichtarbeiter bei Sozialhilfe	18
5. Einzelne Gruppen von Arbeitnehmern	6–9	d) Familiäre Mitarbeit	19
		e) Mitgliedschaft in einem Verein	20
a) Arbeiter und Angestellte	6	f) Organmitglieder juristischer Personen	21, 22
b) Leitende Angestellte	7		
c) Außertarifliche Angestellte	8	g) Gesellschafter	23
d) Arbeitnehmerähnliche Personen	9	8. Feststellung der Arbeitnehmereigenschaft	24, 25
6. Sonderregelungen für bestimmte Arbeitnehmergruppen	10–15	9. Folgen fehlerhafter Vertragstypenzuordnung	26
a) Arbeitnehmer des öffentlichen Diensts	10	10. Arbeitnehmer als Verbraucher	27
b) Kirchliche Mitarbeiter	11	11. Europäischer Arbeitnehmerbegriff	28
c) Dienstordnungs-Angestellte	12		

1 **1. Begriff.** Zentraler Anknüpfungspunkt für die Anwendbarkeit arbeitsrechtlicher Regelungen ist der Begriff des ArbN. Dennoch gibt es keine gesetzliche Definition. Das Gesetz setzt den Begriff des ArbN, wie den des ArbGeb und des Arbeitsverhältnisses als bekannt voraus, ohne ihn zu bestimmen. Der Begriff des ArbN wird deshalb vor allem durch die Rspr des BAG näher bestimmt. Nach st Rspr ist ArbN, wer aufgrund eines privatrechtlichen Vertrages (s *Arbeitsvertrag*) im Dienste eines Anderen zur Leistung weisungsgebundener, fremdbestimmter Arbeit in persönlicher Abhängigkeit verpflichtet ist (BAG 17.4.13 – 10

AZR 272/12, NZA 13, 903; 20.1.10 – 5 AZR 99/09, DB 10, 788). Die Arbeitsleistung muss allerdings nicht von vornherein festgelegt sein. Die vertragliche Vereinbarung kann auch beinhalten, dass der ArbGeb die konkrete Verpflichtung zur Arbeitsleistung erst durch Ausübung des Direktionsrechts gem § 106 GewO auslöst (BAG 15.2.12 – 10 AZR 111/11, NZA 12, 733). Für die Abgrenzung zu anderen Personen und Rechtsverhältnissen sind damit maßgebend die **vertragliche Verpflichtung zur Dienstleistung** und die **persönliche Abhängigkeit** (Weisungsgebundenheit). Im Rahmen einer wertenden Gesamtbetrachtung entscheidet die Rspr, ob der Betreffende dem Typus des ArbN zuzuordnen ist oder nicht. Dabei haben nicht alle Indizien das gleiche Gewicht. Entscheidend ist stets der konkrete Einzelfall.

2. Vertragliche Verpflichtung zur Dienstleistung. a) Privatrechtlicher Vertrag als Ausgangspunkt. Ein Arbeitsverhältnis kann idR nur durch einen privatrechtlichen Vertrag begründet werden. Haben die Vertragsparteien ausdrücklich ein Arbeitsverhältnis vereinbart, ist der zur Dienstleistung Verpflichtete kraft privatautonomer Entscheidung als ArbN mit allen Rechten und Pflichten anzusehen. Es erfolgt in diesem Fall keine objektive, korrigierende Prüfung, ob das Vertragsverhältnis nicht auch als freier Dienstvertrag hätte ausgestaltet werden können (BAG 21.4.05 – 2 AZR 125/04, BeckRS 2005, 42775). Die privatrechtliche Gültigkeit des Arbeitsvertrages ist dabei nicht Voraussetzung für die Bejahung der ArbNEigenschaft. Auch der Arbeitende, der aufgrund eines rechtsunwirksamen Arbeitsvertrages tätig wurde (s *Faktisches Arbeitsverhältnis* Rz 3), ist ArbN iSd Arbeitsrechts. Ausnahmsweise können Arbeitsverhältnisse auch kraft gesetzlicher Anordnung oder kraft gesetzlicher Fiktion begründet werden (zB § 78a BetrVG, § 24 BBiG, § 613a BGB, §§ 9, 10 AÜG).

Der ArbN ist zur Dienstleistung verpflichtet (§ 611 BGB). Anders als beim Werkvertrag (§ 631 BGB) wird kein Erfolg geschuldet. Auch wenn der Arbeitsvertrag eine erfolgsabhängige Vergütung beinhaltet, liegt kein Werkvertrag vor.

b) Vertragsbezeichnung und -durchführung. Es kommt nicht darauf an, wie die Parteien das Vertragsverhältnis bezeichnen. Der Status des Beschäftigten richtet sich nicht nach den Wünschen und Vorstellungen der Vertragspartner, sondern danach, wie die Vertragsbeziehung nach ihrem Geschäftsinhalt objektiv einzuordnen ist. Durch Privatrechtsvereinbarungen kann die Bewertung eine Rechtsbeziehung als Arbeitsverhältnis nicht abbedungen und der Geltungsbereich des ArbNSchutzrechts nicht eingeschränkt werden. Der wirkliche Geschäftsinhalt ist den getroffenen Vereinbarungen und der praktischen Durchführung des Vertrages zu entnehmen. Wenn der Vertrag abweichend von den ausdrücklichen Vereinbarungen vollzogen wird, ist die tatsächliche Durchführung maßgebend (BAG 15.2.12; 20.5.09 – 5 AZR 31/08, BeckRS 2009, 67309).

3. Persönliche Abhängigkeit (Weisungsgebundenheit). Ob ein Arbeitsverhältnis oder ein freies Dienstverhältnis vorliegt, macht die Rspr davon abhängig, ob eine persönliche Abhängigkeit, dh Weisungsgebundenheit vorliegt. Sie stützt sich dabei auf § 84 Abs 1 Satz 2 HGB (BAG 20.5.09; 25.5.05). Danach ist ArbN derjenige Mitarbeiter, der nicht im Wesentlichen frei seine Tätigkeit gestalten und seine Arbeitszeit bestimmen kann.

Eine persönliche Abhängigkeit liegt vor bei einer **Einbindung in eine fremde Arbeitsorganisation,** die sich im Weisungsrecht des ArbGeb bzgl Inhalt, Durchführung, Zeit, Dauer, Art und Ort der Tätigkeit zeigt (BAG 30.9.98 – 5 AZR 563/97, NZA 99, 374; 6.5.98 – 5 AZR 347/97, NZA 98, 873). Das Weisungsrecht kann dabei, abhängig von der Art der geschuldeten Tätigkeit unterschiedlich ausgeprägt sein. Bei untergeordneten, einfachen Arbeiten ist eher eine Eingliederung in eine fremde Arbeitsorganisation anzunehmen als bei gehobenen Tätigkeiten (BAG 26.5.99 – 5 AZR 469/98, NZA 99, 983). Eine wirtschaftliche Abhängigkeit ist weder erforderlich noch ausreichend (BAG 27.6.01 – 5 AZR 561/99, NZA 02, 742; 20.9.00 – 5 AZR 61/99, NZA 01, 551).

Der ArbN schuldet seine Leistung in Person (§ 613 BGB). Ist der zur Dienstleistung Verpflichtete nicht in der Lage, seine vertraglichen Pflichten alleine zu erfüllen, sondern ist er auf Hilfskräfte angewiesen und vertraglich berechtigt, seine Leistungen durch Dritte erbringen zu lassen, liegt idR kein Arbeitsverhältnis vor (BAG 20.1.10 – 5 AZR 99/09, DB 10, 788; 12.12.01 – 5 AZR 253/00, NZA 02, 787).

Zu Abgrenzungsmerkmalen im Einzelnen s *Freie Mitarbeit* Rz 4 ff; ErfK/*Preis* § 611 BGB Rz 63 ff.

26 Arbeitnehmer (Begriff)

5 **4. Ansätze zur Neubestimmung des Arbeitnehmerbegriffs.** In Lit und Rspr gibt es zahlreiche Ansätze für eine Neubestimmung des ArbNBegriffs. Diese werden schwerpunktmäßig aus der Gegenüberstellung zum selbstständigen Unternehmer entwickelt, der als Wettbewerber am Markt auftritt, mit eigenem Kapitaleinsatz eine eigene Unternehmensorganisation ggf auch unter Einsatz eigener Mitarbeiter aufbaut, und bei dem dem Risiko der nur vom Ergebnis der unternehmerischen Tätigkeit abhängigen Vergütung auch eine entsprechende unternehmerische Chance gegenübersteht (Übersicht bei ErfK/*Preis* § 611 BGB Rz 55 ff). Das BAG hält jedoch konsequent an seiner Rspr fest.

6 **5. Einzelne Gruppen von Arbeitnehmern. a) Arbeiter und Angestellte.** Die **Unterscheidung** zwischen Arbeitern und Angestellten hat eine lange Tradition, in der Praxis jedoch **nur noch geringe Bedeutung.** Ursprünglich wurde als Angestelltentätigkeit die überwiegend geistige Tätigkeit angesehen und dem Begriff des Arbeiters die überwiegend körperliche Tätigkeit zugeordnet.

7 **b) Leitende Angestellte.** Einen einheitlichen Begriff gibt es nicht. Das BetrVG definiert den Leitenden Angestellten in § 5 Abs 3, 4 BetrVG nur für seinen Anwendungsbereich. Kennzeichnend für den Leitenden Angestellten ist, dass er für das Unternehmen oder einen Betrieb des Unternehmens unter eigener Verantwortung typische Unternehmerfunktionen mit einem eigenen erheblichen Entscheidungsspielraum wahrnimmt (BAG 11.1.95 – 7 ABR 33/94, NZA 95, 747). Einzelheiten s *Leitende Angestellte*.

8 **c) Außertarifliche Angestellte.** Kennzeichnend ist, dass sie kraft ihrer Tätigkeitsmerkmale und/oder ihrer Vergütung nicht mehr unter den persönlichen Geltungsbereich der Tarifverträge fallen. Einzelheiten s *AT-Angestellte*.

9 **d) Arbeitnehmerähnliche Personen.** Von den ArbN abzugrenzen sind die ArbNÄhnlichen Personen. Im Gegensatz zu ArbN fehlt es bei ihnen an der persönlichen Abhängigkeit. Eine ArbNÄhnliche Person kann für mehrere Auftraggeber tätig sein. Kennzeichnend ist, dass die Beschäftigung für einen Auftraggeber wesentlich ist und die daraus fließende Vergütung die entscheidende Existenzgrundlage darstellt. Einzelheiten s *Arbeitnehmerähnliche Personen*.

10 **6. Sonderregelungen für bestimmte Arbeitnehmergruppen. a) Arbeiternehmer des öffentlichen Dienstes.** Die Mitarbeiter des öffentlichen Dienstes sind ArbN, deren Arbeitsverhältnisse durch Tarifvertrag geregelt werden (§ 191 BBG). Bund, Länder und Kommunen haben sich auf eine Modernisierung des Tarifrechts verständigt, die im TVöD bzw TVL niedergelegt ist. Die Verwaltung, Körperschaft oder Anstalt des öffentlichen Rechts steht dem Unternehmen gleich; der Begriff des Betriebs wird regelmäßig durch den Begriff Dienststelle ersetzt. Die Tarifverträge für den öffentlichen Dienst enthalten zahlreiche Sonderregelungen, die dem Umstand Rechnung tragen, dass diese Personen mit Beamten zusammenarbeiten, vielfach die gleichen Funktionen erfüllen und ihre Arbeit für einen dem Haushaltsrecht unterliegenden Dienstherrn erbringen. Für den öffentlichen Dienst gilt nicht das Betriebsverfassungsgesetz, sondern ein besonderes Personalvertretungsrecht des Bundes und der Länder.

11 **b) Kirchliche Mitarbeiter.** Für die bei den Kirchen beschäftigten ArbN gilt das allgemeine Arbeitsrecht, soweit sich die Kirchen wie jedermann der Privatautonomie zur Begründung von Arbeitsverhältnissen bedienen. Jedoch ergeben sich aus der verfassungsrechtlichen Sonderstellung der Kirchen Besonderheiten, die nicht nur für die Kirchen selbst, sondern auch für die karitativen und erzieherischen Einrichtungen gelten, mit deren Hilfe die Kirchen ihre erzieherischen und sozialen Aufgaben erfüllen. Der Abschluss eines Dienstvertrages mit einem Kirchenbeamten führt deshalb nicht zu einem privatrechtlichen Arbeitsverhältnis (LAG RhPf 6.3.08 – 2 Sa 647/07, BeckRS 2008, 54814). Näheres s *Kirchenarbeitsrecht*.

12 **c) Dienstordnungs-Angestellte.** Bei diesem Personenkreis handelt es sich um die Beschäftigten der Sozialversicherung und ihrer Verbände, die keine Beamten ernennen können. Dienstordnungs(DO)-Angestellte werden nach § 354 RVO durch privatrechtlichen Anstellungsvertrag eingestellt. Das Dienstordnungsrecht ist weitgehend dem Beamtenrecht angeglichen. Die als öffentlich-rechtliche Satzung erlassene Dienstordnung (§§ 350 ff RVO), die der Genehmigung der Aufsichtsbehörde bedarf, wirkt auf das Anstellungsverhältnis maßgebend ein. Der Anstellungsvertrag eines DO-Angestellten kann nicht wirksam durch Abberufung bzw. Abbestellung beendet werden, auch wenn diese Möglichkeit vertraglich vorgesehen ist,

Arbeitnehmer (Begriff) 26

sondern nur durch eine sozial gerechtfertigte Kündigung (BAG 9.2.06 – 6 AZR 47/05, NZA 2006, 1046). Die Bedeutung der DO-Angestellten wird sinken, da § 358 RVO für die Krankenkassen neue Vertragsabschlüsse auf dieser Basis ausschließt. Für die Verbände gilt die Möglichkeit nach § 414b RVO fort. Im Bereich der Unfallversicherungsträger sind Dienstordnungsverhältnisse weiterhin fakultativ möglich (§ 144 SGB VII).

d) Schiffsbesatzungen. Das Arbeitsrecht der Schiffsbesatzungen unterliegt, sofern Deutsches Recht Anwendung findet, einem Sonderrecht. Für Kapitäne, Schiffsoffiziere, sonstige Angestellte und „Schiffsmänner" gilt das SeemannsG v 26.7.57 (BGBl I 57, 713). Das Arbeitsverhältnis wird als „Heuerverhältnis" bezeichnet (§§ 23 ff SeemannsG). Zu beachten ist ferner das BinnenschifffahrtsG v 15.6.1895 iVm der Bek v 10.6.02 (BGBl I 02, 1944).   13

e) Land- und Forstwirtschaft. Es gelten die Vorschriften der §§ 611 ff BGB. Zu beachten sind einzelne Sonderregelungen (§§ 7 Abs 2 Nr 2, 10 Abs 1 Nr 12 ArbZG; §§ 8 Abs 3, 14 Abs 2 Nr 3, 17 Abs 2 Nr 2 JArbSchG).   14

f) Künstler, Medienmitarbeiter. Künstlerische Leistungen können sowohl im Rahmen eines Dienstvertrages als auch im Rahmen eines Arbeitsvertrages erbracht werden. Bei Vorliegen eines Arbeitsverhältnisses finden die Bestimmungen der §§ 611 ff BGB Anwendung. Bei Bühnenkünstlern ist im Regelfall vom Vorliegen eines Arbeitsverhältnisses auszugehen (LAG Bln 29.12.89 – 9 Sa 83/89, AP Nr 50 zu § 611 BGB Abhängigkeit). Im Bereich der Bühnenkünstler besteht eine besondere Tarifstruktur und -kultur (*Vogel*/AR-Blattei SD 1030.2).   15

Im Bereich Rundfunk/Fernsehen ist zwischen **programmgestaltenden Mitarbeitern** (Regisseuren, Kommentatoren, Moderatoren) und nichtprogrammgestaltenden, **rundfunktypischen Mitarbeitern** (Mitarbeiter in der Verwaltung, rein mechanische Tätigkeiten wie Rundfunksprecher, Fernsehansager und betriebstechnisches Personal) zu unterscheiden. Im Hinblick auf die durch Art 5 GG verfassungsrechtlich garantierte Rundfunkfreiheit lässt die Rspr bei programmgestaltenden Mitarbeitern unter bestimmten Voraussetzungen freie Mitarbeiterverträge zu (BVerfG 18.2.2000 – 1 BvR 491/93, NZA 2000, 653; BAG 20.5.09 – 5 AZR 31/08, BeckRS 2009, 67309). Bei nicht programmgestaltenden Mitarbeitern ist die ArbNEigenschaft anhand der allgemeinen Kriterien für die Abgrenzung zwischen einem Arbeitsverhältnis und einem freien Dienstvertrag zu prüfen. Sie werden häufiger die Kriterien eines ArbN erfüllen, als es bei programmgestaltenden Mitarbeitern zu erwarten ist (BAG 17.4.13 – 10 AZR 272/12, NZA 13, 903). Einzelheiten s ErfK/*Preis* § 611 BGB Rz 90 ff; APS/*Backhaus* § 14 TzBfG Rz 274 ff.

7. Beschäftigungsverhältnisse außerhalb des Geltungsbereichs des Arbeitsrechts.   16
a) Beamten, Richter, Soldaten, Zivildienstleistende. Bei diesem Personenkreis handelt es sich nicht um ArbN. Es liegen durch Verwaltungsakt begründete öffentlich-rechtliche Dienstverhältnisse vor, die jeweils durch Sondergesetze (BBG, DRRG, die Beamtengesetze der Länder, DRiG, SoldG, ZDG) geregelt sind. Ausnahmen sind möglich bei einer Beurlaubung (BAG 27.6.01 – 5 AZR 424/99, NZA 02, 83).

b) Strafgefangene, Fürsorgezöglinge, Sicherungsverwahrung genommene und in einer **Heil- und Pflegeanstalt** Untergebrachte sind keine ArbN (BAG 3.10.78 – 6 ABR 46/78, AP-Nr 18 zu § 5 BetrVG 1972). Anders ist dies bei Strafgefangenen, die als „Freigänger" (§ 39 StVollzG) einen Arbeitsvertrag außerhalb der Anstalt eingehen (LAG BaWü 15.9.88 – 4b Sa 41/88, NZA 89, 886).   17

c) Pflichtarbeiter bei Sozialhilfe. Diese Personen sind idR keine ArbN. Erhalten sie nach § 19 Abs 2 BSHG für ihre Tätigkeit Hilfe zum Lebensunterhalt, besteht zwischen ihnen und dem Träger der Sozialhilfe ein öffentlich-rechtliches Verhältnis (§ 19 Abs 3 BSHG). Wird hingegen vom Träger der Sozialhilfe der übliche Lohn gezahlt, liegt ein echtes Arbeitsverhältnis vor. **Teilnehmer an Arbeitsbeschaffungsmaßnahmen (ABM)** sind ArbN (§ 260 Abs 1 SGB III), auch wenn das Direktionsrecht aufgrund des zweckgebundenen Einsatzes stark eingeschränkt ist. **Umschüler** iSd BBiG sind keine ArbN (BAG 19.1.06 – 6 AZR 638/04, NJW 06, 2796), ebenso nicht Hilfsbedürftige im Rahmen sog **Ein-Euro-Jobs** (BAG 26.9.07 – 5 AZR 857/06, NZA 07, 1422).   18

d) Familiäre Mitarbeit. Diese beruht nicht auf einem privatrechtlichen Vertrag, sondern auf den Vorschriften des Familienrechts (§§ 1356, 1619 BGB). Daneben ist der Abschluss eines Arbeitsvertrages möglich (s *Familiäre Mitarbeit*).   19

26 Arbeitnehmer (Begriff)

20 **e) Mitgliedschaft in einem Verein.** Diese kommt als Rechtsgrundlage für die Leistung von Diensten in persönlicher Abhängigkeit in Betracht. Der Mitgliedsbeitrag (§ 58 Nr 2 BGB) kann in der Leistung von Diensten bestehen (BAG 26.9.02 – 5 AZB 19/01, NZA 02, 1412). Die Begründung vereinsrechtlicher Arbeitspflichten darf nicht zur Umgehung zwingender arbeitsrechtlicher Schutzbestimmungen führen (BAG 26.9.02). Eine solche Umgehung liegt vor, wenn dem zur Leistung abhängiger Arbeit verpflichteten Vereinsmitglied keine Mitgliedschaftsrechte zustehen, die ihm eine Einflussnahme ermöglichen, und wenn ihm weder ein Anspruch auf angemessene Vergütung noch ein Anspruch auf Versorgung eingeräumt wird. Bei Vereinen mit wirtschaftlicher Zwecksetzung kommt die Begründung einer vereinsrechtlichen Verpflichtung zur Leistung von Arbeit und persönlicher Abhängigkeit in aller Regel nicht in Betracht. Unter Anwendung dieser Grundsätze hat das BAG hauptamtliche, aktiv tätige außerordentliche Mitglieder der **Scientology-Sekte** nicht als ArbN angesehen. **Rote-Kreuz-Schwestern** erbringen die Arbeitsleistung nicht aufgrund eines privatrechtlichen Vertrages, sondern idR aufgrund ihrer vereinsrechtlichen Mitgliedschaft in der Schwesternschaft (BAG 22.4.97 – 1 ABR 74/96, NZA 97, 1297). Eine **ehrenamtliche Tätigkeit** begründet kein Arbeitsverhältnis. Mit einem Arbeitsverhältnis ist nämlich typischerweise die berechtigte Erwartung einer angemessenen Gegenleistung für die versprochenen Dienste verbunden (BAG 29.8.12 – 10 AZR 499/11, BeckRS 2012, 72568).

21 **f) Organmitglieder juristischer Personen.** Sie zählen im nationalen Arbeitsrecht nicht zu den ArbN. Bei ihnen fehlt es nicht nur an der persönlichen Abhängigkeit, sie repräsentieren vielmehr die juristische Person unmittelbar als ArbGeb. Dies gilt nicht nur für den Vorstand einer AG (§ 76 Abs 1 AktG), sondern auch für den GmbH-Geschäftsführer (§ 35 GmbHG), der als Fremdgeschäftsführer oder Minderheitsgesellschafter – Geschäftsführer tätig ist. Die ArbNEigenschaft von GmbH-Geschäftsführern ist deshalb idR zu verneinen (BAG 24.11.05 – 2 AZR 614/04, NZA 06, 366; 26.5.99 – 5 AZR 664/98, NZA 99, 987; LAG RhPf 27.2.12 – 5 Sa 607/11, BeckRS 2012, 20277; ErfK/*Preis* § 611 BGB Rz 137 ff). Lediglich in extremen Ausnahmefällen kann nach Auffassung des BAG das Anstellungsverhältnis eines Geschäftsführers ein Arbeitsverhältnis sein, wenn über die gesellschaftsrechtlichen Weisungsverhältnisse hinaus die Gesellschaft typische arbeitsrechtliche, dh arbeitsbegleitende und die konkrete Leistungserbringung steuernden Weisungen erteilt (BAG 24.11.05; 26.5.99). Der BGH vertritt demgegenüber die Auffassung, das Anstellungsverhältnis des GmbH-Geschäftsführers sei stets ein freies Dienstverhältnis, da mit der Organstellung die ArbNEigenschaft stets unvereinbar sei (BGH 29.1.81 – II ZR 92/80, NJW 81, 1270). Der designierte Geschäftsführer wird nicht dadurch ArbN, weil seine Bestellung unterbleibt (BAG 25.6.97 – 5 AZB 41/96, NZA 97, 1363).

Hinsichtlich der Rechtsverhältnisse von GmbH-Geschäftsführern ist zu unterschieden zwischen der Bestellung zum Organ der Gesellschaft und dem schuldrechtlichen Vertragsverhältnis, das der Bestellung zugrunde liegt. Der schuldrechtliche Vertrag muss dabei nicht mit der juristischen Person geschlossen werden, zu deren Organvertreter der Geschäftsführer bestellt werden soll. Wird ein bei einer Konzernobergesellschaft beschäftigter ArbN zum Geschäftsführer einer konzernabhängigen Gesellschaft bestellt, kann der mit der Konzernobergesellschaft bestehende Arbeitsvertrag auch die Rechtsgrundlage für die Geschäftsführerbestellung bei der Tochtergesellschaft sein (BAG 27.11.08 – 2 AZR 193/07, NZA 09, 671; 25.10.07 – 6 AZR 1045/08, NZA 08, 168).

22 Der Geschäftsführer einer Komplementär-GmbH einer GmbH & Co KG ist kein ArbN. Er ist kraft Gesetzes zur Vertretung der Personengesamtheit gem §§ 161 Abs 2, 125, 170 HGB iVm § 35 Abs 1 GmbHG berufen (BAG 24.11.05; 20.8.03 – 5 ARB 79/02, NZA 03, 1108). Der Geschäftsführer einer Vor-GmbH (BAG 13.5.96 – 5 AZB 27/95, NZA 96, 952) und der Geschäftsführer einer Kreishandwerkerschaft (BAG 11.4.97 – 5 AZB 32/96, NZA 97, 902) sind ebenfalls keine ArbN. Der besondere Vertreter eines Vereins (§ 30 BGB) ist dann nicht als ArbN einzustufen, wenn seine Vertretungsmacht auf der Satzung beruht, was nur dann der Fall ist, wenn die Satzung die Bestellung ausdrücklich zulässt (BAG 5.5.97 – 5 AZB 35/96, DB 97, 1984). Dies gilt auch für den Geschäftsführer eines Landesinnungsverbandes (LAG Nds 4.2.02 – 17 Ta 429/01, NZA-RR 02, 491).

Wird ein ArbN zum Geschäftsführer bestellt und ein neuer Dienstvertrag abgeschlossen, durch den sein Dienstverhältnis als Vertretungsorgan neu geregelt wird, endet das bisherige Arbeitsverhältnis; es ruht nicht lediglich (BAG 3.2.09 – 5 AZB 100/08, NZA 09, 669; 5.6.08

Arbeitnehmer (Begriff) 26

– 2 AZR 754/06, NZA 08, 1002). Das Schriftformerfordernis des § 623 BGB wird durch den schriftlichen Geschäftsführerdienstvertrag gewahrt (BAG 19.7.07 – 6 AZR 774/06, NZA 07, 1095). Wird der ArbN durch formlose Abrede zum Geschäftsführer bestellt, bleibt der Arbeitsvertrag bestehen. Dieser ist damit auch Grundlage der Geschäftsführertätigkeit. Solange die Bestellung zum Geschäftsführer besteht, können Ansprüche aus dem Arbeitsvertrag wegen der Fiktionswirkung des § 5 Abs 1 Satz 3 ArbGG nicht vor dem ArbG geltend gemacht werden (BAG 4.2.13 – 10 AZB 78/12, NZA 13, 397; 26.10.12 – 10 AZB 60/12, NZA 13, 54).

Der Verlust der Organstellung durch Abberufung führt nicht zwangsläufig zur Begründung eines Arbeitsverhältnisses (BAG 5.6.08; 24.11.05; BGH 8.1.07 – II ZR 267/05, DStR 07, 1090; 10.1.2000 – II ZR 251/98, DB 2000, 813). Ein Arbeitsverhältnis entsteht nur dann, wenn eine Einigung besteht, dass das Vertragsverhältnis unter den geänderten Bedingungen fortgesetzt werden soll, das ehemalige Organmitglied also zukünftig als ArbN tätig werden soll. In diesem Fall greift auch das KSchG ein, und zwar auch dann, wenn die Kündigung auf Vorfälle während der Amtszeit als Organmitglied gestützt wird (BAG 22.2.74 – 2 AZR 289/73, DB 74, 1243; *Bauer* DB 92, 1413). Die Beschäftigungszeit als Geschäftsführer ist auf das neu begründete Arbeitsverhältnis anzurechnen, wenn die Weiterbeschäftigung ohne wesentliche Änderung der Arbeitsaufgaben erfolgt (BAG 24.11.05). Es stellt jedoch einen Verstoß gegen § 84 Abs 1 AktG dar, wenn der Anstellungsvertrag des Vorstands einer AG für den Fall der Beendigung der Organstellung die unveränderte Weiterführung des Ausstellungsverhältnisses als Arbeitsverhältnis über die Fristen des § 84 Abs 1 AktG versieht. Insoweit kommt ein Arbeitsverhältnis nicht zustande (BAG 26.8.09 – 5 AZR 522/08, NZA 09, 1205).

g) Gesellschafter. Ein Gesellschafter, dem mehr als 50 Prozent der Stimmen zustehen, 23 kann nicht ArbN der Gesellschaft sein, auch wenn er nicht vertretungsberechtigtes Organ ist (BAG 6.5.98 – 5 AZR 612/97, NZA 98, 939; LAG Bln-Bbg 22.2.13 – 8 Sa 2232/12, BeckRS 2013, 67519).

8. Feststellung der Arbeitnehmereigenschaft. Sie kann durch Erhebung einer ent- 24 sprechenden Klage beim örtlich zuständigen ArbG erfolgen (hierzu näher *Schliemann* FA Arbeitsrecht 98, 173; *Reinecke* DB 98, 1282). In allen Fällen, in denen die Klage nur dann Erfolg haben kann, wenn der Kläger ArbN ist (sog sic-non-Fall), reicht die bloße Rechtsansicht des Klägers, er sei ArbN, zur Bejahung der arbeitsgerichtlichen Zuständigkeit aus (BAG 11.6.03 – 5 AZB 43/02, NZA 2003, 1163). Der Klageantrag kann zulässigerweise auf die Statusfrage beschränkt werden (BAG 20.7.94, NZA 95, 190), wenn ein Rechtsschutzbedürfnis besteht (zu den Voraussetzungen und zum fehlenden Rechtsschutzbedürfnis bei in der Vergangenheit bereits beendeten Rechtsverhältnissen s BAG 9.7.03 – 5 AZR 595/02, NZA-RR 04, 9; 21.6.2000 – 5 AZR 782/98, NZA 02, 164). Die Geltendmachung der ArbNStellung kann nur für bestimmte Zeiträume erfolgen, dh der Mitarbeiter muss sich abschließend erklären, für welche Zeit er von dem Bestehen eines Arbeitsverhältnisses ausgeht. Mit dieser Festlegung ist der Verzicht auf eine Geltendmachung der ArbN-Eigenschaft für weiter zurückliegende Zeiträume verbunden. Nur bis zu dem von ihm festgelegten Zeitpunkt braucht der Mitarbeiter mit einer Rückabwicklung des Vertragsverhältnisses zu rechnen (BAG 8.11.06 – 5 AZR 706/05, NZA 07, 321). Ist der Kläger nicht ArbN, so ist die Klage als unbegründet abzuweisen. Eine Verweisung des Rechtsstreits an das Gericht eines anderen Rechtsweges kommt in diesem Fall nicht in Betracht (BAG 24.4.96, DB 96, 1578).

Klagt ein Kläger hingegen auf Zahlung des vereinbarten Entgelts für geleistete Tätigkeit aus einem Rechtsverhältnis, das er für ein Arbeitsverhältnis, die beklagte Partei dagegen für ein – nicht ArbNähnliches – Freies Mitarbeiterverhältnis hält (sog aut-aut-Fall), ist offen, ob ein hierzu angerufenes ArbG wegen der möglicherweise auch in Betracht kommenden Zuständigkeit der ordentlichen Gerichte seine sachliche Zuständigkeit nur aufgrund einer einseitigen Schlüssigkeitsprüfung annehmen darf oder ob es ggf über die Frage des Bestehens eines Arbeitsverhältnisses Beweis erheben muss (BAG 10.12.96 – 5 AZB 20/96, NZA 97, 674). Bei der Rechtswegzuständigkeit ist eine **Wahlfeststellung** zulässig, wenn der Kläger entweder ArbN oder ArbNähnliche Person ist (BAG 14.1.97, DB 97, 684; 8.9.97 – 5 AZB 3/07; *Schliemann* FA Arbeitsrecht 98, 173).

26 Arbeitnehmer (Begriff)

25 **Rechtsmissbräuchlich** ist die Berufung auf den ArbNStatus, wenn zunächst ein Urteil erstritten wird, aus dem sich die ArbNEigenschaft ergibt, der Kläger dann mit dem ArbGeb auf eigenen Wunsch einen Vertrag als freier Mitarbeiter abschließt und er sich dann wieder auf das Vorliegen eines Arbeitverhältnisses beruft (BAG 11.12.96 – 5 AZR 855/95, NZA 97, 817). Ebenso ist es missbräuchlich, wenn sich jemand auf die ArbNEigenschaft beruft, obwohl er selbst als freier Mitarbeiter tätig sein wollte und sich jahrelang Versuchen seines ArbGeb widersetzt hat, einen Arbeitsvertrag abzuschließen (BAG 11.12.96 – 5 AZR 708/95, NZA 97, 818). Nimmt ein freier Mitarbeiter eine Klage auf Feststellung der ArbNEigenschaft zurück, so stellt es idR eine unzulässige Rechtsausübung dar, wenn er sich später zur Begründung der Voraussetzungen tariflicher Unkündbarkeit darauf beruft, er sei durchgehend ArbN gewesen (BAG 12.8.99 – 2 AZR 632/98, NZA 2000, 106).

26 **9. Folgen fehlerhafter Vertragstypenzuordnung.** Die fehlerhafte Einordnung eines als freies Mitarbeiterverhältnis bezeichneten Vertragsverhältnisses hat erhebliche arbeits- und sozialversicherungsrechtliche Konsequenzen. Liegt in Wahrheit ein Arbeitsverhältnis und damit sozialversicherungsrechtlich ein Beschäftigungsverhältnis iSd § 7 Abs 1 SGB IV vor, entsteht rückwirkend die Sozialversicherungspflicht. Die Beitragspflicht trifft idR den Arb-Geb allein, da er Schuldner der Gesamtsozialversicherungsbeiträge ist (§ 28e SGB IV). Ein Rückgriff auf den ArbN ist nur in den Grenzen des § 28g SGB IV möglich (s *Sozialversicherungsbeiträge* Rz 5).

Arbeitsrechtlich hat die Verkennung des ArbNStatus zur Folge, dass der zu Unrecht als NichtArbN Behandelte rückwirkend wie ein ArbN zu behandeln ist. Ein Recht des ArbGeb, sich einseitig vom Arbeitsverhältnis zu lösen, besteht nicht.

Problematisch ist die Frage, auf welches **Entgelt** der ArbN Anspruch hat, dessen ArbN-Eigenschaft gerichtlich festgestellt wurde. Nach Auffassung des BAG ist durch Auslegung zu ermitteln, ob die Vergütung unabhängig von der rechtlichen Einordnung des bestehenden Vertrags gewollt oder gerade an diese geknüpft war. Bestehen unterschiedliche Vergütungsordnungen für ArbN und freie Mitarbeiter, ist regelmäßig anzunehmen, dass die Parteien die Vergütung der ihrer Auffassung nach zutreffenden Vergütungsordnung entnehmen wollten. Es fehlt dann an einer Vergütungsvereinbarung für das in Wahrheit vorliegende Rechtsverhältnis. Die Vergütung richtet sich nach § 612 Abs 2 BGB. Dagegen ist anzunehmen, die jeweilige Parteivereinbarung solle gem § 611 Abs 1 BGB maßgebend bleiben, wenn der ArbGeb Tagespauschalen nur der Höhe nach abhängig von der rechtlichen Behandlung als Selbstständiger oder ArbN zahlt (BAG 12.1.05 – 5 AZR 144/04, NZA 05, 1432). Hat der ArbN nur Anspruch auf die übliche Vergütung und ist diese geringer als das an ihn gezahlte Honorar, muss er die Differenz nach den Grundsätzen der ungerechtfertigten Bereicherung zurückerstatten. Etwaige Rückforderungsansprüche des ArbGeb werden im Sinne einer tarifvertraglichen Ausschlussfrist erst fällig, wenn feststeht, dass ein Arbeitsverhältnis bestand (BAG 9.2.05 – 5 AZR 175/04, NZA 05, 814; 29.5.02 – 5 AZR 680/00, NZA 02, 1328). Soweit daher die Vergütung des freien Mitarbeiters wesentlich höher ist als die zu erwartende als ArbN, sollte genau überlegt werden, für welche Zeiträume die ArbNEigenschaft geltend gemacht wird (*Reinecke* DB 98, 1282). Zu sozialversicherungsrechtlichen Problemen vgl *Hanau/Peters-Lange* NZA 98, 785. Zur weiteren Abwicklung des nachträglich festgestellten Arbeitsverhältnisses s *Hohmeister* NZA 99, 1009; *Hochrathner* NZA 2000, 1083 und NZA 99, 1016; *Freie Mitarbeit* Rz 19 ff, 41.

27 **10. Arbeitnehmer als Verbraucher.** Der ArbN ist als Verbraucher iSv § 13 BGB anzusehen (BAG 25.5.05 – 5 AZR 572/04, NZA 05, 111; 9.2.05 – 5 AZR 175/04, NZA 05, 814). Denn Verbraucher ist jede natürliche Person, die ein Rechtsgeschäft zu einem Zwecke abschließt, der weder ihrer gewerblichen noch ihrer selbstständigen beruflichen Tätigkeit zugerechnet werden kann.

Als Verbraucher kann der ArbN Verzugszinsen iHv fünf Prozentpunkten über dem Basiszinssatz verlangen (§ 288 Abs 1 BGB).

28 **11. Europäischer Arbeitnehmerbegriff.** Weiter als der durch die Rspr des BAG entwickelte ArbNBegriff ist der europäische, wie er sich aus Art 45 EGV und Art 7 VO/EWG Nr 1612/68 ergibt. ArbN ist danach jede Person, die eine tatsächliche und echte Tätigkeit ausübt, wobei Tätigkeiten außer Betracht bleiben, die einen so geringen Umfang haben, dass sie sich als völlig untergeordnet und unwesentlich darstellen. Das wesentliche Merkmal des

Arbeitsverhältnisses besteht nach der Rspr des EuGH darin, dass jemand während einer bestimmten Zeit für einen anderen nach dessen Weisungen Leistungen erbringt, für die er als Gegenleistung eine Vergütung erhält (EuGH 17.7.08 – C-94/07, NZA 08, 995). Für die ArbNEigenschaft iSd Unionsrechts ist ohne Bedeutung, dass das Beschäftigungsverhältnis nach nationalem Recht ein freies Dienstverhältnis ist. Fremdgeschäftsführer einer GmbH und Mitglieder des Vorstands einer AG können deshalb ArbN iSd Unionsrechts sein (EuGH 11.11.10 – C-232/09, NZA 11, 143).

B. Lohnsteuerrecht *Seidel*

1. Die lohnsteuerrechtliche Bedeutung des ArbNBegriffs liegt darin, dass der ArbGeb 29 vom Arbeitslohn des ArbN die LSt einzubehalten, anzumelden und abzuführen hat (s *Lohnsteueranmeldung* Rz 2 ff, *Lohnsteuerabführung* Rz 2 ff). Trotz dieses Verfahrens bleibt der ArbN Steuerschuldner. Der ArbGeb ist nur dann Schuldner der LSt, wenn die LSt in bestimmten Fällen pauschal vom ArbGeb getragen wird (s *Lohnsteuerpauschalierung* Rz 5 ff). Der ArbNBegriff ist gesetzlich nicht festgelegt. Das EStG spricht in § 19 von Einkünften aus nichtselbstständiger Arbeit als einer der 7 Einkunftsarten des EStG (§ 2 Abs 1). Die Einkünfte ergeben sich, wenn man von den Einnahmen eines ArbN die Werbungskosten abzieht. Zur Bestimmung dieser Einkünfte dienen die Begriffe Dienstverhältnis, ArbGeb (s *Arbeitgeber* Rz 20 ff), ArbN und Arbeitslohn (s *Arbeitsentgelt* Rz 30 ff), wobei sich die Begriffe ArbN und ArbGeb aus dem Begriff des Dienstverhältnisses ableiten. Sie sind die am Dienstverhältnis beteiligten Personen. § 1 Abs 1 LStDV bestimmt in zutreffender Auslegung des Gesetzes einen **eigenständigen Arbeitnehmerbegriff,** der nicht mit dem arbeits- oder sozialversicherungsrechtlichen ArbNBegriff übereinstimmen muss und umgekehrt (BFH 2.12.98 – X R 83/96, BStBl II 99, 534; *Schmidt/Krüger* § 19 Rz 21; kritisch *Kloubert* FR 99, 1108). So kann im Einzelfall arbeitsrechtlich ein Arbeitsvertrag vorliegen, ohne dass steuerrechtlich ein Dienstverhältnis gegeben ist (*HHR* § 19 Anm 61).

Steuerrechtlich sind ArbN Personen, die Einnahmen aus nichtselbstständiger Arbeit 30 beziehen. § 19 Abs 1 EStG führt folgende Einnahmen als nichtselbstständig auf: Gehälter, Löhne, Gratifikationen, Tantiemen und andere Bezüge und Vorteile, die für eine Beschäftigung im öffentlichen oder privaten Dienst gewährt werden; ferner Wartegelder, Ruhegelder, Witwen- und Waisengelder und andere Bezüge und Vorteile aus früheren Dienstverhältnissen, unabhängig davon, ob es sich um laufende oder einmalige Bezüge handelt und ob ein Rechtsanspruch auf sie besteht. Diese Einnahmen erhalten sie aus einem gegenwärtigen oder früheren Dienstverhältnis (§ 1 Abs 1 Satz 1 LStDV). Außerdem gehören auch laufende Beiträge und Zuwendungen des ArbGeb aus einem bestehenden Dienstverhältnis an einen Pensionsfonds, eine Pensionskasse oder für eine Direktversicherung für eine betriebliche Altersversorgung dazu (s *Betriebliche Altersversorgung* Rz 120 ff) einschließlich der Sonderzahlungen, die neben den laufenden Beiträgen und Zuwendungen an eine Versorgungseinrichtung geleistet werden (§ 19 Abs 1 Nr 3 EStG zur Versteuerung der Sonderzahlungen s *Lohnsteuerpauschalierung* Rz 56). Aber auch wer als Rechtsnachfolger einer dieser Personen Arbeitslohn aus deren früherem Dienstverhältnis bezieht, ist ArbN (§ 1 Abs 1 Satz 2 LStDV). Dies trifft insbesondere auf Bezieher von Witwen- und Waisengeldern zu. Zum ArbNBegriff im VermBG s *Vermögenswirksame Leistungen* Rz 25. Zu steuerrechtlichen Fragen bei Dienstordnungsangestellten wird auf die Ausführungen unter *Arbeitsentgelt* Rz 66 verwiesen.

2. Das Vorliegen eines Dienstverhältnisses ist entscheidend für die Annahme der 31 ArbNEigenschaft. Die steuerrechtliche Begriffsdefinition ist hier § 1 Abs 2 LStDV zu entnehmen. Danach liegt ein Dienstverhältnis vor, wenn der Angestellte (Beschäftigte) dem ArbGeb (öffentliche Körperschaft, Unternehmen, Haushaltsvorstand) seine Arbeitskraft schuldet. Dies ist nach Satz 2 der Fall, wenn die tätige Person in der Betätigung ihres geschäftlichen Willens unter der Leitung des ArbGeb steht oder im geschäftlichen Organismus des ArbGeb dessen Weisungen zu folgen verpflichtet ist. Im Gegensatz zum Arbeitsrecht sind daher auch Beamte und Richter (obwohl letzterer weisungsungebunden ist) steuerrechtlich ArbN. Negativ abgegrenzt wird der ArbNBegriff in § 1 Abs 3 LStDV. Danach ist nicht ArbN, wer Lieferungen und sonstige Leistungen innerhalb der von ihm selbstständig ausgeübten gewerblichen oder beruflichen Tätigkeit gegen Entgelt erbringt. Daraus ergeben sich die wesentlichen Kriterien eines steuerrechtlichen Dienstverhältnisses (bzw Arbeitsver-

26 Arbeitnehmer (Begriff)

hältnisses s BFH 7.4.72, BStBl II 72, 643): das Schulden der Arbeitskraft, die persönliche Weisungsgebundenheit, die organisatorische Eingliederung und das fehlende Unternehmerrisiko (BFH 20.2.79, BStBl II 79, 414). Zu den Begriffen Dienstverhältnis und Arbeitsverhältnis vgl auch BFH 10.8.94, BStBl II 95, 250. Da es sich um einen tatsächlichen Zustand handelt, der nicht rückwirkend hergestellt werden kann, lässt eine wegen fehlgeschlagener Vergütungserwartung (Hofübergabe) vom ArbG ersatzweise zugesprochener Vergütungsanspruch (§ 612 Abs 2 BGB) nicht ohne Weiteres den Schluss auf ein Dienstverhältnis im steuerlichen Sinne zu (BFH 8.5.08 – VI R 50/05, DStR 08, 1425; BFH/NV 08, 1589).

32   a) **Das Schulden der Arbeitskraft** als Merkmal für das Vorliegen eines Dienstverhältnisses steht im Gegensatz zum Schulden des Arbeitserfolges, wie zB beim Werkvertrag gem § 631 BGB (BFH 14.6.85, BStBl II 85, 661). Da es aber auch bei einem ArbN auf einen gewissen Erfolg der Tätigkeit ankommt, andererseits auch ein selbstständig Tätiger nur seine Dienste, nicht aber den Erfolg schulden kann (zB Arzt, Rechtsanwalt), reicht das Vorliegen dieses Merkmals allein nicht aus. Hinzu kommen muss noch das Schulden der Arbeitskraft in abhängiger Stellung. Zur näheren Bestimmung des Dienstverhältnisses dienen daher noch das Vorliegen der persönlichen Weisungsgebundenheit und der organisatorischen Eingliederung (*HMW*/Arbeitnehmer Rz 18 ff).

33   b) **Persönliche Weisungsgebundenheit.** Sie ergibt sich aus dem Direktionsrecht des ArbGeb, indem er Art und Weise, Ort, Zeit und Umfang der zu erbringenden Arbeit bestimmen kann. Bei im öffentlichen Dienst Beschäftigten folgt sie aus dem dort bestehenden besonderen Gewaltverhältnis. Je einfacher die Tätigkeit, desto eher liegt Weisungsgebundenheit vor. Bei gehobenen Tätigkeiten, insbesondere wenn der Beschäftigte weitgehend eigenverantwortlich handeln kann oder seine Tätigkeit in erheblichem Maße selbst gestalten kann und demzufolge die persönliche Weisungsgebundenheit sehr locker ist, muss in Grenzfällen geprüft werden, ob nach der Gestaltung im Innenverhältnis der Beauftragte einer Weisung des Geschäftsherrn bei der Art und Weise der geschuldeten Leistung zu folgen verpflichtet ist oder ob ein derartiges Weisungsrecht nicht besteht (BFH 15.7.87, BStBl II 87, 746 und *HMW*/Arbeitnehmer Rz 20). Die wirtschaftliche Abhängigkeit ist kein Merkmal für ein steuerrechtliches Dienstverhältnis (BFH 28.4.72, BStBl II 72, 617).

34   c) **Die organisatorische Eingliederung** bedeutet Eingliederung in den Betrieb eines anderen. Sie hängt nicht von der Dauer der Tätigkeit ab. Bei kurzfristiger zeitlicher Berührung mit dem Betrieb des Auftraggebers ist dieses Merkmal aber besonders sorgfältig zu prüfen (BFH 14.6.85, BStBl II 85, 661). Die persönliche Weisungsgebundenheit und die organisatorische Eingliederung bilden trotz der Fassung in § 1 Abs 2 LStDV „oder" zwei sich ergänzende Merkmale. Dabei kann einmal mehr das eine, einmal mehr das andere hervortreten. So wird bei kurzfristiger Beschäftigung der Weisungsgebundenheit größere Bedeutung zukommen als der Eingliederung. Das gilt umgekehrt für eine gehobene Tätigkeit, zB den gesetzlichen Vertreter einer Kapitalgesellschaft (s *HMW*/Arbeitnehmer Rz 20). Dies ist im Rahmen der Gesamtwürdigung zu beachten. Zur Frage der sog **ersten Tätigkeitsstätte** s *Dientsreise* 18 ff.

35   d) **Fehlendes Unternehmerrisiko.** Dies ist ein weiteres Merkmal für das Vorliegen eines Dienstverhältnisses und damit die ArbNStellung. Daher kann ArbN nicht sein, wer auf eigene Rechnung und Gefahr arbeitet und die Höhe der Einnahmen wesentlich durch Steigerung seiner Arbeitsleistung oder durch die Herbeiführung eines besonderen Erfolges beeinflussen kann, zB auch durch die Anstellung selbst bezahlter Mitarbeiter (BFH 10.12.87, BStBl II 88, 273).

Indiz für eine **Selbstständigkeit** ist auch, wenn jemand eine eigene Geschäftseinrichtung hat, seine Arbeitsweise selbstständig bestimmt, die Arbeit nicht in eigener Person zu leisten braucht, sondern auch andere ausführen lassen kann, oder nicht ständig der Aufsicht des Geschäftsherrn untersteht. Die Eintragung im Handelsregister ist idR ein weiterer Anhaltspunkt (*HMW*/Arbeitnehmer Rz 42).

36   Häufig wird auch zu prüfen sein, ob ein Beschäftigter nicht ArbN, sondern **Mitunternehmer** in einem Betrieb ist (§ 15 Abs 1 Nr 2 EStG), wobei der steuerrechtliche Mitunternehmerbegriff sich nicht auf Beteiligungen an Kapitalgesellschaften erstreckt (s auch *Mitarbeiterbeteiligung* Rz 21). Mitunternehmer ist, wer Unternehmerinitiative entfalten kann und ein Unternehmerrisiko trägt. Er muss daher sowohl an den unternehmerischen Entscheidungen als auch am Erfolg oder Misserfolg einer geschäftlichen Tätigkeit durch unmittelbare Betei-

Arbeitnehmer (Begriff) 26

ligung am Gewinn und Verlust sowie an den stillen Reserven des Anlagevermögens beteiligt sein (*HMW*/Arbeitnehmer Rz 44; Näheres s EStH 15.8: (1): Allgemeines; s auch *Unternehmen* Rz 17–19 und *Geschäftsführer* Rz 35, 36). Ein ArbN, der als typischer stiller Gesellschafter zwar am Gewinn beteiligt ist, aber keine Mitwirkungs- und Kontrollrechte hat, ist kein Mitunternehmer (s auch *Schmidt/Wacker* § 15 Rz 341; *Schmidt/Weber-Grellet* § 20 Rz 77).

Die Vereinbarung einer **erfolgsbezogenen Vergütung** kann ein Unternehmerrisiko 37 darstellen, wenn der Beauftragte die Geschäftskosten selbst tragen muss und es von seiner Initiative abhängt, ob er einen Überschuss erwirtschaftet (BFH 14.12.78, BStBl II 79, 188). Wenn die erfolgsbezogene Vergütung nur ein ArbNRisiko besonderer Art darstellt, liegt darin kein Unternehmerrisiko (BFH 10.2.05 – IX B 183/03, BFH/NV 05, 1058). So kann die Zahlung einer gewinnabhängigen Tantieme an ArbN allein nicht zu einer Mitunternehmerschaft führen (BFH 8.7.92, BFH/NV 93, 14). Liegt eine Mitunternehmerschaft vor, sind die gesamten Bezüge steuerrechtlich kein Arbeitslohn (Einkünfte aus nichtselbstständiger Arbeit), sondern Einkünfte aus selbstständiger Arbeit. Dies gilt unabhängig von der Höhe der Beteiligung (BFH 12.2.92, BFH/NV 93, 156 für ArbNKommanditisten und BFH 15.12.98 – VIII R 62/97, BFH/NV 99, 777; DStRE 99, 465 für atypisch stillen Gesellschafter als Geschäftsführer).

e) Gesamtbild der Verhältnisse. Zur **Abgrenzung** der ArbNTätigkeit von anderen 38 Tätigkeiten bzw von anderen Einkunftsarten im Steuerrecht, insbesondere von den selbstständig Tätigen, kommt es nach der Rspr des BFH auf das Gesamtbild der Verhältnisse im Einzelfall an. Das bedeutet, dass die für und gegen die Annahme der ArbNEigenschaft sprechenden Merkmale festgestellt, gegeneinander abgewogen und gewichtet werden müssen (BFH 14.6.85, BStBl II 85, 661). Nach der Rspr des BFH können noch weitere Merkmale für die ArbNEigenschaft sprechen, die im Rahmen der Gesamtwürdigung eine Rolle spielen können: feste Arbeitszeit, feste Bezüge, Urlaubsanspruch, Anspruch auf sonstige Sozialleistungen, Fortzahlung der Bezüge im Krankheitsfall, Überstundenvergütung, keine Pflicht zur Beschaffung von Arbeitsmitteln (BFH 14.6.85, BStBl II 85, 661). Gegen eine ArbNEigenschaft können dagegen folgende Merkmale sprechen: Stellung eigener Arbeitsgeräte, Unterhalten eines eigenen Büros, mehrere Auftraggeber (s *Schmidt/Krüger* § 19 Rz 8 mwN). Es kann im Rahmen der Gesamtwürdigung auch zu berücksichtigen sein, ob Beiträge zur SozV abgeführt werden oder ob der Beschäftigte an der BRats- oder Personalratswahl teilnimmt (s *HMW*/Arbeitnehmer Rz 51). Zum Einsatz „selbständiger" ausländischer Handwerker s auch FG Düsseldorf 21.10.09 – 7 K 3109/09 H(L), BeckRS 2009, 26029763.

f) Parteiwille. Die von den Beteiligten gewählte Bezeichnung und Vertragsform ist 39 unerheblich. Es ist auf die tatsächlichen Gegebenheiten abzustellen (BFH 20.4.88, BStBl II 88, 804). Der Wille der Parteien kann allerdings in Grenzfällen als Indiz herangezogen werden, wenn er tatsächlich durchgeführt worden ist (BFH 14.6.85, BStBl II 85, 661). Da ein steuerrechtliches Dienstverhältnis auch durch tatsächliches Verhalten begründet werden kann (s *Faktisches Arbeitsverhältnis* Rz 11), kommt es auf den wirksamen Abschluss einer schriftlichen oder mündlichen Vereinbarung nicht an. So ist es für die ArbNEigenschaft einer Person – nur natürliche Personen können ArbN sein – auch unerheblich, ob sie geschäftsfähig ist (s *Schmidt/Krüger* § 19 Rz 23; s auch *Minderjährige* Rz 32–35).

g) Freiwilligkeit. Ob das freiwillige Eingehen der Verpflichtung zur Arbeitsleistung 40 Voraussetzung für das Vorliegen eines Dienstverhältnisses ist, ist umstritten. Bedeutung hat dies für die Tätigkeit Strafgefangener oder Wehrpflichtiger. Nach *HMW*/Arbeitnehmer Rz 26 und HHR (§ 19 Anm 73) liegt in diesen Fällen kein Dienstverhältnis und damit keine ArbNStellung vor, denn die Einnahmen beruhten insbesondere auf sozialen Erwägungen. Nach der Gegenmeinung kommt es aber für die ArbNEigenschaft auf die Freiwilligkeit nicht an. Sie stellt darauf ab, dass auch der zwangsverpflichtete Personenkreis in abhängiger Stellung tätig ist und durch Einsatz seiner Arbeitskraft Einnahmen erzielt (s *Schmidt/Krüger* § 19 Rz 13; *Littmann/Barein* § 19 Rz 80; *Thürmer* § 19 EStG Rz 59). ME ist das Merkmal der Freiwilligkeit kein Kriterium für das Vorliegen eines Dienstverhältnisses, denn dass ein Entgelt auch aus sozialen Motiven gewährt wird, schließt die Annahme von Arbeitslohn nicht aus (s *Thürmer* § 19 EStG Rz 59). Die Geld- und Sachbezüge Wehrpflichtiger und Ersatzdienstleistender sind gem § 3 Nr 5 EStG steuerfrei, so dass es bei dieser Personengruppe letztendlich auf deren Einordnung als ArbN nicht ankommt. Die Finanzverwaltung sieht

26   Arbeitnehmer (Begriff)

Strafgefangene nicht als ArbN an (s *Littmann/Barein* § 19 Rz 80 und LSt-Kartei By § 19 EStG, Fach 2 Karte 12).

41   **h)** Bei den sog **Ausbildungsdienstverhältnissen** liegt ein steuerrechtliches Dienstverhältnis vor. Hier stellt der Auszubildende dem privaten oder öffentlich-rechtlichen Dienstherrn seine Dienste zum Zwecke der Ausbildung zur Verfügung und unterwirft sich dessen Weisungen (BFH 24.9.85, BStBl II 86, 184).

42   **3. Nebentätigkeit, Hilfstätigkeit.** Bei Ausübung mehrerer Tätigkeiten nebeneinander ist jede für sich nach ihren Merkmalen zu beurteilen. Dies bereitet insbesondere dann Schwierigkeiten, wenn ein ArbN neben seiner Haupttätigkeit noch weitere Leistungen gegen Entgelt für seinen ArbGeb erbringt. Die weitere Tätigkeit ist jedenfalls dann als nichtselbstständig mit der Folge des LStAbzugs durch den ArbGeb anzusehen, wenn sie mit der Haupttätigkeit unmittelbar zusammenhängt, zB bei Gleichartigkeit der Tätigkeit und unter gleichen organisatorischen Bedingungen (BFH 22.11.96 VI R 59/96, BStBl II 97, 254). Dabei genügt es, dass sie – ohne im Arbeitsvertrag vereinbart zu sein – vom ArbGeb als Nebenpflicht erwartet werden kann oder freiwillig als Nebentätigkeit erbracht wird, auch wenn sie gesondert entlohnt wird und gewissermaßen als Hilfstätigkeit erscheint (BFH 25.11.71, BStBl II 72, 212 und 11.11.71, BStBl II 72, 213).

43   Liegt weder eine Nebenpflicht noch eine Hilfstätigkeit vor, ist die zusätzliche Tätigkeit unabhängig von der Haupttätigkeit als selbstständig oder nichtselbstständig zu beurteilen. Dabei ist es für die Beurteilung als selbstständig unschädlich, wenn der ArbGeb dem ArbN lediglich die Möglichkeit bietet, die während der nichtselbstständigen Tätigkeit erworbenen oder dieser dienenden Fähigkeiten außerhalb der vereinbarten Dienstzeit ohne aus dem Arbeitsvertrag sich ergebender Weisungen und Kontrollbefugnisse des ArbGeb zu verwerten (s *Schmidt/Krüger* § 19 Rz 29; *HMW*/Arbeitnehmer Rz 57, jeweils mwN; s auch *Nebentätigkeit* Rz 20–22).

44   **4. Leiharbeitnehmer. a) Begriff.** LeihArbN sind ArbN die ein Unternehmer (Verleiher) einem anderen Unternehmer (Auftraggeber/Entleiher) auf Zeit gegen Entgelt zur Verfügung stellt (s auch *Arbeitnehmerentsendung* Rz 1 ff). In dem Dreiecksverhältnis (Verleiher-Entleiher-Entliehener) gilt die Besonderheit, dass sich das Weisungsrecht des Verleihers (ArbGeb) idR in der Entsendung erschöpft. Das mit der ArbGebStellung verbundene Direktionsrecht übt dagegen der Entleiher aus. Der ArbN unterwirft sich aufgrund der Rechtsbeziehungen zum Verleiher, von dem er für die Tätigkeit beim Entleiher entlohnt wird, den Weisungen des Entleihers. Ob eine ArbNÜberlassung vorliegt, bestimmt sich nach dem Zivil- bzw Arbeitsrecht (s *Arbeitnehmerüberlassung/Zeitarbeit* Rz 3 ff; zur erforderlichen Erlaubnis der gewerbsmäßigen Überlassung s *Arbeitnehmerüberlassung/Zeitarbeit* Rz 2, 14 ff). Die Finanzverwaltung wird sich regelmäßig der Auffassung der Arbeitsverwaltung anschließen (LStR 42d.2 Abs 3 Sätze 4 und 5), obwohl grds keine Bindung an deren Entscheidungen besteht (*HMW*/Arbeitnehmerüberlassung Rz 32). LeihArbN können über eine **regelmäßige Arbeitsstätte** verfügen. Die Rev gegen das Urteil des FG Münster 11.10.2011 – 13 K 456/10, Az des BFH VI R 63/11, wurde zwar zurückgenommen. Der BFH hat in einem gleichgelagerten Fall allerdings eine regelmäßige Arbeitsstätte angenommen (Urt v 15.5.13 VI R 18/12, DStR 13, 1877). Ab **2014** wurde der Begriff der regelmäßigen Arbeitsstätte durch denjenigen der „**ersten Tätigkeitsstätte**" ersetzt. Letztere erfordert nun nicht mehr, dass es sich um eine ortsfeste Einrichtung des lohnsteuerlichen ArbGeb handelt. Es kommt auf die dauerhafte Zuordnung an, die sich nach den dienst- und arbeitsrechtlichen Regelungen bestimmt. Erforderlich ist ein Tätigwerden an zwei vollen Arbeitstage je Arbeitswoche oder mindestens einem Drittel der vereinbarten regelmäßigen Arbeitszeit (§ 9 Abs 4 Satz 1 EStG). Hinsichtlich der **Verpflegungsmehraufwendungen** gilt allerdings auch für Leiharbeitnehmer die Dreimonatsfrist (§ 4 Abs 5 Satz 1 Nr 5 Satz 5 EStG; BFH 15.5.13 VI R 41/12, BStBl II 13, 704; s auch *Verpflegungsmehraufwendungen* Rz 5 ff).

Zur Frage der Vermeidung der Doppelbesteuerung bei Leiharbeitnehmern mit Wohnsitz in Deutschland und Arbeitsort in einem anderen Staat s LFSt Bayern 28.5.2013 – S 2360.1.1–3/4 St 32, IStR 13, 476 |

45   **b) Vorliegen eines Leiharbeitsverhältnisses.** Hier gelten hinsichtlich der Abgrenzung der LeihArbN von der Überlassung selbstständiger Kräfte für die lohnsteuerrechtliche Beurteilung die in den Rz 30–40 genannten Kriterien, ergänzt um die im BFH-Urteil v 18.1.91

Arbeitnehmer (Begriff) 26

– VI R 122/87, BStBl II 91, 409 genannten Besonderheiten: Eingliederung in die Betriebsorganisation des Entleihers ähnlich den Stammarbeitskräften, Berechtigung des Entleihers, bestimmte Qualifikationen der LeihArbN zu verlangen bzw bestimmte Mitarbeiter zurückzuweisen, Vergütung der Leistungen nach Zeiteinheiten, besondere Vergütung für geleistete Überstunden, Haftung des Verleihers gegenüber dem Entleiher für etwaiges Verschulden bei der Auswahl der eingesetzten Kräfte, Pflicht des Entleihers, die vereinbarte Vergütung unabhängig von dem Ergebnis der von den eingesetzten Kräften erbrachten Leistungen zu entrichten. Für ArbNÜberlassung spricht daher der (weitgehende) Ausschluss der Haftung für mangelhafte Leistungen (s hierzu auch LStR 42d.2 Abs 3 Satz 3).

Zur Frage, ob LeihArbN typischerweise eine **Einsatzwechseltätigkeit** ausüben, s *Einsatzwechseltätigkeit* Rz 5 ff. Zutreffend zB wohl bei Überlassung von Bürokräften an wechselnde Entleiher.

Zur Frage der ArbGebEigenschaft, der LStAbzugsverpflichtung, auch in den Fällen der **internationalen Arbeitnehmerentsendung** und der Haftung des Ver- bzw Entleihers für nicht einbehaltene und abgeführte LSt s *Lohnabzugsverfahren* Rz 12 und *Arbeitnehmerüberlassung/Zeitarbeit* Rz 34 ff und 71 ff).

5. Dienstverhältnis zwischen nahen Angehörigen. Zur Anerkennung von Dienst- 46
verhältnissen zwischen nahen Angehörigen s *Familiäre Mitarbeit* Rz 29 ff.

6. Einzelbeispiele s unten **Arbeitnehmer-ABC** Rz 84.

C. Sozialversicherungsrecht   *Voelzke*

Übersicht

	Rz		Rz
I. Bedeutung	47–50	c) Organ- oder Gesellschafterstellung	70–75
II. Beschäftigung	51–79	d) Alternative Erwerbsformen	76
1. Arbeit	51–62	e) Scheinselbstständige	77
a) Freiwilligkeit	52	3. Arbeitsverhältnis	78, 79
b) Tatsächliche Ausübung	53–60	III. Gleichstellung und Erweiterung	80–82
c) Missglückter Arbeitsversuch	61, 62	1. Betriebliche Berufsbildung	80
2. Nichtselbstständigkeit	63–77	2. Heimarbeiter	81
a) Persönliche Abhängigkeit	63–68	3. Arbeitszeitmodelle	82
b) Familienhafte Mithilfe	69	IV. Einzelbeispiele	83

I. Bedeutung. Hauptanknüpfungspunkt für die Versicherungspflicht und die daraus her- 47
zuleitenden sozialen Rechte ist – neben weiteren Voraussetzungen – in allen Zweigen der SozV das Vorliegen einer **Beschäftigung** (§§ 25 Abs 1 SGB III; 5 Abs 1 Nr 1 SGB V; 1 Nr 1 SGB VI; 2 Abs 1 Nr 1 SGB VII; 20 Abs 1 Nr 1 SGB XI). Zwar unterfällt die Tätigkeit innerhalb eines Arbeitsverhältnisses traditionell dem Schutzbereich der SozV, jedoch sind der arbeitsrechtliche Begriff des ArbN und der sozialversicherungsrechtliche Begriff der Beschäftigung nicht identisch. In Abgrenzung zur selbstständigen Tätigkeit bestimmt die Legaldefinition des § 7 Abs 1 SGB IV, dass Beschäftigung die nichtselbstständige Arbeit, insbesondere in einem Arbeitsverhältnis ist. Der Erwerb beruflicher Kenntnisse, Fertigkeiten oder Erfahrungen im Rahmen betrieblicher Berufsbildung gilt ebenfalls als Beschäftigung (§ 7 Abs 2 SGB IV).

Die Unbestimmtheit des Begriffs der Beschäftigung führt nicht zu seiner Verfassungswidrigkeit (BVerfG 20.5.96, NZA 96, 1063; vgl aber zur Nutzbarmachung von Unsicherheiten im arbeitsrechtlichen Konflikt *Giesen* SGb 12, 305). Die Spitzenverbände der SozVTräger haben für bestimmte Berufsgruppen umfangreiche Hinweise gegeben, die pauschalierende versicherungsrechtliche Einordnungen erlauben sollen.

Die Legaldefinition der Beschäftigung gilt einheitlich für alle Zweige der SozV und 48
schließt ein abweichendes Verständnis in den einzelnen Versicherungszweigen aus. Der hier behandelte **beitragsrechtliche Begriff** der Beschäftigung iSd § 7 SGB IV ist allerdings nicht in allen seinen Merkmalen deckungsgleich mit dem **leistungsrechtlichen Begriff** der Beschäftigung, dem insbesondere für das Vorliegen der Anspruchsvoraussetzung Arbeitslosigkeit für den Anspruch auf AlGeld Bedeutung zukommt (vgl BSG 3.6.04 – B 11 AL 70/

26 Arbeitnehmer (Begriff)

03 R, SozR 4–4300 § 123 Nr 2 zum Verhältnis von leistungsrechtlichem Beschäftigungs- und Arbeitsverhältnis). Die Rechtsfigur des leistungsrechtlichen Beschäftigungsverhältnisses hatte (auch bei den Spitzenverbänden der SozVTräger) zu Verwirrung und Missverständnissen bei der Beurteilung der Versicherungspflicht während Freistellungsphasen geführt. Zwar hat der 11. Senat des BSG entschieden, dass im Falle des Abschlusses eines Aufhebungsvertrages mit gleichzeitiger Freistellung von der Arbeitsleistung das Beschäftigungsverhältnis im leistungsrechtlichen Sinne ende und deshalb die Sperrzeit bereits mit der Freistellung beginne (BSG 25.4.02 – B 11 AL 65/01 R, NZS 03, 105). Das Beschäftigungsverhältnis im leistungsrechtlichen Sinne ist jedoch ausschließlich aus Gründen der Schutzbedürftigkeit der betroffenen ArbN entwickelt worden und beansprucht auch nur für das Leistungsrecht der ArbIV Geltung. Aus der Rspr zum Leistungsrecht der ArbIV lassen sich folglich keine Rückschlüsse auf die Versicherungspflicht des ArbN während Phasen der Freistellung ziehen. Insoweit bleibt es dabei, dass Versicherungs- und Beitragspflicht auch ohne tatsächliche Arbeitsleistung infolge einer Freistellung besteht, wenn und solange ArbGeb und ArbN vom Fortbestand des Arbeitsverhältnisses ausgehen und der ArbN weiterhin Anspruch auf ein Arbeitsentgelt hat, das über der Geringfügigkeitsgrenze liegt (BSG 24.9.08 – B 12 KR 22/07 R, NZA-RR 09, 272; *Bergwitz* NZA 09, 518).

49 Ist mit der Bezugnahme des § 7 Abs 1 SGB IV das Arbeitsverhältnis iSd **Arbeitsrechts** auch der wichtigste Fall des sozialversicherungsrechtlichen Beschäftigungsverhältnisses, so sind die Begriffe dennoch nicht deckungsgleich. So kann trotz eines wirksamen Arbeitsverhältnisses ein Beschäftigungsverhältnis zu verneinen (sog missglückter Arbeitsversuch), andererseits auch ohne das Vorliegen eines Arbeitsverhältnisses ein sozialversicherungsrechtliches Beschäftigungsverhältnis gegeben sein. Regelmäßig ist das Beschäftigungsverhältnis weiter gefasst (*Schlegel/Voelzke/Segebrecht* SGB IV § 7 Abs 1 Rz 80). Da das Merkmal der **persönlichen Abhängigkeit** gleichermaßen für die Bestimmung der ArbNEigenschaft im Arbeitsrecht und für die Abgrenzung des Beschäftigungsverhältnisses im SozVRecht herangezogen wird, können jedenfalls insoweit die für das Arbeitsrecht entwickelten Kriterien berücksichtigt werden (*Hueck* BB 87, 1730).

50 Auch die **steuerrechtliche Behandlung** stellt lediglich ein Indiz für die Einordnung eines sozialversicherungsrechtlichen Beschäftigungsverhältnisses dar, ohne dass hieraus eine Bindung erwachsen würde. Das BSG betont die **Eigenständigkeit** des Beschäftigungsbegriffs gegenüber anderen Rechtsgebieten und bestimmt ihn allein aus sozialversicherungsrechtlichen Vorschriften (BSG 30.7.81 – 8/8a RU 48/80, SozR 2200 § 723 Nr 5).

51 **II. Beschäftigung. 1. Arbeit** iSd § 7 Abs 1 SGB IV ist jede wirtschaftlich sinnvolle Tätigkeit, die jedoch nicht zwangsläufig auf Gewinnerzielung ausgerichtet sein muss, sondern auch ideeller Natur sein kann (BSG 12.7.79 – 2 RU 23/78, SozR 2200 § 539 Nr 60). Deshalb steht es der Qualifizierung als Beschäftigungsverhältnis nicht entgegen, dass eine dem allgemeinen Erwerbsleben zugängliche Tätigkeit ehrenamtlich ausgeübt wird (*Ehrenamtliche Tätigkeit* Rz 32; BSG 1.2.79 – 12 RK 7/77, SozR 2200 § 165 Nr 36; zum sozialversicherungsrechtlichen Schutz von ehrenamtlich Tätigen vgl auch *Brämer/Deter* ZfSH/SGB 94, 57; *Igl* ZfSH/SGB 94, 561). Zweifelhaft ist, ob das Vorliegen einer fremdbestimmten Arbeit bejaht werden kann, wenn die betriebliche Tätigkeit eines Studenten vorrangig der Erstellung der für den Studienabschluss erforderlichen Diplomarbeit dient (BSG 11.2.93 – 7 RAr 52/92, SozR 3–4100 § 169b Nr 1). Die Tätigkeit von Ehrenbeamten begründet ein Beschäftigungsverhältnis, wenn sie dem allgemeinen Erwerbsleben zugängliche Verwaltungsaufgaben wahrnehmen und hierfür eine den tatsächlichen Aufwand übersteigende Aufwandsentschädigung erhalten (BSG 25.1.06 – B 12 KR 12/05 R, SozR 4–2400 § 7 Nr 6). Nicht unter den sozialversicherungsrechtlichen Schutz fällt eine strafrechtlich verbotene Tätigkeit, während die Verletzung von Ordnungsvorschriften, zB von arbeitszeitrechtlichen Regelungen, grds unbeachtlich ist (BSG 28.6.90 – 9b/11 RAr 15/89, SozR 3–4100 § 59 Nr 3). Die etwaige Sittenwidrigkeit einer Beschäftigung steht der Versicherungspflicht ebenfalls nicht entgegen (BSG 10.8.2000 – B 12 KR 21/98 R, NJW 01, 1965; vgl zur Bedeutung der Sittenwidrigkeit für die Begründung eines Beschäftigungsverhältnisses *Felix* NZS 02, 225). Die versicherungsrechtliche Beurteilung der Tätigkeit von Prostituierten wird durch das Gesetz zur Regelung der Rechtsverhältnisse der Prostituierten vom 20.12.01 (BGBl I 01, 3983) beeinflusst. Nach § 3 des Gesetzes steht das eingeschränkte Weisungsrecht im Rahmen

Arbeitnehmer (Begriff)

einer abhängigen Tätigkeit der Annahme einer Beschäftigung iSd SozVRechts nicht entgegen.
Unerheblich ist der Beweggrund für die Aufnahme der Beschäftigung, so dass sogar die erklärte Absicht, preiswerten KVSchutz zu erlangen, der Annahme einer Beschäftigung nicht entgegensteht (so BSG 12.7.89 – 12 RK 7/88, SozR 2200 § 165 Nr 97). Da eine **sportliche** oder spielerische Betätigung unter Berücksichtigung der Verkehrsanschauung regelmäßig nicht als Arbeit gewertet werden kann, ist hier zusätzlich erforderlich, dass der Sport aus Erwerbszwecken ausgeübt wird.

a) Freiwilligkeit. Ungeschriebene Voraussetzung für das Vorliegen einer Beschäftigung 52 ist, dass die Ausübung der Arbeit auf freiwilliger Übernahme beruht (*Schlegel/Voelzke/ Segebrecht* SGB IV § 7 Abs 1 Rz 93). Der SozVPflicht unterliegen deshalb Tätigkeiten aufgrund einer Beschäftigungspflicht innerhalb eines öffentlich-rechtlichen Gewaltverhältnisses nur nach besonderer gesetzlicher Anordnung (zur Problematik der Beschäftigung von Strafgefangenen vgl *Mrozynski* SGb 90, 315; zur Beschäftigung im Rahmen der Sozialhilfe BSG 16.4.85 – 12 RK 53/83, SozR 2200 § 165 Nr 79). Das Vorliegen eines Beschäftigungsverhältnisses kann indes nicht allein mit der Begründung verneint werden, dass die Arbeitsleistung in einem räumlich begrenzten Bereich erbracht wird, dessen Verlassen den Bewohnern praktisch unmöglich ist (s zu Tätigkeiten im Ghetto Lodz BSG 18.6.97 – 5 RJ 66/95, SozR 3–2200 § 1248 Nr 15).

b) Tatsächliche Ausübung. Das Merkmal Arbeit setzt grds ein aktives Verhalten des ArbN 53 voraus, mit dem ein bestimmter Arbeitserfolg herbeigeführt werden soll. Obwohl § 7 SGB IV auf die tatsächlichen Verhältnisse abstellt, kann ein sozialversicherungsrechtliches Beschäftigungsverhältnis auch außerhalb der tatsächlichen Arbeitstätigkeit begründet oder aufrechterhalten werden. Entscheidend ist, wie *Seewald* (in KassKomm § 7 SGB IV Rz 12) es zusammenfassend formuliert, dass durch die Untätigkeit der **Status als Arbeitnehmer** nicht geändert wird. Der Begriff der Beschäftigung umfasst die Erfüllung von Haupt- und Nebenpflichten aus dem Arbeitsverhältnis (BSG 15.5.12 – B 2 U 8/11 R, SozR 4–2700 § 2 Nr 20).

aa) Beginn der Beschäftigung. Das versicherungspflichtige Beschäftigungsverhältnis 54 beginnt grds mit der tatsächlichen Beschäftigungsaufnahme. Ein „Eintritt in die Beschäftigung" kann aber auch vorliegen, wenn sich der ArbN der Weisungsbefugnis des ArbGeb unterstellt und leistungsbereit ist. Trotz **Nichtaufnahme** der tatsächlichen Arbeit wurde ein Beginn des Beschäftigungsverhältnisses und der Versicherungspflicht in folgenden Fällen angenommen: Bei einem Unfall des ArbN auf dem ersten Weg zur Arbeitsaufnahme (BSG 28.2.67 – 3 RK 17/65, Die Beiträge 67, 285); bei einem GastArbN, der nach Abgabe der Arbeitspapiere und nach Unterbringung auf dem Werksgelände vier Tage vor der geplanten Arbeitsaufnahme einen Unfall erlitt (BSG 22.11.68 – 3 RK 9/67, Die Beiträge 68, 373); bei nahtloser Überführung eines Ausbildungsverhältnisses in ein Beschäftigungsverhältnis, zu dessen Beginn Arbeitsunfähigkeit bestand (BSG 28.6.79 – 8b/3 RK 80/77, SozR 2200 § 306 Nr 5); bei fristgerechter Kündigung des ArbGeb vor Arbeitsantritt, Verzicht auf die Arbeitsleistung und Lohnzahlung bis zum Wirksamwerden der Kündigung (BSG 18.9.73 – 12 RK 14/72, SozR Nr 73 zu § 165 RVO).

Für die praktisch wichtigen Fälle der **Arbeitsunfähigkeit** gilt, dass es für das Entstehen 55 der Versicherungspflicht unschädlich ist, wenn der ArbN am Tage des vereinbarten Arbeitsantritts arbeitsunfähig krank wird. Der Eintritt in ein Beschäftigungsverhältnis ist auch ohne tatsächliche Arbeitsaufnahme zu bejahen, wenn der Aufnahme der Tätigkeit nach einer Zeit des unbezahlten Urlaubs ein Beschäftigungsverbot nach dem MuSchG entgegen steht (BSG 10.12.98 – B 12 KR 7/98, R, SozR 3–2500 § 186 Nr 7). Zum Rechtsinstitut des missglückten Arbeitsversuchs s unten Rz 61–62.

bb) Unterbrechungen der tatsächlichen Arbeitsleistungen sind für das Fortbestehen des 56 Beschäftigungsverhältnisses und die Versicherungspflicht grds unschädlich, wenn der Arbeitsvertrag rechtlich weiterbesteht, der ArbN leistungsbereit ist und Arbeitsentgelt gezahlt wird bzw ein Anspruch auf Entgeltfortzahlung besteht. Unberührt bleibt der Bestand des Beschäftigungsverhältnisses auch bei Vorliegen der Voraussetzungen für den *Annahmeverzug* des ArbGeb (s dort). Unerheblich ist in diesen Fällen, ob Beiträge abgeführt wurden oder sogar eine Abmeldung beim SozVTräger erfolgte.

Das Fortbestehen eines Beschäftigungsverhältnisses kann auch bei **fehlender Dienst-** 57 **bereitschaft** des ArbN angenommen werden (zB bei Weiterbildungsmaßnahmen, Urlaub,

26 Arbeitnehmer (Begriff)

Haft), wenn die Arbeitsvertragsparteien einen grds Arbeits- und Fortsetzungswillen haben und das Ende der Unterbrechung absehbar ist (BSG 31.8.76 – 12/3/12 RK 20/74, BB 77, 248; 18.4.91 – 7 RAr 106/90, SozR 3–4100 § 104 Nr 6; eingehend: *Schlegel* NZA 05, 974). Zahlt etwa der ArbGeb während einer Wehrübung das Arbeitsentgelt weiter, so besteht auch das versicherungspflichtige Beschäftigungsverhältnis fort (BSG 14.9.89 – 4 RA 56/88, SozR 2400 § 2 Nr 28). Eine starre zeitliche Grenze besteht hinsichtlich der unschädlichen Unterbrechung nicht. Abweichend hiervon vertreten die Spitzenverbände der SozVTräger die Auffassung, dass aufgrund des § 7 Abs 1a SGB IV (s unten Rz 82) der Fortbestand der sozialversicherungsrechtlich relevanten Beschäftigung in Zeiten der vollständigen Freistellung von der Arbeitsleistung im Rahmen einer flexiblen Arbeitszeitregelung von mehr als einem Monat nur auf der Grundlage einer Wertguthabenvereinbarung nach § 7b SGB IV möglich sei (kritisch *Rolfs/Witschen* NZA 2011, 881). Allerdings greifen die genannten Regelungen nur für flexible Arbeitszeitregelungen im engeren Sinne. Nach § 7 Abs 1a Satz 2 SGB IV (idF des Gesetzes vom 22.12.11, BGBl I 11, 3057) besteht die Versicherungspflicht während einer bis zu dreimonatigen Freistellung fort, soweit Arbeitsentgelt aus einer Vereinbarung zur flexiblen Gestaltung der werktäglichen oder wöchentlichen Arbeitszeit oder dem Ausgleich betrieblicher Produktions- und Arbeitszyklen fällig ist. Zu beachten ist ferner, dass die Versicherungspflicht, soweit sie von der Entgeltlichkeit der Beschäftigung abhängt oder soweit ein sog Erhaltenstatbestand nicht vorliegt, dennoch entfallen kann (zur Beendigung der Mitgliedschaft in der KV bei längerem unbezahlten Urlaub s BSG 15.12.94 – 12 RK 17/92, Die Beiträge 95, 374).

58   Für die Gestaltungen, bei denen der Anspruch auf Arbeitsentgelt für einen **begrenzten Zeitraum** entfällt, hat das RRG 1999 mWv 1.1.99 eine für die KV, PflegeV, RV und ArblV einheitliche Regelung geschaffen. Im Ergebnis werden hierdurch die bisher für die übrigen Zweige der SozV bestehenden Regelungen auf die gesetzliche RV erstreckt (vgl BT-Drs 13/8011 S 68). Nach § 7 Abs 3 Satz 1 SGB IV gilt eine Beschäftigung gegen Arbeitsentgelt als fortbestehend, solange das Beschäftigungsverhältnis ohne Anspruch auf Arbeitsentgelt fortdauert, jedoch nicht länger als einen Monat. Der Wortlaut der Regelung legt nahe, dass ein Fortbestehen der Versicherungs- und Beitragspflicht für einen Monat auch dann anzunehmen ist, wenn bereits vor der Unterbrechung der Arbeitsentgeltzahlung feststeht, dass die Unterbrechung sich über einen längeren Zeitraum als einen Monat erstrecken wird (*Schlegel/Voelzke/Brall* SGB IV § 7 Abs 3 Rz 13).

59   Das Fortbestehen der Versicherungspflicht tritt trotz des Vorliegens der in § 7 Abs 3 Satz 1 SGB IV genannten Voraussetzungen nicht nach dieser Vorschrift ein, wenn *Krankengeld*, Verletztengeld (s *Unfallversicherung* Rz 45 ff), Versorgungskrankengeld, *Übergangsgeld/Überbrückungsgeld* oder *Mutterschaftsgeld* oder eine Elternzeit (s *Elternzeit*) in Anspruch genommen wird (§ 7 Abs 3 Satz 2 SGB IV).

60   **cc) Ende der Beschäftigung.** Das Beschäftigungsverhältnis endet mit dem Ausscheiden aus der Beschäftigung. Dieses Merkmal ist nicht bereits mit der tatsächlichen Einstellung der Arbeitstätigkeit erfüllt, sondern erforderlich ist der endgültige Abbruch der Bereitschaft des ArbN, für den ArbGeb tätig zu sein und die gleichzeitige Ablehnung des ArbGeb, den ArbN weiter zu beschäftigen. Das Beschäftigungsverhältnis endet insbesondere nicht in den Fällen des Annahmeverzuges (Näheres s *Annahmeverzug* Rz 27 ff) des ArbGeb, solange das Arbeitsverhältnis rechtlichen Bestand hat und der ArbN nicht ein anderes Beschäftigungsverhältnis eingeht. Besteht keine realistische Möglichkeit zur tatsächlichen Fortsetzung der Beschäftigung, weil der ArbGeb seine arbeitsrechtliche Verfügungsmöglichkeit nicht mehr wahrnimmt oder wahrnehmen kann, so endet das Beschäftigungsverhältnis trotz Fortbestehen des Arbeitsverhältnisses (BSG 4.7.13 – B 11 AL 16/11 R, SozR 4-4300 § 123 Nr 6). Zum Ende des Beschäftigungsverhältnisses bei der *Insolvenz des Arbeitgebers* s dort und während eines Streiks oder einer Aussperrung s *Arbeitskampf (Vergütung)* Rz 30 ff.

61   **c) Missglückter Arbeitsversuch.** Aus Gründen der **Abwehr von Missbräuchen** insbes in der gesetzlichen KV hatte die Rspr im Wege richterlicher Rechtsfortbildung das Rechtsinstitut des missglückten Arbeitsversuchs entwickelt (zur Kritik vgl KassKomm/*Seewald* § 7 SGB IV Rz 23 ff). Voraussetzung war, dass der Beschäftigte objektiv bei Aufnahme der Tätigkeit nicht zu ihrer Verrichtung fähig ist oder sie nur unter schwerwiegender Gefährdung seiner Gesundheit verrichten kann. Außerdem musste die Arbeit vor Ablauf einer wirtschaftlich ins Gewicht fallenden Zeit aufgegeben worden sein. Das BSG hatte es abgelehnt,

einen bestimmten Zeitraum von Tagen oder Wochen für die Annahme einer wirtschaftlich ins Gewicht fallenden Tätigkeit anzusetzen, sondern hielt die Umstände des Einzelfalls für maßgeblich (BSG 19.12.78 – 3 RK 82/76, SozR 2200 § 165 Nr 33). Bei Vorliegen der Voraussetzungen trat trotz tatsächlicher Arbeitsaufnahme keine Mitgliedschaft ein, selbst wenn die Krankenkasse bereits Leistungen erbracht hatte (BSG 16.2.82 – 8 RK 10/81, SozR 2200 § 165 Nr 66).

Gegen die Rechtsfigur des missglückten Arbeitsversuchs waren in der Literatur erhebliche **62** Bedenken erhoben worden (vgl Personalbuch 1997 Nichtselbstständige Arbeit Rz 21 mwN). Dem hat das BSG ua mit dem Urt vom 4.12.97 (Az 12 RK 3/97, SozR 3–2500 § 5 Nr 37) Rechnung getragen und entschieden, dass die Rechtsfigur unter Geltung des SGB V nicht mehr anzuwenden ist. Das BSG hat allerdings zugleich darauf hingewiesen, dass zur Vermeidung von **Missbräuchen** bei Vorliegen von entsprechenden Anhaltspunkten kritisch zu prüfen ist, ob die behauptete versicherungspflichtige Beschäftigung in Wirklichkeit vorliegt. Eine derartige Prüfung ist insbesondere geboten, wenn Hinweise für ein Schein-Beschäftigungsverhältnis, familienhafte Mithilfe oder eine geringfügige Beschäftigung vorliegen. Eine Beschäftigung liegt nicht vor, wenn ein Arbeitsverhältnis nur zum Schein oder in der Absicht begründet wird, die Tätigkeit unter Berufung auf die bestehende Arbeitsunfähigkeit nicht anzutreten oder alsbald wieder aufzugeben (BSG 29.9.98 – B 1 KR 10/96 R, SozR 3–2500 § 5 Nr 40).

2. Nichtselbstständigkeit. a) Persönliche Abhängigkeit. Die Nichtselbstständigkeit **63** ist das zentrale Merkmal für die Zuordnung von Arbeit zur sozialversicherungsrechtlichen Beschäftigung in Abgrenzung zur selbstständigen Tätigkeit. Die hierzu ergangene umfangreiche Rspr des BSG stellt entscheidend auf die persönliche Abhängigkeit des ArbN von einem Dritten ab (vgl die Zusammenfassung der Rspr bei BSG 4.6.98 – B 12 KR 5/97 R, SozR 3–2400 § 7 Nr 13; zu „Auflösungstendenzen" beim Weisungsrecht *Schlegel/Voelzke/Segebrecht* SGB IV § 7 Abs 1 Rz 103). Kein geeignetes Abgrenzungskriterium ist die wirtschaftliche Abhängigkeit, die zwar regelmäßig in der persönlichen Abhängigkeit enthalten ist, aber auch bei selbstständigen Mitarbeitern vorliegen kann (BSG 25.1.79 – 3 RK 69/78, SozR 2200 § 165 Nr 34). Ebenso gehört die soziale Schutzbedürftigkeit nicht zu den Wesensmerkmalen der nichtselbstständigen Arbeit; dennoch wird sie als Merkmal von der Rspr des BSG zT berücksichtigt (BSG 29.1.81 – 12 RK 63/79, BB 81, 2074; vgl zur Bedeutung der Schutzbedürftigkeit auch *Schlegel* NZS 2000, 426). Ob eine persönliche Abhängigkeit vom ArbGeb zu bejahen ist, wird von der Rspr anhand des nachfolgenden Kataloges von Kriterien beurteilt.

aa) Eingliederung in den Betrieb. Die Abhängigkeit des ArbN findet ihren Ausdruck **64** vor allem in seiner organisatorischen, nicht notwendig räumlichen Eingliederung in einen fremden Betrieb. Hierfür ist entscheidend, ob der Beschäftigte fremdbestimmte Tätigkeiten als dienendes Glied einer Betriebsorganisation persönlich verrichtet oder ob er im Mittelpunkt seines eigenen Betriebes steht. Einer Eingliederung in den Betrieb kann die Möglichkeit, über die Arbeitszeit und Arbeitskraft, insbesondere durch das Ablehnen einzelner Aufträge, frei zu verfügen, entgegenstehen. Demgegenüber kann das Fehlen einer eigenen Betriebsstätte für eine Eingliederung in den Betrieb des ArbGeb sprechen (BSG 31.5.78 – 12 RK 25/77, SozR 2200 § 1229 Nr 8). Kann die Tätigkeit von zu Hause ausgeübt werden, kann abhängig von den weiteren Umständen des Einzelfalls eine selbstständige Tätigkeit vorliegen (LSG Berl-Bbg 26.6.09 – L 1 KR 156/08). Das Merkmal der organisatorischen Eingliederung begründet häufig gerade bei Diensten höherer Art allein die Annahme einer abhängigen Beschäftigung (BSG 27.3.80 – 12 RK 26/79, SozR 2200 § 165 Nr 45).

bb) Weisungsgebundenheit. Das Weisungsrecht des ArbGeb hinsichtlich Zeit, Dauer, **65** Ort und Art der Arbeit ist ein weiteres wesentliches Merkmal für das Vorliegen einer persönlichen Abhängigkeit. Dem Direktionsrecht des ArbGeb entspricht die Weisungsgebundenheit des zur Arbeitsleistung Verpflichteten, der die Ausführung seiner Tätigkeit im Wesentlichen nicht selbst bestimmen kann und der Überwachung und Kontrolle unterliegt. Allerdings kann – gerade bei Diensten höherer Art – das Weisungsrecht eingeschränkt und zur „funktionsgerecht dienenden Teilhabe am Arbeitsprozess verfeinert" sein (BSG 1.2.79 – 12 RK 7/77, SozR 2200 § 165 Nr 36). Auch wenn das Weisungsrecht bei derartigen Tätig-

26 Arbeitnehmer (Begriff)

keiten erheblich eingeschränkt ist, darf es nicht vollständig entfallen (BSG 18.4.91 – 7 RAr 32/90, SozR 3–4100 § 168 Nr 5).

66 **cc) Unternehmerrisiko.** Das Fehlen eines Unternehmerrisikos kennzeichnet die abhängige Beschäftigung, für die das Entgelt grds nicht erfolgsabhängig zu zahlen ist. Nach der weiten Rspr des BSG ist für das Vorliegen eines Unternehmerrisikos der Einsatz sachlicher Mittel nicht erforderlich, sondern eine Ungewissheit hinsichtlich des Erfolges der eingesetzten Arbeitskraft reicht aus (BSG 24.9.81 – 12 RK 43/79, SozR 2200 § 165 Nr 62). Allerdings ist gerade der eigene Kapitaleinsatz in besonderem Maße für eine selbstständige Tätigkeit kennzeichnend (BSG 1.12.77 – 12/3/12 RK 39/74, BB 78, 966). Hingegen begründet die Gefahr der Haftung für schuldhaftes Verhalten alleine kein typisches Unternehmerrisiko (BSG 8.11.83 – 12 RK 57/82, BB 84, 985).

67 **dd) Weitere Merkmale.** Neben den genannten Hauptkriterien zur Abgrenzung von abhängiger Beschäftigung und selbstständiger Tätigkeit können weitere **Indizien** herangezogen werden, die mit den bereits genannten Merkmalen in Zusammenhang stehen und diese ergänzen. So ist regelmäßig der nichtselbstständig Beschäftigte nicht berechtigt, **Hilfskräfte** zu beschäftigen oder sich bei der Ausübung der Tätigkeit von Dritten vertreten zu lassen (*Hueck* BB 87, 1733). Auch kann die Beschaffung von **Arbeitsgeräten** oder **Arbeitsmaterial** ein Indiz für die Ausübung einer selbstständigen Tätigkeit sein. Zeitvergütung und feste Entlohnung sprechen für die Ausübung einer abhängigen Beschäftigung. Unterliegt der ArbN bei der Benutzung seines Kraftfahrzeugs einengenden Auflagen, so entfällt eine entsprechende Indizwirkung (BSG 22.6.03 – B 12 KR 28/03 R, SozR 4–2400 § 7 Nr 5). Bei der vertraglichen Alleinbindung an einen Unternehmer handelt es sich um ein Merkmal, das als solches für eine abhängige Beschäftigung spricht (so zu Unterfrachtführern BSG 25.2.95 – 12 BK 98/93, Die Beiträge 95, 296). Schließlich ist die Vereinbarung eines Urlaubsanspruches unter Fortzahlung der Vergütung ein gewichtiger Hinweis auf eine nichtselbstständige Tätigkeit. Zweifelhaft ist, ob das bisherige Berufsleben des Betreffenden Hinweise auf den Willen geben kann, den bisherigen Status nicht zu ändern (so aber BSG 24.10.78 – 12 RK 58/76, SozR 2200 § 1227 Nr 19). Aus der **Höhe der vereinbarten Vergütung** lassen sich keine Rückschlüsse auf die Rechtsnatur der vertraglichen Beziehungen ziehen, denn auch wenn der Vereinbarung des Honorars die Vorstellung zugrunde liegt, die Tätigkeit werde selbstständig verrichtet, ist allenfalls von einem unbeachtlichen Rechtsirrtum auszugehen (BSG 18.12.01 – B 12 KR 8/01, SozR 3–2400 § 7 Nr 19 zur Abgrenzung bei einer Übungsleiterin für Gymnastikkurse). Die Feststellung wiederholter, jeweils gesondert vereinbarter Tätigkeiten im Rahmen eines Dauerrechtsverhältnisses führt nicht zwingend zur Annahme eines Beschäftigungsverhältnisses. Erforderlich ist auch hier eine Bewertung der einzelnen Arbeitseinsätze (BSG 28.5.08 – B 12 KR 13/07 R, BeckRS 2008, 54573).

68 **ee) Bewertung.** Sprechen Teilaspekte sowohl für das Vorliegen einer selbstständigen Tätigkeit als auch für eine abhängige Beschäftigung, so ist nach einer Gewichtung der Indizien entscheidend, welche Merkmale überwiegen und das Gesamtbild der jeweiligen Arbeitsleistung unter Berücksichtigung der Verkehrsanschauung prägen (BSG 19.8.03 – B 2 U 38/02 R, SozR 4–2700 § 2 Nr 1). Die Zuordnung einer Tätigkeit nach deren Gesamtbild setzt voraus, dass alle nach Lage des Einzelfalls in Betracht kommenden Indizien festgestellt, in ihrer Tragweite zutreffend erkannt und gewichtet, in die Gesamtschau mit diesem Gewicht eingestellt und nachvollziehbar, dh den Gesetzen der Logik entsprechend und widerspruchsfrei gegeneinander abgewogen werden (BSG 25.4.12 – B 12 KR 24/10 R, SozR 4–2400 § 7 Nr 15). Grundlage der Prüfung sind, wenn die vertraglichen Vereinbarungen hiervon abweichen, in erster Linie die tatsächlichen Verhältnisse. Zu den tatsächlichen Verhältnissen gehört auch unabhängig von ihrer Ausübung die einem Beteiligten zustehende Rechtsmacht (BSG 29.8.12 – B 12 KR 25/10 R, BB 13, 894).

69 **b) Familienhafte Mithilfe.** Vielfach problematisch ist die Abgrenzung der nichtselbstständigen Beschäftigung zur bloßen Mithilfe innerhalb des Familienverbandes, da Familienmitgliedern einerseits häufig Privilegien eingeräumt, andererseits aber auch Konzessionen abverlangt werden. Aus diesem Grund ist für Beschäftigungsverhältnisse unter Ehegatten und nahen Angehörigen eine besondere Meldepflicht mit obligatorischem Anfrageverfahren eingeführt worden (*Familiäre Mitarbeit* Rz 46). Grds kann auch unter Ehegatten und Angehörigen ein sozialversicherungsrechtliches Beschäftigungsverhältnis bestehen, wenn dessen we-

Arbeitnehmer (Begriff) 26

sentliche Merkmale erfüllt sind. Während allerdings das Weisungsrecht des ArbGeb bei einer Bewertung der Gesamtumstände häufig zurücktreten muss, kommt insbesondere der **Entlohnung** ein entscheidendes Gewicht zu (*Schlegel/Voelzke/Segebrecht* SGB IV § 7 Abs 1 Rz 147). Zu den Mindestanforderungen gehört insoweit, dass die Bezüge noch den Charakter einer Gegenleistung für geleistete Arbeit haben und über den gewährten Unterhalt oder ein Taschengeld hinausgehen (BSG 19.2.87 – 12 RK 45/85, SozR 2200 § 165 Nr 90). Ein wichtiges Indiz gegen die Annahme eines beitragspflichtigen Beschäftigungsverhältnisses ist die Nichtauszahlung des vereinbarten Arbeitsentgelts (BSG 21.4.93 – 11 RAr 67/92, BB 94, 146). Neben der Entlohnung sind weitere Abgrenzungskriterien, ob ein schriftlicher Arbeitsvertrag abgeschlossen worden ist, ob das gezahlte Entgelt der LStPflicht unterliegt, als Betriebsausgabe verbucht wird und ob der Angehörige eine fremde Arbeitskraft ersetzt (BSG 23.6.94 – 12 RK 50/93, NZS 95, 31). Bleiben die Voraussetzungen für das Vorliegen der Versicherungspflicht ungeklärt, so trägt der Versicherte die Feststellungslast (BSG 7.12.89 – 12 RK 7/88, SozR 2200 § 165 Nr 98). Einzelheiten s *Familiäre Mitarbeit* Rz 46 ff.

c) Organ- oder Gesellschafterstellung. Bei Gesellschaftern, die im Unternehmen tätig sind, stellt sich die Frage, ob sie wegen ihrer gesellschaftsrechtlichen Stellung als Beschäftigte anzusehen sind oder ob wegen ihres Einflusses auf die Gesellschaft das Merkmal der persönlichen Abhängigkeit verneint werden muss (vgl auch *Menthe* DAngVers 95, 314). Die Tätigkeit als Organ einer juristischen Person des öffentlichen oder privaten Rechts steht der Annahme eines Beschäftigungsverhältnisses nicht von vornherein entgegen (BSG 27.3.80 – 12 RK 56/78, SozR 2200 § 165 Nr 44; zur SozVPflicht von Vorstandsmitgliedern gesetzlicher Krankenkassen s *Dudda* NZS 97, 23). Die „stille" Beteiligung an einer Gesellschaft steht der Eigenschaft als ArbN ebenfalls nicht entgegen, weil sie nicht die Rechtsmacht verleiht, Bindungen aus dem Anstellungsvertrag zu entgehen (BSG 24.1.07 – B 12 KR 31/06 R, SozR 4–2400 § 7 Nr 7). Zur sozialversicherungsrechtlichen Stellung von leitenden Angestellten s *Leitende Angestellte* Rz 25. **70**

aa) GmbH. Ob der **Geschäftsführer** einer GmbH abhängig Beschäftigter oder Selbstständiger ist, beurteilt sich nach den Umständen des Einzelfalls. Entscheidend ist, ob der Geschäftsführer oder ein anderer mitarbeitender Gesellschafter entscheidenden Einfluss auf die Geschicke der Gesellschaft nehmen kann. Die Annahme eines abhängigen Beschäftigungsverhältnisses scheidet aus, wenn der Geschäftsführer über mindestens 50 vH des Stammkapitals verfügt oder ihm eine Sperrminorität hinsichtlich wesentlicher Gesellschafterbeschlüsse zusteht (Näheres: *Geschäftsführer* Rz 44 ff). Die zum Gesellschafter-Geschäftsführer entwickelten Grundsätze sollen nach zutreffender Auffassung der Spitzenverbände der SozV-Träger auch bereits für mitarbeitende Gesellschafter einer sog Vor-GmbH gelten (DB 94, 1473). Hingegen lässt sich die Regelvermutung, wonach das Vorliegen einer Sperrminorität die Annahme einer Beschäftigung ausschließt, nicht auf Minderheitsgesellschafter übertragen, die weder Geschäftsführer noch stellvertretender Geschäftsführer der GmbH sind (BSG 5.2.98 – B 11 AL 71/97 R, SozR 3–4100 § 168 Nr 22). Zur Beurteilung von Gesellschaftern einer englischen Limited s *Schlegel/Voelzke/Segebrecht* SGB IV § 7 Abs 1 Rz 139. **71**

bb) AG, KGaA, VVaG. In der gesetzlichen RV hat der Gesetzgeber durch das Gesetz vom 27.12.03 (BGBl I 03, 3013) Klarheit für die Versicherungspflicht von **Vorstandsmitgliedern** geschaffen. Diese sind nach § 1 Satz 4 SGB VI nur in ihrer Vorstandstätigkeit und in konzernzugehörigen Beschäftigungen nicht versicherungspflichtig. Hingegen unterliegen sie in Beschäftigungen außerhalb des Konzerns der Versicherungspflicht in der RV. Damit wurde die Rechtslage in der RV dem Rechtszustand in der ArbIV (§ 27 Abs 1 Nr 5 SGB III) angeglichen (zu verbleibenden Gestaltungsmöglichkeiten *Müller/Schulz* BB 08, 2010; zur Anwendung dieser Regelungen auf die Vorstandsmitglieder ausländischer AG vgl BSG 6.10.10 – B 12 KR 20/09 R, SozR 4–2600 § 1 Nr 5 zur Versicherungspflicht von Verwaltungsratsmitgliedern einer AG schweizerischen Rechts; zu den in Deutschland beschäftigten Mitgliedern des Board of Directors einer private limited company irischen Rechts BSG 27.2.2008 – B 12 KR 23/06 R, ZIP 08, 2231; zu den in Deutschland beschäftigte Mitgliedern des Board of Directors einer US-Kapitalgesellschaft BSG 12.1.11 – B 12 KR 17/09 R, DB 11, 1759; s hierzu die Zusammenfassung bei *Dünchheim/Joppich/Hermann* DB 13, 2210; vgl ferner zur Europäischen AG *Hinrichs/Plitt* DB 11, 1692). In der gesetzlichen UV sind Mitglieder des Vorstandes einer AG in Tätigkeiten für das Unternehmen, dessen Vorstand sie angehören, nicht als Beschäftigte versichert (BSG 14.12.99 – B 2 **72**

26   Arbeitnehmer (Begriff)

U 38/98 R, SozR 3–2200 § 539 Nr 48). Vorstandsmitglieder „großer" VVaG unterliegen nicht der Versicherungspflicht (BSG 27.3.80 – 12 RAr 1/79, BB 80, 1473). Die **Aufsichtsratsmitglieder** sind aufgrund unabhängigen Dienstvertrages tätig; lediglich die ArbNVertreter sind auch in dieser Eigenschaft Beschäftigte, weil alleinige Ursache ihrer Mitgliedschaft die ArbNEigenschaft ist (KassKomm/*Seewald* § 7 SGB IV Rz 100). Unbeschadet der zu den Organen der genannten Gesellschaften entwickelten Grundsätze können die **Aktionäre** einer AG oder KGaA zu der Gesellschaft in einem beitragspflichtigen Beschäftigungsverhältnis stehen. Für die Mitglieder der Leitungsorgane einer SE sind die Vorschriften für die AG entsprechend anwendbar (*Grimm* DB 12, 178).

73   **cc) Genossenschaft, Verein bürgerlichen Rechts.** Die **Vorstandsmitglieder einer Genossenschaft** stehen, insbesondere wenn sie neben der Wahrnehmung der gesetzlichen Funktionen eines gesetzlichen Vertreters zugleich laufende Verwaltungsgeschäfte der Gesellschaft führen und dafür gleich bleibende Bezüge erhalten, in einem abhängigen Beschäftigungsverhältnis zur Gesellschaft (BSG 21.2.90 – 12 RK 47/87, NZA 90, 950).

Ebenso können **Vorstandsmitglieder bürgerlich-rechtlicher Vereine** deren abhängig Beschäftigte sein (BSG 15.12.83 – 12 RK 57/82, BB 84, 985). Die Mitglieder rechtsfähiger und nichtrechtsfähiger Vereine treten zu ihrem Verein in eine als Beschäftigungsverhältnis zu qualifizierende Beziehung, wenn sie sich zur Übernahme von Arbeiten verpflichten, die über die sich aus dem Vereinszweck ergebenden mitgliedschaftlichen Verpflichtungen hinausgehen und die so begründete vertragliche Beziehung auch die übrigen Merkmale eines Beschäftigungsverhältnisses aufweist. An einer Beschäftigung fehlt es hingegen, wenn die zu beurteilenden Verrichtungen allein im Rahmen der Mitgliedschaft zu einem privatrechtlichen Verein in Erfüllung mitgliedschaftlicher Verpflichtungen ausgeübt worden sind (BSG 27.10.09 – B 2 U 26/08 R). Die Vorschriften über die Versicherungsfreiheit von Vorständen einer AG auf die Vorstände eingetragener Vereine nicht entsprechend anzuwenden (BSG 19.6.01 – B 12 KR 44/00 R, SozR 3–2400 § 7 Nr 18).

74   **dd) KG, GmbH und Co KG.** Während der persönlich haftende **Komplementär** einer KG zur Gesellschaft nicht in einem beitragspflichtigen Beschäftigungsverhältnis steht, ist eine solche Gestaltung bei **Kommanditisten** möglich, wenn diese keinen maßgebenden Einfluss auf die Gestaltung der Tätigkeit der Gesellschaft ausüben. Der Geschäftsführer einer GmbH und Co KG, der mit mindestens 50 vH am Stammkapital der Komplementär-GmbH beteiligt ist, steht zur KG nicht in einem abhängigen Beschäftigungsverhältnis, wenn die GmbH, was regelmäßig der Fall sein wird, einen beherrschenden Einfluss auf die KG ausübt (BSG 20.3.84 – 7 RAr 70/82, SozR 4100 § 168 Nr 16). Etwas anderes gilt, wenn die Geschicke der KG ausschließlich von den Kommanditisten oder hinter diesen stehenden Dritten bestimmt werden (zur Beurteilung der Mitarbeit eines Gesellschafters bei Aufspaltung des Betriebes in eine Betreiber-GmbH und eine Eigentümer-KG vgl LSG NRW 2.2.95 – L 9 Ar 192/93, Die Beiträge 95, 353).

75   **ee) OHG, Stille Gesellschaft, GbR.** Die **persönlich haftenden Gesellschafter** einer OHG oder einer GbR können wegen ihrer Stellung als Gesellschafter idR kein beitragsrechtliches Beschäftigungsverhältnis zur Gesellschaft begründen. Dies gilt auch für den Geschäftsinhaber einer stillen Gesellschaft. Entscheidend dafür, ob der mitarbeitende Gesellschafter einer GbR zur Gesellschaft zusätzlich in einem Beschäftigungsverhältnis steht, ist die tatsächliche Gestaltung der Verhältnisse gegenüber den übrigen Gesellschaftern (BSG 20.7.88 – 12 RK 23/87, SGb 89, 165 mit Anm *Wank*).

76   **d) Alternative Erwerbsformen.** Schwierigkeiten bei der Zuordnung alternativer Erwerbsformen zum sozialversicherungsrechtlichen Begriff der Beschäftigung ergeben sich durch die Betonung der Gleichrangigkeit in Abgrenzung zur bürgerlichen Arbeitswelt. Das Vorliegen einer versicherungspflichtigen Beschäftigung ist unter besonderer Beachtung der gesellschaftsrechtlichen Verhältnisse alternativer Projekte zu prüfen (vgl *Kreikebohm/Splittgerber* SGb 86, 269).

77   **e) Scheinselbstständige.** Problematisch ist die Zuordnung von Erwerbstätigen zum sozialversicherungsrechtlichen Begriff der Beschäftigung, die zwar nach der Ausgestaltung der gesamten Rechtsbeziehungen wie Selbstständige behandelt werden, tatsächlich jedoch wie abhängig Beschäftigte arbeiten und sich auch hinsichtlich ihrer sozialen Schutzbedürftigkeit nicht von diesen unterscheiden (Näheres *Scheinselbstständigkeit* Rz 11). Die frühere Vermutungsregelung für das Vorliegen einer abhängigen Beschäftigung ist durch das Zweite

Gesetz für moderne Dienstleistungen am Arbeitsmarkt aufgegeben werden. Andererseits wurde das Risiko einer fehlerhaften Einschätzung dadurch verschärft, dass bei sog illegalen Beschäftigungsverhältnissen nach § 14 Abs 2 Satz 2 SGB IV ein Nettoarbeitsentgelt als vereinbart gilt. Ein Beschäftigungsverhältnis ist „illegal", wenn objektiv zentrale arbeitgeberbezogene Pflichten des SozVRechts verletzt werden und die Verletzung dem ArbGeb iS eines mindestens bedingten Vorsatzes vorwerfbar ist (BSG 9.11.11 – B 12 R 18/09 R, DStR 12, 662).

3. Arbeitsverhältnis. Wie die Formulierung „insbesondere" des § 7 Abs 1 SGB IV erhellt, ist das Arbeitsverhältnis nur der Hauptfall des sozialversicherungsrechtlichen Beschäftigungsverhältnisses. Das BSG folgt der **Eingliederungstheorie** des SozVRechts, die von der Maßgeblichkeit des Faktischen ausgeht. Ausschlaggebend ist hiernach nicht das rechtsgeschäftliche Handeln der Arbeitsvertragsparteien, sondern die mit dem Weisungsrecht des ArbGeb verbundene Eingliederung in einen fremden Betrieb. Das BSG folgert aus dem besonderen Schutzzweck der SozV, dass über die Grenze zwischen Versicherungspflicht und Versicherungsfreiheit nicht alleine die von den Vertragsschließenden getroffenen Vereinbarungen entscheiden können (BSG 29.1.81, SozR 2400 § 2 Nr 16). Aus der Formulierung des § 7 Abs 1 „insbesondere in einem Arbeitsverhältnis" kann deshalb nicht geschlossen werden, dass die **Vertragstheorie** des Arbeitsrechts in das SozVRecht übernommen worden wäre (vgl eingehend zum Verhältnis von Arbeits- und Beschäftigungsverhältnis *Gitter* FS Wannagat 1981, S 141 ff; *Schneider-Danwitz* FS aus Anlass des 100-jährigen Bestehens der sozialgerichtlichen Rechtsprechung, S 541 ff). 78

Trotz der Eigenständigkeit des sozialversicherungsrechtlichen Beschäftigungsverhältnisses kann festgehalten werden, dass die Fortentwicklung dieses Begriffes zunehmend dazu geführt hat, die arbeitsvertraglichen Beziehungen in die **Gesamtbewertung** einzubeziehen. So werden bei längeren Unterbrechungen der Arbeitstätigkeit und bei der Beendigung des Arbeitsverhältnisses ausschließlich arbeitsvertragliche Kategorien herangezogen. Die mit der Eingliederungstheorie verbundene Maßgeblichkeit des Faktischen rückt damit nur noch dann in den Vordergrund, wenn durch vertragliche Gestaltungen zielgerichtet die Schutzziele des SozVRechts umgangen werden sollen. 79

III. Gleichstellung und Erweiterung. 1. Betriebliche Berufsbildung. Als Vorstufe der späteren Erwerbstätigkeit gilt der Erwerb beruflicher Kenntnisse, Fertigkeiten und Erfahrungen im Rahmen betrieblicher Berufsbildung als Beschäftigung (§ 7 Abs 2 SGB IV). Die gesetzliche Fiktion bezieht sich nur auf das Beschäftigungsverhältnis, nicht jedoch auf das für die Begründung der Versicherungspflicht ggf erforderliche Arbeitsentgelt. Eine betriebliche Berufsbildung liegt vor, wenn nach den tatsächlichen Gegebenheiten eine der ArbN-Tätigkeit vergleichbare Bildungsmaßnahme gegeben ist (s *Betriebliche Berufsbildung* Rz 24–28; zur Behandlung der Berufsausbildung, der Fortbildung und Umschulung in den Besonderen Teilen des SGB vgl auch KassKomm/*Seewald* § 7 SGB IV Rz 146 ff). Keine Beschäftigung zur Berufsausbildung bei dem Praktikumsbetrieb wird begründet, wenn sich die berufspraktischen Phasen im Rahmen eines sog praxisintegrierten dualen Studiums infolge organisatorischer und/oder curricularer Verzahnung mit der theoretischen Hochschulausbildung als Bestandteil des Studiums darstellen (BSG 1.12.09 – B 12 R 4/08 R, SozR 4–2400 § 7 Nr 11). Besteht ein derart enger Zusammenhang nicht, so unterfallen praktische Tätigkeiten dem Begriff der betrieblichen Berufsbildung (BSG 27.7.11 – B 12 R 16/09 R, SozR 4–2400 § 7 Nr 14). 80

2. Heimarbeiter und ihnen gleichgestellte Personen gelten nach § 12 Abs 2 und 5 SGB IV als Beschäftigte iSd SozVRechts (s *Heimarbeit* Rz 53 ff). 81

3. Arbeitszeitmodelle. Da die Versicherungs- und Beitragspflicht in der SozV für ArbN ausschließlich davon abhing, dass ein entgeltliches Beschäftigungsverhältnis bestand, das eine tatsächlich erbrachte Arbeitsleistung gegen Arbeitsentgelt voraussetzte, stand das SozVRecht einer Flexibilisierung der Lebensarbeitszeit entgegen. Dieser Situation wird rückwirkend durch das zum 1.1.98 in Kraft getretene Gesetz zur sozialrechtlichen Absicherung flexibler Arbeitszeitregelungen vom 6.4.98 (BGBl I 98, 688) entgegenwirkt. Durch eine Ergänzung des § 7 SGB IV wird die Vereinbarung von sog **Wertguthaben** ermöglicht, die sozialsicherungsrechtlichen Schutz in den Phasen der Freistellung von der Arbeit bei durchgehender Entgeltzahlung gewährleisten. Die Beiträge zur SozV für das Arbeitsentgelt aus der zu 82

26 Arbeitnehmer (Begriff)

einem anderen Zeitpunkt geleisteten Arbeit werden in der Zeit der Freistellung fällig (zu Einzelheiten s *Arbeitszeitmodelle* Rz 18 ff).

83 IV. Einzelbeispiele s **Arbeitnehmer-ABC** Rz 84.

Anhang zum Stichwort: Arbeitnehmer (Begriff)

Röller

84 Arbeitnehmer-ABC: Fundstellen – Übersicht zur Arbeitnehmereigenschaft.

Arbeitsrecht, LStRecht und SozVRecht enthalten weder einen einheitlichen Begriff des ArbN noch werden in den drei Rechtsgebieten gleiche Begriffe verwendet. Arbeitsrecht und LStRecht verwenden unabhängig voneinander den Begriff des ArbN. Für die lohnsteuerrechtliche Behandlung ist entscheidend, ob es sich bei den Einkünften um Einkünfte aus nichtselbstständiger Arbeit handelt (s oben Rz 29 ff). Im SozVRecht wird der Begriff der nichtselbstständigen Arbeit verwendet (s *Arbeitnehmer* Rz 46, 63 ff), der mit dem ArbNBegriff nicht deckungsgleich ist.

Gleiche Tätigkeiten können arbeitsrechtlich von ArbN, freien Mitarbeitern oder arbeitnehmerähnlichen Personen, lohnsteuerrechtlich von nichtselbstständig Tätigen oder von selbstständig Tätigen ausgeführt werden. Sozialversicherungsrechtlich können gleiche Tätigkeiten von Beschäftigten und Selbstständigen ausgeübt werden. Maßgeblich ist jeweils die Vertragsgestaltung und die tatsächliche Handhabung zwischen den Beteiligten.

Mit der Abgrenzung zwischen ArbN, arbeitnehmerähnlichen Personen, freien Mitarbeitern, selbstständig Tätigen, nichtselbstständig Tätigen, Beschäftigten und Selbstständigen haben sich Rspr, Finanzverwaltung und Schrifttum in einer Fülle von Gerichtsentscheidungen, Erlässen und Abgrenzungsversuchen befasst.

Nachstehend wird ein Überblick nach den ausgeübten Funktionen gegeben, wobei jeweils mit *(ja)* gekennzeichnet wird, dass die Tätigkeit arbeitsrechtlich als ArbN, lohnsteuerrechtlich als nichtselbstständige Tätigkeit und sozialversicherungsrechtlich als Beschäftigter ausgeübt wird. Mit *(nein)* wird gekennzeichnet, dass die Tätigkeit arbeitsrechtlich als freier Mitarbeiter, lohnsteuerrechtlich als selbstständige Tätigkeit und sozialversicherungsrechtlich als Selbstständiger aufgeführt wird. Mit *(offen gelassen)* werden Gerichtsentscheidungen gekennzeichnet, die die Abgrenzungsfrage nicht beantworten, im Allgemeinen aber wertvolle Erwägungen für die Vertragsgestaltung enthalten. Das angesprochene Rechtsgebiet ist jeweils aus der Angabe der Fachgerichtsbarkeit ersichtlich.

Die Rspr bietet keinen zuverlässigen Überblick. Sie ist eher zufällig und einzelfallbezogen. Vor ihrer Übertragung in die Praxis muss gewarnt werden. Entscheidend ist im jeweiligen Einzelfall vor allem die Vertragsgestaltung und die Vertragshandhabung. Gleichwohl gibt die nachstehende Übersicht dem Benutzer **Anhaltspunkte,** die für die Lösung des konkreten Problems hilfreich sein können.

Abgeordnete OFD Hannover 24.2.94, FR 94, 376 – Vorstandsmitglied *(nein),* Parlamentarischer Geschäftsführer, Vorsitzender Arbeitskreis (bei verwaltenden Tätigkeiten: *ja*).

ABM-Kräfte BAG 12.6.87, DB 87, 1068 (ja); BFH 17.4.08 – III R 9/07, BFH/NV 08, 1618 *(ja)*.

Ärztepropagandist s unten Propagandist.

Angehörige s *Familiäre Mitarbeit.*

Anzeigenwerber BFH 28.7.77, DB 77, 2170 *(offen gelassen);* BSG 31.7.58 – 3 RK 46/55, SozR Nr 8 zu § 165 RVO *(offen gelassen).*

Apotheker BAG 14.9.1994 – 4 AZR 761/93, NZA 95, 537 *(ja);* BAG 19.3.1998 – 8 AZR 139/97, NZA 98, 750 *(ja);* BFH 20.2.79, BStBl II 79, 414 *(ja);* LSG NRW 20.4.67 – L 16 Kr 96/65 – Die Beiträge 67, 141 *(nein).*

Artist BAG 20.10.66, DB 67, 386 *(ja);* BFH 16.3.51, BStBl III 51, 97 *(offen gelassen);* s auch BMF 5.10.90, BStBl I 90, 638.

Arzt BAG 27.6.61, AP Nr 24 zu § 611 Ärzte, Gehaltsansprüche – Chefarzt – *(ja);* ArbG Ludwigshafen 7.4.98 – 1 Ca 2751/07, NZA 99, 154 – Justizvollzugsanstalt – *(nein);* OLG Koblenz 25.8.89, NJW 90, 1534 *(nein);* BFH 27.2.64, HFR 65, 45 – Krankenhausarzt, verbeamteter Arzt – (grds *ja,* bzgl Privatpatienten *nein);* BFH 8.11.84, BStBl II 85, 286 – Chefarzt – *(nein);* BFH 30.11.66, BStBl III 67, 331 – Vertrauensarzt – *(nein),* s für *Betriebsarzt*

Arbeitnehmer (Begriff) 26

dort; BSG 22.3.73 – RU 110/71, AP Nr 9 zu § 539 RVO – Bereitschaftsarzt Blutproben – *(nein);* BSG 23.10.70, SozR Nr 10 zu § 550 RVO – Chefarzt – *(offen gelassen).*
Assessor in Anwaltskanzlei LAG Hamm 20.7.89, DB 90, 691 – Halbtagsbeschäftigung – *(ja);* BFH 12.9.68, BStBl II 68, 811 – amtlich bestellter Vertreter RA oder Notar – *(nein);* BSG 30.11.78 – 12 RK 32/77, SozR 2200, § 168 Nr 3 *(ja).*
Assistenten von Bundestags- oder Europaabgeordneten OFD Münster, FR 85, 215 *(ja).*
Asta-Mitglied BFH 22.7.08 – VI R 51/05, DStR 08, 1923 *(ja).*
Asylbewerber OFD Erfurt 15.3.99 – S 2331 A-08-St 332, NZA 99, 1150 *(nein).*
Aufsichtsratmitglied s *Aufsichtsratsvergütung.*
Au pair FG Hbg 17.5.82, EFG 83, 21 *(nein);* ArbG Bamberg 27.10.03, AuR 04, 116 *(ja).*
Aushilfstätigkeit s *Aushilfskräfte.*
Aushilfstaxifahrer BAG 29.5.91, DB 92, 46 *(offen gelassen);* LAG Köln 9.11.2005 – 3 (7) Sa 396/05, NZA-RR 06, 311 *(ja);* FG SchlHol 26.1.94, EFG 94, 540 *(ja).*
Auszubildender s *Ausbildungsverhältnis.*
Autor für Rundfunk- und Fernsehanstalten BAG 23.4.80, DB 80, 1996 (LS) = AP Nr 34 zu § 611 BGB Abhängigkeit *(nein).*
Bardame FG Köln 30.1.85, EFG 85, 524 *(ja);* FG RhPf 27.1.86, EFG 86, 299 *(nein);* FG RhPf 13.12.82, EFG 83, 505 *(offen gelassen).*
Barpianist LAG Bln 6.8.97 – 17 TA 6/97, FA Arbeitsrecht 98, 91 *(nein).*
Bauhandwerker LAG Hess 20.3.2000, BB 2000, 2206 *(ja).*
Bauleiter LAG Hamm 14.5.12 – 2 Oa 668/11, BeckRS 2012, 70593 *(ja);* BFH 17.11.81, BStBl II 82, 492 *(offen gelassen).*
Bausparkassenvertreter BAG 15.12.99 – 5 AZR 770/98, BB 2000, 939 *(nein);* FG Düsseldorf 12.10.2001 – 18 K 2524/97, DStRE 02, 420 *(nein).*
Beamtenanwärter BFH 21.1.72, BStBl II 72, 261 *(ja).*
Begleitperson BSG 18.5.83 – 12 RK 41/81, DB 84, 1198 *(ja).*
Beraterin und Cutterin für Fernsehunternehmen SG Köln 17.11.69 – 19 Kr 142/68, SGb 70, 534 *(ja).*
Berufsboxer LAG HH 7.9.05 – 4 Sa 33/05 *(nein).*
Beschäftigungsgesellschaft LAG Hbg 7.9.05, NZA-RR 05, 658 *(offen gelassen).*
Besonderer Vertreter des Vereins nach § 30 BGB; BAG 5.5.97, DB 97, 1984 *(ja).*
Bezirksleiter, Bezirksstellenleiter, Zweigstellenleiter, Filialleiter, Hauptstellenleiter BAG 15.12.99 – 5 AZR 3/99, ZiP 2000, 808 *(nein);* BAG 29.1.81, AP Nr 4 zu § 92 HGB – Bezirksleiter Bausparkasse – *(nein);* BFH 14.9.67, BStBl II 68, 193 *(nein);* BSG 17.5.73 – 12 RK 8/72 – USK 7358 *(ja);* BSG 31.10.72 – 2 RU 186/69 – USK 72216 – Hauptstellenleiter Lotto- und Totogesellschaft – *(ja);* BSG 29.1.81 – 12 RK 63/79, BB 81, 2074 *(nein);* BSG 13.7.78 – 12 RK 14/78, SozR 2200 § 1227 Nr 17 *(offen gelassen);* BSG 1.12.77 – 12/3/12 RK 39/74, BB 78, 966 – Bezirksstellenleiter Lotto-, Totogesellschaft – *(offen gelassen).*
Betriebswirt in Rechtsanwaltskanzlei OLG Köln 15.9.93, BB 94, 145 *(offen gelassen).*
Bildberichterstatter BAG 29.1.92, BB 92, 1490 *(nein);* BFH 25.11.70, BStBl II 71, 267 *(nein);* BSG 18.10.84 – 2 RU 51/83 – *Breithaupt* 87, 924 *(nein).*
Bildhauer BAG 15.2.65, DB 65, 787 – Lehrauftrag Kunsthochschule – *(nein);* BFH 16.8.56, StRK, UStG § 4 Ziff 17 Rechtsspruch 9 *(nein).*
Buchhalter BAG 9.2.67, BB 67, 628 – Stundenbuchhalter – *(ja, bei Nebentätigkeit nein);* BFH 2.10.68, BB 69, 434 *(ja);* BSG 22.6.66 – 3 RK 103/63, SozR Nr 4 zu § 2 AVG *(nein).*
Büffetier LAG Hamm 20.10.99 – 2 Sa 248/99, BB 2000, 775 *(ja);* BFH 31.1.63, BStBl III 63, 230 *(ja);* LSG NRW 13.11.56 – LS I KV 79/65 – KVRS 1000/10 *(ja).*
Bühnen- und Szenenbildner BAG 3.10.75, DB 76, 392 *(ja).*
Bürgermeister BFH 5.2.71, BStBl II 71, 353 – Bay – *(ja);* BFH 3.12.87, BStBl II 88, 266 – NRW – *(nein);* BSG 13.6.84 – 11 RA 34/83, SozR 2200 § 1248 Nr 41 *(ja);* BSG 27.3.80 – 12 RK 56/78, SozR 2200 § 165 Nr 44 *(ja).*
Bürogehilfin LAG Hess 27.10.98 – 9 Sa 1068/98 – *(ja).*
Bundeswehrsoldat s *Wehrdienst.*
Chefarzt BAG 9.1.1980 – 5 AZR 71/78, AP Nr 6 zu § 611 BGB Arzt-Krankenhaus-Vertrag, NJW 80, 1912 *(ja);* BFH 5.10.05 – VI R 152/01, BStBl II 06, 94 *(ja, auch hinsicht-*

26 Arbeitnehmer (Begriff)

lich der gesondert berechenbaren wahlärztlichen Leistungen); s auch Senator für Finanzen Brem 17.7.07, DB 07, 2287.
  Co-Pilot BAG 16.3.94, ArbuR 94, 344 *(ja)*.
  Croupier BAG 30.6.66, RdA 66, 396 *(ja);* SG Speyer 29.11.57, RdA 59, 359 (LS) = AP Nr 5 zu § 1 AVG aF *(ja)*.
  Datenschutzbeauftragter LAG Frankfurt 28.2.89, AiB 90, 38 *(nein)*.
  Designer BFH 14.12.76, BStBl II 77, 474 *(nein);* FG BaWü 2.12.69, EFG 70, 168 – Industriedesigner – *(nein)*.
  Detektiv BGH 22.5.90, BB 90, 1793 *(ja);* LSG RhPf 30.6.77 – LSK 58/76, Die Beiträge 78, 170 *(ja)*.
  Diakonisse ArbG Brem 31.5.56, AP Nr 4 zu § 5 ArbGG 1953 *(nein);* FG BaWü 4.2.75, EFG 75, 210 *(ja)*.
  Dienstleister im Verein (Kirche) BAG 26.9.02 – 5 AZB 19/01, DB 03, 47 *(nein)*.
  Diplominformatiker/Systemanalytiker BFH 4.8.83, BStBl II 83, 677 *(nein);* BFH 19.7.85, BStBl II 86, 15 *(nein)*.
  Diplom-Handelslehrer BAG 7.2.90, EzA Nr 31 zu § 611 BGB Arbeitnehmerbegriff *(nein)*.
  Disk-Jockey ArbG Regensburg 8.2.74, ARSt 74, 191 *(ja)*.
  Doktorand BAG 14.3.67, DB 67, 604, 911 *(ja);* BFH 7.8.87, BStBl II 87, 780 *(ja);* BFH 9.10.92, BStBl II 93, 115 *(nein);* BFH 27.3.91, BStBl II 91, 637 *(nein)*.
  Dolmetscher LSG Saarl 26.6.86 – L 1 K 13/83 – Breithaupt 87, 261 *(nein)*.
  Dozent an Berufsakademie LAG BaWü 4.7.96, BB 97, 683 mit Anm *Kühn (ja)*.
  Dozent an Fachhochschule BFH 4.10.84, BStBl II 85, 51 *(nein)*.
  Dozent in beruflicher Bildung BAG 19.11.97 – 5 AZR 21/97, NZA 98, 595 *(ja)*.
  Dozent/Lehrer an Volkshochschule LAG NdS 28.1.03 – 13 Sa 1381/02, NZA 04, 550 *(ja);* LAG Köln 13.1.94, ZTR 94, 303 *(ja);* BAG 14.1.82, BAGE 37, 305 *(ja);* BAG 13.11.91, NZA 92, 1125 *(nein);* BAG 30.10.91, DB 92, 742 *(nein);* BAG 25.8.82, 899 (LS) = AP Nr 32 zu § 611 BGB Lehrer/Dozent *(nein);* BAG 26.1.77, DB 77, 1323 *(nein);* BAG 12.9.96, DB 96, 2083 *(ja);* BAG 26.7.95, ZTR 96, 79 = DB 96, 381 *(ja);* BAG 29.5.02 – 5 AZR 161/01, NZA 02, 1232 *(nein);* BSG 19.12.79 – 12 RK 52/78, SozR 2200 § 166 Nr 5 *(nein)*.
  Dozent eines Wirtschaftsinstitutes BSG 28.2.80 – 8a RU 88/78, BB 80, 1800 *(nein)*.
  DRK-Kreisgeschäftsführer LAG Sachs 5.9.96, AE 96, 65 *(nein)*.
  DRK-Schwester BAG 4.7.79, DB 79, 2282 – Gastschwester – *(ja);* BAG 3.6.75, DB 75, 2380 – ohne Mitgliedschaft – *(ja);* BAG 20.2.86, NZA 86, 690 – Mitgliedschaft DRK – *(nein);* BAG 18.2.56, AP Nr 1 zu § 5 ArbGG 53 – Mitgliedschaft DRK – *(nein);* LAG Hbg 17.10.56, RdA 57, 200 (LS) = AP Nr 5 zu § 5 ArbGG 53 *(nein);* BFH 25.11.93, BStBl II 94, 424 *(ja);* BSG 28.8.68 – 3 RK 70/65, RdA 69, 384 (LS) = AP Nr 7 zu § 611 BGB Rotes Kreuz – Oberschwester – *(nein)*. S auch unten Krankenschwester.
  EDV-Berater OLG Frankfurt 12.7.89, BB 90, 778 *(nein);* BFH 11.12.85, BStBl II 86, 484 *(nein)*.
  Ehegatten s *Familiäre Mitarbeit*.
  Ehrenamt BAG 29.8.12 – 10 AZR 499/11, BeckRS 2012, 72568 *(nein);* BFH 4.8.94, BStBl II 94, 944 – Rotkreuzhelfer – *(ja);* BFH 28.2.75, BStBl II 76, 134 *(ja);* BFH 25.10.57, BStBl III 58, 15 *(ja);* FG SchlHol 12.8.80, EFG 81, 96 *(ja);* BSG 21.10.58 – 2 RU 172/56, BSGE 8, 170 *(nein);* BSG 29.5.62 – 2 RU 283/58, SozR Nr 29 zu § 537 RVO aF *(nein)*.
  Ein-Euro-Job BAG 20.2.08 – 5 AZR 290/07, NZA 08, 1152 *(nein)*.
  Einleger von Zeitungswerbungen LAG Düsseldorf 19.3.80, DB 80, 1222 *(ja)*.
  Elektroanlagenplaner BFH 31.7.80, BStBl II 81, 121 *(nein)*.
  Eltern s *Familiäre Mitarbeit*.
  Entwicklungshelfer BAG 27.4.77, BB 77, 1304 *(ja)*.
  Erfinder BAG 8.2.62, DB 62, 843 *(ja);* BFH 14.3.85, BStBl II 85, 424 *(nein)*.
  Fachberater LSG Hess 10.3.65 – L 3 Kr 15/61, Die Beiträge 65, 382 *(ja)*.
  Fahrlehrer BAG 20.4.61, DB 61, 882 *(ja);* BFH 27.9.56, BStBl III 56, 334 *(nein);* LSG RhPf 8.11.63 – L 3 U 172/62 – Breithaupt 64, 479 *(ja);* LSG NdS 27.2.62 – L 4 Kr 63/59 – Breithaupt 62, 577 *(ja)*.

Familienhelferin BAG 6.5.98 – 5 AZR 347/97, NZA 98, 873 *(ja)*; LAG Köln 22.9.2000 – 4 Sa 848/00 – *(ja)*.
Filialleiter BAG 17.4.56, AP Nr 8 zu § 626 BGB *(ja)*; BSG 1.3.72 – 12 RK 43/69, AngVers 72, 211 – Warenverkauf – *(ja)*; BSG 10.2.65 – 3 RK 14/61, SozR Nr 18 zu § 3 AVG – Großwäscherei – *(ja)*; BSG 28.1.60 – 3 RK 49/56, BSGE 11, 257 – Heiratsvermittlung – *(ja)*. S auch unten Reinigung.
Filmschaffende BAG 22.6.77, DB 77, 2460 *(ja)*; LAG Saarbrücken 22.9.65, RdA 66, 439 *(ja)*; BAG 13.1.83, DB 83, 2042 (LS) = AP Nr 42 zu § 611 BGB Abhängigkeit *(offen gelassen)*; BFH 2.12.80, BStBl II 81, 170 – Filmproduzent – *(nein)*; FG München 25.5.71, EFG 71, 538 – Hersteller Dokumentarfilm – *(nein)*; FG Hess 28.10.83, EFG 84, 296 – Hersteller pornographischer Filme – *(nein)*.
Fleischbeschauer/Fleischbeschautierarzt BAG 16.12.65, DB 66, 467 *(ja)*; RFH 5.1.38, RStBl 38, 429 *(nein)*; BSG 24.11.67 – 3 RK 3/65, SozR Nr 55 zu § 165 RVO *(ja)*; BSG 21.1.58 – 10 RV 695/55, BSGE 6, 271 *(ja)*.
Flugzeugprüfer (Testpilot) LSG Hess 13.10.65 – L 3/U 5/65 – *Breithaupt* 66, 828 *(ja)*; LSG Brem 25.5.78 – L 2 U 29/77 – *Breithaupt* 79, 413 *(ja)*.
Forscher EuGH 16.7.08, NZA 08, 995 *(nein)*.
Fotograf BFH 7.10.71, BStBl II 72, 335 *(nein)*; BFH 14.12.76, BStBl II 77, 474 *(nein)*; FG Bbg 11.12.95, BB 96, 469 *(nein)*; SG Wiesbaden 17.5.61 – S 4/Kr 44/59, AngVers 61, 294 *(nein)*; bei Zeitungsredaktion BAG 16.6.98 – 5 AZR 191/97, NZA 98, 839 *(ja)*.
Fotomodell OLG Düsseldorf 18.9.87, NZA 88, 59 *(ja)*; BFH 14.6.2007 – VI R 5/06, IStR 07, 672 *(nein)*; BSG 12.12.90 – 11 RAr 73/90, NZA 91, 907 *(ja)*.
Frachtführer LAG Köln 24.8.99 – 11 Ta 240/99 – *(ja)*; LAG NdS 26.1.99 – 7 Sa 1192/98, NZA 2000, 320 *(ja)*; BAG 30.9.98 – 5 AZR 563/97, DB 99, 436 *(nein)*; LAG Düsseldorf 28.8.95, BB 95, 2275 *(ja)*; LAG Düsseldorf 4.9.96, ArbuR 97, 166 *(ja)*; LAG NdS 26.1.99 – 7 Sa 1192/98 – *(ja)*; BAG 19.11.97, NZA 98, 364 *(ja)*; BGH 21.10.98 – VIII ZB 54/97, ZIP 98, 2176 *(nein)*.
Franchisenehmer LAG Nbg 13.5.02 – 2 Sa 1191/01, AE 03, 35 *(ja)*; BAG 21.2.90, EzA § 611 BGB Arbeitnehmerbegriff Nr 32 *(nein)*; BAG 12.7.96, BB 97, 1591 *(ja)*; BGH 4.11.98 – VIII ZB 12/98, AuA 99, 377 *(ja)*; OLG Düsseldorf 30.1.98, NJW 98, 2978 *(ja)*; BAG 16.7.97 – 5 AZB 29/96, NZA 97, 1126 *(ja)*.
Freie Mitarbeiter s dort.
Fußballtrainer eines kleineren Vereins im Nebenberuf s unten Übungsleiter.
Gästebegleiter BAG 29.11.95 – 5 AZR 422/94 *(nein)*.
Geistliche s *Kirchenarbeitsrecht*.
Gelegenheitsarbeiter s *Aushilfskräfte*.
GEMA-Außendienst OFD Hann 21.2.2000 – S 2331 – 135 StH 212/S 2331 – 114 – StO 211, DStZ 2000, 426; DB 2000, 549 *(ja)*.
Gesellschafter Kapitalgesellschaft BAG 28.4.94, DB 94, 1730 – GmbH – *(ja)*; BAG 10.4.91, DB 91, 2595 – GmbH – *(nein)*; BAG 8.1.70, DB 70, 592 – KG – *(nein)*; BAG 6.5.98 – 5 AZR 612/97, NZA 97, 939 *(nein)*; LAG Köln 29.9.03, NZA-RR 04, 553 – GmbH – *(ja)*; BFH 26.7.72, BStBl II 72, 949 *(offen gelassen)*; BFH 27.1.71, BStBl II 71, 352 *(offen gelassen)*; BSG 30.4.67 – 8 RU 78/75, DB 76, 1728 – GmbH – *(nein)*; BSG 15.12.71 – 3 RK 67/68, SozR Nr 68 zu § 165 RVO – GmbH – *(nein)*; BSG 31.7.74 – 12 RK 26/72, SozR 4600 § 56 Nr 1 – GmbH – *(nein)*.
Gesellschafter Personengesellschaft LAG Hess 20.3.2000 – 18 Sa 591/99, BB 2000, 2206 *(ja)*; LAG Hess 7.8.01 – 2 Sa 106/01, BB 02, 207 *(nein)*; BSG 26.5.66 – 2 RU 178/64, SozR Nr 43 zu § 537 RVO aF *(offen gelassen)*; BSG 20.7.88 – 12 RK 23/87, SozR 7610 § 705 Nr 3 *(offen gelassen)*; BSG 27.6.74 – 2 RU 23/73, VersR 75, 322 *(offen gelassen)*.
Gesetzliche Vertreter von Kapitalgesellschaften BAG 12.11.05 – 2 AZR 614/05, NZA 06, 366 (GmbH; *nein*); BFH 2.12.98 – X R 83/96, BStBl II 99, 534 *(ja)*; BSG 8.8.90 – 11 RAr 77/89, SozR 3–4100 § 7 Nr 4 (GmbH *nein*, wenn er mindestens die Hälfte des Stammkapitals hält; s *Geschäftsführer* Rz 44 ff).
Gewahrsamshelfer im Polizeivollzug BAG 7.11.84, RdA 85, 64 (LS) = AP Nr 59 zu § 1 LohnFG *(ja)*.
Golflehrer LAG Köln 18.5.09 – 4 Ta 72/09 *(nein)*; BSG 29.8.63 – 3 RK 86/59, SozR Nr 41 zu § 165 RVO *(ja)*; LSG NRW 24.6.2004 – AL 5180/01, SpuRt 05, 120 *(nein)*.

26 Arbeitnehmer (Begriff)

Handballspielerin LAG SachsAnh 30.9.97 – 4 TA 167/97, ArbuR 98, 489 *(ja)*.
Handelsagent BAG 20.4.64, DB 64, 995 *(ja);* BAG 21.2.90, EzA Nr 32 zu § 611 BGB Arbeitnehmerbegriff *(nein)*.
Handelsvertreter s dort.
Hausaufgabenbetreuung LAG Dü 18.3.13 – 9 Sa 1746/12, BeckRS 2013, 69036 *(nein)*.
Hausgewerbetreibender s *Heimarbeit* Rz 5, 48–51.
Haushälterin BFH 24.10.84, BStBl II 85, 137 *(offen gelassen);* LSG Hbg 15.5.56 – RK Bf 1/55, KVRS 1000/25 *(ja)*.
Haushaltshilfe BFH 6.10.61, BStBl III 61, 549 *(ja);* FG Bln 20.10.70, EFG 71, 252 *(nein);* BFH 19.1.79, BStBl II 79, 326 *(offen gelassen);* FG Thür 27.8.98 – II 227/97, EFG 99, 235 *(nein)*.
Hausmeister BAG 1.9.82, AP Nr 65 zu §§ 22, 23 BAT 1975 *(ja)*. S zu nebenberuflich tätigen Hauswarten StRK EStG § 19 Abs 1 Ziff 1 R 404.
Hausverwalter BAG 13.8.80, AP Nr 37 zu § 611 BGB Abhängigkeit *(nein);* BFH 5.11.70, BStBl II 71, 239 *(nein);* BSG 18.11.80 – 3 RK 42/79, SozR 2200 § 165 Nr 51 *(ja)*.
Hebamme BAG 21.2.07 – 5 AZR 52/06, NZA 07, 699 *(nein);* BFH 23.8.66, BStBl III 66, 677 *(nein);* BSG 24.2.71 – 3 RK 35/68, SozR Nr 2 zu § 376a RVO aF *(nein)*.
Heimarbeiter s *Heimarbeit* Rz 48–51.
Helfer in Gemeindesachen BFH 2.2.68, BStBl II 68, 430 betr Bay *(nein)*.
Helfer in Wohlfahrtsverbänden BFH 28.2.75, BStBl II 76, 134 *(ja);* im Übrigen s oben Ehrenamt.
Hostess LSG SchlHol 27.11.87 – S 4 AR 448/84, NZA 88, 751 *(nein)*.
Insolvenzverwalter (Konkurs- und Vergleichsverwalter) BFH 5.7.73, BStBl II 73, 730 *(nein)*.
Journalist BAG 22.4.98 – 5 AZR 191/97, NZA 98, 1275 *(nein);* BAG 20.7.94 – 5 AZR 627/93 – *(ja);* BAG 13.1.83, BB 83, 1855 *(offen gelassen);* LAG SchlHol 13.6.03 – 2 Ta 35/03, AE 04, 135 *(nein);* LAG Köln 13.8.98 – 5 (4) Sa 161/98 – nv *(ja);* BMF 5.10.90, BStBl I 90, 638 *(offen gelassen)*.
Jugendbetreuer in Jugendfreizeitstätte BAG 20.10.93, ZTR 94, 255 *(nein);* BAG 9.5.84, DB 84, 2203 – nebenberuflich – *(nein)*.
Kameraassistent BAG 22.4.98 – 5 AZR 2/97 – BB 98, 2320 *(ja)*.
Kameramann BAG 8.6.67, DB 67, 1374 *(nein);* BFH 7.3.74, BStBl II 74, 383 *(nein);* BFH 17.12.64, BStBl III 65, 143 *(nein)*.
Kantinenwirt BAG 13.8.80, AP Nr 37 zu § 611 BGB Abhängigkeit *(nein);* BSG 30.4.68 – 3 RK 5/66 – Die Beiträge 68, 249 *(ja)*.
Kassierer BAG 6.12.72, BB 74, 90 (LS) = AP Nr 23 zu § 59 HGB – Selbstbedienungsladen – *(ja);* BFH 24.11.61, BStBl III 62, 125 – Ersatzkasse, Gewerkschaft – *(nein);* BFH 25.10.57, BStBl III 58, 15 – Sportverein – *(offen gelassen);* LSG NdS 20.12.67 – L 4 Kr 27/67 – Die Beiträge 68, 81 – Freibad – *(ja)*.
Kommissionär BAG 8.9.97 – 5 AZB 3/97, NJW 98, 701 (offen gelassen, ob ArbN oder ArbNÄhnliche Person).
Kraftfahrer ArbG Düsseldorf 20.5.88 – 4 Ca 5858/87 – Kurierdienstfahrer *(ja);* LAG Hbg 18.4.88 – 4 Sa 3/88 – *(nein)*.
Kraftfahrzeugsachverständiger BFH 18.6.80, BStBl II 81, 118 – Ingenieur – *(nein)*.
Krankengymnast BSG 14.9.89 – 12 RK 64/87, SozR 2200 § 165 Nr 99 *(nein)*.
Krankenpfleger BFH 5.6.97, BStBl II 97, 681 *(ja);* BFH 22.1.04 – IV R 51/01, BStBl II 04, 509; DStRE 04, 671 *(nein);* LSG Bln 26.11.86 – L 9 Kr 8/85 – *Breithaupt* 87, 345 *(ja)*.
Küchenchef ArbG Bamberg 18.10.74, ARSt 76, 14 *(ja)*.
Künstler LAG Bln 29.12.89, AP Nr 50 zu § 611 BGB Abhängigkeit – Bühnenkünstler Tourneetheater – *(ja);* BAG 20.10.66, DB 67, 386 *(ja);* BGH 28.10.1982, AP Nr 1 zu § 611 BGB Künstlerbetreuer *(ja);* BAG 6.12.74, RdA 75, 152 – Betriebsfest – *(nein);* BFH 6.11.70, BStBl II 71, 22, – Sängerin – *(ja);* BFH 24.5.73, BStBl II 73, 636 – Opernsänger – *(nein);* BFH 30.5.96, BStBl II 96, 493 – gastspielverpflichtete Opernsängerin – *(nein);* BFH 14.12.95, BStBl II 96, 386, DB 96, 866 – Chorsängerin, *(nein);* s aber Nichtanwendungserlass FinMin Sachs 5.3.97, DStR 97, 539; s auch BMF 5.10.90, BStBl I 90, 638. Zu Einzelheiten der Anwendung des sog Künstlererlasses (Anh 10 LStH) vgl Senatsverwaltung für Finanzen Bln 27.3.09 – III B – 2332 – 7/2008 (BeckVerw 159349). S oben Artisten, s unten Schauspieler.

Kundenberater BAG 6.5.98 – 5 AZR 247/97, DB 98, 2609 *(ja)*.
Kunsthandwerker BFH 29.9.68, BStBl II 69, 70 *(nein)*.
Kunstsachverständiger BFH 22.6.71, BStBl II 71, 749 *(nein)*.
Kurierfahrer BAG 27.6.01 – 5 AZR 561/99, NJW 02, 2125 *(nein)*; BAG 19.11.97 – 5 AZR 653/96, DB 97, 2437 *(ja)*. LAG Nbg 28.5.02 – 6 (2) Sa 347/01, AE 02, 98.
Lehrlinge s *Auszubildende*.
Lehrtätigkeit BAG 15.2.12 – 10 AZR 301/10, NZA 12, 731 – Lehrer in Justizvollzugsanstalt – *(ja)*; BAG 20.1.10 – 5 AZR 106/09, NZA 10, 840 *(ja)*; BAG 12.9.96 – 5 AZR 104/95, AP Nr 122 zu § 611 BGB Lehrer/Dozenten – zweiter Bildungsweg – *(ja)*; BAG 14.1.82, DB 82, 1775 *(ja)*; BAG 16.3.72, AP Nr 10 zu § 611 Lehrer, Dozenten *(ja)*; BAG 28.11.90 – 7 ABR 51/89 – Sprachlehrerin – *(nein)*; BAG 26.6.96 – 7 ABR 52/95 – *(nein)*; BAG 7.2.90, EzA Nr 31 zu § 611 BGB ArbNBegriff – Dipl. Handelslehrer – *(nein)*; BAG 27.6.84, AP Nr 42 zu § 611 BGB Lehrer/Dozenten *(nein)*; BAG 15.4.82, DB 82, 2707 *(nein)*; BFH 4.12.75, BStBl II 76, 292 – Ingenieur – *(ja)*; BFH 4.5.72, BStBl II 72, 618 – Abendschule – *(ja)*; BFH 4.12.75, BStBl II 76, 291 – Grund- und Hauptschule – *(ja)*; BFH 4.10.84, BStBl II 85, 51 – Hochschule – *(nein)*; BFH 7.2.80, BStBl II 80, 321 – Referendararbeitsgemeinschaften – *(nein)*; BFH 13.8.75, BStBl II 76, 3 *(nein)*; BSG 30.4.68 – 3 RK 96/65, DOK 68, 441 – Sprachlehrer – *(ja)*; BSG 27.3.80 – 12 RK 26/79, SozR 2200 § 165 Nr 45 – Hochschule – *(nein)*; BSG 25.9.81 – 12 RK 5/80, SozR 2200 § 165 Nr 61 – Hochschule – *(nein)*. S auch oben Dozent/Lehrer an Fachhochschule, Dozent/Lehrer an Volkshochschule.
Leiharbeitsverhältnis s *Arbeitnehmerüberlassung/Zeitarbeit*.
Leitende Angestellte s dort.
Lektor BAG 27.3.91, DB 91, 2668 *(nein)*; BAG 12.10.2004 – 3 AZR 571/03, NZA 05, 1127 *(ja)*; BMF 5.10.90, BStBl I 90, 638 – Funk und Fernsehen – *(nein)*.
Lizenzfußballspieler BAG 17.1.79, DB 79, 2281 *(ja)*; BAG 24.2.72, DB 72, 832, 1832 *(ja)*; BAG 16.1.71, DB 71, 1580 *(ja)*; BSG 20.12.61 – 3 RK 65/57, BSGE 16, 98 *(ja)*.
Makler LAG Köln 18.12.2000 – 7 Ta 184/00 – *(ja)*.
Mannequin FG Düsseldorf 13.5.64, EFG 64, 555 *(nein)*; BFH 2.10.68, BStBl II 69, 71 *(offen gelassen)*; LSG Bay 13.5.64 – L 4/Kr 58/60 – Breithaupt 65, 179 *(ja)*.
Marktforscher FG München 7.7.70, EFG 71, 25 *(nein)*; FG Hbg 15.4.70, EFG 70, 389 *(nein)*.
Masseur BFH 26.11.70, BStBl II 71, 249 *(nein)*; BSG 19.6.59 – 3 Rf 95/56, RdA 60, 118 (LS) = AP Nr 1 zu § 3 AVG nF *(ja)*; BSG 8.3.79 – 12 RK 30/77, Die Beiträge 79, 149 *(nein)*.
Masseuse FG Düsseldorf 28.6.78, EFG 79, 31 *(ja)*; FG Düsseldorf 9.11.78, EFG 79, 239 *(ja)*; FG Bln 24.1.75, EFG 75, 317 *(ja)*.
Moderator LAG SachsAnh 10.1.13 – 3 Sa 224/11 *(nein)*.
Modeschöpfer BFH 2.10.68, BStBl II 69, 138 *(nein)*.
Motorrad-Rennfahrerin BAG 17.6.99 – 5 AZB 23/98, NZA 99, 1175 *(arbeitnehmerähnlich)*; BAG 7.3.02 – 2 AZR 173/01, NZA 02, 963 *(ja)*.
Musikbearbeiter einer Rundfunkanstalt BAG 21.9.77, DB 78, 596 *(nein)*.
Musiker BAG 7.5.80, DB 80, 1996 *(ja)*; BAG 3.10.75, DB 76, 299 *(ja)*; BAG 26.11.75, DB 76, 346 *(nein)*; BAG 10.12.68, SozSich 69, 111 *(nein)*; BAG 14.2.74, DB 74, 1487 *(offen gelassen)*; BFH 16.4.71, BStBl II 71, 656 *(ja)*; BFH 25.11.71, BStBl II 72, 212 *(nein)*; FG Köln 21.7.81, EFG 82, 345 *(nein)*; BFH 10.9.76, BStBl II 77, 178 *(offen gelassen)*; BFH 9.8.74, BStBl II 74, 720 *(offen gelassen)*; s auch *Nebentätigkeit* Rz 19; BSG 27.10.76 – 2 RU 1/75, SozR 2200 § 539 Nr 28 *(offen gelassen)*. S *Gruppenarbeitsverhältnis*.
Musiklehrer BAG 7.5.86 – 5 AZR 591/83 – *(nein)*; BAG 24.6.92, AP Nr 61 zu § 611 BGB Abhängigkeit – Musikschullehrer – *(offen gelassen)*; LAG Sachs 29.1.98 – 6 Sa 1201/97 *(ja)*; BFH 4.10.1984, USK 84, 157 *(nein)*; LSG Hess 5.12.62 – 6 Kr 21/61 – Breithaupt 63, 373 – Lehrbeauftragter staatliches Musikinstitut – *(ja)*; BSG 28.10.60 – 3 RK 31/56 – Breithaupt 61, 295 *(nein)*.
Nachhilfestunden s unten *Privatunterricht*.
Nachrichtenreporter für tägliche Sendung BAG 9.3.77, BB 77, 1150 *(ja)*.
Nachrichtensprecher s unten *Rundfunksprecher*.
Nebentätigkeit s dort; s *Arbeitnehmer (Begriff)*; sowie oben Lehrtätigkeit und unten Prüfungstätigkeit.

26 Arbeitnehmer (Begriff)

Notenkopist LAG Köln 14.5.03 – 7 Sa 863/02, AE 04, 104 *(nein)*.
Notarvertreter s oben Assessor.
Orchestermusiker s oben Musiker.
Ordensangehörige LAG Hamm 9.9.71, DB 72, 295 – Lehrtätigkeit – *(nein)*; BFH 11.5.62, BStBl III 62, 310 – ArbN Dritter – *(ja)*; s auch *Kirchenarbeitsrecht*; BSG 20.6.60 – 7 RAr 53/59, RdA 61, 260 (LS) = BSGE 13, 76 – Lehrtätigkeit – *(ja)*.
Ordnertätigkeit von Mitgliedern politischer Parteien BSG 29.1.86 – 9b RU 68/84, SozR 2200 § 539 Nr 14 *(nein)*.
Organisator und Dirigent eines Kulturorchesters BAG 20.1.10 – 5 AZR 99/09, DB 10, 788 *(nein)*.
Patentberichterstatter BFH 2.12.70, BStBl II 71, 233 *(nein)*; BFH 19.1.56, BStBl III 56, 89 *(nein)*.
Peep-Show-Modelle FG BaWü 15.1.98, EFG 98, 821 *(ja; auch bzgl Sonderleistungen)*.
Pfarrer s *Kirchenarbeitsrecht*.
Pharmaberater im Außendienst LAG Hamm 13.10.89, DB 90, 2028 *(ja)*; LAG Hamm 5.10.89, DB 90, 2027 (LS) = LAGE § 611 ArbNBegriff Nr 13 *(ja)*; ArbG München 29.5.90, DB 90, 2028 *(nein)*; BSG 25.2.58 – 3 RK 73/74, SozR Nr 6 zu § 165 RVO *(offen gelassen)*.
Pharma-Cosmetologe FG NdS 25.2.77, EFG 78, 50 *(nein)*.
Plakatanschläger, Plakatkleber, BAG 25.6.96 – 1 ABR 6/96 – *(nein)*; LSG Hess 18.5.77 – L 8 Kr 755/74, DOK 77, 839 *(ja)*.
Portier, Türsteher uÄ LAG Brem 19.8.60, DB 60, 1506 *(ja)*; LSG Brem 11.12.58 – L An 5/58, AngVers 59, 244 *(ja)*.
Postagent OLG Karlsruhe 22.7.98 – 19 W 55/99, NZA-RR 98, 463 *(nein)*.
Praktikant s dort.
Propagandist/Werbedame BGH 11.3.82, DB 82, 1771 *(nein)*; LAG Köln 30.6.95, ZTR 96, 80 *(ja)*; BFH 14.6.85, BStBl II 85, 661 *(offen gelassen)*; BFH 27.4.61; BStBl III 61, 315 – Ärztepropagandist – *(offen gelassen)*; LSG Hbg 19.6.83 – I KRBf 35/83, AiB 88, 117 *(ja)*; LSG SchlHol 19.10.61 – L 2 Kr 11/540 – KVRS 1000/77 *(ja)*; BSG 24.10.78 – 12 RK 58/76, SozR 2200 § 1227 Nr 19 *(offen gelassen)*.
Prostituierte BGH 18.7.80, AP Nr 35 zu § 138 BGB *(nein)*; BGH 1.8.84, HFR 85, 41 und 6.10.89, HFR 90, 582 *(ja)*; LAG Hess 12.8.97, BB 98, 54 *(ja)*; FG München 14.12.07 – 8 K 849/05, EFG 08, 687; s auch oben Masseuse.
Prüfungstätigkeit FG Düsseldorf 31.10.69, EFG 70, 70 – Prüfungsausschuss Ortskrankenkassen – *(ja)*; BFH 14.3.58, BStBl III 58, 255 – Landesjustizprüfungsamt – *(nein)*; BFH 8.2.72, BStBl II 72, 460 – Schätzungskommission Landesbrandkasse – *(nein)*.
Psychologe BAG 9.9.81, DB 81, 2500 – Behindertenfürsorge – *(nein)*; BMF 29.12.80, BStBl I 81, 29 *(nein)*.
Putzfrau s oben Haushaltshilfe.
Rechtsanwalt BAG 3.6.98 – 5 AZR 656/97, NZA 98, 1165 *(nein)*; BAG 3.7.85 – 5 AZR 69/84 – Sozietätszusage: *(nein)*; Hess LAG 20.2.12 – 13 Ta 468/11, BeckRS 2012, 70263 *(nein)*; LAG Köln 6.5.05 – 4 Ta 40/05 – *(nein)*; LAG Frankfurt 16.3.90, BB 90, 249 *(ja)*; LAG Bln 16.12.86, NZA 87, 488 *(ja)*; LAG BaWü 14.3.85, BB 85, 1534 *(ja)*; LAG Thür 28.3.96, AuR 96, 276 *(ja)*; LAG Hess 1.6.95, NZA-RR 96, 64 (arbeitnehmerähnliche Person); LAG Thür 6.2.98, NZA-RR 98, 296 *(ja)*; LAG Düsseldorf – 16 Sa 162/02, NZA-RR 02, 567 *(ja)*; FG Nbg 14.12.93, EFG 94, 544 *(ja)*; BSG 28.4.64, BSGE 21, 57 – Anwaltsassessor – *(ja)*; BSG 14.5.81 – 12 RK 11/80, BB 81, 1581 *(offen gelassen)*; BSG 17.10.69 – 3 RK 67/66 – USK 6977 *(offen gelassen)*; SG Münster 20.10.98 – S 6 Rj 127/97 – nv *(ja)*. S auch oben Assessor.
Rechtspraktikant der einstufigen Juristenausbildung BFH 19.4.85, BStBl II 85, 465 *(ja)*; BFH 24.9.85, BStBl II 86, 184 *(ja)*; BSG 21.2.90 – 12 RK 12/87, NZA 90, 872 *(ja)*.
Redakteur s oben Journalist.
Referendar ArbG Bln 16.9.66, BB 67, 538 – Nebenbeschäftigung – *(ja)*; BFH 12.8.83, BStBl II 83, 718 *(ja)*; BFH 22.3.68, BStBl II 68, 455 *(nein)*; BSG 31.5.78 – 3 RK 25/77, SozR 1229 Nr 8 mwN *(offen gelassen)*. S auch oben Rechtsanwalt.
Regisseur BAG 23.4.80, AP Nr 34 zu § 611 BGB Abhängigkeit *(ja)*; BAG 15.3.78, DB 78, 1035 *(ja)*, BAG 13.1.83, AP Nr 43 zu § 611 BGB Abhängigkeit; LAG Saarbrücken

Arbeitnehmer (Begriff) 26

8.11.67, BB 68, 41 *(nein)*; FG Bln 28.6.72, EFG 72, 614 *(ja)*; s auch BMF 5.10.90, BStBl I 90, 638; BSG 24.6.81 – 12 RK 35/80, SozR 2200 § 1227 Nr 34 *(nein)*.
Rehabilitand BAG 26.1.94, BB 94, 1371 *(nein)*; BAG 22.2.96 – 5 AZB 9/95 – *(offen gelassen)*.
Reiseleiter FG Hbg 24.9.87, EFG 88, 120 *(ja)*; FG Nbg 24.5.62, EFG 63, 63 *(nein)*; FG Bln 29.7.76, EFG 77, 316 – Informationsfahrtbegleiter – *(nein)*; BSG 26.5.82 – 2 RU 67/80 – USK 8266 *(ja)*; BSG 23.4.87 – 2 RU 45/85 – USK 8736 *(nein)*; BSG 17.5.73 – 12 RK 23/72, SozR Nr 72 zu § 165 RVO *(nein)*.
Rentner s *Rentnerbeschäftigung*.
Repetitor LAG Hamm 22.8.89, AP Nr 7 zu § 5 ArbGG 79 *(ja)*.
Reporter s oben Journalist.
Rote-Kreuz-Schwester BAG 6.7.95, BB 95, 1964 *(nein)*.
Rundfunkermittler BAG 30.8.2000 – 5 AZB 12/00, DB 01, 824 *(arbeitnehmerähnlich)*; BAG 26.5.99 – 5 AZR 469/98, NZA 99, 983 *(nein)*; BFH 2.12.98 – X R 83/96, BStBl II 99, 534 = DStR 99, 711 *(nein)*; BFH 14.12.78, BStBl II 79, 188 *(nein)*; BFH 9.10.02 – VR 73/01, DB 03, 22; BSG 21.10.58 – 2 RU 196/57, SozR Nr 8 zu § 537 RVO aF *(ja)*.
Rundfunkmitarbeiter BAG 19.1.2000, NZA 2000, 1102 *(nein)*; BAG 20.7.94, NZA 95, 161 *(ja)*; BAG 16.2.94, NZA 95, 21 *(ja)*; BAG 30.11.94, NZA 95, 622 *(ja)*; BAG 16.2.94, MDR 94, 1129 *(ja)*; BAG 9.6.93, DB 94, 787 *(offen gelassen)*; BAG 3.10.75, DB 76, 393 und BAG 11.3.98 – 5 AZR 522/96, DB 98, 2276 – fremdsprachlicher Dienst – *(ja)*.
Rundfunkkorrespondent BAG 7.5.80, DB 80, 1996 (LS) = AP Nr 35 zu § 611 BGB Abhängigkeit *(ja)*.
Rundfunksprecher BAG 11.3.98 – 5 AZR 522/96, AP Nr 23 zu § 611 BGB Rundfunk *(ja)*; BFH 14.10.76, BStBl II 77, 50 *(ja)*; FG RhPf 27.6.88, EFG 89, 22 *(ja)*; BSG 22.11.73 – 12/3 RK 83/71, AP Nr 11 zu § 611 BGB Abhängigkeit *(ja)*.
Sachverständiger LAG BaWü 13.12.01 – 13 Sa 54/01, AE 03, 3 *(nein)*; BFH 22.6.71, BStBl II 71, 749 *(nein)*; BFH 5.11.70, BStBl II 71, 319 – Schiffssachverständiger – *(nein)*; BFH 24.1.57, BStBl III 57, 106 *(nein)*; BFH 4.2.54, BStBl III 54, 147 – Architekt – *(nein)*.
Sänger BAG 13.3.84, NJW 85, 2133 – Schlagersänger – *(nein)*; BFH 6.11.70, BStBl II 71, 22 *(ja)*; BFH 24.5.73, BStBl II 73, 636 – Opernsänger – *(nein)*. S auch oben Künstler.
Sargträger LAG Düsseldorf 9.9.97, NZA-RR 98, 193 *(ja)*; FG Saarl 8.11.95, EFG 96, 98 *(nein)*.
Schank- und Pausenbewirtung in Festhalle BAG 12.12.01 – 5 AZR 253/00, NZA 02, 787 *(nein)*.
Schauspieler LAG Brem 25.10.89, BB 90, 780 *(ja)*; LAG Saarbrücken 22.9.65, RdA 66, 439 (LS) = AP Nr 10 zu § 611 BGB Abhängigkeit; BFH 30.11.66, BStBl III 67, 400 *(ja)*; BFH 10.4.70, BStBl II 70, 716 *(ja)*; BFH 6.10.71, BStBl II 72, 88 *(ja)*; BFH 20.1.72, BStBl II 72, 214 – Film und Fernsehen – *(ja)*; BFH 6.11.70, BStBl II 71, 22 – Theater – *(ja)*; BFH 9.9.70, BStBl II 70, 867 – Filmschauspieler – *(ja)*; BFH 27.11.62, BStBl II 63, 95 *(ja)*; s auch BMF 5.10.90, BStBl I 90, 638; BFH 24.5.73, BStBl II 73, 636 – Theater – *(nein)*; BFH 25.10.63, BStBl III 63, 598 – Werbesprecher – *(nein)*.
Schlachter BSG 15.10.70 – 11/12 Rf 412/67, SozR Nr 15 zu § 1227 RVO – Lohnschlachter – *(ja)*; BFH 14.1.65, BStBl III 65, 185 – Kopfschlachter – *(nein)*; BSG 12.12.70 – 7/2 RU 51/67, USK 7016 – Hausschlachter – *(nein)*; LG Oldenburg 17.3.95, BB 95, 1697 – Ausbeiner – *(ja)*.
Schriftleiter s oben Journalist.
Schwarzarbeiter s *Schwarzarbeit*.
Scientologie-Gemeinschaft BAG 26.9.02 – 5 AZB 19/01, NZA 02, 1412 *(nein)*.
Servicekräfte eines Warenhauses BFH 20.11.08 – VI R 4/06, BStBl II 09, 374 *(ja)*.
Sportler BAG 5.2.2004 – 8 AZR 639/02, NJW-Spezial 04, 179 *(nein)*; BFH 29.11.78, BStBl II 79, 182 – Catcher – *(ja)*; FG BaWü 3.7.91, EFG 92, 44 – Amateursportler – *(nein)*; FG Köln 1.4.87, EFG 87, 524 – Amateursportler – *(nein)*; BFH 22.1.64, BStBl III 64, 207 – Berufsboxer – *(nein)*; BFH 23.10.92, BStBl II 93, 303 – Amateursportler – *(offen gelassen)*; BFH 29.11.78, BStBl II 79, 182 – Berufssportler – *(offen gelassen)*; BFH 16.3.51, BStBl III 51, 97 – Berufsringer – *(offen gelassen)*; FG Saarl 11.3.94, EFG 94, 751 – Berufssportler als ArbN des Werbepartners – *(ja*; s auch BMF 25.8.95, DStR 95, 1508: idR: ja); BSG 23.6.59 – 2 RU 83/57, BSGE 10, 94 – Jockey – *(ja)*; SG Hannover 17.1.64 – 20 U 44/

26 Arbeitnehmer (Begriff)

63, VersR 64, 940 – Jockey – *(ja);* BSG 20.12.61 – 3 RK 65/57, SozR Nr 29 zu § 165 RVO – Vertragsfußballer – *(ja);* BSG 29.8.63 – 3 RK 86/59, SozR Nr 41 zu § 165 RVO – Sportlehrer – *(ja);* BSG 29.2.72 – 2 RU 194/68, SozR Nr 27 zu § 539 RVO – Sportlehrer und Trainer – *(ja).*
Steuerberater LAG Köln 24.8.99 – 11 Ta 221/99, ArbuR 2000, 275 *(ja).*
Steuerbevollmächtigter BSG 27.9.72 – 12/3 RK 31/71, SozR Nr 7 zu § 2 AVG *(ja).*
Steuergehilfen LAG Köln 23.3.88, DB 88, 1403 *(nein);* LAG Bln 29.5.89, DB 89, 2541 (LS) *(nein).*
Strafgefangener BMF 25.2.72, DB 72, 1141 *(nein);* FinMin Bay 31.7.79, StEK EStG § 19 Nr 79 *(nein);* BSG 6.4.60 – 2 RU 40/58, SozR Nr 18 zu § 537 RVO *(ja);* s auch *Arbeitnehmer (Begriff).*
Stripteasetänzerin BAG 7.6.72, BB 73, 291 *(ja);* BGH 1.8.84, NJW 85, 208 *(ja);* LAG Düsseldorf 25.11.71, AuR 72, 254 *(ja).*
Strom-, Wasser-, Gasableser BFH 24.7.92, BStBl II 93, 155 *(nein);* FG Bbg 22.10.03 – 2 K 1792/02, EFG 04, 34 *(nein);* FG München 18.2.04 – 10 K 4566/02, EFG 04, 1050 *(ja);* BSG 4.12.57 – 1 RA 118/55, BB 58, 414 *(ja).*
Subunternehmer ArbG Wetzlar 31.10.95, BB 96, 700 *(ja);* FG NdS 14.1.80, EFG 80, 349 *(nein).*
Synchronsprecher BFH 12.10.78, BStBl II 81, 706 *(nein);* BFH 3.8.78, BStBl II 79, 131 *(nein);* BFH 27.11.62, BStBl III 63, 95 *(nein);* s auch BMF 5.10.90, BStBl I 90, 638.
Tagesmutter FinMin NdS 10.5.77, FR 77, 299 *(nein).*
Tankstellenverwalter ArbG Mönchengladbach 19.1.2000, BB 2000, 828 *(nein);* BSG 11.8.66 – 3 RK 57/63, DB 66, 1524 *(nein).*
Telearbeit s *dort.*
Telefoninterviewer BFH 29.5.08 – VI R 11/07, DStR 08, 1526, BStBl II 08, 933 *(ja).*
Telefonist LAG München 22.1.04 – 3 Ta 440/03, NZA-RR 04, 365 *(nein);* BAG 7.11.58, DB 59, 59 *(ja);* BAG 29.11.58, DB 59, 290 *(ja);* BAG 20.5.69, DB 69, 1414 *(ja);* FG Köln 19.1.07 – 10 K 2841/05, EFG 07, 1032 – Callcenter Telefonsex *(ja).*
Theaterintendant bei nebenberuflicher Tätigkeit BAG 17.12.68, DB 69, 1420 *(ja);* BAG 16.8.77, RdA 77, 391 *(nein).*
Trainer s unten Übungsleiter.
Transporteur mit eigenem Fahrzeug BAG 19.11.97, NZA 98, 364 *(ja).*
Tutor FG Nbg 19.12.75, EFG 76, 169 *(ja);* FinMin NRW 2.11.81, StEK EStG § 19 Nr 118 *(ja);* BFH 21.7.72, BStBl II 72, 738 *(nein);* FinMin Bay 22.5.82, StEK § 22 Nr 58 *(offen gelassen,* nichtselbstständige Tätigkeit und sonstige Einkünfte gem § 22 Nr 1b EStG); BSG 12.11.81 – 7 Ar 69/80, Die Beiträge 82, 112 *(ja).*
Übungsleiter LAG Düsseldorf 26.3.92, LAGE § 611 ArbNBegriff Nr 25 – Amateurverein – *(nein);* LAG Frankfurt 27.10.64, RdA 67, 40 (LS) = AP Nr 4 zu § 611 BGB Abhängigkeit – Fußballtrainer Sportverein – *(nein);* RFH 13.8.41, RStBl 41, 678 *(nein);* FG Hess 9.7.93, EFG 94, 396 – Fußballtrainer Sportverein – *(nein);* ArbG Kempten 5.11.97, BB 98, 1007 – Tennistrainer – *(nein);* s auch *Nebentätigkeit* Rz 20.
Unterfrachtführer LSG Bln 27.10.93, NZA 95, 139 *(ja).*
Unternehmensberater LAG Köln 26.6.98 – 11 Sa 1665/97 – *(nein);* FG Düsseldorf 26.4.73, EFG 73, 492 *(nein);* LSG NRW 20.1.82 – L 11 KR 36/80, Die Beiträge 82, 366 *(ja).*
Urlaubsvertreter BFH 20.2.79, BStBl II 79, 484 – Apotheker – *(ja);* BFH 11.11.71, BStBl II 72, 213 *(ja);* BFH 10.4.53, BStBl III 53, 142 – Arztvertreter – *(nein).* S auch oben Assessor und Arzt.
Vereinsgeschäftführer LAG Nbg 5.3.2000 – 1 Ta 47/01 – *(offen gelassen).* LAG NdS 4.2.02 – 17 Ta 429/01, NZA-RR 02, 491 *(nein).*
Verkaufsstellenleiter BAG 19.12.2000 – 5 AZB 16/00, NJW 01, 1373 *(arbeitnehmerähnlich);* BAG 17.1.01 – 5 AZB 18/00, NJW 01, 1374 *(offen gelassen).*
Vermittlung von Finanzprodukten LAG Köln 26.6.12 – 11 Sa 95/11, BeckRS 2012, 75965 *(ja).*
Versicherungsvertreter BAG 20.9.2000 – 5 AZR 271/99, DB 01, 280 *(nein);* BAG 15.12.99 – 5 AZR 566/98, DB 2000, 723 *(nein);* BAG 25.10.67, DB 68, 489 *(ja);* LAG Nbg 25.2.98, NZA-RR 98, 250 *(ja);* LAG Köln 7.7.98 – 11 Ta 322/97 – nv *(ja);* LAG Nbg

Arbeitnehmerähnliche Personen 27

26.1.99 – 7 Sa 658/98, ArbuR 99, 380 *(nein);* LG Osnabrück 14.6.99 – 1 AR 3/99, BB 99, 1926 *(nein);* LSG NRW 9.7.59 – LS I KV 9/56, KVRS 1000/20 *(ja);* BSG 28.10.60 – 3 RK 13/56, SozR Nr 20 zu § 165 RVO *(ja).* Bei Angestellten im Innendienst s oben Vermittlungstätigkeit, im Übrigen s *Handelsvertreter.*
Vertragsamateur des Deutschen Fußballbundes BAG 10.5.90, BB 90, 2051 *(ja);* LAG Hamm 30.8.89, NZA 90, 228 *(ja);* LAG RhPf 3.4.89, 966 *(ja);* ArbG Bocholt 7.12.88, DB 89, 1423 *(ja).*
Verwalter BSG 18.11.80 – 12 RK 76/79, SozR 2200 § 165 Nr 51 – Miethaus, Gestüt – *(ja).*
Volontär s *Praktikant.*
Vorstandsmitglied s oben Gesetzliche Vertreter von Kapitalgesellschaften.
Wehrersatzdienstleistende s *Wehrdienst.*
Wehrpflichtige s *Wehrdienst.*
Werbeaußendienstmitarbeiter s unten Werber.
Werbedame s oben Propagandist.
Werber LAG NdS 7.9.90, LAGE § 611 BGB ArbNBegriff Nr 24 – Werbeaußendienstmitarbeiter – *(ja);* BSG 31.7.58 – 3 RK 46/55, SozR Nr 8 zu § 165 RVO *(ja).*
Werkleiter BGH 23.2.89, BB 89, 649 *(ja).*
Werkstudent BAG 1.12.67, DB 68, 622 *(ja);* LAG Düsseldorf 17.4.56, BB 57, 41 *(ja);* LAG Düsseldorf 5.12.88, DB 89, 1343 *(ja);* BGH 1.2.63, DB 63, 484 *(nein).*
Zeitungsausträger BAG 29.3.74, DB 74, 1342 *(ja);* BAG 16.7.97, DB 97, 2437 *(nein);* LG Darmstadt 9.3.2000 – 5 T 1294/99, NZA-RR 01, 631 *(nein);* LAG Hamm 8.9.77, DB 78, 798 *(ja);* LAG Düsseldorf 5.3.96, DB 96, 1285 *(ja);* ArbG Oldenburg 7.6.96, DB 96, 2446 *(ja);* BFH 2.10.68, BStBl II 69, 103 *(ja);* BFH 24.7.92, BStBl II 93, 155 – Anzeigenblatt, Wurfsendung – *(ja);* BFH 22.11.96, BStBl II 97, 254 – Abonnentenwerbung – *(nein);* FG Nbg 13.2.03 – IV 434/98, EFG 03, 1782; NZB VI B 58/03: Zeitschriftenwerber *(ja);* FG SchlHol 22.5.80, EFG 80, 497 und NdS FG 17.4.96, EFG 96, 822 – Abonnentenwerbung *(nein);* FG Düsseldorf 22.7.80, EFG 81, 176 – Abonnentenwerbung *(nein);* FG Münster 23.5.01 – 8 K 158/98 L, EFG 01, 1200 *(nein);* Koordinierter Ländererlass, FinMin NdS 10.11.87, FR 87, 588 *(nein);* s auch *Nebentätigkeit* Rz 20; BSG 15.2.89 – 12 RK 34/87, AP Nr 1 zu § 611 BGB Zeitungsträger *(ja);* BSG 27.11.80 – 8a RU 26/80, Die Beiträge 81, 112 – Ringtourenfahrer – *(nein);* BSG 16.2.61 – 3 RK 70/58, RdA 63, 356 *(nein);* LSG München 16.1.57 – Kr 25/54 – *Breithaupt* 57, 585.
Zeitungskorrespondent LAG Mannheim 26.5.54, BB 54, 686 *(ja);* ArbG Brem 30.3.54, BB 54, 686 *(ja).*
Zeitungsredakteur BAG 19.6.70, DB 780, 1742 *(ja).*
Zeltplatzbewacher einer Gemeinde LSG RhPf 2.2.68 – L 3 U 27/67 – *Breithaupt* 68, 820 *(ja).*
Zwangsarbeiter BAG – 5 AZB 32/99; 5 AZB 58/99; 5 AZB 59/99; 5 AZB 68/99; 5 AZB 71/99; 5 AZB 72/99, 16.2.2000, BB 2000, 468 *(nein).*
Zwangsverwalter BFH 23.5.84, BStBl II 84, 823 *(nein).*
Zweigstellenverwalter BSG 24.9.81 – 12 RK 43/79, SozR 2200 § 165 Nr 62 *(ja).*
Zwischenmeister s *Heimarbeit.*

Arbeitnehmerähnliche Personen

A. Arbeitsrecht *Röller*

1. Begriff. ArbNÄhnliche Personen sind Selbstständige. Im Gegensatz zu ArbN fehlt es **1** bei ihnen an der persönlichen Abhängigkeit. An ihrer Stelle tritt die wirtschaftliche Abhängigkeit, die dann gegeben ist, wenn der Betroffene auf die Verwertung seiner Arbeitskraft und die Einkünfte aus der Dienstleistung zur Sicherung seiner Existenzgrundlage angewiesen ist. Vorausgesetzt wird eine gewisse Dauerbeziehung. Der Beschäftigte muss außerdem seiner gesamten sozialen Stellung nach einem ArbN vergleichbar schutzbedürftig sein. Dies ist dann der Fall, wenn das Maß der Abhängigkeit nach der Verkehrsanschauung einen solchen Grad erreicht, wie er im Allgemeinen nur in einem Arbeitsverhältnis vorkommt und die geleis-

27 Arbeitnehmerähnliche Personen

teten Dienste nach ihrer soziologischen Typik mit denen eines ArbN vergleichbar sind. Maßgebend ist eine Gesamtwürdigung aller Umstände des Einzelfalls (BAG 17.1.06 – 9 AZR 61/05; 26.9.02 – 5 AZB 19/01, NZA 02, 1412). § 12a TVG enthält keine gesetzliche Definition für alle arbeitsrechtlichen Vorschriften, die auf das Rechtsverhältnis einer ArbNÄhnlichen Person anzuwenden sind. Dies schließt nicht aus, die in § 12a Abs 1 Ziff 1 TVG genannten Zeit- und Verdienstrelationen im Rahmen der Gesamtwürdigung heranzuziehen (BAG 17.1.06).

2 **Wirtschaftliche Abhängigkeit** liegt vor, wenn der Beschäftigte auf die Verwertung seiner Arbeitskraft und die Einkünfte aus der Tätigkeit für den Vertragspartner zur Sicherung seiner Existenzgrundlage angewiesen ist. Die Schutzbedürftigkeit folgt aus der Höhe der vertraglich eingeräumten Vergütung. Abzustellen ist nicht auf die Umsätze, sondern auf den nach Abzug aller Kosten verbleibenden Gewinn vor Steuern und privaten Versicherungen (BAG 21.6.11 – 9 AZR 820/09, BeckRS 2011, 77584). Eine ArbNÄhnliche Person kann für mehrere Auftraggeber tätig sein, wenn die Beschäftigung für einen von ihnen überwiegt und die daraus fließende Vergütung die entscheidende Existenzgrundlage darstellt. Der Bezug eines Gründungszuschusses steht der wirtschaftlichen Abhängigkeit nicht entgegen (BAG 21.12.2010 – 10 AZB 14/10, NZA 11, 309).

3 § 12a TVG konkretisiert das Merkmal der wirtschaftlichen Abhängigkeit dahingehend, dass ArbNÄhnliche Personen überwiegend für eine Person tätig sind oder ihnen von einer Person im Durchschnitt mehr als die Hälfte des Entgelts zusteht, das ihnen für die Erwerbstätigkeit insgesamt zusteht; ist dies nicht voraussehbar, so sind für die Berechnungen, soweit im Tarifvertrag nichts anderes vereinbart ist, jeweils die letzten 6 Monate, bei kürzerer Dauer der Tätigkeit dieser Zeitraum, maßgebend. Es reicht danach aus, wenn die ArbNÄhnliche Person überwiegend für einen Auftraggeber tätig wird oder mit einem Auftraggeber im Durchschnitt mehr als die Hälfte ihres Einkommens aus ihrer gesamten Erwerbstätigkeit erzielt. Dabei gelten gem § 12a Abs 2 TVG mehrere Personen, für die ArbNÄhnliche Personen tätig sind, als eine Person, wenn diese mehreren Personen nach der Art eines Konzerns (§ 18 AktG) zusammengefasst oder zu einer zwischen ihnen bestehenden Organisationsgemeinschaft oder einer nicht nur vorübergehenden Arbeitsgemeinschaft gehören. Für freie Mitarbeiter der Medien enthält § 12a Abs 3 TVG eine Sondergruppenregelung. Das TVG findet auf diesen Personenkreis bereits dann Anwendung, wenn sie mindestens ein Drittel ihres Einkommens von einer Person im Durchschnitt beziehen. Feststehende Entgeltgrenzen fehlen in § 12a TVG. Der Begriff der ArbNÄhnlichen Person kann nur dann in Frage gestellt sein, wenn der anderweitige Verdienst den Tätigen unabhängig macht (BAG 2.10.90 – 4 AZR 106/90, NZA 91, 239).

4 **2. Vertragstypen.** Grundlage der Tätigkeit von ArbNÄhnlichen Personen können sein: Dienst- oder Werkverträge, Werklieferungsverträge, Pachtverträge und Geschäftsbesorgungsverträge (ErfK/*Franzen* § 12a TVG Rz 6).

5 Nach § 12a TVG können für die unter diese Vorschrift fallenden ArbNÄhnlichen Personen die Beschäftigungsbedingungen durch Tarifvertrag geregelt werden. Den Tarifvertragsparteien wird dabei durch den Gesetzgeber ein Gestaltungsspielraum eingeräumt. Sie sind befugt, den Geltungsbereich von Tarifverträgen für ArbNÄhnliche Personen selbst zu bestimmen, solange sie sich am Leitbild des § 12a TVG orientieren (BAG 15.2.05 – 9 AZR 51/04, NZA 06, 223). Auf Handelsvertreter iSd § 84 HGB findet § 12a TVG keine Anwendung (§ 12 Abs 4 TVG).

6 **3. Kreis der arbeitnehmerähnlichen Personen.** Hierzu zählen die Heimarbeiter, Hausgewerbetreibende und ihnen Gleichgestellte (§§ 1, 2 HAG); für sie gilt als spezialgesetzliche Regelung das HAG (ausführlich s *Heimarbeit*). Weiterhin können dazugehören Handelsvertreter, vornehmlich Einfirmenvertreter mit geringem Einkommen, Künstler, Schriftsteller, Mitarbeiter im Medienbereich sowie ganz allgemein freie Mitarbeiter.

7 **Rechtsprechung Einzelfälle.** Als ArbNÄhnliche Personen wurden angesehen: **Berufssänger** (LAG Köln 3.5.02 – 10 Ta 16/02, MDR 02, 1196 LS) – **Bühnenbildnerin** im Medienbereich (LAG Bln 16.8.83, EzA Nr 29 zu § 611 BGB ArbNBegriff) – **Call-Centeragentin** (LAG Berlin 6.5.03 – 13 Ta 726/03, BeckRS 2003, 41031) – **Dozent am Weiterbildungsinstitut** (BAG 11.4.97 – 5 AZB 33/96, NZA 98, 499) – **EDV-Fachkräfte** (OLG Karlsruhe 24.10.01) – **Frachtführer** (LAG Köln 29.5.06 – 14(5) Sa 1343/05,

Arbeitnehmerähnliche Personen 27

BB 06, 2312 (LS) – **Franchisenehmer** (BAG 16.7.97 – 5 AZB 29/90, WiB 97, 1197; OLG Saarbrücken 11.4.11 – 5 W 71/11, BeckRS 2011, 08611) – **Freie Mitarbeiter von Rundfunk- und Fernsehanstalten** (BAG 17.10.90, NZA 01, 402; 23.9.92, BB 93, 76 **[LS]**) – **Fremdgeschäftsführer einer GbR** (LAG Hamm 14.4.10 – 2 Ta 817/09, BeckRS 2010, 69527) – **Geschäftsführer einer BKK** (BAG 25.7.96 – 5 AZB 5/96, NZA 97, 63) – **Gesellschafter-Arbeitnehmer** (LAG RhPf 10.12.09 – 5 Ta 203/09, BeckRS 2010, 67550) – **Kameramann** (Freier Mitarbeiter) (BAG 8.6.67, 7.1.71, AP Nr 6 und 8 zu § 611 BGB Abhängigkeit) – **Kommissionär** (BAG 8.9.97, 5 AZB 3/97, NZA 97, 1302) – **Kürschnermeister** (BAG 19.5.69, AP Nr 7 zu § 5 ArbGG 53) – **Lehrbeauftragter an Hochschule** (BAG 16.12.57, AP Nr 3 zu § 611 BGB) – **Lehrer, Dozenten, Nachrichtensprecher** (BAG 28.6.73, AR-Blattei, Nr 5 zu ArbNÄhnliche Person; zum Dozenten für ein gewerbliches Weiterbildungsinstitut s BAG 11.4.97 – 5 AZB 33/96, NZA 98, 499) – **Rechtsanwalt** (Scheinsozius) (LAG Hess 1.6.95, DB 96, 100 [LS] = NZA-RR 96, 64); LAG Köln 6.5.05 – 4 Ta 40/05, AnwBl 05, 719, wenn er tatsächlich sein gesamtes Einkommen von einer Kanzlei bezieht und sich den vorgegebenen Kanzleiabläufen unterordnen muss – **Redakteur** (BAG 23.9.92 – 4 AZR 566/91, NZA 93, 1008) – **Reporter** (Freier Mitarbeiter) (BAG 30.6.75, AR-Blattei Nr 7 zu D ArbNÄhnliche Personen) – **Rundfunkgebührenbeauftragter** (BAG 30.8.00 – 5 AZB 12/00, NZA 00, 1359) – **Student,** der neben einer Teilzeitbeschäftigung als ArbN als „freiberuflicher" Mitarbeiter in einem Amt für Familien- und Heimpflege tätig war (BAG 13.2.79, EzA Nr 4 zu § 2 BUrlG) – **Theaterintendant** (BAG 17.12.68, AP Nr 17 zu § 5 ArbGG 1953) – **Trainer** (in einer Sportschule; LAG BaWü 21.6.95 – 5 Ta 7/95) – **Umschüler** (soweit das Rechtsverhältnis auf einem privatrechtlichen Vertrag beruht; BAG 21.5.97 – 5 ARB 30/96, NZA 97, 1013) – **Volkshochschuldozent** (BAG 17.1.06 – 9 AZR 61/05, NAZ-RR 06, 616) – **Wirtschaftsberater** (LAG Hess 19.1.93 – 7 Sa 893/93) – **Zeitungsträgerin** (ArbG Augsburg, 7.7.59, BB 1960, 362 (vgl zu den Fallbeispielen: KR/*Rost* zu ArbNÄhnliche Personen Rz 28).

Nicht als ArbNÄhnliche Personen werden angesehen: **Beleghebamme** (BAG 21.2.07 – 5 AZB 52/06, NZA 07, 699) – **Rechtsanwalt,** der Partner einer Anwaltssozietät ist, auch wenn er von der Sozietät wirtschaftlich abhängig ist (BAG 15.4.93 – 2 AZB 32/92, DB 93, 1622) – **Rechtsanwalt,** auch bei monatlich in gleicher Höhe gezahlten Honoraren (LAG Köln 3.2.11 – 6 TaBV 409/10, NZA-RR 11, 211) – **Rote-Kreuz-Schwestern** (BAG 6.7.95, AP ArbGG 1979 § 5 Nr 22) – **nebenberuflich tätiger Theaterintendant** (BAG 16.8.77, AP BGB § 611 Abhängigkeit Nr 23) – **einmalig tätiger Künstler** (BAG 6.12.74, AP BGB § 611 Abhängigkeit Nr 14) – **selbstständiger Frachtführer** (BGH 21.10.98 – VIII ZB 54/97, NZA 1999, 110) – **Golftrainer** (LAG Köln 18.5.09 – 4 Ta 72/09, BeckRS 2009, 66810) – **Subunternehmer** (LAG Köln 19.7.10 – 6 Ta 189/10, BeckRS 2010, 73964) – **Erbringung von ärztlichem Bereitschaftsdienst durch niedergelassenen Arzt** (LAG RhPf 3.5.10 – 11 Ta 163/09, BeckRS 2010, 70230) – **Versicherungsagent** (LAG RhPf 4.8.11 – 3 Ta 96/11, BeckRS 2011, 76431) – **Vertriebspartner** (LAG RhPf 14.11.11 – 10 Ta 203/11, BeckRS 2012, 65648).

4. Zuständigkeit der Arbeitsgerichte. Rechtsfolge der Einordnung als ArtbNÄhnliche Person ist die Zuständigkeit der ArbG (§ 5 Abs 1 Ziff 2 ArbGG). Sie sind zuständig für Rechtsstreitigkeiten aus Vertragsverhältnissen mit ArbNÄhnlichen Personen (BAG 17.10.90 – 5 AZR 639/89, NZA 91, 402) Eine zulässige Wahlfeststellung bezüglich der Rechtswegzuständigkeit liegt vor, wenn nicht feststeht, ob der Kläger ArbN oder ArbNÄhnliche Person ist (BAG 14.1.97 – 5 AZB 22/96, DB 97, 684). Für ArbNÄhnliche Handelsvertreter gilt die Zuständigkeit der ArbG nur, wenn ihnen die Vermittlung von Geschäften nur für ein Unternehmen gestattet ist und sie während den letzten 6 Monaten des Vertragsverhältnisses im Durchschnitt nicht mehr als 1000 € als Vergüten bezogen haben (§ 5 Abs 3 ArbGG iVm § 92a HGB). Diese Grenze gilt auch dann, wenn der Handelsvertreter in diesen Monaten nicht arbeitet und nichts verdient (BAG 15.2.05 – 5 AZB 13/04, DB 05, 728).

5. Nichtanwendbarkeit des Arbeitsrechts. Da ArbNÄhnliche Personen Selbstständige sind, finden auf sie arbeitsrechtliche Vorschriften, soweit nicht eine spezielle gesetzliche Regelung eingreift, keine Anwendung. Ein wesentlicher Vertragsschutz wird durch die **Inhaltskontrolle gem §§ 305 ff BGB** gewährleistet (ErfK/*Preis* §§ 305–310 BGB Rz 10). Teilweise wird eine vorsichtige **Analogie zu einzelnen arbeitsrechtlichen Vorschriften**

27   Arbeitnehmerähnliche Personen

bejaht (KR/*Rost* ArbNÄhnliche Personen Rz 31 ff). **Nicht anwendbar** sind das KSchG (BAG 20.1.04 – 9 AZR 291/02, DB 04, 1995), das **TzBfG** (KR/*Rost* ArbNÄhnliche Personen Rz 41), das **NachwG** (ErfK/*Preis* § 1 NachwG Rz 5), die **Sonderkündigungsschutzbestimmungen** (§§ 9 MuSchG, 85 ff SGB IV, 2 ArbPlSchG), **§ 613a BGB** (BAG 3.7.80, BB 81, 1466), sowie das **Maßregelungsverbot** des § 612a BGB (BAG 14.12.04 – 9 AZR 23/04, NZA 05, 637).

11   **6. Anwendung arbeitsschutzrechtlicher Bestimmungen.** Obwohl ArbNÄhnliche Personen Selbstständige sind, werden folgende arbeitsschutzrechtlichen Bestimmungen ausdrücklich auch auf diesen Personenkreis erstreckt.

12   **a) Bundesurlaubsgesetz.** Nach § 2 Satz 2 BUrlG findet das BUrlG auf ArbNÄhnliche Personen Anwendung. Ihnen steht Anspruch auf bezahlten Erholungsurlaub für mindestens 24 Werktage zu. Bei Beendigung des Beschäftigungsverhältnisses ist der Urlaub abzugelten (BAG 17.1.06 – 9 AZR 61/05, NZA-RR 06, 616; 15.11.05 – 9 AZR 626/04, NZA 07, 1320).

13   **b) Bildungsurlaub.** ZT finden Bildungsurlaubsgesetze der Länder auf ArbNÄhnliche Personen Anwendung (§ 2 AWbG NW; § 1 AWbG Berlin; § 1 AWbG Hessen; § 2 AWbG Bremen).

14   **c) Pflegezeit.** ArbNÄhnliche Personen fallen unter den persönlichen Anwendungsbereich des PflegeZG (§ 7 Abs 1 Nr 3). Sie genießen deshalb von der Ankündigung bis zur Beendigung der kurzfristigen Arbeitsverhinderung oder der Pflegezeit den Kündigungsschutz nach § 5 PflegeZG.

15   **d) Betriebliche Altersversorgung.** Für ArbNÄhnliche Personen gelten die §§ 1–16 BetrAVG entsprechend, wenn ihnen Leistungen der Alters-, Invaliditäts- oder Hinterbliebenenversorgung aus Anlass ihrer Tätigkeit für ein Unternehmen zugesagt worden sind (§ 17 Abs 1 S 2 BetrAVG).

16   **e) Arbeitsschutz.** ArbNÄhnliche Personen iSd § 5 Abs 1 ArbGG, ausgenommen die in Heimarbeit Beschäftigten und die ihnen Gleichgestellten, sind Beschäftigte iSd Arbeitsschutzgesetzes (§ 2 Abs 2 Ziff 3 ArbSchG).

17   **f) Schutz vor Benachteiligung.** Personen, die wegen ihrer wirtschaftlichen Unselbstständigkeit als ArbNÄhnliche Personen anzusehen sind, gehören zu den Beschäftigten iSd AGG. Zu diesen gehören auch die in Heimarbeit Beschäftigten und die ihnen Gleichgestellten (§ 6 Abs 1 Ziff 3 AGG).

18   **g) Behinderte Menschen.** Behinderte im Arbeitsbereich anerkannter Werkstätten stehen, wenn sie nicht ArbN sind, zu den Werkstätten in einem ArbNÄhnlichen Rechtsverhältnis, soweit sich aus dem zugrunde liegenden Sozialleistungsverhältnis nichts anderes ergibt (§ 138 Abs 1 SGB IX; Näheres s *Pünnel* ArbuR 96, 483).

h) Arbeitnehmerhaftung. Ob die privilegierte ArbNHaftung auch für ArbNÄhnliche Personen gilt, ist noch nicht abschließend geklärt (bejahend Hess LAG 2.4.13 – 13 Sa 857/12, BeckRS 2013, 70404; verneinend ErfK/*Preis* § 619a BGB Rz 19).

19   **7. Beendigung der Rechtsverhältnisse arbeitnehmerähnlicher Personen. a) Dienstvertrag.** Ist das Dienstverhältnis befristet, endet es mit dem Ablauf der Zeit, für die es eingegangen ist (§ 620 Abs 1 BGB). Das TzBfG findet auf ArbNÄhnliche Personen keine Anwendung (KR/*Rost* ArbNÄhnliche Personen Rz 40 f). Ist das Dienstverhältnis nicht befristet, kann es nach Maßgabe des § 621 BGB von jeder Vertragspartei gekündigt werden (§ 620 Abs 2 BGB). Die Kündigungsfristen für ArbN nach § 622 BGB und für Heimarbeiter nach § 29 Abs 3 und Abs 4 HAG sind weder unmittelbar noch entsprechend anzuwenden (BAG 8.5.07 – 9 AZR 777/06, BB 07, 2298; aA KR/*Rost*/ArbNÄhnliche Personen Rz 67). Die Kündigung bedarf keiner Schriftform. § 623 BGB ist nur auf Arbeitsverträge anwendbar.

Die Tarifverträge der Rundfunkanstalten beinhalten für ArbNÄhnliche Personen, die über einen längeren Zeitraum mit befristeten Verträgen beschäftigt werden, Ankündigungsfristen, die einzuhalten sind, wenn die Rundfunkanstalt keine neuen befristeten Aufträge mehr erteilen will. Den Tarifvertragsparteien steht es frei, die Beendigung der Rechtsverhältnisse in dieser Form zu regeln. Au eine solche Beendigungsmitteilung finden Bestandsschutzvorschriften, die vor einer Kündigung schützen, keine Anwendung (BAG 20.1.04). Sie ist jedoch sittenwidrig (§ 138 BGB), wenn sie allein deshalb erfolgt, weil die ArbNÄhnliche Person die ihr zustehenden Ansprüche geltend macht (BAG 14.12.04).

Arbeitnehmerähnliche Personen 27

Unberührt bleibt die Möglichkeit, das Dienstverhältnis einer ArbNÄhnlichen Person nach Maßgabe des § 626 BGB fristlos zu kündigen.

b) Beendigung bei Werkvertrag. Für die Beendigung ArbNÄhnlicher Rechtsverhältnisse, denen ein Werkvertrag zugrunde liegt, gelten zunächst die einschlägigen Bestimmungen der §§ 631 ff BGB. Entwickelt sich eine Dauerbeziehung zwischen den Beteiligten, wird von der Rspr nach einem Jahr eine Ankündigungsfrist von zwei Wochen für notwendig erachtet, wenn der Besteller keine weiteren Aufträge mehr vergeben will (BAG 8.6.67, DB 67, 1374; 7.1.71, DB 71, 1625). Auch hier wird im Weiteren eine analoge Anwendung des § 29 HAG in der Literatur befürwortet (s KR/*Rost*/ArbNÄhnliche Personen). 20

B. Lohnsteuerrecht *Seidel*

Der Begriff ist steuerrechtlich unerheblich (BFH 2.12.98 – X R 83/96, BStBl II 99, 534). Für den LStAbzug kommt es darauf an, ob jemand nach den im Steuerrecht geltenden Kriterien selbstständig oder als ArbN nichtselbstständig tätig ist (s *Arbeitnehmer (Begriff)* Rz 30 ff). Die wirtschaftliche Abhängigkeit ist für die im Arbeitsrecht als ArbNÄhnlich bezeichneten Personen kennzeichnend (vgl oben Rz 1–3; § 5 Abs 1 Satz 2 ArbGG). Im Steuerrecht ist die wirtschaftliche Abhängigkeit kein Merkmal der ArbNEigenschaft. Maßgebend ist die persönliche Abhängigkeit (Weisungsgebundenheit und Eingliederung s *Arbeitnehmer (Begriff)* Rz 32, 33). Ob eine arbeitsrechtlich als ArbNÄhnlich bezeichnete Person steuerrechtlich als ArbN zu behandeln ist, richtet sich daher nach den für ArbN geltenden Merkmalen (s auch *Freie Mitarbeit* Rz 32; *Handelsvertreter* Rz 7 ff; *Heimarbeit* Rz 50 ff). 26

C. Sozialversicherungsrecht *Voelzke*

1. Beschäftigung. Für den sozialversicherungsrechtlichen Begriff der Beschäftigung (§ 7 SGB IV), der Hauptanknüpfungspunkt für die Versicherungspflicht und die daraus herzuleitenden sozialen Rechte ist, ist es unerheblich, ob eine Person arbeitsrechtlich als ArbNÄhnlich bezeichnet wird. Entscheidend ist, ob die Merkmale der Legaldefinition des § 7 SGB IV erfüllt sind (Näheres s *Arbeitnehmer (Begriff)* Rz 51 ff). Obwohl wirtschaftliche Abhängigkeit und soziale Schutzbedürftigkeit kein geeignetes Abgrenzungskriterium für die erforderliche persönliche Abhängigkeit sind, kann das Vorliegen eines abhängigen Beschäftigungsverhältnisses im Einzelfall unter dem Gesichtspunkt der tatsächlichen Eingliederung in den Betrieb auch bei ArbNÄhnlichen Personen iSd Arbeitsrechts bejaht werden. **Heimarbeiter** gelten nach § 12 Abs 2 SGB IV bereits kraft Gesetzes als Beschäftigte. 27

2. Unfallversicherung. Dem Schutz der gesetzlichen UV unterfallen nach der gegenüber den übrigen Zweigen der SozV weiteren Regelung des § 2 Abs 2 Satz 1 SGB VII Personen, die, ohne selbst ArbN zu sein, wie ein nach § 2 Abs 1 Nr 1 SGB VII Versicherter tätig werden. Der Zweck dieser Regelung liegt darin, Personen in der gesetzlichen UV zu schützen, die fremdnützig für ein anderes Unternehmen handeln, ohne Beschäftigte zu sein (*Schlegel/Voelzke/Bieresborn* SGB VII, § 2 Rz 253). Die Vorschrift greift nur ein, wenn die **helfende Tätigkeit** nicht bereits nach einer anderen Regelung versichert ist. Häufigkeit und Dauer des Tätigwerdens, das bereits bei einem einmaligen Handeln bejaht werden kann, sind ohne Bedeutung. Ebenso bleiben die wirtschaftliche und gesellschaftliche Stellung des Tätigwerdenden, der seinerseits Unternehmer sein kann (BSG 24.7.85 – 9b RU 6/85, NZA 86, 406), und die Beweggründe für sein Handeln unbeachtlich. Zuständiger UVTräger ist der des unterstützten Unternehmens. Erforderlich für die Bejahung des Versicherungsschutzes ist nach ständiger Rspr des BSG das Vorliegen der nachstehenden Voraussetzungen: 28

a) Dienende Tätigkeit für fremdes Unternehmen. Durch dieses Merkmal werden Tätigkeiten ausgeschlossen, die zum Aufgabenkreis des eigenen Unternehmens gehören (BSG 28.6.84 – 2 RU 63/83, SozR 2200 § 539 Nr 100). Maßgeblich für den Versicherungsschutz ist es, ob eine dem unterstützten Unternehmen ernsthaft dienende, wirtschaftlich als Arbeit anzusehende Tätigkeit vorliegt. Ein solches Handeln kann zB vorliegen, wenn die Ehefrau des ArbN diesen nach einer geschäftlichen Besprechung mit einem firmeneigenen Pkw in die Wohnung abholt, soweit sie dabei im Interesse und im Auftrag des Beschäftigungsunternehmens handelt (BSG 26.4.77 – 8 RU 14/77, SozR 2200 § 539 Nr 33). Entscheidend für die Beurteilung ist nicht allein die einzelne, zum Unfall führende Verrichtung, sondern das 29

27   Arbeitnehmerähnliche Personen

Gesamtbild des ausgeführten und beabsichtigten Vorhabens (BSG 24.1.91 – 2 RU 44/90, SozR 3–2200 § 539 Nr 8). Es genügt, dass die Tätigkeit nach der vertretbaren Vorstellung des Handelnden dem unterstützten Unternehmen nützt. Nicht ausreichend ist demgegenüber, dass die unfallbringende Tätigkeit einer anderen Person oder einem anderen Unternehmen objektiv nützlich ist (BSG 5.7.05 – B 2 U 22/04 R, SozR 4–2700 § 2 Nr 6).

30   **b) Wirklicher Wille des Unternehmers.** Unversichert sind Tätigkeiten, die dem verlautbarten Willen des Unternehmers oder seines Vertreters widersprechen. Noch nicht versichert ist derjenige, der seine Unterstützung anbietet oder anbieten will (BSG 8.5.80 – 8a RU 86/79, SozR 2200 § 539 Nr 67). Die sich aus den Umständen ergebende Billigung genügt. Dieses Merkmal ist zu verneinen, wenn sich der Handelnde bei verständiger Würdigung sagen muss oder hätte sagen müssen, dass sein Handeln vom Unternehmer nicht gebilligt würde (BSG 30.4.79 – 8a RU 48/78, SozR 2200 § 539 Nr 58).

31   **c) Arbeitnehmer.** Die fragliche Tätigkeit muss ihrer Art nach von Personen verrichtet werden können, die in einem dem allgemeinen Arbeitsmarkt zuzurechnenden Beschäftigungsverhältnis stehen. Dieser Anforderung wird bereits genügt, wenn die Tätigkeit theoretisch ArbN zugänglich ist, ohne dass sie im unterstützten Unternehmen ansonsten von abhängig Beschäftigten ausgeübt werden müsste (BSG 21.2.79 – RU 65/78, SozR 2200 § 539 Nr 55). Das Merkmal ist zu verneinen, wenn die fragliche Handlung idR ehrenamtlich verrichtet wird (zB Ordnungsdienst als Mitglied einer politischen Partei: BSG 29.1.86 – 9b RU 68/84, SozR 2200 § 539 Nr 114; Aufgaben einer ehrenamtlichen Gewerkschaftsfunktionärin: BSG 29.9.92 – 2 RU 38/91, SozR 3–2200 § 539 Nr 18). Der Versicherungsschutz greift ebenfalls nicht ein, wenn die Tätigkeit nach ihrem Gesamtbild als unternehmerähnlich anzusehen ist (BSG 17.3.93 – 2 RU 22/9, SozR 3–2200 § 539 Nr 16). Es gelten grds die gleichen Kriterien wie für die Abgrenzung zwischen Beschäftigten und Unternehmern (BSG 31.5.05 – B 2 U 35/04 R, SozR 4–2700 § 2 Nr 5) Versicherungsschutz wie ein ArbN besteht nicht, wenn Verrichtungen im Rahmen des eigenen Unternehmens getätigt werden, selbst wenn sie zugleich im Interesse eines fremden Unternehmens erfolgen (BSG 10.3.94 – 2 RU 20/93, SozR 3–2200 § 539 Nr 28).

32   **d) Umstände der Beschäftigung.** Die fragliche Tätigkeit muss schließlich unter solchen Umständen geleistet werden, dass sie einer Tätigkeit aufgrund eines Beschäftigungsverhältnisses ähnlich ist. Gemeint ist hiermit nicht die persönliche Abhängigkeit vom unterstützten Unternehmer, sondern das Vorhandensein einer **Arbeitnehmerähnlichkeit** nach dem gesamten rechtlichen und tatsächlichen Erscheinungsbild. Ist die genannte Voraussetzung zu bejahen, so können wie bei sonstigen ArbNHandlungen, die in einem inneren Zusammenhang mit der eigentlichen Tätigkeit stehen, Tätigkeiten dem versicherten Bereich zuzuordnen sein (zu der Dankveranstaltung einer Kirchengemeinde für unbezahlte Helfer bei umfangreichen Bauarbeiten s BSG 19.3.91 – 2 RU 64/90, SozR 3–2200 § 539 Nr 9).

33   Ausgeschlossen sind **Gefälligkeiten,** wie sie aufgrund verwandtschaftlicher oder sonstiger persönlicher Beziehungen nach Art und Umfang üblich sind (BSG 20.4.93 – 2 RU 38/92, SozR 3–2200 § 539 Nr 25). Bei einer Eltern-Kind-Beziehung können selbst **Pflegeleistungen** von erheblichem Umfang dem privaten familiären Lebensbereich zuzuordnen sein (BSG 25.10.89 – 2 RU 4/89, NJW 90, 1558; s aber auch BSG 29.11.90 – 2 RU 18/90, SozR 3–2200 § 539 Nr 6). Dient jedoch zB die tägliche Betreuung eines Enkelkindes der Ermöglichung der Berufstätigkeit der Mutter und erstreckt sie sich über viele Jahre, so steht die Betreuung als ArbNÄhnliche Tätigkeit unter UVSchutz (BSG 5.7.94 – 2 RU 24/93, SozR 3–2200 § 548 Nr 20). Die ArbNÄhnlichkeit ist zu verneinen, wenn sie hinsichtlich ihrer Art und ihres Umfangs nicht über das hinausgeht, was Satzung, Beschlüsse der Vereinsorgane oder allgemeine Vereinsübung **Vereinsmitgliedern** an Arbeitsleistungen abverlangen, selbst wenn die Ausübung der Arbeiten gefährlich ist und besondere Sachkunde verlangt (BSG 5.8.87 – 9b RU 18/86, SozR–2200 § 539 Nr 123).

34   **3. Rentenversicherung.** Nach § 2 Nr 9 SGB VI unterliegen selbstständig tätige Personen der Versicherungspflicht in der gesetzlichen RV, wenn sie im Zusammenhang mit ihrer selbstständigen Tätigkeit regelmäßig keinen versicherungspflichtigen ArbN beschäftigen, dessen Arbeitsentgelt aus diesem Beschäftigungsverhältnis regelmäßig 450 € im Monat übersteigt, und auf Dauer und im Wesentlichen nur für einen Auftraggeber tätig sind (Näheres: *Arbeitnehmerähnliche Selbstständige*).

Arbeitnehmerähnliche Selbstständige

A. Arbeitsrecht
Röller

Im Arbeitsrecht hat der Begriff keine eigenständige Bedeutung. ArbNÄhnliche Selbst- 1
ständige sind wie Selbstständige zu behandeln.

B. Lohnsteuerrecht
Seidel

Der ab 1.1.99 für die Einbeziehung in die gesetzliche RV eingeführte Begriff des arbeit- 3
nehmerähnlich Selbstständigen (§ 2 Nr 9 SGB VI; s unten Rz 5 ff) ist steuerrechtlich grds unerheblich. Die rentenversicherungsrechtliche Einstufung führt nicht dazu, dass steuerrechtlich ohne weiteres von Selbstständigkeit iSd §§ 15 Abs 2 bzw 18 Abs 1 EStG auszugehen ist. Denn es besteht steuerrechtlich keine Bindung an den arbeits- bzw sozialversicherungsrechtlichen ArbNBegriff (s *Arbeitnehmer (Begriff)* Rz 28) bzw die dort vorgenommene Einstufung. Dieser kommt jedoch eine Indizwirkung zu. Ob jemand steuerrechtlich selbstständig oder ArbN ist, bestimmt sich allein nach den im Steuerrecht geltenden Kriterien (s hierzu *Arbeitnehmer (Begriff)* Rz 30 ff). Auf die Ausführungen bei *Arbeitnehmerähnliche Personen* Rz 26 und *Scheinselbstständigkeit* Rz 3 wird verwiesen. Die Finanzverwaltung sieht allerdings ArbN-Ähnliche Selbstständige iSd § 2 Nr 9 SGB VI regelmäßig auch als steuerlich selbstständig an (EStR 15.1 Abs 3; s auch *Bergmann* Inf 04, 30).

Die von den ArbNÄhnlich Selbstständigen getragenen Beiträge zur gesetzlichen RV sind 4
bei deren ESt-Veranlagungen als Sonderausgaben abzugsfähig (§ 10 Abs 1 Nr 2a EStG; s auch *Sonderausgaben* Rz 11).

C. Sozialversicherungsrecht
Voelzke

1. Allgemeines. Der ursprünglich für die abhängig Beschäftigten konzipierte Schutz der 5
gesetzlichen RV ist schrittweise auch auf bestimmte selbstständig Tätige erstreckt worden (*Rentenversicherungspflicht* Rz 7 ff; *Schulin* Bd 3/*Voelzke* § 16 Rz 126 ff). Die zahlenmäßig bedeutendste Gruppe der von § 2 SGB VI erfassten selbstständig Tätigen bildeten zuvor die Handwerker sowie die Künstler und Publizisten (s *Künstlersozialversicherung* Rz 11 ff). Durch das Gesetz vom 19.12.98 (BGBl I 98, 3943) wurde mWv 1.1.99 eine weitere Gruppe von Selbstständigen in die **gesetzliche Rentenversicherung** einbezogen (§ 2 Satz 1 Nr 9 SGB VI). Die Einbeziehung weiterer selbstständig Tätiger erfolgte mit dem Ziel, der zunehmenden Erosion des in der RV versicherten Personenkreises durch die wachsende Überführung von Beschäftigungsverhältnissen in ArbNÄhnliche selbstständige Tätigkeiten entgegenzuwirken (BT-Drs 14/45 S 20).

Das „Gesetz zur Förderung der Selbstständigkeit" vom 20.12.99 (BGBl I 2000, 2; vgl zu diesem Gesetz *Bieback* SGb 2000, 190: *Reiserer* BB 2000, 94; *Heinze* JZ 2000, 332) hat den Versicherungspflichttatbestand für Selbstständige in der RV modifiziert. Durch das Zweite Gesetz für moderne Dienstleistungen am Arbeitsmarkt vom 23.12.02 (BGBl I 02, 4621) ist zwar die im Zusammenhang mit der Einführung der Versicherungspflicht stehende Vermutungsregelung für das Vorliegen einer Beschäftigung aufgehoben (Näheres: *Scheinselbstständigkeit*), jedoch an der Versicherungspflicht für ArbNÄhnliche Selbstständige festgehalten worden.

Die Versicherungspflicht für die nach § 2 Satz 1 Nr 9 SGB VI Versicherten hat ausschließ- 6
lich für die RV Gültigkeit; die arbeitnehmerähnlichen Selbstständigen sind nicht kraft Gesetzes in der ArblV, KV und sozialen PflegeV versichert. Insoweit unterscheiden sie sich von denjenigen Erwerbstätigen, die als **Beschäftigte** in die SozV einbezogen werden.

2. Begriff. Während bisher bestimmte Berufsgruppen der selbstständig Tätigen in die 7
RVPflicht einbezogen wurden, stellt der Gesetzgeber bei der neuen Versichertengruppe der arbeitnehmerähnlichen Selbstständigen auf typische **Tätigkeitsmerkmale** und Eigenschaften ab, die auf eine den ansonsten nach § 2 SGB VI versicherten selbstständig Tätigen vergleichbare soziale Schutzbedürftigkeit hinweisen sollen. Es ist deshalb für die Eigenschaft als ArbNÄhnlicher Selbstständiger unerheblich, welcher Art die Erwerbstätigkeit ist. Die

28   Arbeitnehmerähnliche Selbstständige

Neufassung des § 2 Satz 1 Nr 9 SGB VI verzichtet auf den bisherigen Klammerzusatz „arbeitnehmerähnliche Selbstständige", um arbeitsrechtliche Fehldeutungen zu vermeiden und etwaige Empfindlichkeiten Betroffener nicht zu verletzen.

8   **a) Selbstständige Tätigkeit.** Wie für den Begriff der Beschäftigung ist auch für die versicherungspflichtige selbstständige Tätigkeit die tatsächliche Ausübung einer Berufstätigkeit konstitutiv, während die bloße Verwertung von Vermögen hierfür nicht ausreicht. Ob eine Arbeitsleistung selbstständig ausgeübt wird, kann mangels einer gesetzlichen Begriffsbestimmung im SozVRecht nur im Umkehrschluss zum Begriff der Beschäftigung, der in § 7 SGB IV legaldefiniert ist (s *Arbeitnehmer (Begriff)* Rz 51 ff), festgestellt werden. Entscheidendes Merkmal für die Ausübung einer selbstständigen Tätigkeit ist hiernach, ob der Erwerbstätige über eine **eigene Verfügungsmacht** hinsichtlich des Einsatzes seiner Arbeitskraft verfügt und ob ihm die Gestaltung seiner Arbeit im Einzelnen obliegt. Im Übrigen wird der Begriff der selbstständigen Tätigkeit ganz wesentlich durch das Vorliegen eines Unternehmerrisikos geprägt, das der Selbstständige auch iSv größeren Freiheiten und Verdienstmöglichkeiten nutzen können muss (BSG 12.12.90 – 11 RAr 73/90, SozR 3–4100 § 4 Nr 1). Ob die selbstständige Tätigkeit wegen Geringfügigkeit versicherungsfrei ist, ist im Wege vorausschauender Betrachtung zu entscheiden (BSG 27.7.11 – B 12 R 15/09 R).

9   **b) Arbeitnehmerbeschäftigung.** Die Versicherungspflicht nach § 2 Satz 1 Nr 9 Buchst a SGB VI tritt nicht ein, wenn der selbstständig Tätige im Zusammenhang mit seiner selbstständigen Tätigkeit regelmäßig einen **versicherungspflichtigen Arbeitnehmer** beschäftigt, dessen Arbeitsentgelt aus diesem Beschäftigungsverhältnis regelmäßig 450 € übersteigt. Keine RVPflicht tritt auch dann ein, wenn bei der Beschäftigung mehrerer ArbN deren Arbeitsentgelte nur zusammengerechnet den Grenzbetrag übersteigen (BSG 23.11.05 – B 12 RA 15/04 R, SozR 4–2600 § 2 Nr 5). Der RVPflicht steht es nur entgegen, wenn der ArbNÄhnliche Selbstständige versicherungspflichtige ArbN beschäftigt, nicht wenn es sich um selbstständige Hilfskräfte handelt, die ihm als Untervertreter zugeordnet sind (BSG 10.5.06 – B 12 RA 2/05 R, SozR 4–2600 § 2 Nr 8). Bei selbstständig mitarbeitenden Gesellschaftern reicht es nach Auffassung der Versicherungsträger aus, wenn die Gesellschaft einen ArbN beschäftigt und dessen Verdienst so hoch ist, dass auf jeden der Gesellschafter rechnerisch über 400 € entfallen (*Buczko* DAngVers 2000, 136).

10   Ein **mittelbarer Zusammenhang** von ArbNBeschäftigung und selbstständiger Tätigkeit kann nicht als ausreichend angesehen werden, so dass zB die Beschäftigung eines versicherungspflichtigen ArbN im Haushalt oder zur Betreuung der Kinder nicht zur Versicherungsfreiheit führt. Der erforderliche Zusammenhang ist gewahrt, wenn der beschäftigte ArbN unmittelbar die „berufsbezogene" Tätigkeit des Selbstständigen zumindest teilweise unterstützt (*Schlegel/Voelzke/Pietrek* SGB VI, § 2 Rz 185).

11   Klarstellend bestimmt § 2 Satz 2 Nr 1 SGB VI, dass als ArbN auch Personen gelten, die berufliche Kenntnisse, Fertigkeiten oder Erfahrungen im Rahmen beruflicher Bildung erwerben. Hiernach werden auch **Auszubildende** generell als ArbN berücksichtigt, soweit die Entgeltvoraussetzungen des § 2 Satz 1 Nr 9 Buchst a SGB VI erfüllt werden (BT-Drs 14/1855 S 9). Andererseits tritt die Versicherungspflicht des selbstständig Tätigen nicht ein, wenn er einen versicherungspflichtigen ArbN beschäftigt, für den aus anderen Gründen *Rentenversicherungsfreiheit* (zB wegen der Zugehörigkeit zu einem berufsständischen Versorgungswerk) besteht.

12   Die zunächst geltende Ausnahmeregelung, wonach bestimmte **Familienangehörige** nicht als ArbN berücksichtigt wurden, ist ersatzlos entfallen. Hierdurch wurde den verfassungsrechtlichen Bedenken gegen die Sonderstellung der Familienangehörigen (vgl nur *Buchner* DB 99, 147) zutreffend Rechnung getragen. Die Einschränkung ist rückwirkend entfallen, so dass eine Aufhebung von Versicherungspflichtbescheiden nach § 44 SGB X möglich ist (vgl *Buczko* DAngVers 2000, 135).

13   **c) Auftraggeber.** Das Eintreten der Versicherungspflicht eines selbstständig Tätigen erfordert nach § 2 Satz 1 Nr 9 Buchst b SGB VI zusätzlich, dass der selbstständig Tätige **auf Dauer und im Wesentlichen** nur für einen Auftraggeber tätig ist. Ersetzt wurde das bisherige Merkmal „regelmäßig" durch das Merkmal „auf Dauer". Hiermit verfolgt der Gesetzgeber das Ziel, den Tatbestand enger zu fassen, um Existenzgründungen nicht zu erschweren (BT-Drs 14/1855 S 6). Auch bei der Anwendung der Regelung in ihrer neuen Fassung soll in erster Linie auf wirtschaftliche Kriterien und branchenspezifische Besonderheiten abgestellt werden. Entscheidend ist, ob der Auftragnehmer nach seinem Unternehmenskonzept die Zusammenarbeit mit mehreren Auftraggebern anstrebt und dies nach den tatsächlichen und rechtlichen Gegebenheiten Erfolg verspricht (BT-Drs 14/1855 S 7). Für einen Auftraggeber ist der Selbstständige auch dann tätig, wenn verbundene Unternehmen, zu denen er vertragliche Beziehungen unterhält, einen Konzern iS des § 18 AktG bilden (BSG 9.11.11 – B 12 R 1/10 R, SozR 4–2600 § 2 Nr 15). Nicht ausreichend ist demgegenüber, wenn der Auftragnehmer zwar prinzipiell für mehrere Auftraggeber tätig sein darf, dies aber praktisch ausgeschlossen ist. Übt der ArbN zusätzlich eine selbstständige Tätigkeit aus, so ist der ArbGeb der Beschäftigung nicht weiterer Auftraggeber (BSG 4.11.09 – B 12 R 7/08 R, NZS 2010, 569).

Eine **dauerhafte Tätigkeit** für einen Auftraggeber liegt nicht vor, wenn der Selbstständige nach seinem längerfristigen Unternehmenskonzept die Tätigkeit für verschiedene Auftraggeber anstrebt und die Realisierung des Konzepts nach den rechtlichen und tatsächlichen Gegebenheiten auch erwartet werden kann (BT-Drs S 14/1855 S 11). Es kann deshalb nicht allein aus einer projektbezogenen Tätigkeit (bis zu einem Jahr) ohne begründete Aussicht auf Verlängerung auf die Bindung an nur einen Auftraggeber geschlossen werden (*Hanau/Eltzschig* NZS 02, 284). Hingegen führt die absehbare Wiederholung von zeitlich begrenzten Beschäftigungsverhältnissen zur Dauerhaftigkeit der Tätigkeit. 14

Im Wesentlichen nur für einen **Auftraggeber** tätig ist der selbstständig Tätige nach Auffassung der SozVTräger, wenn er mindestens fünf Sechstel seiner gesamten Einkünfte aus selbstständigen Tätigkeiten allein aus dieser Tätigkeit erzielt. Es handelt sich hierbei zwar um eine Bewertung anhand einer gegriffenen Größe, jedoch ist dies im Hinblick auf die Verwaltungspraktikabilität hinzunehmen. Problematisch erscheint allerdings die Auffassung der Spitzenorganisationen, Einkünfte aus abhängiger Beschäftigung müssten bei der Beurteilung gänzlich unberücksichtigt bleiben (vgl *Buczko* DAngVers 2000, 136), denn mit dem Bestehen eines „Hauptberufes" lässt die Schutzbedürftigkeit der Betroffenen entfallen. Die bloße Berechtigung, auch für andere Auftraggeber tätig zu sein, lässt das Merkmal nicht entfallen. Bei selbstständig tätigen Franchise-Nehmern, die in einer vertikalen Vertriebskette stehen, ist einziger Auftraggeber der Franchise-Geber (BSG 4.11.09 – B 12 R 3/08 R, NJW 10, 2539). 15

Mit Urt vom 24.11.05 hatte das BSG entschieden, dass **GmbH-Geschäftsführer** als selbstständige Erwerbstätige RVpflichtig sind, wenn sie selbst keinen versicherungspflichtigen ArbN beschäftigen und im Wesentlichen nur für die GmbH tätig sind (BSG 24.11.05 – B 12 RA 1/04 R, NJW 06, 1162; vgl hierzu etwa *Schrader* NZA 06, 358; *Preis/Termming* SGb 06, 385). Diese Entscheidung hat der Gesetzgeber mit dem Haushaltsbegleitgesetz 2006 (BGBl I 06, 1405) korrigiert. Zunächst ist jetzt ausdrücklich geregelt, dass bei der versicherungsrechtlichen Beurteilung von Gesellschaftern als Auftraggeber die Auftraggeber der Gesellschaft gelten. Zudem wurde in § 2 Satz 2 Nr 3 SGB VI klargestellt, dass auch die ArbN der Gesellschaft zu berücksichtigen sind (vgl zu dieser Neuregelung auch *Matern* RVaktuell 06, 261).

3. Befreiung von der Versicherungspflicht. § 6 Abs 1a SGB VI enthält zwei Tatbestände der Befreiung von der Versicherungspflicht für nach § 2 Satz 1 Nr 9 SGB VI der Versicherungspflicht unterliegende Personen. Die Befreiung wirkt vom Vorliegen der Befreiungsvoraussetzungen an, wenn sie innerhalb von drei Monaten beantragt wird, sonst vom Eingang des Antrags an (§ 6 Abs 4 SGB VI). Auf die subjektive Kenntnis der Versicherungspflicht kommt es für den Beginn der Antragsfrist nicht an (BSG 24.11.05 – B 12 RA 9/03 R, SozR 4–2600 § 6 Nr 5). 16

Die Befreiung ist bei entsprechender Antragsstellung nach § 6 Abs 1a Satz 1 Nr 1 SGB VI für einen **Zeitraum von drei Jahren** nach erstmaliger Aufnahme einer selbstständigen Tätigkeit, die die Merkmale des § 2 Satz 1 Nr 9 SGB VI erfüllt, auszusprechen. Hierdurch soll es Existenzgründern ermöglicht werden, sich zeitlich begrenzt von der Versicherungspflicht befreien zu lassen, um die finanziellen Mittel auf den Aufbau des Betriebes zu konzentrieren (BT-Drs 14/1855 S 9). Ferner wird zutreffend berücksichtigt, dass viele Existenzgründer innerhalb des fraglichen Zeitraums der Versicherungspflicht „entwachsen". Wird der Zeitraum von drei Jahren (zB bei einer Saisontätigkeit) unterbrochen, so beginnt die Berechnung mit dem Wiederbeginn nicht erneut (*Schlegel/Voelzke/Dankelmann* SGB VI, § 6 Rz 142). Das Befreiungsrecht kann auch (wiederholt) für die Aufnahme einer zweiten selbstständigen Tätigkeit in Anspruch genommen werden, wenn nicht die bestehende Tätig- 17

29 Arbeitnehmerbeförderung

keit lediglich umbenannt oder deren Geschäftszweck nicht wesentlich verändert wird (§ 6 Abs 1a Sätze 2 und 3 SGB VI).

18 § 6 Abs 1a Satz 1 Nr 2 SGB VI sieht eine Befreiungsmöglichkeit für Personen **nach Vollendung des 58. Lebensjahres** vor, wenn sie nach einer zuvor ausgeübten selbstständigen Tätigkeit erstmals nach § 2 Satz 1 Nr 9 SGB VI versicherungspflichtig werden. Die Befreiungsmöglichkeit ist vor dem Hintergrund eines altersbedingten Übergangs aus einer selbstständigen Tätigkeit in die Nichterwerbstätigkeit zu sehen (BT-Drs 14/1855 S 9). Eine Prüfung der Absicherung ist nicht erforderlich.

19 **4. Beitragspflicht.** Die an den RVTräger zu entrichtenden Beiträge hat der selbstständig Tätige selbst zu tragen (§ 169 Nr 1 SGB VI). Als beitragspflichtige Einnahme gilt bei selbstständig Tätigen ein Arbeitseinkommen in Höhe der Bezugsgröße (s zum aktuellen Wert *Sozialversicherungsbeiträge* Rz 71), bei Nachweis eines niedrigeren oder höheren Einkommens jedoch dieses Arbeitseinkommen, mindestens aber 450 € (§ 165 Abs 1 Satz 1 Nr 1 SGB VI). Will der ArbNÄhnliche Selbstständige nicht den sich aus dieser Regelung ergebenden **Regelbeitrag** zahlen, so hat er den geforderten Nachweis des von der Bezugsgröße abweichenden Arbeitseinkommens durch Vorlage des letzten EStBescheides über die Einkünfte für das zeitnächste Kj zu führen (§ 165 Abs 1 Satz 3 SGB VI).

20 Für selbstständig Tätige, die sich noch in der Phase der Existenzgründung befinden, gilt die Sonderregelung in § 165 Abs 1 Satz 2 SGB VI. Für diese **Berufsanfänger** kann auf Antrag bis zum Ablauf von drei Kj nach dem Jahr der Aufnahme der selbstständigen Tätigkeit ohne Einkommensnachweis ein Arbeitseinkommen in Höhe von nur 50 vH der Bezugsgröße bei der Beitragszahlung berücksichtigt werden.

Es obliegt dem ArbNÄhnlichen Selbstständigen nach § 190a Abs 1 Satz 1 SGB VI, sich innerhalb von drei Monaten nach der Aufnahme der selbstständigen Tätigkeit beim zuständigen RVTräger zu melden. Eine Meldepflicht des Auftraggebers besteht nicht.

Arbeitnehmerbeförderung

A. Arbeitsrecht
Griese

1 **1. Rechtsgrundlage.** Die Fahrt von der Wohnung zur Arbeitsstelle und zurück gehört zum privaten Lebensbereich des ArbN, die hieraus resultierenden Kosten fallen grds dem ArbN zur Last (BAG 28.8.91 – 7 ABR 46/90, DB 91, 2594). Übernimmt der ArbGeb die **Arbeitnehmerbeförderung** zwischen Wohnung und Arbeitsstätte, bedarf dies einer besonderen Rechtsgrundlage. Dies kann ein Tarifvertrag, eine Betriebsvereinbarung oder der Arbeitsvertrag sein. Möglich ist aber auch, dass der ArbGeb die ArbNBeförderung als zusätzliche freiwillige Leistung erbringt. Geschieht dies vorbehaltlos über längere Zeit hinweg, kann eine **betriebliche Übung** entstehen, an die der ArbGeb gebunden bleibt (BAG 9.7.85 – 1 AZR 631/80, DB 86, 230). Der ArbNBeförderung mit öffentlichen Verkehrsmitteln dient das **Job-Ticket**. Der ArbGeb kann sich durch Zuschuss an den Kosten beteiligen; er kann ferner die Vergabe von Firmenparkplätzen von der Beteiligung des ArbN am Job-Ticket abhängig machen. Dabei ist er an den Gleichbehandlungsgrundsatz gebunden, darf aber nach sachlichen Gründen differenzieren, etwa zwischen ArbN, die in der Hauptverwaltung arbeiten, und solchen, die in räumlich entfernten Außenstellen arbeiten (BAG 11.8.98 – 9 AZR 39/97, NZA 99, 474).

2 **2. Haftung.** Das zum 1.1.97 in Kraft getretene UVEG sollte die Haftungssituation für den ArbGeb verändern, wenn dieser die ArbN durch einen Werksbus oder betriebseigene Fahrzeuge befördern lässt. Während nach altem Recht sowohl die Kfz-Halterhaftung als auch die Verschuldenshaftung ausgeschlossen waren (s Personalbuch 1996 Arbeitnehmerbeförderung Rz 2), sollte wegen § 8 Abs 2 Nr 1 iVm § 104 Abs 1 Satz 1 SGB VII (Versicherungsfall auf dem versichertem Weg) kein Haftungsausschluss gelten, so dass die gesetzliche Gefährdungs- und Verschuldenshaftung eingreifen würde (*Rolfs* NJW 96, 3179). Entgegen dem Gesetzeswortlaut in § 8 Abs 2 SGB VII hat das BAG (30.10.03 – 8 AZR 548/02, ArbuR 03, 466) bei Sammeltransporten von der Wohnung zur Baustelle den betrieblich organisierten Weg nicht als versicherten Weg angesehen und damit den Haftungsausschluss

aufrecht erhalten. Dieses entspricht weder Wortlaut noch Sinn und Zweck des Gesetzes. Für den ArbGeb ist dieses Haftungsrisiko ohnehin durch die Kfz-Haftpflichtversicherung abgesichert (s *Arbeitgeberhaftung* Rz 8, 10), so dass es für eine über den Gesetzeswortlaut hinausgehende Haftungsprivilegierung des ArbGeb keinen Anlass gibt (s dazu *Griese* in FS Küttner, S 165 ff).

Beauftragt der ArbGeb mit der ArbNBeförderung ein Busunternehmen, kommt eine Haftungsprivilegierung nicht in Betracht, weil das Busunternehmen nicht Teil des Beschäftigungsbetriebes ist, sondern im eigenen unternehmerischen Interesse tätig wird (BGH 30.4.13 – VI ZR 155/12).

3. Arbeitszeit. Die Zeit der ArbNBeförderung zwischen Wohnung und Arbeitsstätte ist **keine Arbeitszeit,** sie zählt ebenso wie bei den ArbN, die mit eigenen Fahrzeugen oder mit öffentlichen Verkehrsmitteln den Weg von der Wohnung zur Arbeitsstätte und zurück absolvieren, nicht als vergütungspflichtiger Zeitraum. Dies erweist sich auch, wenn sich die ArbNBeförderung durch nicht vom ArbGeb verschuldete Umstände verzögert und hierdurch Arbeitszeit ausfällt: Für die ausgefallene Arbeitszeit kann der ArbN keine Annahmeverzugslohnansprüche nach § 615 BGB stellen (BAG 8.12.82, DB 83, 395: Kein Annahmeverzug, wenn der Werksbus wegen Glatteis zu spät oder gar nicht fährt). Anders wird zu entscheiden sein, wenn der ArbGeb die Verzögerung oder den Ausfall zu vertreten hat. Dies kommt in Betracht bei Benutzung eines mängelbehafteten Fahrzeugs oder als Haftung für das Verschulden von Erfüllungsgehilfen gem § 278 BGB, etwa für pflichtwidriges Verhalten des Fahrers. 3

Die ArbNBeförderung zählt zur **Arbeitszeit,** wenn es sich nicht um den Transport von der Wohnung zur Arbeitsstätte, sondern um den Transport von der Betriebsstätte zu **auswärtigen Arbeitsstellen oder zwischen verschiedenen Tätigkeitsorten** handelt, zB von der Betriebsstätte zu auswärtigen Baustellen, so dass die Arbeitszeitgrenzen des ArbZG zu beachten sind (vgl OLG Bay 23.3.92, BB 92, 1215 [LS]). 4

Sieht eine Betriebsvereinbarung für die Beförderung mit firmeneigenen Kraftfahrzeugen vom Betriebssitz zu auswärtigen Baustellen eine Zeitpauschale vor, kann diese auch beansprucht werden, wenn unmittelbar von der Wohnung zur auswärtigen Einsatzstelle gefahren wird (BAG 20.9.89 – 2 AZR 282/89, NZA 90, 488).

4. Einstellung der Arbeitnehmerbeförderung. Die Beendigung der ArbNBeförderung ist nicht ohne weiteres möglich und hängt von ihrer Rechtsgrundlage ab. Geschieht sie aufgrund eines Tarifvertrages, ist eine Beendigung erst nach Außerkrafttreten des Tarifvertrages unter Beachtung der Nachwirkung möglich. Liegt eine Betriebsvereinbarung zugrunde, bedarf es deren Kündigung nach § 77 Abs 5 BetrVG oder einer Aufhebung durch die Betriebsparteien (BAG 18.9.02 – 1 AZR 477/01, NZA 03, 337). Ist die ArbNBeförderung arbeitsvertraglich vereinbart oder durch Betriebliche Übung ohne Widerrufsvorbehalt Inhalt des Arbeitsvertrages geworden, kann sie nicht einfach eingestellt werden. Dies setzt vielmehr eine **wirksame Änderungskündigung** voraus, an die weniger strenge Maßstäbe angelegt werden (BAG 27.3.03 – 2 AZR 74/02, NZA 03, 1029). Im letzteren Fall ist aber auch eine Änderung durch umstrukturierende Betriebsvereinbarung (s *Betriebsvereinbarung* Rz 15) denkbar. Ist ein **Widerrufsvorbehalt** vereinbart, ist der Widerruf leichter möglich als bei unmittelbaren Entgeltbestandteilen (BAG 12.1.05 – 5 AZR 364/04, NZA 05, 465). 5

Die **kostenlose oder verbilligte Arbeitnehmerbeförderung** zwischen Wohnung und Arbeitsstätte ist ein *Geldwerter Vorteil,* so dass die betriebliche Lohngestaltung betroffen ist und deshalb Mitbestimmungsrechte des BRat nach § 87 Abs 1 Nr 10 BetrVG bestehen (BAG 9.7.85 – 1 AZR 631/80, DB 86, 230). Handelt es sich dabei um eine freiwillige, unter Vorbehalt gewährte Leistung, kann der ArbGeb allerdings mitbestimmungsfrei eine Entscheidung darüber treffen, ob er die Leistung weiterhin erbringen oder vollständig einstellen will. 6

B. Lohnsteuerrecht

Thomas

1. Einordnung. Finanziert der ArbGeb Mobilitätskosten des ArbN, ist entscheidend ob sie dem Weg zur Arbeit oder Wegen in der Arbeit dienen. Zur Abgrenzung der Wege zur/in der Arbeit wird auf *Fahrten zwischen Wohnung und Arbeitsstätte* Rz 44 ff verwiesen. 7

a) Weg zur Arbeit. Hier ist die Kostenübernahme Lohn, weil der Weg zur Arbeit in den Verantwortungsbereich des ArbN fällt (vgl Rz 1). Die Art der Finanzierung ist nur für die 8

29   Arbeitnehmerbeförderung

Bewertung der Lohnzuwendung von Bedeutung. Deswegen liegt Lohn bspw vor, wenn der ArbGeb die Beförderung selbst bewirkt, einen Dienstwagen stellt oder einen Zuschuss an den ArbN oder an Dritte (zB Monatskarte; die Steuerbefreiung für das Job-Ticket in § 3 Nr 34 EStG aF ist 2004 entfallen) leistet. Der Lohn kann abgeltend pauschal besteuert werden (Rz 10) und ist bei Sammelbeförderung (Rz 14) steuerbefreit. Pauschalierungsbefugnis oder Steuerbefreiung bestätigen den Lohncharakter, da sie sich andernfalls erübrigten.

9   **b) Wege in der Arbeit** fallen in den Verantwortungsbereich des ArbGeb. Deswegen stellt hier Kostenersatz keinen Ertrag der Arbeit dar. Wird das Beförderungsmittel vom ArbGeb gestellt, sind beim ArbN nur noch zusätzliche eigene Aufwendungen Werbungskosten. Dagegen kann er nicht die pauschalen km-Sätze des § 9 Abs 1 Nr 4a Satz 2 EStG ansetzen (NdsFG 14.10.09 – 3 K 12356/06, EFG 10, 232 mit Anm *Wüllenkemper*). Selbst wenn der ArbN das Flug- oder Bahnticket im eigenen Namen kauft, ist diesbezüglicher Ersatz des ArbGeb nach § 3 Nr 50 EStG nicht steuerbar. Benutzt der ArbN für die Dienstreise sein eigenes Kfz, ist die Kostenerstattung durch den ArbGeb nach § 3 Nr 13 bzw 16 EStG steuerfrei (vgl BFH 8.11.91 – VI R 191/87, BStBl II 92, 204 = DStR 92, 213). Wenn der ArbGeb die Kosten des vom ArbN auf der Dienstreise selbst gesteuerten eigenen Flugzeugs übernimmt, kann ein Unangemessenheitsabzug vorzunehmen sein (BFH 4.8.77 – IV R 157/74, BStBl II 78, 93 und 27.2.85 – I R 20/ 82, BStBl II 85, 458).

10   **2. Steuererleichterungen. a) Pauschalierungsbefugnis.** Nach § 40 Abs 2 Satz 2 EStG kann der ArbGeb nicht steuerbefreiten Arbeitslohn, der aus der Übernahme der Kosten für den Weg zur Arbeit resultiert, bis zur Höhe der für diesen Weg sonst abziehbaren Werbungskosten mit einem abgeltenden Steuersatz von 15 vH dem LStAbzug unterwerfen. Das gilt vorbehaltlos nur, wenn die Kostenübernahme mittels Sachlohn (zB Jobticket, Dienstwagen) erfolgt, während bei Zuschüssen zu den Aufwendungen des ArbN (Barlohn) hinzukommen muss, dass sie zusätzlich zum ohnehin geschuldeten Arbeitslohn (vgl dazu *Arbeitgeberzuschuss* Rz 6) gewährt werden. Der Sinn dieser unterschiedlichen Behandlung ist ebenso schwer einzusehen, wie die für den Pauschalierungsumfang maßgebende Differenzierung zwischen dem unmittelbaren (§ 9 Abs 1 Nr 4 Satz 1 EStG) und dem mittelbaren (§ 9 Abs 1 Nr 4a Satz 3 EStG) Anwendungsbereich der Entfernungspauschale. Dass nur ersterer zur Pauschalierbarkeit führt, ergibt sich aus dem Wortlaut des § 40 Abs 2 Satz EStG, wo nur Fahrten zwischen Wohnung und erster Tätigkeitsstätte erwähnt sind, nicht aber – wie zB in § 8 Abs 2 Satz 3 EStG – Fahrten iSv § 9 Abs 1 Nr 4a Satz 3 EStG.

11   Die pauschal besteuerte ArbGebLeistung ist auf der LStKarte zu bescheinigen (§ 41b Abs 1 Nr 7 EStG). Sie führt zu einer Kürzung der Werbungskosten für den Weg zur Arbeit (§ 40 Abs 2 Satz 3 EStG), ebenso wie die vom ArbGeb übernommenen Wegekosten, die durch die Sachbezugsfreigrenze des § 8 Abs 2 Satz 11 EStG bzw die Freifahrtberechtigung nach § 8 Abs 3 EStG steuerfrei zugewendet wurden (§ 9 Abs 1 Nr 4 Satz 5 EStG). Da der ArbGeb die übernommenen Mobilitätskosten nur bis zu dem sonst zulässigen Werbungskostenabzug pauschalieren darf, muss er die Entfernungen feststellen, die für den Werbungskostenabzug des einzelnen ArbN maßgebend sind. Übersteigt die Kostenübernahme des ArbGeb den abgeltend pauschalierbaren Betrag, ist der überschießende Lohn dem LSt-Regelabzug zu unterwerfen. Es fragt sich, welche Daseinsberechtigung eine Pauschalierung hat, die nicht nur überaus kompliziert ist, sondern bei der es auch im freien Ermessen des ArbGeb liegt, ob er überhaupt pauschaliert und ob er bejahendenfalls noch die pauschale Steuer übernimmt oder sich vom ArbN ersetzen lässt.

12   **b) Sammelbeförderung** (§ 3 Nr 32 EStG) ist die Beförderung von mindestens zwei ArbN mit einem vom ArbGeb gestellten Kfz (auch eines Dritten), soweit sie für den betrieblichen Einsatz notwendig (dazu *Paus* Steuerwarte 89, 193) ist. Eine Sammelbeförderung liegt nicht schon vor, wenn ein ArbN in dem ihm überlassenen Dienstwagen einen anderen Mitarbeiter mitnimmt (BFH 29.1.09 – VI R 56/07, BFH/NV 09, 917). Die Beschränkung auf das vom ArbGeb gestellte Kfz schließt – sofern man nicht extensiv auslegt – die Begünstigung von Fahrgemeinschaften aus. Die betriebliche Einsatznotwendigkeit der Sammelfahrt verkomplizert die Vorschrift zusätzlich. Das mögliche Bestreben, das Abholen und Zurückbringen leitender Angestellter nicht zu begünstigen (vgl *Erhard* § 3 EStG Rz 815) hätte auch aus dem Begriff „Sammel"-Beförderung durch Auslegung abgeleitet werden können, zumal hierzu andere Zuwendungsformen zur Verfügung stehen (s

Dienstwagen Rz 17 ff). Ob die für die betriebliche Einsatznotwendigkeit in R 3.32 LStR gegebenen Beispiele schlüssig sind, ist zweifelhaft (*Thomas* StbJb 90/91, 199).

C. Sozialversicherungsrecht *Schlegel*

1. Fahrtkostenerstattung als geldwerter Vorteil. a) Finanzierung von Fahrten zwischen Wohnung und Arbeitsstätte. Die Fahrten zwischen Wohnung und Arbeitsstätte sind grds Sache des ArbN. Sie gehören zu dessen persönlichem Lebensbereich. Übernimmt der ArbGeb die Kosten des ArbN für Fahrten zwischen der Wohnung und der Arbeitsstätte ganz oder teilweise, wendet er dem ArbN dadurch einen **geldwerten Vorteil** zu. Dieser hat seine Grundlage im weiteren Sinne im Arbeitsverhältnis und ist daher Arbeitsentgelt iSv § 14 SGB IV. Der geldwerte Vorteil unterliegt im Grundsatz der Beitragspflicht in der SozV. Er ist Teil der Beitragsbemessungsgrundlage. Soweit der ArbGeb insoweit allerdings eine Pauschalbesteuerung nach § 40 Abs 2 EStG durchführt, gilt der geldwerte Vorteil gem § 1 Abs 1 Nr 3 SvEV nicht als Arbeitsentgelt. Er unterliegt dann insoweit auch nicht der Beitragspflicht. 16

b) Beitragsfreiheit bei Pauschalbesteuerung. Der geldwerte Vorteil ist nur insoweit nicht dem Arbeitsentgelt zuzurechnen, als die Pauschalbesteuerung zulässig durchgeführt wird. Zulässig ist die Pauschalbesteuerung bis zu demjenigen Betrag, den der ArbN nach § 9 Abs 1 Nr 4 und § 9 Abs 2 EStG selbst als Werbungskosten geltend machen könnte, wenn die Bezüge (hier: Fahrtkostenersatz) nicht pauschal besteuert würden (vgl § 40 Abs 2 Satz 2 EStG). Soweit der ArbN von seinem ArbGeb eine über die **Werbungskostensätze** hinausgehende Kostenerstattung erhält, ist diese (beitragspflichtiges) Arbeitsentgelt. 17

c) Aufwendungsersatz für sonstige Fahrten des Arbeitnehmers. § 40 Abs 2 EStG bezieht sich nur auf Fahrten zwischen Wohnung und Arbeitsstätte, Fahrten also, für die der ArbN grds selbst aufzukommen hat. Macht der ArbN dagegen Aufwendungen für sonstige Fahrten, zu denen er bereits arbeitsvertraglich verpflichtet ist (zB Dienstreisen, Reisen zwischen ständig wechselnden Arbeitsstätten) und erhält er hierfür Ersatz, der den tatsächlichen Aufwand nicht erheblich überschreitet, liegen durchlaufende Gelder oder Auslagenersatz vor. In diesem Falle sind die Erstattungen des ArbGeb nach § 3 Nr 50 EStG steuerfrei; selbst wenn man derartige Zahlungen als aus dem Beschäftigungsverhältnis erlangte Zuwendungen erachten wollte, was mE unzulässig ist, wären sie jedenfalls in entsprechender Anwendung des § 1 Abs 1 Nr 1 SvEV angesichts ihrer Steuerfreiheit nicht dem Arbeitsentgelt zuzurechnen. Nur dann, wenn der tatsächliche Aufwand deutlich und erkennbar überschritten wird, liegt eine zusätzliche Vergütung des ArbGeb vor, die ihre Rechtfertigung im Beschäftigungsverhältnis findet und damit als Arbeitsentgelt anzusehen ist. 18

d) Sammelbeförderung, die durch den ArbGeb verbilligt oder unentgeltlich durchgeführt wird (zum Begriff s oben Rz 14), ist nach § 3 Nr 32 EStG steuerfrei. Sofern man in der Sammelbeförderung einen geldwerten Vorteil sieht, den der ArbG dem ArbN zusätzlich zum Lohn oder Gehalt gewährt, obgleich es an sich Sache des ArbN ist, von sich aus an die Arbeitsstätte zu gelangen, ist der Vorteil gem § 1 Abs 1 Nr 1 SvEV angesichts der Steuerfreiheit nicht dem Arbeitsentgelt iSd § 14 SGB IV zuzurechnen; der in der Sammelbeförderung zu sehende geldwerte Vorteil bleibt damit bei der Beitrags- und Leistungsbemessung unberücksichtigt. 19

2. Unfallversicherungsschutz besteht sowohl bei Fahrten, die der ArbN selbst zu verantworten hat, als auch bei solchen, die der ArbGeb übernimmt oder organisiert; wer die Kosten für die Fahrten zwischen Wohnung und Arbeitsstätte letztlich trägt, ist für den Versicherungsschutz unerheblich. Zu den Voraussetzungen des Versicherungsschutzes auf Fahrten zwischen Wohnung und Arbeitsstätte im Einzelnen s *Wegeunfall* Rz 14. 20

Arbeitnehmerdarlehen

A. Arbeitsrecht *Griese*

1. Begriff. Das ArbNDarlehen ist dadurch gekennzeichnet, dass der ArbN dem ArbGeb Kapital zur vorübergehenden Nutzung überlässt. Es kommt vor allem dann vor, wenn der ArbN zur Überwindung wirtschaftlicher Schwierigkeiten des ArbGeb und damit zur Erhal- 1

30 Arbeitnehmerdarlehen

tung des eigenen Arbeitsplatzes dem ArbGeb Teile seines Arbeitsentgelts darlehensweise vorübergehend überlässt. Abzugrenzen ist das ArbNDarlehen von der **Stundung**. Was vorliegt, hängt von dem Parteiwillen ab. Die Vereinbarung eines Zinsanspruchs ist ein Indiz für ein Darlehen. Im Zweifel dürfte nur eine Stundung gewollt sein, da mangels ausdrücklicher Vereinbarung nicht davon ausgegangen werden kann, dass die Arbeitsvertragsparteien sich den Vorschriften über die Darlehenskündigung nach § 488 Abs 3 BGB unterwerfen wollen. Als **stille Gesellschaft** kann eine Kapitalbereitstellung durch den ArbN nur bewertet werden, wenn hierfür eindeutige Anhaltspunkte vorliegen, zB ein erfolgsbezogener Zinssatz, eine Verlustbeteiligung oder die Einräumung von Mitsprache- und Kontrollrechten zugunsten des ArbN.

2 **2. Anwendbare Bestimmungen.** Auf ArbNDarlehensverträge ist die gesetzliche Regelung über Allgemeine Geschäftsbedingungen (§§ 305–310 BGB), anwendbar. Bereits der Arbeitsvertrag selbst ist Verbrauchervertrag nach § 310 Abs 3 BGB (BAG 25.5.05 – 5 AZR 572/04, NZA 05, 1111). Der ArbN ist Verbraucher iSd § 13 BGB (BVerfG 23.11.06 – 1 BvR 1909/06, NZA 07, 85). Demzufolge sind ArbNDarlehensverträge an diesem Maßstab inhaltlich zu messen, insbesondere im Hinblick auf – unwirksame – überraschende Klauseln nach § 305c BGB und auf eine unangemessene Beteiligung entgegen den Geboten von Treu und Glauben nach § 307 BGB.

3 Die Verbraucherkreditschutzregelungen der §§ 491 ff BGB finden keine Anwendung, weil der ArbGeb als Darlehensnehmer kein Verbraucher ist.

4 Eine im Vorhinein getroffene Vereinbarung, dass das Arbeitsentgelt oder Teile davon als ArbNDarlehen gewertet werden, dürfte gem § 307 BGB unzulässig sein. Denn nach **§ 107 GewO** ist das Arbeitsentgelt in Euro zu berechnen und auszuzahlen, so dass der ArbN die **ungeschmälerte Nettovergütung** beanspruchen kann. Die Abgeltung durch Sachleistungen ist nur insoweit möglich, als es dem Interesse des ArbN oder der Eigenart des Arbeitsverhältnisses entspricht. Die im Vorhinein getroffene Verwendungsabrede für andere Zwecke, auch für ArbNDarlehen, ist nicht vorgesehen, so dass es nicht zulässig sein dürfte, bei Abschluss des Arbeitsvertrages im Arbeitsvertrag vorzusehen, dass der ArbGeb Teile der laufenden Entgeltzahlung durch eine Darlehensnahme zu seinen Gunsten und nach seinen wirtschaftlichen Zweckmäßigkeitsüberlegungen ersetzen kann. Zulässig bleibt hingegen, neben dem laufenden Arbeitsvertrag auch einen ArbNDarlehensvertrag abzuschließen, auch wenn er sich aus dem Arbeitsverhältnis resultierende Vergütungs- und Zahlungsansprüche bezieht, zB indem der ArbN die fällig gewordene oder fällig werdende Gratifikation per Darlehensvertrag dem ArbGeb als Darlehen zur Verfügung stellt, um bei der Überwindung einer wirtschaftlichen Krisensituation mitzuhelfen und seinen Arbeitsplatz zu sichern. Anwendbar sind dabei die §§ 488 ff BGB, insbesondere § 488 Abs 2 BGB hinsichtlich vereinbarter Zinsen und § 488 Abs 3 BGB hinsichtlich der Darlehenskündigung.

5 **3. Beendigung des Arbeitsverhältnisses.** Ist im ArbNDarlehensvertrag keine Bestimmung über das Schicksal des Darlehens bei Beendigung des Arbeitsverhältnisses getroffen worden, kann wegen § 488 Abs 3 BGB idR nicht angenommen werden, dass das Darlehen von dem ArbN bei Beendigung des Arbeitsverhältnisses sofort zurückgefordert werden kann. Insofern gilt das Gleiche wie umgekehrt beim *Arbeitgeberdarlehen*. Vor allem, wenn für das Darlehen der marktübliche oder sogar ein darüber liegender Zinssatz vereinbart ist, kann nicht davon ausgegangen werden, dass die Beendigung des Arbeitsverhältnisses zu einem Wegfall der Geschäftsgrundlage oder zu einer Vertragslücke führt, die im Wege der ergänzenden Vertragsauslegung zu schließen wäre (BAG 23.9.92 – 5 AZR 569/91, BB 93, 1439). Eine sofortige Rückzahlung kommt allenfalls in Betracht, wenn das ArbNDarlehen allein zu dem Zweck der Erhaltung des Arbeitsplatzes entweder zinslos oder zu unter dem Marktzins liegenden Bedingungen dem ArbGeb zur Verfügung gestellt wurde. Hier kann je nach Vertragsgestaltung eine ergänzende Vertragsauslegung oder eine Vertragsanpassung wegen Wegfalls der Geschäftsgrundlage gem § 313 BGB in Betracht kommen, wobei als Rechtsfolge neben der Beendigung des Darlehensvertrages auch eine Anpassung der Darlehensbedingungen an das Marktniveau in Erwägung zu ziehen ist.

6 Im Hinblick auf diese Unsicherheiten erscheint es deshalb empfehlenswert, das Schicksal des ArbNDarlehens bei Beendigung des Arbeitsverhältnisses ausdrücklich vertraglich zu regeln. Grds Bedenken gegen eine Vertragsbestimmung, die die Beendigung des Darlehens-

vertrages bei Beendigung des Arbeitsverhältnisses vorsieht, bestehen nicht. Bedenklicher erscheint dagegen die umgekehrte Vertragsgestaltung, dass eine lange Laufzeit des Darlehens unabhängig von einer zwischenzeitlichen Beendigung des Arbeitsverhältnisses vereinbart wird. Das BAG ist insoweit zu großzügig. Es hat in einer Klausel, die für ein mit 4% verzinstes ArbNDarlehen eine Laufzeit von 15 Jahren vorsah, keine unangemessene Benachteiligung des ArbN (iSv § 9 Abs 1 AGB-Gesetz, ab 1.1.02 § 307 BGB) gesehen (BAG 23.9.92 – 5 AZR 569/91, BB 93, 1438). Gerät der ArbGeb mit der Rückzahlung des ArbNDarlehens in Verzug, folgt der gesetzliche Zinsanspruch als Mindestschaden aus § 288 Abs 1 BGB und beträgt fünf Prozentpunkte über dem Basiszinssatz (vgl *Däubler* NZA 01, 1329).

4. Mitbestimmung des Betriebsrats. Ein Mitbestimmungsrecht des BRat hinsichtlich der Darlehensbedingungen besteht nicht, und zwar auch dann nicht, wenn den ArbN für die Kapitalüberlassung über dem Marktzins liegende Zinsen gewährt werden sollen. Auch ein solcher Zinsvorteil stellt keinen Arbeitslohn iSd § 87 Abs 1 Nr 10 BetrVG dar, da es sich regelmäßig nicht um eine Vergünstigung handelt, die mit Rücksicht auf die Arbeitsleistung des ArbN gewährt wird. Vielmehr liegt der Grund für die Zahlung eines höheren Zinssatzes gewöhnlich darin, dem ArbN überhaupt einen Anreiz dafür zu geben, seinem ArbGeb Kapital zur Verfügung zu stellen. Gestützt wird diese Einschätzung durch die lohnsteuerrechtliche Bewertung. Der BFH stuft nämlich Zinsen aus ArbNDarlehen nicht als Arbeitslohn, sondern als Einnahmen aus Kapitalvermögen ein (vgl BFH 19.12.82, BStBl II 83, 295). 7

B. Lohnsteuerrecht *Thomas*

1. Begriff. Ein ArbNDarlehen liegt vor, wenn der ArbN dem ArbGeb das Darlehen gewährt (vgl im Übrigen Rz 1). 8

2. Steuerliche Einordnung. Leistungen zwischen ArbN und ArbGeb, die nicht auf dem Dienstverhältnis, sondern auf Sonderrechtsbeziehungen beruhen, wie zB Kauf, Miete, Bürgschaft usw sind grds Letzteren zuzuordnen (s *Arbeitsentgelt* Rz 63). Dementsprechend ist ein Darlehen zwischen ArbN und ArbGeb im Normalfall wie ein solches zwischen fremden Dritten zu behandeln. Daher liegen bei **Verzinsung** nicht Lohnzahlungen, sondern Einnahmen aus Kapitalvermögen vor (BFH 19.10.82 – VIII R 97/79, BStBl II 83, 295; BFH 13.11.07 – VIII R 36/05, BStBl II 08, 292 = DStRE 08, 612; BFH 20.2.08 – VIII B 53/07, BFH/NV 08, 971). Das Gleiche gilt bei der Verzinsung rückständigen Arbeitslohns (*Offerhaus* BB 82, 1064; anders zur Verzinsung von Arbeitszeitguthaben auf kollektivrechtlicher Basis FG Köln 16.12.03 – 13 K 2681/03, EFG 04, 654; allgemein zu Verzugszinsen BFH 29.9.81 – VIII R 39/79, BStBl II 82, 113). Zu den Rechtsfolgen, wenn der ArbN statt der Rückzahlung des Darlehens mit dem Nennbetrag vom ArbGeb Aktien verlangen kann vgl *Aktienoptionen* Rz 23 f. 9

Räumt eine Bank ihren ArbN höhere Zinsen ein, als vergleichbaren fremden Dritten (**Überzinsen**), so stellen die marktüblichen Zinsen Einnahmen aus Kapitalvermögen und der Überzins Arbeitslohn dar (*Giloy* DStZ 89, 472). Zur Beurteilung des Überzinses kann ein Großkunde zum Vergleich nur herangezogen werden, wenn der ArbN ebenfalls Großkunde der Bank ist (BFH 4.6.93 – VI R 95/92, BStBl II 93, 687). Nach BMF 2.3.90, BStBl I 90, 141 (dazu *Offerhaus* BB 90, 2018, Fn 25) braucht der Überzins nur dann dem LStAbzug unterworfen zu werden, wenn (nicht soweit) der Zinsunterschied mindestens 1 vH beträgt. Andernfalls unterliegt der Gesamtzins unaufgeteilt dem Kapitalertragsteuerabzug. Die zutreffende Zuordnung von Überzinsen ist wegen des Sparerpauschbetrages (§ 20 Abs 9 EStG) von Bedeutung. Dabei bildet die beschriebene 1 vH-Grenze ein zulässiges Mittel zur Vermeidung unverhältnismäßigen Verwaltungsaufwandes. Ist der ArbN als Gesellschafter-Geschäftsführer am ArbGeb beteiligt, kann ein Überzins statt Arbeitslohn eine verdeckte Gewinnausschüttung darstellen (BFH 5.10.94 – I R 50/94, BStBl II 95, 549; vgl auch *Thomas* DStR 96, 1678 unter 5.). 10

3. Werbungskosten. a) Arbeitsplatzsicherung. Wird ein privat vergebenes Darlehen notleidend, weil der Darlehensschuldner zahlungsunfähig wird, wirkt sich das, wie allgemein Verluste bei Gegenständen des Privatvermögens, steuerlich nicht aus (vgl BFH 11

30 Arbeitnehmerdarlehen

9.11.93 – IX R 81/90, BStBl II 94, 289 mit Anm *Maly* FR 94, 457; BFH 29.4.09 – VI B 126/08, BFH/NV 09, 1267; zum partiarischen Darlehen eines ArbN FG RhPf 11.8.97, EFG 97, 1384). Dagegen liegen beim Darlehensverlust (oder beim Verlust einer stillen Beteiligung FG Nds 23.2.11 – 9 K 45/08, DStRE 12, 729) aber dann Werbungskosten vor, wenn das Darlehen, quasi wie ein Arbeitsmittel, vom ArbN bewusst als Risikokapital zur Arbeitsplatzsicherung und damit zur Sicherung weiterer Lohnzahlungen eingesetzt wird (BFH 24.7.02 – VI B 155/99, BFH/NV 02, 1572). Da die diesbezügliche Verbindung zu den Einkünften aus nichtselbstständiger Arbeit durch das subjektive Moment der beabsichtigten Einkünftesicherung hergestellt wird, sind Feststellungen erforderlich, die auf diese Absicht schließen lassen. Indizien hierfür sind, dass dem betreffenden ArbN die wirtschaftlichen Schwierigkeiten des Unternehmens – zB die mangelnde Bonität gegenüber Kreditinstituten (BFH 8.7.93 – VI R 44/91, BFH/NV 93, 654 und 8.7.93 – VI R 28/93, BFH/NV 94, 165) – offen gelegt worden sind bzw dass die Darlehenshingabe im Rahmen einer gemeinschaftlichen Rettungsaktion der Belegschaft erfolgt. Gegen eine beabsichtigte Arbeitsplatzsicherung spricht, dass bei verhältnismäßig geringem Lohn ein verhältnismäßig hohes Darlehen begeben wird. In einem solchen Fall führt ein Darlehensverlust auch dann nicht zu Werbungskosten, wenn keine Anhaltspunkte für konkrete private Motive für die Darlehenshingabe festgestellt werden (BFH 7.2.97 – VI R 33/96, BFH/NV 97, 400 = DStR 97, 1159 mit Anm *MIT*; BFH 2.5.07 – VI B 109/06, DStRE 07, 1006). Die Vergabe des Darlehens nicht an den ArbGeb, sondern an dessen Inhaber schließt deren berufliche Veranlassung nicht generell aus, kann aber wohl als Indiz für eine private Veranlassung gewertet werden (BFH 7.2.08 – VI R 75/06, DStRE 08, 467 mit Anm *Bode* FR 08, 777). Aufwendungen für die Bereinigung von Schulden aus einem Engagement für eine insolvente GmbH sind nicht schon deswegen durch das Dienstverhältnis veranlasst, weil die Bereinigung Einstellungsvoraussetzung ist (BFH 2.3.05 – VI R 36/01, DStRE 05, 1440); ähnlich zum Darlehensverlust eines kündbaren Darlehens, das später zum Erwerb einer Kommanditbeteiligung verwendet werden sollte (BFH 22.9.04 – III R 38/03, BFH/NV 05, 202). Schuldzinsen für ein Darlehen zur Finanzierung einer berufsbedingten Beteiligung können aber Werbungskosten bei den Einkünften aus Kapitalvermögen sein (BFH 5.4.06 – IX R 111/00, BStBl II 06, 654 = DStRE 06, 972; BFH 27.3.07 – VIII R 23/06, BFH/NV 07, 1842). Zweifelhaft ist ob der Verlust eines Darlehens, das vor der Krise gewährt und in der Krise bewusst stehen gelassen wurde, zu Werbungskosten führt und ggf ob mit dem Nennbetrag oder dem niedrigeren Wert zur Zeit des Stehenlassens (vgl *Meyer-Scharenberg* DStR 94, 1450).

12 Da die Sicherung des eigenen Arbeitsplatzes regelmäßig die Sicherung aller Arbeitsplätze, also des ganzen Unternehmens erfordert, kann auch der Geeignetheit des Darlehens als Sicherungsinstrument indizielle Bedeutung zukommen. Angesichts der Tatsache, dass ein ArbN am Betriebsrisiko grds nicht beteiligt werden kann (BAG 10.10.90 – 5 AZR 404/89, BB 91, 413), obliegt der Nachweis der ausnahmsweise freiwilligen Risikoübernahme dem ArbN. Gelingt dieser Nachweis, steht dem Werbungskostenabzug bei Darlehensverlust nicht entgegen, dass das Darlehen verzinslich vereinbart war (BFH 7.5.93 – VI R 38/91, BStBl II 93, 663 mit Anm *o V* HFR 93, 506 sowie *von Bornhaupt* StRK Anm EStG 1975 § 19 WK R 162; *Söffing* FR 93, 605).

13 Maßgebender Zeitpunkt für den Werbungskostenabzug ist das Jahr, in welchem das Darlehen notleidend und damit der Rückzahlungsanspruch wertlos geworden ist (BFH 2.9.71 – IV 342/65, BStBl II 72, 334). Dagegen kommt es für die Frage, ob das Darlehen als bewusstes Risikokapital zur Arbeitsplatzsicherung hingegeben worden ist, nicht auf diesen Zeitpunkt, sondern den der Darlehensvereinbarung an (BFH 24.4.97 – IV R 42/96, BFH/NV 97, 837; zweifelhaft BFH 17.7.92 – VI R 125/88, BStBl II 93, 111). Denn die Umstände bei Vereinbarung des Darlehens entscheiden, ob bei seiner Hingabe ausnahmsweise die Arbeitsplatzsicherung ganz im Vordergrund gestanden hat. Soll ein wie unter fremden Dritten begebenes Darlehen später nur zur Arbeitsplatzsicherung stehen gelassen werden, sind Feststellungen erforderlich, die Schlüsse auf den Zweckaustausch, den hierfür maßgeblichen Zeitpunkt und den noch verbliebenen Wert des Darlehens (vgl oben Rz 11) zulassen.

14 Einem Darlehensverlust gleich behandelt wird die Inanspruchnahme des ArbN aus einer Bürgschaft (BFH 14.5.91 – VI R 48/88, BStBl II 91, 758 mit Anm *Degen* DStR 96, 1749;

vgl auch zur Bürgschaft eines Freiberuflers BFH 24.8.89 – IV R 80/88, BStBl II 90, 17 sowie BVerfG 7.1.88 – 1 BvR 1187/87, HFR 89, 215) bzw einer Kaution (BFH 13.1.89 – VI R 51/85, BStBl II 89, 382; dazu kritisch *Thomas* KFR/F 6 EStG § 9, 5/89, S 177). Finanzierungskosten für den Erwerb von Anteilen führen noch nicht deshalb zu Werbungskosten, weil mit dem Erwerb die besondere Verbundenheit mit dem ArbGeb dokumentiert werden soll (FG Hbg 8.3.02 – II 424/00, EFG 02, 962).

b) Gesellschafter-Geschäftsführer. Anders als der Verlust eines Darlehens führt der **15** Verlust einer Beteiligung selbst dann nicht zu Werbungskosten aus nichtselbstständiger Arbeit, wenn die Übernahme der Beteiligung Voraussetzung für die Übertragung der Geschäftsführertätigkeit war (BFH 12.5.95 – VI R 64/94, BStBl II 95, 644 = DStR 95, 1060; BFH 22.2.07 – VI B 99/06, BFH/NV 07, 1297). Der Verlust aus der Veräußerung einer Beteiligung am eigenen ArbGeb ist nicht schon deshalb beruflich veranlasst, weil er wegen der Beendigung des Arbeitsverhältnisses erfolgt (BFH 17.9.09 – VI R 24/08 DStR 09, 2526). Der Übernahme oder Aufstockung einer Beteiligung steht in aller Regel ein verlorener Zuschuss des beteiligten ArbN gleich (BFH 26.11.93 – VI R 3/92, BStBl II 94, 242; BFH 20.12.88 – VI R 55/84, BFH/NV 90, 23). Ebenfalls keine Werbungskosten aus nicht selbstständiger Arbeit entstehen bei Inanspruchnahme wegen einer Bürgschaft zugunsten der eigenen GmbH (BFH 28.6.07 – VI B 44/07, BFH/NV 07, 1655; anders aber bei einer im Hinblick auf eine beabsichtigte GmbH-Beteiligung eingegangenen Bürgschaft, wenn es zu der Beteiligung nicht mehr kommt, BFH 16.11.11 – VI R 97/10, DStR 12, 127; zweifelhaft, weil der Verwendungszweck bei Bestellung der Bürgschaft maßgebend ist) oder zugunsten eines Geschäftsfreundes (BFH 11.2.93 – VI R 4/91, BFH/NV 93, 645) oder zugunsten der Beteiligung des Ehegatten (BFH 14.5.91 – VI R 48/88, BStBl II 91, 758; BFH 30.11.05 – VI B 156/04, BFH/NV 06, 542; BFH 10.11.05 – VI B 141/04, DStRE 06, 195); zur Bürgschaft eines nicht unbedeutend beteiligten ArbN BFH 5.10.04 – VIII R 64/02, BFH/NV 05, 54; FG München 24.4.98, EFG 98, 1192 = DStRE 98, 579; aA FG Düsseldorf 8.11.96, EFG 98, 31 zur nicht wesentlichen Beteiligung; vgl. dazu aber BFH 10.2.05 – IX B 169/03, BFH/NV 05, 1057. Wurde ein Darlehen aus im Gesellschaftsverhältnis liegenden Gründen gewährt, kann der spätere Darlehensverzicht ausnahmsweise auf dem Dienstverhältnis beruhen, wenn der Darlehensverzicht im Zusammenhang mit der Übertragung einer geringfügigen Beteiligung (1,64%) zum Nennbetrag steht und bei vergleichsweise hohem Geschäftsführergehalt (ca 250 000 DM) unter erheblichem Druck erfolgte. Werbungskosten fallen dann nur noch in der Höhe an, in der das Darlehen noch werthaltig war (BFH 25.11.10 – VI R 34/08, DStR 11, 305). Noch offen ist, ob ein Darlehen, das ein an der GmbH beteiligter ArbN dieser gewährt, dann wie eine Beteiligung zu behandeln ist, wenn es kapitalersetzenden Charakter hat, also zu den Anschaffungskosten der Beteiligung führt (BFH 16.4.91 – VIII R 100/87, BStBl II 92, 234 mit Anm *Hoffmann* BB 91, 2262). War der Gesellschafter wesentlich (mindest 1 vH: § 17 Abs 1 Satz 1 EStG) beteiligt, kann der Darlehensverlust im Rahmen der Liquidierung gem § 17 Abs 2 EStG zu berücksichtigen sein (BFH 7.7.92 – VIII R 24/90, BStBl II 93, 333 mit Anm *Lishaut* FR 93, 602 und Nichtanwendungserlass BMF 14.4.94, BStBl I 94, 257 hinsichtlich des Einlagewertes des Darlehens).

C. Sozialversicherungsrecht *Schlegel*

Überlässt der ArbN dem ArbGeb zB zur Überwindung wirtschaftlicher Schwierigkeiten **16** einen Teil des ihm zustehenden Arbeitsentgelts, kann dies je nach Lage des Falles als Stundung oder auch als Darlehen anzusehen sein. In beiden Fällen entsteht der Beitragsanspruch mit dem Anspruch auf das Arbeitsentgelt, unabhängig davon, ob überhaupt und ggf wann dem ArbN das Geld zufließt (zur Maßgeblichkeit der sog **Entstehungstheorie** vgl *Lohnzufluss* Rz 19 ff). Die **Fälligkeit** des GesamtSozVBeitrags tritt nicht erst bei Rückzahlung des Darlehens ein, sondern spätestens zum 15. des Folgemonats nach dem, in dem der Anspruch auf das Arbeitsentgelt entstanden ist (vgl § 23 SGB IV). ME unterliegen weder der für eine Stundung noch eine aus einem Darlehen gewährte **Zins** der Beitragspflicht, da diese Zuwendungen nicht aus dem Arbeitsverhältnis und nicht für geleistete Arbeit, sondern als Entschädigung für den Wegfall eigener Anlagemöglichkeit des ArbN (Zinsverlust) gewährt werden.

31 Arbeitnehmerentsendung

Arbeitnehmerentsendung

A. Arbeitsrecht
Röller

1   **1. Begriff.** Entsendung ist die aufgrund gesonderter Vereinbarung beruhende Weisung des ArbGeb an den ArbN, für ihn auf der Grundlage des bestehenden Arbeitsvertrages zur Erfüllung eines Dienst- oder Werkvertrages oder im Wege der ArbNÜberlassung vorübergehend in einem fremden Staat und/oder Unternehmen tätig zu werden.

2   **2. Erscheinungsformen** der Entsendung sind ua: Einsatz zur Erfüllung eines Dienst- oder Werkvertrages; ArbNÜberlassung (s *Arbeitnehmerüberlassung/Zeitarbeit*); Freistellung zu einer ARGE (s *Arbeitsgemeinschaft*); Einsatz inländischer ArbN im Ausland (s *Auslandstätigkeit* Rz 1; *Pohl* NZA 98, 735) und Einsatz ausländischer ArbN im Inland.

3   **3. Entsendung nach dem Gesetz über zwingende Arbeitsbedingungen für grenzüberschreitend entsandte und für regelmäßig im Inland beschäftigte Arbeitnehmer und Arbeitnehmerinnen (AEntG). a) Allgemeines.** Ausländische ArbN werden zunehmend im Rahmen der Erbringung von Werk- oder Dienstleistungen in Deutschland zu den im Sitzstaat ihres ArbGeb maßgeblichen, meist deutlich niedrigeren Arbeits- und Beschäftigungsbedingungen beschäftigt. Diese Entwicklung führte in der Vergangenheit zu einer Freisetzung von Arbeitskräften vornehmlich im **Bauhaupt- sowie Nebengewerbe.** Mit dem AEntG v 26.2.96 (BGBl I 96, 227) werden seit 1996 in diesem Bereich Mindestarbeitsbedingungen gewährleistet. Im Jahr 2007 wurde der Geltungsbereich des Gesetzes auf die **Gebäudereinigung** (Gesetz v 25.4.07, BGBl I 07, 756) und auf die **Briefdienstleistung** (Gesetz v 21.12.07, BGBl I 07, 3140) ausgedehnt. Mit Gesetz v 23.4.09 (BGBl I 09, 799) wurde das AEntG überarbeitet. Weitere Branchen wurden in das AEntG aufgenommen (§ 4 AEntG): **Sicherheitsdienstleistungen, Bergbauspezialarbeiten, Wäschereidienstleistungen im Objektkundengeschäft, Abfallwirtschaft** einschließlich der Straßenreinigung und des Winterdienstes, **Aus- und Weiterbildungsdienstleistungen nach dem SGB II und III** und der **Pflegebereich,** für den jedoch weitreichende Sonderregelungen bestehen (§§ 10–13 AEntG).

4   Das neugefasste AEntG bezweckt die **Schaffung und Durchsetzung angemessener Mindestarbeitsbedingungen** nicht mehr nur für Fälle der Entsendung, dh für grenzüberschreitend ins Inland entsandte ArbN, sondern auch für regelmäßig im Inland beschäftigte ArbN, was sich auch in der geänderten Gesetzesbezeichnung widerspiegelt. Als weitere Gesetzesziele formuliert § 1 AEntG die **Gewährleistung fairer und funktionierender Wettbewerbsbedingungen,** den **Erhalt sozialversicherungspflichtiger Beschäftigung** sowie die **Wahrung der Ordnungs- und Befriedungsfunktion der Tarifautonomie.** Das AEntG erfasst Branchen, welche idR eine Tarifbindung von über 50 Prozent aufweisen, während das ebenfalls neu gefasste MiArbG auf Wirtschaftszweige mit einer Tarifbindung von unter 50 Prozent zugeschnitten ist (s *Mindestentgelt*).

5   **b) Allgemeine Arbeitsbedingungen.** Für im Inland beschäftigte ArbN im Ausland ansässiger ArbGeb gelten über das zwingende öffentliche Recht hinaus die in Rechts- und Verwaltungsvorschriften enthaltenen Regelungen über die Mindestentgeltsätze (zB Festlegungen nach dem MiArbG), einschließlich der Überstundensätze, den bezahlten Mindestjahresurlaub (§§ 3, 11 BUrlG, § 138 SGB III), die Höchstarbeitszeiten (Regelungen im ArbZG, FahrpersonalG, SeemG) und Mindestruhezeiten, die Bedingungen über die Überlassung von Arbeitskräften (Regelungen im AÜG), insbesondere durch Leiharbeitsunternehmen, die Sicherheit, den Gesundheitsschutz und die Hygiene am Arbeitsplatz (zB ArbSchG, ASiG, BImSchG), die Schutzmaßnahmen im Zusammenhang mit den Arbeits- und Beschäftigungsbedingungen von Schwangeren und Wöchnerinnen, Kindern und Jugendlichen (zB MuSchG, JarbSchG, KindArbSchG) und die Gleichbehandlung von Männern und Frauen (AGG) sowie andere Nichtdiskriminierungsbestimmungen (§ 2 AEntG). § 1 AEntG enthält zwingendes Recht iSv Art 34 EGBGB (BAG 17.4.13 – 10 AZR 185/12, BeckRS 2013, 70163). Rechtsfolge ist, dass das Arbeitsverhältnis entsandter ArbN einem Mischrecht aus

dem IPR-rechtlich maßgeblichen Recht und den durch § 7 AEntG für international zwingend erklärten deutschen Normen unterliegt (ErfK/*Schlachter* § 7 AEntG Rz 4).

c) Anwendung tarifvertraglicher Arbeitsbedingungen auf die vom Geltungs- 6
bereich erfassten Arbeitsverhältnisse. Die Anwendbarkeit nationaler Normen auf von einem ausländischen ArbGeb ins Inland entsandte ArbN über die in § 2 AEntG genannten Rechts- und Verwaltungsvorschriften hinaus wird durch § 3 AEntG auf bestimmte Arbeitsbedingungen (§§ 4–6 AEntG) erweitert, die durch Tarifverträge für bestimmte Branchen (§ 4 AEntG) geregelt worden sind. Der **bundesweite Tarifvertrag** (§ 3 AEntG) muss entweder **für allgemein verbindlich erklärt** worden sein (§ 5 AEntG) oder **von einer RechtsVO erfasst** sein, durch die die Rechtsnormen eines Tarifvertrages auf alle unter seinen Geltungsbereich fallenden und nicht an ihn gebundenen ArbGeb und ArbN erstreckt werden (§ 7 AEntG).

aa) Tarifnormerstreckung durch Allgemeinverbindlichkeitserklärung. Die Ar- 7
beitsbedingungen, die durch für allgemeinverbindlich erklärte Tarifverträge geregelt werden können, werden in § 5 AEntG aufgezählt (**Mindestentgelt** einschließlich Überstundensätze, **Dauer des Erholungsurlaubs, Urlaubsentgelt, zusätzliches Urlaubsgeld, Beitragspflichten zu gemeinsamen Urlaubskassen**). Die Mindestentgeltsätze können nach Art der Tätigkeit, Qualifikation und Region differenzieren, so dass die Tarifvertragsparteien unterschiedliche Entgeltsätze in Bezug auf die ausgeübte Tätigkeit (zB Dachdecker, Maler und Lackierer), das Qualifikationsniveau (zB gelernt/ungelernt) oder regionale Besonderheiten vereinbaren können (*Thüsing* § 5 Rz 2). Weitere Einzelheiten s ErfK/*Schlachter* § 5 Rz 2 ff; *Bayreuther* DB 09, 678.

Der räumliche Geltungsbereich des Tarifvertrages muss sich auf das gesamte Bundesgebiet erstrecken; eine Ausnahme besteht für Tarifverträge, die die Dauer des Erholungsurlaubs oder die Beitragspflicht zu Urlaubskassen regeln (§ 3 AEntG).

Der Betrieb oder eine selbstständige Betriebsabteilung muss vom Anwendungsbereich des AEntG bzw des erfassten Tarifvertrages erfasst werden. Dies hängt nach § 6 AEntG von der überwiegend erbrachten Tätigkeit ab. Zurückgegriffen werden kann insoweit auf die Rspr des BAG zu § 101 Abs 2 SGB III. Entscheidend ist, ob bezogen auf die Gesamtarbeitszeit der ArbN im jeweiligen Kalenderjahr überwiegend die genannte Tätigkeit erbracht wurde. Wirtschaftliche Kriterien, wie zB der Anteil der baulichen Leistungen am Verdienst oder Umsatz, sowie handels- oder gewerberechtliche Kriterien sind irrelevant (BAG 25.1.05 – 9 AZR 146/04, NZA 06, 171; 24.8.94 – 10 AZR 980/93, NZA 95, 1116; ErfK/*Schlachter* § 6 AEntG Rz 3).

bb) Tarifnormerstreckung durch Rechtsverordnungserlass. Das BMAS ist gem § 7 8
AEntG berechtigt, Tarifverträge über bestimmte Mindestarbeitsbedingungen per RechtsVO für allgemein „zwingend" zu erklären, grundlegend überarbeitet. Eine RechtsVO darf nach §§ 7 Abs 1 Satz 1 und 4 iVm § 5 Nr 1–3 AEntG nur für einen Tarifvertrag erlassen werden, der ausschließlich Regelungen über Mindestentgeltsätze (einschließlich Überstundensätze), über die Dauer des Erholungsurlaubs, das Urlaubsentgelt oder ein zusätzliches Urlaubsgeld oder über die Beitragspflicht zu Urlaubskassen zum Gegenstand hat. Der fachliche Geltungsbereich muss sich auf eine der in § 4 AEntG genannten Branchen beziehen, der räumliche Geltungsbereich mit Ausnahme der Beitragspflicht zu Urlaubskassen auf das gesamte Bundesgebiet.

Für eine Tarifnormerstreckung durch RechtsVO ist ein gemeinsamer Antrag der Tarifvertragsparteien erforderlich. Der Erlass der RechtsVO ist nicht davon abhängig, dass die Voraussetzungen für eine Allgemeinverbindlichkeitserklärung nach § 5 TVG erfüllt sind. Daraus folgt, dass nicht erforderlich ist, dass die ArbGeb der Branche mehr als 50 Prozent der unter den Geltungsbereich des Tarifvertrages fallenden ArbN beschäftigen müssen (*Thüsing*/*Bayreuther* § 7 Rz 10). Für den Erlass der RechtsVO muss ein öffentliches Interesse bestehen (§ 7 Abs 1 Satz 2 AEntG iVm § 5 Abs 1 Nr 1 TVG). Sonderregelungen bestehen für den Fall des Vorhandenseins mehrerer Tarifverträge (§ 7 Abs 2 und 3 AEntG). Neben dem in § 1 AEntG genannten Gesetzeszielen soll die Repräsentativität der jeweiligen Tarifverträge berücksichtigt werden, dh auch die Anzahl der unter den Geltungsbereich des Tarifvertrages fallenden ArbN sowie die Anzahl der von den ArbGeb beschäftigten tarifgebundenen ArbN (zum Kriterium der Repräsentativität s ErfK/Schlachter § 7 AEntG Rz 6; *Thüsing*/*Bayreuther* § 7 Rz 29 ff). Zu Einzelheiten des Verfahrens s *Bayreuther* DB 09, 678; *Sittard* NZA 09, 346.

d) Wirkungen der Tarifnormerstreckung. Die erfassten ArbGeb mit Sitz im In- oder 9
Ausland müssen gem §§ 8, 9 AEntG den ArbN zumindest die per Allgemeinverbindlich-

31 Arbeitnehmerentsendung

keitserklärung oder RechtsVO erstreckten Arbeitsbedingungen gewähren. Wird ein LeihArbN vom Entleiher mit Tätigkeiten beschäftigt, die in den Geltungsbereich eines für allgemeinverbindlich erklärten oder durch RechtsVO erstreckten Tarifvertrages nach den §§ 4, 5 Nr 1–3 und 6 AEntG fallen, hat der Verleiher zumindest die in diesem Tarifvertrag oder in dieser RechtsVO vorgeschriebenen Arbeitsbedingungen zu gewähren sowie die einer gemeinsamen Einrichtung zustehenden Beiträge zu leisten. Wie die Bezugnahme nur auf § 5 Nr 1–3 AEntG ergibt, erstreckt sich diese Verpflichtung lediglich auf Mindestentgeltsätze und Urlaubsregelungen, während die in § 2 Nr 3–7 geregelten Arbeitsbedingungen nicht gelten.

Die Regelung des § 8 Abs 2 AEntG führt dazu, dass ArbGeb die Arbeitsbedingungen auch dann einhalten müssen, wenn sie anderweitig organisiert, dh an einen anderen Tarifvertrag gebunden sind. Der arbeitsrechtliche Spezialitätsgrundsatz findet im Geltungsbereich des AEntG keine Anwendung. Die Regelung ist deshalb im Schrifttum massiv angegriffen worden, weil sie den Tarifvertragsparteien die Geltung „ihres" Tarifvertrages nehmen würde. Zum Meinungsstand s ErfK/*Schlachter* § 8 AEntG Rz 3; *Thüsing/Bayreuther* § 8 Rz 19 ff; *Sittard* NZA 09, 346; *Willemsen/Sagan* NZA 08, 1216; *Sodan/Zimmermann* NJW 09, 2001; *Zwanziger* DB 08, 294.

In folgenden Wirtschaftszweigen gibt es derzeit tarifliche Mindestlöhne, die für allgemeinverbindlich erklärt wurden: Abfallwirtschaft einschl Straßenreinigung und Winterdienst, Aus- und Weiterbildungsdienstleistungen, Baugewerbe, Dachdeckerhandwerk, Elektrohandwerk, Gebäudereinigung, Gerüstbauer, Steinmetz- und Steinbildhauerhandwerk, Maler- und Lackiererhandwerk, Pflegedienste, Sicherheitsdienstleistungen, Wäschereidienstleistungen im Objektkundengeschäft und die Zeitarbeitsbranche.

Rechtsnormen eines Tarifvertrags, der kraft RechtsVO erstreckt wurde, wirken nicht nach (BAG 20.4.11 – 4 AZR 467/09, NZA 11, 1105; sa *Sittard* NZA 12, 299).

10 **e) Verzicht, Vergleich, Ausschlussfristen.** Ein Verzicht auf das tarifliche Mindestentgelt ist nur durch gerichtlichen Vergleich möglich (§ 9 Satz 1 AEntG). Der Anspruch auf Zahlung des Mindestentgelts kann nicht verwirkt werden (§ 9 Satz 2 AEntG). Ausschlussfristen für die Geltendmachung des Anspruchs auf Mindestentgelt können ausschließlich in dem für allgemeinverbindlich erklärten Tarifvertrag oder dem der RechtsVO zugrunde liegenden Tarifvertrag geregelt werden. Die Frist muss jedoch mindestens sechs Monate betragen. Diese Bestimmung ist gegenüber § 4 Abs 4 Satz 3 TVG vorrangig, dh sie gilt auch, wenn die Arbeitsvertragsparteien bereits nach §§ 3, 4 bzw 5 Abs 4 TVG tarifgebunden sind. Alle anderen Arbeitsbedingungen unterliegen, auch wenn sie unter den Geltungsbereich des AEntG fallen, der allgemeinen Vorschrift des § 4 Abs 4 TVG. Zu Einzelheiten s *Bayreuther* DB 09, 678.

11 **f) Sonderregelungen für den Pflegebereich.** Mit den §§ 10–13 AEntG wurde ein neuer Abschnitt zur Regelung der Arbeitsbedingungen in der Pflegebranche (die ambulante, teilstationäre oder stationäre Pflege mit Ausnahme der Krankenhäuser) eingeführt. Für die Arbeitsbedingungen Entgelt, Erholungsurlaub, Urlaubsentgelt und zusätzliches Urlaubsgeld ist gem § 11 AEntG eine RechtsVO mit Mindestarbeitsbedingungen erlassen worden, die am 1.8.10 in Kraft getreten ist (PflegeArbV BAnz 10, 2571). Die RechtsVO steht nach § 13 AEntG den erstreckten Tarifverträgen nach §§ 3 ff AEntG gleich.

12 **g) Bürgenhaftung.** § 14 AEntG begründet eine verfassungsgemäße (BVerfG 20.3.07 – 1 BvR 1047/05, NZA 07, 609 zur Vorgängernorm des § 1a AEntG aF) verschuldensunabhängige Generalunternehmerhaftung. Sie betrifft den Generalunternehmer, nicht den Bauherrn als Unternehmer iSd § 14 BGB (BAG 28.3.07 – 10 AZR 76/06, NZA, 613) und greift ein, sobald ein Unternehmen Werk- oder Dienstleistungen beauftragt hat. Auch ein Bauträger ist Unternehmer iSv § 14 AEntG (BAG 16.5.12 – 10 AZR 190/11, NZA 12, 980). Der Auftraggeber haftet für die Verpflichtungen dieses Unternehmers, eines Nachunternehmers oder eines von dem Unternehmer oder einem Nachunternehmer beauftragten Verleihers zur Zahlung des Mindestentgelts an ArbN oder zur Zahlung von Beiträgen an eine gemeinsame Einrichtung der Tarifvertragsparteien nach § 8 AEntG wie ein Bürge, der auf die Einrede der Vorausklage verzichtet hat (§§ 773 Abs 1 Nr 1, 349 BGB). Das Mindestentgelt iSd § 14 Satz 1 AEntG erfasst nach Satz 2 nur das Nettoentgelt. Die Rechtskraft einer dem Gläubiger ungünstigen Entscheidung gegen den Hauptschuldner wirkt zwar zugunsten des Bürgen, die Rechtskraft einer dem Gläubiger günstigen Entscheidung wirkt aber nicht zu Lasten des

Bürgen (BAG 2.8.06 – 10 AZR 688/05, NZA-RR 07, 646 zu § 1a AEntG aF). Die Bürgenhaftung des § 14 AEntG ist mit der durch Art 56 GG gewährten Dienstleistungsfreiheit vereinbar (BAG 12.1.05 – 5 AZR 617/01, NZA 05, 627 zu § 1a AEntG aF).

h) Kontrolle und Durchsetzung durch staatliche Behörden. Kontrollorgane bzgl der Einhaltung nach dem AEntG zwingenden Arbeitsbedingungen sind die Behörden der Zollverwaltung (§ 16 AEntG). Diesen steht ein uneingeschränktes Prüfungsrecht zu; zahlreiche Bestimmungen des SchwarzArbG finden entsprechend Anwendung (§ 17 AEntG). **Mitwirkungspflichten des Arbeitgebers** (Meldepflichten, Pflicht zum Erstellen und Bereithalten von Dokumenten) ergeben sich aus §§ 18 ff AEntG. **Sanktionen** bei Zuwiderhandlungen gegen gesetzliche Bestimmungen regelt § 23 AEntG. Wer vorsätzlich oder fahrlässig gegen einzelne Bestimmungen des AEntG verstößt, kann mit erheblichen Geldbußen belegt werden. Ordnungswidrig handelt nach § 23 Abs 2 AEntG auch, wer Werk- oder Dienstleistungen in erheblichem Umfang ausführen lässt, indem er als Unternehmer einen anderen Unternehmer beauftragt, von dem er weiß oder fahrlässig nicht weiß, dass dieser bei der Erfüllung des Auftrags die Mindestarbeitsbedingungen nicht einhält oder einen Nachunternehmer einsetzt oder zulässt, dass ein Nachunternehmer tätig wird, der dies nicht tut. Die Bestimmung ist Schutzgesetz iSd § 823 Abs 2 BGB (*Hanau* NJW 96, 1369), mit der Folge, dass der im Inland tätige ArbN eines ausländischen ArbGeb von dem Hauptunternehmer Schadensersatz iHd Differenz zwischen dem von seinem ArbGeb gezahlten Lohn und dem Mindestentgelt verlangen kann (§ 823 Abs 2 BGB iVm § 23 Abs 2 AEntG), wenn von dem ausländischen ArbGeb nichts zu erlangen ist.

i) Gerichtsstand. ArbN, die in den Geltungsbereich des AEntG entsandt sind oder waren, können eine auf den Zeitraum der Entsendung bezogene Klage auf Erfüllung der Verpflichtungen nach den §§ 2, 8 oder 14 AEntG auch vor einem deutschen Gericht für Arbeitssachen erheben (§ 15 AEntG). Diese Klagemöglichkeit besteht auch für eine gemeinsame Einrichtung der Tarifvertragsparteien nach § 5 Nr 3 AEntG in Bezug auf die ihr zustehenden Beiträge. Örtlich zuständig ist im Zweifel das ArbG, in dessen Zuständigkeitsbereich der entsandte ArbN zuletzt schwerpunktmäßig tätig geworden ist. Die Möglichkeit, die Ansprüche ggf auch bei einem zuständigen Gericht im Ausland geltend zu machen, bleibt unberührt (ErfK/*Schlachter* § 15 AEntG Rz 2).

4. Muster. S Online-Musterformulare „*M7 Arbeitnehmerentsendung*". 15

B. Lohnsteuerrecht

Windsheimer

Die lohnsteuerlichen Pflichten hängen davon ab, in welcher Erscheinungsform die Entsendung stattfindet (s oben Rz 2). Bei der Entsendung **innerhalb des Inlands** ist entscheidend, wer ArbGeb des entsandten ArbN ist (s *Arbeitnehmerüberlassung/Zeitarbeit* Rz 34 ff; *Arbeitsgemeinschaft (ARGE)* Rz 17). Bei Entsendung **ins Ausland** besteht inländische LStPflicht, soweit der Arbeitslohn von einem inländischen ArbGeb gezahlt wird. Dies richtet sich nach § 38 Abs 1 Satz 1 Nr 1 EStG (s hierzu *Lohnabzugsverfahren* Rz 6–11). Entscheidend ist, ob der inländische ArbGeb die Gehaltszahlung wirtschaftlich trägt, dh dem inländischen Unternehmen weiterbelastet wird (R 38.3 Abs 5 LStR). Liegt dies vor, besteht inländische LStPflicht (BFH 22.2.06 – I R 14/05, DStRE 06, 1127). Hiervon nicht ausgenommen sind Sonderzahlungen, die dann nicht nach § 34 EStG steuerbegünstigt sind (BFH 12.4.00 – XI R 1/99, BFH/NV 2000, 1195). Abgrenzungskriterium für die inländische/ausländische Steuerpflicht sind: (1) In wessen Interesse und auf wessen Betreiben erfolgt die Entsendung? (2) Ist der entsandte ArbN in den Arbeitsablauf des ausländischen Unternehmens eingebunden und dessen Weisungen unterworfen (BFH 23.2.05 – I R 46/03, IStR 05, 458)? Wird demgegenüber der Arbeitsvertrag ruhend gestellt, indem der entsandte ArbN für seine Auslandstätigkeit einem neuen aktiven Arbeitsvertrag von einem nicht inländischen ArbGeb erhält, besteht keine inländische LStPflicht (s auch *Auslandstätigkeit* Rz 38; zum steuerfreien **Kaufkraftausgleich** *Auslandstätigkeit* Rz 60). Bei einer Entsendung von nicht mehr als drei Monaten spricht eine widerlegliche Vermutung für die ArbGeb-Stellung des entsendenden Unternehmens. Die Gehälter der aus Deutschland entsandten Mitarbeiter der deutsch-russischen Außenhandelskammer sind in Deutschland zu versteuern (BMF 18.11.09 – IV B 4 – S 1301 – Russ/07/10002, BeckVerw 232291). Das Gleiche gilt für ins Ausland entsandte Konsularbeamte (BayLfSt 22.1.10 – S 1310.1.1–1/11 St 32, BStBl I 10, 15). Bei Entsendung

31 Arbeitnehmerentsendung

über zwölf Monate, sofern das Arbeitsverhältnis beibehalten wird, richtet sich der Anspruch auf Familienleistungen nach den Vorschriften des Beschäftigungsstaates (BFH 31.3.08 – III B 132/07, BFH/NV 08, 1151).

Besteht inländische LStPflicht, kann nach DBA oder ATE Befreiung von der LSt in Betracht kommen (BFH 13.11.02 – I R 74/01, BStBl II 03, 477; s hierzu *Ausländer* Rz 41; *Antragsveranlagung* Rz 2). Auch ein **ausländisches Unternehmen** kann inländischer ArbGeb mit den eben beschriebenen Folgen sein, zB wenn eine Betriebsstätte im Inland unterhalten wird (s *Betriebsstätte* Rz 2 ff; *Lohnabzugsverfahren* Rz 12, 13).

Dient eine ArbN-Entsendung ausschließlich oder fast ausschließlich dazu, die deutsche Besteuerung zu vermeiden, ist im Einzelfall zu prüfen, ob ein Missbrauch rechtlicher Gestaltungsmöglichkeiten nach § 42 AO vorliegt.

Beispiel (nach BMF 14.9.06 – IV B 6 – S 1300 – 367/06, BStBl I 06, 532 Rz 78): Ein in der Schweiz ansässiger Gesellschafter-Geschäftsführer einer inländischen Kapitalgesellschaft unterlag in der Vergangenheit der inländischen Besteuerung nach Art 15 Abs 4 DBA-Schweiz. Er legt diese Beteiligung in eine Schweizer AG ein, an der er ebenfalls als Gesellschafter-Geschäftsführer wesentlich beteiligt ist. Dieser Ertrag ist nach Art 13 Abs 3 iVm Abs 4 DBA-Schweiz in Deutschland steuerfrei. Sein inländischer Anstellungsvertrag wird aufgelöst, er wird auf der Umstrukturierung als ArbN der neuen Muttergesellschaft im Rahmen eines Managementverleihvertrags für die deutsche Tochtergesellschaft tätig.

Dient die gewählte Gestaltung nur dazu, die Anwendung des Art 15 Abs 4 DBA-Schweiz zu vermeiden, ist die Gestaltung nach § 42 AO nicht anzuerkennen.

17 Bei Entsendung **vom Ausland ins Inland** gilt: Ist der entsandte ArbN Grenzgänger, richtet sich die Besteuerung hiernach (s *Grenzgänger* Rz 2 ff). Ansonsten ist das im Inland ansässige aufnehmende Unternehmen, das den Arbeitslohn für die ihm geleistete Arbeit wirtschaftlich trägt, zum LStAbzug verpflichtet (§ 38 Abs 1 Satz 2 EStG). Hierfür ist es nicht erforderlich, dass das inländische Unternehmen den Arbeitslohn im eigenen Namen und für eigene Rechnung auszahlt (R 38.3 Abs 5 LStR). Die LStPflicht entscheidet sich hiernach nicht nach dem arbeitsrechtlichen ArbGeb, sondern nach dem wirtschaftlichen ArbGeb iSd DBA. ArbGeb ist hiernach derjenige, der einen ArbN in seinen Geschäftsbetrieb integriert, weisungsbefugt ist und die Vergütung wirtschaftlich trägt, sei es dass er die Vergütung unmittelbar dem ArbN auszahlt oder dass ein anderes Unternehmen für ihn mit dem Arbeitslohn in Vorlage tritt (BMF 27.1.04 – IV C 5 – S 2000 – 2/04, BStBl I 04, 173 unter III).

Beispiel: In der BRD (GmbH) und in den Niederlanden (B. V.) sind zwei Schwestergesellschaften tätig. Die GmbH erhält einen Großauftrag, den sie mit ihrem derzeitigen Personal nicht erfüllen kann. Die GmbH schließt daher mit der B. V. einen Vertrag, auf dessen Grundlage Fachkräfte der B. V. auf Anforderung der GmbH für diese im Inland tätig werden. Die ArbN erhalten ihr Gehalt für den gesamten Zeitraum weiter von der niederländischen Gesellschaft.

Da das entsendende Unternehmen **wirtschaftlich als Arbeitgeber** iSd DBA-Regelung anzusehen ist, hat das Besteuerungsrecht demnach – unabhängig von der Aufenthaltsdauer der ArbN – der ausländische Staat (BFH 24.3.99 – I R 64/98, BStBl II 2000, 41).

18 Auch wenn die gezahlte Vergütung dem inländischen Unternehmen weiterbelastet wird, besteht inländische LStPflicht. Der inländische ArbGeb hat hierzu die Höhe des Arbeitslohns zu ermitteln. Einzelheiten s *Arbeitnehmerüberlassung/Zeitarbeit* Rz 71 ff; s auch *Ausländer* Rz 46. Bei einer Entsendung von nicht mehr als 3 Monaten gilt die widerlegliche Vermutung, dass das aufnehmende inländische Unternehmen nicht wirtschaftlicher ArbGeb ist (BMF 14.9.06 – IV B 6 – S 1300 – 367/06, BStBl I 06, 532). Bei Zweifeln oder Streit über die inländische LStPflicht kommt ein Freistellungsantrag (§ 39b Abs 6 EStG) in Betracht (FG Hess 18.2.08 – 10 K 2317/07, EFG 08, 1306; s *Lohnabzugsverfahren* Rz 22). Einzelheiten bei befristeter Entsendung vom Ausland ins Inland betr Unterkunftskosten und Mehraufwendungen für Verpflegung OFD Münster 4.1.2011 – Kurzinfo ESt Nr 001/2011, DStR 2011, 221. Für ins Inland entsandte **Geschäftsführer** von im Ausland ansässigen Gesellschaften können Sonderregelungen des Inhalts eingreifen, dass das Gehalt im Ausland besteuert wird (BayLfSt 22.1.10 S 1301.1.1–15/4 St 32, BeckVerw 234420 zum DBA Polen; s auch *Ausländer* Rz 42). Zahlungen nach Rückkehr in das Heimatland sind der unbeschränkten Steuerpflicht zuzurechnen (BFH 25.8.09 – I R 33/08, IStR 09, 821). Im Rahmen einer **Organschaft** ist die inländische Organgesellschaft entgegen früherer Rspr (BFH 19.2.04 – VI R 122/00, BStBl II 04, 620) zum LStAbzug verpflichtet (§ 38 Abs 1 Satz 2 EStG ab 2004). Auch ein **ausländischer Verleiher** kann zum LStEinbehalt verpflichtet sein und bei

Nichtbeachtung, insbesondere bei Nichtvorlage der LStKlassenbescheinigung (§ 39d Abs 1 Satz 3 EStG; s hierzu *Lohnsteuerberechnung* Rz 18) hierfür haften, auch noch nach Ablauf des Jahres (BFH 12.1.01 – VI R 102/98, BStBl II 03, 151). Auf die Einhaltung arbeitsrechtlicher oder öffentlich-rechtlicher Vorschriften kommt es für die Besteuerung nicht an (§§ 40, 41 AO). Zur Einhaltung **europarechtlicher** Vorgaben EuGH 19.6.08 – C-319/06, NZA 08, 865; s auch oben Rz 15. **Geldbußen** sind steuerlich nicht abzugsfähig (§ 4 Abs 5 Nr 8 EStG; FG Münster 5.10.10 – 13 K 3807/06). Zur Sicherung der Besteuerung besteht zwischen den Finanzbehörden innerhalb der EU ein **Auskunftsaustausch** (*Ausländer* Rz 40; *EU-Recht* Rz 30). Zum Progressionsvorbehalt bei nach DBA im Inland steuerfreiem Lohn, zB bei Angehörigen eines ausländischen öffentlichen Dienstes (§ 32b Abs 1 Nr 2, 3 EStG s *Ausländer* Rz 41). Zur Haftung des ausländischen ArbGeb s *Arbeitnehmerüberlassung/Zeitarbeit* Rz 71 ff. Zur Kindergeldberechtigung (§ 62 Abs 2 Satz 2 Halbsatz 1 EStG) s *Kindergeld* Rz 7. Zur steuerlichen (Nicht-)Anerkennung freiwilliger Altersvorsorgeleistungen des inländischen ArbGeb an ins Inland entsandte ArbN s *Ausländer* Rz 48. Zu inländischen Steuerberatungskosten s *Sonderausgaben* Rz 16.

Literaturhinweis: BMF 14.9.06 – IV B 6 – S 1300 – 367/06, BStBl I 06, 532 Tz 59 ff; *Niermann* Grenzüberschreitende Mitarbeiterentsendung, 2008; *Wellisch/Näth* IStR 08, 548; *Andelewski* DStR 08, 2114; *Brähler/Lösel* StuW 08, 73; *Wick* ArbN-Entsendung zwischen D und NL, 2008; *Steinröder* IStR 10, 611 zur Mitarbeiterentsendung nach Finnland.

C. Sozialversicherungsrecht   *Voelzke*

1. Arbeitnehmerentsendungsgesetz. Die **Durchsetzung und Kontrolle** der Mindestentgelte des AEntG erfolgt nach § 16 AEntG durch die Behörden der Zollverwaltung. ArbGeb mit Sitz im Ausland, die ArbN im Inland beschäftigen, sind verpflichtet, vor Beginn jeder Werk- oder Dienstleistung eine schriftliche Anmeldung in deutscher Sprache vorzulegen soweit die Rechtsnormen eines für allgemeinverbindlich erklärten Tarifvertrages den Vorschriften des AEntG auf das Arbeitsverhältnis Anwendung finden (§ 18 Abs 1 AEntG). Die Anmeldung muss die in § 18 Abs 1 Satz 2 AEntG bezeichneten Angaben enthalten (vgl hierzu auch die AEntGMeldV v 10.9.10, BGBl I, 1304). Den ArbGeb treffen zudem die in § 19 AEntG aufgeführten Pflichten zur Erstellung und Bereithaltung von Dokumenten, die eine effiziente Kontrolle der Einhaltung der Mindestarbeitsentgelte ermöglichen soll. Der Bußgeldrahmen bei Verstößen beträgt bis zu 30 000 € (§ 23 AEntG). **20**

2. Versicherungspflicht. Im SozVRecht kommt dem Begriff der Entsendung eine eigenständige Bedeutung zu. Der sozialversicherungsrechtliche Begriff der Entsendung kommt zur Anwendung, soweit Beschäftigungen im Ausland dem deutschen SozVRecht unterstellt werden (**Ausstrahlung** nach § 4 SGB IV; Näheres s *Auslandstätigkeit* Rz 116 ff) oder soweit vorübergehende Beschäftigungen im Inland nicht der Versicherungspflicht der deutschen SozV unterstehen (**Einstrahlung** nach § 5 SGB IV; Näheres s *Ausländer* Rz 67 ff). **21**

Arbeitnehmererfindung

A. Arbeitsrecht   *Poeche*

Übersicht

	Rz		Rz
1. Einführung	1, 2	d) (Fingierte) Inanspruchnahme	15–19
2. Geltungsbereich	3–9	e) Vergütung	20–23
a) Räumlich	3	f) Bereicherungsrechtlicher Herausgabeanspruch	24
b) Persönlich	4		
c) Hochschule	5	4. Freie Erfindung	25
d) Arbeitgeber	6	5. Sonstiges	26
e) Sachlich	7–9	6. Prozessuales	27, 28
3. Gebundene Erfindung (Diensterfindung)	10–24	a) Rechtsweg	27
		b) Darlegungs- und Beweislast	28
a) Begriff	10	7. Mitbestimmungsrechte	29
b) Betriebliche Veranlassung	11	8. Muster	30
c) Meldepflicht	12–14		

32 Arbeitnehmererfindung

1 **1. Einführung.** Das Patentrecht schützt den Erfinder als geistigen Urheber einer technischen Neuerung und weist ihm die Nutzungsrechte zu; arbeitsrechtlich stehen grds alle Arbeitsergebnisse des ArbN entschädigungslos dem ArbGeb zu. Ziel des ArbNErfG ist die Lösung dieses Widerspruchs: Es begründet für den ArbGeb ein umfassendes Aneignungs- und Verwertungsrecht (Monopol) an der Erfindung, während der ArbNErfinder als Ausgleich für seine besondere technische Leistung und zugleich als Anreiz für künftige Kreativität zwingend einen Anspruch auf angemessene Vergütung erwirbt. Form- und fristgebundene Melde- und Mitteilungspflichten dienen der Rechtsklarheit und der möglichst raschen Zuordnung der Erfindung zum ArbGeb oder ArbN. Die oft sehr hohen im Streit befindlichen Beträge, die leicht die Millionengrenze überschreiten, erfordern Sorgfalt bei Beachtung der Förmlichkeiten und deren Dokumentation. Solange Vergütungsansprüche des ArbN in Betracht kommen, sind deshalb betriebliche Unterlagen, die ihre Höhe bestimmen, aufzubewahren (BGH 13.11.97 – X ZR 132/95, NJW 98, 3492). Die ArbNErfindung steht unter dem Eigentumsschutz nach Art 14 GG. Die Zuordnung der Erfindung zum ArbGeb ist wegen des zwingenden Vergütungsanspruchs des ArbN verfassungsrechtlich unbedenklich (BVerfG 24.4.98 – 1 BvR 587/88, NJW 98, 3704).

2 Das ArbNErfG ist durch Art 7 des PatentrechtsmodernisierungsG v 31.7.09 (BGBl I 2521, 2526) mit Wirkung zum 1.10.09 **nachhaltig geändert** worden (s hierzu *Bayreuther* NZA 09, 1123; *Ralf* ArbRAktuell 10, 441; *Gärtner/Simon* BB 11, 1909). Es gilt für die ab diesem Stichtag gemeldeten Erfindungen (§ 43 Abs 3 ArbNErfG). Die neuen Regelungen sollen das ArbNErfRecht vereinfachen. Kennzeichen der Reform sind: Die **Inanspruchnahme** der Erfindung durch den ArbGeb wird bei nicht rechtzeitiger Freigabe **fingiert**. An die Stelle der bisher vorgeschriebenen Schriftform tritt für alle von ArbGeb und ArbN abzugebenden Erklärungen die **Textform** (§ 126b BGB); damit steht das gesamte Spektrum der elektronischen Übermittlung (Diskette, CD-Rom, USB, E-Mail, Computerfax) neben der herkömmlichen Papierform zur Verfügung. **Ersatzlos aufgehoben** wurden die Bestimmungen zur unpraktikablen beschränkten Inanspruchnahme und zum Erfinderberater (bisher § 21). Entgegen früherer Planungen sind die Vergütungsregelungen unverändert.

3 **2. Geltungsbereich. a) Räumlich.** Das ArbNErfG erstreckt sich auf das Gebiet der BRD. Für Auslandsarbeitsverträge ist die Anwendbarkeit deutschen Arbeitsrechts maßgeblich (Näheres *Auslandstätigkeit* Rz 7 ff).

4 **b) Persönlich.** Erfasst werden alle ArbN im privaten und öffentlichen Dienst sowie Beamte und Soldaten (§ 1 ArbNErfG). Soweit für Beschäftigte im öffentlichen Dienst nach §§ 40 ff ArbNErfG besondere Regelungen eingreifen, bestimmt sich die Abgrenzung zum privaten Dienst nach der formellen Rechtsform des ArbGeb. ArbN ist im allgemein arbeitsrechtlichen Sinn zu verstehen. Das ArbNErfinderrecht ist damit auf alle ArbNGruppen einschließlich der Auszubildenden und der leitenden Angestellten anzuwenden, auch auf Gesellschafter, soweit sie auf gesonderter arbeitsvertraglicher Grundlage beschäftigt werden. **Nicht erfasst** werden **Ruheständler,** wenn die Erfindung erst nach Beendigung des Arbeitsverhältnisses fertig gestellt wird. Der Bezug einer Betriebsrente ist unschädlich. Ausgenommen sind **Handelsvertreter, Heimarbeiter und freie Mitarbeiter.** Das gilt auch dann, wenn sie wegen ihrer wirtschaftlichen Abhängigkeit als *Arbeitnehmerähnliche Personen* teilweise in den Schutz des Arbeitrechts einbezogen werden. Die Nichtanwendbarkeit des ArbNErfG ist für sie regelmäßig vorteilhaft, da sie die freie Verfügung über ihre Erfindungen behalten (aA *Bartenbach/Volz* § 1 Rz 2 ff; *Schwab* ArbNErf § 1 Rz 2; *Volmer/Gaul* § 1 Rz 59 ff). Es fehlt für diese Personengruppe die Bindung des Arbeitsvertrags, der das Zugriffsrecht des Dienstberechtigten am Arbeitsergebnis begründet. Ggf empfiehlt sich eine einzelvertragliche Vereinbarung des ArbNErfG. **Organmitglieder** unterliegen als Nicht-ArbN ebenfalls nicht dem ArbNErfG (s *Geschäftsführer* Rz 17, 21). Ein Anspruch auf Erfindervergütung kommt im Einzelfall in Betracht; etwa wenn das Organ verpflichtet ist, der Gesellschaft seine Erfindungen anzubieten (BGH 11.4.2000 – X ZR 185/97, NZA-RR 2000, 486; 26.9.06 – X ZR 181/03, NJW-RR 07, 103).

5 **c) Hochschule.** Besondere Bestimmungen gelten wegen des grundgesetzlichen Schutzes der Freiheit von Lehre und Forschung (Art 5 Abs 3 GG) für Erfindungen der an einer Hochschule Beschäftigten. Nach § 42 ArbNErfG ist Hochschullehrern, Dozenten und wissenschaftlichen Angestellten überlassen, ob sie eine Erfindung offenlegen. Für die Dauer

der Geheimhaltung sind sie an einer Verwertung gehindert. Die Absicht, die Erfindung zu publizieren (dazu gehört auch deren Vorstellung in einer Vorlesung), ist dem Dienstherrn mit einer Regelfrist von **zwei Monaten** anzuzeigen/zu melden. Bei (uU fingierter) Inanspruchnahme der Erfindung durch den Dienstherrn verbleibt dem Wissenschaftler ein nicht ausschließliches Recht zu ihrer **Benutzung** im Rahmen seiner **Lehr- und Forschungstätigkeit**. Die Erfindervergütung beträgt 30 vH der vom Dienstherrn erzielten Einnahmen. Die 2002 erfolgte Abschaffung des sog **Hochschullehrerprivilegs** (bis dahin: alleinige Verfügungsbefugnis über Diensterfindungen) ist verfassungsgemäß (BGH 18.9.07 – X ZR 167/05, GRUR 08, 150).

d) Arbeitgeber. Die Rechte und Pflichten aus dem ArbNErfG treffen den ArbGeb als Vertragspartner des ArbN. Wird dieser zu einer *Arbeitsgemeinschaft (ARGE)* oder im Konzernbereich abgestellt, bleiben die Rechte aus dem ArbNErfG bei dem eigentlichen ArbGeb. Abweichend hiervon ordnet im Bereich der **Leiharbeit** § 11 Abs 7 AÜG Erfindungen der LeihArbN dem Entleiher zu. Bei einer **Betriebsnachfolge** iSv § 613a BGB gelten idR keine Besonderheiten (Einzelheiten *Bartenbach/Volz* § 1 Rz 48 ff, 92 ff; zum Betriebsübergang in der Insolvenz *Oster* GRUR 12, 467). **6**

e) Sachlich. aa) Erfindungen. Dem ArbNErfG unterliegen Erfindungen und technische Verbesserungsvorschläge (§ 1 ArbNErfG). Erfindungen iSd Gesetzes sind nur solche, die patent- oder gebrauchsmusterfähig sind (§ 2 ArbNErfG). Unter Verzicht auf eigenständige Begriffsbestimmung knüpft das ArbNErfG damit an das deutsche **Patent- und Gebrauchsmusterrecht** an. Auf die Schutzrechtsfähigkeit nach ausländischem Recht kommt es nicht an. Eine nur im Ausland schutzrechtsfähige Erfindung begründet daher nur unter den Voraussetzungen der §§ 3, 20 ArbNErfG als technischer Verbesserungsvorschlag einen zwingenden Vergütungsanspruch des ArbN. **Patentfähig** sind Erfindungen, die eine neue, schöpferische Lehre zum technischen Handeln geben, auf einer erfinderischen Tätigkeit beruhen und gewerblich anwendbar sind (vgl §§ 1 ff PatG). Ausgenommen sind zB Entdeckungen, wissenschaftliche Theorien und mathematische Methoden, regelmäßig auch Programme für Datenverarbeitungsanlagen (dazu *Bayreuther* GRUR 03, 570), Heilmethoden, Züchtungen und Entwicklungen auf anderen Gebieten, wie etwa im Pflanzen- oder Tierbereich. **Gebrauchmusterfähig** sind Erfindungen auf einer geringeren Erfindungshöhe. Vorausgesetzt wird eine Bereicherung der Technik in einem gewissen Ausmaß (§ 1 Gebrauchsmustergesetz). Maßgeblich ist die **Schutzrechtsfähigkeit** der Erfindung, die für das Eingreifen der Rechte und Pflichten aus dem ArbNErfG als Arbeitshypothese unterstellt wird. Anderes gilt nur, wenn eine Schutzrechtserteilung offensichtlich nicht in Betracht kommt. **7**

bb) Technische Verbesserungsvorschläge. Das sind Vorschläge, die dem ArbGeb eine ähnliche Vorzugsstellung einräumen wie ein Schutzrecht (Näheres zum sog qualifizierten Verbesserungsvorschlag *Verbesserungsvorschläge* Rz 2–4). **8**

cc) Gewerbliche Schutzrechte. Marken, die den „guten Namen" und Geschmacksmuster, die das Design vor Nachahmung schützen, werden vom ArbNErfG nicht erfasst. Zu Fragen des ArbNUrheber s *Urheberrecht*. **9**

3. Gebundene Erfindung (Diensterfindung). a) Begriff. Das ArbNErfG weist die Rechte an einer Erfindung dem ArbGeb zwingend lediglich bei den gebundenen Erfindungen (Diensterfindungen) zu. Nach § 4 Abs 2 ArbNErfG wird vorausgesetzt, dass der ArbN eine **Erfindung gemacht** hat, dh die Erfindung muss fertig gestellt sein. Die ihr zugrunde liegende Lehre muss technisch ausführbar sein. Ein Durchschnittsfachmann muss mit ihr nach den Angaben des Erfinders erfolgreich arbeiten können. Maßgeblich ist eine objektive Sicht. Volle Funktionsfähigkeit wird nicht verlangt; noch laufende Versuche zur Erprobung der bereits gefundenen Lösung sind unschädlich (BGH 10.11.70 – X ZR 54/67, BB 71, 11). Der ArbN muss außerdem die Erfindung **während der Dauer des Arbeitsverhältnisses** gemacht haben. Das betrifft den rechtlichen Bestand des Arbeitsverhältnisses, der durch Schlussurlaub des ArbN, Suspendierung oder Ruhen der Hauptpflichten (*Ruhen des Arbeitsverhältnisses* Rz 1) nicht beeinträchtigt wird. Das ArbNErfG greift daher nicht ein, wenn die Erfindung bereits vor Begründung des Arbeitsverhältnisses fertiggestellt wurde und im bestehenden Arbeitsverhältnis lediglich das Schutzrechtsanmeldeverfahren durchgeführt wird (OLG Jena 7.12.11 – 2 U 137/11, NZA-RR 12, 371). Die Grundsätze des faktischen Arbeitsverhältnisses sind anzuwenden (Näheres *Faktisches Arbeitsverhältnis* Rz 3). Bei einer **10**

32 Arbeitnehmererfindung

Weiterbeschäftigung des ArbN nach **Kündigung** ist zu unterscheiden: Erfolgt die Weiterbeschäftigung auf Grund Widerspruchs des BRat nach § 102 Abs 5 BetrVG, besteht das ursprüngliche Arbeitsverhältnis unverändert fort, auflösend bedingt durch die rechtskräftige Abweisung der Kündigungsschutzklage (Näheres *Weiterbeschäftigungsanspruch* Rz 7). In dieser Zeit fertig gestellte Erfindungen unterliegen dem ArbNErfG. Bei einer vereinbarten Prozessbeschäftigung kommt es auf den Inhalt der Absprache der Parteien an, ob der ArbGeb Zugriff auf in dieser Zeit gemachte Erfindungen haben soll (zur Auslegung einer solchen Vereinbarung *Weiterbeschäftigung* Rz 19). Bei sog erzwungener Weiterbeschäftigung (*Weiterbeschäftigung* Rz 20) soll der ArbN nach Treu und Glauben verpflichtet sein, dem ArbGeb in dieser Zeit gemachte Erfindungen anzubieten (*Bartenbach/Volz* § 1 Rz 5).

11   **b) Betriebliche Veranlassung.** Die Zuordnung einer Erfindung zum ArbGeb rechtfertigt sich nur aus dem Arbeitsvertrag und seinem Recht am Arbeitsergebnis. Verlangt wird deshalb ein betrieblicher Beitrag an der Erfindung. Diensterfindungen sind nur solche, die entweder (1) aus der dem ArbN im Betrieb oder in der öffentlichen Verwaltung obliegenden Tätigkeit entstanden sind oder (2) maßgeblich auf Erfahrungen oder Arbeiten des Betriebs oder der öffentlichen Verwaltung beruhen (§ 4 Abs 2 ArbNErfG). Eine **Auftrags-, Obliegenheits- oder Aufgabenerfindung** (Nr 1) liegt vor, wenn der Gegenstand der Erfindung bei natürlicher Betrachtungsweise mit der Tätigkeit des ArbN im inneren Zusammenhang steht. Unerheblich ist, ob er sie innerhalb oder außerhalb seiner regelmäßigen Arbeitszeit gemacht hat. Von einer **Erfahrungserfindung** (Nr 2) spricht man, wenn die technische Lehre auf dem **betrieblichen Geschehen** beruht (zB Vorarbeiten, Maschinenausstattung, Produktionsunterlagen). Dagegen genügt nicht, wenn die betrieblichen Erfahrungen oder Arbeiten den ArbN lediglich zu seiner Erfindung angeregt haben, ohne dass der Stand der betrieblichen Technik kausal geworden ist. Eine solche **Anregungserfindung** unterliegt als sonstige Erfindung den Bestimmungen über die freie Erfindung (dazu unten Rz 24).

12   **c) Meldepflicht.** Der ArbN hat dem ArbGeb die Diensterfindung unverzüglich (ohne schuldhaftes Zögern iSv § 121 BGB) nach Fertigstellung „gesondert" zu melden und kenntlich zu machen, dass es sich um eine **Erfindungsmeldung** handelt (§ 5 Abs 1 Satz 1 ArbNErfG). Sie dient der **Wissensvermittlung,** ist daher keine Willenserklärung (BGH 19.5.05 – X ZR 152/01, NZA 05, 1246). Der ArbGeb soll in die Lage versetzt werden, den Erfindungscharakter zu erkennen und sachgerecht über die Inanspruchnahme oder Freigabe, den möglichen Inhalt einer Schutzrechtsanmeldung sowie über die Erfindervergütung zu entscheiden. Mehrere Erfinder können die Meldung gemeinsam abgeben. Zur Sicherung der Feststellung, ob die Erfindung Priorität gegenüber möglichen anderen Meldungen genießt, hat der ArbGeb den **Zeitpunkt des Eingangs** unverzüglich in Textform zu bestätigen (§ 5 Abs 1 Satz 2 ArbNErfG).

13   Der **Inhalt der Meldung** ist gesetzlich vorgegeben. Die technische Aufgabe, ihre Lösung und das Zustandekommen der Diensterfindung sind zu beschreiben. Vorhandene Aufzeichnungen sollen beigefügt werden, soweit sie zum Verständnis der Erfindung erforderlich sind. Dienstlich erteilte Weisungen oder Richtlinien, die benutzten betrieblichen Erfahrungen oder Arbeiten sind anzugeben. Bei einer Beteiligung mehrerer ArbN sind diese namentlich zu benennen und Art und Umfang ihrer Mitarbeit mitzuteilen. Der meldende ArbN soll seinen eigenen Anteil hervorheben (§ 5 Abs 2 ArbNErfG). Der ArbN sollte seine Meldung im eigenen Interesse sorgfältig formulieren, insbesondere auf **Vollständigkeit** achten. Denn Grundlage der Erfindervergütung ist die Schutzfähigkeit der gemeldeten Erfindung und nicht der Umfang der späteren Schutzrechtsanmeldung (BGH 29.11.88 – X ZR 63/87, NJW 89, 1358). Die Meldung kann in **Textform** (§ 126b BGB) abgegeben werden (s Rz 2).

14   Eine Meldung, die nicht den gesetzlichen Anforderungen entspricht, gilt nach § 5 Abs 3 Satz 1 als ordnungsgemäß, wenn der ArbGeb nicht innerhalb von **zwei Monaten** erklärt, dass und in welcher Hinsicht die Meldung ergänzungsbedürftig ist. Soweit erforderlich, hat er den ArbN bei der **Ergänzung** zu unterstützen. Zu den Folgen einer verspäteten Meldung: *Schütt/Böhnke* GRUR 13, 789.

15   **d) Inanspruchnahme. aa) Entscheidung des ArbGeb.** Der ArbGeb kann die Erfindung in Anspruch nehmen oder sie frei geben. Die Inanspruchnahme gilt als erklärt, wenn der ArbGeb die Diensterfindung nicht bis zum Ablauf von vier Monaten nach Eingang der ordnungsgemäßen Meldung (§ 5 Abs 2 Satz 1 und Satz 3 ArbNErfG) gegenüber dem ArbN in Textform freigibt (§ 6 Abs 2 ArbNErfG). Die zum 1.10.09 eingeführte **Fiktion** trägt den

praktischen Erfordernissen Rechnung. Nach **bisherigem Recht** wurde eine Diensterfindung frei, wenn der ArbGeb diese nicht innerhalb von vier Monaten nach Zugang der schriftlichen Erfindungsmeldung durch schriftliche Erklärung gegenüber dem ArbN ausdrücklich in Anspruch nahm (§ 6 Abs 2 iVm § 7 Abs 1 ArbNErfG aF). Die Verknüpfung der förmlichen Inanspruchnahme mit der förmlichen Erfindungsmeldung führte oft zu Meinungsverschiedenheiten, weil Fristen versäumt und Formerfordernisse nicht beachtet wurden (BT-Drs 16/11339 S 50 f; vgl zB OLG München 16.7.08 – 6 U 2499/07, GRUR-RR 09, 219). Nach der Rspr konnte eine Diensterfindung ausnahmsweise auch ohne schriftliche Erfindungsmeldung des ArbN die Inanspruchnahmefrist in Gang setzen. Das wurde angenommen, wenn der ArbGeb, insbesondere durch eine Patentanmeldung und die Benennung des ArbN als Erfinder dokumentiert, dass es keiner Erfindungsmeldung mehr bedarf, weil er bereits über die Erkenntnisse verfügt, die ihm die Meldung des ArbN verschaffen soll (BAG 12.4.11 – X ZR 72/01, NZA-RR 11, 479 m Anm *Ulrici* GRUR-Praxis 11, 269). Hatte der ArbGeb die Erfindung nicht ausdrücklich form- und fristgerecht in Anspruch genommen, wurde die Erfindung frei, dh sie konnte in vollem Umfang vom ArbN verwertet werden (BGH 19.5.05 – X ZR 152/01, NZA 05, 1246 [„Haftetiketten"]). Von diesem **Risiko des ungewollten Verlustes** der Rechte an der Diensterfindung wird der ArbGeb befreit. Aufgrund der **Fiktion** ist die Inanspruchnahme nunmehr die Regel und die Freigabe die Ausnahme (*Bayreuther* NZA 09, 1123).

bb) Rechtsfolgen. Mit der (fingierten) Inanspruchnahme gehen alle vermögenswerten 16 Rechte an der Diensterfindung auf den ArbGeb über (§ 7 Abs 1 ArbNErfG). Verfügungen, die der ArbN vor der Inanspruchnahme über die Diensterfindung getroffen hat, sind dem ArbGeb gegenüber unwirksam, soweit seine Rechte beeinträchtigt werden (§ 7 Abs 2 ArbNErfG).

(1) Schutzrechtsanmeldung im Inland. Der unbeschränkte Rechtserwerb an der Erfin- 17 dung verpflichtet den ArbGeb zur unverzüglichen Anmeldung eines Schutzrechts im Inland (§ 13 Abs 1 ArbNErfG). Patentfähige Diensterfindungen sind zum **Patent** anzumelden, sofern nicht die Erwirkung des Gebrauchsmusterschutzes zweckdienlicher erscheint. Die Verpflichtung zur Anmeldung entfällt, wenn die Diensterfindung frei geworden ist nach § 8 Abs 1 ArbNErfG, bei Einverständnis des ArbN mit der Nichtanmeldung sowie dann, wenn berechtigte Belange des Betriebes dem Bekanntwerden der Erfindung entgegenstehen und der ArbGeb dem ArbN gegenüber gleichzeitig die Schutzfähigkeit der Erfindung anerkennt (§ 17 ArbNErfG) oder er bei Streit über die Schutzrechtsfähigkeit die Schiedsstelle anruft. Unterlässt der ArbGeb die gebotene Schutzrechtsanmeldung, kann der ArbN sie ggf im Wege der einstweiligen Verfügung nach §§ 935, 940 ZPO erzwingen. Der ArbN kann ferner die Anmeldung der Diensterfindung für den ArbGeb auf dessen Namen und Kosten bewirken, wenn er ihm zur Anmeldung eine angemessene Nachfrist gesetzt hat (§ 13 Abs 3 ArbNErfG). Der ArbGeb behält die **Entscheidungsfreiheit über weitere Nutzung** der Erfindung. Will er die Anmeldung des Schutzrechtes nicht weiter betreiben oder ein bereits erworbenes Schutzrecht aufgeben, hat er dies dem ArbN mitzuteilen und auf dessen Verlangen und auf dessen Kosten das Recht zu übertragen und alle Unterlagen auszuhändigen. Äußert sich der ArbN nicht innerhalb von drei Monaten nach Zugang einer entsprechenden Absichtserklärung des ArbGeb, kann dieser das Recht aufgeben, wobei er sich ein Nutzungsrecht vorbehalten kann (§ 16 ArbNErfG).

(2) Schutzrechtsanmeldung im Ausland. Der ArbGeb ist zur einer Schutzrechts- 18 anmeldung im Ausland berechtigt, aber nicht verpflichtet (§ 14 Abs 1 ArbNErfG). Ist ein Rechtserwerb im Ausland nicht beabsichtigt, hat der ArbGeb dem ArbN die Diensterfindung insoweit freizugeben und ihm auf sein Verlangen der Erwerb von Auslandsschutzrechten zu ermöglichen. Die Freigabe soll so rechtzeitig vorgenommen werden, dass der ArbN die Prioritätsfristen der zwischenstaatlichen Verträge auf dem Gebiet des gewerblichen Rechtsschutzes ausnutzen kann (§ 14 Abs 2 ArbNErfG). Wegen der wirtschaftlichen Bedeutung einer Auslandsfreigabe muss der ArbGeb für eine sichere Übermittlung seiner Erklärung an den ArbN sorgen (BGH 31.1.78 – X ZR 55/75, DB 78, 2361). Mit der Freigabe kann sich der ArbGeb ein nicht ausschließliches Recht zur Benutzung der Diensterfindung in den betreffenden ausländischen Staaten gegen angemessene Vergütung vorbehalten (§ 12 Abs 3 ArbNErfG).

Europapatent. Zum 1.1.14 wird das Verfahren zur Schutzrechtsanmeldung in der EU erleichtert (Beschluss des Europäischen Parlaments v 11.12.12). Es genügt die Beantragung in

32 Arbeitnehmererfindung

einer der Amtssprachen (deutsch/englisch/französisch) bei dem Europäischen Patentamt. Das Patent gilt dann EU-weit mit Ausnahme von Spanien und Italien, die wegen der Beschränkung der Anmeldung auf die Amtssprachen der Erweiterung nicht zugestimmt haben. Ziel der Änderung ist vor allem eine Senkung der Übersetzungskosten, die sich nach einer Stellungnahme der Kommission von bisher durchschnittlich 36 000 Euro auf unter 5000 Euro vermindern sollen.

19 **(3) Weitere Pflichten.** Mit der Anmeldung der Diensterfindung zur Erteilung eines Schutzrechts hat der ArbGeb dem ArbN Abschriften der Anmeldeunterlagen zu geben, über den Fortgang des Verfahrens zu unterrichten und auf Verlangen Einsicht in den Schriftwechsel zu geben. Gegenläufig ist der ArbN verpflichtet, den ArbGeb beim Erwerb von Schutzrechten zu unterstützen und die erforderlichen Erklärungen abzugeben (§ 12 ArbNErfG). Beide Vertragsparteien sowie Dritte, die auf Grund des ArbNErfG von einer Erfindung Kenntnis erlangt haben, unterliegen einer speziellen **Geheimhaltungspflicht** (§ 24 ArbNErfG).

20 **e) Vergütungsanspruch. aa) Entstehung.** Mit der Inanspruchnahme der Erfindung entsteht der Anspruch des ArbN auf angemessene Vergütung. Die Entstehung ist unabhängig von der tatsächlichen Nutzung und der Schutzrechtsanmeldung. Ein Vergütungsanspruch kommt auch in Betracht, wenn sich bei der tatsächlichen Verwertung herausstellt, dass ein Element wirtschaftliche Bedeutung erlangt, das auf Grund des Beitrags einer weiteren Person der Patentanmeldung hinzugefügt worden ist und nicht bereits Gegenstand der Erfindermeldung war (BGH 22.11.11 – X ZR 35/09, NZA-RR 12, 266). Eine etwaige Nutzung der Erfindung vor Inanspruchnahme ist vom ArbN wegen der für den ArbGeb kostenaufwändigen Schutzrechtsanmeldung entschädigungslos hinzunehmen.

bb) Fälligkeit. Die Fälligkeit des Vergütungsanspruchs ist wegen der oft tatsächlichen Schwierigkeiten bei der Durchsetzung gewerblicher Schutzrechte hinausgeschoben: Art und Höhe sollen von den Arbeitsvertragsparteien innerhalb angemessener Frist nach der Inanspruchnahme vereinbart werden (§ 12 Abs 1 ArbNErfG). Kommt es zu keiner Einigung, hat der ArbGeb die Vergütung durch begründete Erklärung in Textform festzusetzen und in entsprechender Höhe zu leisten (§ 12 Abs 3 ArbNErfG). Die Festsetzung hat spätestens bis zum Ablauf von drei Monaten nach Erteilung des Schutzrechts zu erfolgen. Sie wird für beide Teile verbindlich, wenn der ArbN ihr nicht innerhalb von zwei Monaten nach ihrem Zugang in Textform widerspricht (§ 12 Abs 4 ArbNErfG). Sind mehrere ArbN an der Erfindung beteiligt, so wird die Festsetzung bereits dann nicht verbindlich, wenn einer von ihnen widerspricht (§ 12 Abs 5 ArbNErfG). Verändern sich die für die Bemessung der Vergütung maßgeblichen Umstände, können ArbGeb und ArbN eine neue Vereinbarung verlangen (§ 12 Abs 6 ArbNErfG).

21 **cc) Höhe und Dauer.** Für die **Höhe der Vergütung** gibt § 9 Abs 2 ArbNErfG Rahmenbedingungen vor: Wirtschaftliche Verwertbarkeit der Erfindung, Aufgaben und Stellung des ArbN im Betrieb, Anteil des Betriebs am Zustandekommen. Einzelheiten ergeben sich aus den gem § 11 ArbNErfG vom BMAS erlassenen Vergütungsrichtlinien für den privaten und öffentlichen Dienst. IdR bemisst sie sich im Wege der **Lizenzanalogie**, also danach, was ein freier Erfinder durch die Verwertung seiner Erfindung erhalten würde (vgl ausführlich zu Sinn und Zweck der Lizenzanalogie BGH 6.3.12 – X ZR 104/09, GRUR 12, 605). Das gilt auch, wenn sich zB bei einem weitverzweigten international operierenden Konzern die für die Bemessung der Vergütung maßgebenden Parameter nur schwer ermitteln lassen (BGH 17.11.09 – X ZR 137/07 [„Türinnenverstärkung"], GRUR 10, 223). Die **Dauer des Vergütungsanspruchs** bemisst sich regelmäßig nach der Dauer des Schutzrechts. Die Vergütungsvereinbarung ist nach allgemeinem Recht anfechtbar. Eine Täuschungsanfechtung kommt in Betracht, wenn es der ArbN bei der Meldung der Erfindung unterlassen hat, den ArbGeb über die Mitwirkung anderer ArbN an der Erfindung zu unterrichten (BGH 18.3.03 – X ZR 19/01, GRUR 03, 702).

22 **dd) Auskunft und Rechnungslegung.** Steht fest, dass ein Anspruch auf Erfindervergütung in Betracht kommt, hat der ArbGeb dem ArbN im Rahmen des Zumutbaren die Angaben zu machen, nach denen der ArbNErfinder ermitteln kann, ob und ggf in welchem Umfang er tatsächlich Zahlung verlangen kann (hierzu *Jesgarzewski* BB 11, 2933). Die Auskunft ist nicht bereits deshalb unzumutbar, weil der (ausgeschiedene) ArbN nunmehr konkurrierend tätig ist. Unzumutbar ist eine mit der Auskunft verbundene Preisgabe von Geschäfts- oder Betriebsgeheimnissen erst, wenn sie erkennbar zu Wettbewerbszwecken

missbraucht werden soll (LG Düsseldorf 12.7.11 – 4a O 52/1, BeckRS 11, 18593). Geschuldet werden grds alle Informationen, die der ArbN zur Bezifferung seines Vergütungsanspruchs benötigt (ständige Rspr vgl BGH 16.4.02 – X ZR 127/99, NZA-RR 02, 594; 29.4.03 – X ZR 156/01, NJW-RR 03, 1710). Dazu gehören bei Anwendung der Lizenzanalogie nach neuer Rspr des BGH idR nicht der **Gewinn** oder gewinnbezogene Daten wie zB Entstehungs- und Vertriebskosten (BGH 17.11.09 – XZR 137/07 [„Türinnenverstärkung"], GRUR 10, 223; dazu ausführlich *Volz* GRUR 10, 865 und *Jesgarzewski* BB 11, 2933).

ee) Fristen für die Geltendmachung. Der Anspruch auf Festsetzung der noch nicht 23 konkretisierten Vergütung verjährt ebenso wie konkretisierte Vergütungsansprüche nach § 195 BGB in 3 Jahren. Tarifvertragliche Ausschlussfristen gelten idR für Erfindungsvergütungsansprüche nicht (BAG 21.6.79 – 3 AZR 855/78, DB 79, 2187). Anderes gilt für Prämien, die für einen betrieblichen Verbesserungsvorschlag zu zahlen sind (LAG RhPf 22.9.04 – 10 Sa 126/04, AR-Blattei ES 1760 Nr 9). Die Verwirkung von Vergütungsansprüchen bemisst sich nach allgemeinen Grundsätzen (BGH 10.9.02 – X ZR 199/01, NZA-RR 03, 253).

f) Bereicherungsrechtlicher Herausgabeanspruch. Bereicherungsrechtliche Ansprü- 24 che des ArbNErfinders kommen in Betracht, wenn der ArbGeb die gemeldete Diensterfindung zum Patent anmeldet und/oder hierüber ein Patent erwirbt und sich später herausstellt, dass sie nicht schutzrechtsfähig ist (Eingriffskondiktion nach § 812 Abs 1 Satz 1 Alt 2 BGB). Das Patentrecht weist dem Erfinder das **Recht an der Erfindung** (Vorzugsstellung) unabhängig von der Schutzrechtsfähigkeit zu (§ 6 PatG). In diese einem absoluten Recht vergleichbare Position greift der ArbGeb (rechtmäßig) ein. Verschuldensunabhängig hat er dem ArbN das Erlangte herauszugeben (zB vereinnahmte Lizenzgebühren) und bei eigener tatsächlicher Nutzung Wertersatz (§ 818 Abs 3 BGB) zu leisten (BGH 18.5.10 – X ZR 79/07 [„Steuervorrichtung"], GRUR 10, 817 zust *Schweyer,* GRUR-Praxis 10, 344).

4. Freie Erfindung. Freie Erfindungen sind unverzüglich in Textform mitzuteilen, wobei 25 über die Erfindung und, wenn dies erforderlich ist, auch über die Entstehung so viel mitzuteilen ist, dass der ArbGeb beurteilen kann, ob es sich tatsächlich um eine freie Erfindung handelt (§ 18 Abs 1 ArbNErfG). Bestreitet der ArbGeb nicht innerhalb von drei Monaten nach Zugang der Mitteilung, dass die ihm mitgeteilte Erfindung frei sei, kann er die Erfindung nicht mehr als Diensterfindung in Anspruch nehmen (§ 18 Abs 2 ArbNErfG). Eine Verpflichtung zur Mitteilung freier Erfindungen besteht von vornherein nicht, wenn die Erfindung offensichtlich im Arbeitsbereich des Betriebes des ArbGeb nicht verwendbar ist (§ 8 Abs 3 ArbNErfG). Vor **anderweitiger Verwertung** einer freien Erfindung muss der ArbN während der Dauer des Arbeitsverhältnisses dem ArbGeb mindestens ein nicht ausschließliches Recht zur Benutzung zu angemessenen Bedingungen anbieten (§ 19 Abs 1 ArbNErfG). Das Vorrecht erlischt, wenn der ArbGeb das Angebot nicht innerhalb von drei Monaten annimmt (§ 19 Abs 2 ArbNErfG). Beabsichtigt der ArbGeb den Rechtserwerb, hält er jedoch die vom ArbN angebotenen Bedingungen nicht für angemessen, wird die Höhe der Vergütung durch das Gericht festgesetzt (§ 19 Abs 3 ArbNErfG). **Freigewordene Erfindungen** (§§ 8, 16 ArbNErfG) braucht der ArbN weder gesondert mitzuteilen noch anzubieten.

5. Sonstiges. Das ArbNErfG hat als Schutzgesetz des ArbN weitgehend einseitig **zwin-** 26 **genden Charakter.** Zulässig sind für den ArbN günstigere Regelungen sowie Vereinbarungen nach ihrer Meldung iSv § 5 oder ihrer Mitteilung iSv § 18 (§ 22 ArbNErfG; *Gärtner/ Simon* BB 11, 1909). Derartige Absprachen sind unwirksam, wenn sie im erheblichen Maß unbillig sind. Die Unbilligkeit ist spätestens bis zum Ablauf von sechs Monaten nach Beendigung des Arbeitsverhältnisses geltend zu machen (§ 23). Die Vergütung für eine Diensterfindung (§ 4 Abs 2 ArbNErfG) unterliegt als Arbeitseinkommen den **Pfändungsbeschränkungen** nach § 850 ZPO. Kein Arbeitseinkommen sind dagegen die Einkünfte aus der Verwertung einer freien Erfindung (BAG 30.7.08 – 10 AZR 459/07, NJW 09, 167). Im Fall der Insolvenz gilt § 27 ArbNErfG (dazu *Paul* ZInsO 09, 1839; *Oster* GRUR 12, 467). Schuldhafte Verletzung der sich aus dem ArbNErfG ergebenden Pflichten begründen **Schadensersatzansprüche** nach allgemeinem Recht (vgl schon BGH 21.10.80 – X ZR 56/78, NJW 81, 345).

32 Arbeitnehmererfindung

27 **6. Prozessuales. a) Rechtsweg.** Für Rechtsstreitigkeiten über Erfindungen sind die für Patentsachen zuständigen LG ausschließlich zuständig (§ 39 ArbNErfG, § 143 PatentG). Das sind alle Rechtsstreitigkeiten, die mit der freien oder gebundenen Erfindung verknüpft sind. Erfasst werden auch Streitigkeiten über die Patentfähigkeit der technischen Neuerung (BAG 9.7.97 – 9 AZB 14/97, NZA 97, 1181) oder über Schadensersatzansprüche des ArbN wegen unterlassener Patentanmeldung oder deren Weiterverfolgung (LAG Hess 2.8.10 – 7 Ta 203/10, BeckRS 10, 73270). ArbG oder VG sind zuständig, wenn es um Ansprüche auf Leistungen einer bereits festgestellten oder festgesetzten Vergütung geht (LAG Hamm 30.6.08 – 2 Ta 871/07, BB 08, 1897 [Ls]). Vorgeschaltet ist regelmäßig das Verfahren vor der Schiedsstelle, die beim Patentamt in München und der Außenstelle in Berlin gebildet ist. Die Schiedsstelle soll eine gütliche Einigung der Parteien versuchen. Zur Besetzung der Schiedsstelle s § 30 ArbNErfG, zum Verfahren § 31 ArbNErfG.

28 **b) Darlegungs- und Beweislast** für alle tatsächlichen Voraussetzungen einer Diensterfindung liegen beim ArbGeb. Beweiserleichternd können die Grundsätze des Anscheinsbeweises eingreifen, zB der ArbN meldet unmittelbar nach Beendigung des Arbeitsverhältnisses eine Erfindung an oder eine Erfindung wird von ihm bekannt (BGH 10.11.70 – X ZR 54/67, BB 71, 11). Für das Vorliegen einer **Erfahrungserfindung** spricht eine tatsächliche Vermutung, wenn die Erfindung den betrieblichen Tätigkeitsbereich des ArbN in starkem Maß berührt. Er kann die Vermutung nur widerlegen, wenn er darlegt, durch welche außerbetrieblichen Umstände er mit dem Gegenstand der Erfindung konfrontiert worden ist und weshalb die Problemlösung hierauf zurückzuführen ist (OLG Frankfurt 22.1.09 – 6 U 151/06, GRUR 09, 291). Eine **Schätzung der Höhe** der Erfindervergütung kommt nach § 287 Abs 2 ZPO in Betracht (OLG München 31.1.08 – 6 U 2464/97, GRUR-RR 08, 332).

29 **7. Betriebsverfassungsrecht.** Mitbestimmungsrechte des BRat bestehen im Recht der ArbNErfindung nicht. § 87 Abs 1 Nr 12 BetrVG erfasst lediglich das betriebliche Vorschlagswesen (Näheres s *Verbesserungsvorschläge* Rz 6–9). Dem BRat verbleiben die allgemeinen Informations- und Kontrollrechte. Er kann die Bestellung eines **Erfinderberaters** beantragen (§ 80 Abs 1 Nr 2 BetrVG).

30 **8. Muster.** S Online-Musterformulare „*M25 Erfindungen und qualifizierte technische Verbesserungsvorschläge*".

B. Lohnsteuerrecht
Seidel

31 Vom ArbGeb dem ArbN gezahlte Erfindervergütungen unterliegen der LSt gem § 39b Abs 3 EStG (s *Sonstige Bezüge* Rz 2 ff). Die Vergütung nach § 9 Abs 1 ArbNErfG (s oben Rz 19) stellt keine Vergütung für eine mehrjährige Tätigkeit iSd § 34 Abs 2 Nr 4 EStG (§ 34 Abs 3 EStG aF) dar, wenn sie nach dem Lizenzanalogieverfahren (s oben Rz 21) bemessen wird (BFH 26.1.05 – VI R 43/00, DStRE 05, 572; BFH/NV 05, 888 mit Anm *MIT*; so auch FG Münster 27.4.13 12 K 1625/12E, EFG 13, 1222; s auch *Verbesserungsvorschläge* Rz 12). Auch soweit eine Vergütung nach § 9 ArbEG nach Ausscheiden aus dem Dienstverhältnis gezahlt wird, handelt es sich um einen aus einem früheren Arbeitsverhältnis herrührenden Arbeitslohn (BFH 21.10.09 – I R 70/08, DStRE 10, 139).

Wird die ArbNErfindung mit einem **Einmalbetrag** abgefunden und geschieht dies aus ArbNSicht unfreiwillig, dh unter einem nicht unerheblichen tatsächlichen, wirtschaftlichen oder rechtlichen Druck, so kommt eine Steuerermäßigung nach § 34 Abs 1 und Abs 2 Nr 2 iVm § 24 Nr 1a EStG als Entschädigung in Betracht (s *Außerordentliche Einkünfte* Rz 5 ff, 85; BFH 29.2.12 – IX R 28/11, BStBl II 12, 569; vgl auch FG München 10.12.02 – 2 K 4442/01, EFG 03, 544 rkr). Im LStAbzugverfahren ist die LSt insoweit gem § 39b Abs 3 Satz 9 EStG im Fünftelungsverfahren einzubehalten (s *Sonstige Bezüge* Rz 10 und *Verbesserungsvorschläge* Rz 12). Zur Einräumung von Nutzungsrechten durch den ArbN s *Urheberrecht* Rz 12. Zu den steuerrechtlichen Folgen einer gelegentlichen Erfindung durch einen Einzelerfinder (steuerbar?) s *List* DB 06, 1291 mwN. Zur Behandlung einer nach Beendigung des Arbeitsverhältnisses ausgezahlten Erfindervergütung bei Eingreifen des DBA-USA s BMF 25.6.12 – IV B 5 – S 1301 – USA/0–04; Dok 2012/0464365, BStBl I 12, 692).

C. Sozialversicherungsrecht

Schlegel

1. Einkünfte aus Arbeitnehmererfindungen als beitragspflichtiges Arbeitsentgelt. 32
Nimmt der ArbGeb eine Erfindung (Diensterfindung) seines ArbN in Anspruch, führt dies zum Übergang der vermögenswerten Rechte des ArbN an der Erfindung auf den ArbGeb. Damit wird dem ArbN-Erfinder die Befugnis zur freien Verfügung und Verwertung entzogen. An die Stelle der übergegangenen Rechte an der Erfindung tritt der Anspruch auf angemessene Vergütung, der kraft Gesetzes entsteht (zur Angemessenheit des Vergütungsanspruchs vgl BVerfG 24.4.98 – 1 BvR 587/88, NJW 88, 3704). Diese Einkünfte aus ArbNErfindungen werden regelmäßig zusätzlich zum Arbeitsentgelt gezahlt. Dies wirft die Frage auf, ob es sich bei diesen Einnahmen um zur Versicherungs- und Beitragspflicht führendes Arbeitsentgelt iSv § 14 SGB IV oder um Einkünfte aus selbstständiger Tätigkeit (vgl § 15 SGB IV), handelt bei der der ArbN ggf die gesamte Beitragslast selbst zu tragen hat.

a) Einheitliches Beschäftigungsverhältnis. Das BSG qualifiziert Einkünfte aus ArbN- 33
Erfindungen wie solche für Verbesserungsvorschläge (s *Verbesserungsvorschläge* Rz 13 ff) als Arbeitsentgelt iSv § 14 SGB IV, sofern diese „im Zusammenhang" mit der (Haupt-)Beschäftigung iS eines sog einheitlichen Beschäftigungsverhältnisses erzielt werden. Ein solches liegt vor, wenn eine selbstständige Tätigkeit mit einer abhängigen Beschäftigung derart verbunden ist, dass sie nur aufgrund der abhängigen Beschäftigung ausgeübt werden kann und insgesamt wie ein Teil der abhängigen Beschäftigung erscheint. Wann dies der Fall ist, lässt sich nicht abstrakt für alle selbstständigen Tätigkeiten bestimmen, sondern ist Wertungsfrage des jeweiligen Einzelfalles (vgl BSG 26.3.98 – B 12 KR 17/97 R, SozR 3–2400 § 14 Nr 15, *Schlegel/ Voelzke* SGB IV, § 24 Rn 80).

Die Tätigkeit bei ArbNErfindungen oder Verbesserungsvorschlägen braucht nach Ansicht des BSG nicht weitergehend mit der abhängigen Beschäftigung verbunden sein, etwa der Art, dass sie in diese zeitlich, örtlich, organisatorisch und inhaltlich eingebunden ist, um ein einheitliches Beschäftigungsverhältnis anzunehmen. Die aus der Beschäftigung im Betrieb gewonnene Kenntnis für die Erfindung und der Nutzen des Betriebes aus ihr sind hinreichend, um die (selbstständige) Tätigkeit des Erfindens und das abhängige Beschäftigungsverhältnis insgesamt als einheitliches Beschäftigungsverhältnis zu werten (vgl BSG 26.3.98 – B 12 KR 17/97 R, SozR 3–2400 § 14 Nr 15).

b) Beitragspflichtige Einnahme. Seit 1.1.88 sind die Prämien, soweit sie Arbeitsentgelt 34
darstellen (vgl oben), in vollem Umfang beitragspflichtig. ArbNEinkünfte iSd ArbNErfG waren bis zum 31.12.88 in Höhe ihres steuerfreien Teils nicht dem Arbeitsentgelt iSd § 14 SGB IV iVm § 1 ArEV (jetzt SvEV) zuzurechnen. Die steuerliche Vergünstigung für Erfindereinkünfte ist wie diejenige für Prämien bei Verbesserungsvorschlägen mW ab 1.1.89 entfallen.

c) Einmalig gezahltes Arbeitsentgelt liegt dann vor, wenn der ArbGeb bei bestehen- 35
dem Beschäftigungsverhältnis die Erfindung nicht durch eine regelmäßige wiederkehrende Zahlung, sondern durch Gewähren einer Gesamtentschädigung abgilt; dh in diesem Fall ist die Erfindervergütung beitragsrechtlich bis zur anteiligen Beitragsbemessungsgrenze zu berücksichtigen; anderseits findet die Vergütung bei der Bemessung von Lohnersatzleistungen keine Berücksichtigung.

2. Arbeitnehmererfindung als Arbeitseinkommen im Sinne von § 15 SGB IV. 36
Arbeitseinkommen iSd § 15 SGB IV liegt dagegen vor, wenn der ArbN die Erfindung als freie Erfindung außerhalb des Unternehmens, in dem er arbeitet, verwertet und hierfür von Dritten, die nicht sein ArbGeb sind, Einnahmen erzielt.

3. Beitragssätze und Beitragsbemessungsgrenze sind den allgemeinen Regeln zu 37
entnehmen; anders als im Steuerrecht gelten für ArbNEinkünfte keine besonderen Beitragssätze, und zwar unabhängig davon, ob die Erfindereinkünfte im konkreten Einzelfall Arbeitsentgelt oder Arbeitseinkommen darstellen.

Arbeitnehmerhaftung

A. Arbeitsrecht *Griese*

Übersicht

	Rz		Rz
1. Begriff	1, 2	d) Abdeckung der Schäden durch Versicherungen	17
2. Personenschäden	3–7	e) Schadensberechnung	18
3. Sach- und Vermögensschäden	8–21	f) Haftung im Außenverhältnis	19–21
a) Gesetzliche Ausgangslage	9	4. Beweislast	22
b) Gründe für eine Haftungsmilderung	10	5. Realisierung des Schadensersatzanspruchs	23, 24
c) Grundsätze des innerbetrieblichen Schadensausgleichs	11–16	6. Haftung	25

1. Begriff. Der Begriff der ArbNHaftung bezeichnet die Folgen von Pflichtverletzungen des ArbN bei **betrieblicher Tätigkeit.** Dazu gehören sowohl die Schlechtarbeit, zB mangelnde Arbeitsqualität, Produktion von Ausschuss, mangelhafte Beaufsichtigung oder Bedienung von Eigentum des ArbGeb (zB Beschädigung von Maschinen oder Fahrzeugen) und die Schädigung von Personen (zB Verletzung von Arbeitskollegen oder Kunden) als auch die Vernachlässigung sonstiger mit der Arbeitsleistung in Zusammenhang stehender Pflichten (zB Obhuts- oder Herausgabepflichten bezüglich Material, Werkzeug oder Geld).

Nicht umfasst ist die Haftung für die vertragswidrige **Nichtleistung der Arbeit,** sei es, dass der ArbN die Arbeit erst gar nicht antritt, sei es, dass er das Arbeitsverhältnis vertragswidrig vorzeitig beendet. Dies fällt unter den Begriff des Vertragsbruchs (s *Vertragsbruch* Rz 1). Die ArbNHaftung weist vielfältige Besonderheiten auf. Am augenfälligsten ist, dass die Geltung des BGB weitgehend durch die durch Richterrecht geschaffenen Haftungsmilderungen verdrängt ist.

2. Personenschäden. Für **Personenschäden an Arbeitskollegen** greift unter den Voraussetzungen des § 105 SGB VII (zum 1.1.97 in Kraft getreten durch das UVEG) ein **vollständiger Haftungsausschluss** ein. Dieser tritt dann ein, wenn der Arbeitskollege aufgrund eines **Arbeitsunfalls** (§ 8 SGB VII) geschädigt wird, den der ArbN **nicht vorsätzlich** verursacht hat und der auch **nicht** auf dem nach § 8 Abs 2 Nr 1–4 SGB VII **versicherten Weg** eingetreten ist.

Der Unfallverursacher und der geschädigte ArbN müssen nicht in demselben Betrieb tätig geworden sein. Entscheidend wird auf die **Eingliederung** abgestellt; es reicht die Tätigkeit „wie ein Beschäftigter", wie aus § 2 Abs 2 SGB VII hervorgeht (BAG 19.2.09 – 8 AZR 188/08, NZA-RR 10, 123; ErfK/*Preis* § 105 SGB VII Rn 2). Unter „Betrieb" ist hier die rechtliche Einheit, die Mitglied der UV ist, zu verstehen, also letztlich das Unternehmen (*Otto/Schwarze* Die Haftung des ArbN Rz 572; *Preis* RdA 2000, 274).

Es reicht die auch kurzfristige Tätigkeit für den Betrieb, so dass die spontane Hilfeleistung einer **betriebsfremden Person** zur Eingliederung und damit zum Haftungsausschluss führen kann (BAG 28.2.91 – 8 AZR 521/89, BB 91, 1193; BGH 5.7.83 – VI ZR 273/81, NJW 83, 2882). Die – wenn auch kurzfristige – Eingliederung einer betriebsfremden Person muss darin zum Ausdruck kommen, dass diese wenigstens kurzzeitig wie ein ArbN für den Betrieb tätig wird. Andererseits ist es nicht ausreichend, wenn die betriebsfremde Person lediglich in Arbeitsvorgänge eingeschaltet oder mit ihnen in Berührung gekommen ist (BAG 13.4.83, DB 83, 2258; BGH 10.5.83 – IVa ZR 74/81, NJW 83, 2883: Kunde einer Kfz-Reparaturwerkstatt, der bei der Reparatur behilflich ist, indem er den Motor seines Kfz startet). Zur betrieblichen Tätigkeit gehört der Weg zwischen Arbeitsplatz und Werkstor (BAG 14.12.2000 – 8 AZR 92/00, NZA 01, 549). Voraussetzung für den Haftungsausschluss ist eine **betriebliche Tätigkeit,** so dass privat-persönliche Streitigkeiten (zB Schlägerei am Arbeitsplatz aus privatem Anlass) nicht unter den Haftungsausschluss fallen (BAG 22.4.04 – 8 AZR 159/03, ArbuR 04, 355).

Arbeitnehmerhaftung

Liegen die Voraussetzungen des § 105 SGB VII vor, ist der ArbN gegenüber dem geschädigten Arbeitskollegen von der Haftung für den Personenschaden einschließlich etwaiger Schmerzensgeldansprüche frei. Dafür haben der geschädigte Arbeitskollege bzw dessen Hinterbliebene Anspruch auf die Leistungen der **gesetzlichen Unfallversicherung.** Die nach altem Recht (§ 637 RVO) notwendige Unterscheidung zwischen allgemeinem Verkehr und Werkverkehr sollte gegenstandslos werden; denn nach § 8 Abs 2 Nr 1 bis 4 SGB VII soll auf dem versicherten Weg von und zur Arbeit seit 1.1.97 kein Haftungsausschluss mehr eingreifen (s *Rolfs* NJW 96, 3180; anders aber BAG 30.10.03 – 8 AZR 548/02, ArbuR 03, 466; zur grundlegenden Kritik daran s *Griese* in FS Küttner, S 165 ff und *Arbeitgeberhaftung* Rz 8); das Haftungsrisiko für den ArbN ist durch die Kfz-Haftpflichtversicherung abgedeckt. Nicht zum versicherten Weg nach § 8 Abs 2 SGB VII, sondern zum Betriebsweg nach § 8 Abs 1 SGB VII soll die Fahrt zur auswärtigen Baustelle gehören, so dass insoweit das Haftungsprivileg zur Anwendung kommen soll (BGH 9.3.04 – VI ZR 439/02, NZA 04, 1165; s ferner BGH 25.10.05 – VI ZR 334/04, DB 06, 168).

Der Haftungsausschluss nach § 105 SGB VII findet nach § 106 Abs 3 SGB VII auch Anwendung, wenn der ArbN betriebsfremde ArbN oder ArbGeb auf einer vorübergehend **gemeinsamen Betriebsstätte** (zB Baustelle mit mehreren Unternehmen) schädigt (vgl BGH 3.7.01 – VI ZR 284/00, NZA 01, 1143; BAG 12.12.02 – 8 AZR 94/02, NZA 03, 968). Die Haftungsprivilegierung gilt ebenso gegenüber freiwillig oder kraft Satzung versicherten Unternehmern (BGH 17.6.08 – VI ZR 257/06, NZV 08, 504). Die Haftungsfreistellung kann auch bei **aus dem Ausland entsandten Arbeitnehmern** in Betracht kommen (BGH 7.11.06 – VI ZR 211/05, NJW 07, 1754).

Der Haftungsausschluss entfällt nach § 105 Abs 1 Satz 1 SGB VII, wenn **Vorsatz** vorliegt. Dies setzt Vorsatz bzgl **Verletzungshandlung** und **Verletzungserfolg** voraus (BAG 10.10.02 – 8 AZR 103/02, NZA 03, 436).

Die UV ihrerseits kann gegen den schadensverursachenden ArbN nach § 110 SGB VII **Regress** nehmen, wenn das zur Schädigung des Arbeitskollegen führende Verhalten des ArbN mindestens **grob fahrlässig** war, hat hierbei jedoch auf die wirtschaftlichen Verhältnisse des ArbN Rücksicht zu nehmen (§ 110 Abs 2 SGB VII).

Aufgrund der Regelung in § 105 Abs 2 SGB VII kommt der Haftungsausschluss dem ArbN auch zugute, wenn er einen **Personenschaden des ArbGeb** verschuldet hat, unabhängig davon, ob der ArbGeb in der gesetzlichen UV versichert ist (*Waltermann* NJW 97, 3403).

Gesundheitsschäden, die nicht auf einem Arbeitsunfall beruhen, etwa Ansprüche wegen Mobbing, werden vom Haftungsausschluss nicht erfasst. Sie können gem § 280 Abs 1 BGB schadensersatzpflichtig sein. Der Haftungsausschluss gem § 105 I SGB VII erfasst nicht Schmerzensgeldansprüche von Angehörigen oder Hinterbliebenen eines Versicherten aufgrund sog Schockschäden infolge eines Arbeitsunfalls des Versicherten (BGH 6.2.07 – VI ZR 55/06, NJW-RR 07, 1395).

3. Sach- und Vermögensschäden, Drittschäden. Für **alle übrigen Schäden** gelten die richterrechtlich entwickelten und wiederholt geänderten Grundsätze über den innerbetrieblichen Schadensausgleich. Eine gesetzliche Neuregelung ist daher angesichts fehlender Rechtssicherheit wünschenswert und aufgrund von Art 30 EV, der eine Kodifikation des gesamten Arbeitsvertragsrechts fordert, seit langem geboten (s hierzu die Eckpunkte der Arbeits- und Sozialministerkonferenz der Bundesländer, NZA 95, 300; *Griese* NZA 96, 803 ff).

a) Gesetzliche Ausgangslage. Von der **gesetzlichen Ausgangslage** her gelten für die Haftung des ArbN die zivilrechtlichen Regelungen des BGB. Danach würde der ArbN gem § 280 BGB unbeschränkt haften, wenn er eine Pflicht aus dem Arbeitsverhältnis verletzt und hierdurch einen Schaden des ArbGeb verursacht. In ähnlicher Weise würde sich aus § 823 BGB eine Schadensersatzpflicht des ArbN ergeben, wenn der ArbN vorsätzlich oder fahrlässig absolute Rechte des ArbGeb oder von Dritten (insbesondere Gesundheit und Eigentum, aber ggf auch allgemeines Persönlichkeitsrecht zB durch *Mobbing*, s dort u BAG 25.10.07 – 8 AZR 593/06, DB 08, 529) widerrechtlich verletzt. Dabei bedeutet Fahrlässigkeit jede Art von Fahrlässigkeit, so dass der ArbN auch für leichteste Fahrlässigkeit haften würde.

33   Arbeitnehmerhaftung

10   **b) Gründe für eine Haftungsmilderung.** Die daraus resultierende strenge Haftung wurde und wird allgemein mit Recht als zu streng empfunden, so dass die Rspr frühzeitig **Haftungserleichterungen** entwickelt hat. Nach der grundlegenden Entscheidung des GS des BAG (25.9.57, DB 57, 947) ist dies gerechtfertigt, weil und soweit es die Eigenart der vom ArbN zu leistenden Dienstes mit großer Wahrscheinlichkeit mit sich bringt, dass auch dem sorgfältigen ArbN Fehler unterlaufen, die zwar für sich genommen fahrlässig sind, mit denen aber aufgrund der menschlichen Unzulänglichkeit gerechnet werden muss. Neben diesem Gesichtspunkt der Gefahrträchtigkeit spricht für die Begrenzung der ArbNHaftung das durch den ArbGeb geschaffene betriebliche Risikopotenzial. Die Risikofaktoren legt der ArbGeb durch sein Weisungsrecht fest (teure Maschinen, Arbeitstempo, Organisation der Arbeit). Der ArbN hat keine Möglichkeit, dem auszuweichen oder sich dagegen zu versichern. Es kommt hinzu, dass die volle Überwälzung des Haftungsrisikos auf den ArbN für diesen die wirtschaftliche Existenzvernichtung bedeuten kann. Angesichts der fehlenden Äquivalenz zwischen Verdienst und Haftungsrisiko hat sich daher eine allgemeine Rechtsüberzeugung dahingehend gebildet, die Haftung des ArbN abzumildern.

11   **c) Grundsätze des innerbetrieblichen Schadensausgleichs.** Durchgesetzt hat sich in Rspr (BAG 12.2.85, DB 85, 2562; BAG Vorlagebeschluss an den GS des BAG vom 12.10.89 – 8 AZR 741/87, BB 90, 64) und Literatur (*Otto* Gutachten E zum 56. Dt Juristentag 1986, S 91; *Schwerdtner* DB 88, 1799) die Auffassung, die Haftungsmilderung bei jeder Art von Tätigkeit und nicht nur bei **gefahrgeneigter Tätigkeit** anzuwenden. Dieses Ergebnis ist durch die Entscheidungen des BGH (21.9.93, NZA 94, 270), des Gemeinsamen Senats der Obersten Gerichtshöfe (BB 94, 431) und des GS des BAG (27.9.94 – GS 1/89 (A), DB 94, 2237 sowie vorhergehender Vorlagebeschluss vom 12.6.92 – GS 1/89, BB 93, 1009) Konsens in der gesamten Gerichtsbarkeit geworden. Damit steht fest, dass Haftungsmilderungen für jede Art von Tätigkeit unabhängig von ihrer Gefahrneigung eingreifen können (*Otto* ArbuR 95, 72; *Gamillscheg* ArbuR 94, 100; ebenso BGH 11.3.96, ArbuR 96, 418 mit Anm *Krause*).

12   Der Umfang der Haftungserleichterung ist umstritten. Ursprünglich wurde ein **dreistufiges Haftungsmodell** angenommen (BAG 25.9.57, DB 57, 947: keine Haftung für leichteste Fahrlässigkeit, Haftungsteilung bei mittlerer Fahrlässigkeit, volle Haftung bei grober Fahrlässigkeit und Vorsatz). Später nahm die Rspr des BAG und des BGH ein **zweistufiges Haftungsmodell** an (BAG 23.3.83 – 7 AZR 391/79, DB 83, 1207; BGH 5.12.83, JZ 84, 619: Keine Haftung für leichte Fahrlässigkeit, volle Haftung für grobe Fahrlässigkeit und Vorsatz).

Die Rspr des BAG (BAG 25.9.97 – 8 AZR 288/96, NZA 98, 310; s ferner BGH 29.11.90, BB 91, 626) ist zum **dreistufigen Haftungsmodell** zurückgekehrt (zur Kritik an der wechselvollen Rspr und zur Notwendigkeit einer gesetzlichen Regelung *Griese* FS Wlotzke [1996], S 3 ff, 10 ff). Danach ist der innerbetriebliche Schadensausgleich wie folgt vorzunehmen:
– keine Haftung bei **leichtester Fahrlässigkeit** des ArbN;
– anteilige Haftung bei **mittlerer Fahrlässigkeit;**
– idR volle Haftung bei **grober Fahrlässigkeit** und **Vorsatz.**

13   **Leichteste Fahrlässigkeit** liegt vor, wenn es sich um geringfügige und leicht entschuldbare Pflichtwidrigkeiten handelt, die jedem ArbN unterlaufen können.

Bei der **mittleren Fahrlässigkeit** ist der Haftungsanteil des ArbN unter Berücksichtigung aller Umstände zu bestimmen, insbesondere auch nach der Versicherbarkeit durch den ArbGeb, nach der Höhe des Verdienstes, dem Vorverhalten des ArbN und seinen sozialen Verhältnissen (BAG 24.11.87, DB 88, 1603; *Schwab* NZA-RR 06, 449), so dass anteilige Haftung keineswegs automatisch hälftige Haftung bedeutet, sondern meistens erheblich weniger. Die vom BAG (GS 27.9.94 – GS 1/89 (A), DB 94, 2237) gewollte Einbeziehung aller Umstände macht das Ergebnis eines Haftungsprozesses idR unvorhersehbar (*Otto* ArbuR 95, 72) und führt zu großer Rechtsunsicherheit.

14   **Grobe Fahrlässigkeit** ist anzunehmen, wenn eine besonders schwerwiegende und auch subjektiv unentschuldbare Pflichtverletzung vorliegt, wenn nämlich der ArbN diejenige Sorgfalt außer Acht gelassen hat, die jedem eingeleuchtet hätte. So handelt ein Restaurantleiter im Zug grob fahrlässig, wenn er die mit den Einnahmen gefüllte Kellnerbrieftasche unverschlossen im Restaurantwagen zurücklässt, um zu telefonieren (BAG 15.11.01 – 8 AZR 95/01, NZA 02, 612). Ein Augenblicksversagen stellt noch keine grobe Fahrlässigkeit dar (BGH 8.2.89, NJW 89, 1354: Vergessen des vollständigen Einfahrens eines Ladekrans und dadurch Kollision mit einer Brücke).

Auch bei grober Fahrlässigkeit, etwa Fahren im alkoholisierten Zustand, Unfallverursachung durch Handy-Telefonat während der Fahrt (BAG 12.11.98 – 8 AZR 221/97, NZA 99, 263), Überfahren einer Ampel, die Rotlicht zeigt (BGH 8.7.92 – IV ZR 223/91, NJW 92, 2418), ist eine Haftungserleichterung nicht generell ausgeschlossen. Sie kommt bei deutlichem Missverhältnis zwischen Verdienst und Höhe des Schadens in Betracht, wenn die Existenz des ArbN bei voller Inanspruchnahme bedroht ist (BAG 12.10.89 – 8 AZR 276/88, BB 90, 65). Dabei stellt das BAG (23.1.97 – 8 AZR 893/95, NZA 98, 140; ebenso *Krause* NZA 03, 583) zu Recht darauf ab, dass mit zunehmender Technisierung und dem damit verbundenen Umgang mit wertvollen Maschinen das Missverhältnis zwischen Verdienst und Schadensrisiko steige und hat deshalb einem grob fahrlässig handelnden ArbN mit einem monatlichen Nettoverdienst von 2500 € einen Teilbetrag von 20 000 € bei einem Gesamtschaden von 150 000 € auferlegt. Ein im hohem Maße grob fahrlässiges Verhalten (Todesfall durch Vertauschen von Blutkonserven) kann zu einem vollen Schadensersatzanspruch gegen den Arzt/die Ärztin iHv über 110 000 € führen (BAG 25.9.97 – 8 AZR 288/96, NZA 98, 310). Das Missachten einer auf „Rot" zeigenden Ampel ist in aller Regel grob fahrlässig. Bei einem Aushilfstaxifahrer, der 165 € im Monat verdient, kann eine Haftungsbegrenzung auf 2000 € angemessen sein (LAG Köln 9.11.05, NZA-RR 06, 311). Liegt der Gesamtschaden nur wenig über dem Monatsgehalt, besteht bei grob fahrlässiger Schadensverursachung für eine Haftungsbegrenzung keine Veranlassung (BAG 12.11.98 – 8 AZR 221/97, NJW 99, 966).

Auch bei gröbster Fahrlässigkeit ist eine Haftungserleichterung nicht ausgeschlossen (BAG 28.10.10 – 8 AZR 418/09, NZA 11, 345). Eine starre Haftungshöchstgrenze kann ohne gesetzliche Regelung nicht angenommen werden (BAG 15.11.12 – 8 AZR 705/11).

Vorsatz setzt das Wissen und Wollen des Schadens voraus. Nicht ausreichend ist der vorsätzliche Verstoß gegen Weisungen, solange nicht zusätzlich Vorsatz hinsichtlich des Schadens gegeben ist (BAG 18.4.02 – 8 AZR 348/01, NZA 03, 37). Stets setzt die Beschränkung der Haftung des ArbN voraus, dass der Schaden bei betrieblicher Tätigkeit verursacht wird (BAG 21.10.83, DB 84, 1482). **15**

Der Umfang der Haftung kann ferner durch ein **Mitverschulden** des ArbGeb (§ 254 BGB) begrenzt oder ausgeschlossen sein. Ein Mitverschulden des ArbGeb iSd § 254 I BGB kann auch in einem sog Organisationsverschulden bestehen (BAG 18.1.07 – 8 AZR 250/06, NZA 07, 1230). So stellt es ein anspruchsminderndes Mitverschulden dar, wenn ein Luftfahrtunternehmen keinerlei Kontrolle zur Überprüfung der Einreisedokumente der Flugbegleiter vorgenommen hat und deshalb zu einer Einreisestrafe verurteilt wird (BAG 16.2.95 – 8 AZR 493/93). Haben der ArbGeb oder einer seiner verfassungsgemäß berufenen Vertreter (§ 31 BGB) **vorsätzlich** an der Entstehung des Schadens mitgewirkt, entfällt die Haftung des grob fahrlässig handelnden ArbN (BAG 19.2.98 – 8 AZR 645/96, NZA 98, 1051). Die Haftung kann entfallen, wenn der ArbGeb es versäumt hat, den ArbN auf die Gefahr eines besonders hohen Schadens, mit dem der ArbN nicht rechnen konnte (Folgekosten bei Verlust eines Generalschlüssels), hinzuweisen (LAG Hess 15.1.98 – 14 Sa 156/97, ArbuR 98, 459).

Eine **summenmäßige Begrenzung** ist gesetzlich nicht vorgesehen. Es entspringt jedoch einem dringenden Bedürfnis der Praxis nach Rechtssicherheit, feste Orientierungspunkte für die Bestimmung der Haftungsanteile der ArbN zu haben. Vor diesem Hintergrund ist die Tendenz verschiedener Instanzgerichte zu begrüßen, die Haftung der ArbN bei mittlerer Fahrlässigkeit auf ein halbes bis ein Monatsgehalt zu begrenzen (vgl LAG Nbg LAGE § 611 BGB Arbeitnehmerhaftung Nr 14; zustimmend *Hanau/Rolfs* NJW 94, 1439 ff, 1442) und bei grober Fahrlässigkeit die Haftung unter dem Gesichtspunkt der Existenzgefährdung eine Größenordnung von bis zu drei Monatsgehältern anzunehmen. (so LAG Köln LAGE § 611 BGB Gefahrgeneigte Arbeit Nr 10; zustimmend *Hanau/Rolfs* NJW 94, 1439 ff, 1442; BAG für Einzelfallprüfung ohne feste Begrenzungen, siehe BAG 28.10.10 – 8 AZR 418/09, NZA 11, 345). Notwendig und vorzugswürdig ist eine gesetzliche Festlegung (s dazu *Griese* NZA 96, 803 ff, 808 f). **16**

d) Abdeckung der Schäden durch Versicherungen. Die Versicherbarkeit des eingetretenen Schadens hat große Bedeutung für die Bestimmung des Haftungsumfangs. Bestehende Versicherungen, zB Betriebshaftpflichtversicherung, Feuerversicherung, muss der ArbGeb vorrangig in Anspruch nehmen. Darüber hinaus muss er sich so behandeln lassen, als **17**

33 Arbeitnehmerhaftung

habe er zumutbare und übliche Versicherungen abgeschlossen (BAG 24.11.87, DB 88, 1606 für die Kfz-Kaskoversicherung; LAG Köln 7.5.92, DB 92, 2093 für die Betriebshaftpflichtversicherung; s. ferner *Otto* Einführung in das Arbeitsrecht, 2. Aufl, 218 f). Von Relevanz ist eine abgeschlossene oder abzuschließende Versicherung aber nur dann, wenn durch sie ein Schutz des ArbN erreicht wird. Decken Versicherungen das eingetretene Haftungsrisiko entweder nicht oder nicht mit der Folge ab, dass der ArbN von diesen nicht in Regress genommen werden könnte, können sie bei der Beurteilung des Haftungsumfangs nicht berücksichtigt werden (BAG 18.1.07 – 8 AZR 250/06, BB 07, 1008).

Die Obliegenheit zum Abschluss von Versicherungen wird insbesondere bei Fahrzeugschäden wirksam. Denn insoweit wird der Abschluss einer Vollkaskoversicherung regelmäßig als zumutbar angesehen, so dass sich die anteilige Haftung des ArbN auf die **übliche Selbstbeteiligung** (bei Lkw bis zu 1000 €) reduziert. Das BAG (24.11.87, DB 88, 1606) will dies zwar nicht als Obliegenheit anerkennen, sondern – zurückhaltender – diesen Umstand lediglich bei der Gesamtabwägung berücksichtigen, jedoch wird dies im Regelfall keinen Unterschied bedeuten, da das BAG als Konsequenz annimmt, dass der ArbN nur in Höhe der üblichen Selbstbeteiligung haftet. Da die Vollkaskoversicherung ihrerseits gem § 15 Abs 2 der Allgemeinen Bedingungen für die Kraftfahrtversicherung (AKB) nur bei grober Fahrlässigkeit beim ArbN Regress nehmen kann, bleibt für den ArbN als Haftungsrisiko, soweit keine grobe Fahrlässigkeit vorliegt, nur die übliche Selbstbeteiligung, im Ergebnis also eine Tendenz zur summenmäßigen Haftungsbegrenzung, die das BAG ansonsten noch ablehnt (BAG 12.10.89 – AZR 276/88, BB 89, 65).

Eine Haftungsmilderung scheidet nicht deshalb aus, weil der ArbN gegen die Folgen grober Fahrlässigkeit freiwillig eine Berufshaftpflichtversicherung abgeschlossen hat. Nur wenn zugunsten des ArbN eine **gesetzlich vorgeschriebene Pflichtversicherung** eingreift, kann sich der ArbN nicht auf eine Haftungsbeschränkung berufen (BAG 25.9.97 – 8 AZR 288/96, NZA 98, 310).

18 e) **Schadensberechnung.** Bei der Berechnung des Schadens muss sich der ArbGeb erzielte Steuervorteile anrechnen lassen (BGH 15.1.81, NJW 81, 920). Soweit der ArbGeb vorsteuerabzugsberechtigt ist, darf er die gesetzliche Umsatzsteuer nicht als Schadensersatzposition berechnen. Andererseits darf der sog Rabattschaden, der bei Inanspruchnahme einer Versicherung durch den Verlust des Schadensfreiheitsrabatts eintritt, in Ansatz gebracht werden (BAG 23.6.81, NJW 82, 846). Bei **vorsätzlicher vertragswidriger** Handlung kann sich der Anspruch des ArbGeb nur auf die zum Nachweis notwendigen Detektivkosten erstrecken (BAG 28.10.10 – 8 AZR 547/09, DB 11, 305; zur Geltendmachung im gerichtlichen Kostenfestsetzungsverfahren s BAG 28.5.09 – 8 AZR 226/08, NZA 09, 1300). Die Höhe des zu ersetzenden Schadens hängt schließlich entscheidend davon ab, inwieweit ein Mitverschulden des ArbGeb iSd § 254 BGB mitursächlich war (zB Erzeugung von Termindruck, nicht haltbare Zeitvorgaben bei Lkw-Fahrern, Überforderung des ArbN).

19 f) **Haftung im Außenverhältnis.** Die schuldhafte Schädigung von außenstehenden Dritten (zB Kunden) bei der Arbeitsleistung verpflichtet den ArbN im Außenverhältnis zum Schadensersatz. Soweit der ArbN allerdings im Innenverhältnis zum ArbGeb nach den Grundsätzen des innerbetrieblichen Schadensausgleich nicht haften würde, hat er einen **Freistellungsanspruch** gegen den ArbGeb (BAG 25.6.09 – 8 AZR 236/08, NJOZ 10, 455). Schädigt der ArbN bspw das Eigentum eines Kunden durch leichteste Fahrlässigkeit, kann der ArbN vom ArbGeb Freistellung von der Schadensersatzforderung des Kunden verlangen. Die Haftungsmilderung wirkt sich daher über den Freistellungsanspruch auch im Verhältnis zum außenstehenden Dritten aus. Diese Lösung versagt allerdings, soweit der ArbGeb nach Eintritt des Schadensfalles insolvent wird, weil dann der ArbN vom geschädigten Dritten voll in Anspruch genommen wird, ohne seinen Freistellungsanspruch realisieren zu können (BGH 19.9.89, NZA 90, 100; BGH 21.12.93, DB 94, 634). Allerdings kommen dem ArbN Haftungsbegrenzungen und -ausschlüsse, die der ArbGeb mit dem außenstehenden Dritten vereinbart hat, unmittelbar zugute (BGH 7.2.61, NJW 62, 388). Insbesondere kann sich der ArbN auf Haftungsausschlüsse berufen, die sein ArbGeb in allgemeinen Geschäftsbedingungen mit dem Dritten vereinbart hat. Als solche zählen auch die „Allgemeinen Beförderungsbedingungen für den gewerblichen Güternahverkehr mit Kfz (AGNB)". Dementsprechend kann sich der ArbN eines Frachtführers auf die Haftungsobergrenze nach § 17 Nr 2a AGNB berufen (BGH 21.12.93, DB 94, 634). Vertraglich vereinbarte Haftungsbegrenzungen und -einschränkungen erfassen auch die deliktische Außenhaftung des ArbN (*Baumann* BB 94, 1300 ff, 1303; einschränkend BGH 21.12.93, DB 94, 634).

Besonders bei **geleasten Produktionsmitteln** (zB Fahrzeuge oder Maschinen) ist zu 20 prüfen, ob nicht im Wege der ergänzenden Auslegung des Vertrages zwischen Leasinggeber und Leasingnehmer (= ArbGeb) eine unmittelbare Haftungsbegrenzung zugunsten der ArbN des Leasingnehmers anzunehmen ist (BGH 19.9.89, NZA 90, 100). Entgegen dem vorzitierten Urt des BGH (ablehnend auch *Otto* ArbuR 95, 76) ist jedoch immer zu prüfen, ob der Leasinggeber selbst verpflichtet gewesen wäre, für eine ausreichende Sachversicherung des Leasinggutes zu sorgen. Ein den Schadensersatz ausschließendes Mitverschulden des Leasinggebers kann nämlich vorliegen, wenn dieser es unterlassen hat, eine zumutbare und übliche Versicherung des Leasinggutes entweder selbst vorzunehmen oder dem Leasingnehmer vertraglich aufzuerlegen. Eine solche Obliegenheit ist gerade dann anzunehmen, wenn, wie bei geleasten Fahrzeugen, dem Leasinggeber bewusst sein muss, dass eine Beschädigung nicht unwahrscheinlich ist und zum normalen Benutzungsrisiko gehört. Da dann ein Mitverschulden des außenstehenden Dritten vorliegt, entfällt die Außenhaftung des ArbN bis auf den üblichen Selbstbehalt. Für Streitigkeiten mit dem Leasingunternehmen oder dessen Versicherung sind die ordentlichen Gerichte, nicht die Arbeitsgerichte zuständig (BAG 7.7.09 – 5 AZB 8/09, NZA 09, 919).

Zu den Grundsätzen des innerbetrieblichen Schadensausgleichs gehört die Obliegenheit 21 des ArbGeb, zumutbare und übliche Versicherungen abzuschließen oder den ArbN so zu stellen, als seien solche abgeschlossen (BAG 18.1.07 – 8 AZR 250/06, NZA 07, 1230). Hierzu gehört der Abschluss einer Betriebshaftpflichtversicherung (LAG Köln 7.5.92, DB 92, 2093). Kommen deshalb außenstehende Dritte zu Schaden und sind die Betriebshaftpflichtversicherung diese Schäden gedeckt, so kann der vom Dritten in Anspruch genommene ArbN diesen auf die Betriebshaftpflichtversicherung verweisen oder vom ArbGeb unter diesem Gesichtspunkt Freistellung von der Schadensersatzverpflichtung verlangen.

4. Beweislast. Die Beweislast für die Voraussetzungen eines Schadensersatzanspruchs trägt 22 der ArbGeb. Er muss daher objektive Pflichtwidrigkeit, Rechtsgutsverletzung, haftungsbegründende und haftungsausfüllende Kausalität, den Schaden und das zur Haftung führende Verschulden nachweisen (BAG 22.5.97 – 8 AZR 562/95, NZA 97, 1279 für die Haftung eines Geldtransportfahrers). Eine Beweislastumkehr findet hinsichtlich des Verschuldens nicht statt. Eine Ausnahme ist möglich, wenn die Schadensursache aus dem Gefahrenbereich des ArbN hervorgegangen ist. Auch dann hat der ArbN seiner Darlegungs- und Beweislast genügt, wenn er die hinreichende Wahrscheinlichkeit dafür darlegen kann, dass er die Pflichtverletzung nicht zu vertreten hat. Ab 1.1.02 kodifiziert § 619a BGB die Beweislast durch die Festlegung, dass das Vertreten müssen der Pflichtverletzung anspruchsbegründendes und damit vom ArbGeb zu beweisendes Tatbestandsmerkmal ist.

5. Realisierung des Schadensersatzanspruchs. Bei der Durchsetzung von Schadens- 23 ersatzansprüchen sind tarifvertragliche und einzelvertragliche Ausschlussfristen zu beachten. Eine Realisierung durch Aufrechnung gegen Vergütungsforderungen ist bei fahrlässiger Begehungsweise nur unter Beachtung der Pfändungsfreigrenzen zulässig. Bei vorsätzlicher Schädigung kann hingegen in vollem Umfang aufgerechnet werden (s *Aufrechnung* Rz 9). Ein **Schuldanerkenntnis** basierend auf dem Verdacht einer strafbaren Handlung kann die Realisierung erleichtern, wenn der ArbGeb den anerkannten Wiedergutmachungsschaden aufgrund der Angaben des ArbN für berechtigt halten durfte (BAG 22.10.98 – 8 AZR 457/97, NZA 99, 417; einschränkend für **vorformulierte Anerkenntnisse** BAG 15.3.05 – 9 AZR 502/03, NZA 05, 683). Eine Drohung mit einer Strafanzeige ist nicht widerrechtlich, wenn sie allein dazu dient, Wiedergutmachung für den eingetretenen Schaden zu erlangen (BAG 22.7.10 – 8 AZR 144/09, NZA 11, 743).

Da das Arbeitsvertragsrecht im Gegensatz zum Werkvertragsrecht keine Gewährleistungs- 24 vorschriften kennt und der ArbN nur seine Dienste, nicht einen konkreten Erfolg schuldet, ist der ArbGeb nicht berechtigt, wegen schadensverursachender Schlechtleistung eine Entgeltminderung vorzunehmen (BGH 18.7.07 – 5 AZN 610/07, BB 07, 1903); er kann jedoch nach Abmahnung zur Kündigung berechtigt sein.

6. Die Grundsätze der Rspr zur ArbNHaftung sind zwingendes **Arbeitnehmerschutz-** 25 **recht** (BAG 17.9.98 – 8 AZR 175/97, NZA 99, 141) und können daher nicht abbedungen

33 Arbeitnehmerhaftung

werden. Auch kollektivvertraglich kann nicht zu Lasten des ArbN abgewichen werden, weshalb es unzulässig ist, dem ArbN bis zu einem Selbstbehalt auch für leichteste Fahrlässigkeit bei der Beschädigung eines Dienstwagens die Haftung aufbürden zu wollen (BAG 5.2.04 – 8 AZR 91/03). Zur **Haftung** des Ausbilders s *Ausbilder* Rz 6–8, zur Haftung des ArbN für **Fehlbestände** an Geld oder Waren s *Fehlgeldentschädigung* Rz 7 ff, zur Haftung des ArbN für SozVBeiträge bei mehreren geringfügigen Beschäftigungsverhältnissen s *Mehrfachbeschäftigung* Rz 9 ff.

B. Lohnsteuerrecht
Seidel

26 **1. Steuerrechtliche Haftung.** Im Steuerrecht versteht man unter der Haftung das Einstehenmüssen für eine fremde Schuld. Da der ArbN hinsichtlich der LSt Steuerschuldner ist, schuldet er die LSt und kann daher nicht Haftender im steuerrechtlichen Sinne sein. Dagegen haftet der ArbGeb in bestimmten Fällen für die LSt des ArbN. Bei der Pauschalierung der LSt ist jedoch der ArbGeb der Steuerschuldner. In welchen Fällen der ArbN bzw der ArbGeb als Steuerschuldner mit Nachforderungs- bzw Pauschalierungsbescheid und der ArbGeb als Haftender mit Haftungsbescheid herangezogen werden können, ist unter den Stichworten *Lohnsteuerpauschalierung* Rz 63 ff, *Lohnsteuernachforderung* Rz 3 ff und *Lohnsteuerhaftung* Rz 4 ff dargestellt. Im Folgenden handelt es sich daher um die lohnsteuerrechtliche Behandlung der arbeitsrechtlichen ArbNHaftung (s oben Rz 1).

27 **2. Schadensersatz. a) Werbungskosten.** Hat der ArbN aufgrund seiner beruflichen Tätigkeit dem ArbGeb im Rahmen der bürgerlich-rechtlichen Haftung für Vorsatz und Fahrlässigkeit Schadensersatz zu leisten, können die Aufwendungen des ArbN hierfür Werbungskosten darstellen (zB Beschädigung einer Maschine oder Unfall auf einer Betriebsfahrt). Ist allerdings das schadensstiftende Ereignis in nicht unbedeutendem Maße auch von privaten Gründen (mit-)veranlasst (zB Begünstigung von Familienangehörigen), so sind die Schadensersatzaufwendungen nicht als Werbungskosten abzugsfähig. Das gilt insbesondere bei deliktischem Verhalten (zB Unterschlagung, Betrug, vorsätzliche Beschädigung); s im Einzelnen hierzu *Schmidt/Krüger* § 19 Rz 110: Schadensersatz; *HMW*/Schadensersatz Rz 18. Die gleichen Grundsätze sind auch anzuwenden, wenn der ArbN im Rahmen seiner beruflichen Tätigkeit Arbeitskollegen oder außenstehende Dritte schädigt (vgl zB auch BFH 6.4.84, BStBl II 84, 434).

28 **b) Arbeitslohn.** Verzichtet der ArbGeb auf eine ihm zustehende Schadensersatzforderung, kann darin ein geldwerter Vorteil des ArbN liegen (s auch *Schroer/Starke* FR 07, 781 Tz 2). Der Arbeitslohn fließt dem ArbN in dem Zeitpunkt zu, in dem der ArbGeb zu erkennen gibt, dass er keinen Rückgriff nehmen wird (BFH 27.3.92, BStBl II 92, 837; s auch *Lohnzufluss* Rz 8: Forderung; *Verzicht* Rz 15 und *Arbeitsentgelt* Rz 56 ff). Das hat zur Folge, dass dieser geldwerte Vorteil dem LStAbzug durch den ArbGeb unterliegt. Allerdings kann dies im Rahmen der EStVeranlagung (s *Antragsveranlagung* Rz 2 ff) des ArbN nur dann zu einer Steuererhöhung führen, wenn und soweit die Begleichung der Schadensersatzforderung ihn nicht zum Werbungskostenabzug berechtigt (zB alkoholbedingter Unfall mit einem – auch zur privaten Nutzung überlassenen – Firmenfahrzeug, BFH 24.5.07 – VI R 73/05, BStBl II 07, 766). Verzichtet der ArbGeb auf einen Schadensersatzanspruch aus **unerlaubter Handlung,** liegt darin für den ArbN kein Arbeitslohn. Dies ist nur dann anders, wenn der ArbN durch die unerlaubte Handlung bereichert ist, zB bei einer Unterschlagung, da durch den Schulderlass der ArbN das unterschlagene Geld (als Arbeitslohn) behalten darf (*K/S* § 19 B 261).

29 **c) Altersteilzeitgesetz.** Soweit der ArbN wegen seines pflichtwidrigen Verhaltens der BA oder dem ArbGeb zu Unrecht gezahlte Leistungen nach dem AltTZG zu ersetzen hat (s *Altersteilzeit* Rz 91), kommt mE eine steuerliche Berücksichtigung beim ArbN nicht in Betracht, da die dem ArbN zuvor – zu Unrecht – gewährten Leistungen gem § 3 Nr 28 EStG steuerfrei waren (s *Altersteilzeit* Rz 27, 28; s auch *Entgeltrückzahlung* Rz 17). Erfolgt die Zahlung des ArbN an die BA jedoch noch im selben Kj wie der Bezug der zu Unrecht bezogenen Aufstockungsbeträge, entfällt in Höhe des Rückzahlungsbetrages die Anwendung des Progressionsvorbehalts des § 32b Abs 1 Nr 1g EStG (s auch *Altersteilzeit* Rz 27). Zum negativen Progressionsvorbehalt, wenn die Rückzahlung in einem späteren Jahr erfolgt s *Lohnersatzleistungen* Rz 13.

Arbeitnehmerüberlassung/Zeitarbeit 34

C. Sozialversicherungsrecht *Schlegel*

1. Unfallversicherung. Die Haftungsersetzung durch UVSchutz greift bei Arbeitsun- 30
fällen sowohl im Verhältnis des ArbGeb zu seinem ArbN (§ 105 Abs 1 SGB VII) als auch in den Fällen, in denen der Arbeitsunfall durch einen Arbeitskollegen verursacht wird (§ 105 Abs 1 SGB VII), also der Schädiger ebenfalls ArbN ist (dazu oben Rz 3 ff). Darüber hinaus ist ein ArbN nach § 105 Abs 2 Satz 1 SGB VII auch gegenüber einem nicht versicherten Unternehmer (zB seinem ArbGeb) nicht schadensersatzpflichtig. Um den Geschädigten nicht ohne jegliche Ansprüche zu lassen, werden die Unternehmer in diesen Fällen „wie Versicherte" behandelt, die einen Versicherungsfall erlitten haben, es sei denn, eine Ersatzpflicht des Schädigers gegenüber dem Unternehmer ist zivilrechtlich ausgeschlossen. Das BSG wendet insoweit die vom BAG entwickelten Grundsätze der Haftungsmilderung bei Schadensersatzansprüchen des ArbGeb gegenüber seinem ArbN an; ist danach eine Haftung des Schädigers (ArbN) ausgeschlossen, stehen dem Unternehmer Ansprüche aus der gesetzlichen UV nicht zu (BSG 24.6.03 – B 2 U 39/02 R, SozR 4–2700 § 105 Nr 1).

2. Beitragsrechtliche Unbeachtlichkeit der Schadensersatzpflicht. Hat der ArbN 31
dem ArbGeb im Rahmen der bürgerlich-rechtlichen Haftung Schadensersatz zu leisten, so können die Aufwendungen des ArbN hierfür bei der Bemessung der zu entrichtenden SozVBeiträge vom Arbeitsentgelt nicht abgezogen werden; insoweit unterscheidet sich das Sozialrecht maßgeblich vom Steuerrecht, das hierfür den Abzug von Werbungskosten zulässt (s oben Rz 27). Andererseits hat der ArbN den Vorteil, dass das für die Bemessung von Lohnersatzleistungen maßgebliche Arbeitsentgelt ebenfalls nicht durch die Schadensersatzforderung reduziert ist, mithin die Schadensersatzforderung keinen (insoweit negativen) Einfluss auf die Höhe des Arbeitsentgelts hat.

3. Sozialrechtlicher Begriff der Arbeitnehmerhaftung. Im Sozialrecht wird unter 32
dem Begriff der ArbNHaftung insbesondere die – nur ausnahmsweise den ArbN treffende – Pflicht zur Tragung der SozVBeiträge aus dem Arbeitsentgelt verstanden. Anders als im Steuerrecht ist der ArbN für die auf das Arbeitsentgelt aus seiner versicherungs- und beitragspflichtigen Beschäftigung entfallenden GesamtSozVBeiträge (§ 28d SGB IV) nur ausnahmsweise Beitragsschuldner. Der ArbN hat den GesamtSozVBetrag nur dann zu zahlen, wenn ArbGeb ein ausländischer Staat oder eine internationale oder zwischenstaatliche Organisation ist (vgl § 28 m SGB IV, hierzu im Einzelnen *Schlegel/Voelzke* SGB IV, § 28m).

Arbeitnehmerüberlassung/Zeitarbeit

A. Arbeitsrecht *Röller*

Übersicht

	Rz		Rz
I. Allgemeines	1	d) Abgrenzung zu Mischverträgen	9
1. Rechtliche Grundlagen	1	e) Gemeinschaftsbetrieb mehrerer Unternehmen	10
2. Verbot mit Erlaubnisvorbehalt	2	III. Geltungsbereich des AÜG	11–19
II. Begriff und Abgrenzung zu anderen Formen drittbezogenen Personaleinsatzes	3–10	1. Räumlicher Geltungsbereich	11
1. Begriff	3	2. Wirtschaftliche Tätigkeit	12, 13
2. Abgrenzung zur Arbeitsvermittlung	4	3. Ausnahmen von der Erlaubnispflicht	14–19
3. Abgrenzung zu anderen Formen drittbezogenen Personaleinsatzes	5–10	a) Abordnung zu einer Arbeitsgemeinschaft	14
a) Abgrenzung zum Werk- und Dienstvertrag	6	b) Arbeitnehmerüberlassung zur Vermeidung von Kurzarbeit und Entlassungen	15
b) Abgrenzung zum Geschäftsbesorgungsvertrag	7	c) Konzerninterne Arbeitnehmerüberlassung	16
c) Abgrenzung zum Dienstverschaffungsvertrag	8	d) Gelegentliche Überlassung	17
		e) Überlassung ins Ausland	18

34 Arbeitnehmerüberlassung/Zeitarbeit

	Rz
f) Arbeitgeber mit weniger als 50 Beschäftigen	19
IV. Folgen unerlaubter Arbeitnehmerüberlassung	20–26
1. Unwirksamkeit des Vertrages zwischen Verleiher und Entleiher	20
2. Fehlerhaftes Arbeitsverhältnis im Verhältnis Verleiher-Leiharbeitnehmer	21
3. Schadensersatzanspruch des Leiharbeitnehmers	22
4. Fingiertes Arbeitsverhältnis zwischen Entleiher und Leiharbeitnehmer	23–25
a) Allgemeines	23
b) Inhalt des fingierten Arbeitsverhältnisses	24
c) Dauer des Arbeitsverhältnisses	25
5. Gesamtschuldnerische Haftung von Verleiher und Entleiher	26
V. Rechtsverhältnis Verleiher – Entleiher	27–30
1. Überlassungsvertrag	27
2. Vergütung	28
3. Leistungsstörungen	29
4. Unwirksamkeit von Abwerbungs- und Einstellungsverboten, Vermittlungsgebühr	30
VI. Rechtsverhältnis Verleiher – Leiharbeitnehmer	31–50
1. Allgemeines	31
2. Equal-pay-/Equal-treatment-Gebot	32–38
a) Allgemeines	32
b) Gewährung der wesentlichen Arbeitsbedingungen	33, 34
c) Vergleichsmaßstab: Vergleichbare Arbeitnehmer des Entleihers	35
d) Zeitlicher Umfang des Gleichbehandlungsgrundsatzes	36
e) Darlegungslast	37
f) Ausschlussfristen/Verjährung	38

	Rz
3. Ausnahmen	39–45
a) Abweichung durch Anwendung eines Tarifvertrags	39
b) Lohnuntergrenze	40
c) Einzelvertragliche Bezugnahme auf einen Tarifvertrag	41–45
4. Nachweis- und Auskunftspflichten	46
5. Befristung des Arbeitsvertrages	47
6. Leistungsstörungen	48
7. Beendigung des Leiharbeitsverhältnisses	49
8. Nichtgewerbsmäßige Arbeitnehmerüberlassung	50
VII. Rechtsverhältnis zwischen Entleiher und Leiharbeitnehmer	51–57
1. Allgemeines	51
2. Leistungsstörungen	52
3. Ansprüche des Leiharbeitnehmers gegen den Entleiher	53–57
a) Arbeitsschutzvorschriften	53
b) Arbeitnehmererfindungen und technische Verbesserungsvorschläge	54
c) Auskunftspflichten	55
d) Informationspflicht über freie Arbeitsplätze	56
e) Zungangsrechte für Leiharbeitnehmer	57
VIII. Betriebsverfassungsrechtliche Besonderheiten des Leiharbeitsverhältnisses	58–62
1. Zuordnung zum Verleiher- und Entleiherbetrieb	58
2. Rechte des Leiharbeitnehmers im Entleiherbetrieb	59
3. Rechte des Betriebsrats im Entleiherbetrieb	60, 61
4. Zuständigkeit des Verleiherbetriebsrats	62
IX. Überwachung, Straftaten und Ordnungswidrigkeiten	63, 64
1. Kontrolle	63
2. Straftaten und Ordnungswidrigkeiten	64
X. Muster	65

1 I. Allgemeines. 1. Rechtliche Grundlagen. Rechtsgrundlage für die ArbNÜberlassung ist das **AÜG** vom 7.8.72 (BGBl I 72, 1393). Weitreichende Änderungen im Recht der ArbNÜberlassung sind durch das Job-AQTIV-Gesetz v 10.12.01 (BGBl I 01, 3443), das Erste Gesetz für moderne Dienstleistungen am Arbeitsmarkt vom 23.12.02 (BGBl I 02, 4607) und das Erste Gesetz zur Änderung des AÜG – Verhinderung von Missbrauch der ArbNÜberlassung vom 24.3.11 (BGBl I 11, 642) in Kraft getreten. Letzteres dient nicht nur der Verhinderung von Missbrauch der ArbNÜberlassung, sondern auch der Umsetzung der RL 2008/104/EG über Leiharbeit des Europäischen Parlaments und des Rates v 19.11.08. Ein Teil der neuen Bestimmungen (Lohnuntergrenze § 3a AÜG; Drehtürklausel §§ 3 Abs 1 Nr 3 Satz 4, 9 Nr 3 AÜG) ist am Tag nach der Verkündung in Kraft getreten; dies war der 30.4.11. Die übrigen Bestimmungen sind nach Art 2 des Gesetzes erst am 1.12.11 in Kraft getreten, um Verleihern und Entleihern ausreichend Zeit einzuräumen, sich auf die neue Rechtslage vorzubereiten. Ergänzt wird die Neuregelung durch das Gesetz zur Änderung des

AÜG und des SchwarzArbG v 20.7.11 (BGBl I 11, 1506), welches am 30.7.11 in Kraft getreten ist. Zur gesetzlichen Neuregelung s *Düwell* DB 11, 1520; *Leuchten* NZA 11, 604; *Böhm* DB 11, 473; *Lembke* DB 11, 414; *Schüren/Wank* RdA 11, 1. Die Große Koalititon von CDU, CSU und SPD plant gesetzliche Regelungen zur Verhinderung des Missbrauchs von Werkverträgen. Diese werden voraussichtlich auch zu Änderungen des AÜG führen. S *Werkvertrag* Rz 1.

Gewerberechtliche Spezialregelungen finden sich im Personenbeförderungsgesetz (BGBl I 61, 241), im Güterkraftverkehrsgesetz (BGBl I 10, 1057), in der VO über das Bewachungsgewerbe (BGBl I 79, 1986) und im Gesetz zur Errichtung des Gesamthafenbetriebs (BGBl I 50, 352). Bei genauer Betrachtung besteht zwischen diesen gewerberechtlichen Regelungen und dem AÜG jedoch keine Kollisionslage, da das AÜG oftmals tatbestandlich nicht eingreift.

2. Verbot mit Erlaubnisvorbehalt. ZeitArbGeb bedürfen zur ArbNÜberlassung im Rahmen ihrer wirtschaftlichen Tätigkeit einer besonderen Erlaubnis der BA, die gegen Gebühr erteilt wird (§ 2a AÜG). Die Erlaubnis oder ihre Verlängerung darf unter den in § 3 AÜG genannten Voraussetzungen versagt oder mit Auflagen versehen werden. 2

ArbNÜberlassung **in Betriebe des Baugewerbes** für Arbeiten, die üblicherweise von Arbeitern verrichtet werden, ist **unzulässig** (§ 1b Abs 1 Satz 1 AÜG). **Zwischen Betrieben des Baugewerbes und anderen Betrieben** und nicht nur zwischen Betrieben des Baugewerbes ist sie gestattet, wenn sie durch einen diese Betriebe erfassenden Tarifvertrag erlaubt ist (§ 1b Satz 2 Nr 1 AÜG). Die pauschale Geltung derselben Rahmen- und Sozialkassentarifverträge oder deren Allgemeinverbindlichkeit reicht für die Zulässigkeit der Leiharbeit allein nicht aus. Zusätzlich muss der verleihende Betrieb diesen Tarifverträgen mindestens seit 3 Jahren unterfallen (§ 1b Satz 2 Nr 2 AÜG). Soweit ArbN von Baubetrieben verliehen werden, die ihren Sitz im EWR haben, ist die Geltung derselben Rahmen- und Sozialkassentarifverträge oder deren Allgemeinverbindlichkeit nicht erforderlich. Hier genügt es, wenn die Verleiher seit mindesten 3 Jahren überwiegend Tätigkeiten ausüben, die vom Geltungsbereich dieser Tarifverträge erfasst werden (§ 1b Satz 3 AÜG). Mit dieser Regelung hat der Gesetzgeber ein Urteil des EuGH umgesetzt (EuGH 25.10.01 – 49/98, NZA 01, 1299).

II. Begriff und Abgrenzung zu anderen Formen drittbezogenen Personaleinsatzes. 1. Begriff. ArbNÜberlassung liegt vor, wenn ein ArbGeb (Verleiher) einem Dritten (Entleiher) aufgrund einer zumindest konkludent getroffenen Vereinbarung vorübergehend geeignete, bei ihm angestellte Arbeitskräfte (LeihArbN) zur Verfügung stellt, die dieser nach seinen Vorstellungen und Zielen in seinem Betrieb wie seine eigenen ArbN zur Förderung seiner Betriebszwecke einsetzt (BAG 18.1.12 – 7 AZR 723/10, NZA-RR 12, 455; 13.8.08 – 7 AZR 269/07, BeckRS 2010, 71643). „Überlassen" wird ein ArbN einem Dritten nicht bereits dann, wenn er aufgrund seines Arbeitsvertrages Weisungen des Dritten zu befolgen hat. Erforderlich ist vielmehr, dass er bei vollständiger Eingliederung in den Betrieb des Dritten für diesen und nicht weiterhin allein für seinen ArbGeb tätig wird (BAG 3.12.97 – 7 AZR 764/96, DB 98, 1520). Die ArbNÜberlassung wird damit innerhalb des Dreiecksverhältnisses Verleiher-Entleiher-LeihArbN abgewickelt, in dem die ArbGebStellung teilw auf einen Dritten übertragen wird. 3

Nach § 1 Abs 1 Satz 2 AÜG darf jede Überlassung nur **vorübergehend** erfolgen. Strittig war lange Zeit, ob die gesetzliche Regelung nur einen unverbindlichen Programmsatz enthält (LAG Nds 14.11.12 – 12 TaBV 62/12, BeckRS 2013, 66478; *Thüsing/Stiebert* DB 12, 632; *Lembke* BB 12, 2497) oder ein Verbotsgesetz darstellt, das die dauerhafte ArbNÜberlassung untersagt (LAG Nds 9.9.12 – 17 TaBV 124/11, BeckRS 2012, 74786; *Hermann* RdA 11, 322; *Böhm* DB 12, 918; *Düwell* ZESAR 11, 449). Das BAG hat durch Urteil vom 10.7.13 entschieden, dass § 1 Abs 1 Satz 2 AÜG ein Verbotsgesetz darstellt, das dem Schutz des LeihArbN diene und die dauerhafte Aufspaltung der Belegschaft des Entleiherbetriebs in eine Stammbelegschaft und eine entliehene Belegschaft verhindern soll (BAG 10.7.13 – 7 ABR 91/11, NZA 13, 1296). Der BRat des Entleiherbetriebs hat deshalb bei der dauerhaften ArbNÜberlassung ein Zustimmungsverweigerungsrecht nach § 99 Abs 2 Nr 1 BetrVG. Ungeklärt bleibt, was unter einem vorübergehenden Einsatz zu verstehen ist. Teilw wird auf die Wertungen des TzBfG zurückgegriffen (*Teusch/Verstege* NZA 12, 1326), teilw an einen

34 Arbeitnehmerüberlassung/Zeitarbeit

aus dem Konzernprivileg stammenden Fünfjahreszeitraum angeknüpft (*Gaul* AktuellAR 11, 344) oder die Auffassung vertreten, der Begriff „vorübergehend" sei als flexible Zeitkomponente zu verstehen; es sei deshalb nicht erforderlich, dass der Einsatz des LeihArbN von vornherein zeitlich befristet sei (LAG Dü 2.10.12 – 17 TaBV 48/12, BeckRS 2012, 73769; *Giesen* FA 12, 66). Geklärt ist lediglich, dass ein Einsatz ohne jegliche zeitliche Begrenzung nicht mehr vorübergehend ist (BAG 10.7.13 – 7 ABR 91/11). Ungeklärt bleibt weiterhin, ob der vorübergehende Einsatz von LeihArbN auf Dauerarbeitsplätzen ausgeschlossen, dh ob der Anknüpfungspunkt personen- oder arbeitsplatzbezogen ist. Strittig diskutiert wird die Frage, welche Sanktionen den entleihenden ArbGeb bei einer nicht nur vorübergehenden Überlassung treffen. Das AÜG enthält keine Regelung, dass in diesem Fall ein Arbeitsverhältnis zwischen Entleiher und LeihArbN begründet wird. Deshalb wird teilw die Auffassung vertreten, dass es keine Möglichkeit gebe, eine solche Sanktion auszusprechen (LAG Dü 21.6.13 – 10 Sa 1747/12, BeckRS 2013, 71617; LAG Bln-Bbg 16.10.12 – 7 Sa 1182/12, BeckRS 2012, 74944; LAG Nds 14.11.12 – 12 TaBV 62/12, BeckRS 2013, 66478). Nach aA ist § 10 Abs 1 Satz 1 AÜG analog anzuwenden (LAG BaWü 31.7.13 – 4 Sa 18/13, BeckRS 2013, 71078; LAG Bln-Bbg 9.1.13 – 15 Sa 1635/12, NZA-RR 13, 234; LAG BaWü 22.11.12 – 11 Sa 84/12, BeckRS 2013, 67254). Das BAG hat diese Frage durch Urteil v 10.12.13 entschieden (BAG 10.12.13 – 9 AZR 51/13). Für eine analoge Anwendung von § 10 Abs 1 Satz 1 AÜG fehlt es an einer planwidrigen Regelungslücke. Zwischen LeihArbN und Entleiher kommt deshalb kein Arbeitsverhältnis zustande. Zu dieser Thematik sa *Steinmeyer* DB 13, 2740; *Thüsing* NZA 13, 1248; *Böhm* DB 12, 918, 632; *Leuchter* NZA 11, 608; *Zimmer* AuR 12, 89; *Ebert* ArbRB 13, 276.

4 **2. Abgrenzung zur Arbeitsvermittlung.** Nach der Legaldefinition des § 35 Abs 1 Satz 2 SGB III erfasst die Arbeitsvermittlung alle Tätigkeiten, die darauf gerichtet sind, Ausbildungs- und Arbeitssuchende mit ArbGeb zur Begründung eines Beschäftigungsverhältnisses zusammenzuführen (Einzelheiten s *Arbeitsvermittlung*). Nach § 1 Abs 2 AÜG wird vermutet, dass der Überlassende Arbeitsvermittlung betreibt, wenn ArbN Dritten zur Arbeitsleistung überlassen werden und der Überlassende nicht die üblichen ArbGebPflichten oder das ArbGebRisiko (§ 3 Abs 1 Nr 1–3 AÜG) übernimmt. Die Widerlegung der Vermutung kann dadurch erfolgen, dass der Verleiher zB beweist, dass er seine LeihArbN an verschiedene Entleiher verleiht. Misslingen wird deshalb der Entlastungsbeweis idR dann, wenn das Beschäftigungsverhältnis des LeihArbN speziell auf einen Entleiher zugeschnitten ist (*Schüren/Hamann* § 1 Rz 409 ff). Ist Arbeitsvermittlung zu vermuten, folgt daraus nicht, dass ein Arbeitsverhältnis zwischen Entleiher und LeihArbN zustandekommt. Das gilt jedenfalls für die Zeit bis 30.11.11 (BAG 15.5.13 – 7 AZR 494/11, BeckRS 2013, 71935; 2.6.10 – 7 AZR 946/08, NZA 11, 351).

5 **3. Abgrenzung zu anderen Formen drittbezogenen Personaleinsatzes.** Die ArbN-Überlassung ist eine Form des drittbezogenen Personaleinsatzes. Sonstige Formen sind die Arbeit aufgrund eines Werkvertrages, eines Dienstvertrages, eines Geschäftsbesorgungsvertrages, eines Dienstverschaffungsvertrages oder aufgrund einer Arbeitsvermittlung (ErfK/*Wank* § 1 AÜG Rz 8 ff; *Schüren/Hamann* § 1 Rz 107 ff). Wichtig ist die Abgrenzung dieser Formen drittbezogenen Personaleinsatzes im Hinblick auf die illegale ArbNÜberlassung. Bei illegaler ArbNÜberlassung kommt nach § 10 Abs 1 AÜG ein Arbeitsverhältnis zum Entleiher zustande.

6 **a) Abgrenzung zum Werk- und Dienstvertrag.** Beim Dienst- und Werkvertrag organisiert der Unternehmer (ArbGeb) die zur Erreichung eines wirtschaftlichen Erfolges notwendigen Handlungen selbst und bedient sich dabei seiner ArbN als Erfüllungsgehilfen. Die ArbN des Dienst- oder Werkunternehmers bleiben auch bei ihrer Tätigkeit in einem fremden Betrieb in dessen Organisation eingegliedert und nur dessen Weisung unterstellt (BAG 18.1.12 – 7 AZR 723/10, NZA-RR 12, 455; 9.11.94 – 7 AZR 217/94, DB 95, 1566). Dagegen liegt ArbNÜberlassung vor, wenn der ArbGeb dem Dritten geeignete Arbeitskräfte überlässt, die der Dritte nach eigenen betrieblichen Erfordernissen in seinem Betrieb nach seinen Weisungen einsetzt (BAG 6.8.03 – 7 AZR 180/03, BB 04, 669). Einzelheiten s *Werkvertrag* Rz 2 ff.

7 **b) Abgrenzung zum Geschäftsbesorgungsvertrag.** Der Geschäftsbesorgungsvertrag gem §§ 611, 631, 675 BGB ist ein Dienst- oder Werkvertrag, der eine Geschäftsbesorgung zum Inhalt hat. Hierunter ist eine selbstständige Tätigkeit wirtschaftlicher Art zu verstehen. Im Hinblick auf die Abgrenzung gegenüber dem ArbNÜberlassungsvertrag kann auf obige Ausführungen zum Werk- oder Dienstvertrag verwiesen werden.

c) Abgrenzung zum Dienstverschaffungsvertrag. Dieser ist im BGB nicht geregelt, aber eine allgemein anerkannte besondere Vertragsform. In dem Verschaffungsvertrag verpflichtet sich eine Partei, der anderen Vertragspartei die Dienste eines Dritten zu verschaffen. Dabei können diese Dienste entweder von Selbstständigen oder abhängig Beschäftigten geleistet werden. Werden Dienste eines abhängig Beschäftigten dem Dritten verschafft, liegt entweder ArbNÜberlassung – wenn der Dienstverschaffer selbst ein Arbeitsverhältnis mit dem ArbN eingeht – oder Arbeitsvermittlung – wenn der Dienstverschaffer einem anderen ArbGeb eine Arbeitskraft mitsamt Arbeitsverhältnis verschafft – vor (ErfK/*Wank* § 1 AÜG Rz 25; *Schüren/Hamann* § 1 Rz 215 ff). 8

d) Abgrenzung zu Mischverträgen. Diese verbinden Elemente von Miet-, Kauf- oder Leasingverträgen mit einer Dienstverschaffung. Besondere Bedeutung in der Praxis hat das **Überlassen von Maschinen mit Bedienungspersonal.** Keine ArbNÜberlassung liegt vor, wenn die Überlassung des Geräts im Vordergrund steht und die Personalgestellung überhaupt erst den Einsatz der Geräte ermöglicht (BAG 2.8.06 – 10 AZR 756/05; 17.2.93 – 7 AZR 167/92, NZA 93, 1125). 9

e) Gemeinschaftsbetrieb mehrerer Unternehmen. Die am Gemeinschaftsbetrieb beteiligten Unternehmen werden idR nicht VertragsArbGeb aller im Betrieb beschäftigten ArbN, sondern bleiben dies nur im Verhältnis zu ihrem bisherigen ArbN, weil die Schaffung eines einheitlichen Leitungsapparates durch die beteiligten Unternehmen nicht zu einem ArbGebWechsel im Verhältnis zu ihrem ArbN führt (BAG 29.9.04 – 1 AZR 473/03, NZA-RR 05, 616; 24.1.96 – 7 ABR 10/95, DB 96, 2131). Auch ein fachliches Weisungsrecht des anderen am Gemeinschaftsbetrieb beteiligten Unternehmens und die Zusammenarbeit der ArbN mit dessen ArbN begründen keine ArbNÜberlassung iSd AÜG (BAG 25.10.2000 – 7 AZR 487/99, NZA 01, 259). Bei bloßer Personalgestellung im Rahmen konzerninterner ArbNÜberlassung liegt kein gemeinsamer Betrieb von Entleiher und Verleihunternehmen vor (LAG Dü 15.1.09 – 15 TaBV 379/08, BeckRS 2009, 66119). 10

III. Geltungsbereich des AÜG. 1. Räumlicher Geltungsbereich. Das AÜG folgt dem **Territorialitätsprinzip** und gilt damit nur für das Gebiet der BRD. Innerhalb Deutschlands gilt das Gesetz für das Tätigwerden einheimischer wie ausländischer Verleihunternehmer, sodass auch der Verleih nach Deutschland hinein und aus Deutschland hinaus erfasst wird (*Thüsing/Thüsing* Einf. Rz 25; *Schüren/Schüren* Einl Rz 11). Bei einem Verleih eines ausländischen ArbN von einem ausländischen Verleiher an einen inländischen Entleiher ist das AÜG nach hM im Ganzen nicht anwendbar (*Thüsing/Thüsing* Einf Rz 25 mnN). Zur grenzüberschreitenden ArbNÜberlassung s *Thüsing/Thüsing* Einf Rz 43 ff; *Schüren/Riederer von Paar* Einl Rz 641 ff). 11

2. Wirtschaftliche Tätigkeit. Durch das Erste Gesetz zur Änderung des AÜG wurde dessen Anwendungsbereich ausgedehnt. Gem § 1 Abs 1 AÜG nF besteht für jede Form der ArbNÜberlassung im Rahmen einer wirtschaftlichen Tätigkeit eine Erlaubnispflicht, unabhängig davon, ob die Überlassung gewerbsmäßig geschieht. Mit der Neufassung des Gesetzes werden die Vorgaben der EU-Richtlinie zur Leiharbeit umgesetzt, die für alle Formen der ArbNÜberlassung gilt, und zwar unabhängig davon, ob die Leiharbeitsunternehmen oder entleihenden Unternehmen Erwerbszwecke verfolgen oder nicht. Unter wirtschaftlicher Tätigkeit ist jede Tätigkeit zu verstehen, die darin besteht, Güter oder Dienstleistungen auf einem bestimmten Markt anzubieten (EuGH 10.1.06 – C-224/04, BeckRS 2006, 70028). Eine Gewinnerzielungsabsicht ist damit nicht mehr erforderlich. Vom Geltungsbereich des Gesetzes erfasst werden damit auch gemeinnützige Einrichtungen sowie konzerninterne Verleihunternehmen, die ArbN zum „Selbstkostenpreis" überlassen (LAG Dü 26.7.12 – 15 Sa 336/12, BeckRS 2012, 71606; *Thüsing/Thieken* DB 12, 347; *Böhm* DB 12, 918; *Lembke* DB 11, 414; *Leuchten* NZA 11, 608; aA *Hamann* NZA 11, 70). Letzteres war bislang umstritten. 12

In der **bis zum 30.11.11** geltenden Fassung bestand für Entleiher eine Pflicht zur Einholung einer Erlaubnis zur ArbNÜberlassung nur dann, wenn sie ihre ArbN dem Entleiher gewerbsmäßig zur Arbeitsleistung überließen. Nur die **gewerbsmäßige Arbeitnehmer-** 13

34 Arbeitnehmerüberlassung/Zeitarbeit

überlassung, nicht jedoch die nicht gewerbsmäßige, bedurfte einer Erlaubnis der BA (§§ 1, 17 AÜG aF). Unter gewerbsmäßiger Tätigkeit war jede nicht nur gelegentliche, sondern auf eine gewisse Dauer angelegte und auf die Erzielung unmittelbarer oder mittelbarer wirtschaftlicher Vorteile ausgerichtete selbstständige Tätigkeit zu verstehen (BAG 18.7.12 – 7 AZR 451/11, BeckRS 2012, 74792). Es kam nicht darauf an, dass der Betrieb überwiegend auf dem Gebiet der ArbNÜberlassung tätig war. Ausreichend war, dass die ArbNÜberlassung als solche im Einzelfall der Hauptzweck des Geschäfts war (BAG 15.4.99 – 7 AZR 437/97, DB 99, 2315). Entscheidendes Kriterium für die Gewerbsmäßigkeit war die Gewinnerzielungsabsicht. Diese wurde dann angenommen, wenn ein Überschuss der Erträge gegenüber den Aufwendungen angestrebt wurde. Der Verleiher handelte mit Gewinnerzielungsabsicht, wenn er das Entgelt für die Überlassung des LeihArbN so bemaß, dass es die Kosten überstieg. Deckte das Überlassungsentgelt hingegen nur die Selbstkosten des ArbGeb, lag keine Gewinnerzielungsabsicht vor (BAG 20.4.05). Die für die Gewerbsmäßigkeit erforderliche Gewinnerzielungsabsicht fehlte damit auch, wenn mit der Überlassung von ArbN gemeinnützige Zwecke verfolgt wurden (BAG 2.6.10 – 7 AZR 946/08, NZA 11, 351).

14 **3. Ausnahmen von der Erlaubnispflicht. a) Abordnung zu einer Arbeitsgemeinschaft, § 1 Abs 1 Satz 2 und Satz 3 AÜG.** Bei Abordnung von ArbN zu einer zur Herstellung eines Werkes gebildeten Arbeitsgemeinschaft liegt keine erlaubnispflichtige ArbNÜberlassung vor, wenn der ArbGeb Mitglied der Arbeitsgemeinschaft ist, für alle Mitglieder der Arbeitsgemeinschaft Tarifverträge desselben Wirtschaftszweiges gelten und alle Mitglieder aufgrund des Arbeitsgemeinschaftsvertrages zur selbständigen Erbringung von Vertragsleistungen verpflichtet sind. ArbNÜberlassung liegt deshalb dann vor, wenn ein Mitglied keine Vertragsleistungen zur Arbeitsgemeinschaft erbringt. Der Begriff „Werk" ist iSv § 631 BGB zu verstehen. Damit sind Arbeitsgemeinschaften ausgeschlossen, deren Zweck auf die Erfüllung einer Dienstleistung gerichtet ist (*Schüren/Hamann* § 1 Rz 320; ErfK/*Wank* § 1 AÜG Rz 39). Werksarbeitsgemeinschaften kommen vor allem im Baugewerbe vor. Die Tarifverträge desselben Wirtschaftszweiges müssen für alle Mitglieder der Arbeitsgemeinschaft gelten. Diese Geltung kann dadurch eintreten, dass der ArbGeb Mitglied des vertragsschließenden ArbGebVerbandes ist (§ 3 TVG) oder dass der Tarifvertrag für allgemein verbindlich erklärt worden ist (§ 5 TVG). Möglich ist auch, dass ein nicht tarifgebundener ArbGeb die Geltung eines Tarifvertrages über das Arbeitsverhältnis mit einem zu einer Arbeitsgemeinschaft abgeordneten ArbN vereinbart, da der Zweck der Regelung, die Zusammenarbeit zu erleichtern und den sozialen Schutz der ArbN zu gewährleisten, auch in diesen Fällen erreicht wird (ErfK/*Wank* § 1 AÜG Rz 41). Abzugrenzen ist die Abordnung zu einer Arbeitsgemeinschaft von der Freistellung nach den Bautarifverträgen (Einzelheiten s *Arbeitsgemeinschaft*).

15 **b) Arbeitnehmerüberlassung zur Vermeidung von Kurzarbeit und Entlassungen, § 1 Absatz 3 Nr 1 AÜG.** Ausgenommen vom Geltungsbereich des AÜG ist die ArbN-Überlassung zur Vermeindung von Kurzarbeit oder Entlassungen für ArbGeb desselben Wirtschaftszweiges, wenn ein für den Verleiher und Entleiher geltender Tarifvertrag gilt. Es muss sich um denselben Tarifvertrag handeln. Es genügt nicht, wenn für Verleiher und Entleiher verschiedene Tarifverträge gelten (ErfK/*Wank* § 1 AÜG Rz 53; *Boemke/Lembke* § 1 Rz 184; aA *Schüren/Hamann* § 1 Rz 464 ff). Möglich ist, dass ein nicht tarifgebundener ArbGeb die Geltung des Tarifvertrages individualrechtlich vereinbart (ErfK/*Wank* § 1 AÜG Rz 53; *Schüren/Hamann* § 1 Rz 474).

16 **c) Konzerninterne Arbeitnehmerüberlassung,** wenn der ArbN nicht zum Zweck der Überlassung eingestellt und beschäftigt wird (§ 1 Abs 3 Nr 2 AÜG nF). Nach der alten Gesetzeslage war die konzerninterne ArbNÜberlassung ohne Genehmigung zulässig, wenn sie nur vorübergehend erfolgte. Dieses Merkmal wurde weit ausgelegt. Entscheidend war, ob der ArbN nach den getroffenen vertraglichen Regelungen in sein ursprüngliches Unternehmen zurückkehren oder endgültig aus diesem Unternehmen ausscheiden sollte (LAG Hess 26.5.2000 – 2 Sa 423/99, DB 2000, 1968; ErfK/*Wank* § 1 AÜG Rz 57). Heftig umstritten war die Frage, ob das Konzernprivileg auch für konzernangehörige Personalführungsgesellschaften galt, wenn diese „günstige" Tarifverträge der Leiharbeit anwandten, um die Arbeitskosten im Konzern zu senken. Teilw wurde die Auffassung vertreten, die Konzernüberlassung sei als Scheingeschäft, Umgehung oder Strohmann-Konstruktion anzusehen und damit unzulässig, wenn sie nur der Unterbietung der Branchentarifverträge diente. Nach Auffassung des BAG konnte aus einer derartigen Konstruktion kein Beschäftigungsverbot oder ein Zustimmungsverweigerungsrecht gem § 99 Abs 2 Nr 1 BetrVG abgeleitet werden (BAG 21.7.09 – 1 ABR 35/08, NZA 09, 1156; zum Streitstand s Personalbuch 2011 Arbeitnehmerüberlassung Rz 7). Mit Urteil vom 7.2.11 hat das BAG seine Rspr geändert. Ein konzernzugehöriges Unternehmen unterfiel auch in der bis zum 30.11.11 geltenden Fassung dem Geltungsbereich des AÜG, wenn es ArbN einstellte, um diese an andere Konzernunternehmen zu Bedingungen zu überlassen, die für diese Unternehmen mit geringeren Kosten verbunden waren, als wenn sie die ArbN selbst eingestellt hätten. Nach Auffassung des BAG macht es keinen Unterschied, ob der Gewinn erst bei dem ArbNÜberlassungsunternehmen ausgewiesen und dann abgeführt wird oder ob er sogleich bei der Konzernmuttergesellschaft oder einem anderen entleihenden Konzernunternehmen entsteht (BAG 9.2.11 – 7 AZR 32/10, NZA 11, 791). Die mit dieser Entscheidung vollzogene Änderung der Rspr hat die vom Gesetzgeber beschlossene, jedoch erst zum 1.12.11 in Kraft getretene Klarstellung des Gesetzes überholt.

Die wesentlichen Vorschriften des AÜG gelten ab dem 1.12.11 nicht, wenn zwischen Konzerngesellschaften ArbN überlassen werden, die „nicht zum Zwecke der Überlassung eingestellt und beschäftigt" werden. Das Konzernprivileg greift deshalb dann ein, wenn der ArbN nicht ausschließlich zum Zweck der Überlassung eingestellt und beschäftigt, sondern auch beim überlassenen Unternehmen eingesetzt wird, dh wenn der konzernintern überlassene ArbN als „normaler" ArbN eingestellt und beschäftigt wird, jedoch aufgrund einer Konzernversetzungsklausel auch als LeihArbN eingesetzt werden kann (*Lembke* BB 12, 2497; DB 2011, 414).

d) Gelegentliche Überlassung (§ 1 Abs 3 Nr 2a AÜG). Nicht konzernrechtlich verbundene Unternehmen dürfen ArbN außerhalb des Geltungsbereiches des Gesetzes anderen Unternehmen überlassen, wenn die Überlassung gelegentlich erfolgt und der ArbN nicht zum Zwecke der Überlassung eingestellt und beschäftigt wird. Nach der Gesetzesbegründung sollen nur spontane Überlassungsfälle ausgeklammert werden, zB der Fremdeinsatz aufgrund eines kurzfristigen Spitzenbedarfes eines anderen Unternehmens (BT-Drs 17/4808, S 8). Eine lediglich gelegentliche ArbNÜberlassung kann deshalb nur dann vorliegen, wenn das überlassende Unternehmen den ArbN nur ausnahmsweise und nicht wiederholt demselben Entleiher zur Arbeitsleistung überlässt (*Leuchten* NZA 11, 608; *Raif/Weidnauer* GWR 11, 303; sa BAG 18.7.12 – 7 AZR 451/11, BeckRS 2012, 74792). Fraglich ist, ob die gesetzliche Neuregelung mit der EU-Richtlinie vereinbar ist, da diese auch für gelegentliche Aushilfen keinen Ausnahmetatbestand vorsieht (dagegen *Lembke* NZA 11, 319; *Wank* RdA 10, 193).

17

e) Überlassung ins Ausland (§ 1 Abs 3 Nr 3 AÜG). Die Vorschrift betrifft die Entsendung eines oder mehrerer ArbN durch ein im Inland ansässiges Unternehmen ins Ausland, nicht jedoch den umgekehrten Fall. Voraussetzung für die Ausnahme vom AÜG ist, dass der Verleih an ein deutsch-ausländisches Gemeinschaftsunternehmen erfolgt, das auf der Grundlage zwischenstaatlicher Vereinbarungen gegründet worden ist.

18

f) Arbeitgeber mit weniger als 50 Beschäftigten bei Überlassung zur Vermeidung von Kurzarbeit, wenn der ArbN nicht zum Zwecke der Überlassung eingestellt und beschäftigt wird (**§ 1a AÜG**).

19

IV. Folgen unerlaubter Arbeitnehmerüberlassung. 1. Unwirksamkeit des Vertrages zwischen Verleiher und Entleiher. Besitzt der Verleiher nicht die nach § 1 Abs 1 AÜG erforderliche Erlaubnis, ist der ArbNÜberlassungsvertrag zwischen Verleiher und Entleiher nach § 9 Nr 1 AÜG unwirksam. Dies gilt unabhängig davon, ob die Erlaubnis von Anfang an fehlte oder ob sie erst später wegfiel (zB durch Rücknahme oder Widerruf §§ 4, 5 AÜG). Die Unwirksamkeit tritt mit dem Wegfall der Erlaubnis ein, nicht rückwirkend (ErfK/*Wank* § 9 AÜG Rz 6; *Schüren/Schüren* § 9 Rz 43).

20

Der unwirksame ArbNÜberlassungsvertrag begründet zwischen den Vertragsparteien, dem Verleiher und Entleiher keine Leistungspflichten. Wurden Leistungen in Erfüllung des unwirksamen Überlassungsvertrages gleichwohl erbracht, sind diese nach den Grundsätzen des Bereicherungsrechts (§§ 8, 12 ff BGB) zurückzugewähren (BGH 18.7.2000 – X ZR 62/98, NJW 2000, 3492; *Schüren/Schüren* § 9 Rz 45 ff). Bei vorsätzlich betriebener illegaler ArbN-Überlassung ist § 817 BGB zu beachten. Eine von ihm an den Verleiher bereits gezahlte

34 Arbeitnehmerüberlassung/Zeitarbeit

Vergütung kann der Entleiher nur dann zurückfordern, wenn er von der Illegalität der Überlassung keine Kenntnis hatte (BGH 29.4.68 VII ZR 9/66, NJW 68, 1329; *Schüren/ Schüren* § 9 Rz 54).

21 **2. Fehlerhaftes Arbeitsverhältnis im Verhältnis Verleiher-Leiharbeitnehmer.** Das Leiharbeitsverhältnis wandelt sich, soweit es vollzogen wird, bei fehlender Erlaubnis bzw mit dem Wegfall der Erlaubnis in ein sog fehlerhaftes Arbeitsverhältnis (*Schüren/Schüren* § 10 Rz 150 ff; ErfK/*Wank* § 9 AÜG Rz 5; aA BGH 18.7.2000). Soweit die illegale ArbNÜberlassung aus einem Mischbetrieb heraus erfolgte, führt die fehlende bzw weggefallene Überlassungserlaubnis nicht zur Unwirksamkeit des gesamten Arbeitsvertrages; es tritt lediglich eine Teilnichtigkeit (§ 139 BGB) ein, die nur die Verpflichtung zur Leistung von Leiharbeit erfasst. Der übrige Arbeitsvertrag im Verhältnis zum Verleiher bleibt, soweit er die Arbeit im Stammbetrieb gestaltet, wirksam (*Schüren/Schüren* § 10 Rz 170 ff).

22 **3. Schadensersatzanspruch des Leiharbeitnehmers.** Der LeihArbN hat gem § 10 Abs 2 Satz 1 AÜG gegen den Verleiher einen Anspruch auf Ersatz der Schäden, die er dadurch erlitten hat, dass er auf die Gültigkeit seines Arbeitsvertrages vertraute. Die Unwirksamkeit muss auf der Regelung des § 9 Nr 1 AÜG beruhen (ErfK/*Wank* § 10 AÜG Rz 39; *Schüren/Hamann* § 10 Rz 192). Mit der Regelung wollte der Gesetzgeber dem Umstand Rechnung tragen, dass nicht das in Aussicht genommene, sondern stattdessen ein völlig neues Arbeitsverhältnis mit teilw stark abweichenden Bedingungen entsteht. Deshalb wird der Umfang des Schadensersatzes nicht, wie bei §§ 122, 179 BGB auf das negative Interesse begrenzt. Erfasst werden die Schäden, die der LeihArN dadurch erleidet, dass der Entleiher seinen bestehenden Verpflichtungen nicht nachkommt. Der Verleiher haftet auch im Falle der Insolvenz des Entleihers, wenn es der LeihArbN in Unkenntnis der Fiktion des § 10 Abs 1 AÜG unterlassen hat, Ansprüche auf Insolvenzgeld rechtzeitig geltend zu machen. Wird der Verleiher insolvent, so hat der LeihArbN einen Anspruch nach § 183 SGB III, sofern das Arbeitsverhältnis durchgeführt wurde. Der Vergütungsanspruch gegen den Verleiher auf Grund des fehlerhaften Arbeitsverhältnisses ist als Anspruch auf Arbeitsentgelt iSd § 183 Abs 1 SGB III anzusehen (ErfK/*Wank* § 10 AÜG Rn 42).

23 **4. Fingiertes Arbeitsverhältnis zwischen Entleiher und Leiharbeitnehmer. a) Allgemeines.** Verfügt der Verleiher nicht über die nach § 1 AÜG erforderliche Erlaubnis, ist der zwischen ihm und dem LeihArbN abgeschlossene Vertrag unwirksam (§ 9 Nr 1 AÜG). Für diesen Fall gilt gem § 10 Abs 1 Satz 1 AÜG ein Arbeitsverhältnis zwischen Entleiher und LeihArbN zu dem zwischen dem Entleiher und dem Verleiher für den Beginn der Tätigkeit vorgesehenen Zeitpunkt als zustande gekommen. § 10 Abs 1 Satz 1 AÜG erfasst auch die Fälle illegaler ArbNÜberlassung in Form von Scheindienst- und Scheinwerkverträgen (BAG 25.9.13 – 10 AZR 282/12, NZA 13, 1348; ErfK/*Wank* § 10 AÜG Rn 2). Auf die nichtgewerbsmäßige ArbNÜberlassung war § 10 Abs 1 Satz 1 AÜG bis 30.11.11 hingegen nicht anwendbar (BAG 2.6.10 – 7 AZR 946/08, NZA 11, 351).

Die Regelung ist nicht abdingbar und kann auch nicht vom ArbN durch einen Widerspruch verhindert werden (BAG 19.3.03 – 7 AZR 267/02, DB 03, 2793). Die Fiktion tritt auch unabhängig vom Willen oder von der Kenntnis der Beteiligten ein, dh auch dann, wenn die Beteiligten die Auffassung vertreten, es handele sich um einen Werk- oder Dienstvertrag und nicht um unerlaubte ArbNÜberlassung (BGH 18.2.03 – 3 AZR 160/02, DB 03, 2181). Das fingierte Arbeitsverhältnis beginnt in dem Zeitpunkt, in dem der LeihArbN nach dem Überlassungsvertrag die Tätigkeit beim Entleiher aufnehmen soll. Dabei ist auf den im Überlassungsvertrag genannten Zeitpunkt abzustellen. Fällt die Erlaubnis nach § 1 AÜG nach Beginn der Arbeitsaufnahme weg, so entsteht das fingierte Arbeitsverhältnis zwischen LeihArbN und Entleiher im Zeitpunkt des Erlöschens der Erlaubnis (§ 10 Abs 1 Satz 1 Hs 2 AÜG).

Eine nach § 1b Satz 1 AÜG unzulässige ArbÜberlassung in Betrieben des Baugewerbes führt nicht zu einem Arbeitsverhältnis zwischen Entleiher und LeihArbN. §§ 10 Abs 1, 9 Nr 1 AÜG sind nicht analog anwendbar (BAG 13.12.06 – 10 AZR 674/05, NZA 07, 751).

24 **b) Inhalt des fingierten Arbeitsverhältnisses.** Nach § 10 Abs 1 Satz 3 AÜG gilt die zwischen Verleiher und Entleiher vorgesehene Arbeitszeit auch für das fingierte Arbeitsverhältnis zwischen Entleiher und LeihArbN. Der LeihArbN, der sich auf eine bestimmte

Arbeitszeit eingestellt hat, soll hierdurch vor unvorhersehbaren Änderungen geschützt werden. Im Übrigen bestimmen sich Inhalt und Dauer des fingierten Arbeitsverhältnisses, insbesondere die Höhe des Arbeitsentgelts, nach den für den Betrieb des Entleihers geltenden Vorschriften und sonstigen Regelungen (§ 10 Abs 1 Satz 4 AÜG). Der LeihArbN hat allerdings gegen den Entleiher mindestens Anspruch auf das mit dem Verleiher vereinbarte Arbeitsentgelt (§ 10 Abs 1 Satz 5 AÜG). Der Begriff **Arbeitsentgelt** ist weit zu verstehen. Darunter fallen Gehalt, Lohn, Kindergeld, Familienzulagen, Trennungszulage, Urlaubsgeld, Provision und Auslösung sowie Sachleistungen (ErfK/*Wank* § 10 AÜG Rn 23; *Schüren/Hamann* § 10 Rn 95). Der LeihArbN nimmt auch an einem beim Entleiher durch Betriebsvereinbarung begründeten betrieblichen Versorgungswerk teil (BAG 18.2.03). Die für den Entleiherbetrieb geltenden tariflichen Entgeltregelungen sind anzuwenden, wenn LeihArbN und Entleiher tarifgebunden sind, § 4 Abs 1 Satz 1 TVG. Ohne eine kollektivvertragliche Regelung bemisst sich das Gehalt nach dem, was ein StammArbN mit vergleichbarer Tätigkeit im Betrieb erhält; ansonsten nach dem Arbeitsentgelt von StammArbN in vergleichbaren Betrieben. Hinsichtlich der **sonstigen Arbeitsbedingungen** sind die im Entleiherbetrieb geltenden Vorschriften und sonstigen Regelungen anzuwenden. Erfasst werden von dem Begriff der sonstigen Arbeitsbedingungen die jeweils einschlägigen arbeitsrechtlichen Gesetze und Verordnungen, Betriebsvereinbarungen (§ 77 Abs 4 Satz 1 BetrVG) und die betriebliche Übung im Entleiherbetrieb (BAG 18.2.03). Das fiktive Arbeitsverhältnis nach § 10 Abs 1 AÜG entspricht als vollgültiges Arbeitsverhältnis dem eines normalen Arbeitsvertrages. Damit bestehen für den Entleiher die üblichen ArbGebPflichten und auch die üblichen ArbGebRechte.

Zweifelhaft ist, ob die Rechte, die im Rahmen eines nach § 10 Abs 1 AÜG entstandenen Arbeitsverhältnisses erworben wurden, nachfolgend ohne weiteres in einem zwischen LeihArbN und Entleiher abgeschlossenen Arbeitsvertrag wieder aufgehoben werden können. Dies kommt nur dann in Betracht, wenn die Arbeitsvertragsparteien den hierauf gerichteten einvernehmlichen rechtsgeschäftlichen Willen zweifelsfrei zum Ausdruck gebracht haben (BAG 18.2.03).

c) Dauer des Arbeitsverhältnisses. Die Dauer des Arbeitsverhältnisses bestimmt sich grds nach den für den Entleiherbetrieb geltenden Vorschriften und sonstigen Regelungen. Eine Ausnahme hiervon bildet die Fiktion des § 10 AÜG Abs 1 Satz 2 AÜG, nach der das fingierte Arbeitsverhältnis als befristet gilt, wenn die Tätigkeit bei dem Entleiher nur befristet vorgesehen war und für das Arbeitsverhältnis ein die Befristung sachlich rechtfertigender Grund vorliegt. Der sachliche Grund richtet sich nach § 14 TzBfG. Die Unwirksamkeit der Befristung ist innerhalb von drei Wochen nach Fristablauf beim ArbG geltend zu machen (§ 17 TzBfG). Dies gilt auch im Falle illegaler ArbNÜberlassung in der Form von Scheindienst- und Scheinwerkverträgen. Ist ein unbefristetes Arbeitsverhältnis zustande gekommen, kann dieses nur durch wirksame Kündigung oder durch Abschluss eines Aufhebungsvertrages beendet werden. Für das Eingreifen des Kündigungsschutzes nach dem KSchG muss die Wartezeit erfüllt sein. Zeiten als LeihArbN vor Eintritt der Fiktion sind nicht anzurechnen (*Schüren/Hamann* § 10 Rz 108). Problematisch ist, wie sich die **tatsächliche Beendigung des Fremdfirmeneinsatzes** auf das fingierte Arbeitsverhältnis auswirkt. Eine Auslegung als Kündigung oder Aufhebungsvertrag scheidet idR aus, weil die Beteiligten vom Bestand des Arbeitsverhältnisses keine Kenntnis haben und § 623 BGB entgegensteht. Dies hat zur Konsequenz, dass das fingierte Arbeitsverhältnis fortbesteht und der Entleiher sich nur auf die **Verwirkung** und **Verjährung** von Ansprüchen berufen kann. Zur Verwirkung s BAG vom 24.5.06 – 7 AZR 365/05, EzAÜG § 10 Fiktion Nr 114 und vom 18.2.03 – 3 AZR 160/02, AP AÜG § 13 Nr 5. Für die Zeit der Nichtbeschäftigung besteht kein Anspruch auf Vergütung, da § 10 Abs 4 AÜG den ArbN des fingierten Arbeitsverhältnisses nicht davor befreit, seine Arbeitsleistung anbieten zu müssen.

5. Gesamtschuldnerische Haftung von Verleiher und Entleiher. Erhält der LeihArbN vom Verleiher trotz Unwirksamkeit des Leiharbeitsvertrages gem § 9 Nr 1 AÜG die Vergütung ganz oder teilweise, haftet er auch für SozVBeiträge und LSt (§ 10 Abs 3 Satz 1 AÜG). Zur Abführung der Lohnsteuer ist der Verleiher bereits durch § 42d Abs 6 EStG verpflichtet. § 28e Abs 2 Satz 3 und 4 SBG IV legen die Pflicht zur Abführung des Gesamtsozialversicherungsbeitrages speziell fest.

34 Arbeitnehmerüberlassung/Zeitarbeit

Verleiher und Entleiher haften als Gesamtschuldner (§ 10 Abs 3 Satz 2 AÜG). Nach Eröffnung des Insolvenzverfahrens über das Vermögen des Verleihers kann sich der Entleiher nicht mehr auf dessen fehlende Mahnung berufen (BSG 7.3.07 – B 12 KR 11/06 R, DB 07, 1870).

27 **V. Rechtsverhältnis Verleiher – Entleiher. 1. Überlassungsvertrag.** Der Verleiher schuldet dem Entleiher gem § 1 Abs 1 AÜG die entgeltliche Überlassung von Arbeitskräften. Er ist nur verpflichtet, einen oder mehrere ArbN auszuwählen und zur Verfügung zu stellen. Die Erbringung einer eigenen Arbeitsleistung schuldet der Verleiher nicht (BAG 5.5.92 – 1 AZR 78/91, NZA 92, 1044).

Der ArbNÜberlassungsvertrag bedarf gem § 12 Abs 1 Satz 1 AÜG der **Schriftform**. Im Übrigen normiert § 12 AÜG **Hinweispflichten**. Der Verleiher hat mitzuteilen, ob er die Erlaubnis nach § 1 AÜG besitzt; der Entleiher hat anzugeben, welche besonderen Merkmale die für den LeihArbN vorgesehene Tätigkeit hat und welche berufliche Qualifikation dafür erforderlich ist sowie welche im Betrieb des Entleihers für einen vergleichbaren ArbN des Entleihers wesentlichen Arbeitsbedingungen einschließlich des Arbeitsentgelts gelten (§ 12 Abs 1 Sätze 2, 3 AÜG). Die Auskunftsverpflichtung besteht nicht, soweit die Voraussetzungen einer der in §§ 3 Abs 1 Nr 3, 9 Nr 2 AÜG genannten Ausnahmen vom Schlechterstellungsverbot vorliegen. Bei diesen Ausnahmen handelt es sich um die Fälle, dass ein zuvor arbeitsloser LeihArbN zu bestimmten Mindestkonditionen beschäftigt wird oder in denen ein Tarifvertrag abweichende Bedingungen zulässt. Der Verleiher hat gem § 12 Abs 2 AÜG den Entleiher ferner unverzüglich über den Zeitpunkt des Wegfalls der Erlaubnis zu unterrichten sowie über die Nichtverlängerung, die Rücknahme oder den Widerruf der erteilten Erlaubnis.

28 **2. Vergütung.** Der Entleiher ist verpflichtet, die vereinbarte Vergütung für die ArbN-Überlassung zu zahlen. Kann er die ihm vom Entleiher zur Verfügung gestellten ArbN nicht beschäftigen, trägt er das Verwendungsrisiko. Von seiner Pflicht zur Zahlung der Vergütung wird er nicht befreit. Im Falle der Insolvenz des Entleihers kann der Verleiher die ihm zustehende Vergütung nur nach den §§ 103 ff Abs 2 InsO fordern (ErfK/*Wank* AÜG Einl Rz 16), sofern der Insolvenzverwalter nicht gem §§ 103 Abs 1, 80 InsO Erfüllung verlangt oder aber die Erfüllung des Vertrages ablehnt. In diesen Fällen ist die Vergütung Masseverbindlichkeit nach § 55 Abs 1 Nr 2 InsO.

29 **3. Leistungsstörungen.** Verletzt der Verleiher seine Pflicht zur Überlassung der geschuldeten ArbN, haftet er, wenn die Leistung nicht nachholbar ist, nach §§ 280 Abs 1, 3, 283 BGB. Ist die Leistung des Verleihers nachholbar, haftet er nach §§ 280 Abs 1, 2, 286 BGB. Wählt der Verleiher ungeeignete ArbN zur Überlassung an den Entleiher aus, haftet er bei Verschulden wegen Schlechterfüllung des ArbNÜberlassungsvertrages nach §§ 280 Abs 1, 241 Abs 2 BGB. Im Übrigen ist der ArbN bei der Erbringung seiner Leistung nicht Erfüllungsgehilfe des Verleihers; auch eine Haftung gem § 831 BGB besteht nicht (ErfK/*Wank* AÜG Einl Rz 20). Verletzt der Entleiher seine Verpflichtung zur Zahlung der Vergütung, kann er in Verzug kommen. Fügt er dem LeihArbN einen Personen- oder Sachschaden zu, haftet er diesem gegenüber selbst aus unerlaubter Handlung und zum anderen dem Verleiher gegenüber aus Schlechterfüllung des ArbNÜberlassungsvertrages (§§ 280 Abs 1, 241 Abs 2 BGB). Umfassend zur Haftung im Verhältnis Verleiher – Entleiher *Brors* WuV 96, 229.

30 **4. Unwirksamkeit von Abwerbungs- und Einstellungsverboten, Vermittlungsgebühr.** Vereinbarungen in ArbNÜberlassungsverträgen, nach denen der Entleiher die ihm vom Verleiher überlassenen LeihArbN nicht abwerben und/oder einstellen darf, sind unwirksam (§ 9 Nr 3 AÜG). Der Entleiher darf dem LeihArbN deshalb den Abschluss eines Arbeitsvertrages für die Zeit nach der ordentlichen Beendigung des Leiharbeitsverhältnisses anbieten. Nicht erlaubt ist jedoch die Aufforderung zum „sofortigen Wechsel", da in diesem Fall eine Anstiftung zum Vertragsbruch vorliegt (ErfK/*Wank* § 9 AÜG Rz 8; *Schüren/Schüren* § 9 Rz 74). Im ArbNÜberlassungsvertrag kann jedoch wirksam die Zahlung einer angemessenen Vermittlungsgebühr für den Fall vereinbart werden, dass der Entleiher mit dem LeihArbN während oder innerhalb eines Monats nach Ende der Überlassung einen Arbeitsvertrag abschließt (§ 9 Nr 3 AÜG; s a BGH 7.12.06 – III ZR 82/06, NZA 07/571; *Böhm* DB 04, 1150). Zur Angemessenheit s BGH 10.11.11 – III ZR 77/11, DB 11, 2852; *Schüren/Schüren* § 9 Rz 80 ff.

Arbeitnehmerüberlassung/Zeitarbeit 34

VI. Rechtsverhältnis Verleiher – Leiharbeitnehmer. 1. Allgemeines. Bei der ArbN- 31
Überlassung stellt der Verleiher bei ihm angestellte ArbN einem anderen Unternehmer
(Entleiher) zur Arbeitsleistung zur Verfügung. Ein Arbeitsverhältnis besteht nur zwischen
dem Verleiher und dem LeihArbN. Zum Entleiher besteht kein Arbeitsverhältnis. Dem
Entleiher wird durch den Verleiher jedoch die Befugnis eingeräumt, den LeihArbN nach
eigenen Weisungen einzusetzen. Da der LeihArbN seine Leistung gegenüber Dritten erbringen soll, bedarf es dazu gem § 613 Satz 2 BGB seiner Zustimmung (ErfK/*Wank* AÜG Einl
Rz 24). Die ArbGebBefugnisse und -Pflichten, insbesondere das Direktions- oder Weisungsrecht sowie die Schutz- und Fürsorgepflichten des ArbGeb, sind dadurch zwischen Verleiher
und Entleiher aufgespalten. Nur im Falle des unwirksamen Arbeitsverhältnisses nach § 9
Nr 1 AÜG sowie beim Scheindienst-/Scheinwerkvertrag wird gem § 10 Abs 1 Satz 1 AÜG
ein Arbeitsverhältnis zwischen ArbN und Entleiher fingiert. Den Verleiher treffen die
üblichen ArbGebPflichten, so zB die Entgeltfortzahlung, die Verpflichtung zur Gewährung
von Urlaub. Die Bestimmungen des Mutterschutzes, insb die Beschäftigungsverbote nach
§§ 4, 8 MuSchG muss der Verleiher neben dem Entleiher beachten (ErfK/*Wank* AÜG Einl
Rz 25). Im Übrigen trifft den Verleiher die allgemeine arbeitsrechtliche Fürsorgepflicht.

2. Equal-pay-/Equal-treatment-Gebot. a) Allgemeines. Wird der LeihArbN an ei- 32
nen Entleiher überlassen, ist der Verleiher verpflichtet, dem LeihArbN für die Zeit der
Überlassung die im Betrieb des Entleihers für einen vergleichbaren ArbN des Entleihers
geltenden wesentlichen Arbeitsbedingungen einschließlich des Arbeitsentgelts zu gewähren,
Equal-pay-/Equal-treatment-Gebot (§ 10 Abs 4 Satz 1 AÜG). Abweichende Vereinbarungen sind zulässig, soweit sie für den LeihArbN günstiger sind. Verschlechternde Vereinbarungen sind gem § 9 Nr 2 AÜG unwirksam. Sobald ein auf das Arbeitsverhältnis anzuwendender Tarifvertrag abweichende Regelungen trifft (§ 3 Abs 1 Nr 3, § 9 Nr 2 AÜG), hat der
Verleiher dem LeihArbN die nach diesem Tarifvertrag geschuldeten Arbeitsbedingungen zu
gewähren.
Erlaubnisrechtlich ist in § 3 Abs 1 Nr 3 AÜG verankert, dass einem Verleiher, der einem
LeihArbN nicht die im Betrieb des Entleihers für einen vergleichbaren ArbN des Entleihers
geltenden Arbeitsbedingungen gewährt, die Verleiherlaubnis zu versagen ist und eine bestehende Erlaubnis iVm §§ 4, 5 AÜG zurückgenommen oder widerrufen werden kann. Gem
§ 9 Nr 2 AÜG sind Vereinbarungen, die für den LeihArbN für die Zeit der Überlassung an
einen Entleiher schlechtere als die im Betrieb des Entleihers geltenden wesentlichen Arbeitsbedingungen vorsehen, unwirksam.

b) Gewährung der wesentlichen Arbeitsbedingungen. Was hierunter zu verstehen 33
ist, wird im AÜG nicht definiert. Nach der Gesetzesbegründung sind alle nach dem allgemeinen Arbeitsrecht vereinbarten Bedingungen wie Dauer der Arbeitszeit und des Urlaubs
oder die Nutzung sozialer Einrichtungen gemeint. Mit dem **Arbeitsentgelt** ist nicht nur das
laufende Entgelt betroffen, sondern es sind auch Sonderzahlungen (LAG Sch-Hol 21.5.13 –
2 Sa 398/11, BeckRS 2013, 69607), Zuschläge, Ansprüche auf Entgeltfortzahlung und
Sozialleistungen und andere Lohnbestandteile erfasst (BT-Drs 15/25 S 38). Auch Beiträge
zur betrieblichen Altersversorgung, Sachleistungen wie die Überlassung des Firmenwagens,
Möglichkeiten zum verbilligten Personaleinkauf sowie Aktienoptionen beim Entleiher sind
Entgeltbestandteile iSv § 10 Abs 4 AÜG (*Rieble/Klebeck* NZA 03, 23; *Ulber* AuR 03, 7;
Boemke § 10 Rn 121; *Lembke* BB 03, 98; aA *Behrend* NZA 02, 372; *Gaul/Otto* DB 02,
2487). Es ist ein **Gesamtvergleich der Entgelte im Überlassungszeitraum** anzustellen
(BAG 23.3.11 – 5 AZR 7/10, NZA 11, 850).

Problematisch ist die Umsetzung des Rechtsanspruchs im Verhältnis zwischen dem Leih- 34
ArbN und seinem ArbGeb, dem Entleiher. Diesem ist es nur dann möglich, Sachleistungen
dem LeihArbN zu gewähren, wenn der Verleiher freiwillig diese Leistungen dem LeihArbN
gewährt. Anderenfalls bleibt nur die Möglichkeit, den Geldwert sonstiger Entgeltbestandteile
zu ermitteln und dem LeihArbN auszuzahlen. Hierin liegt kein Verstoß gegen den Gleichbehandlungsgrundsatz (*Grimm/Brock* Praxis der ArbNÜberlassung S 109 f; *Rieble/Klebeck*
NZA 03, 23; *Lembke* BB 03, 98). Bei der betrieblichen Altersversorgung trifft den Verleiher
ein Verschaffungsanspruch, gerichtet auf eine wertgleiche Altersversorgung wie im Betrieb
des Entleihers, da der LeihArbN regelmäßig in das Versorgungssystem des Entleihers nicht
integriert werden kann. IdR verfällt dieser Verschaffungsanspruch jedoch, weil der LeihArbN

den Betrieb des Verleihers vor Eintritt der Unverfallbarkeit wieder verlässt. Den praktischen Schwierigkeiten bei der Umsetzung des Rechtsanspruchs gegen den Verleiher, insb bei Sachleistungen, hat der Gesetzgeber durch § 13b AÜG Rechnung getragen. Diese Bestimmung normiert einen einklagbaren Anspruch des LeihArbN auf Zugang zu Gemeinschaftseinrichtungen und Gemeinschaftsdiensten unmittelbar gegenüber dem Entleiher (s Rz 57).

Bei der Geltendmachung der wesentlichen Arbeitsbedingungen, wie sie der Entleiher vergleichbaren eigenen ArbN gewährt, muss der LeihArbN gegenüber dem Verleiher, seinem Vertragsarbeitgeber, die im Entleiherbetrieb geltenden Ausschlussfristen nicht einhalten. **Ausschlussfristen** sind **keine wesentlichen Arbeitsbedingungen** iSv § 10 Abs 4 AÜG (BAG 23.3.11 – AZR 7/10, NZA 11, 850). Die im Arbeitsvertrag vereinbarten Ausschlussfristen sind hingegen zu beachten (LAG Sachs 17.4.12 – 1 Sa 53/12, BeckRS 2012, 70169).

Für die StammArbN des Entleihers kollektivvertraglich geregelte Arbeitsbedingungen (Betriebsvereinbarungen und Tarifverträge) gelten im Verhältnis zwischen Verleiher und LeihArbN nicht normativ.

35   c) **Vergleichsmaßstab: Vergleichbare Arbeitnehmer des Entleihers.** Nach der Gesetzesbegründung sind dies solche ArbN des Entleihers, die dieselbe oder zumindest ähnliche Tätigkeiten wie der LeihArbN ausführen (BT-Drs 15/25 S 38). Weiterhin ist erforderlich, dass für LeihArbN und StammArbN des Entleihers ähnliche Bedingungen hinsichtlich Arbeitsort sowie Lage und Dauer der Arbeitszeit vereinbart sind. Ein teilzeitbeschäftigter LeihArbN ist deshalb nicht mit einem vollzeitbeschäftigten StammArbN des Entleihers vergleichbar. Bei der Vergleichbarkeit sind ferner die Berufserfahrung, Qualifikation und Kompetenz des jeweiligen ArbN zu berücksichtigen (*Ulber* AuR 03, 7; *Lembke* DB 03, 98). In der Praxis dürfte auch die jeweilige Eingruppierung der Tätigkeit von erheblicher Bedeutung sein (*Boemke* § 10 Rn 119).

Gibt es im Betrieb des Entleihers keine vergleichbaren ArbN, kann der LeihArbN entsprechend dem Rechtsgedanken des § 10 Abs 4 Satz 1 AÜG die Vergütung beanspruchen, die für ihn gelten würde, wenn er vom Entleiher für die gleiche Tätigkeit eingestellt worden wäre (LAG Nds 25.1.13 – 6 Sa 737/12, BeckRS 2013, 66571; ErfK/*Wank* § 3 AÜG Rz 16; *Thüsing*/*Pelzner* § 3 Rz 68; *Röder*/*Krieger* DB 06, 2122; *Boemke*/*Lembke* DB 02, 893 zu § 10 Abs 5 AÜG aF; *Lembke* BB 03, 98; aA 17 *Thüsing* DB 03, 446; *Rieble*/*Kleebeck* NZA 03, 23: nach dieser Ansicht läuft die Regelung bei Fehlen vergleichbarer ArbN ins Leere). Gibt es im Betrieb des Entleihers mehrere vergleichbare ArbN, für die jedoch unterschiedliche individuell ausgehandelte Arbeitsbedingungen gelten, erscheint es sachgerecht, sich am Minimum und nicht am Maximum oder am Mittelwert zu orientieren, da es nicht Sinn des Gleichbehandlungsgrundsatzes ist, den LeihArbN besser als einige StammArbN im Entleiherbetrieb zu stellen (*Röder*/*Krieger* DB 06, 2122; *Lembke* BB 03, 98; *Thüsing* DB 02, 2218). Gelten im Entleiherbetrieb für neu eingestellte vergleichbare StammArbN andere Arbeitsbedingungen wie für bereits länger eingestellte StammArbN (zB keine Gewährung von Jubiläumsgeld mehr), ergibt sich die Vergleichsgruppe des LeihArbN aus dem Einstellungsdatum. Der LeihArbN ist so zu behandeln wie StammArbN des Entleihers, die im Zeitpunkt seiner Entleihung vom Entleiher eingestellt worden sind (*Thüsing* DB 02, 2218; *Lembke* BB 03, 98). Ebenfalls auf den Zeitpunkt des Überlassungsbeginns ist abzustellen hinsichtlich solcher Leistungen im Entleiherbetrieb, die an eine bestimmte Betriebszugehörigkeit anknüpfen (*Thüsing* DB 02, 2218).

36   d) **Zeitlicher Umfang des Gleichbehandlungsgrundsatzes.** Das Equal-pay-/Equal-treatment-Gebot von LeihArbN und StammArbN des Entleihers besteht nur für die Zeit der Überlassung an einen Verleiher (vgl §§ 3 Abs 1 Nr 3, 9 Nr 2 AÜG). In verleihfreien Zeiten gelten die mit dem Verleiher als ArbGeb für verleihfreie Zeiten vereinbarten Arbeitsbedingungen, es sei denn, auf das Leiharbeitsverhältnis finden Tarifverträge Anwendung. Eine Vereinbarung im Leiharbeitsvertrag, die zwischen den Arbeitsbedingungen für Zeiten der Überlassung und für verleihfreie Zeiten unterscheidet, ist rechtlich zulässig, wie § 11 Abs 1 Nr 2 AÜG zu entnehmen ist. § 10 Abs 4 AÜG ist zu beachten.

37   e) **Darlegungslast.** Für Equal-Pay-Ansprüche liegt diese beim LeihArbN. Er kann sich dabei auf eine Auskunft des Entleihers nach § 13 AÜG stützen. Anderenfalls muss der LeihArbN alle zur Berechnung erforderlichen Tatsachen vortragen, vorrangig die Benennung eines vergleichbaren StammArbN und die Höhe des diesem vom Entleiher gewährten Entgelts (BAG 13.3.13 – 5 AZR 146/12, NZA 13, 782).

f) Ausschlussfristen/Verjährung. Equal-Pay-Ansprüche sind innerhalb anwendbarer   38
Ausschlussfristen geltend zu machen. Der Anspruch wird zu dem im Arbeitsvertrag für die
Vergütung bestimmten Zeitpunkt fällig (BAG 25.9.13). Die Verjährung richtet sich nach
§ 195 BGB. Ausreichende Kenntnis iSv § 199 Abs 1 Nr 2 BGB liegt vor, wenn der
LeihArbN Kenntnis von der Tatsache hat, dass vergleichbare StammArbN des Entleihers
mehr verdienen als er (BAG 20.11.13 – 5 AZR 776/12, Beck RS 2014, 65868).

3. Ausnahmen. a) Abweichung durch Anwendung eines Tarifvertrages. Von den   39
Bestimmungen des § 3 Abs 1 Nr 3 Satz 1 AÜG kann gem Satz 2 durch Tarifvertrag abgewichen werden, dh auch nach unten. Die Bestimmung ist verfassungsgemäß (BVerfG
29.12.04 – 1 BvR 2283/03, DB 05, 110). Voraussetzung ist die beiderseitige Tarifbindung
von Verleiher und LeihArbN; die einseitige Tarifbindung des Verleihers genügt nicht (LAG
Düsseldorf 22.5.05 – 8 Sa 1756/04, BB 05, 1060).

Abweichende tarifvertragliche Regelungen sind nicht zulässig für LeihArbN, die in den
letzten 6 Monaten vor der Überlassung aus einem Arbeitsverhältnis mit dem Entleiher oder
einem anderen konzernangehörigen ArbGeb ausgeschieden sind, sog **Drehtürklausel** (§§ 3
Nr 3 Satz 4, 9 Nr 3 AÜG). Ein früheres Ausbildungsverhältnis im Einsatzbetrieb oder einem
Konzernunternehmen ist mit einem früheren Arbeitsverhältnis nicht gleichzusetzen. Der
Gleichstellungsgrundsatz gilt für die gesamte Dauer des konkreten Einsatzes, nicht aber für
nachfolgende Überlassungsfälle, gleich ob an denselben oder andere Entleiher, sofern die
6-Monatsfrist abgelaufen ist. Die Drehtürklausel ist nicht auf Leiharbeitsverhältnisse anzuwenden, die vor dem 15.12.10 begründet wurden (§ 19 AÜG). Die Drehtürklausel schließt den
Einsatz eines LeihArbN innerhalb der 6-Monats-Frist nicht aus. In diesem Zeitraum können
lediglich keine vom Equal-pay-Grundsatz abweichenden Tarifverträge angewendet werden.

b) Lohnuntergrenze. Das BMAS hat mit der 1. VO über eine Lohnuntergrenze in der   40
ArbNÜberlassung gem § 3a Abs 2 AÜG (BAnz 11, 4608) Mindestentgelte für die Leiharbeit
ab Januar 2012 festgesetzt. Die durch die VO festgesetzten Mindeststundenentgelte dürfen
gem § 3 Abs 1 Nr 3 Satz 2 AÜG und § 9 Abs 2 AÜG durch einen vom Equal-pay-Gebot
abweichenden Tarifvertrag nicht unterschritten werden. Jedem LeihArbN muss gem § 10
Abs 5 AÜG mindestens das in der VO festgesetzte Mindestentgelt für Einsatzzeiten und
verleihfreie Zeiten gezahlt werden. Sieht ein vom Equal-pay-Gebot abweichender Tarifvertrag eine unterhalb der Lohnuntergrenze liegende Vergütung vor, hat der LeihArbN Anspruch auf equal-pay gem § 10 Abs 4 Satz 3 AÜG. Die verordnete Lohnuntergrenze gilt
dann nicht (*Düwell* DB 13, 756). Zu beachten ist ferner der **Gleichstellungsgrundsatz
nach § 8 AEntG.** Wird ein LeihArbN in einem Entleiherbetrieb mit Tätigkeiten beschäftigt, die in den Geltungsbereich eines nach § 7 AEntG durch RVO für allgemeinverbindlich
erklärten Tarifvertrag fallen, hat der Verleiher dem LeihArbN gem § 8 Abs 3 AEntG die in
§ 5 Abs 1 Nr 1 bis 3 AEntG aufgeführten Arbeitsbedingungen, dh auch das genannte
Mindestentgelt zu gewähren. Einzelheiten s *Düwell* DB 13, 756.

c) Einzelvertragliche Bezugnahme auf einen Tarifvertrag. aa) Abweichungen.   41
Nach §§ 3 Abs 1 Nr 3 Satz 3, 9 Nr 2 AÜG kann von dem Grundsatz der Gleichbehandlung
durch einzelvertragliche Bezugnahme auf einen Tarifvertrag abgewichen werden, wenn im
Ganzen auf den für den Betrieb des Verleihers räumlich, fachlich, persönlich und zeitlich
geltenden Tarifvertrag verwiesen wird (BAG 12.1.06 – 2 AZR 126/05, NZA 06, 587). Die
Bezugnahme auf einen branchenfremden Tarifvertrag reicht für die Abbedingung des
Gleichbehandlungsgrundsatzes somit nicht aus, ebenso nicht die Bezugnahme lediglich auf
einzelne Regelungskomplexe und nicht zusammenhängende Tarifnormen (*Boemke/Lembke*
§ 9 Rz 70 f; *Grimm/Brock* S 127). Rechtlich problematisch ist die Bezugnahme auf Tarifverträge bei **Mischbetrieben.** Diese können nur dann dem Geltungsbereich von Tarifverträgen zur ArbNÜberlassung unterliegen, wenn sie überwiegend LeihArbN beschäftigen.
Bei der Tarifkonkurrenz, dh wenn dasselbe Sachgebiet in mehr als einem Tarifvertrag angesprochen wird oder wenn das Arbeitsverhältnis von mehreren Tarifverträgen erfasst wird,
gilt grds der speziellere Tarifvertrag. Nur bei selbständigen organisatorischen Betriebseinheiten kann eine Aufspaltung, bezogen auf den jeweiligen Betriebszweck, erfolgen. Für die jeweilige Betriebsabteilung kann ein eigenständiger Tarifvertrag zur Anwendung gelangen. Zur
Problematik s *Ulber* § 1 Rz 106 ff; *Bissels/Khalil* BB 13, 374; *Nebeling/Gründel* BB 09, 2366;
Lemke/Distler NZA 06, 952.

34 Arbeitnehmerüberlassung/Zeitarbeit

42 **bb) Tarifverträge.** Während es vor Ende 2002 für die Verleiherbranche kaum Tarifabschlüsse gab, hat die gesetzliche Neuregelung zu einer Vielzahl von Tarifabschlüssen geführt. Drei ArbGebVerbände (BZA, iGZ und AMP) haben unmittelbar nach Inkrafttreten des Equal-pay-Gebots Tarifverträge abgeschlossen, die sich durch den Vertragspartner auf ArbNSeite unterscheiden. BZA und iGZ sind mit Einzelgewerkschaften des DGB in einem mehrgliedrigen Tarifvertrag verbunden, während die AMP mit der christlichen Spitzenorganisation CGZP, in der einzelne, nicht jedoch alle christlichen Gewerkschaften organisiert sind, Tarifverträge abgeschlossen hatte. Daneben gibt es eine Vielzahl von Haus-Tarifverträgen mit DGB- und einzelnen christlichen Gewerkschaften.

Sämtliche Tarifverträge lösen sich von den Vorgaben des Gleichbehandlungsgrundsatzes. Insbesondere die mit den christlichen Gewerkschaften abgeschlossenen Tarifverträge werden als Billigtarifverträge gebrandmarkt. Die Rechtmäßigkeit dieser Vorgehensweise wird deshalb teilweise (*Däubler* DB 08, 1914; *Schüren/Behrend* NZA 03, 521; *Böhm* DB 05, 2023) mit der Begründung in Frage gestellt, die Tarifverträge für den Bereich Leiharbeit dürften nicht durchgängig das sich aus dem Gleichbehandlungsgrundsatz ergebende Gehaltsniveau unterschreiten.

43 **cc) Tariffähigkeit christlicher Gewerkschaften.** Äußerst umstritten war und ist die Frage der **Tariffähigkeit der christlichen Gewerkschaften.** Insb die Tariffähigkeit der CGZP wurde von den Instanzgerichten und der Lit überwiegend verneint (s Personalbuch 2011 Arbeitnehmerüberlassung Rz 10). Das BAG stellte durch Beschluss v 14.12.10 fest, dass die CGZP keine Spitzenorganisation iSd § 2 Abs 3 TVG ist (BAG 14.12.10 – 1 ABR 19/10, NZA 11, 289). Die Tarifunfähigkeit wurde zunächst nur für die Zeit ab dem 7.12.09 festgestellt (zur Reichweite des CGZP-Beschlusses s *Neef* NZA 11, 615). Das LAG Bln-Bbg stellte die fehlende Tariffähigkeit der CGZP auch im zeitlichen Geltungsbereich ihrer früheren Satzungen vom 11.12.08 und vom 5.12.05 festgestellt (LAG Bln-Bbg 9.1.12 – 24 TaBV 1285/11, DB 12, 693). Die hiergegen gerichtete Nichtzulassungsbeschwerde wurde vom BAG mit Beschluss v 22.5.12 zurückgewiesen (BAG 22.5.12 – 1 ABN 27/12, BeckRS 2012, 70480). In zwei weiteren Entscheidungen vom 23.5.12 entschied das BAG, dass durch seinen Beschluss vom 14.12.10 und die rechtskräftige Entscheidung des LAG Bln-Bbg v 9.1.12 die fehlende Tariffähigkeit der CGZP seit ihrer Gründung rechtskräftig festgestellt ist (BAG 23.5.12 – 1 AZB 67/11, NZA 12, 625; BAG 23.5.12 – 1 AZB 58/11, NZA 12, 623).

Die **Rechtsfolgen der Tarifunfähigkeit der CGZP** wurden in Rspr und Lit strittig diskutiert. Durch Urteil des BAG v 13.3.13 (BAG 13.3.13 – 5 AZR 954/11, NZA 13, 680) wurden einige dieser Fragen geklärt.

Der gute Glaube an die Tariffähigkeit wird nicht geschützt (so bereits BAG 15.11.06 – 10 AZR 665/05, NZA 07/448), so dass die Tarifverträge **ex tunc unwirksam** sind. §§ 9 Nr 2, 10 Abs 4 Satz 2 AÜG setzen einen zum Zeitpunkt der arbeitsvertraglichen Bezugnahme und während der Dauer des Arbeitsverhältnisses wirksamen Tarifvertrag voraus. Nach aA wirkt die Unwirksamkeit aus **Vertrauensschutzgründen** bzw nach der **Lehre vom fehlerhaften Tarifvertrag** nur **ex nunc** (*Rieble* BB 12, 2945; *Dunker* SAE 11, 135; *Löwisch* SAE 11, 66; *Lützeler/Bissels* DB 11, 1636; HWK/*Henssler* § 2 TVG Rz 3).

44 ArbN, auf deren Arbeitsverhältnisse kraft einzelvertragliche Bezugnahme die von der CGZP abgeschlossenen Tarifverträge Anwendung finden, müssen die ihnen auf Grund der Unwirksamkeit der Tarifverträge zustehenden Equal-pay-Ansprüche nicht innerhalb der in den Tarifverträgen enthaltenen Ausschlussfristen geltend machen (BAG 13.3.13; aA LAG SchlHol 14.8.12 – 1 Sa 495/11, BeckRS 2012, 72824; LAG Sachs 17.4.12 – 1 Sa 53/12, BeckRS 2012, 70169, LAG Dü 8.12.11 – 11 Sa 852/11, DB 12, 921; einschränkend LAG Bln-Bbg 20.9.11 – 7 Sa 1318/11, DB 12, 119; Fristbeginn erst mit dem Beschluss des BAG v 14.12.10). Im Arbeitsvertrag selbst enthaltene Ausschlussklauseln sind jedoch zu beachten. Der Anspruch des LeihArbN auf gleiches Entgelt wird zu dem im Arbeitsvertrag für die Vergütung bestimmten Zeitpunkt fällig (BAG 13.3.13).

Im Wissen um die zweifelhafte Tariffähigkeit der CGZP haben einige LeihArbGeb die Anwendung der mehrgliedrigen CGB-Tarifverträge vereinbart, die das Tarifwerk der CGZP abgelöst hatten. Diese arbeitsvertragliche Bezugnahme ist intransparent und damit gem § 307 Abs 1 Satz 2 BGB unwirksam (BAG 13.3.13 – 5 AZR 242/12, NZA 13, 785; sa *Ferme* NZA 11, 619; *Lembke* DB 10, 1533). Ungeklärt sind die Auswirkungen des Beschlusses des BAG v 14.12.10 für die von der AMP, BZA bzw iGZ mit den DGB-Gewerkschaften abgeschlossenen Tarifverträge. Es handelt sich bei diesen ebenfalls um mehrgliedrige Tarifverträge. S hierzu *Lembke/Mengel/Schüren/Thüsing/Schunder* NZA 13, 948; *Herrmann/Molle* BB 13, 1781; *Lützeler/Bissels* DB 11, 1636.

Das finanzielle Risiko eines unwirksamen Tarifvertrages trägt der Verleiher. Ihn trifft die 45 gesetzliche Haftung des § 10 Abs 4 AÜG, dh er schuldet dem LeihArbN die im Betrieb des Entleihers für vergleichbare ArbN geltenden wesentlichen Arbeitsbedingungen. Für diese Vergütung müssen auch SozVersAbgaben abgeführt werden. Der Entleiher haftet hierfür als selbstschuldnerischer Bürge (§ 28e Abs 2 Satz 2 SGB IV). Die Haftung auf SozVersAbgaben besteht unabhängig von der Geltendmachung von Nachzahlungsansprüchen durch die einzelnen LeihArbN (*Schüren/Schüren* § 9 Rz 114). Zu den sozialrechtlichen Folgen s *Schlegel* NZA 11, 380; *Lützeler/Bissels* DB 11, 1636; Gemeinsame Presseerklärung der Spitzenorganisationen der SozVersV 18.3.11. Verjährungsfragen behandelt *Stoffels* NZA 11, 1057.

4. Nachweis- und Auskunftspflichten. Der Verleiher ist gegenüber dem LeihArbN 46 verpflichtet, die wesentlichen Arbeitsbedingungen entsprechend § 2 Abs 1 NachwG mitzuteilen. In die Niederschrift mit aufzunehmen sind die genaue Bezeichnung des Verleihers, Ort und Datum der Erteilung der Erlaubnis nach § 1 AÜG und Art und Höhe der Leistungen für Zeiten, in denen der LeihArbN nicht verliehen ist. Die Urkunde oder eine entsprechende schriftliche Vereinbarung ist dem LeihArbN vor Beginn der Beschäftigung, bei einer Auslandstätigkeit spätestens vor der Abreise, auszuhändigen (§ 11 Abs 1 AÜG). Der Verleiher ist ferner verpflichtet, dem LeihArbN bei Vertragsschluss ein Merkblatt der Erlaubnisbehörde über den wesentlichen Inhalt des AÜG auszuhändigen. Nichtdeutsche LeihArbN erhalten das Merkblatt auf Verlangen in ihrer Muttersprache.

5. Befristung des Arbeitsvertrages. Es gelten die allgemeinen Befristungsregelungen 47 der §§ 14 ff TzBfG. Die Befristung des Leiharbeitsverhältnisses ohne sachlichen Grund ist bis zur Höchstdauer von 2 Jahren (bei dreimaliger Verlängerungsmöglichkeit innerhalb dieser Höchstfrist) zulässig (§ 14 Abs 2 TzBfG). Eine derartige Befristung ist allerdings nicht möglich, wenn mit demselben ArbN bereits zuvor ein befristetes oder unbefristetes Arbeitsverhältnis bestanden hat, es sei denn, Tarifverträge enthalten abweichende Regelungen (§ 14 Abs 2 Satz 2 und 3 TzBfG). Die Überlassung eines ArbN an seinen vormaligen ArbGeb, bei dem er zuvor zwei Jahre sachgrundlos befristet beschäftigt war, führt nicht zur Unwirksamkeit einer anschließend mit dem Verleiher iSd § 1 AÜG nach § 14 Abs 2 TzBfG vereinbarten sachgrundlosen Befristung (BAG 18.10.06 – 7 AZR 145/06, NZA 07, 443). Für die Befristung mit Sachgrund nach § 14 Abs 1 TzBfG sind die Befristungsgründe Nr 1 (vorübergehender Bedarf) und Nr 5 (Erprobung) sowie Nr 6 (Gründe des ArbN) von Bedeutung. Nicht einschlägig ist hingegen der Befristungsgrund Vertretung gem § 14 Abs 1 Satz 2 Nr 3 TzBfG, da insoweit auf den Vertretungsbedarf beim Verleiher abzustellen ist. Wegen der Natur des Leiharbeitsverhältnisses mit ihrer Austauschbarkeit der Personen ist Vertretungsbedarf grds schwer vorstellbar. Der typische Befristungsgrund eines nur vorübergehenden Bedarfs beim Entleiher rechtfertigt zwar die Befristung des Überlassungsverhältnisses zwischen Verleiher und Entleiher. Als Befristungsgrund des § 14 Abs 1 Satz 2 Nr 1 TzBfG ist er für das Verhältnis Verleiher – LeihArbN aber idR nicht tauglich. Ein LeihArbN wird idR nacheinander an verschiedene Entleiher zur Deckung des jeweils dort bestehenden, meist zeitlich begrenzten Bedarfs ausgeliehen. Wird er nur für einen bestimmten Entleiher eingestellt, initiiert dies mit besonderem Gewicht gem § 1 Abs 2 AÜG Arbeitsvermittlung. Zur befristeten Leiharbeit s im Übrigen *Düwell/Dahl* NZA 07, 889, *Werthebach* NZA 05, 1044 und Stichwort *Befristetes Arbeitsverhältnis*.

6. Leistungsstörungen. Kommt der Verleiher seiner Hauptpflicht zur Zahlung der Ver- 48 gütung nicht nach, kann der LeihArbN seine Arbeitsleistung nach § 320 BGB zurückhalten. Erleidet der LeihArbN beim Verleiher oder beim Entleiher einen Körperschaden, haften der Verleiher und der Entleiher nur für Vorsatz (§ 104 SGB VII). Für Sachschäden des LeihArbN haftet der Verleiher gem §§ 280 Abs 1, 241 Abs 2 BGB. Strittig ist, ob der Verleiher auch für Sachschäden haftet, die der LeihArbN auf Grund von schuldhaften Pflichtverletzungen des Entleihers erleidet (s hierzu *Schüren/Hamann* Einl Rn 444 ff). Die Haftung des LeihArbN ist, wie allgemein die ArbNHaftung, nach den Grundsätzen des innerbetrieblichen Schadensausgleiches eingeschränkt (vgl im Einzelnen Stichwort *Arbeitnehmerhaftung*).

34 Arbeitnehmerüberlassung/Zeitarbeit

49 **7. Beendigung des Leiharbeitsverhältnisses.** Eine Kündigung ist als außerordentliche nach § 626 BGB oder als ordentliche Kündigung möglich. Für die ordentliche Kündigung gelten die Fristen des § 622 BGB bzw die arbeitsvertraglich oder in Bezug genommenen tarifvertraglichen Kündigungsfristen. § 622 Abs 5 Nr 1 BGB gilt für die ArbNÜberlassung nicht (§ 11 Abs 4 AÜG). Im Geltungsbereich des KSchG bedarf die Kündigung eines personen-, verhaltens- oder betriebsbedingten Grundes (§ 1 Abs 2 KSchG). Eine Kündigung aus verhaltensbedingten Gründen kommt in Betracht, wenn sich der LeihArbN im Entleiherbetrieb Pflichtwidrigkeiten (zB Schlechtleistung) zu Schulden kommen lässt, die sich auch nach einer Abmahnung wiederholen, und deshalb der Entleiher berechtigte Gründe hat, vom Verleiher den Abzug des LeihArbN zu verlangen (LAG Hbg 18.3.87, EzAÜG Nr 277). Eine betriebsbedingte Kündigung des LeihArbN kommt in Betracht, wenn der Verleiher den ArbN mangels Überlassungsaufträge nicht beschäftigen kann. Der Verleiher muss an Hand der Auftrags- und Personalplanung darstellen, dass es sich um einen dauerhaften und nicht nur um einen kurzfristigen Auftragsrückgang handelt. Kurze Auftragslücken gehören zum typischen Auftragsrisiko eines Verleihers und sind nicht geeignet, eine betriebsbedingte Kündigung sozial zu rechtfertigen (BAG 18.5.06 – 2 AZR 412/05, DB 06, 1962). Zur betriebsbedingten Kündigung eines Leiharbeitsverhältnisses wegen Auftragsrückgangs s auch *Dahl* DB 03, 1626.

50 **8. Nichtgewerbsmäßige Arbeitnehmerüberlassung.** Ob der Grundsatz der gleichen Entlohnung bis 30.11.11 auch auf die nichtgewerbsmäßige ArbNÜberlassung anzuwenden ist, ist streitig (verneinend *Boemke* § 9 Rz 15; *Richardi* ZfA 03, 655; aA *Kokemoor* NZA 03, 238; offen gelassen BAG 25.1.05 – 1 ABR 61/03, NZA 05, 1199).

51 **VII. Rechtsverhältnis zwischen Entleiher und Leiharbeitnehmer. 1. Allgemeines.** Ein Arbeitsverhältnis besteht nur zwischen dem Verleiher und dem LeihArbN. Andererseits haben Entleiher und LeihArbN wechselseitige Rechte und Pflichten. Wie angesichts dessen die Rechtsbeziehung zwischen Entleiher und LeihArbN einzuordnen ist, ist streitig. Überwiegend wird die Auffassung vertreten, dass ein **echter Vertrag zu Gunsten Dritter** vorliegt (ErfK/*Wank* AÜG Einl Rz 32 f; *Schüren/Schüren* Einl Rz 161 ff).

52 **2. Leistungsstörungen.** Der LeihArbN haftet im Falle der Nichterfüllung dem Entleiher nach §§ 280 Abs 1, 3, 283 BGB, bei Schlechterfüllung gem § 280 BGB. Die Haftung ist jedoch nach den Grundsätzen des innerbetrieblichen Schadensausgleichs beschränkt. Einzelheiten s *Arbeitnehmerhaftung*.

53 **3. Ansprüche des Leiharbeitnehmers gegen den Entleiher. a) Arbeitsschutzvorschriften.** Die Tätigkeit des LeihArbN bei dem Entleiher unterliegt den für den Betrieb des Entleihers geltenden öffentlich-rechtlichen Vorschriften des **Arbeitsschutzrechts**. Die sich hieraus für den ArbGeb ergebenden Pflichten obliegen dem Entleiher unbeschadet der Pflichten des Verleihers (§ 11 Abs 6 AÜG).

54 **b) Arbeitnehmererfindungen und technische Verbesserungsvorschläge.** Hat der LeihArbN während der Dauer der Tätigkeit eine Erfindung oder einen technischen Verbesserungsvorschlag gemacht, fingiert § 11 Abs 7 AÜG den Entleiher als ArbGeb iSd ArbN-ErfG. Der LeihArbN kann eine Klage gegen den Entleiher auf Auskunft und Zahlung einer Prämie nach den Regelungen einer im Entleiherbetrieb gültigen Betriebsvereinbarung über das betriebliche Vorschlagwesen erheben (ArbG Frankfurt 10.12.85, EzAÜG Nr 195).

55 **c) Auskunftspflichten.** Um dem LeihArbN die Überprüfung der Arbeitsbedingungen zu ermöglichen, gibt § 13 AÜG ihm einen Auskunftsanspruch gegenüber dem Entleiher über die in dessen Betrieb für einen vergleichbaren ArbN geltenden wesentlichen Arbeitsbedingungen einschließlich des Arbeitsentgelts. Die Auskunft muss auch eine Aussage über die Vergleichbarkeit der Tätigkeit des LeihArbN mit derjenigen der verglichenen Stamm-ArbN enthalten (BAG 19.9.07 – 4 AZR 656/06, NZA-RR 08, 231).

56 **d) Informationspflicht über freie Arbeitsplätze.** Den Entleiher trifft gem § 13a AFG eine Informationspflicht gegenüber dem LeihArbN über im Betrieb oder im Unternehmen zu besetzende Arbeitsplätze. Diese Verpflichtung besteht unabhängig von einem Verlangen des LeihArbN oder des BRat gem § 93 BetrVG und unabhängig davon, ob diese für den LeihArbN geeignet erscheinen (*Lembke* BB 12, 2497; *Hamann* RdA 11, 321). Verstöße begründen Schadensersatzansprüche des LeihArbN gem § 280 BGB iVm § 311 Abs 2, 241 Abs 2 BGB und stellen eine Ordnungswidrigkeit gem § 16 Abs 1 Nr 9 AÜG dar. Es dürfte

auch ein Zustimmungsverweigerungsrecht des BRat bei Einstellung eines externen oder Versetzung eines internen Bewerbers gem § 99 Abs 2 Nr 1 und 3 BetrVG bestehen. Vereinbarungen über den Ausschluss oder die Einschränkung der Informationspflicht sind unwirksam (§ 134 BGB). Einzelheiten s *Lembke* NZA 11, 319.

e) Zugangsrechte für Leiharbeitnehmer. § 13b AÜG gewährt dem LeihArbN einen **57** einklagbaren Anspruch auf Zugang zu Gemeinschaftseinrichtungen und Gemeinschaftsdiensten des Entleihers wie vergleichbaren ArbN im Betrieb. Der Anspruch ist nicht tarifdispositiv und kann auch nicht durch Vereinbarung ausgeschlossen werden (§ 9 Nr 2a AÜG). Was unter Gemeinschaftseinrichtungen und -diensten zu verstehen ist, definiert das Gesetz nicht. Die Begriffe dürften iSv Art 6 der EU-Richtlinie auszulegen sein. Nicht erfasst werden deshalb vom Entleiher an seine ArbN gewährte Geldleistungen (Essens-, Fahrtkosten- u Mietzuschüsse) oder Geldsurrogate (Essens-, Tankgutscheine). Hingegen fallen Erholungsheime, Sportanlagen, Werkmietwohnungen, Parkplätze oder Einrichtungen zum verbilligten Personaleinkauf unter § 13b AÜG (*Lembke* NZA 11, 319; sa *Vielmeier* NZA 12, 535; *Koch* BB 12, 323). Bei einem Verstoß stehen dem LeihArbN Schadensersatzansprüche gegen den Entleiher gem § 280 Abs 1 BGB bzw § 823 Abs 2 iVm § 13b AÜG zu. Der Entleiher begeht eine Ordnungswidrigkeit (§ 16 Abs 1 Nr 10 AÜG).

**VIII. Betriebsverfassungsrechtliche Besonderheiten des Leiharbeitsverhältnisses. 58
1. Zuordnung zum Verleiher- und Entleiherbetrieb.** Nach § 14 Abs 1 AÜG bleiben LeihArbN auch während der Zeit ihrer Arbeitsleistung beim Entleiher Angehörige des entsendenden Betriebs des Verleihers. Sie sind dort nach §§ 7 Satz 1, 8 Abs 1 Satz 1 BetrVG aktiv und passiv wahlberechtigt (BAG 20.4.05 – 7 ABR 20/04, NZA 05, 1006). Nach § 7 Satz 2 BetrVG iVm § 14 Abs 1 Satz 2 AÜG sind LeihArbN, sofern sie länger als 3 Monate im Betrieb des Entleihers eingesetzt werden, bei der Wahl der ArbNVertreter in den Aufsichtsrat im Entleiherunternehmen sowie der betriebsverfassungsrechtlichen ArbNVertretungen **im Entleiherbetrieb wahlberechtigt, aber nicht wählbar.** Dies galt bis 30.11.11 auch bei nicht gewerbsmäßiger ArbNÜberlassung (BAG 17.2.10 – 7 ABR 51/08, NZA 10, 832). Regelmäßig im Betrieb des Entleihers beschäftigte LeihArbN sind bei der für die Betriebsratsgröße maßgeblichen ArbNZahl nach § 9 Satz 1 BetrVG (BAG 13.3.13 – 7 ABR 69/11, NZA 13, 789; aA noch BAG 16.4.03 – 7 ABR 53/02, NZA 03, 1345) und bei der Ermittlung des Schwellenwertes in § 111 BetrVG zu berücksichtigen (BAG 18.10.11 – 1 AZR 335/10, NZA 12, 221; aA *Tschöpe* NJW 12, 2161). Sa *Schmid/Kunzel* NZA 13, 300; *Mosig* NZA 12, 1411.

2. Rechte des Leiharbeitnehmers im Entleiherbetrieb. Nach § 14 Abs 2 Satz 2 **59** AÜG sind die LeihArbN berechtigt, die Sprechstunden der ArbNVertretungen aufzusuchen und an den Betriebs- und Jugendversammlungen im Entleiherbetrieb teilzunehmen. Darüber hinaus stehen ihnen die Rechte nach §§ 81, 82 Abs 1, 84–86 BetrVG zu. Da die Aufzählung der betriebsverfassungsrechtlichen Rechte in § 14 Abs 2 Satz 2 AÜG nicht abschließend ist, geltend für die LeihArbN auch weitere Bestimmungen des BetrVG, insb § 75 BetrVG, nach dem alle im Betrieb tätigen Personen nach dem Grundsatz von Recht und Billigkeit zu behandeln sind (ErfK/*Wank* § 14 AÜG Rz 13).

3. Rechte des Betriebsrats im Entleiherbetrieb. a) Allgemeines. LeihArbN sind **60** während ihrer Tätigkeit beim Entleiher in dessen Betrieb eingegliedert. Um sie betriebsverfassungsrechtlich nicht schutzlos zu lassen, hat der EntleiherBRat die dem BRat obliegende Schutzfunktion wahrzunehmen. Der EntleiherBRat ist gem § 14 Abs 3 AÜG zuständig, soweit die Wahrnehmung von Betriebsverfassungsrechten an die Eingliederung in den Entleiherbetrieb anknüpft, die Art und Weise der Arbeit im Entleiherbetrieb betrifft oder wenn es um die dort einzuhaltende Betriebsordnung geht.

§ 14 Abs 3 AÜG erfasst zunächst die erlaubte ArbNÜberlassung (bis 30.11.11 nur die erlaubte gewerbsmäßige ArbNÜberlassung). Auf die anderen Formen drittbezogenen Personaleinsatzes, so bei illegaler Überlassung und bei Abordnung zu einer ARGE, findet die Bestimmung entsprechend Anwendung (BAG 31.1.89 – 1 ABR 72/87, NZA 89, 932; aA *Schüren/Hamann* § 14 Rz 141 f). Bei einem Einsatz von ArbN auf Grundlage echter Dienst- oder Werkverträge findet § 14 Abs 3 AÜG hingegen keine Anwendung (BAG 18.10.94 – 1 ABR 9/94, NZA 95, 281). Auch § 99 BetrVG ist in diesen Fällen nicht anwendbar, weil es an der für die Eingliederung des ArbN in den Fremdbetrieb notwendigen Personalhoheit,

34 Arbeitnehmerüberlassung/Zeitarbeit

dh des Direktionsrechts des Inhabers des Entleiherbetriebs fehlt (BAG 5.5.92 – 1 ABR 78/91, NZA 92, 1044).

61   **b) Beteiligung bei der Übernahme von Leiharbeitnehmern.** Das Mitbestimmungsrecht wird durch jegliche **Übernahme** ausgelöst. Unter Übernahme ist die Eingliederung, dh die tatsächliche Beschäftigung des LeihArbN im Entleiherbetrieb zu verstehen (BAG 23.1.08 – 1 ABR 74/06, NZA 08, 603). Auf die zeitliche Dauer der geplanten Überlassung kommt es nicht an. Der Entleiher muss dem BRat alle Informationen geben, die für eine Zustimmungsverweigerung nach § 99 Abs 2 BetrVG relevant sein können, ua Anzahl der LeihArbN und Dauer des Einsatzes, vorgesehener Arbeitsplatz, Art der Tätigkeit, Qualifikation, Person des LeihArbN (BAG 9.3.11 – 7 ABR 137/09, NZA 11, 871). Ein Mitbestimmungsrecht zur Eingruppierung besteht hingegen nicht (BAG 17.6.08 – 1 ABR 39/07, NZA 09, 112).

Der BRat im Entleiherbetrieb kann der Übernahme nach § 99 Abs 2 Nr 1 BetrVG widersprechen, wenn die Überlassung nicht mehr vorübergehend iSv § 1 Abs 1 Satz 2 AÜG ist. Diese Regelung stellt ein Verbotsgesetz dar (BAG 10.7.13 – 7 ABR 91/11, NZA 13, 1296). Ein Zustimmungsverweigerungsrecht wegen Verstoßes gegen den Equal-pay-Grundsatz steht dem BRat nicht zu (BAG 1.6.11 – 7 ABR 117/09, BeckRS 2011, 76301). Dies galt bis 30.11.11 sowohl für die gewerbsmäßige als auch für die nicht gewerbsmäßige ArbNÜberlassung (BAG 21.7.09 – 1 ABR 35/08, NZA 09, 1156; *Schüren/Hamann* § 14 Rz 143 ff). Der BRat kann jedoch verlangen, dass Arbeitsplätze, die dauerhaft mit LeihArbN besetzt werden sollen, innerbetrieblich vorher ausgeschrieben werden (BAG 1.2.11 – 1 ABR 79/09, NZA 11, 703).

62   **4. Zuständigkeit des Verleiherbetriebsrats.** Diese besteht, wenn Rechte eine arbeitsvertragliche Beziehung voraussetzen, da diese nur mit dem Verleiher besteht. Der Verleiher-BRat hat gem § 99 BetrVG mitzubestimmen, soweit es um die Einstellung und Eingruppierung geht. Um die richtige Eingruppierung des LeihArbN im Hinblick auf § 10 Abs 4 AÜG überprüfen zu können, hat der BRat gem § 99 Abs 1 Satz 1 BetrVG gegen den Verleiher einen Auskunftsanspruch hinsichtlich der für die korrekte Einstufung der Tätigkeit in das Vergütungssystem des Entleihers erforderlichen Unterlagen (zB Tarifverträge, Betriebsvereinbarungen). Fehlt beim Entleiher ein kollektives Vergütungssystem, bedarf es keiner Eingruppierung des LeihArbN. Ein Mitbestimmungsrecht des BRat besteht in diesem Fall nicht, auch kein Mitbeurteilungsrecht (*Hamann* NZA 03, 526). Dem LeihArbN bleibt die Vergütungsklage gegen den Verleiher gem § 10 Abs 4 AÜG.

63   **IX. Überwachung, Straftaten und Ordnungswidrigkeiten. 1. Kontrolle.** Durch das Gesetz zur Änderung des AÜG und des SchwarzArbG wurden aus dem Bereich des AEntG bekannte Kontroll- und Sanktionsmechanismen in das AÜG übertragen. Es obliegt nunmehr den Behörden der Zollverwaltung, die Prüfung der Zahlung des Mindeststundenentgelts zu überprüfen (§ 17 Abs 2 AÜG nF). Für sonstige Verstöße bleibt die BA zuständig, insb für die Erteilung der ArbNÜberlassungserlaubnis. Die Behörden der Zollverwaltung werden gem § 15a AÜG aF mit umfangreichen Prüfrechten ausgestattet. Um diese ausüben zu können, werden die Verleiher verpflichtet, die für die Kontrolle der MindestlohnVO erforderlichen Unterlagen für die gesamte Dauer der tatsächlichen Beschäftigung des LeihArbN in deutscher Sprache für 2 Jahre bereit zu halten (§ 17c Abs 2 AÜG nF). Die Duldungs- und Mitwirkungspflichten nach § 5 SchwarzArbG werden auf die Verleihunternehmen erweitert. Die Entleiher müssen beim grenzüberschreitenden Einsatz vor Beginn ihrer Überlassung der Zollverwaltung eine schriftliche Anmeldung in deutscher Sprache mit bestimmten Inhalten zuleiten (§ 17b Abs 1 nF). Es soll eine Versicherung des Verleihers beigefügt werden, dass dieser die Lohnuntergrenze einhält (§ 17b Abs 2 AÜG nF). Der Entleiher ist verpflichtet, Beginn, Ende und Dauer der täglichen Arbeitszeit des LeihArbN aufzuzeichnen und diese Aufzeichnungen mindestens 2 Jahre aufzubewahren, wenn die MindestlohnVO Anwendung findet (§ 17c Abs 1 AÜG nF).

64   **2. Straftaten und Ordnungswidrigkeiten.** Strafbar macht sich gem §§ 15, 15a AÜG, wer einen Ausländer ohne die erforderliche Genehmigung beschäftigt. § 15 AÜG betrifft die Strafbarkeit des Verleihers, § 15a AÜG die des Entleihers. Ein Verstoß gegen die Tatbestände kann mit Freiheitsstrafe bis 3 Jahre, in einem besonders schweren Fall bis 5 Jahre bestraft werden.

Arbeitnehmerüberlassung/Zeitarbeit 34

Ordnungswidrig handelt, wer gegen die Tatbestände des § 16 Abs 1 AÜG verstößt. Durch das erste Gesetz zur Änderung der AÜG-Verhinderung von Missbrauch der ArbNÜberlassung wurden weitere neue Ordnungswidrigkeitstatbestände in § 16 AÜG eingeführt. Nach § 16 Abs 1 Nr 7a AÜG nF handelt ordnungswidrig, wer entgegen § 10 Abs 4 AÜG nF vergleichbare Arbeitsbedingungen nicht gewährt. Damit besteht auf vergleichbare Arbeitsbedingungen nicht nur ein einzelvertraglicher Anspruch des LeihArbN, sondern die Nichtgewährung stellt auch einen Versagungsgrund nach § 3 Abs 1 Nr 3 AÜG dar. Die Nichtgewährung kann mit einem Bußgeld in Höhe von bis zu € 500 000 geahndet werden. Dies gilt auch bei einem Verstoß gegen die Lohnuntergrenze gem § 16 Abs 1 Nr 7b AÜG nF. Derartig hohe Bußgelder wurden bisher nur in Fällen der Überlassung von ausländischen LeihArbN, die zur Ausübung einer Tätigkeit in Deutschland nicht berechtigt waren, angedroht (§ 16 Abs 1 Nr AÜG). Ein Verstoß gegen die Informations- und Zugangspflichten kann nach § 16 Abs 1 Nr 9, Nr 10 AÜG mit einem Bußgeld in Höhe von bis zu € 2500 geahndet werden.

X. Muster. S Online-Musterformular „*M9.7 Leiharbeitsvertrag mit Bezugnahme auf den Tarifvertrag BZA/DGB*". 65

B. Lohnsteuerrecht *Seidel*

1. Verleiher. a) Arbeitgebereigenschaft. Der Verleiher ist regelmäßig ArbGeb mit den 71 sich daraus ergebenden Pflichten (s *Arbeitgeber* Rz 19 ff). Er bleibt bei der erlaubten (bei der unerlaubten s unten Rz 73 f) ArbNÜberlassung ArbGeb, auch wenn der Entleiher den Arbeitslohn direkt an den ArbN des Verleihers ausbezahlt (§ 38 Abs 1 Satz 3 EStG; Lohnzahlung durch Dritte; s hierzu *Lohnabzugsverfahren* Rz 16). Zu den **Besonderheiten** bei der Abgrenzung von **Leiharbeitsverhältnissen** zur selbstständigen Betätigung s *Arbeitnehmer (Begriff)* Rz 44 unter Hinweis auf BFH 18.1.91, BStBl II 91, 409; s auch LStR 42d.2 Abs 3 und oben Rz 5 ff. Auch ein **ausländischer** Verleiher hat die lohnsteuerlichen Pflichten des ArbGeb im Inland zu erfüllen, wenn er gewerbsmäßig ArbN einem Dritten zur Arbeitsleistung im Inland überlässt (§ 38 Abs 1 Satz 1 Nr 2 EStG; s auch FG BaWü 16.8.96, EFG 97, 82, BFH 12.6.97 – I R 72/96, BStBl II 97, 660). Die Pflicht zur Einbehaltung der LSt gilt unabhängig vom Wohnsitz der ArbN. Von der Einbehaltungspflicht für im **Ausland** ansässige ArbN, bei denen möglicherweise aufgrund von DBA dem deutschen Fiskus das Besteuerungsrecht nicht zusteht (s auch *Arbeitnehmerentsendung* Rz 15 und BMF 4.11.01 – IV B 4 – S 1341 – 20/01, BStBl I 01, 796 Tz 4.4 mwN iVm BMF 14.9.06 – IV B 6 – S 1300 – 367/06, BStBl I 06, 532 Rz 28 ff), wird der ArbGeb erst durch eine vom BetriebsstättenFA (§ 41 Abs 2 EStG; s *Betriebsstätte* Rz 4–7) erteilte Freistellungsbescheinigung (§ 39d Abs 3 und 39b Abs 6 EStG LStR 39b.10; s *Lohnabzugsverfahren* Rz 22) befreit (*Schmidt/Krüger* § 38 Rz 4). Dabei ist wirtschaftlicher ArbGeb iSd Abkommensrechts bei Einschaltung ausländischen ArbNVerleihers grds der Verleiher (BFH 18.12.02 – I R 96/01, DStRE 03, 983; s auch *Ausländer* Rz 46). Ab **2004** ist gem § 38 Abs 1 Satz 2 EStG in den Fällen, in denen international tätige Unternehmen ArbN nach Deutschland entsenden, **auch** das im Inland ansässige Unternehmen, das den Arbeitslohn wirtschaftlich trägt ArbGeb, wobei es nicht darauf ankommt, dass dieses den Arbeitslohn im eigenen Namen und für eigene Rechnung auszahlt (s LStR 38.3 Abs 5 sowie BMF 14.9.06 – IV B 6 – S 1300 – 367/06, BStBl I 06, 532 Rz 64 ff, 81 ff und *Arbeitnehmerentsendung* Rz 16). Zur ArbGebStellung bei Entsendung von ArbN ausländischer Muttergesellschaften an eine deutsche Tochtergesellschaft vor der Gesetzesänderung s BFH 24.3.99 – I R 64/98, BStBl II 2000, 41. Zur Entsendung inländischer ArbN an eine ausländische Tochtergesellschaft s BFH 23.2.05 – I R 46/03, BStBl II 05, 547 sowie *Arbeitgeber* Rz 19 und *Arbeitnehmerentsendung* Rz 16). Zur ArbGeb-Eigenschaft eines Landkreises, der zu 40 % an einer öffentliche Aufgaben erfüllenden GmbH beteiligt ist, s FG BaWü 8.3.10 – 6 K 68/07, EFG 10, 1037).

Zu den lstlichen Pflichten des ArbGeb im Rahmen der Erfassung von geldwerten Vorteilen im Hinblick auf die Verpflichtung des Entleihers nach **§ 13b AÜG** (s Rz 57) vgl *Eismann* DStR 11, 2381. LStlich ergibt sich trotz der Verpflichtung des Entleihers nach § 13b AÜG eine Ungleichbehandlung zwischen den LeihArbN und der Stammbelegschaft bei der Bewertung von Sachbezügen (zB Gemeinschaftsverpflegung, § 8 Abs 2 EStG) oder Per-

34 Arbeitnehmerüberlassung/Zeitarbeit

sonalrabatten (§ 8 Abs 3 EStG), da es im Verhältnis Entleiher–LeihArbN an dem iRd § 8 EStG erforderlichen Arbeitsverhältnis fehlt.

72 **b) Haftung.** Als ArbGeb haftet der Verleiher für nicht einbehaltene und abgeführte LSt (§ 42d Abs 1 EStG; s *Lohnsteuerhaftung* Rz 4 ff) oder ist in den Fällen der §§ 40–40b EStG Steuerschuldner (s *Lohnsteuerpauschalierung* Rz 5). Ferner haftet der Verleiher, ohne ArbGeb zu sein, wenn der Entleiher als ArbGeb anzusehen ist (s unten Rz 73), wie ein Entleiher (§ 42d Abs 7 EStG) gesamtschuldnerisch neben diesem und dem ArbN.

73 **2. Entleiher. a) Arbeitgebereigenschaft.** Der Entleiher ist dann steuerrechtlich Arb-Geb, wenn er im Rahmen einer (unerlaubten) ArbNÜberlassung im eigenen Namen und für eigene Rechnung den gesamten Arbeitslohn an die LeihArbN zahlt (s auch BFH 24.3.99 – I R 64/98, BStBl II 2000, 41: ArbNÜberlassung im Konzern). Im Falle der Entsendung aus dem Ausland gilt **seit 2004** § 38 Abs 1 Satz 2 EStG (s oben Rz 71). Die arbeitsrechtliche Fiktion des § 10 Abs 1 Satz 1 AÜG, dass der Entleiher im Fall der unerlaubten ArbNÜberlassung grds als ArbGeb anzusehen ist, kann nicht auf das Steuerrecht ausgedehnt werden (BFH 2.4.82, BStBl II 82, 502; aA *Crezelius* DStJG Bd 9 S 97 ff).

74 **b) Haftung.** Als ArbGeb haftet der Entleiher wie jeder ArbGeb für nicht einbehaltene und abgeführte LSt (s *Lohnsteuerhaftung* Rz 4 ff). Jedoch haftet der Entleiher, auch ohne ArbGeb zu sein, weitgehend für die LSt der ihm überlassenen ArbN. Voraussetzung für die Haftung ist seit dem 1.1.13 nicht mehr die gewerbsmäßige ArbNÜberlassung, sondern nur noch eine ArbNÜberlassung nach § 1 Abs 1 Satz 1 AÜG, die eine Steuerschuld (bei LStPauschalierung) oder Haftungsschuld des Verleihers als ArbGeb zur Folge hat. Denn mit der ab 1.1.11 geltenden Fassung wurde der Anwendungsbereich der Leiharbeitsrichtlinie erweitert. Er erfasst seitdem alle natürlichen und juristischen Personen, die eine wirtschaftliche Tätigkeit ausüben, unabhängig davon, ob sie Erwerbszwecke verfolgen. Unerheblich ist weiterhin, ob eine erlaubte oder unerlaubte ArbNÜberlassung vorliegt. Keine Haftung besteht in den Fällen des § 1 Abs 3 AÜG (§ 42d Abs 6 Satz 1; s oben Rz 15 ff).

75 **Haftungsausschluss** tritt bei erlaubter ArbNÜberlassung ein, wenn der Entleiher nachweisen kann, dass er die vorgesehenen Mitwirkungspflichten des § 51 Abs 1 Nr 2d EStG bei im Inland tätigen, aber im Ausland ansässigen ArbN erfüllt hat (§ 42d Abs 6 Satz 2 EStG). Derzeit fehlt es noch an der entsprechenden RechtsVO (*Schmidt/Krüger* § 42d Rz 70).

76 Sowohl bei erlaubter als auch bei unerlaubter ArbNÜberlassung haftet der Entleiher nicht, wenn er über das Vorliegen einer ArbNÜberlassung ohne Verschulden irrte (§ 42d Abs 6 Satz 3 EStG). Für das Verschulden reicht jedoch leichte Fahrlässigkeit aus. Ein schuldhafter Irrtum liegt sowohl im Unterlassen einer gebotenen Erkundigung beim FA oder der Agentur für Arbeit als auch bei Zweifeln über die Auslegung des Vertrages vor (*Schmidt/Krüger* § 42d Rz 71).

77 **3. Gesamtschuldnerische Haftung** des Verleihers, des Entleihers und der ArbN sieht das Gesetz vor (§ 42d Abs 6 Satz 5 EStG). Die Zahlungsinanspruchnahme des Entleihers ist gegenüber dem Verleiher als ArbGeb subsidiär (§ 42d Abs 6 Satz 6 EStG iVm § 219 Satz 2 AO). Dies gilt auch umgekehrt, wenn der Verleiher wie ein Entleiher haftet, weil der Entleiher als ArbGeb anzusehen ist. Der Haftungsbescheid darf jedoch bereits vorher ergehen (zur Unterscheidung von Haftungsbescheid und Zahlungsinanspruchnahme s *Lohnsteuerhaftung* Rz 67). Keine Subsidiarität besteht im Verhältnis zum ArbN als Steuerschuldner (*HMW*/Arbeitnehmerüberlassung Rz 97).

78 **4. Der Haftungsumfang** erstreckt sich auf die LSt für die Zeit, die vom Verleiher anteilig für den Zeitraum der Überlassung an den Entleiher einzubehalten war (§ 42d Abs 6 Satz 4 EStG). Dies gilt auch für die Krankheits- und Urlaubstage (s *HMW*/Arbeitnehmerüberlassung Rz 77; aA *Schmidt/Krüger* § 42d Rz 72). Mit *HMW* ist jedenfalls dann davon auszugehen, wenn der Entleiher für derartige Unterbrechungen das Entgelt an den Verleiher nicht kürzen darf. Lässt sich die LSt aus tatsächlichen Gründen schwer ermitteln, zB bei unerlaubter ArbNÜberlassung, wenn die Besteuerungsmerkmale nicht mehr festgestellt werden können, kann die LSt mit 15 % des zwischen Verleiher und Entleiher vereinbarten Entgelts (ohne Umsatzsteuer) geschätzt werden. Der Entleiher kann eine niedrigere LSt glaubhaft machen (§ 42d Abs 6 Satz 7 EStG). Die Haftung erstreckt sich auch auf andere Abzugssteuern, zB KiSt und SolZ.

5. Verfahren. a) Zuständiges Finanzamt ist grds das BetriebsstättenFA des Verleihers 79
(§ 42d Abs 6 Satz 9 EStG). Bei ausländischen Verleihern ist zuständiges FA das BetriebsstättenFA des Entleihers (§ 41 Abs 2 Satz 2 2. Hs EStG). Das FA erlässt bei Inanspruchnahme des Verleihers oder Entleihers einen Haftungsbescheid (LStR 42d.2 Abs 9; s auch *Lohnsteuerhaftung* Rz 47 ff). Ist die überlassene Person – wie meistens – allerdings im **Baugewerbe** eingesetzt, gelten zentrale FAZuständigkeiten, je nach dem Land, in dem der ausländische Verleiher seinen Sitz hat (§§ 20a Abs 2, 21 Abs 1 AO; § 1 USt-ZuständigkeitsVO; s auch *Schwarzarbeit* Rz 9).

b) Zur **Sicherung** des Steueranspruchs kann (Ermessen, § 5 AO) das FA – auch mündlich 80
– anordnen, dass der Entleiher einen bestimmten Teil des mit dem Verleiher vereinbarten Entgelts einzubehalten und abzuführen hat. Eine Begründung für die Höhe des Betrages ist nicht erforderlich, wenn der unter Rz 41 genannte Prozentsatz (15) nicht überschritten wird (§ 42d Abs 8 EStG). Der Entleiher kann die **Sicherungsanordnung** zur Verminderung seines Haftungsrisikos auch anregen, denn mit der Abführung des einbehaltenen Entgelts durch den Entleiher an das FA erlischt seine Verbindlichkeit gegenüber dem Verleiher. Im Verhältnis Verleiher – FA hat der abgeführte Betrag nur Sicherungscharakter (*HMW*/Arbeitnehmerüberlassung Rz 107). Da die Sicherungsmaßnahme einen Verwaltungsakt mit Drittwirkung darstellt, können Entleiher und Verleiher diesen mit dem Einspruch anfechten (*Schmidt/Krüger* § 42d Rz 74).

Zur Einbehaltungspflicht von 15 % der vereinbarten Gegenleistung durch Auftraggeber von Bauleistungen für die Steueransprüche des Fiskus gegen den Auftragnehmer, um die illegale Beschäftigung im Baugewerbe einzudämmen (§§ 48–48d EStG) s *Schwarzarbeit* Rz 9.

6. Mitteilungen des Finanzamts. Zur Bekämpfung von illegaler Beschäftigung, 81
Schwarzarbeit und Beitragshinterziehung ist das FA verpflichtet, den Trägern der gesetzlichen SozV (idR AOK), der BA und der Künstlersozialkasse die zur Feststellung der Versicherungspflicht oder die zur Festsetzung von Beiträgen erforderlichen Angaben mitzuteilen (§ 31 Abs 2 AO). Ferner darf es den zuständigen Stellen sowohl Anhaltspunkte für eine illegale Beschäftigung mitteilen als auch Tatsachen, die zur Erteilung, Rücknahme oder zum Widerruf einer Erlaubnis zur ArbNÜberlassung nach dem AÜG (s unten Rz 86 ff) führen können (§ 31a Abs 2 iVm Abs 1 AO), wie zB das Nichteinbehalten und -abführen von LSt für die LeihArbN oder die Beschäftigung nichtdeutscher ArbN ohne Erlaubnis (s auch AEAO zu § 31a Tz 3 und *HMW*/Arbeitnehmerüberlassung Rz 5). Zu Mitteilungen bei Schwarzarbeitern s *Schwarzarbeit* Rz 6. Hinsichtlich der Mitteilungen des FA an die BA im Einzelnen sowie die Mitteilungen der BA an das FA wird auf die Ergänzung des AEAO zu § 31a (Mitteilungen zur Bekämpfung der illegalen Beschäftigung und des Leistungsmissbrauchs) durch das BMF-Schreiben vom 4.8.05 – IV A 4 – S 0062 – 4/05 (BStBl I 05, 838) verwiesen.

7. Die **Personalserviceagenturen** (s oben Rz 1 und unten Rz 93–95) sind im Rahmen 82
des Vorstehenden als Verleiher anzusehen und haben dementsprechend grds die (lohnsteuerlichen) ArbGebPflichten für die angestellten Arbeitslosen zu erfüllen. Die Mitarbeiter sind ArbN der Personalserviceagenturen. Diese schließen mit dem Entleiher ArbNÜberlassungsverträge ab (s auch *Bauer/Krebs* NJW 03, 537, Tz II 2).

C. Sozialversicherungsrecht
Voelzke

1. Allgemeines. ArbGeb, die gewerbsmäßig Dritten ArbN zur Arbeitsleistung überlassen, 86
bedürfen hierfür idR einer besonderen Erlaubnis durch die BA, die gegen Gebühr erteilt wird. Beitragsrechtlich besteht eine Subsidiärhaftung des Entleihers für die ordnungsgemäße Abführung der SozVBeiträge (§ 28e Abs 2 SGB IV). ArbNÜberlassung liegt nach der Rspr des BSG nur vor, wenn die bei dem Dritten auszuübende Tätigkeit eine abhängige und unselbstständige Arbeitsleistung beinhaltet und der ArbN in den Herrschaftsbereich eines ArbGeb eingegliedert ist (BSG 29.7.70 – 7 RAr 44/68, DB 70, 2129). Die Versicherungspflicht des LeihArbN knüpft an ein Beschäftigungsverhältnis an, das bei der legalen ArbNÜberlassung zum Verleiher begründet wird.

2. Erlaubnisverfahren. Liegen die Voraussetzungen einer gewerbsmäßigen ArbNÜber- 87
lassung, die der Erlaubnispflicht durch die BA unterliegt, vor, so hat der LeihArbGeb nach

34 Arbeitnehmerüberlassung/Zeitarbeit

§ 2 Abs 1 AÜG einen schriftlichen Antrag auf Erteilung der Erlaubnis bei der Regionaldirektion zu stellen, bei dem er seinen Geschäftssitz, bei mehreren Niederlassungen seinen Hauptsitz hat (zur praktischen Handhabung der grenzüberschreitenden ArbNÜberlassung *Brors* DB 13, 2087). Die Erlaubnis ist an die Person des Firmeninhabers gebunden und kann nicht übertragen werden. Mit der Liquidation einer KG erlischt die der KG und die dem Komplementär erteilte Erlaubnis (BSG 12.12.91 – 7 RAr 56/90, SozR 3–7815 Art 1 § 3 Nr 2). Die Erlaubnis wird mit der Bekanntgabe beim Antragsteller wirksam. Sie kann mit **Nebenbestimmungen** in Form einer Bedingung, Auflage (s hierzu BSG 19.3.92 – 7 RAr 34/91, SozR 3–7815 Art 1 § 2 Nr 1) oder einem **Widerrufsvorbehalt** erteilt werden. Durch eine Auflage kann eine gesetzliche Verpflichtung des Verleihers, deren Umfang umstritten ist, konkretisiert werden.

Wird dem Betroffenen nur ein Verhalten „im Regelfall" aufgegeben, so ist die Auflage nicht ausreichend bestimmt (BSG 6.4.2000 – B 11/7 AZ 10/99 R, NZA-RR 2000, 453). Die Aufnahme, Änderung oder Ergänzung von Auflagen ist auch noch nach einer unbefristeten Verlängerung der Erlaubnis zur ArbNÜberlassung zulässig (BSG 29.7.92 – 11 RAr 51/91, DB 93, 1477). Die Erlaubnis wird nur dann unbefristet erteilt, wenn der Verleiher in drei aufeinander folgenden Jahren erlaubt ArbNÜberlassung betrieben hat; in den übrigen Fällen ist die Erlaubnis zur ArbNÜberlassung auf ein Jahr zu befristen.

88 Der Antrag auf **Verlängerung** der Erlaubnis muss spätestens drei Monate vor Ablauf der Befristung gestellt werden. Sie verlängert sich, wenn die Regionaldirektion die Erlaubnis bis zum Ablauf des Jahres nicht ablehnt, um ein weiteres Jahr. Lehnt die BA die Verlängerung der Erlaubnis ab, so gilt die Erlaubnis zur Abwicklung der erlaubt abgeschlossenen ArbN-Überlassungsverträge bis zur Dauer von zwölf Monaten fort. Die unbefristete Erlaubnis erlischt nach § 2 Abs 5 Satz 2 AÜG erst, wenn der Verleiher von der Erlaubnis mehr als drei Jahre keinen Gebrauch gemacht hat. Zweckmäßigerweise ist für die schriftliche Antragstellung der von der BA herausgegebene Vordruck zu benutzen. Die BA erhebt für die Bearbeitung der Anträge auf Erteilung oder Verlängerung einer Erlaubnis Gebühren (§ 2a Abs 1 AÜG).

89 **Keiner** Erlaubnis bedarf nach § 1a Abs 1 AÜG ein ArbGeb mit weniger als 50 Beschäftigten, der zur Vermeidung von Kurzarbeit oder Entlassungen an einen ArbGeb einen ArbN bis zur Dauer von zwölf Monaten überlässt (sog Kollegenhilfe). Hat ein ArbGeb mehrere Betriebe, so sind die Beschäftigten aller Betriebe zusammenzuzählen. Es handelt sich nur dann um eine erlaubnisfreie Überlassung, wenn der ArbGeb dem für seinen Geschäftssitz zuständigen Landesarbeitsamt vorher eine schriftliche **Anzeige** erstattet hat. Die Anzeige muss nach § 1a Abs 2 AÜG Angaben zur Person des LeihArbN, zur Art der vom LeihArbN zu leistenden Tätigkeit und eine etwaige Pflicht zur auswärtigen Leistung, zu Beginn und Dauer der Überlassung und zur Firma und Anschrift des Entleihers enthalten.

90 Die Erteilung der Erlaubnis ist bei Vorliegen der in § 3 AÜG genannten Gründe zu **versagen**. Nach § 3 Abs 1 Nr 3 AÜG ist die Erlaubnis oder ihre Verlängerung zu versagen, wenn Tatsachen die Annahme rechtfertigen, dass dem LeihArbN für die Zeit der Überlassung an einen Entleiher die im Betrieb dieses Entleihers geltenden **wesentlichen Arbeitsbedingungen** einschließlich des Arbeitsentgelts nicht gewährt werden. Eine Ausnahme gilt, wenn ein Tarifvertrag abweichende Regelungen zulässt.

91 War die Erteilung der Erlaubnis rechtswidrig, kann eine **Rücknahme** der Erlaubnis nach § 4 AÜG erfolgen. Die Entscheidung über die Rücknahme steht im Ermessen der BA und kann nur mit Wirkung für die Zukunft getroffen werden. Für den Verleiher, dessen Vertrauen auf den Bestand der Erlaubnis schutzwürdig ist, begründet § 4 Abs 2 AÜG einen Ausgleichsanspruch. Das Recht zur Rücknahme erlischt binnen eines Jahres nach Kenntnis der Voraussetzungen für die Rücknahme. Ein **Widerruf** der Erlaubnis kommt nur bei Vorliegen der in § 5 AÜG genannten Gründe in Betracht. Voraussetzung für die Ausübung des Widerrufsrechts ist in jedem Falle, dass sich die BA bereits bei Erteilung der Erlaubnis den Widerruf vorbehalten hatte und ein Versagungsgrund nach § 3 AÜG vorliegt. Die Erlaubnis, Versagung, Rücknahme und der Widerruf sind Verwaltungsakte, gegen die nach Durchführung des Widerspruchsverfahrens bei den Sozialgerichten Klage erhoben werden kann.

92 Den Verleiher treffen gegenüber der BA die in §§ 7, 8 AÜG genannten **Mitwirkungspflichten**. Der LeihArbGeb hat die Verlegung, Schließung oder Errichtung von Betrieben,

Betriebsteilen oder Nebenbetrieben, die die Ausübung der ArbNÜberlassung zum Gegenstand haben, unaufgefordert vorher anzuzeigen; alle Auskünfte zu erteilen, die zur Durchführung des Gesetzes erforderlich sind; Bediensteten der BA in begründeten Ausnahmefällen das Betreten der Geschäftsräume zu gestatten (s zu den Voraussetzungen des Betretungs- und Prüfungsrechts der Erlaubnisbehörde BSG 29.7.92 – 11 RAr 57/91, NZA 93, 524); halbjährlich der BA statistischen Meldungen zu erstatten. Das Verlangen der Erlaubnisbehörde an den Verleiher, Auskünfte zu erteilen, kann als Verwaltungsakt ergehen, der mit den Mitteln der Verwaltungsvollstreckung durchsetzbar ist (BSG 12.7.89 – 7 RAr 46/88, NZA 90, 157).

3. Beitragsrecht. Bei erlaubter ArbNÜberlassung treffen grds den Verleiher die ArbGeb-Pflichten des SozVRechts. Etwas anderes gilt bei einem nach § 10 Abs 1 AÜG zwischen dem Entleiher und dem ArbN fingierten Arbeitsverhältnis, zur Beitragsnachentrichtung infolge der Verneinung der Tariffähigkeit der CGZP s *Schlegel* NZA 11, 380; *Lützeler/Bissels* DB 11, 1636; *Faust/Rehner* DB 13, 874; *Reiserer* DB 13, 2026.   93

a) **Erlaubte Arbeitnehmerüberlassung** begründet sozialversicherungsrechtlich die ArbGebEigenschaft des **Verleihers,** der gem § 28e Abs 1 SGB IV den GesamtSozVBeitrag sowie die Beiträge zur BG zu zahlen hat. Unerheblich ist hierbei, ob es sich um gewerbsmäßige oder nicht gewerbsmäßige ArbNÜberlassung handelt. Die Verpflichtung erstreckt sich auch auf Zahlungen, die der Entleiher ohne sein Wissen vertragswidrig getätigt hat, denn die Zahlungspflicht aus § 28e Abs 1 Satz 1 besteht verschuldungsunabhängig (*Schlegel/Voelzke/Werner* SGB IV § 28e Rz 26). Der Verleiher ist gem § 28f SGB IV zur Führung der Lohnunterlagen über seine ArbN verpflichtet, die die Ermittlung der Beiträge ermöglichen.   94

Falls der **Entleiher** mit dem Verleiher eine Vergütung für die Überlassung des ArbN vereinbart hat, haftet er wie ein selbstschuldnerischer Bürge für die Erfüllung der Zahlungspflicht des Verleihers (§ 28e Abs 2 Satz 1 SGB IV). Gegen die Inanspruchnahme des Entleihers als Bürgen ist der Rechtsweg zu den Gerichten der Sozialgerichtsbarkeit gegeben, da es sich um eine gesetzliche (öffentlich-rechtliche) Bürgschaft handelt. Nicht erforderlich für die Auslösung der Haftung ist es, dass die Überlassung gewerbsmäßig erfolgt oder dass die Vergütung zu einem Gewinn führt (*Schlegel/Voelzke/Werner* SGB IV § 28e Rz 64). Nach § 28e Abs 2 Satz 2 SGB IV kann der Entleiher die Zahlung verweigern, solange die Einzugsstelle den Verleiher (ArbGeb) nicht mit Fristsetzung gemahnt hat und die Frist nicht verstrichen ist. Einer Mahnung bedarf es nach Eröffnung des Insolvenzverfahrens über das Vermögen des Verleihers ausnahmsweise nicht mehr. Die Haftung des Entleihers wird nicht durch die Eröffnung des Insolvenzverfahrens über das Vermögen des Verleihers ausgeschlossen (BSG 7.3.07 – B 12 KR 11/06 R, DB 07, 1870). Die Haftung des Entleihers ist auf den Zeitraum beschränkt, für den dem Entleiher der ArbN tatsächlich überlassen wurde. Da das Leiharbeitsverhältnis dem SozVRecht des Entsendestaates unterliegt, haftet der inländische Entleiher nicht subsidiär gem § 28e Abs 2 Satz 1 SGB IV für SozVBeiträge, die ein ausländischer Verleiher an den dortigen SozVTräger abzuführen hat (*Schüren/Diebold* NZS 94, 245).   95

Den Verleiher treffen auch die **Meldepflichten** des § 28a Abs 1–3 SGB IV. Die Entleihermeldung ist durch das Zweite Gesetz für moderne Dienstleistungen am Arbeitsmarkt vom 23.12.02 (BGBl I 02, 4621) aus Gründen der Verwaltungsentlastung gestrichen worden.   96

b) **Unerlaubte Arbeitnehmerüberlassung** führt entsprechend der Fiktion des § 10 Abs 1 Satz 1 AÜG zur ArbGebEigenschaft des **Entleihers,** der auch gem § 28e Abs 1 SGB IV den GesamtSozVBeitrag zu zahlen hat (so schon BSG vom 25.10.88 – 12 RK 21/87, SozR 2100 § 5 Nr 3). Werden zur Feststellung der unerlaubten ArbNÜberlassung nur ungenügende Angaben gemacht, so führt dies nach den Grundsätzen der Beweisvereitelung zur Umkehr der Feststellungslast (BSG 25.10.90 – 12 RK 10/90, SozR 3–2200 § 1399 Nr 1). Die Nachforderung von GesamtSozVBeiträgen durch einen Summenbescheid verstößt nicht gegen das Gegenleistungs- und Äquivalenzprinzip (LSG BaWü 20.4.10 – L 11 R 5269/08). Die Zahlungspflicht besteht auch bei unerlaubter ArbNÜberlassung ausländischer ArbN von Firmen mit Sitz im Ausland, da das nach § 10 Abs 1 AÜG fingierte Beschäftigungsverhältnis durch die Einstrahlungsregelung des § 5 SGB IV nicht berührt wird (vgl BSG 25.10.88 – 12 RK 21/87, SozR 2100 § 5 Nr 3).   97

Zahlt der illegale **Verleiher** das vereinbarte Arbeitsentgelt ganz oder teilweise an den LeihArbN, obwohl der Arbeitsvertrag zwischen ihm und dem LeihArbN unwirksam ist, so   98

34 Arbeitnehmerüberlassung/Zeitarbeit

gilt er in Hinsicht auf seine Zahlungspflicht neben dem Entleiher als ArbGeb und ist ebenfalls zur Beitragszahlung verpflichtet (BSG 18.3.87 – 9b RU 16/85, NZA 87, 500). Es genügt, wenn der Entleiher das Arbeitsentgelt auf Rechnung des Verleihers zahlt (*Schlegel/Voelzke/ Werner* SGB IV § 28e Rz 72). Verleiher und Entleiher haften in diesen Fällen als Gesamtschuldner (§ 28e Abs 2 Satz 3 und 4 SGB IV). Die Regelung des § 28e Abs 2 SGB IV gilt auch für die Beiträge zur BG. Eine Mahnung ist, anders als bei der erlaubten ArbNÜberlassung, nicht vorgesehen. Für Zeiträume, in denen der ArbN nicht entliehen ist, ist der Verleiher als ArbGeb iSd § 28e Abs 1 SGB IV anzusehen (KassKomm/*Wehrhahn* § 28e SGB IV Rz 22; weitergehend *Diebold/Schüren* NZS 94, 297, die den illegal tätigen Verleiher solange als ArbGeb iSd SozVRechts ansehen, wie er das unwirksame Leiharbeitsverhältnis durchführt).

99 **4. Beschäftigungsverhältnis.** Die Versicherungspflicht des legal verliehenen LeihArbN in der KV, RV, sozialen PflegeV und ArbIV knüpft regelmäßig an ein abhängiges Beschäftigungsverhältnis zum **Verleiher** an. Das Verleihunternehmen ist auch für die gesetzliche UV der LeihArbN umlagepflichtig. Damit ist das Leiharbeitsverhältnis sozialversicherungsrechtlich eine besondere Form des abhängigen Beschäftigungsverhältnisses, das dadurch gekennzeichnet ist, dass die ArbGebPflichten des SozVRechts idR dem Verleiher obliegen und den Entleiher eine subsidiäre Haftung für nicht abgeführten SozVBeiträge trifft. Auch im Bereich der ArbNÜberlassung wird die erforderliche Abhängigkeit des ArbN von einem ArbGeb danach beurteilt, ob der ArbN in den Herrschaftsbereich eines ArbGeb eingegliedert ist (BSG 29.7.70 – 7 RAr 44/68, DB 70, 2129; *Heußner* DB 73, 1800). Ausgeübt wird das arbeitsbezogene Direktionsrecht vom Entleiher, der aber nicht ArbGeb des LeihArbN ist. Ist der Überlassene kein ArbN, der aufgrund einer arbeitsvertraglichen Verpflichtung für den ArbGeb tätig wird, so liegt auch keine ArbNÜberlassung vor.

100 Wird ein LeihArbN in einem **anderen Mitgliedstaat** der EU tätig, so hängt die Beantwortung der Frage, welches SozVRecht für ihn maßgebend ist davon ab, ob die Voraussetzungen für eine Ausstrahlung des zunächst maßgebenden Rechts vorliegen (s *Kienle/Koch* DB 01, 26). Hierbei setzt eine wirksame Entsendung bei Zeitarbeitsunternehmen voraus, dass das Unternehmen im fraglichen Mitgliedstaat überhaupt gewöhnlich eine nennenswerte Geschäftstätigkeit ausübt (EuGH 10.2.2000 – C-202/97, NZS 2000, 291). Die von einem zuständigen Träger eines Mitgliedstaates ausgestellte E 101-Bescheinigung entfaltet Bindungswirkung, soweit sie bescheinigt, dass von einem Zeitarbeitsunternehmen entsandte ArbN dem System der sozialen Sicherheit angehören, in dem das Unternehmen seine Betriebsstätte hat. Nur wenn die Unrichtigkeit der Bescheinigung geltend gemacht wird, ist eine Überprüfung und Korrektur durch den zuständigen Träger angezeigt (EuGH 10.2.2000 – C-202/97, NZS 2000, 291).

101 Abgrenzungsprobleme treten zwischen dem (zulässigen) Einsatz von externen **Werkvertragskräften** und der sog verdeckten ArbNÜberlassung auf (Näheres: *Werkvertrag*).

102 **5. Haftungsausschluss.** Die Voraussetzungen für die Beschränkung der **Schadensersatzpflicht** für Personenschäden gegenüber Versicherten bei Vorliegen eines Arbeitsunfalls tritt bei inländischer ArbNÜberlassung zugunsten des Verleihers und des Entleihers einheitlich nach § 104 Abs 1 SGB VII ein. Zur Haftungsprivilegierung bei Überlassung von LeihArbN aus dem Ausland s *Schüren/Diebold* NZS 94, 244.

103 **6. Leistungsrecht.** Als Beschäftigter erwirbt der LeihArbN Leistungsansprüche in allen Zweigen der SozV. Hinsichtlich der Ansprüche auf **Kurzarbeitergeld** (Näheres: *Kurzarbeit*) hat die BA zwischenzeitlich ihre Auffassung, für LeihArbN könne kein Kurzarbeitergeld gewährt werden, aufgegeben (vgl aber noch zum bisherigen Recht BSG 21.7.09 – B 7 AL 3/08 R, NZS 10, 292). Nach neuer Auffassung kann Kurzarbeitergeld für LeihArbN gewährt werden, wenn eine nicht nur kurzfristige Auftragsschwankung vorliegt, bei der auch in absehbarer Zeit kein Folgeauftrag zu erwarten ist. Nach § 11 Abs 4 Satz 3 AÜG kann das Recht des LeihArbN auf Vergütung durch Vereinbarung von Kurzarbeit für die Zeit aufgehoben werden, für die dem LeihArbN Kurzarbeitergeld nach dem SGB III gezahlt wird. Eine derartige Vereinbarung kann für Zeiträume bis zum 31.3.12 getroffen werden.

Arbeitsbereitschaft

A. Arbeitsrecht
Poeche

1. Begriff. Arbeitsbereitschaft gehört neben der sog Vollarbeit und dem *Bereitschaftsdienst* 1
zur Arbeitszeit iSd ArbZG. Sie liegt vor, wenn der ArbN während seiner regelmäßigen
Arbeitszeit keine volle Tätigkeit zu verrichten hat und wird umschrieben als die „Zeit wacher
Aufmerksamkeit im Zustande der Entspannung" (so schon BAG 30.1.85 – 7 AZR 446/82,
DB 86, 232; BVerwG 19.1.88 – 1 C 11/85, NZA 88, 881). Sie unterscheidet sich vom
Bereitschaftsdienst dadurch, dass sich der ArbN bei ihr zur Arbeit bereithalten muss, um
erforderlichenfalls von sich aus tätig zu werden, während beim *Bereitschaftsdienst* der ArbN
„auf Anforderung" den Dienst aufnehmen muss (BAG 12.12.12 – 5 AZR 918/11, BeckRS
2013, 68694, wo die Arbeitsbereitschaft zudem als Form der Vollarbeit bezeichnet wird).
Wie stets im Arbeitszeitrecht ist zwischen öffentlichem und privatem Recht zu unterscheiden. § 7 Abs 1a ArbZG gestattet dem ArbGeb die **Verlängerung** der höchstzulässigen
werktäglichen Arbeitszeit unter den dort genannten Voraussetzungen über täglich zehn
Stunden hinaus. Insoweit bestimmt sich die Abgrenzung zur Vollarbeit nach dem **Grad der
Beanspruchung** des ArbN (BAG 28.1.81 – 4 AZR 892/78, DB 81, 1195). Geht es darum,
ob ein ArbGeb zu Recht von der tarifvertraglichen Möglichkeit Gebrauch gemacht hat, die
Arbeitszeit des ArbN bei Arbeitsbereitschaft über die regelmäßige wöchentliche Arbeitszeit
hinaus zu verlängern, kommt es dagegen auf die **vertraglich geschuldete Arbeitsleistung**
an. Ihr gegenüber stellt Arbeitsbereitschaft eine mindere Leistung dar, weil sie den ArbN
erheblich weniger als die volle Arbeit beansprucht (BAG 9.3.05 – 5 AZR 385/02, NZA 05,
1016 (Ls) zu § 14 TV-DRK).

Typisch für Arbeitsbereitschaft ist der idR nicht im Voraus festgelegte/festlegbare **Wechsel** 2
zwischen Vollarbeit und Arbeitsbereitschaft, damit das **Warten am Arbeitsplatz**, um bei
Bedarf sofort tätig werden zu können. Zeiten der Arbeitsbereitschaft sind **keine Pausen** iSv
§ 4 ArbZG (*Näheres Pause*). „Splitterzeiten" oder „Verschnaufpausen" von wenigen Minuten sind aber auch keine Arbeitsbereitschaft. Sie ermöglichen keine ins Gewicht fallende
Entspannung und stellen keine gegenüber der Vollarbeit mindere Leistung dar (BAG 9.3.05
– 5 AZR 385/02, NZA 05, 1016 (LS); 11.7.06 – 9 AZR 519/05, NZA 07, 155 zu
Wegezeiten einer Dienstreise).

Beispiele: Taxifahrer, Telefonisten, soweit sie nicht Gespräche vermitteln und von anderen Aufgaben
freigestellt sind, Pförtner, die das verschlossene Werkstor nur auf akustisches oder optisches Signal zu
öffnen haben, Wachpersonal, das sich zur Abschreckung ohne weitere Kontrollaufgaben im Wachraum
aufhält, Schulhausmeister, Rettungssanitäter. **Vollarbeit** erbringen Maschinenführer, die anhand von
Schalttafeln oder auch unmittelbar den Maschinenlauf überwachen, Wachpersonal, das über Bildschirm
vom Wachraum aus Räume und Zugänge kontrolliert, Pförtner, die ein geöffnetes Werkstor im Auge
behalten müssen.

2. Öffentliches Arbeitszeitrecht. a) Kollektivrechtlich zulässige Abweichungen. 3
Wegen der geringeren Beanspruchung des ArbN sind Abweichungen vom Zeitregime des
ArbZG durch Tarifvertrag oder aufgrund eines Tarifvertrags zulässig (dazu *Arbeitszeit*
Rz 16 ff). Die **werktägliche Arbeitszeit** kann abweichend von § 3 und § 6 Abs 2 ArbZG
über zehn Stunden verlängert werden, wenn in die Arbeitszeit regelmäßig und in erheblichem Umfang Arbeitsbereitschaft fällt (§ 7 Abs 1 Nr 1 und Nr 4 ArbZG)

„Regelmäßig" bezieht sich auf die Gleichförmigkeit des Arbeitsablaufs. Nach der betrieblichen Erfahrung muss fest stehen, dass nicht durchgehend Vollarbeit zu leisten ist. „Erheblich" betrifft den zeitlichen Umfang. Starre Grenzen können insoweit nicht aufgestellt
werden. Der Anteil von Arbeitsbereitschaft muss jedenfalls so deutlich hervortreten, dass eine
Verlängerung der Arbeitszeit gesundheitlich unbedenklich ist (*Anzinger/Koberski* § 7 Rz 23).
Die **wöchentliche Arbeitszeit** von 48 Stunden darf in diesen Fällen im Durchschnitt von
zwölf Kalendermonaten nicht überschritten werden (§ 7 Abs 8 ArbZG).

Weitergehend gestattet § 7 Abs 2a ArbZG kollektivrechtliche Verlängerungen der werk- 4
täglichen Arbeitszeit über acht Stunden hinaus bei regelmäßiger und erheblicher Arbeitsbereitschaft oder Bereitschaft **ohne Ausgleich,** wenn zusätzlich durch besondere Regelun-

35 Arbeitsbereitschaft

gen sichergestellt ist, dass die Gesundheit der ArbN nicht gefährdet ist. Die durchschnittliche Wochenarbeitszeit kann mithin 48 Stunden überschreiten (BAG 23.6.10 – 10 AZR 543/09, NZA 10, 1081). Gesetzliche Vorgaben, wie der Gesundheitsschutz der ArbN zu gewährleisten ist, fehlen. Zu denken ist an verlängerte Ruhezeiten, spezielle arbeitsmedizinische Untersuchungen, die Beschränkung auf bestimmte Personen und die Festlegung von Höchstarbeitszeiten (ErfK/*Wank* ArbZG § 7 Rz 18). Die sich aus dem Arbeitsschutzrecht ergebenden allgemeinen Handlungspflichten des ArbGeb wie etwa die Erstellung einer Gefährdungsanalyse genügen nicht (BAG 23.6.10 – 10 AZR 543/09, NZA 10, 1081; zur Gefährdungsbeurteilung *Arbeitssicherheit/Arbeitsschutz* Rz 10). Das BAG hat offen gelassen, ob der Gesetzgeber Art 22 der Richtlinie 2003/88/EG des Europäischen Parlaments und des Rates vom 4.11.03 durch § 7 Abs 2a ArbZG korrekt umgesetzt hat, obwohl die Vorschrift die Ausgestaltung des Gesundheitsschutzes den Tarifvertragsparteien/Betriebspartnern überlässt. Die auf der Grundlage von § 7 Abs 2a ArbZG geschlossenen kollektivrechtlichen Vereinbarungen sind jedenfalls zwischen Privaten anwendbar. Zum Ausgleichsanspruch im öffentlichen Dienst s *Bereitschaftsdienst* Rz 3.

5   b) **Individualrechtliche Voraussetzungen.** Überschreitungen der Arbeitszeit iSv § 7 Abs 2a ArbZG sind an die **schriftliche Einwilligung** des ArbN gebunden (§ 7 Abs 7 ArbZG). Der ArbN kann die Einwilligung mit einer Frist von sechs Monaten schriftlich widerrufen. Der ArbGeb darf einen ArbN nicht benachteiligen, weil dieser nicht in die Verlängerung der Arbeitszeit einwilligt oder seine Einwilligung widerruft. Der ArbGeb hat die ArbN, die sich mit einer Verlängerung der Arbeitszeit einverstanden erklären, aufzuzeichnen (§ 16 Abs 2 ArbZG).

6   **3. Arbeitsvertragsrecht.** Arbeitsbereitschaft ist als tatsächlich geleistete Arbeit zu vergüten. Die Höhe des Entgelts bestimmt sich nach der arbeitsvertraglichen Vereinbarung. Dabei ist nicht zwingend die volle Vergütung zu zahlen. Angesichts der geringeren Beanspruchung können Zeiten der Arbeitsbereitschaft geringer vergütet werden als Zeiten der Vollarbeit (BAG 12.3.08 – 4 AZR 616/06, BeckRS 2008, 56367). Bei Streit über die Frage, ob die Arbeitszeit rechtswirksam iSd tariflichen/betrieblichen Regelung verlängert worden ist, hat der ArbGeb die tatbestandlichen Voraussetzungen darzulegen und ggf zu beweisen (BAG 9.3.05 – 5 AZR 385/02, NZA 05, 1016 [LS]). Gelingt ihm das nicht, kommen Ansprüche des ArbN auf **Überstundenvergütung** in Betracht. Zu den besonderen Anforderungen an eine substantiierte Darlegung *Überstunden* Rz 15.

Ohne gesonderte Vereinbarung bestehen regelmäßig keine zusätzlichen **Vergütungsansprüche**, wenn der ArbN über die gesetzlichen Höchstgrenzen des ArbZG hinaus beschäftigt wird; sie ergeben sich nicht aus §§ 612, 823 Abs 2 oder § 812 BGB (BAG 28.1.04 – 5 AZR 530/02, NZA 04, 656).

7   **4. Mitbestimmungsrechte** des BRat bestehen bei der Anordnung von Arbeitsbereitschaft nicht, da es nicht um die Lage der Arbeitszeit geht, sondern um die Dauer der vertraglich geschuldeten Arbeitszeit (BAG 22.7.03 – 1 ABR 28/02, NZA 04, 507).

B. Lohnsteuerrecht *Seidel*

8   Da hierfür idR keine gesonderte Vergütung gewährt wird (s oben Rz 6), ergeben sich keine lohnsteuerlichen Besonderheiten. Soweit jedoch Zuschläge gezahlt werden, wird auf *Bereitschaftsdienst* Rz 16 verwiesen.

C. Sozialversicherungsrecht *Voelzke*

9   **Versicherungspflicht.** Da die Arbeitsbereitschaft im Gegensatz zum Bereitschaftsdienst (s *Bereitschaftsdienst* Rz 1) keine Zeiten enthält, in denen der ArbN über sich selbst verfügen kann, ist sie im SozVRecht der Vollarbeit **gleichzustellen** (vgl zur Abgrenzung von Arbeitsbereitschaft und Bereitschaftsdienst BSG 29.11.90 – 7 RAr 34/90, BB 91, 766). Hinsichtlich der Feststellung der Versicherungspflicht und im Beitragsrecht bestehen keine Besonderheiten gegenüber der Vollarbeit. Die Arbeitsbereitschaft gehört in der UV zu den versicherten Tätigkeiten.

Arbeitsbescheinigung

A. Arbeitsrecht *Kreitner*

1. Allgemeines. Gem § 312 SGB III ist der ArbGeb bei Beendigung des Beschäftigungsverhältnisses verpflichtet, eine sog Arbeitsbescheinigung auszustellen. Sie zählt zu den Arbeitspapieren (Näheres s *Arbeitspapiere* Rz 6). Sinn dieser Bescheinigung ist die für den ArbN wichtige, möglichst zeitnahe Feststellung der für den Bezug von AlGeld oder AlHilfe maßgeblichen Daten (Sicherungs- und Beschleunigungsfunktion). Die Arbeitsbescheinigung stellt keine Kündigung dar (LAG SchlHol 5.8.08 – 2 Sa 74/08). 1

2. Anspruchsvoraussetzungen. a) Rechtsnatur. § 312 Abs 1 Satz 1 SGB III begründet eine öffentlich-rechtliche Verpflichtung des ArbGeb gegenüber der BA zur Erteilung der Arbeitsbescheinigung (BSG 12.12.90 – 11 RAr 43/88, NZA 91, 696) sowie in § 312 Abs 1 Satz 2 SGB III zur Herausgabe an den ArbN. Aus dieser öffentlich-rechtlichen Indienstnahme des ArbGeb durch die BA kann der ArbN keine unmittelbaren Ansprüche gegen den ArbGeb herleiten. Gleichwohl besteht aber auch ein privatrechtlicher Erteilungs- bzw Herausgabeanspruch des ArbN, denn den ArbGeb trifft dieselbe Verpflichtung aufgrund der arbeitsvertraglichen Fürsorgepflicht (BAG 15.1.92 – 5 AZR 15/91, NZA 92, 996; 30.8.2000 – 5 AZB 12/00, NZA 2000, 1359). 2

b) Antrag. Die Pflicht des ArbGeb zur Ausstellung der Arbeitsbescheinigung entsteht mit Beendigung des Beschäftigungsverhältnisses. Ein Antrag des ArbN ist **nicht erforderlich**. Auch sonstige Mitwirkungspflichten des ArbN bestehen nicht. Er muss lediglich die vom ArbGeb ausgefüllte Bescheinigung entgegennehmen. 3

c) Fällig ist die Bescheinigung unmittelbar mit Beendigung des Beschäftigungsverhältnisses. Der sozialrechtliche Begriff des Beschäftigungsverhältnisses ist weiter als der arbeitsrechtliche Begriff des Arbeitsverhältnisses und stellt ausschließlich auf die tatsächlichen Verhältnisse ab (Näheres s *Arbeitslosengeld* Rz 16). Von daher kann auch bei rechtlichem Fortbestand des Arbeitsverhältnisses ein Anspruch auf Erteilung einer Arbeitsbescheinigung bestehen (typischer Fall: Antrag auf AlGeld nach lang andauernder Arbeitsunfähigkeit und Aussteuerung). Jedenfalls aber ist die Bescheinigung bei Beendigung des Arbeitsverhältnisses zu erteilen, ohne dass es auf die Art der Beendigung ankommt. Auch wenn um die Rechtmäßigkeit der Vertragsauflösung selbst oder nur hinsichtlich des Beendigungszeitpunkts Streit besteht, muss die Arbeitsbescheinigung sofort ausgestellt werden. Insbesondere steht dem ArbGeb **kein Zurückbehaltungsrecht** wegen evtl anderweitiger Gegenforderungen zu. 4

d) Personenkreis. Die Arbeitsbescheinigung ist für sämtliche ausscheidenden ArbN auszustellen, unabhängig davon, ob das Arbeitsverhältnis der Beitragspflicht zur ArblV unterliegt. 5

3. Inhalt. a) Allgemeines. Für Arbeitsbescheinigungen iSd § 312 SGB III sind amtliche Vordrucke der BA zu verwenden. Der ArbGeb muss die dort verlangten Tatsachenangaben machen; rechtliche Beurteilungen soll er nicht abgeben (BSG 28.6.91 – 11 RAr 117/90, NZA 92, 330). Mögliche Fehlerquellen bestehen hauptsächlich bei Angaben bezüglich Art der Tätigkeit, Beschäftigungsdauer, Beendigungsgrund und Arbeitsentgelt. 6

b) Tätigkeitsart. Die Tätigkeit des ArbN ist möglichst genau zu beschreiben, wobei entsprechend aussagekräftige Berufsbezeichnungen genügen (zB Verkäufer, Dreher, Bauhelfer, Polier). Nicht ausreichend sind pauschale Bezeichnungen wie zB kaufmännischer Angestellter oder Maschinenarbeiter. 7

c) Tätigkeitsdauer. Maßgeblich sind die Daten der tatsächlichen Beschäftigung, wobei Lohnfortzahlungszeiträume wegen Krankheit oder Urlaub nicht als Unterbrechungszeiten gelten. 8

d) Beendigungsgrund. Die Mitteilung des Beendigungsgrundes ist von grundlegender Bedeutung für die Entscheidung der Agentur für Arbeit hinsichtlich der möglichen Verhängung einer Sperrzeit für den Bezug von AlGeld (Näheres s *Sperrzeit* Rz 8 ff). Er muss deshalb möglichst genau bezeichnet werden; pauschale Angaben wie zB „Unfähigkeit" oder „Vertragsbruch" genügen nicht. 9

e) Arbeitsentgelt. Zu bescheinigen ist schließlich das zuletzt gezahlte Arbeitsentgelt, da sich hiernach der Bezug von Leistungen der BA richtet. Abfindungen, Entschädigungen, oä 10

36 Arbeitsbescheinigung

Leistungen, die im Zusammenhang mit der Beendigung des Arbeitsverhältnisses gezahlt wurden, sind gesondert aufzuführen.

11 **4. Rechtsfolgen.** Handelt der ArbGeb seiner Pflicht zur Erteilung einer ordnungsgemäßen Arbeitsbescheinigung zuwider, so kann dies in mehrfacher Hinsicht Rechtsfolgen nach sich ziehen.

a) Schadensersatz. Der ArbGeb kann bei unrichtiger oder verspäteter Erteilung der Arbeitsbescheinigung **gegenüber dem Arbeitnehmer** zum Schadensersatz verpflichtet sein. Der Anspruch des ArbN beruht auf §§ 280, 286 BGB und setzt ein schuldhaftes Verhalten des ArbGeb voraus. Ein Schaden in Höhe des nicht gezahlten AlGeldes entsteht aber immer erst dann, wenn endgültig feststeht, dass eine Zahlung durch die Arbeitsverwaltung nicht erfolgt (LAG NdS 28.3.03 – 16 Sa 19/03, NZA-RR 04, 46). Verhängt die BA in der Sache zu Recht eine Sperrfrist, scheiden Schadensersatzansprüche des ArbN von vornherein aus (LAG Hess 17.7.12 – 13 Sa 1053/11, BeckRS 2012, 75674). Bedient sich der ArbGeb zur Erfüllung seiner Verpflichtungen Dritter, so haftet er für diese gem § 278 BGB. Zu beachten ist, dass sich der ArbN gem § 38 SGB III unverzüglich arbeitslos melden muss und er im Übrigen unter Schadensminderungsgesichtspunkten (§ 254 BGB) verpflichtet ist, sich auch ohne Arbeitspapiere um einen neuen Arbeitsplatz zu bemühen (*Zieglmeier* DB 04, 1830). Die Beweislast für die anspruchsbegründenden Tatsachen der positiven Forderungsverletzung bzw des Verzuges trägt der ArbN. Für die Richtigkeit der erteilten Bescheinigung ist demgegenüber der ArbGeb im Streitfall beweispflichtig. Gegenüber der **Bundesagentur für Arbeit** haftet der ArbGeb bei unrichtiger Ausfüllung der Arbeitsbescheinigung gem § 321 Nr 1 SGB III auf Schadensersatz (Einzelheiten unten Rz 23).

12 **b) Ordnungswidrigkeit.** Gem § 404 Abs 2 Nr 19 SGB III kann ferner bei Erteilung einer fehlerhaften Arbeitsbescheinigung sowie bei unterbliebener bzw verspäteter Erteilung gegen den ArbGeb eine Geldbuße bis höchstens 2000 € verhängt werden (vgl im Einzelnen Rz 21).

13 **5. Rechtsweg. a) Erteilung der Arbeitsbescheinigung.** Verzögert der ArbGeb unberechtigterweise die Erteilung der Arbeitsbescheinigung, so ist für die Herausgabeklage des ArbN das **Arbeitsgericht** gem § 2 Abs 1 Nr 3e ArbGG zuständig (BAG 30.8.2000 – 5 AZB 12/00, NZA 2000, 1359). Dabei bejaht das BAG entgegen der Rspr des BSG (12.12.90 – 11 RAr 43/88, NZA 91, 696) zu Recht das Vorliegen eines Rechtsschutzinteresses des ArbN unabhängig davon, ob gleichzeitig ein Verwaltungsverfahren schwebt, denn der arbeitsgerichtliche Herausgabetitel ist für den ArbN oftmals leichter und schneller zu erlangen als eine Entscheidung im Verwaltungsverfahren. Gleiches gilt für die Erteilung einer Insolvenzgeldbescheinigung durch den Insolvenzverwalter gem § 314 SGB III (LAG Brem 16.6.95, DB 95, 1770 zu § 141h AFG aF). Die Zwangsvollstreckung erfolgt gem § 888 ZPO (LAG RhPf 3.8.11 – 8 Ta 157/11, BeckRS 2011, 76840; LAG Nbg 9.6.11 – 7 Ta 15/11, BeckRS 2011, 73470).

14 **b) Berichtigung der Arbeitsbescheinigung.** Ist demgegenüber der Inhalt der Arbeitsbescheinigung unzutreffend, so ist für die Berichtigungsklage der Rechtsweg zum **Sozialgericht** gegeben (BAG 13.7.88, DB 89, 587; 15.1.92, NZA 92, 996; LSG BlnBbg 14.1.08 – L 16 B 426/07 AL, BeckRS 2008, 50768). Das Gleiche gilt für (ergänzende) mündliche oder fernmündliche Angaben des ArbGeb gegenüber der Agentur für Arbeit (LAG Köln 8.11.89, DB 90, 486 [LS]). Vgl auch Rz 21.

B. Lohnsteuerrecht

Seidel

15 **1. Bedeutung.** Die Arbeitsbescheinigung nach § 312 SGB III spielt im Steuerrecht keine Rolle. Die für die Besteuerung benötigten Angaben zum Arbeitslohn, zur Dauer des Dienstverhältnisses, zur einbehaltenen LSt und KiSt uÄ sind der LStBescheinigung (s *Lohnsteuerbescheinigung* Rz 11 ff) zu entnehmen. Zur geplanten Jobcard s *ELENA* Rz 6.

16 **2. Schadensersatzleistungen des Arbeitgebers** an den ArbN wegen unrichtiger oder verspäteter Erteilung der Arbeitsbescheinigung (s oben Rz 11) können stpfl Arbeitslohn darstellen (Näheres s *Arbeitgeberhaftung* Rz 19, 20). Hat der ArbGeb an die BA gem § 321 Nr 1 SGB III Schadensersatz zu leisten (s unten Rz 23), so berührt dies nicht das Verhältnis ArbGeb–ArbN. Lohnsteuerlich ist hier nichts veranlasst (s aber auch *Erstattungsanspruch der Agentur für Arbeit* Rz 11 ff).

C. Sozialversicherungsrecht *Voelzke*

1. Allgemeines. Die nach § 312 SGB III vom ArbGeb zu erstellende Arbeitsbescheinigung dient der **Sicherung und Beschleunigung des Leistungsverfahrens** bei der Bewilligung der Leistungen AlGeld und Übergangsgeld. Nach der Neufassung des § 312 Abs 1 SGB III durch das Gesetz vom 19.10.13 (BGBl I 13, 3836) besteht eine Pflicht zur Erstellung einer Arbeitsbescheinigung nur noch, wenn ArbN oder BA diese verlangen. Eine Arbeitsbescheinigung wird deshalb insbesondere in den Fällen einer unmittelbaren Anschlussbeschäftigung regelmäßig nicht mehr zu erstellen sein. Auch nach der neuen Rechtslage kann der ArbN unabhängig vom Eintritt der Arbeitslosigkeit die Ausstellung einer Arbeitsbescheinigung vom ArbGeb verlangen. Eine systematisch vergleichbare Regelung besteht auch im SGB II. Das zugrunde liegende Rechtsverhältnis zwischen ArbGeb und BA ist öffentlich-rechtlicher Natur. Die Verpflichtung zur Erstellung der Arbeitsbescheinigung trifft nach § 312 Abs 3 SGB III Zwischenmeister und andere Auftraggeber von Heimarbeitern sowie Leistungsträger und Unternehmen, deren Leistungen die Beitragspflicht zur BA begründen, entsprechend. 17

Von der Bescheinigung nach § 312 SGB III ist die Bescheinigungspflicht bei der Beschäftigung von ArbN, die Leistungen beantragt haben oder Leistungen beziehen, zu unterscheiden. Eine derartige Verpflichtung des ArbGeb besteht beim Bezug von laufenden Leistungen hinsichtlich Art und Dauer der Beschäftigung sowie Höhe des Arbeitsentgelts (sog **Nebeneinkommensbescheinigung** nach § 313 SGB III). Die Nebeneinkommensbescheinigung dient dem Zweck, der Agentur für Arbeit die Prüfung zu ermöglichen, ob die Einkünfte aus einer Nebentätigkeit auf das AlGeld anzurechnen sind. In dem hierfür von der BA vorgesehenen Vordruck sind Art und Dauer der Beschäftigung oder der selbstständigen Tätigkeit sowie die Höhe des Arbeitsentgelts oder der Vergütung zu bescheinigen. Die Bescheinigungspflicht entsteht kraft Gesetzes ohne besondere Aufforderung durch die Agentur für Arbeit. Dies gilt auch für die Bescheinigungspflicht nach § 58 Abs 1 SGB II, die mit der Antragstellung auf eine laufende Geldleistung nach dem SGB II einsetzt (*Schlegel/Voelzke/Meyerhoff* SGB II, § 58 Rz 17). 18

Die Bescheinigungen sind auf dem von der BA hierfür vorgesehenen Vordruck zu erteilen. Darüber hinaus hat das Gesetz vom 19.10.13 (BGBl I 13, 3836) eine gesetzliche Grundlage für ArbGeb geschaffen, die Bescheinigungen nach den §§ 312, 312a, 313 SGB III in **elektronischer Form** an die BA zu übermitteln. Hierbei müssen die Voraussetzungen des § 23c Abs 2a SGB IV erfüllt werden. Dem ArbN steht ein Widerspruchsrecht zu. Der ArbGeb muss den ArbN zuvor über sein Widerspruchsrecht schriftlich unterrichten. Die BA ist verpflichtet, dem ArbN unverzüglich einen Ausdruck der übermittelten Daten zuzuleiten.

2. Inhalt. Vgl zunächst oben Rz 6–10. In der Arbeitsbescheinigung darf die BA vom ArbGeb grds keine Angaben fordern, die eine eigene rechtliche Wertung verlangen, wenn es sich nicht um einfache Rechtsbegriffe des Arbeitslebens handelt (BSG 11.1.89 – 7 RAr 88/87, NZA 89, 535; vgl auch *Steffen* BB 87, 1456). Der ArbGeb bestätigt durch seine Unterschrift in der Arbeitsbescheinigung auch, dass die Erläuterungen der BA zum Ausfüllen der Arbeitsbescheinigung ihm bekannt und von ihm beachtet worden sind. 19

3. Wirkung. Eine **Bindung** der BA an den Inhalt der Arbeitsbescheinigung besteht bei der Feststellung der Leistungsansprüche des ArbN nicht (BSG 12.12.90 – 11 RAr 43/88, SozR 3-4100 § 133 Nr 1). Tauchen Zweifel am Inhalt der Bescheinigung auf, so muss die BA im Rahmen des Leistungsverfahrens den Beweiswert der Bescheinigung prüfen und Zweifeln ggf durch zusätzliche Ermittlungen nachgehen. 20

4. Die Durchsetzung der Verpflichtung zur Erteilung und ordnungsgemäßen Ausfüllung der Arbeitsbescheinigung richtet sich im Verhältnis von BA und ArbGeb nach öffentlichem Recht. Die Agentur für Arbeit ist berechtigt, die Verpflichtung des ArbGeb zur Ausstellung und Herausgabe der Arbeitsbescheinigung durch einen vollstreckungsfähigen Verwaltungsakt zu konkretisieren (*Hauck/Noftz/Voelzke* SGB III, § 312 Rz 28). Die vorsätzliche oder fahrlässige Verletzung der Pflicht kann nach § 404 Abs 2 Nr 19 SGB III als Ordnungswidrigkeit geahndet werden. Die Arbeitsbescheinigung ist auch dann nicht richtig iSd § 404 Abs 2 Nr 19 SGB III ausgefüllt, wenn sie mit einem Vorbehalt hinsichtlich der Richtigkeit ihres 21

37 Arbeitsentgelt

Inhalts versehen ist oder wenn wahrheitswidrig das Bestehen eines Beschäftigungsverhältnisses bestätigt wird.

22 Ein Anspruch des ArbN auf klageweise **Berichtigung** der Arbeitsbescheinigung ist zu verneinen, da der ArbGeb nicht zur Abgabe einer bestimmten Wissenserklärung verurteilt werden kann. Ein solches Vorgehen erscheint auch entbehrlich, da eine Bindung der BA an den Inhalt der Arbeitsbescheinigung nicht besteht und der ArbGeb zu den erforderlichen Angaben im Verwaltungsverfahren oder sozialgerichtlichen Verfahren als Zeuge gehört werden kann. Etwas anderes kann ausnahmsweise im Hinblick auf den Sicherungszweck der Arbeitsbescheinigung angenommen werden, wenn Anhaltspunkte dafür vorliegen, dass die Tatsachen zu einem späteren Zeitpunkt nicht mehr nachweisbar sind. Das BSG hat diese streitige Frage bisher offen gelassen, ein Rechtsschutzinteresse jedoch für den Fall verneint, dass bereits ein Verwaltungsverfahren über den AlGeldAnspruch des ArbN läuft (BSG 12.12.90 – 11 RAr 43/88, SozR 3–4100 § 133 Nr 1). Nach dieser Entscheidung ist für eine Klage auf Berichtigung einer zu erteilenden Arbeitsbescheinigung der Rechtsweg zu den Gerichten der Sozialgerichtsbarkeit gegeben (vgl auch oben Rz 14). Für die BA besteht kein Rechtsschutzbedürfnis für eine Klage gegen den ArbGeb.

23 **5. Schadensersatz.** Verletzt der ArbGeb vorsätzlich oder fahrlässig die Verpflichtung zur richtigen oder vollständigen Ausfüllung der Arbeitsbescheinigung, so ist er der BA zum Schadensersatz verpflichtet (§ 321 Nr 1 SGB III; § 62 Nr 1 SGB II). Eine Unrichtigkeit der Ausfüllung wird vom BSG nur bei eindeutiger Fragestellung bejaht (BSG 30.1.90 – 11 RAr 11/89, NZA 90, 790). Entspricht eine Frage der Arbeitsbescheinigung nicht dem § 312 SGB III, so löst dies die Schadensersatzpflicht des ArbGeb auch dann nicht aus, wenn er die Frage fahrlässig unrichtig beantwortet (BSG 11.1.89 – 7 RAr 88/87, NZA 89, 535). Allerdings kann bei der Beantwortung von Fragen unter Verwendung einfacher Rechtsbegriffe die Verpflichtung des ArbGeb zu bejahen sein, auf Zweifel hinzuweisen (BSG 16.10.91 – 11 RAr 119/90, NZA 93, 46). Überträgt der ArbGeb die Ausstellung auf andere Personen (zB Personalsachbearbeiter, Steuerberater), so haftet er für Fehler ohne die Exkulpationsmöglichkeit des § 831 BGB im Rahmen des § 278 BGB für einfache Fahrlässigkeit (BSG 20.10.83 – 7 RAr 41/82, DB 84, 938). Ein **Mitverschulden** von Bediensteten der Agentur für Arbeit ist im Rahmen des § 254 BGB zu berücksichtigen (BSG 20.10.83 – 7 RAr 41/82, DB 84, 938). Ein den Schadensersatzanspruch minderndes oder ausschließendes Verhalten wird man insbesondere annehmen können, wenn sich dem Bediensteten Zweifel an der bescheinigten Angabe (insbesondere des Verdienstes) aufdrängen mussten. Andererseits besteht keine Verpflichtung des BA, die Bescheinigungen jeweils im Einzelnen zu prüfen. Es gehört aber zur Schadensersatzminderungspflicht der BA, einen Erfolg versprechenden Rückzahlungsanspruch gegenüber dem Leistungsempfänger geltend zu machen (*Hauck/ Noftz/Voelzke* SGB II, § 62 Rz 20).

24 Der Schadensersatzanspruch kann von der BA durch **Verwaltungsakt** festgestellt werden (vgl BSG 28.6.91 – 11 RAr 117/90, NZA 92, 330). Der Anspruch umfasst von der BA zu Unrecht gewährte Leistungen und gezahlte SozVBeiträge, die ursächlich auf die Verletzung der Verpflichtung nach § 312 SGB III, § 62 Nr 1 SGB II zurückzuführen sind. Für die Geltendmachung von Zinsansprüchen fehlt eine Rechtsgrundlage im öffentlichen Recht.

Arbeitsentgelt

A. Arbeitsrecht

Griese

Übersicht

	Rz		Rz
1. Allgemeines	1	6. Ansprüche bei unwirksamer Vergütungsabsprache	14–16
2. Anspruchsgrundlagen	2	7. Mindestentgelt	17
3. Entgeltformen	3–5	8. Fälligkeit	18
a) Zeitvergütung	4	9. Reduzierung der Vergütung	19–22
b) Sonstige Vergütungsformen	5	10. Verjährung und Verfall	23
4. Mitbestimmung des Betriebsrates	6, 7	11. Abrechnung	24
5. Ansprüche bei fehlender Vergütungsabsprache	8–13		

Arbeitsentgelt

1. Allgemeines. Die Entgeltzahlung des ArbGeb ist Hauptleistungspflicht, sie steht im 1 Synallagma zur Arbeitspflicht des ArbN. Die Entlohnung des ArbN kann sich in verschiedenen Formen vollziehen, sie kann sich insbesondere aus verschiedenen Komponenten zusammensetzen. Die Entlohnung wird grds in Geld vorgenommen, jedoch sind auch Naturalbezüge und geldwerte Leistungen möglich (s *Entgeltzahlungsformen, Sachbezug* und *Geldwerter Vorteil*). Die Festsetzung der Vergütung ist Teil der Vertragsfreiheit im Arbeitsrecht.

2. Anspruchsgrundlagen. Anspruchsgrundlage ist zunächst der Arbeitsvertrag. Maß- 2 gebend ist darüber hinaus ein einschlägiger Tarifvertrag, soweit Tarifbindung besteht oder die vertragliche Einbeziehung erfolgt ist (s *Tarifvertrag*). Der Arbeitsentgeltanspruch kann sich ferner aus einer Betriebsvereinbarung ergeben. Eine solche ist zulässig, soweit ein Mitbestimmungsrecht nach § 87 Abs 1 Nr 10 oder 11 BetrVG besteht und gem § 87 Abs 1 Eingangssatz BetrVG keine tarifliche Regelung vorhanden ist und § 77 Abs 3 BetrVG nicht entgegensteht. Betriebsvereinbarungen gelten nach § 77 Abs 4 BetrVG unmittelbar und zwingend. Eine Unterschreitung des in der Betriebsvereinbarung vorgesehenen Entgelts ist daher nur möglich, wenn die Betriebsvereinbarung selbst dies zulässt. Gleiches gilt nach § 4 Abs 3 TVG für die tarifliche Vergütung, soweit beiderseitige Tarifbindung vorliegt. Anspruchsgrundlage kann die arbeitsvertragliche Einheitsregelung, die Gesamtzusage, die *Betriebliche Übung* sein. In der Praxis setzt sich die Vergütung oft aus Einzelbestandteilen zusammen, die auf unterschiedlichen Anspruchsgrundlagen beruhen.

Eine zentrale Rolle als Anspruchsgrundlage hat der Gleichbehandlungsgrundsatz (zB BAG 15.7.09 – 5 AZR 486/08; BAG 2.8.06 – 10 AZR 572/05, DB 06, 2244). § 7 Abs 2 AGG untersagt Vereinbarungen, die gegen ein Benachteiligungsverbot verstoßen. Dazu gehört auch gemäß § 2 Abs 1 Nr 2 AGG die Benachteiligung von Behinderten beim Entgelt. Ein ArbGeb kann daher nicht mit neu eingestellten behinderten ArbNn nur noch eine auf 80 % herabgesenkte Vergütung gemäß der Richtlinien für Arbeitsverträge in den Einrichtungen des Deutschen Caritasverbandes (AVR – juris: DCVArbVtrRL) vereinbaren, während im Gegensatz dazu nicht behinderte neu eingestellte ArbN Anspruch auf 100 % der AVR-Vergütung haben sollen. Denn eine solche Vergütungsvereinbarung benachteiligt den behinderten ArbN unmittelbar allein wegen seiner Behinderung, verstößt gegen § 7 Abs 2 AGG und ist deswegen unwirksam. Auch der Umstand, dass es sich um einen Integrationsbetrieb handelt, rechtfertigt die Ungleichbehandlung nicht, weil der Wert der Arbeitsleistung nicht per se davon abhängt, ob sie ein behinderter oder nicht behinderter ArbN erbringt. Für die Berücksichtigung tatsächlicher Leistungsunterschiede steht die tarifliche Eingruppierung als Instrument zur Verfügung (BAG 21.6.2011 – 9 AZR 226/10).

3. Entgeltformen. Die Vergütungsformen können im Wesentlichen in zwei große 3 Gruppen unterteilt werden, nämlich in **Zeitvergütungsformen** und **Leistungsvergütungsformen** (zu Leistungsvergütung s *Leistungsorientierte Vergütung*). Die Vergütung wird sich idR entsprechend der rechtlichen Anspruchsgrundlage(n) aus der Kombination von zeit- und leistungsbezogenen Vergütungsanteilen zusammensetzen. Da der ArbGeb das Wirtschaftsrisiko nicht auf den ArbN abwälzen darf, ergeben sich hieraus Grenzen für das Verhältnis zwischen zeit- und leistungsbezogenen Vergütungsbestandteilen (s *Provision* Rz 3 und BAG 20.6.89 – 3 AZR 504/87, NZA 89, 843).

a) Zeitvergütung. Die Zeitvergütung ist dadurch gekennzeichnet, dass die Vergütung für 4 eine bestimmte Zeit der Dienstleistung gezahlt wird. Hierunter fallen die Monatsvergütung ebenso wie der Stundenlohn, der Schichtlohn, der Wochenlohn oder eine monatliche Grundvergütung (Fixum). Auch **leistungsunabhängige,** zeitbezogene Zulagen gehören hierzu, etwa übertarifliche Stundenzuschläge, monatliche Zulagen, Überstundenzuschläge (s *Überstunden* Rz 11), Erschwerniszulagen, Funktionszulagen oder Sozialzulagen (s auch *Kindervergünstigungen* Rz 2). Charakteristisch für alle Zeitvergütungsformen ist, dass sie jeweils beansprucht werden können, wenn die Arbeitsleistung in dem entsprechenden Zeitraum erbracht worden ist. Auf einen mit der Arbeitsleistung bezweckten Erfolg oder eine bezweckte besondere Leistung des ArbN kommt es nicht an. Zur Anrechnung von leistungsunabhängigen Zulagen auf eine Tariflohnerhöhung s *Anrechnung übertariflicher Entgelte* Rz 1 ff, zur Kürzung und zum Widerruf von Zulagen s *Entgeltzuschläge* Rz 6.

b) Sonstige Vergütungsformen. Neben den vorgenannten zeit- und leistungsabhängi- 5 gen Vergütungsformen gibt es solche, die sich keiner der beiden Kategorien eindeutig

37 Arbeitsentgelt

zuordnen lassen. Hierzu zählen *Einmalzahlungen,* 13. Monatsgehalt und Weihnachtsgeld, *Anwesenheitsprämien,* Erfolgs-/Gewinnbeteiligung (s *Mitarbeiterbeteiligung* Rz 1 ff), *Vermögenswirksame Leistungen,* verbilligte Einkaufsmöglichkeiten, Personalrabatte sowie Vorteile aus Kundenbindungsprogrammen, wie zB Freiflüge für Vielflieger (Näheres *Geldwerter Vorteil* Rz 1 ff), verbilligte *Arbeitgeberdarlehen, Beihilfeleistungen* und Zuschüsse (s zB *Essenszuschuss* und *Lohnersatzleistungen).* Auch Aktienoptionen (BAG 21.10.09 – 10 AZR 664/08, BB 10, 252) gehören hierzu. Die für bestimmte Einmalzahlungen, insbesondere Gratifikationen, entwickelten Rechtsgrundsätze können bzgl der Zulässigkeit von Bindungsfristen und Verfallklauseln aber nicht uneingeschränkt auf Aktienoptionen übertragen werden (BAG 28.5.08 – 10 AZR 351/07, NZA 08, 1066).

6 **4. Mitbestimmung des Betriebsrates.** Soweit eine tarifliche Regelung besteht, entfällt ein etwaiges Mitbestimmungsrecht des BRat nach § 87 Abs 1 Nr 10 und 11 BetrVG. Überlässt der Tarifvertrag jedoch den Einzelvertragsparteien die Vereinbarung der Höhe des Entgelts, ohne selbst eine Entgeltordnung aufzustellen, bleibt das Mitbestimmungsrecht nach § 87 Abs 1 Nr 10 BetrVG bestehen (BAG 14.12.93 – 1 ABR 31/93, DB 94, 1573).

Die Tarifüblichkeit von Vergütungsregelungen tangiert das Mitbestimmungsrecht nach § 87 Abs 1 BetrVG nicht (BAG 24.2.87 – 1 ABR 18/85, BB 87, 1246; 20.8.91, DB 92, 275, *Heinze* NZA 89, 41; differenzierend *Fitting* § 87 Rz 58; BAG 5.3.97 – 4 AZR 532/95, NZA 97, 951). Die Reichweite des Mitbestimmungsrechts hängt davon ab, ob es sich um zeit- oder leistungsbezogene Entgeltbestandteile handelt. Für alle Vergütungsbestandteile gilt § 87 Abs 1 Nr 10 BetrVG, wonach der BRat mitzubestimmen hat bei Fragen der betrieblichen Lohngestaltung, insbesondere bei der Aufstellung von Entlohnungsgrundsätzen und der Einführung und Änderung von neuen Entlohnungsmethoden. Das Mitbestimmungsrecht erstreckt sich auf die außertariflichen Angestellten (BAG 27.10.92 – 1 ABR 17/92, BB 93, 1589), nicht aber auf die leitenden Angestellten. Besteht die Notwendigkeit einer überbetrieblichen Regelung, ist der GBRat zuständig. Dies gilt auch, wenn es um die Vergütungsregelung für Gewerkschaftsbeschäftigte geht (BAG 14.12.99 – 1 ABR 27/98, NZA 2000, 783).

Die Verletzung des Mitbestimmungsrechts nach § 87 Abs 1 Nr 10 BetrVG kann dazu führen, dass die vorher geltenden Entlohnungsgrundsätze in Kraft bleiben (BAG 22.6.10 – 1 AZR 853/08, NZA 2010, 1243).

7 Zu den Entlohnungsgrundsätzen gehört vor allem die **Wahl der jeweiligen Entgeltform.** Der BRat hat also mitzubestimmen, ob die ArbN zB im Akkord- oder Prämienlohn oder im Zeitlohn vergütet werden, ob Provisionen gezahlt werden und in welchem Verhältnis sie zum Grundgehalt stehen (BAG 6.12.88 – 1 ABR 44/87, NZA 89, 479) und welche Zulagen nach welchen Verteilungskriterien gezahlt werden. Soweit auf Vergütungsbestandteile kein Rechtsanspruch der ArbN besteht, kann der ArbGeb allerdings den **Dotierungsrahmen** mitbestimmungsfrei vorgeben. Gewährt ein ArbGeb einer Mehrzahl von ArbN einheitlich eine übertarifliche Vergütung in Höhe der halben Differenz zwischen der maßgebenden und der nächsthöheren Vergütung, kann hierin die mitbestimmungspflichtige Aufstellung eines Entlohnungsgrundsatzes liegen (BAG 18.10.94 – 1 ABR 17/94, DB 95, 832), ebenso bei der Streichung von Zulagen für neu eingestellte ArbN (BAG 28.2.06 – 1 ABR 4/05, NZA 06, 1426). Sieht eine tarifliche Regelung als mögliche Lohnarten Zeit-, Akkord- und Prämienlohn gleichberechtigt nebeneinander vor, ist durch diese Bestimmung eine Betriebsvereinbarung über den Wechsel aus der einen in eine andere Lohnart nicht nach § 77 Abs 3 BetrVG gesperrt BAG 26.8.08 – 1 AZR 353/07, NZA-RR 09, 300).

8 **5. Ansprüche bei fehlender Vergütungsabsprache.** Fehlt jegliche Vergütungsabsprache, kommt § 612 BGB zum Zuge. Danach ist eine Vergütung als stillschweigend vereinbart anzusehen, wenn die Dienstleistung den Umständen nach nur gegen Vergütung zu erwarten ist. Das trifft auf Arbeitsleistungen idR zu, es sei denn, es handelt sich um kurzfristige Gefälligkeiten, um ehrenamtliche Tätigkeit oder familiäre Mitarbeit. Zum Sonderfall der Strafgefangenenarbeit s BVerfG 1.7.98 – 2 BvR 441/90, NJW 98, 3337. § 612 BGB kann auch dann anwendbar sein, wenn für Sonderleistungen über die reguläre Tätigkeit hinaus keine Vergütungsvereinbarung getroffen wurde (BAG 29.1.03 – 5 AZR 703/01, NZA 03, 1168).

Eine Vergütungsabsprache kann auch fehlen, weil der zugrunde liegende Arbeitsvertrag nichtig ist. Schließen die Vertragsparteien zB keinen Berufsausbildungsvertrag, sondern

Arbeitsentgelt 37

begründen ein anderes Vertragsverhältnis nach § 26 BBiG auf der Grundlage eines „Anlernvertrags", ist dieser nach § 4 Abs 2 BBiG iVm § 134 BGB nichtig. Auf das Rechtsverhältnis sind dann die Regeln über das fehlerhafte (faktische) Arbeitsverhältnis anzuwenden, so dass das für ArbN übliche Arbeitsentgelt zu zahlen ist (BAG 27.7.10 – 3 AZR 317/08 für den Mindestlohn für gewerbliche ArbN nach Mindestlohn-TV).

Bei Fehlen einer (wirksamen) Vergütungsregelung über **Mehrarbeit** verpflichtet § 612 Abs 1 BGB den ArbGeb, geleistete Mehrarbeit zusätzlich zu vergüten, wenn diese den Umständen nach nur gegen eine Vergütung zu erwarten ist. Eine entsprechende objektive Vergütungserwartung ist regelmäßig gegeben, wenn der ArbN kein herausgehobenes Entgelt bekommt (BAG 22.2.12 – 5 AZR 765/10).

Bei der **Zwangsarbeit** in der NS-Diktatur geht es neben dem Anspruch auf staatliche 9 Entschädigung (s dazu OLG Köln 3.12.97 – 7 U 222/97, NJW 99, 1555) um arbeitsrechtliche Ansprüche gegen die nutznießenden Firmen. Während ein arbeitsrechtlicher Entgeltanspruch mangels eines freiwillig geschlossenen Arbeitsvertrages verneint wird, werden ein Schadensersatzanspruch in Höhe der Differenz zum regulären Lohn sowie ein Schmerzensgeldanspruch angenommen (*Frauendorf* ZRP 1999, 3). Die Arbeitsgerichtsbarkeit soll für entsprechende Ansprüche nicht zuständig sein (BAG 16.2.2000 – 5 AZR 71/99, NZA 2000, 385; aA *Seifert* ArbuR 2000, 230; LAG München 2.8.99 – 5 Ta 184/99, ArbuR 99, 449).

Regelmäßig werden Arbeitsleistungen mangels besonderer Anhaltspunkte nicht unentgelt- 10 lich erbracht, so dass **nach § 612 Abs 1 BGB die stillschweigende Vereinbarung einer Vergütungspflicht zu vermuten ist**. § 612 Abs 1 BGB kommt indessen nicht zur Anwendung, wenn der ArbN Arbeitsleistung ohne Wissen oder gegen den Willen des ArbGeb erbringt. Solche aufgedrängten Arbeitsleistungen, die als aufgedrängte Bereicherung zu verstehen sind, lösen keine Vergütungspflicht aus.

Ist nach § 612 Abs 1 BGB von einer stillschweigend vereinbarten Entgeltpflicht auszu- 11 gehen, bestimmt § 612 Abs 2 BGB, dass die Höhe der Vergütung, falls sie vertraglich nicht bestimmt ist, sich nach der taxmäßigen Vergütung, in Ermangelung einer Taxe nach der üblichen Vergütung bestimmt. Da es Taxen, dh gesetzlich oder behördlich festgelegte Vergütungssätze im Arbeitsrecht nicht gibt, führt § 612 Abs 2 BGB zur üblichen Vergütung. Die übliche Vergütung iS dieser Vorschrift ist grds die **tarifliche Vergütung** (LAG Düsseldorf 23.8.77, DB 78, 165; *Palandt/Putzo* § 612 Rz 8; ErfK/*Schlachter* § 612 BGB Rz 38; BAG 26.9.90 – 5 AZR 112/90, BB 91, 71 [LS]). Ist eine tarifliche Vergütung nicht vorhanden, weil kein entsprechender Tarifvertrag existiert, muss die Vergütung eruiert werden, die vergleichbare ArbN am selben Ort oder in derselben Region erzielen.

§ 612 Abs 1 und Abs 2 BGB finden auch Anwendung auf die Fälle der **fehlgeschlagenen** 12 **Vergütungserwartung**. Diese sind gegeben, wenn Personen Arbeitsleistungen unentgeltlich oder erheblich unterbezahlt im Vertrauen darauf erbringen, dass sie vom Begünstigten eine testamentarische Zuwendung oder sonstige Vermögenswerte erhalten und das insoweit schutzwürdige Vertrauen enttäuscht wird. Dazu muss vom Empfänger der Arbeitsleistung eine entsprechende Erwartung geweckt worden sein, die unmittelbar mit der fehlenden oder unterwertigen Vergütung zusammenhängt (ErfK/*Schlachter* § 612 BGB Rz 23; *Palandt/Putzo* § 612 Rz 4).

Dies wurde etwa angenommen, wenn eine Verlobte für den Betrieb der Eltern des 13 Verlobten Arbeitsleistungen unentgeltlich in der Erwartung der späteren Betriebsübernahme durch die Verlobten erbringt (BAG 15.3.60, AP Nr 13 zu § 612 BGB = DB 60, 644). Gleiches gilt, wenn ein ArbN in berechtigter Erwartung künftiger Erbeinsetzung langjährig unentgeltlich arbeitet (BAG 5.8.63, DB 63, 1433; BAG 18.1.64, DB 64, 845). Bei der Frage, ob eine deutlich unterwertige Vergütung erfolgt, sind alle Umstände des Einzelfalls, insbesondere die Leistungsfähigkeit des Empfängers der Dienstleistung zu berücksichtigen (BAG 14.7.66, DB 66, 1655; BAG 14.5.69, DB 69, 1703). Über § 612 Abs 2 BGB hat derjenige, dessen Vergütungserwartung fehlgeschlagen ist, Anspruch auf die übliche Vergütung.

6. Ansprüche bei unwirksamer Vergütungsabsprache. § 612 Abs 2 BGB ergibt 14 schließlich dann den Anspruch auf die übliche Vergütung, wenn die zwischen den Parteien getroffene Entgeltvereinbarung wegen **Lohnwuchers** nach § 138 BGB nichtig ist (BAG 10.3.60, AP Nr 2 zu § 138 BGB = BB 60, 556 LS). Nach § 138 Abs 2 BGB liegt Lohnwucher vor, wenn Arbeitsleistung und Verdienst in einem auffallenden Missverhältnis stehen

Griese

und die Vergütungsvereinbarung unter Ausnutzung einer Zwangslage, der Unerfahrenheit, des Mangels an Urteilsvermögen oder einer erheblichen Willensschwäche zustande gekommen ist.

15   Ein besonders krasses Missverhältnis zwischen Arbeitsleistung und Entgelt kann zur Annahme des Lohnwuchers nach § 138 Abs 1 BGB führen. Lohnwucher nach § 138 Abs 1 BGB liegt noch nicht vor, soweit mangels Tarifbindung **untertariflich** bezahlt wird (BAG 11.1.73, AP Nr 30 zu § 138 BGB = BB 73, 476 [LS]). Es liegt aber Lohnwucher vor, wenn weniger als zwei Drittel des Tariflohns bzw des üblichen Lohns gezahlt wird (BAG 23.5.01 – 5 AZR 527/99, ArbuR 01, 509 mit kritischer Anm v *Peter*). Der BGH (Urt vom 22.4.97 – 1 StR 701/96, NJW 97, 2689 mit Anm von *Reinecke* ArbuR 97, 453) hat **Strafbarkeit des Arbeitgebers wegen Lohnwuchers gemäß § 302a Abs 1 Nr 3 StGB** angenommen in einem Fall, in dem der ArbGeb statt des Tariflohns von DM 19,05 nur DM 12,70 pro Stunde **(66% des Tariflohns)** entlohnte. Eine Entgeltvereinbarung, mit der eine Ersatzschule, die aus **öffentlichen Mitteln finanziert wird,** den Lehrkräften eine Vergütung von weniger als 75% des Verdienstes vergleichbarer Lehrkräfte im öffentlichen Dienst zubilligt, ist sittenwidrig (BAG 26.4.06 – 5 AZR 549/05, BB 06, 2088). Das LAG Düsseldorf hat Lohnwucher bejaht in einer Konstellation, in der die vereinbarte Vergütung nur 63% des Tariflohns betrug, ebenso das ArbG Brem (30.8.2000 – 5 Ca 5152, 5198/00, ArbuR 01, 231) für einen Stundenlohn von 11,50 DM. Frühere gesetzgeberische Initiativen gingen von einem auffälligen Missverhältnis aus, wenn die vereinbarte Vergütung um mehr als **20% unter der tariflichen Vergütung** lag (BR-Drs 671/95, § 40 Abs 3 des Entwurfs für ein Arbeitsvertragsgesetz; s dazu *Griese* NZA 96, 803 ff, 808; s ferner BT-Drs 12/1060). Das BAG (Urt vom 30.9.98 – 5 AZR 690/97, NZA 99, 265) hat diesen Ansatz aufgenommen, indem es eine Ausbildungsvergütung, die um mehr als 20% unter den Empfehlungen der zuständigen Berufskammer lag, als nicht angemessen iSd § 10 Abs 1 BBiG beanstandet hat.

Von der entgegengesetzten Seite liefert die Rspr des BVerfG zu Lohnabstandsklauseln (Beschluss vom 27.4.99 – 1 BvR 2203/93, NZA 99, 992), wonach die Vergütung von ABM-Kräften auf 80% des Tariflohnes abgesenkt werden darf, eine Bestätigung dieses Ansatzes. Unerheblich ist, ob die vereinbarte Entgelthöhe unter dem Sozialhilfesatz liegt (BAG 24.3.04 – 5 AZR 303/03). Auch die vollständige Überbürdung des Wirtschaftsrisikos auf den ArbN spricht für Lohnwucher (LAG Hamm 3.10.79, BB 80, 105). Ist die Vergütungsabrede wegen Lohnwuchers nichtig, wird gem § 612 Abs 2 BGB die übliche Vergütung geschuldet.

16   § 612 Abs 2 BGB bildet auch dann die Anspruchsgrundlage, wenn sich die getroffene Vergütungsvereinbarung wegen Verstoßes gegen das Benachteiligungsverbotes für Teilzeitkräfte in § 2 BeschFG als rechtsunwirksam erweist (BAG 12.6.96, NZA 97, 191). Zu Arbeitsentgeltansprüchen von aus dem Ausland entsandten ArbN s *Arbeitnehmerentsendung* Rz 5 ff.

17   **7. Mindestentgelt.** Einen einheitlichen **gesetzlichen** Mindestlohn gibt es in Deutschland noch nicht. Zu den für einzelne Branchen geltenden Regelungen s *Mindestentgelt*.

18   **8. Fälligkeit.** Der ArbN ist im Arbeitsverhältnis grds vorleistungspflichtig, die Fälligkeit tritt nach Ablauf der einzelnen Zeitabschnitte gem § 614 BGB ein (s auch *Entgeltzahlungsformen* und *Vorschuss*). Der ArbGeb kommt auch ohne Mahnung des ArbN gem § 286 Abs 2 Nr 1 BGB (vor der Schuldrechtsmodernisierung – BGBl I 01, 3138 – § 284 Abs 2 BGB) in Verzug und schuldet damit den gesetzlichen Zinssatz. Dieser betrug ursprünglich 4%, stieg ab dem 1.5.2000 auf fünf Prozentpunkte oberhalb des Basiszinssatzes und liegt nach der Schuldrechtsmodernisierung gem § 288 Abs 2 BGB acht Prozentpunkte oberhalb des Basiszinssatzes (§ 247 BGB).

19   **9. Reduzierung der Vergütung.** Der ArbGeb ist nicht berechtigt, die Vergütung einseitig zu reduzieren oder sie nach Ende des Arbeitsverhältnisses zu kürzen (BAG 17.10.12 – 5 AZR 409/12). Auch Schlechtleistungen oder der mit der Arbeitsleistung bezweckte und nicht eingetretene Erfolg berechtigen nicht zur Entgeltkürzung, denn der ArbN schuldet nur die Arbeitsleistung, nicht einen darauf beruhenden Erfolg. Auch gibt es in der gesetzlichen Regelung des Dienstvertrages im BGB keine Mängelgewährleistung und kein Minderungsrecht bei Schlechtleistung. Der ArbGeb bleibt darauf beschränkt, mit etwaigen **Schadens-**

Arbeitsentgelt 37

ersatzansprüchen aufzurechnen (BAG 18.7.07 – 5 AZN 610/07, BB 07, 1903) und ggf nach Abmahnung bei fortgesetzter Schlechtleistung zu kündigen.

Eine Reduzierung des Arbeitsentgelts ist allerdings möglich aufgrund entsprechender Vereinbarung (zu den Grenzen nach §§ 134, 138 BGB vgl LAG Bln 7.1.2000 – 6 Sa 1849/99, ArbuR 01, 230) oder aufgrund einer *Änderungskündigung*. Eine vorformulierte Vereinbarung über das Recht des ArbGeb, die Arbeitszeit und damit die Vergütung zu reduzieren, darf maximal 25 % der Arbeitszeit erfassen (BAG 7.12.05 – 5 AZR 535/04, NZA 06, 423) Die wegen § 307 BGB notwendige Begrenzung der Schwankungsbreite der Arbeitszeit bei der Arbeit auf Abruf auf maximal 25 % der Arbeitszeit ist verfassungsgemäß (BVerfG 23.11.06 – 1 BvR 1909/06, NZA 07, 85). Eine Änderungskündigung zur Gehaltsreduzierung ist allerdings nur sozial gerechtfertigt, wenn der ArbGeb dartun kann, dass bei Fortzahlung der ursprünglichen Vergütung die wirtschaftliche Existenz des Betriebes bedroht ist oder Arbeitsplätze gefährdet sind und das wirtschaftliche Überleben durch die Entgeltreduzierungen gesichert wird (BAG 30.3.86, DB 86, 2442). Dabei ist auf die wirtschaftliche Situation des Gesamtbetriebs und nicht auf die einer unrentablen Betriebsabteilung abzustellen (BAG 12.11.98 – 2 AZR 91/98, NZA 99, 471). 20

Eine **Änderungskündigung zur Entgeltabsenkung** ist nicht bereits deshalb gerechtfertigt, weil eine neue gesetzliche Regelung die Möglichkeit vorsieht, einen geringeren (tariflichen) Lohn zu vereinbaren (BAG 12.1.06 – 2 AZR 126/05, BB 06, 1115). Hat ein ArbGeb **einzelvertraglich** eine höhere übertarifliche Vergütung zugesagt, ist es ihm verwehrt, unter Berufung auf das Gleichbehandlungsgrundsatz eine Änderungskündigung zwecks Reduzierung auf das Tarifniveau auszusprechen (BAG 1.7.99 – 2 AZR 826/98, NZA 99, 1336). Ist eine Entgeltkürzung mittels Änderungskündigung durch dringende betriebliche Erfordernisse unabweisbar gerechtfertigt (s dazu BAG 10.9.09 – 2 AZR 822/07, NZA 10, 333), muss eine gleichmäßige Reduzierung bei allen ArbN erfolgen. Zudem rechtfertigen vorübergehende wirtschaftliche Verluste jedenfalls keine Entgeltsenkung auf Dauer (BAG 20.8.98 – 2 AZR 84/98, NZA 99, 255). Eine Vereinbarung der Arbeitsvertragsparteien, wonach der ArbGeb einseitig Vergütungsbestandteile widerrufen kann und dadurch mehr als 25 % der Gesamtvergütung erfasst werden, ist nach § 308 Nr 4 BGB rechtsunwirksam (BAG 11.10.06 – 5 AZR 721/05, NZA 07, 87). Eine Umgehung des gesetzlichen Inhaltsschutzes des Arbeitsverhältnisses nach § 2 KSchG ist nicht gegeben, wenn der ArbGeb von der vertraglichen Möglichkeit Gebrauch machen will, eine Provision entfallen zu lassen, die neben das Tarifgehalt tritt und lediglich 15 % der Gesamtvergütung ausmacht (BAG 21.4.93 – 7 AZR 297/92, BB 94, 432). Sieht ein vom ArbGeb vorformulierter Arbeitsvertrag eine monatlich zu zahlende Leistungszulage unter Ausschluss jeden Rechtsanspruchs vor, benachteiligt dies den ArbN unangemessen; die Klausel ist unwirksam (BAG 25.4.07 – 5 AZR 627/06, NZA 07, 853). 21

Zur gesetzlichen Anpassungsbefugnis der Liquidationsbeteiligung für leitende Ärzte im Krankenhaus s BAG 20.1.98 – 9 AZR 547/98, ArbuR 98, 248; 22.1.97 – 5 AZR 441/95, NJW 98, 847. 22

10. Verjährung und Verfall. Hinsichtlich Verjährung s *Verjährung* Rz 1 ff, hinsichtlich Verfall s *Ausschlussfrist* Rz 1 ff. 23

11. Abrechnung. Gesetzlich ist eine Pflicht zur schriftlichen Abrechnung über das Arbeitsentgelt durch die Novelle der GewO (s dazu BAG 12.7.06 – 5 AZR 646/05, ArbuR 06, 373) in § 108 GewO mW ab dem 1.1.03 geregelt. Für die Provision folgt sie aus § 87c HGB und wurde darüber hinaus als Nebenpflicht aus dem Arbeitsverhältnis angesehen (BAG 11.2.87, BB 87, 1743). Wenn eine Abrechnung erteilt wird, muss sie verständlich und nachvollziehbar sein, andernfalls ist sie neu zu erteilen (LAG RhPf 23.1.01 – 2 Ta 5/01, ArbuR 01, 197). Hat ein ArbGeb einen Anspruch in der Entgeltabrechnung vorbehaltlos ausgewiesen, braucht der ArbN diesen Anspruch nicht mehr geltend zu machen, um eine Ausschlussfrist zu wahren (BAG 21.4.93 – 5 AZR 399/92, NZA 93, 1091). Die Pflicht zur Entgeltabrechnung wird als unvertretbare Handlung gem § 888 ZPO vollstreckt. Ist das Zwangsgeld nicht beizutreiben, kann Zwangshaft angeordnet werden (BAG 7.9.09 – 3 AZB 19/09, NZA 10, 61). Eine Geheimhaltungspflicht über die Entgelthöhe besteht nicht. Eine Klausel, die den ArbN zur **Verschwiegenheit verpflichten soll, ist unwirksam** (LAG MeVo 21.10.09 – 2 Sa 237/09). 24

37 Arbeitsentgelt

Die **Beweislast** für das Arbeitsentgelt trägt der ArbN. Ihm kommen allerdings, insbesondere wenn der ArbGeb dem ArbN entgegen dem NachwG keinen schriftlichen Nachweis über das Arbeitsverhältnis ausgehändigt hat (LAG Köln 18.1.10 – 5 SaGa 23/09, BeckRS 2010, 67154; LAG Köln 31.7.98 – 11 Sa 1484/87, ArbuR 99, 34; *Preis* NZA 97, 13; *Etzel* NJW 99, 545; s auch *Arbeitsvertrag* Rz 51), Beweiserleichterungen und ggf Schadensersatzansprüche (BAG 5.11.03 – 5 AZR 676/02, NZA 05, 64) zugute. Soweit der ArbN Ansprüche auf den Gleichbehandlungsanspruch stützen will, kann er auch Auskunft verlangen (BAG 1.12.04 – 5 AZR 664/03, NZA 05, 289). Hat der ArbGeb abgerechnet, trägt er die Beweislast, wenn er sich später darauf berufen will, die Abrechnung sei fehlerhaft zugunsten des ArbN ausgefallen.

B. Lohnsteuerrecht *Thomas*

Übersicht

	Rz		Rz
I. Begriff	30–35	b) Sozialleistungen	53
1. Keine Legaldefinition	31	4. Schadensersatz	54–58
2. Merkmale	32–35	a) Grundsatz	54, 55
a) Arten	33	b) Schadensübernahme	56–58
b) Rechtsanspruch	34	5. Sachzusammenhang	59, 60
c) Konkrete Gegenleistung	35	IV. Sonstige Rechtsbeziehungen	61–68
II. Einnahmen	36–44	1. Anderer Rechtsgrund	62–64
1. Freie Verfügbarkeit	37, 38	a) Öffentlich-rechtliche Verpflichtung	62
2. Geringe Vorteile	39	b) Privatrechtliche Verpflichtung	63
3. Ersparte Aufwendungen	40, 41	c) Berührung mehrerer Einkunftsarten	64
4. Aufgedrängte Vorteile	42	2. Frühere Beitragsleistung	65–67
5. Subjektive Vorstellungen	43, 44	3. Nebentätigkeiten	68
III. Entlohnung	45–60	V. Beteiligung Dritter	69–76
1. Entwicklung	45–47	1. Leistungen durch Dritte	69–75
a) Gelegenheitsgeschenke und Annehmlichkeiten	46	a) Abkürzung des Zahlungsweges	70
b) Veranlassungsprinzip	47	b) Zusatzentlohnung	71, 72
2. Eigenbetriebliches Interesse	48–50	c) Preisnachlässe Dritter	73–75
a) Begriff	48	2. Leistungen an Dritte	76
b) Merkmale	49	VI. Zufluss	77
c) Aufmerksamkeiten	50	VII. Bewertung	78
3. Ausgestaltung des Arbeitsplatzes	51–53		
a) Arbeitsbedingungen	51, 52		

30 **I. Begriff.** Steuerrechtlich wird regelmäßig nicht von Arbeitsentgelt, sondern von **Arbeitslohn** gesprochen.

31 **1. Keine Legaldefinition.** Arbeitslohn sind Bezüge und Vorteile, die jemand aus nichtselbstständiger Arbeit, also in seiner Eigenschaft als ArbN, erhält. Was Einkünfte aus nichtselbstständiger Arbeit und damit Arbeitslohn sind, definiert das Gesetz nicht, sondern gibt nur Beispiele (§ 19 Abs 1 EStG; § 2 LStDV). Auch die verfahrensrechtlichen Vorschriften, die für Arbeitslohn den LStAbzug vorschreiben (§ 38 Abs 1 EStG), definieren den Begriff nicht, sondern verwenden ihn als vorgegeben. Liegt Arbeitslohn vor, unterliegt er damit grds (Ausnahmen bei Lohnzahlungen Dritter) auch dem LStAbzug.

32 **2. Merkmale.** Arbeitslohn liegt vor, wenn Einnahmen (Geld oder geldwerte Vorteile) als Ertrag der Arbeit zufließen. Maßgebend ist, dass die Einnahmen Verwendungszwecken des ArbN dienen; zu Verwendungszwecken des ArbGeb vgl unten Rz 48.

33 **a) Arten.** Wie den gesetzlichen Beispielsfällen in § 19 Abs 1 Nr 1 EStG – Gehälter, Löhne, Gratifikationen, Tantiemen und andere Bezüge und Vorteile – entnommen werden kann, ist die Art der Zuwendung (Bar- oder Sachlohn) für sich gesehen ebenso wenig entscheidend wie die arbeitsrechtlichen Entlohnungskriterien. Eine erfolgsabhängige Vergütung kann aber gegen Nichtselbstständigkeit sprechen (s *Arbeitnehmer (Begriff)* Rz 37). Steuerbarer Lohn ist mangels ausdrücklicher Befreiungsvorschriften auch stpfl. Bspw sind Gefahrenzulagen nicht von Verfassungswegen Zuschlägen für Sonntags-, Feiertags- oder Nachtarbeit gleich zu stellen (BFH 15.9.11 – VI R 6/09, DStRE 12, 3). Umgekehrt sind

Sachbezüge, die im Inland nicht der Besteuerung unterliegen, auch nicht nach § 37b EStG pauschalierungsfähig (FG Düsseldorf 6.10.11 – 8 K 4058/10 L, DStRE 12, 613 Rev VI R 57/11; FG BlnBdg 21.11.12 – 12 K 12013/11, DStRE 13, 1434 Rev VI R 78/12). Eine Lohnfiktion enthalten § 40 Abs 1 Satz 2 EStG und § 40 Abs 3 Satz 2, Hs 2 EStG insofern, als angeordnet wird, dass die Übernahme pauschaler LSt durch den ArbGeb als Zuwendung an den ArbN anzusehen ist bzw die auf den ArbN abgewälzte pauschale LSt als Arbeitslohn gilt (vgl *Thomas* in FS Küttner 2006, 242). Beim LStAbzug nach der LStKarte wendet der ArbGeb bei einer Nettolohnvereinbarung mit der Übernahme der LSt (anstelle des Einbehaltens der LSt vom Bruttolohn) zusätzlichen Lohn zu, weshalb auf einen Nettosteuersatz hochzurechnen ist (s *Nettolohnvereinbarung* Rz 10 ff). Das ist aber beim Haftungsbescheid nicht zulässig, weil ein in einem Regressverzicht liegender möglicher Lohnzufluss frühestens mit der rückgriffsfreien Bezahlung der Haftungsschuld eintreten kann (BFH 29.10.93 – VI R 26/92, BStBl II 94, 197 = DStR 94, 170). Der unterlassene Rückgriff beim ArbN führt aber nur dann zu Lohn, wenn er auf dem Forderungsverzicht des ArbGeb und nicht darauf beruht, dass ein Rückgriff aus tatsächlichen oder rechtlichen Gründen nicht möglich ist (vgl BFH 5.3.07 – VI B 41/06, DStRE 07, 691; vgl hierzu auch *Sozialversicherungsbeiträge* Rz 19). Werden bei einer Nettolohnvereinbarung etwaige EStErstattungsansprüche des ArbN an den ArbGeb abgetreten, liegen zum Zeitpunkt der Überweisung des Erstattungsbetrags an den ArbGeb beim ArbN negative Einnahmen vor, die beim LStAbzug mit positiven Einnahmen dieses ArbN verrechnet werden können (BFH 30.7.09 – VI R 29/06, BStBl II 10, 148 = DStR 09, 2140). Wegen der Anrechnungswirkung des § 36 Abs 2 Nr 2 EStG führt vom ArbGeb abgeführte LSt, die nicht vom ArbN einbehalten wurde, auch dann zu Lohn, wenn keine Abführungspflicht bestanden hat (BFH 29.11.2000 – I R 102/99, BStBl II 01, 195; BFH 17.6.09 – VI R 46/07, DStR 09, 2043; zu Fehlern beim LStAbzug vgl auch Rz 55).

b) Rechtsanspruch. Gem § 19 Abs 1 Satz 2 EStG ist es gleichgültig, ob es sich um **34** laufende oder um einmalige Bezüge handelt und ob ein Rechtsanspruch auf sie besteht. Daher sind auch freiwillige Sonderzuwendungen des ArbGeb, auf die arbeitsrechtlich kein Anspruch besteht, Arbeitslohn (BFH 20.7.10 – IX R 23/09, DStR 10, 1934 Zuzahlungen zum Kurzarbeitergeld). Umgekehrt begründet der bloße Anspruch gegen den ArbGeb noch keinen Arbeitslohn (BFH 27.5.93 – VI R 19/92, BStBl II 94, 246), da ein Zufluss erst bei dessen Erfüllung vorliegt (zu Anwartschaften oder Optionen s *Aktienoptionen* Rz 14). Anders verhält es sich, wenn der ArbGeb dem ArbN Ansprüche gegen Dritte verschafft und hierauf Leistungen erbringt, zB zugunsten des ArbN Versicherungsbeiträge bezahlt. Dann ist die Beitragszahlung bereits Erfüllungshandlung, weil der ArbGeb dem ArbN Versicherungsschutz am Markt verschafft. Demgemäß stellen die Beitragszahlungen Lohn dar, während spätere Versicherungsleistungen nicht mehr auf dem Dienstverhältnis beruhen (vgl im Einzelnen Rz 65 ff).

Da es im Übrigen nicht auf die Einklagbarkeit von Ansprüchen ankommt, können auch **unerlaubte Tätigkeiten** (vgl §§ 40, 41 AO sowie *Schwarzarbeit* Rz 3, 7) zu Arbeitslohn führen. Des Weiteren kann Arbeitslohn bei **versehentlichen Zahlungen** angenommen werden (BFH 4.5.06 – VI R 17/03, BStBl II 06, 330 = DStRE 06, 1182). Wird die versehentliche Zahlung in einem späteren Kalenderjahr zurückgefordert, bleibt das Zuflussjahr unverändert und es sind im Jahr der Rückgewähr negative Einnahmen anzusetzen (BFH 26.1.2000 – IX R 87/95, BStBl II 2000, 396; BFH 4.5.06 – VI R 19/03, BStBl II 06, 832 = DStRE 06, 909; vgl aber zu widersprüchlichem Verhalten bei Rückzahlung von Arbeitslohn BFH 29.1.09 – VI R 12/06, BFH/NV 09, 1105). Kein Arbeitslohn sind dagegen Vermögenseinbußen, die **gegen den Willen** des ArbGeb erfolgen, zB beim Griff des ArbN in die Portokasse. Deshalb führt die bewusste verbotswidrige Anweisung nicht zustehender Gehälter – anders als versehentliche Zahlungen (s oben) – nicht zu Lohn (BFH 13.11.12 – VI R 38/11, DStR 13, 303) und die bei Aufdeckung der Untreue erfolgte Erstattung nicht zu negativen Einnahmen. Werden Einnahmen außerhalb des Dienstverhältnisses erzielt, gilt Entsprechendes für damit zusammenhängende Aufwendungen (s *Schmiergeld* Rz 9).

c) Konkrete Gegenleistung. Die Zuordenbarkeit des Entgelts zu bestimmten konkreten **35** Arbeitsleistungen ist nicht erforderlich und im Regelfall auch nicht möglich. Es genügt, dass sich die Zuwendung im Ergebnis als Ertrag einer Arbeitsleistung erweist (BFH 7.12.84 – VI R 164/79, BStBl II 85, 164, 167). Dies ergibt sich mittelbar auch daraus, dass sogar Entlohnungen für künftige Dienstleistungen (vgl § 2 Abs 2 Nr 1 LStDV) und für frühere

37 Arbeitsentgelt

Dienstleistungen (Wartegelder, Ruhegelder, Witwen- und Waisengelder, § 19 Abs 1 Nr 2 EStG) Arbeitslohn darstellen, wobei auch andere Personen als der ArbN Leistungsempfänger sein können (vgl im Übrigen zur Lohnzahlung an Dritte Rz 76). Außerdem muss der Arbeitslohn mit dem Betriebsausgabenabzug des ArbGeb weder der Höhe nach, noch nach dem Abzugszeitpunkt korrespondieren (s unten Rz 41). Ebenfalls unbeachtlich ist, ob die Pflichten des ArbN, für die er bezahlt wird, im Einzelnen genau festgelegt sind (BFH 21.1.99 – IV R 15/98, DStRE 99, 457).

36 **II. Einnahmen** sind gem § 8 Abs 1 EStG alle Güter in Geld oder Geldeswert, die dem ArbN im Rahmen des Dienstverhältnisses zufließen.

37 **1. Freie Verfügbarkeit** über Zuwendungen des ArbGeb an einen ArbN indiziert regelmäßig Arbeitslohn. Das gilt insbesondere, wenn die Zuwendung in Geld erfolgt. Deshalb werden nicht steuerbare Aufmerksamkeiten nur bei Sachzuwendungen angenommen. Bei **Barzuwendungen** kann der Arbeitslohncharakter ausnahmsweise verneint werden, wenn sie funktionsgebunden hingegeben werden und die funktionsgerechte Verwendung sichergestellt ist (vgl *Aufwendungsersatz* Rz 27; s auch BFH 7.2.97 – VI R 3/96, BStBl II 97, 365 zu Barzuwendungen bei Betriebsveranstaltungen). Das wurde bei Zuschüssen zu sog Kirchweiheinladungen verneint (BFH 19.1.76 – VI R 227/72, BStBl II 76, 231; zum Kundschaftsessen *Kottke* BB 98, 613; zu Geldzuschüssen anlässlich eines Betriebsausfluges vgl *Betriebsveranstaltung* Rz 8). Ein regelmäßiges freies Mittagessen stellt auch dann einen stpfl Sachbezug dar, wenn es nur in der Betriebskantine eingenommen werden kann. Sofern der Rspr (BFH 21.1.10 – VI R 51/08, BStBl II 10, 700 = DStR 10, 640: Verpflegung an Bord; vgl auch Nds FG 19.2.09 – 11 K 384/07, DStRE 10, 1162: Verpflegung im Kindergarten; FG SchlHol 23.1.12 – 5 K 64/11, DStRE 12, 918: Verpflegung in Heim mit Problemkindern) zu entnehmen wäre, dass laufende unentgeltliche Verpflegung durch den ArbGeb schon immer dann keinen Lohn bewirkt, wenn sich die Belegschaft aus tatsächlichen Gründen nicht jeweils individuell ernähren kann (zB an Bord von Schiffen oder Plattformen, bei Soldaten im Einsatzgebiet oder in Kasernen, bei Arbeit an entlegenen Arbeitsstätten usw), kann dem nicht gefolgt werden. Denn anders als bei sog **Arbeitsessen** (BFH 5.5.94 – VI R 55–56/92, BStBl II 94, 771 = DStR 94, 1309 mit Anm *Albert/Heitmann* DStZ 95, 257; *von Bornhaupt* BB 94, 1766; BFH 4.8.94 – VI R 61/92, BStBl II 95, 59 = DStR 94, 1732 sowie *Broudré* DStR 95, 117; DB 95, 1430; *Ludewig* DB 94, 1440; *Richter* DStR 95, 48; *Küper* FR 95, 604; *Schachtmeyer* DB 96, 351) ist zwar die einheitliche Zubereitung der Verpflegung für alle Betroffenen, nicht aber deren Unentgeltlichkeit notwendige Begleiterscheinung der Arbeit. Da der Wert der Verpflegung in den genannten Fällen regelmäßig mit Sachbezugswerten anzusetzen ist, die bei Gewährung von Verpflegungspauschalen unter dem steuerfrei zuwendbaren Betrag bleiben können, ergibt sich eine Nachforderung insofern nur, wenn keine Anrechnung erfolgt (BFH 24.3.11 – VI R 11/10 DStR 11, 863, wo die unentgeltliche Gemeinschaftsverpflegung in der Kaserne zutreffend als Sachbezug angesehen wurde; dazu BMF 27.9.11 DStR 11, 2051 zur Saldierung mit steuerfreien Reisekostenvergütungen).

38 Die **Marktgängigkeit** iS einer Umsetzbarkeit des gewährten Vorteils in Geld ist kein notwendiges Merkmal für Arbeitslohn. Allerdings kann die Funktionsgebundenheit des Vorteils (s unten Rz 48) in Einzelfällen zur Folge haben, dass der Entlohnungscharakter und deshalb Arbeitslohn zu verneinen ist.

39 **2. Geringe Vorteile** können ebenfalls zu Arbeitslohn führen. Die Höhe des Vorteils ist an sich irrelevant. Vielmehr kommt es auf den Verwendungszweck an. Liegt dieser in der finanziellen Entlastung des ArbN für Aufwendungen, die er regelmäßig aus eigenem versteuertem Einkommen bestreiten muss, ist Arbeitslohn anzunehmen. Werden dagegen ausschließlich die Entlohnung nicht berührende betriebsfunktionale Zwecke verfolgt, begründen auch hohe Zuwendungen, zB ein größerer Geldbetrag für eine abzurechnende Auslandsdienstreise, keinen Arbeitslohn (BFH 17.9.82 – VI R 75/79, BStBl II 83, 39: Vorsorgeuntersuchung; vgl dazu aber *Gesundheitsvorsorge* Rz 14). Ungeachtet dieser Grundsätze neigen Verwaltung und Rspr bei betragsmäßig geringen Vorteilen eher dazu, Arbeitslohn zu verneinen, wie dies bspw bei der Telefonbenutzung für private Ortsgespräche geschieht (s *Internet-/Telefonnutzung* Rz 25). Aus ähnlichen Erwägungen hat der BFH bei kostenloser Überlassung von ec-Karten und ec-Formularen (ersparter Aufwand 7,10 DM jährlich) keinen Arbeitslohn angenommen (BFH 21.9.90 – VI R 97/86, BStBl II 91, 262 mit Anm *Gosch*; Nichtanwendungserlass BMF

13.3.91, BStBl I 91, 388; die Frage kann trotz des Rabattfreibetrages von 1080 € gem § 8 Abs 3 EStG aktuell werden, weil gerade im Bankbereich insgesamt höhere Vorteile gewährt werden). Gar keine Einkünfte liegen vor, wenn nur eine pauschale Aufwandsentschädigung (s *Aufwandsentschädigung* Rz 3) bezahlt wird, die lediglich in etwa die Selbstkosten deckt.

3. Ersparte Aufwendungen sind keine Aufwendungen und damit keine Werbungskosten, etwa wenn ein ArbN die Fahrtkosten spart, weil ihn ein Arbeitskollege bei einer Dienstreise unentgeltlich mitnimmt. Ebenfalls keine Aufwendungen sind entgangene Einnahmen (BFH 19.4.12 – VI R 25/10, DStR 12, 1593 zum Mietausfall). Vom ArbGeb übernommene Aufwendungen, die üblicherweise vom ArbN getragen werden müssen, stellen dagegen Arbeitslohn dar (s *Arbeitnehmerbeförderung* Rz 8). Dessen Höhe bestimmt sich nach der Art und Weise, wie die Übernahme im konkreten Fall erfolgt ist. Wird die Kostenübernahme als Arbeitslohn erfasst, dann werden diese Kosten aus versteuertem Einkommen des ArbN finanziert, weshalb ihm – wenn die Anwendungen beruflich veranlasst waren – der Werbungskostenabzug zusteht. Ob der ArbN auf eigene Kosten vergleichbare Aufwendungen getätigt hätte, ist demgegenüber nicht entscheidend (BFH 2.10.68 – VI R 64/68, BStBl II 69, 73, nach den persönlichen Bedürfnissen zu große Wohnung; BFH 9.3.90 – VI R 48/87, BStBl II 90, 711; *Incentivereisen* s dort). Dabei ist auch kein Luxuskostenanteil abzuziehen (*von Bornhaupt* FR 90, 621; *Thomas* StbJb 90/91, 183 ff, 190; aA *Albert* FR 90, 413; *Reuter* StVj 90, 237). Übernommene Aufwendungen können auch vorliegen, wenn der ArbGeb auf die Realisierung eines ihm gegen den ArbN zustehenden Schadensersatzanspruchs verzichtet (BFH 24.5.07 – VI R 73/05, BStBl II 07, 766 = DStR 07, 1159). Im Übrigen kann die Inanspruchnahme von Leistungen, für die üblicherweise bezahlt werden muss, auch dann zu Arbeitslohn führen, wenn dies für den ArbGeb nicht mit zusätzlichem Aufwand verbunden ist (Telefonieren durch ArbN eines Netzbetreibers, BFH 22.10.76 – VI R 26/74, BStBl II 77, 99; Freifahrt durch Bahnbediensteten, BFH 25.9.70 – VI R 85/68, BStBl II 71, 55).

Ein **Korrespondenz-** oder **Korrelationsprinzip** des Inhalts, dass die Einnahmen des ArbN den Aufwendungen des ArbGeb entsprechen müssten, besteht für den Arbeitslohn nicht (BFH 9.4.97 – I R 20/96, BStBl II 97, 539; *Thomas* DStR 96, 1680 unter 6). Denn Arbeitslohn bemisst sich bei Sachbezügen grds nicht nach den Aufwendungen des ArbGeb, sondern nach den üblichen Preisen am Abgabeort (§ 8 Abs 2 EStG), obwohl aus Vereinfachungsgründen häufig die Aufwendungen des ArbGeb zum Maßstab genommen werden (vgl BFH 23.10.92 – VI R 1/92, BStBl II 93, 195, private Kfz-Nutzung; BFH 25.5.92 – VI R 91/89, BStBl II 92, 856 = DStR 92, 1236 mit Anm *MIT*; Zuwendungen bei Betriebsveranstaltungen). Dem liegt die Vorstellung zugrunde, dass der ArbN den Vorteil am Markt regelmäßig nicht günstiger als der ArbGeb erlangen werde. Ebenso wenig muss der Erfassung als Arbeitslohn beim ArbN die Abziehbarkeit der diesbezüglichen Aufwendungen beim ArbGeb entsprechen. Das gilt auch bei Lohnzahlungen durch Dritte (BFH 5.7.96 – VI R 10/96, BStBl II 96, 545 = DStR 96, 1402 mit Anm *MIT*).

4. Aufgedrängte Vorteile sind dann kein Arbeitslohn, wenn sich der ArbN ihnen nicht entziehen kann, ohne aus dem Dienstverhältnis Nachteile in Kauf nehmen zu müssen (BFH 15.5.92 – VI R 106/88, BStBl II 93, 840 bei Übernahme von Mitgliedsbeiträgen für Privatclubs verneint; Nds FG 25.6.09 – 11 K 72/08, DStRE 11, 154 Rev VI R 31/10 Golfclub). Die Verpflichtung, überlassene Markenkleidung aus Repräsentationsgründen zu tragen, steht der Annahme von Arbeitslohn nicht entgegen (BFH 11.4.06 – VI R 60/02, BStBl II 06, 691 = DStRE 06, 1052) zumal befürchtete Nachteile plausibel sein müssen. Ob ein vom ArbGeb eingeräumter Vorteil schon deshalb unberücksichtigt bleiben kann, weil ihn der ArbN etwa wegen bestehendem Versicherungsschutzes auch anderweitig auf fremde Kosten hätte erlangen können (so BFH 5.11.93 – VI R 56/93, BFH/NV 94, 313) ist zweifelhaft. Kein Arbeitslohn sind jedenfalls Vorteile, die notwendige Begleiterscheinungen des Erbringens der Arbeitsleistung sind (Polizeieinsatz bei Fußballspiel, Bereitschaftsarzt bei Theateraufführung, Reisebegleiter bei Urlaubsgruppe usw; dazu unten Rz 51).

5. Subjektive Vorstellungen. Ob Arbeitslohn vorliegt, ist grds objektiv zu bestimmen. Deswegen formuliert der BFH bewusst passiv, dass sich der Vorteil als Ertrag der Arbeit erweisen muss (BFH 25.5.92 – VI R 18/90, BStBl II 93, 45: verbilligtes Grundstück bei weitergegebener Subvention; BFH 30.6.11 – VI R 80/10, DStR 11, 1757; Veräußerung von

37 Arbeitsentgelt

GmbH-Anteilen). Während früher die Sicht des ArbN als Zuwendungsempfänger als maßgebend angesehen wurde (BFH 24.2.81 – VIII R 109/76, BStBl II 81, 707, 708: Sonderzuwendung an Vorstandsmitglied), wird diese nunmehr nur noch als abrundendes Argument dafür verwendet, dass auch der ArbN die Zuwendung als Ertrag der Arbeit verstanden hat (BFH 23.10.92 – VI R 62/88, BStBl II 93, 117; BFH 5.7.96 – VI R 10/96, BStBl II 96, 545 = DStR 96, 1402 mit Anm *MIT* mwN). Nach BFH 30.6.11 – VI R 80/10 (DStR 11, 1757) hat das für die Einzelfallwürdigung zuständige Tatsachengericht dabei die Vorstellungen des ArbN und „insbesondere" des ArbGeb in den Blick zu nehmen. Allerdings beinhaltet das Erfordernis, dass die Zuwendung Entlohnungscharakter haben muss (§ 19 Abs 1 Nr 1 EStG „für" eine Beschäftigung), ein finales Element, weshalb teilweise die Sicht des ArbGeb für entscheidend angesehen wird (*Offerhaus* BB 82, 1061, 1063 ff). Deswegen sind Zuwendungen des ArbGeb, die dem ArbN mit Rücksicht auf private Beziehungen gewährt werden, beim ArbN kein Arbeitslohn, beim ArbGeb dann aber auch keine Betriebsausgaben (BFH 23.9.98 – XI R 1/98, DStRE 99, 162: Kfz-Überlassung unter Angehörigen; zu Schenkungen s unten Rz 64). Das kann der Fall sein, wenn der ArbGeb für sich persönlich (nicht für den Betrieb) günstig eingekauft hat und auch einen ArbN an dem Rabatt teilhaben lässt oder wenn auch fremde Dritte begünstigt werden (BFH 20.5.10 – VI R 41/09, DStRE 10, 1002). Eine aus freundschaftlicher Verbundenheit erbrachte Leistung kann aber bei nachträglicher Entlohnung nach § 22 Nr 3 EStG steuerpflichtig werden (BFH 21.9.04 – IX R 13/02, BStBl II 05, 44), was auch für Leistungen gilt, die zunächst auf familiärer Grundlage erbracht wurden, aber wegen fehlgeschlagener Vergütungserwartung (Hofübergabe) nachträglich bezahlt werden müssen (BFH 8.5.08 – VI R 50/05, BStBl II 08, 868 = DStR 08, 1425).

44 Fehlen derartige Besonderheiten, indiziert das Beschäftigungsverhältnis regelmäßig, dass ein objektiv eingeräumter Vorteil auch „für" eine Beschäftigung gewährt wurde. Der ArbGeb muss sich nicht auch über die Höhe des Vorteils bewusst gewesen sein (BFH 18.10.74 – VI R 249/71, BStBl II 75, 182: Grundstücksüberlassung unter dem Verkehrswert). Ergeben aber die Umstände, dass ein Vertrag wie unter fremden Dritten ausgehandelt wurde, begründet allein die Tatsache, dass das für den ArbN sehr vorteilhaft geschehen ist, noch keinen Arbeitslohn. Dabei sind aus der Sicht eines neutralen Beobachters alle Umstände zu würdigen. Zu solchen Umständen kann auch gehören, dass der ArbGeb einen Vorteil zuwenden wollte. In diesem Fall liegt Arbeitslohn auch dann vor, wenn der ArbN die Vorteilhaftigkeit zunächst noch nicht erkannt hat.

45 **III. Entlohnung. 1. Entwicklung.** Bereits der RFH (24.10.34, RStBl 35, 335) hat als Arbeitslohn alles angesehen, was im weitesten Sinne als „Frucht und Ertrag" der Arbeit, bzw aus Anlass und als Ausfluss der Tätigkeit als ArbN, zugewendet wird. Hieran anknüpfend hat der BFH vertreten, dass der Arbeitslohnbegriff „weit und umfassend" zu verstehen sei (BFH 19.7.74 – VI R 114/71, BStBl II 75, 181; 17.7.81 – VI R 205/78, BStBl II 81, 773). Damit wurden aber keine Abgrenzungskriterien dafür gegeben, wann Vorteile zu anderen als Entlohnungszwecken gewährt werden und deshalb keinen Arbeitslohn darstellen, sondern lediglich Wertungsmaßstäbe, die signalisierten, dass der Arbeitslohnbegriff fiskalisch zu handhaben sei. Hierzu besteht aber kein Anlass.

46 **a) Gelegenheitsgeschenke und Annehmlichkeiten.** Mit diesen, vom Gesetz selbst nicht benutzten Begriffen, versuchte die Rspr stpfl, weil der Entlohnung dienende, von anderen Zuwendungen abzugrenzen. Dabei bezeichneten Gelegenheitsgeschenke die wegen ihres Anlasses (Aufmerksamkeiten oder Ehrungen aus bestimmten persönlichen Anlässen) und Annehmlichkeiten die wegen ihres Verwendungszwecks (Ausgestaltung des Arbeitsplatzes bzw Begleitumstände, unter denen die Arbeitsleistung zu erbringen ist) als nicht steuerbar angesehenen Zuwendungen (Zusammenstellung der Rspr bei *HHR* § 19 EStG Rz 135; *K/S* § 19 Rz B 272 ff). Diese Begriffe wurden bewusst aufgegeben (BFH 22.3.85 – VI R 26/82, BStBl II 85, 641 für Gelegenheitsgeschenke; *von Bornhaupt* DStZ 90, 496, 498 ff). Dies war im Bereich der Gelegenheitsgeschenke mit einer Ausweitung der als steuerbar angesehenen Zuwendungen verbunden (BFH 22.3.85 – VI R 26/82, BStBl II 85, 641; Lehrabschlussprämie von 150 DM; BFH 21.8.85 – VI R 102/81, BFH/NV 86, 56: Prämien zwischen 100 und 500 DM anlässlich Kaufmannsgehilfenprüfung; BFH 9.8.85 – VI R 81/82, BFH/NV 86, 187: Bargeschenk von 150 DM bei Kommunion, Konfirmation; dazu weiterführend Anm *oV* HFR 86, 80; BFH 9.3.90 – VI R 49/87, BFH/NV 91, 22: 500 DM anlässlich Diplomierung an Beamtin, nicht nach § 3 Nr 11 oder 12 EStG steuerfrei, aber evtl nach § 34 Abs 1 EStG begünstigt; BFH 23.4.09 – VI R 39/08, BStBl II 09, 668 = DStR 09, 1191: Nachwuchsförderungspreis über 10 000 € an Marktleiter; einschränkend bereits BFH 12.11.76 – VI R 214/74, BStBl II 77, 181: Geburtstagsbargeschenk iHv 350 DM; BFH 8.8.80 – VI R 49/77, BStBl II 80, 705: Zuwendung von 100 DM anlässlich des 70. Geburtstags des ArbGeb; BFH 17.7.81 – VI R 205/78, BStBl II 81, 773: bei Pensionierung 150 DM bzw 250 DM). Im Bereich der Annehmlichkeiten, bei denen auch schon früher die Formel vom eigenbetrieblichen Interesse gebraucht worden war, führte die RsprÄnderung dagegen zu teilweise großzügigeren Wertungsergebnissen (vgl *Thomas* StbJb 90/91, 183, 191).

b) Veranlassungsprinzip. Mit dem Abrücken von Begriffen, die das Gesetz nicht selbst **47** benutzt, sollte vermieden werden, dass die für diese Begriffe aufgestellten Kriterien wie ein Gesetz ausgelegt und weiter entwickelt würden. Gleichzeitig sollte der Veranlassungsgedanke mehr in den Vordergrund gerückt werden (vgl *Offerhaus* DStJG Bd 9, 119; *von Bornhaupt* DStZ 90, 496; BB 93, 912). Letzteres Kriterium ist aber nur in den Fällen brauchbar, in denen es darum geht, ob ein Vorteil auf anderen Rechtsbeziehungen beruht, als denen des Dienstverhältnisses. Denn da sowohl Lohnzahlungen, als auch Zuwendungen ohne Entlohnungscharakter betrieblich veranlasst sind, kommt die Veranlassung als Unterscheidungsmerkmal insofern nicht in Betracht. Maßgebend ist vielmehr, welchen Zwecken der Zuwendungsgegenstand dient.

2. Eigenbetriebliches Interesse. a) Begriff. Seit der Grundsatzentscheidung zur Kosten- **48** übernahme bei Vorsorgeuntersuchungen (BFH 17.9.82 – VI R 75/79, BStBl II 83, 39) verneint die Rspr Arbeitslohn bei Zuwendungen, die im ganz überwiegend eigenbetrieblichen Interesse des ArbGeb erfolgen (vgl dazu *Krüger* DStR 13, 2029). Der Begriff ist eine bildhafte Umschreibung des Wertungsergebnisses, dass das Tatbestandsmerkmal „für" eine Beschäftigung in § 19 Abs 1 Nr 1 EStG nicht erfüllt ist. Dabei kommt mit den Worten „ganz überwiegend" zum Ausdruck, dass die nicht in Entlohnungszwecken liegende betriebliche Zielsetzung ganz im Vordergrund stehen muss, so dass ein damit einhergehendes eigenes Interesse des ArbN, den betreffenden Vorteil zu erlangen, deshalb vernachlässigt werden kann. Das ist der Fall, wenn sich ein dem ArbN zugewendeter Vorteil bei objektiver Würdigung aller Umstände nicht als Entlohnung, sondern lediglich als notwendige Begleiterscheinung betriebsfunktionaler Zielsetzungen erweist (BFH 4.6.93 – VI R 95/92, BStBl II 93, 687; BFH 25.5.2000 – VI R 195/98, BStBl II 2000, 690 zur Kfz-Gestellung bei Rufbereitschaft; BFH 26.6.03 – VI R 112/98, DStRE 03, 1263 zum Polizeiführerschein; BFH 7.7.04 – VI R 29/00, BStBl II 05, 367 = DStR 05, 417 zu übernommenen Verwarungsgelder beim Paketzustelldienst; anders aber Bußgelder, wenn LkwFahrer Lenk- oder Ruhezeiten nicht einhalten, FG Köln 22.9.11 – 3 K 955/10, DStRE 12, 791; aA *Fellmeth* FR 12, 1064; und anders auch übernommene Geldauflagen bzw Geldbußen wegen Verstoßes gegen lebensmittelrechtliche Bestimmungen BFH 22.7.08 – VI R 47/06, BStBl II 09, 151 = DStR 08, 2310 bzw wegen verbotener Preisabsprachen FG Köln 10.12.04 – 14 K 459/02, EFG 05, 756 mit Anm *Braun*; vgl auch *Eilers/Scheider* DStR 07, 1507; *Preising/Kiesel* DStR 06, 118; zu Kartellrechtsverstößen vgl BFH 11.1.12 – IV B 142/10, BFH/NV 12, 784). Ein überwiegend eigenbetriebliches Interesse wird dagegen verneint bei Übernahme von Kurkosten (BFH 11.3.10 – VI R 7/08 BStBl II 10, 763 = DStRE 10, 789 trotz arbeitsrechtlichen Anspruchs auf regelmäßige Kuren), von Steuerberatungskosten (BFH 21.1.10 – VI R 2/08, BStBl II 10, 639 = DStR 10, 595; BFH 4.2.10 – X R 10/08, DStR 10, 739 auch bei Nettolohnvereinbarung, aA *Hasbargen/Höreth* DStR 10, 1169; eine anderweite steuerliche Entlastung dieser Kosten ist auch im Hinblick auf die Kompliziertheit des Steuerrechts verfassungsrechtlich nicht geboten (BFH 16.2.11 – X R 10/10, BFH/NV 11, 977), von Kammerbeiträgen (BFH 12.2.09 – VI R 32/08, BStBl II 09, 462 = DStRE 09, 541), von Beiträgen für eine Berufshaftpflichtversicherung (BFH 26.7.07 – VI R 64/06, BStBl II 07, 892; Senator für Finanzen Bln 22.7.10 DB 10, 1615) von Beratungshonoraren für Berufssportler (BFH 2.9.10 – VI B 42/10, BFH/NV 10, 2066), bei Meeting und Bewirtung durch ein international tätiges Beratungsunternehmen zur besseren Vernetzung seiner Führungskräfte (BFH 15.1.09 – VI R 22/06, BStBl II 09, 476 = DStR 09, 629;

37 Arbeitsentgelt

anders, wenn die Mannschaft eines Kreuzfahrtschiffes an Bord unentgeltlich verpflegt wird vgl Rz 37), wenn exklusive Kleidung aus Repräsentationsgründen an leitende Angestellte überlassen wird (BFH 11.4.06 – VI R 60/02, BStBl II 06, 691 = DStRE 06, 1052) oder wenn der ArbGeb die Kosten von Sicherungseinbauten auf dem Einfamilienhaus des Vorstands einer Bank mit allenfalls abstrakter Gefährdung übernimmt (BFH 5.4.06 – IX R 109/00, BStBl II 06, 541 = DStR 06, 1034), während bei Gestellung einheitlicher bürgerlicher Kleidung an Filialleiter reichen soll, dass sie in gewisser Weise uniformähnlich ist und insofern einem einheitlichen Erscheinungsbild dient (BFH 22.6.06 – VI R 21/05, BStBl II 06, 915 = DStR 06, 1795 mit Anm *Thomas* Inf 06, 765). Als im eigenbetrieblichen Interesse liegend hat der BFH auch Maßnahmen des ArbGeb zur Vorbeugung berufsbedingter Gesundheitsbeeinträchtigungen (vgl hierzu *Gesundheitsvorsorge* Rz 11 ff) gesehen. Demgegenüber ist die Übernahme von privaten KVBeiträgen ausländischer ArbN durch den ArbGeb selbst dann Arbeitslohn, wenn der Versicherungsschutz Voraussetzung für das Einreisevisum ist (BFH 16.4.99 – VI R 66/97, BStBl II 2000, 408 mit Bedenken aber BFH 14.4.11 – VI R 24/10, DStR 11, 1221). Der Versicherungsschutz ist nicht notwendige Begleiterscheinung der inländischen Arbeit, weil die Krankheitskosten mit der Arbeitserbringung als solcher nichts zu tun haben (vgl auch unten Rz 55 und *Krankenversicherungsbeiträge* Rz 7). Auch die Übernahme von Übernachtungs-, Transport- oder Verpflegungskosten kann beim Empfänger zu Einnahmen führen (BFH 19.11.03 – I 22/02, FR 04, 770 mit Anm *Schnitger*). Beitragsleistungen des ArbGeb an Versorgungseinrichtungen können – selbst wenn die Einrichtung dem ArbN eigene Ansprüche einräumt – ausnahmsweise dann kein Arbeitslohn sein, wenn die Beiträge nicht Ertrag der Arbeit sind, sondern aus anderen als Entlohnungsgründen geleistet werden (BFH 30.5.01 – VI R 159/99, BStBl II 01, 815 mit Anm *Pust* HFR 01, 860, Bundeszuschuss zur Bahnversicherungsanstalt und BFH 12.9.01 – VI R 154/99, BStBl II 02, 22 zur Solvabilitätsspanne). Soweit der BFH Arbeitslohn verneint, wenn dem ArbGeb für Zukunftssicherungsleistungen zugunsten seiner ArbN zusätzliche Kosten entstehen beim Wechsel des Versorgungsträgers (BFH 14.9.05 – VI R 148/98, BStBl II 06, 532 = DStRE 05, 1447 mit Anm *Heger* BB 06, 1598), beim Übergang vom Umlage- zum Kapitaldeckungsverfahren (BFH 14.9.05 – VI R 32/04, BStBl II 06, 500 = DStRE 05, 1390 mit Anm *Seeger* DB 05, 2771; BMF 30.5.06 BStBl I 06, 415) und beim Ausscheiden aus der VBL (BFH 15.2.06 – VI R 92/04, BStBl II 06, 528 = DStRE 06, 464) wird dieser Rspr mit Änderung des § 19 EStG durch das JStG 2007 teilweise die Grundlage entzogen (*Köhler/Brockmann* NWB F 2, 9191, 9201; *Hartmann* Inf 07, 20). Da die obige Rspr zweifelhaft ist (vgl *Thomas* BetrAV 5/2008, 490 ff), kann der Gesetzesänderung nicht entgegengehalten werden, sie sei verfassungswidrig, weil sie dem Grundsatz der Besteuerung nach der Leistungsfähigkeit widerspreche (so aber *Glaser* BB 06, 2217). Anders als in den obigen Fällen zusätzlicher nachträglicher Finanzierungsbeiträge werden vom BFH im Übrigen Umlagezahlungen an die Versorgungseinrichtung zu Recht unabhängig davon als Arbeitslohn angesehen, welche Leistungen der ArbN letztlich erhält bzw ob er den Versicherungsfall überhaupt erlebt (BFH 7.5.09 – VI R 8/07, BStBl II 10, 194 = DStR 09, 1522; aA *Hölzer* FR 10, 501; vgl auch Rz 62).

49 **b) Merkmale.** Welche Zielsetzung bei objektiver Betrachtung ganz im Vordergrund steht, muss sich aus den Begleitumständen wie Anlass, Art und Höhe des Vorteils, Auswahl der Begünstigten, freie oder nur gebundene Verfügbarkeit, Freiwilligkeit oder Zwang zur Annahme des Vorteils und seiner besonderen Geeignetheit für den verfolgten betrieblichen Zweck ergeben. Dabei kann auch eine Rolle spielen, wie bedeutsam der verfolgte Zweck für das Unternehmen ist und ob es für die Zweckverfolgung nahe liegende Alternativen gegeben hat. Da eine Gesamtbeurteilung vorzunehmen ist, kommt es auf die jeweiligen Umstände des Einzelfalles an. Bestimmte Erscheinungsformen können jedoch typisierend beurteilt werden, wie dies für Zuwendungen aus Anlass von Betriebsveranstaltungen (s *Betriebsveranstaltungen* Rz 3) geschehen ist.

50 **c) Aufmerksamkeiten.** Eine derartige Typisierung (zur Typisierungsbefugnis vgl *Pauschbeträge* Rz 17) hat die Verwaltung in R 19.6 LStR bei Sachzuwendungen bis zu einem Wert von 40 € vorgenommen. Es handelt sich um einen Anwendungsfall des ganz überwiegend eigenbetrieblichen Interesses, wobei **Absatz 1** die früher als Gelegenheitsgeschenke bezeichneten Aufmerksamkeiten aus Anlass einer Geburtstagsfeier oder eines vergleichbaren anderen persönlichen Ereignisses regelt. Eine derartige aus Gründen der Klimapflege vorgenommene

Arbeitsentgelt

Geste stellt keinen Arbeitslohn dar. Problematischer erscheint, ob bei den zur Ausgestaltung des Arbeitsplatzes im weitesten Sinne (vgl oben Annehmlichkeiten Rz 35) zählenden Bewirtungsaufwendungen (s *Bewirtungsaufwendungen* Rz 7 ff, sowie *Essenszuschuss* Rz 7 ff) nach **Absatz 2** Arbeitslohn verneint werden kann.

3. Ausgestaltung des Arbeitsplatzes. a) Arbeitsbedingungen. Kein Arbeitslohn liegt 51 vor, wenn der ArbN seine reguläre Arbeit auf Veranstaltungen verrichtet, für die Dritte Eintritt bezahlen müssen, zB Ordner, Berufssportler, Musiker, Sicherheitspersonal, medizinische Betreuer usw. Das gilt, sofern die Anwesenheit bezahlt wird, auch hinsichtlich dienstlicher Nebenpflichten (zu Werbungskosten FG Saarl 19.3.91, EFG 91, 377: Tennis als Dienstsport eines Polizeibeamten). Werden Eintrittskarten für Veranstaltungen der Art, wie sie auch beruflich betreut werden, daneben für einen Besuch außerhalb der Dienstzeit überlassen, liegt regelmäßig Arbeitslohn vor (FG Hbg 30.5.91, EFG 92, 129, Konzert- und Theaterkarten an Rundfunkangestellte), es sei denn, es besteht ein so enger beruflicher Bezug, dass der private Unterhaltungsaspekt vernachlässigt werden kann. Das BMF-Schreiben zu Aufwendungen für VIP-Logen in Sportstätten sieht eine abgeltende Besteuerung mit einem Pauschsteuersatz von 30 vH für den Anteil vor, der auf eigene ArbN entfällt (BMF 22.8.05, DStR 05, 1492 Rz 18 iVm Rz 14). Abgesehen davon, dass zweifelhaft ist ob hierfür eine gesetzliche Ermächtigung besteht, gilt diese Regelung nur für die Nutzung der VIP-Logen und nicht für einzelne, dem ArbN überlassene Eintrittskarten zum Besuch sportlicher Veranstaltungen. Zur Pauschalierungsbefugnis nach § 37b EStG vgl *Lohnsteuerpauschalierung* Rz 60. Ebenfalls kein Arbeitslohn liegt vor, wenn der ArbGeb auf seine Kosten dem ArbN statt eines sonst erforderlichen auswärtigen Arbeitsplatzes einen solchen in der Wohnung des ArbN einrichtet (BFH 19.10.01 – VI R 131/00, BStBl II 02, 300), nicht aber, wenn der ArbGeb neben dem gestellten Arbeitsplatz die Kosten eines häuslichen Arbeitszimmers oder der Garage des ArbN ganz oder teilweise trägt (vgl Rz 63 und *Aufwendungsersatz* Rz 28). Die Überlassung eines Parkplatzes durch den ArbGeb ist nur ausnahmsweise ein geldwerter Vorteil (FG Köln 15.3.06 – 11 K 5680/04, DStRE 06, 1053 = EFG 06, 1516; Nichtanwendungserlass OFD Münster 25.6.07 DStR 07, 1677).

Eine für Geschäftspartner oder andere ArbN stpfl Bezüge auslösende Incentivreise führt 52 bei solchen ArbN nicht zu Arbeitslohn, für die die Reise wie ein normaler Arbeitstag mit dienstlichen Verpflichtungen ausgefüllt ist (BFH 27.8.02 – VI R 22/01, BStBl II 03, 369; zu Reisen von ArbN einer Gemeinde im Rahmen einer Städtepartnerschaft FG Hess 13.1.2000 – 10 K 2685/98, EFG 2000, 625; möglicherweise zu weit FG Hbg 15.1.87, EFG 87, 286: Teilnahme am Presseball und FG Köln 5.11.98 – 3 K 110/97, EFG 99, 287: Teilnahme am Apothekerball; vgl im Übrigen *Incentivreisen* Rz 4 ff). Arbeitslohn liegt auch vor, wenn der ArbGeb Beiträge für die Mitgliedschaft in privaten Klubs deswegen übernimmt, weil der ArbN auch während seiner dortigen Freizeitgestaltung Interessen des ArbGeb wahrnehmen soll (BFH 15.5.92 – VI R 106/88, BStBl II 93, 840; dazu kritisch *Lück* DStZ 93, 81; Nds FG 25.6.09 – 11 K 72/08, DStRE 11, 154, Rev VI R 31/10: Mitgliedsbeitrag für Golfclub).

b) Sozialleistungen. Zu den nicht steuerbaren Arbeitsbedingungen gehören auch die 53 besonders freundliche Ausgestaltung des Arbeitsplatzes, das Zurverfügungstellen von Arbeitsmitteln zur Arbeitsverrichtung, das Stellen von Sozialräumen und ähnliches. Dagegen bewirkt die Übernahme privater Kosten des ArbN durch den ArbGeb, auch wenn sie aus sozialen Erwägungen erfolgt, regelmäßig Arbeitslohn (vgl aber *Beihilfeleistungen* Rz 3 ff). Im Einzelnen wird auf die Stichworte *Sozialeinrichtungen; Betriebliche Berufsbildung; Betriebskindergarten; Betriebssport; Essenszuschuss; Gesundheitsvorsorge* und *Kur* verwiesen.

4. Schadensersatz. a) Grundsatz. Echte Schadensersatzleistungen für Schäden an 54 Rechtsgütern des ArbN sind kein Arbeitslohn (vgl BFH 26.11.08 – X R 31/07, BStBl II 09, 651 = DStRE 09, 205; BMF 15.7.09, DStR 09, 1646; BFH 18.6.98 – IV R 61/97, BStBl II 98, 621). Ob ein Schadensersatzanspruch nach Grund und Höhe – auch unter Berücksichtigung eines etwaigen Mitverschuldens – vorliegt, beurteilt sich nach zivilrechtlichen Grundsätzen (vgl *Arbeitgeberhaftung* Rz 1 ff). Da der ArbGeb für **Personenschäden** anlässlich eines Arbeitsunfalls nur ausnahmsweise haftet (Haftungsausschluss durch §§ 104 ff SGB VII; s *Unfallversicherung* Rz 21), wird eine gleichwohl erfolgte Leistung des ArbGeb regelmäßig nicht (steuerfreier) Schadensersatz sondern (steuerpflichtige) Schadensübernahme (dazu un-

37 Arbeitsentgelt

ten Rz 56) sein. Das gilt auch für immaterielle Schäden wie **Schmerzensgeld** und Ersatz für Verletzung des Persönlichkeitsrechts (BFH 29.10.63 – VI 290/62 U, BStBl III 64, 12, sofern nicht in Wirklichkeit arbeitsrechtliche Abfindungsansprüche abgegolten werden). Zahlungen des ArbGeb an den ArbN für das Einstellen eines Zivilverfahrens gegen einen Dritten zur Vermeidung eines Imageverlustes sind keine Schadensersatzleistungen. Sie erfolgen auch nicht im ganz überwiegend eigenbetrieblichen Interesse des ArbGeb, wenn das Bekanntwerden des Verfahrens auch zu einem Ansehensverlust des ArbN führen kann (BFH 24.11.10 – VI B 32/10, BFH/NV 11, 591). Nach FG BaWü 22.2.99 – 4 K 123/96 (DStRE 2000, 123) sollen Zahlungen des ArbGeb wegen rufschädigenden Verhaltens Arbeitslohn sein (zu Diskriminierungen am Arbeitsplatz s *Compliance* Rz 32). Leistet der ArbGeb auf eine eigene Schadensersatzverpflichtung für **Sachschäden** Ersatz, wird dies in aller Regel nicht eine Entlohnung für Arbeit darstellen (*Tipke* StuW 75, 62; *Knobbe-Keuk* StuW 76, 48), zumal keine zusätzliche Bereicherung eingetreten ist (grds: *Spindler/Kullmann/Römer/Breitkreuz* Schadensersatz und Steuern, Repräsentantenhaftung, Deutscher Anwaltverlag, 1992).

55   Ein Schadensersatzanspruch kann auch durch **Fehler im Zusammenhang mit dem Lohnsteuerabzug** entstehen, wenn trotz zutreffendem LStEinbehalt, also trotz ordnungsgemäßer Erfüllung des Lohnanspruchs, durch Eintragungsfehler auf der LStKarte (zB Ausweis eines zu hohen Bruttolohns oder von geringeren als den abgeführten LStAbzugsbeträgen) bei der Veranlagung des ArbN eine zu hohe ESt festgesetzt bzw zu wenig LSt angerechnet wird. Zweifelhaft ist ob ein Schadensersatzanspruch auch bei versehentlich zu hohem LStEinbehalt entsteht (so aber BFH 20.9.96 – VI R 57/95, BStBl II 97, 144; dazu kritisch *Biebelheimer* BB 97, 1446). Denn der ArbN ist arbeitsrechtlich nur verpflichtet, den nach dem Gesetz vorgesehenen LSt-Einbehalt zu dulden (*Thomas* in FS Küttner 2006, 253). Führt der ArbGeb versehentlich mehr an das FA ab, behält der ArbN insofern seinen Lohnanspruch (vgl aber BAG 30.4.08 – 5 AZR 725/07, Beilage zu BFH/NV 10/08, 325, wonach der Vergütungsanspruch nur durchsetzbar sein soll, wenn für den ArbGeb eindeutig erkennbar war, dass keine Abzugsverpflichtung bestand). Dessen spätere Erfüllung ist Lohnzahlung und nicht Schadensersatz (*Schaub* § 71 I 5; nach *K/S* § 38 Anm A 49, 50 soll der rechtswidrige Einbehalt hinsichtlich des Lohnanspruchs Tilgungswirkung haben; andererseits soll der ArbGeb nur nach Amtshaftungsregeln ersatzpflichtig sein). Wird bei der Veranlagung des ArbN wegen überhöhter Bruttolohnbescheinigung eine zu hohe ESt festgesetzt, müsste bei der Schadensberechnung der Vorteil der zu hoch angerechneten LSt gegengerechnet werden.

56   **b) Schadensübernahme** durch den ArbGeb für Schäden, die an sich den ArbN treffen, bewirken dagegen Arbeitslohn. Betreffen sie aber den Risikobereich des ArbGeb, so dass dieser verpflichtet ist, Aufwendungsersatz zu leisten (s *Aufwendungsersatz* Rz 31), ist die Schadensübernahme nicht steuerbar, jedenfalls aber als Auslagenersatz steuerbefreit (§ 3 Nr 50 EStG). Wird ohne derartigen Aufwendungsersatzanspruch freiwillig gezahlt, kann der darin liegende Arbeitslohn beim ArbN Werbungskosten zur Folge haben, wenn sich mit dem Schaden ein berufliches Risiko realisiert hat (BFH 19.3.82 – VI R 25/80, BStBl II 82, 442). Zur D&O-Versicherung vgl *Compliance* Rz 34.

57   Die Übernahme von Schäden an Wirtschaftsgütern des ArbN durch den ArbGeb führt grds auch dann zu Arbeitslohn, wenn der Schaden beruflich veranlasst ist, also ein Werbungskostenabzug korrespondiert. Solcher Lohn ist aber steuerfrei, wenn – wie zB für Reisekosten (§ 3 Nr 16 EStG) – das Gesetz eine Befreiungsvorschrift ausdrücklich vorsieht (BFH 30.11.93 – VI R 21/92, BStBl II 94, 256; wegen der hohen Beweisanforderungen und der Beschränkung auf den noch nicht abgeschriebenen Teil kann die Gewährung von Versicherungsschutz vorzuziehen sein). Steuerbefreiung wird bejaht für Versicherungsschutz durch den ArbGeb (zu den Versicherungsleistungen s unten Rz 66 ff), der sich auf Dienstreisegepäck bezieht (BFH 19.2.93 – VI R 42/92, BStBl II 93, 519 zur Familien- und Verkehrs-Rechtsschutzversicherung BFH 31.1.97 – VI R 97/94, DStR 97, 1077 mit Anm *MIT*). Den Werbungskostenabzug bei Verlusten auf Dienstreisen hat der BFH zunächst hinsichtlich gestohlenem Geld verneint (BFH 4.7.86 – VI R 227/83, BStBl II 86, 771, ähnlich BFH 28.11.91 – XI R 35/89, BStBl II 92, 343, Einbruchdiebstahl; vgl auch BFH 20.12.94 – IX R 122/92, BStBl II 95, 534), aber dann hinsichtlich eines gestohlenen Pkw bejaht (BFH 25.5.92 – VI R 171/88, BStBl II 93, 44). Werbungskosten werden auch angenommen, soweit dem Stpfl (nicht einer Begleitperson!) notwendiges Reisegepäck gestohlen wurde,

sofern der Verlust nicht auf persönliche Leichtfertigkeiten zurückzuführen ist (BFH 30.6.95 – VI R 26/95, BStBl II 95, 744; vgl im Übrigen allgemein zum Verhältnis Versicherungsschutz und Reisekostenersatz *Thomas* DStR 91, 1369; sowie zum schadenstiftenden Ereignis im betrieblichen Bereich BFH 29.3.2000 – X R 99/95, BFH/NV 2000, 1188). Ob ein Diebstahl am Arbeitsplatz (zur Beschädigung des Pkw bei der Wohnung BFH 28.1.94 – VI R 25/93, BStBl II 94, 355) zu Werbungskosten führt, ist zweifelhaft (verneinend FG Köln 8.6.90, EFG 91, 193; *Rößler* DStZ 91, 346; aA *Woring* DStZ 91, 76); jedenfalls bewirkt die Kostenübernahme Arbeitslohn.

Die Übernahme von Vermögenseinbußen aus Anlass von beruflichen Veränderungen stellt ebenfalls regelmäßig Arbeitslohn dar (BFH 24.5.2000 – VI R 17/96, BStBl II 2000, 584; zu Werbungskosten vgl BFH 24.5.2000 – VI R 28/97, BStBl II 2000, 474 = DStR 2000, 1469 mit Anm *MIT*; BFH 24.5.2000 – VI R 147/99, BStBl II 2000, 476 = DStR 2000, 1468 mit Anm *MIT* und BFH 24.5.2000 – VI R 188/97, BStBl II 2000, 586 = DStR 2000, 1726 mit Anm *MIT*; zweifelhaft FG Hess 7.9.2000 – 11 K 1357/98, DStRE 01, 302 zu Schuldzinsen für Darlehen zur Finanzierung von Arbeitnehmeraktien). Allerdings sind entgegen BFH 28.2.75 – VI R 29/72, BStBl II 75, 520 nicht schon alle Schadensersatzleistungen, die ihre Grundlage im Dienstverhältnis haben, Arbeitslohn (insofern zutreffende Aufgabe durch BFH 20.9.96 – VI R 57/95, BStBl II 97, 144). Ebenfalls nicht maßgebend ist, ob der ArbGeb sich ersatzpflichtig fühlt, sondern ob bei objektiver Betrachtung ein Schadensersatzanspruch oder ein arbeitsvertraglicher Anspruch auf Schadensübernahme vorliegt. Letzterer führt zu Arbeitslohn, ersterer nicht. Mit einem Arbeitsplatzwechsel verbundene Vermögensnachteile beruhen im Regelfall nicht auf zum Schadensersatz verpflichtenden Handlungen des ArbGeb. Ist dieser gleichwohl bereit, einen diesbezüglichen Ausgleich zu zahlen, wendet er Arbeitslohn zu und zwar unabhängig davon, ob er sich hierzu von vornherein arbeitsvertraglich verpflichtet hat oder ob die Leistung nachträglich freiwillig erbracht wird. Ein Fall stpfl Verlustübernahme liegt auch vor, wenn der ArbGeb gegen den ArbN einen Schadensersatzanspruch besitzt und auf dessen Realisierung verzichtet (BFH 24.5.07 – VI R 73/05, BStBl II 07, 766 = DStR 07, 1159 mit Anm *Bergkemper* FR 07, 892, *Urban* FR 07, 873; BFH 27.3.92 – VI R 145/89, BStBl II 92, 837; kritisch *Schmidt* DB 93, 957). Dabei kommt es nicht darauf an, ob der Ersatzanspruch einer dienstlichen Betätigung entsprungen ist. Ebenfalls Lohn ist anzunehmen, wenn der ArbGeb auf Rückzahlung eines dem ArbN gewährten Darlehns verzichtet (BFH 19.2.04 – VI B 146/02, DStRE 04, 560).

5. Sachzusammenhang. Einnahmen sind nicht schon deshalb Arbeitslohn, weil dem ArbN durch das Dienstverhältnis die Gelegenheit geboten wurde, sie zu erzielen (zu Werbeeinnahmen prominenter ArbN, zB Sportler, s unten Rz 68; zu Einnahmen gegen den Willen des ArbGeb s *Schmiergeld* Rz 9). Deshalb wird kein Arbeitslohn bezogen, wenn die *Aufsichtsratsvergütung* des ArbNVertreters aufgrund einer entsprechenden Zusage vor der Wahl an die Arbeitskollegen weitergegeben wird (BFH 7.8.87 – VI R 53/84, BStBl II 87, 822). Ebenfalls liegt regelmäßig kein Arbeitslohn vor, wenn Leistungsschutzrechte von Orchestermitgliedern abgegolten werden (BFH 6.3.95 – VI R 63/94, BStBl II 95, 471; BFH 26.7.06 – VI R 49/02, DStRE 06, 1448); zu Werbeprämien eines Zeitungszustellers s BFH 22.11.96 – VI R 59/96, BStBl II 97, 254 = DStR 97, 196 mit Anm *MIT* sowie Nebentätigkeiten Rz 68. Insbesondere sind gegen den Willen oder die Interessen des ArbGeb erlangte Vorteile kein Arbeitslohn (BFH 20.7.07 – XI B 193/06, BFH/NV 07, 1887; BFH 24.10.90 – X R 161/88, BStBl II 91, 337, Streikgelder; BFH 3.7.91 – X R 163–164/87, BStBl II 91, 802; 5.7.05 – III B 149/04, BFH/NV 05, 2023 und BGH 5.5.04 – 5 StR 139/03, BFH/NV 05, 273, Untreue; ebenso bei Diebstahl, Betrug, Unterschlagung usw). Zu versehentlichen Lohnzahlungen vgl oben Rz 34.

Dagegen liegt Arbeitslohn vor, wenn der ArbGeb von strafbaren Handlungen des ArbN erfährt und auf zustehende Ersatzansprüche verzichtet (nicht schon bei fehlender Realisierbarkeit). Ein bewusstes Dulden führt jedenfalls dann zu Arbeitslohn, wenn dem ArbGeb der Zugriff zustände, wie zB bei Fund von Geld in den Geschäftsräumen (FG RhPf 22.3.90, DStZ 92, 54 mit ablehnender Anm *Gräfe;* verneint bei Pfandverwertung von Colaflaschen BFH 6.6.73 – I R 203/71, BStBl II 73, 727). Bei bewussten Zuwendungen durch den ArbGeb entfällt umgekehrt Arbeitslohn nicht deswegen, weil – wie bei Losgewinnen (s *Wettbewerb* Rz 20 mit weiteren Beispielen) – ein Zufälligkeitselement zwischengeschaltet

37 Arbeitsentgelt

wird. Der Gewinn aus der Veräußerung einer Beteiligung am Kapital des ArbGeb beruht nicht auf dem Dienstverhältnis (BFH 17.6.09 – VI R 69/06, DStR 09, 2092), weshalb ein dementsprechender Veräußerungsverlust auch nicht zu Werbungskosten führt (BFH 17.9.09 – VI R 24/08, BStBl 10, 198 = DStR 09, 2526). Die Veräußerung von Arbeitsmitteln führt nicht zu Arbeitslohn, und zwar ungeachtet der Tatsache, dass sich die diesbezüglichen Aufwendungen als Werbungskosten ausgewirkt haben (BFH 15.5.81 – VI R 66/78, BStBl II 81, 735). Veräußert der ArbGeb dem ArbN einen Pkw mit Rabatt, kann der darin liegende geldwerte Vorteil neben dem Kaufpreis auch dann zu den Anschaffungskosten des Pkw gehören, wenn der Rabatt steuerlich nicht erfasst worden war (BFH 9.11.2000 – IV R 45/99, BStBl II 01, 190).

61 **IV. Sonstige Rechtsbeziehungen.** Für den Fall, dass neben die arbeitsrechtliche Verpflichtung oder – wie beim Trinkgeld – an ihre Stelle ein anderer Rechtsgrund tritt, ist maßgebend, ob die Einnahme des ArbN als Ertrag seiner Arbeit anzusehen ist.

62 **1. Anderer Rechtsgrund. a) Öffentlich-rechtliche Verpflichtung.** Die Tatsache, dass der ArbGeb zu einer Zahlung kraft öffentlichen Rechts verpflichtet ist, schließt noch nicht aus, dass er damit Arbeitslohn zuwendet, wie die Lohnzahlungen an Beamte oder Richter belegen. Das gilt auch für die öffentlich-rechtliche Verpflichtung des ArbGeb zur Abführung von SozVBeiträgen (s *Sozialversicherungsbeiträge* Rz 17 ff; zu Zahlungen an einen französischen SozVTräger BFH 18.5.04 – VI R 11/01, BStBl II 04, 1014 = DStRE 04, 888 mit Anm *MIT;* BFH 1.3.05 – IX B 235/02, BFH/NV 05, 1332), die den ArbGeb im Verhältnis zum Versicherungsträger auch hinsichtlich des ArbNAnteils allein trifft (BFH 16.1.07 – IX R 69/04, BStBl II 07, 579 = DStRE 07, 948; BFH 30.8.07 – IV R 14/06, DStR 07, 1902). Entgegen BFH 5.9.06 – VI R 38/04 (BStBl II 07, 181 = DStRE 06, 1381 mit Anm *MIT;* Thomas Inf 06, 887; *Bergkemper* HFR 06, 1222; Nichtanwendungserlass BMF 13.2.07, BStBl I 07, 220 = DStR 07, 394) ist die Übernahme freiwilliger SozVBeiträge durch den ArbGeb auch dann Lohn, wenn die Leistungen aus der RV auf eine Pensionszusage angerechnet werden. Es handelt sich um einander ergänzende Lohnformen für eine Gesamtabsicherung, die jeweils getrennt zu beurteilen sind. Dem ist der BFH nunmehr ebenfalls gefolgt, in dem er ein ausbezahltes Wertguthaben neben bisherigen Umlagezahlungen als Arbeitslohn ansah, die zusammen eine aufgrund einer Direktzusage geschuldete Gesamtversorgung sicherstellen sollten (BFH 7.5.09 – VI R 16/07, BStBl II 10, 130 = DStR 09, 1526). Lohn sind auch Zukunftssicherungsleistungen des ArbGeb an die Versorgungsanstalt des deutschen Kulturorchester (FG Bln 5.5.98 – 5305/96, EFG 98, 1570; bestätigt durch BFH 14.11.2000 – IV R 149/98 nach Art 1 Nr 7 BFHEntlG ohne Gründe), die aber nach § 3 Nr 62 EStG befreit sind (BFH 27.6.06 – IX R 77/01, BFH/NV 06, 2242). Dagegen liegt kein Arbeitslohn vor, wenn der ArbGeb lediglich aufgrund gesetzlicher Verpflichtung öffentliche Mittel weitergibt, da solche Zahlungen nicht der Entlohnung des ArbN, sondern öffentlichen Subventionszwecken dienen (BFH 25.5.92 – VI R 18/90, BStBl II 93, 45: mit Kohleabgabe gefördertes Bergarbeiterwohnheim; BFH 14.4.05 – VI R 134/01, BStBl II 05, 569 mit Anm *Bergkemper* FR 05, 899; *MIT* DStRE 05, 693: Sozialleistungen bei Stilllegung landwirtschaftlicher Betriebe). Das kann aber nicht dahingehend verallgemeinert werden, dass Lohnzahlungen, die ganz oder teilweise durch Zuschüsse der öffentlichen Hand finanziert werden, insoweit nicht zu versteuern wären (BFH 15.12.95 – VI R 50/95, BStBl II 96, 169; BFH 9.10.96 – XI R 35/96, BStBl II 97, 125; BFH 19.7.96 – VI R 19/96, DStRE 97, 99 sowie BFH 14.10.03 – IX R 60/02 BStBl II 04, 14 zu öffentlichen Mitteln zur Förderung von Mietwohnraum als Einnahmen).

63 **b) Privatrechtliche Verpflichtung.** Erfolgt zwischen ArbN und ArbGeb ein Leistungsaustausch aufgrund Sonderrechtsbeziehungen, zB Kauf, Miete, Darlehen usw, so sind die betreffenden Leistungen grds ausschließlich diesem Rechtsverhältnis zuzuordnen. Ob ein Leistungsaustausch auf dem Dienstverhältnis oder Sonderrechtsbeziehungen beruht, ist nach dem wirtschaftlichen Gehalt und nicht nach der äußeren Erscheinungsform des Sachverhalts zu würdigen (BFH 30.6.11 – VI R 80/10, DStR 11, 1757). Etwas anderes gilt aber, wenn mit Rücksicht auf das Dienstverhältnis keine marktüblichen Konditionen vereinbart werden, also vom ArbN teurer bzw vom ArbGeb billiger verkauft, vermietet usw wird. Im Übrigen sind Zuwendungen des ArbGeb an den ArbN dann als Nutzungsentgelte (Mieteinnahmen) und nicht als Ertrag der Arbeit (Arbeitslohn) anzusehen, wenn das zur Verfügungstellen der

Arbeitsentgelt 37

betreffenden Räumlichkeiten in den Aufgabenbereich des ArbGeb fällt. Finanziert der ArbGeb nicht wie üblich ein externes Büro, sondern richtet er es in der Wohnung des ArbN ein, ist das für den Raum gezahlte Entgelt Miete und nicht Arbeitslohn und daher auch nicht sozialpflichtig (BFH 19.10.01 – VI R 131/00, BStBl II 02, 300 mit Anm *Kanzler* FR 02, 87; BFH 16.9.04 – VI R 25/02, DStR 05, 59 mit Anm *Bergkemper* FR 05, 264; BFH 9.6.05 – IX R 4/05, BFH/NV 05, 2180). Demgegenüber ist das Unterhalten eines häuslichen Arbeitszimmers Sache des ArbN und ein diesbezüglicher Zuschuss des ArbGeb dann regelmäßig Arbeitslohn (BFH 8.3.06 – IX R 76/01, BFH/NV 06, 1810 mit Anm *von Bornhaupt* HFR 06, 1082; BFH 2.10.08 – VI B 102/07, BFH/NV 09, 148). Andererseits erkennt der BFH eine die Kosten nur hälftig deckende Vermietung eines häuslichen Arbeitszimmers an den ArbGeb auch dann an, wenn dem ArbN (Gesellschafter-Geschäftsführer) beim ArbGeb ein Büro zur alleinigen Nutzung zur Verfügung steht (BFH 19.12.05 – VI R 82/04, DStR 06, 585). Erhält der ArbN ein Nutzungsentgelt für das Unterstellen eines Dienstwagens in seiner Garage, liegt ebenfalls kein Arbeitlohn vor (BFH 7.6.02 – VI R 145/99, BStBl II 02, 829 = DStR 02, 1567 mit Anm *MIT*; *Kanzler* FR 02, 1129). Zweifelhaft ist, ob dann nach § 3 Nr 50 EStG steuerfreier Auslagenersatz vorliegt, wenn der ArbN die Garage seinerseits von einem Dritten angemietet hatte (so aber BFH 7.6.02 – VI R 1/00, DStRE 03, 1 mit Anm *MIT*; *Thomas* DB 06 Beilage 6 zu Heft 39, 62). Demgegenüber ist ein Garagengeld des ArbGeb Arbeitslohn, wenn in der Garage das eigene Kfz des ArbN untergestellt ist. Die Vereinbarung eines Nutzungsentgelts je privat gefahrenen km bei einem überlassenen Dienstwagen sieht der BFH nicht als auf einer Sonderrechtsbeziehung beruhend an (BFH 7.11.06 – VI R 95/04, BStBl II 07, 269 = DStR 07, 104 mit Anm *Bergkemper* FR 07, 501; *Paus* DStZ 07, 149; *Thomas* Inf 07, 86). Ungeachtet dessen nicht anerkannt wird eine im Rahmen eines Ehegatten-Arbeitsverhältnisses vereinbarte, auf Gestaltungsmissbrauch beruhende Pkw-Überlassung (BFH 13.12.95 – X R 261/93, BStBl II 96, 180).

c) Berührung mehrerer Einkunftsarten. Erhält der ArbN rückständigen Arbeitslohn **64** verzinst, erzielt er insofern Einnahmen aus Kapitalvermögen (BFH 9.5.89 – VIII R 184/82, BFH/NV 90, 283; BFH 20.2.08 – VIII B 53/07, BFH/NV 08, 971). Genussrechtsausschüttungen können aber ausnahmsweise als Lohn und nicht als Kapitaleinkünfte anzusehen sein (FG Köln 21.9.11 – 12 K 2152/09, DStRE 12, 788 Rev VIII R 44/11). Auch bei einem zur Sicherung des Arbeitsplatzes hingegebenen Darlehen (s *Arbeitnehmerdarlehen* Rz 8 ff) stellen Zinseinnahmen nicht wegen des besonderen Hingabezwecks des Darlehns Arbeitslohn, sondern weiterhin Einnahmen nach § 20 Abs 1 Nr 7 EStG dar (BFH 19.10.82 – VIII R 97/79, BStBl II 83, 295; BFH 31.10.89 – VIII R 210/83, BStBl II 90, 532). Ob eine **Schenkung** bzw ein Vermächtnis oder nachträglicher Arbeitslohn als Belohnung früherer Dienste anzunehmen ist, bedarf einer Einzelfallwürdigung. Bestand dem Grunde nach eine Versorgungsverpflichtung, die durch eine letztwillige Verfügung nur konkretisiert wurde, liegt Arbeitslohn vor (BFH 24.10.84 – II R 103/83, BStBl II 85, 137), nicht jedoch, wenn das Vermächtnis einziger Rechtsgrund für die Zahlung ist (BFH 15.5.86 – IV R 119/84, BStBl II 86, 609, kritisch *Kapp* DStR 87, 80; sowie BFH 15.7.98 – II R 80/96, BFH/NV 99, 311; BFH 16.12.98 – II R 38/97, BFH/NV 99, 931; vgl auch BFH 19.8.04 – VI R 33/97, DStR 04, 1825 zur Überlassung einer Wohnung). Wird wegen fehlgeschlagener Erwartung auf Übertragung des elterlichen Betriebs vor dem ArbG mit Erfolg eine Vergütung erstritten, liegt nicht Arbeitslohn (§ 19 EStG), sondern Einkünfte aus Leistungen (§ 22 Nr 3 EStG) vor (BFH 8.5.08 – VI R 50/05, BStBl II 08, 868 = DStR 08, 1425). Ob eine in einem arbeitsgerichtlichen Prozess vereinbarte Spende des ArbGeb Lohnverwendung des ArbN darstellt ist Tatfrage (BFH 23.9.98 – XI R 18/98, BStBl II 99, 98; vgl aber FG Hess 23.11.98 – 4 K 6322/97, EFG 99, 459). Zur ausnahmsweisen Veranlassung freiberuflicher Verluste durch das Dienstverhältnis vgl BFH 22.7.93 – VI R 122/92, BStBl II 94, 510 sowie BFH 6.3.03 – XI R 46/01, BStBl II 03, 602. Bei einem Gesellschafter-Geschäftsführer einer GmbH können vertraglich nicht zustehende bzw einem Drittvergleich nicht standhaltende Vorteile auf dem Dienstverhältnis oder auf dem Gesellschaftsverhältnis beruhen, also Arbeitslohn oder wegen **verdeckter Gewinnausschüttung** Einnahmen aus Kapitalvermögen darstellen. Bei gegebenem Veranlassungszusammenhang zu zwei Einkunftsarten ist entscheidend, welche im Vordergrund steht (BFH 30.7.10 – VI B 109/09, BFH/NV 10, 2100, Zahlungen für zugesagte aber nicht erfolgte Beteiligung). Regelmäßig wird, wenn die Leistung keine arbeitsvertragliche Grundlage hat, der Zusammenhang zum Gesellschaftsver-

37 Arbeitsentgelt

hältnis der speziellere sein (vgl BFH 19.2.99 – I R 105–107/97, BStBl II 99, 321). Zu Überstundenvergütungen an GmbH-Geschäftsführer vgl einerseits BFH 19.3.97 – I R 75/96, BStBl II 97, 577 mit Anm *Gosch* StBP 98, 53; *Pezzer* FR 97, 684; HFR 97, 688 und *-sch* DStR 97, 1161; BFH 27.3.01 – I R 40/00, BFH/NV 01, 1351 = DStR 01, 1343 sowie BFH 14.7.04 – I R 111/03, DStR 04, 1785 und andererseits BFH 20.2.97 – VI B 153/96, BFH/NV 97, 515 sowie BFH 27.6.97 – VI R 12/97, DStR 97, 1481 mit Anm *MIT*. Bei der vertraglich nicht geregelten Privatnutzung eines Dienstwagens durch den Gesellschafter-Geschäftsführer liegt verdeckte Gewinnausschüttung vor (BFH 23.1.08 – I R 8/06, DStR 08, 865 mit Anm *Pezzer* FR 08, 964). Seine abweichende Auffassung (BFH 19.12.03 – VI B 281/01, BFH/NV 04, 488) hat der VI. Senat aufgegeben, distanziert sich hiervon neuerdings aber vorsichtig (BFH 23.4.09 – VI R 81/06, DStR 09, 1355 und BFH 23.4.09 – VI B 118/08, DStRE 09, 779). Zu Schadensersatzansprüchen einer GmbH an ihren Gesellschafter-Geschäftsführer BFH 14.7.98 – VIII B 38/98, DStR 98, 1547 mit Anm *Gosch*.

65   **2. Frühere Beitragsleistung.** Arbeitslohn sind auch Einnahmen aus einem früheren Dienstverhältnis (§ 2 Abs 2 Nr 2 LStDV) bzw für frühere Dienste, die aber nicht in jedem Fall auch Versorgungsbezüge iSv § 19 Abs 2 Satz 2 EStG sein müssen (vgl *Altersgrenze* Rz 17). Arbeitslohn für frühere Dienste ist von Zahlungen aufgrund früherer Beitragsleistungen – regelmäßig an eine Versicherung oder Versorgungseinrichtung – abzugrenzen, die als Rente (vgl Rz 66) versteuert werden. Der Gleichheitssatz gebietet nicht, Versorgungsbezüge wie Renten zu behandeln (BFH 7.2.13 – VI R 83/10, DStR 13, 1376). Entscheidend ist, ob der Dritte dem ArbN einen eigenen Rechtsanspruch auf die spätere Leistung eingeräumt hat. Ist das der Fall, handelt es sich wirtschaftlich um eine eigene Versorgungseinrichtung des ArbN, und die Beitragsübernahme durch den ArbGeb stellt gegenwärtig zufließenden Arbeitslohn dar (BFH 27.5.93 – VI R 19/92, BStBl II 94, 246). Ob der Dritte (die Versorgungseinrichtung) eigene Rechtspersönlichkeit besitzt, ist nicht von Bedeutung (BFH 15.7.77 – VI R 109/74, BStBl II 77, 761). Das gilt auch für die Pauschalierungsvoraussetzungen des § 40b EStG (BFH 22.9.95 – VI R 52/95, BStBl II 96, 136; vgl im Übrigen *Lohnsteuerpauschalierung*). Wird eine Versorgungszusage, die noch nicht zu einem Lohnzufluss geführt hat, abgefunden, stellt der Entschädigungsbetrag Arbeitslohn dar (BFH 15.12.95 – VI R 50/95, BStBl II 96, 169; BFH 9.10.02 – VI R 112/99, BStBl II 02, 884 mit Anm *MIT* = DStR 02, 2167 zur Abtretung der Ansprüche aus einer Rückdeckungsversicherung; BFH 12.4.07 – VI R 6/02, BStBl II 07, 581 = DStR 07, 894 mit Anm *Heeg/Schramm* DStR 07, 1706). Zu Beitragsleistungen des ArbGeb an Versorgungseinrichtungen, die trotz Rechtsansprüchen der ArbN ausnahmsweise keinen Arbeitslohn darstellen, s oben Rz 48 und 62.

66   Die Leistungen aus der Versorgungseinrichtung sind dann kein Arbeitslohn mehr, sondern ggf als Rente (§ 22 Nr 1 EStG) zu versteuern. Das gilt auch, wenn der ArbGeb gesetzlich verpflichtet ist, die Leistungen der Versorgungseinrichtung sicherzustellen (BFH 24.7.96 – X R 105/95, BStBl II 96, 650). Die Leistungen der Versorgungseinrichtung werden auch nicht dadurch zum Arbeitslohn, dass der ArbGeb in die Auszahlung eingeschaltet ist (BFH 15.11.07 – VI R 30/04, BFH/NV 08, 550 mit Anm *Schneider* HFR 08, 687). Ob zur Entrichtung der Beiträge nur der ArbGeb oder wahlweise auch der ArbN verpflichtet war, ist dabei nicht von Bedeutung. Auf eigenen Beitragsleistungen des ArbN beruht eine Versorgungsleistung des ArbGeb auch dann, wenn sich der ArbN mit eigenen Mitteln in eine Pensionsregelung eingekauft hat (BFH 7.2.90 – X R 36/86, BStBl II 90, 1062). Werden vom ArbGeb darüber hinausgehende Leistungen erbracht, ist der Gesamtbetrag notfalls im Wege der Schätzung in eine Leibrente (§ 22 Nr 1 EStG) und in ein Ruhegeld (Arbeitslohn, § 19 Abs 1 Nr 2 EStG) aufzuteilen (BFH 21.10.96 – VI R 46/96, BStBl II 97, 127).

Besitzt der ArbN demgegenüber keinen eigenen Anspruch gegen den Dritten, sondern dient die Beitragsleistung lediglich intern dem ArbGeb zur Finanzierung seiner dem ArbN erteilten Leistungszusage **(Rückdeckung)** so sind die Beitragszahlungen noch kein Arbeitslohn, wohl aber die späteren Leistungen (BFH 5.11.92 – I R 61/89, BStBl II 93, 185; BFH 3.7.08 – X B 172/07, BFH/NV 08, 1672). Daran ändert nichts, wenn die Versorgungseinrichtung zur Abkürzung des Zahlungsweges direkt an den ArbN leistet. Denn wirtschaftlich handelt es sich nach wie vor um eine Leistung des ArbGeb, also um Arbeitslohn. Noch kein Arbeitslohn ist anzunehmen, wenn der ArbGeb Beiträge zu einer Versicherung leistet, bei der der ArbN zwar formell Anspruchsinhaber, aber nur der ArbGeb Ausübungsbefugter des Anspruchs ist, weil die Rechte des ArbN so eingeschränkt sind, dass wirtschaftlich noch kein unentziehbarer Anspruch besteht (BFH 16.4.99 – VI R 60/96, BStBl II 2000, 408). Bei einer derartigen Versicherung hat der BFH im Schadensfall abweichend von der bisherigen Rspr nicht die Versicherungsleistung als Lohngegenstand angesehen, sondern die für den betroffenen ArbN bisher entrichteten Beiträge (BFH 11.12.08 – VI R 9/05, BStBl II 09, 385 = DStR 09, 317; dazu BMF-Schreiben 28.10.09, DStR 09, 2373 mit Anm *Niermann* DB 09, 2516). Die Entscheidung beruht auf der Fiktion, der ArbGeb habe dem ArbN nicht eine Versicherungsleistung weitergeleitet sondern nachträglich Verfügungsmacht an ggfalls bereits vor Jahr und Tag geleisteten Beiträgen verschafft. Abgesehen davon, dass der ArbGeb an diesen Beiträgen selbst keine Verfügungsmacht mehr besaß und sie deshalb auch nicht dem ArbN verschaffen konnte, können die Beiträge nicht nachträglich Gegenstand einer Lohnzuwendung werden, wenn es die laufenden Beitragszahlungen (mangels eigener Ansprüche der ArbN gegen die Versicherung) nicht waren (im Einzelnen *Thomas* DStR 09, 2349; *Breinersdorfer* DB 09, 1264; *Otto* DStR 09, 1022). Tatsächlich hat der ArbN vom ArbGeb nicht Versicherungsschutz zugewendet bekommen, sondern Geld als Ausgleich für einen privaten Invaliditätsschaden, also eine Zukunftssicherungsleistung iS von § 2 Abs 2 Nr 3 LStDV und damit Lohn. Umgekehrt ist zweifelhaft, ob Leistungen aus einer Unfallversicherung mit eigenem Anspruch des ArbN dann Arbeitslohn sind, wenn der Unfall im beruflichen Bereich eingetreten und die Beiträge als Werbungskosten bzw als steuerfreier Reisekostenersatz behandelt wurden (so BMF 17.7.2000 aaO unter Tz 4.1.2). Wird die Rückdeckungsversicherung erfüllungshalber an den ArbN abgetreten, stellt der gesamte Auszahlungsbetrag Lohn dar (BFH 9.10.02 – VI R 112/99, BStBl II 02, 884 = DStR 02, 2167 mit Anm *MIT;* vgl auch BMF 7.9.98 – IV B 2 – S 2144c – 36/98, DStR 98, 1554). Tritt der ArbGeb dem ArbN die Ansprüche aus der Rückdeckungsversicherung ab und bedient er die Versicherung weiter, stellen seine Beiträge Arbeitslohn dar, weil durch die Abtretung eine Umwandlung der Rückdeckungs- in eine Direktversicherung erfolgt ist (BFH 5.7.12 – VI R 11/11, DStR 12, 2535; zweifelnd *Bergkemper* FR 13, 385). Verzichtet der ArbN (hier: **DO-Angestellter** einer AOK) auf bislang zustehende Beihilfeansprüche und wird er stattdessen bei seinem ArbGeb – allerdings mit Beitragsermäßigung – freiwillig krankenversichert, stellt die Beitragsermäßigung Arbeitslohn dar, selbst wenn zuvor gewährte Beihilfeleistungen steuerfrei gewesen sein sollten (BFH 1.12.95 – VI R 76/91 BStBl II 96, 239; BFH 6.2.13 – VI R 28/11, DStRE 13, 983). Verzichtet der ArbN auf laufendes Gehalt zugunsten von Zuwendungen des ArbGeb an eine Unterstützungskasse **(Barlohnumwandlung),** liegt ebenfalls noch kein gegenwärtig zufließender Arbeitslohn vor (BFH 16.9.98 – VI B 155/98, DStRE 99, 166; BFH 29.7.10 – VI R 39/09, BFH/NV 10, 2296). Die Umwandlung in eine ArbNfinanzierte betriebliche Altersversorgung kann nur hinsichtlich dem Grunde nach rechtlich noch nicht entstandenen (künftigen) Arbeitslohn erfolgen (BMF 4.2.2000, BStBl I 2000, 354). Ein Lohnzufluss ist des weiteren insoweit zu verneinen, als der ArbGeb tarifvertraglich zustehende Ansprüche nicht erfüllt, sondern einen Teil einer Versorgungsrückstellung zuführt, um damit eine künftige zusätzliche Altersversorgung zu finanzieren (BFH 20.7.05 – VI R 165/01, BStBl II 05, 890 = DStR 05, 1489; ähnlich zu Beiträgen des ArbGeb zu einer nicht zustandegekommenen Direktversicherung BFH 26.1.06 – VI R 2/03, DStRE 06, 711 mit Anm *MIT).*

Die Einordnung der späteren Zahlungen kann nicht von der früheren steuerlichen Behandlung der Beiträge, also von der Behandlung der Leistungsfinanzierung, abhängig gemacht werden (BFH 27.5.93 – VI R 19/92, BStBl II 94, 246), da ein Steueranspruch nur von der Tatbestandsverwirklichung (§ 38 AO) abhängt und nicht von der Behandlung durch die Beteiligten bzw von deren Vorstellungen. Zur Vermeidung einer steuerlichen Doppelerfassung (wenn die Beiträge des ArbGeb zu Unrecht bereits lohnversteuert worden sind) kommt zugunsten des ArbN ggf ein Billigkeitserlass (§ 227 AO) in Betracht. Im umgekehrten Fall ist, sofern wegen Verjährung weder die Beiträge, noch die späteren Leistungen als Arbeitslohn erfasst werden, dies eine Folge des gerade bei fehlerhafter Besteuerung mit der Verjährung bezweckten Rechtsfriedens. Werden infolge Ausscheidens von ArbN freiwerdende Deckungsmittel aus einer Gruppenlebensversicherung zur Versorgungsverbesserung der verbleibenden ArbN neu verwendet, liegt darin keine erneute Zuwendung von Arbeitslohn (BFH 30.7.93 – VI R 26/91, BFH/NV 94, 166). Ebenfalls liegt nicht zusätzlicher Arbeitslohn vor, wenn beim ArbGebWechsel Vorsorgekapital von der bisherigen auf eine

37 Arbeitsentgelt

neue Vorsorgeeinrichtung des ArbN übertragen wird und der ArbN bei beiden Anspruchsberechtigter war bzw ist (BFH 13.11.12 – VI R 20/10, DStR 13, 82 zu schweizer Versorgungseinrichtungen eines Grenzgängers).

68   **3. Nebentätigkeiten** (vgl auch *Aufwandsentschädigung* Rz 3 und *Nebentätigkeit* Rz 20 f). Entgelte hierfür sind Arbeitslohn, wenn der ArbN mit der Nebentätigkeit eine bereits dem ArbGeb aus dem Dienstverhältnis geschuldete Leistung erbringt (BFH 20.12.2000 – XI R 32/00, BStBl II 01, 496; Honorar an Hotelmanager für Beratung bei Verkauf des Hotels; BFH 5.10.05 – VI R 152/01, DStR 05, 1982, Honorare aus chefärztlichem Liquidationsrecht; BFH 7.11.06 – VI R 81/02, DStRE 07, 524, Provisionen, die Bankangestellte für nachgewiesene Immobilieninteressenten erhalten). Das ist nicht der Fall, wenn einem bei einem Musiktheater angestellten Orchestermitglied die Übertragung von Leistungsschutzrechten bei Fernsehübertragungen gesondert vergütet wird, selbst wenn der Fernsehsender die Vergütung über den ArbGeb abwickelt (BFH 6.3.95 – VI R 63/94, BStBl II 95, 471; BFH 26.7.06 – VI R 49/02, DStRE 06, 1448 zu Zweitverwertungshonoraren; zu Werbeprämien eines Zeitungsausträgers BFH 22.11.96 – VI R 59/96, BStBl II 97, 254 = DStR 97, 196 mit Anm *MIT*). § 2 Abs 2 Nr 8 LStDV, der es genügen lässt, dass für Nebenämter und Nebenbeschäftigungen „im Rahmen" eines Dienstverhältnisses gezahlt wird, beinhaltet möglicherweise eine zu weite Auslegung des Arbeitslohnbegriffs des § 19 EStG (vgl aber BFH 7.11.06 – VI R 81/02, DStRE 07, 524 mit Anm *MIT*). Nach BMF 25.8.95, DB 95, 1935 sollen **Werbeeinnahmen** eines bei einem Verein bzw dessen SpielbetriebsGmbH angestellten Sportlers, wenn die Vermarktung über eine gesonderte Gesellschaft erfolgt, dann Arbeitslohn darstellen, wenn der Sportler letzterer sämtliche Vermarktungsrechte an seiner Person überträgt und sich zur Teilnahme an bestimmten Werbemaßnahmen verpflichtet. Es ist zweifelhaft ob damit bereits eine organisatorische Eingliederung verbunden ist, zumal der Sportler in erster Linie nicht für Tätigkeiten, sondern für seinen Werbewert bezahlt wird. Erst recht zweifelhaft ist, dass es sich hierbei um Lohnzahlungen Dritter handeln soll und demnach der Verein bzw die SpielbetriebsGmbH auch für die Werbeeinnahmen den LSt-Abzug vorzunehmen habe. Näher liegt, Arbeitslohn im Hinblick auf Werbeeinnahmen nur in den Fällen anzunehmen, in denen die Werbung Teil der geschuldeten Arbeit ist, etwa weil dem Verein gegenüber eine entsprechende Verpflichtung eingegangen wurde zB bei Trikotwerbung. Dagegen liegt Arbeitslohn vor, wenn der Erwerb von Vermarktungsrechten nur vorgetäuscht wird (BGH 7.11.06 – 5 StR 165/06, HFR 07, 597 und 5 StR 164/06, BFH/NV 07, 461). Sonst gehören Werbehonorare zu den gewerblichen Einnahmen (BFH 19.11.85 – VIII R 104/85, BStBl II 86, 424; BFH 22.2.12 – X R 14/10, DStRE 12, 659 mit Anm *Kanzler* FR 12, 738 zu Werbeeinnahmen eines Fußball-Nationalspielers über eine zentrale Vermarktung des DFB). Wird Arbeitslohn bei Nebentätigkeiten verneint, können Einkünfte aus einer selbstständigen (freiberuflichen oder gewerblichen) Tätigkeit oder sonstige Einkünfte (zB eine Leistung iSv § 22 Nr 3 EStG) vorliegen (BFH 25.7.01 – VI R 77/00, DStRE 01, 1217 sowie BFH 20.7.07 – XI B 193/06, BFH/NV 07, 1887 zu Bestechungsgeldern); zur Zuordnung von Preisgeldern zu einer dieser Einkunftsarten BMF 5.9.96, DB 96, 1953; FG Bln 17.3.2000 – 6 K 6422/97, EFG 2000, 936; FG SchlHol 15.3.2000 – I 210/95, EFG 2000, 787. Im Einzelnen wird auf die Stichworte *Arbeitnehmer (Begriff)*, *Aufwandsentschädigung*, *Nebentätigkeit* und *Provision* verwiesen.

69   **V. Beteiligung Dritter. 1. Leistungen durch Dritte** sind Arbeitslohn, wenn der ArbN sie als Ertrag seiner Tätigkeit für den ArbGeb betrachten kann.

70   **a) Abkürzung des Zahlungsweges.** Arbeitslohn liegt insbesondere vor, wenn der Dritte im Auftrag des ArbGeb leistet (unechte Lohnzahlung durch Dritte, BFH 30.5.01 – VI R 123/00, BStBl II 02, 230 = DStR 01, 1656 mit Anm *Kuhsel* BB 02, 124; sowie BFH 4.6.93 – VI R 95/92, BStBl II 93, 687; zur Abkürzung des Zahlungsweges auf der Aufwandseite, also bei den Werbungskosten, bzw zum sog Drittaufwand BFH 23.8.99 – GrS 1/97, BStBl II 99, 778 = DStR 99, 1652; – GrS 2/97, BStBl II 99, 782 = DStR 99, 1649; – GrS 3/97, BStBl II 99, 787 = DStRE 99, 777; – GrS 5/97, BStBl II 99, 774 = DStR 99, 1656; BFH 15.1.08 – IX R 45/07, BStBl II 08, 572 mit Anwendungsschreiben BMF 7.7.08, BStBl I 08, 717). Zu verbundenen Unternehmen vgl BFH 10.3.72 – VI R 278/68, BStBl II 72, 596 und 11.7.86 – VI R 163/82, BStBl II 87, 300, Überlassung von Aktien; BFH 7.2.86 – VI R 178/82, BFH/NV 86, 494, verbilligte Eigentumswohnung.

Arbeitsentgelt 37

b) **Zusatzentlohnung.** Auch wenn der Dritte auf eigenen Rechtsgrund, zB Schenkung (s 71 aber oben Rz 65: frühere Beitragsleistung), und aus eigenem Interesse leistet, kann Arbeitslohn vorliegen, aber nur dann, wenn es sich um eine zusätzliche Vergütung für eine Leistung handelt, die bereits dem ArbGeb aus dem Dienstverhältnis geschuldet ist. Das ist bei Trinkgeld der Fall (BFH 23.10.92 – VI R 62/88, BStBl II 93, 117, BFH 19.2.99 – VI R 43/95, BStBl II 99, 361; zur Steuerbefreiung s *Trinkgeld* Rz 6), ebenso bei Anspornprämien (anders Verliererprämien; s *Schmiergeld;* allgemein zu Leistungen gegen die Interessen des ArbGeb s oben Rz 59: Sachzusammenhang) und bei Sonderhonoraren (BFH 24.2.81 – VIII R 109/76, BStBl II 81, 707 durch den Mehrheitsaktionär des ArbGeb; BFH 11.11.71 – IV R 241/70, BStBl II 72, 213, Beteiligung des Oberarztes an den Liquidationserlösen des Chefarztes), nicht aber bei Bezahlung von Sonderschichten zur vorzeitigen Fertigstellung eines Hauses, die dem ArbGeb gegenüber nicht geschuldet waren (FG BaWü 4.2.75, EFG 75, 209).

Ebenfalls keine dem ArbGeb geschuldete Leistung wird bezahlt, wenn die BG besondere 72 Verdienste bei der Unfallverhütung honoriert (BFH 22.2.63 – VI 165/61 U, BStBl III 63, 306, anders bei Prämien des ArbGeb im Rahmen eines Sicherheitswettbewerbs BFH 11.3.88 – VI R 106/84, BStBl II 88, 726; zu anderen Verlosungen BFH 25.11.93 – VI R 45/93, BStBl II 94, 254).

c) **Preisnachlässe Dritter** sind nur ausnahmsweise Arbeitslohn, wenn sie vom ArbGeb 73 vermittelt werden. Das ist nicht schon dann der Fall, wenn – etwa aufgrund organisatorischer Vorkehrungen oder Absprachen des BRat – allen ArbN eines bestimmten Unternehmens Rabatte gewährt werden. Denn der Dritte räumt den Preisnachlass normalerweise nicht ein, um Tätigkeiten für den ArbGeb zu entlohnen, sondern um zusätzliche Umsätze mit einem bestimmten Kundenkreis zu erzielen. War der ArbGeb selbst eingeschaltet oder ist er dem rabattgewährenden Unternehmen besonders verbunden (vgl FG NdS 28.1.99 – XI 641/97, DStRE 2000, 1024, Rev VI R 75/00), kann ausnahmsweise Arbeitslohn gegeben sein (BMF 27.9.93, BStBl I 93, 814, dazu kritisch *von Bornhaupt* BB 93, 2493; vgl auch *Nägele* Inf 94, 356 ff, 390 ff; anders bei offenem Kreis der Begünstigten BFH 20.5.10 – VI R 41/09, DStRE 10, 1002; zu Beweisanforderungen und Feststellungslast in Grenzfällen vgl BFH 23.3.11 – X R 44/09, FR 11, 824). Dazu reicht aber nicht aus, dass der ArbGeb den Kauf ermäßigter Produkte eines Dritten durch seine ArbN am Arbeitsplatz und die dortige Auslieferung duldet (BFH 18.10.12 – VI R 64/11, DStR 12, 2433 verbilligte Apothekenartikel an Mitarbeiter eines Krankenhauses; hierzu lesenswert *Kanzler* FR 13, 382). Rabatte auf eigene Produkte des ArbGeb sind regelmäßig Arbeitslohn. Werden von Dritten auf ihre Produkte auf Vermittlung des ArbGeb Rabatte eingeräumt, liegt ein geldwerter Vorteil auch dann vor, wenn ähnliche Produkte am Markt ebenfalls nicht teurer sind, als die ermäßigt abgegebene Leistung (BFH 30.5.01 – VI R 123/00, BStBl II 02, 230 = DStR 01, 1656; BFH 21.4.10 – X R 43/08, BFH/NV 10, 1436 sog Haustarif bei Versicherung). Vorteile, die bloße Reflexe dienstlicher Verrichtungen sind, müssen nicht zu Arbeitslohn führen, zB verbilligter Einkauf, der durch eine Auslandsdienstreise in einem Duty-free-shop ermöglicht wird. Ebenfalls ein nicht steuerbarer Reflex von Dienstflügen sind Verbilligungen im Privatbereich für Vielflieger nach dem Miles & More-Programm der Lufthansa (*von Bornhaupt* FR 93, 326; *Strömer* BB 93, 705; *Albert* Lohn + Gehalt 2/93, 23, 28; *Thomas* DStR 97, 305; aA *Giloy* BB 98, 717 und BMF 20.10.06 – IV C 5 – S 2334 – 68/06, BeckVerw 096227 zu Payback-Punkten; einen arbeitsrechtlichen Herausgabeanspruch verneint *Heinze* DB 96, 2490; zum Diskriminierungsverbot in der EU vgl *Seibel* FR 97, 889; zu wettbewerbsrechtlichen Problemen *Fritzsche* BB 99, 273; beim Selbstständigen nimmt FinMin Bln 13.3.95, DStZ 95, 542 Betriebseinnahmen an, wenn Gutschriften aus beruflichen Flügen zu Privatreisen genutzt werden, während umgekehrt die betriebliche Verwendung von Bonuspunkten aus Privatflügen als Einlage angesehen wird).

Ungeachtet der Tatsache, dass zweifelhaft ist, ob Vorteile aus einem **Kundenbindungs-** 74 **programm** als Arbeitslohn angesehen werden können, gilt für Sachprämien (also nicht für Preisnachlässe in Geld), wenn es sich um eine jedermann zugängliche Auslobung handelt, gem § 3 Nr 38 EStG ein **Steuerfreibetrag** von 1080 € und das Unternehmen, welches die Sachprämien gewährt, hat gem § 37a EStG die Möglichkeit einer abgeltenden Pauschalierung (s *Lohnsteuerpauschalierung*) mit 2,25 vH der gesamten Inlandsprämien. Der vergleichsweise niedrige Steuersatz beruht auf dem Umstand, dass in die Bemessungsgrundlage auch nicht steuerbare Vorteile (zB Prämien aus Privatflügen bzw zu Berufsflügen genutzte

37 Arbeitsentgelt

Prämien; vgl BT-Drs 13/5952 S 48 zu Nr 67) einbezogen werden. Besteuert wird aber nur der Teil der Prämien, der den Freibetrag von 1080 € übersteigt. Sachprämien „erhält" der Stpfl mit der Buchung des Verwendungsfluges (Hess FM 4.7.97, DStR 97, 1166 mit weiteren Einzelheiten). Der Freibetrag kann für Zuflüsse eines Kj pro Kunde nur einmal abgezogen werden, dürfte für die nämliche Person aber dann mehrmals anzusetzen sein, wenn die Sachprämien von unterschiedlichen Unternehmen gewährt werden. Mit der Gesamtregelung wird für Sachverhalte mit vergleichsweise geringem wirtschaftlichen Gewicht ein bemerkenswerter gesetzgeberischer Aufwand getrieben, der einen beachtlichen Bruch mit der bisherigen Systematik erkennen lässt (*Thomas* DStR 97, 305).

75   Wird eine Berechtigungskarte, zB eine **Kreditkarte,** so gut wie ausschließlich zu beruflichen Zwecken genutzt, stellt sie ein Arbeitsmittel dar und berechtigt zum Werbungskostenabzug. Die Übernahme der Kosten für die Karte durch den ArbGeb bewirkt aber Arbeitslohn, sofern die Karte nicht auf den ArbGeb ausgestellt ist; die für einzelne Arbeitsmittel wie Werkzeuggeld und Berufskleidung vorgesehene Befreiungsvorschriften (§ 3 Nr 30 und 31 EStG) greifen nicht ein. Wird die Karte ausschließlich für Reisekosten eingesetzt, ist sie nach § 3 Nr 16 EStG steuerfrei; sonst muss aufgeteilt werden (FM Bbg 19.12.96, DStR 97, 116; dazu kritisch *Schmidt* BB 97, 610; *RN* FR 97, 399). Bei der **Bahn-Card** nimmt die Verwaltung nach § 3 Nr 16 EStG steuerfreien Reisekostenersatz an, wenn die Aufwendungen für die Bahn-Card und die ermäßigt abgerechneten dienstlichen Bahnfahrten unter den Fahrtkosten liegen, die ohne die Bahn-Card entstanden wären (FinMin Bbg 19.1.93, DB 93, 305; s auch OFD Hannover 16.11.92, DStR 93, 19).

76   **2. Leistungen an Dritte** sind Arbeitslohn, wenn sie wirtschaftlich als Ertrag der Arbeitsleistung anzusehen sind, zB bei Mitnahme von Angehörigen des ArbN zu einem Betriebsausflug mit Zuwendungen (BFH 25.5.92 – VI R 85/90, BStBl II 92, 655). Bei **Gesamtrechtsnachfolge** gilt der Erbe als ArbN (§ 1 Abs 1 Satz 2 LStDV). Der LStAbzug erfolgt nach seinen Besteuerungsmerkmalen (BFH 29.7.60 – VI 265/58 U, BStBl III 60, 404). Bei einer Erbengemeinschaft kann für den Gesamtbetrag der LStAbzug nach der LStKarte eines Erben vorgenommen werden. Weitergegebene Beträge sind bei diesem negative Einnahmen (R 19.9 Abs 2 LStR). Bei **Einzelrechtsnachfolge** (Abtretung, Pfändung, Verpfändung) sind weiterhin die Merkmale des ArbN maßgebend (BFH 15.7.64 – I 376/60 U, BStBl III 64, 621). Ein Anwendungsfall hiervon ist auch der Versorgungsausgleich bei Scheidung von Ehegatten (vgl im Einzelnen *Merten/Baumeister* DB 09, 957). Zur Behandlung der Aufwendungen des Ausgleichsverpflichteten als Werbungskosten vgl BFH 8.3.06 – IX R 107/00, BStBl II 06, 446 = DStR 06, 604 und BFH 8.3.06 – IX R 78/01, BStBl II 06, 448 = DStRE 06, 458, *Heuermann* DB 06, 688; *Korn* NWB F 6, 4689; *Paus* DStZ 06, 409; ders NWB F 3, 14273; *Risthaus* NWB F 3, 1431; *Steger/Venturelli* Inf 06, 938; *Vießhues* NWB F 19, 3359. Zum gesetzlichen Forderungsübergang vgl *Lohnersatzleistungen* Rz 11.

77   **VI. Zufluss.** Eine dem ArbGeb vom ArbN wegen dessen Liquiditätsschwierigkeiten gestundete Gehaltsforderung ist dem ArbN noch nicht zugeflossen (BFH 21.7.87 – VIII R 211/82, BFH/NV 88, 224; 24.3.93 – X R 55/91, BStBl II 93, 499 mwN), wohl aber die mit einer Verwendungsbestimmung erfolgte Überweisung (BFH 11.2.10 – VI R 47/08, DStRE 10, 790 Einräumung einer stillen Beteiligung durch Gutschrift auf dem Beteiligungskonto). Die Zuflussfiktion beim Gesellschafter-Geschäftsführer einer GmbH kann entfallen, wenn die arbeitsvertragliche Zusage von Sonderzahlungen vor ihrer Entstehung einvernehmlich aufgehoben wurde (BFH 15.5.13 – VI R 24/12, DStR 13, 1722 mit Anm *Geserich*). Die Spendenzahlung des ArbGeb aufgrund eines arbeitsgerichtlichen Vergleichs muss nicht auf einer Lohnverwendungsabrede beruhen (BFH 23.9.98 – XI R 18/98, BStBl II 99, 98). Zum Gehaltsverzicht von Geistlichen als Solidaritätsmaßnahme ohne definitive Verwendungsauflagen s BFH 30.7.93 – VI R 87/92, BStBl II 93, 884; zweifelhaft aber BFH 25.11.93 – VI R 115/92, BStBl II 94, 424 mit Anm *oV* HFR 94, 394: Gehaltsverzicht durch Satzungsbeschluss. Nicht in Geld bestehende Vorteile fließen bei unentgeltlicher oder verbilligter Übereignung mit der Verschaffung der Verfügungsmacht zu (zum Grundstück BFH 10.11.89 – VI R 155/85, BFH/NV 90, 290, s *Dienstwohnung* Rz 26 ff; zu Personalrabatten s *Sachbezug* Rz 3 ff), Nutzungsvorteile zum Zeitpunkt der tatsächlichen Nutzung (vgl *Sachbezug* Rz 11 und zum Job-Ticket BFH 14.11.12 – VI R 56/11, DStR 13, 472 mit Anm *Bergkemper* FR 13, 474). Der Zufluss tatsächlich vereinnahmter Gelder bleibt nicht deswegen außer Ansatz, weil

im Folgejahr die Rückzahlung erfolgt (BFH 4.5.06 – VI R 19/03, BStBl II 06, 832; VI R 17/03, BStBl II 06, 830; VI R 33/03, DStR 06, 1697). Zweifelhaft ist ob bei Direktversicherungen mit gespaltenem Bezugsrecht an den ArbGeb ausgeschüttete Gewinnanteile Beitragsrückzahlungen und damit Lohnrückflüsse sind (vgl dazu *Thomas* BetrAV 5/2008, 490 ff, 494). Das diesbezügliche Verfahren VI R 115/01, in welchen der BMF zum Beitritt aufgefordert worden war (vgl DStRE 05, 1301) hat sich anderweit erledigt. Keine Lohnrückzahlungen sollen Gewinnausschüttungen einer Versorgungskasse an ihren Träger, den ArbGeb, sein (BFH 12.11.09 – VI R 20/07, DStR 10, 316). Das ist zweifelhaft, da es nicht darauf ankommt, wer rechtlich Gewinnüberschüsse verlangen kann, sondern darauf, ob das durch die Beiträge und ihre Anlage den versicherten ArbN zur Verfügung gestellte Finanzierungsvolumen durch Rückzahlungen an den ArbGeb geschmälert wird, was wirtschaftlich eine teilweise Beitragsrückzahlung bewirkt (ebenso *Höfer* DB 10, 2360). Demgegenüber werden Lohnrückzahlungen zutreffend verneint, wenn Lohnverwendungen des ArbN mit Verlusten in dessen Vermögenssphäre einhergehen (BFH 10.8.10 – VI R 1/08, DStRE 10, 1299; vgl auch Rz 60). Bei Zahlung durch Scheck erfolgt der Zufluss grds mit der Übergabe des Schecks (BFH 20.3.01 – IX R 97/97, BStBl II 01, 482 mit Anm *Theisen* KFR/F 3 EStG § 8, 1/01, S 317), s aber § 224 Abs 2 AO; bei Novation ggf bereits mit dieser (BFH 30.10.01 – VIII R 15/01, BStBl II 02, 138 mit Anm *Dötsch* Inf 02, 157; *Kempermann* FR 02, 293). Nach § 224 Abs 2 Nr 1 AO gilt die Zahlung aber erst drei Tage nach Eingang des Schecks als entrichtet. Im Übrigen soll der Zufluss eines Direktversicherungsbeitrags bereits mit Erteilen des Überweisungsauftrags an die Bank erfolgen (BFH 7.7.05 – IX R 7/05, BStBl II 05, 726 = DStRE 05, 1071 mit Anm *Heuermann* HFR 05, 978). Wird ein im Blockmodell geführtes Altersteilzeit-Arbeitsverhältnis vorzeitig beendet, sind Ausgleichszahlungen als sonstiger Bezug nach dem Zuflussprinzip zu erfassen (BFH 15.12.11 – VI R 26/11, DStR 12, 402).

VII. Bewertung. Für Barlohn gilt das Nominalwertprinzip, bei fremder Währung der **78** Tageskurs des Zuflusszeitpunktes, da die Auszahlung in Fremdwährung kein Sachbezug ist (R 8.1 Abs 1 Satz 6 LStR; BFH 27.10.04 – VI R 29/02, BStBl II 05, 135 = DStRE 05, 72). Sachbezüge sind, sofern nicht die SvEV eingreift, mit den üblichen Endpreisen am Abgabeort anzusetzen (§ 8 Abs 2 Satz 1 EStG) bzw die in § 8 Abs 3 EStG genannten Personalrabatte mit den um 4 vH geminderten Angebotspreisen. Im Einzelnen wird auf die Ausführungen zum Stichwort *Sachbezug* Rz 11 ff verwiesen.

C. Sozialversicherungsrecht

Schlegel

Übersicht

	Rz		Rz
I. Bedeutung des Arbeitsentgelts für die Sozialversicherung	80–84	b) Laufend gezahltes Arbeitsentgelt	99
1. Versicherungspflichtige Beschäftigung	81	c) Einmalig gezahltes Arbeitsentgelt	100
2. Beitragsrecht	82	4. Entgeltformen	101–107
3. Leistungsrecht	83, 84	a) Grundsätzliches	101
II. Begriff	85–115	b) Geldwerte Vorteile und Sachbezüge	102
1. Legaldefinition – § 14 SGB IV	85–87	c) Früheres Verhältnis zwischen Sachbezugsverordnung und Arbeitsentgeltverordnung	103–107
a) Geltungsbereich	85	5. Brutto- und Nettoarbeitsentgelt	108–115
b) Überblick über den Inhalt der Norm	86	a) Umfang	108, 109
c) Ergänzende Verordnungen	87	b) Steuern und Sozialversicherungsbeiträge als Teil des Bruttoentgelts	110, 111
2. Entgeltcharakter	88–95	c) Nettolohnvereinbarung bei Übernahme der Arbeitnehmeranteile	112
a) Gegenleistung für abhängige Arbeit	88, 89		
b) „Aus der Beschäftigung erlangt"	90–92		
c) „Im Zusammenhang mit einer Beschäftigung"	93–95	d) Vom Arbeitnehmer übernommene Pauschalsteuerschuld des Arbeitgebers	113
3. Laufende und einmalige Einnahmen	96–100		
a) Bedeutung der Unterscheidung	96–98		

37 Arbeitsentgelt

	Rz		Rz
e) Sonderausgaben und Werbungskosten	114	d) Abfindungen wegen verschlechterter Arbeitsbedingungen	127
f) Fiktive Nettolohnvereinbarung bei illegaler Beschäftigung	115	5. Pauschalbesteuerte Zuwendungen	128–136
III. Spezialgesetzliche Ausnahmeregelungen – Nicht dem Arbeitsentgelt zuzurechnende Einnahmen	116–141	a) Allgemeines	128
1. Überblick	116	b) Sonstige Bezüge im Sinne von § 40 Abs 1 Satz 1 Nr 1 EStG	129, 130
2. Steuerfreie Aufwandsentschädigungen – § 14 Abs 1 Satz 3 SGB IV	117–119	c) Einnahmen nach § 40 Abs 2 EStG	131–133
a) Zweck	117	d) Beiträge und Zuwendungen für Zukunftssicherungsleistungen nach § 40b EStG	134–136
b) Aufwandsentschädigung aus öffentlichen Kassen	118, 119	6. Sonstige sozialmotivierte Arbeitgeberzuschüsse	137–140
3. Steuerfreie Einnahmen nach § 3 Nr 26 EStG – § 14 Abs 1 Satz 3 SGB IV	120–123	a) Zuschüsse an Heimarbeiter und Hausgewerbetreibende	137
a) Allgemeines	120, 121	b) Zuschüsse zum Mutterschaftsgeld	138
b) Nebenberufliche Einnahmen von Übungsleitern usw	122	c) Zuschüsse zum Kurzarbeitergeld	139
c) Zeitliche und sachliche Zuordnung	123	d) Zuwendungen anlässlich Naturkatastrophen	140
4. Sozialversicherungsentgeltverordnung (SvEV)	124–127	7. Übernommene Pauschalsteuer	141
a) Ermächtigungsgrundlage	124	IV. Entgeltumwandlung	142, 143
b) Lohnsteuerfreie Zusatzleistungen zu Löhnen und Gehältern	125	1. Begriff	142
c) Einzelne Anwendungsfälle des § 1 Abs 1 Satz 1 Nr 1 SvEV	126	2. Zurechnung zum Arbeitsentgelt	143
		V. Sonderregelungen für hauswirtschaftlich Beschäftigte	144

80 **I. Bedeutung des Arbeitsentgelts für die Sozialversicherung.** Der Begriff des Arbeitsentgelts ist sowohl für die Begründung der Versicherungspflicht als auch für das Beitrags- und Leistungsrecht der SozV von zentraler Bedeutung. Zu sämtlichen Aspekten auch *Schlegel/Voelzke* SGB IV, § 14.

81 **1. Versicherungspflichtige Beschäftigung.** In der KV, PflegeV, RV und ArblV tritt Versicherungspflicht für Beschäftigte nur ein, wenn sie ihre abhängige Beschäftigung gegen Entgelt ausüben (§ 5 Abs 1 Nr 1 SGB V, § 20 Abs 1 Satz 2 Nr 1 SGB XI, § 1 Satz 1 Nr 1 SGB VI, § 25 Abs 1 Satz 1 SGB III). Außerdem muss die Höhe des Arbeitsentgelts bestimmte Mindestgrenzen überschreiten, andernfalls ist die Beschäftigung in der KV, ArblV und PflegeV versicherungsfrei (vgl § 8 Abs 1 Nr 1 SGB IV). In der UV tritt Versicherungspflicht und damit Versicherungsschutz dagegen bei abhängiger Beschäftigung auch dann ein, wenn das Arbeitsentgelt unter den Geringfügigkeitsgrenzen liegt oder überhaupt kein Entgelt gezahlt wird. – Außerdem endet in der KV und PflegeV die Versicherungspflicht, wenn das Arbeitsentgelt die JAEGrenze überschreitet (zur Versicherungsfreiheit vgl § 6 Abs 1 Nr 1 SGB V, dazu auch *Beitragsbemessungsgrenzen* und *Jahresarbeitsentgelt*).

82 **2. Beitragsrecht.** Das Arbeitsentgelt ist in allen Zweigen der SozV Teil der Beitragsbemessungsgrundlage und damit bis zu den jeweils geltenden Beitragsbemessungsgrenzen beitragspflichtig (vgl *Beitragsbemessungsgrenzen* Rz 5 ff). Es gehört zu den beitragspflichtigen Einnahmen der versicherungspflichtig Beschäftigten/ArbN (vgl § 342 SGB III, § 226 Abs 1 Satz 1 Nr 1 SGB V, § 162 Nr 1 SGB VI, § 57 Abs 1 SGB XI). Außerdem handelt es sich beim Arbeitsentgelt um Einnahmen iSv § 240 SGB V, sodass es Teil der Beitragsbemessungsgrundlage auch für die in der KV freiwillig Versicherten ist (BSG 28.2.84 – 12 RK 65/82, SozR 2200 § 180 Nr 16). Für die Beitragszahlung aus dem Arbeitsentgelt gelten die besonderen Vorschriften der §§ 28d bis 28n und 28r SGB IV über den GesamtSozVBeitrag und das im Beschäftigungsverhältnis maßgebliche Lohnabzugsverfahren (vgl § 348 Abs 2 SGB III § 253 SGB V, § 174 Abs 1 SGB VI, § 60 SGB XI; ausführlich dazu *Sozialversicherungsbeiträge* Rz 39 ff; *Lohnabzugsverfahren* Rz 24 ff).

3. Leistungsrecht. Das Arbeitsentgelt ist vielfach Anknüpfungspunkt und Bemessungs- 83
grundlage für die Leistungen der SozV. ZB betragen das Krankengeld und das Verletztengeld jeweils 70 vH des „erzielten regelmäßigen Arbeitsentgelts" (§ 47 Abs 1 Satz 1 SGB V; § 47 Abs 1 SGB VII). Die Höhe einer Rente der RV richtet sich vor allem nach der Höhe der während des Versicherungslebens durch Beiträge versicherten Arbeitsentgelts und Arbeitseinkommens (vgl § 63 Abs 1 SGB VI; zum Begriff des Arbeitseinkommens bei Selbstständigen vgl § 15 SGB IV). In der ArblV ist das beitragspflichtige Arbeitsentgelt Ausgangspunkt für das sog Bemessungsentgelt (vgl § 151 Abs 1 SGB III; vgl dazu *Arbeitslosengeld* Rz 43 ff), um nur einige Beispiele zu nennen, in denen das Arbeitsentgelt Ausgangspunkt der Leistungsbemessung ist.

Aufgrund des Umstandes, dass das Arbeitsentgelt sowohl Grundlage für die Beitragsbemes- 84
sung als auch der meisten Geldleistungen (Lohnersatzleistungen) ist, besteht eine gewisse **Konnexität zwischen Beitrag und Leistung.** Allerdings ist eine Leistungsgewährung in aller Regel nicht davon abhängig, dass zuvor tatsächlich Beiträge aus dem Arbeitsentgelt gezahlt worden sind; das Leistungsrecht geht von einer ordnungsgemäßen Beitragszahlung stillschweigend aus und berücksichtigt, dass das Beitragsverfahren weitgehend in der Hand der ArbGeb liegt und der ArbN auf eine ordnungsmäßige Beitragszahlung kaum Einfluss nehmen kann. Zwar ist ein strenges **Äquivalenzprinzip** den Vorschriften der SozV nicht zu entnehmen und erst Recht nicht aus dem GG herzuleiten (vgl BVerfGE 92, 53, 71; SozR 3–2200 § 385 Nr 6: Einmalzahlungen). Es ist aber offensichtlich, dass es in der Bevölkerung die Vorstellung eines solchen Prinzips gibt und dessen weitgehende Verwirklichung in der SozV elementare Bedeutung für die Akzeptanz der Beitragszahlung und der SozV überhaupt hat. Nach **§ 28e Abs 1 Satz 2 SGB IV** gilt die Zahlung des vom ArbN zu tragenden Teils des GesamtSozVBeitrags als aus dem Vermögen des Beschäftigten erbracht. Die gesetzliche Regelung stellt klar, dass der vom Beschäftigten zu tragende und vom ArbGeb einbehaltene Anteil am GesamtSozVBeitrag dem Vermögen des Beschäftigten zugehörig ist. Der Beschäftigte hat Anspruch auf das Bruttoentgelt; der Abzug und die Abführung von Lohn- und Gehaltsbestandteilen berühren nur die Frage, wie der ArbGeb seine Zahlungspflicht hinsichtlich des GesamtSozVBeitrags (§ 28e Abs 1 SGB IV) gegenüber dem ArbN erfüllt (BAG 7.3.01 – GS 1/00, NZA 01, 1195). Insoweit nimmt der ArbGeb eine Aufgabe der SozV-Träger (Einzug des GesamtSozVBeitrags) wahr (BT-Drs 16/6540 zu § 28e SGB IV).

II. Begriff. 1. Legaldefinition – § 14 SGB IV. a) Geltungsbereich. § 14 SGB IV 85
definiert das Arbeitsentgelt für die KV, PflegeV, RV, UV und die ArblV. Die Definition gilt gleichermaßen für das Leistungs- und Beitragsrecht sowohl der SozV als auch der Arbeitsförderung (vgl § 1 Abs 1 SGB IV).

b) Überblick über den Inhalt der Norm. Nach § 14 Abs 1 Satz 1 SGB IV sind 86
Arbeitsentgelt „alle laufenden oder einmaligen Einnahmen aus einer Beschäftigung, gleichgültig, ob ein Rechtsanspruch auf die Einnahmen besteht, unter welcher Bezeichnung oder in welcher Form sie geleistet werden und ob sie unmittelbar aus der Beschäftigung oder im Zusammenhang mit ihr erzielt werden" (zu den einzelnen Tatbestandselementen der Definition sogleich unter 2.). Diese Legaldefinition wird ergänzt durch § 14 Abs 1 Sätze 2 und 3 SGB V. Satz 2 betrifft Fälle der Entgeltumwandlung (dazu unter IV). Satz 3 nimmt im Wege einer Fiktion steuerfreie Aufwandsentschädigungen und die in § 3 Nr 26 EStG genannten steuerfreien Einnahmen aus dem Arbeitsentgeltbegriff aus (dazu unter III.).

c) Ergänzende Verordnungen. Nach der Verordnungsermächtigung des § 17 SGB IV 87
kann die Bundesregierung ua zur Vereinfachung des Beitragseinzugs durch eine VO bestimmen, dass einmalige Einnahmen oder laufende Zulagen, Zuschläge, Zuschüsse oder ähnliche Einnahmen, die zusätzlich zu Löhnen und Gehältern gewährt werden und steuerfreie Einnahmen ganz oder teilweise nicht als Arbeitsentgelt anzusehen sind. Gleiches kann für Beiträge zu Direktversicherungen und Zuwendungen an Pensionskassen angeordnet werden. Durch eine VO kann außerdem der Wert für Sachbezüge nicht dem tatsächlichen Verkehrswert im Voraus für das Kj festgelegt werden. Die Bundesregierung hat von dieser Ermächtigung zunächst durch Erlass der Arbeitsentgeltverordnung (ArEV) und der Sachbezugsverordnung (SachBezV; Einzelheiten vgl *Sachbezug* und unten II. 4d) Gebrauch gemacht. Mit der **SozialversicherungsentgeltVO (SvEV)** vom 21.12.06 hat der Verordnungsgeber mW ab 1.1.2007 die SvEV und die SachBezV in einer VO zusammengefasst (zur Begründung vgl

37 Arbeitsentgelt

BR-Drs 819/06). Dabei ist – wie schon in den „Vorgängerverordnungen" nach § 17 Abs 1 Satz 2 SGB IV eine möglichst **weitgehende Übereinstimmung mit den Regelungen des Steuerrechts** sicherzustellen. Dies hat dazu geführt, dass viele Entgeltbestandteile, die steuerfrei sind oder die vom ArbGeb pauschal versteuert werden, in der SozV nicht dem Arbeitsentgelt zugerechnet werden und damit beitragsfrei sind.

88 **2. Entgeltcharakter. a) Gegenleistung für abhängige Arbeit.** Arbeitsentgelt ist die Gegenleistung des ArbN für seine abhängige Arbeit, denn § 14 Abs 1 Satz 1 SGB IV spricht beim Arbeitsentgelt von „Einnahmen aus einer Beschäftigung" und Beschäftigung wiederum ist in § 7 definiert als die „nichtselbstständige Arbeit, insbesondere in einem Arbeitsverhältnis".

89 Damit ergibt sich das Erfordernis einiger Abgrenzungen. Das Arbeitsentgelt ist von anderen Einnahmen, insbesondere von den Begriffen Arbeitseinkommen (§ 15 SGB IV), Gesamteinkommen (§ 16 SGB IV) und Einnahmen iSv § 240 SGB V zu unterscheiden. **Arbeitseinkommen** iSv § 15 SGB IV ist der nach den allgemeinen Gewinnermittlungsvorschriften des EStG ermittelte Gewinn aus einer selbstständigen Tätigkeit. **Gesamteinkommen** iSv § 16 SGB IV ist unabhängig von der Quelle des Einkommens die Summe der Einkünfte iSd EStRechts; es umfasst insbesondere das Arbeitsentgelt und das Arbeitseinkommen (zum Gesamteinkommen vgl BSG 22.5.03 – B 12 KR 13/02 R, SozR 4–2500 § 10 Nr 2). Für die Beitragsbemessung freiwilliger Mitglieder in der KV hat der Gesetzgeber in § 240 SGB V schließlich die weitere Kategorie der **Einnahmen** geschaffen.

90 **b) „Aus der Beschäftigung erlangt"** ist das Arbeitsentgelt, auf das der ArbN unmittelbar gegen seinen ArbGeb einen **arbeitsrechtlichen Anspruch** hat (Lohn, Gehalt, Weihnachtsgeld, Urlaubsgeld usw). Unerheblich ist, ob dieser Anspruch aus dem Arbeitsvertrag, einem Tarifvertrag oder einer betrieblichen Übung ergibt (vgl BSG 7.2.02 – B 12 KR 6/01 R, SozR 3–2400 § 14 Nr 23 Geldwerter Vorteil durch Stand-by-Flüge; dazu jedoch jetzt § 23a Abs 1 Satz 2 Nr 2 SGB IV); hieran fehlt es zB bei einem Stipendium (BSG 23.1.08 – B 10 LVO 1/07 R) oder bei Übergangsgebührnissen für Soldaten (vgl BSG 13.6.07 – B 12 KR 14/06 R, SozR 4–2500 § 6 Nr 7).

91 Leistungen, auf die **kein Rechtsanspruch** besteht, die der ArbGeb von sich aus freiwillig nach weniger strengen Leistungskriterien gewährt, sind ebenfalls „aus der Beschäftigung" erlangt und als Arbeitsentgelt anzusehen, wenn sie im Hinblick auf vergangene und künftige Leistungen des ArbN erfolgen **(Arbeitsanreiz).** Verlost der ArbGeb Prämien oder Zuwendungen (zB eine Reise), spricht gegen die Eigenschaft eines Losgewinns als Arbeitsentgelt, wenn der Gewinn zwar ohne das Beschäftigungsverhältnis nicht denkbar wäre, er aber im Wesentlichen vom Glück abhängt und nicht oder nur untergeordnet von Gesichtspunkten mitbestimmt wird, die für das Verhältnis von Leistung und Gegenleistung im Beschäftigungsverhältnis von Bedeutung sein können. Sind Zuwendungen trotz Verlosung und einer damit verbundenen **Glückskomponente** wesentlich von dem Ziel mitbestimmt, dem ArbN neben dem laufend gezahlten Arbeitsentgelt eine zusätzliche Vergütung für geleistete Arbeit zukommen zu lassen und zugleich einen Anreiz für weitere erfolgreiche Arbeit zu schaffen, so ist der Wert der Gewinne (zB eine Reise) dem Arbeitsentgelt zuzurechnen (vgl BSG 26.10.88 – 12 RK 18/87, SozR 2100 § 14 Nr 19, vgl *Incentivereisen* Rz 14).

92 **Keinen Gegenleistungscharakter** haben zB echte **Abfindungen,** da diese nicht als Gegenleistung für geleistete Arbeit, sondern als Ersatz für den Verlust des Arbeitsplatzes gewährt werden (zur Abgrenzung zwischen verdecktem Lohn und echten Entschädigungen vgl *Abfindung* Rz 64 f; zur Pflicht des SG zB den Richter des ArbG bei Abgrenzungsschwierigkeiten zu den Hintergründen eines Abfindungsvergleichs als Zeugen zu vernehmen vgl BSG 12.2.04 – B 12 KR 32/03 B). Entsprechendes dürfte für die bei einem Wettbewerbsverbot gezahlte **Karenzentschädigung** gelten, die ebenfalls nicht einem Entgeltabrechnungszeitraum zugerechnet werden kann (s *Wettbewerbsverbot* Rz 51). **Schmier- und Bestechungsgelder** sind ebenfalls kein Arbeitsentgelt; diese laufen dem Zweck des Arbeitsvertrages zuwider und können nicht als Gegenleistung für ein rechtmäßiges, arbeitsvertraglich geschuldetes Verhalten des ArbN bewertet werden (vgl *Schmiergeld* Rz 11). **Aufwendungsersatz** oder eine **Aufwandsentschädigung** wird nicht als Gegenleistung für Arbeit, sondern im Hinblick auf Auslagen gewährt (zB Einkauf von Material, Fahrtaufwendungen oder Übernachtungskosten bei Dienstreisen), die dem ArbN ihm Rahmen eines bestimmten

Arbeitsentgelt

Auftrages entstanden sind und die er zunächst für den Auftraggeber ausgelegt hat. Durch den **Aufwendungsersatz** wird der ArbN nicht im engeren Sinne bereichert oder für seine Arbeitsleistung „belohnt". Dies gilt jedenfalls, wenn der Aufwendungsersatz so bemessen ist, dass der ArbN dadurch keinen ins Gewicht fallenden geldwerten Vorteil behält (vgl § 23b Abs 1 Satz 2 Nr 1 SGB IV; *Aufwendungsersatz* Rz 34 ff; *Auslösung* Rz 10 ff). Gleiches gilt für Beträge, die der ArbN vom ArbGeb erhält, um sie für ihn auszugeben (sog **durchlaufende Gelder**), oder wenn die Zuwendung an den ArbN im ganz überwiegenden betrieblichen Interesse des ArbGeb erfolgt (vgl BSG 26.5.04 – B 12 KR 5/04 R, SozR 4–2400 § 14 Nr 3; Erstattung der Kosten für Lkw-Führerschein; zur insoweit erforderlichen Abwägung privater und betrieblicher Interesse vgl auch BSG 26.5.04 – B 12 KR 2/04 R). Anders entscheidet das BSG, wenn dem ArbN durch Zuwendungen des ArbGeb ein idR auch **privat nutzbarer bleibender Vorteil** erwächst; es hat dies zB für Instrumentengeld angenommen, das dem ArbN, einem Orchestermusiker, im Hinblick auf die Abnutzung des eigenen Instrumentes bei der Arbeit im Orchester gewährt worden war (BSG 26.5.04 – B 12 KR 2/03 R, SozR 4–2200 § 14 Nr 2).

c) **„Im Zusammenhang mit einer Beschäftigung"** erlangtes Arbeitsentgelt sind **93** insbesondere **Zuwendungen Dritter,** auf die ein Rechtsanspruch nicht besteht. Wichtigster Anwendungsfall hierfür ist das Trinkgeld, das angesichts des mit ihm verfolgten Zwecks (nicht geschuldete Zuwendung für eine Arbeitsleistung durch einen Dritten iS eines „Dankeschön") an sich unter den Begriff des Arbeitsentgelts fällt. Das Trinkgeld wird jedoch zusätzlich zum Arbeitsentgelt gewährt und angesichts seiner Steuerfreiheit (§ 3 Nr 51 EStG) nach § 1 ArEV nicht dem Arbeitsentgelt zugerechnet (vgl *Trinkgeld* Rz 14); genau genommen wird es durch § 1 ArEV wieder aus dem Begriff des Arbeitsentgelts herausgenommen.

Bei der Frage, ob Einnahmen **„im Zusammenhang"** mit der (abhängigen) Beschäfti- **94** gung erzielt werden, mithin Arbeitsentgelt iSd § 14 SGB IV vorliegt, oder ob die Einnahmen Ausfluss einer daneben ausgeübten selbstständigen Tätigkeit, die Einnahmen also Arbeitseinkommen iSd § 15 SGB IV sind, muss geprüft werden, ob ein sog **einheitliches Beschäftigungsverhältnis** oder eine sog gemischte Tätigkeit gegeben ist, bei der abhängige Beschäftigung und selbstständige Tätigkeit nebeneinander stehen und rechtlich getrennt zu beurteilen sind. Eine selbstständige Tätigkeit ist mit einer abhängigen Beschäftigung zu einem einheitlichen Beschäftigungsverhältnis verbunden, wenn sie nur aufgrund der abhängigen Beschäftigung ausgeübt wird und diese zeitlich, örtlich, organisatorisch und inhaltlich eingebunden, im Verhältnis zur (abhängigen) Beschäftigung nebensächlich ist und daher insgesamt als ein Teil der abhängigen Beschäftigung erscheint. Dies und damit die Qualität von Arbeitsentgelt hat das BSG zB für die Prämie eines Kfz-Herstellers angenommen, die diesen an den ArbN eines Vertragshändlers für Verbesserungsvorschläge gezahlt hat (BSG 26.3.98 – B 12 KR 17/97 R, SozR 3–2400 § 14 Nr 15). Demgegenüber liegt eine **gemischte Tätigkeit** vor, wenn die selbstständige Tätigkeit im Wesentlichen neben der Beschäftigung und unabhängig von ihr ausgeübt wird (vgl BSG 3.2.94 – 12 RK 18/93, SozR 3–2400 § 14 Nr 8 zu den Auflassungsgebühren, die Notariatsangestellte als Auflassungsbevollmächtigte erhalten: Arbeitsentgelt).

Als „aus der Beschäftigung erlangt" sieht das BSG auch eine **Abfindung** an, die wegen **95** Verringerung der Wochenarbeitszeit **bei weiterbestehendem versicherungspflichtigen Beschäftigungsverhältnis** gezahlt wird (BSG 28.1.99 – B 12 KR 14/98 R, SozR 3–2400 § 14 Nr 17). Sie ist ebenso beitragspflichtiges Arbeitsentgelt wie eine Abfindung für die Umsetzung in einen anderen Betriebsteil, auf einen schlechter bezahlten oder geringer qualifizierten Arbeitsplatz und der damit verbundenen Rückführung auf die tarifliche Einstufung (BSG 28.1.99 – B 12 KR 6/98 R, SozR 3–2400 § 14 Nr 16) oder den Fortfall bzw die Herabsetzung von Einmalzahlungen wie Weihnachtsgeld, Urlaubsgeld oder Gewinnbeteiligung (vgl auch *Änderungskündigung;* zu sonstigen Entschädigungen für den Verlust des Arbeitsplatzes vgl *Abfindung* Rz 64 ff).

3. Laufende und einmalige Einnahmen. a) Bedeutung der Unterscheidung. Lau- **96** fende und einmalige Einnahmen sind gleichermaßen Arbeitsentgelt iSd § 14 SGB IV, sodass die Unterscheidung bedeutungslos ist, wenn es lediglich um die Frage geht, was überhaupt dem Grunde nach als Arbeitsentgelt anzusehen ist (zum Umfang des Arbeitsentgelts/Einzel-

Schlegel

37 Arbeitsentgelt

fälle s ABC bei *Arbeitnehmer (Begriff)* Rz 84). Von großer Bedeutung ist die Unterscheidung zwischen laufend und einmalig gezahltem Arbeitsentgelt jedoch für die Leistungs- und Beitragsberechnung.

97 Im **Beitragsrecht** gilt Folgendes: Laufend gezahltes Arbeitsentgelt kann beitragsrechtlich nur dem Lohnabrechnungszeitraum (idR Kalendermonat) zugerechnet werden, für den es gezahlt wird. Wenn und soweit das für einen bestimmten Kalendermonat gewährte Arbeitsentgelt die monatliche Beitragsbemessungsgrenze übersteigt, bleibt es beitragsfrei (zu den jeweiligen Werten vgl *Beitragsbemessungsgrenzen*). Eine Zuordnung des „überschießenden" Betrages auf noch nicht voll mit Beiträgen belegte Abrechnungszeiträume in der Vergangenheit ist ausgeschlossen. Der Beitragsanspruch entsteht mit dem Entstehen des Anspruchs auf das laufende Arbeitsentgelt (zum Entstehungsprinzip vgl *Lohnzufluss*).

98 Anderes gilt für Einmalzahlungen. Anders als für laufendes Arbeitsentgelt gibt für Einmalzahlungen kraft ausdrücklicher Regelung nicht das Entstehungsprinzip (vgl *Lohnzufluss*), vielmehr entsteht der Beitragsanspruch auf Einmalzahlungen erst mit deren Auszahlung (§ 22 Abs 1 SGB IV), dh insoweit gilt das **Zuflussprinzip.** Für die beitragsrechtliche Zuordnung gelten ebenfalls Sonderregelungen: Übersteigen sie in diesem Kalendermonat zusammen mit dem laufenden Arbeitsentgelt die monatliche Beitragsbemessungsgrenze, können sie nach Maßgabe des § 23a SGB IV jedoch unter bestimmten Umständen auch noch auf nicht voll mit Beiträgen belegte Abrechnungszeiträume des laufenden bzw in Ausnahmefällen (sog Märzklausel, § 23a Abs 4 SGB IV) des Vorjahres zugeordnet werden (vgl BSG 14.5.02 – B 12 KR 15/01 R, SozR 3–2400 § 23a Nr 2; *Einmalzahlungen* Rz 8 ff). Zur Behandlung einmalig gezahlten Arbeitsentgelts im **Leistungsrecht** vgl *Einmalzahlungen* Rz 28 ff.

99 b) **Laufend gezahltes Arbeitsentgelt** deckt sich mit dem Begriff der laufenden Einnahmen iSd Steuerrechts. Dies sind Einnahmen, die einem bestimmten Entgeltabrechnungszeitraum zugeordnet werden können, wie dies insbesondere für das (Grund-)Gehalt und den (Grund-)Lohn, aber auch für bestimmte Zulagen der Fall ist (zB Schmutz- und Erschwerniszulagen, Zulagen für Nacht-, Sonntags- und Feiertagsarbeit, Akkord- und Montagezulagen etc). Laufend gezahltes Arbeitsentgelt in diesem Sinne liegt auch dann vor, wenn die geschuldete Summe nicht in demjenigen Abrechnungszeitraum zur Auszahlung kommt, in dem sie „verdient" wurde, sondern dem ArbN als Nachzahlung oder bei einer einen größeren Zeitraum umfassenden Abrechnung „auf einmal" ausgezahlt wird (Einzelheiten s *Entgeltnachzahlung*).

100 c) **Einmalig gezahltes Arbeitsentgelt** ist als rechtstechnischer Begriff der SozV zu verstehen. Einmalig gezahltes Arbeitsentgelt liegt vor, wenn die Einnahmen nicht regelmäßig monatlich anfallen und auch nicht für einen einzelnen Entgeltabrechnungszeitraum gezahlt werden; wichtigste Anwendungsfälle sind das *Urlaubsgeld*, zusätzliche Monatsgehälter, *Beihilfeleistungen,* eine Gratifikation oder Jubiläumszahlung usw (ausführlich dazu *Einmalzahlungen*).

101 **4. Entgeltformen. a) Grundsätzliches.** Nach § 14 Abs 1 Satz 1 SGB IV kommt es für die Frage, ob Arbeitsentgelt vorliegt, nicht darauf an, „unter welcher Bezeichnung oder in welcher Form" Zuwendungen erbracht werden. Im Regelfall erhält der ArbN als Gegenleistung für seine Arbeit einen bestimmten **Geldbetrag,** sei es bar oder durch Gutschrift auf sein Konto. Dieser Geldbetrag kann sich aus einem Festbetrag (Grundlohn/Grundgehalt) und zusätzlichen zB leistungsabhängigen Komponenten zusammensetzen (zB Akkordlohn, Zulagen für Schmutz-, Sonn- oder Feiertagsarbeit, Erfolgsprämien usw). Für ihre Qualität als Arbeitsentgelt ist es unerheblich, wie diese Geldleistungen bezeichnet werden, zB als Grundlohn, Weihnachtsgeld, Urlaubsgeld, Provision, Akkordlohn, Anwesenheitsprämie, Zulage usw. Werden sie zusätzlich zu einem Grundlohn oder einem Grundgehalt gezahlt, ist jedoch stets zu prüfen, ob solche Zuwendungen nach der ArEV oder bei Einmalzahlungen gem § 23a Abs 1 Satz 2 SGB IV ausnahmsweise wieder aus dem Anwendungsbereich des Arbeitsentgelt ausgenommen sind. Dazu unter Rz 124 ff.

102 b) **Geldwerte Vorteile und Sachezüge.** Arbeitsentgelt liegt nicht nur vor, wenn es sich dabei um eine Geldleistung, also eine „Zahlung" im engeren Sinne handelt. Arbeitsentgelt sind auch sonstige geldwerte Vorteile, die der ArbGeb dem ArbN für dessen Arbeitsleistung zB in Form freier oder verbilligter **Unterkunft und Verpflegung,** einräumt. Gleiches gilt

Arbeitsentgelt 37

für **Sachwerte** (zB Freitrunk) oder **Belegschaftsrabatte** (zB Jahreswagen, Freiflüge, kostenlose Kontoführung usw). In diesen Fällen ist zu prüfen:
– ob der geldwerte Vorteil, der dem Grunde nach als Arbeitsentgelt anzusehen ist, ausnahmsweise kraft ausdrücklicher Regelung ganz oder teilweise aus dem Anwendungsbereich der für das Arbeitsentgelt geltenden Vorschriften ausgenommen ist, er also im Ergebnis nicht als Arbeitsentgelt gilt und damit beitragsfrei ist; dies ist bei zusätzlich zu Lohn- und Gehalt gewährte Zuwendungen der Fall, wenn und soweit sie lohnsteuerfrei sind (vgl § 23a Abs 1 Satz 2 SGB IV und § 1 Abs 1 Satz 1 Nr 1 SvEV, dazu unten Rz 124 ff) oder wenn und soweit in den Fällen des § 1 Abs 1 Satz 1 Nrn 2–4 SvEV eine Pauschalbesteuerung durch den ArbGeb stattgefunden hat (dazu unten Rz 128 ff).
– ob der ArbGeb die geldwerten Vorteile dem ArbN laufend für jeden Entgeltabrechnungszeitraum oder nur für einen größeren Zeitrahmen (einmalig/nicht laufend und regelmäßig) gewährt, sodass es sich um einmalig gezahltes Arbeitsentgelt handelt (so zB BSG 7.2.02 – B 12 KR 6/01 R, SozR 3–2400 § 14 Nr 23 für Freiflüge; 7.2.01 – B 12 KR 12/01 R, SozR 2400 § 28 f Nr 3: für kostenlose Kontoführung bei Bankangestellten; vgl dazu jedoch die Korrektur durch den Gesetzgeber in § 23a Abs 1 Satz 2 SGB IV).
– wie diese Vorteile oder Sachbezüge zu bewerten sind (dazu sogleich und *Sachbezug* Rz 39 ff).

c) **Früheres Verhältnis zwischen Sachbezugsverordnung und Arbeitsentgeltverordnung.** Die SachBezV bestimmte nur den Wert geldwerter Vorteile. Ob dieser tatsächlich den sonstigen Entgeltbestandteilen (zB Grundlohn etc) hinzuzurechnen und Bestandteil der Beitragsbemessungsgrundlage war, ergab sich – abgesehen von der Regelung über Bagatellwerte (§ 6 Abs 1 Satz 4 SachBezV iVm § 8 Abs 2 Satz 9 EStG) – hingegen nicht aus der SachbezV, sondern aus der ArEV (BSG 7.2.02 – B 12 KR 6/01 R, SozR 3–2400 § 14 Nr 23 zu Mitarbeiterflügen). Die ArEV rechnete bestimmte steuerfreie oder vom ArbGeb pauschal versteuerte Zuwendungen nicht dem Arbeitsentgelt zu. Die **Bewertung** geldwerter Vorteile und von Sachbezügen erfolgte nach Maßgabe der aufgrund § 17 Abs 1 Satz 1 Nr 4 SGB IV von der Bundesregierung erlassenen SachBezV. 103

Die am 1.1.2007 in Kraft getretene **SozialversicherungsentgeltVO** (SvEV) führt die Regelungen der früheren SachBezV und ArEV in einer einheitlichen VO zusammen. 104

Danach wird jeweils im Voraus für das kommende Kj der Wert für **freie Verpflegung** (§ 2 Abs 1 SvEV), **freie Wohnung** (§ 2 Abs 4 SvEV: ortsüblicher Mietpreis), **freie Unterkunft** (§ 2 Abs 3 SvEV) festgelegt. Hieraus kann der geldwerte Vorteil auch für den Fall errechnet werden, dass der ArbN Verpflegung, Unterkunft usw nicht kostenlos, sondern nur verbilligt erhält (§ 2 Abs 5 SvEV). Zu den Einzelheiten und konkreten Werten vgl *Sachbezug* Rz 39 ff.

Der **Wert sonstiger Sachbezüge,** die nicht unter § 2 SvEV fallen, ist nach § 3 SvEV zu bestimmen. Diese Vorschrift nimmt im Wesentlichen auf Regelungen in § 8 EStG Bezug und übernimmt insoweit die für das StR festgesetzten Werte in der SozV. Sie lässt Sachbezüge bis zur **Bagatellgrenze** des § 8 Abs 2 Satz 9 EStG außer Ansatz (vgl § 3 Abs 1 Satz 4 SvEV) und bestimmt den Wert insbesondere der **privaten Nutzung eines betrieblichen Kfz** (§ 3 Abs 1 Satz 3 SvEV iVm § 8 Abs 2 Sätze 2 bis 5 EStG). Sind von der obersten Finanzbehörde eines Landes nach § 8 Abs 2 Satz 8 EStG für weitere Sachbezüge der ArbN Durchschnittswerte festgesetzt worden **(amtliche Sachbezugswerte),** sind diese auch in der SozV maßgebend (§ 3 Abs 1 Satz 2 SvEV). Zur Behandlung von **Belegschaftsrabatten** vgl *Sachbezug*. 105

Werden dem ArbN Sachen und Dienstleistungen nicht kostenlos zur Verfügung gestellt, sondern erhält er nur eine **Verbilligung,** wird als Wert seines geldwerten Vorteils der Unterschiedsbetrag zwischen dem vereinbarten Preis und dem nach der SvEV für kostenlose Waren und Dienstleistungen festgesetzten Wert angesetzt (§ 3 Abs 2 SvEV). 106

Soweit sich der Wert des geldwerten Vorteils nicht aus speziellen Vorschriften der SvEV iVm § 8 EStG ergibt, ist aufgrund der **Auffangvorschrift** des § 3 Abs 1 Satz 1 SvEV als Wert für unentgeltliche Sachbezüge/Dienstleistungen der hierfür um übliche Preisnachlässe geminderte **übliche Endpreise** am Abgabeort anzusetzen. Bei lediglich verbilligter Abgabe an den ArbN ist die Differenz zwischen dem tatsächlich vereinbarten Preis und dem nach § 3 Abs 1 SvEV ermittelten, um Preisnachlässe verminderten üblichen Endpreis anzusetzen (§ 3 Abs 2 SvEV). 107

Schlegel 303

37 Arbeitsentgelt

108 **5. Brutto- und Nettoarbeitsentgelt. a) Umfang.** § 14 Abs 2 SGB IV regelt, wie ein Nettoarbeitsentgelt in das (Brutto-)Arbeitsentgelt hochzurechnen ist. Das Nettoarbeitsentgelt ist sozialversicherungsrechtlich keine selbstständige Berechnungsgröße, sondern das um die gesetzlichen Abzüge verminderte Bruttoarbeitsentgelt (BSG 25.7.79 – 3 RK 74/78, SozR 2200 § 182 Nr 49; 19.12.91 – 4/1 RA 85/90, SozR 3–5765 § 6 Nr 1 mwN).

109 Haben ArbN und ArbGeb ein Nettoarbeitsentgelt vereinbart, ist dieses im sog **Abtastverfahren** in ein entsprechendes Bruttoarbeitsentgelt hochzurechnen (zum Abtastverfahren vgl BSG 19.12.95 – 12 RK 39/94, SozR 3–2500 § 6 Nr 10; 22.8.88 – 12 RK 36/86, SozR 2100 § 14 Nr 22; *Nettolohnvereinbarung* Rz 21 ff).

110 **b) Steuern und Sozialversicherungsbeiträge als Teil des Bruttoentgelts.** Das Arbeitsentgelt iSd § 14 Abs 1 SGB IV ist Bruttoarbeitsentgelt; es umfasst das Nettoarbeitsentgelt, die auf das Bruttoarbeitsentgelt entfallenden Steuern (LSt, KiSt und SolZ) und die gesetzlichen Anteil des ArbN entsprechenden Beiträge zur SozV und der Beitrag des ArbN zur Arbeitsförderung – sog **Arbeitnehmeranteile.** Das Arbeitsentgelt, das – mit Modifikationen (insbesondere der Regelmäßigkeit) – für die Berechnung zahlreicher Lohnersatzleistungen und der GesamtSozVBeiträge maßgeblich ist, unterscheidet sich damit von dem zu versteuernden Einkommen iSd § 2 Abs 4 und 5 EStG, deckt sich aber im Wesentlichen mit der Begriffsbestimmung des Arbeitslohnes in § 2 LStDV und dem Begriff der „Einkünfte aus nichtselbstständiger Arbeit" in § 19 Abs 1 EStG.

111 **Arbeitgeberanteile** zur SozV und der Beitrag des ArbGeb zur Arbeitsförderung sind dagegen im Begriff des Arbeitsentgelts nicht enthalten, obgleich auch die ArbGebAnteile zur SozV als materiellrechtliche Gegenleistung für geleistete Arbeit anzusehen sind (vgl hierzu *Schlegel* Schadenersatz und Sozialversicherungsbeiträge, 1989, S 26 ff mwN).

112 **c) Nettolohnvereinbarung bei Übernahme der Arbeitnehmeranteile.** Haben ArbGeb und ArbN zunächst ein Bruttoarbeitsentgelt vereinbart und übernimmt der ArbGeb die Zahlung und Tragung der an sich hieraus vom ArbN zu tragenden ArbNAnteile zur SozV durch Vertrag, erhöht sich das bisher vereinbarte Bruttoarbeitsentgelt um die übernommenen ArbNAnteile. Übernimmt also etwa ein ArbGeb, der Teilzeitkräfte beschäftigt und ihre Bezüge pauschal versteuert, auch die auf die ArbN entfallenden Beitragsanteile zur SozV und zur Arbeitsförderung, liegt insoweit eine Nettolohnvereinbarung vor. Die vom ArbGeb übernommenen Beitragsanteile sind deshalb Arbeitsentgelt iSd § 14 SGB IV und sowohl bei der Beitrags- als auch Leistungsberechnung zu berücksichtigen (BSG 12.11.75 – 3/12 RK 22/74, SozR 2200 § 160 Nr 3). Zur Übernahme der Pauschalsteuer in Fällen nach § 40 Abs 1 Satz 1 Nr 2 EStG, vgl BSG 19.6.01 – B 12 KR 16/00 R, SozR 3–2400 § 14 Nr 20.

113 **d) Vom Arbeitnehmer übernommene Pauschalsteuerschuld des Arbeitgebers.** Die Übernahme einer den ArbGeb treffenden Steuerschuld (vgl bei Pauschalsteuern zB § 40 Abs 3 Satz 1, § 40b Abs 4 Satz 1 EStG) führt nicht zu einer Beeinflussung des Bruttoarbeitsentgelts. Das vereinbarte Bruttoarbeitsentgelt vermindert sich nicht dadurch, dass der ArbN eine den ArbGeb treffende Steuerschuld übernimmt (zur Zulässigkeit der Übernahme der Pauschalsteuer durch den ArbN vgl BAG 5.8.87 – 5 AZR 22/86, NZA 88, 157; DB 88, 182). Soweit pauschal besteuerte geldwerte Vorteile (zB Direktversicherungsbeiträge etc) nicht dem Arbeitsentgelt zuzurechnen sind, ist auch die vom ArbN **durch Gehaltsüberwälzung getragene Pauschalsteuer** nicht dem Arbeitsentgelt zuzurechnen (BSG 21.8.97 – 12 RK 44/96, SozR 3–5375 § 2 Nr 1).

114 **e) Sonderausgaben und Werbungskosten.** Diese mindern die Beitragspflicht nicht. Sie werden in keinem Zweig der SozV vom Arbeitsentgelt als der maßgeblichen Beitragsbemessungsgrenze in Abzug gebracht. Anders als im Steuerrecht knüpft das Recht der SozV und ArblV für die Leistungs- und Beitragsbemessung an eine Bruttogröße (das Arbeitsentgelt) an, die – anders als im Steuerrecht – nicht bereits durch Sonderausgaben, außergewöhnliche Belastungen, Freibeträge und Werbungskosten reduziert ist. Ebenso wenig können abgetretene, verpfändete oder gepfändete Entgeltanteile abgezogen werden.

115 **f) Fiktive Nettolohnvereinbarung bei illegaler Beschäftigung.** Werden vom ArbGeb im Einvernehmen mit dem ArbN weder Steuern noch SozVBeiträge abgeführt und die **illegale Beschäftigung bzw „Schwarzarbeit"** aufgedeckt, gilt gemäß **§ 14 Abs 2 Satz 2 SGB IV** ein Nettoarbeitsentgelt als vereinbart. Das tatsächlich gezahlte Entgelt muss wie bei der Nettolohnvereinbarung im sog **Abtastverfahren** in ein hypothetisches Bruttoarbeitsentgelt hochgerechnet werden (dazu vgl *Nettolohnvereinbarung* Rz 22 ff; *Schwarzarbeit*). Illegal

Arbeitsentgelt 37

ist die Beschäftigung iSv § 14 Abs 2 Satz 2 SGB IV, wenn die objektive Verletzung zentraler arbeitgeberbezogener Pflichten dem ArbGeb im Sinne mindestens bedingten Vorsatzes vorwerfbar ist (BSG 9.11.11 – B 12 R 18/09 R).

III. Spezialgesetzliche Ausnahmeregelungen – Nicht dem Arbeitsentgelt zuzurechnende Einnahmen. 1. Überblick. Es ist zwischen **drei Fallgruppen** zu differenzieren: § 14 Abs 1 Satz 3 SGB IV bestimmt, dass bestimmte Einnahmen nicht dem Arbeitsentgelt zuzurechnen sind. Dies sind steuerfreie Aufwandsentschädigungen (dazu II. 2) und nach § 3 Nr 26 EStG steuerfreie Einnahmen (dazu Rz 120 ff). Die Vorschrift zielt auf jene Fälle, in denen ein bestimmter ArbGeb dem ArbN keinen sonstigen Lohn oder Gehalt zahlt, sondern nur diese Einnahmen zuwendet. In der Praxis ist dies vor allem bei Nebentätigkeiten der Fall. 116

Geht es um Fälle, in denen der ArbN von seinem ArbGeb neben und zusätzlich zu Lohn oder Gehalt weitere Zuwendungen, Zuschläge usw erhält, ist im Hinblick auf die ArEV zu prüfen, ob diese lohnsteuerfrei sind oder sie vom ArbGeb pauschal versteuert werden. Ist dies der Fall, sind sie nach näherer Maßgabe des § 1 Abs 1 Satz 1 Nr 1 SvEV (Fälle der Lohnsteuerfreiheit, dazu Rz 124 ff) oder des § 1 Abs 1 Satz 1 Nr 2–4 SvEV (Fälle der Pauschalbesteuerung, dazu Rz 128 ff) nicht dem Arbeitsentgelt zuzurechnen. Diese Entgeltbestandteile sind dann sowohl beitragsfrei als auch leistungsrechtlich unbeachtlich.

2. Steuerfreie Aufwandsentschädigungen – § 14 Abs 1 Satz 3 SGB IV. a) Zweck. Nach § 14 Abs 1 Satz 3 SGB IV gelten steuerfreie Aufwandsentschädigungen nicht als Arbeitsentgelt, auch wenn an sich die tatbestandlichen Voraussetzungen des Arbeitsentgelts vorliegen. Damit sollen bestimmte Tätigkeiten des **ehrenamtlichen Engagements beitragsrechtlich privilegiert** werden. 117

b) Aufwandsentschädigung aus öffentlichen Kassen. Der Bewertung einer Aufwandsentschädigung als Arbeitsentgelt steht nicht entgegen, dass die **ehrenamtliche Tätigkeit** ihrem Wesen nach unentgeltlich ist und § 115 Abs 2 BRRG bestimmt, dass Ehrenbeamte keine Dienstbezüge erhalten. Aufgrund dieser Regelung dürfen Ehrenbeamten keine finanziellen Leistungen gewährt werden, die eine den Bezügen eines aktiven Beamten „entsprechende Alimentation" darstellen und sich nach beamten- und besoldungsrechtlichen Grundsätzen bemessen. Die Vorschrift grenzt die vermögensrechtliche Stellung von Berufs- und Ehrenbeamten voneinander ab. Der Rechtscharakter der Entschädigung ist dadurch geprägt, dass die Entschädigung keine Leistung zur Sicherung des Lebensunterhalts darstellt, sondern lediglich dazu bestimmt ist, die mit der ehrenamtlichen, dh grds unentgeltlichen, Dienstleistung verbundenen Beschwernisse und finanziellen Einbußen pauschal auszugleichen. Der Entschädigung liegt in einem weit gefassten Sinne der Gedanke der **Unkostenerstattung** zugrunde, mag sie der Höhe nach auch einer Bezahlung für geleistete Tätigkeit angenähert sein (vgl BSG 22.2.96 – 12 RK 6/95, SozR 3–2940 § 2 Nr 5 zur pauschalen Aufwandsentschädigung für einen ehrenamtlichen Beigeordneten einer Gemeinde). 118

§ 14 Abs 1 Satz 3 SGB IV iVm § 3 Nr 12 EStG ist bei Aufwandsentschädigungen erfüllt, wenn es sich um Bezüge handelt, die aus einer Bundes- oder Landeskasse gezahlt werden, die auf gesetzlicher Grundlage als Aufwandsentschädigung festgesetzt sind und im Haushaltsplan als Aufwandsentschädigung ausgewiesen werden. Das Gleiche gilt für andere Bezüge, die als Aufwandsentschädigung aus öffentlichen Kassen an öffentliche Dienste leistende Personen gezahlt werden. Die Steuerfreiheit entfällt, wenn festgestellt wird, dass sie für Verdienstausfall oder Zeitverlust gewährt werden oder den Aufwand, der dem Empfänger erwächst, offenbar übersteigen. 119

3. Steuerfreie Einnahmen nach § 3 Nr 26 EStG – § 14 Abs 1 Satz 3 SGB IV. a) Allgemeines. Die Regelung des § 14 Abs 1 Satz 3 SGB IV war durch die 1999 eingeführte Zusammenrechnungsvorschrift des § 8 Abs 2 SGB IV nF erforderlich geworden: Nach § 8 Abs 2 SGB IV aF wurden bis März 1999 nur mehrere geringfügige Beschäftigungen zusammengerechnet, nicht dagegen eine Neben- und eine Hauptbeschäftigung. Nach der Neufassung des § 8 Abs 2 SGB IV war auch eine geringfügige Beschäftigungen mit nicht geringfügigen Hauptbeschäftigungen zusammenzurechnen. Hierdurch wurden viele als sog Aufwandsentschädigungen geführte 630 DM/325 €-Jobs, zB von Übungsleitern in Sport- und Gesangvereinen, Jugendgruppen usw der Versicherungspflicht- und Beitragspflicht unterworfen. Der „Aufschrei" war groß und viele der Betroffenen stellten die Fortsetzung ihres 120

37 Arbeitsentgelt

bisherigen „ehrenamtlichen Engagements" in Frage, wenn die dafür gezahlte „Anerkennung" (Aufwandsentschädigung/630 DM bzw 325 €) durch SozVBeiträge gemindert werde. Der Gesetzgeber reagierte mit § 14 Abs 1 Satz 3 SGB IV und stellte damit bestimmte Aufwandsentschädigungen im Ergebnis wieder beitragsfrei.

121 Der Gesetzgeber hat die **Privilegierung des § 14 Abs 1 Satz 3 SGB IV** iVm § 3 Nr 26 EStG beibehalten, obwohl er durch das Zweite Gesetz für moderne Dienstleistungen am Arbeitsmarkt vom 23.12.02 (BGBl I 02, 4621) mW ab 1.4.03 **die Zusammenrechnungsvorschrift des § 8 Abs 2 SGB IV** wieder geändert und er im Wesentlichen zur früheren Regelung zurückgekehrt ist: Eine nicht geringfügige (Haupt-)Beschäftigung mit nur einer (1) daneben ausgeübten entgelt-geringfügigen Beschäftigung nach § 8 Abs 1 Nr 1 SGB IV werden seit 1.3.03 nicht mehr zusammengerechnet. Dh: Sofern nur eine (1) nach § 8 Abs 1 Nr 1 SGB IV entgelt-geringfügige Beschäftigung ausgeübt wird, findet keine Zusammenrechnung statt, so dass diese Beschäftigung versicherungsfrei und damit ein Nebenverdienst bis zur Geringfügigkeitsgrenze „anrechnungsfrei" bzw „zusammenrechnungsfrei" bleibt.

Übt der ArbN eine nach § 3 Nr 26 EStG steuerfreie und eine weitere, nicht steuerfreie geringfügige Nebentätigkeit aus, kommt insoweit schon deshalb keine Zusammenrechnung in Betracht, weil kraft der Fiktion des § 14 Abs 1 Satz 3 SGB IV die Zuwendung nicht als Arbeitsentgelt gilt, es also rechtlich nichts gibt, was nach § 8 Abs 2 EStG zusammengerechnet werden könnte; mithin kann der ArbN für die weitere, nicht nach § 3 Nr 26 EStG steuerfreie Nebentätigkeit das Privileg der „Zusammenrechnungsfreiheit" des § 8 Abs 2 Satz 1 SGB IV in Anspruch nehmen, so dass er im Ergebnis aus keiner der beiden Nebenbeschäftigungen Beiträge zu zahlen hat und er „doppelt" privilegiert wird.

122 b) **Nebenberufliche Einnahmen von Übungsleitern usw. § 3 Nr 26 EStG** stellt die Einnahmen aus bestimmten nebenberuflichen Tätigkeiten bis zu dem dort genannten Betrag steuerfrei: Privilegiert sind Nebentätigkeiten als Übungsleiter, Ausbilder, Erzieher, Betreuer und vergleichbaren „anleitende" Tätigkeiten; künstlerische nebenberufliche Tätigkeiten, nebenberufliche Pflege alter, kranker oder behinderter Menschen im Dienst oder im Auftrag einer inländischen juristischen Person des öffentlichen Rechts oder eine unter § 5 Abs 1 Nr 9 KStG fallenden Einrichtung. § 14 Abs 1 Satz 3 SGB IV enthält eine **Rechtsgrundverweisung** auf § 3 Nr 26 EStG, so dass auch für die Frage der Auslegung der einzelnen Tatbestandsmerkmale auf das Steuerrecht abzustellen ist. **Nebenberuflichkeit** setzt danach nicht voraus, dass tatsächlich ein Hauptberuf ausgeübt wird. Eine nebenberufliche Tätigkeit kann auch ohne Hauptberuf zB von einem Rentner oder Studenten usw, und ohne Vollzeiterwerb ausgeübt werden; auch das Ziel, damit den Lebensunterhalt teilweise zu bestreiten schadet nicht, sofern die Tätigkeit nur abstrakt neben einer Vollbeschäftigung ausgeübt werden könnte. Das StR setzt insoweit voraus, dass die Tätigkeit – bezogen auf das Kj – nicht mehr als ein Drittel der Arbeitszeit eines vergleichbaren Vollzeiterwerbs in Anspruch nimmt (vgl *Nebentätigkeit* Rz 22). Seit 1.1.08 gelten gem § 14 Abs 1 Satz 3 SGB IV auch steuerfreie Vergütungen für **ehrenamtliche Tätigkeit** nach **§ 3 Nr 26a EStG** nicht als Arbeitsentgelt (BT-Drs 16/6540 zu § 14 SGB IV).

123 c) **Zeitliche und sachliche Zuordnung.** Bei der Steuerfreiheit nach § 3 Nr 26 EStG handelt es sich um eine einmalige Steuerbereifung zugunsten des ArbN, die auf das Kj bezogen ist und nicht mehrfach in Anspruch genommen werden kann. Übt ein ArbN mehrere solcher nebenberuflicher Tätigkeit aus, sind insgesamt im Kj bis zu dem in § 3 Nr 26 EStG genannten Betrag steuerfrei. Es ist in erster Linie nach den Kriterien des StR zu entscheiden, für welche Tätigkeit die Steuerbefreiung gelten soll (dazu LStR 17 VI); hilfsweise ist dem ArbN insoweit mE ein Gestaltungsrecht einzuräumen.

124 4. **Sozialversicherungsentgeltverordnung. a) Ermächtigungsgrundlage.** Nach § 17 Abs 1 Satz 1 Nr 1 SGB IV kann die Bundesregierung durch VO ua zur Vereinfachung des Beitragseinzugs regeln, dass einmalige Einnahmen oder laufende Zulagen, Zuschläge, Zuschüsse oder ähnliche Einnahmen, die zusätzlich zu Löhnen oder Gehältern gewährt werden und steuerfreie Einnahmen ganz oder teilweise nicht als Arbeitsentgelt gelten. Nach § 17 Abs 1 Satz 2 SGB IV soll der Verordnungsgeber dabei eine möglichst **weitgehende Übereinstimmung mit dem Steuerrecht** sicherstellen. Andererseits aber sind die **Belange der Sozialversicherung** und der Arbeitsförderung zu wahren (aaO S 1). Von dieser Ermächtigung hat die Bundesregierung zunächst durch Erlass der ArEV Gebrauch gemacht und bestimmt, dass bestimmte, in der ArEV im Einzelnen festgelegte Entgeltbestandteile ganz oder teilweise nicht dem Arbeitsentgelt zuzurechnen sind. Dh, obwohl bestimmte Zuwendungen dem Grund nach die Qualität von Arbeitsentgelt haben, werden sie rechtlich so behandelt, als wären sie kein Arbeitsentgelt (vgl Wortlaut: „... sind nicht dem Arbeitsentgelt zuzurechnen ..."). Die Bestimmungen der früheren ArEV sind seit 1.1.07 in der SozialversicherungsentgeltVO (SvEV) geregelt.

b) Lohnsteuerfreie Zusatzleistungen zu Löhnen und Gehältern. Nach § 1 Abs 1 Satz 1 Nr 1 SvEV sind einmalige Einnahmen, laufende Zulagen, Zuschläge, Zuschüsse sowie ähnliche Einnahmen, die zusätzlich zu Löhnen und Gehältern gewährt werden, nicht dem Arbeitsentgelt zuzurechnen. Vorschriften, die LStFreiheit anordnen sind insbesondere § 3, § 3b, § 19a und § 8 Abs 3 EStG sowie bestimmten anderen Gesetzen (zB 5. VermBG). Entscheidend für den Tatbestand des § 1 Abs 1 Satz 1 SvEV sind das **Zusätzlichkeitskriterium** und die **Lohnsteuerfreiheit** der betreffenden Zuwendung (zur Steuerfreiheit vgl *Steuerfreie Einnahmen* Rz 8 ff). Nach § 38 EStG ist die LSt eine besondere Art der Einkommensteuer; bei Einkünften aus nichtselbstständiger Arbeit wird die Einkommensteuer durch Abzug vom Arbeitslohn erhoben, soweit der Arbeitslohn vom ArbGeb gezahlt wird. LStFreiheit iSv § 1 Abs 1 Satz 1 Nr 1 SvEV bedeutet damit die Steuerfreiheit für diejenigen Entgeltbestandteile, die der ESt unterliegen und dem ArbN von seinem ArbGeb zugewandt werden.

125

c) Einzelne Anwendungsfälle des § 1 Abs 1 Satz 1 Nr 1 SvEV sind vor allem folgende:

126

– **Arbeitgeberzuschüsse zur Krankenversicherung** freiwillig oder privat Krankenversicherter (§ 257 SGB V).
– **Aufstockungsbeträge** im Rahmen der Altersteilzeit (§ 3 Nr 28 EStG; vgl *Altersteilzeit* Rz 11 ff).
– **Aufwandsentschädigung iS eines Werbungskostenersatzes,** die der ArbGeb zusätzlich zum Lohn und Gehalt zahlt, wie zB Umzugskostenerstattung (dazu *Umzugskosten* Rz 15; Erstattung des Mehraufwands für Verpflegung, Mehraufwendungen wegen doppelter Haushaltsführung, jeweils nach Maßgabe des § 3 Nr 16 EStG, vgl *Doppelte Haushaltsführung* Rz 40).
– **Geldwerter Vorteil** aus **privater Nutzung betrieblicher Personalcomputer** (§ 3 Nr 45 EStG).
– **Kaufkraftausgleich** bei Auslandstätigkeit nach Maßgabe des § 3 Nr 64 EStG (*Steuerfreie Einnahmen* Rz 18).
– **Kindergartenzuschuss** für Betreuung nicht schulpflichtiger Kinder, § 3 Nr 33 EStG (*Kindervergünstigung* Rz 10).
– **Kleidungsbeihilfe bzgl Berufskleidung,** § 3 Nr 31 EStG (*Arbeitskleidung* Rz 24 ff).
– **Kundenbindungsprogramme – Sachprämien** (vgl § 3 Nr 38 EStG).
– **Laufende Zuwendungen des Arbeitgebers an eine Pensionskasse** zum Aufbau einer nicht kapitalgedeckten betrieblichen Altersversorgung sind seit 2008 bis zur Höhe von 1 % der Beitragsbemessungsgrenze steuerfrei gestellt. Für die SozV gilt eine eingeschränkte Beitragsfreiheit dieser Zuwendungen. Die Summe des nach § 3 Nr 56 EStG steuerfreien Anteils der ArbGebUmlage und des nach § 40b EStG pauschal besteuerten Anteils der ArbGebUmlage höchstens jedoch zusammen maximal 100 € im Monat – sind bis zur Höhe von 2,5 Prozent des für ihre Bemessung maßgebenden Entgelts dem Arbeitsentgelt zuzurechnen, wobei ein Betrag von 13,30 € noch abzuziehen und zu verbeitragen ist. Durch diese Regelung wird sichergestellt, dass bei niedrigeren Einkommen die Beitragspflicht der Umlagen nicht zu Einbußen im Nettogehalt führt (§ 1 Abs 1 Nr 4 und 4a, Sätze 3 und 4 SvEV; BT-Drs 16/6540 zu Art 19a, § 1 SvEV IV).
– **Pensionsfonds- und Pensionskassen**-Zahlungen des ArbGeb sind bis zu 4 vH der BBG der RV steuerfrei (§ 3 Nr 63 EStG). Soweit diese Zuwendungen des ArbGeb an eine Pensionskasse oder einen Pensionsfonds jedoch aus einer Entgeltumwandlung (§ 1 Abs 2 BetrAVG) stammen, besteht nach § 2 Abs 2 Nr 5 ArEV Beitragsfreiheit nur bis zum 31.12.08 (dazu *Betriebliche Altersversorgung* Rz 170); dies leuchtet ein, da es sich bei Zahlungen aus einer Entgeltumwandlung im Ergebnis nicht um Einnahmen handelt, die der ArbGeb zusätzlich zu Löhnen und Gehältern gewährt, sondern aus dem Vermögen des ArbN erfolgen.
– **Telefonbenutzung** zu privaten Zwecken (vgl § 3 Nr 45 EStG, *Internet-/Telefonnutzung*).

37   Arbeitsentgelt

- **Trinkgelder,** § 3 Nr 51 EStG.
- **Vermögensbeteiligungen** in Form von Aktien, Wandel- und Gewinnschuldverschreibungen, Genussscheinen, Investmentanteilen, Genossenschaftsanteilen, Stammeinlagen oder Geschäftsanteilen an einer inländischen GmbH, Stille Beteiligung am Unternehmen des ArbGeb und Darlehen nach Maßgabe des § 2 des 5. VermBG, § 19a Abs 1 EStG.
- **Werbungskostenersatz** in den Fällen des § 3 Nr 16 EStG, dh Erstattung von Reisekosten, Umzugskosten oder Mehraufwendungen bei doppelter Haushaltsführung (vgl *Werbungskosten* Rz 22 f).
- **Werkzeuggeld,** § 3 Nr 30 EStG.
- **Zukunftssicherungsleistungen** nach Maßgabe des § 3 Nr 62 EStG an von der RVPflicht befreite ArbN.
- **Zuschläge für Sonntags-, Feiertags- oder Nachtarbeit** nach Maßgabe des § 3b EStG und höchstens bis 25 €/Stunde (*Sonn- und Feiertagsarbeit* Rz 17 ff), Ausnahme: Nach § 1 Abs 2 SvEV sind diese Zulagen in der UV dem Arbeitsentgelt zuzurechnen.

127   **d) Abfindungen wegen verschlechterter Arbeitsbedingungen.** (§ 1 Abs 1 Satz 1 Nr 1 SvEV). ZB Verringerung der Wochenarbeitszeit. Derartige Abfindungen werden bei weiterbestehendem versicherungspflichtigen Beschäftigungsverhältnis gezahlt, ist dies beitragspflichtiges Arbeitsentgelt; sie werden zwar zusätzlich zu Löhnen und Gehältern gezahlt, jedoch ist für sie nach § 3 Nr 9 EStG keine Steuerfreiheit angeordnet (BSG 28.1.99 – B 12 KR 14/98 R, SozR 3–2400 § 14 Nr 17). Steuerfreiheit besteht nur für echte Abfindungen nach §§ 9, 10 KSchG; diese sind aber, ohne dass es auf § 1 Abs 1 Satz 1 Nr 1 SvEV ankäme, schon deshalb kein Arbeitsentgelt, weil sie als Entschädigung für die Zeit nach Beendigung des Beschäftigungsverhältnisses und damit nicht zusätzlich zum Lohn oder Gehalt gewährt werden (vgl BSG 21.2.90 – 12 RK 20/88, SozR 3–2400 § 14 Nr 2; zur Berücksichtigung einer steuerpflichtigen Abfindung zum Gesamteinkommen iSv § 16 SGB IV vgl BSG 25.1.06 – B 12 KR 2/05 R, SozR 4–2500 § 10 Nr 6). Wird dem ArbN eine verdeckte Abfindung gezahlt, mit der ein Anspruch auf rückständiges Arbeitsentgelt erfüllt wird, ist § 1 Abs 1 Satz 1 Nr 1 SvEV ebenfalls nicht erfüllt; zwar mag eine solche Abfindung vom FA als lohnsteuerfrei behandelt werden; für den Tatbestand des § 1 SvEV fehlt es an der Zusätzlichkeit: die Zahlung der „Abfindung" erfolgt nicht zusätzlich zum Lohn oder Gehalt, sondern an dessen Stelle (BSG 21.2.90 – 12 RK 65/87, BB 90, 1704). Zum Ganzen vgl *Abfindung* Rz 64 ff.

Versorgungsbezüge/Betriebsrenten, die dem ArbN von seinem ArbGeb gezahlt werden, sind zwar nach Maßgabe des § 19 Abs 2 EStG steuerfrei. Selbst wenn sie dem ArbN bereits zu einem Zeitpunkt gezahlt werden, zu dem der ArbN noch beschäftigt ist, und sie damit an sich „zusätzlich zu Löhnen und Gehältern" gewährt werden, fehlt es am inneren sachlichen Zusammenhang zwischen dem Grundlohn/Grundgehalt und der Zahlung der Versorgungsbezüge. Die Versorgungsbezüge sind kein Lohnbestandteil. Sie sind zwar teilweise steuerfrei, jedoch nicht iSv § 1 Abs 1 Satz 1 Nr 1 SvEV lohnsteuerfrei. Sie unterliegen daher bei Versicherungspflichtigen bis zur Beitragsbemessungsgrenze in vollem Umfang der Beitragspflicht.

128   **5. Pauschalversteuerte Zuwendungen – § 1 Abs 1 Satz 1 Nr 2–4 SvEV. a) Allgemeines.** Es gibt keine Vorschrift und keinen allg Rechtsgrundsatz des Inhalts, dass sämtliche pauschalversteuerten Zuwendungen des ArbGeb an den ArbN nicht dem Arbeitsentgelt zuzurechnen sind. § 1 Abs 1 Satz 1 Nr 2–4 SvEV ordnet dies nur für einzelne Fälle der Pauschalbesteuerung an: Soweit der ArbGeb für sonstige Bezüge iSv § 40 Abs 1 Satz 1 Nr 1 EStG (dazu Rz 129 ff), Einnahmen nach § 40 Abs 2 EStG (dazu Rz 131 ff) oder Beiträge und Zuwendungen nach § 40b EStG (dazu Rz 134 ff) die LSt mit einem Pauschsteuersatz erheben kann (rechtliches Können) und er die LSt nach den §§ 39b, 39c oder 39d EStG erhebt (tatsächliches Verhalten), sind die dem ArbN dadurch entstehenden geldwerten Vorteile (Ersparnis eigener Steuern) nicht dem Arbeitsentgelt zuzurechnen.

129   **b) Sonstige Bezüge im Sinne von § 40 Abs 1 Satz 1 Nr 1 EStG.** Sonstige Bezüge sind nach § 38a Abs 1 Satz 3 EStG der Arbeitslohn, der nicht als laufender Arbeitslohn gezahlt wird (*Sonstige Bezüge* Rz 2 ff). Der **Begriff „sonstige Bezüge"** des StR deckt sich weitgehend, aber nicht vollständig mit dem **Begriff „Einmalig gezahltes Arbeitsentgelt"** iS der SozV. ZB sind nachgezahlte Lohnbestandteile, die einem bestimmten Entgeltabrechnungszeitraum zuzurechnen sind (zB eine Montagebeteiligung) zwar idR sonstige Bezüge

iSd StR, jedoch kein „einmalig gezahltes Arbeitsentgelt" (vgl BSG 15.5.84 – 12 RK 28/83, SozR 2200 § 385 Nr 9: nachgezahlte Akkordspitze; 27.10.89 – 12 RK 9/88, SozR 22 § 385 Nr 22: nachgezahlte Montagebeteiligung).

Die **Fiktion des § 1 Abs 1 Satz 1 Nr 2 SvEV,** dass die nach § 40 Abs 1 Satz 1 EStG 130 pauschal versteuerten sonstigen Bezüge nicht dem Arbeitsentgelt zuzurechnen sind, gilt **nur für laufendes Arbeitsentgelt,** nicht für einmalig gezahltes Arbeitsentgelt. Einmalzahlungen bleiben auch bei Pauschalbesteuerung beitragspflichtiges Arbeitsentgelt. Das **BSG** hatte dies zB für Mitarbeitsflüge von Angestellten einer Fluggesellschaft (BSG 7.2.02 – B 12 KR 6/01 R, SozR 3–2400 § 14 Nr 23) und die Vorteil kostenloser Kontoführung bei Bankangestellten angenommen (BSG 7.2.02 – B 12 KR 12/01 R, SozR 3–2400 § 28 f Nr 3).

Der Gesetzgeber hat im Hinblick auf diese Rspr mWv 1.1.03 § 23a Abs 1a SGB IV geändert und angeordnet, dass bestimmte Zuwendungen, die der Sache nach die Voraussetzungen einer Einmalzahlung erfüllen, nicht als Einmalzahlungen gelten. Diese Zuwendungen sollen dadurch weiterhin wie laufendes Arbeitsentgelt und bei Pauschalbesteuerung durch den ArbGeb als beitragsfrei behandelt werden (vgl BT-Drs 15/91 S 18 zu Art 2 Nr 7a). Beitragsfreiheit tritt danach ein bei Zuwendungen, wenn sie vom ArbGeb
– üblicherweise zur Abgeltung bestimmter Aufwendungen des Beschäftigten, die auch im Zusammenhang mit der Beschäftigung stehen (§ 23 Abs 1 Satz 2 Nr 1 SGB IV) erbracht werden,
– als Waren und Dienstleistungen erbracht werden, die vom ArbGeb nicht überwiegend für den Bedarf seiner Beschäftigten hergestellt, vertreiben oder erbracht werden und monatlich in Anspruch genommen werden können (aaO Nr 2),
– als bei sonstigen Sachbezügen (aaO Nr 3) oder
– als vermögenswirksame Leistungen erbracht werden.

Bei den **pauschal versteuerten „sonstigen Sachbezüge"** kommt nicht darauf an, ob es sich um regelmäßige, fortlaufende, wiederholte oder nur einmalige Zuwendungen (geldwerte Vorteile) handelt (vgl BSG 31.1.2012 – B 12 R 15/11 Rz 22 für pauschal versteuerte Belobigungsprämien, die ein Arbeitgeber den Mitarbeitern eines seiner Verkaufsteams gewährt hat; konkret ging es um ein betriebliches Belohnungssystem, bei dem der ArbGeb denjenigen ArbN, die dem in einem bestimmten Zeitraum erfolgreichsten Verkaufsteam angehörten, Prämien gewährte, die das Team – nicht der einzelnen ArbN – für Gemeinschaftsveranstaltungen verwenden konnten, zB Kurzreisen, vgl auch *Incentivreisen* Rz 14, 15).

c) Einnahmen nach § 40 Abs 2 EStG. Soweit der ArbGeb für Einnahmen nach § 40 131 Abs 2 EStG die LSt mit dem Pauschsteuersatz in den Fällen des Satz 1 von 25 vH und der Sätze 2 und 3 von 15 vH erheben kann und er die LSt nach den § 39b, § 39c oder § 39d EStG erhebt, sind die dem ArbN dadurch entstehenden geldwerten Vorteile nicht dem Arbeitsentgelt zuzurechnen. Dies gilt zunächst für die Sach- und Geldzuwendungen selbst.

Die **Pauschalierungsmöglichkeit** und damit die negative Fiktion des § 1 Abs 1 Satz 1 132 Nr 3 SvEV („kein Arbeitsentgelt") gilt für folgende Zuwendungen:
– **Unentgeltliche oder verbilligte Mahlzeiten** im Betrieb, Arbeitslohn aus Anlass von Betriebsveranstaltungen (§ 40 Abs 2 Satz 1 Nr 1 EStG), es sei denn die Mahlzeiten seien iSv Sachbezügen als Entgeltbestandteil vereinbart. Für die Wertermittlung pauschal versteuerter kostenloser oder verbilligter Mahlzeiten gelten gem § 8 Abs 2 EStG die Werte der Sachbezugsverordnung (vgl *Sachbezug* Rz 39 ff).
– Arbeitslohn und geldwerte Vorteile aus Anlass von **Betriebsveranstaltungen** (§ 40 Abs 2 Satz 1 Nr 2 EStG).
– **Erholungsbeihilfen** für die ArbN und nahe Angehörige nach Maßgabe des (§ 40 Abs 2 Satz 1 Nr 3 EStG).
– **Vergütungen für Verpflegungsmehraufwendungen** bei Dienstreisen, Einsatzwechseltätigkeit und Fahrtätigkeit (§ 40 Abs 2 Satz 1 Nr 4 EStG; vgl dazu *Einsatzwechseltätigkeit*). Die LSt-Pauschalierung ist zulässig bis zum Doppelten der in § 4 (Abs 5 Satz 1, Sätze 2 bis 4 EStG angesetzten Werte (vgl *Dienstreise* Rz 49 ff; *Einsatzwechseltätigkeit* Rz 25 ff; *Fahrtätigkeit* Rz 14). Insoweit liegt bei durchgeführter Pauschalbesteuerung auch kein Arbeitslohn vor. Zahlt der ArbGeb höhere Beträge, unterliegen diese insoweit den Bestimmungen über das Arbeitsentgelt und damit regelmäßig auch der Beitragspflicht.
– **Kostenlose bzw verbilligte Übereignung von Personalcomputern** oder Zubehör und **Internetnutzung bzw Zuschüsse** des ArbGeb zu entsprechenden Aufwendungen

37 Arbeitsentgelt

des ArbN für PCs, Zubehör, Internetnutzung des ArbN (§ 40 Abs 2 S 1 Nr 4 EStG, vgl *Internet-/Telefonnutzung* Rz 30).
– **Fahrten zwischen Wohnung und Arbeitsstätte** (§ 40 Abs 2 Sätze 2 und 3 EStG). Der ArbGeb kann den geldwerten Vorteil des ArbN, der unentgeltlicher oder verbilligter Beförderung von und zur Arbeitsstätte, durch den ArbGeb oder ArbGebZuschüsse zu den Aufwendungen des ArbN für Fahren zwischen Wohnung und Arbeitsstätte insoweit pauschal besteuern. Die Pauschalierungsmöglichkeit besteht nur insoweit, als die Beträge nicht höher sind, als diejenigen, die der ArbN als Werbungskosten geltend machen könnte. Bis zu diesem Betrag liegt Pauschalbesteuerung und kein Arbeitsentgelt vor.

133 Die Fiktion des § 1 Abs 1 Satz 1 Nr 3 SvEV erstreckt sich sinngemäß auch auf die in der **Übernahme der Steuer** liegenden weiteren **geldwerten Vorteil** des ArbN. Insoweit kann für den Steuervorteil des ArbN in den Fällen des § 40 Abs 2 EStG nichts anderes gelten als für denjenigen nach § 40 Abs 1 Satz 1 Nr 2 EStG (vgl zu Letzterem BSG 19.6.01 – B 12 KR 16/00 R, SozR 3–2400 § 14 Nr 20 zur Pauschalversteuerung nach § 40 Abs 1 Satz 1 Nr 2 EStG). Eine Nettolohnvereinbarung kann insoweit nicht angenommen werden.

134 d) **Beiträge und Zuwendungen für Zukunftssicherungsleistungen nach § 40b EStG.** Nach § 1 Abs 1 Satz 1 Nr 4 SvEV sind Beiträge und Zuwendungen nach § 40b EStG, die der ArbGeb zusätzlich zu Löhnen und Gehältern zahlt, nicht dem Arbeitsentgelt zuzurechnen, soweit der ArbGeb diese Beiträge und Zuwendungen der LSt hierauf mit einem Pauschalsteuersatz erheben kann und erhebt. Der ArbGeb hat die pauschale LSt zu übernehmen (§ 40b Abs 4 Satz 1 iVm § 40 Abs 3 EStG). § 40b EStG lässt die Pauschalbesteuerung für folgende Zukunftssicherungsleistungen zu:
– **Beiträge für eine Direktversicherung** des ArbN und **Zuwendungen an eine Pensionskasse** können mit einem Pauschsteuersatz von 20 vH versteuert werden, soweit es sich um das erste Dienstverhältnis des ArbN handelt und die Höchstgrenzen des § 40b Abs 2 Satz 1 EStG nicht überschritten werden (zu den Begriffen Direktversicherung und Pensionskasse vgl *Betriebliche Altersversorgung*). Für Beiträge und Zuwendungen, die der ArbGeb dem ArbN aus Anlass der Beendigung des Dienstverhältnisses gewährt, vervielfältigt sich der Betrag gem § 40b Abs 2 Satz 3 EStG. Dadurch soll die Möglichkeit einer angemessenen Altersversorgung bei Beendigung des Dienstverhältnisses ermöglicht werden. Liegt eine „Nachversicherung" in diesem Sinne vor, sind entsprechende Beiträge des ArbGeb nicht dem Arbeitsentgelt zuzurechnen. Handelt es sich dabei jedoch um eine versteckte Abfindung wegen Verlustes des Arbeitsplatzes, dürfte es schon dem Grund nach am Vorliegen von Arbeitsentgelt fehlen.
– **Beiträge für eine Gruppenunfallversicherung** sind bis zu einem bestimmten Betrag je ArbN pauschalierungsfähig und insoweit nicht dem Arbeitsentgelt zuzurechnen (BSG 30.3.2000 – 12 RK 14/99 R, SozR 3–2400 § 25 Nr 7).

135 Soweit pauschal besteuerte Direktversicherungsbeiträge etc nicht dem Arbeitsentgelt zuzurechnen sind, ist auch die vom ArbN **durch Gehaltsüberwälzung getragene Pauschalsteuer** nicht dem Arbeitsentgelt zuzurechnen (BSG 21.8.97 – 12 RK 44/96, SozR 3–5375 § 2 Nr 1).

136 Zu Einschränkungen der Fiktion durch **§ 1 Abs 1 Satz 2 SvEV** bei **Gesamtversorgungsregelungen** insbesondere der Versorgungsanstalt des Bundes und der Länder vgl *Betriebliche Altersversorgung* Rz 179 ff).

137 6. **Sonstige sozialmotivierte Arbeitgeberzuschüsse. a) Zuschüsse an Heimarbeiter und Hausgewerbetreibende** nach § 10 EFZG sind nach § 1 Abs 1 Satz 1 Nr 5 SvEV nicht dem Arbeitsentgelt zuzurechnen. Nach § 10 EFZG haben in Heimarbeit Beschäftigte und Hausgewerbetreibende zur wirtschaftlichen Sicherung für den Krankheitsfall gegen ihren Auftraggeber Anspruch auf Zahlung eines Zuschlags zum Arbeitsentgelt. Der Zuschlag dient zugleich zur Sicherung der Ansprüche der von Heimarbeitern und Hausgewerbetreibenden Beschäftigten (§ 10 Abs 1 Satz 3 EFZG). Angesichts ihrer Zweckbestimmung sind diese Beiträge der Auftraggeber, die gem § 12 Abs 3 SGB IV als ArbGeb für Heimarbeiter und Hausgewerbetreibenden gelten, nicht dem Arbeitsentgelt zuzurechnen.

138 b) **Zuschüsse zum Mutterschaftsgeld** des ArbGeb nach § 14 MuSchG sind nach § 1 Abs 1 Satz 1 Nr 6 SvEV ebenfalls nicht dem Arbeitsentgelt zuzurechnen (zum Zuschuss vgl BSG 7.11.2000 – B 1 SF 1/99 R, SozR 3–7830 § 14 Nr 1).

c) Zuschüsse zum Kurzarbeitergeld sind nach § 1 Abs 1 Satz 1 Nr 8 SvEV nicht dem **139**
Arbeitsentgelt zuzurechnen, soweit sie zusammen mit dem Kurzarbeitergeld 80 vH des
Unterschiedsbetrages zwischen dem Sollentgelt und dem Istentgelt nach § 106 SGB III nicht
übersteigen (vgl dazu *Kurzarbeit* Rz 47 ff).

d) Zuwendungen anlässlich Naturkatastrophen. Nach § 1 Abs 1 Satz 1 Nr 11 SvEV **140**
sind „steuerlich nicht belastete Zuwendungen des Beschäftigten zugunsten durch Naturkatastrophen im Inland Geschädigte aus Arbeitsentgelt einschließlich Wertguthaben" nicht
dem Arbeitsentgelt zuzurechnen. Diese sprachlich missglückte Vorschrift möchte Zuwendungen des ArbGeb an den ArbN aus dem Anwendungsbereich der für Arbeitsentgelt
geltenden Vorschriften ausnehmen. Voraussetzung hierfür ist, dass es sich um Zuwendungen
zugunsten eines durch Naturkatastrophen im Inland Geschädigten handelt und diese Zuwendungen auch steuerlich nicht belastet werden.

7. Übernommene Pauschalsteuer. Ist die Pauschalsteuer nach **§ 3 Abs 3 SvEV** vom **141**
ArbGeb zu übernehmen, ist der darin liegende geldwerte Vorteil gem § 1 Abs 1 Satz 1 Nr 7
SvEV nicht dem Arbeitsentgelt zuzurechnen. ME ist zu erwägen, hierin einen der Verallgemeinerung zugänglichen Rechtsgrundsatz auch in anderen Fällen zu sehen, in denen die
Pauschalsteuer endgültig vom ArbGeb übernommen werden muss (vgl § 40 Abs 3, § 30b
Abs 4 Satz 1 EStG). Andernfalls liefen die Vorteile der Pauschalversteuerung (einfaches und
praktikables Besteuerungsverfahren) durch komplizierte Berechnungsvorgänge allein zu
Zwecken des Beitragseinzugs weitgehend leer (so für die Pauschalversteuerung nach § 40
Abs 1 Satz 1 Nr 2 EStG BSG 19.6.01 – B 12 KR 16/00 R, SozR 3–2400 § 14 Nr 20).

IV. Entgeltumwandlung. 1. Begriff. Der Begriff der Entgeltumwandlung steht seit jeher **142**
in sachlichem Zusammenhang mit den Aufwendungen für eine betriebliche Altersversorgung.
Für diese Aufwendungen stellt sich die Frage, wie sie beitragsrechtlich zu behandeln sind, wenn
ArbGeb und ArbN vereinbaren, dass Teile des Arbeitsentgelt nicht ausgezahlt, sondern für
Zukunftssicherungsleistungen verwendet werden sollen. § 1 Abs 2 Nr 3 BetrAVG enthält eine
Legaldefinition der Entgeltumwandlung. Danach liegt eine betriebliche Altersversorgung
auch dann vor, wenn „künftige Entgeltansprüche in eine wertgleiche Anwartschaft auf Versorgungsleistungen umgewandelt werden (Entgeltumwandlung)". Daher verliert zB eine Direktversicherung ihren Charakter als betriebliche Altersversorgung nicht dadurch, dass die Prämien
von der Lebensversicherung wirtschaftlich vom ArbN getragen werden. Voraussetzung hierfür
ist lediglich, dass die Versicherungsprämien aus einer Entgeltumwandlung stammen.

2. Zurechnung zum Arbeitsentgelt. Nach § 14 Abs 1 Satz 2 SGB IV sind Arbeits- **143**
entgelt auch diejenigen Entgeltbestandteile, die durch Entgeltumwandlung nach § 1 Abs 2
Nr 3 BetriebsrentenG für betriebliche Altersversorgung in den Durchführungswegen
Direktzusage oder Unterstützungskassen verwendet werden und soweit die Entgeltbestandteile 4 vH der jährlichen Beitragsbemessungsgrenze (BBG) in der RV nicht übersteigen. Dh, in dem genannten Umfang von bis zu 4 vH der BBG der RV sind Entgeltumwandlungen zugunsten einer betrieblichen Altersversorgung beitragsfrei (weitere Einzelheiten vgl *Betriebliche Altersversorgung* Rz 176 ff).

V. Sonderregelungen für hauswirtschaftlich Beschäftigte. Bei Verwendung eines **144**
Haushaltsschecks für im Haushalt Beschäftigte nach § 28a Abs 7 SGB IV (dazu *Hauswirtschaftliches Beschäftigungsverhältnis* Rz 9 ff) gilt der gezahlte Betrag zuzüglich der durch Abzug
vom Arbeitslohn einbehaltenen Steuern als Arbeitsentgelt (§ 14 Abs 3 SGB IV, BR-Drs 13/
6151 S 23).

Arbeitsförderung

A. Arbeitsrecht *Griese*

1. Grundsätze der Arbeitsförderung. In § 1 SGB III sind die Grundsätze der Arbeits- **1**
förderung beschrieben (zum früheren bis zum 31.12.1997 geltenden AFG s Personalbuch
1997, Stichwort Arbeitsförderung). Dazu gehört gem § 1 Abs 2 Nr 3 SGB III, **unterwertiger Beschäftigung entgegenzuwirken.** Nach § 36 SGB III darf eine **Vermittlung nicht
erfolgen,** wenn ein Ausbildungs- oder Arbeitsverhältnis begründet werden soll, das **gegen**

38 Arbeitsförderung

ein Gesetz oder die guten Sitten verstößt. Damit sind sowohl **diskriminierende Arbeitsplatzangebote** und Auswahlkriterien und -verfahren als auch die **tarifwidrige Beschäftigung** trotz Tarifbindung (Verstoß gegen TVG) **nicht zulässig,** wie auch § 121 Abs 2 SGB III unterstreicht (s bereits BSG 4.12.97 – 7 RAr 24/96, ArbuR 98, 260). Die Auffassung, es sei nicht Aufgabe des ArbGeb, die **Diskriminierungsfreiheit** einer von ihm veranlassten Stellenausschreibung durch die Arbeitsverwaltung in der elektronischen Stellenbörse zu überwachen, ist mit Art 3 II GG unvereinbar (BVerfG 21.9.06 – 1 BvR 308/03, NZA 07, 195; ebenso BAG 5.2.04 – 8 AZR 112/03, NZA 04, 540). Eine tarifwidrige Beschäftigung liegt allerdings nicht vor, soweit auf das Arbeitsverhältnis mangels Tarifbindung oder Allgemeinverbindlichkeitserklärung (s *Tarifvertrag*) kein Tarifvertrag Anwendung findet. Die Auswahlkriterien begrenzt § 36 SGB III und lässt nur für Tendenzbetriebe die Berücksichtigung von Tendenzkriterien zu, wenn dies durch die Art der auszuübenden Tätigkeit gerechtfertigt ist. An der Amtshaftung bei diskriminierender Bewerberauswahl ändert sich nichts. Erhält ein **ArbN eine sittenwidrig niedrige Vergütung** (s *Mindestentgelt*) und ergänzende Leistungen zur Sicherung des Lebensunterhalts nach SGB II, kann die ARGE bzw die Agentur für Arbeit **aus übergegangenem Recht gem § 115 Abs I SGB X die Vergütungsdifferenz zur üblichen Vergütung arbeitsgerichtlich gegen den ArbGeb einklagen** (ArbG Stralsund 10.2.09 – 1 Ca 313/08, ArbuR 09, 182). Soweit ein gesetzliches Mindestentgelt nicht gezahlt und dadurch SozialVersBeiträge für den ArbN der SozV vorenthalten werden, greift zudem die Strafbarkeit nach § 266a StGB ein (BGH 12.9.12 – 5 StR 363/12).

2   Auch für Beschäftigungsverhältnisse, die aufgrund verschiedener Arbeitsförderungsinstrumente gefördert werden (zB Eingliederungszuschüsse gem § 218 SGB III s *Lohnkostenzuschuss* Rz 2 u 11), gelten die arbeitsrechtlichen Vorschriften. Es handelt sich um **vollwertige Arbeitsverhältnisse** mit allen Rechten und Pflichten. Bei Arbeitsbeschaffungsmaßnahmen waren Tarifabstandsklauseln (§ 265 SGB III in der bis zum 31.12.03 geltenden Fassung – voller Zuschuss nur, wenn das vereinbarte Arbeitsentgelt 80 % des Tariflohnes nicht übersteigt – nicht grundgesetzwidrig (BVerfG 27.4.99 – 1 BvR 2203/93 und 1 BvR 897/95, ArbuR 99, 349). Seit dem 1.1.2004 ist die Lohnkostenbezuschussung pauschaliert.

3   **2. Arbeitsförderung durch Kombilohn. a)** Bei dem Modell des Kombilohns handelt es sich um eine staatliche Bezuschussung der Vergütungskosten. Der ArbN erhält nur einen Teilbetrag seiner Gesamtvergütung vom ArbGeb, den restlichen Teil als Lohnkostenzuschuss vom Staat.

Im Arbeitsförderungsrecht existiert bisher ein Eingliederungszuschuss (s *Lohnkostenzuschuss* Rz 1 ff) gem § 218 Abs 1 SGB III, mit dem die (noch) nicht volle Leistungskraft des ArbN für einen befristeten Zeitraum ausgeglichen werden soll. Der Kombilohn als staatlicher Lohnkostenzuschuss würde weit darüber hinaus gehen, denn er soll unabhängig von Leistungseinschränkungen bei den ArbN im **Niedriglohnsektor** für jede Art von Arbeit gewährt werden.

Grundgedanke ist, dass die Aufnahme von gering bezahlter Tätigkeit attraktiv gemacht wird. Für die ArbN soll der durch den Kombilohn mögliche höhere Nettogesamtlohn einen Anreiz bilden, von der Arbeitslosigkeit in eine Arbeitstätigkeit zu wechseln. Für den ArbGeb besteht die Attraktivität darin, Arbeit anzubieten, die ansonsten – weil zu teuer – gar nicht vergeben werden würde.

4   **b) Problematik der Wettbewerbsverzerrung.** Mit Recht wird argumentiert, dass besser bezahlte Arbeitsplätze und ArbN verdrängt werden durch schlechter bezahlte ArbN, ohne dass sich die Gesamtzahl der Arbeitsplätze erhöht. Die Verletzung der Wettbewerbsgleichheit wird in doppelter relevant: Der ArbGeb, der schlechter bezahlt und weniger qualifizierte ArbN einsetzt, verschafft sich Kosten- und damit Wettbewerbsvorteile gegenüber seinen Konkurrenten. Und der geringer qualifizierte ArbN verschafft sich auf dem Arbeitsmarkt Wettbewerbsvorteile gegenüber dem besser qualifizierten ArbN. Durch eine (Dauer-)Subventionierung der unteren Vergütungssegmente ergibt sich am Ende eine marktverzerrende Wirkung bei Vergütungen und Arbeitskosten. Hinzu kommt, dass durch Zerschneidung und Aufsplitting von bisher besser bezahlter Tätigkeit ein Teil der Lohnkosten auf den Staat abgewälzt wird, ohne dass damit ein Sinken der Arbeitslosigkeit erreicht wird. Die Entwicklung der sog „Aufstocker" bestätigt dies; mehr als 1,4 Millionen Bezieher von Grundsicherungsleistungen nach SBG II (Hartz IV) im Jahr 2010 arbeiten, verdienen aber so

wenig, dass sie staatliche Aufstockungsleistungen beziehen. Im Ergebnis werden ArbGeb, die zu niedrige Löhne zahlen, durch staatliche Mittel subventioniert. Die als Kombilohnmodell wirkende soziale Grundsicherung wird von den Arbeitsvertragsparteien einkalkuliert und verzerrt die Marktverhältnisse auf Kosten der Steuerzahler (s eingehend *Waltermann*, Gutachten zum 68. Deutschen Juristentag 2010, B 88 ff u NZA 13, 1041).

Mindestkonsequenz dieser Überlegungen ist, dass der beim Kombilohn gewährte Lohnkostenzuschuss nicht zu wettbewerbsverzerrenden Effekten führen darf. Wenn überhaupt ist daher ein Kombilohnmodell nur in der Weise denkbar, dass nur der ArbN einen **Zuschuss zu seinem Anteil an den Sozialversicherungbeträgen** erhält. Auf diese Weise verändert sich weder der vom ArbGeb zu zahlende Bruttolohn noch der ArbGebAnteil zur SozV. Der Effekt besteht allein darin, dass der ArbN ausgehend von der identischen Bruttovergütung eine **höhere Nettovergütung** erhält, weil der ArbNAnteil zur SozV bezuschusst wird. Diesem Ansatz folgt auch die Förderung der Teilzeitarbeit im Zweiten Gesetz für moderne Dienstleistungen am Arbeitsmarkt vom 23.12.02 (BGBl I 02, 4621). In der sog Gleitzone gem § 20 SGB IV (monatliches Arbeitsentgelt zwischen 450 und 850 €) trägt der ArbGeb den vollen ArbGebAnteil zur SozV, während der ArbNAnteil zur SozV reduziert wird. 5

B. Lohnsteuerrecht *Windsheimer*

1. Leistungen betreffend Arbeitnehmer. Leistungen nach dem SGB III sind auf ArbNSeite steuerfrei (§ 3 Nr 2 EStG, s Rz 25 ff). Ein Dienstverhältnis muss nicht bestehen. Hierzu gehören insbesondere Leistungen aufgrund von Programmen des Bundes und der Länder, die dazu bestimmt sind, die Leistungen nach dem SGB III zu ergänzen. Soweit diese Leistungen solchen des SGB III entsprechen, sind sie ebenfalls steuerfrei (§ 3 Nr 11 EStG). Zuschüsse und zweckgebundene steuerfreie Bezüge, die der unmittelbaren Förderung der Ausbildung oder Weiterbildung des Stpfl dienen, sind auf die diesbezüglichen Aufwendungen des Stpfl anzurechnen, so dass sich nur der nicht ersetzte Differenzbetrag steuerlich auswirken kann (s im Einzelnen *Ausbildungskosten* Rz 17; *Fortbildung* Rz 20 ff). Zum Abzugsverbot von Aufwendungen, die im Zusammenhang mit steuerfreien Einnahmen stehen (§ 3c EStG) s *Steuerfreie Einnahmen* Rz 7. Soweit ein Arbeitsverhältnis besteht, ist der die steuerfreien Leistungen übersteigende Teil des Arbeitsentgelts lstpflichtig. 6

Die meisten Leistungen nach dem SGB III unterliegen dem Progressionsvorbehalt (§ 32b EStG; s *Lohnersatzleistungen* Rz 5 ff). Bestimmte Leistungen nach dem SGB III hat der ArbGeb auf dem *Lohnkonto* (§ 41 Abs 1 Satz 4 EStG; s dort Rz 5) und im Rahmen der LStBescheinigung (§ 41b Abs 1 Nr 5 EStG) einzutragen. Soweit die Leistungen nicht auf der LStBescheinigung auszuweisen sind, erfolgt ab 2012 eine Datenübermittlung durch die Träger der Sozialleistungen (§ 32b Abs 3 iVm § 52 Abs 43a Sätze 4 EStG, BMF 22.2.2011, BStBl I 11, 214). Hat der ArbN bestimmte Leistungen nach dem SGB III bezogen, darf der ArbGeb für den ArbN keinen LStJahresausgleich durchführen (vgl § 42b Abs 1 Satz 3 Nr 4 EStG). Vielmehr ist in solchen Fällen vom FA grds eine Jahresveranlagung vAw vorzunehmen (§ 46 Abs 2 Nr 1 EStG). Bei welchen Leistungen nach dem SGB III dies im Einzelnen der Fall ist, s hierzu die einzelnen Stichworte (zB *Ältere Arbeitnehmer (50 +)* Rz 7, *Kurzarbeit* Rz 27, *Lohnersatzleistungen* Rz 6, *Mutterschaftsgeld* Rz 5 usw). 7

2. Leistungen betreffend Arbeitgeber. Die dem ArbGeb nach dem SGB III gewährten Geldleistungen (s Rz 29 ff) stellen bei diesem Betriebseinnahmen und bei Weiterleitung an den ArbN Betriebsausgaben dar (BFH 25.9.02 – IV B 139/00, BFH/NV 03, 158). Zuschüsse zur Förderung von Existenzgründern aus Mitteln des Europäischen Sozialfonds sind nicht steuerfrei (BFH 26.6.02 – IV R 39/01, BStBl II 02, 697). 8

C. Sozialversicherungsrecht *Voelzke*

Übersicht

	Rz		Rz
I. Rechtsentwicklung	10–12	IV. Leistungen	25–28
II. Allgemeine Grundsätze	13–18	V. Eingliederungszuschuss	29
III. Beratung und Vermittlung	19–24	VI. Arbeitsmarktprogramme	30
1. Beratung	20, 21	VII. Europäischer Sozialfonds	31
2. Arbeitsvermittlung	22–24		

38 Arbeitsförderung

10 I. Rechtsentwicklung. Mit Wirkung vom 1.1.98 ist das Arbeitsförderungsrecht durch das AFRG vom 24.3.97 (BGBl I 97, 594) in weitgehend **überarbeiteter Form** als Drittes Buch in das SGB eingeordnet worden (vgl zum Gang des Gesetzgebungsverfahrens *Henkes* BArBl 7–8/97, 13). Das Arbeitsförderungsrecht ist infolge der Vorschläge der Kommission „Moderne Dienstleistungen am Arbeitsmarkt" durch das Erste sowie das Zweite Gesetz für moderne Dienstleistungen am Arbeitsmarkt vom 23.12.02 (BGBl I 02, 4607 und 4621) in wesentlichen Bereichen reformiert worden.

11 Mit den Änderungen durch das **Gesetz zu Reformen am Arbeitsmarkt** vom 24.12.03 (BGBl I 03, 3002) verfolgte der Gesetzgeber das Ziel, die Kosten der ArbIV durch eine Änderung der Struktur der Anspruchsdauer zu vermindern (BT-Drs 15/1204 S 10; Näheres: *Arbeitslosengeld* und *Erstattungsanspruch der Agentur für Arbeit*). Diese Änderungen wurden zum 1.2.06 wirksam. Das **Dritte Gesetz für moderne Dienstleistungen am Arbeitsmarkt** vom 23.12.03 (BGBl I 03, 2848) setzte die Umsetzung der Vorschläge der sog Hartz-Kommision fort. Neben dem mit großem gesetzgeberischen Aufwand betriebenen Umbau der Bundesanstalt für Arbeit und den damit einhergehenden Umbenennungen in „Bundesagentur für Arbeit", „Regionaldirektionen" und „Agenturen für Arbeit" enthält dieses Gesetz auch eine Reihe von Änderungen des materiellen Rechts (vgl auch den Überblick bei *Ludwig* BB 03, 2398; *Schmidt* SGB 04, 345).

12 Das **Gesetz zur Verbesserung der Eingliederungschancen am Arbeitsmarkt** vom 20.12.11 (BGBl I 11, 2854) hat das Arbeitsförderungsrecht grundlegend reformiert (*Voelzke* NZA 12, 177). Art 1 des Gesetzes enthält eine Reihe von Sofortmaßnahmen des Gesetzgebers, die überwiegend bereits am 28.12.11 in Kraft getreten sind. Hierzu gehört die Umwandlung des Gründungszuschusses in eine Ermessensleistung, die Klarstellung der grundsätzlichen Zulässigkeit von Kurzarbeit „Null" und die Verlängerung bestimmter befristeter arbeitsmarktpolitischer Instrumente. Mit Art 2 hat der Gesetzgeber eine grundlegende redaktionelle Überarbeitung und neue Ordnung der Regelungen des SGB III vorgenommen. Die Überarbeitung umfasst auch inhaltliche Änderungen und Straffungen des bisherigen Rechts. Art 2 ist am 1.4.12 in Kraft getreten.

13 II. Allgemeine Grundsätze. Die Zielsetzungen des Arbeitsförderungsrechts sind vom Gesetzgeber mehrfach neu formuliert worden. Nach § 1 Abs 1 Satz 1 SGB III soll die Arbeitsförderung dem Entstehen von Arbeitslosigkeit entgegenwirken, die Dauer der Arbeitslosigkeit verkürzen und den Ausgleich von Angebot und Nachfrage auf dem Ausbildungs- und Arbeitsmarkt unterstützen. Die Aufzählung soll die Kernaufgaben der Arbeitsföderung Prävention, Aktivierung und Marktausgleich darstellen (BT-Drs 16/10810 zu Art 1 § 1). Einen Schwerpunkt bildet die Verwirklichung der Chancengleichheit von Frauen und Männern auf dem Arbeitsmarkt, die als Querschnittaufgabe ebenfalls in § 1 Abs 2 Nr 4 SGB III verankert worden ist.

14 Beibehalten wurde die Regelung in § 2 Abs 1 Satz 2 Nr 2 SGB III, nach der die ArbGeb vorrangig durch **betriebliche Maßnahmen** die Inanspruchnahme von Leistungen der Arbeitsförderung sowie Entlassungen von ArbN vermeiden sollen. In der Gesetzesbegründung wird hierzu ausgeführt, dass zB durch eine entsprechende Arbeitsorganisation und flexible Arbeitszeiten die Inanspruchnahme von Kurzarbeitergeld vermieden werden soll, wenn ein betrieblicher Ausgleich zwischen Kurzarbeit und Überstunden möglich ist. Sofern ein derartiger Ausgleich nicht möglich ist, sollen wiederum Entlassungen durch die Inanspruchnahme von Kurzarbeitergeld vermieden werden (BT-Drs 13/4941 S 152). Es ist nach wie vor nicht geklärt, ob und in welcher Weise die gesetzliche Fixierung der besonderen Verantwortung von ArbGeb und ArbN ihren Niederschlag in der Rechtsanwendung finden muss (kritisch: *Niesel* NZA 97, 584; zu arbeitsrechtlichen Folgerungen *Schaub* NZA 97, 810).

15 Das Erste Gesetz für moderne Dienstleistungen am Arbeitsmarkt vom 23.12.02 (BGBl I 02, 4607) hat den in § 2 SGB III aufgeführten Verantwortungsbereich von ArbGeb und ArbN erweitert. Aufgenommen wurde eine sich an den ArbGeb richtende Verpflichtung, ArbN vor der Beendigung des Arbeitsverhältnisses frühzeitig über die Notwendigkeit eigener Aktivitäten bei der Suche nach einer anderen Beschäftigung sowie über die Verpflichtung **unverzüglicher Meldung** bei der Agentur für Arbeit zu informieren. Ferner sollen die ArbGeb die ArbN hierzu freistellen und die Teilnahme an erforderlichen Qualifizierungsmaßnahmen ermöglichen (§ 2 Abs 2 Satz 2 Nr 3 SGB III). Diese „Verpflichtung" der

ArbGeb steht im Zusammenhang mit der Obliegenheit der ArbN zur frühzeitigen Meldung bei der Agentur für Arbeit (s *Arbeitslosengeld* Rz 64). Hiermit korrespondiert, dass die ArbN nach § 2 Abs 5 Nr 2 SGB III eigenverantwortlich nach Beschäftigung suchen sollen. Die Beschäftigungssuche soll bei bestehendem Beschäftigungsverhältnis frühzeitig vor dessen Beendigung einsetzen. Aus der den ArbGeb treffenden „Verpflichtung", den ArbN auf die Obliegenheit zur frühzeitigen Meldung hinzuweisen, erwächst jedoch kein Schadensersatzanspruch des ArbN gegen den ArbGeb bei einer Verletzung der Hinweispflicht (BAG 29.9.05 – 8 AZR 571/04, NZA 05, 1406). Der Anwendungsbereich für einen Schadensersatzanspruch wäre ohnehin gering, da nur die verschuldete Unkenntnis des ArbN von seiner Meldepflicht zum Eintritt einer Sperrzeit führt (BSG 25.5.05 – B 11a/11 AL 81/04 R, NJW 05, 3803; vgl zu diesen Entscheidungen etwa *Kühl/Vogelsang* RdA 06, 224; *Seel* NZS 06, 525).

Weiterhin Gültigkeit beansprucht der Grundsatz, dass Maßnahmen zur Verhütung von Arbeitslosigkeit gegenüber den Kompensationsleistungen bei bereits eingetretener Arbeitslosigkeit vorrangig sind. Diese Priorität wird durch den **Vorrang der Vermittlung** (§ 4 SGB III) und durch den Vorrang der aktiven vor den passiven Leistungen (§ 5 SGB III) hervorgehoben. Ferner findet dieses Prinzip in § 7 SGB III seinen Ausdruck, wonach das Auswahlermessen der BA bei der Bewilligung von Leistungen in der Weise ausgeübt werden soll, dass vorrangig auf die Fähigkeiten der zu fördernden Personen, die Aufnahmefähigkeit des Arbeitsmarktes und den anhand der Ergebnisse der Beratungs- und Vermittlungsgespräche ermittelten arbeitsmarktpolitischen Handlungsbedarf abzustellen ist. 16

Einen Schwerpunkt setzt der Gesetzgeber bei der Vereinbarkeit der Leistungen der aktiven Arbeitsförderung mit den Lebensverhältnissen von **Frauen und Männern**, die aufsichtsbedürftige Kinder betreuen und erziehen oder pflegebedürftige Angehörige betreuen oder nach diesen Zeiten wieder in die Erwerbstätigkeit zurückkehren wollen (§ 8 Abs 1 SGB III). Insoweit wird für Berufsrückkehrer in § 8 Abs 2 SGB III eine eigenständige Regelung getroffen, die vorsieht, dass der begünstigte Personenkreis die zur Rückkehr in die Erwerbstätigkeit notwendigen Leistungen der aktiven Arbeitsförderung erhält. 17

Im Gegensatz zum AFG, das Vorschriften über die Beitragspflicht bzw -freiheit enthielt, beschreibt das SGB III die Zugehörigkeit zur Versichertengemeinschaft als **Versicherungspflichtverhältnis** (§ 24 Abs 1 SGB III), das für Personen begründet wird, die als Beschäftigte oder aus sonstigen Gründen versicherungspflichtig sind (s *Arbeitslosenversicherungspflicht* Rz 4 ff). Hierdurch soll eine konsequente Ausrichtung am Versicherungsprinzip zum Ausdruck gebracht werden, die ihren Niederschlag darin findet, dass nur noch Zeiten, für die Beiträge zur ArblV entrichtet werden, zur Begründung eines Anspruchs auf beitragsabhängige Leistungen dienen (BT-Drs 13/4941 S 143; vgl auch *Kopp* NZS 97, 459). 18

III. Beratung und Vermittlung. Die Vorschriften über die Beratung und Vermittlung werden im Dritten Kapitel des SGB III den leistungsrechtlichen Regelungen vorangestellt. Zur Unterstützung ihrer Beratungs- und Vermittlungstätigkeit kann die BA nach den §§ 44, 45 SGB III Ausbildungsuchenden, von Arbeitslosigkeit bedrohten Arbeitsuchenden und Arbeitslosen Leistungen gewähren, die die Vermittlungstätigkeit der BA unterstützen sollen. Es handelt sich um eine Förderung aus dem **Vermittlungsbudget,** die ohne eine inhaltliche Konkretisierung alle Hemmnisse beseitigen soll, die eine Arbeits- bzw Ausbildungsmaßnahme aus finanziellen Gründen erschwert (§ 44 SGB III; Näheres: *Vermittlungsbudget*). Außerdem eröffnet § 45 SGB III eine Trägerförderung, die auf **Maßnahmen zur Aktivierung und beruflichen Eingliederung** gerichtet ist. 19

1. Beratung. Die Agentur für Arbeit hat Jugendlichen und Erwachsenen, die am Arbeitsleben teilnehmen wollen, Berufsberatung und ArbGeb Arbeitsmarktberatung anzubieten (§ 29 Abs 1 SGB III). Hierbei umfasst die **Berufsberatung** in erster Linie die Erteilung von Auskunft und Rat zur Berufswahl, beruflichen Entwicklung und zum Berufswechsel, zur Lage und Entwicklung des Arbeitsmarktes und der Berufe, zu den Möglichkeiten der beruflichen Bildung, zur Ausbildungs- und Arbeitsplatzsuche und zu Leistungen der Arbeitsförderung. Eine Falschberatung im Zusammenhang mit einem Leistungsbegehren kann die Voraussetzungen des sozialrechtlichen Herstellungsanspruchs begründen (vgl *Hauck/Noftz/ Rademacker* SGB III, § 29 Rz 6). Das nach § 4 AFG noch bestehende Beratungsmonopol der BA wurde mit dem In-Kraft-Treten des SGB III aufgegeben. 20

38 Arbeitsförderung

21 Das Förderungsrecht umfasst eine **Arbeitsmarktberatung** für ArbGeb (§ 34 SGB III). Diese soll dazu beitragen, den ArbGeb bei der Besetzung von Ausbildungs- und Arbeitsstellen zu unterstützen. Die Arbeitsmarktberatung erfolgt nicht nur auf besondere Anfrage, sondern § 34 Abs 2 SGB III sieht vor, dass die Agenturen für Arbeit von sich aus die Verbindung zu den ArbGeb aufnehmen und unterhalten.

22 **2. Arbeitsvermittlung.** Das Vermittlungsmonopol der BA wurde bereits durch das BeschFG 1994 mWv 1.8.94 beseitigt. Das Gesetz zur Vereinfachung der Wahl der ArbNVertreter im Aufsichtsrat vom 23.3.02 (BGBl I 02, 1130) hatte auch die Verpflichtung für private Vermittler, von der BA eine **Erlaubnis** für die Vermittlungstätigkeit einzuholen, aufgehoben. Einer Zulassung nach Maßgabe der §§ 176 ff SGB III bedarf ein privater Arbeitsvermittler, wenn er Leistungen aus einem Aktivierungs- und Vermittlungsgutschein beanspruchen will (Näheres: *Arbeitsvermittlung (private)*).

Die durch § 35 Abs 1 SGB III begründete Verpflichtung der BA, Ausbildungssuchenden, Arbeitsuchenden und ArbGeb Vermittlung anzubieten, ist durch die Aufhebung des Vermittlungsmonopols unberührt geblieben (vgl *Stellensuche* Rz 10 ff). Das Gesetz zur Neuausrichtung der arbeitsmarktpolitischen Instrumente vom 21.12.08 (BGBl I 08, 2917) spricht in § 35 Abs 3 SGB III die Verpflichtung der Agenturen für Arbeit aus, die Internet-Jobbörse des Virtuellen Arbeitsmarkts zu einem vollwertigen Vermittlungsweg weiterzuentwickeln, bei dem die Dienstleistung über die bloße Unterstützung der Selbstsuche hinausgeht (BT-Drs 16/10810 zur Art 1 § 35).

23 Ferner sollen nach § 37 Abs 2 SGB III in einer von der Agentur für Arbeit mit dem Arbeitslosen oder Ausbildungssuchenden zu treffenden **Eingliederungsvereinbarung** das Eingliederungsziel, die Vermittlungsbemühungen der Agentur für Arbeit, die Eigenbemühungen des Arbeitslosen oder Ausbildungsuchenden sowie künftige Leistungen der aktiven Arbeitsförderung festgelegt werden (zur Eingliederungsvereinbarung s *Lehmann-Franßen* NZS 05, 519). Die Eingliederungsvereinbarung soll auf der Potenzialanalyse des Arbeitslosen und seinen Vorstellungen über seine zukünftige berufliche Tätigkeit in Verbindung mit den Möglichkeiten des für ihn in Betracht kommenden Arbeitsmarktes beruhen (BT-Drs 14/6944 S 31). Dem Arbeitlosen oder Ausbildungsuchenden ist eine Ausfertigung der Eingliederungsvereinbarung auszuhändigen. Eine durch Eingliederungsvereinbarung zuerkannte Leistung kann nur durch Kündigung wegen Wegfalls der Geschäftsgrundlage wieder entzogen werden (BSG 6.12.12 – B 11 AL 15/11 R, NZA-RR 13, 434).

24 Die Rechte und Pflichten der Ausbildung- und Arbeitsuchenden sowie der ArbGeb bei der Arbeitsvermittlung werden in den §§ 38, 39 SGB III zusammengefasst. Zu beachten ist, dass nach § 38 Abs 3 SGB III Arbeitsuchende ohne Leistungsanspruch für die Dauer von zwölf Wochen **von der Arbeitsvermittlung ausgeschlossen** werden können, wenn sie den ihnen nach Gesetz, Eingliederungsvereinbarung oder Verwaltungsakt obliegenden Pflichten nicht nachkommen.

25 **IV. Leistungen.** Zu den Leistungen an ArbN gehören die Förderung aus dem Vermittlungsbudget (§ 44), die Maßnahmen zur Aktivierung und beruflichen Eingliederung (§ 45), die Berufsausbildungsbeihilfe während einer beruflichen Ausbildung oder einer berufsvorbereitenden Bildungsmaßnahme (§§ 56 ff SGB III; s *Berufsausbildungsförderung*), die Übernahme von Weiterbildungskosten (§§ 81 ff SGB III; s *Weiterbildung*) sowie die Leistungen zur Förderung der beruflichen Eingliederung Behinderter (§§ 112 ff SGB III; s *Rehabilitation (berufliche)*).

Durch den Verweis in § 16 Abs 1 Satz 2 SGB II auf die Eingliederungsleistungen des SGB III werden die Empfänger von *Arbeitslosengeld II* den nach dem SGB III Versicherten weitgehend gleichgestellt (s den Überblick über den Leistungskatalog bei *Hauck/Noftz/Voelzke* SGB II, § 16 Rz 24 ff). Eine Abweichung gegenüber der Rechtslage nach dem SGB III ergibt sich allerdings dadurch, dass die Entscheidung über die Leistungsgewährung grundsätzlich im **Ermessen** des Trägers steht.

26 Die **Entgeltersatzleistungen** *Arbeitslosengeld* (§§ 136 ff SGB III), *Übergangsgeld/Überbrückungsgeld* für Behinderte bei Teilnahme an Maßnahmen zur beruflichen Eingliederung Behinderter (§§ 119 ff SGB III, §§ 46 ff SGB IX), Kurzarbeitergeld für ArbN, die infolge Arbeitsausfalls einen Entgeltausfall haben (§§ 95 ff SGB III; s *Kurzarbeit* Rz 28 ff), und Insolvenzgeld für ArbN, die wegen Zahlungsunfähigkeit des ArbGeb kein Arbeitsentgelt

erhalten (§§ 165 ff SGB III, s *Insolvenz des Arbeitgebers*), dienen dem Entgeltersatz für ArbN. Abfindungen führen zum Ruhen des Anspruchs auf AlGeld, wenn das Arbeitsverhältnis ohne Einhaltung einer der ordentlichen Kündigungsfrist des ArbGeb entsprechenden Frist beendet worden ist (§ 158 SGB III; s *Abfindung*). Die Regelung über den Eintritt einer *Sperrzeit* soll versicherungswidriges Verhalten der Leistungsberechtigten verhindern (§ 159 SGB III).

Die **Förderung der ganzjährigen Beschäftigung** erfolgt durch das Saison-Kurzarbeitergeld (Näheres: *Kurzarbeit*). Als ergänzende Leistungen kommen das Zuschuss-Wintergeld und das Mehraufwand-Wintergeld in Betracht (Näheres: *Wintergeld*). 27

Die früheren Förderungsinstrumente zur Flankierung betrieblicher Restrukturierungsprozesse wurden inhaltlich fortentwickelt und sind als **Transferleistungen** geregelt. Aus den bisherigen Zuschüssen zu Sozialplanmaßnahmen ist das Instrument der Förderung der Teilnahme an Transfermaßnahmen (§ 110 SGB III) hervorgegangen (s *Sozialplan*). Das strukturelle Kurzarbeitergeld ist zum Transferkurzarbeitergeld (§ 111 SGB III) fortentwickelt worden (s *Beschäftigungsgesellschaft*). 28

V. Eingliederungszuschuss. Für ArbGeb sieht das SGB III den Eingliederungszuschuss (§§ 88 ff SGB III) als Förderleistung vor. Der Eingliederungszuschuss wird zur Eingliederung von ArbN gewährt, deren Vermittlung wegen in ihrer Person liegenden Gründen erschwert ist (Näheres: *Lohnkostenzuschuss*). 29

VI. Arbeitsmarktprogramme. Die Bundesregierung kann nach § 368 Abs 2 Satz 2 SGB III der BA befristete Arbeitsmarktprogramme übertragen. Soweit die für ein Arbeitsmarktprogramm zur Verfügung gestellten Mittel auf der Grundlage von Richtlinien (Verwaltungsvorschriften) vergeben werden, hat die BA beim Vollzug der Richtlinien deren unmittelbare Außenwirkung zu beachten (BSG 1.7.2010 – B 11 AL 1/09 R, BeckRS 10, 74581). 30

VII. Europäischer Sozialfonds. Die BA führt Maßnahmen der **beruflichen Qualifizierung** und der **Beschäftigungsaufnahme** durch, die durch Fördermittel aus dem Europäischen Sozialfonds finanziert werden. Die Förderung dieser Maßnahmen vollzieht sich für die Förderperiode 2007 bis 2013 nach der Richtlinie „Gründercoaching Deutschland" vom 20.8.08 (BAnz 08, 3293, zuletzt geändert durch RL vom 12.3.12, BAnZ 12, 1105). Mit der Durchführung der Förderung ist die KfW Bankengruppe in Zusammenarbeit mit regionalen Partnern betraut worden. Begünstigt werden Existenzgründer im Bereich der gewerblichen Wirtschaft und der freien Berufe. Förderfähig sind Coachingmaßnahmen zu wirtschaftlichen, finanziellen und organisatorischen Fragen. Ein Rechtsanspruch auf die Förderleistungen wird durch die Richtlinien ausgeschlossen. Außerdem können nach der Richtlinie für aus Mitteln des Europäischen Sozialfonds mitfinanzierte ergänzende Qualifizierungsangebote für Bezieher von Transferkurzarbeitergeld vom 15.10.08 (BAnz 08, 3793) Förderleistungen erbracht werden. 31

Arbeitsgemeinschaft (ARGE)

A. Arbeitsrecht *Röller*

1. Allgemeines. Eine ARGE ist ein vorübergehender Zusammenschluss rechtlich selbstständiger Unternehmen zur Durchführung eines einzelnen oder einer festgelegten Anzahl von Werk-, Werklieferungs- oder Dienstleistungsverträgen (BAG 26.2.87, DB 87, 2158; *Weisemann* BB 89, 907). Sie ist in erster Linie in der Bauwirtschaft verbreitet, kann aber auch in anderen Wirtschaftszweigen gebildet werden. Die beteiligten Unternehmen bilden regelmäßig eine Gesellschaft bürgerlichen Rechts (§§ 705 ff BGB). Eine Sonderform der ARGE, nämlich die der **nicht nur vorübergehenden Arbeitsgemeinschaft**, ist in § 12a Abs 2 TVG geregelt. Durch sie soll vor allem die Arbeitsgemeinschaft der Rundfunkanstalten Deutschlands (ARD) erfasst werden (ErfK/*Franzen* § 12a TVG Rz 9). 1

Die **gegenseitigen Rechte und Pflichten** der beteiligten Unternehmen werden im Bereich der Bauwirtschaft in aller Regel aufgrund sog Musterverträge vereinbart, die die Verbände der Deutschen Bauindustrie und des Deutschen Baugewerbes ausarbeiten. Die beteiligten Unternehmen verpflichten sich ua, entsprechend ihrem Beteiligungsverhältnis 2

39 Arbeitsgemeinschaft (ARGE)

Personal an die ARGE abzustellen. Dies kann durch Abordnung und Freistellung von ArbN zur ARGE geschehen.

Für das Recht der ARGE ist neben den Bestimmungen des BGB (§§ 705 ff BGB; §§ 631 ff BGB und § 651 BGB) – zum Zwecke der Abgrenzung zulässiger Erscheinungsformen – das Recht der ArbNÜberlassung und der Arbeitsvermittlung, insbesondere § 1 Abs 1 Satz 2 AÜG, von Bedeutung.

3 **2. Gestellung von Arbeitnehmern an die ARGE und Arbeitnehmerüberlassung.** § 1 Abs 1 Satz 2 AÜG regelt, unter welchen Voraussetzungen die Abordnung von ArbN zur ARGE keine erlaubnispflichtige ArbNÜberlassung darstellt. Dies ist nur der Fall, wenn die ARGE zur Herstellung eines Werkes gebildet wurde, der ArbGeb Mitglied der ARGE ist, für alle Mitglieder der ARGE Tarifverträge desselben Wirtschaftszweiges gelten und alle Mitglieder aufgrund des ARGE-Vertrages zur selbstständigen Erbringung von Vertragsleistungen verpflichtet sind. ArbGeb mit Geschäftssitz in einem anderen Mitgliedsstaat des EWR brauchen nicht demselben Tarifvertrag anzugehören; allerdings müssen die sonstigen Voraussetzungen erfüllt sein (§ 1 Abs 1 Satz 3 AÜG).

Die genannten Voraussetzungen müssen kumulativ vorliegen. Liegt nur eine Voraussetzung nicht vor, stellt die Abordnung bzw Freistellung zu einer ARGE erlaubnispflichtige ArbN-Überlassung dar (*Schüren/Hamann* § 1 Rz 360; ErfK/*Wank* § 1 AÜG Rz 44).

4 Eine ARGE, die nicht zur Herstellung eines bestimmten Werkes oder bestimmter Werke geschlossen wird, sondern zum gegenseitigen Austausch von Arbeitskräften, fällt nicht unter § 1 Abs 1 Satz 2 AÜG (*Schüren/Hamann* § 1 Rz 336). Bei ARGE, welche die Durchführung eines Werklieferungsvertrages mit der Anwendung von Kaufrecht oder Dienstleistungen zum Gegenstand haben, stellt die Abordnung von ArbN zur ARGE regelmäßig erlaubnispflichtige ArbNÜberlassung dar.

5 **3. Abordnung zur ARGE.** Für kürzere Einsätze bei der ARGE werden ArbN von ihrem Stammbetrieb abgeordnet. In diesem Fall wird kein neues Arbeitsverhältnis des abgeordneten ArbN zur ARGE begründet; vielmehr bleibt das bisherige zum abordnenden Unternehmen bestehen.

6 **a) Übertragung des Direktionsrechts auf die ARGE.** Mit der Abordnung überträgt der StammArbGeb das Direktionsrecht auf die ARGE. Der abgeordnete ArbN ist verpflichtet, die Arbeitsleistung für die ARGE zu erbringen (so § 12 Nr 1 Mustervertrag). Die Abordnung ist zeitlich begrenzt. Sie endet spätestens mit Beendigung der Mitgliedschaft des abordnenden ArbGeb in der ARGE. Der abgeordnete ArbN kann vom ArbGeb kraft dessen Direktionsrechts auch vorzeitig abgerufen werden. Dies ist regelmäßig nur mit Zustimmung der anderen ARGE-Mitglieder möglich (*Schüren/Hamann* § 1 Rz 350 f).

7 **b) Abwicklung im Stammarbeitsverhältnis.** Der StammArbGeb ist verpflichtet, Lohn an den ArbN zu zahlen. In der Bauwirtschaft stellt er die Lohnkosten jedoch der ARGE in Rechnung (§ 12 Nr 22 iVm § 12 Nr 3 Mustervertrag 2000). Erkrankt der ArbN während der Tätigkeit bei der ARGE, hat der StammArbGeb die Entgeltfortzahlung zu leisten (§ 12 Nr 3761 Mustervertrag 2000).

8 **4. Freistellung zur ARGE. a) Arbeitsverhältnis mit der ARGE.** Die Abordnung zu einer ARGE gem § 1 Abs 1 Satz 2 AÜG ist abzugrenzen von der **Freistellung nach den Bautarifverträgen.** Die Tarifverträge ermöglichen eine Freistellung zu einer ARGE ohne Bindung an das AÜG. Für die Dauer der Tätigkeit bei der ARGE wird ein eigenständiges Arbeitsverhältnis zwischen dem ArbN und der ARGE gegründet. Daneben besteht das Arbeitsverhältnis zum freistellenden ArbGeb fort, das aber während der Dauer der Freistellung ruht (*Schüren/Hamann* § 1 AÜG Rz 346 f). Erst mit Beendigung des Arbeitsverhältnisses zur ARGE lebt das Arbeitsverhältnis zum StammArbGeb wieder auf (BAG 16.10.87, DB 87, 2158). Im Arbeitsverhältnis zur ARGE sind die beteiligten Unternehmen in ihrer gesamthänderischen Verbundenheit ArbGeb (BAG 16.10.74, DB 75, 309).

9 Auf das Arbeitsverhältnis mit der ARGE sind alle gesetzlichen und tariflichen Regelungen anzuwenden, die in einem sonst ordnungsgemäß begründeten Arbeitsverhältnis Geltung beanspruchen können (LAG Düsseldorf/Köln 17.10.74, BB 75, 559). Die ARGE ist zur **Entgeltfortzahlung** verpflichtet, wenn der ArbN während der Tätigkeit bei ihr arbeitsunfähig erkrankt (vgl auch § 12 Nr 47 Mustervertrag). Erkrankt der ArbN vor der Arbeitsaufnahme bei der ARGE, besteht der Entgeltfortzahlungsanspruch gegen den StammArb-

Arbeitsgemeinschaft (ARGE)

Geb, weil noch kein Arbeitsverhältnis zur ARGE entstanden ist. Kündigt die ARGE dem ArbN wegen Arbeitsunfähigkeit, behält dieser seinen Entgeltfortzahlungsanspruch von 6 Wochen auch über den Ablauf der Kündigungsfrist hinaus (§ 8 Abs 1 Satz 1 EFZG). Obwohl das Stammarbeitsverhältnis mit Beendigung des Arbeitsverhältnisses zur ARGE wieder auflebt, geht der Anspruch des Arbeiters gegen die ARGE demjenigen gegen den StammArbGeb vor. Andererseits besteht eine Entgeltfortzahlungspflicht sowohl der ARGE als auch des StammArbGeb wegen derselben Krankheit, wenn der ArbN während der Tätigkeit bei der ARGE und erneut nach Wiederaufleben des Stammarbeitsverhältnisses erkrankt. Wegen Personenverschiedenheit der ArbGeb besteht nacheinander ein Entgeltfortzahlungsanspruch gegen ARGE und StammArbGeb (BAG 23.12.71, DB 72, 734).

b) Ruhen des Arbeitsverhältnisses zum Stammbetrieb. Es ruhen nur die Hauptpflichten, während die Nebenpflichten weiterbestehen (s *Ruhen des Arbeitsverhältnisses* Rz 10). Muss in einem Stammbetrieb des Baugewerbes eine Kündigung aus dringenden betrieblichen Gründen ausgesprochen werden, dann sind – im Übrigen vergleichbare – ArbN, die für eine ARGE freigestellt worden sind, nicht in die soziale Auswahl einzubeziehen (BAG 26.2.87, DB 87, 2158). 10

5. Beteiligungsrechte des Betriebsrates. Wechselt der ArbN aufgrund der Freistellung zur ARGE, ist der BRat seines Stammbetriebes zu beteiligen; es liegt eine Versetzung gem § 95 Abs 3 BetrVG vor. Auch das Einverständnis des abgeordneten ArbN lässt das Mitbestimmungsrecht nicht entfallen (*Schüren/Hamann* § 1 Rz 472). Einem bei der ARGE vorhandenen BRat steht das Mitbestimmungsrecht des § 99 BetrVG zu. Der ArbN ist für die Dauer der Abordnung/Freistellung betriebsverfassungsrechtlich zwei Betrieben zugeordnet. Er kann im Stamm- und im Betrieb der ARGE wählen und gewählt werden (*Schüren/Hamann* § 1 Rz 463). Verbleiben beim ArbGeb während der Abordnung des ArbN zur ARGE die den Bestand und den Inhalt des Arbeitsverhältnisses betreffenden Entscheidungsbefugnisse, ist der BRat des Stammbetriebs bei der Ausübung solcher Befugnisse zu beteiligen (BAG 9.6.11 – 6 AZR 132/10, BeckRS 2012, 74719). 11

Besteht bei der ARGE kein BRat, wird in der Lit teilweise eine analoge Anwendung des § 14 AÜG befürwortet, um zu verhindern, dass die an die ARGE abgeordneten ArbN ohne betriebsverfassungsrechtlichen Schutz sind (ErfK/*Wank* § 14 AÜG Rz 15). Die wohl hM lehnt dies jedoch ab, weil § 1 Abs 1 Satz 2 AÜG die Beteiligten bei einer Abordnung zu einer ARGE von der Einhaltung der ArbNSchutzvorschriften des AÜG entbindet (*Schüren/Hamann* § 14 Rz 460; *Boemke/Lembke* § 14 Rz 10; *Ulber* Einl C Rz 134).

B. Lohnsteuerrecht *Seidel*

Die ARGE als GbR kann steuerrechtlich grds als solche ArbGeb sein (Näheres s *Arbeitgeber* Rz 22). Sie ist dann ArbGeb mit allen sich hieraus ergebenden Pflichten für die ArbN, die sie unmittelbar (zB an der Baustelle) selbst einstellt und für die ArbN, die von ihrer Stammfirma für die Dauer der Tätigkeit bei der ARGE freigestellt sind. 16

Besteht wegen der Erkrankung des ArbN nach der Freistellung, aber vor der Arbeitsaufnahme bei der ARGE arbeitsrechtlich ein Lohnfortzahlungsanspruch gegen den StammArbGeb (s oben Rz 10), so hat dieser bei der Lohnzahlung auch die LSt einzubehalten und abzuführen (s auch *Entgeltfortzahlung* Rz 42). Werden die ArbN von ihrer Stammfirma zur ARGE abgeordnet, bleibt die Stammfirma ArbGeb (s oben Rz 5–7). Im Steuerrecht ergeben sich insoweit keine Abweichungen vom Arbeitsrecht (s auch *HMW*/Baugewerbe Rz 10). 17

C. Sozialversicherungsrecht *Voelzke*

Die ArbGebEigenschaft von ARGE als Zusammenschluss mehrerer Firmen zur Durchführung größerer Projekte insbesondere im Baubereich ist im SozVRecht höchstrichterlich noch nicht abschließend geklärt. Unproblematisch ist, dass die ARGE ArbGeb der von ihr neu eingestellten ArbN wird. Im Übrigen wird in der Praxis der Einzugsstellen überwiegend die ARGE als ArbGeb nicht nur der neu eingestellten ArbN, sondern auch der von den beteiligten Stammfirmen zur ARGE abgestellten ArbN mit der Folge angesehen, dass die ArbGebPflichten in vollem Umfange auf diese übergehen und auch für die Kassenzuständigkeit auf diese abzustellen ist (*Schlegel/Voelzke/Werner* SGB IV, § 28e Rz 38). Es sollte aller- 18

40 Arbeitskampf (Vergütung)

dings entsprechend den unterschiedlichen Gestaltungen bei der Abstellung von ArbN in Form der Freistellung bzw Abordnung an die ARGE differenziert werden.

19 Erfolgt eine **Freistellung** des ArbN in der Weise, dass alle wesentlichen Hauptpflichten aus dem Arbeitsverhältnis einschließlich der Verpflichtung zur Zahlung der Bezüge auf die ARGE übergehen und das Arbeitsverhältnis zur Stammfirma ruht, so ist von der Begründung eines Beschäftigungsverhältnisses mit der ARGE auszugehen.

20 Werden hingegen bei einer **Abordnung** die laufenden Bezüge weiterhin von der Stammfirma gewährt und verbleiben weitere wichtige ArbGebBefugnisse bei dieser (insbesondere hinsichtlich des Arbeitseinsatzes, der tariflichen Umgruppierung und der Kündigung), so wird man von einem Fortbestehen des sozialversicherungsrechtlichen Beschäftigungsverhältnisses mit der Stammfirma auszugehen haben (vgl BSG 20.12.66 – 3 RK 84/64; Breithaupt 67, 545). Unabhängig von diesen Gestaltungen wird ein Beschäftigungsverhältnis zur ARGE bei einer zur Arbeitsunfähigkeit führenden Erkrankung des ArbN vor seiner Abstellung frühestens mit der tatsächlichen Arbeitsaufnahme begründet (BSG 4.10.73 – 3 RK 51/74, USK 73154).

Arbeitskampf (Vergütung)

A. Arbeitsrecht
Kania

Übersicht

	Rz		Rz
I. Arbeitskampfmittel der Arbeitnehmerseite	1–9	3. Streikbruchprämien	15
1. Streik	1–8	III. Auswirkungen des Arbeitskampfes auf die Vergütungspflicht	16–21
a) Begriff	1	1. Grundsatz	16
b) Zulässigkeit	2–8	2. Rechtsprechungs-ABC zu Problemfällen	17–21
2. Betriebsbesetzungen, Betriebsblockaden und Boykott	9	a) Betriebsratstätigkeit	17
II. Arbeitskampfmittel der Arbeitgeberseite	10–15	b) Feiertagslohn	18
1. Aussperrung	10–13	c) Krankheit	19
a) Begriff	10	d) Sonderleistungen	20
b) Zulässigkeit	11–13	e) Urlaub	21
2. Betriebs- oder Betriebsteilschließung	14	IV. Arbeitskampfunterstützung	22, 23

1 **I. Arbeitskampfmittel der Arbeitnehmerseite. 1. Streik. a) Begriff.** Der Streik ist das zentrale Arbeitskampfmittel der ArbNSeite. Er wird definiert als vorübergehende, planmäßige Arbeitsniederlegung einer größeren Anzahl von ArbN zur Erreichung eines gemeinschaftlichen Zieles (*Schaub* § 192 Rz 3). Der Streik ist abzugrenzen von der **Massenänderungskündigung.** Bei dieser werden die Einzelarbeitsverträge rechtzeitig vor der geplanten Arbeitsniederlegung gekündigt mit der Maßgabe, die Arbeit wieder aufzunehmen, falls die Kampfforderungen erfüllt werden. Ihre Rechtmäßigkeit richtet sich allein danach, ob die individualrechtlichen Voraussetzungen eingehalten wurden. Die Besonderheiten des Arbeitskampfrechts sind nicht maßgebend.

2 **b) Zulässigkeit.** Die grds Zulässigkeit des Streiks als Mittel des Arbeitskampfes ist in Art 9 Abs 3 GG verankert. Kernbereich der Koalitionsfreiheit ist das Recht der Koalitionen zum Abschluss von Tarifverträgen. Da das System des Aushandelns von Arbeitsbedingungen durch die Tarifpartner nur dann gesichert ist, wenn zur Durchsetzung der wechselseitigen Forderungen der Tarifpartner Druckmittel zur Verfügung stehen, fällt mittelbar auch der Arbeitskampf unter den Schutz von Art 9 Abs 3 GG (BAG 10.6.80, DB 80, 1266, 1274, 1355, 2040). Versuche, das Streik- bzw Arbeitskampfrecht gesetzlich zu normieren, sind bislang nicht über das Entwurfsstadium hinausgekommen und werden wohl auch in Zukunft an der politischen Brisanz der Materie scheitern. Demzufolge ist maßgeblich auf die vom BAG als Ersatzgesetzgeber aufgestellten Regeln über die Rechtmäßigkeit von Arbeitskämpfen abzustellen, wobei im Folgenden nur ein stark vereinfachter Überblick gegeben werden soll:

Arbeitskampf (Vergütung)

aa) Tariflich regelbare Ziele. Ein Streik muss, damit er rechtmäßig ist, um eine 3
gesetzlich zulässige Tarifregelung geführt werden (BAG 7.6.88, BB 88, 2111). Zwingende
Voraussetzung ist, dass ein Streik von einer Gewerkschaft iSd Koalitionsrechts organisiert und
geführt wird (BAG 7.6.88, BB 88, 2111). Eine solche Gewerkschaft kann auch von Gewerkschaftsbeschäftigten gegründet werden (BAG 17.2.98 – 1 AZR 364/97, NZA 98, 754).
Unzulässig ist der sog **wilde** (nicht gewerkschaftlich getragene) **Streik** (BAG 21.10.69, DB
70, 208; *Schaub* § 193 Rz 13). Allerdings kann eine Gewerkschaft nachträglich eine spontane
Arbeitsniederlegung übernehmen, wobei streitig ist, ob die Übernahme den Streik von
Anfang an oder erst ab dem Zeitpunkt der Übernahme durch die Gewerkschaft rechtmäßig
macht (für Rückwirkung: BAG 5.9.55, DB 55, 1018; *Schaub* § 193 Rz 13; aA: *Konzen* ZfA
80, 159, 164).

Weiter muss der **Inhalt** des erstrebten Tarifvertrages rechtmäßig sein. Wird mit dem 4
Arbeitskampf ein Tarifvertrag erstrebt, der gegen ein gesetzliches Verbot verstößt oder einen
außerhalb der Tarifmacht liegenden Gegenstand erfassen soll, ist der Arbeitskampf rechtswidrig.

Außerdem ergibt sich aus dem Umstand, dass der **Abschluss eines Tarifvertrages** 5
Kampfziel sein muss, dass sich der Streik und die dahinterstehende Forderung gegen
denselben Gegner, nämlich den potentiellen Partner eines Tarifvertrages, richten müssen.
Rechtswidrig sind deshalb grds **politische Streiks,** dh Streiks, bei denen die Arbeit gegenüber dem ArbGeb niedergelegt wird mit dem Ziel, dadurch einen Hoheitsträger unter Druck
zu setzen und zu einem bestimmten politischen Handeln zu zwingen (*Schaub* § 193 Rz 9).
Das Problem der Auseinanderfallens von Streikgegner und Streikziel stellt sich auch beim
Sympathiestreik. Die Rechtmäßigkeit des Sympathiestreiks ist umstritten. Das BAG hat
klargestellt, dass auch Sympathiestreiks grds dem Schutzbereich des Art 9 Abs 3 GG unterfallen. Ob er zulässig ist, richtet sich – wie bei anderen Arbeitskampfmaßnahmen auch – nach
dem Grundsatz der Verhältnismäßigkeit. Rechtswidrigkeit liegt danach vor, wenn der Sympathiestreik zur Unterstützung des Hauptarbeitskampfes offensichtlich ungeeignet, offensichtlich nicht erforderlich oder unangemessen ist (BAG 19.6.07 – 1 AZR 396/06, NZA 07,
1055).

bb) Friedenspflicht. Rechtswidrig ist ein Streik auch dann, wenn er gegen die Friedens- 6
pflicht eines geltenden Tarifvertrages oder gegen eine Schlichtungsvereinbarung verstößt.
Die Friedenspflicht besagt, dass Tarifpartner verpflichtet sind, sich solange Kampfmaßnahmen
zu enthalten, wie die umstrittene Materie tariflich geregelt ist (BAG 21.12.82, BB 83, 124).

cc) Gesetzwidrigkeit. Ein Arbeitskampf muss sich weiter im Rahmen der sonstigen 7
Rechtsordnung halten, darf insbesondere nicht gegen gesetzliche Vorschriften verstoßen. So
dürfen BRat und ArbGeb bzw Personalrat und Dienststelle keine Maßnahme des Arbeitskampfes gegeneinander führen (§§ 74 Abs 2 BetrVG; 66 Abs 2 BPersVG). Arbeitskämpfe im
öffentlichen Dienst sind rechtswidrig, soweit sie gegen das Beamtenrecht verstoßen. Es ist ein
hergebrachter Grundsatz des Berufsbeamtentums, dass die Treuepflicht des Beamten den
Streik ausschließt (*Schaub* § 193 Rz 32). Politische Streiks können den Straftatbestand der
Parlamentsnötigung gem § 105 StGB erfüllen.

dd) Ultima-ratio-Prinzip. In der von vielfältigen Abhängigkeiten beherrschten Indus- 8
triegesellschaft der BRD berühren Arbeitskampfmaßnahmen nicht nur die unmittelbar
Beteiligten, sondern auch Nichtstreikende und sonstige Dritte. Arbeitskämpfe müssen unter
dem obersten Gebot der **Verhältnismäßigkeit** stehen. Die wirtschaftlichen Gegebenheiten
sind zu berücksichtigen und das Gemeinwohl darf nicht offensichtlich verletzt werden.
Insbesondere soll das einschneidende Mittel des Arbeitskampfes erst dann zulässig sein, wenn
die Verhandlungsmöglichkeiten ausgeschöpft sind (ultima-ratio-Prinzip). Eine Ausnahme
vom ultima-ratio-Prinzip machte das BAG früher bei **Warnstreiks.** Danach sollten 2 bis
3 Stunden dauernde Warnstreiks auch während laufender Tarifverhandlungen zulässig sein
(BAG 17.12.76, DB 77, 824). Der Gedanke des BAG war, dass durch die begrenzte Zulassung von Warnstreiks der Abschluss eines Tarifvertrags beschleunigt werden könne. Die
Gewerkschaften nutzten die Rspr des BAG dagegen in Form der **„neuen Beweglichkeit"**
als wirksame Kampftaktik, um mit Streiks mit relativ wenigen ArbN ganze Betriebe und
Branchen lahmzulegen. Mit Urt vom 12.9.84 (DB 84, 2563) billigte das BAG zunächst auch
diese Form des „Warnstreiks", gab jedoch mit Urt vom 21.6.88 (DB 88, 1952) diese Rspr
auf. Das BAG unterstellt seither auch den Warnstreik dem ultima-ratio-Prinzip. Auch Warn-

40 Arbeitskampf (Vergütung)

streiks dürfen danach wie alle Arbeitskampfmaßnahmen erst dann begonnen werden, wenn die Verhandlungen gescheitert sind, wobei das BAG allerdings davon ausgeht, dass das Scheitern nicht ausdrücklich erklärt werden muss, sondern mit jeder Arbeitskampfmaßnahme das Scheitern der Tarifverhandlungen konkludent erklärt werde (BAG 21.6.88, DB 88, 1952). Konsequenz der Aufgabe der Privilegierung des Warnstreiks ist, dass auch der kurzfristige Streik ein Erzwingungsstreik ist, der von Seiten des ArbGeb mit Abwehrmaßnahmen beantwortet werden kann (LAG Düsseldorf 10.9.96, NZA-RR 97, 167).

9 **2. Betriebsbesetzungen, Betriebsblockaden und Boykott.** Sonstige Arbeitskampfmaßnahmen müssen sich grds im Rahmen der allgemeinen Rechtsordnung halten und insbes den Grundsatz der Verhältnismäßigkeit wahren (MünchArbR/*Ricken* § 200 Rz 42 ff). Insofern sind **Betriebsbesetzungen** regelmäßig unzulässig, da hierdurch sowohl das alleinige Besitzrecht an den Produktionsanlagen als auch das Hausrecht des ArbGeb beeinträchtigt werden. Auch **Betriebsblockaden,** die über eine bloße Kontrolle der Zugänge durch Streikposten hinausgehen, sind grds rechtswidrig, da sie das Recht des ArbGeb an seinem Gewerbebetrieb unangemessen beeinträchtigen (BAG 21.6.88, DB 88, 2647). **Flashmob-Aktionen** im Einzelhandel, bei denen gewerkschaftlich aufgerufene Teilnehmer nur kurzzeitig durch Kauf geringwertiger Waren und Befüllen und Stehenlassen von Einkaufswagen den Betriebsablauf stören, sollen nach Auffassung des BAG zulässig sein (BAG 22.9.09 – 1 AZR 972/08, NZA 09, 1347). Beim **Boykott** ist zu unterscheiden: Soll durch einen Boykott lediglich die Effektivität eines Streiks abgesichert werden, ohne zusätzlichen wirtschaftlichen Druck auf den ArbGeb auszuüben, dürften gegen die Zulässigkeit keine durchgreifenden Bedenken bestehen. Beispiele hierfür sind etwa der Aufruf einer Gewerkschaft an andere ArbN, keine Arbeit in bestreikten Betrieben aufzunehmen (Zuzugssperre; BAG 20.12.63, DB 64, 75) oder die Aufforderung an Belegschaftsmitglieder, nicht geschuldete Streikarbeit abzulehnen. Boykottaufrufe an Kunden der ArbGeb, deren Leistungen nicht abzunehmen, sind dagegen grds unangemessen (*Löwisch/Rieble* Schlichtungs- und Arbeitskampfrecht, Rz 479).

10 **II. Arbeitskampfmittel der Arbeitgeberseite. 1. Aussperrung. a) Begriff.** Das zentrale Arbeitskampfmittel der ArbGebSeite ist die Aussperrung. Hierunter versteht man die von einem oder mehreren ArbGeb planmäßig vorgenommene Arbeitsausschließung mehrerer ArbN unter Verweigerung der Lohnfortzahlung zur Erreichung eines bestimmten Zieles, welches regelmäßig darin liegt, durch Erhöhung der wirtschaftlichen Belastung der ArbN-Seite einen Streik abzukürzen (*Schaub* § 192 Rz 4). In der Auseinandersetzung um einen Verbandstarifvertrag bedarf die Aussperrung – wie der Streik – eines Verbandsbeschlusses. Über dessen Inhalt muss die Gegenseite jedenfalls soweit in Kenntnis gesetzt werden, dass sie erkennen kann, ob sie es mit einer zulässigen Arbeitskampfmaßnahme zu tun hat (BAG 31.10.95, DB 96, 578).

11 **b) Zulässigkeit.** Die Zulässigkeit der Aussperrung wird von Gewerkschaftsseite bestritten (*Däubler/Hensche* Handkommentar Arbeitsrecht GG Art 9 Rz 129 mwN). Das **BAG** erkennt die Möglichkeit der Aussperrung in ständiger Rspr seit seiner Grundsatzentscheidung vom 28.1.55 (BAG DB 55, 455) an, hat allerdings der Aussperrung insbesondere in den Entscheidungen vom 10.6.80 (DB 80, 1266 ff) **enge Grenzen** gezogen. Tragender Grund für die grds Anerkennung der Aussperrung ist nach der Rspr des BAG das Prinzip der Kampfparität. Das BAG vertritt den sog **materiellen Paritätsbegriff** im Unterschied zum formalen Paritätsbegriff. Das bedeutet, dass zur Herstellung der Kampfparität Streik und Aussperrung nicht gleichbehandelt werden müssen. Hieraus ergibt sich, dass der Streik zulässig, Aussperrungen aber nur insoweit zulässig sind, wie sie im Interesse einer materiellen Parität notwendig sind, was unter Anwendung einer abstrakten, generellen und typisierenden Betrachtungsweise zu beurteilen ist (*Schaub* § 193 Rz 22 ff). In den genannten Entscheidungen vom 10.6.80 hat das BAG für die Abwehraussperrung in Konkretisierung des Grundsatzes der Verhältnismäßigkeit folgende quantitative Grenzen genannt: Je enger der Streik innerhalb des Tarifgebietes begrenzt ist, desto stärker ist das Bedürfnis der ArbGebSeite, den Arbeitskampf auf weitere Betriebe des Tarifgebietes auszudehnen. Werden weniger als $1/4$ der ArbN des Tarifgebietes zur Arbeitsniederlegung aufgefordert, so muss die ArbGebSeite den Kampfrahmen erweitern können, wobei die Aussperrung von 25 % der im Tarifgebiet beschäftigten ArbN nicht unangemessen erscheint. Wenn mehr als 25 % der ArbN des

Arbeitskampf (Vergütung) 40

Tarifgebietes die Arbeit niedergelegt haben, dürfen die ArbGeb die Aussperrung soweit erweitern, bis etwa die Hälfte der ArbN eines Tarifgebietes entweder durch Streik oder durch Aussperrung vom Arbeitskampf betroffen ist. Die Rspr des BAG ist vom BVerfG als mit Art 9 Abs 3 GG vereinbar gebilligt worden (BVerfG 26.5.91, AP Nr 17 zu Art 9 GG Arbeitskampf). Mit Urt vom 11.8.92 (NZA 93, 39) hat das BAG für die Aussperrung als Reaktion auf einen kurzzeitigen Streik zusätzlich zeitliche Grenzen gesetzt. Danach sei eine Abwehraussperrung von 2 Tagen gegenüber einem halbstündigen Streik (Verhältnis 1 : 26) unverhältnismäßig. Allerdings dürfe die Aussperrung zeitlich den Streik durchaus überschreiten. Die Grenze sei nach Ansicht des Gerichts bei etwa einem halben Tag zu ziehen.

Die Aussperrung führt grds zur **Suspendierung** der gegenseitigen Pflichten aus dem Arbeitsverhältnis für den Zeitraum des Arbeitskampfes, dh das Arbeitsverhältnis bleibt als solches erhalten, der Arbeitsplatz bestehen. Umstritten ist die Zulässigkeit der **lösenden Aussperrung**. Der GS des BAG hat bereits im Jahre 1971 (BAG GS 21.4.71, DB 71, 1061) die noch im Beschluss vom 28.1.55 grds anerkannte Möglichkeit der lösenden Aussperrung unter Hinweis auf den Grundsatz der Verhältnismäßigkeit erheblichen Einschränkungen unterworfen. Danach haben Aussperrungen grds nur suspendierende Wirkung, während eine lösende Aussperrung nur in Ausnahmefällen zulässig ist. Derartige Ausnahmefälle können zB gegeben sein beim wilden Streik, längerem Arbeitskampf oder bei Einsparung von Arbeitsplätzen. Betriebs- und Personalrats-Mitglieder, ArbNVertreter im Aufsichtsrat, Schwerbehinderte und Frauen, die unter den Schutz des § 9 Abs 1 MuSchG fallen, dürfen ausschließlich suspendierend ausgesperrt werden. In den späteren Entscheidungen vom 10.6.80 ist die Frage der Zulässigkeit der lösenden Aussperrung offen geblieben. 12

Offen gelassen wurde in den Entscheidungsgründen vom 10.6.80 auch die Frage der Zulässigkeit der **Angriffsaussperrung**. In der Logik der Entscheidungen vom 10.6.80 liegt es allerdings, sowohl die lösende als auch die Angriffsaussperrung für rechtswidrig zu erklären, da sie im Paritätsverständnis des BAG keinen Platz haben (*Konzen/Scholz* DB 80, 1596). 13

2. Betriebs- oder Betriebsteilschließung. Ausgelöst durch einen Rechtsprechungswandel des BAG eröffnet sich für die einzelnen ArbGeb neben der Aussperrung eine weitere Möglichkeit, an sich arbeitswillige ArbN im bestreikten Betrieb nicht zu beschäftigen. Früher ging das BAG davon aus, dass auch auf den bestreikten Betrieb die Grundsätze über das Arbeitskampfrisiko bei mittelbaren Auswirkungen von Arbeitskämpfen anzuwenden seien (BAG 14.12.93, DB 94, 632). Danach kam eine Nichtbeschäftigung arbeitswilliger ArbN nur dann in Betracht, wenn eine Weiterbeschäftigung für den ArbGeb wirtschaftlich unzumutbar wäre (BAG 22.12.80, DB 81, 321 ff). Hiervon ist das BAG mit Urt vom 22.3.94 (NZA 94, 1097) ausdrücklich abgerückt. Nunmehr steht es dem ArbGeb unabhängig von der wirtschaftlichen Zumutbarkeit frei, ob er einen bestreikten Betrieb oder Betriebsteil vorübergehend stilllegt oder nicht (bestätigt durch BAG 31.1.95, DB 95, 1817). Eine solche Entscheidung muss aber, damit der Vergütungsanspruch der ArbN tatsächlich entfällt, diesen gegenüber klar und eindeutig erklärt werden. Daran fehlt es, wenn sich der ArbGeb nicht endgültig festlegen will, sondern die Möglichkeit offen hält, die Arbeitsleistung jederzeit wieder in Anspruch zu nehmen und deshalb von den ArbN ständige Verfügbarkeit verlangt (BAG 11.7.95, DB 96, 223). Soll ein **Notdienst** aufrechterhalten bleiben, ist die Regelung der Modalitäten nach Auffassung des BAG gemeinsame Aufgabe des ArbGeb und der streikführenden Gewerkschaft. Dies gilt im Rahmen des allgemeinen Willkürverbotes auch für die Auswahl der zum Notdienst heranzuziehenden ArbN (BAG 31.1.95, DB 95, 1817). Willkürlich wäre es, wenn nur Gewerkschaftsmitglieder zum Notdienst herangezogen würden. 14

3. Streikbruchprämien. Will der ArbGeb auf einen Streik nicht durch eine Betriebsschließung reagieren, sondern im Gegenteil den Betrieb mit nicht streikenden ArbN aufrechterhalten, ist umstritten, inwiefern er die Arbeitsaufnahme mit einer Streikbruchprämie belohnen darf. Nach der früheren Rspr des BAG waren Streikbruchprämien unzulässig. Vielmehr hatten in dem Fall, dass der ArbGeb für die Nichtteilnahme an einem Streik eine Zulage gewährte, unter dem Gesichtspunkt des arbeitsrechtlichen Gleichbehandlungsgebotes in Verbindung mit dem Maßregelverbot des § 612a BGB auch die streikenden ArbN einen Anspruch auf die gleiche Zulage (BAG 11.8.92, DB 93, 234). Von diesem Grundsatz ist das BAG (13.7.93, DB 93, 1479) abgerückt. Es wertet die Streikbruchprämie als grds 15

40 Arbeitskampf (Vergütung)

zulässiges Arbeitskampfmittel, das wie jede Arbeitskampfmaßnahme unter dem Gebot der Verhältnismäßigkeit stehe. Zulässig dürften danach, soweit keine besonders formulierten tariflichen Maßregelungsverbote bestehen, vor oder während des Arbeitskampfes, unzulässig dagegen erst nachträglich zugesagte Prämien sein, da diese nicht mehr auf die Erreichung eines konkreten Kampfziels gerichtet sind (ausführlich *Rolfs* DB 94, 1237 ff). Die nachträgliche Gewährung einer Prämie an Streikbrecher verstößt allerdings dann nicht gegen den Gleichbehandlungsgrundsatz, wenn ein sachlicher Grund gegeben ist, insbesondere, dass die Begünstigten während des Streiks Belastungen ausgesetzt waren, die erheblich über das Maß der mit jeder Streikarbeit verbundenen Erschwerungen hinausgehen (BAG 28.7.92, DB 93, 232). Ist der ArbGeb wegen Verstoßes gegen das Gleichbehandlungsgebot oder Maßregelungsverbot verpflichtet, die Streikbruchprämie auch an streikende ArbN auszuzahlen, so gebietet der Gleichbehandlungsgrundsatz erst recht, die Zahlung auch an ausgesperrte ArbN vorzunehmen.

16 **III. Auswirkungen des Arbeitskampfes auf die Vergütungspflicht. 1. Grundsatz.** Der ArbN, der an einem Arbeitskampf, insbesondere also an einem **Streik,** teilnimmt und deswegen die Arbeitsleistung einstellt, hat für diesen Zeitraum keinen Anspruch auf Beschäftigung und Vergütung (§§ 275, 326 BGB; zu Besonderheiten bei Gleitzeit s BAG 26.7.05 – 1 AZR 133/04, NZA 05, 1402). Dies gilt auch dann, wenn sich ein gekündigter ArbN am Streik beteiligt und später gerichtlich die Unwirksamkeit der Kündigung festgestellt wird (BAG 17.7.12 – 1 AZR 563/11, NZA 12, 1432). Das Gleiche gilt für den Fall der rechtmäßigen **Aussperrung.** Durch die Aussperrung werden die Rechte und Pflichten aus dem Arbeitsverhältnis und damit auch die Vergütungspflicht suspendiert. Soweit man die lösende Aussperrung bejaht, ergibt sich dieselbe Rechtsfolge aus der vollständigen Beendigung des Arbeitsverhältnisses. Mit der lösenden Aussperrung müsste der ArbN an sich sämtliche Rechte einschließlich etwaiger Ruhegeldanwartschaften, Urlaubsabgeltungsansprüche usw verlieren. Diese Konsequenz wird aber selbst von den Anhängern der lösenden Aussperrung nicht vertreten, vielmehr soll ein Rest der arbeitsvertraglichen Beziehungen bestehen bleiben (BAG 15.6.64, BB 64, 966; *Schaub* § 194 Rz 21). Ist die Aussperrung dagegen rechtswidrig, so behält der ArbN seinen Vergütungsanspruch gem § 615 BGB. Nimmt ein ArbN nicht an einem Streik teil, muss er, um seinen Vergütungsanspruch zu wahren, grds seine Arbeit am Arbeitsort anbieten (§ 294 BGB). Die bloße Eintragung in eine Liste arbeitswilliger ArbN reicht nicht (LAG Hamm 1.3.95, DB 95, 1818). Greift der ArbGeb als Reaktion auf einen Streik zu den Mitteln der **Betriebs- oder Betriebsteilschließung,** sind gleichfalls Beschäftigungs- und Lohnanspruch suspendiert, allerdings nur, wenn den arbeitswilligen ArbN die Entscheidung, auf ihre Arbeitsleistung während des Arbeitskampfes zu verzichten, hinreichend deutlich zum Ausdruck gebracht wurde (BAG 11.7.95, DB 96, 223). Hierfür genügt die Bekanntgabe der Stilllegungsentscheidung in betriebsüblicher Weise; einer individuellen Benachrichtigung der betroffenen ArbN bedarf es nicht (BAG 13.12.11 – 1 AZR 495/10, NZA 12, 995). Nach Beendigung eines Arbeitskampfs kann ein Vergütungsanspruch nach den Grundsätzen des Arbeitskampfrisikos entfallen, wenn dem ArbGeb die sofortige Weiterbeschäftigung unmöglich oder unzumutbar ist, etwa weil er als Reaktion auf einen Kurzstreik zur Rettung der Tagesproduktion ein „Notprogramm" mit nicht am Arbeitskampf beteiligten ArbN konzipiert hat (BAG 12.11.96, DB 97, 578; 15.12.98 – 1 AZR 216/98, NZA 99, 550). Die Auswahl der ArbN hat – anders als bei der Aufstellung eines Notdienstes während des Arbeitskampfs – der ArbGeb allein vorzunehmen. Trifft er keine Auswahl zwischen den Arbeitswilligen, so kann er gegenüber allen in Annahmeverzug geraten (BAG 17.2.98 – 1 AZR 386/97, NZA 98, 896). Ein „Notprogramm" etwa durch Fremdvergabe von Tätigkeiten zur Vorbeugung künftig drohender Arbeitsniederlegungen einer „streikanfälligen" Belegschaft befreit den ArbGeb nicht von der Lohnzahlungspflicht (BAG 15.12.98 – 1 AZR 289/98, BB 99, 900).

17 **2. Rechtsprechungs-ABC zu Problemfällen. a) Betriebsratstätigkeit.** Auch BRatMitglieder können sich am Arbeitskampf beteiligen und dürfen mit suspendierender Wirkung ausgesperrt werden (BAG GS 21.4.71, DB 71, 1061). Aus § 74 Abs 2 Satz 2 Hs 2 BetrVG ergibt sich allerdings, dass BRatMitglieder ihr Amt auch während eines Arbeitskampfes wahrzunehmen haben. Für ihre BRatTätigkeit während des Arbeitskampfes entsteht **kein Vergütungsanspruch** gem § 37 Abs 2 BetrVG. § 37 Abs 2 BetrVG beruht auf dem

Arbeitskampf (Vergütung)   40

Lohnausfallprinzip. Deshalb ist für die Frage einer Vergütungspflicht von BRatTätigkeit immer danach zu fragen, was das BRatMitglied verdient haben würde, wenn es keine BRatTätigkeit ausgeübt hätte. Ein ausgesperrtes BRatMitglied hätte aber, wenn es keine BRatTätigkeit ausgeübt hätte, im Hinblick auf die Suspendierung der Pflichten aus dem Arbeitsvertrag keinen Lohnanspruch (BAG 25.10.88, SAE 90, 202, 204). Das Gleiche gilt für den Fall der Betriebs- oder Betriebsteilschließung. Ist der Betrieb, dem das BRatMitglied zuzuordnen ist, nicht während eines Streikes geschlossen und liegt auch keine Aussperrung vor, so kommt es für den Entgeltanspruch gem § 37 Abs 2 BetrVG darauf an, ob sich das BRatMitglied aktiv am Streik beteiligt. Dies ist nur dann der Fall, wenn das BRatMitglied ausdrücklich oder schlüssig seine Streikbeteiligung gegenüber dem ArbGeb erklärt. Dieses Problem stellt sich weniger bei der Wahrnehmung von BRatTätigkeit als bei dem Besuch von Schulungsveranstaltungen gem § 37 Abs 6 BetrVG. Hier kann allein aus dem Nichterscheinen zur Arbeit nicht geschlossen werden, dass sich das BRatMitglied am Streik beteiligen will (BAG 15.1.91, BB 91, 1194, 1195).

b) Feiertagslohn. Voraussetzung für einen Anspruch auf Bezahlung eines gesetzlichen **18**
Feiertages gem § 2 EFZG ist, dass der gesetzliche Feiertag alleinige Ursache für den Arbeitsausfall ist. Dies ist dann nicht der Fall, wenn infolge einer vom ArbGeb erklärten rechtmäßigen Aussperrung an dem gesetzlichen Feiertag ohnehin nicht gearbeitet worden wäre (BAG 31.5.88, DB 88, 2261). Greift der ArbGeb zu dem Mittel der Betriebsschließung, entfällt der Anspruch auf Feiertagslohn jedenfalls dann, wenn der ArbGeb die Betriebsschließung – ausdrücklich oder schlüssig – für den gesamten Zeitraum des Arbeitskampfes erklärt. Fehlt es an Aussperrung oder Betriebs(teil)schließung, ist wiederum zu ermitteln, ob sich der einzelne ArbN tatsächlich am Streik beteiligt (vgl oben Rz 17). Feiertagslohn muss dagegen gezahlt werden, wenn der Arbeitskampf unmittelbar vor dem Feiertag endet oder sich unmittelbar an den Feiertag anschließt. In diesen beiden Fällen ist einzige Ursache für den Arbeitsausfall der gesetzliche Feiertag (BAG 31.5.88, DB 88, 2260; 11.5.93, DB 93, 1044). Allerdings muss die Beendigung des Arbeitskampfes vor einem Feiertag dem ArbGeb bekannt gemacht werden; diese Bekanntmachung kann durch entsprechende Mitteilung an den ArbGeb durch die streikenden ArbN bzw die streikführende Gewerkschaft und – soweit hinreichend konkret – auch durch eine öffentliche Verlautbarung über die Medien erfolgen (BAG 23.10.96, DB 97, 479). Der Streiktaktik sind allerdings Grenzen gesetzt, denn die Unterbrechung eines Streiks nur für Feiertage führt nicht zu einem Anspruch auf Feiertagslohn. Eine „wirkliche" Streikunterbrechung setzt nach der Auffassung des BAG voraus, dass es zu einer vorübergehenden Aufnahme der Arbeit kommt; insofern muss sich die Streikunterbrechung zumindest auch auf einen Arbeitstag beziehen (BAG 1.3.95, DB 95, 1819).

c) Krankheit. Ein Anspruch auf Entgeltfortzahlung im Krankheitsfall besteht nur dann, **19**
wenn der arbeitsunfähig erkrankte ArbN ohne die Arbeitsunfähigkeit einen Vergütungsanspruch gehabt hätte. Dies ist dann nicht der Fall, wenn ein ArbN während der arbeitskampfbedingten Suspendierung der arbeitsvertraglichen Pflichten krank wird; denn in diesem Fall entfällt ein Vergütungsanspruch bereits aufgrund der Suspendierung, so dass er auch unabhängig von der Arbeitsunfähigkeit keinen Vergütungsanspruch hätte (BAG 7.6.88, DB 88, 2104). Die Streikbeteiligung muss wiederum ausdrücklich oder konkludent gegenüber dem ArbGeb erklärt werden. Soweit eine solche Erklärung nicht vorliegt, ist es dem ArbGeb verwehrt, die Entgeltfortzahlung mit der hypothetischen Überlegung zu verweigern, dass sich der ArbN am Streik beteiligt hätte, wenn er arbeitsfähig gewesen wäre (BAG 1.10.91, DB 92, 43).

d) Sonderleistungen. Ob durch arbeitskampfbedingte Fehlzeiten Ansprüche auf (Jahres-) **20**
Sonderleistungen tangiert werden, hängt von der Ausgestaltung der jeweiligen Vereinbarung ab. Macht eine (tarifliche) Regelung den Anspruch auf die Jahressonderleistung allein vom rechtlichen Bestand des Arbeitsverhältnisses abhängig, dann ist diese Sonderzahlung auch für Zeiten zu gewähren, in denen das Arbeitsverhältnis wegen eines Arbeitskampfes geruht hat (BAG 20.12.95, DB 96, 1423). Ist dagegen eine Sonderzahlung nur für Zeiten einer tatsächlichen Arbeitsleistung vorgesehen, entsteht für Zeiten einer Teilnahme an einem Arbeitskampf kein Anspruch (BAG 20.12.95, DB 96, 1423; 17.6.97, DB 97, 1410 zu einer tariflichen „Monatspauschale"; BAG 3.8.99 – 1 AZR 735/98 – NZA 2000, 487 für eine tarifliche Jahressonderzahlung, die bei „Ruhen" des Arbeitsverhältnisses gekürzt werden darf); jedenfalls, wenn sich auch andere Fehlzeiten, etwa wegen Unpünktlichkeit oder

40 Arbeitskampf (Vergütung)

Krankheit, anspruchsmindernd auswirken, liegt ein Verstoß gegen das Maßregelungsverbot gem § 612a BGB nicht vor (so BAG 31.10.95, DB 96, 578 in Bezug auf eine monatliche Anwesenheitsprämie). Eine Kürzungsmöglichkeit entfällt, wenn tariflich eine Maßregelungsklausel vereinbart wird, nach der das Arbeitsverhältnis „durch die Arbeitskampfmaßnahme als nicht ruhend" gilt (BAG 13.2.07 – 9 AZR 374/06, NZA 07, 573).

21   **e) Urlaub.** Ein bereits bewilligter Urlaub wird grds nicht dadurch widerrufen, dass der ArbGeb die ArbN seines Betriebs oder eine bestimmte Gruppe für eine Zeit aussperrt, in die der bewilligte Urlaub ganz oder teilweise hineinfällt. In der bloßen Erklärung des ArbGeb, er sperre seine ArbN oder eine bestimmte Gruppe aus, kann jedenfalls im Regelfall ein Widerruf des bewilligten Urlaubs nicht gesehen werden (BAG 31.5.88, DB 88, 2262). Der ArbN behält deshalb grds seinen Anspruch auf die für den bewilligten Urlaub zu zahlende Urlaubsvergütung. Bei der Berechnung des Urlaubsentgelts sind Zeiten, in denen die Vergütungspflicht wegen eines Arbeitskampfes entfällt, nicht entgeltmindernd zu berücksichtigen, da es sich insofern um Zeiten des „Arbeitsausfalls" iSd § 11 Abs 1 BUrlG handelt (ErfK/*Gallner* § 11 BUrlG Rz 26). Ebenso bleibt, wenn während eines Urlaubs ein Streik ausbricht, ein einmal bewilligter Urlaub bestehen (BAG 9.2.82, DB 82, 1328). Will ein streikender ArbN während des Streiks Urlaub „nehmen", muss aus dem entsprechenden Antrag eindeutig hervorgehen, dass der ArbN nicht mehr am Streik teilnehmen will (LAG Nbg 25.1.95, NZA 95, 854). Dazu muss er dem ArbGeb signalisieren, dass er nicht nur zum Urlaub, sondern auch zur Wiederaufnahme der Arbeit bereit ist (BAG 24.9.96, DB 97, 679).

22   **IV. Arbeitskampfunterstützung.** Gewerkschaftlich organisierte ArbN erhalten von ihrer Gewerkschaft eine Streik- und Aussperrungsunterstützung, durch die der den ArbN infolge des Wegfalls des Lohnanspruchs während des Arbeitskampfes entstehende Einkommensverlust abgemildert werden soll. Die Voraussetzungen für die Gewährung von Arbeitskampfunterstützung ergeben sich aus der Satzung der jeweiligen Gewerkschaft. Regelmäßig ist Voraussetzung für die Gewährung von Arbeitskampfunterstützung eine dreimonatige Gewerkschaftsmitgliedschaft. Vielfach ist die Unterstützung bei kurzfristigen Streiks bis zu 3 Tagen ausgeschlossen. Sie wird grds nur gewährt, wenn sich der ArbN an die von der Gewerkschaft aufgestellten Streikrichtlinien hält. Teilweise ist vorgesehen, dass Mitglieder, die vor Beendigung des Streiks die Arbeit wieder aufnehmen, rückwirkend den Anspruch auf die Arbeitskampfunterstützung verlieren und gezahlte Vorschüsse zurückzuzahlen haben. Die Höhe der Arbeitskampfunterstützung ist regelmäßig abhängig von dem bisher gezahlten Mitgliedsbeitrag, von der Höhe des Einkommens und den Familienverhältnissen. IdR erreicht die Arbeitkampfunterstützung $^2/_3$ des Bruttoverdienstes.

23   Auch die Satzungen und Arbeitskampfrichtlinien der **Arbeitgeberverbände** enthalten Regelungen über Arbeitskampfunterstützung ihrer bestreikten Mitglieder, insbesondere sind finanzielle Zuwendungen bei kurzfristigen Zahlungsschwierigkeiten vorgesehen, welche meist über Unterstützungsfonds finanziert werden.

B. Lohnsteuerrecht *Thomas*

24   **1. Streikbruchprämien** (vgl oben Rz 15) sind ebenso wie andere Treueprämien Arbeitslohn und unterliegen dem LStAbzug so wie umgekehrt Streikunterstützungen des ArbGeb-Verbandes beim ArbGeb Betriebseinnahmen sind (FG Köln 1.3.01 – 5 K 3372/96, EFG 01, 1230). Dabei spielt keine Rolle, ob die Streikbruchprämien arbeitsrechtlich zulässig waren, ob sie vor, während oder nach dem Arbeitskampf gewährt wurden oder ob sie wegen eines Verstoßes gegen das Gleichbehandlungsgebot auch an streikende ArbN ausgezahlt werden mussten. Des Weiteren ist Arbeitslohn, der gezahlt worden ist, obwohl der Lohnanspruch suspendiert war, dem LStAbzug zu unterwerfen.

25   **2. Streikgelder. a) Arbeitslohn** liegt (entgegen *Lang* DStJG 86, Bd 9, 15 ff, 52, 72) nicht schon vor, wenn das Dienstverhältnis die Gelegenheit zur Einnahmeerzielung bietet, wie auch die Beispiele Diebstahl oder Schmiergeld (s *Schmiergeld* Rz 9) zeigen. Vielmehr wird eine Einnahme nur dann „für eine Beschäftigung … gewährt" (§ 19 Abs 1 Nr 1 EStG), wenn sie als Ertrag der Arbeit, also für Arbeitsleistung im weitesten Sinne, und nicht gegen den Willen des ArbGeb erfolgt.

26   Deswegen sind **gewerkschaftliche Streik- bzw Aussperrungsunterstützungen** kein Arbeitslohn, ungeachtet der Tatsache, dass Gewerkschaftsbeiträge als Beiträge zu Berufsver-

bänden (§ 9 Abs 1 Nr 3 EStG) und damit als Werbungskosten angesehen werden (BFH 28.11.80 – VI R 193/77, BStBl II 81, 368; zu den Grenzen bei Übernahme eines politischen Mandats OFD Frankfurt 5.6.96, FR 96, 533). Rechtsgrundlage ist nicht das Dienstverhältnis, sondern die Mitgliedschaft in der Gewerkschaft, und die Zahlung erfolgt nicht für Arbeitsleistungen, sondern allenfalls dafür, dass nicht gearbeitet wird. Deswegen hat der BFH zu Recht in Aufgabe früherer Rspr den Arbeitslohncharakter verneint (BFH 24.10.90 – X R 161/88, BStBl II 91, 337; aA *Paus* DStZ 91, 214; *Bruschke* DStZ 87, 434).

b) Entschädigung. Schwieriger zu beurteilen ist die Frage, ob die Lohnersatzleistung 27 Streikunterstützung gem § 24 Abs 1 Nr 1a EStG „als Ersatz" für entgangene Einnahmen gewährt wird (vgl *Knobbe-Keuk* DB Beilage Nr 6/92). Ein solcher Ersatz kann angenommen werden, wenn eine vom ArbGeb zugesagte, aber nicht erbrachte Leistung von anderer Seite ausgeglichen wird (BFH 25.8.93 – X R 8/93, BStBl II 94, 167; 11.3.96 – IV B 55/95, BFH/NV 96, 737). Hiervon sind aber solche Leistungen zu unterscheiden, die aus einer Versicherung des ArbN, also aus seinem eigenen Vermögen stammen und damit lediglich eine nicht steuerbare Vermögensumschichtung beinhalten. Wirtschaftlich betrachtet ist die Gewerkschaftskasse eine Art Versicherung gegen befristete Arbeitslosigkeit. Es liegt daher näher, Zahlungen, sofern sie über einen längeren Zeitraum erfolgen, als Renten zu behandeln (*Jansen* FR 91, 228), die dann allenfalls **mit dem Ertragsanteil** zu versteuern wären.

c) Werbungskosten. Da Streikgelder kein Arbeitslohn, sondern wirtschaftlich betrachtet 28 Leistungen aus einer eigenen Versicherung des ArbN sind, stehen die durch das Arbeitsverhältnis veranlassten Aufwendungen (Werbungskosten) mit den Streikgeldern allenfalls in mittelbarem Zusammenhang, weshalb diese Werbungskosten auch nicht nach § 3c EStG zu kürzen sind (vgl BFH 23.11.2000 – VI R 93/98, BStBl II 01, 199 mit Anm *MIT* DStRE 01, 295; *Kanzler* FR 01, 310; *Pust* HFR 01, 433; *Urban* DStZ 01, 440).

3. Lohnersatzleistungen. Werden im Zusammenhang mit Aussperrungen Leistungen 29 nach dem AFG erbracht, liegen ebenfalls nicht Einnahmen aus nichtselbstständiger Arbeit (§ 19 EStG), sondern wiederkehrende Bezüge (§ 22 EStG) vor (*K/S* § 3 Rz A 270). Es handelt sich nicht um Lohnzahlungen Dritter (s *Lohnabzugsverfahren* Rz 14), da nicht Arbeitsleistungen des ArbN vergütet, sondern Versicherungsleistungen für entfallende Lohnzahlungen erbracht werden. Allerdings lässt der Gesetzgeber – systemwidrig (*Thomas* KFR/F 6 EStG § 19, 2/91, S 68) – bei Lohnersatzleistungen den ArbNPauschbetrag (§ 9a Nr 1 EStG) zum Abzug zu (§ 32b Abs 2 Nr 1 EStG). Vgl im Übrigen *Lohnersatzleistungen* Rz 16 ff.

C. Sozialversicherungsrecht *Voelzke*

1. Allgemeines. Im SozVRecht ist es von praktischer Bedeutung, ob den ArbN während 30 eines Arbeitskampfes (Streik, Aussperrung) Ansprüche auf AlGeld bzw Kurzarbeitergeld zustehen und ob der KVSchutz erhalten bleibt (zu den Besonderheiten der sozialrechtlichen Folgen ausländischer Arbeitskämpfe *Eichenhofer* NZA 06, Beilage 2, 67). Seit dem grds Urt des BSG vom 15.12.71 (– 3 RK 87/68, BSGE 33, 254) ist davon auszugehen, dass legale kollektive Arbeitskampfmaßnahmen das sozialversicherungsrechtliche Beschäftigungsverhältnis der beteiligten oder hiervon betroffenen ArbN nicht unterbrechen. Versicherungsrechtliche Nachteile können dem ArbN jedoch durch den Fortfall der Verpflichtung des ArbGeb zur Zahlung von Arbeitsentgelt erwachsen. Hingegen bleibt bei einer **rechtswidrigen Aussperrung** wegen des weiterbestehenden Anspruchs auf Entgeltzahlung die Versicherungs- und Beitragspflicht in allen Zweigen der SozV ohne zeitliche Begrenzung erhalten. Beitragsrechtlich ergeben sich wegen des Fortfalls der Vergütungspflicht des ArbGeb keine Probleme. Während der Dauer des Arbeitskampfes entfällt die Pflicht des ArbGeb zur Beitragsentrichtung. Dies gilt auch hinsichtlich der Beitragspflicht für mittelbar vom Arbeitskampf betroffene ArbN, soweit diesen nach arbeitsrechtlichen Grundsätzen kein Anspruch auf Arbeitsentgelt zusteht.

In der ArblV verbietet es die **Neutralitätspflicht** des Staates, durch die Gewährung von Lohnersatzleistungen (AlGeld, Kurzarbeitergeld) in Arbeitskämpfe einzugreifen (§ 160 SGB III). Im durch den Arbeitskampf unmittelbar betroffenen Bereich wird nach dem Vermittlungsgrundsatz der Neutralität (§ 36 Abs 3 SGB III) die Arbeitsvermittlung der BA grds ausgeschlossen. Subsidiär steht den von Arbeitskämpfen betroffenen ArbN ein Anspruch auf

Sozialhilfe zu; ein Verstoß gegen die Neutralitätspflicht des Staates ist hierin nicht zu sehen. Entsprechendes muss für die Gewährung von *Arbeitslosengeld II* gelten.

31 **2. Krankenversicherung und Pflegeversicherung.** Nach der für alle Zweige der SozV geltenden Regelung des § 7 Abs 3 Satz 1 SGB IV gilt eine Beschäftigung gegen Arbeitsentgelt als fortbestehend, solange das Beschäftigungsverhältnis ohne Anspruch auf Arbeitsentgelt fortdauert, jedoch nicht länger als einen Monat. Daneben gilt die krankenversicherungsrechtliche Regelung, wonach die Mitgliedschaft für die Dauer eines rechtmäßigen Arbeitskampfs (unbegrenzt) erhalten bleibt (§ 192 Abs 1 Nr 1 SGB V). Die Anordnung der zeitlich unbegrenzten Fortdauer der Mitgliedschaft im Falle eines rechtmäßigen Streiks beruht auf dem Grundsatz, dass allein die Dauer eines Streiks diesen nicht rechtswidrig macht. Die Mitgliedschaft bleibt bei einem rechtswidrigen Streik nach § 7 Abs 3 Satz 1 SGB IV lediglich für einen Monat erhalten (*Schlegel/Voelzke/Felix* SGB V, § 192 Rz 12). Die Vorschrift über das Fortbestehen der Mitgliedschaft gilt in der PflegeV entsprechend (§ 49 Abs 2 SGB XI). Während also bei einem **rechtmäßigen Streik** die Mitgliedschaft ohne zeitliche Grenzen fortbesteht, gilt für den rechtswidrigen Streik die Begrenzung auf einen Monat. Die Monatsfrist beginnt mit dem Ende der Zahlung von Arbeitsentgelt. Endet die Versicherungspflicht oder besteht beim ArbN Unsicherheit über die Rechtmäßigkeit des Arbeitskampfes, so wird zur Erhaltung des Versicherungsschutzes die Möglichkeit zur freiwilligen Versicherung gem § 9 SGB V eingeräumt. Der streikende ArbN hat bei Eintritt des Versicherungsfalls Anspruch auf die Leistungen der KV.

32 Anspruch auf **Krankengeld** besteht allerdings lediglich für die Zeit **nach Ende des Arbeitskampfes,** da Krankengeld nur für entgangenes regelmäßiges Arbeitsentgelt gezahlt wird (vgl BSG 15.12.71 – 3 RK 87/68, BSGE 33, 254). Nur bei einer Erkrankung des ArbN vor Beginn des Streikes besteht entsprechend der Rspr des BAG zur Entgeltfortzahlung ein Anspruch auf Krankengeld. Steht dem ArbN während des Streikes Anspruch auf AlGeld zu, so besteht Versicherungsschutz nach § 5 Abs 1 Nr 2 SGB V.

33 **3. Rentenversicherung.** Obwohl auch in der RV während der Dauer eines Arbeitskampfes von einem Fortbestehen des Beschäftigungsverhältnisses auszugehen ist, werden Beitragszeiten mangels Entgeltzahlung nicht begründet (vgl BSG GS 11.12.73 – GS 1/73, BSGE 37, 10), soweit der Monatszeitraum des § 7 Abs 3 SGB IV überschritten wird. Zu berücksichtigen ist jedoch die Regelung des § 122 Abs 1 SGB VI, wonach ein Kalendermonat, der nur zum Teil mit rentenrechtlichen Zeiten belegt ist, als voller Kalendermonat zählt. Es entstehen also nur dann versicherungsrechtliche Nachteile, wenn der Streik oder die rechtmäßige Aussperrung über einen vollen Kalendermonat hinaus dauert. Während der Dauer des Arbeitskampfes werden auch keine Anrechnungszeiten nach § 58 Abs 1 Nr 3 SGB VI begründet; allerdings sind der gewerkschaftlich geführte Streik und die Aussperrung als sog **Überbrückungszeiten** anzusehen, die bei Vorliegen der Anrechnungstatbestände nach § 58 Abs 1 Nr 1 bis 3 SGB VI den Anschluss an das versicherungspflichtige Beschäftigungsverhältnis wahren (s zum alten Recht BSG GS 11.12.73 – GS 1/73, BSGE 37, 10).

34 **4. Unfallversicherung.** UVSchutz besteht für streikende und rechtmäßig ausgesperrte ArbN nicht, da hierfür eine versicherte Tätigkeit erforderlich ist (§ 2 Abs 1 Nr 1 SGB VII). Zu den versicherten Tätigkeiten gehören hingegen die zur Erhaltung der Betriebsanlagen erforderlichen Arbeiten und die damit zusammenhängenden Wege. Die Tätigkeit von Gewerkschaftsmitgliedern als Streikhelfer begründet den Versicherungsschutz als eine der Gewerkschaft dienende Tätigkeit (BSG 8.10.81 – 2 RU 50/88, SozR 2200 § 539 Nr 83).

35 **5. Arbeitsförderung. a) Versicherungspflicht.** In der ArblV gilt der Grundsatz, dass Beschäftigungszeiten, für die kein Arbeitsentgelt gezahlt wird, nicht der Erfüllung der **Anwartschaftszeit** für den AlGeldAnspruch dienen. Eine Ausnahme von diesem Grundsatz gilt auch hier, wenn solche Zeiten den Zeitraum von bis zu einem Monat nicht überschreiten (§ 7 Abs 3 SGB IV). Unschädlich für den AlGeldAnspruch sind deshalb Zeiten eines Arbeitskampfes ohne Arbeitsentgeltanspruch, wenn der Monatszeitraum nicht überschritten wird; bei einem Überschreiten des Zeitraumes bleiben die Zeiten insgesamt unberücksichtigt.

36 **b) Leistungsrecht.** Während der Dauer von Arbeitskampfmaßnahmen kommen für die betroffenen ArbN Ansprüche auf Kurzarbeitergeld oder *Arbeitslosengeld* in Betracht. Für

Arbeitskampf (Vergütung)　40

ArbN eines Verleihers, mit denen vereinbart war, dass ihr Anspruch auf Arbeitsentgelt bei einem Arbeitskampf entfalle, hat das LSG NRW angenommen, dass kein Kurzarbeitergeldanspruch bestehe, weil die Klausel nichtig sei (LSG NRW 30.8.06 – L 12 AL 168/05, NZA 07, 84; kritisch hierzu *Böhm* NZS 07, 404). Im Übrigen folgt aus dem Grundsatz der **Unparteilichkeit** (§§ 160, 100 SGB III), dass nicht in Arbeitskämpfe eingegriffen werden darf. Hierbei kann sowohl durch Gewährung wie durch Nichtgewährung von Lohnersatzleistungen die Pflicht zur Neutralität verletzt werden (vgl zu § 116 AFG aF BSG 5.6.91 – 7 RAr 26/89, BB 91, 2225). Unbestritten ist, dass bei ArbN, die am Arbeitskampf unmittelbar beteiligt sind, der Leistungsanspruch bis zur Beendigung des Arbeitskampfes ruht, während ArbN, die zuletzt in einem Betrieb beschäftigt waren, der nicht dem fachlichen Geltungsbereich des umkämpften Tarifvertrages zuzuordnen ist, die Leistungen der ArbIV zustehen (§ 160 Abs 1 Satz 2 SGB III). Nach der Entscheidung des BSG vom 4.10.94 – 7 KlAr 1/93 (NZA 95, 320) findet § 160 SGB III nicht nur in Fällen Anwendung, in denen der Arbeitskampf um den Abschluss eines neuen Tarifvertrages geführt wird, sondern auch um die Einhaltung und Ausführung eines bereits geschlossenen Tarifvertrages, da § 160 SGB III umfassend die sozialrechtlichen Auswirkungen von Arbeitskämpfen regeln soll. Keine Anwendung findet die Ruhensregelung für existenzsichernde Leistungen nach dem SGB II (*Samartzis* ZfF 10, 133).

Das Ruhen des Leistungsanspruches tritt bei unmittelbar am Arbeitskampf beteiligten　37
ArbN allerdings nur ein, wenn ein **ursächlicher Zusammenhang** zwischen Arbeitskampf und Eintritt der Arbeitslosigkeit besteht. Hinsichtlich der Gewährung von Kurzarbeitergeld kann der ArbGeb nach § 100 Abs 2 SGB III geltend machen, der Arbeitsausfall sei Folge eines Arbeitskampfes. Der ArbGeb hat seiner Darlegung und Glaubhaftmachung eine Stellungnahme der Betriebsvertretung beizufügen. Ist die Kurzarbeit nach den Feststellungen der Arbeitsverwaltung nicht Folge eines Arbeitskampfes, sondern vermeidbar, so muss die BA nach § 100 Abs 3 SGB III Kurzarbeitergeld gewähren.

Gegen die Konkretisierung der durch den Arbeitskampf lediglich **mittelbar** betroffenen　38
ArbN, deren Leistungsanspruch gem § 160 Abs 3 Satz 1 SGB III ebenfalls ruht, werden aus unterschiedlichen Gründen verfassungsrechtliche Bedenken erhoben. Das BVerfG hat den gleich lautenden § 116 Abs 3 Satz 1 AFG zwar für mit dem Grundgesetz vereinbar gehalten, jedoch hinsichtlich der Auswirkungen auf zukünftige Arbeitskämpfe eine Beobachtungs- und ggf Handlungspflicht des Gesetzgebers angenommen. Ergibt sich, dass in der Folge der Regelung **strukturelle Ungleichheiten** der Tarifvertragsparteien auftreten, die ein ausgewogenes Aushandeln der Arbeits- und Wirtschaftsbedingungen nicht mehr zulassen und durch die Rspr nicht ausgeglichen werden können, so muss der Gesetzgeber Maßnahmen zur Wahrung der Tarifautonomie treffen (BVerfG 4.7.95, DB 95, 1604; kritisch: *Kreßel* NZA 95, 1121).

Der Leistungsanspruch von mittelbar vom Arbeitskampf betroffenen ArbN ruht bei ArbN,　39
wenn der Betrieb, in dem sie zuletzt beschäftigt waren, dem **räumlichen und fachlichen Geltungsbereich** des umkämpften Tarifvertrages zuzuordnen ist (§ 160 Abs 3 Satz 1 Nr 1 SGB III). Hierbei ist ohne Bedeutung, ob sich ArbN dieses Betriebes am Arbeitskampf beteiligt haben. Ausgenommen von der Ruhenswirkung sind nach § 160 Abs 3 Satz 3 SGB III mittelbar betroffene ArbN, wenn die streitigen Arbeitsbedingungen nach Abschluss des Tarifvertrages für sie nicht gelten oder auf sie nicht angewendet würden. Eine weitere Ausnahme kann bei entsprechender Bestimmung durch den Verwaltungsrat eintreten, wenn das Ruhen für eine bestimmte Gruppe von ArbN ausnahmsweise nicht gerechtfertigt ist (§ 160 Abs 4 SGB III).

Zusätzliche Voraussetzungen müssen gem § 160 Abs 3 Satz 1 Nr 2 SGB III für das　40
Ruhen des Leistungsanspruches von ArbN vorliegen, deren Beschäftigungsbetrieb nicht zum räumlichen, aber doch zum **fachlichen Geltungsbereich** des umkämpften Tarifvertrages gehört. Die Ruhenswirkung tritt nur ein, wenn auch in dem Tarifgebiet des Betriebes eine Forderung erhoben ist, die einer Hauptforderung des Arbeitskampfes nach **Art und Umfang** gleich ist, ohne mit ihr übereinstimmen zu müssen. Erforderlich ist ein inhaltlicher und nicht nur formaler Vergleich der erhobenen Tarifforderungen und deren Struktur (*Hauck/Noftz/Valgolio* SGB III § 160 Rz 34). Eine Forderung ist erhoben, wenn die zur Entscheidung berufene Stelle die Forderung beschlossen hat oder wenn sie aufgrund des Verhaltens der Tarifvertragspartei im Zusammenhang mit dem angestrebten Abschluss als

40 Arbeitskampf (Vergütung)

beschlossen anzusehen ist (§ 160 Abs 3 Satz 2 SGB III). Als Hauptforderung sind die sozialpolitisch und wirtschaftlich zentralen Forderungen anzusehen, die dem Arbeitskampf sein Gepräge geben (*Löwisch* NZA 86, 348). Abzustellen ist bei der Frage der Gleichheit der erhobenen Forderungen darauf, was diejenige Tarifpartei erreichen möchte, die den Arbeitskampf beginnt, so dass unterschiedliche Angebote der Gegenseite unerheblich sind (BSG 4.10.94 – 7 KlAr 1/93, NZA 95, 320). Zweifelhaft ist, ob durch den unterschiedlichen Umfang der Forderung (zB bei Lohnforderungen) die Anwendung des § 160 SGB III ausgeschlossen werden kann. Die Frage dürfte bei offenbaren Manipulationen zu verneinen sein. Hingegen entspricht es nicht dem Wortlaut des Gesetzes, das auf Art und Umfang der Forderung abstellt, lediglich sich der Art nach unterscheidende Forderungen (zB Arbeitszeitverkürzung und Lohnerhöhung) von der Ruhenswirkung auszunehmen (*Schwerdtfeger* Rechtsfragen zu § 116 AFG nF, 47; aA *Kummer* AngVers 90, 209).

41 Zusätzlich erfordert der Eintritt der Ruhenswirkung die **Prognose,** dass das Arbeitskampfergebnis aller Voraussicht nach in dem räumlichen Geltungsbereich des nicht umkämpften Tarifvertrages im Wesentlichen übernommen wird. Anhaltspunkte hierfür sind insbesondere gegeben, wenn in der bisherigen Praxis der Tarifvertragsparteien Arbeitskampfergebnisse idR übernommen wurden. Im Übrigen sind auch das Verhalten und die Äußerungen der Tarifvertragsparteien in den laufenden Verhandlungen zu berücksichtigen (KassHB SGB III/*Söhngen* § 6 Rz 183). An die Übernahmeprognose sind hohe Anforderungen zu stellen (BSG 4.10.94 – 7 KlAr 1/93, NZA 95, 320).

42 Die Feststellung, ob außerhalb des räumlichen Geltungsbereichs des umkämpften Tarifvertrages die Voraussetzungen für das Ruhen der Leistungsansprüche der mittelbar betroffenen ArbN gegeben sind, trifft gem § 160 Abs 5 SGB III der **Neutralitätsausschuss** (s zur Zusammensetzung § 380 SGB III). Vor seiner Entscheidung muss der Ausschuss den Fachspitzenverbänden der am Arbeitskampf beteiligten Tarifvertragsparteien Gelegenheit zur Stellungnahme geben. Den Fachspitzenverbänden gegenüber sind die Entscheidungen des Ausschusses Verwaltungsakte. Sie können Entscheidungen des Ausschusses ohne Vorverfahren durch Klage anfechten; über die Klage entscheidet im ersten und letzten Rechtszug das BSG (§ 160 Abs 6 SGB III). Die Klage hat keine aufschiebende Wirkung, jedoch lässt § 160 Abs 6 Satz 6 SGB III ein einstweiliges Anordnungsverfahren zu (s zu den verfahrensrechtlichen Fragen *Kummer* AngVers 90, 209 ff; zur Zulässigkeit der Fortsetzungsfeststellungsklage vgl BSG 24.7.96 – 7 KlAr 1/95, NZA 97, 285).

43 **c) Vermittlung.** Nach § 36 Abs 3 SGB III darf die Agentur für Arbeit in einem durch einen Arbeitskampf unmittelbar betroffenen Bereich nur dann vermitteln, wenn der Arbeitsuchende und der ArbGeb dies trotz eines **Hinweises auf den Arbeitskampf** verlangen. Mittelbar betroffene ArbN und Betriebe werden von § 36 Abs 3 SGB III nicht erfasst. Bietet die Agentur für Arbeit dem Arbeitslosen ein Stelle unter Verstoß gegen die Regelung an, so löst dies im Falle der Ablehnung keine *Sperrzeit* aus (*Gagel/Peters-Lange* SGB III, § 36 Rz 20).

44 **d) Anzeigepflicht.** § 320 Abs 5 SGB verpflichtet die ArbGeb, in deren Betrieben ein Arbeitskampf stattfindet, der Agentur für Arbeit über **Ausbruch und Beendigung** des Arbeitskampfes unverzüglich eine Anzeige zu erstatten. Unerheblich für die Anzeigepflicht ist, ob der Arbeitskampf rechtmäßig ist. Es sind nur Arbeitskämpfe in einem eigenen Betrieb des ArbGeb anzuzeigen. Mittelbare Folgen des Arbeitskampfes unterliegen, auch wenn sie Auswirkungen auf den Betrieb haben, nicht der Anzeigepflicht.

Der ArbGeb muss die Anzeige **schriftlich** iSd § 126 BGB erstatten (*Hauck/Noftz/Voelzke* SGB III, § 320 Rz 39). Zuständig für die Entgegennahme der Anzeige ist entsprechend § 327 Abs 4 SGB III der Agentur für Arbeit, in deren Bezirk der Betrieb des ArbGeb liegt. Die Anzeige bei Ausbruch des Arbeitskampfes muss den Namen und die Anschrift des Betriebes, das Datum des Beginns der Arbeitseinstellung und die Zahl der betroffenen ArbN enthalten (§ 320 Abs 5 Satz 2 SGB III). Wesentliche Änderungen müssen der Agentur für Arbeit ebenfalls mitgeteilt werden. Die Anzeige bei Beendigung des Arbeitskampfes muss den Namen und die Anschrift des Betriebes, das Datum der Beendigung der Arbeitseinstellung, die Zahl der an den einzelnen Tagen betroffenen ArbN und die Zahl der durch die Arbeitseinstellung ausgefallenen Arbeitstage enthalten (§ 320 Abs 5 Satz 3 SGB III).

Erfüllt der ArbGeb seine Anzeigepflicht nicht, nicht richtig, nicht vollständig oder nicht rechtzeitig, so stellt sein Verhalten eine **Ordnungswidrigkeit** dar (§ 404 Abs 2 Nr 25 SGB III). Die Ordnungswidrigkeit kann mit einer Geldbuße bis zu 2000 € geahndet werden.

6. Beitragspflicht. Soweit nach arbeitsrechtlichen Grundsätzen während der Dauer von 45
Arbeitskampfmaßnahmen keine Vergütungspflicht des ArbGeb besteht, entfällt auch die
Beitragspflicht in allen Zweigen der SozV. Die von den Gewerkschaften an ihre streikenden
ArbN gezahlte **Streikunterstützung** gehört nicht zum beitragspflichtigen Arbeitsentgelt iSd
§ 14 SGB IV. Beitragsfrei sind ebenfalls die durch die Gewerkschaften für ihre Mitglieder
gezahlten Aussperrungsunterstützungen.

Arbeitskleidung

A. Arbeitsrecht *Kreitner*

1. Begriff. Hinsichtlich der sog Arbeitskleidung im weiteren Sinn ist zu unterscheiden 1
zwischen Arbeitskleidung, Berufskleidung, Dienstkleidung und Schutzkleidung. Diese Begriffe werden im Einzelnen wie folgt definiert (vgl *Schaub/Koch* § 86 Rz 19):

a) Arbeitskleidung. Kleidungsstücke, die von ArbN zur Schonung ihrer eigenen Kleidung im Rahmen der ihnen normalerweise obliegenden Arbeit getragen werden.

b) Berufskleidung. Kleidungsstücke, die aufgrund der Art der Arbeit hierfür zweckmäßig erscheinen oder die für bestimmte Berufe üblich sind.

c) Dienstkleidung. Kleidungsstücke, die zur besonderen Kenntlichmachung im dienstlichen Interesse an Stelle anderer Kleidung während der Arbeit getragen werden müssen.

d) Schutzkleidung. Kleidungsstücke, die bei bestimmten Tätigkeiten anstelle oder über der sonstigen Kleidung zum Schutz gegen Unfälle, Witterungsunbilden, gesundheitliche Gefahren oder gegen ungewöhnlich starke Verschmutzung oder Abnutzung der Kleidung oder aus Gründen der Hygiene getragen werden müssen.

2. Arbeitskleidung. Gesetzliche Regelungen über Arbeitskleidung existieren nicht. Wie 2
bereits aus der Begriffsdefinition deutlich wird, handelt es sich hierbei nicht um vorgeschriebene Kleidungsstücke, sondern der ArbN entscheidet sich aus Praktikabilitätsgründen dazu, bestimmte Kleidungsstücke bei der Arbeit zu tragen. Die Kosten für Anschaffung und Reinigung der Arbeitskleidung trägt dementsprechend der ArbN, vorbehaltlich einer anderweitigen Vereinbarung der Arbeitsvertragsparteien.

3. Berufskleidung. Insoweit gilt das zur Arbeitskleidung unter Rz 2 Gesagte entspre- 3
chend.

4. Dienstkleidung. Anders stellt sich die Rechtslage bezüglich der Dienstkleidung dar. 4

a) Rechtsgrundlage. Abgesehen von § 34 ArbStättV, der den ArbGeb verpflichtet, dem ArbN die Lüftung und Trocknung sowie die Aufbewahrung seiner Dienstkleidung außerhalb der Arbeitszeit zu ermöglichen, existieren auch insoweit keine gesetzlichen Regelungen. Allerdings finden sich in einer Vielzahl von **Tarifverträgen** spezielle Vorschriften über die Dienstkleidung hinsichtlich Fragen der Beschaffenheit der Kleidung, Eigentumsfragen sowie Kosten für Anschaffung und Reinigung (zB § 20 MTV Einzelhandel NRW; § 14 MTV für das Gaststätten- und Hotelgewerbe NRW; § 12 MTV Arzthelferinnen; vgl auch § 21 AVR-Caritas). Auch aus **Unfallverhütungsvorschriften** können sich Auswirkungen auf die Beschaffenheit der Kleidung ergeben. So ist zB die Anweisung an einen Krankenpfleger, das Tragen von Schmuck im Gesicht sowie an Ohren und Händen zu unterlassen, aus diesem Grund geboten. Anderenfalls könnte der ArbGeb wegen Verletzung der Fürsorgepflicht zum Schadensersatz verpflichtet sein (LAG SchlHol 26.10.95, BB 96, 222 [LS]).

Soweit tarifliche Regelungen nicht vorhanden sind, können ArbGeb und BRat mittels 5
Betriebsvereinbarungen oder formlosen Regelungsabreden entsprechende verbindliche Vereinbarungen treffen. Es besteht insoweit ein erzwingbares Mitbestimmungsrecht des BRat gem § 87 Abs 1 Nr 1 BetrVG, da die Ordnung des Betriebes betroffen ist (BAG 1.12.92 – 1 AZR 260/92, NZA 93, 711; LAG Nbg 10.9.02 – 6 (5) TaBV 41/01, NZA-RR 03, 197). Dieses Mitbestimmungsrecht erfasst unter Beachtung der vorgegebenen Zweckbestimmung der Dienstkleidung auch die Festlegung des dienstkleidungspflichtigen Personenkreises (BAG 17.1.12 – 1 ABR 45/10, NZA 12, 687). Schließlich besteht im Rahmen des zuvor Gesagten die Möglichkeit zu einer gesonderten **arbeitsvertraglichen Vereinbarung** zwischen ArbGeb und ArbN bezüglich der Dienstkleidung.

41 Arbeitskleidung

6 Fehlen derartige kollektivrechtliche oder einzelvertragliche Regelungen, unterliegt die Frage der Dienstkleidung dem *Weisungsrecht* des ArbGeb, wobei die Grenzen des § 106 GewO zu beachten sind. So kann der ArbGeb zB in einem Unternehmen der holzverarbeitenden Industrie, das hochwertige Möbel herstellt, einen Verkäufer, gestützt auf das Direktionsrecht, anweisen, Sakko und Krawatte zu tragen (LAG Hamm 22.10.91, BB 92, 430: Versetzung bei Missachtung der Anweisung trotz Abmahnung; ArbG Cottbus 20.3.12 – 6 Ca 1554/11, BeckRS 2012, 72457: Kündigung). Dagegen ist die Anweisung an einen Mitarbeiter eines Restaurationsbetriebes (am Grill), statt des vom ihm getragenen Turbans die zur Dienstkleidung gehörende Papierfaltmütze zu tragen, wegen des besonderen Gewichts des Art 4 GG im Rahmen des Einzelfallabwägung unwirksam (ArbG Hbg 3.1.96, ArbuR 96, 243). Männliche Piloten können auch dann zum Tragen einer Pilotenmütze verpflichtet werden, wenn Pilotinnen das Tragen der Mütze freigestellt ist (LAG Köln 29.10.12 – 5 Sa 549/11, BeckRS 2012, 75198). Insgesamt dürfen Dienstkleidungsbestimmungen nicht das Persönlichkeitsrecht des ArbN verletzen. Die Regelungen müssen **geeignet**, **erforderlich** und unter Berücksichtigung der verfassungsrechtlich gewährten Freiheitsrechte **angemessen** sein, um den mit der Dienstkleidung erstrebten Zweck zu erreichen (LAG Köln 18.8.10 – 3 TaBV 15/10, NZA-RR 2011, 85: Fluggastkontrolleure am Flughafen). Schließlich ist der ArbGeb grds verpflichtet, eine Umkleidemöglichkeit zur Verfügung zu stellen, sofern eine private Nutzung der Dienstkleidung nicht gestattet ist (BAG 17.1.12 – 1 ABR 45/10, NZA 12, 687).

7 **b) Kleidungsarten.** Die Bandbreite der Dienstkleidungen im vorgenannten Sinn ist sehr weit (vgl BAG 13.2.03 – 6 AZR 536/01, NZA 03, 1196). Sie reicht von gehobener normaler Kleidung (Anzug, Hemd, Sakko) über Kleidungsstücke mit bestimmten Erkennungszeichen des ArbGeb (Werbemitteln) bis hin zu Uniformen (zB Bahn, Post, Hotelbedienstete, Stewardessen, Piloten). Das Ankleiden vorgeschriebener Dienstkleidung im Betrieb gehört zur Arbeitszeit iSv § 87 Abs 1 Nr 2 BetrVG, wenn diese Kleidung nicht bereits auf dem Weg zur Arbeitsstätte getragen zu werden braucht (BAG 17.1.12 – 1 ABR 45/10, NZA 12, 687). Maßgeblich ist dabei eine objektive Betrachtungsweise (BAG 10.11.09 – 1 ABR 54/08, NZA-RR 10, 301).

8 **c) Kosten.** Soweit bezüglich der Dienstkleidung tarifliche Vorschriften existieren, enthalten diese zumeist ebenfalls Bestimmungen hinsichtlich der Kostentragung für **Anschaffung** und **Reinigung** der Kleidungsstücke. Sind einschlägige Tarifverträge wegen der fehlenden Tarifbindung der Parteien oder mangels Allgemeinverbindlichkeit des Tarifvertrages nicht unmittelbar anwendbar, wird regelmäßig eine mittelbare Anwendung der tariflichen Regelung über § 612 BGB (Üblichkeit) in Betracht kommen. Eine Regelung in einem Formulararbeitsvertrag, nach der pauschalierte Kosten für die Reinigung und Wiederbeschaffung arbeitgeberseitig gestellter Dienstkleidung auch für Urlaubs- und Krankheitszeiträume erhoben werden, verstößt gegen § 307 Abs 1 BGB (LAG NdS 16.7.07 – 9 Sa 1894/06, NZA-RR 08, 12). Das BAG hat diese Fragen in der Revisionsentscheidung offen gelassen, da die Aufrechnung der „Kittelgebühr" mit der monatlichen Nettovergütung bereits gegen das gesetzliche Aufrechnungsverbot des § 394 Satz 1 BGB verstieß (BAG 17.2.09 – 9 AZR 676/07, BB 09, 1303). Ein Mitbestimmungsrecht des BRat besteht hinsichtlich der Regelung der Kostentragung nicht (BAG 13.2.07 – 1 ABR 18/06, NZA 07, 640). Sie kann jedoch im Rahmen der allgemeinen gesetzlichen Binnenschranken einer Betriebsvereinbarung (vgl BAG 12.12.06 – 1 AZR 96/06, NZA 07, 453; LAG RhPf 25.3.10 – 10 Sa 695/09, BeckRS 2010, 69049; Näheres: *Betriebsvereinbarung* Rz 7–15) Gegenstand einer freiwilligen Betriebsvereinbarung sein (enger noch BAG 1.12.92 – 1 AZR 260/92, NZA 93, 711).

9 Fehlen sowohl kollektivrechtliche als auch einvertragliche Regelungen, ist im Einzelfall nach den Grundsätzen von Treu und Glauben (§ 242 BGB) unter Berücksichtigung der ArbGebseitigen Fürsorgepflicht zu entscheiden. Maßgeblich für die Kostentragung sind dabei die Höhe der Kostenbelastung im Verhältnis zum Verdienst des ArbN einerseits und die Gebrauchstauglichkeit der Dienstkleidung außerhalb des Arbeitsverhältnisses andererseits. Dementsprechend hat bei Uniformen jedenfalls eine deutliche Kostenbeteiligung des ArbGeb an den Anschaffungskosten zu erfolgen, wohingegen die Anschaffung eines Sakkos einem Bankangestellten oder Verkäufer durchaus zumutbar ist. Dies gilt auch für den 400 DM teuren Ersatz-Smoking eines höher vergüteten Croupiers, dessen Erstausstattung der ArbGeb gezahlt hatte (BAG 19.5.98 – 9 AZR 307/96, NZA 99, 38; kritisch *Sandmann* SAE 99, 154). Für einen Anspruch des ArbN auf Zahlung einer Reinigungskostenpauschale bedarf es einer konkreten Anspruchsgrundlage (BAG 13.7.10 – 9 AZR 264/09, BeckRS 2010, 74182; LAG Hess 31.5.11 – 19 Sa 1753/10, BeckRs 2011, 75703).

Stellt der ArbGeb auf seine Kosten Dienstkleidung zur Verfügung, so handelt es sich regelmäßig um eine nur leihweise Überlassung. Der ArbGeb bleibt Eigentümer der Kleidungsstücke, und der ArbN muss die Dienstkleidung nach Beendigung des Arbeitsverhältnisses an den ArbGeb herausgeben. Während des Arbeitsverhältnisses haftet der ArbN für schuldhafte Beschädigung und Verlust nach §§ 280, 823 BGB auf Schadensersatz. 10

5. Schutzkleidung. a) Rechtsgrundlage. Aufgrund der arbeitsvertraglichen Fürsorgepflicht, die hinsichtlich des Gefahrenschutzes am Arbeitsplatz in § 618 Abs 1 BGB konkretisiert wird, ist der ArbGeb bei bestimmten den ArbN gefährdenden Tätigkeiten verpflichtet, entsprechende Schutzkleidung zur Verfügung zu stellen bzw gem § 670 BGB entsprechenden Aufwendungsersatz zu leisten (BAG 18.8.82, DB 83, 234; 21.8.85, DB 86, 283 [LS]; 19.5.98 – 9 AZR 307/96, NZA 99, 38; insofern zustimmend *Sandmann* SAE 99, 154). Die gesetzliche Regelung in § 618 Abs 1 BGB stellt einen zwingenden Mindeststandard dar, der gem § 619 BGB durch einzelvertragliche Vereinbarungen nicht abgedungen werden kann. 11

Neben § 618 Abs 1 BGB sind für eine Vielzahl von Unternehmensarten besondere ArbeitsschutzVO zu beachten. Ferner enthalten Unfallverhütungsvorschriften der BG verschiedentlich Vorschriften über Schutzkleidung für ArbN. Ebenso wie bei der Dienstkleidung existieren schließlich auch hinsichtlich der Schutzkleidung in verschiedenen Tarifverträgen spezielle Regelungen (zB § 20 Abs 2 MTV Einzelhandel NRW). 12

Kommt der ArbGeb seinen gesetzlichen oder tariflichen Verpflichtungen nicht nach, hat der ArbN gem § 273 BGB ein Zurückbehaltungsrecht (s *Zurückbehaltungsrecht* Rz 9), dh, er kann unter Fortbestand der Vergütungsansprüche die Arbeitsleistung so lange zurückhalten, bis entsprechende Schutzkleidung zur Verfügung gestellt wird. 13

b) Kleidungsarten. Schutzkleidung ist je nach Tätigkeit der ArbN in den verschiedensten Arten möglich. Am häufigsten sind zB Schutzanzüge, Mützen, Helme, Handschuhe, Sicherheitsschuhe, Gummistiefel, Atemschutzmasken etc. 14

c) Kosten. Ähnlich wie bei der Dienstkleidung enthalten die tariflichen bzw vertraglichen Regelungen auch bei der Schutzkleidung zumeist entsprechende Kostentragungsbestimmungen. Im Regelfall wird die Schutzkleidung vom ArbGeb kostenlos gestellt und gereinigt und ist ihm nach der Beendigung des Arbeitsverhältnisses wieder herauszugeben. Dies ergibt sich im Übrigen als Ausfluss der Fürsorgepflichtkonkretisierung gem § 618 BGB (BAG 18.8.82, DB 83, 234). Aus der zwingenden Wirkung des § 618 BGB folgt, dass eine anderweitige, den ArbN mit den Kosten der Schutzkleidung belastende Vereinbarung wegen Verstoßes gegen § 619 BGB unwirksam ist (BAG 21.8.85, DB 86, 283). Etwas anderes gilt nur dann, wenn die Schutzkleidung dem ArbN auch zu privaten Zwecken zur Verfügung steht. In diesem Fall ist eine Kostenteilung möglich (*Heilmann* AiB 94, 7). Ohne erheblichen privaten Gebrauchsvorteil für den ArbN bleibt es bei der Kostentragungspflicht des ArbGeb (LAG Düsseldorf 26.4.01 – 13 Sa 1804/00, NZA-RR 01, 409). 15

B. Lohnsteuerrecht *Thomas*

1. Einordnung. Die Arbeitskleidung wird in § 9 Abs 1 Nr 6 EStG als Beispiel für Arbeitsmittel unter dem Begriff typische Berufskleidung zum Werbungskostenabzug zugelassen. Da Kleidung, auch soweit sie auf berufliche Erfordernisse zugeschnitten ist, zunächst einmal die menschliche Blöße bedeckt, wird in aller Regel die Lebensführung (§ 12 Nr 1 Satz 2 EStG) berührt (vgl *Tipke* StuW 79, 202). § 9 Abs 1 Nr 6 EStG ist insofern konstitutiv (BFH 20.11.79 – VI R 143/77, BStBl II 80, 73; 7.6.84 – IV R 81/82, BFH/NV 86, 160) und weist bei typischer Berufskleidung den gesamten Aufwand und nicht nur einen beruflichen Mehraufwand dem Abzugsbereich zu. Übernimmt der ArbGeb die diesbezüglichen Kosten, tritt im Rahmen des § 3 Nr 31 EStG Steuerbefreiung ein. 16

2. Typische Berufskleidung. a) Funktionale Bestimmung. Bekleidung wird dadurch zu typischer Berufskleidung, dass die berufliche Verwendungsbestimmung bereits in ihrer Beschaffenheit zum Ausdruck kommt, sei es durch ihre **Unterscheidungsfunktion** (R 3.31 17

41 Arbeitskleidung

Abs 1 Nr 2 LStR: Uniform oder dauerhaft angebrachtes Firmenemblem; BFH 4.2.72 – VI R 256/68, BStBl II 72, 379: Uniform; FG NdS 13.9.90, EFG 91, 471: „Gesellschaftsuniform"; FG NdS 22.6.90, EFG 91, 118: Postbekleidung; FG Hess 9.12.86, EFG 87, 552: Forstdienstkleidung; BFH 24.1.58 – VI 278/56 U, BStBl III 58, 117: Amtstracht, Robe), durch ihre **Schutzfunktion** (Helm, Schutzanzug, Arbeitsschuhe, Kittel, Schürzen usw) oder dadurch, dass das Tragen einer bestimmten Art von Kleidungsstücken für den betreffenden Beruf typisch ist, also quasi Uniformcharakter verleiht (zB schwarzer Anzug des Leichenbestatters; dazu unten Rz 20; nicht die Schuhe des Briefträgers, FG Saarl 26.11.93, EFG 94, 237). Hinzu kommen muss in beiden Fällen, dass das Bekleidungsstück so gut wie ausschließlich beruflich genutzt wird. Die Rspr zur Unterscheidungsfunktion hat eine Einschränkung dahingehend erfahren, dass ein seinem Charakter nach zur bürgerlichen Kleidung gehörender Gegenstand (hier: Lodenmantel) weder durch ein – auch fest aufgenähtes – Dienstabzeichen zur typischen Berufskleidung wird, noch durch eine entsprechende Dienstanweisung (BFH 19.1.96 – VI R 73/94, BStBl II 96, 202).

18   Eine **private Nutzung** von 5 vH kann vernachlässigt werden (BFH 29.1.71 – VI R 31/68, BStBl II 71, 327), während eine solche von 15 vH schädlich ist (BFH 21.11.86 – VI R 137/83, BStBl II 87, 262), mit der Folge, dass der Werbungskostenabzug dann insgesamt scheitert. Wie allgemein sonst im Steuerrecht anerkannt dürfte die Geringfügigkeitsgrenze bei 10 vH liegen (vgl BFH 2.10.03 – IV R 13/03, BFH/NV 04, 132). Eine exakte mathematische Grenzziehung wird aber aus tatsächlichen Gründen kaum möglich sein, weshalb das Schädlichkeitsverdikt eher auf einer wertenden Gesamtbeurteilung der Nutzungsverhältnisse beruht (BFH 25.9.92 – VI R 109/87, BStBl II 93, 106). Je größer nach der Art des Kleidungsstücks die Wahrscheinlichkeit auch einer privaten Nutzung besteht, desto mehr muss dafür vorgetragen und belegt werden, dass die tatsächliche private Nutzung höchstens untergeordnete Bedeutung hatte (Anm *MIT* DStR 92, 175 zu BFH 27.9.91 – VI R 1/90, BStBl II 92, 195).

19   **b) Bürgerliche Kleidung. aa) Grundsatz.** Aufwendungen für bürgerliche Kleidung führen regelmäßig nicht zu Werbungskosten (BFH 24.4.56 – I 228/55 U, BStBl III 56, 195: Staubmantel eines Architekten; BFH 13.9.62 – IV 133/61 U, BStBl III 63, 35: aufsichtsführender Malermeister; BFH 6.12.90 – IV R 65/90, BStBl II 91, 348: Orthopäde; BFH 6.12.90 – IV R 133/88, BFH/NV 91, 377: Zahnarzt; BFH 16.8.94 – I B 5/94, BFH/NV 95, 207: Masseurin; BFH 19.1.96 – VI R 73/94, BStBl II 96, 202: Forstbediensteter; BFH 6.6.05 – VI B 80/04, BFH/NV 05, 1792: Bürgerliche Kleidung eines Soldaten), selbst wenn diese Kleidung ausschließlich bei der Berufsausübung benutzt wird (BFH 20.11.79 – VI R 25/78, BStBl II 80, 75). Das gilt auch für Sonderbekleidung, die wegen des mit einem Umzug verbundenen Klimawechsels für erforderlich gehalten wird (BFH 12.4.07 – VI R 53/04, BStBl II 07, 536 = DStRE 07, 809; R 9.9 Abs 2 Satz 1 LStR).

20   **bb) Typisierende Ausnahme.** Anders verhält es sich jedoch, wenn die Art des Kleidungsstücks wie zB Frack, Cut, schwarzer Anzug bei dem ArbN eine allenfalls geringe private Nutzung vermuten lässt, aber das Tragen solcher Kleidungsstücke in dem ausgeübten Beruf typischerweise dauernd erfolgt (schwarzer Anzug des Leichenbestatters: BFH 30.9.70 – I R 33/69, BStBl II 71, 50; des Kellners: BFH 9.3.79 – VI R 171/77, BStBl II 79, 519; des Geistlichen: BFH 10.11.89 – VI R 159/86, BFH/NV 90, 288; schwarze Hose und weiße Kellnerjacke: BFH 4.12.87 – VI R 20/85, BFH/NV 88, 703 zweifelhaft, da Geschäftsführer). In diesen Fällen ist eine im Wortlaut des § 9 Abs 1 Nr 6 EStG zum Ausdruck kommende typisierende Zuordnung solcher Kleidungsstücke zum beruflichen Bereich möglich. Für den betreffenden Beruf sind Kleidungsstücke aber nur typisch, wenn sie dauernd getragen zu werden pflegen. Deshalb sind entgegen FG NdS 29.6.65, EFG 65, 575 der Smoking eines Journalisten und entgegen BFH 3.7.59 – VI 60/57 U, BStBl III 59, 328 das weiße Hemd eines Richters keine typische Berufskleidung, weil Kleidungs- und Berufstypus für diese Kleidungsstücke keine so gut wie ausschließliche berufliche Nutzung nahe legen (vgl auch FG Hbg 14.3.02 – VI 247/00, EFG 02, 963: weiße Kleidung einer Krankenpflegerin). Grenzfälle sind der schwarze Rock der Bedienung (FG NdS 24.6.82, EFG 83, 118) bzw der Hotel-Empfangssekretärin (FG Saarl 12.10.88, EFG 89, 110) und der schwarze Anzug des Croupiers (FG BaWü 31.1.06 – 4 K 448/01, EFG 06, 809 = DStR 06, 1176). Sportkleidung stellt beim Berufssportler typische Berufskleidung dar. Beim Lehrer wurde dies teilweise verneint (FG RhPf 11.9.84, EFG 85, 173; FG NdS 11.1.84, EFG 85, 291; BFH 18.6.07 –

VI B 28/07, BFH/NV 07, 1869), teilweise bejaht (BFH 23.2.90 – VI R 149/87, BFH/NV 90, 765; FG Düsseldorf 16.11.95, EFG 96, 176; FG Münster 12.11.96 EFG 97, 334). Der Trachtenanzug des Geschäftsführers eines Lokals in Bayern wurde ebenso wenig als typische Berufskleidung angesehen (BFH 20.11.79 – VI R 143/77, BStBl II 80, 73), wie der nur gelegentlich bzw aushilfsweise für eine Leichenbestattung benutzte schwarze Anzug (BFH 18.4.90 – III R 5/88, BFH/NV 91, 25). Auch einheitliche Kostüme von Verkaufspersonal sind keine typische Berufskleidung, selbst wenn sie wegen einer betrieblichen Kleiderordnung getragen werden müssen (FG Düsseldorf 12.12.2000 – 17 K 4509/95 H (L), EFG 01, 362).

cc) Übermaßaufwand. Angehörige bestimmter Berufe wie zB Fotomodelle, Schauspieler, Sänger usw betreiben berufsbedingt einen besonders hohen Kleideraufwand. Während dieser von den FG regelmäßig nicht zum Werbungskostenabzug zugelassen wurde (FG NdS 27.10.71, EFG 72, 234; FG Hess 31.7.74, EFG 74, 580; FG BaWü 12.11.90, EFG 91, 458), machte der BFH zunächst eine Ausnahme (BFH 11.11.76 – IV R 3/73, BB 78, 1293), kehrte später aber wieder zum Aufteilungs- und Abzugsverbot des § 12 Nr 1 EStG zurück (BFH 7.6.84 – IV R 81/82, BFH/NV 86, 160; 28.11.90 – X R 119/88, BFH/NV 91, 306; 6.7.89 – IV R 9–92/87, BStBl II 90, 49; BFH 18.4.91 – IV R 13/90, BStBl II 91, 751). Dem ist mangels praktikabler Abgrenzungskriterien zu folgen. Unbilligkeiten konnten bis 1999 dadurch vermieden oder in Grenzen gehalten werden, dass die Verwaltung bei bestimmten Berufsgruppen Werbungskosten auch ohne Nachweis in pauschaler Höhe berücksichtigte (LStR 47 bis 1999). Diese Pauschalierung ist ersatzlos gestrichen worden. Im Übrigen kann die Beurteilung, was bei Künstlern bürgerliche oder nur beruflich nutzbare Kleidung darstellt, großzügig gehandhabt werden. In der Literatur wird in diesen Fällen der Werbungskostenabzug teilweise aus dem Gesichtspunkt des Übermaßverbots für gerechtfertigt angesehen (*Söhn* FR 80, 301; *HHR* § 9 Rz 551 mwN).

3. Abziehbare Aufwendungen. a) Anschaffungskosten für typische Berufskleidung sind auf die gewöhnliche Nutzungsdauer zu verteilen (§ 9 Abs 1 Nr 6 Satz 2 iVm Nr 7 EStG), dh es ist grds nur die AfA als Werbungskosten zu berücksichtigen. Der Sofortabzug im Jahr der Zahlung kommt dagegen in Betracht, wenn sich die Nutzung erfahrungsgemäß nicht auf einen längeren Zeitraum als ein Jahr erstreckt (vgl § 7 Abs 1 Satz 1 EStG) oder wenn es sich um ein sog geringwertiges Wirtschaftsgut handelt (§ 9 Abs 1 Nr 7 Satz 2 EStG), also die Anschaffungskosten 410 € nicht übersteigen (vgl *Siegle* DStR 10, 1068; BMF 30.9.10 DStR 10, 2034). Zum übermäßigen Verschleiß normaler bürgerlicher Kleidung vgl unten Rz 23. Wird zunächst privat genutzte Kleidung nachträglich zur typischen Berufskleidung (Umwidmung durch Funktionsänderung), ist von den fortgeschriebenen Anschaffungskosten auszugehen (BFH 14.2.89 – IX R 109/84, BStBl II 89, 922). Danach kann nur noch der nach einer gedachten Abschreibung verbliebene Kostenanteil verteilt (BFH 2.2.90 – VI R 22/86, BStBl II 90, 684) bzw sofort abgesetzt werden, wenn er 410 € nicht übersteigt (BFH 16.2.90 – VI R 85/87, BStBl II 90, 883). Die Veräußerung abgeschriebener Berufskleidung führt nicht zu steuerbaren Einnahmen (BFH 15.5.81 – VI R 66/78, BStBl II 81, 735, 737). Dagegen entstehen bei beruflich bedingtem Verlust oder Zerstörung iHd noch nicht abgeschriebenen Anschaffungswertes Werbungskosten (BFH 29.4.83 – VI R 139/80, BStBl II 83, 586; BFH 30.11.93 – VI R 21/92, BStBl II 94, 256).

b) Sonstige Kosten, wie solche für Reparatur, berufliche Aufbewahrung und Transport (nicht bei privatem Umzug BFH 21.7.89 – VI R 102/88, BStBl II 89, 972) von typischer Berufskleidung sind ebenfalls Werbungskosten. Das gilt auch für die Zinsen eines Anschaffungskredits (BFH 21.10.88 – VI R 18/86, BStBl II 89, 356). Hinsichtlich der **Reinigung** von Oberbekleidung geht die Rspr (BFH 9.3.79 – VI R 171/77, BStBl II 79, 519; BFH 23.2.90 – VI R 149/87, BFH/NV 90, 765) davon aus, dass bei typischer Berufskleidung Werbungskosten anzunehmen sind (zur Schätzung der Kostenhöhe FG Münster 27.8.02 – 1 K 4636/00 E, EFG 02, 1589). Das Gleiche gilt für Uniformhemden (BFH 29.6.93 – VI R 77/91, BStBl II 93, 837 und VI R 53/92, BStBl II 1993, 838 sowie BFH 29.6.93 – VI R 64/92, BFH/NV 94, 97; zur Versagung des Abzugs aus Nachweisgründen FG Brem 22.5.02 – 1 K 100/01, EFG 02, 964), nicht aber für sonstige Wäsche (BFH 29.6.93 – VI R 53/92, BStBl II 93, 838). Im Übrigen wird die Berücksichtigung der Reinigung von Wäsche einschließlich Hemden teilweise ganz abgelehnt, wenn sie in der privaten Waschmaschine

41 Arbeitskleidung

erfolgt (FG Düsseldorf 11.3.92, EFG 92, 441), teilweise werden nur die variablen Kosten – also nicht die AfA für die Waschmaschine – zum Abzug zugelassen (FG Bln 22.10.81, EFG 82, 463; FG Hess 3.8.88, EFG 89, 173 mit Anm *Söffing* FR 89, 377). Demgegenüber ist vom BFH die AfA für eine Waschmaschine anteilig berücksichtigt worden (BFH 13.4.61 – IV 54/60 U, BStBl III 61, 308; BFH 13.3.64 – IV 158/61 S, BStBl III 64, 455; BFH 25.10.85 – III R 173/80, BFH/NV 86, 281). Im Übrigen ist zweifelhaft, ob es gerechtfertigt ist, Reinigungskosten schon deshalb als Werbungskosten zu berücksichtigen, weil sie typische Berufskleidung betreffen. Insbesondere dort, wo Berufskleidung, wie häufig bei uniformem Zuschnitt, nur Unterscheidungsfunktion hat und keiner besonderen Verschmutzung unterliegt, gehört die Reinigung zu den normalen Lebenshaltungskosten (FG Nds 10.12.08 – 7 K 166/08, EFG 10, 711 mit Anm *Wagner*). Das gilt regelmäßig für das Waschen von Wäsche. Dagegen ist der Aufwand für Waschen von Berufsschutzkleidung (Blauer Anton, Schürzen, Kittel usw) dem beruflichen Bereich zuordenbar, wie auch sonst beruflich veranlasste Sonderkosten (vgl BFH 19.3.82 – VI R 25/80, BStBl II 82, 442: Zerstörung des Pkw eines Polizisten als Racheakt). Zu überprüfen ist allerdings die Rspr des BFH (24.7.81 – VI R 171/78, BStBl II 81, 781; Einschränkung von BFH 26.6.69 – VI R 125/68, BStBl II 70, 7), nach welcher beruflich veranlasste Schäden an bürgerlicher Kleidung nicht zum Werbungskostenabzug berechtigen. Jedenfalls sind Schäden, die eine weitere bürgerliche Nutzung unmöglich machen, bzw entsprechende Reparaturkosten (zB Kunststopfen nach Säureeinwirkung), zu berücksichtigen, ein „erhöhter" Verschleiß dagegen in typisierender Betrachtung nur dann, wenn seine berufliche Veranlassung augenscheinlich und gravierend ist.

24 **4. Kostenübernahme des Arbeitgebers. a) Überlassen typischer Berufskleidung.** § 3 Nr 31 EStG, wonach das unentgeltliche oder verbilligte Überlassen typischer Berufskleidung steuerfrei ist, geht in den Fällen ins Leere, in denen der ArbGeb Eigentümer bleibt (FG BaWü 13.4.2000 – 3 K 20/97, EFG 2000, 1113). Denn die bloße berufliche Nutzungsbefugnis begründet keinen Arbeitslohn und braucht deshalb auch nicht befreit zu werden (*Thomas* StbJb 90/91, 196). Entsprechendes gilt für die Reinigungs- und Wartungskosten ArbGebEigener typischer Arbeitskleidung. Die Bedeutung der Vorschrift liegt daher in der unentgeltlichen oder verbilligten Übereignung solcher Gegenstände, während die Finanzierung normaler bürgerlicher Bekleidung nicht befreit ist (FG Düsseldorf 12.12.2000 – 17 K 4509/95 H (L), EFG 01, 362). Allerdings verneint der BFH Arbeitslohn bei überlassener Kleidung bereits dann, wenn sie in gewisser Weise uniformähnlich ist (BFH 22.6.06 – VI R 21/05, BStBl II 06, 915 = DStR 06, 1795 mit Anm *Thomas* Inf 06, 765).

25 **b) Barablösung** für Arbeitskleidungsaufwand ist nach § 3 Nr 31, zweiter Hs EStG nur steuerfrei, wenn ein diesbezüglicher Anspruch auf Kleidungsgestellung zB nach Unfallverhütungsvorschriften, Tarifvertrag oder Betriebsvereinbarung besteht (R 3.31 Abs 2 Satz 1 LStR) und die Barablösungen betrieblich veranlasst ist. Das ist bspw der Fall, wenn es für den ArbGeb vorteilhafter ist, dass der ArbN die Berufskleidung selbst beschafft. Das weitere Merkmal, dass die Barablösung die Aufwendungen des ArbN nicht offensichtlich übersteigen dürfen, bedeutet, dass auch **pauschale Barablösungen** zulässig sind. Damit wird an die Rspr zu § 3 Nr 50 EStG angeknüpft, nach der steuerfreier **Auslagenersatz** grds nur anerkannt wird, wenn über die Aufwendungen abgerechnet wird, es sei denn, es handelt sich um kleine Beträge, die erfahrungsgemäß die Höhe des entstandenen Aufwandes nicht übersteigen (BFH 2.10.68 – VI R 83/67, BStBl II 69, 45; vgl auch BFH 5.10.62 – VI 190/60, StRK § 3 EStG R 51 zum Kleidergeld als Dienstaufwandsentschädigung und BFH 29.1.71 – VI R 6/68, BStBl II 71, 459 zum Kleider- und Instrumentengeld von Musikern). Die steuerfreie Pauschalabgeltung wird bei Musikinstrumenten hinsichtlich der Verschleißteile (Saiten, Rohre, Blätter usw) weiter für zulässig angesehen, während ein Zuschuss für das Instrument als solches nicht steuerfrei ist, weil Musikinstrumente nicht unter die Parallelvorschrift des § 3 Nr 30 EStG fallen (BFH 21.8.95 – VI R 30/95, BStBl II 95, 906 = DStR 95, 1872 mit Anm *Bergkemper* FR 96, 139). Darüber hinaus soll die Übernahme von Instandsetzungskosten dann steuerfreier Auslagenersatz sein, wenn sie tarifvertraglich vereinbart ist (BFH 28.3.06 – VI R 24/03, BStBl II 06, 473 = DStR 06, 888 mit Anm *MIT*; *Thomas* Inf 06, 407; kritisch auch *Dahl* BB 06, 2273). Bei Arbeitskleidung sind nach § 3 Nr 31 EStG der Höhe nach pauschale Barablösungen gem R 3.31 Abs 2 Satz 3 LStR steuerfrei, soweit sie die regelmäßige AfA und die üblichen Instandsetzungs- und Instandhal-

tungskosten abgelten. Das ist bei Orchestermitgliedern das tarifliche Kleidergeld (FinMin Bbg 19.5.92 DStZ 92, 512; zum Dienstkleidungszuschuss im Forstdienst FinMin NdS 18.5.90 DB 90, 1263). Steuerfreies Kleidergeld schließt insofern den Werbungskostenabzug aus (FG Hess 21.1.94, EFG 94, 700). Für Soldaten uÄ sehen Sondervorschriften (§ 3 Nr 4, 5 EStG) Steuerbefreiung vor.

C. Sozialversicherungsrecht *Voelzke*

1. Zuschüsse zur Beschaffung von Arbeitskleidung sehen eine Reihe von sozialversicherungsrechtlichen Vorschriften vor. Die BA kann nach den Vorschriften über die Förderung aus dem **Vermittlungsbudget** (§ 44 SGB III; Näheres: *Vermittlungsbudget*) Leistungen für Arbeitskleidung erbringen, soweit hierdurch die Anbahnung oder Aufnahme einer versicherungspflichtigen Beschäftigung unterstützt wird. Die Förderung aus dem Vermittlungsbudget gehört auch zum Förderungskatalog der SGB II-Träger (vgl *Hauck/Noftz/Voelzke* SGB II, § 16 Rz 105). 26

Behinderten Menschen steht nach den Vorschriften über die Leistungen zur Teilhabe am Arbeitsleben ein im Ermessen der Leistungsträger stehender Anspruch auf Übernahme der erforderlichen Kosten, die mit der Ausführung einer Leistung in unmittelbaren Zusammenhang stehen. Hierzu gehören die Kosten für Arbeitskleidung (§ 33 Abs 7 Nr 2 SGB IX). Orthopädische Arbeitssicherheitsschuhe, die ausschließlich am Arbeitsplatz getragen werden können, gehören zu den sonstigen Hilfen zur Förderung der Teilhabe am Arbeitsleben (BSG 26.7.94 – 11 RAr 115/92, SozR 3–4100 § 56 Nr 15). 27

2. Unfallversicherung. Während Unfälle im Zusammenhang mit dem An- und Ausziehen oder der Beschaffung allgemeiner Arbeits- oder Berufsbekleidung dem unversicherten persönlichen Lebensbereich zuzuordnen sind, ist das Tragen und Beschaffen typischer Arbeitskleidung idR betriebsbezogen und unterfällt dem Schutz der gesetzlichen UV. Der Begriff der typischen Arbeitskleidung wird im UVRecht weit gefasst und ist bereits dann anzunehmen, wenn das Tragen überwiegend betrieblichen Belangen dient, ohne dass sie zur Ausübung der Tätigkeit zwingend erforderlich oder die Verwendung vorgeschrieben sein müsste. Darüber hinaus kann auch der Umgang mit nichttypischer Kleidung, die aber durch besondere betriebliche Gegebenheiten (Kälte, Verunreinigungen, Verletzungsgefahr) veranlasst wird, als „Arbeitsgeräteunfall" iSd § 8 Abs 2 Nr 5 SGB VII versichert sein (BSG 27.7.89 – 2 RU 6/89, NZA 90, 78 zum Reinigen der Arbeitshose eines Kfz-Monteurs). Erforderlich ist aber die hauptsächliche Nutzung für die versicherte Tätigkeit. 28

3. Beitragsrecht. Entsprechend der steuerrechtlichen Behandlung gehört die typische Arbeits- oder Berufskleidung, die der ArbGeb dem ArbN unentgeltlich oder verbilligt überlässt oder übereignet, nicht zum beitragspflichtigen Arbeitsentgelt. Dies gilt ebenso bei einem auf Gesetz, Tarifvertrag oder Betriebsvereinbarung beruhenden Anspruch auf Gestellung von Arbeitskleidung, für die eine Barablösung betrieblich veranlasst wird und die die entsprechenden Aufwendungen des ArbN nicht offensichtlich übersteigt. Wesentliches Merkmal der typischen Arbeits- und Berufskleidung ist es, dass es sich hierbei nur um auf die Erfordernisse einer bestimmten Berufstätigkeit zugeschnittene Kleidungsstücke handeln darf, die zudem nicht allgemein verwendbar sein dürfen. Ist das Merkmal der typischen Arbeits- oder Berufskleidung zu verneinen, so ist der durch die Überlassung entstehende geldwerte Vorteil beitragsrechtlich als einmalig gezahltes Arbeitsentgelt zu erfassen. 29

Arbeitslosengeld

A. Arbeitsrecht *Griese*

Das AlGeld ist eine Leistung der SozV (zu Anspruchsvoraussetzungen und -umfang s unten Rz 12 ff). Es hat jedoch auch im Verhältnis ArbGeb/ArbN erhebliche Bedeutung, da der ArbN, bevor er einer einverständlichen Beendigung des Arbeitsverhältnisses zustimmt, regelmäßig zuverlässige Auskünfte über seine AlGeldAnsprüche begehrt. Relevant wird oft auch die Frage, ob eine *Abfindung* (s dort Rz 51) oder Urlaubsabgeltungsansprüche gem § 143 Abs 2 SGB III auf das AlGeld teilweise angerechnet werden. 1

42 Arbeitslosengeld

2 Bei Beendigung des Arbeitsverhältnisses können **Informationspflichten** des ArbGeb **(Fürsorgepflicht) bestehen,** den ArbN von sich aus über die Auswirkungen der Beendigung des Vertrages auf den möglichen AlGeldAnspruch aufzuklären (BAG 10.3.88 – 8 AZR 420/85, NZA 88, 837; *Nägele* BB 92, 1247). Keine Aufklärungspflicht wird anzunehmen sein, wenn die Initiative zur Auflösung des Arbeitsverhältnisses vom ArbN ausgeht. Anders wird es hingegen sein, wenn der ArbGeb den ArbN zur Beendigung des Arbeitsverhältnisses drängt oder mit der Unkenntnis des ArbN rechnen muss.

Andererseits wird der ArbGeb davon ausgehen können, dass der ArbN Basiskenntnisse hat, also zB auch über die gesetzliche Bezugsdauer informiert ist. Hinsichtlich der verschärften Meldepflichten und Sanktionen bei nicht rechtzeitiger Arbeitssuchmeldung gem §§ 37b, 140 SGB III folgt eine Informationspflicht zwar nicht aus § 2 Abs 2 SGB III (BAG 29.9.05 – 8 AZR 571/04, NZA 05, 1406; LAG Düsseldorf 29.9.04 – 12 Sa 1323/04, ArbuR 05, 159), wohl aber ggf dann aus der Fürsorgepflicht, wenn der ArbGeb die Auflösung des Arbeitsverhältnisses initiiert. Fragen des ArbN müssen so exakt und umfassend wie möglich beantwortet werden. Alternativ hierzu besteht die Möglichkeit, die Fragen an die Agentur für Arbeit oder den SozVTräger zur Beantwortung weiterzuleiten oder den ArbN darauf zu verweisen, sich dort vor Abschluss einer Auflösungsvereinbarung zu erkundigen.

Schuldhafte Verstöße gegen diese Verpflichtungen begründen **Schadensersatzansprüche des Arbeitnehmers** gegen den ArbGeb aus **§ 280 BGB.** Der Schaden kann in dem AlGeldVerlust während einer verhängten Sperrzeit oder der teilweisen Anrechnung einer Abfindung auf das AlGeld liegen.

Relevant wird dies insbesondere bei *Sperrzeiten* wegen vertragswidrigen Verhaltens des ArbN (s *Sperrzeit* Rz 1 ff) oder bei einer Auflösungs- und Abfindungsvereinbarung ohne Einhaltung der Kündigungsfrist (s *Abfindung* Rz 73 ff). Verursacht ein ArbGeb schuldhaft durch eine **rechtswidrige Kündigung** die Beendigung des sozialrechtlichen Beschäftigungsverhältnisses und die Inanspruchnahme von AlGeld auf Grund einer Gleichwohlgewährung, und kommt es vor Ablauf der sozialrechtlichen Rahmenfrist zum Eintritt einer erneuten Arbeitslosigkeit und Minderungen des AlGeldes, weil Bemessungszeiträume und das Lebensalter des ArbN vor der Gleichwohlgewährung zu Grunde gelegt werden, ist der ArbGeb nach § 280 BGB schadensersatzpflichtig (BAG 17.7.03 – 8 AZR 486/02, AP Nr 27 zu § 611 BGB Haftung des Arbeitgebers).

3 Erhält der ArbN AlGeld, obwohl ihm für diesen Zeitraum eigentlich Entgeltansprüche gegen den ArbGeb zustünden, deren Erfüllung vom ArbGeb verweigert wird, gehen diese Ansprüche in Höhe des von der BA gewährten AlGeldes nach **§ 115 SGB X** einschließlich der darauf erbrachten SozVBeiträgen (*Pohl* in BeckOK SGB X § 115 Rn 21) auf die Agentur für Arbeit über und führen zu einem **gegen den ArbGeb gerichteten Erstattungsanspruch** (Näheres: *Erstattungsanspruch der Agentur für Arbeit* Rz 53 ff). Hinsichtlich des übergegangenen Vergütungsanspruchs kann der ArbN im Wege der gewillkürten Prozessstandschaft auf Zahlung an die BA klagen (BAG 19.3.08 – 5 AZR 432/07, NJW 08, 2204).

Die Tarifparteien können die **Anrechnung des AlGeldes auf tarifliche Leistungen** vorsehen, zB das AlGeld auf eine monatliche Flugdienstuntauglichkeitsrente (BAG 23.2.05 – 4 AZR 172/04, NZA 05, 1264 LS).

B. Lohnsteuerrecht
Windsheimer

4 **1. Allgemeines. a) Steuerfreiheit.** Das AlGeld und das TeilAlGeld (§§ 136 ff SGB III, § 162 SGB III) sind steuerfrei (§ 3 Nr 2 EStG). Wegen der Höhe des AlGeldes (s unten Rz 41 ff) kann sich ein Wechsel der LStKlasse empfehlen (s unten Rz 43, 44; *Lohnsteuerklassen* Rz 11). Zur Pfändung des AlGeldes durch das FA (§ 319 AO) s *Pfändung* Rz 44, 53. Zum ausländischen AlGeld s *Ausländer* Rz 38 und *Arbeitslosengeld II* Rz 6. Zur steuerlichen Behandlung des AlGeldes im Verhältnis zu Luxemburg (BMF 19.9.11 – IV B 3 – S 1301 – Lux/10/10002, DStR 2011, 1857). Zu Ergänzungsleistungen des ArbGeb s *Außerordentliche Einkünfte* Rz 11. Die von der BA getragenen Beiträge zur SozV des Arbeitslosen (s unten Rz 73 ff) sind kein Arbeitslohn (BFH 14.4.05 – VI R 134/01, BStBl II 05, 569).

5 **b) Aufwendungen zur Erlangung des Arbeitslosengeldes** (Fahrt-, Reisekosten-, Prozesskosten uÄ) sind steuerlich ohne Auswirkung (§ 3c EStG; s *Steuerfreie Einnahmen* Rz 7), ebenso die **Rückzahlung des AlGeld** durch den ArbN an die Agentur für Arbeit nach

§ 140 Abs 4 Satz 3 SGB III; s *Erstattungsanspruch der Agentur für Arbeit* Rz 13; *Lohnersatzleistungen* Rz 11, 12. Der in letztgenanntem Fall dem ArbN vom ArbGeb möglicherweise nachgezahlte Arbeitslohn ist zu besteuern. Zahlt der ArbGeb aufgrund des gesetzlichen Forderungsübergangs nach § 115 SGB X das Arbeitsentgelt an die Agentur für Arbeit (s *Erstattungsanspruch der Agentur für Arbeit* Rz 12), so stellen diese Zahlungen **steuerpflichtigen** Arbeitslohn des ausgeschiedenen ArbN dar, nicht aber eine Entschädigung nach § 24 Nr 1a EStG (BFH 16.3.93, BStBl II 93, 507). Zum Besteuerungsverfahren in diesem Fall s *Sonstige Bezüge* Rz 11. Bei **Insolvenz** des ArbGeb sind die Zahlungen steuerfrei (R 3.2 Abs 1 Satz 2 LStR; *Erstattungsanspruch der Agentur für Arbeit* Rz 11; *Insolvenz des Arbeitgebers* Rz 34; *Lohnersatzleistungen* Rz 11). Andere steuerliche Verpflichtungen als die aufgezeigten hat der ArbGeb im Zusammenhang mit dem AlGeld nicht. Zum Kindergeldanspruch eines arbeitslosen Ausländers s *Kindergeld* Rz 6, 7.

Gesellschaften, die sich für die Betreuung und Integration Arbeitsloser einsetzen, können gemeinnützig sein (OFD Frankfurt 18.7.97, DB 97, 2055).

2. Progressionsvorbehalt. Das AlGeld, auch das zurückgezahlte, unterliegt bei Veranlagung des ArbN (*Antragsveranlagung* Rz 7) dem **Progressionsvorbehalt** (§ 32b Abs 1 Nr 1a EStG; s *Lohnersatzleistungen* Rz 17). Der ArbGeb ist mit dem Progressionsvorbehalt nicht befasst, da er bei Zahlung von AlGeld den LStJahresausgleich nicht durchführen darf (§ 42b Abs 1 Nr 4a EStG iVm § 41 Abs 1 Satz 5 EStG; s *Lohnsteuerjahresausgleich* Rz 5). 6

3. Bei Bezug von anderen Leistungen nach dem SGB III sowie bei **Abfindungen** ist das AlGeld für die Frage der Steuerermäßigung nach § 34 Abs 2 EStG in die Zusammenballung miteinzubeziehen (BFH 11.5.10 – IX R 39/09, BFH/NV 10, 1801; s *Außerordentliche Einkünfte* Rz 11). 7

4. Werbungskosten s zunächst oben Rz 5. Trotz Bezugs von AlGeld können im Hinblick auf ein früheres Dienstverhältnis oder auf ein künftiges Dienstverhältnis Aufwendungen des Arbeitslosen als Werbungskosten anzuerkennen sein (BFH 13.6.96 – VI R 89/95, BFH/NV 97, 98; s auch *Fortbildung* Rz 25; *Bewerbung* Rz 16 ff; *Arbeitszimmer* Rz 25). 8

5. Leistungsmissbrauch. Die Finanzbehörden sind verpflichtet, den Sozialleistungsträgern bzw der BA Sachverhalte mitzuteilen, die auf Leistungsmissbrauch hindeuten können, zB Bezug von AlGeld trotz nicht selbstständiger Beschäftigung oder anderer Einkünfteerzielung (§ 31a Abs 2 AO; BFH 4.10.07 – VII B 110/07, DStR 07, 2009; s auch *Datenschutz* Rz 42). 9

6. Unterhaltsgeld. Das aus dem Europäischen Sozialfonds finanzierte Unterhaltsgeld ist **steuerfrei** (§ 3 Nr 2 EStG). Wird das Unterhaltsgeld als Darlehen gewährt, ist die Rückzahlung des Darlehens einschließlich evtl anfallender Nebenkosten steuerlich unbeachtlich (§ 3c EStG). Das Unterhaltsgeld als Zuschuss (ohne Rückzahlungsverpflichtung) unterliegt dem **Progressionsvorbehalt** (§ 32b Abs 1 Nr 1a EStG; OFD Erfurt 23.2.99 – S 2342 A – 04 – St 333, DB 99, 612; s *Lohnersatzleistungen* Rz 5 ff). Beträgt das Unterhaltsgeld als Zuschuss und andere Leistungen, die dem Progressionsvorbehalt unterliegen, in der Summe mehr als 410 € im Jahr, ist unabhängig von der Höhe des Einkommens vAw eine Veranlagung durchzuführen (§ 46 Abs 2 Nr 1 EStG; s *Antragsveranlagung* Rz 5 ff). Hierbei kommen Abzugsbeträge (§§ 9, 9a EStG) nicht in Betracht (FG München 18.8.06 – 10 K 2121/05, BeckRS 2006, 26022728). Zu Unterhaltsgeldern an Schüler und Studenten s *Studentenbeschäftigung* Rz 21. 10

7. Fortbildungskosten, die der ArbN als Werbungskosten bei seinen Einkünften aus nichtselbstständiger Arbeit geltend macht, sind um den steuerfreien Zuschuss, der die Kosten der Fortbildungsmaßnahmen erfasst, zu kürzen (§ 3c EStG; BFH 4.3.77, BStBl II 77, 507). Fahrtkosten als Werbungskosten sind um der Erstattungen der Agentur für Arbeit zu kürzen (BFH 13.10.03 – VI R 71/02, BStBl II 04, 890). Das Unterhaltsgeld ist nicht auf die als Sonderausgaben nach § 10 Abs 1 Nr 7 EStG abziehbaren Berufsausbildungskosten, die Aufwendungen für den Lebensunterhalt abgelten, anzurechnen (BFH 4.3.77 – VI R 168/75, BStBl II 77, 503; R 10.9 EStR; s auch *Ausbildungskosten* Rz 17), ebenso nicht auf die als Werbungskosten anzuerkennenden Bildungsaufwendungen (BFH 13.10.03 – VI R 71/02, BStBl II 04, 890). S auch oben Rz 8. 11

42 Arbeitslosengeld

C. Sozialversicherungsrecht *Voelzke*

Übersicht

	Rz		Rz
I. Allgemeines	12	V. Ruhen des Anspruchs	48–63
II. Voraussetzungen	13–36	1. Arbeitskampf	49
1. Arbeitslosigkeit	14–27	2. Arbeitsentgelt und Urlaubsabgeltung	50–60
a) Beschäftigungslosigkeit	15–19		
b) Eigenbemühungen	20	a) Arbeitsentgelt	50–55
c) Verfügbarkeit	21–24	b) Urlaubsabgeltung	56–59
d) Sonderfälle	25–27	c) Gleichwohlgewährung	60
2. Arbeitslosmeldung	28, 29	3. Entlassungsentschädigung	61
3. Anwartschaftszeit	30, 31	4. Andere Leistungen	62
4. Sondertatbestände	32–35	5. Sperrzeit	63
a) Leistungsgeminderte	33	VI. Frühzeitige Meldung	64–68
b) Arbeitsunfähige	34	1. Meldepflicht	65–67
c) Ältere Arbeitslose	35	2. Pflichten des Arbeitgebers	68
5. Berufliche Weiterbildung	36	VII. Erlöschen	69
III. Anspruchsdauer	37–40	VIII. Teilarbeitslosengeld	70–72
IV. Leistungshöhe	41–47	IX. Sozialversicherungsschutz	73–75
1. Leistungsberechnung	42–45	X. Europäisches Recht	76
2. Einkommensanrechnung	46, 47		

12   **I. Allgemeines.** Das AlGeld ist eine Versicherungsleistung der gesetzlichen ArblV mit Lohnersatzfunktion. Die Erfüllung der Anwartschaft auf AlGeld unterfällt dem **Eigentumsschutz** nach Art 14 GG mit der Folge, dass Neuregelungen mit erhöhten Anforderungen einer Übergangsregelung bedürfen (BVerfG 12.2.86, DB 86, 865). Entscheidungen in Rechtsstreitigkeiten über AlGeld greifen nicht in eigene Rechte des ArbGeb ein, der deshalb, auch wenn er beigeladen ist, nicht begründet mit Rechtsmitteln vorgehen kann (BSG 6.2.92 – 7 RAr 78/90, SozR 3–4100 § 102 Nr 2). Ein tiefer Einschnitt in die bisherige Sicherung bei Arbeitslosigkeit war durch das **Gesetz zu Reformen am Arbeitsmarkt** vom 24.12.03 (BGBl I 03, 3002) bewirkt worden, denn dieses Gesetz hatte die Anspruchsdauer des AlGelds drastisch gekürzt. Mit dem 7. SGB III-ÄndG (BGBl I 08, 681) ist der Anspruch auf AlGeld für ältere ArbN wieder verlängert worden. Art 2 des Gesetzes zur Verbesserung der Eingliederungschancen am Arbeitsmarkt vom 20.12.11 (BGBl I 11, 2854) hat hinsichtlich der AlGeld-Vorschriften eine redaktionelle Überarbeitung und einen neuen Regelungsstandort herbeigeführt.

13   **II. Voraussetzungen.** § 136 Abs 1 SGB III unterscheidet zwischen dem AlGeld **bei Arbeitslosigkeit oder bei beruflicher Weiterbildung.** Die Voraussetzungen des Anspruchs auf AlGeld bei Arbeitslosigkeit sind in § 137 Abs 1 SGB III geregelt. Hiernach haben Anspruch auf AlGeld ArbN, die (1.) arbeitslos sind, (2.) sich bei der Agentur für Arbeit arbeitslos gemeldet haben und (3.) die Anwartschaftszeit erfüllt haben. Die Antragstellung gilt nach § 323 Abs 1 Satz 2 SGB III mit der persönlichen Arbeitslosmeldung als erbracht, wenn der Arbeitslose keine andere Erklärung abgibt. Der Bezug von AlGeld muss nicht zwangsläufig einer versicherungspflichtigen Beschäftigung nachfolgen. Relativ häufig ist in der Praxis die Konstellation, dass AlGeld nach der Erschöpfung des Anspruchs auf Krankengeld (sog Aussteuerung) bezogen wird.

14   **1. Arbeitslosigkeit.** Arbeitslos ist nach § 138 Abs 1 SGB III ein ArbN, der nicht in einem Beschäftigungsverhältnis steht (Beschäftigungslosigkeit), sich bemüht, seine Beschäftigungslosigkeit zu beenden (Eigenbemühungen) und den Vermittlungsbemühungen der Agentur für Arbeit zur Verfügung steht (Verfügbarkeit). Als arbeitslos sieht das Gesetz folglich ArbN nicht schon dann an, wenn sie ihre bisherige Arbeit verloren oder als Berufsanfänger noch keine Arbeitsstelle gefunden haben, sondern es muss die Bereitschaft und die Möglichkeit hinzutreten, eine neue Arbeit zu finden und aufzunehmen. Nach § 138 Abs 2 SGB III schließt eine **ehrenamtliche Betätigung** Arbeitslosigkeit nicht aus, wenn dadurch die berufliche Eingliederung des Arbeitslosen nicht beeinträchtigt wird. Diese Regelung berücksichtigt, dass ohne bürgerschaftliches Engagement ein Großteil der Aufgaben, die in Verbänden, Organisationen und Selbsthilfegruppen wahrgenommen werden, nicht oder nur eingeschränkt durchführbar wäre (BT-Drs 14/6944 S 35). Es soll deshalb ausdrücklich die Ausübung ehrenamtlicher Tätigkeit in einem Umfang von 15 und mehr Wochenstunden ermöglicht werden, ohne dass der Leistungsanspruch entfällt. Eine bestimmte inhaltliche Ausrichtung der ehrenamtlichen Tätigkeit wird nicht vorausgesetzt. Hingegen werden reine Hobbybetätigungen nicht privilegiert. Einzelheiten ergeben sich aus der VO über die ehrenamtliche Betätigung von Arbeitslosen vom 24.5.02 (BGBl I 02, 1783). Danach steht der Ersatz von Auslagen der Ehrenamtlichkeit nicht entgegen. Erfolgt der Auslagenersatz in pauschalierter Form, so darf die Pauschale 154 € im Monat nicht übersteigen (§ 1 Abs 2 der VO). Der Arbeitslose hat der Agentur für Arbeit die Ausübung einer mindestens 15 Stunden umfassenden ehrenamtlichen Tätigkeit unverzüglich anzuzeigen, da die berufliche Eingliederung der ehrenamtlichen Betätigung vorgeht (*Hauck/Noftz/Valgolio* SGB III § 138 Rz 77).

a) Beschäftigungslosigkeit. Die (Unter-)Voraussetzung des Anspruchs auf AlGeld, dass der ArbN keine bzw lediglich eine weniger als 15 Stunden umfassende andere Beschäftigung ausübt, bezeichnet das Gesetz nunmehr als Beschäftigungslosigkeit. Als wesentliche durch das AFRG herbeigeführte Neuerung ergibt sich hierbei, dass die in der SozV eingeführte Grenze von 15 Stunden wöchentlich Auskunft darüber gibt, ob die Ausübung einer Beschäftigung dem Anspruch auf AlGeld entgegensteht. **15**

aa) Arbeitnehmer iSd §§ 138 ff SGB III ist derjenige, der zum Zeitpunkt der Antragstellung und während der Anspruchszeit eine abhängige Beschäftigung von mehr als geringfügigem Umfang anstrebt (BSG 15.6.76 – 7 RAr 50/75, SozR 4100 § 101 Nr 2). Die frühere und die angestrebte Tätigkeit können hierbei als Indizien Berücksichtigung finden. Unerheblich ist, ob die Beschäftigung auf Dauer ausgeübt werden soll, so dass auch ein Selbstständiger, der nur übergangsweise eine abhängige Beschäftigung anstrebt, zum Kreis der ArbN gehören kann (*Hauck/Noftz/Valgolio* SGB III, § 138 Rz 38). **16**

bb) Beschäftigungsverhältnis. Entscheidend dafür, ob ein die Arbeitslosigkeit ausschließendes Beschäftigungsverhältnis vorliegt, sind die tatsächlichen Verhältnisse. Es gilt der leistungsrechtliche Beschäftigungsbegriff (*Voelzke* in FS Küttner, 341). Die (unwiderrufliche) Freistellung des ArbN ist ein typisches Beispiel für die Beendigung des leistungsrechtlichen Beschäftigungsverhältnisses (s hierzu *Schlegel* NZS 05, 973). Unerheblich ist demgegenüber, ob das Arbeitsverhältnis fortbesteht, so dass jedenfalls bei langfristig arbeitsunfähig erkrankten Versicherten die Möglichkeit des AlGeldBezugs bei fortbestehendem Arbeitsverhältnis gegeben ist. Kein die Arbeitslosigkeit ausschließendes leistungsrechtliches Beschäftigungsverhältnis liegt in der unentgeltlichen Tätigkeit für einen ArbGeb im Rahmen einer stufenweisen Wiedereingliederung (BSG 21.3.07 – B 11a AL 31/06 R, SozR 4–4300 § 118 Nr 1). **Erklärungen** der Arbeitsvertragsparteien über die Dienstbereitschaft des ArbN und den Verfügungswillen des ArbGeb haben nur indizielle Bedeutung und können durch die tatsächlichen Gegebenheiten widerlegt werden (BSG 28.9.93 – 11 RAr 69/92, NZS 94, 140). Während sog Aussetzzeiten im Rahmen eines laufenden Arbeitsverhältnisses kann das leistungsrechtliche Beschäftigungsverhältnis entfallen; Arbeitsfähigkeit und Arbeitsbereitschaft sind aber ggf besonders zu prüfen (vgl BSG 10.9.98 – B 7 AL 96/97 R, SozR 3–4100 § 101 Nr 9). Die Anwartschaftszeit für einen Anspruch auf AlGeld kann noch erfüllt werden, wenn der ArbN wegen einer Freistellung nicht mehr in einem leistungsrechtlichen Beschäftigungsverhältnis steht, aber das Arbeitsverhältnis noch weiterbesteht (BSG 3.6.04 – B 11 AL 70/03 R, AuB 04, 343 mit Anm *Radüge* jPR-SozR 30/2004). **17**

cc) 15-Stunden-Grenze. Nicht ausgeschlossen wird die Beschäftigungslosigkeit nach § 138 Abs 3 SGB III durch den Umstand, dass der ArbN eine weniger als 15 Stunden wöchentlich umfassende Beschäftigung ausübt. Maßgebend für die Beurteilung der Kurzzeitigkeit ist eine vorausschauende Betrachtungsweise. Auszugehen ist regelmäßig von der vertraglichen Vereinbarung. Die gilt grds auch dann, wenn die tatsächliche Arbeitszeit hiervon abweicht (BSG 29.10.08 – B 11 AL 44/07 R, BeckRS 2009, 60523). Die Beschäftigungszeiten mehrerer nebeneinander ausgeübter Beschäftigungen sind zusammenzurechnen, so dass es an Beschäftigungslosigkeit auch fehlt, wenn die 15-Stunden-Grenze durch mehrere Beschäftigungen überschritten wird. Der Arbeitslose trägt die objektive Beweislast dafür, ob die Kurzzeitigkeitsgrenze überschritten wird. Er ist ggf verpflichtet, dem ArbGeb einer von ihm ausgeübten Nebentätigkeit zu benennen, wenn BA oder Gericht seine Angaben bezweifeln (BSG 2.9.04 – B 7 AL 88/03 R, SozR 4–1500 § 128 Nr 5). **18**

42 Arbeitslosengeld

19 Bei der Feststellung des Merkmals Beschäftigungslosigkeit stehen eine **selbstständige Tätigkeit** und eine Tätigkeit als mithelfender **Familienangehöriger** einer Beschäftigung gleich (§ 138 Abs 3 SGB III). Die Abschaffung des Selbständigenprivilegs, wonach die die Fortführung einer weniger als 18 Stunden wöchentlich umfassenden selbständigen Tätigkeit Beschäftigungslosigkeit nicht ausschloss, begegnet keinen verfassungsrechtlichen Bedenken (BSG 3.12.09 – B 11 AL 28/08 R, BeckRS 2010, 69318).

20 **b) Eigenbemühungen.** Das Merkmal der Eigenbemühungen erfordert vom Arbeitslosen, dass er **alle Möglichkeiten** zur beruflichen Eingliederung nutzt (§ 138 Abs 4 SGB III). Hierzu gehört insbesondere die Wahrnehmung der Verpflichtungen aus einer Eingliederungsvereinbarung mit der Agentur für Arbeit. Der Anspruch auf AlGeld kann wegen fehlender Eigenbemühungen nur entzogen werden, wenn die Agentur für Arbeit den Inhalt dieser Obliegenheit des Versicherten ausdrücklich und zumutbar konkretisiert hat (BSG 20.10.05 – B 7a AL 18/05 R, SozR 4-4300 § 119 Nr 3).

21 **c) Verfügbarkeit.** Die Verfügbarkeit ist bei Arbeitslosen zu bejahen, die eine versicherungspflichtige, mindestens 15 Stunden wöchentlich umfassende Beschäftigung unter den üblichen Bedingungen des Arbeitsmarktes aufnehmen und ausüben können und dürfen (§ 138 Abs 5 Nr 1 SGB III). Sie ist gegeben, wenn der Arbeitslose aktuell durch nichts daran gehindert ist, ohne Verzug eine zumutbare Beschäftigung aufzunehmen (BSG 29.9.87 – 7 RAr 15/86, SozR 4100 § 103 Nr 39). Der Verfügbarkeit steht es nicht entgegen, dass der Arbeitslose im grenznahen Ausland wohnt, soweit er der deutschen Arbeitsvermittlung zur Verfügung steht (BVerfG 30.12.99 – 1 BvR 809/95, NZA 2000, 299; BSG 7.10.09 – B 11 AL 25/08 R, SGb 11, 109). Nicht ausreichend ist die Bereitschaft des Arbeitslosen, sein tatsächliches Verhalten zu ändern. Unschädlich für das Merkmal der Verfügbarkeit sind Freizeitbetätigungen zur Wahrnehmung kultureller, karitativer, sportlicher oder gesundheitlicher Interessen (BSG 12.2.90 – 11 RAr 137/89, SozR 4-4100 § 103 Nr 4). Auch die ganztätige Betreuung fremder Kinder (sog Tagesmutter) beseitigt die objektive Verfügbarkeit nicht, wenn die Kinderbetreuung jederzeit anderweitig übernommen werden kann (BSG 16.9.99 – B 7 AL 80/98 R, SozR 3-4100 § 101 Nr 10). Die Fähigkeit zur Ausübung einer abhängigen Beschäftigung beurteilt sich nach den objektiv vorliegenden Gesamtumständen unter besonderer Berücksichtigung der körperlichen und geistigen Leistungsfähigkeit und des beruflichen Kenntnisstandes. Kommt der Arbeitslose aufgrund objektiver Umstände (zB häusliche Bindungen, fehlende Mobilität) nicht für eine seiner Vorbildung entsprechende Tätigkeit in Betracht, so ist ausreichend, dass die verbleibende Arbeitsmöglichkeit auf dem Arbeitsmarkt verwertbar ist (BSG 26.9.89 – 11 RAr 131/88, SozR 4100 § 103 Nr 43).

22 In die Prüfung einzubeziehen ist die **rechtliche Zulässigkeit** der Ausübung der erforderlichen Beschäftigung. Die Zulässigkeit kann insbesondere bei gesetzlichen Beschäftigungsverboten (zB nach dem MuSchG, BSeuchG) oder fehlenden Zulassungsvoraussetzungen (Fahrerlaubnis, Approbation uÄ) zu verneinen sein. Die Verfügbarkeit einer schwangeren Arbeitslosen entfällt allerdings nicht allein durch die Erteilung eines ärztlichen Beschäftigungsverbots nach § 3 Abs 1 MuSchG (BSG 30.11.11 – B 11 AL 7/11 R, NZS 12, 475). Die mögliche Beschäftigung entspricht den **üblichen Bedingungen** des allgemeinen Arbeitsmarktes, wenn die Arbeitsbedingungen (Lage und Verteilung der Arbeitszeit, wöchentliche Arbeitszeit) für eine nennenswerte Zahl von Arbeitsplätzen zutreffen.

23 Das Merkmal der **Erreichbarkeit** ist nach § 138 Abs 5 Nr 2 SGB III zu bejahen, wenn der Arbeitslose Vorschlägen der Agentur für Arbeit zur beruflichen Eingliederung zeit- und ortsnah Folge leisten kann. Nach § 1 Abs 1 Satz 2 der Erreichbarkeits-Anordnung hat der Arbeitslose sicherzustellen, dass die Agentur für Arbeit ihn persönlich an seinem Wohnsitz oder gewöhnlichen Aufenthalt unter der von ihm benannten Anschrift (Wohnung) durch Briefpost erreichen kann (vgl zu dieser Anforderung *Benkel* NZS 98, 364). Bei wiederkehrenden mehrtägigen Ortsabwesenheiten kann der Arbeitslose durchgängig nicht erreichbar sein (BSG 9.12.03 – B 7 AL 56/02 R, SozR 4-4300 § 119 Nr 1). Die postalische Erreichbarkeit ist nur sichergestellt, wenn dem Arbeitslosen die Briefpost ohne Verzögerung oder Einschaltung Dritter zugehen kann (BSG 2.3.2000 – B 7 AL 8/99 R, SozR 3-4100 § 103 Nr 22). Hingegen ist der Arbeitslose nicht erreichbar, wenn ihm die Briefpost (auch ohne Verzögerung) mittels Postnachsendeauftrag zugeht (BSG 9.8.01 – B 11 AL 17/01 R, SozR 3-4300 § 119 Nr 4). Nach der Neuregelung ist es zulässig, dass der Arbeitslose sich tagsüber außerhalb seiner Wohnung aufhält. Unabdingbar ist allerdings, dass er zu irgendeinem Zeitpunkt während des Tages in die Wohnung zurückkehrt, damit er am **nächsten Tag** die Agentur für Arbeit aufsuchen bzw sich einem ArbGeb vorstellen kann. Weitergehende Ausnahmen von dem vorstehenden Grundsatz lässt das Anordnungsrecht für den vorübergehenden Aufenthalt innerhalb des zeit- und ortsnahen Bereichs der Agentur für Arbeit sowie bei vorheriger Zustimmung der Agentur für Arbeit für drei Wochen im Kj (sog Urlaub) zu (zu verfassungsrechtlichen Fragen mit Blick auf den Mindesturlaubs für ArbN vgl BSG 10.8.2000 – B 11 AL 101/99 R, SozR 3–4100 § 103 Nr 23).

Die Verfügbarkeit umfasst nach § 138 Abs 5 Nr 3 SGB III die **Bereitschaft** des Arbeitslosen, alle Beschäftigungen anzunehmen, die er ausüben kann und darf. Hingegen berührt die bloße Äußerung von Wünschen hinsichtlich der Arbeitsvermittlung die Arbeitsbereitschaft nicht (BSG 1.8.78 – 7 RAr 49/77, SozR 4100 § 103 Nr 18). Die Arbeitsbereitschaft erfordert auch die Bereitschaft zur Teilnahme an Maßnahmen zur beruflichen Eingliederung in das Erwerbsleben. Lehnt der Arbeitslose eine bestimmte Art von ihm zumutbaren beruflichen Bildungsmaßnahmen ab (zB die Teilnahme an einer Übungsfirma), so ist er nicht arbeitsbereit (vgl BSG 29.6.95 – 11 RAr 47/94, NZS 96, 126). Wird während des Bezugs von AlGeld die Arbeitskraft im wesentlichen Umfang für die Betreuung von Kindern oder für die Pflege eines Angehörigen eingesetzt, so kann der Aufgabewille die Verfügbarkeit begründen (BSG 12.12.90 – 11 RAr 137/89, SozR 3–4100 § 103 Nr 4). 24

d) Sonderfälle. Die Anforderungen an die Verfügbarkeit von **Teilzeitbeschäftigten** sind durch das Dritte Gesetz für moderne Dienstleistungen am Arbeitsmarkt mWv 1.1.05 neu geregelt worden. Verfügbarkeit ist nur zu bejahen, wenn sich die Arbeitsbereitschaft auf versicherungspflichtige Teilzeitbeschäftigungen erstreckt und die Teilzeitbeschäftigung den üblichen Bedingungen des allgemeinen Arbeitsmarktes entspricht. Ausdrücklich nicht zulässig ist die Beschränkung der Arbeitsbereitschaft aus Anlass eines konkreten Arbeits- oder Maßnahmeangebots (§ 139 Abs 4 SGB III). 25

Die Verfügbarkeit von **Schülern** und **Studenten** ist als Folge der Entscheidung des BVerfG zu § 118a AFG aF (BVerfG 18.11.86 – 1 BvL 29/83, SozR 4100 § 118a Nr 1) durch § 139 Abs 2 SGB III nunmehr in der Weise geregelt, dass eine **gesetzliche Vermutung** dafür aufgestellt wird, dass nur beitragsfreie Beschäftigungen ausgeübt werden können. Diese Vermutung ist nach der Rspr des BSG widerlegt, wenn der Student darlegt und nachweist, dass weder die für ihn geltenden abstrakten Regelungen in den Studien- und Prüfungsordnungen noch seine konkrete Studiengestaltung eine Beschäftigung ausschließen, die mehr als kurzzeitig ist und bei der das Studium hinsichtlich der Gesamtbelastung hinter die ArbNTätigkeit zurücktritt (BSG 14.3.96 – 7 RAr 18/94, SozR 3–4100 § 103a Nr 2). Hierbei kann entgegen der Auffassung der BA nicht von einer festen Obergrenze der Belastbarkeit durch Studium und möglicher Beschäftigung ausgegangen werden. Vielmehr sind die Verhältnisse jedes einzelnen Falls maßgebend (BSG 19.3.92 – 7 RAr 128/90, NZS 92, 33). Ein immatrikulierter Student kann die Vermutung nicht mit dem Vorbringen und Nachweis widerlegen, er sei lediglich zu studienfremden Zwecken immatrikuliert und gehe dem Studium tatsächlich nicht nach (BSG 24.7.97 – 11 RAr 99/96, SozR 3–4100 § 103a Nr 3). 26

Nach § 139 Abs 3 SGB III kann bei Teilnahme an nicht nach dem SGB III förderungsfähigen Maßnahmen unter bestimmten Voraussetzungen AlGeld bezogen werden. Erforderlich ist, dass die Agentur für Arbeit der Teilnahme zustimmt und der Leistungsberechtigte seine Bereitschaft erklärt, die Maßnahme abzubrechen, sobald seine berufliche Eingliederung in Betracht kommt und zu diesem Zweck die Möglichkeit zum Abbruch mit dem Träger der Maßnahme vereinbart hat. 27

2. Arbeitslosmeldung. Der Arbeitslose hat sich persönlich bei der zuständigen Agentur für Arbeit arbeitslos zu melden (§ 141 Abs 1 AFG). Bei der persönlichen Arbeitslosmeldung ist eine Vertretung nicht möglich. Sie kann auch nicht schriftlich oder fernmündlich vorgenommen werden. Eine Erleichterung folgt für ArbN aus der Regelung in § 141 Abs 1 Satz 2 SGB III, nach der eine Meldung bereits zulässig ist, wenn die Arbeitslosigkeit noch nicht eingetreten, der Eintritt der Arbeitslosigkeit aber innerhalb der nächsten drei Monate zu erwarten ist. Die Wirkung der Arbeitslosmeldung beschränkt sich auf den vom Arbeitslosen angegebenen **Zeitraum der Arbeitslosigkeit** (BSG 7.9.2000 – B 7 AL 2/00 R, NZA 01, 534). Die Unrichtigkeit der Arbeitslosmeldung führt nicht zu ihrer Unwirksamkeit. 28

42 Arbeitslosengeld

29 Das Erlöschen der Wirkung der Meldung wird dadurch herbeigeführt, dass eine mehr als **sechswöchige Unterbrechung** der Arbeitslosigkeit eintritt oder der Arbeitslose eine Beschäftigung aufnimmt und dies der Agentur für Arbeit nicht unverzüglich mitteilt (§ 141 Abs 2 Nrn 1 und 2 SGB III). Bei Aufnahme einer Beschäftigung von mindestens 15 Stunden die Woche verliert die Arbeitslosmeldung endgültig ihre Wirkung und lebt ohne erneute Arbeitslosmeldung nicht wieder auf (BSG 1.6.06 – B 7a AL 76/05 R, SozR 4–4300 § 122 Nr 4). Unterbricht der Arbeitslose seine Arbeitslosigkeit für einen Zeitraum von weniger als sechs Wochen, so erlischt die Wirkung der Arbeitslosmeldung selbst dann nicht, wenn er die Dauer der Unterbrechung fehlerhaft angezeigt hatte (BSG 7.10.04 – B 11 AL 23/04 R, SozR 4–4300 § 122 Nr 2).

30 **3. Anwartschaftszeit.** Durch diese versicherungsmäßige Voraussetzung wird sichergestellt, dass der Anspruchsteller für eine Mindestzeit zur Versichertengemeinschaft gehört hat. Das Dritte Gesetz für moderne Dienstleistungen am Arbeitsmarkt vom 23.12.03 (BGBl I 03, 2848) hat die Regelungen über die Anwartschaftszeit ab 1.1.04 in der Weise modifiziert, dass die privilegierenden Regelungen für SaisonArbN entfallen. Zudem wurde die Rahmenfrist nach § 143 Abs 1 SGB III für alle ArbN von bisher drei auf zwei Jahre verkürzt. Die Anwartschaftszeit nach § 142 Abs 1 SGB III erfüllt, wer in der Rahmenfrist mindestens zwölf Monate in einem Versicherungspflichtverhältnis gestanden hat. Ein **Versicherungspflichtverhältnis** liegt vor, wenn der ArbN in einem versicherungspflichtigen Beschäftigungsverhältnis gestanden hat oder ein anderer Versicherungspflichttatbestand erfüllt ist (Näheres s *Arbeitslosenversicherungspflicht* Rz 5 ff). Ein die Anwartschaft begründendes Beschäftigungsverhältnis kann grds auch während des Bezugs von AlGeld fortbestehen. Dies ist jedoch ausgeschlossen, wenn es am Fortsetzungswillen der Arbeitsvertragsparteien fehlt und der ArbGeb seine Verfügungsmöglichkeit nicht mehr wahrnehmen kann (BSG 4.7.12 – B 11 AL 16/11 R, SozR 4–4300 § 123 Nr 6).

31 Die **Rahmenfrist** beträgt zwei Jahre und geht dem ersten Tag der Erfüllung der übrigen Anspruchsvoraussetzungen voraus (§ 143 Abs 1 SGB III). Zeiten, die innerhalb der Rahmenfrist zurückgelegt werden, brauchen nicht lückenlos aufeinanderzufolgen, sondern werden zusammengerechnet. Die Rahmenfrist reicht nicht in eine Rahmenfrist hinein, die bereits für einen früheren Leistungsanspruch maßgeblich war. Nach § 143 Abs 3 SGB III werden in die Rahmenfrist Zeiten nicht eingerechnet, in denen der Arbeitslose von einem Rehabilitationsträger Übergangsgeld wegen einer berufsfördernden Maßnahme bezogen hat. Die Rahmenfrist endet spätestens fünf Jahre seit ihrem Beginn.

32 **4. Sondertatbestände.** Für bestimmte Personengruppen kann von den vorstehenden Anspruchsvoraussetzungen abgewichen werden.

33 a) **Leistungsgeminderte.** Sie haben einen Anspruch auf AlGeld, wenn sie wegen einer mehr als sechsmonatigen Leistungsminderung keine üblichen versicherungspflichtigen Beschäftigungen ausüben können und verminderte Erwerbsfähigkeit iSd gesetzlichen RV nicht festgestellt worden ist (§ 145 SGB III). Die Anwendung der **Nahtlosigkeitsregelung** setzt voraus, dass die BA die Voraussetzungen der Norm selbst ermittelt und feststellt (BSG 10.5.07 – B 7a AL 30/06 R, SozR 4–4300 § 125 Nr 2). Die „Nahtlosigkeitsregelung" soll bewirken, dass Arbeitslose mit einer dauernden Minderung oder Aufhebung der Leistungsfähigkeit bis zur Feststellung des RVTrägers AlGeld erhalten. Insoweit begründet die Nahtlosigkeitsregelung gegenüber der BA eine Sperrwirkung, denn sie verbietet der Arbeitsverwaltung, die objektive Verfügbarkeit wegen Einschränkungen der gesundheitlichen Leistungsfähigkeit zu verneinen, bevor der zuständige RVTräger verminderte Erwerbsfähigkeit festgestellt hat (BSG 9.9.99 – B 11 AL 13/99 R, SozR 3–4100 § 105a Nr 7). Erhält der Arbeitslose Leistungen nach § 145 SGB III, so wird er von der Agentur für Arbeit unverzüglich aufgefordert, innerhalb eines Monats RehaMaßnahmen zu beantragen. Der weitere Leistungsanspruch hängt von dieser Mitwirkungspflicht des Arbeitslosen und der Erfüllung seiner Mitwirkungspflichten gegenüber dem Rehabilitationsträger ab.

34 b) **Arbeitsunfähige.** Sie verlieren den AlGeldAnspruch für die **Dauer von sechs Wochen** nicht, soweit die Arbeitsunfähigkeit während des Bezuges von AlGeld infolge Krankheit, einer rechtswidrigen Sterilisation oder eines nicht rechtswidrigen Abbruchs der Schwangerschaft durch einen Arzt eintritt oder auf einer stationären Behandlung auf Kosten der Krankenkasse beruht (§ 146 SGB III). Für die Dauer der Leistungsfortzahlung ruht der

Krankengeldanspruch. Tritt die Arbeitsunfähigkeit zu einem Zeitpunkt ein, zu dem der Anspruch auf AlGeld ruht, so kommt eine Leistungsfortzahlung nach § 146 SGB III nicht in Betracht (BSG 2.11.2000 – B 11 AL 25/00 R, EPersR 2001 H/8). Der Leistungsbezug nach § 146 SGB III wird auf die Anspruchsdauer nach § 148 SGB III angerechnet.

c) Ältere Arbeitslose. Sie hatten nach der Verlängerung der befristeten Regelung des **35** § 428 SGB III durch das Fünfte SGB III-ÄndG vom 22.12.05 (BGBl I 05, 3676) bis zum 31.12.07 letztmals Anspruch auf AlGeld auch dann, wenn sie das 58. Lebensjahr vollendet haben und nicht mehr zur Aufnahme einer zumutbaren Beschäftigung oder zur Teilnahme an einer zumutbaren Bildungsmaßnahme bereit sind.

5. Berufliche Weiterbildung. Nach § 144 SGB III hat einen Anspruch auf AlGeld auch **36** ein ArbN während der Teilnahme an einer nach § 81 SGB III geförderten beruflichen Weiterbildung (Näheres: *Weiterbildung*).

III. Anspruchsdauer. Das Gesetz zu Reformen am Arbeitsmarkt vom 24.12.03 (BGBl I **37** 03, 3002) hatte drastisch in die Anspruchsdauer des Anspruchs auf AlGeld eingegriffen (s hierzu BSG 14.9.10 – B 7 AL 23/09 R, SozR 4-4300 § 127 Nr 1). Diese Kürzung ist durch das 7. SGB III-ÄndG vom 8.4.08 (BGBl I 08, 681) wieder teilweise rückgängig gemacht worden. Die **verlängerte Anspruchsdauer** findet für Ansprüche auf AlGeld Anwendung, die ab dem 1.1.08 entstanden sind. Bei der Feststellung der Vorversicherungszeiten kommt nach § 147 Abs 1 SGB III eine erweiterte Rahmenfrist von fünf Jahren zur Anwendung. Es gilt nach § 147 Abs 2 SGB III folgende Tabelle:

nach Versicherungspflichtverhältnissen mit einer Dauer von insgesamt mindestens ... Monaten	und nach Vollendung des ... Lebensjahres	... Monate
12		6
16		8
20		10
24		12
30	50.	15
36	55.	18
48	58.	24

Einen vom Lebensalter unabhängigen Anspruch auf AlGeld können ArbN aufgrund einer **38** Änderung der §§ 142 Abs 2, 147 Abs 3 SGB III durch das Gesetz vom 15.7.09 (BGBl I 09, 1939) auch nach Versicherungspflichtverhältnissen von mindestens 6 Monaten erwerben. Vorausgesetzt wird, dass sich die zurückgelegten Beschäftigungstage überwiegend aus versicherungspflichtigen Beschäftigungen ergeben, die auf nicht mehr als 6 Wochen im Voraus zeit- oder zweckbefristet sind und das Arbeitsentgelt die Bezugsgröße nach § 18 Abs 1 SGB IV (s *Sozialversicherungsbeiträge* Rz 71) nicht übersteigt. Die Dauer des Anspruchs auf AlGeld beträgt 3 bis 5 Monate.

Die Dauer des AlGeldAnspruches **mindert** sich nach § 148 Abs 1 Nr 1 SGB III um Tage, **39** für die der Anspruch erfüllt worden ist. Eine Minderung der Anspruchsdauer erfolgt nicht, wenn die Agentur für Arbeit im Rahmen der Gleichwohlgewährung vom ArbGeb für ihre Aufwendungen Ersatz erlangt (BSG 24.7.86 – 7 RAr 4/85, SozR 4100 § 117 Nr 16). Ebenfalls keine Minderung tritt ein, wenn der RVTräger das von der Agentur für Arbeit nach der Nahtlosigkeitsregelung gezahlte AlGeld erstattet (BSG 23.7.98 – B 11 AL 97/97 R, SozR 3-4100 § 105a Nr 6). Keine Erfüllung in diesem Sinne ist das Ruhen des Anspruches. Die Tage einer Sperrzeit führen zu einer Minderung des Anspruches nach § 148 Abs 1 Nr 3 SGB III. Bei einer *Sperrzeit* wegen Arbeitsaufgabe ist zu beachten, dass die Minderung mindestens ein Viertel der Anspruchsdauer umfasst, die dem Arbeitslosen bei erstmaliger Erfüllung der Voraussetzungen für den Anspruch auf AlGeld nach dem Ereignis, das die Sperrzeit begründet, zusteht (§ 148 Abs 1 Nr 4 SGB III). Nach § 148 Abs 2 Satz 2 SGB III entfällt die Minderung bei Sperrzeiten wegen Abbruchs einer beruflichen Eingliederungsmaßnahme oder wegen Arbeitsaufgabe, wenn das Ereignis, das die Sperrzeit begründet, bei Erfüllung der Voraussetzungen für den Anspruch auf AlGeld länger als ein Jahr zurückliegt.

42 Arbeitslosengeld

Im Einzelfall kann insoweit eine Beratungspflicht der Agentur für Arbeit bestehen, dem Arbeitslosen eine spätere Antragstellung nahe zu legen (BSG 5.8.99 – B 7 AL 38/98 R, SozR 3–4100 § 110 Nr 2).

40 Die Verletzung von Mitwirkungspflichten (Leistungsausschluss nach § 66 SGB I, objektiv unbegründete Verhinderungen) führt zu einer Minderung des Anspruchs bis zu der nach § 148 SGB III festgelegten Höchstdauer der Minderung. Nach § 136 Abs 2 SGB III hat, wer das für die Regelaltersrente im Sinne des SGB VI erforderliche Lebensjahr vollendet hat, vom Beginn des folgenden Monats an keinen Anspruch auf AlGeld mehr.

41 **IV. Leistungshöhe.** Die Berechnung des AlGeldes ist durch das Dritte Gesetz für moderne Dienstleistungen am Arbeitsmarkt wesentlich vereinfacht worden.

42 **1. Leistungsberechnung.** Das AlGeld beträgt in den Fällen, in denen der Arbeitslose mindestens ein Kind iSd § 32 Abs 1, 3 bis 5 EStG hat oder sein Ehegatte (Lebenspartner) ein solches Kind hat, wenn beide Ehegatten unbeschränkt einkommensteuerpflichtig sind und nicht dauernd getrennt leben, **67 vom Hundert** und in den anderen Fällen **60 vom Hundert** des pauschalierten Nettoentgelts (Leistungsentgelt), das sich aus dem Bruttoentgelt ergibt, das der Arbeitslose im Bemessungszeitraum erzielt hat (Bemessungsentgelt; § 149 SGB III). Kinder des Arbeitslosen, die sich noch in der Ausbildung befinden, werden längstens bis zur Vollendung des 27. Lebensjahres berücksichtigt (BSG 9.9.93 – 7 RAr 98/92, NZS 94, 25). Das Bemessungsentgelt wird idR aus dem Bruttoentgelt berechnet, das der Arbeitslose im Bemessungszeitraum erzielt hat (vgl §§ 150, 151 SGB III). Nach § 151 Abs 1 Satz 2 SGB III gelten Arbeitsentgelte, auf die der Arbeitslose beim Ausscheiden aus dem Beschäftigungsverhältnis Anspruch hatte, als erzielt, wenn sie zugeflossen oder nur wegen Zahlungsunfähigkeit des ArbGeb nicht zugeflossen sind. Ist eine Zahlung bis zum Ende des Arbeitsverhältnisses unterblieben, kommt eine Berücksichtigung bei der Bemessung nur in Betracht, wenn die Zahlungsunfähigkeit des ArbGeb die alleinige Ursache des unterbliebenen Zuflusses ist (BSG 5.12.06 – B 11a AL 43/05 R, SozR 4–4300 § 134 Nr 1). Ein Anspruch auf höheres AlGeld kann nicht allein darauf gestützt werden, dass der ArbGeb wegen eines vorübergehenden Lohnverzichts ein geringeres Arbeitsentgelt erzielt hatte (BSG 29.1.08 – B 7/7a AL 40/06 R, SozR 4–4300 § 130 Nr 3). Liegt der letzte Anspruch auf Arbeitsentgelt längere Zeit zurück, kommt nach Maßgabe des § 152 SGB eine fiktive Bemessung zur Anwendung (zur Bemessung nach Erziehungszeiten BSG 29.5.08 – B 11a AL 23/07 R, SozR 4–4300 § 132 Nr 1). Die fiktive Bemessung verstößt auch dann nicht gegen Verfassungs- oder Gemeinschaftsrecht, wenn der Bemessungszeitraum infolge von Erziehungszeiten nicht die erforderlichen 150 Tage mit Anspruch auf Arbeitsentgelt enthält (BSG 25.8.11 – B 11 AL 19/10 R, SozR 4–4300 § 132 Nr 7). Für die Zuordnung zu Qualifikationsgruppen kommt es in erster Linie darauf an, ob der Arbeitslose über den für die angestrebte Beschäftigung erforderlichen Berufsabschluss verfügt (BSG 4.7.12 – B 11 AL 21/11 R, SozR 4–4300 § 132 Nr 8). Wurde in den letzten zwei Jahren Teilzeitarbeit ausgeübt, so kann das AlGeld nicht mehr aus einem davor erzielten Arbeitsentgelt aus einer Vollzeitbeschäftigung bemessen werden (BSG 6.5.2009 – B 11 AL 7/08 R, SozR 4–4300 § 130 Nr 5). Wird AlGeld im Anschluss an eine betriebliche Ausbildung bezogen, so erfolgt die Bemessung nach der bezogenen Ausbildungsvergütung, während eine fiktive Bemessung durch das Gesetz nicht mehr vorgesehen ist (BSG 6.3.13 – B 11 AL 12/12 R, NZS 13, 833).

43 Zur Errechnung des **Leistungsentgelts** wird das Bemessungsentgelt nach Maßgabe des § 153 SGB III um pauschalierte Abzüge für SozV Beiträge, LSt und Solidaritätszuschlag vermindert. Die Berücksichtigung der KiSt als Abzugsposten ist in § 153 SGB III nicht mehr vorgesehen. Der fiktive Abzug des SolZ und der ArbNBeiträge zur PflegeV ist verfassungsgemäß (BVerfG 23.10.96 – 1 BvR 70/96, NZS 97, 89). Die Leistungen werden höchstens nach einem Arbeitsentgelt in Höhe der für den Beitrag zu BA maßgebenden **Beitragsbemessungsgrenze** berechnet.

Maßgebend für den fiktiven LStAbzug ist nach § 153 Abs 2 SGB III die LStKlasse, die zu Beginn des Kj auf der LStKarte eingetragen war, in dem der Anspruch entstanden ist (s *Lohnsteuerklassen* Rz 15). Änderungen der Steuerklasse werden von dem Tag an berücksichtigt, an dem erstmals die Voraussetzungen für die Änderung vorlagen.

44 Bei einem Wechsel der Steuerklassenkombination von **Ehegatten** wird die neu eingetragene LStKlasse von dem Tag an berücksichtigt, an dem die Änderung wirksam wird, es sei denn, die neu eingetragenen LStKlassen entsprechen an diesem Tage nicht dem Verhältnis der monatlichen Arbeitslöhne beider Ehegatten oder es ergibt sich aufgrund der neu eingetragenen LStKlassen ein geringeres AlGeld (Näheres: *Lohnsteuerklassen* Rz 22 ff; § 153 Abs 3 SGB III). Zur Feststellung der dem Verhältnis der Arbeitslöhne entsprechenden LStKlassen kann die vom BMF und den obersten Finanzbehörden der Länder jährlich herausgegebene **Tabelle zur Steuerklassenwahl** herangezogen werden.

Zur Vereinfachung der Bemessung werden im **Bemessungszeitraum** nur noch Zeiten 45 einer versicherungspflichtigen Beschäftigung berücksichtigt. Vorausgesetzt wird jedoch, dass die Entgeltzeiträume beim Ausscheiden des Arbeitslosen aus dem jeweiligen Beschäftigungsverhältnis abgerechnet sind. Beim Ausscheiden noch nicht abgerechnete Sonderzahlungen bleiben bei der Bemessung außer Betracht (BSG 8.7.09 – B 11 AL 14/08 R, SozR 4–4300 § 130 Nr 6). Der Bemessungsrahmen umfasst nach § 150 Abs 1 SGB III regelmäßig ein Jahr und endet mit dem letzten Tag des letzten Versicherungspflichtverhältnisses vor Entstehung des Anspruchs.

2. Einkommensanrechnung. Das Dritte Gesetz für moderne Dienstleistungen am Ar- 46 beitsmarkt hat eine Vereinfachung bei der Anrechnung von Einkommen aus einer weniger als 15 Stunden umfassenden Nebenbeschäftigung mit sich gebracht. Nach § 155 Abs 1 SGB III steht Arbeitslosen ein einheitlicher Freibetrag von 165 € monatlich zu. Die Dauer des Anspruchs auf AlGeld mindert sich auch dann, wenn Nebeneinkommen angerechnet worden ist (BSG 5.2.04 – B 11 AL 39/03 R, SozR 4–4300 § 128 Nr 1).

Privilegierende Regelungen gelten für Erwerbstätigkeiten, die bereits **während der letz-** 47 **ten 18 Monate** vor Entstehung des Anspruchs, mindestens 12 Monate ausgeübt wurden (§ 155 Abs 2 SGB III). Der (großzügigere) Freibetrag bei vorausgegangener Nebentätigkeit besteht in dem Umfang, in dem in den letzten 12 Monaten vor Entstehung des Anspruchs durchschnittlich Nettonebeneinkommen erzielt worden ist. Er setzt voraus, dass in den letzten 18 Monaten vor Entstehung des Anspruchs mindestens zwölf Monate neben einem Versicherungspflichtverhältnis eine Erwerbstätigkeit ausgeübt worden ist. Es muss zur Erlangung des Privilegs nicht die ursprünglich ausgeübte geringfügige Beschäftigung nahtlos fortgeführt werden (BSG 1.7.10 – B 11 AL 31/09 R, NJW 11, 2156). Der Bezug einer Entgeltersatzleistung kann dem Arbeitsentgelt aus einer Beschäftigung nicht gleichgestellt werden (BSG 1.3.11 – B 7 AL 26/09 R, NZS 11, 1062).

V. Ruhen des Anspruchs. Das Ruhen des AlGeldAnspruches bedeutet, dass der An- 48 spruch während des Ruhenszeitraums, der nicht auf die Anspruchsdauer angerechnet wird (Ausnahme: Sperrzeit, Säumniszeit), nicht geltend gemacht werden kann.

1. Arbeitskampf. Durch die Gewährung von AlGeld darf nicht in Arbeitskämpfe einge- 49 griffen werden. Ist der ArbN durch Beteiligung an einem Arbeitskampf oder als mittelbar Streikbetroffener arbeitslos geworden, so ruht sein Anspruch nach Maßgabe des § 160 SGB III bis zu Beendigung des Arbeitskampfes (Näheres: *Arbeitskampf (Vergütung)* Rz 36 ff).

2. Arbeitsentgelt und Urlaubsabgeltung. a) Arbeitsentgelt. Nach § 157 Abs 1 SGB III 50 ruht der Anspruch auf AlGeld während der Zeit, für die der Arbeitslose Arbeitsentgelt erhält oder zu beanspruchen hat. Die Vorschrift verfolgt den Zweck, den Bezug von **Doppelleistungen** mit gleicher Zielsetzung zu verhindern. Ein Konkurrenzverhältnis zwischen Arbeitsentgeltansprüchen und AlGeld tritt auf, weil das Beschäftigungsverhältnis im leistungsrechtlichen Sinn mit dem Arbeitsverhältnis nicht identisch ist. Das Gesetz geht davon aus, dass ArbN AlGeld bereits beanspruchen können, obwohl ihr Arbeitsverhältnis noch nicht beendet ist. Arbeitslosigkeit tritt ein, wenn die Beschäftigung faktisch ein Ende gefunden hat und die das Beschäftigungsverhältnis prägende persönliche Abhängigkeit des Beschäftigten nicht mehr besteht. Letzteres ist der Fall, wenn der ArbGeb sein Direktionsrecht nicht mehr ausübt und/oder die Dienstbereitschaft des ArbN entfällt.

Die Ruhenswirkung nach § 157 Abs 1 SGB III tritt unabhängig von der **Höhe des** 51 **Anspruchs** auf Arbeitsentgelt ein. Der Anspruch auf AlGeld ruht also auch bei einem geringeren Arbeitsentgeltanspruch in voller Höhe. Erfasst werden alle Einnahmen, die dem ArbN in ursächlichem Zusammenhang mit der Beschäftigung zufließen (KassHB-SGB III/ *Voelzke* § 12 Rz 145). Von dem Ruhensgrundsatz gilt nach § 157 Abs 3 SGB III eine Ausnahme, wenn der ArbN das zum Ruhen führende Arbeitsentgelt tatsächlich nicht erhält. Der ArbN wird dann so behandelt, als wenn er keine Arbeitsentgeltansprüche hätte und

42 Arbeitslosengeld

erhält AlGeld im Wege der Gleichwohlgewährung (s *Erstattungsanspruch der Agentur für Arbeit* Rz 20 ff). Stammt das Arbeitsentgelt aus einer Beschäftigung die weniger als 15 Stunden wöchentlich umfasst, kommt die Anrechnung nach § 155 SGB III (s oben Rz 46), nicht aber ein Ruhenstatbestand zur Anwendung. Zum Arbeitsentgelt iSd § 157 Abs 1 SGB III gehören sämtliche Vergütungsbestandteile, die zwischen dem tatsächlichen Ende der Beschäftigung und der wirksamen Beendigung des Arbeitsverhältnisses begründet werden. Zahlungsansprüche des ArbN aus dem Arbeitsverhältnis sind als Arbeitsentgelt zu qualifizieren, wenn sie eine Vergütung für geleistete Arbeit enthalten und ihren Rechtsgrund im Arbeitsvertrag haben. An dem Zusammenhang fehlt es nicht schon deshalb, weil die Zahlungen von einem Dritten zu erbringen sind.

52 Die Ruhensanordnung des § 157 Abs 1 SGB III kommt zur Anwendung, wenn der Arbeitslose einerseits bereits alle **Anspruchsvoraussetzungen** für den Anspruch auf AlGeld erfüllt, andererseits aber noch **Vergütungsansprüche** gegen den ArbGeb erwirbt. Ein Ruhen kommt nur in Betracht, wenn sich die Ansprüche zeitlich überschneiden. Dies macht es erforderlich, die Arbeitsentgeltansprüche bestimmten Zeiträumen zuzuordnen. Von der Ruhenswirkung nicht betroffen sind Nachzahlungen, die für die Zeit vor Einstellung der Arbeitstätigkeit geleistet werden. Unbeachtlich sind ferner Leistungen aus dem Arbeitsverhältnis, die nicht einem bestimmten Lohnabrechnungszeitraum zugeordnet werden können (zB Treueprämien, Jahressonderzahlungen usw). Dies gilt selbst dann, wenn die Ansprüche jedenfalls zeitanteilig auch dem fraglichen Zeitraum zugerechnet werden können.

53 Der Hauptanwendungsfall des § 157 Abs 1 SGB III ist gegeben, wenn während einer Auseinandersetzung über den Fortbestand des Arbeitsverhältnisses der Entgeltanspruch infolge Verzuges des ArbGeb fortbesteht. Ein zeitliches Zusammentreffen von AlGeldAnsprüchen und Ansprüchen auf Arbeitsentgelt kommt ferner in Betracht, wenn der ArbN von seinem zahlungsunfähigen bzw zahlungsunwilligen ArbGeb von der Arbeit freigestellt wird (BSG 24.7.86 – 7 RAr 4/85, SozR 4100 § 117 Nr 18). Die **Berechtigung der Arbeitsvertragsparteien,** bei einem Streit über den Bestand und die Dauer des Arbeitsverhältnisses im Wege der Vereinbarung auch rückwirkend über den Endzeitpunkt des Arbeitsverhältnisses und die Arbeitsentgeltansprüche zu disponieren, wird durch § 157 Abs 1 SGB III grds nicht eingeschränkt. Die Agentur für Arbeit muss – soweit kein Rechtsmissbrauch vorliegt – die getroffenen Vereinbarungen akzeptieren und an ihre Ergebnisse anknüpfen. Dies gilt grds auch, wenn die Arbeitsvertragsparteien im Hinblick auf die flexiblere Ruhensanordnung in § 158 SGB III sowie die günstigere steuer- und beitragsrechtliche Behandlung die der tatsächlichen Beschäftigung nachfolgenden Zahlungen als Entlassungsentschädigungen vereinbaren.

54 Ist der **Zeitpunkt der Beendigung** des Arbeitsverhältnisses zwischen den Arbeitsvertragsparteien **streitig,** so entspricht es der zutreffenden Verwaltungspraxis der BA, AlGeld zunächst im Wege der Gleichwohlgewährung zu bewilligen. Zu diesem Zeitpunkt bedarf die Frage, ob eine vom Ruhen nach § 157 Abs 1 SGB III unabhängige Zahlung von AlGeld oder ein Fall der Gleichwohlgewährung vorliegt, keiner näheren Untersuchung, da die Leistung auf jeden Fall zu bewilligen ist. Wird nachfolgend das Ende des Arbeitsverhältnisses durch ein Urteil des Arbeitsgerichts oder durch einen Vergleich fixiert, so ist der so festgelegte Endzeitpunkt auch für die Anwendung des § 157 Abs 1 SGB III maßgebend. Die grds Berechtigung der Arbeitsvertragsparteien, das Ende des Arbeitsverhältnisses und damit den Bestand an Arbeitsentgeltansprüchen mit Wirkung gegenüber der BA festzulegen, findet seine Grenzen, wenn der Fortbestand des Arbeitsverhältnisses zwischen den Arbeitsvertragsparteien nicht streitig ist. Die BA braucht bei der Anwendung des § 157 Abs 1 SGB III nur dann an die getroffenen Vereinbarungen anzuknüpfen, wenn sie im Rahmen der streitigen Abwicklung eines Arbeitsverhältnisses getroffen werden. Steht zB aufgrund einer früher getroffenen Vereinbarung fest, dass dem ArbN für einen bestimmten Zeitraum Arbeitsentgeltansprüche zustehen, so können die Vertragsparteien die Rechtslage nicht mehr zu Lasten der BA ändern.

55 Der Ruhenszeitraum nach § 157 Abs 1 SGB III wird durch die **Tage bestimmt,** für die der ArbGeb dem ArbN **noch Arbeitsentgelt schuldet.** Der Ruhenszeitraum dauert an, solange der Anspruch auf AlGeld und auf Arbeitsentgelt zusammentreffen. Es muss ggf festgestellt werden, auf welche Tage sich die Vergütungsansprüche beziehen. Der Anspruch auf AlGeld ruht unabhängig von der Höhe des Entgeltanspruchs in vollem Umfang. Im Falle

des Annahmeverzuges des ArbGeb tritt das Ruhen für die Anzahl von Tagen ein, die der ArbN ohne die Nichtannahme der Arbeitsleistung noch gearbeitet hätte. Das Ende des Arbeitsverhältnisses fixiert in jedem Fall das Ende des Ruhenszeitraums nach § 157 Abs 1 SGB III, denn als Arbeitsentgelt können begrifflich nur Leistungen für die Zeit bis zur wirksamen Beendigung des Arbeitsverhältnisses angesehen werden (BSG 21.9.95 – 11 RAr 41/95, SozR 3–4100 § 117 Nr 12). Dies gilt auch, wenn der Arbeitsentgeltanspruch im Einzelfall (zB nach § 8 EFZG) über das Ende des Arbeitsverhältnisses hinaus gezahlt wird. Schuldet der ArbGeb Leistungen für die Zeit nach Beendigung des Arbeitsverhältnisses, so kann es sich um eine *Abfindung* bzw um eine *Urlaubsabgeltung,* nicht jedoch um *Arbeitsentgelt* handeln.

b) Urlaubsabgeltung. Nach § 157 Abs 2 Satz 1 SGB III ruht der Anspruch beginnend 56
mit dem Ende des Arbeitsverhältnisses für die Zeit des abgegoltenen Urlaubs, wenn der Arbeitslose wegen der Beendigung des Arbeitsverhältnisses eine Urlaubsabgeltung erhalten oder zu beanspruchen hat. Auch der Zweck des Ruhens wegen einer Urlaubsabgeltung nach § 157 Abs 2 SGB III besteht darin, das **Nebeneinander von Ansprüchen** aus dem Arbeitsverhältnis und aus der ArblV zu vermeiden. Der Gesetzgeber sieht es nicht als gerechtfertigt an, dass der ArbN neben der Urlaubsabgeltung noch eine Lohnersatzleistung bezieht (BT-Drs 9/846 S 44).

Mit dem Begriff der Urlaubsabgeltung nimmt der Gesetzgeber auf den entsprechenden 57
arbeitsrechtlichen Begriff Bezug, wie er den diesbezüglichen Regelungen (§ 7 Abs 4 BUrlG; tarifvertragliche Regelungen) oder vertraglichen Vereinbarungen zugrunde liegt (Näheres: *Urlaubsabgeltung* Rz 1 ff). § 157 Abs 2 SGB III findet nur auf die „echte Urlaubsabgeltung" Anwendung. Wird Urlaubsentgelt für die letzten Tage des Arbeitsverhältnisses in den Abfindungsbetrag einbezogen, so bewirkt der entsprechende Betrag ein Ruhen nach § 157 Abs 1 SGB III. Vom Abgeltungsanspruch nach § 7 Abs 4 BUrlG zu unterscheiden ist der **Schadensersatzanspruch** in Geld, den der ArbN geltend machen kann, wenn der Urlaubsanspruch bzw der Urlaubsabgeltungsanspruch während des Verzuges des ArbGeb erlischt. Ein derartiger Schadensersatzanspruch steht der Urlaubsabgeltung auch bei der Anwendung des § 157 Abs 2 SGB III nicht gleich (BSG 21.6.01 – B 7 AL 62/00 R, SozR 3–4100 § 117 Nr 24).

Der ArbN muss die Urlaubsabgeltung „wegen der Beendigung des Arbeitsverhältnisses" 58
erhalten oder beanspruchen können. Das **Kausalitätserfordernis** wirft im Regelfall keine Schwierigkeiten auf, denn der Anspruch auf Abgeltung des Urlaubs entsteht nach ausdrücklicher Regelung in § 7 Abs 4 BUrlG, wenn der Urlaub wegen Beendigung des Arbeitsverhältnisses ganz oder teilweise nicht mehr gewährt werden kann. Das Ruhen wegen eines Anspruchs auf eine Urlaubsabgeltung tritt nicht ein, wenn der Arbeitslose während des Bezugs von AlGeld arbeitsunfähig und ihm deshalb für die Dauer bis zu sechs Wochen das AlGeld nach § 146 SGB III weiter gewährt wird, da ansonsten der Zweck der Urlaubsabgeltung verfehlt wäre (BSG 26.6.91 – 10 RAr 9/90, SozR 3–4100 § 117 Nr 4).

Der Ruhenszeitraum beginnt nach § 157 Abs 2 Satz 2 SGB III mit dem **Ende des die** 59
Urlaubsabgeltung begründenden Arbeitsverhältnisses. Dies gilt auch, wenn es sich beim ersten Ruhenstag um einen sog „Wochenfeiertag" handelt, für den ansonsten AlGeld hätte beansprucht werden können. Der Ruhenszeitraum setzt mit dem ersten Tag ein, der auf das Ende des Arbeitsverhältnisses folgt, und läuft unabhängig davon kalendermäßig ab, ob sich der Betroffene überhaupt arbeitslos gemeldet oder zunächst eine Zwischenbeschäftigung ausgeübt hat. Nach § 157 Abs 2 Satz 1 SGB III ruht der Anspruch auf Urlaubsabgeltung für die **Zeit des abgegoltenen Urlaubs.** Maßgebend für die Dauer des Ruhens ist danach, wie viele Tage Urlaub der ArbN zum Zeitpunkt der Beendigung des Arbeitsverhältnisses unter Berücksichtigung des bereits erfüllten Urlaubsanspruchs noch beanspruchen kann und wie viele Urlaubstage infolgedessen abzugelten sind. Auf die Höhe der Urlaubsabgeltung für den jeweiligen Tag kommt es nicht an. Der Ruhenszeitraum endet mit dem Tag, der im Falle eines verlängerten Arbeitsverhältnisses der letzte Urlaubstag gewesen wäre.

c) Gleichwohlgewährung. Der ArbN hat nach § 157 Abs 3 SGB III Anspruch auf 60
AlGeld, wenn der ArbGeb den Anspruch auf Arbeitsentgelt oder Urlaubsabgeltung nicht erfüllt. Die Ansprüche des ArbN gehen jeweils mit der Zahlung des AlGeldes in gleicher Höhe auf die BA über, ohne dass es einer förmlichen Überleitungsanzeige bedürfte (§ 115

42 Arbeitslosengeld

SGB X; Näheres: KassHB-SGB III/ *Voelzke* Rz 60 ff und *Erstattungsanspruch der Agentur für Arbeit* Rz 20).

61 **3. Entlassungsentschädigung.** Abfindungen, die im Hinblick auf eine Beendigung des Arbeitsverhältnisses gezahlt werden, führen nach Maßgabe des § 158 SGB III zum Ruhen des Anspruchs auf AlGeld (Näheres: *Abfindung*). Die Zahlung einer Entlassungsentschädigung führt nur dann zum Ruhen des AlGeld-Anspruchs, wenn das Arbeitsverhältnis **ohne Einhaltung der Kündigungsfrist** des ArbGeb beendet worden ist.

62 **4. Andere Leistungen.** Zur Vermeidung von Doppelversorgung ruht der Anspruch auf AlGeld bei der Zuerkennung der in § 156 Abs 1 SGB III genannten Leistungen (Berufsausbildungsbeihilfe für Arbeitslose, Krankengeld, Versorgungskrankengeld, Verletztengeld, Mutterschaftsgeld, Übergangsgeld, Rente wegen voller Erwerbsminderung, Altersrente). Der Anspruch auf Krankengeld ist grds vorrangig (vgl BSG 3.6.04 – B 11 AL 55/03 R, SozR 4–4300 § 125 Nr 1). Zum Ruhen des Anspruches führt auch der Bezug von Vorruhestandsgeld oder einer vergleichbaren Leistung des ArbGeb nach Maßgabe des § 156 Abs 4 SGB III. Sozialleistungen, die ein ausländischer Träger bewilligt hat, werden in gleicher Weise wie eine vergleichbare inländische Leistung berücksichtigt (§ 156 Abs 3 SGB III).

63 **5. Sperrzeit.** Der Eintritt einer Sperrzeit (Näheres: s *Sperrzeit* Rz 6 ff) nach § 159 SGB III führt zum Ruhen des Anspruchs im gesetzlich vorgesehenen Umfang. Bei Vorliegen der in § 159 SGB III genannten Voraussetzungen ist zu beachten, dass nicht nur die Leistungsgewährung während des Ruhenszeitraums ausgeschlossen ist, sondern zusätzlich eine Minderung der Anspruchsdauer (§ 148 SGB III) eintritt.

64 **VI. Frühzeitige Meldung.** Das Erste Gesetz für moderne Dienstleistungen am Arbeitsmarkt hat einen zusätzlichen Tatbestand geschaffen, der im Falle der Beendigung des Arbeitsverhältnisses für den ArbN eine Obliegenheit zur frühzeitigen Meldung bei der Agentur für Arbeit begründet. Die Verletzung von Meldepflichten während des laufenden Leistungsbezugs führt nach der seit 1.1.06 geltenden Rechtslage zu einer *Sperrzeit*.

65 **1. Meldepflicht – § 38 SGB III.** Eine Obliegenheit im Zusammenhang mit der Beendigung des Arbeitsverhältnisses ist in § 38 Abs 1 SGB III geregelt (s hierzu *Otto* NZS 05, 288). Danach werden ArbN und Auszubildende, deren Versicherungspflichtverhältnis endet, verpflichtet, sich persönlich bei der Agentur für Arbeit arbeitsuchend zu melden. Die Meldepflicht besteht unabhängig von der Art der Beendigung. Die Meldepflicht entsteht spätestens drei Monate vor Beendigung des Beschäftigungsverhältnisses. Beträgt der Zeitraum zwischen Kenntnis und Beendigung weniger als drei Monate, hat die Meldung binnen drei Tagen nach Kenntnis des Beendigungszeitpunkts zu erfolgen. Die Verletzung der Obliegenheit zur frühzeitigen Arbeitssuche führt zum Eintritt einer Sperrzeit (Näheres: *Sperrzeit* Rz 23).

66 Die Pflicht zur frühzeitigen Meldung besteht unabhängig davon, ob der Fortbestand des Arbeits- oder Ausbildungsverhältnisses gerichtlich geltend gemacht worden ist. Der ArbN kann sich nicht darauf berufen, die Kündigung sei offensichtlich rechtswidrig gewesen. Der ArbN muss also auch während der Dauer eines **arbeitsgerichtlichen Verfahrens** Kontakt zur Agentur für Arbeit aufnehmen und unterhalten, wenn er Nachteile für seinen Anspruch auf AlGeld vermeiden will. Dies erscheint im Ergebnis nicht problematisch, denn dem ArbN wird auch im Falle der Gleichwohlgewährung während eines Kündigungsschutzprozesses abverlangt, sich bei der Agentur für Arbeit arbeitslos zu melden.

67 Der ArbN erfüllt seine Meldepflicht, wenn er sich persönlich zur zuständigen Agentur für Arbeit begibt und sich dort arbeitsuchend meldet. Es genügt nach § 38 Abs 1 Satz 3 SGB III zur Erfüllung der Meldepflicht auch, wenn der ArbN sich zunächst fernmündlich meldet und die persönliche Meldung nach terminlicher Vereinbarung nachholt. Um die Erfüllung der Meldepflicht zu dokumentieren, sollte der ArbN eine **schriftliche Bestätigung** der Meldung einfordern.

68 **2. Pflichten des Arbeitgebers.** § 2 Abs 2 Satz 2 Nr 3 SGB III erlegt dem ArbGeb auf, ArbN vor der Beendigung des Arbeitsverhältnisses frühzeitig über die Notwendigkeit eigener Aktivitäten bei der Suche nach einer anderen Beschäftigung sowie über die Verpflichtung zu einer unverzüglichen Meldung bei der Agentur für Arbeit zu informieren, sie hierzu freizustellen und die Teilnahme an erforderlichen Qualifizierungsmaßnahmen zu ermöglichen. Angesichts des **unverbindlichen Charakters** der Regelung in § 2 SGB III handelt es sich

Arbeitslosengeld 42

nicht um eine echte Rechtspflicht, die ggf einen Schadensersatzanspruch auslösen kann (BAG 29.9.05 – 8 AZR 571/04, NZA 05, 1406). Unabhängig davon erscheint allerdings ein Hinweis des ArbGeb auf die Meldepflicht bei jeder Beendigung des Arbeitsverhältnisses zur Vermeidung von Rechtsnachteilen beim ArbN zweckmäßig.

VII. Erlöschen. Der Anspruch auf AlGeld ist zeitlich begrenzt. § 161 SGB III enthält 69 drei Tatbestände, die zum Erlöschen des Anspruchs auf AlGeld führen. Danach erlischt der Anspruch auf AlGeld mit der Entstehung eines neuen Anspruchs (§ 161 Abs 1 Nr 1 SGB III), durch den Eintritt von Sperrzeiten mit einer Dauer von insgesamt mindestens 21 Wochen (§ 161 Abs 1 Satz 2 Nr 2 SGB III; Näheres *Sperrzeit*) sowie bei Ablauf von vier Jahren seit der Entstehung des Anspruchs (§ 161 Abs 2 SGB III). Bei einer bis zu sechswöchigen Unterbrechung der Arbeitslosigkeit greift die Verfallsfristregelung nicht ein (BSG 25.5.05 – B 11a/11 AL 61/04 R, SozR 4–4300 § 147 Nr 4). Im Übrigen lässt das BSG auch bei zwischenzeitlichen Pflegezeiten keine Ausnahme von der vierjährigen Verfallsfrist zu (BSG 21.10.03 – B 7 AL 88/02 R, SozR 4–4300 § 147 Nr 1). Auch Zeiten des Bezugs von Erziehungsgeld verlängern die Vierjahresfrist nicht (BSG 19.1.05 – B 11a/11 AL 35/04 R, SozR 4–4300 § 147 Nr 3). Lediglich soweit die Vierjahresfrist während der Zeit eines Beschäftigungsverbots nach dem MuSchG abläuft, soll eine Ausnahme geboten sein (BSG 21.10.03 – B 7 AL 28/03 R, SozR 4–4300 § 147 Nr 1). Die Erlöschenstatbestände bewirken den **endgültigen Wegfall** des noch existenten Stammrechts mit der Folge, dass hieraus keine Zahlungsansprüche mehr geltend gemacht werden können. Einen besonderen Erlöschenstatbestand enthält die VO (EG) 883/04, denn dort ist in Art 64 Abs 2 für die zeitlich begrenzte Mitnahme von Leistungsansprüchen in einen anderen Mitgliedstaat geregelt, dass der Arbeitslose, der erst nach Ablauf von drei Monaten in den Staat, in dem die Arbeitslosigkeit eingetreten ist, zurückkehrt, seine Leistungsansprüche gegen den zuständigen Träger verliert.

VIII. Teilarbeitslosengeld. Mit der Einführung der Regelung über das TeilAlGeld 70 (§ 162 SGB III) wollte der Gesetzgeber eine Lücke im bisherigen Leistungssystem schließen, da nach früherem Recht der Bezug von AlGeld ausgeschlossen war, wenn der ArbN eines von zwei Beschäftigungsverhältnissen, die beide der Versicherungspflicht unterlagen, verlor, da er mit dem verbleibenden Beschäftigungsverhältnis die Voraussetzung der Arbeitslosigkeit nicht erfüllen konnte (BT-Drs 13/4941 S 181). Diese Lücke wird dadurch geschlossen, dass das TeilAlGeld einen Ersatz für die eingetretene Teilarbeitslosigkeit bietet. Hinsichtlich der Voraussetzungen, des Umfangs und des Verfahrens orientiert sich das TeilAlGeld weitgehend an den Vorschriften über das AlGeld (vgl *Ricken* NZS 97, 561).

Die **Voraussetzungen** für den Anspruch auf TeilAlGeld sind nach § 162 Abs 1 SGB III 71 erfüllt, wenn der ArbN (1.) teilarbeitslos ist, (2.) sich teilarbeitslos gemeldet hat und (3.) die Anwartschaftszeit für TeilAlGeld erfüllt hat. Das Merkmal Teilarbeitslosigkeit ist erfüllt, soweit der ArbN eine versicherungspflichtige Beschäftigung verloren hat, die er neben einer weiteren versicherungspflichtigen Beschäftigung ausgeübt hat, und er eine versicherungspflichtige Beschäftigung sucht. Nach den Materialien soll die Verminderung der Arbeitszeit eines bestehenden Beschäftigungsverhältnisses nicht als Verlust einer Teilzeitbeschäftigung anzusehen sein (BT-Drs 13/4941 S 181). Jedoch können zwei versicherungspflichtige Beschäftigungen als Voraussetzung für die Teilarbeitslosigkeit auch bei demselben ArbGeb bestehen (BSG 21.6.01 – B 7 AL 54/00 R, SozR 3–4300 § 150 Nr 1). Zwei unterschiedliche Beschäftigungsverhältnisse bei demselben ArbGeb liegen nicht vor, wenn der ArbN weder in unterschiedlichen Betrieben eingegliedert war, noch er an örtlich voneinander getrennten Betriebsteilen gearbeitet bzw wesensverschiedene Tätigkeiten mit unterschiedlichen Weisungsabhängigkeiten ausgeführt hat (BSG 6.2.03 – B 7 AL 12/01 R, SGB 03, 480 mit abl Anm *Valgolio*). Die Anwartschaftszeit für das TeilAlGeld hat erfüllt, wer innerhalb einer Rahmenfrist von zwei Jahren neben der weiterhin ausgeübten versicherungspflichtigen Beschäftigung mindestens zwölf Monate eine weitere versicherungspflichtige Beschäftigung ausgeübt hat.

Die **Dauer** des Anspruchs auf TeilAlGeld beträgt sechs Monate (§ 162 Abs 2 Nr 3 72 SGB III). Zu berücksichtigen ist, dass ein erfüllter Anspruch auf TeilAlGeld ggf nach Maßgabe des § 148 Abs 1 Nr 2 SGB III auf einen späteren Anspruch auf AlGeld angerechnet wird. Hinsichtlich der **Höhe** des Anspruchs ist zu beachten, dass sich die Zuordnung zur

43   Arbeitslosengeld II

Leistungsgruppe nach der LStKlasse richtet, die auf der LStKarte für das Beschäftigungsverhältnis, das den Anspruch auf TeilAlGeld begründet, zuletzt eingetragen war (§ 162 Abs 2 Nr 4 SGB III). Die Regelungen über das TeilAlGeld schließen die Aufnahme einer weiteren, nicht versicherungspflichtigen **Nebenbeschäftigung** weitgehend aus. Nach § 162 Abs 2 Nr 5a) SGB III erlischt der Anspruch auf TeilAlGeld, wenn der ArbN nach der Entstehung des Anspruchs eine Beschäftigung für mehr als zwei Wochen oder mit einer Arbeitszeit von mehr als fünf Stunden wöchentlich aufnimmt.

73   **IX. Sozialversicherungsschutz.** Die Empfänger von AlGeld sind auch ohne Ausübung einer Beschäftigung in die SozVPflicht einbezogen. Der tatsächliche Leistungsbezug begründet die Versicherungspflicht in der gesetzlichen **Krankenversicherung** (§ 5 Abs 1 Nr 2 SGB V) und in der sozialen PflegeV (§ 20 Abs 1 Nr 2 SGB XI). Die Beiträge werden von der BA getragen. Die Mitgliedschaft in der KV bleibt ab Beginn des zweiten Monats bis zur zwölften Woche einer Sperrzeit sowie ab Beginn des zweiten Monats bei Ruhen wegen einer Urlaubsabgeltung erhalten. Die rückwirkende Aufhebung des Leistungsanspruchs lässt das Versicherungsverhältnis unberührt. Bezieher von AlGeld, die in den letzten fünf Jahren vor dem Leistungsbezug nicht gesetzlich krankenversichert waren, können nach § 8 Abs 1 Nr 1a SGB V (idF des 1. SGB III-ÄndG) auf **Antrag** von der Versicherungspflicht befreit werden. Eine entsprechende Befreiungsmöglichkeit besteht für die soziale PflegeV. Erfolgt eine derartige Befreiung, so übernimmt die BA die vom Leistungsbezieher an das private Unternehmen zu zahlenden Beiträge bis zu der in § 174 SGB III festgelegten Höhe.

74   In der **Rentenversicherung** werden seit dem 1.1.92 Zeiten des Leistungsbezugs als Beitragszeiten berücksichtigt, wenn der Arbeitslose im letzten Jahr vor dem Leistungsbezug mindestens einen Tag eine rentenversicherungspflichtige Beschäftigung ausgeübt hat (§ 3 Satz 1 Nr 3 SGB VI). In den verbleibenden Fällen kann der Arbeitslose auf Antrag versicherungspflichtig werden (§ 4 Abs 3 Satz 1 Nr 1 SGB VI). Für bestimmte versicherungsfreie oder von der Versicherungspflicht befreite Personen ist die Antragspflichtversicherung seit dem 1.1.96 ausgeschlossen (§ 4 Abs 3a SGB VI).

75   Den Schutz der gesetzlichen **Unfallversicherung** genießen nach § 2 Abs 1 Nr 14 SGB VII Arbeitslose, soweit sie auf Aufforderung der Agentur für Arbeit Wege zur Agentur für Arbeit oder zu einer anderen Stelle zurücklegen. UVSchutz besteht auch, wenn der Arbeitslose sich auf dem Weg zur oder von der Agentur für Arbeit befindet, um dort nach Aufforderung einen Vordruck (Leistungsantrag) abzugeben (BSG 8.12.94 – 2 RU 4/94, NZS 95, 323).

76   **X. Europäisches Recht.** Das europäische koordinierende Arbeitsförderungsrecht ist im Wesentlichen in der **EG-VO 883/2004** niedergelegt. Die Berücksichtigung von Versicherungszeiten, Beschäftigungszeiten oder Zeiten einer selbständigen Erwerbstätigkeit durch den zuständigen Träger eines Mitgliedstaats für Leistungen bei Arbeitslosigkeit ist in Art 61 EG-VO 883/2004 geregelt. Die Mitnahme des Leistungsanspruchs für Arbeitslose, die sich in einen anderen Mitgliedstaat begeben, erlaubt Art 64 EG-VO 883/2004 für einen Zeitraum von drei Monaten. Der Zeitraum kann von der zuständigen Arbeitsverwaltung oder dem zuständigen Träger auf höchstens sechs Monate verlängert werden.

Arbeitslosengeld II

A. Arbeitsrecht   *Griese*

1   Ebenso wie beim AlGeld (s *Arbeitslosengeld* Rz 1) hat der ArbN anlässlich der Auflösung eines Arbeitsverhältnisses ein Interesse daran, zu erfahren, ob und ggf welche Ansprüche auf AlGeld II bestehen. Je nach Lage des Falles besteht aufgrund der Fürsorgepflicht eine Verpflichtung des ArbGeb, den ausscheidenden ArbN auf die Folgen der Vertragsbeendigung für den möglichen Anspruch auf AlGeld II **hinzuweisen** (vgl BAG 10.3.88 – 8 AZR 420/85, NZA 88, 837). Keine Aufklärungspflicht besteht, wenn der ArbN von sich aus die Auflösung des Arbeitsverhältnisses anstrebt und sich nach den Auswirkungen auch nicht erkundigt.

Geht die **Initiative zur Auflösung** hingegen vom ArbGeb aus und muss der ArbGeb mit 2
fehlender Kenntnis des ArbN rechnen, besteht eine Aufklärungspflicht. Diese greift ferner
bei entsprechenden **Fragen** des ArbN ein. Seinen Pflichten genügt der ArbGeb schon
dadurch, dass er Fragen an den SozVTräger zur Beantwortung weiterleitet oder den ArbN
darauf verweist, sich vor Abschluss einer Auflösungsvereinbarung dort zu erkundigen.

Schuldhafte Aufklärungspflichtverletzungen begründen **Schadensersatzansprüche** des
ArbN gegen den ArbGeb aus § 280 BGB (vgl BAG 17.7.03 – 8 AZR 486/02, AP Nr 27 zu
§ 611 BGB Haftung des Arbeitgebers). Der Schaden kann in dem Verlust von AlGeld II
während einer Sperrzeit oder der teilweisen Anrechnung einer Abfindung auf das AlGeld II,
wie auch in der Verweigerung von AlGeld II wegen mangelnder Bedürftigkeit liegen.

Leistet die Agentur für Arbeit im Wege der **Gleichwohlgewährung** AlGeld II, obwohl 3
dem ArbN für diesen Zeitraum eigentlich noch Entgeltansprüche gegen den ArbGeb
zustünden, kommt es zum **Forderungsübergang** auf die Agentur für Arbeit nach § 115
SGB X mit der Folge, dass die Entgeltansprüche in Höhe der gewährten AlHilfe von der
Agentur für Arbeit gegen den ArbGeb geltend gemacht werden können (Näheres: *Erstattungsanspruch der Agentur für Arbeit* Rz 53 ff). Der Anspruchsübergang ist auf die Höhe des
Arbeitslosengeldes II, das der ArbN selbst erhält, beschränkt. Lebt der ArbN in einer
Bedarfsgemeinschaft, etwa mit Lebensgefährte, Ehepartner oder Kindern, geht der Anspruch nur in Höhe der Leistungen über, **die für den ArbN persönlich gezahlt werden**,
nicht aber bezüglich der Beträge, die er für Lebensunterhalt, Wohnung und Heizung für die
weiteren Mitglieder der Bedarfsgemeinschaft erhält (LAG Köln 16.9.10 – 7 Sa 385/09,
BeckRS 2011, 68977; zustimmend *Kohte/Beetz* jurisPR-ArbR 17/2011 Anm 6; teilweise
abweichend BAG 21.3.12 – 5 AZR 61/11).

Nach § 16 Abs 3 SGB II sollen für Empfänger von AlGeld II **Arbeitsgelegenheiten** mit
Arbeiten, die im öffentlichen Interesse liegen, geschaffen werden. Die Verweigerung solcher
Arbeiten führt nach § 31 Abs 1 SGB II zur Absenkung der Leistungen. Die Durchführung
solcher Arbeiten begründet kein **Arbeitsverhältnis** (§ 16 Abs 3 Satz 2 SGB II; BAG
8.11.06 – 5 AZB 36/06, NJW 07, 1227).

Problematisch ist, dass die Leistungen der Grundsicherung nach dem SGB II (Arbeits- 4
losengeld II – Hartz IV) zu einem marktverzerrenden staatlich subventionierten Kombilohn
führen. Die Entwicklung der sog. „**Aufstocker**" bestätigt die diesbezüglichen Befürchtungen; mehr als 1,4 Millionen Bezieher von Grundsicherungsleistungen nach SBG II
(Hartz IV) im Jahr 2010 arbeiten, verdienen aber so wenig, dass sie staatliche Aufstockungsleistungen beziehen. Im Ergebnis werden **ArbGeb, die zu niedrige Löhne zahlen, durch
staatliche Mittel subventioniert.** Die als Kombilohn wirkende soziale Grundsicherung
wird von den Arbeitsvertragsparteien zur Entgeltsenkung einkalkuliert und verzerrt die
Marktverhältnisse auf Kosten der Steuerzahler (s eingehend *Waltermann* Gutachten zum
68. Deutschen Juristentag 2010, B 88 ff u NZA 13, 1041).

B. Lohnsteuerrecht
Windsheimer

Das AlGeld II (§ 19 SGB II) und entsprechende Leistungen (§§ 14 ff SGB II) sind **steuer-** 5
frei (§ 3 Nr 2b EStG). Es gelten hierfür die zum *Arbeitslosengeld* Rz 5 ff gemachten Ausführungen hinsichtlich Aufwendungen (§ 3c EStG) entsprechend. Die Pfändung einer Kapitallebensversicherung durch das FA (§ 319 AO) bei einem AlHilfeEmpfänger war zulässig
(FG Brem 26.1.99, EFG 99, 418; zum Schutz des Altersvorsorgevermögens s unten Rz 18; s
auch *Pfändung* Rz 44, 52 ff). Erhält im Rahmen einer nichtehelichen Lebensgemeinschaft
der Arbeitslose wegen seines Zusammenlebens mit dem anderen Partner keine Leistungen (s
unten Rz 8), so können die Unterhaltsleistungen außergewöhnliche Belastungen sein (BFH
28.6.04 – III B 104/03, BFH/NV 04, 1637; s auch *Lebensgemeinschaft (nichteheliche)* Rz 14).
Das BZSt kann der BA auf deren Ersuchen Freistellungsaufträge zur Überprüfung des beim
AlGeld II zu berücksichtigenden Vermögens mitteilen (§ 45d Abs 2 EStG). Zum Leistungsmissbrauch s *Arbeitslosengeld* Rz 9.

Zu Leistungen, die im Rahmen eines **Ein-Euro-Jobs** bezogen werden s *Ein-Euro-Job*
Rz 5. Zur (fortgeltenden) Riester-Rente-Berechtigung s *Altersvorsorgevermögen* Rz 7.

Leistungen nach **ausländischem** Recht, die dem AlGeld und/oder der AlHilfe entspre- 6
chen, sind **nicht steuerfrei**, weil sie nicht aufgrund inländischen Rechts geleistet werden

43 Arbeitslosengeld II

(BFH 14.8.91, BStBl II 92, 88 betr „Uitkering" nach holländischem Recht; s *Ausländer* Rz 38). Zum Kindergeldanspruch für Ausländer beim Bezug von Arbeitslosengeld II § 62 Abs 2 Nr 3b EStG.

C. Sozialversicherungsrecht *Voelzke*

Übersicht

	Rz		Rz
I. Allgemeines	7	2. Beschäftigungsförderung für Langzeitarbeitslose	24
II. Leistungsberechtigte	8–22	3. Einstiegsgeld	25, 26
1. Lebensalter	9	4. Arbeitsgelegenheiten	27
2. Erwerbsfähigkeit	10, 11	5. Freie Förderung	28
3. Hilfebedürftigkeit	12–21	IV. Leistungshöhe	29–31
a) Zumutbare Arbeit	13	1. Regelleistung	30
b) Einkommen	14, 15	2. Mehrbedarf	31
c) Vermögen	16–21	V. Sanktionen	32–35
4. Gewöhnlicher Aufenthalt	22	VI. Versicherungspflicht	36
III. Eingliederungsleistungen	23–28	VII. Verfahren	37
1. Aktive Arbeitsförderungsleistungen	23	VIII. Aussteuerungsbetrag	38

7 **I. Allgemeines.** Das Vierte Gesetz für moderne Dienstleistungen am Arbeitsmarkt vom 24.12.03 (BGBl I 03, 2954) hat das bisherige soziale Sicherungssystem bei Arbeitslosigkeit in einschneidender Weise geändert. Das auf die Empfehlungen der **Hartz-Kommission** zurückgehende Gesetz (kurz: Hartz IV) hat im SGB II – Grundsicherung für Arbeitsuchende – die bisherigen Leistungen AlHilfe (s zur Arbeitslosenhilfe Personalbuch 2005, Arbeitslosenhilfe/Arbeitslosengeld II) und Sozialhilfe für Erwerbsfähige zu einer einheitlichen Leistung zur Sicherung des Lebensunterhalts (AlGeld II) zusammengeführt (zur Entstehung des SGB II ausführlich *Hauck/Noftz/Voelzke* SGB II, Einführung Rz 84 ff). Das AlGeld II orientiert sich nicht am früher erzielten Entgelt, sondern die Leistung soll das einheitlich zu definierende „soziokulturelle Existenzminimum" abdecken (BT-Drs 15/1516 S 56). Das SGB II ist mit seinen wesentlichen Teilen am 1.1.05 in Kraft getreten. Aktuelle Änderungen des SGB II, die insbesondere eine Ausweitung der Fördermöglichkeiten zur Eingliederung in Arbeit herbeigeführt haben, sind insbesondere durch das Zweite Gesetz zur Änderung des Zweiten Buchs Sozialgesetzbuch vom 10.10.2007 (BGBl I 07, 2326) vorgenommen worden (vgl zu dieser Gesetzesänderung *Wehrhahn* jurisPR-SozR 21/2007 Anm 4). Das Gesetz zur Neuausrichtung der arbeitsmarktpolitischen Instrumente vom 21.12.08 (BGBl I 08, 2917) hat die Leistungen des SGB II zur Eingliederung in Arbeit neu strukturiert. Mit der Entscheidung des BVerfG vom 9.2.10 (1 BvL 1/09 ua, NJW 10, 505) wurde dem Gesetzgeber auf der Grundlage von Art 1 Abs 1 GG iVm Art 20 Abs 1 GG die Berechnung der Regelleistung in einem transparenten und sachgerechten Verfahren sowie die Schaffung einer Härtefallregelung aufgegeben. Die Härtefallregelung wurde bereits durch das Gesetz vom 27.5.10 (BGBl I 10, 671) in § 21 Abs 6 SGB II eingefügt. Die materiellrechtlichen Änderungen, die das verfassungsrechtliche Existenzminimum nunmehr sicherstellen sollen, sind durch das G zur Ermittlung von Regelbedarfen und zur Änderung des Zweiten und Zwölften Buches SGB vom 24.3.11 (BGBl I 11, 453) herbeigeführt worden. Ferner wurde die verfassungsrechtlich gebotene Neuorganisation der Träger (gemeinsame Einrichtungen und Erhöhung der Zahl der zugelassenen kommunalen Träger) durch das Gesetz vom 3.8.10 (BGBl I 10, 1112) vorgenommen (hierzu *Luik* jurisPR-SozR 24/2010 Anm 1).

8 **II. Leistungsberechtigte.** Leistungen der Grundsicherung für Arbeitsuchende erhalten alle erwerbsfähigen Leistungsberechtigten. Die gesetzliche Definition des erwerbsfähigen Leistungsberechtigten (§ 7 SGB II) betrifft sämtliche Leistungen des SGB II, also auch die aktivierenden Leistungen zur Eingliederung in Arbeit. Die Leistungsgewährung ist nicht auf arbeitslose Leistungsempfänger beschränkt, sondern es können auch **Beschäftigte oder selbstständig Tätige** AlGeld II in Anspruch nehmen, wenn deren Einkommen nicht ausreicht, um den eigenen Lebensunterhalt bzw den Lebensunterhalt der Bedarfsgemeinschaft sicherzustellen. Leistungen nach dem SGB II erhalten gem § 7 Abs 1 SGB II Personen, die das 15. Lebensjahr vollendet und die Altersgrenze nach § 7a SGB II noch nicht vollendet

haben (Nr 1), erwerbsfähig sind (Nr 2), hilfebedürftig sind (Nr 3) und ihren gewöhnlichen Aufenthalt in der Bundesrepublik Deutschland haben (Nr 4).

Ferner erhalten Leistungen auch Personen, die mit erwerbsfähigen Leistungsberechtigten in einer **Bedarfsgemeinschaft** leben (§ 7 Abs 2 SGB II). Zur Bedarfsgemeinschaft gehören nach § 7 Abs 3 SGB III neben dem erwerbsfähigen Hilfebedürftigen dessen Eltern, soweit der erwerbsfähige Hilfebedürftige das 25. Lebensjahr noch nicht vollendet hat, der Partner des erwerbsfähigen Hilfebedürftigen (nicht dauernd getrennt lebender Ehegatte, Lebenspartner oder nichtehelicher Partner) und dem Haushalt angehörende unverheiratete Kinder, wenn sie das 25. Lebensjahr noch nicht vollendet haben. Für das Vorliegen einer eheähnlichen oder partnerschaftsähnlichen Gemeinschaft gilt die Beweislastregel des § 7 Abs 3a SGB II.

1. Lebensalter. Zu den erwerbsfähigen Hilfebedürftigen gehören nur Personen, die mindestens das 15., jedoch noch nicht die Altersgrenze nach § 7a SGB II vollendet haben. Bei Personen, die das für die Regelaltersrente maßgebende Lebensjahr vollendet haben, geht der Gesetzgeber typisierend davon aus, dass der betroffene Personenkreis anderweitig (**Regelaltersrente, Grundsicherung im Alter**) abgesichert ist. Nach dem Auslaufen der für 58-Jährige geltenden Regelung (§ 428 SGB III, § 65 Abs 3 SGB II) hat der Gesetzgeber mit dem Gesetz vom 6.4.08 (BGBl I 08, 681) klargestellt, unter welchen Voraussetzungen der erwerbsfähige Hilfebedürftige gehalten ist, einen Antrag auf eine Altersrente vor dem für ihn maßgebenden Rentenalter zu stellen. § 12a SGB II sieht insoweit vor, dass ein Antrag auf eine vorgezogene Altersrente nicht vor Vollendung des 63. Lebensjahrs gestellt werden muss (vgl zu Einzelheiten *Hauck/Noftz/Hergelhaupt* SGB II, § 12a Rz 18 ff). Weitere Ausnahmen zu Gunsten des erwerbsfähigen Hilfebedürftigen ergeben sich aus der Unbilligkeitsverordnung vom 14.4.08 (BGBl I 08, 734). 9

2. Erwerbsfähigkeit. Keine Voraussetzung für den Bezug von AlGeld II ist, dass eine Vollzeitbeschäftigung ausgeübt werden kann. Erwerbsfähig ist nach § 8 Abs 1 SGB II vielmehr, wer nicht wegen Krankheit oder Behinderung in absehbarer Zeit außerstande ist, unter den üblichen Bedingungen des allgemeinen Arbeitsmarktes mindestens **drei Stunden täglich erwerbstätig** zu sein. Bei der Frage, ob ein Leistungsberechtigter auf absehbare Zeit außerstande ist, eine Erwerbstätigkeit auszuüben, ist ein Zeitraum von sechs Monaten zugrunde zu legen (*Hauck/Noftz/Valgolio* SGB II, § 8 Rz 37). Erwerbsfähig ist auch derjenige, für den wegen der Erziehung eines Kindes die Ausübung einer Erwerbstätigkeit derzeit unzumutbar ist. 10

Die **Feststellung der Erwerbsfähigkeit** obliegt nach § 44a SGB II der AA. Der kommunale Träger kann der Feststellung nach § 44a Abs 6 SGB II innerhalb eines Monats schriftlich widersprechen. 11

3. Hilfebedürftigkeit. Hilfebedürftig ist nach § 9 Abs 1 SGB II derjenige, der seinen Lebensunterhalt, seine Eingliederung in Arbeit und den Lebensunterhalt der mit ihm in einer Bedarfsgemeinschaft lebenden Person nicht oder nicht ausreichend aus eigenen Kräften und Mitteln sichern kann. Der Leistungsberechtigte ist gehalten, den Lebensunterhalt durch den Einsatz von Einkommen und Vermögen zu sichern (vgl hierzu auch die AlG II-VO). 12

a) Zumutbare Arbeit. Der Kreis der zumutbaren Arbeiten wird gegenüber dem SGB III noch weiter gezogen. § 10 SGB II geht von dem Grundsatz aus, dass dem Hilfebedürftigen grds **jede Arbeit zumutbar** ist. Dieser Grundsatz wird durch den in § 10 Abs 2 SGB II aufgeführten Katalog derjenigen Gesichtspunkte verstärkt, die der Zumutbarkeit einer Arbeitsaufnahme nicht entgegengehalten werden dürfen. Hierbei darf insbesondere nicht auf Umstände zurückgegriffen werden, die aus der früheren beruflichen Betätigung herrühren. Klargestellt wird etwa, dass qualitative Merkmale einer früheren Tätigkeit oder Ausbildung der Zumutbarkeit einer Arbeitsaufnahme nicht entgegenstehen. 13

In § 10 SGB II wird die Höhe des zumutbaren Arbeitsentgelts nicht ausdrücklich angesprochen. Eine Lösung ist hier über die Generalklausel in § 10 Abs 1 Nr 5 SGB II zu suchen, nach der die Ausübung einer Arbeit nicht zumutbar ist, wenn ein wichtiger Grund entgegensteht. Ein derartiger Grund ist jedenfalls gegeben, wenn das Entgelt der zugewiesenen Tätigkeit gegen die **guten Sitten** verstößt (*Schlegel/Voelzke/Hackethal* SGB II, § 10 Rz 17).

Nach dem durch das Gesetz zur Fortentwicklung der Grundsicherung für Arbeitsuchende vom 20.7.06 (BGBl I 06, 1706) eingefügten § 15a SGB II sollen erwerbsfähige Erstantragsteller bereits zum Zeitpunkt der Antragstellung ein **Sofortangebot** zur Aufnahme einer

43 Arbeitslosengeld II

Beschäftigung oder Qualifizierung erhalten. Hierdurch soll Hilfebedürftigkeit vermieden und die Bereitschaft des Hilfesuchenden zur Arbeitsaufnahme überprüft werden (BT-Drs 16/1410 S 21). Bei dem Sofortangebot handelt es sich nicht um einen Verwaltungsakt, sondern um eine Vorbereitungshandlung ohne regelnden Charakter (*Hauck/Noftz/Müller* SGB II, § 15a Rz 22).

14 **b) Einkommen.** Nach § 11 SGB II ist anrechenbares Einkommen grds **jede Einnahme** in Geld oder in Geldeswert. Bei einer nach Antragstellung im Bedarfszeitraum zugeflossenen Abfindung handelt es sich um berücksichtigungsfähiges Einkommen (BSG 3.3.09 – B 4 AS 47/08 R, NJW 09, 3323). Zu den berücksichtigungsfähigen Einkommen gehören auch die Zuschläge bei Nacht-, Sonn- und Feiertagsarbeit (BSG 1.6.10 – B 4 AS 89/09 R, SozR 4–4200 § 11 Nr 29). Auch die Verletztenrente aus der gesetzlichen UV kann nicht ganz oder teilweise als privilegiertes Einkommen angesehen werden (BSG 5.9.07 – B 11b AS 15/06 R, SozR 4–4200 § 11 Nr 5). Die Absetzungen sind für jede Einnahmeart gesondert festzusetzen. Hierbei findet ein Verlustausgleich zwischen den Einkommensarten nicht statt (*Hauck/Noftz/Hengelhaupt* SGB II, § 11 Rz 389). § 11b Abs 1 SGB II nennt diejenigen Ausgaben und Kosten, die von den berücksichtigungsfähigen Einnahmen abzusetzen sind.

15 Von Bedeutung ist, dass für **Erwerbstätige ein Freibetrag** vom Einkommen aus der Erwerbstätigkeit abzusetzen ist. Vom nach § 11b Abs 1 SGB II bereinigten Nettoeinkommen ist nach Maßgabe des § 11b Abs 3 SGB II zusätzlich ein einkommensabhängiger Freibetrag abzuziehen. Die vom Einkommen nach § 11b Abs 1 SGB II abzusetzenden Beträge werden für erwerbstätige Leistungsberechtigte nach Maßgabe des § 11b Abs 2 SGB II pauschaliert. Bei monatlichem Einkommen von mehr als 400 Euro ist ein Einzelnachweis möglich, soweit der Pauschbetrag von 100 Euro überstiegen wird. Eine über die steuerrechtliche Sichtweise hinausgehende Berücksichtigung erfolgt nur, wenn dies durch das Ziel des SGB II, den Leistungsberechtigten in das Erwerbsleben einzugliedern, geboten ist (BSG 19.6.12 – B 4 AS 163/11 R, SozR 4–4200 § 11 Nr 53).

Hinsichtlich des Zeitpunkts der Anrechnung bestimmt § 11 Abs 2 SGB II, dass laufende Einnahmen für den Monat zu berücksichtigen sind, in dem sie **zufließen**. Einmalige Einnahmen sind ebenfalls im Monat des Zuflusses zu berücksichtigen (§ 11 Abs 3 SGB II). Entfällt durch die Einkommensanrechnung der Leistungsanspruch, sind die Einnahmen auf einen Zeitraum von sechs Monaten gleichmäßig aufzuteilen.

16 **c) Vermögen.** Die Anspruchsberechtigung hängt außerdem auch von der Vermögenssituation der Bedarfsgemeinschaft ab. § 12 Abs 1 SGB II ordnet an, dass **alle verwertbaren Vermögensgegenstände** zu berücksichtigen sind (s zum Vermögensbegriff *Hauck/Noftz/Hengelhaupt* SGB II, § 12 Rz 29 ff). Die vom berücksichtigungsfähigen Vermögen abzusetzenden Freibeträge ergeben sich aus § 12 Abs 2 SGB II. § 12 Abs 3 SGB II benennt die nicht als Vermögen zu berücksichtigenden Vermögensgegenstände.

17 **aa) Freibeträge.** § 12 Abs 2 Nr 1 SGB II räumt dem Arbeitslosen zunächst einen vom **Lebensalter** des erwerbsfähigen Leistungsberechtigten und seines Partners abhängigen Freibetrag ein. Danach steht dem Hilfebedürftigen und seinem Partner ein Grundfreibetrag von je 150 € je vollendetem Lebensjahr, mindestens jeweils 3100 €, höchstens jedoch bis zu den in § 12 Abs 2 Satz 2 genannten Beträgen zu. Der Freibetrag wird dem erwerbsfähigen Hilfebedürftigen unabhängig vom Zweck der Vermögensbildung zugestanden. Er bezieht sich nicht allein auf geldwerte Ansprüche, sondern auf das gesamte zu berücksichtigende Vermögen (*Hauck/Noftz/Hengelhaupt* SGB II, § 12 Rz 131).

18 Altersvorsorgevermögen wird zusätzlich in zweierlei Hinsicht begünstigt: Zunächst ist nach § 12 Abs 2 Nr 2 SGB II ein Freibetrag für **Altersvorsorgevermögen** in sog Riester-Anlageformen in Ansatz zu bringen. Eine betragsmäßige Obergrenze für diesen Freibetrag ist nicht vorgesehen. Außerdem sind nach § 12 Abs 2 Nr 3 SGB II der Altersvorsorge dienende geldwerte Ansprüche bis zur Höhe von 750 € je vollendetem Lebensjahr des erwerbsfähigen Leistungsberechtigten und seines Partners, höchstens 48 750 (bzw abhängig vom Lebensalter 49 500 oder 50 250) € abzusetzen, soweit der Inhaber sie kraft vertraglicher Vereinbarung vor dem Eintritt in den Ruhestand nicht verwerten kann.

19 Ein weiterer Freibetrag für **notwendige Anschaffungen** iHv 750 € wird nach § 12 Abs 2 Nr 4 SGB II für jeden in der Bedarfsgemeinschaft lebenden Hilfebedürftigen in Ansatz gebracht. Diese Freibeträge stehen den Leistungsberechtigten bereits bei Beginn des Leistungsbezugs zu.

bb) Nicht zu berücksichtigendes Vermögen. Der Katalog in § 12 Abs 3 Satz 1 20
SGB II listet Gegenstände auf, die dem Verwertungsverlangen des Leistungsträgers von vornherein entzogen sind. Hierzu gehört der angemessene **Hausrat** (Nr 1), ein angemessenes **Kraftfahrzeug** für jeden erwerbsfähigen Hilfebedürftigen (Nr 2; Verkehrswert bis zu 7500 € ist angemessen, BSG 6.9.07 – B 14/7b 66/06 R, SozR 4–4200 § 12 Nr 5), für in der gesetzlichen RV befreite Personen als für die Altersvorsorge bestimmt bezeichnete Gegenstände in angemessenem Umfang (Nr 3), ein **Hausgrundstück** (Eigentumswohnung) von angemessener Größe (Nr 4; zur Angemessenheit s BSG 7.11.2006 – B 7b AS 2/05 R, NZS 07, 428), Vermögen zur Beschaffung bzw Erhaltung eines Hausgrundstücks für behinderte Menschen oder Pflegebedürftige (Nr 5) und Sachen und Rechte, soweit ihre Verwertung offensichtlich **unwirtschaftlich** ist oder für den Betroffenen eine **besondere Härte** bedeuten würde (Nr 6). Die Unwirtschaftlichkeit der Verwertung ist unter Berücksichtigung des Verkehrswertes des betreffenden Gegenstandes festzustellen (BVerwG 19.12.97 – 5 C 7/96, BVerwGE 106, 105). Von einer Unwirtschaftlichkeit ist auszugehen, wenn ein deutliches Missverhältnis zwischen dem durch eine Verwertung zu erzielenden Erlös und dem „wirklichen Wert" des Vermögensgegenstandes besteht (BSG 27.5.03 – B 7 AL 104/02 R, BSGE 91, 94).

Nach § 7 Abs 1 AlG II-VO sind Vermögensgegenstände nicht als Vermögen zu berück- 21
sichtigen, wenn sie zur Aufnahme oder **Fortsetzung der Berufsausbildung** oder der **Erwerbstätigkeit** unentbehrlich sind.

4. Gewöhnlicher Aufenthalt. Voraussetzung für die Inanspruchnahme von Leistungen 22
der Grundsicherung für Arbeitsuchende ist, dass der Erwerbsfähige seinen gewöhnlichen Aufenthalt in der Bundesrepublik Deutschland hat (zum Begriff des gewöhnlichen Aufenthalts s *Schlegel/Voelzke/Schlegel* SGB I, § 30 Rz 34 ff). Anspruch auf die Leistungen der Grundsicherung für Arbeitsuchende haben grds auch **ausländische Staatsangehörige** mit Wohnsitz im Inland, wenn sie die in § 7 Abs 1 Satz 2 bis 4 SGB II geregelten Anforderungen erfüllen (zur Anspruchsberechtigung von EU-Bürgern *Schreiber* NZS 12, 647). Voraussetzung ist allerdings nach § 8 Abs 2 SGB II zusätzlich, dass ihnen die Aufnahme einer Beschäftigung erlaubt ist oder erlaubt werden könnte. Es genügt insoweit die abstrakt-generelle Möglichkeit, dass eine Beschäftigungserlaubnis erteilt werden könnte (*Schlegel/Voelzke/Hackethal* SGB II, § 8 Rz 33). Ausgeschlossen sind Leistungsberechtigte nach § 1 des Asylbewerberleistungsgesetzes. Ausgenommen von der Anspruchsberechtigung sind nach § 7 Abs 1 Satz 2 SGB II ua auch Ausländer, deren Aufenthaltsrecht sich allein aus dem Zweck der Arbeitssuche ergibt. Besteht auch ein weiterer Aufenthaltszweck (zB Familiengründung im Inland), so sind Unionsbürger nicht von SGB II-Leistungen ausgeschlossen (BSG 30.1.13 – B 4 AS 54/12, SozR 4–4200 § 7 Nr 34).

III. Eingliederungsleistungen. Die Leistungen zur Eingliederung in Arbeit sollen nach 23
§ 15 SGB II in einer **Eingliederungsvereinbarung** festgelegt werden. Die Vereinbarung ist bei einer Änderung der Verhältnisse nur wegen Wegfalls der Geschäftsgrundlage kündbar (BSG 6.12.12 – B 11 AL 15/11 R, NZA-RR 13, 434).

1. Aktive Arbeitsförderungsleistungen. Als Leistungen zur Eingliederung in Arbeit kann die BA bzw der kommunale Träger nach Maßgabe des § 16 Abs 1 Satz 2 SGB II die dort im Einzelnen aufgeführten Leistungen der aktiven Arbeitsförderung erbringen. Anwendbar ist auch die Regelung über die Förderung aus dem Vermittlungsbudget nach § 44 SGB III. Nach dieser Vorschrift können Ausbildungsuchende, von Arbeitslosigkeit bedrohte Arbeitsuchende und Arbeitslose aus einem Vermittlungsbudget bei der Anbahnung oder Aufnahme einer versicherungspflichtigen Beschäftigung gefördert werden, wenn dies für die berufliche Eingliederung erforderlich ist (Näheres: *Vermittlungsbudget*).

2. Förderung von Arbeitsverhältnissen. Mit der Regelung über die Förderung von 24
Arbeitsverhältnissen (§ 16e SGB II) sind die bisherigen Instrumente der Arbeitsgelegenheiten in der Entgeltvariante und der Beschäftigungsförderung zu einem Instrument verbunden worden (Näheres: *Lohnkostenzuschuss*).

3. Einstiegsgeld. Bei Aufnahme einer Erwerbstätigkeit kann Empfängern von AlGeld II 25
zur Überwindung von Hilfebedürftigkeit ein **Einstiegsgeld** gewährt werden (§ 16b SGB II). Mit dem Einstiegsgeld wollte der Gesetzgeber einen Anreiz schaffen, um arbeitslose Hilfebedürftige zur Wahrnehmung ihrer Erwerbsobliegenheit zu befähigen bzw zu motivieren

43 Arbeitslosengeld II

(BT-Drs 15/1516 S 59). Voraussetzung für die Gewährung des Einstiegsgeldes ist, dass der Hilfebedürftige eine die Geringfügigkeitsgrenze (s *Geringfügige Beschäftigung* Rz 25 ff) überschreitende, sozialversicherungspflichtige Beschäftigung aufnimmt. Ferner kann das Einstiegsgeld auch bei Aufnahme einer selbstständigen Tätigkeit erbracht werden. Keine Bezuschussung ist für die Fortsetzung einer bereits ausgeübten Erwerbstätigkeit vorgesehen (*Hauck/Noftz/Hengelhaupt* SGB II, § 16b Rz 86). Die Gewährung des Einstiegsgeldes steht im Ermessen des zuständigen Trägers (kritisch hinsichtlich der mangelnden Konkretisierung der Voraussetzungen *Spellbrink* NZS 05, 236).

26   Die **Dauer** der Leistungsgewährung ist auf höchsten 24 Monate begrenzt (§ 16b Abs 2 Satz 1 SGB II). Mit dieser Begrenzung soll einer Dauersubvention von Löhnen entgegengewirkt werden (BT-Drs 15/1516 S 59). Eine zeitliche Untergrenze enthält das Gesetz nicht.

Die **Höhe** des Einstiegsgeldes soll sich nach § 16b Abs 2 Satz 2 SGB II an der vorherigen Dauer der Arbeitslosigkeit sowie der Größe der jeweiligen Bedarfsgemeinschaft orientieren.

27   **4. Arbeitsgelegenheiten.** Erwerbsfähige Leistungsberechtigte können zur Erhaltung oder Wiedererlangung ihrer Beschäftigungsfähigkeit, die für eine Eingliederung in Arbeit erforderlich ist, in Arbeitsgelegenheiten zugewiesen werden (§ 16d SGB II; Näheres: *Ein-Euro-Job*).

28   **5. Freie Förderung.** Den Trägern der Grundsicherung wird durch § 16 f SGB II das Recht eingeräumt, Eingliederungsmittel für freie Leistungen zur Eingliederung in Arbeit einzusetzen. Hierdurch sollen den Leistungsträgern **weite Handlungsspielräume** zur Umsetzung passgenauer Förderansätze zur Verfügung gestellt werden (BT-Drs 16/10810 zu Art 1 § 16 f).

29   **IV. Leistungshöhe.** Das AlGeld II setzt sich zusammen aus dem Regelbedarf, Mehrbedarfen und dem Bedarf für Unterkunft und Heizung. Nichterwerbsfähige Leistungsberechtigte, die mit dem erwerbsfähigen Leistungsberechtigten in einer Bedarfsgemeinschaft leben, erhalten Sozialgeld. Damit Familien nicht allein deshalb Leistungen nach dem SGB II beanspruchen müssen, weil das elterliche Einkommen zwar zur Deckung des eigenen Bedarfs ausreicht, der Bedarf von Kindern jedoch nicht vollständig gedeckt werden kann, hat der Gesetzgeber zusätzlich einen im BKGG geregelten Kinderzuschlag eingeführt (Näheres: *Kindergeld*).

30   **1. Regelbedarf.** Der Regelbedarf wird als monatlicher Pauschalbetrag erbracht. Die Bemessung der Regelbedarfe ergibt sich aus den Vorgaben des SGB XII und dem G zur Ermittlung des Regelbedarfs nach § 28 SGB XII (zu Einzelheiten *Schlegel/Voelzke/Behrend* SGB II, § 20 Rz 25 ff). Die Neubemessung der Regelbedarfe in § 20 SGB II in der ab 1.1.2011 geltenden Fassung entspricht nach dem Urt des BSG vom 12.7.12 – B 14 AS 153/11 R (SozR 4–4200 § 7 Nr 34) der Verfassung.

31   **2. Mehrbedarf. Zusätzliche Aufwendungen,** die nicht durch die Regelleistung abgedeckt werden, werden in § 21 SGB II abschließend aufgeführt. Begünstigt werden werdende Mütter nach der zwölften Schwangerschaftswoche, Alleinerziehende, Behinderte mit Anspruch auf Leistungen zur Teilhabe am Arbeitsleben (s *Rehabilitation (berufliche)* Rz 20 ff) und Personen, die aus medizinischen Gründen einer kostenaufwändigen Ernährung bedürfen. Eine durch die Entscheidung des BVerfG vom 9.2.10 (1 BvL 1/09 ua, NJW 10, 505) gebotene Öffnungsklausel wurde in § 21 Abs 6 SGB II eingefügt. § 24 SGB II erfasst darüber hinaus Sachverhalte, in denen eine abweichende Leistungserbringung (zB durch Gewährung von Darlehen, Sonderbedarfe, Erstausstattung für die Wohnung) eröffnet wird.

32   **V. Sanktionen.** Zur Durchsetzung des Grundsatzes des Forderns enthält § 31 SGB II eine Reihe von Sanktionstatbeständen. Ein **pflichtwidriges Verhalten,** das zu einer Minderung bzw einem Wegfall des Leistungsanspruchs führen kann, liegt nach § 31 Abs 1 SGB II ua vor, wenn die Pflichten aus einer Eingliederungsvereinbarung nicht erfüllt wird, eine zumutbare Arbeit, Ausbildung oder Arbeitsgelegenheit nicht aufgenommen oder nicht fortgeführt wird oder eine Arbeitsgelegenheit nach § 16d SGB II abgelehnt wird. Ein Pflichtverstoß ist auch gegeben, wenn der erwerbsfähige Leistungsberechtigte einer Aufforderung zur Meldung nicht nachkommt (§ 32 SGB II). § 31 Abs 2 Nrn 3 und 4 verweisen in zweierlei Hinsicht auf die Sperrzeitregelung. Die Absenkung erfolgt gemäß Nr 3 bei einem

Arbeitslosengeld II 43

erwerbsfähigen Leistungsberechtigten, dessen Anspruch auf AlGeld als Versicherungsleistung ruht oder erloschen ist, weil die AA eine Sperrzeit festgestellt hat. Nach Nr 4 tritt eine Sanktion ein, wenn der Leistungsberechtigte die Voraussetzungen einer Sperrzeit nach § 144 SGB III erfüllt. Im Verhältnis zu § 31 Abs 1 SGB II findet die Sperrzeitregelung Anwendung, wenn der Leistungsberechtigte wegen der Ausübung einer versicherungspflichtigen Beschäftigung in einem Sozialrechtsverhältnis zur BA des SGB III-Leistungsträgers steht (BSG 22.3.10 – B 4 AS 68/09 R, NZS 11, 72).

Eine Absenkung tritt nicht ein, wenn der erwerbsfähige Hilfebedürftige für sein Verhalten **33** einen **wichtigen Grund** nachweist. Für die Gründe, die als „wichtig" iSd § 31 SGB II anzuerkennen sind, kann auf die zur Sperrzeit entwickelten Grundsätze zurückgegriffen werden (s *Sperrzeit* Rz 24 ff). Trotz des missverständlichen Wortlauts trägt der Arbeitslose die Beweislast für das Vorliegen eines wichtigen Grundes nur, wenn sich die zugrunde liegenden Tatsachen aus seiner Sphäre oder seinem Verantwortungsbereich ergeben (*Hauck/Noftz/ Valgolio* SGB II, § 31 Rz 164).

Sanktionsfolge von Verstößen ist nach § 31a Abs 1 SGB II für Personen nach Voll- **34** endung des 25. Lebensjahres in der **ersten Stufe** eine Absenkung der Regelleistung um 30 vH für die Dauer von drei Monaten. Bei wiederholten Pflichtverletzungen drohen dem Leistungsberechtigten sich steigernde Absenkungen nach Maßgabe des § 31a SGB II (zu Einzelheiten *Schlegel/Voelzke/Sonnhoff* SGB II, § 31a Rz 14 ff).

Für erwerbsfähige Hilfebedürftige, die das **15. Lebensjahr, jedoch noch nicht das** **35** **25. Lebensjahr** vollendet haben, enthält § 31a Abs 2 SGB II eine Sonderregelung. Für diesen Personenkreis gilt, dass bei Pflichtverletzungen nach § 31 SGB II mit Ausnahme der Kosten für Unterkunft und Verpflegung kein AlGeld II gezahlt wird. Es sollen lediglich ergänzende Sachleistungen oder geldwerte Leistungen erbracht werden. Gegen derart drastische Leistungseinschränkungen ergeben sich Zweifel im Hinblick auf den Verhältnismäßigkeitsgrundsatz (*Schlegel/Voelzke/Sonnhoff* SGB II, § 31a Rz 35).

VI. Versicherungspflicht. Die Empfänger von AlGeld II sind in der KV und PflegeV **36** versicherungspflichtig, wenn nicht bereits eine Familienversicherung vorliegt (§ 5 Abs 1 Nr 2a SGB V). Zum Beitragszuschuss bei Befreiung von der Versicherungspflicht s § 26 SGB II.

VII. Verfahren. Die Leistungen der Grundsicherung werden erst auf einen **Antrag** hin **37** erbracht (§ 37 SGB II). Zuständige Trägerin der Leistungen der Grundsicherung für Arbeitsuchende ist grds die BA mit Ausnahme von bestimmten in kommunaler Trägerschaft angesiedelten Leistungen (§ 6 SGB II). Die unterschiedlichen Leistungsträger bilden zur Wahrnehmung ihrer Aufgaben gemeinsame Einrichtungen (§ 44b SGB II). Neben den gemeinsamen Einrichtungen werden bis zu 110 kommunale Träger bei der Durchführung der Grundsicherung für Arbeitsuchende tätig (§ 6a SGB II). Die gemeinsamen Einrichtungen und die zugelassenen kommunalen Träger führen nach § 6d SGB II einheitlich die Bezeichnung Jobcenter.

VIII. Eingliederungsbetrag. Zur Finanzierung der Grundsicherungsleistungen wurden **38** bis 31.12.07 durch den in § 46 Abs 4 SGB II geregelten Aussteuerungsbetrag auch die Beitragszahler herangezogen. Gegen den Aussteuerungsbetrag werden verfassungsrechtliche Bedenken erhoben (vgl eingehend *Hoehl* NZS 07, 293). Das Gesetz vom 22.12.07 (BGBl I 07, 3245) hatte stattdessen in § 46 Abs 4 SGB II nF einen Eingliederungsbeitrag eingeführt, mit dem die BA einen Beitrag zu den Leistungen zur Eingliederung in Arbeit leistet. Diese Umwidmung der von der BA an den Bund zu leistenden Zahlungen hatte an der verfassungsrechtlichen Problematik nichts geändert (*Hauck/Noftz/Voelzke* SGB II, § 46 Rn 33). Eine unmittelbar gegen den Eingliederungsbetrag gerichtete Verfassungsbeschwerde hat das BVerfG mangels unmittelbarer Betroffenheit von ArbGeb und ArbN für unzulässig gehalten (BVerfG 2.8.2010 – 1 BvR 2393/08 ua, ZFSH/SGB 10, 591). Das BSG hat sowohl den Aussteuerungsbetrag (BSG 29.2.12 – B 12 KR 5/10 R, SozR 4–4200 § 46 Nr 3) als auch den Eingliederungsbetrag (BSG 29.2.12 – B 12 KR 10/11 R, SozR 4–4200 § 46 Nr 2) für verfassungsgemäß gehalten. Das G vom 20.12.12 (BGBl I 12, 2781) hat die bisherige Regelung ab 1.1.13 ersatzlos gestrichen.

Arbeitslosenversicherungsbeiträge

A. Arbeitsrecht
Griese

1   Der ArbGeb hat die arbeitsvertragliche Nebenpflicht, die ArblVBeiträge als Teil der GesamtSozVBeiträge **richtig zu berechnen und abzuführen**. Der ArbNAnteil des ArblVBeitrages ist von der Bruttovergütung abzuziehen (Näheres: *Sozialversicherungsbeiträge, Bruttolohnvereinbarung* und *Lohnabzugsverfahren*) und zusammen mit dem ArbGebAnteil abzuführen (BAG 30.4.08 – 5 AZR 725/07, NZA 08, 884). Haben die Parteien eine *Nettolohnvereinbarung* getroffen, muss der ArbGeb auch den ArbNAnteil übernehmen. Für die richtige Berechnung und Abführung der ArblVBeiträge haftet der ArbGeb dem ArbN ebenso wie bei den Beiträgen zu den übrigen SozVZweigen (Näheres: *Sozialversicherungsbeiträge* Rz 3 ff und *Beitragsbemessungsgrenzen* Rz 2). Entsteht dem ArbN durch die unrichtige Berechnung ein Schaden, etwa dadurch, dass der Beitragsabzug zu gering ausfällt und das Geld anderweitig verbraucht wird (*Entgeltrückzahlung* Rz 3), kann daraus ein **Schadensersatzanspruch gegen den ArbGeb nach § 280 BGB** entstehen.

B. Lohnsteuerrecht
Windsheimer

2   Der gesetzliche **Beitragsanteil des ArbGeb** zur ArblV des ArbN ist steuerfrei (§ 3 Nr 62 EStG). Er ist beim ArbGeb Betriebsausgabe.
Der **Beitragsanteil des ArbN** ist bei diesem Teil des Bruttolohns (*Sozialversicherungsbeiträge* Rz 14), er gilt mit der Einbehaltung durch den ArbGeb als dem ArbN zugeflossen (BFH 16.1.07 – IX R 69/04, BStBl II 07, 579), andererseits Sonderausgabe (sog Vorsorgeaufwendung; § 10 Abs 1 Nr 3a EStG), die erst bei der Jahresveranlagung im Rahmen des gesetzlichen Höchstbetrages (§ 10 Abs 4 EStG) zum Tragen kommt (s *Sonderausgaben* Rz 5 ff; *Sozialversicherungsbeiträge* Rz 14 ff; BFH 21.9.2000 – XI B 59/00, BFH/NV 01, 434: keine Werbungskosten). Die nur beschränkte Abzugsfähigkeit von Beiträgen zur ArblV ist verfassungsgemäß (BFH 16.11.11 – X R 15/09, BStBl II 12, 325; Verfassungsbeschwerde anhängig: 2 BvR 598/12). Beim LStAbzug wird der ArbNAnteil durch die sog Vorsorgepauschale berücksichtigt. Ein Freibetrag hierfür im Rahmen von ELStAM ist gesetzlich nicht vorgesehen. Soweit der ArbGeb die SozVBeiträge in vollem Umfang trägt (s unten Rz 10; *Nettolohnvereinbarung* Rz 10 ff; *Sozialversicherungsbeiträge* Rz 18), entfällt für den ArbN jegliche steuerliche Berücksichtigung.

3   **Rückzahlungen** bzw **Erstattungen** von Beiträgen s *Sozialversicherungsbeiträge* Rz 15. Zur Behandlung des ArbN-Kommanditisten s *Sozialversicherungsbeiträge* Rz 16 und von Gesellschafter-Geschäftsführern von Kapitalgesellschaften ebenda und *Geschäftsführer* Rz 41.

C. Sozialversicherungsrecht
Voelzke

4   **1. Funktion.** Die ArblV wird, wie die KV, PflegeV und RV, durch Beiträge der ArbGeb und ArbN finanziert. Der **Beitragssatz** wird entsprechend der Ausgestaltung in der RV gesetzlich festgelegt. Die BA finanziert durch die Erhebung der Beiträge, die durch Umlagen, Mittel des Bundes und sonstige Einnahmen ergänzt werden (vgl § 340 SGB III), nicht nur die Versicherungsleistungen im engeren Sinne, sondern auch die ihr im Rahmen der Arbeitsmarktpolitik zugewiesenen Aufgaben sowie die Mittel für die Verwaltung und für die Selbstverwaltung. Das BSG hat die von der BA aus Beitragsmitteln an den Bund zur Finanzierung der Grundsicherung zu leistenden Zahlungen für verfassungsrechtlich unbedenklich gehalten (zum Aussteuerungsbetrag nach § 46 SGB II aF: BSG 29.2.12 – B 12 KR 5/10 R, SozR 4–4200 § 46 Nr 3; zum Eingliederungsbeitrag nach § 46 SGB II in der bis zum 31.12.12 geltenden Fassung: BSG 29.2.12 – B 12 KR 10/11 R, SozR 4–4200 § 46 Nr 2).

5   Für bestimmte Aufgaben der BA werden die Mittel nicht durch Beiträge, sondern durch eine **Umlage** aufgebracht; für ergänzende Leistungen nach § 102 SGB III (s *Kurzarbeit*): §§ 354–357 SGB III; für das Insolvenzgeld (s *Insolvenz des Arbeitgebers*): §§ 358–361 SGB III.

6   **2. Beitragssatz.** Die Beiträge werden nach einem gesetzlich festgelegten Prozentsatz (Beitragssatz) von der Beitragsbemessungsgrundlage erhoben. Der Beitragssatz beträgt seit

Arbeitslosenversicherungsbeiträge 44

dem 1.1.11 drei Prozent (§ 341 Abs 2 SGB III). Der Beitragssatz wird nicht unbeschränkt auf das zu berücksichtigende Arbeitsentgelt erhoben, sondern lediglich bis zur Höhe der Beitragsbemessungsgrenze der RV der Arbeiter und Angestellten (s *Beitragsbemessungsgrenzen* Rz 5 ff).

3. Bemessungsgrundlage sind nach § 341 Abs 3 SGB III für alle Versicherungspflichtigen die beitragspflichtigen Einnahmen, die bis zur Beitragsbemessungsgrenze berücksichtigt werden. Hierbei gilt, dass für die Berechnung der Beiträge grds die Woche zu sieben, der Monat zu dreißig und das Jahr zu dreihundertsechzig Tagen anzusetzen sind. Als beitragspflichtige Einnahmen sind nur die Einnahmen bis zu einem Betrag von einem Dreihundertsechzigstel der Beitragsbemessungsgrenze zu berücksichtigen. Erzielen ArbN aus mehreren Beschäftigungen Arbeitsentgelt, das zusammengerechnet die Beitragsbemessungsgrenze übersteigt, so sind die Arbeitsentgelte nach dem Verhältnis ihrer Höhe bis auf die Höhe der Beitragsbemessungsgrenze zu kürzen (§ 22 Abs 2 SGB IV). 7

Beitragspflichtige Einnahme **Beschäftigter** ist nach § 342 SGB III das Arbeitsentgelt. Damit wird auf den Begriff des Arbeitsentgelts in § 14 SGB IV verwiesen. Nach Abs 1 dieser Vorschrift sind Arbeitsentgelt alle laufenden Einnahmen aus einer Beschäftigung, gleichgültig, ob ein Rechtsanspruch auf die Einnahmen besteht, unter welcher Bezeichnung oder in welcher Form sie geleistet werden und ob sie unmittelbar aus der Beschäftigung oder im Zusammenhang mit ihr erzielt werden (Näheres: *Arbeitsentgelt* Rz 82). Für Beschäftigte zur Berufsausbildung ist die gezahlte Ausbildungsvergütung Grundlage für die Beitragsberechnung. Eine ausdrückliche Regelung enthält § 342 SGB III nunmehr zur Mindesthöhe der beitragspflichtigen Einnahmen von Auszubildenden, die unentgeltlich beschäftigt werden. Hierzu zählen insbesondere **Praktikanten.** Entsprechend der bisherigen Praxis werden die Beiträge für diesen Personenkreis nach einem Prozent der Bezugsgröße (vgl *Sozialversicherungsbeiträge* Rz 71 Anhang) berechnet. Einmalzahlungen (s *Einmalzahlungen* Rz 36 ff) werden den beitragspflichtigen Einnahmen Beschäftigter nach Maßgabe des § 23a SGB IV zugerechnet. Zur Beitragsberechnung und Beitragstragung bei den sog Minijobs nach §§ 344 Abs 4, 346 Abs 1a SGB III s *Geringfügige Beschäftigung.* 8

Sonderregelungen bestehen nach § 344 SGB III für die beitragspflichtigen Einnahmen bestimmter Beschäftigter (Seeleute; Personen, die Freiwilligendienst leisten; behinderte Menschen in einer anerkannten Werkstatt für behinderte Menschen oder Blindenwerkstätte) und nach § 345 SGB III für die beitragspflichtigen Einnahmen sonstiger Versicherungspflichtiger (Ermöglichung einer Erwerbstätigkeit oder Befähigung zu einer Erwerbstätigkeit; Wehrdienst- oder Zivildienstleistende; Gefangene; Bezieher von Entgeltersatzleistungen oder von Krankentagegeld; Bezieherinnen von Mutterschaftsgeld). Für die Bezieher einer Rente wegen voller Erwerbsminderung werden die Beiträge nach § 345a SGB III (idF des Job-AQTIV-Gesetzes) in pauschalierter Höhe festgesetzt. 9

4. Beitragstragung/Beitragszahlung. In der ArblV gilt gem § 346 Abs 1 SGB III der Grundsatz, dass die Beiträge zur BA je zur Hälfte vom ArbGeb und ArbN zu leisten sind **(Beitragstragungspflicht).** Als Beitragsschuldner ist der ArbGeb zur **Zahlung** des GesamtSozVBeitrages an die Einzugsstelle verpflichtet (s *Sozialversicherungsbeiträge* Rz 39). Nur wenn ein ausländischer Staat oder ein exterritorialer ArbGeb seine Zahlungspflicht nicht erfüllt, hat der Beschäftigte den GesamtSozVBeitrag zu zahlen (§ 28m Abs 1 SGB IV). Für die Zahlung und Einziehung von Beiträgen gelten nach § 348 Abs 2 SGB III bei einer versicherungspflichtigen Beschäftigung die Vorschriften des SGB IV über den GesamtSozVBeitrag entsprechend. In Abweichung von dem Grundsatz des § 346 Abs 1 SGB III über die gleichmäßige Verpflichtung zur Tragung der Beiträge zur BA bestimmt Abs 2 der Vorschrift, dass für einen aus sozialen Gründen als entlastungsbedürftig angesehenen Personenkreis die Beiträge **allein vom Arbeitgeber** getragen werden. Eine besondere Regelung gilt für die Beitragstragung bei ArbN, die wegen Vollendung des 65. Lebensjahres versicherungsfrei sind. Zu der Beitragstragung/Beitragszahlung von sonstigen Versicherten s §§ 347, 349 SGB III. Zu Einzelheiten des Beitragsabzugs nach § 28g SGB IV s *Lohnabzugsverfahren* Rz 33 ff. 10

a) Geringverdiener. Die frühere Regelung, wonach der ArbGeb die Beiträge allein für Beschäftigte zu tragen hat, deren monatliches Arbeitsentgelt ein Siebtel der monatlichen Bezugsgröße nicht übersteigt, wurde für ArbN beseitigt. Anwendung findet auch bei 11

45 Arbeitslosenversicherungspflicht

Geringverdienern der Grundsatz des § 346 Abs 1 Satz 1 SGB III, dass die Beiträge von den versicherungspflichtigen Beschäftigten und den ArbGeb je zur Hälfte getragen werden.
12 Eine Beitragsentlastung gilt für ArbN mit einem Arbeitsentgelt innerhalb der Gleitzone von 450,01 bis 850,00 Euro nach Maßgabe des § 346 Abs 1a SGB III.
13 **b) Behinderte.** Nach § 346 Abs 2 SGB III trägt der ArbGeb die Beiträge des ArbN, wenn dieser als behinderter Menschen in einer anerkannten Werkstatt für behinderte Menschen oder in einer nach dem Blindenwarenbetriebsgesetz anerkannten Blindenwerkstätte beschäftigt ist und das monatliche Bruttoarbeitsentgelt ein Fünftel der monatlichen Bezugsgröße nach § 18 SGB IV (vgl *Sozialversicherungsbeiträge* Rz 71 Anhang) nicht übersteigt.
14 **c) Arbeitnehmer, die das 65. Lebensjahr vollendet haben** sind nach § 28 Nr 1 SGB III versicherungsfrei. Für ArbGeb, die wegen ihres Lebensalters versicherungsfreie ArbN beschäftigen, regelt § 346 Abs 3 SGB III eine selbstständige Beitragstragungspflicht. Hiernach trägt der ArbGeb die Hälfte des Betrages, der zu zahlen wäre, wenn die Beschäftigten versicherungspflichtig wären (vgl zu verfassungsrechtlichen Fragen *Hauck/Noftz/Timme* SGB III, § 346 Rz 28).

15 **5. Beitragserstattung.** Wurden Beiträge zu Unrecht entrichtet, so richtet sich die Erstattung nach den dafür geltenden Vorschriften des SGB IV (s *Sozialversicherungsbeiträge* Rz 35 ff). Maßgebend ist ausschließlich die objektive Unrichtigkeit der Beitragsleistung, weil keine Beitragspflicht bestand oder Beträge überzahlt wurden. Maßgeblicher Zeitpunkt für die Beurteilung der Rechtswidrigkeit der Beitragszahlung ist der Zeitpunkt der Entrichtung (*Schlegel/Voelzke/Waßer* SGB IV § 26 Rz 72). Die Beiträge sind gem § 26 Abs 3 SGB IV demjenigen zu erstatten, der sie getragen hat. Der ArbGeb hat die ArbN Beiträge nicht dadurch getragen, dass er sie vom Lohn abgezogen hat. Die zu Unrecht entrichteten Beiträge sind auch zurückzuzahlen, wenn sie bereits zu einer Leistungsgewährung geführt haben. Beiträge sind nicht schon allein deshalb zu Unrecht geleistet, weil eine Äquivalenzabweichung zwischen Beitrags- und Leistungsbemessung vorliegt (BSG 8.12.99 – B 12 KR 25/98 R, SozR 3–4100 § 185a Nr 2 zu während einer Beschäftigung beim Ehegatten entrichteten Beiträgen).

16 § 351 Abs 1 SGB III sieht eine **Minderung** des zu erstattenden Betrages in Höhe der in irrtümlicher Annahme der Beitragspflicht gewährten Leistungen vor. Der Erstattungsanspruch mindert sich um die irrtümlich geleisteten Zahlungen. ArbGeb und ArbN stehen jeweils die Hälfte des verbleibenden Beitragserstattungsanspruchs zu (*Brand* in *Niesel* SGB III § 351 Rz 8). Die Minderung des Erstattungsanspruches erstreckt sich auf Leistungen, die unabhängig vom Beitragsaufkommen der BA gezahlt werden (zB Insolvenzgeld). Für diese Leistungen eröffnet allerdings § 333 Abs 2 SGB III eine weitere Aufrechnungsmöglichkeit. Entscheidungen über die Erstattung zu Unrecht entrichteter Beiträge zur ArblV dürfen nur von der hierzu berufenen BA getroffen werden (vgl BSG 11.12.87 – 12 RK 22/86, SozR 2200 § 385 Nr 18; s aber auch BSG 5.5.88 – 12 RK 42/87, NZA 89, 79; vgl ferner § 351 Abs 2 Nr 1 SGB III). Selbst wenn die Beitragsleistung auf einem rechtswidrigen Verwaltungsakt der Einzugsstelle beruht, steht die Bindungswirkung des Verwaltungsaktes einer abweichenden Entscheidung der Agentur für Arbeit über Leistungsansprüche nicht entgegen (vgl aber auch § 336 SGB III; s zu der leistungsrechtlichen Bindung der BA auch *Arbeitslosenversicherungspflicht* Rz 51).

Arbeitslosenversicherungspflicht

A. Arbeitsrecht *Griese*

1 Als **Nebenpflicht** aus dem Arbeitsverhältnis hat der ArbGeb die SozVBeiträge richtig zu berechnen und abzuführen. Dazu gehört im Hinblick auf die ArblV auch die Prüfung, ob dort Versicherungspflicht besteht oder beispielsweise aufgehoben ist, zB gem § 421k SGB III für ältere ArbN oder gem § 27 Abs 4 Satz 1 Nr 2 SGB III für die Studentenbeschäftigung. Fehler hierbei führen zur Rückabwicklung und ggf zu **Schadensersatzansprüchen des ArbN gegen den ArbGeb aus § 280 BGB**, s *Sozialversicherungsbeiträge* und *Arbeitslosenversicherungsbeiträge* u BAG 30.4.08 – 5 AZR 725/07, NZA 08, 884.

B. Lohnsteuerrecht *Windsheimer*

S *Arbeitslosenversicherungsbeiträge* Rz 2–3, *Arbeitslosengeld* Rz 4–11, *Arbeitslosengeld II* Rz 5, 6 **2**
und *Sozialversicherungsbeiträge* Rz 14 ff.

C. Sozialversicherungsrecht *Voelzke*

Übersicht

	Rz		Rz
I. Allgemeines	3, 4	8. Förderung von Arbeitsverhältnissen	29
II. Versicherungspflichtige	5–19	9. Schüler und Studenten	30
1. Beschäftigte	6–10	10. Anspruch auf Arbeitslosengeld	31
2. Jugendliche Behinderte	11	11. Sonstige versicherungsfreie Personen	32–36
3. Wehr- und Zivildienstleistende	12	a) Arbeitnehmer, die das 65. Lebensjahr vollendet haben	33
4. Gefangene	13	b) Rente wegen voller Erwerbsminderung	34
5. Geistliche Genossenschaften	14	c) Leistungsgeminderte	35
6. Empfänger von Sozialleistungen	15, 16	d) Besatzungsmitglieder	36
7. Kindererziehungszeiten	17, 18	IV. Versicherungspflicht auf Antrag	37–43
8. Pflegezeiten	19	1. Berechtigter Personenkreis	38–40
III. Versicherungsfreiheit	20–36	2. Anschluss an Vorversicherung	41
1. Öffentlich-rechtliche Dienstverhältnisse	21	3. Beginn und Ende	42, 43
2. Vorstandsmitglieder einer Aktiengesellschaft	22	V. Dauer der Versicherungspflicht	44–50
3. Geringfügig Beschäftigte	23, 24	1. Beginn	45
4. Unständig Beschäftigte	25	2. Fortbestehen	46, 47
5. Heimarbeiter	26	3. Beginn und Ende	48–50
6. Ausländische Arbeitnehmer in einer Aus- oder Fortbildung	27	VI. Feststellung der Versicherungspflicht	51
7. Bürgermeister und Beigeordnete	28		

I. Allgemeines. Im Geltungsbereich des SGB III ist das Bestehen eines Versicherungs- **3** pflichtverhältnisses (§ 24 SGB III) dafür maßgebend, ob die Anwartschaft auf die Versicherungsleistungen der ArblV begründet wird. Das SGB III folgt damit auch begrifflich den übrigen Zweigen der SozV.

Das Dritte Gesetz für moderne Dienstleistungen am Arbeitsmarkt vom 23.12.03 (BGBl I **4** 03, 2848) eröffnete erstmals die Möglichkeit einer freiwilligen Weiterversicherung in der ArblV. Es besteht danach eine **Versicherungsberechtigung** für Personen, die Angehörige pflegen, für Existenzgründer und für ArbN, die eine Beschäftigung im Ausland außerhalb der EU oder einem assoziierten Staat ausüben.

II. Versicherungspflichtige. Wie in den übrigen Zweige der SozV folgt auch das SGB III **5** hinsichtlich der Versicherungspflicht dem Enumerationsprinzip. Der Kreis der nach §§ 24 ff SGB III Versicherungspflichtigen ist denen der Versicherungspflichtigen in den anderen Versicherungszweigen weit gehend angenähert, ohne aber mit diesen vollends übereinzustimmen. Von der Versicherungspflicht werden nach dem sog **Territorialitätsprinzip** unter Berücksichtigung der Regelungen über Ausstrahlung und Einstrahlung sowie der Vorschriften des Internationalen Sozialrechts (Näheres: *Ausländer* Rz 67 ff und *Auslandstätigkeit* Rz 73 ff) nur Beschäftigungsverhältnisse erfasst, die im Inland ausgeübt werden.

1. Beschäftigte. Hauptgruppe der Versicherungspflichtigen in der ArblV sind die Be- **6** schäftigten (§ 25 Abs 1 SGB III). Wie in den übrigen Zweigen der SozV unterliegen die gegen Arbeitsentgelt oder zu ihrer Berufsausbildung Beschäftigten der Versicherungspflicht. Entscheidend für das Vorliegen einer Beschäftigung ist die Verrichtung von Arbeit in **persönlicher Abhängigkeit** von einem ArbGeb (vgl 7 Abs 1 SGB IV; Näheres: *Arbeitnehmer (Begriff)* Rz 51 ff). Der Begriff der Beschäftigung wird durch § 7 Abs 2 SGB IV auf die dort aufgeführten betrieblichen Bildungsmaßnahmen erstreckt (s *Betriebliche Berufsbildung* Rz 24 ff). Zur Einbeziehung von scheinbar selbstständig Tätigen in die Versicherungspflicht s *Scheinselbstständigkeit* Rz 12 ff.

45 Arbeitslosenversicherungspflicht

7 Die Zahlung von **Arbeitsentgelt** stellt eine selbstständige Voraussetzung für die Begründung der Versicherungspflicht dar. Wird eine Beschäftigung unentgeltlich verrichtet, so steht dies bereits dem Eintreten der Versicherungspflicht entgegen und es wird nicht etwa Versicherungsfreiheit wegen Geringfügigkeit der Beschäftigung begründet. Ausreichend ist insoweit, dass es sich bei der fraglichen Zuwendung um eine Gegenleistung für geleistete Arbeit handelt. Eine ArbN ist ferner schon dann „gegen Arbeitsentgelt" beschäftigt, wenn ihm ein Anspruch auf Arbeitsentgelt zusteht, ohne dass das Arbeitsentgelt ihm auch tatsächlich zugeflossen sein müsste.

8 Die zu ihrer **Berufsausbildung** Beschäftigten unterliegen ohne Rücksicht auf die Entgeltlichkeit der Beschäftigung der Versicherungspflicht. Der Begriff der Berufsausbildung ist entsprechend dem Schutzzweck der versicherungsrechtlichen Vorschriften weit zu fassen. Sie liegt bei Personen vor, die ihre Beschäftigung zur Erlernung eines neuen oder anderen Berufes ausüben (Näheres: *Ausbildungsverhältnis* Rz 93–95). Das Job-AQTIV-Gesetz hat durch eine Ergänzung des § 25 Abs 1 SGB III klargestellt, dass Auszubildende, die im Rahmen eines Berufsausbildungsvertrages nach dem BBiG in einer außerbetrieblichen Einrichtung ausgebildet werden, den Beschäftigten zur Berufsausbildung gleichstehen.

9 Kraft gesetzlicher Fiktion gelten die **Heimarbeiter** als Beschäftigte (vgl § 13 SGB III). Es gilt der sozialversicherungsrechtliche Begriff des Heimarbeiters (§ 12 Abs 2 SGB IV; Näheres: *Heimarbeit* Rz 53 ff).

10 Nach § 25 Abs 2 Satz 1 SGB III gilt bei **Wehrdienst-** oder **Zivildienstleistenden,** denen nach gesetzlichen Vorschriften für die Zeit ihres Dienstes Arbeitsentgelt weiterzugewähren ist, das Beschäftigungsverhältnis für die Zeit des Dienstes als nicht unterbrochen. Das Beschäftigungsverhältnis wird nach dieser Regelung vor allem in denjenigen Fällen nicht unterbrochen, in denen das Arbeitsentgelt nach §§ 11, 1 Abs 2 ArbPlSchG (s *Wehrdienst* Rz 1 ff) fortzuzahlen ist.

11 **2. Jugendliche,** die in Einrichtungen der beruflichen Rehabilitation nach § 35 SGB IX Leistungen zur Teilhabe am Arbeitsleben erhalten, die ihnen eine Erwerbstätigkeit auf dem allgemeinen Arbeitsmarkt ermöglichen sollen, sowie Personen, die in Einrichtungen der **Jugendhilfe** für eine Erwerbstätigkeit befähigt werden sollen, unterfallen nach § 26 Abs 1 Satz 1 Nr 1 SGB III der Versicherungspflicht. Jugendliche Behinderte sind Personen, die keinen Anspruch auf Übergangsgeld haben, weil sie vor Beginn der berufsfördernden Maßnahme keine ausreichenden Beschäftigungszeiten nachweisen können. Hingegen ist die Volljährigkeit unerheblich (BB 94, 224).

12 **3. Wehr- und Zivildienstleistende,** die nach Maßgabe des WPflG oder des ZVG Wehrdienst oder Zivildienst leisten und während dieser Zeit nicht als Beschäftigte versicherungspflichtig sind, sind nach § 26 Abs 1 Satz 1 Nr 2 SGB III versicherungspflichtig. Die Anordnung der Versicherungspflicht betrifft nur Personen, die ihrer Pflicht nach dem WPflG oder dem ZVG nachkommen.

13 **4. Gefangene** sind nach näherer Maßgabe des § 26 Abs 1 Satz 1 Nr 4 SGB III versicherungspflichtig.

14 **5. Geistliche Genossenschaften.** Das GKV-Gesundheitsreformgesetz vom 22.12.99 (BGBl I 99, 2626) hat die Versicherungspflicht auf Personen erstreckt, die als **nicht satzungsmäßige Mitglieder geistlicher Genossenschaften** oder **ähnlicher religiöser Gemeinschaften** für den Dienst außerschulisch **ausgebildet** werden (§ 26 Abs 1 Satz 1 Nr 5 SGB III).

15 **6. Empfänger von Sozialleistungen.** Nach § 26 Abs 2 Nr 1 SGB III sind Personen in der Zeit versicherungspflichtig, für die sie von einem Leistungsträger *Mutterschaftsgeld, Krankengeld,* Versorgungskrankengeld, Verletztengeld oder von einem Träger der medizinischen Rehabilitation *Übergangsgeld* beziehen, wenn sie unmittelbar vor **Beginn der Leistung** versicherungspflichtig waren oder eine laufende Entgeltersatzleistung nach dem SGB III bezogen haben. Die rückwirkende Bewilligung einer Rente, die an sich zur Versicherungsfreiheit führen würde, beseitigt die Versicherungspflicht nicht mW für die Vergangenheit (BSG 26.6.01 – B 7 AL 66/00 R, SozR 3–4100 § 186 Nr 2). Krankentagegeld von einem Unternehmen der privaten KV begründet die Versicherungspflicht, wenn die Person unmittelbar vor Beginn der Leistung versicherungspflichtig war (§ 26 Abs 2 Nr 2 SGB III).

Arbeitslosenversicherungspflicht

Nach § 26 Abs 2 Nr 3 SGB III sind versicherungspflichtig auch Personen während der Zeit, für die sie von einem Träger der gesetzlichen RV eine **Rente wegen voller Erwerbsminderung** beziehen, wenn sie unmittelbar vor Beginn der Leistung versicherungspflichtig waren oder eine laufende Entgeltersatzleistung nach dem SGB III bezogen haben.

7. Kindererziehungszeiten. Nach § 26 Abs 2a Satz 1 SGB III sind Personen in der Zeit versicherungspflichtig, in der sie ein Kind, das das dritte Lebensjahr noch nicht vollendet hat, erziehen, wenn sie (1.) unmittelbar vor der Kindererziehung versicherungspflichtig waren oder eine laufende Entgeltersatzleistung nach dem SGB III bezogen haben und (2.) sich mit dem Kind im Inland gewöhnlich aufhalten. Der Aufenthalt im Ausland wird dem gewöhnlichen Inlandsaufenthalt gleichgestellt, wenn ein Anspruch auf Kindergeld nach dem EStG oder BKGG besteht oder ohne die Anwendung des § 64 bzw § 65 EStG oder des § 3 bzw § 4 BKGG bestehen würde. Die Regelung will Nachteile ausgleichen, die den Betroffenen durch die Unterbrechung ihrer versicherungspflichtigen Beschäftigung entstehen können (BT-Drs 14/6944 S 30).

Versicherungspflichtzeiten werden nur durch die Erziehung von **Kindern des Erziehenden,** seines nicht dauernd getrennt lebenden Ehegatten oder seines nicht dauernd getrennt lebenden Lebenspartners begründet (§ 26 Abs 2a Satz 2 SGB III). Erfolgt die Erziehung durch mehrere Personen, so gilt nach § 26 Abs 2a Satz 3 SGB III für die Zuordnung der Versicherungspflichtzeiten § 56 Abs 2 SGB VI.

Keine Versicherungspflicht für Zeiten der Kindererziehung wird nach § 26 Abs 3 Satz 5 SGB III für denjenigen begründet, der nach anderen Vorschriften des SGB III versicherungspflichtig ist oder während der Zeit der Erziehung **Anspruch auf Entgeltersatzleistungen** nach dem SGB III hat. Mit der letztgenannten Regelung will der Gesetzgeber verhindern, dass während des Bezuges einer Entgeltersatzleistung gleichzeitig wieder ein neuer Anspruch auf AlGeld begründet wird (BT-Drs 14/6944 S 30).

8. Pflegezeiten. Nach § 26 Abs 2b SGB III (eingefügt durch das Gesetz vom 28.5.08, BGBl I 08, 874) sind versicherungspflichtig Personen in der Zeit, in der sie eine Pflegezeit nach § 3 Abs 1 Satz 1 des Pflegezeitgesetzes in Anspruch nehmen und eine pflegebedürftige Person pflegen, wenn sie unmittelbar vor der Pflegezeit versicherungspflichtig oder eine als Arbeitsbeschaffungsmaßnahme geförderte Beschäftigung ausgeübt haben, die ein Versicherungspflichtverhältnis oder den Bezug einer laufenden Entgeltersatzleistung nach diesem Buch unterbrochen hat.

III. Versicherungsfreiheit. Von der nach §§ 25, 26 SGB III angeordneten Versicherungspflicht sehen die §§ 27, 28 SGB III zahlreiche Ausnahmen vor. Übergangsweise besteht nach Maßgabe des § 420 SGB III Versicherungsfreiheit für Beschäftigungen im Rahmen des Modellprojekts Bürgerarbeit und des Handlungsfeldes Quartierarbeit. Greift ein Tatbestand der Versicherungsfreiheit ein, so führt dies dazu, dass die versicherten Tatbestände **kraft Gesetzes** von der Versicherung ausgenommen sind und Beiträge – abgesehen vom ArbGebBeitrag nach § 346 Abs 3 SGB III für Beschäftigte, die wegen Vollendung des 65. Lebensjahres versicherungsfrei sind – nicht zu zahlen sind.

1. Öffentlich-rechtliche Dienstverhältnisse. Versicherungsfrei ist nach § 27 Abs 1 Nr 1 bis 4 SGB III die Beschäftigung ua als Beamter, Richter, Soldat auf Zeit sowie Berufssoldat, als Geistlicher, hauptamtlich beschäftigter Lehrer an privat genehmigten Ersatzschulen und als satzungsmäßiges Mitglied vom geistlichen Genossenschaften, Diakonissen und ähnlichen Personen. Nicht versicherungsfrei sind Berufssoldaten, die zur Ausübung einer privatwirtschaftlichen Erwerbstätigkeit in der Flugsicherung beurlaubt sind und bei Krankheit keinen Anspruch auf Fortzahlung der Bezüge und auf Beihilfe nach beamtenrechtlichen Grundsätzen haben (BSG 29.7.03 – B 12 KR 15/02 R, SozR 4–4100 § 167 Nr 1). Versicherungsfreiheit bezieht sich in der ArblV, anders als in der KV, nur auf die Tätigkeit im Rahmen des jeweiligen öffentlich-rechtlichen Dienstverhältnisses und erstreckt sich nicht auf Nebenbeschäftigungen. Die Versicherungsfreiheit umfasst nicht die Tätigkeit von Ehrenbeamten (BSG 27.3.80 – 12 RK 56/78, SozR 2200 § 165 Nr 44; vgl aber auch Rz 23).

2. Vorstandsmitglieder einer Aktiengesellschaft sind in einer Beschäftigung für das Unternehmen, dessen Vorstand sie angehören, versicherungsfrei (§ 27 Abs 1 Nr 5 SGB III; zur Übertragung dieser Privilegierung auf Vorstandsmitglieder ausländischer AG BSG

45 Arbeitslosenversicherungspflicht

12.1.11 – B 12 KR 17/09 R, DB 11, 1759; Näher: *Arbeitnehmer (Begriff)* Rz 72). Hierbei gelten Konzernunternehmen iSd § 18 AktG als ein Unternehmen.

23 **3. Geringfügig Beschäftigte.** In der ArblV sind geringfügig Beschäftigte iSd § 8 SGB IV versicherungsfrei. Die Versicherungsfreiheit in der ArblV bestimmt sich nach den Geringfügigkeitsgrenzen des § 8 Abs 1 SGB IV (§ 27 Abs 2 Satz 1 SGB III). Auch in der ArblV gilt seit dem 1.1.13 grds die neue Entgeltgrenze von 450 €. Übergangsrechtlich gilt nach § 444 SGB III, dass Personen, die am 31.12.12 versicherungspflichtig waren, weil ihr Entgelt zwar den Betrag von 400 €, jedoch nicht den Betrag von 450 € übersteigt, bis längstens 31.12.14 versicherungspflichtig bleiben. Der Versicherte kann jedoch bei der BA beantragen, sich von der Versicherungspflicht befreien zu lassen. Wird der Antrag bis zum 31.3.13 gestellt, wirkt die Befreiung ab 1.1.13. Durch den Geringfügigkeitstatbestand soll verhindert werden, dass Bagatellbeschäftigungen Leistungen der ArblV begründen. Eine Besonderheit ergibt sich gegenüber der allgemeinen Regelung über die Zusammenrechnung von geringfügigen Beschäftigungen nach § 8 Abs 2 SGB IV (Näheres: *Geringfügige Beschäftigung*): In der ArblV werden geringfügige und nicht geringfügige Beschäftigungen nicht zusammengerechnet.

24 Trotz des Vorliegens von Geringfügigkeit der Beschäftigung sind bestimmte Personen von der Versicherungsfreiheit **ausgenommen** (§ 27 Abs 2 Satz 2 SGB III): Personen mit geringfügiger Beschäftigung im Rahmen betrieblicher Berufsbildung, nach dem Jugendfreiwilligendienstegesetz oder nach dem BundesfreiwilligenG (Nr 1); Personen mit geringfügiger Beschäftigung wegen eines erheblichen Arbeitsausfalls mit Entgeltausfall iSd Vorschriften über das Kurzarbeitergeld (s *Kurzarbeit* Rz 30 ff) (Nr 2); Personen mit geringfügiger Beschäftigung wegen stufenweiser Wiedereingliederung in das Erwerbsleben (§ 74 SGB V) oder wegen der in § 126 SGB III genannten Gründe (insbesondere *Arbeitsunfähigkeit;* Nr 3).

25 **4. Unständig Beschäftigte,** die die unständige Beschäftigung berufsmäßig ausüben, sind in der ArblV als besondere Risikogruppe versicherungsfrei (§ 27 Abs 3 Nr 1 SGB III). Eine Beschäftigung ist unständig, wenn sie nach der Natur der Sache oder im Voraus durch den Arbeitsvertrag auf **weniger als eine Woche** beschränkt ist (Beispiele aus der Rspr: Musiker in Gastwirtschaften, BSG 13.2.62 – 3 RK 2/58, BSGE 16, 158; freie Mitarbeiter in Rundfunkanstalten, BSG 22.11.73 – 12 RK 17/72, BSGE 36, 262; ArbN im Speditionsgewerbe zum Ausgleich von Auftragsspitzen, BSG 16.2.83 – 12 RK 23/81, SozR 2200 § 441 Nr 2). Auch die wiederholte kurzfristige Beschäftigung bei demselben ArbGeb kann unständig sein, wenn die einzelnen Arbeitseinsätze nicht im voraus vereinbart sind, sondern von „Fall zu Fall" erfolgen. Eine berufsmäßige Ausübung liegt vor, wenn die unständigen Beschäftigungen das Berufsbild des ArbN prägen.

26 **5. Heimarbeiter** sind von der an sich gesetzlich angeordneten Versicherungspflicht ausgenommen, soweit sie gleichzeitig als Zwischenmeister tätig sind und der überwiegende Teil des Verdienstes aus der Tätigkeit als Zwischenmeister bezogen wird (§ 27 Abs 3 Nr 2 SGB III).

27 **6. Ausländische Arbeitnehmer in einer Aus- oder Fortbildung** unterfallen der Versicherungspflicht gem § 27 Abs 3 Nr 3 SGB III nicht, wenn die Aus- oder Fortbildung aus Mitteln der Entwicklungshilfe gefördert wird, die ArbN nach Beendigung der Aus- oder Fortbildung zum Verlassen des Bundesgebietes verpflichtet sind und weder das Gemeinschaftsrecht, zwischenstaatliche Abkommen noch das Recht des Wohnlandes Ansprüche auf Leistungen wegen Arbeitslosigkeit begründen können.

28 **7. Bürgermeister und Beigeordnete.** Versicherungsfrei sind nach § 27 Abs 3 Nr 4 SGB III (eingefügt durch das 1. SGB III-ÄndG) auch Personen in einer Beschäftigung als ehrenamtlicher Bürgermeister oder ehrenamtlicher Beigeordneter.

29 **8. Förderung von Arbeitsverhältnissen.** Zur Verhinderung von Fehlanreizen sind Beschäftigungsverhältnisse, die nach § 16e SGB II gefördert werden, versicherungsfrei.

30 **9. Schüler und Studenten** werden für die Dauer ihrer Ausbildung bzw ihres Studiums von der Versicherungspflicht freigestellt. Die Versicherungsfreiheit ist allerdings auf die in § 27 Abs 4 SGB III ausdrücklich aufgeführten Ausbildungsarten beschränkt. Hierbei handelt es sich um die Ausbildung an allgemeinbildenden Schulen (Grund- oder Volksschule, Realschule, Gymnasium), das Studium als ordentliche Studierende an einer Hochschule oder

Arbeitslosenversicherungspflicht 45

der fachlichen Ausbildung dienenden Schule. Die Versicherungsfreiheit besteht nur für die Dauer der Ausbildung, so dass zB Beschäftigungen, die zur Vorbereitung oder Ergänzung des Studiums ausgeübt werden, grds der Versicherungspflicht unterliegen. Dies gilt nicht für die betriebliche Tätigkeit eines Studenten, die allein der Erstellung der für den Studienabschluss erforderlichen Diplomarbeit dient (BSG 11.2.93 – 7 RAr 52/92, SozR 3–4100 § 169b Nr 1). Trotz bestehender Immatrikulation ist nicht versicherungsfrei, wer seinem Erscheinungsbild nach kein Student ist und seine Arbeitskraft nicht überwiegend dem Studium widmet, sondern sie während des Semesters für eine Tätigkeit aufwendet, die eine mehr als halbschichtige Beschäftigung umfasst (BSG 23.2.88 – 12 RK 36/87, SozR 2200 § 172 Nr 20). Hingegen ist während der Semesterferien die Dauer der ausgeübten Tätigkeit unerheblich, wenn sie nicht in das Semester hineinreicht.

10. Anspruch auf Arbeitslosengeld. Für die Zeit eines Anspruchs auf AlGeld bleiben 31 Nebenbeschäftigungen ohne Rücksicht auf ihren Umfang versicherungsfrei (§ 27 Abs 5 SGB III). Beschäftigte, die die Voraussetzungen dieser Vorschrift erfüllen, bleiben also trotz der **Höhe** des erzielten **Arbeitsentgelts** von der Versicherungspflicht ausgenommen. Dies gilt nicht, soweit lediglich TeilAlGeld bezogen wird. Meldet sich der Versicherte aus dem Leistungsbezug ab, so wird für die Beschäftigung Versicherungspflicht begründet.

11. Sonstige versicherungsfreie Personen. Durch § 28 SGB III werden weitere Per- 32 sonengruppen von der an sich bestehenden Versicherungspflicht freigestellt. Es handelt sich um Fälle der **absoluten Versicherungsfreiheit**, die die betroffenen Personen insgesamt von der Versicherungspflicht freistellt.

a) Arbeitnehmer, die das für den Anspruch auf Regelaltersrente maßgebende 33 **Lebensjahr vollendet haben,** unterliegen nicht der Versicherungspflicht in der ArblV (§ 28 Abs 1 Nr 1 SGB III). Die Versicherungsfreiheit hängt nicht von dem Bezug einer Rente wegen Alters der gesetzlichen RV ab. Die Regelung trägt dem Umstand Rechnung, dass die Versicherungsleistungen der ArblV nicht von ArbN geltend gemacht werden können, die das für die Regelaltersrente erforderliche Lebensjahr vollendet haben (§ 136 Abs 2 SGB III). Die Versicherungsfreiheit beginnt mit Ablauf des Monats, in dem der ArbN das maßgebende Lebensjahr vollendet hat. Die Versicherungsfreiheit betrifft nur den ArbN, während der ArbGeb nach § 346 Abs 3 SGB III aus Wettbewerbsgründen beitragspflichtig bleibt.

b) Rente wegen voller Erwerbsminderung. Personen, denen ein Anspruch auf Rente 34 wegen voller Erwerbsminderung aus der gesetzlichen RV (§ 43 SGB VI) oder eine vergleichbare Leistung eines ausländischen Leistungsträgers zugebilligt worden ist, sind hinsichtlich etwaiger Beschäftigungen, die neben dem Rentenbezug ausgeübt werden, versicherungsfrei (§ 28 Abs 2 und Abs 1 Nr 3 SGB III). Liegt der Rentenbeginn vor der Zustellung des Bewilligungsbescheides, so sind entrichtete Beiträge zu erstatten.

c) Leistungsgeminderte, die wegen einer Minderung ihrer Leistungsfähigkeit der Ar- 35 beitsvermittlung dauernd nicht zur Verfügung stehen, sind nach § 28 Abs 1 Nr 2 SGB III von dem Zeitpunkt an versicherungsfrei, an dem die Agentur für Arbeit diese Minderung der Leistungsfähigkeit und der zuständige Träger der gesetzlichen RV volle Erwerbsminderung iSd gesetzlichen RV festgestellt haben. Die von der Agentur für Arbeit festzustellende Leistungsminderung beurteilt sich unter Berücksichtigung der Verfügbarkeit nach § 138 Abs 1 Nr 3 SGB III, dh die Ausübung einer zumutbaren Beschäftigung unter den üblichen Bedingungen des Arbeitsmarktes muss ausgeschlossen sein.

d) Besatzungsmitglieder. Nach § 28 Abs 3 SGB III sind versicherungsfrei die nicht- 36 deutschen Besatzungsmitglieder deutscher Seeschiffe, die ihren Wohnsitz oder gewöhnlichen Aufenthalt nicht im Geltungsbereich des SGB III haben.

IV. Versicherungspflicht auf Antrag. § 28a SGB III berechtigt drei Personengruppen 37 zur freiwilligen Weiterversicherung in der ArblV. Es handelt sich um Pflegepersonen, Selbstständige und außerhalb der EU Beschäftigte. Infolge einer darauf gerichteten Antragstellung des Berechtigten entsteht ein **Versicherungspflichtverhältnis.** Jeweils muss die Antragspflichtversicherung an ein zuvor bestehendes Versicherungsverhältnis anknüpfen. Einzelheiten des Antrags- und Beitragsverfahrens bei freiwilliger Weiterversicherung sind in der Anordnung vom 8.10.10 geregelt. Die Vorschrift über die Versicherungspflicht auf Antrag wurde mit Wirkung vom 1.1.11 durch das Gesetz vom 24.10.10 (BGBl I 10, 1417) neu gefasst.

45 Arbeitslosenversicherungspflicht

38 **1. Berechtigter Personenkreis.** Zur freiwilligen Weiterversicherung berechtigt sind nach § 28a Abs 1 Satz 1 Nr 1 SGB III Personen, die als **Pflegeperson** einen der Pflegestufe I bis III zugeordneten Angehörigen, der Pflegeleistungen nach SGB XI, SGB XII oder gleichartige Leistungen bezieht, wenigstens 14 Stunden wöchentlich pflegt. Der Kreis der Angehörigen bestimmt sich nach § 16 Abs 5 SGB X.

39 Die Befugnis, ein Versicherungspflichtverhältnis auf Antrag zu begründen, wird ferner auch Personen eingeräumt, die eine **selbstständige Tätigkeit** von mindestens 15 Stunden wöchentlich aufnehmen und ausüben. Damit sollen ArbN privilegiert werden, die den Versuch unternehmen, eine selbstständige Tätigkeit aufzubauen. Die Versicherungspflicht auf Antrag kann in einer selbständigen Tätigkeit nicht begründet werden, wenn diese Tätigkeiten als abhängige Beschäftigung nach den §§ 27, 28 SGB III versicherungsfrei wären (BSG 2.3.10 – B 12 AL 1/09 R, NZS 11, 75).

40 Ebenfalls zum berechtigten Personenkreis zählen die **im Ausland Beschäftigten.** Der Anwendungsbereich der Regelung wird dadurch eingeschränkt, dass lediglich die Beschäftigung im Ausland außerhalb der EU und assoziierter Staaten einbezogen ist. Für eine Beschäftigung innerhalb der EU gilt das vorrangige EU-Recht (s *Auslandstätigkeit* Rz 73 ff).

41 **2. Anschluss an Vorversicherung.** Eine Antragspflichtversicherung kommt nur in Betracht, wenn der Antragsteller innerhalb der letzten 24 Monate vor Aufnahme der Tätigkeit oder Beschäftigung mindestens **12 Monate in einem Versicherungspflichtverhältnis** gestanden oder eine Entgeltersatzleistung bezogen hat. Die danach erforderliche Vorversicherungszeit wird nicht nur durch eine Beschäftigung, sondern auch durch alle anderen Tatbestände der Versicherungspflicht erfüllt. Die Zeiträume brauchen nicht zusammenhängend verlaufen.

42 **3. Beginn und Ende.** Das Versicherungspflichtverhältnis erfordert nach § 28a Abs 3 SGB III eine **Antragstellung** bei der Agentur für Arbeit. Der Antrag muss innerhalb von drei Monaten nach Aufnahme der zur Versicherungsberechtigung führenden Tätigkeit oder Beschäftigung gestellt werden.

43 § 28a Abs 5 SGB III bestimmt für fünf Fallgestaltungen das **Ende** des Versicherungspflichtverhältnis auf Antrag: bei Bezug einer Entgeltersatzleistung nach dem SGB III (Nr 1), mit Aufgabe der Beschäftigung oder Tätigkeit (Nr 2), bei dreimonatigem Verzug mit der Beitragszahlung (Nr 3; vgl hierzu BSG 30.3.11 – B 12 AL 2/09 R, SozR 4–4300 § 28a Nr 3), in den Fällen der Versicherungsfreiheit nach § 28 SGB III (Nr 4) und durch Kündigung des Versicherten (Nr 5).

44 **V. Dauer der Versicherungspflicht.** Die Versicherungspflicht beginnt und endet bei Vorliegen der Voraussetzungen für ihre Begründung kraft Gesetzes. Zu den Besonderheiten bei flexiblen Arbeitszeitregelungen und der Ansparung von Wertguthaben für Zeiten der Freistellung s *Arbeitszeitmodelle* Rz 18 ff.

45 **1. Beginn.** Nach § 24 Abs 2 SGB III beginnt das Versicherungspflichtverhältnis für Beschäftigte mit dem Tag, an dem der ArbN in das Beschäftigungsverhältnis eintritt, welches die Beitragspflicht begründet bzw mit dem Tag nach dem Erlöschen der Beitragsfreiheit. Das Entstehen der Versicherungspflicht erfordert daher neben dem Vorliegen der Voraussetzungen eines entgeltlichen Beschäftigungsverhältnisses idR die tatsächliche Arbeitsaufnahme. Eine Aufnahme der Tätigkeit ist ausnahmsweise nicht erforderlich, wenn der ArbN grds arbeitsbereit ist und der ArbGeb sein Direktionsrecht ausüben will. Für die ArblV noch nicht abschließend geklärt ist, ob der ArbN auch dann in ein Beschäftigungsverhältnis eintritt, wenn er nach Abschluss des Arbeitsvertrages und bereits vor dem Tage der Aufnahme der Arbeit erkrankt und der ArbGeb tatsächlich Arbeitsentgelt zahlt bzw ein Anspruch auf Entgeltfortzahlung besteht. Für die Mitgliedschaft in der KV wurde diese Frage von der Rspr verneint (BSG 15.12.94 – 12 RK 17/92, Die Beiträge 95, 374). Dieser Rspr wurde jedoch durch eine Neufassung der Vorschriften der Boden entzogen, so dass es dem Beginn der Versicherungspflicht nicht entgegensteht, wenn der ArbN bei Arbeitsunfähigkeit zu Beginn des Beschäftigungsverhältnisses Anspruch auf Entgeltfortzahlung hat (*Hauck/Noftz/Timme*, SGB III, § 24 Rz 9).

46 **2. Fortbestehen.** Das SGB III regelt ausdrücklich eine Fallgestaltung, bei der das Versicherungspflichtverhältnis für Beschäftigte fortbesteht (§ 24 Abs 3 SGB III). Nicht unterbrochen wird das Versicherungspflichtverhältnis nach § 24 Abs 3 SGB III während eines erheblichen Arbeitsausfalls iSd Vorschriften über das **Kurzarbeitergeld**. Da während dieser Zeit auch keine Versicherungsfreiheit wegen Geringfügigkeit der Beschäftigung eintritt (§ 27 Abs 2 Nr 2 SGB III), bleibt der Schutz der ArblV für diese Leistungsbezieher erhalten.

Von erheblicher praktischer Bedeutung ist, dass das Versicherungspflichtverhältnis für Beschäftigte für Zeiten fortbesteht, für die **kein Arbeitsentgelt** gezahlt wird, längstens für einen Monat (§ 7 Abs 3 SGB IV). Der Wortlaut des § 7 Abs 3 SGB IV deutet darauf hin, dass die Regelung auch eingreift, wenn bereits vor der Unterbrechung der Arbeitsentgeltzahlung feststeht, dass die Unterbrechung einen Monat überschreiten wird (*Schlegel/Voelzke/Brall* SGB IV § 7 Abs 3 Rz 13).

3. Ende. Das Ende der Versicherungspflicht wird für Beschäftigte mit dem Tag herbeigeführt, an dem der ArbN aus dem die Beitragspflicht begründenden **Beschäftigungsverhältnis ausscheidet**. Die Versicherungspflicht endet gleichermaßen mit dem Tage vor Eintritt der Versicherungsfreiheit des ArbN (§ 24 Abs 4 SGB III). Das Beschäftigungsverhältnis kann allerdings trotz der tatsächlichen Nichtbringung von Arbeitsleistungen fortbestehen, insbesondere beim Annahmeverzug des ArbGeb oder solange die Arbeitsvertragsparteien an dem Arbeitsvertrag festhalten und der ArbGeb das vereinbarte Arbeitsentgelt zahlt (zur Untersuchungshaft in der ehemaligen DDR s BSG 18.4.91 – 7 RAr 106/90, SozR 3–4100 § 104 Nr 6). Es sind die für das Beschäftigungsverhältnis im versicherungs- bzw beitragsrechtlichen Sinn geltenden Grundsätze heranzuziehen (zur Abgrenzung zum leistungsrechtlichen Beschäftigungsverhältnis s *Schlegel* NZA 05, 973). Das Beschäftigungsverhältnis endet in jedem Fall mit der Aufnahme einer neuen Beschäftigung.

Das zeitweise Fehlen der Dienstbereitschaft (zB Bummeln, Streik) des ArbN führt nach ständiger Rspr nicht zu einer Beendigung des Beschäftigungsverhältnisses, soweit beim ArbN ein grds **Arbeitsfortsetzungswille** besteht. Diese Grundsätze gelten bei einer Unterbrechung von begrenzter Dauer entsprechend. Besteht das Beschäftigungsverhältnis hiernach weiter, so endet die Versicherungspflicht bei Beschäftigten dennoch, wenn die Unterbrechung zur Einstellung der Entgeltzahlung für einen Zeitraum von mehr als einem Monat führt, da die Entgeltlichkeit der Beschäftigung in der ArblV Voraussetzung der Versicherungspflicht ist.

Etwas anderes gilt, wenn der ArbGeb seiner dem Grunde nach **bestehenden Lohnzahlungsverpflichtung** nicht nachkommt, da ansonsten das Bestehen der Versicherungspflicht von der Entscheidung des ArbGeb abhinge. Für ArbN, deren Arbeitsverhältnis nach Insolvenzeröffnung fristgemäß gekündigt wird, endet die Versicherungspflicht selbst dann nicht, wenn sie von der Arbeit freigestellt werden und der Arbeitsentgeltanspruch wegen der Zahlung von AlGeld auf die BA übergegangen ist (BSG 26.11.85 – 12 RK 51/83, DB 86, 867).

VI. Feststellung der Versicherungspflicht. Die BA ist nach der Rspr des BSG nicht an eine Entscheidung der Einzugsstelle über die Versicherungspflicht gebunden (BSG 6.2.92 – 7 RAr 134/90, SozR 3–4100 § 104 Nr 8). Aus diesem Grund kann die Agentur für Arbeit einen **Leistungsanspruch** verneinen, wenn sie ungeachtet der vorherigen Beitragsentrichtung der Auffassung ist, dass die ArbNEigenschaft nicht vorlag. Es wird also bei der Stellung des Antrags auf AlGeld (erstmals) entschieden, ob die Anwartschaftszeit wegen des Vorliegens eines Versicherungspflichtverhältnisses erfüllt ist. Von diesem Grundsatz gilt nach § 336 SGB III eine Ausnahme: Stellt die Deutsche Rentenversicherung Bund in einem Verfahren nach § 7a Abs 1 SGB IV (s *Scheinselbstständigkeit* Rz 16 ff) die Versicherungspflicht durch Verwaltungsakt fest, ist die BA hinsichtlich der festgestellten Zeiten an diese Beurteilung gebunden. Eine Zustimmungsentscheidung der BA ist nicht erforderlich.

Arbeitsmittel

A. Arbeitsrecht *Kreitner*

1. Allgemeines. Unter Arbeitsmitteln versteht man insbesondere im produktiven Bereich Werkzeuge und Maschinen sowie im Verwaltungsbereich sämtliche Geschäftsunterlagen. Ferner gehören Dienstwagen, Laptop uÄ dienstlich genutzte Gegenstände hierzu. Diese

46 Arbeitsmittel

Gegenstände werden regelmäßig vom ArbGeb zur Verfügung gestellt und sind nach Beendigung des Arbeitsverhältnisses an den ArbGeb herauszugeben. Sinnvollerweise werden dem ArbN übergebene Arbeitsmittel in einer Bestandsliste erfasst und bei Empfang vom ArbN quittiert, denn bei eventuellen Herausgabestreitigkeiten muss der ArbGeb die von ihm begehrten Gegenstände im Einzelnen genau bezeichnen und die Übergabe an den ArbN nachweisen. Der Herausgabeanspruch kann bei entsprechender Eilbedürftigkeit ggf im Wege einer einstweiligen Verfügung beim ArbG gerichtlich durchgesetzt werden. Zurückbehaltungsrechte des ArbN bestehen grds nicht (LAG Köln 21.7.11 – 7 Sa 312/11, BeckRS 2012, 65425).

2   **2. Verwendung.** Beim Einsatz der Arbeitsmittel muss der ArbGeb insbesondere die geltenden Arbeitsschutzbestimmungen beachten. Gerade bei der Arbeit an Maschinen ist die Verwendung und Wartung sicherheitstechnisch einwandfreier Arbeitsmittel erforderlich (Näheres s *Arbeitssicherheit/Arbeitsschutz* Rz 2 ff).

3   **3. Haftung.** Für Beschädigung und Verlust von Arbeitsmitteln haftet der ArbN bei Vorliegen eines schuldhaften Verhaltens gem § 280 BGB sowie aus unerlaubter Handlung gem § 823 BGB. Regelmäßig sind dabei die Grundsätze des innerbetrieblichen Schadensausgleichs zu beachten (Näheres s *Arbeitnehmerhaftung* Rz 11). Setzt der ArbN eigene Arbeitsmittel im Betätigungsbereich des ArbGeb ein, haftet der ArbGeb in entsprechender Anwendung des § 670 BGB, wobei nach § 254 BGB ein Mitverschulden des ArbN zu berücksichtigen ist (BAG 27.1.2000 – 8 AZR 876/98, NZA 2000, 727; 22.6.11 – 8 AZR 102/10, NZA 12, 91; Näheres s *Arbeitgeberhaftung* Rz 11 ff und *Aufwendungsersatz* Rz 6 ff).

4   **4. Ausbildungsmittel.** Für Auszubildende gelten Besonderheiten nach dem BBiG. Insoweit wird auf die Ausführungen zum Stichwort *Ausbildungsverhältnis* Rz 23 verwiesen.

B. Lohnsteuerrecht   *Thomas*

5   **1. Überblick.** Gem § 9 Abs 1 Nr 6 EStG sind Werbungskosten auch Aufwendungen für Arbeitsmittel. Das Gesetz definiert den Begriff nicht, nennt aber als zwei Anwendungsfälle Werkzeuge und typische Berufskleidung (s *Arbeitskleidung* Rz 16 ff). Trägt der ArbGeb die diesbezüglichen Aufwendungen, kann Arbeitslohn vorliegen, der unter den Voraussetzungen von § 3 Nr 30 und 31 EStG steuerbefreit ist.

6   **2. Arbeitslohn. a) Steuerbar** ist die Kostentragung des ArbGeb für Arbeitsmittel, wenn er dem ArbN das Arbeitsmittel unentgeltlich oder verbilligt übereignet, wenn er die Anschaffungskosten eines ArbNEigenen Arbeitsmittels trägt (der ArbN kauft, der ArbGeb bezahlt) oder einen Zuschuss (einmalig oder laufend) dazu leistet oder wenn er ein ArbGebEigenes Arbeitsmittel dem ArbN für private Zwecke zur Nutzung überlässt, zB einen firmeneigenen Pkw zu Privatfahrten; zur Kostenübernahme als Auslagenersatz nach § 3 Nr 50 EStG vgl *Arbeitskleidung* Rz 25. Dagegen bewirkt die Nutzungsüberlassung eines ArbGebEigenen Arbeitsmittels zu beruflichen Zwecken (das Werkzeug am Arbeitsplatz, der FirmenPkw auf der Dienstreise) keinen Arbeitslohn. Denn insofern gewährt der ArbGeb keine Vorteile für eine Beschäftigung (§ 19 Abs 1 Nr 1 EStG), sondern bestimmt nur die Modalitäten der Arbeitserbringung (R 19.3 Abs 2 Nr 1 LStR; *Thomas* StbJb 90/91, 196). Das gilt auch für Reinigungs-, Wartungs- oder Aufbewahrungskosten ArbGebEigener Arbeitsmittel.

7   **b) Steuerbefreit** sind Werkzeuggeld (§ 3 Nr 30 EStG) und Vorteilsgewährung des ArbGeb für typische Berufskleidung (§ 3 Nr 31 EStG; vgl im Einzelnen *Arbeitskleidung* Rz 24). Beide Vorschriften sind dogmatisch misslungen (*Schmidt/Heinicke* § 3 „Werkzeuggeld") und überflüssig kompliziert. Es wäre begrüßenswert, wenn sie durch eine einfachere Fassung, zB „§ 3 steuerfrei sind ... 30. Werbungskostenersatz für Arbeitsmittel" ersetzt würden, sofern sich der Gesetzgeber nicht sogar zu der weitergehenden Formulierung entschließen könnte „§ 3 steuerfrei sind ... Werbungskostenersatzleistungen des ArbGeb". Damit könnten ua die Befreiungsvorschriften des § 3 Nr 12, 13, 16, 30–32 und 50 EStG wegfallen; es würde der verfassungsrechtlich bedenkliche Unterschied bei Steuerbefreiungen für öffentlich- und privatrechtlich beschäftigte ArbN (vgl BVerfG 11.11.98 – 2 BvL 10/95, BStBl II 99, 502; BFH 21.10.96 – VI R 71/93, DStR 97, 362 mit Anm *MIT;* BFH 23.8.91 – VI B 44/91, BStBl II 91, 885; dazu *Völlmecke* NJW 92, 1345 sowie *Aufwandsentschädigung* Rz 8) beseitigt und die schwierige Abgrenzung zwischen Werbungskosten- und Auslagenersatz entbehrlich. Aller-

dings müsste dann eine Anrechnung beim ArbNPauschbetrag erfolgen. Nach derzeitiger Rechtslage ist *Werbungskostenersatz* nur für typische Berufskleidung und Werkzeug, nicht aber andere Arbeitsmittel steuerbefreit (fraglich, vgl unten). Zur Steuerbefreiung für betriebliche Personalcomputer und Telekommunikationsgeräte (§ 3 Nr 45 EStG) vgl *Internet-/Telefonnutzung* Rz 32.

c) Werkzeuggeld. aa) Werkzeuge sind Geräte zum Handhaben, Herstellen bzw Bear- 8 beiten von Gegenständen (R 3.30 Satz 2 LStR; BFH 21.8.95 – VI R 30/95, BStBl II 95, 906 mit Anm *Bergkemper* FR 96, 136; *Schmidt* DB 96, 1107). Teilweise wird der Begriff des Werkzeugs mit dem des Arbeitsmittels gleichgesetzt (BFH 9.4.63 – VI 6/61 U, BStBl III 63, 299 hinsichtlich der Schreibmaschine eines Prüfers). Dies hätte zur Folge, dass von § 3 Nr 30 EStG auch Zuschüsse für Bücher, Fachzeitschriften, Musikinstrumente, Sportgeräte, Tiere oder technische Hilfsmittel (Computer, Diktiergerät usw) erfasst würden. Hiergegen spricht, dass das Gesetz in § 9 Abs 1 Nr 6 EStG Arbeitsmittel als Oberbegriff wählt und von den dort aufgeführten Beispielsfällen in § 3 Nr 30 EStG nur das Werkzeug nennt. Wären mit § 3 Nr 30 EStG alle Arbeitsmittel gemeint, hätte es auch der Sonderregelung des § 3 Nr 31 EStG für typische Berufskleidung nicht bedurft.

bb) Nutzungsentschädigung. Steuerbefreit sind die Beträge, die bei eigener Kostentra- 9 gung des ArbN Werbungskosten wären. Das folgt aus der Bezugnahme auf die entsprechenden Aufwendungen des ArbN. Danach können die AfA und die Kosten für Reinigung, Wartung, Aufbewahrung und Beförderung steuerfrei ersetzt werden, nicht aber ein Entgelt für die damit verbundenen Zeit- bzw Arbeitsaufwand des ArbN (R 3.30 Satz 5 LStR). Auch pauschale Entschädigungen sind steuerfrei, wenn sie diese Aufwendungen abdecken. Eine Einzelabrechnung über den Werbungskostenersatz muss also nicht erfolgen.

Die Übernahme der gesamten Anschaffungskosten durch den ArbGeb im Anschaffungs- 10 jahr ist aber nur steuerfrei, wenn auch eine sofortige Abschreibung in Betracht kommt. Soweit danach nicht befreiter Arbeitslohn vorliegt, verbleibt dem ArbN in den Folgejahren der Werbungskostenabzug für die AfA, da § 3c EStG nicht eingreift, weil das Werkzeug insofern aus versteuertem Einkommen des ArbN angeschafft wurde.

3. Werbungskosten sind bei Arbeitsmitteln neben den Aufwendungen des ArbN für 11 Erhaltung, Wartung, Pflege, Betriebskosten (zB Rundfunkgebühren für ein betriebliches Autoradio, FG Düsseldorf 5.7.2000 – 15 K 303/98 E, DStRE 2000, 1068), Beförderung, Aufbewahrung, Finanzierungskosten usw (*von Bornhaupt* FR 2000, 971) die auf die Nutzungsdauer verteilten Anschaffungskosten (AfA). Beim Verlust eines Arbeitsmittels lässt die Rspr Werbungskosten in Höhe der noch nicht abgeschriebenen Anschaffungskosten auch dann zum Abzug zu, wenn der Verlust nicht auf einem beruflichen Schadensereignis beruht (BFH 9.12.03 – VI R 185/97, BStBl II 04, 491 = DStRE 04, 494; aA *Thomas* DStR 04, 1273). Anschaffungskosten eines vom ArbGeb mit Rabatt erworbenen Wirtschaftsgutes sind der gezahlte Kaufpreis zuzüglich des als geldwerter Vorteil erfassbaren Rabatts (BFH 9.11.2000 – IV R 45/99, BStBl II 01, 190). Bei einem gebraucht erworbenen Pkw bestimmt sich die AfA nach der Restnutzungsdauer (BFH 17.4.01 – VI B 306/00, BFH/NV 01, 1255), auch wenn er vom Vorbesitzer schon voll abgeschrieben worden war. Als Nutzungsdauer eines Personalcomputers nimmt die Verwaltung 4 Jahre an (BMF 18.4.97, BStBl I 97, 376); zu einzelfallbezogener kürzerer Nutzungsdauer BFH 8.11.96 – VI R 29/96, DStR 97, 194. Bei einem Personalcomputer, der kein Arbeitsmittel ist, weil er nicht mindestens zu 90 v beruflich genutzt wird, soll das sonst geltende Aufteilung- und Abzugsverbot des § 12 Nr 1 EStG nicht zu greifen. Statt dessen wird im Regelfall von einer hälftigen beruflich/privaten Nutung ausgegangen, sofern eine hiervon abweichende Aufteilung nicht durch Darlegung entsprechender Umstände glaubhaft gemacht wird (BFH 19.2.04 – VI R 135/01, BStBl II 04, 958 = DStR 04, 812 mit Anm *Bergkemper* FR 04, 654; *Greite* NWB F 6 S 4505). Soweit für die Ausstattung eines häuslichen Arbeitszimmers gem § 4 Abs 5 Nr 6b iVm § 9 Abs 5 EStG Abzugsbeschränkungen bestehen, gilt das nicht für Arbeitsmittel (BFH 21.11.97 – VI R 4/97, BStBl II 98, 351). Wegen Sofortabschreibung, Umwidmung, Nutzungsänderung, Veräußerung usw wird auf die Ausführungen zur Arbeitskleidung (s *Arbeitskleidung* Rz 22) verwiesen. Werbungskosten liegen auch vor, wenn private Wirtschaftsgüter, die bislang nicht beruflich genutzt wurden, aus beruflichen Gründen (zB Racheakt) zerstört werden (FG Saarl 30.8.2000 – 1 K 299/96, EFG 2000, 1249).

46 Arbeitsmittel

12 **a) Begriff.** Arbeitsmittel sind Wirtschaftsgüter, die unmittelbar der Erledigung beruflicher Aufgaben dienen (BFH 27.9.91 – VI R 1/90, BStBl II 92, 195). Daher sind Gegenstände, die nicht zum unmittelbaren Einsatz bei der Berufstätigkeit bestimmt sind, wie bspw Geld (BFH 4.7.86 – VI R 227/83, BStBl II 86, 771) oder Bilder, mit denen ein Dienstzimmer ausgeschmückt wird, keine Arbeitsmittel (BFH 14.5.91 – VI R 119/88, BStBl II 91, 837; trotz Kritik von *Paus* DStZ 91, 758 bestätigt durch BFH 12.3.93 – VI R 92/92, BStBl II 93, 506). Ein Buch dient auch dann „unmittelbar" dem Beruf eines Lehrers, wenn es zur Unterrichtsvorbereitung angeschafft wird, ohne dass es in nennenswertem Umfang in den Unterricht selbst Eingang gefunden haben muss (BFH 20.5.10 – VI R 53/09, DStRE 10, 1362). Im Übrigen ist für eine Einordnung eines Gegenstandes als Arbeitsmittel seine tatsächliche Zweckbestimmung im Einzelfall entscheidend (funktionale Einordnung; BFH 23.10.92 – VI R 31/92, BStBl II 93, 193: Brille bei Bildschirmtätigkeit; anders aber für gesetzlich vom ArbGeb geschuldeten Ersatz für Bildschirmbrille: R 19.3 Abs 2 Nr 2 LStR). Es kommt nicht allein darauf an, ob der Gegenstand objektiv, dh nach seiner Beschaffenheit typischerweise zu beruflichen Zwecken verwendet wird, obwohl dies von starker indizieller Bedeutung ist.

13 Deswegen können auch Gegenstände, die üblicherweise privat genutzt werden, zB ein Fotoapparat, ein Fahrrad, eine Sportausrüstung usw bei entsprechender beruflicher Verwendung Arbeitsmittel sein. Allerdings darf die private Mitnutzung nur von ganz untergeordneter Bedeutung sein (vgl dazu *Arbeitskleidung* Rz 18). Ob das der Fall ist, ist Tatfrage. Eine exakte Feststellung der privaten bzw beruflichen Nutzungsanteile wird in aller Regel nicht möglich sein. Maßgebend ist vielmehr, ob die so gut wie ausschließliche berufliche Nutzung nach den gesamten Umständen des Falles plausibel erscheint. Dabei ist bspw in die Würdigung einzubeziehen, ob die Nutzung zuhause oder im Büro erfolgt, welche familiäre Situation besteht, ob eine Mitnutzung durch Dritte in Betracht kommt, wie nützlich der betreffende Gegenstand in der konkreten beruflichen Situation des Stpfl ist usw. Die Tatsache, dass in den Vorjahren als Arbeitsmittel bis zu 200 DM ohne Nachweis anerkannt wurden, begründet keinen Vertrauensschutz für Folgejahre (FG Bbg 25.2.99 – 5 K 631/68 E, EFG 99, 601).

14 **b) Beispiele.** Da es weniger auf den Charakter des Gegenstandes als vielmehr auf seine tatsächliche Verwendung ankommt, können auch nicht einzelne Arten von Gegenständen von vornherein den Arbeitsmitteln zugeordnet bzw davon ausgeschlossen werden. Deshalb werden folgend die betreffenden Gegenstände nur mit der Fundstelle angegeben, unter der die Umstände des Einzelfalles dargestellt sind.

15 **Bekleidung** s *Arbeitskleidung* Rz 16 ff.
16 **Druckerzeugnisse.** Bücher bei Schriftstellern, BFH 21.5.92, BStBl II 92, 1015; 19.4.91, BFH/NV 91, 598; Bücher bei Lehrern vgl Rz 12 sowie BFH 28.4.72, BStBl II 72, 723 (schöngeistige, politische Literatur); BFH 28.10.77 – VI R 194/74 – nv (Duden); BFH 30.4.81 – VI R 52/77 – nv (Grzimeks Tierleben, Brecht); BFH 21.2.86, BFH/NV 86, 401 (Weltatlas der Tierlebens, Kosmos, Das Tier); BFH 2.2.90, BFH/NV 90, 564 (neuere Geschichte); BFH 21.6.89, BFH/NV 90, 89; Nachschlagewerke, BFH 5.4.62, BStBl III 62, 368 (örtliche Tageszeitung, Brockhaus bei Rechtsanwalt); BFH 29.4.77, BStBl II 77, 716 (Brockhaus bei Lehrer); BFH 16.10.81, BStBl II 82, 67 (Nachschlagewerk in englischer Sprache); Fachzeitschriften, BFH 4.8.61, BStBl III 62, 5 (bei Referendar); BFH 11.8.81 – VI R 134/78 – nv (bei Assistent); BFH 21.11.86, BStBl II 87, 262 (Schach-Echo bei Lehrer); BFH 27.4.90, BFH/NV 90, 701 (Zeitschrift Test); BFH 22.12.2000 – IV B 4/00, BFH/NV 01, 774 sowie 4.12.03 – VI B 155/00, BFH/NV 04, 488 (Nachweisanforderung an Fachbuch); FG Hess 5.5.92, EFG 92, 517 (Wirtschaftswoche, Management-Wissen); FG Saarl 2.6.92, EFG 92, 518 (Capital); FG Saarl 19.3.91, EFG 91, 468 (Effecten-Spiegel); FG Köln 19.7.90, EFG 91, 21 (Impulse, Manager-Magazin ua); Fahrpläne für öffentliche Verkehrsmittel, BFH 30.7.76, – VI B 46–47/76 – nv; FG Köln 7.7.93, EFG 94, 199 (Tageszeitung); BFH 19.1.96, BFH/NV 96, 402 (Handelsblatt); FG Bln-Bbg 29.4.08 – 6 K 1567/04, DStRE 08, 1371 (Handelsblatt/FAZ); HessFG 19.6.08 – 9 K 2738/05, DStRE 09, 1099 (FAZ eines Steuerberaters) FG BaWü 28.3.96, EFG 96, 850 (Impulse, Wirtschaftswoche, Manager-Magazin, Börse Online); FG Düsseldorf 17.1.01 – 9 K 5608/00 F, DStRE 01, 903 (Neue Züricher Zeitung); BFH 7.4.05 – VI B 168/04, BFH/NV 05, 1300 (Tageszeitung eines Lehrers).
17 **Einrichtungsgegenstände.** BFH 8.11.96, BFH/NV 97, 341 = DStR 97, 408 mit Anm *MIT* (Teppich); BFH 25.9.92, BStBl II 93, 106 (Schreibtisch, Bücherschrank, Papierkorb); BFH 31.1.86, BStBl II 86, 355 (Antiquitäten); BFH 18.2.77, BStBl II 77, 464 (Schreibtisch mit Garnitur, Papierkorb, Teppich); BFH 9.8.74 – VI R 245/71 – nv (Bücheranbauschrank); BFH 14.5.91, BStBl II 91, 837 (Bilder); FG BaWü 19.11.96, DStRE 97, 581 (Schreibtisch, Stuhl, Büroschrank); FG SchlHol 22.3.95, EFG 95, 880 (Bilder; zweifelhaft, da kein Fall von Eigennutzung); BFH 12.3.93, BStBl II 93, 506

Arbeitsmittel 46

(Kunstgegenstände); FG Saarl 14.10.93, EFG 94, 235 und FG RhPf 15.11.93, EFG 94, 236 (Teppich). Zur Abschreibung bei Kunstgegenständen vgl *Müller-Katzenburg/Hofmann* BB 2000, 2563.
    Hilfsmittel, persönliche. BFH 23.10.92, BStBl II 93, 193 (Sehbrille); BFH 8.4.54, BStBl III 54, **18** 174 und BFH 22.4.03 – VI B 275/00, BFH/NV 03, 1052 (Hörapparat); FG BaWü 11.9.96, EFG 97, 156 (Hörgerätebatterien); FG Hbg 17.1.72, EFG 72, 329 (Lichtschutzbrille); BFH 20.7.05 – VI R 50/03, BFH/NV 05, 2185 (Computerbrille).
    Hilfsmittel, sachliche. BFH 18.9.81, – VI R 127/77 – nv (Aktentasche); BFH 29.11.74 – VI R 53/72 – nv (Fotomaterial); BFH 4.7.86, BStBl II 86, 771 (Geld; vgl aber BFH 25.5.92, BStBl II 93, 44); BFH 28.6.63, BStBl III 63, 435 (Mikrofilme); BFH 17.9.76 – VI R 220/74 – nv (Schallplatten bei Lehrerin); FG Hess 9.3.72, EFG 72, 329 (Schallplatten bei Berufsmusiker); BFH 14.5.82 – VI R 259/80 – nv (Schreibmaterial); FG Münster 12.11.96, EFG 97, 334 (Sporttasche, Trillerpfeife).
    Musikinstrumente. BFH 28.3.06 – VI R 24/03, BStBl II 06, 473 (Instandsetzungskosten; vgl auch **19** *Arbeitskleidung* Rz 25); BFH 1.3.02 – VI R 141/00, BFH/NV 02, 787 (Meistergeige); BFH 26.1.01 – VI R 26/98, BStBl II 01, 194 = DStRE 01, 292 mit Anm *von Bornhaupt* NWB F 3, S 11635; *Hollatz* HFR 01, 435; *Rößler* DStZ 01, 441 (Meistergeige); FG München 11.5.99 – 16 K 1376/96, DStRE 99, 739 (Musik-CDs); FG BaWü 12.11.96, EFG 97, 154 (Meistergeige); FG Münster 19.11.75, EFG 76, 178 (Cembalo); FG Bln 13.11.73, EFG 74, 311 (Elektroorgel); FG NdS 21.5.82, EFG 82, 562 (Gitarre); zu Klavier/Flügel BFH 10.3.78, BStBl II 78, 459; 10.10.86, BFH/NV 87, 88; 29.4.91, BFH/NV 91, 674; 30.4.93, BFH/NV 93, 722; FG Köln 23.3.82, EFG 82, 560; FG NdS 11.6.82, EFG 82, 561; FG BaWü 10.7.84, EFG 85, 69; FG BaWü 18.12.97, EFG 98, 643; FG München 29.7.99 – 16 K 108/97, EFG 99, 1176; FG München 27.5.09 – 9 K 859/08, DStRE 10, 851.
    Sportgeräte. BFH 21.11.86, BStBl II 87, 262 (Badmintonschläger, Fußballschuhe, Surfbrett); BFH **20** 24.10.74, BStBl II 75, 407 (Skiausrüstung); FG BaWü 23.11.05 – 3 K 202/04, EFG 06, 811 (Rennrad).
    Technische Geräte. BFH 27.11.03 – VI B 23/00, BFH/NV 04, 338 (Pkw eines Geistlichen); BFH **21** 22.2.76, BStBl II 77, 99 (Diensttelefon); BFH 29.1.71, BStBl II 71, 327 (Diktiergerät); BFH 15.5.81, BStBl II 81, 735 (Elektronenrechner); BFH 19.10.70, BStBl II 71, 17 (Fernsehgerät); BFH RhPf 30.4.97, EFG 97, 952 (Satellitenempfangsanlage); FG Saarl 18.12.96, EFG 97, 603 (Zweitfernseher); FG Hess 9.3.72, EFG 72, 329 und FG Düsseldorf 16.12.81, EFG 82, 563 (Stereoanlage); FG BaWü 15.7.97, EFG 98, 276 (Autoradio – CD Player); BFH 27.5.93, BFH/NV 94, 18; 27.9.91, BStBl II 92, 195 und BFH 26.7.89, BFH/NV 90, 441 (Videorecorder); BFH 28.9.84, BStBl II 85, 89 (Zeichengerät); zur Schreibmaschine BFH 29.1.71, BStBl II 71, 327; 15.10.71 – VI R 74/69 – nv; 28.10.77 – VI R 194/74 – nv; FG Bln 2.6.67, EFG 68, 59; FG Düsseldorf 20.6.74, EFG 74, 516; FG BaWü 29.4.82, EFG 83, 167; zu Computern *Bartone* Inf 2000, 747; *Scheich* Inf 02, 129; *Keune* NWB F 6 S 4275; OFD Bln 2.6.2000, FR 2000, 949; BFH 19.2.04 – VI R 135/01, BFH/NV 04, 958 und 15.6.04 – VIII R 42/03, DStRE 04, 1408; BFH 15.1.93, BStBl II 93, 348 = DStR 93, 876 mit Anm *Theisen* KFR/F 6 EStG § 9, 3/93, S 203; BFH 7.5.93, BStBl II 93, 676 = DStR 93, 1180 mit Anm *Theisen* HFR 93, 568; BFH 22.9.95, BFH/NV 96, 207; BFH 16.6.95, BFH/NV 95, 1062; 9.6.88, BFH/NV 88, 708; FG RhPf 26.11.01 – 5 K 1647/00, EFG 02, 805; FG RhPf 22.11.01 – 6 K 1024/00, EFG 02, 250; FG RhPf 24.9.01 – 5 K 1249/90, EFG 02, 1595 = DStRE 01, 143 mit Anm *Keune* KFR/F 3 EStG § 9, 2/02, S 45; FG BaWü 26.7.00 – 12 K 446/99, EFG 01, 352; FG RhPf 2.5.2000 – 2 K 2340/98, DStRE 2000, 1069; FG BaWü 23.11.99 – 1 K 167/99, DStRE 2000, 1014 = EFG 2000, 313; FG RhPf 10.5.2000 – 5 K 2776/98, DStRE 2000, 565; FG SachsAnh 10.9.99 – 2 K 114/99, EFG 2000, 168; FG NdS 10.6.99 – V 503/96, EFG 99, 1216 = DStRE 2000, 229; FG RhPf 16.9.98 – 6 K 1023/98, DStRE 99, 123; FG München 30.9.97, EFG 98, 279; FG RhPf 8.11.95, EFG 96, 362; FG Köln 17.7.95, EFG 96, 851; FG Saarl 5.10.93, EFG 94, 616; FG Düsseldorf 1.6.92, EFG 92, 660; FG Brem 28.6.91, EFG 92, 326; FG RhPf 4.4.91, EFG 91, 602; FG BaWü 14.12.88, EFG 88, 407; FG Hess 16.6.88, EFG 88, 627; FG Saarl 24.6.87 mit Anm *Thomas* KFR F 6 EStG § 9 7/87 S 193 mwN; (FG Köln 10.12.93, EFG 94, 780 „Oldtimer" Kfz); FG Sachs 7.11.2000 – 5 K 1777/98, EFG 01, 440 (Spezialcomputer für Blinde); Update von Software FG NdS 16.1.03 – 10 K 82/99, EFG 03, 601.
    Tiere. BFH 29.3.79, BStBl II 79, 512 (Hund zum Schutz einer Landärztin), BFH 29.1.60, BStBl III **22** 60, 163 (Jagdhund); BFH 10.9.90, BFH/NV 91, 234 (Hausmeisterhund); BFH 30.6.10 – VI R 45/09, DStRE 10, 1293 (Polizeidiensthund); FG Düsseldorf 22.6.82, EFG 83, 65; FG Hess 2.12.82, EFG 83, 226 und FG RhPf 17.3.95 EFG 95, 746 (Reitpferd).
    Transportmittel. BFH 28.1.66, BStBl III 66, 291 und 29.4.83, BStBl II 83, 586 (Pkw); FG Hess **23** 25.9.58, EFG 58, 414 (Motorrad eines Försters).
    Waffen. FG BaWü 26.7.79, EFG 79, 546 (Pistole eines Richters); FG NdS 8.1.73, EFG 73, 204 **24** (Jagdausrüstung).

C. Sozialversicherungsrecht *Ruppelt*

    1. Versicherte Tätigkeiten in der gesetzlichen Unfallversicherung sind auch das mit **25** einer versicherten Tätigkeit zusammenhängende Verwahren, Beförderung, Instandhalten und Erneuern eines Arbeitsgeräts oder einer Schutzausrüstung sowie deren Erstbeschaffung, wenn

46 Arbeitsmittel

diese auf Veranlassung des Unternehmers erfolgt (§ 8 Abs 2 Nr 5 SGB VII). Die Vorschrift erweitert den Versicherungsschutz der gesetzlichen UV, der ansonsten nur bei versicherten Tätigkeiten bzw auf versicherten Wegen besteht (s *Arbeitsunfall* Rz 28). Der innere ursächliche Zusammenhang zwischen unfallbringender Verrichtung und versicherter Tätigkeit ist gegeben, wenn die unfallbringende Tätigkeit mit der Verwahrung, Beförderung, Instandhaltung oder Erneuerung eines Arbeitsgerätes bzw mit den dafür erforderlichen Wegen zusammenhängt (BSG 7.11.2000 – B 2 U 39/99 R, SozR 3–2700 § 8 Nr 3 aE; 11.8.98 – B 2 U 17/97 R, VersR 2000, 76).

26 **Arbeitsgerät** ist jeder Gegenstand, den der Versicherte als Mittel zur Erledigung der versicherten Tätigkeit benutzt oder zu benutzen beabsichtigt (Werkzeug, Berufskleidung, Unterrichtsmaterial, Geschäftsunterlagen usw). Es kann sich auch um eigene Arbeitsgeräte des Versicherten handeln. Wesentlich ist die nahezu ausschließliche Nutzung für die versicherte Tätigkeit, ein bloß überwiegender Gebrauch für die versicherte Tätigkeit reicht nicht aus. Deshalb sind Brillen, Alltagskleidung und Taschen- oder Armbanduhren keine Arbeitsgeräte iSv § 8 Abs 2 Nr 5 SGB VII. Offen gelassen für Schlüssel: BSG 28.4.04 – B 2 U 26/03 R, NZS 05, 491.

27 **Beförderungsmittel** (Kfz, Fahrrad) stellen regelmäßig keine Arbeitsgeräte dar, und zwar auch dann nicht, wenn sie ausschließlich für die Beförderung von der Wohnung zur Arbeitsstätte und zurück verwendet werden (BSG 23.2.66 – 2 RU 45/65, NJW 66, 1775; 12.5.09 – B 2 U 12/08 R, *Breithaupt* 09, 888); anders, wenn sie ihrer Zweckbestimmung nach hauptsächlich für Betriebszwecke benutzt werden (Fahrrad des Boten, Kfz des Vertreters). Eine erhebliche oder überwiegende betriebliche Nutzung des Kfz reicht nicht aus. Das Kfz eines Rechtsanwalts oder Steuerberaters ist daher kein Arbeitsgerät, wenn der betriebliche Nutzungsanteil nur 60 vH beträgt. Die sozialgerichtliche Rspr hat insoweit noch keine klare Grenze gezogen, allerdings kann bei einer betrieblichen Nutzung von mehr als 80 vH die Anerkennung als Arbeitsgerät möglich sein, mit der Folge, dass sämtliche Verrichtungen, die mit der Instandhaltung und der Erhaltung der Fahrbereitschaft des Kfz (auch Autowäsche) versichert sein können (LSG BaWü 6.4.06 – L 6 U 2563/03, *Breithaupt* 06, 566).

28 **Verwahrung** ist die Unterbringung des Arbeitsgerätes und die damit zusammenhängenden Tätigkeiten und Wege auch im privaten Bereich, soweit sie mit der versicherten Tätigkeit im inneren Zusammenhang steht, zB Mitnahme eines Arbeitsgerätes nach Hause zwecks Benutzung am nächsten Tag an anderer Einsatzstelle (BSG 7.11.2000 – B 2 U 39/99 R, SozR 3–2700 § 8 Nr 3, aE; 6.5.03 – B 2 U 22/02 R, SGb 03, 515; Hess LSG 12.2.08 – L 3 U 115/05, BeckRS 2008, 52696). Das bloße Mitführen oder versehentliche Liegenlassen des Arbeitsgeräts begründet keinen Versicherungsschutz (BSG 28.4.04 – B 2 U 26/03 R, NZS 05, 491).

Beförderung ist das Wegbringen oder Abholen des Gerätes zur Benutzung bei der versicherten Tätigkeit, nicht also das Mitsichführen des Gerätes zur privaten Nutzung (BSG 7.11.2000 – B 2 U 39/99 R, SozR 3–2700 § 8 Nr 3). Ein Befördern idS liegt nur vor, wenn das Zurücklegen des zu diesem Zwecke unternommenen Weges von der Absicht, die Sache nach einem anderen Ort zu schaffen, derart maßgebend beherrscht wird, dass demgegenüber die Fortbewegung der eigenen Person als nebensächlich zurücktritt; kein Versicherungsschutz besteht mithin, wenn das Arbeitsgerät lediglich mitgeführt wird (BSG 12.12.06 – B 2 U 28/05 R, SozR 4–2700 § 8 Nr 20, zum Sturz eines Rechtsanwalts in seiner Wohnung beim Tragen von Akten).

29 **Instandhaltung** ist der Erhalt der Gebrauchsfähigkeit eines bereits vorhandenen Arbeitsgerätes. Bei einem als Arbeitsgerät geltenden Kfz also auch Wartung und Inspektion, wobei es einerlei ist, ob die Instandhaltung selbst durchgeführt oder einer Werkstatt überlassen wird (BSG 30.9.80 – 2 RU 40/80, SozR 2200 § 549 Nr 7).

30 **Erneuerung** ist die Ersatzbeschaffung für ein unbrauchbar gewordenes oder abgenutztes Arbeitsgerät (BSG 4.8.92 – 2 RU 41/91, SozR 3–2200 § 549 Nr 1).

31 **2. Beitragsrecht.** Beitragspflichtiges Arbeitsentgelt iSv § 14 SGB IV sind Sachbezüge, die der ArbN zusätzlich zum Bruttoarbeitsentgelt erhält **und** die sich als Gegenleistung für die erbrachte Arbeitsleistung darstellen. Dies ist hinsichtlich der vom ArbGeb dem ArbN übereigneten Arbeitsmittel nur dann der Fall, wenn es sich insoweit um Arbeitslohn im lohnsteuerrechtlichen Sinn handelt. Entsprechendes gilt, wenn der ArbGeb die Beschaffungskosten des Arbeitsmittels übernimmt (s *Sachbezug* Rz 39 ff).

Arbeitspapiere

A. Arbeitsrecht
Poeche

1. Allgemeines. Aufnahme, Durchführung und Beendigung eines Arbeitsverhältnisses 1 sind regelmäßig in Arbeitspapieren zu dokumentieren. Sie dienen dem Beweis der für das Arbeitsverhältnis steuerlich und sozialrechtlich maßgeblichen Tatsachen, der vereinbarten Arbeitsbedingungen und arbeitsrechtlichen Grundlagen und sind teilweise Voraussetzung für die öffentlich-rechtliche Gestattung der Beschäftigung. Begrifflich werden alle Unterlagen vom Bewerbungsschreiben bis hin zum Schlusszeugnis erfasst, die mit dem Arbeitsverhältnis in Zusammenhang stehen.

2. Aushändigungspflicht. Zu den vom ArbN zu Beginn des Arbeitsverhältnisses aus- 2 zuhändigenden Arbeitspapieren gehören die Bescheinigung über im Kj gewährten oder abgegoltenen Erholungsurlaub (§ 6 Abs 2 BUrlG) und nach landesrechtlichen Vorschriften in Anspruch genommenen Bildungsurlaub, das *Gesundheitszeugnis* der im Lebensmittelgewerbe Beschäftigten (§ 43 IfSG, früher § 18 BSeuchG), die Gesundheitsbescheinigung Jugendlicher (§ 32 Abs 1 Nr 2 JArbSchG), tarifliche Lohn- und Urlaubskarten, Seefahrts- oder Schifffahrtsbuch im Bereich der See- und Handelsschifffahrt (§§ 11 SeemG; 1 Schifferdienstbüchergesetz), Unterlagen über vermögenswirksame Leistungen. Diese Arbeitspapiere bleiben auch nach Aushändigung an den ArbGeb im Eigentum des ArbN. Der *Sozialversicherungsausweis* ist vorzulegen (§ 18h Abs 3 SGB IV).

ArbGeb, die **Heimarbeit** aus- oder weitergeben, haben Entgeltbücher auszuhändigen 3 (§§ 9 HAG; 10 ff HAG-DVO). Bei **Leiharbeitnehmern** sind in den schriftlichen Nachweis der wesentlichen Vertragsbedingungen zusätzlich aufzunehmen: Firma und Anschrift des Verleihers, die Erlaubnisbehörde, Ort und Dauer der Erlaubnis sowie Art und Höhe der Leistungen für Zeiten, in denen der LeihArbN nicht verliehen ist (§ 11 Abs 1 AÜG); **Auszubildende** erhalten eine Niederschrift über die Bedingungen des Ausbildungsvertrags (§ 11 Abs 3 BBiG; s *Ausbildungsverhältnis* Rz 9). Die Urkunde über ein vereinbartes Wettbewerbsverbot muss dem ArbN ausgehändigt werden (§ 74 Abs 1 HGB); andernfalls ist die Abrede unverbindlich (*Wettbewerbsverbot* Rz 8). Zum vorgeschriebenen **schriftlichen Nachweis** der Arbeitsbedingungen s *Arbeitsvertrag* Rz 44 ff. Jede Partei kann und sollte zum Nachweis die Quittierung der ausgehändigten Arbeitspapiere verlangen (§ 368 BGB).

Die **Verletzung von Aushändigungspflichten** ist für die Rechtswirksamkeit des ge- 4 schlossenen Arbeitsvertrags idR ohne Bedeutung. Das Fehlen von Gesundheitszeugnis oder Arbeitserlaubnis (jetzt: Aufenthaltstitel s *Ausländer*) führt weder wegen eines Gesetzesverstoßes zur Nichtigkeit des Vertrages (§ 134 BGB) noch zur schwebenden Rechtsunwirksamkeit; es begründet vielmehr ein **Beschäftigungsverbot** (BAG 2.3.71 – 1 AZR 227/70, DB 71, 1530 zum Gesundheitszeugnis; BAG 13.1.77 – 2 AZR 423/75, DB 77, 917 zur Arbeitserlaubnis). Die Verletzung der Aushändigungspflicht des ArbN kann ggf eine ordentliche verhaltensbedingte oder gar eine fristlose Kündigung rechtfertigen (*APS/Dörner/Vossen* KSchG § 1 Rn 293; *APS/Dörner/Vossen* BGB § 626 Rn 196).

3. Verwahrungspflicht. Der ArbGeb hat die Arbeitspapiere ordnungsgemäß zu verwah- 5 ren; geraten sie in Verlust und kann er sie deshalb nicht herausgeben, muss er im Wege des Schadensersatzes an der Beschaffung von Ersatzpapieren mitwirken und hat die hierdurch entstehenden Kosten, einschließlich eines etwaigen Verdienstausfalls des ArbN, zu tragen (§§ 276, 280, 249 BGB). Für das Verschulden seiner Erfüllungsgehilfen (Personalsachbearbeiter, Steuerberater) hat er einzustehen (§ 278 BGB).

4. Beendigung des Arbeitsverhältnisses. a) Grundregel. Mit dem Ende des Arbeits- 6 verhältnisses hat der ArbGeb aufgrund arbeitsvertraglicher Nebenpflicht (§ 241 BGB) die Arbeitspapiere sorgfältig und richtig zu erstellen und dem ArbN herauszugeben (vgl BAG 20.2.97 – 8 AZR 121/95, NZA 97, 880). Hierzu gehören mit Ausnahme des Lebenslaufes und der Bewerbung alle vom ArbN zu Beginn überlassenen Arbeitspapiere. Hinzu kommen die LStBescheinigung, das *Zeugnis* (§§ 109 GewO, 16 BBiG), die *Arbeitsbescheinigung* zur Vorlage bei der Agentur für Arbeit (§ 312 SGB III und § 312a SGB III) und die Urlaubsbescheinigung (§ 6 Abs 2 BUrlG). Dem ArbN sind außerdem die Meldungen an den SozVTräger zu überlassen (s *Meldepflichten Arbeitgeber* Rz 22).

7 **b) Fälligkeit.** Die Arbeitspapiere sind grds mit der **tatsächlichen Beendigung** des Arbeitsverhältnisses zu erstellen und herauszugeben, also mit Beschäftigungsende, Ablauf eines Schlussurlaubs oder einer Freistellung. Bei ordentlicher Kündigung oder befristetem Vertrag fallen tatsächliche und rechtliche Beendigung regelmäßig zusammen. Ein Streit über das rechtliche Enddatum oder über den Inhalt der Arbeitspapiere schiebt die Fälligkeit nicht hinaus (BAG 27.2.87 – 5 AZR 710/85, DB 87, 1845 zum Arbeitszeugnis): Die Arbeitspapiere sind nach dem Kenntnisstand des ArbGeb abzuschließen und am letzten Arbeitstag für den ArbN bereitzuhalten. Das gilt auch bei laufendem **Kündigungsschutzprozess.** Ebensowenig verlagert sich der Fälligkeitstermin, wenn der ArbN vor seinem Ausscheiden im Erholungsurlaub oder unwiderruflich beurlaubt ist; ein Anspruch auf vorzeitige Rückgabe besteht nicht. Kann der (einzutragende) Verdienst noch nicht abschließend ermittelt werden, zB wegen eines laufenden Gruppenakkords, sind die hiervon nicht betroffenen Unterlagen fertigzustellen und dem ArbN mit einer **Zwischenbescheinigung,** die die wesentlichen Daten enthält, herauszugeben. Die ausstehenden Arbeitspapiere sind innerhalb des betriebsüblichen Abrechnungszeitraums nachzureichen.

8 Endet die tatsächliche Beschäftigung **unerwartet vorzeitig** durch Vertragsbruch des ArbN oder fristlose Kündigung einer Seite, ist der ArbGeb idR nicht in der Lage, tagggleich die ordnungsgemäß ausgefüllten Arbeitspapiere herauszugeben. Er ist dann gehalten, das innerhalb einer angemessenen, nach den Umständen des Einzelfalls zu bemessenden Frist ohne Zögern zu erledigen (LAG Frankfurt 1.3.84 – 10 Sa 858/83, DB 84, 2200). Hierfür wird regelmäßig der nächstfolgende betriebsübliche Abrechnungstermin genutzt werden können und müssen.

9 **c) Erfüllungsort** für die Herausgabe ist wie auch für die sonstigen Rechte und Pflichten aus dem Arbeitsverhältnis der Ort der Arbeitsstätte (§ 269 BGB; BAG 8.3.95 – 5 AZR 848/93, NZA 95, 671). Die Arbeitspapiere sind vom ArbN oder einem von ihm Bevollmächtigten im **Betrieb** abzuholen. Es bleibt bei der **Holschuld,** wenn die Herausgabe am letzten Arbeitstag aus von dem ArbN zu vertretenden Gründen nicht erfolgen konnte (einhellige Meinung BAG 8.3.95 – 5 AZR 848/93, DB 95, 1518). Die Arbeitspapiere sind dem ArbN zu **übersenden,** wenn der ArbGeb sie aus in seiner Sphäre liegenden Gründen nicht bereitstellen konnte oder ihre Herausgabe verweigert hat **(Schickschuld).** Das gilt nach Treu und Glauben mit Blick auf die allgemeine Rücksichtnahmepflicht (§ 241 BGB) auch, wenn dem ArbN aus persönlichen Gründen wie Krankheit oder weit entferntem Wohnsitz nicht zuzumuten ist, die Arbeitspapiere persönlich oder durch eine Person seines Vertrauens abzuholen. Eine Versendungspflicht besteht auch bei fristloser Kündigung durch den ArbGeb und gleichzeitiger Erteilung eines Hausverbots.

10 **d) Zurückbehaltungsrechte** des ArbGeb an den Arbeitspapieren sind ausgeschlossen, da der ArbN sie zur Vorlage bei einem neuen ArbGeb oder der Agentur für Arbeit benötigt (§ 273 Abs 1 BGB).

11 **e) Fristen.** Hier ist zwischen dem Anspruch des ArbN auf Herausgabe der in seinem Eigentum stehenden Arbeitspapiere und deren Ausfüllung zu unterscheiden. Nach § 195 BGB beträgt die regelmäßige **Verjährungsfrist** für die Ausfüllung seit 1.1.02 drei Jahre, während für die auf Eigentum gestützten Herausgabeansprüche nach § 197 Nr 1 BGB eine Frist von dreißig Jahren besteht. In der Praxis spielen diese Fristen kaum eine Rolle. Tarifvertragliche und arbeitsvertragliche **Ausschlussfristen** erfassen den auf Eigentum gestützten Herausgabeanspruch regelmäßig nicht; das gilt wegen des im öffentlichen Recht wurzelnden Anspruchs des ArbN auf Ausfüllung von LSt- und Arbeitsbescheinigung und deren Bedeutung auch für den Anspruch auf Ausfüllung dieser Arbeitspapiere. Wegen der Fristen für den **Zeugnisanspruch** s *Zeugnis* Rz 14, 15.

12 **f) Schadensersatz.** Unterlassene oder verspätete Herausgabe der Arbeitspapiere verpflichten den ArbGeb nach allgemeinen Grundsätzen zum Schadensersatz aus Verzug (§§ 286, 287, 249 BGB). Er gerät **ohne weitere Mahnung** in Verzug, wenn er bei regelrechter Beendigung des Arbeitsverhältnisses dem am letzten Arbeitstag abholbereit anwesenden ArbN die Arbeitspapiere nicht zur Verfügung stellt. Für die erst nach Beendigung des Arbeitsverhältnisses fällig werdende Schickschuld kommt es auf die Umstände des Einzelfalls an, ob nach Treu und Glauben Verzug auch ohne Mahnung eintritt. Ein gesondertes Herausgabeverlangen ist jedenfalls dann nicht erforderlich, wenn der ArbGeb die Herausgabe endgültig und ernsthaft verweigert hat. Es ist auch entbehrlich, wenn der ArbN bei seinem Abgang ausdrücklich auf die Dringlichkeit der unverzüglichen Übersendung hingewiesen hat.

Zu dem zu **ersetzenden Schaden** gehören neben Aufwendungen für Porti, Telefon uÄ (wegen der Rechtsanwaltskosten s *Rechtsanwaltskosten* Rz 2) auch der Verdienstausfall, den der ArbN erleidet, weil er wegen der fehlenden Arbeitspapiere nicht eingestellt wird oder eine aufgenommene Beschäftigung wieder verliert. Er braucht auf diesen drohenden Schaden nur gesondert hinzuweisen, wenn der entgehende Verdienst seine bisherige Vergütung deutlich überschreitet (§ 254 Abs 2 Satz 1 BGB). 13

Darlegungs- und Beweislast für die den Schadensersatzanspruch begründenden Tatsachen liegen beim **Arbeitnehmer:** Besitz des ArbGeb an den herauszugebenden Arbeitspapieren, Schaden und Ursächlichkeit der unterlassenen oder verspäteten Herausgabe. Beweiserleichterungen für die Kausalität iS einer tatsächlichen Vermutung oder eines entsprechenden Erfahrungssatzes der Folgen fehlender Arbeitspapiere greifen nicht zu seinen Gunsten ein (BAG 16.11.95 – 8 AZR 983/94, ArbuR 96, 195). Sache des **Arbeitgebers** ist es, die rechtzeitige Herausgabe darzulegen und zu beweisen. 14

5. Prozessuales. Nach § 2 Abs 1 Nr 3e ArbGG sind die ArbG ausschließlich zuständig für bürgerlich-rechtliche Streitigkeiten über Arbeitspapiere. Erfasst werden Herausgabe, Ausfüllung und Berichtigung der rein arbeitsrechtlichen Papiere wie Zeugnis, Urlaubsbescheinigung, tarifliche Lohnnachweiskarten, Bewerbungsunterlagen. Bei den **öffentlich-rechtlichen Arbeitspapieren** ist zwischen der öffentlich-rechtlich begründeten Verpflichtung des ArbGeb gegenüber der Finanz- oder der Arbeitsverwaltung oder den SozVTrägern und den bürgerlich-rechtlich bestehenden Pflichten gegenüber dem ArbN zu unterscheiden. Ungeachtet der öffentlich-rechtlichen Rechtsgrundlage hat der ArbGeb dem ArbN die Arbeitspapiere aufgrund arbeitsvertraglicher Nebenpflicht (§ 241 BGB) auszufüllen und herauszugeben (BAG 30.8.00 – 5 AZB 12/00, NZA 00, 1359). Klagen auf Herausgabe und Ausfüllung, also auf Vornahme der Eintragungen mit Stempel/Unterschrift des ArbGeb, sind daher vor dem ArbG zu verfolgen. Das gilt auch für ArbNÄhnliche Personen (BAG 30.8.00 – 5 AZB 12/00, NZA 00, 1359). Der Streit über die vom ArbN verlangte Anmeldung des ArbGeb zum SozVTräger kann wegen der sozialrechtlich geprägten Ausgestaltung des Sachverhalts nicht mit Hilfe des Stichworts „Meldung = Arbeitspapier" vor das ArbG gebracht werden (BAG 5.10.05 – 5 AZR 27/05, NZA 05, 186: Sozialgerichte). **Unzuständig** ist das ArbG auch für Klagen auf **Berichtigung** unrichtiger Eintragungen in der LStBescheinigung; jedenfalls dann, wenn der Streit der Parteien lediglich steuerrechtliche Fragen und nicht direkt oder indirekt arbeitsrechtliche Fragen betrifft (so nun BAG 7.5.13 – 10 AZB 8/13, BeckRS 2013, 69228; bislang schon differenzierend BFH 4.9.08 – VI B 107/07, BeckRS 2008, 25014321, s auch *Lohnsteuerbescheinigung* Rz 2) sowie für die Korrektur der Arbeitsbescheinigung (LSG Berlin-Brandenburg 12.8.10 – L 8 AL 222/10 B, BeckRS 2010, 73340: Sozialgerichte; LAG Köln 19.7.88, DB 88, 60). Der Antrag auf Berichtigung der Meldebescheinigung gem § 25 DEÜV ist iZ als Antrag auf Vornahme einer Korrekturmeldung gegenüber der Einzugsstelle auszulegen, für den die Sozialgerichte zuständig sind (LAG BaWü 2.2.11 – 18 Ta 2/11, BeckRS 2011, 68820). 15

Mit der Klage auf Ausfüllung der Arbeitspapiere kann gleichzeitig beantragt werden, den ArbGeb für den Fall, dass er dem rechtskräftigen Urteil nicht binnen einer festzusetzenden Frist nachkommt, zu einer angemessenen **Entschädigung** zu verurteilen (§ 61 Abs 2 Satz 1 ArbGG). Mit der Entschädigung sind idR sämtliche Schadenersatzansprüche wegen der Nichtherausgabe, auch wegen entgangener LStErstattung, abgegolten (BAG 20.2.97 – 8 AZR 121/95, NZA 97, 880). **Prozesskostenhilfe** wird wegen mutwilliger Rechtsverfolgung (§ 114 ZPO) nicht bewilligt, wenn der ArbN bereits eine Woche nach Beendigung des Arbeitsverhältnisses Herausgabeklage erhebt, ohne die Papiere vorher unter Klageandrohung mit Fristsetzung verlangt zu haben und der ArbGeb den Anspruch nicht bestreitet (LAG Köln 26.11.04 – 4 Ta 377/04, BeckRS 2005, 40658). Die Beiordnung eines Anwalts wird idR bei Herausgabe-/Ausfüllungsklagen nicht erforderlich iSv § 121 ZPO sein (LAG Düsseldorf 9.8.10 – 3 Ta 453/10, BeckRS 2010, 73383). Die **Vollstreckung** des titulierten Anspruchs auf Ausfüllung richtet sich nach § 888 ZPO (Zwangsgeld; LAG Berlin-Bbg 16

47 Arbeitspapiere

4.4.11 – 17 Ta 429/11, BeckRS 2011, 71012), des Anspruchs auf Herausgabe nach § 883 ZPO (Wegnahme durch den Gerichtsvollzieher LAG Köln 3.3.04 – 10 Ta 6/04 BeckRS 2004, 40934). Lautet der Vollstreckungstitel sowohl auf Herausgabe als auch auf Ausfüllung der Arbeitspapiere hat die Vollstreckung sowohl der Ausfüllungs- als auch der Herausgabeverpflichtung gem § 888 ZPO durch Festsetzung eines Zwangsgeldes zu erfolgen (LAG Hamm 8.8.12 – 7 Ta 173/12, BeckRS 2012, 73496; anders noch: LAG Bln 7.1.98 – 9 Ta 1/98, DB 98, 684: zunächst Herausgabevollstreckung). Betrifft der Titel lediglich die Herausgabe, kann er regelmäßig nicht dahin ausgelegt werden, der ArbGeb sei (auch) zur Ausfüllung verurteilt worden (LAG Hbg 3.9.08 – 6 Ta 27/07 BeckRS 2008, 56544). Eine Vollstreckung ist ausgeschlossen, wenn dem ArbGeb die Leistung unmöglich ist (LAG SchlH 22.12.09 – 6 Ta 160/09, BeckRS 2010, 66771). Die Erteilung einer Lohnabrechnung ist ebenfalls eine unvertretbare Handlung und gem § 888 ZPO zu vollstrecken (BAG 7.9.09 – 3 AZB 19/09, NZA 10, 61).

Der Anspruch auf Herausgabe der (ausgefüllten) Arbeitspapiere kann im Wege der **einstweiligen Verfügung** durchgesetzt werden. Da dem ArbGeb kein Zurückbehaltungsrecht zusteht, wird idR ein Verfügungsgrund gegeben sein, wenn der ArbN darlegt, er habe sie trotz Beendigung des Arbeitsverhältnisses und Anforderung nicht erhalten.

B. Lohnsteuerrecht *Seidel*

17 **1. Arbeitspapiere.** Zu diesen gehören nach Einführung der elektronischen LStKarte bzw der ELStAM (s *Lohnsteuerabzugsmerkmale* Rz 2 ff) aus steuerrechtlicher Sicht noch die LStBescheinigung sowie die Ersatzbescheinigung, die seit **2004** regelmäßig elektronisch durch Datenübermittlung an das BetriebsstättenFA erfolgt (s *Lohnsteuerbescheinigung* Rz 2 ff). Für Streitigkeiten über Arbeitspapiere zwischen ArbN und ArbGeb ist das ArbG zuständig (§ 2 Abs 1 Nr 3e ArbGG). Allerdings kann der ArbN, wenn die LStBescheinigung unrichtig ausgefüllt ist, das FA informieren, das eine ordnungsgemäße LStBescheinigung erzwingen kann (§§ 328 ff AO; s *Schaub* § 149 II Nr 5 Rz 13). Abzulehnen ist mE aber die Auffassung von *Schaub* (§ 149 II Nr 5 Rz 13), dass der ArbN bei Untätigkeit des FA gegen dieses vor dem FG Klage erheben kann, um ein Tätigwerden des FA zu erreichen. Vielmehr muss es hier bei der Zuständigkeit des ArbG verbleiben, da es sich um eine Streitigkeit zwischen ArbN und ArbGeb handelt. Der ArbN hat gegen den ArbGeb einen Anspruch auf Erteilung, Ergänzung oder Berichtigung der LStBescheinigung (s auch *Schmidt/Krüger* § 41b Rz 2; BFH 29.6.93, BStBl II 93, 760; s *Lohnsteuerbescheinigung* Rz 29, dort auch zur abweichenden Auffassung des BAG; s auch oben Rz 15).

18 **2. Schadensersatz.** Zur lohnsteuerlichen Behandlung von Schadensersatzleistungen des ArbGeb an den ArbN (s oben Rz 12 ff) s *Arbeitgeberhaftung* Rz 19 ff sowie *Arbeitsentgelt* Rz 54 ff; zu Rechtsanwaltskosten s *Rechtsanwaltskosten* Rz 22. Werden dem ArbGeb gegenüber öffentlich-rechtliche Schadensersatzansprüche geltend gemacht (s unten Rz 19), stellen diesbezügliche Zahlungen Betriebsausgaben des ArbGeb dar. Bußgelder gegen den ArbGeb sind dagegen nicht als Betriebsausgaben abzugsfähig (§ 4 Abs 5 Nr 8 EStG).

C. Sozialversicherungsrecht *Voelzke*

19 **1. Allgemeines.** ArbGeb und ArbN werden in vielfältiger Weise zur Durchführung der SozV „indienstgenommen". Die hierzu gesetzlich vorgesehenen Mitteilungs- und Nachweispflichten sind idR förmlich durch Verwendung bestimmter Vordrucke zu erfüllen. Gemeinsames Merkmal der in den einzelnen Leistungsgesetzen enthaltenen Verpflichtungen zur Bescheinigung und Vorlage mittels bestimmter Vordrucke zum Nachweis der für das Leistungs- und Beitragsverfahren erheblichen Tatsachen ist der öffentlich-rechtliche Charakter der Rechtsbeziehungen. Als Sanktion für eine Verletzung der Pflichten sind deshalb nicht nur öffentlich-rechtliche Schadensersatzansprüche vorgesehen, sondern die Pflichtverletzung kann auch die Verhängung eines Bußgeldes nach sich ziehen.

20 **2. Einzelne Bescheinigungs- und Vorlagepflichten.** Die nachfolgende Übersicht beschränkt sich auf die für die Durchführung der SozV erheblichen Arbeitspapiere, denen im Zusammenhang mit Beginn oder Beendigung eines beitragspflichtigen Beschäftigungsverhältnisses Bedeutung zukommt.

a) **Arbeitsbescheinigung.** Bei Beendigung des Beschäftigungsverhältnisses – und nicht 21 nur auf Verlangen – hat der ArbGeb auf dem von der BA vorgesehenen Vordruck die Tatsachen, die für die Entscheidung über den AlGeldAnspruch erheblich sein können, zu bescheinigen und diese Arbeitsbescheinigung dem ArbN auszuhändigen (§ 312 Abs 1 SGB III). Die Arbeitsbescheinigung ist für die Gewährung der Leistungen AlGeld und Übergangsgeld von Bedeutung (Näheres: *Arbeitsbescheinigung* Rz 17 ff). Während die Arbeitsbescheinigung nach dem SGB III bei Beendigung des Beschäftigungsverhältnisses ohne besondere Aufforderung durch die Agentur für Arbeit zu erstellen ist, entsteht die Auskunftspflicht nach dem SGB II nur auf Verlangen der Agentur (zum Inhalt der Auskunftspflicht *Schlegel/Voelzke/ Meyerhoff* SGB II, § 57 Rz 26 ff).

b) **Vorausbescheinigung über Arbeitsentgelt.** Nach § 194 SGB VI haben ArbGeb auf 22 Verlangen des Rentenantragstellers die beitragspflichtigen Einnahmen für abgelaufene Zeiträume frühestens drei Monate vor Rentenbeginn gesondert zu melden. Die Vorausbescheinigung dient der Beschleunigung des Rentenverfahrens, da nicht abgewertet werden muss, bis das tatsächlich erzielte Arbeitsentgelt bekannt ist (*Schlegel/Voelzke/Wissing* SGB VI, § 194 Rz 16). Der ArbGeb muss trotz der erteilten Vorausbescheinigung die Meldungen nach § 28a SGB IV für die restliche Beschäftigungszeit erstatten. Die Beitragsberechnung erfolgt nach dem tatsächlich erzielten, nicht nach dem vorausbescheinigten Arbeitsentgelt. Der RVTräger darf auf der Grundlage der Entgeltvorausbescheinigung die Höhe des Altersruhegeldes endgültig festsetzen. Soweit das tatsächliche Arbeitsentgelt von dem vorausbescheinigten abweicht, ist der RVTräger auf Verlangen des Versicherten verpflichtet, im Übrigen berechtigt, den Zahlbetrag des Altersruhegeldes insoweit abzuändern (BSG 16.11.95 – 4 RA 48/93, SozR 3–2200 § 1401 Nr 1).

c) **Sozialversicherungsausweis.** Zu den ArbGeb und ArbN im Zusammenhang mit 23 dem SozVAusweis treffenden Verpflichtungen s *Sozialversicherungsausweis* Rz 9 ff.

3. Unfallversicherung. Handlungen des ArbN, die mit dem Beschaffen oder Überbrin- 24 gen von Arbeitspapieren in einem inneren Zusammenhang stehen, unterstehen regelmäßig dem Schutz der gesetzlichen UV. Unversichert bleiben Tätigkeiten, wenn sie der Arbeitssuche oder der Arbeitsaufnahme dienen (vgl BSG 12.10.73, BSGE 36, 222 zur Aufenthaltserlaubnis; BSG 15.12.59, BSGE 11, 154 zur Lohnsteuerkarte). Hingegen steht der Weg zu einem früheren ArbGeb zum Zwecke der Abholung der Arbeitspapiere unter Versicherungsschutz, soweit damit eine (vermeintliche) Nebenpflicht aus dem Beschäftigungsverhältnis erfüllt wird oder betriebsbezogene Rechte aus dem Beschäftigungsverhältnis wahrgenommen werden. Hierzu gehört das Verlangen gegenüber dem ArbGeb nach einer Vorausbescheinigung iS des § 194 SGB VI (s oben Rz 22) nicht (BSG 15.5.12 – B 2 U 8/11 R, SozR 4–2700 § 2 Nr 20).

Arbeitspflicht

A. Arbeitsrecht *Kreitner*

1. Rechtsgrundlage. Die Arbeitspflicht stellt die Hauptleistungspflicht des ArbN aus 1 dem Arbeitsvertrag dar, die mit der Vergütungspflicht als arbeitgeberseitige Hauptleistungspflicht korrespondiert (§ 611 Abs 1 BGB). Die Arbeitspflicht beruht auf dem individuellen Arbeitsvertrag, kann jedoch durch Gesetz, Tarifvertrag oder Betriebsvereinbarung eingeschränkt werden. Im Arbeitsvertrag wird die zu erbringende Arbeitsleistung regelmäßig nur schlagwortartig festgelegt (zB Beschäftigung als Maschinenarbeiter, Produktionshelfer, kaufmännischer Angestellter etc). Der Umfang der Arbeitspflicht kann durch eine Bezugnahme auf den arbeitszeitrechtlich zulässigen Rahmen vereinbart werden (BAG 18.4.12 – 5 AZR 195/11, NZA 12, 796). Die nähere Ausfüllung erfolgt im Einzelfall durch entsprechende Weisungen des ArbGeb (Näheres s *Weisungsrecht* Rz 3). Aus der Pflicht des ArbN zur Arbeitsleistung resultiert unter bestimmten Voraussetzungen ein Anspruch auf Beschäftigung bzw Weiterbeschäftigung gegenüber dem ArbGeb (Näheres s *Beschäftigungsanspruch* Rz 2 und *Weiterbeschäftigungsanspruch* Rz 11 ff).

48 Arbeitspflicht

2. Arbeitnehmer. a) Persönliche Dienstleistungspflicht. Nach der gesetzlichen Auslegungsregel des § 613 Satz 1 BGB ist die vertraglich geschuldete Arbeitsleistung grds vom ArbN persönlich zu erbringen. Dies bedeutet, dass der ArbN einerseits nicht berechtigt ist, seine Dienste durch einen Dritten ausführen zu lassen, andererseits aber auch eine Verpflichtung des ArbN zur Ersatzgestellung bei Ausfall seiner Arbeitskraft nicht besteht. Ist der ArbN zB durch Krankheit, Urlaub oder wegen eines bestehenden Leistungsverweigerungsrechts an der Erbringung der Arbeitsleistung verhindert, obliegt es allein dem ArbGeb durch Vertretungsregelungen uä für einen möglichst reibungslosen Arbeitsablauf zu sorgen.

Wegen des höchstpersönlichen Charakters der Arbeitspflicht enden mit dem **Tod des Arbeitnehmers** die aus der Arbeitspflicht resultierenden Verpflichtungen des ArbN. Die Erben sind lediglich zur Erfüllung einzelner vertraglicher Nebenpflichten wie Herausgabe der Arbeitsmittel und Arbeitskleidung uä verpflichtet. Eine Fortsetzung des Arbeitsverhältnisses kann von ihnen nicht verlangt werden.

b) Rechtsfolgen bei Verstoß des Arbeitnehmers. Handelt der ArbN seiner Verpflichtung zur Erbringung der Arbeitsleistung in Person zuwider und beauftragt ohne Wissen des ArbGeb einen **Dritten** mit der Erfüllung seiner arbeitsvertraglichen Pflichten, so haftet er gegenüber dem ArbGeb für das Verhalten des Dritten gem § 278 BGB.

Erleidet der ArbGeb zB durch eine unsachgemäße Leistung des Dritten einen Schaden, ist der ArbN wegen Schlechterfüllung des eigenen Arbeitsvertrages zum **Ersatz des Schadens** verpflichtet. Daneben kommt der Ausspruch einer **Abmahnung** bzw in gravierenden Fällen sowie im Wiederholungsfall eine verhaltensbedingte **Kündigung** des ArbN in Betracht. Durch die unberechtigte Tätigkeit des Dritten ohne Wissen des ArbGeb entsteht zwischen diesen beiden Personen kein Vertragsverhältnis. Vertragspartner des Dritten insbesondere in Bezug auf Lohnzahlungsansprüche und sonstige Leistungen ist allein der ArbN.

c) Gesetzliche Befreiung von der Arbeitspflicht. Oftmals ist der ArbN schuldlos an der Erbringung seiner Arbeitsleistung gehindert. Hier ordnet § 616 Satz 1 BGB an, dass der ArbGeb zur Fortzahlung der Vergütung verpflichtet bleibt, obwohl eine Arbeitspflicht nicht besteht (Näheres s *Arbeitsverhinderung* Rz 1 ff). Gleiches gilt zB für Urlaub und Krankheit des ArbN.

Ferner greifen unter bestimmten Voraussetzungen ausdrückliche gesetzliche **Beschäftigungsverbote** ein, die dem ArbN die Ausübung seiner vertraglich geschuldeten Tätigkeit untersagen. Schließlich können im Einzelfall **Leistungsverweigerungsrechte** des ArbN zum Tragen kommen, deren Ausübung ebenfalls den ArbN von der Arbeitspflicht unter Fortbestand des Vergütungsanspruchs entbinden. Einen Sonderfall bildet die Suspendierung der arbeitsvertraglichen Hauptpflichten im Arbeitskampf (s *Arbeitskampf (Vergütung)* Rz 16).

d) Anderweitige Vereinbarung im Sinne des § 613 Satz 1 BGB. Als Auslegungsregel unterliegt § 613 Satz 1 BGB der Dispositionsbefugnis der Arbeitsvertragsparteien und ist daher vertraglich **abdingbar.** Über die gesetzlichen Befreiungstatbestände hinaus haben ArbGeb und ArbN die Möglichkeit, den ArbN entweder für näher bestimmte Einzelfälle oder generell von der Verpflichtung zur persönlichen Arbeitsleistung zu entbinden und ihm zu gestatten, ganz oder zum Teil **eigene Hilfskräfte** einzusetzen. Das kann sowohl ausdrücklich als auch konkludent geschehen, sollte jedoch aus Gründen der Rechtssicherheit regelmäßig in ausdrücklicher Form vertraglich vereinbart werden.

Unter Umständen kann auch eine **einseitige Entbindung** des ArbN von seiner Pflicht zur Erbringung der Arbeitsleistung in Betracht kommen (Näheres s *Freistellung von der Arbeit* Rz 13 ff).

Auch im Fall des berechtigten Einsatzes Dritter zur Erfüllung der Arbeitspflicht des ArbN ist die Rechtsstellung des Dritten durch seine vertraglichen Beziehungen zum ArbN gekennzeichnet. Unmittelbare vertragliche Beziehungen zum ArbGeb bestehen nicht. Vielmehr handelt es sich um ein mittelbares Arbeitsverhältnis (s *Mittelbares Arbeitsverhältnis* Rz 2 ff), bei dem ähnlich wie im normalen Arbeitsverhältnis bestimmte Schutz- und Fürsorgepflichten des ArbGeb zum Tragen kommen. Je nach vertraglicher Ausgestaltung im Einzelfall kann auch ein sog *Gruppenarbeitsverhältnis* (s dort) vorliegen.

Hinsichtlich der **Haftung** des ArbN für Schlechtleistungen des Dritten gilt vorbehaltlich anderer Vereinbarungen der Parteien das oben für den Fall des unberechtigten Einsatzes Dritter Gesagte entsprechend (s oben Rz 4–5). Die besonderen Haftungsgrundsätze der Arbeitnehmerhaftung (s *Arbeitnehmerhaftung* Rz 3 ff, 8 ff) finden Anwendung.

Arbeitspflicht 48

e) Inhalt der Arbeitspflicht. Der ArbN schuldet nicht die Erbringung eines bestimmten **12** Arbeitserfolges. Dies ist Ausfluss des personenbezogenen Charakters des Arbeitsverhältnisses wie er in § 613 BGB zum Ausdruck kommt. Der ArbN ist lediglich verpflichtet, dem ArbGeb seine Arbeitskraft nach dessen Weisungen zur Verfügung zu stellen.

Hieraus folgt, dass insbesondere hinsichtlich der **Arbeitsintensität** von einem individuel- **13** len Leistungsmaßstab auszugehen ist. Maßgeblich für die Beurteilung der Arbeitsleistung ist nach ganz hM nicht eine arbeitswissenschaftlich ermittelte Normal- oder Durchschnittsleistung an einem bestimmten Arbeitsplatz, sondern allein das persönliche Leistungsvermögen des ArbN. Gleiches gilt in Bezug auf die **Arbeitsqualität.** Auch insoweit ist ein individueller Maßstab anzulegen, wobei jedoch von dem ArbN verlangt wird, dass er die ihm übertragenen Arbeiten sorgfältig und konzentriert unter Anspannung der möglichen Fertigkeiten verrichtet. Der ArbN muss tun was er soll, und zwar so gut wie er kann (BAG 11.12.03 – 2 AZR 667/02, NZA 04, 784; 17.1.08 – 2 AZR 536/06, NZA 08, 693).

Demgemäß ist es dem ArbN grds gestattet **Nebentätigkeiten** auszuüben, soweit hier- **14** durch keine Beeinträchtigung der vertraglich geschuldeten Tätigkeit entsteht (Näheres s *Nebentätigkeit* Rz 3).

Schlechtleistungen des ArbN berechtigen den ArbGeb je nach Lage des Einzelfalles zu **15** Lohnminderungen oder zur Geltendmachung von Schadensersatzansprüchen (s *Vertragsbruch* Rz 8). Darüber hinaus können sie Abmahnungen oder die Kündigung des Arbeitsverhältnisses zur Folge haben (vgl BAG 11.12.03 – 2 AZR 667/02, NZA 04, 784; 3.6.04 – 2 AZR 386/03, NZA 04, 1380; 17.1.08 – 2 AZR 536/06, NZA 08, 693).

3. Arbeitgeber. a) Persönlicher Dienstleistungsanspruch. In § 613 Satz 2 BGB ist **16** eine weitere Auslegungsregel enthalten, wonach der Anspruch auf die Dienstleistung im Zweifel **nicht übertragbar** ist. Bedingt der personale Charakter des Arbeitsverhältnisses auf der einen Seite die Verpflichtung des ArbN zur persönlichen Erbringung der Arbeitsleistung, so entspricht dem aufseiten des ArbGeb die ausgeschlossene Übertragbarkeit des Dienstleistungsanspruchs.

Hiervon unberührt bleibt die Frage der **Vererbbarkeit** des Anspruchs auf die Arbeits- **17** leistung. Nach den allgemeinen Vorschriften des Erbrechts (§§ 1922, 1967 ff BGB) tritt der Erbe regelmäßig in die ArbGebStellung des Erblassers ein. Umstritten ist die Rechtslage lediglich bei Arbeitsverhältnissen, die einen besonderen Bezug zu der Person des ArbGeb haben (zB Krankenpfleger, Privatsekretär, Privatlehrer). Richtigerweise kommt es auch in diesen Fällen zu einem Übergang der ArbGebStellung auf den Erben, der jedoch eine ordentliche personenbedingte Kündigung aussprechen kann (aA *Schaub/Linck* § 45 Rz 8; *Staudinger/Richardi* § 613 Rz 17: Ende des Arbeitsverhältnisses mit dem Tod des ArbGeb).

b) Anderweitige Vereinbarung im Sinne des § 613 Satz 2 BGB. Auch hinsichtlich **18** der Person des Empfängers der Arbeitsleistung können die Parteien von § 613 Satz 2 BGB abweichende Vereinbarungen treffen. Regelmäßig ist dies bei sog **Montagearbeitern** der Fall. Jedoch auch im Rahmen sonstiger Arbeitsverhältnisse kann eine Leistungserbringung zugunsten dritter Personen oder Unternehmen vereinbart werden. In diesen Fällen bestehen ähnlich wie beim Einsatz von Hilfskräften durch den ArbN (s oben Rz 8) Schutz- und Fürsorgepflichten des Dritten.

Im **Baugewerbe** kann gem § 9 Bundesrahmentarifvertrag der ArbGeb den ArbN zur **19** Arbeitsleistung in einer ARGE, an der der ArbGeb beteiligt ist, freistellen. Nach § 9 Ziff 2 Bundesrahmentarifvertrag ruht für die Dauer der Freistellung das Arbeitsverhältnis des ArbN zum Stammbetrieb und der ArbN tritt mit Aufnahme der Arbeit in ein Arbeitsverhältnis zur ARGE. Diese ist ihm gegenüber zur Erfüllung der tariflichen Ansprüche verpflichtet. Mit Beendigung des Arbeitsverhältnisses zur ARGE lebt sodann das Arbeitsverhältnis zum Stammbetrieb wieder auf (Näheres s *Arbeitsgemeinschaft (ARGE)* Rz 12–15).

4. Prozessuales. Die vertragliche Verpflichtung des ArbN zur Arbeitsleistung kann vom **20** ArbGeb als arbeitsvertraglicher **Erfüllungsanspruch** ggf klageweise geltend gemacht werden. Unter den Voraussetzungen der §§ 258, 259 ZPO ist auch eine **Klage auf zukünftige Leistung** möglich.

Die **Zwangsvollstreckung** erfolgt gem §§ 887, 888 ZPO. Für die Abgrenzung der **21** Anwendungsbereiche beider Vorschriften ist maßgeblich, ob die Arbeitsleistung eine vertretbare oder unvertretbare Handlung iSd Vorschriften darstellt. Die Meinungen im Schrifttum

48 Arbeitspflicht

hierüber sind geteilt. Während das arbeitsrechtliche Schrifttum den personalen Charakter der Dienstleistung betont und damit grds von einer unvertretbaren Handlung ausgeht (*MüKo/ Müller-Glöge* § 611 Rz 1033; *Staudinger/Richardi* § 611 Rz 306; *Germelmann/Matthes/Prütting/Müller-Glöge* § 62 Rz 62), unterscheiden die meist prozessrechtlichen Autoren nach der Art der Arbeitsleistung und lassen zB bei rein mechanischen Verrichtungen die Zwangsvollstreckung nach § 887 ZPO zu (*Grunsky* § 62 Rz 13). Richtigerweise sollte man die vollstreckungsrechtliche Einordnung entsprechend der Verpflichtung des ArbN zur Erbringung der Arbeitsleistung in Person vornehmen. Nur, wenn dem ArbN ausnahmsweise der Einsatz dritter Personen gestattet ist (s oben Rz 8), kann daher von einer vertretbaren Handlung ausgegangen werden. In der weitaus überwiegenden Zahl der Fälle ist dementsprechend die Zwangsvollstreckung gem § 888 Abs 2 BGB ausgeschlossen.

In jedem Fall besteht allerdings für den ArbGeb die Möglichkeit, gleichzeitig mit dem Leistungsantrag gem § 61 Abs 2 ArbGG durch das ArbG eine Entschädigung festsetzen zu lassen für den Fall, dass der ArbN seiner Leistungsverpflichtung nicht nachkommt. Die Vollstreckungsbarriere des § 888 Abs 2 ZPO besteht insoweit nicht (LAG Bln 6.6.86, BB 86, 1368).

22 In Eilfällen kommt eine **einstweilige Verfügung** nicht in Betracht. Diese ist unzulässig, da eine Sicherung der Rechtsverwirklichung im Hauptsacheverfahren wegen fehlender Vollstreckbarkeit nicht erreichbar ist (LAG Hbg 18.7.02 – 3 Ta 18/02, DB 02, 2003; *Germelmann/Matthes/Prütting/Müller-Glöge* § 62 Rz 106). Ein demgegenüber zulässiger Antrag nach § 61 Abs 2 ArbGG ist idR unbegründet, da es regelmäßig an einem entsprechenden Verfügungsgrund für den Entschädigungsanspruch fehlen dürfte (*Germelmann/Matthes/ Prütting/Müller-Glöge* § 61 Rz 28; *Zöller/Vollkommer* § 940 Rz 8 „Arbeitsrecht"; aA LAG Frankfurt 19.10.89, NZA 90, 614 [LS]). Vgl auch *Vertragsbruch* Rz 3, 4.

23 **5. Mitbestimmungsrechte des Betriebsrats** bestehen hinsichtlich der Konkretisierung und unmittelbaren Ausgestaltung der Arbeitspflicht nicht. Nach § 87 Abs 1 Nr 1 BetrVG ist nur das sog Ordnungsverhalten der ArbN im Betrieb mitbestimmungspflichtig (Näheres s *Betriebsordnung* Rz 4).

B. Lohnsteuerrecht *Windsheimer*

24 Unabhängig von der vom ArbN zu erbringenden Arbeitsleistung als Kennzeichen für ArbN-Eigenschaft (BFH 10.10.05 – VI R 152/01, DStR 05, 1982; s *Arbeitnehmer (Begriff)* Rz 30) ist für die Besteuerung allein die Lohnzahlung, dh der Zufluss des Lohns beim ArbN, entscheidend (§ 11 Abs 1 EStG; § 2 LStDV; s *Lohnzufluss* Rz 2 ff). Das bedeutet: LStPflicht bei Lohnzahlung, auch wenn die geschuldete Arbeitsleistung nicht erbracht worden ist, zB bei Urlaub, Krankheit, Suspendierung vom Dienst; umgekehrt: keine LSt, wenn der Lohn trotz erbrachter Arbeitsleistung nicht zur Auszahlung gelangt ist, zB mangels Liquidität des ArbGeb, Insolvenz des ArbGeb; s aber *Aufrechnung* Rz 15 ff sowie *Arbeitskampf (Vergütung)* Rz 24 ff.

25 Schaltet der ArbN zur Erfüllung seiner Dienstpflicht einen **Dritten** ein, hängen die lohnsteuerlichen Folgen von der tatsächlichen Durchführung des vereinbarten Vertragsverhältnisses ab. Bei Einschaltung des Dritten mit Wissen des ArbGeb liegt ein mittelbares Arbeitsverhältnis vor (s *Mittelbares Arbeitsverhältnis* Rz 21). Bei Einschaltung des Dritten ohne Wissen oder gegen den Willen des ArbGeb gehen dessen lohnsteuerliche Pflichten auf den einschaltenden ArbN über, wenn zwischen diesen ein Arbeitsverhältnis vorliegt (s im Übrigen *Arbeitnehmerüberlassung/Zeitarbeit* Rz 71 ff, *Gruppenarbeitsverhältnis* Rz 33 ff). Zu einem **Unterarbeitsverhältnis** zwischen **Ehegatten** s *Familiäre Mitarbeit* Rz 30; *Mittelbares Arbeitsverhältnis* Rz 21.

26 Sind Personen im Rahmen eines **besonderen Gewaltverhältnisses** zur Verrichtung einer Arbeitsleistung verpflichtet, für die sie Geld erhalten, zB Wehrpflichtige, Gefängnisinsassen, aber auch Laienrichter, Wahlhelfer, Verrichtung von Hand- und Spanndiensten nach kommunalrechtlichen Vorschriften, Ein-Euro-Job, ist umstritten, ob ein stpfl Arbeitsverhältnis vorliegt (s *Arbeitnehmer (Begriff)* Rz 40; FG Bbg 17.5.01 – 6 K 331/00, EFG 01, 1280; offengelassen von BFH 16.12.03 – VII R 24/02, BStBl II 04, 389). S auch *Ehrenamtliche Tätigkeit* Rz 11 ff.

C. Sozialversicherungsrecht *Ruppelt*

Die **Beitragspflicht zur Sozialversicherung** knüpft allein an den **Anspruch** auf **Ar-** 27
beitsentgelt an (vgl im Einzelnen *Sozialversicherungsbeiträge* Rz 22 ff). Soweit eine **Verpflichtung** zu einer Arbeits- oder Dienstleistung auf Grund besonderer Vorschriften besteht (s Rz 26) und hierfür eine Vergütung gezahlt wird, liegt ein sozialversicherungspflichtiges Beschäftigungsverhältnis idR nicht vor.

Arbeitsplatzbeschreibung

A. Arbeitsrecht *Poeche*

1. Gegenstand der Arbeitsplatzbeschreibung sind die Verhältnisse eines Arbeitsplatzes, 1
wie sie sich tatsächlich darstellen. Erfasst werden sowohl die Tätigkeiten und Leistungen des ArbN in seinem Aufgabenbereich, seine organisatorische Einbindung in den Betriebsablauf wie auch die äußeren Umstände, unter denen die Arbeit erbracht wird. Sie gibt als idR organisatorisches Hilfsmittel des ArbGeb den **Ist-Zustand** eines Arbeitsplatzes wider und unterscheidet sich damit von der Stellenbeschreibung als der abstrakten Vorgabe des ArbGeb von einer bestimmten Stelle; im Idealfall decken sich beide (vgl *Stellenbeschreibung* Rz 2). Teils werden die Begriffe auch synonym verwandt (vgl *Richter* AuA 04, 25; 05, 282). Mit einer Arbeitsplatzbeschreibung erfüllt der ArbGeb seine Pflicht, die vom ArbN zu leistende Tätigkeit nach § 2 Abs 1 Satz 2 Nr 5 NachwG kurz zu charakterisieren oder zu beschreiben. Gleiches gilt für eine *Stellenbeschreibung* oder eine *Ausschreibung* (BAG 8.6.05 – 4 AZR 406/04, NZA 06, 53; Näheres *Arbeitsvertrag* Rz 44 ff).

2. Anwendungsbereich. a) Eingruppierung. Arbeitsplatzbeschreibungen dienen idR 2
dazu, das dem ArbN zustehende Entgelt zu ermitteln. Insbesondere im öffentlichen Dienst sind sie gebräuchlich, bieten sich aber auch in der privaten Wirtschaft an, um ArbN sachgerecht eingruppieren zu können. Ihr Inhalt richtet sich nach den jeweils maßgeblichen Tätigkeitsmerkmalen. Regelmäßig enthalten sie eine stichwortartige Darstellung der übertragenen Aufgabe, der in diesem Zusammenhang anfallenden Tätigkeiten und der Anteile der jeweils aufgewendeten Arbeitszeit, Angaben zum Schwierigkeitsgrad und zur Art und Weise der Erledigung (zB nach Einzelanweisung, Richtlinien oder selbstständig). Sie geben Aufschluss über Unter- und Überordnungsverhältnisse, einzusetzende Fachkenntnisse, Befähigungen und Eigenschaften. Je nach Erfordernis sind die äußeren Arbeitsbedingungen dann aufzunehmen, wenn sie tarifliche Auswirkungen haben können (Zahlung von Lärm- oder sonstigen Zulagen). Im Rechtsstreit kommt der Arbeitsplatzbeschreibung die Qualität einer **Privaturkunde** iSd § 416 ZPO zu und kann verwertet werden (BAG 1.9.82 – 4 AZR 1134/79, AP 68 zu §§ 22, 23 BAT 75).

Der ArbN kann zu dem Gespräch über den Inhalt einer eingruppierungsrelevanten Arbeitsplatz-/Tätigkeitsbeschreibung ein BRatMitglied heranziehen. Gegenstand des Gesprächs ist dann das Arbeitsentgelt iSv § 82 Abs 2 Satz 1 Alt 1 BetrVG (BAG 20.4.10 – 1 ABR 85/08, NZA 10, 1307 mit Anm *Brodtrück* ArbRAktuell 10, 403).

b) Betriebsübergang/Versetzung. Weiter gehende tatsächliche Bedeutung kann die 3
Arbeitsplatzbeschreibung gewinnen, wenn es um die Abgrenzung geht, ob ein ArbN von einer Teilbetriebsnachfolge iSd § 613a BGB betroffen ist (s *Betriebsübergang* Rz 7 ff) oder die Zuweisung anderer Arbeit sich als Versetzung gem § 99 BetrVG darstellt (vgl *Versetzung* Rz 9 ff).

c) Beurteilung. Sofern der ArbGeb die Leistungen seiner ArbN beurteilt, wird er dies 4
regelmäßig unter Zuhilfenahme der jeweils einschlägigen Arbeitsplatzbeschreibung machen (vgl *Fitting* § 94 Rn 31).

3. Bestandteil des Arbeitsvertrags wird eine Arbeitsplatzbeschreibung idR ebensowenig wie eine Stellenbeschreibung (s *Stellenbeschreibung* Rz 4). Anderes kann gelten, wenn im Arbeitsvertrag unter dem Stichwort oder mit dem Hinweis auf eine Arbeitsplatzbeschreibung die vertraglich vereinbarte Tätigkeit erläutert wird. Nicht ausreichend ist es, wenn der ArbN eine vom ArbGeb erstellte Unterlage unterzeichnet. Damit bestätigt er lediglich deren inhalt-

50 Arbeitssicherheit/Arbeitsschutz

liche Richtigkeit. Das dem ArbGeb zustehende Weisungsrecht bleibt insoweit unberührt (Näheres s *Weisungsrecht* Rz 7).

4. Der **Arbeitgeber ist nicht verpflichtet,** für den ArbN eine Arbeitsplatzbeschreibung zu erstellen. Soweit er den ArbN über dessen Aufgabe und Verantwortung, die Art seiner Tätigkeit und ihre Einordnung in den betrieblichen Arbeitsablauf zu unterrichten hat (§ 81 Abs 1 BetrVG), genügt die mündliche Information.

B. Lohnsteuerrecht *Seidel*

Lohnsteuerrechtlich ist die Arbeitsplatzbeschreibung unerheblich, da es auf den tatsächlich gezahlten Arbeitslohn ankommt. Zur lohnsteuerlichen Behandlung von Zulagen s *Entgeltzuschläge* Rz 13–15. Hinsichtlich der lohnsteuerlichen Auswirkung einer Versetzung s *Versetzung* Rz 31.

C. Sozialversicherungsrecht *Voelzke*

Mittelbare Auswirkungen auf das Beitrags- und Leistungsrecht der SozV hat die arbeitsrechtliche Arbeitsplatzbeschreibung in der SozV, soweit sie die Grundlage der *Eingruppierung* des ArbN bildet.

Arbeitssicherheit/Arbeitsschutz

A. Arbeitsrecht *Poeche*

1. **Zweck und Begriff.** Arbeitssicherheit ist Teil des Arbeitsschutzrechts, das herkömmlich den sozialen vom technischen Bereich unterscheidet. Bezweckt der soziale Arbeitsschutz den des ArbN in seiner Situation als abhängig Beschäftigter und seine Sicherung in besonderen Lebenslagen (zB KSchG, Arbeitszeitrecht, MuSchG, JArbSchG, SGB IX), geht es beim technischen Arbeitsschutz um **Sicherheit am Arbeitsplatz,** dh den Schutz vor gesundheitlichen Gefährdungen bei der Arbeit und durch die Arbeit. Ziel sind Unfallschutz und Vermeidung von Berufskrankheiten und arbeitsbedingten Erkrankungen. Dazu gehört weiter der präventive Gesundheitsschutz einschließlich der Regelungen zur Genomanalyse durch das GenDG (s *Gesundheitsvorsorge* Rz 3, 10). Schutzziel ist auch die menschengerechte Gestaltung der Arbeit: Arbeit und ihre Bedingungen sind dem Menschen anzupassen. Typisch für die neueren Gesetze und VO ist, dass sie sich nicht auf den ArbNSchutz beschränken, sondern allgemein den Schutz der Umwelt und des Menschen bezwecken.

2. **Vorschriftensystem.** Kennzeichen des technischen Arbeitsschutzes ist sein dualer Aufbau. Er gliedert sich in den staatlichen Bereich und seine Vorschriften (Gesetz, VO, Verwaltungsakt) einerseits und den autonomen Arbeitsschutz andererseits. Dieser ist den selbstverwalteten Trägern der UV übertragen und wird inhaltlich durch UVV, Richtlinien, Merkblätter und Einzelanordnungen bestimmt (s dazu unten Rz 29 ff). Ergänzt wird er durch die Regelungskompetenz der Tarifvertragsparteien und des BRat/Personalrat.

Flexibilität bei der Umsetzung neuer Erkenntnisse über Gefahrenquellen und ihre mögliche Abwehr wird dadurch erreicht, dass die in eher schwerfälligen Verfahren änderbaren Gesetze und VO nur allgemein die technischen Anforderungen angeben, denen die Arbeitssicherheit zu entsprechen hat. Unterschieden wird zwischen dem gesicherten Stand der Technik, dem Stand von Wissenschaft und Technik sowie dem Stand von Technik. Maßstab sind außerdem die gesicherten arbeitswissenschaftlichen Erkenntnisse und der Stand von Hygiene und Arbeitsmedizin (zur Abgrenzung *Kittner/Pieper* ArbSchR 2. Aufl § 4 Rz 14 ff). Inhaltlich ausgefüllt werden diese Anforderungen ua durch Technische Regeln (beispielhaft *Arbeitsstätte* Rz 4), DIN-Normen, Prüf- und Gütezeichen, Veröffentlichungen der Bundesagentur für Arbeitsschutz und Arbeitsmedizin, früher des Bundesgesundheitsamtes, der Senatskommission der Deutschen Forschungsgemeinschaft, der UVTräger. Zu den Richtwerten bei Gefahrstoffen s *Arbeitsstoffe, gefährliche* Rz 11 f.

3. **Durchführung und Überwachung** des staatlichen technischen Arbeitsschutzes ist Aufgabe der Länder. Zuständig sind idR die **Gewerbeaufsichtsämter** oder die Ämter für

Arbeitssicherheit/Arbeitsschutz 50

Arbeitsschutz. Die Behörde hat insbesondere das Recht, den Betrieb zu betreten und zu besichtigen, sie kann Auskunft verlangen, Unterlagen einsehen und Gutachten einholen, Prüfungen vornehmen und Proben entnehmen (§ 22 ArbSchG). Werden Anordnungen im Einzelfall nicht befolgt, kann die betroffene Arbeit untersagt werden. Für Klagen ist die Zuständigkeit der VG gegeben. Die Mitarbeiter der Aufsichtsämter unterliegen einer besonderen Verschwiegenheitspflicht. **Bußgeld- und Strafvorschriften** sichern die Einhaltung der Schutzbestimmungen (§ 25 f ArbSchG). Ein mittelbarer Druck wird ferner dadurch erreicht, dass die maßgeblichen Vorschriften im Betrieb auszuhängen sind (s *Aushänge im Betrieb* Rz 5–11).

4. Staatlicher Arbeitsschutz. Zum 21.8.96 ist das ArbSchG in Kraft getreten. Bisherige Grundnormen des Arbeitsschutzes (§§ 120a, 139b Abs 5a, 139g, 139h und 139 m GewO) sind aufgehoben worden. Im Gegensatz zu früheren Planungen verzichtet das ArbSchG auf eine grundlegende Neuordnung des Arbeits- und Gesundheitsschutzes, sondern beschränkt sich auf die Umsetzung der sog EG Rahmenrichtlinie Arbeitsschutz. Die Bundesregierung wird ermächtigt, mit Zustimmung des Bundesrates die Einzelrichtlinien zum Arbeitsschutz durch VO in nationales Recht zu überführen (s *Arbeitsstätte* Rz 2; *Bildschirmarbeitsplatz* Rz 7–10).

Unberührt bleiben die sich aus anderen Rechtsvorschriften ergebenden Pflichten von ArbGeb und ArbN zur Gewährleistung von Sicherheit und Gesundheitsschutz, insbesondere damit die **Spezialgesetze** zum Arbeitsschutz (zB ASiG, AtomG, BundesbergG, BImSchG, GentechnikG, GerätesicherheitsG, SprengstoffG) und die hierauf fußenden VO. Durch das Gesetz zur Neuorganisation der bundesunmittelbaren Unfallkassen, zur Änderung des Sozialgerichtsgesetzes und zur Änderung anderer Gesetze vom 19.10.13 (BUK-Neuorganisationsgesetz – BUK-NOG, BGBl I 13, 3836) ist der mehr an den Gefahren für die physische Gesundheit der Arbeitnehmer ausgerichtete Arbeitsschutz um den Schutz vor den von der Arbeitswelt ausgehenden Gefahren für die psychische Gesundheit erweitert worden, insbesondere haben sich nun gem § 5 Abs 3 Nr 6 ArbSchG auch explizit die Gefährdungsbeurteilungen zu psychischen Belastungen zu verhalten (s *Düwell* jurisPR-ArbR 39/2013). Der BR hat darüber hinausgehend einen „Entwurf einer Verordnung zum Schutz vor Gefährdungen durch psychische Belastungen bei der Arbeit" verabschiedet (BR-Drs 315/13; s hierzu *Reusch* PersR 13, 354).

5. Umsetzung EU-Recht/nationale Verordnungen. Auf der Grundlage von §§ 18, 19 ArbSchG hat der Gesetzgeber mit der VO zur Umsetzung von EG-Einzelrichtlinien vom 4.12.96 (BGBl I 96, 1841) erlassen: VO über die Sicherheit und Gesundheitsschutz bei der Benutzung persönlicher Schutzausrüstungen bei der Arbeit (PSA-BV); VO über Sicherheit und Gesundheitsschutz bei der manuellen Handhabung von Lasten bei der Arbeit (LasthandhabV); VO über Sicherheit und Gesundheitsschutz bei der Arbeit an Bildschirmgeräten (BildScharbV) und die VO zur Änderung der ArbStättV. Es gelten außerdem ua VO über Sicherheit und Gesundheitsschutz auf Baustellen (BaustellV) vom 10.6.98 (BGBl I 98, 1283), VO über den Schutz der Beschäftigten gegen Gefährdung durch biologische Arbeitsstoffe bei der Arbeit (BioStoffV) vom 15.7.13 (BGBl I 13, 2514), VO über Sicherheit und Gesundheitsschutz (BetrSichV) vom 27.9.02 (BGBl I 02, 3777), VO zum Schutz vor Lärm und Vibration v 6.3.07 (BGBl I 07, 262), VO zum Schutz vor künstlicher optischer Strahlung v 26.7.10 (BGBl I 10, 960).

6. Anwendungsbereich des ArbSchG. Mit Ausnahme der Hausangestellten in privaten Haushalten erfasst das Gesetz die Beschäftigten in allen privaten und öffentlich-rechtlichen Tätigkeitsbereichen, damit alle ArbNGruppen einschließlich der ArbNähnlichen Personen iSv § 5 Abs 1 ArbGG, Beamte, Richter, Soldaten und Beschäftigte in Werkstätten für Behinderte. In der Seeschifffahrt und den dem BundesbergG unterliegenden Betrieben greift es subsidiär ein. Für die in *Heimarbeit* Beschäftigten und die ihnen Gleichgestellten bleibt das HAG maßgeblich (§§ 1 und 2 ArbSchG). Zur Arbeitssicherheit im „Mobile Office" s *Oberthür* NZA 13, 246.

7. Verantwortlicher Personenkreis. Adressat des öffentlich-rechtlichen Arbeitsschutzes ist der ArbGeb (§§ 3 bis 14 ArbSchG). Er ist verantwortlich für Planung, Gestaltung und Organisation der Sicherheit und des Gesundheitsschutzes. Neben ihm sind verantwortlich seine gesetzlichen Vertreter, vertretungsberechtigte Organe und Gesellschafter, Unterneh-

50 Arbeitssicherheit/Arbeitsschutz

mens- und Betriebsleiter im Rahmen der ihnen übertragenen Aufgaben und Befugnisse sowie die gesondert aufgrund VO, UVV oder schriftlich beauftragten Personen (§ 13 ArbSchG; s *Aligbe* ArbRAktuell 13, 37; s *Betriebsarzt* Rz 1; *Betriebsbeauftragte* Rz 2). Werden Beschäftigte mehrerer ArbGeb an einem Arbeitsplatz tätig, müssen die ArbGeb bei der Durchführung des Arbeitsschutzes zusammenarbeiten und unterliegen wechselseitigen Unterrichts- und Abstimmungspflichten (§ 8 ArbSchG).

9   8. **Pflichten des Arbeitgebers. a) Grundsätze.** Aufgabe des ArbGeb ist es, die **erforderlichen Maßnahmen** des Arbeitsschutzes unter Berücksichtigung der Umstände zu treffen, die Sicherheit und Gesundheit der Beschäftigten bei der Arbeit beeinflussen. Diese sind auf ihre Wirksamkeit hin zu kontrollieren und mit dem Ziel stetiger Verbesserung veränderten Gegebenheiten anzupassen. Er hat für die Beachtung des Arbeitsschutzes auf allen Betriebsebenen Sorge zu tragen. Neben diesen Grundpflichten (§ 3) enthält § 4 allgemeine Vorgaben, an welchen Grundsätzen der Arbeitsschutz auszurichten ist: Arbeit ist so zu gestalten, dass eine Gefährdung möglichst vermieden und die verbleibende Gefährdung möglichst gering gehalten wird; Gefahren sind an ihrer Quelle zu bekämpfen; Arbeitsschutzmaßnahmen müssen mit dem Ziel einer sachgerechten Verknüpfung von Technik, Arbeitsorganisation, sonstigen Arbeitsbedingungen, sozialen Beziehungen und Umwelteinflüssen geplant werden; individuelle Schutzmaßnahmen sind nachrangig zu anderen Maßnahmen; spezielle Gefahren für besonders schutzbedürftige Beschäftigtengruppen, etwa Jugendliche, werdende und stillende Mütter, sind zu berücksichtigen; mittelbar oder unmittelbar geschlechtsspezifisch wirkende Regelungen sind nur zulässig, wenn dies aus biologischen Gründen zwingend geboten ist. Bei allen Maßnahmen sind der **Stand von Technik,** Arbeitsmedizin und Hygiene sowie sonstige gesicherte arbeitswissenschaftliche Erkenntnisse zu berücksichtigen (§ 4 Nr 4 ArbSchG). Sie müssen sich an den aktuellen technischen Möglichkeiten orientieren.

10 b) **Gefährdungsbeurteilung.** Denknotwendig lassen sich Schutzmaßnahmen erst ergreifen, wenn das Gefährdungspotential der Arbeit und ihrer Bedingungen bekannt ist. Dieses ist je nach Art der Tätigkeit zu ermitteln. Bei gleichartigen Arbeitsbedingungen genügt die **Beurteilung** eines Arbeitsplatzes oder einer Tätigkeit (§ 5 ArbSchG). Es sind alle gefahrträchtigen Umstände festzustellen und über das Ob und Wie von Arbeitsschutzmaßnahmen zu entscheiden. Mögliche Gefahrmomente sind beispielhaft in der Vorschrift aufgelistet und können im Übrigen den Verordnungen zum Arbeitsschutz (s oben Rz 6) entnommen werden. S *Gefährdungsbeurteilung.*

11 c) **Dokumentation.** Im Interesse der **Transparenz** der betrieblichen Arbeitsschutzpolitik wird der ArbGeb verpflichtet, je nach Art der Tätigkeit und der Zahl der Beschäftigten eine Dokumentation über die Gefährdungsbeurteilung, die Schutzmaßnahmen und ihre Wirksamkeit anzulegen (§ 6 Abs 1 ArbSchG). Wie er der Dokumentationspflicht nachkommt, bleibt ihm überlassen. Von ihrer Zielsetzung her muss sich aus den zu erstellenden Unterlagen jedenfalls für die im Betrieb mit Arbeitsschutz befassten Personen wie auch für die Aufsichtsbehörde die jeweils aktuelle Situation ergeben; die Unterlagen müssen aus sich heraus verständlich sein. Entsprechend der Beschränkung der Beurteilung auf einen exemplarischen Arbeitsplatz/Tätigkeitsbereich genügen beispielhafte Unterlagen. Soweit § 6 Abs 1 Satz 3 aF ArbSchG **Kleinbetriebe,** das sind solche mit nicht mehr als zehn Beschäftigten, von der Dokumentationspflicht vorbehaltlich anderer Rechtsgrundlagen ausgenommen hat, entsprach die Norm nicht dem EU-Recht (EuGH 7.2.02 − Rs C-5/00, NZA 02, 321). Die sog Kleinbetriebsklausel ist durch das BKK-Neuorganisationsgesetz − DVK-NOG − gestrichen worden.

12 d) **Kosten.** Kosten für Maßnahmen nach dem ArbSchG darf der ArbGeb nicht den Beschäftigten auferlegen. Nach der ständigen Rspr des BAG sind allerdings individual- und kollektivrechtliche Vereinbarungen über eine **Kostenbeteiligung** zulässig, wenn der ArbGeb über die gesetzlichen Pflichten hinaus die persönliche Schutzausrüstung zur Verfügung stellt, dem ArbN besondere Vorteile mit der Nutzung anbietet und der ArbN frei ist, ob er das Angebot annimmt (BAG 18.8.82 − 5 AZR 493/80, DB 83, 234; 21.8.85 − 7 AZR 199/83, DB 86, 283).

13 e) **Unterweisung der Beschäftigten.** Sicherheit am Arbeitsplatz setzt Kenntnis der Beschäftigten der Gefahrmomente voraus. Der ArbGeb muss daher geeignete Anweisungen

erteilen (§ 4 Nr 6 und 7 ArbSchG), insbesondere bei Arbeiten in besonders **gefährlichen Arbeitsbereichen** (§ 9 Abs 1 ArbSchG). Die Maßnahmen sind zu erläutern. Dabei sind die besonderen Anordnungen der EinzelVO zu beachten. Die arbeitsplatzbezogene Unterweisung muss bei der Einstellung erfolgen und bei Veränderungen im Arbeitsbereich angepasst werden. Im Bereich der Arbeitnehmerüberlassung hat der Entleiher die erforderlichen Unterweisungen vorzunehmen (§ 12 ArbSchG). Bei der **Übertragung von Aufgaben** ist darauf zu achten, dass die Beschäftigten körperlich (zB Seh- oder Hörschwierigkeiten) und intellektuell in der Lage sind, die Sicherheits- und Gesundheitsschutzregeln einzuhalten (§§ 7 und 9 Abs 2 ArbSchG). Sicherzustellen ist, dass der ArbN selber bei unmittelbar erheblicher Gefahr die geeigneten Schutzmaßnahmen ergreifen kann und sich ggf durch sofortiges **Verlassen des Arbeitsplatzes** in Sicherheit bringen kann. Aus seinem Handeln dürfen ihm keine Nachteile entstehen (§ 9 Abs 2 und 3 ArbSchG).

9. Pflichten und Rechte der Beschäftigten. a) Allgemeine Pflichten. „Die besten Schutzvorkehrungen nutzen nichts, wenn sich die Beschäftigten nicht sicherheitsgerecht verhalten" (BT-Drs 13/3540). § 15 ArbSchG schreibt dementsprechend fest, dass der ArbN verpflichtet ist, für seine Sicherheit und Gesundheit bei der Arbeit zu sorgen. Maßstab sind seine Möglichkeiten sowie die Unterweisungen und Weisungen des ArbGeb. Der ArbN hat außerdem auch für die Personen Sorge zu tragen, die von seinen Handlungen oder Unterlassungen bei der Arbeit betroffen sind. In diesem Rahmen sind insbesondere Maschinen, Geräte, Werkzeuge, Arbeitsstoffe, Transportmittel und sonstige Arbeitsmittel sowie Schutzvorrichtungen und die zur Verfügung gestellten persönliche Schutzausrüstung bestimmungsgemäß zu verwenden. Ein wiederholter Verstoß gegen Sicherheitsvorschriften kann nach Abmahnung eine ordentliche verhaltensbedingte Kündigung rechtfertigen (LAG RhPf 14.4.05 – 11 Sa 810/04, NZA-RR 06, 194: Sicherheitsgurt bei Arbeiten mit Absturzgefahr; LAG RhPf 20.9.07 – 11 Sa 207/07, BeckRS 2008, 51292). 14

b) Besondere Unterstützungspflichten. Der ArbN muss dem ArbGeb oder dem zuständigen Vorgesetzten jede von ihm festgestellte unmittelbar erhebliche Gefahr für die Sicherheit und Gesundheit sowie jeden an den Schutzsystemen festgestellten Defekt unverzüglich melden; er soll die Mitteilung auch dem Betriebsarzt, der Fachkraft für Arbeitssicherheit und den nach § 22 SGB VII bestellten Sicherheitsbeauftragten machen. Gemeinsam mit dem Betriebsarzt und der Fachkraft für Arbeitssicherheit hat der ArbN den ArbGeb bei der Gewährleistung des Arbeitsschutzes zu unterstützen (§ 16 ArbSchG). 15

c) Rechte der Beschäftigten. § 17 Abs 1 ArbSchG spricht eine Selbstverständlichkeit an: Der ArbN ist berechtigt, dem ArbGeb Vorschläge zu allen Fragen der Sicherheit und des Gesundheitsschutzes zu machen. Ihm steht ferner das Recht zur **Beschwerde** zu. Dabei kann er sich auch an die **zuständige Behörde** wenden, wenn er aufgrund konkreter Anhaltspunkte der Auffassung ist, dass die vom ArbGeb getroffenen Maßnahmen und bereitgestellten Mittel nicht ausreichen, um die Sicherheit und den Gesundheitsschutz bei der Arbeit zu gewährleisten. Der Weg der außerbetrieblichen Beschwerde darf erst beschritten werden, wenn innerbetriebliche Lösungen vom ArbGeb verweigert werden und er entsprechenden Beschwerden des ArbN nicht abhilft. Dem ArbN darf hieraus kein Nachteil entstehen (§ 17 Abs 2 ArbSchG). Das ArbSchG regelt nicht die Voraussetzungen, unter denen der ArbN wegen Arbeitsschutzmängeln ein Zurückbehaltungsrecht zusteht. Es gelten daher die allgemeinen Grundsätze (s *Zurückbehaltungsrecht* Rz 3 f und *Leistungsverweigerungsrecht* Rz 10 f). 16

d) Vorschlagsrecht. Der **Arbeitnehmer** hat außerdem **gegenüber dem Betriebsrat** nach § 86a BetrVG ein Vorschlagsrecht. Gesundheitsschutz und Arbeitssicherheit können sich als Thema anbieten. Der BRat hat einen Vorschlag fristgebunden, nämlich innerhalb von zwei Monaten, dann auf die Tagesordnung einer Sitzung zu setzen, wenn der Vorschlag von mindestens 5 % der ArbN des Betriebs unterstützt wird. 17

e) Anspruch auf Gefährdungsbeurteilung. Der einzelne ArbN hat nach § 5 ArbSchG iVm § 618 Abs 1 BGB grds einen solchen Anspruch. Er kann dem ArbGeb aber nicht vorgeben, nach welchen Merkmalen die Gefährdungsbeurteilung durchzuführen ist (BAG 12.8.08 – 9 AZR 1117/06, DB 08, 2030). Die Beschränkung des individualrechtlichen Anspruchs folgt aus dem Handlungs- und Beurteilungsspielraum des ArbGeb sowie dem Mitbestimmungsrecht des BRat. Eine weitere Begrenzung dürfte sich aus der gebotenen Beachtung des Stands der Technik ergeben. 18

50 Arbeitssicherheit/Arbeitsschutz

19 **10. Rechte des Betriebsrats. a) Beteiligung.** Dem BRat stehen nach § 80 Abs 1 Nr 1 und Nr 2 BetrVG und § 90 BetrVG für die Einhaltung der Unfallverhütungs- und Arbeitsschutzbestimmungen allgemeine Kontroll-, Beratungs- und Informationsrechte zu. Maßnahmen des Arbeitsschutzes und des betrieblichen Umweltschutzes sind zu fördern (§ 80 Abs 1 Nr 9 BetrVG). Bedeutung gewinnt diese ausdrückliche Aufgabenzuweisung aus den sich nach § 80 Abs 2 BetrVG ergebenden Pflichten des ArbGeb. Er hat den BRat nicht nur rechtzeitig und umfassend über Maßnahmen des Arbeitsschutzes zu unterrichten. Er hat ihm außerdem ArbN als **sachkundige Auskunftspersonen** zur Verfügung zu stellen, soweit das zur ordnungsgemäßen Aufgabenerfüllung erforderlich ist. Im Bereich des Arbeitsschutzes bieten sich als Auskunftspersonen wegen ihrer besonderen Fachkunde zunächst die **Betriebsbeauftragten** und die **Fachkräfte für Arbeitssicherheit** an (Näheres: *Betriebsbeauftragte*). Daneben kommt grds jeder andere im Betrieb beschäftigte **Arbeitnehmer** in Betracht. Näheres z *Auskunftspflichten Arbeitgeber* Rz 11, 12; *Sachverständiger* Rz 3).

20 **b) Mitbestimmungsrechte.** Nach § 87 Abs 1 Nr 7 BetrVG hat der BRat mitzubestimmen bei (generellen) Regelungen über die Verhütung von Arbeitsunfällen und Berufskrankheiten sowie über den **Gesundheitsschutz.** Das Mitbestimmungsrecht setzt ein, wenn für den ArbGeb objektiv eine gesetzliche Handlungspflicht besteht (BAG 15.1.02 – 1 ABR 13/01, NZA 02, 995). Der Begriff „Regelung" ist weit auszulegen. Er erfasst nicht nur die Aufstellung einer normativen Ordnung, sondern auch technische und organisatorische Maßnahmen des ArbGeb. Ausgeschlossen ist die Mitbestimmung bei typischen Einzelmaßnahmen. Dazu gehört die Übertragung der dem ArbGeb obliegenden Aufgaben auf Dritte nach § 13 Abs 2 ArbSchG (BAG 18.8.09 – 1 ABR 43/08, NZA 09, 1434; aA für die Übertragung der Unternehmerpflichten nach dem ArbSchG auf die Gruppe der Meister: LAG Hbg 11.9.12 – 1 TaBV 5/12, BeckRS 2012, 74684 nrkr). Das schließt die Mitbestimmung des BRat hinsichtlich der durch Betriebsvereinbarung zu treffenden Regelungen nicht aus. Die angerufene Einigungsstelle ist jedenfalls nicht offensichtlich unzuständig iSv § 98 ArbGG (LAG SchlHol 8.2.12 – 6 TaBV 47/11, BeckRS 2012, 66427 m Anm *Eisele* ArbRAktuell 12, 125; zu § 98 ArbGG s unten Rz 25).

Das Beteiligungsrecht besteht „im Rahmen der gesetzlichen Vorschriften oder der UVV". Es setzt damit einen vom ArbGeb ausfüllungsbedürftigen Spielraum voraus, der immer dann gegeben ist, wenn das Schutzziel durch Generalklauseln bestimmt ist oder mehrere Möglichkeiten bestehen, den Gesundheitsschutz zu gewährleisten (BAG 16.9.98 – 1 ABR 68/97, NZA 99, 49). Mitbestimmungsrechte des BRat bestehen auch für die Einzelheiten der **Gefährdungsbeurteilung** nach § 5 und die Unterweisung der ArbN nach § 12 (BAG 8.11.11 – 1 ABR 42/10, BeckRS 2012, 67026; 8.6.04 – 1 ABR 13/03, NZA 04, 620) und der Dokumentation nach § 6 ArbSchG (LAG SchlHol 17.12.99 – 5 TaBv 27/99, AiB 2000, 630; LAG Hbg 21.9.2000 – 7 TaBV 3/98, NZA-RR 01, 190; zur Zuständigkeit der Einigungsstelle ArbG Mannheim 27.4.98 – 9 BV 18/97, AiB 98, 474). Das Mitbestimmungsrecht entfällt nicht deshalb, weil der ArbGeb die Gefährdungsanalyse und die Unterweisung der Beschäftigten auf einen geeigneten Dritten gem § 13 Abs 2 ArbSchG übertragen hat (LAG Nürnberg 29.5.12 – 7 TaBV 61/11 nrkr). Es besteht auch, wenn der ArbGeb die ArbN systematisch befragen will, um typische Ursachen krankheitsbedingter Fehlzeiten im Betrieb zu ermitteln (LAG Hess 29.8.04 – 5 TaBVGa 91/02, NZA-RR 05, 30 Ls). Der BRat kann aus § 87 Abs 1 Nr 7 BetrVG nicht das Recht herleiten, die Verpflichtung des ArbGeb gem § 11 ArbSchG zur Einrichtung eines Arbeitsschutzausschusses im Beschlussverfahren durchzusetzen (LAG BaWü 9.8.12 – 3 TaBV 1/12, BeckRS 2012, 74413 nrkr). Im Einzelfall kommt die Zuständigkeit des GBRat in Betracht *(Gesamtbetriebsrat)*. Eine mitbestimmungswidrige Maßnahme ist unwirksam. So darf der ArbGeb ein ohne Beteiligung des BRat erstelltes Handbuch mit Arbeitsanweisungen zur Unfallverhütung nicht verwenden (BAG 16.9.98 – 1 ABR 68/97, NZA 99, 49).

Dagegen verneint das BVerwG in st Rspr ein Mitbestimmungsrecht des PersRat bei der Erstellung der Gefährdungsbeurteilung (zuletzt BVerwG 5.3.12 – 6 PB 25/11, NZA-RR 12, 447 m krit Anm *Baden* PersRat 12, 351). Es handele sich um keine „Maßnahme" iSv § 75 Abs 3 Nr 11 BPersVG „zur Verhütung von Dienst- und Arbeitsunfällen und sonstigen Gesundheitsschäden", sondern diene lediglich deren Vorbereitung. Vgl auch OVG NRW 23.5.12 – 20 A 875/11 PVB, BeckRS 2012, 53197: kein Beteiligungsrecht bei der Dauer von Beratungszeiten, das vom PersRat zur Vermeidung psychischer Belastungen der ArbN (Stress/Arbeitsagentur) geltend gemacht wird.

c) Einigungsstelle. Wie stets bei mitbestimmungspflichtigen Angelegenheiten nach § 87 Abs 1 BetrVG kann bei fehlender Einigung der Betriebspartner die *Einigungsstelle* angerufen werden. Dabei ist zu beachten, dass Grundlage jeder auf die Sicherheit am Arbeitsplatz abzielender Maßnahme die zwingend zu erstellende arbeitsplatzbezogene **Gefährdungsbeurteilung** ist. Solange sie nicht vorliegt, kann die Einigungsstelle keine allgemeinen Regelungen zur Unterweisung der ArbN (§ 12 ArbSchG) zum richtigen Umgang mit Arbeitsmitteln oder zur Arbeitsorganisation aufstellen (BAG 11.1.11 – 1 ABR 104/09, NZA 11, 651). Ein „Teilspruch", der lediglich allgemeine Bestimmungen enthält, stellt daher keine sinnvolle und in sich geschlossene Regelung dar. Er ist unwirksam (BAG 8.11.11 – 1 ABR 42/10).   21

d) Unterstützung/Beratung. Dem BRat obliegt nach § 89 BetrVG bei der Bekämpfung von Unfall- und Gesundheitsgefahren die für den Arbeitsschutz zuständigen Behörden, Träger der gesetzlichen UV und sonstige in Betracht kommende Stellen durch Anregung, Beratung und Auskunft zu **unterstützen** und sich für die Durchführung der Vorschriften **einzusetzen**. Gegenläufig sind ArbGeb und die zuständigen Stellen verpflichtet, den BRat oder die von ihm bestimmten Mitglieder bei allen im Zusammenhang mit dem Arbeitsschutz oder mit der Unfallverhütung stehenden Besichtigungen und Fragen und bei Unfalluntersuchungen hinzuzuziehen. Der ArbGeb hat dem BRat unverzüglich die den Arbeitsschutz und die Unfallverhütung betreffenden Auflagen und Anordnungen mitzuteilen (§ 89 Abs 1 und 2 BetrVG).   22

e) Einbindung in das Betriebsgeschehen. An Besprechungen des ArbGeb mit Sicherheitsbeauftragten oder Sicherheitsausschuss der BG nehmen vom BRat **beauftragte Betriebsratsmitglieder** teil. Niederschriften über Untersuchungen, Besichtigungen und Besprechungen, zu denen er heranzuziehen ist, sind ihm vom ArbGeb zuzuleiten. Das gilt auch für die Aushändigung einer Durchschrift der Unfallanzeige (§ 89 Abs 3 bis 5 BetrVG). Bei der Planung von Bauvorhaben, technischen Anlagen, Arbeitsverfahren und Arbeitsabläufen und der Arbeitsplätze ist der BRat zu unterrichten und die Vorhaben sind mit ihm zu beraten (§ 90 BetrVG). Es soll sichergestellt werden, dass die gesicherten arbeitswissenschaftlichen Kenntnisse über die menschengerechte Gestaltung der Arbeit auch tatsächlich in die Überlegungen einbezogen werden.   23

Ein **erzwingbares Mitbestimmungsrecht** erwirbt der BRat in diesem Zusammenhang, wenn der ArbGeb durch Änderung der Arbeitsplätze, des Arbeitsablaufs oder der Arbeitsumgebung den gesicherten arbeitswissenschaftlichen Erkenntnissen über die menschengerechte Gestaltung der Arbeit offensichtlich widerspricht und dadurch die ArbN in besonderer Weise belastet werden. Dann kann der BRat angemessene Maßnahmen zur Abwendung, Milderung oder zum Ausgleich der Belastung verlangen. Bei fehlender Einigung entscheidet die Einigungsstelle (§ 91 BetrVG). Durch **freiwillige Betriebsvereinbarungen** können zusätzliche Maßnahmen zur Verhütung von Arbeitsunfällen und Gesundheitsbeschädigungen jederzeit geregelt werden (§ 88 Nr 1 BetrVG).

f) Sonstiges. Zu **Schulungsveranstaltungen** über Arbeitsschutz und Unfallverhütung als erforderlich iSd § 37 Abs 6 BetrVG *Betriebsratsschulung* Rz 3. Zum Anspruch auf Überlassung von einschlägigen **Fachzeitschriften** *Betriebsratskosten* Rz 23.   24

g) Prozessuales. Die Beteiligungsrechte des BRat sind vor dem ArbG geltend zu machen. Anträge auf Feststellung des Bestehens von Mitbestimmungsrechten in Fragen des Gesundheitsschutzes bedürfen besonders sorgfältiger Formulierung. Sie müssen dem **Bestimmtheitsgebot** des § 253 ZPO genügen. Im Antrag ist deshalb die Maßnahme des ArbGeb oder der betriebliche Vorgang, für die das Mitbestimmungsrecht reklamiert wird, so genau zu bezeichnen, dass mit der Entscheidung nicht zweifelhaft ist, welches Regelungsverlangen konkret erfasst wird (BAG 15.1.02 – 1 ABR 13/01, NZA 02, 995; BAG 11.6.02 – 1 ABR 44/01, DB 02, 2727; BAG 8.6.04 – 1 ABR 13/03, NZA 04, 620). Anträge auf **Bestellung des Vorsitzenden** einer Einigungsstelle und die Festlegung der Anzahl der Beisitzer können nach § 98 Abs 1 Satz 2 ArbGG nur bei deren offensichtlicher Unzuständigkeit zurückgewiesen werden; verneint für den Regelungsgegenstand „Ausgleich von Belastungen durch stehende Tätigkeit" in einem Bekleidungsgeschäft, da Beteiligungsrechte nach § 87 Abs 1 Nr 7 BetrVG (Gesundheitsschutz) in Betracht kommen (LAG Nds 21.1.11 – 1 TaBV 68/10, NZA-RR 11, 247).   25

50 Arbeitssicherheit/Arbeitsschutz

B. Lohnsteuerrecht
Seidel

26 **1.** Zur **steuerrechtlichen Arbeitnehmereigenschaft** der Fachkraft für Arbeitssicherheit bzw des Sicherheitsbeauftragten s *Betriebsbeauftragte* Rz 28, des Betriebsarztes s *Betriebsarzt* Rz 21.

27 **2.** Die **unentgeltliche Bereitstellung** von Schutzkleidung, Schutzbrillen uÄ durch den ArbGeb stellt grds keinen Arbeitslohn des ArbN dar. Dies gilt ebenso für die Erstattung von Aufwendungen des ArbN hierfür durch den ArbGeb. Einer ausdrücklichen Steuerfreistellung hinsichtlich der typischen Berufskleidung (§ 3 Nr 31 EStG; LStR 3.31) hätte es daher nicht bedurft (*Schmidt/Heinicke* § 3 Arbeitskleidung; Näheres s *Arbeitskleidung* Rz 17, 24, 25).

28 **3.** Zu **Schadensersatzleistungen** des ArbGeb s *Fürsorgepflicht* Rz 24, *Arbeitsentgelt* Rz 54 ff, *Arbeitgeberhaftung* Rz 20 sowie *Arbeitsunfall* Rz 23. Wird der ArbGeb vom UVTräger in **Regress** genommen (s unten Rz 32), ist dies lohnsteuerlich unbeachtlich, die Aufwendungen sind jedoch als Betriebsausgaben abzugsfähig. **Geldbußen** und **Geldstrafen** kann der ArbGeb nicht als Betriebsausgaben abziehen (§ 4 Abs 5 Nr 8 EStG). Zur Haftung des ArbN s *Arbeitnehmerhaftung* Rz 27; bei Regress des UVTrägers gegenüber dem ArbN (s unten Rz 32) gilt dies entsprechend. Zu **Unfallversicherungsleistungen** s BMF 28.10.09 – IV C 5 – S 2332/09/10004; Dok 2009/0690175, BStBl I 09, 1275; *Unfallrente* Rz 7 ff.

C. Sozialversicherungsrecht
Ruppelt

29 **1. Autonomer Arbeitsschutz** ist im Gegensatz zum gesetzlichen Arbeitsschutz (vgl oben Rz 2 ff) Aufgabe der selbstverwalteten Träger der gesetzlichen UV. Durch das ArbSchG wird die EU-Rahmenrichtlinie Arbeitsschutz in nationales Recht umgesetzt. Das Gesetz gilt für alle Tätigkeitsbereiche einschließlich des öffentlichen Dienstes. Entsprechend der Rahmenrichtlinie ist der Arbeitsschutzbegriff erweitert, die Verhütung **arbeitsbedingter Gesundheitsgefahren** also einbezogen. Die UVTräger können nun auch im Vorfeld möglicher Berufskrankheiten tätig werden, und zwar schon dann, wenn neue Belastungen auftreten, von denen unbekannt ist, ob sie zu Berufskrankheiten führen werden. Ihre Aufgaben nehmen die UVTräger in erster Linie durch den Erlass von **Berufsgenossenschaftlichen Vorschriften (UVV)** wahr. Die UVTräger erlassen Vorschriften über (1) Einrichtungen, Anordnungen und Maßnahmen, welche die Unternehmer zur Verhütung von Arbeitsunfällen zu treffen haben, sowie die Form der Übertragung dieser Aufgaben auf andere Personen, (2) das Verhalten, das die Versicherten zur Verhütung von Arbeitsunfällen zu beobachten haben, (3) ärztliche Untersuchungen von Versicherten, die vor der Beschäftigung mit Arbeiten durchzuführen sind, deren Verrichtung mit Unfall- oder Gesundheitsgefahren für sie oder Dritte verbunden ist, (4) die Maßnahmen, die der Unternehmer zur Erfüllung der sich aus dem Gesetz über Betriebsärzte, Sicherheitsingenieure und andere Fachkräfte für Arbeitssicherheit ergebenden Pflichten zu treffen hat (§ 15 Abs 1 SGB VII). Grundlagenvorschrift für die Unfallverhütung sind die „Grundsätze der Prävention" (DGUV-Vorschrift 1). Die dort getroffenen Regelungen gelten für alle Branchen und enthalten die wesentlichen Bestimmungen über die Organisation des Arbeitsschutzes und über die im Betrieb zu treffenden Präventionsmaßnahmen.

30 **2. Rechtscharakter.** Die ordnungsgemäß von Fachausschüssen erarbeiteten, von der Vertreterversammlung der UVTräger beschlossenen und vom BMA genehmigten (§ 15 Abs 4 SGB VII) UVV sind für die Mitglieder und Versicherten normativ verbindlich. Diese Vorschriften stellen den kraft öffentlicher Gewalt festgeschriebenen Niederschlag der in einem Gewerbe gemachten Betriebserfahrungen dar. Sie zeigen typische Gefährdungsmöglichkeiten eines Gewerbebetriebes auf und verlangen vom Unternehmer mit verbindlicher Kraft, diese durch die geforderten Sicherheitsmaßnahmen auszuschließen. Die **Durchführungsanordnungen** zu den UVV haben keinen Normcharakter, sondern enthalten Anwendungsregeln, die den Stand der Technik wiedergeben.

31 Bei den UVVorschriften handelt es sich um **Mindestnormen,** deren Standard nicht durch innerbetriebliche Vereinbarungen unterschritten werden darf, so dass auch die Mitbestimmung des BRats hier ihre Grenze findet.

32 **3. Rechtsfolgen der Nichtbeachtung von Unfallverhütungsvorschriften** können sich in verschiedener Form ergeben. Handelt der Unternehmer der Vorschrift zuwider, die eine bestimmte Betriebsgefahr ausschließen soll, und tritt an der Gefahrstelle ein Unfall ein, so spricht die Vermutung dafür, dass der Unfall bei Beachtung der Vorschriften vermieden worden wäre. Gelingt der Gegenbeweis nicht, ist regelmäßig ein **Schadensersatzanspruch** des Geschädigten nach § 823 Abs 1 BGB begründet. Hinsichtlich der Personenschäden der ArbN des Unternehmens gilt der Haftungsausschluss des § 104 Abs 1 Satz 1 SGB VII für fahrlässiges Handeln des Unternehmers. Eine entsprechende Regelung findet sich in § 105 Abs 1 Satz 1 SGB VII für die Haftung des ArbN gegenüber Arbeitskollegen (s *Betrieb (Begriff)* Rz 23). Allerdings kommt ein Regressanspruch des UVTrägers bei grob fahrlässigen Verstößen gegen die UVV in Betracht (§ 110 Abs 1 SGB VII). Der Regress kann sich auch gegen technische oder kaufmännische Leiter eines Unternehmens richten, wenn diese die Einhaltung der Vorschriften nicht ausreichend überwacht haben (OLG Köln 20.1.98 – 15 U 51/96, Kompass 02, 8; BGH 30.1.01 – VI ZR 49/00, NJW 02, 2092). Für Streitigkeiten aufgrund der Überwachung der Maßnahmen zur Prävention durch die UVTräger sind seit 2002 die **Verwaltungsgerichte** zuständig (§ 51 Abs 1 Nr 3 SGG).

Die Nichtbeachtung der UVV kann eine **Ordnungswidrigkeit** darstellen (§ 209 SGB VII) bzw bei Personenschäden eine **strafrechtliche** Verantwortung sowohl des Unternehmers als auch des ArbN begründen, wenn infolge der Nichtbeachtung der Vorschriften ein Unfall eintritt. **Arbeitsrechtlich** ist der ArbN nicht verpflichtet, die ihm nach seinem Arbeitsvertrag obliegenden Tätigkeiten auszuüben, wenn dies nur unter Außerachtlassung von Bestimmungen der BG-Vorschriften möglich ist. 33

4. Einzelanordnungen. Die Aufsichtspersonen der UVTräger können im Einzelfall anordnen, welche Maßnahmen Unternehmer oder Versicherte zur Erfüllung ihrer Pflichten aufgrund der UVV oder zur Abwendung besonderer Unfall- und Gesundheitsgefahren zu treffen haben. Bei Gefahr im Verzug können sofort vollziehbare Anordnungen zur Abwendung von arbeitsbedingten Gefahren für Leben und Gesundheit erlassen werden (§ 19 Abs 1 SGB VII). Die Zuwiderhandlung gegen eine Einzelanordnung kann mit einem Bußgeld von bis zu 10 000 € belegt werden (§ 209 Abs 1 Nr 2 iVm Abs 3 SGBV VII). Die weiteren Befugnisse der Aufsichtspersonen der UVTräger zur Überwachung der Maßnahmen zur Verhütung von Arbeitsunfällen, Berufskrankheiten, arbeitsbedingten Gesundheitsgefahren und für eine wirksame erste Hilfe ergeben sich aus § 19 Abs 2 SGB VII. 34

Arbeitsstätte

A. Arbeitsrecht *Poeche*

1. Einführung. Aufgabe des Arbeitsschutzes ist ua die gefahrlose und hygienische Gestaltung des Arbeitsplatzes und seiner Umgebung. Einzelheiten regeln vor allem die umfassend neu gestaltete **ArbStättV** v 25.8.04 (BGBl I 04, 2179) idF v 26.7.10 (BGBl I, 960) und die UVV der BG. Weitergehende Anforderungen ergeben sich ua aus den Bauvorschriften der Länder und bei personenbedingt erhöhten Risiken, zB § 2 MuSchG. Die **Neufassung** ist Teil eines Konzepts zur Entbürokratisierung und Vereinfachung des Arbeitsschutzes. Die Festlegung von einheitlichen und flexiblen Grundpflichten soll dem ArbGeb Spielraum für situationsangepasste Arbeitsschutzmaßnahmen verschaffen. Zugleich dienen die Änderungen der (teils ergänzenden) Umsetzung mehrerer europäischer Richtlinien über die Mindestvorschriften für Sicherheit und Gesundheitsschutz. Enthielt die ArbStättV aF vielfach messbare Bedingungen, werden die Anforderungen nunmehr fast ausschließlich durch Verwendung unbestimmter Rechtsbegriffe formuliert. **Schutzziel** sind **Sicherheit und Gesundheit** der Beschäftigten beim Einrichten und Betreiben von Arbeitsstätten (§ 1 ArbStättV). 1

2. Aufbau/Anwendungsbereich. Die ArbStättV gliedert sich in einen Vorschriftenteil und einen Anhang, in dem Anforderungen formuliert werden. Der Anhang wird konkretisiert durch **Technische Regeln für Arbeitsstätten (ARS)**, die die früher geltenden **Arbeitsstättenrichtlinien** spätestens zum 31.12.12 abgelöst haben. Soweit für die ungültig gewordenen Arbeitsstättenrichtlinien noch keine entsprechenden Arbeitsstättenregeln bekannt gemacht worden sind, können die alten Richtlinien weiterhin als „Orientierungswerte" verwendet werden (näheres hierzu auf der homepage der Bundesanstalt für Arbeitsschutz und Arbeitsmedizin: www.baua.de). Ermächtigungsgrundlage der ArbStättV ist § 18 2

51 Arbeitsstätte

ArbSchG; sachlicher und persönlicher Geltungsbereich decken sich daher weitgehend (*Arbeitsschutz/Arbeitssicherheit* Rz 7). Die ArbStättV gilt grds in allen Arbeitsstätten iSd VO. Ausgenommen sind die dem BBergG unterliegenden Betriebe (§ 1 Abs 2). Sie gilt nicht im Reisegewerbe und Marktverkehr (Nr 1) und in Transportmitteln, sofern diese im öffentlichen Verkehr eingesetzt werden (Nr 2) und für Felder, Wälder und sonstige Flächen, die zu einem land- oder forstwirtschaftlichen Betrieb gehören, aber außerhalb seiner bebauten Fläche liegen (Nr 3). Insoweit besteht eine Rückausnahme für den **Nichtraucherschutz** (§ 5; Näheres *Nichtraucherschutz*). § 2 enthält Begriffsbestimmungen. **Arbeitsstätten** sind Orte in Gebäuden oder im Freien, die sich auf dem Gelände eines Betriebes oder einer Baustelle befinden und die zur Nutzung für Arbeitsplätze vorgesehen sind (Nr 1) und andere Orte in Gebäuden oder im Freien, die sich auf dem Gelände eines Betriebes oder einer Baustelle befinden und zu denen Beschäftigte im Rahmen ihrer Arbeit Zugang haben (Nr 2). **Arbeitsplätze** (Abs 2) sind Bereiche von Arbeitsstätten, in denen sich Beschäftigte bei der von ihnen auszuübenden Tätigkeit regelmäßig über einen längeren Zeitraum oder im Verlauf der täglichen Arbeitszeit nicht nur kurzfristig aufhalten müssen. **Arbeitsräume** (Abs 3) sind die Räume, in denen Arbeitsplätze innerhalb von Gebäuden dauerhaft eingerichtet sind. Aus dem Positivkatalog ergibt sich ein eingeschränkter Geltungsbereich. **Ausgenommen** sind **häusliche Arbeitsplätze** wie zB Telearbeit, Arbeitsplätze **im Freien**, die sich außerhalb eines Betriebsgeländes befinden (Trinkhallen, Verkaufsstände) sowie Wasserfahrzeuge und schwimmende Anlagen auf Binnengewässern. Solche Arbeitsplätze werden allerdings erfasst, wenn die VO für ihre Gestaltung besondere Anforderungen aufstellt. Zur Arbeitsstätte gehören auch die Bereiche, die der ArbN im Zusammenhang mit seiner Arbeitsleistung aufsucht. Ausdrücklich genannt werden: Verkehrswege, Fluchtwege, Notausgänge, Lager-, Maschinen- und Nebenräume, Sanitärräume (Umkleide-, Wasch- und Toilettenräume), Pausen- und Bereitschaftsräume, Erste-Hilfe-Räume und Unterkünfte (§ 2 Abs 4). In § 2 Abs 5 und 6 sind die Begriffe **Einrichten, Ausgestalten** und **Betreiben** von Arbeitsstätten definiert.

3   **3. Grundsätze. a) Gefährdungsbeurteilung, § 3.** Die Vorschrift konkretisiert die nach § 5 ArbSchG vorgeschriebene *Gefährdungsbeurteilung (*sowie *Arbeitssicherheit/Arbeitsschutz* Rz 10). Es ist fachkundig festzustellen, ob und welchen Gefährdungen die ArbN beim Einrichten und Betreiben von Arbeitsstätten ausgesetzt sind oder ausgesetzt sein können, und ggf zu beurteilen, wie festgestellten Gefährdungen begegnet werden kann. Die Gefährdungsbeurteilung muss unabhängig von der Betriebsgröße vor Arbeitsaufnahme erfolgen und dokumentiert werden.

4   **b) Generalklausel, § 3a.** Adressat der ArbStättV ist der ArbGeb. Er hat dafür zu sorgen, dass Arbeitsstätten so eingerichtet und betrieben werden, dass die Sicherheit und die Gesundheit der Beschäftigten nicht gefährdet werden. Dabei hat er den Stand der Technik und insbesondere die vom BMAS bekannt gemachten Regeln und Erkenntnisse zu berücksichtigen. Der ArbGeb ist bei deren Einhaltung auf der „sicheren Seite". Es ist davon auszugehen, dass die insoweit gestellten Anforderungen erfüllt sind (so schon zu den Arbeitsstättenrichtlinien BVerwG 31.1.97 – 1 C 20/95, NZA 97, 482). Wendet der ArbGeb die Regeln und Erkenntnisse nicht an, muss er durch andere Maßnahmen die gleiche Sicherheit und den gleichen Gesundheitsschutz der Beschäftigten erreichen. Bei der Beschäftigung **behinderter Menschen** sind deren besonderen Belange zu berücksichtigen, etwa das Angewiesenheit auf barrierefreie Fortbewegung, Hilfe durch Orientierungssysteme (§ 3a Abs 2). **Ausnahmen** kann die zuständige Behörde auf **schriftlichen Antrag** des ArbGeb für alle Anforderungen zulassen, wenn der ArbGeb andere, ebenso wirksame Maßnahmen trifft oder die Durchführung der Vorschrift **im Einzelfall** zu einer **unverhältnismäßigen Härte** führen würde und die Abweichung mit dem Schutz der Beschäftigten vereinbar ist. Bei dieser behördlichen Beurteilung sind die Belange **kleinerer Betriebe** besonders zu berücksichtigen (§ 3a Abs 3). Was unter einem „kleineren" Betrieb zu verstehen ist, wird nicht definiert.

5   **c) Raumtemperatur („Hitzefrei für Arbeitnehmer"?).** Nach Nr 3.5 des Anhangs hat der ArbGeb in Arbeits-, Pausen-, Bereitschafts-, Sanitär-, Kantinen- und Erste-Hilfe-Räumen für eine „gesundheitlich zuträgliche Raumtemperatur" zu sorgen. Einzelheiten ergeben sich aus den am 23.6.10 veröffentlichten ASR A3.5 (GMBl 1, 751). Sie gelten nicht, wenn betriebstechnisch ein besonderes Raumklima verlangt wird (medizinische Bäder, Kühlhäuser).

Eine gesundheitlich zuträgliche Raumtemperatur (definiert als die vom Menschen empfundene Temperatur) liegt danach vor, wenn die Wärmebilanz (Wärmezufuhr, Wärmeerzeugung und Wärmeabgabe) des menschlichen Körpers ausgeglichen ist. Für die meisten Arbeitsplätze reicht die Lufttemperatur (definiert als die Temperatur der den Menschen umgebenden Luft ohne Einwirkung von Wärmestrahlung) zur Beurteilung, ob die vorhandene Raumtemperatur zuträglich ist. Bei hoher Luftfeuchte, Wärmestrahlung oder Luftgeschwindigkeit sind die Arbeitsplätze gesondert zu betrachten. S auch *Schäfer* NJW-Spezial 13, 498.

Die ASR geben differenziert (Arbeit im Stehen/Sitzen) vor, wie und mit welcher Genauigkeit die Lufttemperatur zu messen ist. Messergebnis und **Gefährdungsbeurteilung** bestimmen Art und Umfang der zu ergreifenden Maßnahmen. Es gelten für die **Arbeitsräume**, gestaffelt nach Arbeitsschwere, **Mindestwerte**, zB leicht/Sitzen +20° C; „schwer/Stehen, Gehen +12° C), für die Funktionsräume während der Nutzungsdauer +21° C. Bezogen auf **erhöhte Lufttemperatur** gilt für alle Räume, dass der **Grenzwert** von +26° C nicht überschritten werden soll. Bis dahin ist vom ArbGeb daher nichts zu veranlassen. Werden +26° C überschritten, können Maßnahmen zu ergreifen sein (zB bei körperlich besonders schwerer Arbeit, beim Tragen von Schutzkleidung, die die Wärmeabgabe stark behindert, oder aufgrund ihrer Disposition hitzeempfindlichen ArbN). Bei einer Lufttemperatur ab +30° C muss gehandelt werden; in Betracht kommende Maßnahmen werden in den ASR A3.5 beispielhaft aufgelistet. Wird die Lufttemperatur im Raum von +35° C überschritten, so ist der Raum während dieser Zeit ohne technische Maßnahmen (zB Luftdusche, Wasserschleier), organisatorische Maßnahmen (zB Entwärmungsphasen) oder persönliche Schutzausrüstung (zB Hitzeschutzkleidung) nicht als Arbeitsraum geeignet.

4. Besondere Anforderungen, § 4. Die Vorschrift regelt: Instandhaltung und Mängelbeseitigung der Arbeitsstätte; die Pflicht zur Arbeitseinstellung, wenn Mängel eine unmittelbare erhebliche Gefahr begründen; Hygiene, Wartung der Sicherheitseinrichtungen, Freihalten aller Verkehrs- und Fluchtwege einschließlich der Notausgänge, das Erstellen von Flucht- und Rettungsplänen, deren Aushang und regelmäßige Notfallübungen. Mittel und Einrichtungen zur **Ersten Hilfe** sind zur Verfügung zu stellen und regelmäßig auf Vollständigkeit und Funktionsfähigkeit zu überprüfen. **6**

5. Arbeitsräume und sonstige Räume, § 6. Für die Gestaltung von Arbeitsräumen beschränkt sich § 6 Abs 1 auf die Anforderung, dass diese eine ausreichende Grundfläche und Höhe sowie einen ausreichenden Luftraum aufweisen. **Toilettenräume** sind stets, Waschräume nur bei Bedarf vorzusehen. Umkleideräume sind erforderlich, wenn die Beschäftigten besondere Arbeitskleidung tragen müssen und ihnen nicht zumutbar ist, sich in einem anderen Raum umzukleiden. Diese „Sonderräume" sind getrennt für Männer/Frauen vorzuhalten, zumindest ist eine getrennte Nutzung zu ermöglichen. Bei Arbeiten im Freien und auf Baustellen mit wenigen Beschäftigten reichen Waschgelegenheiten und abschließbare Toiletten aus (Abs 2). Unter den in Abs 3 näher bestimmten Voraussetzungen sind **Pausenräume/Pausenbereiche** vorzusehen und Räume für Bereitschaftszeiten. **Erste-Hilfe-Räume** oder vergleichbare Einrichtungen müssen nach Abs 4 entsprechend der Unfallgefahren oder der Anzahl der Beschäftigten, der Art der ausgeübten Tätigkeit oder der räumlichen Größe des Betriebs vorhanden sein. Abs 5 betrifft die Bereitstellung von **Unterkünften auf Baustellen.** Für alle diese sonstigen Räume gilt wie für die Arbeitsstätte die Anforderung an eine ausreichende Größe und ausreichenden Luftraum (Abs 6). **Konkretisierungen** ergeben sich sodann aus dem Anhang. Dieser gliedert sich in die Komplexe: 1. Allgemeine Anforderungen, 2. Maßnahmen zum Schutz vor besonderen Gefahren, 3. Arbeitsbedingungen, 4. Sanitär-, Pausenräume usw, Unterkünfte, 5. Ergänzende Anforderungen an besondere Arbeitsstätten. **7**

6. Übergangsregelung. Hierfür enthält § 8 Abs 1 als zeitliche Zäsuren den 1.5.1976 und den 20.12.1996, soweit die Arbeitsstätten zu diesen Zeitpunkten schon errichtet waren oder mit ihrer Errichtung begonnen worden war. Sachlich kommt für letztere hinzu, dass die Arbeitsstätte nicht dem Geltungsbereich der GewO unterfiel. Erfordern die Anforderungen der ArbStättV nF umfangreiche Änderungen der Arbeitsstätte, der Betriebseinrichtungen, Arbeitsverfahren oder Arbeitsabläufe, gilt Anhang II der Richtlinie 89/654/EWG vom 30.11.1989. Werden die Arbeitsstätten nunmehr wesentlich erweitert oder umgebaut, greift die ArbStättV ein. Soweit die Arbeitsstättenrichtlinien nicht vom Ausschuss für Arbeitsstätten **8**

52 Arbeitsstoffe, gefährliche

überarbeitet und vom BMAS bekannt gemacht werden, galten sie bis längstens 31.12.12 (s außerdem oben Rz 2).

9 7. Wegen der **Beteiligungsrechte** des BRat auf dem Gebiet des Arbeitsschutzes s *Arbeitssicherheit/Arbeitsschutz* Rz 19 ff. Die neuen ARS A3.5 sollten die Betriebsparteien veranlassen, vor der nächsten möglichen Hitzewelle die betrieblich gebotenen Regelungen zu treffen. Führt der ArbGeb eine Gefährdungsbeurteilung gem § 3 Abs 3 ArbStättV nicht durch, so berechtigt dies den BR nicht, gem § 99 Abs 2 Nr 1 BetrVG die Zustimmung zur Einstellung eines ArbN zu verweigern (LAG München 30.11.11 – 11 TaBV 62/11, nrkr; s hierzu *Helm/Huber* AuR 13, 346). Zum Inhalt einer Musterbetriebsvereinbarung *Arnold/von Medem* ArbRAktuell 10, 435.

10 8. **Individualrecht.** Der ArbN hat einen der öffentlich-rechtlichen Verpflichtung des ArbGeb korrespondierenden arbeitsvertraglichen Anspruch auf Einhaltung der zu seinem Schutz bestehenden Vorschriften, soweit diese Gegenstand arbeitsvertraglicher Vereinbarung oder Inhalt der Fürsorgepflicht des ArbGeb sein können. Der Begriff Arbeitsstätte deckt sich inhaltlich mit dem Begriff „Räume" in § 618 Abs 1 BGB (BAG 19.2.97 – 5 AZR 982/94, NZA 97, 821). Rechtswidrige Arbeitsanordnungen braucht der ArbN nicht zu befolgen (*Betriebsstörung* Rz 2; *Leistungsverweigerungsrecht* Rz 12–14).

B. Lohnsteuerrecht *Thomas*

16 1. **Auswirkungen** im Bereich der LSt können sich zum einen durch die besondere Ausgestaltung des Arbeitsplatzes ergeben. Zum anderen dient die Arbeitsstätte als Anknüpfungspunkt für Werbungskosten, die sich bei bestimmten Erscheinungsformen der Arbeitserbringung ergeben.

17 2. **Ausgestaltungen des Arbeitsplatzes,** die den sicherheitstechnischen, arbeitsmedizinischen und hygienischen Anforderungen der ArbStättV nachkommen, haben keine lohnsteuerlichen Auswirkungen. Das Gleiche gilt für vorteilhafte Arbeitsbedingungen, die notwendige Begleiterscheinungen des Erbringens der Arbeitsleistung sind (s *Arbeitsentgelt* Rz 51). Dagegen kann die Übernahme von Kosten durch den ArbGeb, die mit der privaten Lebensführung des ArbN zusammenhängen, zu Arbeitslohn führen. Im Einzelnen wird auf die Ausführungen zum Stichwort *Sozialeinrichtungen* Rz 22 und *Betriebssport* Rz 8 ff verwiesen.

18 3. **Weg zur Arbeit.** Vor 2014 wurde die Abgrenzung des mit der Entfernungspauschale abgegoltenen von den individuell nachzuweisenden Fahrtkosten und bei Kostentragung durch den ArbGeb die Abgrenzung des als Lohn zu behandelnden von den nicht steuerbaren Fahrtkostenersatz über den Begriff der regelmäßigen Arbeitsstätte vorgenommen. An dessen Stelle ist jetzt der Begriff der ersten Tätigkeitsstätte getreten (vgl dazu Fahrten zwischen Wohnung und Arbeitsstätte Rz 4 ff).

C. Sozialversicherungsrecht *Ruppelt*

21 Es ist **Aufgabe des Arbeitgebers,** die Arbeitsstätte nach den sicherheitstechnischen, arbeitsmedizinischen und hygienischen Anforderungen der ArbStättV und den sonstigen arbeitsschutzrechtlichen Regeln einzurichten (s oben Rz 6 ff). Solche Regeln enthalten auch die **BG-Vorschriften** der BG. Es ist **Aufgabe der Berufsgenossenschaften,** mit allen geeigneten Mitteln Arbeitsunfälle, Berufskrankheiten und arbeitsbedingte Gesundheitsgefahren zu verhüten (§ 14 Abs 1 Satz 1 SGB VII), wodurch jedoch die alleinige Verantwortung des ArbGeb zur Einrichtung einer sicheren Arbeitsstätte nicht berührt wird. Siehe im Einzelnen: *Arbeitssicherheit/Arbeitsschutz* Rz 29 ff.

Arbeitsstoffe, gefährliche

A. Arbeitsrecht *Poeche*

1 1. **Allgemeines.** Das Sachgebiet der gefährlichen Arbeitsstoffe zeichnet sich durch seine Verknüpfung von Verbraucherschutz und Schutz der Beschäftigten aus. Stets geht es um den Schutz von Mensch und Umwelt vor stoffbedingten Schädigungen. Arbeitsrechtlicher

Arbeitsstoffe, gefährliche 52

Schwerpunkt ist die GefahrstoffVO (GefStoffV), mit deren Erstfassung von 1986 eine Vielzahl von EG-Richtlinien in nationales Recht umgesetzt, Landesrecht in Bundesrecht überführt und eine Reihe von reinen Arbeitsschutzbestimmungen übernommen wurde.

Seit dem 1.12.10 gilt die GefStoffV idF v 26.11.10 (BGBl I 10, 1643). Die Neufassung 2 wurde erforderlich, nachdem das EG-Recht an das auf UN-Ebene erarbeitete „GHS" (Globally Harmonised System) angepasst worden ist. Unmittelbar gelten in der BRD nunmehr die [GHS] VO 1272/2008/EG („CLP-VO" = Classification, Labelling, Packaging = Einstufung, Kennzeichnung und Verpackung von Stoffen und Gemischen) sowie die VO 1907/2006/EG („REACH"-VO = Registration, Evaluation, Authorisation of Chemicals = Registrierung, Bewertung, Zulassung und Beschränkung von Chemikalien).

Die wesentlichen Änderungen der GefStoffV sind: Abschaffung des erst 2005 eingeführten 3 abgestuften Schutzstufenkonzepts; Wegfall der Koppelung der Schutzmaßnahmen an die Kennzeichnung; Maßgeblichkeit der **Gefährdungsbeurteilung** als dem zentralen Element des betrieblichen Arbeitsschutzes; Aufhebung der Anhänge III bis V (Anhang IV ersetzt durch die REACH-VO); Wegfall der Verweisungen auf das ChemG und Einführung eigener Begriffsbestimmungen. Der Regelungsgehalt entspricht im Übrigen weitgehend dem bisherigen Recht, wobei sich die Bezifferung der Paragrafen teils geändert hat. Für die CLP-Einstufungen und Kennzeichnungen (zB Gefahrenklasse statt Gefährlichkeitsmerkmal; Gefahrenpiktogramme statt Gefahrsymbol) besteht eine Übergangsfrist bis 2015. Die GefStoffV verwendet noch die bisherigen Begriffe; eine neuerliche Anpassung an das EU-Recht ist daher unumgänglich. Außerdem besteht die VO über den Schutz der Beschäftigten gegen Gefährdung durch biologische Arbeitsstoffe bei der Arbeit (BioStoffV) vom 15.7.13 (BGBl I 13, 2514), in Kraft seit 23.7.13 (dazu unten Rz 22). Weitere ArbNSchutzbestimmungen enthalten ua das AbfG, AtomG, GentechnikG, RöntgenVO, SprengstoffG. Hinzu kommen die UVV der gewerblichen BG.

2. Aufbau der GefStoffV und Geltungsbereich. Die GefStoffV ist in sieben Abschnitte 4 gegliedert nebst zwei Anhängen. Sie erfasst sowohl das Inverkehrbringen von Gefahrstoffen (Verbraucherschutz) als auch den **Schutz der Beschäftigten.** Der erste Abschnitt (§ 1 und § 2) bestimmt Zielsetzung und Anwendungsbereich und enthält Begriffsbestimmungen. Der zweite Abschnitt gilt für das Inverkehrbringen (§§ 3 bis 6 „Gefahrstoffinformation"), der dritte Abschnitt (§§ 6, 7) betrifft die Grundpflichten des ArbGeb und die Gefährdungsbeurteilung, im vierten Abschnitt sind die Schutzmaßnahmen geregelt (§§ 8 bis 15). Der fünfte Abschnitt (§§ 16, 17) legt Verbote und Beschränkungen fest. Sechster (§§ 18 bis 20) und siebter Abschnitt (§§ 21 bis 24) befassen sich mit Vollzug, Aufsicht, Ordnungswidrigkeiten/Straftaten. Anhang I enthält besondere Vorschriften für bestimmte Gefahrstoffe und Tätigkeiten, Anhang II besondere (nationale) Herstellungs- und Verwendungsbeschränkungen für bestimmte Gefahrstoffe, zB zu Asbest, Kühlschutzmittel, Korrosionsschutz.

Die VO gilt für **Gefahrstoffe,** das sind gefährliche Stoffe, Zubereitungen und Erzeugnisse. 5 Stoff ist ein chemisches Element oder eine chemische Verbindung einschließlich der Verunreinigungen und der erforderlichen Hilfsstoffe. Unter Zubereitung wird ein Gemisch, ein Gemenge oder eine Lösung von Stoffen verstanden. Dieser stehen Erzeugnisse als Produkte von Stoffen und Zubereitungen gleich. Die erfassten Stoffe/Zubereitungen werden in § 2 definiert. **Gefährlich** sind Stoffe und Zubereitungen, wenn sie eine oder mehrere der folgenden Eigenschaften aufweisen: explosionsgefährlich, brandfördernd, hochentzündlich, leichtentzündlich, entzündlich, sehr giftig, giftig, gesundheitsschädlich, ätzend, reizend, sensibilisierend, krebserzeugend, fortpflanzungsgefährdend, erbgutverändernd, umweltgefährlich, explosionsfähig, auf sonstige Weise chronisch schädigend oder wenn ihnen ein Arbeitsplatzgrenzwert zugewiesen ist. Die Gefährlichkeitsmerkmale sind in § 3 aufgelistet. Soweit nichts anderes bestimmt ist, gilt die VO nicht für **biologische Stoffe** iSv § 2 Abs 1 BioStoffV (Näheres s unten Rz 22).

3. Arbeitsrechtlicher Anwendungsbereich. Die GefStoffV gilt für alle Tätigkeitsberei- 6 che von Menschen; ausgenommen sind lediglich der Untertagebau, soweit die dort bestehenden Bestimmungen gleichwertigen Schutz bieten, und die privaten Haushalte, soweit nicht ausdrücklich etwas anderes bestimmt ist (§ 1 Abs 4). Sie wendet sich an ArbGeb und ArbN. **Verantwortlich** für die Einhaltung des Arbeitsschutzes ist der ArbGeb. Hierzu gehört, wer ArbN beschäftigt einschließlich der zu ihrer Berufsbildung Beschäftigten. Ihm

52 Arbeitsstoffe, gefährliche

steht gleich, wer in sonstiger Weise selbstständig tätig wird, sowie der Auftraggeber und Zwischenmeister iSd HAG. Den ArbN stehen andere Beschäftigte gleich, insbesondere Beamte, HeimArbN, Schüler und Studenten (§ 2 Abs 6 GefStoffV).

7   Nach § 1 Abs 3 gelten die arbeitsrechtlichen Bestimmungen der GefStoffV für **Tätigkeiten,** bei denen der Beschäftigte durch Gefahrstoffe in seiner Gesundheit und Sicherheit gefährdet sein kann. Tätigkeit ist nach § 2 Abs 4 jede Arbeit mit Stoffen, Zubereitungen oder Erzeugnissen einschließlich Herstellung, Mischung, Ge- und Verbrauch, Lagerung, Aufbewahrung, Be- und Verarbeitung, Ab- und Umfüllung, Entfernung, Entsorgung und Vernichtung. Zu den Tätigkeiten zählen auch das innerbetriebliche Befördern sowie Bedien- und Überwachungsdienste. „Lagern" ist das Aufbewahren zur späteren Verwendung sowie zur Abgabe an andere. Es schließt die Bereitstellung zur Beförderung ein, wenn diese nicht innerhalb der in der Vorschrift bestimmten Frist erfolgt (§ 2 Abs 5).

8   „**Tätigkeit**" setzt idR aktives Verhalten des ArbN voraus. Es genügt danach nicht, wenn der ArbN lediglich einer schadstoffbelasteten Arbeitsumgebung ausgesetzt ist. Eine solche Belastung wird nur relevant, wenn sie sich als unmittelbare Folge der Tätigkeit anderer ArbN darstellt (§ 1 Abs 3 Satz 2). Arbeiten im Gefahrenbereich wird daher nur dann erfasst, wenn im Betrieb in irgendeiner Weise mit Gefahrstoffen umgegangen wird. Die bloße Beschaffenheit des Arbeitsplatzes aufgrund der baulichen Gegebenheiten, also eine Belastung durch das Gebäude, fällt nicht unter die GefStoffV. Ein Leistungsverweigerungsrecht kann sich allerdings aus § 273 Abs 1 und § 618 Abs 1 BGB ergeben. Das hat das BAG (19.2.97 – 5 AZR 982/94, NZA 97 821) bejaht, wenn die Arbeitsräume über das baurechtlich zulässige Maß hinaus mit Gefahrstoffen (Asbest) belastet sind. Nicht anerkannt hat es die Arbeitsverweigerung für Arbeiten in erheblich belasteten Räumen, wenn der ArbN durch persönliche Schutzkleidung vor den Immissionen geschützt ist.

9   **4. Informationsermittlung und Gefährdungsbeurteilung.** § 6 konkretisiert die nach Maßgabe von § 5 ArbSchG (*Arbeitssicherheit/Arbeitsschutz* Rz 10) durchzuführende **Gefährdungsbeurteilung.** Der ArbGeb hat festzustellen, ob die Beschäftigten Tätigkeiten mit Gefahrstoffen ausüben oder ob bei Tätigkeiten Gefahrstoffe entstehen oder freigesetzt werden können. Ist das der Fall, hat er alle hiervon ausgehenden Gefährdungen nach Maßgabe der in § 6 Abs 1 Nr 1–8 aufgeführten Gesichtspunkte zu beurteilen. Nach Nr 4 ist insbesondere zu prüfen, ob verwendete Gefahrstoffe/Arbeitsverfahren usw durch nicht oder weniger gefährliche Arbeitsbedingungen ersetzt werden können (Substitutionsgebot). Die hierfür erforderlichen **Informationen** hat er sich beim Inverkehrbringer oder aus anderen, mit zumutbarem Aufwand zugänglichen Quellen zu **beschaffen** (Abs 2). Angesprochen ist insbesondere das **Sicherheitsdatenblatt** des Herstellers oder Inverkehrbringers. Die Gefährdungsbeurteilung darf nur von fachkundigen (zum Begriff § 2 Abs 13) Personen durchgeführt werden; das können insbesondere die Fachkraft für Arbeitssicherheit (*Betriebsbeauftragte* Rz 4 ff) und der *Betriebsarzt* sein (§ 6 Abs 9). Die Arbeitsbedingungen sind erstmals vor Aufnahme der Tätigkeit zu beurteilen. Die GefStoffV enthält **keine Kleinbetriebsklausel.** Den Interessen von Kleinbetrieben (gedacht ist zB an Handwerksbetriebe) wird Rechnung getragen. Verfügen sie nicht selbst über die erforderliche Fachkunde, können sie auf Dritte zurückgreifen. So ist es gestattet, anhand einer vom Hersteller oder Inverkehrbringer mitgelieferten Gefährdungsbeurteilung die erforderlichen Maßnahmen zu prüfen. „Passt" sie für die betrieblichen Verhältnisse, kann sie der ArbGeb seinen Entscheidungen zugrunde legen. Stets ist die Gefährdungsbeurteilung zu dokumentieren und ein **Verzeichnis** über die im Betrieb verwendeten Gefahrstoffe zu führen, in dem auf die entsprechenden Sicherheitsdatenblätter verwiesen wird. Das Verzeichnis muss allen betroffenen Beschäftigten und ihren Vertretern (also BRat und Personalrat) **zugänglich** sein.

10   **5. Grundpflichten des Arbeitgebers, § 7.** Der ArbGeb darf eine Tätigkeit mit Gefahrstoffen erst aufnehmen lassen, nachdem eine Gefährdungsbeurteilung durchgeführt und die erforderlichen Schutzmaßnahmen ergriffen worden sind (Abs 1). Der Umfang der zu ergreifenden Maßnahmen richtet sich nach dem Ergebnis der Gefährdungsbeurteilung. Inhaltlich sind die vom BMAS nach § 20 bekanntgemachten Regeln und Erkenntnisse (Technische Regeln = TRSG; erarbeitet vom Ausschuss für Gefahrstoffe) zu beachten. Bei deren Einhaltung kann der ArbGeb idR davon ausgehen, dass die Anforderungen des Gefahrstoffrechts erfüllt sind (Abs 2). Hiervon unabhängig sind insbesondere **Substitutions- und Minimie-**

Arbeitsstoffe, gefährliche 52

rungsgebot zu beachten (Abs 3 und 4). Tätigkeiten mit Gefahrstoffen sind zu vermeiden und Gefahrstoffe durch weniger gefährliche Stoffe zu ersetzen. Der **Verzicht** auf eine mögliche Substitution ist in der Dokumentation der Gefährdungsbeurteilung zu **begründen**. Kann die Gefährdung nicht vermieden werden, ist sie auf ein Minimum zu reduzieren. Bei der Festlegung und Anwendung geeigneter Schutzmaßnahmen gibt Abs 4 die **Rangfolge** vor. Arbeitsverfahren und Arbeitsmittel müssen dem **Stand der Technik** entsprechen. Das ist der Entwicklungsstand fortschrittlicher Verfahren, Einrichtungen oder Betriebsweisen, der die praktische Eignung einer Maßnahme zum Schutz der Gesundheit und zur Sicherheit der Beschäftigten gesichert erscheinen lässt. Das beurteilt sich insbesondere auch nach den Erfahrungen der Praxis (§ 2 Abs 12). Erst anschließend kommen kollektive (zB Belüftung/Entlüftung) oder individuelle Schutzmaßnahmen (Körperschutz) zur Verringerung der Gefahren in Betracht. Der Einsatz **persönlicher Schutzmaßnahmen** darf grds nicht auf **Dauer** erfolgen. Die **Beschäftigten** sind nach Abs 5 **verpflichtet,** bereitgestellte persönliche Schutzausrüstungen während der gefährdenden Tätigkeit auch tatsächlich zu benutzen. Im Übrigen hat der **Arbeitgeber** für den einwandfreien Zustand der Schutzausrüstung und für eine getrennte Unterbringung von Straßen- und Schutzkleidung zu sorgen, falls eine Verunreinigung der Schutzkleidung zu erwarten ist. **Funktion und Wirksamkeit** der technischen Schutzmaßnahmen sind regelmäßig, mindestens jedes dritte Jahr, zu überprüfen.

Der ArbGeb hat die **Einhaltung von Grenzwerten** sicherzustellen. Angesprochen ist der **Arbeitsplatzgrenzwert,** definiert als der Grenzwert für die zeitlich gewichtete durchschnittliche Konzentration eines Stoffes in der Luft am Arbeitsplatz in Bezug auf einen gegebenen Referenzzeitraum. Er gibt an, bei welcher Konzentration eines Stoffes akute oder chronische schädliche Auswirkungen auf die Gesundheit im Allgemeinen nicht zu erwarten sind (§ 2 Abs 8). Der **biologische Grenzwert** ist der Grenzwert für die toxikologisch-arbeitsmedizinisch abgeleitete Konzentration eines Stoffes, seines Metaboliten oder eines Beanspruchungsindikators im entsprechenden biologischen Material, bei dem im Allgemeinen die Gesundheit eines Beschäftigten nicht beeinträchtigt wird (§ 2 Abs 9). Der ArbGeb kann von der Einhaltung der Grenzwerte ausgehen, wenn er entsprechend den als TRGS veröffentlichten „verfahrens- und stoffspezifischen Kriterien" (VKS) verfährt. 11

Die **Messungen** dürfen nur **Fachkundige,** die über die erforderlichen Einrichtungen verfügen, durchführen (Abs 10). Fehlt es an einem festgelegten Grenzwert, hat der ArbGeb die Wirksamkeit der getroffenen Schutzmaßnahmen durch geeignete Methoden zu überprüfen (Abs 9). 12

6. Allgemeine Schutzmaßnahmen, § 8. Bei Tätigkeiten mit Gefahrstoffen hat der ArbGeb eine Vielzahl von Schutzmaßnahmen zu ergreifen, die im Einzelnen in § 8 aufgelistet sind. Sie betreffen ua die Gestaltung des Arbeitsplatzes und der Arbeitsorganisation, Arbeitsmittel, Begrenzung der Anzahl der ArbN, die Gefahrstoffen ausgesetzt sind oder sein können, Begrenzung von Höhe und Dauer der Exposition, Arbeitsverfahren und Arbeitsmethoden (Abs 1). Sicherzustellen ist die **Identifizierbarkeit** aller Gefahrstoffe und Zubereitungen; sie sind deshalb betrieblich zu kennzeichnen, wobei dem ArbGeb überlassen ist, bereits die CLP-Kennzeichnungen zu verwenden (Abs 2). Er hat dafür zu sorgen, dass die ArbN in (möglicherweise) belasteten Arbeitsbereichen keine Nahrung oder Genussmittel zu sich nehmen. Vor Aufnahme der Tätigkeit sind hierfür geeignete Bereiche einzurichten (Abs 3). Abs 4, 5 und 6 betreffen die sichere Lagerung und Entsorgung von Gefahrstoffen und deren Behältnisse. Bestimmte besonders gefährliche Gefahrstoffe und Zubereitungen (zB mit dem Gefährdungsmerkmal giftig, krebserzeugend Kategorie 1 oder 2) sind nach Maßgabe von Abs 7 unter Verschluss zu halten und es ist sicherzustellen, dass nur fachkundige oder besonders unterwiesene Personen damit arbeiten (gilt nicht für Kraftstoffe an Tankstellen). 13

7. Zusätzliche Schutzmaßnahmen, § 9. Soweit die allgemeinen Schutzmaßnahmen nicht ausreichen, um Gefährdungen durch Einatmen, Aufnahme über die Haut oder Verschlucken (im Referentenentwurf noch bezeichnet als „inhalative" und „dermale" Gefährdung) zu verhindern, sind weitere Schutzmaßnahmen geboten. Das gilt insbesondere, wenn Arbeitsplatzgrenzwerte oder biologische Grenzwerte überschritten werden, wenn bei hautresorptiven oder haut- oder augenschädigenden Gefahrstoffen eine Gefährdung durch Haut- 14

52 Arbeitsstoffe, gefährliche

oder Augenkontakt besteht oder wenn bei Gefahrstoffen ohne Grenzwert eine Gefährdung auf Grund der ihnen zugeordneten Gefährlichkeitsmerkmale nach § 3 und der inhalativen Exposition angenommen werden kann (Abs 1). Zu den möglichen Schutzmaßnahmen gehört ua die Herstellung und Verwendung der Gefahrstoffe in einem geschlossenen System (Abs 2). Bei **Überschreitung eines Grenzwertes** ist die **Gefährdungsbeurteilung** unverzüglich erneut durchzuführen und für dessen Einhaltung zu sorgen. Soweit dies technisch nicht möglich ist, hat der ArbGeb dem ArbN unverzüglich **persönliche Schutzausrüstung** bereitzustellen. Das gilt insbesondere für Abbruch-, Sanierungs- und Instandhaltungsarbeiten (Abs 3). Eine persönliche Schutzausrüstung ist dem ArbN auch dann zur Verfügung zu stellen, wenn sich eine Gefährdung durch Haut- oder Augenkontakt nicht vermeiden lässt (Abs 4). Straßen- und Berufs- oder Schutzkleidung sind getrennt aufzubewahren; die durch Gefahrstoffe verunreinigte Arbeitskleidung ist vom ArbGeb zu reinigen (Abs 5). Werden Tätigkeiten mit Gefahrstoffen nur von einem ArbN an einem **Einzelarbeitsplatz** ausgeübt, ist sicherzustellen, dass zB ein Unfall bemerkt werden kann (Abs 7).

15 **8. Besondere Schutzmaßnahmen, § 10.** Bei Tätigkeiten mit krebserzeugenden, erbgutverändernden und fruchtbarkeitsgefährdenden Gefahrstoffen der Kategorie 1 und 2 sind weitere Schutzmaßnahmen erforderlich. Sie sollen dem besonderen Gefährdungspotential durch Messungen, Abgrenzung der Gefahrenbereiche, Verkürzung der Aufenthaltszeit, Bereitstellen von Schutzausrüstung wie Kleidung und Atemschutzgeräte usw begegnen. Hierzu gehören insbesondere auch Maßnahmen zur Luftführung in den betroffenen Arbeitsbereichen (Abs 3–5). Keine besonderen Schutzmaßnahmen sind zu ergreifen, wenn ein vom BMAS nach § 20 Abs 4 bekannt gegebener Arbeitsplatzgrenzwert besteht und dieser nachweisbar eingehalten wird, oder wenn die Tätigkeit nach einem veröffentlichten verfahrens- und stoffspezifischen Kriterium (VKS) ausgeübt wird.

16 **9. Besondere Schutzmaßnahmen, § 11.** Sie sind vorgeschrieben gegen physikalisch-chemische Einwirkungen, insbesondere gegen **Brand- und Explosionsgefährdungen** (dazu auch Anhang I Nr 1) . Die BetrSichV bleibt unberührt.

17 **10. Betriebsstörungen, Unfälle und Notfälle.** Nach § 13 hat der ArbGeb die ggf erforderlichen Notfallmaßnahmen rechtzeitig festzulegen. Dazu gehören regelmäßige Sicherheitsübungen und angemessene Erste-Hilfe-Einrichtungen (Abs 1). Auf Unfälle usw hat der ArbGeb unverzüglich zu reagieren (Abs 2). Die Beschäftigten sind zu unterrichten. Im betroffenen Bereich dürfen ArbN nur tätig werden, soweit unbedingt erforderlich (Instandhaltung). Hierfür sind ihnen die erforderlichen Schutzausrüstungen zur Verfügung zu stellen; der Einzelne darf nur zeitlich begrenzt damit arbeiten (Abs 3). Warn- und Kommunikationsmittel sind vom ArbGeb vorzuhalten (Abs 4). Sicherzustellen ist eine umfängliche Information der Beschäftigten über die bei Betriebsstörung usw mögliche Gefährdung durch Gefahrstoffe. Unfall- und Notfalldiensten (betrieblichen und betriebsfremden) sind die Informationen zugänglich zu machen.

18 **11. Unterrichtung und Unterweisung der Beschäftigten.** Nach § 14 hat der ArbGeb sicherzustellen, dass den Beschäftigten auf der Grundlage der Gefährdungsbeurteilung eine **stets aktuelle Betriebsanweisung** zugänglich ist. Sie muss mindestens über die am Arbeitsplatz auftretenden Gefahrstoffe informieren (Bezeichnung der Stoffe, Kennzeichnung, Einstufung) und über angemessene Vorsichtsmaßregeln und Maßnahmen, die der ArbN zu seinem eigenen Schutz und zum Schutz der anderen ArbN durchzuführen hat. Dazu gehören insbesondere Hygienevorschriften, Informationen über Schutz vor Exposition, zum Tragen und Benutzen von Schutzausrüstungen und Schutzkleidung sowie das bei Betriebsstörungen, Unfällen und Notfällen zu beachtende Verhalten. Die Betriebsanweisung muss in verständlicher Form und Sprache verfasst sein (Landessprache für ausländische ArbN).

19 Auf der Grundlage der Betriebsanweisung sind die ArbN **mündlich zu unterweisen,** ebenfalls in verständlicher Form und Sprache. Zeitlich muss sie **vor Aufnahme** der Arbeit und sodann mindestens **jährlich** arbeitsplatzbezogen erfolgen. Inhalt und Zeitpunkt sind schriftlich festzuhalten und vom ArbN unterschriftlich zu bestätigen (Abs 2). Sicherzustellen ist der Zugang der ArbN zu den Sicherheitsdatenblättern; sie sind in den einschlägigen Methoden/Verfahren zu unterrichten, die sie bei ihrer Tätigkeit gefahrstoffbezogen anwenden müssen. Die ArbN sind außerdem **allgemein arbeitsmedizinisch-toxikologisch** zu **beraten,** möglichst im Zusammenhang mit der mündlichen Unterweisung, und unter

Arbeitsstoffe, gefährliche 52

Hinzuziehung des **Betriebsarztes,** soweit das erforderlich ist. Die ArbN sind zugleich auf die Möglichkeit arbeitsmedizinischer Vorsorgeuntersuchungen hinzuweisen (Abs 2). Zusätzliche Anforderungen ergeben sich aus Abs 3 für Tätigkeiten mit **krebserzeugenden, erbgutverändernden und fruchtbarkeitsgefährdenden Gefahrstoffen** der Kategorien 1 und 2.

12. Arbeitsmedizinische Vorsorge. Die Beschäftigten sind über die Möglichkeiten 20 arbeitsmedizinischer Vorsorge zu unterrichten. Einzelheiten regelt die ArbMedVV; s dazu *Betriebliche Gesundheitsförderung* Rz 3.

13. Zusammenarbeit verschiedener Firmen. § 15 konkretisiert § 8 ArbSchG für den 21 Tätigkeitsbereich „Gefahrstoffe" (*Arbeitssicherheit/Arbeitsschutz* Rz 8).

14. Biologische Arbeitsstoffe. Die Biostoffverordnung **(BioStoffV)** vom 15.7.13 22 (BGBl I 13, 2514) gilt für Tätigkeiten mit biologischen Arbeitsstoffen (§ 1). Zu diesen Stoffen gehören Mikroorganismen, Zellkulturen und Endoparasiten, die beim Menschen Infektionen, sensibilisierende oder toxische Wirkungen hervorrufen können (§ 2 Abs 1 bis 3). Sie betrifft „gezielte" und „ungezielte" Tätigkeiten. Gezielt ist eine Tätigkeit, wenn 1. biologische Arbeitsstoffe mindestens der Spezies nach bekannt sind, 2. die Tätigkeiten auf einen oder mehrere biologische Arbeitsstoffe unmittelbar ausgerichtet sind, und 3. die Exposition der Beschäftigten im Normalbetrieb hinreichend bekannt oder abschätzbar ist. Eine „ungezielte" Tätigkeit liegt vor, wenn mindestens eine dieser drei Voraussetzungen nicht gegeben ist (§ 2 Abs 8). Damit erfasst der Anwendungsbereich der BiostoffV nicht nur Betriebe, in denen bewusst mit Mikroorganismen umgegangen wird (Pharma- oder Lebensmittelindustrie). In Betracht kommen auch Deponien, Sortieranlagen, Textil- und Bekleidungsindustrie und andere (vgl *Angermeier* AiB 99, 387). Die biologischen Arbeitsstoffe sind nach ihrem Gefährdungspotential in vier Risikogruppen eingeteilt. Die zu treffenden Schutzmaßnahmen (§§ 9, 10, 11) ergeben sich aus den Anhängen II und III.

Wegen der besonderen Risiken beim Umgang mit biologischen Arbeitsstoffen treffen den ArbGeb gegenüber dem ArbSchG erweiterte Pflichten, nämlich ua eine gesteigerte Informationspflicht für die Gefährdungsbeurteilung (§ 4 Abs 3), besondere Pflichten im Rahmen der Gefährdungsbeurteilung für spezielle Tätigkeiten (§§ 6 f.) sowie besondere Dokumentations- und Aufzeichnungspflichten (§ 7). Die Unterrichtung der Beschäftigten bestimmt sich nach § 14.

15. Beteiligungsrechte des BRat s *Arbeitssicherheit/Arbeitsschutz* Rz 17. 23

16. Zusatzurlaub. Soweit in Tarifverträgen wegen der Verwendung von Gefahrstoffen 24 bei der Arbeit ein Anspruch auf Zusatzurlaub begründet wird, ist regelmäßig davon auszugehen, dass die Tarifparteien damit auf das jeweils geltende Arbeitsschutzrecht abstellen (BAG 18.3.03 – 9 AZR 691/01, NZA-RR 04, 31 zum Begriff „sonstige giftige Stoffe"). Hängt der Anspruch davon ab, dass der ArbN mehr als „die Hälfte der regelmäßigen Arbeitszeit" mit den gesundheitsgefährdenden Arbeiten beschäftigt wird, so bezieht sich dieses Zeitmaß auf die regelmäßige tarifliche Arbeitszeit eines Vollzeitbeschäftigten und nicht auf die individuelle Arbeitszeit einer Teilzeitkraft. Der faktische Ausschluss von Teilzeitkräften mit einer hälftigen Arbeitszeit ist sachlich gerechtfertigt (BAG 19.3.02 – 9 AZR 109/01, AuA 03, 56 zu § 16 UrlVO Rheinland-Pfalz). Verlangt die Urlaubsregelung ein überwiegendes Arbeiten mit infektiösem Material, genügt es nicht, wenn das vom ArbN zu beprobende Material möglicherweise infektiös ist (BAG 6.9.05 – 9 AZR 492/04, NZA 06, 450 zu § 5 UrlVO Bayern).

B. Lohnsteuerrecht   *Seidel*

1. Verweisung. Auf die Ausführungen unter *Arbeitssicherheit/Arbeitsschutz* Rz 27, 28 wird 31 verwiesen.

2. Vorsorgeuntersuchungen. Hat der ArbGeb bei ArbN, die mit gefährlichen Arbeits- 32 stoffen umgehen, auf seine Kosten Vorsorgeuntersuchungen durchführen zu lassen, so liegt darin grds kein geldwerter Vorteil (Arbeitslohn) für den ArbN, wenn die Untersuchungen ganz überwiegend im eigenbetrieblichen Interesse des ArbGeb erfolgen (Näheres s *Betriebliche Gesundheitsförderung* Rz 11, 14).

C. Sozialversicherungsrecht
Ruppelt

36 **1. Unfallverhütung.** Die UVTräger haben mit allen geeigneten Mitteln für die Verhütung von Arbeitsunfällen zu sorgen (§ 14 Abs 1 Satz 1 SGB VII). Sie erlassen nach § 15 Abs 1 Nr 1 SGB VII als **autonomes Recht** Vorschriften über Einrichtungen, Anordnungen und Maßnahmen, welche die Unternehmer zur Verhütung von Arbeitsunfällen, Berufskrankheiten und arbeitsbedingten Gesundheitsgefahren zu treffen haben. Dazu gehören auch die UVV der BGen, die den Umgang mit gefährlichen Arbeitsstoffen betreffen.

37 Diese Vorschriften schließen den Umgang mit gefährlichen Arbeitsstoffen nicht aus, sondern regeln die Durchführung der arbeitsmedizinischen Vorsorgeuntersuchungen, wobei dem UVTräger ein weiter Beurteilungsspielraum zusteht. Es sind Erstuntersuchungen, Überwachungsuntersuchungen während der Zeit der Exposition und nachgehende Untersuchungen möglich (vgl *Betriebsarzt* Rz 6 ff; *Betriebsbeauftragte* Rz 11 ff; *Berufskrankheit* Rz 11 ff).

38 **2. Haftung.** Der Unternehmer allein ist für die Durchführung der Maßnahmen zur Verhütung von Arbeitsunfällen und Berufskrankheiten und für die Verhütung von arbeitsbedingten Gesundheitsgefahren verantwortlich (§ 21 Abs 1 SGB VII). Durch die Aufgaben der UVTräger zur Unfallverhütung und durch die BG-Vorschriften wird er von dieser Verpflichtung nicht entlastet. Verstößt er gegen diese Vorschriften, setzt er sich bei vorsätzlichem oder grob fahrlässigem Verhalten dem Regressanspruch des UVTrägers nach § 110 SGB VII aus. Zudem kommen zivilrechtliche Schadensersatzansprüche des Geschädigten in Betracht (s *Arbeitssicherheit/Arbeitsschutz* Rz 29 ff).

Arbeitsunfähigkeit

A. Arbeitsrecht
Griese

1 **1. Begriff.** Nicht eine Krankheit, sondern erst eine darauf beruhende Arbeitsunfähigkeit begründet Entgeltfortzahlungsansprüche des ArbN im Krankheitsfall nach § 3 EFZG. Die Rspr hat den Begriff Krankheit dahingehend definiert, dass ein regelwidriger körperlicher oder geistiger Zustand vorliegen müsse (BAG 7.8.91 – 5 AZR 410/90, NZA 92, 69).

2 Hierauf bauen die für alle ArbN geltenden **Arbeitsunfähigkeitsrichtlinien** (abgedruckt in Personalbuch 2003, Arbeitsunfähigkeitsbescheinigung Rz 18; dazu *Wanner* DB 92, 93) auf, die aufgrund der Ermächtigungsnorm des § 92 Abs 1 Nr 7 SGB V erlassen worden und für die Kassenärzte gem § 81 Abs 3 Nr 2 SGB V verbindlich sind. Danach gilt als arbeitsunfähig, wer aufgrund von Krankheit seine **ausgeübte Tätigkeit nicht mehr oder nur unter der Gefahr der Verschlimmerung der Erkrankung ausführen kann.** Klargestellt wird, dass Arbeitsunfähigkeit auch dann vorliegt, wenn aufgrund eines bestimmten Krankheitszustandes, der für sich allein noch keine Arbeitsunfähigkeit bedingt, absehbar ist, dass aus der Ausübung der Tätigkeit gesundheitlich abträgliche Folgen erwachsen, die eine Arbeitsunfähigkeit unmittelbar hervorrufen. Die Richtlinien legen weiterhin fest, dass arbeitsunfähig derjenige ist, dessen zur Ausübung der Tätigkeit oder zum Erreichen des Arbeitsplatzes erforderliches Hilfsmittel defekt ist. Die Arbeitsunfähigkeit dauert so lange an, bis die Reparatur des Hilfsmittels beendet oder ein Ersatz des defekten Hilfsmittels vorliegt. Bei einem auf eine Dialysebehandlung angewiesenen ArbN besteht Arbeitsunfähigkeit, wenn und soweit die Dialysebehandlung nur während der vereinbarten Arbeitszeit möglich ist.

3 Andererseits liegt **keine Arbeitsunfähigkeit** für Zeiten vor, in denen sich der ArbN in ärztliche Behandlung zu **diagnostischen oder therapeutischen Zwecken** begibt, ohne dass diese Maßnahmen selbst zu einer Arbeitsunfähigkeit führen. Deshalb besteht für einen Arztbesuch, der nicht zur Attestierung von Arbeitsunfähigkeit führt, kein Anspruch auf Entgeltfortzahlung im Krankheitsfall; es kann allerdings eine vergütungsfortzahlungspflichtige **Arbeitsverhinderung nach § 616 Abs 1 BGB** vorliegen (BAG 27.6.90 – 5 AZR 365/89, NZA 90, 894; s *Arbeitsverhinderung* Rz 5). Arbeitsunfähigkeit ist ferner nicht gegeben bei Teilnahme an gesundheitsfördernden oder rehabilitativen Maßnahmen anderer Art sowie nicht automatisch bei Schonungszeiten nach stationären RehaMaßnahmen. Auch gesetzliche Beschäftigungsverbote nach dem BSeuchGesetz oder dem MuSchG begründen keine Arbeitsunfähigkeit (*HWK* § 3 EFZG Rz 18).

Arbeitsunfähigkeit 53

Die Arbeitsverhinderung aufgrund einer **Organspende,** etwa wegen Hauttransplantationen für Verwandte, begründet ebenfalls keine Arbeitsunfähigkeit (BAG 6.8.86 – 5 AZR 607/85, NJW 87, 1508). Schließlich liegt keine Arbeitsunfähigkeit vor, wenn die Arbeitstätigkeit auch ohne die medizinische Behandlung uneingeschränkt verrichtet werden kann. So ist ein ArbN, der sich eine Tätowierung entfernen lässt, nicht arbeitsunfähig iSd Bestimmungen über die Entgeltfortzahlung im Krankheitsfall (LAG Hamm 23.7.86, BB 86, 2061). Eine **Schönheitsoperation** wird nicht als entgeltfortzahlungspflichtige Arbeitsunfähigkeit anerkannt, es sei denn, sie ist medizinisch notwendig (LAG Hamm 9.3.88, DB 88, 1455). Eine **Schwangerschaft** führt für sich allein nicht zur Arbeitsunfähigkeit (BAG 14.11.84, NZA 85, 501), ebenso wenig die Abwesenheit wegen künstlicher Befruchtung (vgl *Müller-Roden* NZA 89, 128).

2. Anzeige- und Nachweispflichten im Fall der Arbeitsunfähigkeit. Im Fall der 5 Erkrankung haben die ArbN zwei Pflichten. Sie müssen zum einen den ArbGeb über die eingetretene Arbeitsunfähigkeit informieren, zum anderen den Nachweis über die Arbeitsunfähigkeit beibringen.

a) Anzeigepflicht. Das Entgeltfortzahlungsgesetz (EFZG) hat in § 5 EFZG mit Wirkung 6 ab 1.6.94 die Anzeigepflicht einheitlich für alle ArbN auf der Basis des früheren § 3 LFZG geregelt. Inhalt der Anzeigepflicht ist es, den ArbGeb **unverzüglich, das heißt ohne schuldhaftes Zögern (§ 121 BGB),** über die eingetretene Arbeitsunfähigkeit zu informieren. Dies bedeutet, dass die Anzeige der Erkrankung grds **am ersten Tag der Erkrankung,** und zwar zu Arbeitsbeginn bzw in den ersten Arbeitsstunden, zu erfolgen hat.

Aus der Forderung des Gesetzgebers, die Anzeige unverzüglich zu erstatten, folgt, dass eine 7 briefliche Anzeige angesichts der Postlaufzeit eine verschuldete Verspätung bedeuten kann. Gefordert ist die **unverzügliche mündliche, telefonische, gegebenenfalls telegrafische oder Mitteilung per Fax, SMS oder E-Mail,** die auch durch Angehörige oder Arbeitskollegen erfolgen kann. Wenn sich der ArbN zum Arzt begibt und noch nicht weiß, ob er krank geschrieben wird, erfordert es die Pflicht zur unverzüglichen Anzeige, dem ArbGeb **vor dem beabsichtigten Arztbesuch Mitteilung zu machen** und nach dem Arztbesuch die Arbeitsunfähigkeit mitzuteilen, wenn der Arzt eine Krankschreibung vornimmt. Die **Anzeige** ist **entbehrlich,** wenn der ArbGeb bereits auf andere Weise Kenntnis von der Erkrankung hat, etwa wenn der ArbN einen **Betriebsunfall** erlitten hat, von dem der ArbGeb erfahren hat. Dauert die Erkrankung über den zunächst angenommen Zeitraum hinaus an, muss der **Arbeitnehmer über die Verlängerung der Krankheitsdauer unverzüglich informieren.** Dies gilt auch, wenn der Sechswochenzeitraum schon abgelaufen ist. Der ArbN ist **nicht verpflichtet, Angaben über die Art oder Ursächlichkeit der Erkrankung zu machen.** Ausnahmsweise ist dies anders, wenn Schutzmaßnahmen im Betrieb zB wegen Ansteckungsgefahr erforderlich werden, eine Schädigung durch einen Dritten gem § 6 EFZG oder eine Fortsetzungserkrankung vorliegt.

Gegenüber welchen Personen oder Stellen innerhalb eines Unternehmens die Anzeige- 8 pflicht zu erfüllen ist, kann der ArbGeb festlegen. Dies kann unter Beachtung des Mitbestimmungsrechts des BRat nach § 87 Abs 1 Nr 1 BetrVG auch in einer Betriebsordnung festgelegt werden. Auch die Einführung von Formularen für den Arztbesuch ist mitbestimmungspflichtig (BAG 21.1.97 – 1 ABR 53/96, NZA 97, 785).

Verletzt ein ArbN **trotz vorheriger mehrfacher Abmahnungen wiederholt seine Anzeigepflicht,** kann dies eine **ordentliche Kündigung** rechtfertigen (BAG 16.8.91 – 2 AZR 604/90, NZA 93, 17; APS/*Dörner* § 1 KSchG Rz 314), regelmäßig aber keine außerordentliche Kündigung (LAG Köln 7.1.08 – 14 Sa 1311/07, BeckRS 2008, 52735). Hingegen wird der **Entgeltfortzahlungsanspruch** durch eine solche Pflichtverletzung nicht beeinträchtigt.

b) Nachweispflicht. Die ArbN haben ferner die Pflicht, ihre Arbeitsunfähigkeit durch 9 eine **ärztliche Arbeitsunfähigkeitsbescheinigung** (s *Arbeitsunfähigkeitsbescheinigung* Rz 1 ff) nachzuweisen. Der Nachweis ist entbehrlich, wenn die Arbeitsunfähigkeit unstreitig ist (BAG 12.6.97 – 5 AZR 960/94, NJW 97, 962). Für die Nachweispflicht gilt § 5 Abs 1 Satz 2 EFZG. Jeder ArbN ist insoweit verpflichtet, im Falle der Erkrankung spätestens am vierten Tag der Arbeitsunfähigkeit die ärztliche Arbeitsunfähigkeitsbescheinigung dem ArbGeb vorzulegen. Dies gilt nach § 5 Abs 1 Satz 2 EFZG grds nur, wenn die Erkrankung länger als drei

53 Arbeitsunfähigkeit

Tage dauert. Bei bis zu drei Tagen dauernder Erkrankung besteht daher grds keine Attestpflicht mehr. Allerdings ist der ArbGeb berechtigt, nach § 5 Abs 1 Satz 3 EFZG bei solchen **Kurzerkrankungen** eine ärztliche Arbeitsunfähigkeitsbescheinigung zu einem früheren Zeitpunkt zu verlangen. Die Ausübung dieses Rechts ist nicht an besondere Voraussetzungen gebunden, sondern steht im Ermessen des ArbGeb (BAG 14.11.12 – 5 AZR 886/11), muss aber diskriminierungsfrei ausgeübt werden.

10 Es ist zulässig, sowohl von einzelnen als auch generell von allen ArbN des Betriebes die Vorlage eines Attests bei solchen Kurzerkrankungen zu verlangen (*Hanau/Kramer* DB 95, 94). Hinsichtlich der Wirkung dieser Vorschrift wird man unterscheiden müssen. Für eine laufende Kurzerkrankung nützt sie idR wenig, da der ArbN, nachdem er von dem Verlangen des ArbGeb, ein Attest vorzulegen, erfährt, ausreichend Zeit haben muss, einen Arzt aufzusuchen und die ärztliche Arbeitsunfähigkeitsbescheinigung zu übermitteln. Während dieser Zeit wird der Zeitraum der dreitägigen Kurzerkrankung idR bereits abgelaufen sein.

11 Anders ist es, wenn der ArbGeb einen Erkrankungsfall zum Anlass nimmt, vom ArbN für **zukünftige Kurzerkrankungen** vom ersten Tag an ein Attest zu verlangen. Dies ist nach § 5 Abs 1 Satz 3 EFZG zulässig, und zwar nach dem Zweck des Gesetzes gerade dann, wenn vorangegangene Erkrankungen einen **Missbrauchsverdacht** begründen. Hierbei kann an die Tatbestände des § 275 Abs 1a SGB V angeknüpft werden (ua auffällig häufig arbeitsunfähig, auffällig häufig nur für kurze Dauer arbeitsunfähig, Beginn der Arbeitsunfähigkeit häufig am Beginn oder am Ende der Arbeitswoche). Es empfiehlt sich eine **betriebseinheitliche Lösung,** wonach betriebseinheitlich Kriterien für eine Pflicht zur Attestvorlage festgelegt werden (*Marburger* BB 94, 1421), etwa dergestalt, dass ab einer bestimmten Häufigkeit von Kurzerkrankungen die Pflicht zur Attestvorlage bei Kurzerkrankung entsteht. Da es sich bei der Festlegung der Kriterien um eine Regelung der Ordnung des Betriebs und des Verhaltens der ArbN im Betrieb handelt, besteht ein **Mitbestimmungsrecht des BRates** nach § 87 Abs 1 Nr 1 BetrVG (BAG 25.1.2000 – 1 ABR 3/99, NZA 2000, 665). Zulässig ist es darüber hinaus (BAG 1.10.97 – 5 AZR 726/96, NZA 98, 369), mit allen ArbN **vertraglich zu vereinbaren,** dass das Attest bereits ab dem ersten Krankheitstag eingereicht wird. Auch eine entsprechende tarifvertragliche Regelung ist möglich (BAG 26.2.03 – 5 AZR 112/02, BB 03, 1622). Dies bedeutet nicht, dass das Attest am ersten Krankheitstag eingehen muss, wohl aber, dass der bescheinigte Krankheitszeitraum den ersten Tag umfassen muss.

12 Dauert die Arbeitsunfähigkeit über den zunächst bescheinigten Zeitraum hinaus an, muss der ArbN eine neue ärztliche Arbeitsunfähigkeitsbescheinigung vorlegen. Zwar sehen die gesetzlichen Bestimmungen nicht ausdrücklich hierfür die Geltung der Drei-Tages-Frist vor, jedoch wird man kraft Analogieschlusses von einer dreitägigen Frist nach Ablauf der vorherigen Attestierung ausgehen können (*Schaub* § 98 Rz 140).

Legt der ArbN trotz wiederholter Aufforderung überhaupt keine Arbeitsunfähigkeitsbescheinigung vor, kann dies eine außerordentliche Kündigung rechtfertigen (LAG Hess 13.7.99 – 9 Sa 206/99, ArbuR 2000, 75).

Dem Betriebsrat steht bei Krankenkontrollbesuchen kein generelles Mitbestimmungsrecht nach § 87 Abs 1 Nr 1 BetrVG zu (LAG RhPf 29.6.2006 – 11 TaBV 43/05, NZA-RR 07, 417).

13 **3. Erkrankung im Ausland.** Bei einer Erkrankung im Ausland ist der ArbN nach § 5 Abs 2 EFZG verpflichtet, nicht nur dem ArbGeb, sondern auch der Krankenkasse die Arbeitsunfähigkeit unverzüglich anzuzeigen. Ist somit die Pflicht zur unverzüglichen Anzeige erweitert, da zwei Institutionen **unverzüglich benachrichtigt** werden müssen, besteht anderseits die Nachweispflicht bei einer Erkrankung im Ausland nur gegenüber dem ArbGeb. Dauert die Arbeitsunfähigkeit länger als zunächst angezeigt, ist der ArbN verpflichtet, der Krankenkasse die voraussichtliche Fortdauer der Arbeitsunfähigkeit mitzuteilen. § 5 Abs 2 EFZG erweitert die Mitteilungspflicht dahingehend, dass der ArbN auch die Adresse des Aufenthaltsortes in der schnellstmöglichen Art der Übermittlung mitzuteilen hat (zum Nachweis und zur Missbrauchskontrolle s *Arbeitsunfähigkeitsbescheinigung* Rz 15). Die Regelung dient Beweiszwecken, indem sie dem ArbGeb die Möglichkeit verschafft, die behauptete Arbeitsunfähigkeit überprüfen zu lassen. Meldet sich ein ArbN aus dem Ausland telefonisch krank und fragt der ArbGeb nicht nach der Urlaubsanschrift, kann aufgrund der

unterlassenen Ortsmeldung die Entgeltfortzahlung nicht verweigert werden (BAG 19.2.97 – 5 AZR 83/96, NZA 97, 652).

4. Teilarbeitsfähigkeit. Durch § 74 SGB V ist ein **vorsichtiger Schritt in Richtung auf Anerkennung einer Teilarbeitsfähigkeit bzw Teilarbeitsunfähigkeit gemacht worden.** Nach dieser Vorschrift soll der behandelnde Arzt, wenn ein arbeitsunfähiger ArbN seine bisherige Tätigkeit teilweise verrichten könnte und die stufenweise Wiederaufnahme seiner Tätigkeit voraussichtlich seine Eingliederung in das Erwerbsleben verbessert, auf der Bescheinigung über die Arbeitsunfähigkeit Art und Umfang der möglichen Tätigkeit angeben. 14

Diese sozialversicherungsrechtliche Pflicht des Arztes bedeutet noch keine Pflicht der Arbeitsvertragsparteien, ein solches Wiedereingliederungsverhältnis durchzuführen. Vor einer krankheitsbedingten Kündigung (s dazu *Kündigung, personenbedingte*) wird eine solche Maßnahme unter dem Gesichtspunkt der Verhältnismäßigkeit aber idR durchzuführen sein **wegen § 84 Abs 2 SGB IX** (BAG 12.7.07 – 2 AZR 716/06, NZA 08, 173). Soweit die Tätigkeit zu Rehabilitationszwecken erfolgt, besteht das Rechtsverhältnis der Arbeitsvertragsparteien als ein solches eigener Art fort, es handelt sich für den Wiedereingliederungszeitraum nicht um ein Arbeitsverhältnis (BAG 29.1.92 – 5 AZR 37/91, BB 93, 143; *Wank* BB 92, 1997). Dies wird auch daran deutlich, dass während der Wiedereingliederung die arbeitsvertraglichen Hauptleistungspflichten ruhen, mit der Folge, dass während dieser Zeit ein Urlaubsanspruch nicht erfüllt werden kann, weil die Arbeitspflicht ruht (BAG 19.4.94 – 9 AZR 462/92, DB 94, 1880). Kommt es in den übrigen Fällen zu einer teilweisen Durchführung des Arbeitsverhältnisses, so ist Rechtsgrundlage hierfür das Arbeitsverhältnis. Dazu bedarf es allerdings einer Abänderungsvereinbarung, die durch die volle Genesung des ArbN auflösend bedingt ist. 15

B. Lohnsteuerrecht *Windsheimer*

Für die Besteuerung ist entscheidend, ob dem ArbN trotz Arbeitsunfähigkeit Lohn zufließt (*Lohnzufluss* Rz 2 ff). Bei Lohnzufluss erfolgt die Besteuerung nach den allgemeinen Grundsätzen (s *Lohnsteuerberechnung* Rz 4 ff). Zahlt der ArbGeb wegen Arbeitsunfähigkeit keinen Lohn, fällt mangels Zufluss beim ArbN keine Steuer an. 16

Zu den Problemen im Einzelnen s *Entgeltfortzahlung* Rz 42, *Krankengeld* Rz 6 ff, *Erwerbsminderung* Rz 12 ff, *Lohnersatzleistungen* Rz 5 ff.

C. Sozialversicherungsrecht *Ruppelt*

1. Begriff. Ein Versicherter ist arbeitsunfähig, wenn er durch Krankheit daran gehindert ist, seine arbeitsvertraglich geschuldete, zuletzt ausgeübte Arbeit zu verrichten (BSG 8.11.05 – B 1 KR 18/04 R, SozR 4–2500 § 44 Nr 7 Rz 12). Arbeitsunfähig ist auch, wer seine ausgeübte Tätigkeit nur unter der Gefahr der Verschlimmerung der Erkrankung ausführen kann. Hat der Versicherte im Beurteilungszeitpunkt einen Arbeitsplatz inne, kommt es darauf an, ob er die dort an ihn gestellten gesundheitlichen Anforderungen noch erfüllen kann. Eine gesetzliche Definition des Begriffs „Arbeitsunfähigkeit" existiert nicht. Es muss im Folgenden auf die Rspr zurückgegriffen werden. S auch *Arbeitsunfähigkeitsbescheinigung* Rz 19 ff. 17

Verliert er den Arbeitsplatz **nach Eintritt der Arbeitsunfähigkeit,** bleibt die frühere Tätigkeit als Bezugspunkt erhalten; allerdings sind nicht mehr die konkreten Verhältnisse am früheren Arbeitsplatz maßgebend, sondern es ist nunmehr abstrakt auf die Art der zuletzt ausgeübten Beschäftigung abzustellen. Der Versicherte darf dann auf gleich oder ähnlich geartete Tätigkeiten „verwiesen" werden, wobei aber der Kreis möglicher Verweisungstätigkeiten entsprechend der Funktion des Krankengeldes eng zu ziehen ist (BSG 19.9.02 – B 1 KR 11/02 R, NZA 03, 907; 14.2.01 – B 1 KR 30/00 R, SozR 3–2500 § 44 Nr 9; 8.2.2000 – B 1 KR 11/99 R, NZS 2000, 611). Dabei müssen die Art der Verrichtung, die körperlichen und geistigen Anforderungen, die notwendigen Kenntnisse und Fertigkeiten und auch die **Entlohnung** im Wesentlichen mit der früheren Tätigkeit übereinstimmen (vgl BSG 8.2.2000 – B 1 KR 11/99 R, SGb 2000, 206; 14.2.01 – B 1 KR 30/00 R, ZfS 01, 176). Regelmäßig gelingt es den Versicherungsträgern nicht, eine solche Tätigkeit zu bezeichnen. Unerheblich ist, ob der Versicherte mit seinem Restleistungsvermögen der 18

53   Arbeitsunfähigkeit

Arbeitsvermittlung zur Verfügung steht. Die Arbeitsunfähigkeit entfällt nämlich nicht dadurch, dass sich der Versicherte in Anbetracht seiner gesundheitlichen Beeinträchtigung für eine berufliche Neuorientierung öffnet.

19   Nur wenn der Versicherte **bei Eintritt der Arbeitsunfähigkeit** bereits arbeitslos ist, beurteilt sich die Arbeitsunfähigkeit nach den Tätigkeiten, für die der Versicherte der Arbeitsvermittlung zur Verfügung steht. Das sind nach § 140 Abs 1 SGB III grds alle seiner gesundheitlichen Leistungsfähigkeit entsprechenden Beschäftigungen. Auf die Verhältnisse an seinem früheren Arbeitsplatz kommt es nicht an (BSG 19.9.02 – B 1 KR 11/02 R, NZA 03, 907). Das gilt grds ab dem ersten Tag der Arbeitslosigkeit. Maßstab für die Beurteilung der krankheitsbedingten Arbeitsunfähigkeit eines Versicherten in der KV der Arbeitslosen sind **auch in den ersten sechs Monaten** der Arbeitslosigkeit alle Beschäftigungen, die ihm arbeitslosenversicherungsrechtlich zumutbar sind (BSG 4.4.06 – B 1 KR 21/05 R, NZS 07, 150). Dies sind grds alle Arbeiten auf dem allgemeinen Arbeitsmarkt.

Auch in den Fällen des § 48 Abs 2 SGB V (neue Blockfrist) ist nicht mehr an die frühere Tätigkeit, sondern an das **Restleistungsvermögen** anzuknüpfen, wenn der Versicherte bei fortbestehender Arbeitsunfähigkeit für seinen früheren Beruf nach Erschöpfung des Krankengeldanspruchs innerhalb der ersten Blockfrist mit seinem Restleistungsvermögen der Arbeitsvermittlung zur Verfügung gestanden hat und nunmehr innerhalb eines neuen Dreijahreszeitraums erneut Krankengeld beansprucht; dh maßgebend für das Vorliegen von AU sind alle Arbeiten auf dem allgemeinen Arbeitsmarkt, ohne dass es auf das frühere Beschäftigungsverhältnis ankommt (BSG 8.2.2000 – B 1 KR 11/99 R, NZS 2000, 611).

20   **2. Nicht jede Erkrankung** führt zur Arbeitsunfähigkeit. Vielmehr ist im Einzelfall zu prüfen, ob die konkrete Erkrankung bzw krankheitsbedingte Behinderung dazu führt, dass die geschuldete Arbeitsleistung nicht mehr (in vollem Umfang) erbracht werden kann. Kann der Versicherte die bisherige oder eine gleichgeartete Tätigkeit krankheitsbedingt nur teilweise verrichten, bleibt er im sozialversicherungsrechtlichen Sinn arbeitsunfähig. Eine **Teilarbeitsunfähigkeit** ist auch durch § 74 SGB V nicht eingeführt worden, weil diese Regelung für den ArbN nicht verpflichtend ist. Während der Wiedereingliederung nach § 74 SGB V erzieltes Arbeitsentgeld wird auf das Krankengeld angerechnet (§ 49 Abs 1 Nr 1 SGB V).

21   **3. Stationäre Behandlung** in einem Krankenhaus oder in einer Vorsorge- bzw Rehabilitationseinrichtung auf Kosten der Krankenkasse (§§ 23, 24, 40 Abs 2, 41 SGB V) steht der krankheitsbedingten Arbeitsunfähigkeit gleich (§ 44 Abs 1 Satz 1 SGB V). Für eine im Anschluss an eine medizinische RehaMaßnahme (s *Kur* Rz 16 ff) erforderliche Schonungszeit muss die Arbeitsunfähigkeit gesondert geprüft werden (BSG 8.2.79 – 4 RJ 85/78, SozR 2200 § 1240 Nr 6).

22   **4. Beendet ist die Arbeitsunfähigkeit,** wenn der Versicherte seine frühere oder die zumutbare Tätigkeit wieder in **vollem Umfang** verrichten kann. Die tatsächliche Arbeitsleistung des Versicherten ist ein (widerlegbares) Indiz für das Vorliegen der Arbeitsunfähigkeit (BSG 9.10.01 – B 1 KR 12/01 R, BeckRS 2001, 41754). Gleiches gilt für die tatsächliche Ausübung von Verrichtungen, welche sich mit der behaupteten Arbeitsunfähigkeit nicht vereinbaren lassen, etwa Wintersport während der Arbeitsunfähigkeit (zur Möglichkeit der fristlosen Kündigung in einem solchen Fall: BAG 2.3.06 – 2 AZR 53/05, DB 06, 2183).

23   **5. Die Feststellung der Arbeitsunfähigkeit** hat durch einen Arzt zu erfolgen (s *Arbeitsunfähigkeitsbescheinigung* Rz 20 ff). Es muss sich nicht notwendig um den behandelnden Arzt oder einen Vertragsarzt der Krankenkasse handeln. Obwohl Arbeitsunfähigkeit ein Rechtsbegriff ist und der Arzt im Grunde nur die tatsächlichen Voraussetzungen der Arbeitsunfähigkeit festzustellen hat, reicht es aus, wenn der Arzt das Vorliegen der Arbeitsunfähigkeit attestiert (BSG 31.3.98 – B 1 KR 56/96 B, BeckRS 1998, 30413042).

24   **6. Leistungsrecht.** Arbeitsunfähigkeit ist die Voraussetzung für die Gewährung von *Krankengeld* und *Entgeltfortzahlung*. Kein Zusammenhang besteht zwischen der Arbeitsunfähigkeit und den rentenversicherungsrechtlichen Versicherungsfällen der Erwerbsminderung (s *Erwerbsminderung* Rz 13 ff).

Arbeitsunfähigkeitsbescheinigung

A. Arbeitsrecht
Griese

1. Allgemeines. Ein erkrankter ArbN muss seine Arbeitsunfähigkeit nachweisen (s *Arbeits-* **1** *unfähigkeit* Rz 10). Hierzu dient die **ärztliche** Arbeitsunfähigkeitsbescheinigung. Die ordnungsgemäß ausgestellte Arbeitsunfähigkeitsbescheinigung ist der gesetzlich ausdrücklich vorgesehene und insoweit wichtigste **Beweis für das Vorliegen krankheitsbedingter Arbeitsunfähigkeit** (BAG 1.10.97 – 5 AZR 726/96, NZA 98, 369). Sie wird vom Arzt ausgestellt und weist Beginn und voraussichtliche Dauer der Arbeitsunfähigkeit aus. Ferner muss der Arzt auf ihr angeben, wann er die Arbeitsunfähigkeit festgestellt hat und ob es sich um eine **Erst- oder Folgebescheinigung** handelt. Die **Diagnose** ist auf der für den ArbGeb bestimmten Ausfertigung der Arbeitsunfähigkeitsbescheinigung **nicht anzugeben**, notwendig ist allerdings der Vermerk, dass die Krankenkasse unverzüglich eine Bescheinigung über die Arbeitsunfähigkeit mit Angaben über den Befund und die voraussichtliche Dauer erhalten wird.

Nach § 5 Abs 1 Satz 3 EFZG ist der ArbGeb berechtigt, vom ArbN die Vorlage einer ärztlichen Bescheinigung über die Arbeitsunfähigkeit und deren voraussichtliche Dauer schon von dem ersten Tag der Erkrankung an zu verlangen. Die Ausübung dieses Rechts ist nicht an besondere Voraussetzungen gebunden, sondern steht im Ermessen des ArbGeb (BAG 14.11.12 – 5 AZR 886/11), muss aber diskriminierungsfrei ausgeübt werden.

2. Richtlinien zur Erteilung von ärztlichen Arbeitsunfähigkeitsbescheinigungen. **2** Die Pflichten des Arztes dabei ergeben sich aus den **Arbeitsunfähigkeitsrichtlinien, die** aufgrund der Ermächtigungsnorm des **§ 92 Abs 1 Satz 2 Nr 7 SGB V** gelten. Sie sind **verbindlich** für die Kassenärzte gem § 81 Abs 3 Nr 2 SGB V. Die Arbeitsunfähigkeitsrichtlinien verlangen von dem Arzt eine **sorgfältige Untersuchung des Arbeitnehmers**. In Ziff 2 der Arbeitsunfähigkeitsrichtlinien heißt es:

„Zwischen der Krankheit und der dadurch bedingten Unfähigkeit zur Fortsetzung der ausgeübten **3** Tätigkeit muss ein kausaler Zusammenhang erkennbar sein. Deshalb hat der Arzt den Versicherten über Art und Umfang der tätigkeitsbedingten Belastungen zu befragen und das Ergebnis der Befragung bei der Beurteilung von Grund und Dauer der Arbeitsunfähigkeit zu berücksichtigen."

Ferner soll der Arzt Arbeitsunfähigkeit für eine **vor der ersten Inanspruchnahme** des **4** Arztes liegende Zeit grds **nicht bescheinigen.** Nur ausnahmsweise ist eine Rückdatierung des Beginns der Arbeitsunfähigkeit auf einen vor dem Behandlungsbeginn liegenden Tag oder eine rückwirkende Bescheinigung über das Fortbestehen der Arbeitsunfähigkeit zulässig (s *Wanner* DB 92, 93 ff). § 106 Abs 3a SGB V sieht ausdrücklich eine **Schadensersatzpflicht des Arztes** gegenüber dem ArbGeb und der Krankenkasse vor, wenn dieser die Arbeitsunfähigkeit grob fahrlässig oder vorsätzlich attestiert, obwohl die Voraussetzungen dafür nicht vorliegen. Die wissentliche Ausstellung falscher Arbeitsunfähigkeitsbescheinigungen erfüllt zudem den Straftatbestand des § 278 StGB (zur Schadensersatzpflicht s auch LG Darmstadt 19.9.90, NJW 91, 757).

3. Beweiswert von ärztlichen Arbeitsunfähigkeitsbescheinigungen. a) Anscheins- 5 beweis für die inhaltliche Richtigkeit. Die ärztliche Arbeitsunfähigkeitsbescheinigung ist eine Privaturkunde iSd § 416 ZPO. Für sie streitet keine gesetzliche Vermutung iSd § 292 ZPO. Jedoch spricht für die **inhaltliche Richtigkeit** des ärztlichen Attests der **Beweis des ersten Anscheins** (BAG 19.2.97 – 5 AZR 83/96, NZA 97, 652; ebenso für das mutterschutzrechtliche ärztliche Beschäftigungsverbot BAG 31.7.96 – 5 AZR 474/95). Der Tatrichter kann deshalb im Regelfall den Beweis der Arbeitsunfähigkeit mit der Vorlage der ärztlichen Arbeitsunfähigkeitsbescheinigung als erbracht ansehen (BAG 1.10.97 – 5 AZR 726/96).

Dies gilt auch für die ärztliche Arbeitsunfähigkeitsbescheinigung bei psychischen Erkran- **6** kungen (LAG SachsAnh 8.9.98 – 8 Sa 676/97, ArbuR 99, 317). Die Gerichte sind in gleichem Umfang wie der ArbGeb an eine ärztliche *Arbeitsunfähigkeitsbescheinigung* gebunden.

54 Arbeitsunfähigkeitsbescheinigung

Dies gilt auch bei der Rückforderung von *Entgeltfortzahlung,* die aus Sicht des ArbGeb zu Unrecht geleistet worden ist (BAG 11.10.06 – 5 AZR 755/05, DB 07, 1313).

7 Der Beweis des ersten Anscheins gilt nur zugunsten derjenigen Arbeitsunfähigkeitsbescheinigungen, die **unter Beachtung der Arbeitsunfähigkeitsrichtlinien** ausgestellt worden sind. Der ArbGeb muss den Beweis des ersten Anscheins nicht widerlegen, es reicht aus, wenn er Tatsachen vortragen kann, die den Beweis des ersten Anscheins erschüttern.

8 **b) Erschütterung des Beweiswertes.** Der Beweiswert der ärztlichen Arbeitsunfähigkeitsbescheinigung ist erschüttert, wenn die vom ArbGeb vorgetragenen Tatsachen zu **ernsthaften Zweifeln** an der bescheinigten Arbeitsunfähigkeit Anlass geben. Dies hat zur Folge, dass die volle Beweislast für die Arbeitsunfähigkeit wieder beim ArbN liegt. Bei einem zunächst nicht näher begründeten ärztlichen Beschäftigungsverbot ist der Beweiswert erschüttert, wenn der ArbN trotz Aufforderung des ArbGeb keine ärztliche Bescheinigung darüber beibringt, von welchen konkreten Arbeitsbedingungen der Arzt beim Ausspruch des Beschäftigungsverbots ausgegangen ist und welche Einsatzeinschränkungen bestehen. Denn nur bei Kenntnis dieser Umstände kann der ArbGeb prüfen, ob er dem ArbN andere zumutbare Arbeitsmöglichkeiten zuweist, die dem Beschäftigungsverbot nicht entgegenstehen (BAG 7.11.07 – 5 AZR 883/06, DB 08, 303). Folgende Fallgestaltungen können den Beweiswert des ärztlichen Attests erschüttern:

9
- Erteilung einer Arbeitsunfähigkeitsbescheinigung ohne Untersuchung oder nur nach telefonischer Rücksprache (BAG 11.8.76, BB 77, 119)
- Ankündigung einer Erkrankung durch den ArbN (BAG 4.10.78, BB 79, 577)
- Erkrankung nach Ablehnung eines Urlaubsantrages im beantragten Urlaubszeitraum
- Wiederholte Erkrankung von ausländischen ArbN jeweils im Anschluss an den Heimaturlaub
- Umbuchung eines Urlaubsrückflugs vor Krankschreibung auf den Tag des Endes der Krankschreibung (LAG Hamm 8.6.05 – 18 Sa 1962/04, NZA-RR 05, 625)
- Wiederholte gemeinsame und gleichzeitige Erkrankung von Ehegatten nach Urlaubsende
- Nichtbefolgung einer Vorladung zur vertrauensärztlichen Untersuchung
- Durchführung von beschwerlichen Reisen während der Arbeitsunfähigkeit
- Strapaziöse sportliche Betätigungen während der Krankheit (zB Bungeespringen eines an einem Wirbelsäulenleiden erkrankten ArbN)
- Mit einer Arbeitsunfähigkeit unvereinbare Freizeitaktivitäten (Skiurlaub eines Gutachters des Medizinischen Dienstes, der wegen Hirnhautentzündung arbeitsunfähig krank geschrieben ist, BAG 2.6.06 – 2 AZR 53/05, NZA-RR 06, 636)
- Arbeit außerhalb der Arbeitsstelle, zB in der eigenen Nebenerwerbslandwirtschaft (LAG Hamm 8.10.70, DB 70, 2379) oder beim Bau des eigenen Hauses (LAG Düsseldorf 16.12.80, DB 81, 900).

10 Nicht ausreichend sind grds:

- Abwesenheit des ArbN von seiner Wohnung
- Spaziergänge oder leichte sportliche Betätigung
- Besorgungs- oder Einkaufsgänge des ArbN.

11 Eine Erschütterung des Beweiswertes der Arbeitsunfähigkeitsbescheinigung kann ferner vorliegen, wenn ein Regelbeispiel des § 275 Abs 1a SGB V vorliegt und der ArbGeb rechtzeitig eine Untersuchung durch den Medizinischen Dienst begehrt hat. Letzteres wird man vom ArbGeb in allen Erschütterungsfällen verlangen müssen (*Hanau/Kramer* DB 95, 94). Ist die Beweislast der ärztlichen Arbeitsunfähigkeitsbescheinigung erschüttert, obliegt dem ArbN wieder der **volle Beweis** für die behauptete Arbeitsunfähigkeit. Diesen Beweis kann der ArbN vor Gericht durch detaillierten Tatsachenvortrag, die Benennung des behandelnden Arztes als **Zeugen sowie dessen Entbindung von der ärztlichen Schweigepflicht** antreten (BAG 7.12.95 – 2 AZR 849/94, ArbuR 96, 113). Der Arzt ist dann im Einzelnen nach Diagnose, Krankheitsverlauf und Auswirkungen auf die Arbeitsfähigkeit am konkreten Arbeitsplatz zu befragen. Insbesondere ist der Arzt mit den Umständen, die zur Erschütterung des Beweiswertes der Arbeitsunfähigkeitsbescheinigung (zB strapaziöse sportliche Betätigung) geführt haben, zu konfrontieren und zu befragen, ob er den ArbN auch bei Kenntnis dieser Umstände krank geschrieben hätte.

12 **Bleiben Zweifel,** gehen diese im Rahmen der Entgeltfortzahlung zu Lasten des ArbN. Der Nachweis kann auch durch andere Beweismittel erfolgen (BAG 1.10.97 – 5 AZR 499/96, NZA 98, 369). Will der ArbGeb hingegen aus Anlass solcher, den Beweiswert der Arbeitsunfähigkeitsbescheinigung erschütternden Umstände **kündigen,** trägt er die **Beweis-**

Arbeitsunfähigkeitsbescheinigung 54

last dafür, dass der ArbN die **Arbeitsunfähigkeit nur wissentlich vorgetäuscht** und die **Arbeitsunfähigkeitsbescheinigung erschlichen** oder in grober Weise die Pflicht zum heilungsfördernden Verhalten verletzt hat, etwa dadurch, dass er während der bescheinigten Arbeitsunfähigkeit einer strapaziösen, nicht heilungsfördernden Freizeitaktivität nachgeht (Skiurlaub in Zermatt, BAG 2.3.06 – 2 AZR 53/05, NZA-RR 06, 636). Der ArbGeb trägt auch dann die Beweislast für die Unrichtigkeit der Arbeitsunfähigkeitsbescheinigung, wenn er zunächst vorbehaltlos Entgeltfortzahlung geleistet hat und diese später bei unverändertem Sachverhalt zurückfordern will (LAG München 21.7.88, DB 89, 280).

c) Kontrollmöglichkeiten des Arbeitgebers. Nach § 275 Abs 1 Nr 3 Buchst b) 13 SGB V besteht die Möglichkeit, von der Krankenkasse eine gutachtliche Stellungnahme des Medizinischen Dienstes der KV zur Überprüfung von **begründeten** Zweifeln an der Arbeitsunfähigkeit zu verlangen. Die Effektivität dieser Kontrollmöglichkeit litt darunter, dass die Krankenkasse diesem Verlangen oft erst nachkam, wenn der sechswöchige Entgeltfortzahlungszeitraum schon abgelaufen war. § 275 Abs 1a SGB V sieht vor, dass die Prüfung der Krankenkasse unverzüglich nach Vorlage der ärztlichen Feststellung über die Arbeitsunfähigkeit zu erfolgen hat. In der Vorschrift ist weiter festgelegt, dass Zweifel an der Richtigkeit von Arbeitsunfähigkeitsbescheinigungen insbesondere dadurch begründet werden, dass der ArbN auffällig häufig oder auffällig häufig nur für kurze Dauer arbeitsunfähig ist oder der Beginn der Arbeitsunfähigkeit häufig auf einen Arbeitstag am Beginn oder Ende einer Woche fällt, oder dass das Attest von einem Arzt kommt, der durch die Häufigkeit der von ihm ausgestellten Arbeitsunfähigkeitsbescheinigungen auffällig geworden ist. Von Bedeutung ist ferner § 275 Abs 1b SGB V, wonach der Medizinische Dienst (s auch *Medizinischer Dienst* Rz 1 ff) **stichprobenartig** die Richtigkeit von Arbeitsunfähigkeitsbescheinigungen zu überprüfen hat. Diese Kontrollmöglichkeit versagt allerdings, wenn der ArbN in einer privaten Krankenkasse versichert ist, weil dann § 275 SGB V keine Anwendung findet.

Bei **begründeten** Zweifeln besteht die Möglichkeit, dem ArbN die Umstände mitzutei- 14 len, die nach Ansicht des ArbGeb den Beweiswert der ärztlichen Arbeitsunfähigkeitsbescheinigung erschüttern, die **Entgeltfortzahlung zurückzuhalten** und dem ArbN den vollen Nachweis der Arbeitsunfähigkeit durch detaillierte Angaben aufzugeben.

4. Ausländische Arbeitsunfähigkeitsbescheinigungen. Soweit ein in- oder ausländi- 15 scher ArbN im Ausland erkrankt, muss er die Arbeitsunfähigkeit durch eine ausländische Arbeitsunfähigkeitsbescheinigung nachweisen. Zu den Einzelheiten s *Ausländer* Rz 18.

5. Stufenweise Wiedereingliederung. Kann ein arbeitsunfähig erkrankter ArbN trotz 16 seiner Krankheit seine Tätigkeit teilweise verrichten und verbessert voraussichtlich eine stufenweise Wiederaufnahme der Tätigkeit die Eingliederung in das Erwerbsleben, so soll der Arzt nach § 74 SGB V **auf der ärztlichen Arbeitsunfähigkeitsbescheinigung** Art und Umfang der der **Wiedereingliederung dienlichen Tätigkeit** angeben. Dazu soll ggf die Stellungnahme des Betriebsarztes oder mit Zustimmung der Krankenkasse die Stellungnahme des Medizinischen Dienstes eingeholt werden (s *Arbeitsunfähigkeit* Rz 14 ff).

6. Anhang. Wortlaut der Arbeitsunfähigkeitsrichtlinien s Personalbuch 2003, Arbeitsun- 17 fähigkeitsbescheinigung Rz 18.

B. Lohnsteuerrecht *Windsheimer*

Die Arbeitsunfähigkeitsbescheinigung hat lohnsteuerrechtlich keine Bedeutung (s *Entgelt-* 18 *fortzahlung* Rz 42).

C. Sozialversicherungsrecht *Ruppelt*

1. Die ärztliche Feststellung der Arbeitsunfähigkeit (Arbeitsunfähigkeitsbescheini- 19 gung) ist Anspruchsvoraussetzung für die **Entgeltfortzahlung** im Krankheitsfall und die Gewährung von **Krankengeld** durch die gesetzliche KV (§ 46 Satz 1 Nr 2 SGB V). Versicherte haben nach § 44 Abs 1 Satz 1 SGB V Anspruch auf Krankengeld, wenn die Krankheit sie arbeitsunfähig macht (s *Arbeitsunfähigkeit* Rz 17 ff; *Krankengeld* Rz 11 ff). Der Anspruch entsteht gem § 46 Abs 1 Nr 2 SGB V von dem Tag an, der auf den Tag der ärztlichen Feststellung der Arbeitsunfähigkeit folgt (s unten Rz 26). Für den kassenärztlichen Bereich sind in Bezug auf die Ausstellung der Arbeitsunfähigkeitsbescheinigung die **Arbeitsunfähig-**

54   Arbeitsunfähigkeitsbescheinigung

keitsrichtlinien maßgebend (s oben Rz 2). Da es sich im Grunde um die Feststellung der tatsächlichen medizinischen Voraussetzungen für das Vorliegen von Arbeitsunfähigkeit und damit um eine sachverständige Äußerung des Arztes handelt, kann die Arbeitsunfähigkeitsbescheinigung von jedem – auch ausländischen – Arzt ausgestellt werden.

20   Es ist grds Sache der Krankenkasse – ggf mit Hilfe des Medizinischen Dienstes – festzustellen, ob der Rechtsbegriff der Arbeitsunfähigkeit tatsächlich erfüllt ist. Im Regelfall sind hinsichtlich der durch den Arzt bescheinigten Arbeitsunfähigkeit und der gestellten Diagnosen, die nur der Krankenkasse mitgeteilt werden, keine Ermittlungen der Krankenkasse veranlasst. Eine Bindung an die Arbeitsunfähigkeitsbescheinigung besteht hinsichtlich der Entstehung des Krankengeldanspruches allerdings ebenso wenig wie hinsichtlich des Entgeltfortzahlungsanspruchs (BSG 8.2.2000 – B 1 KR 11/99 R, NZS 2000, 611; 9.10.01 – B 1 KR 12/01 R, BeckRS 2001, 41754; 8.11.05 – B 1 KR 18/04 R, SozR 4–2500, § 44 Nr 7).

21   Zur **Sicherung des Behandlungserfolges,** insbesondere zur Einleitung von Maßnahmen für die Wiederherstellung der Arbeitsfähigkeit oder zur **Beseitigung von Zweifeln** an der Arbeitsunfähigkeit hat die Krankenkasse eine gutachtliche Stellungnahme des Medizinischen Dienstes der KV einzuholen (§ 275 Abs 1 Nr 3 Buchst b SGB V). Zweifel an der Arbeitsunfähigkeit sind insbesondere in Fällen anzunehmen, in denen der Versicherte auffällig häufig oder auffällig häufig für nur kurze Dauer arbeitsunfähig ist, der Beginn der Arbeitsunfähigkeit häufig auf einen Arbeitstag am Beginn oder am Ende einer Woche fällt oder die Arbeitsunfähigkeit von einem Arzt festgestellt worden ist, der durch die Häufigkeit der von ihm ausgestellten Bescheinigungen über Arbeitsunfähigkeit auffällig geworden ist. Die Prüfung hat unverzüglich nach Vorlage der ärztlichen Feststellung über die Arbeitsunfähigkeit zu erfolgen. Der ArbGeb kann verlangen, dass die Krankenkasse eine gutachtliche Stellungnahme des Medizinischen Dienstes zur Überprüfung der Arbeitsunfähigkeit einholt (§ 275 Abs 1a Satz 3 SGB V).

22   Der ArbGeb hat dazu konkret schlüssige Tatsachen vorzubringen, die seine **Zweifel an der Arbeitsunfähigkeit** begründen. Lehnt die Krankenkasse ohne hinreichenden Grund (ein solcher wäre eindeutiges Vorliegen von Arbeitsunfähigkeit) die Einschaltung des Medizinischen Dienstes ab, kann der ArbGeb Widerspruch und Klage (vor dem Sozialgericht) erheben. Es kommt auch der Antrag auf einstweiligen Rechtsschutz in Betracht. Ergeben die Überprüfungen, dass ein Arzt Arbeitsunfähigkeit festgestellt hat, obwohl die medizinischen Voraussetzungen dafür nicht vorlagen, kann der ArbGeb und die Krankenkasse von dem Arzt **Schadensersatz** verlangen, falls aufgrund der Bescheinigung Arbeitsentgelt (Entgeltfortzahlung) oder Krankengeld gezahlt und die Arbeitsunfähigkeitsbescheinigung grob fahrlässig oder vorsätzlich unrichtig ausgestellt wurde. Auf die Richtigkeit der Diagnosen kommt es allerdings nicht an, wenn nur das Vorliegen der Arbeitsunfähigkeit zutreffend festgestellt ist. Gleiches gilt, wenn der Medizinische Dienst, etwa aufgrund von Personalmangel, die gutachtliche Stellungnahme nicht im Erkrankungszeitraum des ArbN erstellt **und** dadurch dem ArbGeb ein Schaden entsteht. Die Krankenkasse hat – solange ein Anspruch auf Entgeltfortzahlung besteht – dem ArbGeb und dem Versicherten das Ergebnis der Begutachtung des Medizinischen Dienstes mitzuteilen, wenn diese mit der Bescheinigung des Kassenarztes im Ergebnis nicht übereinstimmt. Die Mitteilung darf keine Angaben über die Krankheit des Versicherten enthalten (§ 277 Abs 2 SGB V).

23   **2. Ausländische Arbeitsunfähigkeitsbescheinigung. a) Erkrankung innerhalb der EU/EWR-Staaten und der Schweiz.** Ist ein bei einer deutschen gesetzlichen Krankenkasse Versicherter in einem anderen EU/EWR-Staat oder der Schweiz arbeitsunfähig erkrankt (etwa bei einer Urlaubsreise oder während einer Entsendung, s *Auslandstätigkeit* Rz 116), muss er die von dem ausländischen Arzt ausgestellte Arbeitsunfähigkeitsbescheinigung **innerhalb einer Woche** nach Feststellung der Arbeitsunfähigkeit an die deutsche Krankenkasse senden. Die Pflicht des ArbN, die Arbeitsunfähigkeit seinem ArbGeb mitzuteilen, bleibt davon unberührt. Nach Art 27 Abs 8 VO (EG) 987/2009 sind die Kassen nunmehr grds an die Feststellungen des Arztes im Ausland hinsichtlich der Arbeitsunfähigkeit ihres Versicherten gebunden (zur alten Rechtslage s Personalbuch 2012 Arbeitsunfähigkeitsbescheinigung Rz 23). Die Überwachung und Kontrolle der Arbeitsunfähigkeit obliegt in diesen Fällen der deutschen Krankenkasse. Diese kann den Träger des Wohn- oder Aufenthaltsortes mit der kontrollärztlichen Untersuchung beauftragen. Alternativ kann die deutsche

Krankenkasse den Versicherten durch einen Arzt ihrer Wahl am Aufenthaltsort (Art 27 Abs 6 VO (EG) 987/2009) oder in Deutschland kontrollärztlich untersuchen lassen (Art 87 Abs 2 VO (EG) 987/2009).

b) Erkrankung innerhalb Abkommensstaaten. Mit Bosnien-Herzegowina, Kroatien, 24 Marokko, Mazedonien sowie Montenegro, Serbien, Türkei und Tunesien wurden Regelungen zum Nachweis der Arbeitsunfähigkeit getroffen. In diesen Staaten ist der örtliche KVTräger für die Feststellung der Arbeitsunfähigkeit zuständig. Die Bescheinigungen müssen erkennen lassen, dass eine den Begriffen des deutschen Arbeits- und Sozialversicherungsrechts entsprechende Beurteilung vorgenommen wurde. Ist dies der Fall, ist die zuständige Krankenkasse grds an die Feststellung über den Eintritt und die Dauer der Arbeitsunfähigkeit gebunden.

c) Vertragsloses Ausland. Erkrankt ein Versicherter arbeitsunfähig in einem Staat außer- 25 halb der EU, des EWR, der Schweiz oder eines Abkommensstaates, besteht für die Dauer des Auslandsaufenthaltes kein Anspruch auf Krankengeld (§ 16 Abs 1 Nr 1 SGB V), es sei denn, es liegt eine Auslandsbeschäftigung iSv § 17 Abs 1 SGB V vor (s *Auslandstätigkeit* Rz 166).

3. Geltungsdauer und Meldungsobliegenheit. Die Arbeitsunfähigkeitsbescheinigung 26 darf nur aufgrund einer **ärztlichen Untersuchung** ausgestellt werden. Gleiches gilt für die voraussichtliche Dauer der Arbeitsunfähigkeit. Eine **Rückdatierung** des Beginns der Arbeitsunfähigkeit auf einen vor dem Behandlungsbeginn liegenden Tag ist grds nicht zulässig. Die in der Arbeitsunfähigkeitsrichtlinie (s Rz 2) ausnahmsweise vorgesehene Rückdatierungsmöglichkeit ist für den Beginn des Anspruchs auf Krankengeld unerheblich (BSG 26.6.07 – B 1 KR 37/06 R, NZS 08, 315; LSG Bln-Bbg 23.11.11 – L 9 KR 563/07, NZA 12, 440). **Krankengeld** wird erst ab dem Tag gewährt, der auf den Tag der ärztlichen Feststellung der Arbeitsunfähigkeit folgt (BayLSG 27.10.09 – L 5 KR 72/09, BeckRS 2010, 66626). Es kommt also auf den Tag an, an dem sich der Versicherte beim Arzt vorgestellt hat, nicht auf den Tag, an dem die Arbeitsunfähigkeit eingetreten ist (§ 46 Satz 1 Nr 2 SGB V). Bei der Meldung der Arbeitsunfähigkeit handelt es sich um eine Obliegenheit des Versicherten (LSG SachsAnh 16.10.13 – L 4 KR 71/13 B ER, BeckRS 2013, 73960). Die Folgen einer unterbliebenen oder nicht rechtzeitigen Meldung sind grds von ihm zu tragen. Das gilt auch für die Vorlage von Folgemeldungen (LSG Nds-Brem 11.1.2011 – L 4 KR 446/09, *Breithaupt* 11, 412 zur Bescheinigung von „laufender Arbeitsunfähigkeit"). Nur in Fällen, in denen die Meldung der Arbeitsunfähigkeit durch Umstände verzögert wurde, die dem Verantwortungsbereich der Krankenkasse und nicht dem des Versicherten zuzurechnen sind, kommt hiervon eine Ausnahme in Betracht (BSG 30.6.09 – B 1 KR 22/08 R, BSGE 104, 1 Rz 36). Die Arbeitsunfähigkeit muss ununterbrochen nachgewiesen werden, sollen versicherungsrechtliche Nachteile vermieden werden. Läuft die Arbeitsunfähigkeit an einem Sonntag ab, ist eine Arbeitsunfähigkeitsbescheinigung, die am Montag ausgestellt wurde, für die nahtlose Zahlung des Krankengeldes verspätet. Hängt die Versicherung vom ununterbrochenen Krankengeldbezug ab, erlischt sie in diesem Fall (vgl hierzu BSG 10.5.12 – B 1 KR 19/11 R, SozR 4-2500 § 192 Nr 5).

Arbeitsunfall

A. Arbeitsrecht *Poeche*

1. Allgemeines. Die zivilrechtlichen Rechtsfolgen eines Arbeitsunfalls (gleichgestellt ist 1 die *Berufskrankheit*) sind in §§ 104 ff SGB VII gesondert geregelt. Das private Haftungsrecht (§§ 280, 823 BGB) ist für einen erlittenen **Personenschaden** weitgehend ausgeschlossen. Der Geschädigte erhält stattdessen Leistungen der BG als gesetzlicher UV, die grds ohne Rücksicht auf die Leistungsfähigkeit des ArbGeb und ungeachtet eines möglichen Alleinoder Mitverschuldens des Geschädigten am Unfall für den Schaden einsteht. Sie erfüllt insoweit die Funktion einer Haftpflichtversicherung (BAG 30.10.03 – 8 AZR 548/02, NZS 05, 35: Haftungsersetzungsfunktion). Für den Geschädigten müssen Schadensursache ein Arbeitsunfall iSv § 8 SGB VII oder eine Berufskrankheit iSv § 9 SGB VII sein. Das bestimmt sich allein nach dem Sozialrecht. Über das Vorliegen eines **Versicherungsfalles** entscheidet der zuständige SozVTräger (zur Bindungswirkung unten Rz 15). Zum Eintritt eines EU-

55 Arbeitsunfall

ausländischen Versicherungsträgers BGH 7.11.06 – VI ZR 211/05, NJW 07, 1754; zum vertraglichen Versicherungsschutz *Unfallversicherung* Rz 2–5. Zum Wegeunfall eines „Wanderarbeitnehmers" BGH 15.7.08 – VI ZR 105/07, NJW 09, 916.

2 Die zivilrechtliche **Haftungsbeschränkung** rechtfertigt sich für den dadurch privilegierten ArbGeb aus seiner alleinigen Finanzierung der UV (Finanzierungsargument). Außerdem soll der Betrieb von Auseinandersetzungen über Grund und Höhe eines Ersatzanspruchs freigehalten werden (Friedensfunktion). Wird der Arbeitsunfall durch einen ArbN verursacht, kommt dessen Bedürfnis nach einer weitgehenden Haftungsfreistellung zum Tragen. Personenschäden erreichen oft eine Größenordnung, die vom ArbN nicht ohne eigene Existenzgefährdung ersetzt werden können. Das BVerfG hat den Haftungsausschluss wegen dieser Ziele als **verfassungsgemäß** beurteilt (7.11.72 – 1 BvL 4/71, 1 BvL 17/71, 1 BvL 10/72, 1 BvR 355/71 – NJW 73, 502; 8.2.95 – 1 BvR 753/94, NJW 95, 1607). Daran hat der BGH für den Haftungsausschluss (§ 104 Abs 1 SGB VII) im Verhältnis eines Kindergartenkindes zum Sachkostenträger der Kindertageseinrichtung festgehalten (BGH 4.6.09 – III ZR 229/07, NJW 09, 2956). Zur Kritik an der gesetzlichen Regelung *Arbeitgeberhaftung* Rz 9.

Die gesetzliche Haftungsbeschränkung wirkt sich auf **Auskunftsansprüche** des ArbN gegen den ArbGeb auf Bekanntgabe der am Unfall beteiligten Personen aus. Hat der ArbN einen Arbeitsunfall erlitten, der nach Lage der Dinge auf das Verschulden anderer ArbN zurückzuführen ist (Beispiel: Sturz durch eine nicht gesicherte offene Bodentür), besteht Anspruch auf namentliche Benennung der hierfür Verantwortlichen nur, wenn das Unfallopfer greifbare Anhaltspunkte vortragen kann, dass ausnahmsweise eine Haftung wegen Vorsatzes in Betracht kommt (LAG Köln 9.3.06 – 10 Sa 129/05).

3 **2. Beteiligter Personenkreis. a) Arbeitgeber.** Die Einordnung der Haftungsbeschränkungen in die UV führt zu einer im Arbeitsrecht eher ungebräuchlichen Terminologie, indem in den §§ 104 ff SGV VII von „Unternehmen" und „Unternehmer" und von „Versicherten" die Rede ist. Auf das Arbeitsrecht umgesetzt, sind das idR ArbGeb und ArbN. Die **Haftungsbeschränkung des ArbGeb** findet sich in § 104 SGB VII. Danach sind Unternehmer gegenüber „den Versicherten, die für ihn tätig sind oder zum Unternehmen in einer sonstigen die Versicherung begründenden Beziehung" stehen, deren Angehörigen und Hinterbliebenen vorbehaltlich der beiden Ausnahmen (Wegeunfall/Vorsatz) nicht zum Ersatz des durch einen Versicherungsfall entstehenden Schaden verpflichtet. Die Vorschrift erfasst nicht nur den VertragsArbGeb, sondern auch **Drittunternehmer** wie den Entleiher oder die zu einer *Arbeitsgemeinschaft (ARGE)* gehörenden ArbGeb, für die der Versicherte tätig ist. Der **Status des Geschädigten** als Versicherter entscheidet über die Haftungsbeschränkung.

4 **b) Arbeitnehmer.** Für den **Arbeitnehmer** gilt unter der Überschrift „Beschränkung der Haftung anderer im Betrieb tätiger Personen" § 105 SGB VII. Er wird in gleicher Weise wie der ArbGeb freigestellt, wenn er den Arbeitsunfall durch eine betriebliche Tätigkeit verursacht und der Geschädigte Versicherter desselben Betriebs ist. Der Begriff **betriebliche Tätigkeit** ist weit auszulegen. Es genügt eine mit den Betriebszwecken zusammen hängende oder durch den Betrieb bedingte Betätigung mit der Folge, dass sie dem Unfallbetrieb – wenn auch nur mittelbar – zugerechnet werden kann. Die Betriebsbezogenheit wird durch Mängel in der Arbeitsausführung (unsachgemäß, weisungswidrig, fehlerhaft, leichtsinnig usw) nicht aufgehoben. Bei **Tätlichkeiten** unter ArbN kommt es darauf an, ob der schädigende ArbN bei objektiver Betrachtung aus seiner Sicht im Betriebsinteresse handelte. Ein Stoß vor die Brust, mit dem der ArbN die Leistung eines Arbeitskollegen beanstandet, ist vom BAG noch als betriebliche Tätigkeit beurteilt worden (BAG 22.4.04 – 8 AZR 159/03, NJW 04, 3360). Wirft ein Auszubildender mit einem Autoreifen-Wuchtgewicht von 10g in Richtung eines Kollegen, ist dieser Wurf nach Ansicht des Hess LAG (20.8.13 – 13 Sa 269/13, PM) dem persönlich-privaten Bereich zuzuordnen. IdR sind „Raufhändel" nicht haftungsprivilegiert.

5 **c) Versicherte desselben Betriebs.** Das sind zunächst alle „Arbeitskollegen" und alle weiteren Personen, die in die UV des Unternehmers einbezogen sind (*Unfallversicherung* Rz 16 f). Gleichgestellt sind die nach § 4 SGB VII nicht versicherten Personen. Die Haftungsbeschränkung greift außerdem gegenüber dem ArbGeb, gleich, ob dieser versichert oder nicht versichert ist. Im Interesse des ArbN, der auf den Versicherungsabschluss des

ArbGeb keinen Einfluss hat, wird der nicht versicherte ArbGeb wie ein Versicherter behandelt und erhält von der UV Leistungen bis zur Höhe seines an sich gegen den ArbN begründeten zivilrechtlichen Schadensersatzanspruchs (§ 105 Abs 2 SGB VII).

d) Gemeinsame Betriebsstätte. Fast versteckt ordnet § 106 Abs 3 Alternative 3 **6** SGB VII die entsprechende Anwendung der §§ 104, 105 SGB VII für den arbeitsrechtlich wichtigen und häufigen Sachverhalt an, dass Versicherte mehrerer Unternehmer vorübergehend betriebliche Tätigkeiten auf einer gemeinsamen Betriebsstätte verrichten. Eine „gemeinsame Betriebsstätte" liegt vor, „wenn die betrieblichen Aktivitäten von Versicherten mehrerer Unternehmer, die bewusst und gewollt bei einzelnen Maßnahmen ineinander greifen, miteinander verknüpft sind, sich ergänzen oder unterstützen, wobei es ausreicht, dass die gegenseitige Verständigung stillschweigend durch bloßes Tun erfolgt" (BGH 17.10.2000 – VI ZR 67/00, NJW 01, 443). Gemeint ist ein **bewusstes Miteinander im Arbeitsablauf,** das sich zumindest tatsächlich als ein aufeinander bezogenes betriebliches Zusammenwirken mehrerer Unternehmer darstellt. Ein bloß zufälliges Zusammentreffen der ArbN mehrerer Unternehmer genügt nicht (BAG 12.12.02 – 8 AZR 94/02, NZA 03, 968; BAG 28.10.04 – 8 AZR 443/03, DB 05, 784 (Ls): Verletzter ArbN kontrolliert, ob die mit dem Umzug des ArbGeb beauftragten ArbN der Spedition alle Kartons mitgenommen haben). Das Merkmal „gemeinsame" Betriebsstätte setzt mehr voraus als der Begriff „dieselbe" Betriebsstätte (zusammenfassend und erläuternd BGH 14.9.04 – VI ZR 32/04, NZA 05, 643). Dem ist zuzustimmen. Missverständlich ist allerdings, wenn formuliert wird, erfasst würden die betrieblichen Aktivitäten „über die Fälle der Arbeitsgemeinschaft hinaus". Die ARGE fällt unmittelbar unter §§ 104, 105 SGB VII. Die Bedeutung des Freistellungsgrundes „gemeinsame Betriebsstätte" liegt dagegen gerade darin, dass Versicherte einbezogen werden, die nicht der ARGE angehören (zB ArbN des Subunternehmers eines an einer ARGE beteiligten Unternehmens). Insbesondere die erheblichen Unfallrisiken auf einer (Groß-)Baustelle werden abgedeckt. Dem dort eingesetzten ArbN kommt die praktizierte „Gefahrengemeinschaft" ohne Rücksicht auf vertragliche Bindungen der mehreren ArbGeb zugute (ausführlich zur Rspr des BGH *Kampen* NJW 12, 2234).

Ausnahmsweise kann die Haftungseinschränkung „gemeinsame Betriebsstätte" auch dem **7 Unternehmer** zugute kommen. Vorausgesetzt ist, dass er sich selbst aktiv betätigt und dabei den Versicherten eines anderen Unternehmers verletzt. Bei einer juristischen Person, auch einer KG kommt das nicht in Betracht (BGH 25.6.02 – VI ZR 279/01, NJW-RR 02, 1386; 29.10.02 – VI ZR 283/01, NJW-RR 03, 239). Zur Geltung des Haftungsprivilegs bei Amtshaftungsansprüchen BGH 27.6.02 – III ZR 234/01, NJW 02, 3096.

3. Ausnahmen. a) Wegeunfall. Zu den Arbeitsunfällen gehören auch Wegeunfälle (§ 8 **8** Abs 2 Nr 1 bis 4 SGB VII). Das sind Unfälle, die der versicherte ArbN auf dem Weg „nach und vom Ort der Tätigkeit" erleidet. Sie werden vom Haftungsausschluss nicht erfasst, weil sich hier kein betrieblich veranlasstes Risiko auswirkt. Geschädigter und Schädiger werden nicht anders als andere Teilnehmer am allgemeinen Straßenverkehr behandelt. Der Haftungsausschluss setzt ein, sobald der (schädigende) ArbN arbeitsvertraglichen Bindungen unterliegt. Das wird mit dem Erreichen oder Verlassen des **Betriebs- oder Werksgeländes** als Ort der Tätigkeit angenommen. Kein Wegeunfall liegt daher vor, wenn ein ArbN, der sich mit seinem PKW auf die Heimfahrt begibt, vor Erreichen des öffentlichen Straßengeländes einen Kollegen verletzt (BAG 14.12.2000 – 8 AZR 92/00, NZA 01, 153; LAG RhPf 28.7.11 – 2 Sa 306/11, BeckRS 2011, 76195: Unfall im umzäunten Gelände einer Kaserne). Gleiches gilt für Unfälle auf einem sog **Betriebsweg.** Hierzu rechnen alle betrieblich veranlassten Fahrten zwischen Betrieb und auswärtigem Tagesarbeitsplatz. Ein haftungsausschließender Betriebsweg liegt auch dann vor, wenn der ArbGeb den Hin- oder Rücktransport des ArbN von und zur Wohnung zum auswärtigen Arbeitsort mit betriebseigenem Fahrzeug und betriebsangehörigem Fahrer organisiert (BAG 30.10.03 – 8 AZR 548/02, DB 04, 656; 24.6.04 – 8 AZR 292/03, NZA 04, 1182 (Ls); 19.8.04 – 8 AZR 349/03, AP SGB VII § 104, Nr 4).

b) Vorsatz. Vorsatz des schädigenden ArbGeb oder ArbN führt zur vollen Haftung nach **9** allgemeinen Zivilrecht. Das Verschulden muss sich auf die Verletzungshandlung und den Eintritt des Schadens beziehen. Dieser muss zumindest billigend in Kauf genommen worden sein. Die vorsätzliche Verletzung von Schutzvorschriften (UVV) oder die Kenntnis von

55 Arbeitsunfall

Mängeln an einem Fahrzeug oder an Maschinen genügen nicht (st Rspr BAG 22.4.04 – 8 AZR 159/03, NJW 04, 3360; 10.10.02 – 8 AZR 103/02, NZA 03, 436; vgl auch BGH 11.12.03 – VI ZR 34/02, NJW 03, 1605; zu § 618 BGB in diesem Kontext BAG 14.12.06 – 8 AZR 628/05, NZA 07, 262). Der ArbGeb muss sich die vorsätzliche Unfallverursachung durch einen von ihm bestellten Vorgesetzten zurechnen lassen. Vorausgesetzt wird, dass dessen schuldhaftes Verhalten in einem sachlichen Zusammenhang mit den Aufgaben steht, die der ArbGeb dem Vorgesetzten als seinem Erfüllungsgehilfen zugewiesen hat (BAG 28.4.11 – 8 AZR 769/09, NZA-RR 12, 290).

10 c) **Rechtsfolge.** In beiden Ausnahmefällen vermindern sich nach §§ 104 Abs 3, 105 Abs 1 Satz 3 SGB VII die verbleibenden Ersatzansprüche um die Versicherungsleistungen. Doppelleistungen werden damit ausgeschlossen. Da die UV kein Schmerzensgeld erbringt, hat der Schädiger insoweit stets allein einzustehen.

11 **4. Umfang des Haftungsausschlusses.** Erfasst werden sämtliche materiellen und immateriellen Schäden iSv §§ 249 ff BGB, die als Personenschaden rechnen, einschließlich der Beerdigungskosten nach § 844 BGB (BAG 10.10.02 – 8 AZR 103/02, NZA 03, 436) sowie Ansprüche auf **Schmerzensgeld** (§ 253 Abs 2 BGB). Dass die UV immaterielle Schäden nicht ausgleicht und der Geschädigte oder seine **Hinterbliebenen** mithin kein Schmerzensgeld erhalten, ist verfassungsrechtlich unbedenklich (BVerfG 8.2.95 – 1 BvR 753/94, NJW 95, 1607). Die Regelung ist auch mit EU-Recht vereinbar (LAG Köln 29.9.94 – 6 Sa 793/94, NZA 95, 470). Näheres *Arbeitgeberhaftung* Rz 2–8. Für sog Schockschäden Dritter kann der Unternehmer uU ersatzpflichtig gemacht werden, vgl dazu BGH 6.2.07 – VI ZR 55/06, NJW-RR 07, 1395.

12 **5. Gemeinschaftliche Haftung mit Dritten.** An sich haften mehrere Schädiger als Gesamtschuldner im Außenverhältnis zum Geschädigten auf den vollen Schadensbetrag und können lediglich im Innenverhältnis von den Mitschädigern Ausgleich verlangen. Soweit nicht anderes bestimmt ist, haften sie im Innenverhältnis zu gleichen Anteilen (§ 426 BGB). Der Haftungsausschluss der §§ 104, 105 SGB VII verhindert von vornherein das Entstehen einer Gesamtschuld. Er wirkt sich deshalb auch im Verhältnis des geschädigten Versicherten zu einem außenstehenden Dritten aus, der neben dem Unternehmer oder Betriebsangehörigen den Unfall verschuldet hat. Dessen Haftung beschränkt sich von vornherein auf den Betrag, der im Verhältnis zu den Haftungsprivilegierten auf ihn entfiele, wenn ein Gesamtschuldnerausgleich möglich wäre (BGH 23.1.90 – VI ZR 209/89, DB 90, 1185). Eine vertragliche Regelung über die Haftung im Innenverhältnis zwischen dem Unternehmer und dem Dritten ist zu berücksichtigen. Sie ermöglicht ggf die volle Inanspruchnahme des Dritten. Sie ist jedoch unbeachtlich, wenn sie über den vom Unternehmer zu verantwortenden Anteil an der Unfallursache hinaus den ArbGeb verpflichtet, den Dritten freizustellen. Eine derartige sachwidrige Kürzung des Schadensersatzanspruches des ArbN auf „Null" ist unwirksam (BGH 23.1.90 – VI ZR 209/89, DB 90, 1185; anders wohl noch BGH 17.2.87 – VI ZR 81/86, DB 87, 1838; vgl auch BGH 11.11.03 – VI ZR 13/03, NJW 04, 951).

13 **6. Haftung gegenüber den Trägern der Sozialversicherung.** Die Haftungsbeschränkung nach §§ 104, 105 SGB VII belastet alle Beitragszahler, da wegen des fehlenden Schadensersatzanspruchs des Geschädigten kein gesetzlicher Forderungsübergang nach § 116 SGB X stattfindet. Bei vorsätzlicher oder grob fahrlässiger Verursachung des Arbeitsunfalls können die SozVTräger den Schädiger aber in **Regress** nehmen (§ 110 SGB VII). **Vorsatz und grobe Fahrlässigkeit** entsprechen dem allgemeinen Begriff. Das Verschulden braucht sich allerdings nur auf das den Versicherungsfall verursachende Handeln oder Unterlassen zu beziehen (§ 110 Abs 1 Satz 3 SGB VII). Regelmäßig wird Regress wegen Verstoßes gegen UVV genommen (vgl BGH 8.5.84 – VI ZR 296/82, NZA 84, 205). Regress kann nicht gegen in **häuslicher Gemeinschaft** mit dem Schädiger lebende Angehörige genommen werden (BGH 29.1.85 – VI ZR 88/83, NJW 85, 1958).

14 In der **Höhe** entspricht der Regressanspruch dem Umfang des (ausgeschlossenen) zivilrechtlichen Anspruchs des Geschädigten. Es handelt sich um einen **originären Anspruch**, so dass der Einwand des Mitverschuldens des Geschädigten grds ausgeschlossen ist. Er kommt ausnahmsweise in Betracht, wenn das mitwirkende Verschulden derart groß ist, dass dadurch der ursächliche Zusammenhang zwischen dem Unfall und dem Verschulden des Unternehmens unterbrochen wird (LG Hanau 25.5.04 – 1 O 1183/03, VersR 06, 219). Für die

erforderliche Abgrenzung kann (vorsichtig) auf die Rspr der **Strafgerichte** zurückgegriffen werden, nach der ein ArbGeb für den Arbeitsunfall dann nicht strafrechtlich belangt werden kann, wenn der ArbN sich bewusst und eigenverantwortlich selbst gefährdet (vgl OLG SachsAnh 25.3.96 – 2 Ss 27/96, NZA-RR 97, 19; einschränkend OLG Rostock 10.9.04 – 1 Ss 80/04, AuR 06, 128). Anspruchsberechtigt sind nicht nur die BG, sondern alle SozVTräger wegen der von ihnen erbrachten Leistungen. Regresspflichtig ist auch die Kfz-Haftpflichtversicherung. Schadenersatzpflichtige und auf Regress in Anspruch genommene Arbeitskollegen haben jedenfalls dann keinen arbeitsrechtlichen Freistellungsanspruch gegen ihren ArbGeb, wenn dieser selbst nach § 104 SGB VII haftungsbefreit ist. Ein **interner Ausgleich** findet auch nicht im Verhältnis zum außen stehenden Dritten statt, der nach § 116 SGB X in Anspruch genommen wird.

§ 110 Abs 2 SGB VII räumt dem UVTräger die – gerichtlich überprüfbare – Ermessensentscheidung ein, ob unter Berücksichtigung der wirtschaftlichen Verhältnisse des Schädigers auf den Ersatzanspruch verzichtet wird. Das billige Ermessen hat sich daran zu orientieren, dass die Existenz des Schädigers weder gefährdet noch unzumutbar belastet werden soll.

Bei Eintritt einer **Haftpflichtversicherung** bedarf es deshalb keines Verzichtes. Zu berücksichtigen sind ferner Grad des Verschuldens, Mitverschulden des Geschädigten oder des UVTrägers.

7. Prozessuales. Die für Schadensersatzansprüche zuständigen Zivil- und Arbeitsgerichte sind an die endgültige Feststellung des UVTrägers gebunden, ob ein Arbeitsunfall vorliegt und in welchem Umfang und von welchem Träger der UV die Leistungen zu gewähren sind (§ 108 SGB VII). Die Entscheidung muss im Verhältnis des UVTrägers zum Verletzten oder Hinterbliebenen ergangen sein. Die Bindungswirkung erfasst die Festlegung des Unfallbetriebes, dessen Unternehmer und ob der Verletzte zu den versicherten Personen gehört. Keine Bindung besteht vorbehaltlich einer anderweitigen Feststellung des UVTrägers, ob neben dem festgestellten Unternehmer ein Drittunternehmer vorhanden ist. Fehlt es an einer verbindlichen Entscheidung des UVTrägers, ist das Verfahren nach § 148 ZPO auszusetzen. Den Parteien ist zur Verfahrenseinleitung eine Frist zu setzen; nach ihrem Ablauf kann das ausgesetzte Verfahren aufgenommen werden. Es ist dann Sache des zuständigen Gerichts, festzustellen, ob dem in Anspruch genommenen Schädiger das Haftungsprivileg zugute kommt. Ein nach Schluss des Berufungsverfahrens ergehender Bescheid des UVTrägers ist von dem Revisionsgericht als neue Tatsache zu berücksichtigen (BGHG 4.6.09 – III ZR 229/07, NJW 09, 2956). Lässt sich der vom ArbN behauptete Schaden nicht abschließend beziffern, kann **Feststellungsklage** zum Haftungsgrund (§ 253 Abs 1 ZPO) erhoben werden. Das erforderliche Feststellungsinteresse soll bereits dann bestehen, wenn nach der Lebenserfahrung und dem gewöhnlichen Lauf der Dinge der Schadenseintritt hinreichend wahrscheinlich ist (BAG 28.4.11 – 8 AZR 769/09, NZA-RR 12, 290; hier Gefahr einer Berufskrankheit infolge Abbruchs asbestbelasteter Bauteile). Nicht behandelt hat das BAG allerdings den Konflikt, der sich ggf aus der notwendigen Anerkennung der voraussichtlichen Schädigung durch die BG ergibt (s oben Rz 1).

B. Lohnsteuerrecht

Windsheimer

1. Versicherungsbeiträge. S *Unfallversicherung* Rz 6 ff.

2. Schadensaufwendungen des Arbeitnehmers. Für die Frage, ob Aufwendungen, die anlässlich eines Unfalls entstehen (Eigen- und/oder Fremdschaden), beruflich veranlasst sind, der ArbN also die von ihm selbst zu tragenden Aufwendungen als Werbungskosten absetzen kann, gelten unabhängig vom Arbeitsrecht und vom SozVRecht die allgemeinen Grundsätze über Werbungskosten (s *Werbungskosten* Rz 2 ff). Es kommt also auf die Veranlassung des Unfalls an (§ 9 Abs 1 Satz 1 EStG; BFH 28.11.80, BStBl II 81, 368; zu Unfällen unterwegs s *Wegeunfall* Rz 2 ff). Unfallschäden während einer Auswärtstätigkeit können neben den km-Sätzen geltend gemacht werden (H 9.5 LStR). Bei privater Überlagerung kann die berufliche Veranlassung des Unfalls zurücktreten mit der Folge, dass der Werbungskostenabzug entfällt (zB Unfall anlässlich Betriebsfeier, Betriebssport, persönlicher Auseinandersetzung zwischen Arbeitskollegen, Trunkenheit uÄ; vgl zB FG Hess 13.1.81, EFG 81, 285; FG Hbg 25.5.83, EFG 84, 25; FG Bln 19.3.87, EFG 87, 400; FG RhPf 24.10.89, EFG 90, 226; BFH 6.4.84, BStBl II 84, 434). Kürzt der ArbGeb den Lohn, weil er mit einem Schadensersatzanspruch

55 Arbeitsunfall

gegenüber dem ArbN **aufrechnet,** so hat die Lohnkürzung keine steuerliche Auswirkung (s *Aufrechnung* Rz 15, 16).

23   Liegt ein Arbeitsunfall vor, so sind **Ersatzleistungen Dritter** (Schädiger und deren Versicherung, auch ArbGeb) auf die persönlich getragenen Aufwendungen des ArbN anzurechnen, so dass sich die Werbungskosten entsprechend mindern. Die Ersatzleistungen sind im Jahr des Zuflusses als Einnahmen zu erfassen (BFH 22.11.68, BStBl II 69, 160). Der Werbungskostenersatz durch den ArbGeb ist nur dann steuerfrei, wenn dies gesetzlich vorgesehen ist (s *Werbungskostenersatz* Rz 2 ff; *Wegeunfall* Rz 2 ff; s auch *Offerhaus* BB 91, 257). Ist der ArbN dem ArbGeb anlässlich des Arbeitsunfalls schadensersatzpflichtig, so handelt es sich beim geleisteten Schadensersatz um Werbungskosten des ArbN. Verzichtet der ArbGeb auf den Schadensersatz, liegt beim ArbN insoweit stpfl Arbeitslohn vor, wenn die Begleichung der Schadensersatzforderung nicht zum Werbungskostenabzug berechtigt, zB bei Trunkenheit am Steuer (BFH 24.5.07 – VI R 73/05, BStBl II 07, 766; s *Verzicht* Rz 14, 15). Schadensersatzleistungen des ArbN gegenüber Dritten sind bei beruflicher Veranlassung ebenfalls Werbungskosten. Ersatzleistungen Dritter sind entsprechend anzurechnen. Zu Versicherungsleistungen einer UV des ArbGeb oder des ArbN s *Unfallrente* Rz 7 ff.

24   Ist der Unfall **kein Arbeitsunfall,** so können eigene Aufwendungen zur Wiederherstellung der Gesundheit als außergewöhnliche Belastung (§ 33 EStG) steuerlich abzugsfähig sein. Aufwendungen zur Beseitigung eigenen Sachschadens können nur bei einem Schadensereignis infolge höherer Gewalt nach § 33 EStG berücksichtigt werden, ansonsten (zB Pkw-Unfall auf einer Privatfahrt) nicht. Gleiches gilt für Schadensersatz (Personen- und Sachschaden) gegenüber Dritten (vgl *Schmidt/Drenseck* § 33 Rz 35 Stichwörter Schadensersatz, Unfall).

25   **3. Leistungen des Arbeitgebers** anlässlich eines Arbeitsunfalls sind bei diesem Betriebsausgaben. Auch die Finanzierungsleistungen des ArbGeb, allgemein des Unternehmers, gegenüber der BG stellen Betriebsausgaben dar. Zu Schadensersatzleistungen des ArbGeb an den ArbN anlässlich eines Unfalls s *Unfallrente* Rz 9; *Beihilfeleistungen* Rz 7; *Entgeltfortzahlung* Rz 42. Begibt sich der verunfallte ArbN zur Genesung ins Ausland oder kehrt er in sein Heimatland zurück, so ist die Entgeltfortzahlung dennoch im Inland zu versteuern (FG Köln 16.4.07 – 14 K 1233/04, EFG 07, 1446).

Zahlt der ArbGeb an ArbN Prämien zur Verhütung von (Arbeits-)Unfällen, so handelt es sich hierbei um stpfl Arbeitslohn (BFH 11.3.88, BStBl II 88, 726).

26   **4. Versicherungsleistungen** s *Unfallversicherung* Rz 6 ff und *Unfallrente* Rz 7 ff. Im Übrigen: Die Steuerfreiheit einer Abfindung anlässlich der Auflösung des Arbeitsverhältnisses aufgrund eines Unfalls (§ 3 Nr 9 EStG bis 2005; s *Abfindung* Rz 41) sowie der niedrigere Steuersatz aufgrund der gezahlten Unfallrente sind bei der Berechnung des Verdienstausfallschadens grds zugunsten des Schädigers zu berücksichtigen (BGH 30.5.89, DB 89, 2067).

C. Sozialversicherungsrecht   *Ruppelt*

31   **1. Begriff des Arbeitsunfalls** (zur Organisation und den Leistungen der gesetzlichen UV s *Unfallversicherung* Rz 16 ff). Versicherungsfälle in der gesetzlichen UV sind der Arbeitsunfall und die Berufskrankheit (§ 7 Abs 1 SGB VII). Arbeitsunfälle sind nach § 8 Abs 1 Satz 1 SGB VII Unfälle von Versicherten **infolge** einer den Versicherungsschutz begründenden Tätigkeit (versicherte Tätigkeit). Für die Annahme eines Arbeitsunfalls ist ein ursächlicher innerer Zusammenhang zwischen dem Unfall und der **versicherten Tätigkeit** erforderlich. Den klassischen Fall stellt der Arbeitsunfall im Rahmen eines versicherten Beschäftigungsverhältnisses dar (§ 2 Abs 1 Nr 1 SGB VII). Aber auch alle übrigen Tätigkeiten des § 2 SGB VII und der §§ 3 und 6 SGB VII begründen den Versicherungsschutz, so dass zB auch ein Lebensretter, Blutspender oder Kindergartenkind einen Arbeitsunfall erleiden können (unechte Unfallversicherung). Für den Eintritt des Versicherungsfalles Arbeitsunfall ist der rechtlich wesentliche Kausalzusammenhang zwischen versicherter Tätigkeit und dem Unfall entscheidend. Die in der versicherten Tätigkeit innewohnenden Risiken müssen die wesentliche Bedeutung für den Eintritt des Unfalls haben (*Schulin* Bd 2/*Schulin* § 29). Voraussetzung für **Leistungen** der gesetzlichen UV ist der Eintritt des Arbeitsunfalls (oder der Berufskrankheit) und eine durch den Versicherungsfall verursachte **Gesundheitsstörung** des Versicherten oder dessen **Tod.** Bloße Sach- oder Vermögensschäden werden grds nicht entschädigt (vgl aber § 13 SGB VII zu Sachschäden bei Hilfeleistungen und § 8 Abs 3 SGB VII

zur Beschädigung eines Hilfsmittels iSd KV, etwa einer Brille). Als Arbeitsunfälle gelten auch **Wegeunfälle** (s *Wegeunfall* Rz 13 ff) und das mit einer versicherten Tätigkeit zusammenhängende Verwahren, Befördern, Instandhalten und Erneuern eines Arbeitsgeräts oder einer Schutzausrüstung sowie deren Erstbeschaffung, wenn diese auf Veranlassung des Unternehmens erfolgt (s *Arbeitsmittel* Rz 25 ff).

Arbeitsunfall ist nach § 8 Abs 1 SGB VII ein Unfall, den ein Versicherter bei einer der in den §§ 2, 3 oder 6 SGB VII genannten Tätigkeiten erleidet. Zur Annahme eines Arbeitsunfalls ist erforderlich, dass die Verrichtung des Versicherten zur Zeit des Unfalls einer solchen versicherten Tätigkeit zuzurechnen ist (innerer bzw sachlicher Zusammenhang), dass diese Verrichtung zu dem zeitlich begrenzten, von außen auf den Körper einwirkenden Ereignis – dem Unfallereignis – geführt hat (Unfallkausalität) und dass das Unfallereignis einen Gesundheitsschaden oder den Tod des Versicherten verursacht hat (haftungsbegründende Kausalität). Ob die Verrichtung, bei der sich der Unfall ereignet hat, der versicherten Tätigkeit zuzurechnen ist, muss wertend entschieden werden, indem untersucht wird, ob sie innerhalb der Grenze liegt, bis zu der nach dem Gesetz der UVSchutz reicht. Maßgebend ist, ob die zum Unfall führende Handlung der versicherten Tätigkeit dienen sollte und ob diese Handlungstendenz des Versicherten durch die objektiven Umstände des Einzelfalles bestätigt wird (BSG 12.4.05 – B 2 U 11/04 R, BSGE 94, 262 Rz 5; 17.2.09 – B 2 U 18/07 R, NZS 10, 47 Rz 12; 13.11.12 – B 2 U 27/11 R, NZS 13, 351). 32

2. Der **Unfall** ist ein von außen auf den Körper einwirkendes Ereignis (BSG 18.4.2000 – B 2 U 7/99 R, SGb 2000, 411). Vorgänge aus innerer Ursache scheiden aus (zB epileptischer Anfall, plötzliche Ohnmacht, Herz-Kreislauf-Versagen bei jeweils konstitutionell bedingtem Grundleiden). Vgl zum Herzinfarkt BSG 2.2.99 – B 2 U 6/98 R, VersR 2000, 789; s auch *Köhler* Die Gelegenheitsursache im Recht der gesetzlichen Unfallversicherung, VSSR 13, 47. Eine äußere Ursache liegt jedoch vor, wenn etwa ein Herzinfarkt oder ein Schwächeanfall durch körperlich oder psychisch überanstrengende Arbeit ausgelöst wird (BSG 12.4.05 – B 2 U 27/04 R, BSGE *Breithaupt* 05, 929). Ebenso liegt eine äußere Ursache vor bei der Auslösung eines allergischen Schocks durch die Nahrungsaufnahme bei einem betrieblich veranlassten Geschäftsessen (BSG 30.1.07 – B 2 U 8/06 R, NZA 07, 1150). Von außen auf den Körper wirken herabstürzende Teile, Stromschläge, gefährliche Maschinen, Aufschlagen auf dem Boden, Eindringen von Krankheitserregern in den Körper usw. Um eine äußere Einwirkung kann es sich auch bei einer unkontrollierten bzw unwillkürlichen körpereigenen Bewegung handeln, wenn diese Bewegung durch äußere Einwirkung ausgelöst worden ist (Nachfassen bei fallendem Gegenstand mit der Folge einer körperlichen Schädigung). Der Begriff des Unfalls setzt ein unfreiwilliges Ereignis voraus, deshalb liegt kein Unfall bei einer absichtlichen Eigenverletzung vor. Bedingt vorsätzliches oder verbotswidriges Handeln schließt nach § 7 Abs 2 SGB VII die Annahme eines Unfalls ebenso wenig wie Selbstverschulden aus (BSG 7.3.2000 – B 2 U 249/99 B, BeckRS 2000, 30413254; anders: in hohem Maße leichtfertiges Verhalten, vgl *Schulin* Bd 2/*Schulin* § 30 Rz 55 ff). Trotz strafrechtlicher Verurteilung wegen fahrlässiger Straßenverkehrsgefährdung kann der dadurch herbeigeführte Unfall als Arbeitsunfall anzuerkennen sein (BSG 19.12.2000 – B 2 U 45/99 R, SozR 3–2200 § 550 Nr 21). Ein Leistungsverweigerungsrecht besteht aber nach strafgerichtlicher Verurteilung wegen eines Verbrechens oder vorsätzlichen Vergehens (§ 101 Abs 2 Satz 1 SGB VII), wenn ein ursächlicher Zusammenhang zwischen der strafbaren Handlung und dem Versicherungsfall besteht (BSG 18.3.08 – B 2 U 1/07 R, SozR 4–2700 § 101 Nr. 1). 33

3. Unfallkausalität. Ein rein örtlicher oder zeitlicher Zusammenhang zwischen der versicherten Tätigkeit und dem Unfall reicht nicht aus. Daher liegt nicht schon deshalb ein Arbeitsunfall vor, weil er sich während der Arbeitszeit auf dem Betriebsgelände ereignet hat; umgekehrt ist das Vorliegen eines Arbeitsunfalls nicht schon deshalb ausgeschlossen, weil der konkrete Unfallhergang auf dem Betriebsgelände ungewiss geblieben ist (BSG 19.1.95 – 2 RU 3/94, SozR 3–2200 § 548 Nr 22; 4.9.07 – B 2 U 28/06 R, ZfS 07, 374 zur ungeklärten Selbsttötungsabsicht). Der **notwendige innere ursächliche Zusammenhang** zwischen unfallbringender Verrichtung und versicherter Tätigkeit liegt vielmehr nur dann vor, wenn der Verletzte der Gefahr, der er erlegen ist, durch die versicherte Tätigkeit ausgesetzt gewesen ist (vgl *Schulin* Bd 2/*Schulin* § 30 Rz 12 ff). Das ist bei den Beschäftigten iSv § 2 Abs 1 Nr 1 SGB VII dann der Fall, wenn die unfallbringende Tätigkeit dem Betrieb dienlich 34 ist, bzw der Verletzte subjektiv davon ausgehen durfte, dass dies der Fall sei (BSG 4.6.02 – B 2 U 24/01 R, NZA 02, 1274 zum Schlittschuhlaufen eines Hoteliers; 18.3.08 – B 2 U 12/07 R, NZS 09, 937 Hilfsmaßnahmen nach KFZ-Unfall bei einer betrieblich bedingten Fahrt; 30.6.09 – B 2 U 22/08 R, WzS 09, 279 Unfall einer freigestellten Sportlerin). Für die weiteren versicherten Tätigkeiten iSv § 2 Abs 1 SGB VII gilt entsprechendes. Daraus folgt, dass sog **eigenwirtschaftliche Tätigkeiten** nicht versichert sind. Dabei handelt es sich um Tätigkeiten, die – uU auch während der Arbeitszeit und auf dem Betriebsgelände – von der Verfolgung persönlicher und privater Belange des Versicherten geprägt sind und deren finale Zweckgerichtetheit mit den betrieblichen Belangen nicht mehr in Zusammenhang stehen (BayLSG 25.10.11 – L 3 U 52/11, ArbuR 12, 163 zur Pause eines Busfahrers; 15.5.12 – B 2 U 8/11 R, SozR 4–2700 § 2 Nr 20 zu einem Unfall während der Freistellungsphase nach Altersteilzeit). Ganz kurzfristige oder geringfügige private Unterbrechung der versicherten Tätigkeit lassen den Versicherungsschutz nicht entfallen (Zeitungskauf an einem Kiosk auf einem versicherten Weg, wenige Minuten andauerndes privates Gespräch, vgl BSG 20.2.01 – B 2 U 6/00 R, NZA 01, 1134; 6.5.03 – B 2 U 33/02 R, BeckRS 2003, 40921; LSG BaWü 7.4.05 – L 6 U 2348/03, BeckRS 2009, 54430). Hat der Versicherte zur Zeit des Unfallereignisses seine versicherte Tätigkeit nicht verrichtet, kann diese dennoch wesentliche Ursache des Unfalls geworden sein. Das ist der Fall, wenn er im Wesentlichen wegen seiner versicherten Tätigkeit Einwirkungen auf seinen Körper ausgesetzt war, in denen sich eine **besondere Betriebsgefahr** verwirklichte. Sie liegt vor, wenn der Versicherte sich wegen einer versicherten Tätigkeit an einem Ort aufhält, an dem sich objektiv gefahrenträchtige Einrichtungen befinden oder gefährliche Arbeiten durchgeführt werden oder wenn er wegen seiner versicherten Tätigkeit auch im privaten Bereich gefährdet ist, von Dritten angegriffen zu werden (BSG 12.5.09 – B 2 U 12/08 R, NJW 10, 1692, Rz 30).

35 **4. Gemischte Tätigkeiten,** dh solche, die zugleich eigenwirtschaftlichen und betrieblichen Belangen dienen, sind nach der allgemein im SozVRecht geltenden Kausalitätstheorie der wesentlichen Bedingung dann versichert, wenn bei Gewichtung der finalen Handlungstendenzen den betrieblichen Belangen gegenüber den eigenwirtschaftlichen mindestens annähernd das gleiche Gewicht zukommt. Verrichtungen, die sowohl betrieblichen Zwecken als auch privaten Interessen des Versicherten dienen und sich nicht eindeutig in einen betriebsbedingten und einen betriebsfremden Teil zerlegen lassen, stehen auch dann unter Versicherungsschutz, wenn sie dem Betrieb zwar nicht überwiegend, aber doch wesentlich zu dienen bestimmt sind (BSG 12.4.05 – B 2 U 11/04 R, NZS 06, 154 Rz 17; *Krasney* Die Handlungstendenz als Kriterium für die Zurechnung in der gesetzlichen Unfallversicherung, NZS 13, 681).

36 **5. Einzelfälle.** Die **Arbeitssuche** ist nicht versichert, weil der Wunsch, sich eine neue Arbeitsstelle zu beschaffen, ausschließlich eigenwirtschaftlichen Interessen dient, und zwar grds auch dann, wenn es zum Abschluss eines Arbeitsvertrages kommt (BSG 20.1.87 – 2 RU 15/86, NZA 87, 539; LSG SachsAnh 25.5.11 – L 6 U 123/07, BeckRS 2011, 76951). Gleiches gilt, wenn der ArbN vor Arbeitsaufnahme den günstigsten Weg zur neuen Arbeitsstätte erkundet. Einzelheiten s *Bewerbung*.

37 **Berufliche Bildungsmaßnahmen** sind versichert, wenn der ArbN aufgrund betrieblichen Auftrags teilnimmt. Ansonsten nur, wenn ein konkretes, unmittelbares und erkennbar gewordenes Interesse des Unternehmens an der beruflichen Weiterbildung besteht. Die gleichen Grundsätze gelten bei der Teilnahme an **Veranstaltungen von Berufsorganisationen** (vgl *Schulin* Bd 2/*Schulin* § 30 Rz 128; s *Betriebsratsschulung* Rz 35).

38 **Betriebssport** ist dann versichert, wenn er (1) dem Ausgleich für die körperliche, geistige oder nervliche Belastung durch die Betriebstätigkeit dient, (2) mit einer gewissen Regelmäßigkeit stattfindet, (3) der Teilnehmerkreis im Wesentlichen auf die Beschäftigten des veranstaltenden Betriebes beschränkt ist, (4) die Organisation durch den Betrieb bzw mehrere Betriebe gemeinsam erfolgt und (5) die Dauer und Zeit der Veranstaltung dem Zweck als Ausgleichssport nicht entgegenstehen. Daraus folgt, dass die stillschweigende Duldung der von Betriebsangehörigen selbst organisierten Sportveranstaltungen nicht zu Versicherungsschutz führt. Gleiches gilt für wettkampfmäßig betriebenen Sport (BSG 19.3.91 – 2 RU 23/90, SozR 3–2200 § 548 Nr 10; 18.3.03 – B 2 U 25/02 R, SGb 03, 342). Einzelheiten s *Betriebssport* Rz 14 ff.

Arbeitsunfall 55

Essen und Trinken sind auch auf dem Betriebsgelände und während der Arbeitszeit 39
unversicherte Verrichtungen. Nach hM handelt es sich um eigenwirtschaftliche Tätigkeiten,
da die Nahrungsaufnahme unabhängig von einer versicherten Tätigkeit erforderlich ist (BSG
6.12.89 – 2 RU 5/89, SozR 2200 § 548 Nr 97). Gleiches gilt für die Einnahme von Mahlzeiten in der **Betriebskantine,** falls nicht betriebseigene Gefahren den Unfall hervorgerufen
haben (BSG 24.6.03 – B 2 U 24/02 R, NZA 03, 1018). Grds nicht versichert sind also
Unfälle in Zusammenhang mit der Nahrungsaufnahme und den damit zusammenhängenden
Verrichtungen (Verletzung durch Geschirr, Lebensmittelvergiftung, Zahnverlust uÄ). Ist die
Nahrungsaufnahme jedoch überwiegend zur Erlangung oder Erhaltung der Arbeitskraft
erforderlich oder realisieren sich betriebseigentümliche Gefahren, tritt das eigenwirtschaftliche Moment in den Hintergrund. Die Rspr hat in diesen Fällen den Versicherungsschutz
bejaht (BSG 29.10.86 – 2 RU 7/86, SozR 2200 § 548 Nr 82; 27.6.2000 – B 2 U 22/99 R,
NZS 01, 153; 30.1.07 – B 2 U 8/06 R, BeckRS 2007, 45793, mit Anm *Giesen* NZA 07,
1150, anaphylaktischer Schock bei Geschäftsessen infolge Allergie). Die Differenzierung der
Rspr überzeugt nicht, da die Nahrungsaufnahme zumindest während der Arbeitszeit stets in
erheblichem Ausmaß der Aufrechterhaltung der Arbeitsfähigkeit dient. Die Abgrenzungskriterien der Rspr zur eigenwirtschaftlichen bzw betriebsbedingten Nahrungsaufnahme sind
am Einzelfall orientiert und wenig einleuchtend. Gleiches gilt für die Betriebskantine, durch
deren Einrichtung die Unfallhäufigkeit sinkt, da die ArbN das Betriebsgelände während der
Pausen nicht verlassen müssen. Eine solche aus unfallverhütungsmäßiger Sicht erwünschte
Einrichtung kann nicht vom Versicherungsschutz ausgenommen werden (vgl *Schulin* Bd 2/
Schulin § 30 Rz 99 ff mwN). Wege im Betrieb zur Kantine sind auch nach bisheriger Rspr
versichert (BSG 6.12.89 – 2 RU 5/89, SozR 2200 § 548 Nr 97; 24.6.03 – B 2 U 24/02 R,
NZA 03, 1018). Das gilt auch für Wege zur mittäglichen Nahrungsaufnahme außerhalb des
Betriebs (BSG 2.7.96 – 2 RU 34/95, NJW 97, 2261).

Neckerei, Spielerei unter Arbeitskollegen ist grds nicht versichert (BSG 29.5.62 – 2 RU 40
113/60, NJW 62, 1742; anders uU bei Jugendlichen BSG 7.11.2000 – B 2 U 40/99 R,
NJW 01, 2909).

Maßnahmen zur medizinischen Rehabilitation oder zur Teilhabe am Arbeits- 41
leben. Personen, die an einer Maßnahme iSv § 2 Abs 1 Nr 15 SGB VII auf Kosten der
Kranken- oder Rentenversicherung (oder einer **vorbeugenden** Maßnahme nach § 3
BKVO) teilnehmen, sind gesetzlich unfallversichert. Dabei sind allerdings Unfälle, die allein
durch eine fehlerhafte Behandlung eines Arztes oder Pflegers verursacht werden, mangels
Wesentlichkeit der Verrichtung des Versicherten für den Unfall bzw mangels Vorliegen der
Unfallkausalität keine Arbeitsunfälle (BSG 27.4.10 – B 2 U 11/09 R, NZS 11, 313). Zu
berufsgenossenschaftlichen Maßnahmen s Rz 46.

Streitigkeiten, Raufhändel sind nur dann versichert, wenn ihre Ursache in innerem 42
Zusammenhang mit der betrieblichen Tätigkeit steht (BSG 30.10.79 – 2 RU 60/79, SozR
2200 § 548 Nr 48; BAG 22.4.04 – 8 AZR 159/04, NZS 05, 434).

Trunkenheit schließt den Versicherungsschutz nicht in jedem Fall aus. Nur wer so 43
hochgradig betrunken ist, dass er zu einer zweckgerichteten Tätigkeit nicht mehr fähig ist,
ist allein deshalb nicht mehr versichert (BSG 5.7.94 – 2 RU 34/93, BB 94, 2209). Sonstige
unter Trunkenheit eingetretene Unfälle sind nur dann nicht versichert, wenn die Trunkenheit die rechtlich allein wesentliche Ursache war, dh der Unfall zumindest annähernd
gleichwertig im Verhältnis zu anderen Ursachen durch die Trunkenheit hervorgerufen
worden ist. Dafür müssen außerhalb des Straßenverkehrs neben der Blutalkoholkonzentration (kein allgemeiner Grenzwert) weitere beweiskräftige Umstände für ein alkoholtypisches Fehlverhalten vorhanden sein (BSG 30.4.91 – 2 RU 11/90, SozR 3–2200 § 548
Nr 9).

Im **Straßenverkehr** spricht nach den Erfahrungen des täglichen Lebens der erste An- 44
schein dafür, dass bei Trunkenheit die absolute bzw relative Fahruntüchtigkeit allein wesentliche Unfallursache ist. Dieser Anschein ist sowohl bei festgestellter relativer Fahruntüchtigkeit als auch bei absoluter Fahruntüchtigkeit widerlegbar (BSG 17.2.98 – B 2 U 2/97 R,
SGb 98, 265; 4.6.02 – B 2 U 11/01 R, SozR 3–2700 § 8 Nr 10; vgl *Wegeunfall* Rz 21).
Führt ein alkoholabhängiger ArbN ein Dienstfahrzeug und ist dem ArbGeb dieser Umstand
bekannt, kann eine Fürsorgepflichtverletzung vorliegen, die den UVSchutz aufrechterhält
(LSG Bay 25.5.04 – L 18 U 302/02, *Breithaupt* 05, 389).

56 Arbeitsverhinderung

45 **Reisen in betrieblichem Interesse** (Dienst- und Geschäftsreisen, Lieferfahrten) sind nach allgemeinen Grundsätzen versichert, da es sich dabei um geschuldete Arbeitstätigkeit handelt. Der Weg von und zur Arbeitsstätte ist nach § 8 Abs 2 SGB VII versichert (s *Wegeunfall* Rz 13). Der Versicherte ist auf der Dienst- oder Betriebsreise nicht schlechthin bei jeder Verrichtung geschützt, vielmehr muss die unfallbringende Betätigung jeweils mit dem Beschäftigungsverhältnis rechtlich wesentlich zusammenhängen. So ist der **Außendienstmitarbeiter** nur bei den Verrichtungen versichert, die betrieblichen Zwecken dienen (BSG 11.8.98 – B 2 U 17/97 R, VersR 2000, 76). Wie beim Arbeitsunfall an der Arbeitsstätte ist auch bei der Dienst- und Betriebsreise zu unterscheiden zwischen Betätigungen, die final mit dem Zweck der Reise zusammenhängen und deshalb versichert sind, und solchen Verrichtungen, die der privaten, eigenwirtschaftlichen Sphäre zuzuordnen sind (BSG 11.8.98 – B 2 U 17/97 R, VersR 2000, 76; 22.8.2000 – B 2 U 18/99 R, NZA 01, 652). Versichert sind daher neben der Reise im gewählten Beförderungsmittel Kundenbesuch, Besprechungsteilnahme, Wege von und zum Hotel oder Restaurant, Messebesuch usw. Nicht versichert sind der Aufenthalt im Hotel oder Restaurant, Freizeitgestaltung, abendliches Beisammensein. Ausnahmsweise besteht nach der Rspr auch bei eigenwirtschaftlichen Tätigkeiten während der betrieblich veranlassten Reise Versicherungsschutz, wenn der Unfall durch besondere Gefahren des auswärtigen Aufenthalts hervorgerufen worden ist, insbesondere mangels Vertrautheit mit der Umgebung (BSG 4.8.92 – 2 RU 43/91, SozR 3–2200 § 539 Nr 17; 30.6.99 – B 2 U 28/98 R, ZfS 99, 278; 30.6.99 – B 2 U 28/98 R, WzS 2000, 342; 8.3.08 – B 2 U 13/07 R, BeckRS 2008, 54165). Einzelheiten s *Dienstreise* Rz 64 ff.

46 **Mittelbare Unfallfolgen durch berufsgenossenschaftliche Heilbehandlung.** Gesundheitsschäden, welche in einem ursächlichen Zusammenhang stehen mit der Vornahme einer **wegen eines Versicherungsfalls** (idR Arbeitsunfall) durchgeführten **berufsgenossenschaftlichen** Heilbehandlung (auch Leistung zur Teilhabe am Arbeitsleben oder Maßnahme nach § 3 BKV) werden nach § 11 Abs 1 SGB VII dem Versicherungsfall auch dann zugerechnet, wenn sie **nicht spezifisch durch den Gesundheitserstschaden des Versicherungsfalls** verursacht wurden. Dies gilt auch für Gesundheitsschäden infolge der Wiederherstellung oder Erneuerung eines Hilfsmittels oder der zur Aufklärung des Sachverhalts eines Arbeitsunfalls angeordneten Untersuchung einschließlich der dazu jeweils erforderlichen Wege. Voraussetzung ist, dass es sich um eine **vom UVTräger** durchgeführte Behandlung/Maßnahme oder Anordnung handelt. Durch § 11 Abs 1 SGB VII werden im Unterschied zu Maßnahmen auf Kosten der RV (s Rz 41) auch Schäden erfasst, die durch schuldhafte Behandlungsfehler entstanden sind. Die Haftung des UVTrägers nach § 11 Abs 1 SGB VII greift nach BSG 5.7.11 – B 2 U 17/10 R, BSGE 108, 274 auch dann, wenn sich herausstellt, dass der Erstschaden objektiv kein Arbeitsunfall war.

47 Zu **weiteren Einzelfragen** der gesetzlichen UV s auch *Unfallversicherung, Betrieb (Begriff)*, *Wegeunfall*, *Betriebsveranstaltung* usw.

Arbeitsverhinderung

A. Arbeitsrecht
Griese

1 **1. Bedeutung.** Die kurzfristige unverschuldete Verhinderung an der Arbeitsleistung aus in der Person des ArbN liegenden Gründen berechtigt den ArbN zum Fernbleiben von der Arbeit, zugleich behält der ArbN den Vergütungsanspruch. Gesetzlich geregelt ist die **Vergütungsfortzahlungspflicht** für alle ArbN in § 616 BGB. Die Vorschrift stellt sich als Unterfall der Pflicht zur Fortzahlung der Arbeitsvergütung trotz nicht erbrachter Arbeitsleistung dar.

2 **2. Voraussetzungen.** Der Vergütungsfortzahlungsanspruch hat vier Voraussetzungen.
a) **Arbeitsverhinderung durch einen in der Person des Arbeitnehmers liegenden Grund.** Die persönlichen Verhinderungsgründe, die nach § 616 BGB den Vergütungsanspruch für die ausgefallene Arbeitszeit aufrechterhalten, sind im Gesetz selbst nicht benannt. Sie werden als in der Person des ArbN liegende Gründe umschrieben. Der ArbN muss durch einen in seiner Person oder seinen persönlichen Verhältnissen liegenden Umstand an der Arbeitsleistung verhindert sein. Ein subjektives, persönliches Leistungshindernis liegt

Arbeitsverhinderung 56

nicht nur bei Unmöglichkeit der Arbeitsleistung vor, sondern bereits dann, wenn dem ArbN die Arbeitsleistung nach Treu und Glauben nicht zugemutet werden kann.

Beispiele für Leistungshindernisse aus der persönlichen Sphäre sind insbesondere außergewöhnliche Familienereignisse, etwa **Hochzeit, Geburt eines Kindes** (BVerfG 8.1.98 – 1 BvR 1872/94, NJW 98, 2043 zur Niederkunft der nichtehelichen Lebenspartnerin), **Goldene Hochzeit der Eltern** (BAG 25.10.73, AP Nr 43 zu § 616 BGB = BB 74, 557), **schwerwiegende Erkrankung oder Todesfälle bei nahen Angehörigen.** Dies gilt ferner, wenn der ArbN ein in seinem Haushalt lebendes erkranktes Kind betreuen muss. Diesbezüglich ist durch § 45 SGB V eine sozialversicherungsrechtliche Abstützung gegeben. Nach § 45 Abs 3 iVm Abs 1 SGB V hat der ArbN einen Anspruch auf Krankengeld und Freistellung von der Arbeit, wenn es nach ärztlichem Zeugnis erforderlich ist, dass der ArbN zur Beaufsichtigung, **Betreuung oder Pflege seines erkrankten, noch nicht 12 Jahre alten Kindes** zu Hause bleiben muss, und keine andere Person im Haushalt lebt, die das Kind beaufsichtigen, betreuen oder pflegen kann. Der Freistellungsanspruch ist limitiert auf 10 Arbeitstage, bei Alleinerziehenden auf 20 Arbeitstage pro Kind und Kj sowie bei mehreren Kindern auf insgesamt maximal 25 Arbeitstage, bei Alleinerziehenden maximal 50 Arbeitstage. Während der Freistellungszeit hat der ArbN, soweit die Voraussetzungen des § 616 BGB vorliegen, Anspruch auf Vergütungsfortzahlung, ansonsten auf Krankengeld von der Krankenkasse, so dass in letzterem Fall der Freistellungsanspruch ein gesetzlicher Anspruch gegen den ArbGeb auf unbezahlten Urlaub ist (zu Reformvorschlägen s *Greiner* NZA 07, 490). 3

Zur Arbeitsverhinderung des § 616 BGB gehört nicht die krankheitsbedingte Arbeitsunfähigkeit, diese ist im EFZG gesetzlich geregelt (Näheres s *Arbeitsunfähigkeit* Rz 1–4 und *Entgeltfortzahlung* Rz 2 ff). Die Arbeitsverhinderung bei der **Pflege von pflegebedürftigen nahen Angehörigen** regelt § 2 PflegeZG (Näheres s *Pflegezeit*). 4

Ein **Arztbesuch** ist nur dann ein in der Person des ArbN liegender Verhinderungsgrund, wenn der Arztbesuch **zwingend während der Arbeitszeit** stattfinden muss. Dies setzt entweder eine besondere Dringlichkeit voraus oder den erfolglosen Versuch des ArbN, den Arzttermin auf eine Zeit außerhalb der Arbeitszeit zu verlegen. In letzterem Fall muss der ArbN bei der Terminvereinbarung mit der Arztpraxis daher auf seine Arbeitszeit hinweisen und auf einen Termin außerhalb der Arbeitszeit dringen. Ist der ArbN schon vor und während des Arztbesuches arbeitsunfähig, greift § 616 BGB nicht ein (vgl BAG 7.3.90, DB 90, 1469). 5

In der Literatur wird angenommen, eine gem § 616 BGB vom ArbGeb zu bezahlende Arbeitsverhinderung liege auch vor bei **gerichtlichen und behördlichen Terminen,** bei Prüfungen (Fahrprüfungen), Ausübung politischer oder **religiöser Ämter** oder Wahrnehmung gewerkschaftlicher Aufgaben (*Schaub* § 97 II 1). Dies ist jedoch zu weitgehend. Denn § 616 BGB verlangt einen in der Person liegenden Grund. Auszunehmen sind daher Gründe, die auf Aktivitäten und damit dem Verhalten im sozialen und gesellschaftlichen Bereich beruhen. Deshalb kommt ein gesetzlicher Anspruch auf Vergütungsfortzahlung bei Arbeitsverhinderung durch politische, religiöse oder gewerkschaftliche Veranstaltungen nicht in Betracht (so auch ErfK/*Dörner* § 616 BGB Rz 7). Das Gleiche gilt für behördliche und gerichtliche Termine des ArbN in eigener Sache (BAG 4.9.85 – 7 AZR 249/83, DB 86, 1980), ebenso für privat anstehende Prüfungen (zB Führerscheinprüfung, Sportbootführerschein, TÜV-Untersuchung). Diese gehören zum **privaten Lebensbereich** des ArbN. Er hat hierfür deshalb nach seiner Wahl nur Anspruch auf Freistellung, entweder durch Urlaubsgewährung unter Anrechnung auf den Jahresurlaub oder durch unbezahlten Urlaub, nicht jedoch auf Vergütungsfortzahlung. 6

Bei **gerichtlichen Terminen** in fremden Angelegenheiten kann ebenfalls schwerlich von einem in der Person liegenden Grund gesprochen werden; der Verdienstausfall des ArbN wird im Übrigen durch die Zeugenentschädigungsregelung im Justizvergütungs- und -entschädigungsgesetz (JVEG) ausgeglichen. Übernimmt der ArbGeb in diesem Fall über die gesetzliche Verpflichtung hinaus die Vergütungsfortzahlung, ist es möglich, sich vom ArbN den gerichtlichen Entschädigungsanspruch für den Verdienstausfall abtreten zu lassen und geltend zu machen. 7

Die Tätigkeit als **ehrenamtlicher Richter oder Schöffe** unterfällt hingegen § 616 Abs 1 BGB (*ErfK/Preis* § 616 BGB Rz 5).

Griese

56 Arbeitsverhinderung

8   Kann der ArbN infolge von **Verkehrsstörungen**, zB Verkehrssperrungen, Staus, Verkehrsverboten wegen Smogalarm, Glatteis, Schneeverwehungen, Streiks in den Verkehrsbetrieben, die Arbeit nicht oder nicht rechtzeitig aufnehmen, schuldet der ArbGeb für die dadurch ausgefallene Arbeitszeit keine Arbeitsvergütung, denn es handelt sich um objektive, nicht um persönliche Leistungshindernisse (BAG 8.9.82 – 5 AZR 283/80, DB 83, 397). Der ArbN trägt insoweit das zeitliche **Wegerisiko** (HWK/*Krause* § 615 BGB Rz 117), er ist verantwortlich dafür, dass er pünktlich zur Arbeit erscheint, um seiner Arbeitspflicht nachkommen zu können.

9   Ein in der Person des ArbN liegender Verhinderungsgrund liegt vor, wenn der ArbN wegen seines kurzfristigen **behördlichen Tätigkeitsverbots** nicht arbeiten kann, das zB erlassen wird, um das Ergebnis einer Untersuchung nach dem BSeuchG abzuwarten (BGH 30.11.78, DB 79, 1367).

10   **b) Verhältnismäßig nicht erhebliche Zeit.** Ein Anspruch nach § 616 BGB setzt ferner voraus, dass die Arbeitsverhinderung nur eine verhältnismäßig nicht erhebliche Zeit andauert. Zeitliche Vorgaben oder Grenzen hierfür enthält das Gesetz nicht. Maßgebend sind daher die Umstände des Einzelfalles. Kriterien für die Festlegung des maximal zu beanspruchenden Zeitraumes sind in erster Linie die für den Verhinderungsgrund objektiv notwendige Zeit und das Verhältnis der Verhinderungszeit zur Gesamtdauer des Arbeitsverhältnisses. Dauert die Verhinderung zu lange, **entfällt der Anspruch insgesamt** (*Otto* Einführung in das Arbeitsrecht, 2. Aufl, S 194).

11   Aus dem Verhinderungsgrund selbst ergibt sich häufig bereits eine Begrenzung des Zeitraums. So rechtfertigen außergewöhnliche Familienereignisse, zB Hochzeit, Geburt eines Kindes, Tod naher Angehöriger, die bezahlte Freistellung für 1 bis 2 Arbeitstage, darüber hinaus nur die unbezahlte Freistellung.

12   Als verhältnismäßig nicht erhebliche Zeit wird eine Dauer von wenigen Tagen anzusehen sein (HWK/*Krause* § 616 BGB Rz 41).

13   Bei der Arbeitsverhinderung wegen der **Betreuung erkrankter Kinder** (s oben Rz 3) wird man sich an § 45 SGB V orientieren können. Eine schematische Übertragung der Vorgaben des § 45 SGB V kommt jedoch nicht in Betracht, weil § 45 SGB V nur den sozialversicherungsrechtlichen Kinderkrankengeldanspruch regelt, nicht aber unmittelbar arbeitsrechtliche Ansprüche (gegen jegliche Orientierung an § 45 SGB V *Erasmy* NZA 92, 921). Je Pflegefall wird – wie bisher – ein Zeitraum bis zu 5 Tagen als verhältnismäßig nicht erheblich anzusehen sein (ebenso ErfK/*Dörner* § 616 BGB Rz 16).

14   Die Erweiterung des sozialversicherungsrechtlichen Gesamtanspruchs liefert jedoch durch die gleichzeitig eingeführte **Obergrenze der Freistellungstage** pro Kj einen relevanten Anhaltspunkt für die Begrenzung des arbeitsrechtlichen Anspruchs pro Kj, indem maximal 10 Tage pro Kj, und zwar unabhängig davon, ob ein oder zu verschiedenen Zeiträumen mehrere Kinder erkrankt sind. Die darüber hinausgehende erforderliche Pflegezeit ist als unbezahlte Freistellung zu gewähren, für die ein Krankengeldanspruch nach § 45 SGB V besteht.

15   **c) Kausalität.** Der Anspruch setzt ferner voraus, dass durch die Arbeitsverhinderung die Arbeit des ArbN tatsächlich ausfällt. Hätte der ArbN ohnehin an den Verhinderungstagen nicht gearbeitet, etwa wegen Urlaubs (BAG 17.10.85 – 6 AZR 571/82, DB 86, 438), Sonderurlaubs oder Arbeitszeitverlegung, besteht kein Anspruch nach § 616 BGB.

16   **d) Kein Verschulden.** Den ArbN darf an der Arbeitsverhinderung kein Verschulden treffen. Ein solches liegt vor, wenn ein ArbN durch unverständiges, leichtfertiges, gegen die eigenen Interessen grob verstoßendes Verhalten die Arbeitsverhinderung herbeigeführt hat.

17   **3. Abweichende Regelung durch Tarifvertrag, Betriebsvereinbarung oder Arbeitsvertrag.** Die Regelung des § 616 BGB ist **abdingbar** (BAG 25.8.82, DB 82, 2574; 8.12.82, DB 83, 395). Sowohl durch Tarifvertrag, als auch durch Betriebsvereinbarung oder Arbeitsvertrag können die Ansprüche aus § 616 BGB ausgeschlossen oder beschränkt werden (ErfK/*Dörner* § 616 BGB Rz 19). Die Formulierung: „Bezahlt wird nur die geleistete Arbeit" bedeutet den Ausschluss der Ansprüche aus § 616 BGB (BAG 25.8.82, DB 82, 2574). Umgekehrt ist auch eine Erweiterung möglich (BAG 13.12.01 – 6 AZR 30/01, NZA 02, 1105: Arbeitsverhinderung aufgrund gerichtlicher Zeugenaussage).

In einer abweichenden **vertraglichen Regelung** können auch die Leistungsvoraussetzungen abweichend geregelt werden, etwa bei der Arbeitsverhinderung, wegen Kinderbetreuung (BAG 20.6.79, DB 79, 1946). Bestimmt ein Tarifvertrag, dass ein ArbN bei der Niederkunft seiner Ehefrau einen Freistellungsanspruch von 2 Tagen hat, soll dies nach BAG (BAG 18.1.01 – 6 AZR 492/99, NZA 02, 47) nicht auf den Fall der Niederkunft der nichtehelichen Lebensgefährtin anzuwenden sein. Dies ist fragwürdig angesichts der auch hier gegebenen und vom ArbN so empfundenen Betreuungsverpflichtung. Zudem erscheint das Ergebnis auch unter dem Blickwinkel der Benachteiligung unehelicher Kinder (Art 6 Abs 5 GG) verfassungsrechtlich bedenklich. Ferner ist zu berücksichtigen, dass unabhängig von der tarifvertraglichen Regelung aus § 616 BGB ein Anspruch bestehen kann, wenn die Freistellung für die Betreuung und Pflege der Lebensgefährtin oder des Kindes erforderlich ist.

Empfehlenswert ist eine zeitliche Konkretisierung der Freistellungsdauer bei den einzelnen Verhinderungsfällen, um den Unsicherheiten bei der jeweiligen Festlegung der verhältnismäßig nicht erheblichen Zeit zu entgehen. Diese Konkretisierung ist Inhalt einer Vielzahl von Tarifverträgen. Ist ein solcher nicht vorhanden, ist eine Regelung durch Betriebsvereinbarung oder Arbeitsvertrag zulässig.

Auf den Vergütungsfortzahlungsanspruch muss sich der ArbN gem § 616 Satz 2 BGB anrechnen lassen, was er aufgrund gesetzlicher Verpflichtung von der Kranken- oder Unfallversicherung bekommt.

B. Lohnsteuerrecht

Windsheimer

Für die Entstehung des LStAnspruchs ist der Zufluss des Lohns beim ArbN entscheidend (§ 38 Abs 2 Satz 2 EStG; s *Lohnzufluss* Rz 2 ff). Fließt wegen Arbeitsverhinderung kein Lohn zu, ist steuerlich für den ArbGeb nichts veranlasst. Auf den Grund der Arbeitsverhinderung (Beispiele s oben Rz 3) kommt es nicht an. Fließt dem ArbN bei Arbeitsverhinderung dennoch Lohn zu (zB Entgeltfortzahlung im Krankheitsfall; s *Entgeltfortzahlung* Rz 42), gelten für die Besteuerung keine Besonderheiten (s *Lohnzufluss* Rz 2 ff, *Lohnsteuerberechnung* Rz 2 ff usw; s auch *Steuerfreie Einnahmen* Rz 5 ff). Regelungen im Arbeitsvertrag über Folgen bei Arbeitsverhinderung sind Maßstab beim Fremdvergleich (FG SachsAnh 9.12.98 – II 63/97; s *Familiäre Mitarbeit* Rz 29 ff).

Bei **Lohnminderung** ist für die Besteuerung der geminderte Lohn ausschlaggebend. Fließen dem ArbN statt des Lohnes Lohnersatzleistungen zu (zB *Krankengeld* Rz 6 ff, *Arbeitslosengeld* Rz 4 ff uÄ), richtet sich die Besteuerung nach den Regeln über *Lohnersatzleistungen* Rz 5 ff.

Erhält der ArbN **Zeugengeld** nach dem Justizvergütungs- und -entschädigungsgesetz, so ist der Bezug stpfl Arbeitslohn, soweit durch das Zeugengeld der Verdienstausfall ausgeglichen werden soll (§ 24 Nr 1a EStG; s *Schmidt/Krüger* § 19 Rz 100 Stichwort Zeugengebühr). Ein LStAbzug unterbleibt insoweit. Im Rahmen der Jahresbesteuerung des ArbN (§ 46 EStG; s *Antragsveranlagung* Rz 2 ff) sind diese Einnahmen beim ArbN mit zu erfassen.

C. Sozialversicherungsrecht

Schlegel

1. Anforderungen an das Vorliegen eines Beschäftigungsverhältnisses. a) Tatsächliche Arbeitsleistung. In allen Zweigen der SozV sowie der ArblV ist die Beschäftigung Voraussetzung für die Zugehörigkeit zum Kreis der (pflicht)versicherten Personen (§ 5 Abs 1 Nr 1 SGB V; § 1 Satz 1 Nr 1 SGB VI; § 20 Abs 1 SGB XI; §§ 24, 25 SGB III; § 2 Abs 1 Nr 1 SGB VII). Beschäftigung wird in § 7 Abs 1 Satz 1 SGB IV definiert als die nichtselbstständige Arbeit, insbesondere in einem Arbeitsverhältnis (Abs 1); eine Beschäftigung gilt auch der Erwerb beruflicher Kenntnisse, Fertigkeiten und Erfahrungen im Rahmen betrieblicher Berufsbildung (Abs 2). Damit ist klargestellt, dass ein wirksames Arbeitsverhältnis auch zur sozialversicherungsrechtlichen Beschäftigung führt. Voraussetzung für das Vorliegen von Beschäftigung iSv § 7 Abs 1 SGB IV ist regelmäßig, dass auch tatsächlich Arbeit geleistet wird.

b) Beschäftigungsverhältnis ohne Arbeitsleistung. Die Rspr hat in bestimmten Fällen seit jeher das Vorliegen eines Beschäftigungsverhältnisses auch ohne tatsächliche Arbeitsleistung angenommen. Voraussetzung hierfür ist, dass der Status als ArbN nicht geändert wird, weil der Arbeitsvertrag rechtlich (oder faktisch) fortbesteht, sich der ArbN weiterhin dem

57 Arbeitsvermittlung (private)

Weisungsrecht des ArbGeb unterstellt und die Arbeit auch fortsetzen will (BSG 12.11.75 – 3/12 RK 13/74, SozR 2200 § 165 Nr 8). Dies gilt neben den Fällen des Erholungsurlaubs, des unbezahlten Urlaubs (BSG 13.2.64 – 3 RK 94/59, SozR Nr 43 zu § 165 RVO), der Beurlaubung für eine zT bezahlte Fortbildung (BSG 12.11.75 – 3/12 RK 13/74, SozR 2200 § 165 Nr 8: Studium; 31.8.76 – 12/3/12 RK 20/74, SozR 2200 § 1227 Nr 4: Fortbildungslehrgang) und des Annahmeverzuges (BSG 18.9.73 – 12 RK 15/72, SozR Nr 73 zu § 160 RVO) auch für die kurzfristige Verhinderung an der Arbeitsleistung aus einem in der Person des ArbN/Versicherten liegenden Grund (zB Hochzeit, Geburt eines Kindes, Todesfälle, schwerwiegende Erkrankung naher Angehöriger, s oben Rz 3; zur Freistellung bei Erkrankung eines Kindes s *Freistellung von der Arbeit* Rz 33–34). Erforderlich ist allerdings, dass das Ende der Unterbrechung der Arbeitsleistung absehbar, also nicht beliebig lang ist; das genaue Ende muss hierbei nicht datummäßig feststehen (BSG 31.8.76 – 12/3/12 RK 20/74, SozR 2200 § 1227 Nr 4).

25 **2. Fortbestehen der Versicherungspflicht bei Entgeltanspruch.** Mit der Feststellung, dass das Beschäftigungsverhältnis durch eine Arbeitsverhinderung nicht unterbrochen wird, steht noch nicht fest, ob während dieser Zeit auch Versicherungspflicht besteht. Dies ist in der KV, PflegeV, RV, PflegeV und ArbIV nur der Fall, wenn die Beschäftigung „gegen Entgelt" erfolgt (§ 5 Abs 1 Nr 1 SGB V; § 1 Satz 1 Nr 1 SGB VI; 22 Abs 1 Nr 1 SGB XI; § 25 SGB III). Daher ist zwischen Fällen der Arbeitsverhinderung mit und ohne Fortbestehen des Entgeltanspruchs zu unterscheiden.

26 **a) Fortbestehen des Entgeltanspruchs** nach arbeitsrechtlichen Grundsätzen trotz Vorliegens einer Arbeitsverhinderung (zu den Voraussetzungen hierfür s oben Rz 2 ff) führt dazu, dass in der KV, PflegeV, RV und ArbIV Versicherungspflicht gegeben ist. Ebenso besteht ein versicherungs- und beitragspflichtiges Beschäftigungsverhältnis fort, wenn und solange eine ArbN von seinem ArbGeb (zB nach Ausspruch einer Kündigung) bei Fortzahlung des Arbeitsentgelts **von der Arbeit freigestellt** ist (dazu eingehend *Schlegel* NZA 05, 972 ff; *Freistellung von der Arbeit* Anm C). Für die UV ist zu beachten, dass dort der Versicherungsschutz für Wege- und Arbeitsunfälle ohnehin nicht in Betracht kommt, wenn Arbeit tatsächlich nicht geleistet wird oder sich der Unfall nicht auf einem Weg von der oder zur Arbeit ereignet hat.

27 **b) Arbeitsverhinderung ohne Entgeltanspruch.** Nach § 7 Abs 3 Satz 1 SGB IV gilt eine Beschäftigung gegen Arbeitsentgelt fortbestehend, solange das Beschäftigungsverhältnis ohne Anspruch auf Arbeitsentgelt fortdauert, jedoch nicht länger als einen Monat. Fingiert wird damit nur die Zahlung von Arbeitsentgelt, nicht auch der Fortbestand des Beschäftigungsverhältnisses. Der Fortbestand des Beschäftigungsverhältnisses richtet sich vielmehr nach den oben (Rz 24) genannten Kriterien.

28 Nach § 7 Abs 3 Satz 1 SGB IV bleibt somit zB die Versicherungspflicht für Bummeltage und sonstige Arbeitsverhinderungen bestehen, die nicht in der Person des ArbN begründet sind (zB Arbeitsverhinderung wegen Verkehrsstörung, geplanten Arzttermins, Gerichts- und Behördenterminen).

29 Zum Fortbestand der Mitgliedschaft bei einer Arbeitsverhinderung wegen **Kurzarbeit**, bei **rechtmäßigem Arbeitskampf** und während einer medizinischen **Rehabilitation** in der KV und PflegeV für eine gewisse Zeit über das nach allgemeinen Regeln an sich eintretende Ende der Mitgliedschaft hinaus vgl § 192 SGB V.

30 Zum Fortbestand der Versicherungspflicht in der ArbIV bei **witterungsbedingtem Arbeitsausfall** oder bei erheblichem Arbeitsausfall wegen Kurzarbeit vgl § 24 SGB III.

31 Zur Arbeitsverhinderung wegen **Arbeitsmangels** aus vom ArbGeb nicht zu vermeidenden Umständen, für die **wirtschaftliche Verhältnisse (Wirtschafts- und Arbeitsmarktlage)** oder **Naturereignisse** ursächlich sind, vgl *Betriebsstörung* Rz 12 ff.

Arbeitsvermittlung (private)

A. Arbeitsrecht *Röller*

1 **1. Allgemeines.** Private Arbeitsvermittlung ist seit dem In-Kraft-Treten des Gesetzes zur Vereinfachung der Wahl der ArbNVertreter in den Aufsichtsrat (BGBl I 02, 1130) am 27.3.02 ohne entsprechende Erlaubnis der BA zulässig. Sanktionsinstrumentarium für nicht

Arbeitsvermittlung (private)

ordnungsgemäß arbeitende private Arbeitsvermittler sind die Untersagungstatbestände des § 35 GewO. Mit dem Wegfall der Erlaubnispflicht sind auch die ArbeitsvermittlungsVO vom 11.3.94 (BGBl I 94, 1949) und das Vermittlungsmonopol der BA für Beschäftigungen im Ausland aufgehoben worden. Das BMA kann aber durch Rechtsverordnung bestimmen, dass die Vermittlung für eine Beschäftigung im Ausland außerhalb der EG oder eines anderen Vertragsstaats des Abkommens des europäischen Wirtschaftsraums sowie die Vermittlung und die Abwerbung aus diesem Ausland für eine Beschäftigung im Inland für bestimmte Berufe und Tätigkeiten nur von der BA durchgeführt werden kann (§ 292 SGB III). Dies ist durch § 42 BeschVO v 22.11.04 (BGBl I 04, 2937) geschehen. Die Anwerbung und Vermittlung ausländischer Saisonkräfte, Schaustellergehilfen, Haushaltshilfen, Pflegekräfte und Gastarbeitnehmer darf nur von der Bundesagentur für Arbeit durchgeführt werden.

Als Konsequenz aus der geringen Vermittlungsquote hat der Gesetzgeber den Vermittlungsgutschein (§ 45 Abs 4 SGB III; § 421g SGB III aF) ins Arbeitsförderungsrecht aufgenommen. Die Bestimmung soll gewährleisten, dass Arbeitslose beim Vorliegen bestimmter Voraussetzungen einen privaten Vermittler mit der Vermittlung beauftragen können, ohne hierdurch finanziell belastet zu werden. Der Vermittlungsgutschein eröffnet ihnen die Möglichkeit, auf Kosten der BA einen Vermittler ihrer Wahl einzuschalten (s Rz 23). 2

2. Begriff. Arbeitsvermittlung ist eine Tätigkeit, die darauf gerichtet ist, Ausbildungssuchende mit ArbGeb zur Begründung eines Ausbildungsverhältnisses und Arbeitsuchende mit ArbGeb zur Begründung von Arbeitsverhältnissen zusammenzuführen (§ 35 Abs 1 SGB III). Jede natürliche oder juristische Person oder Personengesellschaft kann als Vermittler tätig werden. Voraussetzung ist die Anzeige beim Gewerbeamt (§ 14 Abs 1 GewO). 3

3. Vermittlungsvertrag. a) Vertrag Vermittler – Arbeitsuchender. Der Vertrag zwischen Arbeitsuchendem und dem privaten Arbeitsvermittler bedarf der Schriftform. Der Vertragsinhalt ist dem Arbeitsuchenden durch den Vermittler in Textform (§ 126b BGB) mitzuteilen (§ 296 Abs 1 Satz 4 SGB III). In dem Vertrag ist insbesondere die Vergütung des Vermittlers anzugeben (§ 296 Abs 1 Satz 2 SGB III). 4

Der Vermittlungsvertrag ist ein **privatrechtlicher Vertrag,** auf den die **Regelungen des Maklerrechts** (§§ 652 ff BGB) anzuwenden sind. Diese werden ergänzt durch die Regelungen der §§ 296, 297 SGB III (BSG 23.2.11 – B 11 AL 10/10 R, BeckRS 2011, 71150; *Kühl/Breitkreuz* NZS 04, 568). 5

Die Höhe der Vergütung, die der Vermittler vom Arbeitsuchenden verlangen kann, ist durch § 296 Abs 3 SGB III begrenzt auf den in § 45 Abs 6 SGB III genannten Betrag. Einschließlich USt darf die Vergütung den Betrag iHv 2000 € nicht überschreiten, bei Langzeitarbeitslosen nicht einen Betrag iHv 2500 €. Für die Vermittlung in Au-pair-Verhältnisse beträgt die maximale Vergütung 150 € (§ 296 Abs 3 Satz 3 SGB III). Für Leistungen zur Ausbildungsvermittlung dürfen nur vom ArbGeb Vergütungen verlangt und entgegengenommen werden (§ 296a SGB III). Der Gesetzgeber hat für folgende Berufe und Personengruppen durch die Vermittler-Vergütungsverordnung vom 27.6.02 (BGBl I 02, 2439) eine abweichende Regelung in Kraft gesetzt: Künstler, Artisten, Fotomodell, Werbetyp, Mannequin, Dressman, Doppelgänger, Stuntman, Discjockey, Berufssportler. Mit diesen ArbN kann der Arbeitsvermittler Vergütungen vereinbaren, die sich nach dem ihnen zustehenden Arbeitsentgelt bemessen. Die Vergütung einschließlich der auf sie entfallenden Umsatzsteuer darf 14 vom Hundert des dem vermittelten ArbN zustehenden Arbeitsentgelts nicht übersteigen (§ 2 Vermittler-Vergütungsordnung). 6

Der Anspruch auf die **Vermittlungsvergütung ist erfolgsabhängig.** Der Arbeitsuchende ist nur dann zur Zahlung verpflichtet, wenn infolge der Vermittlung der Arbeitsvertrag zustande gekommen ist. Der bloße Nachweis einer Stelle genügt nicht (LG Frankfurt (Oder) 12.7.11 – 6a S 9/11, BeckRS 2011, 22721). Der Vermittlungserfolg braucht nicht durch eigenes Tätigwerden des Vermittlers herbeigeführt worden zu sein; der Vermittler kann sich grds Personen bedienen, die er zur Erfüllung seiner vertraglichen Verpflichtungen einsetzt (BSG 23.2.11). Der Vermittler darf keine Vorschüsse auf die Vergütungen verlangen oder entgegennehmen (§ 296 Abs 2 Satz 2 SGB III). Der Vermittler ist verpflichtet, einen Vermittlungsgutschein der Agentur für Arbeit zu den für die Zahlung genannten Bedingungen entgegenzunehmen. § 296 Abs 4 SGB III bestimmt, dass ein Arbeitsuchender, der dem Vermittler einen Vermittlungsgutschein vorlegt, die Vergütung abweichend von § 266 BGB 7

57 Arbeitsvermittlung (private)

in Teilbeträgen zahlen kann. Zudem ist geregelt, dass die Vergütung im Falle der Einlösung des Vermittlungsgutscheins bis zum Zeitpunkt der Zahlung durch die Agentur für Arbeit gestundet wird.

8 Neben der Vergütung kann der Vermittler Auslagenersatz verlangen, wenn dies mit dem Arbeitssuchenden vereinbart ist (*Gagel/Fuchs* § 296 Rz 12).

9 Unwirksamkeit von Vereinbarungen. Zum Schutz des Arbeitssuchenden nennt § 297 SGB III verschiedene Gründe, aus denen die Unwirksamkeit des Vermittlungsvertrages folgt. Unwirksam sind Vereinbarungen zwischen Vermittler und Arbeitssuchenden, wenn dabei die Höchstgrenzen der Vergütung überschritten werden oder die Schriftform des Vertrages nicht eingehalten wurde (Nr 1), Vereinbarungen zwischen einem Vermittler und einem Ausbildungssuchenden über die Zahlung einer Vergütung (Nr 2), Vereinbarungen zwischen einem Vermittler und einem ArbGeb, wenn der Vermittler eine Vergütung mit einem Ausbildungssuchenden vereinbart oder von diesem entgegennimmt, obwohl dies nicht zulässig ist (Nr 3) und Vereinbarungen, die sicherstellen sollen, dass ein ArbGeb oder ein Ausbildungssuchender sich ausschließlich eines bestimmten Vermittlers bedient (Nr 4). Letzteres bedeutet, dass sog Exklusivverträge, die verhindern, dass weitere Arbeitsvermittler eingeschaltet werden, unwirksam sind. Bei § 297 SGB III handelt es sich um eine spezielle Regelung zur Unwirksamkeit von Vermittlungsverträgen. Sie stellt jedoch keine abschließende Regelung dar, so dass die allgemeinen Regelungen der §§ 134, 138 BGB daneben Anwendung finden. Strittig ist, ob bei einer vereinbarten zu hohen Vergütung der Vermittler jedenfalls Anspruch auf die gesetzlich zulässige Höchstvergütung hat (für die geltungserhaltende Reduktion auf das zulässige Maß: MüKo/*Roth* § 655 BGB Rz 7; keine Vergütung: *Rixen* NZS 02, 466).

10 b) Vertrag Vermittler – Arbeitgeber. Auf diesen findet ausschließlich das Maklervertragsrecht des BGB (§§ 652 ff BGB) Anwendung. Der Vermittler ist kein Handelsmakler iSd §§ 93 ff HGB, weil Dienst- insbesondere Arbeitsleistungen nicht zu den in § 93 Abs 1 HGB genannten Geschäften des Handelsverkehrs gehören (*Gagel/Fuchs* § 296 Rz 13). Abweichend vom allgemeinen Maklerrecht ist jedoch auch im Verhältnis Vermittler – ArbGeb die Vereinbarung eines Alleinauftrages unzulässig (§ 297 Nr 4 SGB III). Der Maklerlohn ist der Höhe nach nicht begrenzt. § 296 SGB III und die Vermittler-Vergütungsordnung gelten im Verhältnis zwischen Vermittler und ArbGeb nicht. Dies bedeutet ua, dass ein Vergütungsanspruch auch für den bloßen Hinweis auf eine Vertragsabschlussmöglichkeit entstehen kann. Ist ein unverhältnismäßig hoher Maklerlohn vereinbart worden, kann er jedoch auf Antrag des ArbGeb durch Urt auf den angemessenen Betrag herabgesetzt werden (§ 655 Abs 1 BGB); ausführlich hierzu *Rieble* DB 94, 1776. Zur Vereinbarung eines Vermittlungshonorars im ArbNÜberlassungsvertrag s *Arbeitnehmerüberlassung/Zeitarbeit* Rz 30.

B. Lohnsteuerrecht
Seidel

11 **1. Vergütungen. a) Arbeitgeber.** Zahlt der ArbGeb die Vergütung an den Arbeitsvermittler (s oben Rz 10), ist lohnsteuerlich nichts veranlasst. Der ArbGeb kann sie aber als Betriebsausgabe abziehen. Nimmt er den ArbN jedoch hierfür in Anspruch, kann dieser sie als Werbungskosten (s *Werbungskosten* Rz 9) bei der EStVeranlagung geltend machen. Dies gilt auch, wenn die Vergütung bei der Ausbildungsvermittlung nur vom ArbGeb verlangt werden kann (§ 296a SGB III). Mit dem FG Düsseldorf (Urt 5.4.2000 – 13 K 9505/97 E, EFG 2000, 740) ist mE die Einschaltung eines Arbeitsvermittlers im Rahmen eines **Outplacement** als geldwerter Vorteil (Arbeitslohn) für den ArbN anzusehen. Denn hier fehlt es am ganz überwiegend eigenbetrieblichen Interesse des (ehemaligen) ArbGeb (vgl *Arbeitsentgelt* Rz 48, 49), da die Mithilfe bei der Suche des ArbN nach einem neuen Arbeitsplatz wohl zuerst im nicht unerheblichen eigenen Interesse des ArbN liegt. Nach LStR 19.7 Abs 2 Satz 5 stellen dem SGB III entsprechende Qualifikations- und Trainingsmaßnahmen, die der ArbGeb oder eine zwischengeschaltete Beschäftigungsgesellschaft (s *Beschäftigungsgesellschaft* Rz 9) erbringt, keinen Arbeitslohn dar.

12 b) Arbeitnehmer. Für den ArbN stellt die Vergütung an den Arbeitsvermittler (§ 296 SGB III; s oben Rz 7–9) – vorweggenommene – Werbungskosten dar (s *Werbungskosten* Rz 9), auch wenn sie die zulässigen Beträge übersteigt (§ 296 Abs 3 SGB III). Hat der ArbN einen Vermittlungsgutschein (s oben Rz 8 und unten Rz 23), zahlt die BA die Vergütung in Teilbeträgen direkt an den Vermittler (§ 421g Abs 2 SGB III). LStlich ist daher in diesem Fall nichts veranlasst. Zu den sonstigen Aufwendungen des ArbN für die Arbeitsstellensuche s *Bewerbung* Rz 16–18.

2. Geldbußen, Geldstrafen. Hat der Arbeitsvermittler wegen Verstoßes gegen §§ 298 ff **13** SGB III) Geldbußen (§ 404 Abs 2 Nr 11–13 SGB III) zu zahlen (s auch unten Rz 18, 19), kann er diese nicht als Betriebsausgaben abziehen (§ 4 Abs 5 Nr 8 und § 12 Nr 4 EStG).

3. Zu den im Rahmen der Hartz-Reform eingeführten **Personal-Service-Agenturen** s *Arbeitnehmerüberlassung/Zeitarbeit* Rz 82.

C. Sozialversicherungsrecht *Voelzke*

1. Einführung. Den Schwerpunkt der Regelungen des SGB III über die Ausbildungs- **14** und Arbeitsvermittlung bilden die (zivilrechtlichen) Vorschriften über den Vermittlungsvertrag und die Vereinbarung einer Vergütung (s oben Rz 1 ff). Ergänzend bestimmt die Vermittler-VergütungsVO vom 27.6.02 (BGBl I 02, 2439), dass für die Vermittlung in bestimmte Berufe (zB Künstler, Fotomodell, Berufssportler) mit dem ArbN Vergütungen vereinbart werden können. Im Übrigen bleiben die bestehenden Vermittlungsdienste der BA durch die Neuregelung unberührt (Näheres: *Stellensuche* Rz 10 ff). Die BA ist als Betreiberin des Internetportals „Jobbörse" berechtigt, Angebote privater Arbeitsvermittler zu löschen, soweit diese von Arbeitsuchenden einen erfolgsunabhängigen Aufwendungsersatz verlangen (BSG 6.12.12 – B 11 AL 25/11 R, SozR 4-4300 § 43 Nr 1).

2. Erlaubnisfreiheit. Das Gesetz vom 23.3.02 (BGBl I 02, 1130) hatte das bisher für die **15** private Arbeitsvermittlung bestehende präventive Verbot mit Erlaubnisvorbehalt aufgehoben. Eine Erlaubnispflicht besteht damit für die Durchführung der Arbeitsvermittlung nicht mehr. Die Aufnahme einer selbstständigen Tätigkeit als Arbeitsvermittler unterliegt nur noch der **Anzeigepflicht** nach § 14 GewO. Einer Zulassung nach §§ 176, 178 SGB III bedürfen private Arbeitsvermittler nur, wenn sie Ansprüche aus einem Aktivierungs- und Vermittlungsgutschein geltend machen wollen (s unten Rz 19 ff).

3. Auslandsvermittlung. Auch die Vermittlung in eine Beschäftigung in das Ausland **16** außerhalb der EU bzw des EWR sowie die Vermittlung und Anwerbung aus dem Ausland für eine bestimmte Beschäftigung im Inland steht grds privaten Vermittlern offen. Einschränkend enthält § 292 SGB III eine Ermächtigung zum Erlass einer VO, in der bestimmt werden kann, dass die Auslandsvermittlung für **bestimmte Berufe und Tätigkeiten** nur von der BA durchgeführt werden darf (vgl die Beschäftigungsverordnung, zuletzt geändert durch V vom 6.6.13, BGBl I 13, 1499).

4. Öffentlich-rechtliche Nebenpflichten. § 298 Abs 1 SGB III erlegt dem privaten **17** Vermittler im Zusammenhang mit der Ausbildungs- und Arbeitsvermittlung Verpflichtungen zur Gewährleistung des **Datenschutzes** auf. Die Erhebung, Verarbeitung und Nutzung von Daten ist nur zulässig, soweit dies für die Vermittlungstätigkeit erforderlich ist (§ 298 Abs 1 Satz 1 SGB III). Weitergehend dürfen personenbezogene Daten sowie Geschäfts- und Betriebsgeheimnisse vom Vermittler nach § 298 Abs 1 Satz 2 SGB III nur erhoben, verarbeitet oder genutzt werden, wenn der Betroffene nach Maßgabe des § 4a BDSG eingewilligt hat. Danach ist für die Einwilligung grds Schriftform erforderlich. Die Einschränkungen bei der Erhebung, Verarbeitung und Nutzung der Daten gelten auch, soweit die Daten einem Dritten befugt übermittelt werden. Der Verstoß gegen § 298 Abs 1 SGB III begründet nach § 404 Abs 2 Nr 12 SGB III eine Ordnungswidrigkeit, die mit einer Geldbuße bis zu 30 000 € geahndet werden kann.

Die den Vermittler **nach Abschluss der Vermittlungstätigkeit** treffenden Nebenpflich- **18** ten sind in § 298 Abs 2 SGB III aufgeführt. Den Vermittler trifft nach § 298 Abs 2 Satz 1 SGB III unmittelbar nach Abschluss der Vermittlungstätigkeit die Verpflichtung, dem Betroffenen die zur Verfügung gestellten Unterlagen zurückzugeben. Im Übrigen ist der Vermittler nach Abschluss der Vermittlungstätigkeit zur Aufbewahrung seiner Geschäftsunterlagen für die Dauer von drei Jahren verpflichtet (§ 298 Abs 2 Satz 2 SGB III). Die Aufbewahrungspflicht soll eine wirksame Kontrolle des Vermittlers durch die zuständigen Landesbehörden sicherstellen (BT-Drs 14/8546 S 7). Nach Ablauf der Aufbewahrungspflicht von drei Jahren muss der Vermittler personenbezogene Daten gem § 298 Abs 2 Satz 4 SGB III löschen. Der Betroffene kann Abweichungen von der unmittelbaren Rückgabepflicht oder der Verpflich-

57 Arbeitsvermittlung (private)

tung, personenbezogene Daten nach Ablauf der Aufbewahrungspflicht unmittelbar zu löschen, schriftlich gestatten. Die Verletzung der Verpflichtung zur Rückgabe der Unterlagen bzw Löschung der Daten ist nach § 404 Abs 2 Nr 13 SGB III ebenfalls bußgeldbewehrt. Es kann eine Geldbuße bis zu 30 000 € verhängt werden.

19 **5. Aktivierungs- und Vermittlungsgutschein.** Die BA kann Berechtigten nach § 45 Abs 4 SGB III einen sog Aktivierungs- und Vermittlungsgutschein erteilen. Mit dieser ab 1.4.12 geltenden Regelung ist die bisherige Erprobungsregelung verstetigt worden. Nach § 45 Abs 4 Satz 3 Nr 2 SGB III berechtigt der Gutschein zur Auswahl eines **Trägers,** der eine ausschließlich **erfolgsbezogen vergütete Arbeitsvermittlung** in versicherungspflichtige Beschäftigung anbietet. Den Gutschein können auch die Empfänger von AlGeld II erhalten. Allerdings handelt es sich für den letztgenannten Personenkreis lediglich um eine Ermessensleistung. Der Vermittlungsgutschein soll es dem ArbN ermöglichen, ergänzend zu den Bemühungen der Agentur für Arbeit einen privaten Vermittler einzuschalten. Aus der Vorlage des Vermittlungsgutscheins folgt für den Vermittler kein Kontrahierungszwang (*Rixen* NZS 02, 474).

20 Es handelt sich der Sache nach um einen **öffentlich-rechtlichen Anspruch** des Arbeitslosen gegen die BA auf Erfüllung einer gegen ihn gerichteten Forderung eines Dritten. Der Arbeitsvermittler kann gegen die Agentur für Arbeit einen eigenen Zahlungsanspruch geltend machen (*Urmersbach* SGb 06, 151). Ein Zahlungsanspruch des Vermittlungsmaklers besteht trotz Vorlage eines Vermittlungsgutscheins nicht gegen die BA, wenn er mit dem ArbGeb des „vermittelten" ArbN wirtschaftlich verflochten ist (BSG 6.4.06 – B 7a AL 56/05 R, SozR 4–4300 § 421g Nr 1). Vermittelt ein Makler einen Arbeitslosen an einen ArbGeb, bei dem er selbst abhängig beschäftigt ist, so ist eine unzulässige wirtschaftliche Verflechtung, die einem Maklerhonorar entgegensteht, nur anzunehmen, wenn weitere Umstände hinzutreten (BSG 6.5.08 – B 7/7a AL 8/07 R, SGb 09, 176). Hat der Arbeitsvermittler mit dem Arbeitsuchenden keinen eigenen Vermittlungsvertrag abgeschlossen, besteht kein Anspruch auf Auszahlung der Vergütung, wenn die Vermittlung von einem anderen privaten Vermittler übertragen wurde (BSG 23.2.11 – B 11 AL 10/10 R, BeckRS 2011, 71350).

Zu den begünstigten ArbN gehören Ausbildungsuchende, von Arbeitslosigkeit bedrohte Arbeitsuchende und Arbeitslose. Die Vermittlung muss in eine **versicherungspflichtige Beschäftigung** erfolgen. Bei einer Vermittlung innerhalb der EU wird zusätzlich zu der Versicherungspflicht verlangt, dass es sich um eine Beschäftigung mit einer Arbeitszeit von mindestens 15 Stunden wöchentlich handelt (zu europarechtlichen Bedenken *Hauck/Noftz/Rademacker* SGB III, § 45 Rz 58).

21 Eine **Vermittlungstätigkeit** liegt nur vor, wenn Vermittler und ArbGeb nicht identisch und weder wirtschaftlich noch persönlich eng verflochten sind (zu Einzelheiten BSG 6.5.08 – B 7/7a AL 8/07 R, SozR 4–4300 § 421g Nr 3). Eine Vermittlung zu einem Konkurrenzunternehmen ist unschädlich. Eine Vergütung für die Vermittlung ist ausgeschlossen, wenn das Beschäftigungsverhältnis von vornherein auf eine Dauer von weniger als drei Monaten begrenzt ist (§ 45 Abs 6 Satz 5 Nr 1 SGB III). Die Vergütung ist ferner ausgeschlossen, wenn das Beschäftigungsverhältnis bei einem früheren ArbGeb begründet wird, bei dem der ArbN während der letzten vier Jahre vor Aufnahme der Beschäftigung mehr als drei Monate beschäftigt war (§ 45 Abs 6 Satz 5 Nr 2 SGB III).

22 Die **Höhe** des von der BA unmittelbar an den Vermittler zu zahlenden Erfolgshonorars beträgt insgesamt 2000 €. Hierbei wird die Vergütung in Höhe von 1000 € nach einer sechswöchigen und der Restbetrag nach einer sechsmonatigen Dauer des Beschäftigungsverhältnisses unmittelbar an den Vermittler bezahlt. Bei Langzeitarbeitslosen und behinderten Menschen nach § 2 Abs 1 SGB IX kann der Vermittlungsgutschein bis zu einer Höhe von 2500 € ausgestellt werden.

23 Ein **Rechtsanspruch** auf einen Aktivierungs- und Vermittlungsgutschein haben Arbeitslose mit Anspruch auf AlGeld, der nicht auf § 147 Abs 3 SGB III beruht, soweit sie nach einer Arbeitslosigkeit von sechs Wochen innerhalb einer Frist von drei Monaten noch nicht vermittelt sind (§ 45 Abs 7 SGB III).

24 **6. Zulassung.** Ansprüche aus dem Aktivierungs- und Vermittlungsgutschein können nur geltend gemacht werden, wenn der Träger nach den §§ 176, 178 SGB III zugelassen ist. Die Zulassung erfolgt durch **akkreditierte Zulassungsstellen.**

Arbeitsvertrag

A. Arbeitsrecht

Röller

Übersicht

	Rz		Rz
I. Grundlagen des Arbeitsvertragsrechts	1–6	6. Berücksichtigung der im Arbeitsrecht geltenden Besonderheiten	31, 32
1. Begriff	1	7. Inhaltskontrolle nach den §§ 307–309 BGB	33–35
2. Abgrenzung zu anderen Vertragstypen	2–5	a) Besondere Klauselverbote	33
a) Freier Dienstvertrag	2	b) Unangemessene Benachteiligung	34, 35
b) Werkvertrag	3	8. Rechtsfolgen unwirksamer Vertragsbestimmungen	36
c) Gesellschaftsverträge	4	9. Einzelne Vertragsklauseln	37–43
d) Dienstverschaffungsvertrag	5	10. Nachweis des Vertragsinhalts	44–52
3. Arbeitsvertragsgesetz	6	a) Allgemeines	44
II. Abschluss des Arbeitsvertrages	7–19	b) Anwendungsbereich	45
1. Vertragsschluss	7	c) Nachweispflicht des Arbeitgebers	46, 47
2. Parteien des Arbeitsvertrages	8	d) Zwingender Inhalt der Niederschrift	48, 49
3. Geschäftsfähigkeit	9–12	e) Verletzung der Nachweispflicht	50, 51
a) Geschäftsunfähigkeit	9–11	f) Einsichtsrechte des Betriebsrats	52
b) Minderjährige	12	V. Rechtsmängel des Arbeitsvertrags	53–79
4. Form des Arbeitsvertrages	13–16	1. Nichtigkeit des Arbeitsvertrags	53–64
a) Grundsatz der Formfreiheit	13	a) Verstoß gegen ein gesetzliches Verbot	53–56
b) Ausnahmen von der Formfreiheit	14–16	b) Verstoß gegen die guten Sitten	57–61
5. Entstehen von Arbeitsverhältnissen aufgrund gesetzlicher Regelungen	17	c) Scheingeschäft	62, 63
6. Aufklärungspflichten bei Abschluss des Arbeitsvertrages	18	d) Ursprüngliche objektive Unmöglichkeit	64
7. Abschluss- und Beschäftigungsverbote	19	2. Anfechtung des Arbeitsvertrages	65–79
III. Vertragsgestaltung	20–22	a) Verhältnis von Anfechtung und fristloser Kündigung	65, 66
1. Grundsatz der Privatautonomie und seine Schranken	20	b) Irrtum als Anfechtungsgrund	67, 68
2. Vertragsauslegung und -ergänzung	21	c) Einzelfälle für die Beachtlichkeit eines Eigenschaftsirrtums	69–72
3. Änderungsverträge	22	d) Arglistige Täuschung	73
IV. Inhaltskontrolle vorformulierter Arbeitsverträge	23–52	e) Widerrechtliche Drohung	74
1. Schuldrechtsform	23	f) Verwirkung des Anfechtungsrechts	75
2. Voraussetzungen einer Inhaltskontrolle	24–26	3. Rechtsfolgen von Nichtigkeit des ganzen Arbeitsvertrags und Anfechtung	76–79
a) Allgemeine Geschäftsbedingungen	24	a) Vor Vollziehung des Arbeitsvertrages	76
b) Einbeziehung	25	b) Nach Vollziehung des Arbeitsvertrages	77
c) Keine Inhaltskontrolle zugunsten des Verwenders	26	c) Ausnahmen von den Grundsätzen des faktischen Arbeitsverhältnisses	78
3. Ausschluss überraschender Klauseln	27	d) Besonderheiten bei Nichtigkeit wegen Geschäftsunfähigkeit	79
4. Unklarheitenregel	28	VI. Muster	80
5. Ausschluss der Inhaltskontrolle nach §§ 307 Abs 3 Satz 1, 310 Abs 4 Satz 3 BGB	29, 30		
a) Schranken der Inhaltskontrolle	29		
b) Tarifverträge und Betriebsvereinbarungen	30		

58 Arbeitsvertrag

1 I. Grundlagen des Arbeitsvertragsrechts. 1. Begriff. Der Arbeitsvertrag ist ein Unterfall des Dienstvertrages gem § 611 BGB. Er ist ein privatrechtlicher **gegenseitiger Vertrag,** durch den sich der ArbN zur Leistung von Arbeit unter Leitung und nach Weisung des ArbGeb und der ArbGeb zur Zahlung der vereinbarten Vergütung verpflichtet. Durch Abschluss des Arbeitsvertrages wird ein Arbeitsverhältnis zwischen ArbN und ArbGeb begründet. Die Hauptleistungspflichten stehen im Synallagma, das jedoch zum Schutz des ArbN einige Durchbrechungen erfährt, zB durch die Betriebsrisikolehre, §§ 615, 616 BGB, Entgeltfortzahlung im Krankheitsfall usw.

2 2. Abgrenzung zu anderen Vertragstypen. a) Freier Dienstvertrag. Die Abgrenzung kann in Grenzfällen schwierig sein. Beim Arbeitsvertrag erbringt der Dienstverpflichtete eine abhängige Arbeitsleistung, beim freien Dienstvertrag eine unabhängige Dienstleistung. Entscheidend ist, ob der zur Dienstleistung Verpflichtete als ArbN zu qualifizieren ist. Zur Abgrenzung s *Freie Mitarbeit* Rz 2 ff.

3 b) Werkvertrag. Gegenstand des Werkvertrag ist gem § 631 Abs 1 BGB die Herstellung eines Werkes. Im Unterschied zu Dienst- und Arbeitsverträgen, bei denen nur die Tätigkeit als solche geschuldet wird, wird beim Werkvertrag ein **bestimmtes Arbeitsergebnis** geschuldet. Zu beachten ist, dass der Werkbesteller nach § 645 Abs 1 BGB ein **werkvertragliches Weisungsrecht** besitzt. Dieses ist vom arbeitsvertraglichen Weisungsrecht abzugrenzen. Ist die Weisung gegenständlich auf die zu erbringende Werkleistung beschränkt, spricht dies für einen Werkvertrag. Wird der Gegenstand der Werkleistung jedoch erst durch die Weisungen bestimmt oder werden persönlich bindende Weisungen erteilt, spricht dies für ein Arbeitsverhältnis oder ggf für ArbNÜberlassung (BAG 18.1.12 – 7 AZR 723/10, NZA-RR 12, 455; 6.8.03 – 7 AZR 180/03, NZA 04, 1182). Einzelheiten s *Werkvertrag* Rz 2 ff.

4 c) Gesellschaftsverträge. Sie können Grundlage für Dienstleistungen sein, die die Gesellschafter im Rahmen ihrer Pflicht zur Förderung des Gesellschaftszwecks erbringen müssen, also insbesondere die Personengesellschafter einer GbR, OHG und KG (§ 706 Abs 3 BGB). Daneben sind arbeitsrechtliche Beziehungen denkbar, für die jedoch eine besondere Vereinbarung notwendig ist. S im Einzelnen ErfK/*Preis* § 611 BGB Rz 17 ff.

5 d) Dienstverschaffungsvertrag. Gegenstand eines solchen Vertrages ist nicht die Erbringung einer persönlichen Dienstleistung, sondern die Verpflichtung, dem Vertragspartner die **Dienste einer oder mehrerer Personen zu verschaffen.** Wichtigster Anwendungsfall ist der ArbNÜberlassungsvertrag (s *Arbeitnehmerüberlassung/Zeitarbeit* Rz 8).

6 3. Arbeitsvertragsgesetz. Art 30 EV fordert vom gesamtdeutschen Gesetzgeber, unverzüglich das Arbeitsvertragsrecht einheitlich zu kodifizieren. Diese Forderung ist bisher nicht eingelöst. Am 23.6.95 wurde der sächsische Entwurf eines Arbeitsvertragsgesetzes im Bundesrat eingebracht (BR-Drs 293/95). Das Land Bbg reichte am 12.9.96 den Entwurf eines Gesetzes zu Bereinigung des Arbeitsrechtes ein, der unter Art 1 einen Arbeitsvertragsgesetzentwurf enthält (BR-Drs 671/96). Beide Gesetzentwürfe wurden bislang nicht weiterverfolgt. Henssler und Preis haben im Jahr 2009 im Auftrag der Bertelsmann-Stiftung einen Gesetzesentwurf erarbeitet. Dieser hat bislang jedoch noch nicht zu einer Gesetzesvorlage geführt.

7 II. Abschluss des Arbeitsvertrages. 1. Vertragsschluss. Der Arbeitsvertrag wird nach dem Grundsatz der Vertragsfreiheit begründet (§ 105 GewO). ArbGeb und ArbN sind in ihrer Entscheidung frei, ob und mit wem sie ein Vertragsverhältnis eingehen wollen. Für den Abschluss des Arbeitsvertrages gelten die Regeln der allgemeinen Rechtsgeschäftslehre. Der Arbeitsvertrag wird nach Maßgabe der §§ 145 ff BGB durch Antrag und Annahme geschlossen (zum Vertragsabschluss im Internet vgl *Mehrings* MMR 98, 30; in der Erteilung eines Rufs auf eine Professur ist noch kein Angebot auf den Abschluss eines konkreten Arbeitsvertrages zu sehen, BAG 9.7.97 – 7 AZR 424/96, NZA 98, 752). Sowohl ArbGeb wie ArbN können sich bei Vertragsschluss durch Stellvertreter vertreten lassen (§§ 164 ff BGB). Bei Vertragsabschluss muss Einvernehmen über die Vertragsparteien, die **Art** und den **Beginn** der vom ArbN geschuldeten **Arbeitsleistung** bestehen. Eine Einigung über weitere Inhalte ist nicht erforderlich. Ist die Dauer der **Arbeitszeit** nicht festgelegt, so ergibt sie sich im Regelfall aus der im Betrieb geltenden Arbeitszeitregelung.

Fehlt eine eindeutige vertragliche Vereinbarung, muss der Inhalt des Arbeitsvertrages im Wege der rechtsgeschäftlichen Auslegung (§§ 154, 242 BGB) ermittelt werden. Dies gilt

Arbeitsvertrag 58

auch für die **Dauer** des Arbeitsverhältnisses, wobei im Zweifel davon auszugehen ist, dass das Arbeitsverhältnis auf unbestimmte Zeit geschlossen werden sollte. Fehlen Angaben über die Höhe der vom ArbGeb zu leistenden **Vergütung** und sind diese auch nicht in Tarifverträgen oder Betriebsvereinbarungen, die auf den ArbN anzuwenden sind, enthalten, gilt die übliche Vergütung als vereinbart (§ 612 Abs 2 BGB). Ein Arbeitsvertrag kann danach auch ohne Einigung über die Arbeitszeit, Dauer und Vergütung durch bloße **Tätigkeitsaufnahme** des ArbN im Betrieb des ArbGeb zustande kommen, wenn die zum Vertragsabschluss berechtigten Personen des ArbGeb oder dieser selbst die Tätigkeitsaufnahme gekannt und zumindest geduldet haben, dass die Arbeitsleistung von anderen nicht vertretungsberechtigten Mitarbeitern entgegengenommen wird (BAG 30.1.91, NZA 92, 19).

2. Parteien des Arbeitsvertrages sind auf der einen Seite der ArbN, auf der anderen Seite der ArbGeb. Auf ArbNSeite kann Partei nur eine natürliche Person oder bei Gruppenarbeitsverhältnissen eine Personengesamtheit sein. Auf ArbGebSeite kann Partei des Arbeitsvertrages jede natürliche oder juristische Person des öffentlichen oder privaten Rechts sowie jede Personengesellschaft sein (s *Arbeitgeber* Rz 7 ff). **8**

3. Geschäftsfähigkeit. ArbGeb und ArbN müssen bei Abschluss des Arbeitsvertrages geschäftsfähig sein. Ein Vertragsabschluss ist auch mit und zwischen Geschäftsunfähigen und/oder Minderjährigen möglich, sofern diese gesetzlich vertreten sind. **9**

a) Geschäftsunfähig ist, wer sich in einem die freie Willensbestimmung ausschließenden Zustande krankhafter Störung der Geistestätigkeit befindet, sofern nicht der Zustand seiner Natur nach ein vorübergehender ist (§ 104 Nr 2 BGB). Die **Willenserklärung** eines Geschäftsunfähigen ist **nichtig** (§ 105 Abs 1 BGB). Für ihn kann nur ein gesetzlicher Vertreter handeln. Dem Geschäftsunfähigen gegenüber abgegebene Willenserklärungen werden erst wirksam, wenn sie dem gesetzlichen Vertreter zugehen (§ 131 BGB). Nichtigkeit der Willenserklärung liegt auch bei einer **vorübergehenden Störung der Geistestätigkeit** und bei **Bewusstlosigkeit** vor (§ 105 Abs 2 BGB). Sie setzen einen Zustand voraus, in dem die freie Willensbildung nicht nur geschwächt und gemindert, sondern völlig ausgeschlossen ist. Hochgradige alkoholbedingte Störung reicht nicht ohne weiteres aus (BAG 14.2.96, NZA 96, 811), ebenso starker Stress iVm einem hohen Motivationsdruck (LAG Köln 13.11.98 – 11 Sa 25/98, NZA-RR 99, 233). Wer sich auf seine eigene Geschäftsunfähigkeit (BAG 17.2.94, DB 94, 1626) oder die seines Arbeitsvertragspartners beruft, hat ihre Voraussetzungen darzulegen und zu beweisen. Hinsichtlich der **Rechtsfolgen** gebietet es der Schutzzweck der §§ 104 ff BGB, danach zu differenzieren, ob der ArbN oder der ArbGeb nicht voll geschäftsfähig ist.

aa) Hat ein **geschäftsunfähiger Arbeitgeber** einen Arbeitsvertrag geschlossen, so ist dieser schlechthin nichtig. Dies gilt auch dann, wenn das Arbeitsverhältnis durch Dienstaufnahme des ArbN in Vollzug gesetzt worden ist. Den geschäftsunfähigen ArbGeb kann keine Lohnzahlungspflicht treffen. Der ArbN ist vielmehr auf außervertragliche Ansprüche, also zumeist auf solche aus ungerechtfertigter Bereicherung (§ 812 BGB) oder unerlaubter Handlung (§§ 823 ff BGB) angewiesen (*Schaub* § 35 III 4; MünchArbR/*Richardi* § 44 Rz 70). Regelmäßig wird zu prüfen sein, ob der gesetzliche Vertreter oder Betreuer des ArbGeb nicht durch die Duldung der Beschäftigung des ArbN die Zustimmung zu dem Vertrag gegeben hat. Schließt ein geschäftsunfähiger GmbH-Geschäftsführer einen Arbeitsvertrag, kann es der GmbH unter dem Gesichtspunkt der Rechtsscheinhaftung versagt sein, sich auf die Nichtigkeit der von ihrem Geschäftsführer abgegebenen Willenserklärung zu berufen. Dies ist der Fall, wenn die Unfähigkeit, die Gesellschaft rechtsgeschäftlich zu verpflichten, bei Beobachtung der im Verkehr erforderlichen Sorgfalt erkennbar gewesen und die Gesellschaft gleichwohl untätig gewesen ist (BGH 1.7.91, DB 91, 1823). **10**

bb) Geschäftsunfähige Arbeitnehmer können einen Arbeitsvertrag nur durch ihren gesetzlichen Vertreter schließen. Treten sie tatsächlich in Dienst oder Arbeit, so sind ihre Lohnansprüche nach den Grundsätzen des faktischen Arbeitsverhältnisses abzuwickeln (*s Faktisches Arbeitsverhältnis* Rz 4). Dem ArbN ist für die Zeit der Beschäftigung das Arbeitsentgelt zu zahlen, das nach dem nichtigen Vertrag zu zahlen wäre. Ihm stehen insoweit alle Rechte aus dem Arbeitsvertrag zu, dagegen treffen ihn nicht die Pflichten, weil er sich wegen des Mangels der Geschäftsfähigkeit nicht wirksam verpflichten konnte (MünchArbR/*Richardi* § 44 Rz 70). Von der Geschäftsfähigkeit sind der Zustand der Bewusstlosigkeit und die **11**

58 Arbeitsvertrag

vorübergehende Störung der Geistestätigkeit, die ebenfalls zur Nichtigkeit abgegebener Willenserklärungen führen (§ 105 Abs 2 BGB), sowie die Betreuungsbedürftigkeit zu unterscheiden.

12 **b) Minderjährige,** also Personen, die das 7. Lebensjahr vollendet und das 18. Lebensjahr noch nicht vollendet haben, sind **beschränkt geschäftsfähig;** sie bedürfen zum Abschluss und zur Beendigung eines Arbeitsvertrages der Zustimmung ihres gesetzlichen Vertreters (§§ 106, 107 BGB). Ausführlich s *Minderjährige* Rz 10 ff, 27 ff.

13 **4. Form des Arbeitsvertrages. a) Grundsatz der Formfreiheit.** Für den Abschluss des Arbeitsvertrages besteht Formfreiheit (§ 105 GewO), dh Arbeitsverträge können wirksam mündlich, schriftlich, ausdrücklich oder durch schlüssiges Verhalten abgeschlossen werden. Für den befristeten Arbeitsvertrag gilt eine Ausnahme insoweit, als die darin enthaltene **Befristungsabrede** der **Schriftform** bedarf (§ 14 Abs 4 TzBfG). Nur der schriftliche Arbeitsvertrag entbindet unter bestimmten Voraussetzungen von der gem § 2 Abs 4 NachwG bestehenden Verpflichtung des ArbGeb, die wesentlichen Vertragsbedingungen spätestens einen Monat nach dem vereinbarten Beginn des Arbeitsverhältnisses schriftlich niederzulegen, die Niederschrift zu unterzeichnen und dem ArbN auszuhändigen (Näheres s Rz 44 ff).

14 **b) Ausnahmen von der Formfreiheit.** Einzelne gesetzliche Formvorschriften finden sich in § 11 BBiG (Ausbildungsvertrag) und in § 11 AÜG (Leiharbeitsvertrag). Ist **durch Gesetz, Tarifvertrag** oder **Betriebsvereinbarung** Schriftform vorgeschrieben, so müssen die Arbeitsvertragsbedingungen, für die der Formzwang gilt, in einer Urkunde niedergelegt werden (§ 126b BGB); mehrere Seiten sind zu einer Urkunde zusammenzufassen (BAG 11.11.86, NZA 87, 449). Beide Vertragsparteien haben die Urkunde eigenhändig durch Namensunterschrift zu unterzeichnen (§ 126 BGB). Haben die Parteien für eine Willenserklärung oder einen Vertrag **Schriftform vereinbart** (gewillkürte Schriftform), können sie die an die Wahrung der Form zu stellenden Anforderungen frei bestimmen. Treffen sie hierüber keine Regelung und ergibt auch die Auslegung (§§ 133, 157 BGB) keine Anhaltspunkte, greift § 127 BGB, wonach im Zweifel die Vorschriften über die gesetzliche Schriftform anzuwenden sind.

15 Die Nichteinhaltung einer gesetzlichen Formvorschrift (hierunter fallen auch Formvorschriften in Tarifverträgen oder Betriebsvereinbarungen) führt zur **Nichtigkeit** des Arbeitsvertrages (§ 125 Satz 1 BGB), es sei denn es handelt sich lediglich um eine deklaratorische Formvorschrift, wie zB § 11 BBiG (BAG 21.8.97, NZA 98, 37). Nichtigkeit gilt im Zweifel auch für die **durch Rechtsgeschäft bestimmte schriftliche Form** (§ 125 Satz 2 BGB). **Ausnahmen** sind nur **zulässig,** wenn es nach den Beziehungen der Parteien und den gesamten Umständen **mit Treu und Glauben** unvereinbar wäre, das Rechtsgeschäft am Formmangel scheitern zu lassen; das Ergebnis muss für die betroffene Partei nicht bloß hart, sondern schlechthin untragbar sein (ausführlich ErfK/*Preis* §§ 125–127 BGB Rz 49 ff; BGH 10.10.86, DB 87, 377, 379).

16 Der Formmangel kann uU schon dann zurücktreten, wenn die Parteien den Vertrag längere Zeit als gültig behandelt haben und der andere Teil daraus erhebliche Vorteile gezogen hat (BAG 5.8.69, DB 69, 1995, 1996). Das Festhalten an einem formnichtig geschlossenen Arbeitsvertrag kommt auch in Betracht, wenn die den Formmangel einwendende Partei den formgerechten Abschluss verhindert hat oder sich durch die Geltendmachung mit ihrem Verhalten gröblich in Widerspruch setzt, der Formmangel auf der Verletzung der einem Teil obliegenden Fürsorgepflicht beruht und die Rückgängigmachung des Geschäftes für den anderen Existenz gefährdend wäre (BGH 10.10.86, DB 87, 377, 379). Ist das der Fall, ist das Rechtsgeschäft nach Treu und Glauben (§ 242 BGB) als gültig zu behandeln. Es besteht ein Erfüllungsanspruch (BAG 9.12.81, DB 82, 1417).

17 **5. Entstehen von Arbeitsverhältnissen aufgrund gesetzlicher Regelungen.** Ein Arbeitsverhältnis kann ausnahmsweise auch ganz oder teilweise aufgrund gesetzlicher Regelungen entstehen (zB § 625 BGB, § 24 BBiG, § 15 Abs 5 TzBfG, § 78a Abs 2 BetrVG, § 10 Abs 1 AÜG). Im Falle eines Betriebsübergangs gem § 613a BGB tritt der Betriebserwerber kraft Gesetzes in das bestehende Arbeitsverhältnis ein, wenn der ArbN nicht von seinem Widerspruchsrecht Gebrauch macht. Beim Tod des ArbGeb geht das Arbeitsverhältnis im Wege der Universalsukzession gem § 1922 Abs 1 BGB auf dessen Erben über. Mit In-Kraft-Treten des Gesetzes zur Änderung des Landwirtschaftsanpassungsgesetzes und anderer Geset-

ze vom 3.7.91 (BGBl I 91, 1410) am 7.7.91 sind die bestehenden Genossenschaftsverhältnisse nach dem Gesetz über die landwirtschaftlichen Produktionsgenossenschaften vom 2.7.82 (GBl DDR I S 443) kraft Gesetzes mit ex-nunc-Wirkung in Mitgliedschaftsverhältnisse nach dem LPG-Gesetz nF und daneben stehende Arbeitsverhältnisse aufgespalten worden (BAG 16.2.95 – 8 AZR 714/93, NZA 95, 881). Zur Fiktion eines Arbeitsverhältnisses für das SozVRecht s *Scheinselbstständigkeit* Rz 10.

6. Aufklärungspflichten bei Abschluss des Arbeitsvertrages. Die Aufklärungspflicht 18 des ArbGeb kann auf der Fürsorgepflicht, einem vorvertraglichen Vertrauensverhältnis oder auf spezialgesetzlicher Informationspflicht beruhen. IdR besteht eine Aufklärungspflicht nur bei Vorliegen **besonderer Umstände,** die bei überlegener Sachkunde, Sonderwissen des ArbGeb (zB bevorstehende Betriebsstilllegung, Mobbinggefahr) gegeben sein können (*Kursawe* NZA 97, 245). Als Rechtsfolge der Verletzung von Aufklärungspflichten kommen neben der Anfechtung Schadensersatzansprüche in Betracht (§ 311 Abs 2 BGB iV §§ 241 Abs 2, 280 Abs 1 BGB).

7. Abschluss- und Beschäftigungsverbote können dem wirksamen Vertragsabschluss 19 entgegenstehen. **Gesetzliche Beschäftigungsverbote** bestehen für Kinder und Jugendliche (§§ 2, 5, 7 JArbSchG). Gegenteilige Arbeitsverträge sind nichtig. Im Übrigen führen Beschäftigungsverbote (zB für werdende Mütter) nicht zur Nichtigkeit des Arbeitsvertrages. **Kollektive Abschlussverbote** enthalten die so genannten Besetzungsregeln in der Druckindustrie, bei denen die Besetzung eines Arbeitsplatzes von einer bestimmten Ausbildung abhängig gemacht wird (zur Verfassungsgemäßheit solcher Regelungen s BAG 26.4.90 – 1 ABR 84/87, NZA 90, 850). **Vertragliche Abschlussverbote** stehen dem Recht des ArbN, ein weiteres Arbeitsverhältnis einzugehen, nicht entgegen. So berührt die Vereinbarung von Wettbewerbsverboten nicht die Wirksamkeit des dennoch abgeschlossenen Arbeitsvertrages. Der ArbGeb kann den ArbN jedoch auf Unterlassung in Anspruch nehmen (s *Wettbewerbsverbot* Rz 42).

III. Vertragsgestaltung. 1. Grundsatz der Privatautonomie und seine Schranken. 20 Der Inhalt des Arbeitsvertrages kann von den Vertragspartnern nach den Prinzipien der Privatautonomie (§§ 241 Abs 1, 311 Abs 1 BGB, 105 GewO) frei gestaltet werden. Im Arbeitsrecht werden der Vertragsgestaltung jedoch durch zahlreiche zwingende gesetzliche Bestimmungen (zB §§ 138, 612a, 826 BGB, 7 Abs 2 AGG) und Kollektivverträge (§ 4 Abs 1 TVG, § 77 Abs 4 BetrVG) Grenzen gesetzt. In der betrieblichen Praxis überwiegt der vom ArbGeb vorgegebene vorformulierte Arbeitsvertrag. Bei ihm ist die **Inhaltskontrolle** nach Maßgabe der §§ 305 ff BGB vorzunehmen. Hiervon zu unterscheiden ist die **Billigkeitskontrolle** gem § 315 BGB. Sie kommt dann zur Anwendung, wenn durch Vertrag oder Tarifvertrag ein wirksam eingeräumtes einseitiges Bestimmungsrecht vorliegt. Ob dies der Fall ist, beurteilt sich nach §§ 307 ff BGB (BAG 25.4.07 – 5 AZR 627/06, NZA 07, 853; 12.1.05 – 5 AZR 364/05, NZA 05, 465). Besondere Bedeutung hat die einseitige Leistungsbestimmung bei der Festsetzung von Entgeltbestandteilen, zB Gewinnbeteiligungen (BAG 28.11.89 – 3 AZR 118/88, DB 90, 1095), Sondervergütungen (BAG 21.12.70 – 3 AZR 510/69, DB 71, 727), Prämien (BAG 9.6.65 – 1 AZR 388/64, DB 65, 1217). Weitere Bsp bei ErfK/*Preis*, §§ 305–310 BGB Rz 91 f.

Überlassen die Parteien die Leistungsbestimmung einem Dritten, zB einer von BRat und ArbGeb paritätisch besetzten Kommission, hat dieser die Leistungsbestimmung nach billigem Ermessen vorzunehmen. Gegenüber den Parteien ist sie nur dann unverbindlich, wenn sie offenbar unbillig ist (§ 319 BGB). Dies ist der Fall, wenn sie in grober Weise gegen Treu und Glauben verstößt und sich dies bei sachkundiger Prüfung sofort aufdrängt (BAG 17.4.96 – 10 AZR 558/95, NZA 97, 55).

2. Vertragsauslegung und -ergänzung. Die **Vertragsauslegung** richtet sich nach den 21 Grundsätzen der §§ 133, 157 BGB. Bei vom ArbGeb vorformulierten Arbeitsverträgen sind die §§ 305 ff BGB zu beachten. Eine **ergänzende Vertragsauslegung** ist nach der Rspr dann vorzunehmen, wenn die Parteien zu einer bestimmten regelungsbedürftigen Frage keine Vereinbarung getroffen haben oder wenn sich durch Umstände, die bei Vertragsabschluss nicht erkennbar waren, bei der späteren Entwicklung der Rechtsbeziehungen eine **regelungsbedürftige Vertragslücke** entsteht (BAG 22.1.97 – 5 AZR 658/95, NZA 97, 711). Ist ein Bedürfnis für eine Vertragsergänzung zu bejahen, ist die Lücke unter Berück-

58 Arbeitsvertrag

sichtigung des hypothetischen Parteiwillens zu schließen. Zu prüfen ist, was die Parteien bei einer angemessenen Abwägung der wechselseitigen Interessen nach Treu und Glauben als redliche Vertragsparteien vereinbart hätten, wenn sie den nicht geregelten Sachverhalt bedacht hätten (BAG 26.6.96 – 7 AZR 674/95, NZA 97, 200). Bei vom ArbGeb vorformulierten Arbeitsverträgen kann im Verwenderinteresse das Instrument der ergänzenden Vertragsauslegung idR nicht angewendet werden.

22   **3. Änderungsverträge.** Bei Änderungsangeboten von Seiten des ArbGeb, die sich zugunsten des ArbN auswirken, zB Zusage von Gehaltserhöhungen und sonstigen Sonderleistungen ist nach der Verkehrssitte eine ausdrückliche Annahmeerklärung des ArbN nicht erforderlich (§ 151 BGB). Anders ist die Rechtslage jedoch bei Änderungsangeboten des ArbGeb zu beurteilen, durch die zum Nachteil des ArbN der Vertrag geändert werden soll. Das bloße Schweigen des ArbN auf das Änderungsangebot kann ausnahmsweise nur dann als Zustimmung bewertet werden, wenn sich die Vertragsänderung unmittelbar im Arbeitsverhältnis auswirkt und der ArbN deshalb unmittelbar feststellen kann, welche Folgen das Änderungsangebot für ihn hat. Solange die Folgen hingegen nicht hervortreten, kann eine stillschweigende Annahmeerklärung idR nicht angenommen werden (BAG 24.11.04 – 10 AZR 202/04, NZA 05, 349). Besonderheiten gelten bei Ausspruch einer Änderungskündigung; s hierzu *Kündigung, allgemein* Rz 5.

23   **IV. Inhaltskontrolle vorformulierter Arbeitsverträge. 1. Schuldrechtsreform.** Seit Inkrafttreten des Schuldrechtsmodernisierungsgesetzes (BGBl I 01, 3138) am 1.1.02 findet auch im Arbeitsrecht eine Inhaltskontrolle nach dem Standard des AGB-Rechts Anwendung. Die Bereichsausnahme des § 23 Abs 1 AGB wurde beseitigt. Seit 1.1.03 finden die §§ 305 ff BGB auch auf Altverträge Anwendung (Art 229 EGBGB). Eine nach §§ 305 ff BGB unwirksame Klausel fällt bei Altverträgen jedoch nicht ersatzlos weg, da dies auf eine echte Rückwirkung hinauslaufen würde. Es bedarf vielmehr einer verfassungskonformen Auslegung und Anwendung der Klausel. Ist diese nur deshalb unwirksam, weil sie in formeller Hinsicht nicht den neuen Anforderungen genügt, bedarf es zur Schließung der entstandenen Lücke der ergänzenden Vertragsauslegung. Zu Fragen ist, was die Parteien vereinbart hätten, wenn ihnen die gesetzlich angeordnete Unwirksamkeit der Klausel bekannt gewesen wäre (BAG 12.1.05 – 5 AZR 364/04, NZA 05, 465).

24   **2. Voraussetzungen einer Inhaltskontrolle. a) Allgemeine Geschäftsbedingungen.** Nach § 305 Abs 1 BGB sind **Allgemeine Geschäftsbedingungen** alle für eine Vielzahl von Verträgen vorformulierte Vertragsbedingungen, die eine Vertragspartei (Verwender) der anderen Vertragspartei bei Vertragsabschluss stellt. Aus dem Inhalt und der äußeren Gestaltung der in einem Vertrag verwendeten Bedingungen kann sich ein vom Verwender zu widerlegender Anschein dafür ergeben. Das kann zB der Fall sein, wenn der Vertrag zahlreiche formalhafte Klauseln enthält und nicht auf die individuelle Vertragssituation abgestimmt ist (BAG 1.3.06 – 5 AZR 363/05, NZA 06, 746). Auch eine mündliche oder durch betriebliche Übung begründete Vertragsbedingung, die der ArbGeb für eine Vielzahl von Arbeitsverhältnissen verwendet, ist eine AGB (BAG 16.5.12 – 5 AZR 331/11, NZA 12, 908). Da der ArbN **Verbraucher** ist (BAG 25.5.05 – 5 AZR 572/04, NZA 05, 1112), findet auf Arbeitsverträge auch § 310 Abs 3 BGB Anwendung. Die Vorschriften über die Inhaltskontrolle greifen deshalb auch dann ein, wenn die vorformulierten Vertragsbedingungen nur zur **einmaligen Verwendung** bestimmt sind und soweit der ArbN aufgrund der Vorformulierung auf ihren Inhalt keinen Einfluss nehmen konnte (BAG 18.3.08 – 9 AZR 186/07, NZA 08, 1004). Das Merkmal des Einflussnehmens in § 310 Abs 3 Nr 2 BGB entspricht dem Aushandeln in § 305 Abs 1 Nr 3 BGB. Ein **Aushandeln** liegt nur dann vor, wenn der Verwender die betreffende Klausel ernsthaft zur Disposition stellt und dem Verhandlungspartner Gestaltungsfreiheit zur Wahrung eigener Interessen einräumt mit der realen Möglichkeit, die inhaltliche Ausgestaltung der Vertragsbedingungen zu beeinflussen. In aller Regel schlägt sich die Bereitschaft zum Aushandeln in Änderungen des vorformulierten Textes nieder. Ein Vertrag kann jedoch auch dann als das Ergebnis eines Aushandelns gewertet werden, wenn es nach gründlicher Erörterung bei dem vorformulierten Text bleibt, weil der Betroffene nunmehr von der sachlichen Notwendigkeit überzeugt ist. Das setzt aber voraus, dass sich der Verwender deutlich und ernsthaft zu gewünschten Änderungen der zu treffenden Vereinbarung bereit erklärt. Ist die Einflussnahme streitig, muss der Verwender nach den

Arbeitsvertrag 58

Grundsätzen der abgestuften Darlegungslast den Vortrag des ArbN, er habe keine Einflussmöglichkeit gehabt, qualifiziert bestreiten, indem er konkret darlegt, wie er Klauseln zur Disposition gestellt hat und aus welchen Gründen geschlossen werden kann, der ArbN habe die Klauseln freiwillig akzeptiert (BAG 19.5.10 – 5 AZR 253/09, NZA 10, 939; 27.7.05 – 7 AZR 486/04, NZA 06, 40).

Individuelle Vertragsabreden haben gem § 305b BGB stets Vorrang vor AGB. Dieses Prinzip setzt sich auch gegenüber doppelten Schirftformklauseln durch (BAG 30.5.08 – 9 AZR 382/07, NZA 08, 1233). Es darf nicht durch die Anwendung anderer Rechtsinstitute umgangen werden (*Thüsing* BB 02, 2666; ErfK/*Preis* §§ 305–310 BGB Rz 24).

b) Einbeziehung. Auf den **Vertragsschluss zwischen den Arbeitsvertragsparteien** 25 findet § 305 Abs 2, Abs 3 BGB keine Anwendung (§ 310 Abs 4 Satz 2 Hs 2 BGB). Der Gesetzgeber hielt die Nachweispflicht gem § 2 NachwG für ausreichend. Die Einbeziehung richtet sich deshalb nach den allgemeinen Grundsätzen des Vertragsrechts.

c) Keine Inhaltskontrolle zugunsten des Verwenders. Nach § 310 Abs 3 Nr 1 BGB 26 gelten AGB als vom Unternehmen gestellt. Dies hat zur Folge, dass sich der Unternehmer nicht zu seinen Gunsten auf die Unwirksamkeit einzelner Bestimmungen in den Arbeitsvertragsregelungen berufen kann (BAG 22.7.10 – 6 AZR 847/07, NZA 11, 634, 21.10.09 – 10 AZR 786/08, NZA 10, 528).

3. Ausschluss überraschender Klauseln. Das Verbot überraschender Klauseln (§ 305c 27 Abs 1 BGB) war bereits bislang im Arbeitsrecht anerkannt (BAG 13.12.2000 – 10 AZR 168/00, NZA 01, 723). Überraschend ist eine Klausel, wenn sie objektiv ungewöhnlich ist und der Vertragspartner mit ihr nicht rechnet oder von seinen Vorstellungen deutlich abweicht. Dabei sind der Grad der Abweichung vom dispositiven Gesetzesrecht und die für den Geschäftskreis übliche Gestaltung einerseits, der Gang und der Inhalt der Vertragsverhandlungen sowie der äußere Zuschnitt des Vertrages andererseits in die rechtliche Bewertung einzubeziehen (BAG 16.5.12 – 5 AZR 331/11, NZA 12, 908; 16.4.08 – 7 AZR 132/07, NZA 08, 876). Als überraschende Klausel hat das BAG **versteckte,** drucktechnisch nicht hervorgehobene **Ausschlussfristen** angesehen (31.8.05), überraschende Ausgleichsquittungen (BAG 23.2.05 – 4 AZR 139/04, NZA 05, 1193) und drucktechnisch nicht hervorgehobene Befristungsabreden (16.4.08).

Verweisungsklauseln sind idR nicht überraschend (BAG 24.9.08 – 6 AZR 76/07, NZA 09, 154), es sei denn, die Klausel ist intransparent oder im Vertrag versteckt. Anders kann die Rechtslage zu beurteilen sein, wenn einzelvertraglich auf einen branchen- oder ortsfremden Tarifvertrag (*Thüsing/Lambrich* NZA 02, 1361; ErfK/*Preis* §§ 305–310 BGB Rz 30) verwiesen wird, ebenso bei Verweisungen auf tarifliche Ausschlussklauseln in Arbeitsverträgen, die nach dem 1.1.02 abgeschlossen wurden (BAG 14.12.05 – 4 AZR 536/04, NZA 06, 607).

4. Unklarheitenregelung. Auslegung geht der Inhaltskontrolle voraus. Im Wege einer 28 objektiven Auslegung ist der Kontrollgegenstand zu ermitteln. Klauseln sind nach ihrem objektiven Inhalt und typischen Sinn so auszulegen, wie sie von einem verständigen und redlichen Vertragspartner unter Abwägung der Interessen der normalerweise im Rechtsverkehr Beteiligten zu verstehen sind, wobei die Verständnismöglichkeiten des durchschnittlichen Vertragspartners zugrunde zu legen sind. Zu berücksichtigen ist auch der typische und von den redlichen Geschäftspartnern verfolgte Regelungszweck (BAG 26.9.12 – 10 AZR 412/11, BeckRS 2012, 75782; 8.12.10 – 10 AZR 671/09, NZA 11, 628). Führt die objektive Auslegung zu keinem eindeutigen, sondern zu einem **mehrdeutigen Ergebnis,** greift die Unklarheitenregelung des § 305c Abs 2 BGB. Zweifel gehen zu Lasten des Verwenders (BAG 18.3.08 – 9 AZR 186/07, NZA 08, 1004; 25.5.05 – 5 AZR 572/04, NZA 05, 1111). § 305c Abs 2 BGB kommt nur dann zur Anwendung, wenn die Auslegung einer einzelnen Klausel mindestens zwei Ergebnisse als vertretbar erscheinen lässt, und keines den klaren Vorzug verdient. Die entfernte Möglichkeit, zu einem anderen Ergebnis zu kommen, genügt nicht (BAG 20.2.13 – 10 AZR 177/12, NZA 13, 1015). Widersprechen sich hingegen mehrere Klauseln inhaltlich, ist § 305c Abs 2 BGB unanwendbar und das Transparenzgebot des § 307 Abs 1 Satz 2 BGB greift ein (BAG 21.1.10 – 10 AZR 914/08, NZA 2010, 445). Soweit die Unwirksamkeit der Klausel die Rechtsstellung des ArbN verbessern würde, ist die Unklarheitenregelung auch im Individualprozess zunächst umgekehrt anzuwenden, dh es ist zu prüfen, ob die Klausel bei scheinbar kundenunfreundlichster Auslegung

58 Arbeitsvertrag

wegen Verstoßes gegen ein Klauselverbot unwirksam ist (BAG 18.3.08). Bedeutung hat die Unklarheitenregelung insbesondere bei Bezugnahmeklauseln. Ist die Tragweite der Verweisung auf Tarifnormen nicht eindeutig, geht dies zu Lasten des Verwenders (BAG 17.1.06 – 9 AZR 41/05, NZA 06, 923; 9.11.05 – 9 AZR 41/05, NZA 06, 202).

29 **5. Ausschluss der Inhaltskontrolle nach §§ 307 Abs 2 Satz 1, 310 Abs 4 Satz 3 BGB. a) Schranken der Inhaltskontrolle.** Nach § 307 Abs 3 Satz 1 BGB unterliegen Bestimmungen in AGB nur der uneingeschränkten Inhaltskontrolle, wenn durch sie von Rechtsvorschriften abgewichen wird. Klauseln, die lediglich den Gesetzeswortlaut wiederholen, sog **deklaratorische Klauseln, unterliegen** deshalb **nicht der Inhaltskontrolle**, weil anstelle der unwirksamen Klausel ohnehin die gesetzliche Regelung träte. Nicht kontrollfähig sind Klauseln, die den Umfang der von den Parteien geschuldeten Vertragsleistung festlegen; im Arbeitsrecht sind dies vor allem die Arbeitsleistung und das Arbeitsentgelt (BAG 17.10.12 – 5 AZR 792/11, NZA 13, 266; 16.5.12 – 5 AZR 331/11, NZA 12, 908). Es ist nicht **Aufgabe der Arbeitsgerichte**, über §§ 305 ff BGB den „**gerechten Preis**" **zu ermitteln.** § 307 Abs 3 Satz 1 BGB steht einer Kontrolle der Hauptleistungspflichten jedoch nicht entgegen, wenn diese durch Rechtsvorschriften bestimmt werden (BAG 31.8.05 – 5 AZR 545/04, NZA 06, 324). Die Transparenz der Regelung (§ 307 Abs 3 Satz 2 BGB) und die Ausübung des Direktionsrechts sind in diesem Fall kontrollfähig. Wenn auch Preisvereinbarungen nicht der Inhaltskontrolle unterliegen, sind sog Preisnebenabreden kontrollfähig, die sich zwar mittelbar auf den Preis auswirken, an deren Stelle aber bei Unwirksamkeit eine dispositive gesetzliche Regelung treten kann, zB Befristung einzelner Arbeitsbedingungen, Widerrufs-, Änderungs-, Freiwilligkeitsvorbehalte (ErfK/*Preis* §§ 305–310 BGB Rz 40).

30 **b) Tarifverträge und Betriebsvereinbarungen.** Sie stehen gem § 310 Abs 4 S 3 BGB Rechtsvorschriften iSv § 307 Abs 3 S 1 BGB gleich. § 310 Abs 4 Satz 1 BGB erklärt deshalb die Vorschriften über die Allgemeinen Geschäftsbedingungen für **unanwendbar auf Tarifverträge, Betriebs- und Dienstvereinbarungen.** Für Tarifverträge wird nur die bestehende Rechtslage wiederholt. Sie genießen die Institutsgarantie des Art 9 Abs 3 GG und können nur darauf überprüft werden, ob sie gegen die Verfassung, höherrangiges Recht oder gegen die guten Sitten verstoßen. Auch bei Betriebs- und Dienstvereinbarungen geht der Gesetzgeber davon aus, dass in diesen normsetzenden Bereich nicht durch eine AGB-Kontrolle eingegriffen werden darf. Eine Inhaltskontrolle iS einer Angemessenheitskontrolle findet deshalb nicht statt. Die Rspr nimmt stattdessen jedoch eine Rechtskontrolle über § 75 BetrVG vor, die sich nicht wesentlich von der Angemessenheitskontrolle des § 307 BGB unterscheidet (BAG 18.7.06 – 1 AZR 578/05, NZA 07, 462; *Preis* NZA 10, 361).

Kirchliche Arbeitsvertragsregelungen unterliegen hingegen nach der Rspr des 6. Senats des BAG einer Inhaltskontrolle nach §§ 307 ff BGB. Für die Rechtskontrolle sind die für Tarifverträge anzuwendenden Maßstäbe heranzuziehen, soweit die Arbeitsvertragsregelungen auf dem sog dritten Weg entstehen und von einer paritätisch mit weisungsunabhängigen Mitgliedern besetzten Arbeitsrechtlichen Kommission beschlossen werden (BAG 28.6.12 – 6 AZR 217/11, BeckRS 2012, 72924; 22.7.10 – 6 AZR 847/07, NZA 11, 634). Demgegenüber überprüfen der 3. und 4. Senat des BAG die Änderung der Arbeitsvertragsregelungen durch die paritätisch besetzte Kommission ausschließlich am Maßstab der §§ 317 ff BGB darauf hin, ob die Änderung offenbar unbillig iSv § 319 Abs 1 Satz 1 BGB ist (BAG 19.8.08 – 3 AZR 383/06, NZA 09, 1275; 18.11.09 – 4 AZR 493/08, NZA 10, 599).

31 **6. Berücksichtigung der im Arbeitsrecht geltenden Besonderheiten.** Gem § 310 Abs 4 Satz 2 Hs 1 BGB sind bei der Anwendung der §§ 305–310 BGB die **im Arbeitsrecht geltenden Besonderheiten** angemessen zu berücksichtigen. Die Berücksichtigung der im Arbeitsrecht geltenden Besonderheiten bezieht sich auf den gesamten Abschnitt, also auch auf die Klauselverbote ohne Wertungsmöglichkeit des § 309 BGB (BAG 4.3.04 – 8 AZR 196/03, NZA 04, 727).

32 Unklar ist, was unter den im Arbeitsrecht geltenden Besonderheiten zu verstehen ist. Der bisherigen Diskussion in Rspr und Literatur kann als gesicherte Erkenntnis entnommen werden, dass Besonderheiten des Arbeitsrechts jedenfalls solche rechtlicher Natur sind (BAG 4.3.04; ErfK/*Preis* §§ 305–310 BGB Rz 11). Strittig ist hingegen, ob auch tatsächliche Besonderheiten zu berücksichtigen sind (so BAG 1.3.06 – 5 AZR 363/05, NZA 06, 746;

25.5.05 – 5 AZR 572/04, NZA 05, 1111; ablehnend *Preis* aaO; *Thüsing* NZA 02, 59; *Gotthardt* ZIP 02, 307; *Hromadka* NJW 02, 2523).

7. Inhaltskontrolle nach den §§ 307–309 BGB. a) Besondere Klauselverbote. 33
§ 309 BGB enthält Klauselverbote ohne Wertungsmöglichkeit, § 308 Klauselverbote mit Wertungsmöglichkeit. Die Bestimmungen gehen der allgemeinen Inhaltskontrolle gem § 307 vor. An dem Klauselverbot des § 309 BGB scheiterte bislang in der Rspr des BAG noch keine Vertragsklausel. Entweder lagen Besonderheiten des Arbeitsrechts vor oder die Voraussetzungen der Klauselverbote griffen nicht ein (**Vertragsstrafenregelung:** BAG 23.9.10 – 8 AZR 897/08, NZA 11, 89; 31.8.05 – 8 AZR 65/05, NZA 06, 34; **zweistufige Ausschlussfrist:** BAG 25.5.05 – 5 AZR 511/05, NZA 05, 1111). Bei den Klauselverboten mit Wertungsmöglichkeit hat insbesondere die Bestimmung des § 308 Nr 4 BGB (Unzulässigkeit eines Widerrufsvorbehalts) in der Rspr Bedeutung erlangt (BAG 12.1.05 – 5 AZR 364/04, NZA 05, 465).

b) Unangemessene Benachteiligung. Sind die besonderen Klauselverbote der §§ 308, 34
309 BGB nicht einschlägig, ist zu prüfen, ob eine unangemessene Benachteiligung iSv § 307 BGB vorliegt. Typische Erscheinungen unangemessener Benachteiligungen des Vertragspartners sind in § 307 Abs 2 BGB kodifiziert. Gem Satz 1 ist eine unangemessene Benachteiligung im Zweifel anzunehmen, wenn eine Bestimmung mit wesentlichen Grundgedanken der gesetzlichen Regelung, von der abgewichen wird, nicht zu vereinbaren ist. Von maßgebender Bedeutung ist, ob die geltende Regelung nicht nur auf Zweckmäßigkeitserwägungen beruht, sondern eine Ausprägung des Gerechtigkeitsgebots darstellt. Die Frage, ob eine gegen Treu und Gauben verstoßende unangemessene Benachteiligung des Vertragspartners des Verwenders vorliegt, ist auf der Grundlage einer Abwägung der berechtigten Interessen der Beteiligten zu beantworten. Das Interesse des Verwenders an der Aufrechterhaltung der Klausel ist mit dem Interesse des Vertragspartners an der Ersetzung der Klausel durch das Gesetz abzuwägen (BAG 21.6.11 – 9 AZR 203/10, NZA 11, 1338; 30.7.08 – 10 AZR 606/07, DB 08, 2194). Nach § 307 Abs 2 Nr 2 BGB sind Klauseln unwirksam, die dem Verwender die Möglichkeit geben, die Hauptpflichten des Arbeitsverhältnisses auszuhöhlen, so zB durch Bezugnahme auf ein einseitiges, von ihm jederzeit änderbares Regelwerk (BAG 22.7.10 – 6 AZR 847/07, NZA 11, 634; 11.2.09 – 10 AZR 222/08, NZA 09, 428).

Greifen die Zweifelsregeln des § 307 Abs 2 BGB nicht ein, ist zu prüfen, ob eine Klausel 35 nach § 307 Abs 1 BGB wegen unangemessener Benachteiligung des Vertragspartners unwirksam ist. Dies ist dann der Fall, wenn der Verwender durch einseitige Vertragsgestaltung rechtsmissbräuchlich eigene Interessen auf Kosten des Vertragspartners durchzusetzen versucht, ohne auch dessen Belange hinreichend zu berücksichtigen und ihm einen angemessenen Ausgleich zu schaffen (BAG 10.1.07 – 5 AZR 84/06, NZA 07, 384).

Eine unangemessene Benachteiligung kann sich auch daraus ergeben, dass eine Vertragsbestimmung nicht klar und verständlich ist (§ 307 Abs 1 S 2 BGB). Das **Transparenzgebot** ist Bestandteil der Angemessenheitskontrolle. Es gilt gem § 307 Abs 3 S 2 BGB auch für preisbestimmende, leistungsbeschreibende Vertragsklauseln, damit auch für **vorformulierte einzelvertragliche Vergütungsregelungen.** Bedeutung hat das Transparenzgebot bei Änderungs- und Freiwilligkeitsvorbehalten. Die Klauseln müssen so formuliert sein, dass der ArbN bei Vertragsabschluss erkennen kann, welche Leistungen von der Klausel erfasst sein und unter welchen Voraussetzungen sie entfallen sollen (BAG 12.1.05 – 5 AZR 364/04, NZA 05, 465; 25.4.07 – 5 AZR 627/06, NZA 07, 853).

8. Rechtsfolgen unwirksamer Vertragsbestimmungen. Sind Allgemeine Geschäfts- 36
bedingungen ganz oder teilweise unwirksam, bleibt der Arbeitsvertrag im Übrigen – abweichend von § 139 BGB – wirksam (§ 306 Abs 1 BGB). Die teilweise Aufrechterhaltung einer AGB setzt deren Teilbarkeit voraus. Dies ist mittels einer Streichung des unwirksamen Teils mit einem „blauen Stift" zu ermitteln, sog **blue pencil-Test** (BAG 13.4.10 – 9 AZR 36/09, NZA 11, 64; 6.5.09 – 10 AZR 443/08, NZA 09, 783).

Ist die Bestimmung unwirksam, tritt an ihre Stelle das Gesetz (§ 306 Abs 2 BGB). Ist der Gegenstand der unwirksamen Vereinbarung gesetzlich nicht geregelt, ist zu fragen, ob ein ersatzloser Wegfall der unwirksamen Klausel eine sachgerechte Lösung darstellt. Scheiden beide Möglichkeiten aus, ist nach den Grundsätzen der ergänzenden Vertragsauslegung zu prüfen, ob eine Ersatzregelung gefunden werden kann. Dies kommt jedoch nur dann in

58 Arbeitsvertrag

Frage, wenn sich das Festhalten am Vertrag für den Verwender als unzumutbare Härte iSv § 306 Abs 3 BGB darstellen würde oder wenn eine verfassungskonforme, den Grundsatz der Verhältnismäßigkeit wahrende Auslegung und Anwendung der unwirksamen Vertragsklausel eine **ergänzende Vertragsauslegung** deshalb gebieten, weil die Anwendung der §§ 307 ff BGB hinsichtlich der Anforderungen an wirksame Vertragsformulierungen für Altverträge auf eine echte Rückwirkung hinauslaufen würde (BAG 20.4.11 – 5 AZR 191/10, NZA 11, 796; 19.12.06 – 9 AZR 294/06, NZA 07, 809).

Im Übrigen gilt auch im Arbeitsrecht das **Verbot der geltungserhaltenden Reduktion.** Unzulässig beschränkende Abreden können nicht auf ein zulässiges Maß zurückgeführt werden; sie sind insgesamt unwirksam (BAG 12.1.05 – 5 AZR 364/04, NZA 05, 465).

37 **9. Einzelne Vertragsklauseln.** Die Rspr des BAG zu §§ 305–310 BGB ist äußerst umfangreich. Nachfolgend (in alphabetischer Reihenfolge) einige Hinweise zu wichtigen Arbeitsvertragsklauseln. Im Übrigen wird verwiesen auf die Kommentierungen zu den einzelnen Stichworten und die Übersichten bei ErfK/*Preis* §§ 305–310 BGB Rz 51 ff; *Preis/ Roloff* ZfA 07, 43; *Junker* BB 07, 1274.

38 **Anrechnungsklausel.** Wird in einer AGB eine Zulage unter dem **Vorbehalt der Anrechnung** gewährt, ohne dass die Anrechnungsgründe näher bestimmt sind, führt dies nicht zur Unwirksamkeit nach § 308 Nr 4 BGB. Eine solche Klausel verstößt auch nicht gegen das Transparenzgebot des § 307 Abs 1 Satz 2 BGB (BAG 1.3.06 – 5 AZR 363/05, NZA 06, 746).

Arbeitsleistung. Bei einer Vereinbarung über **Arbeit auf Abruf** kann die einseitig vom ArbGeb abrufbare Arbeit des ArbN bis zu 25 % der vereinbarten wöchentlichen Mindestarbeitszeit betragen. Einer darüber hinausgehende Klausel ist gem § 307 Abs 1 Satz 1 BGB unwirksam (BAG 7.12.05 – 5 AZR 535/04, NZA 06, 423; BVerfG 23.11.06 – 1 BvR 1909/06, NJW 07, 286). Die Vereinbarung einer Durchschnittsarbeitszeit ist idR intransparent (BAG 19.6.12 – 9 AZR 736/10, BeckRS 2012, 75182). Bei einer **Versetzungsklausel** ist durch Auslegung zu ermitteln, ob eine bestimmte Tätigkeit oder ein Tätigkeitsort vertraglich festgelegt sind und welchen Inhalt ein ggf vereinbarter Versetzungsvorbehalt hat (BAG 19.1.11 – 10 AZR 738/09, NZA 11, 631). Eine Klausel, die eine nähere Festlegung hinsichtlich Art und/oder Ort der Tätigkeit enthält bzw die materiell § 106 GewO nachgebildet ist, stellt keine unangemessene Benachteiligung des ArbN nach § 307 Abs 1 Satz 1 BGB dar, noch verstößt sie allein deshalb gegen das Transparenzverbot des § 307 Abs 1 Satz 2 BGB, weil keine konkreten Versetzungsgründe genannt sind (BAG 13.3.07 – 9 AZR 433/06, DB 07, 1985; 11.4.06 – 9 AZR 557/05, NZA 06, 1149). Sie ist auch nicht deshalb intransparent, weil weder ein maximaler Entfernungsradius noch eine angemessene Ankündigungsfrist vereinbart ist (BAG 13.4.10 – 9 AZR 36/09, NZA 11, 64). Eine Klausel, mit der monatlichen Bruttovergütung seien erforderliche **Überstunden** des ArbN mit abgegolten, ist mangels näherer Bestimmung des Umfangs der geschuldeten Arbeitsleistung intransparent und damit unwirksam, §§ 306 Abs 1, 307 Abs 1 Satz 2 BGB (BAG 27.6.12 – 5 AZR 530/11, NZA 12, 1147; 16.5.12 – 5 AZR 331/11, NZA 12, 908; 17.8.11 – 5 AZR 406/10, BeckRS 2011, 77781; 1.9.10 – 5 AZR 517/09, NZA 11, 575).

39 **Ausschlussklauseln.** Eine Vereinbarung in Formulararbeitsverträgen ist **grundsätzlich zulässig.** Eine Verfallklausel unterliegt jedoch der Inhaltskontrolle der §§ 307 bis 309 BGB (BAG 12.3.08 – 10 AZR 152/07, NZA 08, 699; 1.3.06 – 5 AZR 511/05, NZA 06, 783). Eine **Frist** für die erstmalige Geltendmachung **von weniger als drei Monaten** ist **unangemessen kurz** und gem § 307 Abs 1 und Abs 2 BGB unwirksam. Sie fällt bei Aufrechterhaltung des Arbeitsvertrages im Übrigen § 306 Abs 1 und Abs 2 BGB ersatzlos weg (BAG 28.9.05). Auch **zweistufige Ausschlussklauseln** können nach der bisherigen Rspr des 5. Senats in Arbeitsverträgen wirksam vereinbart werden. Für die zweite Stufe ist eine Mindestfrist von drei Monaten erforderlich. Mit Erhebung der Kündigungsschutzklage wird die zweite Stufe einer zweistufigen Ausschlussfrist hinsichtlich solcher Ansprüche gewahrt, deren Schicksal vom Ausgang des Kündigungsrechtsstreits abhängig sind (BAG 19.5.10 – 5 AZR 253/09, NZA 10, 939; 19.3.08 – 5 AZR 429/07, NZA 08, 757). **Einseitige Ausschlussfristen,** die nur für den ArbN zum Anspruchsverlust führen, sind gem § 307 Abs 1 Satz 1 BGB rechtsunwirksam (BAG 31.8.05 – 5 AZR 545/05, DB 06, 1273), ebenso Klauseln, die für den Fristbeginn nicht die **Fälligkeit der Ansprüche** berücksichtigen, sondern allein auf die Beendigung des Arbeitsverhältnisses abstellen (BAG 1.3.06 – 5 AZR 511/05, NZA 06, 783). **Unterbringung an unerwünschter Stelle** kann gem § 305c Abs 1 BGB zur Unwirksamkeit führen (BAG 31.8.05).

40 **Bezugnahmeklauseln.** Einzelarbeitsverträge nehmen oft ganze oder auch teilweise kollektive Regelungen in Bezug und machen sie damit zum Inhalt des Arbeitsvertrages. Aufgrund der Gleichstellung von Tarifverträgen mit Rechtsvorschriften iSv § 307 Abs 3 BGB folgt, dass die §§ 307 Abs 1 und 2, 308, 309 BGB nicht anzuwenden sind. Die **Globalverweisung** nimmt einen ganzen Tarifvertrag in Bezug. Sie ist grds zulässig (BAG 6.12.90 – 6 AZR 268/89, NZA 91, 394). Im Zweifel wurde sie in der Vergangenheit als **dynamische Bezugnahmeklausel** verstanden und bei einem tarifgebundenen ArbGeb als **Gleichstellungsabrede.** Dies hatte zur Folge, dass der ArbN unabhängig

von seiner Tarifgebundenheit an der Tarifentwicklung des in Bezug genommenen Tarifvertrags teilnahm, wie wenn er selbst tarifgebunden gewesen wäre. Nach einem Verbandsaustritt des ArbGeb nahmen der tarifgebundene ArbN wie der ArbN mit einer Gleichstellungsabrede nicht mehr an der Tarifentwicklung teil (BAG 26.9.01 – 4 AZR 544/00, NZA 02, 634). Problematisch sind die dynamischen Bezugnahmeklauseln vor dem Hintergrund des Transparenzgebotes und der Unklarheitenregelung. Das BAG hat in seiner Entscheidung vom 14.12.05 angekündigt, seine Rspr zu Bezugnahmeklauseln, die nach dem 1.1.02 vereinbart wurden, zu ändern (BAG 14.12.05 – 4 AZR 536/04, NZA 06, 965). Diese angekündigte RsprÄnderung hat das BAG mit seiner Entscheidung vom 18.4.07 vollzogen. Endet die Tarifgebundenheit des ArbGeb durch Verbandsaustritt, ist er an danach vereinbarte Veränderungen in dem im Arbeitsvertrag genannten Tarifvertrag gebunden, wenn eine Tarifgebundenheit des ArbGeb nicht in einer für den ArbN erkennbaren Weise zur auflösenden Bedingung der Vereinbarung gemacht worden ist, sog **unbedingte zeitdynamische Verweisung**. Trotz der in der Literatur geäußerten Kritik hat es auch an der Stichtagsregel (1.1.02) festgehalten (BAG 18.11.09 – 4 AZR 514/08, NZA 10, 170; 22.10.08 – 4 AZR 793/07, NZA 09, 323; 18.4.07 – 4 AZR 652/05, NZA 07, 965). Zum Meinungsstand in der Literatur s *Gaul/Naumann* DB 07, 2594; *Preis/Greiner* NZA 07, 1073; *Reinecke* BB 06, 2637; *Simon/Kock/Halbsguth* BB 06, 2354; *Sithard/Ulrich* ZTR 06, 458; *Meinel/Herms* DB 06, 1429; *Bauer/Haußmann* DB 05, 2815; *Lambrich* BB 02, 1267; *Annuß* AuR 02, 361. Eine Entscheidung des EuGH v 18.7.13 wirft die Frage auf, ob an der Rspr des BAG zu dynamischen Bezugnahmeklauseln festgehalten werden kann. Der EuGH hat entschieden, dass die Betriebsübergangsrichtlinie (2001/23/EG) es den Mitgliedsstaaten verwehrt, bei arbeitsvertraglichen Bezugnahmen nach Betriebsübergang genannte Änderungen des Tarifvertrages als gegenüber dem Erwerber durchsetzbar anzusehen, wenn dieser nicht die Möglichkeit hatte, sich an den Verhandlungen zu beteiligen (EuGH 18.7.13 – C-426/11, NZA 13, 835; *Lobinger* NZA 13, 945; *Forst* DB 13, 1847).

Bei einer **Einzelverweisung** kann der in Bezug genommenen Tarifregelung nicht die Angemessenheits- und Richtigkeitsgewähr zukommen wie bei der Globalverweisung. Aus diesem Grund wird eine volle Inhaltskontrolle befürwortet (ErfK/*Preis* §§ 305–310 BGB Rz 16; *Däubler* NZA 01, 1329; *Diehn* NZA 04, 129).

Die **Teilverweisung** macht bestimmte Regelungskomplexe eines Tarifvertrags zum Inhalt des Arbeitsvertrages. Weil die Gefahr besteht, dass der ArbGeb nur auf für ihn günstige Regelungskomplexe verweist, wird in der Literatur teilweise die Auffassung vertreten, dass eine volle Inhaltskontrolle vorzunehmen sei (*Däubler* NZA 01, 1329; *Reinecke* NZA 2000, Beil 3, 23; aA *Diehn* NZA 04, 129). Ist die Tragweite der Verweisung auf Tarifnormen in einem Formulararbeitsvertrag zweifelhaft, geht dies gem § 305c Abs 2 BGB zu Lasten des ArbGeb (BAG 9.11.05 – 5 AZR 128/05, DB 06, 508). Verweist ein Arbeitsvertrag für den Urlaub auf die Geltung tariflicher Regelungen, so ist dies regelmäßig als Bezugnahme auf den gesamten Regelungskomplex „Urlaub", einschließlich auf ein zusätzliches tarifliches Urlaubsgeld zu verstehen (BAG 17.1.06 – 9 AZR 41/05, NZA 06, 923).

Rückzahlungsklauseln (Ausbildungs-, Fortbildungskosten). Es ist grds zulässig, in AGB die Rückzahlung von Fortbildungskosten zu vereinbaren. Solche Klauseln sind jedoch gem § 307 Abs 1 BGB unwirksam, wenn die Rückzahlungspflicht ohne Rücksicht auf den Beendigungsgrund gelten soll. Rückzahlungsklauseln benachteiligen den ArbN unangemessen, wenn der Grund für die Beendigung des Arbeitsverhältnisses allein in der Verantwortungs- oder Risikosphäre des ArbGeb liegt. Eine Klausel, die die Rückzahlungspflichten davon abhängig macht, ob der ArbN vor dem Abschluss der Ausbildung auf eigenen Wunsch oder aus seinem Verschulden aus dem Arbeitsverhältnis ausscheidet, ist dagegen wirksam (BAG 19.1.11 – 3 AZR 621/08, BeckRS 2011, 72734). Hinsichtlich der Bindungsgrenzen gelten die bisherigen Rspr Grundsätze. Eine geltungserhaltende Reduktion tatbestandlich zu weit gefasster Klauseln findet grds nicht statt (BAG 14.1.09 – 3 AZR 900/07, NZA 09, 666; 18.3.08 – 9 AZR 186/07, NZA 08, 1004). **41**

Widerrufs-/Änderungsvorbehalt. Die Vereinbarung eines Widerrufsrechts ist nach § 308 Nr 4 BGB nur dann zumutbar, wenn es für den Widerruf einen sachlichen Grund gibt und dieser bereits in der Änderungsklausel beschrieben ist. Die Regelung muss klar und verständlich sein (§ 307 Abs 1 Satz 2 BGB) und den Vertragspartner nicht unangemessen benachteiligen. Die Bestimmung muss deshalb erkennen lassen, dass der Widerruf nicht ohne sachlichen Grund erfolgen darf (BAG 20.4.11 – 5 AZR 191/10, NZA 11, 796; 13.4.10 – 9 AZR 113/09, NZA-RR 10, 457; ErfK/*Preis* §§ 305–310 BGB Rz 57 ff). Bei der Angemessenheitskontrolle ist nicht auf die durch den ArbGeb erfolgten Änderungen abzustellen, sondern auf die Möglichkeiten, die ihm die Klausel gibt (BAG 22.7.10 – 6 AZR 847/07, NZA 11, 634; 13.4.10). Ein Widerrufsvorbehalt ist unzulässig, sowie der im Gegenseitigkeitsverhältnis stehende widerrufliche Teil des Gesamtverdienstes über 25 % liegt und der Tariflohn unterschritten wird. Sind darüber hinaus Zahlungen des ArbGeb widerruflich, die nicht eine unmittelbare Gegenleistung darstellen, sondern Ersatz von Aufwendungen, die an sich der ArbN tragen muss, erhöht sich der widerrufliche Teil auf bis zu 30 % des Gesamtverdienstes (BAG 11.10.06 – 5 AZR 721/05; 12.1.05 – 5 AZR 364/04, NZA 05, 465). **Jeweiligkeitsklauseln,** mit denen auf vom ArbGeb jederzeit änderbare allgemeine Arbeitsbedingungen verwiesen wird, unterliegen den strengen Anforderungen der Änderungsvorbehalte. Sie stellen eine unangemessene Benachteiligung des ArbN dar, weil mit ihnen **42**

58   Arbeitsvertrag

gegen den Grundsatz pacta sund servanda verstoßen wird; zudem liegt idR ein Verstoß gegen das Transparenzgebot vor, weil für den ArbN nicht erkennbar ist, was in Zukunft für ihn gelten soll (BAG 22.7.10 – 6 AZR 847/07, NZA 11, 634; *Preis* NZA 10, 361).

Freiwilligkeitsvorbehalt. Weist der ArbGeb darauf hin, dass die Gewährung einer Sonderzahlung keinen Rechtsanspruch auf die Leistung für künftige Bezugszeiträume begründet, ist ein solcher Vorbehalt, wenn er klar und verständlich formuliert ist, wirksam. Er benachteiligt den ArbN nicht unangemessen (BAG 20.1.10 – 10 AZR 914/08, NZA 10, 445). Es ist jedoch widersprüchlich, wenn der ArbGeb die Zahlung ausdrücklich zusagt, sie in derselben oder einer anderen Vertragsklausel aber an einen Freiwilligkeitsvorbehalt bindet (BAG 20.2.13 – 10 AZR 177/12, NZA 13, 1015; 10.12.08 – 10 AZR 1/08, DB 09, 684) oder wenn ein Freiwilligkeits- mit einem Widerrufsvorbehalt kombiniert wird (BAG 14.9.11 – 10 AZR 526/10, NZA 12, 81; 8.12.10 – 10 AZR 671/09, NZA 11, 628). Die Klausel ist auch dann wirksam, wenn die Sonderzahlung ausschließlich im Bezugszeitraum geleistete Arbeit vergütet. Anders als beim Widerrufsvorbehalt ist auch keine Präzisierung erforderlich, aus welchen Gründen der Freiwilligkeitsvorbehalt ausgeübt wird (BAG 30.7.08 – 10 AZR 606/07, DB 08, 2194). Bei einer monatlich zu zahlenden Leistungszulage liegt eine unangemessene Benachteiligung des ArbN hingegen vor (BAG 25.4.07 – 5 AZR 627/06, NZA 07, 853; s auch *Lingemann/Gotham* DB 07, 1754). Ein wirksamer Freiwilligkeitsvorbehalt, der mit dem Hinweis verbunden ist, dass auch bei wiederholter Zahlung kein Rechtsanspruch für die Zukunft begründet wird, hindert das Entstehen einer betrieblichen Übung (BAG 21.1.09 – 10 AZR 219/08, NZA 09, 310). Zum Transparenzgebot und einer Stichtagsklausel bei einer Einmalzahlung s BAG 6.5.09 – 10 AZR 443/08, NZA 09, 783; 24.10.07 – 10 AZR 825/06, NZA 08, 40.

43   **Vertragsstrafen.** Sie sind gemäß § 309 Nr 6 BGB zwar unzulässig. Unter angemessener Berücksichtigung der im Arbeitsrecht geltenden Besonderheiten nach § 310 Abs 4 Satz 2 Hs 1 BGB sind Vertragsstrafenabreden in Arbeitsverträgen jedoch zulässig. Begründet wird dies mit dem Ausschluss der Vollstreckbarkeit der Arbeitsleistung im Arbeitsrecht (BAG 28.5.09 – 8 AZR 896/07, NZA 09, 1337; 18.8.05 – 8 AZR 65/05, NZA 06, 34). Die Unwirksamkeit solcher Vereinbarungen kann sich aber aufgrund einer unangemessenen Benachteiligung ergeben (§ 307 Abs 1 BGB). Dies ist bspw bei einer im Verhältnis zur vereinbarten Kündigungsfrist unverhältnismäßig hohen Vertragsstrafe der Fall (BAG 23.9.10 – 8 AZR 897/08, NZA 11, 89; 18.12.08 – 8 AZR 81/08, NZA-RR 09, 519). Die unangemessene Benachteiligung führt nach § 307 Abs 1 BGB zur Unwirksamkeit der Klausel. Eine geltungserhaltene Reduktion kommt nicht in Betracht (BAG 18.8.05). Eine Vertragsstrafenregelung muss eindeutig erkennen lassen, durch welche konkrete Pflichtverletzung sie verwirkt ist (BAG 14.8.07 – 8 AZR 973/06, NZA 08, 170). Globale Strafversprechen, die auf die Absicherung aller vertraglichen Pflichten zielen, sind gem § 307 Abs 1 Satz 2 BGB unwirksam. Zum Meinungsstand in Literatur und bei den Instanzgerichten s ErfK/*Preis* §§ 305–310 BGB Rz 97 ff; *Hauck* NZA 06, 816.

44   **10. Nachweis des Vertragsinhalts. a) Allgemeines.** Mit dem Gesetz über den Nachweis der für ein Arbeitsverhältnis geltenden wesentlichen Bedingungen (NachwG) vom 20.7.95 (BGBl I 95, 946) wurde die „Richtlinie über die Pflichten des ArbGeb zur Unterrichtung des ArbN über die für seinen Arbeitsvertrag oder sein Arbeitsverhältnis geltenden Bedingungen" (91/533/EWG) vom 14.10.91 in nationales Recht umgesetzt. Es soll durch die Verpflichtung zur schriftlichen Fixierung der wesentlichen Arbeitsbedingungen eine größere Rechtssicherheit im Arbeitsverhältnis bewirken, insbesondere für ArbN, die keinen schriftlichen Arbeitsvertrag besitzen (BT-Drs 13/668 S 8; zur Bedeutung für die Praxis s *Preis* NZA 97, 10; *Stückemann* BB 99, 2670; RsprÜbersicht bei *Mehns/Weck* RdA 06, 171).

45   **b) Anwendungsbereich.** Das Gesetz gilt für alle ArbN – einschließlich der Leitenden Angestellten – mit Ausnahme derjenigen, die zur vorübergehenden Aushilfe von höchstens einem Monat eingestellt werden (§ 1 NachwG). Soweit für Berufsausbildungsverhältnisse iSd § 3 BBiG, für Leiharbeitsverhältnisse iSd Art 1 § 1 Abs 1 AÜG, für Heuerverhältnisse iSd § 3 SeemG entsprechende spezialgesetzliche Nachweisregelungen bestanden, werden diese Regelungen beibehalten und lediglich an die Vorgaben des Nachweisgesetzes angepasst (Art 2–4 des Gesetzes zur Anpassung arbeitsrechtlicher Bestimmungen an das EG-Recht vom 20.7.95 (BGBl I 95, 947). Zu den Beweiswirkungen des Heuerscheins (§ 24 SeemG) s *Schwarze* NZA 96, 685.

46   **c) Nachweispflicht des Arbeitgebers.** Gem § 2 Abs 1 NachwG hat der ArbGeb spätestens einen Monat nach dem vereinbarten Beginn des Arbeitsverhältnisses die wesentlichen Vertragsbedingungen schriftlich niederzulegen, die Niederschrift zu unterzeichnen und dem ArbN auszuhändigen. Bei Arbeitsleistungen im Ausland von länger als einem Monat muss die Niederschrift dem ArbN vor Abreise ausgehändigt werden (Abs 2). Die Verpflichtung entfällt, wenn dem ArbN ein schriftlicher Arbeitsvertrag ausgehändigt worden ist, der alle vom Nachweisgesetz in § 2 Abs 1 bis 3 geforderten Angaben enthält (§ 2 Abs 4 NachwG).

Eine Änderung der wesentlichen Vertragsbedingungen ist dem ArbN spätestens einen Monat nach der Änderung schriftlich mitzuteilen, soweit diese nicht auf einer Änderung der gesetzlichen Vorschriften, Tarifverträge, Betriebs- oder Dienstvereinbarungen sowie ähnlichen Regelungen beruht, die für das Arbeitsverhältnis gelten (§ 3 NachwG). Einen erstmals abgeschlossenen Haustarifvertrag hat der ArbGeb dem ArbN gem § 3 NachwG schriftlich mitzuteilen (BAG 5.11.03 – 5 AZR 469/02, NZA 04, 102).

Für Arbeitsverhältnisse, die bereits bei Inkrafttreten dieses Gesetzes bestanden, sieht die **47 Übergangsvorschrift** des § 4 NachwG vor, dass dem ArbN auf sein Verlangen innerhalb von 2 Monaten eine den Anforderungen des § 2 NachwG entsprechende Niederschrift auszuhändigen ist. Dies gilt jedoch nur, soweit eine früher ausgestellte Niederschrift oder ein schriftlicher Arbeitsvertrag mit den nach dem NachwG erforderlichen Angaben nicht vorliegen. Die Vorschriften des NachwG können nicht zu Ungunsten des ArbN verändert werden (§ 5 NachwG). Bestätigt der ArbN den Empfang der Niederschrift und ggf auch deren Richtigkeit, liegt hierin nicht der Abschluss eines Arbeitsvertrages (aA *Hold* AuA 95, 289). Dieser ist schon vorher durch die übereinstimmenden Willenserklärungen von ArbGeb und ArbN zustande gekommen. Etwas anderes gilt, wenn die Niederschrift des ArbGeb **zusätzliche oder abweichende Bedingungen** enthält, die zuvor nicht Gegenstand der Einigung mit dem ArbN waren. Dann liegt in der Überreichung der Niederschrift das Angebot des ArbGeb an den ArbN, einen Arbeitsvertrag mit den darin schriftlich niedergelegten Bedingungen zu schließen. Dieses Angebot nimmt der ArbN durch Bestätigung der Richtigkeit der Niederschrift nicht aber durch bloße Abgabe einer Empfangsbestätigung an. Setzt der ArbN die Arbeit nach Erhalt der zusätzlichen oder abweichenden Bedingungen enthaltende Niederschrift fort, kann ein Arbeitsvertrag zu den darin beschriebenen Bedingungen durch schlüssiges Verhalten zustande kommen.

d) Zwingender Inhalt der Niederschrift ist durch § 2 Abs 1 Nr 1 bis 10 NachwG **48** geregelt. Danach muss die Niederschrift mindestens enthalten: Name und Anschrift der Vertragsparteien (Nr 1), Zeitpunkt des Beginns des Arbeitsverhältnisses (Nr 2), bei befristeten Arbeitsverhältnissen: die vorhersehbare Dauer des Arbeitsverhältnisses (Nr 3), den Arbeitsort oder, falls der ArbN nicht nur an einem bestimmten Arbeitsort tätig sein soll; einen Hinweis darauf, dass der ArbN an verschiedenen Orten beschäftigt werden kann (Nr 4), eine Charakterisierung oder Beschreibung der vom ArbN zu leistenden Tätigkeit (Nr 5), die Zusammensetzung und die Höhe des Arbeitsentgelts einschließlich der Zuschläge, der Zulagen, Prämien und Sonderzahlungen sowie andere Bestandteile des Arbeitsentgelts und deren Fälligkeit (Nr 6), die vereinbarte Arbeitszeit (Nr 7; zu Überstundenregelungen EuGH 8.2.01 – Rs C-350/99 – SAE 02, 161 mit Anm *Oetker*), die Dauer des jährlichen Erholungsurlaubs (Nr 8), die Fristen für die Kündigung des Arbeitsverhältnisses (Nr 9) und einen in allgemeiner Form gehaltenen Hinweis auf die Tarifverträge, Betriebs- oder Dienstvereinbarungen, die auf das Arbeitsverhältnis anzuwenden sind (Nr 10). Eine detaillierte Einzelaufstellung der in den anwendbaren Tarifverträge und Betriebsvereinbarungen enthaltenen Normen ist nicht erforderlich (BAG 17.4.02 – 5 AZR 89/01, NZA 02, 1096; *Bepler* ZTR 01, 241; aA ErfK/ *Preis* § 2 NachwG Rz 25). § 2 Abs 1 Satz 2 NachwG sieht eine besondere Hinweispflicht des ArbGeb gegenüber geringfügig Beschäftigten auf die Rentenversicherungsoption nach § 5 Abs 2 Satz 2 SGB VI vor. Bei einer Tätigkeit eines Mitarbeiters außerhalb der BRD, die länger als einen Monat andauert, erstreckt sich die Nachweispflicht nach § 2 Abs 2 Nr 1 bis 4 NachwG auf folgende zusätzliche Punkte: Die Dauer der im Ausland auszuübenden Tätigkeit (Nr 1), die Währung, in der das Arbeitsentgelt ausgezahlt wird (Nr 2), ein zusätzliches, mit dem Auslandsaufenthalt verbundenes Arbeitsentgelt und damit verbundene zusätzliche Sachleistungen (Nr 3) und die vereinbarten Bedingungen für die Rückkehr des ArbN (Nr 4). § 2 Abs 3 NachwG ermöglicht es, für die Angaben des Arbeitsentgeltes, die Arbeitszeit, Erholungsurlaub und Kündigungsfristen (§ 2 Abs 1 Nr 6 bis 9 NachwG) sowie – bei Auslandsentsendung – die Währung, in der das Arbeitsentgelt gezahlt wird und zusätzliche Leistungen bei Auslandstätigkeit (§ 2 Abs 2 Nr 2 bis 3 NachwG) auf die einschlägigen Tarifverträge, Betriebs- oder Dienstvereinbarungen und ähnliche Regelungen zu verweisen. Bei einer vorgesehenen Auslandstätigkeit ist der ArbGeb jedoch nicht verpflichtet, den ArbN darauf hinzuweisen, dass ab einer bestimmten Aufenthaltsdauer in einem ausländischen Staat dort eine Verpflichtung zur Abführung von Einkommens-/Lohnsteuer entstehen kann (BAG 21.1.09 – 8 AZR 161/08, NZA 09, 608). Bei der Dauer des jährlichen Erholungsurlaubs

58 Arbeitsvertrag

und den Fristen für die Kündigung des Arbeitsverhältnisses kann auf die gesetzlichen Bestimmungen verwiesen werden, soweit diese maßgebend sein sollen.

49 Bei **befristeten Arbeitsverhältnissen** bedarf die Befristungsabrede ohnehin der Schriftform (§ 14 Abs 4 TzBfG); das NachwG greift insoweit nur hinsichtlich der übrigen Arbeitsbedingungen. Bei Zweckbefristungen kann die Angabe zur vorhersehbaren Dauer des Arbeitsverhältnisses auch durch die Beschreibung des Zwecks der Befristung erfolgen (*Stückemann* BB 95, 1846 mwN).

50 **e) Verletzung der Nachweispflicht** durch den ArbGeb berührt die Wirksamkeit des geschlossenen Arbeitsvertrages nicht. Welche Rechtsfolgen bei einer Verletzung der Nachweispflicht eintreten, regelt das Nachweisgesetz nicht. Es ist deshalb auf die allgemeinen Regelungen des Zivil- und Zivilprozessrechts zurückzugreifen. Der ArbN kann vor dem ArbG Erfüllungsansprüche aus §§ 2, 3 NachwG auf Niederlegung, Unterzeichnung und Aushändigung der Niederschrift geltend machen, auch die Berichtigung der unrichtig erteilten Niederschrift. Die Nachweispflicht aus §§ 2, 3 NachwG ist eine selbstständig einklagbare Nebenpflicht des ArbGeb. Ihre Verletzung kann Schadensersatzansprüche des ArbN gem §§ 286, 280 BGB (BAG 17.4.02 – 5 AZR 89/01, NZA 02, 1096) begründen, zB wenn der ArbGeb seine Verpflichtung zum Hinweis auf einen Betrieb anwendbaren Tarifvertrag verletzt, in dem eine Ausschlussfrist enthalten ist (BAG aaO).

51 Strittig ist, welche zivilprozessualen Folgen eine Verletzung der Nachweispflicht durch den ArbGeb hat. Bei dem ArbGebSeitig erstellten Nachweis handelt es sich um eine Privaturkunde iSv § 416 ZPO, deren Beweiskraft der freien Beweiswürdigung unterliegt. Nur eine vom ArbGeb und vom ArbN unterzeichnete Vertragsurkunde hat die Vermutung der Vollständigkeit und Richtigkeit (BAG 9.2.95 – 2 AZR 389/94, NZA 96, 249). Bei einem von beiden Seiten unterzeichneten Nachweis iSv § 2 NachwG gilt Folgendes: Behauptet der ArbGeb mündliche Vereinbarungen gegen den Inhalt der Urkunde, muss er beweisen, dass die Urkunde richtig oder unvollständig ist bzw das mündliche Besprochene Gültigkeit haben soll (EuGH 4.12.97 – C-253/96, NZA 98, 137). Zu Gunsten des ArbGeb greift kein Anscheinsbeweis, dass er den vereinbarten Vertragsinhalt richtig und vollständig wiedergegeben hat. Einen Erfahrungssatz, dass ein ArbGeb den Vertragsinhalt in der nach § 2 geregelten Niederschrift richtig und vollständig festhält, gibt es nicht (ErfK/*Preis* Einf NachwG Rn 20). Fraglich ist, ob bei Nichterteilung des Nachweises eine Beweislastumkehr zugunsten des ArbN greift. Eine vom Bundesrat vorgeschlagene gesetzliche Regelung wurde nicht umgesetzt (vgl BR-Drs 353/1/94). In Rspr und Literatur wird dennoch eine erleichterte Beweisführung zugunsten des ArbN befürwortet (LAG Köln 31.7.98 – 11 Sa 1484/97, NZA 99, 545; LAG Hamm 17.12.98 – 4 Sa 635/98; LAG Düsseldorf 17.5.01 – 5 (3) Sa 45/01, DB 01, 1995; LAG NdS 21.2.03 – 10 Sa 1683/02, NZA-RR 04, 520, non-liquet geht zu Lasten des ArbGeb; ErfK/*Preis* Einl NachwG Rz 23; *Müller-Glöge* RdA 01, Sonderbeilage Heft 5, 46; *Weber* NZA 02, 641).

52 **f) Einsichtsrechte des Betriebsrats** in die gesammelten Niederschriften über die Arbeitsvertragsinhalte aller ArbN eines Betriebes bestehen gem § 80 Abs 2 BetrVG. Es gehört zu den Aufgaben des BRats, die Einhaltung aller arbeitsrechtlichen Normen, also auch derjenigen des NachwG zu überwachen (*Stückemann* BB 95, 1849). Das Einsichtnahmerecht erstreckt sich auf die Überprüfung der Fragestellung, ob die Arbeitsverträge der ArbN eines Betriebes – auch der AT-Angestellten – die von § 2 Abs 1 bis 3 NachwG geforderten Angaben enthalten. Werden dem BRat bekannte Formulararbeitsverträge verwendet, bedarf es zusätzlicher Anhaltspunkte dafür, dass die Vorlage der einzelnen Arbeitsverträge erforderlich ist, um die Einhaltung der NachwG zu überwachen (BAG 19.10.99 – 1 ABR 75/98, DB 2000, 1031 mit Anm *Pohle* BB 2000, 2153).

53 **V. Rechtsmängel des Arbeitsvertrags. 1. Nichtigkeit des Arbeitsvertrags. a) Verstoß gegen ein gesetzliches Verbot** (§ 134 BGB). Ein Arbeitsvertrag kann insgesamt oder in einzelnen Teilen gegen gesetzliche Verbote verstoßen und gem § 134 BGB nichtig sein. Verstößt der Arbeitsvertrag **nur in einzelnen Teilen** gegen Verbotsgesetze, so tritt im Regelfall keine Nichtigkeit des gesamten Vertrages gem § 139 BGB ein, weil dadurch der bestehende ArbNSchutz zunichte gemacht würde. Die verbotenen Teile werden durch die gesetzlichen oder tariflichen Bestimmungen ersetzt (BAG 20.2.75, BB 75, 881; 13.3.75, DB 75, 1417). Verbotsgesetze sind insbesondere die ArbNSchutzvorschriften, so bspw Kündigungsschutzgesetz, Beschäftigungsförderungsgesetz, Arbeitszeit-, Sonn-, Feiertags-, Frauen- und Jugendarbeitsschutz (zur Überschreitung der Höchstarbeitszeit durch Arbeitsverhältnisse mit mehreren ArbGeb s *Nebentätigkeit* Rz 8). Verstöße gegen §§ 305–310 BGB unterfallen der speziellen Regelung des § 306 Abs 2 BGB. Auch einzelne Grundrechte und Vorschriften des EG-Rechts können als gesetzliche Verbote iSd § 134 BGB gelten; im Übrigen wirken sie nach der Theorie der mittelbaren Drittwirkung über die Generalklauseln (§§ 134, 138, 242, 315 BGB) auf das Arbeitsvertragsrecht ein (*Palandt/Heinrichs* Rz 7, 8 zu § 242 BGB mwN).

Beispiele: aa) Verstoß gegen EG-Recht: Eine unmittelbar an die Geschlechtszugehörigkeit anknüpfende Ungleichbehandlung beim Arbeitsentgelt ist wegen Verstoßes gegen **Artikel 119 EGV** rechtsunwirksam (BAG 7.11.95 – 3 AZR 1064/94, NZA 96, 653). Zur geschlechtsspezifischen Diskriminierung bei der Einstellung EuGH 22.4.97, NJW 97, 1839; *Worzalla* NJW 97, 1809; *Adomeit* NJW 97, 2295; *Zwanziger* DB 98, 1330.

bb) Verbotsgesetze: § 4 TzBfG ist ein Verbotsgesetz iSv § 134 BGB. Bei einem Verstoß ist eine Vergütungsabrede nach § 134 BGB nichtig, welche einen Teilzeit- gegenüber einem vollzeitbeschäftigten ArbN ohne sachlichen Grund benachteiligt (BAG 12.6.96, BB 97, 262 zu § 2 Abs 1 BeschFG 1985 mit kritischer Anm von *Adomeit* NJW 97, 2295). Der ArbN hat dann Anspruch auf die übliche Vergütung nach § 612 Abs 2 BGB oder auf Gleichbehandlung mit den vollbeschäftigten ArbN (BAG 19.8.92, BB 92, 2431; LAG BaWü 12.1.95, AiB 96, 56). Bei der Begründung von Arbeitsverhältnissen gilt das gesetzliche Verbot der geschlechtsspezifischen Diskriminierung (§ 611a Abs 1 BGB; BVerfG 16.11.93, NZA 94, 745; EuGH 14.7.94 EzA Art 119 EWG-Vertrag Nr 17; Näheres s *Hermann* ZfA 96, 19; *Zwanziger* DB 98, 1330 und *Gleichbehandlung* Rz 55). Ein Arbeitsvertrag ist nichtig (§ 134 BGB iVm §§ 2, 10 BÄO und §§ 1, 2, 5 Heilpraktikergesetz), wenn er die Ausübung des ärztlichen Berufs zum Gegenstand hat und die erforderliche Approbation oder Erlaubnis nicht vorliegt (BAG 3.11.04 – 5 AZR 592/03, DB 05, 1334), ebenso wenn ein Handwerksmeister einem Handwerksbetrieb seinen Meistertitel zur Verfügung stellt, ohne dass er tatsächlich als technischer Betriebsleiter tätig wird (Umgehung von § 7 HwO, BAG 18.3.09 – 5 AZR 355/08, NZA 09, 663) oder wenn eine Ausbildung im Rahmen eines Anlernvertrages durchgeführt werden soll (Verstoß gegen § 4 Abs 2 BBiG, BAG 27.7.10 – 3 AZR 317/08, DB 11, 943).

cc) Umgehung von Verbotsgesetzen. Eine Gesetzesumgehung liegt vor, wenn der Zweck einer zwingenden Rechtsnorm dadurch vereitelt wird, dass andere rechtliche Gestaltungsmöglichkeiten missbräuchlich verwendet werden. Dabei kommt es nicht auf eine Umgehungsabsicht oder eine bewusste Missachtung des zwingenden Rechtssatzes an. Entscheidend ist die objektive Funktionswidrigkeit des Rechtsgeschäfts. Die Durchsetzung von Sinn und Zweck einer unabdingbar gestalteten Rechtsnorm gebietet es, ihre Umgehung auch dort zu vereiteln, wo es an einer Umgehungsabsicht oder einem Bewusstsein der Umgehung fehlt (BAG 22.3.95, DB 95, 1714; BAG GS 12.10.60, DB 61, 409). Die Nichtigkeit des Umgehungsgeschäfts leitet sich danach aus der umgangenen Verbotsnorm ab.

Bietet sich dem ArbGeb verschiedene **arbeitsvertragliche Gestaltungsformen** an, die für den ArbN zu einem unterschiedlichen arbeitsrechtlichen Schutz führen, darf er nicht willkürlich die ihm günstigere auswählen. Ein **sachlicher Grund** muss die **Wahl der Vertragsform** rechtfertigen, weil sonst Schutzvorschriften umgangen werden könnten (BAG 20.7.82, BB 83, 59 [LS] = AP Nr 5 zu § 611 BGB Mittelbares Arbeitsverhältnis).

b) Verstoß gegen die guten Sitten (§ 138 BGB). Ein Arbeitsvertrag ist sittenwidrig, wenn er nach Inhalt, Beweggrund der Beteiligten und Zwecksetzung gegen das **Anstandsgefühl aller billig und gerecht Denkenden** verstößt (BAG 1.4.76, DB 76, 1680, 2479). Der Begriff der guten Sitten knüpft an die gemeinsamen Grundüberzeugungen der Gesellschaft über das moralisch Gebotene und Vertretbare an (BAG 1.4.76, DB 76, 1680, 2479).

aa) Überwälzung des Betriebs- oder Wirtschaftsrisikos. Sittenwidrigkeit ist gegeben: Bei einer **Verlustbeteiligung** des ArbN, wenn dafür kein angemessener Ausgleich erfolgt (BAG 10.10.90, DB 91, 659); bei der Vereinbarung, dass der ArbN **nur bei** einem bestimmten, nicht ohne weiteres zu erreichenden **Mindesterfolg** (LAG Hamm, ZIP 90, 881) eine oder eine rein erfolgsabhängige (*Schiek* BB 97, 310) **Vergütung** erhält; bei dem Verzicht eines ArbN auf Gehaltsanspruch bei Ausbleiben der Fördermittel durch die Agentur für Arbeit (LAG Bln 17.2.97 – 9 Sa 124/96); bei Ausschluss einer Vergütung für eine 14-tägige Probezeit, wenn anschließend kein endgültiges Arbeitsverhältnis begründet wird (LAG Köln 18.3.98, LAGE § 138 BGB Nr 10).

58 Arbeitsvertrag

59 Ein rein erfolgsabhängiges Entgelt ist im Arbeitsverhältnis grds zulässig. Ein Verstoß gegen die guten Sitten (§ 138 BGB) liegt vor, wenn es dem ArbN trotz vollen Einsatzes nicht möglich ist, ein ausreichendes Einkommen zu erzielen (BAG 16.2.2012 – 8 AZR 242/11, BeckRS 2012, 71039).

60 **bb) Lohnwucher.** Er kann vorliegen, wenn trotz angemessener Arbeitsleistung der ArbN bei einer weit unter dem Tariflohn liegenden Entlohnung nicht in der Lage ist, für sich und seine Familie den notwendigen Unterhalt zu verdienen. Die Unterschreitung des tarifmäßigen Lohns reicht für sich nicht aus.

61 Vielmehr muss ein **auffälliges Missverhältnis** zum allgemeinen Lohnniveau für vergleichbare Tätigkeiten vorliegen. Dies ist zu bejahen, wenn die Arbeitsvergütung nicht einmal zwei Drittel eines in der betreffenden Branche und Wirtschaftsregion üblicherweise gezahlten Tariflohns erreicht (BAG 17.10.12 – 5 AZR 792/11, NZA 13, 266; 22.4.09 – 5 AZR 436/08, NZA 09, 837). In subjektiver Hinsicht verlangt der Tatbestand des Lohnwuchers die Ausbeutung einer Zwangslage, der Unerfahrenheit des Vertragspartners; der subjektive Tatbestand des wucherähnlichen Geschäfts eine verwerfliche Gesinnung des ArbGeb (BAG 16.5.12 – 5 AZR 331/11, NZA 12, 908). An die Stelle des unverhältnismäßig geringen Entgelts tritt mangels näherer Anhaltspunkte die nach § 612 Abs 2 BGB zu bestimmende Vergütung. Diese ist das tarifliche Entgelt vergleichbarer ArbN ohne Zulagen und Zuschläge (BAG 24.4.09).

62 **c) Scheingeschäft** (§ 117 BGB). Ein nichtiges Scheingeschäft nach § 117 Abs 1 BGB liegt vor, wenn die Beteiligten ein Ziel durch den bloßen Schein eines wirksamen Rechtsgeschäftes erreichen, aber die mit dem betreffenden Rechtsgeschäft verbundenen Rechtswirkungen nicht eintreten lassen wollen. Ob die Vertragsparteien für ihr Ziel die Wirksamkeit eines Rechtsgeschäftes benötigen und es deshalb ernstlich gemeint oder nur zum Schein abgeschlossen ist, ist durch Auslegung der Willenserklärungen unter Berücksichtigung der Umstände des Einzelfalles gem §§ 133, 157 BGB zu ermitteln. Beruft sich der ArbGeb darauf, bei dem abgeschlossenen Arbeitsvertrag handele es sich um ein Scheingeschäft, so trägt er dafür die Darlegungs- und Beweislast (BAG 9.2.95, NZA 96, 1299). Schließt eine Versicherungsvermittlungsgesellschaft einen **Handelsvertretervertrag mit einer 20-jährigen Schülerin** ab, weil der ursprünglich mit deren **Vater** geplante Vertrag wegen dessen schlechtem Leumund nicht zustande kam und übt anschließend abredegemäß der Vater allein die Vertretertätigkeit aus, so liegt ein nichtiges Scheingeschäft vor. Zu Unrecht geleistete Provisionsvorschüsse können nicht vom Vertragspartner des Scheingeschäfts zurückverlangt werden, wenn sie an den Vater weitergeleitet sind (BAG 22.9.92, DB 93, 1623).

63 Wird in einem schriftlichen Arbeitsvertrag nur deshalb eine nicht zu erbringende Arbeitszeit angegeben, um auf diese Weise eine übertarifliche Vergütung zu verschleiern, so ist die im Arbeitsvertrag angegebene höhere Arbeitszeit nur zum Schein vereinbart. Der ArbN hat nur die tatsächlich vereinbarte Arbeitszeit zu leisten (BAG 28.9.82, BB 83, 965). Ein Scheingeschäft liegt auch vor, wenn eine längere als die tatsächlich gewollte Arbeitszeit vereinbart wird, um so die Voraussetzung für eine tarifliche Zusatzversorgung zu erfüllen; maßgebend ist dann die tatsächlich zu leistende Arbeitszeit (BAG 28.9.82, BB 83, 965).

64 **d) Ursprüngliche objektive Unmöglichkeit.** § 311a BGB bestimmt, dass es der Wirksamkeit eines Vertrages nicht entgegensteht, dass der Schuldner nach § 275 Abs 1–3 BGB wegen Unmöglichkeit nicht zu leisten braucht und das Leistungshindernis schon bei Vertragsabschluss vorliegt. Der Gläubiger kann nach seiner Wahl Schadensersatz statt der Leistung oder Ersatz seiner Aufwendungen verlangen, falls der Schuldner das Leistungshindernis bei Vertragsabschluss nicht kannte und seine Unkenntnis auch nicht zu vertreten hat.

65 **2. Anfechtung des Arbeitsvertrages. a) Verhältnis von Anfechtung und fristloser Kündigung.** Das Recht zur Anfechtung des Arbeitsvertrages kann mit dem zur außerordentlichen Kündigung konkurrieren. Sie stehen selbstständig nebeneinander, es handelt sich um **wesensverschiedene Rechtsinstitute**. Dem Anfechtungsberechtigten steht ein Wahlrecht zu (BAG 16.12.04 – 2 AZR 148/04, NZA 06, 624). Diese klare Grenzziehung ist in einem Teilbereich relativiert. Das BAG ist davon ausgegangen, dass eine Anfechtung nach § 119 BGB nur dann unverzüglich ist, wenn sie innerhalb der Zweiwochenfrist des § 626 Abs 2 BGB erfolgt (BAG 21.2.91 – 2 AZR 449/90, AP Nr 35 zu § 123 BGB). Dagegen hat es der Frist des § 626 Abs 2 BGB bei einer Anfechtung wegen widerrechtlicher Drohung oder Täuschung keine Bedeutung beigemessen (BAG 19.5.83, DB 84, 298).

Arbeitsvertrag 58

Zu den für die Praxis wichtigsten Unterschieden beider Rechtsinstitute gehört, dass auf 66
die Anfechtung keine Kündigungsbeschränkungen anzuwenden sind; bspw bedarf die Anfechtung des mit einem Behinderten geschlossenen Arbeitsvertrages keiner vorherigen Zustimmung des Integrationsamts. Auch einer Anhörung des BRat (§ 102 BetrVG) bedarf es bei der Anfechtung im Gegensatz zur außerordentlichen Kündigung nicht (BAG 5.12.57, AP 2 zu § 123 BGB). Der ArbN braucht im Falle der Anfechtung nicht binnen drei Wochen seit Anfechtung Feststellungsklage zu erheben (ErfK/*Preis* § 611 BGB Rz 370).

b) Irrtum als Anfechtungsgrund. Die Anfechtung eines Arbeitsvertrages wegen **In-** 67
halts- oder Erklärungsirrtums unterliegt keinen besonderen Voraussetzungen. Nach § 119 Abs 1 BGB ist zur Anfechtung berechtigt, wer bei Abgabe seiner Willenserklärung über deren Inhalt im Irrtum war (Inhaltsirrtum) oder eine Erklärung dieses Inhalts überhaupt nicht abgeben wollte (Erklärungsirrtum). Voraussetzung der Beachtlichkeit des Irrtums ist, dass der Irrende die Erklärung so, wie er sie abgegeben hat, bei Kenntnis der Sachlage und bei verständiger Würdigung des Falles nicht abgegeben haben würde. Eine Anfechtung wegen Inhaltsirrtums kommt nicht in Betracht, wenn der Erklärende die Erklärung abgegeben hat, die er abgeben wollte. Ein Motiv- oder Kalkulationsirrtum bei der Willensbildung berechtigt nicht zur Anfechtung (BAG 21.11.2000 – 3 AZR 13/00, NZA 02, 618). Dem Inhalts- und Erklärungsirrtum ist der **Irrtum über** solche **Eigenschaften** der Person oder Sache gleichgestellt, die im Verkehr als wesentlich angesehen werden (§ 119 Abs 2 BGB).

Besondere Bedeutung für die Anfechtung von Arbeitsverträgen hat der **Irrtum über eine** 68
verkehrswesentliche Eigenschaft des Arbeitnehmers gewonnen. Anfechtungsgrund ist dabei das Nichtwissen von Eigenschaften als Voraussetzung für die Beurteilung, ob der ArbN für die vorgesehene Arbeitsleistung geeignet ist.

c) Einzelfälle für die Beachtlichkeit eines Eigenschaftsirrtums: 69

Eine **Krankheit** kann dann eine verkehrswesentliche Eigenschaft sein, wenn dem ArbN nicht nur vorübergehend die notwendige Fähigkeit überhaupt fehlt oder diese erheblich beeinträchtigt ist, die vertraglich übernommenen Arbeiten auszuführen (für den Fall einer epileptischen Erkrankung BAG 28.3.74, DB 74, 1531). Bei **Transsexualität** kann die Anfechtung berechtigt sein, wenn der Transsexuelle als Sprechstundenhilfe arbeitet (dazu BAG 21.2.91, DB 91, 1934; LAG Bln, BB 90, 1979). **Vorstrafen** stellen keine verkehrswesentlichen Eigenschaften dar; ihre Kenntnis kann aber im Einzelfall einen Schluss auf persönliche Eigenschaften erlauben, so dass die Unkenntnis zur Anfechtung berechtigt (MünchArbR/*Richardi* § 44 Rz 33). Wesentlich ist, dass die strafgerichtliche Verurteilung einen Bezug zum Aufgabenbereich des ArbN hat.

Vorstrafen zB wegen unerlaubten Entfernens vom Unfallort sind von Bedeutung, wenn jemand als 70
Kraftfahrer eingestellt werden soll. Vorstrafen wegen Vermögensdelikten können Grund dafür sein, dass dem Bewerber die persönliche Eignung zum **Kassierer** fehlt (vgl BAG 5.12.57, DB 58, 277, 282; MünchArbR/*Richardi* § 44 Rz 33; *Schaub* § 35 II 4).

Die **Schwangerschaft einer Bewerberin** ist keine Eigenschaft, weil es sich nur um einen vor- 71
übergehenden Zustand handelt (BAG 22.9.61 – 1 AZR 241/60, DB 61, 1522). Eine Anfechtung gem § 119 Abs 2 BGB scheidet deshalb aus. Dies gilt auch für den Fall, dass die ArbN nur befristet eingestellt wurde und sie wegen eines Beschäftigungsverbots tatsächlich nicht beschäftigt werden kann (BAG 6.2.03 – 2 AZR 621/01, DB 03, 1795).

Die **Schwerbehinderteneigenschaft** kommt als Anfechtungsgrund in Betracht, wenn der ArbN 72
wegen der Behinderung die vorgesehene Arbeit nicht zu leisten vermag oder die Minderung der Leistung und Fähigkeit für den in Betracht kommenden Arbeitsplatz von ausschlaggebender Bedeutung ist (BAG 11.11.93, DB 94, 939; 7.6.84, DB 84, 2706). Eine Anfechtung scheidet aus, wenn die Schwerbehinderung für den ArbGeb offensichtlich war und deshalb bei ihm ein Irrtum nicht entstanden ist (BAG 18.10.2000 – 2 AZR 380/99, DB 01, 707, NJW 01, 1885).

d) Arglistige Täuschung. Eine Anfechtung des Arbeitsvertrages unter diesem Gesichts- 73
punkt setzt voraus, dass der Täuschende durch Vorspiegelung oder Entstellung von Tatsachen beim Erklärungsgegner einen Irrtum erregt und ihn zum Abschluss des Arbeitsvertrages veranlasst. Nicht jede falsche Angabe des ArbN bei den Einstellungsverhandlungen stellt eine arglistige Täuschung dar. Wird der ArbN nach dem Vorliegen einer bestimmten Tatsache gefragt, so ist er zur wahrheitsgemäßen Beantwortung verpflichtet, wenn die Frage zulässig ist. Ein **Fragerecht** wird dem ArbGeb nur insoweit zugestanden, als er ein berechtigtes, billigenswertes und schutzwürdiges Interesse an der Beantwortung seiner Frage für das Arbeitsverhältnis hat. Ohne eine entsprechende Frage des ArbGeb muss der ArbN von sich aus nur auf solche Tatsachen hinweisen, deren Mitteilung der ArbGeb nach Treu und Glauben erwarten

58   Arbeitsvertrag

darf (BAG 16.12.04 – 2 AZR 148/04, NZA 06, 624, 18.10.2000 – 2 AZR 380/99, DB 01, 707). Eine **Offenbarungspflicht** des ArbN ist an die Voraussetzung gebunden, dass die verschwiegenen Umstände dem ArbN die Erfüllung der arbeitsvertraglichen Leistungspflicht unmöglich machen oder sonst für den in Betracht kommenden Arbeitsplatz von ausschlaggebender Bedeutung sind (BAG 7.7.11 – 2 AZR 396/10, NZA 12, 34; 16.12.04 – 2 AZR 148/04, NZA 06, 624). Ausführlich zu Fragerecht des ArbGeb und Offenbarungspflicht des ArbN sowie zur ergangenen Rspr *Auskunftspflichten Arbeitnehmer* Rz 1 ff.

74   **e) Widerrechtliche Drohung.** Eine Anfechtung wegen Drohung ist berechtigt, wenn der Abschluss des Arbeitsvertrages widerrechtlich durch Drohung herbeigeführt worden ist (§ 123 BGB). Das Ausnutzen einer Zwangslage, so die Furcht vor einer Strafanzeige gegen einen Angehörigen bei Nichtabschluss des Arbeitsvertrages reicht nicht aus (vgl BGH 7.6.88, BB 88, 1549). Die Anfechtung wegen Drohung spielt bei der Begründung des Arbeitsvertrages im Gegensatz zu dessen Änderung oder Aufhebung oder bei Abschluss von Begleitverträgen keine nennenswerte praktische Rolle.

75   **f) Verwirkung des Anfechtungsrechts.** Die Anfechtung des Arbeitsvertrages kann gegen Treu und Glauben verstoßen, wenn der Anfechtungsgrund im Zeitpunkt der Anfechtung seine Bedeutung für das Arbeitsverhältnis verloren hat (BAG 16.12.04 – 2 AZR 148/04, NZA 06, 624; 20.5.99 – 2 AZR 320/99, NZA 99, 975).

76   **3. Rechtsfolgen von Nichtigkeit des ganzen Arbeitsvertrags und Anfechtung. a) Vor Vollziehung des Arbeitsvertrages** gelten die allgemeinen Regeln des Bürgerlichen Rechts über die Nichtigkeit und die Anfechtung, dh der Arbeitsvertrag ist von vornherein nichtig und kann mittels der Anfechtung rückwirkend beseitigt werden (BAG 3.12.98 – 2 AZR 754/97, DB 98, 2618).

77   **b) Nach Vollziehung des Arbeitsvertrages** entsteht das sog **faktische Arbeitsverhältnis** (s *Faktisches Arbeitsverhältnis* Rz 1 ff), das grds nicht mehr rückwirkend beseitigt werden kann. Das fehlerhaft gegründete Arbeitsverhältnis ist, nachdem die Arbeit aufgenommen wurde, für die Vergangenheit grds wie ein fehlerfrei zustande gekommenes Arbeitsverhältnis zu behandeln (BAG 7.6.72, BB 73, 291). War der Arbeitsvertrag **nichtig,** so kann sich jede Partei für die Zukunft durch eine einseitige Erklärung von dem faktischen Arbeitsverhältnis lösen (LAG Bln 17.4.78, EzA 3 zu § 397 BGB). War der Arbeitsvertrag nur anfechtbar, so entfaltet die Anfechtung grds nur ex nunc Wirkung (BAG 3.12.98 – 2 AZR 754/97, NZA 99, 584), wobei mit der Anfechtungserklärung zugleich die einseitige Loslösung von dem faktischen Arbeitsverhältnis erfolgt. Eine Ausnahme gilt, wenn das Arbeitsverhältnis wieder außer Funktion gesetzt worden ist, die Anfechtung wirkt dann auf den Zeitpunkt der Außerfunktionssetzung zurück (BAG 16.9.82, DB 83, 2780; 29.8.84, DB 84, 2707, 2708; 85, 2099). Für den Fall der Arbeitsunfähigkeit, während der das Arbeitsverhältnis nicht vollzogen worden ist, besteht nach neuerer Auffassung des BAG (3.12.98) kein Grund, von der Regelfolge rückwirkender Anfechtung abzuweichen. Die Rückwirkung der Anfechtung sei in diesem Fall nicht die Ausnahme, sondern die Regel. Der ArbN sei in diesen Fällen nicht schutzwürdig.

78   **c) Ausnahmen von den Grundsätzen des faktischen Arbeitsverhältnisses.** Hat eine Partei die Nichtigkeit des Arbeitsvertrages **gekannt,** so kann sie sich nicht auf quasivertragliche Ansprüche berufen. Sie verdient insbesondere dann keinen Schutz, wenn die Erhebung von Ansprüchen gegen Treu und Glauben verstößt, wenn sie sich also mit ihrem früheren Verhalten in Widerspruch setzt. Die Grundsätze des faktischen Vertragsverhältnisses finden ferner keine Anwendung, wenn dem Vertrag so schwere Rechtsmängel anhaften, dass die Anerkennung quasi vertraglicher Ansprüche der Grundauffassung der geltenden Rechtsordnung widersprechen würde (BAG 1.4.76, DB 76, 1680, 2479; 25.4.63, DB 63, 933). Dies gilt vor allem dann, wenn die Arbeitsleistung schon nach ihrer Art rechts- und gesetzeswidrig ist und eine Schutzwürdigkeit unter Vertrauensgesichtspunkten nicht besteht (BAG 3.11.04 – 5 AZR 592/03, DB 05, 1334). Die Rückabwicklung des nichtigen Arbeitsvertrags erfolgt nach §§ 812 ff BGB. Dem Rückforderungsanspruch nach §§ 812, 818 Abs 2 BGB kann jedoch § 817 entgegenstehen.

79   **d) Besonderheiten bei Nichtigkeit wegen Geschäftsunfähigkeit** s oben Rz 13 ff.

80   **VI. Muster.** Zu Arbeitsverträgen s Online-Musterformulare *„M9 Arbeitsverträge"*; zur Arbeitnehmerentsendung s Online-Musterformulare *„M7 Arbeitnehmerentsendung"*.

B. Lohnsteuerrecht *Windsheimer*

1. Die Frage, ob Einkünfte aus nichtselbstständiger Arbeit vorliegen (§ 19 EStG) und 84 daher LSt anfällt (§§ 38 ff EStG), ist grds unabhängig von arbeitsrechtlichen und sozialversicherungsrechtlichen Kriterien nach steuerrechtlichen Kriterien zu prüfen und zu entscheiden (BFH 8.5.08 – VI R 50/05, DStR 08, 1425). Für die anderen Rechtsgebiete gilt umgekehrt Entsprechendes (s zB BSG 21.4.93, BB 94, 146). Die **Wirksamkeit** des Arbeitsvertrags ist für die Besteuerung **nicht entscheidend** (§ 41 AO). Auch ist nicht ausschließlich auf den Inhalt des schriftlich geschlossenen Arbeitsvertrags abzustellen. Für die Besteuerung kommt es vielmehr darauf an, ob der Vertragspartner, der sich dazu verpflichtet, eine (Arbeits-)Leistung zu erbringen, ArbN iSv § 1 Abs 1 LStDV ist, respektive ob er seine Arbeitskraft schuldet (§ 1 Abs 2 LStDV). Einzelheiten s *Arbeitnehmer (Begriff)* Rz 29 ff. Hierzu ist auf das **Gesamtbild** der Verhältnisse zwischen den Vertragsparteien abzustellen (BFH 29.5.08 – VI R 11/07, DStR 08, 1526), auch bei Schwarzarbeit (s *Schwarzarbeit* Rz 6 ff) und bei illegaler Tätigkeit (§ 40 AO; vgl BFH 20.7.07 – XI B 193/06, BFH/NV 07, 1887). Unwesentlich ist deshalb, wie die Beteiligten ihr Vertragsverhältnis bezeichnen (BFH 22.7.08 – VI R 51/05, DStR 08, 1923).

Über den Wortlaut des Vertrags hinaus sind zur Beurteilung die Art der Tätigkeit und der 85 Entlohnung, ggf die Berufsstellung (Führungskraft, Tagelöhner), kurz der gesamte Inhalt des Vertrags und seine tatsächliche Durchführung heranzuziehen (BFH 25.6.09 – V R 37/08, DStR 09, 1848). Daher kommt es auf die Form des Vertrags (schriftlich, mündlich, auch stillschweigend) nicht an (s *Faktisches Arbeitsverhältnis* Rz 11). Nicht entscheidend ist deshalb auch, ob der ArbGeb die **Nachweispflicht** (s oben Rz 44 ff) eingehalten hat; dh auch ein ohne Nachweis abgeschlossener Arbeitsvertrag ist steuerlich zu beachten, wenn unter den steuerlichen Voraussetzungen ein Arbeitsverhältnis vorliegt (s *Arbeitnehmer (Begriff)* Rz 29 ff; *Faktisches Arbeitsverhältnis* Rz 11). Auch Absprachen über die Besteuerung (zB „für die Steuer aus der Tätigkeit ist der Leistungsverpflichtete verantwortlich") können ein vorliegendes steuerliches ArbNVerhältnis und die LStPflichten des ArbGeb nicht beseitigen (s *Lohnsteueranmeldung* Rz 2 ff). Unwirksame, nichtige, angefochtene Verträge sind der Besteuerung zugrunde zu legen, solange das Arbeitsverhältnis tatsächlich vollzogen wird (vgl § 41 AO). Auf etwaige Genehmigungsvorbehalte oÄ kommt es nicht an. **Ausnahme:** Verträge mit **Kindern** unter 15 Jahren sind auch steuerlich unbeachtlich (R 4.8 Abs 3 EStR; s *Minderjährige* Rz 32 ff).

2. Arbeitsverträge, denen der natürliche wirtschaftliche Interessengegensatz (Tätigkeit ge- 86 gen Entlohnung) nicht oder nicht nur zugrunde liegt, vielmehr familiäre, gesellschaftliche oder persönliche Umstände das Arbeitsverhältnis (mit-)prägen, prüft das FA unter dem Gesichtspunkt des sog **Drittvergleiches,** auch Fremdvergleich genannt, dh ob die Arbeitsvertragsbedingungen auch zwischen fremden Personen so vereinbart worden wären (BFH 25.10.04 – III B 131/03, BFH/NV 05, 339). Einzelheiten hierzu s *Familiäre Mitarbeit* Rz 29 ff.

3. Zu Fragen des Besteuerungsverfahrens und der steuerlichen Pflichten der Vertragspar- 87 teien s *Lohnsteuerabzugsverfahren* Rz 2 ff.

C. Sozialversicherungsrecht *Voelzke*

1. **Bedeutung.** Der Abschluss des Arbeitsvertrages und die Begründung eines Arbeits- 88 verhältnisses führen idR auch zur Annahme eines sozialversicherungsrechtlichen Beschäftigungsverhältnisses, das Grundlage und Hauptfall der Versicherungspflicht und des Rechts auf Zugang zu den Leistungen der einzelnen Zweige der SozV ist. Allerdings ist das Bestehen eines Arbeitsverhältnisses lediglich der **Regelfall** für die Annahme eines Beschäftigungsverhältnisses (vgl § 7 Abs 1 SGB IV), das durch die tatsächliche Aufnahme der Arbeit in persönlicher Abhängigkeit entsteht (Näheres s *Arbeitnehmer (Begriff)* Rz 51 ff); die Begriffe stimmen regelmäßig und im Wesentlichen überein, sind jedoch nicht identisch.

Da die Beteiligten eines privatrechtlichen Rechtsverhältnisses grds die Macht haben, dieses 89 Rechtsverhältnis als abhängiges oder selbstständiges auszugestalten, misst das BSG der vertraglichen Kennzeichnung immerhin eine gewisse **Indizwirkung** zu (BSG 27.3.80 – 12 RK 26/79, SozR 2200 § 165 Nr 45). Insbesondere wenn die tatsächliche Ausgestaltung der Tätigkeit sowohl Anhaltspunkte für eine Selbstständigkeit und eine Abhängigkeit enthält, ist dem in den

59 Arbeitszeit

vertraglichen Vereinbarungen zum Ausdruck kommenden Willen der Vertragschließenden eine ausschlaggebende Bedeutung beizumessen, soweit hierdurch nicht zwingende Vorschriften des SozVRechts verletzt werden (BSG 24.10.78 – 12 RK 58/76, SozR 2200 § 1227 Nr 19).

90 Das Beschäftigungsverhältnis als tatsächliche Grundlage für das Bestehen des öffentlich-rechtlichen Versicherungsverhältnisses kommt auch zustande, wenn der Arbeitsvertrag nichtig oder angefochten ist. Trotz der grds Maßgeblichkeit der **tatsächlichen Verhältnisse** stellt die Rspr insbesondere bei der Beendigung des sozialversicherungsrechtlichen Beschäftigungsverhältnisses auf den Bestand der arbeitsrechtlichen Beziehungen ab. So hat das BSG die Fälligkeit und den Umfang des Beitragsanspruches von dem im Kündigungsschutzprozess festgestellten Ende des Arbeitsverhältnisses abhängig gemacht (Urt vom 25.9.81 – 12 RK 58/80, SozR 2100 § 25 Nr 3). Dies gilt auch dann, wenn der ArbN bis zum Ende des Arbeitsverhältnisses unwiderruflich von der Arbeit freigestellt ist (BSG 24.9.08 – B 12 KR 22/07 R, NZA-RR 09, 272).

91 **2. Pflichten der Vertragsparteien.** Bei Beginn des Arbeitsverhältnisses hat der ArbN seinem ArbGeb die für die SozV bedeutsamen Arbeitspapiere (s *Arbeitspapiere* Rz 19–24) auszuhändigen. Bei Beendigung der Beschäftigung ist der ArbGeb zur Ausfüllung (s *Arbeitsbescheinigung* Rz 17 ff) und Herausgabe der Arbeitspapiere an den ArbN verpflichtet. Zu den gegenüber den SozVTrägern bestehenden Melde- und Anzeigepflichten vgl *Meldepflichten Arbeitgeber* Rz 3 ff.

92 **3. Hinweispflicht.** Durch das Gesetz zur Neuregelung der geringfügigen Beschäftigungsverhältnisse vom 24.3.99 (BGBl I 99, 388) war der Anwendungsbereich des NachwG erweitert und § 2 Abs 1 NachwG um eine Hinweispflicht des ArbGeb für nach § 8 Abs 1 Nr 1 SGB IV geringfügig Beschäftigte ergänzt worden. Der ArbGeb hatte den geringfügig Beschäftigten schriftlich darauf hinzuweisen, dass er in der gesetzlichen RV die Stellung eines **versicherungspflichtigen Arbeitnehmers** erwerben konnte, wenn er nach § 5 Abs 2 Satz 2 SGB VI auf die Versicherungsfreiheit durch Erklärung gegenüber dem ArbGeb verzichtete. Mit dem Wegfall der Möglichkeit, auf die Versicherungsfreiheit in der RV zu verzichten, ist auch die Erforderlichkeit einer entsprechenden Hinweispflicht entfallen (Näheres: *Geringfügige Beschäftigung*).

Arbeitszeit

A. Arbeitsrecht

Poeche

Übersicht

	Rz		Rz
I. Allgemeines	1	III. Privates Arbeitszeitrecht	28–35
II. Öffentliches Arbeitszeitrecht	2–27	1. Dauer der Arbeitszeit	29–32
1. Geltungsbereich des ArbZG	3–6	a) Arbeitsvertrag	29
a) Räumlich	3	b) Wasch- und Umkleidezeiten	30
b) Persönlich	4	c) Wegezeiten	31
c) Ausnahmen	5, 6	d) Tarifliche Regelungen	32
2. Begriff	7, 8	2. Lage der Arbeitszeit	33–35
3. Beschränkungen der Arbeitszeit	9–16	a) Weisungsrecht	33, 34
a) Höchstdauer der werktäglichen Arbeitszeit	9–12	b) Billiges Ermessen	35
		IV. Rechte des Betriebsrats	36–45
b) Ruhepausen	13	1. Mitbestimmung	36–41
c) Ruhezeiten	14–16	a) Allgemeines	36
4. Abweichende Regelungen	17–22	b) Betriebsübliche Arbeitszeit/kollektiver Tatbestand	37
a) Persönlicher Anwendungsbereich	17–19	c) Rechtsprechungsübersicht	38–40
b) Inhaltlich zulässige Abweichungen	20	d) Tarifvorbehalt	41
		2. Überwachung	42
c) Weitere Ausnahmen	21, 22	3. Arbeitszeitquote	43
5. Schichtarbeit	23	4. Vorschlags- und Beratungsrecht	44
6. Gefährliche Arbeiten	24	5. Durchsetzung/Prozessuales	45
7. Aushänge, Dokumentation, Ordnungswidrigkeiten	25–27		

I. Allgemeines. Das Arbeitszeitrecht umfasst unterschiedliche Gegenstände mit der Folge, dass der Begriff „Arbeitszeit" nach dem jeweiligen Zusammenhang auszulegen ist. Das **öffentliche Arbeitszeitrecht** ist Teil des Arbeitsschutzes; Normadressat ist der ArbGeb. Das **private Arbeitszeitrecht** bestimmt, zu welchen Zeiten und für welche Dauer der ArbN zur Arbeitsleistung verpflichtet ist und dementsprechend – auch bei Ausfall der Arbeit – Anspruch auf Vergütung hat. Nach der Arbeitszeit iSd **Betriebsverfassung** richtet sich der Umfang der Beteiligungsrechte des BRat. 1

II. Öffentliches Arbeitszeitrecht. Seit dem zum 1.7.94 in Kraft getretenen ArbZG gilt ein für fast alle ArbNGruppen einheitliches Arbeitszeitrecht. Es bezweckt die **Sicherheit** und den **Gesundheitsschutz** der ArbN, begrenzt deshalb die höchstzulässige Arbeitszeit, verpflichtet zu Ruhepausen und -zeiten. Freiräume für die private Lebensgestaltung der ArbN sollen gesichert und die nach Art 140 GG und Art 39 WRV zu achtende Sonn- und Feiertagsruhe geschützt werden. Ferner dient das ArbZG der Sicherung des **Wirtschaftsstandorts** Deutschland durch die erleichterte Einführung flexibler Arbeitszeiten (§ 1 ArbZG; s *Arbeitszeitmodelle* Rz 1). 2

Soweit die arbeitszeitrechtlichen Vorschriften Gegenstand der Vereinbarung sein können, hat der ArbN auch ohne ausdrückliche Regelung gegen den ArbGeb Anspruch auf deren Einhaltung (BAG 11.7.06 – 9 AZR 519/05, NZA 07, 155). Vereinbarungen, die gegen das ArbZG verstoßen, sind **nichtig** (§ 134 BGB). § 139 BGB ist nicht anzuwenden; der Arbeitsvertrag bleibt im Übrigen wirksam (vgl BAG 11.4.06 – 9 AZR 610/05, NZA 06, 1042).

Bei der **Auslegung** und Anwendung des Gesetzes ist die Richtlinie 2003/88 EG über bestimmte Aspekte der Arbeitszeitgestaltung vom 4.11.03 (ABl Nr L 299), die die Richtlinie 93/104 zum 2.8.04 abgelöst hat, zu beachten (s *EU-Recht* Rz 3–5).

1. Geltungsbereich des ArbZG. a) Räumlich. Als öffentliches Recht beschränkt sich das ArbZG räumlich auf das Gebiet der BRD (Territorialitätsprinzip). Beschäftigung im Ausland wird auch dann nicht erfasst, wenn der ArbN nur vorübergehend entsandt ist (BAG 12.12.90 – 4 AZR 238/90, DB 91, 865). Es gilt **sachlich** in Betrieben und Verwaltungen aller Art, einschließlich der privaten Haushalte. 3

b) Persönlich. Das ArbZG gilt für ArbN. Das sind nach der Legaldefinition des § 2 Abs 2 ArbZG Angestellte, Arbeiter und die zu ihrer Berufsbildung Beschäftigten. Unerheblich ist der Inlandsort der Beschäftigung. Auch Reisende und ArbN, die zu Hause arbeiten (s *Telearbeit* Rz 2), unterliegen den Schutzbestimmungen. Nicht zu den ArbN gehören HeimArbN und ihnen Gleichgestellte. Die Abgrenzung zum freien Mitarbeiter oder zur ArbNÄhnlichen Person bestimmt sich nach allgemeinen Grundsätzen. 4

c) Ausnahmen. Gesetzlich ausgenommen sind leitende Angestellte iSd § 5 Abs 3 BetrVG sowie Chefärzte, Leiter von öffentlichen Dienststellen sowie ArbN im öffentlichen Dienst, die zu selbstständigen Entscheidungen in Personalangelegenheiten befugt sind. Keine Anwendung findet das Gesetz ferner auf ArbN, die in häuslicher Gemeinschaft mit den ihnen anvertrauten Personen zusammenleben und sie eigenverantwortlich erziehen, pflegen oder betreuen (gedacht ist zB an Mütter in SOS-Kinderdörfern) sowie im liturgischen Bereich der Kirchen und der Religionsgemeinschaften (§ 18 Abs 1 Nr 1–4 ArbZG). Die Beschäftigung von Personen unter 18 Jahren bestimmt sich nach dem JArbSchG (§ 18 Abs 2 ArbZG; s *Jugendarbeitsschutz* Rz 15 ff). 5

Weitere Ausnahmen finden sich in §§ 18 Abs 3, 19 bis 21 ArbZG: Für Besatzungsmitglieder auf Kauffahrteischiffen gilt das SeemG; Flug-, Flugdienst- und Ruhezeiten der Besatzungsmitglieder von Luftfahrzeugen richten sich nach der Zweiten DurchführungsVO zur Betriebsordnung für Luftfahrgerät und für das Fahrpersonal in der Binnenschifffahrt kommen ergänzend die Vorschriften der Binnen- und Rheinschifffahrt zur Anwendung. Zum **Fahrpersonal** im Übrigen s *Fahrtätigkeit*. 6

2. Begriff. Arbeitszeit iSd ArbZG ist die Zeit von Beginn bis zum Ende der Arbeit ohne die Ruhepausen (§ 2 Abs 1 ArbZG). Beginn und Ende werden nicht näher definiert. Ihre Bestimmung obliegt der Regelung durch Tarifvertrag, Betriebsvereinbarung oder Arbeitsvertrag. Sie beginnt spätestens mit Aufnahme der Tätigkeit und umfasst jedenfalls die Zeit, in der tatsächlich gearbeitet wird wie auch die, in sich der ArbN dem ArbGeb uneingeschränkt zur Verfügung hält und arbeitsbereit ist (s *Arbeitsbereitschaft* Rz 1; *Bereitschaftsdienst* Rz 2). In Betracht kommen zB das Erreichen des Betriebes, der Abteilung, der 7

59 Arbeitszeit

auswärtigen Baustelle. Sie kann auch die Zeit vom Verlassen der Wohnung bis zur Rückkehr umfassen (BAG 23.4.09 – 5 AZR 292/08, DB 09, 1602). Rufbereitschaft ist keine Arbeitszeit (EuGH 3.10.2000 – Rs C-303/98 SIMAP, NZA 2000, 1227). Näheres s *Rufbereitschaft* Rz 2. Ob Zeiten der BRatTätigkeit zur Arbeitszeit iSv § 2 Abs 1 ArbZG gehören, ist höchstrichterlich nicht entschieden. Dagegen sprechen die fehlenden Einflussmöglichkeiten des ArbGeb und die im Gegenzug eigenverantwortliche Ausgestaltung der BRatArbeit durch den BRatVorsitzenden und das einzelne BRatMitglied (ArbG Lübeck 7.12.99 – 6 Ca 2589/99, NZA-RR 2000, 427; LAG SchlHol 30.8.05 – 5 Sa 161/05, BeckRS 2005, 43079; *Wiebauer* NZA 13, 540; *Schulze/Tillmanns* ArbRAktuell 12, 475; aA *Schulze* ArbRAktuell 12, 475). Die Teilnahme des ArbN an Betriebsversammlungen iSd § 42 BetrVG ist Arbeitszeit (OVG NRW 10.5.11 – 4 A 1403/08, BeckRS 2011, 51413; aA *Bartz/Stratmann* NZA 13, 281: Ruhezeit).

8   Regelmäßig nicht erfasst wird die **Wegezeit**, also die Strecke des ArbN von der Wohnung zum Betrieb (Einzelheiten s *Fahrten zwischen Wohnung und Arbeitsstätte* Rz 1). Streitig ist die Bewertung von Dienstreisen (vgl BAG 11.7.2006 – 9 AZR 519/05, NZA 07, 155; s *Dienstreise* Rz 7). **Umkleide- und Waschzeiten** gehören idR zur Arbeitszeit iSd ArbZG, wenn der ArbGeb das Tragen einer bestimmten Berufskleidung und das Umkleiden im Betrieb vorschreibt (BAG 19.9.12 – 5 AZR 678/11, BeckRS 2012, 75900). Zur Vergütungspflicht s unten Rz 30. Besonderheiten bestehen im Bergbau unter Tage. Dort gelten auch Ruhepausen als Arbeitszeit (§ 2 Abs 1 Satz 2 ArbZG).

9   **3. Beschränkungen der Arbeitszeit. a) Höchstdauer der werktäglichen Arbeitszeit.** Die werktägliche Arbeitszeit darf die Dauer von acht Stunden nicht überschreiten (§ 3 Satz 1 ArbZG). Werktage sind die Tage von Montag bis Samstag. Es gilt damit grds die 48-Stunden-Woche. Die werktägliche Arbeitszeit kann ohne weitere inhaltliche Voraussetzungen und ohne Bindung an eine tarifliche Gestattung auf zehn Stunden verlängert werden, wenn innerhalb von sechs Kalendermonaten oder innerhalb von 24 Wochen im Durchschnitt acht Stunden werktäglich nicht überschritten werden (§ 3 Satz 2 ArbZG). Der für alle Tätigkeitsbereiche zugelassene Ausgleichszeitraum von sechs Monaten dürfte dem EU-Recht widersprechen. Art 6 der Arbeitszeitrichtlinie schreibt einen Ausgleichszeitraum von vier Monaten vor. Zum Anspruch auf Nachteilsausgleich bei überlangen Arbeitszeiten im öffentlichen Sektor s *Bereitschaftsdienst* Rz 9.

10 Die Ausdehnung des **Ausgleichszeitraums** ermöglicht es, saisonale Schwankungen ebenso auszugleichen wie auch Arbeitsspitzen aufzufangen. Erleichtert wird die flexible Handhabung insbesondere dadurch, dass die Tage mit erhöhter Arbeitszeit nicht innerhalb des Ausgleichszeitraums zu liegen brauchen. Die wöchentliche Arbeitszeit kann sich damit im Ergebnis auf bis zu sechzig Stunden – verteilt auf sechs Arbeitstage – belaufen und ermöglicht alle denkbaren *Arbeitszeitmodelle*, insbesondere der **gleitenden Arbeitszeit** (Näheres *Arbeitszeitmodelle* Rz 3).

11 **Sonntagsarbeit** wird auf die werktägliche Arbeitszeit angerechnet mit der Folge, dass die Höchstarbeitszeiten einschließlich der Ausgleichszeiten hierdurch nicht überschritten werden dürfen (§ 11 Abs 2 ArbZG).

12 Die Arbeitszeit bei **mehreren Arbeitgebern** ist zusammenzurechnen (§ 2 Abs 1 ArbZG). Weiß der ArbGeb von einem weiteren Arbeitsverhältnis des ArbN, muss er sich zur Vermeidung von Ordnungs- oder Strafmaßnahmen über die Einhaltung der Arbeitszeitgrenzen vergewissern. Wegen der Besonderheit des Kraftverkehrs s *Fahrtätigkeit*. Zur arbeitsvertraglichen Sanktion s *Nebentätigkeit* Rz 15.

13 b) **Ruhepausen** s *Pause* Rz 1 ff.

14 c) **Ruhezeiten. aa) Begriff.** Nach Beendigung der täglichen Arbeitszeit muss der ArbN eine ununterbrochene Ruhezeit von mindestens elf Stunden haben (§ 5 Abs 1 ArbZG). Ruhezeit bedeutet arbeitsfreie Zeit; der ArbN darf zu keiner Arbeitsleistung herangezogen werden. Ruhezeit ist auch die Zeit, die der ArbN für die Strecke von seiner Wohnung zur Arbeitsstelle und zurück benötigt. Die sog Wegezeit muss schon deshalb unberücksichtigt bleiben, weil der ArbGeb als Adressat des Arbeitszeitschutzes keinen Einfluss auf die Wohnsituation des ArbN hat.

15 **bb) Rufbereitschaft.** Zum Begriff, rechtliche Einordnung als Ruhezeit und deren Unterbrechung durch tatsächliche Arbeitsaufnahme *Rufbereitschaft* Rz 2.

Arbeitszeit

cc) Verkürzung der Ruhezeit. Die Ruhezeit kann auf bis zu zehn Stunden verkürzt werden (§ 5 Abs 2 ArbZG): In Krankenhäusern und anderen Einrichtungen zur Behandlung, Pflege und Betreuung von Personen, in Gaststätten und sonstigen Bewirtung- und Beherbergungsbetrieben, in Verkehrsbetrieben, beim Rundfunk sowie in der Landwirtschaft und in der Tierhaltung. Vorausgesetzt wird, dass jede Verkürzung der Ruhezeit innerhalb eines Kalendermonats oder innerhalb von vier Wochen durch Verlängerung einer anderen Ruhezeit auf mindestens zwölf Stunden ausgeglichen wird. 16

4. Abweichende Regelungen. a) Persönlicher Anwendungsbereich. Nach § 7 ArbZG kann vielfältig von den Schutzbestimmungen der §§ 3 bis 6 ArbZG abgewichen werden; sie bedürfen idR einer besonderen **Legitimation** durch die Tarifvertragsparteien im **Tarifvertrag** oder einer im Tarifvertrag enthaltenen Öffnungsklausel zugunsten von **Betriebs- oder Dienstvereinbarungen.** Im Geltungsbereich eines Tarifvertrages können die tariflichen Regelungen im Betrieb eines nicht tarifgebundenen ArbGeb ebenfalls angewendet werden. Voraussetzung ist die Übernahme der Tarifvorschriften durch Betriebsvereinbarung oder, wenn ein BRat nicht besteht, eine **schriftliche Vereinbarung** mit dem ArbN. Das Schriftformerfordernis dient vorrangig der Beweiserleichterung der Aufsichtsbehörde in Straf- oder Bußgeldverfahren. Nicht erforderlich ist es, den Tarifvertrag in seiner Gänze zu vereinbaren; die Übernahme kann auf die Arbeitszeitvorschriften beschränkt werden. Enthält der Tarifvertrag eine Öffnungsklausel, kann auch der nicht tarifgebundene ArbGeb in seinem Betrieb durch Betriebsvereinbarung hiervon Gebrauch machen (§ 7 Abs 1–3 ArbZG). 17

Kirchen und **öffentlich-rechtliche Religionsgesellschaften** einschließlich ihrer karitativen und pflegerischen Einrichtungen können die den Tarifvertragsparteien eröffneten Möglichkeiten ebenfalls nutzen und alle zulässigen Abweichungen in ihren Vertragsregeln vorsehen (§ 7 Abs 4 ArbZG). Zu den Anforderungen an eine „Kirchliche" Regelung: BAG 16.3.04 – 9 AZR 93/03, NZA 04, 927. 18

In einem Bereich, in dem üblicherweise keine Tarifverträge geschlossen werden, können die sonst zulässigen Ausnahmen durch die **Aufsichtsbehörde** bewilligt werden. Die amtl Begründung nennt hier zB die freien Berufe (außer Ärzten), IHK, ArbGebVerbände wie auch Gewerkschaften. Die Bewilligung darf nur erfolgen, wenn die Außerachtlassung der Grundnormen aus betrieblichen Gründen erforderlich ist und die Gesundheit der ArbN nicht gefährdet wird (§ 7 Abs 5 ArbZG). Die **Bundesregierung** ist mit Zustimmung des Bundesrates zum Erlass entsprechender RechtsVO ermächtigt (§ 7 Abs 6 ArbZG). 19

b) Inhaltlich zulässige Abweichungen. Der Ausgleichszeitraum kann ausgedehnt werden (§ 7 Abs 1 ArbZG). Die **Ruhezeit** kann um bis zu zwei Stunden gekürzt werden, wenn die Art der Arbeit dies erfordert und die Kürzung innerhalb eines festzulegenden Zeitraums auszugleichen ist (§ 7 Abs 1 Nr 1–3 ArbZG). Zu Abweichungen bei Arbeitsbereitschaft und Bereitschaftszeiten s *Arbeitsbereitschaft* Rz 3–5, *Bereitschaftsdienst* Rz 3, *Rufbereitschaft* Rz 2. 20

In der **Landwirtschaft** können die Arbeits- und Ruhezeiten (nicht die Pausen) der Bestellungs- und Erntezeit sowie den Witterungseinflüssen angepasst werden. Das betrifft Unternehmen, die der landwirtschaftlichen UV unterliegen. Im Interesse der Krankenbehandlung und Betreuung von Personen können Arbeitszeit, Ruhepause und Ruhezeit der Eigenart dieser Tätigkeit und dem Wohl dieser Personen entsprechend angepasst werden. Das gilt für **Krankenhäuser,** aber auch Alters- und Jugendheime sowie vergleichbare Einrichtungen. Entsprechendes ist für den **öffentlichen Dienst** und ArbGeb zulässig, die an einen Tarifvertrag des öffentlichen Dienstes oder an einen im Wesentlichen inhaltsgleichen Tarifvertrag gebunden sind (§ 7 Abs 2 Nr 1–4 ArbZG). Im letzteren Fall gelten abweichende Regelungen auch bei fehlender Tarifbindung des ArbGeb, wenn er die Tarifverträge des öffentlichen Dienstes anwendet und er seine Kosten mit Zuwendungen iSd Haushaltsrechts deckt (§ 7 Abs 3 Satz 3 ArbZG).

c) Weitere Ausnahmen. Der ArbGeb kann von allen Arbeitszeitvorschriften beim Vorliegen **eines außergewöhnlichen Falles,** der unabhängig vom Willen des Betroffenen eintritt und dessen Folgen nicht auf andere Weise zu beseitigen sind, sowie in **Notfällen** abweichen. Vorübergehende Arbeiten dürfen erledigt werden. Das Gesetz nennt beispielhaft das drohende Verderben von Lebensmitteln, von Rohstoffen und das Misslingen von Arbeitsergebnissen (§ 14 Abs 1 ArbZG). Unter dem **Vorbehalt,** dass dem ArbGeb andere Vorkehrungen nicht zugemutet werden können, darf eine verhältnismäßig geringe Zahl von 21

59   Arbeitszeit

ArbN vorübergehend mit solchen Arbeiten beschäftigt werden, deren Nichterledigung das Ergebnis der Arbeiten gefährden oder einen unverhältnismäßigen Schaden zur Folge haben würden. Entsprechendes gilt bei Forschung und Lehre, bei unaufschiebbaren Vor- und Abschlussarbeiten sowie bei unaufschiebbaren Arbeiten zur Behandlung, Pflege und Betreuung von Personen oder zur Behandlung und Pflege von Tieren an einzelnen Tagen (§ 14 Abs 2 ArbZG).

22   Die **Aufsichtsbehörde** kann weitere Ausnahmen bewilligen, zB längere Arbeitszeiten für kontinuierliche Schichtbetriebe zur Erreichung zusätzlicher Freischichten und für Bau- und Montagestellen, im Bereich der Saison- und Kampagnebetriebe, im öffentlichen Dienst eine abweichende Dauer und Lage der Ruhezeit. Gedacht ist hier zB an die Winter- und Streudienste (vgl § 15 Abs 1 Nr 1–4 ArbZG). Sonstige Ausnahmen können zugelassen werden, soweit sie im öffentlichen Interesse dringend nötig sind. Weiter gehende Befugnisse bestehen im Geschäftsbereich des Bundesministeriums der Verteidigung (§ 14 Abs 2 und 3 ArbZG).

23   **5. Schichtarbeit.** Die Arbeitszeit der SchichtArbN ist gem § 6 Abs 1 nach den gesicherten wissenschaftlichen Erkenntnissen über die menschengerechte Gestaltung der Arbeit festzulegen. Eine gesetzliche Definition der Schichtarbeit fehlt. Abzustellen ist deshalb auf die allgemeine arbeitsrechtliche Bedeutung des Begriffs. Kennzeichnend für Schichtarbeit ist, dass eine bestimmte Arbeitsaufgabe nicht innerhalb der Arbeitszeit eines ArbN erledigt wird und sich mehrere ArbN (mindestens zwei) oder ArbNGruppen nach einem feststehenden Plan ablösen. Nicht verlangt wird Identität des Arbeitsplatzes, sondern die der Arbeitsaufgabe (BAG 20.6.90 – 4 AZR 5/90, NZA 90, 861). Schichtarbeit ist regelmäßig, wenn sie sich in gleichen Abständen wiederholt. Beginn und Ende können dabei variieren (BAG 24.1.01 – 10 AZR 106/00, EzA BGB § 612 Schichtarbeit Nr 2 s auch *Nachtarbeit* Rz 8).

24   **6. Gefährliche Arbeiten.** Bei arbeitsplatzbedingt besonderen Gefahren für die Gesundheit der ArbN können die Grundnormen des Arbeitszeitrechts durch RechtsVO weitergehend eingeschränkt werden.

25   **7. Aushänge, Dokumentation, Ordnungswidrigkeiten.** Der ArbGeb ist verpflichtet, einen Abdruck des ArbZG, der aufgrund des Gesetzes erlassenen, für den Betrieb geltenden RechtsVO und der für den Betrieb geltenden Tarifverträge und Betriebsvereinbarungen an geeigneter Stelle im Betrieb zur Einsichtnahme auszulegen oder auszuhängen (§ 16 Abs 1 ArbZG). Nach § 16 Abs 2 ArbZG hat er außerdem **Aufzeichnungspflichten**. Aufzuzeichnen ist die über die werktägliche Arbeitszeit des § 3 Satz 1 hinausgehende Arbeitszeit. Nicht einbezogen sind danach Arbeitsstunden bis zu acht Stunden werktäglich, das sind die Tage Montag bis Samstag. Dagegen sind sämtliche an Sonn- und Feiertagen geleisteten Arbeitsstunden zu dokumentieren (ausführlich ErfK/*Wank* ArbZG § 16 Rz 8). Diese Pflichten gelten ausnahmslos für alle Arbeitszeitmodelle, damit auch bei der sog Vertrauensarbeitszeit (zum Begriff *Arbeitszeitmodelle* Rz 15; aA *Schlottfelder/Hoff* NZA 01, 530). Für die Rechtsbeziehungen zwischen ArbGeb und ArbN hat der Streit keine weitere Bedeutung. Die Aufzeichnungen sollen den Aufsichtsbehörden die Kontrolle des Arbeitszeitrechts ermöglichen. Sie dienen nicht der Beweissicherung für Ansprüche des ArbN auf Vergütung oder zur Begründung von Leistungsverweigerungsrechten wegen Überschreitung der gesetzlich bestimmten Höchstgrenzen.

26   Eine andere Frage ist, ob der ArbGeb den ArbN rechtswirksam verpflichten kann, seine geleisteten Stunden aufzuzeichnen und sich hierdurch der Aufsichtsbehörde gegenüber bei Verstößen gegen das ArbZG zu entlasten. Arbeitsrechtlich bestehen keine Bedenken, den ArbN zur Dokumentation der geleisteten Stunden zu verpflichten. Eine solche Anordnungsbefugnis beruht auf dem Weisungsrecht des ArbGeb. Dadurch wird aber **keine Freizeichnung** gegenüber der Aufsichtsbehörde bewirkt. Adressat des Arbeitsschutzes ist der ArbGeb. Er kann allein dem Personenkreis des § 9 Abs 2 OWiG die Aufzeichnung übertragen. Hierzu gehören nur Personen, denen die selbstständige Betriebsleitung (ganz oder teilweise) übertragen ist oder die eigenverantwortlich Aufgaben wahrzunehmen haben, die an sich dem ArbGeb obliegen. Die Aufzeichnungen sind mindestens zwei Jahre aufzubewahren (§ 16 ArbZG). Die Verletzung der Aushangspflicht kann als Ordnungswidrigkeit mit **Geldbuße** bis zu 2500 € geahndet werden, die der Aufzeichnungspflicht mit Geldbuße bis zu 15 000 €. Der hohe Rahmen gilt auch für andere Verstöße gegen die Bestimmungen des ArbZG (§ 22 ArbZG). Vorsätzliche Tatbegehung, die den ArbN gefähr-

Arbeitszeit

det und beharrliche Wiederholung begründen Strafbarkeit mit einem Freiheitsstrafrahmen bis zu einem Jahr (§ 23 ArbZG).

Der **Aufsichtsbehörde** steht zur Kontrolle der Einhaltung des Gesetzes und der RechtsVO 27 das gesamte Instrumentarium der öffentlichen Hand zur Verfügung wie Anordnung von Auskünften und Vorlage von Unterlagen, Betretungs- und Besichtigungsrechte (§ 17 ArbZG).

III. Privates Arbeitszeitrecht. Das private Arbeitszeitrecht betrifft die sich aus dem 28 Arbeitsvertrag ergebenden wechselseitigen **Hauptpflichten,** also Arbeitspflicht des ArbN und Entgeltpflicht des ArbGeb (§ 611 Abs 1 BGB). Es bestimmt **Dauer und Lage** der Zeiten, in denen der ArbN dem ArbGeb seine Arbeitskraft zur Verfügung zu stellen hat und für die der ArbGeb dem ArbN **Entgelt** schuldet, einschließlich der Zeiten, in denen der ArbN nicht arbeitet, ohne die ausgefallene Arbeitszeit nachleisten zu müssen (s *Annahmeverzug* Rz 14 ff, *Entgeltfortzahlung* Rz 1; *Urlaubsentgelt* Rz 1). Während die Dauer der Arbeitszeit grds vertraglich zu vereinbaren ist, bleibt ihre Verteilung idR dem *Weisungsrecht* des ArbGeb überlassen. Die **Vertragsfreiheit** der Parteien wird durch das **öffentlich-rechtliche Arbeitszeitrecht** begrenzt; entgegenstehende Vereinbarungen/Anordnungen sind nichtig (§ 134 BGB). Der ArbN braucht sie nicht einzuhalten; gleichwohl erbrachte Arbeitsleistung ist zu entgelten (s *Überstunden* Rz 2).

1. Dauer der Arbeitszeit. a) Arbeitsvertrag. aa) Erstmalige Festlegung. Der zeitli- 29 che Umfang der Arbeitszeit ist grds zu vereinbaren (im Arbeitsvertrag/durch Bezugnahme auf einen Tarifvertrag) und als wesentliche Arbeitsbedingung schriftlich niederzulegen (§ 2 Abs 1 Nr 7 NachwG). Bezugsrahmen können Tag/Woche/Monat oder Jahr sein. Die Vertragsarbeitszeit ist bei Streit über den Vertragsinhalt durch Auslegung zu ermitteln; eine stillschweigende Festlegung ist nicht ausgeschlossen (§§ 133, 157 BGB). Im Zweifel ist die **betriebsübliche Arbeitszeit** vereinbart (BAG 15.5.13 – 10 AZR 325/12, BeckRS 2013, 71556) und, soweit keine Anhaltspunkte für eine *Teilzeitbeschäftigung* bestehen, von einer **Vollzeitbeschäftigung** auszugehen. Hierfür ist auf die einschlägige tarifliche Regelung zurückzugreifen (BAG 15.5.13 – 10 AZR 325/12, BeckRS 2013, 71556; 21.6.11 – 9 AZR 236/10, NZA 11, 1274). „Betriebsübliche Arbeitszeit" für Vollzeitkräfte ist die in dem jeweiligen Betrieb regelmäßig geleistete Arbeitszeit. Bei tarifgebundenen ArbGeb ist dies regelmäßig die tarifliche Arbeitszeit. Der **Bezugsrahmen** ist zu vereinbaren, andernfalls ist eine vom ArbGeb vorformulierte Arbeitszeitklausel intransparent iSv § 307 Abs 1 Satz 2 BGB (zB „Der ArbN ist verpflichtet, im monatlichen Durchschnitt 150 Stunden zu arbeiten"). Das **Transparenzgebot** soll der Gefahr vorbeugen, dass der Vertragspartner des Klauselverwenders davon abgehalten wird, bestehende Rechte durchzusetzen. Diese Gefahr besteht nicht bei der Abrede: „Die monatliche Arbeitszeit beträgt 150 Stunden". Unwirksam ist dagegen eine Klausel, nach der sich die Dauer der Arbeitszeit nach dem „jeweiligen Arbeitsanfall" richtet (LAG Düsseldorf 17.4.12 – 8 Sa 1334/11, NZA-RR 12, 563). Ausführlich zu den Rechtsfolgen intransparenter Arbeitszeitabreden *Preis* RdA 12, 101.

bb) Änderungen. Die Arbeitsvertragsparteien können den zeitlichen Umfang der Arbeitspflicht des ArbN (und damit zugleich den Umfang der Beschäftigungspflicht des ArbGeb) jederzeit **einvernehmlich ändern,** und zwar sowohl erhöhen als auch verringern. Eine vom Arbeitsvertrag abweichende tatsächliche Handhabung rechtfertigt allein nicht den Schluss auf eine rechtsgeschäftliche Vertragsänderung. Zu berücksichtigen sind die Absprachen und die Umstände, die dem erhöhten/verringerten Arbeitseinsatz zugrunde liegen (st Rspr BAG 26.9.12 – 10 AZR 336/11, BeckRS 2013, 65304; 25.4.07 – 5 AZR 504/06, NZA 07, 801; BAG 21.6.11 – 9 AZR 236/10, NZA 11, 1274). Das Weisungsrecht ermöglicht keine einseitige Änderung der Arbeitszeitdauer durch den ArbGeb (Weisungsrecht Rz 4). Zur **Flexibilisierung** durch Abrufarbeit s *Teilzeitbeschäftigung* Rz 64. Eine „nicht ausgehandelte" **befristete Erhöhung** der vertraglich vereinbarten Arbeitszeit unterliegt der AGB-Kontrolle nach §§ 305 ff BGB und nicht der „Sachgrund"-Kontrolle iSd Befristungsrechts (BAG 15.12.11 – 7 AZR 394/10, NZA 12, 674; 8.8.07 – 7 AZR 855/06, NZA 08, 229; dazu *Befristetes Arbeitsverhältnis* Rz 21 ff). Zum Ausschluss einer unangemessenen Benachteiligung des ArbN (§ 307 Abs 1 Satz 1 BGB) ist deshalb stets eine Interessenabwägung erforderlich. Von einer unangemessenen Benachteiligung geht das BAG bei einer Erhöhung im erheblichen Umfang (hier: für drei Monate um $^{4}/_{8}$) aus, soweit hierfür kein

59 Arbeitszeit

Befristungsgrund iSv § 14 Abs 1 TzBfG vorliegt (BAG 18.12.11 – 7 AZR 394/10, NZA 12, 674; vgl auch BAG 2.9.09 – 7 AZR 233/08, NZA 09, 1253).

30 **b) Wasch- und Umkleidezeiten.** Ob derartige Zeiten zur vergütungspflichtigen Arbeitszeit rechnen, bestimmt sich zunächst nach dem Inhalt des Arbeitsvertrags/anzuwendenden Tarifvertrags (vgl BAG 28.7.94 – 6 AZR 220/94, DB 95, 434 bejaht für Krankenschwester; BAG 22.3.95 – 5 AZR 934/93, DB 95, 2073 verneint für Koch; BAG 18.5.11 – 5 AZR 181/10, NZA 11, 1247: offen gelassen für Intensivkrankenpfleger). Fehlt eine ausdrückliche Regelung, greift § 611 Abs 1 BGB ein. Danach gilt, dass der ArbGeb die Vergütung für alle Dienste „verspricht", die er dem ArbN aufgrund seines *Weisungsrechts* abverlangt. Zu den Diensten gehört auch das Umkleiden für die Arbeit, wenn der ArbGeb das Tragen einer bestimmten Berufskleidung verlangt und das Umkleiden im Betrieb erfolgen muss (BAG 19.9.12 – 5 AZR 678/11, BeckRS 2012, 75900 unter ausdrücklicher Aufgabe von BAG 11.10.2000 – 5 AZR 122/00, NZA 01, 458). Beginnt und endet die Arbeit mit dem Umkleiden, zählen folgerichtig auch die innerbetrieblichen Wege zur vergütungspflichtigen Arbeitszeit, wenn der Ort des Umkleidens nicht zugleich der eigentliche Arbeitsplatz ist. Vergütungspflichtig ist allerdings nur die Zeitspanne, die für den einzelnen ArbN unter Ausschöpfung seiner persönlichen Leistungsfähigkeit für Umkleiden und Zurücklegung des Weges zur Arbeitsstelle erforderlich ist.

31 **c) Wegezeiten.** Üblicherweise erbringt ein ArbN durch den **Weg zur Arbeit** keine Arbeitsleistung (BAG 21.12.06 – 6 AZR 341/06, NZA 08, 136). Aber auch hier gilt, dass zu den „Diensten", die der ArbGeb nach § 611 BGB zu vergüten verpflichtet ist, nicht nur die eigentliche Tätigkeit, sondern jede vom ArbGeb im Gegenseitigkeitsverhältnis verlangte sonstige Tätigkeit oder Maßnahme, die mit der eigentlichen Tätigkeit oder der Art und Weise von deren Erbringung unmittelbar zusammenhängt und damit auch das vom ArbGeb angeordnete Fahren vom Betrieb zu einer auswärtigen Arbeitsstelle (BAG 12.12.12 – 5 AZR 355/12, BeckRS 2013, 67178). Entsprechendes gilt für Reisezeiten eines Außendienstmitarbeiters, der auswärtige Kunden zu besuchen hat. Seine Arbeitszeit beginnt regelmäßig mit dem Verlassen der Wohnung, wenn er die Kunden von dort aus (und nicht von der Betriebsstätte) aufsucht. Eine entgegenstehende Betriebsvereinbarung tritt als ungünstigere Regelung zurück (BAG 22.4.09 – 5 AZR 292/08, DB 09, 1602); s auch *Dienstreise* Rz 4–8. Eine andere Frage ist, wie diese Wegezeiten zu vergüten sind. Denn für eine andere als die eigentliche Tätigkeit kann eine gesonderte Vergütung verabredet werden (BAG 12.12.12 – 5 AZR 355/12, BeckRS 2013, 67178).

32 **d) Tarifliche Regelungen.** Tarifliche Arbeitszeitnormen gelten unmittelbar für die tarifgebundenen Parteien (§ 3 Abs 1 TVG), auf Grund Allgemeinverbindlicherklärung (§ 5 TVG) oder infolge einer (wirksamen) Bezugnahme im Arbeitsvertrag (Näheres dazu *Tarifvertrag* Rz 12; zur Bezugnahme bei AGB *Stoffels/Bieder* RdA 12, 27). Eine Inhaltskontrolle der tariflichen Bestimmung findet nicht statt (§ 310 Abs 4 BGB). Da jeder Tarifvertrag immanent unter dem Vorbehalt späterer Änderung steht (BAG 24.9.08 – 6 AZR 76/07, NZA 09, 154), können die Tarifvertragsparteien die regelmäßige tarifliche Arbeitszeit auf Dauer oder befristet, verringern oder erhöhen mit und ohne Folgen für den Entgeltanspruch des ArbN. Derartige **Arbeitszeit- und Entgeltbestimmungen** sind **ausnahmsweise unwirksam,** wenn sie unter Berücksichtigung der Besonderheiten der vom Tarifvertrag erfassten Beschäftigungsbetriebe und den dort ausgeübten Tätigkeiten gegen elementare Gerechtigkeitsanforderungen aus Art 2 und Art 20 GG verstoßen (BAG 28.5.09 – 6 AZR 144/08, DB 09, 1769; 24.3.04 – 5 AZR 303/03, NZA 04, 971). Diese Grenzen sind nicht überschritten, wenn ein Ergänzungstarifvertrag zur Vermeidung betriebsbedingter Kündigungen dem ArbN die Wahl überlässt, die tarifliche Arbeitszeit ohne Entgeltausgleich zu erhöhen oder das Arbeitsentgelt bei gleichbleibender Arbeitszeit abzusenken (BAG 13.10.11 – 6 AZR 514/10, BeckRS 2012, 68680; Zur Nachwirkung einer tariflichen Arbeitszeitregelung BAG 16.5.12 – 4 AZR 366/10, BeckRS 2012, 73476; Anm *Haußmann* ArbRAktuell 12, 330208. Außerdem kann das **Weisungsrecht** des ArbGeb durch Tarifvertrag **erweitert** (richtiger: gestaltet oder begründet) werden, dh die Tarifvertragsparteien können den ArbGeb berechtigen, die Dauer der Arbeitszeit festzulegen, soweit sie die Voraussetzungen seines Leistungsbestimmungsrechts konkretisieren (BAG 22.5.85 – 4 AZR 427/83, NZA 86, 166). Bei der Inanspruchnahme einer tariflich erlaubten Arbeitszeitverkürzung ist der ArbGeb nicht an billiges Ermessen gebunden (BAG 14.1.09 – 5 AZR 75/08, NZA 09, 984 [Ls]).

Arbeitszeit 59

2. Lage der Arbeitszeit. a) Weisungsrecht. Vorbehaltlich der Mitbestimmung des 33
BRat (dazu unten Rz 36 ff) kann der ArbGeb Beginn und Ende der täglichen Arbeit sowie
die Lage der Pausen auf Grund seines **Weisungsrechts** festlegen (BAG 18.4.12 – 5 AZR
195/11, NZA 12, 796). Etwas anderes gilt nur bei einer individuellen Arbeitszeitvereinbarung, wie sie oft bei Teilzeitkräften gegeben ist (s *Teilzeitbeschäftigung* Rz 6). Derartige
vertragliche Festlegungen sind bei Vollzeitbeschäftigten nur ausnahmsweise anzunehmen.
Voraussetzung ist zumindest, dass der ArbN bei Abschluss des Arbeitsvertrages die Lage der
betrieblichen Arbeitszeit ausdrücklich anspricht und deutlich macht, dass er unabhängig von
betrieblichen Veränderungen eben diese Arbeitszeit auf Dauer will (BAG 23.6.92 – 1 AZR
57/92, DB 93, 788; 15.9.09 – 9 AZR 757/08, NZA 09, 1333). Erklärungen des ArbGeb im
Einstellungsgespräch über die Art der Dienstaufnahme und des Dienstendes (hier: Kontrollschaffner) stellen lediglich einen Hinweis auf die bestehende Praxis dar (BAG 7.12.00 –
6 AZR 444/99, NZA 01, 780). Auch deren langjährige Beibehaltung begründet weder
einen „Anspruch" aus betrieblicher Übung noch führt sie zur sog **Konkretisierung,** also zur
Bindung des ArbGeb an die eingeführte Verteilung der Arbeitszeit und zum Verzicht auf das
Weisungsrecht (vgl BAG 10.7.03 – 6 AZR 372/02, AP TVAL II § 9 Nr 6). Insbesondere ist
der ArbGeb nicht gehalten, bei Zuweisung eines Arbeitsplatzes darauf hinzuweisen, er
behalte sich künftige Umsetzungen vor. Ein derartiger **Vorbehalt** ist, wenn die Zuweisung
der Arbeit auf dem Weisungsrecht beruht, als selbstverständlich zu unterstellen.

Vorbehaltlich einer Beschränkung durch Tarif- oder Arbeitsvertrag und Mitbestimmung 34
des BRat kann der ArbGeb auch den **Arbeitszeitrahmen** einseitig verändern. Schichtdienst, zeitversetzte wie auch geteilte Dienste können eingeführt werden (dazu LAG Köln
14.12.11 – 9 Sa 796/11, BeckRS 2012, 66758 m Anm *Pacholski* öAT), Ruf- und Bereitschaftsdienste eingeführt und aufgegeben werden (BAG 19.6.85 – 5 AZR 57/84, DB 86,
132). Der ArbGeb ist auch nicht durch eine langjährige Übung, wonach ein Teil der Arbeitszeit außerhalb des Dienstgebäudes abgeleistet werden darf, gehindert die ArbN anzuweisen,
in Zukunft die gesamte Arbeitszeit im Dienstgebäude zu verbringen (BAG 11.10.95 –
5 AZR 802/94, DB 96, 834).

b) Billiges Ermessen. Die Festlegung der Arbeitszeit muss billigem Ermessen entspre- 35
chen (s *Weisungsrecht* Rz 4, 17). Familiäre Belange sind bei der Verteilung der Arbeitszeit zu
berücksichtigen (LAG Köln 27.3.12 – 12 Sa 987/11, BeckRS 2012, 69615). Das gilt auch
für eine gewerkschaftliche Betätigung des ArbN (BAG 13.8.10 – 1 AZR 173/09, NZA-RR
10, 640). Erfordert die Verteilung der Arbeitszeit eine personelle Auswahlentscheidung
zwischen mehreren ArbN, sind die Grundsätze zur sozialen Auswahl im Rahmen einer
betriebsbedingten Kündigung nicht anzuwenden (BAG 23.9.04 – 6 AZR 576/03, NZA 05,
359). Es ist nicht unbillig, wenn mit der Änderung der Arbeitszeit Zulagen entfallen, die die
besondere zeitliche Belastung des ArbN ausgleichen sollen (BAG 23.6.92 – 1 AZR 57/92,
DB 93, 788).

IV. Rechte des Betriebsrats. 1. Mitbestimmung. a) Allgemeines. Der BRat hat 36
mitzubestimmen bei der Festlegung von Beginn und Ende der täglichen Arbeitszeit einschließlich der Pausen und ihre Verteilung auf die einzelnen Wochentage (§ 87 Abs 1 Nr 2
BetrVG) sowie bei der vorübergehenden Verkürzung oder Verlängerung der betriebsüblichen Arbeitszeit (§ 87 Abs 1 Nr 3 BetrVG). Die Mitbestimmung nach § 87 Abs 1 Nr 2
BetrVG bezweckt den Schutz der ArbNInteressen an einer sinnvollen Abfolge von Arbeitszeit und Freizeit. Gegenstand ist die Festlegung der Zeit, während der der ArbN seine
vertraglich vereinbarte Arbeit tatsächlich erbringen soll. Das Weisungsrecht des ArbGeb steht
insoweit unter dem Vorbehalt des Einverständnisses des BRat. Bei der Verlängerung der
betriebsüblichen Arbeitszeit nach § 87 Abs 1 Nr 3 BetrVG geht es um den Gesundheitsschutz (Schutz vor Überforderung) und um die gerechte Verteilung der zu ändernden
betriebsüblichen Arbeitszeiten auf die ArbN. Der **betriebsverfassungsrechtliche Begriff**
der Arbeitszeit deckt sich deshalb weder mit dem des ArbZG noch führt eine arbeitsvertragliche Vergütungspflicht bestimmter Zeiten ohne weiteres zur Mitbestimmung des BRat.

b) Betriebsübliche Arbeitszeit/kollektiver Tatbestand. Betriebsüblich ist jede Ar- 37
beitszeit, die für einen bestimmten Arbeitsplatz eines ArbN oder ArbNGruppen gelten. In
einem Betrieb können also mehrere betriebsübliche Arbeitszeiten bestehen. Vorausgesetzt
wird stets ein kollektiver Tatbestand (s *Mitbestimmung, soziale Angelegenheiten* Rz 2; auch

59 Arbeitszeit

Überstunden Rz 18, 19). Der Mitbestimmung entzogen ist die **Dauer der individuellen Arbeitszeit** (BAG 22.7.03 – 1 ABR 28/02, NZA 04, 507). Die nicht nur vorübergehende Erhöhung der regelmäßigen Arbeitszeit eines ArbN fällt daher nicht unter § 87 Abs 1 Nr 3 BetrVG. Sie stellt aber eine mitbestimmungspflichtige Einstellung nach § 99 Abs 1 S 1 BetrVG dar, wenn sie für mehr als einen Monat vorgesehen ist und mindestens zehn Stunden pro Woche beträgt (BAG 9.12.08 – 1 ABR 74/07, NZA 09, 260). Ein kollektiver Tatbestand liegt nicht erst dann vor, wenn mehrere ArbN betroffen sind. Auch die Änderung der Lage der Arbeitszeit der einzigen im Betrieb tätigen Reinigungskraft kann das Mitbestimmungsrecht auslösen, wenn dies nicht allein auf ihre spezifischen Wünsche und Bedürfnisse zurückgeht. (LAG Hamm 22.6.12 – 13 TaBV 16/12, BeckRS 2012, 73125 nrkr)Das Überschreiten einer tariflichen Jahresarbeitszeit löst für sich keine Rechte des BRat aus (BAG 11.12.01 – 1 ABR 3/01, DB 02, 2002). Bei LeihArbN kommt es darauf an, welcher ArbGeb die mitbestimmungspflichtige Arbeitszeitregelung trifft (BAG 19.6.01 – 1 ABR 01/43, NZA 01, 1263; vgl auch LAG Hess 1.9.11 – 5 TaBV 44/11, BeckRS 2012, 69433, Anm *Schindele* ArbRAktuell 12, 297). Die vereinbarte betriebliche Regelung darf dem ArbGeb nicht die alleinige Gestaltung der betriebsüblichen Arbeitszeit überlassen (LAG Nds 20.2.11 – 9 TaBV 66/11, BeckRS 2012, 68033; vgl BAG 18.4.89 – 1 ABR 2/88, NZA 89, 807).

38 **c) Rechtsprechungsübersicht.** Mitbestimmungspflichtig sind Einführung, Abbau sowie Ausgestaltung sämtlicher Arbeitszeitformen wie zB flexible Arbeitszeiten, Ruf- und Bereitschaftsdienst, Schichtarbeit, rollierende Systeme, Gleitzeit s *Arbeitszeitmodelle* Rz 6–14. Das Mitbestimmungsrecht erstreckt sich auf die Aufstellung von Dienst- und Schichtplänen sowie auf die ersatzlose Streichung einer oder mehrerer Schichten, die mit dem BRat schon in einem Jahresarbeitsplan festgelegt sind (BAG 1.7.03 – 1 ABR 22/02, NZA 03, 1209; anders für die endgültige ersatzlose Absage geplanter Mehrarbeit, LAG Köln 17.1.12 – 11 TaBV 80/12, BeckRS 2012, 71358). Bei **Schichtarbeit** sind mitbestimmungspflichtig: das Ob von Schichtarbeit, die Festlegung der zeitlichen Lage der einzelnen Schichten, die Abgrenzung des Personenkreises, der Schichtplan als solcher und dessen nähere Ausgestaltung sowie die Zuordnung der ArbN zu den einzelnen Schichten (BAG 19.6.12 – 1 ABR 19/11, NZA 12, 1237; auch zur hier bejahten Zuständigkeit des Gesamtbetriebsrats.

39 Die Mitbestimmung kann dazu führen, dass ein ArbGeb die gesetzlichen Ladenöffnungszeiten wegen der mitbestimmten Lage der Arbeitszeit nicht voll ausschöpfen kann (BAG 31.8.82 – 1 ABR 27/80, DB 83, 453). Bei **Teilzeitbeschäftigten** hat der BRat ebenfalls ein umfassendes Mitbestimmungsrecht, das sich auf die Frage der Mindestdauer der täglichen Arbeitszeit, einer Höchstzahl von Arbeitstagen in der Woche, Mindestzahl arbeitsfreier Samstage, Einführung von Schichten und Ruhepausen (BAG 13.10.87 – 1 ABR 10/86, DB 88, 341) sowie die vorübergehende Verlängerung der Arbeitszeit erstreckt (BAG 24.4.2007 – 1 ABR 47/06, NZA 07, 818). Weitet der ArbGeb die Betriebszeit auf einen unüblichen Zeitraum aus (Sonntagsverkauf) und zieht er hierfür nur Personal heran, das dem Betrieb bisher nicht angehörte, besteht ein Mitbestimmungsrecht nach § 87 Abs 1 Nr 2 BetrVG, nicht aber nach § 87 Abs 1 Nr 3 BetrVG (BAG 25.2.97 – 1 ABR 69/96, NZA 97, 955).

40 Für **Dienstreisen** hat das BAG offen gelassen, ob sich Mitbestimmungsrechte des BRat nach § 99 BetrVG (s *Versetzung* Rz 16) oder nach § 98 BetrVG (s *Betriebliche Berufsbildung* Rz 4 f) ergeben. Die außerhalb der für den ArbN üblichen Arbeitszeit liegende Fahrzeit ohne gleichzeitige Arbeitsverpflichtung hat es als betriebsverfassungsrechtlich nicht relevante Arbeitszeit bewertet (BAG 23.7.96 – 1 ABR 17/96, NZA 97, 216). Dagegen sind Zeiten, die der ArbN aufwenden muss, um eine vorgeschriebene auffällige (signalgebende) **Berufskleidung** anzulegen, betriebsverfassungsrechtlich Arbeitszeit (BAG 10.11.09 – 1 ABR 54/08, NZA-RR 10, 301). Zur Mitbestimmung der Arbeitszeit bei LeihArbN s *Arbeitnehmerüberlassung/Zeitarbeit* Rz 60. Im **Arbeitskampf** entfällt das Mitbestimmungsrecht; der ArbGeb hat den BRat über Änderungen der Arbeitszeit nur zu informieren (BAG 10.12.02 – 1 ABR 7/02, NZA 04, 223).

41 **d) Tarifvorbehalt.** Die Beteiligungsrechte des BRat stehen unter dem Vorbehalt der gesetzlichen oder tariflichen Regelung (Näheres *Mitbestimmung, soziale Angelegenheiten* Rz 6 ff). Das Mitbestimmungsrecht ist ausgeschlossen, wenn die Tarifvertragsparteien eine abschließende und zwingende Regelung zu der betreffenden Arbeitszeitthematik getroffen haben (BAG 24.4.2007 – 1 ABR 47/06, NZA 07, 818). Haben die Betriebsparteien einen Gestaltungsspielraum, ist daran auch die **Einigungsstelle** gebunden. Der tariflich eröffnete

Arbeitszeit 59

Entscheidungsrahmen kann regelmäßig voll ausgeschöpft werden (BAG 9.11.10 – 1 ABR 75/09, NZA-RR 11, 354). Eine Betriebsvereinbarung über die Verteilung der Arbeitszeit ist unwirksam, wenn sie zugleich Regelungen über die Dauer der wöchentlichen/jährlichen Arbeitszeit enthält, die in Widerspruch zu einem für den Betrieb geltenden Tarifvertrag stehen (BAG 22.6.93 – 1 ABR 62/92, NZA 94, 184; 27.11.02 – 4 AZR 660/01, AP Nr 34 zu § 87 BetrVG 1972 Tarifvorrang). Unwirksam ist auch eine Betriebsvereinbarung, die von einem Tarifvertrag abweicht, der den vollständigen Ausgleich von Gleitzeitguthaben innerhalb eines bestimmten Zeitraums vorsieht (BAG 29.4.04 – 1 ABR 30/02, NZA 04, 670). Sog Regelungsabreden und vertragliche Einheitsregelungen (Näheres *Betriebsvereinbarung* Rz 2 und Rz 15) sollen demgegenüber gelten, weil sie die Arbeitsbedingungen der ArbN nicht normativ bestimmen. In Betracht kommt bei einer Beteiligung des BRat aber ein Eingriff in die nach Art 9 Abs 3 GG geschützte Tarifautonomie, so dass ein **Unterlassungsanspruch** der Gewerkschaft gegen den ArbGeb bestehen kann (BAG 20.4.99 – 1 ABR 72/98, NZA 99, 887).

2. Überwachung. Zur Feststellung, ob das ArbZG vom ArbGeb eingehalten wird, kann der BRat nach § 80 BetrVG umfassend Auskunft und Vorlage der Arbeitszeitaufzeichnungen nach § 16 ArbZG verlangen (BAG 31.1.89 – 1 ABR 72/87, NZA 89, 932). Das gilt auch bei sog Vertrauensarbeitszeit (BAG 6.5.03 – 1 ABR 13/02, NZA 03, 1348). Ihm sind auch die **Gleitzeitkontoauszüge** zur Verfügung zu stellen (LAG BaWü 21.2.94 – 15 TaBV 11/93, DB 95, 51). 42

3. Arbeitszeitquote. In einigen Tarifbereichen ist dem ArbGeb gestattet, eine bestimmte, prozentual festgelegte Zahl von ArbN über die tarifliche wöchentliche Arbeitszeit hinaus zu beschäftigen. Verlangt die Tarifnorm, dass diese Quote nur zu halbjährlichen Stichtagen einzuhalten ist, kann der BRat einer **Einstellung** nicht nach § 99 BetrVG mit der Begründung widersprechen, die mit dem ArbN vereinbarte höhere Arbeitszeit verstoße gegen den Tarifvertrag, weil die Quote bereits erfüllt und durch die Neueinstellung überschritten werde (BAG 17.6.96 – 1 ABR 3/97, NZA 98, 213). Gleiches gilt nach **Ablauf eines Tarifvertrags.** Der BRat kann der **Eingruppierung** eines mit höherer Arbeitszeit neu eingestellten ArbN nicht deshalb widersprechen, weil die Erhöhung der Arbeitszeit zu einem geringeren Stundenentgelt führt. Die Eingruppierung bestimmt sich nach den abstrakt festgelegten Tätigkeitsmerkmalen und nicht nach dem Stundenumfang (BAG 28.6.06 – 10 ABR 42/05, NZA-RR 06, 648). 43

4. Vorschlags- und Beratungsrecht. Die Bedeutung von Dauer und Verteilung der Arbeitszeit ist allgemein anerkannt. „Betriebliche Bündnisse für Arbeit" und Tarifverträge zur Sicherung der Beschäftigung enthalten fast immer Regelungen über die Arbeitszeit, wobei die Dauer der Arbeitszeit mit oder ohne (anteiligen) Lohnausgleich verkürzt oder verlängert wird und der ArbGeb als „Gegenleistung" für einen bestimmten Zeitraum von betriebsbedingten Kündigungen Abstand nimmt. Ua auf dieser Praxis beruht der zum 28.7.01 eingefügte § 92a BetrVG. Der BRat kann danach dem ArbGeb Vorschläge zur **Sicherung und Förderung der Beschäftigung** machen. Das an sich selbstverständliche **Vorschlagsrecht** erstreckt sich auf neue Formen der Arbeitsorganisation, auf Änderungen der Arbeitsverfahren und der Arbeitsabläufe, insbesondere kann Gegenstand der Vorschläge auch eine flexible Gestaltung der Arbeitszeit und die Förderung von Teilzeit sein. Dem Gestaltungsspielraum der Betriebsparteien sind allerdings durch den Tarifvorbehalt des § 87 Abs 1 BetrVG Grenzen gesetzt. 44

Der ArbGeb hat die Vorschläge mit dem BRat zu **beraten** und muss, wenn er sie für ungeeignet hält, dies begründen. Die Begründung bedarf in Betrieben mit mehr als 100 ArbN der **Schriftform.** Außerdem können ArbGeb oder BRat zu den Beratungen einen Vertreter der Agentur für Arbeit oder der Landesagentur für Arbeit hinzuziehen (§ 92a Abs 2 BetrVG). In § 92a BetrVG werden mithin keine Mitbestimmungsrecht des BRat begründet; er hat über diese Vorschrift keine Möglichkeit, seine Vorschläge über die Einigungsstelle durchzusetzen. Das Verdikt, es handele sich deshalb um „Mitbestimmungslyrik" (*Däubler* ArbuR 01, 1), fördere „Bürokratismus" und schaffe nur ein „Lästigkeitspotenzial" (*Annuß* NZA 01, 367; *Bauer* NZA 01, 375; *Reichold* NZA 01, 857) erscheint gleichwohl nicht angebracht. Das Erfordernis zur Begründung, vor allem zur schriftlichen Begründung, dient der **sachbezogenen Auseinandersetzung** mit den Argumenten des BRat. Der BRat

59 Arbeitszeit

kann seinen Anspruch auf Beratung und auf ordnungsgemäße Unterrichtung über die Ablehnungsgründe des ArbGeb vor dem ArbG verfolgen (*Däubler* ArbuR 01, 285). Da die auf die Arbeitszeit bezogenen Mitbestimmungsrechte des BRat nach § 87 Abs 1 Nr 2 und 3 BetrVG und das damit verbunden Initiativrecht durch § 92a BetrVG unberührt bleiben, werden sich Überschneidungen im Anwendungsbereich der Vorschriften ergeben. Der BRat hat deshalb bei Vorschlägen zur Teilzeitarbeit und zur Einführung flexibler Arbeitszeitmodelle klarzustellen, ob er sein Mitbestimmungsrecht oder sein Vorschlagsrecht in Anspruch nimmt. Ihm ist unbenommen, bei Erfüllung der gesetzlichen Voraussetzungen „zweigleisig" zu verfahren.

45 **5. Durchsetzung/Prozessuales.** Das Mitbestimmungsrecht wird idR durch (erzwingbare) Betriebsvereinbarung oder Regelungsabsprache realisiert. Sache des ArbGeb ist, die kollektivrechtliche Regelung durchzuführen. Er muss dafür Sorge tragen, dass vereinbarte Zeitgrenzen eingehalten werden, und die hierfür erforderlichen personellen, organisatorischen oder technischen Maßnahmen ergreifen (LAG Köln 8.2.10 – 5 TaBv 28/09, NZA-RR 10, 303; s auch BAG 29.4.04 – 1 ABR 30/02, NZA 04, 670). Zum Durchführungsanspruch des BRat s *Betriebsvereinbarung* Rz 19–22. Bei Verstößen des ArbGeb gegen die mitbestimmt festgelegten Arbeitszeiten hat der BRat Anspruch auf Unterlassung (Näheres s *Unterlassungsanspruch* Rz 14). Das gilt auch dann, wenn Mehrarbeit allein dadurch entsteht, dass die ArbN die gesetzliche Mindestpause nicht wahrnehmen (können), BAG 7.2.12 – 1 ABR 77/10, NZA-RR 12, 359. Der Anspruch kann durch **einstweilige Verfügung** (durch sog Befriedigungsverfügung) durchgesetzt werden. Als Verfügungsgrund genügt die drohende Vereitelung der Rechte des BRat, wesentliche Nachteile für einzelne ArbN brauchen nicht dargelegt zu werden (LAG Köln 12.6.12 – 12 TaBVGa 95/12, BeckRS 2012, 73155 m zust Anm *Schindele* ArbRAktuell 12, 491; so auch LAG Nds 6.4.09 – 9 TaBVGa 15/09, BeckRS 2010, 66443).

B. Lohnsteuerrecht *Seidel*

50 Die Arbeitszeit kann lohnsteuerlich in folgenden Fällen von Bedeutung sein: *Aushilfskräfte* Rz 21 ff, *Bereitschaftsdienst* Rz 16, *Entgeltzuschläge* Rz 13 ff, *Fahrten zwischen Wohnung und Arbeitsstätte* Rz 26, *Freizeitbeschäftigung* Rz 11, 12, *Kurzarbeit* Rz 27, *Nachtarbeit* Rz 13, *Nebentätigkeit* Rz 20 ff, *Rufbereitschaft* Rz 11, *Sonn- und Feiertagsarbeit* Rz 18 ff, *Teilzeitbeschäftigung* Rz 114 ff, *Überstunden* Rz 25 und *Verpflegungsmehraufwendungen* Rz 8.

C. Sozialversicherungsrecht *Voelzke*

56 **1. Versicherungspflicht.** Das Zweite Gesetz für moderne Dienstleistungen am Arbeitsmarkt vom 23.12.02 (BGBl I 02, 4621) hatte den Geringfügigkeitstatbestand in § 8 SGB IV mWv 1.4.03 neu gefasst. Diese Neuregelung verzichtete auf die bisherige **15-Stunden-Grenze,** dh eine Beschäftigung mit einem maximalen Entgelt von zunächst 400 € ist auch dann geringfügig, wenn die hierfür aufgewendete Arbeitszeit 15 Stunden oder mehr in der Woche beträgt. Hieran hat die Anhebung der Entgeltgrenze durch das Gesetz vom 5.12.12 (BGBl I 12, 2474) auf 450 € nichts geändert (Näheres: *Geringfügige Beschäftigung*).

57 **2. Beitragsrecht.** Für die Beitragserhebung in der SozV ist bei bestehender Versicherungspflicht unerheblich, in welcher Zeit der ArbN das Arbeitsentgelt erzielt hat. Das Beitragsrecht knüpft in allen Versicherungszweigen an den einheitlichen Entgeltbegriff des § 14 SGB IV an, der unabhängig vom Zeitfaktor alle laufenden oder einmaligen Einnahmen aus einer Beschäftigung umfasst. Folglich wird das beitragsrechtlich relevante Entgelt auch nicht dadurch begrenzt, dass es in einer zulässigen Zahl von Stunden erzielt wurde (BSG 28.6.90 – 9b/11 RAr 15/89, SozR 3–4100 § 59 Nr 3).

58 **3. Arbeitslosenversicherung.** Bedeutung hat die Arbeitszeit weiterhin für den Versicherungsfall der Arbeitslosigkeit, weil nach § 138 Abs 3 SGB III die Ausübung einer Beschäftigung, selbstständigen Tätigkeit oder Tätigkeit als mithelfender Familienangehöriger mit einer Dauer von zumindest 15 Stunden einen Anspruch auf AlGeld ausschließt (Näheres: *Arbeitslosengeld* Rz 18). Eine derartige zeitliche Grenze besteht für Leistungsansprüche nach dem SGB II nicht.

Arbeitszeitmodelle

A. Arbeitsrecht
Poeche

1. Ausgangslage. Internationaler Wettbewerb und eigene Konkurrenz innerhalb weltweit operierender Konzerne – „Globalisierung" – haben ein Umdenken in Fragen der Arbeitszeit bewirkt. Statt starrer Regeln, die für jeden Arbeitstag/jede Arbeitswoche für den ArbN eine bestimmte (stets entgeltpflichtige) Stundenzahl festlegen, finden sich zunehmend Arbeitszeitregelungen, die einen bedarfs- und produktionsgerechten Einsatz des ArbN ermöglichen. Mehrkosten durch unproduktive Stunden und teure Überstunden sollen vermieden werden. Dies entspricht dem **Zweck** des (zwingenden) öffentlichen Arbeitszeitrechts. Nach § 1 Nr 1 Hs 2 ArbZG soll es die Rahmenbedingungen für **flexible Arbeitszeiten** verbessern, dient damit nicht nur der Sicherheit und dem Gesundheitsschutz der ArbN, sondern auch dem Wirtschaftsstandort Deutschland (§ 1 Nr 1 ArbZG).

2. Rechtliche Rahmenbedingungen. a) Öffentliches Arbeitszeitrecht. Sämtliche Arbeitszeitmodelle über eine nicht schematisch festgelegte Verteilung der Arbeitszeit müssen die durch das ArbZG gezogenen Grenzen einhalten. § 3 ArbZG lässt für die Berücksichtigung betrieblicher Bedürfnisse breiten Raum. Zwar beschränkt er die werktägliche höchstzulässige Arbeitszeit auf acht Stunden, stellt aber einen Ausgleichszeitraum von sechs Monaten oder 24 Wochen zur Verfügung, in dieser Zeit im Durchschnitt erreicht werden darf. Der ArbN darf daher mehrere Wochen hintereinander werktäglich zehn Stunden, 60 Stunden/Woche (einschließlich Samstag) arbeiten, vorausgesetzt, der jeweilige Wochenüberhang von zwölf Stunden wird innerhalb des Ausgleichszeitraums ausgeglichen (s *Arbeitszeit* Rz 9 ff).

In einem **Tarifvertrag** oder einer auf Grund eines Tarifvertrags zugelassenen Betriebs- oder Dienstvereinbarung kann weitergehend unter den in § 7 ArbZG näher bestimmten Voraussetzungen ua die werktägliche Arbeitszeit von zehn Stunden überschritten und ein anderer Ausgleichszeitraum festgelegt werden. Soweit in bestimmten Tätigkeitsbereichen herkömmlich keine Tarifverträge geschlossen werden, kann die **Aufsichtsbehörde** im Einzelfall Abweichungen vom sonst zwingenden Recht zulassen (*Arbeitszeit* Rz 19). In diesem Rahmen steht es den Arbeitsvertragsparteien frei, die für ihr Arbeitsverhältnis maßgebende Arbeitszeitregelung zu vereinbaren. Daneben sind die für besondere ArbNGruppen bestehenden Schutzgesetze zu beachten (s *Behinderte* Rz 39; *Jugendarbeitsschutz* Rz 18; *Mutterschutz* Rz 16).

b) Individualarbeitsrecht. aa) Allgemeines. Nach § 611 BGB hat der ArbN Anspruch auf Entgelt für die von ihm vertraglich geschuldete und geleistete Arbeit (Soll-Arbeitszeit) sowie für die Zeiten, in denen er mit Entgeltanspruch von seiner Arbeitsleistung befreit ist (zB *Betriebsratsfreistellung, Entgeltfortzahlung, Urlaub*). Anspruch auf Annahmeverzugslohn (§ 615 BGB) besteht, wenn der ArbGeb die vom ArbN angebotene Arbeitsleistung nicht annimmt. Die ausfallende Arbeitszeit braucht nicht nachgeleistet zu werden (*Annahmeverzug*). Das wirtschaftliche Risiko einer Nichtbeschäftigung des ArbN trägt nach der gesetzlichen Konstellation danach der ArbGeb. Dieses Risiko wird bei einer flexiblen Verteilung der Arbeitszeit zunehmend auf den ArbN verlagert. Vor diesem Hintergrund wird bei flexiblen Modellen das monatliche Entgelt regelmäßig von der geleisteten Arbeit entkoppelt. Der ArbN erhält auf der Grundlage der vereinbarten Soll-Stunden eine **verstetigte Vergütung**. Im Interesse beider Vertragsparteien wird ein **Arbeitszeitkonto** geführt, auf dem die vergütungspflichtigen Stunden dokumentiert werden (Plus-Stunden). Ein Vergleich mit der Soll-Arbeitszeit zeigt, ob das Konto ausgeglichen ist. Das Arbeitszeitkonto spiegelt damit das Verhältnis von Soll- und Istarbeitszeit wider. **Plusstunden** des ArbN drücken seinen bereits entstandenen Geldanspruch in anderer Form aus, **Minusstunden** dokumentieren, dass der ArbGeb die entsprechende Zeitspanne bereits vorschussweise vergütet hat, der ArbN mithin zur Nachleistung verpflichtet ist. Beides sind mithin regelmäßig lediglich **rechnerische Größen** zur Feststellung, welche Ansprüche (noch) bestehen (st Rspr BAG 26.1.11 – 5 AZR 819/09, NZA 11, 640). In der Vereinbarung eines Arbeitszeitkontos mit verstetigter Lohnzahlung liegt eine wechselseitige Vorschussvereinbarung. Ein nicht ausgeglichenes Arbeits-

60   Arbeitszeitmodelle

zeitkonto weist, je nach Stand, Vorleistungen der einen oder der anderen Seite aus. Ein negatives Zeitguthaben bedeutet bei gleichbleibender, nach der regelmäßigen Arbeitszeit des Arbeitnehmers bemessener Vergütung einen Vorschuss des Arbeitgebers (BAG 15.5.13 – 10 AZR 325/12, BeckRS 2013, 71556).

4   **bb) Arbeitszeitkonto.** Eine Verpflichtung des ArbGeb zur Einrichtung eines Arbeitszeitkontos besteht nur bei einer entsprechenden arbeitsvertraglichen Vereinbarung. Dazu genügt nicht die Abrede, geleistete Überstunden durch Freizeit auszugleichen (BAG 21.3.12 – 6 AZR 560/10, BeckRS 2012, 69639). Gegenläufig kann der ArbN vom ArbGeb beanspruchen, dass er das Arbeitszeitkonto entsprechend den vereinbarten Vorgaben führt (BAG 21.3.12 – 5 AZR 676/11, NZA 12, 870; hier: Verrechnung überbezahlter Arbeitsstunden mit einem Überstundenkonto). **Aufbau und Abbau** eines Arbeitszeitkontos können jeweils eigenen Regeln folgen. Es besteht kein allgemeiner Grundsatz, dass der Abbau spiegelbildlich zum Aufbau erfolgen muss (BAG 17.3.10 – 5 AZR 296/09, NZA 11, 253). Die infolge der Inanspruchnahme des gesetzlichen **Urlaubs** ausgefallenen Soll-Arbeitsstunden sind in dem Konto als Ist-Stunden einzustellen. Die Vereinbarung, nur eine geringere Stundenanzahl gutzuschreiben, verstößt gegen § 13 Abs 1 BUrlG und ist unwirksam (BAG 19.6.12 – 9 AZR 712/10, NZA 12, 1227). Bei einer fehlerhaften Kürzung des Kontos durch den ArbGeb hat der ArbN Anspruch auf **Wiederherstellung** des Guthabens. Ein **Klageantrag**, die zu Unrecht abgezogenen Stunden dem Arbeitszeitkonto „gutzuschreiben", ist hinreichend bestimmt iSv § 253 ZPO (st Rspr vgl BAG 21.3.12 – 5 AZR 676/11, NZA 12, 870). Verlangt der ArbN hingegen die verstetigte Lohnzahlung für einen bestimmten Zeitraum, ohne in diesem Zeitraum die geschuldete Arbeitsleistung (in vollem Umfang) erbracht zu haben, ist sein Vortrag nur schlüssig, wenn er erkennen lässt, dass er einen Vorschuss und nicht eine bereits verdiente Vergütung verlangt, etwa indem er sich mit einer entsprechenden Belastung seines Arbeitszeitkontos mit Minusstunden einverstanden erklärt (BAG 15.5.13 – 10 AZR 325/12, BeckRS 2013, 71556).

5   **3. Gleitzeit. a) Inhalt.** Gleitzeit überlässt dem ArbN, Beginn und Ende seiner individuellen Arbeitszeit innerhalb eines vorgegebenen Rahmens zu regeln (Gleitzeit) und verpflichtet ihn nur zur Einhaltung einer bestimmten festen Zeit (Kernzeit). Beispiel: Gleitzeit von 7.00 Uhr bis 9.00 Uhr und von 15.00 Uhr bis 18.00 Uhr; Kernzeit ist damit die Zeit von 9.00 Uhr bis 15.00 Uhr, während der der ArbN seine Arbeitsleistung zur Verfügung stellen muss. Regelmäßig erhält der ArbN ein verstetigtes Entgelt. Die tatsächlich geleisteten Stunden werden auf einem **Gleitzeit- oder Arbeitszeitkonto** erfasst. Über- oder Unterschreitungen der geschuldeten Arbeitszeit sind innerhalb der vereinbarten Zeiten auszugleichen. Werden die Ausgleichszeiträume für den Abbau von Gleitzeitguthaben überschritten, können diese je nach betrieblicher Regelung verfallen. Nicht ausgeglichene Stunden sind in Geld zu vergüten, wenn wegen der Beendigung des Arbeitsverhältnisses kein Ausgleich erfolgen kann (BAG 24.11.93 – 5 AZR 153/93, NZA 94, 759; s auch *Überstunden* Rz 13).

6   **b) Persönliche Verhinderungen** des ArbN während der Gleitzeit begründen wegen der fehlenden Arbeitspflicht keinen Anspruch auf Arbeitsbefreiung und damit keinen Anspruch auf die Gutschrift von Stunden (BAG 22.1.09 – 6 AZR 78/08, NZA 09, 735, 16.12.93 – 6 AZR 236/93, DB 94, 2034: Ausübung eines öffentlichen Ehrenamtes; LAG Köln 10.2.93 – 8 Sa 894/92, LAGE Nr 7 zu § 616 BGB: Arztbesuch). Bei der Teilnahme des ArbN an einem **Streik** kommt es auf den Zeitpunkt an. Eine Gleitzeitregelung berechtigt den ArbN, außerhalb der Kernarbeitszeit über die Lage und Dauer seiner Arbeitszeit autonom zu bestimmen. Mit dem Abmelden aus dem Zeiterfassungssystem beginnt seine Freizeit, die er beliebig nutzen kann, auch zur Beteiligung an einem Streik *(Freizeitbeschäftigung)*. Der ArbGeb ist deshalb nicht berechtigt, das monatliche verstetigte Entgelt für die Dauer der Streikteilnahme zu kürzen, wenn der ArbN anschließend wieder „anstempelt" (BAG 26.7.05 – 1 AZR 133/04, NZA 05, 1402). Die Abwesenheitszeit ist auch für das Arbeitszeitkonto als in Zeit ausgedrückter Geldfaktor irrelevant. Wird dagegen die Kernarbeitszeit betroffen, kann in einer Betriebsvereinbarung bestimmt werden, dass Zeiten der Teilnahme am Streik nicht zur Entgeltkürzung, sondern zur Belastung des Arbeitszeitkontos führen (BAG 30.8.94 – 1 ABR 10/94, NZA 95, 193). Ohne gesonderte Regelung ist dagegen das Entgelt zu mindern; das Arbeitszeitkonto darf nicht belastet werden (BAG 30.8.95 – 1 AZR

765/93, NZA 95, 32). Zur Vergütungspflicht bei Streik *Arbeitskampf (Vergütung)* Rz 16; vgl auch *Arbeitsverhinderung*.

4. Rollierende Arbeitszeit. Im Einzelhandel werden seit langem **rollierende Systeme** gehandhabt: Auf Basis der vereinbarten Arbeitszeit werden für die Dauer des gewählten Bezugszeitraums, der bis zu einem Kalenderjahr geht, die jeweiligen Arbeitstage festgelegt, wobei die Einsatztage jeweils „vorwärts" oder „rückwärts" rollieren, also wechseln. Die Höhe der Einsatztage/Woche schwankt idR. Das System wird sowohl für Teilzeit- wie auch für Vollzeitbeschäftigte verwendet; die Vergütung wird unabhängig vom tatsächlichen Arbeitseinsatz/Monat gezahlt.

5. Jahresarbeitszeit/Abruf. a) Festlegung der Lage der Arbeitszeit. Grundlage ist die zwischen den Arbeitsvertragsparteien vereinbarte Jahresarbeitszeit (Sollstunden). Dem ArbGeb ist überlassen, vorbehaltlich der Mitbestimmung des BRat die Zeiten der tatsächlichen Heranziehung des ArbN zur Arbeitsleistung zu konkretisieren (Istarbeitszeit). Üblicherweise begrenzen die kollektivrechtliche Regelungen im Interesse des ArbN das Weisungsrecht des ArbGeb (zum Mitbestimmungsrecht des BRat *Arbeitszeit* Rz 36–45). Derartige Regelungen sind wegen § 12 TzBfG – **Abrufarbeit** – idR auch erforderlich, weil von den dort bestimmten Ankündigungsfristen und Mindestbeschäftigungsdauer nur auf Grund Tarifvertrags oder einer tariflich zugelassenen kollektivrechtlichen Vereinbarung abgewichen werden darf, Näheres *Teilzeitbeschäftigung* Rz 67).

So werden oft **Arbeitszeitkorridore** vereinbart. Das ist die Dauer der zulässigen wöchentlichen Arbeitszeit (zB mindestens 30 Stunden/höchstens 45 Stunden). Die Wahl des Korridors hängt von dem Schwankungsgrad der betrieblich verlangten Arbeitskapazität ab. Daneben finden sich **tägliche Mindestarbeitszeiten,** um das Verhältnis von Arbeits- und Wegezeit angemessen zu gewichten. **Tageshöchstarbeitszeiten** dienen dem Gesundheitsschutz, können auch gestaffelt werden (neun Stunden/bis zu sechsmal im Monat zehn Stunden). Es sind weiter nähere Bestimmungen vorzusehen zu Form und Frist der **Mitarbeiterinformation** über die konkretisierte Arbeitszeit. Auch ist zu regeln, ob dem ArbN ein **Absagerecht** zustehen soll, und ggf seine Modalitäten.

b) Entgelt. Die Vergütung des ArbN erfolgt idR unabhängig von dem Ausmaß seiner zeitlichen Beanspruchung. Er erhält auf der Grundlage seiner vertraglich geschuldeten Arbeitszeit, der Soll-Arbeitszeit, eine verstetigte Vergütung. Stundenleistung und Entgelt werden wie bei Gleitzeit (zunächst) entkoppelt und zur Kontrolle ein Arbeitszeitkonto geführt, auf dem die Differenz der tatsächlichen Arbeitszeit zur Soll-Arbeitszeit dokumentiert wird.

c) Zuschläge. Überstunden lassen sich auch bei flexiblen Modellen nicht vermeiden. Zur klaren Abgrenzung von „Mehrstunden" im Rahmen der normalen Arbeitszeit und „echten" Überstunden bedarf es konkreter Festlegungen in der Betriebsvereinbarung. Teils erfolgen hier zusätzliche Gutschriften auf dem Arbeitszeitkonto; auch eine reine Geldleistung kann vorgesehen werden. Zuschläge für Nachtarbeit, Sonn- und Feiertagsarbeit können mit einem erhöhtem Zeitfaktor aufzunehmen sein; zum *Bereitschaftsdienst* BAG 17.3.10 – 5 AZR 296/09, NZA 11, 253.

d) Annahmeverzug. Unterlässt der ArbGeb, die individuell geschuldete Arbeitszeit auf die einzelnen Arbeitstage, Kalenderwochen oder ggf längere Zeiträume zu verteilen, ruft er vielmehr den ArbN flexibel zur Arbeit ab, kommt er mit Ablauf eines jeden Arbeitstags in *Annahmeverzug*, wenn und soweit er die sich aus Arbeits- und Tarifvertrag ergebende Sollarbeitszeit nicht ausschöpft (BAG 26.1.11 – 5 AZR 819/09, NJW 11, 1693). Es bedarf keines besonderen Arbeitsangebots des ArbN. Gleiches gilt, wenn er den ArbN aus witterungsbedingten Gründen nicht zur Arbeit abruft (BAG 5.7.08 – 5 AZR 810/07, NZA 08, 1407).

e) Beendigung des Arbeitsverhältnisses. Bei Beendigung des Arbeitsverhältnisses ist das Arbeitszeitkonto auszugleichen. Plus-Stunden sind zu vergüten, Minus-Stunden begründen einen Rückzahlungsanspruch des ArbGeb. Das gilt insbesondere dann, wenn der ArbN den Umfang seiner tatsächlichen Arbeitszeit selbst bestimmen kann. Der ArbN ist zur Rückgewähr der Überzahlung verpflichtet (BAG 13.12.2000 – 5 AZR 334/99, NZA 02, 390).

f) Ausschlussfristen. Der Stand eines Arbeitszeitkontos wird regelmäßig im Zusammenhang mit der Lohnabrechnung offengelegt. Teils wird lediglich der Saldo (Plus/Minus)

60 Arbeitszeitmodelle

vermerkt, teils wird dem ArbN eine monatliche Übersicht des Arbeitszeitkontos ausgehändigt. Ausgewiesene Plusstunden sind damit streitlos gestellt; der ArbN muss sie zur Wahrung einer Ausschlussfrist nicht noch einmal schriftlich geltend machen. Eine erneute Geltendmachung ist auch dann nicht erforderlich, wenn sich wegen des Ablaufs eines Ausgleichszeitraums oder der Schließung des Arbeitszeitkontos ein Freizeitausgleichs- in einen Zahlungsanspruch wandelt (BAG 28.7.10 – 5 AZR 521/09, NZA 10, 1241).

14   **g) Prozessuales.** Der Klageantrag, einem Arbeitszeitkonto „gutzuschreiben", ist hinreichend bestimmt iSv § 253 Abs 2 Nr 2 ZPO, wenn der ArbGeb für den ArbN ein Zeitkonto führt, auf dem zu erfassende Arbeitszeiten nicht aufgenommen wurden und noch gutgeschrieben werden können. Eine Klage auf „Gutschrift" einer bestimmten Anzahl von Stunden auf dem Gleitzeitkonto wird aber mit Beendigung des Arbeitsverhältnisses unbegründet, da das Konto dann regelmäßig geschlossen wird. Der ArbN kann nunmehr unmittelbar einen Anspruch auf Vergütung der Stunden verfolgen (BAG 21.8.13 – 5 AZR 872/12, BeckRS 2013, 72913; 26.6.13 – 5 AZR 428/12, BeckRS 2013, 72799). Für die Schlüssigkeit einer derartigen Klage genügt es, wenn der ArbN die Vereinbarung eines Arbeitszeitkontos und das Guthaben zum vereinbarten Auszahlungszeitpunkt darlegt. Es ist nicht erforderlich, dass der ArbN die einzelnen Tage und Tageszeiten, für die er weitere Arbeitsvergütung fordert, bezeichnet (LAG Hamm 2.7.13 – 14 Sa 1706/12, BeckRS 2013, 72272 nrkr). Der ArbN kann auch die Korrektur eines oder mehrerer auf seinem Konto ausgewiesener Salden beantragen (BAG 10.11.10 – 5 AZR 766/09, NZA 11, 876; 8.12.10 – 5 AZR 667/09, NZA 11, 927).

15   **6. Arbeitszeitautonomie.** Aufbauend auf dem Grundgedanken der gleitenden Arbeitszeit werden Formen gehandhabt, bei denen die Planung weitgehend nicht mehr Sache des ArbGeb/Vorgesetzten ist, sondern dem ArbN selbst überlassen bleibt. Beispiel (aus der Chemischen Industrie, stark verkürzt, die maßgebliche Betriebsvereinbarung umfasst ca 80 Seiten): Produktionsstätten, Technik, Verwaltung usw haben eine einheitliche Öffnungszeit von 6.00 Uhr bis 22.00 Uhr. Innerhalb dieses Zeitrahmens „darf" jeder ArbN vorbehaltlich der Grenzen durch das ArbZG arbeiten. Der gesamte Betrieb ist in Funktionsbereiche eingeteilt. Für jeden Funktionsbereich gibt es eine Zeitspanne von 7,5 Stunden, deren Lage sich nach den betrieblichen Anforderungen richtet. Innerhalb dieser sog Funktionsstunden müssen mindestens 50 % der Gruppenangehörigen anwesend sein. Die Entscheidung, wer konkret arbeitet, liegt bei der Gruppe. Auch der Vorgesetzte greift grds nicht ein, sondern beschränkt sich auf die Überwachung des Arbeitsergebnisses. Jeder ArbN führt sein Arbeitszeitkonto selbst; Plus- und Minusstunden sind der Höhe nach begrenzt.

16   **7. Vertrauensarbeitszeit.** Dem Modell liegt ein üblicher Arbeitsvertrag iSv § 611 Abs 1 BGB zugrunde, in dem die vom ArbN geschuldeten Dienste und die regelmäßige Wochenarbeitszeit des ArbN vereinbart sind, dh durch die Vereinbarung von Vertrauensarbeitszeit entfällt nicht die Pflicht des ArbN, Arbeitszeit in einem nach Stunden bemessenen Umfang abzuleisten. Die Einhaltung dieser Verpflichtung wird lediglich nicht kontrolliert (BAG 15.5.13 – 10 AZR 325/12, BeckRS 2013, 71556 mit Anm *Hamm* AiB 13, 518). Der ArbGeb gibt keine Zeiten vor, zu denen der ArbN seine Dienste erbringen soll. Vorgegeben wird nur ein **täglicher Zeitrahmen,** in dem gearbeitet werden kann. Alles Weitere ist dem ArbN überlassen. Es erfolgen **keine Zeiterfassung** und auch **keine Zeitkontrolle.** Damit entfallen auch Arbeitszeitkonten. Der ArbGeb kann zwar nicht feststellen, ob der ArbN die geschuldete Arbeitszeit tatsächlich einhält. Das wird aber nicht als erforderlich angesehen. Der ArbGeb sieht seine Interessen hinreichend gewahrt, weil er die Leistung des ArbN anhand des **Arbeitsergebnisses** einschätzen kann. Der Vorteil für den ArbN wird in der Möglichkeit gesehen, Arbeitszeit und gewünschte Freizeit zu koordinieren und längere Phasen der Arbeitsbefreiung zu erreichen. Arbeitszufriedenheit und Motivation können steigen. Andererseits werden als Gefahren ua genannt: Arbeitsverdichtung aufgrund eines konturenlosen Arbeitstages, Arbeitszeitverlängerung wegen fehlender Einschätzung über die erbrachte Leistung, Kontrolle der Beschäftigten untereinander, Umgehung von tarifvertraglich festgelegten Entgelten, wie zB Zeitzuschlägen (vgl ausführlich *Hamm* AiB 2000, 152; *Glißmann* AiB 2000, 585).

B. Lohnsteuerrecht
Seidel

Da die **Entstehung** der LSt vom Zufluss des Arbeitslohns abhängt (s *Lohnzufluss* Rz 2 ff und *Lohnabzugsverfahren* Rz 2 ff), ist es hierfür ohne Bedeutung, wie lange der ArbN in dem betreffenden Lohnzahlungszeitraum (s *Lohnsteuerberechnung* Rz 6) gearbeitet hat (s oben Rz 7). Die Gutschrift von Arbeitszeiten auf einem **Jahres- oder Lebensarbeitszeitkonto** – auch wenn es in Geldeswert geführt wird – führt allein noch nicht zu einem Zufluss von Arbeitslohn. Entscheidend ist die **wirtschaftliche Verfügungsmacht** des ArbN über den Arbeitslohn. In der Vereinbarung einer späteren Auszahlung liegt noch kein Zufluss, soweit nicht ein Missbrauch von rechtlichen Gestaltungsmöglichkeiten iSd § 42 AO vorliegt. Dies ist regelmäßig ausgeschlossen, wenn die Vereinbarungen auf Tarifvertrag, Betriebsvereinbarung oder Gesetz beruhen (vgl hierzu *HMW*/Arbeitszeitkonto Rz 2 und *Ritter* BB 99, 1956). Der bei einem Ausscheiden aus dem Dienstverhältnis aufgrund des Guthabenswerts ausgezahlte Betrag unterliegt dem LStAbzug nach allgemeinen Grundsätzen (s *Entgeltnachzahlung* Rz 6 ff; *HMW*/Arbeitszeitkonto Rz 3). Zur Mitnahme von Zeitguthaben beim ArbGebWechsel s *Wertguthaben/Zeitguthaben* Rz 7. Stirbt der ArbN und hat der Erbe einen Anspruch auf Auszahlung der sich aus den angesparten Zeitguthaben ergebenden Lohnbestandteile, richtet sich die Berechnung der LSt nach den Besteuerungsmerkmalen des Erben (s *Sterbegeld* Rz 5–7). Die Steuerfreiheit von Sonn- und Feiertagszuschlägen setzt jedoch eine tatsächliche Arbeitsleistung zu den begünstigten Zeiten voraus (s *Sonn- und Feiertagsarbeit* Rz 29). Die Verzinsung dem Grunde nach steuerfreier Zuschläge, die im Rahmen der Altersteilzeit auf ein Zeitkonto genommen, getrennt ausgewiesen und in der Freistellungsphase ausgezahlt werden, ist nicht steuerfrei (BMF 27.4.2000 – IV C 5 – S 2343 – 6/00, DB 2000, 1000). Da es im Rahmen der Pauschalierung der LSt bei **geringfügiger Beschäftigung** nur auf die Monatslohngrenze ankommt (s *Geringfügige Beschäftigung* Rz 21, 22), sind auch hier Arbeitszeitkontenmodelle bei Vereinbarung eines festen Monatslohns und eines Freizeitausgleichs für Mehrarbeit in den Folgemonaten zulässig. Beim sog **Sabbatjahr** im öffentlichen Dienst (4 Jahre Vollzeit, 1 Jahr frei) unterliegt der in diesen Jahren jeweils tatsächlich gezahlte reduzierte Arbeitslohn (80 %) der LSt. Wird das Sabbatjahr nicht in Anspruch genommen und erhält der ArbN daher Nachzahlungen, kommt eine Tarifermäßigung nach § 34 Abs 1 und 2 Nr 4 EStG (s *Außerordentliche Einkünfte* Rz 17 ff) in Betracht (vgl auch AuA 98, 243). Zur Bedeutung der Arbeitszeit im LStRecht wird im Übrigen auf die unter *Arbeitszeit* Rz 42 aufgeführten Stichwörter verwiesen. **17**

C. Sozialversicherungsrecht
Schlegel

1. Allgemeines. Die flexible Gestaltung der Arbeitszeit, wie sie die verschiedenartigen Arbeitszeitmodelle vorsehen (vgl Rz 1 ff), warf hinsichtlich der SozV der Beschäftigten seit jeher erhebliche Probleme auf, denn das Arbeitsentgelt war stets in dem Abrechnungszeitraum mit Beiträgen zu belegen, in dem es erarbeitet wurde. Lage und Verteilung der Arbeitszeit erlangen für die Versicherungspflicht in der SozV und die hieraus erwachsende Verpflichtung zur Beitragsentrichtung insbesondere hinsichtlich der Entstehung der Versicherungspflicht, ihrer Unterbrechung sowie der Voraussetzungen einer geringfügigen Beschäftigung (s *Geringfügige Beschäftigung* Rz 23 ff) Bedeutung. **18**

Den Schwierigkeiten, die daraus resultieren, dass die Vorschriften des SozVRechts sich in erster Linie an dem durchgehend mit einer **regelmäßigen Arbeitszeit** und **regelmäßiger Arbeitsentgeltzahlung** Beschäftigten orientierten, versucht der Gesetzgeber mit dem „Gesetz zur Absicherung flexibler Arbeitszeitregelungen" vom 6.4.98 (BGBl I 98, 688) zu begegnen. Damit wurde insgesamt eine allgemeine sozialversicherungsrechtliche Regelung geschaffen, die Unterbrechungen des Arbeitslebens zulässt (zB durch ein Sabbat-Jahr), ohne den SozVSchutz der beteiligten ArbN zu beseitigen (BT-Drs 13/9741 S 8). Durch entsprechende Rahmenbedingungen sollen Betriebe und Tarifpartner veranlasst werden, flexiblere Arbeitszeiten verstärkt einzusetzen. Damit sollen zugleich Anreize geschaffen werden, um Arbeitsplätze zu erhalten und Arbeitslose neu einzustellen. Zu den Besonderheiten der Arbeitszeitflexibilisierung im Zusammenhang mit *Altersteilzeit* s dort.

2. Versicherungspflicht. Die Versicherungspflicht in den einzelnen Versicherungszweigen erfordert, mit Ausnahme der gesetzlichen UV, die Beschäftigung gegen Arbeitsentgelt **19**

60 Arbeitszeitmodelle

(§ 25 Abs 1 SGB III; § 5 Abs 1 Nr 1 SGB V; § 1 Satz 1 Nr 1 SGB VI; § 20 Abs 1 Satz 2 SGB XI). Damit auch bei Arbeitszeitmodellen, die längere Phasen der Freistellung vorsehen, die Versicherungspflicht und der daraus resultierende sozialversicherungsrechtliche Schutz erhalten bleibt, hat der Gesetzgeber eine Ergänzung des § 7 SGB IV vorgenommen, die wegen des Standortes der Vorschrift für alle Zweige der SozV Geltung beansprucht.

20 **a) Langzeitkonten.** Nach § 7 Abs 1a Satz 1 SGB IV besteht während der Zeiten der Freistellung von der Arbeitsleistung eine Beschäftigung gegen Arbeitsentgelt fort, wenn für Zeiten der Freistellung Arbeitsentgelt fällig wird, das mit einer vor oder nach diesen Zeiten erbrachten Arbeitsleistung erzielt wird **(Wertguthaben).** Grundlegende Voraussetzung für das Fortbestehen des Beschäftigungsverhältnisses ist mithin, dass die in der Freistellungsphase nicht erbrachte Arbeitsleistung in der vorher- oder nachgehenden Arbeitsphase erbracht werden muss. Der Begriff der Freistellung iSd § 7 Abs 1a SGB IV schließt auch den Übergang zu einer Teilzeitarbeit mit herabgesetzter Stundenzahl ein.

21 Das Fortbestehen des Beschäftigungsverhältnisses nach § 7 Abs 1a Satz 1 Nr 1 SGB IV ist ferner an die Bedingung geknüpft, dass die Freistellung aufgrund einer **schriftlichen Vereinbarung** erfolgt. Hierbei kann die schriftliche Vereinbarung individual- oder kollektivrechtlicher Natur sein. Die Vereinbarung ist inhaltlich derart auszugestalten, dass die Höhe des für die Zeit der Freistellung und des für die vorausgegangenen zwölf Kalendermonate monatlich fälligen Arbeitsentgelts nicht **unangemessen voneinander abweichen** (§ 7 Abs 1a Satz 1 Nr 2 SGB IV). Eine angemessene Zahlung von Arbeitsentgelt während der Freistellungsphase liegt vor, wenn der bisherige Lebensstandard während der Freistellung in etwa gewahrt bleibt (BT-Drs 13/9741 S 9). Bei der Beurteilung des Verhältnisses der Arbeitslöhne bleiben zusätzlich zum Lohn oder Gehalt gezahlte Zuschläge außer Betracht.

22 Zulässig ist es auch, das Beschäftigungsverhältnis mit der Phase der **Freistellung zu beginnen.** In einem derartigen Fall richtet sich die Höhe des während der Freistellung zu entrichtenden Entgelts nach der Höhe des für die Arbeitsphase vereinbarten Betrags (§ 7 Abs 1a Satz 2 SGB IV). Im Rahmen der Vereinbarung sollen die Vertragsparteien Vorkehrungen treffen, die der Erfüllung des Wertguthabens bei **Zahlungsunfähigkeit** des ArbGeb dienen (§ 7d SGB IV; Näheres: *Insolvenz des Arbeitgebers*). Zur Berechnung und Fälligkeit der Beiträge, Übertragung eines Wertguthabens und Vorgehensweise bei vorzeitiger Beendigung des Arbeitsverhältnisses vgl *Wertguthaben/Zeitguthaben*.

23 **b) Flexible Gestaltung der werktäglichen oder wöchentlichen Arbeitszeit, Ausgleich betrieblicher Produktions- und Arbeitszeitzyklen.** Auf Grund der am 1.1.98 in Kraft getretenen Vorschrift des **§ 7 Abs 1a SGB IV** besteht eine Beschäftigung auch in Zeiten der Freistellung von der Arbeitsleistung von mehr als einem Monat, wenn 1. während der Freistellung Arbeitsentgelt aus einem Wertguthaben nach § 7b SGB IV fällig wird und 2. das monatlich fällig werdende Arbeitsentgelt in der Zeit der Freistellung nicht unangemessen von dem für die vorausgegangenen zwölf Kalendermonate abweicht, in denen Arbeitsentgelt bezogen wurde. Erforderlich ist nach § 7 Abs 1a SGB IV, dass das Arbeitsentgelt aus einem Wertguthaben iSd § 7b SGB IV entnommen wird. Wertguthaben iSd § 7b SGB IV dürfen nicht das Ziel flexibler Gestaltung der werktäglichen oder wöchentlichen Arbeitszeit oder den Ausgleich betrieblicher Produktions- und Arbeitszeitzyklen verfolgen; vielmehr muss es um größere Freistellungsphasen im Interesse gerade des ArbN gehen. Arbeitsentgelt oder ein Arbeitszeitguthaben aus einer Vereinbarung zwischen ArbGeb und ArbN zur **flexiblen Gestaltung der werktäglichen oder wöchentlichen Arbeitszeit oder zum Ausgleich betrieblicher Produktions- und Arbeitszeitzyklen** führte bislang nicht zum Vorliegen entgeltlicher Beschäftigung und damit auch nicht zur Versicherungspflicht nach § 7 Abs 1a Satz 1 SGB IV, so dass bei einer solchen Freistellung eines ArbN das Beschäftigungsverhältnis nach Ablauf eines Monats endet (vgl § 7 Abs 3 Satz 1 SGB IV). Mit dem 4. SGB IV-ÄndG wurde angeordnet, dass eine Beschäftigung in **Zeiten einer bis zu 3-monatigen Freistellung von der Arbeit** auch dann besteht, wenn das Arbeitsentgelt in dieser Zeit nicht aus einem „richtigen Wertguthaben" iSd § 7b SGB IV, sondern aus einer Vereinbarung zur flexiblen Gestaltung der werktäglichen oder wöchentlichen Arbeitszeit oder zum Ausgleich betrieblicher Produktions- und Arbeitszeitzyklen stammt (§ 7 Abs 1a Satz 2 SGB IV). Damit soll dem Umstand Rechnung getragen werden, dass in der Wirtschafts- und Finanzkrise ab 2008/2009 viele Unternehmen zur Vermeidung von Entlassungen und Sozialplankosten unterschiedliche Maßnahmen zur Sicherung von Beschäftigung

ergriffen haben. Dabei wurden häufig bestehende, nicht zweckgebundene Arbeitszeitguthaben abgebaut oder es wurden bestehende Kontenvereinbarungen genutzt, um mit Minussalden Entlassungen zu vermeiden (vgl A+S-Ausschuss BT-Drs 17/7991 S 18).

3. Leistungsrecht. a) Krankenversicherung. Der ArbN hat, wenn während der Dauer des Beschäftigungsverhältnisses *Arbeitsunfähigkeit* eintritt, Anspruch auf *Krankengeld*. Für die Zeiten der tatsächlichen Arbeitsleistung bestimmen die in § 47 Abs 2 SGB V angefügten Sätze 4 und 5, dass es für die Berechnung des Krankengeldes auf das im Bemessungszeitraum **tatsächlich gezahlte Arbeitsentgelt** (nicht auf das der Arbeitsleistung entsprechende Arbeitsentgelt) ankommt. Bei Eintritt der Arbeitsunfähigkeit während einer Freistellungsphase ruht der Anspruch auf Krankengeld nach § 49 Abs 1 Nr 6 SGB V. 24

b) Arbeitslosenversicherung. Bei der Berechnung von *Arbeitslosengeld* wird den Nachteilen, die dadurch entstehen, dass der Arbeitslose im Bemessungszeitraum in einem Beschäftigungsverhältnis mit einer flexiblen Arbeitszeitregelung gestanden hat, in der Weise entgegengewirkt, dass für die Zeiten der Ansparung eines Wertguthabens das Arbeitsentgelt zugrunde zu legen ist, dass der Arbeitslose im Bemessungszeitraum für die **geleistete Arbeitszeit** erzielt hätte, wenn eine Vereinbarung nach § 7 Abs 1a SGB IV nicht getroffen worden wäre (vgl § 151 Abs 3 Nr 2 SGB III). Im Übrigen bleiben Wertguthaben bei der Berechnung des AlGeldes außer Betracht. 25

Bei flexiblen Arbeitszeitmodellen kann ein Anspruch auf AlGeld während der **Freistellungsphase** entstehen, wenn die Anspruchsvoraussetzungen der Beschäftigungslosigkeit und der Verfügbarkeit erfüllt sind (BSG 5.2.98 – B 11 AL 55/97 R, SGb 99, 85 mit Anm *Norpoth* SGb 99, 67; BSG 10.9.98 – B 7 AL 96/97 R, SozR 3–4100 § 101 Nr 9). Ein Anspruch auf AlGeld ist jedoch während der Laufzeit von Arbeitszeitmodellen, die dem Anwendungsbereich des § 7 Abs 1a SGB IV unterfallen, von vornherein ausgeschlossen, weil der Anspruch auf AlGeld während der Zeit ruht, für die der Arbeitslose Arbeitsentgelt erhält oder zu beanspruchen hat (§ 157 Abs 1 SGB III). Die Ruhenswirkung tritt unabhängig von der Höhe des Anspruchs auf Arbeitsentgelt ein. 26

c) Rentenversicherung. Durch eine Änderung des § 75 Abs 1 SGB VI wurde für den Bereich der gesetzlichen RV klargestellt, dass Beiträge, die nach dem Beginn der Rente für Wertguthaben, die nicht gem einer Vereinbarung über flexible Arbeitszeitregelungen verwendet werden, nachträglich gezahlt werden, leistungsrechtlich als **rechtzeitig gezahlte Pflichtbeiträge** zu behandeln und damit bei Renten wegen Erwerbsminderung und Todes rentensteigernd zu berücksichtigen sind. 27

Arbeitszimmer

A. Arbeitsrecht *Griese*

1. Betriebliches Arbeitszimmer. Der ArbN hat keinen arbeitsrechtlichen Anspruch auf ein konkretes Arbeitszimmer. Ein zur Verfügung gestelltes Arbeitszimmer muss jedoch den Anforderungen der **Arbeitsstättenverordnung** genügen (Näheres s *Arbeitsstätte* Rz 7 ff). Die Zuweisung eines anderen Arbeitszimmers ist keine Versetzung, denn hierdurch allein ändert sich der zugewiesene Arbeitsbereich nicht. Hierfür wäre eine Veränderung des Inhalts der Arbeitsaufgabe und daraus resultierend eine Veränderung des Gesamtbildes der Tätigkeit erforderlich (*Fitting* § 99 BetrVG Rz 96). 1

Die Zuweisung von Arbeitsräumen darf allerdings nicht in diskriminierender Absicht erfolgen. Wird einem ArbN allein aus Anlass der Wahl in den Betriebsrat ein räumlich ungünstigeres Büro (Großraumbüro statt Arbeitszimmer mit zwei Arbeitsplätzen) zugewiesen, liegt eine Benachteiligung im Sinne des § 78 Satz 2 BetrVG vor (LAG Köln 26.7.10 – 5 SaGa 10/10, NZA-RR 10, 641).

Individualrechtlich ist die **Zuweisung** eines neuen Arbeitszimmers als Umsetzung vom ArbGebseitigen **Direktionsrecht** gedeckt. Bei der Zuweisung von Arbeitszimmern darf aber nicht gegen die Diskriminierungsverbote des AGG verstoßen werden. Auch das Benachteiligungsverbot für Betriebsratsmitglieder gem § 78 Satz 2 BetrVG ist zu beachten (LAG Köln 26.7.10 – 5 SaGa 10/10, NZA-RR 10, 641). Die Ausgestaltung betrieblicher Arbeitszimmer im Hinblick darauf, ob die ArbN sie mit privaten Gegenständen (Bilder, 2

61 Arbeitszimmer

Plakate etc) ausstatten dürfen, ist eine Frage der Ordnung des Betriebes, da die Benutzung betrieblichen Eigentums betroffen ist. Demzufolge ist das Mitbestimmungsrecht nach § 87 Abs 1 Nr 1 BetrVG zu beachten (vgl BAG 14.1.86, DB 86, 1025).

3 **2. Häusliches Arbeitszimmer.** Richten sich ArbN ein häusliches Arbeitszimmer ein, können sie vom ArbGeb hierfür keine Kostenbeteiligung verlangen. Hierfür bedarf es einer individual- oder kollektivrechtlichen Anspruchsgrundlage. Eine **Kostenbeteiligung** auf arbeitsvertraglicher Grundlage kommt insbesondere in Betracht, wenn das Vorhandensein eines häuslichen Arbeitszimmers auch im betrieblichen Interesse ist, etwa bei Vertriebsmitarbeitern im Außendienst. Fordert der ArbGeb den ArbN auf, ein häusliches Arbeitszimmer einzurichten, oder macht er dies zur Bedingung der Einstellung bzw Vertragsfortführung, hat der ArbN mangels entgegenstehender Absprache einen **Aufwendungsersatzanspruch nach § 670 BGB** (s BAG 14.10.03 – 9 AZR 657/02, NZA 04, 604 u *Aufwendungsersatz* Rz 1–3). Er kann diejenigen Aufwendungen für die Einrichtung und Unterhaltung des Arbeitszimmers erstattet verlangen, die er nach den Umständen für erforderlich halten durfte. Steht die Räumlichkeit im Eigentum des ArbN, bemisst sich der Erstattungsanspruch an der ortsüblichen Miete abzüglich des kalkulatorischen Gewinns des Vermieters und der Erhaltungsaufwendungen (BAG 14.10.03 – 9 AZR 657/02, NZA 04, 604). Verlangt der ArbGeb nicht die Benutzung eines häuslichen Arbeitszimmers, kommt ein Kostenerstattungsanspruch nach § 670 BGB nur in Betracht, wenn die Nutzung des häuslichen Arbeitszimmers im ganz überwiegenden Interesse des ArbGeb liegt. Deshalb kann ein Lehrer, der ein häusliches Arbeitszimmer nutzt, ohne hierzu angewiesen zu sein, keine Kostenerstattung verlangen, weil die Nutzung des häuslichen Arbeitszimmers auch in seinem Interesse liegt, weil er Fahrzeit und Fahrtkosten spart (BAG 12.4.11 – 9 AZR 14/10, DStR 2011, 1865).

B. Lohnsteuerrecht   *Windsheimer*

Übersicht

	Rz		Rz
I. Arbeitszimmer am Arbeitsplatz	4–6	f) Fahrten vom Arbeitszimmer zum Arbeitsplatz	18
1. Bereitstellung durch ArbGeb	4, 5	5. Abzugsfähige Aufwendungen	19–24
2. Aufwendungen des ArbN	6	a) Im eigenen Haus	19
II. Häusliches Arbeitszimmer	7–30	b) In gemieteten Räumen	21
1. Übersicht	7	c) Berechnungsmodus	22
2. Geltungsbereich	8	d) Aufteilung der Aufwendungen	23
3. Begriff	9–12	e) Arbeitsmittel und Ausstattung	24
a) Arbeitszimmer	10	6. Kein Arbeitsverhältnis	25
b) Häuslichkeit	11, 12	7. Gestaltungsüberlegungen	26–29
4. Abzugsregelungen	13–18	a) Kostenübernahme durch den ArbGeb	26
a) Voller Abzug	13	b) Mietvertrag mit dem ArbGeb	27
b) Beschränkter Abzug	14	c) Mietvertrag mit Dritten	28
c) Abschnittsbesteuerung	15	d) Außerhäusliches Arbeitszimmer	29
d) Erforderlichkeit des Arbeitszimmers	16	8. Verkauf der Immobilie	30
e) Nachweiserfordernis	17		

4 **I. Arbeitszimmer am Arbeitsplatz. 1. Bereitstellung durch Arbeitgeber.** Die Bereitstellung von Räumlichkeiten und Einrichtungsgegenständen sowie von Arbeitsmitteln am Arbeitsplatz des ArbGeb ist nicht als Arbeitslohn des ArbN zu erfassen, auch wenn normaler Standard weit überschritten wird, da der ArbGeb diese Leistungen im ganz überwiegenden betrieblichen Interesse erbringt (s *Arbeitsentgelt* Rz 48 ff).

5 Die Aufwendungen des ArbGeb hierzu sind **Betriebsausgaben**. Die Grenze für die Abzugsfähigkeit ergibt sich aus der Unangemessenheit der Aufwendungen (§ 4 Abs 5 Nr 7 EStG).

Beispiele: Orientteppich BFH 8.11.96 – VI R 22/96, BFH/NV 97, 341; Perserteppich BFH 20.8.86, BStBl II 87, 108; Gemälde BFH 2.12.77, BStBl II 78, 164; antike Möbel BFH 31.1.86, BStBl II 86, 355.

6 **2. Aufwendungen des Arbeitnehmers** für die Einrichtung und Ausstattung des beruflich genutzten Arbeitszimmers sind Werbungskosten, soweit die Aufwendungen (nahezu) ausschließlich beruflich veranlasst sind. Einzelheiten s *Arbeitsmittel* Rz 5 ff, insbesondere Rz 12, 17, 21.

II. Häusliches Arbeitszimmer. 1. Übersicht zur Rechtslage ab 2007 (§ 4 Abs 5 Nr 6 Buchst b, § 9 Abs 5 EStG). Bildet das häusliche Arbeitszimmer den **Mittelpunkt** der gesamten betrieblichen und beruflichen Tätigkeit (s hierzu unten Rz 13), besteht **keine Abzugsbeschränkung.** Hat der ArbN außer dem häuslichen Arbeitszimmer **keinen anderen Arbeitsplatz,** ist der Abzug auf 1250 € pro Kj beschränkt (BGBl I 10, 1768; s hierzu unten Rz 14). Nachdem ab 2007 insoweit ein verfassungswidriges Abzugsverbot bestanden hat (BVerfG 6.7.10 – 2 BvL 13/09, DStR 10, 1563), ist der Abzug rückwirkend ab 2007 zu gewähren, soweit die Steuerfestsetzungen vorläufig oder unter dem Vorbehalt der Nachprüfung ergangen sind (§ 52 Abs 12 Satz 9 EStG; BMF 15.12.2010 – IV A 3 – S 0338/07/10010–03, DStR 10, 2634). Wird das häusliche Arbeitszimmer neben dem dienstlichen Arbeitsplatz **beruflich** genutzt, ohne dass es Mittelpunkt der Berufstätigkeit ist, besteht ein **Abzugsverbot.**

2. Geltungsbereich. Die Abzugsregelung gilt gleichermaßen für alle StPfl, nicht nur für ArbN, so auch für Land- und Forstwirte (FG BaWü 27.12.05 – 11 K 205/04, nv), für Gewerbetreibende (BFH 23.3.05 – III R 17/03, BFH/NV 05, 1537), für Freiberufler (BFH 5.12.02 – IV R 7/01, BStBl II 03, 463; BFH 23.1.03 – IV R 71/00, BFH/NV 03, 859), bei Einkünften aus Kapitalvermögen (BFH 9.3.09 – IX B 186/08, BeckRS 2009, 25014939 und 27.3.09 – VIII B 184/08, BStBl II 09, 850), bei Einkünften aus VuV (BFH 26.2.03 – VI R 125/01, BFH/NV 03, 988) sowie bei Renteneinkünften (FG Münster 18.6.09 – 10 K 645/08 E, BeckRS 2009, 26028158). Die Abzugsregelung gilt auch bei eigener Berufsausbildung (§ 10 Abs 1 Nr 7 EStG).

Literaturhinweise zur Rechtslage ab 2007: BMF 2.3.11 – IV C 6 – S 2145/07/10002, BStBl I 11, 195; *Steck* DStZ 11, 191; *Schüßler* DStR 11, 890; *Woring* JZ 11, 420; *Nolte* NWB 11, 2039; *Henningfeld* EFG 11, 1412.

3. Begriff. Das häusliche Arbeitszimmer hat zwei Begriffselemente. Ist das Arbeitszimmer nicht „häuslich", zB gemietetes Büro an einem anderen Ort als der Wohnung, oder ist der häusliche Raum kein Arbeitszimmer, zB Lagerraum oder Betriebsstätte (s unten Rz 12, 19), greift die Abzugsbeschränkung nicht ein.

a) Arbeitszimmer. Ein „häusliches Arbeitszimmer" iSd § 4 Abs 5 Satz 1 Nr 6b EStG ist unabhängig, ob gemietet oder im Eigentum stehend, ein Raum, der seiner Lage, Funktion und Ausstattung nach in die häusliche Sphäre des StPfl eingebunden ist und vorwiegend der Erledigung gedanklicher, schriftlicher oder verwaltungstechnischer bzw verwaltungsorganisatorischer Arbeiten dient. Zentrales Möbelstück ist dabei meist der Schreibtisch (BFH 19.9.02 – VI R 70/01, BStBl II 03, 139; BFH 16.10.02 – XI R 89/00, BStBl II 03, 185). Die Ausstattung mit bürotypischen Einrichtungsgegenständen ist aber nicht zwingend erforderlich (BFH 10.10.12 – VIII R 44/10, DStR 13, 296: Übezimmer einer Musikerin). Nach FG RhPf 19.1.12 – 4 K 1270/09, DStRE 12, 1437 ist ein vom ArbN an zwei Tagen in der Woche genutzter Raum nicht dem Typus des häuslichen Arbeitszimmers gleichzustellen, wenn der ArbN arbeitsvertraglich gehalten ist, an 2 Tagen in der Woche zu Hause zu arbeiten und dafür einen Raum vorzuhalten, die EDV-Einrichtung vom ArbG übernommen wird und der ArbG ein Kontrollrecht hat (Az BFH VI R 40/12). Nach bisheriger Rechtsprechung des BFH und Auffassung der Finanzverwaltung muss der Raum (nahezu) **ausschließlich beruflich** genutzt werden (BFH 4.5.05 – VI B 35/04, BFH/NV 05, 1549; BFH 26.10.04 – VI B 192/03; BFH/NV 05, 373; BMF 2.3.11 – IV C 6 – S 2145/07/10002, BStBl I 11, 195). Diese zu früheren Rechtslagen aufgestellten Grundsätze gelten auch unter Berücksichtigung des Beschlusses des Großen Senats (BFH 21.9.09 – GrS 1/06, BeckRS 2009, 24003874) fort (FG BaWü 2.2.2011 – 7 K 2005/08, BeckRS 2011, 95438; OFD Koblenz 19.9.11 – S 2354 A – St 32, 2, DStR 12, 78; FG Sachs 11.1.12 – 2 K 1854/11, BeckRS 2009, 24003874; FG Hbg 8.6.11 – 6 K 121/10, DStRE 12, 1041: BFH 2.7.12 III B 243/11, BeckRS 2012, 95774 Revision nicht zugelassen; aA FG Köln 19.5.11 – 10 K 4126/09, DStR 11, 1360: Aufteilung eines als Wohn- und Arbeitszimmer (je 50 %) genutzen Raumes nach Zeitanteilen; Az BFH X R 32/11; FG NdS 24.4.12 – 8 K 254/11, BeckRS 12, 96349, Az BFH IX R 23/12: Nutzung eines typischen abgeschlossenen Arbeitszimmers auch für private Büroarbeiten; FG Köln 15.5.13 – 4 K 1384/10 und 1242/13, DStZ 13, 690,

61 Arbeitszimmer

Az BFH 20/13 und 21/13: Nutzung eines Arbeitszimmers auch für eie Tätigkeit, die vom FA als EStrechtlich unbeachtliche Liebhaberei eingestuft wurde). Ein **Wintergarten** als Arbeitszimmer, der auch Repräsentationszwecken oder als Durchgang zum Garten dient, unterfällt dem Abzugsverbot des § 12 Nr 1 Satz 2 EStG (FG Brem 6.10.99 – 497121 K 5, nv; s auch *Werbungskosten* Rz 15 ff). Eine galerieartige Treppenhausfläche ist kein Arbeitszimmer (BFH 6.12.91 – VI R 110/90, BFH/NV 92, 380), ebenso eine mit einem Wohnraum verbundene Empore (BFH 16.8.05 – VI B 8/05, BFH/NV 05, 2006). Ein Raum als regelmäßige Arbeitsstätte iSd Reisekostenrechts (s *Dienstreise* Rz 20 ff) ist nicht zwingend ein Arbeitszimmer (OFD Bln 29.2.96, DB 96, 1445). Mehrere beruflich genutzte Räume sind anzuerkennen, wenn auf jeden Raum gesondert die Qualifizierung als häusliches Arbeitszimmer zutrifft (BFH 26.3.09 – VI R 15/07, DStR 09, 1030). Zeitlich im Kj aufeinander folgende Arbeitszimmer, zB wegen **Umzugs,** gelten als ein Objekt (BFH 23.9.09 – IV R 21/08, BStBl II 10, 337).

11   **b) Häuslichkeit.** Die Häuslichkeit des Arbeitszimmers ist gekennzeichnet durch die Zugehörigkeit zum Wohnbereich einschließlich Umgriff. So ist ein Büro im Dachgeschoss des selbstgenutzten Einfamilienhauses grds ein häusliches Arbeitszimmer (BFH 26.2.03 – VI R 156/01, BFH/NV 03, 989), ebenso ein beruflich genutzter Raum im Souterrain einer gemieteten Wohnung (BFH 16.10.02 – XI R 89/00, BStBl II 03, 185). Auch ein Kellerraum im selbst bewohnten Einfamilienhaus, der als **Archiv** für das häusliche Arbeitszimmer dient, gehört zum häuslichen Arbeitszimmer (BFH 19.9.02 – VI R 70/01, BStBl II 03, 139), ebenso der beruflich genutzte Hobbyraum im Keller eines Mehrfamilienhauses, der zur Wohnung des StPfl gehört (BFH 26.2.03 – VI R 130/01, BFH/NV 03, 1110). Gehört der Kellerraum in einem Mehrfamilienhaus nicht zur Wohnung im gleichen Haus, wird er vielmehr unabhängig vom Wohnungsmietvertrag angemietet, greift die Abzugsbeschränkung nicht ein (BFH 26.2.03 – VI R 160/99, BStBl II 03, 515). Das Gleiche gilt für ein Arbeitszimmer im Dachgeschoss eines Mehrfamilienhauses (BFH 18.8.05 – VI R 39/04, BStBl II 06, 428) oder in einem anderen Stockwerk (BFH 10.6.08 – VIII R 52/07, HFR 09, 456), anders aber, wenn der zum Arbeitszimmer ausgebaute Dachgeschossraum zum Sondereigentum einer zwei Stockwerke tiefer gelegenen Eigentumswohnung gehört (BFH 4.5.10 – VIII B 63/09, BFH/NV 10, 1444). Ein Anbau zum Wohnhaus, der nur über einen separaten Eingang vom straßenabgewandten Garten aus betreten werden kann, ist wegen seiner Nähe zur privaten Wohnung häusliches Arbeitszimmer (BFH 13.11.02 – VI R 164/00, BStBl II 03, 350, auch wenn der Zugang erschwert ist (BFH 15.12.04 – XI R 14/03, GmbHR 05, 1215), ebenso eine an die Wohnung unmittelbar angrenzende Zweitwohnung (BFH 26.2.03 – VI R 124/01, BFH/NV 03, 986) oder eine der Wohnung unmittelbar gegenüberliegende Wohnung (BFH 26.2.03 – VI R 125/01, BFH/NV 03, 988), auch eine Einliegerwohnung (FG Düsseldorf 4.7.01 – 13 K 5701/98, EFG 01, 1492), und eine auf verschiedene Geschosse verteilte Wohneinheit (BFH 13.4.05 – VI B 136/04, BFH/NV 05, 1301), ebenso ein Zimmer im Nachbarhaus, wenn Vermieter ein Angehöriger ist (FG Köln 29.9.2000 – 7 K 4746/99, EFG 01, 272; aA FG SachsAnh 13.5.02 – 1 K 861/98, EFG 02, 1086), selbst bei größerer Entfernung (19 km; FG RhPf 22.11.01 – 6 K 1024/00, EFG 02, 250), gleiches gilt bei einem ausschließlich vom Stpfl genutzten Zweifamilienhaus (BFH 15.1.13 – VIII R 7/10, BeckRS 13, 94741) sowie für Räume in anderen Gebäudeteilen auf demselben Grundstück (FG Nürnberg 22.10.12 – 6 K 471/11, BeckRS 12, 96660, Az BFH VIII B 153/12). Erfordert die Tätigkeit eine eigene Büroorganisation, zB bei einem nichtselbstständigen Versicherungsvertreter, so gilt das Büro dennoch als häusliches Arbeitszimmer, wenn es sich im selben Gebäude wie die Privatwohnung befindet (BFH 28.8.03 – IV R 38/01, BFH/NV 04, 327).

Entscheidend ist hiernach die Nähe zum privaten Wohnbereich, die eine Verlagerung von Kosten der privaten Lebensführung in den beruflichen Bereich ausschließt (§ 12 Nr 1 Satz 2 EStG).

12   Deshalb entfällt die Häuslichkeit, wenn sich das Arbeitszimmer außerhalb des häuslichen Bereichs befindet, zB in einem gemieteten Zimmer in einer Fremdwohnung (BFH 22.12.03 – VI B 29/01, BFH/NV 04, 489) oder in einem eigenen oder gemieteten Einzimmerappartement, das ausschließlich beruflichen Zwecken dient (FG BaWü 17.6.98, EFG 98, 1390). Ein als **Lager, Archiv, Werkstatt oder Arztpraxis** genutzter Raum muss bei einer für ein Arbeitszimmer atypischen Ausstattung und Funktion und bei Publikumsverkehr kein häusliches Arbeitszimmer sein, auch wenn er seiner Lage nach in die häusliche Sphäre des StPfl eingebunden ist (BFH 26.3.09 – VI R 15/07, DStR 09, 1030). Das Gleiche gilt für einen **Ausstellungsraum** (BFH 19.8.05 – VI B 39/05, BFH/NV 05, 2007), ein **Tonstudio**, für Räume, in denen Publikumsverkehr stattfindet oder fremdes Personal tätig wird (BFH 9.11.06 – IV R 2/06, BFH/NV 07, 677) sowie für einen Kreativraum eines Künstlers (FG NdS 31.5.12 – 1 K 272/10, BeckRS 12, 96356).

4. Abzugsregelungen. a) Voller Abzug (§ 4 Abs 5 Nr 6b EStG). Bei einem häuslichen **13** Arbeitszimmer sind die abzugsfähigen Aufwendungen (s unten Rz 20) in vollem Umfang als Werbungskosten zu berücksichtigen, wenn das Arbeitszimmer den Mittelpunkt der gesamten betrieblichen und beruflichen Betätigung bildet. **Mittelpunkt** der gesamten Betätigung ist das Arbeitszimmer dann, wenn der Stpfl dort diejenigen Handlungen vornimmt und Leistungen erbringt, die für den konkret ausgeübten Beruf wesentlich und prägend sind (**qualitative** Wertung; BFH 24.7.06 – VI B 112/05, BFH/NV 06, 2071). Dem zeitlichen Umfang kommt im Rahmen der Gesamtwürdigung lediglich eine indizielle Bedeutung zu (BFH 20.4.10 – VI B 150/09, BFH/NV 10, 1434; *Bleschik* NWB 12, 16). Ob die im Arbeitszimmer verrichteten Tätigkeiten den Beruf insgesamt prägen oder ob ihnen lediglich eine unterstützende Funktion zukommt, ist Tatsachenfeststellung und -würdigung, die im Streitfall den FG obliegt. So kann es aufgrund der konkret ausgeübten Tätigkeit durchaus sein, dass bei **Reisenden** oder einer **Außendiensttätigkeit** unter 50% des gesamten beruflichen Zeitaufwands der volle Abzug möglich ist (BFH statt vieler aus jüngerer Zeit 26.6.03 – IV R 9/03, BStBl II 04, 50; BFH 13.11.02 – IV R 28/02, BStBl II 04, 58; FG Düsseldorf 5.5.11 – 11 K 2591/09 E, BeckRS 2011, 95731). Mehrere Arbeitszimmer begründen für sich betrachtet grds nicht den Mittelpunkt der beruflichen Tätigkeit (BFH 9.11.05 – VI R 19/04, BStBl II 06, 328). Bei **mehreren Tätigkeiten,** zB nebenberufliche Bürotätigkeit im häuslichen Arbeitszimmer neben Haupttätigkeit am Arbeitsplatz des ArbGeb, ist für die Frage des Mittelpunkts nicht auf die einzelne Tätigkeit abzustellen, sondern eine Gesamtbetrachtung aller Tätigkeiten anzustellen (BFH 27.9.96 – IV R 47/96, BStBl II 97, 68; 23.9.99 – VI R 74/98, BStBl II 2000, 7; BFH 30.10.01 – V B 217/00, BFH/NV 02, 380; BFH 17.6.04 – IV R 33/02, BFH/NV 05, 174; *von Bornhaupt* DB 03, 2668). Hierbei lassen sich die folgenden Fallgruppen unterscheiden: Geht der StPfl mehreren Erwerbstätigkeiten nach und bilden bei allen – jeweils – die im häuslichen Arbeitszimmer verrichteten Arbeiten den qualitativen Schwerpunkt, so liegt dort auch der Mittelpunkt der Gesamttätigkeit. Zur Aufteilung der Aufwendungen s unten Rz 23. Bilden hingegen die außerhäuslichen Tätigkeiten – jeweils – den qualitativen Schwerpunkt der Einzeltätigkeiten bzw lassen sich diese keinem Schwerpunkt zuordnen, so kann das häusliche Arbeitszimmer auch nicht durch die Summe der darin verrichteten Arbeiten zum Mittelpunkt der Gesamttätigkeit werden. Bildet das häusliche Arbeitszimmer schließlich den qualitativen Mittelpunkt lediglich einer Einzeltätigkeit oder mehrerer Einzeltätigkeiten, nicht jedoch im Hinblick auf die übrigen, so muss das FG anhand der konkreten Umstände des Einzelfalles wertend entscheiden, ob die Gesamttätigkeit gleichwohl einem einzelnen qualitativen Schwerpunkt zugeordnet werden kann und ob dieser im häuslichen Arbeitszimmer liegt. Abzustellen ist dabei auf das Gesamtbild der Verhältnisse und auf die Verkehrsanschauung, nicht auf die Vorstellung des betroffenen Stpfl (BFH 13.10.03 – VI R 27/02, BStBl II 04, 771; BFH 9.12.03 – VI 150/01, BFH/NV 04, 412, BFH 16.12.04 – IV R 19/03, BStBl II 05, 212; BFH 14.12.04 – XI R 13/04, BStBl II 05, 344).

Bei wöchentlich 3 Tagen Telearbeit im häuslichen Arbeitszimmer und 2 Tagen im Betrieb des ArbGeb kann der Mittelpunkt der gesamten Tätigkeit im häuslichen Arbeitszimmer liegen (BFH 23.5.06 – VI R 21/03, BStBl II 06, 600). Ein **Hochschullehrer** hat den Mittelpunkt seiner gesamten betrieblichen und beruflichen Tätigkeit grds nicht im häuslichen Arbeitszimmer (BFH 27.10.11 – VI R 71/10, DStR 12, 176), ebenso nicht ein Lehrer (BFH 26.2.03 – VI R 125/01, BStBl II 04, 72), ein Bauleiter (FG München 10.11.05 – 5 K 1906/04, nv) und ein Richter (BFH 8.12.11 – VI R 13/11, BFH/NV 12, 510; wohl aber ein Prüfer im Betriebsprüfungsaußendienst (FG Nds 17.11.09 – 11 K 98/08, EFG 10, 711). Für die Bestimmung des Mittelpunkts der gesamten Betätigung sind nur tatsächlich aktuelle Betätigungen einzubeziehen, nicht jedoch die frühere Tätigkeit des Pensionärs mit Versorgungsbezügen (FG Nds 8.11.11 – 12 K 264/09, BeckRS 2012, 94357).

61 Arbeitszimmer

14 **b) Beschränkter Abzug.** Die Abzugsmöglichkeit, wenn **kein anderer Arbeitsplatz zur Verfügung steht,** beschränkt auf **1250 €** pro Jahr, gilt rückwirkend ab 2007 (s oben Rz 7), so dass die bis 2006 geltende Rechtslage ab 2007 fortbesteht. Für die Frage, ob kein anderer Arbeitsplatz zur Verfügung steht, ist auf die Tätigkeit im Arbeitszimmer abzustellen. Kann diese Tätigkeit konkret an einem anderen Arbeitsplatz des Steuerpflichtigen objektiv verrichtet werden, also zB in einem Großraumbüro oder in einem – wenn auch kleinen – Dienstzimmer, greift das Abzugsverbot ein (BFH 7.8.03 – VI R 17/01, VI R 162/00, BFH/NV 03, 1649, 1651; BFH 17.5.05 – XI B 175/03, BFH/NV 05, 1828; BFH 7.4.05 – IV R 43/03, BFH/NV 05, 1541; großzügiger BFH 7.8.03 – VI R 16/01, VI R 118/00, BStBl II 04, 77, 82). Bei häuslichem Bereitschaftsdienst nach Schließung des Betriebsgebäudes steht der betriebliche Arbeitsplatz aber nicht zur Verfügung (BFH 7.8.03 – VI R 41/98, BFH/NV 03, 1647), ebenso bei Temperaturabsenkung außerhalb der üblichen Bürozeiten (BFH 13.10.03 – VI R 95/01, amtlich nv) oder bei einer unzureichenden Anzahl von Pool-Arbeitsplätzen (FG Düsseldorf 23.4.13 10 K 822/12 E, BeckRS 13, 95402). Bei leitenden Angestellten kann dies anders zu beurteilen sein (BFH 14.12.04 – XI R 13/04, BStBl II 05, 344). Häusliche Abend- und Wochenendarbeit, die zusätzlich zur Berufsarbeit erbracht wird, ist nicht begünstigt (BFH 10.2.05 – VI B 113/04, BStBl II 05, 488). Steht einem ArbN ein Büroarbeitsplatz beim ArbGeb auch für betrieblich gewünschte Fortbildungsmaßnahmen, zB für einen Sprachkurs, zur Verfügung, schließt dies die steuerliche Berücksichtigung von Kosten für ein zur Fortbildung genutztes häusliches Arbeitszimmer aus. Persönliche Beweggründe des ArbN für die Nichtnutzung des Büroarbeitsplatzes spielen keine Rolle (BFH 5.10.11 – VI R 91/10, DStR 11, 2385). Ein Berufsorchestermusiker kann die Aufwendungen für das häusliche Überzimmer begrenzt abziehen (FG BaWü 6.4.11 – 4 K 5121/09, BeckRS 2011, 95693).

Bei **mehreren Tätigkeiten** im Rahmen eines Arbeitsverhältnisses genügt es zur Abzugsfähigkeit, dass für eine der Tätigkeiten der Arbeitsplatz nicht zur Verfügung steht (BFH 14.1.04 – VI R 1/02, BFH/NV 04, 943; enger BFH 14.4.04 – VI R 43/02, BFH/NV 04, 1102).

Beispiel (nach BMF 2.3.11, RdNr 20, oben Rz 8): Ein Angestellter nutzt sein Arbeitszimmer zu 40 % für seine nichtselbständige Tätigkeit und zu 60 % für eine unternehmerische Nebentätigkeit. Nur für die Nebentätigkeit steht ihm kein anderer Arbeitsplatz zur Verfügung. An Aufwendungen sind für das Arbeitszimmer insgesamt 2500 € entstanden. Diese sind nach dem Nutzungsverhältnis aufzuteilen. Auf die nichtselbständige Tätigkeit entfallen 40 % von 2500 € = 1000 €, die nicht abgezogen werden können. Auf die Nebentätigkeit entfallen 60 % von 2500 € = 1500 €, die bis zu 1250 € als Betriebsausgaben abgezogen werden können.

15 **c) Abschnittsbesteuerung.** Richtet der ArbN ein häusliches Arbeitszimmer ein, ohne dass er in diesem Jahr das Arbeitszimmer noch nutzt, so sind die Aufwendungen gleichwohl abzugsfähig, wenn sich die künftige Nutzung als Mittelpunkt der gesamten beruflichen Tätigkeit des Stpfl darstellt (BFH 23.5.06 – VI R 21/03, BStBl II 06, 600).

16 **d) Erforderlichkeit des Arbeitszimmers.** Greift das Abzugsverbot **nicht** ein (s oben Rz 13), ist weitere Voraussetzung, dass das Arbeitszimmer für die Erwerbstätigkeit erforderlich ist (BFH 27.9.96, BStBl II 97, 68; FG Hess 21.11.2000 – 13 K 1005/00, EFG 01, 489) und dass es so gut wie ausschließlich für berufliche Zwecke vom Stpfl genutzt wird (§ 12 Nr 1 Satz 2 EStG; BFH 22.11.06 – X R 1/05, BStBl II 07, 304, s oben Rz 10).

17 **e) Nachweiserfordernis.** Zu **Nachweiszwecken** darf das Arbeitszimmer vom FA mit Zustimmung des Stpfl besichtigt werden, aber nicht ohne Anmeldung und nicht außerhalb der üblichen Geschäftszeit (FG Düsseldorf 14.12.92, EFG 93, 64; *Gretter* BB 94, 1393; aA FG NdS 9.3.93, EFG 94, 182, das bei Verweigerung der Besichtigung ohne Anmeldung nachteilige Steuerfolgen für den Stpfl für zulässig hält; so auch *Rößler* BB 94, 1753; *Stähler* BB 95, 435). Gegen die Inaugenscheinnahme des Arbeitszimmers durch Finanzbeamte ist der Einspruch nicht gegeben (BFH 3.5.10 – VIII B 71/09, BFH/NV 10, 1415). Dass ein anderer Arbeitsplatz nicht zur Verfügung steht, muss der ArbN, ggf unter Einschaltung des ArbGeb, konkret darlegen. Im Übrigen darf das FA zur Sachverhaltsaufklärung das Ausfüllen eines amtlichen Vordrucks aufgeben (FG NdS 25.8.99 – VIII 470/93, EFG 99, 1003). Der Stpfl hat gemäß § 4 Abs 7 EStG jährliche Aufzeichnungspflichten und trägt die Feststellungslast (BFH 22.11.06 – X R 1/05, BStBl II 07, 304). Nicht gerügtes Unterlassen einer Beweiserhebung durch das FG geht zu Lasten des Stpfl (BFH 25.5.10 – X B 207/09, BFH/NV 10, 1649).

Arbeitszimmer

f) Fahrten vom Arbeitszimmer zum Arbeitsplatz sind Fahrten zwischen Wohnung 18
und Arbeitsstätte, keine Dienstreisen (BFH 12.1.06 – VI B 61/05, BFH/NV 06, 739). Bei
selbstständig Tätigen kann auch eine **Betriebsstätte** (§ 12 AO) häusliches Arbeitszimmer
sein (BFH 28.6.06 – IV B 75/05, BFH/NV 06, 2243). **Bei doppelter Haushaltsführung**
ist ein Arbeitszimmer in der Wohnung am Beschäftigungsort getrennt vom Wohnraum zu
beurteilen (BFH 9.8.07 – VI R 23/05, DStR 07, 1570).

5. Abzugsfähige Aufwendungen. a) Im eigenen Haus. Folgende Aufwendungen sind 19
anteilig flächenbezogen auf das Arbeitszimmer (s unten Rz 22) bei Vorliegen obiger Voraussetzungen (Rz 13–18) abzugsfähig, wenn das Arbeitszimmer im **eigenen Haus** oder in der
eigenen **Eigentumswohnung** belegen ist (vgl BMF 3.4.07, s oben Rz 8), wobei die Aufwendungen nachzuweisen bzw glaubhaft zu machen sind: **Schuldzinsen** für Kredite, die zur
Anschaffung, Herstellung oder Reparatur des Gebäudes oder der Eigentumswohnung verwendet worden sind (BFH 1.4.09 – IX R 35/08, BStBl II 09, 663), Reparaturaufwendungen,
Gebäudeversicherungen einschließlich Feuerversicherung, Schornsteinfegergebühr, Grundsteuer, Müllabfuhrgebühren, Wassergeld, Stromkosten, Heizungskosten, Reinigungskosten
(nicht jedoch für die Reinigung durch einen Familienangehörigen; BFH 27.10.78, BStBl II
79, 80; FG Saarl 31.5.89, EFG 89, 453), Aufwendungen für die Ausstattung des Zimmers
(zum Begriff Ausstattung s unten Rz 24) und Aufwendungen für die Renovierung des
Zimmers, **Gebäude-AfA** (zum Umfang der AfA nach § 7 Abs 5 EStG: BFH 30.6.95,
BStBl II 95, 598: das Arbeitszimmer dient nicht Wohnzwecken; BFH 4.8.95, BStBl II 95,
727; BFH 15.10.99 – IX B 91/99, BFH/NV 2000, 428), auch Sonderabschreibung nach
§§ 3, 4 FördG (OFD Bln 6.7.94, DStR 94, 1195 = FinMin Sachs 18.7.94, DB 94, 1598).
Nachträglicher Anbau eines Arbeitszimmers an ein Gebäude führt zur Erhöhung des Abschreibungsvolumens des Gebäudes und damit steuerlich wirksam des Arbeitszimmers (BFH
21.8.95, BStBl II 95, 729; H 45 LStR; s aber FG Münster 26.3.98 – 1 K 895/98 E, EFG 98,
1000). Schallschutzmaßnahmen für das Arbeitszimmer unterliegen der normalen Gebäude-AfA (FG München 21.2.01 – 1 K 3702/99, EFG 01, 740). Zur Fenstererneuerung im
Arbeitszimmer s FG Saarl 30.9.92, EFG 93, 70. Kosten der Gartenerneuerung sind abzugsfähig, wenn sie durch Reparaturaufwendungen am Gebäude veranlasst sind (BFH 6.10.04 –
VI R 27/01, BStBl II 04, 1071), nicht aber bei Neuanlage eines Gartens (BFH 14.3.08 – IX B
183/07, BFH/NV 08, 1146). Abzugsfähig sind diese Kosten auch, wenn das Haus bzw die
Eigentumswohnung **zu $^1/_2$ in Miteigentum der Ehegatten** steht: AfA, Schuldzinsen,
Energiekosten abzugsfähig im Verhältnis der Miteigentumsanteile (BFH 23.9.09 – IV R 21/
08, BStBl II 10, 337). Das Gleiche gilt bei **nichtehelicher Lebensgemeinschaft** (*Kempermann* DStR 96, 131; *Heuermann* DStR 96, 1518; LStH 45). Hat der das Arbeitszimmer
nutzende Ehegatte unabhängig von der Eigentümerstellung einen eigenen finanziellen Beitrag
zu den Anschaffungs-/Herstellungskosten des Objekts zumindest in Höhe der Arbeitszimmerkosten getragen, steht ihm auch die AfA zu (BFH 23.8.99 – GrS 1/97, BStBl II 99, 778; BFH
25.6.03 – X R 66/00, BFH/NV 04, 19). Ein eigener finanzieller Beitrag liegt nur vor, wenn
das Geld tatsächlich in das eigengenutzte Objekt fließt. Erwirbt der das Arbeitszimmer
nutzende Ehegatte mit dem Eigenobjekt zugleich ein anderes Objekt, steht ihm die AfA im
eigengenutzten Objekt nicht zu, wenn ihm wirtschaftlich das Eigenobjekt mangels rechtlicher
Schuldnerschaft nicht zugerechnet werden kann (BFH 23.8.99 – GrS 2/97, BStBl II 99, 782).
Werden in einem solchen Fall die Aufwendungen für das eigengenutzte Objekt gemeinsam
getragen, kann der das Arbeitszimmer nutzende Ehegatte wenigstens die laufenden Aufwendungen für das Arbeitszimmer als Werbungskosten geltend machen (BFH 23.8.99, aaO).

Bei **gemeinsamer Nutzung** des Arbeitszimmers darf jeder Nutzende die Aufwendungen 20
abziehen, die er getragen hat, wenn die Abzugsvoraussetzungen in seiner Person vorliegen
(BFH 23.8.99 – GrS 3/97, BStBl II 99, 787). Der Abzug ist aber objektbezogen, dh nur bis
zum Höchstbetrag abzugsfähig (BFH 23.9.09 – IV R 21/08, BStBl II 10, 337). Der Höchstbetrag kann nicht mehrfach für verschiedene Tätigkeiten oder Personen in Anspruch genommen werden. Haben die Ehegatten die Herstellungs-/Anschaffungskosten des Objekts gemeinsam getragen und nutzt jeder Ehegatte je ein Arbeitszimmer, steht jedem Ehegatten die
AfA für „sein" Arbeitszimmer zu (BFH 23.8.99 – GrS 5/97, BStBl II 99, 774 gegen BFH
9.11.95 – IV R 60/92, BStBl II 96, 192), bei gemeinschaftlicher Nutzung nur eines Arbeitszimmers: anteilige AfA (FG Köln 23.4.09 – 10 K 82/09, EFG 09, 1196). Aus der Entschei-

61 Arbeitszimmer

dungskette des Großen Senats des BFH vom 23.8.99 (BStBl II 99, 744) ergibt sich somit, dass einem Ehegatten dann die AfA zusteht, wenn er (1) die Herstellungskosten des Objekts zumindest teilweise getragen hat und (2) das Arbeitszimmer zu beruflichen Zwecken nutzt. Diese zur Rechtslage bis 2006 geltende Rspr gilt fort, wenn das Arbeitszimmer für die Ehegatten je der Mittelpunkt ihrer beruflichen Tätigkeit ist. Weiter gilt: Erhaltungsaufwendungen eines Dritten kann der Stpfl dann abziehen, wenn er den Vertrag mit dem Handwerker abgeschlossen hat, dh in eigener Person die Zahlungsverpflichtung eingegangen ist und der Dritte diese Verpflichtung erfüllt (abgekürzter Zahlungsweg) oder wenn der Dritte im Rahmen eines Bargeschäfts des täglichen Lebens die Zahlung übernimmt, sog **Drittaufwand** (BMF 9.8.06 – IV C 3 – S 2211 – 21/06, BStBl I 06, 492). Weitergehend führen auch einmalige Zahlungen eines Dritten, der den Vertrag im eigenen Namen, aber im Interesse des Stpfl mit dem Handwerker abgeschlossen hat, mit Zustimmung des StPfl zur Abziehbarkeit beim Stpfl, sog. **abgekürzter Vertragsweg** (BFH 15.1.08 – IX R 45/07, DStR 08, 495; BMF 7.7.08 – IV C 1 – S 2211/07/10007, BStBl I 08, 717); s auch *Werbungskosten* Rz 6).

Beispiel: Die Mutter des Stpfl beauftragt und bezahlt die Handwerker: Abzugsfähigkeit beim Stpfl, wenn die Mutter ihrem Sohn das Geld zuwenden wollte.

Dies gilt auch bei einer Zuwendung durch einen Gesellschafter einer GmbH, auch wenn die Zuwendung eine verdeckte Gewinnausschüttung darstellt (BFH 28.9.2010 – IX R 42/09, DStR 10, 2391).

Einzelheiten zur Neuregelung des **Vorsteuerabzugs** nach § 15 Abs 1b UStG nach Beendigung des sog Seelingmodells BMF 22.6.11 – IV D 2 – S 7303-b/10/10001:001, BStBl I 11, 597. Für **Erbschaftsteuerzwecke** (§ 13 Abs 1 Nr 4a ErbStG) ist das im Wohnbereich gelegene Arbeitszimmer der Wohnnutzung zuzurechnen, auch wenn es an den ArbGeb vermietet ist, BFH 26.2.09 – II R 69/06, DStR 09, 575; zur Vermietung des Arbeitszimmers an den ArbGeb s unten Rz 27.

21 **b) In gemieteten Räumen.** Bei einer **Mietwohnung** sind anstelle der hausbezogenen Kosten die Miete und die Nebenkosten anzusetzen (s im Einzelnen oben Rz 20) Mietereinund Umbauten können für den Mieter AfA-fähig sein (BFH 11. 6 97 – XI R 77/96, BStBl II 97, 774).

22 **c) Berechnungsmodus.** Die haus- bzw wohnungsbezogenen Kosten (zB Schuldzinsen, AfA, Miete, Stromkosten usw) sind hierbei nach dem Verhältnis der Fläche des Arbeitszimmers zur Gesamtwohnfläche einschließlich Arbeitszimmer, jedoch ohne Nebenräume (Keller, Dachboden, Garage usw) anzusetzen, soweit letztere nicht selbst Arbeitszimmer sind (BFH 22.11.06 – X R 1/05, BStBl II 07, 304).

Beispiel: Gesamte Wohnfläche 120 qm, Arbeitszimmer 18 qm: 15 % der Hauskosten bzw der Mietkosten sind dem Grunde nach abzugsfähig. Liegt das Arbeitszimmer im Keller, ist diese Fläche mit einzubeziehen (FG Köln 26.1.95, EFG 95, 830; OFD Hannover 11.9.97, DStR 97, 1687). Zur Ermittlung der anteiligen Aufwendungen für ein im Keller gelegenes anerkanntes häusliches Arbeitszimmer (FG Nds 8.11.11 – 12 K 264/09, BeckRS 2012, 94357, Az BFH VIII R 3/12).

Schuldzinsen sind unmittelbar den Anschaffungskosten des Arbeitszimmers zuzuordnen, wenn hierfür ein eigenes Darlehen aufgenommen wurde (BFH 1.4.09 – IX R 35/08, DStR 09, 1193). Auf diese Weise kann gezielt Steuerersparnis herbeigeführt werden.

23 **d) Aufteilung der Aufwendungen.** Wird das Arbeitszimmer nicht während des ganzen Jahres für berufliche Zwecke genutzt, ist auf die zeitanteilige Nutzung abzustellen (BFH 3.8.05 – XI R 42/02, BFH/NV 06, 504).

Beispiel: Ein ArbN hat im 1. Halbjahr den Mittelpunkt seiner gesamten betrieblichen und beruflichen Tätigkeit in seinem häuslichen Arbeitszimmer. Im 2. Halbjahr übt er die Tätigkeit am Arbeitsplatz bei seinem ArbGeb aus. Die Aufwendungen für das Arbeitszimmer, die auf das 1. Halbjahr entfallen, sind in voller Höhe als Werbungskosten abziehbar. Für das 2. Halbjahr kommt ein Abzug nicht in Betracht.

Wird das Arbeitszimmer im Rahmen mehrerer Einkunftsarten genutzt (zB nichtselbstständige Arbeit und selbstständige Arbeit; s oben Rz 13), ist der Abzugsbetrag entsprechend **aufzuteilen** (BFH 18.8.05 – VI R 39/04, BStBl II 06, 428).

Beispiel: Ein in den Ruhestand versetzter ArbN ist aufgrund individueller Vereinbarung nach wie vor für seinen ArbGeb tätig, indem er für ihn im häuslichen Arbeitszimmer Arbeiten erledigt, zB

Arbeitszimmer

Gutachten anfertigt, Prüfberichte schreibt. Daneben ist er auf freiberuflicher Basis für einen Verlag schriftstellerisch tätig. Die Aufwendungen für das Arbeitszimmer als Mittelpunkt sind zeitanteilig aufzuteilen.

Wird der Raum teilweise privat genutzt, zB **Arbeitsecke,** entfällt eine Aufteilung der Aufwendungen, s oben Rz 10.

e) **Arbeitsmittel,** die im häuslichen Bereich ausschließlich für Berufszwecke eingesetzt werden (zB Büromaterial, Fachliteratur, PC ohne Joy-Stick, Bücherschrank, Schreibtisch; s *Arbeitsmittel* Rz 17, 21; *Internet-/Telefonnutzung* Rz 32), sind von der Abzugsbeschränkung nicht betroffen (BFH 19.2.04 – VI R 135/01, BStBl II 04, 958). Sie sind von der **Ausstattung** des Arbeitszimmers (§ 4 Abs 5 Nr 6b Satz 1 EStG) abzugrenzen, die von der Abzugsbeschränkung des Arbeitszimmers mitumfasst wird (eingehend *Urban* DStZ 96, 229, 235; *Flies* DStZ 98, 474; *Söhn* FR 98, 637; *Thomas* KFR 98, 209). Zur Ausstattung, wenn es sich nicht um Arbeitsmittel handelt, gehören das nicht arbeitsbezogene Mobiliar und die Einrichtungsgegenstände (zB Tapeten, Teppiche, Fenstervorhänge, Gardinen, Lampen, Bilder, Poster, Gobelins, Antiquitäten, Kunstgegenstände). Ein Abzugsverbot kann sich hier aus § 12 Nr 1 EStG ergeben (FG Köln 4.12.02 – 10 K 5858/98, EFG 03, 518). Umzugskosten sind nicht als Werbungskosten abzugsfähig (BFH 21.7.89, BStBl II 89, 972; s *Umzugskosten* Rz 17), aber nach § 35a Abs 2 EStG (s *Hauswirtschaftliches Beschäftigungsverhältnis* Rz 11).

6. Kein Arbeitsverhältnis. Besteht kein Arbeitsverhältnis (zB wegen **Arbeitslosigkeit, Erziehungsurlaubs** oder wegen Wechsels der beruflichen Stellung oder bei **Berufsausbildung** oder wegen Beurlaubung oder bei ehrenamtlicher Tätigkeit), sind die Kosten des Arbeitszimmers nicht als Werbungskosten (BFH 19.7.05 – VI B 175/04, BFH/NV 05, 2000), allenfalls als Ausbildungskosten (§ 10 Abs 1 Nr 7 EStG; s *Ausbildungskosten* Rz 15), begrenzt auf 6000 € abziehbar (BFH 22.6.90, BStBl II 90, 901; FG BaWü 3.8.99 – 1 K 382/98, EFG 99, 1117) – außer, der Abzug wäre auch unter den erwarteten Umständen der vorgesehenen beruflichen Tätigkeit zulässig (BFH 2.12.05 – VI R 63/03, BStBl II 06, 329) oder die Arbeit im häuslichen Arbeitszimmer steht unmittelbar bevor (BFH 23.5.06 – VI R 21/03, BStBl II 06, 600); s auch *Werbungskosten* Rz 9; *Arbeitslosengeld* Rz 8; *Telearbeit* Rz 14; *Gründungszuschuss* Rz 6). Die Abzugsbeschränkungen gelten wie oben Rz 13 ff.

Beispiel: Wird ein häusliches Arbeitszimmer für ehrenamtliche Tätigkeiten genutzt, so können die Aufwendungen nur im Rahmen des § 3 Nr 26, 26a EStG abgezogen werden. Nur wenn die Einnahmen aus der betreffenden Tätigkeit den jeweiligen Betrag überschreiten, ist ein Abzug bei Vorliegen der übrigen Voraussetzungen denkbar (BFH 19.7.05 – VI B 175/04, BFH/NV 05, 2000).

7. Gestaltungsüberlegungen. Das Abzugsverbot lässt sich wie folgt vermeiden:
a) **Kostenübernahme durch den Arbeitgeber. aa) Eigenbetriebliches Interesse.**
Übernimmt der ArbGeb die Kosten für das häusliche Arbeitszimmer, bspw weil dem ArbGeb daran gelegen ist, dass der ArbN – aus Werbe- oder Repräsentationsgründen – seine Arbeit gerade von seinem häuslichen Arbeitszimmer aus verrichtet oder weil anderenfalls der ArbGeb einen Arbeitsplatz anmieten müsste, so stellt die Kostenübernahme **keinen Arbeitslohn** dar, wenn die Kostenübernahme im **ganz überwiegenden eigenbetrieblichen Interesse** des ArbGeb liegt (s hierzu *Arbeitsentgelt* Rz 48 ff).

Allein durch die arbeitsvertragliche Verpflichtung, Arbeitsleistung auch zuhause zu erbringen, wird das ganz überwiegend eigenbetriebliche Interesse des ArbGeb aber noch nicht begründet (BFH 8.3.06 – IX R 76/01, BFH/NV 06, 1810).

Voraussetzung dafür, dass die Kostenübernahme nicht stpfl Arbeitslohn ist, ist jedoch, dass wegen der Auferlegung von Arbeitspflichten im häuslichen Bereich das Arbeitszimmer und seine Einrichtungsgegenstände so gut wie ausschließlich beruflich genutzt werden (s hierzu Rz 17) und im Übrigen die Abzugsvoraussetzungen vorliegen (BFH 29.11.06 – VI R 3/04, DStR 07, 63). Enthält die Kostenübernahme auch **Elemente der privaten Lebensführung** (der ArbGeb zahlt bspw Einrichtungsgegenstände, die auch privaten Zwecken dienen), stellt die Kostenübernahme insoweit stpfl Arbeitslohn dar. Ggf ist schätzungsweise aufzuteilen. Pauschale Kostenübernahme führt regelmäßig zu Arbeitslohn (BFH 10.6.66, BStBl III 66, 607).

Beispiel: Ein Versicherungsunternehmen verkleinert seine Bürofläche zwecks Kostenminderung, indem sich zwei ArbN einen Büroarbeitsplatz zu je 50% teilen. Der jeweils nicht im Unternehmen anwesende ArbN hat auf Grund einer Betriebsvereinbarung seine Arbeitsleistung am häuslichen Computer zu erbringen. Hierfür erhält er eine monatliche Aufwandsentschädigung von 50 €. Diese Pauschale ist als Lohn zu versteuern, wenn ein Mietvertrag weder mündlich noch schriftlich abgeschlossen worden war. Die Betriebsvereinbarung ersetzt den Mietvertrag nicht. Der häusliche Arbeitsplatz ist andererseits nicht Mittelpunkt der beruflichen Tätigkeit, weil der ArbN nicht mehr als die Hälfte seiner Arbeitszeit dort tätig ist (vgl OFD Münster Kurzinfo ESt Nr 010/2008 vom 27.2.08; s aber oben Rz 16).

bb) Kein eigenbetriebliches Interesse. Liegt die Kostenübernahme nicht im ganz überwiegenden eigenbetrieblichen Interesse des ArbGeb (s *Arbeitsentgelt* Rz 48 ff), so stellt die Kostenübernahme durch den ArbGeb **Arbeitslohn** dar. Steuerfreier Auslagenersatz (§ 3 Nr 50 EStG) entfällt somit (BFH 8.3.06 – IX R 76/01, BFH/NV 06, 1810), ebenso, wenn der ArbGeb die Miete als Aufwandsentschädigung (§ 3 Nr 12 EStG) zahlt (BFH 29.11.06 – VI R 3/04, DStR 07, 63). Ob dies auch dann gilt, wenn dem ArbN ein Arbeitsplatz beim ArbGeb nicht zur Verfügung steht, wie zB bei einem ArbN im **Außendienst** (s oben Rz 13), ist nach den Verhältnissen des Einzelfalls zu entscheiden (BFH 19.10.01 – VI R 131/00, BStBl II 02, 300).

27 **b) Mietvertrag mit dem Arbeitgeber.** Vermietet der ArbN sein häusliches Arbeitszimmer an den ArbGeb, so ist dieses Mietverhältnis anzuerkennen und der ArbN erzielt hieraus Einkünfte aus VuV, wenn die Nutzung des Arbeitszimmers im vorrangigen Interesse des ArbGeb erfolgt (BFH 16.9.04 – VI R 25/02, DStR 05, 59). Indizien hierfür sind, dass der ArbGeb gleichlautende Mietverträge auch mit fremden Dritten abschließt und der ArbN über keinen weiteren Arbeitsplatz in einer Betriebsstätte des ArbGeb verfügt. Es handelt sich dann nicht um ein häusliches Arbeitszimmer iSd Abzugsbeschränkung. In dieser Gestaltung ist kein Missbrauch iSv § 42 AO zu sehen, weil es den Parteien des Arbeitsverhältnisses frei steht, neben dem Arbeitsverhältnis andere Rechtsbeziehungen einzugehen (BFH 19.10.01 – VI R 131/00, BStBl II 02, 300; BFH 20.3.03 – VI R 147/00, BStBl II 03, 519; zu Missbrauchsfällen vgl OFD Kiel 8.6.2000 – S 2145 A – St 233, DStR 2000, 1775). Gleichgewichtiges Interesse bei ArbGeb und ArbN genügt zur Anerkennung des Mietvertrags nicht (BFH 11.1.05 – IX R 72/01, BFH/NV 05, 882). Zur Gesamtproblematik BMF 13.12.05 – IV C 3 – S 2253 – 112/05, DStR 06, 38.

Beispiel: Eine GmbH als ArbGeb des Geschäftsführers (s *Geschäftsführer* Rz 35) mietet in dessen Wohnung Räume für GmbH-Zwecke, die der Geschäftsführer arbeitsvertraglich nutzt. Die Mieteinnahmen für die Überlassung des Arbeitszimmers sind je nach Interesse an der Nutzung lohnsteuerpflichtiger Lohn (BFH 30.7.03 – IX B 61/03, amtlich nv; BFH 22.12.03 – VI B 29/01, BFH/NV 04, 489) bzw Miete iSv § 21 EStG (BFH 16.9.04 – VI R 25/02, DStR 05, 59).

28 **c) Mietvertrag mit Dritten.** Die Miete des häuslichen Arbeitszimmers, insbesondere von **Familienangehörigen,** kann missbräuchlich sein (§ 42 AO), wenn der Mietvertrag eine Umgehung der Abzugsbeschränkung darstellt (FG München 8.10.08 – 10 K 1573/07, BeckRS 2008, 26026156). Dies gilt auch für einen vor 1996 abgeschlossenen Mietvertrag (BFH 1.2.2000 – IX B 154/99, BFH/NV 2000, 945; s auch oben Rz 10, 27).

29 **d) Außerhäusliches Arbeitszimmer.** S oben Rz 12.

30 **8. Verkauf der Immobilie.** Ein **Veräußerungsgewinn,** bezogen flächenanteilig auf das Arbeitszimmer, ist anlässlich des Verkaufs der Immobilie innerhalb von 10 Jahren seit der Anschaffung stpfl (§ 23 Abs 1 Nr 1 EStG), bei Miteigentum nur anteilig (BFH 29.4.08 – VIII R 98/04, BStBl II 08, 749). Die Besteuerung bei einem Verkauf, der die Spekulationsfrist rückwirkend von zwei auf zehn Jahre verlängert, entscheidendes Datum 31.3.1999 (= Verkündung des Gesetzes zur Verlängerung der Spekulationspflicht von zwei auf 10 Jahre), ist wegen des gem Art 20 Abs 3 GG geschützten Rückwirkungsverbots verfassungsrechtlich unzulässig, soweit Wertsteigerungen bis 31.3.99 erfasst werden (BVerfG 7.7.10 – 2 BvL 14/02 ua, DStR 10, 1727; hierzu *Koops/Dräger* DB 10, 2247).

C. Sozialversicherungsrecht *Ruppelt*

31 **1. Beitragsrecht.** Soweit sich die Kostenübernahme des ArbGeb für ein häusliches Arbeitszimmer des ArbN als **Arbeitslohn** darstellt (s oben Rz 26), handelt es sich um beitragspflichtiges Entgelt iSv § 14 Abs 1 SGB IV (vgl *Sachbezug* Rz 39 ff).

2. **Unfallversicherung.** Verrichtungen im häuslichen Arbeitszimmer sind versichert, 32
wenn ein rechtlich wesentlicher Zusammenhang zwischen der Verrichtung und der versicherten Tätigkeit besteht (BSG 8.12.94 – 2 RU 41/93, NJW 95, 1694 zu Renovierungsarbeiten; BSG 7.11.2000 – B 2 U 39/99 R, SozR 3–2700 § 8 Nr 3). Das ist regelmäßig dann der Fall, wenn der Beschäftigte sein Handeln nach seinen eigenen subjektiven Vorstellungen als dem Betrieb nützlich ansieht und diese Vorstellungen in den ihm objektiv erkennbaren Umständen eine Stütze finden (BSG 18.2.87 – 2 RU 19/89, SozR 2200 § 539 Nr 120). Hierfür trägt der Versicherte die Darlegungslast, was die Geltendmachung eines Anspruchs in diesen Fällen erschwert. Der Versicherungsschutz ist auf Unfälle im räumlichen Bereich des Arbeitszimmers beschränkt. Unfälle im Hause auf dem Weg zum Arbeitszimmer sind nicht versichert (BSG 12.12.06 – B 2 U 1/06 R, BSGE 98, 20; SG Karlsruhe 30.9.10 – S 4 U 675/10, Anm *Mütze* jurisPR-SozR 25/2010).

AT-Angestellte

A. Arbeitsrecht
Kania

1. Begriff. AT-Angestellte sind Angestellte, die kraft ihrer Tätigkeitsmerkmale oder ihrer 1
Bezahlung nicht mehr unter den persönlichen Geltungsbereich des einschlägigen Tarifvertrags fallen (BAG 18.9.73, DB 74, 143; 28.5.74, DB 74, 1917; *Franke* Der außertarifliche Angestellte, S 3). Nicht entscheidend für die Abgrenzung ist, ob eine Tarifbindung im Einzelfall wegen der fehlenden Zugehörigkeit zur vertragsschließenden Gewerkschaft entfällt (BAG 28.5.74, DB 74, 1917).

Das BAG grenzt die AT-Angestellten zusätzlich von den leitenden Angestellten iSd § 5 2
Abs 3 BetrVG ab (BAG 18.9.73, DB 74, 143). Dies geschieht, um die betriebsverfassungsrechtliche Sonderstellung der AT-Angestellten zu betonen; begrifflich zählen auch leitende Angestellte zu den AT-Angestellten, wenn die persönlichen Voraussetzungen des einschlägigen Tarifvertrags nicht erfüllt werden. Je nach der Ausgestaltung des jeweiligen Tarifvertrages kann es in einzelnen Branchen gar keine AT-Angestellten geben. Dies ist dann der Fall, wenn der einschlägige Tarifvertrag keine Gehaltsobergrenzen für die Eingruppierung vorsieht (zB in der privaten Versicherungswirtschaft).

Entgegen einer weit verbreiteten Praxis ist es nicht möglich, ArbN trotz Vorliegen der 3
persönlichen Voraussetzungen eines Tarifvertrages **zum AT-Angestellten zu „befördern".** Ein solcher ArbN behält – unabhängig von den einzelvertraglich vereinbarten Ansprüchen – seine tarifvertraglich garantierten Rechte als Mindestbedingungen, allerdings kann sich aus der Bezeichnung als AT-Angestellter ein Anspruch auf Gehaltserhöhung ergeben (s unten Rz 6).

2. Individualrechtliche Stellung des AT-Angestellten. a) Allgemeines. Eine arbeits- 4
rechtliche Sonderstellung des AT-Angestellten ergibt sich einmal aus der begrifflich zwingenden Nichtanwendbarkeit des einschlägigen Tarifvertrags; da die Arbeitsbedingungen nicht in einem Tarifvertrag detailliert vorgegeben sind, besteht für die Vertragsparteien insofern **erhöhter Regelungsbedarf im Einzelarbeitsvertrag.** Zum anderen folgen aus der regelmäßig bedeutenderen Stellung des AT-Angestellten höhere Anforderungen an die **Treuepflicht;** dem entspricht die erleichterte Möglichkeit des Ausspruchs einer verhaltensbedingten Kündigung.

b) Arbeitszeit. Häufig findet sich in Arbeitsverträgen mit AT-Angestellten keine Bestim- 5
mung über die Arbeitszeit. Dann gilt – außer den gesetzlichen Höchstgrenzen des ArbZG – keine starre Arbeitszeitbegrenzung, da die Tätigkeit des AT-Angestellten üblicherweise aufgaben- und nicht arbeitsbezogen ist (*Franke* Der außertarifliche Angestellte, S 74). Die betriebsübliche oder tarifliche Arbeitszeit findet auf den AT-Angestellten nur dann Anwendung, wenn dies ausdrücklich vereinbart ist (BAG 9.12.87, DB 88, 657). Da die betriebliche Arbeitszeit unmittelbar von der tariflichen abhängt, gilt eine tarifvertragliche Verkürzung der Wochenarbeitszeit auch dann, wenn der AT-Angestellte in seinem Arbeitsvertrag vereinbart hat, dass sich seine Arbeitszeit nach der betrieblichen Arbeitszeit richtet (BAG 9.12.87, DB 88, 657).

62   AT-Angestellte

6   **c) Arbeitsvergütung.** Die Höhe der Arbeitsvergütung der AT-Angestellten wird grds **einzelvertraglich vereinbart.** Das individuelle Aushandeln der Gehaltshöhe ist aber jedenfalls in Großunternehmen weitgehend einer Einteilung in Gehaltsgruppen gewichen. Soweit nicht ausdrücklich etwas anderes vereinbart ist, sind Überstunden grds nicht gesondert zu vergüten. Dies gilt jedenfalls dann, wenn das Gehalt die Beitragsbemessungsgrenze in der gesetzlichen Rentenversicherung überschreitet (BAG 22.2.12 – 5 AZR 765/10, NZA 12, 861). Ein **Anspruch auf Gehaltsanpassung** kann sich für den ArbN aus seinem Anstellungsvertrag ergeben, wenn etwa die Höhe des Gehalts an die Entwicklung der Gehälter in der Branche, die Entwicklung der Lebenshaltungskosten oder andere Parameter gekoppelt ist. Fehlt es an einer solchen Klausel, so besteht ein Anspruch auf Gehaltsanpassung, wenn eine Gehaltserhöhung erforderlich ist, um bei einer Erhöhung der Tarifgehälter den **Mindestabstand zum höchsten Tarifgehalt** und damit den Status als AT-Angestellter zu wahren (LAG München 8.5.96 – 7 Sa 584/95, NZA 97, 735; LAG Düsseldorf 27.7.99 – 16 (3) Sa 213/99 nv; *Schaub* § 13 Rz 14).

7   Die übrigen, nicht tarifnahen AT-Angestellten sind dann an der Gehaltserhöhung nach dem allgemeinen **Gleichbehandlungsgrundsatz** jedenfalls insoweit zu beteiligen, als in der Erhöhung ein Grundbetrag enthalten ist, der dem Ausgleich der Steigerung des Lohn- und Preisniveaus dient (BAG 17.5.78, DB 78, 1887). Kraft **betrieblicher Übung** entsteht selbst dann, wenn im ArbGeb die Gehälter seiner AT-Angestellten während mehrerer Jahre regelmäßig in Anlehnung an die Tarifentwicklung erhöht, kein Anspruch auf entsprechende Erhöhungen in den Folgejahren (BAG 4.9.85, DB 86, 1627).

8   **3. Betriebsverfassungsrechtliche Stellung des AT-Angestellten.** AT-Angestellte, soweit sie nicht leitende Angestellte iSd § 5 Abs 3 BetrVG sind, haben betriebsverfassungsrechtlich grds die gleiche Stellung wie Tarifangestellte; insbes im Bereich der Entgelte ergibt sich aber ein besonderer Handlungsspielraum, da die Regelungsmacht des BRat nicht durch §§ 77 Abs 3, 87 Abs 1 Eingangshalbsatz BetrVG beschränkt wird.

9   So kommt den Rechten des BRat bei der **Festlegung der Vergütungsstruktur** gem § 87 Abs 1 Nr 10 BetrVG besondere Bedeutung zu (vgl ErfK/*Kania* § 87 BetrVG Rz 106). Das Mitbestimmungsrecht erstreckt sich auf die Festlegung der generellen Grundsätze der Gehaltsfindung, etwa auf die Findung von Gehaltsgruppen, die Festlegung der Wertunterschiede zwischen diesen oder die Bestimmung der Kriterien für Gehaltserhöhungen (BAG 22.1.80, BB 82, 432; 21.8.90, NZA 91, 434; 27.10.92, DB 93, 1143, 1145). Voraussetzung für die Mitbestimmungspflicht ist allerdings, dass der ArbGeb die Vergütungsstruktur der AT-Angestellten nach abstrakt-generellen Kriterien festlegt. Dass ein **AT-Gehaltsgruppensystem** innerhalb einer gewissen Bandbreite Spielraum für individuelle Gehaltsvereinbarungen lässt, steht der Anwendung von § 87 Abs 1 Nr 10 BetrVG nicht entgegen (BAG 28.9.94, DB 95, 678).

10   **Kein Mitbestimmungsrecht** besteht hinsichtlich der Festlegung der Abstände zur höchsten Tarifgruppe, weil damit gleichzeitig die Gehaltshöhe festgelegt wäre, was dem ArbGeb allein vorbehalten bleiben soll (BAG 21.8.90, NZA 91, 434, 436; 27.10.92, DB 93, 1143, 1145; aA *Fitting* § 87 Rz 491; unklar BAG 28.9.94 – 1 AZR 870/93, DB 95, 678).

11   **Bei personellen Einzelmaßnahmen** sind die Mitbestimmungsrechte des BRat gem §§ 99 ff BetrVG zu beachten. Eine Eingruppierung iSd § 99 BetrVG liegt vor, wenn betriebliche Gehaltsgruppen bestehen und der AT-Angestellte in eine dieser Gruppen eingestuft werden soll (*Fitting* § 99 Rz 87). Das Mitbestimmungsrecht besteht auch, wenn streitig ist, ob ein ArbN AT-Angestellter ist oder noch nach einer tariflichen Vergütungsgruppe einzugruppieren ist (BAG 31.10.95, NZA 96, 890). Vor Kündigung eines AT-Angestellten ist der BRat gem § 102 BetrVG anzuhören.

12   **Zur Wahrnehmung seiner allgemeinen Aufgaben** gem § 80 BetrVG ist der BRat berechtigt, Einblick in Listen über die Gehälter der AT-Angestellten zu nehmen. Dabei bedarf es nicht der schlüssigen Darlegung eines besonderen Interesses (BAG 10.2.87, BB 87, 1177).

13   **4. Muster.** S Online-Musterformular „*M9.3 AT-Arbeitsvertrag*".

B. Lohnsteuerrecht
Seidel

14   Lohnsteuerrechtlich bestehen keine Besonderheiten; s auch *Leitende Angestellte* Rz 24.

C. Sozialversicherungsrecht *Schlegel*

Keine beitrags- und leistungsrechtlichen Besonderheiten. Das Sozialrecht differenziert bei ArbN gelegentlich noch zwischen Arbeitern und Angestellten, nimmt aber innerhalb dieser Gruppen in aller Regel keine Unterscheidungen nach ihrer Stellung im Betrieb vor. Die SozV und ArbIV knüpfen vielmehr an den Status als ArbN und an das aus dem Beschäftigungsverhältnis erzielte Arbeitsentgelt an, ohne Rücksicht darauf zu nehmen, ob der ArbN arbeits- oder tarifvertraglich einen Sonderstatus innehat. 15

Aufhebungsvertrag

A. Arbeitsrecht *Eisemann*

1. Grundsatz. Wer einen Arbeitsvertrag abgeschlossen hat, kann ihn auch einverständlich wieder aufheben. Der **Aufhebungsvertrag** hat sich in der Praxis als gängiges Instrument erwiesen, Arbeitsverhältnisse kurzfristig und aus der Sicht des ArbGeb weitgehend risikofrei zu beenden. Vom befristeten Arbeitsvertrag unterscheidet er sich dadurch, dass die Beendigung des Arbeitsverhältnisses nicht Bestandteil des Arbeitsvertrages ist, sondern nach dessen Abschluss vereinbart wird. Bei der Auflösung eines Arbeitsvertrages durch Vereinbarung befindet sich der ArbN daher nicht in der Drucksituation wie beim Abschluss eines befristeten Arbeitsvertrages, wo es darum geht, erst einmal den Arbeitsplatz zu bekommen. Dies rechtfertigt, den Abschluss von Aufhebungsverträgen grds keiner besonderen kündigungsrechtlichen Kontrolle zu unterziehen (BAG 28.11.07 – 6 AZR 1108/06, NZA 08, 348). 1

Für den **Arbeitgeber** bietet der Aufhebungsvertrag folgende **Vorteile:** Das Arbeitsverhältnis kann ohne Einhaltung gesetzlicher, tariflicher oder einzelvertraglicher Kündigungsfristen beendet werden. Allgemeiner und besonderer Kündigungsschutz (BRat, Schwangere und junge Mütter, Schwerbehinderte, Unkündbare) greifen nicht. Der BRat braucht nicht beteiligt werden. Für den **ArbN** bietet der Aufhebungsvertrag den **Vorteil,** dass er mit seiner Hilfe Kündigungsfristen abkürzen kann, die der sofortigen Arbeitsaufnahme bei einem anderen ArbGeb entgegenstehen. Bei schweren Verfehlungen des ArbN, die auf eine außerordentliche Kündigung hinauslaufen, lassen sich über den Aufhebungsvertrag und unbezahlte Freistellung von der Arbeitspflicht „unverdächtige" Beendigungstermine für das Arbeitsverhältnis vereinbaren. 2

Mit wirksamer Aufhebung des Arbeitsvertrages enden die Pflichten der Parteien, die an den Bestand des Arbeitsverhältnisses anknüpfen. War jedoch eine Arbeitsunfähigkeit des ArbN für den ArbGeb Anlass, den Abschluss eines Aufhebungsvertrages anzustreben oder war ihm eine aus Anlass der Arbeitsunfähigkeit ausgesprochene Kündigung vorausgegangen, kann der ArbGeb nach § 8 EFZG zur Zahlung der Krankenvergütung verpflichtet bleiben (BAG 20.8.80 – 5 AZR 589/79, NJW 81, 1286). Der Abschluss eines Aufhebungsvertrages zwischen ArbN und **Insolvenzverwalter** begründet keinen Schadensersatzanspruch nach § 113 Satz 3 InsO. 3

2. Abschluss. Der Abschluss von Aufhebungsverträgen richtet sich nach allgemeinen Regeln. Ein **Anspruch auf Abschluss eines Aufhebungsvertrages** besteht grundsätzlich nicht (BAG 25.2.10 – 6 AZR 911/08, NZA 10, 561). Ein rückwirkender Aufhebungsvertrag kann nicht wirksam vereinbart werden, es sei denn, das Arbeitsverhältnis war bereits außer Vollzug gesetzt (BAG 10.12.98 – 8 AZR 324/97, NZA 99, 422). 4

a) Form. Aufhebungsverträge und entsprechende Vorverträge bedürfen nach § 623 BGB zu ihrer Wirksamkeit der Schriftform (BAG 17.12.2009 – 6 AZR 242/09, NZA 2010, 273). Die Regelung ist zwingend (ErfK/*Müller-Glöge* § 623 BGB Rz 10). Ein stillschweigender Abschluss ist nicht mehr möglich. Die Anforderungen an die Schriftform richten sich nach § 126 Abs 2 BGB. Der Aufhebungsvertrag muss von beiden Parteien auf einer Urkunde unterzeichnet sein (BAG 28.11.07 – 6 AZR 1108/06). Es spricht manches dafür, wie für die Befristung von Arbeitsverträgen (BAG 26.7.06 – 7 AZR 514/05, NZA 06, 1402) auch für die Schriftform nach § 623 BGB ausreichen zu lassen, dass eine Vertragspartei in einem von ihr unterzeichneten, an die andere Vertragspartei gerichteten Schreiben den Abschluss eines Aufhebungsvertrages anbietet und diese auf das Schriftstück ihre Annahmeerklärung setzt 5

63 Aufhebungsvertrag

und unterzeichnet (ErfK/*Müller-Glöge* BGB § 623 Rz 13). Die Schriftform kann nach § 126 Abs 3 BGB durch notarielle Beurkundung und nach § 127a BGB durch gerichtlichen Vergleich ersetzt werden; dabei kann es sich auch um einen Vergleich nach § 278 VI Satz 1, 2. Alt ZPO handeln (BAG 23.11.06 – 6 AZR 394/06). Die Auflösung des Arbeitsverhältnisses kann – konkludent – vereinbart sein, wenn die Parteien eine anderweitige schriftliche Vereinbarung schließen, deren Inhalt den Willen, den Arbeitsvertrag fortzusetzen, regelmäßig ausschließt (BAG 19.4.07 – 2 AZR 208/06, NZA 07, 1227). Die in den §§ 126a und 126b BGB vorgesehene elektronische Einhaltung der Schriftform ist nach § 623 BGB für den Aufhebungsvertrag ausgeschlossen. Ein rechtsgeschäftlicher Vertreter muss nach § 167 Abs 2 BGB für den Abschluss eines Aufhebungsvertrages nicht schriftlich bevollmächtigt sein (BAG 28.11.2007 – 6 AZR 1108/06, NZA 2008, 348). Aufhebungsverträge, die der gesetzlichen Formvorschrift nicht entsprechen, sind nach § 125 BGB nichtig. Sie lösen das Arbeitsverhältnis nicht auf. Das Formerfordernis erstreckt sich auf das Rechtsgeschäft im Ganzen, auf alle Abreden, aus denen sich nach dem Willen der Parteien der Aufhebungsvertrag zusammensetzt (*Preis/Gotthardt* NZA 2000, 348). Dazu gehört auch die Zahlung von Abfindungen (LAG Sachsen – 3 Sa 601/06, BeckRS 2009, 57418). Die Schriftform ist ebenso für spätere Änderungen oder Ergänzungen eines Aufhebungsvertrages erforderlich (ErfK/*Müller-Glöge* BGB § 623 Rz 13).

6   **Klageverzichtserklärungen,** die in unmittelbarem zeitlichen und sachlichen Zusammenhang mit dem Ausspruch einer Kündigung getroffen werden, sind Aufhebungsverträge nach § 623 BGB und bedürfen daher zu ihrer Wirksamkeit der Schriftform (BAG 19.4.07 – 2 AZR 208/06, NZA 07, 1227). Der ohne Gegenleistung erklärte, formularmäßige Verzicht des ArbN auf die Erhebung einer Kündigungsschutzklage stellt jedoch eine unangemessene Benachteiligung iSv § 307 Abs 1 Satz 1 BGB dar und ist deshalb unwirksam (BAG 6.9.07 – 2 AZR 722/06, NZA 08, 219). Der **Abwicklungsvertrag** fällt nicht unter § 623 BGB. Er löst das Arbeitsverhältnis nicht auf, sondern regelt nur noch die Modalitäten, unter denen die Beteiligten ein durch formgerechte Kündigung oder schriftlichen Aufhebungsvertrag aufgelöstes Arbeitsverhältnisses zu Ende führen wollen (BAG 23.11.06 – 6 AZR 394/06, NZA 07, 466). Die Aufhebung eines **Umschulungsvertrages** bedarf nicht der Schriftform, weil § 623 BGB nur Arbeitsverhältnisse erfasst (BAG 19.1.06 – 6 AZR 638/04, NZA 07, 97). Wird der Aufhebungsvertrag im Rahmen einer **Massenentlassung** nach den §§ 17, 18 KSchG abgeschlossen, ist er so lange unwirksam, bis eine formgerechte Massenentlassungsanzeige bei der BA eingereicht und deren Zustimmung eingeholt wird (BAG 11.3.99 – 2 AZR 461/98, NZA 99, 761).

7   Ausnahmsweise können auch **formfrei** vereinbarte Aufhebungsverträge nach § 242 BGB **wirksam** sein, wenn ihre auf der mangelnden Schriftform beruhende Unwirksamkeit für eine der Parteien nicht nur hart, sondern **untragbar** wäre – Existenzgefährdung, Arglist, schwere Treupflichtverletzungen (BGH 10.10.86 – V ZR 247/85, NJW 1987, 1069, 1070; BAG 27.3.87 – 7 AZR 527/85, AP BGB § 242 Betriebliche Übung Nr 29). Dabei schließt die Kenntnis des Formverstoßes auf beiden Seiten eine Berufung auf § 242 BGB aus (BGH 21.3.69 – V ZR 87/67, NJW 69, 1167, 1170). Dies gilt auch, wenn eine Partei bei der anderen unbewusst die irrige Vorstellung von der Formfreiheit veranlasst hat (BGH 10.6.77 – V ZR 99/75, NJW 77, 2072). Wer den Vertragspartner bewusst über die Formbedürftigkeit getäuscht hat, kann sich nicht auf die Formunwirksamkeit eines Auflösungsvertrags berufen (*Preis/Gotthardt* NZA 2000, 348), der Getäuschte kann es.

8   **b) Zustandekommen.** Der Aufhebungsvertrag kommt – wie jeder Vertrag – nach den §§ 145 ff BGB durch **Angebot** und **Annahme** zustande.

9   Bilden **mehrere Blätter** den Aufhebungsvertrag, müssen sie zusammengefasst sein. Eine körperliche Verbindung – zB durch Klammerung – ist nicht erforderlich, solange sich nur die Einheit der Urkunde zweifelsfrei feststellen lässt. Dies kann sich aus der Paginierung, fortlaufender Nummerierung der einzelnen Bestimmungen, dem inhaltlichen Zusammenhang des Textes oder vergleichbaren Merkmalen ergeben (BAG 7.5.98 – 2 AZR 55/98, NZA 98, 1110). Soweit wesentliche Bestimmungen des Auflösungsvertrages in Anlagen enthalten sind, müssen diese körperlich mit dem Vertrag selbst verbunden oder ihrerseits von beiden Parteien unterzeichnet sein (BGH 21.1.99 – VII ZR 93/97, NJW 99, 1104). Die einverständliche Auflösung eines Arbeitsverhältnisses kann nicht durch Unterzeichnen einer **Ausgleichsquittung** erfolgen. Es fehlt die Unterschrift beider Vertragspartner. Und auch im beider-

seitigen Antrag auf Auflösung eines Arbeitsverhältnisses nach § 9 KSchG liegt keine einverständliche Aufhebung. Wird ein **Geschäftsführerdienstvertrag** schriftlich abgeschlossen, wird im Zweifel ein bis dahin bestehendes Arbeitsverhältnis mit Beginn des Geschäftsführerdienstverhältnisses einvernehmlich beendet, soweit nicht klar und eindeutig etwas anderes vertraglich vereinbart worden ist. Durch den schriftlichen Geschäftsführerdienstvertrag wird in diesen Fällen das Schriftformerfordernis des § 623 BGB für den Auflösungsvertrag gewahrt (BAG 3.2.09 – 5 AZB 100/08, NZA 09, 669; BAG 15.3.11 – 10 AZB 32/10, NZA 11, 874).

c) Einzelfälle. Der Aufhebungsvertrag mit einem **Ausländer** setzt voraus, dass er der deutschen Sprache mächtig ist oder ihm die Erklärung des ArbGeb übersetzt wird (LAG Düsseldorf 2.11.71, DB 71, 2318).

Minderjährige können Aufhebungsverträge nach den §§ 107, 108 BGB grds nur mit Einwilligung bzw Genehmigung ihrer gesetzlichen Vertreter abschließen. Wurde der Minderjährige vom gesetzlichen Vertreter ermächtigt, ein Arbeitsverhältnis einzugehen, kann er nach § 113 BGB den Aufhebungsvertrag auch ohne Zustimmung wirksam abschließen. Die Ermächtigung kann jedoch jederzeit zurückgenommen werden. Die Ermächtigung erstreckt sich nicht auf Rechtsgeschäfte, die sich für den Minderjährigen nachteilig auswirken, weil sie vom Üblichen erheblich abweichen. Daher sollen von Minderjährigen abgeschlossene Aufhebungsverträge unwirksam sein, mit deren Abschluss auf den besonderen Kündigungsschutz als Schwerbehinderter oder nach dem MuSchG verzichtet wird (LAG Brem 15.1.71, DB 71, 2318). Die einverständliche Aufhebung eines **Berufsausbildungsverhältnisses** durch den Minderjährigen erfordert die schriftliche Einwilligung eines gesetzlichen Vertreters. § 113 Abs 1 Satz 1 BGB ist auf das Berufsausbildungsverhältnis nicht anwendbar.

d) Umdeutung. Die Frage, ob sich **einseitige Willenserklärungen** in das Angebot auf Abschluss eines Aufhebungsvertrages umdeuten lassen, spielt seit In-Kraft-Treten von § 623 BGB keine Rolle mehr. Da Aufhebungsverträge schriftlich abgeschlossen werden müssen, können Arbeitsverhältnisse nicht mehr durch die „Annahme" einer Kündigung aufgelöst werden. Werden **„Ausgleichsquittungen"** von beiden Parteien unterzeichnet, muss man auslegen, ob damit auch ein Arbeitsverhältnis aufgelöst werden sollte. Der entsprechende Wille muss sich jedenfalls zweifelsfrei aus der Quittung ergeben. Meist wird es nur um die Abwicklung eines bereits vorher beendeten Arbeitsverhältnisses gehen.

e) Aufklärungspflichten. IdR wird man davon ausgehen können, dass sich der ArbN vor Abschluss eines Aufhebungsvertrages dessen Folgen überlegen wird und sich notfalls selbst informieren muss (BAG 17.10.2000 – 3 AZR 605/99, NZA 01, 206). Bei der Frage nach dem Umfang der Aufklärungspflichten sind die erkennbaren Informationsbedürfnisse des ArbN und die Beratungsmöglichkeiten des ArbGeb abzuwägen (BAG 17.10.2000 – 3 AZR 605/99, NZA 01, 206). So muss dieser nicht darauf hinweisen, dass er weitere Entlassungen beabsichtigt, die uU zu einer sozialplanpflichtigen Betriebseinschränkung führen können, solange nicht absehbar ist, dass der ArbN unter diesen **Sozialplan** fallen würde (BAG 22.4.04 – 10 AZR 340/96, NZA 04, 1295). Gesteigerte Hinweispflichten können den ArbGeb vor allem treffen, wenn der Aufhebungsvertrag auf seine Initiative hin und in seinem Interesse zustande kommt und dabei den Eindruck erweckt, er werde bei der vorzeitigen Beendigung des Arbeitsverhältnisses auch die Interessen des ArbN wahren, so dass dieser sich damit nicht selbst schädigt (BAG 22.4.04 – 2 AZR 281/03, NZA 04, 1295). Geht die Initiative zum Abschluss eines Aufhebungsvertrages vom ArbN aus, darf der ArbGeb es ihm überlassen, sich über die Folgen zu unterrichten (BAG 24.2.11 – 6 AZR 626/09, NZA-RR 12, 148). Erteilt der ArbGeb Auskünfte, müssen sie richtig und vollständig sein (BAG 23.5.89 – 3 AZR 257/88 AP BetrAVG § 1 Zusatzversorgungskassen Nr 28).

Ob und in welchem Umfang der ArbGeb einen ArbN über die **sozialrechtlichen Folgen** einer einverständlichen Auflösung des Arbeitsverhältnisses unterrichten muss, ergibt sich aus einer Abwägung der Interessen im Einzelfall. Besondere Hinweise können jedenfalls erwartet werden, wenn der ArbGeb erkennen muss, dass der ArbN weiterer Informationen bedarf und er selbst die Auskünfte unschwer erteilen oder beschaffen kann (13.11.96 – 10 AZR 340/96, NZA 97, 390). Teilt der ArbGeb einem ArbN, der von sich aus darum bittet, das Arbeitsverhältnis gegen Zahlung einer Abfindung aufzuheben, mit, dass mit einer Sperrzeit zu rechnen sei, hat er seine Unterrichtungspflicht erfüllt (BAG 10.3.88 – 8 AZR 420/85, NZA 88, 837). Nach § 2 Abs 2 Nr 3 SGB III soll der ArbGeb den ArbN auf die Pflicht hinweisen,

63 Aufhebungsvertrag

sich nach § 38 Abs 1 SGB III spätestens drei Monate vor Beendigung des Arbeitsverhältnisses und falls das Arbeitsverhältnis eher enden soll, innerhalb von drei Tagen bei der Agentur für Arbeit arbeitssuchend zu melden. Unterlässt der ArbG diesen Hinweis führt dies nicht zu einem Schadensersatzanspruch des ArbN (BAG 29.9.05 – 8 AZR 571/04, NZA 05, 1406).

15 Auch für die **Altersversorgung** gilt, dass jeder Vertragspartner grds erst einmal selbst für die Wahrung der eigenen Interessen sorgen muss. Auch hier folgt die Hinweispflicht des ArbGeb aus einer Interessenabwägung im Einzelfall. Dabei erweckt der ArbGeb nicht schon mit dem Angebot auf Abschluss eines Aufhebungsvertrages den Eindruck, er wolle den ArbN vor unbedachten versorgungsrechtlichen Nachteilen bewahren (BAG 11.12.01 – 3 AZR 339/00, NZA 02, 1150). Ist der ArbN jedoch offensichtlich mit den Besonderheiten der ihm zugesagten Versorgung nicht vertraut und erleidet er durch die vorzeitige Beendigung des Arbeitsverhältnisses außergewöhnlich hohe Versorgungseinbußen, reicht ein allgemeiner Hinweis auf mögliche Versorgungsnachteile nicht aus (BAG 17.10.2000 – 3 AZR 605/99, NZA 01, 206). Etwas anderes gilt, wenn der ArbN aus persönlichen Gründen auf die Beendigung seines Arbeitsverhältnisses hinwirkt und nach seiner beruflichen Stellung unschwer in der Lage ist, die Folgen der Beendigung des Arbeitsverhältnisses zu erkennen (BAG 11.12.01 – 3 AZR 339/00, NZA 02, 1150).

16 **3. Inhalt.** Aufhebungsverträge unterliegen grundsätzlich der **AGB-Kontrolle** (BAG 24.1.13 – 8 AZR 965/11, NZA-RR 13, 400). Eine vom ArbGeb im Aufhebungsvertrag vorformulierte Beendigung des Arbeitsverhältnisses unterliegt der **Transparenzkontrolle**. Sie muss klar und eindeutig formuliert sein – § 307 Abs 1 Satz 2 BGB – und darf nach dem Erscheinungsbild des Vertrages nicht überraschend sein – § 305c Abs 1 BGB (BAG 15.2.07 – 6 AZR 286/06, NZA 07, 614). Sie unterliegt nach § 307 Abs 3 BGB aber keiner **Angemessenheitskontrolle** nach § 307 Abs 1 Satz 1 BGB, weil mit der einvernehmlichen Beendigung des Arbeitsverhältnisses nicht von Rechtsvorschriften abgewichen wird (BAG 8.5.08 – 6 AZR 517/07, NZA 08, 1148). Für sonstige Regelungen in einem Aufhebungsvertrag kann dies anders sein. Eine vorformulierte Vertragsklausel, die nicht nur eine wirksame Kündigung durch den neuen Arbeitgeber, sondern darüber hinaus eine unter Einhaltung der Voraussetzungen des § 1 Abs 2 ff KSchG ausgesprochene Kündigung verlangt, um ein in einem Aufhebungsvertrag vereinbartes Rückkehrrecht auszuüben, benachteiligt den Arbeitnehmer unangemessen iSv § 307 Abs 1 S 1 BGB und ist daher unwirksam (BAG 9.2.11 – 7 AZR 91/10, NZA 12, 232). Aufschiebend **bedingte Aufhebungsverträge** sind nur unter den gleichen Bedingungen wirksam wie auflösend bedingte Arbeitsverträge. Sie dürfen den Kündigungsschutz nicht unterlaufen (s *Befristetes Arbeitsverhältnis* Rz 7). Es muss ihnen daher ein von der Rechtsordnung anerkannter sachlicher Grund zugrunde liegen. Auch ein „Aufhebungsvertrag", der nicht auf die alsbaldige Beendigung, sondern die Kündigungsfrist um ein Vielfaches überschreitet und damit auf eine **befristete Fortsetzung** des Arbeitsverhältnisses gerichtet ist, bedarf zu seiner Wirksamkeit eines sachlichen Grundes iSd Befristungskontrollrechts (BAG 28.11.07 – 6 AZR 1108/06; BAG 12.1.2000 – 7 AZR 48/99, NZA 2000, 718). Dies soll nicht gelten, wenn der Aufhebungsvertrag lediglich eine Kündigung ersetzt, die nicht unter das KSchG gefallen wäre. Um eine solche Kündigung soll es sich auch handeln, wenn während der sechsmonatigen Wartefrist nach § 1 Abs 1 KSchG nicht zum nächstmöglichen Termin, sondern mit einer „überschaubaren" längeren Kündigungsfrist gekündigt wird, um dem ArbN eine Bewährungschance zu geben und ihm seine Wiedereinstellung bei Bewährung zugesagt wird (BAG 7.3.02 – 2 AZR 93/01, AP BGB § 620 Aufhebungsvertrag Nr 22). Dies lässt sich allenfalls mit § 14 Abs 1 Ziff 5 TzBfG begründen, wonach Befristungen zur Erprobung auch für eine längere Zeit als sechs Monate zulässig sein können (BAG 2.6.10 – 7 AZR 85/09, NZA 10, 1293; s *Probearbeitsverhältnis* Rz 7). Um eine Befristung soll es sich auch nicht handeln, wenn nach Zugang einer ordentlichen ArbGebKündigung vor Ablauf der Klagefrist eine Beendigung des Arbeitsverhältnisses mit einer Verzögerung von 12 Monaten vereinbart wird, nach dieser Vereinbarung keine Verpflichtung zur Arbeitsleistung mehr bestehen soll und zugleich Abwicklungsmodalitäten wie Abfindung und Rückgabe von Firmeneigentum geregelt werden (BAG 15.2.07 – 6 AZR 286/06, NZA 07, 614).

17 Unwirksam sind Aufhebungsverträge, die für den Fall gelten sollen, dass der ArbN nicht rechtzeitig aus dem **Urlaub** zurückkehrt (BAG 19.12.74, DB 75, 890). Ebenso unwirksam

Aufhebungsvertrag 63

ist die einverständliche Auflösung des Arbeitsverhältnisses zum Urlaubsende, mit der dem ArbN zugleich Wiedereinstellung zugesagt wird, wenn er pünktlich aus dem Urlaub zurückkehrt (BAG 13.12.84, DB 85, 1026). Die im Aufhebungsvertrag enthaltene Verpflichtung des ArbGeb, einen ausländischen Mitarbeiter bei dessen endgültiger **Rückkehr in die Heimat** eine Abfindung zu zahlen, soll wirksam sein (BAG 7.5.87 – 2 AZR 271/86, NZA 88, 15). Die Parteien können nicht wirksam vereinbaren, das Arbeitsverhältnis solle beendet sein, wenn der ArbN in einer bestimmten Zeitspanne eine bestimmte Quote krankheitsbedingter **Fehltage** überschreitet (LAG BaWü 15.10.90, DB 91, 918). Ebenso wenig lässt sich wirksam vereinbaren, dass ein Arbeitsverhältnis beendet sein soll, wenn der ArbN **Alkohol** trinkt (LAG München 29.10.87, DB 88, 506). Die Vereinbarung, wonach das Berufsausbildungsverhältnis ohne weiteres endet, wenn im Zeugnis nicht bestimmte **Noten** erreicht werden, ist ebenso unwirksam (BAG 5.12.85, DB 86, 2680) wie etwa ein Aufhebungsvertrag, der die automatische Beendigung des Ausbildungsverhältnisses für diesen Fall vorsieht. Ältere ArbN dürfen jedoch bei einem Personalabbau ausgenommen werden, bei dem der ArbGeb mit jüngeren ArbN freiwillige Aufhebungsverträge mit attraktiven Abfindungen abschließt (BAG 25.1.2010 – 6 AZR 911/08, NZA 2010, 561).

Im Aufhebungsvertrag kann ein **Widerrufsrecht** vereinbart werden. Ohne eine derartige **18** Vereinbarung können Aufhebungsverträge nicht nach **§ 312 BGB** widerrufen werden (BAG 27.11.03 – 2 AZR 177/03, NZA 04, 597). Die Vorschrift setzt als Gegenstand des „Haustürgeschäfts" eine entgeltliche Leistung voraus. Sie fehlt, weil durch die Aufgabe einer Rechtsposition – des Arbeitsverhältnisses – keine Schuld begründet wird (vgl EuGH 17.3.98 – Rs C-45/96, NJW 98, 1295). Es handelt sich um ein Verfügungsgeschäft, auf das schon bisher die Regeln zum Haustürgeschäft nicht anwendbar waren (LAG Bbg 30.10.02 – 7 Sa 386/02, NZA 03, 503). Selbst durch eine im Aufhebungsvertrag enthaltene Zusage einer Abfindung wird dieser Vertrag nicht entgeltlich (vgl EuGH 17.3.98 – Rs C-45/96, NJW 98, 1295). Daneben macht die Systematik des § 312 BGB deutlich, dass Aufhebungsverträge von dieser Vorschrift nicht erfasst werden. Der ArbGeb darf sich auf einen Aufhebungsvertrag berufen, wenn er dem ArbN weder eine Bedenkzeit, noch ein Rücktritts- oder Widerrufsrecht eingeräumt hat (BAG 14.2.96 – 2 AZR 234/95, NZA 96, 811; zur Anfechtung Rz 23). Er handelt damit nicht treuwidrig.

Einige **Tarifverträge** sehen den Widerruf von Aufhebungsverträgen innerhalb einer Frist vor. Die Frist läuft selbst dann mit Abschluss des Aufhebungsvertrages, wenn der ArbGeb bei Abschluss des Vertrages nicht auf das Widerrufsrecht hingewiesen hat (LAG Köln 11.4.90, BB 90, 2047). Das im Tarifvertrag enthaltene Widerrufsrecht lässt sich nicht durch einen Verzicht auf den Widerruf im Aufhebungsvertrag beseitigen (BAG 24.1.85, DB 85, 1484), es sei denn, er ist schon im Tarifvertrag vorgesehen (BAG 30.9.93, DB 94, 279).

Mit Aufhebungsverträgen lassen sich nicht die rechtlichen Folgen eines **Betriebsüber-** **19** **ganges** beseitigen. Veranlasst der ArbGeb Mitarbeiter zum Abschluss von Aufhebungsverträgen, um dem Erwerber die Möglichkeit zu eröffnen, Arbeitsverträge mit ungünstigeren Konditionen abzuschließen oder sich die Mitarbeiter aussuchen zu können, sind diese Aufhebungsverträge wegen der darin liegenden Umgehung des § 613a BGB unwirksam (BAG 10.12.98 – 8 AZR 324/97, NZA 99, 422). Allgemein gilt, dass Aufhebungsverträge unwirksam sind, wenn zugleich ein neues Arbeitsverhältnis zum Betriebsübernehmer vereinbart wird, verbindlich in Aussicht gestellt wird oder sich zumindest aus den Umständen ergibt, dass der ArbN vom Betriebserwerber eingestellt wird und so der Aufhebungsvertrag nur die Kontinuität eines Arbeitsverhältnisses beseitigt, obwohl der Arbeitsplatz erhalten bleibt (BAG 25.10.12 – 8 AZR 572/11; BAG 18.8.05 – 8 AZR 523/04, NZA 06, 145). § 613a BGB schützt jedoch nicht generell vor einer einvernehmlichen Auflösung des Arbeitsverhältnisses. Der im Zusammenhang mit einem Betriebsübergang abgeschlossene Aufhebungsvertrag ist wirksam, wenn er auf das endgültige Ausscheiden aus dem Betrieb gerichtet oder wenn die mit einer solchen Vertragsgestaltung verbundene Verschlechterung der Arbeitsbedingungen sachlich berechtigt ist. Dies kann auch beim Abschluss eines dreiseitigen Vertrages unter Einschaltung einer Beschäftigungs- und Qualifizierungsgesellschaft zur Vermeidung einer Insolvenz der Fall sein (BAG 18.8.05 – 8 AZR 523/04, NZA 06, 145), soweit die Übernahme nicht nur zum Schein geschieht, offensichtlich bezweckt wird, die Sozialauswahl zu umgehen (BAG 23.11.06 – 8 AZR 349/06, NZA 07, 866), oder trotz Zwischenschaltung einer BQG ein enger sachlicher und zeitlicher Zusammenhang zwischen

63 Aufhebungsvertrag

der Beschäftigung beim Veräußerer und dem Erwerber besteht (BAG 18.8.11 – 8 AZR 312/10, NZA 12, 152).

20 Aufhebungsverträge können mit einer **Abwicklungsvereinbarung** verbunden werden. Mit dieser Vereinbarung werden die bei Beendigung des Arbeitsverhältnisses offenen Ansprüche geregelt und streitige Ansprüche verglichen. Sie können die Abwicklung von beendeten Arbeitsverhältnissen erleichtern. Wird die Zahlung einer Abfindung vereinbart, entsteht je nach Inhalt der Vereinbarung der Anspruch nicht, wenn der ArbN vor dem vereinbarten Beendigungszeitpunkt des Arbeitsverhältnisses stirbt (BAG 16.5.2000 – 9 AZR 277/99, NZA 2000, 1236). Wird die Abfindung im Zusammenhang mit einer Frühpensionierung zugesagt, wird sie erst zum vereinbarten Termin des Ausscheidens fällig, solange nichts anderes vereinbart ist (BAG 26.8.97 – 9 AZR 227/96, DB 98, 700). Im Aufhebungsvertrag kann wirksam vereinbart werden, dass der ArbGeb eine Überbrückungszahlung zurückfordern kann, soweit er Erstattungsleistungen an die Agentur für Arbeit erbringt (BAG 25.1.2000 – 9 AZR 144/99, NZA 2000, 886).

21 **4. Anpassung, Beseitigung.** Der formwirksam geschlossene Aufhebungsvertrag soll formlos wieder aufgehoben werden können (Erfk/*Müller-Glöge* BGB § 623 Rz 13). Auch nach Abschluss eines Aufhebungsvertrags kann der ArbGeb zur **Wiedereinstellung** des ArbN verpflichtet sein. Kommt es auf Veranlassung des ArbGeb zur Vermeidung einer betriebsbedingten Kündigung zum Abschluss eines Aufhebungsvertrags, ist dieser Vertrag nach den Regeln über den Wegfall der Geschäftsgrundlage (§ 313 BGB) anzupassen, wenn sich in der Zeit zwischen dem Abschluss des Aufhebungsvertrags und dem vereinbarten Vertragsende unvorhergesehen eine Weiterbeschäftigungsmöglichkeit für den ArbN ergibt. Die Vertragsanpassung kann dabei auch in einer Wiedereinstellung liegen (BAG 8.5.08 – 6 AZR 517/07, NZA 08, 1148). Eine nach Abschluss des Aufhebungsvertrages ausgesprochene **außerordentliche Kündigung** kann das Arbeitsverhältnis beenden mit der Folge, dass der Aufhebungsvertrag seine Wirkung verliert, weil seine Geschäftsgrundlage wegfällt (BAG 29.1.97 – 2 AZR 292/96, NZA 97, 813) oder seine Auslegung ergibt, dass die Parteien dies schon so vereinbart haben (BAG 10.11.11 – 6 AZR 342/10 AP BGB § 620 Aufhebungsvertrag Nr 43).

22 Verletzt der ArbGeb seine **Aufklärungspflichten** über die Folgen eines Aufhebungsvertrages, führt dies nicht zu seiner Unwirksamkeit (BAG 17.10.00 – 3 AZR 605/99, NZA 01, 206). Die Beseitigung eines Aufhebungsvertrages unter Wiederbegründung dieses Arbeitsverhältnisses kann nicht im Wege eines Schadensersatzes durchgesetzt werden (BAG 24.2.11 – 6 AZR 626/09, NZA-RR 12, 148). Die **Anfechtung** von Aufhebungsverträgen richtet sich nach allgemeinen Regeln. Ein Aufhebungsvertrag kann daher angefochten werden, wenn der ArbGeb dem ArbN bei seinem Abschluss vorspiegelt, der Betrieb solle geschlossen werden, in Wahrheit aber einen (Teil-)Betriebsübergang plant (BAG 23.11.06 – 8 AZR 349/06, NZA 07, 866). **Schwerbehinderte** oder **werdende** bzw **junge Mütter** können ihn nicht deshalb anfechten, weil sie von der Schwangerschaft bzw ihrer Behinderung nichts wussten (BAG 6.2.92 – 2 AZR 408/91, NJW 92, 2173) oder sich über die mutterschutzrechtlichen Folgen irrten (BAG 16.2.83 – 7 AZR 134/81, NJW 83, 2958).

Hat die **Drohung** des ArbGeb **mit ordentlicher** oder **außerordentlicher Kündigung** zum Abschluss des Aufhebungsvertrages geführt, ist eine Anfechtung nach § 123 BGB wegen widerrechtlicher Drohung möglich, wenn die Drohung nach Treu und Glauben nicht mehr als angemessenes Mittel zum Erreichen des angestrebten Zwecks angesehen werden kann (BAG 13.12.07 – 6 AZR 200/07, NZA-RR 08, 341). Davon muss man ausgehen, wenn ein verständiger ArbGeb eine Kündigung nicht ernsthaft in Erwägung ziehen durfte (BAG 12.8.99 – 2 AZR 832/98, NZA 2000, 27). Die für die angedrohte Entlassung herangezogenen Pflichtverletzungen müssen geeignet sein, einen Kündigungsgrund abzugeben. Dies ist zB dann der Fall, wenn eine erforderliche Abmahnung (BAG 16.1.92 – 2 AZR 412/91, NZA 92, 1023) oder bei angedrohter Verdachtskündigung die hierbei erforderliche Aufklärung (s *Verdachtskündigung* Rz 10) fehlten (BAG 31.3.96 – 2 AZR 543/95, NZA 96, 1030). Maßgeblich ist der objektiv mögliche hypothetische Wissensstand des ArbGeb, der verantwortliche Ermittlungen angestellt hätte. Nicht maßgeblich ist der tatsächliche subjektive Wissensstand des konkreten ArbGeb (BAG 16.11.79, NJW 80, 2213). Hat der ArbN den Aufhebungsvertrag bestätigt, ist seine Anfechtung nach § 144 I BGB ausgeschlossen. Diese **Bestätigung** kann auch durch schlüssige Handlung erfolgen. Sie muss aber den eindeutigen

Willen erkennen lassen, das der ArbN das von ihm erkannte Anfechtungsrecht nicht ausüben will (BAG 28.11.07 – 6 AZR 1108/06, NZA 08, 348). Hat der ArbGeb keine **Überlegungsfrist** eingeräumt, macht dies allein den Aufhebungsvertrag nicht unwirksam (BAG 14.2.96 – 2 AZR 234/95, NZA 96, 811). Andererseits beseitigt eine vom ArbGeb eingeräumte **Bedenkzeit** nicht die Ursächlichkeit der Drohung für den Abschluss des Aufhebungsvertrages. Dies kann anders sein, wenn ein rechtskundiger ArbN oder ein ArbN, der sich in der Bedenkzeit hätte Rechtsrat einholen können, diese Zeit nutzt, um durch eigene Angebote den Inhalt des Aufhebungsvertrages zu seinen Gunsten zu beeinflussen (BAG 28.11.07 – 6 AZR 1108/06, NZA 08, 348). Wird ein Arbeitsverhältnis durch **gerichtlichen Vergleich** aufgehoben, kann dieser auch angefochten werden, wenn die Drohung gegenüber dem anwesenden ArbN von einem Mitglied des Gerichts ausging. Der Richter darf und muss auf Prozessrisiken hinweisen. Er darf aber nicht den Eindruck erwecken, die Partei müsse sich auch für den Abschluss des Vergleichs zwingend der Autorität des Gerichts beugen (BAG 12.5.10 – 2 AZR 544/08, NZA 10, 1250).

Ein **Rücktritt** vom Aufhebungsvertrag ist nach § 323 Abs 1 BGB möglich, wenn der ArbGeb die dort zugesagte Abfindung nicht zahlt (BAG 10.11.11 – 6 AZR 357/10, NZA 12, 205). Der Widerruf eines Aufhebungsvertrages wegen **Vertretungsmangels** nach §§ 117, 178 BGB muss erkennen lassen, dass der Vertrag gerade wegen dieses Mangels nicht gelten soll; die Anfechtung des Aufhebungsvertrages enthält daher keinen Widerruf (BAG 31.1.96 – 2 AZR 91/95, NZA 96, 756). Ist ein Aufhebungsvertrag formnichtig, wirksam angefochten, widerrufen oder endet er nach Rücktritt, besteht das Arbeitsverhältnis fort. Zur Erfüllung des Aufhebungsvertrages erbrachte Leistungen – zB gezahlte Abfindungen – sind nach §§ 812 ff BGB zurückzugewähren. Kannte der Leistende die Nichtigkeit des Auflösungsvertrages, kann er seine Leistung nach § 814 BGB nicht mehr zurückfordern (ErfK/ *Müller-Glöge* § 623 BGB Rz 14).

5. Muster. S Online-Musterformulare „*M1 Abfindung*".

B. Lohnsteuerrecht *Seidel*

Die (lohn-)steuerrechtliche Behandlung von Zahlungen an den ArbN im Zusammenhang mit einem Aufhebungsvertrag ist regelmäßig unter anderen Stichworten behandelt. Zur **Weiterzahlung von Arbeitslohn** nach dem Auflösungszeitpunkt bis zum Ende der ordentlichen Kündigungsfrist s *Außerordentliche Einkünfte* Rz 6.

Für **Abfindungen wegen Auflösung des Arbeitsverhältnisses** kann seit 1.1.08 nur noch eine Steuerermäßigung als **Entschädigung** für entgangene oder entgehende Einnahmen bzw die Aufgabe oder Nichtausübung einer Tätigkeit in Betracht kommen (s *Abfindung* Rz 41 und *Außerordentliche Einkünfte* Rz 5 ff). Gleiches gilt, wenn dem ArbN bei der Auflösung des Arbeitsverhältnisses eine **Entlohnung für mehrjährige Tätigkeit** gezahlt wird (zB Nachzahlung von Arbeitslohn oder Tantiemen, s *Entgeltnachzahlung* Rz 9 oder Erfindervergütungen, s *Arbeitnehmererfindung* Rz 31; Näheres s *Außerordentliche Einkünfte* Rz 17).

Zur **Abfindung betrieblicher Versorgungsansprüche** s *Abfindung* Rz 42 und *Außerordentliche Einkünfte* Rz 8 f, zur Zahlung einer **Karenzentschädigung** s *Wettbewerbsverbot* Rz 48–50 und zur Zahlung von **Schadensersatz** an den ArbN (oben Rz 15) s *Arbeitgeberhaftung* Rz 19.

C. Sozialversicherungsrecht *Voelzke*

Übersicht

	Rz		Rz
1. Einführung	29	b) Urlaubsabgeltung	42
2. Abgrenzung zum Abwicklungsvertrag	30	c) Entlassungsentschädigungen	43, 44
3. Sperrzeit	31–38	d) Leistungsumfang	45, 46
4. Auswirkungen von Zahlungen auf den Leistungsanspruch	39–46	5. Frühzeitige Meldung	47
		6. Sozialversicherungsschutz	48, 49
a) Arbeitsentgelt	40, 41	7. Beitragspflicht	50–53

1. Einführung. Wird das Beschäftigungsverhältnis im Rahmen eines Kündigungsschutzprozesses oder durch einen außergerichtlichen Aufhebungsvertrag einvernehmlich aufgelöst,

63 Aufhebungsvertrag

so knüpfen sich an die möglichen Gestaltungen häufig erhebliche **sozialversicherungsrechtliche Konsequenzen** (vgl zB auch *Moll/Reufels* MDR 01, 1024). Diese liegen für den ArbN bei einer sich an die Beendigung des Arbeitsverhältnisses anschließenden Arbeitslosigkeit mit Anspruch auf AlGeld in dem möglichen Eintritt einer Sperrzeit und dem Ruhen des Anspruches nach § 158 SGB III. Der Zeitpunkt der Beendigung des Beschäftigungsverhältnisses hat Auswirkungen auf den Schutz des ArbN in allen Zweigen der SozV. Zu bedenken sind auch die beitragsrechtlichen Folgen einer Abfindung, die Vergütungsansprüche des ArbN enthält. Aus der Sicht des ArbGeb kann die Auflösungsvereinbarung Erstattungsforderungen der Agentur für Arbeit auslösen.

30   **2. Abgrenzung zum Abwicklungsvertrag.** Zur Vermeidung von sozialversicherungsrechtlichen Nachteilen wurde zT der sog Abwicklungsvertrag als Alternative zum Abschluss eines Aufhebungsvertrages empfohlen (vgl zB *Hümmerich* Aufhebungsvertrag und Abwicklungsvertrag, 2. Aufl, § 1 Rz 11 ff; *Werner* NZA 02, 262). Der Regelungsinhalt des Abwicklungsvertrages beschränkt sich auf die Regelung der Folgen eines beendeten Beschäftigungsverhältnisses und setzt eine vorherige **Arbeitgeberkündigung** voraus. Hingegen enthält der Aufhebungsvertrag selbst die Beendigungsvereinbarung, in der der Wille der Arbeitsvertragsparteien zum Ausdruck kommt, das Arbeitsverhältnis mit Wirkung für die Zukunft zu beenden. Beide Gestaltungsmöglichkeiten unterscheiden sich also in erster Linie in der Form der Beendigung des Arbeitsverhältnisses: Während der Aufhebungsvertrag die Beendigung selbst herbeiführt, enthält der Abwicklungsvertrag eine Regelung der näheren Umstände des durch eine ArbGebKündigung beendeten Arbeitsverhältnisses.

Die arbeitsrechtliche Abgrenzung von Aufhebungs- und Abwicklungsvertrag hat an Bedeutung verloren, soweit Abwicklungsverträge zur Vermeidung eines Sperrzeiteintritts geschlossen worden sind (BSG 18.12.03 – B 11 AL 35/03 R, NZA 04, 661), denn das BSG hat auch im Abschluss eines Abwicklungsvertrages eine Lösung des Beschäftigungsverhältnisses gesehen (s unten Rz 33).

31   **3. Sperrzeit.** Die einvernehmliche Aufhebung kann, ebenso wie die Kündigung des Arbeitsverhältnisses durch den ArbN, den Eintritt einer Sperrzeit gem § 159 Abs 1 Satz 2 Nr 1 SGB III bewirken (Näheres *Sperrzeit* Rz 9 ff). Das Eintreten einer Sperrzeit nach der genannten Vorschrift führt zum Ruhen des Anspruches auf AlGeld für die Dauer von zwölf Wochen. Sie führt außerdem gem § 148 Abs 1 Nr 4 SGB III zu einer Verkürzung des Anspruches auf AlGeld um mindestens ein Viertel der Anspruchsdauer, die dem Arbeitslosen an sich gem § 147 SGB III zusteht (Näheres *Arbeitslosengeld* Rz 39).

32   Schließt der ArbN mit dem ArbGeb einen zur Beendigung des Arbeitsverhältnisses führenden Vertrag, so löst er damit sein Beschäftigungsverhältnis iSd Sperrzeittatbestandes (BSG 17.12.02 – B 7 AL 136/01 R, SozR 3–4300 § 144 Nr 12). Die im Urt vom 9.11.95 – 11 RAr 27/95 (BB 96, 1510) aufgeworfene Frage, ob Voraussetzung der „Lösung des Beschäftigungsverhältnisses" iSd Sperrzeittatbestandes wegen Arbeitsaufgabe auch erfüllt sei, wenn der ArbN eine rechtswidrige Kündigung im Hinblick auf eine zugesagte finanzielle Vergünstigung hinnimmt, hat das BSG mit Urt vom 25.4.02 – B 11 AL 89/01 R, SozR 3–4100 § 119 Nr 24 verneint. Die Sperrzeit knüpft an ein **aktives Verhalten** des Arbeitslosen, nicht an die bloße Hinnahme einer rechtswidrigen Kündigung an.

Schließt der ArbN im Hinblick auf eine **drohende Arbeitgeberkündigung** einen Aufhebungsvertrag, so löst er das Beschäftigungsverhältnis nach der Rspr des BSG selbst dann, wenn die Initiative zum Abschluss des Aufhebungsvertrages vom ArbGeb ausgegangen ist und die Beendigung allein in seinem Interesse liegt. Eine Lösung des Beschäftigungsverhältnisses durch Aufhebungsvertrag liegt auch vor, wenn der Endzeitpunkt des zuvor durch den ArbGeb gekündigten Arbeitsverhältnisses durch einen Vergleich vorverlegt wird (BSG 20.1.00 – B 7 AL 20/99 R, AP Nr 6 zu § 119 AFG).

33   Zu der in der früheren arbeitsrechtlichen Praxis verbreiteten Übung, das Arbeitsverhältnis durch eine ArbGebKündigung mit nachfolgendem **Abwicklungsvertrag** zu beenden, hat der 11. Senat des BSG mit Urt vom 18.12.03 – B 11 AL 35/03 R (NZA 04, 661) entschieden, dass der ArbN das Beschäftigungsverhältnis auch löst, wenn er sich dadurch an dessen Beendigung beteiligt, dass er innerhalb der Frist des § 4 KSchG mit dem ArbGeb eine Vereinbarung schließt, in der er sich gegen Zahlung einer Abfindung dazu verpflichtet, keine Kündigungsschutzklage zu erheben, sondern die vom ArbGeb ausgesprochene Kündigung

hinzunehmen (vgl zu dieser Entscheidung etwa *Bauer/Krieger* NZA 04, 640; *Heuchemer/Insam* BB 04, 1679; *Steinrück/Hurek* ZIP 04, 1486; *Gitter* SGB 04, 760; *Wank* EWiR § 144 SGB III 1/04, 1149). Dies gilt unabhängig davon, ob die Arbeitsvertragsparteien vor dem Ausspruch der ArbGebKündigung Absprachen über das weitere Vorgehen getroffen haben.

Ob es bei einem Aufhebungsvertrag, der im Anschluss an eine betriebs- oder personenbedingte Kündigung abgeschlossen wird oder einer solchen Kündigung des ArbGeb zuvorkommt, tatsächlich zu einer Beendigung des Arbeitsverhältnisses gekommen wäre und ob die Kündigungsfristen eingehalten wurden, ist ggf im sozialgerichtlichen Verfahren zu klären. In der Praxis bei Aufhebungsverträgen zur Vermeidung einer Sperrzeit üblichen Klauseln, die etwa den nachfolgenden Inhalt haben, kann ohne zusätzliche nachvollziehbare Darstellung der betrieblichen Gründe für die Kündigung nur ein geringer Beweiswert beigemessen werden:

> „Das Arbeitsverhältnis wird zur Vermeidung einer ansonsten unumgänglichen ArbGebSeitigen Kündigung zum ... (Datum der maßgeblichen ordentlichen Kündigungsfrist) beendet."

Da die **Kündigung mit Abfindungsanspruch** nach § 1a KSchG nicht zum Eintritt 34 einer Sperrzeit führt, wird in der Literatur die Auffassung vertreten, dass den ArbN auch dann ein wichtiger Grund iSd Sperrzeittatbestandes zuerkannt werden muss, wenn er einen Aufhebungs- oder Abwicklungsvertrag schließt, soweit hierbei die Kündigungsfrist eingehalten wird und sich die Abfindungshöhe an den Maßstäben des § 1a Abs 2 KSchG orientiert (*Voelzke* NZS 05, 287; *Peters-Lange/Gagel* NZA 05, 741; *Spellbrink* BB 06, 1276). Dieser Auffassung hat sich das BSG mit dem Urt vom 12.7.06 – B 11a AL 47/05 R (NJW 06, 3514 mit Anm *Ricken;* vgl auch *Preis* NZA 06, 1297; *Seel* NZS 07, 513; *Gaul/Niklas* NZA 08, 137; *Lembke* DB 08, 293) und mit dem Urt vom 2.5.12 – B 11 AL 6/11 R (NZS 12, 874) angeschlossen. Ein wichtiger Grund ist bei Abschluss eines Aufhebungsvertrages ohne die ausnahmslose Prüfung der Rechtmäßigkeit der drohenden ArbGebKündigung anzuerkennen, wenn die Abfindungshöhe die in § 1a Abs 2 KSchG vorgesehene nicht überschreitet. Unerheblich ist, ob die Abfindung in einem Aufhebungs- oder Abwicklungsvertrag zugesagt ist.

Erhebliche Abweichungen von den Wertungen des § 1a KSchG führen dazu, einen wichtigen Grund grds nicht anzuerkennen. Dies gilt insbesondere für den Fall, dass die in § 1a Abs 2 KSchG geregelte **Abfindungshöhe überschritten** wird. In einem derartigen Fall ist weiterhin die bisherige Rspr des BSG einschlägig, nach der eine drohende ArbGebKündigung sperrzeitrechtlich nur dann zum Abschluss eines Aufhebungsvertrages berechtigt, wenn die drohende Kündigung objektiv rechtmäßig wäre. Hätte der ArbGeb dem ArbN rechtmäßig kündigen können, so bedarf es allerdings der Feststellung weiterer Umstände nicht, denn es unterläge durchgreifenden Bedenken, das Interesse des ArbN an einer günstigen Gestaltung der Verhältnisse unberücksichtigt zu lassen, wenn ein Interesse der Versichertengemeinschaft an einem Abwarten der Kündigung nicht ersichtlich ist (BSG 12.7.06 – B 11a AL 47/05 R, NJW 06, 3514).

Auch der **arbeitsgerichtliche Vergleich,** der die Beendigung eines Arbeitsverhältnisses 35 herbeiführt, bewirkt eine Lösung iSd Sperrzeitrechts. Dies gilt auch dann, wenn die Vereinbarung in dem Vergleich dahin geht, dass der ArbN die Kündigung hinnimmt. Allerdings tritt gleichwohl regelmäßig keine Sperrzeit ein, weil der ArbN davon ausgehen kann, dass er die Beschäftigungslosigkeit nicht mehr vermeiden kann. Er kann sich folglich auf einen wichtigen Grund berufen, denn es ist ihm nicht zumutbar, den ihm wenigstens die Abfindung sichernden Vergleich abzulehnen (BSG 17.10.07 – B 11a AL 51/06 R, NZA-RR 08, 383). Der wichtige Grund entfällt allerdings nach der Rspr des BSG, wenn mit dem Abschluss des Vergleichs eine Manipulation zu Lasten der Versichertengemeinschaft verbunden ist.

Die Sperrzeit entfällt nicht dadurch, dass AlGeld erst zu einem Zeitpunkt geltend gemacht 36 wird, zu dem der ArbN (durch Kündigung des ArbGeb) ohnehin arbeitslos geworden wäre (BSG 5.8.99 – B 7 AL 14/99 R, SozR 3–4100 § 119 Nr 17). Die durch die Sperrzeit herbeigeführte **Minderung der Anspruchsdauer** kann nur dadurch vermieden werden, dass AlGeld erst geltend gemacht wird, wenn das Ereignis, das die Sperrzeit begründet, mehr als ein Jahr zurückliegt (§ 148 Abs 2 Satz 2 SGB III). Ist offensichtlich, dass eine Verschiebung für den Antragsteller vorteilhaft sein könnte, ist die Agentur für Arbeit verpflichtet, den

63 Aufhebungsvertrag

Arbeitslosen zu beraten, seinen Antrag auf AlGeld erst zu einem späteren Zeitpunkt zu stellen (BSG 5.8.99 – B 7 AL 38/98 R, SozR 3–1200 § 14 Nr 27). Eine Verletzung der Beratungspflicht begründet die Voraussetzungen des sozialrechtlichen Herstellungsanspruchs (vgl *Fürsorgepflicht* Rz 33).

37 Das Vorliegen eines **wichtigen Grundes,** der dem Eintritt einer Sperrzeit entgegensteht, wird unter engen Voraussetzungen bejaht, wenn der ArbN einer Auflösungsvereinbarung in einer krisenhaften Situation des Betriebes zustimmt (BSG 29.11.89 – 7 RAr 86/88, NZA 90, 628; s *Massenentlassung* Rz 46). Der Irrtum über das Vorliegen eines wichtigen Grundes führt nur dann zur Annahme einer besonderen Härte und zur Halbierung der Sperrzeit, wenn der Irrtum unverschuldet war (BSG 13.3.97 – 11 RAr 25/96, SozR 3–4100 § 119 Nr 11).

38 Bei einer **verhaltensbedingten Kündigung** können unabhängig von der Einhaltung der Kündigungsfristen die Voraussetzungen der 2. Alternative des § 159 Abs 1 Satz 2 Nr 1 SGB III erfüllt sein, weil der ArbN durch ein vertragswidriges Verhalten Anlass für die Kündigung des ArbGeb gegeben hat. Eine spätere Vereinbarung des Inhalts, dass die Vertragsparteien nicht mehr von einem vertragswidrigen Verhalten des ArbN, sondern von einer betriebsbedingten Beendigung des Arbeitsverhältnisses ausgehen, entfaltet im Verfahren über eine etwaige Sperrzeit keine Bindungswirkung. Es empfiehlt sich deshalb bereits im arbeitsgerichtlichen Verfahren eine Protokollierung der für die Vereinbarung maßgebenden Tatsachen.

Die Sperrzeit beginnt nach § 159 Abs 2 SGB III mit dem Tag nach dem Ereignis, das die Sperrzeit begründet. Der Beginn der Sperrzeit trifft deshalb bereits mit dem Eintritt von Beschäftigungslosigkeit nach dem Abschluss eines Aufhebungsvertrages zusammen. Beschäftigungslosigkeit liegt regelmäßig bereits vor, wenn der Arbeitslose (auch bei Fortzahlung des Arbeitsentgelts) von der **Arbeitsleistung freigestellt** wird. Die Beendigung des Arbeitsverhältnisses wird nicht vorausgesetzt. Auch die Inanspruchnahme von Leistungen ist kein konstitutives Merkmal des Begriffs der Beschäftigungslosigkeit. Damit läuft die Sperrzeit bereits mit der unwiderruflichen Freistellung des ArbN – und nicht erst mit der Beendigung des Arbeitsverhältnisses – kalendermäßig ab (BSG 25.4.02 – B 11 AL 65/01 R, SozR 3–4300 § 144 Nr 8). Erfolgt die Freistellung vor Abschluss des Aufhebungsvertrages, so tritt die Sperrzeit erst am Tag nach Abschluss des Aufhebungsvertrages ein, weil der ArbN erst dann über seine Arbeitskraft im Falle einer anderen Arbeitsmöglichkeit verfügen kann.

39 **4. Auswirkungen von Zahlungen auf den Leistungsanspruch.** Der Anspruch auf AlGeld ruht gem § 157 SGB III in Zeiten, für die der ArbN Arbeitsentgelt erhält oder zu beanspruchen hat (Abs 1) sowie in Zeiten, in denen er wegen der Beendigung des Arbeitsverhältnisses eine Urlaubsabgeltung erhält oder zu beanspruchen hat (Abs 2). Nach § 158 SGB III ruht der Anspruch auf AlGeld, wenn das Arbeitsverhältnis ohne Einhaltung der Kündigungsfrist des ArbGeb beendet worden ist und der ArbN eine Abfindung erhält oder beanspruchen kann.

40 a) **Arbeitsentgelt,** das der ArbN nach Beendigung der Beschäftigung verlangen kann, führt nach § 157 Abs 1 SGB III dazu, dass trotz bestehender Arbeitslosigkeit kein AlGeld zu zahlen ist. Eine derartige Gestaltung liegt insbesondere beim Annahmeverzug (s *Annahmeverzug* Rz 27 ff) des ArbGeb vor. Zu beachten ist, dass eine Vereinbarung über die sog Fortzahlung von Arbeitsentgelt nach dem Ende des Arbeitsverhältnisses kein Arbeitsentgelt mehr darstellt, sondern als Abfindung zu behandeln ist (BSG 23.6.81 – 7 RAr 29/80, SozR 4100 § 117 Nr 7), denn zum Arbeitsentgelt iSd § 157 Abs 1 gehören nur Lohn- und Gehaltsbestandteile für die Zeit zwischen dem Ende der Beschäftigung und der wirksamen Beendigung des Arbeitsverhältnisses. Die Arbeitsvertragsparteien können nach zutreffender Auffassung, soweit der Zeitpunkt der Beendigung des Arbeitsverhältnisses streitig ist, mit Wirkung gegenüber dem Sozialleistungsträger das Ende des Arbeitsverhältnisses festlegen (s *Hauck/Noftz/Valgolio* SGB III, § 157 Rz 35). Lediglich in Fällen des Rechtsmissbrauchs ist die Dispositionsbefugnis der Arbeitsvertragsparteien eingeschränkt und das durch Vergleich fixierte Ende des Arbeitsverhältnisses überprüfbar (vgl BSG 14.7.94 – 7 RAr 104/93, SozR 3–4100 § 117 Nr 11).

41 Erfüllt der ArbGeb den Anspruch auf Arbeitsentgelt nicht, so ist die BA zur Zahlung von AlGeld nach § 157 Abs 3 SGB III verpflichtet (sog **Gleichwohlgewährung**). Der nicht

erfüllte Lohnanspruch geht in Höhe des AlGeldes auf die BA über (§ 115 SGB X). Verfügungen in einem späteren Prozessvergleich über den auf die BA übergegangenen Lohnanspruch sind dieser gegenüber unwirksam. Das BSG hält es jedoch für zulässig, dass die BA die Zahlung genehmigt, wenn der ArbGeb trotz des Forderungsübergangs an den ArbN zahlt. Sie kann dann die Erstattung des AlGeldes vom ArbN verlangen, ohne vorher zu versuchen, ihren Anspruch auf Arbeitsentgelt gegenüber dem ArbGeb durchzusetzen (BSG 22.10.98 – B 7 AL 106/97 R, SozR 3–4100 § 117 Nr 16). Diese Rspr wurde auch auf die Zahlung des ArbGeb an einen Gläubiger des ArbN übertragen, so dass auch in diesen Fällen die BA die Verfügung genehmigen und den Erstattungsanspruch gegen den Arbeitslosen geltend machen kann, ohne zuvor gegen den ArbGeb vorzugehen (BSG 24.6.99 – B 11 AL 7/99 R, SozR 3–4100 § 117 Nr 18). Der Übergang erstreckt sich auch auf Arbeitsentgeltansprüche, die erst durch eine Vereinbarung im Aufhebungsvertrag entstehen.

b) Urlaubsabgeltung. Der Anspruch auf eine Urlaubsabgeltung führt zum Ruhen von **42** AlGeld nach dem Ende des Arbeitsverhältnisses für die Zeit des abgegoltenen Urlaubs (§ 157 Abs 2 SGB III). Die Zahlung einer Urlaubsabgeltung wegen der Beendigung des Beschäftigungsverhältnisses führt auch dann zum Ruhen des Anspruchs, wenn das Arbeitsverhältnis formal aufrechterhalten wird (BSG 23.1.97 – 7 RAr 72/94, SozR 3–4100 § 117 Nr 14).

c) Entlassungsentschädigungen, die im Aufhebungsvertrag wegen der Beendigung des **43** Arbeitsverhältnisses vereinbart werden, führen nach § 158 SGB III (zur Anwendung der Regelung s *Abfindung*) zum Ruhen des Anspruchs auf AlGeld, wenn das Arbeitsverhältnis durch den Aufhebungsvertrag vorzeitig, dh ohne Einhaltung der Kündigungsfrist des ArbGeb, beendet wird. Der **Begriff** der Entlassungsentschädigung (Abfindung, Entschädigung oder ähnliche Leistung) erfasst Zahlungen, die in einem ursächlichen Zusammenhang mit der Beendigung des Arbeitsverhältnisses stehen, weil der ArbN sie ohne die Beendigung nicht beanspruchen könnte. Die Bezeichnung des Zahlungsanspruches im Aufhebungsvertrag ist für die Qualifizierung als Entlassungsentschädigung ohne Bedeutung. Entscheidend ist, ob sich die Abfindung als Entschädigung für die vorzeitige Beendigung des Arbeitsverhältnisses darstellt.

Die Zahlung bzw der Anspruch auf eine Entlassungsentschädigung führen nur dann zum **44** Ruhen des Anspruchs auf AlGeld, wenn das Arbeitsverhältnis durch den Aufhebungsvertrag zu einem Zeitpunkt beendet wird, zu dem der ArbGeb das Arbeitsverhältnis nicht einseitig beenden konnte. Der **Ruhenszeitraum** umfasst nach der Grundregel des § 158 Abs 1 Satz 1 SGB III die Zeit zwischen der Beendigung des Arbeitsverhältnisses durch den Aufhebungsvertrag und dem Zeitpunkt, zu dem das Arbeitsverhältnis geendet hätte, wenn eine ordentliche Kündigung unter Einhaltung der Kündigungsfrist des ArbGeb ausgesprochen worden wäre (Näheres: *Abfindung*). Abfindungszahlungen, die der ArbGeb für den Arbeitslosen, dessen Arbeitsverhältnis frühestens mit Vollendung des 55. Lebensjahres beendet wird, unmittelbar für dessen RV nach § 187a Abs 1 SGB VI aufwendet, bleiben bei der Berechnung des Ruhenszeitraums unberücksichtigt (§ 158 Abs 1 Satz 5 SGB III; s zu den Gestaltungsmöglichkeiten *Schrader* NZA 03, 593).

d) Leistungsumfang. Das im Aufhebungsvertrag festgelegte Ende des Arbeitsverhält- **45** nisses kann, soweit für die Zeit bis zur Beendigung Arbeitsentgelt zu zahlen ist, für die Begründung der Anwartschaft oder für die **Dauer** des AlGeldAnspruches, insbesondere bei Erreichen des höhere Ansprüche begründenden Lebensjahres (vgl *Arbeitslosengeld* Rz 37), von Bedeutung sein.

Die **Höhe** des AlGeldes richtet sich nach dem Arbeitsentgelt, das vom ArbN im Bemes- **46** sungszeitraum beanspruchen konnte, auch wenn es ihm erst zu einem späteren Zeitpunkt gezahlt wird. Auch auf den späteren Zufluss kann nach § 151 Abs 1 Satz 2 SGB III verzichtet werden, wenn dies auf der Zahlungsunfähigkeit des Arbeitgebers beruht. Wird in einem Aufhebungsvertrag oder arbeitsgerichtlichen Vergleich ein Arbeitsentgeltanspruch festgelegt, so hat die Agentur für Arbeit diesen bei der Leistungsberechnung – ggf rückwirkend – zu berücksichtigen, soweit die im Vertrag getroffene Feststellung einer nachträglichen Vertragserfüllung entspricht. Wenn eine Vereinbarung über das Arbeitsentgelt, das bereits im Bemessungszeitraum beansprucht werden konnte, hinausgeht, so bleibt dies für die Leistungshöhe unbeachtlich. Es ist deshalb zweckmäßig, in den Vertragstext die Gründe aufzunehmen, die für die Festsetzung der Höhe des Arbeitsentgelts maßgeblich waren (zB tarifwidrige Einstufung).

63   Aufhebungsvertrag

47   **5. Frühzeitige Meldung.** § 38 Abs 1 SGB III verpflichtet Personen, deren Versicherungspflichtverhältnis endet, sich unverzüglich nach **Kenntnis des Beendigungszeitpunktes** persönlich bei der Agentur für Arbeit arbeitssuchend zu melden. Bei Abschluss eines Aufhebungsvertrages ist dem ArbN diese Kenntnis zuzurechnen, sobald er seinerseits die Vereinbarung unterzeichnet hat. Liegen zwischen Kenntnis und Beendigungszeitpunkt weniger als drei Monate, hat die Meldung innerhalb von drei Tagen nach Kenntnis des Beendigungszeitpunkts zu erfolgen. Nach § 38 Abs 1 Satz 3 SGB III reicht zur Wahrung der Frist eine fernmündliche Meldung aus, wenn die persönliche Meldung nach terminlicher Vereinbarung nachgeholt wird.

Die Verletzung der Obliegenheit zur frühzeitigen Meldung bewirkt den Eintritt einer Sperrzeit bei verspäteter Arbeitsuchendmeldung (Näheres: *Sperrzeit*). Eine Minderung unterbleibt, wenn der ArbN nicht zumindest fahrlässig gegen seine Obliegenheit verstoßen hat (BSG 25.5.05 – B 11a/11 AL 81/04 R, NJW 05, 3803).

48   **6. Sozialversicherungsschutz.** Für die Beurteilung der Versicherungspflicht bei Beendigung des Arbeitsverhältnisses findet der versicherungs- oder **beitragsrechtliche Begriff des Beschäftigungsverhältnisses** Anwendung. Versicherungspflicht besteht danach auch bei Wegfall der Verpflichtung zur Arbeitsleistung, soweit ArbGeb und ArbN einen generellen Fortsetzungswillen haben (*Schlegel* NZA 05, 974). Das Ende des Arbeitsverhältnisses ist selbst dann für das Ende der Versicherungspflicht maßgebend, wenn der ArbN bei fortlaufender Zahlung von Arbeitsentgelt einvernehmlich und unwiderruflich von der Arbeitsleistung freigestellt ist (BSG 24.9.08 – B 12 KR 22/07 R, NZA-RR 09, 272).

Die Mitgliedschaft in der KV und der Schutz der sozialen PflegeV endet mit dem Ende des Beschäftigungsverhältnisses; solange keine Beschäftigung ausgeübt wird, besteht noch für einen Monat Anspruch auf die sog nachgehenden Leistungen (§ 19 Abs 2 SGB V). Versicherungspflicht und Versicherungsschutz in der KV bleiben für Personen erhalten, soweit sie AlGeld nach dem SGB III beziehen oder nur deshalb nicht beziehen, weil der Anspruch ab Beginn des zweiten Monats bis zur zwölften Woche einer **Sperrzeit** oder ab Beginn des zweiten Monats wegen einer Urlaubsabgeltung ruht (§ 5 Abs 1 Nr 2 SGB V). Allerdings ruht der Anspruch auf Krankengeld während der Dauer einer Sperrzeit (§ 49 Abs 1 Nr 3 SGB V). Kein Versicherungsschutz besteht in der KV, wenn der Anspruch auf AlGeld wegen der Zahlung einer **Abfindung** nach § 158 SGB III ruht. Hier muss der ArbN den KVSchutz ggf durch eine freiwillige Weiterversicherung aufrechterhalten, für die er die Beiträge allein zu tragen hat.

49   In der RV sind für die Zeiten der Beschäftigung und des Bezuges von Lohnersatzleistungen, wenn im letzten Jahr vor Beginn der Leistung Versicherungspflicht bestand (§ 3 Satz 1 Nr 3 SGB VI), Pflichtbeiträge zu entrichten. Liegen diese Voraussetzungen nicht vor, kann der Arbeitslose Versicherungspflicht durch Antrag herbeiführen (§ 4 Abs 3 Satz 1 Nr 1 SGB VI). Die Antragsfrist beträgt drei Monate nach Beginn der Leistung. Wird der Antrag innerhalb dieser Frist gestellt, beginnt die Versicherungspflicht mit dem Beginn der Leistung, andernfalls mit dem Tage, der dem Antragseingang folgt.

50   **7. Beitragspflicht.** Werden durch einen Aufhebungsvertrag Ansprüche auf Arbeitsentgelt, Urlaubsabgeltung oder andere Ansprüche auf einmalig gezahltes Arbeitsentgelt rückwirkend begründet oder werden streitige Ansprüche festgestellt, so unterliegen diese als Arbeitslohn (s *Arbeitsentgelt* Rz 85 ff) in vollem Umfang der Beitragspflicht.

51   Ist aufgrund der Auflösungsvereinbarung **laufendes Arbeitsentgelt** nachzuzahlen, so sind die Beiträge auf die Lohnabrechnungszeiträume zu verteilen, für die sie geleistet werden. Die Beitragsforderung bestimmt sich nach der Höhe des Arbeitsentgelts, wie sie im Aufhebungsvertrag vereinbart wurde. Etwas anderes gilt, wenn der ArbN in der Vereinbarung als Gegenleistung für den Verzicht des ArbGeb auf ihm gegen den ArbN zustehende Ansprüche die Lohnforderung nicht mehr geltend macht (BSG 18.11.80 – 12 RK 47/79, SozR 2100 § 14 Nr 7). Der ArbGeb ist nach § 28g SGB IV berechtigt, den auf den ArbN entfallenden Beitragsteil von dessen Lohn abzuziehen. Eine Vereinbarung darüber, dass der ArbN die anfallenden SozVBeiträge abzuführen habe, lässt die Verpflichtung des ArbGeb zur Beitragsabführung unberührt (BSG 21.6.90 – 12 RK 13/89, Die Beiträge 91, 112).

52   Erhält der ArbN während eines Kündigungsschutzprozesses AlGeld, so besteht Versicherungspflicht in der KV, RV und sozialen PflegeV. Hierfür sind die Beiträge von der BA zu

zahlen. Ergibt sich aus dem Aufhebungsvertrag oder dem arbeitsgerichtlichen Urteil, dass dem ArbN noch Arbeitsentgeltansprüche zustanden, so entsteht ein Beitragserstattungsanspruch der BA gegen den ArbGeb (s § 335 Abs 3–5 SGB III). Der ArbGeb ist insoweit von seiner Verpflichtung befreit, Beiträge zu entrichten.

Aus Anlass des Ausscheidens aus dem Beschäftigungsverhältnis gezahlte **Urlaubsabgeltungen** gelten beitragsrechtlich als einmalig gezahltes Arbeitsentgelt und sind dem letzten Lohnabrechnungszeitraum desselben Kj hinzuzurechnen (Näheres *Urlaubsabgeltung* Rz 16). Im Aufhebungsvertrag vereinbarte **Abfindungen** unterliegen der Beitragspflicht nicht. Dies gilt auch für den der Steuerpflicht unterliegenden Teil der Abfindung (BSG 21.2.90 – 12 RK 20/88, DB 90, 1520; s *Abfindung*). 53

Aufrechnung

A. Arbeitsrecht *Griese*

1. Begriff. Die Aufrechnung ist die wechselseitige Tilgung zweier sich gegenüberstehender Forderungen durch einseitige empfangsbedürftige Willenserklärung des Schuldners. Sie ist eine Möglichkeit der Erfüllung von Forderungen. Im Arbeitsrecht wird von der Aufrechnung häufig Gebrauch gemacht, wenn der ArbGeb Forderungen aus Entgeltüberzahlung (s *Entgeltrückzahlung*), Schadensersatz (vgl *Arbeitnehmerhaftung* Rz 23), *Arbeitgeberdarlehen* oder Rückzahlung einer Gratifikation durch Verrechnung mit Lohn- und Gehaltsansprüchen des ArbN realisiert. Auch der ArbN kann die Aufrechnung nutzen, wenn er Verbindlichkeiten gegenüber dem ArbGeb durch Verrechnung mit seinen Bezügen tilgen will. 1

Von der Aufrechnung zu **unterscheiden** ist die bloße **Anrechnung.** Bei der Anrechnung werden unselbstständige Rechnungsposten in eine Gesamtrechnung eingestellt, es stehen sich nicht selbstständige Forderungen gegenüber. Die Anrechnung von Vorschüssen (s *Vorschuss* Rz 5) oder Abschlagszahlungen oder die *Anrechnung anderweitigen Einkommens* auf die Vergütung ist rechtlich keine Aufrechnung. Auch der Ausgleich eines negativen Arbeitszeitkontos ist keine Aufrechnung (BAG 13.12.2000 – 5 AZR 334/99, NZA 02, 390). Dies hat zur Konsequenz, dass die **Aufrechnungsverbote und -beschränkungen** auf Anrechnungen keine Anwendung finden. 2

Neben der in §§ 387 ff BGB geregelten Aufrechnung durch einseitiges Rechtsgeschäft kann eine Aufrechnung auch durch **Aufrechnungsvertrag** (*Palandt/Heinrichs* § 387 Rz 19 ff) erfolgen. Gesetzliche Aufrechnungsverbote, die nur den Aufrechnungsgegner, nicht aber Dritte schützen sollen, greifen nicht, wenn der Aufrechnungsvertrag nach Fälligkeit der Forderungen geschlossen wird (*Palandt/Heinrichs* § 387 Rz 20). Vertragliche Aufrechnungsverbote zulasten der ArbN unterliegen der Inhaltskontrolle, insbesondere den Grenzen des § 309 Nr 3 BGB (HWK/*Gotthardt* § 309 BGB Rz 4). 3

2. Voraussetzungen der Aufrechnung. Nach § 387 BGB müssen ArbN und ArbGeb sich einander Leistungen schulden, die gleichartig sind. **Gleichartigkeit** ist gegeben, wenn sich ArbN und ArbGeb jeweils Geldleistungen schulden. Sie fehlt, wenn zB der ArbGeb Herausgabeansprüche hinsichtlich Firmeneigentums (*Dienstwagen,* Werkzeug) hat, der ArbN hingegen restliche Vergütungsansprüche. In dieser Konstellation bleibt unter der Voraussetzung des § 273 BGB lediglich die Ausübung eines Zurückhaltungsrechts (s *Zurückbehaltungsrecht* Rz 1). An einer Aufrechnungsberechtigung des ArbGeb fehlt es, wenn dieser gegen eine Krankengeldforderung des ArbN, die dieser gegen die BKK des ArbGeb hat, aufrechnen will, denn nicht der ArbGeb, sondern die BKK ist Schuldnerin des Krankengeldanspruchs (LAG Köln 3.2.94, ArbuR 94, 309). Hat der ArbGeb irrtümlich eine Beitragserstattung geleistet, kann er mit dem Rückerstattungsanspruch aus § 812 Abs 1 Satz 1 BGB aufrechnen (BAG 1.2.06 – 5 AZR 395/05, NJOZ 06, 3373). Die Forderung, mit der aufgerechnet werden soll, darf gem § 390 BGB nicht mit einer Einrede behaftet sein. Für den praktisch wichtigsten Fall der Verjährungseinrede bestimmt allerdings § 215 BGB, dass eine Aufrechnung gleichwohl möglich ist, wenn sich die Forderungen bereits vor Eintritt der Verjährung jeweils fällig gegenübergestanden haben. Ist die Forderung, mit der aufgerechnet werden soll, aufgrund einer tarifvertraglichen oder sonstigen Verfallklausel verfallen, ist eine Aufrechnung nicht mehr möglich (BAG 18.1.62, DB 62, 410; 30.3.73, DB 74, 585). Die Forderung, 4

64 Aufrechnung

gegen die aufgerechnet werden soll, kann einredebehaftet oder verfallen sein. Dies hindert die Aufrechnung nicht. Hat die **Aufrechnungslage** bereits bestanden, so ist die Aufrechnung trotz einer Pfändung (§ 392 BGB) oder einer Abtretung (§ 406 BGB) der Forderung, gegen die aufgerechnet werden soll, möglich. In der **Insolvenz des Arbeitgebers** kann der ArbN gem § 94 InsO aufrechnen, wenn die Aufrechnungslage bei Insolvenzeröffnung bereits bestanden hat (LAG Köln 28.8.06 – 14 Sa 196/06, BB 07, 559).

5 **Aufrechnungserklärung.** Die Aufrechnung erfolgt durch **einseitige empfangsbedürftige Aufrechnungserklärung** nach § 388 BGB. Sie ist aufgrund des § 388 BGB bedingungsfeindlich und darf nicht mit einer Zeitbestimmung versehen werden. Die Aufrechnungserklärung ist grds nicht formgebunden. Verlangt allerdings ein Tarifvertrag die **schriftliche** Geltendmachung, muss die Aufrechnung schriftlich erfolgen, ein einfacher Lohneinbehalt reicht nicht (BAG 27.10.70, DB 71, 293). In der Aufrechnungserklärung kann zugleich das Anerkenntnis – zumindest ein solches nach § 211 BGB – liegen, dass die Gegenforderung besteht (BGH 27.6.89, BB 89, 1714, 1715). Will der ArbGeb gegen Entgeltforderungen aufrechnen, kann er grds nur gegen den **Nettolohnanspruch** aufrechnen, er bleibt zur Abführung der Steuern und SozVBeiträge verpflichtet (BAG 15.3.05 – 9 AZR 502/03, NZA 05, 683; ErfK/*Preis* § 611 BGB Rz 450). Im Fall der Entgeltüberzahlung (Näheres *Entgeltrückzahlung* Rz 12) ebenso wie bei Rückforderungen von *Einmalzahlungen* kann der ArbGeb nur die Nettozuvielzahlung zurückfordern und diese gegen den Nettolohnanspruch des ArbN aufrechnen. Ausnahmsweise kann bei der Rückforderung von Entgeltbestandteilen die Bruttoüberzahlung gegen die Bruttoforderung aufgerechnet werden, wenn dies im wirtschaftlichen Ergebnis dasselbe ist.

Will der ArbN gegen eine Schadenersatzforderung des ArbGeb aufrechnen, kann er nicht mit einer Brutto-, sondern nur mit einer Nettovergütungsforderung gegen die Nettoschadensersatzforderung aufrechnen (BAG 15.3.05 – 9 AZR 502/03, NZA 05, 683). Eine Entgeltforderung ist **nicht schlüssig dargelegt, wenn in der Berechnung Brutto- und Nettoforderungen unzulässigerweise miteinander verrechnet und aufgerechnet werden** (LAG Köln 18.2.08 – 14 Sa 1029/07, BeckRS 2008, 52731).

6 **3. Gesetzliche Begrenzungen der Aufrechnung.** Die Befugnis zur Aufrechnung ist durch eine Reihe von gesetzlichen Bestimmungen eingeschränkt bzw ausgeschlossen.

7 **a) Keine Aufrechnung gegen unpfändbare Forderung.** Die wichtigste Beschränkung für das Arbeitsrecht enthält § 394 BGB. Danach kann gegen eine Forderung insoweit nicht aufgerechnet werden, als sie **unpfändbar** ist. Über § 394 BGB finden die Pfändungsschutzvorschriften für Arbeitseinkommen nach §§ 850 ff ZPO Anwendung. Nach § 850c ZPO muss dem ArbN trotz Aufrechnung das Existenzminimum unter Beachtung seiner Unterhaltspflichten verbleiben. Der pfändbare Betrag und damit der Teilbetrag der Vergütung, gegen den aufgerechnet werden kann, ergibt sich aus der als Anlage zu § 850 ZPO in Kraft gesetzten **Pfändungstabelle** (Näheres *Pfändung* Rz 20). Bestimmte Teile der Arbeitsvergütung sind darüber hinaus gem § 850a ZPO von vorneherein unpfändbar, so Ansprüche des ArbN auf *Aufwendungsersatz* (§ 850a Nr 3 ZPO), auf das übliche *Urlaubsgeld* (§ 850a Nr 2 ZPO), Weihnachtsgratifikationen bis zur Hälfte eines Monatsverdienstes, maximal 500 € (§ 850a Nr 4 ZPO) und Mehrarbeitsvergütungen zur Hälfte (§ 850a Nr 1 ZPO). Bei der Berechnung der pfändbaren Bezüge des ArbN darf der **geldwerte Vorteil von Sachbezügen** wegen § 107 Abs 2 Satz 5 GewO **nicht auf den unpfändbaren Teil des Entgelts angerechnet** werden (BAG 17.2.09 – 9 AZR 676/07, NZA 2010, 99; BAG 24.3.09 – 9 AZR 733/07, NZA 09, 861; s ferner § 850e Abs 3 Satz 2 ZPO).

Der Pfändungsschutz und damit das Aufrechnungsverbot ergreift auch nichtübertragbare Forderungen (§ 851 ZPO, § 399 BGB), etwa Ansprüche auf *Vermögenswirksame Leistungen* (ArbG Bln 7.3.72, DB 72, 735). Im Ergebnis bedeutet dies, dass dem ArbGeb zur Realisierung zB von Entgeltrückzahlungsansprüchen, Darlehensrückzahlungen oder vereinbarten Ausbildungskostenbeteiligungen nur der pfändbare Teil des Arbeitseinkommens zur Verfügung steht. Im Streitfall muss der ArbGeb den pfändbaren Teil, gegen den aufgerechnet werden soll, im Einzelnen darlegen (BAG 5.12.02 – 6 AZR 569/01, NZA 03, 802).

Der Pfändungsschutz für Arbeitseinkommen kann nicht durch eine Vereinbarung umgangen werden, in der dem ArbGeb die Befugnis eingeräumt wird, eine monatliche Beteiligung des ArbN an der Reinigung und Pflege der Berufskleidung mit dem monatlichen Nettoentgelt ohne Rücksicht auf Pfändungsfreigrenzen zu „verrechnen" (BAG 17.2.09 – 9 AZR 676/07).

Auf die Unpfändbarkeit und den damit verbundenen Aufrechnungsschutz kann sich der ArbN nach den Grundsätzen von Treu und Glauben nicht berufen, wenn die Forderung, mit der der ArbGeb aufrechnen will, auf einer **vorsätzlich** begangenen **Straftat** des ArbN zu Lasten des ArbGeb oder auf einer vorsätzlichen **unerlaubten Handlung** des ArbN beruht (*Palandt/Heinrichs* § 394 Rz 2). Notwendig ist jeweils eine Einzelfallprüfung, die auch zu dem Ergebnis führen kann, die Aufrechnung bis zur Selbstbehaltsgrenze des § 850d ZPO zuzulassen (BAG 18.3.97, NZA 97, 1108 für die Aufrechnung einer Schadensersatzforderung aus vorsätzlicher unerlaubter Handlung gegen Betriebsrentenansprüche). Die Ausnahme vom Aufrechnungsverbot kann jedoch nicht auf jede vorsätzliche Vertragsverletzung ausgedehnt werden (aA *Palandt/Heinrichs* § 394 Rz 2), erforderlich ist vielmehr ein vorsätzlich auf Schädigung abzielendes Verhalten des ArbN. 8

b) Keine Aufrechnung gegen Forderung aus vorsätzlich begangener unerlaubter Handlung. § 393 BGB lässt eine Aufrechnung nicht zu, die **gegen** eine Forderung aus vorsätzlich begangener unerlaubter Handlung gerichtet ist. Derjenige, gegen den sich eine solche Forderung richtet, soll sich nicht durch Aufrechnung davon befreien können (BGH 28.4.87 – VI ZR 43/86, NJW 87, 2997). 9

c) Keine Aufrechnung zur Umgehung des Kreditierungsverbotes. Nach § 107 Abs 2 GewO darf der ArbGeb den ArbN keine Waren aus eigener Produktion kreditieren. Die Erfüllung der aus gleichwohl erfolgten Warenkäufen und -kreditierungen resultierenden Forderungen kann nicht durch Aufrechnung erfolgen (BAG 20.3.74, AP Nr 1 zu § 115 GewO; OLG Hamm 26.5.89, NJW 90, 55; Näheres *Entgeltzahlungsformen* Rz 5). Dagegen kann die Erfüllung der Mietzinsforderung für eine Werkswohnung im Wege der Aufrechnung herbeigeführt werden (BAG 15.5.74, AP Nr 2 zu § 387 BGB). 10

4. Vertragliche Aufrechnungsverbote. Die Aufrechnung kann sowohl durch Einzelvertrag als auch durch Kollektivvertrag (Betriebsvereinbarung oder Tarifvertrag) ausgeschlossen werden. Auch wenn der Aufrechnungsausschluss nicht ausdrücklich vertraglich geregelt ist, kann er sich aus der Vertragsauslegung ergeben. Dies wird insbesondere für noch nicht fällige Forderungen wie etwa zukünftige Ruhegeldansprüche gelten (BAG 16.12.86, DB 87, 1900). 11

5. Aufrechnung im Prozess. Im Prozess kann die Aufrechnung hilfsweise für den Fall erklärt werden, dass das Gericht die Hauptforderungen für begründet erachtet **(Eventualaufrechnung).** Es handelt sich bei der Eventualaufrechnung um eine Aufrechnung unter einer Rechtsbedingung, von deren Zulässigkeit der Gesetzgeber ausgeht (s § 19 Abs 3 GKG) und die nicht gegen § 388 Satz 2 BGB verstößt (*Palandt/Heinrichs* § 388 Rz 3). Wird die Aufrechnung vom Gericht aus verfahrensrechtlichen Gründen nicht berücksichtigt, kann die Forderung, mit der aufgerechnet werden sollte, in einem neuen Verfahren erneut geltend gemacht werden. Wird die Aufrechnung hingegen als unbegründet beurteilt, etwa wegen mangelnder Substanziierung der Forderung, mit der aufgerechnet werden soll, ist die Forderung verbraucht und kann später nicht mehr geltend gemacht werden (zur Rechtskraft der Aufrechnung bei einer Aufrechnungserklärung durch den Kläger s BGH 4.12.91, NJW 92, 982 und *Zeuner* NJW 92, 2870). Nach der Rspr (BAG 23.8.01 – 5 AZR 3/01, NZA 01, 1158) führt die Aufrechnung mit einer rechtswegfremden Forderung trotz der Neuregelung des § 17 Abs 2 GVG nicht zur Zuständigkeit des Gerichts für die rechtswegfremde Forderung; ggf ist durch Vorbehaltsurteil gem § 302 ZPO zu entscheiden. 12

B. Lohnsteuerrecht *Seidel*

1. Allgemeines. Durch Aufrechnung werden zwei sich gegenüberstehende Forderungen in entsprechender Höhe getilgt. Für die lohnsteuerrechtliche Beurteilung ist die Aufrechnung des ArbGeb gegen Lohnansprüche des ArbN bzw des ArbN mit Lohnansprüchen gegen Forderungen des ArbGeb von der Aufrechnung zwischen dem ArbGeb bzw ArbN und dem FA zu unterscheiden. Bei der Aufrechnung zwischen ArbGeb und ArbN ist allein auf die zivil- bzw arbeitsrechtlichen Vorschriften abzustellen (s oben Rz 4 ff), auch wenn sich die Aufrechnungslage aus Änderungen des LStAbzugs ergibt (s unten Rz 16). 13

64   Aufrechnung

14   Bei der Aufrechnung mit oder gegen Ansprüche aus dem Steuerschuldverhältnis zwischen FA und ArbGeb bzw FA und ArbN und umgekehrt, gelten zwar grds die Vorschriften des bürgerlichen Rechts, allerdings nur soweit im Steuerrecht nichts anderes bestimmt ist (Näheres s unten Rz 17–23). Zur Aufrechnung der Familienkasse mit Ansprüchen auf Rückzahlung von Kindergeld gegen Ansprüche auf laufendes Kindergeld s § 75 EStG iVm DA 75.1 FamEStG (BStBl I 04, 742).

15   **2. Aufrechnung zwischen Arbeitgeber und Arbeitnehmer.** Rechnet der ArbGeb gegen Lohnforderungen des ArbN mit Forderungen auf, die ihm gegen den ArbN zustehen, so kann dies nur hinsichtlich des Nettolohns erfolgen (*Schaub* § 87 II 2 Rz 9). Der Lohnzufluss (s *Lohnzufluss* Rz 2 ff) erfolgt im Zeitpunkt der Aufrechnungserklärung, denn die wirksame Aufrechnung steht einem Geldzugang gleich (BFH 2.10.86, BFH/NV 87, 495). Der ArbGeb hat daher zu diesem Zeitpunkt die auf den Arbeitslohn insgesamt – einschließlich des Aufrechnungsbetrages – entfallende LSt einzubehalten und abzuführen (s *Lohnabzugsverfahren* Rz 19 ff und *Lohnsteuerabführung* Rz 2 ff). Dies gilt auch, wenn der ArbN mit (fälligen, § 387 BGB) Lohnansprüchen gegen Forderungen des ArbGeb (zB Schadensersatz) aufrechnet.

16   Handelt es sich bei der Forderung des ArbGeb, mit der dieser aufrechnet oder gegen die der ArbN aufrechnet, allerdings um einen Anspruch gegen den ArbN auf Rückzahlung von früher geleistetem Arbeitslohn, so gelten Besonderheiten (s *Entgeltrückzahlung* Rz 17–23). Aufrechenbare Forderungen des ArbGeb können sich auch in Form von Erstattungsansprüchen gegen den ArbN aufgrund von Änderungen beim LStAbzug ergeben, so zB bei ursprünglich zu wenig erhobener LSt und nachträglicher Einbehaltung (s *Lohnsteueranmeldung* Rz 10–13) oder bei nicht vorschriftsmäßiger Einbehaltung der LSt und Änderung des LStAbzugs (s *Lohnsteuerberechnung* Rz 23–26), aber auch bei nachträglicher Inanspruchnahme des ArbGeb durch das FA, wobei jedoch tarifliche Ausschlussfristen zu beachten sind (BAG 19.1.79, DB 79, 1281; s auch oben Rz 11). Hat der ArbN aufgrund des vom ArbGeb durchgeführten LStJahresausgleichs einen LStErstattungsanspruch, so darf der ArbGeb gegen diesen nicht mit anderen Forderungen gegen den ArbN aufrechnen, da der Fiskus Schuldner des Erstattungsanspruchs ist (s *Lohnsteuerjahresausgleich* Rz 10). Es fehlt insoweit an der Gegenseitigkeit (s auch unten Rz 19). Zur Verrechnung (Aufrechnung) überzahlter LSt durch den ArbGeb gegenüber dem FA im Rahmen der LStAnmeldung s *Lohnsteueranmeldung* Rz 12 und *Lohnsteuerberechnung* Rz 23–25.

17   **3. Aufrechnung des Finanzamts oder gegen das Finanzamt. a) Ansprüche aus dem Steuerschuldverhältnis** (§ 37 AO; zB Steueranspruch, Haftungsanspruch, Erstattungsanspruch) sind hier ebenso aufrechenbar wie schuldrechtliche Ansprüche aller Art. Resultieren LSt-Erstattungsansprüche jedoch aus der Veranlagung eines **nach Insolvenzeröffnung** beginnenden Steuerjahrs, ist eine Aufrechnung des FA gegen offene, vor der Insolvenzeröffnung entstandene Steuerschulden ausgeschlossen (BFH 29.1.10 – VII B 188/09, BFH/NV 10, 1243). Keine Ansprüche aus dem Steuerschuldverhältnis sind **Geldbußen** für Ordnungswidrigkeiten, **Geldstrafen,** Geldersatzstrafen und Kosten des Bußgeld- und Strafverfahrens. Gegen sie kann **nicht** aufgerechnet werden (*T/K* § 226 AO Rz 13). Wird die Aufrechnungslage zumindest auf einer Seite durch Ansprüche aus dem Steuerschuldverhältnis hergestellt, dh wird mit oder gegen diese Ansprüche aufgerechnet, so gelten sinngemäß die Vorschriften des BGB (§§ 387–396), soweit nichts anderes bestimmt ist (§ 226 Abs 1 AO). Da im Steuerrecht die Verjährung entgegen der zivilrechtlichen Rechtslage, bei der sie nur eine Einrede begründet (§ 214 Abs 1 BGB), zum Erlöschen des Anspruchs führt (§ 47 AO; s *Verjährung* Rz 31), schließt § 226 Abs 2 AO eine Aufrechnung mit erloschenen Ansprüchen aus dem Steuerschuldverhältnis aus, so dass § 215 erste Alternative BGB ausgeschlossen ist. Ferner ist § 395 BGB nicht anzuwenden, der eine Aufrechnung gegen öffentlich-rechtliche Forderungen nur gestattet, wenn die Leistung aus derselben Kasse zu erfolgen hat, aus der die Forderung des Aufrechnenden zu begleichen ist (sog **Kassenidentität;** *T/K* § 226 AO Rz 11; BFH 25.4.89, BStBl II 89, 949).

18   **b) Aufrechnung.** Sie erfolgt durch **Erklärung** gegenüber dem anderen Teil (§ 388 BGB). Die Aufrechnungserklärung ist eine empfangsbedürftige, aber **nicht annehmungsbedürftige Willenserklärung** und auf Seiten des FA **kein VA.** Daher entfällt bei der Aufrechnung durch das FA die Notwendigkeit einer Ermessensentscheidung. Schuldner und

Aufrechnung   64

Gläubiger stehen sich hier auf derselben Ebene gegenüber. Die Erklärung kann schriftlich, mündlich oder auch durch für den Empfänger erkennbare schlüssige Handlung abgegeben werden (T/K § 226 AO Rz 48, 50). Sie bewirkt, dass die Forderungen, soweit sie sich decken, als in dem Zeitpunkt erloschen gelten, in welchem sie einander zur Aufrechnung geeignet gegenüber getreten sind (§ 389 BGB; § 47 AO; s aber unten Rz 24). Auch eine maschinelle Umbuchungsmitteilung kann eine Aufrechnungserklärung enthalten (BFH 26.7.05 – VII R 72/04, BStBl II 06, 350 sowie VII R 70/04, BFH/NV 06, 7 und VII R 59/04, BFH/NV 06, 5).

Es muss **Gegenseitigkeit** bestehen, dh der Schuldner der einen Forderung muss Gläubiger **19** der anderen Forderung sein. Das FA kann daher nicht mit einem Umsatzsteuererstattungsanspruch des ArbGeb gegen die von diesem abzuführende LSt aufrechnen, da der ArbGeb nicht Schuldner der LSt ist (s *Lohnsteuerhaftung* Rz 2). Auch kann das FA nicht gegen einen Erstattungsanspruch des einen **Ehegatten** mit Steuerschulden des anderen Ehegatten aufrechnen (T/K § 226 AO Rz 19). In diesen Fällen besteht die Möglichkeit eines Verrechnungsvertrages (s unten Rz 24). Zur Herstellung der Gegenseitigkeit bestimmt § 226 Abs 4 AO, dass als Gläubiger bzw Schuldner eines Anspruchs aus dem Steuerschuldverhältnis die Körperschaft gilt, die die Steuer verwaltet. Dies ist idR das jeweilige Bundesland. Für dieses handelt das FA. Dabei können dem FA auch Forderungen anderer Behörden abgetreten werden, wenn der Stpfl einen Erstattungsanspruch aus dem Steuerschuldverhältnis gegen das FA geltend macht (BFH 15.6.99 – VII R 3/97, BStBl II 2000, 46). Der Erstattungsanspruch des ArbG wegen überzahlter LSt ist nicht Bestandteil des Arbeitseinkommens iSd Pfändungsschutzbestimmungen der §§ 850 ff ZPO, so dass eine Aufrechnung des FA gegen einen solchen Anspruch nicht ausgeschlossen ist (BFH 26.9.95, BFH/NV 96, 282). Rechnet der Stpfl auf, so ist entgegen § 395 BGB Kassenidentität nicht erforderlich (s oben Rz 17). Trotz fehlender Gegenseitigkeit kann der Schuldner mit einer ihm gegenüber dem bisherigen Gläubiger zustehenden Forderung auch gegenüber dem neuen Gläubiger aufrechnen, außer er hat beim Erwerb der Forderung Kenntnis von der Abtretung oder die Forderung ist erst nach Erlangung der Kenntnis und später als die abgetretene Forderung fällig geworden (§ 406 BGB). Diese Rechtswirkung wird nicht durch eine nachträglich vom FA gewährte Stundung der Gegenforderung, die auf den Zeitpunkt der Kenntniserlangung von der Abtretung zurückwirkt, beseitigt (BFH 8.7.04 – VII R 55/03, BStBl II 05, 7).

Da es sich bei den Ansprüchen aus dem Steuerschuldverhältnis regelmäßig um Geld- **20** ansprüche handelt, kann auch der Gegenanspruch wegen des Grundsatzes der **Gleichartigkeit** der Leistungen (§ 387 BGB) nur ein Geldanspruch sein.

Im Zeitpunkt der Aufrechnung muss die Forderung des Aufrechnenden **fällig** sein (§ 387 **21** BGB). Handelt es sich dabei um einen Anspruch aus dem Steuerschuldverhältnis, bestimmt sich die Fälligkeit nach § 220 AO (s auch *Verjährung* Rz 41). Die Rückwirkung der Aufrechnung nach § 389 BGB wirkt nicht über den Zeitpunkt der Fälligkeit der Schuld des Aufrechnenden hinaus. Rechnet das FA mit einer Steuerforderung gegen eine später fällig gewordene Erstattungsforderung auf, so bleiben Säumniszuschläge (s *Säumniszuschlag* Rz 2–13) für die Zeit vor der Fälligkeit der Erstattungsforderung bestehen (§ 240 Abs 1 AO; s auch BFH 13.1.2000 – VII R 91/98, BStBl II 2000, 246). Ergibt sich der Anspruch auf Steuererstattung aus einer Steueranmeldung (zB LStAnmeldung), so gilt aus Billigkeitsgründen der Tag des Eingangs der Steueranmeldung, frühestens jedoch der erste Tag des auf den Anmeldungszeitraum folgenden Monats als Fälligkeitstag. Dies gilt auch, wenn die Steuererstattung abweichend von der Anmeldung festgesetzt wird (s AEAO zu § 226, Tz 2; BMF 2.1.08 – IV A 4 – S 0062/07/0001; Dok 2007/0605275, BStBl I 08, 27: Änderungen).

Die Forderung, gegen die aufgerechnet wird, braucht noch nicht fällig sein, sie muss **22** jedoch bereits **erfüllbar**, also entstanden sein. Das bedeutet, dass gegen einen Steueranspruch schon vor dessen Festsetzung aufgerechnet werden kann, wenn der Besteuerungstatbestand bereits erfüllt ist (§ 38 AO). Daraus folgt auch, dass gegen eine, aber nicht mit einer gestundeten Forderung aufgerechnet werden kann.

Der Stpfl kann gegen Ansprüche des FA aus dem Steuerschuldverhältnis nur mit **unbe- 23 strittenen** oder **rechtskräftig** festgestellten Gegenforderungen aufrechnen (§ 226 Abs 3 AO). Dabei macht es keinen Unterschied, ob die Gegenforderung ein zivilrechtlicher oder öffentlich-rechtlicher Anspruch ist. Rechtskräftig bzw bestandskräftig festgestellt wird die Gegenforderung durch Gerichte und Behörden. Das FA kann aber mit einer bestrittenen

64 Aufrechnung

Forderung aufrechnen, zB wenn der Steuerbescheid angefochten worden ist, da § 226 Abs 3 AO nur für die Aufrechnung durch den Stpfl gilt (*T/K* § 226 AO Rz 39; allerdings darf der Steueranspruch des FA **nicht** von der Vollziehung ausgesetzt sein (BFH 31.8.95, BStBl II 96, 55). Die Ansprüche dürfen auch nicht durch Verjährung (s *Verjährung* Rz 33 ff) oder Ablauf einer Ausschlussfrist (s *Ausschlussfrist* Rz 38 ff) erloschen sein (§ 226 Abs 2 AO; s oben Rz 17). Durch eine nachträgliche rückwirkende Stundung wird die Aufrechnungslage nicht beseitigt (BFH 8.7.04 – VII R 55/03, BStBl II 05, 7). Im **Insolvenzverfahren** kann das FA mit Forderungen aufrechnen, die vor Verfahrenseröffnung entstanden sind, ohne dass es deren vorheriger Festsetzung, Feststellung oder Anmeldung zur Insolvenztabelle bedarf (BFH 4.5.04 – VII R 45/03, BStBl II 04, 815 und 10.5.07 – VII R 18/05, BStBl II 07, 914; s zur Aufrechnung mit Steuerforderungen in der Insolvenz auch *Obermair* BB 04, 2610). Der Aufrechnung mit Steuererstattungsansprüchen, die nicht § 287 InsO unterliegen, steht während der Wohlverhaltensphase das Aufrechnungsverbot gem § 394 BGB nicht entgegen (BFH 21.11.06 – VII R 66/05, BFH/NV 07, 1066; s auch BFH 21.11.06 – VII R 1/06, DStRE 07, 384). Soweit Ansprüche auf Erstattung von ESt auf nach Eröffnung des Insolvenzverfahrens abgeführter LSt beruhen, ist eine Aufrechnung des FA mit Steuerforderungen gem § 96 Abs 1 Nr 1 InsO unzulässig. Das Aufrechnungshindernis entfällt erst mit der Aufhebung des Insolvenzverfahrens (BFH 7.6.06 – VII B 329/05, BStBl II 06, 641).

24 **4. Verrechnungsvertrag.** Liegen die genannten Voraussetzungen für eine Aufrechnung nicht vor, besteht die Möglichkeit einer vertraglichen Verrechnung der Forderungen durch einen zweiseitigen Verrechnungsvertrag (Aufrechnungsvertrag; s BFH 30.10.84, BStBl II 85, 114). Hierunter fällt zB auch die Praxis der Finanzverwaltung USt-Erstattungsansprüche des ArbGeb mit abzuführenden LStBeträgen zu verrechnen (s oben Rz 19). Die Rechtswirksamkeit eines Verrechnungsvertrages ist nach den allgemeinen Rechtsgrundsätzen über den Abschluss von Verträgen zu beurteilen (s AEAO zu § 226 Tz 5, BMF 2.1.08 – IV A 4 – S 0062/07/0001; Dok 2007/0605275, BStBl I 08, 27; s auch FG Münster 4.4.08 – 11 K 6309/02 AO, EFG 08, 1597).

25 **5. Rechtsbehelfe. a) Forderung.** Rechtsbehelfsverfahren gegen den Anspruch aus dem Steuerschuldverhältnis, mit dem oder gegen den aufgerechnet worden ist, sind unabhängig von der Aufrechnung weiter durchzuführen, denn die Rechtsbehelfsentscheidung hat nur darüber zu befinden, ob der Anspruch zutreffend festgesetzt worden ist. Wird die Festsetzung des Anspruchs im Rechtsbehelfsverfahren aufgehoben, so verliert die Aufrechnung die ihr zunächst beigemessene Erlöschenswirkung, ebenso wenn die Festsetzung teilweise geändert wird. Dies gilt auch, wenn die Aufhebung oder Änderung außerhalb eines Rechtsbehelfsverfahrens erfolgt (*T/K* § 226 AO Rz 58 mwN).

26 **b) Aufrechnung.** Die Aufrechnungserklärung des FA stellt keinen Verwaltungsakt dar, sondern die **rechtsgeschäftliche Ausübung eines Gestaltungsrechts** (BFH 31.8.95 – VII R 58/94, BStBl II 96, 55). Dies hat zur Folge, dass sowohl in den Fällen, in denen das FA die Aufrechnung des Stpfl nicht anerkennt als auch in den Fällen, in denen der Stpfl die Wirksamkeit der Aufrechnung durch das FA bestreitet, vom FA durch einen Abrechnungsbescheid nach § 218 Abs 2 AO zu entscheiden ist. Der Stpfl kann einen entsprechenden Bescheid verlangen. Weigert sich des FA oder entscheidet es über den Antrag des Stpfl nicht innerhalb angemessener Frist, ist der Einspruch gegeben (s *T/K* § 226 AO Rz 59, 60).

Gegen den **Abrechnungsbescheid** kann der Stpfl nach erfolglosem Einspruchsverfahren Klage zum FG erheben. Dies gilt auch, wenn das FA mit einer zivilrechtlich bestrittenen Gegenforderung aufrechnet. Das FG kann dann entweder das Verfahren gem § 74 FGO aussetzen bis über die zivilrechtliche Forderung rechtskräftig entschieden ist oder – wenn Erstattungsberechtigter und Schuldner der Gegenforderung nicht identisch sind (zB bei Abtretung) – über die zivilrechtliche Forderung als Vorfrage entscheiden (BFH 23.2.88, BStBl II 88, 500).

27 Das Vorstehende gilt auch, wenn Streitigkeiten über die Wirksamkeit eines Verrechnungsvertrages entstehen (*T/K* § 226 AO Rz 64). Hat das FA unzulässigerweise die Aufrechnungserklärung als Verwaltungsakt erlassen, zB durch Beifügung einer Rechtsbehelfsbelehrung, so ist der Verwaltungsakt rechtswidrig und auf den Einspruch hin aufzuheben (BFH 25.4.89, BFH/NV 90, 344).

28 **6. Muster.** S Online-Musterformular „*M33.4 Aufrechnung nach § 226 Abgabenordnung*".

C. Sozialversicherungsrecht
Schlegel

I. Aufrechnung im Sozialrecht. 1. Sozialrechtliche Sondervorschriften. Für die 29 **Aufrechnung** sieht § 51 Abs 2 SGB I für den Fall vor, dass der Leistungsträger mit Ansprüchen auf Erstattung zu Unrecht erbrachter Sozialleistungen und Beitragsansprüchen aufrechnet. Gegen Ansprüche auf laufende Geldleistungen kann der Sozialleistungsträger in diesen Fällen bis zur Hälfte der Geldleistung aufrechnen, soweit der Leistungsberechtigte dadurch nicht hilfebedürftig iSd Vorschriften des BSHG über Hilfe zum Lebensunterhalt wird (§ 51 Abs 2 SGB I). Die Vorschrift erweitert die Aufrechenbarkeit der Höhe nach; während nach den allgemeinen Vorschriften der §§ 394 BGB, 51 Abs 1 SGB I die Aufrechnung mit Ansprüchen gegen den Berechtigten nur zulässig ist, soweit diese Geldleistungsansprüche nach § 54 Abs 2 und 3 SGB I pfändbar sind, lässt § 51 Abs 2 SGB I die weitergehende Aufrechnung bis zur **Hälfte des Geldleistungsanspruchs** zu, wenn der Berechtigte dadurch nicht sozialhilfebedürftig wird.

a) **Erstattungsansprüche** iSd § 51 Abs 2 SGB I sind zB Ansprüche nach § 50 SGB X. 30

b) **Aufrechnung mit „künftigen" Rentenforderungen** ist an sich gem den §§ 387 ff 31 BGB, die im Sozialrecht entsprechende Anwendung finden, ausgeschlossen, da die Aufrechnung zwar keine fällige, aber eine bereits entstandene und erfüllbare Hauptforderung des Leistungsberechtigten voraussetzt; gegen eine bedingte oder aufschiebend bedingte Hauptforderung kann auch im Sozialrecht nicht aufgerechnet werden. Eine Aufrechnungserklärung, die sich auf erst künftig entstehende Rentenansprüche erstreckt, ist nicht zulässig. Zulässig ist aber die Abgabe einer „einheitlichen Aufrechnungs/Verrechnungserklärung" für künftige Rentenauszahlungsansprüche mit Wirkung für den jeweiligen Zeitpunkt ihres Entstehens, da nur so den Sozialleistungsträgern bei Dauerleistungen eine vereinfachte Durchsetzung ihrer Forderungen gegenüber dem Leistungsberechtigten eröffnet ist, zumal sich die Aufrechnung/Verrechnung durch Leistungsträger in aller Regel auf wiederkehrende Sozialleistungen aus Dauerschuldverhältnissen bezieht und kein schutzwürdiges Interesse des Sozialleistungsberechtigten an einer jeweils monatlich erfolgenden Wiederholung der Aufrechnungserklärung besteht (BSG 26.9.91 – 4/1 RA 33/90, SozR 3–1200 § 52 Nr 2 unter Berufung auf *Gernhuber* Die Erfüllung und ihre Surrogate, 1983, S 233 Fn 62).

c) **Ermessensentscheidung.** Teilweise wird die Meinung vertreten, dass die Aufrechnung 32 eine Ermessensentscheidung des Sozialleistungsträgers voraussetzt. In der Gesetzesbegründung zu § 51 SGB I (= § 50 des Entwurfs, BR-Drs 305/72 S 27) wird hierzu ausgeführt, der Leistungsträger habe bei der Ausübung seines Ermessens, ob und in welchem Umfang er aufrechnet, auch den **Zweck der einzelnen Sozialleistung** zu berücksichtigen; insbesondere dürften Leistungen, die Kindern des Leitungsberechtigten zufließen sollen, nicht gekürzt werden, um in anderem Zusammenhang entstandene Verpflichtungen zu decken.

Nachdem § 54 Abs 4, 5 SGB I seit dem 1.1.89 eine detaillierte Regelung über die Pfänd- 33 barkeit von Geldleistungen für Kinder enthält, ist allerdings fraglich, in welcher Hinsicht der Leistungsträger Ermessenserwägungen anstellen soll, zumal er gem § 76 Abs 1 SGB IV verpflichtet ist, Einnahmen rechtzeitig und vollständig zu erheben und in § 76 Abs 2 SGB IV genau geregelt ist, in welchem Umfang Stundung, Niederschlagung oder ein Erlass von Ansprüchen des Leistungsträgers in Betracht kommen. Wenn § 51 Abs 1 SGB davon spricht, dass der zuständige Leistungsträger gegen Ansprüche auf Geldleistungen mit Ansprüchen des Berechtigten aufrechnen „kann", dürfte dies entgegen der hM nicht als „Ermessens-Kann", sondern als **„Ermächtigungs-/Befugnis-Kann"** zu verstehen sein (BSG 24.7.03 – B 4 RA 60/02 R, SozR 4–1200 § 52 Nr 1 und 15.12.94 – 12 RK 69/93, SozR 3–2400 § 28 Nr 2).

2. Ausnahme vom Erfordernis der Gegenseitigkeit der Forderungen: Verrech- 34 **nung** nach § 52 SGB I ist die Aufrechnung unter Verzicht auf die bei der Aufrechnung erforderliche Gegenseitigkeit der Forderungen. Nach § 52 SGB I kann der für eine Geldleistung zuständige Leistungsträger mit Ermächtigung eines anderen Leistungsträgers dessen Ansprüche gegen den Berechtigten mit der ihm obliegenden Geldleistung verrechnen, soweit nach § 51 SGB I die Aufrechnung zulässig ist.

Beispiel: Hat eine AOK gegen einen Rentner eine Regressforderung gem § 823 BGB iVm § 116 SGB X, kann sie den RVTräger (zB RV Bund) ersuchen, dass den RV Bund diese Regressforderung mit

64 Aufrechnung

dem Anspruch des Rentners auf Auszahlung seiner Altersrente verrechnet. Kommt die RV Bund dem Ersuchen nach, muss sie die verrechneten (einbehaltenen) Rentenbeträge an die AOK weiterleiten. Die Verrechnung ist der Höhe nach insoweit zulässig, als auch eine Pfändung der Rente nach § 54 Abs 2, 3 SGB I zulässig wäre. Zwischen der RV Bund und AOK wird, wenn die RV Bund dem Verrechnungsersuchen nachkommt, ein Verrechnungsvertrag, dh ein öffentlich-rechtlicher Vertrag iSd § 53 Abs 1 Satz 1 SGB X geschlossen; ein Auftragsverhältnis liegt dagegen nicht vor, da die AOK von der RV Bund nicht die Wahrnehmung ihr obliegender Aufgaben verlangt. § 52 SGB I räumt dem ersuchten Leistungsträger im Verhältnis zum ersuchenden Leistungsträger (hier: der RV Bund) auch kein Ermessen ein.

35 § 52 SGB I enthält ein „Ermächtigungs-Kann", kein „Ermessens-Kann". Ist der Vertrag zustande gekommen, ist der ersuchte Leistungsträger zur Einstellung der Verrechnung nur berechtigt, wenn er auch zur Kündigung der Verrechnungsvereinbarung berechtigt ist; dies setzt nach § 59 Abs 1 Satz 1 SGB X voraus, dass sich die Verhältnisse, die für die Feststellung des Vertragsinhalts maßgebend waren, seit Abschluss des Vertrages so wesentlich geändert haben, dass einer Vertragspartei das Festhalten an der ursprünglichen vertraglichen Regelung nicht mehr zugemutet werden kann (BSG 26.9.91 – 4 RA 33/90, SozR 3–1200 § 52 Nr 2).

36 **3. Rechtsnatur der Aufrechnungserklärung.** Der Große Senat des BSG hat mit Beschluss vom 31.8.11 (GS 2/10) entschieden, dass der Leistungsträger die Rechtsfolgen einer einseitig gegenüber dem originär Sozialleistungsberechtigten ausgeführten Verrechnung von öffentlich-rechtlichen Ansprüchen mit ihm obliegenden Geldleistungen nach § 52 SGB I durch Verwaltungsakt regeln darf; die Rechtsnatur der Aufrechnung hat der Große Senat dabei offen gelassen.

37 **4. Rechtsschutz gegen Aufrechnungen** findet mittels **Widerspruch** (§ 78 Abs 1 SGG) und **Anfechtungsklage** (§ 54 Abs 1 SGG) statt. Die Anfechtungsklage kann regelmäßig mit der **Leistungsklage** verbunden werden (§ 54 Abs 4 SGG), wenn der Leistungsberechtigte die Auszahlung einer Geldleistung in vollem, nicht durch Aufrechnung gekürztem Umfang begehrt. Versteht man die Aufrechnung als verwaltungsrechtliche Willenserklärung ohne Verwaltungsaktcharakter, ist die **allgemeine Leistungsklage** die richtige Klageart.

38 Dies ist im Ergebnis zutreffend, wenn die Verwaltung die Aufrechnung eindeutig in Form eines Verwaltungsaktes erklärt hat, also schon allein der äußeren Form nach (Bezeichnung, Rechtsmittelbelehrung) ein Verwaltungsakt vorliegt. Gleiches gilt, wenn der Sozialleistungsträger die Aufrechnung bereits mit dem Bescheid über die Kürzung der dem Berechtigten zustehenden Leistungen verbunden hat. Denn jedenfalls die Entscheidung, dass aufgrund einer Aufrechnung Sozialleistungen nur in geringerer Höhe zur Auszahlung gelangen, setzt den Erlass einer verwaltungsaktmäßigen Entscheidung des Leistungsträgers voraus (so andeutungsweise auch BSG 12.7.90 – 4 RA 47/88, SozR 3–1200 § 52 Nr 1, wo die Frage, ob die Aufrechnung durch Verwaltungsakt erfolgt, diskutiert und ausdrücklich erstmals offengelassen wurde).

39 **II. Aufrechnung im Beschäftigungsverhältnis. 1. Beitragsrecht.** Rechnet der ArbGeb gegen Ansprüche des ArbN auf Arbeitsentgelt auf, die ihm gegen den ArbN zustehen (zB Schadensersatzforderung), hat dies auf die **Entstehung der Beitragspflicht** hinsichtlich des Arbeitsentgelts keine Auswirkungen; auf den Zufluss des Arbeitsentgelts kommt es insoweit nicht an (zum Entstehungsprinzip vgl *Lohnzufluss*).

40 Der Abzug des **Arbeitnehmer-Anteils an den Gesamtsozialversicherungsbeiträgen** vom (Brutto-)Arbeitsentgelt wird rechtstechnisch als Aufrechnung des ArbGeb angesehen, deren Zulässigkeit sich im Einzelnen nach § 28g SGB IV richtet (vgl BSG 25.10.90 – 12 RK 27/89, SozR 3–2400 § 25 Nr 2).

41 **2. Leistungsrecht.** Soweit das Recht der SozV zur Vermeidung von Doppelzahlungen Sozialleistungen von der Nichtzahlung oder dem Nichterhalt von Arbeitsentgelt abhängig macht, steht die Aufrechnung seitens des ArbGeb mit Arbeitsentgeltansprüchen deren Zahlung gleich. Dies bedeutet zB, dass der Krankengeldanspruch des ArbN nach § 49 Abs 1 Nr 1 SGB V auch dann und insoweit ruht (Krankengeld also nicht gezahlt wird), als der ArbGeb mit Ansprüchen des ArbN auf „Krankenlohn" aufgerechnet hat (vgl BSG 29.6.94 – 1 RK 45/93, SozR 3–1300 § 48 Nr 33 S 68 f).

Aufsichtsratsvergütung (Arbeitnehmer)

A. Arbeitsrecht *Griese*

1. Anspruchsgrundlage. Nach § 113 AktG kann den Aufsichtsratsmitgliedern für ihre 1
Tätigkeit eine Vergütung gewährt werden. Gleiches gilt aufgrund des § 52 GmbHG für die
Aufsichtsratsmitglieder einer GmbH. Eine Vergütung ist somit nicht zwingend vorgeschrieben, wenngleich sie in der Praxis ganz überwiegend gezahlt wird. Ihre Höhe ist in der
Satzung festzulegen oder von der Hauptversammlung zu bewilligen. Die Vergütung soll in
einem angemessenen Verhältnis zu den übernommenen Aufgaben stehen. Als Tätigkeitsentgelte kommen sowohl **feste Bezüge** als auch ergebnisabhängige Zahlungen gem § 113
Abs 3 AktG in Betracht. **Unzulässig ist die Ausgabe von Aktienoptionen** an Aufsichtsratsmitglieder (BGH 16.2.04 – II ZR 316/02, NJW 2004, 1109).

Eine Ausnahme gilt gem § 36 Abs 2 GenG für Aufsichtsratsmitglieder der Genossenschaften. 2
Deren Vergütung darf nicht nach dem Geschäftsergebnis bemessen werden.

Die Aufsichtsratsvergütung der ArbN muss derjenigen der Aufsichtsratsmitglieder der 3
Anteilseigner entsprechen. Dies folgt aus dem Grundsatz, dass alle Aufsichtsratsmitglieder
gleichzustellen sind und die **gleichen Rechte und Pflichten haben** (*ErfK/Oetker* § 113
Akt Rz 4; *Hoffmann/Lehmann/Weinmann* MitbestG § 25 Rz 112). Es folgt auch aus dem
Benachteiligungsverbot für Aufsichtsratsmitglieder der ArbN in § 26 MitbestG.

Zulässig ist eine Differenzierung in Abhängigkeit von den im Aufsichtsrat übernommenen 4
Funktionen. So ist es zulässig und weithin üblich, dass der Aufsichtsratsvorsitzende das
Doppelte und der Stellvertreter das Eineinhalbfache der Vergütung erhalten, die den übrigen
Aufsichtsratsmitgliedern zusteht.

2. Erstattung des Vergütungsausfalls. Soweit durch die Aufsichtsratstätigkeit Ver- 5
gütungsausfall entsteht, etwa durch Teilnahme an Sitzungen oder Arbeit in Ausschüssen,
haben die ArbN, die Mitglieder des Aufsichtsrates sind, Anspruch auf Erstattung des durch
die Arbeitsversäumnis verursachten Entgeltausfalls, wobei hinsichtlich der Erforderlichkeit
auf die zu § 37 Abs 2 BetrVG entwickelten Grundsätze zurückzugreifen ist (*Fitting/Wlotzke/
Wißmann* MitbestG § 26 Rz 8–10; *Hoffmann/Lehmann/Weinmann* MitbestG § 26 Rz 15).
Eine Anrechnung auf die Aufsichtsratsvergütung ist nur denkbar, wenn sie gleichermaßen
alle Aufsichtsratsmitglieder trifft und insbesondere nicht etwa zwischen Arbeitern und Angestellten oder zwischen leitenden Angestellten und anderen ArbN differenziert. Es ist daher
auch nicht möglich, bei Arbeitern die Entgeltausfallerstattung auf die Aufsichtsratsvergütung
anzurechnen, bei Angestellten hingegen Gehalt und Aufsichtsratsvergütung nebeneinander
und jeweils ungeschmälert zu zahlen.

Werden Aufsichtsratsmitglieder, die **nicht** in einem Betrieb des Unternehmens beschäftigt 6
sind (externe ArbGeb- oder ArbNVertreter) in einer betrieblichen Einigungsstelle tätig, ist
dies keine Tätigkeit als Aufsichtsratsmitglied, so dass insoweit kein Vergütungsausfallanspruch
besteht. Stattdessen entsteht aber ein Honoraranspruch nach § 76a Abs 3 BetrVG, da die
externen ArbGeb – oder ArbNVertreter als nicht dem Betrieb angehörende Personen
anzusehen sind (vgl *Einigungsstelle* Rz 31).

3. Aufwendungsersatz. Aufwendungen, die den ArbNVertretern im Aufsichtsrat anläss- 7
lich ihrer Aufsichtsratsarbeit entstehen, können sie als *Aufwendungsersatz* (s dort Rz 1 ff) gem
§ 670 BGB verlangen. Hiernach sind zB erstattungsfähig Reise-, Übernachtungs- oder
Telefonkosten. Möglich und verbreitet ist die **Pauschalierung** dieser Aufwendungen in
Form eines pauschalierten Sitzungsgeldes.

4. Verbot der Kreditgewährung. Da alle Aufsichtsratsmitglieder eine für das Unter- 8
nehmen zentrale Kontrollfunktion ausüben, untersagt § 115 AktG dem Unternehmen, an
Aufsichtsratsmitglieder ohne Einwilligung des gesamten Aufsichtsrats Kredite zu gewähren.
**Ebenso dürfen sie gem § 114 AktG ohne Zustimmung des Aufsichtsrates nicht
Dienst- oder Werkverträge mit den Unternehmen abschließen;** ein Verstoß begründet
einen eigenständigen aktienrechtlichen Rückforderungsanspruch gem § 114 Abs 2 AktG
(ErfK/*Oetker* § 114 AktG Rz 1).

65 Aufsichtsratsvergütung (Arbeitnehmer)

5. Haftung. Durch § 116 Satz 3 AktG ist die Haftung der Aufsichtsratsmitglieder erweitert worden. Sie haften, wenn sie eine unangemessene, dh zu hohe Vergütung für Vorstandsmitglieder festgesetzt haben.

B. Lohnsteuerrecht
Thomas

9   **Einordnung.** Aufsichtsratsmitglieder sind keine ArbN, sondern beziehen Einkünfte aus selbstständiger Arbeit (§ 18 Abs 1 Nr 3 EStG). Das gilt auch für ArbNVertreter (BFH 27.7.72 – V R 136/71, BStBl II 72, 810) und für in einen Aufsichtsrat entsandte Beamte (*Schmidt/Wacker* § 18 Rz 152). Die anderslautende Rspr (BFH 15.3.57 – VI 84/55 U, BStBl III 57, 226) beruht auf der überholten Ausflusstheorie (s *Nebentätigkeit* Rz 20 ff). Auch ehrenamtliche kommunale Mandatsträger beziehen Einkünfte aus sonstiger selbständiger Arbeit (BFH 14.4.11 – VIII B 110/10, BFH/NV 11, 1138). Die Vergütung an Aufsichtsräte einer Volksbank erfolgt nicht für eine ehrenamtliche Tätigkeit iSv § 4 Nr 26 UStG (BFH 20.8.09 – V R 32/08, DStRE 09, 1319). Zum Betriebsausgabenabzug für Aufsichtsratsvergütungen vgl *Clemm* BB 01, 1873 und zu Haftpflichtversicherungen, zugunsten der Aufsichtsräte vgl *Lange* DStR 02, 1626, 1674; *Kästner* DStR 01, 195, 422; *Compliance* Rz 34 zu sog D&O Versicherungen.

10 Geben ArbNVertreter ihre Aufsichtsratsvergütung an Arbeitskollegen weiter, beziehen diese **keinen Arbeitslohn** (BFH 7.8.87 – VI R 53/84, BStBl II 87, 822), aber dem ArbN-Vertreter entstehen Betriebsausgaben (BFH 9.10.80 – IV R 81/76, BStBl II 81, 29). Entsprechende Abführungsbeträge sind bei Vorstands- und anderen nichtselbständigen Organmitgliedern Werbungskosten, wenn sie nicht freiwillig gegeben werden (OFD Frankfurt 20.3.95, FR 95, 553).

C. Sozialversicherungsrecht
Schlegel

11 **1. Problemstellung.** Aufsichtsratsvergütungen kommen für ArbN im Wesentlichen in Betracht, wenn der ArbN in mitbestimmten Gesellschaften im Aufsichtsrat die Seite der ArbN vertritt. Zum anderen werden insbes von Gebietskörperschaften ArbN oder Beamte in die Aufsichtsräte solcher Unternehmen entsandt, an denen die Gebietskörperschaft beteiligt ist. Fraglich ist, wie die Vergütung in diesen Fällen rechtlich zu beurteilen sind. In Betracht kommt, sie als Arbeitsentgelt, Arbeitseinkommen oder Einnahme eigener Art zu beurteilen.

12 **2. Arbeitsentgelt.** Der ArbN ist in seiner organschaftlichen Funktion als Aufsichtsrat des ArbGeb nicht an Weisungen seines ArbGeb gebunden, was seiner Kontrollfunktion gegenüber dem Vorstand nach dem AktG zuwiderliefe (vgl § 111 AktG). Dies gilt auch dann, wenn der ArbN von seinem ArbGeb oder Dienstherrn in die Aufsichtsräte anderer Unternehmen entsandt wird, an denen der ArbGeb beteiligt ist (*Köstler/Kittner/Zacher* Aufsichtsratspraxis, 6. Aufl 1999, Rz 593 f). In beiden Fällen ist der ArbN-Aufsichtsrat als **gesellschaftrechtliches Kontrollorgan** über den Vorstand der Gesellschaft selbstverantwortlich und weisungsunabhängig. Es fehlt insoweit an der für ArbN typischen Weisungsgebundenheit.

13 Andererseits sind **Arbeitsentgelt im Sinne von § 14 SGB IV** alle laufenden oder einmaligen Einnahmen aus einer Beschäftigung, gleichgültig, ob ein Rechtsanspruch auf die Einnahme besteht, unter welcher Bezeichnung oder in welcher Form sei geleistet werden und ob sie unmittelbar aus der Beschäftigung oder im Zusammenhang mit ihrer erzielt werden. Der zuletzt genannte Kausalzusammenhang besteht auch zwischen der Aufsichtsratsvergütung und der Hauptbeschäftigung des ArbN (KassKomm/*Seewald* § 7 SGB IV Rn 100). Begnügt man sich allerdings mit diesem losen Zusammenhang, hat dies den Nachteil, dass der ArbGeb bei strikter Anwendung der Regeln über das Arbeitsentgelt zB aus der Aufsichtsratsvergütung Beiträge im Lohnabzugsverfahren einzubehalten und die Hälfte des Beitrags zu tragen hätte. Dies widerspricht der Stellung des Aufsichtsrats als einem von seinem ArbGeb unabhängigen Kontrollorgan. Insgesamt passen die Regeln über das Arbeitsentgelt für eine Aufsichtsratsvergütung weder beitrags- noch leistungsrechtlich. Die Aufsichtsratsvergütung wird gerade nicht für die vom ArbN geschuldete Arbeit gewährt.

14 **3. Arbeitseinkommen.** Anders als im Steuerrecht (dort § 18 Abs 1 Nr 3 EStG) fehlt es in der SozV zwar an einer ausdrücklichen Bestimmung über die rechtliche Beurteilung von

Aufsichtsratsvergütungen. Nach § 15 Abs 1 Satz 2 SGB IV ist jedoch Einkommen als Arbeitseinkommen iSv § 15 Abs 1 Satz 1 SGB IV zu werten, wenn es als solches nach dem EStRecht zu bewerten ist. Kraft der Verweisungsnorm des § 15 Abs 1 Satz 2 SGB IV gilt die Bewertung des § 18 Abs 1 Nr 3 EStG somit auch in der SozV. Aufsichtsratsvergütungen sind auch dort im Wege wertender Beurteilung dem Arbeitseinkommen aus selbstständiger Tätigkeit (§ 15 SGB IV) zuzuordnen.

Aufwandsentschädigung

A. Arbeitsrecht
Griese

1. Begriff. Die Aufwandsentschädigung ist arbeitsrechtlich von dem Aufwendungsersatz 1 (s *Aufwendungsersatz* Rz 6 ff) zu unterscheiden. Der Aufwendungsersatz bezeichnet den Ersatzanspruch des ArbN für Auslagen, die er zugunsten des ArbGeb gemacht hat, zB für den Einkauf von Material, Fahrtaufwendungen für Dienstreisen, Übernachtungskosten. Demgegenüber umschreibt der Begriff Aufwandsentschädigung eine zusätzliche Abgeltung für besondere Umstände oder Belastungen der Arbeit. Die Aufwandsentschädigung enthält im Gegensatz zum Aufwendungsersatz **Vergütungselemente.** Wichtigstes Beispiel für die Aufwandsentschädigung ist die **Auslösung** (s *Auslösung* Rz 1 ff), die als Abgeltung des Mehraufwandes, der durch weite Entfernung des Arbeitsortes von der Betriebsstätte im Hinblick auf Zeit und Verpflegungskosten entsteht, gezahlt wird.

2. Anspruchsgrundlage. Der Anspruch auf Aufwandsentschädigung bedarf einer besonderen Rechtsgrundlage. Während der Aufwendungsersatzanspruch ein gesetzlicher Anspruch ist, der aus § 670 BGB folgt, existiert ein gesetzlicher Aufwandsentschädigungsanspruch nicht. Es bedarf zur Begründung eines Anspruchs daher einer **vertraglichen Zusage** auf individualrechtlicher (zB Arbeitsvertrag, Gesamtzusage, Betriebliche Übung) oder **kollektivrechtlicher Grundlage** (zB Tarifvertrag, Betriebsvereinbarung). Diese vertragliche Zusage muss Anspruchsvoraussetzung und -umfang regeln. Der Anspruch auf Aufwandsentschädigung kann auch aus dem Gleichbehandlungsgrundsatz folgen.

B. Lohnsteuerrecht
Thomas

1. Begriff. Mit der Aufwandsentschädigung übernimmt der ArbGeb – anders als beim 3 Auslagenersatz (s *Aufwendungsersatz* Rz 23) – Kosten aus dem Verantwortungsbereich des ArbN.

a) Werbungskostenersatz. Deswegen stellt die Kostenübernahme grundsätzlich Arbeits- 4 lohn dar. Das gilt nicht nur bei Aufwendungen für die Lebensführung oder anderweit nicht berücksichtigungsfähigen Zwecken wie Repräsentationskosten sondern auch für Werbungskostenersatz (BFH 13.7.2000 – VI B 184/99, BFH/NV 2000, 1470; R 19.3 Abs 3 LStR; *Thomas* DStR 11, 1341 unter 2.2; aA *Drenseck* in FS Lang 2010, 477 ff). Andernfalls wären die diesbezüglichen Steuerbefreiungen (s unten Rz 7) unnötig.

b) Werbungskostenausschluss. Sofern der ArbGeb Werbungskostenersatz durch un- 5 mittelbare Kostentragung leistet, entstehen dem ArbN keine eigenen Aufwendungen und deshalb auch keine Werbungskosten. Wendet der ArbGeb dem ArbN einen steuerfreien Kostenzuschuss zu, steht dem Werbungskostenabzug insoweit § 3 c EStG entgegen. Die Ausgaben des ArbN stehen auch dann mit steuerfreien Einnahmen in unmittelbarem wirtschaftlichen Zusammenhang, wenn der ArbGeb von der befreienden Pauschalierungsbefugnis des § 40 Abs 2 Satz 2 EStG Gebrauch macht. Der Werbungskostenausschluss des § 3 c EStG bezieht sich jeweils nur auf diejenigen Werbungskosten, für die steuerfreier Ersatz geleistet worden war. Der Werbungskostenabzug für darüber hinausgehende (BFH 10.12.71, BStBl II 72, 257) oder andere Arten von Aufwendungen wird dadurch nicht berührt (BFH 28.1.88, BStBl II 88, 635). Bspw hindert die Gewährung steuerfreien Reisekostenersatzes den ArbN nicht, Werbungskosten wegen anderer Aufwendungen, etwa einer doppelten Haushaltsführung, geltend zu machen. Eine andere Frage ist, dass zu Unrecht steuerfrei gewährte Auslösungen bei der Veranlagung als Arbeitslohn erfasst werden und insofern eine Verrechnung mit anderweitigen Werbungskosten erfolgen kann (BFH 5.7.96, BFH/NV 96,

66 Aufwandsentschädigung

888; 22.11.96, BFH/NV 97, 288). Entstehen den ArbN Werbungskosten für den Weg zur Arbeit für einen Zeitraum, für den er wegen Konkurs vom ArbGeb keinen Lohn erhält, steht dem Werbungskostenabzug § 3 c EStG nicht deswegen entgegen, weil der ArbN steuerfreies KAUG erhält (BFH 23.11.2000 – VI R 93/98, BStBl II 01, 199 mit Anm *MIT* DStRE 01, 295; *Kanzler* FR 01, 310; *Pust* HFR 01, 433; *Urban* DStZ 01, 440).

Bei nicht aufgrund Einzelabrechnung, sondern pauschaliert geleistetem Werbungskostenersatz muss zunächst festgestellt werden, für welche Arten von Aufwendungen er erbracht worden ist (BFH 24.10.91, BStBl II 92, 140). Sofern pauschaler Ersatz für alle in Betracht kommenden Werbungskosten erfolgt, können vom ArbN Werbungskosten nur insoweit abgezogen werden, als sie die Ersatzleistungen übersteigen (BFH 10.8.90, BStBl II 90, 1065; 11.2.93, BStBl II 93, 450; insofern nicht konsequent BFH 15.11.07 – VI R 91/04, DStRE 08, 729 mit Anm *MIT*; s auch *Pauschbeträge* Rz 20). Lässt sich die Steuerbefreiung keinem bestimmten Verwendungszweck zuordnen, greift § 3 c EStG anteilig im Verhältnis der stpfl zu den steuerfreien Zahlungen ein (BFH 14.11.86, BStBl II 89, 351; BFH 11.2.09 – I R 25/08, DStRE 09, 927; zur Zulage Ost BFH 26.3.02 – VI R 45/00, BStBl II 02, 827).

6 **c) Nicht steuerbarer Ersatz.** Dagegen liegen gar keine Einkünfte vor, wenn bei ehrenamtlicher Tätigkeit lediglich eine pauschale Erstattung der Selbstkosten gewährt wird (FG Bbg 17.5.01 – 6 K 331/00, EFG 01, 1280: Deichläufer; BFH 4.8.94 – VI R 94/93, BStBl II 94, 944: Sanitätshelfer des DRK; dazu OFD Frankfurt 30.5.96, DB 96, 1547 zu § 3 Nr 16, § 3 Nr 26 und § 40a EStG; ähnlich BFH 23.10.92 – VI R 59/91, BStBl II 93, 303 mit Anm *MIT* DStR 93, 509: Amateurfußballspieler; FG Brem 30.6.99 – 199024 K 6, EFG 99, 1125; aber Arbeitslohn bei Pressearbeit im Berufsverband FG SachsAnh 20.8.02 – 1 K 145/02, EFG 02, 1579; ehrenamtlicher Bürgermeister BFH 13.6.13 – III B 156/12, BFH/NV 13, 1420; FG SachsAnh 10.2.03 – 1 K 30 333/99 EFG 03, 917; Amateur-Oberliga FG Düsseldorf 4.5.2000 – 8 K 9058/98 E, EFG 01, 136; FG Hbg 7.9.99 – I 1154/97, EFG 2000, 13: Umzugshilfe; zu Schiedsrichterspesen als sonstige Einkünfte iS von § 22 Nr 3 EStG (DFB-Ebene) bzw als gewerbliche Einkünfte (UEFA-FIFA-Ebene) BayLfSt 15.1.10 – S 2257.2.1–5/St 32, DB 10, 815; zu Wahlhelfern OFD Magdeburg 19.4.02, DB 02, 1133 und zu Betreuern FinMin NdS 10.7.03, DB 03, 1601; zu Betreuern nach § 1835a BGB BFH 17.10.12 – VIII R 57/09, DStR 13, 84; kritisch dazu *Tegelkamp/Krüger* FR 13, 490).

7 **2. Steuerbefreiungen. a) Formen.** Für bestimmte Arten von Aufwandsentschädigungen sieht das Gesetz Steuerbefreiung vor, zB für Reise- und Umzugskosten und für Mehraufwendungen bei doppelter Haushaltsführung (§ 3 Nr 16 EStG), für Werkzeuggeld (§ 3 Nr 30 EStG), für Berufskleidung (§ 3 Nr 31 EStG), für Sammelbeförderung (§ 3 Nr 32 EStG) und Kinderbetreuung (§ 3 Nr 33 EStG). Eine Steuerbefreiung für alle anfallenden Werbungskosten beinhaltet die Übungsleiterpauschale des § 3 Nr 26 EStG für bestimmte nebenberuflich (selbstständig oder nichtselbstständig) ausgeübte Tätigkeiten (dazu unten Rz 12).

Für Aufwandsentschädigungen aus öffentlichen Kassen enthält das Gesetz Sonderbestimmungen, nämlich § 3 Nr 13 EStG für Reise- und Umzugskosten sowie für Trennungsgeld (doppelte Haushaltsführung) und § 3 Nr 12 EStG für alle Arten von Werbungskostenersatz, der durch öffentlichrechtliche Bestimmungen als Aufwandsentschädigung ausgewiesen wird. Hierzu zählen nicht Aufwandsentschädigungen kommunaler Spitzenverbände (FinMin Ba-Wü 17.2.09, DStR 09, 1312) und nicht solche für Tagespflegepersonen (BMF 20.5.09, DStR 09, 1096). Bei den aus anderen öffentlichen Kassen als einer Bundes- oder Landeskasse gewährten Aufwandsentschädigungen (§ 3 Nr 12 Satz 2 EStG) hat die Verwaltung zur Abgrenzung desjenigen Teils der Aufwandsentschädigung, der Werbungskosten ersetzt, von dem, der für Verdienstausfall oder Zeitverlust gewährt wird, pauschale Schätzungsrichtlinien erlassen (R 3.12 Abs 3 LStR). Danach kann idR ein Aufwand von 175 € monatlich angenommen werden, der, soweit er nicht ausgeschöpft wird, für die selbe Tätigkeit auf andere Monate des selben Kalenderjahres übertragen werden kann (R 3.12 Abs 3 Satz 8 LStR); zu Bezügen und Aufwandsentschädigungen von Gerichtsvollziehern OFD Nds 6.5.10 – S 2350 – 1 – St 215, DStR 10, 1524.

Keine Aufwandsentschädigungen, sondern stpfl Stellenzulagen sind Ministerialzulagen (BFH 18.12.64 – VI 298/60 U, BStBl III 65, 144). Die den Bundestagsabgeordneten gewährte Kostenpauschale ist verfassungsgemäß (BVerfG 26.7.10 – 2 BvR 2227/08, 2 BvR

2228/08, FR 10, 992 mit Anm *Bode*). Ohne ausdrückliche gesetzliche Grundlage erkennt die Verwaltung bei hauptberuflicher selbständiger schriftstellerischer oder journalistischer Tätigkeit jährlich pauschal 30 vH der Betriebseinnahmen, höchstens aber 2455 € und bei nebenberuflicher wissenschaftlicher, künstlerischer oder schriftstellerischer Tätigkeit, wenn die Voraussetzungen des § 3 Nr 26 EStG nicht vorliegen, Betriebsausgaben ohne Einzelnachweis iHv 25 vH der Einnahmen, höchstens jedoch 614 € jährlich pauschal an (H 18.2 EStR „Betriebsausgabenpauschale"; zur Pauschalierungsbefugnis in solchen Fällen vgl *Pauschbeträge* Rz 14, 20).

b) Ungleichbehandlung. aa) Privater Arbeitgeber. Von diesem gezahlte Aufwandsentschädigungen sind grds stpfl Arbeitslohn (BFH 2.10.68 – VI R 25/68, BStBl II 69, 185: nebenamtliche Vorstandsmitglieder einer Genossenschaft; vgl auch BFH 26.2.88 – III R 241/84, BStBl II 88, 615: Betriebseinnahmen bei ehrenamtlich tätigem Kammerpräsidenten; einschränkend aber BFH 28.2.75 – VI R 28/73, BStBl II 76, 134: Sachzuwendungen an Ferienhelfer) und kein Auslagenersatz (BFH 14.1.54 – VI 23/53 U, BStBl III 54, 79). **8**

bb) Öffentlicher Arbeitgeber. Da die Steuerbefreiung des § 3 Nr 12 EStG nicht an bestimmte Arten von Aufwendungen anknüpft, sondern daran, was ein Gesetz oder eine haushalts- oder kassentechnische Bestimmung als Aufwandsentschädigung ausweist, könnte das zur Folge haben, dass Entschädigungen, die keinen Werbungskostenersatz darstellen, sondern aus Fürsorgegesichtspunkten gewährt werden, unter diese Steuerbefreiung fallen. Deswegen hat die Rspr zur Vermeidung gleichheitswidriger Benachteiligung von ArbN, die im privaten Dienst beschäftigt sind, § 3 Nr 12 Satz 2 EStG in verfassungskonformer Auslegung dahingehend eingeschränkt, dass als Aufwand iS dieser Bestimmung nur ein beruflich veranlasster zu verstehen ist (BFH 29.11.06 – VI R 3/04, BStBl II 07, 308 = DStR 07, 63). Erhält ein Personalratsvorsitzender für seinen gesamten beruflichen Aufwand 150 × 12 = 1800 DM (Streitjahr 1993) steuerfrei ersetzt, ist entgegen BFH 15.11.07 – VI R 91/04 (DStRE 08, 729 mit Anm *MIT*), der steuerfreie Betrag gemäß § 3c EStG mit allen und nicht nur einzelnen Werbungskosten zu verrechnen. Eine analoge Anwendung des § 3 Nr 12 EStG bzw des § 22 Nr 4 EStG (BFH 14.7.93 – X B 6–7, 9–10/92, BFH/NV 93, 726) auf ArbN im privaten Dienst mit vergleichbaren Tätigkeiten, die die Voraussetzungen dieser Vorschrift nicht direkt erfüllen, ist nicht zulässig (BFH 23.8.91 – VI B 44/91, BStBl II 91, 885: Gemeindebedienstete; ausdrücklicher Hinweis auf Zweifel an der Verfassungsmäßigkeit; vgl dazu *Völlmeke* NJW 92, 1345; *Rößler* BB 94, 1401). **9**

In der Vergangenheit ist die Verfassungskonformität des § 3 Nr 12 Satz 2 EStG ausdrücklich bejaht worden (BFH 16.8.07 – VIII B 210/06, BFH/NV 07, 2286; BVerfG 26.11.82, HFR 83, 227; vgl auch BVerfG 19.11.91, DB 91, 2573; im Ergebnis ähnlich zur unterschiedlichen Behandlung von Beihilfen aus privaten und aus öffentlichen Mitteln BVerfG 19.2.91, DStR 91, 741; vgl auch BFH 1.12.95 – VI R 76/91, BStBl II 96, 239). Eine Angleichung des als Werbungskostenersatz steuerfrei zuwendbaren Betrages aus öffentlichen oder aus privaten Mitteln versucht die Rspr auch dadurch zu erreichen, dass sie die Voraussetzung des § 3 Nr 12 Satz 2 EStG, wonach die Entschädigung den Aufwand nicht offenbar übersteigen darf, streng handhabt (BFH 24.10.91 – VI R 83/89, BStBl II 92, 140; BFH 10.1.92 – VI R 167/88, BFH/NV 92, 387; FG NdS 12.3.97, EFG 97, 941; FG Saarl 24.9.96, EFG 97, 96; FG Düsseldorf 4.5.95, EFG 96, 92).

cc) Reise-, Umzugs- und Haushaltsführungskosten. Die Rspr hat bei Umzugskosten privater ArbN die als Werbungskosten berücksichtigungsfähigen Beträge zunächst in Anlehnung an die Bestimmungen des BUKG vorgenommen (BFH 30.3.82 – VI R 162/78, BStBl II 82, 595), aber zunehmend darauf hingewiesen, dass die Verweisung auf die Vorschriften des BUKG ihre Grenze findet, wo diese mit dem allgemeinen Werbungskostenbegriff des § 9 Abs 1 Satz 1 EStG nicht mehr vereinbar sind (BFH 20.3.92 – VI R 55/89, BStBl II 93, 192 mit Anm *Völlmeke* DB 93, 1590). Demgegenüber wurden für Dienstreisen und doppelte Haushaltsführung eigene steuerrechtliche Kriterien entwickelt und nicht die öffentlichrechtlichen Vorschriften übernommen. Das führte im Ergebnis dazu, dass diesbezügliche Aufwandsentschädigungen im öffentlichen und privaten Dienst wegen der unterschiedlichen Regelungen in § 3 Nr 13 und 16 EStG Ungleichbehandlungen zur Folge hatten. Durch die Neufassung des § 3 Nr 13 Satz 2 EStG erfolgte eine teilweise Angleichung. Im Bereich der Umzugskosten folgt die Verwaltung nach zwischenzeitlichem Nichtanwendungserlass nunmehr (R 9.9 Abs 2 Satz 1 LStR) zur Frage der Bekleidung bei Klima- **10**

wechsel der Rspr (BFH 12.4.07 – VI R 53/04, BStBl II 07, 536 = DStRE 7, 809). Hinsichtlich der Maklergebühren für die eigene Wohnung bestand bisher eine verfassungswidrige Ungleichbehandlung zwischen ArbN des öffentlichen und des privaten Dienstes, da Kostenerstattungen bei ersteren steuerfrei waren (§ 3 Nr 13 EStG iVm § 9 Abs 1 BUKG), bei Letzteren aber nicht (BFH 24.5.2000 – VI R 188/97, BHBl II 2000, 586 = DStR 2000, 1726 mit Anm *MIT*). Ob dies weiter gilt, ist fraglich.

11   **dd) Stellungnahme.** Für eine privilegierende Sonderbehandlung von ArbN im öffentlichen Dienst besteht steuerrechtlich kein hinreichender Grund. Eine Ungleichbehandlung wäre daher mit Art 3 GG nicht vereinbar. Im Übrigen ist fraglich, ob die Pauschalierung des beruflichen Gesamtaufwands in R 3.12 Abs 3 LStR mit (12 × 175 =) 2100 €, die erheblich über dem ArbN Pauschbetrag (1000 €) liegt, eine gesetzliche Grundlage hat, zumal die Einschätzung des typischerweise anfallenden Erwerbsaufwands auf ungesicherter empirischer Basis beruht, was nahelegt, dass die Freistellung jedenfalls teilweise faktisch der Alimentation dient (vgl dazu BFH 11.9.08 – VI R 13/06, DStR 08, 2009 unter C II 3b).

12   **3. Übungsleiterpauschale.** Nach § 3 Nr 26 EStG sind Einnahmen aus bestimmten nebenberuflich ausgeübten Tätigkeiten bis 2400 € im Jahr steuerfrei (Einzelheiten R 3.26 LStR sowie BayLfSt 8.9.11 – S 2121.1.1–1/33 St 32). Zur Steuerbefreiung für ehrenamtliche Tätigkeit nach § 3 Nr 26a EStG bis zu 720 € im Jahr vgl *Ehrenamtliche Tätigkeit* Rz 23 ff; BMF 25.11.08, BStBl I 08, 985; zu ehrenamtlichen Betreuern nach § 1835a BGB vgl Bay LfS 4.5.09, DStR 09, 1201; zu Zahlungen an ehrenamtliche Vorstände BMF 9.3.09, BStBl I 09, 445; BMF 22.4.09, DStR 09, 1035; BMF 14.10.09, DStR 09, 2254; *Kolbe* DStR 09, 2465.

13   **a) Auftraggeber.** Die Pauschale setzt voraus, dass der Auftraggeber eine im Inland oder in einem EU- bzw EWR-Staat belegene juristische Person des öffentlichen Rechts bzw eine Behörde oder eine gemeinnützige (auch mildtätige oder kirchliche) Institution iSv § 5 Abs 1 Nr 9 KStG ist (zB Beratungsstellen, Gemeinden, Sportvereine, Universitäten, Volkshochschulen usw). Die Tätigkeit für einen Berufsverband oder eine Partei ist ebensowenig begünstigt wie die für private, nicht nach §§ 52–54 AO förderungswürdige Personen (BFH 11.5.05 – VI R 25/04, BStBl II 05, 791). Kommt die Tätigkeit nicht der Allgemeinheit zugute, sondern, wie zB Fortbildung innerhalb eines Unternehmens, nur einem abgeschlossenen Personenkreis, dient sie nicht der selbstlosen Förderung begünstigter Zwecke (FG NdS 12.3.96, EFG 96, 909: „Checkerzulage" von Flugkapitän). Liegt aber die Ausbildung selbst – wie bei der Pflegeschule eines Krankenhauses – im Interesse der Allgemeinheit, ist unschädlich, dass nur Pflegeschüler dieses Krankenhauses unterrichtet werden (BFH 26.3.92 – IV R 34/91, BStBl II 93, 20; 29.10.92 – IV R 2/91, BFH/NV 93, 234; dazu *Wagner* FR 93, 293).

14   **b) Nebenberuflichkeit** liegt vor, wenn nicht länger als ein Drittel der üblichen Arbeitszeit einer Vollzeitkraft gearbeitet wird (BFH 30.3.90 – VI R 188/87, BStBl II 90, 854; 25.9.92 – VI R 41/90, BFH/NV 93, 97), auch wenn kein Hauptberuf ausgeübt wird (Hausfrau, Student, Rentner, Arbeitsloser). Mehrere Nebentätigkeiten sind jede für sich zu beurteilen (FG SachsAnh 16.4.02 – 4 K 10500/99, EFG 02, 958 mit Anm *Fumi*), es sei denn, sie sind gleichartig und erscheinen als Ausübung eines einheitlichen Hauptberufs, zB Unterricht an mehreren Gymnasien. Mehrarbeit im Hauptberuf gegen zusätzliches Entgelt führt nicht zu Nebentätigkeit (FG München 29.4.97, EFG 97, 1095: Korrekturassistent aA aber FG Bln 12.10.04 – 5 K 5316/03, EFG 05, 340). Unschädlich ist, wenn der ArbN dienstlich zur Übernahme des Nebenamtes verpflichtet ist, sofern das Nebenamt funktionell und organisatorisch verselbstständigt ist (BFH 29.1.87 – VI R 189/85, BStBl II 87, 783; Mitwirkung eines Hochschullehrers an der juristischen Staatsprüfung).

15   **c) Begünstigte Tätigkeiten** sind die eines Übungsleiters (Sporttrainer, Chorleiter), Ausbilders, Erziehers, Betreuers oder Vergleichbares (Wissensvermittlung, Charakter- und Persönlichkeitsbildung), wie zB Kurse oder Vorträge an Schulen, Volkshochschulen, Mütterberatung, Erste-Hilfe-Kurs, Schwimmunterricht; nicht dagegen Ausbildung von Tieren (R 3.26 Abs 1 Satz 3 LStR; streitig, *Schmidt/Heinicke* § 3 ABC „Übungsleiter" Anm c; weitere Beispiele bei *Myssen* Inf 2000, 170), sowie weiter nebenberufliche künstlerische Tätigkeit und nebenberufliche Pflege (nicht Notarzttätigkeit: BFH 20.2.02 – VI B 85/99, BFH/NV 02, 784) alter, kranker oder behinderter Menschen. Letzteres umfasst auch Hilfsdienste bei der

Aufwandsentschädigung 66

häuslichen Betreuung durch ambulante Pflegedienste, Alten- und Krankenbetreuer, Rettungsdienste (Rettungssanitäter und Ersthelfer). Im Übrigen sind vergleichbare Tätigkeiten an der Art der Tätigkeit und nicht dem sozialen Ergebnis zu orientieren (BFH 17.10.91 – VI R 106/90, BStBl II 92, 176, Verfassen von Radioessays; FG Münster 8.11.94, EFG 95, 415, Korrekturassistent; fraglich bei Telekolleg, Schulfunk). Nicht nach § 3 Nr 26 EStG (ggf aber nach § 3 Nr 26a EStG, vgl Rz 12) begünstigt sind Platzwart, Kassierer oder Vorstand eines Sportvereins, Putzfrau oder Hausmeister einer Schule (*Schmidt/Heinicke* § 3 ABC „Übungsleiter"; *Myssen* Inf 2000, 170).

d) Jahrespauschale. Der steuerfreie Betrag von 2400 € ist ein Jahresbetrag. Maßgebend **16** sind auch die Zuflüsse des jeweiligen Jahres. Bei nur kurzer Tätigkeit braucht der Jahresbetrag nicht zeitanteilig aufgeteilt zu werden. Das gilt auch für den LStAbzug. Der ArbGeb hat aber eine Erklärung des ArbN zum Lohnkonto zu nehmen, dass die Pauschale nicht bereits in einem weiteren Dienst- oder Auftragsverhältnis in Anspruch genommen wird (R 3.26 Abs 10 LStR). Andererseits ist die Pauschale für mehrere Nebentätigkeiten insgesamt nur einmal zu gewähren (BFH 23.6.88 – IV R 21/86, BStBl II 88, 890) und verdoppelt sich auch nicht wegen Nachzahlungen aus früheren Jahren (BFH 15.2.90 – IV R 87/89, BStBl II 90, 686). Entstehen Aufwendungen gleichzeitig für die Übungsleitertätigkeit und andere steuerbare Tätigkeiten, sind sie aufzuteilen. Der auf die Übungsleitertätigkeit entfallende Betrag darf nur insoweit als Betriebsausgabe oder Werbungskosten abgezogen werden, als er 2400 € übersteigt; sonst ist er mit dem steuerfreien Betrag abgegolten. Kommt es infolge Erkrankung zu einer beabsichtigten nebenberuflichen Tätigkeit iSv § 3 Nr 26 EStG nicht mehr, bleiben vorweg entstandene Betriebsausgaben abziehbar, ohne dass dem § 3c EStG entgegenstünde (BFH 6.7.05 – XI R 61/04, BStBl II 06, 163 = DStR 05, 1683).

e) Auswirkungen auf den Werbungskostenabzug. Nach Umwandlung der Auf- **17** wandspauschale in eine Steuerbefreiung können Werbungskosten bzw Betriebsausgaben nur abgezogen werden, wenn die tatsächlich angefallenen Aufwendungen und die Einnahmen aus der begünstigten Tätigkeit 2400 € übersteigen. Gem R 3.26 Abs 9 Satz 2 LStR ist in ArbNFällen in jedem Fall der ArbNPauschbetrag (1000 €) anzusetzen, soweit er nicht bei anderen Dienstverhältnissen verbraucht ist. Danach ständen dem ArbN, wenn er nur eine steuerbegünstigte nebenberufliche Tätigkeit ausübt, der ArbNPauschbetrag und der Freibetrag nach § 3 Nr 26 EStG nebeneinander zu, so dass – falls nicht höhere Werbungskosten nachgewiesen werden – jedenfalls 3400 € freiblieben (*Klöckner* NWB/F 6, 4195 f). Ein Verlust ist nicht möglich (*Myßen/Hans* NWB F 3, S 11213). Es wird auf die Ausführungen zum *Aufwendungsersatz* Rz 32 und zum *Werbungskostenersatz* Rz 2 ff verwiesen.

C. Sozialversicherungsrecht   *Schlegel*

1. Beitragspflichtiges Arbeitsentgelt. a) Begriffliches/Abgrenzungen. § 14 Abs 1 **18** Satz 1 SGB IV definiert das Arbeitsentgelt als alle laufenden oder einmaligen Einnahmen aus einer Beschäftigung, gleichgültig ob ein Rechtsanspruch auf die Einnahmen besteht und unter welcher Bezeichnung und in welcher Form sie geleistet werden. Da recht unterschiedliche Zuwendungen „rechtsuntechnisch" als „Aufwandsentschädigung" bezeichnet werden, ist regelmäßig zu prüfen, wie diese rechtlich einzuordnen und insbesondere ob sie als Arbeitsentgelt iSv § 14 SGB IV anzusehen sind. Zu unterscheiden sind „unechte" Aufwandsentschädigungen iSv Aufwendungsersatz und Auslagenerstattung (dazu b), Aufwandsentschädigungen iSv Werbungskostenersatz durch den ArbGeb (dazu c), „echte" Aufwandsentschädigungen aus öffentlichen Kassen (dazu d) und Aufwandsentschädigungen für ehrenamtliches Engagement (dazu e). Kann eine Aufwandsentschädigung im Zeitpunkt ihrer Auszahlung nicht konkreten Arbeitsleistungen in bestimmten Entgeltabrechnungszeiträumen zugeordnet werden, weil sie zB zu diesem Zeitpunkt die veranlassenden Arbeiten im Außendienst noch nicht geleistet und die Aufwendungen, die sie abgelten sollten, noch nicht entstanden waren, gilt Folgendes: Wird die Aufwandsentschädigung als **Pauschale** bezahlt, erst nachträglich abgerechnet und pauschal versteuert, handelt es sich insoweit um als Einmalzahlungen beitragspflichtiges Arbeitsentgelt (BSG 26.1.05 – B 12 KR 3/04 R, SozR 4–2300 § 14 Nr 7). Zur Abgrenzung zwischen Aufwandsabgeltung, Aufwandspauschalen und Aufmerksamkeiten vgl auch *Schlegel/Voelzke* SGB IV, § 14 Rn 56 f.

66 Aufwandsentschädigung

19 b) **Aufwendungsersatz** wird nicht als Gegenleistung für Arbeit, sondern im Hinblick auf Auslagen gewährt (zB Einkauf von Material, Fahrtaufwendungen oder Übernachtungskosten bei Dienstreisen), die dem ArbN ihm Rahmen eines bestimmten Auftrages entstanden sind und die er zunächst für den Auftraggeber ausgelegt hat. Durch den Aufwendungsersatz wird der ArbN nicht im engeren Sinne bereichert oder für seine Arbeitsleistung „belohnt". Dies gilt jedenfalls, wenn der Aufwendungsersatz so bemessen ist, dass der ArbN dadurch keinen ins Gewicht fallenden privaten geldwerten Vorteil behält (vgl *Aufwendungsersatz* Rz 34 ff; *Auslösung* Rz 10 ff). Gleiches gilt für Beträge, die der ArbN vom ArbGeb erhält, um sie für ihn auszugeben (sog **durchlaufende Gelder**). Überschreitet der Auslagen- oder Aufwendungsersatz erkennbar die dem ArbN tatsächlich entstandenen Kosten, liegt insoweit verdecktes Arbeitsentgelt vor, das keine beitragsrechtliche Privilegierung beanspruchen kann.

20 c) **Aufwandsentschädigung im Sinne von Werbungskostenersatz** sind Zuwendungen des ArbGeb, die zusätzlich zu Lohn oder Gehalt für in der Sphäre des ArbN liegende Kosten gewährt werden, die steuerlich den Tatbestand von Werbungskosten erfüllen. Diese Zuwendungen sind nach § 1 ArEV nicht dem Arbeitsentgelt zuzurechnen und damit im Ergebnis beitragsfrei, wenn und soweit sie lohnsteuerfrei sind (dazu und zur LStFreiheit nach § 3 Nr 16 EStG vgl *Arbeitsentgelt* Rz 125 ff).

21 d) **Aufwandsentschädigung aus öffentlichen Kassen.** Aufwandsentschädigungen, die von einem ArbGeb nicht zusätzlich zu Löhnen und Gehältern, sondern isoliert gewährt werden, fallen nicht unter § 1 ArEV. Sie können allerdings je nach Zahlstelle als Aufwandsentschädigung aus öffentlicher Kasse nach **§ 3 Nr 12 EStG** oder als „Aufwandsentschädigung für sonstiges ehreamtliches Engagement" gem § 3 Nr 26 EStG steuerfrei sein. In beiden Fällen sind die Aufwandsentschädigungen gem § 14 Abs 1 Satz 3 SGB IV nicht dem Arbeitsentgelt zuzurechnen.

22 Bei **Aufwandsentschädigungen an Ehrenbeamte** ist zunächst zu prüfen, ob es sich um Arbeitsentgelt aus einer versicherungspflichtigen Beschäftigung handelt. Ehrenbeamte stehen nach der Rspr des BSG in einem abhängigen Beschäftigungsverhältnis, wenn sie dem allgemeinen Erwerbsleben zugängliche Verwaltungsaufgaben wahrnehmen und hierfür eine den tatsächlichen Aufwand übersteigende pauschale Aufwandsentschädigung. Weder das Rechtsverhältnis als Ehrenbeamter als solches noch dessen Rechtsstellung als Organ oder Mitglied eines Organs einer juristischen Person des öffentlichen Rechts mit eigenen gesetzlichen Befugnissen noch die Zahlung einer pauschalen Aufwandsentschädigung ohne Bezug zu einem konkreten Verdienstausfall schließen die Annahme eines versicherungspflichtigen und beitragspflichtigen Beschäftigungsverhältnisses aus. Ob der Ehrenbeamte in seinem Amt zur weisungsgebundenen Wahrnehmung von Verwaltungsaufgaben, ggf neben der Wahrnehmung weisungsfreier Repräsentationsaufgaben als Mitglied einer juristischen Person des öffentlichen Rechts, verpflichtet ist und damit dieser Aufgabenbereich seine Tätigkeit prägt, ist in einer Gesamtwürdigung aller Umstände des Einzelfalles unter Berücksichtigung der Ausgestaltung des Ehrenamtes in der Kommunalverfassung des jeweiligen Bundeslandes zu beurteilen (vgl BSG 27.1.2010 – B 12 KR 3/09 R; BSG 22.2.96 – 12 RK 6/95, SozR 3–2940 § 2 Nr 5 S 26 mwN; BSG 23.7.98 – B 11 AL 3/98 R, SozR 3–4100 § 138 Nr 11 S 60 mwN; BSG 25.1.06 – B 12 KR 12/05 R, SozR 4–2400 § 7 Nr 6 Rz 15). Aufwandsentschädigungen an Ehrenbeamte enthalten neben der Abgeltung des tatsächlich entstehenden Aufwandes auch eine Entschädigung für den Aufwand an Zeit und Arbeitsleistung sowie einen etwaigen Verdienstausfall. Die Steuerfreiheit beschränkt sich regelmäßig auf die Entschädigung des tatsächlichen Aufwandes. Im Übrigen, dh für den **steuerpflichtigen Anteil der Aufwandsentschädigung** besteht in der SozV **Beitragspflicht** (vgl BSG 25.1.06 – B 12 KR 12/05 R, SozR 4–2400 § 7 Nr 6 Rz 19).

23 e) **Nebenberufliche Einnahmen von Übungsleitern usw.** Einnahmen iSv § 3 Nr 26 EStG sind nach § 14 Abs 1 Satz 3 SGB IV nicht dem Arbeitsentgelt zuzurechnen. § 3 Nr 26 EStG stellt die Einnahmen aus bestimmten nebenberuflichen Tätigkeit bis zu dem dort genannten Betrag steuerfrei: Sind die genannten Freibeträge überschritten, liegt vorbehaltlich geringfügiger Beschäftigung (vgl § 8 SGB IV, *Geringfügige Beschäftigung* Rz 24 ff) regelmäßig beitragspflichtiges Arbeitsentgelt vor. Privilegiert sind Nebentätigkeiten als Übungsleiter, Ausbilder, Erzieher, Betreuer und vergleichbaren „anleitenden" Tätigkeiten; künstlerische nebenberufliche Tätigkeiten, nebenberufliche Pflege alter, kranker oder behinderter Menschen im Dienst oder im Auftrag einer inländischen juristischen Person des öffentlichen

Rechts oder eine dem § 5 Abs 1 Nr 9 KStG fallenden Einrichtung. § 14 Abs 1 Satz 3 SGB IV enthält eine Rechtsgrundverweisung auf § 3 Nr 26 EStG, so dass auch für die Frage der Auslegung der einzelnen Tatbestandsmerkmale auf das Steuerrecht abzustellen ist. Zudem können **ehrenamtlich Tätige** eine Vergütung von jährlich insgesamt 500 € im Jahr steuerfrei erhalten (vgl § 26a EStG). Seit 1.1.08 gilt eine steuerfreie Vergütung nach § 3 Nr 26a EStG nicht als sozialversicherungsrechtliches Arbeitsentgelt (vgl § 14 Abs 1 Satz 3 SGB IV), ist damit also beitragsfrei in der SozV. Zahlungen eines Vereins an ein Mitglied (zB einen Amateur-Fußballspieler), um pauschal einen nicht nachzuweisenden Aufwand abzudecken, das Mitglied an den (Sport-)Verein zu binden, ohne sich arbeitsvertraglich zu verpflichten und zB den Spieler im Rahmen seiner (fußballerischen) Tätigkeit zu motivieren, sind nach Ansicht des 2. Senats des BSG keine Arbeitsentgelte. Materielle **Anreize zur Förderung der sportlichen Leistungsbereitschaft** und zur Erreichung sportlicher Erfolge ließen nicht zwingend auf ein Arbeitsentgelt schließen, das für eine Beschäftigung erbracht werde (BSG 27.10.09 – B 2 U 26/08 R, BeckRS 2010, 65879).

2. Leistungsrecht. a) Rentenschädlicher Hinzuverdienst. Im Leistungsrecht stellt sich zT die Frage, ob eine Aufwandsentschädigung der Gewährung anderer Sozialleistungen entgegensteht, namentlich, ob sich eine Aufwandsentschädigung bei vorgezogenen Renten als rentenschädlicher Hinzuverdienst aus einer „Beschäftigung gegen Entgelt" darstellt. Gem § 34 Abs 2 SGB VI wird eine Rente wegen Alters vor Vollendung der Regelaltersgrenze nämlich nur gewährt, wenn die Hinzuverdienstgrenzen nicht überschritten werden. Die Höhe der jeweiligen Hinzuverdienstgrenzen ergibt sich aus § 34 Abs 3 SGB VI; für Übergangsfälle vgl § 236 SGB VI (Einzelheiten s *Rentnerbeschäftigung*). 24

b) Aufgrund einer „Beschäftigung gegen Entgelt" wird die Aufwandsentschädigung gewährt, wenn der Typus des abhängigen Beschäftigungsverhältnisses erfüllt ist, dh bei einer Tätigkeit in einem fremden Betrieb ist erforderlich, dass der Beschäftigte in den Betrieb eingegliedert ist und den Zeit, Dauer und Ort der Ausführung umfassenden Weisungen des ArbGeb unterliegt. Das Weisungsrecht kann jedoch, vornehmlich bei Diensten höherer Art, eingeschränkt und zur funktionsgerecht dienenden Teilhabe am Arbeitsprozess verfeinert sein. Diese Voraussetzungen sind bei Ehrenbeamten erfüllt, wenn sie in diesem Amt über Repräsentationsaufgaben hinaus zu weisungsgebundener Wahrnehmung von Verwaltungsaufgaben verpflichtet sind, und dieser Aufgabenbereich das Bild ihrer Tätigkeit prägt. 25

c) Negativabgrenzung. Versicherungs- und Beitragspflicht tritt nicht ein, wenn im Rahmen der durch eine Aufwandsentschädigung abgegoltenen Beschäftigung Tätigkeiten verrichtet werden, die nicht dem Typus des Beschäftigungs- bzw Arbeitsverhältnisses entsprechen. 26

Aufwendungsersatz

A. Arbeitsrecht *Griese*

1. Bedeutung. Die gesetzliche Pflicht zum Aufwendungsersatz im Arbeitsverhältnis folgt aus § 670 BGB. Danach hat der ArbN Anspruch auf diejenigen durch den Arbeitseinsatz angefallenen Aufwendungen, die er den Umständen nach für erforderlich halten durfte und die **nicht durch die Arbeitsvergütung abgegolten** sind. Ein allgemeiner arbeitsrechtlicher Anspruch des ArbN gegen den ArbGeb auf Ersatz von **Werbungskosten existiert hingegen nicht.** Soweit kein gesetzlicher Anspruch besteht, wird der Ersatz von Kosten, die steuerlich Werbungskosten sind, oft durch Tarifvertrag, Betriebsvereinbarung oder Arbeitsvertrag festgelegt, häufig auch durch **Pauschalierung** (s *Pauschbeträge*). Die Kostentragungspflicht des ArbGeb kann sich ferner aus einer Gesamtzusage, einer Betrieblichen Übung oder dem Gleichbehandlungsgrundsatz ergeben (s *Arbeitskleidung* Rz 2 ff, 8, 15; *Arbeitsmittel* Rz 1; *Arbeitsunfall* Rz 1; *Arbeitszimmer* Rz 3; *Bewerbung* Rz 2 ff; *Bewirtungsaufwendungen*; *Dienstwagen* Rz 2 ff; *Dienstwohnung* Rz 3 ff; *Fahrtkostenzuschuss* Rz 2 ff; *Pauschbeträge* Rz 1 ff; *Umzugskosten* Rz 1 ff; *Verpflegungsmehraufwendungen* Rz 1 ff.) 1

Zu den nach § 670 BGB zu erstattenden Aufwendungen werden jedoch nicht nur die freiwilligen Vermögensopfer (Auslagen) des ArbN gezählt, etwa Aufwendungen für Dienstfahrten, sondern auch die unfreiwillig bei Ausführung der Arbeit erlittenen Sach- und

67 Aufwendungsersatz

Vermögensschäden des ArbN. Soweit ein Aufwendungsersatzanspruch für erlittene Schäden besteht, hat er die Funktion einer Gefährdungshaftung des ArbGeb, da der ArbGeb insoweit ohne Verschulden haftet.

2   **2. Auslagenersatz.** Erstattungsfähig sind diejenigen Auslagen, die der Arbeitsausführung selbst dienen, etwa Fahrtkosten für Dienstfahrten oder Fahrten zu auswärtigen Arbeitsstellen oder Lehrgangsorten, Auslagen zur Beschaffung von Arbeitsmaterial (zB Anschaffung eines notwendigen Schulbuchs durch Lehrer, BAG 12.3.13 – 9 AZR 455/11), Vorstellungskosten, *Bewirtungsaufwendungen* und *Verpflegungsmehraufwendungen*.

Zum persönlichen Lebensbedarf, der von der Vergütung zu bestreiten ist, gehören hingegen Ausgaben für die *Fahrten zwischen Wohnung und Arbeitsstätte* oder für Verpflegung und normale Kleidung. Ein aus der Fürsorgepflicht abzuleitender Anspruch besteht lediglich auf Gewährung von Schutzkleidung, die aufgrund besonderer Arbeitsbedingungen oder Unfallverhütungsvorschriften getragen werden muss (BAG 19.5.98 – 9 AZR 307/96, NZA 99, 38; s auch *Arbeitskleidung* Rz 11), insofern wird Auslagenersatz geschuldet. Ebenso wird zu entscheiden sein bei vom ArbGeb verbindlich vorgeschriebenen Dienstuniformen. Keinen Aufwendungsersatz kann ein LKW-Fahrer für die **persönliche Fahrerkarte,** die für den Betrieb digitaler Tachografen aufgrund EG-VO 561/2006 erforderlich geworden ist, verlangen (BAG 16.10.07 – 9 AZR 170/07, ArbuR 07, 387). Für ein häusliches Arbeitszimmer besteht, wenn der Dienstort nicht vom ArbGeb vorgegeben ist, ebenfalls kein Aufwendungsersatzanspruch (BAG 12.4.11 – 9 AZR 14/10, DStR 2011, 1865).

Die Notwendigkeit und die Höhe der einzelnen Aufwendungen hat der ArbN im Einzelnen darzulegen und im Prozess zu beweisen

3   Für die **Fahrtkostenerstattung** bedeutet dies, dass der ArbN bei Benutzung öffentlicher Verkehrsmittel die tatsächlich entstandenen Kosten der Fahrkarten und -tickets verlangen kann. Benutzt der ArbN seinen privaten Pkw, sind mangels weitergehender Absprache zunächst nur die konkret entstandenen Aufwendungen, also die tatsächlich aufgewandten Treibstoffkosten ersatzfähig. Fehlt eine weitergehende Absprache der Parteien, kann nicht automatisch ein Aufwendungsersatzanspruch in Höhe der steuerlich anerkannten Kilometerpauschale angenommen werden. Denn diese schließt sämtliche Kosten der Kfz-Nutzung ein, auch den überwiegend auf die Privatnutzung zurückgehenden Wertverlust. Im Zweifel kann deshalb nicht unterstellt werden, der ArbGeb wolle die gesamten Pkw-Kosten vollständig übernehmen. Dies wird auch daran deutlich, dass die für den öffentlichen Dienst geltenden Regelungen erheblich niedrigere Kilometerpauschalen vorgeben. Wird im Betrieb allerdings – wie meistens – **üblicherweise die steuerlich anerkannte Kilometerpauschale** gezahlt, ergibt sich der Anspruch auf Aufwendungsersatz in dieser Höhe aus **betrieblicher Übung bzw dem Gleichbehandlungsgrundsatz.** Bei Branchenüblichkeit bestimmter Pauschalen kann ein Anspruch aus einer entsprechenden Anwendung von § 612 Abs 2 BGB folgen. Für Übernachtungs- und Verpflegungsaufwendungen gilt ebenfalls, dass diese grds im Einzelnen nachzuweisen sind.

4   Eine **Pauschalierungsvereinbarung,** sei es durch arbeitsvertragliche Vereinbarung, sei es durch Betriebsvereinbarung empfiehlt sich jedoch gerade bei häufig vorkommenden Auslagen, etwa bei Fahrtkosten, Reisespesen und -kosten (Reisekostenrichtlinien), um eine einfach handhabbare und wenig arbeitsaufwändige Regelung zu haben (s auch *Pauschbeträge*). Häufig enthalten Tarifverträge entsprechende Pauschalierungen (zB BAG 14.10.04 – 6 AZR 494/03, ArbuR 05, 197 zur Auslegung einer tariflichen Regelung für Waldarbeiter). Knüpft die Pauschalierungsvereinbarung in einem Tarifvertrag an die Reisekostenstufe A des Bundesreisekostengesetzes an, die durch das JStG 1997 ersatzlos entfiel, kann die Lücke nicht durch Richterrecht geschlossen werden (BAG 20.7.2000 – 6 AZR 347/99, NZA 01, 559).

Die Pflicht zum Aufwendungsersatz kann durch Tarifvertrag konkretisiert sein, so für die Instandsetzungskosten für Musikinstrumente des ArbN durch § 12 Abs 2 Satz 3 des Tarifvertrages für Musiker in Kulturorchestern, wobei nicht gefordert werden kann, dass der ArbN stets von dem niedrigsten Instandsetzungsangebot Gebrauch macht (BAG 13.2.92 – 6 AZR 622/89, BB 92, 1216). Soweit nach der tarifvertraglichen Regelung dem Ersatzanspruch ein Verschulden des ArbN entgegengehalten werden kann, ist § 254 BGB anspruchserhaltend zu berücksichtigen, wenn ein Mitverschulden des ArbGeb vorliegt (BAG 27.1.2000 – 8 AZR 876/98, NZA 2000, 727).

Die Regelung im allgemeinverbindlichen Bundesrahmentarifvertrag für das Baugewerbe (§ 7 Nr 4.6), wonach der ArbN – gleichgültig, wie er den Weg zurücklegt – Anspruch auf Zahlung des Preises für die Eisenbahnfahrt 2. Klasse hat, ist eine Pauschalierungsvereinbarung mit der Folge, dass der ArbGeb sich nicht auf eine Ermäßigungsmöglichkeit durch die Bahncard berufen kann (BAG 7.2.95 – 3 AZR 523/94), aber auch keinen ICE-Zuschlag schuldet (BAG 15.12.98 – 3 AZR 179/97, NZA 99, 599).

Kein Aufwendungsersatzanspruch besteht für **Versicherungsbeiträge,** die ArbN oder leitende Angestellte für Haftpflicht- oder Rechtsschutzversicherungen aufwenden. Es handelt sich dabei um Aufwendungen, die die ArbN im eigenen Interesse zur Abwehr von gegen sie selbst gerichteten Ansprüchen tätigen, nicht um solche, die im Interesse des ArbGeb erbracht werden. Diese privatnützigen Aufwendungen können nicht als betriebsbedingt erforderlich angesehen werden. Eine Übernahme solcher Versicherungsbeiträge durch den ArbGeb kommt daher nur bei entsprechender Vereinbarung zwischen ArbN und ArbGeb in Betracht. Kein Aufwendungsersatzanspruch besteht ferner, soweit der ArbN Aufwendungen zu gesetzes- oder sittenwidrigen Zwecken gemacht hat (*Palandt/Sprau* § 670 Rz 5). So kann kein Ersatz für aufgewandte **Bestechungsgelder** (§ 299 StGB) verlangt werden. Hierauf gerichtete Absprachen sind wegen Gesetzes- und Sittenverstoß gem §§ 134, 138 BGB nichtig. 5

3. Aufwendungsersatz für Schäden des Arbeitnehmers. § 670 BGB bildet daneben die Anspruchsgrundlage für bei der Arbeit entstandene Sach- und Vermögensschäden des ArbN, die der ArbGeb nicht verschuldet hat. 6

a) Voraussetzung der Haftung nach der Rechtsprechung. Nach der grundlegenden Entscheidung des GS des BAG vom 10.11.61 (BB 62, 178) sind diejenigen Schäden vom ArbGeb zu ersetzen, die im Vollzug einer gefährlichen Arbeit entstanden sind, und mit denen der ArbN aufgrund ihrer Außergewöhnlichkeit nach der Art des Betriebes und der Arbeit nicht rechnen musste. Hingegen sind arbeitsadäquate Schäden, dh solche, mit den der ArbN rechnen musste, oder solche, für die der ArbN eine besondere Vergütung erhält (zB Schmutzzulage), vom ArbN selbst zu tragen. 7

Die Abgrenzung ist hinsichtlich der Voraussetzungen mit Recht kritisiert worden, denn regelmäßig muss gerade bei gefährlicher Arbeit mit besonderen Schäden gerechnet werden, so dass die Haftung so gut wie nie zum Tragen käme. Richtiger ist es, nach Risikosphären zu differenzieren. Soweit der Schaden zum allgemeinen Lebensrisiko des ArbN gehört (zB Beschädigung von Kleidung, Brille oder Uhr bei der Arbeit), hat der ArbN den Schaden selbst zu tragen. Hingegen fällt dem ArbGeb der Schaden zur Last, wenn der Schaden der betrieblichen Risikosphäre zuzurechnen ist, zB Verursachung des Schadens aufgrund gefahrträchtiger, von der Natur des Betriebes oder der Arbeit ausgehender Umstände oder betriebliche Veranlassung des Einsatzes von Eigentum des ArbN, das bei der Arbeitsausführung beschädigt wird. So haftet eine psychiatrische Klinik für die Beschädigung einer arbeitsnotwendigen Brille eines ArbN durch einen Patienten (BAG 20.4.89 – 8 AZR 632/87, NZA 90, 27), da dieses Beschädigungsrisiko durch nervenkranke Patienten erhöht ist und der Risikosphäre des ArbGeb zugerechnet werden muss. Ebenso besteht ein Aufwendungsersatzanspruch, wenn eine Arbeitsmaschine des ArbN, die dieser aufgrund eines mit dem ArbGeb geschlossenen Mietvertrags im Interesse des ArbGeb einsetzt, beschädigt wird (BAG 17.7.97 – 8 AZR 480/95, NZA 97, 1346: Forstschlepper des ArbN). 8

b) Beschädigung von Kraftfahrzeugen der Arbeitnehmer. Auf der Basis dieser Abgrenzung lassen sich auch die Fälle der Schäden an Kfz der ArbN lösen. Kein Ersatzanspruch für Beschädigungen des Privat-Pkw besteht, soweit die Kfz-Benutzung zum allgemeinen Lebensrisiko gehört. Dazu zählen die Benutzung des Pkw auf der Fahrt zwischen Wohnung und Arbeitsstelle, das Abstellen des Pkw auf dem Firmenparkplatz (BAG 25.5.2000 – 8 AZR 518/99, NZA 2000, 1052) oder die Benutzung des Pkw auf Dienstreisen oder Fahrten zu auswärtigen Arbeits- oder Lehrgangsorten, soweit der Pkw jeweils nur zur persönlichen Erleichterung oder mit der Absicht der Zeitersparnis eingesetzt wird (BAG 16.11.78, DB 79, 1091). 9

Hingegen ist die betriebliche Risikosphäre betroffen und damit die Haftung des ArbGeb gegeben, wenn die Benutzung des Privat-Pkw **mit Billigung** des ArbGeb in dessen Betätigungsbereich geschieht oder **aufgrund betrieblicher Veranlassung unabweisbar** ist (BAG 23.11.06 – 8 AZR 701/05, NZA 07, 870). Eine solche betriebliche Veranlassung kann 10

67 Aufwendungsersatz

sich sowohl dann ergeben, wenn der ArbGeb ohne Einsatz des Privat-Pkw des ArbN dem ArbN ein Betriebsfahrzeug zur Verfügung stellen und das damit verbundene Unfallrisiko tragen müsste (BAG 14.12.95 – 8 AZR 875/94, NZA 96, 417), weil anders die Arbeitsleistung nicht erbracht werden könnte (zB Vertriebsbeauftragter im Außendienst), als auch dann, wenn der Privat-Pkw des ArbN für betriebliche Transportleistungen eingesetzt wird, die mit öffentlichen Verkehrsmitteln nicht möglich sind (LAG Frankfurt 11.12.80, DB 81, 1470). Wird ein Fahrzeug auf betriebliche Veranlassung hin eingesetzt, hat der ArbGeb nicht nur die Schäden zu tragen, die während der betrieblich veranlassten Fahrten entstehen, sondern auch die Schäden, die während des Parkens zwischen zwei Dienstfahrten von nicht ermittelbaren Dritten verursacht werden (BAG 14.12.95 – 8 AZR 875/94, NZA 96, 417).

11   Dies gilt entsprechend, wenn ein ArbN in Ausübung einer **betriebsverfassungsrechtlichen Funktion** seinen Pkw benutzt. Soweit der ArbN den Privat-Pkw nur zur persönlichen Erleichterung benutzt, besteht kein Ersatzanspruch, wenn der Pkw bei einer solchen Fahrt beschädigt wird. Ist die Benutzung des Privat-Pkw jedoch unabweisbar erforderlich, etwa weil ein Wahlvorstandsmitglied die Wahlurnen an verschiedene Betriebsstätten transportieren muss, so hat der ArbN, der auf einer solchen Fahrt mit seinem Pkw verunfallt, Anspruch auf Ersatz des Sachschadens am Pkw (BAG 3.3.83, DB 83, 1366).

12   Ein Ersatzanspruch besteht nicht, soweit eine vom ArbGeb gewährte **Auslagenpauschale** das Schadensrisiko mit abdeckt. Das dürfte der Fall sein, wenn die gewährte Auslagenpauschale die maximal steuerfrei zulässigen Sätze erreicht, da dann davon auszugehen ist, dass in die steuerrechtlich vorgegebenen Kostenpauschalen die Kosten der Kfz-Vollkaskoversicherung eingeschlossen sind. Erst recht gilt dies, wenn der ArbGeb neben der km-Pauschale eine zusätzliche Kfz-Pauschale, die zur Finanzierung einer Vollkaskoversicherung verwandt werden kann, gewährt (LAG BaWü 17.9.91, BB 92, 568).

13   Benutzt ein ArbN zur Erledigung seiner arbeitsvertraglichen Verpflichtungen seinen privaten Pkw und zahlt der ArbGeb ihm dafür die steuerrechtlich anerkannte km-Pauschale, so hat der ArbGeb die Kosten der **Rückstufung in der Haftpflichtversicherung** bei einem Schadensfall nur zu tragen, wenn die Arbeitsvertragsparteien dies besonders vereinbart haben. Im Zweifel ist mit der km-Pauschale auch der Rückstufungsschaden in der Haftpflichtversicherung abgegolten (BAG 30.4.92 – 8 AZR 409/91, BB 92, 2363; für den beamtenrechtlichen Bereich ebenso VGH München 14.9.92, NVwZ-RR 93, 318).

14   Die Versicherungsaufwendungen gehören zu den laufenden Betriebskosten eines Kraftfahrzeuges. Der Sinn einer Pauschale ist es, unabhängig von der konkreten Höhe der Aufwendungen einen Ersatzbetrag festzulegen. Schwankungen, die sich aus der Veränderung des Versicherungsbeitrages infolge eines Haftpflichtschadens ergeben, fallen daher dem ArbN zu Last; er hat es ohnehin in der Hand, durch die Wahl einer entsprechend preiswerten Versicherung die Aufwendungen niedrig zu halten. Mit der Zahlung des steuerrechtlich anerkannten Pauschalsatzes sind daher alle Ansprüche einschließlich eines Rückstufungsschadens ausgeglichen (BAG 30.4.92 – 8 AZR 409/91, BB 92, 2363). Hingegen ist ein Nutzungsausfall, der durch die Beschädigung eines Kfz besteht, zusätzlich zu ersetzen (BAG 7.9.95 – 8 AZR 515/94, NZA 96, 32).

15   c) **Mitverschulden.** Der Ersatzanspruch des ArbN wird durch ein Mitverschulden gem § 254 BGB gemindert oder ganz ausgeschlossen. Dabei sind die Grundsätze des innerbetrieblichen Schadensausgleichs anzuwenden (BAG 23.11.06 – 8 AZR 701/05, NZA 07, 870; s *Arbeitnehmerhaftung*). Dies bedeutet, dass der ArbN keinen Ersatzanspruch geltend machen kann, wenn er selbst den Schaden grob fahrlässig verursacht hat (BAG 14.11.91 – 8 AZR 628/90, BB 92, 997: Kein Anspruch eines Journalisten gegen seinen ArbGeb auf Ersatz von Gerichtskosten, die diesem aufgrund einer grob fahrlässigen Falschberichterstattung auferlegt wurden), dass bei mittlerer Fahrlässigkeit eine Schadensteilung vorzunehmen ist und der ArbGeb bei leichtester Fahrlässigkeit des ArbN allein haftet (BAG 8.5.80, DB 81, 115). Deshalb besteht kein Aufwendungsersatzanspruch, wenn Unfallursache die Verkehrsuntauglichkeit (mangelhafte Bereifung) des privaten Pkw des ArbN war (LAG Düsseldorf 17.10.05 – 14 Sa 823/05, DB 06, 509). Nach der Entscheidung des GS des BAG vom 27.9.94 (– GS 1/89, DB 94, 2237), wonach die Gefahrneigung nicht Voraussetzung für die Haftungsmilderung ist, gilt für jede betriebliche Tätigkeit, dass bei mittlerer Fahrlässigkeit ein anteiliger und bei einfacher Fahrlässigkeit ein voller Aufwendungsersatzanspruch entsteht (*Frieges* NZA 95, 403).

Fruchtbar zu machen, wenngleich von der Rspr noch nicht entschieden, ist ferner der **Gedanke der Versicherbarkeit.** Ebenso wie bei der ArbNHaftung zu prüfen ist, ob den ArbGeb zB die Obliegenheit zum Abschluss einer Vollkaskoversicherung trifft, muss auch umgekehrt bei Pkw-Schäden des ArbN untersucht werden, ob eine Obliegenheit des ArbN bestand, seinen Pkw Vollkasko zu versichern. Kann diese Obliegenheit nach den Umständen des Einzelfalls, insbesondere im Hinblick auf den Wert des eingesetzten Pkw und ggf eine vom ArbGeb hierfür gezahlte Pauschale (LAG BaWü 17.9.91, BB 92, 568) bejaht werden, entfällt die Haftung des ArbGeb bzw beschränkt sich auf die **übliche Selbstbeteiligung.** Auf dieser Überlegung beruhen auch die Haftungsbegrenzung durch § 6 Abs 1 Satz 3 Landesreisekostengesetz NRW, wonach mit den km-Pauschalen die Kosten für eine Fahrzeugvollversicherung abgegolten sind. 16

Um das Haftungsrisiko bei Pkw-Schäden zu **begrenzen** und Streitigkeiten vorzubeugen, empfiehlt es sich, die bevorzugte Benutzung öffentlicher Verkehrsmittel festzulegen sowie Haftungsbeschränkungen auf den üblichen Selbstbehalt von Vollkaskoversicherungen zu vereinbaren. Beides ist auch durch Betriebsvereinbarung möglich. 17

4. Ersatz für Bußen und Strafverfolgungsmaßnahmen. Für Bußen oder Strafen, die dem ArbN bei Ausübung seiner Tätigkeit auferlegt werden, etwa Verhängung einer Geldbuße gegen einen Lkw-Fahrer wegen zu schnellen Fahrens, kann der ArbN vom ArbGeb keinen Ersatz verlangen. Es sind keine ersatzfähigen Aufwendungen iSd § 670 BGB. Dies gilt unabhängig davon, ob ein Verhalten des ArbGeb mitursächlich für die Verhängung der Buße oder Strafe gewesen ist. Der Täter muss die öffentlichrechtliche Buße oder Strafe, die nach individuellen Schuldzumessungspunkten auferlegt worden ist, aus eigenem Vermögen selbst tragen. 18

Der Buß- bzw Strafzweck darf nicht durch Verlagerung der Zahlungspflicht vereitelt werden (LAG Hamm 30.7.90, BB 90, 2267). Hierauf gerichtete Abreden sind wegen Gesetzesverstoßes nach § 134 BGB nichtig. Hat der ArbGeb an dem Ordnungswidrigkeiten- oder Straftatbestand mitgewirkt, so hat dies zur Konsequenz, dass er ebenfalls ordnungswidrigkeiten- oder strafrechtlich als Anstifter, Mittäter oder Gehilfe zur Verantwortung zu ziehen ist. Aus dem gleichen Grund sind auch Kosten der Rechtsverteidigung nicht erstattungsfähig. Dem kann auch nicht entgegengehalten werden, dass die Erstattung von Strafgeldern strafrechtlich nicht mehr als Strafvereitelung gewertet wird (BGH 7.11.90, NJW 91, 990; *Kapp* NJW 92, 2796). 19

Daraus erwächst noch kein Erstattungsanspruch. Da jede Straftat ein schuldhaftes Verhalten voraussetzt, kann eine daraus resultierende Strafe nicht als zugunsten des ArbGeb erbrachtes Vermögensopfer verstanden werden. Ein Erstattungsanspruch kommt insbesondere auch dann nicht in Betracht, wenn der ArbN nur leicht fahrlässig gehandelt hat (aA *Kapp* NJW 92, 2800), denn die Grundsätze des innerbetrieblichen Schadensausgleichs gelten nur für Schäden des ArbGeb, nicht für Geldstrafen des ArbN. Die Gegenauffassung würde im Übrigen zu einer nicht gerechtfertigten Privilegierung der Geldstrafe gegenüber der Freiheitsstrafe führen, da die Freiheitsstrafe aus tatsächlichen Gründen vom ArbGeb nicht übernommen werden kann. Zusagen des ArbGeb, Geldbußen bei **Verstößen gegen die Lenk- und Ruhezeiten zu erstatten, sind sittenwidrig** und daher nach § 138 BGB unwirksam (BAG 25.1.01 – 8 AZR 465/00, NZA 01, 653). 20

Etwas anderes kann gelten, wenn der ArbN durch seine Tätigkeit der Gefahr unzumutbarer und **rechtsstaatswidriger** Strafverfolgungsmaßnahmen im Ausland ausgesetzt ist. Dies wurde angenommen für Strafverfolgungsmaßnahmen der ehemaligen DDR bei Verkehrsdelikten, wobei ein Mitverschulden des ArbN nach den Grundsätzen des innerbetrieblichen Schadensausgleichs zu berücksichtigen ist, so dass ein Ersatzanspruch bei grober Fahrlässigkeit des ArbN entfällt (BAG 18.1.08 – 8 AZR 250/06, NZA 07, 1230; BAG 11.8.88 – 8 AZR 721/85, NZA 89, 54). Von einer rechtsstaatswidrigen Strafverfolgungsmaßnahme ist dann auszugehen, wenn sie aus rechtsstaatlichen Gründen in der Bundesrepublik nicht im Wege der Rechtshilfe vollstreckt werden könnte. Bei jeder Strafverfolgungsmaßnahme kann der ArbN Aufwendungsersatz für die notwendigen **Kosten der Rechtsverteidigung** verlangen, soweit eine Erstattung nicht an den Grundsätzen des innerbetrieblichen Schadensausgleichs scheitert. Verursacht ein Kraftfahrer unverschuldet einen Verkehrsunfall und wird ein staatsanwaltschaftliches Ermittlungsverfahren eingeleitet, hat ihm der ArbGeb die notwendigen Kosten der Verteidigung zu ersetzen (BAG 16.3.95 – 8 AZR 260/94, NZA 95, 836). 21

67 Aufwendungsersatz

22 **5. Unpfändbarkeit und Verzicht.** Ansprüche auf Aufwendungsersatz sind nach § 850a Nr 3 ZPO unpfändbar. Nach dieser Vorschrift besteht Unpfändbarkeit, soweit der Rahmen des Üblichen nicht überschritten wird. Bei Fahrtkostenerstattungen wird die Üblichkeit bei Einhaltung der steuerrechtlich anerkannten Pauschalen nicht überschritten (*Zöller/Stöber* § 850a ZPO Rz 7). Auf Aufwendungsersatzansprüche kann verzichtet werden, dabei darf der ArbGeb aber keine unangemessene Drucksituation dadurch schaffen (Genehmigung von Klassenfahrten nur bei Reisekostenverzicht der Lehrer, BAG 16.10.12 – 9 AZR 183/11).

B. Lohnsteuerrecht

Thomas

23 **1. Begriff.** Aufwendungsersatz betrifft von den Kosten, die bei der Dienstausübung des ArbN anfallen, diejenigen, die der ArbGeb im Innenverhältnis von Gesetzes wegen, also ohne Sondervereinbarung, tarifvertragliche Regelung, betriebliche Übung uÄ, zu tragen verpflichtet ist. Einen gesetzlichen Anwendungsfall hierfür stellt § 3 Nr 50 EStG (s unten) dar. Derartiger Ersatz ist grundsätzlich kein Lohn.

24 **a) Barablösung und Sachzuwendung.** Steuerrechtlich ausdrücklich geregelt ist nur die Kostentragung durch Geldersatz in § 3 Nr 50 EStG für durchlaufende Gelder und Auslagenersatz. Dies kommt im Begriff **durchlaufende Gelder** („Beträge, die der ArbN vom ArbGeb erhält, um sie für ihn auszugeben") schon sprachlich zum Ausdruck. Aber auch „Beträge, durch die Auslagen des ArbN für den ArbGeb ersetzt werden **(Auslagenersatz)**", können nur Geldbeträge sein. Damit wird der nicht als Arbeitslohn zu erfassende Bereich nur unzulänglich umschrieben, da auch vom ArbGeb unmittelbar getragene Aufwendungen nicht steuerbar sein können: Bucht bspw der ArbGeb eine Reise des ArbN (Flug, Hotel usw) und bezahlt er sie selbst, so hat der ArbN keine Auslagen und der ArbGeb ersetzt ihm nichts. Die Kostenübernahme ist aber nur insoweit Arbeitslohn, als sie keine Dienstreise betrifft (vgl *Incentivereisen* Rz 4 f). Andernfalls ist nach allgemeinen Grundsätzen (s *Arbeitsentgelt* Rz 48 ff) zu entscheiden, ob mit der Reise ein geldwerter Vorteil zugewendet wurde.

25 **b) Handeln für fremde Rechnung.** Die Aufwendungen müssen „für den ArbGeb" getätigt werden. Ob der ArbN dabei zivilrechtlich im eigenen oder im fremden Namen aufgetreten ist, ist unerheblich. Kauft bspw die Sekretärin Briefmarken für den Betrieb, dann benutzt sie durchlaufende Gelder, wenn sie diese vorher aus der Portokasse entnommen hat, und sie erhält Auslagenersatz, wenn sie zunächst aus eigener Tasche gezahlt hat und sich das Geld anschließend zurückgeben lässt. In wessen Namen sie bei der Post aufgetreten ist, ist nicht von Bedeutung. Umgekehrt kann im oben erwähnten Reisefall die Zuwendung einer Reise als geldwerter Vorteil auch dann Arbeitslohn sein, wenn der ArbN im Namen und mit Vollmacht des ArbGeb gebucht hatte. Letzten Endes entscheidend sind nicht die Verhältnisse bei Vornahme der Auslage, sondern bei Verwendung des durch die Auslagen Erlangten (*Thomas* StbJb 90/91, 204 ff). Dabei ist maßgebend, in wessen Verantwortungsbereich der Aufwand fällt, in den des ArbN oder den des ArbGeb.

26 **c) Arten.** Durchlaufenden Geldern und Auslagenersatz ist gemeinsam, dass der ArbN Beträge nicht für sich ausgibt, sondern für den ArbGeb. Sie unterscheiden sich dadurch, dass der ArbGeb den Finanzierungsbetrag bei durchlaufenden Geldern vor, beim Auslagenersatz nach dem für ihn ausgeführten Geschäft zur Verfügung stellt (BFH 10.6.66 – VI 261/64, BStBl III 66, 607). Auslagenersatz kann auch bei unfreiwilligen Aufwendungen gegeben sein, wenn die **Schadensübernahme** in den Verantwortungsbereich des ArbGeb fällt (s *Arbeitsentgelt* Rz 56). Die diesbezügliche arbeitsrechtliche Vorfrage (Rz 7 ff) bestimmt die Steuerbarkeit des Ersatzes. Allerdings kommt bei Dienstreisen, bei denen wegen der Art der Dienstreise oder wegen eines pauschalen Fahrtkostensatzes (0,30 € je km) für Schäden ein arbeitsrechtlicher Aufwendungsanspruch nicht besteht und deswegen § 3 Nr 50 EStG nicht eingreift, ein steuerfreier Ersatz nach § 3 Nr 16 EStG in Betracht. Zweifelhaft ist, ob das nur für solche Dienstreisen gilt, die zur bezahlten Tätigkeit des ArbN gehören, oder auch für solche, die der ArbN im eigenen Interesse durchführt, zB wegen einer freiwilligen Fortbildungsveranstaltung.

27 **2. Auslagenersatz im Einzelnen. a) Rechtsprechung.** Auslagenersatz liegt vor, wenn die Beträge ausschließlich oder bei weitem überwiegend durch die Belange des ArbGeb bedingt, von diesem veranlasst oder gebilligt sind und nicht Lebensführungskosten (§ 12 Nr 1 EStG) des ArbN darstellen (BFH 10.6.66 – VI 261/64, BStBl III 66, 607; 2.10.68 –

Aufwendungsersatz

VI R 83/67, BStBl II 69, 45). Ihrem Charakter als Ersatz folgend, wird grds ein diesbezüglicher Nachweis bzw eine **Abrechnung** gefordert, „von dem in engen Grenzen abgesehen werden könne, wenn es sich um die Erstattung kleinerer Beträge gehandelt habe, die erfahrungsgemäß die Höhe des entstandenen Aufwands nicht übersteigen" (BFH 6.3.80 – VI R 65/77, BStBl II 80, 289; BFH 2.10.03 – IV R 4/02, BStBl II 04, 129). Die Verwaltung lässt **pauschalen** Auslagenersatz zu, wenn er regelmäßig wiederkehrende Aufwendungen betrifft und der Ersatz den tatsächlichen Aufwendungen im Großen und Ganzen entspricht, was für einen repräsentativen Zeitraum nachzuweisen ist (R 3.50 Abs 2 Satz 2 LStR). Als repräsentativ gilt ein Zeitraum von drei Monaten, dessen Werte solange fortgeführt werden können, bis sich die Verhältnisse wesentlich ändern, zB bei einer Änderung des Aufgabengebietes.

Im Einzelnen wurde Steuerfreiheit bejaht hinsichtlich Fehlgeldentschädigungen beim Kassendienst (BFH 11.7.69 – VI 68/65, BStBl II 70, 69); bei Montagearbeitern auf wechselnden Einsatzstellen der Ersatz von Fahrtkosten (BFH 5.11.71 – VI R 207/68, BStBl II 72, 137), von Verpflegungsmehraufwendungen (BFH 28.1.72 – VI R 11/69, BStBl II 72, 677) und von Übernachtungskosten (BFH 26.1.73 – VI R 148/69, BStBl II 73, 601); bei Orchestermitgliedern Kleidergeld (BFH 29.1.71 – VI R 6/68, BStBl II 71, 459) sowie die Instandhaltung musikereigener Instrumente (FG Thür 27.1.05 – II 57/02, EFG 05, 1564), jedenfalls wenn sie tarifvertraglich geschuldet ist (BFH 28.3.06 – VI R 24/03, BStBl II 06, 473 = DStR 06, 888 mit Anm *MIT;* kritisch *Dahl* BB 06, 2273). Auslagenersatz wird jedenfalls dann angenommen, wenn der ArbN im ganz überwiegenden Interesse des ArbGeb Aufwendungen tätigt, die der Arbeitsausführung dienen und nicht zu einer Bereicherung des ArbN führen (BFH 21.8.95 – VI R 30/95, BStBl II 95, 906). Dies soll auch bei einer Wagenpflegepauschale von 30 DM monatlich für einen Dienstwagen des ArbGeb der Fall sein (BFH 26.7.01 – VI R 122/98, BStBl II 01, 844). Zur Abgrenzung von Lohn gegenüber Nutzungsentgelten beim Garagengeld und beim Außendienstbüro vgl *Arbeitsentgelt* Rz 63. Nutzungsentgelte, die beim ArbN bleiben und nicht an Dritte weitergegeben werden sind Mieteinnahmen, da der Auslagenersatz ein Geschäft mit einem Dritten voraussetzt.

b) Stimmen in der Literatur. Teilweise wird Auslagenersatz dann bejaht, wenn der ArbGeb zur Ersatzleistung nach allgemeinen arbeitsrechtlichen Regeln, also ohne Sondervereinbarungen, verpflichtet ist (*Drenseck* FR 89, 261; *Jonas* StbJb 89/90, 233, 240; Institut „Finanzen und Steuern" Grüner Brief Nr 297; vgl auch *Offerhaus* BB 88, 1796; *ders* BB 90, 2017; ähnlich auch BFH 21.8.95 – VI R 30/95, BStBl II 95, 906 s Rz 28). Nach anderer Meinung soll bereits reichen, dass die Ersatzleistungen im Rahmen der Fürsorgepflichten des ArbGeb liegen (*Albert/Heitmann* FR 89, 427), oder es wird bemängelt, dass die Verwaltung bestimmte, von ihr bislang nicht erfasste Ersatzleistungen wie zB für Kontoführung oder Fortbildung, nicht mehr unter § 3 Nr 50 EStG fasst (*Ley* KÖSDI 89, 7884).

c) Stellungnahme. Da die Auslagen „für den ArbGeb" erfolgt sein müssen, muss ein Geschäft des ArbGeb und nicht ein solches des ArbN finanziert worden sein. Das schließt es gleichzeitig aus, dass persönliche bzw private Belange des ArbN verfolgt werden. Bei Aufwendungen, die beruflich veranlasst sind, die also bei Kostentragung durch den ArbN Werbungskosten sind, handelt es sich noch nicht notwendigerweise um ein Geschäft des ArbGeb, weil der ArbN für seine Werbungskosten grds selbst aufzukommen hat. Umgekehrt schließt der Charakter als Werbungskostenersatz Auslagenersatz nicht aus, sofern der Aufwand in die Verantwortungssphäre des ArbGeb fällt. Das lässt sich nicht einheitlich nach der Art der Werbungskosten bestimmen, da der ArbGeb nicht bspw jede Art von Reisekosten oder Umzugskosten dem ArbN zu ersetzen verpflichtet ist. Zusammenfassend ist festzustellen, dass der Auslagenersatz Aufwendungen mit einem beruflichen Bezug betreffen muss, der Ersatz also seiner Natur nach in aller Regel Werbungskostenersatz sein wird. Hinzukommen muss aber, dass das Geschäft, für welches die Auslagen entstanden sind, so eng mit den dienstlichen Belangen des ArbGeb verknüpft ist, dass der ArbGeb dem ArbN gegenüber auch verpflichtet ist, die diesbezüglichen Kosten zu tragen. In anderen Fällen, in denen der ArbGeb Werbungskosten des ArbN freiwillig oder aufgrund von Sondervereinbarungen – auch kollektivrechtlichen – trägt, wendet er Arbeitslohn zu, der nur aufgrund ausdrücklicher gesetzlicher Regelungen außerhalb des § 3 Nr 50 EStG steuerfrei ist, bspw nach § 3 Nr 16, 30–34 EStG.

67 Aufwendungsersatz

31 **3. Auswirkung auf den Werbungskostenabzug. a) Abgeltung.** Soweit der ArbGeb dem ArbN steuerfreien Werbungskosten- bzw Auslagenersatz gewährt, steht einem Werbungskostenabzug des ArbN § 3c EStG entgegen. Ist der Werbungskostenersatz nicht steuerbefreit und deshalb als Arbeitslohn zu erfassen, wird der Aufwand vom ArbN aus versteuertem Einkommen getragen, weshalb ihm auch der Werbungskostenabzug verbleibt.

32 **b) Anrechnung.** Der BFH hat seine Vorlage an das BVerfG (BFH 19.2.93 – VI R 74/91, BStBl II 93, 551; vgl dazu Personalbuch 1997 Aufwendungsersatz Rz 33), wonach die Nichtanrechnung steuerfreien Werbungskostenersatzes auf den ArbN-Pauschbetrag verfassungswidrig sei, nach der Entscheidung des BVerfG zum ArbNPauschbetrag (BVerfG 10.4.97 – 2 BvL 77/97, BStBl II 97, 518; dazu *Thomas* DStZ 97, 617) zurückgenommen (BFH 20.6.97, DStR 97, 1360). Auch eine Verfassungsbeschwerde gegen die Nichtanrechnung dürfte derzeit wenig aussichtsreich sein.

C. Sozialversicherungsrecht *Schlegel*

34 **1. Beitragsrecht.** Zu differenzieren ist zwischen (beitragsfreien) Aufwendungen, die der ArbN für den ArbGeb tätigt (sog Auslagenersatz und durchlaufende Gelder), und Aufwendungen, die der ArbN im überwiegend eigenen Interesse vorgenommen hat und die ihm der ArbGeb ersetzt, bzw deren Erstattung der ArbN verlangt.

35 **a) Auslagenersatz und durchlaufende Gelder.** Beitragsfreiheit besteht schon deshalb, weil es sich hierbei nicht um eine Vergütung für geleistete Arbeit handelt (vgl *Arbeitsentgelt* Rz 92); vielmehr ersetzt der ArbGeb hier Ausgaben, die der ArbN im Namen und für Rechnung oder im eigenen Namen, aber für Rechnung des ArbGeb, also ausschließlich oder doch ganz überwiegend im Interesse des ArbGeb vorgenommen hat (BSG 18.9.91 – 10 RAr 12/90, SozR 3–4100 § 141b Nr 2 = NZA 92, 329 zu Ersatzansprüchen des ArbN gegen den ArbGeb aus Erfüllung von Verbindlichkeiten des ArbGeb). Eine Bereicherung bzw ein geldwerter Vorteil des ArbN liegt nicht vor, da er nur das erhält, was er aus eigener Tasche bereits für den ArbGeb verauslagt hat. Aber selbst wenn der Auslagenersatz bzw wenn durchlaufende Gelder als Arbeitsentgelt zu qualifizieren wären – was nach der hier vertretenen Ansicht nicht zulässig ist – wären sie gem § 1 Abs 1 Nr 1 SvEV iVm § 3 Nr 50 EStG nicht dem Arbeitsentgelt iSd § 14 SGB IV zuzurechnen und damit beitragsfrei. Zur Berücksichtigung der Komponente des „echten" Aufwendungsersatzes bei **Aufwandsentschädigungen an Ehrenbeamte** in Höhe des steuerfreien Anteils vgl BSG 25.1.06 – B 12 KR 12/05 R, SozR 4–2400 § 7 Nr 6 Rz 19; *Aufwandsentschädigung* Rz 22; *Schlegel/Voelzke* SGB IV § 14 Rz 56 f; davon abzugrenzen Steuerfreiheit der Einnahmen aus steuerrechtlich begünstigter ehrenamtlicher Tätigkeit; vgl § 14 Abs 1 Satz 3 SGB IV iVm § 3 Nr 26a EStG, *Arbeitsentgelt*.

36 **b) Werbungskostenersatz.** Werden dem ArbN seitens des ArbGeb Aufwendungen ersetzt, die der ArbN zur Förderung seines Berufs im ganz überwiegend eigenen Interesse vorgenommen hat, sind dem Arbeitsentgelt zuzurechnen, soweit nicht kraft Gesetzes, nämlich in den Fällen des § 3 Nr 13 und 16 EStG Steuerfreiheit besteht.

37 Zur **Abgrenzung** gilt Folgendes: Veranlasst der ArbGeb den ArbN zu einem bestimmten Verhalten, das beim ArbN zu einem Erwerb zusätzlicher Kenntnisse oder Fähigkeiten führt (zB zu Sprachkenntnissen, Computerkenntnissen, Fahrerlaubnis, allg Umgangsformen, Arbeitstechniken usw) und ersetzt der ArbGeb dem ArbN die hierfür aufgewandten Kosten, gelten mE folgende Grundsätze: Handelt es sich bei den erworbenen Kenntnissen und Fähigkeiten um solche, die in der konkreten Beschäftigung bei diesem ArbGeb verlangt, im Wesentlichen nur dort genutzt werden können und die im **überwiegenden betrieblichen Interesse** erworben werden (zB BSG 26.5.04 – B 12 KR 5/04 R, SozR 4–2400 § 14 Nr 3: LKW-Führerschein; für Ersatz der Kosten des LKW-Führerscheins, betriebsspezifische Computerkenntnisse, spezieller Schweißkurs; Business-English), die in der Privatsphäre des ArbN aber so gut wie keine Rolle spielen, liegt kein Arbeitsentgelt vor. Dies gilt mE selbst dann, wenn dadurch die Beschäftigungsfähigkeit (Qualifikation) des ArbN für den allg Arbeitsmarkt gesteigert wird. Andernfalls läge gleichsam eine dem ArbN vom ArbGeb aufgedrängte Bereicherung vor. Anders ist dies, wenn es sich um den Erwerb von Kenntnissen und Fähigkeiten handelt, die der ArbN ohne weiteres auch in seiner **Privatsphäre** nutzen kann (zB Führerscheinklasse 3, Schreibmaschinenkurs, allg Computerkenntnisse, allg Englischkurs), bei denen sich der Eigennutzen und das Interesse des ArbGeb also etwa die Waage halten (vgl BSG 26.5.04 – B 12 KR 2/03 R, SozR 4–2400 § 14 Nr 2 zum Instrumentengeld eines Orchestermusikers). Insgesamt lässt sich in der Rspr des BSG die Tendenz feststellen, möglichst keine inhaltlichen Differenzen zum BFH auftreten zu lassen.

Bei der **Übernahme von Bußgeldern** bedarf es einer Gesamtbetrachtung und einer Abwägung der Interessen des ArbGeb und des ArbN an der Übernahme. Bei der Übernahme eines Bußgeldes (dazu oben Rz 18 ff) für eine vom ArbN begangene Ordnungswidrigkeit durch den ArbGeb ist das Interesse des ArbGeb idR nur darauf gerichtet, den ArbN von einer Belastung zu befreien, damit er und ggf auch andere ArbN nicht wegen dieser Bußgeldzahlung in Zukunft schlechter arbeiten. Das betriebliche Interesse im Sinne einer Förderung des Betriebserfolgs ist hier nur mittelbar. In solchen Fällen liegt ein geldwerter Vorteil des ArbN vor, der idR auch zur Beitragspflicht führt. Zahlt ein ArbGeb ein gegen seinen als Fahrer beschäftigten ArbN verhängtes Bußgeld, ist diese Zuwendung jedoch dann nicht beitragspflichtig, wenn die Zahlung überwiegend im **eigenbetrieblichen Interesse des ArbGeb** erfolgt. Dies hat das BSG in einem Fall bejaht, in dem die Zahlung nicht primär erfolgte, um den ArbN finanziell zu entlasten, sondern um die Weiterfahrt des LKWs und damit die rechtzeitige Auslieferung der beförderten Waren zu ermöglichen. Bei Nichtzahlung des Bußgeldes wäre dies nicht möglich gewesen. Darüber hinaus wäre der LKW ohne Zahlung des Bußgeldes auch auf unbestimmte Zeit festgesetzt gewesen und damit ausgefallen (BSG 1.12.09 – B 12 R 8/08 R, BeckRS 2010, 69542, Rz 17). **38**

2. Leistungsrecht. Zahlungen des ArbGeb zum Zwecke des Aufwendungsersatzes sind bei der Berechnung von Lohnersatzleistungen dann in die Bemessungsgrundlage einzubeziehen, wenn der Aufwendungsersatz zu einer Bereicherung des ArbN geführt hat, dh wenn der Ersatz die tatsächlichen Aufwendungen erkennbar übersteigt. Dies gilt auch dann, wenn der Aufwendungsersatz in Form einer Pauschale gewährt wird und der Pauschbetrag den tatsächlichen Aufwand offensichtlich übersteigt, so dass der Sache nach Arbeitsentgelt vorliegt. **39**

3. Aufwendungsersatz als Leistung des Sozialrechts. Verlangt ein zur Durchführung sozialrechtlicher Vorschriften zuständiger Leistungsträger vom Bürger/Versicherten, dass er bei der Behörde persönlich erscheint oder er sich zwecks Bezuges von Sozialleistungen einer ärztlichen oder psychologischen Untersuchung unterzieht, kann er auf Antrag Ersatz seiner notwendigen Auslagen (zB Fahrkosten; für die Arbeitsförderung vgl die Spezialvorschrift des § 309 Abs 4 SGB III) und seines Verdienstausfalles erhalten (Einzelheiten vgl *Schlegel/Voelzke* SGB I § 65a). Eine ebenfalls spezifisch sozialversicherungsrechtliche Bedeutung kommt dem Aufwendungsersatz in Fällen zu, in denen eine Krankenkasse eine Leistung (zB in einem Notfall) nicht rechtzeitig als Sachleistung erbringen kann oder sie eine Leistung zu Unrecht ablehnt, sich der Versicherte die Leistung daher zunächst auf eigene Kosten selbst beschafft und anschließend von seiner Kasse **Kostenerstattung**/Aufwendungsersatz verlangt. Die Voraussetzungen dieses Anspruchs sind in § 13 Abs 3 SGB V geregelt; die Rspr hierzu ist unübersehbar (vgl Kommentare zu § 13 SGB V). **40**

Aufzeichnungspflichten

A. Arbeitsrecht *Griese*

1. Aufzeichnungspflichten des Arbeitgebers. Abgesehen von den steuer- und sozialversicherungsrechtlichen Aufzeichnungspflichten können den ArbGeb weitere öffentlichrechtlichen Pflichten zur Aufzeichnung treffen. Dies betrifft etwa die Aufzeichnung von Daten der Mitarbeiter in **sicherheitsempfindlichen oder gesundheitsgefährdenden Bereichen** (zB § 12 Abs 1 Nr 3 und 4 Atomgesetz, § 6 Gentechnikgesetz) oder die Aufzeichnung von Daten zur **Kontrolle** der **Einhaltung von Rechtsvorschriften** (zB Fahrtenbuchaufzeichnungen). Erforderlich ist jeweils, dass hierfür eine Rechtsgrundlage in Form eines Gesetzes oder einer hierauf beruhenden RechtsVO besteht, die Zweck, Umfang und Verwendung der Aufzeichnungen regelt. **1**

68 Aufzeichnungspflichten

2 Soweit eine solche Regelung besteht, handelt es sich um eine vorrangige gesetzliche Regelung iSd § 87 Abs 1 Satz 1 BetrVG, so dass ein **Mitbestimmungsrecht** des BRat entfällt. Aus diesem Grund kann der BRat kein Mitbestimmungsrecht geltend machen hinsichtlich der Verpflichtung des ArbGeb, in atomtechnischen Anlagen das Betreten und Verlassen des sicherheitsempfindlichen Bereichs aufzuzeichnen und die Ausgabe von Zutrittsausweisen anzuordnen (BAG 9.7.91 – 1 ABR 57/90, NZA 92, 126).

3 Gleiches gilt für die gesetzlich vorgeschriebene Übersendung von Fahrtenschreiberaufzeichnungen an die zuständige Kontrollbehörde (BAG 12.1.88 – 1 AZR 352/86, DB 88, 1552). Eine solche Aufzeichnungspflicht ist zugleich eine die Datenerhebung und -verarbeitung erlaubende Regelung nach § 4 Abs 1 BDSG, die die Aufzeichnung datenschutzrechtlich zulässig macht.

4 **2. Aufzeichnungspflichten des Arbeitnehmers.** Der ArbGeb kann den ArbN vertraglich zur Führung von Aufzeichnungen verpflichten. In Betracht kommen wird dies insbesondere, wenn der ArbGeb nur durch Aufzeichnungen des ArbN dessen Tätigkeit nachvollziehen kann, etwa bei **Außendienstmitarbeitern** oder einem **Auslandseinsatz**. Soweit eine Kontrolle oder Bewertung der Tätigkeit des ArbN ohne Aufzeichnungen nicht möglich ist, wird der ArbGeb solche Aufzeichnungen im Wege des Weisungsrechts (s *Weisungsrecht* Rz 3) auch ohne vertragliche Verpflichtung als **Nebenpflicht** aus dem Arbeitsverhältnis verlangen können. Handelt es sich um manuelle Aufzeichnungen, die nicht durch technische Einrichtungen ausgewertet werden können (zB Tätigkeitsberichte ohne EDV-Auswertung), soll nach älterer Rspr kein Recht des BRat zur Mitbestimmung nach § 87 Abs 1 Nr 1 BetrVG bestehen (LAG Hamm 23.9.81, DB 82, 385).

5 Dies soll auch für die Einführung von Formularen zur Erfassung von **Überstunden** und **Arbeitszeit** gelten (BAG 9.12.80, DB 81, 1092; 24.11.81, DB 82, 1116).

6 **Sobald eine maschinelle Auswertung (EDV)** der manuell aufgezeichneten Daten möglich ist, greift zudem das Mitbestimmungsrecht nach § 87 Abs 1 Nr 6 BetrVG ein (BAG 23.4.85 – 1 ABR 39/81, DB 85, 1898). Über die Aufzeichnungspflichten hinaus bestehen für den ArbN **Aufzeichnungsobliegenheiten,** wenn er zur Geltendmachung von Ansprüchen auf Aufzeichnungen angewiesen ist. Diese ergeben sich aus prozessualen Gründen. Soweit der ArbN darlegungs- und beweispflichtig ist, muss er zur Erfüllung seiner Darlegungslast Aufzeichnungen vorlegen. Dies gilt etwa bezüglich Überstunden (s *Überstunden* Rz 14) für die Aufzeichnung von Datum und Uhrzeit und bezüglich tarifgerechter Eingruppierung für die Aufzeichnung der einzelnen Arbeitsvorgänge für einen längeren Zeitraum. Durch ein Unterlassen der Aufzeichnung erleidet der ArbN Rechtsnachteile dergestalt, dass er seiner prozessualen Darlegungslast nicht oder nur erschwert nachkommen kann und deshalb ein gerichtliches Verfahren nicht mit ausreichender Erfolgsaussicht zu bestreiten vermag.

B. Lohnsteuerrecht
Seidel

7 **1. Allgemeines.** Die Aufzeichnungspflichten des ArbGeb beim LStAbzug ergeben sich aus § 41 EStG iVm § 4 LStDV. Der ArbGeb hat für jeden ArbN ein **Lohnkonto** zu führen, ausnahmsweise ein Dritter (§ 4 Abs 4 LStDV; s *Lohnabzugsverfahren* Rz 16, 17 und *Lohnkonto* Rz 2). Zu Inhalt und Führung des Lohnkontos s *Lohnkonto* Rz 3 ff. Zur Aufzeichnung auf Datenträgern s §§ 146 Abs 5 und 147 Abs 5 und 6 AO und *Lohnsteueraußenprüfung* Rz 9. Das Lohnkonto stellt für den ArbGeb auch die Grundlage für die Erfüllung seiner Bescheinigungspflicht dar (s *Lohnsteuerbescheinigung* Rz 2 ff). Hinsichtlich der Aufzeichnungspflichten bei Gewährung **vermögenswirksamer Leistungen** s *Vermögenswirksame Leistungen* Rz 36–38 und bei der Pauschalierung der LSt bei **Teilzeitbeschäftigung** s *Teilzeitbeschäftigung* Rz 118. Zu den Aufzeichnungspflichten im Rahmen der **betrieblichen Altersversorgung** s § 5 Abs 1 Nr 1 und 2 LStDV, *Anzeigepflichten Arbeitgeber* Rz 14 und *Lohnsteuerpauschalierung* Rz 41. Zu den Aufzeichnungen des Vergütungsschuldners iSd **§ 50a Abs 1 EStG** (s *Lohnsteuerberechnung* Rz 11) s § 73d EStDV. Nach der durch das Steuerhinterziehungsbekämpfungsgesetz (BStBl I 09, 826) eingeführten Regelung des § 90 Abs 2 Satz 3 AO kann das FA dem Stpfl für die Zukunft die Aufbewahrung von Aufzeichnungen und Unterlagen aufgeben, wenn er seiner Mitwirkungspflicht nicht nachkommt.

Aufzeichnungspflichten

2. Verletzung der Aufzeichnungspflicht. Kommt der ArbGeb seiner Aufzeichnungs- 8
pflicht nicht oder nicht richtig oder nicht vollständig nach, kann das FA dem ArbGeb
Auflagen zur Führung der Lohnkonten machen und diese mit Zwangsmitteln durchsetzen
(§§ 328 ff AO; idR Zwangsgeld). Außerdem kann darin bei einem Verschulden des ArbGeb
eine Gefährdung von Abzugsteuern liegen, die als Ordnungswidrigkeit mit **Geldbuße** bis zu
5000 € bedroht ist (§ 380 AO; s *HMW*/Lohnkonto Rz 12). Im Übrigen kann der ArbGeb für
zu wenig einbehaltene LSt als Haftender (s *Lohnsteuerhaftung* Rz 4 ff) oder bei fehlerhafter
Pauschalierung als Steuerschuldner (s *Lohnsteuerpauschalierung* Rz 5 ff) in Anspruch genommen
werden. Dabei kann das FA, wenn es aufgrund fehlerhafter Aufzeichnungen des ArbGeb die
Besteuerungsgrundlagen nicht ermitteln kann, diese auch **schätzen** (§ 162 AO).

C. Sozialversicherungsrecht *Schlegel*

1. Lohnunterlagen. Der ArbGeb hat gem § 28 f SGB IV für jeden Beschäftigten Lohn- 9
unterlagen getrennt nach Kj zu führen und bis zum Ablauf des auf die letzte Prüfung (§ 28p
SGB IV; s *Außenprüfung*) folgenden Kj geordnet aufzubewahren. Gleiches gilt für die Bei-
tragsberechnungen und die Beitragsnachweise. Die Lohnunterlagen sind in deutscher Sprache
zu führen. Die Aufzeichnungspflicht erstreckt sich nicht auf die in Privathaushalten Beschäftigten (§ 28 f Abs 1 Satz 2 SGB IV); hinsichtlich der mitarbeitenden Familienangehörigen
können die landwirtschaftlichen Krankenkassen Ausnahmen von der Aufzeichnungspflicht
zulassen (§ 28 f Abs 1 SGB IV). Zur Aufzeichnungspflicht umfassend mit Hinweisen auf
aktuelle Verlautbarungen der SozVTräger.

a) Zweck der Aufzeichnungspflicht ist es, die Beitragsentrichtung überprüfen zu 10
können, um damit eine möglichst vollständige Erhebung der GesamtSozVBeiträge zu
ermöglichen. Die Aufzeichnungen sind insbesondere **Gegenstand der Außenprüfung**
(Einzelheiten zu dieser Prüfung s *Außenprüfung*).

b) Inhaltliche Anforderungen an die Aufzeichnungen sind in der aufgrund § 28n Nr 7 11
SGB IV erlassenen **BeitragsüberwachungsVO** (BÜVO), **BeitragsverfahrensVO** (BVV)
vom 3.5.06 (BGBl I 1138) geregelt; diese VO hat die frühere BeitragsüberwachungsVO
(BüVO) abgelöst. Danach muss der ArbGeb in die Lohnunterlagen insbesondere folgende
Angaben über den Beschäftigten aufnehmen (vgl § 8 BVV): Personalien, Anschrift, Beginn
und Ende der Beschäftigung, Beginn und Ende der Altersteilzeitarbeit, das Wertguthaben aus
flexibler Arbeitszeit einschließlich Zu- und Abgängen, Beschäftigungsart, die für die Versicherungsfreiheit oder die Befreiung von der Versicherungspflicht maßgebenden Tatsachen,
das Arbeitsentgelt nach § 14 SGB IV, Zusammensetzung des Arbeitsentgelts und dessen
zeitliche Zuordnung, das beitragspflichtige Arbeitsentgelt bis zur Beitragsbemessungsgrenze
der RV (s *Beitragsbemessungsgrenzen* Rz 8), seine Zusammensetzung und zeitliche Zuordnung,
den Beitragsgruppenschlüssel, die Einzugsstelle, den vom Beschäftigten zu tragenden Anteil
am GesamtSozVBeitrag, getrennt nach Beitragsgruppen, die für die Erstattung von Meldungen darüber hinaus erforderlichen Daten, bei einer Entsendung Eigenart und zeitliche Dauer
der Beschäftigung im Ausland sowie gezahltes Kurzarbeitergeld.

Die Lohnunterlagen müssen so beschaffen sein, dass sie einem sachverständigen Dritten 12
innerhalb angemessener Zeit einen Überblick über die **Lohn- und Gehaltsabrechnung** des
ArbGeb vermitteln können (vgl § 10 Abs 1 BVV). Die Angaben zum Verdienst und zu den
SozVBeiträgen sind für **jeden Lohn- und Gehaltsabrechnungszeitraum** erforderlich;
Stornierungen und **Berichtigungen** sind besonders kenntlich zu machen. Unterlagen, aus
denen sich die Versicherungspflicht oder eine Befreiung von der Versicherungspflicht ergibt
(zB Befreiungsbescheid), sind zu den Unterlagen zu nehmen; gleiches gilt für Entsendungs-
tatbestände. Erklärungen des ArbN über den Verzicht auf die Versicherungsfreiheit in der RV
(vgl § 8 Abs 1c, Abs 2 BVV), die Niederschrift nach dem NachweisG, Kopien eines Antrages
oder Bescheides in dem Antragsverfahren nach § 7a Abs 1 und 2 SGB IV, Aufzeichnungen über
Wertguthaben bis zu 250 Stunden Freistellung (§ 8 Abs 2 BVV).

Zusätzliche Abrechnungslisten müssen zur Prüfung der Vollständigkeit der **Lohn- und** 13
Gehaltsabrechnung sowie der Eintragungen in den Beitragsnachweis neben den Lohnunterlagen für jeden Abrechnungszeitraum aufgestellt werden. Einzelheiten hierzu regelt § 9 BVV
(Einzelheiten zum Beitragsnachweis vgl § 28 f Abs 3 SGB IV, § 4 BVV; s *Lohnlisten*). Besonderheiten gelten für ArbN des **Baugewerbes** (vgl § 28 f Abs 1a SGB IV; dazu *Lohnkonto*).

68 Aufzeichnungspflichten

14   c) **Versicherungsfreie und von der Versicherungspflicht befreite Beschäftigte** sind in die Lohnunterlagen aufzunehmen, obgleich für diese Beschäftigten keine Meldungen zu erstatten oder Beiträge zu entrichten sind; die Aufzeichnungspflicht ergibt sich aber daraus, dass die Einzugsstelle zu prüfen hat, ob tatsächlich Versicherungs- und Beitragsfreiheit besteht (vgl auch den Wortlaut des § 28 f Abs 1 SGB IV: „... für jeden Beschäftigten ..."). Für die in **privaten Haushalten** Beschäftigten und ggf für in der **Landwirtschaft** mitarbeitende Familienangehörige besteht zwar keine Pflicht zur Führung von Lohnunterlagen, wohl aber zur Aufbewahrung der Beitragsabrechnungen und der Beitragsnachweise (§ 28 f Abs 1 Satz 3 SGB IV).

15   d) **Nicht ordnungsgemäße Erfüllung der Aufzeichnungspflicht** ermächtigt den prüfenden RVTräger zum Erlass eines sog **Beitragssummenbescheides** (§ 28 f Abs 2 SGB IV), wenn aufgrund nicht ordnungsgemäßer Aufzeichnung die Beitragshöhe oder die Versicherungs- und Beitragspflicht nicht festgestellt werden kann. Er ist dann berechtigt, den Beitrag in der KV, RV, PflegeV und ArblV von der Summe der vom ArbGeb gezahlten Arbeitsentgelte geltend zu machen. Dies gilt nicht, wenn und soweit ohne unverhältnismäßig großen Verwaltungsaufwand festgestellt werden kann, dass Beiträge nicht zu zahlen oder Arbeitsentgelt einem bestimmten Beschäftigen zugeordnet werden kann. Soweit die Prüfstelle die Höhe der Arbeitsentgelte nicht oder nicht ohne unverhältnismäßig großen Aufwand ermitteln kann, hat sie diese zu **schätzen,** wobei für das monatliche Arbeitsentgelt eines Beschäftigten das am Beschäftigungsort ortsübliche Arbeitsentgelt mitzuberücksichtigen ist (vgl hierzu BSG 7.2.02 – B 12 KR 12/01 R, SozR 3–2400 § 28 f Nr 3; *Lohnkonto*).

16   **Summenbescheide** sind damit die **ultima ratio,** wenn eigene Ermittlungen, die die Einzugsstelle trotz der Pflichtverletzung des ArbGeb anstellen muss, eine nachträgliche Beurteilung der Versicherungs- und Beitragspflicht nicht aufgrund konkreter Tatsachen (Entgelte) zulassen (vgl BSG 7.2.02 – B 12 KR 12/01 R, SozR 3–2400 § 28 f Nr 3 zu den Anforderungen an die Intensität und das Vorgehen der Einzugsstellen in derartigen Fällen und zur gerichtlichen Überprüfbarkeit). Ist ein Beitragssummenbescheid ergangen, hat der prüfende RVTräger diesen, auch nachdem er unanfechtbar geworden ist, zu **widerrufen,** wenn nachträglich die Versicherungs- und Beitragspflicht oder Versicherungsfreiheit festgestellt oder die Höhe des Arbeitsentgelts nachgewiesen werden (§ 28 f Abs 2 Satz 5 SGB IV). Bereits aufgrund des Summenbescheides bezahlte Beiträge sind mit der sich neu ergebenden Beitragsschuld zu verrechnen.

17   Nach § 1 Abs 2 SchwarzArbG leistet Schwarzarbeit ua, wer Dienst- oder Werkleistungen erbringt oder ausführen lässt und dabei als ArbGeb, Unternehmer oder versicherungspflichtiger Selbständiger seine sich aufgrund der Dienst- oder Werkleistungen ergebenden sozialversicherungsrechtlichen Melde-, Beitrags- oder Aufzeichnungspflichten nicht erfüllt. Die Vorschrift selbst knüpft an das Vorliegen von Schwarzarbeit keine Rechtsfolgen (vgl *Schwarzarbeit*). Solche ergeben sich aber aus § 111 Abs 1 SGB IV. Danach liegt bzgl der Aufzeichnungspflichten eine **Ordnungswidrigkeit** vor, wenn Lohnunterlagen überhaupt nicht geführt oder nicht aufbewahrt werden. Die Vorschrift ist ihrem Zweck nach aber auch dann anzuwenden, wenn der ArbGeb die Aufzeichnungspflichten über einzelne seiner ArbN erfüllt, also Lohnunterlagen führt, für andere ArbN aber nicht, denn gem § 28 f Abs 1 SGB IV sind die Lohnunterlagen für „jeden Beschäftigen" zu führen und die Pflichtverletzung folglich für jeden Beschäftigten getrennt zu beurteilen, zumal es letztlich auch um die für den ArbN im Hinblick auf seine Rente gerade von ihm entrichteten Beiträge geht und dieser Schutzzweck auch bei der Auslegung des § 111 Abs 1 Nr 3 SGB IV nicht außer Betracht bleiben kann.

18   **2. Beitragsnachweise** sind vom ArbGeb bei der Einzugsstelle rechtzeitig einzureichen (§ 28 f Abs 3 Satz 1 SGB IV). Es handelt sich hierbei um **Selbstberechnungserklärungen,** deren nähere Ausgestaltung durch § 9 BVV geregelt wird.

19   a) **Mittelbare Beitragsberechnungspflichten.** Der ArbG ist durch die in § 28 f Abs 2 SGB IV vorgeschriebene Beitragsnachweispflicht mittelbar verpflichtet, die Beiträge selbst zu berechnen. Denn er kann Beiträge nicht nachweisen, ohne sie vorher errechnet zu haben. Die Richtigkeit der Beitragsnachweise wird im Rahmen von Außenprüfungen regelmäßig nur stichprobeartig überprüft (vgl § 11 Abs 1 BVV, zu den Rechtsfolgen vgl BSG 29.7.03 – B 12 AL 1/02 R, SozR 4–2400 § 27 Nr 1 sowie *Außenprüfung*).

b) Inhalt des Beitragsnachweises sind die zur BVV aufzulistenden Beiträge und Umlagen; dh, der ArbGeb hat die Summe der von ihm abzuführenden Beiträge zur KV, RV, PflegeV und ArbIV und Umlagen nach dem AAG (früher LFZG) für Krankheitsaufwendungen und Mutterschaftsaufwendungen für jeden Lohn- und Gehaltsabrechnungszeitraum gesondert zusammenzustellen; eine Aufteilung erfolgt nur nach verschiedenen Beitragsgruppen, nicht aber auf die einzelnen Beschäftigten. Bei gleich bleibender Beitragsschuld über einen längeren Zeitraum kann der Beitragsnachweis auch als Dauernachweis dienen, er ist dann aber als solcher zu kennzeichnen. Der **Form** nach kann der Beitragsnachweis seit 1.1.06 nur noch durch **Datenübertragung** eingereicht werden (Ausnahme: Haushaltsscheck, vgl § 28 f Abs 3 SGB IV). 20

c) Rechtzeitigkeit des Beitragsnachweises liegt vor, wenn die Beitragseinzugsstelle über ihn an dem von ihr satzungsgemäß bestimmten Zeitpunkt der **Fälligkeit der Beiträge** verfügt. Zieht die Einzugsstelle die Beiträge im Abbuchungsverfahren ein, muss der Beitragsnachweis so rechtzeitig vorliegen, dass die Einzugsstelle die Abbuchung vornehmen kann und die Beiträge spätestens bei Fälligkeit auf ihren Konten gutgeschrieben sind. 21

Schätzungen. Die Einzugsstelle darf für die Beitragsabrechnung maßgebenden Arbeitsentgelte schätzen, wenn der Beitragsnachweis nicht rechtzeitig vorgelegt wird. Weshalb der maßgebliche Vorlagetermin nicht eingehalten wird, insbesondere, ob den ArbGeb hierfür ein Verschulden trifft, ist unerheblich. Die Schätzung bleibt maßgeblich, bis der Nachweis ordnungsgemäß eingereicht wird (§ 28 f Abs 3 Satz 2 SGB IV). Auch im Übrigen muss sich der ArbGeb in aller Regel an seinen Angaben im Beitragsnachweis festhalten lassen (vgl BSG 7.2.02 – B 12 KR 13/01 R, SozR 3–2400 § 14 Nr 24 zur Unbeachtlich des Vorbehalts, dass ein ausgezahltes und nachgewiesenes Arbeitsentgelt vom FA als Betreibungsausgabe anerkannt wird). 22

d) Vollstreckungsgrundlage. Für die Vollstreckung von Geldforderungen ist nach dem Verwaltungsvollstreckungsgesetz regelmäßig das Vorliegen eines Verwaltungsaktes/Leistungsbescheides erforderlich (§ 3 Abs 2 VwVG). Gem § 28 f Abs 3 Satz 3 SGB IV gilt der **Beitragsnachweis** für die Vollstreckung als **Leistungsbescheid** der Einzugsstelle, dh die Vollstreckung kann unmittelbar nach Vorliegen des Beitragsnachweises eingeleitet werden. 23

Ausbilder

A. Arbeitsrecht
Kania

1. Begriff. Das BBiG unterscheidet zwischen Ausbilder und Ausbildendem. **Ausbildender** ist, wer einen Auszubildenden einstellt und mit diesem einen Ausbildungsvertrag schließt (§ 10 Abs 1 BBiG). Demgegenüber ist **Ausbilder** derjenige, der **die Ausbildung verantwortlich durchführt** (*Wohlgemuth/Lakies* § 10 Rz 9). In Kleinbetrieben werden Ausbildender und Ausbilder regelmäßig die gleiche Person sein; übernimmt der Ausbildende hingegen nicht selbst die Ausbildung, so muss von ihm ausdrücklich ein Ausbilder bestellt werden. Die Bestellung hat der Ausbildende gegenüber der zuständigen Stelle (s *Ausbildungsverhältnis* Rz 10) anzuzeigen (§§ 14 Abs 1 Nr 2, 28 Abs 2, 36 Abs 2 Nr 1 BBiG). Da der Ausbilder als Erfüllungsgehilfe des Ausbildenden tätig wird, hat dieser nicht nur sorgfältig **auszuwählen,** sondern auch dauernd **zu überwachen** (BAG 11.12.64, BB 65, 336). 1

Vom Ausbilder wiederum ist der sog **Ausbildungshelfer** zu unterscheiden. § 28 Abs 3 BBiG regelt nunmehr ausdrücklich, dass Personen, die nicht selbst Ausbilder sind, aber abweichend von den besonderen Voraussetzungen des § 30 BBiG die für die Vermittlung von Ausbildungsinhalten erforderlichen beruflichen Fertigkeiten, Kenntnisse und Fähigkeiten besitzen und persönlich geeignet sind, unter der Verantwortung des Ausbilders an der Berufsausbildung mitwirken können. 2

2. Voraussetzungen für die Bestellung zum Ausbilder. Gem § 28 Abs 1 Satz 2 BBiG darf Auszubildende nur ausbilden, wer **persönlich und fachlich geeignet** ist. Zur persönlichen Eignung, die gem § 28 Abs 1 Satz 1 BBiG auch beim Ausbildenden vorliegen muss, s *Ausbildungsverhältnis* Rz 34. **Fachliche Eignung** setzt die Beherrschung der erforderlichen beruflichen Fertigkeiten, Fähigkeiten und Kenntnisse sowie der erforderlichen berufs- und arbeitspädagogischen Kenntnisse voraus (§ 23 Abs 1 BBiG). 3

69 Ausbilder

4 Die erforderlichen beruflichen Fertigkeiten, Fähigkeiten und Kenntnisse besitzt, wer die Abschlussprüfung in einer dem Ausbildungsberuf entsprechenden Fachrichtung bestanden hat (§ 30 Abs 1 Nr 1 BBiG), eine **anerkannte Prüfung** an einer Ausbildungsstätte oder vor einer Prüfungsbehörde oder eine Abschlussprüfung an einer staatlichen oder staatlich anerkannten Schule in einer dem Ausbildungsberuf entsprechenden Fachrichtung bestanden hat (§ 30 Abs 1 Nr 2) oder eine Abschlussprüfung an einer deutschen Hochschule in einer dem Ausbildungsberuf entsprechenden Fachrichtung bestanden hat und eine angemessene Zeit in seinem Beruf praktisch tätig gewesen ist. Hiervon abweichend kann das Bundesministerium für Wirtschaft und Arbeit oder das sonst zuständige Fachministerium im Einvernehmen mit dem Bundesministerium für Bildung und Forschung nach Anhörung des Hauptausschusses des Bundesinstituts für Berufsbildung durch Rechtsverordnung, die nicht der Zustimmung des Bundesrates bedarf, in den Fällen des Abs 2 Nr 2 bestimmen, welche Prüfungen für welche Ausbildungsberufe anerkannt werden (§ 30 Abs 3 BBiG) oder für einzelne Ausbildungsberufe abweichend von Abs 2 die Voraussetzungen der erforderlichen beruflichen Fertigkeiten, Kenntnisse und Fähigkeiten nach Maßgabe des § 30 Abs 4 Nr 1–3 BBiG einschränken.

5 Hinsichtlich der **erforderlichen berufs- und arbeitspädagogischen Kenntnisse** ermächtigt § 30 Abs 5 BBiG den Bundesminister für Bildung und Wissenschaft, durch Rechts-VO zu bestimmen, dass der Erwerb der berufs- und arbeitspädagogischen Kenntnisse nachzuweisen ist, wobei Inhalt, Umfang und Abschluss der Maßnahmen für den Erwerb dieser Kenntnisse geregelt werden können. Von dieser Ermächtigung ist durch Erlass der **Ausbilder-Eignungs-Verordnung (AEVO)** Gebrauch gemacht worden. Nachdem die frühere AEVO ausgesetzt war, ist zum 1.8.09 eine geänderte Fassung in Kraft getreten (BGBl I, S 88). Danach müssen Ausbilder in anerkannten Berufen (wieder) den Erwerb der berufs- und arbeitspädagogischen Fertigkeiten, Kenntnisse und Fähigkeiten nachweisen.

6 **3. Haftung des Ausbilders.** Mit der Bestellung durch den Ausbildenden werden dem Ausbilder die Ausbildungspflichten gem § 14 Abs 1 Nrn 1, 4, 5 und Abs 2 BBiG übertragen. Zum Inhalt der genannten Pflichten s *Ausbildungsverhältnis* Rz 19.

7 Bei schuldhafter Nicht- oder Schlechterfüllung dieser Ausbildungspflichten haftet der Ausbilder **gegenüber dem Auszubildenden** nur gem §§ 823 ff BGB; vertragliche Ansprüche scheiden aus, weil der Ausbilder nicht Vertragspartner des Ausbildungsvertrages ist (*Barfuss* BB 76, 935). Bei Inanspruchnahme durch den Auszubildenden kann dem Ausbilder uU ein **Freistellungsanspruch** gegen den Ausbildenden als seinem ArbGeb zustehen.

8 **Gegenüber dem Ausbildenden** kann sich der Ausbilder bei Verletzung seiner Ausbildungspflichten aus positiver Vertragsverletzung ersatzpflichtig machen (*Barfuss* BB 76, 935). Ein Anspruch aus § 832 BGB kommt nicht in Betracht (*Schaub* § 174 Rz 54).

9 **Der Ausbildende** wird durch die Einschaltung eines Ausbilders nicht von der Haftung gegenüber dem Auszubildenden frei. Da der Ausbilder Erfüllungsgehilfe des Ausbildenden ist, haftet dieser für das Verschulden des Ausbilders ohne die Möglichkeit eines Entlastungsbeweises.

10 **4. Beteiligung des Betriebsrats.** Gem § 98 Abs 2 BetrVG kann der BRat der **Bestellung eines Ausbilders** widersprechen oder dessen Abberufung verlangen, wenn dieser die persönliche oder fachliche, insbes die berufs- und arbeitspädagogische Eignung iSd BBiG nicht besitzt oder seine Aufgaben vernachlässigt. Zu den Voraussetzungen der persönlichen und fachlichen Eignung s oben Rz 4–5 und *Ausbildungsverhältnis* Rz 19 ff. Von einer Vernachlässigung der Aufgaben ist dann auszugehen, wenn der Ausbilder sie nicht mit der erforderlichen Gründlichkeit ausführt und deshalb zu befürchten ist, dass die Auszubildenden das Ziel der Ausbildung nicht erreichen (*Fitting* § 98 Rz 17). Wenn sich ArbGeb und BRat nicht einigen können, kann der BRat beim ArbG beantragen, dem ArbGeb aufzugeben, die Bestellung zu unterlassen oder die Abberufung vorzunehmen (§ 98 Abs 5 Satz 1 BetrVG). Umgekehrt kann auch der ArbGeb vor Bestellung eines Ausbilders gerichtlich feststellen lassen, ob der Widerspruch des BRat berechtigt ist (LAG Bln 6.1.2000 – 10 TaBV 2213/99, NZA-RR 2000, 370; *Fitting* § 98 Rz 21; ErfK/*Kania* § 98 BetrVG Rz 12).

11 Von der Bestellung oder Abberufung eines Ausbilders sind die sich daraus uU ergebenden **personellen Einzelmaßnahmen** zu unterscheiden; die insofern erforderliche Mitbestimmung des BRat gem §§ 99, 102 BetrVG besteht neben den Rechten aus § 98 Abs 2, 5 BetrVG.

Ausbilder 69

B. Lohnsteuerrecht

1. Begriff. § 3 Nr 26 EStG erklärt Einnahmen aus nebenberuflicher Tätigkeit ua als 12 Ausbilder bis zur Höhe von insgesamt 2400 € ab 2013, vorher 2100 €, pro Jahr als steuerfrei, ohne den Begriff des Ausbilders zu definieren. Der Begriff ist weiter, als er bei der Abgrenzung Ausbildung – Fortbildung eine Rolle spielt (s hierzu *Ausbildungskosten* Rz 7; *Fortbildung* Rz 20). Die Tätigkeit des Ausbilders kann sich auch auf Allgemeinbildung erstrecken, die auf der Ausgabenseite steuerlich nicht berücksichtigbar ist (§ 12 Nr 1 EStG; *Ausbildungskosten* Rz 7). Wesentliches Kennzeichen und Voraussetzung für die Steuerbegünstigung ist es, dass die Tätigkeit als Ausbilder auf andere Menschen durch persönlichen Kontakt Einfluss nimmt, um auf diese Weise deren geistige und körperliche Fähigkeiten zu entwickeln und zu fördern. Entscheidendes Merkmal ist die **pädagogische Ausrichtung** (R 3.26 Abs 1 Sätze 2, 3 LStR; Beispiele BayLfSt 8.7.11 – St 2121.1.1–1/33 St 322, BeckVerw 2011, 251248, LSt-Kartei Nds § 3 EStG Fach 3 Nr 18). Auch nebenberufliche Ausbildertätigkeit im **EU-Ausland** ist begünstigt (§ 3 Nr 26 EStG; BFH 22.7.08 – VIII R 101/02, DStR 08, 1824).

2. Selbstständigkeit. Ob ein Ausbilder **selbstständig oder nicht selbstständig** tätig 13 ist, richtet sich nach den allgemeinen Abgrenzungskriterien (R 19.2 Satz 4 LStR; s auch *Arbeitnehmer (Begriff)* Rz 29 ff; *Nebentätigkeit* Rz 20 ff).

3. Nebenberufliche Ausbildertätigkeit. Hauptberufliche Ausbildertätigkeit ist steuer- 14 lich nicht begünstigt, nur **nebenberufliche.** Zur Abgrenzung s *Arbeitnehmer (Begriff)* Rz 29 ff; *Aufwandsentschädigung* Rz 14; *Nebentätigkeit* Rz 20 ff. Die hauptberufliche Tätigkeit wird nach den allgemeinen Vorschriften ohne Besonderheit besteuert, auch die nebenberufliche, wenn die Voraussetzungen des § 3 Nr 26 EStG nicht erfüllt sind. **Verluste** aus nebenberuflicher Tätigkeit können bei der hauptberuflichen Ausbildertätigkeit mit berücksichtigt werden, wenn die nebenberufliche Tätigkeit für die Haupttätigkeit als Ausbilder von beruflichem Vorteil ist (BFH 22.7.93 – VI R 122/92, BStBl II 94, 510: nebenberufliche Konzerttätigkeit eines hauptberuflichen Musikpädagogen). Der Freibetrag iHv 720 € ab 2013, vorher 500 € für Vereinsvorstände uÄ (§ 3 Abs 26a EStG) kommt für Ausbilder nicht in Betracht, da § 3 Nr 26 EStG insoweit vorgeht; s *Ehrenamtliche Tätigkeit* Rz 23.

4. Steuerbegünstigte Tätigkeit. Zur steuerbegünstigten Tätigkeit und zur Ermittlung 15 der steuerpflichtigen/-freien Einnahmen s *Aufwandsentschädigung* Rz 12 ff.

Dabei können Ausgaben, die mit der nebenberuflichen Tätigkeit zusammenhängen, nur insoweit berücksichtigt werden, als sie den Betrag der steuerfreien Einnahmen überschreiten (§ 3 Nr 26 Satz 2 EStG; BFH 22.7.03 – VI R 7/01, BFH/NV 04, 174). Das Ausgabenabzugsverbot gem § 3 Nr 26 Satz 2 EStG ist auch dann auf die Höhe der steuerfreien Einnahmen begrenzt, wenn diese den Freibetrag nicht erreichen (FG RhPf 25.5.2011 – 2 K 1996/10, BeckRS 2011, 95822 – rkr – entgegen der Auffassung der Finanzverwaltung R 3.26 Abs 9 LStR). Eine Pauschale für Ausgaben iHv 25 vH der Betriebseinnahmen, höchstens 600 €, lässt der BMF zu (21.1.94, BStBl I 94, 112; wohl ohne Rechtsgrundlage entgegen BVerfG 28.6.93, DStR 93, 1402 = BB 93, 2068; einschränkend OFD Frankfurt 24.3.94, DStR 94, 940). Soweit für die Einnahmen auch eine Steuerbefreiung nach anderen Vorschriften beansprucht werden kann, sind die Vorschriften in der für den Stpfl günstigsten Reihenfolge anzuwenden (R 3.26 Abs 7 Satz 2 LStR).

Beispiel: A ist für ein staatlich anerkanntes Bildungsinstitut nebenberuflich im Rahmen der beruflichen Fortbildung als Vortragender iSv § 3 Nr 26 EStG selbstständig tätig. Seine Einnahmen betragen hieraus 6000 €, damit zusammenhängende Ausgaben 2500 €. Reisekosten iHv 600 € erhält er von seinem Auftraggeber ersetzt. Zu versteuern sind: 6000 € abzüglich 2400 € (steuerfrei) abzüglich 100 € (2500 € abzüglich 2400 €) = 3500 €. Der Reisekostenersatz ist steuerfrei (§ 3 Nr 13, 16 EStG).

Zu Aufwendungen bei **ehrenamtlicher** Tätigkeit s *Ehrenamtliche Tätigkeit* Rz 11 ff. Pau- 16 schaler Auslagenersatz, der den Freibetrag übersteigt, ist stpfl. Entstehen bei einer **beabsichtigten** nebenberuflichen Tätigkeit iSd § 3 Nr 26 EStG vorweggenommene Aufwendungen, kommt es aber nicht (mehr) zur Ausführung der Tätigkeit, steht das Abzugsverbot des § 3c EStG dem Abzug dieser Aufwendungen nicht entgegen (BFH 6.7.05 – XI R 61/04, DStR 05, 1683).

5. Lohnsteuerverfahren. Ist der Ausbilder nichtselbstständig tätig und will er die Steuer- 17 freiheit iHv 2400 € schon während des Jahres, also bei Auszahlung der Vergütung in

70 Ausbildungsfreibetrag

Anspruch nehmen, so hat er dem ArbGeb schriftlich zu bestätigen, dass er die Steuerfreiheit nicht bereits in einem anderen Dienst- oder Auftragsverhältnis in Anspruch genommen hat. Diese Erklärung ist zum *Lohnkonto* zu nehmen (R 3.26 Abs 10 Sätze 2 und 3 LStR). Der Freibetrag iHv 2400 € ist ein Jahresbetrag, unabhängig davon, wann innerhalb des Jahres die nebenberufliche Ausbildungstätigkeit ausgeübt wird. Eine anteilige Kürzung des Jahresbeitrags ist nicht erforderlich, auch wenn die begünstigte Tätigkeit nur wenige Monate ausgeübt wird (R 3.26 Abs 8 Satz 3 LStR). Mehrere steuerbegünstigte Tätigkeiten sind möglich. Der Steuerfreibetrag ist dann unter den ArbGeb aufzuteilen, bei Überschreiten insoweit stpfl.

18 Übersteigen die Einnahmen den steuerfreien Betrag von 2400 €, muss die in § 3 Nr 26 EStG bezeichnete Institution als ArbGeb die 2400 € übersteigenden Beträge der LSt unterwerfen, sofern der Ausbilder nicht selbstständig tätig ist (s oben Rz 13). Ein Freibetrag im Rahmen der ElStAM ist hierzu nicht vorgesehen.

19 Soweit die Voraussetzungen für die **Lohnsteuerpauschalierung** nach § 40a EStG vorliegen (s *Lohnsteuerpauschalierung* Rz 28 ff), kann nach Ausschöpfung des steuerfreien Betrags von 2400 € der überschießende Betrag pauschaliert wird, so dass für den nichtselbstständigen Ausbilder insoweit keine Steuer anfällt.

20 Sind beide **Ehegatten** als Ausbilder tätig, so ist auf jeden einzelnen die Vorschrift des § 3 Nr 26 EStG einschließlich möglicher Pauschalierung nach § 40a EStG (s oben Rz 19) unabhängig von der Zusammenveranlagung nach § 26 Abs 1 Satz 1 EStG anzuwenden.

C. Sozialversicherungsrecht *Voelzke*

21 **1. Versicherungspflicht.** Eine spezialgesetzliche Regelung über die Zugehörigkeit von Ausbildern als Personen, die im Rahmen eines Berufsausbildungsverhältnisses die Ausbildung verantwortlich durchführen, zum versicherten Personenkreis in der SozV besteht nicht. Maßgebend sind deshalb die allgemeinen Anforderungen an das sozialversicherungsrechtliche Beschäftigungsverhältnis (Näheres: *Arbeitnehmer (Begriff)*), das idR zum ausbildenden ArbGeb begründet ist. Hierbei ist unerheblich, dass dem Ausbilder seinerseits ein Weisungsrecht gegenüber den Auszubildenden zusteht. Zusätzlich ist, soweit die Besonderen Teile des SGB dies vorsehen, die **Entgeltlichkeit** der Beschäftigung des Ausbilders Voraussetzung für die Versicherungspflicht (in der KV: § 5 Abs 1 Nr 1 SGB V; in der RV: § 1 Satz 1 Nr 1 SGB VI; in der sozialen PflegeV: § 20 Abs 1 Nr 1 SGB XI; in der ArblV: § 25 Abs 1 SGB III).

22 **2. Unfallversicherung. Ehrenamtlich Lehrende** stehen bei der Ausübung ihrer Tätigkeit unter UV-Schutz, wenn sie für eine der in § 2 Abs 1 Nr 10 SGB VII genannten Institutionen tätig werden. Zu diesen Institutionen zählen nicht nur die in der Vorschrift aufgezählten öffentlich-rechtlichen Körperschaften und Religionsgemeinschaften, sondern durch die Bezugnahme auf Nr 2 und 8 auch die dort aufgeführten (privatrechtlich organisierten) Betriebsstätten, Lehrwerkstätten, Schulungskurse und ähnliche Einrichtungen sowie schließlich auch die allgemeinbildenden und berufsbildenden Schulen und die Hochschulen. Für die Annahme einer ehrenamtlichen Tätigkeit reicht nicht aus, dass sie unentgeltlich verrichtet wird. Vielmehr muss ein „Amt" ehrenhalber verrichtet werden (BSG 27.6.91 – 2 RU 26/90, SozR 3–2200 § 539 Nr 11). Ist dies der Fall, so kann auch eine einmalige oder für wenige Stunden verrichtete Tätigkeit versichert sein.

23 Für alle ehrenamtlich im Bildungswesen Tätigen gilt, dass auch die Teilnahme an **Ausbildungsveranstaltungen** für ihre Tätigkeit nach § 2 Abs 1 Nr 10 SGB VII unter Versicherungsschutz steht. Ausbildungsveranstaltungen sind solche, die Kenntnisse für das übernommene Amt vermitteln (*Schlegel/Voelzke/Bieresborn* SGB VII, § 2 Rz 154). Allerdings genügt eine beliebige vom Versicherten ausgewählte Veranstaltung nicht, wenn sie nicht von der betreffenden Institution getragen oder autorisiert wird (KassKomm/*Ricke* § 2 SGB VII Rz 50).

Ausbildungsfreibetrag

A. Arbeitsrecht *Kania*

1 Der Begriff Ausbildungsfreibetrag hat arbeitsrechtlich keine eigenständige Bedeutung.

Ausbildungsfreibetrag

B. Lohnsteuerrecht *Thomas*

1. Berechtigter. Der Ausbildungsfreibetrag (zur Höhe vgl Rz 7) steht für ein sich in 2
Berufsausbildung befindliches, auswärtig untergebrachtes, volljähriges Kind zu (§ 33a Abs 2
Satz 1 EStG). Er wird aber nicht dem Kind gewährt, sondern der Person, die für dieses Kind
einen Kinderfreibetrag oder Kindergeld (zu kindergeldähnlichen ausländerischen Leistungen
vgl BFH 4.12.03 – III R 32/02, BStBl II 04, 275 = DStRE 04, 254; BFH 30.6.05 – III B 9/
05, BFH/NV 05, 2007) beanspruchen kann (nicht: erhalten hat). Das können neben den
Eltern auch andere Personen (Groß-, Stief-, Pflegeeltern) sein, denen ein Kinderfreibetrag
(vgl § 32 Abs 6 EStG) bzw Kindergeld (vgl § 63 Abs 1 EStG) zusteht. Für jedes Kind, das
die Voraussetzungen erfüllt, gibt es einen eigenen Freibetrag. Jedoch ist insgesamt nur ein
Ausbildungsfreibetrag je begünstigtes Kind zu gewähren (zur Aufteilung vgl Rz 11).

Wird das Kind selbst veranlagt, werden Ausbildungskosten bei ihm als Werbungskosten
berücksichtigt, wenn die Ausbildung auf das Erzielen von Erwerbseinnahmen gerichtet ist
und die Aufwendungen deshalb beruflich veranlasst sind (BFH 27.5.03 – VI R 33/01,
DStR 03, 1160), es sei denn, es liegt eine erstmalige Berufsausbildung (s *Ausbildungskosten*
Rz 10) oder ein Erststudium (s *Ausbildungskosten* Rz 22) vor, die nicht im Rahmen eines
Dienstverhältnisses stattfinden (§ 9 Abs 6, § 12 Nr 5 EStG). In diesem Fall kann das Kind
seine Ausbildungskosten im Umfang des § 10 Abs 1 Nr 7 EStG als Sonderausgaben abziehen.

2. Voraussetzungen. a) Aufwendungen. Da ein typisierter Mehrbedarf abgegolten 3
wird, kommt es auf einzelne Aufwandspositionen nicht an. Es kann sich um Aufwendungen
für ausbildungsbedingten Mehrbedarf (Studiengebühren, Lernmittel, Fahrt- und Umzugskosten usw), aber auch um solche für die Lebensführung des Kindes handeln, wobei eine
bestimmte Höhe nicht erforderlich ist. Nur wenn der StPfl gar keine Aufwendungen leistet,
zB weil das Kind diese aus eigenen – wenn auch vom StPfl zu Ausbildungszwecken geschenktem – Vermögen bestreitet, entfällt der Ausbildungsfreibetrag (BFH 23.2.94, BStBl II
94, 694). Die Aufwendungen des StPfl gelten gleichmäßig für alle Ausbildungsmonate des
Jahres als erbracht. Erstreckt sich das Studium einschließlich der unterrichts- und vorlesungsfreien Zeit über das ganze Jahr, so wird unterstellt, dass dem StPfl in jedem Monat Aufwendungen entstanden sind (BFH 22.3.96 – III R 7/93, BStBl II 97, 30).

b) Berufsausbildung. Der Begriff stimmt mit dem in § 32 Abs 4 Nr 2a EStG verwende- 4
ten gleichen Begriff überein, der für den Kinderfreibetrag bzw das Kindergeld verwendet
wird, nicht jedoch mit dem des § 9 Abs 6, § 12 Nr 5 EStG. Die Ableistung des freiwilligen
sozialen Jahrs steht der Berufsausbildung nicht gleich, so dass für diese Zeit der Ausbildungsfreibetrag entfällt (BFH 24.6.04 – III R 3/03, BStBl II 06, 294 = DStRE 04, 1213). Für
Übergangszeiten zwischen zwei Ausbildungsabschnitten gilt die Vier-Monats-Frist des § 32
Abs 4 Nr 2b EStG entsprechend (BFH 18.12.96, BStBl II 97, 430).

c) Auswärtige Unterbringung liegt vor, wenn das Kind außerhalb des elterlichen Haus- 5
halts wohnt (Miete, Untermiete, eigene Wohnung des Stpfl) und sich verpflegt (BFH
26.1.94, BStBl II 94, 544, BMF 21.11.94, BStBl I 94, 855; BFH 25.1.95, BStBl II 95, 378:
das Baukindergeld nach § 34 f Abs 2 EStG entfällt hierbei). Ein 6-Wochen-Praktikum in den
Semesterferien außerhalb der Hochschule führt nicht zu auswärtiger Unterbringung (BFH
20.5.94, BStBl II 94, 699; zweifelhaft). Wohnen bei einem Elternteil ist im Verhältnis zum
anderen Elternteil keine auswärtige Unterbringung (BFH 5.2.88, BStBl II 88, 579). Zu
weiteren RsprFällen der auswärtigen Unterbringung s H 33a.2 EStR.

d) Antragserfordernis. Der Antrag ist im Rahmen der ESt-Erklärung zu stellen (s *An-* 6
tragsveranlagung Rz 2 ff). Zulässig ist er solange der Bescheid nicht bestandskräftig ist. Die
Versäumung der Antragsfrist rechtfertigt keine Änderung nach § 173 Abs 1 Nr 2 AO (BFH
17.6.94 – III R 41/93, BFH/NV 95, 2; FG NdS 29.11.95 – IX 103/91, EFG 96, 166;
Ausnahme FG Düsseldorf 4.3.93 – 14 K 1457/91 E, EFG 93, 663).

3. Höhe. Der Ausbildungsfreibetrag beträgt 924 € je Kalenderjahr (§ 33a Abs 2 Satz 1 7
EStG). Er muss nicht wegen besonders hoher Kosten eines Auslandsstudiums aufgestockt
werden (BFH 22.12.05 – III B 137/05, BFH/NV 06, 735) oder bei kostenintensivem
Inlandsstudium (FG Brem 16.7.08 – 4 K 205/06, DStRE 09, 548). Die Höhe des Freibetrags
ist verfassungskonform (BFH 25.11.10 – III R 111/07, DStRE 11, 286). Da die hiergegen

71 Ausbildungskosten

eingelegte Verfassungsbeschwerde nicht zur Entscheidung angenommen wurde (BVerfG 23.10.12 – 2 BvR 451/11), können Bescheide wegen dieser Frage nicht mehr offen gehalten werden (BMF 25.2.13 DStR 13, 471; vgl auch SchlHolFG 20.2.13 – 5 K 217/12, DStRE 13, 1104).

8 **a) Anrechnung.** Eine Kürzung des Ausbildungsfreibetrages wegen eigener Einkünfte und Bezüge des Kindes findet ab 2012 nicht mehr statt (§ 33a Abs 3 Satz 2 EStG). Jedoch ist der Ausbildungsfreibetrag um Ausbildungszuschüsse aus öffentlichen Kassen (zB BAföG) zu kürzen (§ 33a Abs 3 Satz 3 EStG; BFH 7.8.92 – III R 45/89, BStBl II 92, 1023; BFH 7.3.02 – III R 22/01, FR 02, 791 mit Anm *Greite*), nicht jedoch, wenn Ausbildungshilfen für Aufwendungen gezahlten werden, die die Unterhaltspflichten der Eltern unberührt lassen (BFH 4.12.01 – III R 47/00, BStBl II 02, 195 und BFH 17.10.01 – III R 3/01, DStRE 02, 276 mit Anm *Heger* HFR 02, 208; *Greite* FR 02, 169). BAföGLeistungen sind nur anzurechnen, soweit sie als Zuschuss und nicht als Darlehen gewährt werden (vgl im Übrigen *Müller/Traxel* NWB F 3, 9723, 9726 ff; *Meyer* Inf 96, 129).

9 **b) Zeitanteilige Kürzung.** Es gilt für den Ausbildungsfreibetrag das Monatsprinzip. Danach entfällt die Entlastung nur für die Monate, an denen die Anspruchsvoraussetzungen (Volljährigkeit, Berufsausbildung, auswärtige Unterbringung) an keinem Tag vorgelegen haben (§ 33a Abs 3 Satz 1 EStG). Öffentliche Ausbildungszuschüsse, die zur Kürzung des Freibetrages führen, sind wirtschaftlich dem Zeitraum zuzuordnen, für den sie bezogen werden (BFH 19.9.01 – III R 1/00, BStBl II 02, 345 mit Anm *Kanzler* FR 02, 536; *Höhmann* KFR/F 3 EStG § 33a, 1/02, S 151; BFH 18.5.06 – III R 5/05, Inf 06, 647 zu unterschiedlichen Ausbildungshilfen im In- bzw Ausland).

10 **c) Auslandskinder.** Für ein Kind, das nicht im Inland lebt, können sich die oben aufgeführten Beträge nach der sog Ländergruppeneinteilung um ein Drittel oder um zwei Drittel mindern (§ 33a Abs 2 Satz 2 iVm Abs 1 Satz 6 EStG; BMF 27.2.96, BStBl I 96, 115; BFH 22.4.94, BStBl II 94, 887). Auch um Zuschüsse aus dem Ausland ist bei Auslandskindern der Ausbildungsfreibetrag zu mindern (FG Münster 4.11.93, EFG 94, 359).

11 **4. Aufteilung.** Bei **geschiedenen** oder verheirateten, aber dauernd getrennt lebenden **Eltern** wird grds der Ausbildungsfreibetrag jedem Elternteil, dem Aufwendungen für die Berufsausbildung des Kindes entstehen, zur Hälfte zuerkannt; das Gleiche gilt bei Eltern **nichtehelicher Kinder** oder bei Eltern, von denen ein Elternteil nicht im Inland lebt (§ 33a Abs 2 Satz 5 EStG). Auf gemeinsamen Antrag des Elternpaares kann bei einer Veranlagung zur ESt die einem Elternteil zustehende Hälfte des Ausbildungsfreibetrags ganz oder teilweise auf den anderen Elternteil übertragen werden (§ 33a Abs 2 Satz 5 EStG). Die Übertragung kann zivilrechtlich verlangt werden, wenn der abgebende Elternteil dadurch keine Nachteile erleidet (BFH 27.2.07 – III B 90/05, BFH/NV 07, 1119).

12 **5. Lohnsteuerabzug.** Der dem Stpfl zustehende Ausbildungsfreibetrag kann für das laufende Jahr auf Antrag auf der LStKarte als **Freibetrag** eingetragen werden (§ 39a Abs 1 Nr 3 EStG; s *Lohnsteuerermäßigung* Rz 3 ff).

C. Sozialversicherungsrecht
Voelzke

16 Da das Recht der SozV und ArblV bei der Beitrags- und Leistungsbemessung nach § 14 Abs 1 SGB IV an das Bruttoarbeitsentgelt anknüpft und die lohnsteuerlichen Abzugsmöglichkeiten nicht zulässt, kommt dem Ausbildungsfreibetrag im SozVRecht keine Bedeutung zu.

Ausbildungskosten

A. Arbeitsrecht
Poeche

1 **Ausbildungskosten** sind begrifflich alle Aufwendungen, die durch eine berufliche Bildungsmaßnahme veranlasst sind. Zu diesen gehören neben der beruflichen Fortbildung, beruflichen Umschulung und Berufsausbildung iSd § 1 Abs 1 BBiG auch berufliche Weiterbildung (Näheres s *Fortbildung* Rz 1 ff; *Umschulung* Rz 1 ff; *Weiterbildung* Rz 1 ff). Aufwendungen entstehen etwa durch die Ausbildungsmittel (Werkzeuge, Werkstoffe, schriftliche Unterlagen und sonstige Lehr- und Lernmittel), Fahrten zwischen Wohnung und Ausbil-

dungsstätte, Verpflegung, Teilnahmegebühren für Lehrgänge usw. Hierzu gehören nicht die Kosten, die im Zusammenhang mit der schulischen Berufsausbildung des Auszubildenden entstehen (BAG 26.9.02 – 6 AZR 486/00, NZA 03, 1403; BAG 18.11.08 – 3 AZR 192/07, NZA 09, 435).

Kostenträger der Ausbildung ist zwingend der ArbGeb als Ausbildender im Berufsaus- 2 bildungsverhältnis (§ 12 Abs 2 Nr 1 BBiG; Prinzip der Kostenfreiheit der Berufsausbildung, vgl BAG 26.9.02 – 6 AZR 486/00, NZA 03, 1403; Näheres *Ausbildungsverhältnis* Rz 23) und den nach § 26 BBiG gleichgestellten Ausbildungsverhältnissen (*Praktikant*/Volontär). Vorbehaltlich einer anderen Regelung durch höherrangiges Recht (Tarifvertrag oder Betriebsvereinbarung) können ArbGeb und ArbN im Übrigen frei vereinbaren, wer von ihnen die mit einer Ausbildung zusammenhängenden Kosten übernimmt. In der betrieblichen Praxis ist das idR der ArbGeb. Anders liegt es bei der aufgrund Bildungsurlaubsgesetzen der Länder ermöglichten Weiterbildung (Näheres s *Bildungsurlaub* Rz 1 ff).

Rückzahlungsklauseln dienen der Absicherung des ArbGeb, der für die von ihm 3 getätigten Aufwendungen den ArbN jedenfalls für eine gewisse Zeit an den Betrieb binden will. Zu ihrer Zulässigkeit s *Rückzahlungsklausel* Rz 4 ff.

Darlegungs- und Beweislast bei Streit über Grund und Höhe der Kostentragungspflicht 4 richten sich nach allgemeinen Grundsätzen, dh sie trifft den Anspruchsteller für die anspruchsbegründenden Voraussetzungen.

Tarifvertrag/Erstattung. Soweit durch Tarifvertrag eine gemeinsame Einrichtung der 5 TVParteien errichtet ist, die der Förderung der Berufsausbildung dient, hat der ArbGeb regelmäßig einen Anspruch gegen die Einrichtung auf Erstattung der von ihm gezahlten Ausbildungsvergütung und der Kosten bei überbetrieblicher Ausbildung. Maßgeblich sind die jeweiligen tariflichen Bestimmungen. Zu beachten ist, dass in den TV regelmäßig Ausschlussfristen vereinbart sind (zB § 31 Tarifvertrag über die Berufsbildung im Baugewerbe). Für etwaige Rechtsstreitigkeiten zwischen Einrichtung und ArbGeb ist das ArbG zuständig (§ 2 Abs 2 Nr 6 ArbGG).

B. Lohnsteuerrecht

Windsheimer

Übersicht

	Rz		Rz
I. Einführung	6–9	III. Berufsausbildung, nicht erstmalige	21
1. Überblick	6	IV. Studium	22–26
2. Steuerpflichtiger als Kostenträger	7–9	1. Erststudium	22, 23
a) Schulausbildung	8	2. Zweit-, Ergänzungs- und Aufbaustudium	24
b) Allgemeinbildung	9	3. Abzugsfähigkeit für den Steuerpflichtigen	25
II. Berufsausbildung, erstmalige	10–20		
1. Begriff der Berufsausbildung	10	V. Erstmalige Berufsausbildung und Erststudium im Rahmen eines Dienstverhältnisses	26
2. Erstmalige Berufsausbildung	11		
3. Abgrenzungen	12		
4. Ausbildungsumfang	13	VI. Andere Kostenträger	27–30
5. Ausbildungskosten	14	1. Arbeitgeber	27
6. Abzugsfähigkeit für den Steuerpflichtigen	15–20	2. Eltern	28
a) Sonderausgaben	15, 16	3. Dritte	29, 30
b) Zuschüsse	17	a) Private Mittel	29
c) Außergewöhnliche Belastung	18	b) Öffentliche Mittel	30
d) Lohnsteuerfreibetrag	19		
e) Ehegatten	20		

Literaturhinweise: BMF 22.9.10 – IV C 4 – S 2227/07/10002:002, DStR 10, 1988.

I. Einführung. 1. Überblick. Aufwendungen für Ausbildung und Berufsausbildung 6 werden im EStG unterschiedlich behandelt, je nachdem wer die Kosten trägt. Deshalb ist der Begriff der (Berufs)-Ausbildung in den einschlägigen Vorschriften des EStG nicht als einheitlicher Begriff zu verstehen (BFH 4.3.10 – III R 23/08, BFH/NV 10, 1264). Als **Kostenträger** mit den jeweils einschlägigen Vorschriften kommen in Betracht:
– der Stpfl selbst: § 12 Nr 1 EStG und § 12 Nr 5 EStG(letztere seit 2004), § 9 Abs 6 EStG, § 4 Abs 9 EStG, § 10 Abs 1 Nr 7 EStG

71 Ausbildungskosten

- die Eltern oder andere Angehörige des Stpfl: § 12 Nr 1 EStG, § 10 Abs 1 Nr 9 EStG, § 32 Abs 4 Satz 1 Nr 2a) EStG und § 32 Abs 6 EStG, § 33a Abs 2 EStG, §§ 62 ff EStG, § 33a Abs 1 EStG
- der ArbGeb: § 4 Abs 4 EStG
- Dritte: § 3 Nr 11 EStG und § 3 Nr 44 EStG.

7   **2. Der Steuerpflichtige als Kostenträger.** Für den Stpfl können sich die Ausbildungskosten erstrecken auf die
- Schulausbildung,
- Allgemeinbildung,
- Berufsausbildung einschließlich Hochschulausbildung,
- berufliche Fort- und Weiterbildung.

Schulausbildung und Allgemeinbildung betreffen den **privaten Lebensbereich** (§ 12 Nr 1 EStG; s unten Rz 8, 9). Erstmalige Berufsausbildung und Erststudium sind prinzipiell den Ausgaben zugeordnet, die nicht als Werbungskosten oder Betriebsausgaben abgezogen werden können (§ 12 Nr 5 EStG; s unten Rz 10 ff), sondern als **Sonderausgaben** (§ 10 Abs 1 Nr 7 EStG; s unten Rz 15 ff). In den neu eingefügten §§ 4 Abs 9 und 9 Abs 6 EStG hat dies der Gesetzgeber **rückwirkend** ab 2004 (§ 52 Abs 12 Satz 11, Abs 23d Satz 5, Abs 30a EStG) nochmals klargestellt. Dies ist eine Reaktion auf die Urteile des BFH vom 28.7.11 (– VI R 38/10, DStRE 11, 1116 und – VI R 7/10, DStR 11, 1559). Ob die rückwirkende Regelung verfassungswidrig ist, ist umstritten (nach FG Münster 20.12.11 – 5 K 3975/09 F, BeckRS 2012, 94525, Az BFH VI R 8/12 und FG Düsseldorf 14.12.11 – 14 K 4407/10 F, BeckRS 2012, 94664, Az BFH VI R 2/12 ist die Regelung nicht verfassungswidrig). Nach Auffassung des BFH (– 28.7.11 – VI R 7/10, DStR 11, 1559, – 28.2.13 – VI R 6/12, DStR 13, 1223) steht die steuerliche Berücksichtigung privat veranlassten Aufwands nicht ohne Weiteres zur Disposition des Gesetzgebers. Kosten der erstmaligen Berufsausbildung und des Erststudiums stellen aber dann **Betriebsausgaben oder Werbungskosten** dar, wenn die Ausbildungstätigkeit im Rahmen eines Dienstverhältnisses stattfindet (s unten Rz 26, *Ausbildungsverhältnis* Rz 88). Aufwendungen für eine Zweitausbildung und ein Zeitstudium sind ebenfalls als Betriebsausgaben oder Werbungskosten abzugsfähig (s unten Rz 21, 24). Zur beruflichen Fort- und Weiterbildung s *Fortbildung* Rz 20, *Weiterbildung* Rz 6.

8   **a) Schulausbildung.** Die Kosten für den Besuch von Allgemeinwissen vermittelnden Schulen von der Grundschule bis zum Abitur gehören grds zur privaten Lebensführung (§ 12 Nr 1 EStG; BFH 22.6.06 – VI R 5/04, BStBl II 06, 717; s *Kindervergünstigungen* Rz 28). Auch der Besuch eines Berufskollegs zum Erwerb der Fachhochschulreife gilt als Besuch einer allgemeinbildenden Schule, auch soweit das Abitur nach Abschluss einer Berufsausbildung nachgeholt wird (BFH 22.6.06 – VI R 5/04, BStBl II 06, 717).

9   **b) Allgemeinbildung.** Die Kosten für die Allgemeinbildung sind grundsätzlich nicht abzugsfähige Lebenshaltungskosten (§ 12 Nr 1 EStG), so zB ein Schreibmaschinen-Grundkurs (FG RhPf 28.3.94, EFG 94, 787), der Führerschein der früheren Klasse III, nun Klasse B (BFH 5.8.77, BStBl II 77, 834), der Besuch einer Musikschule, wenn nicht als Beruf angestrebt (OFD Frankfurt 5.6.96, DStR 96, 1246 = DB 96, 1547), ein Schwimm- oder Tanzkurs (FG NdS 14.2.02 – 14 K 596/99, EFG 02, 754), ein Seniorenstudium (BFH 10.2.05, VI B 33/04, BFH/NV 05, 1056). Zum Sprachkurs s einerseits *Fortbildung* Rz 28, andererseits *Ausländer* Rz 47.

10 **II. Berufsausbildung, erstmalige. 1. Begriff der Berufsausbildung** (§ 12 Nr 5 EStG). Nach der Rspr des BFH (27.10.11 – VI R 52/10, DStR 11, 2454) ist unter Berufsausbildung die Ausbildung zu einem künftigen Beruf (unter Ausschluss eines Studiums) zu verstehen. In Berufsausbildung befindet sich, wer sein Berufsziel noch nicht erreicht hat, sich aber ernstlich darauf vorbereitet. Hierzu zählen alle Maßnahmen, die dem Erwerb von Kenntnissen, Fähigkeiten und Erfahrungen dienen, die als Grundlage für die Ausübung des angestrebten Berufs geeignet sind. Gegenbegriff ist die Allgemeinbildung, die keine notwendige Voraussetzung für eine geplante Berufsausübung darstellt. Es ist weder ein Berufsausbildungsverhältnis nach dem BerufsbildungsG noch eine Ausbildungsdauer von mindestens zwei Jahren erforderlich (entgegen BMF 22.9.10 – IV C 4 – S 2227/07/ 10002:002, BStBl I 10, 721). Eine Berufsausbildung liegt demnach nach der Rspr in folgenden Fällen vor: Besuch des Kaufmännischen Berufskollegs Fremdsprachen mit dem

Ausbildungskosten 71

Abschluss „Staatlich geprüfter Wirtschaftsassistent" (BFH 18.6.09 – VI R 79/06, DStRE 12, 272), Ausbildung zum Rettungssanitäter (BFH 27.10.11 – VI R 52/10, DStR 11, 2454), Ausbildung eines Soldaten auf Zeit zum Kraftfahrer der Fahrerlaubnis CE (BFH 10.5.12 – VI R 72/11, DStRE 12, 1116) sowie Ausbildung zur Flugbegleiterin (BFH 28.2.13 – VI R 6/12, DStR 13, 1223).

2. Erstmalige Berufsausbildung. Die Berufsausbildung ist als **erstmalige** Berufsausbildung anzusehen, wenn ihr keine andere abgeschlossene Berufsausbildung beziehungsweise kein abgeschlossenes berufsqualifizierendes Hochschulstudium vorausgegangen ist. Wird ein Steuerpflichtiger ohne entsprechende Berufsausbildung in einem Beruf tätig und führt er die zugehörige Berufsausbildung nachfolgend durch (nachgeholte Berufsausbildung), handelt es sich dabei um eine erstmalige Berufsausbildung (BFH 6.3.92, VI R 163/88, BStBl II 92, 661). 11

3. Abgrenzungen. Ein **freiwilliges soziales Jahr** stellt grds keine Berufsausbildung dar (s *Freiwilligendienste* Rz 13), ebenso nicht ein **au-pair**-Verhältnis (BFH 15.3.12 – III R 58/08, NJW 12, 2911). Nicht in Berufsausbildung befindet sich, wer neben der Ausbildung (zB Studium) einen Beruf ausübt, wie er von vielen Stpfl als Dauerberuf ausgeübt wird und werden kann (BFH 2.7.93, BStBl II 94, 102; BFH 23.4.97, BFH/NV 97, 655), ebenso nicht eine Tätigkeit, die nach Abbruch einer Lehre ohne Ausbildungscharakter wahrgenommen wird (BFH 8.11.72, BStBl II 73, 141). 12

4. Ausbildungsumfang. Berufsausbildung umfasst die Zeit von Beginn der Ausbildungsmaßnahme bis zum Abschluss des Ablegens der laut Ausbildungs- und Prüfungsordnung vorgesehenen **Abschlussprüfung,** die zur Berufsausübung befähigt, zB Gesellenprüfung). Hieran kann sich eine weitere Berufsausbildung anschließen, zB Fachschule, Meisterschule, Aufbaustudium, gehobenere Ausbildung, andersartige Berufsausbildung, die bereits Fortbildung sein kann (s *Fortbildung* Rz 22). Referendarzeit ist Fortbildung (BFH 7.11.80 – VI R 50/79, BStBl II 81, 216; BFH 12.8.83 – VI R 155/80, BStBl II 83, 718), für Kindergeldzwecke aber Ausbildung (BFH 10.2.00 – VI B 108/99, BStBl II 00, 398; *Kinderfreibetrag* Rz 17 ff). 13

5. Ausbildungskosten. Unter Ausbildungskosten fallen die unmittelbaren Ausbildungskosten wie zB Lehrgangs-, Schul-, Kurs- und Prüfungsgebühren, Lernmaterial, Fachliteratur, wozu die Zeitschrift Focus nicht gehört (FG BaWü 8.11.00, 12 K 258/00, EFG 01, 285), sonstige Arbeitsmittel (Geräte, PC uÄ; hierbei ist die AfA-Regelung zu beachten; BFH 7.5.93, BStBl II 93, 676), Schreib- und Druckkosten für Diplomarbeit, Dissertation (BFH 4.11.03 – VI R 96/01, BStBl II 04, 891 ist durch § 12 Abs 5 EStG überholt; s *Betriebliche Berufsbildung* Rz 19), Teilnahme an Exkursionen, Besichtigungen usw, aber auch mittelbare Ausbildungskosten wie zB Fahrten zwischen Wohnung und Ausbildungsstätte (BFH 25.7.01 – VI R 77/00, BStBl II 02, 12; Abzugsbeschränkung nach § 10 Abs 1 Nr 7 Satz 4 EStG; s *Dienstreise* Rz 42; zum Abzug der Fahrtkosten im Rahmen einer vollzeitigen Bildungsmaßnahme und eines Vollzeitstudiums s § 9 Abs 1 Nr 4 iVm Abs 4 Satz 8 EStG , Verpflegungsmehraufwendungen (Abzugsbeschränkung nach § 10 Abs 1 Nr 7 Satz 4 EStG; s *Verpflegungsmehraufwendungen* Rz 8), Arbeitszimmer, soweit überhaupt abzugsfähig (s *Arbeitszimmer* Rz 8 ff, 24; § 10 Abs 1 Nr 7 Satz 4 EStG: die Abzugsbeschränkung nach § 4 Abs 5 Nr 6b EStG gilt insoweit erst ab 1997; BFH 22.6.90, BStBl II 90, 901; hierbei AfA, BFH 7.5.93, BStBl II 93, 676), doppelte Haushaltsführung (s *Doppelte Haushaltsführung* Rz 28 ff), Zinsen für Ausbildungsdarlehen, nicht die Tilgung (BFH 15.3.74, BStBl II 74, 513), aber der Tilgungszuschlag bei Nichteinhalten der Ausbildungsdarlehensbedingungen (BFH 28.2.92, BStBl II 92, 834), Prozesskosten für die Zulassung zum Studium in einem Numerus-clausus-Fach (FG Bln 1.8.78, EFG 79, 177). Zum **Deutsch-Sprachkurs eines Ausländers** s *Ausländer* Rz 47. 14

Nicht zu den Ausbildungskosten gehören die Aufwendungen für den Lebensunterhalt (Ernährung, Kleidung, Wohnung) mit Ausnahme der Mehraufwendungen, die wegen auswärtiger Unterbringung durch die Ausbildung entstehen, ohne dass eine doppelte Haushaltsführung vorzuliegen braucht (§ 10 Abs 1 Nr 7 Satz 3 EStG).

6. Abzugsfähigkeit für den Steuerpflichtigen (§ 10 Abs 1 Nr 7 EStG). **a) Sonderausgaben.** Aufwendungen für die eigene Berufsausbildung, die unter § 12 Nr 5 EStG fallen, also keine Betriebsausgaben oder Werbungskosten darstellen (s hierzu unten Rz 21), können 15

71 Ausbildungskosten

nach § 10 Abs 1 Nr 7 EStG ab 2012 bis zu 6000 Euro (§ 52 Abs 24a Satz 3 EStG, bis 2012 4000 Euro) im Kalenderjahr als Sonderausgaben abgezogen werden. Dies umfasst alle oben genannten Aufwendungen einschließlich auswärtiger Unterbringung (§ 10 Abs 1 Nr 7 Satz 3 EStG; hierzu *Steck* DStZ 08, 365). Der Höchstbetrag deckt sämtliche Aufwendungen ab, so auch das anerkannte Arbeitszimmer, Mehraufwendungen für Verpflegung, Fahrten zwischen Wohnung und Ausbildungsstätte, doppelte Haushaltsführung (§ 10 Abs 1 Nr 7 Satz 4 EStG).

16   Für die abziehbaren Aufwendungen gilt das **Abflussprinzip** (§ 11 Abs 2 EStG), dh im Jahr des Abflusses sind die Aufwendungen geltend zu machen (s *Sonderausgaben* Rz 2), auch wenn die Aufwendungen mit Darlehensmitteln bestritten worden sind (BFH 7.2.08 – VI R 41/05, BFH/NV 08, 1136).

17   **b) Zuschüsse.** Hinsichtlich der Anrechnung von **Zuschüssen** ist zu differenzieren: dienen die Zuschüsse ausschließlich der Abgeltung von Ausbildungskosten, so zB die Lehrgangskosten nach §§ 69, 82 SGB III oder die Leistungen für Lern- und Arbeitsmittel nach § 4 der VO über Zusatzleistungen in Härtefällen nach dem **BAföG**, so kürzen diese Leistungen die Aufwendungen des Auszubildenden bis höchstens 0 € (BFH 7.8.92, BStBl II 92, 1023; s auch *Ausbildungsfreibetrag* Rz 8). Gelten die Leistungen dagegen ausschließlich oder teilweise andere Aufwendungen ab, zB Aufwendungen für den Lebensunterhalt (§§ 65, 66 SGB III, §§ 83–85 SGB III, das Unterhaltsgeld nach § 153 SGB III, die Leistungen nach §§ 12, 13 BAföG), so brauchen die Ausbildungskosten des Auszubildenden nicht gekürzt zu werden (BFH 8.12.78, BStBl II 79, 212; BFH 4.3.77, BStBl II 77, 503; s im Übrigen *Beihilfeleistungen* Rz 10, 14; *Berufsausbildungsförderung* Rz 4 ff; *Umschulung* Rz 13; *Arbeitslosengeld* Rz 10). Das Gleiche gilt für Bezüge, die nach Landesrecht gewährt werden. Zur Rückzahlung von BAföG- oder anderen Ausbildungsdarlehen s *Berufsausbildungsförderung* Rz 5, 7 und unter Rz 28. Bei nachträglicher Änderung von Steuerbescheiden können sich Änderungen hinsichtlich der BAföG-Leistungen ergeben (OFD Nds 18.1.10 – S 0350 – 11 – St 141, AO-Kartei Nds § 172 AO Karte 2).

18   **c) Außergewöhnliche Belastung.** Die nach Anrechnung von Zuschüssen den Höchstbetrag von 6000 € übersteigenden Aufwendungen können grds **nicht als außergewöhnliche Belastung** nach § 33 EStG berücksichtigt werden (§ 33 Abs 2 Satz 2 EStG; BFH 22.12.04, III B 169/03, BFH/NV 05, 699). Die Ausbildungskosten stellen nur dann eine außergewöhnliche Belastung nach § 33 EStG dar und sind in diesem Rahmen abzugsfähig, wenn die Ausbildung durch außergewöhnliche Umstände veranlasst ist, wie zB eine Umschulung wegen Arbeitsunfähigkeit nach Krankheit oder Unfall im bisher ausgeübten Beruf (BFH 22.3.67, BStBl III 67, 596). Hierbei sind jedoch Umschulungszuschüsse anzurechnen (s *Umschulung* Rz 15).

19   **d) Lohnsteuerfreibetrag.** Soweit die Aufwendungen abzugsfähig sind, können sie bei einem anderweitig bestehenden Arbeitsverhältnis zur LStMinderung im Rahmen der ELStAM berücksichtigt werden (§ 39a Abs 1 Nr 2, 3 EStG; s *Lohnsteuerermäßigung* Rz 3 ff).

20   **e) Ehegatten** (§ 10 Abs 1 Nr 7 Satz 2 ff EStG). Die Abzugsmöglichkeiten bei eigener Berufsausbildung (s oben Rz 15) gelten bei Zusammenveranlagung für jeden Ehegatten (§ 10 Abs 1 Nr 7 Satz 2 EStG). Ehebedingter Drittaufwand wird anerkannt (§ 26b EStG; s unten Rz 29 und *Sonderausgaben* Rz 2). Hierdurch soll dem bislang nicht berufstätigen Ehegatten der (Wieder-)Eintritt in das Berufsleben erleichtert werden.

21   **III. Berufsausbildung, nicht erstmalige.** Ist einer Berufsausbildung eine abgeschlossene erstmalige Berufsausbildung oder ein abgeschlossenes Erststudium vorausgegangen (weitere Berufsausbildung), handelt es sich bei den durch die weitere Berufsausbildung veranlassten Aufwendungen um (vorweggenommene) Betriebsausgaben oder Werbungskosten, die ggfs gesondert festgestellt werden können. Beginnt der Stpfl seine weitere Ausbildung bereits vor dem förmlichen Abschluss der ersten Ausbildung, können die Aufwendungen nicht als Werbungskosten abgezogen werden (FG Köln 22.5.12 – 15 K 3413/09, BeckRS 2012, 95622, Az BFH VI R 38/12). Vorweggenommene Werbungskosten können auch bei später im Ausland ausgeübter Tätigkeit vorliegen (BFH 28.7.11 – VI R 5/10, BStBl II 12, 553 entgegen BMF 22.9.09 – IV C 4 – S 2227/07/10002:002, BStBl I 10, 721).

22   **IV. Studium. 1. Erststudium.** Das Erststudium wird wie die erstmalige Berufsausbildung behandelt, wenn ihm kein anderes durch einen berufsqualifizierenden Abschluss

beendetes Studium oder keine andere abgeschlossene nichtakademische Berufsausbildung (s oben Rz 10 ff) vorangegangen ist (BFH 18.6.09 – VI R 14/07, DStR 09, 1952), dh das Erststudium zugleich die Erstausbildung ist, also typischerweise an die (Fach-)Hochschulreife anschließt. Die Aufwendungen hierfür sind für den Stpfl keine Betriebsausgaben und keine Werbungskosten, sondern Sonderausgaben (§ 10 Abs 1 Nr 7 EStG). Geht dem Erststudium eine Berufsausbildung voraus, können die Studienkosten bei künftiger Berufsbezogenheit vorweggenommene Werbungskosten/Betriebsausgaben sein (BFH 18.6.09 – VI R 14/07, DStR 09, 1952). Das Gleiche gilt bei einem berufsbegleitendem Studium (BFH 18.6.09 – VI R 49/07, BFH/NV 09, 1799), anders aber, wenn das Studium nicht künftiger Berufsausübung, sondern privaten Zwecken dient (FG BaWü 12.5.10 – 7 K 81/07, BeckRS 2010, 26029501).

Ein **Studium** iSd § 12 Nr 5 EStG liegt dann vor, wenn es sich um ein Studium an einer Hochschule iSd § 1 Hochschulrahmengesetzes handelt. Nach dieser Vorschrift sind Hochschulen die Universitäten, die Pädagogischen Hochschulen, die Kunsthochschulen, die Fachhochschulen und die sonstigen Einrichtungen des Bildungswesens, die nach Landesrecht staatliche Hochschulen sind. Gleichgestellt sind private und kirchliche Bildungseinrichtungen sowie die Hochschulen des Bundes, die nach Landesrecht als Hochschule anerkannt werden, § 70 HRG. Studien können auch als Fernstudien durchgeführt werden, § 13 HRG. Auf die Frage, welche schulischen Abschlüsse oder sonstigen Leistungen den Zugang zum Studium eröffnet haben, kommt es nicht an. 23

2. Zweit-, Ergänzungs- und Aufbaustudium. Ein Studium während oder nach einem Erststudium ist **Zweitstudium** und fällt somit nicht unter § 12 Nr 5, § 10 Abs 1 Nr 7 EStG, ebenso **Ergänzungs- und Aufbaustudien,** sowie ein **Refendariat** (zu Ausbildungskosten im Ausland s *Ausbildungsverhältnis* Rz 88, *Fortbildung* Rz 23). Es ist regelmäßig davon auszugehen, dass dem Promotionsstudium und der **Promotion** durch die Hochschule der Abschluss eines Studiums vorangeht. Aufwendungen für ein Promotionsstudium und die Promotion stellen Betriebsausgaben oder Werbungskosten dar, sofern ein berufsbezogener Veranlassungszusammenhang zu bejahen ist (BFH 3.11.03, VI R 96/01, BStBl II 04, 891). Dies gilt auch, wenn das Promotionsstudium bzw die Promotion im Einzelfall ohne vorhergehenden berufsqualifizierenden Studienabschluss durchgeführt wird. Weitere Fälle s BMF oben vor Rz 6. 24

3. Abzugsfähigkeit für den Steuerpflichtigen. Es gelten die Ausführungen zur erstmaligen Berufsausbildung entsprechend (s Rz 15 ff). Mit Darlehen gezahlte **Studiengebühren** können im Jahr der Zahlung nach § 10 Abs 1 Nr 7 EStG geltend gemacht werden. Ein Verlustvortrag ist aber nicht möglich. Nach Aufnahme der Berufstätigkeit können die Darlehenszinsen noch nach § 10 Abs 1 Nr 7 EStG geltend gemacht werden. Werden die Studiengebühren bis nach Abschluss des Studiums und nach Aufnahme der Berufstätigkeit **gestundet (nachlaufende Studiengebühren),** sind sie im Jahr der Zahlung auch nach Abschluss der Berufsausbildung nach § 10 Abs 1 Nr 7 EStG abziehbar. Kein Abzug von Studiengebühren als **außergewöhnliche Belastung** (BFH 17.12.09 – VI R 63/08, BStBl II 10, 341; hierzu *Geserich* HFR 10, 369). 25

V. Erstmalige Berufsausbildung und Erststudium im Rahmen eines Dienstverhältnisses. Die Aufwendungen für eine erstmalige Berufsausbildung (s oben Rz 11 ff) und ein Erststudium (s oben Rz 22) können als Werbungskosten berücksichtigt werden, wenn die Ausbildung im Rahmen eines Dienstverhältnisses stattfindet (§§ 12 Nr 5 Hs 2, 9 Abs 6 EStG). Ein Dienstverhältnis iSd § 9 Abs 6 EStG ist ein Dienstverhältnis besonderer Art, das durch den Ausbildungszweck geprägt ist (sog Ausbildungsdienstverhältnis). Im Rahmen eines Dienstverhältnisses findet die Erstausbildung bzw das Erststudium statt, wenn die Teilnahme an der Ausbildung oder am Studium verpflichtender Gegenstand des Arbeitsvertrages ist (BFH 16.1.13 – VI R 14/12, BStBl II 13, 449, s *Ausbildungsverhältnis* Rz 86 ff). 26

VI. Andere Kostenträger. 1. Der Arbeitgeber. S *Ausbildungsverhältnis* Rz 89, 91. 27

2. Die Eltern als Kostenträger. Für ihre in Berufsausbildung (zum Begriff BFH 18.3.09 – III R 26/06, DStRE 09, 1105; s hierzu *Kinderfreibetrag* Rz 17) befindlichen Kinder bis zum vollendeten 27. Lebensjahr, ab dem Geburtsjahrgang 1983 (s *Kinderfreibetrag* Rz 10) bis zum vollendeten 25. Lebensjahr, einschließlich der Kinder, bei denen die Berufsausbildung unterbrochen ist oder die die Berufsausbildung mangels Ausbildungsplatz nicht beginnen oder 28

71 Ausbildungskosten

fortsetzen können, erhalten die Eltern mit prinzipieller **Abgeltungs**wirkung (BFH 28.3.96, BStBl II 97, 54; BFH 17.4.97, BStBl II 97, 752 = FR 97, 575), auch betr ein Auslandsstudium des Kindes (BFH 21.2.08 – III B 56/07, BFH/NV 08, 951) **Kindergeld** (§§ 62 ff EStG; s *Kindergeld* Rz 5 ff) oder einen **Kinderfreibetrag** sowie den Freibetrag für Betreuungs-, Erziehungs- und Ausbildungsbedarf (§ 32 Abs 6 EStG; s *Kinderfreibetrag* Rz 7 ff). Hierbei wird eine finanzielle Belastung der Eltern nur bei konkurrierenden Elternpaaren hinsichtlich Pflegekinder (§ 32 Abs 1 Nr 2 EStG) und bei konkurrierenden Elternteilen im Fall des Getrenntlebens oder der Scheidung (§ 32 Abs 6 Satz 6 EStG) gefordert. Den Eltern steht weiterhin auf Antrag ein **Ausbildungsfreibetrag** (s *Ausbildungsfreibetrag* Rz 2 ff; § 33a Abs 2 EStG) zu, der dem Abzug als außergewöhnliche Belastung nach § 33a Abs 1 EStG und § 33 EStG vorgeht (BFH 17.12.09 – VI R 63/08, BStBl II 10, 341). Vermieten die Eltern an ihr studierendes Kind am Ausbildungsort eine ihnen gehörige Wohnung, so kann das Mietverhältnis steuerlich anzuerkennen sein, wenn die Miete aus eigenem – auch von den Eltern geschenktem – Vermögen des Kindes oder auch aus Unterhaltszahlungen gezahlt werden kann (BFH 28.3.95, BStBl II 96, 59; zu Gestaltungsmöglichkeiten in diesem Zusammenhang und weiteren steuerlichen Folgen *Paus* BB 95, 1570; BFH 19.10.99, IX R 30/98, DStR 2000, 109 und BFH 19.10.99, IX R 39/99, BStBl II 00, 223, 224). Zahlen die Eltern BAföG-Beträge für ihr Kind zurück, können sie diese Aufwendungen als außergewöhnliche Belastung in Höhe des Ausbildungsfreibetrags geltend machen (FG BaWü 28.11.85 – III K 250/83, EFG 86, 124).

Besteht kein Anspruch auf Kindergeld oder Kinderfreibetrag, steht dem die Berufsausbildung Finanzierenden ein Freibetrag unter den Voraussetzungen des § 33a Abs 1 EStG zu (BFH 27.4.95, BFH/NV 95, 967; FG München 7.3.96, EFG 96, 592; Einzelheiten mit Beispielen *Plenker* DB 97, 247). Dabei müssen sich die Eltern Ausbildungshilfen nach dem AFG bzw dem SGB III anrechnen lassen, soweit die Kosten die Eltern aufgrund ihrer Unterhaltspflicht zu tragen hätten (BFH 4.12.01, III R 47/00, BStBl II 02, 195). Im Übrigen sind **Schulgeldkosten** abziehbar (§ 10 Abs 1 Nr 9 EStG; s *Kindervergünstigungen* Rz 32; s auch *Ausbildungsverhältnis* Rz 88).

29   **3. Dritte. a) Private Mittel.** Wendet ein **privater Dritter**, auch der Ehegatte, dem Auszubildenden einmalig oder unregelmäßig Gelder zwecks Finanzierung seiner Berufsausbildung zu, so mindern diese nicht die Aufwendungen des Auszubildenden mit der Folge, dass die Zuwendungen **nicht anzurechnen** sind (BFH 7.2.08 – VI R 41/05, DStRE 08, 1122). Anders ist dies, wenn der Dritte Aufwendungen aufgrund einer Dauerrechtsbeziehung (zB Firmpate zahlt monatlich 500 €) bezahlt (sog **Drittaufwand**). Diesen muss der Auszubildende sich anrechnen lassen (BFH 15.11.05, IX R 25/03, DStR 06, 26; BMF 7.7.08 – IV C 1 – S 2211/07/10007, DStR 08, 495; s *Arbeitszimmer* Rz 20; *Sonderausgaben* Rz 2). Unterstützt der Dritte Initiativen, die die allgemeine und berufliche Aus- und Fortbildung sowie die soziale, sozialtherapeutische und sozialpädagogische Betreuung von **Arbeitslosen** übernehmen, so kann die Unterstützungsleistung eine Spende (§ 10b EStG) sein (OFD Frankfurt 15.12.94, FR 95, 287).

30   **b) Öffentliche Mittel.** Steuerfreie (§ 3 Nr 11, 44 EStG) Ausbildungszuschüsse aus **öffentlichen Mitteln** s *Berufsausbildungsförderung* Rz 4–9; *Beihilfeleistungen* Rz 10, 14.

C. Sozialversicherungsrecht

Voelzke

36   **1. Beitragsrecht.** Ausbildungskosten, die vom ArbGeb übernommen werden, sind entsprechend der steuerrechtlichen Behandlung grds der Beitragspflicht unterliegendes **Arbeitsentgelt im Sinne der Sozialversicherung,** sofern für die Ausbildung kein überwiegendes betriebliches Interesse besteht. Ein von der Ausbildungsfirma gewährtes **Wegegeld,** das in Stufen pauschal ohne Rücksicht auf die tatsächlichen Fahrkosten gezahlt wird, unterliegt, anders als die Fahrgelderstattung für tatsächlich entstandene Fahrkosten, der Beitragspflicht in der SozV (BSG 17.5.88 – 10 RKg 10/86, SozR 5870 § 2 Nr 59).

37   **2. Leistungen.** Leistungsrechtlich können Kosten einer betrieblichen Ausbildung für Ansprüche des Auszubildenden oder des ArbGeb von Bedeutung sein.
  a) Auszubildende. Die vom Auszubildenden zu tragenden Ausbildungskosten werden im Rahmen des Bedarfs zur Berechnung der Berufsausbildungsbeihilfe berücksichtigt und bestimmen damit die Höhe dieser Leistung (s *Berufsausbildungsförderung* Rz 20 ff). Die Förde-

rung der beruflichen Weiterbildung umfasst auch die Tragung der unmittelbar durch die Teilnahme entstehenden Kosten durch die BA (Näheres: *Weiterbildung* Rz 23 ff). Als Lohnersatzleistung kann während der Teilnahme an einer beruflichen Weiterbildungsmaßnahme *Arbeitslosengeld* gezahlt werden.

b) Arbeitgeber. Zuschüsse zu der Ausbildungsvergütung können für die betriebliche Aus- und Weiterbildung von **behinderten Menschen** in Ausbildungsberufen (§ 73 SGB III) gezahlt werden. Voraussetzung der Leistungsgewährung ist, dass die Aus- oder Weiterbildung sonst nicht zu erreichen ist. Der Zuschuss wird idR durch 60 vH der monatlichen Ausbildungsvergütung des letzten Ausbildungsjahres begrenzt. In Ausnahmefällen kann die gesamte Ausbildungsvergütung übernommen werden. **38**

Ausbildungsverhältnis

A. Arbeitsrecht *Kania*

Übersicht

	Rz		Rz
I. Allgemeines	1–5	b) Kündigung während der Probezeit	51, 52
1. Reform der beruflichen Bildung	1	c) Berufsaufgabekündigung	53, 54
2. Gegenstand der Berufsbildung	2–4	d) Kündigung aus wichtigem Grund	55–60
3. Anwendungsbreich	5	3. Schadensersatz	61–65
II. Begründung des Ausbildungsverhältnisses	6–13	4. Zeugnis	66–68
1. Abschluss des Ausbildungsvertrages	6–8	V. Verfahrensrechtliche Besonderheiten	69–71
2. Form	9, 10	VI. Beteiligung des Betriebsrats und der Jugend- und Auszubildendenvertretung	72–76
3. Berechtigung zur Einstellung	11–13	VII. Schutz Auszubildender als Mitglied von Betriebsverfassungsorganen gemäß § 78a BetrVG	77–85
III. Inhalt des Ausbildungsverhältnisses	14–41	1. Sinn und Zweck	77
1. Dauer des Ausbildungsverhältnisses	14, 15	2. Persönlicher Schutzbereich	78
2. Maßgeblichkeit der Ausbildungsordnungen	16–18	3. Ablehnung der Weiterbeschäftigung	79
3. Pflichten des Ausbildenden	19–33	4. Weiterbeschäftigungsanspruch des Auszubildenden	80
a) Ausbildung	19–24	5. Entbindung von der Weiterbeschäftigungspflicht	81–83
b) Schulbesuch	25	6. Streitigkeiten	84, 85
c) Vergütung	26–33		
4. Pflichten des Auszubildenden	34–36		
5. Nichtige Vereinbarungen	37–41		
IV. Beendigung des Ausbildungsverhältnisses	42–68		
1. Beendigung durch Zeitablauf	42–47		
2. Kündigung des Ausbildungsverhältnisses	48–60		
a) Kündigungserklärung	48–50		

I. Allgemeines. 1. Reform der beruflichen Bildung. Mit Wirkung zum 1.4.05 ist das Gesetz zur Reform der beruflichen Bildung (BerBiRefG – BGBl I 05, 931) vom 23.5.05 in Kraft getreten. Ziel der Novellierung der beruflichen Bildung, deren Kernelement die Neufassung des BBiG vom 14.8.69 (BGBl I 69, 1112, zuletzt geändert durch Gesetz vom 24.12.03 BGBl I 03, 2954) darstellt, war die Sicherung und Verbesserung der Ausbildungschancen, sowie die Modernisierung und Flexibilisierung unter Beibehaltung der Qualität und Verlässlichkeit der beruflichen Bildung. Wenngleich durch das BerBiRefG eine der umfangreichsten Reformen der beruflichen Bildung erfolgte, wurde die grundlegende Struktur der dualen Berufsausbildung in Schule und Beruf beibehalten. Anlässlich der **Integration der Vorschriften über die Berufsbildungsforschung und über das Bundesinstitut für Berufsbildung in das neue BBiG** (vgl §§ 84–101 BBiG) wurde das Berufsbildungsförderungsgesetz (BerBiFG) aufgehoben. Im Zuge der Reform wurde das BBiG neu strukturiert. Seitdem beinhaltet der 1. Teil des Gesetzes die wesentlichen Grundbegriffe der Berufsbildung. Anschließend finden sich im 2. Teil die Regelungen über die **1**

72   Ausbildungsverhältnis

Ordnung der Berufsausbildung sowie die Anerkennung von Ausbildungsberufen. Die zuständigen Stellen und ihre Aufgaben sind im 3. Teil (Organisation der Berufsausbildung) übersichtlich zusammengefasst. Der 4. und 5. Teil enthält die ins BBiG integrierte Berufsbildungsforschung sowie die Regelungen über das Bundesinstitut für Berufsbildung. Abschließend regeln der 6. und 7. Teil die Bußgeld-, Übergangs- und Schlussvorschriften. Neben der systematischen Änderung wurde das BBiG vor dem Hintergrund der Gleichbehandlung von Mann und Frau vollständig sprachlich überarbeitet. Die dafür verwendete Pluralbildung birgt jedoch keine inhaltlichen Änderungen.

2   **2. Gegenstand der Berufsbildung.** Zentraler Begriff der Berufsausbildung ist die **berufliche Handlungsfähigkeit,** § 1 Abs 3 BBiG. Diese umschreibt das Ergebnis des gesamten Qualifizierungsprozesses (BT-Drs 15/3980 S 42) und erfasst neben der schon vor der Reform für die Berufsausbildung erforderlichen Vermittlung von Fertigkeiten und Kenntnissen nunmehr auch die Vermittlung von **Fähigkeiten.** Mit dieser Erweiterung werden die früher nicht erfassten, dennoch für das moderne Berufsbildungssystem, insbes im Dienstleistungssektor notwendigen Handlungspotenziale wie zB Team- oder Kommunikationsfähigkeit als wesentliches Ziel der Berufsausbildung gesetzlich fixiert. Zugleich findet eine Anpassung an die veränderten Anforderungen eines modernen Berufsbildungssystems sowie eine sprachliche Angleichung an das Förderungsrecht des § 85 Abs 3 SGB III statt. Ferner hat sie den Erwerb der erforderlichen Berufserfahrung zu ermöglichen, § 1 Abs 3 Satz 2 BBiG. Jugendliche unter 18 Jahren dürfen gem § 4 Abs 3 BBiG nur in staatlich anerkannten Ausbildungsberufen – wenn vorhanden – nach der jeweiligen Ausbildungsordnung ausgebildet werden. Anders ist es bei volljährigen Auszubildenden; diese dürfen grds auch in nicht anerkannten Ausbildungsberufen ausgebildet werden, sofern die Berufsausbildung den genannten Erfordernissen des § 1 Abs 3 BBiG entspricht (Erfk/*Schlachter* § 4 Rz 1).

3   Der zwischen dem Ausbildenden und dem Auszubildenden zu schließende Berufsausbildungsvertrag betrifft allein die **betriebliche Ausbildung.** Nur diese ist auch Gegenstand des BBiG. Die Ausbildung in den **Berufsschulen** ist in den Schulgesetzen der Länder geregelt, da diesen gem Art 30, 70 GG insoweit die Gesetzgebungskompetenz zusteht.

Die Berufsausbildung findet in den sog **Lernorten** statt. Gem § 2 Abs 1 BBiG sind Lernorte der betrieblichen Berufsbildung die Betriebe der Wirtschaft, vergleichbare Einrichtungen außerhalb der Wirtschaft, insbes des öffentlichen Dienstes, der Angehörigen freier Berufe und in Haushalten. Die schulische Berufsbildung findet in den berufsbildenden Schulen und die außerbetriebliche in sonstigen Berufsbildungseinrichtungen außerhalb der schulischen und betrieblichen Berufsbildung statt. Diese Lernorte sollen bei der Berufsbildung zusammenwirken (Lernortkooperation) vgl § 2 Abs 2 BBiG.

Neben der (betrieblichen) Berufsausbildung regelt das BBiG gem § 1 Abs 1 BBiG die **berufliche Fortbildung** und die **berufliche Umschulung.** Einzelheiten s *Fortbildung* und *Umschulung.* Abzugrenzen hiervon sind sonstige Vertragsverhältnisse, bei denen Personen eingestellt werden, um berufliche Kenntnisse, Fertigkeiten, Fähigkeiten oder Erfahrungen zu erwerben, ohne dass es sich um eine Berufsausbildung handelt. Insofern kann ein normaler Arbeitsvertrag oder ein **besonderer Ausbildungsvertrag** abgeschlossen werden, welcher sich nur dadurch vom Arbeitsverhältnis unterscheidet, dass bei ihm der Ausbildungszweck im Vordergrund steht. Auf einen solchen besonderen Ausbildungsvertrag finden die vertragsrechtlichen Vorschriften der §§ 10–23 und 25 des BBiG mit den Maßgaben des § 26 BBiG Anwendung. Keine Anwendung findet die Vorschrift über die Weiterarbeit gem § 24 BBiG. Somit kann die einfache Weiterarbeit in einem „anderen Vertragsverhältnis" über das vertraglich vereinbarte Ende hinaus kein Arbeitsverhältnis auf unbestimmte Zeit begründen. Solch ein Weiterbeschäftigungsanspruch erscheine in Abwägung mit den Interessen der Vertragspartner als nicht angemessen (BT-Drs 15/3980 S 47). Zu nennen sind insbes **Praktikanten und Volontäre** (zu den Begriffen s *Praktikant* Rz 1 ff). Das Vertragsverhältnis von Praktikanten und Volontären ist im Regelfall als **besonderes Ausbildungsverhältnis im Sinne des § 26 BBiG** einzustufen mit der Folge, dass §§ 10–23 und 25 mit den in § 26 BBiG vorgesehenen Modifikationen ebenso Anwendung finden wie über § 10 Abs 2 BBiG das übrige Arbeitsrecht. Nach umstrittener Rspr des BAG soll § 26 BBiG jedoch nicht anwendbar sein, wenn das Praktikum voll in ein Studium integriert ist (BAG 19.6.74 – 4 AZR 436/73, DB 74, 1920; Näheres s *Praktikant*). Von vornherein kommt die Anwendung von § 26 BBiG nicht in Betracht, wenn es an jeglicher Verpflichtung zur Mitwirkung am arbeitstechnischen Zweck des Betriebes fehlt, so dass man noch nicht von einer „Einstellung" iSd Vorschrift sprechen kann (so BAG 17.7.07 – 9 AZR 1031/06, NZA 08, 416 für eine Tätowier- und Piercingschulung). Vergleichbare Abgrenzungsprobleme stellen sich bei Trainees, Diplomanden und Doktoranden (dazu *Natzel* BB 2011, 1589).

Schließlich ist vom Ausbildungsverhältnis das in § 1 Abs 2 BBiG ausdrücklich erwähnte **Berufsausbildungsvorbereitungsverhältnis** zu unterscheiden, das der Heranführung lernbeeinträchtigter oder sozial benachteiligter Personen an einen Ausbildungsberuf dient (vgl dazu *Natzel* DB 03, 719). 4

3. Anwendungsbereich. Hinsichtlich des **betrieblichen Geltungsbereiches** regelt das BBiG grds die Berufsausbildung in allen Berufs- und Wirtschaftszweigen. Ausgenommen sind gem § 3 Abs 2 Nr 2 BBiG öffentlich-rechtliche Dienstverhältnisse. Erfasst werden von dieser Vorschrift nur **Beamten- oder Soldatenverhältnisse,** nicht jedoch die Ausbildung im öffentlichen Dienst für Angestellte oder Arbeiter (*Schaub* § 173 Rn 14). § 3 Abs 2 Nr 1 BBiG stellt in Ergänzung zu § 2 Abs 2 BBiG aF klar, dass das BBiG keine Anwendung auf die Berufsbildung, die in berufsqualifizierenden oder vergleichbaren Studiengängen an **Hochschulen** auf der Grundlage des Hochschulrahmengesetzes und der Hochschule der Länder durchgeführt wird, findet. In Bezug auf **duale Studiengänge** ist zu unterscheiden: Bei sog ausbildungsintegrierten Studiengängen wird neben dem Studienabschluss auch ein Ausbildungsverhältnis begründet, auf welches das BBiG Anwendung findet. Bei sog praxisintegrierten Studiengängen ist dies dagegen nicht der Fall; eine Überprüfung der hier abzuschließenden Ausbildungsverträge erfolgt nur nach den allgemeinen Vorschriften, insbes dem AGB-Recht (vgl hierzu *Koch-Rust/Rosentreter* NZA 13, 879). Die Ausbildung zu **Heil- und Heilhilfsberufen** ist in dem Gesetz über die Berufe in der Krankenpflege (Krankenpflegegesetz – KrPflG) vom 4.6.85 (BGBl I 85, 893) geregelt. Zu weiteren spezialgesetzlichen Regelungen s den Überblick bei MünchArbR/*Natzel* § 177 Rz 85 ff. Bedingt durch die Neuregelung der zuständigen Stellen, entfällt eine wie früher in den §§ 73–75a BBiG aF vorhandene Bereichsabgrenzung. Diese Regelungen wurden in § 3 Abs 3 BBiG integriert und normieren den Geltungsbereich für das **Handwerk.** Maßgebliche Ordnung für die Berufsausbildung im Handwerk bleibt die Handwerksordnung, jedoch mit dem Unterschied, dass diese nunmehr für alle Berufe im Handwerk (dh sowohl zulassungspflichtige, zulassungsfreie Handwerke als auch handwerksähnliche Gewerbe) gilt (BT-Drs 15/3980 S 43). 5

Räumlich gilt das BBiG auf dem gesamten Gebiet der Bundesrepublik einschließlich der neuen Bundesländer. Im Zuge der Reform wurde das BerBiFG integriert, welches neben Vorschriften über Planung und Statistik insbes die Aufgabenstellung des **Bundesinstitutes für Berufsbildung** regelt. Dieses hat vor allem an der Vorbereitung von Ausbildungsordnungen mitzuwirken und führt das Verzeichnis der anerkannten Ausbildungsberufe.

II. Begründung des Ausbildungsverhältnisses. 1. Abschluss des Ausbildungsvertrages. Das Ausbildungsverhältnis wird durch den Abschluss eines Berufsausbildungsvertrages begründet. Dies ist der Vertrag zwischen Ausbildendem und Auszubildendem, durch den sich der Ausbildende zum Ausbilden in einem bestimmten Ausbildungsberuf und der Auszubildende zum Lernen in diesem Ausbildungsberuf verpflichtet (ErfK/*Schlachter* § 10 Rz 3). **Vertragspartner** des Ausbildungsvertrages sind demnach der Auszubildende und der Ausbildende. Vom Ausbildenden zu unterscheiden ist der sog Ausbilder. Ausbilder ist, wer vom Ausbildenden ausdrücklich mit der Ausbildung beauftragt ist (§ 14 Abs 1 Nr 2 BBiG). Der Ausbildende hat die Bestellung von Ausbildern gegenüber der zuständigen Stelle anzuzeigen (§ 36 Abs 2 Nr 2 BBiG). In Kleinbetrieben sind Ausbilder und Ausbildender regelmäßig identisch; wird ein Ausbilder gesondert beauftragt, so ist dieser nicht Vertragspartner des Ausbildungsvertrages. Näheres s *Ausbilder*. 6

Nunmehr regelt § 10 Abs 5 BBiG die in der Praxis bereits häufig durchgeführte Bildung sog Ausbildungsverbunde (§ 10 Abs 5 BBiG). Demzufolge können mehrere natürliche oder juristische Personen in einem Ausbildungsverbund zur Erfüllung ihrer vertraglichen Pflichten zusammenwirken, soweit die Verantwortlichkeit für die einzelnen Ausbildungsabschnitte sowie für die Ausbildungszeit sichergestellt ist **(Verbundsausbildung).** Das vollständige Ausbildungspotenzial soll somit genutzt und zugleich eine breit angelegte Berufsausbildung gesichert werden. Auch wenn im Rahmen der Verbundsausbildung mehrere Betriebe bei der

72   Ausbildungsverhältnis

Berufsausbildung mitwirken, wird lediglich ein Berufsbildungsvertrag gem § 10 Abs 1 BBiG mit dem Ausbildenden geschlossen (aA *Opolony* BB 05, 1050, 1051). § 10 Abs 5 BBiG spricht von der Erfüllung schon begründeter vertraglicher Pflichten. Seine gesetzliche Fixierung soll den Stellenwert der Verbundausbildung hervorheben (BT-Drs 15/4752 S 35) und mithin keine neue Art des Berufsausbildungsvertrages begründen. Vertragspartei ist die natürliche oder juristische Person, die mit dem Auszubildenden den Ausbildungsvertrag geschlossen hat (*Natzel* DB 05, 610, 611).

Im Falle einer **Stufenausbildung,** die nunmehr als Regelfall der geordneten Ausbildung anerkannt ist (§ 5 Abs 2 Nr 1 BBiG), wurden die Möglichkeiten zum Abschluss von Kurzverträgen, die sich lediglich auf eine Stufe beziehen, aufgehoben. Der Berufsausbildungsvertrag muss sich daher auf alle Stufen erstrecken (*Taubert* NZA 05, 503, 504; zur Kündigung der Stufenausbildung Rz 43).

7   Gem § 10 Abs 2 BBiG gelten für den Berufsausbildungsvertrag grds die **arbeitsrechtlichen Rechtsvorschriften** und Rechtsgrundsätze, soweit sich nicht aus dessen Wesen und Zweck und dem BBiG etwas anderes ergibt. Ob sich daraus ergibt, dass das Ausbildungsverhältnis als Arbeitsverhältnis einzustufen ist, ist sehr streitig (dagegen BAG 20.8.03 – 5 AZR 436/02, NZA 04, 205; 21.9.11 – 7 AZR 375/10, NZA 12, 255; zum Meinungsstand MünchArbR/*Natzel* § 177 Rz 145). Entschärft wird die Problematik, weil in einer Vielzahl von Gesetzen Auszubildende ArbN ausdrücklich gleichgestellt werden (§§ 5 Abs 1 BetrVG; 4 BPersVG, 2 BUrlG, 15 ArbPlSchG, 1 EWG-AufenthaltsG, 17 BetrAVG, 1 VermBG, 5 ArbGG, 1 Abs 2 EFZG).

8   Ist der **Auszubildende minderjährig,** so wird er durch seinen gesetzlichen Vertreter vertreten (BAG 29.5.69, DB 69, 1704). Der Vormund bedarf zum Abschluss eines Berufsausbildungsvertrages gem § 1822 Nr 6 BGB der Genehmigung durch das Vormundschaftsgericht. Schließen Eltern mit ihrem Kind einen Berufsausbildungsvertrag, so sind sie vom Verbot des § 181 BGB befreit (§ 10 Abs 3 BBiG). Eine Ermächtigung des Minderjährigen gem § 113 BGB zum Abschluss eines Ausbildungsvertrages kommt im Hinblick auf die Eigenart des Ausbildungsverhältnisses und den notwendigen Schutz des Minderjährigen nicht in Betracht (*Leinemann/Taubert* § 10 Rz 19).

9   **2. Form.** Der Abschluss des Berufsausbildungsvertrages ist **formfrei** möglich. Allerdings ist der Ausbildende gem § 11 Abs 1 BBiG verpflichtet, den wesentlichen Inhalt des Vertrages spätestens vor Beginn der Berufsausbildung **schriftlich niederzulegen.** Die Schriftform hat deklaratorische Bedeutung und soll den Vertragsparteien jederzeit eine Orientierung über die wechselseitigen Rechte und Pflichten erlauben (*Schaub* § 174 Rz 9). Verstöße gegen das Schriftformgebot führen nicht zur Nichtigkeit des Berufsausbildungsvertrags (BAG 21.8.97 – 5 AZR 713/96, NZA 98, 37). Der **Mindestinhalt der Niederschrift** ergibt sich aus § 11 Abs 1 BBiG. Danach muss diese mindestens Angaben enthalten über Art, sachliche und zeitliche Gliederung sowie Ziel der Berufsausbildung, insbes die Berufstätigkeit, für die ausgebildet werden soll, Beginn und Dauer der Berufsausbildung, Ausbildungsmaßnahmen außerhalb der Ausbildungsstätte, Dauer der regelmäßigen täglichen Ausbildungszeit, Dauer der Probezeit, Zahlung und Höhe der Vergütung, Dauer des Urlaubs, Voraussetzungen, unter denen der Berufsausbildungsvertrag gekündigt werden kann, und – in allgemeiner Form gehaltenen – über die Tarifverträge, Betriebs- oder Dienstvereinbarungen, die auf das Berufsausbildungsverhältnis anzuwenden sind. Die Niederschrift ist von dem Ausbildenden, dem Auszubildenden und dessen gesetzlichem Vertreter zu unterzeichnen; jedem der Unterzeichner ist unverzüglich eine Niederschrift auszuhändigen (§ 11 Abs 2, 3 BBiG). Diese Regelungen gelten für Änderungen des Berufsausbildungsvertrages entsprechend (§ 11 Abs 4 BBiG).

10   Der Ausbildungsvertrag und mögliche Änderungen sind ihrem wesentlichen Inhalt nach in das von der zuständigen Stelle geführte **Berufsausbildungsverzeichnis** einzutragen. Der Ausbildende hat den Vertrag gebührenfrei zur Eintragung anzumelden (§§ 34 ff BBiG). Die Eintragung ist grds Voraussetzung für die Zulassung des Auszubildenden zur Abschlussprüfung (§ 43 BBiG). Die jeweils „zuständigen Stellen" ergeben sich aus § 71 BBiG. Es sind die jeweiligen Kammern oder Innungen. Der Verstoß gegen die Pflicht zur schriftlichen Vertragsniederlegung oder die Verpflichtung zur Eintragung in das Verzeichnis machen den Ausbildungsvertrag nicht unwirksam. Diese Verpflichtungen sind jedoch gem § 102 Abs 1 Nr 1

iVm Abs 2 BBiG mit einem Bußgeld iHv bis zu 1000 € bewehrt; außerdem kann sich der Ausbildende schadensersatzpflichtig machen; nach vorheriger Abmahnung kann dem Auszubildenden ein Recht zur außerordentlichen Kündigung zustehen (*Schaub* § 174 Rz 10).

3. Berechtigung zur Einstellung. Einen Auszubildenden **einstellen** darf nur, wer **persönlich geeignet** ist (§ 28 Abs 1 Satz 1 BBiG). Persönlich nicht geeignet ist insbes, wer wiederholt und schwer gegen die Vorschriften des BBiG oder die auf Grund dieses Gesetzes erlassenen Vorschriften und Bestimmungen verstoßen hat sowie wer Kinder und Jugendliche nicht beschäftigen darf. Das Verbot der Beschäftigung Kinder und Jugendlicher bezieht sich vor allem auf § 25 JArbSchG, wonach die rechtskräftige Verurteilung wegen der im Einzelnen aufgezählten Straftaten ein Beschäftigungsverbot für Jugendliche nach sich zieht. **Ausbilden** darf nur, wer neben der persönlichen auch über die notwendige **fachliche Eignung** verfügt (§ 28 Abs 2 BBiG). Dies gilt für den Ausbildenden, welcher selbst ausbildet, genauso wie für einen vom Ausbildenden beauftragten Ausbilder. Einzelheiten zur fachlichen Eignung s *Ausbilder* Rz 3–4. 11

Schließlich muss der **Betrieb** des Ausbildenden nach Art und Einrichtung für die Berufsausbildung **geeignet** sein und die Zahl der Auszubildenden in einem angemessenen Verhältnis zu der Zahl der Ausbildungsplätze oder der Zahl der beschäftigten Fachkräfte stehen (§ 27 Abs 1 BBiG). Entgegen der Vorgängernorm (§ 22 Abs 2 BBiG aF) verzichtet § 27 Abs 2 BBiG auf die Formulierung, dass die Kooperation mehrere Betriebe zur Überwindung eines Mangels genutzt werden kann. Damit soll verdeutlicht werden, dass sog Verbundausbildungen nicht lediglich einen Mangel heilen, sondern sich ihrer Verantwortung für mehr Ausbildungsplätze und für eine moderne, den qualitativen Anforderungen entsprechende Berufsausbildung stellen (BT-Drs 15/3980 S 77). 12

Die persönliche, fachliche und betriebliche Eignung werden durch die zuständigen Stellen **überwacht,** § 32 BBiG. Werden die Voraussetzungen der §§ 27–30 BBiG nicht erfüllt, so ist der Ausbildungsvertrag nicht nichtig. Dem Ausbildenden kann allerdings gem § 33 BBiG die Einstellung und Ausbildung untersagt werden. Die Einstellung oder Ausbildung eines Auszubildenden trotz Fehlens der persönlichen oder fachlichen Eignung ist gem § 102 Abs 1 Nr 5 iVm Abs 2 BBiG mit einem Bußgeld bis zu 5000 € bewehrt. Daneben kann sich der Ausbildende schadensersatzpflichtig machen; der Auszubildende kann unter Umständen fristlos kündigen (LAG Stuttgart 28.2.55, AP Nr 1 zu § 77 HGB; *Leinemann/Taubert* § 22 Rz 87). 13

Beispiel: Der Beklagte, der eine Drogerie betreibt, stellt den Kläger als Verkaufsauszubildenden ein, obwohl nach der Auffassung der zuständigen Industrie- und Handelskammer in Drogerien nur Drogisten, nicht aber Verkäufer ausgebildet werden dürfen. Gegen die Weigerung der Industrie- und Handelskammer, das Berufsausbildungsverhältnis in das Verzeichnis der Berufsausbildungsverhältnisse einzutragen, unternahm der Beklagte nichts und setzte das Ausbildungsverhältnis fort. Das LAG Stuttgart (28.5.55, AP Nr 1 zu § 77 HGB) hielt in diesem Fall die fristlose Kündigung seitens des Auszubildenden für berechtigt. Daneben haftet der Beklagte gegenüber dem Auszubildenden für den Schaden, der dieser dadurch erleidet, dass er im Hinblick auf den Abschluss des abgebrochenen Ausbildungsvertrages einen anderen Ausbildungsvertrag mit einem geeigneten Auszubildenden erst zu einem späteren Zeitpunkt abgeschlossen hat.

III. Inhalt des Ausbildungsverhältnisses. 1. Dauer des Ausbildungsverhältnisses. Gem § 5 Abs 2 Nr 2 BBiG soll die Ausbildungsdauer **nicht mehr als drei und nicht weniger als zwei Jahre** betragen. Im Übrigen ergibt sich die konkrete Ausbildungszeit aus der jeweiligen Ausbildungsordnung. Die zuständige Stelle kann gem § 8 Abs 1, 2 BBiG die Ausbildungszeit im Einzelfall **verkürzen oder verlängern,** um die individuellen Begabungen und Fähigkeiten zu berücksichtigen. Die Ausbildungszeit ist auf gemeinsamen Antrag dann zu verkürzen, wenn zu erwarten ist, dass der Auszubildende das Ausbildungsziel in der gekürzten Zeit erreicht. Wie bisher ist eine Verkürzung der Ausbildungszeit im Gesamten möglich. Darüber hinaus ermöglicht nunmehr § 8 Abs 1 Satz 2 BBiG eine Verkürzung der Ausbildungszeit durch Verringerung der täglichen oder wöchentlichen Ausbildungszeit (sog **Teilzeitausbildung**). Voraussetzung hierfür ist ein berechtigtes Interesse. Dieses kann zB durch die Betreuung eines Kindes oder eines pflegebedürftigen Angehörigen begründet sein. Darüber hinaus dürften auch wirtschaftliche Interessen wie die Fortführung einer Berufstätigkeit oder eines Studiums den Anforderungen des berechtigten Interesses genügen (*Opo-* 14

72 Ausbildungsverhältnis

lony BB 05, 1050). Liegt ein solches vor, so besteht bei Einvernehmen der Parteien ein Anspruch gegenüber der zuständigen Stelle auf Teilzeitberufsausbildung. Unklar ist, ob auch ein berechtigtes Interesse des Ausbilders einen Anspruch auf Teilzeitausbildung auslösen kann. Wortlaut und Gesetzeszweck stehen dem nicht entgegen (vgl auch *Opolony* BB 05, 1050). Darüber hinaus sind die Interessen des Auszubildenden ausreichend durch das gemeinsame Antragserfordernis geschützt.

Eine Verlängerung kann die zuständige Stelle auf Antrag des Auszubildenden dann aussprechen, wenn die Verlängerung erforderlich ist, um das Ausbildungsziel zu erreichen. Zudem verlängert sich gem § 21 Abs 3 BBiG das Ausbildungsverhältnis auf Verlangen des Auszubildenden, wenn dieser die **Abschlussprüfung nicht bestanden** hat, bis zur nächstmöglichen Wiederholungsprüfung, höchstens jedoch um ein Jahr. Der Ausbildende hat die Verlängerung sogar dann hinzunehmen, wenn mit Sicherheit zu erwarten ist, dass der Auszubildende die Wiederholungsprüfung nicht bestehen wird (LAG Hamm 14.7.76, DB 77, 126). Besteht der Auszubildende die erste Wiederholungsprüfung nicht, verlängert sich das Berufsausbildungsverhältnis auf sein Verlangen nochmals bis zur weiteren Wiederholungsprüfung, allerdings nur, wenn diese noch innerhalb der Höchstfrist von einem Jahr gem § 21 Abs 3 BBiG abgelegt wird (BAG 15.3.2000 – 5 AZR 622/98, DB 2000, 1623). Kann der Auszubildende wegen Krankheit an der (ersten) Prüfung nicht teilnehmen, gilt § 21 Abs 3 BBiG entsprechend (BAG 30.9.98 – 5 AZR 58/98, NZA 99, 434). Schließlich ergibt sich eine Verlängerung des Ausbildungsverhältnisses aus § 6 Abs 3 ArbPlSchG bei einer **Einberufung zum Grundwehrdienst oder zu einer Wehrübung** um die Dauer dieser Zeit.

15 Neben der individuellen Verkürzung der Ausbildungszeit besteht zudem die Möglichkeit der **Anrechnung beruflicher Vorbildungszeiten durch Rechtsverordnung**. Gem § 7 Abs 1 BBiG kann die Landesregierung nach Anhörung des Landesausschusses für Berufsbildung in einer Rechtsverordnung festlegen, dass der Besuch eines Bildungsganges berufsbildender Schulen oder die Berufsausbildung in einer sonstigen Einrichtung ganz oder teilweise angerechnet werden kann. Somit obliegt die Verantwortung der Anrechnung nunmehr den Ländern und nicht wie bisher dem Bund (vgl § 29 Abs 1 BBiG aF und den Nachweis einzelner Verordnungen bei *Leinemann/Taubert* § 7 Rz 15). Entgegen der in § 29 BBiG aF geregelten zwingenden Anrechnungsvorschrift bedarf die Anrechnung gem § 7 Abs 2 BBiG eines von Auszubildenden und Ausbilder gemeinsam gestellten Antrages.

16 **2. Maßgeblichkeit der Ausbildungsordnungen.** Gem § 4 Abs 1 BBiG kann das Bundesministerium für Wirtschaft oder das sonst zuständige Fachministerium im Einvernehmen mit dem Bundesministerium für Bildung und Forschung durch Rechtsverordnung, die nicht der Zustimmung des Bundesrats bedarf, Ausbildungsberufe staatlich anerkennen. Diese **Anerkennung neuer Ausbildungsberufe** wurde durch den Verzicht, dass sie zur Anpassung an die technischen, wirtschaftlichen und gesellschaftlichen Erfordernisse und Entwicklungen zu erfolgen habe (§ 25 BBiG aF), erheblich erleichtert. Für staatlich anerkannte Ausbildungsberufe sind ebenfalls durch Rechtsverordnung Ausbildungsordnungen zu erlassen. Für einen anerkannten Ausbildungsberuf darf ausschließlich nach der jeweiligen Ausbildungsordnung ausgebildet werden (§ 4 Abs 2 BBiG).

17 Beibehalten wurde das Erfordernis, die durch Rechtsverordnung anerkannten Berufe mittels einer Ausbildungsordnung gem § 5 Abs 1 BBiG zu regeln und nach dieser auszubilden. Gem § 5 Abs 1 BBiG hat die Ausbildungsordnung als **Mindestinhalt** folgende Feststellungen zu treffen: Die Bezeichnung des Ausbildungsberufs, die Ausbildungsdauer, die beruflichen Fertigkeiten, Kenntnisse und Fähigkeiten, die mindestens Gegenstand der Berufsausbildung sind (Ausbildungsberufsbild), eine Anleitung zur sachlichen und zeitlichen Gliederung der Vermittlung der beruflichen Fähigkeiten, Kenntnisse und Fertigkeiten (Ausbildungsrahmenplan) und die Prüfungsordnungen. Daneben findet sich nunmehr in § 5 Abs 2 Nr 1–7 BBiG eine **abschließende** enumerative Aufzählung von Ausbildungsinhalten, deren Regelung ins **Ermessen des Verordnungsgebers** gestellt werden. Demnach kann die Ausbildungsordnung Regelungen über die Stufenausbildung, die gestreckte Abschlussprüfung, die Anrechnung einer bereits zurückgelegten Ausbildungszeit abweichend von § 4 Abs 4 BBiG, die Anrechnung anderweitiger Ausbildungen, die Vermittlung zusätzlicher Kenntnisse, Fertigkeiten und Fähigkeiten, die überbetriebliche Ausbildung und den Ausbildungsnachweis enthalten. Hinsichtlich der Stufenausbildung, der gestreckten Ausbildung und der Anrechnung anderweitiger Ausbildung ist der Ordnungsgeber aufgefordert, stets zu überprüfen, ob diese Regelungen sinnvoll und möglich sind, vgl § 5 Abs 2 Satz 2 BBiG. Entgegen § 48 aF BBiG stellt § 64 BBiG nunmehr klar, dass behinderte Menschen grds gem den allgemein gültigen Vorschriften ausgebildet werden müssen, so dass der Ausschließlichkeitsgrundsatz gem § 4 Abs 1, 2 BBiG auch in diesem Berufsausbildungsverhältnis Anwendung findet.

Ein **Verzeichnis der anerkannten Ausbildungsberufe** wird gem § 90 BBiG vom Bundesinstitut für Berufsbildung geführt und jährlich im Bundesanzeiger veröffentlicht. **18**

3. Pflichten des Ausbildenden. a) Ausbildung. Der Ausbildende hat gem § 14 Abs 1 **19** Nr 1 BBiG dafür zu sorgen, dass dem Auszubildenden die Handlungsfähigkeit vermittelt wird, die zum Erreichen des Ausbildungszieles erforderlich ist, und die Berufsausbildung in einer durch ihren Zweck gebotenen Form planmäßig, zeitlich und sachlich gegliedert so durchzuführen, dass das Ausbildungsziel in der vorgesehenen Ausbildungszeit erreicht werden kann. Wenn der Ausbildende selbst nicht fachlich zur Ausbildung geeignet ist, hat er hierfür einen Ausbilder zu beauftragen (Näheres s *Ausbilder*).

Die Ausbildung erschöpft sich nicht in der **Vermittlung des Prüfungsstoffes** für die **20** Abschlussprüfung. Gleichwertig tritt daneben der Zweck, den Auszubildenden mit den täglichen Betriebsabläufen möglichst wirklichkeitsnah vertraut zu machen (*Leinemann/Taubert* § 14 Rz 7). Deshalb können dem Auszubildenden alle im Rahmen des Berufsbildes üblichen Arbeiten übertragen werden, soweit sie letztlich dem Ausbildungszweck dienen und die körperlichen Kräfte des Auszubildenden nicht übersteigen (§ 14 Abs 2 BBiG).

Nicht übertragen werden dürfen dem Auszubildenden grds Besorgungen oder sonstige **21 berufsfremde Tätigkeiten.** Vom Ausbildungszweck gedeckt sind dagegen übliche Wartungs-, Pflege- und Reinigungsarbeiten, da diese zu den notwendig anfallenden Tätigkeiten gehören und der Auszubildende auch lernen soll, sich in den normalen Betriebsablauf einzufinden (*Schaub* § 174 Rz 45). Neben der eigentlichen fachlichen Ausbildung soll der Ausbildende auch dafür sorgen, dass der Auszubildende **charakterlich gefördert** wird (§ 14 Abs 1 Nr 5 BBiG).

Diese **Erziehungspflicht** ist durch den Zweck der Berufsausbildung und die darin lie- **22** gende fachliche Zielsetzung begrenzt. Der Ausbildende soll also nicht auf die Gesamtpersönlichkeit einwirken. Insbes ist es unzulässig, Einwirkungen auf den religiösen Glauben des Auszubildenden auszuüben (BVerwG 9.11.62, DB 63, 521) oder ihm den Beitritt zu einer Gewerkschaft zu verbieten.

Ausbildungsmittel, insbes Werkzeuge und Werkstoffe, die der Auszubildende für die **23** Ausbildung und zum Ablegen von Zwischen- und Abschlussprüfungen benötigt, sind diesem **kostenlos** zur Verfügung zu stellen (§ 14 Abs 1 Nr 3 BBiG). Zu den vom Ausbildenden zu bezahlenden Ausbildungsmitteln zählen nicht die allein für den schulischen Teil der Ausbildung notwendigen **Fachbücher.** Dies folgt aus dem dualen System der Berufsausbildung; deshalb kann der ArbGeb nur verpflichtet sein, die für seinen Teil der Ausbildung, die betriebliche Ausbildung, notwendigen Ausbildungsmittel zur Verfügung zu stellen (*Schaub* § 174 Rz 47; wohl auch BAG 16.12.76, DB 77, 1418). An den im Rahmen des Ausbildungsverhältnisses hergestellten **Ausbildungsstücken** erhält der ArbGeb das Eigentum; ob dies auch für **Prüfungsstücke** gilt, ist streitig. Das BAG entscheidet nach den Umständen des Einzelfalles, wobei es auf die Art des Handwerks, das Verhältnis von Werkstoffaufwand zum Wert des Gesellenstückes, die Üblichkeit und etwaige Vereinbarungen der Parteien ankommen soll (BAG 3.3.60, DB 60, 643).

Die **Verletzung der Ausbildungspflicht** ist für den Ausbildenden gem § 102 BBiG **24** bußgeldbewehrt. Gem § 33 BBiG droht die Entziehung der Befugnis zur Einstellung und Ausbildung. Nach erfolgter Abmahnung kann der Auszubildende je nach den Umständen des Einzelfalles fristlos kündigen. Zudem macht sich der Ausbildende gegenüber dem Auszubildenden **schadensersatzpflichtig.** Ein Schadensersatzanspruch setzt regelmäßig einen gescheiterten Prüfungsversuch voraus, woran es bei vorzeitigem Abbruch der Ausbildung durch den Auszubildenden fehlt. In diesem Fall muss der Auszubildende substantiiert darlegen und beweisen, dass er das vereinbarte Berufsziel bei hypothetischer Fortsetzung des Ausbildungsverhältnisses nicht erreicht hätte (LAG Köln 30.10.98 – 11 Sa 180/98, NZA 99, 317). Darüber hinaus hat sich der Auszubildende ein **Mitverschulden** gem § 254 BGB anrechnen zu lassen, wenn er sich nicht hinreichend um die Ausbildung bemüht hat. Dieses

72 Ausbildungsverhältnis

Mitverschulden hat der Ausbildende substantiiert darzulegen; die pauschale Behauptung, das Versagen in der Prüfung sei Folge einer (mehrmonatigen) Fehlzeit oder von Faulheit, genügt nicht (BAG 10.6.76, DB 76, 2216). Die Höhe des Schadens bemisst sich nach der Differenz der gezahlten Vergütung zu dem Einkommen, das der Auszubildende nach bestandener Prüfung verdienen könnte (*Schaub* § 174 Rz 43).

Beispiel: Nach BAG 10.6.76, DB 76, 2216: Der Kläger machte bei dem Beklagten eine Lehre als Industriekaufmann. Bei der Abschlussprüfung erhielt er in den Fächern „kaufmännisches Rechnen" und „Buchführung" die Note ungenügend, fiel durch und bestand die Wiederholungsprüfung ein halbes Jahr später. Der Kläger wurde während seiner Ausbildungszeit kaum mit buchhalterischen Aufgaben betraut. Der Ausbildende wurde hier vom BAG zum Schadensersatz verurteilt. Der Schaden besteht in der Einkommensdifferenz, die der Kläger in dem halben Jahr als Kaufmannsgehilfe mehr verdient hätte, wenn er ohne Verzögerung die Prüfung bestanden hätte. Die Behauptung des für den Beklagten tätigen Ausbilders der Kläger wäre faul gewesen und hätte an 159 Ausbildungstagen gefehlt, steht nach Einschätzung des BAG weder der Kausalität der festgestellten Ausbildungsmängel für den Misserfolg des Klägers entgegen, noch kann aus diesem Einwand ein mitwirkendes Verschulden des Klägers hergeleitet werden.

25   **b) Schulbesuch.** Der Ausbildende hat den Auszubildenden zum Besuch der Berufsschule sowie zum Führen von Berichtsheften anzuhalten, soweit solche im Rahmen der Berufsausbildung verlangt werden, und diese durchzusehen (§ 14 Abs 1 Nr 4 BBiG). Mit dieser Verpflichtung des Ausbildenden korrespondiert ein **Kontrollrecht** über die wirkliche Teilnahme des Auszubildenden am Berufsschulunterricht. Gem § 15 BBiG hat der Ausbildende den Auszubildenden unter Fortzahlung der Vergütung für die Teilnahme am **Berufsschulunterricht** und an **Prüfungen freizustellen.** Auch wenn die Erledigung im Betrieb anfallender Arbeiten noch so dringend erscheint, hat der Ausbildende grds kein Recht, eine Beurlaubung von der Schulpflicht zu erreichen (BAG 26.3.01 – 5 AZR 413/99, NZA 01, 892). Für die Zeit der Freistellung hat der Auszubildende keinen Anspruch auf Erstattung der Fahrtkosten zur Berufsschule oder auf Freizeitausgleich wegen der Wegezeit (BAG 11.1.73, DB 73, 831; LAG Frankfurt 9.12.87, BB 88, 631; *Schaub* § 174 Rz 52).

26   **c) Vergütung. aa) Allgemeines.** Gem § 17 Abs 1 BBiG hat der Ausbildende dem Auszubildenden eine angemessene Vergütung zu gewähren. Die Vergütung bemisst sich grds nach Monaten und ist für den laufenden Kalendermonat spätestens am letzten Arbeitstag des Monats zu zahlen (§ 18 BBiG). Die Vergütung soll den Auszubildenden eine finanzielle Hilfe zur Durchführung der Berufsausbildung sein, sie dient zugleich der Heranbildung eines qualifizierten Nachwuchses und der Entlohnung der vom Auszubildenden geleisteten Arbeit (BAG 12.3.62, DB 62, 741; *Schaub* § 174 Rz 60 ff).

27   Wegen dieses Mischcharakters ist sie **nicht als Arbeitsentgelt einzustufen** (BAG 20.10.83, DB 84, 1306; *Wohlgemuth/Pieper* § 17 Rz 2). Nach hM zählt der Anspruch auf Vergütung zu den „Erziehungsgeldern" iSd § 850a Nr 6 ZPO; er ist damit nur beschränkt pfändbar und gem § 400 BGB nicht abtretbar (*Schaub* § 174 Rz 60; *Leinemann/Taubert* § 17 Rz 7).

28   Auch nach der Reform gibt das BBiG lediglich vor, dass die an die Auszubildenden zu zahlende Vergütung **angemessen** zu sein hat (vgl ausführlich *Opolony* BB 2000, 510; *Litterscheid* NZA 06, 639). Um die angemessene Vergütungshöhe zu ermitteln, empfiehlt es sich, auch wenn die Parteien des Ausbildungsverhältnisses nicht tarifgebunden sind, von den vergleichbaren branchenüblichen tariflichen Sätzen auszugehen, da diese stets als angemessen anzusehen sind (BAG 18.6.80, DB 80, 2532; *Schaub* § 174 Rz 63). Jedenfalls bei einer mehr als 20%igen Unterschreitung der einschlägigen tariflichen Vergütung ist nach Auffassung des BAG Angemessenheit grds nicht mehr gegeben. Dies gilt auch dann, wenn dem Ausbildungsträger nur beschränkte finanzielle Mittel zugewiesen werden (BAG 19.2.08 – 9 AZR 1091/06, NZA 08, 828; 23.8.11 – 3 AZR 575/09, NZA 12, 211). Unterschreitungen sind dagegen denkbar, wenn das Ausbildungsverhältnis durch Zuschüsse der BA finanziert wird (BAG 22.1.08 – 9 AZR 999/06, NJW 08, 1833). Fehlen tarifliche Regelungen der Vergütung für bestimmte Berufe, so kann auf die Empfehlungen der Kammern oder Handwerksinnungen zurückgegriffen werden (BAG 16.7.13 – 9 AZR 784/11, NZA 13, 1202). Von den zuständigen Stellen **festgesetzte Mindestsätze** für die Ausbildungsvergütung haben nur den Charakter einer unverbindlichen Empfehlung; dagegen ist die zuständige Stelle nicht berechtigt, Mindestsätze verbindlich festzusetzen und die Eintragung eines Ausbildungsvertrages von der Anerkennung der von ihr festgelegten Mindestsätze abhängig zu

machen (BVerwG 26.3.81, NJW 81, 2209). Allerdings spricht bei einer Unterschreitung von Kammerempfehlungen um mehr als 20% eine Vermutung für Unangemessenheit (BAG 30.9.98 – 5 AZR 690/97, DB 99, 338 zu Empfehlungen einer Rechtsanwaltskammer; BAG 8.5.03 – 6 AZR 191/02, NZA 03, 1343).

Die Vergütung ist nach dem Lebensalter des Auszubildenden so zu bemessen, dass sie mit fortschreitender Berufsausbildung **mindestens jährlich ansteigt**. Besteht der Auszubildende vorzeitig eine Zwischenprüfung, so hat er auch schon Anspruch auf die für den folgenden Ausbildungsabschnitt vorgesehene Vergütung (ArbG Bochum 17.10.78, DB 79, 172; *Schaub* § 174 Rz 64). Dies gilt auch, wenn der erfolgreiche Besuch des Berufsgrundbildungsjahres oder einer Berufsfachschule angerechnet wird (BAG 8.12.82, DB 83, 1208; *Schaub* § 174 Rz 64). 29

Für die Zeit der Ausbildung nach nicht bestandener Abschlussprüfung **bis zur Wiederholungsprüfung** besteht grds kein Anspruch auf die erhöhte Vergütung für das vierte Ausbildungsjahr; diese ist nämlich im Allgemeinen nur für Ausbildungsberufe vorgesehen, die grds eine längere als eine dreijährige Ausbildungszeit vorschreiben (*Schaub* § 174 Rz 64; vgl auch unten Rz 43). 30

bb) **Mehrarbeit.** Gem § 10 Abs 3 BBiG aF war eine über die vereinbarte regelmäßige wöchentliche Ausbildungszeit hinausgehende Beschäftigung **besonders zu vergüten**. 1996 ist § 10 Abs 3 BBiG geändert worden; danach ist nunmehr an Stelle der Vergütung von Mehrarbeit der Ausgleich durch entsprechende Freizeit möglich. § 17 Abs 3 BBiG nF übernimmt dies ohne Änderung. Zur Bestimmung der angemessenen Entlohnung von Mehrarbeit konnte früher § 15 Abs 2 AZO (Zuschlag von 25%) entsprechend herangezogen werden. Nach der Abschaffung der Vorschrift durch das ArbZG bleiben als Anhaltspunkt für die angemessene Vergütung von Mehrarbeit nur die Bestimmungen über Mehrarbeitszuschläge in den (Mantel-)Tarifverträgen der jeweiligen Branche. Eine Mehrbeschäftigung von Auszubildenden ist nur dann zulässig, wenn auch der Ausbilder oder die von diesem bestellte Aufsichtsperson zur gleichen Zeit tätig ist (*Wohlgemuth/Pieper* § 17 Rz 17). 31

cc) **Vergütungsfortzahlung.** Die Ansprüche des Auszubildenden auf Vergütungsfortzahlung sind in § 19 BBiG geregelt. Danach hat der Auszubildende **zeitlich unbegrenzt** Anspruch auf Fortzahlung der Vergütung für die Zeiten, in denen er am Berufsschulunterricht und an Prüfungen teilnimmt. Für die Dauer von **sechs Wochen** ist die Vergütung fortzuzahlen, wenn sich der Auszubildende zur Berufsausbildung bereit hält, diese aber ausfällt (§ 19 Abs 1 Ziff 2a BBiG). Der Anspruch setzt voraus, dass der Auszubildende die Erfüllung seiner Pflichten ordnungsgemäß anbietet. Dies ist dann nicht der Fall, wenn der Auszubildende zB infolge von Glatteis, Schneeverwehungen, Überschwemmungen oder Verkehrshindernissen nicht zur Ausbildung erscheint (BAG 24.3.82, DB 82, 1883). Bietet der Auszubildende die Erfüllung seiner Pflichten ordnungsgemäß an, so besteht der Fortzahlungsanspruch bei allen Betriebsstörungen, die in den Risikobereich des Ausbildenden fallen (zB Krankheit des Auszubildenden). Hat der Ausbildende das Unterbleiben der Ausbildung zu vertreten, so besteht die Fortzahlungsverpflichtung gem § 326 BGB ohne zeitliche Begrenzung (*Schaub* § 174 Rz 71). 32

Auf den noch in § 12 BBiG aF vorhandenen Verweis auf die Vorschriften des EFZG wurde in § 19 BBiG wegen der ohnehin unmittelbaren Anwendbarkeit des Gesetzes verzichtet. Diese Änderung ist demzufolge systematischer Natur und ändert nichts an der bestehenden Verpflichtung des Ausbilders zur Vergütungsfortzahlung bei **unverschuldeter Krankheit** (s hierzu *Entgeltfortzahlung*). Der unverschuldeten Krankheit sind die Fälle gleichgestellt, in denen der Auszubildende infolge einer Maßnahme der medizinischen Vorsorge oder Rehabilitation, einer Sterilisation oder eines Abbruchs der Schwangerschaft durch einen Arzt an der Berufsausbildung nicht teilnehmen kann. 33

4. Pflichten des Auszubildenden. Die Hauptverpflichtung des Auszubildenden ergibt sich aus § 13 Abs 1 Satz 1 BBiG. Danach hat sich der Auszubildende zu bemühen, die berufliche Handlungsfähigkeit zu erwerben, die erforderlich ist, um das Ausbildungsziel zu erreichen. Nach der Gesetzesformulierung ist der folgende Pflichtenkatalog des § 13 Satz 2 Ziff 1–6 BBiG dieser Hauptpflicht untergeordnet. Zumindest die unter den Nr 4–6 aufgeführten Pflichten dienen jedoch weniger der Erreichung des Ausbildungszieles als den berechtigten Interessen des Ausbildenden. Im Einzelnen ist der Auszubildende verpflichtet, die 34

72   Ausbildungsverhältnis

ihm im Rahmen seiner Berufsausbildung aufgetragenen Verrichtungen sorgfältig auszuführen (Nr 1), an Ausbildungsmaßnahmen teilzunehmen, für die er nach § 15 BBiG freigestellt wird (Berufschulunterricht, Prüfungen, auswärtige Ausbildungsmaßnahmen) (Nr 2), und hat den Weisungen zu folgen, die ihm im Rahmen der Berufsausbildung erteilt werden (Nr 3).

35   Die **weiteren Pflichten,** die für die Ausbildungsstätte geltende Ordnung zu beachten (Nr 4), Werkzeug, Maschinen und sonstige Einrichtungen pfleglich zu behandeln (Nr 5) und über Betriebs- und Geschäftsgeheimnisse Stillschweigen zu wahren (Nr 6), dienen hauptsächlich den Interessen des Ausbildenden. Eine ausdrückliche Aufzählung dieser Verpflichtungen erscheint eigentlich überflüssig, da es sich hierbei um selbstverständliche Verpflichtungen aus der Treuepflicht handelt. So ergibt sich aus der Treuepflicht des Auszubildenden iVm § 10 Abs 2 BBiG ohne ausdrückliche gesetzliche Erwähnung ein Wettbewerbsverbot während der Dauer des Ausbildungsverhältnisses (BAG 20.9.06 – 10 AZR 439/05, NZA 07, 977; *Schaub* § 174 Rz 83).

36   **Verstößt der Auszubildende** gegen die ihm obliegenden Verpflichtungen, so kann der Ausbildende im Wiederholungsfalle nach erfolgter Abmahnung außerordentlich kündigen (dazu unten Rz 55 ff). Außerdem haftet der Auszubildende grds gem § 276 BGB für von ihm schuldhaft verursachte Schäden. Allerdings gelten gem § 3 Abs 2 BBiG die für den Arbeitsvertrag geltenden Rechtsgrundsätze und danach auch die Grundsätze der Rspr zur **Haftungsbegrenzung im Arbeitsverhältnis** (Näheres s *Arbeitnehmerhaftung*). Eine weitere Einschränkung der Haftung des Auszubildenden ergibt sich daraus, dass die an den Auszubildenden zu stellenden **Sorgfaltsanforderungen geringer** sind als diejenigen, die man an einen erwachsenen ArbN stellen muss, zumal den Ausbildenden eine erhöhte Verpflichtung zur Einweisung und Beaufsichtigung trifft (BAG 7.7.70 – 1 AZR 507/69, DB 70, 1886). Schließlich findet im Ausbildungsverhältnis eine Einschränkung der Haftung des Auszubildenden über die verstärkte Berücksichtigung des **Mitverschuldens des Ausbildenden** gem § 254 BGB statt. So hat es sich der Ausbildende als Mitverschulden anrechnen zu lassen, wenn ihm der unzuverlässige Charakter seines Auszubildenden bekannt ist und er gleichwohl zusätzliche Schutzmaßnahmen unterlässt (LAG Mainz 10.6.58, DB 58, 844). Das Gleiche gilt, wenn der Ausbildende die notwendige Anleitung eines im Umgang mit Maschinen und Werkzeugen noch ungeübten Auszubildenden unterlässt (LAG Brem 8.4.59, BB 59, 850). Neben den allgemeinen Haftungsgrundsätzen steht die **zusätzliche Haftung** des Auszubildenden bei vorzeitiger Beendigung des Ausbildungsverhältnisses gem § 23 Abs 1 BBiG (s dazu *Ausbildungsverhältnis* Rz 61–64). Allerdings wird es regelmäßig an einem messbaren Schaden des Ausbildenden fehlen.

37   **5. Nichtige Vereinbarungen.** Vereinbarungen, die den Auszubildenden für die Zeit nach Beendigung des Berufsausbildungsverhältnisses in der Ausübung seiner beruflichen Tätigkeit beschränken, sind nichtig (§ 12 Abs 1 Satz 1 BBiG). Die Vorschrift untersagt sämtliche Abreden, die den Auszubildenden in der Zeit nach der Ausbildung an der Verwertung seiner erlernten Fähigkeiten und Kenntnisse hindern (*Wohlgemuth/Lakies* § 12 Rz 8) oder auf sonstige Weise die Berufsfreiheit unverhältnismäßig einschränken (BAG 25.4.01 – 5 AZR 509/99, DB 01, 2300). Grds nichtig sind danach zB **Bleibeverpflichtungen** oder **Weiterarbeitsklauseln, Wettbewerbsverbote,** Vereinbarungen in dem Berufsausbildungsvertrag, wonach der Auszubildende drei Monate vor Beendigung des Berufsausbildungsverhältnisses anzeigen muss, dass er mit dem Ausbildenden nach dem Berufsausbildungsverhältnis kein Arbeitsverhältnis eingehen will (BAG 31.1.74, DB 74, 927), Vereinbarungen, die die Rückzahlung einer Gratifikation oder eines Darlehens davon abhängig machen, dass der Auszubildende vor einem bestimmten, nach dem Ende des Ausbildungsverhältnisses liegenden Termin nicht kündigt (BAG 25.4.01 – 5 AZR 509/99, DB 01, 2300; AP Nr 6 zu § 4 BBiG; *Leinemann/Taubert* § 12 Rz 12), ein mehr als drei Monate vor Ende des Ausbildungsverhältnisses erklärtes Verlangen gem § 78a Abs 2 BetrVG (BAG 15.1.80, DB 80, 1649; *Leinemann/Taubert* § 12 Rz 14).

38   Eine **Ausnahme** von dem Verbot des Satzes 1 ist in § 12 Abs 1 Satz 2 BBiG geregelt. Demnach kann sich der Auszubildende ohne Einschränkungen zum Abschluss eines Arbeitsverhältnisses verpflichten, **gleichgültig, ob befristet oder unbefristet.** Diese Verpflichtung kann anders als nach der Rechtslage vor dem 1.10.96 bis zu **sechs Monate** vor Beendigung des Ausbildungsverhältnisses eingegangen werden.

Ausbildungsverhältnis 72

Zulässig ist auch der Abschluss eines befristeten Arbeitsverhältnisses. Eines Sachgrundes iSd 39
§ 14 Abs 1 TzBfG bedarf es hierfür nicht, denn das Ausbildungsverhältnis gilt nicht als vorhergehendes Arbeitsverhältnis iSd § 14 Abs 2 Satz 2 TzBfG (BAG 21.9.11 – 7 AZR 375/10, NZA 12, 255).

Außer den die Berufsfreiheit beschränkenden Abreden gem § 12 Abs 1 BBiG ist es weiter 40
insbes unzulässig, mit dem Auszubildenden eine Vereinbarung zu treffen, nach der dieser für die Berufsausbildung eine Entschädigung zu zahlen hat (§ 12 Abs 2 Nr 1 BBiG). Dies gilt auch für Ausbildungsmaßnahmen außerhalb der Ausbildungsstätte, so dass der Ausbilder auch durch die außerbetriebliche Ausbildung verursachte **Übernachtungs- und Verpflegungskosten** tragen muss (BAG 21.9.95, DB 96, 227). Das **Verbot der Zahlung von Lehrgeld** gilt ferner für Vereinbarungen zwischen dem Ausbildenden und den gesetzlichen Vertretern des Auszubildenden, die dieses Verbot umgehen sollen. Unzulässig ist es deshalb etwa auch, wenn die Eltern des volljährigen Auszubildenden diesem einen besonders begehrten Ausbildungsplatz „erkaufen" (LAG Düsseldorf 25.11.80, BB 81, 495), oder wenn die Eltern des Auszubildenden dem Ausbildenden unentgeltlich Handwerksarbeit erbringen, damit ihr Kind den Ausbildungsplatz erhält (*Leinemann/Taubert* § 12 Rz 24). Da das Gesetz allerdings nur sicherstellen will, dass die betriebliche Berufsausbildung als solche nicht zu bezahlen ist, steht es den Parteien frei, eine Entschädigung für die Gewährung von Unterhalt und Verpflegung zu vereinbaren, sofern der Auszubildende im Rahmen des Betriebes Unterkunft und Verpflegung erhält (*Schaub* § 174 Rz 37). Nicht erfasst werden auch Kosten, die im Zusammenhang mit der schulischen Berufsausbildung des Auszubildenden entstehen (BAG 26.9.02 – 6 AZR 486/00, NZA 04, 1403; 25.7.02 – 6 AZR 381/00, DB 03, 510).

Verboten sind schließlich **Vereinbarungen über Vertragsstrafen,** den Ausschluss oder 41
die Beschränkung von Schadensersatzansprüchen sowie über die Festsetzung der Höhe eines Schadensersatzanspruches in Pauschbeträgen (§ 12 Abs 2 Nr 2–4 BBiG). Diese Vorschriften sind nach dem Schutzzweck des BBiG nur zu Gunsten des Auszubildenden zwingend. Vertragsstrafregelungen für den Fall der Pflichtverletzung durch den Ausbildenden oder etwa der Ausschluss von Schadensersatzansprüchen gegen den Auszubildenden dürfen deshalb vereinbart werden (*Schaub* § 174 Rz 39; *Leinemann/Taubert* § 12 Rz 27).

Über die Regelungen des § 12 BBiG hinaus, kann eine Vereinbarung im Berufsausbildungsvertrag auch gem §§ 305 ff BGB unwirksam sein, da dieser Vertrag der allgemeinen Inhaltskontrolle unterliegt (*Natzel* DB 05, 610 f).

IV. Beendigung des Ausbildungsverhältnisses. 1. Beendigung durch Zeitablauf. 42
Gem § 21 Abs 1 BBiG endet das Berufsausbildungsverhältnis grds mit dem **Ablauf der Ausbildungszeit.** Dies gilt auch, wenn die Ausbildungszeit gem § 29 Abs 2, 3 BBiG zulässig verlängert oder verkürzt worden ist. Grds endet das Ausbildungsverhältnis auch dann mit Ablauf der Ausbildungszeit, wenn die Abschlussprüfung erst später erfolgt. Liegt der Zeitpunkt der Abschlussprüfung nur kurze Zeit nach Ablauf der Vertragsfrist und wird die Ausbildung im Hinblick auf diese Prüfung tatsächlich fortgeführt, so kann von einer stillschweigenden Verlängerung des Ausbildungsverhältnisses bis zur Prüfung ausgegangen werden (ErfK/*Schlachter* § 21 BBiG Rz 2). Dies stellt keine Beschäftigung „im Anschluss" an das Berufsausbildungsverhältnis dar, so dass auch kein Arbeitsverhältnis nach § 24 BBiG begründet wird (BAG 1.1.09 – 3 AZR 427/07, DB 09, 2722; s auch Rz 46).

Wenn der Auszubildende **vor Ablauf der Ausbildungszeit die Abschlussprüfung** 43
besteht, so endet das Ausbildungsverhältnis mit Bekanntgabe der Ergebnisse durch den Prüfungsausschuss (§ 21 Abs 2 BBiG). Mit dieser Formulierung schließt sich der Gesetzgeber der Rspr des BAG (16.2.94 – 5 AZR 303/93, NZA 94, 87), dass eine Prüfung in dem Zeitpunkt als bestanden gilt, wenn die Ergebnisse durch den Prüfungsausschuss mitgeteilt wurden, an und verzichtet auf die noch in § 14 Abs 2 BBiG verwendete Formulierung der bestandenen Prüfung. Klarstellend normiert nunmehr § 21 Abs 1 S 2 BBiG, dass im Falle einer **Stufenausbildung** die Prüfung mit Ablauf der letzten Stufe endet. Zur Beendigung der Ausbildung nach einer Stufe bedarf es einer Kündigung nach § 22 Abs 2 Nr 2 BBiG wegen Aufgabe der Ausbildung oder Wechsel des Ausbildungsziels. Zwar kann von der zuständigen Stelle in der Prüfungsordnung ein abweichender Zeitpunkt festgesetzt werden; dieser Zeitpunkt darf jedoch nicht vor dem der Feststellung des Gesamtergebnisses der Prüfung liegen (BAG 5.4.84, DB 85, 602; 16.2.94, DB 94, 1189). Spätestens mit Bestehen der

72   Ausbildungsverhältnis

Prüfung hat der beschäftigende Betrieb den **Facharbeiter- oder Gehilfenlohn** zu bezahlen (BAG 18.6.71, DB 71, 1578). Wenn der Auszubildende schon seit der Ablegung der Prüfung mit Facharbeiten beschäftigt war, beginnt bereits zu diesem Zeitpunkt die volle Entlohnungspflicht (BAG 25.7.73, DB 73, 2306).

44   **Besteht der Auszubildende die Abschlussprüfung nicht,** so verlängert sich das Berufsausbildungsverhältnis auf sein Verlangen bis zur nächstmöglichen Wiederholungsprüfung, höchstens jedoch um ein Jahr (§ 21 Abs 3 BBiG). Der **Anspruch auf Verlängerung** nach § 21 Abs 3 BBiG entsteht mit **Kenntnis** des Auszubildenden vom Nichtbestehen der Abschlussprüfung (BAG 23.9.04 – 6 AZR 519/03, DB 05, 1007). § 21 Abs 3 BBiG macht jedoch keine Angaben dazu, in welcher Frist der Auszubildende das Fortsetzungsverlangen geltend machen muss. Die Rspr unterscheidet hier nach dem Zeitpunkt, in welchem der Auszubildende die Fortsetzung des Arbeitsverhältnisses verlangt. Wird der Anspruch auf Verlängerung vor Ablauf vom Berufsausbildungsvertrag geltend gemacht, so ist die Geltendmachung des Verlängerungsanspruchs nicht fristgebunden (BAG 23.9.04 – 6 AZR 519/03, DB 05, 1007). Macht der Auszubildende hingegen einen während des Ausbildungsverhältnisses entstandenen Verlängerungsanspruch nach Beendigung des Berufsausbildungsverhältnisses geltend, muss das Verlangen unverzüglich erfolgen. Ob ein Verlangen unverzüglich erfolgt ist, bestimmt sich nach den Umständen des Einzelfalls. Unverzügliches Fortsetzungsverlangen kann jedoch auch dann noch vorliegen, wenn der Auszubildende erst nach einer angemessenen Überlegungsfrist, um sich über sein berufliches Fortkommen klar zu werden (BAG 23.9.04, DB 05, 1007), den Anspruch geltend macht. Bei Nichtbestehen der Wiederholungsprüfung kann der Auszubildende gem § 37 Abs 1 Satz 2 BBiG die Abschlussprüfung nochmal wiederholen. Zu den Auswirkungen auf den Bestand des Ausbildungsverhältnisses s oben Rz 13.

45   Stellt der Auszubildende **eindeutig** (LAG Hamm 14.7.76, DB 77, 126) das **Verlängerungsverlangen,** so hat der Ausbilder dem Verlangen stattzugeben, selbst wenn damit zu rechnen ist, dass der Auszubildende erneut die Prüfung nicht bestehen wird (LAG Hamm 14.7.76, DB 77, 126). Hat der Auszubildende die Verlängerung des Ausbildungsverhältnisses nicht verlangt, wird er aber nach nicht bestandener Abschlussprüfung gleichwohl weiterbeschäftigt, so gilt gem § 24 BBiG ein Arbeitsverhältnis auf unbestimmte Zeit als begründet. Ihm ist die seiner tatsächlichen Beschäftigung entsprechende Vergütung zu zahlen (BAG 21.3.57, DB 57, 431).

46   **Nach Beendigung des Ausbildungsverhältnisses** durch Zeitablauf oder durch bestandene Prüfung besteht grds keine Verpflichtung der Parteien, ein **Arbeitsverhältnis** zu begründen, es sei denn, dass sich eine entsprechende Verpflichtung aus dem Individual- oder Kollektivvertrag ergibt. Derartige Verpflichtungen sind, soweit nicht die Voraussetzungen der § 12 Abs 1 Satz 2 BBiG erfüllt sind, nur zu Gunsten des ArbN zwingend (BAG 13.3.75, DB 75, 1417; 5.4.84, DB 85, 602; 30.4.87, DB 87, 2048). Kommt der ArbGeb seiner Pflicht zur Begründung eines Arbeitsverhältnisses nicht nach, wird die Erfüllung dieser Verpflichtung mit Zeitablauf unmöglich; der Ausgebildete kann entsprechend Schadenersatz verlangen (BAG 14.10.97 – 7 AZR 298/96, NZA 98, 775). Werden Auszubildende im Anschluss an das Ausbildungsverhältnis weiterbeschäftigt, ohne dass hierüber ausdrücklich etwas vereinbart worden ist, so gilt nach der gesetzlichen Fiktion des § 24 BBiG ein Arbeitsverhältnis auf unbestimmte Zeit als begründet (zu den Einzelheiten siehe *Benecke* NZA 09, 820 ff, s auch Rz 42).

47   Einen **gesetzlichen Anspruch auf Übernahme** in ein Arbeitsverhältnis haben nur die Mitglieder der Betriebsverfassungs- und Personalvertretungsorgane (§§ 78a BetrVG, 9 BPersVG und die vergleichbaren Regelungen der LPersVG). S dazu unten Rz 77 ff.

48   **2. Kündigung des Ausbildungsverhältnisses. a) Kündigungserklärung.** Die Kündigung während des Ausbildungsverhältnisses muss gem § 22 Abs 3 BBiG **schriftlich** erfolgen. Eine **nach Ablauf der Probezeit** ausgesprochene Kündigung hat **zudem unter Angabe der Kündigungsgründe** zu erfolgen. Dem Kündigungsgegner sind die wesentlichen Tatsachen anzugeben, die erforderlich sind, damit sich dieser ein Bild davon machen kann, warum das Ausbildungsverhältnis beendet wird (*Schaub* § 174 Rz 102). Eine pauschale Bezugnahme auf vorherige mündliche Erläuterungen oder auf Vorfälle in der Vergangenheit reicht nicht aus (BAG 22.2.72, BB 72, 1191; 25.11.76, DB 77, 868). Eine ohne hinreichende Angabe

Ausbildungsverhältnis 72

der Gründe ausgesprochene Kündigung ist unwirksam (BAG 22.2.72, BB 72, 1191). Andere dem ArbGeb bekannte Gründe, die nicht im Kündigungsschreiben aufgeführt sind, können nicht zur Rechtfertigung der Kündigung nachgeschoben werden (LAG BaWü 5. 1. 90, DB 90, 588). Nach Ausspruch der Kündigung bekannt werdende Gründe können nachgeschoben werden, wenn sie dem Gekündigten unverzüglich schriftlich mitgeteilt werden (LAG Hamburg 29.8.97, LAGE § 15 BBiG Nr 11).

Der minderjährige Auszubildende kann weder selbst kündigen noch kann ihm gegen- **49** über gekündigt werden. Vielmehr ist die Kündigung durch seinen gesetzlichen Vertreter bzw gegenüber diesem zu erklären (BAG 8.12.11 – 6 AZR 354/10, NZA 12, 495).

Sonderkündigungsschutz (zB §§ 9 MuSchG, 18 BErzGG, 85 SGB IX, 15 KSchG) ist **50** zu beachten (LAG Bln 1.7.85, BB 86, 62; BAG 10.12.87, DB 88, 1069). Der **Betriebsrat** ist vor Ausspruch einer Kündigung durch den Ausbildenden gem §§ 102, 103 BetrVG zu beteiligen. Dies gilt nach der Rspr des BAG (BAG 21.7.93, DB 94, 842) wohl nicht, wenn der Auszubildende in einem reinen Ausbildungsbetrieb ausgebildet wird (*Kreutzfeldt/Kramer* DB 95, 975).

b) Kündigung während der Probezeit. Während der Probezeit und auch schon vor **51** deren Beginn (LAG Düsseldorf 16.9.11 – 6 Sa 909/11, NZA-RR 12, 127) kann das Berufsausbildungsverhältnis von beiden Vertragsparteien jederzeit ohne Einhalten einer Kündigungsfrist und ohne Angaben von Kündigungsgründen gekündigt werden (§ 22 Abs 1 BBiG). Dass es im Berufsausbildungsverhältnis im Unterschied zur Probezeitkündigung eines Arbeitsverhältnisses einer Kündigungsfrist von zwei Wochen nicht bedarf, verstößt nicht gegen den Gleichheitssatz des Art 3 Abs 1 GG (BAG 16 12. 04–6 AZR 127/04, NZA 05, 578). Während der Probezeit sollen beide Parteien überprüfen können, ob sich die geplanten Ausbildungsziele verwirklichen lassen und ob sich der Auszubildende für den Beruf eignet (BAG 15.1.81, DB 82, 234). Klärende Gespräche mit den erziehungsberechtigten Eltern vor Ausspruch einer Probezeitkündigung sind grds sinnvoll, aber rechtlich nicht zwingend erforderlich (BAG 8.12.11 – 6 AZR 354/10, NZA 12, 495). Die Kündigung während der Probezeit ist eine ordentliche entfristete Kündigung (BAG 17.9.87, DB 88, 1454), so dass für die Anhörung des BRat die Wochenfrist gem § 102 Abs 2 Satz 1 BetrVG gilt.

Auf Vorschlag des Ausschusses (BT-Drs 15/4752 S 9) wurde die zulässige Höchstgrenze **52** der Probezeit in § 20 BBiG von drei auf vier Monate erhöht. Dies soll insbes dem Umstand Rechnung tragen, dass zu Beginn der Ausbildung Zeiten überbetrieblicher Unterweisung in Bildungsstätten außerhalb des Ausbildungsbetriebes oder Berufsschulunterricht in Blockform festgelegt werden können, sowie den Parteien einen angemessenen Zeitraum zur Verfügung stellen, um die für das Ausbildungsverhältnis im konkreten Ausbildungsberuf wesentlichen Umstände eingehend zu prüfen (BT-Drs 15/4752 S 35). Bei Unterbrechung der Ausbildung während der Probezeit zB wegen Krankheit tritt eine Verlängerung der Probezeit nicht ein, soweit nichts anderes vereinbart ist (*Schaub* § 174 Rz 86). Aus der Formulierung von § 20 Satz 1 BBiG („Das Berufsausbildungsverhältnis beginnt mit der Probezeit.") ist zu entnehmen, dass eine Befristung der Probezeit mit der Folge, dass mangels Verlängerung der Ausbildungsvertrag endet, unzulässig ist (*Schaub* § 174 Rz 87). Ein dem Ausbildungsverhältnis vorangegangenes Arbeitsverhältnis macht weder die Vereinbarung einer Probezeit gem § 20 BBiG im Berufsbildungsvertrag unwirksam, noch wird die im vorigen Arbeitsverhältnis zurückgelegte Zeit auf die Probezeit angerechnet, soweit die gesetzliche Mindestfrist von einem Monat überschritten wird (BAG 16.12.04 – 6 AZR 127/04, NZA 05, 578).

c) Berufsaufgabekündigung. Gem § 22 Abs 2 Nr 2 BBiG kann nach der Probezeit **53** von dem Auszubildenden das Ausbildungsverhältnis mit einer Kündigungsfrist von **vier Wochen** gekündigt werden, wenn er die Berufsausbildung aufgeben oder sich für eine andere Berufstätigkeit ausbilden lassen will. Der Auszubildende soll nicht gezwungen werden, seinen Vertrag einzuhalten, obwohl er das Interesse am Ausbildungsberuf verloren hat (*Schaub* § 174 Rz 90). Der entsprechende Wille des Auszubildenden muss grds ernsthaft vorhanden und darf nicht vorgetäuscht sein, wobei allerdings eine Überprüfung dieser Entscheidung des Auszubildenden in der Praxis kaum möglich und unüblich ist (*Schaub* § 174 Rz 90). Allerdings macht sich der Auszubildende bei einer Kündigung zur Fortsetzung derselben Ausbildung in einem Konkurrenzunternehmen schadensersatzpflichtig (ErfK/ *Schlachter* § 22 BBiG Rz 6).

72 Ausbildungsverhältnis

54 Für die **Berechnung der Kündigungsfrist** gelten §§ 186 ff BGB. Das Berufsausbildungsverhältnis wird also vier Wochen nach dem Tag, an dem die Kündigung dem Ausbildenden zugegangen ist (§ 187 Abs 1 BGB), beendet. Die Kündigungsmöglichkeit gem § 22 Abs 2 BBiG besteht auch schon während der Probezeit und vor Antritt der Ausbildung. Im letzteren Fall beginnt die Vier-Wochen-Frist bereits mit Zugang der Kündigung und nicht erst mit Antritt der Berufsausbildung, weil der Bestimmung die Überlegung zu Grunde liegt, die freie Berufswahl des Auszubildenden zu fördern (*Wohlgemuth/Malottke* § 8 Rz 8).

55 **d) Kündigung aus wichtigem Grund.** Mit Ausnahme der Berufsaufgabekündigung und des Sonderfalls der Kündigung in der Insolvenz gem § 113 Abs 1 InsO (vgl BAG 27.5.93, DB 93, 2082) kann das Berufsausbildungsverhältnis nach Ablauf der Probezeit nur noch gem § 22 Abs 2 Nr 1 BBiG aus wichtigem Grund fristlos gekündigt werden. In Anlehnung an § 626 BGB ist für das Vorliegen eines wichtigen Grundes darauf abzustellen, ob Tatsachen vorliegen, aufgrund derer dem Kündigenden unter Berücksichtigung aller Umstände des Einzelfalles und unter Abwägung der Interessen beider Vertragsteile die Fortsetzung des Vertragsverhältnisses bis zum Ablauf der Ausbildungszeit nicht zugemutet werden kann.

56 Im Rahmen der vorzunehmenden Abwägung ist die **besondere Situation des Ausbildungsverhältnisses,** die durch die Jugendlichkeit und den Entwicklungsstand des Auszubildenden und die Ausbildungs- und Erziehungspflicht des Ausbildenden geprägt wird, zu berücksichtigen (LAG BaWü 31.10.96, NZA-RR 97, 288; *Schaub* § 174 Rz 92). Regelmäßig werden deshalb **einmalige Verfehlungen** nicht für den Ausspruch einer fristlosen Kündigung genügen; vielmehr muss es zu wiederholten Pflichtverletzungen kommen, welche einen Fortbestand des Ausbildungsverhältnisses unzumutbar erscheinen lassen (BAG 22.6.72, DB 72, 2488; ArbG Wesel 14.11.96, NZA-RR 97, 291; *Wohlgemuth/Pieper* § 22 Rz 12). Eine vorherige Abmahnung ist grds Wirksamkeitsvoraussetzung (LAG RhPf 25.4.13 – 10 Sa 518/12, NZA-RR 13, 406).

57 Unter Vorbehalt der Abwägung im Einzelfall kommen als **Kündigungsgründe für den Ausbildenden** in Betracht:

Aus **verhaltens- oder personenbedingten Gründen:** Nachhaltige Nichterfüllung der Lernpflichten gem § 13 BBiG (LAG Hamm 26.9.77, BB 77, 1653), Vermögensdelikte gegen den Ausbildenden (LAG Düsseldorf 6.11.73, EzA Nr 17 zu § 15 Abs 2 Nr 1 BBiG), Unmöglichkeit der Ausbildung wegen irreparabler Gesundheitsschäden des Auszubildenden (LAG Düsseldorf/Köln 24.1.68, DB 68, 401), wiederholte Verbreitung neonazistischer Thesen (LAG Köln 11.8.95, NZA-RR 96, 128), massive rassistische Äußerungen und Handlungen (BAG 1.7.99 – 2 AZR 676/98, NZA 99, 1270; LAG Bln 22.10.97 – 13 Sa 110/97, NZA-RR 98, 442), standhafte Weigerung, ein ordnungsgemäßes Berichtsheft zu führen (ArbG Wesel 14.11.96, NZA-RR 97, 291; LAG Hess 3.11.97 – 16 Sa 657/97, BB 98, 2268). Kleinere Verfehlungen wie häufiges Zuspätkommen, unentschuldigtes Fernbleiben, Nichteinhalten der Zeitkontrolle, Überschreiten des Urlaubs oder auch Diebstähle von Kleinigkeiten berechtigen hingegen ohne Abmahnung nicht zur fristlosen Kündigung (LAG Hamm 7.11.78, DB 79, 606; ArbG Bochum 9.8.79, DB 80, 214; ArbG Hbg 16.6.58, BB 69, 669; LAG BaWü 31.10.96, NZA-RR 97, 288).

58 Aus **betriebsbedingten Gründen** kommt eine außerordentliche Kündigung ausnahmsweise dann in Betracht, wenn dem Ausbilder etwa im Falle der Betriebsschließung die weitere Ausbildung nicht möglich ist. Die Kündigung ist allerdings wie in anderen Fällen der ordentlichen *Unkündbarkeit* (s dort Rz 10) mit einer Auslauffrist auszusprechen, die der tariflichen oder gesetzlichen Kündigungsfrist entspricht, die gelten würde, wenn der Auszubildende in einem „normalen" Arbeitsverhältnis stünde. Wird nur eine **Niederlassung geschlossen,** ist der Ausbildende entsprechend § 1 Abs 2 KSchG verpflichtet, den Auszubildenden nach Möglichkeit in einem anderen Betrieb des Unternehmens weiter auszubilden. Soweit damit ein nicht nur geringfügiger Ortswechsel verbunden ist, kann der Auszubildende seinerseits berechtigt sein, das Ausbildungsverhältnis außerordentlich zu kündigen. Bei einem **Betriebsübergang** gilt § 613a BGB, so dass die Ausbildungsverhältnisse von dem neuen Inhaber weitergeführt werden müssen, falls nicht ein Auszubildender dem Übergang seines Ausbildungsverhältnisses widerspricht. Im Falle des Widerspruchs kommt nur ausnahmsweise eine außerordentliche Kündigung in Betracht, wenn dem bisherigen Inhaber die Weiterführung der Ausbildung unmöglich ist.

Gründe für die fristlose Kündigung seitens des Auszubildenden stellen etwa der 59
Entzug der Ausbildereigenschaft des Ausbildenden (LAG Stuttgart 28.2.55, AP Nr 1 zu § 77
HGB), grobe Verstöße gegen das JArbSchG und gegen § 28 BBiG (BAG 28.10.71, DB 72,
489) oder grobe Ausbildungsmängel dar (LAG SchlHol DB 69, 2189; ErfK/*Schlachter* § 22
BBiG Rz 5).

Gem § 20 Abs 4 BBiG ist die fristlose Kündigung unwirksam, wenn die Kündigungs- 60
gründe dem Kündigenden länger als **zwei Wochen** bekannt sind. Für die Zeit eines eingeleiteten Güteverfahrens vor einer außergerichtlichen Stelle ist die Zwei-Wochen-Frist gehemmt. Maßgeblich für den **Beginn der Frist** ist die Erlangung der Kenntnis von den die
Kündigung rechtfertigenden Tatsachen. Die Zwei-Wochen-Frist kann nicht vertraglich
abbedungen werden. Auch die schriftliche Begründung der Kündigung hat innerhalb dieser
Frist zu erfolgen (BAG 25.11.76, DB 77, 868; ErfK/*Schlachter* § 22 BBiG Rz 7, 8).

3. Schadensersatz. Gem § 23 Abs 1 Satz 1 BBiG können bei Beendigung des Ausbil- 61
dungsverhältnisses nach der Probezeit Ausbildender oder Auszubildender Schadensersatz
verlangen, wenn der andere den **Grund für die Auflösung zu vertreten** hat. Aus anderen
Rechtsgründen bestehende Schadensersatzansprüche bleiben von dieser Vorschrift unberührt;
§ 628 Abs 2 BGB wird allerdings durch § 23 BBiG als speziellere Norm verdrängt, auch
§§ 9, 10 KSchG sind nicht anwendbar (BAG 16.7.13 – 9 AZR 784/11, NZA 13, 1202).

Ein Schadensersatzanspruch nach § 23 Abs 1 BBiG besteht nicht bei Beendigung des 62
Ausbildungsverhältnisses vor, während oder mit Ablauf der Probezeit sowie bei berechtigten Berufsaufgabekündigung seitens des Auszubildenden (§ 23 Abs 1 Satz 2 BBiG). Zu
beachten ist aber, dass § 23 BBiG nur auf die vorzeitige Lösung, nicht dagegen auf die
Kündigung des Ausbildungsverhältnisses abstellt (BAG 17.8.2000 – 8 AZR 578/99, NZA
01, 150). Grds kommt danach auch bei einer Beendigung des Ausbildungsverhältnisses im
Wege des **Aufhebungsvertrages** ein Schadensersatzanspruch in Betracht, allerdings ist bei
einer einvernehmlichen Aufhebung des Ausbildungsverhältnisses regelmäßig anzunehmen,
dass gegenseitig auf Schadensersatzansprüche verzichtet wird, soweit nicht ein entsprechender
Vorbehalt im Auflösungsvertrag vorgesehen ist (*Wohlgemuth/Lakies* § 23 Rz 11; ErfK/*Schlachter* § 23 BBiG Rz 1).

Die Schadensersatzverpflichtung setzt voraus, dass der andere den Grund für die Auflösung 63
zu **vertreten** hat. Zu vertreten sind Vorsatz und Fahrlässigkeit (§ 276 BGB), und zwar auch
von Erfüllungsgehilfen, insbes beauftragten Ausbildern (§ 278 BGB).

Die **Berechnung des Schadens** richtet sich nach §§ 249 ff BGB. Bei einer Beendigung 64
des Ausbildungsverhältnisses durch den Auszubildenden wegen grob mangelhafter Ausbildung liegt der Schaden in der Differenz zwischen der gezahlten Ausbildungsvergütung und
dem Hilfsarbeiterlohn, der bezahlt worden wäre, wenn der Auszubildende das Ausbildungsverhältnis eingegangen wäre (ArbG Detmold 31.7.79, EzA Nr 5 zu § 16 BBiG;
Leinemann/Taubert § 23 Rz 29). Der Ausbildende kann bei vertragswidriger Beendigung des
Ausbildungsverhältnisses durch den Auszubildenden die Aufwendungen für die ersatzweise
Beschäftigung eines ausgebildeten ArbN nicht verlangen; Ausbildungsverhältnis und Arbeitsverhältnis können aufgrund der ganz unterschiedlichen Pflichtenbindung nicht gleichgesetzt
werden (BAG 17.8.2000 – 8 AZR 578/99, NZA 01, 150).

Der Anspruch erlischt, wenn er nicht innerhalb von **drei Monaten** nach Beendigung des 65
Berufsausbildungsverhältnisses geltend gemacht wird (§ 23 Abs 2 BBiG). Maßgebend für
den Fristbeginn ist das vertragsgemäße rechtliche Ende des Ausbildungsverhältnisses (BAG
17.7.07 – 9 AZR 103/07, DB 08, 709).

4. Zeugnis. Der Auszubildende hat bei Beendigung des Ausbildungsverhältnisses einen 66
unabdingbaren (BAG 16.9.74, DB 75, 155) Anspruch auf Erteilung eines schriftlichen Zeugnisses. Die elektronische Form ist nunmehr ausdrücklich ausgeschlossen (§ 16 Abs 1 Satz 2
BBiG). Im Unterschied zum Arbeitsverhältnis ist das Ausbildungszeugnis **auch ohne ausdrückliches Verlangen** des Auszubildenden auszustellen. Das Zeugnis ist vom Ausbildenden zu unterschreiben. Hat dieser die Berufsausbildung nicht selbst durchgeführt, so soll auch
der Ausbilder das Zeugnis unterschreiben (§ 16 Abs 1 Satz 3 BBiG). Dieser darf die Unterschrift nur verweigern, wenn er hierfür einen sachlichen Grund hat, etwa wenn er den Inhalt
des Zeugnisses nicht mit verantworten kann (*Wohlgemuth/Lakies* § 16 Rz 10; ErfK/*Schlachter*
§ 16 BBiG Rz 1).

72 Ausbildungsverhältnis

67 Grds erhält der Auszubildende ein **einfaches Zeugnis**. Dieses hat Angaben zu enthalten über Art, Dauer und Ziel der Berufsausbildung sowie über die erworbenen Fertigkeiten und Kenntnisse des Auszubildenden (§ 16 Abs 2 Satz 1 BBiG).

68 Nur auf Verlangen des Auszubildenden ist ein **qualifiziertes Zeugnis** zu erstellen, das auch Angaben über Führung, Leistung und besondere fachliche Fähigkeiten enthält (§ 8 Abs 2 Satz 2 BBiG). Ein solches qualifiziertes Zeugnis darf auch für den Auszubildenden nachteilige Angaben enthalten (BAG 8.2.72, DB 72, 931). Allerdings ist wegen der Bedeutung für den weiteren Lebensweg des Auszubildenden in besonderem Maße der Grundsatz der wohlwollenden Beurteilung zu beachten (*Schaub* § 174 Rz 59). Daneben erhält der Auszubildende ein Zeugnis übr die Abschlussprüfung (§ 37 Abs 2 Satz 1 BBiG). Auf Antrag des Auszubildenden ist diesem gem § 37 Abs 3 Satz 1 BBiG eine englischsprachige und französischsprachige Übersetzung beizufügen.

69 **V. Verfahrensrechtliche Besonderheiten.** Bei Streitigkeiten zwischen Ausbildendem und Auszubildendem aus einem bestehenden Berufsausbildungsverhältnis ist der gerichtlichen Geltendmachung gem § 111 ArbGG ein Verfahren vor einem aus ArbGeb und ArbN paritätisch zusammengesetzten **Ausschuss** vorgeschaltet, soweit ein solcher Ausschuss – was der Regelfall ist – von der zuständigen **Kammer oder Innung** gebildet ist. Eine Klage, die vor Durchführung des Verfahrens vor dem Ausschuss erhoben wird, ist unzulässig. Die in § 111 Abs 2 Satz 5 ArbGG vorgeschriebene Verhandlung vor dem Schlichtungsausschuss ist nach Auffassung des BAG unverzichtbare Prozessvoraussetzung (BAG 13.4.89, DB 90, 586). Die Anrufung des Ausschusses ist nicht erforderlich, wenn das Ausbildungsverhältnis bereits beendet ist, wohl aber, wenn Streitgegenstand gerade die Frage ist, ob eine wirksame Beendigung des Ausbildungsverhältnisses vorliegt (BAG, 18.9.75, DB 76, 636; *Leinemann/Taubert* § 22 Rz 134, 136). **Einstweiliger Rechtsschutz** kann von dem Ausschuss nicht gewährt werden (*Grunsky* ArbGG § 111 Rz 3a). Hierfür sind die ArbG zuständig. Die Zuständigkeit der ArbG besteht auch für Auszubildende, die statt einer Ausbildungsvergütung von der Agentur für Arbeit Leistungen nach dem SGB III erhalten (BAG 21.5.97, DB 97, 2030).

70 Hinsichtlich des **Verfahrens** sieht § 111 Abs 2 Satz 2 ArbGG lediglich vor, dass die Parteien mündlich zu hören sind. Im Übrigen bestimmt der Ausschuss die Ausgestaltung des Verfahrens selbst. Er entscheidet durch Spruch. Dieser wird verbindlich, wenn er von den Parteien innerhalb einer Woche anerkannt wird oder nicht innerhalb von zwei Wochen nach ergangenem Spruch Klage beim zuständigen ArbG erhoben wird. Die Zwei-Wochen-Frist für die Klageerhebung gilt auch bei Kündigungsschutzverfahren, so dass sich der fristlos gekündigte Auszubildende nicht auf die in den §§ 4, 13 KSchG vorgesehene Dreiwochenfrist berufen kann (LAG Düsseldorf 3.5.88, LAGE Nr 1 zu § 111 ArbGG 1979). Für die Einleitung des Verfahrens vor dem Ausschuss gilt keine Frist, sondern nur die Grenze der Verwirkung (BAG 13.4.89, DB 90, 586). Allein die Versäumung der Drei-Wochen-Frist des § 4 KSchG reicht für die Verwirkung nicht aus (aA *Kreutzfeld/Kramer* DB 95, 975).

71 Besteht ausnahmsweise ein Ausschuss nicht, so hat der Auszubildende im Falle der fristlosen Kündigung seitens des Ausbildenden gem § 22 Abs 2 Nr 1 BBiG die Klagefrist nach §§ 4, 13 KSchG einzuhalten, um eine fiktive Wirksamkeit der Kündigung zu vermeiden (BAG 5.7.90, DB 91, 2679; 26.1.99 – 2 AZR 134/98, NZA 99, 934). Die Zuständigkeit der ArbG erstreckt sich auch auf in berufsbildenden Schulen und sonstigen Berufsbildungseinrichtungen gem § 2 Abs 1 Nr 2 BBiG Beschäftigte (BAG 24.2.99 – 5 AZR 10/98, DB 99, 1019).

72 **VI. Beteiligung des Betriebsrats und der Jugend- und Auszubildendenvertretung.** Der BRat ist gem §§ 99 ff BetrVG grds vor jeder **Einstellung** und **Kündigung** von Auszubildenden zu beteiligen. § 99 BetrVG greift auch ein, wenn das Ausbildungsverhältnis durch Vertrag oder infolge von Weiterbeschäftigung gem § 24 BBiG in ein Arbeitsverhältnis überführt wird, jedoch nicht bei Weiterbeschäftigung gem § 78a BetrVG (hM: LAG Hamm 14.7.82, DB 82, 2303; *Schaub* § 174 Rz 128 mwN). Sind dagegen Auszubildende in reinen Ausbildungsbetrieben beschäftigt, scheidet nach Auffassung des BAG (21.7.93, DB 94, 842) eine Beteiligung des BRat aus; das Gericht zählt in Abkehr von seiner früheren Rspr (BAG 13.5.92, DB 93, 1244) Auszubildende in reinen Ausbildungsbetrieben nicht zur Belegschaft und damit nicht zu den ArbN iSd § 5 Abs 1 BetrVG (bestätigt durch BAG 20.3.96 – 7 ABR 34/95, NZA 97, 107; 20.3.96 – 7 ABR 46/95, NZA 97, 326).

Ausbildungsverhältnis 72

Daneben bestehen **allgemeine Mitwirkungs- und Mitbestimmungsrechte** des BRat 73
bei der Berufsbildung gem §§ 96–98 BetrVG. Der Begriff der Berufsbildung geht über den
Anwendungsbereich des BBiG hinaus. Erfasst werden sowohl die Ausbildung, Fortbildung
und Umschulung iSd § 1 BBiG als auch alle sonstigen Maßnahmen, die geeignet sind, den
ArbN beruflich zu fördern (Lehrgänge, Bildungsprogramme, Seminare) (ErfK/*Kania* § 96
BetrVG Rz 4 ff). § 96 BetrVG verpflichtet ArbGeb und BRat zur **Förderung der Berufsbildung,** wobei der BRat berechtigt ist, mit dem ArbGeb Fragen der Berufsbildung zu
beraten und diesem Vorschläge zu unterbreiten.

Eine Verpflichtung zur Beratung besteht gem § 97 Abs 1 BetrVG weiter hinsichtlich der 74
Errichtung und Ausstattung betrieblicher Einrichtungen zur Berufsbildung, der Einführung
betrieblicher und der Teilnahme an **betrieblichen Berufsbildungsmaßnahmen.** Hinsichtlich der Durchführung von Maßnahmen der betrieblichen Berufsbildung hat der BRat gem
§ 98 Abs 1 BetrVG ein erzwingbares Mitbestimmungsrecht. Das Mitbestimmungsrecht erstreckt sich auf die formellen Bestimmungen über den Bildungsbedarf einschließlich betrieblicher Prüfungen, nicht jedoch auf die konkrete Bildungsmaßnahme im Einzelfall (LAG
Frankfurt 13.4.76, ArbuR 77, 187; *Fitting* § 98 Rz 7). Durch das **BetrVerf-ReformG** ist
dem BRat mit dem Ziel der Vermeidung von Entlassungen ein erzwingbares Mitbestimmungsrecht bei der Einführung von Maßnahmen der betrieblichen Berufsbildung für den Fall
eingeräumt worden, dass der ArbGeb Maßnahmen plant oder durchführt, die dazu führen,
dass sich die Tätigkeit der betroffenen ArbN ändert und ihre beruflichen Kenntnisse und
Fähigkeiten zur Erfüllung ihrer Aufgaben nicht mehr ausreichen (§ 97 Abs 2 BetrVG nF).

Ein echtes Mitbestimmungsrecht beinhaltet des Weiteren § 98 Abs 3 BetrVG, wonach der 75
BRat **Vorschläge für die Teilnahme von Arbeitnehmern** oder Gruppen von ArbN des
Betriebes machen kann, wenn der ArbGeb betriebliche Maßnahmen der Berufsbildung
durchführt oder ArbN für außerbetriebliche Maßnahmen der Berufsbildung freistellt oder er
die durch die Teilnahme von ArbN an solchen Maßnahmen entstehenden Kosten ganz oder
teilweise trägt. Zum Mitbestimmungsrecht des BRat hinsichtlich der Bestellung einer mit
der Durchführung der betrieblichen Berufsbildung beauftragten Person gem § 98 Abs 2
BetrVG s *Ausbilder* Rz 10.

Eine **Jugend- und Auszubildendenvertretung** wird in Betrieben gewählt, in denen ein 76
BRat besteht (*Fitting* § 60 Rz 22; aA *DKK* § 60 Rz 27) und in denen idR mindestens fünf
ArbN beschäftigt sind, die das 18. Lebensjahr noch nicht vollendet haben, oder die zu ihrer
Berufsausbildung beschäftigt sind und das 25. Lebensjahr noch nicht vollendet haben (Nähe-
res s *Jugend- und Auszubildendenvertretung* Rz 1 ff).

VII. Schutz Auszubildender als Mitglied von Betriebsverfassungsorganen § 78a 77
BetrVG. 1. Sinn und Zweck. Grds endet das Ausbildungsverhältnis gem § 21 BBiG mit
Ablauf der Ausbildungszeit, ohne dass es einer Kündigung bedarf. Somit steht es dem
ArbGeb frei, ob er einen Auszubildenden nach Beendigung des Ausbildungsverhältnisses
übernimmt oder nicht. Mitglieder der Jugend- und Auszubildendenvertretung sind der
Gefahr ausgesetzt, dass sie wegen ihres Amtes nicht in ein Arbeitsverhältnis übernommen
werden. Davor will die Regelung des § 78a BetrVG schützen, indem die durch automatische
Beendigung des Arbeitsverhältnisses entstandene Lücke im amtsbezogenen Schutz der §§ 103
BetrVG und 15 KSchG geschlossen wird. Für Auszubildende **im öffentlichen Dienst** besteht eine vergleichbare Regelung in § 9 BPersVG und in den Personalvertretungsgesetzen
der Länder.

2. Persönlicher Schutzbereich. Die Vorschrift erfasst alle Auszubildenden, die Mitglied 78
der Jugend- und Auszubildendenvertretung, des BRat, der Bordvertretung oder des SeeBRat
sind. Für den **Beginn des Schutzes** nach § 78a BetrVG ist nicht auf den Beginn der
Amtszeit, sondern auf den Erwerb der Mitgliedschaft abzustellen (BAG 22.9.83, DB 84,
936). Nach Abs 3 gilt der Schutz auch für **ausgeschiedene Mitglieder** der Betriebsverfassungsorgane während des ersten Jahres nach Ablauf der Amtszeit. Auf **Ersatzmitglieder**
findet die Vorschrift Anwendung, soweit sie im letzten Vierteljahr des Berufsausbildungsverhältnisses einem Betriebsverfassungsorgan angehören und in diesem Zeitraum die Weiterbeschäftigung verlangen (BAG 15.1.80, AP Nr 8 zu § 78a BetrVG). Letztere haben auch
den nachwirkenden Schutz nach Abs 3, sofern das Ausbildungsverhältnis innerhalb eines
Jahres nach der Vertretung erfolgreich abgeschlossen wird und der Auszubildende innerhalb

72 Ausbildungsverhältnis

von drei Monaten vor Beendigung des Ausbildungsverhältnisses seine Weiterbeschäftigung verlangt (BAG 13.3.86, DB 87, 109).

79   **3. Ablehnung der Weiterbeschäftigung.** Beabsichtigt der ArbGeb, einen der geschützten Auszubildenden nach Beendigung des Berufsausbildungsverhältnisses nicht in ein Arbeitsverhältnis auf unbestimmte Zeit zu übernehmen, so muss er dies gem § 78a Abs 1 BetrVG spätestens **drei Monate vor dem normalen Ende** des Berufsausbildungsverhältnisses dem Auszubildenden schriftlich mitteilen. Ist infolge vorzeitiger Ablegung der Prüfung ein früheres Ende vorauszusehen, muss die Mitteilung drei Monate vor diesem Zeitpunkt erfolgen (BAG 31.10.85, DB 86, 700). Unterlässt der ArbGeb diese Mitteilung, so führt dies nicht automatisch zur Begründung eines Arbeitsverhältnisses, wie Abs 5 verdeutlicht. Vielmehr muss der Auszubildende in jedem Fall seine Weiterbeschäftigung verlangen. Der ArbGeb kann jedoch uU schadensersatzpflichtig sein, so zB, wenn der Auszubildende infolge der verspäteten Mitteilung durch den ArbGeb ein anderes Arbeitsverhältnis ausschlägt (BAG 31.10.85, DB 86, 700, 701; *Fitting* § 78a Rz 16). Wird der Auszubildende nach Ablauf des Ausbildungsverhältnisses dagegen tatsächlich weiterbeschäftigt und ist eine fristgemäße Mitteilung nicht erfolgt, so gilt nach § 24 BBiG ein Arbeitsverhältnis auf unbestimmte Zeit als begründet, auch wenn nichts ausdrücklich vereinbart wird.

80   **4. Weiterbeschäftigungsanspruch des Auszubildenden.** Möchte der Auszubildende über das Ende des Ausbildungsverhältnisses hinaus weiterbeschäftigt werden, muss er gem § 78a Abs 2 Satz 1 BetrVG dies seinerseits **innerhalb der letzten drei Monate** vor der vertraglichen Beendigung des Ausbildungsverhältnisses **schriftlich** vom ArbGeb verlangen, und zwar auch dann, wenn der ArbGeb seine Mitteilungspflicht aus Abs 1 versäumt hat (vgl § 78a Abs 5 BetrVG). Mit der Ausübung dieses gesetzlichen Gestaltungsrechtes gilt kraft gesetzlicher Fiktion ein Arbeitsverhältnis auf unbestimmte Zeit als begründet (*Fitting* § 78a Rz 29). Ein vor diesem Zeitraum erfolgtes Weiterbeschäftigungsverlangen ist unwirksam und muss innerhalb der Dreimonatsfrist wiederholt werden (vgl § 12 BBiG; BAG 15.1.80, DB 80, 1648; aA *Opolony* BB 05, 1050, 1051, der von einem redaktionellen Versehen des Gesetzgebers ausgeht und entsprechend § 12 Abs 1 BBiG eine Sechsmonatsfrist für das Übernahmeverlangen annimmt). Ein befristetes Arbeitsverhältnis kann kraft Gesetzes nicht begründet werden; insofern bedarf es einer vertraglichen Vereinbarung (BAG 24.7.91, DB 92, 1290; ErfK/*Kania* § 78a BetrVG Rz 5; aA *Fitting* § 78a Rz 57 mwN für den Fall der Unmöglichkeit einer unbefristeten Weiterbeschäftigung). Dasselbe gilt für ein Arbeitsverhältnis zu geänderten Bedingungen. Allerdings ist der ArbGeb nach Auffassung des BAG verpflichtet zu prüfen, ob eine anderweitige Beschäftigung des Auszubildenden möglich und zumutbar ist. Unterlässt er die Prüfung oder verneint er zu Unrecht die Möglichkeit und die Zumutbarkeit, so kann das nach § 78 Abs 2 BetrVG entstandene Arbeitsverhältnis nicht nach § 78a Abs 4 BetrVG aufgelöst werden. Dies gilt allerdings nur dann, wenn der Auszubildende seine Bereitschaft, ggf zu anderen als den sich aus § 78a BetrVG ergebenden Arbeitsbedingungen übernommen zu werden, unverzüglich nach der Erklärung des ArbGeb gem § 78a Abs 1 BetrVG, spätestens mit seinem Übernahmeverlangen nach § 78a Abs 2 BetrVG erklärt (BAG 6.11.96, DB 97, 1520).

81   **5. Entbindung von der Weiterbeschäftigungspflicht.** Verlangt der Auszubildende wirksam seine Weiterbeschäftigung, so kann der ArbGeb spätestens bis zum Ablauf von **zwei Wochen nach Beendigung des Ausbildungsverhältnisses** beim ArbG – je nach dem Zeitpunkt seiner Antragstellung – entweder beantragen festzustellen, dass ein Arbeitsverhältnis gem § 78a Abs 2, 3 BetrVG nicht begründet wird (§ 78a Abs 4 Nr 1 BetrVG), oder beantragen, dass ein bereits begründetes Arbeitsverhältnis aufzulösen ist (§ 78a Abs 4 Nr 2 BetrVG). Ist im Zeitpunkt der Beendigung des Ausbildungsverhältnisses über einen Feststellungsantrag des ArbGeb noch nicht rechtskräftig entschieden, wandelt sich nach neuerer Rspr des BAG der Feststellungsantrag automatisch in einen Auflösungsantrag nach Abs 4 Nr 2 um, ohne dass es einer Antragsänderung bedarf (BAG 29.11.89, DB 91, 234 unter Abkehr von der früheren Rspr, insbes BAG 14.5.87, NZA 87, 443).

82   Der ArbGeb muss **Tatsachen** geltend machen, aufgrund derer ihm unter Berücksichtigung aller Umstände die **Weiterbeschäftigung des Auszubildenden nicht zugemutet** werden kann. Die Unzumutbarkeit der Beschäftigung kann aus in der Person des Auszubildenden liegenden Gründen folgen, zB bei wiederholtem Nichtbestehen der Abschlussprüfung (LAG

NdS 8.4.75, DB 75, 1224). Allein das schlechtere Abschneiden bei der Abschlussprüfung im Vergleich zu anderen Ausgebildeten reicht hingegen nicht aus (LAG Hamm 21.10.92, DB 93, 439). Dringende betriebliche Gründe können eine Entbindung von der Weiterbeschäftigungspflicht nur ausnahmsweise rechtfertigen, etwa wenn zum Zeitpunkt der Übernahme keine freien Arbeitsplätze vorhanden sind (BAG 16.1.79, DB 79, 1138; LAG SchlHol 26.11.76, DB 77, 777; LAG Hamm 13.5.77, DB 78, 260; LAG NdS 11.3.94, ArbuR 95, 225). Dabei ist auf die Weiterbeschäftigungsmöglichkeit im Unternehmen und nicht nur im Betrieb abzustellen. Eine Beschränkung auf den Betrieb, in dem der Auszubildende Mitglied des betriebsverfassungsrechtlichen Gremiums war, widerspricht der Wertung des Gesetzgebers im Verhältnis zu den §§ 1 Abs 2 Nr 1b, 15 Abs 4 KSchG (LAG NdS 26.4.96, NZA-RR 97, 14; LAG NdS 10.4.97, BB 97, 1315). Auch kann vom ArbGeb nicht die Schaffung zusätzlicher Arbeitsplätze oder die Entlassung anderer ArbN verlangt werden (BAG 16.1.79, DB 79, 1138; *Fitting* § 78a Rz 55 mwN). Auf geplante Einsparungsmaßnahmen, die erst künftig möglicherweise einen Wegfall von Arbeitsplätzen zur Folge haben, kann sich der ArbGeb zur Begründung der Unzumutbarkeit nicht berufen (BAG 16.8.95, DB 96, 1631). Ebenso wenig ist eine Berufung auf das Fehlen freier Arbeitsplätze möglich, wenn ein freier Arbeitsplatz kurz vor Beendigung des Ausbildungsverhältnisses besetzt wird und der ArbGeb nicht darlegen kann, dass der Arbeitsplatz wegen einer betrieblichen Notwendigkeit unverzüglich besetzt werden musste (BAG 12.11.97 – 7 ABR 63/96, DB 98, 1423).

Genauso wie der Auflösungsantrag nach § 78 Abs 4 Satz 2 BetrVG zielt auch der Feststellungsantrag auf eine **rechtsgestaltende gerichtliche Entscheidung,** die ihre **Wirkung erst mit ihrer Rechtskraft** für die Zukunft entfaltet (BAG 29.11.89, DB 91, 234). Solange eine rechtskräftige Entscheidung nicht vorliegt, verhindert daher auch ein vom ArbGeb vor Berufsausbildungsende eingeleitetes Verfahren gem § 78a Abs 4 Nr 1 BetrVG nicht die Begründung eines Arbeitsverhältnisses nach § 78a Abs 2 oder 3 BetrVG. Der geschützte Auszubildende ist deshalb grds bis zu einer rechtskräftigen Entscheidung entsprechend seiner Ausbildung im Betrieb zu beschäftigen (BAG 15.1.80, DB 80, 1648). Etwas anderes gilt nur dann, wenn sich die gerichtliche Feststellung darauf bezieht, dass wegen Fehlens der Voraussetzungen gem § 78a Abs 2, 3 BetrVG ein Arbeitsverhältnis überhaupt nicht begründet wurde. Einen derartigen Feststellungsanspruch kann nach einem erneuten Schwenk der Rspr der ArbGeb in einem einheitlichen Beschlussverfahren mit dem Antrag gem § 78a Abs 4 BetrVG verbinden (BAG 11.1.95, DB 95, 1418; insoweit unter Aufgabe von BAG 29.11.89, DB 91, 234).

6. Streitigkeiten. Die Entscheidung darüber, ob dem ArbGeb gem § 78a Abs 4 BetrVG die Weiterbeschäftigung des Auszubildenden nicht zugemutet werden kann, ist im arbeitsgerichtlichen **Beschlussverfahren** zu treffen (BAG 29.11.89, DB 91, 234). Für die Klärung der Frage nach der Zumutbarkeit ist eine vorherige Feststellung der Begründung eines Arbeitsverhältnisses unter den Voraussetzungen der Abs 2, 3 nicht notwendig (BAG 29.11.89, DB 91, 234). Das Gleiche gilt für einen Antrag des ArbGeb, mit dem dieser die Feststellung begehrt, dass ein Arbeitsverhältnis wegen Fehlens der Voraussetzungen nach Abs 2 oder Abs 3 nicht zustande gekommen ist (BAG 11.1.95 – 7 AZR 574/94, DB 95, 1418). Demgegenüber hat der Auszubildende seinen Anspruch auf Feststellung des Bestehens eines Arbeitsverhältnisses und dessen Inhalt im **Urteilsverfahren** zu verfolgen (BAG 13.11.87, DB 88, 2414; 22.9.83, DB 84, 936). Das Gleiche galt nach bisheriger Rspr für einen Antrag des ArbGeb, mit dem dieser die Feststellung begehrt, dass ein Arbeitsverhältnis deswegen nicht zustande gekommen ist, weil die Voraussetzungen nach Abs 2 oder Abs 3 nicht vorliegen (BAG 29.11.89, DB 91, 234). Anders jetzt BAG 11.1.95, DB 95, 1418; dazu oben Rz 84.

Im Wege der **einstweiligen Verfügung** können sowohl die vorläufige Weiterbeschäftigung als auch umgekehrt die Entbindung von der tatsächlichen Weiterbeschäftigungspflicht, nicht aber die Vertragsauflösung geltend gemacht werden (ErfK/*Kania* § 78a BetrVG Rz 12; *Fitting* § 78a Rz 55, 64; aA im Hinblick auf die Entbindung von der Weiterbeschäftigungspflicht *DKK* § 78a Rz 46).

B. Lohnsteuerrecht
Windsheimer

I. Begriff. 1. Ein Ausbildungsverhältnis kennzeichnet sich steuerlich dadurch, dass der Auszubildende neben dem Zweck, eine Berufsausbildung zu absolvieren, in den Betriebs-

72 Ausbildungsverhältnis

organismus des ArbGeb eingegliedert ist und für seine Tätigkeit eine Ausbildungsvergütung erhält. Die Ausbildung ist also Gegenstand des Dienstverhältnisses (R 9.2 Abs 1 Satz 3 und H 9.2 LStR). Die **Ausbildungsvergütung** führt zu Einnahmen im Rahmen der Einkunftsart Nichtselbständige Arbeit (§ 19 Abs 1 Nr 1 EStG). Es gelten also die Regeln zum LSt-Abzug (s *Lohnabzugsverfahren* Rz 2 ff). Da für 2011 keine LStKarten mehr ausgegeben werden (*Lohnsteuerabzugsmerkmale* Rz 8), stellt grds das zuständige FA auf Antrag eine Ersatzbescheinigung für im Jahr 2011 beginnende Ausbildungsverhältnisse aus.

87 2. **Abgrenzung.** Wird eine Ausbildung neben der Berufstätigkeit in der Freizeit absolviert, besteht kein Ausbildungsverhältnis, auch wenn der ArbGeb die Ausbildung fördert und bezuschusst (FG Bln-Bbg 18.9.08 – 7 K 7093/04 B, EFG 09, 20). Schließt ein StPfl für seine erstmalige Berufsausbildung einen **Schulungsvertrag** ab, so begründet er damit kein Dienstverhältnis, wenn er dem Vertragspartner weder seine Arbeitskraft schuldet noch von diesem Arbeitslohn bezieht. Dies gilt auch dann, wenn das Ausbildungsunternehmen dem Auszubildenden zur Finanzierung der Ausbildung ein **Darlehen gewährt,** das während der Ausbildungszeit zins- und tilgungsfrei gestellt ist (FG Düsseldorf 3.12.08 – 2 K 3575/07 F, EFG 09, 1201, entschieden zur Ausbildung zum Verkehrsflugzeugführer). Zu **Promotionskosten** s *Ausbildungskosten* Rz 25; *Fortbildung* Rz 25.

88 **II. Folgewirkungen. 1. Aufwendungen des Auszubildenden.** Folge der Beurteilung eines Ausbildungsverhältnisses als Nichtselbständige Arbeit iSv § 19 Abs 1 Nr 1 ist, dass die Aufwendungen, die dem Auszubildenden im Rahmen des Ausbildungsverhältnisses erwachsen (zB Kursgebühren, Prüfungsgebühren, Fachliteratur, Ausbildungsmaterial, Reisekosten zu wechselnden Ausbildungsstätten, s hierzu BFH 4.5.90, BStBl II 90, 859 und 861) **Werbungskosten** darstellen (zB Fahrten zwischen Wohnung und Ausbildungsstätte, s hierzu BFH 14.11.2000 – VI R 62/97, BStBl II 01, 491; s auch *Fahrten zwischen Wohnung und Arbeitsstätte* Rz 4 ff). Demgegenüber sind ausbildungsbezogene Aufwendungen ohne ein Ausbildungsverhältnis (zB Schule, Studium) nur beschränkt abzugsfähige Sonderausgaben (§ 10 Abs 1 Nr 7 EStG; s *Ausbildungskosten* Rz 6 ff). Über ein Ausbildungsverhältnis werden beschränkt abzugsfähige Ausbildungskosten (§ 10 Abs 1 Nr 7 EStG) zu unbeschränkt abzugsfähigen Werbungskosten. Daher entfällt beim Ausbildungsverhältnis das Abgrenzungsproblem Ausbildungskosten – Fortbildungskosten (s *Fortbildung* Rz 20 ff). Kein Abzug von Aufwendungen eines Berufsschülers für eine als verbindliche Schulveranstaltung durchgeführte **Klassenfahrt** (s BFH 7.2.92, BStBl II 92, 531). Die Zahlung einer in einem Ausbildungsverhältnis begründeten **Vertragsstrafe** kann zu Werbungskosten bzw Betriebsausgaben führen (BFH 22.6.06 – VI R 5/03, BFH/NV 06, 1965). Zur Kindergeldberechtigung s *Kinderfreibetrag* Rz 17 ff. Aufwendungen bei einem Ausbildungsverhältnis im **Ausland,** das dort (steuerfrei) alimentiert wird (zB Referendariat), können im Inland nicht berücksichtigt werden (BFH 11.2.09 – I R 25/08, BStBl II 10, 536).

89 2. Ein **Ausbildungsverhältnis im Familienbereich** ist steuerlich anzuerkennen, dh Betriebsausgaben beim ArbGeb, Lohneinkünfte beim Auszubildenden, wenn das Ausbildungsverhältnis einem Fremdvergleich standhält (BFH 11.12.97 – IV R 42/97, BFH/NV 98, 952; 21.4.99 – VIII B 70/98, BFH/NV 99, 1460; FG NdS 2.12.98 – XII 542/96, EFG 99, 422; s *Familiäre Mitarbeit* Rz 43). Zur Abgrenzung von den nicht abzugsfähigen Lebenshaltungskosten (§ 12 Nr 1 EStG) ist hierbei erforderlich, dass im Rahmen des anzustellenden Fremdvergleichs Ausbildungsvergleichsfälle benannt werden (BFH 14.12.90, BStBl II 1991, 305). Überhöhte Ausbildungsvergütung ist nur in Höhe des Angemessenen steuerlich anzuerkennen. Der überhöhte Teil ist beim ArbGeb Entnahme bzw bei der GmbH verdeckte Gewinnausschüttung, beim Auszubildenden nicht steuerpflichtig. Bei einer GmbH ist neben dem Fremdvergleich auch die Prüfung der betrieblichen Veranlassung der Kosten an Hand einer klaren, im Voraus getroffenen, zivilrechtlich wirksamen und tatsächlich durchgeführten Vereinbarung vorzunehmen (BFH 27.12.95, BFH/NV 96, 510; FG BaWü 7.9.95, EFG 96, 194). Zahlt der ArbGeb die Kosten für den Besuch der Meisterschule, sind die Kosten nicht als Betriebsausgaben abzugsfähig, wenn der Familienangehörige nicht durch eine **Rückzahlungsklausel** an den Betrieb gebunden wird (BFH 14.12.94, BFH/NV 95, 671; 29.11.99 – X B 52/99, BFH/NV 2000, 701; großzügiger FG NdS 27.6.96, EFG 97, 523 für den Fall, dass die übernommenen Kosten bestimmte Größenordnungen nicht überschreiten, im Streitfall 2000 DM; zu Rückzahlungsklauseln s *Rückzahlungsklausel* Rz 24 ff). Trotz

Rückzahlungsklausel sind die Kosten für die Meisterschule keine Betriebsausgaben, wenn die besondere Qualifikation als Betriebsnachfolger nicht nachgewiesen wird (BFH 29.10.97 – X R 129/94, BStBl II 98, 149 entgegen BFH 14.12.90, BStBl II 91, 305; BFH 29.11.99 – X B 52/99, BFH/NV 2000, 701. **Arbeitsfreistellung** zu Studienzwecken oder zum Besuch der Meisterschule unter Fortzahlung der Ausbildungsvergütung ist bei einer GmbH verdeckte Gewinnausschüttung (BFH 27.12.95, BFH/NV 96, 510; FG Köln 11.5.2000 – 13 K 765/ 00, EFG 2000, 811), beim Einzelunternehmer oder Personengesellschaft keine Betriebsausgaben (BFH 29.10.97 – X R 129/94, BStBl II 98, 149; 11.12.97 – IV R 42/97, BFH/ NV 98, 952). Beim freigestellten ArbN sind Fördermittel grds nicht steuerfrei, sondern nach § 22 Nr 3 EStG zu versteuern (FG Thür 7.12.05 – IV 589/02, EFG 06, 1493).

3. Beginn und Beendigung haben steuerliche Bedeutung, weil Einnahmen und Ausgaben außerhalb eines Ausbildungsverhältnisses anders behandelt werden (s *Ausbildungskosten* Rz 6 ff). Zur Begründung des Ausbildungsverhältnisses s *Arbeitsvertrag* Rz 84 ff, *Minderjährige* Rz 32 ff; zur Dauer BFH 15.7.03 – VIII R 19/02, BStBl II 07, 247. Das Ausbildungsverhältnis endet aus steuerlicher Sicht, wenn nach abgelegter **Prüfung** die Befähigung zur Berufsausübung erreicht ist s *Ausbildungskosten* Rz 21. In Handwerksberufen endet das Ausbildungsverhältnis regelmäßig mit der Ablegung der Gesellenprüfung. Die Zeit **nach dem Abschluss** der Berufsausbildung bis zum Berufsantritt gehört nicht mehr zu der Berufsausbildung. Ein Ausbildungsverhältnis liegt nicht mehr vor, wenn eine Tätigkeit ausgeübt wird, die von anderen unter denselben Bedingungen als Dauerberuf ausgeübt wird, selbst wenn dies zur Vorbereitung auf ein weiteres Berufsziel erforderlich ist (s *Ausbildungskosten* Rz 12). Ein Ausbildungsverhältnis ist auch nicht mehr gegeben, wenn der Sohn eines Gewerbetreibenden nach Abschluss seiner kaufmännischen Ausbildung in den elterlichen Betrieb in die Aufgaben des künftigen Betriebsinhabers eingewiesen wird (BFH 2.8.68, BStBl II 68, 777; s auch BFH 8.11.72, BStBl II 73, 141). Die **Probezeit** bei erstmaligem Berufsantritt erfolgt auch nicht mehr im Rahmen eines Ausbildungsverhältnisses. Zu einem Ausbildungsverhältnis im **Ausland** s *Fortbildung* Rz 23.

III. Kostenübernahme von Studiengebühren durch den Arbeitgeber. Übernimmt der ArbGeb im Rahmen eines Ausbildungsdienstverhältnisses die Studienkosten eines Auszubildenden, so ist nach BMF 13.4.2012 – IV C 5 – S 2332/07/0001, BStBl I 2012, 531 wie folgt zu differenzieren:

1. Übernahme von Studiengebühren durch den ArbGeb **aus eigener Verpflichtung.** Das Unternehmen schließt direkt mit der jeweiligen Berufsakademie einen Kooperationsvertrag, aus dem sich ergibt, dass es alleiniger Schuldner der Studiengebühren für den Studierenden ist und somit gegenüber der jeweiligen Berufsakademie eine eigene Verpflichtung hat. In einem solchen Fall erfolgt die Zahlung im ganz überwiegend eigenbetrieblichen Interesse; die Studiengebühren sind **kein Arbeitslohn**.

2. Übernahme von Studiengebühren **aus arbeitsvertraglicher Verpflichtung.** Ein ArbGeb übernimmt die vom studierenden ArbN geschuldeten Studiengebühren aufgrund einer arbeitsvertraglichen Verpflichtung. In einem solchen Fall wird ein ganz überwiegend eigenbetriebliches Interesse des ArbGeb unterstellt und steuerrechtlich **kein Vorteil mit Arbeitslohncharakter** angenommen, **wenn** eine **Rückzahlungsverpflichtung** des Studierenden für den Fall, dass er das ausbildende Unternehmen auf eigenen Wunsch innerhalb von zwei Jahren nach Studienabschluss verlässt, besteht.

Für Fälle, in denen formal kein Ausbildungsdienstverhältnis iSd R 9.2 Abs 1 Satz 3 LStR begründet wird, finden die obigen Ausführungen keine Anwendung (BMF 22.9.10 – IV C 4 – S 2227/07/10002: 002, DStR 10, 1988 Rz 28).

3. Zu anderen Förderleistungen des ArbGeb s *Arbeitsförderung* Rz 11; *Berufsausbildungsförderung* Rz 8.

C. Sozialversicherungsrecht *Voelzke*

1. Allgemeines. Berufsausbildungsverhältnisse unterfallen nach § 7 Abs 2 SGB IV dem Begriff der Beschäftigung im sozialversicherungsrechtlichen Sinn, wenn sie auf den Erwerb beruflicher Kenntnisse, Fertigkeiten und Erfahrungen im Rahmen betrieblicher Berufsbildung ausgerichtet sind (s *Betriebliche Berufsbildung* Rz 24–28). Zusätzlich wird in den Beson-

72 Ausbildungsverhältnis

deren Teilen des SGB die Beschäftigung zur Berufsausbildung der Beschäftigung nach § 7 SGB IV ohne das Merkmal der Betriebsbezogenheit gleichgesetzt. Hierbei wird zT auf die Entgeltlichkeit der Beschäftigung zur Berufsausbildung verzichtet. Bei Beginn und bei Beendigung einer Berufsausbildung hat der ArbGeb der Einzugsstelle eine Meldung zu erstatten (§ 28a Abs 1 Nrn 13, 14 SGB IV). Vom ausbildenden Betrieb gezahlte Ausbildungsvergütungen sind Arbeitsentgelt iSd § 14 SGB IV.

93 **2. Begriff.** In den besonderen Teilen des SGB liegt eine Beschäftigung von Personen „zu ihrer Berufsausbildung" vor, wenn die Ausbildung auf die Erlernung eines bestimmten Berufs ausgerichtet ist und einen gewissen Umfang nicht unterschreitet. Nicht ausreichend ist hingegen die bloße **Unterrichtung über die Betriebstätigkeit.** Auch die **Arbeitserprobung** unterfällt nicht der beruflichen Ausbildung, da sie lediglich auf die Feststellung der beruflichen Eignung abzielt. Regelfall der Beschäftigung zur Berufsausbildung ist das Bestehen eines Ausbildungsverhältnisses nach dem BBiG. Es ist allerdings kein Merkmal der Ausbildung, dass sie mit einem förmlichen Abschluss endet, sondern auch **Anlernverhältnisse** können darunter fallen. Auch gehört es nicht zum Begriff der Berufsausbildung, dass es sich um eine erstmalige Ausbildung handelt. Als Auszubildende sind auch **Umschüler** anzusehen, die eine erwachsenengerechte Bildungsmaßnahme durchlaufen, die im Wesentlichen nach Inhalt und Abschluss einer erstmaligen Ausbildung entspricht (BSG 12.10.2000 – B 12 KR 7/00 R, DStR 01, 1315).

94 Die Ausbildung muss sich im Rahmen eines **Beschäftigungsverhältnisses** (Ausbildungsverhältnis, Anlernverhältnis) vollziehen. Auch bei einer Beschäftigung zur Berufsausbildung muss der Auszubildende wie ein ArbN in einem Betrieb „beschäftigt" sein, dh seine praktische Ausbildung muss überwiegend durch praktische Unterweisung im Rahmen des betrieblichen Arbeitsablaufs stattfinden (BSG 29.1.08 – B 7/7a AL 70/06 R, SozR 4–4300 § 25 Nr 2). Das Vorliegen eines Beschäftigungsverhältnisses beurteilt sich nach allgemeinen Grundsätzen und umfasst das Vorliegen eines faktischen Ausbildungsverhältnisses. Das Ausbildungsverhältnis wird durch den Ausbildungszweck gekennzeichnet, während die Leistung produktiver Arbeit nicht wesensnotwendig ist. Es kann auch stark durch erzieherische Elemente geprägt sein.

95 Nicht der Versicherungspflicht unterfallen **schulische Ausbildungsgänge,** die nicht die typischen Elemente eines entgeltlichen Arbeitsverhältnisses aufweisen. Die ständige Eingliederung in den Betrieb des ArbGeb ist nicht erforderlich. Erfolgt die Ausbildung teils in der Schule, teils im Betrieb, so ist maßgebend, welche Ausbildungsart der Gesamtausbildung das Gepräge gibt. Entscheidend ist insoweit insbesondere die betriebsgemäße Weisungsgebundenheit, die auch bei aus dem eigentlichen Produktionsprozess herausgelösten Ausbildungsverhältnissen (zB in Lehrwerkstätten von Großbetrieben oder karitativen Einrichtungen) vorliegen kann. Erfolgt die Ausbildung ausschließlich in einer berufsbildenden Schule oder im Rahmen eines wissenschaftlichen Forschungsauftrages an einer Hochschule (BSG 14.9.78 – 12 RK 44/76, SozR 5750 Art 2 § 46 Nr 5), so ist die Versicherungspflicht zu verneinen. Dies gilt auch, wenn die Merkmale eines abhängigen Beschäftigungsverhältnisses deshalb nicht vorliegen, weil sich die Ausbildung im Rahmen familienhafter Mithilfe vollzieht (BSG 30.4.81 – 11 RA 54/80, SozR 2200 § 1259 Nr 50). Nicht als Ausbildungsverhältnis unterliegen berufspraktische Phasen eines sog praxisintegrierten dualen Studiums der Versicherungspflicht, wenn diese Phasen sich infolge organisatorischer und/oder curricularer Verzahnung als Bestandteil des Studiums darstellen (BSG 1.12.09 – B 12 R 4/08 R, BeckRS 2010, 66709). Diese Grundsätze gelten bei Ausbildungsgängen in nichtakademischen Berufen entsprechend, so dass der praktische Ausbildungsteil als versicherungspflichtig anzusehen ist, wenn theoretische und praktische Ausbildungsabschnitte deutlich getrennt sind (BSG 27. 7 11 – B 12 R 16/09 R, SozR 4–2400 § 7 Nr 14).

96 **3. Sozialversicherungspflicht.** In der RV (§ 1 Satz 1 Nr 1 SGB VI) und in der UV (§ 2 Abs 1 Nr 1 und 2 SGB VII) gehören zur Berufsausbildung Beschäftigte unabhängig davon zum versicherten Personenkreis, ob sie gegen Arbeitsentgelt beschäftigt sind. Auch für die Versicherungspflicht in der ArblV ist die Entgeltgewährung ohne Bedeutung (§ 25 Abs 1 SGB III).

97 Die Versicherungspflicht in der KV als zur Berufsausbildung Beschäftigter ist nach § 5 Abs 1 Nr 1 SGB V von der Beschäftigung gegen Arbeitsentgelt abhängig. In der KV kann

sich dennoch Versicherungspflicht aus § 5 Abs 1 Nr 10 SGB V ergeben, wenn Ausbildungsvergütung nicht gezahlt wird. Dort sind ohne Arbeitsentgelt zu ihrer Berufsausbildung Beschäftigte und Auszubildende des Zweiten Bildungswegs, die sich in einem förderungsfähigen Teil eines Ausbildungsabschnitts nach dem BAföG befinden, den Praktikanten gleichgestellt (Näheres: *Praktikant* Rz 15 ff). Für die Versicherungspflicht in der sozialen PflegeV gelten die entsprechenden Grundsätze (§ 20 SGB XI).

Erfolgt die berufliche Ausbildung (nicht berufliche Fortbildung oder Umschulung; BSG **98** 22.9.81 – 1 RA 37/80, SozR 2200 § 1259 Nr 56) im Rahmen eines Schulbesuchs und nicht innerhalb einer versicherungspflichtigen Beschäftigung, so kann in der RV die nach Vollendung des 17. Lebensjahres zurückgelegte Ausbildungszeit als **Anrechnungszeit** berücksichtigt werden (§ 58 Abs 1 Satz 1 Nr 4 SGB VI). Die Zeiten eines **Schulbesuchs** können insgesamt nur noch bis zu einem Zeitraum von insgesamt acht Jahren angerechnet werden. Dem Schulbesuch ist die Teilnahme an berufsvorbereitenden Bildungsmaßnahmen gleichgestellt. Als Anrechnungszeit wird auch die begrenzte Zeit zwischen dem Ende des Besuchs einer allgemein bildenden Schule und dem Beginn einer versicherungspflichtigen Lehrzeit berücksichtigt (BSG 31.3.92 – 4 RA 3/91, SozR 3–2600 § 252 Nr 1).

4. Vermittlung. Nach § 38 Abs 2 SGB III haben Ausbildungssuchende, die Vermitt- **99** lungsdienste der BA in Anspruch nehmen, die erforderlichen **Auskünfte** zu erteilen, Unterlagen vorzulegen und den Abschluss eines Ausbildungsvertrags mitzuteilen.

5. Unfallversicherung. Im dualen System der Berufsausbildung können sich hinsichtlich **100** des Umfangs der versicherten Tätigkeiten sowie des zuständigen UVTrägers Abgrenzungsprobleme ergeben. Während der Tätigkeit im Ausbildungsbetrieb richtet sich der Unfallversicherungsschutz eines zur Ausbildung Beschäftigten nach § 2 Abs 1 Nr 1 SGB VII, während des Berufsschulbesuchs nach § 2 Abs 1 Nr 8b SGB VII. Die mit dem Berufsschulbesuch zusammenhängenden Tätigkeiten sind nur dann versichert, wenn die unfallbringende Tätigkeit im inneren Zusammenhang mit der versicherten Tätigkeit als Berufsschüler steht und sie zudem dem **organisatorischen Verantwortungsbereich** der Schule zuzurechnen ist. Der erforderliche Zusammenhang kann auch ohne die konkrete Weisung eines Lehrers gegeben sein, wenn die unfallverursachende Verrichtung notwendig ist, um an einer Schulveranstaltung teilnehmen zu können (vgl zu Einzelfällen BSG 24.5.2000 – B 2 U 5/99 R, NZA 2000, 1096).

Ausgleichsquittung

A. Arbeitsrecht *Eisemann*

1. Allgemeines. Mit der Ausgleichsquittung soll möglicher Streit um bestehende oder **1** zukünftige Ansprüche verhindert oder beseitigt werden. Vor allem bei der Beendigung von Arbeitsverträgen sollen Ausgleichsquittungen helfen, möglichst schnell klare Verhältnisse zu schaffen. Sie sind daher grundsätzlich weit auszulegen (BAG 22.10.2008 – 10 AZR 617/07, NZA 2009, 139; BAG 8.3.06 – 10 AZR 349/05, NZA 06, 854). Diesem Zweck werden sie angesichts gesetzlicher Regelungen und den vor der Rspr entwickelten Grundsätzen nicht immer gerecht.

Die Ausgleichsquittung enthält regelmäßig eine **Empfangsbestätigung** und eine **Aus- 2 gleichsklausel.** Der Unterzeichner quittiert den Empfang der aufgezählten Leistungen und verzichtet auf weitere Ansprüche. Nach § 368 Satz 1 BGB ist der ArbN verpflichtet, Zug um Zug ein schriftliches Empfangsbekenntnis (Quittung) über erhaltenen Lohn und die Herausgabe der Arbeitspapiere zu erteilen. Ein gesetzlicher Anspruch auf einen Verzicht oder Erlass von Ansprüchen besteht dagegen nicht. Die Unterzeichnung einer Ausgleichsklausel darf daher nicht erzwungen werden. Auch ein *Zurückbehaltungsrecht* wegen der Weigerung des ArbN, eine Ausgleichsklausel zu unterzeichnen, steht dem ArbGeb nicht zu.

2. Die Rechtsnatur der Ausgleichsklausel hängt von ihrem Inhalt ab, der durch Aus- **3** legung zu ermitteln ist. Gehen beide Parteien davon aus, dass keine Ansprüche mehr bestehen, enthält die Ausgleichsklausel ein **deklaratorisches negatives Schuldanerkenntnis,** mit welchem dies nur eindeutig dokumentiert und fixiert werden soll (BAG 20.4.10 –

73 Ausgleichsquittung

3 AZR 225/08, NZA 10, 883; BAG 7.11.2007 – 5 AZR 880/06, NZA 08, 355). Wollen die Beteiligten alle bekannten oder unbekannten Ansprüche zum Erlöschen bringen, enthält sie ein **konstitutives negatives Schuldanerkenntnis** nach § 397 Abs 2 BGB (BAG 20.4.10 – 3 AZR 225/08, NZA 10, 883; BAG 8.3.06 – 10 AZR 349/05, NZA 06, 854) Typische Formulierung: „Hiermit sind sämtliche Ansprüche aus dem Arbeitsverhältnis und seiner Beendigung abgegolten und erledigt." Gehen beide Parteien davon aus, dass noch Forderungen bestehen, sollen sie aber nicht mehr erfüllt werden, handelt es sich bei der Ausgleichsklausel um einen **Erlassvertrag** nach § 397 Abs 1 BGB (BAG 20.4.10 – 3 AZR 225/08, NZA 10, 883; BAG 7.11.07 – 5 AZR 880/06, NZA 08, 355). Haben die Parteien über den Bestand oder die Höhe einer Forderung gestritten und den Streit durch Nachgeben beendet, liegt in der Ausgleichsklausel ein **Vergleich** nach § 779 BGB. Meist wird es sich bei der Ausgleichsklausel um einen Vertrag handeln, der mehrere dieser Elemente enthält. Die überwiegende Rechtsnatur einer Ausgleichsquittung entscheidet über ihre Wirkung (s unten Rz 11).

4   **3. Reichweite.** Auf Rechte aus **Tarifverträgen, Betriebsvereinbarungen** und **bindenden Festsetzungen** kann nach den §§ 4 Abs 4 Satz 1 TVG, 77 Abs 4 Satz 2 BetrVG, 19 Abs 3 Satz 3 HAG mit einer Ausgleichsklausel grds nicht verzichtet werden (s *Verzicht* Rz 4). Sieht der Tarifvertrag selbst den Verlust von Ansprüchen durch Unterzeichnen einer Ausgleichsklausel vor, werden auch tarifliche Ansprüche erfasst.

5   Die Ausgleichsklausel ist **unwirksam**, soweit mit ihr „unabdingbare" gesetzliche Ansprüche erlassen werden (s *Verzicht* Rz 8, 9). Auch die Ausgleichsklausel kann einen sog „**Tatsachenvergleich**" enthalten, mit dem auf streitige unabdingbare Rechte de facto verzichtet werden kann (s *Verzicht* Rz 11). Eine Ausgleichsquittung löst das Arbeitsverhältnis nicht auf. Es fehlt schon an den nach § 623 BGB erforderlichen Unterschriften *beider* Vertragspartner (s *Aufhebungsvertrag* Rz 9).

6   Der **Umfang** des Rechtsverlustes folgt aus der **Reichweite** der Ausgleichsklausel. Diese hängt auch von ihrer Rechtsqualität als Erlassvertrag, konstitutives oder nur deklaratorisches Schuldanerkenntnis ab; sie muss vorab geklärt sein (BAG 28.7.04 – 10 AZR 661/03, NZA 04, 1097). Lässt sich aus der Erklärung selbst nicht der übereinstimmende Wille der Parteien zum Umfang der Klausel ermitteln, sind ihre Erklärungen aus Sicht des Erklärungsempfängers so auszulegen, wie er sie nach Treu und Glauben unter Berücksichtigung der Verkehrssitte verstehen durfte. Dabei sind sämtliche Begleitumstände der Erkärung – wie ihre Entstehungsgeschichte, das Verhalten der Parteien nach ihrem Abschluss, ihr Zweck und bei ihrem Abschluss vorhandene Interessenlage – zu berücksichtigen (BAG 8.3.06 – 10 AZR 349/05, NZA 06, 854). Der Umfang des Verlustes seiner Rechte muss sich für den Betroffenen aus der Klausel selbst oder den Umständen bei ihrer Unterzeichnung eindeutig und unmissverständlich ergeben (BAG 20.8.80 – 5 AZR 759/78, NJW 81, 1285). Die von der Ausgleichsklausel erfassten Ansprüche sollten stets **konkret bezeichnet** werden. Hat der ArbN bei Beendigung des Arbeitsverhältnisses in einem Formular bestätigt, dass er seine Arbeitspapiere und den Restlohn erhalten hat, und hat er zugleich die auf diesem Papier vorgedruckte Erklärung unterschrieben, dass damit „alle seine Ansprüche aus dem Arbeitsverhältnis abgegolten" sind und er „keine Forderungen" gegen den ArbGeb – „ganz gleich aus welchem Rechtsgrund" – mehr habe, so hat er damit nur den Empfang der Papiere quittiert und allenfalls die Richtigkeit der Lohnabrechnung anerkannt. Ein weitergehender Verzicht kann aus dem Wortlaut dieser weitgefassten Ausgleichsklausel nicht hergeleitet werden (BAG 7.11.07 – 5 AZR 880/06, NZA 08, 355). Wenn feststeht, dass eine Forderung entstanden ist, verbietet allein dieser Umstand im Allgemeinen die Annahme, der ArbN habe sein Recht nach § 397 Abs 1 oder Abs 2 BGB einfach wieder aufgegeben. Ein Erlass liegt im Zweifel nicht vor (BAG 7.11.07 – 5 AZR 880/06, NZA 08, 355).

7   Zur Unmissverständlichkeit gehört auch eine **äußere Eindeutigkeit.** Ausgleichsklauseln müssen sich daher deutlich von anderen bei der Beendigung eines Arbeitsverhältnisses abgegebenen Erklärungen abheben. Dies kann durch eine besondere Kennzeichnung – etwa im Druck – geschehen (BAG 6.8.03 – 7 AZR 9/03, NZA 04, 96; BAG 23.2.05 – 4 AZR 139/04, NZA 05, 1193). Sie dürfen daher ohne besondere Hervorhebung nicht in einer Schlussbestimmung versteckt werden, die mehrere andere Regelungen enthält (BAG 31.8.05 – 5 AZR 545/04, NZA 06, 324). Es empfiehlt sich, die Ausgleichsklausel auf einem gesonder-

ten Blatt unterschreiben zu lassen, welches keine weiteren Erklärungen enthält, oder zumindest Empfangsbestätigung und Ausgleichsklausel gesondert unterschreiben zu lassen. Wer ganz sicher gehen will, sollte den Mitarbeiter vor Unterzeichnung auf die Bedeutung der Ausgleichsklausel hinweisen und dies dann auch dort vermerken.

Wollen die Parteien mit einer **allgemeinen Ausgleichsklausel** auch ihnen nicht bekannte Ansprüche zum Erlöschen bringen, handelt es sich um ein konstitutives negatives Schuldanerkenntnis (BAG 20.4.10 – 3 AZR 225/08, NZA 10, 883). Die lange Zeit übliche Wendung „Ich erkläre hiermit, dass mir aus Anlass der Beendigung des Arbeitsverhältnisses keine Ansprüche mehr zustehen", verpflichtet den ArbN jedoch weder, von einer Kündigungsschutzklage abzusehen, noch eine schon erhobene Klage zurückzunehmen (BAG 3.5.79, DB 79, 1465). Ausreichend ist die Erklärung: „Ich erhebe gegen die Kündigung keine Einwendungen und werde mein Recht, das Fortbestehen des Arbeitsverhältnisses geltend zu machen, nicht wahrnehmen oder eine mit diesem Ziel erhobene Klage nicht durchführen" (BAG 20.6.85 – 2 AZR 427/84, NZA 86, 258). Weit gefasste Ausgleichsklauseln, mit denen der ArbN erklärt, „alle Ansprüche aus dem Arbeitsverhältnis sind abgegolten", oder wonach dem ArbN „keine Ansprüche aus dem Arbeitsverhältnis mehr zustehen", erfassen auch den vertraglichen Anspruch auf ein anteiliges 13. Monatsgehalt (BAG 28.7.04 – 10 AZR 661/03, NZA 04, 1097) auf Rückzahlung eines Arbeitgeberdarlehens (BAG 19.3.09 – 6 AZR 557/07, NZA 09, 896) oder auf Aktienoptionen (BAG 28.5.08 – 10 AZR 351/07, NZA 08, 1066), aber weder Versorgungsansprüche (BAG 20.4.10 – 3 AZR 225/08, NZA 10, 883) noch als Schadensersatz geschuldete Versorgungsverschaffungsansprüche (BAG 17.10.2000 – 3 AZR 69/99, NZA 01, 203), Zeugnisansprüche (BAG 16.9.74, DB 75, 155) oder sachenrechtliche Ansprüche (*Schaub* § 72 Rz 21). Selbst bei eindeutiger Formulierung soll der Verlust von Ruhegeldanwartschaften durch Ausgleichsquittung voraussetzen, dass er vor Unterzeichnung ausführlich erörtert und vom ArbN erkennbar akzeptiert wurde (LAG Hamm 15.1.80, DB 80, 643). **Spezielle Ausgleichsklauseln** können einzelne Tatbestände betreffen. Gibt der ArbN aus Anlass eines Diebstahls ein deklaratorisches Schuldanerkenntnis ab, so ist er danach mit den Einwänden ausgeschlossen, die er bei Abgabe des Anerkenntnisses kannte oder mit denen er zumindest rechnete. Diente das Schuldanerkenntnis dazu, die Verpflichtung des ArbN zum Schadensersatz und dessen Höhe dem Streit zwischen den Parteien zu entziehen, so kann der ArbN später nicht einwenden, der ArbGeb hätte einen Schaden in dieser Höhe nicht oder nur mit unzulässigen Mitteln beweisen können (BAG 22.7.2010 – 8 AZR 144/09, NZA 11, 743).

Generelle Hinweispflichten des ArbGeb bestehen bei eindeutigem Wortlaut der Ausgleichsklausel nicht (BAG 3.5.79, DB 79, 1465). Dies gilt auch für **ausländische Arbeitnehmer,** die der deutschen Schriftsprache mächtig sind. Sind sie es für den ArbGeb erkennbar nicht, muss er durch Ausgleichsquittungen in der Landessprache oder mittels Übersetzung durch einen Dolmetscher sicherstellen, dass der Geschäftswille beim ausländischen ArbN nicht fehlt und die Ausgleichsklausel damit wirksam vereinbart werden kann (LAG Düsseldorf 2.11.71, DB 71, 2318; LAG Hamm 2.1.76, DB 76, 923; s auch *Ausländer* Rz 13).

Die in einem **gerichtlichen Vergleich** vereinbarte allgemeine Ausgleichsklausel soll – anders als die außergerichtlich vereinbarte – idR alle Ansprüche umfassen, die nicht unmissverständlich in diesem Vergleich als weiterbestehende Ansprüche bezeichnet werden, soweit sie nicht außerhalb des von den Parteien Vorgestellten liegen und bei Vergleichsabschluss unvorstellbar waren (BAG 24.6.09 – 10 AZR 707/08 (F), NZA-RR 10, 536). Ausnahmen soll es insoweit nur für Ruhegeldansprüche und den Zeugnisanspruch geben (BAG 10.5.78 – 5 AZR 97/77 AP ZPO § 794 Nr 25). Man wird ergänzen müssen, dass bestenfalls Ansprüche ausgeschlossen werden, auf die wirksam verzichtet werden kann (vgl hierzu *Verzicht* Rz 5–11). Auch **künftige Forderungen** werden bei eindeutigem Wortlaut von Ausgleichsklauseln erfasst, soweit dies rechtlich möglich ist (s *Verzicht* Rz 4). Mit einer allgemeinen Ausgleichsklausel oder entsprechenden Formulierungen in **gerichtlichen Vergleichen** sollen grds auch vertragliche Wettbewerbsverbote und Karenzentschädigungen (BAG 22.10.2008 – 10 AZR 617/07, NZA 2009, 139) oder der Anspruch auf Urlaubsabgeltung (BAG 14.3.2006 – 9 AZR 11/05 AP Nr 32 zu § 7 BUrlG) ausgeschlossen werden können; entscheidend ist die Auslegung im Einzelfall (BAG 8.3.06 – 10 AZR 349/05, NZA 06, 854).

73 Ausgleichsquittung

11   Welche **Wirkung** eine Ausgleichsklausel hat, wenn sich nach ihrer Unterzeichnung herausstellt, dass noch Forderungen aus dem Arbeitsverhältnis bestehen, richtet sich nach ihrer Rechtsnatur. Ein Vergleich ist nach § 779 BGB unwirksam, wenn der nach seinem Inhalt zugrunde gelegte unstreitige Sachverhalt nicht der Wirklichkeit entspricht. Wirksam bleiben damit Vergleiche, die auf einem gemeinsamen Irrtum in Bezug auf Streitpunkte beruhen, welche gerade durch den Vergleich beseitigt werden sollten (BGH 13.5.54 und 24.9.59, LM § 779 Nr 10a, 14). Insoweit kann der Vergleich auch nicht mehr nach § 119 BGB angefochten werden (RGZ 162, 201). Handelt es sich bei der Ausgleichsklausel ihrem Inhalt nach nur um ein negatives deklaratorisches Schuldanerkenntnis und damit um eine reine Wissenserklärung, können selbst von ihr erfasste Forderungen weiterhin geltend gemacht werden.

12   **4. Anfechtung und Widerruf.** Die Ausgleichsklausel kann nach allgemeinen Regeln angefochten und damit vernichtet werden (*Schaub* § 72 Rz 25 f). Ein gesetzliches Widerrufsrecht für Ausgleichsquittungen nach den §§ 312, 355 BGB besteht nicht. Beim Arbeitsverhältnis handelt es sich nicht um eine besondere „Vertriebsform", auf die allein sich diese Vorschriften beziehen (BAG 27.11.03 – 2 AZR 177/03, NZA 04, 597 zum Aufhebungsvertrag). Soweit Tarifverträge den **Widerruf** einer Ausgleichsklausel vorsehen, richten sich dessen Voraussetzungen allein nach den tariflichen Regelungen.

13   Die **Anfechtung wegen Irrtums** soll nach § 119 BGB möglich sein, wenn der Unterzeichner glaubte, nur eine einfache Quittung zu unterschreiben (BAG 27.8.70, DB 71, 100). Unterschreibt der ArbN die Ausgleichsklausel aber ungelesen, kann er sich über deren Inhalt nicht irren. Die Irrtumsanfechtung ist dann ausgeschlossen (BAG 27.8.70, DB 71, 100). Konnte der ArbGeb nicht erkennen, dass einem **ausländischen Arbeitnehmer** der Inhalt der Ausgleichsklausel unverständlich geblieben ist, kann dieser jedenfalls nach § 119 BGB seine Erklärung anfechten, wenn man es nicht schon am Geschäftswillen fehlen lässt (LAG Düsseldorf 2.11.71, DB 71, 2318) oder wegen eines Verstoßes gegen die Fürsorgepflicht der Ausgleichsklausel die Wirkung versagt (vgl LAG Bln 7.12.72, BB 73, 1030).

14   Wegen **arglistiger Täuschung** kann die Ausgleichsklausel nach § 123 BGB angefochten werden, wenn dem Unterzeichner vorgespiegelt wird, es handele sich nur um eine einfache Empfangsbestätigung. Wegen **Drohung** kann die Ausgleichsklausel angefochten werden, wenn der ArbGeb erklärt, ohne ihre Unterzeichnung gebe er die Arbeitspapiere nicht heraus oder sich weigert, den Restlohn zu zahlen (Schaub/*Linck* § 72 Rz 26). Ein in der Ausgleichsklausel enthaltener Verzicht auf die Kündigungsschutzklage kann unter den Voraussetzungen angefochten werden, unter denen ein Aufhebungsvertrag nach §§ 119 ff BGB unwirksam ist (s *Aufhebungsvertrag* Rz 22).

15   Nach den Grundsätzen der **ungerechtfertigten Bereicherung** (§ 812 Abs 2 BGB) soll ein in einer Ausgleichsklausel enthaltenes konstitutives negatives Schuldanerkenntnis zurückgefordert werden können, wenn die Forderung tatsächlich noch besteht, von deren Nichtbestehen der Anerkennende ausgegangen ist (*Schaub* § 72 Rz 27). War die Forderung strittig, liegt in der Ausgleichsklausel zugleich ein Vergleich, der ihre Rückforderung nach Bereicherungsgrundsätzen ausschließt.

Enthält ein in einer Ausgleichsklausel enthaltenes Schuldanerkenntnis Verpflichtungen, die die Einkommens- und Vermögensverhältnisse des Schuldners weit übersteigen, kann es nach § 138 Abs 1 BGB **sittenwidrig** sein, wenn zusätzliche, dem Gläubiger zurechenbare Umstände zu einem unerträglichen Ungleichgewicht der Vertragsparteien führen. Solche Belastungen können sich insbesondere daraus ergeben, dass der Gläubiger die Geschäftsunerfahrenheit oder eine seelische Zwangslage des Schuldners ausnutzt oder ihn auf andere Weise in seiner Entscheidungsfreiheit unzulässig beeinträchtigt. Ein auffälliges Missverhältnis zwischen Leistung und Gegenleistung kann jedoch nicht daraus abgeleitet werden, dass der Schaden allenfalls zu einem geringen Teil bewiesen werden kann. Maßgebend für die Annahme eines auffälligen Missverhältnisses ist nicht das Verhältnis zwischen wahrer Ausgangslage im Sinne einer tatsächlichen Beweisbarkeit und den übernommenen Leistungen, sondern die Einschätzung der Sach- und Rechtslage durch die Parteien bei Abschluss der Vereinbarung (BAG 22.7.2010 – 8 AZR 144/09, NZA 11, 743).

16   **5. Muster.** S Online-Musterformular *„M11 Ausgleichsquittung"*.

B. Lohnsteuerrecht
Seidel

1. Empfangsbestätigung. Soweit in der Ausgleichsquittung der Erhalt der LStBescheinigung in den Sonderfällen des § 416 Abs 3 Satz 1 EStG bestätigt wird (s oben Rz 2, 6), wird hinsichtlich deren Ausfüllung durch den ArbGeb auf das Stichwort *Lohnsteuerbescheinigung* Rz 2 ff verwiesen. 17

2. Ausgleichsklausel. a) Ansprüche. Sind nach der Ausgleichsklausel noch Ansprüche des ArbN zu erfüllen, richtet sich deren Besteuerung nach den allgemein für die Art der Zahlung geltenden Grundsätzen (s *Abfindung* Rz 41 ff; *Entgeltfortzahlung* Rz 41 ff; *Lohnabzugsverfahren* Rz 2 ff; *Urlaubsgeld* Rz 6, 7; *Vermögenswirksame Leistungen* Rz 27 ff; *Sozialplan* Rz 61–63). 18

b) Erlassvertrag. Handelt es sich bei der Ausgleichsklausel auch um einen Erlassvertrag (s oben Rz 3), so kann in dem Verzicht des ArbGeb auf die Geltendmachung von Forderungen ein stpfl geldwerter Vorteil für den ArbN liegen (s *Verzicht* Rz 14 ff und *Lohnzufluss* Rz 8: Forderung). Zum Lohnverzicht des ArbN s *Entgeltverzicht* Rz 8 ff. 19

C. Sozialversicherungsrecht
Schlegel

Sozialversicherungsrechtliche Reichweite. Beinhaltet eine Ausgleichsquittung (umfassend hierzu *Franz Kiebler* Die Ausgleichsquittung im deutschen Arbeitsrecht, ZIAS 1995, 51) einen Vergleich, einen Erlassvertrag, ein deklaratorisches oder ein konstitutives negatives Schuldanerkenntnis, was jeweils durch Auslegung im Einzelfall zu ermitteln ist (s oben Rz 3), werden hierdurch zunächst nur Ansprüche des ArbN gegen den ArbGeb oder des ArbGeb gegen den ArbN geregelt; die Ausgleichsquittung führt jedoch nicht zwingend dazu, dass der Inhalt auch hinsichtlich sozialrechtlicher Konsequenzen verbindlich ist. Beweisrechtliche Bedeutung kommt ihr nur beim deklaratorisch negativen Schuldanerkenntnis zu. Indessen ist es nicht möglich, durch einen Verzicht auf entstandene Ansprüche auf Arbeitsentgelt die damit ebenfalls bereits entstandene Pflicht zur Zahlung von GesamtSozVBeiträgen im Verhältnis zum SozVTräger zu beseitigen oder zu modifizieren (s *Entgeltverzicht* Rz 17 ff). 20

Das Recht der SozV und ArblV ist als Teil des öffentlichen Rechts insoweit **zwingend** und steht nicht zur Disposition der Arbeitsvertragsparteien. In aller Regel werden die sozialrechtlichen Konsequenzen einer Ausgleichsquittung (zu deren Auslegung vgl BSG 16.12.80 – 3 RK 40/79, SozR 2200 § 189 Nr 2) von den Beteiligten allerdings nicht mitbedacht; eine ergänzende Auslegung und Regelung der sozialversicherungsrechtlichen Tatbestände wegen versteckten Dissenses (§ 155 BGB) scheidet im Hinblick auf den zwingenden Charakter des Sozialrechts auch in diesen Fällen in aller Regel aus. 21

Vergleichsvertrag. Sozialversicherungsrechtlich beachtlich ist jedoch ein in der Ausgleichsquittung enthaltener echter Vergleichsvertrag, bei dem etwa die zunächst umstrittene Entgelthöhe durch gegenseitiges Nachgeben geregelt und hierdurch mittelbar auch die Beitragsbemessungsgrundlage fixiert wird. 22

Aushänge im Betrieb

A. Arbeitsrecht
Kreitner

Übersicht

	Rz		Rz
I. Allgemeines	1	c) Jugendliche	7
II. Gesetzliche Aushangpflichten	2–17	d) Frauen	8
1. Arbeitszeitregelungen	2–4	e) Heimarbeiter	9
a) Arbeitszeitgesetz	2	f) Schwerbehinderte	10
b) Ladenschlussgesetz	3	g) Seeleute	11
c) Regelungen für bestimmte Betriebe	4	3. Tarifverträge	12
2. Schutzvorschriften	5–11	4. Betriebsverfassungsrechtliche Regelungen	13–16
a) Allgemeine Regelungen für alle Arbeitnehmer	5	a) Betriebsvereinbarungen	13
		b) Betriebsratswahl	14
b) Regelungen für bestimmte Betriebe	6	c) Sprecherausschusswahl	15
		d) Schwerbehindertenvertretung	16

74 Aushänge im Betrieb

	Rz		Rz
5. Unternehmensbezogene Regelungen	17	V. Rechtsfolgen bei Verstoß gegen Aushangpflichten	26–29
III. Freiwillige Aushänge	18–20	1. In zivilrechtlicher Hinsicht	26
IV. Art und Weise des Aushangs	21–25	2. In betriebsverfassungsrechtlicher Hinsicht	27, 28
1. „Schwarzes Brett"	21–23	3. Ordnungswidrigkeiten	29
2. Allgemeine Erfordernisse	24, 25		
a) Standort	24		
b) Sprache	25		

1 I. Allgemeines. Das Arbeitsrecht enthält in vielen Bereichen Schutzvorschriften zugunsten der ArbN. Besondere Bedeutung erlangen insoweit Arbeitszeitregelungen, Vorschriften bezüglich gefährlicher oder gesundheitsgefährdender Arbeiten und sonstige tarifliche oder betriebsverfassungsrechtliche Regelungen einerseits sowie Vorschriften zum Schutz besonderer ArbNGruppen wie Jugendliche, Frauen oder Schwerbehinderte andererseits. In diesen Bereichen wird durch Gesetz, VO, Tarifvertrag oder Betriebsvereinbarung oftmals dem ArbGeb vorgeschrieben, für eine entsprechende Information der ArbN hinsichtlich dieser Regelungen zu sorgen. Betriebliche Aushänge sind dabei das übliche Mittel. In Einzelfällen wird vom ArbGeb allerdings auch eine weitergehende Unterrichtung der ArbN verlangt. Dies wird dann jedoch in den einzelnen Vorschriften ausdrücklich angeordnet.

Wegen der Vielzahl der Vorschriften ist eine abschließende Darstellung nicht möglich. Im Folgenden werden die in der Praxis wichtigsten Fälle aufgeführt. Eine tabellarische Übersicht findet sich bei *Pulte* BB 08, 2569.

2 II. Gesetzliche Aushangpflichten. 1. Arbeitszeitregelungen. a) Arbeitszeitgesetz. Gem § 16 Abs 1 ArbZG muss der ArbGeb einen Abdruck des ArbZG, der aufgrund dieses Gesetzes erlassenen, für den Betrieb geltenden RechtsVO und der für den Betrieb geltenden Tarifverträge und Betriebsvereinbarungen an geeigneter Stelle im Betrieb auslegen oder aushängen.

3 b) Ladenschlussgesetz. Gem § 21 Nr 1 LadschlG ist jeder Inhaber einer Verkaufsstelle, in der regelmäßig mindestens ein ArbN beschäftigt wird, verpflichtet, einen Abdruck des LadschlG und der aufgrund dieses Gesetzes ergangenen Rechtsverordnungen auszulegen oder auszuhängen.

4 c) Regelungen für bestimmte Betriebe. In mehreren spezial-gesetzlichen Vorschriften und VO finden sich weitere Sonderregelungen hinsichtlich der Arbeitszeit:

– VO über Ausnahmen vom Verbot der Beschäftigung von ArbN an Sonn- und Feiertagen in der Eisen- und Stahlindustrie vom 7.7.61 idF vom 6.6.94 (BGBl I 94, 1170).
– VO über Ausnahmen vom Verbot der Beschäftigung von ArbN an Sonn- und Feiertagen in der Papierindustrie vom 20.7.63 idF vom 6.6.94 (BGBl I 94, 1170).

5 2. Schutzvorschriften. a) Allgemeine Regelungen für alle Arbeitnehmer enthält das am 18.8.06 in Kraft getretene AGG. Nach § 12 Abs 5 AGG muss der ArbGeb dieses Gesetz und § 61b ArbGG durch Aushang oder Auslegung an geeigneter Stelle oder mittels der ansonsten betriebsüblichen Kommunikationsmittel bekannt machen.

6 b) Regelungen für bestimmte Betriebe. Ähnlich wie auf dem Gebiet der Arbeitszeit existieren auch bei den Schutzvorschriften für einzelne Betriebsarten besondere Vorschriften. Die wichtigsten sind:

– Druckluftverordnung vom 4.10.72 idF vom 21.6.05 (BGBl I 05, 1666): § 12 Abs 2 Aushang des Namens, der Anschrift und der Telefonnummer des ermächtigten Arztes
– Gefahrstoffverordnung vom 23.12.04 idF vom 11.7.06 (BGBl I 06, 1575): § 14 Bekanntmachung der Betriebsanweisung über die beim Umgang mit Gefahrstoffen auftretenden Gefahren
– Röntgenverordnung vom 8.1.87 idF vom 30.4.03 (BGBl I 03, 605): § 18 Abs 1 Nr 4 Aushang oder Auslage der VO.

7 c) Jugendliche. Beschäftigt ein ArbGeb mindestens einen Jugendlichen, so ist er gem § 47 JArbSchG zum Aushang bzw zur Auslage des Gesetzes verpflichtet. Bei Beschäftigung von regelmäßig mindestens drei Jugendlichen besteht darüber hinaus nach § 48 JArbSchG die Verpflichtung, einen Aushang über Beginn und Ende der regelmäßigen täglichen Arbeitszeit und der Pausen der Jugendlichen anzubringen. Bestehen besondere Ausnahmebewilligungen, so sind auch diese gem § 54 Abs 3 JArbSchG auszuhängen.

d) Frauen. Gem § 18 Abs 2 MuSchG ist in Betrieben mit mehr als drei beschäftigten 8
Frauen ein Abdruck des MuSchG auszulegen.

e) Heimarbeiter. Nach § 6 Satz 2 HAG ist die Liste der beschäftigten Heimarbeiter in 9
den Ausgaberäumen auszuhängen. Gleiches gilt gem § 8 Abs 1 HAG hinsichtlich des Entgeltverzeichnisses und der sonstigen Vertragsbedingungen sowie gem § 19 Abs 2 HAG hinsichtlich der bindenden Festsetzung von Entgelten und sonstigen Vertragsbedingungen. Ferner besteht gem § 18 Abs 2 MuSchG auch bei Heimarbeiterinnen die Pflicht zur Auslegung des MuSchG in den Ausgaberäumen.

f) Schwerbehinderte. Gem § 147 Abs 3 SGB IX besteht für Unternehmer, die öffent- 10
lichen Personenverkehr betreiben, die Pflicht, auf die unentgeltliche Beförderung schwerbehinderter Menschen hinzuweisen.

g) Seeleute. Nach § 144 SeemG müssen an Bord zur Einsicht ausliegen: ein Abdruck des 11
SeemG, ein Abdruck des OWiG sowie bestimmte aufgrund des SeemG ergangene VO.

3. Tarifverträge. Gem § 8 TVG ist der ArbGeb verpflichtet, die für den Betrieb gel- 12
tenden Tarifverträge an geeigneter Stelle auszulegen. Diese Bekanntmachungspflicht wird darüber hinaus in einzelnen Tarifverträgen ausdrücklich angeordnet. Nach hM handelt es sich bei § 8 TVG um eine Ordnungsvorschrift, die mit den zuvor genannten Regelungen des MuSchG, HAG, JArbSchG etc vergleichbar ist (BAG 22.1.08 – 9 AZR 416/07, NZA-RR 08, 525; 23.1.02 – 4 AZR 56/01, NZA 02, 800; *Wiedemann/Oetker* § 8 Rz 17, der die bisher hM aber für überprüfungsbedürftig hält). Die Wirksamkeit des Tarifvertrages im Betrieb ist daher nicht von dessen Auslage abhängig. Ob sich der ArbGeb allerdings bei unterlassener Auslage des Tarifvertrags auf die Geltung tariflicher Ausschlussfristen berufen kann, ist umstritten (**ja**: BAG 23.1.02 – 4 AZR 56/01, NZA 02, 800; LAG Hamm 15.8.06 – 12 Sa 450/06; LAG Köln 7.3.02 – 10 Sa 1270/01, NZA-RR 02, 591; LAG Brem 9.11.2000 – 4 Sa 138/00, NZA-RR 01, 98; LAG NdS 7.12.2000 – 10 Sa 1505/00, NZA-RR 01, 145; *Hohenhaus* NZA 01, 1107; **nein:** *Bepler* ZTR 01, 241; *Fischer* BB 2000, 354; *Däubler/Reinecke* § 8 Rz 18 ff; *Gamillscheg* § 13 II 2b mit beachtlichen Argumenten). Teilweise wird zusätzlich zwischen Gewerkschaftsmitgliedern und nicht gewerkschaftlich organisierten ArbN unterschieden (*Fenski* BB 87, 2293 mwN). Für die in § 18 MTV Hess Einzelhandel enthaltene – über § 8 TVG hinausgehende – Klausel, wonach tarifliche Ausschlussfristen nur eingreifen, wenn der Tarifvertrag dem ArbN ausgehändigt oder im Betrieb ausgelegt oder ausgehängt ist, hat das BAG entschieden, dass das bloße Ablegen der Tarifverträge in einem allgemein zugänglichen Ordner hierfür nicht ausreicht (BAG 11.11.98 – 5 AZR 63/98, NZA 99, 605). Gleichzeitig äußert das BAG Bedenken an seiner früheren Rspr zu § 8 TVG, die möglicherweise das Bekanntgabeerfordernis nicht genau genug geprüft habe. In einer neueren Entscheidung hat der 4. Senat die Frage bewusst offen gelassen (BAG 21.2.07 – 4 AZR 258/06, AP Nr 8 zu § 1 TVG Tarifverträge: Dachdecker). Der 8. Senat des BAG hat kurz darauf nochmals die bisherige Rspr bestätigt (BAG 16.5.07 – 8 AZR 709/06, NZA 07, 1154). Das LAG Hess sieht in dieser Tarifnorm ein Schutzgesetz iSd § 823 Abs 2 BGB und bejaht bei fehlender Aushändigung des Tarifvertrags einen Schadensersatzanspruch des ArbN (LAG Hess 17.10.01 – 8 Sa 1141/00, NZA-RR 02, 427).

4. Betriebsverfassungsrechtliche Regelungen. a) Betriebsvereinbarungen sind 13
gem § 77 Abs 2 BetrVG im Betrieb auszulegen. Das Gleiche gilt nach § 115 Abs 7 Nr 3 BetrVG für Bordvereinbarungen.

b) Betriebsratswahl. Bei der Durchführung der BRatWahl ergeben sich weitgehende 14
Bekanntmachungsverpflichtungen wie bspw hinsichtlich Wählerverzeichnis und Abdruck der WahlO (§ 2 Abs 4 WahlO), Abdruck des Wahlausschreibens (§ 3 Abs 4 WahlO), Vorschlagslisten (§ 10 Abs 2 WahlO) und Bekanntmachung der Gewählten (§ 18 WahlO). Entsprechendes gilt für die Wahl der Jugendvertretung gem §§ 38 ff WahlO sowie für die Seeschifffahrt gem einer gesonderten WahlO vom 7.2.02 (BGBl I 02, 594).

c) Sprecherausschusswahl. Nach der WahlO zum SprAuG vom 28.9.89 (BGBl I 89, 15
1798) gelten vergleichbare Bekanntmachungsvorschriften wie bei der BRatWahl.

d) Schwerbehindertenvertretung. Auch insoweit gilt nach der WahlO zum SGB IX 16
Entsprechendes (LAG Köln 11.4.08 – 11 TaBV 80/07, BeckRS 2008, 56364).

5. Unternehmensbezogene Regelungen hinsichtlich Aushang und Bekanntmachungs- 17
pflichten des ArbGeb bestehen hauptsächlich bei den Wahlverfahren bezüglich der **Arbeit-**

74   Aushänge im Betrieb

nehmervertreter zum Aufsichtsrat. Geht es um Wahlen der ArbNVertreter zum Aufsichtsrat bei einem den §§ 76, 77 BetrVG 1952 unterfallenden Unternehmen, so sind die Vorschriften der WahlO 1953 vom 18.3.53 idF vom 7.2.62 (BGBl I 62, 64) zu berücksichtigen. In Unternehmen der Montanindustrie sind die Vorschriften des Mitbestimmungs-Ergänzungsgesetzes sowie der WahlO zum zuvor genannten Gesetz vom 23.1.89 (BGBl I 89, 147) einschlägig. Bei Unternehmen, die dem MitbestG von 1976 unterfallen, sind dessen Vorschriften sowie die drei WahlO zu diesem Gesetz maßgeblich.

18   **III. Freiwillige Aushänge.** Neben den zwingenden Aushangverpflichtungen besteht für den ArbGeb auch die Möglichkeit zu freiwilligen Aushängen. Üblich sind bspw Aushänge hinsichtlich der **Urlaubsplanung** (Betriebsferien), **Gratifikationen** (Weihnachtsgeld, Urlaubsgeld), Prämien (Anwesenheitsprämien) etc. Derartige Sonderzuwendungen erhalten mit dem Aushang über das Rechtsinstitut der sog Gesamtzusage (Näheres *Betriebliche Übung* Rz 2) verbindlichen Charakter. Auch sonstige betriebseinheitlich geltende Regelungen, zB hinsichtlich **Arbeitszeit** oder betrieblicher **Ordnung**, können über Aushänge den ArbN zur Kenntnis gebracht werden.

19   Seine Grenze findet das Aushangrecht des ArbGeb dort, wo entweder **Persönlichkeitsrechte** der ArbN oder dritter Personen berührt werden, oder der Aushang unter Missachtung der arbeitsvertraglichen Fürsorgepflicht bzw der betriebsverfassungsrechtlichen Pflicht zur vertrauensvollen Zusammenarbeit erfolgt. So ist zB die öffentliche Bekanntgabe der Lohn-/Gehaltslisten der ArbN ebenso unzulässig wie die Anprangerung bestimmter Fehlverhalten einzelner ArbN etwa durch Aushang von Abmahnungs- oder Kündigungsschreiben. Gleiches gilt für den Aushang von krankheitsbedingten oder sonstigen Fehlzeiten von BRatMitgliedern (ArbG Verden 14.4.89, NZA 89, 943 [LS]).

20   Der Aushang einer Mitarbeiterinformation über die **Beförderung** namentlich benannter Mitarbeiter stellt keine Ablehnung weiterer Bewerber iSv § 15 Abs 4 AGG dar und setzt damit die dort geregelte Frist zur Geltendmachung nicht in Gang (LAG BlnBbg 18.2.11 – 13 Sa 2049/10, NZA-RR 11, 286).

21   **IV. Art und Weise des Aushangs. 1. „Schwarzes Brett".** Üblicherweise erfolgt die Bekanntgabe der Aushänge **durch den Arbeitgeber** am sog „Schwarzen Brett". Dieses „Schwarze Brett" muss an einer allgemein zugänglichen Stelle angebracht sein. Insbesondere Aufenthalts- und Pausenräume sind daher geeignete Standorte. Keinesfalls dürfen besondere physische oder psychische Hindernisse bereitet werden, wie dies bei Aushängen in abgelegenen Räumen oder im Büro des Vorgesetzten der Fall wäre (*Kollmer* DB 95, 1662). Ein erzwingbares **Mitbestimmungsrecht** des BRats besteht hinsichtlich des Standorts des „Schwarzen Bretts" nicht. Der BRat ist jedoch gem § 80 Abs 2 iVm Abs 1 Nr 1 BetrVG entsprechend zu unterrichten.

22   Das „Schwarze Brett" steht auch **dem Betriebsrat** zur Nutzung frei. Je nach Größe des Betriebes hat der BRat Anspruch auf ein oder mehrere „Schwarze Bretter".

23   Auch als Informationsmittel **für Gewerkschaften** kommt das „Schwarze Brett" in Betracht. Von der in Art 9 Abs 3 GG in ihrem Kernbereich gewährleisteten Betätigungsgarantie der Gewerkschaften ist grds das Recht auf Werbung im Betrieb mit umfasst (BAG 30.8.83, DB 84, 462). Existiert im Betrieb kein „Schwarzes Brett", kann eine gewerkschaftliche Plakatwerbung im Betrieb nur nach Rücksprache mit dem ArbGeb erfolgen. Jedenfalls muss sich die Werbung in einem vernünftigen Rahmen bewegen (vgl zu den Grenzen im Einzelnen: BAG 11.11.68, DB 69, 621; 26.1.82, DB 82, 1327; 23.9.86, DB 87, 440).

24   **2. Allgemeine Erfordernisse. a) Standort.** Hinsichtlich des Standorts des Aushangs sind in einzelnen Vorschriften besondere Regelungen zu beachten. Zwar wird meistens lediglich der leichte, ungehinderte Zugang der ArbN zu dem Aushang festgelegt; teilweise werden jedoch auch bestimmte Standorte wie zB einzelne Betriebsabteilungen oder bestimmte Räume (zB § 8 HAG) vorgeschrieben.

25   **b) Sprache.** Besonderheiten sind ferner hinsichtlich der Sprache des Aushangs zu beachten, soweit ausländische ArbN betroffen sind, die der deutschen Sprache nicht mächtig sind. In solchen Fällen ist regelmäßig eine Übersetzung des Aushangs in die jeweilige Fremdsprache erforderlich (*Kollmer* DB 95, 1662: übersetzte Kurzeinweisung, aus der Sinn und Zweck der ausgelegten Vorschrift erkennbar wird). Dies ist teilweise gesetzlich geregelt, wie zB in § 2 Abs 5 WahlO 2001 hinsichtlich der BRatWahl oder § 11 Abs 2 Satz 2 AÜG bei

ausländischen LeihArbN. In anderen Fällen ergibt sich dies aus der ArbGebSeitigen *Fürsorgepflicht*. Es stellt jedoch eine Überspannung der Fürsorgepflicht des ArbGeb dar, wenn man Aushänge für ausländische ArbN wegen insoweit zT bestehender Leseunkenntnis grds in Frage stellt (aA *Pulte* AR-Blattei Aushänge und Verzeichnisse C III).

V. Rechtsfolgen bei Verstoß gegen Aushangpflichten. Die Verletzung gesetzlicher Aushangpflichten kann Sanktionen verschiedenster Art zur Folge haben. 26

1. In zivilrechtlicher Hinsicht können bei Vorliegen einer schuldhaften Pflichtverletzung des ArbGeb Schadensersatzansprüche der ArbN wegen Vertragspflichtverletzung gem § 280 BGB oder aus unerlaubter Handlung gem § 823 BGB bestehen, soweit der Verstoß gegen die Aushangpflicht ursächlich für einen entstandenen Schaden geworden ist (zB Gesundheitsverletzung des ArbN infolge Unkenntnis über den Umgang mit gefährlichen Stoffen).

2. In betriebsverfassungsrechtlicher Hinsicht bestehen bei Verstößen von ArbGeb oder BRat jeweils Unterlassungs- und Beseitigungsansprüche der anderen Seite entweder aufgrund verletzter Mitbestimmungsrechte oder sonstiger betriebsverfassungsrechtlicher Vorschriften oder gem § 23 Abs 3 BetrVG (Näheres s *Amtspflichtverletzung (Betriebsrat)* Rz 5). Bei gravierenden Verstößen kann uU auch das Verfahren nach § 23 Abs 1 oder Abs 3 BetrVG in Betracht kommen. 27

Verstöße im Zusammenhang mit einer BRatWahl (zB unrichtige Bekanntgabe von Wahlausschreiben oder nicht ordnungsgemäße Unterrichtung ausländischer ArbN gem § 2 Abs 5 WahlO 2001) können zu einer **Anfechtbarkeit der Betriebsratswahl** führen (BAG 21.1.09 – 7 ABR 65/07, NZA-RR 09, 481; 5.5.04 – 7 ABR 44/03, NZA 04, 221; LAG Hamm 17.8.07 – 10 TaBV 37/07, BeckRS 2007, 48771; LAG Köln 11.4.08 – 11 TaBV 80/07, BeckRS 2008, 56364; LAG BaWü 4.7.07 – 2 TaBV 3/06, BeckRS 2008, 51621). 28

3. Ordnungswidrigkeiten. In den meisten gesetzlich angeordneten Bekanntmachungspflichten wird die Verletzung dieser Pflichten durch den ArbGeb als Ordnungswidrigkeit sanktioniert. Soweit dabei keine bestimmte Geldbuße angedroht wird, können gem § 17 Abs 1 OWiG Bußen bis höchstens 1000 € verhängt werden. In anderen Fällen werden Höchstsummen im jeweiligen Spezialgesetz selbst festgelegt, wie zB in § 32a Abs 2 und 3 HAG: 2500 €. 29

B. Lohnsteuerrecht *Seidel*

Eine Aushängepflicht für lohnsteuerrechtliche Vorschriften besteht nicht. Eine steuerliche Auswirkung kann allerdings der Aushang von Richtlinien für die betriebliche Altersversorgung in der Weise haben, als das Erfordernis der Unterrichtung des ArbN (stillschweigende Zustimmung gem § 2 Abs 2 Nr 3 Satz 2 LStDV) hierdurch erfüllt wird (*HHR* § 19 Anm 362). Eine an alle ArbN gerichtete Versorgungszusage wird wirksam, wenn ein entsprechendes vom ArbGeb verfasstes Schriftstück am „Schwarzen Brett" des Betriebs ausgehängt wird (EStR 6a Abs 8 Satz 2; BFH 8.12.04 – I B 125/04, BFH/NV 05, 1036). 30

C. Sozialversicherungsrecht *Voelzke*

Vereinzelt finden sich auch im SozVRecht gesetzliche Regelungen, die als Folge der Verpflichtung zur Unterrichtung der ArbN betriebliche Aushänge erforderlich machen (vgl *Pulte* BB 2000, 253 ff). Nach § 138 SGB VII haben die Unternehmer die in ihren Unternehmen tätigen Versicherten darüber zu unterrichten, welcher UVTräger für das Unternehmen zuständig ist und an welchem Ort sich seine für Entschädigungen zuständige **Geschäftsstelle** befindet. Die Unterrichtungspflicht verfolgt den Zweck, die Versicherten darüber zu belehren, bei welcher Stelle sie bei Arbeitsunfällen und Berufskrankheiten ihre Ansprüche geltend machen können. Zwar ist die nach altem Recht zwingend vorgeschriebene Verpflichtung, die Unterrichtung über die genannten Tatsachen durch Aushang vorzunehmen, entfallen, jedoch ist diese Form der Bekanntmachung nach wie vor idR am zweckmäßigsten. Bei mündlicher Unterrichtung oder bei Verteilung von Merkblättern hat der Unternehmer dafür Sorge zu tragen, dass jeder neu eingestellte ArbN unterrichtet wird. Er muss die Unterrichtung in Zeitabständen wiederholen. Die Verpflichtung, die sich aus § 138 SGB VII ergebenden Verpflichtung ist gem § 209 SGB VII **bußgeldbewehrt**. 31

75 Aushilfskräfte

32 Ferner werden die Mitglieder der BG (Unternehmer) über die von der BG erlassenen **Unfallverhütungsvorschriften** unterrichtet. Die Unternehmer sind ihrerseits zur Unterrichtung der Versicherten verpflichtet (§ 15 Abs 5 SGB VII). Die Unterrichtungspflicht ist nicht auf die Mitteilung des Wortlauts der UVV beschränkt (*Schlegel/Voelzke/Eichendorf* SGB VII, § 15 Rz 49), sondern erfordert eine Darlegung ihres Inhalts. Ferner sind auch Erläuterungen zur konkreten praktischen Anwendung im jeweiligen Arbeitsbereich erforderlich (KassKomm/*Ricke* § 15 SGB VII Rz 16). Auch hier bietet sich eine Bekanntmachung des dem Unternehmer von der BG zur Verfügung gestellten Materials am **Schwarzen Brett** an, ist jedoch häufig wegen des Umfangs der Unterrichtungspflicht, die eine Unterweisung in Betriebsversammlungen erforderlich machen kann, nicht ausreichend.

33 Nach § 15 Abs 1 Nr 5 SGB VII erlassen die UVTräger UVV, die die Unternehmer zur Sicherstellung einer wirksamen **Ersten Hilfe** verpflichten. Neben der Zurverfügungstellung von ausgebildeten Ersthelfern und einer Erste-Hilfe-Ausrüstung beinhaltet dies, dass Notrufnummern und die Anschriften erreichbarer Ärzte an sichtbarer Stelle ausgehängt werden, um eine vermeidbare Verzögerung bei der Versorgung von Arbeitsunfällen zu vermeiden.

Aushilfskräfte

A. Arbeitsrecht
Röller

1 **1. Begriff.** Die Besonderheit eines Aushilfsarbeitsverhältnisses besteht darin, dass der ArbGeb es von vornherein nicht auf Dauer eingehen will, sondern nur, um einen **vorübergehenden betrieblichen Bedarf an Arbeitsleistung** zu decken, der nicht durch den normalen Betriebsablauf, sondern durch den Ausfall von Stammkräften oder durch einen zeitlich begrenzten zusätzlichen Arbeitsanfall begründet ist. Der Tatbestand des nur vorübergehenden Bedarfs muss objektiv vorliegen. Allein eine entsprechende Bezeichnung reicht nicht aus. Liegt der Aushilfszweck nicht vor, entsteht ein den allgemeinen Regeln unterliegendes Arbeitsverhältnis (BAG 22.5.86 – 2 AZR 392/85, DB 86, 2548).

2 **2. Befristung.** IdR wird das Aushilfsarbeitsverhältnis befristet abgeschlossen. § 14 Abs 2 TzBfG lässt die einmalige Befristung eines Aushilfsarbeitsverhältnisses **ohne Sachgrund bis zu einer Dauer von zwei Jahren** (§ 14 Abs 2 TzBfG) zu. Bis zur Gesamtdauer von 2 Jahren ist auch die höchstens dreimalige Verlängerung eines befristeten Arbeitsvertrages zulässig (§ 14 Abs 2 TzBfG). S *Befristetes Arbeitsverhältnis* Rz 7.

3 **Mit Sachgrund** kann das Arbeitsverhältnis gem § 14 Abs 1 Satz 2 Nr 1, 3 TzBfG befristet werden. **Vorübergehender Arbeitskräftebedarf** rechtfertigt die Befristung gem Nr 1. Die Wirksamkeit der Befristung hängt von der prognostizierten künftigen Entwicklung ab, deren Beurteilung dem ArbGeb obliegt. Aufgrund greifbarer Tatsachen muss ein vorübergehend erhöhter Arbeitsanfall und der Wegfall des Mehrbedarfs mit einiger Sicherheit zu erwarten sein (BAG 11.2.04 – 7 AZR 362/03, NZA 04, 978). Die Befristung nach Nr 1 setzt nicht voraus, dass der befristet eingestellte ArbN mit den Aufgaben betraut wird, die den vorübergehenden Arbeitskräftebedarf begründen. Vielmehr kann der ArbGeb die Arbeit auf andere ArbN durch Änderung der Aufgabenverteilung neu organisieren. Er darf lediglich nicht mehr ArbN befristet einstellen als insgesamt zur Deckung des Mehrbedarfs erforderlich sind (BAG NZA 04, 978). Ein typischer Fall der Befristung nach Nr 1 sind **Saisonarbeitsverhältnisse**. Sie können sowohl aufgrund einer Zweckbefristung als auch einer Zeitbefristung enden (BAG 29.1.87 – 2 AZR 109/86, NZA 87, 627). In **Kampagnebetrieben** wird im Jahr idR nicht länger als 3 Monate gearbeitet. Diesem Erfordernis kann durch den Abschluss befristeter Arbeitsverhältnisse entsprochen werden. Sie bedürfen jedoch eines sachlichen Grundes, weil § 14 Abs 2 Satz 2 TzBfG eine Befristung ohne Sachgrund ausschließt, wenn bereits zuvor mit demselben ArbGeb ein befristetes oder unbefristetes Arbeitsverhältnis bestand.

4 Die Beschäftigung zur **Vertretung** eines anderen ArbN rechtfertigt die Befristung eines Arbeitsvertrages gem § 14 Abs 1 Satz 2 Nr 3 TzBfG. Der Unterschied zur Befristung gem Nr 1 liegt darin, dass dort der Bedarf an Arbeitsleistung vorübergehend erhöht ist, während bei der Befristung nach Nr 3 der Bedarf unverändert ist und nur vorübergehende Lücken in der Personaldecke zu schließen sind. Anwendungsfälle sind Vertretungen für die Dauer einer

Aushilfskräfte

Erkrankung, eines Beschäftigungsverbots nach dem MuSchG, für die Dauer der Inanspruchnahme von Elternzeit, der Abordnung eines ArbN ins Ausland etc. Ein Vertretungsfall liegt auch bei einer mittelbaren Vertretung vor (BAG 15.2.06 – 7 AZR 232/05, NZA 06, 781). S *Befristetes Arbeitsverhältnis* Rz 35.

3. Kündigungsschutz. Das Aushilfsarbeitsverhältnis fällt unter den **Regelungsbereich** **5** **des KSchG.** Auch der besondere Kündigungsschutz (§§ 85 ff SGB IX, 9 MuSchG) findet auf Aushilfskräfte Anwendung. Bei der Ermittlung der regelmäßigen Beschäftigtenzahl nach § 23 KSchG werden Aushilfskräfte dann berücksichtigt, wenn mit einer derartigen Beschäftigung auch zukünftig zu rechnen ist. Strittig ist, ob es auf die Dauer der einzelnen Beschäftigungen ankommt (s ErfK/*Kiel* § 23 KSchG Rz 14 mwN).

4. Abkürzung der Kündigungsfristen. Ist der ArbN nur zur vorübergehenden Aushilfe **6** eingestellt worden, können die gesetzlichen Kündigungsfristen gem § 622 Abs 5 Satz 1 Nr 1 BGB für die ersten drei Monate einzelvertraglich unbeschränkt abgekürzt werden, dh bis zur sofortigen ordentlichen Kündigung. Auch Vereinbarungen über vom Gesetz abweichende Kündigungstermine sind zulässig (ErfK/*Müller-Glöge* § 622 BGB Rz 34). Haben die Parteien ausdrücklich ein Aushilfsarbeitsverhältnis vereinbart, jedoch keine Regelung zur Kündigungsfrist getroffen, kann allein aus dem Zweck des Vertrags nicht auf eine Abkürzung der Kündigungsfrist geschlossen werden (APS/*Linck* § 622 BGB Rz 155).

Die abgekürzte Kündigungsfrist kann bis zum Ablauf von drei Monaten ausgenutzt werden. Maßgebend ist, ob die Kündigung innerhalb dieser Frist zugegangen ist; das Ende der Kündigungsfrist kann außerhalb dieses Zeitraums liegen (ErfK/*Müller-Glöge* § 622 BGB Rz 34).

5. Lohnfortzahlung im Krankheitsfall. Der Anspruch auf Lohnfortzahlung im Krank- **7** heitsfall richtet sich nach dem EFZG. Dessen Bestimmungen gelten auch bei nur kurzzeitiger Aushilfe (*Schmitt* § 3 EFZG Rz 7 ff, 16). Gem § 3 Abs 3 EFZG entsteht der Entgeltfortzahlungsanspruch jedoch erst nach vierwöchiger ununterbrochener Dauer des Aushilfsarbeitsverhältnisses.

6. Urlaub. Voraussetzung für den vollen Urlaubsanspruch nach dem BUrlG ist der min- **8** destens sechsmonatige Bestand des Aushilfsarbeitsverhältnisses, § 4 BUrlG. Dieser beträgt nach § 3 Abs 1 BUrlG mindestens 24 Werktage (§ 3 Abs 1 BUrlG). Unterschreitet das Aushilfsarbeitsverhältnis sechs Monate, so hat die Aushilfskraft gem § 5 Abs 1 BUrlG einen Urlaubsanspruch iHv $1/12$ des Jahresurlaubs für jeden vollen Monat des Aushilfsarbeitsverhältnisses.

7. Betriebsverfassung. Aushilfskräfte sind gem § 7 BetrVG **wahlberechtigt** und nach **9** sechsmonatiger Betriebszugehörigkeit zum BRat gem § 8 BetrVG wählbar. Gem § 9 BetrVG richtet sich die Personalstärke des BRat nach dem Stand der in dem Betrieb idR beschäftigten wahlberechtigten ArbN. Werden ArbN nicht ständig, sondern wie Aushilfskräfte lediglich zeitweilig beschäftigt, kommt es darauf an, ob sie normalerweise während des größten Teils eines Jahres beschäftigt werden (BAG 7.5.08 – 7 ABR 17/07, NZA 08, 1142).

B. Lohnsteuerrecht *Seidel*

1. Arbeitnehmereigenschaft. Diese ist auch bei Aushilfskräften nach den üblichen **21** Abgrenzungskriterien festzustellen. Da die Bindung der Aushilfskraft an Zeit und Ort iVm der Tatsache, dass sie regelmäßig nur einfache Arbeiten verrichtet und der laufenden Kontrolle unterliegt, Übergewicht gegenüber der gegen eine Eingliederung sprechenden Kürze der Tätigkeit hat, wird die Aushilfstätigkeit idR nichtselbstständig erbracht (s *Schmidt/Krüger* § 19 Rz 35 Aushilfstätigkeit).

2. Lohnsteuer. a) Allgemeine Lohnsteuer. Liegt nichtselbstständige Arbeit vor **22** (ArbN), ist der Arbeitslohn grds nach den allgemeinen Vorschriften zu versteuern (s *Lohnabzugsverfahren* Rz 2 ff; *Lohnsteuerabzugsmerkmale* Rz 8 ff und *Lohnsteuerabführung* Rz 2 ff). Allerdings kann der ArbGeb unter Verzicht auf die Vorlage der LStKarte die LSt bei **kurzfristiger Beschäftigung** (s unten Rz 24–26) mit einem Pauschsteuersatz von 25 % des Arbeitslohns erheben (§ 40a Abs 1 EStG). Ferner kann der ArbGeb bei **Aushilfskräften in der Land- und Forstwirtschaft** (s unten Rz 27, 28) unter bestimmten Voraussetzungen die LSt mit einem Pauschsteuersatz von 5 % erheben (§ 40a Abs 3 EStG).

75 Aushilfskräfte

Der ArbGeb darf den LStAbzug bei Aushilfskräften nicht deswegen unterlassen, weil der ArbN im Kj voraussichtlich steuerfrei bleibt. Auch in diesen Fällen muss die LSt einbehalten (allgemeine LSt) oder pauschaliert werden (*HMW*/Aushilfstätigkeit Rz 3).

23 **b) Pauschale Lohnsteuer.** Zu den allgemeinen Grundsätzen der LStPauschalierung bei Teilzeitbeschäftigung s *Teilzeitbeschäftigung* Rz 115 ff.

24 **aa) Kurzfristige Beschäftigung** iSd § 40a Abs 1 EStG liegt vor, wenn der ArbN bei dem ArbGeb gelegentlich, nicht regelmäßig wiederkehrend beschäftigt wird, die Dauer der Beschäftigung 18 zusammenhängende Arbeitstage nicht übersteigt und
(1) der Arbeitslohn während der Beschäftigungsdauer 62 € durchschnittlich je Arbeitstag nicht übersteigt oder
(2) die Beschäftigung zu einem unvorhersehbaren Zeitpunkt sofort erforderlich wird.

25 Bei der Berechnung des 18-Tage-Zeitraums sind nur die Arbeitstage zu zählen. Arbeitsfreie Wochenenden und Feiertage bleiben außer Betracht. Eine gelegentliche, nicht regelmäßig wiederkehrende Beschäftigung ist eine ohne feste Wiederholungsabsicht ausgeübte Tätigkeit. Wiederholungen sind unschädlich, wenn sie nicht bereits von vornherein vereinbart sind (LStR 40a.1 Abs 2). Eine regelmäßig wiederkehrende Beschäftigung, zB jeweils an den Wochenenden steht der Pauschalierung entgegen (*Schmidt/Krüger* § 40a Rz 6). Hier ergibt sich aber evtl die Möglichkeit einer Pauschalierung im Rahmen der geringfügigen Beschäftigung (s *Geringfügige Beschäftigung* Rz 21, 22). Unterschiedliche Tagesverdienste, auch wenn sie einmal höher sind als 62 €, schließen die Pauschalierung nicht aus, wenn sich im Tagesdurchschnitt der Gesamtvergütung kein höherer Betrag als 62 € ergibt (*Schmidt/Krüger* § 40a Rz 6). Arbeitstag kann auch eine sich auf 2 Kalendertage erstreckende Nachtschicht sein (BFH 28.1.94, BStBl II 94, 421).

26 Der durchschnittliche Tagesverdienst spielt keine Rolle, wenn die kurzfristige Beschäftigung zu einem unvorhersehbaren Zeitpunkt sofort erforderlich wird (allerdings ist auch hier die durchschnittliche Stundenlohngrenze von 12 € während der Beschäftigungsdauer zu beachten; § 40a Abs 4 Nr 1 EStG; s *Teilzeitbeschäftigung* Rz 116). Das ist der Fall, wenn die Aushilfstätigkeit dem Ersatz einer (zB durch Krankheit) ausgefallenen Arbeitskraft oder dem akuten Bedarf einer zusätzlichen Arbeitskraft dient. Das Merkmal der Unvorhersehbarkeit erfordert, dass der Einsatz von Aushilfskräften nicht schon längere Zeit feststeht. Hier kennt der ArbGeb den Bedarf an zusätzlichen Arbeitskräften vom Zeitpunkt und vom Umfang her (zB bei Messen und Volksfesten). Fallen aber plötzlich bestellte Arbeitskräfte aus oder ergibt sich plötzlich ein größerer Bedarf als angenommen, liegt ein unvorhergesehener Bedarf vor (*Schmidt/Krüger* § 40a Rz 6).

27 **bb) Aushilfskräfte in Betrieben der Land- und Forstwirtschaft** sind Personen, die ausschließlich mit typisch land- und forstwirtschaftlichen Arbeiten beschäftigt werden. Zu diesen Tätigkeiten zählen die Arbeiten bis zur Herstellung des land- und forstwirtschaftlichen Produkts. Das Schälen von Spargel gehört zB nicht dazu (BFH 8.5.08 – VI R 76/04, DStRE 08, 1063, BStBl II 09, 40). Sie müssen für die Ausführung und für die Dauer von Arbeiten, die nicht ganzjährig anfallen, beschäftigt werden. Eine Beschäftigung mit anderen land- und forstwirtschaftlichen Arbeiten ist unschädlich, wenn deren Dauer 25 % der Gesamtbeschäftigungsdauer nicht überschreitet (s hierzu BFH 25.10.05 – VI R 59/03, BStBl II 06, 204 und VI R 60/03, BStBl II 06, 206). Unter die Aushilfskräfte fallen nicht ArbN, die zu den land- und forstwirtschaftlichen Fachkräften gehören oder die der ArbGeb mehr als 180 Tage im Kj beschäftigt (§ 40a Abs 3 EStG). ArbN, die Fertigkeiten für eine land- und forstwirtschaftliche Tätigkeit im Rahmen einer Berufsausbildung erlernt haben, gehören zu den Fachkräften, ohne dass es darauf ankommt, ob die durchgeführten Arbeiten eine Fachkraft erfordern. Hat ein ArbN die Fertigkeiten nicht im Rahmen einer Berufsausbildung erworben, gehört er nur dann zu den Fachkräften, wenn er anstelle einer Fachkraft eingesetzt ist. Dies ist der Fall, wenn mehr als 25 % der Tätigkeit Fachkraftkenntnisse erfordern (BFH 25.10.05 – VI R 77/02, BStBl II 06, 208). Ein Betrieb der Land- und Forstwirtschaft liegt auch dann vor, wenn dieser nur wegen seiner Rechtsform als Gewerbebetrieb gilt (BFH 5.9.80, BStBl II 81, 76) bzw wegen § 15 Abs 3 Nr 1 EStG (Abfärbetheorie) ist (BFH 14.9.05 – VI R 89/98, BStBl II 06, 92), nicht aber wenn er kraft Tätigkeit ertragssteuerlich als Gewerbebetrieb zu qualifizieren ist (FG Hess 13.5.97, EFG 97, 1191; s LStR 40a.1 Abs 6 Satz 2). Zu den land- und forstwirtschaftlichen Arbeiten kann auch der Wegebau gehören (BFH 12.6.86, BStBl II 86, 681).

Aushilfskräfte

Die zeitlichen und betragsmäßigen Beschränkungen der kurzfristigen Beschäftigung 28 (s oben Rz 24; § 40a Abs 1 EStG) bzw der geringfügigen Beschäftigung (s *Geringfügige Beschäftigung* Rz 20, 22; § 40a Abs 2a EStG) gelten hier nicht. Jedoch darf der durchschnittliche Stundenlohn von 12 € nicht überschritten werden (s auch oben Rz 26).

Liegen die Voraussetzungen des § 40a Abs 3 EStG nicht vor, kann eine Pauschalierung 29 unter den Voraussetzungen einer kurzfristigen (s oben Rz 24) oder geringfügigen Beschäftigung (s *Geringfügige Beschäftigung* Rz 22) in Betracht kommen, wenn der ArbGeb hierzu bereit ist (BFH 25.5.84, BStBl II 84, 569).

C. Sozialversicherungsrecht   *Schlegel*

1. Begriff. a) Allgemeines. Die SozV knüpft nicht an den Begriff „Aushilfskräfte" an. 30 Gleiches gilt für die Begriffe „Neben- oder Mehrfachbeschäftigung". Die mit einer Aushilfstätigkeit, einer Neben- oder Mehrfachbeschäftigung zusammenhängenden Probleme sind mit den Regelungen über die Beschäftigung (§ 7 Abs 1 Satz 1 SGB IV), die geringfügige Beschäftigung (§ 8 SGB IV) und die unständige Beschäftigung zu lösen. Dabei geht es regelmäßig um die Frage, ob zB bei einer Aushilfstätigkeit Versicherungspflicht besteht oder die Beschäftigung wegen Geringfügigkeit versicherungs- und damit auch beitragsfrei ist.

b) Arbeitnehmereigenschaft von Aushilfskräften. Ob eine bestimmte Aushilfstätig- 31 keit in abhängiger Beschäftigung oder selbstständiger Tätigkeit verrichtet wird, beurteilt sich nach den allgemeinen Kriterien des § 7 Abs 1 Satz 1 SGB IV (s *Arbeitnehmer (Begriff)*).

c) Unfallversicherungsschutz. In der UV bestehen für Aushilfstätigkeiten keine Beson- 32 derheiten, da nach dem SGB VII auch geringfügige Beschäftigungen versichert sind.

2. Zeit- oder zweckbefristete Aushilfstätigkeiten. a) Geringfügigkeit der Be- 33 **schäftigung.** Versteht man unter Aushilfskräften in Anlehnung an die arbeitsrechtliche Begriffsbestimmung (oben Rz 1 ff) ArbN, die nicht auf Dauer, sondern nur vorübergehend für einen vorübergehenden Bedarf an Arbeitskräften eingestellt werden, wird regelmäßig der Tatbestand geringfügiger Beschäftigung nach § 8 Abs 1 Nr 2 SGB IV erfüllt sein. Dabei spielt es keine Rolle, ob die Beschäftigung durch Vertrag bis zu einem konkreten, datumsmäßig bestimmten Zeitpunkt befristet ist (sog **Zeitbefristung**), oder ob eine **Zweckbefristung** vorliegt, sich die Befristung also aus der Eigenart der zu erledigenden Arbeit (Fertigstellung eines bestimmten Projekts) oder aus eine besonderen Situation heraus ergibt (zB Krankheitsvertretung).

Werden mit einer Aushilfsbeschäftigung die zeitlichen Grenzen des § 8 Abs 1 Nr 2 34 SGB IV nicht überschritten, liegt eine geringfügige Beschäftigung vor. Bei dieser besteht **Versicherungsfreiheit** in der KV, PflegeV und ArblV (vgl § 7 SGB V; § 27 Abs 2 SGB III). Das Gesetz geht in diesen Fällen davon aus, dass die Beschäftigung für den ArbN keine ausreichende Lebensgrundlage darstellen kann und folglich seinen Lebensunterhalt nicht hierdurch, sondern anderweitig, zB durch Unterhaltsleistungen sichergestellt ist. Dann aber soll auch seine soziale Sicherung nicht durch diese Beschäftigung vermittelt und sichergestellt werden, vgl *Geringfügige Beschäftigung*.

b) Ausnahme bei berufsmäßiger Beschäftigung. Nach § 8 Abs 1 Nr 2 SGB IV ist 35 eine Beschäftigung dann nicht geringfügig, wenn sie zwar durch Vertrag oder nach ihrer Eigenart auf längsten zwei Monate oder 50 Arbeitstage seit ihrem Beginn befristet ist, die Beschäftigung aber berufsmäßig ausgeübt wird und ihr Entgelt 450 € im Monat übersteigt (zum Begriff der Berufsmäßigkeit vgl *Geringfügige Beschäftigung* Rz 93).

Eine Beschäftigung wird **berufsmäßig** ausgeübt, wenn sie für den ArbN (dh zB die 36 Aushilfskraft) nicht nur von untergeordneter wirtschaftlicher Bedeutung ist, wenn der ArbN hierdurch also seinen Lebensunterhalt überwiegend oder doch in solchem Umfang erwirbt, dass seine wirtschaftliche Stellung zu einem erheblichen Teil auf dieser Beschäftigung oder Tätigkeit beruht (BSG 30.11.78 – 12 RK 32/77, SozR 2200 § 168 Nr 3 Satz 4 mwN). Von Schülern, Studenten während der Semesterferien (s *Studentenbeschäftigung* Rz 36), Rentnern und Hausfrauen werden Aushilfsbeschäftigungen idR nicht berufsmäßig ausgeübt. Indessen wird die Berufsmäßigkeit bejaht, wenn die Beschäftigung während einer Überbrückungszeit bis zur Begründung einer dauerhaften Beschäftigung ausgeübt wird (BSG 30.11.78 – 12 RK 32/7, SozR 2200 § 168 Nr 3).

75 Aushilfskräfte

37 Mit dieser Bestimmung nimmt das Gesetz auf jene Rücksicht, die ihren Lebensunterhalt aus einer wenn auch geringfügigen Beschäftigung (mit allerdings mehr als 450 € im Monat) bestreiten müssen oder die in der Lage sind, in nur kurzer Zeit so viel zu verdienen, dass sie hierdurch übers Jahr gesehen ihren Unterhaltsbedarf decken können.

38 Ist die Beschäftigung auf weniger als eine Woche beschränkt, handelt es sich um eine unständige Beschäftigung. Für diese sind im Gesetz die nachfolgend aufgezeigten Sonderregeln vorgesehen.

39 **3. Unständig Beschäftigte. a) Begriff.** Unständig ist eine Beschäftigung, die auf weniger als eine Woche, entweder der Natur der Sache befristet zu sein pflegt oder im Voraus durch den Arbeitsvertrag, befristet ist (§ 27 Abs 3 Nr 1 SGB III, § 252 Abs 3 SGB V, § 163 Abs 1 S 2 SGB VI). In diesen Definitionen nicht ausdrücklich genannt, aber seit jeher als konstitutiv angesehen, ist das Tatbestandsmerkmal der Berufsmäßigkeit, das in der Gesetzesbegründung zu einer Vorgängervorschrift mit dem Hinweis auf den Hauptberuf beschrieben wird; dort heißt es anschaulich, bei unständig Beschäftigten handle es sich um Personen, deren Hauptberuf die Lohnarbeit bildet, die aber ohne festes Arbeitsverhältnis bald hier, bald dort, heute mit dieser, morgen mit jener Arbeit beschäftigt sind (vgl Reichstag-Drs Nr 340 vom 12.3.1910 S 93). Erstreckt sich eine Arbeit unvorhergesehener Weise (zB wegen aufgetretener Pannen) auf mehr als eine Woche, obwohl sie in vergleichbaren Fällen innerhalb einer Woche erledigt werden kann, bleibt der Charakter der unständigen Beschäftigung erhalten. Zu den unständig Beschäftigten gehören insbesondere Gelegenheitsarbeiter, die ohne festes Arbeitsverhältnis bald hier mal da, aber jeweils nur für wenige Tage arbeiten.

40 Typischer Weise wird unständige Beschäftigung bei **ständig wechselnden Arbeitgebern** ausgeübt. Die einzelnen Beschäftigungsverhältnisse sind rechtlich voneinander getrennt und werden jeweils gesondert vereinbart. Jedoch können auch wiederholte Arbeiten bei demselben ArbGeb nach Lage der Dinge unständige Beschäftigung sein, in solchen Fällen muss aber genau geprüft werden, ob die Beschäftigung jeweils neu vereinbart wird (dann unständige Beschäftigung) oder ob die Arbeit im Rahmen eines Rahmenvertrages (Dauerrechtsverhältnisses) erbracht wird (dann keine unständige Beschäftigung). Letzteres kann zB zur Erledigung regelmäßig anfallender Auftragsspitzen durch wiederholte Abrufarbeit aufgrund vorheriger ausdrücklicher Absprache oder stillschweigender Übereinkunft der Fall sein (zu Abgrenzungskriterien insoweit vgl BSG 11.5.93 – 12 RK 23/91, SozR 3–2400 § 8 Nr 3).

41 **Berufsmäßigkeit** liegt vor, wenn die Beschäftigung zeitlich oder wirtschaftlich den Schwerpunkt der Erwerbstätigkeit des ArbN bildet. Dies ist nicht der Fall bei Personen, die in der Hauptsache anderen Beschäftigungen oder Tätigkeiten nachgehen und ihren Lebensunterhalt im Wesentlichen nicht durch derart kurze Beschäftigungen sicherstellen (zB Schüler, Studenten, Rentenbezieher, Leistungsbezieher der BA, Hausfrauen). Die Träger der SozV nehmen an, dass die Grenze zur Berufsmäßigkeit allerdings darin überschritten wird, wenn innerhalb eines Jahres eine solche Beschäftigung an mehr als 50 Arbeitstagen ausgeübt wird (vgl Die Beiträge 2000, 507).

42 Die SozVTräger verstehen bei der unständigen Beschäftigung unter Woche nicht die Kalenderwoche, sondern die **Beschäftigungswoche.** Erforderlich ist, dass in Folge nicht während einer ganzen Beschäftigungswoche gearbeitet wird. Die jeweilige Frist beginnt mit dem Tag der Aufnahme der Arbeit. Arbeitsfreie Tage werden mitgezählt. ZB umfasst bei einer regulären 5-Tage-Woche eine Arbeit von Montag bis Freitag eine ganze Beschäftigungswoche; folglich liegt keine unständige Beschäftigung vor (vgl Die Beiträge 2000, 506).

43 **b) Sonderregeln.** Unständig Beschäftigte sind in der ArblV versicherungsfrei (§ 27 Abs 3 Nr 1 SGB III). In der RV gelten hinsichtlich der Versicherungspflicht keine Sondervorschriften.

44 **Beginn und Ende der Versicherung in der KV** und PflegeV sind spezialgesetzlich geregelt. – Ausgangspunkt ist zunächst § 199 Abs 1 SGB V. Danach haben unständig Beschäftigte – anders als sonstige ArbN – eine **eigenständige Meldepflicht gegenüber ihrer Krankenkasse.** Sie hat der zuständigen Krankenkasse den Beginn und das Ende der berufsmäßigen Ausbildung von unständigen Beschäftigungen unverzüglich zu melden. Der ArbGeb wird dadurch jedoch nicht von seinen Meldepflichten befreit; er hat auch für unständig Beschäftigte Meldungen wie für sonstige ArbN zu erstatten (zu Besonderheiten vgl § 30 DEÜV; zu den Aufgaben des ArbGeb in Gesamtbetrieben vgl § 199 Abs 2 SGB V). Gem

§ 186 Abs 2 SGB V beginnt die Mitgliedschaft unständig Beschäftigter in der KV mit dem Tag der Aufnahme der unständigen Beschäftigung, für die die zuständige Kasse erstmalig Versicherungspflicht festgestellt hat, sofern die Feststellung innerhalb eines Monats nach Beschäftigungsaufnahme erfolgt, andernfalls mit dem Tag der Feststellung (Satz 1). Die Mitgliedschaft besteht dann auch an Tagen fort, an denen der unständig Beschäftigte vorübergehend längstens für drei Wochen nicht beschäftigt wird (Satz 2). Hat sich ein unständig Beschäftigter nicht bei der Kasse als unständig Beschäftigter gemeldet (zu Meldepflicht vgl § 199 Abs 1 SGB V), fehlt es regelmäßig an der **für unständig Beschäftigte konstitutiven Feststellung der erstmaligen Versicherungspflicht** gem § 186 Abs 2 SGB V und damit am Beginn der Mitgliedschaft bei einer Krankenkasse. Stellt sich später (zB bei einer Außenprüfung) heraus, dass eine bestimmte Person in der Vergangenheit unständig beschäftigt war, kommt nach § 186 Abs 2 SGB V eine rückwirkende Feststellung der Versicherungspflicht nicht in Betracht und damit auch keine Nachforderung von Beiträgen (dazu aus rechtspolitischer Sicht zu Recht kritisch *Hansen* Die Beiträge 01, 201). Zum Ende der Mitgliedschaft vgl § 190 Abs 4 SGB V. Aufgrund § 20 Abs 1 Satz Nr 1 SGB XI gelten die für die KV genannten Grundsätze auch in der PflegeV.

Bei unständig Beschäftigten ist das gesamte innerhalb eines Kalendermonats verdiente 45 beitragspflichtige Arbeitsentgelt bis zur monatlichen **Beitragsbemessungsgrenze** zu Beiträgen heranzuziehen, unabhängig davon, an wie viel Tagen innerhalb eines Kalendermonats gearbeitet wurde (vgl § 232 Abs 1 SGB V iVm § 57 Abs 1 SGB XI; § 163 Abs 1 SGB VI). Eine Berechnung anteiliger Beitragsbemessungsgrenzen nach Maßgabe der tatsächlichen Beschäftigungsdauer findet nicht statt.

4. Dauerhafte Aushilfstätigkeit. Denkbar ist auch, dass eine Aushilfstätigkeit im Rah- 46 men eines Dauerrechtsverhältnisses regelmäßig ausgeübt wird. In diesem Fall ist zu prüfen, ob die Beschäftigung nach § 8 Abs 1 Nr 1 SGB IV geringfügig und damit in der KV, PflegeV und ArblV versicherungsfrei ist (vgl § 7 SGB V, § 27 Abs 2 SGB III; zur Abgrenzung gegenüber einer Zweck- und Zeltbefristung vgl *Geringfügige Beschäftigung* Rz 37 ff).

Wird eine regelmäßige Aushilfstätigkeit neben einer Hauptbeschäftigung, also im arbeits- 47 rechtlichen Sinne eine **Nebentätigkeit,** ausgeübt (vgl *Nebentätigkeit* Rz 1), muss geprüft werden, ob die Aushilfsbeschäftigung aufgrund des Gebots der Zusammenrechnung mit der Hauptbeschäftigung nach § 8 Abs 2 SGB IV zur Versicherungspflicht führt (Einzelheiten vgl *Geringfügige Beschäftigung* Rz 103 ff).

Auskunftspflichten Arbeitgeber

A. Arbeitsrecht
Kreitner

Übersicht

	Rz		Rz
1. Allgemeines	1	4. Auskunftspflichten gegenüber Dritten	19–23
2. Auskunftspflichten gegenüber Arbeitnehmern	2–10	a) Potentieller neuer Arbeitgeber	19, 20
		b) Behörden	21
a) Bei der Bewerbung	3	c) Erben des Arbeitnehmers	22
b) Während des Arbeitsverhältnisses	4–8	d) Gläubiger des Arbeitnehmers	23
c) Aus Anlass der Beendigung des Arbeitsverhältnisses	9	5. Rechtsfolgen unterlassener oder fehlerhaft erteilter Auskünfte	24
d) Nach beendetem Arbeitsverhältnis	10	6. Prozessuales	25
3. Auskunftspflichten gegenüber dem Betriebsrat	11–18		

1. Allgemeines. Der Begriff der Auskunftspflichten umfasst sämtliche Konstellationen, in 1 denen entweder der ArbGeb von sich aus Auskünfte oder Hinweise erteilen muss oder er von ArbN oder Dritten befragt wird.

2. Auskunftspflichten gegenüber Arbeitnehmern. Im Verhältnis zum ArbN können 2 derartige besondere Auskunftspflichten das gesamte Arbeitsverhältnis von seiner Entstehung bis zu seiner Beendigung und nachwirkend sogar noch über die Beendigung hinaus erfassen. **Generell** lässt sich dabei festhalten, dass nach der Rspr besondere Auskunfts- oder Hinweis-

76 Auskunftspflichten Arbeitgeber

pflichten des ArbGeb nur in Bezug auf solche Umstände angenommen werden, die ihren Ursprung in der Sphäre des ArbGeb haben. Bei solchen, dem ArbN regelmäßig nicht bekannten Umständen, gebietet es die *Fürsorgepflicht* des ArbGeb, diese unaufgefordert dem ArbN mitzuteilen. Sachumstände, die der ArbN selbst ermitteln kann oder reine Rechtsfragen unterliegen demgegenüber regelmäßig keinen besonderen Auskunftspflichten des ArbGeb (zusammenfassend *Nägele* BB 92, 1274; *Becker-Schaffner* BB 93, 1281; *Kursawe* NZA 97, 245; zum Betriebsrentenrecht zuletzt *Reinecke* RdA 05, 129; *Rolfs* BetrAV 10, 199).

Hinsichtlich der einzelnen zeitlichen Vertragsstadien ist wie folgt zu differenzieren:

3 **a) Bei der Bewerbung** bestehen nur sehr begrenzte besondere Auskunftspflichten des ArbGeb. Naturgemäß obliegt dem ArbGeb eine detaillierte Darstellung des jeweiligen Anforderungsprofils der ausgeschriebenen Tätigkeit (Näheres s *Personalauswahl* Rz 9; *Ausschreibung* Rz 9 ff). Dies gilt insbesondere dann, wenn von der Norm abweichende, überdurchschnittliche Leistungsanforderungen gestellt werden. Je nach Art und Bedeutung der zu besetzenden Position werden weitere Informationen über das betriebliche Umfeld oder die Unternehmensorganisation hinzukommen. Es kann auch ein Hinweis auf die KVPflicht der Tätigkeit erforderlich sein (LAG Hamm 15.11.76, DB 77, 1951). Gibt der ArbGeb in einer Stellenanzeige Hinweise auf Verdienstmöglichkeiten, so müssen diese zutreffend sein. Weist er zB bei einem nur durch Provision zu verdienenden Mindestjahreseinkommen nicht darauf hin, dass dieses nur von wenigen ArbN tatsächlich erreicht wird, so liegt hierin ein Verstoß gegen die ihm obliegende Aufklärungspflicht, der eine Schadensersatzpflicht zur Folge haben kann (LAG Frankfurt 13.1.93, DB 94, 436 [LS]). Im öffentlichen Dienst ist der ArbGeb verpflichtet, bei Begründung des Arbeitsverhältnisses den ArbN über bestehende Zusatzversorgungsmöglichkeiten zu belehren (BAG 17.12.91, DB 92, 1938).

Eine Aufklärungspflicht folgt das BAG aus der vertraglichen Rücksichtnahmepflicht immer dann, wenn **Gefahren für das Leistungs- oder Integritätsinteresse des Gläubigers** bestehen, von denen dieser keine Kenntnis hat (BAG 14.7.05 – 8 AZR 300/04, NZA 05, 1298). Beispiele hierfür sind ein im Einzelfall bereits absehbarer Stellenabbau (BAG aaO) oder akute Zahlungsschwierigkeiten (BAG 24.9.74 – 3 AZR 589/73, NJW 75, 708). Nach der Rspr des BAG hat der ArbN ein Fragerecht bezüglich der Tarifbindung des ArbGeb (BAG 19.3.03 – 4 AZR 331/02, NZA 03, 1207; aA *Boemke* NZA 04, 142). Demgegenüber muss der ArbGeb dem abgelehnten Bewerber keine Auskunft darüber erteilen, ob er einen anderen Bewerber eingestellt hat (EuGH 19.4.12 – C-415/10, NZA 12, 493 – Meister; BAG 25.4.13 – 8 AZR 287/08, BeckRS 2013, 68457; *Gola* NZA 13, 360; *Picker* NZA 12, 641). Ohnehin liegt der Schwerpunkt der Auskunftspflichten im Bewerbungs- und Vertragsanbahnungsstadium aufseiten des ArbN (s *Auskunftspflichten Arbeitnehmer* Rz 2).

4 **b) Während des Arbeitsverhältnisses.** Es besteht keine allgemeine Pflicht des ArbGeb zur Belehrung des ArbN über mögliche Ansprüche (BAG 26.7.72, DB 72, 2263). So muss der ArbGeb zB nicht auf tarifliche Schriftformerfordernisse für die Geltendmachung von Ansprüchen hinweisen (BAG 14.6.94 – 9 AZR 284/93, NZA 95, 229). Dies gilt auch bei einer Änderung der tariflichen Vorschriften. Es ist Aufgabe des ArbN, sich die erforderlichen Kenntnisse selbst zu beschaffen (LAG Frankfurt 13.9.90, NZA 91, 896 [LS]). Lediglich der Hinweis auf die allgemeine Anwendbarkeit des Tarifvertrags ist gem § 2 Abs 1 Nr 10 NachwG in die Vertragsniederschrift aufzunehmen (BAG 17.4.02 – 5 AZR 89/01, NZA 02, 1096). Bei einer vorübergehenden Auslandstätigkeit ist es ebenfalls grds Sache des ArbN, sich über den Umfang des Krankenversicherungsschutzes (LAG Hess 4.9.95, NZA 96, 482) sowie über evtl im Ausland bestehende Einkommen- oder Lohnsteuerabführungspflichten (BAG 21.1.09 – 8 AZR 161/08, NZA 09, 608) zu informieren. Gleiches gilt für den Abschluss eines Altersteilzeitvertrages (BAG 25.6.02 – 9 AZR 155/01, NZA 03, 860) sowie bei einer Rentnerbeschäftigung bzgl der Hinzuverdienstgrenzen (LAG Köln 20.10.06 – 4 Sa 907/06, NZA-RR 07, 348). Erteilt der ArbGeb allerdings Auskünfte, so haftet er unabhängig vom Bestehen einer Auskunftsverpflichtung für deren Richtigkeit (*Nägele* BB 92, 1274; s unten Rz 23).

5 **In Einzelfällen** bejaht die Rspr das Bestehen besonderer Auskunftspflichten. So muss der ArbGeb, der für seine ArbN eine **Gruppenunfallversicherung** abgeschlossen hat, bei einem Arbeitsunfall den betroffenen ArbN über die Versicherungskonditionen insbesondere im Hinblick auf laufende Geltendmachungsfristen uÄ informieren (BAG 26.7.07 – 8 AZR 707/06, DB 07, 2319). Ein Auskunftsanspruch wird ebenfalls bejaht, wenn der ArbN eine

Auskunftspflichten Arbeitgeber

auf den Gleichbehandlungsanspruch gestützte **Gehaltserhöhung** geltend macht, die Auskunft für den ArbGeb keine übermäßige Belastung bedeutet und die gesetzliche Verteilung der Darlegungs- und Beweislast im Prozess gewahrt bleibt (BAG 1.12.04 – 5 AZR 644/03, NZA 05, 290). Das ist nicht der Fall, wenn der ArbN pauschal Auskunft über alle individuellen Lohnerhöhungen im Betrieb in den letzten Jahren begehrt (LAG Köln 30.5.08 – 4 Sa 1471/07, BeckRS 2008, 56508). Demgegenüber kann der ArbN Auskunft verlangen über die vom ArbGeb bei einem betrieblichen **Bonussystem** zugrunde gelegten Regeln (LAG NdS 6.8.10 – 10 Sa 1574/08, BeckRS 2010, 72271) sowie über die bei einem auch zur privaten Nutzung überlassenen **Dienstwagen** tatsächlich mit der Fahrzeughaltung verbundenen Kosten (BAG 19.4.05 – 9 AZR 188/04, NZA 05, 983). Bei einer vertraglich vereinbarten **Umsatzbeteiligung** besteht gem § 242 BGB immer dann ein Auskunftsanspruch des ArbN, wenn die begründete Besorgnis besteht, dass der ArbGeb ihn bei der Zuteilung der Aufträge benachteiligt hat (BAG 21.11.2000 – 9 AZR 665/99, NZA 01, 1093). Fördert ein ArbGeb den Erwerb noch nicht börsennotierter **Aktien** der Muttergesellschaft durch die Gewährung zweckgebundener Darlehen, ist er zur Aufklärung über die besonderen Risiken verpflichtet, die mit einem möglichen Scheitern des Börsengangs verbunden sind (BAG 4.10.05 – 9 AZR 598/04, NZA 06, 545). Für die Muttergesellschaft gelten diese Auskunftspflichten nicht (BAG 28.9.06 – 8 AZR 568/05, NJW 07, 2348). Gem § 83 Abs 1 BetrVG ist der ArbGeb dem ArbN zur Auskunft über dessen gespeicherte **persönliche Daten** verpflichtet (ArbG Bln 24.9.87, DB 88, 133). Diese Auskunft muss ggf in entschlüsselter, allgemein verständlicher Form erteilt werden.Demgegenüber besteht keine ausdrückliche Verpflichtung des ArbGeb, den ArbN über die Möglichkeit eines **Vollstreckungsschutzantrages** nach § 850i ZPO zu belehren (BAG 13.11.91, NZA 92, 384).

Strebt ein ArbN eine **Teilzeitbeschäftigung** an, so besteht gem § 7 Abs 2 TzBfG eine besondere Auskunftspflicht des ArbGeb über die vorhandene Arbeitsplatzsituation im Unternehmen. Ein Auskunftsanspruch des ArbN kann auch zur späteren Durchsetzung von Ansprüchen auf Gleichbehandlung bestehen, wenn die Differenzierungskriterien des ArbGeb bezüglich bestimmter Zahlungen an Belegschaftsgruppen bzw der Umfang der einzelnen Zahlungen dem ArbN nicht bekannt sind (LAG Köln 18.12.92, BB 93, 583 [LS]).

Besondere Auskunftspflichten gelten auch im Rahmen der **Arbeitnehmerüberlassung**. Hier gewährt § 13 AÜG dem LeihArbN gegenüber dem Entleiher (also ohne Bestehen einer arbeitsvertraglichen Beziehung) einen gesetzlichen Anspruch auf Auskunft über die im Betrieb des Entleihers für einen vergleichbaren ArbN geltenden wesentlichen Arbeitsbedingungen. Der Entleiher muss außerdem den LeihArbN gem § 13a AÜG über Arbeitsplätze informieren, die in seinem Betrieb besetzt werden sollen. Der als Verleiher handelnde ArbGeb des LeihArbN muss diesen gem § 11 Abs 3 Satz 1 AÜG über den Zeitpunkt des Wegfalls der Leiherlaubnis unterrichten.

Bei einem **Betriebs-** oder **Betriebsteilübergang** schreibt § 613a Abs 5 BGB eine weitreichende Unterrrichtung der betroffenen ArbN durch Betriebsveräußerer und -erwerber vor (Näheres s *Betriebsübergang* Rz 31 ff).

c) Aus Anlass der Beendigung des Arbeitsverhältnisses stellt sich in der Praxis am häufigsten die Frage nach dem Umfang ArbGebSeitiger Auskunftspflichten. Der bei einer Kündigung unterbliebene Hinweis auf die Meldepflicht des ArbN nach § 38 SGB III führt nicht zu einer Schadensersatzpflicht des ArbGeb (BAG 29.9.05 – 8 AZR 571/04, NZA 05, 1406). Wegen weiterer Einzelfragen aus diesem Themenbereich s *Aufhebungsvertrag* Rz 13–15.

d) Nach beendetem Arbeitsverhältnis bestehen trotz der Beendigung der vertraglichen Beziehung zwischen ArbGeb und ArbN dennoch vereinzelt Auskunftspflichten des ArbGeb fort. Diese ergeben sich aus der sog nachwirkenden Fürsorgepflicht (LAG Bln 8.5.89, BB 89, 1825; Näheres s *Fürsorgepflicht* Rz 4–6). So muss zB ein ehemaliger ArbGeb einen Ruheständler über die Möglichkeit einer beitragsfreien Fortführung der Versicherung einer Gruppenpensionskasse und die hierfür geltenden satzungsmäßigen Fristen belehren (OLG Köln 11.4.94, DB 95, 436 [LS]). Wird nach Beendigung des Arbeitsverhältnisses über das Vermögen des ArbGeb das Insolvenzverfahren eröffnet, muss eine Auskunftsklage gegen den Insolvenzschuldner und nicht gegen den Insolvenzverwalter gerichtet werden (BGH 2.6.05 – IX ZR 221/03, NZA 06, 373). Allgemeine rechtliche Probleme bestehen insoweit hauptsächlich bei Auskünften gegenüber dritten Personen oder Behörden (s unten Rz 16 ff).

76 Auskunftspflichten Arbeitgeber

11 **3. Auskunftspflichten gegenüber dem Betriebsrat.** Der BRat hat gegenüber dem ArbGeb einen **weitreichenden Auskunftsanspruch** gem § 80 Abs 2 BetrVG, der ua auch die Einhaltung des NachwG umfasst (BAG 19.10.99 – 1 ABR 75/98, NZA 2000, 837). Der ArbGeb ist nach dieser Vorschrift verpflichtet, den BRat rechtzeitig und umfassend zu informieren und darf ihn nicht auf eine anderweitige Informationsbeschaffung verweisen (BAG 15.4.08 – 1 ABR 44/07, NZA-RR 09, 98). Dieser Auskunftsanspruch umfasst das Recht des BRat vom ArbGeb die Unterlagen herauszuverlangen, die er zur Durchführung seiner Aufgaben benötigt. Der Anspruch kann durch einen Tarifvertrag nicht aufgehoben oder eingeschränkt werden (BAG 21.10.03 – 1 ABR 39/02, NZA 04, 936). Er besteht auch während der Dauer von Arbeitskampfmaßnahmen im Betrieb (BAG 10.12.02 – 1 ABR 7/02, NZA 04, 223; LAG RhPf 21.3.13 – 10 TaBV 41/12, NZA-RR 13, 291). Ein Sonderfall des Auskunftsanspruchs ist gem § 80 Abs 2 Satz 2 BetrVG das Recht des BRat zur Einsichtnahme in Lohn-/Gehaltslisten des ArbGeb (Näheres s *Lohnlisten* Rz 2 ff). Er verdrängt allerdings auch für den Bereich der Vergütung nicht den allgemeinen Unterrichtungsanspruch aus § 80 Abs 2 Satz 1 BetrVG (BAG 10.10.06 – 1 ABR 68/05, NZA 07, 99).

12 Die Unterrichtungspflicht des ArbGeb wird durch § 80 Abs 2 Satz 1 BetrVG auch auf **Personen** erstreckt, **die nicht in einem Arbeitsverhältnis zum Arbeitgeber stehen.** Ferner muss der ArbGeb dem BRat gem § 80 Abs 2 Satz 3 BetrVG **sachkundige Arbeitnehmer** als Auskunftspersonen zur Verfügung stellen, soweit es zur ordnungsgemäßen Erfüllung der BRatAufgaben erforderlich ist (Näheres s *Sachverständige* Rz 2). Dabei hat er Vorschläge des BRat zu berücksichtigen, soweit betriebliche Notwendigkeiten nicht entgegenstehen. Die Auswahl ist also nach §§ 242, 315 BGB zu treffen. Dieses unternehmensinterne Informationspotential ist grds vorrangig zu nutzen, bevor externe Sachverständige beauftragt werden dürfen (vgl schon bisher BAG 26.2.92 – 7 ABR 51/90, NZA 93, 86). Die Beurteilung der Erforderlichkeit richtet sich nach den Grundsätzen des § 80 Abs 3 BetrVG, wobei der Gebrauch des Plural in § 80 Abs 2 Satz 1 BetrVG anders als in der gleichzeitig geänderten Vorschrift des § 111 Satz 2 BetrVG („ein Berater") eher für einen weniger strengen Maßstab spricht (ähnlich *Hanau* NJW 01, 2513; *Engels/Trebinger/Löhr-Steinhaus* DB 01, 532; aA *Natzel* NZA 01, 872).

13 Die allgemeine Auskunftspflicht des ArbGeb gegenüber dem BRat gem § 80 Abs 2 BetrVG erfordert nur geringe tatbestandliche Voraussetzungen. Nach der zutreffenden Rspr des BAG besteht ein Auskunftsanspruch des BRat immer bereits dann, wenn der BRat die Auskunft benötigt, um feststellen zu können, ob ihm ein Mitbestimmungsrecht zusteht. Die Grenze der Auskunftspflicht ist erst dann erreicht, wenn ein Mitbestimmungsrecht des BRat offensichtlich nicht in Betracht kommt (BAG 23.3.10 – 1 ABR 81/08, BeckRS 2010, 70691). Es genügt also eine gewisse Wahrscheinlichkeit für ein Beteiligungsrecht des BRat, um den Auskunftsanspruch des § 80 Abs 2 BetrVG auszulösen (BAG 21.10.03 – 1 ABR 39/02, NZA 04, 936) und der BRat braucht keine konkreten Anhaltspunkte für einen Regelverstoß darzulegen (BAG 19.2.08 – 1 ABR 84/06, NZA 08, 1078). Der Grad der Wahrscheinlichkeit richtet sich dabei nach dem Kenntnisstand des BRat (BAG 8.6.99 – 1 ABR 28/97, NZA 99, 1345; 19.10.99 – 1 ABR 75/98, NZA 2000, 837). Demgemäß kann zB der BRat verlangen, dass der ArbGeb ihm die **Mitarbeiter benennt** (unabhängig von deren Einwilligung), die nach § 84 Abs 2 SGB IX die Voraussetzungen für die Durchführung eines BEM erfüllen (BAG 7.2.12 – 1 ABR 46/10, NZA 12, 744). Gleichermaßen muss der ArbGeb ihm Auskunft über die **Auswertung einer Mitarbeiterbefragung** erteilen (BAG 8.6.99 – 1 ABR 28/97, NZA 99, 1345). Ein Auskunftsanspruch besteht auch bezüglich der Inhalte individueller **Zielvereinbarungen** (BAG 21.10.03 – 1 ABR 39/02, NZA 04, 936; kritisch *Rieble/Gistel* BB 04, 2462). Der ArbGeb ist verpflichtet, dem BRat Auskunft über die exakten **Arbeitszeiten** der Belegschaft sowie über besondere arbeitsvertragliche Arbeitszeitvereinbarungen einzelner ArbN zu geben, soweit dessen Überwachungsaufgabe nach § 80 BetrVG dies erfordert (BAG 27.10.10 – 7 ABR 36/09, NZA 11, 527; LAG NdS 8.11.04 – 5 TaBV 36/04, NZA-RR 05, 424; s auch unten Rz 14). Der BRat kann weiter verlangen, dass ihm **Verträge mit Fremdfirmen** und Listen der Einsatztage und -zeiten der einzelnen ArbN der Fremdfirmen zur Verfügung gestellt werden, damit er prüfen kann, ob uU eine verdeckte ArbNÜberlassung betrieben wird (BAG 31.1.89, NZA 89, 932; s auch *Kort* DB 10, 1291) oder dass er hinsichtlich der **Beschäftigung freier Mitarbeiter** unterrichtet wird. Hier kann der BRat zunächst eine umfassende Unterrichtung zu einem

Auskunftspflichten Arbeitgeber 76

bestimmten Stichtag verlangen, um auf dieser Grundlage ggf sein Auskunftsbegehren in Bezug auf einzelne Personen oder Personengruppen näher zu konkretisieren (BAG 15.12.98 – 1 ABR 9/98, NZA 99, 722). In Betracht kommt etwa die Überprüfung hinsichtlich der Beachtung der Mitbestimmungsrechte aus §§ 92 Abs 2 und 99 BetrVG sowie aus anderen Gesetzen (*Buschmann* ArbuR 99, 245; *Pohle* BB 99, 2401). Diese Rspr des BAG ist durch die gesetzliche Neufassung des § 80 Abs 2 Satz 1 BetrVG bestätigt und ins Gesetz übernommen worden. Ferner kann der BRat verlangen über **Vertragsunterlagen** bezüglich einer **Veräußerung von Betriebsvermögen** unterrichtet zu werden, um eventuelle Beteiligungsrechte nach §§ 111, 112 BetrVG prüfen zu können (LAG Bln 6.8.97 – 13 TaBV 3/97, NZA-RR 99, 144). Ein genereller Anspruch des BRat auf Herausgabe der **Arbeitsverträge** besteht nicht. Hierfür bedarf es vielmehr der Darlegung konkreter Anhaltspunkte für das Bestehen eines Kontrollbedürfnisses im Einzelfall (BAG 19.10.99 – 1 ABR 75/98, NZA 2000, 837). Das Gleiche gilt hinsichtlich der Frage, welchen ArbN **Nebentätigkeitsgenehmigungen** erteilt worden sind und worauf sie sich inhaltlich erstrecken (LAG Köln 11.1.95, NZA 95, 443). Demgegenüber begründet die mögliche Gefährdung von Betriebs- und Geschäftsgeheimnissen bei der Weitergabe von solchen Daten an den BRat keine Ausnahme von der Auskunftspflicht des ArbGeb (BAG 5.2.91, DB 91, 1382; vgl auch *Schleifer/Kliemt* DB 95, 2214 zum Insiderrecht). Benötigt der BRat die **Namen und Adressen betriebsabwesender Arbeitnehmer,** um diese über eine bevorstehende Betriebsversammlung zu informieren, muss der ArbGeb diese mitteilen (ArbG Bln 29.1.04 – 75 BVGa 1964/04, NZA-RR 04, 642).

Als **allgemeine Grenze der Auskunftspflicht** hat die Rspr früher die Existenz von 14 Informationen angesehen. Mit dem Argument, § 80 Abs 2 Satz 2 BetrVG gewähre keinen Herstellungsanspruch, ist ein Verlangen des BRat auf **Erstellung bestimmter Unterlagen** zum Zweck der Herausgabe abgelehnt worden (LAG Hamm 26.7.02 – 10 TaBV 24/02, NZA-RR 03, 367; LAG BaWü 21.2.94, DB 95, 51). Diesen Grundsatz hat das BAG für den Bereich der Arbeitszeit aufgeweicht und entschieden, der ArbGeb dürfe sich mit dem Einwand, er verzichte bewusst auf eine Aufzeichnung der Arbeitszeiten (sog Vertrauensarbeitszeit), seiner gesetzlichen Kontrollpflicht und dem daraus resultierenden Auskunftsanspruch des BRat nicht entziehen (BAG 6.5.03 – 1 ABR 13/02, NZA 03, 1348).

Nach § 7 Abs 3 TzBfG muss der ArbGeb den BRat über **Teilzeitarbeit** im Betrieb und 15 Unternehmen informieren. Hierzu gehören insbesondere Informationen über vorhandene oder geplante Teilzeitarbeitsplätze sowie über die Umwandlung von Teilzeit- in Vollzeitarbeitsplätze und umgekehrt. Dem BRat sind auf Verlangen die erforderlichen Unterlagen zur Verfügung zu stellen. Schließlich muss die Unterrichtung des BRat grds in deutscher Sprache erfolgen; Unterlagen (hier: Sicherheitshandbücher eines US-Konzerns) sind daher ggf zu übersetzen (LAG Hess 19.8.93, NZA 95, 285).

Weitere Auskunftspflichten des ArbGeb ergeben sich aus dem **Gesetz über Europäische** 16 **Betriebsräte (EBRG).** Gem § 5 Abs 1 EBRG hat der BRat gegenüber der Unternehmensleitung einen Anspruch auf Auskunftserteilung hinsichtlich der durchschnittlichen Gesamtzahl der ArbN und ihrer Verteilung auf die Mitgliedstaaten, Unternehmen und Betriebe sowie allgemein in Bezug auf die Unternehmensstruktur. Das umfasst alle Auskünfte, die der BRat benötigt, um beurteilen zu können, ob die Voraussetzungen für die Errichtung eines EBRat vorliegen. Diesen Auskunftsanspruch können BRat und GBRat gem § 5 Abs 2 EBRG nach ihrer Wahl auch gegenüber der örtlichen Unternehmensleitung geltend machen. Er greift bereits dann ein, wenn hinreichende Anhaltspunkte für die Anwendbarkeit des EBRG bestehen (EuGH 29.3.01 – Rs C-62/99, NZA 01, 506 – Bofrost; BAG 30.3.04 – 1 ABR 61/01, NZA 04, 863). Befindet sich die zentrale Leitung nicht in einem EU-Mitgliedsstaat und gibt es weder eine nachgeordnete Leitung noch einen Vertreter, so ist das belegschaftsstärkste Unternehmen der Gruppe als sog fingierte Leitung für die Erteilung der Auskunftsansprüche verantwortlich und kann diese nicht mit der Begründung verweigern, ihm stünden keine Informationen zur Verfügung, sondern muss diese von der Schwestergesellschaft verlangen (EuGH 13.1.04 – Rs C-440/00, NZA 04, 160 – Kühne & Nagel, auf den Vorlagebeschluss des BAG vom 27.6.2000 – 1 ABR 32/99 (A), NZA 2000, 1330; bestätigt durch EuGH 15.7.04 – Rs C-349/01, NZA 04, 1167 – Anker und BAG 29.6.04 – 1 ABR 32/99, NZA 05, 118). Die Gewährleistung dieses horizontalen Auskunftsanspruch erfolgt im Wege der richtlinienkonformen Auslegung des nationalen Rechts des jeweiligen

Kreitner

76 Auskunftspflichten Arbeitgeber

auskunftsverpflichteten Unternehmens (*Joost* ZIP 04, 1034; Bedenken demgegenüber bei *Däubler* BB 04, 446 und *Spirolke* EWiR 04, 199, die ein Tätigwerden des nationalen Gesetzgebers fordern). Der Anspruch ist im arbeitsgerichtlichen Beschlussverfahren durchsetzbar (*Giesen* RdA 04, 307). § 32 Abs 1 EBRG verpflichtet ein gemeinschaftsweit tätiges Unternehmen bzw das herrschende Unternehmen einer gemeinschaftsweit tätigen Unternehmensgruppe (sog zentrale Leitung) einmal jährlich zur Unterrichtung und Anhörung des EBRat über die Entwicklung der Geschäftslage und die Perspektiven des Unternehmens bzw der Unternehmensgruppe. Liegen außergewöhnliche Umstände vor, die erhebliche Auswirkungen auf die Interessen der ArbN haben, besteht gem § 33 Abs 1 EBRG eine außerordentliche Unterrichtungs- und Anhörungspflicht, der auf Verlangen des EBRat nachzukommen ist. Dies gilt insbesondere bei der Verlegung und Stilllegung von Unternehmen, Betrieben oder wesentlichen Betriebsteilen sowie bei Massenentlassungen.

17   Auskunftspflichten des ArbGeb bestehen in **wirtschaftlichen Angelegenheiten** gem § 106 BetrVG insbesondere gegenüber dem Wirtschaftsausschuss (*Oetker* NZA 01, 689). Im Rahmen dieser Unterrichtungspflicht ist der ArbGeb auch zur Vorlage des Wirtschaftsprüfungsberichts verpflichtet (BAG 8.8.89, DB 89, 2621). Im Streitfall entscheidet hierüber gem § 109 BetrVG die Einigungsstelle (s *Einigungsstelle* Rz 4, 23), deren Spruch der vollen Rechtskontrolle durch die ArbG unterliegt (BAG 11.7.2000 – 1 ABR 43/99, NZA 01, 402). Besteht in einem Unternehmen wegen der geringen ArbNZahl kein Wirtschaftsausschuss, so steht der Informationsanspruch gem § 106 BetrVG nicht dem BRat bzw dem GBRat zu (BAG 5.2.91, DB 91, 1382). Es bleibt insoweit bei dem allgemeinen Unterrichtungsanspruch des BRat aus § 80 Abs 2 BetrVG. Dieser umfasst ua den Mitgliedstatus des ArbGeb im ArbGebVerband (*Gaumann/Schafft* NZA 01, 1125). Für die **Umwandlung** von Unternehmen existieren in §§ 5 Abs 3, 126 Abs 3, 176, 177, 194 Abs 2 UmwG besondere Informationspflichten. Danach muss dem BRat jeweils spätestens einen Monat vor dem Tag der Anteilsinhaberversammlung, die über die Zustimmung zur Umwandlung beschließt, der gesellschaftsrechtliche Umwandlungsvertrag oder sein Entwurf (bzw Spaltungsplan oder Umwandlungsbeschluss) zugeleitet werden. Weitere besondere Informationspflichten können sich bei Unternehmensfusionen im Zusammenhang mit Wertpapiererwerb aus dem WpÜG ergeben (zu den Einzelheiten *Grobys* NZA 02, 1; *Seibt* DB 02, 529).

18   Eine Auskunftspflicht des ArbGeb besteht schließlich ähnlich wie nach § 80 Abs 2 BetrVG hinsichtlich des BRat gem § 25 Abs 2 SprAuG gegenüber dem **Sprecherausschuss** (vgl *Hromadka/Sieg* SprAuG § 25 Rz 17 ff; *Löwisch* SprAuG § 25 Rz 12 ff).

19   **4. Auskunftspflichten gegenüber Dritten. a) Gegenüber potentiellem neuen Arbeitgeber.** Die rechtliche Beurteilung von Auskünften verschiedener ArbGeb über ArbN ist in Rspr und Schrifttum umstritten. Es geht hierbei meist um telefonische Auskünfte des früheren ArbGeb über seinen ehemaligen ArbN gegenüber einem potenziellen neuen ArbGeb. Dabei lassen sich folgende **Grundsätze** festhalten:

20   Eine generelle **Auskunftsverpflichtung** des ehemaligen ArbGeb besteht nicht (*Schaub/Linck* § 147 Rz 2). Etwas anderes gilt nur dann, wenn der ArbN eine derartige Auskunft ausdrücklich wünscht (LAG Bln 8.5.89, BB 89, 1825; BAG 5.8.76, AP Nr 10 zu § 630 BGB). Ein **Recht** des ArbGeb **zur Auskunftserteilung** gegen den Willen des ArbN besteht nicht (*Buchner* NZA 91, 577). Das Auskunftsrecht wird im Einzelfall durch das Persönlichkeitsrecht des ArbN begrenzt (BAG 18.12.84 – 3 AZR 389/83, NZA 85, 811).

Letzteres ist Ausgangspunkt für eine interessengerechte Lösung der Problematik. Wegen des persönlichkeitsrechtlichen Schutzbereichs des ArbN, der bei der Auskunft über seine Person und sein Arbeitsverhalten in erheblichem Maße tangiert wird, sind Auskünfte im bestehenden Arbeitsverhältnis nur mit Zustimmung des ArbN zulässig. Aber auch nach Beendigung des Arbeitsverhältnisses gilt für Auskünfte, die über den Inhalt eines erteilten Zeugnisses hinausgehen, das Gleiche. Dabei kann eine entsprechende Zustimmung bereits bei Abschluss des Arbeitsvertrages erklärt werden. Dies entspricht der gem § 109 GewO hinsichtlich des Zeugnisses bestehenden Rechtslage, das dem ArbN auch nur auf dessen Verlangen ausgestellt wird. Weitergehende Auskunftsrechte des ehemaligen ArbGeb, zB aufgrund besonderer Vereinbarungen mit anderen ArbGeb, sind abzulehnen, da diese Verträge zu Lasten des betroffenen ArbN darstellen (wie hier: ArbG Stuttgart 1.2.01 – 28 Ca

8988/00, NZA-RR 02, 513; *Schulz* NZA 90, 717). Insgesamt bleibt natürlich die rechtliche Erfassung derartiger Auskünfte problematisch, da diese als regelmäßig mündlich erfolgende Mitteilungen für den betroffenen ArbN faktisch kaum zu kontrollieren sind.

b) Gegenüber Behörden. Auskunftspflichten gegenüber Behörden betreffen den sozialversicherungsrechtlichen und lohnsteuerrechtlichen Bereich (s dazu unten Rz 26 ff und 34 ff). 21

c) Gegenüber Erben des Arbeitnehmers besteht für den ArbGeb regelmäßig keine besondere Auskunftsverpflichtung. Hat er dem ArbN regelmäßig Abrechnungen erteilt, ist insbesondere ein allgemeiner Auskunftsanspruch der Erben über die Vergütungsansprüche des ArbN nicht gegeben (LAG Bln 5.2.90, DB 90, 738 [LS]). 22

d) Gegenüber Gläubigern des Arbeitnehmers ist der ArbGeb im Rahmen des § 840 ZPO zur Auskunft als Drittschuldner verpflichtet, soweit die tatbestandlichen Voraussetzungen dieser Vorschrift vorliegen. Darüber hinausgehende Auskünfte, die der Gläubiger zur Geltendmachung seines Anspruches benötigt, kann er vom ArbGeb nicht verlangen. Insofern muss er sich gem § 836 Abs 3 ZPO an den ArbN als Schuldner halten. Die Auskunft des ArbGeb gem § 840 ZPO muss innerhalb von zwei Wochen nach Zustellung des Pfändungsbeschlusses erteilt werden. Sie kann als bloße Obliegenheit des Drittschuldners nicht eingeklagt werden (BGH 17.4.84, ZIP 84, 751). Allerdings begründet eine verspätete oder unterlassene Auskunft gem § 840 Abs 2 ZPO eine Schadensersatzpflicht des Drittschuldners (Näheres s *Pfändung* Rz 17). 23

5. Rechtsfolgen unterlassener oder fehlerhaft erteilter Auskünfte. Soweit nach dem oben Gesagten Auskunftspflichten bestehen bzw falls der ArbGeb ohne gesetzliche Verpflichtung entsprechende Auskünfte erteilt, haftet er für deren Richtigkeit und Vollständigkeit (BAG 17.10.2000 – 3 AZR 605/99, NZA 01, 206; 21.11.2000 – 3 AZR 13/00, NZA 02, 618). Im Fall der Darlehensgewährung zur Förderung des Aktienerwerbs (s oben Rz 5) bedeutet dies Befreiung von der Darlehensrückzahlung Zug um Zug gegen Rückgabe der Aktien (BAG 4.10.05 – 9 AZR 598/04, NZA 06, 545). Schuldhaft falsch erteilte oder unterlassene Auskünfte können den ArbGeb zum Schadensersatz gem § 280 BGB sowie gem § 823 Abs 1 BGB (allgemeines Persönlichkeitsrecht) bzw gem §§ 824, 826 BGB verpflichten (BAG 4.5.10 – 9 AZR 184/09, NZA 11, 644; 26.7.07 – 8 AZR 707/06, BeckRS 2007, 47449; LAG Hess 22.8.01 – 8 Sa 146/01, NZA-RR 02, 323). Allerdings muss der ArbN im Bestreitensfall den Nachweis des kausalen Schadenseintritts führen. Er muss nachweisen, dass ihm ein konkreter Schaden entstanden ist und belegen, dass dieser Schaden gerade auf die unrichtige Auskunftserteilung zurückzuführen ist. Dabei ist der volle Kausalitätsnachweis erforderlich (LAG Bln 8.5.89, BB 89, 1825); eine tatsächliche Vermutung für einen Kausalzusammenhang besteht regelmäßig nicht (LAG Frankfurt 20.12.79, DB 80, 1224 [LS]). Allerdings kann die Beweislastumkehr des § 22 AGG eingreifen, wenn die falsche Auskunft indizielle Wirkung für eine Benachteiligung hat (BAG 21.6.12 – 8 AZR 364/11, NZA 12, 1345). Die Verletzung von Auskunftspflichten lässt die Wirksamkeit des hiermit zusammenhängenden Rechtsgeschäfts unberührt. Demgemäß ist ein Aufhebungsvertrag, bei dem der ArbGeb seinen Auskunftspflichten nicht in hinreichendem Maß nachgekommen ist, keinesfalls gem § 134 BGB nichtig. Er kann allenfalls unter den engen Voraussetzungen des § 123 BGB angefochten werden, wobei weder das Fehlen eines Widerrufs- oder Rücktrittsrechts noch die unterbliebene vorherige Mitteilung des Gesprächsthemas hierfür ausreichen (BAG 30.9.93 – 2 AZR 268/93, NZA 94, 209). 24

6. Prozessuales. Gem § 61 Abs 2 ArbGG kann der ArbN einen Auskunftsanspruch im Rahmen der klageweisen Geltendmachung mit einem Antrag auf Entschädigungszahlung unter Fristsetzung für den Fall der nicht rechtzeitigen Erfüllung verbinden (*Germelmann/Matthes/Prütting/Müller-Glöge* ArbGG § 61 Rz 28). Nach fruchtlosem Verstreichen der Frist greift der Entschädigungsanspruch Platz, hindert damit aber gleichzeitig eine Vollstreckung des Auskunftsanspruchs. Dieser geht allerdings seinerseits solange nicht unter, bis der ArbGeb die verspätete Auskunft nicht nur zur Abwendung der Zwangsvollstreckung sondern endgültig erteilt und der ArbN dies an Erfüllungs Statt annimmt (BAG 4.10.89, DB 90, 1423). Zu beachten ist, dass der ArbGeb die Auskunft auch noch in der Rechtsmittelinstanz innerhalb der Frist nach Zustellung des den Rechtsstreit beendenden Urteils erteilen kann (BAG 28.10.92, DB 93, 1479). Daneben gelten für die Zwangsvollstreckung die allgemeinen 25

76 Auskunftspflichten Arbeitgeber

Regelungen der §§ 887, 888 ZPO (LAG Hamm 11.8.83, DB 83, 2257). Soweit Auskunftspflichten gegenüber dem **Betriebsrat** bestehen, können diese vom BRat im arbeitsgerichtlichen Beschlussverfahren durchgesetzt werden. Im Einzelfall kann bei besonderer Eilbedürftigkeit eine einstweilige Verfügung in Betracht kommen.

B. Lohnsteuerrecht
Seidel

26 **1. Allgemeines.** Während bei Vorliegen einer Anzeigepflicht ein Tätigwerden der damit belasteten Person von sich aus verlangt wird, bestehen Auskunftspflichten erst aufgrund einer besonderen Aufforderung durch das FA (s *Anzeigepflichten Arbeitgeber* Rz 6). Bei den Auskunftspflichten ist zu unterscheiden zwischen solchen bei (LSt-)Außenprüfungen und bei Einzelermittlungen. Zur Abgrenzung s *Außenprüfung* Rz 8. Die Mitwirkungspflichten im Rahmen einer Außenprüfung gehen weiter als im Rahmen von Einzelermittlungen (BFH 5.4.84, BStBl II 84, 790). Zur Beantwortung von Fragen für die Erhebung statistischer Daten ist der Stpfl gem § 150 Abs 5 Satz 1 AO verpflichtet (BFH 23.11.98 – VII B 237/98, BFH/NV 99, 897). Zum Datenschutz s *Datenschutz* Rz 27–46.

27 **2. (Lohnsteuer-)Außenprüfung.** Zu den Auskunfts- und Mitwirkungspflichten des ArbGeb s *Lohnsteueraußenprüfung* Rz 9. Art und Umfang der vom Prüfer zur Einsicht angeforderten Unterlagen liegen in seinem Ermessen, das durch die je nach Lage des Einzelfalles unterschiedlichen Erfordernisse bestimmt wird. Der Prüfer hat aber das Interesse des ArbGeb an einer besonderen Geheimhaltung, zB von Personalakten, soweit es sich nicht um Anstellungsverträge handelt, angemessen zu berücksichtigen. Daher kommt regelmäßig keine generelle Vorlage, sondern nur eine Anforderung im **Einzelfall** in Betracht (vgl *HMW/Außenprüfung* Rz 47). Ein **Verwertungsverbot** aufgrund eines rechtswidrigen Verlangens im Rahmen einer Außenprüfung besteht nur, wenn der Verwaltungsakt (Auskunfts- oder Mitwirkungsverlangen) aufgehoben oder seine Rechtswidrigkeit festgestellt worden ist (*T/K* vor § 193 AO Rz 25 iVm § 88 Rz 17).

28 **3. Einzelermittlungen.** Zur Ermittlung des für die Besteuerung erheblichen Sachverhalts kann sich das FA der Beweismittel bedienen, die es für erforderlich hält. Dazu gehören auch Auskünfte aller Art von den Beteiligten und anderen Personen (§ 93 AO). Der ArbGeb ist als Beteiligter (§ 78 AO) im Rahmen des LStAbzugsverfahrens (s *Lohnabzugsverfahren* Rz 2 ff) dem FA gegenüber zur Auskunft über den für die LSt erheblichen Sachverhalt verpflichtet (§ 93 Abs 1 AO). Dies gilt auch für Personen, die für den ArbGeb als Beteiligten als (gesetzliche) Vertreter bzw Verwalter oder als Bevollmächtigte auftreten.

29 Der ArbGeb ist auch im LStHaftungsverfahren **Beteiligter** und nicht andere Person (s *T/K* § 93 AO Rz 7; s auch *Lohnsteuerhaftung* Rz 4–28). So stellt die Aufforderung zur Beantwortung des Fragebogens zur Haftungsinanspruchnahme einen erzwingbaren Verwaltungsakt dar (FG Thür 28.4.99 – III 720/98, EFG 99, 745). Andere Person iSd § 93 Abs 1 Satz 3 AO ist der ArbGeb aber im Besteuerungsverfahren des ArbN (EStVeranlagung; s *Antragsveranlagung* Rz 2 ff). Dies hat zur Folge, dass er als Nichtbeteiligter vom FA hier erst dann zur Auskunft herangezogen werden kann, wenn die Sachverhaltsaufklärung durch den ArbN nicht zum Ziel führt oder keinen Erfolg verspricht. Generell ist in Auskunftsersuchen anzugeben, worüber Auskunft erteilt werden soll und ob sie für die Besteuerung des Auskunftspflichtigen oder anderer Personen angefordert wird. Auf Verlangen haben sie schriftlich zu ergehen (§ 93 Abs 2 AO).

30 Der Auskunftsverpflichtete kann seinerseits die Auskunft elektronisch, schriftlich, mündlich oder fernmündlich erteilen (§ 93 Abs 4 AO). Das FA kann eine schriftliche Auskunft verlangen, wenn dies sachdienlich ist (§ 93 Abs 3 AO). Es kann aber auch eine mündliche Auskunft an Amtsstelle anordnen, über die eine Niederschrift aufzunehmen ist. Dies gilt insbesondere dann, wenn der Auskunftspflichtige trotz Aufforderung keine schriftliche Auskunft erteilt hat oder die schriftliche Auskunft nicht zu einer Klärung des Sachverhalts geführt hat (§ 93 Abs 5 und 6 AO). Zu den Auskunftspflichten nach § 93 Abs 1–4 AO s auch BMF 28.7.10 – IV A 3 – S 0062/08/10007–08; Dok 2010/0563822, BStBl I 10, 630). Zu den Auskunftspflichten des ArbGeb gehört auch die Abgabe einer wahrheitsgemäßen LStAnmeldung (s *Lohnsteueranmeldung* Rz 2 ff; §§ 149 Abs 1, 150 Abs 1 und 2 AO; § 41a EStG).

4. Auskunftsverweigerung. Der ArbGeb kann ggf als Angehöriger (§ 15 AO) eines 31
Beteiligten (zB in dessen Besteuerungsverfahren) die Auskunft verweigern, soweit er nicht
selbst als Beteiligter über seine eigenen steuerlichen Verhältnisse auskunftspflichtig ist oder
die Auskunftspflicht für einen Beteiligten zu erfüllen hat. Hierüber ist er ggf zu belehren
(§ 101 Abs 1 AO). Ist ein ArbGeb nicht Beteiligter und auch nicht für einen Beteiligten
auskunftspflichtig, kann er die Auskunft auf solche Fragen verweigern, deren Beantwortung
ihn selbst oder einen seiner Angehörigen der Gefahr strafgerichtlicher Verfolgung oder eines
Verfahrens nach dem OWiG aussetzen würde. Darüber ist er zu belehren (§ 103 AO).

Die **Belehrung** braucht aber nur zu erfolgen, wenn Anhaltspunkte für ein Vorliegen der 32
Voraussetzungen erkennbar werden (*T/K* § 103 AO Rz 12). Ist die Belehrung in den
genannten Fällen unterblieben, so darf die Auskunft nicht verwertet werden (BFH 31.10.90,
BStBl II 91, 204). Jedes Auskunfts-, Vorlage- und Mitwirkungsverlangen ist ein mit dem
Einspruch anfechtbarer Verwaltungsakt. Die **Mitwirkung** kann nach vorhergehender Androhung
mit **Zwangsmitteln** erzwungen werden (§§ 328, 332 AO). Insbesondere kommt
ein Zwangsgeld bis zu 25 000 € in Betracht (§ 329 AO). Sowohl gegen die Androhung des
Zwangsgelds als auch gegen dessen Festsetzung ist jeweils der Einspruch mit anschließender
Klage gegeben (§ 40 Abs 1 FGO). Eine Erzwingung scheidet jedoch aus, wenn der Stpfl
dadurch gezwungen würde, sich selbst wegen einer von ihm begangenen Steuerstraftat oder
Steuerordnungswidrigkeit zu belasten. Dies gilt stets, soweit gegen ihn wegen einer solchen
Tat das Strafverfahren eingeleitet worden ist. Hierüber ist der Stpfl zu belehren, wenn Anlass
besteht (§ 393 Abs 1 Sätze 2–4 AO). Die Auskunftspflicht als Beteiligter oder für einen
Beteiligten wird hiervon aber nicht berührt (s oben; §§ 93 Abs 1 Satz 1; 103 Satz 1 AO; vgl
auch FG München 27.2.96, EFG 96, 570).

5. Zu **Schadensersatzleistungen** des ArbGeb an den ArbN (s oben Rz 23) s *Arbeit-* 33
geberhaftung Rz 19–21. **Geldbußen** (s unten Rz 46) kann der ArbGeb nicht als Betriebsausgaben
abziehen (§ 4 Abs 5 Nr 8 EStG).

C. Sozialversicherungsrecht *Ruppelt*

1. Begriff. Gegenüber den Trägern der SozV einschließlich der ArbIV treffen den 34
ArbGeb eine Vielzahl von Mitteilungspflichten, die vor allem im Zusammenhang mit der
Beitragszahlung und dem sozialversicherungsrechtlichen Leistungsanspruch des ArbN stehen.
In Abgrenzung zu den Melde- und Anzeigepflichten (s *Meldepflichten Arbeitgeber*
Rz 3 ff; *Anzeigepflichten Arbeitgeber* Rz 1 ff) handelt es sich bei den sozialversicherungsrechtlichen
Auskunftspflichten um solche, denen der Auskunftsverpflichtete nicht von sich aus,
sondern **nur auf Ersuchen** des SozVTrägers nachzukommen hat. Dabei sind Beteiligte
und Dritte zu unterscheiden. Beteiligter des Verfahrens ist idR der Anspruchssteller. Der
ArbGeb oder der Unterhaltsverpflichtete des Anspruchsstellers ist idR als Dritter am Verfahren
beteiligt.

2. Die Auskunftspflichten stehen in Zusammenhang mit der Verpflichtung des SozV- 35
Trägers, den für die Verwaltungsentscheidung bedeutsamen Sachverhalt vAw zu ermitteln
(§ 20 Abs 1 Satz 1 SGB X). Da der SozVTräger vielfach nicht in der Lage ist, den Sachverhalt
ohne Hilfe der Beteiligten und Dritter in vollem Umfang aufzuklären, **sollen** die
Beteiligten im Interesse einer sachgerechten Entscheidung an der Aufklärung des Sachverhaltes
mitwirken (vgl KassKomm/*Mutschler* § 21 SGB X Rz 9). Sie sollen insbesondere
ihnen bekannte Tatsachen und Beweismittel angeben (§ 21 Abs 2 Satz 2 SGB X).

Eine weitergehende Pflicht der Beteiligten oder Dritten, bei der Ermittlung des Sach- 36
verhaltes mitzuwirken, insbesondere eine Pflicht zum persönlichen Erscheinen oder zur
Aussage, besteht nur, soweit dies durch **Rechtsvorschrift** besonders vorgesehen ist (§ 21
Abs 2 Satz 3 SGB X).

3. Allgemeine Rechtsvorschrift zur Auskunftsverpflichtung Dritter (idR der ArbGeb) 37
ist § 98 Abs 1 SGB X. Danach hat der ArbGeb auf Verlangen dem Leistungsträger oder der
zuständigen Einzugsstelle für die SozVBeiträge bzw dem prüfungsberechtigten Träger der RV
Auskunft wegen der **Erbringung von Sozialleistungen** (zB Rente, Krankengeld) und der
Entrichtung von Beiträgen zu erteilen. Anspruch des ArbGeb auf **Kostenerstattung**
besteht nicht.

76 Auskunftspflichten Arbeitgeber

38 **a) Wegen der Entrichtung von Beiträgen** hat der ArbGeb über alle Tatsachen Auskunft zu geben, die für die Erhebung der Beiträge notwendig sind (§ 98 Abs 1 Satz 2 SGB X). Der ArbGeb hat die Geschäftsbücher, Listen oder andere Unterlagen, aus denen die Angaben über die Beschäftigung hervorgehen, während der Betriebszeit den Leistungsträgern oder der zuständigen Einzugsstelle in deren oder in seinen eigenen Geschäftsräumen zur Einsicht vorzulegen. Die Herausgabe der Unterlagen kann nicht verlangt werden, allerdings ist das Anfertigen von Ablichtungen zulässig. Soweit der ArbGeb die Unterlagen zur Einsicht vorzulegen hat, wird durch die Ablichtung dieser Unterlagen nicht in weitergehende Rechte des ArbGeb eingegriffen, vielmehr wird die Einzugsstelle vielfach erst durch das Anfertigen und die Mitnahme der Ablichtungen in Stand gesetzt, die Unterlagen sachgerecht zu überprüfen. Von der unbefugten Weitergabe der Daten durch die Einzugsstelle ist der ArbGeb (und der ArbN) durch die Geheimhaltungspflichten nach § 35 SGB I geschützt (vgl *Datenschutz* Rz 47 ff).

39 **b) Wegen der Erbringung von Sozialleistungen** (§ 98 Abs 1 Satz 1 SGB X) erfasst die Auskunftspflicht Art, Umfang, Beginn/Ende der Beschäftigung, Beschäftigungsort und Höhe des Arbeitsentgelts, soweit diese Angaben für die Gewährung und Berechnung der konkreten Sozialleistung erforderlich sind. Das gilt auch hinsichtlich der notwendigen Daten für eine erst in der Zukunft fällig werdende Leistung, zB für die Erstellung eines Versicherungsverlaufes.

40 **4. Spezialgesetzliche Regelungen für die Bundesagentur für Arbeit. a) Allgemeine Auskunftspflicht Dritter.** In § 315 SGB III ist die allgemeine Auskunftspflicht Dritter gegenüber der Arbeitsverwaltung geregelt: Der Agentur für Arbeit hat auf Verlangen Auskunft zu erteilen, wer jemandem, der eine **laufende Geldleistung der Agentur für Arbeit** bezieht, Leistungen erbringt, die geeignet sind, die laufende Geldleistung zu mindern oder auszuschließen. Gleiches gilt, wenn der Dritte dem Bezieher laufender Leistungen der Arbeitsverwaltung zu Leistungen verpflichtet ist bzw für diesen Guthaben führt oder Vermögensgegenstände verwahrt (§ 315 Abs 2 SGB III). Zur Auskunft, insbesondere über das Arbeitsentgelt, ist auch verpflichtet, wer jemanden **beschäftigt,** der die genannten laufenden Leistungen beantragt hat oder bezieht. Das gilt auch hinsichtlich der Beschäftigung von Ehegatten dieser Personen und der Beschäftigung von ArbN, die diesen Personen zu Leistungen (idR Unterhalt) verpflichtet sind (§ 315 Abs 3 SGB III).

41 Sind im Rahmen einer Bedürftigkeitsprüfung Einkommen oder Vermögen des **Ehegatten, Lebenspartners oder des Partners einer eheähnlichen Gemeinschaft** zu berücksichtigen, haben dieser Ehegatte oder Partner sowie Dritte, die für diesen Ehegatten oder Partner Guthaben führen oder Vermögensgegenstände verwahren, der Arbeitsverwaltung auf Verlangen hierüber Auskunft zu erteilen, soweit es zur Durchführung des SGB III erforderlich ist (§ 315 Abs 5 SGB III).

42 Soweit der Dritte Auskunft über die Führung von Guthaben oder die Verwahrung von Vermögensgegenständen zu erteilen hat, besteht ein **Entschädigungsanspruch** entsprechend § 21 Abs 3 Satz 4 SGB X. Im Übrigen haben die Auskunftsverpflichteten keinen Aufwendungsersatzanspruch.

43 **b) Auskunftspflicht bei Leistungen von Insolvenzgeld.** Der ArbGeb, der Insolvenzverwalter, die ArbN sowie sonstige Personen, die Einblick in die Arbeitsentgeltunterlagen hatten, sind verpflichtet, der Arbeitsverwaltung auf Verlangen alle Auskünfte zu erteilen, die für die Gewährung des Insolvenzgeldes erforderlich sind (§ 316 SGB III).

44 **c) Auskunftspflicht bei beruflicher Aus- oder Weiterbildung oder beruflicher Eingliederung Behinderter.** ArbGeb und Träger, bei denen eine berufliche Aus- und Weiterbildung **oder** eine Maßnahme zur beruflichen Eingliederung Behinderter durchgeführt wurde oder wird, haben der Arbeitsverwaltung unverzüglich Auskünfte über Tatsachen zu erteilen, die Aufschluss darüber geben, ob und inwieweit Leistungen zu Recht erbracht worden sind oder werden (§ 318 SGB III). Sie haben **Änderungen,** die für die Leistungen erheblich sind, unverzüglich und ohne Aufforderung der Agentur für Arbeit **mitzuteilen.** Zu den Auskunftspflichten der ArbGeb, wenn diese selbst Leistungen der Arbeitsförderung nach dem SGB III erhalten vgl *Hoehl/Grimmke* SGB III – Leistungen an Arbeitgeber nach den Hartz-Reformen, NZS 04, 345.

45 **d) Umfang der Auskunftspflicht.** Wer jemanden, der eine laufende Geldleistung beantragt hat, bezieht oder bezogen hat, beschäftigt oder mit Arbeiten beauftragt hat, hat der

Arbeitsverwaltung auf Verlangen Einsicht in Geschäftsbücher, Geschäftsunterlagen und Belege sowie in Listen, Entgeltverzeichnisse und Entgeltbelege für Heimarbeiter zu gewähren, soweit es zur Durchführung der Aufgaben nach dem SGB III erforderlich ist (§ 319 SGB III).

e) **Die Verletzung der Auskunftspflicht** gegenüber der Arbeitsverwaltung ist ordnungswidrig und kann mit Geldbuße geahndet werden, soweit der Auskunftsverpflichtete vorsätzlich oder fahrlässig handelt (§ 404 SGB III). 46

5. Spezialgesetzlich geregelte Auskunftspflichten sind für die **gesetzliche Unfallversicherung** in §§ 165, 166 SGB VII (Lohn- und Entgeltnachweise zur Beitragsberechnung) und § 192 Abs 3 SGB VII (Auskünfte, die zur Erfüllung der gesetzlichen Aufgaben der UV notwendig sind) normiert. Die Beitragsüberwachung erfolgt grds durch die RV-Träger im Auftrag der UV im Rahmen der Prüfung nach § 28p SGB IV. Die Verletzung der Auskunftspflicht gegenüber der BG ist ordnungswidrig und kann mit Geldbuße geahndet werden, soweit der Auskunftsverpflichtete vorsätzlich oder fahrlässig handelt (§ 209 Abs 1 Nr 8 SGB VII). 47

6. Elterngeld. Den ArbGeb treffen im Rahmen des Nachweises der Anspruchsvoraussetzungen für das Elterngeld durch den ArbN die in § 9 BEEG geregelten Auskunfts- und Nachweispflichten. Danach hat der ArbGeb dem ArbN das Arbeitsentgelt, die abgezogene LSt, den ArbNAnteil der SozVBeiträge sowie die Arbeitszeit zu bescheinigen. Die Verpflichtung entsteht durch ein darauf gerichtetes Verlangen des Beschäftigten. Sie ist ggf auch vom ehemaligen ArbGeb zu erfüllen. Die Richtigkeit und Vollständigkeit der vom ArbGeb zu machenden Angaben sind nach § 14 BEEG bußgeldbewehrt. 48

7. Ein Auskunftsverweigerungsrecht haben Beteiligte oder Dritte auf Fragen, deren Beantwortung sie selbst oder eine ihnen nahe stehende Person (§ 383 Abs 1 Nr 1–3 ZPO) der Gefahr aussetzen würde, wegen einer Straftat oder wegen einer Ordnungswidrigkeit verfolgt zu werden (§ 98 Abs 2 Satz 2 SGB X). Nur soweit es um die Erbringung von Sozialleistungen geht – also noch bezüglich der Entrichtung von Beiträgen – gilt daneben § 65 Abs 1 SGB X entsprechend (vgl *Auskunftspflichten Arbeitnehmer* Rz 41 ff). 49

8. Ordnungswidrig nach allgemeinen Vorschriften handelt, wer vorsätzlich oder leichtfertig der Auskunfts- oder Vorlagepflicht nicht, nicht richtig, nicht vollständig oder nicht rechtzeitig nachkommt. Die Ordnungswidrigkeit kann mit einer Geldbuße geahndet werden (§ 98 Abs 5 SGB X). 50

Auskunftspflichten Arbeitnehmer

A. Arbeitsrecht

Kreitner

Übersicht

	Rz		Rz
I. Allgemeines	1	b) Gesundheitszustand	15–17
II. Auskunftspflichten im Einstellungsgespräch	2–30	c) Gewerkschaftszugehörigkeit	18
		d) Kur	19
1. Offenbarungspflicht des Arbeitnehmers	4–12	e) Lohn-/Gehaltspfändungen	20
		f) Religions- und Parteizugehörigkeit	21
a) Geschlechtsumwandlung	5		
b) Haftstrafe	6	g) Schwangerschaft	22
c) Krankheit	7	h) Schwerbehinderung	23, 24
d) Kur	8	i) Sicherheitsüberprüfungen	25
e) Schwangerschaft	9	j) Vergütung	26
f) Schwerbehinderung	10	k) Vermögensverhältnisse	27
g) Vorstrafen	11	l) Vorstrafen	28
h) Wettbewerbsverbote	12	3. Rechtsfolgen	29, 30
2. Fragerecht des Arbeitgebers	13–30	III. Sonstige Auskunftspflichten des Arbeitnehmers	31–34
a) Beruflicher Werdegang	14		

I. Allgemeines. Auskunftspflichten treffen den ArbN insbesondere im Rahmen der Verhandlungen um den Abschluss des Arbeitsvertrages. Daneben existieren weitere einzelne 1

77 Auskunftspflichten Arbeitnehmer

Auskunftspflichten des ArbN sowohl im bestehenden Arbeitsverhältnis als auch nach dessen Beendigung. Wegen der weitergehenden Anzeigepflichten des Arbeitnehmers wird auf die dortigen Ausführungen verwiesen (*Anzeigepflichten Arbeitnehmer* Rz 1 ff).

2   **II. Auskunftspflichten im Einstellungsgespräch** stellen das Ergebnis einer Abwägung des ArbGebInteresses an einer möglichst umfassenden Information über den Bewerber und des Persönlichkeitsrechts des Bewerbers dar.

3   Dabei ist zwischen dem **Fragerecht des Arbeitgebers** einerseits und der allgemeinen **Offenbarungspflicht des Arbeitnehmers** auch ohne entsprechende Frage des ArbGeb andererseits zu differenzieren.

4   **1. Offenbarungspflicht des Arbeitnehmers.** Nach der ständigen Rspr des BAG ist Voraussetzung für eine selbstständige Auskunftspflicht des ArbN, dass die fraglichen Umstände dem ArbN die Erfüllung der arbeitsvertraglichen Leistungspflicht unmöglich machen oder jedenfalls sonst für den in Betracht kommenden Arbeitsplatz von ausschlaggebender Bedeutung sind (BAG 21.2.91, DB 91, 1934 mwN aus der Rspr). Danach unterliegt die Offenbarungspflicht des ArbN engeren Grenzen als das Fragerecht des ArbGeb. Folgende beispielhafte **Einzelfälle aus der Rechtsprechung** sind zu erwähnen:

5   a) **Geschlechtsumwandlung.** Transsexuelle Personen, deren Geschlechtsumwandlung noch nicht erfolgt ist, sind nicht verpflichtet, von sich aus ihr wahres Geschlecht zu offenbaren. Dies ergibt sich aus dem Schutzzweck des Transsexuellengesetzes. Allerdings kann je nach Art der Tätigkeit eine Anfechtung des ArbGeb wegen Irrtums über eine verkehrswesentliche Eigenschaft des ArbN gem § 119 Abs 2 BGB in Betracht kommen (BAG 21.2.91, DB 91, 1934: Arzthelferin).

6   b) **Haftstrafe.** Muss der ArbN demnächst eine Haftstrafe antreten und ist er aus diesem Grund am ordnungsgemäßen Dienstantritt voraussichtlich gehindert, so muss er dies unabhängig vom Grund der Haftstrafe offenbaren.

7   c) **Krankheit.** Eine allgemeine Auskunftspflicht über ausgeheilte oder akute Erkrankungen besteht nicht. Auch eine lediglich latente Gesundheitsgefährdung ist nicht offenbarungspflichtig (LAG Bln 6.7.73, BB 74, 510). Mitzuteilen sind nur solche Erkrankungen, die den ArbN wegen der Ansteckungsgefahr oder der Schwere der Erkrankung an der Erbringung der Arbeitsleistung dauerhaft hindern (BAG 7.2.64, DB 64, 555; LAG Frankfurt 13.10.72, DB 72, 2359). Dies ist zB bei einer AIDS-Erkrankung regelmäßig der Fall. Bei der bloßen AIDS-Infektion kommt es dagegen auf die Art der Tätigkeit an. Zu bejahen ist eine Offenbarungspflicht zB auch bei einem alkoholabhängigen Kraftfahrer (ArbG Kiel 21.1.82, BB 82, 804).

8   d) **Kur.** Befindet sich der ArbN zum Zeitpunkt des voraussichtlichen Dienstantritts in Kur, so muss er dies mitteilen. Dies gilt insbesondere bei Abschluss eines befristeten Arbeitsverhältnisses (LAG Bln 18.4.78, BB 79, 1145 [LS]).

9   e) **Schwangerschaft.** Eine Mitteilungspflicht bezüglich einer bestehenden Schwangerschaft existiert nicht. Das gilt selbst bei einer befristeten Einstellung als Schwangerschaftsvertretung (LAG Köln 11.10.12 – 6 Sa 641/12). Früher von der nationalen Rspr für den Sonderfall der fehlenden Leistungsfähigkeit angenommene Ausnahmetatbestände kommen nach der grundlegenden Änderung der Rspr des BAG zum Fragerecht nicht mehr zum Tragen (BAG 6.2.03 – 2 AZR 621/01, NZA 03, 848; Näheres s unten Rz 22).

10   f) **Schwerbehinderung.** Es besteht keine generelle Offenbarungspflicht, es sei denn der ArbN vermag aufgrund seiner Behinderung die vertraglich geschuldete Tätigkeit nicht zu leisten (BAG 1.8.85 – 2 AZR 101/83, NZA 86, 635; *Joussen* NZA 07, 174). Dies gilt auch hinsichtlich des noch laufenden Bezugs einer befristeten Erwerbsunfähigkeitsrente, sofern der ArbN die ihm übertragenen Aufgaben ohne weiteres erfüllen kann (LAG Düsseldorf 6.3.91, NZA 91, 674). Demgegenüber muss der ArbN den ArbGeb informieren, wenn eine mitgeteilte Schwerbehinderteneigenschaft nicht mehr besteht (*Grimm/Baron* DB 2000, 570).

11   g) **Vorstrafen** sind grds nicht ungefragt zu offenbaren. Der ArbGeb hat es in der Hand, diese im zulässigen Umfang (dazu unten Rz 28) zu erfragen, wenn er dem Bedeutung beimisst. Demgemäß muss der ArbN auch ein anhängiges, noch nicht abgeschlossenes Ermittlungs- bzw Strafverfahren nicht von sich aus offenbaren (ArbG Münster 20.11.92, NZA 93, 461; 28.7.88, DB 88, 2209). Etwas anderes gilt auch hier nur in dem Fall, dass sich

Auskunftspflichten Arbeitnehmer 77

aufgrund der Vorstrafe die generelle Ungeeignetheit des ArbN für die Tätigkeit ergibt (zB wegen Sittlichkeitsdelikt vorbestrafter Erzieher).

h) Wettbewerbsverbote. Auf bestehende einschlägige Wettbewerbsverbote muss der ArbN von sich aus hinweisen. Dies ergibt sich aus der uU erheblichen Beeinträchtigung der geschuldeten Arbeitsleistung. **12**

2. Fragerecht des Arbeitgebers. Genereller Ausgangspunkt für das Fragerecht des ArbGeb ist das Bestehen eines berechtigten, billigenswerten und schutzwürdigen Interesses an der Beantwortung einer bestimmten Frage (BAG 11.11.93 – 2 AZR 467/93, NZA 94, 407). Abzuwägen sind regelmäßig das betriebliche Interesse des ArbGeb und das Persönlichkeitsrecht des ArbN (BAG 13.6.02 – 2 AZR 234/01, NZA 03, 265; allgemein *Hunold* DB 93, 224; *Kaehler* ZfA 06, 519; zu sog Background Checks von Bewerbern zuletzt *Hohenstatt/Stamer/Hinrichs* NZA 06, 1065; zu sog psychologischen Eignungstests *Franzen* NZA 13, 1). In datenschutzrechtlicher Hinsicht gilt gem § 32 BDSG der Grundsatz der Erforderlichkeit. **13**

Aus der umfangreichen **Rechtsprechung** sind folgende praxisrelevanten **Einzelfälle** beispielhaft zu anzuführen:

a) Beruflicher Werdegang. Fragen nach dem bisherigen beruflichen Werdegang und der konkreten Erwartung des ArbN hinsichtlich des neuen Arbeitsplatzes und seiner beruflichen Entwicklung sind unbedenklich (*Richardi* NZA 88, 73). Auch die Absicht, eine frühere Entziehungstherapie zu verheimlichen, um die Bewerbungschancen zu verbessern, entbindet den ArbN nicht von der Verpflichtung zu vollständigen Angaben über Art und Dauer der Vorbeschäftigung (LAG Köln 13.11.95, NZA-RR 96, 403). **14**

b) Gesundheitszustand. Fragen nach gesundheitlichen Beeinträchtigungen des ArbN sind nur insoweit zulässig, wie sie die Einsatzfähigkeit des ArbN auf dem vorgesehenen Arbeitsplatz betreffen. Dabei kann regelmäßig nach akuten Erkrankungen gefragt werden. Fragen nach häufig wiederkehrenden, chronischen Erkrankungen können evtl behinderungsrelevant und damit unzulässig sein (vgl EuGH 11.7.06 – C-13/05, NZA 06, 839 – Navas). **15**

Ein besonderes Problem stellt das Fragerecht des ArbGeb bezüglich **AIDS** dar. Richtigerweise sollte man mit der wohl hM (*Richardi* NZA 88, 73; *Löwisch* DB 87, 936; *Heilmann* BB 89, 1413) folgende Differenzierung treffen: Uneingeschränkt zulässig ist die Frage nach dem Vorliegen einer AIDS-**Erkrankung,** da aufgrund der Schwere der Erkrankung unmittelbare Auswirkungen auf die Leistungsfähigkeit des ArbN zu befürchten sind. Bei der Frage nach einer AIDS-**Infektion** muss wie in anderen Fällen von Gesundheitsbeeinträchtigungen nach den Auswirkungen auf die geschuldete Tätigkeit unterschieden werden. Demnach besteht ein Fragerecht zB bei sämtlichen Heilberufen wegen des Blutkontakts, bei Floristen (BAG 16.2.89, DB 89, 2382), mangels Infektionsgefahr jedoch zB nicht bei Küchenpersonal (*Lichtenberg/Schücking* NZA 90, 41; aA *Keller* NZA 88, 561). **16**

Genetische Veranlagungen des ArbN (Stichwort: Genomanalyse) sollten wegen des hierdurch bedingten erheblichen Eingriffs in das Persönlichkeitsrecht des ArbN vom Fragerecht des ArbGeb grds ausgenommen bleiben (*Wiese* RdA 88, 217). **17**

c) Gewerkschaftszugehörigkeit darf nach hM bei der Einstellung vom ArbGeb nicht abgefragt werden (BAG 28.3.2000 – 1 ABR 16/99, NZA 2000, 1294). Anders ist dies aber im laufenden Arbeitsverhältnis (*Preis/Greiner* NZA 07, 1073; *Schönhöft/Haug* BB 11, 821; *Meyer* BB 11, 2362; aA wohl BAG 14.6.89 – 4 AZR 200/89, AP Nr 16 zu § 4 TVG Tarifkonkurrenz). Die Gewerkschaftszugehörigkeit stellt keine Weltanschauung iSv § 1 AGG dar (aA wohl *Wisskirchen/Bissels* NZA 07, 169). **18**

d) Kur. Nach einer bereits bewilligten bzw konkret in Aussicht genommenen Kur, die den ArbN am vereinbarten Dienstantritt hindert, darf gefragt werden. **19**

e) Lohn-/Gehaltspfändungen. Die Berechtigung dieser Frage ist streitig. Wegen des hiermit verbundenen, je nach Umfang der Pfändungen erheblichen zusätzlichen Arbeitsaufwandes für den ArbGeb ist ein berechtigtes Interesse des ArbGeb zu bejahen, so dass die Frage zugelassen werden sollte (RGKU/*Joussen* § 611 BGB Rz 94). **20**

f) Religions- und Parteizugehörigkeit unterliegen grds nicht dem Fragerecht des ArbGeb. Ausnahmen gelten bei konfessionellen oder parteipolitischen Institutionen (§ 9 AGG). Bei einer Einstellung im öffentlichen Dienst ist die Frage nach früherer MfS-Tätigkeit grds erlaubt. Sie ist lediglich in zeitlicher Hinsicht nach § 242 BGB insoweit beschränkt, als Tätigkeiten, die vor dem Jahr 1970 abgeschlossen waren, nur in besonders schwerwiegenden **21**

Fällen vom ArbN angegeben werden müssen (BAG 28.5.98 – 2 AZR 549/97, NZA 98, 1052; 6.7.2000 – 2 AZR 543/99, NZA 01, 317). Auch außerhalb des öffentlichen Dienstes kann die Frage zulässig sein. Entscheidend ist insoweit eine Abwägung zwischen betrieblichem Interesse des ArbGeb und Persönlichkeitsrecht des ArbN (BAG 13.6.02 – 2 AZR 234/01, NZA 03, 265). Die Frage nach einer Scientology-Mitgliedschaft wird jedenfalls bei ArbN in Vertrauensstellungen für zulässig erachtet (*Bauer/Baeck/Merten* DB 97, 2534; aA ArbG München 24.10.2000 – 21 Ca 13754/99, NZA-RR 01, 296), ist aber wegen des Merkmals der Weltanschauung in § 1 AGG bedenklich (vgl ErfK-*Schlachter* § 1 AGG Rz 9).

22   **g) Schwangerschaft.** Das Fragerecht bezüglich der Schwangerschaft war in der Vergangenheit als solches, zumindest aber hinsichtlich seines Umfangs umstritten (Einzelheiten s Personalbuch 2003 Auskunftspflichten Arbeitnehmer Rz 22 f). Diese Rechtsunsicherheit hat das BAG beendet (BAG 6.2.03 – 2 AZR 621/01, NZA 03, 848). Danach verstößt die Frage nach der Schwangerschaft vor der geplanten unbefristeten Einstellung einer Frau regelmäßig gegen §.611a BGB. Das BAG folgt mit dieser Entscheidung uneingeschränkt der Rspr des EuGH und verneint die Zulässigkeit der Frage selbst dann, wenn einer Beschäftigung der Frau von vornherein ein mutterschutzrechtliches Beschäftigungsverbot entgegensteht (BAG 6.2.03, NZA 03, 848; EuGH 3.2.2000 – Rs C-207/98 – Mahlberg NZA 2000, 255; 27.2.03 – Rs C-320/01 – Wiebke Busch NJW 03, 1107; kritisch *Löwisch/Fischer* SAE 04, 126). Dies folgt aus dem Umstand, dass es sich nur um ein vorübergehendes Leistungshindernis handelt, das hinter dem Schutzzweck der EG-Richtlinie 75/207/EWG zurücktritt. Selbst bei einer befristeten Beschäftigung ist die Frage unzulässig (LAG Köln 11.10.12 – 6 Sa 641/12, NZA-RR 13, 232: schwangere Schwangerschaftsvertretung). Damit verbleibt ein Fragerecht allenfalls bei kurzzeitigen Arbeitsverhältnissen soweit sie für ihre gesamte Dauer von einem Beschäftigungsverbot erfasst werden.

23   **h) Schwerbehinderung.** Nach der **früheren Rechtsprechung** des BAG war die Frage nach der Schwerbehinderteneigenschaft **uneingeschränkt zulässig** (BAG 7.6.84, DB 84, 2706; 11.11.93, DB 94, 939; differenzierend *Großmann* NZA 89, 702 und ArbG Siegburg 22.3.94, NZA 95, 943, die ein Fragerecht auf die behinderungsbedingten Funktionsbeeinträchtigungen beschränken wollen, Fragen nach der Behinderung als solcher oder der Schwerbehinderteneigenschaft aber als unzulässig ansehen). Den arbeitsplatzbezogenen Argumentationsansatz der Gegenansicht hat das BAG in einer Entscheidung vom 5.10.95 (– 2 AZR 923/94, NZA 96, 371; bestätigt durch Urt vom 3.12.98 – 2 AZR 754/97, NZA 99, 584) verworfen. Dabei hat der 2. Senat jedoch zwischen der uneingeschränkt zulässigen Frage nach der Schwerbehinderteneigenschaft und der Frage nach dem Bestehen einer Behinderung unterschieden. Letztere soll nur dann zulässig sein, wenn die Behinderung erfahrungsgemäß die Eignung des Stellenbewerbers für die vorgesehene Tätigkeit beeinträchtigt.

24   Seit Inkrafttreten der EG-Gleichbehandlungsrichtlinie (2000/78/EG) vom 27.11.2000 (ABl EG Nr L 303, 21) und deren Umsetzung zunächst in § 81 Abs 2 SGB IX und sodann in § 1 AGG hat sich im Schrifttum erneut die **Kritik** an der Rspr des BAG verstärkt (vgl *Thüsing/Lambrich* BB 02, 1146; *Messingschlager* NZA 03, 301; *Brors* DB 03, 1734; *Joussen* NJW 03, 2857; *Schieck* NZA 04, 881; *Kaehler* ZfA 06, 519). Insbesondere vor dem Hintergrund der geänderten neueren Rspr zur Schwangerschaftsfrage (s oben Rz 22) ist eine Abgleichung der Diskriminierungsargumentation jedenfalls bezogen auf die EG-Richtlinie angezeigt. Das BAG hat die Frage in der Folgezeit zunächst offen gelassen (BAG 7.7.11 – 2 AZR 396/10, NZA 12, 34; vgl *Maties* RdA 13, 115). **Nunmehr** hat es die Zulässigkeit der Frage jedenfalls nach Ablauf der 6-Monatsfrist des § 90 Abs 1 Nr 1 SGB IX zur Vorbereitung einer Kündigung bejaht (BAG 16.2.12 – 6 AZR 553/10, NZA 12, 555; vgl *Giesen* RdA 13, 47; *Rolfs/Feldhaus* SAE 13, 85; *Glatzel* NZA-RR 12, 404). Aussagen zum Fragerecht in den ersten sechs Monaten oder gegenüber Bewerbern trifft das BAG nicht. Richtigerweise ist insoweit von der grds Unzulässigkeit der Frage auszugehen. Unabhängig davon kann wegen der konkreten Anforderungen des zu besetzenden Arbeitsplatzes einem besonderen Informationsbedürfnis durch zulässige Fragen nach der Erfüllung arbeitsplatzbezogener Anforderungsprofile Rechnung getragen werden (LAG Hamm 19.10.06 – 15 Sa 740/06; *Löwisch/Fischer* SAE 04, 126; *Hanau* ZIP 06, 2189). Das Gleiche kann bei beabsichtigten positiven Maßnahmen des ArbGeb iSv § 5 AGG gelten (*Joussen* NZA 07, 174). Diese Fragen sind im Eigeninteresse des ArbGeb diskriminierungsfrei zu formulieren (ähnlich *Brors* DB 03, 1734; *Seel* MDR 06, 1321).

Auskunftspflichten Arbeitnehmer

i) Sicherheitsüberprüfungen sind im öffentlichen Dienst nach der Rspr grds auch unter Einschaltung des Verfassungsschutzes zulässig (BAG 17.5.83, DB 84, 139). Gleiches gilt in privaten Unternehmen soweit sicherheitsempfindliche Bereiche betroffen sind (vgl *Buchner* NZA 91, 577). Wegen des individuellen Rechts auf informationelle Selbstbestimmung bedarf jedoch die Weitergabe der so ermittelten Daten an staatliche Institutionen zwecks weiterer Überprüfung der vorherigen Zustimmung des ArbN.

j) Vergütung. Ob der ArbGeb nach der Höhe der bisherigen Vergütung des ArbN fragen darf, ist umstritten. ZT wird dies mit der Begründung abgelehnt, hierdurch werde uU die Verhandlungsposition des ArbN geschwächt. Das BAG differenziert nach der Relevanz der Frage für die angestrebte Tätigkeit. Nur wenn der bisherige Vergütung für die begehrte Stelle aussagekräftig ist oder der Bewerber sie von sich aus als Mindestvergütung gefordert hat, soll die Frage berechtigt sein (BAG 19.5.83, DB 84, 298).

k) Vermögensverhältnisse. Insoweit ist nach der Art der Tätigkeit zu unterscheiden. Bei leitenden Angestellten oder sonstigen ArbN in besonderen Vertrauenspositionen besteht ein berechtigtes Informationsinteresse des ArbGeb. Bei sonstigen Arbeitsverhältnissen ist die Frage unzulässig.

l) Vorstrafen. Die Frage nach Vorstrafen ist ebenfalls nur in beschränktem Maße zulässig (*Linnenkohl* ArbuR 83, 129). Der ArbGeb darf nach Vorstrafen nur insoweit fragen, wie dies für die Art des zu besetzenden Arbeitsplatzes von Bedeutung ist (BAG 18.9.87, BB 88, 632; 21.2.91, DB 91, 1934; 20.5.99 – 2 AZR 320/98, NZA 99, 975), zB nach Vermögensdelikten bei Kassierern oder Verkehrsdelikten bei Kraftfahrern. Vorstrafen, die gem § 30 BZRG nicht in ein polizeiliches Führungszeugnis aufzunehmen sind oder für die gem § 51 BZRG ein Verwertungsverbot besteht, brauchen generell nicht offenbart zu werden (BAG 21.2.91, DB 91, 1934). Das Gleiche gilt für eingestellte strafrechtliche Ermittlungsverfahren (BAG 15.11.12 – 6 AZR 339/11, NZA 13, 429). Die Frage nach einem noch nicht abgeschlossenen Ermittlungs- bzw Strafverfahren ist demgegenüber dann berechtigt, wenn bereits ein Ermittlungsverfahren Zweifel an der persönlichen Eignung des ArbN entstehen lassen kann (BAG 6.9.12 – 2 AZR 270/11, NZA 13, 1089; 20.5.99 – 2 AZR 320/98, NZA 99, 975: Kindergärtner mit Ermittlungsverfahren wegen sexuellen Missbrauchs von Kindergartenkindern im vorangegangenen Arbeitsverhältnis; BAG 27.7.05 – 7 AZR 508/04, NZA 05, 1244: wissenschaftliche Mitarbeiterin am Lehrstuhl für Strafrecht mit anhängigem Strafverfahren wegen falscher Versicherung an Eides statt nach § 156 StGB).

3. Rechtsfolgen. Teilt der ArbN beim Einstellungsgespräch einen offenbarungspflichtigen Umstand nicht von sich aus mit oder beantwortet er eine zulässige Frage des ArbGeb wahrheitswidrig, so berechtigt dies den ArbGeb regelmäßig zur Anfechtung des Arbeitsvertrages gem § 123 BGB wegen arglistiger Täuschung, wenn die Täuschung für dessen Abschluss ursächlich war (BAG 6.9.12 – 2 AZR 270/11, NZA 13, 1087). Die Anfechtung hat gem § 142 BGB die rückwirkende Nichtigkeit des Arbeitsvertrages zur Folge (BAG 3.12.98 – 2 AZR 754/97, NZA 99, 584), es sei denn, die wahrheitswidrige Beantwortung ist offensichtlich und es fehlt daher an der Täuschung des ArbGeb (BAG 18.10.2000 – 2 AZR 380/99, NZA 01, 315: offensichtliche Schwerbehinderung). Einzelne Vertragsbestandteile, wie zB die Gehaltsvereinbarung, die aufgrund einer wahrheitswidrigen Angabe des bisherigen Verdienstes des ArbN zustande gekommen ist, können nicht isoliert angefochten werden (LAG Düsseldorf 29.4.66, DB 66, 1137). Demgegenüber darf der ArbN unzulässige Fragen wahrheitswidrig beantworten, da die bloße Nichtbeantwortung der Frage einer Negativauskunft gleichkäme und das Frageziel damit gleichwohl erreicht würde (BAG 15.11.12 – 6 AZR 339/11, NZA 13, 429). Das gilt auch für Fragen, die ein Merkmal des § 1 AGG betreffen (*Wisskirchen/Bissels* NZA 07, 169). Die fehlende Zustimmung des BRat zu Personalfragebögen nach § 94 BetrVG gibt dem ArbN kein Recht zur wahrheitswidrigen Beantwortung einer an sich zulässigen Frage (BAG 2.12.99 – 2 AZR 724/98, NZA 01, 107; Näheres s *Personalauswahl* Rz 25).

Im Übrigen kann eine **Überschreitung der Grenzen** des Fragerechts wegen der damit uU verbundenen Persönlichkeitsrechtsverletzung des ArbN zu einer Schadensersatzpflicht des ArbGeb gem §§ 280, 311 Abs 2 oder § 823 BGB führen. In der Praxis dürfte dieser Anspruch jedoch bereits mangels Quantifizierbarkeit des Schadens von nur geringer Bedeutung sein.

31 **III. Sonstige Auskunftspflichten des Arbeitnehmers** bestehen gem § 242 BGB immer dann, wenn der ArbGeb in entschuldbarer Weise über Bestehen oder Umfang seines Rechts im Ungewissen und der ArbN unschwer zur Auskunftserteilung in der Lage ist (BAG 18.1.96, DB 96, 2182). Insbesondere ergeben sich derartige Auskunftspflichten bei den verschiedenen Anwendungsfällen der *Anrechnung anderweitigen Einkommens*. So trifft den ArbN zB im Rahmen der Geltendmachung eines Annahmeverzugsanspruchs eine Auskunftspflicht hinsichtlich des erzielten Zwischenverdienstes (s *Annahmeverzug* Rz 16). Der ArbGeb hat insoweit einen selbstständig einklagbaren Auskunftsanspruch (BAG 29.7.93 – 2 AZR 110/93, NZA 94, 116; 24.8.99 – 9 AZR 804/98, NZA 2000, 818). Gleiches gilt nach § 74c Abs 2 HGB für die Einkünfte aus einer selbstständigen Tätigkeit während der Karenzzeit eines Wettbewerbsverbots (BAG 2.6.87, DB 88, 238; Näheres s *Wettbewerbsverbot* Rz 41). Zu beachten ist insoweit allerdings, dass sich die Auskunftspflicht des ArbN **nur auf die Höhe** der Einkünfte erstreckt. Zuvor ist es Aufgabe des ArbGeb darzulegen und im Bestreitensfall zu beweisen, dass überhaupt derartige Einkünfte erzielt werden (BAG 19.7.78, DB 78, 2417; LAG Bln 3.8.83, BB 84, 1097; weitergehend *Klein* NZA 98, 1208). In Ausnahmefällen kann ein Auskunftsanspruch des ArbGeb gegen den ArbN zur **Vorbereitung von Schadensersatzansprüchen** bestehen, wenn der begründete, vom ArbGeb darzulegende und zu beweisende Verdacht einer Vertragsverletzung bzw unerlaubten Handlung besteht (LAG Bln 15.6.92, NZA 93, 27).

32 Demgegenüber besteht keine allgemeine Auskunftspflicht des ArbN gegenüber dem **Insolvenzverwalter** seines ehemaligen ArbGeb über die finanziellen Verhältnisse des Unternehmens. Dem Insolvenzverwalter steht insoweit lediglich der Auskunftsanspruch gem § 97 InsO gegenüber dem ehemaligen ArbGeb zur Verfügung (BAG 27.6.90, DB 90, 2075). Bei **Vergleichserörterungen im Kündigungsschutzprozess** muss der ArbN nicht von sich aus die Tatsache einer Anschlussbeschäftigung offenbaren. Eine Frage des Gerichts oder des ArbGeb muss er jedoch wahrheitsgemäß beantworten (LAG Hamm 19.5.94, BB 95, 2117 mit zustimmender Anm von *Liebscher*).

33 Im Übrigen lassen sich die oben dargestellten Rechtsgrundsätze bezüglich des Fragerechts bei Einstellungen nicht ohne weiteres auf das bestehende Arbeitsverhältnis übertragen, da sich die Interessen – und Gefahrenlage oftmals anders darstellen wird (BAG 7.9.95, DB 96, 634). **Existenz und Umfang** einer möglichen Auskunftspflicht als Nebenpflicht des ArbN **im bestehenden Arbeitsverhältnis** richtet sich nach den Grundsätzen von Treu und Glauben. Das BAG hat in der vorgenannten Entscheidung vom 7.9.95, bei der es um die Befragung einer Lehrerin bezüglich einer Zusammenarbeit mit dem MfS ging, folgende **Rechtmäßigkeitsvoraussetzungen** benannt:

34 Voraussetzung ist wie beim Fragerecht bei Einstellungen ein berechtigtes, billigenswertes und schutzwürdiges Interesse der ArbGeb an der Beantwortung der Frage, das gerade im Zusammenhang mit dem bestehenden Arbeitsverhältnis vorliegen muss. Die Auskunftsverpflichtung darf darüber hinaus für den ArbN keine übermäßige Belastung darstellen. Hieraus folgt, dass andere Informationsquellen für den ArbGeb nicht vorhanden sein dürfen und bei einem Eingriff in das allgemeine Persönlichkeitsrecht des ArbN eine am Grundsatz der Verhältnismäßigkeit orientierte Güterabwägung stattfinden muss. Schließlich darf durch eine mögliche Auskunftspflicht des ArbN nicht die allgemeine Darlegungs- und Beweislastsituation (zB § 1 Abs 2 Satz 4 KSchG bei beabsichtigter Kündigung) beeinflusst werden. Auf diesem Hintergrund hat das BAG hier eine Auskunftspflicht des ArbN grds bejaht. Lediglich die Frage nach erfolglosen Anwerbungsversuchen des MfS hat es wegen des fehlenden Bezugs zur geschuldeten Arbeitsleistung für unberechtigt angesehen (BAG 7.9.95, DB 96, 634).

B. Lohnsteuerrecht
Seidel

36 **1. Allgemeines.** S auch *Auskunftspflichten Arbeitgeber* Rz 26 ff. Neben der Auskunftspflicht des ArbN gegenüber dem FA (s unten Rz 37–39) kommt hier noch eine steuerrechtlich zu beachtende Auskunftspflicht gegenüber dem ArbGeb in Betracht (s unten Rz 40).

37 **2. (Lohnsteuer-)Außenprüfung.** Zu den Auskunfts- und Mitwirkungspflichten des ArbN s *Lohnsteueraußenprüfung* Rz 10. Der Prüfer kann sich unmittelbar an die ArbN wenden. Die Subsidiaritätsklausel des § 93 Abs 1 Satz 3 AO (s unten Rz 38) gilt hier wegen § 42 f Abs 2 Satz 2 EStG nicht (s *HHS* § 200 AO Rz 180).

Auskunftspflichten Arbeitnehmer

3. Einzelermittlungen s auch *Auskunftspflichten Arbeitgeber* Rz 28, 29. Der ArbN ist als Beteiligter in seinem EStVeranlagungsverfahren (s auch *Antragsveranlagung* Rz 3 ff) gem § 93 Abs 1 Satz 1 AO zur Auskunft über den für die Veranlagung erheblichen Sachverhalt verpflichtet. Soweit der ArbGeb die einbehaltene und übernommene LSt anmeldet und abführt, handelt es sich um eine Steuerfestsetzung gegenüber dem ArbGeb. In diesem Verfahren ist der ArbN nicht als Beteiligter iSd § 78 AO anzusehen, mit der Folge, dass er hier vom FA als Auskunftsperson erst dann herangezogen werden kann, wenn die Sachverhaltsaufklärung durch den ArbGeb nicht zum Ziele führt oder keinen Erfolg verspricht (§ 93 Abs 1 Satz 3 AO: Subsidiaritätsklausel). Für den in der Praxis häufigsten Fall der Auskunft im LStAbzugsverfahren, der LStAußenprüfung, ist die Auskunftspflicht des ArbN gesondert geregelt (s oben Rz 37). Will das FA jedoch LSt vom ArbN nachfordern (s *Lohnsteuernachforderung* Rz 3–14), ist dieser gem § 78 AO Beteiligter und uneingeschränkt auskunftspflichtig. Zu Form und Inhalt des Auskunftsersuchens s *Auskunftspflichten Arbeitgeber* Rz 29 f.

4. Auskunftsverweigerung. Soweit der ArbN nicht selbst als Beteiligter über seine eigenen steuerlichen Verhältnisse oder für einen Beteiligten (zB für den ArbGeb) auskunftspflichtig ist, kann er als Angehöriger (§ 15 AO) des Beteiligten die Auskunft verweigern. Angehörige sind hierüber zu belehren (§ 101 Abs 1 AO). Ist er weder Beteiligter noch für einen Beteiligten auskunftspflichtig, kann er die Auskunft auf solche Fragen verweigern, deren Beantwortung ihn selbst oder einen Angehörigen der Gefahr strafgerichtlicher Verfolgung oder eines Verfahrens nach dem Gesetz über Ordnungswidrigkeiten aussetzen würde. Darüber ist er zu **belehren** (§ 103 AO). Die Auskunftsverweigerungsrechte gelten unter den genannten Voraussetzungen auch im Rahmen der LStAußenprüfung (*HHS* § 200 AO Rz 180). Hinsichtlich Verwertungsverbot, Rechtsbehelfe und Erzwingung s *Auskunftspflichten Arbeitgeber* Rz 32.

5. Auskunftspflicht gegenüber dem Arbeitgeber bei Geld- und Sachleistungen durch Dritte im Rahmen des Dienstverhältnisses s *Lohnabzugsverfahren* Rz 16.

C. Sozialversicherungsrecht *Ruppelt*

1. Begriff und Rechtscharakter. In Abgrenzung zu den Melde- und Anzeigepflichten (s *Anzeigepflichten Arbeitnehmer* Rz 1 ff; *Meldepflichten Arbeitnehmer* Rz 3 ff) handelt es sich bei den sozialversicherungsrechtlichen Auskunftspflichten um solche, denen der Auskunftsverpflichtete nicht von sich aus, sondern **nur auf Ersuchen** des SozVTrägers nachzukommen hat. Die Auskunftspflichten des ArbN gegenüber den SozVTrägern sind Bestandteil der umfangreichen **Mitwirkungspflichten** nach §§ 60 ff SGB I, die denjenigen treffen, der Sozial- oder Sozialversicherungsleistungen beantragt und erhält. Neben den Auskunftspflichten umfassen diese Mitwirkungspflichten Anzeigepflichten hinsichtlich aller Tatsachen, die für die Leistung erheblich sind (§ 60 Abs 1 Nr 1 und 2 SGB I), die Pflicht, auf Verlangen des Leistungsträgers zur mündlichen Erörterung persönlich zu erscheinen (§ 61 SGB I) und die Pflicht, sich einer ärztlichen oder psychologischen Untersuchungsmaßnahme zu unterziehen (§ 62 SGB I). Den zuständigen SVTrägern hat der Beschäftigte nach § 28o SGB IV auf Verlangen Auskunft über die Art und Dauer seiner Beschäftigungen, seine ArbGeb und Arbeitsentgelte zu erteilen sowie die entsprechenden Unterlagen vorzulegen. Die Auskunfts- und Mitteilungspflichten gegenüber dem RVTräger sind darüber hinausgehend in § 196 Abs 1 SGB VI geregelt.

Darüber hinaus kann der Leistungsträger die Durchführung einer Heilbehandlung (§ 63 SGB I) oder einer berufsfördernden Maßnahme verlangen (§ 64 SGB I). Diese Mitwirkungspflichten des Leistungsberechtigten sind einerseits die notwendige Ergänzung des sozialrechtlichen Amtsermittlungsprinzips, andererseits entsprechen sie der bürgerlich-rechtlichen Schadensminderungspflicht (§ 254 Abs 2 BGB). Da der Leistungsberechtigte die Nachteile der fehlenden Mitwirkung zu tragen hat, sind die sozialrechtlichen Mitwirkungspflichten mit den Obliegenheiten des Privatversicherungsrechtes nach § 6 VVG vergleichbar. Die Mitwirkungspflichten der §§ 60–64 SGB I werden durch § 65 SGB I begrenzt (s unten Rz 46).

2. Die Auskunftspflicht des Leistungsberechtigten soll es dem Leistungsträger ermöglichen – zusammen mit den Auskunftspflichten Dritter (s *Auskunftspflichten Arbeitgeber* Rz 34 ff) – den leistungserheblichen Sachverhalt zu ermitteln. Neben den Anzeigepflichten, denen der Leistungsberechtigte ohne Aufforderung nachzukommen hat, hat er auf Verlangen

Ausländer

des Leistungsträgers **alle für die Leistung erheblichen Tatsachen** anzugeben. Das sind im SozVRecht insbesondere Angaben über ArbGeb, Beschäftigungsverhältnisse, Unfälle, Arbeitsunfähigkeit, gesundheitliche Verhältnisse, Arbeitslosigkeit, familienrechtliche Verhältnisse, Unterhaltsansprüche usw.

44 Ferner ist auf Verlangen des Leistungsträgers der Erteilung der erforderlichen **Auskünfte durch Dritte** zuzustimmen (§ 60 Abs 1 Nr 1 SGB I). Die Vorschrift betrifft die Fälle, in denen Dritte, weil sie der Schweigepflicht unterliegen, die Auskunft ohne Einwilligung des Berechtigten nicht erteilen dürfen, etwa Ärzte, Krankenhäuser, Steuerbehörden (vgl *Datenschutz* Rz 47 ff). Soweit Dritte zur Auskunft verpflichtet sind, bedarf es der Einwilligung nicht.

45 Der Versicherte hat **Beweismittel** zu bezeichnen und auf Verlangen des zuständigen Leistungsträgers **Beweisurkunden** vorzulegen oder ihrer Vorlage zuzustimmen (§ 60 Abs 1 Nr 3 SGB I). Soweit für die Angaben Vordrucke vorgesehen sind, sollen diese benutzt werden (§ 60 Abs 2 SGB I). Macht der Versicherte ohne Benutzung der Vordrucke vollständige Angaben, kann ihm daraus kein Nachteil erwachsen. Die Mitwirkungspflichten treffen den Versicherten auch im sozialgerichtlichen Verfahren. Ohne die Mitwirkung des Anspruchsstellers sind Ermittlungen vAw grds nicht veranlasst (BSG 6.2.01 – B 10 LW 30/00 R, SozR 3–5868 § 32 Nr 9). Allerdings gilt weiter der Amtsermittlungsgrundsatz, dh das Gericht hat die Ermittlungen durchzuführen, die ohne Mitwirkung des Klägers möglich sind (etwa ein medizinisches Gutachten aufgrund Aktenlage einzuholen, wenn der Kläger eine ambulante Untersuchung verweigert).

46 **3. Grenzen der Auskunfts- und Mitwirkungspflicht** sind in § 65 SGB I geregelt. Danach ist der Leistungsberechtigte nicht zur Auskunft verpflichtet, wenn der Leistungsträger sich durch einen geringeren Aufwand als der Verpflichtete die erforderlichen Kenntnisse selbst beschaffen kann (Verhältnismäßigkeitsgrundsatz). Dadurch sollen die Leistungsträger angehalten werden, sich die erforderlichen Kenntnisse insbesondere auf verwaltungsinternem Wege zu beschaffen (§ 65 Abs 1 SGB I). Angaben, die den Versicherten oder ihm nahestehende Personen (§ 383 Abs 1 Nr 1 bis 3 ZPO) der Gefahr aussetzen würden, wegen einer Straftat oder Ordnungswidrigkeit verfolgt zu werden, können verweigert werden (§ 65 Abs 3 SGB I).

47 **4. Verletzung der Auskunftspflicht.** Die Erfüllung der Auskunftspflicht des Antragstellers oder Leistungsberechtigten kann aufgrund des Rechtscharakters dieser Pflicht nicht erzwungen werden. Allerdings bleibt der Grundsatz der objektiven Beweislast unberührt, dh wenn die Leistungsvoraussetzungen ohne die Mitwirkung nicht festgestellt werden können, geht dies zu Lasten des Antragstellers, und zwar auch dann, wenn dieser zur Auskunft wegen § 65 SGB I nicht verpflichtet ist. § 65 SGB I erlangt daher nur für den Leistungsempfänger Bedeutung, der eine **laufende Leistung** aufgrund bindenden Verwaltungsakts erhält und der Leistungsträger überprüft, ob die Leistung weiterhin zu Recht gewährt wird. Kommt der Leistungsempfänger in diesem Fall seiner **Auskunftspflicht (beziehungsweise Mitwirkungspflicht) nicht nach,** und steht ihm kein Grund des § 65 SGB I zur Seite, kann der Leistungsträger ohne weitere Ermittlungen die Leistung bis zur Nachholung der Mitwirkung ganz oder teilweise versagen oder entziehen, soweit das Fortbestehen der Voraussetzungen der Leistung nicht nachgewiesen ist (§ 66 Abs 1 SGB I). Dies gilt aber nur, wenn nicht ausgeschlossen werden kann, dass sich die Leistungsvoraussetzungen geändert haben (BSG 13.3.01 – B 3 P 20/00 R, NZS 01, 538). Nach Abs 3 der genannten Vorschrift dürfen Sozialleistungen nur versagt oder entzogen werden, nachdem der Leistungsberechtigte auf diese Folge **schriftlich hingewiesen** worden ist und seiner Mitwirkungspflicht nicht innerhalb einer ihm gesetzten angemessenen Frist nachgekommen ist. Geht es nicht um laufende Leistungen aufgrund bindenden Verwaltungsakts, sondern um einen Neuantrag, finden die allgemeinen Regeln der objektiven Beweislast Anwendung (s Rz 46).

Ausländer

A. Arbeitsrecht

Röller

1 **1. Begriff.** Ausländer ist gem § 1 Abs 2 AuslG jeder, der nicht Deutscher iSd Art 116 Abs 1 GG ist.

Ausländer 78

2. Beschäftigungsvoraussetzungen. Durch das Zuwanderungsgesetz vom 30.7.04 **2**
(BGBl I 04, 1950) sind die Voraussetzungen für das Ausländeraufenthaltsrecht und das Ausländerbeschäftigungsrecht ab 1.1.05 umfassend reformiert worden. Das Zuwanderungsgesetz enthält in seinem Art 1 das Aufenthaltsgesetz (AufG) und in seinem Art 2 das Freizügigkeitsgesetz/EU (FreizügG/EU), beide Gesetze geändert durch das Gesetz zur Umsetzung aufenthalts- und asylrechtlicher Richtlinien der EU v 19.8.07 (BGBl I 07, 1970). Zur Ausführung des AufG ist ua die BeschVO v 6.6.13 (BGBl I 13, 1499) erlassen worden. Einzelheiten s Rz 53 ff; *Berlit* NVwZ 13, 327; *Mävers* ArbRAktuell 13, 485; *Bünte/Knödler* NZA 08, 743.

a) EU-Bürger. Unionsbürger, die sich als ArbN, zur Arbeitssuche oder zur Berufsausbildung in der BRD aufhalten oder die zur Ausübung einer selbstständigen Erwerbstätigkeit berechtigt sind (niedergelassene selbstständige Erwerbstätige) haben gem § 2 FreizügG/EU Anspruch auf Einreise und Aufenthalt nach Maßgabe des Gesetzes. Sie bedürfen für die Einreise keines Visums und für den Aufenthalt keines Aufenthaltstitels gem § 4 AufG. Bei der Einreise benötigen sie und ihre einreiseberechtigten Familienangehörigen einen Pass oder einen anerkannten Passersatz. EU-Bürgern gleichgestellt sind Staatsangehörige der EWR-Staaten, also aus Norwegen, Island und Lichtenstein (§ 12 FreizügG/EU). Heimatlose Ausländer sind ebenfalls vom Erfordernis einer besonderen Arbeitsberechtigung befreit (§ 12 HeimatlosG). **3**

b) Neue Beitrittsländer. Mit Ausnahme von Malta und Zypern wurden die am 1.5.04 **4**
beigetretenen Mitgliedsstaaten einer in drei Stufen gegliederten siebenjährigen Übergangszeit unterworfen. Diese lief am 31.12.2013 ab. Bis zu diesem Zeitpunkt benötigen ArbN aus diesen Ländern eine Arbeitsgenehmigung, § 284 Abs 1 SGB III.

c) Nicht EU-Ausländer. Ausländer, die nicht Bürger der EU sind, dürfen eine Beschäftigung nur mit **Genehmigung der BA** ausüben und vom ArbGeb nur beschäftigt werden, wenn es der Aufenthaltstitel erlaubt (§ 4 Abs 3 AufG). Aus dem Aufenthaltstitel ergibt sich, ob und in welchem Umfang ausländische ArbN vom ArbGeb im Inland beschäftigt werden dürfen (Abs 2). Zahlreiche **internationale Abkommen** enthalten Sondervorschriften über das Arbeitsgenehmigungsrecht. Für die Einreise in die BRD benötigen Ausländer einen gültigen Pass oder Passersatz, sofern sie von der Passpflicht nicht durch Rechtsverordnung befreit sind (§ 3 AufG). **5**

d) Genehmigungsfreiheit. Das BMAS kann gem § 42 Abs 2 AufenthG durch Rechts- **6**
VO Ausnahmen bestimmen, in denen eine Genehmigung der BA nicht erforderlich ist. Die BeschVO v 6.6.13 stellt in zahlreiche Personengruppen von der Genehmigungspflicht frei (Hochqualifizierte, Hochschulabsolventen, Leitende Angestellte, Schul- und Hochschullehrer, Journalisten und Korrespondenten). Einzelheiten s *Mävers* ArbRAktuell 13, 485. Zum 1.1.09 ist das ArbeitsmigrationssteuerungsG (BGBl I 08, 2846) in Kraft getreten. Mit § 18a AufenthG ist ein neuer Aufenthaltstitel für qualifizierte Geduldete geschaffen worden mit dem Ziel Deutschlands Position im internationalen Wettbewerb um hochqualifizierte Fachkräfte zu stärken (Einzelheiten s *Huber* NVwZ 09, 201). Zum 1.8.12 ist die sog Blue-Card-Regelung in Kraft getreten (BGBl I 12, 1222), mit welcher der erleichterte Zugang von qualifizierten Ausländern ermöglicht wird. Einzelheiten s *Steller* ZAR 13, 1; *Strunden/Schubert* ZAR 12, 270; *Rahne* DB 12, 2281.

3. Arbeitsverhältnis. a) Anwendbares Recht. Gem Art 8 Abs 1 Rom-I-VO unter- **7**
liegt der Vertrag dem von den Parteien gewählten Recht (Grundsatz der Privatautonomie). Haben die Parteien keine Rechtswahl getroffen, findet auf das Arbeitsverhältnis eines im Inland beschäftigten Ausländers deutsches Recht Anwendung (Art 8 Abs 2 Rom-I-VO). Sollte die Geltung des Heimatrechts des Ausländers vereinbart worden sein, setzt sich dessen ungeachtet deutsches Arbeitsrecht durch, soweit es unabdingbar ist und für den ArbN günstiger als dessen Recht ist (Art 8 Abs 1 Satz 2 Rom-I-VO), Einzelheiten s *Bayreuther* DB 11, 706.

Für **EU-Bürger** sichert das Gemeinschaftsrecht die umfassende Gleichbehandlung hinsichtlich der Arbeits- und Beschäftigungsbedingungen (Art 45 AEUV, Art 7 VO/EWG 1612/68). Nur die öffentliche Verwaltung mit spezifisch öffentlich-rechtlichen Aufgaben und hoheitlichen Befugnissen ist ausgenommen (Art 45 Abs 4 AEUV). **Nicht EU-Angehörige** haben aufgrund des allgemeinen arbeitsrechtlichen Grundsatzes der Gleichbehand-

78 Ausländer

lung aller Betriebsangehörigen Anspruch auf Nichtdiskriminierung. Erlaubt ist dagegen die Ungleichbehandlung aus sachlichen Gründen, zB nach Sprachkenntnissen, Ausbildungsstand, und zwar hinsichtlich Gehalt, freiwilligen Leistungen (Renner § 4 AufentG Rz 136 ff).

Besonderheiten gelten bei der **Beschäftigung** eines ausländischen ArbN **in Deutschland** durch einen **im Ausland ansässigen Arbeitgeber**. Im Geltungsbereich des AEntG gelten die allgemeinverbindlichen, wettbewerbsrelevanten tariflichen Arbeitsbedingungen Mindestentgelt, Urlaubsdauer, -entgelt und -geld gelten auch für ausländische ArbGeb und für Briefdienstleister und ihre in Deutschland beschäftigten ArbN zwingend. S im Einzelnen *Arbeitnehmerentsendung* Rz 1 ff.

8   b) **Besonderheiten bei der Beschäftigung von Ausländern. aa) Aufenthaltstitel/ Arbeitserlaubnis, -berechtigung.** Ist für die Beschäftigung des Ausländers eine Genehmigung gem § 284 Abs 1 SGB III bzw ein Aufenthaltstitel gem § 4 Abs 3 AufG erforderlich, und sind diese nicht erteilt worden, führt dies nicht zur Unwirksamkeit des Arbeitsvertrages, § 98a Abs 1 Satz 1 AufG. Der ArbGeb hat dem illegal Beschäftigten die vereinbarte Vergütung zu zahlen; als vereinbarte Vergütung ist gem § 98a Abs 2 AufG die übliche Vergütung anzusehen. Der ArbGeb kann jedoch mit dem ArbN eine zulässige geringere Vergütung vereinbaren. Bei Beschäftigungen in einer Branche, für die ein Mindestlohn festgesetzt ist, darf dieser jedoch nicht unterschritten werden (Art 6 Abs 1a RL 2009/52/ EG). Für den Umfang der Vergütung wird vermutet, dass der ArbN drei Monate beschäftigt wurde, § 98a Abs 1 Satz 2 AufG. Diese gesetzliche Vermutung kann durch die Vertragsparteien wiederlegt werden. Ein Unternehmer haftet gem § 98a Abs 3 AufG für die Erfüllung eines Vergütungsanspruchs, wenn er einen Subunternehmer beauftragt und dieser illegal einen Ausländer beschäftigt, wie ein Bürge, der auf die Einrede der Vorausklage verzichtet hat. Gem Abs 4 gilt diese Haftung auch für Generalunternehmer und alle zwischengeschalteten Unternehmer. Die Haftung kann der betroffene Unternehmer beseitigen, wenn er widerlegen kann, dass ihm nicht bekannt war, dass der ArbGeb illegal einen Ausländer beschäftigte bzw hiervon auf Grund sorgfältiger Prüfung ausgehen konnte, § 98a Abs 5 AufG. Der illegal beschäftigte Ausländer kann seinen Vergütungsanspruch vor den deutschen Arbeitsgerichten einklagen, § 98a Abs 6 AufG. Hat der ArbN keine Arbeitsgenehmigung bzw keinen Aufenthaltstitel, kann der ArbGeb das Arbeitsverhältnis personenbedingt gem § 1 Abs 2 Satz 1 KSchG kündigen, wenn feststeht, dass die Genehmigung bzw der Aufenthaltstitel nicht erteilt wird. Steht die Versagung hingegen noch nicht fest, ist die Kündigung nicht gerechtfertigt, da das Arbeitsverhältnis ruht und für den ArbGeb keine Belastungen entstehen (BAG 7.2.90; LAG Köln 19.1.96 – 11 (13) Sa 907/95, BeckRS 1996, 30462203).

9   bb) **Befristung der Arbeits- und Aufenthaltserlaubnis.** Da das Fehlen einer Arbeitsgenehmigung bzw eines Aufenthaltstitels Grund für eine gerechtfertigte personenbedingte Kündigung und ein objektives Beschäftigungshindernis ist, besteht ein sachlicher Grund (§ 14 Abs 1 Ziff 6 TzBfG), ein Arbeitsverhältnis auf die Laufzeit der Arbeitsgenehmigung bzw die Dauer des Aufenthaltstitels zu befristen, wenn im Zeitpunkt des Vertragsabschlusses die hinreichend zuverlässige Prognose erstellt werden kann, es werde zu keiner Verlängerung des Aufenthaltstitels kommen (MünchArbR/*Wank* § 95 Rz 84).

10   cc) **Beherrschung und Verwendung der deutschen Sprache.** Der ArbGeb kann von dem ausländischen ArbN auch ohne ausdrückliche arbeitsvertragliche Regelung über sein Direktionsrecht nach § 106 GewO verlangen, seine Arbeitsleistung in deutscher Sprache zu erbringen bzw nach schriftlichen, in deutscher Sprache abgefassten Arbeitsanweisungen zu arbeiten oder an einem Deutschkurs teilzunehmen, um arbeitsnotwendige Sprachkenntnisse zu erwerben. Weder eine vertragliche Regelung noch eine Weisung des ArbGeb verstößt gegen das Verbot der Benachteiligung wegen der ethnischen Herkunft (§ 3 Abs 2, § 1 AGG) oder gegen Art 45 Abs 2 EGV (BAG 22.6.11 – 8 AZR 48/10, NZA 11, 1226; 28.1.10 – 2 AZR 764/08, NZA 10, 625). Weigert sich der ausländische ArbN, sich die Sprachkenntnisse anzueignen, kann der ArbGeb eine personenbedingte Kündigung ohne vorherige Abmahnung aussprechen (BAG 28.1.10; *Herbert/Oberroth* DB 10, 391).

11   Arbeitsverträge können auch mit unvollkommen deutsch sprechenden ArbN in deutscher Sprache abgefasst werden. Gleiches gilt für die Änderung von Arbeitsverträgen.

Wird einem ausländischen ArbN ein befristeter Arbeitsvertrag angeboten und versteht dieser unter dem Angebot den Abschluss eines unbefristeten Arbeitsvertrages, geht das Missverständnis zu Lasten des ArbN (LAG BaWü 30.12.70, DB 71, 245). Unterschreibt der ausländische ArbN einen Formulararbeitsvertrag, in welchem auf tarifliche Ausschlussfristen verwiesen wird, muss er diese gegen sich gelten lassen (LAG Frankfurt 7.6.74, DB 75, 788).

Wirksamkeitsvoraussetzung einer Abmahnung ist, dass diese dem ArbN gem § 130 BGB zugeht und er Kenntnis von dem Inhalt der Abmahnungserklärung erlangt. Die kündigungsrechtliche Hinweis- und Warnfunktion kann eine Abmahnung nur erfüllen, wenn der ArbN die gerügten Leistungsmängel kennt und nicht schon dann, wenn er die von objektiven Merkmalen abhängige Möglichkeit der Kenntnisnahme hat (BAG 9.8.84, NJW 85, 823). Bei Anwendung dieser Grundsätze wird eine Abmahnung allein mit der Entgegennahme durch einen nicht der deutschen Sprache mächtigen ausländischen ArbN noch nicht wirksam. Es ist vertretbar, den Zugang zumindest erst nach Ablauf einer angemessenen Zeitspanne anzunehmen, die bei verkehrsüblicher Sorgfalt erforderlich ist, um eine Übersetzung zu erlangen (BAG 9.8.84; LAG Hamm 4.1.79, NJW 79, 2488). Der ArbN kann sich aber nach Treu und Glauben nicht auf die fehende oder verspätete Kenntnis des Inhalts des Abmahnungsschreibens berufen, wenn er damit rechnen muss, dass das ihm übergebene Schreiben im Zusammenhang mit einer Vertragspflichtverletzung steht und wenn der ArbGeb nicht mit der fehlenden oder verspäteten Kenntnis des ArbN von dem Inhalt des Abmahnungsschreibens zu rechnen brauchte (BAG 9.8.84). 12

Wird eine in deutscher Sprache abgefasste Kündigung einem der deutschen Sprache nicht mächtigen ArbN übergeben, so ist der Zugang dieser Erklärung maßgebend. Schwierigkeiten des Verstehens sind nicht über die Zugangsproblematik, sondern über die Möglichkeit der nachträglichen Zulassung der Kündigungsschutzklage zu lösen (ErfK/*Kiel* § 5 KSchG Rz 5; KR/*Friedrich* § 5 KSchG Rz 79; aM LAG Hamm 4.1.79, NJW 79, 2488). 13

Ein Verzicht auf die Erhebung oder Fortführung einer Kündigungsschutzklage (**Ausgleichsquittung**) muss aus Gründen der Rechtsklarheit in der Urkunde selbst unmissverständlich zum Ausdruck kommen (BAG 29.6.78, DB 78, 1842). Hat der ArbN den Inhalt der von ihm unterschriebenen Erklärung verstanden, ist die Ausgleichsquittung wirksam. Ist ein ausländischer ArbN der deutschen Sprache soweit mächtig, dass er auch die deutsche Schriftsprache lesen und ausreichend verstehen kann, so ist er an eine von ihm unterschriebene Ausgleichsquittung auch dann gebunden, wenn er diese ungelesen unterschreibt. Konnte der ausländische ArbN den Inhalt der Erklärung nicht verstehen, kann er diese nach § 119 BGB anfechten, wenn der ArbGeb die mangelnden Sprachkenntnisse kannte (s *Ausgleichsquittung* Rz 13). 14

dd) Freistellung von der Arbeitsleistung. Wird ein Angehöriger eines EU-Mitgliedstaates in seinem Heimatland zum **Wehrdienst** herangezogen, findet das ArbSchG Anwendung. Bei ArbN aus Nicht-EU-Staaten ist dies anders. Sie können jedoch für die Dauer der Ableistung des Wehrdienstes ein Leistungsverweigerungsrecht haben (BAG 20.5.88, NZA 89, 464). Der ausländische ArbN ist jedoch verpflichtet, den Wehrdienst rechtzeitig anzuzeigen und die Heranziehung nachzuweisen. Verletzt er schuldhaft diese Pflicht und gerät der ArbGeb in eine durch zumutbare Überbrückungsmaßnahmen nicht behebbare Zwangslage, kann dies eine ordentliche verhaltensbedingte oder außerordentliche Kündigung rechtfertigen (BAG 20.5.88). 15

ee) Ethisch-religiöse und Gewissenspflichten. Solche Pflichten des ArbN können zu einer Kollision mit den Pflichten des ArbN aus dem Arbeitsverhältnis führen. Gegenüber dem Weisungsrecht des ArbGeb kann sich der ArbN auf einen entgegenstehenden, ernsthaften inneren Glaubenskonflikt berufen. Beharrt der ArbGeb auf die dem ArbN zugewiesene Arbeit, braucht der ArbN der Anordnung des ArbGeb keine Folge zu leisten. Die Weigerung zur Ausführung der durch den ArbGeb zugewiesenen Arbeitsleistung kann jedoch im Einzelfall eine Kündigung aus Gründen in der Person des ArbN rechtfertigen (BAG 24.2.11 – 2 AZR 636/09, NZA 11, 1087). Das Tragen eines Kopftuchs stellt bspw ein Symbol für eine bestimmte religiöse Überzeugung dar. Es kann uU den Betriebsfrieden gefährden. Ob es einen Kündigungsgrund darstellt, hängt davon ab, ob die durch Art 12 Abs 1 GG grundrechtlich geschützte Unternehmerfreiheit durch das Tragen eines Kopftuchs in Form von betrieblichen Störungen und wirtschaftlichen Einbußen getroffen wird 16

(BAG 10.10.02 – 2 AZR 472/01, DB 03, 830; BVerfG 30.7.03 – 1 BvR 792/03, NJW 03, 3111). Auf konkrete betriebliche Störungen kommt es nicht an, wenn aufgrund gesetzlicher Bestimmung (zB § 57 Abs 4 Satz 1 SchulGNW; § 7 Abs 6 Satz 1 KiTAG BW) das Tragen eines Kopftuches verboten ist. Ein Verstoß gegen die gesetzlichen Bestimmungen rechtfertigt eine Abmahnung (LAG BaWü 19.6.09 – 7 Sa 84/08, BeckRS 2009, 69995), im Wiederholungsfall eine ordentliche Kündigung (LAG Düsseldorf 10.4.08 – 5 Sa 1836/08, BeckRS 2008, 52679; ArbG Wuppertal 29.7.08 – 4 Ca 1077/08, BeckRS 2008, 56839).

17 Das Hess LAG hat einer ausländischen ArbN einen Freistellungsanspruch zuerkannt, um ihrem in der Türkei im Sterben liegenden Vater „die letzte Ehre" erweisen zu können (LAG Frankfurt 3.10.85, NZA 86, 717). Nach Auffassung des LAG Hamm (30.5.90, BB 90, 1910) rechtfertigt eine Urlaubsüberschreitung von drei Wochen wegen der ersten Pilgerreise eines ausländischen ArbN islamischen Glaubens keine ordentliche Kündigung, wenn besondere Umstände es gebieten, dem Interesse des ArbN am Fortbestand des Arbeitsverhältnisses gegenüber demjenigen des ArbGeb an seiner Beendigung Vorrang einzuräumen (Kenntnis des ArbGeb vom Grund der Urlaubsüberschreitung; 15jährige völlig störungsfreie Dauer des Arbeitsverhältnisses uam). Anders ist der Fall zu bewerten, wenn ein ausländischer ArbN an einem staatlichen oder religiösen Feiertag seines Heimatlandes unerlaubt der Arbeit fernbleibt (streitig, s *Schaub* § 97, Rz 8).

18 **ff) Erkrankung während des Urlaubs.** Erkrankt ein ausländischer ArbN während des Erholungsurlaubs arbeitsunfähig, so werden nach § 9 BUrlG die durch ärztliches Zeugnis nachgewiesenen Tage der Arbeitsunfähigkeit auf den Jahresurlaub nicht angerechnet. Der ArbN ist jedoch nicht berechtigt, den Urlaub um die Dauer der Erkrankung eigenmächtig zu verlängern (LAG SchlHol 9.2.88, DB 88, 1659). Die Anzeige- und Nachweispflichten bei Erkrankung im Ausland ergeben sich aus § 5 Abs 2 EFZG. Einer von einem ausländischen Arzt im Ausland ausgestellten Arbeitsunfähigkeitsbescheinigung kommt im Allgemeinen der gleiche Beweiswert zu wie der von einem deutschen Arzt ausgestellten Bescheinigung. Allerdings muss die Bescheinigung erkennen lassen, dass der ausländische Arzt zwischen einer bloßen Erkrankung und einer mit Arbeitsunfähigkeit verbundenen Krankheit unterscheidet und damit eine den Begriffen des deutschen Arbeits- und SozVRechts entsprechende Beurteilung vorgenommen hat (BAG 1.10.97 – 5 AZR 499/96, NZA 98, 372). Näheres s *Arbeitsunfähigkeit* Rz 13, *Arbeitsunfähigkeitsbescheinigung* Rz 8 ff.

19 **gg) Fürsorgepflicht des Arbeitgebers.** Nach § 1 AGG darf niemand wegen seiner Rasse oder ethnischen Herkunft, der Religion oder Weltanschauung benachteiligt werden. Der ArbGeb ist gem § 12 AGG verpflichtet, die erforderlichen Maßnahmen zum Schutz vor Benachteiligungen zu treffen. Bereits vor Inkrafttreten des AGG war anerkannt, dass die Fürsorgepflicht es dem ArbGeb gebietet, massiven Ehrverletzungen von Mitarbeitern gegenüber ausländischen ArbN entgegenzutreten, und zwar je nach Schwere auch durch außerordentliche Kündigung ohne vorherige Abmahnung (BAG 1.7.99 – 2 AZR 676/98, DB 99, 1456; 14.2.96, NZA 96, 873; LAG Hamm 11.11.94, BB 95, 678; ausführlich zu Antisemitismus und Ausländerfeindlichkeit im Betrieb *Krummel/Küttner* NZA 96, 67; *Opolony* AuA 01,456; *Lausnicker/Schwirtzek* DB 01, 865). Wird der ArbGeb nicht tätig, kann der BRat Maßnahmen zur Bekämpfung von Rassismus und Fremdenfeindlichkeit im Betrieb verlangen (§ 80 Abs 1 Ziff 7 BetrVG).

20 **4. Kollektives Recht.** Hat der ausländische ArbN **nicht den erforderlichen Aufenthaltstitel,** kann der BRat seine Zustimmung zu der beabsichtigten Einstellung gem § 99 Abs 2 Ziff 1 BetrVG versagen, und zwar auch dann, wenn der BRat des abgebenden Betriebs der Ersteinstellung des ArbN trotz Fehlens der Arbeitserlaubnis zugestimmt hat (BAG 22.1.91, DB 91, 2088).

Ausländische ArbN sind ohne Rücksicht auf den Grad ihrer Sprachkenntnisse gem § 7 BetrVG **wahlberechtigt** und, soweit sie die übrigen Voraussetzungen für die Wählbarkeit erfüllen, **zum BRat wählbar.** Ausländer, die der deutschen Sprache nicht ausreichend mächtig sind, sind vor Einleitung der BRatWahl über Wahlverfahren, Aufstellung der Wähler- und Vorschlagslisten, Wahlvorgang und Stimmabgabe in geeigneter Weise zu unterrichten (§ 2 Abs 5 WO). Eine Verletzung dieser Verpflichtung berechtigt zur Anfechtung gem § 19 BetrVG (BAG 13.10.04 – 7 ABR 5/04, DB 05, 675).

B. Lohnsteuerrecht *Windsheimer*

Übersicht

	Rz		Rz
I. Ausländischer Arbeitnehmer	35–45	II. Ausländischer Arbeitgeber	46
1. Unbeschränkte Steuerpflicht	35–37	III. Aufwendungen	47–49
2. Erweiterte unbeschränkte		1. Sprachkurs	47
Steuerpflicht	38, 39	2. Sozialversicherungsbeiträge	48
3. Auskunftsaustausch	40	3. Unterhaltsleistungen	49
4. Umfang der Besteuerung	41	IV. Sprachregelung	50
5. Beschränkte Steuerpflicht	42–45		

I. Ausländischer Arbeitnehmer. Die Besteuerung von ausländischen ArbN im Inland **35** erfolgt unabhängig von Vorgaben des Zuwanderungsgesetzes (s oben Rz 2) grds danach, ob der ArbN unbeschränkt oder beschränkt stpfl ist (§ 1 EStG).

1. Unbeschränkte Steuerpflicht. Grds unabhängig von der Staatsangehörigkeit knüpft die Besteuerung an den Wohnsitz (§ 8 AO) oder gewöhnlichen Aufenthalt (§ 9 AO) des Stpfl an. Befindet sich Wohnsitz oder gewöhnlicher Aufenthalt des Stpfl im Inland, ist der Stpfl **unbeschränkt steuerpflichtig** (§ 1 Abs 1 Satz 1 EStG). Zu den Begriffen Wohnsitz und gewöhnlicher Aufenthalt s *Auslandstätigkeit* Rz 37–41. Zum Inland in diesem Sinn gehört auch der der Bundesrepublik zustehende Anteil am Festlandsockel, soweit dort Naturschätze des Meeresgrundes und des Meeresuntergrundes erforscht oder ausgebeutet werden oder diese der Energieerzeugung und der Nutzung erneuerbarer Energien dient (§ 1 Abs 1 Satz 2 EStG) sowie Schiffe unter der Bundesflagge auf hoher See (BFH 12.11.86, BStBl II 87, 377). Die Vergütungen von ausländischen Bediensteten diplomatischer Vertretungen der ausländischen Staaten in Deutschland sind von der inländischen Steuer freigestellt (Art 19 OECD-Musterabkommen; sog **Kassenstaatsprinzip**), ohne dass im Inland die Besteuerung durch den Heimatstaat nachgewiesen werden muss (Einzelheiten OFD Rheinland 22.6.07 – S 1300 – 1008 – St 152, IStR 07, 520). Zur Besteuerung von Ortskräften im Verhältnis D–USA s BMF 18.12.09 – IV B 2 – S 1301 – USA/07/10004. Zur Besteuerung im Ausland s *Auslandstätigkeit* Rz 44.

Unbeschränkte Steuerpflicht bedeutet, dass der Stpfl **mit** seinen **sämtlichen Einkünften, auch den ausländischen** – vorbehaltlich DBA oder anderen zwischenstaatlichen Vereinbarungen (s hierzu unten Rz 41 und *Auslandstätigkeit* Rz 42 ff) –, **im Inland stpfl** ist, einschließlich SolZ (FG Nbg 20.12.01 – I 143/01, IStR 02, 247). Für die inländische nichtselbstständige Tätigkeit gelten dann keine Besonderheiten. Die Besteuerung erfolgt nach den allgemeinen Grundsätzen (Besteuerung nach ELStAM; s *Lohnsteuerberechnung* Rz 7 ff). Eine Besteuerung im Inland kann nach DBA dann entfallen, wenn der Stpfl die Besteuerung im Ausland nachweist, andernfalls die Besteuerung im Inland stattfindet, sog **Rückfallklausel** („subject-to-tax"-Klausel; § 50d Abs 8 EStG; s hierzu *Auslandstätigkeit* Rz 44).

Bei **Ehegatten** ist auf den jeweiligen Wohnsitz bzw gewöhnlichen Aufenthalt des einzel- **36** nen Ehegatten abzustellen. Einer der Ehegatten kann daher unbeschränkt stpfl, der andere Ehegatte beschränkt stpfl sein.

Beispiel 1: Ein Ehegatte ist unbeschränkt stpfl, der andere Ehegatte lebt in einem EU/EWR-Mitgliedstaat: LSt-Klasse III für den im Inland Tätigen und Veranlagung nach § 46 Abs 2 Nr 7a EStG (s auch unten Rz 39).

Beispiel 2: Auch wenn nur ein Ehegatte im Inland Arbeit und Wohnung hat, kann durch Besuchs- und Ferienaufenthalte des im Ausland arbeitenden und vorwiegend dort wohnenden anderen Ehegatten die unbeschränkte Steuerpflicht beider Ehegatten mit der Folge der Zusammenveranlagung im Inland begründet werden (BFH 28.1.04 – I R 56/02, BFH/NV 04, 917).

Besitzt ein im Inland wohnender Ausländer neben der ausländischen auch die deutsche Staatsangehörigkeit, ist die Eheschließung steuerlich nur von Bedeutung und damit eine Zusammenveranlagung (§ 26b EStG) nur zulässig, wenn die Ehe nach deutschem Recht geschlossen worden ist (BFH 17.4.98 – VI R 16/97, BStBl II 98, 473). Zu Mehrfachehen von Ausländern BFH 6.12.85 – VI R 56/82, BStBl II 86, 390.

Nach Deutschland entsandte Korrespondenten ausländischer **Rundfunkanstalten** sind **37** grds im Inland als unbeschränkt stpfl zu besteuern (zu Auslandskorrespondenten s *Auslands-*

78 Ausländer

tätigkeit Rz 61) mit der Folge der LStPflicht (OFD München 11.4.2000, S 1301 – 88 St 41, DStR 2000, 1142). Fahrten zum ausländischen Heimatort können Fahrten zwischen Wohnung und Arbeitsstätte sein (BFH 26.11.03 – VI R 152/99, BStBl II 04, 233; s auch *Fahrten zwischen Wohnung und Arbeitsstätte* Rz 13) oder zu berücksichtigende Fahrten im Rahmen einer **doppelten Haushaltsführung** (BFH 10.2.2000 – VI R 60/98, BFH/NV 2000, 949). Es gelten insoweit keine Besonderheiten (*Doppelte Haushaltsführung* Rz 4 ff). Bei Zuzug aus dem Ausland kann das Beziehen einer inländischen Zweitwohnung beruflich veranlasst sein (R 9.11 Abs 2 Satz 4 LStR; s *Doppelte Haushaltsführung* Rz 20). Der Rückumzug ins Heimatland nach Beendigung der inländischen Berufstätigkeit ist steuerlich nicht abzugsfähig (§ 12 Nr 1 EStG; BFH 8.11.96, BStBl II 97, 207; s auch *Umzugskosten* Rz 19; 29).

38 **2. Erweiterte unbeschränkte Steuerpflicht** (Rechtslage ab 1996 zu § 1 Abs 3 und § 1a EStG; *Grosse* StuW 99, 357 ff; *Kaefer* IStR 06, 37; s auch *Grenzgänger* Rz 2 ff). Ohne Wohnsitz oder gewöhnlichen Aufenthalt im Inland gilt **auf Antrag** (letztmöglich beim FG; BFH 13.8.97, BStBl II 98, 21) derjenige als unbeschränkt stpfl, dessen Einkünfte im Kj mindestens zu 90 % der deutschen ESt unterliegen oder wenn die nicht der deutschen ESt unterliegenden Einkünfte nicht mehr als 8004 € (entsprechend dem Grundfreibetrag nach § 32a Abs 1 Satz 2 Nr 1 EStG; für 2009 7834 €, für 2007 und 2008 7664 €) im Kj betragen; dieser Betrag ist zu kürzen, soweit es nach den Verhältnissen im Wohnsitzstaat des Stpfl notwendig und angemessen ist (BMF 6.11.09 – IV C 4 – S 2285/07/0005, BeckVerw 231384). Die Grenzbeträge sind nach deutschem Steuerrecht zu ermitteln. Steuerfreie Einnahmen, auch nach DBA freigestellte, zählen nicht (BFH 20.8.08 – I R 78/07, IStR 08, 887; ab 2008 § 1 Abs 3 Satz 4 EStG). Ausländisches AlGeld ist in die Grenzbeträge aber mit einzubeziehen (OFD Düsseldorf 14.7.98 – S 2103 A – St 1222, DStR 98, 1963). Die 90 %-Grenze verstößt nicht gegen Art 39 Abs 2 EGV, nunmehr Art 45 AEUV (EuGH 14.9.99 – Rs C-391/97, BStBl II 99, 841; BFH 20.8.08 – I R 78/07, IStR 08, 887; s *Grenzgänger* Rz 17; *Diskriminierung* Rz 146). Weitere Voraussetzung ist, dass die Höhe der nicht der deutschen ESt unterliegenden Einkünfte durch eine Bescheinigung der zuständigen ausländischen Steuerbehörde nachgewiesen ist (§ 1 Abs 3 Satz 5 EStG). Die zum Nachweis der Höhe der nicht der deutschen Steuer unterliegenden Einkünfte erforderliche Bescheinigung der zuständigen ausländischen Steuerbehörde ist auch dann vorzulegen, wenn der Stpfl angibt, keine derartigen Einkünfte erzielt zu haben (sog Nullbescheinigung) (BFH 8.9.2010 – I R 80/09, IStR 2011, 198; Formalien hierzu BayLfSt 18.6.08 – S 0122.2.1. – 1/1 St 41, DStR 08, 1738; einschränkend FG Bbg 17.8.05 – 4 K 1467/01, EFG 05, 1706). Unter diesen Personenkreis fallen – von Auslandsbeamten abgesehen (§ 49 Abs 1 Nr 4b) EStG) – ArbN, die im Inland ihre nichtselbstständige Tätigkeit ausüben oder verwerten (§ 49 Abs 1 Nr 4a) EStG) und damit ihr Einkommen ganz oder fast ausschließlich in der Bundesrepublik erzielen.

39 Für die Besteuerung ist weiter zu differenzieren: Bei **Staatsangehörigen der EU** oder der Staaten des Europäischen Wirtschaftsraumes (Norwegen, Island, Liechtenstein; nicht die Schweiz) gilt auch der im dortigen Ausland ansässige Ehegatte für Zwecke des Ehegatten-Splitting auf Antrag als unbeschränkt stpfl, auch wenn die Einkünfte beider Ehegatten zu weniger als 90 % der deutschen ESt unterliegen oder die ausländischen Einkünfte der Ehegatten den doppelten Grundfreibetrag übersteigen (BFH 8.9.10 – I R 28/10, IStR 11, 115), § 1a Abs 1 Nr 2 EStG ab 2008.

Zur Besteuerung der Stpfl, die unter § 1 Abs 3 und § 1a EStG fallen, s *Grenzgänger* Rz 16 ff; *Diskriminierung* Rz 146. Hierunter können auch EU-Ausländer fallen, die nach dem AEntG in der BRD tätig sind (s *Arbeitnehmerentsendung* Rz 18). Zum LStAbzug s *Lohnsteuerberechnung* Rz 2 ff.

40 **3. Auskunftsaustausch.** Der Informationsaustausch über die Grenze ist in Art 26 OECD Musterabkommen niedergelegt, ebenso in fast allen DBA, zB Art 26 DBA **Rumänien;** Art 27 DBA **Italien.** Innerhalb der EU gilt das EUAHiG; s Art 1 AmtshilfeRlUmsG, BGBl I 13, 1809. Zwischenstaatliche Rechts- und Amtshilfe ist in § 117 AO geregelt, s Anhang 54 AO-Handbuch sowie AEAO zu § 117 AO. Das EUAHiG tritt an die Stelle des bisherigen EGAHiG. Es regelt die Einzelheiten des Austauschs von Informationen in Steuersachen zwischen der BRD und den Mitgliedstaaten der EU. Im Wege der **Spontanauskünfte** können Informationen, die für die zuständigen Behörden anderer Mitgliedstaaten von Nutzen sein können, ohne vorheriges Ersuchen übermittelt werden (§ 8 EUAHiG). Ab dem

1.1.15 soll eine automatische Übermittlung von Informationen (ua über Vergütungen aus unselbständiger Arbeit, Ruhegehälter, Renten und ähnliche Zahlungen), betreffend Besteuerungszeiträume ab dem 1.1.14, erfolgen (§ 7, 20 EUAHiG). Zu Spontanauskünften in die **Türkei** FG Köln 20.8.08 – 2 V 1948/08, EFG 08, 1764. **Amtshilfe** im Verhältnis zu **Russland** FG Münster 10.1.05 – 4 V 5580/045, DStRE 05, 605; zu **USA** BFH 17.9.07 – I B 30/07, IStR 08, 31 Ausführlich zur zwischenstaatlichen Amtshilfe durch **Auskunftsaustausch** BMF 25.5.12 – IV B 6 – S 1320/07/10004:006, BStBl I 12, 599. Auch Auskünfte aufgrund von Ermittlungen bei deutschen Kreditinstituten sind zulässig (OFD Hannover 4.4.06 – S 0277 – 14.34 – StO 143, DStR 06, 947; s auch *EU-Recht* Rz 30). Die FinBeh sind angehalten, internationale Amtshilfe verstärkt in Anspruch zu nehmen (OFD Münster 6.10.09 – Kurzinfo Nr 7/09, DStR 09, 2199). Art 27 DBA **Schweiz**, der die Amtshilfe regelt, ist auf Grund des Protokolls zur Änderung des DBA Schweiz vom 27.10.2010 neu gefasst worden. Die Neufassung entspricht im Wesentlichen Art 26 OECD-MA. Hiernach ist ein umfassender Informationsaustausch zwischen den Behörden festgelegt worden, der der Besteuerung im jeweiligen Inland dienen soll, ohne dass wie bisher eine Steuerstraftat vorliegen muss (*Schwartz/Tippelhofer* IStR 2011, 249). Gleiches gilt im Verhältnis zu **Österreich** (Art 26 DBA Österreich) und zu **Luxemburg** (BMF 7.9.11 – S 1301 – Lux/10/1002, DStR 11, 1857). **Außenprüfungen** im Ausland sind grds unzulässig, außer die ausländische Fiskalverwaltung gestattet sie (BFH 19.12.96 – V R 130/92, BStBl II 98, 279; s auch *Auslandstätigkeit* Rz 43). Zur Zulässigkeit von **Beitreibungsersuchen** ins Ausland EU-Beitreibungsgesetz s hierzu *Czakert* IStR 10, 567.

4. Umfang der Besteuerung. Ob der Ausländer ArbN ist, bestimmt sich nach allgemeinen Grundsätzen (§ 1 Abs 2, 3 LStDV; BFH 14.6.07 – VI R 5/06, IStR 07, 672; FG Düsseldorf 21.10.09 – 7 K 3109/07, BeckRS 2009, 26029623; generell s *Arbeitnehmer (Begriff)* Rz 30 ff; zum LSt-Abzug s *Lohnsteuerberechnung* Rz 2 ff. Ist der im Inland gezahlte Lohn **nach DBA steuerfrei** (vgl Art 15 OECD-Musterabkommen, BStBl I 04, 286; s hierzu *Auslandstätigkeit* Rz 37 ff), erteilt das BetriebsstättenFA auf Antrag des ArbN oder des ArbGeb eine entsprechende Bescheinigung (**Freistellungsbescheinigung** s hierzu *Lohnabzugsverfahren* Rz 22). Mangels ArbN-Status hat der Ausländer bei inländischer wirtschaftlicher Betätigung einen **Anspruch auf Erteilung einer Steuernummer** (§ 14 Abs 4 Satz 1 Nr 2 UStG; BFH 26.2.08 – II B 6/08, DStRE 08, 764; BFH 23.9.09 – II R 66/07, DStR 09, 2665; einschränkend BMF 1.7.10 – IV D 3 – S 7420/07/10061:002, BStBl I 10, 625; s auch FG SachsAnh 20.4.11 – 3 K 631/10, BeckRS 2011, 96112). Bei Veranlagung im Inland unterliegt der nach DBA steuerbefreite Lohn dem **Progressionsvorbehalt** (§ 32b Abs 1 Nr 3 EStG; FG BaWü 26.4.07 – 3 K 69/05, IStR 07, 787). Dies gilt auch für vom ausländischen Staat gezahlten Kaufkraftausgleich und Kinderzuschlag, obwohl diese Leistungen nach deutschem Recht steuerfrei sind (§ 3 Nr 64, § 31 Satz 3 EStG; EuGH 15.9.11 – C-240/10, IStR 11, 806). Der Progressionsvorbehalt greift auch bei temporärer Steuerpflicht (§ 32b Abs 1 Nr 2 EStG; OFD Hannover 3.7.02 – S 2295 – 44 – StO 217 V/S 2295 – 66 – 222). Beispiel: Inlandsentsendung bis 10.3. Bei der inländischen Veranlagung (1.1.–10.3.) sind die ab 11.3. im Ausland erzielten Einkünfte über den Progressionsvorbehalt in die Veranlagung miteinzubeziehen. Dies verstößt weder gegen Grundrechte des GG noch gegen DBA-Vorschriften noch gegen EG-Vorgaben (BFH 19.11.03 – I R 19/03, BStBl II 04, 549). Dabei sind die im Ausland gezahlten Steuern nicht zu berücksichtigen (FG München 23.9.04 – 1 K 2232/02, EFG 05, 117). Bei der Ermittlung des besonderen Steuersatzes s *Auslandstätigkeit* Rz 44) sind die Werbungskosten, die auf die ausländischen Einkünfte entfallen, nur begrenzt abzugsfähig (§ 32b Abs 2 Nr 2b EStG). Bei beschränkt stpfl ArbN aus EU/EWR-Staaten und bei nach § 1 Abs 3 EStG oder § 1a EStG unbeschränkt Stpfl, bei denen eine Veranlagung im Inland möglich ist (vgl Art 15 OECD-Musterabkommen; s oben Rz 39), sind auch ausländische Verluste, zB aus VuV, in die Veranlagung miteinzubeziehen, sog **negativer Progressionsvorbehalt** (§ 32b Abs 1 Nr 5 EStG ab 2008 im Anschluss an EuGH 18.7.07 – C 182/06, DStR 07, 1339). Zur Anwendung vor 2008 s § 52 Abs 43a EStG. Bei einer Besteuerung des Ausländers durch den ausländischen Staat nach dem Kassenstaatsprinzip (vergleichbar § 1 Abs 2 EStG; s *Auslandstätigkeit* Rz 60) unterliegen Auslandszulagen und -zuschläge, die nach inländischem Recht steuerfrei wären, bei einer inländischen (Ehegatten-)Besteuerung dem Progressionsvorbehalt (EuGH 15.9.11 – C-240/10, IStR 11, 806).

78 Ausländer

Ist der ausländische ArbN im Inland nicht stpfl, zB ArbeitN einer ausländischen Tochterfirma, die sich zu einer Besprechung im Inland aufhalten, entfällt für ihn bei Erhalt von Sachzuwendungen die Pauschalierung nach § 37b EStG (FG Düsseldorf 6.10.11 – 8 K 4098/10 L Az BFH VI R 57/11; *Riegler* IStR 11, 903).

Abfindungen anlässlich der Beendigung des Dienstverhältnisses sind bei Zufluss im Ansässigkeitsstaat zu versteuern, wenn es sich nicht um ein zusätzliches Entgelt für eine frühere Tätigkeit handelt, sondern die Abfindung für den Verlust des Arbeitsplatzes gezahlt wird. Daran ändern verwaltungsinterne Verständigungsvereinbarungen zwischen früherem Tätigkeitsstaat und jetzigen Wohnsitzstaat, die nicht auf einer gesetzlichen Grundlage beruhen, nichts (BFH 2.9.2009 – I R 111/08, BStBl II 2010, 387; BFH 2.9.2009 – I R 90/08, BStBl II 2010, 395). Um Doppel- oder Nichtbesteuerungen zu vermeiden, lässt § 2 Abs 2 AO Rechtsverordnungen zu, die das Besteuerungsrecht einem der beiden Staaten zuweisen (*Franz/Voulon* BB 11, 1111). Liegt der Abfindung nicht (nur) der Versorgungsgedanke zugrunde, sondern (auch) die Nachzahlung von Löhnen/Gehältern, steht das Besteuerungsrecht dem (früheren) Tätigkeitsstaat zu (BMF 2.12.11 – IV B 3 – S 1301 – GB/10/10001 zum DBA Großbritannien, DStR 11, 2460). Ggf ist aufzuteilen. In einzelnen DBAs wird von diesen Prinzipien abgewichen.

42   5. Beschränkte Steuerpflicht (§ 1 Abs 4 EStG; s auch *Auslandstätigkeit* Rz 59).

Wer keinen Wohnsitz oder gewöhnlichen Aufenthalt im Inland hat (§ 1 Abs 1 EStG; s oben Rz 35), und wer nicht der erweiterten unbeschränkten Steuerpflicht nach § 1 Abs 2, 3 und § 1a EStG unterliegt (s oben Rz 38), ist **mit** seinen **inländischen Einkünften** aus nicht selbstständiger Arbeit beschränkt **stpfl** (§ 1 Abs 4 EStG; § 49 Abs 1 Nr 4 EStG). Hierunter fällt in erster Linie die im Inland ausgeübte oder verwertete Tätigkeit (§ 49 Abs 1 Nr 4a EStG) einschließlich Entschädigung anlässlich der Auflösung des Arbeitsverhältnisses (§ 49 Abs 1 Nr 4d) EStG; BFH 25.8.09 – I R 33/08, DStRE 09, 1367 zu nachgezahlter Bonuszahlung). Nachgezahlte Erfindervergütung ist aber nicht im früheren Tätigkeitsstaat, sondern im Ansässigkeitsstaat zu versteuern (BFH 21.10.09 – I R 70/08, DStRE 10, 139). Zur Lohnbesteuerung *Lohnsteuerberechnung* Rz 9 ff, im Übrigen §§ 49 bis 50a, 50d EStG (BayLfSt 18.6.08 – S 0122.2.1–1/1 St 41, DStR 08, 1738). Für die Bildung und die Änderung der Lohnsteuerabzugsmerkmale ist das BetriebsstättenFA zuständig (§ 39 Abs 2 Satz 2 EStG). **Zur 183-Tage-Regelung**, die sowohl für Inländer bei Auslandstätigkeit, als auch für Ausländer bei Inlandstätigkeit gilt; s Anhang 12 II LStR; s *Auslandstätigkeit* Rz 42, 69. Bestimmte Berufsgruppen (Studenten, Lehrlinge, Stipendiaten) können nach DBA steuerfrei sein (s die Übersicht OFD Köln 19.8.98 – S 1301 – 306 – St 134, RIW 99, 159). Sonderregelungen gelten vorbehaltlich DBA ab 2002 für **Geschäftsführer, Prokuristen und Vorstandsmitglieder** einer Gesellschaft mit Geschäftsleitung im Inland (§ 49 Abs 1 Nr 4c EStG: stets beschränkt steuerpflichtig; s hierzu mit Problemfällen *Neyer* IStR 01, 587; *Merlinghaus* EFG 08, 301; s auch *Auslandstätigkeit* Rz 60; *Arbeitnehmerentsendung* Rz 16; *Lohnsteuerberechnung* Rz 9 ff). Ab 2007 fällt hierunter auch das Bordpersonal eines im internationalen Luftverkehr eingesetzten Flugzeugs, wenn die Geschäftsleitung vom Inland aus betrieben wird (§ 49 Abs 1 Nr 4e EStG; zur Besteuerung von in Deutschland ansässigem Flugpersonal britischer und irischer Fluggesellschaften BMF 12.11.08 – IV B 5 – S 1300/10080, DStR 08, 2316; s auch *Auslandstätigkeit* Rz 58; s im Übrigen *Auslandstätigkeit* Rz 58). Für den Erlass eines LStNachforderungsbescheides gem § 42d Abs 3 Satz 1, 4 EStG gegen einen beschränkt stpfl ArbN ist das BetriebsstättenFA des ArbGeb zuständig (BFH 20.6.90, BStBl II 92, 43); ein EStBescheid darf nicht ergehen (BFH 4.5.93 – I B 39/93, BFH/NV 93, 727). Eine EStVeranlagung findet grds nicht statt. Vielmehr gilt die ESt durch den LStAbzug als **abgegolten** (§ 50 Abs 2 Satz 1 EStG; s *Lohnsteuerberechnung* Rz 21). Im Falle eines Freibetrags auf der Bescheinigung nach § 39 Abs 3 Satz 1 EStG ist eine Veranlagung durchzuführen, wenn der **jährliche Arbeitslohn über 10700 €** liegt (§ 46 Abs 2 Nr 4 EStG; s auch *Saisonarbeit* Rz 9). Der beschränkt stpfl ArbN kann aber auch eine **Veranlagung beantragen** (§ 50 Abs 2 Satz 2 Nr 4b EStG), wenn er Staatsangehöriger eines EU- oder EWR Staates ist und dort auch seinen Wohnsitz oder gewöhnlichen Aufenthalt hat (§ 50 Abs 2 Satz 7 EStG); s *Diskriminierung* Rz 144, 146). Zur finanzamtlichen Zuständigkeit für die Jahresveranlagung (§ 50 Abs 2 Satz 3 EStG) s BayLfSt 6.5.11 – S 0122.2.1–1/3 St 42. Tritt der ArbN Ansprüche auf Steuererstattungen und Rückflüsse von Sozialversicherungsbeiträgen an den ArbGeb ab, so sind die Erstattungen im Jahr des Rückflusses an den ArbGeb für den ArbN **negative Einnahmen,** die der ArbN auf die Jahre der positiven Einnahmen zurücktragen kann (§ 10d EStG; FG Düsseldorf 12.9.2000, EFG 01, 429; aA FG NdS 17.1.01 – 2 K 817/98, EFG 01, 1136 zur Rechtslage vor 2009). Zur Besteuerung ausländischer Saisonarbeitskräfte (Erntehelfer) s *Grenzgänger* Rz 14; *Saisonarbeit* Rz 9; *Aushilskräfte* Rz 27–29.

Zu **Abfindungsentschädigungen** s oben Rz 41, *Abfindung* Rz 41 ff, *Auslandstätigkeit* Rz 44. Eine Gruppenkrankenversicherung, die der ArbGeb für ausländische SaisonArbN abschließt, kann auf Grund zwischenstaatlicher Vereinbarung für die ArbN steuerfrei sein (§ 3 Nr 62 Satz 1 dritte Alt EStG; BFH 14.4.2011 – VI R 24/10, DStR 2011, 1221; s *Krankenversicherungsbeiträge Rz* 7).

Außerhalb DBA sind zahlreiche Steuerbefreiungen vereinbart; zB bei Bediensteten der **43** **NATO,** der **UNO;** s Übersicht BMF 18.4.01 – IV B 3 – S 1311 – 75/01, BStBl I 01, 286; zur (un-)beschränkten Steuerpflicht nach dem Nato-Truppenstatut BFH 23.10.09 – III B 162/08, BFH/NV 10, 630. Zur Besteuerung von Bediensteten des **Europäischen Patentamts** in München BFH 2.11.99 – I B 163/98, BFH/NV 2000, 692; FG München 24.4.01 – 12 K 1814/97, EFG 01, 1133.

Zu Fragen des Europarechts s *Diskriminierung* Rz 142 ff. **44**

Zum Steuerabzug bei **künstlerischen, sportlichen, artistischen** oder ähnlichen Dar- **45** bietungen (§ 50a Abs 1 Nr 1 EStG) s *Lohnsteuerberechnung* Rz 11 ff; s auch BVerfG 9.2.10 – 2 BvR 1178/07, IStR 10, 327; *Decker/Looser* IStR 10, 8; *Holthaus* IStR 10, 23. Zur Vermeidung einer Doppelbesteuerung von **Gastlehrern** und **Gastprofessoren** Anhang 12. III LStR, im Verhältnis zu USA BMF 20.9.99 – IV B 4 – S 1301 USA – 81/99, BStBl I 99, 844; s auch *Auslandstätigkeit* Rz 62.

II. Ausländischer Arbeitgeber. Ein **im Ausland ansässiger Unternehmer** gilt nach **46** § 38 Abs 1 Nr 1 EStG insoweit als **inländischer Arbeitgeber,** als er im Inland eine *Betriebsstätte* (s dort Rz 2 ff) oder einen ständigen Vertreter hat (H 38.3 LStR).

Für die Einbehaltung der LSt seiner **Leiharbeitnehmer** hat ein **ausländischer** Verleiher nach § 38 Abs 1 Satz 1 Nr 2 EStG auch dann die gleichen Pflichten wie ein inländischer ArbGeb zu erfüllen, wenn er selbst nicht inländischer ArbGeb ist. Dabei hat er für die im Inland tätigen LeihArbN die LSt vom ersten Tag der Tätigkeit im Inland an einzubehalten und abzuführen; die 183-Tage-Frist kommt hier nicht zur Anwendung (*Auslandstätigkeit* Rz 57; zu Haftungsfragen *Arbeitnehmerüberlassung/Zeitarbeit* Rz 71 ff; s auch *Arbeitnehmerentsendung* Rz 18). Hat der ausländische ArbGeb einen inländischen ständigen Vertreter (§ 13a AO), aber keine Betriebsstätte, so ist das WohnsitzFA des ständigen Vertreters zugleich BetriebsstättenFA (§ 41a Abs 1 Satz 1 Nr 1 und Nr 2 EStG) mit den lohnsteuerlichen Folgen (R 41.3 Satz 3 LStR). Die LStPflicht kann aber durch DBA ausgeschlossen sein (BFH 18.12.02 – I R 96/01, BFH/NV 03, 1152). Das BetriebsstättenFA kann hierbei dem ausländischen Verleiher eine Freistellungsbescheinigung erteilen (§ 39b Abs 6 EStG). Dies gilt auch für Zeiträume vor 2004 (s hierzu *Auslandstätigkeit* Rz 45 ff; *Lohnabzugsverfahren* Rz 22, 23).

Bei **Bauausführungen oder Montagen** ausländischer ArbGeb im Inland, die länger als sechs Monate (§ 12 Nr 8 AO) dauern, ist der ausländische ArbGeb zugleich als inländischer ArbGeb iSv § 38 Abs 1 Nr 1 EStG anzusehen, gleichgültig, ob die Bauausführung oder Montage nach dem anzuwendenden DBA eine Betriebsstätte begründet (BFH 21.4.99 – I R 99/97, BStBl II 99, 694; hierzu *Buciek* IStR 99, 629). Begründet die Bauausführung oder Montage nach dem anzuwendenden DBA keine Betriebsstätte (s hierzu *Auslandstätigkeit* Rz 50 ff), so sind die Arbeitslöhne, die an die im Inland eingesetzten ausländischen ArbN gezahlt werden, idR von der LSt **freizustellen,** wenn sie sich an höchstens 183 Tagen im Kj im Inland aufhalten (R 38.3 Abs 4 LStR).

III. Aufwendungen. 1. Sprachkurs. Aufwendungen für das **Erlernen der deutschen** **47** **Sprache** durch Ausländer sind grds keine, auch keine vorweggenommenen Werbungskosten, auch wenn der Ausländer in einem Arbeitsverhältnis steht (BFH 15.3.07 – VI R 14/04, DStR 07, 1203; s auch *Ausbildungskosten* Rz 9, *Fortbildung* Rz 28). Andererseits sind vom ArbGeb an ausländische ArbN erstattete Kosten des Sprachkurses kein Arbeitslohn (FG München 17.1.02 – 7 K 1790/00, EFG 02, 617). Im Übrigen können es Sonderausgaben nach § 10 Abs 1 Nr 7 EStG sein (Höchstbetrag 6000 €; s *Ausbildungskosten* Rz 15). Aufwen-

78 Ausländer

dungen einer im Ausland ausgebildeten Lehrerin für das Lehramtstudium in Deutschland sind bei Vergleichbarkeit der Ausbildung Werbungskosten (BFH 16.1.98 – VI R 92/96, BFH/NV 98, 844; s auch *Fortbildung* Rz 22 ff). Beabsichtigte inländische Tätigkeit eines im Ausland wohnenden Stpfl kann zu inländischen vorweggenommenen Werbungskosten führen (FG München 27.7.07 – 8 K 3952/05, EFG 07, 1677). Einbürgerungskosten zum Erwerb der deutschen Staatsangehörigkeit sind nicht abzugsfähig (§ 12 Nr 1 Satz 2 EStG; BFH 18.5.84 – VI R 130/80, BStBl II 84, 588).

48 **2. Sozialversicherungsbeiträge.** Zu Beiträgen, die in der BRD wohnhafte Schweizer Staatsangehörige an die **Schweizer Alters- und Hinterbliebenenversicherung** leisten, s *Grenzgänger* Rz 23. Werden ausländischen ArbN **Sozialversicherungsleistungen** vom SozVTräger **erstattet,** nachdem der SozVTräger die ausländischen ArbN entgegen ursprünglicher Ansicht nicht für sozialversicherungspflichtig hält, so stellen die Erstattungen keinen Arbeitslohn dar (s *Sozialversicherungsbeiträge* Rz 15). SozVBeiträge an **ausländische** SozVTräger sind steuerfrei, wenn sie nach ausländischem Recht geschuldet werden (R 3.62 Abs 1 Satz 2 LStR; *Portner* DStR 10, 2022). Zahlungen aufgrund vertraglicher Abmachungen sind nicht steuerfrei (BFH 28.5.09 – VI R 27/06, DStR 09, 1845).

49 **3. Unterhaltsleistungen.** BMF 7.6.10 – IV C 4 – S 2285/07/0006:001, BStBl I 10, 588; BMF 4.10.11 – IV C 4 – S 2285/07/0007:005, BStBl I 11, 961. Aktuelle Rspr: BFH 27.1.11 – VI R 13/10, BStBl II 11, 965; BFH 11.11.10 – VI R 16/09, BStBl II 11, 966.

50 **IV. Sprachregelung.** Die Amtssprache ist Deutsch (§ 87 AO). In einer **Fremdsprache** eingegangene Erklärungen sind auf Verlangen der Finanzbehörde mit einer deutschen Übersetzung zu versehen, damit sie Rechtswirkung erlangen. Ist ein inländischer Zustellungsbevollmächtigter bestellt, sind fristwahrende Erklärungen innerhalb der Frist in Deutsch abzugeben (FG Saarl 13.12.94, EFG 95, 294). **Ausländische Steuerberater** und Buchführungshelfer dürfen – auch vom Ausland aus – im Inland Hilfe in Steuersachen leisten (§ 3a StBerG). Erforderlich ist wie bei Inländern eine Berufshaftpflichtversicherung (BFH 21.7.11 – II R 6/10, BFH/NV 11, 1796). Mangelnde deutsche Sprachkenntnisse können bei Wahrung der in eigener Sache obliegenden Sorgfaltspflicht Wiedereinsetzung in den vorigen Stand (§ 110 AO; § 56 FGO) rechtfertigen (BFH 17.3.10 – X B 114/09, BFH/NV 10, 1239).

C. Sozialversicherungsrecht *Voelzke*

Übersicht

	Rz		Rz
I. Allgemeines	51	b) Beschäftigungs- oder Tätigkeitsort	65, 66
II. Ausländerbeschäftigung	52–62	2. Einstrahlung	67–70
1. Aufenthaltsgesetz	54–59	a) Entsendung	68
2. Freizügigkeitsgesetz/EU	60	b) Ausländisches Beschäftigungsverhältnis	69
3. Asylbewerber	61	c) Zeitliche Begrenzung	70
4. Kroatische Staatsangehörige	62	3. Vorschriften des über- bzw zwischenstaatlichen Rechts	71–73
III. Sozialversicherung	63–73		
1. Territorialitätsprinzip	63–66		
a) Wohnsitz oder gewöhnlicher Aufenthalt	64		

51 **I. Allgemeines.** Das **Zuwanderungsgesetz** hat den Zugang zum deutschen Arbeitsmarkt ab 1.1.05 vollkommen neu gestaltet. Ob eine Beschäftigung im Inland ausgeübt werden darf, ergibt sich seither aus dem Aufenthaltstitel.

Nach dem **Territorialitätsprinzip** des SozVRechts gelten die Vorschriften über die Versicherungspflicht und -berechtigung auch für ausländische ArbN, die eine Beschäftigung im Inland ausüben (§ 3 Nr 1 SGB IV). Der Territorialitätsgrundsatz des § 3 SGB IV gilt für die Ausübung einer selbstständigen Tätigkeit entsprechend. Knüpfen Vorschriften des Sozialrechts nicht an eine Beschäftigung oder selbstständige Tätigkeit an, so ist der inländische Wohnsitz oder Aufenthaltsort für ihre Anwendbarkeit entscheidend (§ 30 SGB I, § 3 Nr 2 SGB IV). Ausnahmen vom Territorialitätsprinzip ergeben sich insbesondere aus den Grundsätzen der **Einstrahlung** (§ 5 SGB IV) und den Regelungen des über- und zwischenstaatlichen Rechts (§ 6 SGB IV). Keine Geltung beanspruchen die §§ 3–6 SGB IV hinsichtlich der Leistungserbringung, so dass die Versicherungsleistungen zum Teil auch im Ausland beansprucht werden können. Teilweise enthalten allerdings die besonderen Teile des SGB insoweit einschränkende Vorschriften.

II. Ausländerbeschäftigung. Durch das Zuwanderungsgesetz vom 30.7.04 (BGBl I 04, 1950) ist das Ausländeraufenthaltsrecht und das Ausländerbeschäftigungsrecht umfassend reformiert worden (vgl eingehend *Eicher* jurisPR-SozR 34/2004 Anm 4; *Bünte/Knödler* NZA 08, 743; *Rahne* DB 12, 2281). Das Zuwanderungsgesetz enthält in seinem Art 1 das Aufenthaltsgesetz (AufG) und in seinem Art 2 das Freizügigkeitsgesetz/EU (FreizügG/EU). Die Regelungen des Zuwanderungsgesetzes sind im Wesentlichen am 1.1.05 in Kraft getreten. Zur Ausführung des AufG ist ua die Beschäftigungsverordnung vom 6.6.13 (BGBl I 13, 1499, geändert durch VO vom 31.10.13, BGBl I 13, 3903) erlassen worden. 52

Beschäftigt ein ArbGeb einen Ausländer ohne die nach § 284 Abs 1 SGB III erforderliche Genehmigung oder ohne die nach § 4 Abs 3 AufG erforderliche Berechtigung zur Erwerbstätigkeit (sog **illegale Ausländerbeschäftigung**) so gilt nach § 7 Abs 4 SBG IV in der ab 1.1.12 geltenden Fassung, dass der ArbGeb zur Zahlung der vereinbarten Vergütung verpflichtet ist. Insoweit wird zusätzlich die Vermutung aufgestellt, dass ein Beschäftigungsverhältnis für die Dauer von drei Monaten bestanden hat. Eine vergleichbare Regelung ist in § 98a AufG getroffen. Das Vorliegen einer Beschäftigung kann durch den ArbGeb widerlegt werden (kritisch zu der Regelung *Berchtold* NZS 12, 481). 53

1. Aufenthaltsgesetz. Für Ausländer, die nicht Bürger der EU sind, enthält das Aufenthaltsgesetz die maßgebenden Regelungen über den Aufenthalt und die Beschäftigung in Deutschland. Mit diesem Gesetz ist das vorherige doppelte Genehmigungsverfahren für die Bereiche Aufenthalt und Beschäftigung aufgehoben worden. Seither ergibt sich unmittelbar aus dem **Aufenthaltstitel,** ob und in welchem Umfang ausländische ArbN von ArbGeb im Inland beschäftigt werden dürfen. Ausnahmen hiervon sind nur auf Grund einer zwischenstaatlichen Vereinbarung, eines Gesetzes oder einer Verordnung möglich. 54

§ 4 Abs 3 AufG stellt die Beschäftigung eines Ausländers weiterhin unter ein generelles **Verbot mit Erlaubnisvorbehalt.** Die Beschäftigungsmöglichkeiten des Ausländers ergeben sich unmittelbar aus dem Aufenthaltstitel. Die Entscheidung mit Außenwirkung wird von der Ausländerbehörde getroffen. Jeder Aufenthaltstitel wird für einen bestimmten Aufenthaltszweck erteilt. Das AufG unterscheidet drei für die Beschäftigung von ausländischen ArbN bedeutsame Aufenthaltstitel: 55
– die im Ermessen stehende befristete Aufenthaltserlaubnis (§ 7 AufG)
– die grds ohne Ermessensausübung zu erteilende unbefristete allgemeine oder besondere Niederlassungserlaubnis (§ 9 AufG)
– die Erlaubnis zum Daueraufenthalt-EG, die in ihrer Wirkung der Niederlassungserlaubnis angenähert ist (§ 9a AufG).

Neben den genannten Aufenthaltstiteln sieht das AufG das **Visum** als speziellen Aufenthaltstitel für die Einreise bzw Durchreise vor (§ 6 AufG). 56

Die **Aufenthaltserlaubnis** wird grds nur für bestimmte Zwecke bzw Tätigkeiten erteilt. Sie kann mit Nebenbestimmungen (Bedingungen, Auflagen) versehen werden. Für hochqualifizierte ArbN hat der Gesetzgeber mit der „Blauen Karte EU" eine neue Variante der Inlandsbeschäftigung geschaffen (zu Einzelheiten *Bünte/Knödler* NZA 12, 1255).

Die allgemeine **Niederlassungserlaubnis** wird ua nach einer fünfjährigen Aufenthaltserlaubnis erteilt. Eine Niederlassungserlaubnis können in besonderen Fällen hochqualifizierte Ausländer erhalten (§ 19 Abs 1 AufG), wenn die BA zugestimmt hat. Die Zustimmung steht nach § 39 Abs 5 AufG im Ermessen der BA, wenn sich durch die Beschäftigung des Ausländers keine nachteiligen Auswirkungen auf den deutschen Arbeitsmarkt ergeben. Die Niederlassungserlaubnis berechtigt zur Ausübung sämtlicher Erwerbstätigkeiten. 57

Bei Erteilung oder Verlängerung eines Aufenthaltstitels wird die **Bundesagentur** nach Maßgabe der §§ 39 bis 42 AufG in bestimmten Fällen mittelbar an der Entscheidung der Ausländerbehörde beteiligt. Das Erfordernis der Zustimmung der BA gilt in folgenden Fällen: der Aufenthaltserlaubnis zum Zweck der betrieblichen Aus- und Weiterbildung (§ 17 AufG); einem Aufenthaltstitel zur Ausübung einer Beschäftigung (§ 18 AufG); der Niederlassungserlaubnis für Hochqualifizierte (§ 19 AufG); der Beschäftigungserlaubnis nach § 4 Abs 2 Satz 3 AufG. Die Zustimmung der BA ist arbeitsmarktabhängig und muss auf die 58

78 Ausländer

Vorrang deutscher und gleichgestellter ArbN Rücksicht nehmen. Für den Zugang von qualifizierten Fachkräften zum deutschen Arbeitsmarkt gilt § 27 Beschäftigungsverordnung.

59 Die BA muss ihre Zustimmung zum Aufenthaltstitel bei Vorliegen der in § 40 AufG genannten **Versagungsgründe** verweigern. Die Zustimmung ist ohne Ausübung von Ermessen nach § 40 Abs 1 AufG zu versagen, wenn das Arbeitsverhältnis aufgrund einer unerlaubten Arbeitsvermittlung oder Anwerbung zustande kommt (Nr 1) oder der Ausländer als LeihArbN tätig werden will (Nr 2). Die Zustimmung und ihre Versagung ist mangels Außenwirkung kein Verwaltungsakt (*Söhngen* in *Eicher/Schlegel* SGB III, Vor §§ 284–288 Rz 39; *Bünte/Knödler* NZA 08, 745).

60 **2. Freizügigkeitsgesetz/EU.** Für Personen, deren Rechtsstellung durch das FreizügG/EU bestimmt wird, gelten die Regelungen des AufG nicht. Unionsbürger erhalten eine Bescheinigung über das **gemeinschaftsrechtliche Aufenthaltsrecht** (§ 5 FreizügG/EU). Freizügigkeitsberechtigt sind insbesondere Unionsbürger, die sich als ArbN, zur Arbeitssuche oder zur Berufsausbildung in Deutschland aufhalten wollen (§ 2 Nr 1 FreizügG/EU).

61 **3. Asylbewerber.** Asylbewerbern wird der Aufenthalt auch ab 1.1.05 nur gestattet. Die Gestattung enthält keinen Aufenthaltstitel und berechtigt deshalb nicht zur Ausübung einer Beschäftigung. Dem Asylbewerber kann jedoch nach § 61 Abs 2 Asylverfahrensgesetz **nach einem Jahr** Aufenthalt eine Beschäftigung erlaubt werden, wenn die BA zugestimmt hat oder aufgrund einer Rechtsverordnung eine Zustimmung der BA nicht erforderlich ist.

62 **4. Kroatische Staatsangehörige.** Nach § 284 Abs 1 SGB III (idF des G vom 17.6.13, BGBl I 13, 1555) bedürfen kroatische Staatsangehörige und ihre freizügigkeitsberechtigten Familienangehörigen einer **Arbeitsgenehmigung,** soweit nicht abweichende Übergangsregelungen zur Arbeitnehmerfreizügigkeit Anwendung finden.

63 **III. Sozialversicherung. 1. Territorialitätsprinzip.** Nach der für alle Teile des SGB geltenden Regelung des § 30 SGB I ist für die Anwendung der Vorschriften des SGB nicht die Staatsangehörigkeit des Betroffenen, sondern sein Wohnsitz oder ständiger Aufenthalt im Inland maßgeblich. Ausnahmen hiervon gelten insbesondere für Leistungsberechtigte nach dem SGB II, da § 7 Abs 1 S 2 bis 4 SGB II für Ausländer **Leistungsausschlüsse** vorsieht (vgl im Einzelnen *Hauck/Noftz/Valgolio*, SGB II, § 7 Rz 115 ff).

Das Territorialitätsprinzip wird für die SozV (§ 3 SGB IV) dahingehend modifiziert, dass es, soweit die Regelungen über die **Versicherungspflicht oder -berechtigung** die Ausübung einer Beschäftigung oder einer selbstständigen Erwerbstätigkeit voraussetzen, auf den Beschäftigungs- bzw Tätigkeitsort ankommt. Vom deutschen SozVRecht werden daher grds alle im Geltungsbereich des SGB ausgeübten Beschäftigungen, unabhängig von der Staatsangehörigkeit des ArbN oder ArbGeb oder dessen Betriebssitz, erfasst. Die deutschen Vorschriften über die Versicherungspflicht gelten, wenn der Beschäftigungsort im Inland liegt, selbst dann, wenn sich der Wohnort des Beschäftigten im Ausland befindet.

64 **a) Wohnsitz oder gewöhnlicher Aufenthalt.** Die sozialrechtliche Definition der Begriffe Wohnsitz und gewöhnlicher Aufenthalt (§ 30 Abs 3 SGB I) folgt den steuerrechtlichen Regelungen der §§ 8, 9 AO. Nach § 30 Abs 3 Satz 1 SGB I hat jemand seinen Wohnsitz dort, wo er eine Wohnung unter Umständen innehat, die darauf schließen lassen, dass er diese Wohnung beibehalten und benutzen wird. Zwar richtet sich die Bestimmung des Wohnsitzes in erster Linie nach objektiven tatsächlichen und wirtschaftlichen Gegebenheiten, jedoch fließen subjektive Kriterien in die Beurteilung ein, da ein realisierbarer Wille vorhanden sein muss, an einem bestimmten Ort zu wohnen (BSG 10.12.85 – 10 RKg 14/85, SozR 5870 § 2 Nr 44).

Der **gewöhnliche Aufenthalt** bestimmt sich unter Berücksichtigung der Umstände, die erkennen lassen müssen, dass er an diesem Ort oder in diesem Gebiet nicht nur vorübergehend verweilt (§ 30 Abs 3 Satz 2 SGB I). Auch bei der Ausfüllung dieser Definition ist neben den objektiven Umständen ein subjektives Element erforderlich, nämlich der Wille, auf längere Zeit an einem Ort zu verweilen (BSG 16.10.86 – 12 RK 13/86, SozR 1200 § 30 Nr 10). Soweit die Rspr weitergehend verlangt, dass ein gewöhnlicher Aufenthalt nur vorliegt, wenn dieser ausländerrechtlich hinreichend beständig ist (BSG 3.4.01 – B 4 RA 90/00 R, SozR 3–1200 § 30 Nr 21), ist an dieser sog „Einfärbungslehre" zu Recht Kritik geübt worden (*Schlegel* in *Schlegel/Voelzke* SGB I, § 30 Rz 51).

Ausländer 78

b) Beschäftigungs- oder Tätigkeitsort. Da die Vorschriften über die Versicherungspflicht in der SozV idR an die Ausübung einer Beschäftigung anknüpfen, kommt es hier gem § 3 Nr 1 SGB IV auf den Ort der Beschäftigung an. Dieser bestimmt sich unabhängig vom Geschäftssitz des ArbGeb danach, wo die Beschäftigung **tatsächlich ausgeübt** wird (§ 9 Abs 1 SGB IV; vgl auch die Ausnahmeregelungen in §§ 9 Abs 2–6, 10 SGB IV). Staatsangehörigkeit und Wohnsitz sind für das Bestehen der Versicherungs- bzw Beitragspflicht ohne Bedeutung (s BSG 18.8.92 – 12 RK 37/89, SozR 3–4100 § 168 Nr 10 zu einer im Inland beschäftigten Türkin mit Wohnort in der Schweiz). Die tatsächliche Betrachtungsweise des Beschäftigungsortes nach § 9 Abs 1 SGB IV wird durch die Fiktionen des Beschäftigungsortes in § 9 Abs 2 bis 6 SGB IV ergänzt. Diese Ergänzungen sollen die Unzuträglichkeiten eines häufigen Wechsels des Beschäftigungsortes im Interesse der Kontinuität des Versicherungsverhältnisses vermeiden (zu Einzelheiten s *Schlegel/Voelzke/Grimmke* SGB IV § 9 Rz 17 ff). 65

Der Beschäftigungsort kann nicht durch Vereinbarungen abweichend bestimmt werden. Werden Mitarbeiter eines ausländischen ArbGeb **an verschiedenen Orten** beschäftigt, ohne dass es eine feste inländische Arbeitsstätte oder einen festen Betriebssitz gibt, so gilt als Beschäftigungsort der Ort, an dem die Beschäftigung erstmals im Geltungsbereich des Gesetzes ausgeübt wurde (§ 9 Abs 5 Satz 3 SGB IV). Die für den Beschäftigungsort geltenden Vorschriften gelten für selbstständige Tätigkeiten entsprechend (§ 11 SGB IV). 66

2. Einstrahlung. Eine Ausnahme vom Territorialitätsprinzip gilt nach § 5 Abs 1 SGB IV für Personen, die im Rahmen eines im Ausland bestehenden Beschäftigungsverhältnisses ins Inland entsandt werden, wenn die Entsendung infolge der Eigenart der Beschäftigung oder im Voraus zeitlich begrenzt ist (vgl zur Anwendung der Einstrahlungsregelung *Schlegel/Voelzke/Padé* SGB IV, § 5 Rz 13 ff). Sinn der Regelung über die Einstrahlung des ausländischen Rechts ist es, dass lediglich **vorübergehend im Inland Tätige** infolge des Territorialitätsprinzips nicht automatisch der Versicherungspflicht der deutschen SozV unterstehen. Hierdurch wird zugleich die Flexibilität der ArbN und der Unternehmen gesichert (*Schlegel/Voelzke/Padé* SGB IV § 5 Rz 11). Liegen die Voraussetzungen der Einstrahlung vor, so kommt es nicht zur Versicherung in der deutschen SozV. Zur Auslegung und Anwendung der §§ 4, 5 SGB IV haben die Spitzenverbände der KV-, UV-, und RVTräger und die BA in einem gemeinsamen Rundschreiben Richtlinien herausgegeben, die als Hilfsmittel für die versicherungsrechtliche Beurteilung bei der Einstrahlung herangezogen werden können (*Auslandstätigkeit* Rz 145). Zu beachten ist, dass § 5 SGB IV nur im Bereich des sog vertragslosen Auslands Bedeutung zukommt (s unten Rz 71–73). 67

a) Entsendung. Der Begriff der Entsendung wird in § 5 SGB IV im gleichen Sinne wie bei der Ausstrahlung verwandt (s *Auslandstätigkeit* Rz 140–145). Eine Entsendung iSd Einstrahlung liegt vor, wenn sich ein Beschäftigter **auf Weisung** seines ausländischen ArbGeb vom Ausland in das Inland begibt, um hier eine Beschäftigung für diesen ArbGeb auszuüben. Eine Einstrahlung des ausländischen SozVRechts kommt nicht in Betracht, wenn der ArbN sich bereits vor Aufnahme der fraglichen Tätigkeit im Inland aufgehalten hat (BSG 26.11.85 – 12 RK 40/83, SozR 6180 Art 73 Nr 1). Das deutsche Recht der sozialen Sicherheit ist auch anzuwenden, wenn Firmen mit Sitz im Ausland inländischen ArbGeb ausländische ArbN im Wege unerlaubter ArbNÜberlassung zur Verfügung stellen, da in diesen Fällen ein Beschäftigungsverhältnis zwischen Entleiher und LeihArbN fingiert wird (vgl BSG 25.10.88 – 12 RK 21/87, SozR 2100 § 5 Nr 3). 68

b) Ausländisches Beschäftigungsverhältnis. Die Entsendung muss im Rahmen eines ausländischen Beschäftigungsverhältnisses erfolgen (zu Einzelheiten s *Schlegel/Voelzke/Padé* SGB IV § 5 Rz 34 ff). Hiervon ist auszugehen, wenn während der Entsendung die wechselseitigen **Rechte und Pflichten** der Arbeitsvertragsparteien weiterbestehen (vgl zu japanischen ArbN SG Bln 26.1.96 – S 72 KR 933/93–4, NZS 96, 290). Maßgeblich ist insoweit der Beschäftigungsbegriff des § 7 SGB IV. Als Indiz für das Vorliegen eines Beschäftigungsverhältnisses mit einem ArbGeb im Ausland kann nach der Verwaltungspraxis insbesondere die Art der Entlohnung angesehen werden. Ist der ArbN in den Betrieb einer inländischen Zweigniederlassung eingegliedert und erhält er von ihr das Arbeitsentgelt, so liegt Einstrahlung nicht vor (BSG 1.7.99 – B 12 KR 2/99 R, SGb 2000, 418 mit abl Anm *Klose*). Wird das zu zahlende Arbeitsentgelt ebenso wie für die Beschäftigten im ausländischen Stammhaus 69

79 Auslandsreise

ausgewiesen, so ist idR von einem im Ausland bestehenden Beschäftigungsverhältnis auszugehen (aA SG Hbg 21.7.91 – 23 KR 344/90, NZS 94, 183). Diesem Merkmal kommt besondere Bedeutung zu, wenn das Unternehmen auch in Deutschland eingestellte ArbN beschäftigt. Ein Fall der Einstrahlung ausländischen Rechts liegt nicht vor, wenn nicht nur mit dem entsendenden Betrieb, sondern auch mit einem inländischen Unternehmen ein Beschäftigungsverhältnis besteht (BSG 7.11.96 – 12 RK 79/94, SozR 3–2400 § 5 Nr 2 zur Beschäftigung bei der Mutter- und Tochtergesellschaft eines südkoreanischen Konzerns, vgl zur Bedeutung der Weisungsverhältnisse und der Entgeltzahlungsabwicklung BSG 5.12.06 – B 11a AL 3/06 R, SozR 4–2400 § 4 Nr 1).

70 **c) Zeitliche Begrenzung.** Die erforderliche zeitliche Begrenzung der Entsendung muss bereits bei Aufnahme der Tätigkeit im Inland bestehen. Sie kann sich aus der Eigenart der zu verrichtenden Arbeiten (zB Montage-, Instandhaltungs-, oder Reparaturarbeiten) oder einer vertraglichen Begrenzung ergeben. Eine Höchstdauer der möglichen Entsendung ist gesetzlich nicht vorgesehen. Bei vertraglichen Begrenzungen, insbesondere soweit diese Verlängerungsklauseln enthalten, muss sich zumindest die Gesamthöchstdauer eindeutig aus den vertraglichen Regelungen feststellen lassen. Im Übrigen sind vertragliche Verlängerungen zulässig.

71 **3. Vorschriften des über- bzw zwischenstaatlichen Rechts.** Die Vorschriften gehen, wie in § 6 SGB IV klargestellt wird, den Vorschriften der §§ 3–5 SGB IV vor. Solche Zuständigkeitsregelungen enthält für Staatsangehörige der EU-Mitgliedstaaten, die in einen anderen Mitgliedstaat entsandt werden, die **EG-VO 883/2004.**

72 Der Titel III der EG-VO 883/2004 enthält nach der ständigen Rspr des EuGH zur Vorläuferregelung ein abschließendes System von **allseitigen Kollisionsnormen,** das bezweckt, dass ArbN dem System der sozialen Sicherheit nur eines einzigen Mitgliedsstaates unterworfen werden (EuGH 16.2.95 – C-425/93, Die Beiträge 95, 308). Auch die VO knüpft im Grundsatz an den Ort der Beschäftigung an (Art 11 EG-VO 883/2004). Hingegen bleibt es nach Art 12 EG-VO 883/2004 bei den Rechtsvorschriften des Entsendestaates über die soziale Sicherheit, wenn die voraussichtliche Dauer der Arbeit im Gebiet eines anderen Mitgliedstaates 24 Monate nicht überschreitet und nicht eine andere Person abgelöst wird, für welche die Entsendungszeit abgelaufen ist. Eine Verlängerungsmöglichkeit besteht nicht (*Schlegel/Voelzke/Schweikhardt* SGB I, Art 12 VO (EG) 883/2004 Rz 26). Das Gemeinschaftsrecht eröffnet aber die Möglichkeit, nach Art 16 VO (EG) 883/04, Vereinbarungen über eine abweichende Versicherungszugehörigkeit zu treffen. Voraussetzung hierfür ist eine Antragstellung, die durch den ArbGeb oder den ArbN erfolgen kann (zu den Voraussetzungen der Vereinbarung *Bokeloh* DB 13, 2622).

73 Für die Tätigkeit von Personen, die aus Ländern entsandt werden, mit denen Deutschland SozVAbkommen geschlossen hat, sind die mit diesen Ländern bestehenden **Abkommen über soziale Sicherheit** bzw ArbIV zu beachten (vgl zu den wichtigsten Abk *Auslandstätigkeit* Rz 94; *Schlegel/Voelzke/Padé* SGB IV § 5 Rz 29). Die Abkommen enthalten idR Fristen, innerhalb derer das ausländische Recht der sozialen Sicherheit für den entsandten ArbN fortgilt. Der Nachweis der Versicherungsfreiheit erfolgt durch Vorlage einer Entsendebescheinigung, die durch den Versicherungsträger der Entsendestaaten auf Antrag des ArbGeb oder des ArbN ausgestellt und im Inland bei der zuständigen Krankenkasse als Einzugsstelle vorgelegt wird. Die Entsendebescheinigung hat lediglich deklaratorischen Charakter und keine konstitutive Wirkung.

Auslandsreise

A. Arbeitsrecht

Griese

1 **1. Arbeitsrechtliche Verpflichtung.** Der ArbN ist zu Auslandsreisen verpflichtet, wenn dies Bestandteil des Arbeitsvertrages ist. Dies kann auf einer ausdrücklichen Vereinbarung beruhen, es kann sich ebenso aus dem arbeitsvertraglich vereinbarten Tätigkeitsbild ergeben. So wird ein Mitarbeiter, der für den Auslandsvertrieb eingestellt wird, auch ohne dass dies ausdrücklich festgelegt ist, aufgrund der vertraglich übernommenen Tätigkeit zu Auslandsreisen verpflichtet sein. Im Rahmen dieser arbeitsvertraglichen Verpflichtung macht der

ArbGeb mit der Anordnung einer Auslandsreise von seinem Weisungsrecht (s *Weisungsrecht* Rz 5) Gebrauch (allgemein für Dienstreisen BAG 29.8.91, DB 92, 147). Die Ausübung des Weisungsrechts unterliegt den allgemeinen Grenzen, insbesondere der Kontrolle im Hinblick auf das billige Ermessen nach § 106 GewO.

Auf den Auslandseinsatz findet gem Art 30 Nr 1 EGBGB weiterhin das Recht des gewöhnlichen Arbeitsorts und damit deutsches Arbeitsrecht Anwendung. Im Hinblick auf spezifische Gefahren der Auslandsreise besteht eine gesteigerte Fürsorgepflicht des ArbGeb (*Edenfeld* NZA 09, 939).

2. Mitbestimmungspflicht. Soweit eine Auslandsreise und die Tätigkeit dort zum vertraglich vereinbarten Tätigkeitsfeld gehört und einen Monat nicht überschreitet, liegt **keine mitbestimmungspflichtige Versetzung** nach § 95 Abs 3 BetrVG vor (BAG 21.9.99 – 1 ABR 40/98, NZA 2000, 781) vor. Gehören längerfristige Auslandsreisen nicht zur vertraglich geschuldeten Tätigkeit, bedarf es eines arbeitsvertraglichen **Versetzungsvorbehalts** und einer darauf gestützten Versetzung. 2

Bei einer **längerfristigen Auslandsreise** ist danach zu unterscheiden, ob der ArbN nach der Vertragsgestaltung und der Eigenart ihres Arbeitsplatzes üblicherweise nicht ständig an einem bestimmten Arbeitsplatz beschäftigt wird. Für diesen Fall schließt § 95 Abs 3 Satz 3 BetrVG die Annahme einer mitbestimmungspflichtigen Versetzung aus, andernfalls liegt sie vor.

3. Vergütung und Kosten. Die Reisezeit, die für die Auslandsreise verbraucht wird, muss unstreitig, soweit sie in die reguläre betriebsübliche Arbeitszeit fällt, als Arbeitszeit **vergütet** werden. Außerhalb dieses Zeitrahmens anfallende Reisezeit ist ebenfalls als Arbeitszeit zu vergüten, weil der ArbN dem ArbGeb seine Zeit zur Verfügung stellt, deren Ausfüllung der ArbGeb durch die Ausübung des Direktionsrechts festlegt (*Els* BB 86, 2192; teilweise aA *Hunold* NZA 93, 15). Abweichende tarifvertragliche Regelungen sind möglich (BAG 11.7.06 – 9 AZR 519/05, BB 07, 272). Es gelten die zur Dienstreise dargelegten Grundsätze (s *Dienstreise* Rz 4–9). Durch **Tarifvertrag** kann zB festgelegt werden, dass Dienstreisen, soweit sie mehr als die regelmäßige tägliche Arbeitszeit in Anspruch nehmen, keine Arbeitszeit sind, wie dies in § 44 Abs 2 Satz 1 u 2 **TVöD-**BT-V geschehen ist, so dass damit durch Dienstreisen **keine Überstundenentgeltansprüche** entstehen können (BAG 11.7.06 – 9 AZR 519/05, BB 07, 272). Freizeitausgleich ist nach § 44 Abs 2 Satz 3 TVöD-BT-V bei nichtanrechenbarer Reisezeit von mehr als 15 Stunden pro Monat aber möglich. 3

Die **Kosten** der Auslandsreise trägt der ArbGeb. Insoweit hat der ArbN einen Aufwendungsersatzanspruch (s *Aufwendungsersatz* Rz 2 ff) nach § 670 BGB. Dies gilt auch für Verpflegungsmehraufwendungen (s *Verpflegungsmehraufwendungen* Rz 2). Der Aufwendungsersatzanspruch zielt auf den Ersatz der im Einzelnen nachzuweisenden Aufwendungen. Eine **Pauschalierung,** auch hinsichtlich der Vergütung der Reisezeit, ist auf einzel- oder kollektivvertraglicher Basis möglich und empfehlenswert. Im Zweifel gelten wegen § 612 Absatz 2 BGB die steuerrechtlich festgelegten Pauschsätze (s unten Rz 24). 4

Für **Betriebsratsmitglieder,** die in Ausübung ihres Amtes Auslandsreisen unternehmen, ist für die Kostenerstattungspflicht § 40 BetrVG maßgebend. Maßstab hierfür ist die Erforderlichkeit im Hinblick auf die Amtsausübung (LAG NdS 10.6.92, BB 93, 291). Eine solche Rechtsgrundlage gilt auch für Reisen zur Teilnahme an Sitzungen eines **Europäischen BRates** (gem § 30 EBRG). 5

Die Gewährung von Zulagen für überwiegend ins Ausland entsandte Mitarbeiter ist mitbestimmungspflichtig nach § 87 Abs 1 Nr 10 BetrVG (BAG 30.1.90 – 1 ABR 2/89, NZA 90, 571). 6

B. Lohnsteuerrecht *Windsheimer*

1. Auslandsdienstreise. a) Begriff. Die Reise muss (nahezu ausschließlich) beruflich veranlasst sein. Zur Frage, ob bei einer Reise ins Ausland eine Dienstreise vorliegt, gelten die Regelungen über die Auswärtstätigkeit (BMF 30.9.13 IV C 5 – S 2353/13/10004, BStBl I 13, 1279, Einzelheiten, insbesondere auch zur geänderten Rechtslage ab 2014, s *Dienstreise* Rz 12 ff). Ausland sind alle Staaten außerhalb des Hoheitsgebiets der BRD. Entscheidend sind die Hoheitsgrenzen, nicht die Zollgrenzen (vgl BFH 13.4.89, BStBl II 89, 614; BVerfG 22.7.91, HFR 92, 424 betr die Gemeinde Büsingen). 7

79 Auslandsreise

8   **b) Rechtsfolgen.** Durch die Auslandsdienstreise veranlasste Aufwendungen kann der ArbN bis zur gesetzlich begrenzten Höhe als **Werbungskosten** geltend machen, soweit ihm derartige Aufwendungen tatsächlich entstanden sind. Der ArbN ist insoweit nachweispflichtig (R 9.5 Abs 2 LStR). Der ArbGeb kann dem ArbN die durch die Auslandsdienstreise verursachten **Aufwendungen** insoweit **steuerfrei ersetzen** (§ 3 Nr 16 EStG; R 9.5 Abs 2 *(Fahrtkosten),* R 9.6 Abs 1 und Abs 3 *(Verpflegungsmehraufwendungen);* R 9.7 Abs 3 *(Übernachtungskosten);* R 9.8 Abs 3 LStR *(Reisenebenkosten);* bei Dienstverhältnissen im öffentlichen Recht § 3 Nr 13 EStG; s *Dienstreise* Rz 12, 18, 35 ff). Insoweit entfällt ein Werbungskostenabzug. Die steuerfrei ersetzten Beträge hat der ArbGeb auf der (elektronischen) LSt-Bescheinigung zu bescheinigen (§ 41b Abs 1 Nr 10 EStG). Bei höherer bzw niedrigerer Kostenerstattung durch den ArbGeb als die tatsächlich entstandenen Aufwendungen liegen in der Differenz stpfl Einnahmen bzw abzugsfähige Werbungskosten vor (BFH 21.6.91, BStBl II 91, 814; s aber die Einschränkung bei den Verpflegungsmehraufwendungen unten Rz 12). Hierbei sind die Erstattungen des ArbGeb den als Werbungskosten abzugsfähigen Reisekosten des ArbN insgesamt gegenüberzustellen (BFH 15.11.91, BStBl II 92, 367). Hierbei können mehrere Reisen zusammengefasst abgerechnet werden (R 3.16 Satz 2 LStR). Es handelt sich um folgende Aufwendungen:

9   – **Fahrtkosten und Flugkosten** wie bei Dienstreisen im Inland (s *Dienstreise* Rz 36 ff);

10 – **Verpflegungsmehraufwendungen** (Tagegelder § 9 Abs 4a EStG). Für Tätigkeiten im Ausland gibt es ab 2014 nur noch zwei Pauschalen in Höhe von 120 % und 80 % der Auslandstagegelder nach dem Bundesreisekostengesetz unter den gleichen Voraussetzungen wie bei den inländischen Pauschalen (§ 9 Abs 4a Satz 5 EStG; s *Dienstreise* Rz 12 ff, BMF 30.9.13, BStBl 13, 1279 Rz 50; BMF 11.11.13, BStBl I 13, 1467). Die Regelungen zu den Besonderheiten bei Auswärtstätigkeiten im Ausland gelten weiter (BMF 30.9.13, BStBl I 13, 1279, Rz 50). Bei Anwendung der Tabelle (s unten Rz 24) ist Folgendes zu beachten:

11 Die in der Tabelle ausgewiesenen Beträge **binden** grds auch die **Finanzgerichte** (BFH 25.10.85, BStBl II 86, 200). Für Staaten, die in der Tabelle nicht aufgeführt sind, gelten die für Luxemburg festgelegten Pauschbeträge, zB Kosovo (IStR 10, 412). Für die nicht erfassten Übersee- und Außengebiete eines Staates sind die für das Mutterland geltenden Pauschbeträge maßgebend (R 9.6 Abs 3 LStR).

12 Für die Qualifizierung als An- und Abreisetag genügt es, wenn der ArbN unmittelbar nach der Anreise oder vor der Abreise auswärtig übernachtet (BMF 30.9.13, BStBl I 13, 1279, Rz 50). Bei nachgewiesenen höheren Aufwendungen als die Pauschalen ist für die die Pauschalen übersteigenden Mehraufwendungen LStPauschalierung möglich (§ 40 Abs 2 Nr 4 EStG; s *Lohnsteuerpauschalierung* Rz 36; *Dienstreise* Rz 55). Wird dem ArbN eine Mahlzeit zur Verfügung gestellt, unterbleibt eine Besteuerung dieses Sachbezugs (§ 8 Abs 2 Satz 9 EStG) und es werden die Pauschalen nach § 9 Abs 4a Satz 8 EStG gekürzt. Nach Ablauf von drei Monaten entfällt der Abzug von Verpflegungsmehraufwendungen (§ 9 Abs 4a Satz 6 EStG; BMF 30.9.13, BStBl I 13, 1279 Rz 57; Einzelheiten *Dienstreise* Rz 46).

Hierbei ist Folgendes zu beachten (vgl R 9.6 Abs 3 Satz 4 LStR):

13 • Bei **Flugreisen** gilt das Land in dem Zeitpunkt als erreicht, in dem das **Flugzeug** dort **landet;** Zwischenlandungen bleiben unberücksichtigt, es sei denn, dass durch sie Übernachtungen notwendig wurden. Erstreckt sich eine Flugreise über mehr als zwei Kalendertage, so ist für die Tage, die zwischen dem Tag des Abflugs und dem Tag der Landung liegen, der für Österreich geltende Pauschbetrag maßgebend.

14 • Bei **Schiffsreisen** ist der für Luxemburg geltende Pauschbetrag und für die Tage der Einschiffung und Ausschiffung der für den Hafenort geltende Pauschbetrag maßgebend.

15 • Bei Auslands- und Inlandsreisen an einem Tag gilt das Auslandstagegeld, selbst dann, wenn die überwiegende Zeit im Inland verbracht wird (R 9.6 Abs 3 Satz 3 LStR). Bei Dienstreisen vom Inland in das Ausland bestimmt sich der Pauschbetrag nach dem Ort, den der Steuerpflichtige vor 24 Uhr Ortszeit zuletzt erreicht hat. Für eintägige Reisen ins Ausland und für Rückreisetage aus dem Ausland in das Inland ist der Pauschbetrag des letzten Tätigkeitsortes im Ausland maßgebend (§ 9 Abs 4a Satz 5 2. Hs EStG).

– Für die **Übernachtungskosten** gilt: 16
Abziehbar sind die tatsächlichen Aufwendungen für die persönliche Inanspruchnahme einer Unterkunft zur Übernachtung (§ 9 Abs 1 Satz 3 Nr 5a EStG). Die Tabelle (s unten Rz 24) gilt nicht für den Werbungskostenabzug, sondern nur im Fall der ArbGeb-Erstattung (R 9.7 Abs 3 und R 9.11 Abs 10 Satz 7 Nr 3 LStR), auch ohne Einzelnachweis. Die Regelungen über den unentgeltlichen Bezug von Leistungen und über die Nichtanwendung der Pauschbeträge bei offensichtlich unzutreffender Besteuerung (s *Dienstreise* Rz 52) gelten auch bei Auslandsdienstreisen (R 9.7 Abs 3 Satz 6, 7 LStR; zu Übernachtungskosten bei LKW-Fahrern s BFH 28.3.12 – VI R 48/11, DStR 12, 1074; BMF 4.12.12 – IV C 5-S 2353/12/10009, 2012/1074468, DStR 12, 2539). Trägt der ArbN die Übernachtungskosten selbst, kann er die tatsächlichen Kosten als Werbungskosten geltend machen (R 9.7 Abs 2 und R 9.11 Abs 8 LStR), nicht die Pauschbeträge. Die ab 2014 eingeführte Höchstgrenze (1000 €) bei einer längerfristigen Auswärtstätigkeit (§ 9 Abs 1 Satz 3 Nr 5a Satz 4 EStG) gilt bei Übernachtungen im Ausland (BMF 30.9.13, BStBl I 13, 1279, Rz 112). Erstattet der ArbGeb die tatsächlich entstandenen Übernachtungskosten, steht dem ArbN kein Werbungskostenabzug zu, auch nicht in der Differenz zwischen tatsächlichen Kosten und einem höheren Pauschbetrag; dies deshalb, weil der Werbungskostenabzug wirtschaftlich getragenen Aufwand durch den ArbN erfordert, der bei einer ArbGebErstattung gerade nicht vorliegt (BFH 8.7.2010 – VI R 24/09, DStR 2010, 2347). Für Begleitpersonen gelten die Regelungen über Inlandsdienstreise entsprechend (s *Dienstreise* Rz 16). Weist der Zahlungsbeleg nur einen Gesamtpreis für Unterkunft und Verpflegung aus und lässt sich der Preis für die Verpflegung nicht feststellen, ist der Gesamtpreis für das Frühstück um 20 % und für das Mittag- und Abendessen um jeweils 40 % des für den Unterkunftsort maßgebenden Pauschbetrags für Verpflegungsmehraufwendungen bei mindestens 24 Stunden Abwesenheit zu kürzen (R 9.7 Abs 1 Satz 4 LStR). Die Übernachtungspauschbeträge gelten auch bei **doppelter Haushaltsführung** für einen Zeitraum von drei Monaten und für die Folgezeit mit 40 % der Pauschbeträge bei steuerfreier Erstattung durch den ArbGeb (R 9.11 Abs 10 Satz 7 Nr 3 Satz 2 LStR). Alternativ kommt die steuerfreie Erstattung mittels Einzelnachweis in Betracht. Dies bezieht sich auch auf Mietwohnungen im Ausland. Im Übrigen gelten die Regelungen oben Rz 11, 13, 14. Für die Dauer der Benutzung von Beförderungsmitteln darf ein Übernachtungsgeld nicht angesetzt werden (R 9.7 Abs 3 Satz 7, 8 LStR).

– **Reisenebenkosten.** Als solche kommen in Betracht: Telefon, Gepäcktransport, Garage, 17 Fahrten am Reiseort, Trinkgelder uÄ, nicht aber Reiseutensilien (FG Hbg 24.9.87, EFG 88, 67 aA für Koffer FG Hess 12.10.06 – 13 K 2035/06). Hier gelten die gleichen Regelungen wie bei Inlandsdienstreisen (s *Dienstreise* Rz 58; vgl im Übrigen R 9.8 LStR). Für Auslandsgeschäftsreisen von Unternehmern gelten obige Ausführungen entsprechend (R 4.10 (1) EStR).

2. Private Auslandsreise. Eine solche ist steuerlich als Ausgabe nicht zu berücksichti- 18 gen (§ 12 Nr 1 Satz 2 EStG; FG Sachs 13.5.11 – 8 K 72/10, BeckRS 2011, 95549), auch nicht als außergewöhnliche Belastung (BFH 14.4.92, BStBl II 92, 821: Reisekosten anlässlich Eheschließung in Moskau). Trägt der ArbGeb die Kosten, liegt stpfl Lohn vor, **auch bei Zahlung durch Dritte,** insbesondere durch Geschäftspartner s *Incentivereisen* Rz 4 ff. Stellt der ArbGeb **Ferienwohnungen** im Ausland zur Verfügung, so führt dies einerseits zu stpfl Lohn (§ 8 Abs 2 Satz 1 EStG), andererseits zu Betriebsausgaben beim ArbGeb (BFH 9.4.97, BStBl II 97, 539; Einzelheiten *Sachbezug* Rz 3 ff). Wird eine private (Auslands-)Reise aufgrund beruflicher Notwendigkeiten **unterbrochen,** so können die Reisekosten vom privaten Aufenthaltsort zum Arbeitsplatz und zurück als Werbungskosten abziehbar sein (BFH 12.1.90, BStBl II 90, 423; differenzierend FG NdS 27.4.95, EFG 95, 1026).

3. Privat und beruflich veranlasste Reise (gemischte Veranlassung). a) Vom Ar- 19 **beitnehmer finanzierte Reise.** Bei gemischt beruflich (betrieblich) und privat veranlassten Reisen sind die Aufwendungen für die Hin- und Rückreise grds in abziehbare Werbungskosten und nicht abziehbare Aufwendungen für die private Lebensführung nach Maßgabe der beruflich und privat veranlassten **Zeitanteile** der Reise **aufzuteilen,** wenn die beruflich veranlassten Zeitanteile feststehen und nicht von untergeordneter Bedeutung sind (BFH

79 Auslandsreise

21.9.09 – GrS 1/06, DStR 10, 101). **Das Aufteilungs- und Abzugsverbot** des § 12 Nr 1 Satz 2 EStG gilt **nicht mehr.** Die **Reise ist nicht mehr als Einheit** zu behandeln.

> **Beispiele:** 7-tägige Kongressreise nach Las Vegas/USA, wovon 4 Tage durch Fortbildung ausgefüllt sind: $^4/_7$ der Reisekosten sind als Werbungskosten abzugsfähig (BFH 21.9.09 – GrS 1/06, DStR 10, 101).
> Die seelsorgerische Betreuung durch einen Geistlichen bei einer Pilgerwallfahrt nach Rom sowie die Tertiatskursfahrt (= Reise im dritten Jahr der Erprobung und Eingliederung in den Jesuitenorden) zu den christlichen Orten in Jordanien sind beruflich veranlasst und daher steuerlich absetzbar (BFH 9.12.10 – VI R 42/09, BStBl II 11, 522).

Beruflich abgrenzbare Aufwendungen bleiben bei einer ansonsten als privat zu beurteilenden Reise steuerlich abzugsfähig (zB Geschäftsbesuch bei einem Vertragspartner, Kongressteilnahme, auch bei Halten eines Vortrags). Abzugsfähig sind hierbei Eintrittsgelder, Kursgebühren, zusätzliche Fahrtkosten, Unterbringungskosten und Verpflegungsmehraufwendungen (BFH 15.3.90, BStBl II 90, 736; BFH 23.4.92, BStBl II 92, 898; BFH 23.1.97, BStBl II 97, 357; BFH 7.2.97, BFH/NV 97, 401).

aa) Voraussetzung für die Abzugfähigkeit: Die Gründe des StPfl für die Reise sind anhand der gesamten Umstände des jeweiligen Einzelfalls zu ermitteln (BFH 1.6.10 – VIII R 80/05, BFH/NV 10, 1805). Lassen sich keine Gründe feststellen, die eine berufliche Veranlassung der Reise belegen, gehen entsprechende Zweifel zu Lasten des StPfl. Es liegt also am StPfl, seiner Mitwirkungspflicht umfassend und belegbar in der Weise nachzukommen, dass bei wertender Betrachtung aller Umstände des Einzelfalls die Reise als zumindest teilweise beruflich veranlasst erscheint (BFH 23.3.11 – X R 44/09, DStRE 11, 1101) Dies ist nach objektiven Kriterien zu beurteilen (BFH 5.2.10 – IV B 57/09, BFH/NV 10, 880). Zum tatsächlichen Ablauf der Reise hat das FG ggf Zeugen zu vernehmen (BFH 1.6.2010 – VIII R 80/05, DB 2010, 2082). Bisherige anderslautende Rspr des BFH des Inhalts, ganz oder gar nicht abzugsfähig (s Vorauflagen), ist überholt. Es gelten somit die Grundsätze, die seit langem zum Abzug fixer Pkw- und Telefonkosten anerkannt sind (BFH 21.11.80 – VI R 202/79, BStBl II 81, 131).

Eine unbedeutende private Mitveranlassung steht dem vollständigen Abzug von Werbungskosten nicht entgegen wie auch umgekehrt eine unbedeutende berufliche Mitveranlassung den Werbungskostenabzug nicht eröffnet (BFH 5.2.2010 – IV B 57/09, BFH/NV 2010, 880). Ggf ist der berufliche Zeitanteil zu schätzen. Greifen aber die – für sich gesehen jeweils nicht unbedeutenden – beruflichen und privaten Veranlassungsbeiträge (zB bei einer beruflich/privaten Doppelmotivation für eine Reise) so ineinander, dass eine Trennung nicht möglich ist, kommt ein Abzug der Aufwendungen insgesamt nicht in Betracht (BFH 7.5.13 – VIII R 51/10, DB 13, 2245: Reise eines nebenberuflichen Autors). Von diesen Grundsätzen ist bereits die neuere Rspr des BFH zu Aufwendungen anlässlich eines Fortbildungskongresses in einem **beliebten Urlaubs- und Ferienort** ausgegangen. Wenn die Fortbildung in einem konkreten, erwerbsbezogenen Veranlassungszusammenhang mit der Berufstätigkeit steht und die Anwesenheit bei der Fachtagung nachgewiesen ist, wobei ein lückenloser Nachweis nicht erforderlich ist, sind die Reisekosten abzugsfähig, solange eine private Mitveranlassung der Reise unbedeutend ist, anderenfalls Aufteilung der Kosten nach Zeitanteilen (BFH 11.1.07 – VI R 8/05, NJW 07, 1023: Ärztekongress in St. Anton am Arlberg und in Mayrhofen im Zillertal während der Hauptferienzeit; BFH 22.7.08 – VI R 2/07, BFH/NV 08, 1837: Apothekerkongress in Meran; BFH 21.4.10 – VI R 66/04, BStBl II 10, 685: Fortbildung für Sportmedizin am Gardasee). Eine Auslandsreise zwecks **Bewerbung** ist steuerlich nicht abzugsfähig, da die Reise nicht der Erzielung inländischer Einkünfte dient (BFH 20.9.06 – I R 59/05, IStR 06, 25). Dient ein **Sprachkurs** im Ausland der Vorbereitung einer Tätigkeit im Ausland bei beabsichtigter Aufgabe des inländischen Wohnsitzes, entfällt trotz ausschließlich beruflicher Veranlassung die steuerliche Abzugsfähigkeit, da der Kurs nicht der Erzielung inländischer Einkünfte dient (BFH 24.4.92, BStBl II 92, 666). Zu einem während der Berufstätigkeit im Ausland absolvierten Sprachkurs, der der inländischen Berufstätigkeit dient, s *Fortbildung* Rz 28. Bei **Mitnahme des Ehegatten** oder einer anderen Person aus anderen als dienstlichen Gründen gilt der Einzelzimmerpreis im selben Haus (R 9.7 Abs 1 Satz 2 LStR). Die Mitnahme des Ehegatten oder einer anderen Person aus nicht geschäftlichen Gründen indiziert den Privatcharakter der Reise (BFH 23.3.11 – X R 44/09, DStRE 11, 1101). Der strenge Maßstab bei Mitnahme einer Begleit-

Auslandsreise 79

person gilt selbst dann, wenn der Stpfl einen **Vortrag** hält (BFH 18.7.97, BFH/NV 98, 157; aA FG Hbg 29.6.01 – II 139/00, EFG 01, 1423).

bb) Eine Ausnahme von der zeitanteiligen Aufteilung gilt bei Wahrnehmung eines beruflichen Termins auf Weisung des ArbGeb. In diesem Fall können die **Kosten der Hin- und Rückreise** auch dann in vollem Umfang beruflich veranlasst sein, wenn der StPfl den beruflichen Pflichttermin mit einem vorangehenden oder nachfolgenden Privataufenthalt verbindet. Dabei kommt es nicht notwendig darauf an, ob der private Teil der Reise kürzer oder länger ist als der berufliche Teil (*Schmidt/Loschelder* § 12 Anm 7). 20

b) Vom Arbeitgeber finanzierte Reise. (Teilweiser) Aufwendungsersatz durch den ArbGeb allein macht die Reise nicht zu einer (teilweise) beruflich veranlassten (BFH 14.4.88, BStBl II 88, 633; 25.3.93, BStBl II 93, 639), auch wenn die Reise vom Arbeitgeber angeordnet worden ist (BFH 16.4.93, BStBl II 93, 640; 30.4.93, BStBl II 93, 674; aA FG Köln 31.10.95, EFG 96, 273). Auch wenn der ArbN als **Reiseleiter** tätig ist, ist die Reise nur dann beruflich veranlasst, wenn die Betreuungsaufgaben das Eigeninteresse des ArbN an der Teilnahme des touristischen Programms in den Hintergrund treten lassen, was der Fall ist, wenn die Reisetage durch die Betreuung wie normale Arbeitstage ausgefüllt sind (BFH 5.9.06 – VI R 65/03, BStBl II 07, 312); s auch *Incentivereisen* Rn 4 ff). Die Aufwendungen des ArbGeb können gem § 4 Abs 5 Nr 1 EStG als Geschenk nicht abzugsfähig sein (BFH 23.6.93, BStBl II 93, 806).

Bei **gemischter** Veranlassung der Reise, bei der weder der private Anteil völlig in den Hintergrund tritt, was zB bei einer Dienstreise mit angenehmen Begleitumständen der Fall wäre, noch der dienstliche Anteil ein besonderes Gewicht erlangt, was zB bei einer Urlaubsreise mit Erweiterung des beruflichen Gesichtsfeldes der Fall wäre (Englandreise eines Englischlehrers), bei der also private Elemente und dienstliche Aspekte in etwa gleichermaßen eine Rolle spielen, gilt entgegen früherer Rspr (BFH 9.8.96 – VI R 88/93, BStBl II 97, 97) nach neuer Rspr des BFH (18.8.05 – VI R 32/03, DB 05, 2330; Anm hierzu *Albert* DStR 05, 2150; *Greite* NwB F 6, 4637) wie oben Rz 19 Folgendes: Die Reise ist **nicht als Einheit** zu behandeln. Vielmehr ist eine **Aufteilung** der Reisekomponenten in privat veranlasste und dienstlich veranlasste Umstände grds nach Zeitanteilen vorzunehmen. Der dienstlich veranlasste Anteil der Reise muss als im überwiegend eigenbetrieblichen Interesse des ArbGeb betrachtet werden können. Dann ist nur der privat veranlasste Anteil der Reise als Sachzuwendung steuerpflichtig (§ 8 Abs 2 Satz 1 EStG; BFH 24.8.10 – VI B 14/10, BFH/NV 11, 24). Die Kostenbestandteile der Reise sind also zu trennen nach einerseits betriebsfunktionalem Anlass (Tagungsräume nebst Ausstattung, Tagungsunterlagen, Referenten – nicht stpfl –) und privatem Anlass (touristisches Programm, Ausflüge, Spiel- und Sportprogramm, gemeinsame Feiern, Unterhaltung – stpfl nach § 8 Abs 2 Satz 1 EStG –). Kostenanteile, die beide Bereiche gleichermaßen betreffen, sind nach Zeitanteilen beruflich – privat aufzuteilen (Flug- und Fahrtkosten, Unterkunft, Verpflegung, Kommunikation, Organisation, allgemeine Betreuung); der private Anteil ist dem stpfl Teil der Reise zuzuordnen, wobei die Verpflegungskosten auf den abziehbaren Teil gem § 4 Abs 5 Nr 5 EStG zu kürzen sind. Ggf sind die Kostenanteile zu schätzen (§ 162 AO; BFH 24.8.10 – VI B 14/10, BeckRS 2010, 25016590). Übernimmt der ArbN den privaten Kostenanteil, entfällt eine entsprechende Besteuerung. Zur Erfassung des geldwerten Vorteils bei Mitreise Angehöriger von Seeleuten OFD Hbg 23.5.2000 – S 2334 – 6/97 – St 323, DB 2000, 1440. 21

Auch wenn ein **Dritter die Reise finanziert** (zB Geschäftspartner des ArbGeb), kann Lohn vorliegen (s *Incentivereisen* Rz 7; s im Übrigen *Fortbildung* Rz 29). Übernimmt eine Kapitalgesellschaft die Reisekosten des Gesellschafter-Geschäftsführers für eine vorwiegend privat veranlasste Reise, so liegt darin eine **verdeckte Gewinnausschüttung,** wenn bei einer entsprechenden Reise eines Einzeluntrnehmers oder eines Personengesellschafters das Aufteilungs- und Abzugsverbot des § 12 Nr 1 Satz 2 EStG eingreifen würde (BFH 6.4.05 – I R 86/04, BStBl II 05, 667). Bei einer gemischt veranlassten Reise gelten für die Besteuerung des Privatanteils durch den Gesellschafter obige Ausführungen Rz 21. 22

4. Gruppenreise. Eine Gruppenreise kann in vollem Umfang privat oder gemischt oder in vollem Umfang beruflich veranlasst sein. Hauptbeispiel **Studienreise.** Entscheidend für die Einordnung ist der Anlass der Reise, das vorgesehene Reiseprogramm und der tatsächliche Ablauf der Reise. Die meisten Reisen dieser Art sind gemischt veranlasst, um vom Veranstalter 23

79 Auslandsreise

aus Reiseteilnehmer zu gewinnen. Es gelten für die Abzugsfähigkeit der Kosten insoweit die gleichen Kriterien wie oben Rz 19 ff. Den StPfl trifft hierbei eine umfassende Darlegungs- und Nachweispflicht für die (zumindest teilweise) berufliche Veranlassung der Reise. Für eine berufliche (Mit-)Veranlassung sprechen die fachliche Organisation, das auf die beruflichen Bedürfnisse der Teilnehmer zugeschnittene Programm sowie ein im wesentlichen homogener Teilnehmerkreis (BFH 21.4.2010 – VI R 5/07, BStBl II 10, 687: Fortbildungsreise für Englischlehrer nach Dublin). Die früher entwickelten Abgrenzungsmerkmale zur Klärung der beruflichen Veranlassung bei Teilnahme an einer Auslandsgruppenreise sind auch nach der Entscheidung des Großen Senats (BFH 21.9.09 – GrS 1/06, DStR 10, 101) anzuwenden (BFH 19.1.12 – VI R 3/11, DStR 12, 691). Zur einkommensteuerlichen Behandlung der Aufwendungen für Studienreisen und Fachkongresse insbesondere im Ausland s OFD Frankfurt am Main 13.4.12 – S 2227 A – 3 – St 217, IStR 12, 729. Das FG hat zum tatsächlichen Ablauf der Reise ggf Zeugen zu vernehmen (BFH 1.6.10 – VIII R 80/05, DB 10, 2082).

Literaturhinweis, der die geänderte Rechtsprechung des BFH berücksichtigt und aufarbeitet: BMF 6.7.2010 – IV C 3 – S 2227/07/10003:002, BStBl I 2010, 614; *Droege* StuW 11, 105; *Geserich* NWB 11, 2452; *Glasenapp* BB 11, 160; *Kammeter* HFR 11, 8.

24 **5. Tabelle zu beruflich veranlassten Auslandsreisen ab 1. Januar 2014.** Die in der Tabelle angegebenen Pauschbeträge gelten für Reisetage ab 1.1.2014. Für Reisen zeitlich davor s Vorauflagen. S im Übrigen oben Rz 10–16 sowie R 9.6 Abs 3 und R 9.7 Abs 3 LStR.

Übersicht über die ab 1. Januar 2014 geltenden
Pauschbeträge für Verpflegungsmehraufwendungen und Übernachtungskosten im Ausland
(Änderungen gegenüber 1. Januar 2013 – BStBl I 2013 Seite 60 – in Fettdruck)

Land	Pauschbeträge für Verpflegungsmehraufwendungen		Pauschbetrag für Übernachtungskosten
	bei einer Abwesenheitsdauer von mindestens 24 Stunden je Kalendertag	für den An- und Abreisetag sowie bei einer Abwesenheitsdauer von mehr als 8 Stunden je Kalendertag	
	€	€	€
Afghanistan	30	20	95
Ägypten	**40**	**27**	**113**
Äthiopien	30	20	175
Äquatorialguinea	50	33	226
Albanien	23	16	110
Algerien	39	26	190
Andorra	32	21	82
Angola	77	52	265
Antigua und Barbuda	53	36	**117**
Argentinien	36	24	125
Armenien	24	16	90
Aserbaidschan	40	27	120
Australien			
– Canberra	58	39	158
– Sydney	59	40	186
– im Übrigen	56	37	133
Bahrain	36	24	70
Bangladesch	30	20	75

Auslandsreise 79

Land	Pauschbeträge für Verpflegungsmehraufwendungen		Pauschbetrag für Übernachtungskosten
	bei einer Abwesenheitsdauer von mindestens 24 Stunden je Kalendertag	für den An- und Abreisetag sowie bei einer Abwesenheitsdauer von mehr als 8 Stunden je Kalendertag	
	€	€	€
Barbados	**58**	**39**	**179**
Belgien	41	28	135
Benin	41	28	90
Bolivien	24	16	70
Bosnien und Herzegowina	24	16	70
Botsuana	33	22	105
Brasilien			
– Brasilia	53	36	160
– Rio de Janeiro	47	32	145
– Sao Paulo	53	36	120
– im Übrigen	54	36	110
Brunei	36	24	85
Bulgarien	22	15	72
Burkina Faso	36	24	100
Burundi	47	32	98
Chile	40	27	130
China			
– Chengdu	32	21	85
– Hongkong	62	41	170
– Peking	39	26	115
– Shanghai	42	28	140
– im Übrigen	33	22	80
Costa Rica	**36**	**24**	**69**
Côte d'Ivoire	54	36	145
Dänemark	60	40	150
Dominica	**40**	**27**	**94**
Dominikanische Republik	30	20	100
Dschibuti	48	32	160
Ecuador	39	26	55
El Salvador	46	31	75
Eritrea	30	20	58
Estland	27	18	85
Fidschi	32	21	57
Finnland	39	26	136
Frankreich			
– Lyon	53	36	83

79 Auslandsreise

Land	Pauschbeträge für Verpflegungsmehraufwendungen		Pauschbetrag für Übernachtungskosten
	bei einer Abwesenheitsdauer von mindestens 24 Stunden je Kalendertag	für den An- und Abreisetag sowie bei einer Abwesenheitsdauer von mehr als 8 Stunden je Kalendertag	
	€	€	€
– Marseille	51	34	86
– Paris[1]	58	39	135
– Straßburg	48	32	89
– im Übrigen	44	29	81
Gabun	60	40	135
Gambia	18	12	70
Georgien	30	20	80
Ghana	46	31	174
Grenada	51	34	121
Griechenland			
– Athen	57	38	125
– im Übrigen	42	28	132
Guatemala	28	19	96
Guinea	38	25	110
Guinea-Bissau	30	20	60
Guyana	41	28	81
Haiti	50	33	111
Honduras	35	24	115
Indien			
– Chennai	30	20	135
– Kalkutta	33	22	120
– Mumbai	35	24	150
– Neu Delhi	35	24	130
– im Übrigen	30	20	120
Indonesien	39	26	110
Iran	28	19	84
Irland	42	28	90
Island	53	36	105
Israel	59	40	175
Italien			
– Mailand	39	26	156
– Rom	52	35	160
– im Übrigen	34	23	126
Jamaika	54	36	135

[1] Sowie die Departements 92 [Hauts-de-Seine], 93 [Seine-Saint-Denis] und 94 [Val-de-Marne].

Auslandsreise 79

Land	Pauschbeträge für Verpflegungsmehraufwendungen		Pauschbetrag für Übernachtungskosten
	bei einer Abwesenheitsdauer von mindestens 24 Stunden je Kalendertag	für den An- und Abreisetag sowie bei einer Abwesenheitsdauer von mehr als 8 Stunden je Kalendertag	
	€	€	€
Japan			
– Tokio	53	36	153
– im Übrigen	51	34	156
Jemen	24	16	95
Jordanien	36	24	85
Kambodscha	36	24	85
Kamerun	40	27	130
Kanada			
– Ottawa	36	24	105
– Toronto	41	28	135
– Vancouver	36	24	125
– im Übrigen	36	24	100
Kap Verde	30	20	55
Kasachstan	**39**	**26**	**109**
Katar	56	37	170
Kenia	35	24	135
Kirgisistan	18	12	70
Kolumbien	**41**	**28**	**126**
Kongo, Republik	57	38	113
Kongo, Demokratische Republik	60	40	155
Korea, Demokratische Volksrepublik	**30**	**20**	**186**
Korea, Republik	66	44	180
Kosovo	26	17	65
Kroatien	29	20	57
Kuba	**50**	**33**	**85**
Kuwait	42	28	130
Laos	33	22	67
Lesotho	24	16	70
Lettland	18	12	80
Libanon	44	29	120
Libyen	45	30	100
Liechtenstein	47	32	82
Litauen	27	18	100
Luxemburg	47	32	102
Madagaskar	38	25	83

Windsheimer

79 Auslandsreise

Land	Pauschbeträge für Verpflegungsmehraufwendungen		Pauschbetrag für Übernachtungskosten
	bei einer Abwesenheitsdauer von mindestens 24 Stunden je Kalendertag	für den An- und Abreisetag sowie bei einer Abwesenheitsdauer von mehr als 8 Stunden je Kalendertag	
	€	€	€
Malawi	39	26	110
Malaysia	36	24	100
Malediven	38	25	93
Mali	40	27	125
Malta	30	20	90
Marokko	42	28	105
Marshall Inseln	**63**	**42**	**70**
Mauretanien	48	32	89
Mauritius	48	32	140
Mazedonien	24	16	95
Mexiko	36	24	110
Mikronesien	**56**	**37**	**74**
Moldau, Republik	18	12	100
Monaco	41	28	52
Mongolei	29	20	84
Montenegro	29	20	95
Mosambik	**42**	**28**	**147**
Myanmar	46	31	45
Namibia	29	20	85
Nepal	32	21	72
Neuseeland	47	32	98
Nicaragua	30	20	100
Niederlande	60	40	115
Niger	36	24	70
Nigeria	60	40	220
Norwegen	64	43	182
Österreich	29	20	92
Oman	48	32	120
Pakistan			
– Islamabad	24	16	150
– im Übrigen	24	16	70
Palau	**51**	**34**	**166**
Panama	**34**	**23**	**101**
Papua-Neuguinea	36	24	90
Paraguay	36	24	61
Peru	38	25	140

Auslandsreise

Land	Pauschbeträge für Verpflegungsmehraufwendungen		Pauschbetrag für Übernachtungskosten
	bei einer Abwesenheitsdauer von mindestens 24 Stunden je Kalendertag	für den An- und Abreisetag sowie bei einer Abwesenheitsdauer von mehr als 8 Stunden je Kalendertag	
	€	€	€
Philippinen	30	20	107
Polen			
– **Breslau**	33	22	92
– **Danzig**	29	20	77
– **Krakau**	28	19	88
– **Warschau**	30	20	105
– im Übrigen	27	18	50
Portugal			
– Lissabon	36	24	95
– im Übrigen	33	22	95
Ruanda	36	24	135
Rumänien			
– Bukarest	26	17	100
– im Übrigen	27	18	80
Russische Föderation			
– Moskau (außer Gästewohnungen der Deutschen Botschaft)	48	32	135
– Moskau (Gästewohnungen der Deutschen Botschaft)	33	22	0[1]
– St. Petersburg	36	24	110
– im Übrigen	36	24	80
Sambia	36	24	95
Samoa	29	20	57
São Tomé – Príncipe	42	28	75
San Marino	41	28	77
Saudi-Arabien			
– Djidda	48	32	80
– Riad	48	32	95
– im Übrigen	47	32	80
Schweden	72	48	165
Schweiz			
– Genf	62	41	174
– im Übrigen	48	32	139
Senegal	42	28	130

[1] Soweit diese Wohnungen gegen Entgelt angemietet werden, können 135 EUR angesetzt werden.

79 Auslandsreise

Land	Pauschbeträge für Verpflegungsmehraufwendungen		Pauschbetrag für Übernachtungskosten
	bei einer Abwesenheitsdauer von mindestens 24 Stunden je Kalendertag	für den An- und Abreisetag sowie bei einer Abwesenheitsdauer von mehr als 8 Stunden je Kalendertag	
	€	€	€
Serbien	30	20	90
Sierra Leone	39	26	82
Simbabwe	45	30	103
Singapur	53	36	188
Slowakische Republik	24	16	130
Slowenien	30	20	95
Spanien			
– Barcelona	32	21	118
– Kanarische Inseln	32	21	98
– Madrid	41	28	113
– Palma de Mallorca	32	21	110
– im Übrigen	29	20	88
Sri Lanka	40	27	118
St. Kitts und Nevis	45	30	99
St. Lucia	54	36	129
St. Vincent und die Grenadinen	52	35	121
Sudan	32	21	120
Südafrika			
– Kapstadt	38	25	94
– im Übrigen	36	24	72
Südsudan	46	31	134
Suriname	30	20	75
Syrien	38	25	140
Tadschikistan	26	17	67
Taiwan	39	26	110
Tansania	40	27	141
Thailand	32	21	120
Togo	33	22	80
Tonga	32	21	36
Trinidad und Tobago	54	36	164
Tschad	47	32	151
Tschechische Republik	24	16	97
Türkei			
– Istanbul	35	24	92
– Izmir	42	28	80
– im Übrigen	40	27	78

Auslandsreise

Land	Pauschbeträge für Verpflegungsmehraufwendungen		Pauschbetrag für Übernachtungskosten
	bei einer Abwesenheitsdauer von mindestens 24 Stunden je Kalendertag	für den An- und Abreisetag sowie bei einer Abwesenheitsdauer von mehr als 8 Stunden je Kalendertag	
	€	€	€
Tunesien	33	22	80
Turkmenistan	33	22	108
Uganda	33	22	130
Ukraine	36	24	85
Ungarn	30	20	75
Uruguay	36	24	70
Usbekistan	30	20	60
Vatikanstaat	52	35	160
Venezuela	48	32	207
Vereinigte Arabische Emirate	42	28	145
Vereinigte Staaten von Amerika			
– Atlanta	57	38	122
– Boston	48	32	206
– Chicago	48	32	130
– Houston	57	38	136
– Los Angeles	48	32	153
– Miami	57	38	102
– New York City	48	32	215
– San Francisco	48	32	110
– Washington, D. C.	57	38	205
– im Übrigen	48	32	102
Vereinigtes Königreich von Großbritannien und Nordirland			
– London	57	38	160
– im Übrigen	42	28	119
Vietnam	38	25	86
Weißrussland	27	18	109
Zentralafrikanische Republik	29	20	52
Zypern	39	26	90

C. Sozialversicherungsrecht

Schlegel

1. Unfallversicherungsschutz. Dienstreisen ins Ausland lassen den Versicherungsschutz in der UV unberührt; insoweit gelten dieselben Grundsätze wie bei sonstigen dienstlich veranlassten Reisen des ArbN. 25

2. Erkrankungen im Ausland lösen im Grundsatz keine Ansprüche auf Leistungen gegen die inländische Krankenkasse aus; dies gilt für Privat- und Dienstreisen ins Ausland gleichermaßen. Nach § 16 Abs 1 Nr 2 SGB V ruht nämlich der Anspruch auf Leistungen 26

80 Auslandstätigkeit

der gesetzlichen KV, solange sich der Versicherte im Ausland aufhält und er dort während eines vorübergehenden Aufenthalts erkrankt; gleiches gilt für die PflegeV (§ 34 Abs 1 Nr 1 SGB XI). Aus diesem Grunde ist eine private Absicherung des Risikos der Erkrankung im Ausland jedenfalls in den Fällen erforderlich, in denen nicht aufgrund supranationalen oder zwischenstaatlichen Rechts ein Rechtsanspruch auch auf Heilbehandlung im Ausland gegen die dort ansässigen Träger der gesetzlichen KV entsteht; letzteres ist insbesondere in sämtlichen **EG-Mitgliedstaaten,** aber auch in der Schweiz, Schweden, der Türkei und Tunesien der Fall (dazu vgl *Auslandstätigkeit*). Erfolgt die Krankenbehandlung zB eines **Touristen** in einem Staat, mit dem Deutschland ein SozVAbkommen bzgl Leistungen auch bei Krankheit abgeschlossen hat (zB Tunesien), ist zu berücksichtigen, dass die Ansprüche in Deutschland wohnender Versicherter nach Abkommensrecht auf dasjenige beschränkt sind, was ihnen das Recht des ausländischen Staates (zB tunesische Recht) – auch an sachleistungsersetzenden Erstattungsansprüchen – zur Verfügung stellt (vgl BSG 25.5.07 – B 1 KR 18/06 R, SozR 4–6928 Allg Nr 1 zu einer Erkrankung in Tunesien).

27 Hält sich der Versicherte im Ausland auf, weil der dort beschäftigt ist und erkrankt er während der Beschäftigung (zB während einer beruflich bedingten Auslandsreise) hat er gegen den ArbGeb einen Anspruch auf diejenigen Leistungen, die ihm an sich gegen die Krankenkasse zustünden; der ArbGeb seinerseits hat dann insoweit wieder einen Kostenerstattungsanspruch gegen die Krankenkasse bis zur Höhe derjenigen Kosten, die die Krankenkasse bei einer Behandlung des Versicherten im Inland aufwenden müsste (§ 17 SGB V).

28 **3. Kaufkraftausgleich,** den ein inländischer ArbGeb seinen ArbN gewährt, die für einen begrenzten Zeitraum in ein Gebiet außerhalb des Inlands entsandt worden sind und dort einen Wohnsitz oder ihren gewöhnlichen Aufenthalt haben, ist nach § 2 Nr 64 EStG iVm § 1 SvEV (steuer- und) beitragsfrei, wenn und soweit der Kaufkraftausgleich den für vergleichbare Auslandsbezüge nach § 54 Bundesbesoldungsgesetz zulässigen Betrag nicht übersteigt.

Auslandstätigkeit

A. Arbeitsrecht

Kreitner

Übersicht

	Rz		Rz
1. Allgemeines	1–4	f) Berufsausbildung	25
2. Neueinstellung/Entsendung	5, 6	4. Sonderprobleme	26–29
3. Anzuwendendes Recht	7–25	a) Mehraufwendungen	26
a) Arbeitsvertragsrecht	8–13	b) Vorzeitige Beendigung	27, 28
b) Betriebsverfassungsgesetz	14–20	c) Betriebsübergang	29
c) SGB IX und Mutterschutzgesetz	21	5. Gerichtsstand	30
d) Tarifrecht	22	6. Muster	31
e) Betriebliche Altersversorgung	23, 24		

1 **1. Allgemeines.** Aufgrund der internationalen, insbesondere aber der europäischen Verflechtung der Wirtschaft gewinnt der grenzübergreifende Einsatz von ArbN ständig an Bedeutung. Dies spiegelt sich auch in der Rspr wider, die sich in immer stärker werdendem Maße mit Fragen der Auslandsberührung im Arbeitsrecht zu beschäftigen hat (allgemeine Übersicht bei *Thüsing/Müller* BB 04, 1333; *Reiter* NZA 04, 1246; *Otto/Mückl* BB 08, 1231; *Schneider* NZA 10, 1380; *Seel* MDR 11, 5).

2 Im Folgenden werden die mit der Tätigkeit von ArbN im Ausland zusammenhängenden Rechtsfragen dargestellt. Wegen des Einsatzes ausländischer ArbN in Deutschland s *Ausländer* Rz 1–20; wegen Rechtsfragen im Zusammenhang mit dem AEntG s *Arbeitnehmerentsendung* Rz 1 ff.

3 Werden inländische Unternehmen im Ausland tätig, so stellt sich zunächst die Frage der Deckung des entstandenen Arbeitskräftebedarfs. Dies kann durch die Einstellung sog **Ortskräfte** im Ausland erfolgen. Solche Ortskräfte unterliegen ausschließlich dem dort geltenden Recht (LAG Düsseldorf 2.2.82, DB 82, 962; *Däubler* ArbuR 90, 1).

Auslandstätigkeit 80

Häufiger ist jedoch eine personelle Maßnahme des inländischen Unternehmens in 4
Deutschland. Dabei kann es sich entweder um eine Neueinstellung ausschließlich für einen
oder mehrere verschiedene Auslandseinsätze handeln. Dann stellt der Auslandsbezug regelmäßig einen sachlichen Befristungsgrund dar (LAG Köln 10.3.95 – 13 Sa 842/94, NZA-RR
96, 202 allerdings für den Sonderfall einer tariflichen Befristungsregelung). Als andere
Alternative kommen die dauerhafte oder die lediglich vorübergehende Entsendung bislang
im Inland beschäftigter ArbN in Betracht (zum sog Off-Shoring *Gaul/Mückl* DB 11, 2318;
Wisskirchen/Goebel DB 04, 1937). Schließlich bleibt die Möglichkeit einer Auflösung des
bestehenden Inlandsvertrages ggf mit einer Wiedereinstellungszusage nach Beendigung des
Auslandseinsatzes oder die Vereinbarung eines einheitlichen Arbeitsverhältnisses mit der
deutschen und der ausländischen Gesellschaft (BAG 21.1.99 – 2 AZR 648/97, NZA 99,
539).

2. Neueinstellung/Entsendung. Die Entsendung eines ArbN ins Ausland bedeutet 5
regelmäßig einen Eingriff in den Kernbereich der arbeitsvertraglichen Beziehungen mit der
Folge, dass es hierzu einer einvernehmlichen Änderung des Arbeitsvertrages bedarf. Gestützt
auf das *Weisungsrecht* kann der ArbGeb einseitig eine solche Entsendung grds nicht vornehmen. Etwas anderes gilt nur dann, wenn ein Einsatz des ArbN im Ausland arbeitsvertraglich
ausdrücklich vorgesehen ist und der Arbeitsvertrag eine entsprechende Versetzungsklausel
enthält; zB Montagearbeiter (vgl LAG Hamm 22.3.74, DB 74, 877; vgl zur AGB-Kontrolle
von Entsendungsverträgen zuletzt *Straube* DB 12, 2808).

Ferner treffen den ArbGeb bei der Entsendung eines ArbN weitergehende Fürsorgepflich- 6
ten bezüglich der umfassenden Vorbereitung auf den Einsatz im Ausland (*Edenfeld* NZA 09,
938, restriktiv BAG 22.1.09 – 8 AZR 161/08, NZA 09, 608: keine allgemeine Hinweispflicht bezüglich Steuerpflicht im Ausland; LAG Hess 4.9.95, NZA 96, 482, keine allgemeine Aufklärungspflicht des ArbGeb über Umfang des Krankenversicherungsschutzes im Ausland). Dies gilt in modifizierter Form auch für die Neueinstellung eines ArbN. Wegen der
betriebsverfassungsrechtlichen Fragen der Mitbestimmungsrechte des BRat s unten Rz 14 ff.

3. Anzuwendendes Recht. Insoweit ist eine differenzierte Betrachtung je nach Art und 7
Weise des Auslandseinsatzes und der rechtlichen Qualität der jeweiligen Rechtsnormen
erforderlich.

a) Arbeitsvertragsrecht. Im Bereich des Individualarbeitsrechts gilt auch bei einem Aus- 8
landseinsatz der ArbN grds das Prinzip der Vertragsfreiheit. Gesetzlich geregelt war dies bislang
in Art 3 ff EGBGB. Seit dem 17.12.09 gilt die EG-VO 593/2008, die sog ROM I-VO. In
Art 8 ROM I-Verordnung, der das Individualarbeitsrecht betrifft, wurde weitestgehend
inhaltsgleich die Regelung der Art 30 ff EGBGB übernommen. Lediglich ArbN, die ihrer
Auslandstätigkeit von einer bestimmten, festen Basis aus nachgehen (zB Flugpersonal), sind
durch eine Ergänzung in Art 8 Abs 2 Satz 1 ROM I-VO („von den aus") mit einbezogen
worden (vgl *Palandt/Thorn* Art 8 ROM I Rz 1 ff). Auf die bisherige Rspr kann daher weiterhin
zurückgegriffen werden. Dies gilt umso mehr, als das bisherige Recht für sämtliche vor dem
17.12.09 geschlossenen Arbeitsverträge ohnehin anwendbar bleibt. Im Folgenden wird daher
weiterhin die nach dem EGBGB geltende Rechtslage dargestellt.

Arbeitsrechtliche Zentralvorschrift ist insoweit **Artikel 30 EGBGB.** Danach obliegt die 9
Entscheidung über das anzuwendende Recht (sog **Arbeitsvertragsstatut**) primär den Vertragsparteien (vgl hierzu *Reiserer* NZA 94, 673). Dies kann gem Art 27 Abs 1 Satz 2
EGBGB auch konkludent geschehen (vgl hierzu *Riesenhuber* DB 05, 1571). Auch eine
Rechtswahl im Tarifvertrag ist zulässig (*Schlachter* NZA 2000, 57; aA *Thüsing* NZA 03,
1303). Dabei ist zusätzlich gem Art 30 Abs 1 EGBGB ein Günstigkeitsvergleich mit der
Rechtsordnung durchzuführen, die nach Art 30 Abs 2 EGBGB bei objektiver Anknüpfung
anzuwenden wäre, denn die Rechtswahl der Parteien darf nicht dazu führen, dass dem ArbN
dieser Schutz entzogen wird (BAG 11.12.03 – 2 AZR 627/02, AP Nr 6 zu Art 27 EGBGB
nF). Liegt insgesamt keine Rechtswahl vor, erfolgt gem Art 30 Abs 2 EGBGB eine Bestimmung anhand der dort genannten Kriterien. Danach findet grds das Recht des normalen
Arbeitsorts bzw das der Niederlassung, die den ArbN eingestellt hat, Anwendung, wobei
dem erstgenannten Tatbestandsmerkmal des gewöhnlichen Arbeitsorts größeres Gewicht
zukommt (BAG 11.12.03 – 2 AZR 627/02, AP Nr 6 zu Art 27 EGBGB nF). Allerdings
enthält Art 30 Abs 2 EGBGB im zweiten Halbsatz eine Ausnahmeklausel, wonach ggf

80 Auslandstätigkeit

bestehende engere Verbindungen zu einem anderen Staat maßgeblich sein können. Als insoweit relevante Umstände sind von der Rspr anerkannt: Staatsangehörigkeit der Parteien, Sitz des ArbGeb, Vertragssprache, Währung, in der die Vergütung zu zahlen ist, Ort des Vertragsschlusses, Wohnsitz des ArbN (BAG 24.8.89, DB 90, 1666; 29.10.92, DB 93, 637; 3.5.95, NZA 95, 1191 zum Sonderfall des Seearbeitsrechts; BAG 12.12.01 – 5 AZR 255/00, NZA 02, 734 zum Sonderfall einer Flugbegleiterin im internationalen Einsatz; s auch *Ausländer* Rz 5 ff).

10 Unabhängig hiervon gelten gem **Artikel 34 EGBGB** zwingende Normen des deutschen Rechts (sog Eingriffsnormen) in jedem Fall. Diese Vorschrift ist allerdings eng auszulegen. Insbesondere genügt die bloße Unabdingbarkeit einer Norm nach deutschem Recht nicht (BAG 24.8.89, DB 90, 1666). Vielmehr muss die Vorschrift Bedeutung für Gemeinwohlinteressen aufweisen und über die Individualinteressen einzelner Vertragsbeteiligter hinausgehen. Dementsprechend hat das BAG eine Zugehörigkeit des KSchG zu den wesentlichen Vorschriften des deutschen Arbeitsrechts iSd Art 34 EGBGB verneint (BAG 24.8.89, DB 90, 1666; LAG Köln 19.8.08 – 7 Ta 322/07, BeckRS 2008, 57638; aA *Schneider* NZA 10, 1380). Gleiches gilt für § 613a BGB (BAG 29.10.92, DB 93, 637), §§ 74 ff HGB (*Thomas/Weidmann* DB 04, 2694; aA *Fischer* DB 99, 1702), § 8 TzBfG (BAG 13.11.07 – 9 AZR 134/07, NZA 08, 761) sowie die tarifliche Ausschlussfrist des § 16 BRTV-Bau (BAG 6.11.02 – 5 AZR 617/01 (A), NZA 03, 490) und die Beitragsverpflichtung nach § 24 des allgemeinverbindlichen Tarifvertrags über das Sozialkassenverfahren im Baugewerbe (BAG 9.7.03 – 10 AZR 593/02, AP Nr 261 zu § 1 TVG Tarifverträge: Bau). Demgegenüber sprechen die behördlichen Genehmigungserfordernisse nach § 85 SGB IX und § 9 MuSchG für einen gesteigerten Durchsetzungswillen des Gesetzgebers und damit für eine Zugehörigkeit im vorgenannten Sinn (*Schlachter* NZA 2000, 57; s unten Rz 25). Auch die Vorschriften des AEntG sind international zwingend (BAG 25.6.02 – 9 AZR 405/00, NZA 03, 275). Entsendet ein Unternehmen des Bauhauptgewerbes einen Bauarbeiter vorübergehend zum Arbeitseinsatz ins Ausland, ohne hierfür eine Vergütungsvereinbarung zu treffen, schuldet der ArbGeb nach 612 BGB die übliche Vergütung, die sich nach dem TV Mindestlohn richtet (BAG 20.4.11 – 5 AZR 171/10, NZA 11, 1173). Das LAG Hess hat zuletzt mit Urt vom 16.11.99 (4 Sa 463/99, NZA-RR 2000, 401) den international zwingenden Charakter bezüglich §§ 15, 18 BErzGG bejaht und bezüglich § 14 Abs 1 MuSchG und § 3 Abs 1 EFZG verneint. Immer erforderlich ist für die Anwendbarkeit von Art 34 EGBGB, dass der Sachverhalt einen hinreichenden Inlandsbezug hat. Weisen alle Anknüpfungspunkte auf die Anwendbarkeit ausländischen Rechts hin, bleibt Art 34 EGBGB unanwendbar (BGH 19.3.97 – VIII ZR 316/96, NJW 97, 1697; *Thüsing* NZA 03, 1303).

11 Haben die Parteien die Geltung des deutschen Arbeitsvertragsrechts vereinbart oder kommt dieses gem Art 30 Abs 2 EGBGB zur Anwendung, so gilt dies im Bereich des Individualarbeitsrechts **umfassend.** Dementsprechend sind bei einer ArbGebSeitigen **Kündigung** eines ins Ausland entsandten ArbN die Maßstäbe des KSchG zu beachten (BAG 21.1.99 – 2 AZR 648/97, NZA 99, 539). Dies gilt auch für eine Druckkündigung, die der ArbGeb auf Verlangen eines ausländischen Geschäftspartners ausspricht (BAG 19.6.86, DB 86, 2498). Zu beachten ist allerdings, dass das KSchG bei Fehlen anderweitiger Vereinbarungen der Parteien ausschließlich für inländische Betriebe gilt (BAG 26.3.09 – 2 AZR 883/07, BeckRS 2009, 66019; 17.1.08 – 2 AZR 902/06, NZA 08, 872; 3.6.04 – 2 AZR 386/03, NZA 04, 1380; kritisch *Straube* DB 09, 1406). Von daher kann ein Gemeinschaftsbetrieb zwischen einem inländischen und einem ausländischen Unternehmen nicht zur Anwendbarkeit des KSchG bezüglich eines im Ausland tätigen ArbN führen, wenn nur auf diese Weise die notwendige ArbNZahl des § 23 KSchG erreicht würde (LAG Hamm 5.4.89, DB 89, 1525). Bei einem länger als einen Monat dauernden Auslandsaufenthalt sind die weitgehenden Nachweispflichten bezüglich der wesentlichen Vertragsbedingungen gem § 2 Abs 2 NachwG zu beachten.

12 Gleiches gilt bspw bezüglich **Urlaub, Lohnfortzahlung** im Krankheitsfall sowie sämtlichen vertraglichen Nebenpflichten. Auch eine Vergütung der ausländischen Feiertage muss in entsprechender Anwendung des Feiertagslohnzahlungsgesetzes regelmäßig erfolgen, solange es sich hierbei nach Art und Ausmaß um dem deutschen Recht vergleichbare Feiertage handelt. Allerdings scheidet dann eine gleichzeitige Bezahlung der deutschen Feiertage naturgemäß aus (*Däubler* ArbuR 90, 1).

Auslandstätigkeit 80

Auch das ArbGebSeitige **Weisungsrecht** besteht unverändert fort und ist im Ausland 13
gleichermaßen nach billigem Ermessen iSd § 106 GewO auszuüben. Allerdings können bei
der Beurteilung der Billigkeit die allgemeinen Arbeitsbedingungen des Einsatzlandes Bedeutung erlangen (BAG 12.12.90, DB 91, 865: 54-Stunden-Woche in Saudi-Arabien). Zur
Geltung des arbeitsrechtlichen Gleichbehandlungsgrundsatzes in ausländischen Betrieben vgl
Bittner NZA 93, 167 sowie BAG 8.8.96, BB 97, 997: Gleichbehandlung eines belgischen
ArbN mit deutschen ArbN bei einer Beschäftigung im nichteuropäischen Ausland; zur
AGB-Kontrolle von Entsendungsverträgen zuletzt *Straube* DB 12, 2808.

b) Betriebsverfassungsgesetz. Das BetrVG unterliegt nicht dem Arbeitsvertragsstatut 14
(BAG 21.10.80, DB 81, 696). Auch im Übrigen ist eine vertragliche Vereinbarung einer
Geltung des BetrVG nach allgemeiner Ansicht nicht möglich (vgl *Gaul* BB 90, 697; *Mayer*
BB 99, 842). Vielmehr gilt insoweit nach der ständigen Rspr des BAG das sog **Territorialitätsprinzip** (BAG 22.3.2000 – 7 ABR 34/98, NZA 2000, 1119; 20.2.01 – 1 ABR 30/00,
NZA 01, 1033; *Palandt/Thorn* Art 8 ROM I Rz 5). Maßgebliche Bedeutung kommt mithin
der Entscheidung über die **betriebliche Zuordnung** des im Ausland tätigen ArbN zu.
Hierfür ist der ArbN, der sich auf die Anwendbarkeit des BetrVG beruft, im Prozess
darlegungs- und beweispflichtig (LAG RhPf 10.12.96, BB 97, 2002 [LS]; *Reiter* NZA 04,
1246).

Abgesehen von den Fällen, in denen der ArbN vollkommen in eine im Ausland bestehen- 15
de betriebliche Organisation eingegliedert ist und jeder Kontakt durch ArbGebseitige Weisungen aus dem Inlandsbetrieb abgebrochen wird, kommt es für die Eingliederung des ArbN
darauf an, ob er im Wege der sog **Ausstrahlung** des inländischen Betriebs noch von dem für
diesen Betrieb geltenden BetrVG erfasst wird. Hierfür ist mit Hilfe einer Gesamtbetrachtung
aller Einzelumstände (Dauer der Entsendung, Eingliederung in den ausländischen Betrieb
etc) der Fortbestand einer materiellen Beziehung des ArbN zum Inlandsbetrieb zu ermitteln
(BAG 7.12.89 – 2 AZR 228/89, NZA 90, 992). **Zeitliche Obergrenzen** lassen sich
insoweit nicht festschreiben (*Falder* NZA 2000, 868; *Boemke* NZA 92, 112; *Gaul* BB 90,
697). Auch eine sog **Rückrufklausel** in der Entsendungsvereinbarung spricht für eine
Geltung des BetrVG, da auch hierin eine Bindung an den Inlandsbetrieb deutlich wird (BAG
20.2.01 – 1 ABR 30/00, NZA 01, 1033). Nicht ausreichend ist allein die personalmäßige
Verwaltung durch den inländischen Betrieb. Es müssen vielmehr weitere Weisungsabhängigkeiten bestehen. So hat das BAG zB im Fall einer Reiseleiterin eines deutschen Reiseunternehmens, die seit mehreren Jahren in Tunesien eingesetzt war, trotz des unbefristeten
Vertrages eine Ausstrahlung bejaht, da der Vertrag einerseits eine Rückrufklausel enthielt und
andererseits die ArbN ihre Einsatzpläne und sonstigen Weisungen aus dem Inlandsbetrieb
erhielt (BAG 7.12.89, DB 90, 992).

Wird ein ArbN von vornherein nur **für eine bestimmte Auslandstätigkeit eingestellt,** 16
soll nach Ansicht des BAG eine Ausstrahlung grds ausscheiden (BAG 21.10.80, DB 81, 696;
LAG Düsseldorf 2.2.82, DB 82, 962). Diese Rspr überzeugt nicht, da es allein auf die
Weisungsabhängigkeit und Eingliederung des ArbN bezüglich des entsendenden Inlandsbetriebes ankommen kann. Ob ein ArbN vor dem Auslandseinsatz bereits in dem inländischen Betrieb tätig war, hat dabei allenfalls geringe indizielle Bedeutung (*Reiff* SAE 90, 251).

Bedeutung erlangt die Anwendbarkeit des BetrVG in vielfacher Hinsicht. Dies beginnt 17
bei organisatorischen Fragen. So steht den entsandten, von der Ausstrahlungswirkung erfassten ArbN das aktive (unstreitig) und das passive (streitig) **Wahlrecht zum Betriebsrat** zu
(BAG 22.3.2000 – 7 ABR 34/98, NZA 2000, 1119). Im Rahmen der Erforderlichkeit sind
BRatMitglieder berechtigt, die im Ausland tätigen ArbN an ihrem Arbeitsplatz aufzusuchen
(*Fitting* § 1 Rz 30; *Däubler* ArbuR 90, 1; aA BAG 27.5.82, DB 82, 2519).

Nach Ansicht des BAG ist demgegenüber jegliche BRatTätigkeit im Ausland ausgeschlos- 18
sen. Dies gelte insbesondere für **Betriebsversammlungen** bzw Teil- und Abteilungsversammlungen **im Ausland** (BAG 27.5.82, DB 82, 2519; vgl auch LAG München 7.7.10 –
5 TaBV 18/09). Mit der überwiegenden Ansicht im Schrifttum sind jedoch solche Betriebsversammlungen bereits aus Praktikabilitätsgründen zu befürworten (*Boemke* NZA 92, 112;
Fitting § 1 Rz 30; *DKK/Trümner* § 1 Rz 20).

Die Mitbestimmungsrechte des BRat in **sozialen Angelegenheiten** erstrecken sich grds 19
auch auf die im Ausland tätigen ArbN (BAG 30.1.90, DB 90, 1090; *Steinmeyer* DB 80, 1541;
aA LAG Düsseldorf 14.2.79, DB 79, 2233). Einschränkungen gelten nur insoweit, als nach

80 Auslandstätigkeit

Sinn und Zweck des Mitbestimmungsrechts eine Beteiligung mangels Betroffenheit der im Ausland tätigen ArbN nicht in Betracht kommt (*Boemke* NZA 92, 112).

20 In **personellen Angelegenheiten** gelten die Mitbestimmungsrechte des BRat uneingeschränkt. Beginnend mit der Entsendung des ArbN, die regelmäßig eine Versetzung iSd § 95 Abs 3 BetrVG darstellt, über personelle Maßnahmen, die den ArbN während seines Auslandsaufenthalts betreffen, bis hin zur Kündigung (§ 102 BetrVG) des entsandten ArbN ist der BRat zu beteiligen. So hat bspw das BAG in der bereits angeführten Reiseleiter-Entscheidung die Unwirksamkeit der Kündigung mangels vorheriger BRatAnhörung festgestellt (BAG 7.12.89, DB 90, 992; ebenso LAG München 13.4.2000 – 2 Sa 886/99, NZA-RR 2000, 425: entsandter Angestellter als Geschäftsführer einer ausländischen Tochtergesellschaft). In einer anderen Entscheidung aus dem Jahr 1985 hat das BAG eine Geltung der personellen Mitbestimmungsrechte des BRat eines deutschen Luftfahrtunternehmens für den Einsatz ausländischer LeihArbN auf inneramerikanischen Strecken als typische Ausstrahlungswirkung des BetrVG angesehen (BAG 10.9.85, DB 86, 331). Ob bereits eine mehrtägige Auslandsdienstreise eine Versetzung iSv § 95 Abs 3 BetrVG darstellt, hängt von den Umständen des Einzelfalls ab (BAG 21.9.99 – 1 ABR 40/98, NZA 2000, 781; *Hunold* BB 2000, 1038).

21 **c) SGB IX und Mutterschutzgesetz.** Ähnlich wie betriebsverfassungsrechtliche Normen unterliegen die Vorschriften des SGB IX nicht dem Arbeitsvertragsstatut. Es handelt sich hierbei um überwiegend öffentlichrechtliche Rechtsnormen, die auf der Regelungsmacht des Staates auf seinem Gebiet (sog **Gebietsstatut**) beruhen (*Pohl* NZA 98, 735). Demgemäß ist bei der Kündigung eines schwerbehinderten ArbN, der im Ausland arbeitet und dessen Arbeitsverhältnis keiner Ausstrahlungswirkung eines inländischen Betriebes unterliegt, vor Ausspruch einer Kündigung eine Beteiligung des Integrationsamtes gem § 85 SGB IX nicht erforderlich (BAG 30.4.87, DB 87, 1897; LAG Frankfurt 16.12.85, DB 86, 1528 [LS]). Ähnliches gilt für Bestimmungen des MuSchG (BAG 24.8.89, DB 90, 1666). Allerdings kann insoweit eine Geltung dieser Schutzvorschriften über Art 34 EGBGB in Betracht kommen, worauf das BAG in der vorgenannten Entscheidung zutreffend hinweist (ebenso *Reiserer* NZA 94, 673).

22 **d) Tarifrecht.** Hinsichtlich der Wirkungen von Tarifverträgen, die für das entsendende Unternehmen gelten, bestehen keine rechtlichen Besonderheiten. Die Tarifverträge können besondere Bestimmungen bezüglich des Auslandseinsatzes enthalten. Solche Regelungen betreffen meist den Vergütungsbereich (Zulagen, Auslösungen, Reisekosten etc), können aber bspw auch Arbeitszeitfragen betreffen (BAG 12.12.90 – 4 AZR 238/90, NZA 91, 386). Dabei gelten die Tarifverträge regelmäßig kraft arbeitsvertraglicher Vereinbarung, so dass das Vertragsstatut gilt. Bei normativer Geltung entscheidet der Regelungsschwerpunkt des Tarifvertrags (*Schlachter* NZA 2000, 57; *Thüsing* NZA 03, 1303). Ob dies auch zu einer Anwendbarkeit deutscher Tarifnormen auf Arbeitsverhältnisse führen kann, die einem ausländischen Vertragsstatut unterliegen, ist streitig (vgl *Thüsing/Müller* BB 04, 1333). Ferner können für das Inlandsunternehmen tarifvertragliche Einwirkungspflichten gegenüber einem ausländischen Tochterunternehmen bestehen, bei dem der ArbN nunmehr im Auslandseinsatz tätig ist. Dies gilt jedenfalls dann, wenn der deutsche ArbGeb einen Haustarifvertrag abgeschlossen hat und der ArbN bei einem ausländischen Tochterunternehmen beschäftigt ist, das von dem inländischen Mutterunternehmen abhängig ist und nur deshalb rechtliche Selbstständigkeit erlangt hat, um die Arbeitsbedingungen abzusenken (BAG 11.9.91 – 4 AZR 71/91, NZA 92, 321: Lehrer in Mexikanischem Goethe-Institut; dazu *Riesenhuber* BB 93, 1001 und *Otto* SAE 93, 185).

23 **e) Betriebliche Altersversorgung. aa) Individualrechtlich** ist fraglich, ob Auslandszulagen oder ausländische SozVRenten auf die betriebliche Altersversorgung anzurechnen sind. Dies richtet sich primär nach der jeweiligen Versorgungsordnung. So hat das BAG bei einer Versorgungsordnung, die „Kindergeld, als Unterstützungen und Beihilfen gewährte Zulagen, Überstundenentgelte und sonstige für Sonderleistungen gewährte Sondervergütungen" nicht zu den ruhegeldfähigen Bezügen rechnete, auch die Anrechnung eines pauschalen Auslandszuschlags abgelehnt (BAG 23.10.90, DB 91, 2042). Bei einer als Gesamtversorgung ausgestalteten betrieblichen Versorgungsordnung hat es eine österreichische SozVRente als anrechnungsfähig angesehen (BAG 24.4.90, DB 90, 2172).

24 **bb) Insolvenzsicherung.** Hier stellt sich die Frage, ob auch bei einer Tätigkeit des ArbN im Ausland eine Insolvenzsicherung durch den PSV eintreten kann. Dies ist mit der Rspr des

BAG grds zu bejahen, da maßgeblich für den Geltungsbereich des BetrAVG nicht der Tätigkeitsort des ArbN sondern der Sitz des Versorgungsschuldners ist. Dieser muss sich in Deutschland befinden (BAG 6.8.85, DB 86, 131).

f) Berufsausbildung. Längerfristige Auslandspraktika werden im Rahmen der Berufs- 25
ausbildung selten vorkommen, da die Ausbildungsordnungen im Ausland den deutschen Anforderungen zumeist nicht entsprechen werden. Schwierigkeiten ergeben sich insbesondere im Hinblick auf die Berufsschulpflicht. Gleichwohl lassen sich kürzere Auslandspraktika oftmals in die Ausbildung integrieren. Es bleibt dann in jedem Fall bei der Anwendbarkeit des deutschen Berufsbildungsrechts (*Eule* BB 92, 986; *Hönsch* NZA 88, 113).

4. Sonderprobleme. a) Mehraufwendungen. Die Auslandstätigkeit führt regelmäßig 26
zu einer finanziellen Belastung des ArbN beginnend bei den Reisekosten über besondere Kosten am Arbeitsort bis hin zu Kosten für die doppelte Haushaltsführung etc. Derartige Kosten werden meist in der Entsendungsvereinbarung näher geregelt. Im Schrifttum wird sogar angenommen, dass auch ohne besondere Vereinbarung diese Kosten weitestgehend vom ArbGeb zu tragen seien (vgl *Däubler* ArbuR 90, 1). Das dürfte in dieser pauschalen Form nicht haltbar sein. Eventuelle Zahlungsansprüche können vor einem deutschen Gericht auch in ausländischer Währung geltend gemacht werden (BAG 26.7.95, DB 96, 533).

b) Vorzeitige Beendigung. Die Auslandstätigkeit kann vorzeitig beendet werden, indem 27
der ArbGeb entweder von einem vertraglich vereinbarten Rückrufsrecht Gebrauch macht oder er eine ordentliche oder außerordentliche Kündigung ausspricht (zur vorzeitigen Beendigung durch den ArbN vgl *Diller/Winzer* DB 01, 2094). Wie sämtliche **Leistungsbestimmungsrechte** muss der ArbGeb auch ein Rückrufsrecht nach den Grundsätzen der Billigkeit gem §§ 242, 315 BGB ausüben. Dem ArbN stehen die allgemeinen Möglichkeiten einer gerichtlichen Überprüfung zur Seite. Gleiches gilt im Fall der Kündigung für die Kündigungsschutzklage. Erfolgt die Beendigung der Auslandstätigkeit mit sofortiger Wirkung, entstehen dem ArbN oftmals steuerliche Nachteile aufgrund der höheren Steuerbelastung im Inland. Ein Schadensersatzanspruch gegen den ArbGeb wird insoweit von der Rspr abgelehnt (BAG 23.8.90, DB 91, 445; LAG Frankfurt 17.4.85, DB 86, 52).

Regelmäßig wird sich insbesondere bei einer vorzeitigen Beendigung die Frage stellen, 28
wer die **Rückumzugskosten** zu tragen hat. Hier genügt zur Anspruchsbegründung bereits eine vertraglich vereinbarte allgemeine Umzugskostenzusage des ArbGeb, da diese nach der Rspr des BAG auch die Kosten eines vorzeitigen vom ArbGeb veranlassten Rückumzugs umfasst (BAG 26.7.95, DB 96, 533). Hat sich der ArbGeb schließlich für den Fall der vorzeitigen Beendigung der Auslandstätigkeit ein **Rückforderungsrecht** bezüglich der zunächst in vollem Umfang übernommenen **Reisekosten** vorbehalten, so muss dieses Rückforderungsrecht summenmäßig in Relation zum Verdienst des ArbN beschränkt werden. Das LAG Frankfurt hat insoweit in Anlehnung an die Rspr des BAG zur Rückzahlung von Ausbildungsvergütungen (Näheres s *Rückzahlungsklausel* Rz 1 ff) eine Beschränkung auf einen Monatsverdienst angenommen (LAG Frankfurt 22.6.81, DB 82, 656). Richtigerweise wird man hier insbesondere nach den Gründen für die vorzeitige Beendigung differenzieren müssen (*Hickl* NZA 87 Beilage 1, 17).

c) Betriebsübergang. Ein zwischenzeitlich im Verlauf eines mehrjährigen Entsendungs- 29
zeitraums in Deutschland erfolgter Betriebsübergang erfasst auch das ruhende Heimatarbeitsverhältnis des entsandten ArbN (BAG 14.7.05 – 8 AZR 392/04 AP Nr 4 zu § 611 BGB Ruhen des Arbeitsverhältnisses).

5. Gerichtsstand. Für alle EU-Mitgliedsstaaten mit Ausnahme Dänemarks gilt seit dem 30
1.3.02 die EG-VO Nr 44/2001 (EuGVVO – ABlEG vom 16.1.01, Nr L 12), die das früher geltende Europäische Gerichtsstands- und Vollstreckungsübereinkommen (EUGVÜ) abgelöst hat. Danach hat der ArbN ein Wahlrecht, ob er am Sitz des ArbGeb, am Sitz der ihn beschäftigenden Niederlassung oder an seinem gewöhnlichen Arbeitsort klagt. Der ArbGeb kann nur am Wohnsitz des ArbN klagen. Gerichtsstandsvereinbarungen sind nur sehr eingeschränkt zulässig. Der Anwendungsbereich der EuGVVO erfasst auch betriebsverfassungsrechtliche Streitigkeiten (*Boemke* DB 12, 802; aA LAG BlnBbg 8.2.11 – 7 TaBV 2744/10, BeckRS 2011, 71722). Im Verhältnis zu Norwegen, Island, Schweiz und Polen gilt das Lugano-Übereinkommen über die gerichtliche Zuständigkeit und die Vollstreckung gerichtlicher Entscheidungen in Zivil- und Handelssachen vom 16.9.88 (BGBl II 94, 2658; hierzu

80 Auslandstätigkeit

zuletzt BAG 20.8.03 – 5 AZR 45/03, NZA 04, 58). Außerhalb des Geltungsbereichs der vorgenannten Bestimmungen bleibt es bei den allgemeinen Zuständigkeitsregelungen der ZPO (zu weiteren Einzelfragen *Däubler* NZA 03, 1297).

31 6. Muster. S Online-Musterformulare „*M7 Arbeitnehmerentsendung*".

B. Lohnsteuerrecht   *Windsheimer*

Übersicht

	Rz		Rz
I. Überblick	35, 36	d) Geschäftsführer ausländischer Kapitalgesellschaften	52
II. DBA-Regelung	37–53	e) Tätigkeiten in Entwicklungsländern	53
1. Anknüpfung an den Tätigkeitsort	37–42	III. Auslandstätigkeit ohne DBA-Regelung	54–58
a) Ausländischer Arbeitgeber	38	1. Anrechnung der ausländischen Steuer	55
b) Ausländische Betriebsstätte	39	2. Abzug der ausländischen Steuer	56
c) 183-Tage-Regelung	40–42	3. Steuerfreistellung nach dem Auslandstätigkeitserlass	57, 58
2. Besteuerung im Tätigkeitsstaat	43–45	IV. Beschränkte Steuerpflicht	59
a) Freistellungsbescheinigung	43	V. Erweiterte unbeschränkte Steuerpflicht	60–62
b) Jahresveranlagung	44	1. Öffentlicher Dienst	60
c) Haftung des Arbeitgebers	45	2. Internationale Organisationen	61
3. In- und Auslandstätigkeit	46, 47	3. Auslandslehrer	62
4. Nebentätigkeit im Ausland	48		
5. Sonderregelungen	49–53		
a) Arbeitnehmerüberlassung	49		
b) Bordpersonal von Schiffen und Flugzeugen	50		
c) Berufskraftfahrer im internationalen Verkehr	51		

35 I. Überblick. Nach dem Prinzip der Besteuerung des Welteinkommens (§ 1 EStG) müssten im Ausland tätige ArbN ihre Vergütung im Inland als Wohnsitzstaat versteuern, aber auch im Ausland als Tätigkeitsstaat, wenn der Tätigkeitsstaat eine entsprechende Besteuerung vorsieht, was fast durchgängig der Fall ist. Um eine solche Doppelbesteuerung zu vermeiden, sehen die DBA als Grundsatz vor, dass die Vergütung im Tätigkeitsstaat zu versteuern ist (Art 15 Abs 1 OECD-MA, BStBl I 04, 286). Enthält das DBA keine Regelung oder gibt es mit dem ausländischen Tätigkeitsstaat kein DBA, richtet sich die Besteuerung grds nach dem Auslandstätigkeitserlass (ATE; s hierzu unten Rz 57, 58). Nach Art 15 Abs 2 OECD-MA, der dem Art 15 Abs 1 OECD-MA als lex specialis vorgeht, verbleibt das Besteuerungsrecht beim Wohnsitzstaat, wenn kumulativ folgende drei Voraussetzungen erfüllt sind:
– die ausländische Tätigkeitsdauer beträgt nicht mehr als 183 Tage (= $^1/_2$ Jahr) und
– die Vergütungen werden von einem oder für einen inländischen ArbGeb gezahlt und
– die Vergütungen werden nicht von einer ausländischen Betriebsstätte getragen.

Liegt eine der drei Voraussetzungen nicht vor, also längere Tätigkeitsdauer im Ausland als 183 Tage oder Vergütung vom ausländischen ArbGeb oder Belastung der Vergütung der ausländischen Betriebsstätte, wechselt das Besteuerungsrecht ins Ausland, so dass die Vergütung für die Zeit der Auslandstätigkeit nicht der inländischen Besteuerung, wohl aber bei der Jahresveranlagung dem Progressionsvorbehalt (§ 32b Abs 2 und 3 EStG) unterliegt. Die einzelnen DBA weichen zT von Art 15 OECD-MA ab oder enthalten Sonderregelungen, so dass diese gelten. **Grenzgängerregelungen** in den DBA stellen eine Ausnahme vom Prinzip der Besteuerung im Tätigkeitsstaat dar, indem sie die Besteuerung dem Wohnsitzstaat zuweisen (s *Grenzgänger* Rz 2, 23). Behält der ArbN während der Auslandstätigkeit seinen Wohnsitz bzw gewöhnlichen Aufenthalt im Inland nicht bei, dh nach DBA, dass er nicht im Inland **ansässig** (Art 4 OECD-MA) ist, sind die nichtselbstständigen Einkünfte nicht im Inland stpfl; im Übrigen bleibt der ArbN mit seinen inländischen Einkünften – soweit vorhanden, zB Einkünfte aus VuV oder aus Kapitalvermögen – beschränkt stpfl (§ 1 Abs 4 iVm §§ 49 bis 50a, 50d EStG). Zu Reisebeschränkungen bei Steuerrückständen s *Grenzgänger* Rz 25.

Literaturhinweis: BMF 14.9.06 – IV B 6 – S 1300 – 367/06, BStBl I 06, 532 = Anhang 12 II LStR mit instruktiven Beispielen; *Schubert/Hofmann* BB 07, 22; *Kaminski/Strunk* IStR 07, 189.

Schema für nichtselbstständige Auslandstätigkeit: 36

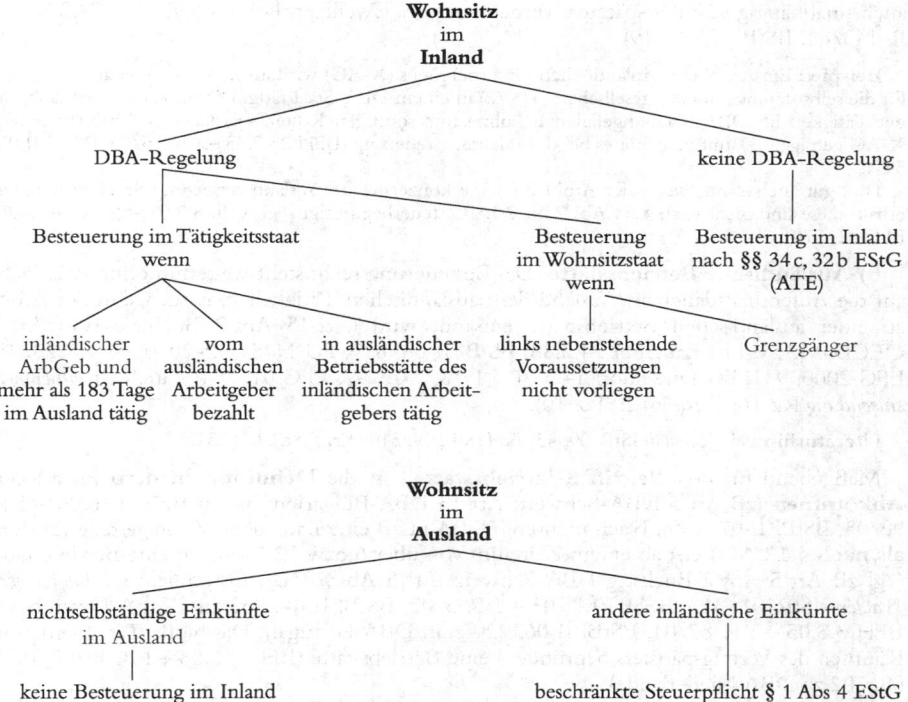

II. DBA-Regelung. 1. Anknüpfung an den Tätigkeitsort. Art 15 OECD-MA ist in 37 seinem systematischen Aufbau wie folgt zu verstehen und anzuwenden: Wird der im Ausland tätige ArbN von einem ausländischen ArbGeb bezahlt oder trägt die Vergütung eine ausländische Betriebsstätte, so ist die Vergütung im Ausland zu versteuern (Art 15 Abs 2b und c OECD-MA). Liegen diese Voraussetzungen nicht vor, wechselt das Besteuerungsrecht nur dann ins Ausland, wenn sich der ArbN dort mehr als 183 Tage (= ein halbes Jahr) aufhält (Art 15 Abs 2a OECD-MA). Ist auch das nicht der Fall, verbleibt das Besteuerungsrecht im Inland (Art 15 Abs 1 OECD-MA). Eine Ausnahme von diesem Ausgangspunkt machen die Grenzgängerregelungen in den DBA, die die Besteuerung im Wohnsitzstaat belassen (*Grenzgänger* Rz 2 ff).

Zum Stand der DBA zum 1.1.2013: BMF 22.1.2013 – IV B 2 – S 1301/07/10017 – 04, BStBl I 13, 162.

a) Ausländischer Arbeitgeber. Unabhängig von der Tätigkeitsdauer im Ausland findet 38 die Besteuerung im Auslandstätigkeitsstaat statt mit der Folge, dass im Inland keine Steuer zu erheben ist, wenn das ausländische Unternehmen ArbGeb des ins Ausland entsandten ArbN ist (Art 15 Abs 2 Buchst b OECD-MA). Diese Regelung geht also der 183-Tage-Regelung, die einen inländischen ArbGeb voraussetzt, vor. Darunter fällt auch eine Tochter- oder Schwestergesellschaft des inländischen ArbGeb. **Arbeitgeber im Sinne des DBA** ist derjenige Unternehmer, der die Vergütungen für die ihm geleistete Arbeit wirtschaftlich trägt (vgl BFH 18.12.02 – I R 96/01, BFH/NV 03, 1152; *Achter* IStR 03, 410). Dies ist dann der Fall, wenn der ArbN dem in- oder ausländischen Unternehmen seine Arbeitsleistung schuldet, unter dessen Leitung tätig wird und dessen Weisungen unterworfen ist und der Arbeitslohn nicht Preisbestandteil für eine Lieferung oder Werkleistung ist. Es ist damit nicht entscheidend, wer bürgerlich-rechtlich Vertragspartei ist und wer den Lohn auszahlt, weil ArbGeb und lohnzahlende Stelle verschieden sein können (vgl BFH 8.9.82 – I B 9/82, BStBl II 83, 71 und 72). Maßgebend ist vielmehr ausschließlich ein „wirt-

80 Auslandstätigkeit

schaftlicher ArbGebBegriff", der von dem des LStRechts abweichen kann (BFH 23.2.05 – I R 46/03, IStR 05, 458; hierzu *Schmidt* IStR 06, 78). Die entsprechende Zuordnung ist auch unabhängig von der späteren Verbuchung des jeweiligen Lohnes (vgl BFH 24.2.88 – I R 143/84, BStBl II 88, 819).

Beispiel: Ein ArbN eines inländischen Unternehmens (X-AG) wird im Kj an weniger als 183 Tagen für die selbstständige Tochtergesellschaft (Y-S.A.) in einem DBA-Staat tätig. Die im Zusammenhang mit der Tätigkeit im DBA-Staat angefallenen Löhne und sonstigen Kosten werden von der inländischen X-AG getragen. Damit verbleibt es bei der Inlandsbesteuerung (BFH 23.2.05 – I R 46/03, BStBl II 05, 547).

Dies gilt auch dann, wenn der ArbN für seine konzernweite Auslandsversetzung Sonderzahlungen erhält; diese sind nicht nach § 34 Abs 2 Nr 2 EStG steuerbegünstigt (FG Köln 8.2.01 – 10 K 4874/96, EFG 01, 570).

39 **b) Ausländische Betriebsstätte.** Das Besteuerungsrecht steht weiterhin ohne Rücksicht auf die Aufenthaltsdauer im Ausland dem ausländischen Tätigkeitsstaat zu, wenn der ArbN zu einer ausländischen Betriebsstätte entsandt wird (Art 15 Abs 2 Buchst c iVm Art 5 OECD-MA; vgl hierzu BFH 24.2.88, BStBl II 88, 819; FG NdS 30.5.2000 – 9 K 228/95, EFG 2000, 941; FG Düsseldorf 14.3.01 – 17 K 2973/97, EFG 01, 754; s auch *Arbeitnehmerentsendung* Rz 16; *Betriebsstätte* Rz 10).

Literaturhinweis: *Schmidt* IStR 09, 43; *Eckl* IStR 09, 510; *Korff* IStR 09, 231.

Maßgebend für den **Begriff „Betriebsstätte"** ist die **Definition in dem jeweiligen Abkommen** (zB Art 5 DBA-Schweiz; Art 13 DBA Bulgarien; hierzu BFH 28.6.06 – I R 92/05, BStBl II 07, 100). Nach mehreren DBA ist zB eine Bau- oder Montagestelle **(anders als nach § 12 AO)** erst ab einem Zeitraum von über 6 bzw 12 Monaten eine Betriebsstätte (vgl zB Art 5 Abs 2 Buchst g DBA-Schweiz; Art 5 Abs 3 DBA Österreich; s *Schnorberger/Waldens* IStR 01, 313; BFH 19.11.03 – I R 3/02, BStBl II 04, 932 zum DBA Luxemburg; BFH 3.8.05 – I R 87/04, BStBl II 06, 220 zum DBA Portugal). Das bloße Tätigwerden in Räumen des Vertragspartners begründet keine Betriebsstätte (BFH 4.6.08 – I R 30/07, IStR 08, 702 zu DBA Niederlande).

Der Arbeitslohn wird zu Lasten einer ausländischen Betriebsstätte gezahlt, wenn die Vergütungen wirtschaftlich gesehen von der Betriebsstätte getragen werden. Nicht entscheidend ist, wer die Vergütungen ausbezahlt oder wer die Vergütungen in seiner Buchführung abrechnet. Entscheidend ist allein, ob und ggf in welchem Umfang die im Ausland ausgeübte Tätigkeit nach dem jeweiligen DBA (zB Art 7 DBA Schweiz) der ausländischen Betriebsstätte zuzuordnen ist und die Vergütung deshalb **wirtschaftlich** zu Lasten der ausländischen Betriebsstätte geht (BFH 22.2.06 – I R 14/05, DStRE 06, 1127). Wenn der Arbeitslohn lediglich Teil von Verrechnungen für Lieferungen oder Leistungen mit der Betriebsstätte ist, wird der Arbeitslohn als solcher nicht von der Betriebsstätte getragen.

Beispiel:
Fallvariante 1: A ist vom 1. Januar 01 bis 31. März 01 bei einer Betriebsstätte seines deutschen ArbGeb in Frankreich tätig. Der Lohnaufwand ist der Betriebsstätte als Betriebsausgabe zuzuordnen.

Das Besteuerungsrecht für den Arbeitslohn steht Frankreich zu. A ist zwar nicht mehr als 183 Tage in Frankreich tätig, da der Arbeitslohn aber zu Lasten einer französischen Betriebsstätte des ArbGeb geht, bleibt das Besteuerungsrecht Deutschland nicht erhalten (Art 13 Abs 4 DBA-Frankreich). Frankreich kann als Tätigkeitsstaat den Arbeitslohn besteuern (Art 13 Abs 1 DBA-Frankreich). Deutschland stellt die Einkünfte unter Beachtung des § 50d Abs 8 EStG und des Progressionsvorbehalts frei (Art 20 Abs 1 Buchst a DBA-Frankreich).

Fallvariante 2: Der in Frankreich ansässige B ist bei einer deutschen Betriebsstätte seines französischen ArbGeb vom 1. Januar 01 bis 31. März 01 in Deutschland tätig. Der Lohnaufwand ist der Betriebsstätte als Betriebsausgabe zuzuordnen.

Das Besteuerungsrecht für den Arbeitslohn hat Deutschland. B ist zwar nicht mehr als 183 Tage in Deutschland tätig, der Arbeitslohn geht aber zu Lasten einer deutschen Betriebsstätte. Deutschland kann daher als Tätigkeitsstaat den Arbeitslohn besteuern (Art 13 Abs 1 DBA-Frankreich iVm §§ 1 Abs 4 und 49 Abs 1 Nr 4 Buchst a EStG).

Eine **selbstständige Tochtergesellschaft** (zB GmbH) ist nicht Betriebsstätte der Muttergesellschaft, kann aber ggf selbst ArbGeb sein (s *Betriebsstätte* Rz 4, 10; *Arbeitnehmerentsendung* Rz 18).

Auslandstätigkeit 80

Eine **Steuerbefreiung nach dem Betriebsstättenvorbehalt** kommt nur dann in Betracht, wenn die Betriebsstätte in dem Zeitpunkt, in dem sich der ArbN in dem betreffenden Staat aufhält, besteht.

Eine **Betriebsstätte entsteht,** sobald das Unternehmen beginnt, seine Tätigkeit durch eine feste Geschäftseinrichtung auszuüben. Dies ist der Fall, sobald das Unternehmen in der Geschäftseinrichtung die Tätigkeit vorbereitet, für die die Einrichtung auf Dauer bestimmt ist. Die Zeit, während der die feste Einrichtung selbst vom Unternehmen errichtet wird, bleibt unberücksichtigt, wenn sich diese Tätigkeit wesentlich von derjenigen unterscheidet, der die Geschäftseinrichtung auf die Dauer dienen soll.

Die **Betriebsstätte endet** mit der Aufgabe der Verfügungsmacht über die feste Geschäftseinrichtung oder mit der Einstellung jeder durch sie ausgeübten Tätigkeit, dh in dem Zeitpunkt, in dem alle Handlungen im Zusammenhang mit der früheren Tätigkeit der Betriebsstätte eingestellt werden (Geschäftsabwicklung, Instandhaltung und Instandsetzung der Anlage). Eine vorübergehende Unterbrechung des Betriebes gilt jedoch nicht als Stilllegung.

Wird die feste Geschäftseinrichtung an ein anderes Unternehmen verpachtet, so dient sie idR nur der Ausübung der Tätigkeit dieses Unternehmens, nicht aber derjenigen des Verpächters; im Allgemeinen besteht dann diese Betriebsstätte des Verpächters nicht mehr.

Beispiel: Das inländische Unternehmen ist Hersteller von Großanlagen (Walzstraßen). Ein ausländischer Auftraggeber bestellt eine fertig montierte Anlage (Werklieferungsvertrag). Teile der Anlage werden teils im Inland vom Unternehmen selbst, teils im Ausland durch Subunternehmer des Abnehmerlandes hergestellt. Anschließend wird die Anlage durch ArbN des inländischen Unternehmens im Auftragsstaat montiert.

Durch die Dauer der eigentlichen Montagearbeiten wird im ausländischen Staat eine Betriebsstätte iSd Art 5 Abs 3 OECD-MA begründet. Zur Überwachung der von den ausländischen Subunternehmen in deren Fabrikationsstätten zu erstellenden Anlagenteile werden ArbN des inländischen Unternehmens eingesetzt. Die Überwachungstätigkeit ist den eigentlichen Montagearbeiten vorgelagert und überschreitet nicht den Zeitraum von 183 Tagen. Die anderen ArbN, die **zur Montage und Probelauf** abgestellt sind, halten sich dort ebenfalls nicht länger als 183 im Steuerjahr des Tätigkeitsstaats auf.

Eine Betriebsstätte beginnt bei Bauausführungen mit Aufnahme der vorbereitenden Arbeiten und bleibt solange bestehen, bis die Arbeit abgeschlossen und endgültig eingestellt ist. Unter den Betriebsstättenvorbehalt fallen somit die Tätigkeit während der Montage sowie der Probelauf. Die auf die Zeit der Überwachung in den Fabrikationsstätten der ausländischen Subunternehmer entfallenden Arbeitslöhne fallen aber nicht unter den Betriebsstättenvorbehalt des Art 15 Abs 2 Buchst c OECD-Musterabkommen. Denn zu diesem Zeitpunkt besteht noch keine Betriebsstätte, weil vor Ort noch keine vorbereitenden Handlungen vorgenommen wurden (vgl BFH 21.4.99 – I R 99/97, BStBl II 99, 694).

Grds aA FG Bln 16.3.99 – IV 212/95, IStR 99, 471: Eine Betriebsstätte begründet kein Besteuerungsrecht, zu Art 15 Abs 2 DBA USA; ebenso *Peter* IStR 99, 456.

c) 183-Tage-Regelung. aa) Ansässigkeit. Fragen des Wohnsitzes und des gewöhn- 40 lichen Aufenthalts (§ 1 EStG iVm §§ 8, 9 AO) sind nach dem Begriff der **Ansässigkeit** gem DBA und unabhängig von melderechtlichen Normen und von den Vorschriften des BGB zu entscheiden (BFH 23.11.2000 – VI R 107/99, BStBl II 01, 294). Die Ansässigkeit entspricht dem innerstaatlichen Begriff des Wohnsitzes und des gewöhnlichen Aufenthalts. Hiernach hat jemand einen **Wohnsitz** dort, wo er eine Wohnung uU innehat, die darauf schließen lassen, dass er die Wohnung beibehalten und benutzen wird (§ 8 AO). Zu Fragen des Wohnsitzes BFH 5.11.01 – IV B 219/00, BFH/NV 02, 311). Nach Aufgabe des inländischen Wohnsitzes gibt es vorbehaltlich der beschränkten Steuerpflicht grundsätzlich kein inländisches Besteuerungsrecht mehr; ausnahmsweise nur dann, wenn Steuerflucht das ausschließliche Motiv des Wegzugs ist (BFH 19.10.2010 – I R 109/09, DStR 2011, 660). Behält der Stpfl seinen Wohnsitz im Inland bei und nimmt er gleichzeitig für die Zeit seiner Auslandstätigkeit einen Wohnsitz (s Rz 38) im Tätigkeitsstaat an **(Doppelwohnsitz)**, ist die unbeschränkte Steuerpflicht (§ 1 Abs 1 EStG: Erfassung des Welteinkommens) nicht aufgehoben, wenn sich der Lebensmittelpunkt im Inland befindet (BFH 5.3.08 – I R 54, 55/07, BFH/NV 08, 1487; zum Lebensmittelpunkt bei Doppelwohnsitz von Verheirateten BFH 4.5.11 – VI B 152/10, BFH/NV 11, 1347; Einzelfälle zum Doppelwohnsitz OFD Münster 30.9.09 – S 1315 – 42 – St 45–32, BeckVerw 231109). Ausnahmsweise kann auch bei Lebensmittelpunkt im Ausland die inländische Besteuerung eingreifen (BFH 5.6.07 – I R 22/06, BStBl II

80 Auslandstätigkeit

07, 812). Den **gewöhnlichen Aufenthalt** hat jemand dort, wo er sich uU aufhält, die erkennen lassen, dass er an diesem Ort oder in diesem Gebiet nicht nur vorübergehend verweilt (§ 9 AO; s hierzu BFH 20.4.88 – I R 219/82, BStBl II 90, 701).

41   **bb) Berechnung der 183-Tage.** Nach Art 15 Abs 2 Buchstabe a) OECD-MA (BMF 14.9.06 – IV B 6 – S 1300 – 367/06, BStBl I 06, 532) steht die Besteuerung dem Tätigkeitsstaat zu, wenn unter Beibehaltung des inländischen Wohnsitzes oder gewöhnlichen Aufenthaltes die Tätigkeit im Ausland mehr als 183 Tage beträgt, unabhängig davon, von wem der ArbN bezahlt wird. In die 183 Tage werden miteinbezogen der Ankunfts- und Abreisetag, alle Aufenthaltstage im Ausland, auch bei Streik, Krankheit und Urlaub, der vor, während und nach der Tätigkeit im Ausland verbracht wird.

Beispiel 1: A ist für seinen inländischen ArbGeb mehrere Monate lang in den Niederlanden tätig. Hierzu fährt er jeden Montagmorgen zu seiner ausländischen Arbeitsstätte und kehrt am Freitagabend zu seinem inländischen Wohnsitz zurück. Die Arbeitstage in den Niederlanden zählen in die 183 Tage, die Wochenendtage im Inland nicht. Fährt A bereits Sonntagabend in die Niederlande, werden die Sonntage in die 183 Tage miteinbezogen, weil zeitweiliger Aufenthalt genügt. In einigen DBA ist dies allerdings anders geregelt, zB DBA Dänemark.

Beispiel 2: B arbeitet vom 1. März bis 20. August (= weniger als 183 Tage) in Schweden. Anschließend verbringt er dort seinen Urlaub bis 10. September. Hiermit überschreitet er die 183-Tage-Grenze, so dass das Besteuerungsrecht für die Auslandstätigkeit Schweden zusteht (BFH 23.2.05 – I R 13/04, BFH/NV 05, 1242).

Beispiel 3: A ist vom 1.10. bis 31.5. des Folgejahres für seinen deutschen ArbGeb in Österreich tätig. Eine Betriebsstätte des ArbGeb in Österreich besteht nicht (s hierzu Rz 39).

Österreich hat kein Besteuerungsrecht für den Arbeitslohn. Die 183-Tage-Frist ist für jedes Kj (= Steuerjahr) getrennt zu ermitteln. A ist weder im ersten noch im zweiten Jahr länger als 183 Tage in Österreich. Da der Arbeitslohn von einem deutschen ArbGeb getragen wird und nicht zu Lasten einer österreichischen Betriebsstätte des ArbGeb geht, bleibt das Besteuerungsrecht bei der BRD (Art 15 Abs 2 DBA Österreich).

Bei der Berechnung der Dauer des Aufenthalts nach der 183-Tage-Regelung gemäß Art 13 Abs 4 Nr 1 DBA-Frankreich sind nur solche Tage zu berücksichtigen, an denen sich der ArbN tatsächlich („physisch") im Tätigkeitsstaat aufgehalten hat (BFH 12.10.11 – I R 15/11, IStR 12, 384). Nach einigen DBA gilt für die Berechnung der 183 Tage nicht das Kj, sondern das Steuerjahr, zB Großbritannien 6.4. bis 5.4., oder ein Zwölf-Monats-Zeitraum, zB Norwegen, Russland, Kanada.

Beispiel 1: A ist für seinen deutschen ArbGeb vom 1. April 01 bis 20. April 01 und vom 1. August 01 bis 31. März 02 für 90 Tage sowie vom 25. April 02 bis zum 31. Juli 02 für 97 Tage in Norwegen tätig.

Für die Vergütungen, die innerhalb des Zeitraums 1. August 01 bis 31. Juli 02 auf Tage entfallen, an denen sich A in Norwegen aufhält, hat Norwegen das Besteuerungsrecht, da sich A innerhalb eines 12-Monats-Zeitraums dort an insgesamt mehr als 183 Tagen aufgehalten hat. Deutschland stellt insoweit die Vergütungen des A unter Beachtung des § 50d Abs 8 EStG (s hierzu unten Rz 44) und des Progressionsvorbehalts (s hierzu Rz 44) frei (Art 23 Abs 2 DBA-Norwegen). Das Besteuerungsrecht für die Einkünfte, die auf den Zeitraum 1. April bis 20. April 01 entfallen, steht dagegen Deutschland zu, da in allen auf diesen Zeitraum bezogenen denkbaren 12-Monats-Zeiträumen sich A an nicht mehr als 183 Tagen in Norwegen aufgehalten hat.

Beispiel 2: B ist für seinen deutschen ArbGeb zwischen dem 1. Januar 01 und dem 28. Februar 01 sowie vom 1. Mai 01 bis zum 30. April 02 für jeweils monatlich 20 Tage in Norwegen tätig.

Das Besteuerungsrecht für die Vergütungen, die innerhalb des Zeitraums 1. Mai 01 bis 30. April 02 auf Tage entfallen, an denen sich B in Norwegen aufhält, hat Norwegen, das sich B innerhalb eines 12-Monats-Zeitraums dort an insgesamt mehr als 183 Tagen (= 240 Tage) aufgehalten hat. Gleiches gilt für den Zeitraum 1. Januar 01 bis 28. Februar 01, da sich B auch innerhalb des 12-Monats-Zeitraums vom 1. Januar 01 bis zum 31. Dezember 01 an insgesamt mehr als 183 Tagen (= 200 Tage) in Norwegen aufgehalten hat. Deutschland stellt insoweit die Vergütungen des B unter Beachtung des § 50d Abs 8 EStG und des Progressionsvorbehalts frei (Art 23 Abs 2 DBA-Norwegen).

Beispiel 3: Die Besteuerung im Ausland nach der 183-Tage-Regelung gilt auch für Großbritannien, wenn der dortige ArbGeb die Vergütung des ArbN übernimmt (FG Nürnberg 14.12.2010 – 1 K 1134/08, IStR 11, 513).

Literaturhinweis zur Berechnung der 183-Tage-Frist *Schubert/Parlovits* IStR 09, 415.

42   **cc) Inlandsbesteuerung.** Verbleibt hiernach das Besteuerungsrecht im Inland, gilt folgendes: Wird die Vergütung in **ausländischer Währung gezahlt**, ist sie nach dem monat-

Auslandstätigkeit 80

lichen Euro-Referenzkurs der Europäischen Zentralbank umzurechnen (BFH 3.12.09 – VI R 4/08, BStBl II 10, 698). Zur Klärung der inländischen Steuerpflicht darf das FA den ArbN zur Abgabe einer EStErklärung auffordern.
Die Besteuerung im Inland erfolgt nach allgemeinen Grundsätzen einschließlich Kostentragung und -erstattung durch den ArbGeb. S hierzu R 9.4. Abs 2 LStR: beruflich veranlasste Auswärtstätigkeit; R 9.5. LStR: Fahrtkosten; R 9.6., 9.7., 9.11. LStR: Verpflegungsmehraufwand, Übernachtungskosten, Doppelte Haushaltsführung. Zur Bewertung einer vom ArbGeb am ausländischen Dienstort **zur Verfügung gestellten Wohnung** s R 8.1 Abs 6 Satz 10 LStR; s *Auslandsreise* Rz 7 ff; *Doppelte Haushaltsführung* Rz 4 ff; *Dienstreise* Rz 12 ff).

2. Besteuerung im Tätigkeitsstaat. a) Freistellungsbescheinigung. Steht nach 43 DBA-Regelung dem ausländischen Tätigkeitsstaat die Steuer für den gezahlten Lohn zu, hat das inländische BetriebsstättenFA auf Antrag des ArbN oder des ArbGeb für LSt-Zwecke eine **Freistellungsbescheinigung** auszustellen, wonach bescheinigt wird, dass der Arbeitslohn nicht der deutschen LSt unterliegt (s *Lohnabzugsverfahren* Rz 22). Ohne eine Freistellungsbescheinigung des BetriebsstättenFA kann der ArbGeb nicht vom Steuereinbehalt absehen (BMF 25.6.12 – IV B 5 – S 1301 – USA/0–04, 2012/0464365, DStR 12, 1275). Bei einer **Tätigkeit in einem EU-Ausland** besteht zur Sicherstellung der Besteuerung im Tätigkeitsstaat **Auskunftsaustausch** zwischen den beteiligten Finanzbehörden (EUAHiG; *Ausländer* Rz 40; *EU-Recht* Rz 30; FG Köln 23.8.07 – 2 K 3911/06, EFG 09, 80; s auch das Merkblatt zur zwischenstaatlichen Amtshilfe durch Auskunftsaustausch BMF 25.5.12 – IV B 6 – S 1320/07/10004:006, BStBl I 12, 599; bei der Steuererhebung BMF 29.2.12 – IV B 6 – S 1320/07/10011:010:006, BStBl I 12, 244; zur gegenseitigen Amtshilfe bei der Beitreibung im Verhältnis zu USA und Kanada BMF 19.1.04 – IV B 4 – S 1320 – 1/04, BStBl I 04, 66; zu Spontanauskunft und Amtshilfe im Übrigen s *Ausländer* Rn 40).
Liegt die Bescheinigung vor, so fallen unter die Befreiung von der deutschen LSt alle Bezüge, die der ArbN **für** seine Auslandstätigkeit erhält, also neben seinem Gehalt auch Reisekosten, Trennungsentschädigungen, Auslandszulagen, Auslösungen uÄ, ohne Rücksicht auf die gezahlte Höhe. Andererseits können gesetzliche ArbNAnteile zur SozV, die auf den steuerfreien Arbeitslohn entfallen, nicht als Sonderausgaben geltend gemacht werden (OFD Frankfurt/Main 22.11.06 – S 2221 A – 78 – St 218, IStR 07, 224) und Werbungskosten sind zu dem Teil nicht abziehbar, der dem Verhältnis der im Inland steuerfreien Einnahmen zu den Gesamteinnahmen entspricht (BFH 6.10.93 – I R 32/93, BStBl II 94, 113: BFH 13.8.97 – I R 65/95, BStBl II 98, 21; gegen die Beschränkung des Werbungskostenabzugs aufgrund DBA *Andresen* IStR 01, 497). Die Abzugsbeträge sind jedoch im Rahmen des negativen Progressionsvorbehalts zu berücksichtigen (BFH 29.4.92, BStBl II 93, 149). Bei im Inland stpfl Einnahmen kann der Werbungskostenpauschbetrag in voller Höhe gewährt werden, während bei den ausländischen Einnahmen die tatsächlich angefallenen Werbungskosten (zur Berechnung des Steuersatzes) nur insoweit abgezogen werden können, als sie unter Einbeziehung der inländischen Einkünfte den ArbNPauschbetrag übersteigen (§ 32b Abs 2 Satz 1 Nr 2 lit. b EStG ab 2007). Im Ausland gezahlte Vertragsstrafe kann nicht im Inland als Werbungskosten geltend gemacht werden (BFH 7.12.05 – I R 34/05, IStR 06, 536).

b) Jahresveranlagung. Bei der **Veranlagung** (s *Antragsveranlagung* Rz 2 ff) wird die 44 Steuerfreistellung unabhängig von der Freistellungsbescheinigung nur gewährt, soweit der StPfl nachweist, dass der Tätigkeitsstaat, dem nach DBA das Besteuerungsrecht zusteht, auf das Besteuerungsrecht verzichtet hat oder dass in diesem Staat auf die Einkünfte festgesetzte Steuern entrichtet wurden (§ 1 Abs 3 Satz 5 EStG, § 50d Abs 8 Satz 1 EStG; BFH 8.9.10 – I R 80/09, IStR 11, 198). Mit dieser Regelung sollen Besteuerungslücken vermieden werden (sog **Rückfallklausel**) (OFD Düsseldorf/Münster 18.7.05 – S 1301 – A – 12; IStR 06, 96; im Verhältnis zu China BayLfSt 29.4.10 – S 1301.1–40/3 St 32, IStR 10, 588). Wird der Nachweis erst geführt, nachdem die Einkünfte der inländischen Besteuerung unterworfen worden sind, ist der Steuerbescheid insoweit nach § 175 Abs 1 Satz 2 AO zu ändern (§ 50d Abs 8 Sätze 2, 3 EStG). § 50d Abs 9 EStG, wonach trotz Freistellung die ausländischen Einkünfte im Inland zu erfassen sind, bringt insoweit keine Verschärfung, weil § 50d Abs 8 EStG vorgeht (BFH 11.1.12 – I R 27/11, BeckRS 2012, 94692; aA BMF 12.11.2008 – IV B 5 – S 1300/07/10080, BeckVerw 150297). Durch § 50d Abs 9 Satz 3

80 Auslandstätigkeit

EStG wird die kumulative Anwendbarkeit von § 50d Abs 8 und 9 EStG gesetzlich geregelt. Die Vorschrift ist in allen Fällen anzuwenden, in denen die ESt noch nicht bestandskräftig festgesetzt ist (§ 52 Abs 59a Satz 9 EStG). – § 50d Abs 8 EStG ist nach BFH nicht verfassungsgemäß (BFH 10.1.12 – I R 66/09, BeckRS 2012, 94990, Az BVerfG 2 BvL 1/12). § 50d Abs 9 Satz 1 Nr 2 EStG begegnet keinen verfassungsrechtlichen Bedenken (FG München 19.8.11 – 8 V 3774/10, BeckRS 2011, 96573). Konsultationsvereinbarungen über die (Nicht-)Besteuerung im Inland/Ausland bedürfen seit 2010 einer Rechtsverordnung nach Art 80 GG (§ 2 Abs 2 AO; hierzu *Lehner* IStR 11, 733; FinMin Saarl 3.5.11 – B/3 – S 1301 – 9007, DStR 11, 2354; *Mitschke* DStR 11, 2221).

Literaturhinweis zu § 50d Abs 8 und 9 EStG: *Gosch* IStR 08, 413; *Portner* IStR 09, 195. Zu sog „weißen" Einkünften, das sind Einkünfte, die lt DBA weder im Wohnsitzstaat noch im Tätigkeitsstaat zu versteuern sind: *Andresen/Kiesel* DStR 2011, 745; *Gebhart* IStR 2011, 58.

Beispiel (nach FG BaWü 20.1.11 – 3 K 2312/08, BeckRS 2011, 95427): Ein ausländischer Staatsbeamter, der im Inland wohnt und ansässig ist und vom ausländischen Anstellungsstaat (T 1) besoldet wird, ist ohne Aufgabe des inländischen Wohnsitzes in einem anderen Staat (T 2) berufstätig, wonach dortige Einkünfte in T 2 nach dem DBA mit T 1 steuerfrei sind. Die Einkünfte aus T 1 sind im Inland nicht stpfl, auch nicht unter Heranziehung von § 50d Abs 8 und 9 EStG. Sie unterliegen auch nicht dem inländischen Progressionsvorbehalt.

Im LStVerfahren (Freistellung s oben Rz 43) hat der ArbGeb den ArbN auf die Nachweispflicht hinzuweisen. Das im Inland steuerfreie ausländische Gehalt unterliegt bei einer inländischen Veranlagung (s *Antragsveranlagung* Rz 7) dem **Progressionsvorbehalt** (§ 32b Abs 1 Nr 2, 3 EStG; s *Ausländer* Rz 41). Dies ist verfassungsgemäß (FG Saarl 17.7.08 – 2 K 2194/05, EFG 08, 1708) und gilt auch bei Doppelansässigkeit (BFH 7.3.07 – I R 17/06, BFH/NV 07, 1638), nicht jedoch Sonderzahlungen zur Abgeltung einer mehrjährigen Auslandstätigkeit (BFH 9.6.93, BStBl II 93, 790). Bei der Veranlagung besteht keine Bindung an die nach § 39b Abs 6 EStG erteilte Bescheinigung (BFH 13.3.85, BStBl II 85, 500, 501 aE). Behält der ArbGeb trotz Beendigung der unbeschränkten Stpflicht LSt ein, so ist diese im Rahmen der Veranlagung des ArbN anzurechnen (BFH 23.5.2000 – VII R 3/00, BStBl II 2000, 581; Anm hierzu *Wassermeyer* IStR 2000, 688). Ausländische Verluste aus einer anderen Einkunftsart, zB aus VuV, sind über den Progressionsvorbehalt in die inländische Veranlagung miteinzubeziehen (EuGH 18.7.07 – C-182/06, DStR 07, 1339, Fall *Lakebrink*); nunmehr § 32b Abs 1 Nr 5 EStG. **Werbungskosten,** die mit im Ausland zu versteuernden Einnahmen im Zusammenhang stehen, zB Reisekosten, können im Inland nicht berücksichtigt werden (§ 3c EStG; BFH 11.2.09 – I R 25/08, IStR 09, 506); das Gleiche gilt für Darlehenszinsen, die für eine künftige Tätigkeit im Ausland gezahlt werden (FG RhPf 28.10.08 – 3 K 2129/06, DStRE 09, 836) oder für eine Bewerbung ins Ausland (BFH 28.7.11 – VI R 5/10, IStR 11, 891). Zum steuerfreien **Kaufkraftausgleich** s unten Rz 60. Zu **Abfindungen** s unten Rz 47.

45   **c) Haftung des Arbeitgebers.** Bei Vorliegen einer Freistellungsbescheinigung haftet der ArbGeb für nicht einbehaltene LSt nicht, wenn sich nachträglich herausstellt, dass die **Freistellungsbescheinigung zu Unrecht** erteilt worden ist (BFH 22.10.86, BStBl II 87, 171; s im Übrigen *Lohnsteuerhaftung* Rz 4 ff).

46   **3. In- und Auslandstätigkeit.** Bei einem Arbeitsaufenthalt im Ausland von mehr als 183 Tagen unter **täglicher Rückkehr** an den Wohnsitz steht die Besteuerung vorbehaltlich Grenzgängerregelung (s *Grenzgänger* Rz 21) ebenfalls dem Tätigkeitsstaat zu (BFH 10.7.96 – I R 4/96, BStBl II 97, 15 entgegen BFH 10.5.89, BStBl II 89, 755; kritisch zur geänderten BFH-Rspr *Strunk* DStR 97, 192; *Roche* IStR 97, 203; *Kaefer* IStR 97, 365). Bei der **Aufteilung des Arbeitslohns** in den steuerfreien ausländischen Anteil und den stpfl inländischen Anteil (zB 1.1.–31.8. Tätigkeit im Ausland, ab 1.9. im Inland) ist der Jahreslohn nach den **vereinbarten** Arbeitstagen Ausland/Inland aufzuteilen (BFH 29.1.86, BStBl II 86, 442, 479, 513). Entscheidend für die Zuordnung ist also der Zeitraum der Tätigkeitsausübung. Vergütungen speziell für die Auslandstätigkeit (zB Erfolgsprämie, Überstunden) sind dieser zuzurechnen. Vergütungsbestandteile, die das ganze Jahr betreffen (zB Weihnachts-, Urlaubsgeld, Tantieme), sind zeitanteilig aufzuteilen. Krankheitstage mit Entgeltfortzahlung sind dem Ausland/Inland veranlassungsgemäß zuzuordnen. Einzelheiten hierzu *Neyer* FR 07, 382. Urlaubstage bleiben bei der Aufteilung der Gesamtbezüge außer Betracht (BFH 31.3.04

– I R 88/03, BStBl II 04, 936). Bei der Aufteilung des Arbeitslohns in den im Inland steuerfreien Auslandsteil und den stpfl Inlandsteil sind die Urlaubstage im Ausland nicht dem steuerfreien Auslandsteil zuzurechnen.

Beispiel 1: Der ArbN war vom 1.1.–31.10. in einem DBA-Staat und ab 1.11. im Inland tätig. Von den vereinbarten 240 Arbeitstagen/Jahr entfallen 190 auf die Auslandstätigkeit. Das (ggf um direkt der steuerfreien oder stpfl Tätigkeit zuzuordnende bereinigte) Arbeitseinkommen ist im Verhältnis 190 (steuerfrei) zu 50 (stpfl) aufzuteilen; Einzelheiten OFD Bln 29.6.98, IStR 98, 438).

Beispiel 2: (BFH 19.12.01 – I R 63/00, BFH/NV 02, 584): Inlandstätigkeit 1.1.–8.3.; ab 9.3. Auslandstätigkeit mit dortigem Wohnsitz. Lohnzahlung bis 31.3. durch inländischen ArbGeb, ab 1.4. durch ausländischen ArbGeb:

1.1.–8.3.:	inländische LStPflicht;
9.3.–31.3.:	a) inländische LStPflicht (§ 49 Abs 1 Nr 4 EStG), wenn inländisches Arbeitsverhältnis bis 31.3. fortbestanden hat oder ArbGeb aus Kulanz Lohn fortbezahlt hat.
	b) keine inländische Steuerpflicht mehr, wenn inländischer ArbGeb den Lohn für Rechnung des ausländischen ArbGeb bezahlt hat.
ab 1.4.:	keine inländische Steuerpflicht mehr, aber Erfassung der ausländischen Einkünfte über den Progressionsvorbehalt (s Rz 44 und *Ausländer* Rz 41).

Hält sich der ins Ausland berufene ArbN zur Verrichtung seiner Tätigkeit nicht ausschließ- **47** lich im ausländischen Tätigkeitsstaat auf, sondern erbringt er seine Arbeitsleistung zeitweise auch vom Ansässigkeitsstaat (Wohnsitz) aus, so trifft ihn die Beweislast (§ 90 Abs 2 AO) über Umfang, Inhalt und Zeitdauer seiner Auslandstätigkeit. Nicht bewiesene Auslandstätigkeit ist im Inland zu versteuern; ggf ist durch Schätzung aufzuteilen (BFH 5.10.94, BStBl II 95, 95 zu Art 15 Abs 1 DBA Kanada 1981; BMF 5.7.95, BStBl I 95, 373). Der (bisherige) Tätigkeitsstaat hat kein Besteuerungsrecht für eine **Abfindung**, die ins Ausland wegen Verlustes des inländischen Arbeitsplatzes gezahlt wird. Zwischenstaatliche Verständigungsvereinbarungen änderten hieran nichts (OFD Rheinland 16.3.09 – Kurzinfo Internationales Steuerrecht Nr 21/09, IStR 09, 327 zum DBA Österreich; BFH 2.9.09 – I R 90/08, DStRE 09, 1377 zum DBA Belgien; BFH 2.9.09 – I R 111/08, DStR 09, 2235 zum DBA Schweiz; s auch BFH 27.8.08 – I R 81/07, IStR 09, 103; *Gunkel* IStR 09, 889; zum DBA Luxemburg BMF 19.9.11 – IV B 3 – S 1301 – LUX/10/10002, IStR 11, 972; anders noch BMF 25.3.10 – IV B 2 – S 1301 – CHE/07/10015, IStR 10, 460 zum DBA Schweiz; s auch *Ausländer* Rz 41. Nach einer VO gemäß § 2 Abs 2 AO ist ab 2011 die Besteuerung im (früheren) Tätigkeitsstaat möglich; zum Ganzen *Portner* IStR 10, 735. Zur Besteuerung von **Aktienoptionen** (BFH 24.1.01 – I R 100/98, IStR 01, 410; BayLfSt 29.4.10 – S 1301.1.1–40/3, St 32, IStR 10, 852; s *Aktienoptionen* Rz 21 ff; zu Zahlungen aufgrund eines Wettbewerbsverbots im Ausland (*Neyer* IStR 01, 361); s *Wettbewerbsverbot* Rz 48 ff. Bei Aufteilung der Abfindung Inland/Ausland (s oben Rz 40) unterliegt die ins Inland überwiesene Vergütung der inländischen Besteuerung; also ggf Aufteilung des Lohns: ins Ausland gezahlt, dort stpfl; ins Inland gezahlt, hier stpfl (sog **remittance-base-Prinzip**; BFH 22.2.06 – I R 14/05, DStRE 06, 1127; zum neuen DBA GB *Portner* IStR 10, 837). Zum Aufteilungsmaßstab Rz 46. Übernimmt der ArbGeb die inländische Steuer, liegt insoweit stpfl Lohn vor (BFH 29.11.2000 – I R 102/99, BStBl II 01, 195; s hierzu Anm IStR 01, 255). Bei Bezahlung in einem Betrag für mehrere Jahre greift die Steuerbegünstigung nach § 34 EStG ein (s *Außerordentliche Einkünfte* Rz 14; *Verzicht* Rz 22).

Hat der ausländische ArbGeb seinen Sitz sowohl im Inland als auch im Ausland und ist der ArbN an beiden Stellen – wenn auch an der ausländischen nur kurzzeitig – tätig, so kann nach DBA das Arbeitsentgelt für die ausländische Tätigkeit im Inland von der Steuer freizustellen sein (BFH 5.6.07 – I R 1/06, BFH/NV 07, 2000 zum DBA USA).

4. Nebentätigkeit im Ausland. Nebenberufliche Ausbildertätigkeit im EU-Ausland darf **48** nicht anders besteuert werden als im Inland (EuGH 18.12.07 – C-281/06, BFH/NV 08, Beilage 2, 93; BFH 22.7.08 – VIII R 101/02, DStR 08, 1824; § 3 Nr 26 EStG).

5. Sonderregelungen. a) Arbeitnehmerüberlassung. Bei gewerblicher ArbNÜber- **49** lassung gilt die 183-Tage-Regelung nach einigen neueren DBA nicht (zB Art 15 Abs 4 DBA Dänemark; Art 15 Abs 3 DBA Österreich; DBA Frankreich, Italien, Schweden); dh die Besteuerung erfolgt vom ersten Tag an im Staat der Arbeitsausübung. Doppelbesteuerung wird durch Steueranrechnung vermieden (s *Arbeitnehmerüberlassung/Zeitarbeit* Rz 71; *Auslän*-

80 Auslandstätigkeit

der Rz 46). Zur doppelten Lohnbesteuerung und ihrer Vermeidung bei ArbN in der Kohle-, Öl- und Gasgewinnung nach Art 23 DBA Dänemark s FinMin Bay 22.3.2000 – 32 – S 1301 – 33/76 – 13321, IStR 2000, 369; OFD Hannover 31.3.2000 – S 1301 – 785, DB 2000, 900; OFD Düsseldorf 15.8.01 – S 1301 – 317 – St 122-K, FR 01, 1248.

50 **b) Bordpersonal von Schiffen und Flugzeugen.** Zum LSt-Privileg des ArbGeb in der Schifffahrt (40 % LStAbzug) s BFH 13.7.11 – VI R 84/10, DStR 11, 1945). Für **Bordpersonal von Schiffen,** die im internationalen Verkehr eingesetzt sind, gilt Art 15 Abs 3 OECD-Musterabkommen (BMF 14.9.06 – S 1300 – 367/06, BStBl I 06, 532 Tz 153 ff; *Hilbert* DStR 12, 7). Die Heuer eines Seemanns ist in dem Staat zu versteuern, in dem sich die **tatsächliche Geschäftsleitung** des Beförderungsunternehmens befindet, dessen Gewinn durch die Zahlung der Heuer geschmälert wird (BFH 5.9.01 – I R 55/00, BFH/NV 02, 478; BMF 21.7.05 – IV B 1 – S 2411 – 2/05, BStBl I 05, 821; mangels DBA ist der Wohnsitz des Beschäftigten entscheidend (FG BaWü 22.7.08 – 4 K 1296/06, EFG 08, 1626); bei Geschäftsleitung in der Schweiz erfolgt keine völlige inländische Freistellung, sondern anteilige Aufteilung (BFH 10.1.12 – I R 36/11, BFH/NV 12, 1138). Bei einer Vercharterungskette ist auf das Unternehmen abzustellen, das mit der Heuer endgültig belastet ist (BFH 5.9.01 – I R 55/00, BFH/NV 02, 478). Ab 2004 gilt hierzu § 50d Abs 8 EStG. Unentgeltliche Verpflegung für das Bordpersonal eines Flusskreuzschiffes braucht ausnahmsweise nicht versteuert zu werden (BFH 17.4.08 – VI R 51/08, BStBl II 10, 700). Im Übrigen zur Bewertung der Beköstigung bei Seeschifffahrt und Fischerei FinMin Hbg 3.3.10 – S 2334 – 2255 – 11–4, IStR 10, 376; s auch *Sachbezug* Rz 24. Die Dreimonatsfrist für den Abzug von Verpflegungsmehraufwendungen (§ 4 Abs 5 Nr 5 Satz 5 EStG) gilt auch für Seeleute auf Hochseeschiffen (BFH 19.12.05 – VI R 30/05, BStBl II 06, 378). Bei mehrwöchigen Seefahrten sind die Kosten für ein wöchentliches Telefonat mit Angehörigen als Werbungskosten abziehbar (FG Nds 2.9.09 – 7 K 2/07, DStRE 10, 853).

Für **Bordpersonal von Flugzeugen** gilt Art 15 Abs 3 OECD-MA und § 49 Abs 1 Nr 4 Buchst e) EStG. Hieraus folgt: Das nicht im Inland ansässige Bordpersonal von Luftfahrzeugen, die von Unternehmen mit Geschäftsleitung im Inland betrieben werden, ist mit seinen Einkünften beschränkt stpfl. Flüge, die ausschließlich im Hoheitsgebiet eines ausländischen Staates durchgeführt werden, fallen nicht hierunter und lösen somit für beschränkt stpfl Bordpersonal keine inländische Steuerpflicht aus. Wurde der Nachweis iSd § 50d Abs 8 Satz 1 EStG erbracht (s Rz 44), unterliegen auch die Einkünfte des unbeschränkt stpfl Bordpersonals nicht der Steuerpflicht. § 50d Abs 8 EStG geht § 50d Abs 9 Satz 1 Nr 2 EStG vor (BFH 11.1.12 – I R 27/11, BeckRS 2012, 94692). Etwas anderes gilt für eine im DBA vereinbarte Rückfallklausel (s DBA-Irland vom 30.3.11).

51 **c) Berufskraftfahrer im internationalen Verkehr** (BMF 14.9.06 – IV B 6 – S 1300 – 367/06, BStBl I 06, 532 Tz 140 ff; *Holthaus* IStR 06, 16). Die Zuweisung des Besteuerungsrechts hängt nicht vom Sitz des ArbGeb ab, sondern von dem Arbeitsort, an dem sich der Fahrer mit dem anvertrauten Fahrzeug physisch aufhält: Besteuerung nach sog **Strecken-km** (BMF 19.9.11 – IV B 3 – S 1301 – Lux 07/10002, DStR 2011, 1812 im Verhältnis zu **Luxemburg**; *Wassermeyer* IStR 01, 470; FG SchlHol 13.9.2000 – V 122/00, EFG 01, 479 im Verhältnis zu **Dänemark**; BMF 29.6.11 – IV B 2 – S 1301 – CHE/07/10015:005, IStR 11, 774 im Verhältnis zur **Schweiz**).

Beispiel 1: Der in München wohnhafte Berufskraftfahrer A nimmt seine Fahrt morgens in München auf und fährt über Österreich nach Italien. Von dort kehrt er am selben Tage über die Schweiz nach München zurück.

Bei Berufskraftfahrern sind auch Tage der Durchreise als volle Anwesenheitstage im jeweiligen Staat zu berücksichtigen. Für die Ermittlung der 183-Tage-Frist ist damit für Österreich, Italien und die Schweiz jeweils ein Tag zu zählen.

Beispiel 2: A, ansässig im Inland, ist für seinen in Österreich ansässigen ArbGeb als Berufskraftfahrer tätig. Im Jahr 01 war A das ganze Jahr über im Inland tätig. Lediglich zwei Arbeitstage hat A in Österreich und zwei Arbeitstage in Italien verbracht. A ist kein Grenzgänger iSv Art 15 Abs 6 DBA-Österreich.

Deutschland hat als Ansässigkeitsstaat des A das Besteuerungsrecht für die Arbeitsvergütungen, die auf die Arbeitstage entfallen, an denen A seine Tätigkeit in Deutschland ausgeübt hat (Art 15 Abs 1 DBA-Österreich). Zudem hat Deutschland das Besteuerungsrecht für die Arbeitsvergütungen, die auf die in Italien verbrachten Arbeitstage entfallen, da sich A nicht mehr als 183 Tage in Italien aufgehalten hat (Art 15 Abs 1, 2 DBA-Italien). Dagegen wird Österreich das Besteuerungsrecht für die Arbeitsver-

Auslandstätigkeit 80

gütungen zugewiesen, die auf die Tage entfallen, an denen A in Österreich seine Tätigkeit ausgeübt hat (Art 15 Abs 1 DBA-Österreich). Insoweit stellt Deutschland die Einkünfte unter Beachtung des § 50d Abs 8 EStG und des Progressionsvorbehalts frei (Art 23 Abs 1 DBA-Österreich vgl FG Nds 25.2.08 – 7 K 378/05, DStRE 08, 999; FG SachsAnh 28.2.08 – 1 K 1098/05, BeckRS 2008, 26025270).
Beispiel 3: Berufskraftfahrer, die in der Schlafkabine ihres LKW übernachten, können keinen pauschalen Werbungskostenabzug beanspruchen. Die Übernachtungsnebenkosten für die Benutzung von sanitären Einrichtungen müssen sie glaubhaft machen (FG SchlHol 30.6.2011 – 5 K 108/10, BeckRS 201, 96781, Az BFH VI R 48/11).

Literaturhinweis zu international tätigen Berufskraftfahrern: *Urbahns* NWB 11, 3756; BayLfSt 22.7.11 – S 1301.1.1–78/3 St 32, DStR 11, 774; zu Lokomotivführern und Zugbegleitpersonal im Verhältnis zu Luxemburg BMF 19.9.11 – IV B 3 – S 1301 Lux/07/10002, IStR 11, 855.

d) Geschäftsführer ausländischer Kapitalgesellschaften. Unter die Besteuerung im Tätigkeitsstaat (Art 15 Abs 1 OECD-MA, s oben Rz 43) fallen auch Organe, also hauptsächlich Geschäftsführer ausländischer Kapitalgesellschaften (Ltd; zB der „board of directors"; BMF 14.9.06 – IV B 6 – S 1300 – 367/06, BStBl I 06, 532 Tz 119; BFH 5.3.08 – I R 54/07, BFH/NV 08, 1487; hierzu *Portner* IStR 09, 195). Einige DBA enthalten für Geschäftsführervergütungen Sonderregelungen (zB Art 16 DBA **Japan;** Art 16 Abs 1 DBA **Schweden,** Art 16 Abs 1 DBA **Belgien,** Art 16 Abs 2 DBA **Österreich;** BStBl I 02, 584, 956), des Inhalts, dass das Besteuerungsrecht dem Staat zusteht, in dem sich der Sitz oder die Geschäftsleitung der Gesellschaft befindet (hierzu *Portner* IStR 09, 195). Zur Besteuerung leitender Angestellter in der **Schweiz** nach dem DBA D-CH BFH 14.3.11 – I R 23/10, IStR 11, 693. Ein im Inland ansässiger leitender Angestellter (Art 15 Abs 4 DBA CH) muss inländische Tätigkeiten nicht im Inland, sondern in der Schweiz versteuern, wenn er neben seiner Tätigkeit im Inland auch in der Schweiz und in anderen Staaten tätig geworden ist (OFD Frankfurt 11.2.11 – S 1301 A – CH 32 – St 58, BeckVerw 11, 253344). Der deutsche Vergütungsanteil unterliegt dem Progressionsvorbehalt (BFH 25.10.2006 – I R 81/04, BStBl II 2010, 778; BFH 11.11.2009 – I R 83/08, BStBl II 2010, 781). Ein Delegierter einer Schweizerischen AG fällt unter Art 15 Abs 4 DBA Schweiz, so dass bei einer Tätigkeit am Sitzort der AG Deutschland kein Besteuerungsrecht zusteht, BFH 14.3.11 – I R 23/10, IStR 2011, 693; s auch *Grenzgänger* Rz 23. Ein im Handelsregister nicht eingetragener Prokurist fällt nicht unter den genannten Personenkreis, dh Besteuerung im Ansässigkeitsstaat (FG München 23.7.03 – 1 K 1231/00, DStRE 04, 466; aA BFH 8.4.92 – I R 68/91, BFH/NV 93, 295; hierzu BMF 30.9.08 – IV B2 – S 1301 – CHE/07/10015, BStBl I 08, 935). Im Verhältnis zu **Polen** (Art 16 Abs 2 DBA Polen) OFD Münster 22.3.10 – S 1301 – 70-St 45–32, IStR 10, 300. Zur Frage des Besteuerungsrechts bei einer Beschäftigung in der Geschäftsleitung einer **ausländischen Tochtergesellschaft** BFH 27.4.2000 – I B 114/99, BFH/NV 01, 6 zu DBA **Spanien;** s oben Rz 39 ff.

e) Tätigkeiten in Entwicklungsländern. Stets im Tätigkeitsstaat zu besteuern sind die Vergütungen für die Tätigkeit in Entwicklungsländern, in den Vereinigten Arabischen Emiraten und in Kuwait (BMF 21.7.05 – IV B 1 – S 2411 – 2/05, BStBl I 05, 821; *Bublitz* IStR 07, 77). Hierfür gilt § 50d Abs 8 und 9 EStG (s Rz 44).

III. Auslandstätigkeit ohne DBA-Regelung. Enthält das DBA mit dem ausländischen Tätigkeitsstaat keine Regelung über die Besteuerung der Vergütung aus nichtselbstständiger Tätigkeit (zB Albanien, Algerien, Saudi-Arabien), kann die (Nicht-)Besteuerung auf dreierlei Weise erfolgen:

1. Anrechnung der ausländischen Steuer im Rahmen des § 34c Abs 1 EStG (vgl hierzu BFH 5.2.92, BStBl II 92, 607: zur Anrechnung genügt der Nachweis der im Ausland abgeführten Steuern; zur Anrechnung der in Saudi-Arabien erhobenen Steuer nach § 34c Abs 1 EStG LfSt Bay 3.12.2010 – S 2293.1.1–4/2 St 32, IStR 2011, 164; zum Erlass der Steuer oder zur Pauschalierung nach § 34c Abs 5 EStG s FinMin NRW 11.2.94, DStR 94, 467; FG Köln 22.3.01 – 7 K 1709/99, EFG 01, 974; zur Anrechnung bei zusammenveranlagten Ehegatten s OFD Frankfurt/Main 24.7.13 BeckVerw 274892; zur vorläufigen Festsetzung wegen Verstosses gegen Art 63 AEUV s BMF 30.9.13, BeckVerw 276 581).

2. Abzug der ausländischen Steuer von der Bemessungsgrundlage nach § 34c Abs 2 EStG.

52

53

54

55

56

80 Auslandstätigkeit

57 **3. Steuerfreistellung nach dem ATE.** Der ATE (BMF 31.10.83, BStBl I 83, 470 = Anhang 7 LStR), ergangen nach §§ 34c Abs 5 und 50 Abs 7 EStG, hat in den letzten Jahren an praktischer Bedeutung verloren, da in fast allen DBA, die die Bundesrepublik mit anderen Staaten abgeschlossen hat, eine Regelung über die Besteuerung der nichtselbstständigen Einkünfte enthalten ist (BFH 11.9.87, BStBl II 87, 856: DBA geht ATE vor; s auch FG BaWü 24.1.11 – 10 K 3251/09, EFG 11, 1162). Der ATE verstößt gegen das Diskriminierungsverbot (s *Diskriminierung* Rz 143 ff), da er die Steuervergünstigung an einen inländischen ArbG knüpft. Der ATE begünstigt bestimmte Auslandstätigkeiten, wie zB die Planung, Errichtung, Wartung usw von Fabriken, Bauwerken, ortsgebundenen Maschinen und ähnlichen Vorrichtungen, das Aufsuchen und die Gewinnung von Bodenschätzen, die Beratung (Consulting) ausländischer Auftraggeber im Hinblick auf solche Tätigkeiten sowie Tätigkeiten der deutschen öffentlichen Entwicklungshilfe. Die Steuerfreiheit kann sich auch auf Gründe außerhalb des ATE stützen (BFH 18.8.87, BStBl II 88, 139; 20.5.92, BFH/NV 92, 740; FG Düsseldorf 29.6.92, EFG 92, 673), nicht aber auf eine Tätigkeit in der Antarktis (BFH 14.6.91, BStBl II 91, 926; s auch BFH 20.4.88, BStBl II 88, 983). Zur Abgrenzung von nicht begünstigten Tätigkeiten HessFG 21.2.08 – 13 K 2392/05, BeckRS 2008, 26025366.

58 Die Auslandstätigkeit muss mindestens 3 Monate lang ununterbrochen ausgeübt werden, wobei die Aufenthaltsdauer nach Kalendertagen berechnet wird. Zur Berechnung der Mindestfrist *Golenia* IStR 93, 421; FG München 3.3.93, EFG 93, 522. Der aufgrund des ATE gezahlte Lohn ist steuerfrei und unterliegt dem Progressionsvorbehalt (BFH 27.3.91, BFH/NV 92, 248 zum dem ATE zeitlich vorgehenden Montageerlass). Für die Steuerfreiheit ist wiederum eine Freistellungsbescheinigung beim inländischen BetriebsstättenFA zu erwirken, die keine Bindungswirkung iSv § 175 Abs 1 Nr 1 AO für die Jahresveranlagung des ArbN hat (BFH 23.11.05 – I B 100/05, BFH/NV 06, 298). Die **Freistellungsbescheinigung** hat der ArbGeb zum Lohnkonto zu nehmen. Im Übrigen gelten die DBA-Regelungen (Steuerfreiheit im Inland) entsprechend (s Rz 43 ff). Die Anwendung des ATE auf Tätigkeit in den Vereinigten Arabischen Emiraten ist durch den Abschluss eines neuen DBA überholt (*Letzgus/Berroth* IStR 10, 614; BayLfSt 29.9.11 – S 1301.1.1–102/5 St 32, ESt-Kartei BY DBA VAE Karte 1.1).

59 **IV. Beschränkte Steuerpflicht** (§ 1 Abs 4 EStG; s *Ausländer* Rz 35, 42 ff). Gibt der im Ausland tätige ArbN anlässlich seiner Auslandstätigkeit seinen inländischen (Familien-) Wohnsitz auf (s oben Rz 40), so ist er ab diesem Tag nur noch mit seinen im Inland verbleibenden Einkünften beschränkt stpfl (§ 1 Abs 4 EStG). Die Besteuerung der nichtselbstständigen Einkünfte wechselt ab diesem Zeitpunkt ins Ausland. Für dieses Jahr ist nur **eine Veranlagung** vorzunehmen (§ 2 Abs 7 Satz 3 EStG), was dazu führt, dass der Grundfreibetrag nur einmal zum Abzug kommt. Gleiches gilt umgekehrt: vom Ausland ins Inland entsandt; zu Fragen des **Progressionsvorbehalts** in diesem Zusammenhang oben Rz 44 und *Ausländer* Rz 41. In einigen DBA ist zusätzliche Voraussetzung für die Besteuerung im Ansässigkeitsstaat, dass auch der ArbGeb im gleichen Staat wie der ArbN ansässig ist (zB Norwegen). Zur Aufteilung der Einnahmen und Werbungskosten s oben Rz 46, 47; zur örtlichen Zuständigkeit des FA OFD Hannover 12.9.01 – S 0127 – 39 – StH 551, IStR 02, 101. Aufwendungen im Inland, die einer künftigen bzw angestrebten Berufstätigkeit im Ausland dienen (zB ein Sprachkurs) oder die während der Zeit der beschränkten Steuerpflicht im Ausland anfallen, stellen keine **Werbungskosten** dar, da die Aufwendungen sich nicht auf die inländische Besteuerung beziehen (BFH 20.9.06 – I R 59/05, DStRE 07, 294). Dies gilt auch für vergebliche Aufwendungen (FG München 26.11.93, EFG 95, 247). Sie sind jedoch im Rahmen des (negativen) Progressionsvorbehalts zu erfassen (BFH 6.10.93, BStBl II 94, 113; UrteilsAnm FR 94, 96; s bereits oben Rz 43). Derartige Aufwendungen sind aber dann Werbungskosten, wenn der ArbGeb den ArbN vor seiner Auslandstätigkeit zu einführenden Lehrgängen abordnet und die Dienstbezüge währenddessen weiterbezahlt (BFH 28.10.94, BFH/NV 95, 505). Zu **Umzugskosten** bei Auslandseinsatz einschließlich umzugsbedingten Kleideraufwand s *Umzugskosten* Rz 19, 29; *Ausländer* Rz 37. Nach § 39 Abs 5a EStG muss der ArbN, der beschränkt steuerpflichtig wird, dies dem WohnsitzFA unter Vorlage der LStKarte anzeigen. Das FA hat die LStKarte vom Zeitpunkt des Eintritts der beschränkten EStpfl an ungültig zu machen. Zu **Abfindungen bei Wohnsitzwechsel ins Ausland**; BFH 2.9.09 – I R 90/08, DStRE 09, 1377; s auch oben Rz 47.

Auslandstätigkeit 80

Einkünfte aus nichtselbstständiger Arbeit für die Zeit der beschränkten Stpfl kommen gem § 49 Abs 1 Nr 4 EStG für solche Einkünfte in Betracht, die im Inland ausgeübt oder verwertet wird (BFH 10.7.96, BStBl II 97, 15; *Ausländer* Rz 42 ff). Hierzu ist gem § 50 Abs 5 Satz 2 Nr 2 EStG eine rückwirkende Veranlagung zulässig (BFH 13.8.97, BStBl II 98, 21; BFH 27.4.2000 – I R 107/99, BFH/NV 2000, 1454). Einzelheiten hierzu R 39d. LStR; s *Grenzgänger* Rz 15, 16; *Lohnsteuerberechnung* Rz 18 ff. Zur Vereinbarkeit der Besteuerung beschränkt stpfl ArbN mit EU-Recht s *Diskriminierung* Rz 142.

V. Erweiterte unbeschränkte Steuerpflicht (§ 1 Abs 2, 3 EStG; s auch *Ausländer* Rz 38 ff). **60**

1. Öffentlicher Dienst. Trotz Fehlens eines Wohnsitzes oder gewöhnlichen Aufenthalts im Inland gelten die Personengruppen aus § 1 Abs 2 EStG (Auslandstätigkeit der öffentlichen Hand) und die aus § 1 Abs 3 EStG (Inlandstätigkeit von nicht im Inland Ansässigen; vgl hierzu *Ausländer* Rz 38) als unbeschränkt stpfl. Unter § 1 Abs 2 EStG fallen bei Vorliegen der übrigen Voraussetzungen insbesondere Bedienstete des öffentlichen Dienstes im Auslandseinsatz sowie die Mitglieder einer diplomatischen Mission oder konsularischen Vertretung einschließlich der zu ihrem Haushalt gehörenden Angehörigen. Die Besteuerung erfolgt nach dem Kassenstaatsprinzip. Für einen ausländischen Ehegatten gilt dies auch, wenn er die Staatsangehörigkeit des Empfangsstaates besitzt (FG Köln 27.6.94, IStR 94, 597). Diese Personengruppe kann nach § 1a Abs 2 EStG besteuert werden. Das Gehalt der in den USA ansässigen Ortskräfte der deutschen konsularischen Vertretungen in den USA werden demnach von Deutschland besteuert (BMF 18.12.09 – IV B 2 – S 1301 – USA/07/10004, IStR 10, 112). Gleiches gilt für die Gehälter der aus Deutschland entsandten Mitarbeiter der deutsch-russischen Auslandshandelskammer (BMF 18.11.09 – IV B 4 – S 1301 – RUSS/07/10002, IStR 10, 224). Auslandszulagen sind steuerfrei (§ 3 Nr 64 EStG); damit zusammenhängende Aufwendungen, zB Gebühr für Gehaltsüberweisung ins Ausland, sind steuerlich nichtabzugsfähig (§ 3c EStG; BFH 19.1.96, BFH/NV 96, 541; BFH 13.8.97 – I R 65/95, BStBl II 98, 21). Zum steuerfreien **Kaufkraftausgleich** (§ 3 Nr 64 EStG), Stand 1.1.11, BMF 4.1.11, IV C 5 – S 2341/10/10001, BStBl I 11, 83. Zum Umfang des Kaufkraftausgleichs BMF 19.10.09 – IV C 5 – S 2341/09/10001, BStBl I 09, 1291. Der Kaufkraftausgleich, der deutschen öffentlich rechtlichen Bediensteten im Ausland gewährt wird (§ 3 Nr 64 EStG), verstößt nicht gegen Europarecht (EuGH 15.9.11 – C-240/10, BeckRS 2011, 81359). Unter § 1 Abs 2 EStG fallen auch **Soldaten im Auslandseinsatz** sowie deutsche Kriegsschiffe (FG Düsseldorf 28.9.07 – 18 K 638/06, DStRE 08, 673). Der Auslandsverwendungszuschlag ist nach § 3 Nr 64 EStG steuerfrei. Diesbezügliche Aufwendungen können nur nach dem Verhältnis, in dem die steuerfreien Einnahmen zu den Gesamteinnahmen während des Auslandseinsatzes stehen, als Werbungskosten geltend gemacht werden (BFH 28.4.05 – VI B 179/04, BFH/NV 05, 1303). Die Übernachtungskostenpauschale entfällt, wenn am Einsatzort eine kostenlose Unterkunft zur Verfügung steht (FG Bln/Bbg 4.12.09 – 9 K 9161/07, EFG 10, 470).

Zum steuerfreien Kaufkraftausgleich (§ 3 Nr 64 EStG) Stand 1.1.2012 BMF 9.1.12 – IV C 5 – S 2341/10003.

2. Internationale Organisationen. Im Ausland bei internationalen Organisationen beschäftigte Deutsche fallen nicht unter § 1 Abs 2 EStG, weil sie ihren Arbeitslohn nicht aus einer inländischen öffentlichen Kasse beziehen, zB das Goethe-Institut (BFH 22.2.06 – I R 60/05, BStBl II 07, 106), ebenso nicht an privatisierte Einrichtungen „verliehene" Beamte (FinMin Hess 31.8.99 – S 2102 A-28-II B 2.a, DStR 99, 1988). S die Übersicht FinMin Bln 23.1.07 – III A – S 1311 – 5/2007. Zur einkommensteuerlichen Behandlung der im Ausland für inländische Rundfunk- und Fernsehanstalten tätigen **Korrespondenten** BMF 13.3.98 – IV B 4 – S 2303 – 28/98, BStBl I 98, 351. Zur Besteuerung von Personen bei internationalen Organisationen, auf die DBA nicht anwendbar sind, (zB **NATO, OECD, WEU, Europäische Patentorganisation**) BMF 18.4.01 – IV B 3 – S 1311 – 75/01, BStBl I 01, 286; hiervon abweichend FG München 6.12.2000 – 1 K 855/99, EFG 01, 417; BFH 22.11.06 – X R 29/05, BB 07, 313). Zu Ausgleichszahlungen des Deutschen Akademischen Austauschdienstes **(DAAD)** FG Bbg 5.12.01 – 6 K 1585/00, EFG 02, 311; FG Bln 2.2.05 – 6 K 6382/03, DStRE 06, 148. Zur Besteuerung von Rentnern im Ausland s *Altersrente* Rz 18. **EU-Beamte** BFH 15.3.2000 – I R 28/99, BStBl II 02, 238; BMF 12.4.06 – IV **61**

80 Auslandstätigkeit

B 3 – S 1311 – 75/06, BStBl I 06, 340 mit Beispielen zum EU-Tagegeld. Da die Vergütung der EU-Bediensteten steuerfrei ist (s EU-Recht Rz 28), entfällt im Inland ein Werbungskostenabzug, zB wegen doppelter Haushaltsführung (FG Hess 1.9.10 – 10 K 989/10, BeckRS 2011, 94205). **Europarat-Angestellte** BFH 6.8.98 – IV R 75/97, BStBl II 98, 732; zur Abgrenzung BFH 26.2.08 – VIII B 194/06, BFH/NV 08, 952. Tätigkeit für die **Europäische Polizeimission** in Krisengebieten FG Bln/Bbg 24.2.10 – 7 K 6439/06 B, EFG 10, 1135.

62   **3. Auslandslehrer.** Grundsatz nach einschlägigen DBA (zB Art 20 DBA Belgien, Art 16 DBA Frankreich, Art 21 DBA Italien, Art 20 DBA Indien, Art 20 DBA Portugal, Art 20 DBA Österreich, Art 20 DBA USA): das Besteuerungsrecht verbleibt beim Wohnsitzstaat; BMF 14.8.95, BStBl I 95, 416: Die Zulage an **Europäischen Schulen** im Ausland ist steuerfrei (BFH 16.2.96 betr Ägypten DStR 96, 865; BFH 23.9.98 – I B 53/98, BFH/NV 99, 458; BFH 12.10.95, BFH/NV 96, 377; BFH 20.12.95, IStR 96, 177; BMF 17.6.96, BStBl I 96, 688; OFD Kiel 18.12.96, FR 97, 317; BFH 13.8.97 – I R 65/95, BStBl II 98, 22) und unterliegt nicht dem Progressionsvorbehalt nach § 32b EStG (BFH 15.12.99 – I R 80/98, BFH/NV 2000, 832). Werbungskosten sind entsprechend dem steuerfreien Anteil zu kürzen (FG RhPf 14.6.99 – 5 K 2673/97, EFG 2000, 56). Nimmt das FA entgegen der Ansicht des Auslandslehrers unbeschränkte Steuerpflicht an, so muss der Stpfl zwecks Erstattung der einbehaltenen LSt den EStBescheid anfechten (BFH 12.10.95, BStBl II 96, 87).

C. Sozialversicherungsrecht   *Schlegel*

Übersicht

	Rz		Rz
I. Soziale Sicherung bei Auslandsbeschäftigung – Allgemeines	73–105	5. Nationales deutsches Kollisionsrecht – Ein- und Ausstrahlung	102–105
1. Sachverhalte mit Auslandsberührung	73, 74	a) Wohnsitz als Anknüpfungspunkt für steuerfinanziertes Sozialrecht	102
2. Bestimmung des anzuwendenden Rechts	75–78	b) Beschäftigungsort als Anknüpfungspunkt für Sozialversicherung	103–105
a) Nationales Sozialrecht und Kollisionsnormen	75, 76	II. Versicherung bei unbefristeter Auslandstätigkeit	106–115
b) Drei Ebenen von Kollisionsrecht	77	1. Unbefristete Beschäftigung im EU-Bereich	106–111
c) Übersicht	78	a) Prinzip der Anwendbarkeit nur einer Rechtsordnung	106
3. Kollisionsrecht der Europäischen Union	79–90	b) Versicherungspflicht nach dem Beschäftigungslandprinzip	107, 108
a) Keine Gesetzgebungskompetenz der EU für materielles Sozialrecht	79	c) Vorrang des Beschäftigungslandprinzips vor dem Wohnlandprinzip	109, 110
b) Sicherung der Freizügigkeit	80–82	d) Auffangregelung – Wohnlandprinzip für „Rückkehrer"	111
c) Sozialrechtliche Absicherung der Arbeitnehmerfreizügigkeit durch VO (EWG) 1408/71	83	2. Unbefristete Beschäftigung in einem Abkommensstaat	112, 113
d) Räumlicher und zeitlicher Anwendungsbereich	84, 85	a) Anwendbarkeit nur einer Rechtsordnung für Versicherungspflicht	112
e) Sachlicher Anwendungsbereich – Soziale Sicherheit	86–88	b) Versicherungspflicht nach dem Beschäftigungslandprinzip	113
f) Persönlicher Anwendungsbereich	89, 90	3. Unbefristete Beschäftigung in einem Nichtabkommensstaat	114, 115
4. Sozialversicherungsabkommen – Internationales Sozialrecht	91–101	a) Versicherungspflicht nach dem Beschäftigungslandprinzip	114
a) Rechtsnatur der Abkommen	91	b) Aus- und Einstrahlung	115
b) Arten von Sozialversicherungsabkommen	92, 93		
c) Zurzeit geltende Sozialversicherungsabkommen	94–96		
d) Sachlicher Geltungsbereich der Abkommen	97		
e) Persönlicher Geltungsbereich	98		
f) Gleichstellungsklauseln	99–101		

III. Versicherung bei zeitlich begrenzter Auslandstätigkeit 116–145
  1. Befristete Entsendung im EU-Bereich 116–133
    a) Begriff und Rechtsfolge der Entsendung – Überblick 116–119
    b) Zweck der Regelung des Art 14 VO (EWG) 1408/71 .. 120–122
    c) Ortswechsel des Arbeitnehmers 123, 124
    d) Einstellung im Inland zwecks Entsendung ins Ausland 125
    e) Entsendung von Drittstaatenangehörigen 126
    f) Kontinuität des Beschäftigungsverhältnisses 127
    g) Grenzüberschreitender Verleih von Arbeitnehmern 128
    h) Dauer der Entsendung 129–131
    i) Ablöseverbot 132, 133
  2. Vorübergehende Entsendung in einen Abkommensstaat 134–136
    a) Fortgeltung des Rechts des Entsendestaates 134
    b) Dauer der Fortgeltung 135, 136
  3. Entsendung in einen Nichtabkommensstaat 137–145
    a) Beschäftigungsverhältnis im Inland 137, 138
    b) Sachlicher Anwendungsbereich der §§ 4, 5 SGB IV 139
    c) Begriff der Entsendung 140–144
    d) Aus- und Einstrahlungsrichtlinien der Sozialversicherungsträger 145

IV. Leistungsrecht im EU-Bereich 146–162
  1. Aufhebung der Wohnortklausel – Exportfähigkeit von Leistungen 146
  2. Besonderheiten bei Krankheit ... 147–154
    a) Wohnen im zuständigen Mitgliedsstaat 147
    b) Auseinanderfallen von Wohnsitzstaat und zuständigem Mitgliedsstaat 148–152
    c) Akutbehandlung bei Erkrankung in einem EWR-Drittland 153
    d) Grenzgänger 154
  3. Besonderheiten bei Invalidität ... 155–157
    a) Invalidität als „verlängerte" Arbeitsunfähigkeit 155
    b) Invalidität als eigenständiger Tatbestand 156, 157
  4. Besonderheiten bei Renten wegen Alters und Todes 158–161
    a) Zusammenrechnungsgrundsatz 158
    b) Rentenhöhe 159–161
  5. Sonstige Bereiche sozialer Sicherung 162

V. Leistungsrecht nach Sozialversicherungsabkommen 163–169
  1. Zusammenrechnung von Versicherungszeiten in der Rentenversicherung 163–165
  2. Krankenversicherung 166–169

I. Soziale Sicherung bei Auslandsbeschäftigung – Allgemeines. 1. Sachverhalte **73** **mit Auslandsberührung.** Arbeiten inländische ArbN im Ausland oder sind ausländische ArbN in Deutschland beschäftigt, liegen – aus der Sicht des deutschen Sozialrechts – Sachverhalte mit Auslandsberührung vor. Fälle mit Auslandsberührung liegen für hiesige ArbNzB in Fällen vor, in denen ihr in Deutschland ansässiger ArbGeb seine Geschäftstätigkeit über die Grenzen Deutschlands hinaus erstreckt und zu diesem Zweck Personal einsetzt, das bisher im Inland beschäftigt war und nunmehr vorübergehend oder dauerhaft im Ausland eingesetzt wird. Hierbei kann es sich sowohl um Deutsche als auch um Ausländer handeln; in beiden Fällen spricht man von einer **Entsendung** des ArbN. Demgegenüber handelt es sich bei **Ortskräften** um ArbN, die im Ausland vor Ort eingestellt und idR aus der dortigen Bevölkerung rekrutiert werden. Eine besondere Gruppe bilden sog **Grenzgänger**. Hierbei handelt es sich um ArbN oder Selbstständige, die ihre Berufstätigkeit im Gebiet eines Staates (zB Deutschland) ausüben und im Gebiet eines anderen Staates (zB Frankreich) wohnen, in das sie idR täglich, mindestens aber einmal wöchentlich, zurückkehren (Einzelheiten hierzu *Grenzgänger*).

In all diesen Fällen stellt sich die Frage, welche Rechtsordnung für die Versicherungs- und **74** Beitragspflicht sowie für Leistungsansprüche des Beschäftigten oder seiner Angehörigen maßgeblich ist. Als **denkbare Anknüpfungspunkte für das anzuwendende Recht** kommen sowohl die Staatsangehörigkeit, der Wohnsitz, der gewöhnliche Aufenthaltsort oder der Ort der tatsächlichen Beschäftigung oder der Sitz des ArbGeb in Betracht. Das sog Territorialitätsprinzip, wonach sich der räumliche Anwendungsbereich der Vorschriften des Sozialrechts nur auf das Inland beschränkt, hilft nicht weiter. Es trifft gerade keine Aussage darüber, welcher der nach nationalem Recht denkbaren Anknüpfungspunkte (Wohnsitz, Beschäftigungsort, Sitz des ArbGeb) maßgeblich ist.

80 Auslandstätigkeit

75 **2. Bestimmung des anzuwendenden Rechts. a) Nationales Sozialrecht und Kollisionsnormen.** Es gibt kein „überstaatliches", „internationales" oder „übergreifendes" materielles Sozialrecht für Fälle mit Auslandsberührung jenseits oder neben der nationalstaatlichen Rechtsordnungen. Das materielle Recht kann sich nur aus den nationalen Rechtsordnungen derjenigen Staaten ergeben, die an der Auslandsberührung beteiligt sind. Dies gilt auch für den Bereich der EU.

76 Welches Recht im Einzelfall anzuwenden ist, wenn die Rechtsordnungen verschiedener Staaten aufeinandertreffen, ergibt sich aus **Kollisionsnormen** (Anknüpfungsregeln). Diese sind **zwingendes Recht** und bestimmen die anzuwendenden Sachnormen: Sie regeln, ob im Einzelfall das Recht des Heimatstaates, das Recht des Beschäftigungsstaates oder auch eine Kombination aus den Rechten beider Staaten anzuwenden ist. Eine privatautonome Vereinbarung von ArbN und ArbGeb darüber, welches Recht, welche Sachnormen maßgeblich sein sollen, scheidet im Sozialrecht anders als im Arbeitsrecht (vgl Art 30 Abs 1 EGBGB, zu auch arbeitsrechtlich international zwingenden Normen vgl Art 8 Abs 2 Satz 2, Art 9 VO-EG Nr 593/2008, Sog Rom-I-VO) aus. Für den Bereich des öffentlichen Rechts trifft die Kollisionsnorm aus deutscher Sicht die Entscheidung, ob und in welchem Umfang deutsche Behörden (zB SozVTräger) und Gerichte bei Sachverhalten mit Auslandsberührung legitimiert sind, ihr **eigenes nationales Recht als Maßstabsnorm** anzuwenden; ausländisches Sozialrecht wenden sie nicht an: Sie sind jedoch ggf kraft Kollisionsrechts berechtigt und verpflichtet, Sachverhalte, die sich im Ausland ereignet haben, bei der Anwendung des deutschen Rechts so zu berücksichtigen, als habe sich der Sachverhalt hier zugetragen.

77 **b) Drei Ebenen von Kollisionsrecht.** Welches Kollisionsrecht anzuwenden ist, richtet sich danach, welche Staaten an der Auslandsberührung beteiligt sind. Kollisionsnormen bestehen bei Auslandsberührung innerhalb der EU als **supranationales Kollisionsrecht der EU.** Soweit die Auslandsberührung mit Staaten besteht, die nicht der EU angehören, ist zu prüfen, ob Deutschland mit dem betreffenden Staat ein Abkommen (Abk) über Soziale Sicherheit abgeschlossen hat. Dabei handelt es sich um völkerrechtliche Verträge, in denen geregelt ist, welche der in Betracht kommenden nationalen Rechtsordnungen im Einzelfall anzuwenden sind **(zwischenstaatliches Kollisionsrecht).** Soweit sich das maßgebliche Recht auch nicht aus SozVAbkommen ergibt, weil Deutschland mit dem betreffenden Staat überhaupt kein Abk abgeschlossen hat oder dieses die maßgeblichen Fragen sachlich nicht regelt, ist schließlich auf das nationale Kollisionsrecht zurückzugreifen. Dies sind in Deutschland die §§ 3–5 SGB IV über Einstrahlung und Ausstrahlung **(nationales Kollisionsrecht).**

78 **c) Übersicht.** Es ergibt sich folgendes Schema:

Sachverhalt mit Auslandsberührung zwischen Deutschland und		
Staaten der EU bzw des EWR	Abkommensstaaten	Nicht-Abkommensstaaten außerhalb der EU oder Abkommensstaaten, wenn der Sachverhalt im Abk sachlich nicht geregelt ist
supranationales Kollisionsrecht der EU	zwischenstaatliches Kollisionsrecht	nationales Kollisionsrecht
insbes VO (EWG) 1408/71	Sozialversicherungsabkommen	§§ 3 ff SGB IV

Versicherungs- und Beitragspflicht nach dem Recht des Beschäftigungslandes
Ausnahme: zeitlich befristete Entsendung, Recht des „Heimatstaates", Entsendestaates

79 **3. Kollisionsrecht der Europäischen Union. a) Keine Gesetzgebungskompetenz der EU für materielles Sozialrecht.** Die EU besitzt selbst **keine Staatlichkeit.** Kompetenzen zur Rechtssetzung und Rechtsanwendung besitzt sie folglich nur insoweit, als ihr von den Mitgliedsstaaten bestimmte Befugnisse in den Gemeinschaftsverträgen ausdrücklich übertragen worden sind. Es gilt das Prinzip der begrenzten und enumerativen Einzelermächtigung. Das primäre Gemeinschaftsrecht sieht eine generelle und allgemeine Normsetzungskompetenz der EU zur Harmonisierung der nationalen Sozialsysteme nicht vor. Die EU besitzt daher auch keine Befugnis zur normativen Vereinheitlichung oder Annäherung der

Auslandstätigkeit 80

sozialen Sicherungssysteme und Sozialpolitiken „von oben nach unten". Sozialpolitik ist in erster Linie Sache der Mitgliedstaaten. Diese bestimmen, wer in ihren Systemen sozialer Sicherheit versichert ist, welche Leistungen gewährt werden und unter welchen Voraussetzungen dies geschieht. Dieser Normsetzungsvorrang der Mitgliedsstaaten ist ua dadurch sichergestellt, dass in den Bereichen Arbeitsrecht, soziale Sicherheit und Freizügigkeit für Entscheidungen des Rates das Einstimmigkeitsprinzip gilt, Entscheidungen also nicht gegen den Willen eines Mitgliedsstaates getroffen werden können.

b) Sicherung der Freizügigkeit. Es besteht allerdings eine Normsetzungsbefugnis der 80 EG im Zusammenhang mit der Freizügigkeit von ArbN. Diese Kompetenz wirkt sich im Wesentlichen im Bereich der sozialen Sicherung der ArbN aus. **Artikel 45 AEUV** (ex Art 39 EG) gewährleistet das **Recht der Arbeitnehmer auf Freizügigkeit,** dh auf freien Zugang zur Beschäftigung in jedem anderen Mitgliedstaat. Dieses geht über das allgemeine Recht der Unionsbürger auf freien Zugang und Aufenthalt im Hoheitsgebiet aller EU-Staaten (Art 20 AEUV, ex Art 17 EG) und auch über das allgemeine Diskriminierungsverbot des Art 18 AEUV (ex Art 12 EG) hinaus. Nach Art 20 AEUV (ex Art 17 EG) darf sich jeder Unionsbürger im Hoheitsgebiet der anderen Mitgliedsstaaten frei bewegen und aufhalten. Art 145 AEUV (ex Art 39 EG) will es darüber hinaus jedem ArbN ermöglichen, seine Arbeitskraft gemeinschaftsweit zu verwerten; er soll im Hoheitsgebiet auch der anderen Mitgliedstaaten arbeiten und Arbeit suchen können. Dabei soll die uneingeschränkte Gleichbehandlung und Integration des ArbN und seiner Familie im Aufnahmestaat gewährleistet sein.

Die Vorschrift verbietet daher im Bereich der Arbeit und sozialen Sicherheit jede Dis- 81 kriminierung der Angehörigen von EU-Mitgliedsstaaten bzgl Beschäftigung, Entlohnung und sonstiger Arbeitsbedingungen. Das Recht auf Freizügigkeit wäre aber außerdem beeinträchtigt, wenn ein ArbN befürchten müsste, bei der Wanderung von einem Mitgliedstaat in einen anderen aufgrund daraus resultierender Zugehörigkeit zu verschiedenen Systemen der sozialen Sicherheit Nachteile zu erleiden, sei es, dass er Leistungen der sozialen Sicherheit nicht erhält oder dass er bereits erworbene Ansprüche auf solche Leistungen einbüßt.

Aus diesem Grund bedarf es flankierender Maßnahmen zur Sicherung des Rechts auf 82 Freizügigkeit durch den Erlass **„freizügigkeitsspezifischen Sozialrechts"** *(R. Schuler).* **Art 48 AEUV** (ex Art 42 EG) ermächtigt und verpflichtet den Rat dazu, die auf dem Gebiet der sozialen Sicherheit für die Herstellung der Freizügigkeit der ArbN notwendigen Maßnahmen zu beschließen. Der Rat muss ein System einführen, das aus- und einwandernden ArbN und deren anspruchsberechtigten Angehörigen Folgendes sichert:

- Die Zusammenrechnung aller nach den verschiedenen innerstaatlichen Rechtsvorschriften berücksichtigten Zeiten für den Erwerb und die Aufrechterhaltung des Leistungsanspruchs sowie für die Berechnung der Leistungen **(Grundsatz der Zusammenrechnung sozialrechtlich beachtlicher Zeiten, sog Aggregation)**
- die Zahlung der Leistungen auch an Personen, die nicht im Beschäftigungsstaat, sondern in den Hoheitsgebieten der Mitgliedsstaaten (zB in ihrem Heimatstaat) wohnen **(Grundsatz des Leistungsexports).**

c) Sozialrechtliche Absicherung der Arbeitnehmerfreizügigkeit durch VO (EG) 83 **883/04** (zuvor: VO 1408/71). Aufgrund der Vorgängervorschrift des Art 42 EG sind die VO 1408/71 über die Anwendung der Systeme der sozialen Sicherheit auf ArbN und Selbstständige sowie deren Familienangehörigen, die innerhalb der Gemeinschaft zu- und abwandern, sowie deren NachfolgeVO 883/04 erlassen worden. Diese VO regelt als supranationales Kollisionsrecht die **Koordinierung nationaler Systeme** der sozialen Sicherheit materiellrechtlich. Die VO Nr 574/72 über die Durchführung der VO 1408/71 und ab 1.5.2010 die **VO (EG) 987/09** zur Durchführung der VO 883/04 regelt die Koordinierung in verfahrensrechtlicher Hinsicht und bestimmt ua, welche nationalen Träger als sog Verbindungsstellen für die Koordinierung der einzelnen Leistungsbereiche zuständig sind (vgl *EU-Recht*). Die aufgrund Art 42 EG erlassenen VO zur Sicherung der ArbNFreizügigkeit sind wie alle EG-VO verbindlich und gelten in den Mitgliedstaaten unmittelbar. Sie bedürfen zu ihrer Wirksamkeit in den Mitgliedstaaten keines nationalstaatlichen Umsetzungsaktes und gehen als supranationales Recht dem nationalen Recht vor. Ist der persönliche, sachliche und räumliche Geltungsbereich der FreizügigkeitsVO eröffnet, finden in Fällen mit Auslandsberührung nur die Rechtsvorschriften eines Staates Anwendung.

80 Auslandstätigkeit

84 **d) Räumlicher und zeitlicher Anwendungsbereich.** Die VO **1408/71** galt in allen Mitgliedsstaaten der EU unmittelbar. Aufgrund des am 1.1.94 in Kraft getretenen **Abkommens über den Europäischen Wirtschaftsraum** (EWR-Abk; vgl BGBl II 93, 267) galt sie außerdem in den Staaten des EWR, die nicht Mitglied der EU sind (Norwegen, Island, Liechtenstein). Ziel des EWR-Abk war die Herstellung binnenmarktsähnlicher Verhältnisse im gesamten EWR-Raum. Anhänge zum EWR-Abk listen das von der EG erlassene Sekundarrecht (insbesondere VO und Richtlinien) auf, das kraft Abkommensrechts nunmehr auch in denjenigen Staaten gilt, in denen es nicht kraft der EU-Mitgliedschaft eines Staates bereits unmittelbar anwendbares Recht ist (vgl Art 7 EWR-Abk). Dieses übernommene EG-Recht wird als **acquis communautaire** bezeichnet. Art 29 EWR-Abk enthält eine dem Art 42 EGV entsprechende Vorschrift über die Zusammenrechnung von Zeiten und die Zulässigkeit eines **Leistungsexports.** Anh VI des EWR-Abk führt auch die VO 1408/71 und Nr 574/72 auf. Damit wurden die Vorschriften der VO 1408/71 und 574/72 durch das EWR-Abk mit Wirkung ab 1.1.94 räumlich auf den Europäischen Wirtschaftsraum (EWR) erstreckt.

85 Für die EWR-Staaten, die nicht Mitglied der EU sind, für die Schweiz und für Drittstaatsangehörige bleibt zunächst die VO 1408/71 maßgeblich. Im Übrigen gilt **ab 1.5.2010** die **VO 883/04.**

86 **e) Sachlicher Anwendungsbereich – Soziale Sicherheit.** Die VO gilt für alle Rechtsvorschriften der sozialen Sicherheit der Mitgliedsstaaten über Krankheit, Mutterschaft, Invalidität, Alter, Leistungen an Hinterbliebene, Arbeitsunfälle und Berufskrankheiten, Tod/Sterbegeld, Arbeitslosigkeit und Familienangehörige. Wird eine bestimmte (vom Einkommen oder von Bedürftigkeit abhängende) Leistung als solche der sozialen Sicherheit eingestuft, ist sie **exportfähig.** Selbst wenn das nationale Recht die Leistung nur für Personen vorsieht, die in seinem Staatsgebiet wohnen, steht eine derartige Wohnortklausel der Leistungserbringung ins EU-Ausland nicht entgegen (vgl Art 7 VO 883/04, ex Art 10 VO EWG 1408/71).

87 Auf die **Sozialhilfe** und Leistungen für Opfer des Krieges ist die VO nicht anwendbar (vgl Art 3 Abs 5 VO 883/04, ex Art 4 Abs 4 VO 1408/71). Diese Leistungen sind damit auch nicht exportfähig. Eines der Hauptprobleme bei der Anwendung der VO ist deshalb die **Abgrenzung der Sozialhilfe von Systemen der sozialen Sicherheit.** Hierzu gibt es eine umfangreiche Rspr des EuGH. Dabei hat der EuGH nicht nur vereinzelt Leistungen der sozialen Sicherheit zugeordnet, die im nationalen Recht nach der Auslegung des Mitgliedsstaates als solche der Sozialhilfe angesehen wurden. Dies ist insbesondere für die Aufhebung von Wohnortklauseln von Bedeutung. **Geldleistungen wegen Arbeitslosigkeit** wurden in Art 10 VO 1408/71 nicht erwähnt und sind gemäß Art 7 und 63 VO 883/04 nur eingeschränkt exportfähig (dazu Art 64, 65 VO 883/04). Für sie gilt die Aufhebung der Wohnortklausel nicht, so dass Leistungen wegen Arbeitslosigkeit nicht grds exportfähig sind, sondern nur dann, wenn die Art 63 ff VO 883/2004 dies ausnahmsweise ausdrücklich anordnen. Im Übrigen stellt sich das **Problem,** ob eine Leistung, die **Elemente der Sozialhilfe** aufweist, insgesamt als Leistung der Sozialhilfe eingestuft wird (1. Variante) oder ob es sich um eine **Leistung wegen Alters, Krankheit, Invalidität, Arbeitsunfällen oder bei Arbeitslosigkeit** handelt (2. Variante). Das Problem stellt sich zB bei der **Grundsicherung im Alter.** Wird diese Leistung der nicht koordinierungs- und nicht exportfähigen Sozialhilfe zugerechnet oder ist sie trotz ihrer Sozialhilfeelemente als Geldleistung wegen Alters einzustufen? Der sachliche Anwendungsbereich der Koordinierungsvorschriften erstreckt sich auch auf die **besonderen beitragsunabhängigen Geldleistungen** (Art 3 Abs 3, Art 70 VO 883/04) die aufgrund ihres persönlichen Geltungsbereichs, ihrer Ziele und/oder ihrer Anspruchsvoraussetzungen sowohl Merkmale der in Art 4 Abs 1 genannten Rechtsvorschriften der sozialen Sicherheit („echte" Leistungen der sozialen Sicherheit) als auch Merkmale der Sozialhilfe aufweisen (vgl Art 4 Abs 2a Satz 1 VO 1408/71).

Deutschland hat die Leistungen der **Grundsicherung im Alter und bei Erwerbsminderung** nach dem 4. Kapitel des SBG XII in den Anhang II a aufnehmen lassen. Mit Wirkung zum 28.4.2006 wurde durch die **VO (EG) 629/2006 vom 5.4.2006** (ABl EG Nr L 114/1) Anh II a wie folgt ergänzt: „Leistungen zur Sicherung des Lebensunterhalts im Rahmen der Grundsicherung für Arbeitsuchende, soweit für diese Leistungen nicht dem Grunde nach Voraussetzungen für den befristeten Zuschlag nach Bezug von AlGeld (§ 24

Abs 1 SBG II) erfüllt sind." Daraus folgt: Sind dem Grunde nach die Voraussetzungen für den Zuschlag nach § 24 SGB II sachlich und zeitlich erfüllt, handelt es sich beim AlG II um eine Leistung bei Arbeitslosigkeit iSv Art 4 Abs 1 Buchst g VO 1408/71, die der allgemeinen Koordinierungsregelung unterliegt (*Fuchs* NZS 07, 1, 5). Sind dem Grunde nach die Voraussetzungen für den Zuschlag nach § 24 SGB II sachlich und zeitlich nicht erfüllt, gehört die Geldleistung AlG II zu den besonderen beitragsunabhängigen Leistungen iSv Art 4 Abs 2a VO 1408/71. Dies hat zur Folge, dass Art 10 und die Art 18 bis 79 VO 1408/71 gem Art 10a VO 1408/71 keine Anwendung finden.

Die VO gilt nur für gesetzliche Systeme der sozialen Sicherheit und ist daher auf **private** **88** **Systeme** oder **Zusatzversorgungssysteme auf betrieblicher Ebene** nicht anwendbar. Erfasst werden jedoch durch die VO 883/04 nunmehr auch Selbstständige, soweit für sie bestimmte Sondersysteme errichtet sind. Dies betrifft in Deutschland insbesondere die freien Berufe, soweit deren soziale Sicherung **in berufsständischen Versorgungswerken** geregelt ist (anders noch unter Geltung der VO 1408/71; vgl Anhang II zu Art 1 Buchst j der VO).

f) Persönlicher Anwendungsbereich. Die VO gilt für die in den sozialen Sicherungs- **89** systemen versicherten Personen. Sie erfasst damit im Wesentlichen sowohl **Arbeitnehmer** **als auch Selbstständige,** wenn sie Staatsangehörige eines Mitgliedsstaates der EU sind und für sie die Rechtsvorschriften eines Mitgliedsstaates über die Systeme sozialer Sicherheit anwendbar sind. Seit der VO (EWG) 1606/98 v 29.6.98 (ABl 98 Nr L 209 S 1) erfasst die FreizügigkeitsVO auch die **Sondersysteme für Beamte.** ArbN in diesem Sinne sind auch Arbeitslose, Rentner und geringfügig Beschäftigte. Erfasst sind außerdem deren **Familienangehörige und Hinterbliebene.** Auf **Staatenlose und Flüchtlinge** sind die genannten Rechtsvorschriften anwendbar, wenn sie in einem Mitgliedsstaat wohnen.

Drittstaatenangehörige (Angehörige von nicht EU- bzw nicht EWR-Staaten) werden **90** von der VO seit 1.6.2003 erfasst (vgl VO (EG) 859/200, ABl EG Nr L 124 vom 20.3.03, abgelöst durch VO 1231/2010 vom 24.11.10, ABl EU 344). Die Geltung der FreizügigkeitsVO wird auch für Drittstaatenangehörige angeordnet, soweit diese rechtmäßig in der EU wohnen. Ein Recht auf Einreise, Aufenthalt oder Wohnsitz oder auf Aufnahme einer Beschäftigung wurde für Drittstaatenangehörige allerdings nicht begründet.

4. Sozialversicherungsabkommen – Internationales Sozialrecht. a) Rechtsnatur **91** **der Abkommen.** Bei SozVAbkommen handelt es sich um **völkerrechtliche Verträge** iSv Art 59 Abs 2 GG. Ihr **Zweck** liegt im Wesentlichen darin, die nationalen Systeme sozialer Sicherheit so zu koordinieren, dass durch einen Wechsel in den jeweils anderen Staat oder einen Aufenthalt dort keine Nachteile entstehen. Sie sind vom **Grundsatz der Gegenseitigkeit** beherrscht: Ein Vertragsstaat ist nur insoweit bereit, den Staatsangehörigen eines anderen Staates Rechte einzuräumen, als eine korrespondierende Verpflichtung auch vom anderen Staat eingegangen wird. Wie das supranationale Kollisionsrecht schaffen auch SozVAbkommen keine Ansprüche, die vom innerstaatlichen Recht losgelöst sind. Es gibt zB keine eigenständige „Abkommensrente". Vielmehr ist von den Anspruchsgrundlagen des nationalen Rechts auszugehen und zu prüfen, ob der dort geforderte Tatbestand aufgrund Abkommensrechts auch durch Sachverhalte erfüllt werden kann, die allein bei Abstellen auf das nationale Recht nicht erfüllt wären, zB weil Zeiten im Ausland zurückgelegt wurden.

b) Arten von Sozialversicherungsabkommen. Abk, an denen nur zwei Staaten betei- **92** ligt sind (sog **bilaterale Abkommen**), sind von solchen zu unterscheiden, bei denen drei oder mehr Staaten Vertragspartner sind (sog **multilaterale Abkommen,** zB Rheinschifferabkommen). Nach ihrem Gegenstand können Abk danach klassifiziert werden, ob sie sich auf die gesamte Soziale Sicherheit erstrecken oder nur einzelne Aspekte Sozialer Sicherheit regeln oder sie sich zB auf die RV, die ArblV, die Sozialhilfe oder das Recht der Entsendung beschränken. **Vollständige Abkommen** regeln üblicherweise die Bestimmung des anzuwendenden Rechts, die Gleichbehandlung der Vertragsstaatsangehörigen, die Wahrung von Anwartschaften, die Wahrung erworbener Ansprüche und die gegenseitige Amts- und Rechtshilfe.

Nach dem **Aufbau** von Abk ist zwischen dem sog Hauptabkommen, dem Schlusspro- **93** tokoll und der Vereinbarung zur Durchführung des Abk zu unterscheiden. Das **Hauptabkommen** enthält regelmäßig zahlreiche **Definitionen** (zB Gebiet, Hoheitsgebiet der Vertragsstaaten, Staatsangehörigkeit, Rechtsvorschriften, Wohnort, Wohnen, Aufenthaltsort,

80 Auslandstätigkeit

Geldleistungen, Versicherungszeiten etc), Bestimmungen über den **sachlichen Geltungsbereich,** dh die einzelnen Zweige der Sozialen Sicherheit (RV, UV, KV etc nebst Nebengebieten zB FRG, WGSVG), den **persönlichen Geltungsbereich** (offene und geschlossene Abk), Gleichbehandlungsbestimmungen und die Bestimmung über das zuwendende Recht. Im **Schlussprotokoll** finden sich Anmerkungen und Erläuterung zu einzelnen Bestimmungen des Abk. Die **Durchführungsvereinbarung** regelt das Verfahren.

94 c) **Sozialversicherungsabkommen.** Außerhalb des EG-Bereiches bestehen zB Abkommen mit Australien, Bosnien und Herzegowina, Chile, China, Israel, Japan, Kanada, Korea, Kosovo, Kroatien, Marokko, Mazedonien, Montenegro, Serbien, Türkei, Tunesien und den USA. Die Fundstellen sind auf der Homepage der BMAS zu finden unter Soziales Europa und Internationales, Zweiseitiges Abkommen http://www.bmas.de/portal/2752/zweiseitige_abkommen-html.

95 Zudem gibt es Abkommen, durch die **EG-rechtliche Bestimmungen ergänzt** werden (vgl Nachweise BArbBl 2004, Heft 2 S 11 f).

96 Das am 21.6.99 unterzeichnete **Abkommen der EG mit der Schweiz** (vgl BGBl II 01, 810; in Kraft getreten am 1.6.02, BGBl II 02, 1692) betrifft neben anderen Gegenständen die Freizügigkeit. Nach dem Abk sollen die Freizügigkeit der ArbN die Niederlassungsfreiheit und die aufenthaltsrechtlichen Aspekte der Dienstleistungsfreiheit auf Grundlage der in der EU geltenden Bestimmungen verwirklicht werden. Das Abk bezweckt die Einräumung eines Rechts auf Einreise, Aufenthalt, Zugang zu einer unselbstständigen Erwerbstätigkeit und Niederlassung als Selbstständiger. Zwischen der Schweiz und der EG wird der freie Personenverkehr schrittweise nach dem derzeitigen Stand des Gemeinschaftsrechts (acquis communautaire) eingeführt. Anh II des Abk übernimmt durch Verweisung auf die VO 1408/71 und VO 574/72 weitgehend das freizügigkeitsspezifische Sekundarrecht der EG. Nach Art 20 des Abk werden die zwischen der Schweiz und den Mitgliedsstaaten geltenden bilateralen SozVAbkommen insoweit ausgesetzt, als das Abk denselben Sachbereich regelt. Vertragspartner dieses sog gemischten Abk sind neben der Schweiz und der EG auch alle Mitgliedsstaaten der EG (Einzelheiten vgl *Kahil-Wolff/Mosters* EuZW 2001, 5, 9).

97 d) **Sachlicher Geltungsbereich der Abkommen.** Jeweils in Art 2 der Abk ist der sachliche Geltungsbereich geregelt. Die Abk erstrecken sich zum Beispiel:
– auf die KV, UV, RV, ArblV und das Kindergeld in den Abk mit: Jugoslawien (zur ArblV vgl Zusatzabk vom 12.10.68, BGBl II 69, 1475), Schweiz (zur ArblV vgl Zusatzabk vom 20.10.82, BGBl II 83, 579)
– auf die KV, UV, RV und das Kindergeld im Abk mit der Türkei
– auf die KV, UV, RV in den Abk mit Israel, Kroatien, Marokko, Tunesien
– auf die UV, RV im Abk mit Bulgarien
– nur auf die RV in den Abk mit Australien, Chile, China, Japan, Kanada, Korea, USA
– reines Entsendeabkommen: China.

98 e) **Persönlicher Geltungsbereich.** Erstrecken sich Abk nur auf die eigenen Staatsangehörigen der Abkommensstaaten sowie auf Flüchtlinge und Staatenlose, spricht man von **geschlossenen Abkommen.** Diese sind die Ausnahme (zB Art 3 Abk Marokko; Art 3 Abk Tunesien). Regelmäßig gelten Abk nicht nur für die eigenen Staatsangehörigen der Vertragsstaaten, sondern für alle Personen, die von den nationalen Vorschriften der Vertragsstaaten über soziale Sicherheit erfasst werden (sog **offene Abkommen**).

99 f) **Gleichstellungsklauseln.** Die Abk enthalten regelmäßig die Klausel, wonach die Staatsangehörigen des jeweils anderen Vertragsstaates bei der Anwendung der unter das Abk fallenden Rechtsvorschriften wie die eigenen Staatsangehörigen des Vertragsstaates behandelt werden, in dem sie sich gewöhnlich aufhalten. Bedeutung haben diese Klauseln insbesondere wenn das inländische Recht den Zugang zum System an die Staatsangehörigkeit knüpft (zB freiwillige RV bei Auslandsaufenthalt nur für Deutsche) oder Leistungen ins Ausland nur erbracht werden, wenn der Leistungsberechtigte Deutscher ist (vgl §§ 113, 114 SGB VI).

100 Der Grundsatz, dass die Staatsgewalt an den Staatsgrenzen endet, verbietet nicht, Leistungen ins Ausland zu gewähren. Soweit es um Leistungen (nicht um die Begründung von Versicherungs- und Beitragspflicht) geht, sehen die Abk eine **Gebietsgleichstellung** vor. Dies ist insbesondere von Bedeutung, weil die Anwendung der Vorschriften über bestimmte Sozialleistungen regelmäßig einen Inlandsaufenthalt voraussetzt. Hält sich der Berechtigte im

Ausland auf (zB ins Heimatland zurückgekehrte Gastarbeiter), könnten ohne Gleichstellungsklausel entsprechende Sozialleistungen nicht erbracht werden (vgl § 16 SGB V).

Spezielle Gleichstellungstatbestände stellen zB die Ausübung einer Beschäftigung oder Tätigkeit in einem Vertragsstaat der Pflichtversicherung im anderen gleich; dies ist zB für die Vorversicherungszeiten bei Renten wegen verminderter Erwerbsfähigkeit von Bedeutung. 101

5. Nationales deutsches Kollisionsrecht – Einstrahlung und Ausstrahlung. a) Wohnsitz als Anknüpfungspunkt für steuerfinanziertes Sozialrecht. Nach § 30 SGB I erfasst das deutsche Sozialrecht im Grundsatz alle Personen, die ihren Wohnsitz oder gewöhnlichen Aufenthalt im Geltungsbereich des SGB, also in Deutschland, haben, unabhängig von der Staatsangehörigkeit dieser Personen. Der Begriff des Wohnsitzes iSv § 30 Abs 3 SGB I entspricht dem objektiven Wohnsitzbegriff des § 8 AO; auf den nach § 7 BGB für den bürgerlich-rechtlichen Wohnsitzbegriff erforderlichen Begründungswillen kommt es nicht an (vgl BT-Drs 7/3758 S 5 zu § 30). Der Grundsatz des § 30 Abs 1 SGB I gilt jedoch im Wesentlichen nur für steuerfinanzierte Sozialleistungen. Soweit es um die beitragsfinanzierte SozV geht, die eng mit der Ausübung einer Beschäftigung verbunden ist, wird der Grundsatz modifiziert. Findet auf den Sachverhalt mit Auslandsberührung weder supranationales Kollisionsrecht (insbesondere VO 883/04) noch Abkommensrecht Anwendung, wird der Konflikt aus deutscher Sicht durch die §§ 3 ff SGB IV gelöst. 102

b) Beschäftigungsort als Anknüpfungspunkt für Sozialversicherung. Findet die **Beschäftigung in Deutschland** statt, gilt der **Grundsatz der lex loci laboris:** Soweit die deutschen Vorschriften über Versicherungspflicht und Versicherungsberechtigung eine Beschäftigung voraussetzen, gelten sie für alle Personen (also auch Ausländer oder Deutsche mit Wohnsitz im Ausland), die in Deutschland eine Beschäftigung ausüben oder hier selbstständig tätig sind. 103

Ausnahmen von diesem Grundsatz regeln die §§ 4 und 5 SGB IV. Soweit die deutschen Vorschriften über Versicherungspflicht und Versicherungsberechtigung eine Beschäftigung voraussetzen, gelten sie nicht für Personen, die im Rahmen eines außerhalb Deutschlands bestehenden Beschäftigungsverhältnisses nach Deutschland entsandt werden, wenn die Entsendung infolge ihrer Eigenart oder vertraglich im Voraus zeitlich begrenzt sind (**§ 5 SGB IV,** Einstrahlung). Trotz Beschäftigung im Inland haben die deutschen Behörden das deutsche SozVRecht nicht anzuwenden. 104

Findet die **Beschäftigung außerhalb Deutschlands** statt, gilt Folgendes: Soweit die deutschen Vorschriften über Versicherungspflicht und Versicherungsberechtigung eine Beschäftigung voraussetzen, gelten sie auch für Personen (Deutsche und Ausländer), die im Rahmen eines in Deutschland bestehenden Beschäftigungsverhältnisses in ein Gebiet außerhalb Deutschlands entsandt werden, wenn die Entsendung infolge ihrer Eigenart oder vertraglich im Voraus zeitlich begrenzt sind (**§ 4 SGB IV,** Ausstrahlung). Obwohl es an einer Beschäftigung im Inland fehlt, haben deutsche Behörden deutsches SozVRecht anzuwenden. 105

II. Versicherung bei unbefristeter Auslandstätigkeit. 1. Unbefristete Beschäftigung im EU-Bereich. a) Prinzip der Anwendbarkeit nur einer Rechtsordnung. Grds sollen Personen, für welche die VO persönlich und sachlich gilt, hinsichtlich desselben Zeitraums bei Sachverhalten mit Auslandsberührung den Rechtsvorschriften nur eines Mitgliedsstaates unterliegen (vgl Art 11 Abs 1 VO 883/04, ex Art 13 Abs 1 VO 1408/71). Welche Vorschriften dies sind, dh nach welchen Vorschriften zB ein ArbN der Versicherungs- und Beitragspflicht unterliegt und nach welchen Vorschriften er in den einzelnen Zweigen der sozialen Sicherheit Leistungsansprüche erwirbt, bestimmen die Art 11 Abs 2 – Art 16 VO 883/04 (ex Art 13 Abs 2 ff VO 1408/71). Damit sollen sowohl positive als auch negative Kompetenzkonflikte vermieden werden. Die kollisionsrechtliche Grundnorm des Art 11 Abs 1 VO 883/04, ex Art 13 Abs 1 VO 1408/71 stellt sicher, dass der ArbN auch bei einer Auslandsbeschäftigung nicht schutzlos bleibt, es aber andererseits auch nicht zu einer Doppelversicherung mit mehrfacher Beitragspflicht und einer Kumulierung von Leistungen kommt. Konkret bedeutet dies zB: Der ArbN oder Selbstständige unterliegt nur der Versicherungspflicht eines Mitgliedsstaates. Der Staat, dessen Rechtsvorschriften nicht zur Anwendung gelangen, kann aus dem Arbeitsentgelt des ArbN keine Pflichtbeiträge verlangen. 106

b) Versicherungspflicht nach dem Beschäftigungslandsprinzip. Art 11 Abs 3 VO 883/04 (ex Art 13 Abs 2 VO 1408/71) gibt die Antwort darauf, welches Recht anzuwenden 107

80 Auslandstätigkeit

ist, wenn ArbN eines Mitgliedsstaates in einem anderen Mitgliedsstaat arbeiten. Sofern die VO in den Art 14 bis 17 (zB für die zeitlich begrenzte Entsendung) nichts anderes bestimmt, gilt der **Grundsatz der lex loci laboris:** Eine Person, die im Gebiet eines Mitgliedsstaates eine abhängige Beschäftigung oder Tätigkeit ausübt **(abhängig Beschäftigte),** unterliegt den Rechtsvorschriften dieses Staates (Art 11 Abs 3 Buchst a VO 883/04, ex Art 13 Abs 2 Buchst a und b VO 1408/71). Nach diesen Vorschriften bestimmen sich die Versicherungs- und Beitragspflicht sowie im Grundsatz auch die Leistungsrechte (zu Besonderheiten s insoweit unten Rz 147 ff). Dies gilt auch für eine **selbstständige Tätigkeit.**

108 **Ausnahmen** iS hiervon abweichender Anknüpfungspunkte gelten sachlich für die zeitlich begrenzte Entsendung (dazu s unten Rz 116 ff) sowie folgende Personengruppen: **Beamte** und ihnen gleichgestellte Personen unterliegen den Rechtsvorschriften des Mitgliedsstaates, in dessen Behörde sie beschäftigt sind (Art 11 Abs 3 Buchst b VO 883/04, ex Art 13 Abs 2 Buchst d VO 1408/71); **Wehr- und Zivildienstleistende** eines Mitgliedsstaates unterliegen den Rechtsvorschriften dieses Staates (Art 11 Abs 3 Buchst d VO 883/04, ex Art 13 Abs 2 Buchst e VO 1408/71). Im Übrigen unterliegen Personen (vorbehaltlich weiterer Spezialregelungen in der VO) den Rechtsvorschriften des Mitgliedsstaates, in dem sie wohnen (Art 11 Abs 3 Buchst c VO 883/04, ex Art 13 Abs 2 Buchst f VO 1408/71).

109 **c) Vorrang des Beschäftigungslandsprinzips vor dem Wohnlandsprinzip.** Nach dem Grundsatz der lex loci laboris des Art 11 Abs 3 Buchst a VO 883/04 (ex Art 13 Abs 2 Buchst a) und b) VO 1408/71) unterliegt eine Person, die im Gebiet eines Mitgliedsstaates eine Beschäftigung oder Tätigkeit ausübt, den Rechtsvorschriften dieses Staates, und zwar auch dann, wenn sie (wie Grenzgänger) im Gebiet eines anderen Mitgliedsstaates wohnt oder ihr ArbGeb oder Unternehmer seinen Wohnsitz oder Sitz in einem anderen Mitgliedsstaat hat. Dies hat insbesondere für Staaten Bedeutung, in denen anders als in Deutschland (vgl § 3 Abs 1 SGB IV) Voraussetzung der Einbeziehung in ein System der sozialen Sicherung ein Wohnsitz in diesem Staat ist. Ohne Art 13 Abs 3 Buchst a VO 883/04 (ex Art 13 Abs 2 Buchst a) und VO 1408/71) wäre in derartigen Fällen überhaupt kein Anknüpfungspunkt gegeben, denn in dem Staat, in dem der ArbN beschäftigt ist, knüpft die soziale Sicherheit nicht an eine Beschäftigung, sondern an den Wohnsitz an; einen solchen hat der ArbN dort nicht. In dem Staat, in dem er wohnt, knüpft die soziale Sicherheit an eine Beschäftigung, nicht an den Wohnsitz an; eine Beschäftigung wird aber in diesem Staat nicht ausgeübt.

110 Einer Person, die in einem Staat mit Wohnlandsprinzip beschäftigt ist (zB Niederlande), die aber in einem anderen Staat wohnt (zB Belgien, Deutschland), kann aufgrund Art 13 Abs 3 Buchst a VO 883/04 (ex Art 13 Abs 2 Buchst a) VO 1408/71) vom Beschäftigungsstaat nicht entgegengehalten werden, für die Aufnahme in sein System sei eine Wohnsitznahme in diesem Staat erforderlich (vgl Kits van Heijningen EuGH 3.5.90 – Rs C-2/89, Slg 1990, 1755 = SozR 3–6050 Art 13 Nr 1). Andererseits unterliegt ein ArbN oder Selbstständiger selbst dann dem Recht des Beschäftigungsstaates (zB Deutschland), wenn er nicht im Beschäftigungsstaat, sondern in einem Staat wohnt (zB Niederlande), in dem die Versicherungspflicht allein an das Wohnen anknüpft (vgl EuGH 5.5.77 – Rs C-102/76, Slg 1977, 815 = SozR 3–6050 Art 13 Nr 1).

111 **d) Auffangregelung – Wohnlandsprinzip für „Rückkehrer".** Art 13 Abs 3 Buchst a VO 883/04 (ex Art 13 Abs 2 Buchst a) VO 1408/71) ordnet das Beschäftigungslandsprinzip nur für Beschäftigungszeiten an. Hierdurch konnte es vor Inkrafttreten der Auffangvorschrift des **Buchstaben f)** des Art 13 Abs 2 VO 1408/71 (jetzt Art 13 Abs 3 Buchst c VO 883/04) zu Lücken im Versicherungsschutz in Fällen kommen, in denen die Beschäftigung beendet und der ArbN in einen anderen Mitgliedsstaat (zB seinen Heimatstaat) zurückgekehrt war, in dem er keiner Versicherung unterlag. Der EuGH erklärte deshalb im Fall Ten Holder, in dem der Kläger in seinem Heimatstaat Leistungen wegen Krankheit begehrte, die Vorschriften des früheren Beschäftigungsstaates für weiterhin anwendbar, auch wenn die Beschäftigung schon lange zurücklag (EuGH 12.6.86 – Rs 302/84, Slg 1986, 1821 = SozR 3–6050 Art 13 Nr 8). Hierauf wurde Art 13 Abs 2 der VO 1408/71 um die Auffangregelung des Buchstaben f) ergänzt. Danach gilt für die Bestimmung des anzuwendenden Rechts das Wohnsitzlandsprinzip, wenn die Rechtsvorschriften eines Mitgliedsstaates (mangels Beschäftigung) nicht mehr anzuwenden sind und kraft VO 1408/71 auch nicht die Vorschriften eines anderen Mitgliedsstaates eingreifen. Diese Regelung findet sich jetzt sinngemäß in Art 11 Abs 3 Buchst c VO 883/04.

Auslandstätigkeit 80

2. Unbefristete Beschäftigung in einem Abkommensstaat. a) Anwendbarkeit nur 112
einer Rechtsordnung für Versicherungspflicht. Ähnlich wie in den DBA wird in den
Abk über soziale Sicherheit zur Vermeidung von Doppelbelastungen geregelt, nach welchem
Recht sich die Versicherungs- und Beitragspflicht bestimmt. Allerdings führen diese sog
zweiseitigen Kollisionsnormen nicht dazu, dass ein inländischer (deutscher) Versicherungsträger verpflichtet wird, das Rechtsverhältnis zwischen ihm und dem Betroffenen nach dem
ausländischen Recht des Abkommensstaates zu regeln. Sie regeln nur, wie weit das eigene
innerstaatliche (deutsche) Recht bei Sachverhalten mit Auslandsberührung reicht.
b) Versicherungspflicht nach dem Beschäftigungslandsprinzip. In Abk mit Staaten, 113
bei denen die Soziale Sicherung an eine Beschäftigung anknüpft, gilt der folgende Grundsatz:
Die Versicherungs- und Beitragspflicht richtet sich nach dem Recht des Staates, in dem die
Beschäftigung oder selbständige Tätigkeit ausgeübt wird (Art 6 Bulgarien, Art 6 Chile,
Art 5 Israel, Art 6 Japan, Art 5 Jugoslawien, Art 6 Kanada, Art 6 Kroatien, Art 6 Marokko,
Art 3 Polen, Art 5 Schweiz, Art 6 Slowenien, Art 5 Türkei, Art 6 Tunesien, Art 6 Ungarn,
Art 6 Abs 1 USA). **Ausnahmen** hiervon sind nur bei vorübergehender Entsendung vorgesehen.

3. Unbefristete Beschäftigung in einem Nichtabkommensstaat. a) Versiche- 114
rungspflicht nach dem Beschäftigungslandsprinzip. Die Versicherungspflicht und die
Versicherungsberechtigung und damit letztlich auch der Versicherungsschutz bestehen nach
den SozVGesetzen Deutschlands grds nur dann, wenn gerade im Geltungsbereich dieser
Gesetze eine Beschäftigung oder selbständige Tätigkeit ausgeübt wird. Auch insoweit gilt
das Prinzip der lex loci laboris. Setzen die Vorschriften über die Versicherungspflicht und die
Versicherungsberechtigung keine Beschäftigung oder selbständige Tätigkeit voraus, gelten
die SozVGesetze für alle Personen, die ihren Wohnsitz oder gewöhnlichen Aufenthalt im
Geltungsbereich des SGB haben (vgl § 3 SGB IV).
b) Aus- und Einstrahlung. Zweck der §§ 3 ff SGB IV ist es, vorübergehend im Ausland 115
tätigen Personen, die in Beziehungen zur deutschen SozV stehen, diesen Versicherungsschutz
zu erhalten. Zum anderen sollen Personen, die nur vorübergehend im Inland tätig sind, nicht
ohne weiteres in das SozVSystem der BRD einbezogen und dessen Versicherungspflicht und
Versicherungsschutz unterstellt werden. Nach § 5 SGB IV (sog Einstrahlung) gelten die
deutschen Vorschriften über die Versicherungspflicht nicht für Personen, die im Rahmen
eines außerhalb Deutschlands bestehenden Beschäftigungsverhältnisses nach Deutschland
entsandt werden, wenn die Entsendung infolge der Eigenart der Beschäftigung oder vertraglich im Voraus zeitlich begrenzt ist. Andererseits bleiben nach § 4 SGB IV (sog Ausstrahlung)
die Vorschriften des deutschen Rechts maßgeblich, dh es besteht Versicherungspflicht nach
deutschem Recht, wenn ArbN, die in Deutschland versicherungspflichtig beschäftigt sind,
von ihrem ArbGeb vorübergehend ins Ausland entsandt werden. Handelt es sich um zeitlich
unbegrenzte Entsendung ins Ausland oder liegt im Inland (Deutschland) kein Beschäftigungsverhältnis vor, findet § 4 SGB IV keine Anwendung. Das deutsche Recht beansprucht
für diese Sachverhalte keine Geltung. Es ist sodann zu prüfen, ob der entsandte ArbN unter
die Rechtsordnung seines Beschäftigungsstaates fällt.

III. Versicherung bei zeitlich begrenzter Auslandstätigkeit. 1. Befristete Entsen- 116
dung im EU-Bereich. a) Begriff und Rechtsfolge der Entsendung – Überblick. Ein
ArbN, der im Gebiet eines Mitgliedstaates (zB Deutschland) in einem Beschäftigungsverhältnis steht und sich zur Ausführung einer Arbeit für Rechnung seines ArbGeb, der im
Gebiet dieses (ersten) Mitgliedsstaates gewöhnlich Personal beschäftigt, in das Gebiet eines
anderen Mitgliedsstaates begibt (zB Spanien), unterliegt weiterhin den Rechtsvorschriften
des ersten Mitgliedsstaates (im Bsp Deutschland), sofern die voraussichtliche Dauer dieser
Arbeit **24** Monate nicht überschreitet und sie nicht eine andere Person ablöst, für welche die
Entsendungszeit abgelaufen ist (vgl Art 12 Abs 1 VO 883/04; zuvor galt eine Begrenzung
auf 12 Monate mit Verlängerungsmöglichkeit, vgl Art 14 VO EWG 1408/71).
Wesentliche **Kriterien der Entsendung** sind danach (ausführlich *Boecken* ZIAS 99, 219, 117
221 f):
- Fortbestehen des Beschäftigungsverhältnisses in einem Mitgliedstaat (zB Deutschland)
- Tatsächliche Erbringung der in diesem Beschäftigungsverhältnis geschuldeten Arbeitsleistung in einem anderen Mitgliedstaat (zB Spanien)

80 Auslandstätigkeit

- Erbringung der Arbeitsleistung für den im Entsendestaat (hier: Deutschland) befindlichen ArbGeb
- vorübergehende Natur der Arbeitserbringung im anderen Mitgliedsstaat (zB Spanien)
- keine Ablösung eines zuvor entsandten ArbN.

118 **Beispiel:** Ein in Deutschland bei der Firma S beschäftigter ArbN wird für 6 Monate zu einer in Spanien ansässigen Tochterfirma T der S entsandt. Dort arbeitet der ArbN weiterhin für S und wird auch von S bezahlt.

119 Anknüpfungspunkt für die anzuwendenden Rechtsvorschriften ist in Fällen zeitlich auf nicht mehr als 24 Monate begrenzter Entsendung nicht der Ort der tatsächlichen Beschäftigung, sondern der **Sitz des entsendenden Unternehmens,** an dem das bisherige Beschäftigungsverhältnis fortbesteht. Daher bleibt grds das Recht des Entsendestaates zB bzgl Invalidität, Alters- und Hinterbliebenenrenten, Arbeitsunfällen und Arbeitslosigkeit weiterhin anwendbar. Darüber hinaus erhalten der entsandte ArbN und seine Familienangehörigen kraft besonderer Regelung Leistungen bei Krankheit nach dem Recht des Staates, in den entsandt ist, sofern dort während der Entsendung ein Wohnsitz besteht oder eine Akuterkrankung vorliegt (vgl Art 17 Abs 1 VO 883/04, ex Art 19 VO 1408/71).

120 **b) Zweck der Entsenderegelung.** Der Zweck der Entsendungsregelung ist es, das Spannungsverhältnis zwischen der Gewährleistung der Freizügigkeit und dadurch möglicher Wettbewerbsverzerrungen zum Ausgleich zu bringen (vgl *Boecken* ZIAS 99, 219, 224; *Steinmeyer* DVBl 95, 962, 965 f).

121 Bei nur kurzfristiger Entsendung verbleibt der Schwerpunkt des Beschäftigungsverhältnisses in dem Staat, von dem aus die Entsendung erfolgt und in dem der entsendende ArbGeb seinen Sitz hat. Der ArbN bleibt auch während seines Auslandsaufenthalts derart mit dem Inland verbunden, dass eine **Verantwortung des inländischen Systems** sozialer Sicherheit trotz ausländischen Beschäftigungsortes geboten bleibt und eine Verantwortlichkeit des ausländischen Systems nicht angemessen wäre. Würde ein ArbN auch bei nur kurzer Auslandsbeschäftigung der fremden Rechtsordnung unterworfen, könnte er dort wegen der nur **kurzen Versicherungszeit** oftmals keine Leistungsansprüche erwerben und die inländische Versicherungsbiographie würde unterbrochen. Bei nur kurzer Auslandsbeschäftigung stünde der **erhöhte Verwaltungsaufwand für Arbeitgeber, Arbeitnehmer und Sozialverwaltung** durch Aus- und Wiedereintritt in die inländische Versicherung oftmals in keinem angemessenen Verhältnis zu den daraus für den ArbN resultierenden Rechtsfolgen in der SozV. Schließlich könnte die **Bereitschaft zu einem auch nur kurzfristigen Auslandsaufenthalt** sinken und damit das Recht auf Freizügigkeit insgesamt beeinträchtigt sein, weil Unklarheiten und Unkenntnis über die soziale Sicherung im Ausland bestehen und die Arbeitsvertragsparteien vor dem mit einem Systemwechsel verbundenen Aufwand zurückschrecken würden (*Cornelissen* RdA 96, 329, 331 f).

122 Andererseits soll sich ein Unternehmen nicht dadurch **Kosten- und Wettbewerbsvorteile** verschaffen können, dass es aus einem „Niedriglohnland" (niedrige Lohnnebenkosten) mit relativ gesehen niedrigen Arbeitskosten ständig ArbN in einen EG-Staat mit höheren Arbeitskosten entsendet (*Boecken* ZIAS 99, 219, 223); daher ist bei einer länger dauernden Entsendung oder bei einer „Kettenentsendung" – abweichend von Art 12 VO 883/04 (ex Art 14 VO 1408/71) – der tatsächliche Beschäftigungsort Anknüpfungspunkt für das anzuwendende Recht.

123 **c) Ortswechsel des Arbeitnehmers.** Entsendung iSd VO liegt mE nur vor, wenn sich ein ArbN zum Zweck der Arbeitsleistung von einem EG-Staat, in dem er in einem Beschäftigungsverhältnis steht, in einen anderen EG-Staat begibt, und gerade dieses Beschäftigungsverhältnis aufrecht erhalten bleibt.

Beispiel: ArbN A wird von seinem ArbGeb U, bei dem er normalerweise in Deutschland beschäftigt ist, für wenige Monate auf eine Baustelle dieser Firma nach Österreich geschickt, um dort unter Aufrechterhaltung seines Arbeits- und Beschäftigungsverhältnisses die geschuldete Arbeit für seinen deutschen ArbGeb auf der österreichischen Baustelle zu erbringen.

124 An dem für die Entsendung erforderlichen Ortswechsel fehlt es, wenn Ortskräfte eingestellt werden. **Ortskräfte** sind ArbN, die bereits am ausländischen Beschäftigungsort wohnen, dh die im Ausland wohnen und dort von einem inländischen ArbGeb für die Arbeit im

Ausland eingestellt werden. Für Ortskräfte gilt die lex loci laboris. Art 12 VO 883/04 (ex Art 14 VO 1408/71) findet keine Anwendung.

Beispiel: Der in Deutschland ansässige ArbGeb stellt für die Arbeit auf seiner Baustelle in Österreich einen in Österreich wohnenden Österreicher ein, der bislang nicht bei der Firma beschäftigt war. Hier findet nicht deutsches, sondern österreichisches Recht Anwendung. Unter dem Gesichtspunkt der Freizügigkeit ist es nicht erforderlich, den österreichischen ArbN für seine Arbeit in Österreich dem deutschen Recht zu unterstellen. Entsprechendes gilt, wenn der in Deutschland wohnende deutsche ArbN von einer Firma mit Sitz in Österreich eingestellt wird, um – und sei es auch nur zeitlich begrenzt – in Deutschland zu arbeiten. Die Anwendbarkeit deutschen Rechts wird hier durch supranationales Recht nicht verdrängt.

d) Einstellung im Inland zwecks Entsendung ins Ausland. Unschädlich ist, dass eine Einstellung zwecks späterer Entsendung erfolgt, dh wenn das Beschäftigungsverhältnis noch im Entsendestaat begründet wird, dies jedoch schon in der Absicht, den ArbN anschließend ins Ausland zu entsenden (vgl Art 14 Abs 1 und Abs 3 VO 987/2004; vgl auch EuGH 5.12.67 – Rs C-19/67, Fall van der Vecht Slg 1967, 462 ff; kritisch hierzu Fall van der Vecht ZIAS 99, 219, 226). 125

e) Entsendung von Drittstaatenangehörigen. Auf sog Drittstaatenangehörige (s oben Rz 90) fand die VO 1408/71 lange Zeit keine Anwendung, wenn sie nicht Flüchtlinge oder Staatenlose waren. Seit 1.6.03 gilt das freizügigkeitsspezifische Sozialrecht der Gemeinschaften auch für sie (vgl VO EU 1231/2010 vom 24.11.2010 Abl EU vom 29.12.2010 Nr L 344, zuvor VO 859/2003, ABl EG Nr L Nr 124 vom 20.3.03; dazu oben Rz 90). 126

f) Kontinuität des Beschäftigungsverhältnisses. Wird ein ArbN von seinem ArbGeb an eine im Ausland ansässige, rechtlich selbstständige Firma desselben Konzerns (zB an eine rechtlich selbstständige Tochtergesellschaft) entsandt, muss geprüft werden, ob die Hauptpflichten des Arbeitsverhältnisses fortbestehen oder ob eine Eingliederung in das Unternehmen stattfindet, in das entsandt wird. Insoweit stellen sich sämtliche Probleme, die auch sonst auftreten, wenn es darum geht, das Vorliegen eines Arbeits- und Beschäftigungsverhältnisses zwischen zwei Personen zu prüfen. Schlüsselkriterien sind hierbei ua die Zahlung des Entgelts und das Recht zur Kündigung, die Arbeitszuweisung, Urlaubsregelungen und Regeln über die Arbeitsbedingungen (*Cornelissen* RdA 96, 329, 333). Im Übrigen ist zu prüfen, ob es sich um die Entsendung zur Erledigung einer konkret abgrenzbaren Aufgabe handelt, da man nur in einem solchen Fall davon sprechen kann, die Aufgabe werde „für Rechnung" des entsendenden Unternehmens ausgeführt (vgl *Költzsch* DRV 95, 74, 83). 127

g) Grenzüberschreitender Verleih von Arbeitnehmern. Werden von einem Unternehmen ArbN in einem Mitgliedsstaat eingestellt und an Unternehmen in einem anderen Mitgliedsstaat verliehen, findet Art 12 VO 883/04, ex Art 14 VO 1408/71 Anwendung. Dh, es gilt nicht die lex loci laboris, sondern das Recht des Staates, in dem das Leiharbeitsverhältnis (Verleiher/ArbN) seinen Sitz hat. Allerdings kommt eine Entsendung von bloßen „Briefkastenunternehmen" nicht in Betracht, vielmehr ist erforderlich, dass das entsendende Unternehmen seinen Aktivitäten normalerweise im Entsendestaat nachgeht. Das entsendende Unternehmen muss im Entsendestaat „gewöhnlich tätig" sein (vgl Art 14 Abs 2 VO 883/2004). Dies setzt voraus, dass im Entsendestaat idR mehr als bloße reine interne Verwaltungstätigkeiten ausgeübt werden (vgl Art 14 Abs 2 VO 987/2009). Die Verwaltungskommission hat zur Auslegung dieses Merkmals den Beschluss Nr A2 vom 12.6.09 erlassen, der eine Entsendung von bloßen **„Briefkastenfirmen"** aus ausschließt (vgl EuGH 9.11.2000 – Rs C-404/98 Plum, Slg 2000 I-0379). Regelmäßig im Entsendestaat tätig ist ein Unternehmen, wenn es dort auch sonst Personal beschäftigt. Für Verleihunternehmen bedeutet dies, dass sie normalerweise für Firmen im Entsendeland Personal zur Verfügung stellen (vgl *Cornelissen* RdA 96, 329, 334; Bsp Fall Manpower, EuGH 17.12.70 – Rs 35/70, Slg 1970, 1251). 128

h) Dauer der Entsendung. Der ArbN unterliegt nur dann den Rechtsvorschriften des Entsendestaates und nicht der lex loci laboris, wenn die „voraussichtliche Dauer der Arbeit", deretwegen die Entsendung erfolgt, **24 Monate** (bis 1.5.2010: 12 Monate) nicht überschreitet. Maßgeblich ist nach der Rspr des EuGH die voraussichtliche Dauer der Beschäftigung im anderen Mitgliedsstaat (vgl Fall van der Vecht, EuGH 5.12.67 – Rs 19/67, Slg 1967, 462 ff, 474), so dass auch die Entsendung für ein längerfristiges Projekt in Betracht kommt. Hierbei ist allerdings das sog Ablöseverbot zu beachten. 129

Schlegel

80 Auslandstätigkeit

130 Hierbei handelt es sich um eine **Prognoseentscheidung**. Steht von vornherein fest, dass zB angesichts der zu erledigenden Arbeit die zeitliche Höchstgrenze nicht eingehalten werden kann, ist Art 12 VO 883/04 ex Art 14 VO 1408/71 nicht anwendbar. Stellt sich während einer laufenden Entsendung heraus, dass die zeitliche Höchstgrenze nicht eingehalten werden kann, entfällt die Wirkung dieser Vorschrift sofort und nicht erst nach Ablauf von zwölf Monaten; der ArbN unterliegt ab dem Zeitpunkt, zu dem sich die Prognose als unzutreffend erweist, dem Recht des Beschäftigungsortes.

> **Beispiel:** Ein zunächst für nur wenige Monate entsandter ArbN entschließt sich während der Entsendung, für den entsendenden ArbGeb mehrere Jahre im Ausland zu arbeiten. Ab dem Zeitpunkt einer entsprechenden Vereinbarung mit dem ArbGeb unterliegt der ArbN der lex loci laboris und nicht mehr dem Recht des Entsendestaates.

131 Fraglich ist, ob eine **Mehrfachentsendung** in Betracht kommt und wie lange ggf die zwischenzeitliche Beschäftigung im Entsendestaat dauern muss. Es kann nicht angenommen werden, dass das Recht zu einer Entsendung in einem Beschäftigungsverhältnis nur einmalig besteht und eine Neuentsendung zur Fortsetzung einer bestimmten Arbeit ausgeschlossen ist (*Cornelissen* RdA 96, 329, 334; aA *Boecken* ZIAS 99, 219, 241). Entscheidend ist allein, ob trotz wiederholter Entsendung der Schwerpunkt des Arbeits- und Beschäftigungsverhältnisses im Entsendestaat verbleibt. Dies ist jedenfalls dann der Fall, wenn der ArbN, auf einen längeren, mehrere Jahre umfassenden Zeitraum betrachtet, mehr Beschäftigungszeiten im Inland als im Ausland zurücklegt.

132 **i) Ablöseverbot.** Eine Entsendung führt nur dann zur fortbestehenden Anwendbarkeit der im Entsendestaat geltenden Rechtsvorschriften, wenn der entsandte ArbN nicht eine andere Person ablöst, für welche die Entsendungszeit abgelaufen ist. Dieses Tatbestandskriterium zielt auf die Verhinderung von Wettbewerbsverzerrung ab: Ein ArbGeb soll sich nicht durch **Kettenentsendung** wirtschaftliche Vorteile dadurch verschaffen können, dass er in einem anderen EG-Staat dauerhaft Arbeitsplätze unterhält, auf denen er laufend entsandte ArbN mit niedrigeren Arbeitskosten beschäftigt als im Beschäftigungsstaat üblich.

133 Eine **Umgehung** dieses Tatbestandsmerkmals ist auch nicht dadurch möglich, dass der entsandte ArbN kurz vor Ablauf einer zunächst vereinbarten Entsendungszeit in den Entsendestaat zurückkehrt (aA *Költzsch* DRV 95, 74, 84: das Ablöseverbot könne umgangen werden, wenn der jeweils vorausgehend beschäftigte ArbN einen Tag weniger als zwölf Monate entsandt wurde). Maßgeblich ist insoweit der Plan des entsendenden ArbGeb. Ist von vornherein beabsichtigt oder ergibt sich aus den äußeren Umständen, dass ein bestimmter Auslandsauftrag nur durch eine Kette von Entsendungen bewältigt werden kann, ist eine Anwendung von Art 12 VO 883/04, ex Art 14 VO 1408/71 von vornherein ausgeschlossen. Der Anwendungsbereich der VO ist jedoch eröffnet, wenn eine Ablösung eines entsandten ArbN erforderlich wird, die nicht im Plan des ArbGeb lag.

> **Beispiel:** Der entsandte ArbN erkrankt und kann seine Arbeit im Ausland nicht fertig stellen. Hier kann es dem ArbGeb nicht verwehrt sein, diesen ArbN zur Abwicklung des Auftrags durch einen anderen abzulösen. Aus der Sicht des neu entsandten ArbN spielt es keine Rolle, ob sein Vorgänger die Entsendungszeit ausgeschöpft hat oder ob er vor Ablauf der Entsendungsfrist zurückgekehrt ist.

134 **2. Vorübergehende Entsendung in einen Abkommensstaat. a) Fortgeltung des Rechts des Entsendestaates.** Wird ein ArbN, der in einem Vertragsstaat (zB Deutschland) beschäftigt ist, im Rahmen dieses Beschäftigungsverhältnisses von seinem ArbGeb in einen Abkommensstaat entsandt, um dort eine Arbeit für diesen ArbGeb auszuführen, so gelten in Bezug auf die Beschäftigung für eine bestimmte Zeit allein die Rechtsvorschriften des Entsendestaates/Heimatstaates (im Beispiel: die Vorschriften Deutschlands). Diese Regelungen über die **Fortgeltung des Rechts des Entsendestaates** bei einer zeitlich begrenzten Auslandstätigkeit tragen dem Interesse des ArbN Rechnung, bei einem nur vorübergehenden Auslandsaufenthalt weiterhin nach dem ihm bekannten Recht des Entsendestaates (idR des Heimatstaates) behandelt und nicht einer neuen Rechtsordnung unterstellt zu werden. Andererseits muss den Interessen der Abkommensstaaten Rechnung getragen werden, damit es durch die Weitergeltung des Rechts des Entsendestaates im Beschäftigungsstaat nicht zu Wettbewerbsverzerrungen, zB durch niedrigere Sozialstandards, kommt (vgl HSR/*Frank* Kap 33 Rz 72).

b) Dauer der Fortgeltung. Das Recht des Entsendestaates bleibt bei zeitlich begrenzter Entsendung nach den einzelnen Abk unterschiedlich lange aufrecht erhalten. Im Einzelnen variiert die Dauer je nach Abk zwischen **12 Kalendermonaten** (Art 7 Abk Tunesien), **24** Kalendermonaten (Art 7 Abk Bulgarien, Art 7 Abk Kroatien, Art 4 Abk Polen, Art 6 Abk Schweiz, Art 7 Abk Slowenien, Art 7 Abk Ungarn), **36** Kalendermonaten (Art 7 Abk Chile, Art 7 Abk Marokko) und **60** Kalendermonaten (Art 7 Abk Japan, Art 7 Abk Kanada, – fünf Jahre – Art 6 Abs 2 Abk USA). In einigen Abk ist eine Begrenzung nach Monaten oder Jahren überhaupt nicht vorgesehen (vgl Art 6 Abk Israel, Art 6 Abk Jugoslawien, Art 6 Abk Türkei).

Darüber hinaus sehen die Abk vor, dass die zuständigen Ministerien weitere **Ausnahmen** zulassen, wenn ArbN und ArbGeb dies beantragen. Damit ist stets die Möglichkeit zu einer **einvernehmlichen Regelung der Entsendung** vorhanden (vgl Art 9 Abk Bulgarien, Art 11 Abk Chile, Art 10 Abk Israel, Art 10 Abk Japan, Art 10 Abk Jugoslawien, Art 11 Abk Kanada, Art 11 Abk Kroatien, Art 11 Abk Marokko, Art 4 Abs 3 und 4 und Art 6 Abk Polen, Art 9 Abk Schweiz, Art 11 Abk Slowenien, Art 9 Abk Türkei, Art 11 Abk Tunesien, Art 11 Abk Ungarn).

3. Entsendung in einen Nichtabkommensstaat. a) Beschäftigungsverhältnis im Inland. Der für alle Zweige der Sozialversicherung umfassend, also für das Recht der Versicherungspflicht, das Beitrags- und das Leistungsrecht geltende § 3 Abs 1 SGB IV bestimmt Folgendes: Die Vorschriften über die Versicherungspflicht und Versicherungsberechtigung gelten, soweit sie eine Beschäftigung oder eine selbstständige Tätigkeit voraussetzen, für alle Personen, die im Geltungsbereich dieses Gesetzbuchs beschäftigt oder selbstständig tätig sind, soweit sie eine Beschäftigung oder eine selbstständige Tätigkeit nicht voraussetzen, für alle Personen, die ihren Wohnsitz oder gewöhnlichen Aufenthalt im Geltungsbereich dieses Gesetzbuchs haben.

Im Gesetz ist nicht näher umschrieben, welche Merkmale dabei für ein Beschäftigungsverhältnis maßgebend sein sollen. Das Vorliegen eines Beschäftigungsverhältnisses zu einem bestimmten Unternehmen wird insbesondere dann problematisch, wenn der ArbN Beziehungen arbeitsrechtlicher Art sowohl zu einem im Inland als auch zu einem im Ausland gelegenen Unternehmen unterhält. Es können dann jeweils sowohl im Inland als auch im Ausland Merkmale vorhanden sein, die für eine abhängige Beschäftigung entweder am Beschäftigungsort oder beim entsendenden Unternehmen sprechen. Für die Zuordnung des Beschäftigungsverhältnisses ist in solchen Fällen darauf abzustellen, wo der **Schwerpunkt** der rechtlichen und tatsächlichen Merkmale des Beschäftigungsverhältnisses liegt. Für die Zuordnung eines Beschäftigungsverhältnisses zu einem bestimmten Betrieb sind dabei einerseits die Eingliederung des Beschäftigten in diesen Betrieb und andererseits die Zahlung des Arbeitsentgelts durch den Betrieb entscheidend (vgl BSG 7.11.96 – 12 RK 79/94, SozR 3–2400 § 5 Nr 2).

b) Sachlicher Anwendungsbereich der §§ 4, 5 SGB IV. Dieser erstreckt sich auf die UV, ArblV, RV, PflegeV und die gesetzliche KV (§ 1 Abs 1 SGB IV). Eingeschränkt wird der Anwendungsbereich aber andererseits durch vielfache (vorrangige) Spezialregelungen in über- und zwischenstaatlichem Recht, so dass der Hauptanwendungsbereich der §§ 4, 5 SGB IV im Verhältnis zu Ländern liegt, mit denen keine SozVAbkommen bestehen und die nicht Mitglied der EU sind.

c) Begriff der Entsendung. Nach § 4 SGB IV sind die Vorschriften über die Versicherungspflicht und die Versicherungsberechtigung, welche eine Beschäftigung voraussetzen, auch für solche Personen anwendbar, die im Rahmen eines im Geltungsbereich des SGB (dh der BRD) bestehenden Beschäftigungsverhältnisses in ein Gebiet außerhalb dieses Geltungsbereichs entsandt werden, wenn die Entsendung infolge der Eigenart der Beschäftigung oder vertraglich im Voraus zeitlich begrenzt ist.

Die Entsendung setzt voraus, dass ein Beschäftigungsverhältnis im Geltungsbereich des SGB besteht. Fraglich ist, ob es ausreicht, dass ein ArbN im Inland von einem Unternehmer eingestellt wird, um sofort ins Ausland entsandt zu werden, der ArbN seine Beschäftigung faktisch also im Ausland antritt (bejahend: Richtlinien der Spitzenverbände Ziff 3.1), oder ob zumindest eine im Inland erfolgende „Einweisung" bzw eine – „wenn auch geringfügige Inlandstätigkeit" – als Voraussetzung einer Entsendung vorliegen muss. In der Gesetzes-

80 Auslandstätigkeit

begründung zu § 4 SGB IV wurde ausgeführt, eine Entsendung sei begrifflich nicht schon deshalb ausgeschlossen, weil das Beschäftigungsverhältnis allein im Hinblick auf die Entsendung begründet worden ist (BT-Drs 7/4122 S 30 zu § 4 SGB IV). Indessen ist der „Entsendung" eine Bewegung von einem Ort zum anderen immanent, die das BSG jedenfalls in den Fällen verneint, in denen ein ArbN im Ausland von einem inländischen Unternehmen für eine Arbeit im Ausland angeworben und eingestellt wird (BSG 27.5.86 – 2 RU 12/85, NZA 86, 806). Anders wurde entschieden in einem Fall, in dem nach Beendigung des Auslandsaufenthalts eine Weiterbeschäftigung im Inland sichergestellt war und das BSG den Schwerpunkt des Beschäftigungsverhältnisses im Inland sah (BSG 25.8.94 – 2 RU 14/93 – USK 9466; anders BSG 10.8.99 – 32 RU 30/98 R wenn Weiterbeschäftigung im Inland nicht gewährleistet ist).

142 Da es bei § 4 SGB IV in erster Linie darum geht, einen bestehenden Schutz der SozV aufrecht zu erhalten, ist Voraussetzung einer Entsendung, dass bereits vor Aufnahme der Tätigkeit im Ausland ein vergleichbarer Versicherungsschutz im Inland bestand. Nicht erforderlich ist, dass der Versicherungsschutz gerade durch eine Beschäftigung beim entsendenden ArbGeb (etwa durch eine „Einweisung" oder eine „geringfügige Inlandstätigkeit") begründet wurde; andernfalls wäre nämlich die Vorschrift des § 9 Abs 6 SGB IV überflüssig.

143 Eine Entsendung liegt nur vor, wenn die Auslandsbeschäftigung im Rahmen eines inländischen Beschäftigungsverhältnisses ausgeübt wird, dh der ArbN muss dem inländischen ArbGeb weiterhin **weisungsunterworfen** und in seinen Betrieb **eingegliedert** sein. Wichtiges Indiz hierfür ist, dass das Arbeitsentgelt weiterhin vom inländischen ArbGeb gezahlt wird. Unbeachtlich ist, ob ggf aufgrund eines DBA im Inland keine Steuern abzuführen sind. Abgrenzungsprobleme können insbesondere bei einer Beschäftigung in **ausländischen Tochtergesellschaften** entstehen, doch ist auch in diesen Fällen ein Entsendungstatbestand anzunehmen, wenn die Eingliederung in die Muttergesellschaft erhalten bleibt. Dies ist idR nicht mehr der Fall, wenn das Tochterunternehmen die Bezahlung übernimmt und bestimmenden Einfluss auf die Tätigkeit des ArbN nimmt, selbst wenn der ArbN noch Vertrauensperson der Muttergesellschaft bleibt.

144 Eine Entsendung liegt nur vor, wenn die Auslandstätigkeit zeitlich begrenzt ist. Ihrer Eigenart nach zeitlich begrenzte Beschäftigungen sind insbesondere Montage- oder Bauarbeiten an bestimmten abgrenzbaren Objekten, wenn die Auslandstätigkeit für dieses Projekt vereinbart wurde. Auf jeden Fall muss im Voraus vereinbart sein oder sonst feststehen, dass der Beschäftigte im Anschluss an die Entsendung in den Geltungsbereich des inländischen SozVRechts zurückkehrt (BSG 8.12.94 – 2 RU 37/93, SozR 3–6050 Art 14 Nr 4).

145 **d) Aus- und Einstrahlungsrichtlinien der Sozialversicherungsträger.** Die Träger der SozV haben zur Auslegung der §§ 4 und 5 SGB IV Aus- und Einstrahlungsrichtlinien erlassen (*Aichberger* Nr 4/30).

146 **IV. Leistungsrecht im EU-Bereich. 1. Aufhebung der Wohnortklausel – Exportfähigkeit von Leistungen.** Eine nach den Vorschriften eines Mitgliedsstaates geschuldete Leistung der sozialen Sicherung (zB Geldleistungen wegen Invalidität, Alter oder für Hinterbliebene, Renten wegen Arbeitsunfällen oder Berufskrankheiten, Sterbegelder) darf – vorbehaltlich ausdrücklicher Sondervorschriften der VO – nicht deshalb gekürzt, geändert, zum Ruhen gebracht, entzogen oder beschlagnahmt werden, weil der Berechtigte im Gebiet eines anderen Mitgliedsstaates als desjenigen Mitgliedsstaates wohnt, in dessen Gebiet der zur Zahlung verpflichtete Träger seinen Sitz hat (vgl Art 7 VO 883/04, ex Art 10 VO 1408/71). Daher sind zB Altersrenten, soweit sie ein sog Gastarbeiter in Deutschland erworben hat, von der deutschen RV ins EU-Ausland zu zahlen, wenn der Gastarbeiter als Rentner in seinen Heimatstaat zurückkehrt.

147 **2. Besonderheiten bei Krankheit. a) Wohnen im zuständigen Mitgliedsstaat.** Wohnt der ArbN im zuständigen Mitgliedsstaat, erbringt der dort zuständige KVTräger sowohl die Geld- als auch die Sachleistungen. Dies ist der Fall, wenn der ArbN bei nicht nur vorübergehender Entsendung auch im Beschäftigungsstaat wohnt (zB ein deutscher ArbN wird von seinem deutschen ArbGeb für mehrere Jahre nach Spanien geschickt, wo der ArbN arbeitet und lebt). Hier wohnt der ArbN im zuständigen Beschäftigungsstaat (vgl Art 11 Abs 3 Buchst a VO 883/04, ex Art 13 Abs 2 VO 1408/71). Der ArbN wohnt aber auch dann im zuständigen Staat, wenn er bei einer Entsendung iSv Art 12 VO 883/04, ex Art 14

VO 1408/71 seinen Wohnsitz im Entsendestaat behalten hat (zB ArbN wird für ein halbes Jahr nach Spanien entsandt, wobei er weiterhin in Deutschland wohnt). **Familienangehörige** stehen dem Versicherten gleich, sofern sie keinen eigenen Anspruch haben (vgl Art 19 Abs 2, 20, 21 Abs 2, 22 Abs 2 VO 1408/71).

b) Auseinanderfallen von Wohnsitzstaat und zuständigem Mitgliedsstaat. Wohnen 148 der ArbN oder seine Familienangehörigen nicht im zuständigen Mitgliedsstaat (zB ArbN wohnt bei dauernder Auslandstätigkeit in Spanien weiterhin im Heimatstaat Deutschland), gilt gem Art 17 VO 883/04, ex Art 19 Abs 1 VO 1408/71 Folgendes: Der ArbN erhält in dem Staat, in dem er wohnt, **Sachleistungen für Rechnung des zuständigen Trägers** nach den für diesen Träger geltenden Rechtsvorschriften (im Bsp: Sachleistungen aus der deutschen KV nach deutschem Recht). **Geldleistungen** erhält er von dem für ihn zuständigen Träger (Art 21 VO 883/04).

Zwar erfolgt auch hier durch die Anknüpfung an das Recht des Beschäftigungslandes eine 149 Einbeziehung in die soziale Sicherung (KV oder staatliches Gesundheitswesen) des Beschäftigungslandes. Die VO trägt jedoch dem Umstand Rechnung, dass Krankheitsfälle des ArbN oder seiner Familienangehörigen idR im Wohnsitzland auftreten und es dort einer ortsnahen Krankenversorgung bedarf. Der ArbN oder seine Angehörigen erhalten deshalb **Sachleistungen** (zB ambulante oder stationäre Krankenbehandlung, Medikamente etc) grds vom KVTräger des Wohnsitzlandes nach den im Wohnsitzland geltenden Rechtsvorschriften, wie wenn sie bei diesem versichert wären (Art 17 VO 883/04, ex Art 19 Abs 1 Buchstabe a VO 1408/71). Die Leistungen werden für Rechnung des zuständigen Trägers erbracht, dh es findet ein Rückgriff statt. Der gewährende Träger erbringt die Leistungen zwar grds, aber (nur) aushilfsweise für den Träger, bei dem die Versicherung besteht (zum Erstattungsanspruch vgl Art 35 VO 883/04, ex Art 36 VO 1408/71). Sieht der Wohnsitzstaat keine Sachleistungen vor (zB Frankreich), muss der ArbN die Behandlungskosten im Wohnsitzstaat zunächst selbst bezahlen; er kann dann vom Träger des Beschäftigungsstaates Kostenerstattung verlangen.

Geldleistungen (Kranken- und Mutterschaftsgeld) dagegen werden von dem nach Art 21 150 VO 883/04, ex § 13 VO 1408/71 zuständigen Träger erbracht, also regelmäßig vom KVTräger des Beschäftigungslandes. Geldleistung der KV ist aus europarechtlicher Sicht auch die **Lohnfortzahlung im Krankheitsfall** (Fall Paletta, EuGH 3.6.92 – Rs C-45/90, Slg 92, 321 = SozR 3–6055 Art 18 Nr 1). **Pflegegeld** nach den Vorschriften des PflegeVG sind nach der Rspr des EuGH Geldleistungen der KV und auch dann zu gewähren, wenn der Versicherte nicht in dem Staat wohnt, in dem er der Versicherung angeschlossen ist (Fall Molenaar, EuGH 5.3.98 – Rs C-160/96, NZS 98, 240).

Wohnt der ArbN nicht im Beschäftigungsstaat, wird er sich bei Krankheit regelmäßig an 151 einen Arzt im Wohnsitzland wenden und dort Krankengeld beantragen. Gem Art 27 Abs 8 VO 883/04, ex Art 18 VO 574/72 habe die von einem dort (Wohnsitzland) niedergelassenen Leistungserbringer getroffene **Feststellung der Arbeitsunfähigkeit** für den zuständigen Träger des Beschäftigungslandes hinsichtlich der Gewährung von Krankengeld bzw Lohnfortzahlung die gleiche „Rechtsgültigkeit" wie eine im zuständigen Mitgliedstaat ausgestellte Bescheinigung. Der zuständige Leistungsträger des Beschäftigungslandes kann allerdings verlangen, dass der Erkrankte von einem vom zuständigen Träger ausgewählten Arzt untersucht wird (vgl Art 18 Abs 3, 5 VO 883/04, ex Art 18 Abs 5 VO 574/72). Das bedeutet: Die von einem im Ausland niedergelassenen Leistungserbringer ausgestellten Arbeitsunfähigkeitsbescheinigungen sind auch für die deutschen Krankenkassen und ArbGeb verbindlich (vgl Fall Rindone, EuGH 12.3.87 – Rs C-22/86, Slg 1987, 1339 = SozR 3–6055 Art 18 Nr 1 und Fall Paletta, EuGH 3.6.92 – Rs C-45/90, Slg 1992, 321 = SozR 3–6055 Art 18 Nr 1).

Entsprechendes gilt, wenn der ArbN trotz nur **vorübergehender Entsendung** iSv 152 Art 12 VO 883/04, ex Art 14 VO 1408/71 im Beschäftigungsstaat wohnt und er aber weiterhin im Entsendestaat versichert ist; auch dann fallen zuständiger Staat und Wohnsitzstaat iSv Art 19 Abs 1 VO 1408/71 auseinander.

c) Akutbehandlung bei Erkrankung in einem EWR-Drittland. Halten sich der 153 ArbN oder seine Familienangehörigen vorübergehend in einem anderen Staat als dem Beschäftigungs- oder Wohnsitzstaat auf, gilt Folgendes: Sie erhalten dort, wenn ihr Zustand unverzüglich Leistungen erfordert, Sachleistungen der KV nach **Ortsrecht,** dh nach dem

80 Auslandstätigkeit

Recht des momentanen Aufenthaltsortes (vgl Art 19 VO 883/04, ex Art 22 Abs 1 VO 1408/71). Dies ist insbesondere bei einer **Urlaubserkrankung** relevant. Geldleistungen dagegen werden in einem solchen Fall nur vom zuständigen Träger erbracht.

154 **d) Grenzgänger.** Diese müssen Sachleistungen nicht im Wohnsitzstaat in Anspruch nehmen; sie können diese auch an ihrem Beschäftigungsort erhalten. Machen sie von diesem Wahlrecht Gebrauch, werden die Sachleistungen vom KVTräger des Beschäftigungsstaates nach den Rechtsvorschriften des Beschäftigungsstaates erbracht, als ob der Grenzgänger dort wohnte (vgl Art 18 VO 883/04, ex Art 20 VO 1408/71). Kraft besonderer Vereinbarung steht dieses Recht im Verhältnis Deutschlands und der Niederlande nicht nur dem Grenzgänger (ArbN) selbst zu, sondern auch seinen Familienangehörigen (vgl Abk vom 15.2.82, BGBl II 82, 958, 1203).

155 **3. Besonderheiten bei Invalidität. a) Invalidität als „verlängerte" Arbeitsunfähigkeit.** Die sozialen Sicherungssysteme der EU sehen die Invalidität zT als verlängerte Krankheit mit Arbeitsunfähigkeit an (zB Frankreich). Die Leistungshöhe bei Invalidität ist in solchen Systemen von der Dauer der Versicherungszeit unabhängig. Hat ein Versicherter Zeiten ausschließlich in solchen Systemen zurückgelegt, werden Leistungen nach dem Recht desjenigen Staates gewährt, dessen Recht bei Eintritt der Arbeitsunfähigkeit anzuwenden war (vgl Art 44 VO 883/04, ex Art 37, 39 VO 1408/71).

156 **b) Invalidität als eigenständiger Tatbestand.** Sehen die sozialen Sicherungssysteme (zB Deutschland) die Invalidität als eigenständigen Tatbestand an, bei dem die Leistungshöhe wie bei den Alters- und Hinterbliebenenrenten von der Dauer der Versicherungszeiten abhängt, gilt Folgendes: Hat ein ArbN Zeiten ausschließlich oder zumindest auch in solchen Systemen der sozialen Sicherung zurückgelegt, gelten grds die Vorschriften für die Berechnung der Leistungen bei Alter und Tod (Art 46 VO 883/04, ex Art 40 Abs 1 VO 1408/71).

157 Ob der **Versicherungsfall der Invalidität eingetreten** ist, muss von den zuständigen Trägern all derjenigen Mitgliedsstaaten geprüft werden, in denen solche Zeiten zurückgelegt worden sind. Eine Bindungswirkung an die Feststellungen ausländischer Träger besteht nur, wenn zwischen den Mitgliedsstaaten ausdrücklich die Übereinstimmung der Tatbestandsmerkmale der Invalidität anerkannt sind (vgl Art 46 Abs 3 VO 883/04, ex Art 40 Abs 3 VO 1408/71). Einer solchen Vereinbarung ist Deutschland nicht beigetreten.

158 **4. Besonderheiten bei Renten wegen Alters und Todes. a) Zusammenrechnungsgrundsatz.** Hängt das Recht oder die Aufrechterhaltung eines Rechts auf Rente wegen Alters oder eine Hinterbliebenenrente davon ab, dass Versicherungs- oder Wohnsitzzeiten (zB Dänemark) bestimmten Umfangs zurückgelegt wurden (in Deutschland zB als Erfordernis der Wartezeiterfüllung), sind vom zuständigen Träger eines Mitgliedsstaates auch die in anderen Mitgliedsstaaten zurückgelegten Versicherungs- und Wohnsitzzeiten zu berücksichtigen (vgl Art 5 VO 883/04, ex Art 42 Buchst a) EGV; Art 45 Abs 1 VO 1408/71). Hierzu sind die Träger der einzelnen Mitgliedsstaaten verpflichtet, den jeweils anderen Trägern die im eigenen Staat zurückgelegten Zeiten mitzuteilen.

159 **b) Rentenhöhe.** Bei der Berechnung des Werts einer Rente sind zwei Fälle zu unterscheiden: **Erster Fall:** Ist der Rentenanspruch bereits allein aufgrund der nach innerstaatlichem Recht zurückgelegten Zeiten begründet, gilt für die Ermittlung der Rentenhöhe Folgendes (vgl Art 52 Abs 1 VO 883/04, ex Art 46 Abs 1 VO 1408/71): Der zuständige RVTräger ermittelt den Rentenwert zunächst allein aufgrund der in seinem Mitgliedsstaat zurückgelegten Zeiten; dies ergibt den sog **tatsächlichen Rentenwert.** Danach ermittelt er, wie hoch die Rente wäre, wenn alle Zeiten in diesem Staat zurückgelegt worden wären; dies ergibt den sog **theoretischen Rentenwert.** Sodann wird **pro-rata-temporis** ermittelt, welcher Anteil des theoretischen Rentenwerts auf die in diesem Staat zurückgelegten Zeiten entfällt. Der **höhere der beiden Werte** (tatsächlicher Rentenwert/anteiliger theoretischer Rentenwert) ist der maßgebliche, vom zuständigen RVTräger festzusetzende Rentenwert.

160 **Zweiter Fall:** Ist der Rentenanspruch allein aufgrund der nach innerstaatlichem Recht zurückgelegten Zeiten nicht begründet, gilt für die Ermittlung der Rentenhöhe Folgendes (vgl Art 46 Abs 2 VO 1408/71): Der zuständige RVTräger ermittelt auch hier den sog **theoretischen Rentenwert.** Sodann wird **pro-rata-temporis** ermittelt, welcher Anteil des theoretischen Rentenwerts auf die in diesem Staat zurückgelegten Zeiten entfällt. Dieser Betrag steht dem Versicherten zu. Eine Vergleichsberechnung findet nicht statt. Entsprechend

Auslandstätigkeit 80

verfahren die Versicherungsträger in den anderen Mitgliedsstaaten, in denen Versicherungs- und Beschäftigungszeiten zurückgelegt wurden.

Der Versicherte hat gegen die RVTräger in allen Staaten, in denen er Versicherungs- oder **161** Wohnsitzzeiten zurückgelegt hat, Anspruch auf den jeweils höheren der beiden Werte (so im ersten Fall) bzw auf den sich im zweiten Fall ergebenden pro-rata-temporis-Betrag (vgl Art 52 Abs 3 VO 883/04, ex Art 46 Abs 3 VO EWG 1408/71). Die Summe dieser Renten darf allerdings den höchsten theoretischen Rentenbetrag nicht übersteigen.

5. Sonstige Bereiche sozialer Sicherung. Zum Versicherungsfall **Arbeitsunfall** und **162** Berufskrankheiten vgl HSR/*Schulte* Kap 32 Rz 92 ff; *Eichenhofer* Internationales Sozialrecht § 11), **Arbeitslosigkeit** (HSR/*Schulte* Kap 32 Rz 101 ff; *Eichenhofer* Internationales Sozialrecht § 14), **Familienleistungen** und Familienbeihilfen (HSR/*Schulte* Kap 32 Rz 107 ff; *Eichenhofer* Internationales Sozialrecht § 15).

V. Leistungsrecht nach Sozialversicherungsabkommen. 1. Zusammenrechnung 163 von Versicherungszeiten in der Rentenversicherung. Soweit es für den Erwerb eines **Rentenrechts der Rentenversicherung** auf die Erfüllung von Wartezeiten oder Vorversicherungszeiten ankommt, sehen die Abk, wenn sich ihr sachlicher Geltungsbereich auf die RV erstreckt, regelmäßig Folgendes vor: Für den Erwerb, die Aufrechterhaltung oder das Wiederaufleben eines Rentenrechts (Leistungsanspruchs) sind auch die Versicherungszeiten zu berücksichtigen, die nach den Rechtsvorschriften des anderen Vertragsstaates anzurechnen sind und die nicht auf dieselbe Zeit entfallen (zu Zusammenrechnung/**Totalisation** vgl Art 12 Abs 1 Abk Chile; Art 20 Abs 1 Abk Israel; Art 11 Abs 1 Abk Japan; Art 12 Abk Kanada; Art 24 Abk Marokko; Art 27 Abk Türkei; Art 22 Abk Tunesien; Art 7 Abs 1 Abk USA). Diese Zusammenrechnung hat in der deutschen RV insbesondere für die **Wartezeiten** und die besonderen versicherungsrechtlichen Vorversicherungszeiten bei Renten wegen verminderter Erwerbsfähigkeit Bedeutung.

Die Zusammenrechnung bedeutet jedoch nicht, dass sich die im anderen Vertragsstaat **164** zurückgelegten Zeiten zwangsläufig auch auf die **Rentenhöhe** zB des deutschen Rentenrechts auswirken. Dies ist nur dann der Fall, wenn das Abk ausnahmsweise vom **Eingliederungs- oder Integrationsprinzip** beherrscht wird, dh die Leistung (zB Altersrente) nur von einem Vertragsstaat unter Berücksichtigung der Zeiten im anderen Vertragsstaat erbracht wird (Art 4 Abk mit Polen vom 9.10.75). Dies ist auch bei einer **Minizeiten-Regelung** der Fall; dabei werden Versicherungszeiten, die in einem Vertragsstaat zurückgelegt wurden, wegen ihres geringen Umfangs vom anderen Vertragsstaat mit dessen Leistung abgegolten (zB Art 20 Abs 2 Abk Israel vom 17.12.73; Art 7 Abs 2 Abk USA).

Die meisten Abk folgen, soweit es um die Rentenhöhe geht, dem **Verteilungs- oder 165 pro-rata-temporis-Prinzip.** Die Rente wird von beiden Vertragsstaaten rein innerstaatlich nach den im jeweiligen Staat zurückgelegten Versicherungszeiten berechnet (Art 12 Abs 2, Art 13 Abs 2 Abk Chile; Art 21, 22 Abk Israel; Art 11 Abs 4, Art 12 Abk Japan; Art 13 Abk Kanada; Art 25 Abk Marokko; Art 28 Abs 2 Abk Türkei; Art 23 Abk Tunesien; Art 8 Abk USA).

2. Krankenversicherung. Nach dem innerstaatlichen Recht gilt Folgendes: Die deut- **166** sche KV ist vom Dienst- und Sachleistungsprinzip beherrscht. Daher ruht der Leistungsanspruch grds bei einem Auslandsaufenthalt (§ 16 Abs 1 Nr 1 SGB V). Hierbei wird nicht darauf abgestellt, ob der Versicherte oder seine Familienangehörigen im Ausland aufhalten. § 16 Abs 1 Nr 1 SGB V erfasst daher auch Fälle, in denen der Versicherte während eines **Auslandsurlaubs** erkrankt.

Mitglieder einer Krankenkasse, die im Ausland beschäftigt, aber weiterhin nach deutschem **167** Recht versichert sind und während dieser Beschäftigung erkranken, erhalten bereits nach deutschem Recht die ihnen nach dem SGB V zustehenden Leistungen von ihrem ArbGeb. Die Krankenkasse hat dem ArbGeb die Kosten bis zu der Höhe zu erstatten, in der sie der Krankenkasse im Inland entstanden wären (§ 17 Abs 1 und 2 SGB V).

Die vorgenannten nationalen Regelungen werden im EU-Bereich durch die Regelungen **168** der VO 883/04 bzw VO 1408/71 (dazu oben Rz 120 ff) überlagert. Falls die Erkrankung in einem Abkommensstaat eintritt, mit dem Vereinbarungen für den Fall der Krankheit bestehen, verpflichten sich die Vertragsstaaten im Abk über soziale Sicherheit regelmäßig zur **gegenseitigen Leistungsaushilfe** nach den Vorschriften des Heimatstaates.

81 Auslösung

169 Rechtstechnisch ist dies durch eine Gebietsgleichstellung möglich (Art 4 Abk Israel), eine ausdrückliche abkommensrechtliche Bestimmung (Art 6 ff der früheren DPSVA) oder eine Kombination aus Gebietsgleichstellung und Einzelanordnung (Art 5, 15, 16 Abk Marokko; Art 4a, 15 Abk Türkei; Art 5, 15 Abk Tunesien, vgl *Eichenhofer* Internationales Sozialrecht § 10, 2). Danach entsteht der Dienst- und Sachleistungsanspruch eines in Deutschland Versicherten auch dann, wenn er sich im Ausland, jedoch im Hoheitsgebiet eines der genannten Vertragsstaaten, aufhält. Allerdings werden die Leistungen dann vom Träger des Abkommensstaates aushilfsweise für den deutschen KVTräger erbracht.

Auslösung

A. Arbeitsrecht *Griese*

1 **1. Begriff.** Die Auslösung ist ein pauschalierter Aufwendungsersatz mit zusätzlichen Vergütungselementen, der die Mehrbelastungen und Mehraufwendungen, die durch **auswärtige Tätigkeit** entstehen, abdecken soll. Von Gesetzes wegen existiert nur der Aufwendungsersatzanspruch nach § 670 BGB, der einen Anspruch auf Ersatz der konkret angefallenen und nachgewiesenen Einzelaufwendungen gibt. Die Pauschalierung dieser Aufwendungen in Form von Auslösungssätzen bedarf einer besonderen **Rechtsgrundlage**; sie findet sich in Tarifverträgen, Betriebsvereinbarungen, in betrieblichen Übungen, Gesamtzusagen, arbeitsvertraglichen Einheitsregelungen, Arbeitsverträgen und dem Gleichbehandlungsgrundsatz.

2 **2. Praktisch wichtige Fälle tariflich geregelter Auslösungssätze.** In der Praxis sind vor allem zwei tarifliche Regelwerke für die Gewährung von Auslösungen bedeutsam: der Bundesmontagetarifvertrag und der Rahmentarifvertrag für das Baugewerbe.
a) Der Bundesmontagetarifvertrag. Der Bundesmontagetarifvertrag findet vom fachlichen Geltungsbereich her Anwendung auf die auswärtige Montage im Bereich der Eisen-, Metall- und Elektroindustrie. Der Tarifvertrag ist nicht für allgemein verbindlich erklärt worden, so dass zur Geltung des Tarifvertrages Tarifbindung (s *Tarifvertrag* Rz 1 ff) gegeben sein muss. Er ist bei Tarifbindung auf das Arbeitsverhältnis eines Montagestammarbeiters anzuwenden, wenn dieser auf einer außerbetrieblichen Arbeitsstelle arbeitet, wobei sich dies ausschließlich nach räumlichen, nicht nach organisatorisch-funktionalen Gesichtspunkten richtet (BAG 11.11.97 – 3 AZR 187/96, NZA 98, 947). Eine außerbetriebliche Arbeitsstelle liegt bereits dann vor, wenn außerhalb des Betriebsgeländes gearbeitet wird (BAG 11.11.97 – 3 AZR 162/96, NZA 98, 946). Der Bundesmontagetarifvertrag unterscheidet zwischen Nah- und Fernauslösung.

3 **Fernmontage** und damit der Anspruch auf Fernauslösung ist nach dessen § 6 gegeben, wenn die tägliche Rückkehr von der Arbeitstelle zur Wohnung nicht zumutbar ist, weil der Zeitaufwand für Hin- und Rückweg bei Benutzung öffentlicher Verkehrsmittel $3^{1}/_{2}$ Stunden übersteigt. Wartezeiten an der Montagestelle bis zum Schichtbeginn und nach Schichtende bis zum Antritt des Rückweges sind nur mitzuberücksichtigen, soweit sie jeweils 30 Minuten übersteigen (BAG 13.12.94 – 3 AZR 188/94, NZA 95, 1111). Der Montagearbeiter kann dann zusätzlich zu den Fahrtkosten die Fernauslösung beanspruchen, die je Kalendertag gezahlt wird und gestaffelt ist nach Zeitzonen (Ermäßigung nach mehr als 60 Kalendertagen) und Entfernungszonen (Erhöhung bei mehr als 150 km Entfernung). Stellt der ArbGeb eine angemessene Unterkunft, reduziert sich der Fernauslösungssatz gem § 6.5. Bundesmontagetarifvertrag auf bis zu 70%. An Reisetagen wird nach § 6.6. Bundesmontagetarifvertrag nur der halbe Auslösungssatz gezahlt, wenn die Reise nach 12.00 Uhr angetreten oder vor 12.00 Uhr beendet wird. Die Reisezeit selbst wird nach § 6.3.1. Bundesmontagetarifvertrag bis zur Dauer von 12 Stunden kalendertäglich als Arbeitszeit bezahlt.

Fernauslösung ist bei an sich unzumutbarer täglicher Heimfahrt auch für die arbeitsfreien Tage zu zahlen (BAG 28.10.89 – 4 AZR 226/83, AP Nr 22 zu § 1 TVG Auslösung).

Der Anspruch auf **Wochenendfahrgeld** nach § 6.3 des Bundesmontagetarifvertrages setzt die tatsächliche Durchführung der Wochenendheimfahrt nicht voraus (BAG 25.1.06 – 4 AZR 432/04, NJOZ 06, 1852).

Auslösung

Bei **Nahmontage** wird nach § 7.3. Bundesmontagetarifvertrag eine Nahauslösung gezahlt, die den Mehraufwand bei auswärtigen Arbeiten abdecken soll. Benutzt der Montagearbeiter öffentliche Verkehrsmittel, ist die Nahauslösung nach 6 Zeitzonen gestaffelt und beträgt nach § 7.3.2. zwischen 15 % und 70 % der Fernauslösung für Montagen bis 150 km Entfernung während der ersten 60 Kalendertage. Bei Benutzung eines privaten Fahrzeuges ist die Nahauslösung gem § 7.3.5. Bundesmontagetarifvertrag nach 6 Entfernungszonen gestaffelt und beträgt zwischen 25 % und 100 % der 60 %igen Fernauslösung für Montagen bis 150 km Entfernung während der ersten 60 Kalendertage.

b) Bundesrahmentarifvertrag für das Baugewerbe. Dieser Tarifvertrag findet fachlich auf alle Betriebe des Baugewerbes Anwendung. Er ist nach § 5 TVG für **allgemeinverbindlich** erklärt worden und gilt infolgedessen für das einzelne Arbeitsverhältnis unabhängig davon, ob ArbGeb oder ArbN Mitglied der tarifschließenden Verbände sind. Nach § 7 Nr 4.1. dieses Tarifvertrages hat der ArbN Anspruch auf Auslösung, wenn die Bau- oder Arbeitsstelle mehr als 25 km vom Betrieb entfernt ist und dem ArbN die tägliche Rückkehr zur Wohnung nicht zumutbar ist. Dem Auslösungsanspruch steht nicht entgegen, wenn der ArbN keine Zweitunterkunft enthält, weil er zB durchgehend auf Baustellen ohne tägliche Heimkehr eingesetzt wird (BAG 24.1.07 – 4 AZR 50/06, DB 07, 2042). Auch ein Wohnwagen kann eine Wohnung iSd Tarifbestimmungen sein (BAG 24.1.07 – 4 AZR 19/06, NZA 07, 1062). Ist der ArbN trotz Unzumutbarkeit täglich zum Wohnort zurückgekehrt, scheidet ein Anspruch auf Auslösung nach § 7 Nr 4 BRTV-Bau aus, stattdessen stehen ihm die Ansprüche zu, die § 7 Nr 3 BRTV-Bau für die Arbeit auf Bau- oder Arbeitsstellen mit täglicher Heimfahrt vorsieht (BAG 26.5.98 – 3 AZR 96/97, NZA 98, 1124). Die Auslösung wird kalendertäglich gezahlt, nach § 7 Nr 4.2. des Bundesrahmentarifvertrages für das Baugewerbe in voller Höhe auch für den An- und den Abreisetag. Nach § 7 Nr 4.4. des Tarifvertrages kann die Auslösung um einen Betrag bis zur Höhe eines halben Gesamttarifstundenlohns der Berufsgruppe III (Spezialbaufacharbeiter) ermäßigt werden, wenn der ArbGeb eine ordnungsgemäße Unterkunft stellt. Der Auslösungsanspruch entfällt, wenn der ArbN die Arbeit ganz oder teilweise schuldhaft versäumt (§ 7 Nr 4.54. des Tarifvertrages). Neben dem Auslösungsanspruch besteht nach § 7 Nr 4.6. des Tarifvertrages der Anspruch auf Fahrtkostenerstattung.

c) Güterkraftverkehr. Für den Güterkraftverkehr gilt hinsichtlich des Fernverkehrs bei Tarifbindung der Bundesmanteltarifvertrag für den Güter- und Möbelfernverkehr vom 14.7.88. Abzugrenzen ist der Geltungsbereich dieses Tarifvertrages von den für den Nahverkehr bei Tarifbindung geltenden Tarifverträgen. Ein Kraftfahrer, der im privaten Güterverkehrsgewerbe NRW beschäftigt wird, erhält seit Inkrafttreten der Änderung des § 2 Abs 2 GüKG am 27.5.92 die Spesensätze für den Fernverkehr nur dann, soweit die Fahrten über einen Umkreis von 75 km hinausreichen (BAG 10.5.94 – 3 AZR 721/93, NZA 95, 652).

Nach dem Zulagentarifvertrag für die ArbN der Deutschen Bahn hat ein Lokrangierführer keinen Anspruch auf eine Auslösung für Lokomotivführer (BAG 29.9.04 – 10 AZR 89/04, NJOZ 05, 368).

3. Auslösung bei Urlaub und Krankheit. Bei Urlaub oder Krankheit oder sonstigen Entgeltfortzahlungsfällen sind Auslösungen nicht zu zahlen, soweit sie einen besonderen Aufwand abdecken, der bei Urlaub bzw Krankheit oder sonstiger Abwesenheit nicht anfällt (vgl **§ 4 Abs 1a Satz 1 EFZG**). **Betriebsratsmitglieder** können daher, wenn sie BRat-Tätigkeit verrichten, nicht die Auslösung als fortzuzahlendes Entgelt verlangen. So hat das BAG die **Fernauslösung** nach § 6 Bundesmontagetarifvertrag nicht als fortzuzahlendes Entgelt iSd § 37 Abs 2 BetrVG gewertet, sondern als tatsächlichen Aufwendungsersatz, der bei Ausübung der Amtstätigkeit entfällt (BAG 18.9.91 – 7 AZR 41/90, DB 92, 2303; s ferner ErfK/*Dörner* § 4 EFZG Rz 12). Demgegenüber ist der **steuerpflichtige Teil** der Nahauslösung nach § 7 Bundesmontagetarifvertrag als zusätzliches Entgelt ohne dahinter stehende Mehraufwendungen eingestuft worden, mit der Folge, dass es sich insoweit um auch bei Urlaub und Krankheit fortzuzahlendes Entgelt handelt (BAG 10.2.88 – 7 AZR 452/87, DB 88, 2367; ebenso an Feiertagen BAG 1.2.95 – 5 AZR 847/93, NZA 95, 1113).

4. Unpfändbarkeit. Auslösungen, die den Rahmen des Üblichen nicht übersteigen, sind nach § 850a Nr 3 ZPO nicht pfändbar.

82 Ausschlussfrist

B. Lohnsteuerrecht
Thomas

9   Auslösungen sind pauschale Vergütungen, die der private ArbGeb dem ArbN als Ausgleich für Aufwendungen aus Anlass von auswärtigen Arbeitseinsätzen zahlt. Der Art nach handelt es sich insbesondere um Fahrtkosten, Verpflegungsmehraufwendungen, Übernachtungskosten und Reisenebenkosten. Sie können, soweit das Gesetz oder die Verwaltung auf Erfahrungssätzen beruhende Durchschnittswerte festgelegt haben, in deren – sonst in nachgewiesener – Höhe gem § 3 Nr 16 EStG steuerfrei geleistet werden. Zu Voraussetzungen und Höhe der jeweiligen Abzugsbeträge wird auf die Stichworte *Auslandsreise; Dienstreise; Einsatzwechseltätigkeit; Fahrtätigkeit* und *Doppelte Haushaltsführung* verwiesen.

C. Sozialversicherungsrecht
Schlegel

10   **1. Beitragsrecht.** Auslösungen bezeichnen als Sammelbegriff Zahlungen des ArbGeb an den ArbN zur pauschalen Abgeltung von Mehraufwendungen für auswärtige Tätigkeit (s oben Rz 1). Steuerrechtliche Spezialregelungen, die sich auch auf die SozV auswirken, gibt es für einzelne Komponenten der Auslösung, nicht für Auslösungen schlechthin.

11   **a) Beitragsfreiheit.** Für Auslösungen besteht Beitragsfreiheit, soweit deren einzelne Komponenten steuerfrei sind. Nach § 1 Abs 1 Satz 1 Nr 1 SvEV sind nämlich steuerfreie Zuschüsse, Zulagen etc und ähnliche Einnahmen, die zusätzlich zu Löhnen und Gehältern gewährt werden, nicht dem Arbeitsentgelt iSd § 14 SGB IV zuzurechnen und damit beitragsfrei (vgl *Arbeitsentgelt* Rz 116 ff). Es ist deshalb zu prüfen, welcher Aufwand durch die Auslösung abgedeckt wird und ob der Ersatz dieser Einzelaufwendungen steuerfrei ist. Folgende Erstattungen sind steuer- und damit beitragsfrei: Erstattung der **Reisekosten, Umzugskosten** und Mehraufwendungen bei **doppelter Haushaltsführung,** soweit sie die beruflich veranlassten (tatsächlichen) Mehraufwendungen nicht übersteigen (§ 3 Nr 16 EStG, § 1 ArEV). Reisekosten sind die durch die auswärtige Tätigkeit verursachten Fahrtkosten, Verpflegungsmehraufwendungen (Einzelheiten s *Verpflegungsmehraufwendungen* Rz 10 ff), Unterbringungskosten (Hotelkosten) und Nebenkosten (Kosten für Beförderung und Aufbewahrung von Gepäck, Telefon- und Portokosten für Kontakte mit dem ArbGeb, Parkplatzgebühren, Taxikosten etc). Im Einzelnen kann hier zur Auslegung auf die maßgeblichen LStR zurückgegriffen werden. Grds sind die tatsächlichen Kosten nachzuweisen, doch bestehen gegen die Zahlung von Auslösungspauschalen keine Bedenken, wenn diese so gering sind, dass es unwahrscheinlich ist, dass die tatsächlichen Kosten wesentlich höher sind als die gewährte Pauschale (zu diesem Rechtsgedanken BSG 9.7.80 – 12 RK 17/79, USK 80, 186). Zum Kaufkraftausgleich bei Auslandsreisen s *Auslandsreise* Rz 28.

12   **b) Beitragspflicht.** Auslösungen sind beitragspflichtig, soweit sie dem Arbeitsentgelt zuzurechnen sind. Dies ist dann der Fall, wenn die Auslösung die gesetzlichen Voraussetzungen der Steuerfreiheit nicht erfüllt, insbesondere wenn die Auslösungen die tatsächlichen Kosten übersteigen oder Pauschalen gewährt werden, die ersichtlich über den tatsächlichen Aufwand hinausgehen.

13   **2. Leistungsrecht.** Bei der Berechnung der Lohnersatzleistungen (zB Krankengeld, Verletztengeld, AlGeld etc) sind Auslösungen insoweit in die Bemessungsgrundlage einzustellen, als sie dem Arbeitsentgelt iSd § 14 SGB IV zuzurechnen sind. Dies gilt aber nur insoweit, als keine Sondervorschriften für die Ermittlung des Arbeitsentgelts vorgesehen sind.

Ausschlussfrist

A. Arbeitsrecht
Eisemann

Übersicht

	Rz		Rz
1. Allgemeines	1–4	3. Ablauf	16–24
2. Reichweite	5–15	4. Geltendmachung	25–34
a) Arbeitsvertrag	6, 7	5. Treu und Glauben	35
b) Betriebsvereinbarung	8	6. Aufrechnung	36
c) Tarifvertrag	9–15	7. Muster	37

Ausschlussfrist 82

1. Allgemeines. Sind Ausschlussfristen (Verfallfristen) vereinbart, erlischt ein bestehendes 1
Recht, wenn es nicht innerhalb der Frist geltend gemacht wird. Derartige Fristen können im
Arbeitsvertrag, in **Betriebsvereinbarungen** oder **Tarifverträgen** enthalten sein. Sie
sollen schnell Klarheit bei der Abwicklung von Arbeitsverhältnissen schaffen. Ausschlussfristen sind vor Gericht **von Amts wegen** zu beachten, ohne dass eine der Parteien sich auf
ihre Geltung berufen muss (BAG 27.6.12 – 5 AZR 51/11, NZA 13, 472). Ist dem Richter
die Tarifbindung der Parteien bekannt, muss er deshalb sicherstellen, ob die einschlägigen
Tarifverträge Ausschlussfristen enthalten. Er ist jedoch nicht verpflichtet, von sich aus nachzuforschen, ob eine Tarifbindung besteht (BAG 15.6.93, DB 93, 2604). Steht die Anwendbarkeit einer Ausschlussfrist fest, muss der Gläubiger die Tatsachen vortragen, aus denen sich
ergibt, dass sein Anspruch trotz Ausschlussfrist erhalten geblieben ist (zB die rechtzeitige
Geltendmachung). Unterbleibt dies, ist die Klage unschlüssig (BAG 27.6.12 – 5 AZR 51/11,
NZA 13, 472).

Arbeitsvertragliche Ausschlussfristen werden nicht Vertragsinhalt, wenn sie in den 2
schriftlichen Arbeitsvertrag ohne besonderen Hinweis und ohne drucktechnische Hervorhebung unter falscher oder missverständlicher Überschrift eingeordnet sind (BAG 31.8.05 –
5 AZR 545/04, NZA 06, 324). Die vertragliche Bezugnahme auf tarifliche Regelungen
kann sich aus betrieblicher Übung oder konkludenten Verhalten des ArbGeb ergeben. Ist der
ArbGeb tarifgebunden, gelten dann auch die tariflichen Ausschlussfristen (BAG 19.1.99 –
1 AZR 606/98, NZA 99, 879). Für den **Nachweis** einer durch arbeitsvertragliche Bezugnahme geltenden tariflichen Ausschlussfrist reicht es nach § 2 Abs 1 Nr 10 NachwG aus,
wenn auf die Anwendbarkeit des einschlägigen Tarifvertrages hingewiesen wird (BAG
23.1.02 – 4 AZR 56/01, NZA 02, 800). Weder führt die Verletzung der Pflicht aus § 3
NachwG, auf den erstmaligen Abschluss eines Tarifvertrages hinzuweisen, zur Unwirksamkeit einer darin enthaltenen Ausschlussfrist (BAG 5.11.03 – 5 AZR 469/02, NZA 04, 102),
noch ist der ArbGeb gehindert, sich auf eine Ausschlussfrist zu berufen, die in einem
einschlägigen allgemeinverbindlichen Tarifvertrag enthalten ist, auf den er den ArbN nicht
hingewiesen hat (BAG 21.2.12 – 9 AZR 486/10, NZA 12, 750). Der ArbN kann aber als
Schadensersatz vom ArbGeb verlangen, so gestellt zu werden, als wäre sein Zahlungsanspruch
nicht untergegangen, wenn ein solcher Anspruch nur wegen Versäumung der Ausschlussfrist
erloschen ist und bei gesetzmäßigem Nachweis seitens des ArbGeb bestehen würde. Bei der
Prüfung der adäquaten Verursachung kommt dem ArbN die Vermutung eines aufklärungsgemäßen Verhaltens zugute. Der ArbGeb kann sie widerlegen (BAG 21.2.12 – 9 AZR 486/
10, NZA 12, 750).

Tarifliche Ausschlussfristen laufen auch, wenn sie den tarifbebundenen Parteien **unbe-** 3
kannt sind (BAG 23.1.02 – 4 AZR 56/01, NZA 02, 800). Der ArbGeb muss die Unkenntnis des ArbN weder beseitigen (BAG 15.6.72, DB 72, 1780) noch gehört es zur Wirksamkeit
tariflicher Ausschlussfristen, dass der Tarifvertrag – wie es § 8 TVG vorsieht – im Betrieb
ausgehängt wird (BAG 23.1.02 – 4 AZR 56/01, NZA 02, 800; vgl auch *Aushänge im Betrieb*
Rz 12), solange nicht der Tarifvertrag selbst etwas anderes ausdrücklich vorsieht (BAG
11.11.98 – 5 AZR 63/98, NZA 99, 605). Dabei reicht es für ein „Auslegen im Betrieb",
wenn Tarifverträge an einer den ArbN zugänglichen und geeigneten Stelle in einem Ordner
abgeheftet und mit deutlicher Kennzeichnung – „Im Betrieb geltende Tarifverträge" –
aufbewahrt werden (BAG 11.11.98 – 5 AZR 63/98, NZA 99, 605). Wurde der Tarifvertrag
nicht ausgelegt, handelt der ArbGeb dennoch nicht rechtsmissbräuchlich, wenn er sich auf
eine in ihm enthaltene Ausschlussfrist beruft (BAG 23.1.02 – 4 AZR 56/01, NZA 02, 800).
Tarifliche Ausschlussfristen sollen nicht anwendbar sein, wenn die tarifvertragliche Vergütung
aufgrund eines gesetzlichen **Gleichstellungsgebotes** (§ 612 Abs 2 BGB; § 4 Abs 1 TzBfG)
zu zahlen ist (BAG 26.9.90, DB 91, 390). Das ist problematisch. Denn so wird jedenfalls für
die Anwendung der Ausschlussfrist Ungleichheit geschaffen.

Nach **Eröffnung des Insolvenzverfahrens** sind tarifliche Ausschlussfristen für in diesem 4
Zeitpunkt schon bestehende Forderungen nicht mehr zu beachten (BAG 18.12.84 – 1 AZR
588/82, NZA 85, 396).

2. Reichweite. Die Reichweite von Ausschlussfristen hängt neben ihrem Inhalt davon 5
ab, ob sie im Arbeitsvertrag, in einer Betriebsvereinbarung oder tarifvertraglich vereinbart
sind.

Eisemann

82 Ausschlussfrist

6   a) **Arbeitsvertrag.** In **Formulararbeitsverträgen** enthaltene Ausschlussfristen weichen von der gesetzlichen Regelung ab, wonach Ansprüche – abgesehen von der Verwirkung – erhalten bleiben und allenfalls verjähren können. Die §§ 305 ff BGB enthalten keine Bestimmung, die sie generell für unwirksam erklären. Sie unterliegen jedoch der Inhaltskontrolle nach den §§ 307 bis 309 BGB (BAG 1.3.06 – 5 AZR 511/05, NZA 06, 783). Erweisen sie sich danach als unwirksam, findet weder eine geltungserhaltende Reduktion noch eine ergänzende Vertragsauslegung statt. Ansprüche können dann nur noch nach allgemeinen Regeln untergehen (BAG 28.11.07 – 5 AZR 992/06, NZA 08, 293). Vorformulierte **einseitige Ausschlussfristen,** nach denen nur der ArbN binnen einer bestimmten Frist seine Ansprüche aus dem Arbeitsverhältnis geltend machen muss, sind unangemessen und daher nach § 307 Abs 1 BGB unwirksam (BAG 31.8.05 – 5 AZR 545/04, NZA 06, 324), es sei denn, dies sieht ein einschlägiger Tarifvertrag für einzelne Ansprüche vor, auf den im Arbeitsvertrag global- oder teilverwiesen wird (BAG 6.5.09 – 10 AZR 390/08, NZA-RR 09, 593 für Ansprüche aus Provisionsvereinbarungen). Im Formulararbeitsvertrag vereinbarte **einstufige Ausschlussfristen** sind unwirksam, wenn sie die Geltendmachung von Ansprüchen in einer kürzeren Frist als drei Monate verlangen (BAG 12.3.08 – 10 AZR 152/07, NZA 08, 699; BAG 28.9.05 – 5 AZR 52/05, NZA 06, 149). Auch in Formulararbeitsverträgen können **zweistufige Ausschlussklauseln** vereinbart werden, die nach der schriftlichen oder mündlichen Geltendmachung zusätzlich innerhalb einer weiteren Frist die gerichtliche Geltendmachung von Ansprüchen verlangen. Sie verstoßen nicht gegen § 309 Ziff 13 BGB. In Anlehnung an § 61b ArbGG ist für die zweite Stufe aber eine Mindestfrist von drei Monaten geboten. Ist sie zu kurz, muss zum Erhalt von Ansprüchen nicht Klage erhoben werden (BAG 28.11.07 – 5 AZR 992/06, NZA 08, 293; BAG 25.5.05 – 5 AZR 572/04, NZA 05, 1111). Ist die Klausel teilbar und die verbleibende Regelung verständlich, bleibt sie bestehen. Dabei kann die Trennung einer zweistufigen Klausel schon darin zum Ausdruck kommen, dass beide Stufen in zwei Sätzen geregelt sind (BAG 12.3.08 – 10 AZR 152/07, NZA 08, 699). Ist jedoch schon die erste Stufe unwirksam, gibt es keinen Zeitpunkt mehr, an den der Fristenlauf der zweiten Stufe anknüpfen könnte, sodass auch diese unwirksam ist (BAG 16.5.2012 – 5 AZR 251/11, NZA 12, 971). Eine im Formulararbeitsvertrag enthaltene Klausel, welche für den **Beginn der Ausschlussfrist** nicht die Fälligkeit der Ansprüche berücksichtigt, sondern allein auf die Beendigung des Arbeitsverhältnisses abstellt, benachteiligt den ArbN unangemessen und ist nach § 307 Abs 1 Satz 1 BGB unwirksam (BAG 1.3.06 – 5 AZR 511/05, NZA 06, 783). Die Haftung aus **vorsätzlicher Schädigung** – Vertragspflichtverletzung oder unerlaubte Handlung – kann nach § 202 BGB im Arbeitsvertrag nicht wirksam einer Ausschlussfrist unterworfen werden unabhängig davon, ob es um die Haftung des ArbN (BAG 18.8.11 – 8 AZR 187/10, ZTR 12, 31; BAG 30.10.08 – 8 AZR 886/07, NZA 09, 864) oder die Haftung des ArbGeb (BAG 20.6.13 – 8 AZR 280/12) geht. Die Haftung für *fremdes* vorsätzliches Handeln kann unter eine Ausschlussfrist fallen (BAG 16.5.07 – 8 AZR 709/06, NZA 07, 1154).

7   **Tarifliche Ansprüche** werden bei beiderseitiger Tarifbindung von **arbeitsvertraglichen** Verfallfristen nach § 4 Abs 4 Satz 3 TVG nicht erfasst. Fehlt die Tarifbindung, erfassen einzelvertragliche Verfallfristen tarifliche Ansprüche, wenn sich die Geltung der Ausschlussfrist allein aus einer einzelvertraglichen Verweisung auf den Tarifvertrag ergibt (BAG 24.3.88 – 2 AZR 630/87, NZA 89, 101). Ansprüche **aus Betriebsvereinbarungen** können nach § 77 Abs 4 Satz 4 BetrVG nicht durch eine arbeitsvertragliche Ausschlussfrist verloren gehen. Einzelvertraglich vereinbarte Ausschlussfristen sind damit vor allem für Lohn- und Gehaltsansprüche bei fehlender Tarifbindung von Bedeutung.

8   b) **Betriebsvereinbarung.** In Betriebsvereinbarungen können Ausschlussfristen nach § 77 Abs 3 BetrVG nicht wirksam vereinbart werden, wenn sie schon im einschlägigen Tarifvertrag enthalten sind oder dort üblicherweise geregelt werden, es sei denn, der Tarifvertrag enthält insoweit eine Öffnungsklausel (BAG 9.4.91 – 1 AZR 406/90, NZA 91, 2012). **Gesetzliche Ansprüche** fallen nur unter in Betriebsvereinbarungen enthaltene Verfallfristen, soweit sie abdingbar sind. Jedenfalls darf die Ausschlussfrist ArbN nicht unzumutbar belasten. So ist eine Ausschlussfrist in einer Betriebsvereinbarung unwirksam, die von den ArbN bereits während eines laufenden Kündigungsschutzprozesses die gerichtliche Geltendmachung von Annahmeverzugsansprüchen verlangt, die vom Ausgang des Kündigungsschutzprozesses abhängen (BAG 12.12.06 – 1 AZR 96/06, NZA 07, 453). **Ansprüche**

aus **Tarifverträgen** werden nach § 4 Abs 4 Satz 4 TVG nicht erfasst. **Ansprüche aus Betriebsvereinbarungen** können unter eine dort vereinbarte Ausschlussfrist fallen, wie § 77 Abs 4 Satz 3 BetrVG zeigt. **Einzelvertragliche Ansprüche** fallen nicht unter diese Klausel, weil sie durch die Vereinbarung von Ausschlussfristen in ihrem Inhalt abgeändert werden (BAG 26.9.90 – 5 AZR 218/90, NZA 91, 246), was nach dem Günstigkeitsprinzip jedenfalls nicht durch eine Betriebsvereinbarung geschehen darf (BAG GS 7.11.89 GS 3/85, NZA 90, 816). Für die Praxis sind daher Ausschlussfristen in Betriebsvereinbarungen weitgehend bedeutungslos.

c) **Tarifvertrag.** Ausschlussfristen in Tarifverträgen unterliegen nach § 310 Abs 4 BGB nicht der **Inhaltskontrolle** (BAG 18.9.12 – 9 AZR 1/11, NZA 13, 216). Dies gilt ebenso, wenn der Tarifvertrag insgesamt arbeitsvertraglich in Bezug genommen wird (BAG 28.6.07 – 6 AZR 750/06, NZA 07, 1049). Sie werden nur auf Verstöße gegen die Verfassung, zwingendes Gesetzesrecht, die guten Sitten und tragende Grundsätze des Arbeitsrechts überprüft (BAG 22.9.99 – 10 AZR 839/98, NZA 2000, 551). Sie können kürzere Ausschlussfristen enthalten, als sie im Formulararbeitsvertrag zulässig sind (BAG 18.9.12 – 9 AZR 1/11, NZA 13, 216 – für Urlaubsabgeltungsansprüche sechs Wochen nach Beendigung des Arbeitsverhältnisses). Die **Reichweite** in Tarifverträgen enthaltener Ausschlussfristen richtet sich nach ihrem Wortlaut und dem gesetzlich zulässigen Umfang. Wegen ihrer nachteiligen und uU schweren Folgen sind sie eng auszulegen (BAG 13.2.07 – 1 AZR 184/06, NZA 07, 825), soweit nicht der weitergehende Umfang einer Ausschlussfrist zweifelsfrei feststeht (BAG 21.1.10 – 6 AZR 556/07 AP BGB § 611 Arbeitgeberdarlehen Nr 3). Unter den Begriff der „Ansprüche aus dem Arbeitsverhältnis" in einer Ausschlussfrist fallen alle gesetzlichen und vertraglichen Ansprüche, die Arbeitsvertragsparteien aufgrund ihrer durch den Arbeitsvertrag begründeten Rechtsstellung gegeneinander haben (BAG 9.8.11 – 9 AZR 352/10, NZA-RR 12, 129; BAG 22.1.08 – 9 AZR 416/07, NZA-RR 08, 525). So werden neben Prämienansprüchen aus einer Betriebsvereinbarung über das Vorschlagswesen (BAG 22.1.08 – 9 AZR 416/07, NZA-RR 08, 525) der Anspruch auf Rückerstattung eines Darlehens (BAG 21.1.10 – 6 AZR 556/07 AP BGB § 611 Arbeitgeberdarlehen Nr 3), Ansprüche aus § 717 ZPO und gesetzliche Ansprüche auf Rückgewähr rechtsgrundlos erbrachter Leistungen des ArbGeb erfasst. Dies gilt unabhängig davon, ob der Rückgewährsanspruch aus Überzahlungen während oder nach Beendigung des Arbeitsverhältnisses herrührt (BAG 18.12.08 – 8 AZR 105/08, NZA-RR 09, 314). Gilt eine tarifliche Ausschlussfrist „für Ansprüche aus diesem Tarifvertrag", werden von ihr nur tarifliche, nicht vertragliche oder gesetzliche Ansprüche der ArbN und ArbGeb erfasst (BAG 15.11.01 – 8 AZR 95/01, NZA 02, 612). Sieht ein Tarifvertrag vor, dass nur „vertragliche Ansprüche aus dem Arbeitsverhältnis" verfallen, werden weder Ansprüche aus einem Sozialplan (BAG 13.2.07 – 1 AZR 184/06, NZA 07, 825), noch Ansprüche erfasst, die erst nach Beendigung des Arbeitsverhältnisses fällig werden, wie zB Rückzahlungsansprüche wegen einer Überzahlung aus einem Sozialplan (BAG 19.12.06 – 9 AZR 343/06, NZA 07, 759). Ebenso wenig wird der gesetzliche Anspruch des Insolvenzverwalters auf Rückgewähr nach Insolvenzanfechtung erfasst (BAG 19.11.03 – 10 AZR 110/03, NZA 04, 208). Tarifliche Ansprüche auf Sterbegeld fallen nicht unter allgemeine Ausschlussfristen. Es handelt sich nicht um Ansprüche des ArbN, sondern seiner Hinterbliebenen (BAG 4.4.01 – 4 AZR 242/00, AP TVG § 4 Ausschlussfristen Nr 156). Nicht selten erfassen tarifliche Ausschlussfristen ihren Worten nach „sämtliche beiderseitigen Ansprüche aus dem Arbeitsverhältnis und solche, die mit ihm in Verbindung stehen". Der damit mögliche Verlust von Rechten ist für tarifliche Ansprüche selbstverständlich (zB BAG 25.8.92, DB 93, 1371), für übertarifliche weitgehend unproblematisch (*Wiedemann/Wank* § 4 Rz 746; *Kempen* § 4 Rz 264), für außertarifliche umstritten (*Hagemeier* § 4 Rz 223 einerseits und *Wiedemann/Wank* § 4 Rz 747 andererseits) und für Ansprüche aus Betriebsvereinbarungen gesetzlich in § 77 Abs 4 Satz 4 BetrVG geregelt.

Das **Statusverhältnis** der ArbN prägende und andere besonders wichtige Ansprüche, die zT aus dem Persönlichkeitsrecht herrühren, werden unabhängig davon ob sie im Gesetz, Tarifvertrag, Betriebsvereinbarung oder Einzelarbeitsvertrag begründet sind, nach der Rspr von allgemeinen tariflichen Ausschlussfristen nicht erfasst. Ein Teil der Literatur hält es von vornherein für unzulässig, derartige Rechte in Ausschlussklauseln einzubeziehen (*Hagemeier* § 4 Rz 224).

82 Ausschlussfrist

Hierzu gehören der Anspruch auf Beseitigung oder Rücknahme einer **Abmahnung** (BAG 14.12.94, NZA 95, 676), Ansprüche auf **Beschäftigung** (BAG 15.5.91, NZA 91, 979), der Anspruch auf Tätigkeit entsprechend der **Eingruppierung** (BAG 11.11.64, DB 65, 332), **Abfindungsansprüche** aus gerichtlichem **Vergleich** (BAG 13.1.82, NJW 82, 2207), aus **Auflösungsurteilen** und aus **Sozialplänen** mit Vorsorgecharakter (BAG 3.4.90, EZA § 4 TVG Ausschlussfristen Nr 94; im Übrigen s *Sozialplan* Rz 43), der Anspruch **auf** eine **Ruhegeldzusage** (BAG 24.5.74, DB 74, 1875), der Anspruch **aus** einer **Ruhegeldzusage** (BAG 29.3.83, BB 84, 274; anders zu § 16 BRTV-Bau BAG 19.7.83, DB 83, 2786; hierzu jetzt mit deutlichen Zweifeln BAG 27.2.90, DB 90, 1572), der Anspruch den **für** eine **Ruhegeldzusage** zugesagten Durchführungsweg (Versicherung in der Zusatzversorgungskasse) einzuhalten (BAG 12.7.07 – 3 AZR 186/06, BeckRS 07, 47791), der Anspruch auf **Vorruhestandsleistungen** im Baugewerbe (BAG 5.9.95, DB 96, 583), der Schadenersatzanspruch wegen unterlassener **Zusatzversorgung** (BAG 12.1.74, DB 74, 680), Ansprüche aus der Verletzung von **Persönlichkeitsrechten** (BAG 15.7.87, DB 87, 2571), Vergütungsansprüchen aus schöpferischer **Sonderleistung** – zB Erfindungen – (BAG 21.6.79, DB 79, 2187), Ansprüche auf Herausgabe des **Eigentums** (BAG 15.7.87, DB 87, 2571), Ansprüche auf **Karenzentschädigung** (BAG 24.4.70, DB 70, 1790, 1886, 2223; jetzt aber BAG 17.6.97 – 9 AZR 801/95, NZA 98, 258), und Ansprüche, die sich aus der Stellung als **Betriebsratmitglied** ergeben wie zB der Kostenersatz für die Teilnahme an BRatSchulungen (BAG 30.1.73, DB 73, 474); nicht aber der Anspruch auf Freizeitausgleich, weil es um die im Arbeitsvertrag wurzelnde Arbeitspflicht gehen soll und der Anspruch daher nicht mit dem Amt als BRat verbunden ist (BAG 26.2.92, DB 93, 1424).

Auch der gesetzliche Anspruch auf **Urlaubsgewährung** nach § 7 Abs 1 BUrlG fällt nicht unter tarifliche Ausschlussfristen, weil das Gesetz den ArbN lediglich zwingt, seinen Anspruch rechtzeitig vor Ablauf des Anspruchsjahres oder des Übertragungszeitraumes zu verlangen (BAG 22.1.02 – 9 AZR 601/00, NZA 02, 1041). Mit tariflichen Ausschlussfristen kann jedoch im Ergebnis der Übertragungszeitraum verlängert werden (BAG 28.4.98 – 9 AZR 164/97, NZA 99, 48). Der Anspruch auf **Urlaubsabgeltung** nach § 7 Abs 4 BUrlG wird von Ausschlussfristen erfasst, weil es sich nicht um ein Surrogat des Freistellungsanspruchs, sondern um eine reine Geldforderung handelt (BAG 9.8.11 – 9 AZR 365/10, NZA 11, 1421). **Urlaubentgelt** wird – wie Arbeitsentgelt allgemein – von tariflichen und einzelvertraglichen Ausschlussfristen erfasst (BAG 21.9.10 – 9 AZR 510, 09, NZA 11, 805; BAG 22.1.02 – 9 AZR 601/00, NZA 02, 1041); ebenso der Anspruch auf **Rückzahlung von Urlaubsgeld**, das der ArbGeb vorgeschossen hat (BAG 1.10.02 – 9 AZR 215/01, NZA 03, 567). **Zinsforderungen** aus ArbGebDarlehen werden von einer tariflichen Verfallsklausel nicht erfasst, wonach „vertragliche Ansprüche aus dem Arbeitsverhältnis" innerhalb der Frist geltend gemacht werden müssen (BAG 23.2.99 – 9 AZR 737/97, NZA 99, 1212).

11   Im Übrigen werden **gesetzliche Ansprüche** nach der Rspr regelmäßig von tariflichen Ausschlussfristen erfasst:

Feiertagslohn (BAG 12.3.71, DB 71, 1163), **Entgeltfortzahlung** (BAG 16.2.02 – 5 AZR 430/00, NZA 02, 746; BAG 25.5.05 – 5 AZR 572/04, NZA 05, 1111), **Lohnsteuererstattungsanspruch** des ArbGeb (BAG 20.3.84, DB 84, 1888), **Nachteilsausgleich** nach § 113 BetrVG (BAG 29.11.83, DB 84, 724) und der **Zeugnisanspruch** (BAG 23.2.83, DB 83, 2043).

So verfallen auch unabdingbare Ansprüche. Man begründet dies damit, Verfallsklauseln beträfen nicht den Inhalt eines Anspruchs, sondern allein seine Geltendmachung (BAG 21.1.10 – 6 AZR 556/07, AP BGB § 611 Arbeitgeberdarlehen Nr 3; s aber auch BAG 11.7.90 – 5 AZR 609/89, NZA 91, 70). Die gesetzliche Unabdingbarkeit verhindere nicht die der Rechtsklarheit dienende zeitliche Beschränkung eines Anspruches durch Tarifverträge. Ausschlussfristen sind danach kein Bestandteil des entstehenden Rechts, sondern regeln den Fortbestand entstandener Rechte (BAG 26.9.07 – 5 AZR 881/06, NZA 08, 192; BAG 25.5.05 – 5 AZR 572/04, NZA 05, 1111). Dies ist zumindest problematisch. Ausschlussfristen bringen das erfasste Recht zum Erlöschen. Es handelt sich daher um rechtsvernichtende Inhaltsnormen (*Wiedemann/Wank* § 4 Rz 719). Zum Inhalt eines Rechts gehört auch die Dauer, innerhalb deren es geltend gemacht werden kann (so auch BAG 5.4.84, NZA 84, 257; 26.9.90, NZA 91, 246). Tarifliche Verfallfristen sind allein durch die Tarifautonomie gerechtfertigt. Sie reichen daher nicht weiter als die Tarifkompetenz. Damit unterliegen allein einzelvertraglich abdingbare und tarifdispositive Gesetzesnormen den tariflichen Ausschlussfristen (ErfK/*Preis* BGB §§ 194–218 Rz 36; *Wiedemann/Wank* § 4 Rz 757 ff; vgl hierzu §§ 13 BUrlG; 616 Abs 2 BGB; 2 Abs 3 LFZG; 17 Abs 3 BetrAVG). Arbeitsgesetz-

Ausschlussfrist 82

liche Regelungen sind so weitgehend tariflichen Verfallfristen entzogen. Es bleiben für ihren Anwendungsbereich neben den Ansprüchen aus dem Tarifvertrag allgemeingesetzliche Ansprüche zB aus §§ 812 ff BGB, wie die Rückzahlung überzahlten Entgelts (BAG 26.4.78, DB 78, 2035), von ArbGebDarlehen (BAG 18.6.80, DB 80, 2248) oder von Lohnvorauszahlungen (BAG 19.3.86, DB 86, 1877).

Ansprüche aus **unerlaubter Handlung,** die zugleich Ansprüche aus einer Verletzung 12 arbeitsvertraglicher Pflichten darstellen, können – anders als im Arbeitsvertrag – von tariflichen Ausschlussfristen erfasst werden selbst wenn es sich um eine vorsätzliche Schädigung handelt (BAG 18.8.11 – 8 AZR 187/10, ZTR 12, 31; BAG 30.10.08 – 8 AZR 886/07, NZA 09, 864). Nach Auffassung des BAG kommen diese nicht „durch Rechtsgeschäft" zustande, weil sie kraft beiderseitiger Tarifbindung bzw. Allgemeinverbindlichkeitserklärung von Gesetzes wegen gelten. § 202 BAG soll ihnen daher nicht entgegenstehen (aA Schaub/*Treber* § 209 Rz 17). Werden umgekehrt in tariflichen Ausschlussfristen Schadensersatzansprüche aus mit Strafe bedrohter Handlung ausgenommen, dann betrifft dies auch Ersatzansprüche des ArbGeb gegen den ArbN aus strafbaren Verstößen gegen die Straßenverkehrsordnung (BAG 19.11.68 – 1 AZR 195/68 AP TVG § 4 Ausschlussfristen Nr 39). Ansprüche aus unerlaubter Handlung, die nicht einmal „mit dem Arbeitsverhältnis in Verbindung stehen", werden ebenso wenig von tariflichen Verfallklauseln erfasst (zB Verkehrsunfall mit dem ArbGeb im öffentlichen Verkehr), wie Ansprüche aus Miet- oder Kaufverträgen zwischen den Arbeitsvertragsparteien, für welche das Arbeitsverhältnis keine rechtliche Bedeutung hat (BAG 20.1.82 – 5 AZR 755/79, NJW 82, 1830).

Ihrem **zeitlichen Geltungsbereich** nach erfassen allgemeine tarifliche Ausschlussfristen 13 ausschließlich Ansprüche, die nach Inkrafttreten des Tarifvertrages entstehen, sie wirken nicht zurück, wirken aber fort. Sie erfassen auch nach Beendigung des Arbeitsverhältnisses fällig gewordene Ansprüche, wenn nur ihr „Sachgrund" im Arbeitsverhältnis liegt. Der Rückzahlungsanspruch des ArbGeb aus Überzahlung auf Zeiträume nach Beendigung des Arbeitsverhältnisses unterliegt daher tariflichen Ausschlussfristen (BAG 11.6.80 – 4 AZR 443/78, NJW 81, 365). Sind tarifliche Ausschlussfristen bei Beginn eines Arbeitsverhältnisses schon in Kraft und tritt die Tarifbindung erst danach ein, werden alle bis dahin entstandenen Ansprüche von einer allgemeinen Verfallklausel nicht erfasst, welche nicht zurückwirken soll (BAG 26.9.90 – 5 AZR 218/90, NZA 91, 246). Folgen zwei Tarifverträge mit unterschiedlichen Ausschlussfristen aufeinander, löst der jüngere den älteren ab, auch soweit er rückwirkend in Kraft gesetzt wird (BAG 26.9.07 – 5 AZR 881/06, NZA 08, 192). Enthält ein **neuer Tarifvertrag** erstmals eine Ausschlussfrist, sollen vor seinem Inkrafttreten bereits entstandene tarifliche Ansprüche von der Verfallfrist erfasst werden, wenn sie sich auch auf diese Ansprüche bezieht (BAG 30.10.62 – 3 AZR 405/61 AP TVG § 4 Ordnungsprinzip Nr 1). Später hat das BAG hier zu Recht Zweifel angemeldet (BAG 26.9.90 – 5 AZR 218/90, NZA 91, 246). Tarifliche Verfallfristen wirken später nicht gegenüber Ansprüchen, die vor Inkrafttreten der Ausschlussklausel oder vor der Bindung an den Tarifvertrag bereits fällig waren. Sie sind schon individualisiert und damit dem nachträglichen Zugriff der Tarifvertragsparteien mangels Kompetenz entzogen.

Der **persönliche Geltungsbereich** tariflicher Ausschlussfristen richtet sich nach ihrem 14 Inhalt. Beiderseitige Verfallfristen kommen wegen der Vorleistungspflicht des ArbN meist dem ArbGeb zugute. Die Rechtsprechung hält auch **tarifvertragliche einseitige Verfallfristen** für wirksam, die nur den ArbGeb oder den ArbN binden, aber nicht beide (BAG 6.5.09 – 10 AZR 390/08, NZA-RR 09, 593; BAG 4.12.97 – 2 AZR 809/96, NZA 98, 431). Kann ein **Arbeitnehmer** von seinem VertragsArbGeb – dem Verleiher – nach § 10 Abs 4 AÜG die Erfüllung der wesentlichen Arbeitsbedingungen verlangen, wie sie der Entleiher vergleichbaren eigenen ArbN gewährt, muss er die im Entleiherbetrieb geltenden Ausschlussfristen nicht einhalten (BAG 23.3.11 – 5 AZR 7/10, NZA 11, 850).

Verfallfristen erfassen weder Ansprüche der **Arbeitnehmer untereinander,** noch Ansprüche **gegenüber Dritten** (BAG 4.7.77 – 5 AZR 215/76, NJW 78, 124). Sie können 15 aber dem Rechtsnachfolger des Anspruchsberechtigten entgegengehalten werden (BAG 24.5.73 – 5 AZR 21/73 AP TVG § 4 Ausschlussfristen Nr 52). Der säumige **Drittschuldner** kann sich gegenüber dem Gläubiger nicht auf den Ablauf tariflicher Ausschlussfristen berufen (LAG Köln 9.7.91, NZA 92, 82).

Eisemann

82 Ausschlussfrist

16 **3. Ablauf.** Wann eine Ausschlussfrist anläuft, hängt vom Inhalt der Vereinbarung ab. Häufig wählt man als Zeitpunkt für den Beginn einer Verfallfrist die **Fälligkeit** der Ansprüche oder die **Beendigung** des Arbeitsverhältnisses. Musterprozessvereinbarungen können den Ablauf von Verfallfristen hemmen, solange die tatsächliche Grundlage dieser Vereinbarung sich nicht erkennbar erheblich ändert (BAG 18.2.92 – 9 AZR 611/90, NZA 92, 81). Im Zeitpunkt der **Eröffnung des Insolvenzverfahrens** bestehende Forderungen der ArbN können nicht mehr verfallen (BAG 18.12.84, DB 85, 1497).

17 Laufen Verfallfristen für Lohnansprüche ab ihrer **Erkennbarkeit**, ist damit der Zeitpunkt angesprochen, in dem die **tatsächlichen** Voraussetzungen des Anspruches erkennbar waren (BAG 23.8.90, DB 91, 763). Soweit in Tarifverträgen von der **Entstehung des Anspruchs** die Rede ist, wird oft seine **Fälligkeit** gemeint sein (zB BAG 9.8.90, DB 91, 498). Im Einzelfall soll sie erst mit Kenntnis einer in einem Sozialplan enthaltende Verfallsklausel eintreten (BAG 10.5.95 – 10 AZR 589/94 nv). Ansprüche aus **rückwirkenden Tarifverträgen** werden erst mit deren Unterzeichnung (BAG 1.6.95, DB 96, 787) bzw mit ihrer Veröffentlichung (BAG 20.4.94, AP Nr 11 zu §§ 22, 23 BAT Zulagen) fällig. Trotz Fälligkeit des Anspruchs läuft eine hieran anknüpfende Ausschlussfrist nicht, wenn der ArbGeb verpflichtet ist, eine **Abrechnung** zu erteilen und der ArbN sie benötigt, um seine Ansprüche berechnen und den ausgezahlten Betrag überprüfen zu können (BAG 27.2.02 – 9 AZR 543/00, DB 02, 1720; AP TVG § 4 Ausschlussfristen Nr 162). Die Frist läuft dann mit erteilter Abrechnung (BAG 8.8.85, DB 86, 2337). Verfällt der Anspruch auf Abrechnung selbst vorher, beginnt die Frist mit diesem Zeitpunkt (BAG 27.11.84, DB 85, 2154). Hängt ein Anspruch davon ab, dass der ArbN einen **Wunsch** äußert, wird er nicht vor Abgabe der entsprechenden Erklärung fällig (BAG 27.2.02 – 9 AZR 545/00, AP TVG § 1 Tarifverträge: Metallindustrie Nr 180). Bei **Akkordarbeiten** beginnt die Verfallfrist mit der Abrechnung, aus der sich die abgerechneten Flächen, die Akkordsätze, Zulagen und Lohnstunden ergeben (BAG 6.11.85, DB 86, 547). Der Anspruch auf **Rückzahlung** zu viel gezahlten Arbeitsentgelts wird – unabhängig davon, ob der ArbGeb diesen Anspruch kennt – grds im Zeitpunkt der Überzahlung fällig, wenn die Vergütung fehlerhaft berechnet wurde, obwohl die maßgebenden Umstände bekannt waren oder hätten bekannt sein müssen (BAG 1.6.95, DB 95, 2317; BAG 9.3.05 – 5 AZR 385/02, NZA 05, 1016). Macht der ArbN seinen **Status** rückwirkend geltend, werden Rückzahlungsansprüche des ArbGeb wegen Überzahlung erst fällig, wenn feststeht, dass es sich bei dem Vertragsverhältnis um ein Arbeitsverhältnis handelt; bei einer gerichtlichen Feststellung ist dies der Zeitpunkt der Rechtskraft der Entscheidung (BAG 14.3.01 – 4 AZR 152/00, NZA 02, 155).

18 Ansprüche aus **Annahmeverzug** werden zu demselben Zeitpunkt fällig, an dem sie bei Leistung der Arbeit fällig geworden wären. Ausschlussfristen sind aber nicht anzuwenden, soweit sie den ArbN zwingen, schon während des Kündigungsschutzverfahrens Verzugslohnansprüche gerichtlich geltend zu machen, bevor über die Wirksamkeit der Kündigung rechtskräftig entschieden ist (BVerfG 1.12.10 – 1 BvR 1682/07, NZA 11, 354). Ist lt Tarifvertrag der Einspruch gegen eine fehlerhafte **Eingruppierung** innerhalb von drei Monaten zu erheben, läuft die Verfallfrist ab Fälligkeit der einzelnen Vergütungsansprüche auch dann, wenn der ArbGeb die Eingruppierung dem ArbN nicht ausdrücklich mitgeteilt hat (BAG 16.1.91, DB 91, 2670).

19 Bei **Freistellungsansprüchen** des ArbGeb beginnt die Verfallfrist erst, wenn er vom Dritten in Anspruch genommen wird (BAG 16.3.66, DB 66, 1139). Muss bereits der auf Freistellung gerichtete Schadensersatzanspruch geltend gemacht werden, läuft ab dessen Übergang in einen Zahlungsanspruch keine neue Ausschlussfrist (BAG 16.3.95, DB 95, 1667). Wird der ArbGeb vom FA auf Steuernachzahlung herangezogen, beginnt die Verfallfrist für den Erstattungsanspruch gegenüber seinem ArbN mit Erfüllung der Ansprüche des FA (BAG 1.3.84, DB 84, 1888). Wird er von einer Betriebskrankenkasse in Anspruch genommen, wird der Bereicherungsanspruch aus Lohnüberzahlung gegenüber dem ArbN nicht fällig, solange nicht der Heranziehungsbescheid der Betriebskrankenkasse formell rechtskräftig ist (LAG Bln 15.6.87, BB 87, 2095).

20 Der Anspruch auf **Nachteilsausgleich** nach § 113 BetrVG wird auch dann mit der Beendigung des Arbeitsverhältnisses fällig, wenn über die Wirksamkeit der Kündigung noch gerichtlich gestritten wird (BAG 3.8.82 – 1 AZR 77/81 AP BetrVG § 113 Nr 5). Ansprüche auf Abfindung aus einem **Sozialplan** werden in aller Regel mit dem Ausscheiden aus dem Arbeitsverhältnis fällig (BAG 29.5.91 – 5 AZR 288/90 – nv).

Schadensersatzansprüche werden iSd Verfallfristen nicht schon bei Verletzung des Rechtsguts, sondern erst fällig, wenn der Schaden eingetreten ist (BAG 14.12.06 – 8 AZR 628/05, NZA 07, 262), wenn sie in ihrem Bestand feststellbar sind und geltend gemacht werden können (BAG 20.6.02 – 8 AZR 488/01, NZA 03, 268). Dagegen ist ein Schadensersatzanspruch nicht schon dann fällig, wenn nur die Möglichkeit der Erhebung einer unbezifferten Feststellungsklage besteht, eine annähernde Bezifferung der Forderung aber noch nicht möglich ist (BAG 30.10.08 – 8 AZR 886/07, NZA 09, 864). Der Gläubiger kann sie geltend machen, sobald er sich den erforderlichen Überblick ohne schuldhaftes Zögern verschaffen und die Forderung wenigstens annähernd beziffern kann (BAG 17.7.03 – 8 AZR 486/02, BeckRS 2003, 41610). Dabei ist der ArbGeb idR nicht verpflichtet, selbstständig tätige ArbN zu überwachen und ihre Arbeitsergebnisse ständig zu überprüfen, um möglichst zeitnah Schadensersatzansprüche geltend machen zu können (BAG 16.5.84 – 7 AZR 143/81 AP TVG § 4 Ausschlussfristen Nr 85). **Ersatzansprüche** wegen nicht gewährten **Urlaubs** oder Freistellung zur **Weiterbildung** verfallen auch ohne Geltendmachen nicht, wenn der ArbGeb das Urlaubs- oder Freistellungsverlangen zurückgewiesen hatte (BAG 24.11.92 – 9 AZR 549/91, NZA 93, 472; BAG 24.10.95 – 9 AZR 547/94, NZA 96, 254). In **Mobbing-Fällen** beginnt die Ausschlussfrist wegen der systematischen, sich aus mehreren einzelnen Handlungen zusammensetzenden Verletzungshandlung mit der zeitlich letzten Mobbing-Handlung (BAG 16.5.07 – 8 AZR 709/06, NZA 07, 1154). 21

Haftet der ArbN wegen **Schlechtleistung,** beginnt die Verfallfrist spätestens bei Abnahme durch den ArbGeb (BAG 3.2.61 – 1 AZR 140/59 AP TVG § 4 Ausschlussfristen Nr 14), bei offenbaren Mängeln mit der Schlechtleistung selbst (BAG 27.10.70 – 1 AZR 216/70, NJW 71, 579), bei versteckten Mängeln, sobald der ArbGeb den Mangel erkennen konnte (BAG 27.4.74 – 5 AZR 480/73, NJW 74, 2225). 22

Bei Ansprüchen aus **unerlaubter Handlung** kann der ArbGeb bei nicht leicht aufzuklärenden komplexen Tatbeständen das Ende des Strafverfahrens abwarten, bevor die Fälligkeit eintritt (BAG 26.5.81 – 3 AZR 269/78, NJW 81, 2487). Ist eine **Vertragsstrafe** vereinbart, beginnt die Verfallfrist, wenn der ArbGeb dem ArbN erklärt, dass er die Strafe verlange (BAG 7.11.69 – 3 AZR 303/69, NJW 70, 1146). 23

Soll eine Verfallfrist zulässigerweise (s oben Rz 6) mit der **Beendigung** des Arbeitsverhältnisses zu laufen beginnen, ist damit die **rechtliche,** nicht die tatsächliche Beendigung gemeint (BAG 11.2.09 – 5 AZR 168/08, NZA 09, 687). Wird um die Beendigung des Arbeitsverhältnisses vor Gericht gestritten, laufen derartige Verfallsklauseln erst ab Rechtskraft des Urteils (BAG 3.12.70 – 5 AZR 68/70 AP TVG § 4 Ausschlussfristen Nr 45). Ausschlussfristen sind generell nicht anzuwenden, soweit sie den ArbN zwingen, schon während des Kündigungsschutzverfahrens Verzugslohnansprüche gerichtlich geltend zu machen, bevor über die Wirksamkeit der Kündigung rechtskräftig entschieden ist (BVerfG 1.12.10 – 1 BvR 1682/07, NZA 11, 354). Sind Ansprüche bei Beendigung eines Arbeitsverhältnisses noch nicht fällig, beginnt die Ausschlussfrist erst mit der Fälligkeit (BAG 17.10.74 – 3 AZR 4/74 AP TVG § 4 Ausschlussfristen Nr 55). Läuft eine Ausschlussfrist für Lohnforderungen bei Erheben einer Kündigungsschutzklage erst von dem Zeitpunkt an, in welchem der weitere Bestand des Arbeitsverhältnisses rechtskräftig feststeht, kann der ArbN solche Ansprüche vor diesem Zeitpunkt nicht fristwahrend geltend machen (BAG 22.10.80 – 5 AZR 453/78, NJW 81, 1751). Mit der allgemeinen Feststellungsklage auf Fortbestand des Arbeitsverhältnisses lässt sich der Lauf einer derartigen Ausschlussfrist jedoch nicht hemmen (BAG 24.8.99 – 9 AZR 804/98, NZA 2000, 818). Derartige Regelungen lassen sich ebenso wenig auf den Fall erstrecken, dass ein ArbN wegen einer vom ArbGeb behaupteten Eigenkündigung des ArbN einen Rechtsstreit über den Bestand des Arbeitsverhältnisses führt (BAG 8.8.2000 – 9 AZR 418/99, NZA 2000, 1236). Knüpft eine Ausschlussfrist an das **Ausscheiden** aus dem Arbeitsverhältnis an, beginnt sie im Fall der § 613a BGB mit dem Zeitpunkt des Betriebsübergangs zu laufen (BAG 10.8.94 – 10 AZR 937/93, NZA 95, 742). 24

4. Geltendmachung. Wie eine Forderung geltend zu machen ist, damit der Anspruch nicht verloren geht, folgt aus der Ausschlussklausel. Sie kann formlose, schriftliche oder gerichtliche Geltendmachung vorsehen. Bei der Geltendmachung handelt es sich nicht um 25

82 Ausschlussfrist

eine Willenserkärung. Sie ist eine einseitig rechtsgeschäftsähnliche Handlung, auf welche die §§ 130, 133, 157 BGB entsprechend anzuwenden sind (BAG 11.12.03 – 6 AZR 539/02, AP BMT-G II § 63 Nr 1). Ein Anspruch kann **„schriftlich"** auch durch Telefax (BAG 11.10.2000 – 5 AZR 313/99, NZA 01, 231) oder per e-Mail (BAG 6.12.2009 – 5 AZR 888/08, NZA 2010, 401) geltend gemacht werden. Soweit für den Zugang ein Telefax ausreicht, steht allein mit dem „ok-Vermerk" im Sendebericht nicht fest, dass die Geltendmachung den Empfänger vollständig und richtig erreicht hat. Der Empfänger kann den Erhalt des Schreibens einfach bestreiten. Der Absender muss nun auf andere Weise seinen Zugang beweisen (BAG 14.8.02 – 5 AZR 169/01, NZA 03, 158). **§ 167 ZPO** ist auf einfache Ausschlussklauseln nicht anwendbar. Setzt eine Ausschlussfrist keine gerichtliche Geltendmachung voraus, ist der Anspruch nicht schon mit Einreichen der Klage geltend gemacht, sondern erst, wenn sie zugestellt ist (BAG 19.6.07 – 1 AZR 541/06, nv). **§ 174 BGB** ist auf die Geltendmachung von Ansprüchen auch nicht entsprechend anwendbar (BAG 14.8.02 – 5 AZR 341/01, NZA 02, 1344). Der bevollmächtigte Vertreter braucht daher dem Geltendmachungsschreiben seine Vollmacht nicht beizufügen. **§ 179 Abs 1 BGB** ist anwendbar. Macht ein ArbN gegen einen Vertreter ohne Vertretungsmacht Erfüllungsansprüche geltend, sind tarifliche Ausschlussfristen anzuwenden. Hat er zuvor diese Ansprüche gegenüber dem vermeintlichen ArbGeb rechtzeitig geltend gemacht, wird hierdurch das Erlöschen der Ansprüche verhindert. Diese Wirkung bleibt bestehen, wenn der ArbN später diese Ansprüche gegenüber dem Vertreter ohne Vertretungsmacht geltend macht (BAG 10.1.07 – 5 AZR 665/06, NZA 07, 679). Sind Ansprüche „gegenüber der Personalabteilung" oder „einer entsprechend zuständigen Stelle" geltend zu machen, reicht hierfür aus, wenn sie gegenüber dem Prozessbevollmächtigten des ArbGeb in einem Prozess geltend gemacht werden, der mit dem Anspruch in Zusammenhang steht (BAG 27.2.02 – 9 AZR 545/00, AP TVG § 1 Tarifverträge: Metallindustrie Nr 180). Manche tariflichen Verfallsklauseln sehen vor, dass der Anspruch erst einmal formlos oder schriftlich und, wenn dies erfolglos ist, gerichtlich geltend zu machen ist. Derartige **Doppelklauseln** sind wirksam. Welche Anforderungen im Übrigen an die Geltendmachung zu richten sind, folgt aus Sinn und Zweck der Ausschlussfristen und dem Gesetz. Macht ein ArbGeb die Rückzahlung überzahlter Bezüge unter Hinweis auf fehlerhafte Eingruppierung geltend, wahrt er die Ausschlussfrist damit nicht für Rückzahlungsansprüche aus künftiger Überzahlung (BAG 17.5.01 – 8 AZR 366/00, NZA 02, 910). Stets muss unmissverständlich zum Ausdruck gebracht werden, dass man Inhaber einer bestimmten Forderung ist und auf ihrer Erfüllung besteht (BAG 17.5.01 – 8 AZR, 366/00, NZA 02, 910). Die **Aufforderung** zur Erfüllung braucht nicht wörtlich erklärt zu werden. Es reicht aus, wenn der ArbN bei Empfang der Lohnabrechnung bemängelt, ein bestimmter Lohnbestandteil fehle (BAG 20.2.01 – 9 AZR 46/00; NZA 02, 567). Es reicht jedoch nicht aus, wenn der ArbGeb nur aufgefordert wird, seinen Standpunkt „zu überdenken" (BAG 5.4.95 – 5 AZR 961/93, NZA 95, 1068) oder sich der ArbN nur „vorbehält", einen Anspruch geltend zu machen (BAG 20.2.01 – 9 AZR 46/00; NZA 02, 567).

26   Ansprüche können grundsätzlich nicht vor ihrer **Entstehung** (BAG 18.9.12 – 9 AZR 1/11, NZA 13, 216, aber schon vor ihrer **Fälligkeit** wirksam geltend gemacht werden (BAG 11.12.03 – 6 AZR 539/02, AP BMT-G II § 63 Nr 1), es sei denn, die Ausschlussfrist selbst sieht etwas anderes vor (BAG 19.6.07 – 1 AZR 541/06, nv). Eine tarifliche Ausschlussfrist kann ausnahmsweise durch Geltendmachung des Anspruchs vor seiner Entstehung gewahrt werden, wenn die Erfüllung von konkreten gegenwärtigen oder zukünftigen Ansprüchen auf einer bestimmten Berechnungsgrundlage verlangt wird und nur diese zwischen den Parteien streitig ist (BAG 16.1.13 – 10 AZR 863/11, NZA 13, 975 – Berechnungsgrundlage für Mehr-, Sonntags-, Feiertags- und Nachtarbeit). **Wiederkehrende Ansprüche** brauchen nur einmal geltend gemacht zu werden. Die Geltendmachung verbraucht sich nicht (aA LAG Köln 15.3.89, DB 90, 184). Die Ansprüche können aber verwirken. **Gleichartige Ansprüche** müssen für jeden Sachverhalt erneut geltend gemacht werden (BAG 26.10.94 – 5 AZR 404/93, NZA 95, 858). Der **Betriebsrat** kann Ansprüche der ArbN nur fristwahrend geltend machen, wenn er hierzu bevollmächtigt ist (LAG Bln 5.10.87, NZA 88, 442; offen gelassen von BAG 5.4.95, DB 95, 2535). Bei einem **Betriebsübergang** muss der Übernehmer die Geltendmachung gegenüber dem Veräußerer gegen sich gelten lassen (BAG 21.3.91 – 2 AZR 577/90, NZA 91, 726). Vom Schuldner **anerkannte Ansprüche** können

nicht mehr verfallen (BAG 10.10.02 – 8 AZR 8/02, NZA 03, 329). Hat der ArbGeb eine Forderung des ArbN durch Abrechnung oder als Arbeitszeitguthaben auf einem Arbeitszeitkonto vorbehaltlos ausgewiesen, braucht dieser sie nicht mehr geltend zu machen, um eine Ausschlussfrist zu wahren. Dies gilt auch, wenn der ArbGeb die Forderung später bestreitet (BAG 28.7.10 – 5 AZR 521/09, NZA 10, 1241).

Wer einen Anspruch geltend macht, muss ihn so **beschreiben,** dass der Schuldner 27 erkennen kann, aus welchem Sachverhalt er in Anspruch genommen wird (BAG 14.12.06 – 8 AZR 628/05, NZA 07, 262). Er muss nur spezifizieren, nicht substantiieren (BAG 11.12.03 – 6 AZR 539/02, AP BMT-G II § 63 Nr 1). Eine wirksame Geltendmachung erfordert, dass der Anspruch nach Grund und Höhe hinreichend deutlich bezeichnet wird. Der Gläubiger muss Erfüllung verlangen (BAG 17.4.02 – 5 AZR 644/00, NZA 02, 1340). Die Geltendmachung soll den Schuldner zu der Prüfung veranlassen, ob er der Forderung entsprechen will, Beweise sichert und vorsorglich Rücklagen bildet (BAG 17.4.02 – 5 AZR 644/00, NZA 02, 1340; BAG 11.12.03 – 6 AZR 539/02, AP BMT-G II § 63 Nr 1). Es soll ausreichen, wenn allein **die Höhe der Forderung** angegeben wird (BAG 9.9.65, DB 65, 1706). Dies gilt jedenfalls dann, wenn man aus der Höhe auf den Grund der Forderung schließen kann. Neben der Beschreibung des Anspruchs erfordert die Geltendmachung grds, dass ungefähr seine Höhe mitgeteilt wird (BAG 30.10.08 – 8 AZR 886/07, NZA 09, 864; BAG 14.12.06 – 8 AZR 628/05, NZA 07, 262), es sei denn dem Schuldner ist die Forderung bekannt oder ohne weiteres errechenbar. Dies ist besonders bei Lohnansprüchen der Fall (BAG 28.2.03 – 5 AZR 223/02, NZA 03, 922). Wird ein Betrag genannt, der über den geschuldeten Betrag hinausgeht, weil schon vom ArbGeb abgeführte Sozialleistungen nicht abgezogen wurden oder nicht deutlich wurde, ob es sich um einen Brutto- oder Nettobetrag handelt, ist dies unschädlich, wenn die Forderung jedenfalls als „Vergütungsforderung" hinreichend konkretisiert wurde (BAG 9.7.08 – 5 AZR 518/07, NZA 08, 1263). Wird ein Betrag genannt, der erheblich hinter dem zurückbleibt, der letztendlich verlangt wird, soll dies nicht ausreichen (BAG 8.2.72, DB 72, 978). Dies ist problematisch, soweit deshalb der Anspruch insgesamt verfallen soll. Verfallen kann nur, was nicht geltend gemacht wurde. Solange der Gläubiger sich darauf beschränken kann, nur einen Teilbetrag geltend zu machen, ist nicht einzusehen, dass mehr als der von ihm nicht geltend gemachte Betrag verfallen soll, wenn er sich bei Angabe der Höhe einer Forderung vergreift. Angaben zur Höhe des Anspruches sind nicht erforderlich, wenn der Schuldner sie kennt (BAG 17.10.74, DB 75, 455), bei umfangreichen strafbaren Handlungen selbst am besten weiß, inwieweit er den Gläubiger geschädigt hat (BAG 5.3.81, NJW 82, 72) oder durch sein Verhalten dafür gesorgt hat, dass der Gläubiger nicht rechtzeitig Kenntnis erhielt (BAG 8.2.72, DB 72, 978).

Bei **Anspruchshäufung** muss jeder einzelne Anspruch beziffert werden (BAG 30.5.72, 28 DB 72, 1635, 2487). Wer einen Anspruch geltend macht, braucht ihn weder rechtlich zu begründen (BAG 17.5.01 – 8 AZR 366/00, NZA 02, 910) noch **Nebenforderungen** wie Verzugs- oder Prozesszinsen gesondert geltend zu machen (BAG 26.5.76 – 4 AZR 245/75 AP BAT §§ 22, 23 Nr 93). Nach einem **Schuldbeitritt** muss der Anspruch nicht noch einmal geltend gemacht werden (BAG 11.11.71 – 5 AZR 272/71 AP TVG § 4 Ausschlussfristen Nr 47).

Sieht eine Verfallklausel die **formlose oder schriftliche Geltendmachung** von Ansprüchen 29 vor, wird die Ausschlussfrist erst mit der **Zustellung** einer Klage eingehalten. § 167 ZPO ist als rein prozessuale Regelung nicht anzuwenden (BAG 19.6.2007 – 1 AZR 541/06 nv; BAG 6.3.76 – 5 AZR 361/75 AP ZPO § 496 Nr 4). Mit der **Kündigungsschutzklage** werden nur Ansprüche fristwahrend geltend gemacht, die für den ArbGeb erkennbar mit dem Fortbestand des Arbeitsverhältnisses im Normalfall verbunden sind (BAG 28.11.07 – 5 AZR 992/06, NZA 08, 293; BAG 19.3.08 – 5 AZR 429/07, NZA 08, 757). Sie müssen nach rechtskräftiger Entscheidung des Prozesses nicht erneut innerhalb der Verfallfrist geltend gemacht werden, wenn die Ausschlussklausel dies nicht ausdrücklich vorsieht (BAG 9.8.90 – 2 AZR 579/89, NZA 91, 226). Zahlungsansprüche, die zusätzlich auf eine unrichtige Eingruppierung gestützt werden, müssen auch dann gesondert innerhalb des Ausschlussfrist geltend gemacht werden, wenn sie erst während des Kündigungsrechtsstreits fällig werden (BAG 14.12.05 – 10 AZR 70/05, NZA 06, 998). Die Kündigungsschutzklage kann ebensowenig den Verfall des Anspruchs auf Urlaubsabgeltung verhindern. Dieser Anspruch knüpft nicht an den Erfolg der Klage – den Fortbestand des Arbeitsverhältnisses – an, sondern setzt mit der

82 Ausschlussfrist

Beendigung des Arbeitsverhältnisses gerade das Gegenteil voraus (BAG 21.2.2012 – 9 AZR 486/10, NZA 12, 750). Die fristwahrende Wirkung der Kündigungsschutzklage entfällt weder durch Klagerücknahme noch dadurch, dass der Kündigungsschutzprozess vom Kläger ohne triftigen Grund nicht betrieben wird (BAG 7.11.91 – 2 AZR 34/91, NZA 92, 521). Der Abweisungsantrag des ArbGeb im Kündigungsschutzprozess enthält nicht zugleich die schriftliche Geltendmachung von Ansprüchen des ArbGeb auf Rückgewähr solche Leistungen, die er für die Zeit nach der rechtsmäßig festgestellten Beendigung des Arbeitsverhältnisses dem ArbN rechtsgrundlos erbracht hat (BAG 19.1.99 – 9 AZR 405/97, NZA 99, 1040).

30   Eine **allgemeine Statusklage,** die ohne Bezug zu einem konkreten Kündigungsgrund darauf gerichtet ist, den Bestand eines Arbeitsverhältnisses feststellen zu lassen, wahrt die Verfallfrist für Zahlungsansprüche aus diesem Arbeitsverhältnis nicht (BAG 25.10.89 – 2 AZN 401/89, NZA 90, 536). Die in der Verfallfrist zugestellte zulässige (BAG 29.6.89 – 6 AZR 459/88, NZA 89, 897) **Leistungsklage** wahrt die Schriftform (BAG 24.6.60, DB 60, 1506).

31   Sieht eine Verfallklausel die **gerichtliche Geltendmachung** von Ansprüchen vor, gilt **§ 167 ZPO.** Der Klageeingang bei Gericht wahrt die Frist, wenn die Zustellung demnächst erfolgen kann (BAG 11.2.09 – 5 AZR 168/08, NZA 09, 687). Eine **unzulässige Feststellungsklage** erfüllt nicht die Voraussetzungen (BAG 29.6.89 – 6 AZR 459/88, NZA 89, 897). Die **zulässige Feststellungsklage** reicht aus, wenn sie geeignet ist, den gesamten von den Parteien unterschiedlich beurteilten Streitstoff zu klären (BAG 29.6.89 – 6 AZR 459/88, NZA 89, 897). Sie genügt deshalb nicht, wenn sie lediglich eine Vorfrage zur Entscheidung stellt (BAG 1.3.79 – 3 AZR 472/77 AP TVG § 4 Ausschlussfristen Nr 66) oder unbeziffert ist (BAG 10.5.95 – 10 AZR 589/94, nv).

32   Die **unbezifferte Leistungsklage** reicht aus, wenn das Gesetz einen unbestimmten Antrag zulässt, wie zB die §§ 11 KSchG und 113 BetrVG (BAG 29.6.89 – 6 AZR 459/88, NZA 89, 897). Die **unbezifferte unzulässige Leistungsklage,** in der die Tatsachen so mitgeteilt sind, dass der Beklagte den Betrag ohne weiteres errechnen kann, genügt selbst dann, wenn sie erst nach Ablauf der Ausschlussfrist durch Aufnahme eines Zahlungsantrages zulässig gemacht wird (BAG 29.6.89 – 6 AZR 459/88, NZA 89, 897). Eine **Stufenklage** reicht aus, wenn sich der Anspruch erst nach der Auskunft des Schuldners beziffern lässt (BAG 23.2.77 – 3 AZR 764/75 AP TVG § 4 Ausschlussfristen Nr 29).

33   Ist in einem **Formulararbeitsvertrag** geregelt, dass von der Gegenseite abgelehnte Ansprüche binnen einer Frist von drei Monaten **einzuklagen** sind, um deren Verfall zu verhindern, genügt die Erhebung der Kündigungsschutzklage, um das Erlöschen der vom Ausgang des Kündigungsrechtsstreits abhängigen Annahmeverzugsansprüche des ArbN zu verhindern (BAG 19.3.08 – 5 AZR 429/07, NZA 08, 757). Ist eine entsprechende Ausschlussfrist in einem **Tarifvertrag** enthalten, soll dies (bisher) nicht gelten (BAG 26.4.06 – 5 AZR 403/05, NZA 06, 845; offen gelassen noch in BAG 9.7.08 – 5 AZR 518/07, NZA 08, 1263). Das BVerfG hat Klarheit geschaffen: Auch tarifliche Ausschlussfristen sind nicht anzuwenden, soweit sie den ArbN zwingen, schon während des Kündigungsschutzverfahrens Verzugslohnansprüche gerichtlich geltend zu machen, bevor über die Wirksamkeit der Kündigung rechtskräftig entschieden ist (BVerfG 1.12.10 – 1 BvR 1682/07, NZA 11, 354). Dem ist das BAG jetzt gefolgt (BAG 19.9.12 – 5 AZR 627/11, NZA 13, 101). Tarifliche Ausschlussklauseln sind verfassungskonform dahin auszulegen, dass mit der Erhebung einer Bestandsschutzklage (Kündigungsschutz- oder Befristungskontrollklage) die davon abhängigen Ansprüche wegen Annahmeverzugs im Sinne der tariflichen Ausschlussfrist gerichtlich geltend gemacht sind (BAG 19.9.12 – 5 AZR 628/11, NZA 13, 330).

34   Bei **Doppelklauseln** beginnt die Frist für die gerichtliche Geltendmachung nicht deshalb eher, weil der Schuldner die Forderung schon abgelehnt hat, bevor sie in der ersten Stufe ihm gegenüber geltend gemacht wurde (BAG 7.12.83 – 5 AZR 425/80 AP TVG § 4 Ausschlussfristen Nr 84); wird ein Anspruch vor Fälligkeit geltend gemacht, beginnt die – meist 14tägige – Bedenkzeit und die sich daran anschließende Frist für die gerichtliche Geltendmachung erst ab Fälligkeit des Anspruchs zu laufen (BAG 27.3.96 – 10 AZR 668/95, NZA 96, 986; 26.9.01 – 5 AZR 699/00, NZA 02, 1218). Eine Klageerhebung innerhalb der Frist der ersten Stufe wahrt die Ausschlussfrist (BAG 12.12.2000 – 9 AZR 1/00, NZA 01, 1082). Soll jedoch für Zahlungsansprüche eine Verfallfrist erst mit Beendigung des Kündigungsschutzprozesses anlaufen, kann der ArbN sie jedenfalls dann nicht vor diesem Zeitpunkt fristwahrend geltend machen, wenn er sonst nach der getroffenen Regelung nach

Ablehnung des Anspruches durch den ArbGeb zur Fristwahrung klagen müsste (BAG 22.10.80 – 5 AZR 453/78, NJW 81, 1751). Bei einem Betriebsübergang kann für Vergütungsansprüche, für die Betriebsveräußerer und -erwerber nach § 613a Abs 2 S 1 BGB als Gesamtschuldner haften, die erste Stufe einer Ausschlussfrist gegenüber dem Veräußerer und die zweite Stufe gegenüber dem Erwerber gewahrt werden (BAG 22.8.12 – 5 AZR 526/11, NZA 13, 376). Der ArbN kann so den Anspruch gegenüber dem Veräußerer geltend machen und gegen den Erwerber einklagen.

5. Treu und Glauben. Allein der Umstand, dass sich ArbN scheuen, Ansprüche aus einem noch bestehenden Arbeitsverhältnis (gerichtlich) geltend zu machen, hindert den ArbGeb nicht, sich erfolgreich auf eine Ausschlussfrist zu berufen (BAG 19.12.58 – 2 AZR 141/58, BB 59, 197). Hat der ArbGeb aber durch sein Verhalten den ArbN veranlasst, seine Ansprüche nicht rechtzeitig geltend zu machen, kann er sich nicht auf die Ausschlussfrist berufen (BAG 18.8.11 – 8 AZR 187/10, NZA 12, 696). So ist eine einmal in einer schriftlichen Lohnabrechnung des ArbGeb ausgewiesene Lohnforderung ebenso streitlos gestellt wie die vorbehaltlose Mitteilung des ArbGeb über den Stand des für einen ArbN geführten Arbeitszeitkontos (BAG 28.7.10 – 5 AZR 521/09, NZA 10, 1241). Es ist widersprüchlich, wenn der Betriebsübernehmer, der einen Betriebsübergang leugnet, dem ArbN vorhält, ihn nicht (früher) als Betriebserwerber in Anspruch genommen zu haben, wenn weder er noch der Betriebsveräußerer ihrer Unterrichtungspflicht nach § 613a Abs 5 BGB nachgekommen sind (BAG 22.8.12 – 5 AZR 526/11, NZA 13, 376). Er kann sich daher auf eine Ausschlussfrist nicht berufen. Treuwidrig verhält sich der ArbGeb, der den ArbN während eines Kündigungsschutzprozesses vorsorglich zur Auskunft über anderweitigen Verdienst auffordert, um nach Beendigung des Arbeitsverhältnisses geschuldete **Karenzentschädigungen** abrechnen zu können, die erteilten Auskünfte nicht anzweifelt und nach Obsiegen im Kündigungsschutzprozess den Ablauf der Ausschlussfrist rügt (BAG 18.12.84 – 3 AZR 383/82, NZA 85, 219). Tarifverträge können bestimmen, dass eine Ausschlussfrist bei vorsätzlicher untertariflicher Bezahlung nicht anzuwenden ist. Auch ohne solche Regelung kann sich auf die Ausschlussfrist nicht berufen, wer böswillig seine ArbN untertariflich entlohnt, wenn die Berücksichtigung von Verfallklauseln zur Anerkennung einer unzulässigen Rechtsausübung führen würde (BAG 26.8.60 – 1 AZR 425/58 AP TVG § 4 Ausschlussfristen Nr 6). Voraussetzung für den Vorsatz ist, dass der ArbGeb die maßgeblichen Tatsachen für den tariflichen Anspruch kennt und die betreffende Tarifnorm jedenfalls im Ergebnis richtig verstanden hat. Ist die Auslegung der Tarifnorm streitig und ungeklärt, muss der ArbGeb ernsthaft mit der für ihn ungünstigen Auslegung gerechnet haben (BAG 14.1.09 – 5 AZR 246/08, NZA 09, 448). Der Ablauf von Ausschlussfristen ist gehemmt, solange der ArbGeb die Abrechnung verzögert, welche der ArbN zur Berechnung seiner Ansprüche benötigt (BAG 22.9.99 – 10 AZR 839/98, NZA 2000, 551). Der Ablauf einer Ausschlussfrist kann nach § 206 BGB gehemmt sein, solange der Berechtigte durch höhere Gewalt daran gehindert wird, seine Ansprüche geltend zu machen (vgl BAG 9.8.11 – 9 AZR 352/10). Dies setzt jedoch voraus, dass es dem Berechtigte schlechthin unmöglich ist, rechtzeitig zu handeln. Hat der ArbGeb dem ArbN eine unzutreffende **Auskunft** über das Bestehen eines Anspruchs gegeben, soll seine Berufung auf eine Ausschlussfrist nicht gegen Treu und Glauben verstoßen (BAG 22.1.97 – 10 AZR 459/96, NZA 97, 445). Verstößt ein Arbeitgeber gegen die in § 2 oder § 3 S 1 NachwG normierten **Nachweispflichten**, hindert ihn dies nicht, die Erfüllung eines von dem Arbeitnehmer erhobenen Anspruchs unter Berufung auf eine Ausschlussfrist abzulehnen. Er muss ihm aber nach § 280 Abs 1 S 1 BGB den durch den bei der Aushändigen der nach § 2 NachwG geschuldeten Niederschrift oder der nach § 3 NachwG obliegenden Mitteilung eingetretenen Verzug adäquat verursachten Schaden ersetzen. Deshalb kann ein Arbeitnehmer von dem Arbeitgeber verlangen, so gestellt zu werden, als wäre sein Zahlungsanspruch nicht untergegangen, wenn ein solcher Anspruch nur wegen Versäumung der Ausschlussfrist erloschen ist und bei gesetzmäßigem Nachweis seitens des Arbeitgebers bestehen würde. Bei der Prüfung der adäquaten Verursachung kommt dem Arbeitnehmer die Vermutung eines aufklärungsgemäßen Verhaltens zugute. Dem Arbeitgeber bleibt die Möglichkeit, diese tatsächliche Vermutung zu widerlegen (BAG 21.2.12 – 9 AZR 486/10, NZA 12, 750). Der **ArbN** kann sich auf Verfallklauseln nicht berufen, wenn er nach einer strafbaren Handlung Ansprüche des ArbGeb verschweigt (BAG 6.5.69 – 1 AZR 303/68 AP TVG § 4 Ausschlussfristen Nr 42) oder wenn

82   Ausschlussfrist

er in erheblichem Umfang überzahlt wurde, erkennen konnte, dass er auf diese Zahlungen keinen Anspruch hat und es pflichtwidrig unterlassen hat, den ArbGeb auf die Überzahlung aufmerksam zu machen bzw ihm die Umstände mitzuteilen, welche ihm ermöglicht hätten, den Rückzahlungsanspruch rechtzeitig geltend zu machen (BAG 9.3.05 – 5 AZR 385/02, NZA 05, 1016).

36   **6. Aufrechnung.** Mit verfallenen Ansprüchen kann nicht mehr aufgerechnet werden (BAG 30.3.73 – 4 AZR 259/72 AP BGB § 390 Nr 4), gegen verfallene Ansprüche ebenso wenig. Hierin kann aber ein Verzicht auf den eigenen Anspruch liegen. Die Aufrechnung kann die Form erfordern, welche für die außergerichtliche Geltendmachung des Anspruches erforderlich ist (vgl für Schriftform LAG Düsseldorf 22.7.71, DB 72, 242). Dies ist eine Frage der Auslegung im Einzelfall. Die zur Sicherung der Aufrechnung einbehaltene Sicherheitssumme muss ausgezahlt werden, wenn der Gegenanspruch verfallen ist (LAG Düsseldorf 29.4.74, DB 74, 1870).

37   **7. Muster.** S Online-Musterformulare *„M13 Ausschlussfrist – Verfallsklausel im Arbeitsvertrag".*

B. Lohnsteuerrecht   *Seidel*

38   **1. Ausschlussfristen im Steuerrecht** sind im Gesetz geregelte Fristen, die von verfahrensrechtlicher oder sachlichrechtlicher Bedeutung sind. Sie sind nicht verlängerbar (s *T/K* § 108 AO Rz 3, 4, 9). Bei Ausschlussfristen von **verfahrensrechtlicher** Bedeutung ist der Verfahrensbeteiligte nach deren Ablauf von der Geltendmachung von Rechten ausgeschlossen. Dazu gehören insbesondere die Fristen für den Antrag auf Veranlagung (s *Antragsveranlagung* Rz 4), für den Antrag auf Gewährung der Wohnungsbauprämie (§ 4 Abs 2 WoPG) sowie die Rechtsbehelfsfrist von einem Monat für die Einlegung von Einsprüchen gegen Verwaltungsakte des FA (§ 355 Abs 1 AO).

39   Allerdings kann der Stpfl, der ohne Verschulden an der Einhaltung der Frist gehindert war, einen **Antrag auf Wiedereinsetzung** in den vorigen Stand stellen, wobei ihm aber das Verschulden eines Vertreters zugerechnet wird (§ 110 Abs 1 AO). Die Frist für diesen Antrag (ein Monat nach Wegfall des Hindernisses, § 110 Abs 2 Satz 1 AO) stellt wiederum eine Ausschlussfrist dar, bei der selbst wieder eine Wiedereinsetzung möglich ist (Näheres s *T/K* § 110 AO). Die Wiedereinsetzung ist keine Fristverlängerung, sondern versetzt nur in den Verfahrensstand vor Ablauf der Frist. Es gibt aber auch verfahrensrechtliche Ausschlussfristen, die nicht wiedereinsetzungsfähig sind, wie die Jahresfristen des § 110 Abs 3 AO (keine Wiedereinsetzung nach einem Jahr seit dem Ende der versäumten Frist) und des § 356 Abs 2 AO (einjährige Rechtsbehelfsfrist bei fehlender Rechtsbehelfsbelehrung). Das Sozialrecht bezeichnet allerdings – im Gegensatz zum Steuerrecht – nur nicht wiedereinsetzungsfähige Fristen als Ausschlussfristen (s unten Rz 43). Während die AO den Begriff nicht mehr verwendet, enthält § 62 Abs 3 FGO (Vollmachtsvorlage) die gesetzliche Regelung einer wiedereinsetzungsfähigen Ausschlussfrist.

40   Bei Ausschlussfristen von **sachlichrechtlicher** Bedeutung bewirkt der Fristablauf das Entstehen oder Erlöschen bzw die Änderung eines Anspruchs (s *T/K* § 108 AO Rz 9). Hierzu gehören im Steuerrecht insbesondere die Verjährungs- und Festsetzungsfristen (s *Verjährung* Rz 34, 41) sowie die Verwirkung (s *Verwirkung* Rz 14–16). Eine Wiedereinsetzung in den vorigen Stand ist hier nicht möglich (BFH 2.3.11 – IX B 88/10, BFH/NV 11, 1295; *HHS* § 110 Rz 35). **Steuererklärungsfristen** gehören nicht zu den Ausschlussfristen, da sie verlängerbar sind (§ 109 Abs 1 AO).

41   **2. Forderungen des Arbeitgebers,** die aufgrund arbeitsrechtlicher Ausschlussfristen (s oben Rz 1 ff) gegenüber dem ArbN nicht mehr geltend gemacht werden können, können uU einen geldwerten Vorteil (Arbeitslohn) darstellen. Zwar kann ein unfreiwilliger Verzicht des ArbGeb auf eine Forderung gegenüber dem ArbN nicht als Zuwendung von Arbeitslohn angesehen werden (näheres s *Lohnsteuerhaftung* Rz 70). Es wird jedoch anhand der vor oder nach Entstehung der Forderung begründeten Umstände zu prüfen sein, ob der Wille des ArbGeb zum Erlass schon vor Ablauf der Ausschlussfrist gegeben war und dieser Verzicht einen geldwerten Vorteil darstellen (s auch *Lohnzufluss* Rz 8 Forderung; *Verzicht* Rz 14, 15 sowie BFH 25.1.85, BStBl II 85, 437).

C. Sozialversicherungsrecht

1. Tarifvertragliche Ausschlussfristen. Darf der ArbGeb die Auszahlung von Arbeits- 42
entgelt verweigern, hindert dies die Beitragseinzugsstellen nicht daran, vom ArbGeb Beiträge auf dieses Arbeitsentgelt zu fordern (BSG 30.8.94 – 12 RK 59/92, SozR 3–2200 § 385 Nr 5; Einzelzeiten hierzu s *Lohnzufluss* Rz 19 ff). Dies gilt auch im Falle einer sog „Gleichwohlgewährung" nach § 157 Abs 3 SGB III: Gewährt die BA nach einer unwirksamen Kündigung „gleichwohl" AlGeld, so entfällt ihr Anspruch gegen den ArbGeb auf Erstattung der entsprechenden Beiträge nicht schon deshalb, weil der Anspruch auf Arbeitsentgelt wegen Ablaufs einer tariflichen Ausschlussfrist nach Abschluss des Kündigungsschutzverfahrens nachträglich erloschen ist (BSG 22.6.94 – 10 RAr 3/93, SozR 3–4100 § 160 Nr 1).

2. Sozialrechtliche Ausschlussfristen. Ist die Geltendmachung bestimmter Rechte an 43
die Einhaltung einer Frist geknüpft und ist die Geltendmachung des in Frage kommenden Rechts für die Zeit nach Ablauf dieser Frist „ausgeschlossen", führt also der Fristablauf zu einem Verlust des materiellen Rechts, spricht man von sozialrechtlichen Ausschlussfristen. In einem präziseren Sinne sind Ausschlussfristen solche, bei denen eine Wiedereinsetzung in den vorigen Stand „ausgeschlossen" ist. Keine Ausschlussfristen sind verfahrensrechtliche Fristen und Fristen des Prozessrechts; denn war jemand ohne Verschulden verhindert, eine gesetzliche Frist dieser Art einzuhalten, ist ihm auf Antrag Wiedereinsetzung in den vorigen Stand zu gewähren (§ 27 Abs 1 SGB X, § 67 Abs 1 SGG). Hiervon erfasst sind alle Rechtsmittelfristen (Widerspruchs-, Klage-, Berufungs-, Beschwerde- und Revisionsfrist: § 67 SGG iVm § 84 SGG oder etwa die Frist für die Stellung des Wiedereinsetzungsantrags nach § 27 Abs 2 SGB X).

3. Gesetzliche Fristen des materiellen Rechts. Auch Fristen des materiellen Sozial- 44
rechts sind „gesetzliche Fristen" iSd § 27 Abs 1 Satz 1 SGB X, deren unverschuldete Versäumung grds im Wege der **Wiedereinsetzung** in den vorigen Stand behoben werden kann (vgl BSG 23.1.08 – B 10 EG 6/07, SozR 4–7833 § 4 Nr 1: Wiedereinsetzung bei unverschuldeter Versäumnis, rechtzeitig Erziehungsgeld zu beantragen); dies ergibt sich aus dem Wortlaut dieser Vorschrift, die in auffälligem Gegensatz zu § 67 SGG nicht von einer gesetzlichen „Verfahrensfrist", sondern ganz allgemein von der Versäumung einer gesetzlichen „Frist" spricht. Allerdings findet § 27 SGB X nicht bei der Versäumung jeder materiellen Frist Anwendung, denn gem § 27 Abs 5 SGB X ist die Wiedereinsetzung unzulässig, wenn sich aus einer Rechtsvorschrift ergibt, dass sie ausgeschlossen ist. Es ist deshalb im Einzelfall zu prüfen, ob die Wiedereinsetzung kraft ausdrücklicher Regelung ausgeschlossen ist. Ein ausdrücklicher Ausschluss der Wiedereinsetzung in den vorigen Stand sollte vom Gesetzgeber schon aus Gründen der Rechtssicherheit und der Rechtsklarheit angeordnet werden, wenn er dies für erforderlich hält. Fehlt eine ausdrückliche Regelung, was insbes bei älteren Gesetzen der Fall ist, muss durch Auslegung ermittelt werden, ob für die betreffende Frist eine Wiedereinsetzung ausgeschlossen ist; erforderlich ist eine inhaltliche Prüfung der jeweiligen Fristenregelung, insbesondere ist zu fragen, welchem Zweck die Frist dient und wie der Gesetzgeber dabei die widerstreitenden Interessen, nämlich einerseits das öffentliche Interesse an der Einhaltung der Frist, andererseits das Interesse des Einzelnen an ihrer nachträglichen Wiedereröffnung, bewertet (BSG 25.10.88 – 12 RK 22/87, SozR 1300 § 27 Nr 4). Das BSG knüpft damit an seine frühere Rechtsprechung zur Nachsichtgewährung an und erklärt die hierfür aufgestellten Kriterien als auch im Rahmen des § 27 SGB X für anwendbar.

4. Einzelfälle materiellrechtlicher Ausschlussfristen. Im allgemeinen Verwaltungs- 45
recht gilt für Leistungsansprüche die Ausschlussfrist des **§ 44 Abs 4 SGB X**. Nach § 44 Abs 1 und 2 SGB X sind rechtswidrige, nicht begünstigende Verwaltungsakte auch nach Eintritt ihrer Unanfechtbarkeit zurückzunehmen. Nach Abs 4 dieser Vorschrift werden bei Rücknahmen mit Wirkung für die Vergangenheit Sozialleistungen jedoch längstens für einen Zeitraum von bis zu vier Jahren vor der Rücknahme bzw der entsprechenden Antragstellung erbracht (zur Reichweite dieser Ausschlussfrist BSG 22.6.94 – 10 RKg 32/93 mwN). Kann aufgrund eines sozialrechtlichen **Herstellungsanspruchs** eine Leistung rückwirkend verlangt werden, gilt in entsprechender Anwendung des X ebenfalls eine Ausschlussfrist von vier Jahren (vgl BSG 27.3.07 – B 13 R 58/06 R, SozR 4–1300 § 44 Nr 9).

82 Ausschlussfrist

In der RV ist die **Entrichtung von Pflichtbeiträgen** nur wirksam, solange der Anspruch auf ihre Zahlung nicht verjährt ist (§ 197 Abs 1 SGB VI); **freiwillige Beiträge** können nur bis zum 31. März des Jahres, das dem Jahr folgt, für das sie gelten sollen, entrichtet werden (§ 197 Abs 2 SGB VI). Fristverlängerung ist nur in besonderen Härtefällen nach Maßgabe des § 197 Abs 3 SGB VI möglich, wobei § 197 Abs 4 SGB VI eine Wiedereinsetzung in den vorigen Stand ausdrücklich ausschließt.

46   Für den **Bereich der Arbeitsförderung** sind folgende Sachverhalte zu nennen: Der Antrag auf Gewährung von **Kurzarbeitergeld/Insolvenzgeld** (BSG 25.5.05 – B 11a/11 AL 15/04 R; BSG 17.10.07 – B – 11a AL 75/07 B, SozR 4–4300 § 324 Nr 4 zur Vereinbarkeit mit EG-Recht) muss innerhalb einer Ausschlussfrist von drei Monaten gestellt werden; die Frist beginnt mit Ablauf des Anspruchszeitraums, für den Kurzarbeitergeld beantragt wird (vgl § 325 Abs 3 SGB III). Nach § 161 Abs 2 SGB III kann der Anspruch auf AlGeld nicht mehr geltend gemacht werden, wenn nach seiner Entstehung vier Jahre verstrichen sind. Bei dieser Verfallsfrist handelt es sich ebenfalls um eine materielle Ausschlussfrist (BSG 25.5.05 – B 11a/11 AL 61/04 R, SozR 4–4300 § 147 Nr 4 Rz 15).

47   **5. Keine materiellrechtlichen Ausschlussfristen sind:** Die Frist zur Erklärung des **Beitritts zur freiwilligen Versicherung** gem § 9 Abs 1 SGB V; die Frist zur Stellung eines Antrages auf Kfz-Hilfe (§ 10 KraftfahrzeughilfeVO; vgl BSG 16.12.93 – 4 RA 16/93, SozR 3–5765 § 10 Nr 2). Nach § 9 Abs 1 SGB V können bestimmte Personengruppen der gesetzlichen KV freiwillig beitreten, wenn sie den Beitritt binnen drei Monaten nach dem in § 9 Abs 2 SGB V genannten Zeitpunkt erklären. Für § 176c RVO aF hat das BSG entschieden, dass gegen die Versäumung der Beitrittsfrist für Schwerbehinderte (jetzt § 9 Abs 1 Nr 4 SGB V) die Wiedereinsetzung in den vorigen Stand zulässig ist (BSG 25.10.88 – 12 RK 22/87, SozR 1300 § 27 Nr 4). Demgegenüber handelt es sich bei der Frist nach § 8 Abs 2 SGB V **(Befreiung von der Versicherungspflicht)** um eine Ausschlussfrist.

48   **6. Ausschlussfristen zugunsten des Versicherten.** Einige verfahrensrechtliche Vorschriften schränken das Handeln der Sozialleistungsträger insbesondere im Bereich der **Aufhebung/Rücknahme rechtswidriger begünstigender Verwaltungsakte** ein. Gem § 45 SGB X darf ein – von Anfang an – rechtswidriger begünstigender Verwaltungsakt auch nachdem er unanfechtbar geworden ist, zurückgenommen werden, wenn der Begünstigte keinen Vertrauensschutz iSd § 45 Abs 2 SGB X genießt. Allerdings muss die Verwaltung dies innerhalb eines Jahres seit Kenntnis der Tatsachen tun, welche die Rücknahme rechtfertigen (§ 45 Abs 4 Satz 2 SGB X). Dasselbe gilt auch für die Aufhebung eines Verwaltungsaktes mit Dauerwirkung, der ursprünglich rechtmäßig war, aber durch den Eintritt tatsächlicher und rechtlicher Verhältnisse nach seinem Erlass rechtswidrig geworden ist (§ 48 Abs 4, § 45 Abs 4 Satz 2 SGB X; zur Frage, wann die Verwaltung die hierfür maßgebliche Kenntnis besitzt vgl BSG 28.6.90 – 7 RAr 132/88, SozR 3–4100 § 115 Nr 1 mwN).

49   **7. Unkenntnis.** Hat der Betreffende keine Kenntnis vom Lauf einer gesetzlichen Frist des materiellen Rechts, rechtfertigt dies – auch wenn es sich nicht um eine Ausschlussfrist handelt – keine Wiedereinsetzung in den vorigen Stand. Dies folgt aus dem Grundsatz der formellen Publizität bei der Verkündung von Gesetzen (Art 82 GG). Danach genügt für die Bekanntmachung von Gesetzen, die sich an einen unbestimmten Kreis von Personen richten, die Verkündung im Bundesgesetzblatt. Mit der Verkündung gelten die Gesetze grds allen Normadressaten als bekannt, ohne Rücksicht darauf, ob und wann sie von ihnen tatsächlich Kenntnis erlangt haben. Hiermit ist es nicht vereinbar, wegen der Unkenntnis eines gesetzlich eingeräumten und befristeten Rechts eine Wiedereinsetzung in den vorigen Stand zuzulassen. Denn dadurch wäre die Wirkung der Frist nicht mehr von der Bekanntgabe des Gesetzes und dem Fristablauf abhängig, sondern auch davon wesentlich beeinflusst, ob und wann der jeweilige Normadressat von der gesetzlichen Regelung Kenntnis erlangt hat. Dieses würde die Anwendung gesetzlich genau bestimmter Fristen einer weitgehenden Unsicherheit aussetzen (BSG 9.2.93 – 12 RK 28/92, SozR 3–1300 § 27 Nr 3 zum Art 56 Abs 4 Gesundheitsreformgesetz). Eine Wiedereinsetzung kann mithin nur auf andere Gründe als den der Unkenntnis der gesetzlichen Frist gestützt werden. Ebenso wenig besteht in solchen Fällen bloßer Unkenntnis des verkündeten Gesetzes eine sozialrechtlicher Herstellungsanspruch (vgl BSG 21.6.90 – 12 RK 27/88, SozR 3–1200 § 13 Nr 1).

Ausschreibung

A. Arbeitsrecht
Kreitner

1. Allgemeines. Bei Ausschreibungen muss der ArbGeb neben dem Mitbestimmungsrecht des BRat gem § 93 BetrVG (dazu unten Rz 7 ff) insbesondere den zum 18.8.06 in Kraft getretenen § 7 Abs 1 AGG beachten (vgl hierzu *Wichert* BB 07, 970; *Schwab* NZA 07, 178; *Adomeit/Mohr* NZA 07, 179; *Ohlendorf/Schreier* BB 08, 2458). Auf Benachteiligungen bei früheren Stellenausschreibungen bleibt § 611b BGB anwendbar (vgl hierzu Personalbuch 2006 Ausschreibung Rz 2 ff). Im Bereich der Verwaltungen des Bundes gilt darüber hinaus seit dem 5.12.01 das BGleiG. 1

§ 7 Abs 1 AGG verbietet jegliche Benachteiligung von Beschäftigten aus Gründen der Rasse, wegen der ethnischen Herkunft, des Geschlechts, der Religion oder Weltanschauung, einer Behinderung, des Alters oder der sexuellen Identität (Näheres s *Diskriminierung* Rz 27 ff, speziell zur Ausschreibung Rz 107). Dieser Schutz vor Diskriminierung gilt gem § 6 Abs 1 Satz 2 AGG auch für Stellenbewerber und gem § 11 AGG für die Stellenausschreibung. Von Einzelfällen abgesehen stehen bei einer Ausschreibung mögliche Benachteiligungen wegen des Geschlechts, des Alters oder einer Behinderung im Vordergrund. Ausnahmsweise differenzieren darf ein ArbGeb gem § 8 Abs 1 AGG auch nach den vorgenannten Kriterien, wenn dies auf der Art der auszuübenden Tätigkeit oder den Bedingungen ihrer Ausübung beruht. Voraussetzungen sind dabei aber immer eine rechtmäßige Zweckbindung und die Angemessenheit der gestellten Anforderung. Zu empfehlen sind konsequent tätigkeits- und nicht personenbezogene Formulierungen. 2

Geschlechtsneutrale Ausschreibungen wurden zuvor bereits von § 611b BGB vorgeschrieben. Auf die hierzu ergangene Rspr kann weitestgehend Bezug genommen werden (vgl Personalbuch 2006 Ausschreibung Rz 2 ff). Auch unter der Geltung des AGG kann daher zB die Tätigkeit der Geschäftsführerin eines reinen Frauenverbandes (ArbG München 14.2.01 – 38 Ca 8663/00, NZA-RR 01, 365) oder einer Kundenbetreuerin in einem auf Finanzdienstleistungen für Frauen spezialisierten Unternehmen (ArbG Bonn 8.3.01 – 1 Ca 2980/00, NZA-RR 02, 100) geschlechtsspezifisch ausgeschrieben werden. In aller Regel nicht ausreichend sind demgegenüber die an die körperliche Leistungsfähigkeit zu stellenden Anforderungen (LAG Köln 8.11.2000 – 3 Sa 974/00, NZA-RR 01, 232: Tragen von 50 kg-Säcken) sowie die Berücksichtigung von Kundenwünschen bspw im Verkauf (*Thüsing* RdA 01, 319). Wie § 611b BGB verlangt auch § 7 Abs 1 iVm § 6 Abs 1 Satz 2 AGG Ausschreibungen, die sich in ihrer gesamten Ausdrucksweise sowohl an Männer als auch an Frauen richten (vgl OLG Karlsruhe 13.9.11 – 17 U 99/10, NZA-RR 11, 632). Dabei bleibt der Gebrauch der maskulinen Form einer Berufsbezeichnung mit weiblichem Zusatz ausreichend, zB Verkäufer/in.

Schwerbehinderungsneutrale Ausschreibungen, wie früher von § 81 Abs 2 Satz 2 SGB IX verlangt, werden seither ebenfalls von § 7 Abs 1 AGG vorgeschrieben (hierzu *Diller* NZA 07, 1321). Insbesondere in diesem Bereich sind tätigkeitsbezogene Ausnahmen iSv § 8 Abs 1 AGG möglich, allerdings gelten insoweit strenge Maßstäbe. Keinesfalls darf der schwerbehinderte Bewerber im Auswahlverfahren wegen seiner Behinderung benachteiligt werden (BAG 17.8.10 – 9 AZR 839/08, NZA 11, 153: vorzeitiger Abbruch des Ausschreibungsverfahrens bei anderweitiger Stellenbesetzung). Ein Beteiligungsrecht der Schwerbehindertenvertretung hinsichtlich Art und Inhalt der Ausschreibung besteht nicht (LAG RhPf 28.6.12 – 10 TaBV 4/12, BeckRS 2012, 72808). Die Unterrichtspflicht hinsichtlich der Gründe der Auswahlentscheidung nach § 81 Abs 1 Satz 9 SGB IX besteht nicht, wenn der ArbGeb die Beschäftigungsquote nach § 71 Abs 1 SGB IX erfüllt (BAG 21.2.13 – 8 AZR 180/12, NZA 13, 840). Bei Bewerbungen behinderter Menschen ist im öffentlichen Dienst § 82 Satz 2 SGB IX zu beachten, der grds eine Einladung dieser Bewerber zum Vorstellungsgespräch vorschreibt (BAG 16.2.12 – 8 AZR 697/10, NZA 12, 667; 16.9.08 – 9 AZR 791/07, NZA 09, 79). Dabei kann der öffentliche ArbGeb die wegen unterbliebener Einladung des schwerbehinderten Bewerbers eingetretene Vermutungswirkung des § 22 AGG durch eine nachträgliche Einladung dieses Bewerbers im noch laufenden Einstellungsverfahren

83 Ausschreibung

beseitigen (ArbG Hbg 1.2.11 – 25 Ca 493/10, NZA-RR 11, 444). Grds Voraussetzung ist in jedem Fall die objektive Eignung des Bewerbers, die der öffentliche ArbGeb zB durch verlangte Mindestabschlussnoten festlegen kann (BAG 7.4.11 – 8 AZR 679/09, NZA-RR 11, 494). Nach § 82 Satz 1 SGB IX müssen frei werdende und neu zu besetzende Arbeitsplätze frühzeitig den Arbeitsagenturen gemeldet werden. Diese Meldepflicht gilt nicht bei internen Stellenbesetzungen, für die nach der Ausschreibung nur interne Bewerber in Betracht kommen (LAG Köln 8.2.10 – 5 TaBV 73/09, BeckRS 2010, 69156).

Hinzu gekommen ist nach § 7 Abs 1 AGG die auch für Ausschreibungen grds verbotene Differenzierung nach dem **Alter** des Bewerbers. Gewisse Mindest- oder Höchstaltersangaben scheiden damit als Einstellungsvoraussetzungen grds aus. Bereits das Merkmal „junges Team" in einer Ausschreibung kann einen Entschädigungsanspruch des abgelehnten Bewerbers auslösen (LAG Hbg 23.6.10 – 5 Sa 14/10, NZA-RR 10, 629; aA LAG Nbg 16.5.12 – 2 Sa 574/11, BeckRS 2012, 71383). Auch die Suche nach „jungen" Mitarbeitern oder „Mitarbeitern zwischen 25 und 35 Jahren" ist regelmäßig unzulässig (BAG 19.8.10 – 8 AZR 530/09, NZA 10, 1412; 23.8.12 – 8 AZR 285/11, NZA 13, 37; anders im Einzelfall LAG BlnBbg 21.7.11 – 5 Sa 847/11, BeckRS 2011, 76365). Das Gleiche gilt für eine ausschließlich an Berufsanfänger gerichtete Ausschreibung für ein „Trainee-Programm für Hochschulabsolventen/Young Professionals" (BAG 21.1.13 – 8 AZR 429/11, NZA 13, 498). Auch die Begrenzung auf innerbetriebliche Bewerber im ersten Berufsjahr kann eine unzulässige mittelbare Altersdiskriminierung darstellen (BAG 18.8.09 – 1 ABR 47/08, NZA 10, 222). Abweichend hiervon erlaubt § 10 AGG allerdings ausdrücklich eine altersmäßige Differenzierung, sofern sie objektiv angemessen und durch ein legitimes Ziel gerechtfertigt ist. Damit bleiben sachlich gerechtfertigte, ggf auch nur mittelbar altersbezogene Anforderungen wie bspw ein bestimmtes Dienstalter oder eine mehrjährige Berufserfahrung zulässig (§ 10 Satz 3 Nr 2 AGG). Jedenfalls für den Bereich des öffentlichen Dienstes hat das BAG wegen des dort verfassungsrechtlich nach Art 33 GG vorgegebenen Prinzips der Bestenauslese auch die Beschränkung auf Bewerber mit den besten Examensnoten gebilligt (BAG 21.1.13 – 8 AZR 429/11, NZA 13, 498). Das sollte auch für die Privatwirtschaft gelten.

3 **Rechtsfolge** einer diskriminierenden Stellenausschreibung ist gem § 15 AGG die Verpflichtung des ArbGeb zur Leistung von Schadensersatz sowie ggf einer angemessenen Entschädigung für einen eingetretenen Nichtvermögensschaden (*Walker* NZA 09, 5). Letztere ist gem § 15 Abs 2 Satz 2 AGG bei Nichteinstellung eines Bewerbers auf drei Monatsgehälter begrenzt, wenn der Bewerber auch bei benachteiligungsfreier Auswahl nicht eingestellt worden wäre. Dieselbe Höchstbegrenzung galt zuvor bereits nach § 81 Abs 2 Satz 2 Nr 3 SGB IX. Nach § 15 Abs 4 AGG muss der Bewerber die Entschädigung innerhalb von zwei Monaten nach Zugang der Ablehnung schriftlich geltend machen. Bei erkennbaren „Risikobewerbern" empfiehlt sich ein Zugangsnachweis (Bote, Einwurfeinschreiben). Der bloße Aushang einer Mitarbeiterinformation über die Beförderung namentlich benannter Mitarbeiter stellt noch keine Ablehnung weiterer Bewerber iSv § 15 Abs 4 AGG dar und setzt damit die og Frist zur Geltendmachung nicht in Gang (LAG BlnBbg 18.2.11 – 13 Sa 2049/10, NZA-RR 11, 286). Keinesfalls hat schließlich der Verstoß des ArbGeb gegen das Benachteiligungsverbot des § 7 Abs 1 AGG einen Anspruch des benachteiligten Bewerbers auf Begründung eines Arbeitsverhältnisses zur Folge, § 15 Abs 6 AGG. Zuständig für die Geltendmachung solcher Ansprüche ist das ArbG (LAG RhPf 25.1.12 – 9 Ta 17/12, NZA-RR 12, 272). Um in einem derartigen Rechtsstreit eine benachteiligungsfreie Auswahl beweisen zu können, sollte das Auswahlgespräch wenigstens von zwei Personen geführt und schriftlich **dokumentiert** werden. Letzteres gilt auch für die wesentlichen Bewerberdaten. Ferner sollten Absagen ausschließlich schriftlich erfolgen, neutral formuliert sein und keine Grundangaben enthalten. Bedient sich der ArbGeb zur Stellenausschreibung eines Dritten, ist er verpflichtet, die Ordnungsmäßigkeit der Ausschreibung zu überwachen. Ein Verstoß des Dritten gegen § 7 Abs 1 AGG ist dem ArbGeb regelmäßig zuzurechnen (BAG 5.2.04 – 8 AZR 112/03, NZA 04, 540; zu § 611b BGB – Einschaltung der BA bei Stellenausschreibung; aA *Mohr* SAE 06, 26). Ebenfalls noch zu §§ 611a, 611b BGB hat das BVerfG die Darlegungs- und Beweislast des ArbGeb bestätigt und auf die Bedeutung des Schutzzwecks des Art 3 Abs 2 GG bei der Normauslegung hingewiesen (BVerfG 21.9.06 – 1 BvR 308/03, NZA 07, 195; kritisch *Adomeit/Mohr* NJW 07, 2322). Auch in diesem Fall ging es um die Stellenanzeige einer Arbeitsagentur. Bestehen greifbare Anhaltspunkte für die ernsthafte

Ausschreibung 83

Möglichkeit eines Schadensersatzanspruchs, hat der Bewerber gegen den Dritten (hier ein Personalberatungsunternehmen) einen Anspruch auf Mitteilung der Identität des Auftraggebers (LAG Köln 17.4.08 – 10 Sa 21/08, NZA-RR 09, 123).

Davon unabhängig kommt ein Schadensersatzanspruch nur bei einer **ernstgemeinten** **4** **Bewerbung** in Betracht (LAG Bln 30.3.06 – 10 Sa 2395/05, NZA-RR 06, 513; 14.7.04 – 15 Sa 417/04, NZA-RR 05, 124; LAG RhPf 11.1.08 – 6 Sa 552/07, NZA-RR 08, 343; LAG Köln 10.2.10 – 5 Ta 407/09, NZA-RR 10, 234; zu solchen sog AGG-Hoppern zuletzt *Diller/Kern/Zeh* NZA 09, 1386).

Gem § 7 Abs 1 TzBfG muss der ArbGeb jeden Arbeitsplatz, den er ausschreibt, grds **5** immer auch als **Teilzeitarbeitsplatz** ausschreiben. Etwas anderes gilt nur dann, wenn sich der Arbeitsplatz hierfür nicht eignet. Letzteres stellt eine unternehmerische Entscheidung dar und ist als solche nur daraufhin zu überprüfen, ob sie offensichtlich unvernünftig oder willkürlich ist (HWK/*Schmalenberg* § 7 TzBfG Rz 4). § 7 TzBfG lässt die Zuwiderhandlung **sanktionslos**. Auch ein Zustimmungsverweigerungsrecht des BRats nach § 99 Abs 2 Nr 5 BetrVG besteht konsequenterweise nicht (ErfK/*Preis* § 7 TzBfG Rz 4; *Annuß/Thüsing/Mengel* § 7 TzBfG Rz 5; aA LAG BaWü 19.7.04 – 14 TaBV 4/03). Gem § 13a AÜG muss der Entleiher den **Leiharbeitnehmer** über bei ihm zu besetzende Arbeitsplätze informieren.

Besondere Ausschreibungspflichten gelten gem **§ 6 BGleiG** für den Bund als ArbGeb. **6**

2. Mitbestimmungsrecht des Betriebsrats. Nach § 93 BetrVG kann der BRat vom **7** ArbGeb für neu zu besetzende Arbeitsplätze eine vorherige innerbetriebliche Stellenausschreibung verlangen. Das Mitbestimmungsrecht besteht unabhängig davon, ob sich voraussichtlich Belegschaftsmitglieder bewerben werden (LAG BlnBbg 14.1.10 – 26 TaBV 1954/09, BeckRS 2010, 74505). Es umfasst auch die Ausschreibung von Arbeitsplätzen, die für die Besetzung mit LeihArbN vorgesehen sind (BAG 1.2.11 – 1 ABR 79/09, NZA 11, 703; LAG SchlHol 29.2.12 – 6 TaBV 43/11, BeckRS 2012, 67763). Eines besonderen Rechts des BRat auf Anregung von Teilzeitarbeitsplätzen, wie es bis zum 31.12.2000 in § 93 Satz 2 BetrVG enthalten war, bedarf es nach der Neuregelung dieser Materie in § 7 Abs 1 TzBfG nicht mehr. Allerdings muss der ArbGeb dem BRat gem § 7 Abs 3 TzBfG über vorhandene und geplante Teilzeitarbeitsplätze bzw deren Umwandlung informieren (Näheres s *Auskunftspflichten Arbeitgeber* Rz 14). Zur Mitwirkung des Personalrats bei Stellenausschreibungen im Bühnenbereich: BVerwG 9.1.07 – 6 P 6/06, NZA-RR 07, 276.

a) **Zweck** der Regelung in § 93 BetrVG ist es, innerbetrieblichen Bewerbern Kenntnis **8** von einer freien Stelle zu vermitteln und ihnen die Möglichkeit zu geben, sich darum zu bewerben (BAG 18.11.80, DB 81, 998). Es soll eine Förderung des innerbetrieblichen Arbeitsmarktes erfolgen.

b) **Voraussetzungen.** Unter „Ausschreibung einer Stelle" iSv § 93 BetrVG ist die all- **9** gemeine Aufforderung an alle oder eine bestimmte Gruppe von ArbN des Betriebes zu verstehen, sich für einen bestimmten Arbeitsplatz im Betrieb zu bewerben (BAG 23.2.88, DB 88, 1452). Dies kann sogar je nach Lage des Einzelfalles bei einer Stellenausschreibung für Arbeitsplätze der Fall sein, die mit freien Mitarbeitern besetzt werden sollen (BAG 27.7.93, DB 94, 332; kritisch *Hromadka* SAE 94, 133). Eine solche Ausschreibung erfolgt regelmäßig durch Aushang am Schwarzen Brett, Bekanntgabe in der Werkszeitung oÄ.

Einen bestimmten **Inhalt** der innerbetrieblichen Stellenausschreibung schreibt § 93 **10** BetrVG nicht vor. Nach der Rspr des BAG folgt aber bereits aus Sinn und Zweck der Vorschrift, dass aus der Ausschreibung erkennbar sein muss, um welchen Arbeitsplatz es sich handelt und welche Anforderungen ein Bewerber erfüllen muss (BAG 10.3.09 – 1 ABR 93/07, NZA 09, 622; 17.6.08 – 1 ABR 20/07, NZA 08, 1139). Auch eine gewisse Überlegungsfrist muss den Bewerbern eingeräumt werden (BAG 6.10.10 – 7 ABR 18/09, NZA 11, 360: hier zwei Wochen). Ohne diesen Mindestinhalt ist eine innerbetriebliche Stellenausschreibung unwirksam und berechtigt den BRat zur Zustimmungsverweigerung gem § 99 Abs 2 Nr 5 BetrVG. Art und Inhalt der Ausschreibung legt der ArbGeb einseitig fest. Insoweit besteht kein Mitbestimmungsrecht des BRat (BAG 31.5.83, DB 83, 2311; 27.10.92, DB 93, 885). Allerdings bleibt der ArbGeb an das von ihm festgelegte Anforderungsprofil für die Dauer des Auswahlvorgangs gebunden (LAG Köln 11.6.10 – 11 SaGa 4/10, BeckRS 2010, 71723).

83 Ausschreibung

11 Nach überwiegender Auffassung kann der BRat gem § 93 BetrVG **nur generell**, nicht jedoch von Fall zu Fall wegen bestimmter einzelner Arbeitsplätze eine Stellenausschreibung verlangen (LAG Köln 1.4.93, LAGE Nr 2 zu § 93 BetrVG 1972; *Fitting* § 93 Rz 5; aA *DKK/Buschmann* § 93 Rz 9). Dem ist zuzustimmen, soweit damit ein nachträgliches Berufen des BRat auf eine fehlende Stellenausschreibung im Rahmen des laufenden Mitbestimmungsverfahrens nach § 99 BetrVG ausgeschlossen werden soll. Möglich bleibt jedoch das Verlangen des BRat nach einer generellen, umfassenden Stellenausschreibung. Stellt der BRat diese Forderung aus Anlass einer bestimmten beabsichtigten Einstellung im Rahmen des Mitbestimmungsverfahrens gem § 99 BetrVG und hatte er von der beabsichtigten personellen Einzelmaßnahme vorher keine ausreichende Kenntnis, so kann er diesen Einwand auch bereits für den konkreten Fall geltend machen (streitig).

12 Zur Vermeidung derartiger Streitfälle ist der Abschluss einer **Betriebsvereinbarung** über die innerbetriebliche Stellenausschreibung empfehlenswert. Wird in einer solchen Betriebsvereinbarung ein bestimmter Fristrahmen vereinbart, so führt dies alleine noch nicht zu einer Beschränkung des ArbGeb auf die fristgerecht eingegangenen Bewerbungen. Er kann vielmehr auch spätere Bewerber berücksichtigen und ggf einstellen (BAG 18.11.80, DB 81, 998).

13 **Anwendungsbereich** der Vorschrift ist grds der **Betrieb** (LAG München 8.11.88, DB 89, 1880). In Einzelfällen kann eine Verpflichtung des ArbGeb zur **unternehmensweiten** oder **konzernweiten** Stellenausschreibung in Betracht kommen; die Abgrenzungskriterien sind im Einzelnen umstritten. Richtigerweise sollte dies immer nur dann gelten, wenn die Voraussetzungen für die Zuständigkeit von GBRat oder KBRat vorliegen (*Fitting* § 93 Rz 10; *DKK/Buschmann* § 93 Rz 22). Erforderlich ist demnach das Bedürfnis nach unternehmens- oder konzerneinheitlicher Behandlung der ausgeschriebenen Position. Die Gegenansichten führen zu Rechtsunsicherheit bzw unzulässiger Beschneidung des Tätigkeitsbereichs von GBRat und KBRat.

14 § 93 BetrVG hindert den ArbGeb nicht an der **außerbetrieblichen Ausschreibung.** Er ist lediglich verpflichtet, in inner- und außerbetrieblicher Stellenausschreibung gleiche Anforderungen zu stellen (BAG 23.2.88, DB 88, 1452). In Tendenzbetrieben (s *Tendenzbetrieb* Rz 4) gilt § 93 BetrVG ohne Einschränkungen. Der BRat kann auch für Arbeitsplätze von Tendenzträgern deren vorherige Stellenausschreibung verlangen (BAG 30.1.79, DB 79, 1609; LAG Hess 3.9.96 – 4 Ta BV 160/95, NZA 97, 671).

15 c) **Rechtsfolgen.** § 93 BetrVG gewährt dem BRat ein zwingendes Mitbestimmungsrecht. Unterlässt der ArbGeb trotz entsprechendem Verlangen des BRat eine innerbetriebliche Stellenausschreibung, so kann der BRat gem § 99 Abs 2 Nr 5 BetrVG die **Zustimmung** zu der geplanten Einstellung **verweigern.** Das Gleiche gilt, wenn die Ausschreibung zwar erfolgt, aber gegen § 7 Abs 1 TzBfG verstößt (LAG Hess 13.7.99 – 4 TaBV 192/97, NZA-RR 99, 641; *Fitting* § 99 Rz 249; *Richardi/Thüsing* § 99 Rz 239). Der gem § 99 Abs 4 BetrVG dann mögliche Zustimmungsersetzungsantrag des ArbGeb beim ArbG wird wegen der eindeutigen Rechtslage regelmäßig erfolglos sein. Der ArbGeb muss daher das gesamte Einstellungsverfahren samt vorheriger Ausschreibung und entsprechender Anhörung des BRat erneut durchführen (BAG 14.12.04 – 1 ABR 54/03, NZA 05, 424). Ob eine Heilung des Mangels im laufenden Zustimmungsersetzungsverfahren möglich ist, hat das BAG offen gelassen (so aber LAG Bln 26.9.03 – 6 TaBV 609/03 als Vorinstanz). Demgegenüber besteht bei einer unzutreffenden, aber nicht offensichtlich falschen Angabe der Vergütungsgruppe in einer insgesamt nicht eindeutigen tariflichen Situation kein Zustimmungsverweigerungsrecht des BRat nach § 99 Abs 3 Nr 5 BetrVG (BAG 10.3.09 – 1 ABR 93/07, NZA 09, 622).

Weigert sich der ArbGeb Stellenausschreibungen vorzunehmen, so kann der BRat im arbeitsgerichtlichen Beschlussverfahren gem §§ 2a, 80 ff ArbGG entweder die gerichtliche Feststellung einer entsprechenden Verpflichtung des ArbGeb oder seine Sanktionierung gem § 23 Abs 3 BetrVG geltend machen. Erfolgt die Stellenausschreibung unter Verstoß gegen das AGG, hat der BRat gem §§ 17 Abs 2 AGG, 23 Abs 3 BetrVG einen Unterlassungsanspruch gegen den ArbGeb (BAG 18.8.09 – 1 ABR 47/08, NZA 10, 222). Streiten BRat und ArbGeb lediglich über Art und Weise sowie Umfang der Ausschreibungspflicht, entscheidet das ArbG hierüber ebenfalls im Beschlussverfahren.

16 3. **Muster.** S Online-Musterformular *„M39.1 Stellenausschreibung".*

B. Lohnsteuerrecht   *Windsheimer*

Die Stellenausschreibung hat für das LStRecht keine Bedeutung. Zu Aufwendungen des 17
ArbN in diesem Zusammenhang s *Bewerbung* Rz 16 ff.

C. Sozialversicherungsrecht   *Ruppelt*

Der Ausschreibung von Arbeitsplätzen kommt keine sozialversicherungsrechtliche Be- 18
deutung zu.

Außenprüfung

A. Arbeitsrecht   *Kreitner*

1. Arbeitsrechtliche Relevanz. Die Außenprüfung selbst ist arbeitsrechtlich ohne Be- 1
deutung. Sie betrifft lediglich steuer- und sozialversicherungsrechtliche Belange im Verhältnis
zwischen ArbGeb und FA bzw SozVTräger.

2. Auskünfte durch Arbeitnehmer. Die Außenprüfung entfaltet jedoch mittelbare 2
Auswirkungen auf die arbeitsrechtlichen Beziehungen zwischen ArbGeb und ArbN, da im
Rahmen einer derartigen Prüfung die ArbN jeweils unmittelbare Ansprechpartner und
Kontaktpersonen der Prüfer bezüglich der steuer- und sozialversicherungsrechtlichen Auskunftspflichten des ArbGeb sind.

a) Weisungsgemäßes Handeln. Gestützt auf das arbeitgeberseitige *Weisungsrecht* kann 3
der ArbGeb seinen ArbN bestimmte Verhaltensmaßregeln bei Außenprüfungen erteilen. So
kann er bspw anordnen, dass nur bestimmte ArbN (zB wegen ihrer besonderen Sachkunde
oder Erfahrung im Umgang mit Prüfern) Auskünfte erteilen dürfen und die Prüfer von den
anderen ArbN an diese zu verweisen sind. Weist der ArbGeb demgegenüber die ArbN an,
den Prüfern uneingeschränkt Auskunft zu erteilen und handeln die ArbN weisungsgemäß,
begründet dies noch keine Gehilfenstellung der ArbN im Verhältnis zu den Prüfern. Sie
unterliegen vielmehr weiterhin uneingeschränkt den arbeitsvertraglichen Bindungen, insbesondere der *Treuepflicht*. Allerdings muss sich der ArbGeb ggf eine Falschauskunft seiner
ArbN gem § 278 BGB zurechnen lassen.

b) Weisungswidriges Handeln der ArbN ist in zwei Konstellationen denkbar. Entweder 4
gibt ein ArbN trotz entsprechender gegenteiliger Anweisung des ArbGeb den Prüfern
bewusst falsche oder jedenfalls unzureichende Auskünfte oder er beantwortet Fragen der
Prüfer zu Betriebsinterna, obwohl ihm dies durch den ArbGeb ausdrücklich untersagt
worden ist. Der letztere Fall dürfte der praxisrelevantere sein. Hier stellt sich die Frage nach
den arbeitsrechtlichen Rechtsfolgen eines solchen Verhaltens des ArbN. Dabei zeigt sich eine
deutliche Parallele zu den Fällen der Erstattung einer Strafanzeige durch einzelne ArbN
zulasten ihres ArbGeb. Wie in diesen Fällen geht es auch hier um die Information staatlicher
Organe bezüglich betriebsinterner Vorgänge. Die diesbezüglichen Grundsätze können daher
herangezogen werden.

Danach können **Strafanzeigen** des ArbN gegen den ArbGeb diesen zur ordentlichen 5
oder sogar außerordentlichen Kündigung berechtigen. Jedenfalls berechtigt ein Fehlverhalten
des ArbN in diesem Zusammenhang den ArbGeb zur Erteilung einer *Abmahnung*. Grds muss
nämlich der ArbN bevor er vermeintliche Gesetzesverstöße des ArbGeb zur Anzeige bringt,
sämtliche innerbetrieblichen Möglichkeiten ausschöpfen, um dem ArbGeb sein unrechtmäßiges Verhalten aufzuzeigen und ihm Gelegenheit zur Abhilfe zu geben (LAG BaWü
20.10.76, EzA Nr 8 zu § 1 KSchG Verhaltensbedingte Kündigung; LAG BaWü 3.2.87,
NZA 87, 756; ArbG Bln 29.5.90 – 18 Ca 47/90 – RzK Verhaltensbedingte Kündigung 5i
Nr 61; *Dörner* § 626 BGB Rz 193; KR/*Griebeling* § 1 KSchG Rz 427a; KR/*Fischermeier*
§ 626 BGB Rz 408). Besteht für den ArbN jedoch die Gefahr, sich bei Untätigkeit selbst
strafbar zu verhalten, darf er ausnahmsweise auch ohne vorherige Mitteilung an den ArbGeb
die Ermittlungsbehörden informieren (LAG Hamm 12.11.90, LAGE Nr 54 zu § 626 BGB).
Entsprechendes gilt bei schwerwiegenden oder vom ArbGeb selbst begangenen Straftaten
sowie in den Fällen, in denen eine Abhilfe berechtigterweise nicht zu erwarten ist (BAG
3.7.03 – 2 AZR 235/02, NZA 04, 427; 7.12.06 – 2 AZR 400/05, NZA 07, 502). In

84 Außenprüfung

jüngster Zeit wird diese Thematik unter dem Schlagwort Whistleblowing diskutiert (s dazu zuletzt EGMR 21.7.11 – 28274/08, NZA 11, 1269; *Wesch* DB 13, 994; *Ulber* NZA 11, 962; *Simon/Schilling* BB 11, 2421; Näheres s *Compliance* Rz 6).

6 Im Übrigen ist wie bei jeder Kündigung eine umfassende Interessenabwägung vorzunehmen, bei der ua die Motive der Anzeige (Schädigungsabsicht, Schutz der Allgemeinheit), die objektive Begründetheit der Vorwürfe sowie ein evtl schuldlos irrtümliches Verhalten des ArbN zu berücksichtigen sind. So hat das LAG Frankfurt zB entschieden, dass jedenfalls dann eine Kündigung berechtigt ist, wenn der ArbN aus einer verwerflichen Motivation heraus Beschwerden gegen seinen objektiv rechtmäßig handelnden ArbGeb vorbringt (LAG Frankfurt 12.2.87, DB 87, 1696 [LS]).

7 Überträgt man diese Grundsätze auf ein weisungswidriges Verhalten des ArbN bei einer Außenprüfung, so kommt hier immer dann eine Kündigung in Betracht, wenn der ArbN nicht vor der Weitergabe der Betriebsinterna an die Prüfer den ArbGeb auf seine vermeintlich unrechtmäßige Weisung hingewiesen hat. Hält der ArbGeb allerdings trotz des ArbN-seitigen Hinweises an seiner Anordnung fest, kann der ArbN die Ausführung der Weisung verweigern und die Prüfer informieren. Denn ein Vertrauen des ArbGeb auf das Unterlassen einer Anzeige bzw der Offenbarung bestimmter Betriebsinterna gegenüber Betriebsprüfern, die der ArbGeb gesetzwidrig zurückhält, besteht nicht (vgl *Preis* DB 90, 630: keine „Ganoventreue" kraft arbeitsvertraglicher Treuepflicht).

B. Lohnsteuerrecht
Seidel

8 Außenprüfung ist im Steuerrecht der Oberbegriff für alle Prüfungen, die das FA zur Ermittlung der tatsächlichen und rechtlichen Verhältnisse, die für die Steuerpflicht und für die Bemessungsgrundlage der Steuer maßgebend sind (Besteuerungsgrundlagen), durchführt (§ 199 Abs 1 AO). Sie ist als spezielles Mittel des Besteuerungsverfahrens in den §§ 193–203 AO geregelt und zu unterscheiden von den **Einzelermittlungen** des FA gem §§ 93 ff AO (zB Auskunftsersuchen, Augenschein, Urkundenvorlage uÄ). Zum **Kontenabruf** bei Kreditinstituten (§ 93 Abs 7 AO) s AEAO zu § 93 Tz 2, BMF 28.7.10 – IV A 3 – S 0062/08/10007–08; Dok 2010/0563822, BStBl I 10, 630; s auch *Cöster/Intemann* DStR 05, 1249 zu den Rechtsschutzmöglichkeiten sowie *Schmidt* BB 05, 2155 zur verfassungsrechtlichen Problematik). Mit Beschluss vom 13.6.07 – 1 BvR 1550/03, 2357/04, 603/05, BStBl II 07, 896 hat das BVerfG den Kontenabruf durch die FA für andere Behörden (§ 93 Abs 8 AO) mangels hinreichender Bestimmtheit für verfassungswidrig erklärt. § 93 Abs 8 AO wurde zwischenzeitlich geändert, indem seit 18.8.07 die für die Verwaltung der in § 93 Abs 8 Satz 1 AO abschließend aufgezählten Gesetze zuständigen Behörden des BZSt direkt ersuchen können, den Kontenabruf durchzuführen. § 93 Abs 7 AO (Auskunft für die Steuerfestsetzung) ist allerdings verfassungsgemäß. Zur Hinweis- und Dokumentationspflicht des Kontenabrufs s § 93 Abs 9, 10 AO. Zur Abgrenzung der Außenprüfung von Einzelermittlungsmaßnahmen s auch BFH 2.2.94, BStBl II 94, 377. Im Anschluss an eine Außenprüfung kann der ArbGeb die Erteilung einer **verbindlichen Zusage** gem § 204 AO für die steuerrechtliche Behandlung noch nicht verwirklichter Sachverhalte beantragen (s hierzu OFD Frankfurt/Main 3.11.03 – S 0430 A – 3 – St II 4.03, DStR 03, 2227). Zu den Voraussetzungen der hiervon zu unterscheidenden Anrufungsauskunft nach § 42e EStG s *Anrufungsauskunft* Rz 4 ff (s auch *Heuermann/Wagner* Teil K Rz 55, 56).

9 Zu den Einzelermittlungen gehört auch die sog **betriebsnahe Veranlagung** (*T/K* vor § 193 AO Rz 14). Der früher anstelle des Begriffs Außenprüfung in der Reichsabgabenordnung bis 1976 verwendete Begriff **Betriebsprüfung** wird weiterhin für die Betriebsprüfung im engeren Sinne, die turnusmäßige Prüfung von Gewerbebetrieben, Land- und Forstwirten, Freiberuflern und Stpfl iSd § 147a AO verwendet. Die Einteilung der Betriebe in Größenklassen (s § 3 BpO iVm BMF 20.8.09 – IV A 4 – S 1450/08/10001; Dok 2009/0499217, BStBl I 09, 886) hat ua Bedeutung für die Prüfungshäufigkeit. Bei Großbetrieben finden regelmäßig lückenlose Betriebsprüfungen statt. Für diese Prüfungen sind die Vorschriften der BpO gedacht, die zT aber auch für die besonderen Außenprüfungen gelten (§ 1 Abs 2 BpO). Als **besondere Außenprüfungen** sind insbesondere die LStAußenprüfung gem § 42 f EStG und die Umsatzsteuersonderprüfung gem § 194 Abs 1 Satz 2 AO anzusehen. Für diese sind bei den FÄ neben den Betriebsprüfungsstellen eigene Prüfungsdienste eingerichtet. Eine **Steuerfahndungsprüfung** nach § 208 Abs 1 AO stellt für die Anwendung der Änderungssperre (s *Lohnsteueraußenprüfung* Rz 16) keine Außenprüfung iSd § 173 Abs 2 AO dar (BFH 11.12.97 – V R 56/94, BStBl II 98, 367).

Bei nur wenigen beschäftigten ArbN (idR bis fünf) wird die LSt im Rahmen der allgemeinen Betriebsprüfung mitgeprüft. Zu der für das LStRecht maßgebenden LStAußenprüfung s *Lohnsteueraußenprüfung* Rz 2 ff, dort auch zum Zugriff auf digitale Unterlagen und zu den Rechtsbehelfen. 10

C. Sozialversicherungsrecht
Schlegel

1. Überprüfung und Überwachung des Arbeitgebers. Die früher den Einigungsstellen obliegende Prüfung der ordnungsgemäßen Erledigung der melde- und beitragsrechtlichen Pflichten der ArbGeb wurde 1996 auf die Träger der RV übertragen. Der Beitragseinzug und das Meldeverfahren hingegen liegen weiterhin in der Zuständigkeit der Einzugsstellen; lediglich die nachträgliche turnusmäßige Überprüfung ging auf die Träger der RV über. Zur Betriebsprüfung grundlegend vgl *Schlegel/Voelzke* SGB IV, § 28p Rz 19 ff. 11

2. Eine **laufende Überwachung** der Beitragszahlung erfolgt durch die Beitragseinzugsstellen; diese prüfen kontinuierlich die **Einreichung des Beitragsnachweises** und die **Zahlung des Gesamtsozialversicherungsbeitrags** (§ 28h SGB IV). Die routinemäßige Außenprüfung ist seit 1.1.96 Sache der Träger der RV. **Einzelheiten der Prüfung** werden durch das BeitragsverfahrensVO vom 3.5.06 (BGBl I 1138 BVV) geregelt, welche die frühere BeitragsüberwachungsVO – BÜVO abgelöst hat (zur Ermächtigungsgrundlage vgl § 28p Abs 9 SGB IV). 12

3. Turnusmäßige Überprüfung durch den Träger der Rentenversicherung. Die Träger der RV prüfen bei den ArbGeb, ob diese ihre **Meldepflichten** und ihre sonstigen **Pflichten im Zusammenhang mit dem Gesamtsozialversicherungsbeitrag** ordnungsgemäß erfüllen (vgl § 28p Abs 1 SGB IV); sie prüfen insbesondere die Richtigkeit der Beitragszahlungen und der Meldungen (vgl § 28a SGB IV; vgl zu diesen Pflichten *Meldepflichten Arbeitgeber* Rz 3 ff; *Aufzeichnungspflichten* Rz 9 ff). Die Prüfung durch die RV ist umfassend. Prüfungsgegenstand ist das Sozialversicherungsverhältnis des Beschäftigten, zB mit Fragen der Versicherungs- und Beitragspflicht, der Beitragshöhe und der Beitragsberechnung, aber auch der Zugehörigkeit zur RV, desgleichen die Richtigkeit der Beitragszahlung und der Meldungen. Beitragszahlungen idS sind auch die Pflichtbeiträge zur PflegeV für freiwillig Krankenversicherte sowie Umlagen nach dem AAG (früher LFZG; vgl BSG 30.10.02 – B 1 KR 19/01, SozR 3–2400 § 28p Nr 1 zur Vorlage nach dem LFZG). 13

Der **Prüfungsturnus** beträgt regelmäßig vier Jahre, auf Verlangen des ArbGeb erfolgt eine Prüfung auch in kürzeren Abständen (§ 28p Abs 1 Satz 2 SGB IV). Zudem können die Beitragseinzugsstellen eine alsbaldige Prüfung durch die Träger der RV veranlassen, zB bei drohender Zahlungsunfähigkeit des ArbGeb (vgl BR-Drs 97/95 S 9 zu § 28p Abs 1 Satz 3 SGB IV). 14

4. Prüfungsumfang/Prüfungsablauf. Die Prüfung erstreckt sich auf den ArbGeb (Ausnahme: ArbGeb werden wegen der Beschäftigten in privaten Haushalten nicht geprüft, § 28p Abs 10 SGB IV). Zu prüfen sind aber auch steuerberatende Stellen, Rechenzentren und vergleichbare Einrichtungen, die im Auftrag des ArbGeb oder einer von ihm beauftragten Person Löhne und Gehälter abrechnen oder Meldungen erstatten (§ 28p Abs 6 SGB IV). Die Prüfung umfasst auch die Lohnunterlagen der Beschäftigten, für die Beiträge nicht gezahlt wurden. Der ArbGeb ist (unaufgefordert) verpflichtet, **Bescheide und Prüfberichte den Finanzbehörden** vorzulegen. Die Prüfer sind verpflichtet, diese Unterlagen einzusehen und eine versicherungs- und beitragsrechtliche Auswertung vorzunehmen. Das Ergebnis ist im Prüfbericht festzuhalten; im Prüfbericht sind die Gründe festzuhalten (§ 7 Abs 4 BVV). 15

Den Trägern der RV ist es im Rahmen der Prüfung auch erlaubt, Verwaltungsakte zur Versicherungspflicht und zur Beitragshöhe in der KV, PflegeV und RV sowie zur Beitragspflicht und zur Beitragshöhe nach dem SGB III einschließlich der Widerspruchsbescheide zu erlassen (§ 28p Abs 1 Satz 5 SGB IV). Für die Dauer einer Prüfung beim ArbGeb ist die Verjährung der SozVBeiträge gehemmt. Die **Hemmung der Verjährung** beginnt – unab- 16 hängig von einer rechtzeitigen Ankündigung – mit dem Tag des Beginns der Prüfung und endet mit Bekanntgabe des Beitragsbescheides, spätestens nach Ablauf von sechs Monaten nach Abschluss der Prüfung (§ 25 Abs 2 Sätze 3 ff SGB IV; zur Verjährung vgl *Sozialversicherungsbeiträge* Rz 29 ff). Hat ein ArbGeb gegen einen aufgrund einer Betriebsprüfung ergangenen Beitragsbescheid Klage erhoben und ergeht während dieses gerichtlichen Verfahrens aufgrund einer erneuten Betriebsprüfung ein weiterer Beitragsbescheid für einen späteren Zeitraum, wird dieser Bescheid nicht nach **§ 96 SGG** Gegenstand des Verfahrens (BSG 14.7.04 – B 12 KR 10/02 R, SozR 4–5375 § 2 Nr 1).

17   **5. Beanstandungslose Prüfungsergebnisse** begründen **keinen Vertrauensschutz** zugunsten des ArbGeb. Zwar ist das Ergebnis der Prüfung dem ArbGeb innerhalb eines Monats nach Abschluss der Prüfung schriftlich mitzuteilen und diese Mitteilung vom ArbGeb bis zur nächsten Prüfung aufzubewahren (vgl § 7 Abs 4 BVV). Aber selbst wenn eine Außenprüfung keine zu beanstandenden Fehler und Mängel aufgedeckt hat, eine Beanstandung unterblieben ist oder die Prüfbehörde dem ArbGeb das Prüfergebnis entgegen § 7 Abs 4 BVV nicht oder nicht innerhalb eines Monats nach Abschluss der Prüfung mitgeteilt hat, kann sich der ArbGeb hierauf nicht berufen, wenn sich nachträglich Sachverhalte als unzutreffend herausstellen. Insbesondere kann sich ein ArbGeb, wenn eine unterlassene Beitragsentrichtung unbeanstandet blieb, später nicht darauf berufen, der Beitragsanspruch sei im Hinblick auf die unterbliebene Beanstandung verwirkt. § 7 Abs 4 BVV soll gewährleisten, dass der ArbGeb einen von der Prüfbehörde **festgestellten Mangel** möglichst rasch abstellt. Sie will ihn jedoch nicht davor bewahren, zB für in der Vergangenheit aufgetretene Fehler überhaupt nicht einstehen zu müssen. Darüber hinaus haben Betriebsprüfungen nur den **Zweck,** im Interesse der Versicherungsträger und der Versicherten die Beitragsentrichtung zu den einzelnen Zweigen der SozV und der BA zu sichern; sie sollen einerseits Beitragsausfälle verhindern helfen und andererseits die Versicherungsträger davor bewahren, dass aus der Annahme von Beträgen für nicht rentenversicherungspflichtige oder nicht rentenversicherungsberechtigte Personen Leistungsansprüche entstehen.

18   Eine über diese Kontrollfunktion hinausgehende Bedeutung kommt den Betriebsprüfungen nicht zu; insbesondere haben sie nicht den Zweck, den ArbGeb als Beitragsschuldner zu schützen und ihm etwa eine „**Entlastung**" zu erteilen; Letzteres schon deshalb nicht, weil die Prüfung nicht erschöpfend und umfassend sein muss und sich auf bestimmte Einzelfälle oder Stichproben beschränken kann (BSG 14.7.04 – B 12 KR 10/02 R, SozR 4–5375 § 2 Nr 1; 29.7.03 – B 12 AL 1/02 R SozR 4–2400 § 27 Nr 1 zur Einrede der Verjährung nach beanstandungsloser Betriebsprüfung in einem kleinen Betrieb; ähnlich BSG 10.9.75 – 3/12 RK 15/74, *Breith* 1976, 303, 305: „Die Betriebsprüfung besagt nur, welches versicherungsrechtliche Ergebnis aus dem geprüften Sachverhalt hervorgeht"). Den berechtigten Interessen des ArbGeb als Beitragsschuldner daran, das Ausmaß der wirtschaftlichen Belastung durch Beitragsnachforderungen in angemessenen Grenzen zu halten, wird durch die kurze Verjährung von Beitragsansprüchen gem § 25 Abs 1 Satz 1 SGB IV hinreichend Rechnung getragen (vgl BSG 10.9.75 – 3/12 RK 15/74; *Breith* 1976, 303, 305). Darüber hinaus hat der ArbGeb das Recht, in **Zweifelsfällen** gem § 28h Abs 2 Satz 1 SGB IV rechtzeitig eine Entscheidung der Beitragseinzugsstelle über die Versicherungs- und Beitragspflicht eines ArbN in Form eines Verwaltungsaktes herbeizuführen (vgl BSG 7.11.95 – 12 RK 19/94, SozR 3–2400 § 26 Nr 7). An diese Entscheidung sind die Versicherungsträger nach Maßgabe der §§ 44 ff SGB X gebunden (BSG 27.1.2000 – B 12 KR 10/99 R, SozR 3–2400 § 28h Nr 11).

19   Für die Frage, ob im Rahmen der Betriebsprüfung eine Entscheidung idS getroffen und ein Verwaltungsakt erlassen wurde, muss im Einzelfall geprüft werden, ob der Prüfer im Rahmen der Betriebsprüfung eine allgemeine Rechtsansicht geäußert oder ob er namens der Beitragseinzugsstelle bzw namens des Trägers der RV eine **verbindliche Regelung** über die Versicherungs- und Beitragspflicht bestimmter Personen in konkreten Zeiträumen bzw über die Beitragshöhe iS eines Verwaltungsaktes getroffen hat. Die Aussage im Urt des BSG vom 30.11.78 (– 12 RK 6/76, SozR 2200 § 1399 Nr 11), dass der Prüfer „nicht zur Entscheidung über die Versicherungs- und Beitragspflicht der einzelnen Bediensteten eines geprüften Unternehmens befugt" ist, dürfte in dieser Allgemeinheit nicht nichtig sein. Zu pauschal ist auch die Behauptung: „Die allgemeine Äußerung einer Rechtsansicht durch einen Be-

triebsprüfer im Zusammenhang mit einer Betriebsprüfung ist auch schon deshalb kein – die Einzugsstelle möglicherweise bindender Verwaltungsakt, weil mit einer solchen Erklärung keine konkrete Regelung für den Einzelfall getroffen wird." Vielmehr bedarf es jeweils einer Auslegung des Verhaltes/der **Erklärung des Prüfers im Einzelfall**. Hiervon ist die Frage zu trennen, ob der Prüfer im Innenverhältnis die Kompetenz zum Erlass eines die Einzugsstelle/den RVTräger bindenden Verwaltungsaktes hatte.

6. Spezieller Vertrauensschutz in der Arbeitslosenversicherung. Eine leistungsrechtliche Bindung der BA an Bescheide über die Versicherungs- und Beitragspflicht besteht kraft Gesetzes nur in den engen Grenzen des § 336 SGB III. Danach ordnet das Gesetz eine **Bindungswirkung** nur an, wenn die **DRV Bund im Anfrageverfahren nach § 7a SGB** IV die Versicherungspflicht durch VA festgestellt hat. Fehlt es an einer solchen Feststellung, ist die BA nach Eintritt von Arbeitslosigkeit regelmäßig berechtigt, Leistungen mit der Begründung zu versagen, der Arbeitslose sei in der Vergangenheit nicht versicherungspflichtig gewesen (BSG 6.3.03 – B 11 AL 25/02 R, SozR 4–2400 § 7 Nr 1 S 3 mwN). Sie kann Leistungen nach der Rspr selbst dann noch verweigern, wenn die Beitragszahlung im Rahmen einer Betriebsprüfung unbeanstandet geblieben oder die Beitragspflicht gar förmlich durch Verwaltungsakt festgestellt worden ist (BSG 6.2.92 – 7 RAr 134/90, SozR 3–4100 § 104 Nr 8). Letzteres ist mE jedoch zumindest nach den Grundsätzen von **Treu und Glauben** dann nicht mehr zulässig, wenn die BA im Verfahren über die Versicherungs- und Beitragspflicht nach § 12 SGB X förmlich beteiligt sowie im anschließenden Sozialgerichtsverfahren nach § 75 Abs 2 SGG notwendig beigeladen war. Nimmt sie es dort ohne Einlegung von Rechtsmitteln hin, dass Versicherungs- und Beitragspflicht bejaht wird, kann sie im Leistungsverfahren nicht ohne sachlichen Grund die gegenteilige Ansicht vertreten und Leistungen mit der Begründung verweigern, es habe an der Versicherungspflicht gefehlt (zum Grundsatz von Treu und Glauben BSG 12.12.07 – B 12 AL 1/06 R, SozR 4–2400 § 27 Nr 3: Ausschluss der Verjährungseinrede, wenn BA Anspruch auf AlGeld wegen der in der Vergangenheit zu Unrecht angenommenen Versicherungspflicht verneint und ArbN nicht ausreichend aufgeklärt hat).

7. Pflicht zur Anzeige des Verdachts einer Steuerstraftat. Werden den Trägern der SozV, insbesondere deren Prüfern zB bei einer Außenprüfung dienstlich Tatsachen bekannt, die den Verdacht einer Steuerstraftat begründen, so haben sie dies dem Finanzamt mitzuteilen (§ 116 Abs 1 AO). Die Befugnis hierzu ergibt sich für die zur Durchführung des SGB zuständigen Behörden (zum Behördenbegriff § 1 Abs 2 SGB X) aus § 71 Abs 1 Satz 1 Nr 3 SGB X (Einzelheiten s *Lohnsteueraußenprüfung*).

8. Prüfungsrechte der Behörden der Zollverwaltung. Die Zollverwaltung prüft gem § 2 Abs 1 Nr 1 SchwarzArbG, ob die Pflichten ua nach § 28a SGB IV erfüllt werden (vgl BSG 28.8.07 – B 7/7a AL 16/06 R, SozR 4–1500 § 131 Nr 3). Dabei werden die Behörden der Zollverwaltung ua durch die SozVTräger unterstützt (§ 2 Abs 2 SchwarzArbG). Einzelheiten zu den Kompetenzen, der Datenschutz etc sind in den §§ 3 ff SchwarzArbG geregelt. Für das Verwaltungsverfahren der Behörden der Zollverwaltung gelten die **Vorschriften der AO** sinngemäß (§ 22 SchwarzArbG). In öffentlich-rechtlichen Streitigkeiten über Verwaltungshandeln der Zollverwaltung nach dem SchwarzArbG ist der **Finanzrechtsweg** gegeben (§ 23 SchwarzArbG).

Außerordentliche Einkünfte

A. Arbeitsrecht *Griese*

Die in § 34 EStG angesprochenen außerordentlichen Einkünfte fallen nicht unter einen gemeinsamen arbeitsrechtlichen Oberbegriff. Es handelt sich dabei insbesondere um Abfindungen (§ 34 Abs 2 Nr 2 iVm § 24 Nr 1 EStG; s *Abfindung*) sowie um Entgeltnachzahlungen (s *Entgeltnachzahlung*) und Vergütung aus *Annahmeverzug* nach unwirksamer Kündigung des ArbGeb jeweils für zurückliegende Kj (§ 34 Abs 2 Nr 4 EStG – Vergütungen für mehrjährige Tätigkeit), für die ein **ermäßigter Steuersatz** gelten kann. Der ArbGeb hat die Nebenpflicht aus dem Arbeitsverhältnis, die steuerlichen Abzüge korrekt zu berechnen und

85 Außerordentliche Einkünfte

abzuführen (BAG 16.6.04 – 5 AZR 521/03, NZA 04, 1274; BAG 11.10.89 – 5 AZR 585/88, NZA 90, 309). Er muss dabei den **ermäßigten Steuersatz** für außerordentliche Einkünfte **zutreffend berücksichtigen**. Fehler können zu **Schadensersatzansprüchen** des ArbN gegen den ArbGeb nach § 280 BGB führen.

B. Lohnsteuerrecht
Seidel

2 I. Allgemeines. Für bestimmte außerordentliche Einkünfte wird die ESt nach einem **ermäßigten Steuersatz** bemessen (§ 34 Abs 1 EStG). Diese außerordentlichen Einkünfte sind in § 34 Abs 2 EStG ausdrücklich genannt (bestimmte Veräußerungsgewinne, Entschädigungen, Nutzungsvergütungen und Zinsen, Vergütungen für mehrjährige Tätigkeiten und Einkünfte aus außerordentlichen Holznutzungen). Dabei handelt es sich um keine eigene Einkunftsart, sondern um Einkünfte im Rahmen einer der sieben Einkunftsarten des § 2 Abs 1 EStG, zu denen auch die hier darzustellenden Einkünfte aus nichtselbstständiger Arbeit gehören (§ 2 Abs 1 Nr 4 iVm § 19 EStG). Die außerordentlichen Einkünfte sind dadurch gekennzeichnet, dass sie zusammengeballt in einem Kj zufließen. Da die Besteuerung an den Zufluss der Einnahmen anknüpft (s *Lohnzufluss* Rz 2 ff), würden sie ohne die Tarifvorschrift des § 34 EStG zusammen mit den laufenden Einkünften wegen des progressiv gestalteten EStTarifs mit einem höheren Steuersatz belegt, als bei einem über mehrere Jahre verteilten Zufluss. Um dies zu vermeiden, werden diese außerordentlichen Einkünfte rechnerisch aus dem zu versteuernden Einkommen ausgegliedert und ermäßigt besteuert.

3 Seit 1999 ist die Tarifermäßigung für **Vergütungen für eine mehrjährige Tätigkeit** und **für Entschädigungen** identisch. Vorher war die Tarifermäßigung unterschiedlich bemessen (s Personalbuch 1998 Außerordentliche Einkünfte Rz 12 und Rz 13 ff). Nunmehr gilt für beide das Fünftelungsverfahren (s unten Rz 17). Allerdings kann für Gewinne aus Betriebsveräußerungen und -aufgaben seit 2001 anstelle des Fünftelungsverfahrens der halbe Steuersatz in Anspruch genommen werden, ab 2004 56 % des Steuersatzes, mindestens jedoch 15 % (§ 34 Abs 3 EStG); es besteht keine Pflicht des Gesetzgebers zu einer rückwirkenden Regelung (BFH 9.12.02 – X B 28/02, BFH/NV 03, 471). Die Tarifermäßigungen gelten für ArbN nur, wenn sie unbeschränkt stpfl sind bzw auf Antrag als unbeschränkt stpfl zu behandeln sind (§ 1 Abs 3; § 1a; § 50 Abs 1 Sätze 4 und 5 EStG; s *Lohnsteuerberechnung* Rz 7, 8 und *Grenzgänger* Rz 4 ff).

4 II. Tarifermäßigung bei außerordentlichen Einkünften (§ 34 Abs 1 EStG). Die Darstellung wird auf den für ArbN und ArbGeb im Rahmen des LStAbzugs relevanten Bereich der Entschädigungen (unten Rz 5 ff) und der Vergütungen für eine mehrjährige Tätigkeit (unten Rz 13 ff) beschränkt (§ 34 Abs 2 Nr 2 iVm § 24 Nr 1 EStG bzw § 34 Abs 2 Nr 4 EStG). Die übrigen außerordentlichen Einkünfte des § 34 Abs 2 EStG (s oben Rz 2) sind lohnsteuerrechtlich unbeachtlich.

5 1. Entschädigungen nach § 24 Nr 1 EStG. a) Allgemein. Von den in § 24 Nr 1 EStG genannten Entschädigungen kommen für ArbN nur zwei in Betracht, nämlich solche, die gewährt werden als Ersatz für entgangene oder entgehende Einnahmen (§ 24 Nr 1a EStG) oder für die Aufgabe oder Nichtausübung einer Tätigkeit (§ 24 Nr 1b EStG). Die Vorschrift stellt klar, dass die in ihr genannten Einnahmen keine neue selbstständige Einkunftsart bilden, sondern dass diese Ersatzeinnahmen unter dieselbe Einkunftsart fallen, zu der die ursprünglichen Einnahmen, wären sie erzielt worden, gehört hätten (*Schmidt/Wacker* § 24 Rz 2). Der Begriff der Entschädigung setzt in seiner allgemeinen, für die Nr 1a und b des § 24 EStG gleichmäßig geltenden Bedeutung nach der Rspr voraus, dass der Stpfl infolge einer Beeinträchtigung der durch die einzelnen Vorschriften geschützten Güter einen finanziellen Schaden erlitten hat und die Zahlung unmittelbar dazu bestimmt ist, diesen Schaden auszugleichen (BFH 12.2.87, BStBl II 87, 386; s auch EStR 24.1). Die Annahme einer Entschädigung verlangt jedoch, dass das zugrunde liegende Rechtsverhältnis beendet wird; davon kann nicht ausgegangen werden, wenn das bestehende Dienstverhältnis lediglich formal mit einem neuen Arbeitgeber, aber im Übrigen in Bezug auf den Arbeitsbereich, die Entlohnung und unter Wahrung des sozialen Besitzstandes im Wesentlichen unverändert fortgesetzt wird (BFH 10.10.06 – XI B 118/05, BFH/NV 07, 415). Zu Zweifelsfragen im Zusammenhang mit der ertragsteuerlichen Behandlung von Entlassungsentschädigungen s BMF 1.11.13 IV C 4 – S 2290/13/10002; Dok 2013, 0929313, BStBl I 13, 1326; s auch

Außerordentliche Einkünfte 85

Rz 11 f und LStH Anhang 15 mit Berechnungsbeispielen Rz 12; s dort auch (Rz 14–16 mit RsprNachweisen) zu zusätzlichen Leistungen des früheren ArbGeb aus Gründen sozialer Fürsorge, zB weitere unentgeltliche Nutzung des Dienstwagens und betrieblicher Einrichtungen wie Telefon, Büro sowie verbilligter Wohnung oder Zuschüsse zum AlGeld oder zur Altersversorgung.

Zur Frage der Entschädigung bei arbeitnehmerähnlicher Ausgestaltung eines von einem selbständig Tätigen abgeschlossenen Beratungsvertrags s BFH | 10.7.2012 – VIII R 48/09, BStBl 13, 155.

b) Entschädigungen als Ersatz für entgangene oder entgehende Einnahmen (§ 24 **6** Nr 1a EStG) liegen vor, wenn die an die Stelle der entgangenen oder entgehenden Einnahmen tretenden Ersatzleistungen auf einer neuen Rechts- oder Billigkeitsgrundlage beruhen (*HMW*/Außerordentliche Einkünfte Rz 8, 9). Dazu gehören auch vom ArbGeb freiwillig übernommene stpfl Teile der RVBeiträge iSd § 187a SGB VI (s BMF 24.5.04 – IV A 5 – S 2290 – 20/04, BStBl I 04, 505 Rz 21, 22; s auch DStR 04, 1042). Zahlungen zur Erfüllung eines Anspruchs sind keine Entschädigung iSd § 24 Nr 1a EStG, wenn die vertragliche Grundlage bestehen geblieben ist und sich lediglich die Zahlungsmodalität geändert hat (EStH 24.1: Entschädigung iSd § 24 Nr 1a EStG mit Beispielen; BFH 6.11.02 – XI R 2/02, DStRE 03, 599: Trennung bereits erdienter Tantiemen von den Entschädigungen), zB eine laufende Zahlung durch Nachzahlung, Abfindung oder Kapitalisierung ersetzt wird. Als neue Rechtsgrundlage kommen in Betracht: Vertrag, Prozessvergleich, Betriebsvereinbarung (Sozialplan), Rationalisierungsschutzabkommen sowie ArbG-Urteile (*Schmidt/Wacker* § 24 Rz 9). Für die Abgrenzung von vertraglichen Erfüllungsleistungen und Entschädigungen ist der im Aufhebungsvertrag vereinbarte Zeitpunkt der Beendigung des Arbeitsverhältnisses maßgebend (BFH 15.10.03 – XI R 17/02, BStBl II 04, 264). Das zur Ersatzeinnahme führende Ereignis muss weder ohne noch gegen den Willen des Stpfl eingetreten sein (EStH 24.1: Entschädigung iSd § 24 Nr 1a EStG), so dass eine Entschädigung iSd § 24 Nr 1a EStG auch vorliegen kann, wenn der ArbN an dem zum Einnahmeausfall führenden Ereignis mitwirkt bzw Vereinbarungen zum Ausgleich des eingetretenen oder drohenden Schadens schließt. Er muss dann allerdings **unter rechtlichem, wirtschaftlichem oder tatsächlichem Druck** gehandelt haben und darf das schadenstiftende Ereignis nicht aus eigenem Antrieb herbeigeführt haben (s *Schmidt/Wacker* § 24 Rz 6). Werden in einer Abfindungsvereinbarung neben Entschädigungen für künftig entgehende Einnahmen auch Zahlungen einbezogen, die bis zur Beendigung des Dienstverhältnisses zustanden, so sind diese, selbst wenn sie noch nicht fällig sein sollten, als nicht tarifermäßigte Einnahmen von den Entschädigungen ausgenommen. Eine Entschädigung liegt auch vor, wenn der ArbN für die Zeit nach Auflösung des Dienstverhältnisses Beträge erhält, auf die er bei Fortdauer einen Anspruch gehabt hätte, der aber durch die Auflösung zivilrechtlich entfallen ist (BFH 19.10.05 – XI R 24/04, BFH/NV 06, 928).

Einzelfälle. a) Entschädigung iSd § 24 Nr 1a EStG. Stpfl **Abfindungen** wegen vom **7** ArbGeb veranlasster Auflösung eines Dienstverhältnisses ohne Rücksicht auf die formelle Gestaltung des Auflösungsvorgangs (EStH 24.1; s auch *Abfindung* Rz 41 ff), selbst bei Vereinbarung eines **Ersatzanspruchs** vor Beginn des Dienstverhältnisses für den Fall einer betriebsbedingten Kündigung oder Nichtverlängerung des Dienstverhältnisses (BFH 10.9.03 – XI R 9/02, BStBl II 04, 349; s auch BFH 16.6.04 – XI R 55/03, BStBl II 04, 1055 zu tarifvertraglich vereinbarten Vorruhestandsgeldern). Bei Altersteilzeitmodellen ist die Auflösung des Dienstverhältnisses nicht vom ArbGeb veranlasst, wenn die Altersteilzeit bis zum 65. Lebensjahr andauert (LStR 2007 R 9 Abs 2 Satz 4). Eine Entschädigung ist jedoch möglich, wenn die Altersteilzeit vorher endet. Zu Zahlungen nach dem **Altersteilzeitgesetz** s *Altersteilzeit* Rz 26 ff. Zur Änderungskündigung s *Änderungskündigung* Rz 43. Zahlung einer Abfindung für eine **Arbeitszeitreduzierung** (BFH 25.8.09 – IX R 3/09, DStR 09, 2418). **Abgeltung** eines gesetzlichen **Schadensersatzanspruchs** BFH 6.9.06 – XI R 38/04, BFH/NV 07, 408; s auch BFH 6.7.05 – XI R 46/04, BStBl II 06, 55, soweit der Anspruch an die Stelle nicht erzielter Einnahmen tritt (FG Nds 14.3.12 – 4 K 79/10, EFG 12, 1666), auch bei Zahlungen Dritter, zB Schadensersatzleistungen an einen ArbN, weil dieser wegen einer ihm von einem Dritten zugefügten Verletzung sein Dienstverhältnis auflösen muss (*HMW*/Außerordentliche Einkünfte Rz 19). Zahlungen zur **Aufstockung des Transferkurzarbeitergeldes** s FG Düsseldorf 25.10.10 – 11 K 2909/09, EFG 11, 976.

85 Außerordentliche Einkünfte

8 Die **Kapitalisierung von Versorgungsansprüchen** aus der betrieblichen Altersversorgung auf Veranlassung des ArbGeb, falls die Leistung auf einer neuen Rechtsgrundlage beruht, der ArbN sich dem Verlangen des ArbGeb also nicht entziehen kann (BFH 9.7.92, BStBl II 93, 27). Eine Entschädigung liegt auch dann vor, wenn bereits die Versorgungszusage allein dem ArbGeb die Möglichkeit einräumt, Rentenleistungen durch eine Kapitalzahlung abzulösen. Diese Zahlung tritt ersatzweise an die Stelle der monatlichen Pensionszahlungen (BFH 13.12.05 – XI R 55/04, BFH/NV 06, 2042). Unschädlich ist auch, wenn der ArbN in einer späteren Vereinbarung das Angebot des ArbGeb annimmt, die zunächst zugesagten monatlichen Übergangsgelder als Einmalbetrag zu zahlen. Das insoweit eingeräumte Wahlrecht auf Kapitalisierung steht der begünstigten Besteuerung nicht entgegen (BFH 14.5.03 – XI R 12/00, BStBl II 04, 449; s auch BFH 13.12.05 – XI R 55/04, BFH/NV 06, 2042). Ein Gesellschafter-Geschäftsführer steht nicht unter erheblichem rechtlichen, wirtschaftlichen oder tatsächlichen Druck, wenn er seine Versorgungsansprüche aufgibt, um den Verkauf seiner Geschäftsanteile zu ermöglichen (BFH 3.12.03 – XI R 30/02, BFH/NV 04, 1225; s aber auch BFH 10.4.03 – XI R 4/02, BStBl II 03, 748; 15.10.03 – XI R 11/02, BFH/NV 04, 624: Entschädigung, wenn Fortführung der GmbH nicht zumutbar; BFH 4.9.02 – XI R 53/01, BStBl II 03, 177: Zwang zur Liquidation sowie BFH 10.4.03 – XI R 4/02, BStBl II 03, 748: Nichtübernahme der Pensionsverpflichtung durch Erwerber; s hierzu auch *Daragan* DStR 03, 1870; vgl im Übrigen zur Abfindung betrieblicher Versorgungsansprüche bei GmbH-Gesellschaftergeschäftsführern *Langohr-Plato* Inf 01, 257; s auch *Betriebliche Altersversorgung* Rz 176). Der Anspruch auf laufende Versorgungsbezüge fällt weg, stattdessen wird ein Anspruch auf eine wirtschaftlich andere Leistung, die Kapitalisierung, begründet. Dies gilt auch, wenn verfallbare oder unverfallbare Pensionsanwartschaften abgefunden werden und sich der ArbN dem nicht entziehen kann, zB wegen drohender Kündigung oder wenn die Abfindung durch eine ernst zu nehmende wirtschaftliche Gefährdung des Anspruchs veranlasst ist (BFH 14.12.04 – XI R 12/04, BFH/NV 05, 1251: Verzicht auf Witwenpension). Auch eine Abfindung, die der **Pensionssicherungsverein** auf Gegenseitigkeit aufgrund einer Pensionszusage des in Insolvenz gefallenen ArbGeb an den ArbN zahlt (§ 8 Abs 2 BetrAVG), ist eine Entschädigung iSd § 24 Nr 1a EStG (BFH 25.8.93, BStBl II 94, 167). Zum Verzicht eines von einer betrieblichen Altersversorgung ausgenommenen ArbN auf seinen arbeitsrechtlichen Gleichbehandlungsanspruch s FG Köln 15.3.93 – 10 V 254/93, EFG 94, 297.

9 **b) Keine** Entschädigung iSd § 24 Nr 1a EStG. Zahlungen im Zuge eines Betriebsübergangs, bei denen das Arbeitsverhältnis mit teilweise geänderten Konditionen fortgesetzt wird (BFH 10.10.01 – XI R 54/00, BStBl II 02, 181); Zahlungen beim Auslaufen eines **befristeten Dienstvertrags**, da es an einer vom ArbGeb veranlassten Auflösung fehlt; Sonderzahlungen im Rahmen einer konzernweiten **Auslandsversetzung** (FG Köln 8.2.01 – 10 K U 874/96, EFG 01, 570 rkr; Rev unzulässig); **Ablösung künftiger Tantiemeansprüche** bei fortgeführtem Arbeitsverhältnis (BFH 10.10.01 – XI R 50/99, BStBl II 02, 347).

Zahlung einer **Pensionsabfindung**, wenn der ArbN nach Eheschließung zur Herstellung der ehelichen Lebensgemeinschaft das Arbeitsverhältnis kündigt (BFH 21.6.90 – X R 46/86, BStBl II 90, 1020). Die Umwandlung eines Teilbetrags einer Abfindung in eine **Versorgungszusage** stellt mangels Zuflusses keine begünstigt zu besteuernde Entschädigung dar (BFH 22.12.10 – IX B 131/10, BFH/NV 11, 784).

Nachzahlungen eingeklagter Bezüge oder fehlerhaft berechneter Renten stellen keine Entschädigungen dar. Gleiches gilt für Einmalzahlungen des ArbGeb für Erfindungen des ArbN (s *Arbeitnehmererfindung* Rz 30).

10 **c) Entschädigungen für die Aufgabe oder Nichtausübung einer Tätigkeit** (§ 24 Nr 1b EStG) setzen voraus, dass der ArbN (freiwillig oder unfreiwillig) eine Tätigkeit aufgibt oder sich zur Nichtausübung verpflichtet und dafür eine Gegenleistung erhält (*HMW/Außerordentliche Einkünfte* Rz 20), zB bei Vorliegen eines Wettbewerbsverbots (s *Wettbewerbsverbot* Rz 48, 49 und BFH 12.6.96, BStBl II 96, 516; hierzu *Hutter* DStZ 96, 641). Im Gegensatz zur Entschädigung nach § 24 Nr 1a EStG (s oben Rz 6) gilt das Erfordernis einer neuen Rechts- oder Billigkeitsgrundlage für die Leistung der Entschädigung hier nicht (*Schmidt/Wacker* § 24 Rz 36). Sie kann daher bereits auf dem ursprünglichen Arbeitsvertrag beruhen und dort von vornherein festgelegt sein. Allerdings liegt eine Entschädigung nicht vor, wenn sie nicht über das hinausgeht, was dem ArbN ohnehin bis zur Beendigung des

Dienstverhältnisses durch Ablauf des Vertrages oder Ende der gewöhnlichen Kündigungsfrist als Arbeitslohn, Gehalt, Tantieme usw zugestanden hätte (BFH 2.4.76 – VI R 67/74, BStBl II 76, 490; *HMW*/Außerordentliche Einkünfte Rz 20). Aufgabe einer Tätigkeit liegt vor, wenn sie endgültig nicht mehr ausgeübt wird, während die Nichtausübung ein Ruhen ohne endgültige Aufgabe darstellt. Eine Aufgabe der Tätigkeit liegt auch dann vor, wenn nach Beendigung der Tätigkeit beim bisherigen ArbGeb anschließend einer Tätigkeit bei einem anderen ArbGeb nachgegangen wird, denn die Aufgabe des Berufs wird nicht verlangt (BFH 8.8.86, BStBl II 87, 106). Daher reicht es auch aus, wenn einem angestellten Versicherungsvertreter die bisherige Tätigkeit in einem bestimmten Bereich (Bezirk) entzogen wird (BFH 23.1.01 – XI R 7/00, BStBl II 01, 541). Wird die Aufgabe oder Nichtausübung ausschließlich vom ArbGeb veranlasst, zB durch Kündigung, so wird idR auch § 24 Nr 1a EStG anwendbar sein. § 24 Nr 1b EStG kann aber gerade dann eigenständige Bedeutung erhalten, wenn die Aufgabe oder Nichtausübung mit Willen oder Zustimmung des ArbN erfolgt (*HMW*/Außerordentliche Einkünfte Rz 20; s auch *Abfindung* Rz 43) oder wenn die Entschädigung für den Verzicht auf eine mögliche Einkunftserzielung gezahlt wird (BFH 23.1.01 – XI R 7/00, aaO).

d) Außerordentlichkeit. aa) Grundsatz. Nicht alle Entschädigungen nach § 24 Nr 1a **11** und b EStG sind steuerbegünstigt. Es muss eine **Zusammenballung** von Einnahmen vorliegen, die sich bei normalem Ablauf auf mehrere Jahre verteilt hätten. Der Stpfl muss damit unter Einschluss der Entschädigung infolge der Beendigung des Arbeitsverhältnisses im jeweiligen Veranlagungszeitraum insgesamt mehr erhalten, als er bei ungestörter Fortsetzung des Arbeitsverhältnisses erhalten hätte (s FG Köln 11.4.13 6 K 1129/11, juris; Rev Az BFH IX R 33/13). Bei der hypothetischen und prognostischen Ermittlung ist nicht auf die Verhältnisse des Vorjahres abzustellen, wenn die **Einnahmesituation** durch außergewöhnliche Ereignisse (zB variable Gehaltskomponenten) geprägt ist und sich daraus keine Vorhersagen für den unterstellten Verlauf bei Fortsetzung des Arbeitsverhältnisses ableiten lassen (BFH 27.1.10 – IX R 31/09, BStBl II 11, 28; s auch BMF 1.11.13 IV C 4 – S 2290/13/ 10002; Dok 2013/0929313, BStBl I 13, 1326 Rz 8–12 und Rz 5). Eine aus Anlass der Auflösung oder Beendigung eines Arbeitsverhältnisses als Ersatz für entgehende Einnahmen gewährte Entschädigung einheitlich zu beurteilen, auch wenn sie sich in sachlicher oder zeitlicher Hinsicht aus mehreren Teilen zusammensetzt (BFH 11.5.10 – IX R 39/09, BFH/ NV 10, 1801; s auch FG Düsseldorf 5.4.2000 – 13 K 9505/97 E, EFG 2000, 740: Outplacementberatung und Barabfindung als einheitliche Abfindung in verschiedenen Veranlagungszeiträumen). Erzielt ein ehemaliger **Geschäftsführer** weiter als Unterbeteiligter Einkünfte aus der mitunternehmerischen Beteiligung, ist dies bei Abgrenzbarkeit der Einkünfte für die Einordnung der Abfindung als Ersatz für entgehende, also künftig nicht mehr entstehende Einnahmen ohne Bedeutung. Dass Vergütungen im Zusammenhang mit einer vorzeitigen Beendigung des Anstellungsverhältnisses bei einem **Mitunternehmer** umqualifiziert werden, weil die Geschäftsführungstätigkeit mittelbar der Mitunternehmerschaft zugutekommt, ändert an der Abgrenzbarkeit für Zwecke des § 24 Nr 1a EStG nichts (BFH 24.6.09 – IV R 94/06, BFH/NV 09, 1877). Eine Zusammenballung hat der BFH auch dann angenommen, wenn die Entschädigung nur bis zum Jahresende entgangene oder entgehende Einnahmen ersetzt, der Stpfl aber weitere Einkünfte aus nichtselbstständiger Arbeit (von einem anderen ArbGeb) bezieht, die er bei Fortsetzung des bisherigen Arbeitsverhältnisses nicht bezogen hätte, so dass er insgesamt höhere Einkünfte hat als bei regulärem Verlauf des bisherigen Arbeitsverhältnisses (BFH 16.7.97, BStBl II 97, 753). Bezieht er aber keine weiteren Einnahmen, die er bei Fortsetzung des Arbeitsverhältnisses nicht erhalten hätte, fehlt es an einer Zusammenballung (BFH 4.3.98 – XI R 46/97, BStBl II 98, 787). Als Konsequenz aus dieser Rspr sind daher auch **Lohnersatzleistungen,** die ohne Beendigung des Arbeitsverhältnisses nicht gezahlt worden wären und die dem Progressionsvorbehalt (s *Lohnersatzleistungen* Rz 16, 17) unterliegen (AlGeld), bei der Prüfung der Zusammenballung miteinzubeziehen (s BMF 24.5.04 – IV A 5 – S 2290 – 20/04, BStBl I 04, 505 Rz 12 mit Berechnungsbeispielen).

Die **Zahlung** der Entschädigung muss grds **in einem Betrag** erfolgen, wobei es aber **12** ausreicht, wenn die Entschädigung innerhalb eines Kj in mehreren Teilbeträgen geleistet wird, da auch dann die Progressionswirkung abzumildern ist (vgl BFH 4.3.98 – XI R 46/97, BStBl II 98, 787). Beim **Zeitpunkt des Zuflusses** ist demgegenüber eine **steuerwirksame**

85 Außerordentliche Einkünfte

Gestaltung möglich. Dies kann entweder dadurch geschehen, dass die urspr vorgesehene Fälligkeit vor ihrem Eintritt auf einen späteren Zeitpunkt verschoben wird (s BFH 11.11.09 – IX R 1/09, BStBl II 10, 746; IX R 12/09, BeckRS 2009, 250161001 und IX R 13/09, BeckRS 2009, 25016102) oder die Fälligkeit der Abfindung von vornherein auf einen Zeitpunkt im folgenden Kj festgelegt wird, denn der Zweck der Vorschrift, die Progressionswirkung abzumildern, ist auch in diesem Fall erfüllt. Ein Rechtsmissbrauch (§ 42 AO) kommt daher in solchen Fällen regelmäßig nicht in Betracht. Etwas anderes kann mE möglicherweise bei Verträgen mit Ehegatten und nahen Angehörigen gelten (s dazu auch *Familiäre Mitarbeit* Rz 30 ff). Grundsätzlich **nicht** tarifbegünstigt sind Entschädigungen, die dem ArbN in zwei Kj zufließen (BFH 11.5.10 – IX R 39/09, BFH/NV 10, 1801). Eine Berücksichtigung kann allenfalls im Billigkeitsweg in Betracht kommen (BFH 6.9.2000 – XI R 19/00, BFH/NV 01, 431; s auch BFH 28.6.06 – XI R 58/05, BStBl II 06, 835). **Unschädlich** ist esjedoch, wenn der Stpfl nur eine ganz geringfügige Teilleistung erhalten hat und die ganz überwiegende Hauptentschädigungsleistung in einem Betrag ausgezahlt wird, sofern eine Ausnahmesituation in der Progressionsbelastung des Stpfl besteht (BFH 25.8.09 – IX R 11/09, BStBl II 11, 27 und 26.11.11 – IX R 20/10, DStR 11, 853; s auch Rz 5 sowie BFH 9.3.11 – IX R 9/10, BFH/NV 11, 1320 zur Frage, ob eine Zusammenballung vorliegt, wenn sich durch andere negative Einkünfte eine Progressionswirkung nicht ergibt). Das FG Rheinland-Pfalz verneint dies für den Fall von zwei Teilzahlungen in zwei Veranlagungszeiträumen, wenn der kleinere Teil 12,5 % der Abfindung ausmacht (FG Rheinland-Pfalz 24.1.13 6 K 2670/10, EFG 13, 1669; Rev Az BFH IX R 28/13). Ein Zufluss der Entschädigungen in mehreren Veranlagungszeiträumen ist dann unschädlich, wenn die Entschädigungen auf Grund von mehreren, gesonderte und unterschiedliche Zeiträume betreffenden Vereinbarungen gezahlt werden (BFH 6.9.06 – XI R 38/04, BFH/NV 07, 408; s auch BFH 21.1.04 – XI R 40/02 (BStBl II 04, 716; FR 04, 850: Anm *Wendt*). **Ratenzahlungen** über mehrere Jahre führen dagegen ebenso wenig zu einer Steuerermäßigung wie Einmalzahlungen, die nur den Verlust von Einnahmen des Zahlungsjahres ausgleichen sollen. Wird eine Entschädigung für die Aufgabe oder Nichtausübung einer Tätigkeit nur eines Jahres gewährt und auch in diesem Jahr gezahlt, sind insoweit keine außerordentlichen Einkünfte gegeben (BFH 16.3.93, BStBl II 93, 497). An einer Zusammenballung fehlt es auch, wenn **nachträgliche Ausgleichszahlungen** erfolgen, weil in einer Abfindungsvereinbarung geregelte Teile einer Gesamtversorgung wegfallen. Dies hat zur Folge, dass der ermäßigte Steuersatz für die vorhergehende Abfindungszahlung entfällt (OFD Chemnitz 19.4.96, DB 96, 911). Die **Rückzahlung** einer Abfindung ist auch dann erst im Abflussjahr zu berücksichtigen, wenn die Abfindung im Zuflussjahr begünstigt besteuert wurde (BFH 4.5.06 – VI R 33/03, BStBl II 06, 911).

13 **Steuerfreie Einkünfte** sind bei der Anwendung der Steuerermäßigung unbeachtlich. Sie sind keine steuerbaren Entschädigungen iSd § 24 Nr 1 EStG (BFH 11.5.10 – IX R 39/09, BFH/NV 10, 1801). Dabei ist der Freibetrag – falls Zahlungen in mehr als 1 Veranlagungszeitraum bezogen werden – bei der 1. Zahlung zu berücksichtigen. Ein Wahlrecht des ArbN besteht insoweit nicht (BFH 28.6.06 – XI R 58/05, BStBl II 06, 835).

14 **bb) Sonderfälle. Unschädlich** für die Beurteilung der Hauptleistung als zusammengeballte Entschädigung sind in einem späteren Veranlagungszeitraum **aus sozialer Fürsorge erbrachte Entschädigungszusatzleistungen,** die Teil der einheitlichen Entschädigung sind (BFH 11.5.10 – IX R 39/09, BFH/NV 10, 1801; BFH 21.1.04 – XI R 22/03, BFH/NV 04, 1226: Aufzahlung wegen Verlusten bei der Altersversorgung; BFH 21.1.04 – XI R 33/02, BStBl II, 04, 715: Nachbesserung der Hauptentschädigung um 42,3 % durch günstigeren Sozialplan; BFH 14.4.05 – XI R 11/04, BFH/NV 05, 1772: mtl Zuzahlungen zum AlGeld). Die zusätzlichen Entschädigungsleistungen dürfen die Hauptleistung jedoch **betragsmäßig** bei weitem nicht erreichen oder nur so geringfügig sein, dass eine Versagung der Vergünstigung dem Grundsatz der Verhältnismäßigkeit widersprechen würde (BFH 11.5.10 – IX R 39/09, BFH/NV 10, 1801; s auch BFH 21.1.04 – XI R 23/03, BFH/NV 04, 1227 und 23.2.05 – XI R 3/04, BFH/NV 05, 1269: Sachbezüge, die zu einer umfassenden Versorgung führen, sind keine ergänzenden Zusatzleistungen). Bedürftigkeit oder eine nachvertragliche Fürsorgepflicht im arbeitsrechtlichen Sinn sind nicht Voraussetzung (BFH 3.7.02 – XI R 80/00, BStBl II 04, 447). Mit BMF-Schreiben vom 1.11.13 IV C 4 – S 2290/13/10002; Dok 2013, 0929313 Rz 14 (BStBl I 13, 1326) hat die Finanzverwaltung zusätz-

liche Entschädigungsleistungen, die weniger als 50 % der Hauptleistung betragen, als unschädlich angesehen. **Zu beachten** ist aber, dass nur die Hauptentschädigung, nicht jedoch die ergänzenden Entschädigungszusatzleistungen ermäßigt besteuert werden (BFH 6.3.02 – XI R 16/02, BStBl II 04, 446).

Bei **planwidrigem Zufluss in mehreren Kalenderjahren** kann der Korrekturbetrag **15** eines nachfolgenden Kj auf **Antrag** auf das vorhergehende zurückbezogen werden. Dies nimmt der Abfindungserlass bei einer versehentlich zu niedrigen Auszahlung oder einer Nachzahlung nach einem Rechtsstreit an (BMF 1.11.13 IV C 4 – S 2290/13/10002; Dok 2013, 0929313, BStBl I 13, 1326 Rz 16–19; dort auch zur Rückzahlung empfangener Entschädigungen; s auch FG Köln 17.11.04 – 7 K 2006/03, EFG 05, 444 zu vertragswidrig geleisteten Teilzahlungen). Der Tarifermäßigung einer Abfindung wegen der Beendigung eines Arbeitsverhältnisses soll auch nicht entgegenstehen, dass der ArbGeb abredewidrig rund 1,3 % (im Streitfall 1000 €) und damit einen sehr geringen Teil der Abfindung in dem der Hauptleistung vorangehenden Veranlagungszeitraum auszahlt und die Teilleistung nicht aus Gründen der sozialen Fürsorge oder Existenzbedrohung des Empfängers oder wirtschaftlicher Schwierigkeiten des Zahlungsverpflichteten erfolgt (BFH 25.8.09 – IX R 11/09, BFH/NV 09, 2034).

Zur Berücksichtigung und Berechnung der Steuerermäßigung s unten Rz 21, 22. **16**

2. Tarifermäßigung bei Vergütungen für mehrjährige Tätigkeit (§ 34 Abs 1 und 2 17 Nr 4 EStG). a) Allgemein. Wegen des **Zuflussprinzips** (s *Lohnzufluss* Rz 2 ff) werden Entlohnungen für eine mehrjährige Tätigkeit im Jahr der Zahlung den gewöhnlichen Steuersätzen unterworfen. Infolge der progressiven Gestaltung des Steuertarifs kann es zu unbilligen Steuerbelastungen kommen, wenn diese Einkünfte, die wirtschaftlich in mehreren Jahren verdient worden sind, zusammengeballt zufließen. Dem soll die Tarifermäßigung des § 34 Abs 1 EStG entgegenwirken (*HMW*/Außerordentliche Einkünfte Rz 30). Von den Entschädigungen nach § 24 Nr 1a und b EStG unterscheidet sich die Entlohnung für eine mehrjährige Tätigkeit dadurch, dass erstere dazu dienen, einen eingetretenen oder drohenden Schaden aus dem Wegfall von Einkünften auszugleichen (*Schmidt/Wacker* § 34 Rz 39).

b) Voraussetzungen. aa) Mehrjährige Tätigkeit ist gegeben, wenn sie in wenigstens **18** zwei Kj ausgeübt worden ist, unabhängig davon, ob sie jeweils während des ganzen Jahres aufrechterhalten wurde (*Schmidt/Wacker* § 34 Rz 40), so dass auch eine Tätigkeit, die weniger als 12 Monate umfasst, sich aber über zwei Veranlagungszeiträume erstreckt, mehrjährig ist (BFH 14.10.04 – VI R 46/99, BStBl II 05, 289). Diese Rspr hat der Gesetzgeber ab 2007 korrigiert, indem das Gesetz nunmehr einen Mindestzeitraum von 12 Monaten verlangt (§ 34 Abs 2 Nr 4 EStG). Die Zahlung muss Entgelt für die mehrjährige Tätigkeit sein. Dabei kommt es nicht darauf an, dass die Vergütung für eine abgrenzbare Sondertätigkeit gezahlt wird, dass auf sie ein Rechtsanspruch besteht oder dass sie eine zwangsläufige Zusammenballung von Einnahmen darstellt. Auch setzt § 34 Abs 2 Nr 4 EStG nicht voraus, dass der ArbN die Arbeitsleistung erbringt; es genügt, dass der Arbeitslohn für mehrere Jahre gezahlt wird, so dass Vorauszahlungen ebenso wie Nachzahlungen von Arbeitslohn hierunter fallen (s auch EStR 34.4 Abs 1 und 2 sowie EStH 34.4: Arbeitslohn für mehrere Jahre und Vergütung für eine mehrjährige Tätigkeit; s auch *Entgeltnachzahlung* Rz 9 und unten Rz 16). Dazu gehören auch die **Ablösung einer Werkspension** bei Eintritt in den Ruhestand oder eine **Kapitalabfindung für künftige Pensionsansprüche** (*HMW*/Außerordentliche Einkünfte Rz 33) und zwar auch dann, wenn der Ablösungsbetrag einer vom ArbGeb erteilten Pensionszusage auf Verlangen des ArbN zur Übernahme der Pensionsverpflichtung an einen Dritten gezahlt wird (BFH 12.4.07 – VI R 6/02, BStBl II 07, 581). Nicht dazu gehören vereinbarte und regelmäßig ausgezahlte **Tantiemen,** deren Höhe erst nach Ablauf des Wirtschaftsjahres festgestellt werden kann. Es handelt sich nicht um die Abgeltung einer mehrjährigen Tätigkeit (EStH 34.4: Außerordentliche Einkünfte iSd § 34 Abs 2 Nr 4 iVm § 34 Abs 1 EStG Nr 2). Dies gilt auch, wenn das Wirtschaftsjahr vom Kj abweicht und die Tantieme deswegen zwei Kj betrifft, da hier keine Zusammenballung angenommen werden kann (s aber *Schmidt/Wacker* § 34 Rz 40). Dagegen ist die Tarifvorschrift anzuwenden, wenn dem ArbN Tantiemen für mehrere (Wirtschafts-)Jahre in einem Kj zusammengeballt zufließen (EStH 34.4 Außerordentliche Einkünfte iSd § 34 Abs 2 Nr 4 iVm § 34 Abs 1 EStG Nr 1). Zu **Aktienoptionen** s *Aktienoptionen* Rz 39 und BFH VI R 59/05, BFH/NV 08, 779. Der Tarifermä-

85 Außerordentliche Einkünfte

ßigung für Vorteile aus Aktienoptionsprogrammen steht nicht entgegen, dass wiederholt Optionen eingeräumt werden bzw die Option nicht auf einmal ausgeübt wird (BFH 19.12.06 – VI R 159/01, BFH/NV 07, 696 und VI R 136/01, BStBl II 07, 456; 15.3.07 – VI R 3/03, BFH/NV 07, 1301) oder die Bezugsberechtigung von einer Leistungsbeurteilung des jeweiligen Vorgesetzten abhängt, durch die das Bezugsrecht auf einen Teil der Belegschaft begrenzt wird (BFH 19.12.06 – VI R 24/01, BFH/NV 07, 881). Nicht dazu gehören auch Vergütungen für eine **Arbeitszeitreduzierung** (FG Bln-Bbg – 11 K 1839/05, DStRE 09, 910, offen gelassen BFH 25.8.09 – IX R 3/09, DStR 09, 2418).

19 **Jubiläumszahlungen** sind regelmäßig tarifbegünstigt, da sie für eine mehr als zwölfmonatige Tätigkeit geleistet werden. Diese Voraussetzungen erfüllen Zuwendungen anlässlich eines Betriebsjubiläums nicht, wenn sie ohne Rücksicht auf die Dauer der Betriebszugehörigkeit gezahlt werden (EStH 34.4: Jubiläumszuwendungen). Wird die Zuwendung auch nach der Dauer der Betriebszugehörigkeit bemessen, kann insoweit Entgelt für eine mehrjährige Tätigkeit gegeben sein (BFH 3.7.87, BStBl II 87, 820; s auch Personalbuch 2013 *Jubiläumszahlung* Rz 11 und *Einmalzahlung* Rz 31 ff). Seit 1999 sind Jubiläumszahlungen voll stpfl. Auch eine Jubiläumszahlung, die nach Zahlung einer Entlassungsentschädigung in einem späteren Jahr gezahlt wird, kann eine unschädliche Zusatzleistung (s oben Rz 11) sein (BFH 14.5.03 – XI R 23/02, BStBl II 04, 451). Zu **Arbeitnehmererfindung** s *Arbeitnehmererfindung* Rz 31. Zu Verbesserungsvorschlägen s *Verbesserungsvorschläge* Rz 12. Zu Leistungen aus betrieblichen Unfallversicherungen s BMF 28.10.09 – IV C 5 – S 2332/09/10004, Dok 2009/0690175, BStBl I 09, 1275 Tz 2.1.2).

20 **bb) Zusammenballung von Einnahmen** erfordert die Zahlung der Vergütung in einem Kj, auch wenn sie in mehreren Teilbeträgen erfolgt. In besonders gelagerten Ausnahmefällen kann eine Anwendung der Tarifermäßigung in Betracht kommen, wenn die Vergütung dem ArbN aus wirtschaftlich vernünftigen Gründen nicht in einem, sondern in zwei Kj in Teilbeträgen zusammengeballt ausgezahlt wird (EStH 34.4: Außerordentliche Einkünfte iSd § 34 Abs 2 Nr 4 iVm § 34 Abs 1 EStG Nr 3). Generell müssen für die Zusammenballung von Einnahmen wirtschaftlich vernünftige Gründe vorliegen, die sowohl in der Person des ArbN wie des ArbGeb liegen können (*Schmidt/Wacker* § 34 Rz 42 mwN). Eine willkürliche, wirtschaftlich nicht gerechtfertigte Zusammenballung, zB lediglich aus Gründen der Steuerersparnis oder Nachzahlung mit der Begründung, die bisherigen Vergütungen seien unzureichend gewesen, schließt die Tarifermäßigung aus. Die Nachzahlung von Arbeitslohn ist aber dann tarifbegünstigt, wenn der ArbGeb in einem früheren Kj Lohnteile zunächst zurückbehalten hat oder zahlungsunfähig war (*HMW*/Außerordentliche Einkünfte Rz 118). § 34 Abs 2 Nr 4 EStG ist auch auf die Nachzahlung von Versorgungsbezügen anwendbar. Handelt es sich bei den laufenden und den außerordentlichen Bezügen um Versorgungsbezüge (s *Altersgrenze* Rz 17 ff), kann der Versorgungsfreibetrag nach § 19 Abs 2 EStG nur einmal abgezogen werden. Er ist zunächst bei den nicht nach § 34 EStG begünstigten Einkünften zu berücksichtigen. Nur soweit er dabei noch nicht verbraucht ist, ist er bei den begünstigten Einkünften abzuziehen (EStR 34.4 Abs 3). Dem steht nicht entgegen, dass bezogen nur auf die laufenden Einkünfte der 40 %-Betrag überschritten wird, denn maßgeblich für die Bemessung des Versorgungsfreibetrags ist die Gesamtgröße (OFD Frankfurt 20.1.2000 – S 2290 A – 16 – St II 25, FR 2000, 846 mit Beispielen).

21 **3. Steuerermäßigung.** Die begünstigten Einkünfte ergeben sich aus den Einnahmen abzüglich der sachlich unmittelbar damit in Zusammenhang stehenden Werbungskosten, auch wenn sie bereits in einem der Vereinnahmung vorausgehenden Besteuerungszeitraum angefallen sind (BFH 26.8.04 – IV R 5/03, BStBl II 05, 215; s auch *Paus* DStZ 05, 266; s auch EStR 34.1 Abs 4 Satz 2). Der ArbNPauschbetrag (s *Werbungskosten* Rz 20) kann insgesamt nur einmal abgezogen werden, wenn daneben noch laufender Arbeitslohn zufließt und keine höheren Werbungskosten geltend gemacht werden. Der ArbNPauschbetrag ist bei den außerordentlichen Einkünften erst zu berücksichtigen, wenn tariflich voll zu besteuernde Einnahmen dieser Einkunftsart (nichtselbstständige Arbeit) nicht mehr zur Verfügung stehen, dh es hat ein vorrangiger Abzug beim laufenden Arbeitslohn zu erfolgen (vgl BFH 29.10.98 – XI R 63/97, BStBl II 99, 558). Die **Steuer** auf die begünstigten Einkünfte beträgt das Fünffache des Unterschiedsbetrages zwischen der ESt für das um diese Einkünfte verminderte zu versteuernde Einkommen und der ESt für das verbleibende zu versteuernde

Außerordentliche Einkünfte 85

Einkommen zuzüglich eines Fünftels der begünstigten Einkünfte (§ 34 Abs 1 EStG). Zu diesem Zweck ist zunächst die ESt für das zu versteuernde Einkommen des Kj ohne die begünstigten Einkünfte zu ermitteln. Sodann ist die ESt zu errechnen, die sich unter Einbeziehung eines Fünftels der Einkünfte iSd Vorschrift ergibt (bei diesen Berechnungen sind dem **Progressionsvorbehalt** gem § 32b EStG unterliegende Einkünfte in voller Höhe zu berücksichtigen, vgl BFH 22.9.09 – IX R 93/07, BFH/NV 10, 296; zum Zusammentreffen positiver bzw negativer Progressionsvorbehalt und Steuerbegünstigung vgl BFH 15.11.07 – VI R 66/03, BStBl II 08, 375 und BFH 17.1.08 – VI R 44/07, BFH/NV 08, 666 und BFH 11.12.2012 – IX R 23/11, DB 13, 614: Treffen negativer Progressionsvorbehalt und die daneben anwendbare Tarifermäßigung zusammen, wirkt sich der negativer Progressionsvorbehalt bei der Ermittlung des Steuerbetrags nach § 34 Abs 1 S 3 EStG aufgrund des anzuwendenden niedrigeren Steuersatzes steuermindernd aus).; s auch *Lohnersatzleistungen* Rz 16 und *Siegel* BB 04, 914). Zur Tarifbegrenzung bei Gewinneinkünften nach § 32c EStG idF für den VZ 2007 im Zusammenhang mit außerordentlichen Einkünften gemäß § 34 EStG s OFD Münster 24.8.10 – Kurzinfo ESt 14/2009, DB 10, 2025. Es ist nicht zulässig, dieses Fünftel um den Betrag beschränkt abziehbarer **Sonderausgaben** zu kürzen, der sich bei der Berechnung der ESt für das verbleibende zu versteuernde Einkommen nicht ausgewirkt hat (BFH 2.9.08 – X R 15/06, BFH/NV 09, 138). Der sich ergebende Unterschiedsbetrag zwischen beiden Steuerbeträgen ist zu verfünffachen und der sich ergebende Betrag der ESt hinzuzurechnen, die für das zu versteuernde Einkommen ohne die begünstigten Einkünfte ermittelt wurde (zur Berücksichtigung und Berechnung im LStAbzugsverfahren s unten Rz 18).

Zu der durch das StEntLG 1999/2000/2002 eingeführten Fünftelungsregelung für 1998 s auch *Abfindung* Rz 41.

III. Verfahren. Über die Tarifermäßigungen des § 34 Abs 1 EStG wird grds erst im 22 EStVeranlagungsverfahren entschieden, das ggf zu beantragen ist (§ 46 Abs 2 Nr 8 EStG; s auch *Antragsveranlagung* Rz 2 und unten Rz 19). Nachdem zunächst durch das StSenkG die Unwiderruflichkeit des Antrags auf Anwendung der Fünftelungsregelung gem § 34 Abs 1 EStG gestrichen wurde, ist seit 2002 kein Antrag mehr erforderlich, um in den Genuss der günstigeren Besteuerung (Fünftelungsregelung oder normale Besteuerung) zu kommen. Die EDV-Programme berücksichtigen vAw die günstigere Regelung (§ 34 Abs 1 Satz 1 EStG). LStRechtlich stellen die dargestellten Entschädigungen und Vergütungen für mehrjährige Tätigkeit sonstige Bezüge dar. Bei der **Einbehaltung der Lohnsteuer** hat der ArbGeb sowohl bei Entschädigungen als auch bei Entlohnungen für eine mehrjährige Tätigkeit den sonstigen Bezug mit einem Fünftel auszusetzen und den hierauf entfallenden Betrag zu verfünffachen (§ 39b Abs 3 Satz 9 EStG). Zur Ermittlung der LSt s *Sonstige Bezüge* Rz 4–10 und LStR 39b.6 Abs 5. Hat der ArbGeb zunächst die volle LSt (bewusst oder unbewusst) einbehalten, kann er dies im Rahmen des § 41c Abs 1 Nr 2 EStG (s *Lohnsteuerberechnung* Rz 24–26) ändern. Das gilt auch, wenn er die LSt unzutreffenderweise zu niedrig einbehalten hat. Zur Günstigkeitsprüfung zwischen Anwendung der Fünftelungsregelung und der Besteuerung als nicht begünstigter sonstiger Bezug s BMF 10.1.2000 – IV C 5 – S 2330 – 2/00 (DStR 2000, 157 Tz 2). Zur Anwendung der Fünftelungsregelung im LStAbzugsverfahren bei negativem Jahresarbeitslohn s BMF 27.1.04 – IV C 5 – S 2000 – 2/04, BStBl I 04, 173 Tz IV 3. Zur Berücksichtigung im Rahmen der Vorsorgepauschale im Jahr 2009 s *Lohnsteuertabellen* Rz 20.

Beim LStJahresausgleich durch den ArbGeb (s *Lohnsteuerjahresausgleich* Rz 3 ff) bleiben 23 diese ermäßigt zu besteuernden Bezüge außer Ansatz, wenn nicht der ArbN ihre Einbeziehung beantragt (§ 42b Abs 2 Satz 2 EStG). Wird ein solcher Antrag gestellt, wird die Tarifermäßigung nicht gewährt, denn diese kann nur im Rahmen einer (zu beantragenden) EStVeranlagung angesetzt werden. Ist allerdings die LSt gem § 39b Abs 3 Satz 9 EStG ermittelt worden (s oben Rz 22) ist nunmehr eine Veranlagung vAw durchzuführen (§ 46 Abs 1 Nr 5 EStG).

C. Sozialversicherungsrecht   *Schlegel*

1. Allgemeines. Die SozV und ArblV verwenden den spezifisch steuerrechtlichen Begriff 26 der außerordentlichen Einkünfte nicht. § 34 EStG enthält für außerordentliche Einkünfte

86   Auswahlrichtlinie

eine Tarifvorschrift, die keine neue Einkunftsart schafft, sondern für Einkunftsarten des § 2 Abs 1 EStG die Progressionswirkung abmildert, wenn die betreffenden Einkünfte nicht als laufend bezogene Einkünfte (zB laufendes Arbeitsentgelt), sondern als außerordentliche, nicht regelmäßig erzielbare Einkünfte zur Auszahlung gelangen, wie dies zB bei Entlassungsentschädigungen/Abfindungen, Veräußerungsgewinnen der Fall sein kann. Würden laufende und außerordentliche Einkünfte unterschiedslos behandelt, würden auch die laufenden Einkünfte von der durch die außerordentlichen Einkünfte ausgelösten Progressionswirkung erfasst und entsprechend höher besteuert, ohne dass eine nachhaltige Erhöhung der Leistungsfähigkeit eingetreten ist (*Schmidt/Seeger* EStG § 34 Anm 1).

27   **Lineare Beitragssätze,** wie sie in der SozV und ArblV gelten, lassen ein derartiges Bedürfnis zur Milderung der Progressionswirkung erst gar nicht entstehen. **Laufendes Arbeitsentgelt** ist stets mit dem Beitragssatz zur Beitragsentrichtung heranzuziehen, der in demjenigen Entgeltabrechnungszeitraum galt, für den das laufende Arbeitsentgelt gezahlt, dh in dem es erarbeitet worden ist. Dies gilt auch dann, wenn laufendes Arbeitsentgelt in Form einer Nachzahlung zur Auszahlung gelangt (s *Entgeltnachzahlung* Rz 12 ff).

28   **Beitragsfreiheit** kommt nur dann in Betracht, wenn das laufende Arbeitsentgelt die anteilige Beitragsbemessungsgrenze desjenigen Abrechnungszeitraumes übersteigt, in dem es erarbeitet wurde (s *Beitragsbemessungsgrenzen* Rz 6).

29   **Einmalig gezahltes Arbeitsentgelt** unterliegt ebenfalls dem allgemein geltenden (linearen) Beitragssatz. Eine dem § 34 EStG vergleichbare Reduzierung der Beitragsbelastung findet nicht statt. Auch hier kommt Beitragsfreiheit nur bei Überschreiten der maßgeblichen Beitragsbemessungsgrenzen in Betracht.

30   **2. Anwendung des § 34 EStG in der Sozialversicherung und Arbeitslosenversicherung.** Die nach § 34 EStG zulässige Milderung der Progressionswirkung (ermäßigter Steuersatz) schlägt auf das Recht der SozV und ArblV durch, wenn es darum geht, ausgezahlte Nettoarbeitsentgelte in entsprechendes Bruttoarbeitsentgelt umzurechnen, sofern es sich um Ansprüche des ArbN handelt, die steuerrechtlich als außerordentliche Einkünfte iSd § 34 EStG anzusehen sind.

Auswahlrichtlinie

A. Arbeitsrecht
Kania

1   **1. Begriff.** Auswahlrichtlinien sind abstrakt-generelle Grundsätze, die allgemein oder für bestimmte Arten von Tätigkeiten oder Arbeitsplätze festlegen, welche Voraussetzungen bei der Durchführung von personellen Einzelmaßnahmen vorliegen müssen oder nicht vorliegen dürfen (*Fitting* § 95 Rz 7). Schriftlich abgeschlossene Auswahlrichtlinien bzw solche, die auf einem Spruch der Einigungsstelle beruhen, sind regelmäßig Betriebsvereinbarungen. **Schriftform** ist allerdings nicht vorgeschrieben, so dass Auswahlrichtlinien auch als formlose Regelungsabreden vereinbart werden können (ErfK/*Kania* § 95 BetrVG Rz 5). Auch **Einzelfallregelungen,** etwa Punkteschemata zur Sozialauswahl bei betriebsbedingten Kündigungen im Rahmen einer konkret anstehenden Betriebsänderung, sind Auswahlrichtlinien (BAG 26.7.05 – 1 ABR 29/04, DB 05, 2530; aA LAG NdS 18.10.94, DB 95, 2375).

2   **2. Mitbestimmung des Betriebsrats.** § 95 Abs 1 BetrVG sieht ein Mitbestimmungsrecht des BRat bei **Betrieben mit bis zu 500 ArbN** nur vor, wenn der ArbGeb, der je nach seinem Ermessen handeln kann und das alleinige Initiativrecht hat, Auswahlrichtlinien aufstellen will. Entschließt sich der ArbGeb dafür, bedarf sowohl die Aufstellung an sich als auch der Inhalt der Auswahlrichtlinien der Zustimmung des BRat. Zur Feststellung der erforderlichen Betriebsgröße ist dabei auf die regelmäßige Zahl von ArbN abzustellen (ErfK/*Kania* § 95 BetrVG Rn 6). **In Betrieben mit mehr als 500 ArbN** sieht § 95 Abs 2 BetrVG ein Initiativrecht des BRat vor, so dass im Falle der Nichteinigung Auswahlrichtlinien über die Einigungsstelle erzwungen werden können. Das Mitbestimmungsrecht des BRat bzw die Regelungsbefugnis der Betriebspartner ist **inhaltlich beschränkt:** Selbstverständlich dürfen Auswahlrichtlinien zwingendes Gesetzesrecht nicht missachten. Überdies haben die Betriebspartner die Grundsätze des § 75 BetrVG zu beachten, insbes die darin geregelten Diskri-

minierungsverbote und den arbeitsrechtlichen Gleichbehandlungsgrundsatz (*Fitting* § 95 Rz 18). Bei Einstellungen, Versetzungen und Umgruppierungen können Auswahlrichtlinien den fachlichen Bereich (zB Anforderungsprofil), den persönlichen Bereich (zB Zuverlässigkeit, Anforderungen aus arbeitsmedizinischer Sicht, Testergebnisse, betriebliche Beurteilungen) und den sozialen Bereich (zB Berücksichtigung von Unterhaltspflichten oder Dauer der Betriebszugehörigkeit) regeln. Im Hinblick auf Art 12 Abs 1 GG darf die Ausübung des Mitbestimmungsrechts grds nicht dazu führen, dass das Auswahlermessen des ArbGeb völlig aufgehoben wird. Deshalb muss etwa bei der Verwendung von Punktesystemen dem ArbGeb im Rahmen der zwingenden Mitbestimmung eine bestimmte Anzahl von Punkten verbleiben, über deren Verwendung er allein entscheiden kann (BAG 27.10.92 – 1 ABR 4/92, NZA 93, 608). Besondere Bedeutung kommt Auswahlrichtlinien gem § 1 Abs 4 KSchG zur Erleichterung der **Sozialauswahl bei betriebsbedingten Kündigungen** zu (dazu ausführlich *Kündigung, betriebsbedingte* Rz 42 ff und *Kündigungsschutz* Rz 75).

3. Streitigkeiten. Bestehen Streitigkeiten über Inhalt und Umfang des Mitbestimmungsrechts, werden diese vom ArbG im Beschlussverfahren entschieden. Bleibt eine Einigung zwischen ArbGeb und BRat über den zweckmäßigen Inhalt der Auswahlrichtlinie im Rahmen der gesetzlichen Vorschriften aus, entscheidet die Einigungsstelle verbindlich. Diese kann im Falle des § 95 Abs 1 BetrVG nur durch den ArbGeb, im Falle des Abs 2 sowohl durch den ArbGeb als auch durch den BRat angerufen werden. Die Nichtbeachtung des Mitbestimmungsrechts ist zusätzlich durch § 99 Abs 2 Nr 2 und § 102 Abs 3 Nr 2 BetrVG sanktioniert; diese Vorschriften sehen ein Widerspruchsrecht des BRat bei personellen Einzelmaßnahmen unter Nichtbeachtung von Auswahlrichtlinien vor. Zudem steht dem BRat ein **Unterlassungsanspruch** zu, wenn der ArbGeb das Mitbestimmungsrecht des BRat zB durch Anwendung einseitig aufgestellter Richtlinien verletzt (BAG 26.7.05 – 1 ABR 29/04, DB 05, 2530). Dieser Anspruch kann auch im Wege der einstweiligen Verfügung geltend gemacht werden (*Fitting* § 95 Rz 31). Er kann nur auf die Nichtanwendung einseitig vom ArbGeb aufgestellter Richtlinien gerichtet werden (so *Rossa/Salamon* NJW 08, 1991), nicht dagegen auf die Unterlassung des Ausspruchs betriebsbedingter Kündigungen vor Abschluss des Mitbestimmungsverfahrens. Ansonsten hätte, wie sich aus § 102 Abs 3 Nr 2 BetrVG ergibt, die nicht ausgeübte Mitbestimmung eine stärkere Wirkung als die vereinbarte Auswahlrichtlinie. Macht der BRat seine Rechte nicht geltend, führt die Verwendung einseitig aufgestellter Auswahlrichtlinien nicht zur Unwirksamkeit nachfolgender personeller Einzelmaßnahmen (*Fitting* § 95 Rz 32; *ErfK/Kania* § 95 Rz 18).

4. Muster. S Online-Musterformulare „*M29 Interessenausgleich*".

B. Lohnsteuerrecht *Seidel*

Die Beteiligung des BRats an der Erstellung von Auswahlrichtlinien gem § 95 BetrVG hat keine unmittelbare lohnsteuerrechtliche Bedeutung. Hinsichtlich der lohnsteuerlichen Auswirkungen bei Einstellung s *Einstellung* Rz 13, bei Versetzung s *Versetzung* Rz 32, bei Umgruppierung s *Umgruppierung* Rz 10 und bei Kündigung s *Kündigung* Rz 82, *Kündigung, außerordentliche* Rz 95, *Kündigungsschutz* Rz 149.

C. Sozialversicherungsrecht *Schlegel*

Zu **Einschränkungen des Arbeitgebers bei Stellenangeboten für Arbeitslose** gegenüber der BA vgl § 36 Abs 2 SGB III (Einzelheiten *Personalauswahl* Rz 34).

Befreiung von der Versicherungspflicht

A. Arbeitsrecht
Griese

1. Grundsatz. Arbeitsverhältnisse sind grundsätzlich sozialversicherungspflichtig. Der ArbGeb ist diesbezüglich in eine besondere Verantwortung gestellt, weil er den zutreffenden GesamtSozVBeitrag – nicht nur die auf ihn entfallenden ArbNAnteile – ordnungsgemäß abführen muss und hierfür gegenüber der SozV haftet. **Denn Beitragsschuldner** gegenüber der SozV ist gem §§ 28d, 28e SGB IV, 253 SGB V, 174 Abs 1 SGB VI **allein der ArbGeb.** Der ArbGeb hat daher unter zutreffender Berücksichtigung von Befreiungstatbeständen seinen Anteil am SozVBeitrag zusammen mit dem Beitragsanteil des ArbN an die Krankenkasse als Einzugstelle des GesamtSozVBeitrages zu überweisen

2. Befreiungstatbestände. Zu den Befreiungstatbeständen gehören gesetzliche Befreiungen, etwa für die gesetzliche KV in § 6 SGB V, für die gesetzliche RV in § 5 SGB VI und für die Geringfügige Beschäftigung in § 7 SGB V. Darüber hinaus sind Befreiungen auf Antrag in gesetzlich definierten Fällen möglich, etwa in § 8 SGB V oder in § 6 SGB VI.

3. Arbeitsrechtliche Folgen. Für die **richtige Berechnung und Abführung der SozVBeiträge** haftet der ArbGeb der SozV ebenso wie dem ArbN (Näheres: *Sozialversicherungsbeiträge* Rz 3–13 und *Beitragsbemessungsgrenzen* Rz 2). Dies schließt ein, Befreiungstatbestände richtig anzuwenden. Der ArbGeb muss daher im Einzelnen sorgfältig prüfen, ob ein Befreiungstatbestand vorliegt und welche Reichweite er ggf hat. Fehler hierbei können einerseits zu Nachforderungen des SozVTrägers führen, wenn zu Unrecht von einer Befreiung ausgegangen wurde. Sie können andererseits zu Rückabwicklungsansprüchen (s *Bruttolohnvereinbarung* Rz 5) und zu **Schadensersatzansprüchen nach § 280 BGB** des ArbN führen.

Die Feststellung des Vorliegens oder Nichtvorliegens von Befreiungstatbeständen ist für den ArbGeb im eigenen Interesse dringend geboten, da der ArbGeb regelmäßig keine Möglichkeit hat, bei Nachforderung der SozVTräger die ArbNAnteile zur SozV für die länger als drei Monate zurückliegenden Abrechnungsmonate vom ArbN zurückzuerhalten, wenn das Vertragsverhältnis noch besteht; ist es beendet, hat er überhaupt keinen Rückerstattungsanspruch (s § 28g Satz 2 u 3 SGB IV sowie *Bruttolohnvereinbarung* Rz 5 ff und ferner BAG 14.1.88 – 8 AZR 238/85, DB 88, 1550). Denn nach § 28g Satz 2 SGB IV kann der Beitragsanteil des ArbN nur in engen zeitlichen Grenzen und **nur durch Abzug vom Arbeitsentgelt** geltend gemacht werden. Eine separate zB klageweise Geltendmachung ist daher nicht möglich. Nach § 28g Satz 3 SGB IV darf ein unterbliebener Beitragsabzug **nur bei den drei nächsten Lohn- und Gehaltszahlungen nachgeholt werden**, danach nur dann, wenn den ArbGeb an dem ganz oder teilweise unterbliebenen Beitragsabzug kein Verschulden trifft (BAG 30.4.08 – 5 AZR 725/07, NZA 08, 884).

Den Vorwurf fahrlässigen Verhaltens wird der ArbGeb idR nur entkräften können, wenn er in Zweifelsfällen eine **Auskunft des SozVTrägers eingeholt hat.**

Die gesetzliche Versicherungspflicht steht nicht zur Disposition von ArbGeb und ArbN. Endet zB eine Versicherungsbefreiung in der RV, muss der ArbGeb den RVBeitrag an den gesetzlichen RVTräger als Teil des GesamtSozVBeitrages zahlen. Es besteht keine Möglichkeit, einen anderen Träger der RV (zB berufsständisches Versorgungswerk) zu bestimmen (BAG 15.11.12 – 8 AZR 146/10, NZA 13, 568).

B. Lohnsteuerrecht
Windsheimer

1. Befreiung von der RVPflicht. a) Zur steuerlichen Behandlung von Zuschüssen des ArbG zu anderen Versorgungseinrichtungen für von der Versicherungspflicht in der gesetzlichen RV befreite AN s *Rentenversicherungsbeiträge* Rz 6. Zum Sonderausgabenabzug für den ArbNBeitrag s *Rentenversicherungsbeiträge* Rz 2, *Sonderausgaben* Rz 7 ff.

b) Zur LSt bei geringfügiger Beschäftigung s *Geringfügige Beschäftigung* Rz 21. Seit dem 1.1.13 besteht grds Versicherungspflicht in der RV, mit der Möglichkeit, sich hiervon befreien zu lassen s *Rentenversicherungsfreiheit* Rz 8.

90 Befreiung von der Versicherungspflicht

11 **2. Befreiung von der KV- und PflegeVPflicht.** Zuschüsse des ArbG zu einer freiwilligen KV/PflegeV für den von der KV-/PflegeVPflicht befreiten ArbN sind steuerfrei, soweit der ArbG dazu nach SozVersrechtlichen oder anderen gesetzlichen Vorschriften oder nach einer auf gesetzlicher Ermächtigung beruhender Bestimmung verpflichtet ist (§ 3 Nr 62 Satz 1 EStG, s R 3.62 Abs 1 Satz 1 LStR, HMW/KV Rz 10, 15) s auch *Krankenversicherungsbeiträge* Rz 7 ff. Zum Sonderausgabenabzug für den ArbNBeitrag s *Sonderausgaben* Rz 7 ff.

C. Sozialversicherungsrecht *Ruppelt*

15 **I. Allgemeines.** Die Befreiung von der Versicherungspflicht auf Antrag setzt eine grundsätzlich bestehende Versicherungspflicht in den einzelnen Zweigen der gesetzlichen Sozialversicherung voraus (s *Krankenversicherungspflicht* Rz 3 ff; *Pflegeversicherungspflicht* Rz 3 ff; *Rentenversicherungspflicht* Rz 3 ff). Eine Antragsbefreiung von der Arbeitslosenversicherungspflicht ist grds nicht möglich. Eine Ausnahme stellt das bis 31.12.14 geltende Übergangsrecht des § 444 Abs 1 Satz 1 SGB III zu den am 31.12.12 ausgeübten versicherungspflichtigen und danach geringfügigen Beschäftigungsverhältnissen dar (s unten Rz 38 u *Schlegel* Gesetz zur Änderung der geringfügigen Beschäftigung, jurisPR-SozR 1/2013 Anm. 1). Zur Arbeitslosenversicherungspflicht auf Antrag s *Arbeitslosenversicherungspflicht* Rz 37 ff. Die Befreiung wirkt grds nur für den Zweig der Sozialversicherung, für den sie ausgesprochen worden ist. Etwas anderes gilt nur im Verhältnis Krankenversicherung/Pflegeversicherung. Aus der Befreiung von der KVPflicht folgt Versicherungsfreiheit in der sozialen PflegeV (dies führt allerdings idR zur Verpflichtung zum Abschluss eines privaten PVVertrages, s *Pflegeversicherungspflicht* Rz 11 ff).

16 **II. Gesetzliche Krankenversicherung. 1. Grundsätze der Befreiung.** Die Befreiungstatbestände des § 8 SGB V ermöglichen es bestimmten Personengruppen auf Antrag die gesetzliche KVPflicht zu vermeiden. Ebenso wie die Ausnahmen von der KVPflicht kraft Gesetzes nach §§ 6, 7 SGB V (s *Krankenversicherungspflicht* Rz 21) führt die Befreiung zur Vermeidung einer im Prinzip gegebenen KVPflicht (meist wegen abhängiger Beschäftigung). Sinn und Zweck der Befreiung ist die **Vermeidung von Brüchen im Versicherungsverhältnis**. Wer bisher privat versichert ist, soll durch die in § 8 SGB V beschriebenen tatsächlichen Änderungen im Beschäftigungsverhältnis nicht in die gesetzliche KV gezwungen werden. Daher kommt die Befreiung auch nur für den in Betracht, der durch die in § 8 beschriebenen Tatbestände „versicherungspflichtig wird". Eine unmittelbar zuvor bestehende Versicherungspflicht in der gesetzlichen KV schließt eine Befreiung aus (vgl *Peters* Zum Recht auf Befreiung von der Versicherungspflicht in der gesetzlichen Krankenversicherung der Rentner nach § 8 Abs 1 Nr 4 SGB V, NZS 2012, 326).

17 **2. Wirkung.** Die Befreiung von der Versicherungspflicht wirkt tatbestandsbezogen grundsätzlich (nur) auf das jeweilige Versicherungspflichtverhältnis (idR die Beschäftigung), aufgrund dessen die Befreiung herbeigeführt worden ist. Sie wirkt so lange der für die Befreiung maßgebliche Tatbestand ununterbrochen fortbesteht und ohne die Befreiung Versicherungspflicht bewirken würde und schließt nach § 6 Abs 3 Satz 1 SGB V im Regelfall eine zeitgleiche Versicherungspflicht aufgrund anderer Sachverhalte aus. Versicherungspflicht oder Versicherungsfreiheit erwachsen als gesetzliche Rechtsfolgen allein aus den Merkmalen des jeweiligen Beschäftigungsverhältnisses; sie haben allein darin ihren Entstehungsgrund und finden demgemäß darin auch ihre Begrenzung. (BSG 25.5.11 – B 12 KR 9/09 R, Die Beiträge Beilage 2011, 361)

18 **3. Befreiungstatbestände.** Auf Antrag wird von der Versicherungspflicht befreit (§ 8 Abs 1 SGB V), wer versicherungspflichtig wird:

19 • wegen **Erhöhung** der JAEGrenze des § 6 Abs 6 Satz 2 oder Abs 7 SGB V (§ 8 Abs 1 Nr 1 SGB V). Wer wegen Überschreitens der JAEGrenze nach § 6 Abs 1 Nr 1 SGB V versicherungsfrei war (s *Krankenversicherungspflicht* Rz 5), soll nicht allein durch die Erhöhung der JAEGrenze in die gesetzliche KV gezwungen werden. Gerät der ArbN (allein oder auch) wegen Herabsetzung des Entgelts unter die JAEGrenze, besteht kein Befreiungsrecht;

20 • durch den **Bezug von Arbeitslosengeld oder Unterhaltsgeld** versicherungspflichtig wird (§ 5 Abs 1 Nr 2 SGB V), **und** in den letzten fünf Jahren vor dem Leistungsbezug **nicht** gesetzlich krankenversichert war (§ 8 Abs 1 Nr 1a SGB V). Weitere Voraussetzung ist, dass der Arbeitslose privat krankenversichert ist. Befreiungsschädlich ist jede Art der Versicherung in der gesetzlichen KV, also auch freiwillige Versicherung, *Familienversicherung* ua. Für **Bezieher von Arbeitslosengeld II** besteht keine Befreiungsmöglichkeit. Sie ist wegen § 5 Abs 5a SGB V entbehrlich, da Bezieher von AlGeld II, die unmittelbar vor dem Leistungsbezug privat krankenversichert waren oder die unmittelbar vor dem Leistungsbezug weder gesetzlich noch privat krankenversichert waren, aber als hauptberuflich selbständig Erwerbstätige oder als versicherungsfreie Personen zu dem Personenkreis gehören, der grds der privaten KV zuzuordnen ist, nicht mehr versicherungspflichtig in der gesetzlichen KV werden;

- durch Aufnahme einer **nicht vollen Erwerbstätigkeit nach § 1 Abs 6 BEEG während der Elternzeit** (§ 8 Abs 1 Nr 2 SGB V). Hierdurch ergibt sich ein Befreiungsrecht, wenn wegen einer Verringerung der Arbeitszeit aus den genannten Gründen die JAEGrenze nicht mehr überschritten wird. Nach § 1 Abs 6 BEEG wird eine nicht volle Erwerbstätigkeit aufgenommen, wenn die wöchentliche Arbeitszeit 30 Wochenstunden im Durchschnitt des Monats nicht übersteigt oder eine Beschäftigung zur Berufsausbildung ausgeübt wird; 21
- durch Herabsetzung der Arbeitszeit wegen **Pflege oder Familienpflege** (§ 8 Abs 1 Nr 2a SGB V). Die Regelung bezieht sich auf die Pflegezeit nach § 3 PflegeZG und die Familienpflegezeit nach § 2 FPfZG. Sie räumt ein Befreiungsrecht ein, wenn wegen einer Verringerung der Arbeitszeit aus den genannten Gründen die JAEGrenze nicht mehr überschritten wird; 22
- durch **Herabsetzung der Arbeitszeit** auf die Hälfte oder weniger als die Hälfte der regelmäßigen Wochenarbeitszeit vergleichbarer Vollbeschäftigter des Betriebes, soweit der Beschäftigte seit mindestens fünf Jahren wegen Überschreitens der JAEGrenze versicherungsfrei ist (§ 8 Abs 1 Nr 3 SGB V). Wird eine solche Teilzeitarbeit im Anschluss an den Bezug von Elterngeld oder der Inanspruchnahme von Elternzeit oder Pflegezeit aufgenommen, werden diese Zeiten auf die erforderliche Zeit der Überschreitung der JAEGrenze angerechnet, soweit in diesen Zeiten eine Befreiung von der Versicherungspflicht nach § 8 Abs 1 Nr 2 oder 2a SGB V bestanden hat (KassKomm/*Peters* § 8 SGB V Rz 29). Zweck der Regelung ist, die Aufnahme von Teilzeitarbeit nicht durch den Eintritt von Versicherungspflicht in der gesetzlichen KV zu erschweren, wenn die Tätigkeit bei Vollzeitbeschäftigung wegen Überschreitens der JAEGrenze versicherungsfrei war; 23
- durch den **Antrag auf Rente** oder den **Bezug von Rente** oder die Teilnahme an einer **Leistung zur Teilhabe am Arbeitsleben** iSv § 5 Abs 1 Nr 6,11 oder 12 SGB V (§ 8 Abs 1 Nr 4 SGB V); 24
- durch die Einschreibung als **Student** oder die **berufspraktische Tätigkeit** nach § 5 Abs 1 Nr 9 oder 10 SGB V (§ 8 Abs 1 Nr 5 SGB V); 25
- durch die Tätigkeit **Behinderter** in einer Einrichtung für Behinderte, soweit grds Versicherungspflicht nach § 5 Abs 1 Nr 7 u 8 SGB V besteht. 26
- durch die **Weiterführung einer Tätigkeit**, die am 31.12.12 nach damaliger Rechtslage die Geringfügigkeitsgrenze überschritten hat und die jetzt die Merkmale einer **geringfügigen Beschäftigung** in der ab dem 1.12.13 geltenden Fassung der §§ 8 oder 8a SGB IV erfüllt. Es handelt sich um bis 31.12.14 geltendes **Übergangsrecht** in Folge des Gesetzes zu Änderungen im Bereich der geringfügigen Beschäftigung vom 5.12.12 (BGBl I 2012, 2474). Diesen Personen will der Gesetzgeber den unter der „alten" Geringfügigkeitsgrenze von 400 Euro erworbenen Schutz als Pflichtversicherter der gesetzlichen KV übergangsweise für die Dauer von maximal zwei Jahren nicht entziehen, obwohl ihr Arbeitsentgelt (mehr als 400 Euro, aber nicht mehr als 450 Euro) seit 1.1.2013 als geringfügig anzusehen ist. Allerdings haben diese Personen das Recht, auf Antrag von der Versicherungspflicht befreit zu werden (§ 7 Abs 3 SGB V). Vgl *Schlegel* Gesetz zur Änderung der geringfügigen Beschäftigung, juris PR-SozR 1/2013 Anm. 1). 27
- Besondere Befreiungstatbestände gelten für die KV der Künstler nach dem KSVG (s *Künstlersozialversicherung* Rz 16) und Landwirte nach §§ 4, 5 KVLG 1989. 28

4. Verfahren. Die Befreiung erfolgt durch Verwaltungsakt und nur auf Antrag. Der Antrag ist **innerhalb von drei Monaten** nach Beginn der Versicherungspflicht bei der bisherigen (gewählten) Krankenkasse zu stellen (§ 8 Abs 2 SGB V). Wurde noch keine Krankenkasse gewählt, ist der Antrag bei einer wählbaren Krankenkasse zu stellen (s *Kranken-* 29

90   Befreiung von der Versicherungspflicht

versicherungsträger Rz 6 ff). Wird die Frist versäumt, kommt uU Wiedereinsetzung in den vorigen Stand in Betracht (KassKomm/*Peters* § 8 SGB V Rz 50 ff). Die Befreiung wird nur wirksam, wenn das Mitglied das Bestehen eines anderweitigen Anspruchs auf Absicherung im Krankheitsfall nachweist. Die rechtmäßige Befreiung kann nicht widerrufen werden.

30 **III. Befreiung von der sozialen Pflegeversicherungspflicht.** Die Versicherungspflicht in der sozialen PflegeV folgt grds der Versicherungspflicht in der gesetzlichen KV (§ 20 Abs 1 SGB XI). Eine solche Befreiung lässt auch die Versicherungspflicht in der sozialen (nicht der privaten) PflegV entfallen. Versicherungspflichtig sind auch die **freiwilligen Mitglieder** der gesetzlichen KV (s *Pflegeversicherungspflicht* Rz 11). Nur letztere können sich unter den Voraussetzungen des § 22 SGB XI von der sozialen PflegeV befreien lassen. Dies setzt einen bei der Krankenkasse (diese ist auch Pflegekasse) zu stellenden Befreiungsantrag und den Nachweis voraus, dass die zu befreiende Person bei einem privaten Versicherungsunternehmen gegen das Risiko der Pflegebedürftigkeit versichert ist und für sich und ihre Angehörigen, die an sich nach dem PflegeVG (mit-)versichert wären (§ 25 SGB XI), Leistungen beanspruchen können, die nach Art und Umfang den Leistungen nach dem SGB XI gleichwertig sind. Dieser Antrag ist befristet; er ist innerhalb von drei Monaten nach Beginn der Versicherungspflicht bei der Krankenkasse zu stellen; die Befreiung ist unwiderruflich (§ 22 Abs 2 Satz 3 SGB XI).

31 **IV. Gesetzliche Rentenversicherung. 1. Grundsätze der Befreiung.** Die Befreiung von der RVPflicht setzt einen Tatbestand (Beschäftigung oder Tätigkeit) voraus, aus dem sich die Versicherungspflicht (kraft Gesetzes oder auf Antrag) in der gesetzlichen RV ergibt (s *Rentenversicherungspflicht* Rz 5 ff u 14 ff). Die Befreiung ermöglicht in erster Linie den Mitgliedern von berufsständischen Versorgungswerken die Versicherung in der gesetzlichen RV zu vermeiden. Die Befreiung von der Versicherungspflicht erfolgt **nur auf Antrag** des Betroffenen bzw in den Fällen § 6 Abs 1 Satz 1 Nr 2 und 3 SGB VI (Lehrer und Erzieher/nichtdeutsche Besatzungsmitglieder deutscher Seeschiffe) seines ArbGeb (§ 6 Abs 2 SGB VI) durch Entscheidung des RVTrägers. Der Antrag ist **nicht fristgebunden** und wirkt, falls er innerhalb von drei Monaten nach Beginn der Befreiungsvoraussetzungen gestellt wird, auf diesen Beginn zurück. Ansonsten ist für den **Beginn der Befreiung** der Tag des Antragseingangs maßgebend (§ 6 Abs 4 SGB VI). Die Befreiung ist grds auf die jeweilige, die Befreiungsvoraussetzungen erfüllende Tätigkeit beschränkt. In den Fällen des § 6 Abs 1 Satz 1 Nr 1 und 2 SGB VI erstreckt sich die Befreiung ausnahmsweise nicht nur auf die dort genannten Tätigkeiten, sondern auch auf eine **andere versicherungspflichtige Tätigkeit**, wenn diese infolge ihrer Eigenart oder vertraglich im Voraus zeitlich begrenzt ist **und** der Versorgungsträger für die Zeit der Tätigkeit den Erwerb einkommensbezogener Versorgungsanwartschaften gewährleistet (§ 6 Abs 5 Satz 2 SGB VI).

32 **2. Befreiungstatbestände.** Von der Versicherungspflicht werden auf Antrag befreit:
33 • **Angestellte oder selbstständige Tätige,** die aufgrund einer durch Gesetz angeordneten oder auf Gesetz beruhenden Verpflichtung **Mitglieder einer berufsständischen öffentlich-rechtlichen Versorgungseinrichtung** und Kraft gesetzlicher Verpflichtung Mitglied einer berufsständischen Kammer sind, wenn für sie nach näherer Maßgabe der Satzung einkommensbezogene Beiträge unter Berücksichtigung der Beitragsbemessungsgrenze zu entrichten sind und aufgrund dieser Beiträge Leistungen für den Fall verminderter Erwerbsfähigkeit und des Alters sowie für Hinterbliebene erbracht und angepasst werden (§ 6 Abs 1 Satz 1 Nr 1 SGB VI). Es handelt sich um die berufsständischen Versorgungseinrichtungen der Ärzte, Zahnärzte, Tierärzte, Apotheker, Architekten, Rechtsanwälte, Notare, Steuerberater, Wirtschaftsprüfer und vereidigte Buchprüfer, Ingenieure und Psychotherapeuten, in denen die Berufsangehörigen (Angestellte oder Selbstständige) Pflichtmitglieder sind. Die Befreiung erfolgt vorbehaltlich der Ausnahme des § 6 Abs 5 Satz 2 SGB VI tätigkeitsbezogen (s Rz 31). Sie erstreckt sich nur auf die Tätigkeit, für die sie ausgesprochen wurde. Nach der neueren Rspr des BSG (BSG 31.10.12 – B 12 R 3/11 R, NZS 13, 605) ist die Befreiung von der RVPflicht auf die ihrer Erteilung zugrundeliegende **jeweilige Beschäftigung oder selbstständige Tätigkeit** beschränkt. Eine früher erteilte Befreiung entfaltet bei einem Wechsel der Beschäftigung hinsichtlich des neuen Beschäftigungsverhältnisses auch dann keine Wirkungen, wenn hierbei dieselbe oder eine vergleichbare berufliche Tätigkeit verrichtet wird. Dies gilt auch dann, wenn für die neue

Befreiung von der Versicherungspflicht 90

Beschäftigung an sich die Voraussetzungen für eine Befreiung von der Versicherungspflicht weiterhin vorliegen. Bei jedem Wechsel der Beschäftigung und/oder des ArbG ist somit ggf die Befreiung erneut zu beantragen.

Die Befreiung erfolgt nur für **Berufsgruppen,** für die vor dem 1.1.95 die gesetzliche Verpflichtung zur Mitgliedschaft in einer berufsständischen Kammer bestanden hat. Unter dieser Voraussetzung besteht die Befreiungsmöglichkeit auch für Personen, die nach dem 31.12.94 eine entsprechende Tätigkeit aufgenommen haben. Dabei gehören der Berufsgruppe, für die vor dem 1.1.95 die gesetzliche Verpflichtung zur Mitgliedschaft in einer berufsständischen Kammer bestanden haben muss, auch die Personen an, die eine Beschäftigung oder Tätigkeit ausüben, mit denen der gesetzlich vorgeschriebene Anwärter- oder Vorbereitungsdienst abgeleistet wird; dies gilt auch in den Fällen, in denen die Pflichtmitgliedschaft in der berufsständischen Kammer erst mit der Aufnahme der sich an den Anwärter- oder Vorbereitungsdienst anschließenden Beschäftigung oder selbstständigen Tätigkeit begründet wird. Da sich die gesetzliche Regelung auf **Berufsgruppen** bezieht, können auch nach dem Stichtag berufsständische Versorgungswerke mit Befreiungsmöglichkeit von der allgemeinen Versicherungspflicht gegründet werden, wenn es sich um die sog **klassischen verkammerten Berufe** handelt (Ärzte, Rechtsanwälte, Steuerberater usw). Für andere Berufsgruppen (zB Ingenieure) gilt dies nicht. Deshalb kann eine Verkammerung weiterer Berufsgruppen nach dem 31.12.94 nicht mehr zur Befreiung ihrer Mitglieder von der RVPflicht führen. Diese Regelung soll die gesetzliche RV vor der Abwanderung weiterer guter Beitragszahler in alternative Versorgungssysteme schützen. Den Mitgliedern von berufsständischen Versorgungswerken steht ein Recht auf Befreiung von der Versicherungspflicht in der gesetzlichen RV nur zu, wenn sie kraft **gesetzlich** zwingend vorgeschriebener Verpflichtung **Pflichtmitglied der berufsständischen Kammer** sind. Ein Befreiungsrecht ist somit auch dann nicht gegeben, wenn die Pflichtmitgliedschaft in der berufsständischen Kammer etwa auf Antrag herbeigeführt werden könnte oder wenn in den jeweiligen kammerrechtlichen Regelungen die freiwillige Mitgliedschaft im Wege einer Fiktion der Pflichtmitgliedschaft gleichgestellt werden sollte (§ 6 Abs 2 Satz 2–5 SGB VI). Endet die Pflichtmitgliedschaft in der berufsständischen Kammer, etwa weil der verkammerte Beruf auf Dauer aufgegeben wird, endet auch die Befreiung von der Versicherungspflicht (§ 6 Abs 5 SGB VI). Zur Befreiungsmöglichkeit von Syndikusanwälten: *Esser* Befreiung von der Rentenversicherungspflicht, AnwBl 07, 17; *Prossliner,* Syndikusanwälte und die gesetzliche Rentenversicherung, AnwBl 09, 133; *Plitt/Stütze* Die Befreiung des Syndikusanwalts von der gesetzlichen Rentenversicherungspflicht, NJW 11, 2556;

- **Lehrer oder Erzieher,** die an nicht-öffentlichen Schulen oder Anstalten **abhängig** 34 **beschäftigt** sind, wenn für sie nach beamtenrechtlichen Grundsätzen oder entsprechenden kirchenrechtlichen Regelungen Anwartschaft auf Versorgung bei verminderter Erwerbsfähigkeit und im Alter sowie auf Hinterbliebenenversorgung gewährleistet ist (§ 6 Abs 1 Satz 1 Nr 2 SGB VI). Betroffen sind in erster Linie die privaten oder von Religionsgemeinschaften unterhaltenen Schulen. Zur Versicherungspflicht der **selbstständig** tätigen Lehrer s Rentenversicherungspflicht Rz 8;
- **Nichtdeutsche Besatzungsmitglieder** deutscher Seeschiffe, die ihren Wohnsitz oder 35 gewöhnlichen Aufenthalt nicht in einem Mitgliedstaat der EU, einem Vertragsstaat des Abkommens über den EWR oder der Schweiz haben (§ 6 Abs 1 Satz 1 Nr 3 SGB VI);
- **Gewerbetreibende in Handwerksbetrieben,** wenn für sie für mindestens 18 Jahre 36 Pflichtbeiträge gezahlt worden sind, ausgenommen Bezirksschornsteinfegermeister (§ 6 Abs 1 Satz 1 Nr 4 SGB VI);
- **Arbeitnehmerähnliche Selbstständige** nach § 2 Satz 1 Nr 9 SGB VI für einen Zeit- 37 raum von drei Jahren nach erstmaliger Aufnahme der Tätigkeit. Sie können auf Dauer befreit werden, wenn sie nach Vollendung des 58. Lebensjahres erstmals nach § 2 Satz 1 Nr 9 SGB VI versicherungspflichtig werden (§ 6 Abs 1a Satz 1 SGB VI). Die Befreiungsmöglichkeit erlaubt dem Selbständigen, seine Entscheidung nach individueller Einschätzung der Entwicklung der selbständigen Tätigkeit und unter Berücksichtigung etwaiger in der RV bereits erworbener Anwartschaften zu treffen. Die Befreiung von der RVpflicht als Selbständiger nach § 6 Abs 1a Satz 1 Nr 1 SGB VI kann die Beitragsnachforderung wegen Scheinselbstständigkeit dieser Tätigkeit hindern (LSG München 2.10.12 – L 5 R 781/12 B ER, NZS 13, 106).

91 Befristetes Arbeitsverhältnis

38 • **Geringfügig Beschäftigte** nach § 8 Abs 1 Nr 1 SGB IV. Die Befreiungsmöglichkeit des § 6 Abs 1b SGB VI ist eine Folge der ab 1.1.13 eingeführten grundsätzlichen Versicherungspflicht auch der geringfügigen Beschäftigten in der gesetzlichen RV (s *Geringfügige Beschäftigung* Rz 63). Der Befreiungsantrag ist dem ArbGeb zur Weiterleitung zu übergeben. Bei mehreren geringfügigen Beschäftigungen, die zusammen nicht die Geringfügigkeitsgrenze überschreiten, kann der Antrag nur für alle Beschäftigungen einheitlich gestellt werden. **Übergangsrecht:** Personen, die am 31.12.2012 mehr als 400 Euro verdient haben und damit in einer mehr als geringfügigen Beschäftigung standen, waren schon nach „altem" Recht in der Rentenversicherung versicherungspflichtig. Übersteigt das Arbeitsentgelt dieser Beschäftigten ab 1.1.13 den Betrag von 400 Euro, aber nicht den Betrag von 450 Euro, sind sie auch nach neuem Recht geringfügig versicherungspflichtig beschäftigt. § 231 Abs 9 SGB VI schließt für diesen Personenkreis bis 31.12.14 das Recht aus, sich nach § 6 Abs 1b SGB VI auf Antrag von der Versicherungspflicht befreien zu lassen (vgl *Schlegel* Gesetz zur Änderung der geringfügigen Beschäftigung, jurisPR-SozR 1/2013 Anm. 1). Keine Befreiung erfolgt bei geringfügigen Beschäftigungen im Rahmen von **Freiwilligendiensten** nach dem JFDG oder BFDG (s *Freiwilligendienste* Rz 16).

Befristetes Arbeitsverhältnis

A. Arbeitsrecht
Kania

Übersicht

	Rz		Rz
I. Allgemeines	1–9	2. Rechtsprechungs-ABC	30–48
1. Rechtsgrundlagen	1, 2	a) Altersgrenze	31
2. Zeit- und Zweckbefristungen	3–5	b) Arbeitsförderungsmaßnahmen	32
3. Auflösend bedingte Arbeitsverhältnisse	6, 7	c) Aushilfskräfte	33
4. Schriftform	8, 9	d) Branchenspezifische Gründe	34
II. Befristung ohne sachlichen Grund	10–21	e) Elternzeit/Mutterschutz	35
1. Grundsätzliche Befristungsmöglichkeiten	10–13	f) Erstanstellung	36
		g) Hochschulbereich	37
2. Befristung in neu gegründeten Unternehmen	14, 15	h) Insolvenz	38
		i) Öffentlicher Dienst	39
3. Befristung mit älteren Arbeitnehmern	16–19	j) Probearbeitsverhältnis	40
		k) Projektarbeit	41
4. Befristung im Anschluss an das Ausbildungsverhältnis	20	l) Rundfunkmitarbeiter	42
		m) Saison- und Kampagnebetriebe	43
5. Verhältnis zu Tarifverträgen	21	n) Soziale Gründe	44
III. Aus sachlichem Grund befristete Arbeitsverhältnisse	22–48	o) Vergleich	45
		p) Vertretung	46
1. Allgemeine Zulässigkeitsvoraussetzungen	22–29	q) Weiterbeschäftigung	47
		r) Wunsch des Arbeitnehmers	48
a) Sachlicher Grund	22–24	IV. Rechtsfolgen zulässiger und unzulässiger Befristungen	49–51
b) Vertragliche Festlegung des Befristungsgrundes	25, 26	V. Prozessuales	52, 53
c) Tarifvertragliche Beschränkungen	27	VI. Mitbestimmung des Betriebsrats	54
d) Kettenbefristungen	28	VII. Muster	55
e) Doppelbefristungen	29		

1 I. Allgemeines. 1. Rechtsgrundlagen. Im Gegensatz zum unbefristeten Arbeitsverhältnis endet das befristete Arbeitsverhältnis, ohne dass der Ausspruch einer Kündigung erforderlich ist. Die Möglichkeit des Abschlusses befristeter an Stelle unbefristeter Arbeitsverhältnisse folgt aus dem Grundsatz der Vertragsfreiheit. Die allgemeine Rechtsgrundlage für die Möglichkeit der Befristung wurde bis zum 31.12.2000 in § 620 Abs 1 BGB gesehen. Seit dem 1.1.01 gilt § 620 Abs 3 BGB, wonach für Arbeitsverträge, die auf bestimmte Zeit abgeschlossen werden, das Gesetz über Teilzeitarbeit und befristete Arbeitsverträge gilt.

Das **Gesetz über Teilzeitarbeit und befristete Arbeitsverträge** vom 21.12.2000 (Teilzeit- und Befristungsgesetz – TzBfG) schafft seit seinem In-Kraft-Treten zum 1.1.01 eine einheitliche Rechtsgrundlage sowohl für befristete als auch für auflösend bedingte Arbeitsverhältnisse. Das TzBfG hat einen doppelten rechtlichen Hintergrund: zum einen das Auslaufen von § 1 Abs 1–4 BeschFG über die Zulässigkeit der Befristung von Arbeitsverhältnissen ohne sachlichen Grund zum 31.12.2000, zum anderen die Verpflichtung zur Umsetzung zweier EG-Richtlinien über die Förderung von Teilzeitarbeit und befristeten Arbeitsverhältnissen. Das TzBfG behält allerdings die durch das BeschFG und die Rspr des BAG begründete Zweiteilung der rechtlichen Anforderungen an zulässige Befristungen im Kern bei, indem das Gesetz zwischen Befristungen mit (dazu unten Rz 22 ff) und ohne sachlichen Grund (dazu unten Rz 10 ff) unterscheidet.

Neben den Vorschriften des TzBfG bestehen noch verstreute und auf besondere Formen des Arbeitsverhältnisses zugeschnittene **gesetzliche Spezialregelungen:** Zu nennen sind hier § 21 BEEG (dazu unten Rz 35), das WissenschaftszeitvertragsG (dazu unten Rz 37), das SeemG und das Gesetz über befristete Arbeitsverträge mit Ärzten in der Weiterbildung. Selbstverständlich müssen alle Befristungsabreden in Musterverträgen den AGB-rechtlichen Anforderungen genügen, dürfen also insbes nicht überraschend (§ 305c Abs 1 BGB) oder intransparent (§ 307 Abs 1 BGB) sein (vgl dazu BAG 16.4.08 – 7 AZR 132/07, BB 08, 1736).

2. Zeit- und Zweckbefristungen. Das TzBfG gilt sowohl für die kalendermäßige als auch für die auf Erfüllung eines bestimmten Zwecks gerichtete Befristung. Die Befristung eines Arbeitsverhältnisses setzt nicht zwingend die Nennung eines festen Endtermins voraus. Nur bei der **Zeitbefristung** (§ 3 Abs 1 Satz 2 1. Alt TzBfG) wird das Arbeitsverhältnis für eine bestimmte Dauer oder zumindest einen **kalendermäßig bestimmbaren Zeitraum** geschlossen (eine Woche, ein Jahr, bis zum 31. 12.). Ist der vorgesehene Beendigungszeitpunkt exakt bestimmt, so endet das Arbeitsverhältnis mit diesem Zeitpunkt. Fehlt es hingegen an einer hinreichend genauen Bestimmung des Endtermins („etwa ein Jahr"), so ist die Befristung unwirksam und das Arbeitsverhältnis gilt als auf unbestimmte Zeit geschlossen.

Bei der **Zweckbefristung** (§ 3 Abs 1 Satz 2 2. Alt TzBfG) ist die Dauer des Arbeitsverhältnisses nicht kalendermäßig bestimmbar, sondern von vornherein von dem Eintritt eines von den Parteien als gewiss angesehenen Ereignisses abhängig gemacht, wobei lediglich der genaue Zeitpunkt des Eintritts dieses Ereignisses als ungewiss angesehen wird (BAG 15.5.12 – 7 AZR 35/11, NZA 12, 1366; 19.1.05 – 7 AZR 250/04, NZA 05, 873). Beispiele sind hier die Vertretung eines erkrankten ArbN oder die Beschäftigung von Pflegepersonal für einen Schwerkranken.

In den Fällen, in denen der Endtermin des befristeten Arbeitsverhältnisses für den ArbN nicht vorauszusehen ist (zB Krankheitsvertretung), wäre es für den ArbN unzumutbar, wenn sein Arbeitsverhältnis vom einen Tag auf den anderen enden würde. Dem ArbN ist deshalb eine **Auslauffrist** zuzubilligen. Sie beträgt gem § 15 Abs 2 TzBfG zwei Wochen und beginnt mit Zugang einer schriftlichen Unterrichtung des ArbN durch den ArbGeb über den Zeitpunkt der Zweckerreichung. Vertraglich können längere, aber keine kürzeren Fristen vereinbart werden (§ 22 Abs 1 TzBfG).

3. Auflösend bedingte Arbeitsverhältnisse. Vom zeit- oder zweckbefristeten Arbeitsverhältnis zu unterscheiden ist das auflösend bedingt geschlossene Arbeitsverhältnis. Hierbei wird der Endtermin abhängig gemacht von einem von den Parteien als **ungewiss angesehenen Ereignis** (§ 158 Abs 2 BGB; BAG 19.1.05 – 7 AZR 250/04, NZA 05, 873). Wird zB die Weiterbeschäftigung des ArbN bis zur rechtskräftigen Abweisung der Kündigungsschutzklage vereinbart, so steht die Beschäftigung unter der auflösenden Bedingung der Klageabweisung (BAG 22.10.03 – 7 AZR 113/03, NZA 04, 1275). Die Abgrenzung des befristeten Arbeitsvertrages vom bedingten bereitet Schwierigkeiten, wenn zweifelhaft sein kann, ob das Ereignis, bei dessen Eintritt der Vertrag enden soll, gewiss ist oder nicht. Ein Beispiel ist etwa die Einstellung eines ArbN zur Krankheitsvertretung, wenn nicht klar ist, ob der vertretene ArbN wieder gesund wird oder nicht. Das BAG macht die Entscheidung vom Grad der Ungewissheit abhängig (BAG 24.9.97 – 7 AZR 669/96, NZA 98, 419). Bei unterschiedlichen Auffassungen zwischen ArbGeb und ArbN kommt es entscheidend auf die Sichtweise des ArbGeb an (BAG 21.2.01 – 7 AZR 200/00, NZA 01, 1382). Das BAG trägt

91 Befristetes Arbeitsverhältnis

damit der Tatsache Rechnung, dass die Umstände, die die Befristung oder Bedingung rechtfertigen, in aller Regel aus der Sphäre des ArbGeb kommen, und es verhindert Missbrauch, indem es die Prognose objektiviert (*Hromadka* BB 01, 621).

7 Unter Fortführung der früheren Rspr des BAG hat der Gesetzgeber in § 21 TzBfG auflösend bedingte Arbeitsverhältnisse **weitgehend befristeten Arbeitsverhältnissen gleichgestellt.** Insbes muss die auflösende Bedingung durch einen sachlichen Grund gerechtfertigt sein; das sind grds alle Gründe iSd § 14 Abs 1 Satz 2 TzBfG (hierzu s Rz 30 ff). Vorrangig kommen solche in der Person des ArbN (§ 14 Abs 1 Nr 6) in Betracht. Hierunter fallen vor allem die Erwerbsminderung, -unfähigkeit (BAG 1.12.04 – 7 AZR 135/04, NZA 06, 211), Bezug der Altersrente bzw vorzeitigen Altersrente (BAG 10.10.12 – 7 AZR 602/11, BeckRS 2013, 65638; 8.8.07 – 7 AZR 605/06, DB 08, 133), Bewilligung einer Versorgungs- oder Berufsunfähigkeitsrente (BAG 6.12.2000 – 7 AZR 302/99, NZA 01, 792). Der ArbN kann bis zur Bestandskraft des Rentenbescheids darüber entscheiden, ob er an seinem Rentenantrag festhält. Ist der Rentenbescheid bestandskräftig, endet das Arbeitsverhältnis. Das gilt nach bisheriger Rspr auch dann, wenn der ArbN den Rentenbescheid formell bestandskräftig werden lässt und der Rentenbescheid später vom Rentenversicherungsträger zurückgenommen wird (BAG 23.6.04 – 7 AZR 440/03, NZA 05, 520; BAG 3.9.03 – 7 AZR 661/02, NZA 04, 328). Dagegen geht von einem nichtigen Verwaltungsakt keine das Arbeitsverhältnis auflösende Wirkung aus; auch die nachträgliche Feststellung der Nichtigkeit wirkt gegenüber dem ArbGeb (BAG 10.10.12 – 7 AZR 602/11, BeckRs 2013, 65638). Weiterhin zulässig ist die Koppelung an das Ergebnis der ärztlichen Einstellungsuntersuchung (zB bei Flugtauglichkeit des Bordpersonals, BAG 16.10.08 – 7 AZR 185/07, BeckRS 2009, 58468), den Klassenerhalt bei Profisportlern und Trainern (BAG 4.12.02 – 7 AZR 492/01, NZA 03, 611). Nicht zulässig ist es, durch die Befristung das allgemeine Wirtschaftsrisiko unangemessen auf den ArbN zu verlagern, zB bei Urlaubsüberschreitung (BAG 25.6.87 – 2 AZR 541/86, NZA 88, 391), bei Schwangerschaft und Krankheit (LAG Bln 8.11.60 – 5 Sa 72/60, BB 61, 95). Neben dem Erfordernis eines sachlichen Grundes (§ 14 Abs 1 TzBfG) gelten weitere Vorschriften des TzBfG für auflösend bedingte Arbeitsverhältnisse entsprechend. Zu nennen sind vor allem das Schriftformgebot gem § 14 Abs 4 TzBfG (dazu noch unten Rz 8), die Pflicht zur Einhaltung einer zweiwöchigen Ankündigungsfrist gem § 15 Abs 2 TzBfG und die dreiwöchige Klagefrist gem § 17 TzBfG. Diese **Klagefrist** gilt nach Änderung der Senats-Rspr nicht nur für den Streit um die Wirksamkeit der Bedingung, sondern auch für eine Streitigkeit über die Frage, ob eine auflösende Bedingung tatsächlich eingetreten ist (BAG 6.4.11 – 7 AZR 704/09, DB 11, 1756; anders noch BAG 23.6.04 – 7 AZR 440/03, NZA 05, 520; s auch Rz 52). Im letztgenannten Fall beginnt die Klagefrist grds mit Eintritt der auflösenden Bedingung; bei deren Eintritt vor Ablauf der Zweiwochenfrist der §§ 21, 15 Abs 2 TzBfG jedoch frühestens mit Zugang der schriftlichen Unterrichtung des ArbGeb über die Beendigung des Arbeitsverhältnisses (BAG 10.10.12 – 7 AZR 602/11, BeckRS 2013, 65638). Die Klagefrist beginnt nicht, wenn der ArbN schwerbehindert ist, der ArbGeb dies weiß und eine Zustimmung des Integrationsamts nach § 92 SGB IX nicht vorliegt (BAG 9.2.11 – 7 AZR 221/10, NZA 11, 854).

8 **4. Schriftform.** § 14 Abs 4 TzBfG ordnet für ab dem 1.1.01 geschlossene befristete Arbeitsverträge die Schriftform für die Befristung an. Die hierdurch bezweckte Klarstellungs-, Beweis- und Warnfunktion folgt der besonderen Bedeutung, dass die Befristung ohne weitere rechtsgeschäftliche Erklärung zur Beendigung des Arbeitsverhältnisses führt, und gewährleistet größtmögliche Rechtssicherheit (BAG 16.3.05 – 7 AZR 289/04, NZA 05, 923). Dies gilt auch für die Vereinbarung der befristeten Weiterbeschäftigung des ArbN nach Ablauf der Kündigungsfrist bis zum rechtskräftigen Abschluss des Kündigungsschutzprozesses (BAG 22.10.03 – 7 AZR 113/03, NZA 04, 1275). Die Vorschrift gilt über § 21 TzBfG für auflösend bedingt geschlossene Arbeitsverträge entsprechend. Erfasst werden von dem Schriftformerfordernis auch befristete Vertragsverlängerungen (BAG 16.3.05 – 7 AZR 289/04, NZA 05, 923). Der Schriftform unterliegt nicht der ganze Vertrag, sondern nur **die Befristungsabrede selbst.** Inhaltlich verlangt die Vorschrift bei Zeitbefristungen die Festschreibung der Dauer des Arbeitsverhältnisses, nicht aber des Befristungsgrundes. Dieser ist nur bei Zweckbefristungen und auflösenden Bedingungen wesentlicher Vertragsbestandteil und damit schriftlich zu fixieren (BAG 21.12.05 – 7 AZR 541/04, NZA 06, 321). Bei der Sach-

Befristetes Arbeitsverhältnis

grundbefristung ist der Befristungsgrund lediglich objektive Wirksamkeitsvoraussetzung für die Befristung und muss daher in der Befristungsvereinbarung nicht niedergelegt werden (BAG 29.6.11 – 7 AZR 774/09, NZA 11, 1151; 23.6.04 – 7 AZR 636/03, NZA 04, 1333). Bei der Befristungsabrede in einem Formularvertrag sind die §§ 305c, 307 Abs 1 Satz 2 BGB zu beachten (LAG Berlin-Bbg 15.1.13 – 16 Sa 1829/12, NZA-RR 13, 459 zur Probezeitbefristung als überraschende Klausel).

Die Schriftform ist nur gewahrt, wenn die **schriftliche Niederlegung vor Vertragsbeginn** erfolgt ist. Die nach Vertragsbeginn vorgenommene schriftliche Niederlegung einer vor Vertragsbeginn mündlich getroffenen Befristungsvereinbarung kann den Formmangel nach Auffassung des BAG nicht heilen (BAG 16.4.08 – 7 AZR 1048/06, NZA 08, 1184; 16.3.05 – 7 AZR 289/04, NZA 05, 923; aA *Nadler/von Medem* NZA 05, 1214). Allerdings kann ein wegen Formnichtigkeit der Befristungsabrede unbefristet geschlossener Arbeitsvertrag nachträglich wirksam befristet werden, sofern ein Sachgrund iSd § 14 Abs 1 TzBfG vorliegt und die Parteien eine neue eigenständige Befristungsvereinbarung treffen und nicht lediglich das zuvor Vereinbarte schriftlich festhalten (BAG 16.4.08 – 7 AZR 1048/06, NZA 08, 1184). Das vom ArbN blanko unterschriebene Formular muss noch vor Vertragsbeginn ausgefüllt und vom ArbGeb unterschrieben dem ArbN zugehen (LAG BaWü 30.7.07 – 9 Sa 4/07, NZA-RR 08, 66). Diese formale Hürde ist durch das BAG für den praktisch besonders häufigen Fall, dass der (künftige) ArbGeb einen einseitig unterzeichneten Vertrag vor Vertragsbeginn an den (künftigen) ArbN versendet, entschärft worden: Macht der ArbGeb in diesem Fall den Abschluss des Arbeitsvertrages von einer schriftlichen Annahme des Angebots abhängig, kommt durch bloße Arbeitsaufnahme noch kein Arbeitsvertrag zustande, sondern es besteht lediglich ein faktisches Arbeitsverhältnis, so dass noch wirksam eine Befristungsabrede vereinbart werden kann (BAG 16.4.08 – 7 AZR 1048/06, NZA 08, 1184). In dem vom BAG entschiedenen Fall ging es um eine Sachgrundbefristung. Ob eine Verallgemeinerung auch für die Fälle der sachgrundlosen Befristung möglich ist, erscheint zweifelhaft, da das mit der Arbeitsaufnahme entstehende faktische Arbeitsverhältnis eine unzulässige Vorbeschäftigung gem § 14 Abs 2 Satz 2 TzBfG darstellen dürfte. Genügt die Befristungsabrede nicht dem nach § 14 Abs 4 TzBfG normierten Schriftformerfordernis, so ist sie gem § 125 BGB nichtig, mit der Folge, dass der Arbeitsvertrag nach § 16 Satz 1 TzBfG als auf unbestimmte Zeit geschlossen gilt.

II. Befristung ohne sachlichen Grund. 1. Grundsätzliche Befristungsmöglichkeiten. Gem § 14 Abs 2 TzBfG bedarf die kalendermäßige Befristung eines Arbeitsvertrages keines sachlichen Grundes, wenn der Arbeitsvertrag oder seine höchstens dreimalige Verlängerung nicht die Gesamtdauer von zwei Jahren überschreitet. Damit enthält die Regelung eine Ausnahme von dem Grundsatz, wonach die Befristung des Arbeitsvertrages eines sachlich rechtfertigenden Grundes bedarf. Man spricht auch von der **sog erleichterten Befristung**. § 14 Abs 2 TzBfG behält wie seine Vorgängervorschrift § 1 Abs 1 BeschFG die grds Möglichkeit der sachgrundlosen Befristung bis zur **Dauer von zwei Jahren** bei. Beibehalten wird auch die Möglichkeit der **höchstens dreimaligen Verlängerung** eines befristeten Arbeitsvertrages, wobei zeitliche Vorgaben für die Dauer des einzelnen befristeten Arbeitsverhältnisses nicht vorgesehen sind. Anders als nach alter Rechtslage ist die Befristungsmöglichkeit allerdings wieder (wie vor 1996) **an das Vorliegen einer Neueinstellung geknüpft**.

Eine Befristung nach § 14 Abs 2 TzBfG ist unzulässig, wenn mit demselben ArbGeb **bereits zuvor** ein befristetes oder unbefristetes Arbeitsverhältnis bestanden hat (sog **Anschlussverbot**). Damit sollen sog Befristungsketten, die durch einen Wechsel zwischen Befristungen mit und ohne Sachgrund ermöglicht würden, verhindert werden. Problematisch an dieser Regelung ist, dass der Gesetzgeber keine **zeitliche Grenze** festlegt, indem er etwa auf einen engen sachlichen und/oder zeitlichen Zusammenhang zwischen den Arbeitsverhältnissen abstellt. Das BAG hatte bislang daraus die Konsequenz abgeleitet, dass auch bei lange zurückliegenden und nur ganz kurzfristigen (Aushilfs-)Arbeitsverhältnissen die Befristungsmöglichkeit gem § 14 Abs 2 TzBfG ausscheidet (BAG 6.11.03 – 2 AZR 690/02, NZA 05, 218). Nunmehr hat das BAG im Rahmen einer „verfassungsorientierten Auslegung" das Vorbeschäftigungsverbot auf einen **Zeitraum von drei Jahren** beschränkt: Liegt das frühere Arbeitsverhältnis also mehr als drei Jahre zurück, ist keine Vorbeschäftigung idS gegeben

91 Befristetes Arbeitsverhältnis

(BAG 21.9.11 – 7 AZR 375/10, NZA 12, 255; 6.4.11 – 7 AZR 716/09, NZA 11, 905; kritisch hierzu wegen bedenklicher Vernachlässigung des Gesetzeswortlauts *Höpfner* NZA 11, 893). Nicht geklärt hat das BAG in dieser Entscheidung, ob für die Festlegung des zeitlichen Abstands zwischen dem Ende des vorangegangenen und dem Beginn des neuen Arbeitsverhältnisses auf den Zeitpunkt des Vertragsschlusses oder den der Arbeitsaufnahme abzustellen ist. Man wird hier (anders als noch unter der Geltung des § 1 Abs 3 Satz 2 BeschFG) wohl auf den Zeitpunkt des Vertragsschlusses abstellen müssen. Anderenfalls wäre durch eine frühe schriftliche Fixierung und Vorverlagerung des Vertragsschlusses eine Unterschreitung der Zeitspanne von drei Jahren möglich, womit der vom BAG – in Anlehnung an die regelmäßige zivilrechtliche Verjährungsfrist des § 195 BGB – geforderte Drei-Jahres-Abstand zwischen beiden Lebenssachverhalten erheblich verkürzt und die Missbrauchsschranke unterlaufen werden könnte. Diese Auslegung wird auch den gestiegenen Anforderungen zur Verhinderung von Kettenverträgen unter der Geltung der RL 1999/70/EG gerecht.

12 Das Anschlussverbot erfasst nur **frühere Beschäftigungszeiten bei demselben ArbGeb**; es muss sich beim VertragsArbGeb um dieselbe natürliche oder juristische Person handeln. Es reicht also nicht derselbe Betrieb oder Arbeitsplatz (BAG 9.3.11 – 7 AZR 657/09, NZA 11, 1147). Eine Anstellung bei einem anderen Konzernunternehmen steht grds einer Befristung nach § 14 Abs 2 TzBfG nicht entgegen (BAG 9.2.11 – 7 AZR 32/10, NZA 11, 791). Das gilt auch für eine Tätigkeit beim ArbGeb im Rahmen eines Leiharbeitsverhältnisses, da kein früheres Arbeitsverhältnis zwischen den Parteien bestanden hat (BAG 18.10.06 – 7 AZR 145/06, NZA 07, 443). Die planmäßig hintereinander geschaltete befristete Anstellung durch verschiedene VertragsArbGeb (Konzernunternehmen, Verleiher) für denselben Arbeitsplatz kann allerdings eine rechtswidrige Umgehung von § 14 Abs 2 Satz 2 TzBfG darstellen (BAG 9.2.11 – 7 AZR 32/10, NZA 11, 791). Insgesamt setzt das BAG die Anforderungen an das Vorliegen einer rechtsmissbräuchlichen Gestaltung sehr hoch an: Bejaht wird eine solche, wenn mehrere VertragsArbGeb kollusiv abwechselnd mit einem ArbN befristete Arbeitsverträge schließen, um diesen für eine unangemessene Zeit über die gesetzlichen Befristungsmöglichkeiten hinaus bei nur einem ArbGeb beschäftigen zu können (BAG 9.2.11 – 7 AZR 32/10, NZA 11, 791). Bei (nur) zwei hintereinander geschalteten Befristungen mit verschiedenen Konzernunternehmen hat das BAG eine Umgehung verneint (BAG 18.10.06 – 7 AZR 145/06, NZA 07, 443). Im Gemeinschaftsbetrieb kommt grds ein nach § 14 Abs 2 TzBfG befristetes Arbeitsverhältnis mit jedem der beteiligten Unternehmen in Betracht, solange dies nicht zielgerichtet zur Umgehung der Vorschrift geschieht (BAG 25.4.01 – 7 AZR 376/00, NZA 01, 1384; *Bauer* BB 01, 2473). Das Anschlussverbot kommt auch bei einem Betriebsübergang zur Anwendung, da die Identität des ArbGeb gewahrt wird. Beendete Arbeitsverhältnisse bei einem Betriebsveräußerer stehen aber der sachgrundlosen Befristung beim Erwerber nicht entgegen, da § 613a BGB nur laufende Arbeitsverhältnisse erfasst (BAG 18.8.05 – 8 AZR 523/04, NZA 06, 145; 10.11.04 – 7 AZR 101/04, NZA 05, 514). Nach einer Verschmelzung gem § 20 UmwG ist der erloschene übertragende Rechtsträger nicht derselbe ArbGeb wie der übernehmende Rechtsträger (BAG 10.11.04 – 7 AZR 101/04, NZA 05, 514). Kein vorhergehendes Arbeitsverhältnis ist ausweislich der Gesetzesbegründung ein früheres Berufsausbildungsverhältnis (BAG 21.9.11 – 7 AZR 375/10, NZA 12, 255; s Rz 20). Unproblematisch zulässig ist es, zu Gunsten des ArbN die Beschäftigung bei anderen ArbGeb als Vorbeschäftigung iSd § 14 Abs 2 Satz 2 TzBfG zu vereinbaren (BAG 9.2.11 – 7 AZR 32/10, NZA 11, 791). Um einen Verstoß gegen das Anschlussverbot zu vermeiden, tut der ArbGeb jedenfalls in größeren Unternehmen gut daran, vor Abschluss eines nach § 14 Abs 2 TzBfG befristeten Arbeitsvertrags den Bewerber ausdrücklich nach früheren Beschäftigungen im Unternehmen zu fragen bzw eine entsprechende Frage in einen Einstellungsfragebogen aufzunehmen. Bei einer fehlerhaften Beantwortung ist nach den allgemeinen Grundsätzen zum Fragerecht des ArbGeb (Näheres s *Auskunftspflichten Arbeitnehmer* Rz 13 ff) eine Anfechtung des Arbeitsvertrags bzw eine fristlose Kündigung möglich.

13 Bezüglich der Möglichkeit der **dreimaligen Verlängerung** des Arbeitsverhältnisses stellt sich die Frage, ob eine zulässige Verlängerung auch noch nach einer kurzzeitigen Unterbrechung des Arbeitsverhältnisses möglich ist oder ob dann von dem Abschluss eines zweiten befristeten Arbeitsvertrages auszugehen ist, der wegen § 14 Abs 2 Satz 2 TzBfG ohne Sachgrund unzulässig ist. Dem Ziel des Gesetzes, befristete Arbeitsverhältnisse als Brücke zu

Dauerarbeitsverhältnissen zu nutzen und Kettenarbeitsverhältnisse zu verhindern, wird man nur gerecht, wenn man unter „Verlängerung" iSv § 14 Abs 2 TzBfG ausschließlich das **unmittelbare Anschließen** zweier befristeter Arbeitsverhältnisse ohne Änderung des Vertragsinhalts versteht (BAG 12.8.09 – 7 AZR 270/08, BeckRS 2009, 74191; 26.7.2000 – 7 AZR 51/99, NZA 01, 546). Die Verlängerung muss an dem auf den letzten Tag des vorangegangenen Arbeitsverhältnisses folgenden Tag beginnen. Auch die Möglichkeit, zur Lückenschließung eine Verlängerungsvereinbarung rückwirkend abzuschließen (LAG Köln 27.4.99 – 13 Sa 897/98 zu § 1 Abs 3 BeschFG, BeckRS 1999, 31012459), besteht nach Auffassung des BAG nicht (BAG 26.7.2000 – 7 AZR 51/99, NZA 01, 546). Nach der sehr formalistischen Rspr des BAG muss sich eine Verlängerung ausschließlich auf die Änderung der Vertragslaufzeit beschränken und darf grds **nicht** mit **Änderungen sonstiger Arbeitsbedingungen** (zB Vergütung, Tätigkeit) verbunden werden, selbst wenn diese für den ArbN günstiger sind (BAG 18.1.06 – 7 AZR 178/05, NZA 06, 605). Solche Änderungen anderer Arbeitsbedingungen müssen also ggf während der Vertragslaufzeit vereinbart werden, was einer späteren befristeten Verlängerung auch nach Auffassung des BAG nicht entgegensteht. Zwei wenig praxisrelevante Ausnahmen lässt das BAG zu, nämlich die zeitgleich mit der Verlängerung erfolgende Anpassung der Vertragsbedingungen an eine geänderte Rechtslage (BAG 23.8.06 – 7 AZR 12/06, NZA 07, 204) sowie die Erhöhung der Arbeitszeit nach einem entsprechenden Verlangen gem § 9 TzBfG (BAG 16.1.08 – 7 AZR 603/06, NZA 08, 701). Da die Vereinbarung über die Verlängerung innerhalb der Höchstbefristungsdauer gleichfalls eine Befristungsabrede darstellt, bedarf sie zu ihrer Wirksamkeit der Schriftform nach § 14 Abs 4 TzBfG.

2. Befristung in neu gegründeten Unternehmen. Im Rahmen des Gesetzes zu Reformen am Arbeitsmarkt vom 24.12.03 hat der Gesetzgeber eine erweiterte Befristungsmöglichkeit für neu gegründete Unternehmen **in den ersten vier Jahren nach ihrer Gründung** geschaffen. Gem dem neu eingefügten § 14 Abs 2a TzBfG ist die kalendermäßige Befristung eines Arbeitsvertrages ohne Vorliegen eines sachlichen Grundes in den ersten vier Jahren nach der Gründung eines Unternehmens **bis zur Dauer von vier Jahren** zulässig. Damit enthält § 14 Abs 2a TzBfG eine doppelte Vierjahresfrist: Um unter das „Gründerprivileg" zu fallen, genügt es, wenn am letzten Tag des Vierjahreszeitraums ab Aufnahme der Unternehmenstätigkeit (vgl § 14 Abs 2a Satz 3 TzBfG) ein bis zu vier Jahre befristetes Arbeitsverhältnis abgeschlossen wird. Dabei muss die zulässige Befristungsdauer von höchstens vier Jahren nicht von vornherein ausgeschöpft werden; vielmehr ist eine wiederholte Verlängerung auch dann möglich, wenn der Vierjahreszeitraum nach der Gründung des Unternehmens abgelaufen ist. Der Begriff der Verlängerung stimmt grds mit dem in § 14 Abs 2 Satz 1 TzBfG überein, jedoch ist die Anzahl der Verlängerungen bei einer Befristung nach § 14 Abs 2a zahlenmäßig nicht begrenzt; das Gesetz spricht lediglich von „mehrfacher" Verlängerung. Wegen der Bezugnahme auf § 14 Abs 2 Satz 2 in § 14 Abs 2a Satz 4 TzBfG gilt auch hier das Anschlussverbot (s Rz 11). **14**

§ 14 Abs 2a TzBfG stellt auf die **Neugründung des „Unternehmens"**, also des Rechtsträgers ab. Privilegiert werden soll der „junge Unternehmer", so dass der Alter der unternehmenszugehörigen Betriebe irrelevant ist. Unternehmen, die länger als vier Jahre bestehen, können sich deshalb auch dann nicht auf die vergünstigende Vorschrift berufen, wenn sie einen neuen Betrieb gründen. Umgekehrt ist ein neu gegründetes Unternehmen in den ersten vier Jahren nach seiner Gründung auch dann begünstigt, wenn unternehmenszugehörige Betriebe schon länger als vier Jahre bestehen und nach § 613a BGB übernommen werden (zweifelnd *Preis* DB 04, 79; *Lipinski* BB 04, 1221). Überträgt ein neu gegründetes Unternehmen einen Betrieb auf einen anderen Rechtsträger, hat dieser die Möglichkeit, die übergegangenen nach § 14 Abs 2a TzBfG befristeten Arbeitsverträge bis zu einer Gesamtdauer von vier Jahren zu verlängern, da er gem § 613a Abs 1 Satz 1 BGB in die bestehenden Rechtsverhältnisse eintritt. Die Privilegierung gilt **nicht** für **Neugründungen im Zusammenhang mit der rechtlichen Umstrukturierung von Unternehmen und Konzernen.** Diese Formulierung ist wörtlich § 112a Abs 2 BetrVG entlehnt, so dass auf die zu dieser Vorschrift ergangene Rspr verwiesen werden kann. Das Gründerprivileg greift deshalb etwa dann nicht ein, wenn zwei Unternehmen einzelne Betriebe einem neu gegründeten Unternehmen übertragen, das diese Betriebe mit einer auf dem Zusammenschluss beruhen- **15**

91 Befristetes Arbeitsverhältnis

den unternehmerischen Zielsetzung fortführen soll (BAG 22.2.95 – 10 ABR 23/94, NZA 95, 697) oder wenn der Alleingesellschafter und Geschäftsführer der Komplementär-GmbH einer KG eine neue GmbH gründet und diese von der KG einen Betrieb übernimmt (BAG 22.2.95 – 10 AZR 21/94, NZA 95, 699).

16 **3. Befristung mit älteren Arbeitnehmern.** Für die erleichterte Befristung von Arbeitsverhältnissen mit älteren ArbN sah § 14 Abs 3 TzBfG idF vom 23.12.02 die Möglichkeit vor, mit ArbN nach Vollendung des 52. Lebensjahres beliebig oft befristete Arbeitsverhältnisse von beliebiger Dauer abzuschließen. Durch die zugrundeliegende Gesetzesänderung war die Altersgrenze vorübergehend (bis zum 31.12.06) von zuvor 58 auf das 52. Lebensjahr herabgesenkt worden. Diese Vorschrift ist vom EuGH wegen unzulässiger Diskriminierung wegen des Alters für unwirksam erklärt worden (EuGH 22.11.05 – C-144/04 *Mangold* NZA 05, 1345). In der Sache rügte der EuGH insbes, dass die deutsche Regelung ohne weitere Differenzierung nach der Beschäftigungssituation allein an das Alter anknüpfe, was für die Bekämpfung der Altersarbeitslosigkeit weder angemessen noch erforderlich sei. Diesen Gedanken hat der deutsche Gesetzgeber aufgegriffen und § 14 Abs 3 TzBfG überarbeitet. Nach der **seit dem 1.5.07 geltenden Fassung** ist nunmehr die kalendermäßige Befristung eines Arbeitsvertrags ohne Vorliegen eines sachlichen Grundes **bis zu einer Dauer von fünf Jahren** zulässig, wenn der ArbN bei Beginn des befristeten Arbeitsverhältnisses das **52. Lebensjahr vollendet** hat und unmittelbar vor Beginn des befristeten Arbeitsverhältnisses mindestens vier Monate beschäftigungslos iSd § 138 Abs 1 Nr 1 SGB III (seit dem 1.4.12; vormals § 119 Abs 1 Nr 1 SGB III) gewesen ist, Transferkurzarbeitergeld bezogen oder an einer öffentlich geförderten Beschäftigungsmaßnahme nach dem SGB II, III teilgenommen hat. Bis zu der Gesamtdauer von fünf Jahren ist auch die mehrfache Verlängerung des Arbeitsvertrages zulässig. Die **Europarechtskonformität** der Neuregelung wird überwiegend bejaht (*Bader* NZA 07, 713; *Bauer* NZA 07, 544; *Schiefer/Köster/Korte* DB 07, 1081), teilweise aber auch schon wieder bezweifelt (*Bayreuther* BB 07, 1113; *Kast/Herrmann* BB 07, 1841). Nach den Erfahrungen der Mangold-Entscheidung des EuGH lässt sich damit ein grds Risiko bei der Anwendung der Vorschrift nicht leugnen, was den beschäftigungspolitischen Erfolg der Vorschrift minimieren dürfte. ArbGeb ist zu raten, § 14 Abs 3 TzBfG nur anzuwenden, wenn alle anderen Befristungsmöglichkeiten ausscheiden, und auf eine ausdrückliche Nennung der Rechtsgrundlage der Befristung im Anstellungsvertrag zu verzichten.

17 Für die erleichterte Befristung sieht § 14 Abs 3 TzBfG **drei alternative Voraussetzungen** vor: Die erste Befristungsmöglichkeit besteht bei einer **Beschäftigungslosigkeit iSd § 138 Abs 1 Nr 1 SGB III** (seit dem 1.4.12; vormals § 119 Abs 1 Nr 1 SGB III). Der Gesetzgeber verwendet den Begriff Beschäftigungs- und nicht Arbeitslosigkeit. Die Befristungsmöglichkeit hängt deshalb nicht davon ab, ob sich der Beschäftigungslose arbeitslos meldet, verfügbar ist oder Eigenbemühungen zeigt. Beschäftigungslosigkeit entsteht auch schon während einer unwiderruflichen Freistellung vor Ablauf der Kündigungsfrist (*Schiefer/Köster/Korte* DB 07, 1081; s auch *Arbeitslosengeld* Rz 17). Der Beschäftigungslosigkeit gleichgestellt ist der Bezug von **Transferkurzarbeitergeld** (§ 111 SGB III; zuvor § 216b SGB III aF) während einer Tätigkeit in einer Beschäftigungsgesellschaft (Näheres s *Beschäftigungsgesellschaft* Rz 15 ff) sowie die Teilnahme an **öffentlich geförderten Beschäftigungsmaßnahmen** nach SGB II oder III. Hierzu zählt etwa die Zuweisung in Arbeitsgelegenheiten nach § 16d SGB II (§ 16 Abs 3 SGB II und §§ 260 ff SGB III sind seit dem 1.4.12 ersatzlos gestrichen, vgl Rz 32). § 14 Abs 3 Satz 1 TzBfG verlangt für die vorgenannten Zeiten, dass sie mindestens vier Monaten andauern und unmittelbar vor Beginn des befristeten Arbeitsverhältnisses liegen, sich dieses also nahtlos anschließt. Ebenso muss der Viermonatszeitraum zusammenhängend sein. Zwar sollten nach der Begründung zum Gesetzesentwurf kurzzeitige Unterbrechungen dieses Zeitraums unschädlich sein, diese Absicht hat aber im Gesetzeswortlaut keinen Niederschlag gefunden.

18 Anders als in der Vorgängerregelung und in Abs 2 der Vorschrift hat der Gesetzgeber auf ein Verbot der Vorbeschäftigung bei demselben ArbGeb (sog **Anschlussverbot**) verzichtet. Danach kann nach fünfjähriger Befristungsdauer auf Grundlage des § 14 Abs 3 TzBfG erneut wegen des Alters ein sachgrundlos befristeter Vertrag geschlossen werden, sofern wiederum die Voraussetzungen des Absatz 3 vorliegen. Hier setzt der europarechtliche

Hintergrund der Vorschrift der Auslegung Grenzen, da die erleichterte Befristungsmöglichkeit nur mit dem Ziel der Eingliederung arbeitsloser älterer ArbN gerechtfertigt werden kann (*Bader* NZA 07, 713; *Bauer* NZA 07, 544). Abzuraten ist deshalb insbes von Befristungen, die dem Zweck der Vorschrift klar widersprechen oder eine Umgehung nahe legen (Beispiele: Kündigung eines Arbeitsverhältnisses mit vereinbarter unwiderruflicher Freistellung für vier Monate und anschließender nahtloser Abschluss eines befristeten Arbeitsvertrages; Umstrukturierung mit Überleitung des ArbN für vier Monate in eine Beschäftigungsgesellschaft und anschließende nahtlose befristete Weiterbeschäftigung in einer Konzerntochter).

Im Anwendungsbereich der Vorschrift ist nicht nur die Befristung bis zu einer Gesamtdauer von fünf Jahren zulässig, sondern auch die **mehrfache Verlängerung des Arbeitsvertrages** bis zur Gesamtdauer von fünf Jahren. Eine Obergrenze der Anzahl der Verlängerungen besteht ebenso wenig wie eine Vorgabe zur zeitlichen Dauer des einzelnen Befristungsabschnitts. Zu beachten sind aber die strengen und formalistischen Vorgaben, die das BAG zur Verlängerung nach § 14 Abs 2 TzBfG entwickelt hat (vgl oben Rz 13). **In Kraft getreten** ist die Vorschrift am 1.5.07. Der Gesetzgeber sieht weder eine Übergangsregelung vor, noch misst er der Vorschrift Rückwirkung bei. Das bedeutet, dass vor Inkrafttreten der Vorschrift vereinbarte befristete Arbeitsverträge nicht nach der Neuregelung gerechtfertigt sein können. Für die Wirksamkeit einer Befristung kommt es allein auf den Rechtszustand zum Zeitpunkt der Befristungsabrede an.

4. Befristung im Anschluss an das Ausbildungsverhältnis. Grds unterliegt der Abschluss befristeter Arbeitsverhältnisse im Anschluss an das Ausbildungsverhältnis keinen besonderen Grenzen. Das Ausbildungsverhältnis wird nicht vom Vorbeschäftigungsverbot des § 14 Abs 2 Satz 2 TzBfG erfasst, da es wegen § 10 Abs 2 BBiG ohne besondere gesetzliche Reglung nicht mit Arbeitsverhältnissen gleichgesetzt werden kann. Sinn und Zweck dieses Verbotes ist es, zu verhindern, dass die in § 14 Abs 2 Satz 1 eröffnete Möglichkeit der sachgrundlosen Befristung zu sog Befristungsketten missbraucht wird. Das erfordere nicht, dass bereits der erste oder einzig befristete Arbeitsvertrag im Anschluss an die Ausbildung aus sachlichen Gründen gerechtfertigt sein müsse (BAG 21.9.11 – 7 AZR 375/10, NZA 12, 255). Die Vereinbarung, nach Beendigung des Ausbildungsverhältnisses im Anschluss ein befristetes Arbeitsverhältnis einzugehen, darf lediglich nicht früher als sechs Monate vor dem Ende des Ausbildungsverhältnisses getroffen werden (§ 12 Abs 1 BBiG).

5. Verhältnis zu Tarifverträgen. Im Verhältnis zu Tarifverträgen ist das TzBfG genauso wie zuvor das BeschFG grds einseitig zwingend (§ 22 Abs 1 TzBfG). Aus § 22 Abs 1 TzBfG geht hervor, dass Abweichungen durch Tarifvertrag zu Gunsten, in bestimmten Fällen auch zu Ungunsten der ArbN möglich sind. Gerade die Regelung zur Befristung ohne sachlichen Grund ist aber in ihrem Kern auch zum Nachteil der ArbN **tarifdispositiv** ausgestaltet. Die Tarifpartner haben die Möglichkeit, durch Tarifvertrag die Anzahl der Verlängerungen oder die Höchstdauer der Befristung „zum Nachteil" der ArbN abweichend von § 14 Abs 2 Satz 1 TzBfG heraufzusetzen (§ 14 Abs 2 Satz 3 TzBfG iVm § 22 Abs 1 TzBfG). Wie sich aus der Gesetzesbegründung zu § 14 Abs 2 Satz 3 TzBfG ergibt, ist die sprachlich nicht eindeutige Regelung „oder" als „und/oder" zu lesen. Die Abweichungsbefugnis beruht auf der Annahme einer größeren materiellen Richtigkeitsgewähr tarifvertraglicher Regelungen, unterliegt aber den Wertungsmaßstäben des TzBfG sowie verfassungs- und unionsrechtlichen Beschränkungen (BAG 5.12.12 – 7 AZR 698/11, NZA 13, 515 hält Höchstdauer von 42 Monaten und viermalige Verlängerung für unbedenklich). Macht eine Tarifnorm die Zulässigkeit befristeter Arbeitsverhältnisse zu Gunsten des ArbN von strengeren Voraussetzungen abhängig, wird dadurch eine Anwendung des § 14 Abs 2 TzBfG ausgeschlossen; das ist durch Auslegung des Tarifvertrags zu ermitteln (BAG 25.9.87 – 7 AZR 315/86, NZA 88, 358 zu § 1 BeschFG). Soweit ein Tarifvertrag nur bestimmte Formen von befristeten Arbeitsverhältnissen (zB Probearbeitsverhältnis) regelt, bleibt im Übrigen die Befristungsmöglichkeit nach § 14 Abs 2 TzBfG bestehen (LAG München 1.12.88, DB 89, 734 zu § 1 BeschFG).

III. Aus sachlichem Grund befristete Arbeitsverhältnisse. 1. Allgemeine Zulässigkeitsvoraussetzungen. a) Sachlicher Grund. Soweit § 14 Abs 2 und 3 TzBfG nicht eingreifen, ist seit dem 1.1.01 die Befristung eines Arbeitsverhältnisses zulässig, wenn sie durch einen sachlichen Grund iSd § 14 Abs 1 TzBfG gerechtfertigt ist. Das Gesetz hat den

91 Befristetes Arbeitsverhältnis

Befristungsschutz von dem der früheren Rspr des BAG zu Grunde liegenden Gedanken der Umgehung des Kündigungsschutzes abgekoppelt (BAG 6.11.03 – 2 AZR 690/02, NZA 05, 218). Ein sachlicher Grund für die Befristung ist deshalb auch in Kleinbetrieben iSd § 23 KSchG oder während der Wartefrist gem § 1 KSchG notwendig.

23 **Maßgeblicher Zeitpunkt** für die Überprüfung der Zulässigkeit der Befristung ist der **Abschluss des Arbeitsvertrages** (BAG 8.9.83 – 2 AZR 438/82, DB 84, 621; 22.3.85 – 7 AZR 487/84, BB 85, 2048). Der sachliche Grund muss also bereits im Zeitpunkt des Vertragsschlusses vorliegen. Zwischenzeitlich eintretende andere Entwicklungen sind grds unerheblich (BAG 16.11.05 – 7 AZR 81/05, NZA 06, 784; 6.12.06 – 7 AZR 805/05). Die vereinbarte **Dauer des Arbeitsverhältnisses** ist von Bedeutung, soweit sich aus ihr Rückschlüsse auf das tatsächliche Vorliegen des sachlichen Grundes ergeben. Die konkret gewählte Dauer bedarf dagegen keiner eigenständigen sachlichen Rechtfertigung; insbes bedarf es keiner Kongruenz von Vertragsdauer und Befristungsgrund (BAG 17.3.10 – 7 AZR 640/08, NZA 10, 633; 21.1.09 – 7 AZR 630/07, NZA 09, 727). Deshalb steht es dem ArbGeb frei, zB bei nicht exakt feststehender Dauer eines Vertretungsbedarfs statt einer Zweckbefristung eine voraussichtlich kürzere Zeitbefristung vorzusehen (BAG 22.11.95 – 7 AZR 252/95, NZA 96, 878). Wird ein Arbeitsvertrag zunächst unbefristet geschlossen und **nachträglich eine Befristungsvereinbarung** getroffen, ist auch hierfür nach der Auffassung des BAG ein sachlicher Grund erforderlich (24.1.96 – 7 AZR 496/95, NZA 96, 1089; 8.7.98 – 7 AZR 245/97, NZA 99, 81; 26.8.98 – 7 AZR 349/97, NZA 99, 476).

24 Problematisch ist die Abgrenzung zwischen befristeten Arbeitsverträgen und **Aufhebungsverträgen.** Wird mit einem ArbN, mit dem ein unbefristetes Arbeitsverhältnis besteht, eine Vereinbarung getroffen, nach der dieser noch über den Ablauf seiner Kündigungsfrist hinaus für einen gewissen Zeitraum weiterbeschäftigt werden soll, handelt es sich nach Auffassung des BAG grds um die Umwandlung eines unbefristeten in einen befristeten Arbeitsvertrag mit der Folge, dass für die Befristung ein sachlicher Grund vorliegen muss (BAG 22.10.03 – 7 AZR 113/03, NZA 04, 1275; 12.1.2000 – 7 AZR 48/99, NZA 2000, 718). Das BAG hat dagegen eine Auslegung als befristeten Arbeitsvertrag verneint, wenn eine **Abwicklungsvereinbarung** in der Form getroffen wird, dass der ArbN sofort von der Arbeitsleistung freigestellt wird und auch sonst typische Abwicklungsmodalitäten wie Abfindung, Zeugniserteilung etc geregelt wurden (BAG 15.2.07 – 6 AZR 286/06, NZA 07/614). Zusammengenommen dürfte daraus der Schluss zu ziehen sein, dass ein sachlicher Grund auch bei Verlängerung des Arbeitsverhältnisses jedenfalls dann nicht erforderlich ist, wenn der ArbN nach Ablauf der eigentlichen Kündigungsfrist von der Arbeitsleistung freigestellt wird. Relevant ist diese Problematik nur für den außergerichtlich geschlossenen Aufhebungsvertrag. Bei einer Vereinbarung vor dem ArbG greift § 14 Abs 1 Nr 8 TzBfG ein (s Rz 45).

25 **b) Vertragliche Festlegung des Befristungsgrundes.** Bei der **kalendermäßigen Befristung** ist der Befristungsgrund keine formale, sondern materielle Wirksamkeitsvoraussetzung: Die Wirksamkeit der Befristung hängt grds nicht davon ab, dass der Befristungsgrund Vertragsinhalt geworden oder dem ArbN bei Vertragsschluss mitgeteilt worden ist. Da kein gesetzliches Zitiergebot besteht und sich das Schriftformgebot aus § 14 Abs 4 TzBfG auf die Befristung als solche beschränkt, reicht es aus, dass der Befristungsgrund bei Vertragsschluss objektiv vorliegt (BAG 15.8.01 – 7 AZR 263/00, NZA 02, 85). Daher kann sich der ArbGeb bei Unwirksamkeit der Befristung unter Zugrundelegung des bezeichneten Sachgrundes auf weitere, nicht erwähnte Sachgründe berufen (BAG 12.8.09 – 7 AZR 270/08, BeckRS 2009, 74191). Die Zuordnung des Lebenssachverhalts zu einem gesetzlich genannten Sachgrund kann nach den allgemeinen Auslegungsregeln unter Berücksichtigung aller von den Parteien vorgetragenen Umstände erfolgen (BAG 16.3.05 – 7 AZR 289/04, NZA 05, 923). Bei **Zweckbefristungen** (BAG 21.12.05 – 7 AZR 541/04, NZA 06, 321) und **auflösenden Bedingungen** ist die Angabe des Grundes allerdings wesentlicher Vertragsbestandteil und damit zwingend erforderlich, da die vorgesehene Beendigung aus dem Sachgrund folgt.

26 Auch die **Befristung ohne sachlichen Grund** gem § 14 Abs 2 und 3 TzBfG setzt keine Vereinbarung der Parteien voraus, sich konkret auf einen dieser Rechtfertigatbestände stützen zu wollen. Daher kann sich der ArbGeb für die Wirksamkeit der Befristung auch dann **auf einen Sachgrund berufen,** wenn er im Vertrag den Absatz 2 als Rechtfertigungsgrund benannt hat und umgekehrt (BAG 12.8.09 – 7 AZR 270/08, BeckRS 2009, 74191).

Allerdings kann der ArbGeb konkludent auf die erleichterten Befristungsmöglichkeiten verzichten, wofür etwa die ausdrückliche Nennung eines Sachgrundes ein Indiz sein kann (BAG 5.6.02 – 7 AZR 241/01, NZA 03, 150; 22.3.2000 – 7 AZR 581/98, NZA 2000, 884; LAG Sachs 17.6.98 – 2 Sa 1376/97, NZA-RR 99, 16, zu § 1 BeschFG). Die bloße Bezeichnung als „Aushilfsvertrag" reicht für die Annahme eines Verzichts aber ebenso wenig aus wie allein die positive Nennung irgendeines Sachgrundes im Arbeitsvertrag (BAG 5.6.02 – 7 AZR 241/01, NZA 03, 150; 29.6.11 – 7 AZR 774/09, NZA 11, 1151). Schließlich ist zu bedenken, dass das BAG jedenfalls für den Sachgrund der Vertretung (dazu Rz 46) eine **„erkennbare Festlegung"** der Vertretungsverhältnisse fordert, um den Sachgrund prüfen zu können (BAG 15.2.06 – 7 AZR 232/05, NZA 06, 781). Dies legt es nahe, aus Beweisgründen die Vertretungsverhältnisse im Arbeitsvertrag festzuschreiben, zumindest aber einen ausführlichen Aktenvermerk in der Personalakte abzuheften.

c) Tarifvertragliche Beschränkungen. Von § 14 Abs 1 TzBfG kann **nicht zuungunsten des ArbN abgewichen** werden (§ 22 Abs 1 TzBfG). Durch Tarifvertrag können von § 14 Abs 1 Satz 1 abweichende, für den ArbN günstigere Regelungen getroffen werden, die der ArbGeb beim Abschluss eines befristeten Arbeitsvertrages beachten muss, zB die ausdrückliche Nennung des Sachgrundes in der Befristungsvereinbarung, der Ausschluss der sachgrundlosen Befristung (BAG 11.8.88 – 2 AZR 95/88, NZA 89, 891; *Schaub/Koch* § 39 Rz 6) oder die Beschränkung auf das Vorliegen nur bestimmter Sachgründe. Die Tarifvertragsparteien können den Abschluss befristeter Arbeitsverhältnisse auch gänzlich ausschließen. Ein entsprechender Wille der Tarifvertragsparteien muss sich zumindest aus den Umständen deutlich ergeben (BAG 12.12.85 – 2 AZR 9/85, NZA 86, 571). Das BAG unterstellt, dass es im Rahmen eines Tarifvertrages zu einem angemessenen Interessenausgleich kommt, und unterzog daher tarifvertragliche Befristungsregelungen **bislang nur** einer **eingeschränkten Überprüfung** dahingehend, ob der Tarifvertrag gegen die Verfassung, zwingendes Gesetzesrecht, die guten Sitten oder tragende Grundsätze des Arbeitsrechts verstößt, nicht aber, ob die Befristung im Einzelfall gerechtfertigt ist (BAG 30.9.71 – 5 AZR 146/71, DB 72, 49; LAG Köln 10.3.95, NZA-RR 96, 202). Diese Rspr hat das BAG unter der Geltung von § 14 Abs 1 TzBfG insoweit revidiert, als es tariflich geregelte Sachgründe für eine Befristung von Arbeitsverhältnissen den **Wertungsmaßstäben des § 14 Abs 1 TzBfG unterstellt.** Danach können tarifvertraglich vereinbarte Sachgründe die Befristung nur dann rechtfertigen, wenn sie von ihrer Wertigkeit den in § 14 Abs 1 TzBfG normierten Sachgründen entsprechen. Darüber hinaus muss die tarifliche Regelung festschreiben, dass erst das Vorliegen konkreter Anhaltspunkte für die Annahme der Voraussetzungen des Befristungsgrundes zum Abschluss des befristeten Arbeitsvertrages berechtigt (BAG 9.12.09 – 7 AZR 399/08, NZA 10, 495).

d) Kettenbefristungen. Die **wiederholte Vereinbarung oder Verlängerung** sachgrundbefristeter Arbeitsverhältnisse bleibt im Grundsatz auch unter Geltung des TzBfG zulässig (BAG 13.10.04 – 7 AZR 654/03, NZA 05, 469). Auch ein **Wechsel des Sachgrunds** ist erlaubt. Die meisten Sachgründe setzen eine Prognose des ArbGeb hinsichtlich des Arbeitskräftebedarfs voraus. Beim Sachgrund der Vertretung bezieht sich die Prognose auf den voraussichtlichen Wegfall des Vertretungsbedarfs. Dabei folgt aus dem **ständigen Vertretungsbedarf** oder der **großen Anzahl vorangegangener Befristungen** noch nicht das Fehlen des Sachgrundes, bzw dass an dessen Prüfung besonders strenge Anforderungen zu stellen sind. So kann der vorübergehende Bedarf an Vertretungskräften grds auch dann einen sachlichen Grund für die Befristung des Arbeitsvertrags darstellen, wenn ein wiederholter oder sogar dauerhafter Vertretungsbedarf gegeben ist, der auch durch die Einstellung eines ArbN mit einem unbefristeten Vertrag gedeckt werden könnte. Allerdings ist nach jüngster Rspr des BAG gem den Vorgaben des EuGH (EuGH 26.1.12 – C-586/10 *Kücük* NZA 12, 135) eine zusätzliche Prüfung nach den Grundsätzen zum institutionellen Rechtsmissbrauch iSd § 242 BGB vorzunehmen: Auch wenn die gerichtliche Kontrolle auf die zuletzt geschlossene Befristungsabrede beschränkt wird, müssen bei der materiell-rechtlichen Prüfung alle Umstände des Einzelfalls, einschließlich der **Zahl und der Gesamtdauer der in der Vergangenheit** mit demselben ArbGeb geschlossenen befristeten Arbeitsverträge, berücksichtigt werden (BAG 13.2.13 – 7 AZR 225/11, NZA 13, 777; *Jörchel* NZA 12, 1065). Bei einer Gesamtdauer von mehr als 11 Jahren und 13 Befristungen sei jedenfalls eine missbräuchliche Gestaltung indiziert, bei einer Gesamtdauer von $7^{3/4}$ Jahren und 4 Befristungen

91 Befristetes Arbeitsverhältnis

aber noch nicht (BAG 18.7.12 – 7 AZR 443/09, NZA 12, 1351; 18.7.12 – 7 AZR 783/10, NZA 12, 1359; s auch zur Vertretung Rz 46).

29 **e) Doppelbefristungen.** Die Kombination zeitlich gestaffelter Befristungsvereinbarungen ist im Prinzip zulässig. Das Arbeitsverhältnis erhält in solchen Fällen **neben** einer **Zweckbefristung** (zB Vertretung eines erkrankten ArbN) **zusätzlich eine kalendermäßige Befristung** dergestalt, dass es solange andauern soll, bis der vereinbarte Zweck erreicht ist, längstens jedoch bis zu einem zeitlich fixierten Termin (kalendermäßige Höchstbefristung). Dann endet das Vertragsverhältnis mit der zeitlich früheren Befristung, es sei denn, diese ist unwirksam oder der ArbN wird über diesen ersten Befristungstermin hinaus weiterbeschäftigt – erst dann kommt es auf die Wirksamkeit der Befristung zum zweiten Befristungstermin und damit allein auf das Vorliegen eines sachlichen Grundes für diese (zweite) Befristung an. Die Wirksamkeit beider Befristungen ist daher jeweils getrennt und unabhängig voneinander zu beurteilen (BAG 15.8.01 – 7 AZR 263/00, NZA 02, 85; 4.5.11 – 7 AZR 252/10, NZA 11, 1178). Ebenso kommt bei einer Kombination von auflösender Bedingung und zeitlicher Höchstbefristung der Kalenderbefristung insoweit „Auffangwirkung" zu (BAG 29.6.11 – 7 AZR 6/10, NZA 11, 1346). Die Weiterbeschäftigung über den ersten Beendigungstermin hinaus führt abweichend von § 15 Abs 5 TzBfG (früher § 625 BGB) nicht zur Entstehung eines Arbeitsvertrags auf unbestimmte Zeit, sondern die **Fiktionswirkung** ist auf den befristeten Fortbestand **bis zum zweiten Befristungstermin** beschränkt (BAG 29.6.11 – 7 AZR 6/10, NZA 11, 1346). Vorsicht ist bei der Vertragsgestaltung geboten. Eine solche eher ungewöhnliche Klausel wie eine Doppelbefristung sollte besonders klar formuliert und ggf sogar optisch herausgehoben werden, damit sie nicht als überraschend oder intransparent iSd §§ 305c, 307 Abs 1 BGB eingestuft wird (BAG 16.4.08 – 7 AZR 132/07, NZA 08, 876).

30 **2. Rechtsprechungs-ABC.** Das BAG hat im Laufe seiner Rspr eine Fülle von Entscheidungen zu der Frage, ob ein sachlicher Grund zur Rechtfertigung einer Befristung vorliegt, erlassen, wobei sich für die typischen und für die Praxis wichtigsten Sachgründe Fallgruppen herausgebildet haben. Diese Fallgruppen hat der Gesetzgeber in § 14 Abs 1 TzBfG zum Teil aufgegriffen. Gleichzeitig hat der Gesetzgeber klargestellt, dass der **Katalog der in § 14 Abs 1 TzBfG** ausdrücklich aufgeführten Sachgründe, wie sich aus dem Wort „insbesondere" ergibt, **nicht abschließend** gemeint ist (so auch BAG 13.10.04 – 7 AZR 218/04, NZA 05, 401). Weitere als die aufgezählten Sachgründe können die Befristung von Arbeitsverträgen nur dann rechtfertigen, wenn sie den in § 14 Abs 1 TzBfG zum Ausdruck kommenden Wertungsmaßstäben entsprechen und den in dem Sachgrundkatalog genannten Sachgründen von ihrem Gewicht her gleichwertig sind (BAG 2.6.10 – 7 AZR 136/09, NZA 10, 1172; 9.12.09 – 7 AZR 399/08, NZA 10, 495). Vor diesem Hintergrund werden im Folgenden alphabetisch die traditionellen Fallgruppen und die dazu ergangenen Vorgaben der Rspr dargestellt. Soweit der Gesetzgeber die jeweilige Fallgruppe in § 14 Abs 1 TzBfG aufgenommen hat, wird diese entsprechend zugeordnet.

31 a) **Altersgrenze** s *Altersgrenze* Rz 5–7.
32 b) **Arbeitsförderungsmaßnahmen.** Einen sachlichen Grund für eine Befristung stellte es bislang dar, wenn der Arbeitsvertrag im Rahmen einer **Arbeitsbeschaffungsmaßnahme** nach §§ 260 ff SGB III geschlossen wurde. Die Vorschriften sind mit Wirkung zum 1.4.2012 durch das Gesetz zur Verbesserung der Eingliederungschancen am Arbeitsmarkt ersatzlos aufgehoben worden; eine Relevanz besteht noch für die vorgesehene Dauer bestehender Fördermaßnahmen. Es ist anerkannt, dass die sachlich begrenzte Zielsetzung, die ein Drittmittelgeber mit der zeitlich begrenzten Finanzierung des Arbeitsplatzes verfolgt, auch für das Verhältnis zwischen ArbN und ArbGeb als Drittmittelempfänger erheblich ist. Entscheidend ist, dass für den ArbGeb die Zusage eines erheblichen Kostenanteils durch die Arbeitsverwaltung für die Einstellung ausschlaggebend gewesen ist, er also ohne diese Zusage entweder keinen oder jedenfalls nur einen leistungsfähigeren ArbN eingestellt hätte (BAG 3.12.82 – 7 AZR 622/80, DB 83, 1498; 12.6.87 – 7 AZR 389/86, NZA 88, 468; 20.12.95 – 7 AZR 194/95, NZA 86, 642). Dem steht grds auch nicht die Übertragung von Daueraufgaben für die Zeit der Zuweisung entgegen, da die Arbeitsbeschaffungsmaßnahme an die Person des geförderten ArbN gebunden ist. Als Befristungsgrund ist daher der § 14 Abs 1 Satz 2 Nr 6 TzBfG einschlägig. Demgegenüber stellt die Gewährung eines **Einarbeitungs- oder Ein-**

Befristetes Arbeitsverhältnis 91

gliederungszuschusses (§§ 88 ff SGB III) keinen sachlichen Grund für die Befristung eines Arbeitsverhältnisses dar (BAG 22.4.09 – 7 AZR 96/08, NZA 09, 1099; 18.12.92, DB 92, 2635). Ein derartiger Zuschuss soll lediglich den Nachteil ausgleichen, den der ArbGeb dadurch erleidet, dass der ArbN während der Einarbeitung nur eine Minderleistung erbringt (BAG 11.12.91 – 7 AZR 170/91, DB 92, 2635; 4.6.03 – 7 AZR 489/02, NZA 03, 1143). Die Fördermaßnahme dient nicht der Arbeitsbeschaffung, sondern dem Ausgleich von Minderleistungen, und bezweckt die dauerhafte Eingliederung benachteiligter Personen in den Arbeitsmarkt und soll gerade den Einsatz auf einem Dauerarbeitsplatz ermöglichen (BAG 22.4.09 – 7 AZR 96/08, NZA 09, 1099; 18.12.92, DB 92, 2635).

c) Aushilfskräfte. Besteht der betriebliche Bedarf an der Arbeitsleistung nur vorübergehend kann eine Befristung nach § 14 Abs 1 Satz 2 Nr 1 TzBfG sachlich gerechtfertigt sein. Der **vorübergehende betriebliche Bedarf** kann darauf beruhen, dass eine zeitlich begrenzte Arbeitsaufgabe vorliegt, deren Bewältigung nicht mit Stammpersonal erreicht werden kann, zB zur Durchführung eines bestimmten Projekts (s auch Projektarbeit Rz 41). Es kann sich der Bedarf aber auch künftig verringern, zB wegen Inbetriebnahme einer neuen technischen Anlage oder wegen Stilllegung des Betriebes, so dass die befristete Einstellung gerechtfertigt sein kann (BAG 30.10.08 – 8 AZR 855/07, NZA 09, 723). Die **Prognose des ArbGeb,** dh seine zukunftsbezogene Einschätzung zum Zeitpunkt des Vertragsschlusses, muss dahin gehen, dass für die Beschäftigung des ArbN über das vorgesehene Vertragsende hinaus mit hinreichender Sicherheit kein Bedarf mehr besteht (BAG 25.8.04 – 7 AZR 7/04, NZA 05, 357; verneint bei den Kommunen durch Gesetz zeitlich befristet übertragenen staatlichen Aufgaben, BAG 11.9.13 – 7 AZR 107/12). Daher ist die für einen späteren Zeitpunkt geplante Besetzung des Arbeitsplatzes mit einem LeihArbN nicht durch den Sachgrund des nur vorübergehenden Bedarfs an der Arbeitsleistung gerechtfertigt, da der Bedarf später nicht entfällt (BAG 30.10.08 – 7 AZR 855/07, NZA 09, 723). Die Befristung wegen einer nicht voraussehbaren Entwicklung des Arbeitskräftebedarfs als solcher ist dagegen ebenso wenig möglich wie eine sich aus der Art der Tätigkeit oder der Marktsituation ergebene wirtschaftliche Ungewissheit. Andererseits ist es nicht erforderlich, dass der befristet beschäftigte ArbN in dem Bereich eingesetzt wird, in dem der Mehrbedarf entstanden ist; der ArbGeb kann jederzeit seine Arbeitsorganisation ändern und die vorhandene Arbeitsmenge auf andere ArbN umverteilen (BAG 17.3.10 – 7 AZR 640/08, NZA 10, 633). Bei einer **von vornherein zu geringen Personalausstattung** kann eine Befristung zum Abbau unerledigt gebliebener Arbeiten jedoch nicht auf § 14 Abs 1 Satz 2 Nr 1 TzBfG gestützt werden, wenn tatsächlich ein **Dauerbedarf** besteht (BAG 17.3.10 – 7 AZR 640/08, NZA 10, 633). Dagegen kann die für einen späteren Zeitpunkt geplante anderweitige Besetzung des Arbeitsplatzes die befristete Einstellung eines ArbN bis zu diesem Zeitpunkt rechtfertigen, wenn der ArbGeb bei Abschluss des befristeten Arbeitsvertrags mit dem anderen als Dauerbesetzung vorgesehenen ArbN bereits vertraglich gebunden ist (BAG 9.12.09 – 7 AZR 399/08, NZA 10, 495). Näheres s *Aushilfskräfte* Rz 1 ff. Gleichzeitig dürfte oft auch die Fallgruppe der „Vertretung eines anderen ArbN" (§ 14 Abs 1 Nr 3 TzBfG) einschlägig sein (dazu unten Rz 46).

d) Branchenspezifische Gründe. Das BAG lässt Befristungen im weiteren Umfang zu, soweit dies für bestimmte Berufsgruppen **üblich** ist. Dabei ist der Maßstab eines verständigen und verantwortungsbewussten ArbGeb anzulegen (BAG 13.5.82 – 2 AZR 87/80, DB 82, 2708). Eine solche Branchenüblichkeit besteht insbes im Hinblick auf den wechselnden Publikumsgeschmack **im Unterhaltungsgewerbe**. Zulässig sind danach befristete Arbeitsverträge mit Künstlern, Musikern, Schauspielern, Sängern und Berufssportlern (BAG 21.5.81 – 2 AZR 1117/78, DB 81, 2080; 29.7.76 – 3 AZR 7/75 DB 76, 2359; KR/*Hillebrecht* § 620 BGB Rz 130; *Schaub* § 39 II 5a). Bei Trainern hängt die erleichterte Befristungsmöglichkeit von der Qualität der Trainierten ab (BAG 29.10.98 – 7 AZR 436/97, BB 99, 1118). Der Gesetzgeber umschreibt diesen sachlichen Grund „Eigenart der Arbeitsleistung" (§ 14 Abs 1 Satz 2 Nr 4 TzBfG). Üblich ist auch die Befristung von Arbeitsverhältnissen mit **Studenten**, die neben ihrem Studium einen „Job" suchen (BAG 4.4.90 – 7/AZR 259/89, NZA 91, 81). Der Sachgrund für die Befristung kann dann in der Person des ArbN gem § 14 Abs 1 Satz 2 Nr 6 TzBfG liegen. Ein solcher besteht aber nur, soweit die Befristung erforderlich ist, um die Erwerbstätigkeit den wechselnden Erfordernissen des Studiums anzupassen. Dieser Sachgrund entfällt bei entsprechend flexibler Gestaltung des Arbeitsverhältnisses (BAG 10.8.94 –

91 Befristetes Arbeitsverhältnis

7 AZR 695/93, NZA 95, 30; 29.10.98 – 7 AZR 561/97, BB 99, 962). Abrufarbeit iSd § 12 TzBfG ist keine die Befristung ausschließende Alternative (LAG Bln 6.10.95, NZA-RR 96, 201 zu § 4 BeschFG); statt Abrufarbeit kann deshalb sogar der Abschluss befristeter Tagesarbeitsverhältnisse in Betracht kommen (BAG 16.4.03 – 7 AZR 187/02, NZA 04, 40). Eine Befristung wegen bloßer **Nebentätigkeit**, da der ArbN bereits anderweitig wirtschaftlich abgesichert sei, ist kein Befristungsgrund (BAG 10.8.94 – 7 AZR 695/93, NZA 95, 30).

35   e) **Elternzeit/Mutterschutz.** Für Vertretungen während des Mutterschutzes oder der Elternzeit enthält **§ 21 BEEG einen gesetzlichen Befristungsgrund.** Danach ist die Befristung eines Arbeitsvertrages gerechtfertigt, wenn ein ArbGeb einen ArbN zur Vertretung eines ArbN für die Dauer der Beschäftigungsverbote nach dem MuSchG, einer zu Recht verlangten Elternzeit oder einer einzel- oder kollektivvertraglich vereinbarten Arbeitsfreistellung zur Kinderbetreuung einstellt. Die Befristung ist auch dann gerechtfertigt, wenn sie nur für einen Teil der Abwesenheitszeiten erfolgt. Sie kann sowohl als Zeit- als auch als Zweckbefristung vereinbart werden. § 21 Abs 3 BEEG ist Spezialnorm zu der allgemeinen Vertretungsregelung in § 14 Abs 1 Satz 2 Nr 3 TzBfG.

36   f) **Erstanstellung.** Gem § 14 Abs 1 Satz 2 Nr 2 TzBfG ist eine Befristung gerechtfertigt, wenn sie im Anschluss an eine Ausbildung oder ein Studium erfolgt, um den Übergang des ArbN in eine Anschlussbeschäftigung zu erleichtern. Allein dieser Zweck ist für sich bereits Befristungsgrund und dient der Abmilderung des Verbots einer zweimaligen sachgrundlosen Befristung bei demselben ArbGeb. Die Vorschrift ist deshalb großzügig auszulegen (*Hromadka* BB 01, 621). Sie rechtfertigt aber nur die erstmalige Befristung eines Vertrags im Anschluss an Ausbildung oder Studium, nicht aber dessen Verlängerung (BAG 10.10.07 – 7 AZR 795/06, NZA 08, 295). Als **Studium** gilt die Ausbildung an einer Hochschule, Fachhochschule oder auch an einer anderen staatlich anerkannten Ausbildungsstätte. Von Bedeutung ist diese Befristungsmöglichkeit vor allem für Hochschulabsolventen, die bereits während ihres Studiums beschäftigt wurden und für die daher eine sachgrundlose Befristung nach § 14 Abs 2 TzBfG entfällt (s auch Rz 34). Da ein **Berufsausbildungsverhältnis** kein Arbeitsverhältnis ist, ist der Sachgrund aus Nr 2 nur bei Befristungen von über zwei Jahren bedeutsam (s Rz 20). Bei Weiterbeschäftigung nach der Ausbildung ohne Befristungsabrede greift hier die Fiktion des § 24 BBiG.

37   g) **Hochschulbereich.** Während die Abhängigkeit von Zahlungen anderer öffentlichrechtlicher Rechtsträger regelmäßig keinen Befristungsgrund darstellt, rechtfertigt die weitgehende Fremdbestimmtheit durch Vorgaben des Drittmittelgebers die Befristung, wenn sich der ArbGeb entschließt, die finanzierten Aufgaben nur für die **Dauer der Bewilligung von Drittmitteln** durchzuführen (BAG 3.12.82 – 7 AZR 622/80, DB 83, 1498; s auch Projektarbeit Rz 41). Das ist mittlerweile auch durch § 2 Abs 2 WissZeitVG festgeschrieben worden. Die früher für das Hochschulpersonal maßgeblichen Befristungsregelungen der §§ 57a ff HRG sind seit dem 18.4.07 durch ein eigenes Wissenschaftszeitvertragsgesetz (WissZeitVG) abgelöst worden. Dabei hat sich der Gesetzgeber nicht auf eine bloße Übernahme der in den §§ 57a ff HRG enthaltenen Regelung beschränkt, sondern gravierende Änderungen vorgenommen: Der persönliche Anwendungsbereich der Befristung nach der Zeitdauer wird ausgeweitet, der Tatbestand der Drittmittelbefristung wird wieder eingeführt und auf das nicht-wissenschaftliche Personal erstreckt. Zudem hat sich der Gesetzgeber bemüht, die mit einer Kinderbetreuung einhergehenden Belastungen besser zu berücksichtigen (dazu *Löwisch* NZA 07, 479). Im Übrigen ist ggf der Befristungsgrund nach § 14 Abs 1 Satz 2 Nr 7 TzBfG einschlägig, s Rz 39).

38   h) **Insolvenz.** Die Tatsache der Insolvenz und deren Abwicklung stellt **keinen sachlichen Grund** für die Befristung von Arbeitsverhältnissen dar. Für eine wirksame Befristung in der Insolvenz müssen besondere Umstände vorliegen, etwa die Restabwicklung näher bezeichneter Aufgaben durch einen bestimmten ArbN (LAG Saarl 29.4.87, ZIP 88, 528; LAG Düsseldorf 8.3.94 – 16 163/94, BB 94, 1504) oder die beabsichtigte Betriebsschließung (BAG 3.12.97 – 7 AZR 651/96, DB 98, 2371).

39   i) **Öffentlicher Dienst.** Im öffentlichen Dienst stellt sich vor allem die Frage, inwiefern **haushaltsrechtliche Erwägungen** die Befristung von Arbeitsverträgen rechtfertigen können. Nach § 14 Abs 1 Satz 2 Nr 7 TzBfG, der den Sachgrund der Haushaltsbefristung aus dem alten HRG (§ 57b Abs 2 Nr 2 aF) übernimmt, ist die Befristung gerechtfertigt, wenn der ArbN aus Haushaltsmitteln vergütet wird, die haushaltsrechtlich für eine befristete Be-

schäftigung bestimmt sind, und er entsprechend beschäftigt wird. Dabei wurden gem dem Wortlaut des § 14 Abs 1 Nr 7 TzBfG und den von der Rspr entwickelten Grundsätzen nach bisher überwiegender Auffassung alle nach dem öffentlichen Haushaltsrecht durch demokratisch legitimierte Organe aufgestellten Haushaltspläne und nicht nur die durch förmliches Gesetz ausgebrachten Mittel vom Geltungsbereich dieser Vorschrift umfasst. Nach diesem weiten Verständnis fallen hierunter die Haushalte aller Körperschaften des öffentlichen Rechts mit Selbstverwaltung, also auch die Gebietskörperschaften. Nachdem das BAG diese Frage bislang offen gelassen hatte, hat es nunmehr im Fall eines von der BA aufgestellten Haushaltsplans die Anwendbarkeit des § 14 Abs 1 Nr 7 TzBfG **verneint, wenn das den Haushaltsplan aufstellende Organ und der ArbGeb identisch** sind; denn dieser könne so in seiner Doppelrolle den Sachgrund für die Befristung selbst schaffen (BAG 9.3.11 – 7 AZR 728/09, NZA 11, 911). Diese Entscheidung wird zur Folge haben, dass Körperschaften des öffentlichen Rechts mit Selbstverwaltung und damit einhergehender Haushaltskompetenz von diesem Befristungstatbestand keinen Gebrauch mehr machen können. Weiterhin ist gem § 14 Abs 1 Nr 7 TzBfG zu unterscheiden: Soweit ein Bezug zum konkreten Arbeitsplatz nicht besteht und nur allgemein die Mittel im Haushaltsplan begrenzt sind, allgemeine Einsparungen angeordnet oder Mitteleinsparungen erwartet werden, rechtfertigt dies nicht den Abschluss eines befristeten Arbeitsvertrages (BAG 9.3.11 – 7 AZR 728/09, NZA 11, 911; 14.2.07 – 7 AZR 193/06, NZA 07, 871). Etwas anderes gilt nur dann, wenn die Vergütung eines ArbN aus einer bestimmten Haushaltsstelle erfolgt, die Haushaltsmittel nur für vorübergehende Aufgaben vorgesehen und lediglich befristet bewilligt sind bzw deren Streichung mit einiger Gewissheit zu erwarten ist (BAG 16.10.08 – 7 AZR 360/07, NZA 09, 676). Dabei müssen die Rechtsvorschriften, mit denen die Haushaltsmittel ausgebracht werden, selbst die inhaltlichen Anforderungen für die im Rahmen der befristeten Arbeitsverträge auszuübenden Tätigkeiten oder die Bedingungen, unter denen sie auszuführen sind, enthalten (BAG 17.3.10 – 7 AZR 640/08, NZA 10, 633). Ein bloßer **„kw-Vermerk" reicht nicht** (BAG 2.9.09 – 7 AZR 162/08, NZA 09, 1257). Das BAG hatte die Frage, ob die durch diesen zusätzlichen Sachgrund geschaffene Privilegierung des öffentlichen ArbGeb europarechtskonform ist, dem EuGH zur Vorabentscheidung vorgelegt (BAG 27.10.10 – 7 AZR 485/09 (A), NZA-RR 11, 273). Da sich das Ersuchen vor der Entscheidung des EuGH erledigt hat, ist zZ mit einer Klärung dieser Frage nicht zu rechnen.

j) Probearbeitsverhältnis. Der Wunsch, das Arbeitsverhältnis über eine angemessene **40** Zeitspanne zu erproben, ist nun in § 14 Abs 1 Satz 2 Nr 5 TzBfG als sachlicher Grund für die Befristung anerkannt worden. Da eine anfänglich vereinbarte Probezeit im Zweifel der Beginn eines unbefristeten Arbeitsverhältnisses ist, muss sich die Befristung auf die Probezeit **eindeutig aus dem Vertrag ergeben** (zur Probezeitbefristung als überraschende Klausel gem §§ 305c, 307 Abs 1 BGB: LAG Berlin-Bbg 15.1.13 – 16 Sa 1829/12, NZA-RR 13, 459). Im Anschluss an ein ohne Sachgrund befristetes Arbeitsverhältnis wird sich nicht ohne weiteres eine Befristung nach Nr 5 rechtfertigen lassen, während sich an ein befristetes Probearbeitsverhältnis ein aus einem anderen Sachgrund befristetes Arbeitsverhältnis anschließen kann. Näheres s *Probearbeitsverhältnis* Rz 7.

k) Projektarbeit. Ein projektbedingt erhöhter Personalbedarf kann die Befristung nach **41** § 14 Abs 1 Satz 2 Nr 1 TzBfG rechtfertigen. Solche zeitlich begrenzten Tätigkeiten finden sich etwa im Zusammenhang mit Forschungsaufträgen und Entwicklungsaufgaben. Wichtig ist, dass es sich **nicht um bloße Dauer- oder Pflichtaufgaben** im Rahmen des Betriebszwecks handelt, sondern um diesen gegenüber **abgrenzbare Zusatzaufgaben** (BAG 11.2.04 – 7 AZR 362/03, NZA 04, 978). Für das Vorliegen eines Projektes spricht es regelmäßig, wenn dem ArbGeb für die Durchführung der im Projekt verfolgten Tätigkeiten von einem Dritten finanzierte Mittel oder sonstige Sachleistungen zur Verfügung gestellt werden (BAG 7.5.08 – 7 AZR 146/07, NJW-Spezial 08, 595). Die Prognose des ArbGeb muss sich im Unterschied zu den anderen Fallgruppen des § 14 Abs 1 Nr 1 TzBfG nur auf das konkrete Projekt und dessen hinreichend sicheren künftigen Wegfall beziehen. Ob eine anderweitige Einsatzmöglichkeit nach Auslaufen des Projekts (zB durch Anschlussaufträge oder in anderen Projekten) vorhanden ist, ist unerheblich (BAG 7.5.08 – 7 AZR 146/07, NJW-Spezial 08, 595; 25.8.04 – 7 AZR 7/04, NZA 05, 357). Dabei soll nicht einmal ein ausschließlich projektbezogener Einsatz notwendig sein; es reicht bei Vertragsschluss die Prognose, dass der ArbN überwiegend projektbezogen und nicht mit projektfremden Dauer-

91 Befristetes Arbeitsverhältnis

aufgaben beschäftigt sein wird (BAG 29.7.09 – 7 AZR 907/07, AP Nr 65 zu § 14 TzBfG). Damit scheint das BAG zumindest im Zusammenhang mit Forschungsprojekten nicht an seiner bisherigen strengen Rspr zu § 14 Abs 1 Satz 2 Nr 1 TzBfG festzuhalten.

42 **l) Rundfunkmitarbeiter.** Im Hinblick auf den gebotenen Schutz der Rundfunkfreiheit gem Art 5 Abs 1 Satz 2 GG hat das BVerfG die Zulässigkeit des Abschlusses von befristeten Arbeitsverträgen mit **programmgestaltenden Mitarbeitern** in erweitertem Umfang zugelassen (BVerfG 13.1.82 – 1 BvR 848/77, NJW 82, 1447). Hier bedingt das Interesse an der Vielfalt und Innovation des Programms die Notwendigkeit eines häufigen Personalwechsels. Insoweit liegt ein sachlicher Grund in der Eigenart der Arbeitsleistung gem § 14 Abs 1 Satz 2 Nr 4 TzBfG und betrifft vor allem Redakteure, Reporter, Moderatoren, aber auch mit Blick auf Art 5 Art 3 GG künstlerisch tätige ArbN, zB Schauspieler, Regisseure oder Choreografen. Das BAG hat die Vorgaben des BVerfG dergestalt umgesetzt, dass nicht in jedem Fall der Rundfunkfreiheit der Vorrang vor den schutzwürdigen Interessen des ArbN einzuräumen sei. Vielmehr ist im Einzelfall eine **Abwägung zwischen den Belangen der Rundfunkanstalt und des betroffenen ArbN** vorzunehmen (BAG 26.7.06 – 7 AZR 495/05, NZA 07, 147; 22.4.98 – 5 AZR 342/97, NZA 98, 1336). Dabei kann eine befristete Beschäftigung gerechtfertigt sein, wenn der ArbN in weitem Umfang seine eigenen Vorstellungen und seinen eigenen Stil in das Programm einbringen kann (BAG 11.12.91 – 7 AZR 128/91, NZA 93, 354), ebenso bei der Einführung und Erprobung neuer Programme (BAG 24.4.96 – 7 AZR 719/95, NZA 97, 196). Demgegenüber spricht insbes eine langjährige Beschäftigung für einen Vorrang des Bestandsschutzes des ArbN (BAG 9.6.93 – 5 AZR 123/92, NZA 94, 169).

43 **m) Saison- und Kampagnebetriebe.** Hier besteht ein vorübergehender Arbeitskräftebedarf iSd § 14 Abs 1 Satz 2 Nr 1 TzBfG, wobei allerdings die Arbeit nach ihrer Erledigung und damit auch der Beschäftigungsbedarf nicht dauerhaft entfallen, sondern periodisch, nach einer Unterbrechung von absehbarer Zeit, wiederkehren (zB Freibäder, Erntearbeiten; Reinigung von Schulgebäuden entfällt in den Schulferien, vgl BAG 10.1.07 – 5 AZR 84/06, NZA 07, 348). Ein Sachgrund ist jedenfalls dann gegeben, wenn **feststeht,** dass der **erneute Arbeitsanfall erst nach vielen Wochen oder Monaten** wieder auftritt (BAG 11.2.04 – 7 AZR 362/03, NZA 04, 978; vgl *Saisonarbeit*).

44 **n) Soziale Gründe.** Das BAG hat wiederholt anerkannt, dass der soziale Überbrückungszweck eines Arbeitsvertrages dessen Befristung sachlich rechtfertigen kann, wenn die sozialen Gründe des ArbGeb auch in Anbetracht des Interesses des ArbN an einer unbefristeten Beschäftigung schutzwürdig sind (BAG 21.1.09 – 7 AZR 630/07, NZA 09, 727; 7.7.99 – 7 AZR 232/98, NZA 99, 1335; 3.10.84 – 7 AZR 132/83, DB 85, 2151). Das gilt etwa dann, wenn der ArbGeb zur **Überwindung von Übergangsschwierigkeiten** oder zur **Verbesserung der Arbeitsmarktchancen** dem wirksam gekündigten ArbN bzw diesem in Anschluss an ein auslaufendes befristetes Arbeitsverhältnis einen zeitlich befristeten Arbeitsvertrag anbietet (BAG 21.1.09 – 7 AZR 630/07, NZA 09, 727). Dabei dürfen die sozialen Belange allerdings nicht lediglich einen Vorwand darstellen. Vielmehr muss der Zweck, den ArbN vor sofortiger Arbeitslosigkeit zu bewahren, der **ausschlaggebende Beweggrund** des ArbGeb für den Vertragsschluss sein (BAG 7.7.99 – 7 AZR 232/98, NZA 99, 1335; 12.12.85 – 2 AZR 9/85, NZA 86, 571). Das ist der Fall, wenn es ohne den in der Person des ArbN begründeten sozialen Zweck überhaupt nicht zum Abschluss eines Arbeitsvertrages, auch nicht eines befristeten Arbeitsvertrages, gekommen wäre (BAG 21.1.09 – 7 AZR 630/07, NZA 09, 727). Der Gesetzgeber hat diese Fallgruppe in § 14 Abs 1 Satz 2 Nr 6 TzBfG aufgegriffen.

45 **o) Vergleich.** Nach § 14 Abs 1 Satz 2 Nr 8 TzBfG liegt ein sachlicher Grund für die Befristung vor, wenn sie auf einem gerichtlichen Vergleich beruht. Hierunter fällt nur ein in der mündlichen Verhandlung unter Mitwirkung des Gerichts geschlossener Vergleich, soweit ein **„offener Streit"** über den **rechtlichen (Fort-)Bestand** des Arbeitsverhältnisses bestand (BAG 15.2.12 – 7 AZR 734/10, NZA 12, 919). Dagegen reicht nicht ein nach § 278 Abs 6 ZPO festgestellter Vergleich, bei dem die Parteien dem Gericht einen schriftlichen Vergleichsvorschlag unterbreiten und das Gericht den Vergleich ohne mündliche Verhandlung durch Beschluss feststellt, da es insoweit an der erforderlichen Mitwirkung des Gerichts fehlt (BAG 15.2.12 – 7 AZR 743/10, NZA 12, 919). Damit ist auch geklärt, dass Gegenstand des Rechtsstreits nur eine Bestandsstreitigkeit sein kann, also die Wirksamkeit einer vorausgegangenen Kündigung oder Befristung. Selbstredend genügt nach Inkrafttreten des TzBfG als Sachgrund auch nicht mehr der außergerichtliche Vergleich (zB Anwaltsvergleich nach § 796a ZPO; noch offen gelassen von BAG 22.10.03 – 7 AZR 666/02, BeckRS 2004, 40399).

p) Vertretung. Die Vertretung eines vorübergehend abwesenden ArbN – zB wegen **46** Krankheit, Beurlaubung, Mutterschutz, Wehr- oder Zivildienst, Abordnung ins Ausland – stellt einen der Hauptanwendungsfälle der zulässigen Befristung eines Arbeitsverhältnisses mit Sachgrund dar. § 14 Abs 1 Satz 2 Nr 3 TzBfG bestätigt die bisherige Rspr ohne inhaltliche Neuerung. Teil des Sachgrunds ist die **Prognose des ArbGeb** bei Vertragsschluss, dass der Vertretungsbedarf durch die erwartete Rückkehr des zu vertretenen ArbN wegfällt (BAG 23.1.02 – 7 AZR 440/00, NZA 02, 665). Dabei muss die Prognose nicht den Zeitpunkt der Rückkehr und die Dauer des Vertretungsbedarfs erfassen (BAG 13.10.04 – 7 AZR 654/03, NZA 05, 469). In Fällen der Krankheitsvertretung kann der ArbGeb regelmäßig auch bei wiederholten Befristungen bei verlängerter Arbeitsunfähigkeit von der **Rückkehr der zu vertretenen Stammkraft** ausgehen. An der erforderlichen Kausalität zwischen dem Ausfall der Stammkraft und der Einstellung der Ersatzkraft fehlt es nur dann, wenn der ArbGeb weiß, dass der Vertretene nicht auf seinen Arbeitsplatz zurückkehren wird oder er auf Grund besonderer Umstände daran erhebliche Zweifel hat (BAG 23.1.02 – 7 AZR 440/00, NZA 02, 665; 6.10.10 – 7 AZR 397/09, NZA 11, 1155). Der ArbGeb kann die Vertretung auch für einen kürzeren Zeitraum als die von ihm angenommene Ausfallzeit regeln (BAG 13.10.04 – 7 AZR 654/03, NZA 05, 469; 22.11.95 – 7 AZR 252/95, NZA 96, 878; s Rz 23). Auch **Vertretungsketten** sind nach Inkrafttreten des TzBfG trotz der geforderten Vertretung „eines" anderen ArbN möglich. Das bedeutet, dass der mit dem Sachgrund der Vertretung befristet beschäftigte ArbN auch auf dem Arbeitsplatz desjenigen eingesetzt werden kann, der den eigentlich Abwesenden oder dessen Vertreter vertritt (BAG 6.10.10 – 7 AZR 397/09, NZA 11, 1155). Das BAG spricht hier von (zulässiger) **mittelbarer Vertretung** (BAG 15.2.06 – 7 AZR 232/05, NZA 06, 781). Entscheidend für die Wirksamkeit der Befristung ist allein der durch den zeitweisen Ausfall eines Mitarbeiters entstandene Bedarf an Beschäftigung und dass der Vertreter gerade wegen dieses Bedarfs eingestellt wird (was allerdings hinreichend dokumentiert sein muss, Rz 26). Insbes muss der Aufgabenbereich des Vertreters dem vorübergehend abwesend Beschäftigten „nach außen erkennbar gedanklich zugeordnet" werden, zB durch entsprechende Angabe im Arbeitsvertrag. Auch muss der ArbGeb rechtlich und tatsächlich in der Lage sein, dem Vertretenen im Falle seiner Anwesenheit die dem Vertreter zugewiesenen Aufgaben zu übertragen (BAG 10.10.12 – 7 AZR 462/11, NZA-RR 13, 185; BAG 18.7.12 – 7 AZR 443/09, NZA 12, 1351). Eine mehrjährig angelegte Vertretung ist bei Vorliegen der Voraussetzungen des § 14 Abs 1 Nr 3 TzBfG grds zulässig. Eine **unzulässige Dauervertretung** liegt nur dann vor, wenn bei Abschluss des Vertrags bereits eine über den Endtermin der Befristung hinausgehende Beschäftigung des ArbN vorgesehen war (zB als Springer). Dagegen reicht es zur Annahme einer Dauervertretung nicht aus, dass bereits im Zeitpunkt des (befristeten) Vertragsschlusses ein neuer Vertretungsbedarf nach dem vorgesehenen Vertragsende erkennbar ist (BAG 25.3.09 – 7 AZR 34/08, NZA 10, 34). Ebenso kann das Verlängern oder Hintereinanderschalten von Befristungen (sog **Kettenbefristungen**) durch den Sachgrund der Vertretung gerechtfertigt sein. Auf die Vorabentscheidung des EuGH (EuGH 26.1.12 – C-586/10 *Kücük*, NZA 12, 135) hat das BAG seine Rspr zur Vertretungsbefristung bestätigt und klargestellt, dass befristete Arbeitsverträge auch dann wiederholt zum Zwecke der Vertretung verlängert werden dürfen, wenn ein wiederkehrender oder ständiger Bedarf an Vertretungen besteht, der auch durch die Einstellung eines ArbN mit einem unbefristeten Vertrag gedeckt werden könnte. Allerdings sind bei der Frage der Rechtfertigung zusätzlich nach den Grundsätzen des institutionellen Rechtsmissbrauchs (§ 242 BGB) alle Umstände des Einzelfalls, einschließlich der Zahl und Gesamtdauer der in der Vergangenheit mit demselben ArbGeb geschlossenen befristeten Arbeitsverträge, zu berücksichtigen (BAG 18.7.12 – 7 AZR 443/09, NZA 12, 1351; s Rz 28).

q) Weiterbeschäftigung. Bietet der ArbGeb dem ArbN für die Dauer des laufenden **47** Kündigungsrechtsstreits eine vorläufige Weiterbeschäftigung an, um etwa das Risiko des Verzugslohns zu minimieren, so handelt es sich bei einer dahingehenden Einigung der Parteien um eine Befristung, die der Schriftform des § 14 Abs 4 TzBfG bedarf. Bei der Vereinbarung

91 Befristetes Arbeitsverhältnis

einer Weiterbeschäftigung bis zur rechtskräftigen Abweisung der Kündigungsschutzklage handelt es sich um eine auflösende Bedingung, bis zum rechtskräftigen Abschluss des Kündigungsschutzprozesses dagegen um eine Zweckbefristung (BAG 22.10.03 – 7 AZR 113/03, NZA 04, 1275; 19.1.05 – 7 AZR 113/04, BeckRS 2005, 303491). Eine solche Befristung ist zulässig, obwohl sie nicht in den Katalog des § 14 Abs 1 TzBfG fällt, da die dort aufgezählten Sachgründe nicht abschließend sind.

48 **r) Wunsch des Arbeitnehmers.** Der ausdrückliche Wunsch des ArbN auf eine befristete Beschäftigung kann die Befristung des Arbeitsverhältnisses rechtfertigen (BAG 26.4.85 – 7 AZR 316/84, BB 85, 2566). Dazu müssen im Zeitpunkt des Vertragsabschlusses objektive Anhaltspunkte vorliegen, die den Schluss erlauben, dass der ArbN an einer Befristung des Vertrages interessiert ist. Entscheidend ist, ob der ArbN auch bei einem Angebot des ArbGeb auf Abschluss eines unbefristeten Arbeitsvertrags nur ein befristetes Arbeitsverhältnis vereinbart hätte (BAG 6.11.96 – 7 AZR 909/95, NZA 97, 1222). Der ArbN darf bei Vertragsschluss in seiner Entscheidungsfreiheit nicht beeinträchtigt gewesen sein. § 14 Abs 1 Satz 2 Nr 6 TzBfG dürfte diese Fallgruppe erfassen.

49 **IV. Rechtsfolgen zulässiger und unzulässiger Befristungen.** Ist das Arbeitsverhältnis **wirksam befristet,** so **endet es automatisch** nach Ablauf der Zeit, für die es eingegangen ist, ohne dass es einer Kündigung bedarf. Ein zu Unrecht enttäuschtes Vertrauen verpflichtet den ArbGeb lediglich zum Ersatz des Vertrauensschadens, gewährt aber keinen Erfüllungsanspruch. Ein solcher besteht lediglich dann, wenn die Erklärungen oder Verhaltensweisen des ArbGeb nach allgemeinen rechtsgeschäftlichen Grundsätzen als Zusage auf Fortsetzung des Arbeitsverhältnisses auszulegen sind (BAG 13.8.08 – 7 AZR 513/07, NZA 09, 27). Fällt der bei Vertragsschluss gegebene Befristungsgrund nachträglich weg (zB vertretener ArbN kehrt nicht zurück), berührt dies grds nicht die Wirksamkeit der vereinbarten Befristung und wandelt auch nicht das befristete Arbeitsverhältnis von selbst in ein unbefristetes. Nachträglich **während der Vertragslaufzeit eintretende Veränderungen** können lediglich ein Indiz dafür sein, dass die Prognose nicht zutreffend erstellt wurde (BAG 16.11.05 – 7 AZR 81/05, NZA 06, 784). Ungeachtet dessen wird teilweise in der Rspr recht großzügig eine Verlängerung des Arbeitsverhältnisses im Wege der ergänzenden Vertragsauslegung anerkannt (LAG Düsseldorf 31.8.07 – 9 Sa 685/07, NZA-RR 08, 64; LAG SchlHol 12.9.07 – 6 Sa 113/07, NZA-RR 08, 137). Die **Entscheidung zur Nichtverlängerung** kann diskriminierend sein (EuGH 4.10.01 – C-438/99, NZA 01, 1243 zur Nichtverlängerung wegen Schwangerschaft). Dies führt aber wegen § 15 Abs 6 AGG nur zu Ersatzansprüchen, nicht aber zur Verlängerung des Arbeitsverhältnisses (LAG Hamm 26.2.09 – 7 Sa 923/08, BeckRS 2010, 72245). Gleiches gilt entsprechend bei einem Verstoß gegen das Maßregelungsverbot des § 612a BGB, wenn dem befristet beschäftigten ArbN kein Folgevertrag angeboten wird, weil dieser ihm zustehende Rechte ausgeübt hat (BAG 21.9.11 – 7 AZR 150/10, NZA 12, 317). Anderes gilt für die wegen Diskriminierung unwirksame Befristung (vgl *Diskriminierung* Rz 114).

50 Während des wirksam befristeten Arbeitsverhältnisses ist grds die **ordentliche Kündigung ausgeschlossen.** § 15 Abs 3 TzBfG regelt dies nun ausdrücklich. Eine vorzeitige Beendigung ist nur im Wege der außerordentlichen Kündigung bei Vorliegen eines wichtigen Grundes oder im Wege des Aufhebungsvertrages möglich. Die Zulässigkeit der ordentlichen Kündigung kann allerdings vertraglich vereinbart werden (§ 15 Abs 3 TzBfG); dann ist jedoch zu beachten, dass bei einer Befristung von mehr als sechs Monaten die Kündigung grds gem § 1 KSchG sozial gerechtfertigt sein muss. Anders ist die Rechtslage in der **Insolvenz.** Hier können befristete Arbeitsverhältnisse – unter den Voraussetzungen des § 1 KSchG – gem § 113 InsO mit der gesetzlichen Kündigungsfrist von drei Monaten zum Monatsende gekündigt werden, ohne dass es eines vertraglichen Kündigungsvorbehalts bedarf (LAG Frankfurt 13.9.85, BB 86, 596; BAG 27.5.93 – 2 AZR 601/92, NZA 93, 845, beide zu § 22 KO). § 113 InsO geht insofern als Spezialnorm zu § 15 Abs 3 TzBfG vor. Wird das wirksam befristete Arbeitsverhältnis über den vorgesehenen Endtermin hinaus **stillschweigend fortgesetzt,** so gilt es gem § 15 Abs 5 TzBfG (früher § 625 BGB) als auf unbestimmte Zeit verlängert, sofern nicht unverzüglich ein Widerspruch erfolgt. Voraussetzung für die Anwendung der Vorschrift ist, dass der ArbGeb bzw derjenige Vertreter, der zum Abschluss des Arbeitsvertrages berechtigt wäre, Kenntnis von der Fortsetzung des Arbeitsverhältnisses hat.

Befristetes Arbeitsverhältnis

Erforderlich ist zudem das tatsächliche Erbringen einer Arbeitsleistung; Urlaub oder Abfeiern von Überstunden genügen nicht, können aber ein Indiz für entsprechende Willenserklärungen auf unbefristete Fortsetzung des Arbeitsverhältnisses sein (BAG 2.12.98 – 7 AZR 508/97, DB 99, 694). Die Vorschrift des § 15 Abs 5 TzBfG ist anders als § 625 BGB nicht abdingbar.

Ist eine **Befristungsregelung unwirksam,** besteht grds das Arbeitsverhältnis unbefristet **51** fort. Allerdings verhält sich der ArbGeb treuwidrig, wenn er sich unter Berufung auf die Unwirksamkeit der Befristungsregelung am Arbeitsverhältnis festhält (streitig – vgl LAG Düsseldorf 26.5.95, LAGE § 620 BGB Bedingung, Nr 5 mwN). Eine ordentliche Kündigung ist frühestens zum vereinbarten Ende möglich, sofern nicht nach § 15 Abs 3 TzBfG die ordentliche Kündigungsmöglichkeit während der Vertragslaufzeit vereinbart ist. Wurde das **Schriftformerfordernis** des § 14 Abs 4 TzBfG **nicht beachtet** und ist der Arbeitsvertrag im Übrigen wirksam, so gilt er gleichfalls auf unbestimmte Zeit geschlossen. Liegt der Mangel allein an der Schriftform, kann der Arbeitsvertrag auch während der eigentlich vereinbarten Laufzeit ordentlich gekündigt werden (§ 16 Satz 2 TzBfG).

V. Prozessuales. Ist die Befristung unwirksam, so bleibt der Arbeitsvertrag im Übrigen **52** wirksam. Der ArbGeb kann sich lediglich nicht auf die Befristung berufen und hat das Arbeitsverhältnis als unbefristet gegen sich gelten zu lassen (BAG 26.4.79 – 2 AZR 431/77, DB 79, 1991). Vom ArbN kann die Unwirksamkeit der Befristung im Wege der **Feststellungsklage** gem § 17 TzBfG geltend gemacht werden (sog Befristungskontrollklage). Nach § 17 Satz 1 TzBfG muss **innerhalb von drei Wochen** nach dem vereinbarten Ende des befristeten Arbeitsvertrages Klage beim ArbG auf Feststellung erhoben werden, dass das Arbeitsverhältnis aufgrund der Befristung nicht beendet ist. Die Drei-Wochen-Frist wird bei **mehreren aufeinander folgenden Befristungsabreden** für jede Befristungsabrede mit dem Ablauf der darin vereinbarten Befristung und nicht erst mit dem Ablauf der letzten Befristung in Gang gesetzt (BAG 24.10.01 – 7 AZR 686/00, DB 02, 536 zu § 1 Abs 5 BeschFG). **Gegenstand der Befristungskontrolle** ist regelmäßig der **zuletzt abgeschlossene** befristete Arbeitsvertrag. Durch den Abschluss eines weiteren befristeten Arbeitsvertrages stellen die Parteien ihr Arbeitsverhältnis nämlich auf eine neue rechtliche Grundlage, die für ihre Vertragsbeziehung künftig allein maßgeblich ist. Ein etwaiges unbefristetes Arbeitsverhältnis wird damit zugleich aufgehoben. Etwas anderes kann gelten, wenn es sich lediglich um eine geringfügige Korrektur des vorherigen Vertrags als unselbständigen Annex handelt (BAG 25.3.09 – 7 AZR 34/08, NZA 10, 34). Ein Anspruch des ArbN, bei Abschluss eines Folgevertrags einen Vorbehalt späterer gerichtlicher Überprüfung in den Vertrag aufzunehmen, besteht nicht (BAG 14.2.07 – 7 AZR 95/06, BB 07, 1118). § 17 TzBfG enthält keine Einschränkung und bezieht sich damit auf die Geltendmachung aller in Betracht kommender Unwirksamkeitsgründe, etwa auch auf das Fehlen der Schriftform (LAG Düsseldorf – 5 Sa 748/02, DB 03, 668). Mit der Klageerhebung braucht nicht bis zum Ende des Arbeitsverhältnisses gewartet zu werden; vielmehr ist (wie bisher) ein **Rechtsschutzbedürfnis** schon dann anzuerkennen, wenn das Bestehen eines unbefristeten Arbeitsverhältnisses bestritten wird (LAG Düsseldorf 18.11.99 – 11 Sa 1039/99, NZA-RR 2000, 291 zu § 1 Abs 5 BeschFG). Die gegen eine Zweckbefristung gerichtete Klage ist als Befristungskontrollklage erst nach Unterrichtung des ArbN über den Zeitpunkt der Zweckerreichung zulässig; davor ist eine Klage nach § 256 ZPO aber grds möglich (BAG 15.5.12 – 7 AZR 35/11, NZA 12, 1366). Nach § 17 Satz 2 TzBfG gelten §§ 5 bis 7 KSchG entsprechend. Die Klagerücknahme führt zum Eintritt der Wirksamkeitsfiktion (BAG 26.6.02 – 7 AZR 122/01, DB 02, 2112). Wird **nach Klageerhebung ein befristeter Folgevertrag** abgeschlossen, ist davon auszugehen, dass der Folgevertrag den konkludenten Vorbehalt enthält, er solle nur maßgeblich sein, wenn nicht bereits aufgrund einer vorherigen unwirksamen Befristung ein Arbeitsverhältnis auf unbestimmte Zeit besteht (BAG 10.3.04 – 7 AZR 402/03, NZA 04, 925). Wird das Arbeitsverhältnis nach dem vereinbarten Ende fortgesetzt, beginnt die Klagefrist mit Zugang einer schriftlichen Erklärung des ArbGeb, dass das Arbeitsverhältnis aufgrund der Befristung beendet sei (§ 17 Satz 3 TzBfG).

Hinsichtlich der **Darlegungs- und Beweislast** ist danach zu unterscheiden, ob der Ab- **53** schluss des befristeten Arbeitsvertrages überhaupt oder die Befristung als solche Streit-

91 Befristetes Arbeitsverhältnis

gegenstand ist. Nach den allgemeinen Beweisgrundsätzen hat diejenige Partei, die den Eintritt einer Rechtsfolge gelten macht, die Voraussetzungen des für sie günstigen Rechtssatzes zu beweisen. Also trifft den Anspruchssteller die Beweislast für die rechtsbegründenden Tatsachen, der Anspruchsgegner muss den Beweis für rechtshemmende, rechtshindernde oder rechtsvernichtende Tatsachen erbringen (BAG 10.12.94 – 7 AZR 745/93, NZA 95, 780). Wer aus der Vereinbarung der Befristung für sich eine günstige Rechtsfolge herleitet, indem er sich zB auf das **Vorliegen eines befristeten Vertrags,** das **Ende des Arbeitsverhältnisses durch Fristablauf** beruft oder einen **früheren Beendigungszeitpunkt** geltend macht, ist insoweit darlegungs- und beweispflichtig. Das wird idR der ArbGeb sein (BAG 10.12.94 – 7 AZR 745/93, NZA 95, 780). Demgegenüber ging die Rspr ursprünglich davon aus, dass der ArbN für das **Fehlen eines die Befristung rechtfertigenden sachlichen Grundes** bei Abschluss des Vertrags beweispflichtig sei, da eine Vermutung für die grds Rechtswirksamkeit befristeter Arbeitsverträge spreche. Diese Beweislast sollte nach den Grundsätzen des Anscheinsbeweises nur dann erleichtert sein, wenn besondere Umstände gegen eine sachliche Rechtfertigung der Befristung sprechen (BAG 12.10.60 – GS 1/59, NJW 61, 798). Diese Auffassung, die das Erfordernis eines Sachgrundes als Ausnahmetatbestand (zum damaligen § 620 Abs 1 BGB aF) einordnete, ist jedoch mit Inkrafttreten des TzBfG überholt. Auch stellt das BAG zunehmend höhere Anforderungen an die Darlegungspflicht des ArbGeb. Stützt sich der Befristungsgrund auf eine **Prognose,** so gilt eine **abgestufte Darlegungslast** (BAG 6.5.82 – 2 AZR 1035/79, NJW 83, 71; 29.9.82 – 7 AZR 147/80, NJW 83, 1444; 12.1.2000 – 7 AZR 863/98, NZA 2000, 722). Danach hat der ArbGeb bei Befristung wegen vorübergehenden Mehrbedarfs diejenigen Tatsachen vorzutragen, die eine entsprechende Prognose über Umfang und Dauer des voraussichtlichen Mehrbedarfs zulassen. Wird die Prognose durch die spätere Entwicklung bestätigt, ist es Sache des ArbN Tatsachen vorzutragen, die die Prognose widerlegen (BAG 17.3.10 – 7 AZR 640/08, NZA 10, 633; BAG 12.9.96 – 7 AZR 790/95, NZA 97/313). Die Tendenz der Rspr weist eindeutig in die Richtung, dass dem ArbGeb die Darlegungs- und Beweislast für das Vorliegen eines sachlichen Grundes in weitem Umfang auferlegt werden soll. Ebenso hat der ArbGeb die Voraussetzungen für die Zulässigkeit einer sachgrundlosen Befristung und das Vorliegen einer Neueinstellung gem **§ 14 Abs 2 Satz 1 TzBfG** darzulegen und zu beweisen (BAG 6.12.89 – 7 AZR 441/89, NZA 90, 741); gleiches gilt für **§ 14 Abs 2a.** Demgegenüber liegt die Darlegungs- und Beweislast für den Verstoß gegen das **Anschlussverbot gem § 14 Abs 2 Satz 2 TzBfG** beim ArbN, der sich auf diesen Ausnahmetatbestand beruft (LAG NdS 26.7.04 – 5 Sa 234/04, NZA 05, 410).

54   VI. Mitbestimmung des Betriebsrats. Gem § 99 BetrVG ist vor jeder Einstellung und damit auch vor der Einstellung eines nur befristet zu beschäftigenden ArbN die Zustimmung des BRat erforderlich. Das gilt gleichfalls, wenn der ArbN über das ursprüngliche Befristungsende hinaus weiterbeschäftigt wird (BAG 23.6.09 – 1 ABR 30/08, NZA 09, 1162). Der BRat hat allerdings nicht die Möglichkeit, über § 99 Abs 2 Nr 1 BetrVG die Wirksamkeit der Befristung zu kontrollieren. § 99 Abs 2 Nr 1 BetrVG gewährt dem BRat ein Widerspruchsrecht nur, wenn die maßgebliche Norm die Einstellung als solche verbietet. Eine derartige „Norm" stellt die Rspr des BAG zum Erfordernis einer sachlichen Rechtfertigung von Befristungen nicht dar. Der BRat hat deshalb weder die Möglichkeit, unter Berufung auf § 99 Abs 2 Nr 1 BetrVG die Einstellung eines ArbN wegen unzulässiger Befristung zu verhindern, noch kann er grds über seine Mitbestimmung gem § 99 BetrVG den Abschluss eines unbefristeten Arbeitsvertrages durchsetzen. Anders ist es allerdings, wenn der ArbGeb bei unbefristeter Einstellung einen gleich geeigneten befristet Beschäftigten übergeht. Nach dem im Zuge der Reform der Betriebsverfassung neu gefassten § 99 Abs 2 Nr 3 BetrVG kann der BRat in diesem Fall der geplanten unbefristeten Einstellung widersprechen und so die Rechtswirkung von Befristungen „durch die Hintertür" abschwächen. Zudem ist der ArbGeb gem § 20 TzBfG verpflichtet, den BRat über die Anzahl der befristet beschäftigten ArbN und ihren Anteil an der Gesamtbelegschaft des Betriebes und des Unternehmens zu informieren.

55   VII. Muster. S Online-Musterformular „*M15.1 Befristetes Arbeitsverhältnis, Befristungsklauseln*".

B. Lohnsteuerrecht
Seidel

Zum Vorliegen eines steuerrechtlichen Dienstverhältnisses (Arbeitsverhältnis) s *Arbeitneh-* 61 *mer (Begriff)* Rz 30–41. Bei der Zahlung von Arbeitslohn im Rahmen eines zeitlich befristeten Arbeitsverhältnisses ergeben sich lohnsteuerrechtlich keine Besonderheiten. Liegt ein Aushilfsarbeitsvertrag vor, wird häufig die Möglichkeit einer LStPauschalierung in Betracht kommen (Näheres s *Teilzeitbeschäftigung* Rz 115 ff; *Aushilfskräfte* Rz 23 ff; *Geringfügige Beschäftigung* Rz 21, 22). Zu Lohnkostenzuschüssen (s unten Rz 60) s *Arbeitsförderung* Rz 11 und *Lohnkostenzuschuss* Rz 5, 6.

Zur Fiktion einer doppelten Haushaltsführung für unverheiratete ArbN ohne eigenen 62 Hausstand s Personalbuch 2009; vgl auch *Doppelte Haushaltsführung* Rz 19. Zu den Besonderheiten bei der (befristeten) Beschäftigung von ArbN mit Wohnsitz oder gewöhnlichem Aufenthalt außerhalb der Bundesrepublik s *Ausländer* Rz 38 ff, *Grenzgänger* Rz 2 ff und *Saisonarbeit* Rz 9.

C. Sozialversicherungsrecht
Schlegel

1. **Versicherungs- und Beitragspflicht** tritt in der SozV und der ArblV auch bei be- 66 fristeten Arbeitsverhältnissen ein. Dies gilt nicht, wenn wegen Geringfügigkeit der Beschäftigung ein Tatbestand der Versicherungsfreiheit vorliegt.

2. **Geringfügige Beschäftigung** und damit Versicherungsfreiheit in der PflegeV, KV 67 und ArblV (s *Geringfügige Beschäftigung* Rz 27 ff) liegt ua dann vor, wenn die Beschäftigung innerhalb eines Jahres seit ihrem Beginn auf längstens zwei Monate oder 50 Arbeitstage nach ihrer Eigenart begrenzt zu sein pflegt oder „im Voraus vertraglich begrenzt ist". Eine geringfügige Beschäftigung liegt ausnahmsweise dann nicht vor, wenn die befristete Beschäftigung berufsmäßig ausgeübt wird und (!) ihr Entgelt die in § 8 Abs 1 Nr 1 SGB IV genannten Grenzen übersteigt (§ 8 Abs 1 Nr 2 SGB IV). Zur Berechnung des maßgeblichen Zeitraums (2 Monate, 50 Arbeitstage) haben die Spitzenverbände der SozVTräger sog **Geringfügigkeitsrichtlinien** erlassen (*Aichberger* Nr 115; Einzelheiten zur Berechnung und zum Begriff der Berufsmäßigkeit s *Geringfügige Beschäftigung* Rz 58). Mehrere geringfügige Beschäftigungen nach § 8 Abs 1 Nr 2 SGB IV sind zusammenzuzählen sind (§ 8 Abs 2 Satz 1 SGB IV). Eine Zusammenrechnung findet auch zwischen geringfügigen abhängigen und geringfügigen selbstständigen Tätigkeiten statt (§ 8 Abs 3 SGB IV). Im Einzelfall ist deshalb die gesamte Dauer mehrerer befristeter Arbeitsverhältnisse zusammenzuzählen. Zur Personengruppe der unständig Beschäftigten s *Aushilfskräfte* Rz 36.

3. **Mutterschutzgesetz:** Frauen, die Anspruch auf Mutterschaftsgeld haben, erhalten von 68 ihren Arbeitgeber während ihres besetehenden Arbeitsverhältnisses einen Zuschuss zum Mutterschaftsgelt nach Maßgabe des § 14 MuschG. Dies gilt nicht für Frauen, die bereits vor Beginn der Schwangerschaft ein nur befristetes Arbeitsverhältnis eingegangen sind, das während der Mutterschutzfrist endet (BSG 1.2.83 – 3 RK 53/81, SozR 2200 § 200a Nr 5); § 14 Abs 2 MuSchG will Frauen, deren Arbeitsverhältnis während der Mutterschutzfrist zulässigerweise aufgelöst wird, jenen Frauen gleichstellen, die während dieser Zeit Kündigungsschutz genießen. Dieser Schutzzweck greift nicht ein, wenn im Hinblick auf eine Befristung des Arbeitsverhältnisses ohnehin kein Kündigungsschutz besteht (vgl auch BSG 17.9.86 – 3 RK 3/85, SozR 2200 § 200 Nr 11 zum Fall der verschwiegenen Schwangerschaft).

4. **Lohnersatzleistungen über die Befristung hinaus** sind in Einzelfällen möglich; so 69 erhält etwa derjenige, der während eines befristeten Arbeitsverhältnisses einen zur Arbeitsunfähigkeit führenden Unfall erleidet, Lohnersatzleistungen bis zur Beendigung der Arbeitsunfähigkeit selbst dann, wenn die Arbeitsunfähigkeit über das Ende der Beschäftigung hinaus andauert (BSG 26.5.82 – 2 RU 41/81, SozR 2200 § 560 Nr 12 zum Übergangsgeld nach § 560 Abs 1 RVO). Entsprechendes gilt, wenn der ArbN während des (befristeten) Arbeitsverhältnisses erkrankt; auch hier erlischt der Krankengeldanspruch nicht mit Erreichen des letzten Tages des befristeten Arbeitsverhältnisses; vielmehr bleibt die Mitgliedschaft und damit auch der Krankengeldanspruch über den Zeitpunkt hinaus erhalten; insoweit ist zu beachten, dass der Krankengeldanspruch auch bei befristeten Beschäftigungsverhältnissen nicht auf die Dauer des Beschäftigungsverhältnisses beschränkt ist, sondern in dem gem § 48 SGB V bestimmten Umfang entsteht.

Behinderte

A. Arbeitsrecht
Kania

Übersicht

	Rz		Rz
I. Allgemeines	1	2. Angemessene Beschäftigung	28, 29
II. Durchführung des SGB IX	2–4	3. Gestaltung des Arbeitsplatzes	30
III. Geschützter Personenkreis	5–15	4. Entgelt	31
1. Schwerbehinderte Menschen	5–8	5. Zusatzurlaub	32–34
a) Begriff	5	6. Mehrarbeit	35
b) Verfahren	6–8	VII. Besonderer Kündigungsschutz	36–68
2. Gleichgestellte behinderte Menschen	9–12	1. Sachlicher Geltungsbereich	36, 37
a) Begriff	9, 10	2. Persönliche Voraussetzungen	38
b) Verfahren	11, 12	3. Gesetzliche Ausnahmen	39–43
3. Erlöschen des Schwerbehindertenschutzes	13–15	4. Kenntnis des Arbeitgebers	44–46
IV. Schwerbehindertenvertretung	16	5. Zustimmungsverfahren bei der ordentlichen Kündigung	47–55
V. Einstellung von Schwerbehinderten	17–25	a) Antrag	47
1. Beschäftigungspflicht und Ausgleichsabgabe	17–21	b) Entscheidung des Integrationsamtes	48–53
a) Umfang der Beschäftigungspflicht	17–19	c) Kündigungserklärung	54, 55
b) Pflichtzahlberechnung	20	6. Besonderheiten bei der außerordentlichen Kündigung	56–62
c) Ausgleichsabgabe	21	a) Antrag	56
2. Besetzung freier Arbeitsplätze mit Schwerbehinderten	22–24	b) Entscheidung des Integrationsamtes	57–61
3. Fragerecht des Arbeitgebers	25	c) Kündigungserklärung	62
VI. Sonstige Pflichten des Arbeitgebers	26–35	7. Rechtsschutz	63–67
1. Anzeige- und Mitwirkungspflichten	26, 27	8. Berücksichtigung Schwerbehinderter bei der Sozialauswahl	68
		VIII. Verbandsklage	69

1 **I. Allgemeines.** Das Verbot der Benachteiligung wegen einer Behinderung ist durch Art 3 Abs 3 Satz 2 GG verfassungsrechtlich abgesichert. Im Übrigen maßgeblich war früher das aus dem Jahre 1974 stammende SchwbG. Dies ist zum 1.7.01 durch das SGB IX abgelöst worden. Ziele des SGB IX sind die Förderung der Selbstbestimmung und der gleichberechtigten Teilhabe behinderter Menschen am Leben in der Gesellschaft und die Umsetzung des Benachteiligungsverbotes des Grundgesetzes. Das SGB IX gliedert sich in zwei Teile. Im ersten Teil des Gesetzes finden sich Vorschriften zur Rehabilitation und Teilhabe Behinderter und von Behinderung bedrohter Menschen. Der zweite Teil enthält das Schwerbehindertenrecht. Zusätzlich zu beachten ist das AGG, das wie § 81 SGB IX ein sanktionsbewehrtes Verbot der Benachteiligung wegen Behinderung normiert, allerdings jegliche Form der Behinderung erfasst, nicht nur die Schwerbehinderung iSd SGB IX (dazu unten Rz 23 und *Diskriminierung* Rz 38 ff). Umgekehrt hat das BAG ausdrücklich klar gestellt, dass die Sonderregeln des SGB IX für Schwerbehinderte nicht auf einfach-behinderte Menschen Anwendung finden (BAG 27.1.11 – 8 AZR 580/09, NZA 11, 737).

2 **II. Durchführung des SGB IX.** Verpflichtungen aus dem SGB IX werden – soweit sie nicht durch freie Entschließung des ArbGeb zu erfüllen sind – von den **Integrationsämtern** und der **Bundesagentur für Arbeit** in enger Zusammenarbeit durchgeführt (§ 101 Abs 1 SGB IX). Integrationsamt ist die neue Bezeichnung für die frühere Hauptfürsorgestelle. Ihm obliegt dabei die Erhebung und Verwendung der Ausgleichsabgabe, der Kündigungsschutz, die begleitende Hilfe im Arbeits- und Berufsleben und die zeitweilige Entziehung des Schwerbehindertenschutzes (§ 102 SGB IX). Diese Aufgaben und Befugnisse können durch die jeweilige Landesregierung auf örtliche Fürsorgestellen übertragen werden (§ 107 Abs 2

Behinderte 92

SGB IX). Von dieser Ermächtigung haben die Länder Bln, Hess, NRW, NdS und SchlHol Gebrauch gemacht.

Gegen von dem Integrationsamt bzw der örtlichen Fürsorgestelle erlassene oder rechts- 3 widrig nicht erlassene Verwaltungsakte kann nach den Vorschriften der VwGO **Widerspruch** eingelegt werden, über den der bei jedem Integrationsamt zu bildende **Widerspruchsausschuss** entscheidet (§§ 118, 119 SGB IX). Der Widerspruchsausschuss besteht aus sieben Mitgliedern, und zwar aus zwei schwerbehinderten ArbN, zwei ArbGeb, einem Vertreter des Integrationsamts, einem Vertreter der Landesagentur für Arbeit und einem Vertrauensmann der Schwerbehinderten. **Klage** gegen den vom Widerspruchsausschuss erlassenen Widerspruchsbescheid ist vor dem **Verwaltungsgericht** zu erheben.

Die **Bundesagentur für Arbeit** ist insbes zuständig für die Arbeitsberatung, Arbeitsver- 4 mittlung und besondere Förderung Schwerbehinderter, die Gleichstellung, deren Widerruf und Rücknahme sowie die Überwachung der Erfüllung der Beschäftigungspflicht (§ 104 SGB IX). Auch bei der BA werden Widerspruchsausschüsse eingerichtet, die über deren Verwaltungsakte entscheiden. Klage gegen die Bescheide der Widerspruchsausschüsse ist beim SG zu erheben.

III. Geschützter Personenkreis. 1. Schwerbehinderte Menschen. a) Begriff. 5 Schwerbehindert sind Menschen mit einem **Grad der Behinderung von wenigstens 50,** sofern sie ihren Wohnsitz, ihren gewöhnlichen Aufenthalt oder ihren Arbeitsplatz rechtmäßig in der BRD haben (§ 2 Abs 2 SGB IX). Gem § 2 Abs 1 SGB IX gelten Menschen als behindert, wenn ihre körperliche Funktion, geistige Fähigkeit oder seelische Gesundheit mit hoher Wahrscheinlichkeit länger als sechs Monate von dem für das Lebensalter typischen Zustand abweichen und daher ihre Teilhabe am Leben in der Gesellschaft beeinträchtigt ist. Hierunter fallen also auch geringfügige Funktionsbeeinträchtigungen, soweit sie mehr als sechs Monate bestehen; eine behördliche Feststellung erfolgt allerdings erst ab einem Grad der Behinderung von mindestens 20 (§ 69 Abs 1 Satz 5 SGB IX).

b) Verfahren. Entscheidend für das Vorliegen der Schwerbehinderteneigenschaft ist allein 6 das objektive Vorliegen eines GdB von wenigstens 50 sowie der sonstigen Voraussetzungen des § 2 SGB IX. Auf eine behördliche Anerkennung kommt es dagegen nicht an; allerdings ist der ArbN, wenn er sich auf die Schwerbehinderteneigenschaft beruft, hierfür darlegungs- und beweispflichtig. Deshalb stellen **auf Antrag** des Behinderten die für die Durchführung des Bundesversorgungsgesetzes zuständigen Behörden **(Versorgungsämter)** das Vorliegen einer Behinderung und den GdB fest. Auf Antrag des Behinderten wird diesem ein **Ausweis** über die Eigenschaft als Schwerbehinderter und den GdB ausgestellt. Dieser Ausweis dient dem Nachweis für die Inanspruchnahme von Rechten und Nachteilsausgleichen, die Schwerbehinderten nach dem SchwbG oder nach anderen Vorschriften zustehen. Der Schwerbehindertenausweis wird grds nur befristet ausgestellt (§ 69 Abs 1, 5 SGB IX). Das Verfahren ist mW zum 1.5.04 beschleunigt worden. Gem § 69 Abs 1 Satz 2 SGB IX hat die Feststellung je nachdem, ob ein Gutachten vorliegt oder nicht, zwischen drei und sieben Wochen nach Antragseingang zu erfolgen.

Zuständig ist das Versorgungsamt, in dessen Bezirk der Behinderte im Zeitpunkt der 7 Antragstellung seinen Wohnsitz oder gewöhnlichen Aufenthalt hat. Antragsberechtigt ist nur der ArbN, wobei Vertretung möglich ist, nicht aber der ArbGeb (BVerwG 21.10.87, NZA 88, 431). Das Versorgungsamt hat nach pflichtgemäßem Ermessen zu entscheiden. Der **Rechtsschutz** gegen Bescheide des Versorgungsamtes richtet sich nach dem SGG. Bei Ablehnung des Antrages des Behinderten kann dieser innerhalb eines Monats nach Bekanntgabe Widerspruch einlegen. Gegen den Widerspruchsbescheid ist innerhalb eines Monats Klage beim SG zu erheben.

Keine Feststellung der Behinderung nach § 69 Abs 1 SGB IX ist im Interesse des 8 Behinderten, dem wiederholte Untersuchungen erspart bleiben sollen, zu treffen, wenn eine Feststellung über das Vorliegen einer Behinderung und den Grad einer auf ihr beruhenden Minderung der Erwerbsfähigkeit schon in einem Rentenbescheid, einer entsprechenden Verwaltungs- oder Gerichtsentscheidung oder einer vorläufigen Bescheinigung der für diese Entscheidungen zuständigen Dienststellen getroffen worden ist (§ 69 Abs 2 SGB IX).

2. Gleichgestellte behinderte Menschen. a) Begriff. Behinderte Menschen mit einem 9 GdB von weniger als 50, aber mindestens 30, bei denen im Übrigen die Voraussetzungen des

92 Behinderte

§ 2 Abs 2 SGB IX vorliegen, sollen auf ihren Antrag von der Agentur für Arbeit Schwerbehinderten gleichgestellt werden, wenn sie infolge ihrer Behinderung ohne die Gleichstellung einen geeigneten Arbeitsplatz nicht erlangen oder nicht behalten können (§ 2 Abs 3 SGB IX). Dem Gleichgestellten kommt dann der volle Schutz des SGB IX zugute mit Ausnahme der Vorschriften über den Zusatzurlaub und die unentgeltliche Beförderung Schwerbehinderter im öffentlichen Personenverkehr. Der Schutz geht allerdings auch nicht weiter als der schwerbehinderter Menschen. Insofern gilt auch die Ausnahme vom Sonderkündigungsschutz gem § 90 Abs 2a SGB IX (BAG 1.3.07 – 2 AZR 217/06, DB 07, 1702).

10 **Voraussetzung für die Gleichstellung** ist die Schutzbedürftigkeit des Antragstellers, was sich nach den Umständen des Einzelfalles richtet (*Schaub* § 178 Rz 22). Entscheidend ist, ob sich der ArbN infolge seiner Behinderung nicht gegen Gesunde im Wettbewerb um einen Arbeitsplatz behaupten kann (OVG Münster 4.2.58, BB 58, 630). Auszuscheiden hat eine Gleichstellung, wenn eine konkrete Gefährdung des Arbeitsplatzes überhaupt nicht droht, weil eine Kündigung derzeit nicht in Betracht kommt (Auszubildende, Beamte auf Lebenszeit, unkündbare Angestellte im öffentlichen Dienst; *Schaub* § 178 Rz 23). Die Entscheidung über die Gleichstellung liegt im Ermessen der Behörde; die gerichtliche Überprüfung beschränkt sich auf eine Kontrolle der Einhaltung der Ermessensgrenzen durch die Agentur für Arbeit.

11 **b) Verfahren.** Hinsichtlich des Verfahrens zur Gleichstellung ist zu unterscheiden. Voraussetzung für die Gleichstellung ist zunächst die **Feststellung der Behinderung** und des GdB durch das Versorgungsamt gem § 69 SGB IX. Ein Ausweis gem § 69 Abs 5 SGB IX wird für das Gleichstellungsverfahren nicht ausgestellt; im Übrigen gilt für das Verfahren insofern das Gleiche wie für die Feststellung einer Schwerbehinderung.

12 Für die eigentliche **Gleichstellung** ist die Agentur für Arbeit zuständig, in dessen Bezirk der Behinderte seinen Wohnsitz, Aufenthalt oder Arbeitsplatz hat. Antragsberechtigt ist nur der Behinderte, nicht aber der ArbGeb (BVerwG 21.10.87, NZA 88, 431). Lehnt die Agentur für Arbeit die Gleichstellung ab, so kann der Behinderte hiergegen Widerspruch einlegen, über den der Widerspruchsausschuss bei der BA entscheidet (§ 120 SGB IX). Gegen den Widerspruchsbescheid ist Klage beim SG zu erheben. Streitig ist, ob in dem Fall, dass dem Gleichstellungsantrag stattgegeben wird, dem ArbGeb ein eigenes Widerspruchs- und Klagerecht zusteht. Dies ist zu verneinen. Ein Widerspruchs- und Klagerecht des ArbGeb würde das Persönlichkeitsrecht des Behinderten dadurch verletzen, dass die vom Gericht vAw zu ermittelnden gesundheitlichen Verhältnisse dem ArbGeb als Verfahrensbeteiligten bekannt gegeben werden müssten (BSG 22.10.86, NJW 87, 2462).

13 **3. Erlöschen des Schwerbehindertenschutzes.** Gem § 116 Abs 1 SGB IX **erlischt** der Schwerbehindertenschutz, wenn die Voraussetzungen des § 2 Abs 2 SGB IX wegfallen. Vermindert sich nur der GdB auf weniger als 50, so erlischt der Schwerbehindertenschutz erst am Ende des dritten Kalendermonats nach Eintritt der Unanfechtbarkeit des die Verringerung feststellenden Bescheides.

14 Einem Schwerbehinderten, der einen zumutbaren Arbeitsplatz ohne berechtigten Grund zurückweist oder aufgibt oder sich ohne berechtigten Grund weigert, an einer berufsfördernden Maßnahme zur Reha teilzunehmen, oder sonst durch sein Verhalten seine Eingliederung in Arbeit und Beruf schuldhaft vereitelt, kann das Integrationsamt im Benehmen mit der BA den Schwerbehindertenschutz für einen Zeitraum von bis zu sechs Monaten **entziehen** (§ 117 SGB IX). Der Schwerbehinderte verliert in dieser Zeit alle Rechte und Vorteile des SGB IX für Behinderte, behält jedoch seine Schwerbehinderteneigenschaft und ist für die Pflichtzahl der mit Schwerbehinderten zu besetzenden Arbeitsplätze zu berücksichtigen.

15 **Bei Gleichgestellten** erlischt gem § 116 Abs 2 SGB IX der Schutz des Gesetzes mit dem Widerruf oder der Rücknahme der Gleichstellung. Der Widerruf ist zulässig, wenn die Voraussetzungen der Gleichstellung weggefallen sind; er wird erst am Ende des dritten Kalendermonats nach Eintritt seiner Unanfechtbarkeit wirksam (§ 38 Abs 2 Satz 3 SGB IX). Die Rücknahme einer zu Unrecht erfolgten Gleichstellung richtet sich nach § 45 SGB X. Die Möglichkeit der Rücknahme ist danach in erster Linie davon abhängig, ob ein schutzwürdiges Vertrauen des Begünstigten vorliegt. Daran fehlt es zB, wenn der Begünstigte die Gleichstellung bewusst durch falsche Angaben oder Bestechung herbeigeführt hat. Das Erlöschen des Schwerbehindertenschutzes tritt dann mit sofortiger Wirkung ein.

IV. Schwerbehindertenvertretung. In Betrieben und Dienststellen, in denen wenigs- 16
tens fünf Schwerbehinderte nicht nur vorübergehend beschäftigt sind, werden ein Vertrauensmann und wenigstens ein Stellvertreter gewählt (§ 94 Abs 1 Satz 1 SGB IX). Einzelheiten
s *Schwerbehindertenvertretung* Rz 1 ff.

V. Einstellung von Schwerbehinderten. 1. Beschäftigungspflicht und Ausgleichs- 17
abgabe. a) Umfang der Beschäftigungspflicht. Die in § 71 SGB IX den ArbGeb auferlegte Pflicht zur Beschäftigung schwerbehinderter ArbN stellt das maßgebliche Instrumentarium des SGB IX zur Sicherung der Eingliederung von Schwerbehinderten in Arbeit
und Beruf dar. Gem § 71 Abs 1 SGB IX haben private und öffentliche ArbGeb, welche über
mindestens 20 Arbeitsplätze verfügen, auf **wenigstens 5 %** dieser Arbeitsplätze Schwerbehinderte zu beschäftigen. Beschäftigungspflichtiger ArbGeb iSd SGB IX ist, anders als nach
früherem Recht (vgl § 3 Schwerbeschädigtengesetz 1953), nicht mehr der Betrieb, sondern
das jeweilige Unternehmen (*Neumann/Pahlen/Majerski-Pahlen* § 71 Rz 13). Deshalb sind
auch im Gemeinschaftsbetrieb die beteiligten Unternehmen getrennt daraufhin zu überprüfen, ob die Beschäftigungspflicht von Schwerbehinderten erfüllt ist. Bei der ArbNÜberlassung trifft die Pflicht den Verleiher als VertragsArbGeb (BVerwG 13.12.01 – 5 C 26/01,
NZA 02, 385). Soweit ArbGeb die vorgeschriebene Zahl Schwerbehinderter nicht beschäftigen, haben sie für jeden unbesetzten Pflichtplatz monatlich eine **Ausgleichsabgabe** zu
entrichten, die nach § 77 SGB IX zwischen € 105 und € 260 pro Monat beträgt (Näheres
unten Rz 27). Die Beschäftigungspflicht stellt eine zulässige Regelung der Berufsausübung
iSd Art 12 Abs 1 GG dar (BVerfG 26.5.81, DB 81, 1287). In der Ausgleichsabgabe kann
keine verdeckte Steuer gesehen werden, weil durch die Möglichkeit der Anpassung des
Pflichtsatzes gem § 79 Nr 1 SGB IX und die Regelung des § 77 Abs 5 SGB IX die Zweckbindung von Beschäftigungspflicht und Ausgleichsabgabe hinreichend gesichert ist.

Die Beschäftigungspflicht gilt auch gegenüber **ausländischen Unternehmen,** soweit sie 18
ihre Tätigkeit in der Bundesrepublik Deutschland entfalten, nicht dagegen für deutsche
Unternehmen im Ausland (BAG 20.5.58, AP Nr 17 zu Art 44 Truppenvertrag). Die Beschäftigungspflicht stellt eine öffentliche Pflicht des ArbGeb dar; sie gibt einem Schwerbehinderten
kein subjektes Recht auf Einstellung gegenüber einem bestimmten ArbGeb (BAG
5.10.95, DB 96, 580). Soweit ein ArbGeb vorsätzlich oder fahrlässig Schwerbehinderte nicht
nach dem festgesetzten Pflichtsatz beschäftigt, begeht er eine Ordnungswidrigkeit, die von der
BA mit einer Geldbuße geahndet werden kann (§ 156 Abs 1 Nr 1 SGB IX).

Im Rahmen der Erfüllung der Beschäftigungspflicht sind vom ArbGeb in § 72 SGB IX 19
näher umschriebene **Schwerstbehinderte** in angemessenem Umfang zu beschäftigen. Das
Gesetz hat diese Verpflichtung nicht näher konkretisiert und einen Verstoß gegen die Verpflichtung auch nicht mit einem Bußgeld bedroht. Ein Anreiz zur Beschäftigung Schwerst-
behinderter wird vielmehr dadurch gegeben, dass die Agentur für Arbeit eine Anrechnung
einer dieser Personen auf mehr als einen Pflichtplatz zulassen kann (§ 76 SGB IX).

b) Pflichtzahlberechnung. Die Pflichtzahl hängt von der **Zahl der Arbeitsplätze** iSd 20
§§ 73, 74 SGB IX ab. Gem § 73 Abs 1 SGB IX gelten grds als Arbeitsplätze alle Stellen, auf
denen Arbeiter, Angestellte, Beamte, Richter sowie Auszubildende und zu ihrer beruflichen
Bildung Eingestellte beschäftigt werden. Ausgenommen von der Pflichtzahlberechnung sind
die in § 73 Abs 2, 3 SGB IX ausdrücklich aufgeführten besonderen Beschäftigungsverhältnisse. **Auszubildende** iSd § 1 Abs 2 BBiG (Einzelheiten s *Ausbildungsverhältnis* Rz 1 ff) besetzen zwar grds einen Arbeitsplatz iSd § 73 Abs 1 SGB IX. Um aber die Ausbildung Schwerbehinderter zu fördern, hat der Gesetzgeber Stellen, auf denen Auszubildende beschäftigt
werden, von der Berechnung der Mindestzahl von Arbeitsplätzen und der Zahl der Pflichtplätze nach § 5 SchwbG ausgenommen (§ 74 SGB IX). Bei der Ermittlung der Pflichtzahl
ist die sich nach §§ 73, 74 SGB IX ergebende Zahl der zu berücksichtigenden Arbeitsplätze
mit sechs zu multiplizieren und anschließend durch 100 zu teilen, um die Zahl der zu
beschäftigenden Schwerbehinderten festzustellen. Die **Anrechnung** auf die so ermittelten
Pflichtplätze ist in §§ 75, 76 SGB IX geregelt, wobei § 76 die Möglichkeit der Mehrfachan-
rechnung vorsieht. Gem § 75 Abs 3 SGB IX wird auch ein schwerbehinderter **Arbeitgeber**
auf einen Pflichtplatz angerechnet. Diese Vorschrift soll nur für ArbGeb als natürliche
Personen gelten, nicht dagegen für Organe oder Organmitglieder einer juristischen Person
(BVerwG 26.9.02 – 5 C 53/01, NZA 03, 1094; BVerwG 24.2.94, NZA 95, 428; 25.7.97,

92 Behinderte

NZA 97, 1166; OVG Lüneburg 22.2.89, NZA 89, 722; Hess VGH 19.9.96, DB 97, 335); eine Unterscheidung, die im Hinblick auf die Vereinbarkeit mit Art 3 Abs 1 GG bedenklich ist, aber vom BVerwG ausdrücklich gebilligt wird (BVerwG 24.2.94, NZA 95, 428; 25.7.97, NZA 97, 1166; 8.3.99 – 5 C 5/98, NZA 99, 826).

21 **c) Ausgleichsabgabe.** Die Höhe der Ausgleichsabgabe hängt zunächst von der tatsächlichen Beschäftigungsquote ab. Bei einer jahresdurchschnittlichen Quote von wenigstens 3 % beträgt die Ausgleichsabgabe € 105 pro Monat. Bei einer Quote von 2 % erhöht sich die Abgabe auf € 180 und bei einer Quote von weniger als 2 % auf € 260. Für kleinere Unternehmen mit weniger als 40 bzw 60 zu berücksichtigenden Arbeitsplätzen sieht das Gesetz Abmilderungen vor (§ 77 Abs 2 Satz 2 SGB IX). Gem § 77 Abs 3 SGB IX ist die Höhe der Ausgleichsabgabe zudem dynamisch an die Entwicklung der Bezugsgröße gem § 18 Abs 1 SGB IV gekoppelt. Die Pflicht zur Entrichtung der Ausgleichsabgabe besteht auch dann, wenn sich überhaupt keine Schwerbehinderten beim ArbGeb beworben haben oder eine für Schwerbehinderte geeignete Tätigkeit nicht vorhanden ist. Eine Möglichkeit zur Befreiung von der Pflicht zur Zahlung der Ausgleichsabgabe sieht das SchwbG nicht vor. Den Gesamtbetrag der geschuldeten Ausgleichsabgabe hat der ArbGeb selbst zu errechnen und jährlich an das für seinen Sitz zuständige Integrationsamt **abzuführen** (§ 77 Abs 4 SGB IX). Die Ausgleichsabgabe darf nur für Zwecke der Arbeits- und Berufsförderung Schwerbehinderter sowie für Leistungen zur begleitenden Hilfe im Arbeits- und Berufsleben verwendet werden. 45 % des Aufkommens an Ausgleichsabgabe haben die Integrationsämter an den „Ausgleichsfonds für überregionale Maßnahmen zur Eingliederung Schwerbehinderter in Arbeit, Beruf und Gesellschaft" weiterzuleiten.

22 **2. Besetzung freier Arbeitsplätze mit Schwerbehinderten.** Gem § 81 Abs 1 SGB IX ist der ArbGeb verpflichtet, zu **prüfen,** ob freie Arbeitsplätze mit Schwerbehinderten, insbes mit bei der Agentur für Arbeit gemeldeten Schwerbehinderten, besetzt werden können. Bewerbungen von Schwerbehinderten sind mit der Schwerbehindertenvertretung zu erörtern und mit ihrer Stellungnahme dem Betriebs- oder Personalrat mitzuteilen. Über diese Prüfungs- und Erörterungspflicht hinaus, ergibt sich aus § 81 Abs 1 SGB IX kein **Anspruch auf Einstellung** für einen bestimmten Schwerbehinderten; der ArbGeb bleibt in der Entscheidung, mit welchem Bewerber er den Arbeitsplatz besetzen will, frei (BAG 14.11.89, DB 90, 636; 5.10.96, DB 96, 580). Stellt der ArbGeb aber einen Bewerber ein, ohne zuvor geprüft zu haben, ob der Arbeitsplatz mit einem Schwerbehinderten besetzt werden könnte, so kann der BRat gem § 99 Abs 2 Nr 1 BetrVG hierzu seine Zustimmung verweigern (BAG 23.6.10 – 7 ABR 3/09, NZA 10, 1361). Verweigert der BRat die Zustimmung zu einer Einstellung eines Schwerbehinderten grundlos, ist der ArbGeb verpflichtet, das gerichtliche Zustimmungsersetzungsverfahren durchzuführen (BAG 3.12.02 – 9 AZR 481/01, NZA 03, 1215).

23 Die Entscheidungsfreiheit des ArbGeb ist durch ein ausdrückliches **gesetzliches Benachteiligungsverbot** Schwerbehinderter gem § 81 Abs 2 SGB IX erheblich eingeschränkt. § 81 Abs 2 SGB IX ist weitgehend dem geschlechtsbezogenen Benachteiligungsverbot des früheren § 611a BGB nachgebildet. Während § 611a BGB durch das im Jahre 2006 in Kraft getretene AGG aufgehoben wurde, besteht das Benachteiligungsverbot des SGB IX fort. Zusätzlich sieht allerdings auch das AGG selbst ein Benachteiligungsverbot wegen Behinderung vor, das allerdings jede Form der Behinderung (vgl Rz 5) und nicht nur die Schwerbehinderung erfasst. Wegen der Einzelheiten des Benachteiligungsverbotes, insbes Umfang und Geltendmachung von Entschädigungsansprüchen verweist § 81 Abs 2 Satz 2 SGB IX nunmehr ausdrücklich auf die Regelungen des AGG; im Interesse einer Vereinheitlichung der Ansprüche aus AGG und § 81 SGB IX wurden die Sonderregeln in § 81 Abs 2 Nr 1–5 aF gestrichen. Steht fest, dass der ArbGeb die Schwerbehindertenvertretung entgegen § 81 Abs 1 Satz 4 SGB IX nicht über die eingegangene Bewerbung eines bestimmten Schwerbehinderten unterrichtet hat, so ist dessen Benachteiligung wegen der Schwerbehinderung zu vermuten (BAG 15.2.05 – 9 AZR 635/03, NZA 05, 870). Dasselbe gilt, wenn der ArbGeb einem schwerbehinderten ArbN gegenüber entgegen § 81 Abs 1 Satz 9 SGB IX keine Gründe für die Ablehnung der Bewerbung mitgeteilt hat (LAG Hess 7.11.05 – 7 Sa 473/05, NZA-RR 06, 312). Für den öffentlichen ArbGeb gilt: Bereits die unterbliebene Einladung zum Vorstellungsgespräch ist Indiz für eine Benachteiligung (§ 82 Satz 2 SGB IX iVm § 22

Behinderte 92

AGG); dies wird nur bei offensichtlichem Fehlen der fachlichen Eignung gem § 82 Satz 3 SGB IX verneint (BAG 21.7.09 – 9 AZR 431/08, NZA 09, 1087).

Zusätzlich muss der ArbGeb bei Verstoß gegen seine Erörterungspflicht mit der Schwerbe- **24** hindertenvertretung gem § 156 Abs 1 Nr 7, 8 SGB IX mit der Verhängung eines **Bußgeldes** rechnen. Existiert allerdings – etwa infolge einer Personalreduzierung – kein freier Arbeitsplatz, ist der ArbGeb grds weder verpflichtet, für den Schwerbehinderten einen anderen Arbeitsplatz frei zu kündigen, noch einen neuen Arbeitsplatz zu schaffen (BAG 28.4.98 – 9 AZR 348/97, NZA 99, 152).

3. Fragerecht des Arbeitgebers. Bei der Anbahnung des Arbeitsverhältnisses war nach **25** der früheren Rspr des BAG die Frage nach der Schwerbehinderteneigenschaft oder einer Gleichstellung sowie der prozentualen Höhe der Behinderung generell zulässig (BAG 7.6.84, DB 84, 2706; 1.8.85, DB 86, 2238; 5.10.96, DB 96, 580). Im Hinblick auf das verfassungsrechtlich verankerte **Verbot der Benachteiligung wegen einer Behinderung** (Art 3 Abs 3 Satz 2 GG) und im Hinblick auf § 81 Abs 2 Nr 1 SGB IX erschien dies schon vor Inkrafttreten des AGG bedenklich (vgl ArbG Siegburg 22.3.94, NZA 95, 943; *Rolfs/Paschke* BB 02, 1260; *Schaub* NZA 03, 299; *Messingschlager* NZA 03, 301). Das BAG begründete die generelle Zulässigkeit der Frage nach einer anerkannten Schwerbehinderteneigenschaft mit den daran anknüpfenden gesetzlichen Pflichten des ArbGeb. Zudem passe ein durch ein „Recht zur Lüge" vermittelter „zweiter Weg" zur Einstellung nicht in das gesetzliche System zum Schutze Schwerbehinderter, insbes weil hiervon nur solche Schwerbehinderte profitieren könnten, deren gesundheitliche Defizite nicht äußerlich erkennbar sind (BAG 5.10.96, DB 96, 580). Diese Differenzierung dürfte unter Geltung des AGG nicht mehr haltbar sein (*Leuchten* NZA 02, 1257; *Düwell* BB 06, 1741). Die Frage nach der Behinderung kann **vor Begründung des Arbeitsverhältnisses** nur in zwei Ausnahmefällen erlaubt sein: zum einen dann, wenn sie ausnahmsweise eine wesentliche und entscheidende Voraussetzung für die Tätigkeit ist (*Wisskirchen* DB 06, 1491); zum anderen dann, wenn Ziel der Frage die Förderung der Beschäftigung behinderter ist („Bewerbungen behinderter Menschen sind erwünscht"). Im zweitgenannten Fall scheidet freilich wegen Verstoß gegen § 242 BGB eine Anfechtung aus, wenn der ArbGeb unerkannt einen Behinderten eingestellt hat (*Düwell* BB 06, 1741). Ist ein Bewerber nicht in der Lage, die vorgesehene Arbeit zu leisten, trifft ihn nach wie vor eine Pflicht, seine Behinderung von sich aus zu offenbaren (s *Auskunftspflichten Arbeitnehmer* Rz 10). Jedenfalls mittelbar hat das BAG inzwischen die grds Unzulässigkeit der Frage nach einer Behinderung vor Begründung eines Arbeitsverhältnisses anerkannt, indem es die Frage an einen Bewerber nach einer Erkrankung an „Morbus Bechterew" als Indiz für eine Diskriminierung iSd § 22 AGG wertete (BAG 17.12.09 – 8 AZR 670/08, NZA 10, 383; *Bayreuther* NZA 10, 679). Anders ist es dagegen **im bestehenden Arbeitsverhältnis**. Hier ist der ArbGeb zur ordnungsgemäßen Durchführung des Arbeitsverhältnisses im Hinblick auf die besonderen gesetzlichen Pflichten gegenüber schwerbehinderten ArbN auf die Kenntnis der Schwerbehinderteneigenschaft angewiesen, so dass aus der Frage nach der Schwerbehinderung kein Indiz für eine Diskriminierungsabsicht abgeleitet werden kann. Dementsprechend hat das BAG die Frage nach der Schwerbehinderung jedenfalls nach Ablauf von sechs Monaten für zulässig erachtet (BAG 16.2.12 – 6 AZR 553/10, NZA 12, 555).

VI. Sonstige Pflichten des Arbeitgebers. 1. Anzeige- und Mitwirkungspflichten. **26** Jeder ArbGeb hat, gesondert für jeden Betrieb und jede Dienststelle, ein **Verzeichnis** der bei ihm beschäftigten Schwerbehinderten, Gleichgestellten und sonstigen anrechnungsfähigen Personen laufend zu führen und den Vertretern der Agentur für Arbeit und des Integrationsamtes, die für den Sitz des Betriebes oder der Dienststelle zuständig sind, auf Verlangen vorzuzeigen (§ 80 Abs 1 SGB IX). Einmal pro Jahr sind der Agentur für Arbeit unter Beifügung einer Durchschrift für die Hauptfürsorgestelle die Zahl der zu berücksichtigenden und nicht zu berücksichtigenden Arbeitsplätze, die Zahl der Schwerbehinderten und sonstigen anrechnungsfähigen Personen, die Mehrfachanrechnungen und der Gesamtbetrag der geschuldeten Ausgleichsabgabe **anzuzeigen**. Die Anzeige hat für das vorangegangene Kj bis spätestens zum 31.3. des Folgejahres zu erfolgen (§ 80 Abs 2 SGB IX). Eine Abschrift der Anzeige und des Verzeichnisses nach Abs 1 der Vorschrift ist dem Betriebs- bzw Personalrat, der Schwerbehindertenvertretung und dem Schwerbehindertenbeauftragten des ArbGeb auszuhändigen.

92 Behinderte

27 Darüber hinaus obliegen den ArbGeb **allgemeine Mitwirkungspflichten,** um die Erfüllung der gesetzlichen Verpflichtungen sicherzustellen. So haben die ArbGeb der BA und dem Integrationsamt alle Auskünfte zu erteilen, die zur Durchführung des Gesetzes notwendig sind, den Vertretern der BA und des Integrationsamtes Einblick in den Betrieb zu gewähren und den Vertrauensmann der Schwerbehinderten unmittelbar nach der Wahl zu benennen (§ 80 Abs 4–8 SGB IX).

28 **2. Angemessene Beschäftigung.** Schwerbehinderte sind so zu beschäftigen, dass diese ihre **Fähigkeiten und Kenntnisse** möglichst voll verwerten und weiter entwickeln können (§ 81 Abs 4 Nr 1 SGB IX). Dieser Anspruch kann vom Schwerbehinderten im Klagewege durchgesetzt werden (BAG 28.5.75, DB 75, 2330). Dies bedeutet nicht, dass der Schwerbehinderte verlangen könnte, nur nach seinen Neigungen beschäftigt zu werden (BAG 23.1.64, DB 64, 482). Der ArbGeb hat lediglich darauf zu achten, dass dem Schwerbehinderten eine Aufgabe zugewiesen wird, die ihn weder über- noch unterfordert. Weiter ist er gem § 81 Abs 4 Nr 2, 3 SGB IX ausdrücklich dazu verpflichtet, die Einsatzfähigkeit des Schwerbehinderten dadurch zu unterstützen, dass dieser bevorzugt zu innerbetrieblichen Maßnahmen der beruflichen Bildung zur Förderung des beruflichen Fortkommens herangezogen wird und die Teilnahme an außerbetrieblichen Bildungsmaßnahmen zu ermöglichen ist. Schließlich hat der ArbGeb gem § 81 Abs 5 SGB IX die Einrichtung von Teilzeitarbeitsplätzen zu fördern.

29 Nimmt die **Leistungsfähigkeit** des Schwerbehinderten ab, so hat der ArbGeb dem Schwerbehinderten einen Arbeitsplatz zuzuweisen, auf dem er seine eingeschränkte Arbeitskraft durch entsprechende Tätigkeit noch einsetzen kann (BAG 10.7.91, DB 91, 2489). Diese Pflicht ist ggf auch durch Umorganisation zu erfüllen, die sogar zur Schaffung eines behindertengerechten Arbeitsplatzes führen kann (LAG SchlHol 8.6.05 – 3 Sa 30/05, NZA-RR 05, 510; aA LAG SchlHol 7.6.05 – 5 Sa 68/05, NZA-RR 05, 514). Im Prozess muss der ArbN zunächst nur eine seinen (eingeschränkten) Fähigkeiten entsprechende Stelle aufzeigen. Der ArbGeb muss dann substantiiert darlegen, dass eine solche Stelle nicht besteht bzw eine Zuweisung dieser Stelle unzumutbar ist (BAG 10.5.05 – 9 AZR 230/04, NZA 06, 155). Insbes besteht nach § 81 Abs 5 SGB IX ein Anspruch auf Teilzeitarbeit, wenn die kürzere Arbeitszeit wegen Art oder Schwere der Behinderung notwendig ist. Der ArbGeb kann diesen Anspruch nur bei Unzumutbarkeit oder Unverhältnismäßigkeit zurückweisen. Darüber hinaus sieht § 84 SGB IX nunmehr ein sog **Präventionsverfahren** vor. Bei „Schwierigkeiten" im Arbeitsverhältnis ist eine Erörterungspflicht mit Schwerbehindertenvertretung, BRat und Integrationsamt vorgesehen (§ 84 Abs 1 SGB IX). Und wenn ein ArbN länger als sechs Wochen im Jahr arbeitsunfähig ist, soll der ArbGeb mit BRat und Schwerbehindertenvertretung klären, wie die Arbeitsfähigkeit wieder hergestellt werden und eine neue Arbeitsunfähigkeit verhindert werden kann (§ 84 Abs 2 SGB IX; Näheres s *Betriebliches Eingliederungsmanagement* Rz 1 ff). Die vorherige (erfolglose) Durchführung eines solchen Präventionsverfahrens ist keine formelle Wirksamkeitsvoraussetzung für den Ausspruch einer krankheitsbedingten Kündigung. Es handelt sich um eine Konkretisierung des das gesamte Kündigungsschutzrecht prägenden Verhältnismäßigkeitsgrundsatzes. Deshalb steht das Unterbleiben eines formellen Präventionsverfahrens der Wirksamkeit einer Kündigung dann nicht entgegen, wenn die Kündigung durch ein solches Verfahren nicht hätte verhindert werden können (BAG 7.12.06 – 2 AZR 182/06, NZA 07, 617). Kann ein Schwerbehinderter aus gesundheitlichen Gründen seine arbeitsvertraglich geschuldete Leistung überhaupt nicht mehr erbringen, so lässt sich aus dem Schwerbehindertenrecht kein Anspruch auf Fortzahlung der Arbeitsvergütung herleiten (BAG 23.1.01 – 9 AZR 287/99, NZA 01, 1020; 10.7.91, DB 91, 2489). Auch bei Verletzung seiner Pflichten aus § 81 Abs 4, 5 SGB IX entsteht kein verschuldensunabhängiger Anspruch auf Annahmeverzugslohn gem § 615 BGB; der ArbN kann aber bei schuldhafter Verletzung der Pflichten gem § 81 Abs 4, 5 SGB IX die entgangene Vergütung als Schadenersatz verlangen (BAG 4.10.05 – 9 AZR 632/04, NZA 06, 442).

30 **3. Gestaltung des Arbeitsplatzes.** Im Rahmen des Zumutbaren ist der ArbGeb verpflichtet, die **Arbeitsräume, Betriebsvorrichtungen, Maschinen und Gerätschaften** so einzurichten und zu unterhalten, dass wenigstens die vorgeschriebene Zahl Schwerbehinderter in seinen Betrieben dauernde Beschäftigung finden kann. Die Arbeitsplätze sind mit den erforderlichen technischen Arbeitshilfen auszustatten (§ 81 Abs 4 Nr 4, 5 SGB IX). In der ab 1.10.2000 geltenden Neufassung ist ausdrücklich klargestellt, dass es sich hierbei nicht um eine öffentlich-rechtliche Obliegenheit des ArbGeb handelt, sondern dass § 81 Abs 4 SGB IX dem einzelnen ArbN einen konkreten Anspruch gegen seinen ArbGeb gibt, welcher nur entfällt, wenn die Erfüllung unzumutbar oder mit unverhältnismäßigen Aufwendungen verbunden wäre.

4. Entgelt. Grds gelten für den Entgeltanspruch des Schwerbehinderten keine Besonderheiten. Zulässig ist es deshalb auch, wenn einzel- oder kollektivvertraglich vereinbart wird, dass wegen einer eventuell geminderten Leistungsfähigkeit eine **geringere Entlohnung** erfolgen soll (*Neumann/Pahlen/Majerski-Pahlen* § 123 Rz 7). Eine Besonderheit gilt insofern, als bei der Bemessung des Arbeitsentgeltes aus einem bestehenden Beschäftigungsverhältnis **Renten und vergleichbare Leistungen,** die wegen der Behinderung bezogen werden, nicht berücksichtigt werden dürfen. Insbes ist es unzulässig, sie ganz oder teilweise auf das Arbeitsentgelt anzurechnen (§ 123 Abs 1 SGB IX). Zweck der Regelung ist es sicherzustellen, dass die dem Schwerbehinderten zum Ausgleich seiner Leiden gewährten Sozialleistungen in vollem Umfang erhalten bleiben. § 123 Abs 1 SGB IX ist unabdingbar (BAG 21.8.84, DB 85, 815). Untersagt ist die Berücksichtigung aller Renten und vergleichbaren Leistungen, die wegen der Behinderung bezogen werden. Dies sind Renten nach dem BVG, Unfallrenten und Renten wegen Berufs- oder Erwerbsunfähigkeit. Hinterbliebenen- und Altersrenten fallen mit Ausnahme des vorgezogenen Altersruhegeldes für Schwerbehinderte nicht unter das Anrechnungsverbot. Da das Anrechnungsverbot nur für Arbeitsentgelte „aus einem bestehenden Beschäftigungsverhältnis" gilt, werden zB Übergangsgelder oder Betriebsrenten nicht von der Vorschrift erfasst (BAG 16.11.82, DB 83, 1316; 21.8.84, DB 85, 815).

5. Zusatzurlaub. Schwerbehinderte haben Anspruch auf einen bezahlten zusätzlichen Urlaub von **fünf Arbeitstagen** im Urlaubsjahr gem § 125 SGB IX. Der Zusatzurlaub stellt eine Verlängerung des Grundurlaubs dar, so dass im Zweifel die Bestimmungen und Grundsätze für den Grundurlaub, insbes über Wartezeit, Zwölftelung, Übertragbarkeit, Geltendmachung, Verfall und Abgeltung auch für den Zusatzurlaub gelten. Tarif- oder einzelvertragliche Abweichungen von den gesetzlichen Urlaubsvorschriften zum Nachteil des Schwerbehinderten sind allerdings unzulässig (BAG 8.3.94, DB 94, 1528). Hat der ArbN das volle Kj gearbeitet und ist lediglich die Schwerbehinderteneigenschaft erst im Laufe des Kj anerkannt worden, so hatte der Schwerbehinderte bislang einen vollen Anspruch auf Zusatzurlaub, da ihm auch der volle Grundurlaub zusteht (BAG 26.1.89, NZA 89, 756; BAG 21.2.95, DB 95, 2222). Seit dem 1.5.04 sieht nun § 125 Abs 2 SGB IX einen zeitanteiligen Anspruch vor (dazu *Fenski* NZA 04, 1255). Ein Anspruch auf Urlaubsabgeltung besteht auch dann, wenn der ArbN die Schwerbehinderteneigenschaft erst nach dem Ende des Arbeitsverhältnisses mitgeteilt hat (BAG 25.6.96, DB 96, 1423). Der Anspruch auf Zusatzurlaub erlischt, wenn ihn der Schwerbehinderte nicht bis zum Ablauf des Kj oder – beim Vorliegen der tarifvertraglichen oder gesetzlichen Übertragungsvoraussetzungen – nicht bis zum Ende des Übertragungszeitraums geltend macht. Ist bis zu diesem Zeitpunkt die Anerkennung der Schwerbehinderteneigenschaft noch nicht erfolgt, so ist allein die Ungewissheit über die Schwerbehinderung kein in der Person des ArbN liegender Grund für eine Übertragung des Zusatzurlaubs auf den gesetzlichen oder einen entsprechenden tariflichen Übertragungszeitraum (BAG 13.6.91, ArbuR 91, 248; 21.2.95, DB 95, 983).

Die Dauer des Zusatzurlaubs bemisst sich im Unterschied zu § 3 BUrlG nicht nach Werktagen, sondern **nach Arbeitstagen,** an denen der Schwerbehinderte zu arbeiten hat. Verteilt sich die regelmäßige Arbeitszeit des Schwerbehinderten auf mehr oder weniger als fünf Arbeitstage in der Kalenderwoche, erhöht oder vermindert sich der Zusatzurlaub entsprechend (§ 125 Satz 1 SGB IX). Arbeitet also zB ein Teilzeitbeschäftigter regelmäßig nur drei Tage pro Woche, so erhält er auch nur einen Zusatzurlaub von drei Arbeitstagen. Ergeben sich insoweit bei der Berechnung des Zusatzurlaubes von Teilzeitbeschäftigten Bruchteile eines Urlaubstages, findet im Unterschied zum Grundurlaub keine Auf- oder Abrundung auf einen vollen Urlaubstag statt (BAG 31.5.90, NZA 91, 105).

Günstigere tarifliche, betriebliche oder einzelvertragliche Urlaubsregelungen für den Zusatzurlaub von Schwerbehinderten haben Vorrang vor der gesetzlichen Regelung. Ob ein Tarifvertrag, welcher ein zusätzliches Urlaubsgeld gewährt, sich auch auf den Zusatzurlaub für Schwerbehinderte erstreckt, ist im Wege der Auslegung zu ermitteln. Zulässig ist es auch, dass der Tarifvertrag das Urlaubsgeld auf den reinen Tarifurlaub begrenzt (BAG 30.7.86, DB 86, 1729).

35 **6. Mehrarbeit.** Gem § 124 SGB IX sind Schwerbehinderte auf ihr Verlangen von Mehrarbeit freizustellen. Unter Mehrarbeit iSd § 124 SGB IX ist nicht die über die individuelle Arbeitszeit des Schwerbehinderten hinausgehende tägliche Arbeitszeit zu verstehen, sondern nur die Arbeitszeit, welche die regelmäßige werktägliche Arbeitszeit gem § 3 ArbZG überschreitet (BAG 3.12.02 – 9 AZR 462/01, NZA 04, 1219). Dazu zählt seit dem 1.1.04 auch Bereitschaftsdienst (BAG 21.11.06 – 9 AZR 176/06, NZA 07, 446).

36 **VII. Besonderer Kündigungsschutz. 1. Sachlicher Geltungsbereich.** Die Kündigung des Arbeitsverhältnisses eines Schwerbehinderten bedarf grds gem § 85 SGB IX der vorherigen Zustimmung des Integrationsamtes. Das Zustimmungserfordernis gilt sowohl für die ordentliche und außerordentliche Beendigungskündigung als auch für die Änderungskündigung. Die Kündigungsfrist für den Ausspruch einer ordentlichen Kündigung beträgt mindestens vier Wochen (§ 86 SGB IX). Kündigt der Schwerbehinderte selbst das Arbeitsverhältnis, so ist eine Zustimmung seitens des Integrationsamtes hierfür nicht erforderlich. Erfolgt die Kündigung seitens des Schwerbehinderten allerdings ohne berechtigten Grund, so hat das Integrationsamt im Benehmen mit der BA die Möglichkeit, den Schwerbehindertenschutz für eine Frist bis zu sechs Monaten zu entziehen (§ 117 SGB IX).

37 Der Sonderkündigungsschutz greift grds nicht ein bei **einverständlicher Beendigung des Arbeitsverhältnisses** im Wege eines Auflösungsvertrages und bei der Beendigung eines befristeten Arbeitsverhältnisses infolge Zeitablaufes. Etwas anderes gilt jedoch dann, wenn die Beendigung im Falle des Eintritts einer teilweisen Erwerbsminderung, der Erwerbsminderung auf Zeit, der Berufsunfähigkeit oder der Erwerbsunfähigkeit auf Zeit erfolgt. In diesen Fällen ist, wenn die Beendigung ohne Kündigung erfolgt, die vorherige Zustimmung des Integrationsamtes erforderlich (§ 92 SGB IX). Die von der Rspr für das Eingreifen des Sonderkündigungsschutzes aufgestellten Anforderungen (unten Rz 47–49) gelten entsprechend (BAG 28.6.95, DB 95, 2376). Die Klagefrist für die Bedingungskontrollklage nach §§ 21, 17 TzBfG gilt nicht, wenn der ArbGeb weiß, dass der ArbN schwerbehindert ist, und das Integrationsamt der erstrebten Beendigung durch auflösende Bedingung nicht zugestimmt hat. Das folgt aus einer Analogie zu § 4 Satz 4 KSchG (BAG 9.2.11 – 7 AZR 221/10, NZA 11, 854).

38 **2. Persönliche Voraussetzungen.** Der Sonderkündigungsschutz gem §§ 85 ff SGB IX gilt für alle Schwerbehinderten und diesen gem § 2 Abs 3 SGB IX gleichgestellte ArbN. Zu den ArbN iSd § 85 SGB IX zählen auch leitende Angestellte und Auszubildende (BAG 10.12.87, DB 88, 1069). In **Heimarbeit** beschäftigte Schwerbehinderte sind den schwerbehinderten ArbN gem § 127 Abs 2 SGB IX gleichgestellt. Im Übrigen fallen **arbeitnehmerähnliche Personen,** die aufgrund eines selbstständigen Dienstvertrages tätig sind, nicht unter den Sonderkündigungsschutz des SGB IX (*Neumann/Pahlen/Majerski-Pahlen* § 85 Rz 26).

39 **3. Gesetzliche Ausnahmen.** Keine Anwendung finden die Vorschriften des Sonderkündigungsschutzes, soweit eine der in § 90 SGB IX aufgezählten Ausnahmen eingreift. Die wichtigste Ausnahme enthält § 90 Abs 1 Nr 1 SGB IX, wonach die Vorschriften des Sonderkündigungsschutzes nicht gelten, wenn das Arbeitsverhältnis des Schwerbehinderten im Zeitpunkt des Zugangs der Kündigungserklärung ohne Unterbrechung noch nicht länger als **sechs Monate** besteht. Diese Angleichung an § 1 Abs 1 KSchG erschien dem Gesetzgeber geboten, um die Einstellungsbereitschaft der ArbGeb zu fördern. Wie bei § 1 KSchG kommt bei engem sachlichen Zusammenhang ggf eine Zusammenrechnung mit einem früheren Arbeitsverhältnis in Betracht (BAG 19.6.07 – 2 AZR 94/06, NZA 07, 1103). Innerhalb der Wartezeit ist auch kein Verfahren nach § 84 SGB IX durchzuführen (BAG 28.6.07 – 6 AZR 750/06, NZA 07, 1049).

40 Weiter findet der Sonderkündigungsschutz keine Anwendung für die in § 73 Abs 2 Nr 2–5 SGB IX aufgezählten besonderen ArbNGruppen sowie für die in § 90 Abs 1 Nr 3 SGB IX genannten **älteren Arbeitnehmer,** bei denen der Gesetzgeber davon ausgeht, dass der besondere Kündigungsschutz wegen anderweitiger Absicherung entbehrlich ist.

Behinderte 92

Eine Ausnahmeregelung für **Saisonarbeiter** enthält § 90 Abs 2 SGB IX. Danach greift **41** der Sonderkündigungsschutz nicht ein bei Entlassungen, die aus Witterungsgründen vorgenommen werden, sofern die Wiedereinstellung durch einen kollektiv- oder einzelvertraglichen Wiedereinstellungsanspruch bei Wiederaufnahme der Arbeit gesichert ist.

Für kurz vor einer Kündigung gestellte Anträge auf Feststellung einer Schwerbehinderung **42** gilt seit 2004 der unglücklich formulierte § 90 Abs 2a SGB IX. Danach greift der Sonderkündigungsschutz nicht ein, wenn zum Zeitpunkt der Kündigung die **Eigenschaft als schwerbehinderter Mensch nicht nachgewiesen** ist (1. Alt) oder das Versorgungsamt nach Ablauf der Frist des § 69 Abs 1 Satz 2 SGB IX eine Feststellung wegen fehlender Mitwirkung des ArbN nicht treffen konnte (2. Alt). Trotz des unklaren Wortlauts gilt die Vorschrift auch für gleichgestellte ArbN (BAG 1.3.07 – 2 AZR 217/06, NZA 08, 302). Sonderkündigungsschutz entfällt nach der **ersten Alternative** sicher dann, wenn vor Ausspruch der Kündigung ein bestandskräftiges Negativattest oder ein bestandskräftiger Bescheid des Versorgungsamtes, der einen GdB unter 50% feststellt, vorliegt. Dagegen soll nach Auffassung des BAG der Sonderkündigungsschutz selbst in dem Fall bestehen bleiben, dass im Zeitpunkt der Kündigung zunächst ein Bescheid vorliegt, wonach kein GdB von mindestens 50% vorliegt, aber dieser Bescheid nicht rechtskräftig ist und später aufgehoben wird (so BAG 6.9.07 – 2 AZR 324/06, NZA 08, 407; aA *Schlewing* NZA 05, 1218). Wenn ich das BAG recht verstehe, entfällt der Sonderkündigungsschutz in dieser Konstellation nur, wenn das Weiterbetreiben des Verfahrens nach dem ersten Bescheid „aussichtslos" ist. Nach der **zweiten Alternative** besteht Sonderkündigungsschutz (nur) dann, wenn das Versorgungsamt über einen Antrag des ArbN bei Kündigung trotz Ablauf der nach § 69 Abs 1 Satz 2 iVm § 14 Abs 2 und 4 sowie Abs 5 Satz 2 und 5 SGB IX maßgeblichen Frist noch nicht entschieden hat, ohne dass hierfür allein ein Mitwirkungsverschulden des ArbN ursächlich ist. Der Sonderkündigungsschutz nach der zweiten Alternative kann danach frühestens nach Ablauf der kürzesten Fristen des § 14 Abs 2, 5 SGB IX, also drei bzw – bei Notwendigkeit eines Gutachtens – sieben Wochen nach Antragstellung beginnen (BAG 1.3.07 – 2 AZR 217/06, DB 07, 1702). Sind diese Fristen eingehalten und liegt auch sonst keine fehlende Mitwirkung des ArbN vor, besteht Sonderkündigungsschutz auch dann, wenn die Feststellung der Schwerbehinderung nach zunächst erfolglosem Antrag erst im Widerspruchsverfahren oder auf Klage hin rückwirkend erteilt wird (LAG Köln 16.6.06 – 12 Sa 168/06, NZA-RR 07, 133; zu einzelnen Fallkonstruktionen s *Göttling/Neumann* NZA-RR 07, 281).

Die Beendigung eines Arbeitsverhältnisses mit einem Schwerbehinderten **innerhalb der** **43** **ersten sechs Monate** des Arbeitsverhältnisses hat der ArbGeb – unabhängig von der Anzeigepflicht nach anderen Gesetzen – dem Integrationsamt innerhalb von vier Tagen **anzuzeigen**. Dieselbe Verpflichtung trifft den ArbGeb auch bei der Begründung eines auf bis zu sechs Monate befristeten Probearbeitsverhältnisses. Die Anzeige hat dann innerhalb der ersten vier Tage seit der Arbeitsaufnahme zu erfolgen (§ 90 Abs 3 SGB IX).

4. Kenntnis des Arbeitgebers. Die lang umstrittene Frage, inwiefern es für die Inan- **44** spruchnahme des Sonderkündigungsschutzes auf die Kenntnis des ArbGeb von der Schwerbehinderung ankommt, ist inzwischen durch eine gefestigte Rspr des BAG (BAG 17.2.75, NJW 77, 1701; 31.8.89, DB 90, 890) für die Praxis verbindlich gelöst. Danach muss ein ArbN, um den Sonderkündigungsschutz gem §§ 85 ff SGB IX in Anspruch nehmen zu können, bis zur Kündigung zumindest einen **Antrag** auf Feststellung der Behinderung bzw auf Gleichstellung gestellt haben und seinen Mitwirkungspflichten im Antragsverfahren gerecht werden (vgl Rz 42). Hat der ArbN nicht einmal einen entsprechenden Antrag gestellt, so kann er sich auf den Sonderkündigungsschutz selbst dann nicht berufen, wenn die Schwerbehinderteneigenschaft später rückwirkend auf den Zeitpunkt vor Ausspruch der Kündigung festgestellt wird (BAG 16.8.91, NZA 92, 23). Eine Antragstellung ist nur dann nicht erforderlich, wenn die Schwerbehinderteneigenschaft dem ArbGeb **offenkundig** ist (*Schaub* § 179 Rz 13; *Neumann/Pahlen/Majerski-Pahlen* § 85 Rz 34) und wenn der schwerbehinderte ArbN den ArbGeb vor dem Ausspruch der Kündigung über seine körperlichen Beeinträchtigungen informiert und über die beabsichtigte Antragstellung in Kenntnis gesetzt hat (BAG 7.3.02 – 2 AZR 612/00, DB 02, 2114).

Hat der ArbN **im Zeitpunkt der Kündigung** den Antrag auf Feststellung der Schwerbe- **45** hinderung bzw den Gleichstellungsantrag gestellt, so braucht der ArbGeb hierüber zunächst

Kania 715

nicht informiert zu werden. Allerdings muss der ArbN, um seinen Sonderkündigungsschutz nicht zu verwirken, dem ArbGeb innerhalb einer **angemessenen Frist mitteilen,** dass er schwerbehindert ist oder einen Antrag auf Feststellung der Schwerbehinderung gestellt hat. Diese Frist beträgt, nachdem § 4 KSchG im Jahre 2004 auf die Geltendmachung aller Wirksamkeitsmängel der Kündigung erstreckt worden ist, in entsprechender Anwendung dieser Vorschrift **drei Wochen** und nicht mehr wie früher einen Monat (BAG 6.9.07 – 2 AZR 324/06, NZA 08, 407). Gleichgestellt hat das BAG die Berufung auf den Sonderkündigungsschutz in einer fristgerechten Kündigungsschutzklage, auch wenn diese erst nach Ablauf der Drei-Wochen-Frist an den ArbGeb zugestellt wird (BAG 23.2.10 – 2 AZR 659/08, NZA 11, 411; kritisch *Gehlhaar* NZA 2011, 673). Ein geringfügiges Überschreiten der Dreiwochenfrist kann nach den Umständen des Einzelfalls (zB bereits länger bestehende und auf Arbeitsunfall beruhende Erkrankung) unschädlich sein (LAG München 23.7.09 – 4 Sa 1049/08, NZA-RR 10, 19). Die Mitteilung an einen mit Schwerbehindertenfragen beauftragten ArbN muss sich der ArbGeb ebenso zurechnen lassen (LAG Köln 30.6.94, NZA 95, 995) wie die Kenntniserlangung aus der Stellungnahme des BRat gem § 102 BetrVG (BAG 20.1.05 – 2 AZR 675/03, NZA 05, 689). Auch im Falle eines Betriebsüberganges nach § 613a BGB muss sich der Betriebsübernehmer die Kenntnis des Betriebsveräußerers von der Schwerbehinderteneigenschaft eines ArbN zurechnen lassen (BAG 11.12.08 – 2 AZR 395/07, NZA 09, 556). Kommt der ArbN seiner Pflicht zur rechtzeitigen Mitteilung nicht nach, so ist die Kündigung nicht wegen Verstoß gegen §§ 85 ff SGB IX unwirksam. Die Schwerbehinderteneigenschaft kann dann nur noch Bedeutung im Rahmen der Interessenabwägung gem § 1 KSchG bzw § 626 BGB haben (ständige Rspr, zuletzt BAG 5.7.90, DB 91, 2676).

46 Die **Regelfrist** zur Mitteilung an den ArbGeb von drei Wochen darf der ArbN **grundsätzlich voll ausschöpfen** (BAG 16.1.85, DB 85, 2106). Ohne Hinzutreten weiterer Umstände liegt hierin kein Rechtsmissbrauch (BAG 27.2.87, NZA 88, 429).

47 **5. Zustimmungsverfahren bei der ordentlichen Kündigung. a) Antrag.** Die Zustimmung zur Kündigung hat der ArbGeb bei dem für den Sitz des Betriebes oder der Dienststelle zuständigen Integrationsamt schriftlich zu beantragen (§ 87 Abs 1 SGB IX). Für den ArbGeb empfiehlt es sich, die von dem Integrationsamt bereit gehaltenen Vordrucke zu verwenden. Das Integrationsamt holt eine Stellungnahme der zuständigen Agentur für Arbeit, des Betriebs- oder Personalrates und der Schwerbehindertenvertretung ein. Sie hat den Schwerbehinderten zu hören. Dies kann mündlich oder schriftlich erfolgen. Die Einhaltung dieser Verfahrensbestimmungen ist zwingend. Eine ohne **Anhörung** des Schwerbehinderten erfolgte Entscheidung des Integrationsamtes ist deshalb anfechtbar. Etwas anderes gilt nur dann, wenn sich der Schwerbehinderte innerhalb einer ihm gesetzten Frist nicht geäußert hat oder in einem mündlichen Anhörungstermin ohne ausreichende Entschuldigung nicht erscheint.

48 **b) Entscheidung des Integrationsamtes.** Das Integrationsamt entscheidet grds nach **pflichtgemäßem Ermessen.** Im Rahmen der erforderlichen Interessenabwägung sind die Interessen des ArbN unter besonderer Berücksichtigung der Zielsetzung des SGB IX, die Nachteile des ArbN auf dem allgemeinen Arbeitsmarkt auszugleichen, und die Interessen des ArbGeb abzuwägen. Die Aufklärung des Sachverhaltes erfolgt vAw (BVerwG 28.11.58, AP Nr 16 zu § 14 SchwBeschG; VGH Kassel 17.11.92, NZA 93, 946).

49 **Einschränkungen der Ermessensentscheidung** des Integrationsamtes sieht § 89 SGB IX vor. Danach hat das Integrationsamt die Zustimmung zu erteilen bei Kündigungen in Betrieben und Dienststellen, die nicht nur vorübergehend eingestellt oder aufgelöst werden, wenn zwischen dem Tage der Kündigung und dem Tage, bis zu dem Gehalt oder Lohn gezahlt wird, mindestens drei Monate liegen. Erteilt das Integrationsamt unter dieser Voraussetzung die Zustimmung und kommt der ArbGeb seiner Zahlungspflicht nicht nach, so hängt die Wirksamkeit der auf die Zustimmung gestützten Kündigung davon ab, ob die Lohnzahlung Bedingung für die Erteilung der Zustimmung im Rechtssinne war. Ergibt die Auslegung jedoch, dass es sich bei der Lohnzahlung lediglich um eine Auflage handeln sollte, so ist solange von einer wirksamen Zustimmung der Hauptfürsorgestelle auszugehen, wie ein Widerruf gem § 47 SGB X nicht erfolgt ist (BAG 12.7.90, DB 91, 1731).

50 Während § 89 Abs 1 Satz 1 SGB IX eine Ermessensentscheidung des Integrationsamtes gänzlich ausschließt, lassen die weiteren Ausnahmen des § 89 SGB IX dem Integrationsamt

ein **eingeschränktes Ermessen**. Gem § 89 Abs 1 Satz 2 SGB IX **soll** das Integrationsamt die Zustimmung erklären, wenn Betriebe und Dienststellen nicht nur vorübergehend wesentlich eingeschränkt werden, sofern die Gesamtzahl der verbleibenden Schwerbehinderten zur Erfüllung der Pflichtzahl ausreicht. Gem § 89 Abs 2 SGB IX **soll** das Integrationsamt die Zustimmung erteilen, wenn dem Schwerbehinderten ein **anderer angemessener und zumutbarer Arbeitsplatz** gesichert ist. Die Ermessenseinschränkung gem § 89 Abs 1 SGB IX greift nicht ein, wenn eine Weiterbeschäftigung auf einem anderen Arbeitsplatz desselben Betriebes oder derselben Dienststelle oder auf einem freien Platz in einem anderen Betrieb oder einer anderen Dienststelle desselben ArbGeb mit Einverständnis des Schwerbehinderten möglich und für den ArbGeb zumutbar ist (§ 89 Abs 1 Satz 3 SGB IX).

Die Entscheidung des Integrationsamtes soll **innerhalb eines Monats** vom Tage des Einganges des Antrages getroffen werden (§ 88 Abs 1 SGB IX). Eine verspätete Entscheidung macht diese nicht rechtsfehlerhaft; die Nichteinhaltung der Frist kann jedoch zur Schadensersatzpflicht führen. Unter den Voraussetzungen des § 75 VwGO kann Untätigkeitsklage erhoben werden. Das Integrationsamt kann entweder die Zustimmung zur Kündigung erteilen, den Antrag ablehnen oder ein sog Negativattest erteilen. 51

Seit 2004 muss die Entscheidung des Integrationsamtes **bei Betriebsschließungen und im Rahmen einer Insolvenz** innerhalb eines Monats nach Antragseingang erfolgen. Wird innerhalb dieser Frist eine Entscheidung nicht getroffen, **gilt die Zustimmung als erteilt** (§ 88 Abs 5 SGB IX). Diese Fiktion wird damit zum Regelfall werden, da gerade bei Massenentlassungen kaum mit einer Entscheidung innerhalb der Monatsfrist zu rechnen ist. 52

Ein **Negativattest** wird erteilt, wenn das Integrationsamt der Auffassung ist, dass der Kündigung der Zustimmung nicht bedarf. Es beseitigt ebenso wie die Zustimmung die gesetzliche Kündigungssperre der §§ 85 ff SGB IX (BAG 27.5.83, DB 84, 134), jedenfalls wenn es bestandskräftig ist und vor Ausspruch der Kündigung vorliegt (BAG 6.9.07 – 2 AZR 324/06, NZA 08, 407). Ihren Bescheid hat das Integrationsamt dem ArbGeb und dem Schwerbehinderten **zuzustellen** und der Agentur für Arbeit eine Abschrift zu übersenden (§ 88 Abs 2 SGB IX). Wirksam ist die Zustimmung aber bereits dann, wenn nur dem ArbGeb und nicht dem Schwerbehinderten der Zustimmungsbescheid des Integrationsamtes zugestellt ist (BAG 17.2.82, DB 82, 1329). 53

c) **Kündigungserklärung.** Erteilt das Integrationsamt die Zustimmung zur Kündigung oder greift die Fiktion des § 88 Abs 5 SGB IX, kann der ArbGeb die Kündigung nur innerhalb **eines Monats** nach Zustellung erklären (§ 88 Abs 3 SGB IX). Es kommt auf die förmliche Zustellung an (BAG 16.10.91, DB 92, 844). Innerhalb der Monatsfrist muss die Kündigung dem ArbN zugehen. Es genügt deshalb nicht, wenn der ArbGeb innerhalb der Frist die Kündigung absendet (LAG Köln 27.2.97, NZA-RR 97, 337). Die Frist des § 88 Abs 3 SGB IX gilt unabhängig davon, ob die Zustimmung durch das Integrationsamt oder erst im Rechtsmittelverfahren durch den Widerspruchsausschuss oder das Verwaltungsgericht erteilt wird. Bestands- oder Rechtskraft der Entscheidung ist nicht erforderlich. Widerspruch und Anfechtungsklage gegen die Zustimmung haben keine aufschiebende Wirkung (§ 88 Abs 4 SGB IX). Wird allerdings die erteilte Zustimmung im Rechtsmittelverfahren rechtskräftig aufgehoben, so wird die Kündigung rückwirkend unwirksam. 54

Vor Ausspruch der Kündigung hat der ArbGeb den **Betriebs- oder Personalrat** zu beteiligen. Dabei steht es dem ArbGeb frei, das Verfahren zur Anhörung des Betriebs- oder Personalrates vor dem Antrag auf Zustimmung des Integrationsamtes, während des Zustimmungsverfahrens oder nach dessen Ende einzuleiten (BAG 3.7.80, DB 81, 103). Hat der ArbGeb den Betriebs- oder Personalrat vor der Einschaltung des Integrationsamtes angehört, so ist eine erneute Anhörung auch dann nicht erforderlich, wenn die Zustimmung des Integrationsamtes erst nach einem jahrelangen verwaltungsgerichtlichen Verfahren erteilt wird – soweit sich der Sachverhalt nicht geändert hat (BAG 18.5.94, DB 95, 532). Ist eine Kündigung mangels vorheriger Zustimmung des Integrationsamtes unwirksam, ist zum Ausspruch einer zweiten Kündigung nach Zustimmung des Integrationsamtes eine erneute Anhörung des Betriebs- oder Personalrates erforderlich (BAG 16.9.93, NZA 94, 311). 55

6. Besonderheiten bei der außerordentlichen Kündigung. a) Antrag. Gem § 91 Abs 2 Satz 1 SGB IX kann die Zustimmung zur außerordentlichen Kündigung nur **innerhalb von zwei Wochen** ab dem Zeitpunkt, in dem der ArbGeb von den für die Kündigung 56

92 Behinderte

maßgebenden Tatsachen Kenntnis erlangt, beantragt werden. Maßgebend für die Fristeinhaltung ist der Eingang des Antrages bei dem Integrationsamt. Ist die Antragsfrist verstrichen, so ist der Antrag von dem Integrationsamt als unzulässig zurückzuweisen.

57 **b) Entscheidung des Integrationsamtes.** Das Integrationsamt **hat** seine Entscheidung **innerhalb von zwei Wochen** vom Tage des Einganges des Antrages an zu treffen. Wird innerhalb dieser Frist eine Entscheidung nicht getroffen, gilt die Zustimmung als erteilt (§ 91 Abs 3 SGB IX). Die durch den Fristablauf fingierte Zustimmung ist – ebenso wie die tatsächlich erteilte – als Verwaltungsakt mit Widerspruch und Anfechtungsklage angreifbar (BVerwG 10.9.92, NZA 93, 76).

58 Die von dem Integrationsamt zu treffende Entscheidung ist grds in sein **pflichtgemäßes Ermessen** gestellt; eine für die Praxis bedeutende **Ermessensbeschränkung** folgt jedoch aus § 91 Abs 4 SGB IX. Danach **soll** das Integrationsamt die Zustimmung erteilen, wenn die Kündigung aus einem Grunde erfolgt, der nicht im **Zusammenhang mit der Behinderung** steht. Ein Zusammenhang zwischen Gesundheitsschädigung und Kündigungsgrund ist dann gegeben, wenn die Gesundheitsschädigung bei dem den Kündigungsgrund bildenden Verhalten des Schwerbehinderten eine wesentliche Rolle gespielt hat, wenn sich das Verhalten des Schwerbehinderten bei natürlicher Betrachtung zwanglos aus der Gesundheitsschädigung ergibt und mit ihr nicht nur in einem entfernten Zusammenhang steht (BAG 25.2.63, AP Nr 4 zu § 19 SchwbG; *Schaub* § 179 Rz 33).

59 Erfolgt die außerordentliche Kündigung aus einem Grund, der nicht mit der Behinderung im Zusammenhang steht, so hat das Integrationsamt im Regelfall die Zustimmung zu erteilen. Nur bei Vorliegen von Umständen, die den Fall als atypisch erscheinen lassen, darf das Integrationsamt nach pflichtgemäßem Ermessen entscheiden (BVerwG 2.7.92, NZA 93, 123; 10.9.92, NZA 93, 76). Ein atypischer Fall liegt vor, wenn die außerordentliche Kündigung den Schwerbehinderten in einer die Schutzzwecke des SchwbG berührenden Weise besonders hart trifft, ihm im Vergleich zu den der Gruppe der Schwerbehinderten im Falle außerordentlicher Kündigung allgemein zugemuteten Belastungen ein Sonderopfer abverlangt (BVerwG 10.9.92, NZA 94, 420). Die **Wirksamkeit der außerordentlichen Kündigung** hat das Integrationsamt nicht zu prüfen, es sei denn, dass die Unwirksamkeit der Kündigung offensichtlich ist. In diesen Fällen sollte bereits der Ausspruch einer Kündigung und eines arbeitsgerichtlichen Verfahrens im Interesse einer Fortsetzung des Arbeitsverhältnisses vermieden werden (offen gelassen in BVerwG 2.7.92, NZA 93, 123).

60 „**Getroffen**" ist die Entscheidung des Integrationsamtes bereits dann, wenn sie dem ArbGeb in irgendeiner Form **bekanntgegeben** ist. Einer vorherigen Zustellung der Entscheidung bedarf es nicht. Dies gilt auch im Fall einer außerordentlichen Kündigung unter Gewährung einer Auslauffrist gegenüber einem ordentlich unkündbaren, schwerbehinderten ArbN (BAG 12.8.99 – 2 AZR 748/98, NZA 99, 1267) sowie in dem Fall, dass die Zustimmung erst durch den Widerspruchsausschuss erteilt wird (BAG 21.4.05 – 2 AZR 255/04, BB 05, 2306). Dabei reicht es aus, wenn die Entscheidung innerhalb der Frist des § 91 Abs 3 SGB IX den Machtbereich des Integrationsamtes verlassen hat (BAG 16.3.83, NJW 84, 1374; 9.2.94, DB 94, 1627). Der ArbGeb darf also nicht auf die Zustimmungsfiktion vertrauen, wenn er am letzten Tag der Zweiwochenfrist keine Nachricht von dem Integrationsamt erhalten hat. Ihm obliegt die Pflicht sich beim Integrationsamt zu erkundigen, ob es innerhalb der Frist überhaupt eine Entscheidung getroffen und abgesandt hat (BAG 19.4.12 – 2 AZR 118/11, NZA 13, 507).

61 Die nur mündliche Information über eine noch nicht tatsächlich schriftlich abgesetzte Entscheidung soll nicht ausreichen (LAG Düsseldorf 29.1.04 – 5 Sa 1588/03, NZA-RR 04, 406). Ebenso wenig reicht die telefonische Auskunft, dass innerhalb der Zwei-Wochen-Frist keine Entscheidung getroffen werden wird; in diesem Fall muss der Fristablauf abgewartet werden (BAG 19.6.07 – 2 AZR 226/06, NZA 07, 1153).

62 **c) Kündigungserklärung.** Nach Erteilung der Zustimmung durch das Integrationsamt hat der ArbGeb die Kündigung **unverzüglich** zu erklären (§ 91 Abs 5 SGB IX). Ausspruch der Kündigung schon vor Zustellung des Zustimmungsbescheids steht der Wirksamkeit der Kündigung dann nicht entgegen, wenn die Kündigung dem ArbN erst nach Zustellung des Bescheids zugeht (BAG 15.5.97, DB 97, 1880). Hat der ArbGeb die Anhörung von Betriebs- oder Personalrat noch nicht vor oder während des Zustimmungsverfahrens durchgeführt, so muss der ArbGeb **sofort** nach Bekanntgabe der Zustimmungsentscheidung bzw nach Ablauf der Zweiwochenfrist des § 91 Abs 3 SGB IX **das Anhörungsverfahren einleiten** und unmittelbar nach Eingang der Stellungnahme des BRat bzw nach Ablauf der Dreitagesfrist für die Stellungnahme die Kündigung erklären. Wenn – etwa bei Mitgliedern des BRat oder der Schwerbehindertenvertretung – die Zustimmung des BRat erforderlich ist und verweigert wird, dann hat der ArbGeb **sofort das Zustimmungsersetzungsverfahren einzuleiten** und unmittelbar nach Rechtskraft die Kündigung auszusprechen. Auf die Einhaltung der Frist gem § 626 Abs 2 Satz 1 BGB kommt es nicht an. Liegt allerdings die Zustimmung des Integrationsamtes (ausnahmsweise) schon vor Ablauf der Zwei-Wochen-Frist des § 626 Abs 2 BGB vor, so kann der ArbGeb diese Kündigungserklärungsfrist voll ausschöpfen und muss nicht unverzüglich kündigen (BAG 15.11.01 – 2 AZR 380/00, DB 02, 1509).

7. Rechtsschutz. Aus dem erforderlichen Zusammenwirken von Zustimmungserklärung 63 des Integrationsamtes und Ausspruch der Kündigung folgt eine **Zweigleisigkeit des Rechtsschutzes.** Gegen die **Verweigerung der Zustimmung** kann der ArbGeb Widerspruch und bei Zurückweisung des Widerspruchs Verpflichtungsklage beim VG einlegen. Dem Schwerbehinderten steht gegen die Erteilung der Zustimmung nach vorausgegangenem Widerspruchsverfahren die Möglichkeit der Anfechtungsklage offen. Das gleiche Recht steht ihm zu, wenn bei der außerordentlichen Kündigung die Zustimmung des Integrationsamtes gem § 91 Abs 3 SGB IX fingiert wird. Die Frist für Widerspruch und Anfechtungsklage beträgt grds jeweils einen Monat (§§ 70, 74 VwGO). Bei der Zustimmungsfiktion gilt für die Einlegung des Widerspruchs im Hinblick auf die fehlende Zustellung die Jahresfrist gem §§ 70 Abs 2, 58 VwGO.

In die Zuständigkeit der ArbG fällt demgegenüber die Entscheidung über die **Zulässigkeit der Kündigung.** Im Rahmen des arbeitsgerichtlichen Verfahrens ist zu prüfen, ob die Kündigung zustimmungsbedürftig ist und ob die Zustimmung wirksam erteilt worden, also nicht nichtig ist. Die rechtswirksam erteilte oder verweigerte Zustimmung entfaltet dagegen gegenüber dem ArbG **Tatbestandswirkung.** Das ArbG hat die Entscheidung hinzunehmen und kann sie nicht durch eine eigene ersetzen (*Neumann/Pahlen/Majerski-Pahlen* § 85 Rz 19). Die Zustimmung des Integrationsamtes zur außerordentlichen Kündigung kann nicht in eine solche zur ordentlichen Kündigung umgedeutet werden (LAG SchlHol 8.9.98 – 1 Sa 111/98, LAGE § 21 SchwbG Nr 2). 64

Folge dieses aufgespaltenen Rechtswegs ist, dass die ArbG, soweit es auf die Wirksamkeit 65 der Zustimmung ankommt, über die Kündigung nicht abschließend entscheiden können, bevor eine rechtskräftige oder bestandskräftige Entscheidung über die Wirksamkeit der Zustimmung vorliegt. Allerdings liegt die Aussetzung des Rechtsstreits gem § 148 ZPO **im Ermessen des Gerichts.** Insofern kann es im Hinblick auf den arbeitsrechtlichen Beschleunigungsgrundsatz geboten sein, trotz der Vorgreiflichkeit der verwaltungsgerichtlichen Entscheidung von einer Aussetzung abzusehen, wenn das ArbG erhebliche Anzeichen dafür hat, dass das verwaltungsgerichtliche Rechtsmittelverfahren keine Aussicht auf Erfolg hat (LAG Mainz 16.6.78, NJW 78, 2263; LAG Hess 12.11.93, DB 94, 1628; vgl auch *Seidel* DB 94, 1286).

Der ArbN wird auch in diesem Fall nicht rechtlos gestellt. Hat er nämlich wider Erwarten 66 im verwaltungsgerichtlichen Verfahren doch Erfolg, ist die Wiederaufnahme des arbeitsgerichtlichen Verfahrens gem § 580 Nr 6 ZPO gerechtfertigt (BAG 25.11.80, DB 80, 2451; 15.8.84, DB 85, 344). Sollte die Wiederaufnahmefrist des § 586 Abs 2 ZPO abgelaufen sein, ist dem ArbN ein Wiedereinstellungsanspruch aus nachwirkender Treuepflicht einzuräumen (BGH 19.9.63, AP Nr 27 zu § 14 SchwBeschG mit Anm *Neumann*).

Auszuscheiden hat die Aussetzung des arbeitsgerichtlichen Verfahrens, wenn es auf die 67 Wirksamkeit der Zustimmung nicht ankommt. Dies ist der Fall, wenn das ArbG eine Kündigung aus Gründen, die in seine Zuständigkeit fallen (etwa Sozialwidrigkeit gem § 1 KSchG), ohnehin für unwirksam erachtet. Das Gleiche gilt, wenn eine zustimmungsbedürftige Kündigung ausgesprochen wurde, ohne dass die vorherige Zustimmung eingeholt wurde.

8. Berücksichtigung Schwerbehinderter bei der Sozialauswahl. Im Gegensatz zu 68 ArbN, bei denen gesetzlich, tarif- oder einzelvertraglich die Möglichkeit der ordentlichen Kündigung ausgeschlossen ist (zur Einbeziehung dieser ArbN in die Sozialauswahl s *Unkünd-*

92   Behinderte

barkeit Rz 17), besteht bei Schwerbehinderten die Möglichkeit der ordentlichen Kündigung, wenn die Zustimmung des Integrationsamtes vorliegt. Wird die Zustimmung erteilt, sind auch schwerbehinderte ArbN betriebsbedingt ordentlich kündbar und demzufolge auch in die Sozialauswahl einzubeziehen. Die Eigenschaft als Schwerbehinderter ist dann lediglich im Rahmen der Sozialdaten zu berücksichtigen. Seit 2004 ist die Schwerbehinderung als eines der (nur noch) vier zu beachtenden Auswahlkriterien ausdrücklich in § 1 Abs 3 KSchG aufgenommen.

69   **VIII. Verbandsklage.** Mit dem in § 63 SGB IX enthaltenen Klagerecht der Behindertenverbände ist eine im Schwerbehindertenrecht gänzlich neue Regelung getroffen worden. Die Vorschrift sieht vor, dass anstelle der Behinderten mit ihrem Einverständnis Verbände klagen können, wenn behinderte Menschen in ihren Rechten nach dem SGB IX verletzt werden. Es handelt sich um eine Form der **gesetzlichen Prozessstandschaft**. Das Klagerecht können Verbände ausüben, die nach ihrer Satzung behinderte Menschen auf Bundes- oder Landesebene vertreten und nicht selbst am Prozess beteiligt sind. Ferner müssen alle Verfahrensvoraussetzungen wie bei einem Rechtsschutzersuchen durch den behinderten Menschen selbst vorliegen. Die Einführung des für das deutsche Recht ungewöhnlichen Instituts geht auf die EG-Richtlinie zur Festlegung eines allgemeinen Rahmens für die Verwirklichung der Gleichbehandlung in Beschäftigung und Beruf (EG-Richtlinie 2000/78/EG vom 27.11.2000) zurück.

B. Lohnsteuerrecht
Seidel

70   **1. Allgemeines.** Im Steuerrecht erhalten unbeschränkt stpfl (s *Lohnsteuerberechnung* Rz 7, 8) Körperbehinderte (teilweise nur Behinderte mit einem GdB von mindestens 50) eine Reihe von Steuervergünstigungen: bei der ESt/LSt, der Kfz-Steuer, der Grundsteuer, der USt, der Erbschafts- und Schenkungssteuer sowie der Hundesteuer. Auf die außerhalb der ESt/LSt möglichen Vergünstigungen wird unten in Rz 81 ff kurz hingewiesen. Zu Integrationsunternehmen s *Rehabilitation (berufliche)* Rz 16.

71   **2. Körperbehindertenpauschbetrag. a) Allgemeines.** Für die ESt (LSt) sind in den § 33b Abs 1–3, 5 7 EStG, § 65 EStDV die Voraussetzungen für die Gewährung eines nach dem GdB gestaffelten Pauschbetrages von 310 € (GdB 25) bis 1420 € (GdB 100) bzw 3700 € (bei Merkzeichen „H" oder „Bl"; s unten Rz 74, 97–99) enthalten (s § 33b Abs 3 EStG). Dadurch sollen Aufwendungen für die Hilfe bei den gewöhnlichen und regelmäßig wiederkehrenden Verrichtungen des täglichen Lebens, für die Pflege sowie für einen erhöhten Wäschebedarf ohne Einzelnachweis abgegolten werden (§ 33b Abs 1 Satz 1 EStG). Bei einem Verzicht auf die Pauschbeträge kann der Stpfl **höhere Aufwendungen** nachweisen oder glaubhaft machen (s unten Rz 77 ff), sein Wahlrecht im jeweiligen Veranlagungszeitraum aber nur einheitlich ausgeübten (§ 33b Abs 1 Satz 2 EStG). Neben der steuerlichen Berücksichtigung einzeln nachgewiesener Aufwendungen als außergewöhnliche Belastung nach § 33 Abs 1 EStG kann auch bei Hilflosen iSv § 33b Abs 6 EStG (s Rz 74) der (erhöhte) Behindertenpauschbetrag nicht geltend gemacht werden, da dieser nicht in verschiedene, nach dem Grad der Behinderung gestaffelte „allgemeine" und „spezielle" Pauschbeträge zu unterteilen ist (BFH 4.11.04 – III R 38/02, BStBl II 05, 271 und 13.7.11 – VI B 20/11, BFH/NV 11, 1863).

72   **b) Nachweis.** Die **Voraussetzungen** für die Inanspruchnahme der Pauschbeträge sind durch die Vorlage von Bescheinigungen, Ausweisen oder Bescheiden anderer Behörden nachzuweisen (§ 65 Abs 1 und 2 EStDV). Diese für das FA bindenden sog Grundlagenbescheide iSd § 171 Abs 10 AO führen bei einer Änderung oder nachträglichen Ausstellung auch zu einer Änderung der Steuerfestsetzung gem § 175 Abs 1 Satz 1 Nr 1 AO (s EStH 33b: Allgemeines und Nachweis). Bei **Behinderten,** deren GdB auf mindestens 50 festgestellt ist, wird der Nachweis durch die Vorlage des Schwerbehindertenausweises nach dem SGB IX oder durch einen Bescheid der für die Durchführung des BVG zuständigen Behörde (idR das Versorgungsamt) geführt (§ 65 Abs 1 Nr 1 EStDV; s auch oben Rz 6–8).

73   Bei **Behinderten** mit festgestelltem GdB zwischen 25 und 50 ist neben dem GdB für die Gewährung des Pauschbetrages noch Voraussetzung, dass ihnen wegen der Behinderung nach gesetzlichen Vorschriften Renten oder andere laufende Bezüge zustehen, auch wenn diese ruhen oder durch eine Kapitalzahlung abgefunden worden sind (§ 33b Abs 2 Nr 2a

Behinderte 92

EStG) oder die Behinderung zu einer dauernden Einbuße der körperlichen Beweglichkeit geführt hat bzw auf einer typischen Berufskrankheit beruht (§ 33b Abs 2 Nr 2b EStG). Der **Nachweis** dieser Voraussetzungen ist durch eine Bescheinigung der für die Durchführung des BVG zuständigen Behörde aufgrund eines Feststellungsbescheides nach § 69 Abs 1 SGB IX (§ 65 Abs 1 Satz 1 Nr 2a EStDV) zu führen, die eine Äußerung über das Vorliegen der Voraussetzungen nach § 33b Abs 2 Nr 2b EStG enthalten muss (§ 65 Abs 1 Satz 1 Nr 2a EStDV). Im Fall des § 33b Abs 2 Nr 2a EStG erfolgt der Nachweis durch den Rentenbescheid oder den entsprechenden Bescheid (§ 65 Abs 1 Satz 1 Nr 2b EStDV), zB Rentenbescheid des Versorgungsamts oder eines Trägers der gesetzlichen UV; ein Rentenbescheid des Trägers der gesetzlichen RV für Angestellte und Arbeiter genügt nicht (EStH 33b: aaO).

Da für den auf 3700 € **erhöhten Pauschbetrag** Voraussetzung ist, dass der Behinderte **74** hilflos ist bzw es sich um einen Blinden handelt (§ 33b Abs 3 Satz 3 EStG), sind die gesundheitlichen Merkmale „hilflos" und „blind" durch einen Ausweis mit den Merkzeichen „H" oder „Bl" oder durch einen mit entsprechenden Feststellungen versehenen Bescheid der für die Durchführung des BVG zuständigen Behörde nachzuweisen. Dem Merkzeichen „H" steht die Einstufung als Schwerstpflegebedürftiger in Pflegestufe III nach SGB XI, dem BSHG oder diesen entsprechenden gesetzlichen Bestimmungen gleich; dies ist durch Vorlage des entsprechenden Bescheids nachzuweisen (§ 65 Abs 2 EStDV). Hilflos ist eine Person, wenn sie für eine Reihe von häufig und regelmäßig wiederkehrenden Verrichtungen zur Sicherung ihrer persönlichen Existenz im Ablauf eines jeden Tages fremder Hilfe dauernd bedarf. Diese Voraussetzung ist auch erfüllt, wenn die Hilfe in Form einer Überwachung oder Anleitung zu den genannten Verrichtungen erforderlich ist, oder wenn die Hilfe zwar nicht dauernd geleistet werden muss, jedoch eine ständige Bereitschaft zur Hilfeleistung erforderlich ist (§ 33b Abs 6 Sätze 3 und 4 EStG).

Bei einem **behinderten Kind** kann dessen Pauschbetrag auf Antrag auf denjenigen **75** übertragen werden, der für das Kind Anspruch auf einen Kinderfreibetrag (s *Kinderfreibetrag* Rz 30) oder Kindergeld (s *Kindergeld* Rz 9) hat, wenn das Kind den Pauschbetrag nicht selbst in Anspruch nimmt (§ 33b Abs 5 EStG). Dies kann unter bestimmten Voraussetzungen auch gelten, wenn das Kind weder unbeschränkt noch beschränkt stpfl ist (BFH 22.11.95, BStBl II 97, 20; BFH 2.6.05 – III R 15/04, BStBl II 05, 828: Wohnsitz oder gewöhnlicher Aufenthalt in EU/EWR erforderlich –). Ist der getrennt lebende Ehegatte nicht der Elternteil des behinderten Kindes, kann bei der getrennten Veranlagung der Behinderten-Pauschbetrag nach § 33 Abs 5 Satz 3 EStG abweichend von § 26a Abs 2 Satz 2 EStG bei gemeinsamer Antragsstellung nur einem Ehegatten zugeordnet werden (FG Nds 12.5.09 – 10 K 160/06, DStRE 09, 1303). Bei getrennter Veranlagung ist der Pauschbetrag zwingend bei beiden Elternteilen je zur Hälfte abzuziehen (BFH 19.4.12 – III R 1/11, DStR 12, 1854). Zur Übertragung bei Vorliegen der Voraussetzungen für einen Auslandskinderfreibetrag s *Plenker* DStR 94, 1410 sowie *Kaefer* BB 95, 1615 Tz IV 3 und BFH 22.11.95, FR 96, 422 und zum Nachweis der Behinderung s BMF 8.8.97, DB 97, 1950).

c) **Lohnsteuerabzug.** Der ArbGeb darf diese Pauschbeträge nur berücksichtigen, wenn **76** sie als ELStAM gespeichert sind (s *Lohnsteuerabzugsmerkmale* Rz 15) bzw auf einer Bescheinigung nach § 39c Abs 3 oder 4 EStG (s *Lohnsteuerberechnung* Rz 17) eingetragen sind. Dies geschieht regelmäßig bereits durch die Gemeinde vAw auf Anweisung des FA (§ 39a Abs 2 Satz 1 EStG) bzw durch das BetriebsstättenFA in den Fällen des § 39c Abs 3 oder 4 EStG.

3. Andere Steuervergünstigungen für Behinderte, die sich auf deren ESt bzw auf die **77** ESt von Pflegepersonen erstrecken (§ 33b Abs 6 EStG), kann der ArbN in Form von Freibeträgen im Rahmen der LStErmäßigung (s *Lohnsteuerermäßigung* Rz 8) in den ELStAM speichern lassen (s *Lohnsteuerabzugsmerkmale* Rz 15). Nur auf diese Weise kann er bereits eine Berücksichtigung im LStAbzugsverfahren durch den ArbGeb erreichen (s *Lohnabzugsverfahren* Rz 19). Ansonsten kann sie der ArbN erst nach Ablauf des Kj im Veranlagungsverfahren geltend machen (s auch *Antragsveranlagung* Rz 2 ff). Hierbei kommen insbes in Betracht:

a) Bei den **Werbungskosten** der Ansatz der tatsächlichen Fahrtkosten bei den Fahrten **78** Wohnung – Arbeitsstätte bzw den Familienheimfahrten im Rahmen der doppelten Haushaltsführung bei bestimmten Behinderten (GdB mindestens 70 oder 50 bis 70 und erheblicher Beeinträchtigung der Bewegungsfähigkeit im Straßenverkehr, § 9 Abs 2 EStG). Eine Kombination von Entfernungspauschale und tatsächlichen Aufwendungen bei der Bemes-

Seidel 721

92 Behinderte

sung der Wegekosten ist jedoch nicht möglich (BFH 5.5.09 – VI R 77/06, BStBl II 09, 729; s auch LStR 9.10 Abs 3 Satz 1 bis 3 und *Fahrten zwischen Wohnung und Arbeitsstätte* Rz 28, 29).

79 **b)** Der **Kinderfreibetrag,** der **Freibetrag** für den Betreuungs- und Erziehungs- oder Ausbildungsbedarf und **Kinderbetreuungskosten** ohne Rücksicht auf das Alter des Kindes, wenn dieses wegen körperlicher, geistiger oder seelischer Behinderung außerstande ist, sich selbst zu unterhalten und die Behinderung vor Vollendung des 25. Lebensjahres eingetreten ist (§ 32 Abs 4 Nr 3 und Abs 6 Satz 1, § 9c EStG, vorher § 10 Abs 1 Nr 8, § 4 f EStG – bis 2008, ab 1.1.12 § 10 Abs 1 Nr 5; s auch *Kindervergünstigungen* Rz 12 ff).

80 **c)** **Außergewöhnliche Belastungen** (§ 33 EStG). Der Stpfl kann **anstelle** des Körperbehindertenpauschbetrages seine die Leistungen einer PflegeV bzw das aus einer ergänzenden PflegeKV bezogene Pflege(tage)geld übersteigenden Aufwendungen (s BFH 14.4.11 – VI R 8/10, BStBl II 11, 701) im Zusammenhang mit der Behinderung auch einzeln nachweisen oder glaubhaft machen, wenn er dadurch nach Abzug der zumutbaren Eigenbelastung (§ 33 Abs 3 EStG) einen höheren Abzugsbetrag erlangen kann. **Neben** dem Körperbehindertenpauschbetrag kann er die ihm neben den laufenden und mit der Körperbehinderung unmittelbar und typisch zusammenhängenden außergewöhnlichen Belastungen erwachsenden Aufwendungen geltend machen (s EStH 33b: **Krankheitskosten**).

81 **d) Einzelfälle:** – außergewöhnliche Krankheitskosten, zB **Operationskosten,** Heilkuren sowie Arznei- bzw Arztkosten.

 – **Fahrtkosten** für Privatfahrten: GdB 70 und Merkmale „G" bzw GdB 80 ohne Nachweis 900 € für 3000 km, bei Merkzeichen „aG" bzw GdB über 80 in den Grenzen der Angemessenheit sämtliche Fahrtkosten bis maximal 15 000 km/Kj, jeweils der Höhe nach beschränkt auf die Richtlinienwerte (0,30 €/km). Als Krankheitskosten zu berücksichtigende Arztfahrten werden von der Abgeltungswirkung nicht erfasst (BFH 15.6.10 – VI B 11/10, BFH/NV 10, 1631; s auch BMF 21.11.01 – IV C 4 – S 2284 – 98/01, BStBl I 01, 868 iVm BMF 12.4.01 – IV C 4 – S 2284 – 39/01, BStBl I 01, 262; EStH 33.1–33.4: Fahrtkosten behinderter Menschen; LStH 33).

 – Aufwendungen für den behindertengerechten **Umbau eines Pkw** können als Anschaffungskosten verteilt auf die Restnutzungsdauer als außergewöhnliche Belastung iSd § 33 EStG berücksichtigt werden, rechtfertigen jedoch keine Erhöhung des Km-Pauschbetrags (OFD Frankfurt/M 13.11.08 – S 2284 A – 46 – St 216). Bei der Berechnung der AfA sind für den Fall des Ansatzes individuell ermittelter Km-Sätze die nach der Kfz-HilfeVO erhaltenen Zuschüsse mittels einer Kürzung der Bemessungsgrundlage zu berücksichtigen (BFH 14.6.12 – VI R 89/10, BStBl II 12, 835).

 – Mehraufwendungen für eine nachgewiesenermaßen notwendige **Begleitperson** auf einer Urlaubsreise bis 767 € (BFH 4.7.02 – III R 58/98, BStBl II 02, 765).

 – Aufwendungen der Eltern für den **Führerscheinerwerb** der schwer geh- und stehbehinderten Tochter (BFH 26.3.93, BStBl II 93, 749; s aber FG Köln 12.9.13 10 K 3945/12, BeckRS 2013, 96382).

 – Mehraufwendungen für den behindertengerechten **Umbau eines Hauses** stellen nach neuerer Rspr des BFH stets eine aus tatsächlichen Gründen zwangsläufige Mehrbelastung dar, so dass die Erlangung eines Gegenwerts regelmäßig in den Hintergrund tritt, wenn, in Abkehr von der Entscheidung v 10.10.96 – III R 209/94 (BStBl II 97, 491), für die einzelne Maßnahme feststellbar ist, dass sie durch eine Krankheit bzw Behinderung verursacht ist. Die Mitbenutzung durch nichtbehinderte Familienangehörige stellt keinen realen Gegenwert dar (BFH 24.2.11 – VI R 16/10, DStR 11, 713; s auch FG BaWü 6.4.11 – 4 K 2647/08: Treppenschräglift im Garten einer gehbehinderten Frau und FG Münster 18.9.12 – 11 K 3982/11 E, BeckRS 2012, 96463; Rev Az BFH VI R 61/12).

 – Kosten für die behinderungsbedingte Unterbringung in einer **betreuten Wohngemeinschaft** (BFH 23.5.02 – III R 24/01, BStBl II 02, 567). Aufwendungen für eine krankheitsbedingte Unterbringung eines Kindes in einem **Internat** sind ohne Nachweis der Zwangsläufigkeit durch amtsärztliches Gutachten oder die ärztliche Bescheinigung eines Medizinischen Dienstes der KV nicht abzugsfähig (FG Münster 18.1.12 – 11 K 317/09 E, EFG 12, 702, die eingelegte Revision wurde zurückgenommen).

 – Zum Abzug der Aufwendungen von Eltern erwachsener Behinderter in vollstationärer **Heimunterbringung** s BMF 14.4.03 – IV C 4 – S 2284 – 45/03, BStBl I 03, 360 und

Behinderte

Rz 78; zum behinderungsbedingten Mehraufwand bei im Haushalt der Eltern wohnenden Kindern, die tagsüber in einer Werkstatt für Behinderte betreut werden, s BFH 6.5.03 – VIII B 178/02, BFH/NV 03, 1408; zu **Unterhaltsaufwendungen** BFH 11.2.10 – VI R 61/08, BFH/NV 10, 1326 **ohne Heimvertrag** FG Düsseldorf 21.2.12 – 10 K 2505/10 E, BeckRS 2012, 96426; Rev Az BFH VI R 21/12.

– Von den Kosten für eine krankheitsbedingte Unterbringung in einem **Altenwohnheim** sind die Haushaltsersparnis und die Pflegezulage abzuziehen (s FG Düsseldorf 21.2.12 – 10 K 2504/10 E, EFG 12, 1374; Rev Az BFH VI R 20/12). Abziehbar sind neben den Pflegekosten auch die auf Unterbringung und Verpflegung entfallenden Aufwendungen, soweit es sich um die normale Lebensführung übersteigende Kosten handelt; eine Aufteilung in Unterhaltskosten (§ 33a EStG) und Krankheitskosten (§ 33 EStG) lässt der BFH nicht zu (BFH 30.6.11 – VI R 14/10, DStR 11, 1755). **Nicht abziehbar** sind die Aufwendungen des nicht pflegebedürftigen Stpfl, der mit seinem pflegebedürftigen Ehegatten in ein Wohnstift übersiedelt (BFH 15.4.10 – VI R 51/09, BStBl II 10, 794). Dies gilt auch für die gesondert in Rechnung gestellten Pflegesätze, die das Heim mit dem Sozialhilfeträger für pflegebedürftige Personen der sog Pflegestufe 0 vereinbart hat (BFH 10.5.07 – III R 39/05, BFH/NV 07, 1768; BMF 20.1.03 – IV C 4 – S 2284 – 2/03, BStBl I 03, 89: erst ab Pflegestufe I; s auch BMF 2.12.02 – IV C 4 – S 2284 – 108/02, BStBl I 02, 1389). Ein ausschließlich krankheitsbedingter Aufenthalt in einem Altersheim ist jedenfalls dann noch nicht gegeben, wenn bei Berechnung des Pauschalentgelts keine zusätzlichen Kosten für Pflegeleistungen entstanden sind, kein Merkzeichen „H" oder „B" festgestellt ist und auch nach Aufschlüsselung des Heimentgelts im Folgejahr neben einem Entgelt für Unterkunft und Verpflegung sowie Intensivkosten kein Entgelt für Pflegeleistungen, sondern lediglich eine Betreuungspauschale für nicht pflegebedürftige Bewohner in Rechnung gestellt wurde (BFH 18.12.08 – III R 12/07, BFH/NV 09, 1102).

e) Neben dem Körperbehindertenpauschbetrag sind auch Aufwendungen für eine **Haushaltshilfe** abzugsfähig (ab **2009** nach § 35a Abs 2 EStG: **20 %** der Aufwendungen, höchstens **4000 €**). Dies gilt auch für **Pflege- und Betreuungsleistungen** (s auch *Kindervergünstigungen* Rz 30 sowie *Hauswirtschaftliches Beschäftigungsverhältnis* Rz 29).

f) Der **Pflegepauschbetrag** (§ 33b Abs 6 EStG: 924 €) kann von Pflegepersonen anstelle von einzeln nachgewiesenen oder glaubhaft gemachten außergewöhnlichen Belastungen gem § 33 EStG für die persönliche Pflege von Personen (auch bei nur zeitweise – zB am Wochenende – stattfindender Pflege, FG München 14.2.95, EFG 95, 722) gewährt werden, die nicht nur vorübergehend hilflos (s Rz 74 aE) sind, wenn die Pflegeperson dafür keine Einnahmen, auch keine Pflegevergütung, erhält (BFH 21.3.02 – III R 42/00, BStBl II 02, 417). Die Pflegeperson darf das erhaltene Pflegegeld ausschließlich dazu verwenden, Aufwendungen des Pflegebedürftigen zu bestreiten (BFH 17.7.08 – III R 98/06, BFH/NV 09, 131; s auch OFD Düsseldorf 8.3.04, DB 04, 958). Das von den Eltern eines behinderten Kindes für dieses empfangene Pflegegeld zählt nicht zu diesen Einnahmen (§ 33b Abs 6 Satz 2 EStG). Eine sittliche Verpflichtung zur Pflege im Rahmen der Gewährung des Pauschbetrages ist anzuerkennen, wenn eine enge persönliche Beziehung zu der gepflegten Person besteht, eine allgemeine sittliche Verpflichtung, zB Betreuung Aidskranker, reicht nicht aus (BFH 29.8.96, BStBl II 97, 199). Werden allerdings einzeln nachgewiesene (tatsächliche) Aufwendungen im Rahmen des § 33 EStG geltend gemacht (hierzu gehören auch Unterbringungs- und Verpflegungskosten, soweit es sich um gegenüber der normalen Lebensführung entstehende Mehrkosten handelt; BFH 24.2.2000 – III R 80/97, BStBl II 2000, 294), muss die Übernahme der Pflege aus rechtlichen oder sittlichen Gründen zwangsläufig sein. Dies gilt auch bei nahen Angehörigen (BFH 22.10.96, BStBl II 97, 558). Die Zwangsläufigkeit der Pflegeleistungen entfällt nicht dadurch, dass die gepflegte Person das erhaltene Pflegegeld nicht an die Pflegerin weiterleitet (FG Brem 24.11.04 – 4 K 100/04, EFG 05, 365). Der Pflegepauschbetrag kann nur gewährt werden, wenn die Behinderung entsprechend den Vorgaben des § 65 Abs 2 EStDV nachgewiesen wird (s oben Rz 74; BFH 20.2.03 – III R 9/02, BStBl II 03, 476). Der Pflegepauschbetrag ist ggf nach der Zahl der Stpfl, die tatsächlich Pflege leisten, aufzuteilen (BFH 14.10.97 – III R 102/96, BStBl II 98, 20). Zu PflegeVLeistungen s *Pflegeversicherungsleistungen* Rz 2 ff.

g) Ein **Steuerfreibetrag** besteht iHd Einnahmen für Pflege, Betreuung, Unterkunft und Verpflegung eines behinderten oder von Behinderung bedrohten Menschen, die ein Sozial-

92 Behinderte

leistungsträger für die Aufnahme in der Gastfamilie leistet. Auch Zahlungen durch die aufgenommene Person bleiben steuerfrei (§ 3 Nr 10 EStG). Nach § 3 Nr 11 EStG steuerfrei sind Bezüge aus öffentlichen Mitteln oder aus Mitteln einer öffentlichen Stiftung, die wegen Hilfsbedürftigkeit gewährt werden (s *Beihilfeleistungen* Rz 12). Dazu gehören insbesondere die Leistungen zur Eingliederung Behinderter nach § 29 SGB I durch die Agenturen für Arbeit, gesetzliche KV, RV und UV, Versorgungsämter und Sozialhilfeträger. Bei Wehr-, Zivil- oder Kriegsdienstbeschädigten s *Erwerbsminderung* Rz 12. Steuerfrei sind auch **Zuschüsse** der Werkstätten für Behinderte zu den Fahrtkosten und zum Mittagessen (BMF 4.7.90, FR 90, 493) sowie die Hilfe zur Pflege gem §§ 61 ff SGB XII (vorher §§ 68, 69 BSHG), das Pflegegeld nach § 64 SGB XII (§ 3 Nr 11 EStG; s auch *Beihilfeleistungen* Rz 9–16) und die Leistungen nach Abschnitt 2 des Gesetzes über die Conterganstiftung für behinderte Menschen (BGBl I 09, 1505; EStH 3.0 Nr 3).

85 4. Bei **unentgeltlicher oder verbilligter Beförderung** von ArbN zwischen Wohnung und Arbeitsstätte bzw bei Zuschüssen zu diesen Fahrten kann der ArbGeb den darin liegenden Sachbezug bzw die Zuschüsse pauschal mit 15 % besteuern (§ 40 Abs 2 Satz 2 EStG; s auch *Lohnsteuerpauschalierung* Rz 38, 39). Die Bemessungsgrundlage für die **Pauschalierung** ist auf den Betrag beschränkt, den der ArbN als Werbungskosten geltend machen könnte (§ 9 Abs 2 EStG; s *Fahrten zwischen Wohnung und Arbeitsstätte* Rz 33). Bei Behinderten, deren GdB mindestens 70 oder 50 beträgt, wenn Letztere in ihrer Bewegungsfähigkeit im Straßenverkehr erheblich beeinträchtigt sind und sie diese Voraussetzungen durch amtliche Unterlagen nachweisen (§ 9 Abs 2 EStG), kann der ArbGeb die tatsächlichen Kosten als Bemessungsgrundlage für die Pauschalierung ansetzen. Der ArbN darf diese pauschal besteuerten Bezüge dann nicht mehr als Werbungskosten abziehen (§ 40 Abs 2 Satz 3 EStG). Bei einer Pauschalierung des Arbeitslohnes für Teilzeitbeschäftigte (s *Teilzeitbeschäftigung* Rz 115) bleiben die pauschal besteuerten Bezüge (Fahrtkosten) außer Ansatz (§ 40 Abs 2 Satz 3 EStG).

86 5. **Steuervergünstigungen außerhalb des EStG. a) Erbschaft- und Schenkungsteuer.** Der Erwerber (Beschenkter oder Erbe), der infolge körperlicher oder geistiger Gebrechen und unter Berücksichtigung seiner bisherigen Lebensstellung als erwerbsunfähig anzusehen ist oder wegen Führung eines Haushalts mit erwerbsunfähigen Abkömmlingen an der Ausübung einer Erwerbstätigkeit gehindert ist, unterliegt nicht der Erbschaft- und Schenkungsteuer, sofern der Erwerb zusammen mit seinem übrigen Vermögen 41 000 € nicht übersteigt. Bei Übersteigen wird die Steuer nur insoweit erhoben, als sie aus der Hälfte des die Wertgrenze übersteigenden Betrages gedeckt werden kann. Dies gilt nur, wenn es sich bei dem Erwerber um die Eltern, Adoptiveltern, Stiefeltern oder Großeltern des Erblassers oder Schenkers handelt (§ 13 Abs 1 Nr 6 Erbschaftsteuergesetz).

87 **b) Grundsteuer.** Nach § 36 Grundsteuergesetz ist bei Kriegsbeschädigten und anderen Körperbehinderten, die zum Erwerb oder zur wirtschaftlichen Stärkung ihres Grundbesitzes eine Kapitalabfindung aufgrund des BVG oder eine Grundrentenabfindung erhalten haben, zur Besteuerung diese Kapitalabfindung vom Einheitswert des betreffenden Grundstücks abzuziehen, solange die Rente wegen der Kapitalabfindung in der gesetzlichen Höhe gekürzt ist.

88 **c) Hundesteuer.** Die Gemeinden gewähren für Behinderte unter bestimmten Voraussetzungen regelmäßig eine Befreiung von der Hundesteuer.

89 **d) Kraftfahrzeugsteuer.** Die Steuerbefreiung bzw -ermäßigung steht dem Behinderten nur für ein auf ihn zugelassenes Fahrzeug und nur auf Antrag zu. Sie entfällt, wenn das Fahrzeug zur Beförderung anderer Personen oder Güter verwendet wird, außer es handelt sich um eine unentgeltliche oder gelegentliche Mitbeförderung von anderen Personen oder um Handgepäck des Körperbehinderten oder der zugelassenen Mitfahrer. Die Steuerbefreiung geht auch verloren, wenn das Kfz von anderen Personen zu Fahrten benutzt wird, die nicht im Zusammenhang mit der Fortbewegung oder der Haushaltsführung des Behinderten stehen. Darin kann zugleich eine Steuerhinterziehung liegen. Die Steuerermäßigung (50 %) wird für ein Fahrzeug nur einmal gewährt und kann nicht durch zweimalige Inanspruchnahme (zB Fahrzeughalter und Ehegatte) zu einer völligen Steuerbefreiung führen.

90 **e) Umsatzsteuer.** Umsätze blinder Unternehmer, die nicht mehr als zwei ArbN beschäftigen (Ehegatten, minderjährige Kinder, Eltern und Lehrlinge gelten hier nicht als ArbN), sind steuerfrei. Ebenso sind bestimmte Umsätze von anerkannten Behindertenwerkstätten

Behinderte 92

und deren Zusammenschlüssen von der Umsatzsteuer befreit (§ 4 Nr 19 UStG). Mittelbare Steuervergünstigungen für Behinderte ergeben sich aus der Steuerfreiheit der Umsätze im Rahmen der Kriegsopferversorgung (§ 4 Nr 15 UStG), der Umsätze von Pflegeheimen und der ambulanten Pflege unter bestimmten Voraussetzungen (§ 4 Nr 16a, d, e UStG), der Versehrtentransporte (§ 4 Nr 17b UStG) und der Leistungen bestimmter Wohlfahrtsverbände (§ 4 Nr 18 UStG). Außerdem gilt der ermäßigte Steuersatz (7 %) für Lieferung und Vermietung von Fahrstühlen und ähnlichen Fahrzeugen für Kranke und Körperbehinderte sowie von orthopädischen Präparaten und Körperersatzstücken (§ 12 Abs 2 Nr 1 UStG; Nr 51/52 der Anlage 1 zum UStG).

f) Bausparförderung und Vermögensbildung. Die vorzeitige Verfügung über Bausparbeiträge, für die eine Wohnungsbauprämie gewährt wurde, ist dann prämienunschädlich, wenn der Sparer oder sein Ehegatte nach Vertragsschluss vollständig erwerbsunfähig geworden ist (GdB mindestens 95; § 2 Abs 2 Nr 3 WoPG). Entsprechendes gilt für die vorzeitige Verfügung über Sparbeiträge, für die eine ArbNSparzulage gewährt wurde (s *Vermögenswirksame Leistungen* Rz 50, 56). **91**

6. Arbeitgeber. Die Ausgleichsabgabe nach § 77 SGB IX (s oben Rz 21 sowie unten Rz 101) kann vom ArbGeb als Betriebsausgabe bei seiner Gewinnermittlung abgezogen werden. Dagegen kann eine evtl Geldbuße gem § 156 Abs 1 Nr 1 SGB IX (s oben Rz 24) nicht als Betriebsausgabe abgesetzt werden (§ 4 Abs 5 Nr 8 EStG). Zu Pensionszusagen an Behinderte oder entsprechende Zuwendungen an Unterstützungskassen s *Betriebliche Altersversorgung* Rz 152 ff, 148 ff. **92**

C. Sozialversicherungsrecht *Ruppelt*

1. Allgemeines. Behinderte oder von Behinderung bedrohte Menschen erhalten Leistungen nach dem SGB IX und anderen Leistungsgesetzen, um ihre Selbstbestimmung und gleichberechtigte Teilhabe am Leben in der Gesellschaft zu fördern, Benachteiligungen zu vermeiden oder ihnen entgegenzuwirken (§ 1 Satz 1 SGB IX). Vgl Rz 1. **96**

2. Begriff. Behindert ist derjenige, dessen **körperliche** Funktion, **geistige** Fähigkeit oder **seelische** Gesundheit mit hoher Wahrscheinlichkeit länger als sechs Monate von dem für das Lebensalter typischen Zustand abweicht und daher seine Teilhabe am Leben in der Gesellschaft beeinträchtigt ist (§ 2 Abs 1 SGB IX). Es kommt nicht auf die Ursache der Behinderung an (angeboren, erworben, durch Unfall oder andere Schädigungen beruflicher bzw privater Art oder durch besondere altersmäßige Verschleißerscheinungen bedingt). **Schwerbehindert** ist der Behinderte, bei dem ein **Grad der Behinderung (GdB)** von wenigstens 50 vorliegt und der seinen gewöhnlichen Aufenthalt oder Arbeitsplatz (§ 73 SGB IX) rechtmäßig im Inland hat (§ 2 Abs 2 SGB IX). Die deutsche Staatsangehörigkeit ist nicht erforderlich (zum geduldeten Ausländer: BSG 1.9.99 – B 9 SB 1/99 R, ZfS 99, 338). Behinderte können Schwerbehinderten **gleichgestellt** werden nach Maßgabe von § 2 Abs 3 iVm § 68 Abs 2 SGB IX. Hierfür muss grds ein GdB von mindestens 30 festgestellt sein. Diese Voraussetzung gilt nicht für behinderte Jugendliche und junge Erwachsene während der Zeit der Berufsausbildung (§ 68 Abs 3 SGB IX). Der Nachweis einer Behinderung wird in diesen Fällen durch eine Stellungnahme der BA erbracht (§ 68 Abs 4 Satz 2 SGB IX). Die Gleichstellung durch die Arbeitsverwaltung kann vom ArbGeb nicht angefochten werden (BSG 19.12.01 – B 11 AL 57/01 R, BSGE 89, 119). **97**

3. Der **Grad der Behinderung** besagt nichts über die konkrete Leistungsfähigkeit des Behinderten. Es handelt sich vielmehr um eine abstrakte Bewertung der vorliegenden Einschränkungen. Behinderung ist die Auswirkung einer nicht nur vorübergehenden Funktionsbeeinträchtigung (BSG 15.7.04 – B 9 SB 46/03 B, VersorgVerw 05, 37), die auf einem regelwidrigen körperlichen, geistigen oder seelischen Zustand beruht. Regelwidrig ist der Zustand, der von dem für das **Lebensalter** typischen abweicht. Als nicht nur vorübergehend gilt ein Zeitraum von mehr als sechs Monaten (BSG 12.4.2000 – B 9 SB 3/99 R, SozR 3–3870 § 3 Nr 9). Bei mehreren sich gegenseitig beeinflussenden Funktionsbeeinträchtigungen ist deren Gesamtauswirkung maßgeblich, wobei eine Addition der durch die einzelnen Behinderungen hervorgerufenen GdB-Werte grds nicht erfolgt (BSG 30.9.09 – B 9 SB 4/08 R, SozR 4–3250 § 69 Nr 10; BayLSG 29.10.09 – L 15 SB 101/06, BeckRS 2010, **98**

92 Behinderte

67799; LSG SachsAnh 25.9.12 – L 7 SB 2/11, BeckRS 2013, 68380). Zur Bewertung einer Behinderung mit einem GdB gelten die im Rahmen des § 30 Abs 1 BVG festgelegten Maßstäbe entsprechend (§ 69 Abs 1 Satz 5 SGB IX). Zur Feststellung des GdB sind die Vorgaben der Rechtsverordnung „Versorgungsmedizinische Grundsätze" (Anlage zu § 2 der VersorgungsmedizinVO vom 10.12.08, BGBl I 08, 2412) nach § 30 Abs 17 BVG heranzuziehen (BSG 9.12.10 – B 9 SB 35/10 B BeckRS 2011, 65063). Zur Korrektur eines überhöht festgestellten GdB: BSG 17.4.13 – B 9 SB 6/12 R, SozR 4-1300 § 48 Nr 26.

99 **4. Die Zuständigkeit für das Feststellungsverfahren** obliegt der für die Durchführung des Bundesversorgungsgesetzes zuständigen Behörde, in deren Bezirk der Behinderte im Zeitpunkt der Antragstellung seinen Wohnsitz oder gewöhnlichen Aufenthalt hat. Zur Einleitung des Verfahrens ist ein **Antrag** des Behinderten erforderlich, der innerhalb der Fristen des § 69 Abs 1 Satz 2 SGB IX zu bescheiden ist. Die Feststellung erfolgt nur, wenn die Behinderung allein oder im Zusammenwirken mit weiteren Behinderungen zu einem GdB von wenigstens 20 führt (§ 69 Abs 1 Satz 6 SGB IX). Eine rückwirkende Feststellung des GdB kann nur ausnahmsweise erfolgen, wenn hierfür ein „besonderes Interesse" dargetan ist (BSG 16.2.12 – B 9 SB 1/11 R, SozR 4–3250 § 69 Nr 15; LSG SachsAnh 20.12.12 – L 7 SB 15/09, BeckRS 2013, 68453). Gegen den Bescheid ist binnen eines Monats seit Bekanntgabe der Widerspruch möglich. Bleibt dieser erfolglos, ist binnen Monatsfrist Klage vor dem Sozialgericht statthaft.

100 **5. Die Voraussetzungen für die Inanspruchnahme von Nachteilsausgleichen** sind auf Antrag festzustellen, wenn beim Behinderten die dafür erforderlichen gesundheitlichen Einschränkungen vorliegen (§ 69 Abs 4 SGB IX) und der GdB des Behinderten **mindestens 50 beträgt.** Nachteilsausgleiche finden ihre Rechtfertigung darin, dass behinderte Menschen, die auf Grund ihrer Behinderung in vielerlei Hinsicht benachteiligt sind, Anspruch auf bestimmte Ausgleichsleistungen bzw Minderbelastungen haben sollen. Den Nachteilsausgleichen sind Merkzeichen im Schwerbehindertenausweis nach Maßgabe von §§ 3 ff SchwbAwV zugeordnet. Zu den **steuerrechtlichen Vergünstigungen** durch die Nachteilsausgleiche s oben Rz 71 ff. S auch *Gaa-Unterpaul* Die Nachteilsausgleiche nach dem SGB IX unter Berücksichtigung der jüngeren Rspr des BSG, NZS 02, 406.

101 **a) Nachteilsausgleich G** setzt neben dem GdB von mindestens 50 eine erhebliche Beeinträchtigung der Bewegungsfähigkeit im Straßenverkehr voraus. Diese Voraussetzung erfüllt nach § 146 Abs 1 Satz 1 SGB IX derjenige, der infolge einer **Einschränkung des Gehvermögens,** auch durch innere Leiden, oder infolge von Anfällen oder von Störungen der Orientierungsfähigkeit nicht ohne erhebliche Schwierigkeiten oder nicht ohne Gefahren für sich oder andere Wegstrecken im Ortsverkehr zurückzulegen vermag, die üblicherweise noch zu Fuß zurückgelegt werden. Nach der Rspr handelt es sich dabei um Wege von 2 km Länge bei einer Fußwegdauer von 30 Minuten (BSG 7.11.01 – B 9 SB 3/01 R, BSGE 89, 79; 24.4.08 – B 9/9a SB 7/06 R, BeckRS 2008, 53386; LSG Bln-Bbg 30.4.09 – L 11 SB 199/08, BeckRS 2009, 66412; LSG BaWü 13.12.12 – L 6 SB 4838/10, BeckRS 2013, 65672).

102 Der Nachteilsausgleich G berechtigt zur unentgeltlichen Beförderung im öffentlichen Personennahverkehr nach Maßgabe des § 145 SGB IX mit einer Eigenbeteiligung **oder** Ermäßigung der Kfz-Steuer um 50 vH (§ 145 Abs 1 Satz 6 SGB IX, § 3a Abs 2 KraftStG). Welche Beförderungsmittel dem Begriff „Personennahverkehr" unterfallen, ergibt sich aus § 147 Abs 1 SGB IX. Seit 1.9.11 können freifahrtberechtigte Schwerbehinderte alle **Nahverkehrszüge** der DB Regio AG und andere Eisenbahnverkehrsunternehmen **bundesweit** nutzen. Die bisherige räumliche Begrenzung (50 km im Umkreis des Wohnortes) hat die Deutsche Bahn aus Praktikabilitätsgründen aufgegeben. Die gesetzliche Regelung in § 147 Abs 1 Nr 5 SGB IX ist zum 1.1.12 entsprechend angepasst worden. Die Vergünstigungen in der Kfz-Versicherung nach Maßgabe der Versicherungstarife und Hilfen zum Erreichen des Arbeitsplatzes (einkommensabhängige Zuschüsse oder Darlehen zum Erwerb einer Fahrerlaubnis und/oder eines Kfz) werden durch die Integrationsämter gewährt. Die Eigenbeteiligung zur unentgeltlichen Beförderung im Personennahverkehr (pro Jahr 72 € nach Maßgabe von § 145 Abs 1 SGB IX) entfällt für Behinderte unter den besonderen Voraussetzungen des § 145 Abs 1 Satz 5 SGB IX (blind, hilfsbedürftig ua). Die Eigenbeteiligung entfällt auch für Leistungsbezieher nach SGB II/SGB XII. Der Nachteilsausgleich G berech-

tigt **nicht** zur Nutzung der besonders gekennzeichneten Schwerbehindertenparkplätze (Rollstuhlfahrersymbol). Parkerleichterungen können jedoch ggf durch die Straßenverkehrsbehörden nach § 46 Abs 1 Nr 11 StVO erteilt werden (*Dau* jurisPR-SozR 9/11 Anm 2; s auch Rz 109).

b) **Nachteilsausgleich aG** setzt eine außergewöhnliche Gehbehinderung voraus (§ 3 Abs 1 Nr 1 SchwbAwV iVm § 6 Abs 1 Nr 14 StVG). Außergewöhnlich gehbehindert ist, wer sich wegen der Schwere seines Leidens dauernd nur mit fremder Hilfe oder nur mit großer Anstrengung außerhalb seines Kfz bewegen kann. Hierzu zählen Querschnittsgelähmte, Doppeloberschenkelamputierte, Doppelunterschenkelamputierte, Hüftexartikulierte und einseitig Oberschenkelamputierte, die dauernd außerstande sind, ein Kunstbein zu tragen, oder nur eine Beckenkorbprothese tragen können oder zugleich unterschenkel- oder armamputiert sind, sowie andere behinderte Menschen, die, auch aufgrund von Erkrankungen, dem vorstehend aufgeführten Personenkreis gleichzustellen sind (BSG 27.2.02 – B 9 SB 9/01 R, BeckRS 2002, 30242962; BayLSG 27.5.10 – L 15 SB 155/07, BeckRS 2010, 72141; 20.3.12 – L 15 SB 66/11, BeckRS 2012, 70332; LSG BaWü 20.6.13 – L 6 SB 5053/12, BeckRS 2013, 71653). Der Nachteilsausgleich aG setzt nicht voraus, dass ein schwerbehinderter Mensch nahezu unfähig ist, sich fortzubewegen. Es reicht aus, wenn er selbst unter Einsatz orthopädischer Hilfsmittel praktisch von den ersten Schritten außerhalb seines Kfz an nur mit fremder Hilfe oder nur mit großer Anstrengung gehen kann (BSG 10.12.02 – B 9 SB 7/01 R, SozR 3–3250 § 69 Nr 1; 29.3.07 – B 9a SB 5/05 R, SGb 07, 352). 103

Der Nachteilsausgleich aG führt neben den Vergünstigungen des Nachteilsausgleichs G zur **Befreiung von der Kraftfahrzeugsteuer,** der Anerkennung aller Kraftfahrzeugkosten für Privatfahrten bis 15 000 km als außergewöhnliche Belastung neben dem Pauschbetrag nach § 33b Abs 3 EStG, zur teilweisen Befreiung von Halte- und Parkbeschränkungen im Straßenverkehr und zur Berechtigung, besonders gekennzeichnete Schwerbehindertenparkplätze in Anspruch nehmen zu können (s auch Rz 88). 104

c) **Nachteilsausgleich H** ist auf Antrag nach § 3 Abs 1 Nr 2 SchwbAwV im Ausweis eines behinderten Menschen einzutragen, wenn dieser infolge der Behinderungen für die gewöhnlichen und regelmäßig wiederkehrenden Verrichtungen im Ablauf des täglichen Lebens in erheblichem Umfang dauernd fremder Hilfe bedarf (§ 33b Abs 6 EStG). Der Umfang der notwendigen Hilfe ist nur erheblich, wenn sie für zahlreiche Verrichtungen (An- und Auskleiden, Nahrungsaufnahme, Körperpflege, Toilettenbenutzung) erforderlich ist, nicht wenn der Behinderte nur für einzelne Verrichtungen fremder Hilfe bedarf. Insgesamt muss für die Hilfe bei den genannten Verrichtungen mindestens ein Zeitaufwand von zwei Stunden täglich erforderlich sein, nur in besonders ungünstig gelagerten Fällen kann auch ein zeitlich geringerer Hilfebedarf ausreichen (BSG 12.2.03 – B 9 SB 1/02 R, SozR 4–3250 § 69 Nr 1; BayLSG 23.2.10 – L 15 SB 124/07, BeckRS 2010, 69434). 105

Der Nachteilsausgleich H berechtigt zur unentgeltlichen Beförderung im öffentlichen Personennahverkehr (bundesweit) ohne Eigenbeteiligung und zur Berücksichtigung eines Pauschbetrages als außergewöhnliche Belastung (§ 33b Abs 3 EStG). Er berechtigt ferner zur **Befreiung von der Kraftfahrzeugsteuer** und zum Beitragsnachlass in der Kfz-Versicherung. Zum Verhältnis Sozialrecht und Steuerrecht in Zusammenhang mit dem Nachteilsausgleich H vgl *Kube* Komplementarität und Eigenständigkeit – Zum Verhältnis zwischen Steuerrecht und Sozialrecht am Beispiel von § 33b Abs 6 EStG, NZS 04, 458.

d) **Nachteilsausgleich GL** setzt Gehörlosigkeit voraus und berechtigt zur unentgeltlichen Beförderung im Personennahverkehr mit Eigenbeteiligung bzw Ermäßigung der Kfz-Steuer (§ 145 Abs 1 Satz 1 SGB IX, § 3a Abs 2 KraftStG). 106

e) **Weitere Nachteilsausgleiche.** Neben den genannten Nachteilsausgleichen sind für bestimmte Gruppen von Behinderten weitere Vergünstigungen vorgesehen. **Blinde** Schwerbehinderte **(Nachteilsausgleich BL)** sind als Unternehmer von der Entrichtung der Umsatzsteuer befreit, wenn nicht mehr als zwei ArbN beschäftigt werden (§ 4 Nr 19 UStG). Wer die Voraussetzungen des Nachteilsausgleichs G erfüllt und bei der Benutzung von öffentlichen Verkehrsmitteln infolge seiner Behinderung zur Vermeidung von Gefahren für sich oder andere regelmäßig auf fremde Hilfe angewiesen ist **(Nachteilsausgleich B),** hat nach §§ 145 Abs 2 Nr 1, 146 Abs 2 SGB IX Anspruch auf unentgeltliche Beförderung auch der Begleitperson im öffentlichen Personenverkehr (auch Fernverkehr iSv § 147 Abs 2 107

93 Beihilfeleistungen

SGB IX). Für bestimmte Behinderte (etwa Gehörlose oder Behinderte mit besonders beeinträchtigenden Behinderungskombinationen) sind weitere Nachteilsausgleiche vorgesehen.

108 **f)** Der **Nachteilsausgleich RF** berechtigt zur Ermäßigung des Fernseh-/Rundfunkbeitrags auf ein Drittel. Der Antrag ist beim ARD-ZDF-Deutschlandradio-Beitragsservice zu stellen, nachdem das Integrationsamt die gesundheitlichen Voraussetzungen des Nachteilsausgleichs RF anerkannt hat. Voraussetzung ist, dass der Behinderte aufgrund seines Leidens an öffentlichen Veranstaltungen ständig nicht teilnehmen kann. Die Rspr legt an diese Voraussetzung einen strengen Maßstab an (LSG Nds-Bremen 28.9.10 – L 11 SB 42/08; BeckRS 2010, 75199 (Konzentrations- oder Kommunikationsstörungen reichen grds nicht aus); LSG BaWü 9.5.11 – L 8 SB 2294/10, BeckRS 2011, 72498; LSG BaWü 9.8.11 – L 8 SB 5408/08, BeckRS 2011, 77283; differenzierend: LSG Bln-Bbg 30.4.09 – L 11 SB 348/08, BeckRS 2009, 67274). Darüber hinaus ist grds ein GdB von 80 erforderlich, für Seh- oder Hörbehinderte gelten Sondervorschriften (BSG 16.2.12 – B 9 SB 2/11 R, SozR 4–3250 § 69 Nr. 14). Der Nachteilsausgleich RF kann nicht rückwirkend zuerkannt werden (LSG Hess 22.10.08 – L 4 SB 33/07, BeckRS 2009, 64745).

109 **g) Parkerleichterungen.** Behinderte mit einer **Conterganschädigung** oder vergleichbaren Funktionseinschränkungen können die Berechtigung erhalten, auf Behindertenparkplätzen zu parken (§ 41 Abs 2 Nr 8 Satz 5 StVO idF der 45. Verordnung zur Änderung straßenverkehrsrechtlicher Vorschriften v 26.3.09 (BGBl I 09, 734)).

Parkerleichterungen können darüber hinaus in Anspruch nehmen
- Schwerbehinderte mit den Merkzeichen G und B und einem GdB von wenigstens 80 allein für Funktionsstörungen an den unteren Gliedmaßen (und der Lendenwirbelsäule, soweit sich diese auf das Gehvermögen auswirken).
- Schwerbehinderte mit den Merkzeichen G und B und einem GdB von wenigstens 70 allein für Funktionsstörungen an den unteren Gliedmaßen (und der Lendenwirbelsäule, soweit sich diese auf das Gehvermögen auswirken) und gleichzeitig einen GdB von wenigstens 50 für Funktionsstörungen des Herzens oder der Atmungsorgane.
- Schwerbehinderte, die an Morbus Crohn oder Colitis ulcerosa erkrankt sind, wenn hierfür ein GdB von wenigstens 60 vorliegt.
- Schwerbehinderte Menschen mit künstlichem Darmausgang und zugleich künstlicher Harnableitung, wenn hierfür ein GdB von wenigstens 70 vorliegt.

Für die Vergabe der Ausnahmegenehmigungen sind die Straßenverkehrsbehörden der Länder zuständig. S auch Rz 102, 103.

110 **6. Beschäftigungspflicht und Ausgleichsabgabe.** Private und öffentliche ArbGeb mit mindestens 20 Arbeitsplätzen sind verpflichtet Schwerbehinderte zu beschäftigen (§ 71 Abs 1 SGB IX). Wird die Pflichtquote des § 71 Abs 2 SGB IX nicht erreicht, ist eine Ausgleichsabgabe zu entrichten (§ 77 SGB IX). Vgl *Kossens/Wollschläger* Gesetz zur Förderung der Ausbildung und Beschäftigung schwerbehinderter Menschen, ZfS/SGB 04, 346. Einzelheiten s oben Rz 17 ff.

Beihilfeleistungen

A. Arbeitsrecht
Griese

1 Als zusätzliche Vergütungsbestandteile kann der ArbGeb an seine ArbN oder deren Angehörige zu bestimmten Anlässen oder Gegebenheiten Beihilfen gewähren. Dazu gehören Sozialbeihilfen wie Heirats- und Geburtsbeihilfen, kinderbezogene Leistungen (s auch *Kindervergünstigungen*), das *Sterbegeld,* Ausbildungsbeihilfen (vgl *Ausbildungskosten*), Mietbeihilfen oder Beihilfen in speziellen Notsituationen. Ein Anspruch kann sich nur aus Tarifvertrag, Betriebsvereinbarung, gesamt- oder einzelvertraglicher Regelung oder dem Gleichbehandlungsgrundsatz ergeben. Gegen den Gleichbehandlungsgrundsatz verstößt zB § 29 Abschn B Abs 3 BAT-O, weil diese Bestimmung ArbNn, die Kinder ihres eingetragenen Lebenspartners in ihren Haushalt aufgenommen hatten, den Anspruch auf den kinderbezogenen Entgeltbestandteil im Ortszuschlag verwehrte, während verheiratete ArbN, die das Kind ihres Ehepartners aufnahmen, den Zuschlag erhielten (BAG 18.3.10 – 6 AZR 156/09).

Beihilfeleistungen 93

Da Beihilfen grds zum Entgelt gehören, greift das **Mitbestimmungsrecht** nach § 87 **2**
Abs 1 Nr 10 BetrVG (Näheres: *Entgeltzahlungsformen*). Heirats- und Geburtsbeihilfen sind
nach § 850a Nr 5 ZPO ohne Rücksicht auf die Höhe **unpfändbar**, es sei denn, dass die
Forderung, wegen der vollstreckt wird, aus Anlass der Heirat oder Geburt entstanden ist.

B. Lohnsteuerrecht
Seidel

1. Allgemeines. Beihilfen und Unterstützungen des privaten ArbGeb an ArbN, die dazu **3**
dienen, die ArbN von Aufwendungen zu entlasten, gehören grds zum stpfl Arbeitslohn,
unabhängig davon, ob sie in Form einmaliger oder wiederkehrender Zuwendungen, als
Geld- oder Sachleistungen gewährt werden (*HMW*/Beihilfen Rz 1). Steuerfreiheit kommt
nur im Rahmen von LStR 3.11 Abs 2 in Betracht (s unten Rz 7 Notstandsbeihilfen).
Dagegen sind Beihilfen, die aus öffentlichen Mitteln geleistet werden weitgehend steuerfrei,
auch wenn sie im öffentlichen Dienst aus dem Verhältnis ArbGeb–ArbN heraus gezahlt
werden (s unten Rz 9). Diese Ungleichbehandlung von Beihilfen im öffentlichen und im
privaten Dienst hält das BVerfG vor allem im Hinblick auf die Prüfungsvorkehrungen im
öffentlichen Bereich für sachlich gerechtfertigt und daher mit dem GG für vereinbar (BVerfG
19.2.91, BVerfGE 83, 395; FR 91, 415; *Littmann/Handzik* § 3 Rz 371).

2. Beihilfen aus privaten Mitteln. Werden Beihilfen von privaten ArbGeb an ihre **4**
ArbN gezahlt, gehören sie grds zum stpfl Arbeitslohn. LStR 3.11 Abs 2 lässt sie aber dann
steuerfrei, wenn die Unterstützungen dem Anlass nach gerechtfertigt sind, zB in Krankheits-
und Unglücksfällen (s unten Rz 7 Notstandsbeihilfen).

ABC der privaten Beihilfen: **5**
Ausbildungsbeihilfen von ArbGeb sind stpfl Arbeitslohn (s auch *Ausbildungsverhältnis* Rz 86, *Berufsausbildungsförderung* Rz 4; öffentliche s unten Rz 10).
Bekleidungszuschüsse und
Einkleidungsbeihilfen s *Arbeitskleidung* Rz 24, 25.
Erholungsbeihilfen gehören zum stpfl Arbeitslohn, soweit sie nicht ausnahmsweise als Unterstützungen (s unten Notstandsbeihilfen) anzusehen sind. Das gilt auch dann, wenn sie von einem Dritten gewährt werden und eine ausreichende Beziehung zwischen dem Dritten und dem ArbGeb es rechtfertigt, die Zahlung des Dritten als Arbeitslohn zu behandeln (LStH 3.11 mwN). Es besteht die Möglichkeit der Pauschalierung (§ 40 Abs 2 Nr 3 EStG; Näheres s *Lohnsteuerpauschalierung* Rz 34, 35.
Essensgeldzuschüsse (Essensmarken) s *Essenszuschuss* Rz 7 ff und *Lohnsteuerpauschalierung* Rz 30–32. **6**
Fahrtkostenzuschuss s *Arbeitnehmerbeförderung* Rz 13–14.
Ferienbeihilfen sind sowohl in Form von Bargeld als auch als kostenlose oder verbilligte Unterbringung in Erholungsheimen stpfl (Bewertung s LStH 8.1 (5–6) Erholungsheim).
Geburtsbeihilfen und
Heiratsbeihilfen sind seit 2006 nicht mehr steuerfrei.
Kindergartenzuschuss s *Betriebskindergarten* Rz 3 ff.
Krankengeldzuschuss s *Krankengeldzuschuss* Rz 2. Im Krankheitsfall an nichtbeamtete Versorgungsempfänger gezahlte Beihilfen stellen Bezüge aus früheren Dienstleistungen dar (§ 19 Abs 2 Satz 2 Nr 2 EStG; BFH 6.2.13 VI R 28/11, BStBl II 13, 572).
Mietbeihilfen sind stpfl Arbeitslohn (s aber *Umzugskosten* Rz 13, 14, 24).
Notstandsbeihilfen sind im Rahmen von LStR 3.11 Abs 2 unter der Voraussetzung steuerfrei, dass **7**
die Unterstützungen (1) aus einer mit eigenen Mitteln des ArbGeb geschaffenen, aber von ihm
unabhängigen und mit ausreichender Selbstständigkeit ausgestatteten Einrichtung, zB Unterstützungskasse, Hilfskasse für Fälle der Not und Arbeitslosigkeit gezahlt werden oder (2) aus Beträgen gezahlt
werden, die der ArbGeb dem BRat oder sonstigen Vertretern der ArbN zu dem Zweck überweist, aus
diesen Beträgen Unterstützungen an die ArbN ohne maßgeblichen Einfluss des ArbGeb zu gewähren
oder (3) vom ArbGeb selbst nach Anhörung des BRat oder sonstiger Vertreter der ArbN gewährt und
nach einheitlichen Grundsätzen bewilligt werden, denen die ArbNVertreter zugestimmt haben
(LStR 3.11 Abs 2 Nr 1–3). Beschäftigt der ArbGeb **weniger als fünf ArbN** brauchen diese Voraussetzungen nicht vorliegen. Die gewährten Unterstützungen sind bis zu 600 € je ArbN steuerfrei. Übersteigende Beträge sind aber auch dann steuerfrei, wenn sie aus Anlass eines – die Einkommensverhältnisse und den Familienstand des ArbN berücksichtigenden – besonderen Notfalls gegeben werden;
drohende oder bereits eingetretene Arbeitslosigkeit begründet für sich keinen besonderen Notfall in
diesem Sinn (LStR 3.11 Abs 2 Sätze 3–6). Der ArbGeb sollte in Zweifelsfällen Auskunft vom FA
einholen (s *Anrufungsauskunft* Rz 5 ff). Für diese Verwaltungsregelung ist eine eindeutige Rechtsgrundlage nicht erkennbar, sie wurde jedoch vom BVerfG nicht beanstandet (BVerfG 19.2.91, BVerfGE 83,
395; FR 91, 415; *Littmann/Handzik* § 3 Rz 386). Steuerfrei sind auch Beihilfen des ArbGeb zur
Aufrechterhaltung und Erfüllung eines Beihilfeanspruchs nach beamtenrechtlichen Vorschriften (s unten

93 Beihilfeleistungen

Rz 12) sowie zum Ausgleich von Beihilfeaufwendungen früherer ArbGeb im Falle der Beurlaubung oder Gestellung von ArbN oder des Übergangs des öffentlich-rechtlichen Dienstverhältnisses auf den privaten ArbGeb, wenn Versicherungsfreiheit in der gesetzlichen KV nach § 6 Abs 1 Nr 2 SGB V besteht (LStR 3.11 Abs 2 Satz 7; *Krankenversicherungspflicht* Rz 20). Drohende oder bereits eingetretene Arbeitslosigkeit begründet für sich keinen Notfall iSd § 3 Nr 11 EStG (LStR 3.11 Abs 2 Satz 6).

8 **Sterbegeld** s *Sterbegeld* Rz 4–11.
Streikunterstützung s *Arbeitskampf (Vergütung)* Rz 24 ff.
Studienbeihilfen s oben Ausbildungsbeihilfen Rz 5.
Übergangsbeihilfen des privaten ArbGeb sind Arbeitslohn (s aber *Übergangsgeld/Überbrückungsgeld* Rz 8 ff). Zu Übergangsbeihilfen und -geldern aufgrund gesetzlicher Vorschriften s unten Rz 15.
Unterstützungskassenleistungen sind stpfl, soweit es sich nicht um eine der vorstehend genannten steuerfreien Beihilfen handelt (s insbesondere oben Notstandsbeihilfen).

9 **3. Beihilfen aus öffentlichen Mitteln** sind idR steuerfrei. Dies gilt insbesondere für Beihilfen des Bundes, der Länder, Gemeinden, Gemeindeverbände und sonstiger öffentlich-rechtlicher Körperschaften oder aus Mitteln einer öffentlichen Stiftung, die wegen Hilfsbedürftigkeit oder als Beihilfe für Zwecke der Erziehung, Ausbildung, Forschung, Wissenschaft oder Kunst gewährt werden (§ 3 Nr 11 und 44 EStG).

10 **ABC der Beihilfen aus öffentlichen Mitteln:**
Arbeitslosengeld s *Arbeitslosengeld* Rz 4–10.
Arbeitslosengeld II s *Arbeitslosengeld II* Rz 5, 6.
Ausbildungsbeihilfen aus öffentlichen Mitteln sind nach § 3 Nr 11 EStG steuerfrei. Dazu gehören Leistungen nach dem Bundesausbildungsförderungsgesetz (BAföG), des Bundespolizeibeamtengesetzes und der entsprechenden Leistungen der Beamtengesetze der Länder (s auch *Berufsausbildungsförderung* Rz 5). Dagegen sind die Unterhaltszuschüsse an Beamte im Vorbereitungsdienst (Anwärter, Referendare) nicht steuerfrei. Unter § 3 Nr 11 EStG fallen auch nicht nachträgliche Zahlungen bei Eintritt in das Dienstverhältnis oder Beihilfen zur Fertigung einer Habilitationsschrift, da diese der Fortbildung dient (EStH 12).
Berufsausbildungsbeihilfen nach §§ 56 ff SGB III sind nach § 3 Nr 2 EStG steuerfrei (s auch *Berufsausbildungsförderung* Rz 4).

11 **Blockbeschulung.** Die nach landesrechtlichen Vorschriften gewährten Zuschüsse an Auszubildende, die infolge der Blockbeschulung auswärts wohnen, sind nach § 3 Nr 11 EStG steuerfrei (HMW/ Beihilfen Rz 26).
Elterngeld s *Elterngeld* Rz 6, 7.
Erziehungsbeihilfen aus öffentlichen Mitteln sind nach § 3 Nr 11 EStG steuerfrei (s auch oben Ausbildungsbeihilfen Rz 10).
Essensgeldzuschüsse (Essenmarken) s oben Rz 6.
Flüchtlingsbeihilfen nach § 3 Nr 7 EStG steuerfrei.
Forschung s unten Stipendien.

12 **Hilfsbedürftigkeit.** Hilfsbedürftig sind Personen, die infolge ihres körperlichen, geistigen oder seelischen Zustandes oder ihrer wirtschaftlichen Lage auf die Hilfe anderer angewiesen sind (§ 53 Satz 1 Nr 1 AO). Daher sind **Leistungen nach dem SGB XII** (früher Bundessozialhilfegesetz) sowie **Zuschüsse des Jugendamts für Pflegeeltern** nach § 3 Nr 11 EStG steuerfrei (EStH 3.11), nicht aber, wenn der Zuschuss direkt an die Tagesmutter ausgezahlt wird (FG RhPf 5.12.02 – 4 K 2835/01, DStRE 03, 769). Unter diese Vorschrift fallen **Beihilfen** an Beamte und Richter in Krankheits-, Geburts- oder Todesfällen nach den **Beihilfevorschriften** des Bundes oder der Länder sowie Unterstützungen in besonderen Notfällen auch dann, wenn die genannten Beihilfen an ArbN von Körperschaften, Anstalten oder Stiftungen des öffentlichen Rechts aufgrund von Beihilfevorschriften bzw -grundsätzen oder Unterstützungsvorschriften bzw -grundsätzen des Bundes oder der Länder oder aufgrund von entsprechenden Regelungen geleistet werden (LStR 3.11 Abs 1 Nr 1 und 2). Beihilfen und Unterstützungen an ArbN von Verwaltungen, **Unternehmen** und Betrieben, die sich **überwiegend in öffentlicher Hand** befinden, sind steuerfrei, wenn (a) die Verwaltungen, Unternehmen und Betriebe einer staatlichen oder kommunalen Aufsicht und Prüfung ihrer Finanzgebahrung bzgl der Entlohnung und der Gewährung von Beihilfe unterliegen und (b) die Entlohnung sowie die Gewährung von Beihilfen und Unterstützungen ausschließlich nach den für ArbN des öffentlichen Dienstes geltenden Vorschriften und Vereinbarungen geregelt sind (LStR 3.11 Abs 1 Nr 3). Befinden sich die Unternehmen **nicht überwiegend in öffentlicher Hand,** zB staatlich anerkannte Privatschulen, so sind die Beihilfen und Unterstützungen steuerfrei, wenn (a) hinsichtlich Entlohnung, Reisekostenvergütung und Gewährung von Beihilfen nach den für den öffentlichen Dienst geltenden Regelungen verfahren wird, (b) die für Bundes- oder Landesverwaltung maßgeblichen Vorschriften über die Haushalts-, Kassen- und Rechnungsführung beachtet werden und (c) das Unternehmen der Prüfung durch den Bundes- oder Landesrechnungshof unterliegt (LStR 3.11 Abs 1 Nr 4). Liegen diese Voraussetzungen nicht vor, kann trotzdem eine Steuerfreiheit der Beihilfen in Betracht kommen, soweit die Mittel aus einem öffentlichen Haushalt stammen

und ihre Verwendung einer gesetzlich geregelten Kontrolle unterliegt (LStH 3.11; BFH 15.11.83, BStBl II 84, 113; s auch BFH 18.5.04 – VI R 128/99, BFH/NV 05, 22 zum Umfang der steuerfreien Auszahlung von Beihilfen in Krankheitsfällen an ArbN eines teilweise mit öffentlichen Mitteln finanzierten Vereins). Beihilfen an Mitarbeiter einer GmbH, deren Alleingesellschafter eine Körperschaft des öffentlichen Rechts ist, sind nicht steuerfrei (FG Münster 28.2.96, EFG 96, 687). Beitragsnachlässe einer gesetzlichen Krankenkasse gegenüber ihren DO-Angestellten fallen nicht unter § 3 Nr 11 EStG (BFH 28.10.04 – VI B 176/03, BFH/NV 05, 205; DStRE 05, 142).

Kinderbeihilfen und Kinderzuschläge aufgrund der Besoldungsgesetze, besonderer Tarife oder **13** ähnlicher Vorschriften sind nicht steuerfrei (§ 3 Nr 11 Satz 2 EStG).

Kindergeld s *Kindergeld* Rz 4 ff.

Kunst. Beihilfen aus öffentlichen Mitteln zur Förderung von Wissenschaft oder Kunst sind nach § 3 Nr 11 EStG steuerfrei, wenn sie unmittelbar diesem Zweck dienen, zB für Sachaufwand an Forschungsmitteln, Apparaten, Büchern, Miete, Reisekosten, Stoffe sowie zur Bezahlung von Hilfskräften. Darin enthaltene Beträge zur Deckung des Lebensbedarfs sind auszusondern (BFH 27.4.06 – IV R 41/04, BStBl II 06, 755; s auch *Schmidt/Heinicke* § 3 ABC: Förderung der Kunst und Wissenschaft); s auch unten Stipendien.

Mobilitätsbeihilfen nach §§ 54 ff SGB III sind gem § 3 Nr 2 EStG steuerfrei.

Mutterschaftsgeld s *Mutterschaftsgeld* Rz 3 ff.

Pflegesätze, die für die Unterbringung von Kindern in einem **Kinderhaus** gezahlt werden, sind keine Beihilfen iSd § 3 Nr 11 EStG (BFH 23.9.98 – XI R 11/98, BStBl II 99, 133). Dies gilt auch für Pflegeentgelte aus öffentlichen Mitteln, die für die Betreuung geistig behinderter Jugendlicher gezahlt werden (FG NdS 30.9.02 – 1 K 56/98, EFG 03, 287); s aber *Behinderte* Rz 78.

Sozialhilfeleistungen sind nach § 3 Nr 11 EStG steuerfrei (s oben Hilfsbedürftigkeit). § 3 Nr 11 EStG ist ab 1.1.09 jedoch nicht mehr anwendbar auf laufende Geldleistungen, die eine Tagespflegeperson nach § 23 SGB VIII erhält (BMF 20.5.09 – IV C 6 – S 2246/07/10 002; Dok 2009/0 327 067, BStBl I 09, 642).

Stipendien zur unmittelbaren Förderung der Forschung sind nach § 3 Nr 44 EStG steuerfrei, soweit **14** sie auf die persönliche Lebensführung des Empfängers entfallen (BFH 20.3.03 – IV R 15/01, BStBl II 04, 190; s auch EStR 3.44),Stipendien zur Förderung der wissenschaftlichen oder künstlerischen Ausbildung in vollem Umfang, vorausgesetzt, sie werden unmittelbar aus öffentlichen Mitteln oder von zwischenstaatlichen oder überstaatlichen Einrichtungen, denen die Bundesrepublik als Mitglied angehört, gewährt oder es handelt sich um Stipendien von einer Einrichtung, die von einer Körperschaft des öffentlichen Rechts errichtet ist oder verwaltet wird, oder sie werden von einer Körperschaft, Personenvereinigung oder Vermögensmasse iSd § 5 Abs 1 Nr 9 KStG gegeben. Der Empfänger darf im Zusammenhang mit dem Stipendium nicht zu einer bestimmten wissenschaftlichen oder künstlerischen Gegenleistung oder bestimmten ArbNTätigkeit verpflichtet sein (§ 3 Nr 44b EStG).

Studienbeihilfen s oben Ausbildungsbeihilfen Rz 10 und Stipendien. **15**

Übergangsbeihilfen bzw **Übergangsgelder** nach §§ 12, 13, 37 SoldatenversorgungsG sowie das Entlassungsgeld aufgrund des G zu Art 131 GG sind nach § 3 Nr 10 EStG aF bis 10 800 € bei Zeitsoldaten weiterhin steuerfrei, wenn das Dienstverhältnis vor dem 1.1.06 begründet worden ist (§ 52 Abs 4a Satz 3 EStG). Zum stpfl Arbeitslohn gehören dagegen die Übergangsgebührnisse und Ausgleichsbeträge nach §§ 11 und 11a SoldatenG, das Übergangsgeld beim Ausscheiden der auf Zeit berufenen Wahlbeamten sowie das Übergangsgeld für ausscheidende Bundes- und Landesminister (s Vorauflage). Nach § 3 Nr 1c EStG sind Übergangsgelder an Rentenempfänger, nach § 3 Nr 3 solche nach § 48 BeamtenversorgungsG, nach § 3 Nr 60 EStG Übergangsbeihilfen für entlassene ArbN in der Eisen- und Stahlindustrie steuerfrei (s auch *Übergangsgeld/Überbrückungsgeld* Rz 8 ff).

Waisenbeihilfe aus der gesetzlichen UV (s unten Rz 21, 22) ist gem § 3 Nr 1a EStG steuerfrei. **16**

Wissenschaft s oben Kunst und Stipendien Rz 13, 14.

Witwenbeihilfe aus der gesetzlichen UV (s unten Rz 20, 22) ist gem § 3 Nr 1a EStG steuerfrei.

C. Sozialversicherungsrecht
Schlegel

1. Beitragspflichtiges Arbeitsentgelt sind Beihilfeleistungen des ArbGeb, die zusätzlich **17** zum Lohn/Gehalt gewährt werden, wenn und soweit die Beihilfeleistungen der LStPflicht unterliegen. Negativ formuliert: Nicht dem (beitragspflichtigen) Arbeitsentgelt in der SozV und der ArblV zuzurechnen sind Beihilfeleistungen dann, wenn und soweit sie lohnsteuerfrei sind.

a) Heirats- und Geburtsbeihilfen sind seit Aufhebung des § 3 Nr 15 EStG nicht mehr **18** lohnsteuerfrei und damit in dieser Höhe seither beitragspflichtiges Arbeitsentgelt iSd § 14 SGB IV.

b) Erholungsbeihilfen, die der ArbGeb seinen ArbN in einer größeren Zahl von Fällen **19** gewährt, sind gem § 1 Abs 1 Nr 3 SvEV nicht dem Arbeitsentgelt zuzurechnen, wenn die nach § 40 Abs 2 Nr 3 EStG zulässige Pauschalbesteuerung vom ArbGeb durchgeführt wird.

94 Beitragsbemessungsgrenzen

20 **2. Sozialrechtliche Beihilfen** sind die Witwen- und Waisenbeihilfe in der gesetzlichen UV.
a) Witwenbeihilfe iHv 40 vH des JAV erhalten die Witwe oder der Witwer eines Schwerverletzten (MdE 50 vH und mehr) als einmalige Zuwendung, wenn sie keinen Anspruch auf Witwenrente aus der UV hat, weil der Tod des Schwerverletzten nicht Folge eines Arbeitsunfalles war (§ 71 Abs 1 SGB VII).

21 **b) Waisenbeihilfe** wird einmalig entsprechend § 71 Abs 1 und 2 SGB VII gezahlt, wenn zur Zeit des Todes des Schwerverletzten eine Witwe oder ein Witwer nicht vorhanden ist, die Vollwaise mit dem verstorbenen Elternteil in häuslicher Gemeinschaft gelebt hat und von diesem überwiegend unterhalten worden ist. Bei mehreren Waisen ist die Waisenbeihilfe gleichmäßig zu verteilen (§ 71 Abs 3 SGB VII). Hintergrund der Witwen- und Waisenbeihilfe ist, dass Schwerverletzte wegen des geminderten Verdienstes nach der gesetzlichen Vorstellung oft nicht so wie Gesunde für den Todesfall Vorsorge treffen können; dies soll durch die Beihilfeleistungen ausgeglichen werden.

22 **c) Laufende Witwen- und Waisenbeihilfe** kann an Stelle der einmaligen Beihilfe nach § 71 Abs 1 bis 3 SGB VII gewährt werden, wenn der Verletzte, der länger als zehn Jahre eine Rente aus der gesetzlichen UV nach einer MdE um 80 vH oder mehr bezogen hat, nicht an den Folgen eines Arbeitsunfalles gestorben ist und wenn dadurch die Versorgung der Hinterbliebenen um mindestens 10 vH gemindert ist (vgl § 71 Abs 4 SGB VII).

Beitragsbemessungsgrenzen

A. Arbeitsrecht *Griese*

1 Der ArbGeb ist für die Berechnung und Abführung des GesamtSozVBeitrages nach § 28e SGB IV verantwortlich (BAG 16.6.04 – 5 AZR 521/03, NZA 04, 1274). Er hat dabei die Beitragsbemessungsgrenzen (zum Begriff und Einzelheiten s unten Rz 5) zu beachten.
Der ArbGeb haftet insoweit nicht nur der zuständigen Krankenkasse als Einzugsstelle des SozVBeitrags (§ 28h Abs 1 SGB IV) für die korrekte Beachtung der Beitragsbemessungsgrenzen; er haftet ebenso gegenüber dem ArbN. Wird daher ein ArbN durch fehlerhafte Anwendung der Beitragsbemessungsgrenzen geschädigt, etwa durch Abführung von zu niedrigen Beitragsanteilen zur RV und erleidet er dadurch einen entsprechenden, nicht reparablen Versorgungsschaden, so ist der ArbGeb dem ArbN wegen **Pflichtverletzung** gem § 280 BGB **schadensersatzpflichtig** (s *Sozialversicherungsbeiträge* Rz 5 ff; s auch BAG 30.4.08 – 5 AZR 725/07, NZA 08, 884). Dabei ist von einem Verschulden des ArbGeb regelmäßig auszugehen, da für den ArbGeb die Pflicht besteht, sich bzw die damit im Unternehmen beauftragten Mitarbeiter mit den Bestimmungen des SozVRechts umfassend vertraut zu machen. In Zweifelsfällen besteht für den ArbGeb die Möglichkeit, eine **Auskunft der Einzugsstelle** (Krankenkasse) nach § 28h Abs 2 SGB IV iVm § 15 Abs 1 u 2 SGB I einzuholen. Der ArbGeb wird einen Fahrlässigkeitsvorwurf am besten vermeiden können, wenn er darlegen und beweisen kann, dass er eine solche Auskunft eingeholt und befolgt hat (BAG 11.10.89 – 5 AZR 585/88, NZA 90, 309).

2 Wird ein ArbN dadurch geschädigt, dass der ArbGeb durch fehlerhafte Anwendung der Beitragsbemessungsgrenzen zu hohe Beiträge zur SozV abführt, kann der ArbN den ihm zu viel abgezogenen Beitragsanteil im Wege der Nettolohnklage verlangen (s *Sozialversicherungsbeiträge* Rz 3 ff). Schadensersatzansprüche des ArbN können durch ein **Mitverschulden** des ArbN nach § 254 BGB gemindert oder ausgeschlossen sein. Eine außerplanmäßige Erhöhung der Beitragsbemessungsgrenze durch den Gesetzgeber führt nicht zu einer Regelungslücke bei einer auf der Beitragsbemessungsgrenze basierenden Versorgungsordnung, in extremen Fällen kann eine Anpassung wegen Störung der Geschäftsgrundlage nach § 313 BGB in Betracht kommen (BAG 23.4.13 – 3 AZR 475/11, NZA 13, 1275).

B. Lohnsteuerrecht *Seidel*

3 **1. Bedeutung.** Eine eigenständige Bedeutung kommt den Beitragsbemessungsgrenzen der SozV im Steuerrecht nicht mehr zu. Zur Auswirkung bei der LStBescheinigung s *Lohnsteuerbescheinigung* Rz 23.

2. Schadensersatzleistungen wegen eines **Versorgungsschadens** aufgrund fehlerhafter Anwendung der Beitragsbemessungsgrenze in der RV (s oben Rz 2 sowie *Sozialversicherungsbeiträge* Rz 7) erhöhen nach Eintritt des Rentenfalls die von der gesetzlichen RV zu leistende Rente. Diese Leistungen unterliegen mE wie die Rente aus der gesetzlichen RV der Besteuerung beim ArbN (Rentner) und nicht der LSt (§§ 24 Nr 1a, 22 Nr 1 Satz 3a) aa) EStG; s auch *Altersrente* Rz 8 ff). Zur Nachholung bei zu niedrig abgeführten Beiträgen, wenn diese dem ArbN nicht mehr nachbelastet werden können s *Sozialversicherungsbeiträge* Rz 19, 20.

C. Sozialversicherungsrecht
Schlegel

I. Versicherungspflicht- und Beitragsbemessungsgrenzen. 1. Renten- und Arbeitslosenversicherung. In der RV und ArblV gibt es **keine Versicherungspflichtgrenze**. Vielmehr sind in der RV und ArblV abhängig Beschäftigte auch dann versicherungspflichtig, wenn sie ein sehr hohes Arbeitsentgelt beziehen. Allerdings werden auch in der RV und ArblV Beiträge aus dem Arbeitsentgelt (vgl §§ 159, 162 Nr 1 SGB VI, § 342 SGB III jeweils iVm § 14 SGB IV) nur bis zur **Beitragsbemessungsgrenze** erhoben. Das Arbeitsentgelt ist nur bis zu dieser Grenze versichert und Bemessungsgrundlage für etwaige Leistungen.

Die Beitragsbemessungsgrenze ist in der RV und ArblV gleich hoch (§§ 159, 161 Abs 2 SGB VI, § 341 SGB III). Bis Ende 02 lag sie mit 4500 €/Monat etwa beim 1,8-fachen des Durchschnittsverdienstes der ArbN. Ab 03 wurde die Beitragsbemessungsgrenze vom Gesetzgeber wegen der Finanznöte der RV und ArblV durch das BeitragssatzsicherungsG vom 23.12.02 (BGBl I 02, 4637, dazu BT-Drs 15/28) auf etwa das 2-fache des Durchschnittsverdienstes der ArbN stark angehoben. Zu den aktuellen Beitragsbemessungsgrenzen s Rz 21 f.

2. Krankenversicherung. a) Allgemeines. In der KV und PflegeV gibt es sowohl eine Versicherungspflichtgrenze, die sog Jahresarbeitsentgeltgrenze (JAEGrenze, dazu unter b), als auch eine Beitragsbemessungsgrenze (dazu unter c). Bis Ende 2002 waren beide Grenzen gleich hoch; seit 1.1.03 gilt dies nur noch für Versicherte, die Bestandsschutz genießen.

b) Jahresarbeitsentgeltgrenze. aa) Versicherungspflicht- und Friedensgrenze. Die Geringfügigkeitsgrenze (§ 7 SGB V iVm § 8 SGB IV) bildet für abhängig Beschäftigte die „Untergrenze" oder den „Schwellenwert" zur Versicherungspflicht, die **Jahresarbeitsentgeltgrenze** (JAEGrenze) jedoch – anders als bei der RV – und ArblV – auch eine Obergrenze der Versicherungspflicht. Nach § 6 Abs 1 Nr 1 SGB V sind ArbN versicherungsfrei, wenn ihr **regelmäßiges Jahresarbeitsentgelt** (dazu *Jahresarbeitsentgelt*) die JAEGrenze übersteigt.

Die JAEGrenze ist damit derjenige Wert, bei dem nach den Vorstellungen des Gesetzgebers der Versicherungszwang in der KV enden soll. In der Praxis verläuft hier die **„Friedensgrenze"** zwischen gesetzlicher und privater Krankenversicherung (PKV). Wer die JAEGrenze überschreitet, kann zwischen der privaten KV in der PKV und einer freiwilligen Mitgliedschaft in der gesetzlichen KV (GKV) wählen.

bb) Regelung bis Ende 2002. Bis Ende 2002 war die JAEGrenze einheitlich für alle abhängig Beschäftigten gleich hoch wie die für die KV geltende Beitragsbemessungsgrenze. Sie betrug 75 vH der Beitragsbemessungsgrenze der RV der Arbeiter und Angestellten.

cc) Regelung seit 1.1.2003 für Versicherte mit Bestandsschutz. Ab 2003 wurde die BBG in der RV von 4500 €/Monat auf zunächst 5100 €/Monat angehoben. Dieser Anstieg hätte bei vielen ArbN, die in der KV bisher wegen Überschreitens der JAEGrenze versicherungsfrei waren, zur Begründung der Versicherungspflicht geführt. Das BeitragssatzsicherungsG vom 23.12.02 (BGBl I 02, 4637) schreibt daher die bisherige JAEGrenze für **„Altfälle"** (Versicherte mit Bestandsschutz) auf dem bisherigen Niveau fort. Für Versicherte, die am 31.12.02 wegen Überschreibens der JAEGrenze versicherungsfrei und bei einem privaten Krankenversicherungsunternehmen in einer substitutiven KV („Vollversicherung") versichert waren gilt die Regelung des § 6 Abs 7 SGB V. Die Grenze wird jährlich angepasst. Zum aktuellen Wert vgl Rz 22.

Diese ArbN nahmen aus Gründen des Bestands- und Vertrauensschutzes nicht an der einmaligen drastischen Erhöhung der Beitragsbemessungsgrenze der RV und damit mittelbar

94 Beitragsbemessungsgrenzen

der JAEGrenze zum 1.1.03 teil, vielmehr orientierte sich die JAEGrenze für sie am bisherigen Niveau und wird ausgehend von diesem Niveau seither fortgeschrieben: Seit 2004 wird diese Grenze (wie in der RV) entsprechend der Bruttolohnentwicklung angepasst, dh sie wird jeweils in dem Verhältnis fortgeschrieben (angehoben/geändert), in dem die Bruttolohnsumme je durchschnittlich beschäftigtem ArbN im vergangenen Jahr zur entsprechenden Bruttolohnsumme im vorvergangenen Jahr steht (vgl § 6 Abs 7 Satz 2 iVm § 6 Abs 6 Satz 2 SGB V). – Zu der aktuellen JAEGrenze des § 6 Abs 7 SGB V vgl Rz 22.

13   dd) **Regelung seit 1.1.2003 für Versicherte ohne Bestandsschutz – Normalfall:** Für alle übrigen ArbN gilt gem § 6 Abs 6 SGB V seit 2003 eine höhere JAEGrenze. Damit sollte die Friedensgrenze zwischen der KGV und der privaten Versicherung zugunsten der GKV verschoben und eine Risikoselektion zulasten der GKV (junge, gesunde Alleinstehende zur privaten KV – alte, kranke und Familien zur GKV) vermieden werden (vgl BT-Drs 15/28 S 26 f zu Art 1 Nr 1 Buchst c). Seit 2004 wird auch diese Grenze (wie in der RV) entsprechend der Bruttolohnentwicklung angepasst, dh sie wird jeweils in dem Verhältnis fortgeschrieben (angehoben/geändert), in dem die Bruttolohnsumme je durchschnittlich beschäftigtem ArbN im vergangenen Jahr zur entsprechenden Bruttolohnsumme im vorvergangenen Jahr steht (vgl § 6 Abs 6 Satz 2 SGB V). Für die unter § 6 Abs 6 SGB V fallenden Versicherten fallen Beitragsbemessungs- und JAEGrenze also auseinander. – Zu der aktuellen JAEGrenze des § 6 Abs 6 SGB V vgl Rz 22.

14   Die Neuregelung (§ 6 Abs 6 SGB V) gilt für alle Personen, die am 31.12.03 nicht wegen Überschreitens der JAEGrenze versicherungsfrei und bei einem privaten KV-Unternehmen versichert waren.

15   ee) **Gestaltungsmöglichkeiten bei Überschreiten der Jahresarbeitsentgeltgrenze.** Wer wegen Überschreitens der JAEGrenze aus der Versicherungspflicht ausscheidet, hat das Recht, seine Mitgliedschaft als **freiwillige Mitgliedschaft** fortzusetzen, sofern er vor dem Ausscheiden mindestens 12 Monate ununterbrochen versichert war (vgl § 9 Abs 1 Nr 1 SGB V). Die Mitgliedschaft wird in den Fällen des § 6 Abs 4 SGB V kraft Gesetzes als freiwillige Versicherung fortgesetzt, falls der Versicherte nicht innerhalb von zwei Wochen nach Hinweis der Krankenkasse auf die Austrittsmöglichkeit seinen Austritt erklärt (vgl § 190 Abs 4 SGB V; zu den Voraussetzungen vgl BSG 25.2.97 – 12 RK 51/96, SozR 2500 § 6 Nr 15). Alternativ können sich diese Personen auch privat versichern oder auf einen KV-Schutz ganz verzichten.

16   **c) Beitragsbemessungsgrenze. aa) Allgemeines.** Von der JAEGrenze ist begrifflich die Beitragsbemessungsgrenze der KV zu unterscheiden. Trotz unterschiedlicher JAEGrenzen für verschiedene Versichertengruppen (dazu unter b) gilt für sämtliche in der KV Versicherten (Pflichtmitglieder und freiwillige Mitglieder) eine einheitliche Beitragsbemessungsgrenze. Diese beträgt pro Tag 1/360-tel der JAEGrenze des § 6 Abs 7 SGB V (vgl § 223 Abs 3 SGB V). Zu den aktuellen Werten Rz 21. Durch das Gesetz zur Rechtsangleichung in der gesetzlichen KV vom 22.12.99 (BGBl I 99, 2657) wurde § 309 Abs 1 SGB V geändert. Für alle Vorschriften der KV, die an die Beitragsbemessungsgrenze oder die Bezugsgröße (§ 18 SGB IV) anknüpfen, gilt daher seit 1.1.01 ein **bundeseinheitlicher Wert.** Dh im Ergebnis gelten für die KV und PflegeV in den alten und neuen Bundesländern seit 1.1.01 keine unterschiedlichen Beitragsbemessungsgrenzen mehr (vgl BT-Drs 14/1977 S 182 zu Art 1 Nr 126a Buchst a). Diese Regelung gilt nur für die KV und mittelbar für die PflegeV, soweit sich die Versicherungspflichtgrenze durch Bezugnahme auf Vorschriften der KV ergibt.

17   bb) **Überschreiten der Beitragsbemessungsgrenze in einzelnen Monaten.** Im Beitragsrecht gilt Folgendes: Laufend gezahltes Arbeitsentgelt kann beitragsrechtlich nur dem Lohnabrechnungszeitraum (idR Kalendermonat) zugerechnet werden, für den es gezahlt wird. Wenn und soweit das für einen bestimmten Kalendermonat gewährte Arbeitsentgelt die monatliche Beitragsbemessungsgrenze übersteigt, bleibt es beitragsfrei. Eine Zuordnung des „überschießenden" Betrages auf noch nicht voll mit Beiträgen belegte Abrechnungszeiträume in der Vergangenheit ist ausgeschlossen. Anderes gilt für Einmalzahlungen. Diese werden zwar auch in demjenigen Kalendermonat zur Beitragszahlung herangezogen, in dem sie zur Zahlung fällig geworden sind. Übersteigen sie in diesem Kalendermonat zusammen mit dem laufenden Arbeitsentgelt die monatliche Beitragsbemessungsgrenze, können sie nach Maßgabe des § 23a SGB IV jedoch unter bestimmten Umständen auch noch auf nicht voll

mit Beiträgen belegte Abrechnungszeiträume des laufenden bzw in Ausnahmefällen (sog Märzklausel, § 23a Abs 4 SGB IV) des Vorjahres zugeordnet werden (vgl BSG 14.5.02 – B 12 KR 15/01 R, SozR 3–2400 § 23 Nr 2; *Einmalzahlungen* Rz 28 ff).

cc) Rangfolge der Einnahmearten bei Ermittlung der Beitragsbemessungsgrenze. Hat ein versicherungspflichtig Beschäftigter neben dem Arbeitsentgelt noch andere beitragspflichtige Einnahmen (zB Arbeitseinkommen aus selbstständiger Tätigkeit, Rente), bedarf es in der **Kranken- und Pflegeversicherung** einer Regelung, in welcher Reihenfolge die verschiedenen Einnahmearten zur Beitragsberechnung heranzuziehen sind, wenn die Beitragsbemessungsgrenze nur bei einer Zusammenrechnung einzelner Einnahmen überschritten wird. § 230 SGB V trifft demgemäß für die vier Einnahmearten (Arbeitsentgelt, Rente, Versorgungsbezüge und Arbeitseinkommen) folgende Regelung: Erreicht das Arbeitsentgelt nicht die Beitragsbemessungsgrenze, werden nacheinander der Zahlbetrag der Versorgungsbezüge und das Arbeitseinkommen des Mitglieds bis zur Beitragsbemessungsgrenze berücksichtigt (§ 230 Satz 1 SGB V). Diese drei Einnahmen bilden eine Gruppe. Eine zweite Gruppe bildet der Zahlbetrag einer daneben gezahlten Rente aus der RV. Auch wird dieser zunächst getrennt von den Einnahmen der ersten Gruppe bis zur Beitragsbemessungsgrenze berücksichtigt (§ 230 Satz 2 SGB V). Es erfolgt damit eine Beitragserhebung bis zur doppelten Beitragsbemessungsgrenze; Hintergrund dessen sind Praktikabilitätsgesichtspunkte aus der Sicht der RVTräger. Um zu gewährleisten, dass im Ergebnis Beiträge nur einmal bis zur Beitragsbemessungsgrenze erhoben werden, trifft § 231 SGB V eine Erstattungsregelung.

dd) Sonderregelung für unständig Beschäftigte. Unständig Beschäftigte (zum Begriff vgl *Aushilfskräfte*) werden zur Beitragsentrichtung mit dem gesamten innerhalb eines Kalendermonats erzielten Arbeitsentgelt bis zu $1/12$ der Jahresbeitragsbemessungsgrenze auch dann herangezogen, wenn in diesem Kalendermonat beschäftigungs- und entgeltlose Tage liegen (§ 232 Abs 1 SGB V). Die Vorschrift stellt somit eine Ausnahme von § 223 Abs 1 SGB V dar: Auch beschäftigungs- und entgeltlose Tage werden beitragsrechtlich nicht ausgeklammert. Sofern neben dem Arbeitsentgelt noch andere beitragspflichtige Einnahmen vorhanden sind, gelten die §§ 226–231 SGB V. Bestehen während eines Kalendermonats unständige Beschäftigungen bei verschiedenen ArbGeb, gilt die Sonderregelung des § 232 Abs 2 SGB V, wonach bei einer Überschreitung der Beitragsbemessungsgrenze durch die Summe der einzelnen Arbeitsentgelte eine anteilige Heranziehung der Arbeitsentgelte zur Beitragspflicht stattfindet. Eine entsprechende Regelung trifft § 163 Abs 1 Satz 1 SGB VI für die RV.

3. Pflegeversicherung. Nach § 1 Abs 2 SGB XI ist in der sozialen PflegeV versicherungspflichtig, wer versicherungspflichtiges Mitglied der KV ist (vgl § 20 Abs 1 Satz 1 SGB XI). Wer nach § 6 Abs 1 Nr 1 SGB V in der KV versicherungsfrei ist und sich für die private KV entschieden hat, muss auch einen privaten PflegeVVertrag abschließen (vgl § 1 Abs 2 Satz 2 SGB XI). Wer sich dagegen in der KV freiwillig versichert hat, ist in der PflegeV pflichtversichert (vgl § 1 Abs 2 SGB XI) und zahlt Beiträge zur PflegeV bis zur Beitragsbemessungsgrenze. Diese entspricht der Beitragsbemessungsgrenze der GKV (vgl § 55 Abs 2 SGB XI). Eine freiwillige PflegeV ist nur in der Form der Weiterversicherung möglich (vgl § 26 SGB XI).

4. Wertguthaben. Ein in der Freistellungsphase auszuzahlender Teil eines Wertguthabens gilt beitragsrechtlich als nur in diesem Zeitraum erzielt; allein er ist Anknüpfungspunkt für die Beitragsbemessung, ohne dass es darauf ankommt, ob der Beitragsbemessung während der Arbeitsphase bereits Arbeitsentgelt bis zur Beitragsbemessungsgrenze zugrunde gelegt wurde und nur darüber hinausgehendes Entgelt in das Wertguthaben eingegangen ist (BSG 20.3.13 – B 12 KR 7/11 Rz 25 f). Entgeltbestandteile etc, die in eine Wertguthaben einfließen, gelten erst im Zeitpunkt der Auszahlung in der Freistellungsphase als erzielt, so dass sie auch erst dann fällig werden; so wird eine doppelte Beitragsbelastung vermieden. Der Umstand, dass im Zeitpunkt der tatsächlicher Erarbeitung aus sonstigen Entgeltbestandteilen, die nicht ins Wertguthaben eingeflossen sind, bereits Beiträge bis zur Beitragsbemessungsgrenze gezahlt worden sind, steht der Beitragspflicht der Zahlung in der Freistellungsphase nicht entgegen.

95 Bereitschaftsdienst

22 II. Aktuelle Werte – Beitragsbemessungsgrenzen.

	für das Kj 2013		für das Kj 2014	
	jährlich	monatlich	jährlich	monatlich
1. Allgemeine RV und ArblV				
alte Bundesländer	69 600,–	5800,–	71.400	5.950
neue Bundesländer	58 800,–	4900,–	60.000	5.000
2. Knappschaftliche RV				
alte Bundesländer	85 200,–	7100,–	87.600	7.300
neue Bundesländer	72 600,–	6050,–	73.800	6.150
3. KV und PflegeV				
alte und neue Bundesländer	47 250,–	3.937,50	48.600	4050–

23 III. Aktuelle Werte – Jahresarbeitsentgeltgrenzen der Krankenversicherung.

	für das Kj 2013	für das Kj 2014
	jährlich	jährlich
§ 6 Abs 7 SGB V	47 250,–	48.600
§ 6 Abs 6 SGB V	52 200,–	53.550

Zu den Werten 2013 vgl VO vom 26.11.12, BGBl I 2361. Zu den Werten 2012 vgl VO vom 2.12.11, BGBl I 11, 2421. Zu den Werten 2014 vgl. VO vom 2.12.13 BGBl I 4038.

Bereitschaftsdienst

A. Arbeitsrecht *Poeche*

1 **1. Begriff.** Bereitschaftsdienst leistet ein ArbN, der sich innerhalb oder außerhalb seiner regelmäßigen Arbeitszeit an einer vom ArbGeb bestimmten Stelle aufzuhalten hat, um auf Abruf unverzüglich (ohne schuldhaftes Zögern iSv § 121 BGB) seine Arbeit aufzunehmen. Es wird als Aufenthaltsbeschränkung umschrieben, verbunden mit der Verpflichtung, bei Bedarf tätig zu werden (BAG 31.5.01 – 6 AZR 171/00, ZTR 02, 173; BVerwG 22.1.09 – 2 C 90/07, NZA 09, 733). Insoweit unterscheidet er sich von der *Rufbereitschaft,* bei der sich der ArbN an einem Ort eigener Wahl aufhalten kann, von dem aus er bei Bedarf tätig wird. Gelegentlich definieren Tarifverträge als Bereitschaftsdienst nur die Zeiten, während der der ArbN sich zur Arbeitsaufnahme an seinem üblichen Arbeitsplatz aufzuhalten hat. Für die Abgrenzung von *Arbeitsbereitschaft* und Bereitschaftsdienst ist entscheidend, dass sich der ArbN bei ersterer zur Arbeit bereithalten muss, um erforderlichenfalls von sich aus tätig zu werden, während er beim Bereitschaftsdienst „auf Anforderung" den Dienst aufnehmen muss (BAG 12.12.12 – 5 AZR 877/12, BeckRS 2013, 68693).

2 **2. Öffentliches Arbeitszeitrecht. a) Allgemeines.** Seit dem 1.1.04 gehört Bereitschaftsdienst zur **Arbeitszeit** iSv § 2 Abs 1 ArbZG (G vom 24.12.03; BGBl I 03, 3002). Die gesetzliche Änderung (Streichung des Wortes Bereitschaftsdienst in dem die Ruhezeit regelnden § 5) beendete einen langjährigen Streit über die Vereinbarkeit des deutschen Arbeitszeitrechts mit der Arbeitszeitrichtlinie 93/104/EG (abgelöst durch die Richtlinie 2003/88/EG). Es gelten grds die gesetzlichen Arbeitszeitgrenzen. Bereitschaftsdienst ist bei der Mindestdauer der gesetzlichen Ruhepausen zu berücksichtigen (BAG 16.12.09 – 5 AZR 157/09, NZA 10, 505).

3 **b) Abweichungen.** Bereitschaftsdienst belastet den ArbN geringer als eine „normale" Vollarbeit; er wird **Arbeitsbereitschaft** gleichgestellt. In einem **Tarifvertrag** oder aufgrund eines Tarifvertrags in einer Betriebs- oder Dienstvereinbarung kann deshalb von den §§ 3 und 6 Abs 2 ArbZG abgewichen werden. Die werktägliche Arbeitszeit kann nach § 7 Abs 1 iVm Abs 8 ArbZG mit Zeitausgleich über zehn Stunden verlängert werden, wenn in die Arbeitszeit regelmäßig und in erheblichem Umfang Arbeitsbereitschaft oder Bereitschaftsdienst fällt (dazu *Arbeitsbereitschaft* Rz 3). Unter dieser Voraussetzung kann die Arbeitszeit **ohne Zeitausgleich** nach § 7 Abs 2a ArbZG auf mehr als zehn Stunden verlängert werden, wenn zusätzlich durch besondere Regelungen sichergestellt ist, dass die Gesundheit der ArbN

nicht gefährdet wird (BAG 23.6.10 – 10 AZR 543/09, NZA 10, 1081). Die Verlängerung der Arbeitszeit bedarf nach § 7 Abs 7 ArbZG der schriftlichen Einwilligung des ArbN. Der ArbN kann seine Einwilligung schriftlich mit einer Frist von einem Monat widerrufen. Der ArbGeb darf den ArbN nicht benachteiligen, weil dieser entweder nicht einwilligt oder seine Einwilligung später widerruft. Soweit die kollektivrechtliche Regelung keine flankierenden Maßnahmen zur Gewährleistung des Gesundheitsschutzes enthält, darf die durchschnittliche wöchentliche Arbeitszeit von 48 Stunden nicht überschritten werden (EuGH 14.10.10 – C-243/09, NZA 10, 1344). Der ArbGeb hat die ArbN, die sich mit einer verlängerten Arbeitszeit einverstanden erklärt haben, aufzuzeichnen (§ 16 Abs 2).

3. Privates Arbeitszeitrecht. Auf das private Arbeitszeitrecht wirkt sich die Änderung des ArbZG nur teilweise aus. Die Auslegung von Arbeitsverträgen, Betriebsvereinbarungen und Tarifverträgen bestimmt sich nach allgemeinen Grundsätzen, ua nach den Definitionen der Parteien. Folgen hat die gesetzliche Zuordnung von Bereitschaftsdienst zur Arbeitszeit grds nur, wenn Leistungspflichten des ArbN oder Beteiligungsrechte in Frage stehen. Für die arbeitsvertraglichen Entgeltansprüche ist dies idR unerheblich (BAG 14.10.04 – 6 AZR 564/03, DB 05, 834 s aber auch unten Rz 7; 12.3.08 – 4 AZR 616/06, NJOZ 08, 4189).

a) Pflicht zum Bereitschaftsdienst. Der ArbN ist zur Leistung von Bereitschaftsdienst nur bei gesonderter vertraglicher/tariflicher Grundlage verpflichtet, wobei seine Verpflichtung durch die Höchstgrenzen des ArbZG begrenzt wird (BAG 14.10.04 – 6 AZR 564/03, DB 05, 834). Der ArbGeb hat einen danach zulässigen Dienst unter Beachtung der Grundsätze billigen Ermessens (§ 106 GewO, § 315 BGB) festzulegen, dh, die beiderseitigen Interessen sind bei Abwägung der wesentlichen Umstände angemessen zu berücksichtigen. Kein Raum für eine gesonderte Überprüfung auf Billigkeit und Rechtsmissbrauch besteht, wenn bereits Tarif- oder Arbeitsvertrag das Ermessen des ArbGeb beschränken und Bereitschaftsdienst nur unter bestimmten Voraussetzungen zulassen (BAG 12.2.92 – 4 AZR 314/91, NZA 92, 661). Der Dienst zwischen dem Ende der täglichen Arbeitszeit und dem Beginn der Arbeitszeit des folgenden Tages kann teils als Überstunden und teils als Bereitschaftsdienst angeordnet werden. Dem ArbGeb steht im Rahmen des gesetzlichen, tarifvertraglichen und einzelvertraglich Zulässigen frei, zwischen Rufbereitschaft, Bereitschaftsdienst oder Überstunden zu wählen (BAG 25.4.07 – 6 AZR 799/06, NZA 07, 1108). Unwirksam ist eine Anordnung von Bereitschaftsdienst, wenn der ArbGeb nicht konkret verdeutlicht, wodurch sich der Bereitschaftsdienst vom eigentlichen Dienst unterscheidet (LAG RhPf 2.11.95 – 7 Sa 593/95, BB 96, 1672: Anordnung von einer Stunde Bereitschaftsdienst „zwischen 23.00 Uhr und 3.00 Uhr" bei einer Nachtschicht von zehn Stunden). Dem Balanceakt vieler **Teilzeitbeschäftigter** zwischen Beruf und Familie trägt die Neuregelung des Bereitschaftsdienstes im **öffentlichen Dienst** Rechnung. Bereitschaftsdienst darf nur bei einer entsprechenden arbeitsvertraglichen Vereinbarung oder im Einzelfall mit Zustimmung des ArbN angeordnet werden, § 6 Abs 5 TVöD/TdL.

b) Anspruch auf Bereitschaftsdienst. Ein Anspruch des ArbN auf Heranziehung zu einem praktizierten Bereitschaftsdienst besteht regelmäßig nicht; er kann sich aber aus betrieblicher Übung ergeben (BAG 13.11.86 – 6 AZR 567/83, NZA 87, 635 [LS] = AP Nr 27 zu § 242 BGB betriebliche Übung: Schulhausmeister für die Dauer außerschulischer Veranstaltungen im Schulgebäude). Der ArbGeb muss anfallende Bereitschaftsdienste nach billigem Ermessen verteilen und darf ArbN nicht grundlos ausschließen (vgl LAG Bln 16.1.97 – 7 Sa 68/96, BeckRS 1997, 30891185).

c) Gegenleistung des Arbeitgebers. aa) Entgelt. Dem ArbN steht für die Zeit des Bereitschaftsdienstes wegen der besonderen Art der Arbeitsleistung ein Anspruch auf Vergütung zu. Sie wird regelmäßig unter Berücksichtigung der erfahrungsgemäß tatsächlich anfallenden Arbeit pauschaliert. Fehlt es an einer ausdrücklichen Vergütungsabrede, bestimmt sich die Höhe nach der üblichen Vergütung (§ 612 Abs 2 BGB). Bei einer **Eingruppierung,** die sich nach dem zeitlichen Umfang der anfallenden Tätigkeiten des ArbN richtet, ist Bereitschaftsdienst zu berücksichtigen (BAG 29.11.01 – 4 AZR 736/00, ZTR 02, 327). Keine Pflicht besteht, einem **Chefarzt mit Liquidationsrecht** eine Bereitschaftsdienstpauschale zu zahlen, die nachgeordnete Ärzte erhalten (BAG 31.5.01 – 6 AZR 171/00, ZTR 02, 173). Im **Betriebsrentenrecht** ist je nach Versorgungsordnung die Vergütung für

95 Bereitschaftsdienst

Arbeitsbereitschaft, nicht aber die für Bereitschaftsdienst versorgungsfähig (BAG 14.10.98 – 3 AZR 377/97, NZA 99, 876).

8 **bb) Freizeitausgleich.** Soweit die arbeitsvertragliche Regelung vorsieht, dass Bereitschaftszeiten statt in Geld durch Freizeit ausgeglichen werden können (zB § 12 Abs 4 TV-Ärzte/VKA), kann der Freizeitausgleich während der gesetzlichen **Ruhezeit** erfolgen (BAG 22.7.10 – 6 AZR 78/09, NZA 10, 1194 Anm *Winzer* ArbRAktuell 10, 397). Freizeitausgleich heißt, dass der ArbGeb den ArbN bezahlt von seiner Arbeitspflicht freistellt; die Soll-Arbeitszeit wird insoweit reduziert. Die gesetzliche Ruhezeit iSv § 5 ArbZG muss nicht „unbezahlt" sein. Der **Umfang** des Freizeitausgleichs richtet sich nach der vom ArbN geschuldeten Arbeitszeit. Dazu gehören nicht nur Zeiten tatsächlicher Arbeitsleistung, sondern auch innerhalb der regelmäßigen Arbeitszeit liegende Bereitschaftszeiten (BAG 17.3.10 – 5 AZR 296/09, NZA 11, 367; Anm *Frahm* ArbRAktuell 10, 271). Kann Bereitschaftsdienst nur mit Zustimmung des ArbN durch Freizeit ausgeglichen werden, enthält die widerspruchslose Entgegennahme der Freizeit konkludent sein Einverständnis (BAG 17.12.09 – 6 AZR 716/08, AP TVöD § 8 Nr 9; Anm *Salomon* ArbRAktuell 10, 124).

9 **cc) Nachteilsausgleich.** Nach der Rspr des BAG erwirbt der ArbN auch dann keinen höheren Entgeltanspruch, wenn er unter Verstoß gegen die EU-Arbeitszeitrichtlinie eingesetzt worden ist (BAG 14.10.04 – 6 AZR 564/03, DB 05, 834). An dieser Rspr wird das BAG für den öffentlichen Dienst nicht festhalten können. Nach der Rspr des EuGH besteht ein Anspruch auf „Schadensersatz" (in Geld oder Freizeit), wenn der ArbGeb den Beschäftigten über die nach EU-Recht höchst zulässige Wochenarbeitszeit von 48 Stunden zur Arbeit heranzieht (EuGH 25.11.10 – C-429/09, NZA 11, 53). Das BVerwG hat aus dieser Entscheidung (beamteter Feuerwehrmann mit 54 Wochenstunden einschließlich Bereitschaftsdienst) bereits die Konsequenzen gezogen (BVerwG 29.9.11 – 2 C 32.10, NVwZ 12, 643). Die Beamten haben Anspruch auf Freizeitausgleich für die Zeitüberschreitungen. Der Bereitschaftsdienst ist voll zu berücksichtigen.

10 **d) Verhalten während der Bereitschaft.** Der ArbN kann die Zeit während der Bereitschaft nach Belieben nutzen. In seinem Verhalten hat er sich allerdings auf die mögliche Arbeitsaufnahme einzustellen (Alkoholverbot).

11 **4. Mitbestimmungsrechte** des BRat bestehen bei Einführung und Gestaltung von Bereitschaftsdienst nach § 87 Abs 1 Nr 3 BetrVG (BAG 29.2.2000 – 1 ABR 15/99, NZA 2000, 1243; zur Beteiligung des Personalrats vgl BVerwG 16.11.99 – C P9/98, NZA-RR 2000, 446). Die Bestimmungen des ArbZG sind insoweit zu beachten. Die Mitbestimmung erstreckt sich nicht auf Regelungen über die im Betrieb zulässige Höchstarbeitszeit und die arbeitszeitrechtliche Zuordnung von Bereitschaftsdienst (BAG 22.7.03 – 1 ABR 28/02, NZA 04, 507).

B. Lohnsteuerrecht

Seidel

16 **1. Lohnzuschläge.** Lohnzuschläge, die für Bereitschaftsdienst gezahlt werden, gehören grds zum stpfl Arbeitslohn (s *Entgeltzuschläge* Rz 13). Dies gilt für Mehrarbeits- bzw Zeitzuschläge bei (ärztlichem) Bereitschaftsdienst auch soweit sie auf einen Sonntag, Feiertag oder die Nachtzeit entfallen (BFH 24.11.89, BStBl II 90, 315). Zuschläge für Sonntags-, Feiertags- und Nachtarbeit sind nur unter bestimmten engen gesetzlichen Voraussetzungen steuerfrei (s *Sonn- und Feiertagsarbeit* Rz 17 ff; zu Mischzuschlägen s *Sonn- und Feiertagsarbeit* Rz 23).

17 **2. Fahrten zwischen Wohnung und Arbeitsstätte/erster Tätigkeitsstätte (ab 2014).** Fahrten zwischen Wohnung und Arbeitsstätte, die während des Bereitschaftsdienstes zusätzlich anfallen, können nicht mehr als **Werbungskosten** geltend gemacht werden (BFH 20.3.92, BStBl II 92, 835). Näheres s *Fahrten zwischen Wohnung und Arbeitsstätte* Rz 24, 25. In der Zurverfügungstellung eines Dienstfahrzeugs während der Dauer der Rufbereitschaft liegt kein Arbeitslohn (BFH 25.5.2000 – VI R 195/98, BStBl II 2000, 692; s *Dienstwagen* Rz 18 und *Rufbereitschaft* Rz 11). Zum Fahrtkostenersatz bzw -zuschuss durch den ArbGeb s *Arbeitnehmerbeförderung* Rz 7 ff, zur diesbezüglichen Pauschalierungsmöglichkeit s *Lohnsteuerpauschalierung* Rz 38, 39.

C. Sozialversicherungsrecht *Voelzke*

1. Versicherungs- und Beitragsrecht. Bei der Feststellung der **Jahresarbeitsentgelt-** 21
grenze, deren Überschreiten gem § 6 Abs 1 Nr 1 SGB V zur Versicherungsfreiheit in der KV führt (Näheres: *Jahresarbeitsentgelt* Rz 7), sind die in den nächsten zwölf Monaten zu erwartenden Einnahmen aus dem Beschäftigungsverhältnis einschließlich der Vergütungen anzurechnen, die für einen regelmäßig anfallenden Bereitschaftsdienst bzw Rufbereitschaft gezahlt werden (BSG 9.12.81 – 12 RK 19/81, SozR 2100 § 14 Nr 10). Dabei ist grds von der im Vorjahreszeitraum vom Beschäftigten oder einem vergleichbaren ArbN durchschnittlich erzielten Vergütung auszugehen, es sei denn, es ist eine nicht nur vorübergehende Änderung der Schätzungsgrundlage eingetreten.

Zulagen für die Bereitschaftsdienste gehören zum beitragspflichtigen Arbeitsentgelt. 22

2. Arbeitsunfälle. Der ArbN ist während des Bereitschaftsdienstes gegen Arbeitsunfälle 23
versichert (KassKomm/*Ricke* § 8 SGB VII Rz 55). Geht der ArbN während des Bereitschaftsdienstes einer eigenwirtschaftlichen Betätigung nach, so besteht sowohl beim Aufenthalt in der Wohnung als auch im Betrieb kein Versicherungsschutz (vgl *Pause* Rz 14). Für Wege, die der ArbN während des Bereitschaftsdienstes oder der Rufbereitschaft zur Aufnahme oder nach Beendigung der eigentlichen Arbeit durchführt, gelten die zum Wegeunfall (s *Wegeunfall* Rz 13 ff) entwickelten Grundsätze.

Berufsausbildungsförderung

A. Arbeitsrecht *Poeche*

1. Begriff. Die BA fördert nach §§ 56 ff SGB III den Erwerb beruflicher Fähigkeiten 1
und Kenntnisse. Die hier nicht weiter interessierende Förderung schulischer Ausbildung bestimmt sich nach dem BAföG.

2. Anwendung von Arbeitsrecht. Arbeitsrechtlich ist die individuelle Förderung des 2
Auszubildenden durch die BA oder einen anderen Maßnahmeträger idR ohne Bedeutung. Die Mindestbedingungen der vertraglichen Vereinbarungen bestimmen sich nach den zwingenden §§ 10 ff BBiG (s *Ausbildungsverhältnis* Rz 6 ff). Nicht ohne Einfluss auf die materiellen Arbeitsbedingungen, insbesondere auf die Beurteilung der Vergütung als angemessen iSv § 17 BBiG, ist demgegenüber die institutionelle Förderung eines Ausbilders. Nach der Rspr des BAG ist die Vergütung in einem durch Zuschüsse der BA finanzierten Ausbildungsverhältnis auch dann noch angemessen, wenn sie mehr als 20 % unter dem Tarifentgelt liegt (zusammenfassend BAG 22.1.08 – 9 AZR 999/06, NJW 08, 1833). Näheres *Rehabilitation (berufliche)* Rz 3. Im Übrigen gelten die zwingenden Vorschriften des Berufsbildungsrechts auch in sonstigen Bildungseinrichtungen, da die außerbetriebliche Ausbildung in § 2 Abs 1 Nr 3 BBiG der betrieblichen gleichgestellt wird. Der Rechtsweg zu den **Arbeitsgerichten** ist in jedem Fall gegeben (BAG 21.5.97 – 5 AZB 30/96, NZA 97, 1013; 24.2.99 – 5 AZB 10/98, NZA 99, 557; 15.10.03 – 5 AZB 48/03, BeckRS 2003, 30799430).

3. Betriebsverfassungsrecht. Nach § 5 Abs 1 BetrVG sind ArbN auch die zu ihrer 3
Berufsausbildung Beschäftigten; sie unterliegen damit dem Mitbestimmungsrecht des BRat, zu dem sie wählbar und wahlberechtigt sind. Anderes gilt, wenn die Ausbildung in sonstigen Bildungseinrichtungen (reinen Ausbildungsbetrieben) iSv § 2 Abs 1 Nr 3 BBiG durchgeführt wird, sich die Berufsausbildung also nicht im Rahmen des arbeitstechnischen Zwecks eines Produktions- oder Dienstleistungsbetriebs vollzieht (BAG 20.3.96 – 7 ABR 34/95, NZA 97, 107). Ungeachtet ihrer Trägerschaft oder Rechtsform sind Berufsförderungswerke dann **Tendenzunternehmen,** wenn sie satzungsgemäß die Förderung gesellschaftlich benachteiligter Gruppen bezwecken (ständige Rspr BAG 29.6.88 – 7 ABR 15/87, NZA 89, 431).

B. Lohnsteuerrecht *Windsheimer*

1. Steuerfreie Leistungen (s auch *Beihilfeleistungen* Rz 10, 14): 4
– Leistungen nach §§ 56 ff SGB III im Rahmen der **Förderung der Berufsausbildung** und nach §§ 122 ff SGB III **(Ausbildungsgeld)** zur Förderung der beruflichen Eingli-

96 Berufsausbildungsförderung

derung Behinderter (Berufsausbildungsbeihilfe für Lebensunterhalt und Ausbildung) (§ 3 Nr 2 EStG),

5 – Leistungen nach dem **BAföG** (§ 3 Nr 11 EStG) sowie andere vergleichbare Leistungen nach Bundes- und Landesvorschriften. Derartige Mittel müssen aus einem öffentlichen Haushalt stammen und ihre Verwendung muss einer gesetzlich geregelten Kontrolle unterliegen (BFH 15.11.83, BStBl II 84, 113). Voraussetzung für die Steuerfreiheit ist, dass der Empfänger mit den Bezügen nicht zu einer bestimmten wissenschaftlichen oder künstlerischen Gegenleistung oder zu einer bestimmten ArbNTätigkeit verpflichtet wird (§ 3 Nr 11 Satz 3 EStG). Die Leistungen müssen vielmehr der Ausbildung dienen, um den Empfänger von der Notwendigkeit des Gelderwerbs zum Lebensunterhalt im Wesentlichen zu entlasten (BFH 27.4.06 – IV R 41/04, BFH/NV 06, 1923). Wird der Antrag auf BAföG-Leistungen abgelehnt, weil im EStBescheid der Eltern positive Einkünfte angesetzt sind, so können nur die Eltern, nicht das um BAföG nachsuchende Kind den EStBescheid anfechten; diese aber auch dann, wenn die ESt 0 € beträgt (BFH 20.12.94, BStBl II 95, 628). Das Anfechtungsrecht entfällt aber bei ESt 0 €, wenn es um außergewöhnliche Belastungen oder um Kinderfreibeträge geht (BFH 11.4.03 – VIII S 20/02 und S 28/02, BFH/NV 03, 1331, 1332). Zur Rückzahlung des BAföG-Darlehens s unten Rz 7. Die Vergütung eines Tutors in einem Studentenheim ist nicht steuerfrei nach § 3 Nr 11 EStG (BFH 28.2.78, BStBl II 78, 387, möglich aber nach § 3 Nr 26 EStG; s *Ausbilder* Rz 12 ff),
– der Unterhaltsbeitrag und der Maßnahmebeitrag, soweit sie als Zuschuss geleistet werden nach § 10 AFBG (nicht steuerbar nach § 2 Abs 1 EStG; **Meister-BAföG**; s *Fortbildung* Rz 25). Ein **Meisterpreis,** den die öffentliche Hand an besonders Qualifizierte vergibt, ist nicht stpfl, weil ein solches Preisgeld nicht in untrennbarem wirtschaftlichen Zusammenhang mit einer bestimmten Einkunftsart steht.

6 – **Stipendien** aus öffentlichen Mitteln zur Förderung ua der wissenschaftlichen oder künstlerischen Ausbildung (§ 3 Nr 44 EStG), ohne zu einer bestimmten Tätigkeit verpflichtet zu sein, einschließlich Lebensunterhalt (BFH 20.3.03 – IV R 15/01, BFH/NV 03, 1256 = BStBl II 04, 190), solange diese andauert (BFH 17.9.76, BStBl II 77, 68), sowie Stipendien nach dem Fulbright-Abkommen (§ 3 Nr 42 EStG). Die Steuerfreiheit gilt auch für mittelbare Zahlungen, zB für EU-Förderprogramme (§ 3 Nr 44 Satz 1 EStG idF SteuervereinfachungsG 2011, erstmals ab dem Veranlagungszeitraum 2011 anzuwenden § 52 Abs 1 EStG; so bereits BFH 15.9.2010 – X R 33/08, IStR 2011, 40). Aufwendungen des Auszubildenden, die mit derartigen Bezügen im Zusammenhang stehen, können steuerlich insoweit nicht geltend gemacht werden (§ 3c EStG), als sie sich unmittelbar auf Ausbildungsaufwendungen beziehen (vgl *HMW*/Ausbildungskosten RdNr 50; *Schmidt/ Heinicke* § 3c Rz 3). Soweit die steuerfreien Bezüge auch Lebenshaltungskosten abdecken, greift für Aufwendungen des Auszubildenden das Abzugsverbot nach § 3c EStG nicht ein, so zB bei Leistungen nach dem BAföG (BFH 8.12.78, BStBl II 79, 212). Reicht eine EU-**ausländische** gemeinnützige Organisation an einen inländischen Stipendiaten ein Stipendium aus, so kann dieses Stipendium unter die Steuerfreiheit nach § 3 Nr 44 Satz 2 EStG fallen (BFH 15.9.10 – X R 33/08, IStR 11, 40).

7 Die **Rückzahlung** von steuerfreien Förderungsleistungen ist grds steuerlich ohne Auswirkung, auch wenn sie fremdfinanziert wird (BFH 7.2.08 – VI R 41/05, DStRE 08, 1122). Zinsen, zB für BAföG-Darlehen, sind in den Grenzen des § 10 Abs 1 Nr 7 EStG abzugsfähig (s *Ausbildungskosten* Rz 17), auch wenn sie erst – wie üblich – nach Abschluss der Berufsausbildung gezahlt werden, nicht aber die Tilgung das BAföG-Darlehens (BFH 7.2.08 – VI R 41/05, BFH/NV 08, 1136). Zinsen zur fremdfinanzierten Rückzahlung eines **Meister-BAföG-**Darlehens sind dagegen in voller Höhe zu berücksichtigen, weil es sich hierbei um Fortbildung handelt (*Beckmann* NWBF 30, 2247; s *Fortbildung* Rz 25). Die FÄmter können aufgrund Landes-VwVG zuständig sein, Rückforderungen zu vollstrecken. Zur Rückzahlung von Fördergeldern durch die Eltern des Auszubildenden s *Ausbildungskosten* Rz 28.

8   **2. Steuerpflichtige Leistungen. Ausbildungsvergütungen,** private Ausbildungszuschüsse und sonstige Leistungen des ausbildenden Unternehmens sind stpfl (s *Ausbildungsverhältnis* Rz 86 ff). Dazu gehört auch die Vergütung für fachpraktische Ausbildung, für **Praktikum** und **Volontärzeit** (s *Praktikant* Rz 11), aber auch Ausbildungsvergütungen im öffentlichen Dienst (BFH 7.4.72, BStBl II 72, 643; 24.8.73, BStBl II 73, 819). Aufwendun-

gen des Auszubildenden in diesem Zusammenhang sind Werbungskosten (s *Ausbildungsverhältnis* Rz 87). Zur Auskunftspflicht des FA gegenüber der BAföG-Behörde gem § 21 Abs 4 SGB X s *Datenschutz* Rz 42.

C. Sozialversicherungsrecht

Voelzke

1. Allgemeines. Die Förderung der beruflichen Ausbildung erfolgt durch die BA nach Maßgabe der §§ 56 ff SGB III. Die nach diesen Vorschriften zu gewährende **Berufsausbildungsbeihilfe** soll eine Berufsausbildung auch in den Fällen gewährleisten, in denen die Ausbildungsvergütung die Lebenshaltungskosten nicht deckt oder eine Ausbildungsvergütung nicht gezahlt wird. Mit der Gewährung der Leistung wird zugleich arbeitsmarktpolitisch das Ziel verfolgt, der Gefahr künftiger Arbeitslosigkeit, unterwertiger Beschäftigung oder eines Mangels an Arbeitskräften vorzubeugen und die berufliche Beweglichkeit der Erwerbstätigen zu verbessern und zu sichern. Anspruch auf Berufsausbildungsbeihilfe während einer beruflichen Ausbildung oder einer berufsvorbereitenden Bildungsmaßnahme besteht nach § 56 Abs 1 SGB III, wenn (1) die berufliche Ausbildung oder die berufsvorbereitende Bildungsmaßnahme förderungsfähig ist, (2) die Auszubildenden zum förderungsfähigen Personenkreis gehören und die sonstigen persönlichen Voraussetzungen für eine Förderung erfüllt sind und (3) ihnen die erforderlichen Mittel nicht anderweitig zur Verfügung stehen. Besteht ein Anspruch auf Berufsausbildungsbeihilfe dem Grunde nach, besteht kein Anspruch auf Leistungen zur Sicherung des Lebensunterhalts nach dem SGB II (§ 7 Abs 5 SGB II; vgl im Einzelnen *Hauck/Noftz/Valgolio* SGB II, § 7 Rz 273 ff). Die Berufsausbildungsförderung Behinderter vollzieht sich nach den Sonderregelungen über die individuelle Förderung der beruflichen Reha (s *Rehabilitation (berufliche)*). 10

2. Ausbildung. Die Definition des Begriffs der beruflichen Ausbildung erfolgt hinsichtlich des Förderungsrechts in Abgrenzung zur beruflichen Weiterbildung (s *Weiterbildung* Rz 9) nach den objektiven Bedingungen der jeweiligen Bildungsmaßnahme. Während berufliche Fortbildung oder Umschulung berufliche Kenntnisse begrifflich voraussetzen, sind diese bei Ausbildungsmaßnahmen erst noch zu vermitteln. Dementsprechend wertet das BSG als berufliche Ausbildung nur die erste zu einem beruflichen Abschluss führende Bildungsmaßnahme, während alle späteren Schritte der beruflichen Bildung entweder Fortbildung oder Umschulung sind (BSG 21.7.77 – 7 RAr 135/75, SozR 4100 § 44 Nr 14). Abweichend hiervon liegt eine einheitliche berufliche Ausbildungsmaßnahme auch vor, wenn der weiterführende Abschnitt einer **Stufenausbildung** sich unmittelbar an die Grundausbildung anschließt (BSG 31.3.92 – 9b RAr 19/90, SozR 3–4100 § 40 Nr 6 zur Stufenausbildung Nachrichtengerätemechaniker/Funkelektroniker). Nach § 81 Abs 2 SGB III werden ArbN ohne Berufsabschluss, die noch nicht drei Jahre beruflich tätig gewesen sind, grds nur nach den Vorschriften über die Förderung der Berufsausbildung gefördert. Auch für den vorgenannten Personenkreis können Leistungen der Weiterbildungsförderung erbracht werden, wenn eine berufliche Ausbildung oder eine berufsvorbereitende Maßnahme aus in der Person des ArbN liegenden Gründen nicht möglich oder nicht zumutbar ist (§ 81 Abs 2 Nr 2 SGB III). Die Flexibilisierung der Regelung lässt den grds Vorrang der Förderung der Erstausbildung unberührt (BT-Drs 14/45 S 19). 11

Berufsausbildungsbeihilfe wird grds nur für eine **erstmalige Ausbildung** gewährt. Nach § 57 Abs 2 Satz 2 SGB III kann unter engen Voraussetzungen auch eine zweite Ausbildung gefördert werden. Hierfür liegen die Voraussetzungen vor, wenn eine berufliche Eingliederung dauerhaft auf andere Weise nicht erreicht werden kann. Durch diese Regelung soll erreicht werden, dass eine Zweitausbildung, die erstmals berufliche Perspektiven schafft, nicht daran scheitert, dass dem Auszubildenden trotz des bestehenden Bedarfs die Mittel fehlen, um seinen Lebensunterhalt zu bestreiten (BT-Drs 16/8718 S 11). Nach § 57 Abs 3 SGB III kann Berufsausbildungsbeihilfe auch bei begründeter vorzeitiger Lösung eines Ausbildungsverhältnisses für eine neue Ausbildung gewährt werden. Zu der mit dieser Regelung verbundenen Einschränkung der Förderung hat das BSG entschieden, dass die zweite Berufsausbildung jedenfalls dann zu fördern ist, wenn für die abgebrochene (erste) Ausbildung eine Förderung nicht erfolgte (BSG 23.6.81 – 7 RAr 6/80, SozR 4100 § 40 Nr 26). Hingegen kann sich auf diesen Ausnahmetatbestand nicht berufen, wer zuvor eine schulische Ausbildung absolviert hat, die in Ausbildungszeit und Ausbildungsabschluss einer 12

96 Berufsausbildungsförderung

betrieblichen Ausbildung gleichwertig ist (BSG 29.1.08 – B 7/7a AL 68/06 R, NZA-RR 08, 433).

13   Eine förderungsfähige **berufliche Ausbildung** liegt nach § 57 Abs 1 SGB III vor, wenn sie in einem nach dem BBiG, der HandwO oder dem SeemG staatlich anerkannten Ausbildungsberuf betrieblich oder außerbetrieblich durchgeführt wird und der dafür vorgeschriebene Ausbildungsvertrag unterschrieben worden ist. Das Erfordernis einer betrieblichen bzw außerbetrieblichen Ausbildung erfolgt, um eine klare Abgrenzung zu der nach dem BAföG zu fördernden schulischen Ausbildung zu schaffen. Für den Begriff der betrieblichen bzw außerbetrieblichen Ausbildung ist auf die Legaldefinition des § 2 BBiG zurückzugreifen (BSG 21.6.77 – 7/12/7 RAr 6/80, SozR 4100 § 40 Nr 13). Die Ausbildung in außerbetrieblichen Einrichtungen muss im Wesentlichen dem Modell der betrieblichen Ausbildung entsprechen. Entspricht die berufliche Ausbildung nicht den im SGB III aufgeführten Kriterien (zB bei der Schaffung von Ausbildungsgängen durch staatliche Sonderprogramme: BSG 23.5.90 – 9b/7 RAr 18/89, NZA 91, 205), so ist sie selbst dann nicht förderungsfähig, wenn sie zu einem anerkannten beruflichen Abschluss führt. Auch ein im Anschluss an die Ausbildung vereinbartes Praktikantenverhältnis, das nicht in das Verzeichnis der Berufsausbildungsverhältnisse eingetragen ist, begründet keinen Anspruch auf Berufsausbildungsbeihilfe, wenn die zuständige Stelle eine Verlängerung der Ausbildungszeit ablehnt (BSG 21.6.94 – 11 RAr 81/93, NZS 95, 43).

14   Eine **berufsvorbereitende Bildungsmaßnahme** (§ 51 SGB III) kann nach Maßgabe des § 56 Abs 2 SGB III gefördert werden.

Förderungsbedürftige junge Menschen **ohne Schulabschluss** haben nach § 53 SGB III einen Anspruch, im Rahmen einer berufsvorbereitenden Bildungsmaßnahme auf den nachträglichen Erwerb des Hauptschulabschlusses oder einen gleichwertigen Schulabschluss vorbereitet zu werden. Ein Rechtsanspruch auf einen Schulabschluss ist damit allerdings nicht verbunden (*Hauck/Noftz/Petzold* SGB III, § 53 Rz 5). Die erforderlichen Qualifikationen müssen in einer gesonderten schulischen Abschlussprüfung nachgewiesen werden.

15   **3. Förderungsfähiger Personenkreis.** Zum förderungsberechtigten Personenkreis gehören nach § 59 Abs 1 SGB III iVm § 8 Abs 1 BAföG folgende Personen: Deutsche im Sinne des GG (Nr 1); Unionsbürger, die ein Recht auf Daueraufenthalt besitzen sowie andere Ausländer, die eine Niederlassungserlaubnis besitzen sowie andere Ausländer, die eine Niederlassungserlaubnis oder eine Erlaubnis zum Daueraufenthalt-EG nach dem AufenthG besitzen (Nr 2); Ehepartner oder Lebenspartner und Kinder von Unionsbürgern, die unter den Voraussetzungen des § 3 Abs 1 und 4 FreizügigkeitsG/EU gemeinschaftsrechtlich freizügigkeitsberechtigt sind oder denen diese Rechte als Kinder nur deshalb nicht zustehen, weil sie 21 Jahre oder älter sind und von ihren Eltern oder deren Ehegatten oder Lebenspartnern keinen Unterhalt erhalten (Nr 3); Unionsbürger, die vor dem Beginn der Ausbildung im Inland in einem Beschäftigungsverhältnis gestanden haben, dessen Gegenstand mit dem der Ausbildung in inhaltlichem Zusammenhang steht (Nr 4); Staatsangehörige eines anderen Vertragstaats über den EWR unter den Voraussetzungen der Nrn 2–4 (Nr 5); anerkannte Flüchtlinge, die nicht nur vorübergehend zum Aufenthalt berechtigt sind (Nr 6); heimatlose Ausländer (Nr 7). Für andere Ausländer kann sich eine Anspruchsberechtigung aus § 59 Abs 1 SGB III iVm § 8 Abs 2 und 5 BAföG sowie § 59 Abs 2, 4 und 3 SGB III ergeben.

16   **4. Weitere Leistungsvoraussetzungen.** Die Leistung wird nach § 60 Abs 1 SGB III nur gewährt, wenn der Auszubildende **außerhalb des Haushalts der Eltern** untergebracht ist und er die Ausbildungsstätte von der Wohnung der Eltern aus nicht in angemessener Zeit erreichen kann. Beide Voraussetzungen sind kumulativ zu erfüllen. Aus dem grundsätzlichen Leistungsausschuss von Personen, die während ihrer beruflichen Ausbildung im Haushalt ihrer Eltern oder eines Elternteils untergebracht sind, ergibt sich keine Verletzung des verfassungsrechtlichen Gleichbehandlungsgebots (BSG 28.11.07 – B 11a AL 39/06 R, SozR 4-4300 § 64 Nr 3). Das BSG trägt im Übrigen verfassungsrechtlichen Bedenken dadurch Rechnung, dass die Anforderungen an den Ausnahmetatbestand „soziale Gründe" nicht zu hoch gesteckt werden (BSG 2.6.04 – B 7 AL 38/03 R, jPR-SozR 42/2004, Anm 1, *Becker*; kritisch zu dieser Entscheidung *Giesen* SGb 05, 120). Nicht im Haushalt untergebracht ist derjenige, der – auch wenn er in der Wohnung oder im Haus der Eltern wohnt – einen selbstständigen Haushalt führt. Die Rspr des BSG, wonach der Auszubildende, der nur

während des Blockschulunterrichts außerhalb des Haushalts der Eltern wohnte, in diesem Zeitraum Berufsausbildungsbeihilfe erhalten konnte (BSG 3.5.05 – B 7a/7 AL 52/04 R, SozR 4–4300 § 64 Nr 2), hat der Gesetzgeber mit dem 5. SGB III-ÄndG den Boden entzogen. Die einschränkende Regelung des § 60 Abs 1 SGB III gilt nicht für berufsvorbereitende Maßnahmen und für berufliche RehaMaßnahmen. Berufsausbildungsbeihilfe wird unabhängig von der Erreichbarkeit des elterlichen Haushalts gewährt, wenn der einen eigenen Haushalt führende Auszubildende das 18. Lebensjahr vollendet hat, verheiratet ist oder war, mit mindestens einem Kind zusammenlebt oder seine Verweisung auf den Haushalt der Eltern aus schwerwiegenden sozialen Gründen unzumutbar ist. Schwerwiegende soziale Gründe liegen auch dann vor, wenn der Auszubildende aus erzieherischen Gründen (Anordnung des Jugendamtes) außerhalb des elterlichen Haushalts untergebracht ist. Allerdings wird auch in diesem Falle nach Auffassung des BSG der Mehrbedarf wegen auswärtiger Unterbringung nicht ausgelöst, da alleine auf die Erreichbarkeit der Wohnung der Eltern abgestellt werden soll (Urt vom 23.5.90 – 11 RAr 13/89, SozR 3–4440 § 11 Nr 1).

Die Gewährung von Berufsausbildungsbeihilfe erfolgt für die Teilnahme an Ausbildungen, die im Inland durchgeführt werden. Wird die Bildungsmaßnahme teilweise im **Ausland** durchgeführt, so ist auch dieser Teil förderungsfähig, wenn er im Verhältnis zur Gesamtdauer angemessen ist und die Dauer von einem Jahr nicht übersteigt (§ 58 Abs 1 SGB III). Vorausgesetzt wird nach § 58 Abs 2 SGB III ferner, dass eine nach Bundes- oder Landesrecht zuständige Stelle bestätigt, dass die Ausbildung einer entsprechenden betrieblichen Ausbildung gleichwertig ist (Nr 1), die Ausbildung im Ausland für das Erreichen des Bildungsziels und die Beschäftigungsfähigkeit besonders dienlich ist (Nr 2) und der Auszubildende vor Beginn der Ausbildung insgesamt drei Jahre seinen Wohnsitz im Inland hatte (Nr 3). 17

5. **Leistungsumfang.** Die Gewährung von Berufsausbildungsbeihilfe erfolgt ausschließlich als **Zuschuss** ohne Rückzahlungsverpflichtung. 18

a) **Dauer.** Die Dauer der Förderung richtet sich nach der vorgeschriebenen Ausbildungszeit oder der Dauer der berufsvorbereitenden Maßnahme (§ 69 Abs 1 SGB III). Die Förderung endet bei **vorzeitigem Ablegen der Prüfung** mit Ablauf des Tages, an dem die Prüfung bestanden wurde. 19

b) **Höhe.** Die Höhe der Leistung errechnet sich nach dem Bedarf abzüglich des anrechenbaren Einkommens des Auszubildenden, seines Ehegatten bzw seiner Eltern. Eine Anrechnung von Vermögen und von Einkommen dritter Personen findet nicht statt. 20

Der **Bedarf** richtet sich nicht nach dem vor Beginn der Ausbildung erzielten Arbeitseinkommen, sondern bemisst sich an den durch die Lebenshaltung und die Ausbildung anfallenden pauschalierten Kosten. Nach Maßgabe der §§ 61–66 SGB III kann der Bedarf für den Lebensunterhalt, Fahrkosten, sonstige Aufwendungen und Lehrgangskosten in Ansatz gebracht werden. Für die Zeit des Berufsschulunterrichts in Blockform wird nach § 65 Abs 1 SGB III ein Bedarf zugrunde gelegt, der für Zeiten ohne Berufsschulunterricht zugrunde zu legen wäre. 21

Auf den Gesamtbedarf sind das **Einkommen** des Auszubildenden, seines nicht dauernd von ihm getrennt lebenden Ehegatten, des Lebenspartners und seiner Eltern in dieser Reihenfolge anzurechnen (§ 67 Abs 1 SGB III). Im SGB III ist die Bedürftigkeitsprüfung nach näherer Maßgabe des § 67 Abs 2 SGB III weitgehend auf die Vorschriften des BAföG umgestellt worden (vgl zur Unterbringung außerhalb des Haushalts der Eltern BSG 27.8.08 – B 11 AL 12/07 R, *Breithaupt* 09, 566). Erfolgt die Ausbildung **im elterlichen Betrieb,** so muss sich der Auszubildende die tarifliche oder ortsübliche Ausbildungsvergütung anrechnen lassen (§ 67 Abs 3 SGB III). Vom anzurechnenden Einkommen sind Werbungskosten abzusetzen. Dies gilt jedoch nicht für Beträge, die bereits bei der Leistungshöhe als Bedarf zu Grunde gelegt worden sind (BSG 30.6.05 – B 7a/7 AL 74/04 R, SozR 4–4300 § 71 Nr 1). 22

Solange und soweit der Antragsteller Unterhaltsleistungen tatsächlich nicht erhält, ist die BA nach § 68 SGB III **vorleistungspflichtig.** Die Vorleistungspflicht der Agentur für Arbeit soll es dem Auszubildenden ermöglichen, die Ausbildung anzutreten oder fortzusetzen, auch wenn die Eltern den zu beanspruchenden Unterhalt nicht leisten. Es besteht eine Verpflichtung zur Vorausleistung, wenn der Auszubildende glaubhaft macht, dass seine Eltern den angerechneten Unterhaltsbetrag nicht leisten oder das Einkommen der Eltern nicht 23

97 Berufskrankheit

berechnet werden kann, weil sie die erforderlichen Auskünfte nicht erteilen oder Urkunden nicht vorlegen, wenn hierdurch die Ausbildung gefährdet ist. Mit der Zahlung der Vorleistung wird die Agentur für Arbeit kraft Gesetzes Gläubiger des Unterhaltsanspruches (§ 68 Abs 2 Satz 1 SGB III).

24   **6. Verfahren.** Die Zahlung von Berufsausbildungsbeihilfe ist bei der zuständigen Agentur für Arbeit zu beantragen. Der **Antrag** kann auch nachträglich gestellt werden (§ 324 Abs 2 SGB III). Berufsausbildungsbeihilfe kann dann rückwirkend vom Beginn des Monats an gezahlt werden, in dem die Antragstellung erfolgte (§ 325 Abs 1 SGB III). Der Bewilligungszeitraum beträgt idR bei beruflicher Ausbildung 18 Monate, ansonsten ein Jahr (§ 69 Abs 1 Satz 2 SGB III). Eine zwischenzeitliche Anpassung an geänderte Verhältnisse ist nur bei einer Änderung beim Bedarf (nicht beim Einkommen) vorgesehen. Ändert sich während des laufenden Bewilligungsabschnitts das neben der Ausbildungsvergütung erzielte Nebeneinkommen des Auszubildenden zu seinen Ungunsten, ist die Berufsausbildungsbeihilfe neu zu berechnen (BSG 28.11.07 – B 11a AL 47/06 R, SozR 4–4300 § 71 Nr 3). Die Berufsausbildungsbeihilfe wird monatlich nachträglich durch Überweisung ausgezahlt (§ 337 Abs 2 SGB III).

25   **7. Besondere Förderungsarten. a) Arbeitslose,** die zu Beginn der Maßnahme ansonsten Anspruch auf AlGeld gehabt hätten, erhalten, soweit dies günstiger ist, Berufsausbildungsbeihilfe in Höhe dieser Leistung (§ 70 SGB III).

26   **b) Zuschüsse an Träger** von außerbetrieblichen Ausbildungsmaßnahmen können nach §§ 73 ff SGB III gewährt werden, wenn diese durch zusätzliche Maßnahmen förderungsbedürftigen Auszubildenden die berufliche Ausbildung ermöglichen oder ihre Eingliederungsaussichten verbessern. Zu den förderungsbedürftigen Auszubildenden gehören **lernbeeinträchtigte** und **sozial benachteiligte** Auszubildende sowie Auszubildende, bei denen ohne die Förderung mit ausbildungsbegleitenden Hilfen ein Abbruch der Ausbildung droht (vgl § 78 SGB III). Als Leistungen können Zuschüsse zur Ausbildungsvergütung zuzüglich des GesamtSozVBeitrags und des Beitrags zur UV, die Maßnahmekosten und sonstige Kosten erbracht werden (§ 79 SGB III).

27   **8. Sozialversicherungspflicht.** Ausbildungsverhältnisse sind dem sozialversicherungsrechtlichen Begriff der Beschäftigung idR nach § 7 Abs 2 SGB IV gleichgestellt. Zusätzlich werden sie in den Besonderen Teilen des SGB über die Versicherungspflicht bzw die versicherten Personen aufgeführt (§§ 25 Abs 1 SGB III; 5 Abs 1 Nr 1 SGB V; 1 Satz 1 Nr 1 SGB VI; 2 Abs 1 Nr 1 SGB VII; 20 Abs 1 Nr 1 SGB XI), wobei auf das Merkmal der Betriebsbezogenheit und zT auf die Entgeltlichkeit des Beschäftigungsverhältnisses verzichtet wird (s *Ausbildungsverhältnis* Rz 96, 97).

Berufskrankheit

A. Arbeitsrecht   *Poeche*

1   **1. Versicherungsfall.** Ziel des **Arbeitsschutzes** ist die Vermeidung von arbeitsplatzbedingten Gesundheitsgefahren und **Berufskrankheiten** (s *Arbeitssicherheit/Arbeitsschutz* Rz 1; *Betriebliche Gesundheitsförderung* Rz 1). Welche Krankheit unter welchen Voraussetzungen als Berufskrankheit anzuerkennen ist, bestimmt sich nach SozVRecht (s unten Rz 11). Der Eintritt einer Berufskrankheit ist wie der Arbeitsunfall ein Versicherungsfall iSd gesetzlichen Unfallrechts (§ 7 Abs 1 SGB VII). Anzuwenden sind deshalb die dort geltenden Haftungsbeschränkungen (Näheres s *Arbeitsunfall* Rz 1 ff; *Arbeitgeberhaftung* Rz 2 ff; *Arbeitnehmerhaftung* Rz 3 ff). Der ArbGeb haftet deshalb auch nicht auf Schmerzensgeld für eine Berufskrankheit, die durch mangelhafte ärztliche, von ihm wegen besonderer gesundheitlicher Gefahren der betrieblichen Tätigkeit angeordneter Vorbeugeuntersuchungen ausgelöst worden ist (BAG 18.10.90 – 8 AZR 344/89, DB 91, 870). Verlangt der ArbN Schadensersatz, muss sich der Vorsatz des ArbGeb auf die Handlung und den Erfolg (Eintritt der Krankheit) beziehen. Klage auf Feststellung des Ersatzes künftiger Schäden kann erhoben werden, sobald der Eintritt der Berufskrankheit hinreichend wahrscheinlich ist (BAG 28.4.11 – 8 AZR 769/09, NZA-RR 12, 290).

Berufskrankheit

2. Folgen für das Arbeitsverhältnis. Das Vorliegen einer Berufskrankheit wirkt sich nicht unmittelbar auf das Arbeitsverhältnis aus. Sie beeinträchtigt auch nicht zwingend die Fähigkeit des ArbN zur weiteren Arbeitsleistung. Rechtliche und tatsächliche Konsequenzen lösen idR erst *Erwerbsminderung* und Arbeitsunfähigkeitszeiten aus. Soweit in Tarifvertrag, Betriebsvereinbarung oder Einzelarbeitsvertrag der Begriff der Berufskrankheit verwendet wird, gilt im Zweifel die sozialrechtliche Bedeutung. Der Bezug einer Verletztenrente lässt die Höhe der Vergütung unberührt; wegen der Anrechnung auf die betriebliche Altersversorgung s *Unfallrente* Rz 4–6. Die gesetzliche Entgeltfortzahlung bei Arbeitsunfähigkeit infolge einer Berufskrankheit weist keine Besonderheiten auf (s *Entgeltfortzahlung* Rz 7 und 22).

3. Im Recht der **Kündigung** wird der Begriff der Berufskrankheit in einem umfassenderen Sinn verwandt. Er betrifft alle Erkrankungen, die ursächlich auf der vom ArbN ausgeübten Beschäftigung beruhen. Soll der ArbN wegen wiederholter kurzfristiger oder lang anhaltender Arbeitsunfähigkeit gekündigt werden, ist es für die gebotene Interessenabwägung von erheblicher Bedeutung, ob die zugrundeliegende Erkrankung auf betriebliche Ursachen zurückzuführen ist (BAG 7.11.85 – 2 AZR 657/84, DB 86, 863; 5.7.90 – 2 AZR 154/90, DB 90, 2274). Darlegungs- und Beweislast für das Fehlen des vom ArbN behaupteten ursächlichen Zusammenhangs trägt der ArbGeb. Dabei genügt er der Darlegungslast zunächst, wenn er die betriebliche Tätigkeit des ArbN vorträgt und einen ursächlichen Zusammenhang mit den Fehlzeiten bestreitet. Es ist dann Sache des ArbN, zum Ursachenzusammenhang näher vorzutragen; ausreichend ist es, wenn er seine behandelnden Ärzte von der Schweigepflicht entbindet. Etwaige nach der Beweiserhebung verbleibende Zweifel gehen zulasten des ArbGeb (BAG 6.9.89 – 2 AZR 118/89, DB 90, 431; Näheres s *Kündigung, personenbedingte* Rz 28, 45).

Anders liegt der Fall, wenn feststeht, dass der ArbN **auf Dauer** seine Arbeitsleistung nicht erbringen kann, auch wenn betriebliche Ursachen (zB Allergien) ursächlich sind. In diesem Fall kann, wenn eine anderweitige Beschäftigungsmöglichkeit nicht gegeben ist, eine personenbedingte Kündigung (s *Kündigung, personenbedingte* Rz 14–18, 42) sozial gerechtfertigt sein. Zum Anspruch auf Umschulung in diesem Fall s *Umschulung* Rz 9.

B. Lohnsteuerrecht
Thomas

1. Steuerliche Einordnung. Krankheitskosten sind nur ausnahmsweise **Werbungskosten,** nämlich wenn es um die Behandlung einer typischen Berufskrankheit (BFH 23.10.92 – VI R 31/92, BStBl II 93, 193) oder einer solchen Krankheit geht, die offensichtlich in beruflichem Zusammenhang steht. Andere Krankheitskosten sind lediglich als **außergewöhnliche Belastung** zu berücksichtigen, sofern sie die zumutbare (Eigen-)Belastung (§ 33 Abs 3 EStG; ein vH-Satz des Gesamtbetrages der Einkünfte, der nach Familienstand, Anzahl der Kinder und Höhe der Einkünfte in drei Klassen gestaffelt ist – bis 15 340 €, bis 51 130 € und darüber –) übersteigen. Beiträge für die Versicherungsvorsorge gegen Krankheitskosten sind Sonderausgaben (s *Sonderausgaben* Rz 7 und 10; § 10 Abs 1 Nr 3 Buchst a EStG).

Übernimmt der ArbGeb derartige Beiträge (s *Krankenversicherungsbeiträge*) oder die Krankheitskosten selbst (s *Beihilfeleistungen; Betriebliche Gesundheitsförderung; Krankengeldzuschuss; Kur*) oder leistet er zu solchen Aufwendungen Zuschüsse, so wendet er grds **Arbeitslohn** zu (BFH 25.1.2000 – VI B 108/98, BFH/NV 2000, 836; vgl aber BFH 6.6.02 – VI R 178/97, BStBl II 03, 34; zu übernommenen Kosten einer Raucherentwöhnung FG Köln 24.6.04 – 2 K 3877/02, EFG 04, 1622). Das zeigt auch § 3 Nr 34 EStG, der bestimmte Aufwendungen des ArbGeb zur Förderung oder Wiederherstellung der Gesundheit des ArbN bis zu 500 € von der Steuer befreit (s *Betriebliche Gesundheitsförderung* Rz 11). Demgegenüber soll in der Gestellung eines Masseurs bei Bildschirmtätigkeit dann kein geldwerter Vorteil vorliegen, wenn damit spezifisch berufsbedingten Gesundheitsbeeinträchtigungen vorgebeugt werden soll und das eingesetzte Mittel besonders geeignet ist, gewichtige betriebliche Ziele (einen geringen Krankenstand?) zu verfolgen. Hierzu soll notfalls ein Gutachter gehört werden (BFH 30.5.01 – VI R 177/99, BStBl II 01, 671; BFH 4.7.07 – VI B 78/06, BFH/NV 07, 1874). Wo die Grenzen zum Arbeitslohn liegen, bleibt dabei offen, weil zurückverwiesen wurde. Im Übrigen liegt Arbeitslohn aber auch dann vor, wenn der ArbGeb solche Krankheitskosten trägt, die beim ArbN zum Werbungskostenabzug berechtigen (s *Aufwandsentschä-*

97 Berufskrankheit

digung Rz 3). Leistungen aus einer KV sind dagegen kein Arbeitslohn (BFH 26.5.98 – VI R 9/96, BStBl II 98, 581), auch wenn der ArbGeb in die Leistungsgewährung eingeschaltet ist (BFH 15.11.07 – VI R 30/04, BFH/NV 08, 550 mit Anm *Schneider* HFR 08, 687) oder wenn es sich um Versicherungsleistungen für typische Berufskrankheiten handelt (s *Krankengeld* Rz 7).

7   **2. Werbungskosten. a) Typische Berufskrankheiten** sind die in die BKV aufgenommenen Krankheiten sowie diejenigen, die nach neueren medizinisch-wissenschaftlichen Erkenntnissen aufzunehmen wären. Insofern können die sozialversicherungsrechtlichen Kriterien (s unten Rz 13 ff) übernommen werden. Bei diesen Krankheiten wird nach dem Krankheitstypus als solchem der berufliche Krankheitszusammenhang unterstellt (BFH 26.3.65 – VI 150/64 U, BStBl III 65, 358) mit der Folge, dass diesbezügliche Aufwendungen immer zum Werbungskostenabzug führen.

8   **b) Sonstige Krankheiten** werden als Berufskrankheiten behandelt und können deshalb Werbungskosten begründen, wenn im Einzelfall der Nachweis geführt wird, dass die Krankheit durch eine berufliche Betätigung ausgelöst wurde. Das gilt nach dem Veranlassungsgrundsatz des Steuerrechts auch für bewusst nicht in die BKV aufgenommene Krankheiten. Allerdings sind an den beruflichen Veranlassungszusammenhang hohe Anforderungen zu stellen, sofern der Zusammenhang zwischen Krankheitsentstehung und Beruf nicht – wie regelmäßig bei beruflichen Unfällen – ohnehin offenkundig ist. Danach sind Folgekosten eines bei der Berufsausübung (zB Sportunfall eines Berufssportlers; weiter aber FG RhPf 24.10.89, EFG 90, 226) oder auf einer beruflichen Fahrt erlittenen Unfalls Werbungskosten.

9   In anderen Fällen muss ein hohes Maß an Plausibilität dafür sprechen, dass diese Krankheit gerade durch die berufliche Betätigung entstanden ist. Dies wurde bspw bei der Hepatitis eines Chirurgen bejaht (BFH 6.6.57 – IV 158/56 U, BStBl III 57, 286), nicht aber bei Diabetes eines Geschäftsführers (BFH 9.2.62 – VI 10/61 U, BStBl III 62, 235), beim Herzinfarkt eines Rechtsanwalts (BFH 4.10.68 – IV R 59/68, BStBl II 69, 179), bei genetischen Schäden von Kindern eines Röntgenarztes (BFH 17.4.80 – IV R 207/75, BStBl II 80, 639), bei der Gallenblasenentzündung eines Architekten (FG Hess 22.4.63, EFG 63, 501) oder bei allergischem Asthma eines praktischen Arztes (FG Hess 3.5.77, EFG 77, 577). Auch die Gelenkarthrose eines Sportlehrers wurde nicht als Berufskrankheit angesehen (FG Bln 10.6.91, EFG 92, 322). Dagegen können bei einer Orchestermusikerin Aufwendungen für Krankengymnastik und für Bewegungsschulung (Dispokinese) Werbungskosten sein (BFH 11.7.13 – VI R 37/12, BFH/NV 13, 1706; BeckRS 2013, 95994).

10 **c) Abziehbare Aufwendungen** sind die unmittelbaren Krankheitskosten. Ein Abzugsausschluss, wie im Sozialrecht bei weiterer Ausübung der gefährdenden Tätigkeit (s unten Rz 16), besteht nicht. Mittelbare bzw Krankheitsfolgekosten sind jedenfalls dann nicht zu berücksichtigen, wenn es sich um gemischte Aufwendungen iSv § 12 Nr 1 EStG handelt. Das gilt sowohl für vorbeugende, der Gesundheit ganz allgemein dienende Maßnahmen (Frischzellenbehandlung: BFH 17.7.81 – VI R 77/78, BStBl II 81, 711; Kurkosten: BFH 11.3.10 – VI R 7/08, BStBl II 10, 763 = DStRE 10, 789) als auch für solche, die Teilaspekte gewöhnlicher Lebenshaltung betreffen, auch wenn die Krankheit das auslösende Moment für diese Kosten war (Schwimmbad im eigenen Haus: FG NdS 22.12.75, EFG 76, 184). Behinderungsbedingte Umbaukosten sind als außergewöhnliche Belastung zu berücksichtigen (BFH 24.2.11 – VI R 16/10, DStR 11, 713 mit Anm *Kanzler* FR 11, 583). Dies gilt auch bei schleichender Erkrankung (BFH 25.5.11 – VI R 35/11, BFH/NV 11, 1691). Wird nach § 33 EStG ein Abzug als außergewöhnliche Belastung gewährt, kommt daneben nicht der ungekürzte Pauschbetrag nach § 33b EStG in Betracht (BFH 13.7.11 – VI B 20/10, BFH/NV 11, 1863). Sind behinderungsbedingte Umbaukosten Werbungskosten, weil sie auf einem beruflich veranlassten Unfall beruhen, bleibt der Pauschbetrag nach § 33b EStG erhalten.

C. Sozialversicherungsrecht *Ruppelt*

11 **1. Die Berufskrankheit** ist ein Versicherungsfall der gesetzlichen UV (§ 7 Abs 1 iVm § 9 SGB VII). Anders als der Arbeitsunfall, für den eine einmalige schädigende Einwirkung auf den Körper typisch ist, wird die Berufskrankheit idR durch andauernde schädigende Einwirkungen hervorgerufen. Wegen der Vielzahl krankmachender Einflüsse ohne berufli-

chen Zusammenhang und den damit verbundenen Schwierigkeiten, den kausalen Zusammenhang mit der beruflichen Tätigkeit nachzuweisen, hat sich der Gesetzgeber für das Enumerationsprinzip entschieden, um praktisch nicht aufklärbare Zusammenhangsfragen zu vermeiden. Gleichzeitig sind solche Krankheiten als Berufskrankheiten ausgeschlossen worden, die in der Bevölkerung allgemein verbreitet sind und daher nicht als besonderes berufliches Schicksal angesehen werden können (grundlegend *Schulin* Bd 2/*Koch* §§ 35 ff; *Bieresborn* Die Ermittlung der Einwirkungen bei Berufskrankheiten, NZS 08, 354). Berufskrankheiten sind nur solche, die in Anlage 1 zur BKV vom 31.10.97 (BGBl I 97, 2633) idF der 2. BKV-ÄndV vom 11.6.09 (BGBl I 09, 1273) aufgeführt sind. Dort sind nur solche Erkrankungen als Berufskrankheiten bezeichnet, die in **bestimmten Berufen gehäuft** auftreten.

Die Anerkennung einer Listen-Berufskrankheit nach § 9 Abs 1 SGB VII iVm der Anlage zur BKV setzt voraus, dass die Verrichtung einer versicherten Tätigkeit **(sachlicher Zusammenhang)** durch Belastungen oder durch Schadstoffe zu Einwirkungen auf den Körper geführt hat **(Einwirkungskausalität)** und dass diese Einwirkungen eine Krankheit verursacht haben **(haftungsbegründende Kausalität)**. Die Einwirkungen bei der Verrichtung der versicherten Tätigkeit müssen ebenso wie die Krankheit durch Vollbeweis nachgewiesen werden. Für die erforderliche kausale Verknüpfung zwischen den Einwirkungen und der Krankheit genügt die **hinreichende Wahrscheinlichkeit** nach der Theorie der wesentlichen Bedingung, nicht allerdings die bloße Möglichkeit (BSG 2.4.09 – B 2 U 9/08 R, NZS 10, 288 mwN). Kriterien für die Wesentlichkeit der nach der Bedingungstheorie als Ursache festgestellten versicherten Einwirkungen sind, wenn andere festgestellte konkurrierende Ursachen in Betracht kommen, Art und Ausmaß der Einwirkungen, die konkurrierenden Ursachen, das Krankheitsbild sowie die gesamte Krankengeschichte, so dass letztlich in der Regel eine Gesamtbetrachtung anzustellen ist (BSG 9.5.06 – B 2 U 1/05 R, BSGE 96, 196; 12.1.10 – B 2 U 5/08 R, NZS 11, 35). Entscheidungsbasis für die Kausalitätsbeurteilung ist der aktuelle wissenschaftliche Erkenntnisstand. Erforderlich ist jeweils eine einzelfallbezogene positive Feststellung sowohl der Verursachung nach der Bedingungstheorie als auch der wesentlichen Verursachung der vorliegenden Erkrankung durch die versicherten Einwirkungen. Das bloße Fehlen von konkurrierenden Ursachen genügt bei komplexen Krankheitsgeschehen, die mehrere Ursachen haben können, nicht (BSG 9.5.06 – B 2 U 1/05 R, BSGE 96, 196).

Diese Voraussetzungen entsprechen denen eines Unfalls nach § 8 Abs 1 SGB VII. Bei diesem Versicherungsfall, der nur während eines begrenzten Zeitraums eintreten kann, muss der versicherten Tätigkeit die Verrichtung des Versicherten zur Zeit des Unfallereignisses zuzurechnen sein (sachlicher Zusammenhang) und diese Verrichtung muss zu dem zeitlich begrenzten von außen auf den Körper einwirkenden Ereignis – dem Unfallereignis – geführt haben (Unfallkausalität); das Unfallereignis muss einen Gesundheits(-erst-)schaden oder den Tod des Versicherten verursacht haben. Ausgehend von der versicherten Tätigkeit entsprechen die Einwirkungen bei der Listen-Berufskrankheit dem Unfallereignis beim Arbeitsunfall und die berufsbedingte Erkrankung dem Gesundheits(-erst-)schaden.

2. Die einzelnen Berufskrankheiten sind in der Anlage 1 zur **Berufskrankheitenverordnung (BKV)** aufgeführt. Es handelt sich um durch chemische Einwirkungen verursachte Krankheiten (Metalle, Erstickungsgase, Lösemittel, Pestizide), durch physikalische Einwirkungen verursachte Krankheiten (mechanische Einwirkungen, Druckluft, Lärm, Strahlen), durch Infektionserreger oder Parasiten verursachte Krankheiten (BSG 2.4.09 – B 2 U 30/07 R, BSGE 103, 45), Erkrankungen der Atemwege und der Lunge, des Rippenfells und des Bauchfells (Erkrankungen durch anorganische oder organische Stäube, obstruktive Atemwegserkrankungen), Hautkrankheiten und Krankheiten sonstiger Ursache (Augenzittern der Bergleute). Angaben zu den einzelnen Berufskrankheiten (Gefahrenquellen, Vorkommen, Krankheitsbilder, Diagnosen, Ursachen) enthalten die Merkblätter zu den einzelnen Berufskrankheiten (recherchierbar über: www.dguv.de).

Durch die 2. BKV-ÄndVO vom 11.6.09 (BGBl I 09, 1273) sind fünf neue Berufskrankheiten in die BKV aufgenommen worden (1318 Blutkrebs durch Benzol, 2112 Gonarthrose durch kniende Tätigkeiten, 4113 Lungenkrebs durch polyzyklische aromatische Kohlenwasserstoffe, 4114 Lungenkrebs durch das Zusammenwirken von Asbestfaserstaub und poly-

97 Berufskrankheit

zyklischen aromatischen Kohlenwasserstoffen, 4115 Lungenfibrose durch extreme und langjährige Einwirkung von Schweißrauchen und Schweißgasen). Diese Berufskrankheiten können nach § 6 Abs 1 BKV nur anerkannt werden, wenn der Versicherungsfall nach dem 30.9.02 (Inkrafttreten der 1. BKV-ÄndVO) eingetreten ist (für Altfälle der Berufskrankheit 4113 gilt der Stichtag 30.11.97). Zur Rückwirkungsproblematik bei neuen Berufskrankheiten: BSG 30.9.99 – B KN 5/98 U R, NZS 2000, 360; 7.9.04 – B 2 U 1/03 R, SGb 04, 628). Die Anerkennung der Erkrankung „Plattenepithelkarzinome oder multiple aktinische Keratosen der Haut durch natürliche UV-Strahlung" ist zu erwarten.

15 **3. Im Einzelfall** ist eine berufsbedingte Erkrankung wie eine Berufskrankheit („Wie-Berufskrankheit") zu entschädigen, wenn sie nicht in der BKV erfasst ist, sofern nach **neuen Erkenntnissen der medizinischen Wissenschaft** auch diese Erkrankung durch besondere Einwirkungen verursacht wurde, denen bestimmte Personengruppen durch ihre Arbeit in erheblich höherem Grade als die übrige Bevölkerung ausgesetzt sind (§ 9 Abs 2 SGB VII). Es sollen solche Erkrankungen berücksichtigt werden, die nur deshalb nicht in die Liste aufgenommen worden sind, weil die Erkenntnisse der medizinischen Wissenschaft über die besondere Gefährdung bestimmter Personengruppen in ihrer Arbeit bei der letzten Fassung der Liste noch nicht vorhanden waren oder nicht hinreichend berücksichtigt wurden (vgl *Schulin* Bd 2/*Koch* § 37 Rz 2 ff). Eine bewusste Nichtaufnahme der Erkrankung in die BKV schließt somit auch die Entschädigung im Einzelfall iSv § 9 Abs 2 SGB VII aus (vgl *Schulin* Bd 2/*Koch* § 37 Rz 16). Die Vorschrift ist keine Härteklausel, die zur Entschädigung führt, weil die Nichtentschädigung für Betroffene eine individuelle Härte bedeuten würde. Sinn dieser Regelung ist es vielmehr, solche durch die versicherte Tätigkeit verursachten Krankheiten wie eine Berufskrankheit zu entschädigen, die nur deshalb nicht in die Liste der Berufskrankheiten aufgenommen worden sind, weil die Erkenntnisse der medizinischen Wissenschaft über die besondere Gefährdung besonderer Personengruppen durch ihre Arbeit bei der letzten Fassung der BKV noch nicht vorhanden waren oder dem Verordnungsgeber nicht bekannt waren oder trotz Nachprüfung noch nicht ausreichten (BSG 30.1.86 – 2 RU 80/84, NZA 86, 619; 13.2.13 – B 2 U 33/11 R, NZS 13, 555). Voraussetzung für die Entschädigung einer Krankheit wie eine Berufskrankheit ist zusätzlich zu den sonstigen Voraussetzungen nach § 9 Abs 1 SGB VII das Vorliegen neuer Erkenntnisse der medizinischen Wissenschaft über den Ursachenzusammenhang zwischen schädigender Einwirkung infolge einer versicherten Tätigkeit und Erkrankung. Wie bei der Entscheidung des Verordnungsgebers im Rahmen des Abs 1 muss bei der Anwendung des Abs 2 hinreichend gesichert sein, dass die schädigende Einwirkung generell geeignet ist, die Entstehung oder Verschlimmerung einer bestimmten Erkrankung hervorzurufen (BSG 27.4.10 – B 2 U 13/09 R, SozR 4–2700 § 9 Nr 18, Neurotisierung durch falsche Schulpädagogik ist keine Wie-Berufskrankheit).

16 **4. Für das Entschädigungsverfahren und die Leistungen** der UVTräger gelten die für Arbeitsunfälle maßgebenden Vorschriften entsprechend. Für die Anzeigepflicht des ArbGeb gilt § 193 Abs 2 SGB VII. Die Leistungen richten sich wie beim Arbeitsunfall nach dem **Grad der Minderung der Erwerbsfähigkeit,** welcher durch die Folgen der Berufskrankheit verursacht wird (BSG 2.5.01 – B 2 U 24/00 R, *Breithaupt* 01, 783). Soweit Vorschriften über Leistungen auf den Zeitpunkt des Versicherungsfalls abstellen, ist bei Berufskrankheiten auf den Beginn der Arbeitsunfähigkeit oder der Behandlungsbedürftigkeit oder, wenn dies für den Versicherten günstiger ist, auf den Beginn der rentenberechtigenden Minderung der Erwerbsfähigkeit abzustellen (§ 9 Abs 5 SGB VII). Ob der Kläger bei Eintritt des Versicherungfalles noch in einem Arbeits- oder sonstigen Verhältnis steht, welches den Schutz der gesetzlichen UV begründet, ist unerheblich. Wesentlich ist lediglich, dass die Berufskrankheit durch eine versicherte Tätigkeit verursacht worden ist. Zu den Leistungen beim Tod des Versicherten als Folge einer Berufskrankheit s *Unfallversicherung* Rz 52, *Hinterbliebenenrente* Rz 38.

17 **5. Unterlassung der gefährdenden Tätigkeit.** Einige Berufskrankheiten setzen für den Eintritt des Versicherungsfalles voraus, dass der Versicherte alle Tätigkeiten unterlässt, die für die Entstehung, die Verschlimmerung oder das Wiederaufleben der Krankheit ursächlich waren oder sein können (BSG 22.8.2000 – B 2 U 34/99 R; SozR 3–5670 Anh 1 Nr 2108 Nr 2). Es handelt sich dabei um Erkrankungen durch Isozyanate (Nr 1315), Erkrankungen der Sehnenscheiden oder des Sehnengleitgewebes sowie der Sehnen- oder Muskelansätze

(Berufskrankheitenliste Nr 2101), vibrationsbedingte Durchblutungsstörungen (Nr 2104), bandscheibenbedingte Erkrankungen (Nr 2108–2110), durch allergisierende Stoffe verursachte obstruktive Atemwegserkrankungen (Nr 4301–4302), durch chemisch-irritativ oder toxisch wirkende Stoffe verursachte obstruktive Atemwegserkrankungen (Nr 4301–4302) und schwere oder wiederholt rückfällige Hauterkrankungen (Nr 5101). Im Regelfall muss der Versicherte bei diesen Berufskrankheiten seine bisherige **gefährdende Berufstätigkeit aufgeben**, wenn er Leistungen der UV erhalten will (BSG 19.8.03 – B 2 U 27/02 R, BeckRS 2003, 41641; BSG 22.3.11 – B 2 U 4/10 R, BeckRS 2011, 75121; *Becker* Die Voraussetzungen des Unterlassungszwangs im Berufskrankheitenrecht, NZS 04, 618). Zeitliche Reduzierung der gefährdenden Tätigkeit reicht nicht aus (ThürLSG 6.12.12 – L 1 U 1664/10, BeckRS 2013, 66806). Allerdings steht der Anerkennung der BK die weitere Ausübung der gefährdenden Tätigkeit nicht entgegen, wenn der Versicherte infolge von Schutzmaßnahmen seines ArbGeb in der Lage ist, seine bisherige Tätigkeit in vollem Umfang weiterzuführen und wenn die berufsbedingte Erkrankung im Zeitpunkt des Wirksamwerdens der Schutzmaßnahmen bereits eine MdE von wenigstens 10 vH bedingt (BSG 9.12.03 – B 2 U 5/03 R, NZA 04, 382).

6. Übergangsleistungen bei Aufgabe einer gefährdenden Tätigkeit. Stellt der Versicherte die gesundheitsgefährdende Tätigkeit vor Eintritt des Versicherungsfalles – also bevor ein rentenberechtigender Grad der MdE erreicht wird – ein, kommt ein Anspruch auf Ausgleich der ihm dadurch entstehenden wirtschaftlichen Nachteile durch Zahlung einer Übergangsleistung (§ 3 Abs 2 BKV) in Betracht (BSG 20.2.01 – B 2 U 10/00 R, NZS 01, 499; BSG 12.1.10 – B 2 U 33/08 R, WzS 10, 92). Voraussetzung ist, dass die Tätigkeit aufgegeben wird, weil die Gefahr fortbesteht, dass eine Berufskrankheit durch die Tätigkeit entsteht, wiederauflebt oder sich verschlimmert. § 3 Abs 2 BKV gilt für alle Berufskrankheiten und auch für die „Wie-Berufskrankheiten" nach § 9 Abs 2 SGB VII (BSG 7.9.04 – B 2 U 1/03 R, BSGE 93, 164; s oben Rz 15). Die UVTräger haben vor Unterlassung einer noch verrichteten gefährdenden Tätigkeit darüber zu entscheiden, ob die übrigen Voraussetzungen für die Anerkennung einer Berufskrankheit erfüllt sind. Ohne eine solche verbindliche Entscheidung ist es Versicherten idR nicht zumutbar, einen Entschluss über Aufgabe oder Fortsetzung der noch ausgeübten Tätigkeit zu fassen. 18

Beschäftigungsanspruch

A. Arbeitsrecht
Kania

1. Grundsatz. Zu unterscheiden ist zwischen dem Beschäftigungsanspruch des ArbN während des Bestands des Arbeitsverhältnisses und dem Anspruch auf Beschäftigung während eines Rechtsstreits über die wirksame Beendigung des Arbeitsverhältnisses (zu diesem sog *Weiterbeschäftigungsanspruch* s dort). Die Anerkennung eines allgemeinen Beschäftigungsanspruchs während des bestehenden Arbeitsverhältnisses war in dem im 19. Jahrhundert konzipierten Dienstvertragsrecht des BGB nicht vorgesehen. Den damaligen Anschauungen entsprechend galt der ArbGeb lediglich als Gläubiger der Arbeitsleistung, der sie fordern konnte, der aber zu ihrer Annahme nicht verpflichtet war und nur die vertragliche Vergütung schuldete. Eine Beschäftigungspflicht wurde deshalb nur in Ausnahmefällen anerkannt, in denen ArbN ein besonderes Interesse an der Ausübung ihrer Tätigkeit hatten (Lehrlinge, Künstler). 1

Allgemein anerkannt wurde ein Beschäftigungsanspruch des ArbN erst nach Inkrafttreten des GG durch die grundlegende Entscheidung des **BAG vom 10.11.55** (DB 56, 114). Das BAG bejaht seither mit breiter Zustimmung in der Literatur einen aus dem **Persönlichkeitsrecht** des ArbN abzuleitenden Anspruch auf tatsächliche Beschäftigung während des Arbeitsverhältnisses (vgl BAG GS 27.5.85, DB 85, 2197; *Schaub* § 109 Rz 5 mwN). Dem liegt die Erkenntnis zu Grunde, dass die Achtung und Wertschätzung des ArbN wesentlich von der von ihm geleisteten Arbeit abhängt und die Tätigkeit im Arbeitsverhältnis eine wesentliche Möglichkeit zur Entfaltung seiner geistigen und körperlichen Fähigkeiten und damit zur Entfaltung seiner Persönlichkeit darstellt (BAG GS 27.5.85, DB 85, 2197, 2199). 2

98   Beschäftigungsanspruch

3   **Durchsetzung des Beschäftigungsanspruchs** erfolgt durch Klage oder einstweilige Verfügung auf tatsächliche Beschäftigung. Die Vollstreckung des Beschäftigungsanspruchs richtet sich nach § 888 ZPO, erfolgt also durch die Androhung von Zwangsgeld oder Zwangshaft (LAG Bln 19.1.78, EzA Nr 1 zu § 888 ZPO). Da eine einstweilige Verfügung zu einer umfassenden Befriedigung des vermeintlichen Anspruchs führt, sind an den Verfügungsgrund hohe Anforderungen zu stellen (ArbG Köln 9.5.96, NZA-RR 97, 186). Bereits an einem Verfügungsanspruch fehlt es, wenn der ArbGeb zur Freistellung berechtigt war (LAG Hamm 18.9.03 – 17 Sa 1275/03, NZA-RR 04, 244 zur Schließung einer Abteilung).

4   **2. Befreiung von der Beschäftigungspflicht (Suspendierung). a) Allgemeines.** Der Beschäftigungsanspruch des ArbN entfällt, soweit der ArbGeb zur Suspendierung berechtigt ist. Die Suspendierung unterscheidet sich von der Kündigung dadurch, dass das Arbeitsverhältnis dem Grunde nach fortbesteht, aber die Rechte und Pflichten aus dem Arbeitsverhältnis ganz oder teilweise ruhen. Hinsichtlich der Zulässigkeit der Suspendierung und der Frage, ob neben der Beschäftigungspflicht auch die Vergütungspflicht ruht, ist danach zu unterscheiden, ob die Suspendierung auf einer Vereinbarung zwischen ArbN und ArbGeb oder auf einer einseitigen Anordnung des ArbGeb beruht.

5   **b) Vereinbarte Suspendierung.** Grds steht es den Arbeitsvertragsparteien frei, die Suspendierung sowohl der Beschäftigungs- als auch der Vergütungspflicht zu vereinbaren. Eine solche Vereinbarung muss nicht ausdrücklich getroffen werden; allerdings kann allein aus der zeitweisen Nichtgeltendmachung des Beschäftigungsanspruchs nicht auf einen dauerhaften Verzicht auf tatsächliche Beschäftigung geschlossen werden. Fehlt es an einer eindeutigen Vereinbarung, so ist im Zweifel davon auszugehen, dass der ArbN nicht auf den Vergütungsanspruch aus dem weiter bestehenden Arbeitsverhältnis verzichten wollte. Keine Bedenken bestehen gegen eine Absprache, soweit sie zwischen ArbGeb und ArbN für einen konkreten Einzelfall getroffen wird. Anders ist es jedoch, wenn bereits im Arbeitsvertrag eine Klausel vereinbart ist, die den ArbGeb zur Suspendierung des Arbeitsverhältnisses berechtigt. Eine solche Vereinbarung unterliegt im Hinblick auf die Schutzbedürftigkeit des ArbN einer gerichtlichen **Inhaltskontrolle**. Jedenfalls wenn dem ArbGeb ein umfassendes und an keine sachlichen Gründe geknüpftes Recht zur uneingeschränkten Arbeitsfreistellung im Formulararbeitsvertrag eingeräumt wird, ist die Regelung gem § 307 Abs 2 BGB unwirkam (*Schaub* § 109 Rz 9a).

6   Zulässig ist es, wenn für den Fall der Kündigung die Suspendierung der Arbeitspflicht **während der Kündigungsfrist** vereinbart wird (ArbG Köln 9.5.96, NZA-RR 97, 186; *Schaub* § 109 Rz 9a; aA APS/*Preis* Grundlagen K Rz 75).

7   **c) Suspendierung durch einseitige Erklärung. aa) Gründe.** Eine einseitige Suspendierung ist nur zulässig, wenn unter Berücksichtigung der Interessen des ArbN für den ArbGeb Gründe vorliegen, die ihm eine Weiterbeschäftigung unzumutbar erscheinen lassen und eine **sofortige Reaktion des Arbeitgebers erfordern** (BAG 15.6.72, DB 72, 1878; 19.8.76, DB 76, 2308). Die Unzumutbarkeit der Beschäftigung muss im Prozess der ArbGeb darlegen und beweisen (LAG München 19.8.92, NZA 93, 1130). Dabei kann die Suspendierung immer nur für eine kurze, vorübergehende Zeit zugelassen werden, weil es dem ArbN nicht zugemutet werden kann, trotz der weiter bestehenden Bindung an das Arbeitsverhältnis seine Beschäftigung nicht ausüben zu können. Zulässig ist eine einseitige Suspendierung danach idR nur dann, wenn eine erhebliche Gefährdung für die Ordnung des Betriebes oder die Gefahr einer schweren Vertragsverletzung (Verrat von Geschäftsgeheimnissen, Verstoß gegen Wettbewerbsverbot) besteht (APS/*Preis* Grundlagen K Rz 76). Bei einem ArbN in exponierter Stellung, der zur Konkurrenz abwandern will und Einblick in wichtige Geschäftsgeheimnisse hat, kann eine Suspendierung während der gesamten, auch längeren Kündigungsfrist gerechtfertigt sein (LAG Hamm 3.11.93, LAGE Nr 36 zu § 611 BGB Beschäftigungspflicht).

8   **bb) Folgen.** Die einseitige Suspendierung führt regelmäßig nicht zum Fortfall der Vergütungspflicht des ArbGeb (BAG 4.6.64, BB 64, 1045; LAG Hamm 5.5.75, DB 75, 1131; APS/*Preis* Grundlagen K Rz 78). Nur in extremen Ausnahmefällen, bei besonders schwerwiegendem Fehlverhalten des ArbN, kann die Vergütungspflicht entfallen (BAG 26.4.56, DB 56, 426; LAG Brem 24.8.2000 – 4 Sa 68/00, NZA-RR 2000, 632). Denkbar sind derartige

Ausnahmefälle insb dann, wenn eine sofortige Beendigung des Arbeitsverhältnisses durch fristlose Kündigung – wie zB bei BRatMitgliedern – nicht möglich ist (LAG Hess 26.4.2000 – 13 SaGa 3/00, NZA-RR 2000, 633).

Von einer Suspendierung betroffen werden nicht **sonstige Nebenpflichten** aus dem Arbeitsverhältnis, etwa Wettbewerbsverbote oder Geheimhaltungspflichten (BAG 30.5.78, DB 78, 2177). Eine **Beteiligung des Betriebsrats** bei der einseitigen Erklärung einer Suspendierung ist nicht erforderlich. Insbesondere ergibt sich auch kein Mitbestimmungsrecht aus § 99 BetrVG, denn die Nichtbeschäftigung ist keine Zuweisung eines „anderen Arbeitsbereichs" (§ 95 Abs 3 BetrVG) und damit keine Versetzung (BAG 22.1.98 – 2 AZR 267/97, NZA 98, 699). 9

B. Lohnsteuerrecht
Seidel

Lohnsteuerrechtlich ergeben sich in den Suspendierungsfällen keine Besonderheiten. Erhält der suspendierte ArbN keine Vergütung, ist auch lohnsteuerlich nichts veranlasst. Bei Weiterzahlung der Bezüge unterliegen diese weiterhin dem LStAbzug wie bisher. Zu beachten ist hierbei ggf, dass darin enthaltene Zuschläge für Sonntags-, Feiertags- oder Nachtarbeit für die Zeit der Suspendierung nicht nach § 3b EStG steuerfrei sind (s auch *Sonn- und Feiertagsarbeit* Rz 29 und *Freistellung von der Arbeit* Rz 33, 34). 10

C. Sozialversicherungsrecht
Schlegel

Anknüpfungspunkt für Rechte und Pflichten in der Sozialversicherung ist die Ausübung einer versicherungspflichtigen Beschäftigung oder Tätigkeit. Wird der Beschäftigungsanspruch des ArbN nicht erfüllt, führt dies in der KV, RV, PflegeV und ArblV regelmäßig dazu, dass der ArbN tatsächlich keine Arbeit leistet. IdR wird er dann auch kein Arbeitsentgelt erhalten. Dies könnte, wenn der Beschäftigungsanspruch vom ArbGeb zu Unrecht nicht erfüllt wird, zu gravierenden Nachteilen des ArbN in der SozV führen. 11

Nichterfüllung des Beschäftigungsanspruchs, die zum **Annahmeverzug** des ArbGeb führt, berührt den Fortbestand des Beschäftigungsverhältnisses und der Beitragspflicht aber ausnahmsweise nicht. Insoweit setzt das versicherungspflichtige Beschäftigungsverhältnis die tatsächliche Arbeitsleistung nicht voraus (s *Annahmeverzug* Rz 26; *Freistellung von der Arbeit* Rz 34). Anders ist dies in der UV, wo Versicherungsschutz nur bei der Arbeit und auf Wegen von und zur Arbeit besteht. Bleibt der ArbN zu Hause, weil der ArbGeb den Beschäftigungsanspruch ohnehin nicht erfüllt, können schon begrifflich keine Arbeitsunfälle eintreten. 12

Beschäftigungsgesellschaft

A. Arbeitsrecht
Kania

1. Allgemeines. Beschäftigungsgesellschaften haben zwischenzeitlich weitreichende Bedeutung als Gestaltungselement bei Unternehmenskrisen und -umstrukturierungen erlangt. Mit Hilfe der Beschäftigungsgesellschaften soll bei betriebsbedingten Entlassungen eine Alternative zur Arbeitslosigkeit geschaffen werden, indem den zu entlassenden ArbN die Möglichkeit eingeräumt wird, im Anschluss an die Beendigung des Arbeitsverhältnisses für einen befristeten Zeitraum in der Beschäftigungsgesellschaft tätig zu sein und diese Zeit zu einer Qualifizierung und Bewerbung für eine neue Tätigkeit im ersten Arbeitsmarkt zu nutzen. 1

Beschäftigungsgesellschaften können von den Unternehmen, die (Massen-)Entlassungen planen, konkret für den Einzelfall gegründet werden. Daneben existieren aber bereits regional und auch überregional arbeitende Beschäftigungsgesellschaften, welche über eine vorhandene Infrastruktur verfügen. Hinsichtlich der Bezeichnung derartiger Gesellschaften hat sich noch keine einheitliche Terminologie gebildet. Neben dem hier verwendeten Begriff „Beschäftigungsgesellschaft" sind zB auch die Bezeichnungen „Qualifizierungsgesellschaft" oder „Beschäftigungs- und Qualifizierungsgesellschaft" (kurz „BQG") gebräuchlich. Die Chemische Industrie gebraucht in ihren Vereinbarungen mit der IGBCE die Bezeichnung „Transfer- und Personalentwicklungsgesellschaften". Unter dem inzwischen riesigen Angebot gibt es ein immenses Qualitätsgefälle, so dass eine sorgfältige Information unerlässlich ist. 2

99 Beschäftigungsgesellschaft

3   **2. Ausgestaltung der Arbeitsverhältnisse.** Das zwischen ArbN und Beschäftigungsgesellschaft geschlossene Vertragsverhältnis ist im Kern ein „normales" Arbeitsverhältnis. Insbesondere ist die Beschäftigungsgesellschaft auch bei einer engen Anbindung an den bisherigen ArbGeb der übernommenen ArbN als alleiniger ArbGeb einzustufen, auch mit allen sozialversicherungsrechtlichen Folgen (dazu unten Rz 13). Der Abschluss des Arbeitsvertrages erfolgt vielfach über einen **dreiseitigen Vertrag,** in dem gleichzeitig zwischen bisherigem ArbGeb und ArbN die Beendigung des Arbeitsverhältnisses und die Begründung eines neuen Arbeitsverhältnisses mit der Beschäftigungsgesellschaft geregelt werden. Eine einseitige Versetzung in die Beschäftigungsgesellschaft übersteigt auch bei einer unternehmensinternen Beschäftigungsgesellschaft regelmäßig die Grenzen des Direktionsrechts (vgl ArbG Düsseldorf 10.4.04 – 4 Ca 11364/03 zu „Vivento"). Das Arbeitsverhältnis mit der Beschäftigungsgesellschaft ist regelmäßig auf ein bis zwei Jahre befristet, also innerhalb der Höchstgrenzen des § 14 Abs 2 TzBfG (dazu *Befristetes Arbeitsverhältnis* Rz 6 ff). Die **Arbeitsbedingungen** sind im Hinblick auf den Zweck der Beschäftigungsgesellschaft modifiziert. § 613a BGB steht dem nicht entgegen, weil regelmäßig keine Betriebsmittel übernommen werden und die ArbN einen anderen Betriebszweck, die Qualifizierung, verfolgen (*Gaul/ Kliemt* NZA 2000, 674, 675). Üblich ist etwa die Verpflichtung der ArbN, an von der BA finanzierten Qualifizierungsmaßnahmen teilzunehmen, sowie das Recht, innerhalb einer kurzen Ankündigungsfrist auch während des Befristungszeitraums das Arbeitsverhältnis mit der Beschäftigungsgesellschaft zu kündigen. Vielfach üblich ist es auch, zu vereinbaren, dass die Beschäftigungsgesellschaft ArbN einem anderen Unternehmen auf Zeit überlassen kann, um den ArbN für ein neues Arbeitsverhältnis zu erproben, oder das vorübergehende Ruhen des Arbeitsverhältnisses mit der Beschäftigungsgesellschaft zu vereinbaren, falls der ArbN ein befristetes Arbeitsverhältnis bei einem anderen Unternehmen eingeht. Ein **Betriebsrat** kann in der Beschäftigungsgesellschaft gewählt werden. Beteiligt sind aber nur ArbN, die Arbeiten verrichten, welche dem Betriebszweck dienen, nicht dagegen die zu qualifizierenden ArbN, die – wie Auszubildende im reinen Ausbildungsbetrieb – selbst Gegenstand des Betriebszwecks sind (ErfK/*Koch* § 5 BetrVG Rn 2–4).

4   **3. Finanzierung.** Die finanzielle Ausstattung der Beschäftigungsgesellschaft erfolgt grds gemeinsam durch den ehemaligen ArbGeb und die BA. Regelmäßig liegt das Schwergewicht der Finanzierung bei der BA durch die Gewährung von Transferkurzarbeiter-Geld gem § 111 SGB III (Näheres s unten Rz 15 ff). Ergänzt werden die Leistungen der BA durch Zuschüsse zu Qualifizierungsmaßnahmen im Einzelfall (§ 110 SGB III). Der ArbGeb beteiligt sich meist dadurch an der Finanzierung der Beschäftigungsgesellschaft, dass er das Kurzarbeitergeld aufstockt. Derartige Leistungen werden in einem Sozialplan gem § 112 BetrVG festgeschrieben. Damit der ehemalige ArbGeb die für diese Sozialplanleistungen notwendigen Mittel (gerade in der Krise) aufbringen kann, ist es durchaus gängige Praxis, dass den betroffenen ArbN recht deutlich klargemacht wird, dass eine Übernahme in die Beschäftigungsgesellschaft nur infrage kommt, wenn das Arbeitsverhältnis mit dem ehemaligen ArbN unter Abkürzung der persönlichen Kündigungsfristen beendet wird. Im Hinblick auf die Abhängigkeit von den Zuschüssen des früheren ArbGeb und der BA ist es zulässig, den dreiseitigen Vertrag zur Begründung des Arbeitsverhältnisses unter die aufschiebende **Bedingung** der Förderung durch die BA bzw unter die auflösende Bedingung von kontinuierlichen Zuschüssen des früheren ArbGeb zu stellen (LAG Hbg 7.9.05 – 5 Sa 41/05, NZA-RR 05, 658). Zu Einzelheiten der Förderung durch die BA und zum Verhältnis der verschiedenen Leistungen zueinander s unten Rz 15 ff.

5   **4. Beschäftigungs- und Auffanggesellschaft.** Wird die Beschäftigungsgesellschaft als Mittel zum Personalabbau gebraucht, endet die Umstrukturierungsmaßnahme häufig nicht mit der Überleitung der Arbeitsverhältnisse auf die Beschäftigungsgesellschaft. Als vermeintlicher „Königsweg" zur Ausschaltung der Betriebsübergangsproblematik wird wie folgt vorgegangen: Im unmittelbaren zeitlichen Zusammenhang mit der erfolgten Überleitung der Arbeitsverhältnisse in die Beschäftigungsgesellschaft tritt eine schon vorhandene oder neu gegründete Auffanggesellschaft des bisherigen ArbGeb, welche die bisherige Geschäftstätigkeit (ggf in vermindertem Umfang) fortführt, auf den Plan. Diese Auffanggesellschaft macht nun einem Teil der in der Beschäftigungsgesellschaft „geparkten" ArbN neue Angebote zur Fortsetzung ihrer Tätigkeit in der Auffanggesellschaft, wobei hier regelmäßig aus ArbGeb-

Sicht günstigere Arbeitsbedingungen gelten (vgl zur näheren Ausgestaltung *Lembke* BB 04, 773).

Die in diesem Modell liegende Kombination von Aufhebungsvertrag mit allen ArbN des früheren ArbGeb und Neubegründung von Arbeitsverhältnissen mit einem Teil der ArbN in der Auffanggesellschaft begegnet erheblichen Bedenken im Hinblick auf die **Vereinbarkeit mit § 613a BGB.** Das BAG (10.12.98 – 8 AZR 324/97, NZA 99, 422) hat im Grundsatz eine rechtswidrige Umgehung von § 613a BGB verneint und eine zulässige Vermeidungsstrategie angenommen. Dies gilt freilich unter der Voraussetzung, dass die betroffenen ArbN in vollem Umfang über die Situation aufgeklärt sind. Ist dies der Fall, scheide eine Umgehung von § 613a BGB aus, weil diese Vorschrift nicht Aufhebungsverträge verbiete, die auf eine endgültige Beendigung des Arbeitsverhältnisses zielten (BAG 10.12.98 – 8 AZR 324/97, NZA 99, 422). Diese Rspr ist vom BAG mit Entscheidung vom 18.8.05 bestätigt und präzisiert worden: Klargestellt hat das Gericht, dass eine Umgehung von § 613a BGB nur dann ausscheide, wenn bei Abschluss des Aufhebungsvertrags dem ArbN noch kein neuer Arbeitsvertrag beim Betriebserwerber verbindlich in Aussicht gestellt war. Dabei stehe es dem ausdrücklichen Versprechen eines Arbeitsvertrages gleich, wenn sich aus den Umständen ergebe, dass er vom Betriebserwerber eingestellt werde (BAG 18.8.05 – 8 AZR 523/04, NZA 06, 145, bestätigt durch BAG 23.11.06 – 8 AZR 349/06, NZA 07, 866) oder dies so gut wie sicher ist (BAG 25.10.12 – 8 AZR 572/11, BB 12, 2815). Dies kann selbst bei einem Losverfahren zur Vergabe der zukünftigen Arbeitsplätze der Fall sein (BAG 18.8.11 – 8 AZR 312/10, NZA 12, 152). Zudem kann ein Aufhebungsvertrag dann gem § 123 Abs 1 BGB wegen arglistiger Täuschung angefochten werden, wenn der ArbGeb dem ArbN beim Abschluss des Vertrags vorspiegelt, der Betrieb solle geschlossen werden, in Wahrheit jedoch ein Betriebsübergang geplant ist (BAG 23.11.06 – 8 AZR 349/06, NZA 07, 866). Vorsicht ist geboten, wenn in der Auffanggesellschaft eine „olympiareife Mannschaft" junger, gesunder ArbN zusammengestellt wird. Die zielgerichtete Vermeidung einer Sozialauswahl kann sowohl als Umgebung von § 613a BGB (so BAG 23.11.06 – 8 AZR 349/06, NZA 07, 866) als auch als Verstoß gegen das AGG gewertet werden (*Krieger/Fischinger* NJW 07, 2289).

Nur am Rande erwähnt hat das BAG in seiner Rspr eine mögliche **Umgehung von § 1 Absatz 3 KSchG.** Immerhin liegt das maßgebliche Ziel der skizzierten Umstrukturierung darin, bei der Verringerung der Belegschaft in der Auffanggesellschaft auch solche ArbN einzustellen, die bei einer Rationalisierungskündigung durch den bisherigen ArbGeb nach den Grundsätzen der Sozialauswahl (vgl *Kündigung, betriebsbedingte* Rz 26) gekündigt worden wären. In der Logik der Entscheidung des BAG vom 10.12.98 liegt es allerdings, auch eine Umgehung von § 1 Abs 3 KSchG zu verneinen, da diese Vorschrift nicht den Abschluss von Aufhebungsverträgen mit dem Ziel einer Vertragsbeendigung verbietet. Allerdings hat das BAG in der Entscheidung vom 18.8.05 darauf hingewiesen, dass eine Umgehung von § 613a BGB vorliegen könne, wenn die Übernahme in eine Beschäftigungsgesellschaft offensichtlich bezwecke, die Sozialauswahl zu umgehen (BAG 18.8.05 – 8 AZR 523/04, NZA 06, 145). Wichtig ist, dass die Rechtsbeständigkeit der Aufhebungsverträge in diesem Modell stets von einer vollständigen Information der ArbN abhängt. Ansonsten besteht ggf die Möglichkeit zu einer Anfechtung wegen arglistiger Täuschung gem § 123 BGB. Da mitunter auf die betroffenen ArbN von Seiten aller Beteiligter, auch der an den Beschäftigungsgesellschaften beteiligten Gewerkschaften, ein massiver Druck zum Abschluss der Aufhebungsverträge ausgeübt wird, ist weiter zu prüfen, ob nicht auch die Grenze der widerrechtlichen Drohung überschritten wird.

5. Sozialplan. Die Verpflichtung des ArbGeb, bei Vorliegen einer Betriebsänderung iSd § 111 BetrVG im Rahmen eines Sozialplans die Einschaltung einer Beschäftigungsgesellschaft vorzusehen, ist grds möglich. Würde die Einigungsstelle diese Möglichkeit (an Stelle eines reinen Abfindungs-Sozialplans) überhaupt nicht in ihre Erwägungen einbeziehen, überschreitet sie ihr Ermessen. Dies ergibt sich schon aus dem vom BAG anerkannten Sinn und Zweck eines Sozialplans, zukünftige Nachteile der Betroffenen auszugleichen und keine zusätzliche Entlohnung für den Verlust des Arbeitsplatzes auszuwerfen. § 112 Abs 5 Nr 2a BetrVG betont ausdrücklich, dass die Einigungsstelle die im SGB III vorgesehenen Förderungsmöglichkeiten zur Vermeidung von Arbeitslosigkeit berücksichtigen soll. Eine Pflicht zur Einschaltung einer Beschäftigungsgesellschaft infolge einer entsprechenden Ermessens-

99 Beschäftigungsgesellschaft

reduzierung auf Null dürfte allerdings kaum anzunehmen sein (ebenso *Meyer* BB 04, 490; *Lembke* BB 04, 773; *Gaul/Otto* NZA 04, 1301). Ebenso würde die Einigungsstelle ihren Ermessensspielraum überschreiten, wenn sie den ArbGeb zur Gründung einer eigenen Beschäftigungsgesellschaft verpflichten und nicht nur die Beteiligung an einer externen Beschäftigungsgesellschaft vorsehen würde (vgl *Gaul/Kliemt* NZA 2000, 674, 676).

B. Lohnsteuerrecht
Seidel

9   **1. Leistungen der Beschäftigungsgesellschaft.** Die Beschäftigungsgesellschaft (zur Gemeinnützigkeit derartiger Gesellschaften s BMF 11.3.92 – IV B 4 – S 0170 – 32/92, BStBl I 93, 214) hat als alleiniger ArbGeb (s oben Rz 3) die steuerrechtlichen ArbGebPflichten zu erfüllen (s *Arbeitgeber* Rz 19 ff). Die Befristung des Arbeitsverhältnisses spielt dabei keine Rolle (s *Befristetes Arbeitsverhältnis* Rz 51; s dort auch zu Lohnkostenzuschüssen). Insbesondere unterliegt der von der Beschäftigungsgesellschaft gezahlte Arbeitslohn dem LStAbzug (s *Lohnabzugsverfahren* Rz 2 ff).

10   Bei **Überlassung** der ArbN an andere Unternehmen (s oben Rz 3) bleibt die Beschäftigungsgesellschaft als Verleiher ArbGeb (s hierzu *Arbeitnehmerüberlassung/Zeitarbeit* Rz 34 ff). **Ruht das Arbeitsverhältnis** mit der Beschäftigungsgesellschaft (s oben Rz 3) und erhält der ArbN seinen Arbeitslohn von einem anderen Unternehmen aufgrund eines befristeten Arbeitsverhältnisses, treffen die lohnsteuerrechtlichen Pflichten das andere Unternehmen.

11   **2. Anderweitige Leistungen.** Das von der BA gezahlte Kurzarbeitergeld ist steuerfrei, unterliegt aber dem Progressionsvorbehalt (s auch *Kurzarbeit* Rz 27). Dies gilt auch für das Transferkurzarbeitergeld (s unten Rz 15 ff), da es eine Leistung nach dem SGB III darstellt (vgl § 3 Nr 2 EStG). Zur steuerlichen Behandlung von Leistungen der BA im Rahmen von Umschulungsmaßnahmen s *Umschulung* Rz 15. Soweit der ehemalige ArbGeb das Kurzarbeitergeld durch Zahlungen im Rahmen eines Sozialplans aufstockt, bestimmt sich die lohnsteuerliche Behandlung nach der Art der gewährten Leistungen (s hierzu *Sozialplan* Rz 61–63). Zur lohnsteuerlichen Behandlung von Zahlungen an den ArbN im Rahmen eines Aufhebungsvertrages mit dem bisherigen ArbGeb (oben Rz 5–7) s *Aufhebungsvertrag* Rz 26–28.

12   Zur steuerlichen Behandlung der Erstattung von AlGeld und AlGeld II an die Agentur für Arbeit s *Erstattungsanspruch der Agentur für Arbeit* Rz 12.

C. Sozialversicherungsrecht
Voelzke

13   **1. Allgemeines.** Für die sozialversicherungsrechtliche Beurteilung der Überführung von ArbN in sog Beschäftigungsgesellschaften (zum Begriff s oben Rz 1 ff) ist von Bedeutung, ob die nachfolgende Tätigkeit für die Gesellschaft die SozVPflicht der ArbN begründet und von wem die mit der Versicherungspflicht korrespondierenden ArbGebPflichten zu erfüllen sind. Im Hinblick auf die Finanzierung der Gesellschaften ist ferner von Interesse, ob und in welchem Umfang Leistungen der ArblV zur Vermeidung von Arbeitslosigkeit der betroffenen ArbN eingesetzt werden können. Erwünschte **Folgewirkungen** des Wechsels der ArbN in eine Beschäftigungsgesellschaft können mit Blick auf die späteren Leistungsansprüche der ArbN gegenüber der ArblV eintreten.

14   **2. Beschäftigung und Arbeitgeberpflichten.** Das Tätigwerden des ArbN für eine Beschäftigungsgesellschaft erfüllt grundsätzlich die Voraussetzungen einer Beschäftigung gegen Arbeitsentgelt, die die Grundlage für die Versicherungspflicht in allen Zweigen der SozV bildet. Dies ist auch dann unproblematisch, wenn keine planmäßige Erwerbstätigkeit ausgeübt wird, sondern die berufliche Qualifizierung im Vordergrund steht, denn **betriebliche Bildungsmaßnahmen** sind nach § 7 Abs 2 SGB IV dem Begriff der Beschäftigung gleichgesetzt (s *Betriebliche Berufsbildung* Rz 24 ff). Der Versicherungspflicht steht es nicht entgegen, wenn „Kurzarbeit Null" vereinbart wird und der ArbN von einer tatsächlichen Beschäftigung freigestellt ist (BSG 4.7.12 – B 11 AL 9/11 R, BeckRS 12, 75054). Die ArbGebPflichten des SozVRechts sind regelmäßig von der juristisch eigenständigen Beschäftigungsgesellschaft zu erfüllen, soweit diese das Weisungsrecht gegenüber dem ArbN innehat und zur Lohn- und Gehaltszahlung verpflichtet ist.

15   **3. Transferkurzarbeitergeld.** Das **Transferkurzarbeitergeld** (§ 111 SGB III) wird ArbN gewährt, um ihre Entlassung zu vermeiden und ihre Vermittlungsaussichten zu verbes-

Beschäftigungsgesellschaft

sern. Es handelt sich um eine Leistung zur Förderung der Eingliederung bei betrieblichen Restrukturierungen (vgl hierzu auch *Gaul/Bonanni/Otto* DB 03, 2387; *Meyer* BB 04, 490; *Ludwig* Betrieb und Wirtschaft 04, 47; *Lembke* BB 04, 779; *Stück* MDR 05, 663; *Sieg* NZA Beilage 1/05, 9; *Mengel/Ullrich* BB 05, 1109; *Roffler* AuR 09, 384). Das Transferkurzarbeitergeld sollte „die aktivierenden Elemente des alten Instruments stärken und gleichzeitig die bislang bestehenden Fehlanreize zum Missbrauch des Instruments" abschaffen (BT-Drs 15/1515 S 92; s zu Qualitätsstandards für Transfergesellschaften *Zabel/Bohnenkamp/Fieber/Bade*, SozSich 10, 307).

a) Voraussetzungen. Zur Vermeidung von Entlassungen und zur Verbesserung ihrer **16** Vermittlungsaussichten besteht der Anspruch nach § 111 Abs 1 SGB III für ArbN zur Förderung der Eingliederung bei betrieblicher Restrukturierung. Die weiteren Voraussetzungen für das Transferkurzarbeitergeld sind nach § 111 Abs 1 SGB III erfüllt, wenn und solange die ArbN von einem dauerhaften unvermeidbaren Arbeitsausfall mit Entgeltausfall betroffen sind (Nr 1), die betrieblichen Voraussetzungen erfüllt sind (Nr 2), die persönlichen Voraussetzungen erfüllt sind (Nr 3), sich die Betriebsparteien im Vorfeld der Entscheidung über die Inanspruchnahme der Leistung von der AA beraten haben lassen (Nr 4) und der dauerhafte Arbeitsausfall der Agentur für Arbeit angezeigt ist (Nr 5).

Ein **dauerhafter Arbeitsausfall** ist gegeben, wenn eine Betriebsänderung iSd § 111 **17** BetrVG unabhängig von der Unternehmensgröße eintritt und wenn infolge dieser Betriebsänderung die Beschäftigungsmöglichkeiten für die ArbN nicht nur vorübergehend entfallen (§ 111 Abs 2 SGB III). Damit fordert das Gesetz zur Verwaltungsvereinfachung und aus Gründen der Rechtsklarheit nicht mehr eine Erheblichkeit des Arbeitsausfalls (vgl BT-Drs 15/1515 S 92). Ob aus dem Erfordernis einer Betriebsänderung iSd § 111 BetrVG folgt, dass nur in Unternehmen, die unter das BetrVG fallen, Transferkurzarbeitergeld in Anspruch genommen werden kann, erscheint zweifelhaft (*Lembke* BB 04, 779).

Die **betrieblichen Voraussetzungen** für die Gewährung von Transferkurzarbeitergeld **18** liegen nach § 111 Abs 3 SGB III vor, wenn in einem Betrieb Personalanpassungsmaßnahmen aufgrund einer Betriebsänderung durchgeführt werden und die von Arbeitsausfall betroffenen ArbN zur Vermeidung von Entlassungen und zur Verbesserung ihrer Eingliederungschancen in einer betriebsorganisatorisch eigenständigen Einheit zusammengefasst werden. Zusätzlich ist zu prüfen, ob die Organisation und Mittelausstattung der betriebsorganisatorisch eigenständigen Einheit den angestrebten Integrationserfolg erwarten lässt und ein System zur Sicherung der Qualität angewendet wird. Das geltende Recht hat das bisherige Merkmal der Strukturkrise, die eine Betriebsänderung nach sich ziehen musste, aufgegeben. Es wird nur noch auf die betriebliche Ebene abgestellt und das Instrument zur Begleitung aller betrieblicher Restrukturierungsprozesse geöffnet (BT-Drs 15/1515 S 92). Bei einer betriebsorganisatorisch eigenständigen Einheit kann es sich um eine interne Einheit im bisherigen Betrieb als auch um eine externe Gesellschaft handeln (*Meyer* BB 04, 493).

Die **persönlichen Voraussetzungen** der Förderung regelt § 111 Abs 4 SGB III. Trans- **19** ferkurzarbeitergeld erhalten ArbN, wenn sie von Arbeitslosigkeit bedroht sind (Nr 1), sie nach Beginn des Arbeitsausfalls eine versicherungspflichtige Beschäftigung fortsetzen oder im Anschluss an die Beendigung eines Berufsausbildungsverhältnisses aufnehmen (Nr 2), sie nicht vom Kurzarbeitergeldbezug ausgeschlossen sind (Nr 3) und sie sich arbeitsuchend gemeldet und grds vor der Überleitung in die betriebsorganisatorisch eigenständige Einheit aus Anlass der Betriebsänderung an einer arbeitsmarktlich zweckmäßigen Maßnahme zur Feststellung der Eingliederungsaussichten teilgenommen haben (Nr 4). Ob der ArbN von Arbeitslosigkeit bedroht ist, ist anhand derjenigen Gruppe zu prüfen, die in einer betriebsorganisatorisch eigenständigen Einheit zusammengefasst ist. Hierbei ist unerheblich, ob der von Kurzarbeit betroffene ArbN selbst von Arbeitslosigkeit betroffen ist. Ferner ist nicht erforderlich, dass die drohende Kündigung rechtmäßig ist (BSG 29.1.08 – B 7/7a AL 20/06 R, SGb 09, 375 mit Anm *Peters-Lange*).

Durch die von Nr 4 geforderte Teilnahme an einer **Feststellungsmaßnahme** soll eine **20** Aktivierung der ArbN erreicht werden. Die ArbN sollen in die Lage versetzt werden, ihre eigenen Perspektiven auf dem Arbeitsmarkt besser einzuschätzen und dementsprechend zu handeln (BT-Drs 15/1515 S 92).

Das **Anzeigeverfahren** folgt nach § 111 Abs 6 SGB III den Regelungen beim Kurz- **21** arbeitergeld (s *Kurzarbeit*). Die vom ArbGeb oder der Betriebsvertretung zu erstattende

99 Beschäftigungsgesellschaft

Anzeige hat bei der Agentur für Arbeit zu erfolgen, in deren Bezirk der personalabgebende Betrieb seinen Sitz hat. Auf den Sitz der Beschäftigungsgesellschaft kommt es nicht an. Die Beschäftigungsgesellschaft hat auch nicht die Anzeige zu erstatten (*Mengel/Ullrich* BB 05, 113). Neu ist ab 1.1.11 die Anforderung, dass der ArbN sich vor der Überleitung bei der Agentur für Arbeit arbeitsuchend melden muss. Nach § 38 Abs 3 Satz 1 Nr 1 SGB III ist die Arbeitsvermittlung durch die Arbeitsagentur auch während des Bezugs von Transferkurzarbeitergeld durchzuführen. Die Verpflichtung der Beschäftigungsgesellschaft zur Unterbreitung von Vermittlungsvorschlägen bleibt bestehen.

22   **b) Anforderungen während des Leistungsbezugs.** Um den Vorrang der Vermittlung in Arbeit während des Bezuges von Transferkurzarbeitergeld sicherzustellen, hat der ArbGeb den geförderten ArbN **Vermittlungsvorschläge** zu unterbreiten (§ 111 Abs 7 Satz 1 SGB III). Bei Einbindung einer Beschäftigungsgesellschaft obliegt der Gesellschaft auch diese ArbGebPflicht. Die Obliegenheit der ArbGeb zur Wahrung des Anspruches folgt aus der Überlegung, dass ArbGeb und eventuell von ihm mit der Erbringung von Vermittlungsleistungen beauftragte Dritte Zugang zu Arbeitsplatzangeboten haben, die der BA nicht gemeldet werden. Kommt der ArbGeb oder ein von ihm beauftragter Dritter dieser Verpflichtung nicht nach, so kann die Förderzusage durch die BA wieder aufgehoben werden. Die BA stellt bei der Prüfung der Vermittlungsaktivitäten auf eine maßnahmebezogene, nicht auf eine personenbezogene Betrachtungsweise ab (*Ludwig* Betrieb und Wirtschaft 04, 478). ArbN mit Leistungsdefiziten sollen Maßnahmen zur Verbesserung ihrer Eingliederungschancen angeboten werden. Maßnahmen und Träger müssen zertifiziert sein. Alternativ kann auch eine Beschäftigung von bis zu sechs Monaten zum Zwecke der Qualifizierung bei einem anderen ArbGeb durchgeführt werden (sog Schnupperbeschäftigung). Während der Zeit dieser Beschäftigung entfällt der Anspruch auf das Kurzarbeitergeld.

23   **c) Leistungsumfang.** Das Transferkurzarbeitergeld entspricht in seiner Berechnung dem Kurzarbeitergeld (s *Kurzarbeit*). Die **Höchstbezugsdauer** wird durch § 111 Abs 1 Satz 2 SGB III auf zwölf Monate begrenzt. Eine Verlängerungsmöglichkeit durch VO besteht nicht mehr. Damit soll ein Gleichklang zur ebenfalls verkürzten Bezugsdauer beim AlGeld hergestellt und der Nutzung dieses Instruments als Mittel zur Frühverrentung ein Riegel vorgeschoben werden (BT-Drs 15/1515 S 93). Erkrankt der ArbN während des Bezugs von Transferkurzarbeitergeld, so kann er Krankengeld nur in Höhe des Kurzarbeitergeldes beanspruchen (BSG 14.12.06 – B 1 KR 9/06 R, SozR 4–2500 § 47 Nr 6).

24   **d) Mitteilungspflicht.** Nach § 111 Abs 9 SGB III hat der ArbGeb der Agentur für Arbeit monatlich **Daten** über die Struktur der betriebsorganisatorischen Einheit, die Zahl der darin zusammengefassten ArbN sowie Angaben über die Altersstruktur und die Integrationsquote der Empfänger von Transferkurzarbeitergeld zuzuleiten. Zusätzlich sind auch die Namen und SozVNummern der Bezieher zu übermitteln.

25   **4. Folgewirkungen** kann die Beschäftigung unter dem Dach einer Beschäftigungsgesellschaft für einen anschließenden Anspruch der ArbN auf AlGeld haben. Hierbei ist in erster Linie an die Auswirkungen auf das **Ruhen des Leistungsanspruchs** wegen Zahlung einer Entlassungsentschädigung nach § 158 SGB III (s *Abfindung* Rz 60 ff) zu denken. Auszugehen ist von dem Grundsatz, dass die Bedingungen des Arbeitsverhältnisses, wegen dessen Beendigung die Abfindung gewährt wird, für Eintritt und Dauer des Ruhenszeitraums maßgebend sind (BSG 15.2.2000 – B 11 AL 45/99, SozR 3–4100 § 117 Nr 21). Dies ist das Arbeitsverhältnis beim bisherigen ArbGeb. Die Ruhensfolge wird folglich vermieden, wenn infolge der Tätigkeit für die Beschäftigungsgesellschaft während des Laufs der für den (bisherigen) ArbGeb geltenden Kündigungsfrist kein AlGeld beansprucht wird. Unabhängig vom Lauf der für den ArbGeb maßgebenden Kündigungsfrist ruht der Anspruch auf AlGeld nach § 158 Abs 2 Satz 1 SGB III, beginnend mit der Beendigung des ursprünglichen Beschäftigungsverhältnisses, für höchstens ein Jahr.

26   Ferner entfällt die Minderung des AlGeldAnspruchs infolge des Eintritts einer **Sperrzeit** wegen Arbeitsaufgabe (s *Sperrzeit* Rz 9 ff) nach § 148 Abs 2 Satz 2 SGB III, wenn das Ereignis, das die Sperrzeit begründet (zB Beendigung des Beschäftigungsverhältnisses durch Aufhebungsvertrag mit dem früheren ArbGeb), bei Erfüllung der Voraussetzungen für den Anspruch auf AlGeld länger als ein Jahr zurückliegt.

Beschäftigungsverbot

A. Arbeitsrecht *Kreitner*

1. Begriff. Durch Beschäftigungsverbote wird bestimmten Gruppen von ArbN die Ausübung einer fremdbestimmten Tätigkeit im Rahmen eines Arbeitsverhältnisses untersagt. Die Beschäftigungsverbote sind zumeist in Gesetzen oder Verordnungen normiert, können jedoch auch durch Tarifvertrag oder Betriebsvereinbarung Geltung erlangen. Sie betreffen entweder das Arbeitsverhältnis insgesamt oder sind auf bestimmte (zB körperlich besonders belastende) Tätigkeiten beschränkt. Auch mitbestimmungswidriges Handeln des ArbGeb kann ein Beschäftigungsverbot begründen (BAG 5.4.01 – 2 AZR 580/99, NZA 01, 893; LAG BaWü 31.7.09 – 7 Sa 48/09: mitbestimmungswidrige Einstellung). Beschäftigungsverbote bilden damit das rechtliche Gegenstück zu der grds im Arbeitsverhältnis bestehenden Arbeits- und Beschäftigungspflicht. Auch ohne das Eingreifen eines besonderen Beschäftigungsverbots kann der ArbN jedoch berechtigt sein, seine Arbeitsleistung zurückzuhalten (Näheres s *Leistungsverweigerungsrecht* Rz 3 ff; *Arbeitspflicht* Rz 6 ff; *Beschäftigungsanspruch* Rz 4 ff; *Freistellung von der Arbeit* Rz 5 ff; *Zurückbehaltungsrecht* Rz 1 ff).

Fällt ein Beschäftigungsverbot in einem Zeitraum, für den bereits vor Kenntnis von dem Beschäftigungsverbot **Urlaub** beantragt und bewilligt worden ist, so wird der ArbGeb nach § 275 BGB von der Freistellungsverpflichtung frei. Der Urlaubsanspruch des ArbN ist ersatzlos untergegangen und bedarf insoweit keiner Neufestsetzung (LAG RhPf 29.1.09 – 11 Sa 547/08, BeckRS 2009, 64348). In dem typischen Fall des schwangerschaftsbedingten Beschäftigungsverbots kommt auch eine analoge Anwendung des § 9 BUrlG nicht in Betracht (BAG 9.8.94, DB 95, 1035).

Abzugrenzen sind Beschäftigungsverbote von den weitergehenden sog **Abschlussverboten**. Im Gegensatz zu den Beschäftigungsverboten, die lediglich die Ausübung der Tätigkeit im bestehenden Arbeitsverhältnis untersagen, verhindern die Abschlussverbote bereits die Entstehung des Arbeitsverhältnisses durch eine entsprechende Personalauswahl unter den Bewerbern um einen freien Arbeitsplatz.

2. Rechtsfolgen bei Verstoß. a) Zurückbehaltungsrecht. Der ArbN muss einem Arbeitsverlangen des ArbGeb, das gegen ein Beschäftigungsverbot verstößt, nicht Folge leisten. Ihm steht insoweit ein *Zurückbehaltungsrecht* zu (vgl auch *Leistungsverweigerungsrecht* Rz 3 ff), da er nicht gezwungen werden kann, sich gesetzeswidrig zu verhalten. Folgt das Beschäftigungsverbot aus einem ärztlichen Befund (zB § 3 Abs 1 MuSchG), so kann sich die ArbN grds auf die Richtigkeit des Attests verlassen, da dieser Bescheinigung eine hohe Beweiskraft zukommt. Das gilt umso mehr, wenn es zeitnah durch einen unabhängigen Arzt bestätigt wird (LAG Köln 13.12.01 – 6 Sa 953/01, NZA-RR 02, 569). Das ärztliche Zeugnis ist dabei konstitutive Voraussetzung für das Beschäftigungsverbot (BAG 11.11.98 – 5 AZR 49/98, NZA 99, 763; 9.10.02 – 5 AZR 443/01, NZA 04, 257; *Schliemann/König* NZA 98, 1030). Bestehen allerdings berechtigte Zweifel an der Richtigkeit der Bescheinigung, kann der ArbGeb diesen Beweiswert durch die Darlegung entsprechender Tatsachen oder die Durchführung einer weiteren ärztlichen Untersuchung der Schwangeren entkräften. Ihn trifft insofern die Beweislast dafür, dass die Voraussetzungen für ein Beschäftigungsverbot in Wahrheit nicht vorgelegen haben (BAG 1.10.97 – 5 AZR 685/96, NZA 98, 194; 21.3.01 – 5 AZR 352/99, NZA 01, 1017; 13.2.02 – 5 AZR 588/00, NZA 02, 738). In aller Regel wird er allerdings das Verbot nicht vor Beginn der Frist des § 3 Abs 2 MuSchG zu Fall bringen können, falls der Arzt an seiner Erklärung festhält. Gelingt jedoch der Nachweis, steht wegen der konstitutiven Wirkung des ärztlichen Attests damit gleichzeitig fest, dass ein gesetzliches Beschäftigungsverbot nicht vorlag. Der Beweiswert eines zunächst nicht näher begründeten ärztlichen Beschäftigungsverbots ist ferner erschüttert, wenn ein ArbN trotz Aufforderung des ArbGeb keine ärztliche Bescheinigung vorlegt, aus der hervorgeht, von welchen Arbeitsbedingungen der Arzt beim Ausspruch des Beschäftigungsverbots ausgegangen ist und welche Einschränkungen für die ArbN bestehen (BAG 9.10.02 – 5 AZR 443/01, NZA 04, 257; LAG Hess 14.4.04 – 2 Sa 803/03). Das Lohnrisiko eines zu Unrecht erteilten Beschäftigungsverbots trägt in einer solchen Situation grds die Schwangere. Sie muss nachweisen, dass trotz erschütterten Beweis-

100 Beschäftigungsverbot

wertes der ärztlichen Bescheinigung ein Beschäftigungsverbot angezeigt war (BAG 21.3.01 – 5 AZR 352/99, NZA 01, 1017). Bei zu Recht bestehendem Beschäftigungsverbot scheiden Annahmeverzugsansprüche des ArbN regelmäßig aus, da er aufgrund des Beschäftigungsverbots außerstande ist, die vertragsgemäße Leistung zu erbringen (BAG 6.3.74, DB 74, 1168; 19.1.77, DB 77, 1560; 18.12.86, DB 87, 1359; zum besonderen Entgeltschutz bei Schwangeren s *Mutterschutz* Rz 24 ff). Sind anderweitig mögliche Tätigkeiten nicht von dem Beschäftigungsverbot umfasst, darf der ArbGeb den betroffenen ArbN regelmäßig unter Beachtung der Grundsätze billigen Ermessens nach § 315 BGB eine zumutbare Ersatztätigkeit zuweisen (BAG 21.4.99 – 5 AZR 174/98, NZA 99, 1044; 15.11.2000 – 5 AZR 365/99, NZA 01, 386). Stellt er allerdings in einem solchen Fall die ArbN gleichwohl von der Arbeit frei, so bleibt der ArbGeb unter dem Gesichtspunkt des Annahmeverzugs weiter zur Vergütungszahlung verpflichtet. Insbesondere kann eine solche Freistellung nicht als Urlaubsgewährung verstanden werden (BAG 25.1.94, DB 94, 1234).

5 **b) Schadensersatz.** Bei einer Beschäftigung trotz bestehenden Beschäftigungsverbots kann der ArbGeb gem § 280 BGB oder aus unerlaubter Handlung zum Ersatz eines hierdurch entstandenen Schadens verpflichtet sein. Denkbar sind zB Gesundheitsschäden bei Jugendlichen oder Frauen bzw bei Neugeborenen nach Tätigkeiten werdender Mütter entgegen der Beschäftigungsverbote der §§ 3, 4 MuSchG (Näheres s *Mutterschutz* Rz 12 ff).

6 **c) Nichtigkeit.** Anders als bei Abschlussverboten führt ein Zuwiderhandeln gegen ein Beschäftigungsverbot regelmäßig nicht zur Nichtigkeit des Vertrages gem § 134 BGB. Auch die Regeln der Teilnichtigkeit gem § 139 BGB finden keine Anwendung. Dies folgt aus dem Sinn und Zweck des Beschäftigungsverbots als ArbNSchutzvorschrift.

7 **d) Sanktion.** Die Zuwiderhandlung gegen einzelne Beschäftigungsverbote ahndet der Gesetzgeber mit Bußgeldern, im Fall der vorsätzlichen Begehung sogar mit Strafvorschriften; vgl zB § 21 MuSchG: Geldbuße bis 15 000 € bzw Freiheitsstrafe bis zu einem Jahr oder Geldstrafe.

8 **3. Einzelfälle.** Von der Vielzahl der vorhandenen Beschäftigungsverbote haben sich in der Praxis folgende Verbote als besonders wichtig und häufig einschlägig erwiesen:

9 **a) Frauen.** Ein wichtiger Bereich des Frauenarbeitsschutzes betrifft den Personenkreis der werdenden und stillenden Mütter. Zu den insoweit geltenden Beschäftigungsverboten vgl *Mutterschutz* Rz 12 ff. Daneben gilt jedoch allgemein für Frauen unabhängig von Schwangerschaft und Geburt ein besonderer Frauenarbeitsschutz, der sich in sonstigen Beschäftigungsverboten manifestiert (vgl *Peez/Großjohann* DB 93, 633 zur Rechtslage vor Inkrafttreten des ArbZG; s hierzu auch Personalbuch 1994 Beschäftigungsverbot Rz 10 ff).

10 **b) Jugendliche.** Besondere Beschäftigungsverbote gelten für Jugendliche unter 14 Jahren bzw der Vollzeitschulpflicht unterliegende Jugendliche gem §§ 2 Abs 1 und 2, 5 ff JArbSchG. Bei den übrigen Jugendlichen sind die Beschäftigungsverbote der §§ 7 ff, 22 ff JArbSchG zu beachten.

11 **c) Ausländer.** Seit dem 1.1.05 ergibt sich die Beschäftigungserlaubnis unmittelbar aus dem Aufenthaltstitel (Näheres s *Ausländer* Rz 53 ff). Bei fehlender Erlaubnis besteht ein Beschäftigungsverbot (BAG 13.1.77, DB 77, 917) sowie uU ein Grund für eine ordentliche personenbedingte Kündigung (BAG 7.2.90, DB 90, 2373).

12 **d) Bergbau.** Führt eine bergrechtlich vorgeschriebene Vorsorgeuntersuchung zur Ausstellung einer Unbedenklichkeitsbescheinigung zu dem Ergebnis, die Beschäftigung des Bergmanns sei gesundheitlich bedenklich, darf das Unternehmen den Bergmann nicht mit Tätigkeiten nach § 2 Abs 1 Nr 1 BBergG beschäftigen (BAG 15.6.04 – 9 AZR 483/03, AP Nr 5 zu § 611 BGB Bergbau. Gem § 64a BBergG dürfen Frauen nicht mit schweren Tätigkeiten im Bereich des Bergbaus beschäftigt werden.

13 **e) Gaststätten.** Gem § 21 Abs 1 Gaststättengesetz kann dem Gastwirt die Beschäftigung einer Person untersagt werden, soweit diese nicht die erforderliche Zuverlässigkeit besitzt. Dabei sind gem § 51 Abs 1 BZRG getilgte oder zu tilgende Eintragungen nicht verwertbar (VGH Hess 13.1.04 – 6 TG 3098/03). Ferner kann gem § 21 Abs 2 Gaststättengesetz durch landesrechtliche RechtsVO ua die Art der Tätigkeit näher geregelt werden. Bei Verdacht auf Bestehen bestimmter Infektionskrankenheiten ordnet § 42 IfSG ein weitreichendes Beschäftigungsverbot an. Dies gilt insbesonders für ArbN in Küchen von Gaststätten, aber auch für alle übrigen Beschäftigungen mit Lebensmittelkontakt.

f) Wettbewerbsverbot. Der mögliche Tätigkeitsbereich eines ArbN kann auch durch ein 14
Wettbewerbsverbot eingeschränkt werden. Derartige Wettbewerbsverbote können daher den
Charakter eines befristeten und idR räumlich begrenzten Beschäftigungsverbots für bestimmte Tätigkeiten enthalten. Zu den Wirksamkeitsvoraussetzungen und Rechtswirkungen eines
Wettbewerbsverbots im Einzelnen s *Wettbewerbsverbot* Rz 8 ff.

g) Nebentätigkeit. Besondere gesetzliche Regelungen gelten bezüglich der Nebentätig- 15
keit von Beamten, Richtern und Soldaten. Auch sind in bestimmten Grenzen entsprechende
arbeitsvertragliche Vereinbarungen möglich (Näheres s *Nebentätigkeit* Rz 4, 10 ff).

h) Altersgrenze. Einzelvertragliche und kollektivrechtliche Vereinbarungen der Beendi- 16
gung des Arbeitsverhältnisses mit Erreichen einer bestimmten Altersgrenze sind nach § 41
Satz 2 SGB VI grds rechtlich möglich (s *Altersgrenze* Rz 4 ff). Derartige Vereinbarungen
können ein Beschäftigungsverbot über die Altersgrenze hinaus darstellen. Hierfür bedarf es
jedoch einer ausdrücklichen Regelung in der Vereinbarung. Allein die Festlegung der Altersgrenze genügt nicht. Dies hat das BAG zu der üblichen Regelung „Im Übrigen endet das
Arbeitsverhältnis im Allgemeinen, ohne dass es einer Kündigung bedarf, spätestens mit Ablauf
des Monats, im welchem der Mitarbeiter das 65. Lebensjahr vollendet" entschieden (BAG
10.3.92, DB 92, 1530). Zudem stellt die Weiterbeschäftigung des ArbN eine Neueinstellung
dar mit der Folge, dass Mitbestimmungsrechte des BRat gem § 99 BetrVG zu beachten sind.

i) Arbeitszeit. Kann der ArbGeb dem ArbN den nach § 11 Abs 3 ArbZG vorgeschriebe- 17
nen Ersatzruhetag nicht gewähren, weil der ArbN alle übrigen Tage anderweitig arbeitet,
besteht ein Grund zur ordentlichen Kündigung des Arbeitsverhältnisses (BAG 24.2.05 –
2 AZR 211/04, NZA 05, 759).

j) Fahrerlaubnis. Der Verlust der gesetzlichen Fahrerlaubnis im Straßenverkehr führt bei 18
Kraftfahrern zu einem Beschäftigungsverbot und kann eine personenbedingte Kündigung
rechtfertigen (BAG 25.4.96 – 2 AZR 74/95, NZA 96, 1201). Dies gilt nicht für den Entzug
einer innerbetrieblichen, vom ArbGeb selbst ausgestellten Fahrerlaubnis (BAG 5.6.08 –
2 AZR 984/06, BeckRS 2008, 54973).

B. Lohnsteuerrecht *Windsheimer*

Bezahlte Vergütung an trotz Beschäftigungsverbot beschäftigte ArbN (zB Ausländer 21
ohne Arbeits- oder Aufenthaltserlaubnis; Mutter im Mutterschutz) ist **steuerpflichtiger
Arbeitslohn.** Entscheidend ist die Entlohnung aufgrund der Beschäftigung. Der Verstoß
gegen das Beschäftigungsverbot ist steuerlich unbeachtlich (§ 40 AO). Die lohnsteuerliche
Behandlung erfolgt nach allgemeinen Grundsätzen (s *Lohnsteuerabführung* Rz 2; *Lohnsteuerhaftung* Rz 4 ff; *Mutterschaftsgeld* Rz 4; *Schwarzarbeit* Rz 6 ff; *Wettbewerbsverbot* Rz 48 ff).

Die bezahlten Vergütungen sind beim ArbGeb Betriebsausgaben, wenn die ArbN nament- 22
lich festgehalten worden sind (§ 160 AO; s *Lohnkonto* Rz 2 ff). Das Steuergeheimnis kann den
ArbGeb im Einzelfall vor strafrechtlicher Verfolgung wegen Verstoßes gegen das Beschäftigungsverbot schützen (§ 30 Abs 4 AO; s *Datenschutz* Rz 35 ff). Geldstrafen oder Bußgelder
können nicht als Betriebsausgaben abgezogen werden (§ 12 Nr 4, § 4 Abs 5 Nr 8 EStG).

Sonderfall. Die Beschäftigung von **Kindern** unter 15 Jahren löst im Allgemeinen als 23
Verstoß gegen das JArbSchG steuerlich keine Folgen aus (s *Familiäre Mitarbeit* Rz 43 ff;
Minderjährige Rz 32). Etwa abgeführte LSt ist dem ArbGeb zu erstatten (s *Lohnsteueranmeldung* Rz 11; *Lohnsteuerberechnung* Rz 23–25). Für vermögenswirksame Leistungen dürfen
keine ArbN-Sparzulagen gewährt werden, wenn das zugrundeliegende Arbeitsverhältnis
gegen das JArbSchG verstößt (FG Nds 3.4.78 – IX L 105/74, EFG 78, 574). Gleichwohl
gezahlte ArbN-Sparzulagen können durch Haftungsinanspruchnahme der Kommanditgesellschaft als ArbGeb zurückgefordert werden, wenn deren Komplementär und alleiniger geschäftsführender Gesellschafter der Vater der fraglichen minderjährigen ArbN ist (FG NdS
14.10.87 – XI 311/83, EFG 88, 599).

C. Sozialversicherungsrecht *Ruppelt*

Der Verstoß gegen ein Beschäftigungsverbot lässt grds sowohl die Verpflichtung zur 26
Entrichtung der *Sozialversicherungsbeiträge* als auch das Bestehen des SozVVerhältnisses in den
einzelnen Zweigen der SozV unberührt. Entscheidend ist, ob nach den Vorschriften über die
Versicherungspflicht oder -berechtigung bzw das Bestehen der Versicherung kraft Gesetzes

ein Versicherungsverhältnis entsteht. Dafür ist regelmäßig ein **Beschäftigungsverhältnis** iSv § 7 Abs 1 SGB IV erforderlich, wobei die Nichtbeachtung von Ordnungsvorschriften unschädlich ist. Dies gilt allerdings nicht für dem Grunde nach nicht erlaubte, insbesondere strafrechtlich oder gegen die guten Sitten verstoßende Tätigkeiten. Da es sich bei solchen Tätigkeiten nicht um Verrichtungen iSv § 7 Abs 1 SGB IV handelt, kommt insoweit sozialversicherungsrechtlicher Schutz nicht in Betracht (vgl KassKomm/*Seewald* § 7 SGB IV Rz 27). **Kinder und Jugendliche** können ein Versicherungsverhältnis nur begründen, wenn jugendarbeitsschutzrechtliche Bestimmungen nicht entgegenstehen. UVSchutz in der gesetzlichen *Unfallversicherung* besteht für Kinder und Jugendliche in einem Beschäftigungsverhältnis unabhängig von der Entstehung eines Sozialversicherungsverhältnisses immer dann, wenn es sich um eine ihren Kräften und Fähigkeiten entsprechende ernstliche Arbeitstätigkeit und nicht nur um eine spielerische Beschäftigung handelt. Zum Beschäftigungsverbot nach dem MuSchG vgl *Mutterschutz* Rz 12 ff.

Beschwerderecht (Arbeitnehmer)

A. Arbeitsrecht *Kreitner*

1   **1. Allgemeines Beschwerderecht.** Der ArbN ist gem § 84 Abs 1 BetrVG berechtigt, sich bei den zuständigen Stellen des Betriebes zu beschweren, wenn er sich vom ArbGeb oder von ArbN des Betriebes benachteiligt, ungerecht behandelt oder in sonstiger Weise beeinträchtigt fühlt. Dieses Beschwerderecht kann er gem § 85 Abs 1 BetrVG auch über den BRat ausüben. Für leitende Angestellte gilt das Beschwerderecht nicht (vgl § 26 Abs 1 SprAuG).

2   **a) Beschwerdegegenstand** kann jede individuelle Beeinträchtigung oder Benachteiligung des ArbN sein. Dabei ist das subjektive Empfinden des ArbN maßgeblich, wie aus dem Wortlaut des § 84 Abs 1 BetrVG deutlich wird („beeinträchtigt fühlt"). Oftmals wird dies mit *Mobbing* am Arbeitsplatz bezeichnet. Ausgeschlossen ist lediglich eine sog Popularbeschwerde, dh, es muss eine eigene Beeinträchtigung des Beschwerdeführers vorliegen (BAG 22.11.05 – 1 ABR 50/04, NZA 06, 803; *Nebendahl/Lunk* NZA 90, 676).

3   Die Beeinträchtigung des ArbN kann zum einen in der vermeintlichen Vereitelung von **Rechtsansprüchen** bestehen (zB Verstoß gegen Gleichbehandlungsgrundsatz, falsche tarifliche Eingruppierung, falsche Lohnabrechnung, ungerechtfertigte Abmahnung). Daneben kommen sog **betriebsverfassungsrechtliche Regelungsfragen** in Betracht (ungünstige Lage der persönlichen Arbeitszeit, Rauchverbot am Arbeitsplatz, Essensqualität in der Werkskantine). Schließlich können auch **rein tatsächliche Beeinträchtigungen** zum Gegenstand einer Individualbeschwerde gemacht werden (Überlastung durch dauernde Vertretungstätigkeit, ständige Zuteilung unangenehmer Arbeiten).

4   Dabei muss es sich nicht unmittelbar um Fehlverhalten des ArbGeb selbst oder von Vorgesetzen handeln. Ebenfalls möglich sind Beschwerden über Arbeitskollegen (Hänseleien am Arbeitsplatz; Streit zwischen Rauchern und Nichtrauchern: LAG München 27.11.90, BB 91, 624; Bedrohungen: LAG Hess 9.5.12 – 18 Sa 1596/11, BeckRS 2012, 71642).

5   Ausgeschlossen sind **Beschwerden gegen den Betriebsrat** oder einzelne BRatMitglieder wegen mangelhafter Ausübung des BRatAmtes. Insoweit kommt allein ein Verfahren nach § 23 Abs 1 BetrVG in Betracht (Näheres s *Amtspflichtverletzung (Betriebsrat)* Rz 1 ff).

6   **b) Beschwerdeverfahren.** Das Beschwerdeverfahren ist nach dem Gesetz weder form- noch fristgebunden. Besondere Verfahrensregelungen können allerdings gem § 86 BetrVG durch Tarifvertrag oder Betriebsvereinbarung festgelegt werden. Das Verfahren ist einerseits unabhängig von der möglichen individualrechtlichen, klageweisen Geltendmachung der Ansprüche durch den ArbN, hat aber andererseits keine aufschiebende Wirkung gegenüber den Anordnungen des ArbGeb. Das Beschwerdeverfahren gibt somit dem ArbN kein *Leistungsverweigerungsrecht*. Der beschwerdeführende ArbN kann das Verfahren jederzeit durch eine Rücknahme der Beschwerde beenden.

7   **aa) Verfahren gemäß § 84 BetrVG.** Das individuelle Beschwerdeverfahren iSv § 84 BetrVG muss der ArbN bei den zuständigen Stellen des Betriebes einleiten. Dies ist in aller Regel der direkte Vorgesetzte, es sei denn es besteht eine betriebliche Beschwerdestelle iSd § 86 BetrVG. Gem § 84 Abs 1 Satz 2 BetrVG kann der ArbN ein Mitglied des BRat zur

Unterstützung oder Vermittlung hinzuziehen. Verweigert der BRat die Mitwirkung, kann der ArbN mangels entsprechender Anspruchsgrundlage eine Unterstützung durch den BRat nicht erzwingen (aA GK-BetrVG/*Wiese/Franzen* § 84 Rz 22). In Betracht kommt lediglich ein Verfahren gem § 23 Abs 1 BetrVG. Der ArbGeb bzw die im Betrieb zuständige Stelle muss die Beschwerde bescheiden; bei länger dauernden Beschwerdeverfahren muss ein Zwischenbescheid erfolgen. Der berechtigten Beschwerde ist abzuhelfen (§ 84 Abs 2 BetrVG); der ablehnende Bescheid ist zu begründen (hM *Fitting* § 84 Rz 16).

bb) Verfahren gemäß § 85 BetrVG. Unabhängig von dem Beschwerdeverfahren nach § 84 BetrVG kann der ArbN die Behandlung seiner Beschwerde durch den BRat gem § 85 Abs 1 BetrVG beantragen. Ob eine Beschränkung der ArbN auf eine der beiden Beschwerdealternativen zur Verhinderung einer parallelen Inanspruchnahme des ArbGeb in zwei Verfahren durch eine entsprechende Betriebvereinbarung möglich ist, erscheint fraglich (dafür: *Uhl/Polloczek* BB 08, 1730; dagegen: *Richardi/Thüsing* § 86 Rz 2). Dabei obliegt zunächst dem BRat die Prüfung, ob ihm die Beschwerde berechtigt erscheint. Bejahendenfalls nimmt der BRat die Beschwerde an und wirkt beim ArbGeb auf die Abhilfe der Beschwerde hin. Hält er demgegenüber die Beschwerde für unberechtigt und lehnt er ein Tätigwerden in dieser Angelegenheit ab, besteht – ähnlich wie bei § 84 Abs 1 Satz 2 BetrVG – kein durchsetzbarer Anspruch des ArbN gegenüber dem BRat. Es verbleibt bei dem Verfahren nach § 23 Abs 1 BetrVG (*Fitting* § 85 Rz 3; *Richardi/Thüsing* § 85 Rz 12; aA GK-BetrVG/*Wiese/Franzen* § 85 Rz 33). Auch BRatMitglieder können derartige Beschwerden beim BRat einbringen. Sie sind dann allerdings bei der Beschlussfassung des BRat sowohl hinsichtlich der Berechtigung der Beschwerde als auch hinsichtlich der Anrufung der Einigungsstelle gem § 25 Abs 1 Satz 2 BetrVG ausgeschlossen (LAG Nbg 16.10.12 – 7 TaBV 28/12, NZA-RR 13, 23). 8

Verfolgt der BRat die Beschwerde weiter und kommt es dabei nicht zu einer Einigung mit dem ArbGeb, so ist hinsichtlich der weiteren Verfahrensweise nach dem Verfahrensgegenstand zu unterscheiden: 9

Geht es bei der Beschwerde des ArbN um sog **Regelungsfragen,** kann der BRat gem § 85 Abs 2 Satz 1 BetrVG die **Einigungsstelle** anrufen, die sodann über die Beschwerde mit verbindlichem Spruch entscheidet (Näheres zur Zuständigkeit der Einigungsstelle: *Nebendahl/Lunk* NZA 90, 676; allgemein s *Einigungsstelle* Rz 3 ff). Der Spruch muss deutlich machen, welche tatsächlichen Umstände die Einigungsstelle als zu vermeidende Beeinträchtigung der ArbN angesehen hat. Geht es ausschließlich um vergangenheitsbezogene Umstände, ist die Einigungsstelle mangels regelungsbedürftigen Streits nicht entscheidungsbefugt (BAG 22.11.05 – 1 ABR 50/04, NZA 06, 803). Über die Anrufung der Einigungsstelle entscheidet allein der BRat. Es besteht weder ein Anrufungsrecht des ArbGeb noch des beschwerdeführenden ArbN (BAG 28.6.84, DB 85, 1138). Eine bereits erfolgte Abhilfe der Beschwerde steht der Bildung der Einigungsstelle nur entgegen, wenn offensichtlich der Grund für die Beschwerde vollständig ausgeräumt und dadurch die Beschwerde des ArbN in der Sache selbst erledigt ist (LAG Frankfurt 15.9.92, DB 93, 1248).

Begrenzt wird die Anrufungsmöglichkeit der Einigungsstelle gem § 85 Abs 2 BetrVG für den BRat durch die Reichweite der kollektiven Mitbestimmungsrechte. Das ergibt sich aus der Systematik des BetrVG, da ansonsten über die individuelle Beschwerderegelung in § 85 Abs 2 BetrVG eine unzulässige Erweiterung der Mitbestimmungsrechte des BRat möglich wäre (LAG Hamm 16.4.86, BB 86, 1359). Im Übrigen gelten hinsichtlich des Einigungsstellenverfahrens sowie der Rechtsmittel gegen Entscheidungen der Einigungsstelle die allgemeinen Regelungen der §§ 98 ArbGG, 76 BetrVG (Näheres s *Einigungsstelle* Rz 23 ff, 34 ff; insgesamt kritisch zum Einigungsstellenverfahren *Hunold* NZA 06, 1025). 10

Betrifft die Beschwerde demgegenüber **Rechtsansprüche** des ArbN, kann der BRat ein Einigungsstellenverfahren nicht erzwingen (ArbG Marburg 30.10.98 – 2 BV 9/98, ArbuR 99, 365 mit Anm *Buschmann*). Allein möglich bleibt insoweit ein freiwilliges Einigungsstellenverfahren gem § 76 Abs 6 BetrVG (BAG 28.6.84, DB 85, 1138). In allen Fällen, in denen letztlich die Beschwerde als begründet angesehen wird, sei es durch Anerkennung seitens des ArbGeb oder durch den Spruch der Einigungsstelle, entsteht hierdurch ein Anspruch des ArbN auf eine entsprechende Abhilfe. Dieser Anspruch ist ggf im arbeitsgerichtlichen Urteilsverfahren durchsetzbar (*Fitting* § 85 Rz 9). 11

c) Benachteiligungsverbot. Gem § 84 Abs 3 BetrVG, der für beide Beschwerdeverfahren gilt, dürfen dem ArbN durch die Erhebung der Beschwerde keine Nachteile entstehen. 12

102 Betrieb (Begriff)

Die Vorschrift stellt eine Spezialregelung des allgemeinen Maßregelungsverbots des § 612a BGB dar. Allerdings bedeutet das Beschwerderecht der §§ 84 ff BetrVG für den ArbN keinen Freibrief für haltlose oder beleidigende Vorwürfe. In solchen Fällen steht dem ArbGeb das normale Sanktionsinstrumentarium (Ermahnung, Abmahnung, Kündigung) zur Verfügung (LAG Hamm 11.2.04 – 18 Sa 1847/03, BeckRS 2004, 30460154). Eine allein wegen der Beschwerdeerhebung selbst ausgesprochene Kündigung ist jedoch gem § 84 Abs 3 BetrVG unwirksam (BAG 11.3.82 – 2 AZR 798/79). Verstößt der ArbGeb schuldhaft gegen das Benachteiligungsverbot macht er sich zudem gem § 823 Abs 2 BGB schadensersatzpflichtig, denn § 84 Abs 3 BetrVG stellt ein Schutzgesetz iSd Vorschrift dar (*Fitting* § 84 Rz 21).

13   **2. Besondere Beschwerderechte.** Nach § 13 AGG können sich alle Beschäftigten iSv § 6 Abs 1 AGG, die sich wegen eines in § 1 AGG genannten Grundes benachteiligt fühlen, bei den zuständigen betrieblichen Stellen beschweren. Es genügt die subjektive Empfindung des Betroffenen (*Kamanabrou* ZfA 06, 327; *Oetker* NZA 08, 264; Näheres s *Diskriminierung* Rz 111). Hierzu gehören insbesondere auch Beschwerden wegen sexueller Belästigung am Arbeitsplatz (Näheres s *Diskriminierung* Rz 59 ff). Der BRat hat gem § 87 Abs 1 Nr 1 BetrVG bei der Einführung und Ausgestaltung des Verfahrens einer Beschwerdestelle mitzubestimmen (BAG 21.7.09 – 1 ABR 42/08, NZA 09, 1049). Ggf entscheidet hierüber die Einigungsstelle (LAG Hess 8.5.07 – 4 TaBV 70/07, NZA-RR 07, 637; LAG Hbg 17.4.07 – 3 TaBV 6/07, NZA-RR 07, 413). Bei einer überbetrieblichen, unternehmensweit zuständigen Beschwerdestelle steht das Mitbestimmungsrecht dem GBRat zu. Mitbestimmungsfrei bleiben die personelle Besetzung und die Entscheidung darüber, wo die Beschwerdestelle errichtet werden soll (BAG 21.7.09, NZA 09, 1049). Zu Beweiszwecken ist auch hier eine schriftliche Bescheidung der Beschwerde zu empfehlen (*Grobys* NJW 06, 2950).

B. Lohnsteuerrecht   *Seidel*

14   Lohnsteuerrechtlich ist das Beschwerderecht des ArbN ohne Auswirkungen. Zur lohnsteuerlichen Behandlung von Schadensersatzleistungen des ArbGeb s *Arbeitgeberhaftung* Rz 19, 20 und *Außerordentliche Einkünfte* Rz 7.

C. Sozialversicherungsrecht   *Ruppelt*

15   Das arbeitsrechtliche Beschwerderecht hat im SozVRecht keine Bedeutung.

Betrieb (Begriff)

A. Arbeitsrecht   *Kreitner*

1   **1. Abgrenzung.** Der Begriff des Betriebs gehört zu den zentralen Begriffen des Arbeitsrechts. Er ist abzugrenzen von dem des Unternehmens (s *Unternehmen* Rz 1), mit dem das jeweilige Rechtssubjekt gekennzeichnet wird (grundlegend *Gamillscheg* ArbuR 89, 33; *Preis* RdA 2000, 257).

2   **2. Begriff.** Es existiert keine allgemeine gesetzliche Definition des Betriebsbegriffs. Auch die grundlegende Reformierung des BetrVG im Jahr 2001 hat der Gesetzgeber nicht zum Anlass genommen, den Betriebsbegriff zu definieren. Wie sich aus der Gesetzesbegründung ergibt, ist davon vielmehr bewusst abgesehen worden. Gleichwohl hat sich in der Vergangenheit unter der Federführung des Betriebsverfassungsrechts in Rspr und Schrifttum eine nähere Konkretisierung des Begriffs herausgebildet.

3   **a) BetrVG.** Unter einem Betrieb iSd BetrVG wird die organisatorische Einheit verstanden, innerhalb derer der ArbGeb allein oder mit seinen ArbN mit Hilfe von sächlichen und immateriellen Mitteln bestimmte **arbeitstechnische Zwecke** fortgesetzt verfolgt, die sich nicht in der Befriedigung des Eigenbedarfs erschöpfen (BAG 22.1.09 – 6 AZR 922/07, BeckRS 2009, 55852; 9.12.09 – 7 ABR 38/08, NZA 10, 906; 18.1.12 – 7 ABR 72/10, NZA-RR 13, 133). Dabei kommt es in erster Linie auf die Einheit der Organisation, weniger auf die Einheitlichkeit der arbeitstechnischen Zweckbestimmung an (BAG 18.1.90, DB 91, 500). Insbesondere eine Beschränkung auf das bloße Betriebsgelände ist nicht

möglich (BAG 13.6.89, DB 89, 2439). Auch können in einem Betrieb mehrere Zwecke verfolgt werden (BAG 25.9.86, DB 87, 1202). Die Art des verfolgten Betriebszwecks ist unerheblich; eine Zweckänderung kann lediglich tarifvertragsrechtliche Bedeutung erlangen, wenn sie zu einer veränderten Tarifzuständigkeit führt.

Die Rspr stellt bei der Bestimmung des Betriebs anhand der oben genannten Definition entscheidend darauf ab, wo der Kern der ArbGebFunktionen im Bereich der personellen und sozialen Mitbestimmung ausgeübt wird (BAG 23.9.82, DB 83, 1498; 29.1.92, BB 92, 1486; LAG Köln 6.12.91, AiB 92, 734). Ein selbstständiger Betrieb liegt daher immer dann vor, wenn die menschliche Arbeitskraft durch einen **einheitlichen Leitungsapparat** (Personalleitung) gesteuert wird (BAG 9.12.09 – 7 ABR 38/08, NZA 10, 906; 17.1.07 – 7 ABR 63/05, NZA 07, 703). Ein Zuordnungsproblem kann entstehen, wenn ein ArbN in verschiedenen Betrieben eines Unternehmens eingesetzt wird. Dies wird häufig im Rahmen der Ausbildung der Fall sein. Hier ist der **Stammbetrieb** maßgeblich, der die personellen Leitungsfunktionen ausübt (BAG 13.3.91, BB 92, 66). Nicht betriebsratsfähige Betriebe sind gem § 4 Abs 2 BetrVG dem Hauptbetrieb zuzuordnen. Entscheidend ist auch insoweit die Unterstützung in personellen und sozialen Angelegenheiten (BAG 17.1.07 – 7 ABR 63/05, NZA 07, 703).

Nach § 3 BetrVG besteht die Möglichkeit durch Tarifvertrag oder Betriebsvereinbarung **4** auch **andere betriebsverfassungsrechtliche Organisationseinheiten** zu schaffen, die gem § 3 Abs 5 BetrVG als Betriebe gelten (vgl zuletzt *Teusch* NZA 07, 124; *Mückl/Koehler* NZA-RR 09, 513; *Dzida* NZA 10, 80; *Gaul/Mückl* NZA 11, 657; grundlegend *Sobotta* Die autonome Organisation der Betriebsverfassung durch Tarifverträge nach § 3 BetrVG, 2009). Dabei kommt den Tarifvertragsparteien ein gewisser Beurteilungs- und Gestaltungsspielraum zu, ohne dass dadurch die Organisation der Betriebsverfassung gänzlich in die Disposition der Tarifvertragsparteien gestellt würde (BAG 13.3.13 – 7 ABR 70/11, NZA 13, 738; *Sprenger* NZA 13, 990). Nach § 3 Abs 5 Satz 2 BetrVG finden für diese ArbNVertretungen und ihre Mitglieder die BRatVorschriften des BetrVG entsprechende Anwendung. § 3 Abs 2 BetrVG schreibt den **grundsätzlichen Regelungsvorrang des Tarifvertrags** gegenüber der Betriebsvereinbarung fest. Dabei entfalten nach der ausdrücklichen gesetzlichen Regelung nicht nur inhaltsgleiche Tarifverträge Sperrwirkung, sondern es genügt die Geltung irgendeines Tarifvertrages im Unternehmen, um eine Bildung von Vertretungsorganen iSd § 3 Abs 1 Nr 1, 2, 4 und 5 BetrVG durch Betriebsvereinbarung auszuschließen. Diese Regelung ist im Schrifttum zu Recht auf deutliche Kritik gestoßen (*Konzen* RdA 01, 76; *Reichold* NZA 01, 857; *Buchner* NZA 01, 633; *Wendeling-Schröder* NZA 01, 357). Jedenfalls wird man aber eine normative Tarifgeltung verlangen müssen (*Wlotzke/Preis* § 3 Rz 22; *Richardi/Annuß* DB 01, 41; *Hanau* NJW 01, 2513). Die lediglich in einzelnen Arbeitsverträgen vereinbarte Geltung bspw von Vergütungstarifverträgen reicht nicht aus. Noch weitergehend hält *Giesen* (BB 02, 1480) § 3 Abs 1 Nr 1–3 BetrVG insgesamt für verfassungswidrig.

Nach dem abschließenden Katalog des § 3 Abs 1 BetrVG sind gem **§ 3 Abs 1 Nr 1** **5** **BetrVG** die Bildung eines unternehmenseinheitlichen BRat (anstelle von mehreren BRäten und einem GBRat) sowie die Zusammenfassung mehrerer Betriebe, um bspw Regionalbetriebsräte in Unternehmen mit einem bundesweiten Filialnetz errichten zu können, zulässig. Im erstgenannten Fall muss dies nicht gemeinsam durch alle im Unternehmen vertretenen Gewerkschaften erfolgen (BAG 29.7.09 – 7 ABR 27/08, NZA 09, 1424) und kann in betriebsratslosen Unternehmen gem § 3 Abs 3 BetrVG auch durch die Belegschaft initiiert werden. Dabei führt die Zusammenfassung von Betrieben für sich allein nicht zum Verlust der betriebsverfassungsrechtlichen Identität der zusammengefassten Einheiten. Bestehende Betriebsvereinbarungen und Vollstreckungstitel gelten im fingierten Einheitsbetrieb beschränkt auf ihren bisherigen Wirkungsbereich weiter (BAG 18.3.08 – 1 ABR 3/07, NZA 08, 1259; *Salomon* NZA 09, 74). Die Anfechtung der BRatWahl kann dabei isoliert für die jeweilige Organisationseinheit erfolgen (BAG 21.9.11 – 7 ABR 54/10, NZA-RR 12, 186). Ob die Bildung eines unternehmenseinheitlichen BRat sachdienlich iSv § 3 Abs 1 Nr 1 BetrVG ist, richtet sich wesentlich danach, wo die mitbestimmungspflichtigen Entscheidungen im Betrieb getroffen werden und ob die Betriebsvertretung ortsnah agiert (BAG 24.4.13 – 7 ABR 71/11, BeckRS 2013, 71144). **§ 3 Abs 1 Nr 2 BetrVG** regelt die Voraussetzungen für sog Sparten-BRäte, wobei diese nach der amtlichen Gesetzesbegründung auch als GBRäte und KBRäte gebildet werden können (hierzu *Friese* RdA 03, 92). Grundvoraussetzung ist in beiden vor-

102 Betrieb (Begriff)

genannten Fällen, dass die geänderten BRatStrukturen einer sachgerechten Wahrnehmung der ArbNInteressen dienen. Noch weiter geht der Regelungsspielraum, den **§ 3 Abs 1 Nr 3 BetrVG** schafft (hierzu *Annuß* NZA 02, 290; *Kania/Klemm* RdA 06, 22). Nach dieser Vorschrift sind sog andere ArbNVertretungsstrukturen möglich. Sie können zum einen auf Betriebs-, Unternehmens- und Konzernebene gebildet werden. Die amtliche Begründung erwähnt hierzu beispielhaft die Verkürzung auf eine einstufige Interessenvertretung im Konzern bzw die Errichtung eines KBRat im Gleichordnungskonzern. Zum anderen sollen aber auch andere Formen der Zusammenarbeit von Unternehmen solche ArbNVertretungen erlauben. Der Gesetzgeber denkt hier an Unternehmen entlang einer Produktionskette (just in time) sowie andere Unternehmensformen wie die fraktale Fabrik und shop in shop-Systeme. Diese anderen Vertretungsstrukturen nach § 3 Abs 1 Nr 3 BetrVG sind allein tariflichen Regelungen vorbehalten. Dabei darf der Tarifvertrag nicht den ArbN überlassen, vor jeder BRatwahl durch Abstimmung zu entscheiden, ob in den einzelnen Betrieben eigenständige BRäte gewählt werden sollen (BAG 10.11.04 – 7 ABR 17/04, AP Nr 2 zu § 3 BetrVG 1972). Im Übrigen sind derartige Regelungen nur zulässig, sofern sie einer wirksamen und zweckmäßigen Interessenvertretung der ArbN dienen (*Kania/Klemm* RdA 06, 22).

6 Bezüglich aller vorgenannten Vertretungen ist unklar, ob sie zusätzlich oder nur anstelle der „traditionellen" BRäte gebildet werden können. Eine Klarstellung ist trotz frühzeitiger Hinweise auf diese Problematik unterblieben (vgl *Däubler* ArbuR 01, 1; *Hanau* RdA 01, 65). Richtigerweise darf es auf derselben Vertretungsebene keine Kumulation von gesetzlichem und tariflich gebildetem BRat iSv § 3 Abs 1 Nr 1–3 BetrVG geben. Dies gebietet bereits die Praktikabilität (ebenso *Fitting* § 3 Rz 53; *Thüsing* ZIP 03, 693; aA *Däubler* ArbuR 01, 1; *Friese* RdA 03, 92). Offen ist, ob derartige Tarifverträge iSv § 3 BetrVG erstreikbar sind (kritisch *Buchner* NZA 01, 633; *Reichold* NZA 01, 857; *Franzen* ZfA 01, 285; *Teusch* NZA 07, 124).

7 **b) KSchG.** Das KSchG enthält keine eigenständige Definition des Betriebs. Bislang hat daher das BAG den betriebsverfassungsrechtlichen Betriebsbegriff weitestgehend entsprechend angewandt (BAG 20.6.13 – 2 AZR 271/12, NZA 13, 837; 28.10.10 – 2 AZR 392/08, BeckRS 2011, 65094). Allerdings gilt dies nicht für die Betriebsfiktion des § 4 Abs 1 BetrVG, die im KSchG keine Anwendung findet (BAG 21.6.95 – 2 AZR 693/94, AP Nr 16 zu § 1 BetrVG 1972; 20.8.98 – 2 AZR 84/98, NZA 99, 255; 13.4.2000 – 2 AZR 215/99, NZA 01, 144; aA *Kania/Gilberg* NZA 2000, 678 mit Hinweisen zur Vertragsgestaltung). Gleiches gilt für § 3 Abs 5 BetrVG. Vielmehr kommt es für das Vorliegen eines Betriebs iSd § 23 KSchG entscheidend auf die organisatorische und nicht die räumliche Einheit oder die arbeitstechnische Zweckbestimmung an (BAG 7.7.11 – 2 AZR 12/10, NZA 12, 148; 15.3.01 – 2 AZR 151/00, NZA 01, 831; Näheres s *Kleinbetrieb* Rz 2). Eine bloße Baustelle ist daher regelmäßig kein Betrieb (LAG Düsseldorf 20.5.97 – 8 Sa 1591/96, NZA-RR 98, 111). Das Gleiche gilt für eine deutsche „Briefkasten"-Firma eines ausländischen Unternehmens (BAG 3.6.04 – 2 AZR 386/03, NZA 04, 1380).

8 **c) Betriebsübergang gemäß § 613a BGB.** Der Betriebsbegriff des § 613a BGB hat durch die Rspr von EuGH und BAG im Jahr 1997 wesentliche Änderungen erfahren. Früher ging das BAG in ständiger Rspr davon aus, dass zu einem Betrieb iSd § 613a BGB nur die sächlichen und immateriellen Betriebsmittel, nicht jedoch die ArbN gehören. Der Übergang der Arbeitsverhältnisse sei die gesetzlich angeordnete Rechtsfolge und könne daher nicht gleichzeitig Tatbestandsvoraussetzung sein (BAG 12.2.87, DB 88, 126; 29.9.88, DB 89, 2176). Mit Urt vom 22.5.97 (DB 97, 1720) hat der 8. Senat des BAG diese Rspr aufgegeben und sich der EuGH-Rspr angeschlossen, wonach die Übernahme der Belegschaft eines von mehreren Kriterien für einen Betriebsübergang darstellt. Auch im Übrigen hat das BAG die Rspr des EuGH übernommen und den Begriff des Betriebes durch den der „wirtschaftlichen Einheit" ersetzt (Näheres s *Betriebsübergang* Rz 10 ff).

9 **d) ArbZG.** Der Betriebsbegriff wird im Rahmen der besonderen Begriffsbestimmungen in § 2 ArbZG nicht erwähnt. Von daher ist, wie in der zuvor geltenden AZO vom allgemeinen betriebsverfassungsrechtlichen Betriebsbegriff auszugehen. Zum Begriff des mehrschichtigen Betriebs iSv § 9 Abs 2 ArbZG vgl *Zmarzlik/Anzinger* § 9 Rz 40.

10 **e) SGB VII.** In der gesetzlichen UV ist der Betriebsbegriff im Bereich der Haftung und der dort geregelten Haftungsbeschränkungen von Bedeutung. Diese früher in den §§ 636, 637 RVO geregelte Materie findet sich seit 1997 in den §§ 104 ff SGB VII. (Näheres s *Arbeitsunfall* Rz 3 ff; zum Betriebsbegriff der RVO s Personalbuch 1997 Betrieb (Begriff) Rz 8).

f) Tarifrecht. Tarifvertraglich können für tarifliche Ansprüche – unabhängig von § 3 **11** BetrVG – eigenständige Betriebsbegriffe festgelegt werden (vgl zum Baugewerbe BAG 11.11.97 – 3 AZR 486/96, NZA 98, 893; 24.11.04 – 10 AZR 169/04, NZA 05, 362; 16.6.10 – 4 AZR 934/08, BeckRS 2010, 74663; zum Gerüstbaugewerbe BAG 11.11.97 – 3 AZR 210/96, NZA 98, 891; für Montagearbeiter BAG 11.11.97 – 3 AZR 187/96, NZA 98, 947 sowie – 3 AZR 162/96, NZA 98, 946). Für die Anwendbarkeit von Tarifverträgen kommt es bei sog Mischbetrieben, die fachlich mehrere Tarifverträge abdecken, auf den fachlich überwiegenden Einsatz der ArbN an (BAG 25.11.87, DB 88, 809).

3. Gemeinsamer Betrieb mehrerer Unternehmen. a) Grundsatz. Nach mittlerweile **12** gefestigter Rspr des BAG können mehrere Unternehmen arbeitsrechtlich einen einheitlichen Betrieb bilden (BAG 18.1.90, DB 91, 500; 16.2.06 – 8 AZR 211/05, NZA 06, 592; 11.12.07 – 1 AZR 824/06, NZA-RR 08, 298; 13.2.13 – 7 ABR 36/11, NZA-RR 13, 521). Das hat der Gesetzgeber mit dem zum 28.7.01 in Kraft getretenen BetrVerfReformgesetz für das **BetrVG** ausdrücklich bestätigt. § 1 Abs 1 Satz 2 BetrVG enthält seither anknüpfend an die ständige Rspr des BAG die gesetzliche Klarstellung, dass auch in einem gemeinsamen Betrieb mehrerer Unternehmen ein BRat gewählt werden kann. Die unternehmensübergreifende Errichtung eines GBRat ist demgegenüber auch bei Gemeinschaftsbetrieben grds unzulässig (BAG 17.3.10 – 7 AZR 706/08, BeckRS 2010, 70837). Bei einem **Sozialplan** im Gemeinschaftsbetrieb besteht regelmäßig keine gesamtschuldnerische Haftung aller beteiligten Unternehmen. Soweit der Sozialplan keine anders lautende Regelung enthält, kann ein Abfindungsanspruch nur gegenüber dem ArbGeb geltend gemacht werden (BAG 12.11.02 – 1 AZR 632/01, NZA 03, 676; *Gaul* NZA 03, 695). Das Mitbestimmungsrecht bei der **Eingruppierung** nach § 99 BetrVG besteht ausschließlich gegenüber dem Vertrags-ArbGeb des betroffenen ArbN (BAG 23.9.03 – 1 ABR 35/02, NZA 04, 800). Problematisch ist ferner die richtige Bezugsgröße für die Ermittlung des **Schwellenwerts** bezüglich der Mitbestimmung in personellen und wirtschaftlichen Angelegenheiten (LAG Bln 23.1.03 – 18 TaBv 2141/02, NZA-RR 03, 477: § 111 BetrVG; BAG 29.9.04 – 1 ABR 39/03, NZA 05, 420: § 99 BetrVG; BAG 1.8.90 – 7 ABR 91/88, NZA 91, 643: § 106 BetrVG) sowie im Bereich der Unternehmensmitbestimmung (BAG 13.3.13 – 7 ABR 47/11, NZA 13, 853; LG Hbg 21.10.08 – 417 O 171/07, BeckRS 2009, 07094 mit kritischer Anm *Hohenstatt/ Schramm* NZA 10, 846). Im Anwendungsbereich des **KSchG** bleibt es bei der gleichlautenden Rspr (BAG 5.5.94 – 2 AZR 917/93, NZA 94, 1023; 29.4.99 – 2 AZR 352/98, NZA 99, 932; LAG Köln 21.7.2000 – 11 Sa 420/00, NZA-RR 01, 245). Während es in betriebsverfassungsrechtlicher Hinsicht hauptsächlich um Fragen der BRatOrganisation und -Zuständigkeit geht (zur Auswirkung auf bestehende Betriebsvereinbarungen *Schönhöft/Brahmstaedt* NZA 10, 851, zur Bildung eines GBRat s *Gesamtbetriebsrat* Rz 5; *Schönhöft/Wertz* RdA 10, 100), stehen kündigungsrechtlich materiellrechtliche Probleme im Vordergrund, wie zB die Sozialauswahl, die grds auf den gesamten Betrieb zu erstrecken ist (BAG 18.9.03 – 2 AZR 537/02; 27.11.03 – 2 AZR 48/03, NZA 04, 477; 29.11.07 – 2 AZR 763/06, AP Nr 95 zu § 1 KSchG 1969 Soziale Auswahl; aA *Annuß/Hohenstatt* NZA 04, 420). Eine derart weite Sozialauswahl scheidet nur dann aus, wenn der Gemeinschaftsbetrieb im Zeitpunkt der Kündigung nicht mehr besteht (BAG 24.2.05 – 2 AZR 214/02, NZA 05, 867; Näheres s *Kündigungsschutz* Rz 51). Auch eine unternehmensübergreifende Weiterbeschäftigungspflicht kommt in Betracht (BAG 18.10.12 – 6 AZR 41/11, NZA 13, 1007). Kündigungen müssen im Gemeinschaftsbetrieb vom VertragsArbGeb erklärt werden (LAG Köln 20.6.07 – 8 Sa 1287/06, BeckRS 2010, 66560). Auch der Antrag auf Auflösung eines nach § 78a Abs 2 BetrVG zustande gekommenen Arbeitsverhältnisses kann vom VertragsArbGeb des ehemaligen Auszubildenden ohne Mitwirkung des anderen am Gemeinschaftsbetrieb beteiligten ArbGeb gestellt werden (BAG 25.2.09 – 7 ABR 61/07, NZA 09, 1168). Ein **Betriebsübergang** auf einen Gemeinschaftsbetrieb kommt nicht in Betracht, da auf eine Betriebsführungsgesellschaft keine identitätswahrende Übertragung erfolgen kann (BAG 16.2.06 – 8 AZR 211/05, NZA 06, 592). Zu beachten ist das Rechtsinstitut des Gemeinschaftsbetriebs auch im Hinblick auf Probleme der **Arbeitnehmerüberlassung**. Das BAG hat eine ArbNÜberlassung im Konzern verneint, wenn Tochter- und Muttergesellschaft einen Gemeinschaftsbetrieb bilden, da es dann an der erforderlichen vollständigen Eingliederung des ArbN in den Betrieb des Entleihers fehlt (BAG 3.12.97 – 7 AZR 764/96, NZA 98, 876). Liegt

102 Betrieb (Begriff)

demgegenüber im konkreten Fall eine ArbNÜberlassung vor, treten die allgemeinen, vom AÜG vorgesehenen Rechtsfolgen ein (*Schönhöft/Lermen* BB 08, 2515; Näheres s *Arbeitnehmerüberlassung/Zeitarbeit* Rz 40). Bei **Befristungen** kommt es für das Anschlussverbot des § 14 Abs 3 Satz 2 TzBfG auf den vertragschließenden ArbGeb und nicht auf den gemeinsamen Betrieb an. Anders ist das lediglich bei rechtsmissbräuchlichen Vertragsgestaltungen (BAG 25.4.01 – 7 AZR 376/00, NZA 01, 1384 zu § 1 Abs 3 Satz 1 BeschFG). Gemeinschaftsbetriebe können auch unter Beteiligung juristischer Personen des Privatrechts und **Körperschaften öffentlichen Rechts** gebildet werden (BAG 24.1.96 – 7 ABR 10/95, NZA 96, 1110; BVerwG 13.6.01 – 6 P 8/00, NZA 03, 115).

13 b) **Voraussetzung** für das Bestehen eines Gemeinschaftsbetriebs ist zum einen, dass die Unternehmen **rechtlich miteinander verbunden** sind, wobei diese rechtliche Vereinbarung nicht ausdrücklich geregelt sein muss, sondern sich aus den tatsächlichen Umständen ergeben kann (BAG 18.1.12 – 7 ABR 72/10, NZA-RR 13, 133; 16.2.06 – 8 AZR 211/05, NZA 06, 592; 11.12.07 – 1 AZR 824/06, NZA-RR 08, 298; gegen das Erfordernis einer Führungsvereinbarung *Däubler* Anm zu BAG AP Nr 8 zu § 1 BetrVG 1972 Gemeinsamer Betrieb mwN). Zum anderen ist erforderlich, dass ein **einheitlicher Leitungsapparat** besteht, der gewährleistet, dass insbesondere der Kern der ArbGebFunktionen im sozialen und personellen Bereich von derselben institutionellen Leitung ausgeübt wird (BAG 16.4.08 – 7 ABR 4/07, NZA-RR 08, 583; 13.8.08 – 7 ABR 21/07, NZA-RR 09, 255; 21.5.08 – 8 AZR 84/07, NZA 08, 753; 10.11.11 – 8 AZR 546/10, NZA 12, 509). Dabei kann es ausreichen, wenn der ArbGeb nach außen so auftritt, als ob er zusammen mit anderen Unternehmen einen Gemeinschaftsbetrieb bilden würde (BAG 18.10.2000 – 2 AZR 494/99, NZA 01, 321 für den Sonderkündigungsschutz nach § 15 KSchG). Auch die Verfolgung unterschiedlicher arbeitstechnischer Zwecke steht der Annahme eines Gemeinschaftsbetriebs nicht entgegen, sofern diese Zwecke im Rahmen einer Organisationseinheit wahrgenommen werden (LAG SachsAnh 14.11.01 – 3 Sa 148/01, BeckRS 2001, 16945). Bei einer auf eine Personalgestellung beschränkten unternehmerischen Zusammenarbeit zweier Unternehmen entsteht kein Gemeinschaftsbetrieb, wenn das personalgestellende Unternehmen nicht an der Erreichung des arbeitstechnischen Betriebszwecks des anderen Unternehmens mitwirkt (BAG 16.4.08 – 7 ABR 4/07, NZA-RR 08, 583). Aus dem Bestehen einer Organschaft iSv § 2 Abs 2 Nr 2 UStG ergibt sich nicht zwingend, dass die an der Organschaft beteiligten Unternehmen einen gemeinsamen Betrieb führen (BAG 25.5.05 – 7 ABR 38/04, BeckRS 2005, 42469). Auch bloße Absprachen zwischen Unternehmen oder Einflussnahmen auf gesellschaftsrechtlicher Ebene begründen keinen betrieblichen Leitungsapparat (BAG 13.8.08 – 7 ABR 21/07, NZA-RR 09, 255). Erforderlich bleibt immer, dass es sich auch bei dem Gemeinschaftsbetrieb um einen Betrieb iSd BetrVG handelt (BAG 18.1.12 – 7 ABR 72/10, DB 12, 1754). Im **Konzern** genügt die Ausübung der konzernrechtlichen Leitungsmacht nicht für die Annahme eines Gemeinschaftsbetriebs (BAG 13.6.02 – 2 AZR 327/01, NZA 02, 1148; 3.6.04 – 2 AZR 386/03, NZA 04, 1380).

14 c) **Ohne rechtliche Auswirkung** bleibt die Existenz eines Gemeinschaftsbetriebs auf die Anwendung des **Gleichbehandlungsgrundsatzes**, denn dieser findet auch in einem Gemeinschaftsbetrieb regelmäßig auf das jeweilige Unternehmen beschränkte Anwendung (BAG 19.11.92, DB 93, 843; kritisch *Preis* SAE 94, 21). Das Gleiche gilt im Hinblick auf das **Tarifrecht**. Bilden mehrere Unternehmen mit verschiedener Tarifbindung einen gemeinsamen Betrieb, findet der Grundsatz der Tarifeinheit keine betriebsbezogene Anwendung, sondern im einzelnen Arbeitsverhältnis kommt immer nur derjenige Tarifvertrag zum Tragen, der für das jeweilige ArbGebUnternehmen gilt (ArbG Celle 1.8.95, DB 96, 738 [LS]; *Edenfeld* DB 12, 575: Tarifsperre nach § 77 Abs 3 BetrVG; *Waas* NZA 99, 841: nur für Inhaltsnormen; aA LAG Hamm 18.2.92, DB 92, 2198).

Besteht ein einheitlicher Betrieb durch die organisatorische Zusammenfassung mehrerer Unternehmen im **Ausland** mit einem deutschen Kleinunternehmen, so sind für die Kleinbetriebsklausel des § 23 KSchG allein die ArbN im deutschen Unternehmen maßgeblich, da das KSchG nur im Inland Anwendung findet (BAG 9.10.97 – 2 AZR 64/97, NZA 98, 141; LAG Hamm 5.4.89, DB 89, 1525).

15 d) **Darlegungs- und Beweislast.** Die Darlegungs- und Beweislast für das Vorliegen eines solchen Gemeinschaftsbetriebes trägt grds der ArbN, der sich auf dessen Existenz beruft (BAG 18.1.90, DB 91, 500; 18.10.06 – 2 AZR 434/05, NZA 07, 552; 24.5.12 – 2 AZR 62/

Betrieb (Begriff) 102

11, NZA 13, 277). Darüber hinaus gilt im Betriebsverfassungsrecht nach § 1 Abs 2 BetrVG in zwei Fällen eine widerlegbare **gesetzliche Vermutung** für das Vorliegen eines Gemeinschaftsbetriebs, wobei nur die Existenz eines einheitlichen Leitungsapparates nicht des Gemeinschaftsbetriebs selbst vermutet wird (BAG 22.6.05 – 7 ABR 57/04, NZA 05, 1248). Sie greift zum einen bei dem gemeinsamen Einsatz von Arbeitsmitteln und ArbN durch die Unternehmen ein (kritisch *Däubler* ArbuR 01, 285; *Hanau* NJW 01, 2513; *Richardi* NZA 01, 346). Zum anderen ist die Unternehmensspaltung gemeint, bei der von einem Betrieb ein oder mehrere Betriebsteile einem an der Spaltung beteiligten anderen Unternehmen zugeordnet werden, ohne dass sich dabei die Organisation des betroffenen Betriebes wesentlich ändert. Die Spaltung umfasst dabei die Fälle der Aufspaltung und Ausgliederung sowohl in Form der Gesamt- als auch der Einzelrechtsnachfolge (BT-Drs 14/5741 S 33). Unabhängig von den vorgenannten Vermutungstatbeständen bleibt aber der **anderweitige Nachweis** eines gemeinsamen Betriebs weiterhin möglich (BAG 11.2.04 – 7 ABR 27/03, NZA 04, 618).

e) Auflösung. In individualrechtlicher Hinsicht entfallen mit der Auflösung eines Gemeinschaftsbetriebs die oa Besonderheiten, denn mit der Auflösung entfällt die „gemeinsame Klammer", die Grund für die besondere Rechtskonstruktion war (BAG 13.9.95 – 2 AZR 954, 94, NZA 96, 307: Sozialauswahl). Die Liquidation einer beteiligten Gesellschaft begründet keine Beschäftigungspflicht des bzw der im Gemeinschaftsbetrieb verbleibenden ArbGeb (LAG SchlHol 8.5.03 – 1 Sa 48/03, NZA-RR 04, 79). In kollektivrechtlicher Hinsicht kommt es für den Fortbestand des BRat darauf an, ob die Identität des Betriebs in einem der beteiligten Unternehmen trotz Auflösung des Gemeinschaftsbetriebs gewahrt bleibt. Die in diesem Unternehmen betroffenen BRat-Mandate bleiben dann bestehen (BAG 19.11.03 – 7 AZR 11/03, NZA 04, 435; *Annuß/Hohenstatt* NZA 04, 420). **16**

4. Streitigkeiten bezüglich der rechtlichen Qualifizierung einer bestimmten Einheit als Betrieb oder Betriebsteil sind allgemein im arbeitsgerichtlichen Beschlussverfahren zu klären (§ 2a Abs 1 Nr 1, Abs 2 iVm §§ 80 ff ArbGG). Im Übrigen sind sie regelmäßig als Vorfrage in Individualrechtsstreitigkeiten zu prüfen. Für den Fall der BRatWahl existiert in § 18 Abs 2 BetrVG eine besondere gesetzliche Regelung für das Beschlussverfahren (BAG 25.9.86, DB 87, 1202; LAG Frankfurt 28.7.88, DB 88, 2650). Eine gerichtliche Entscheidung in dem Verfahren nach § 18 Abs 2 BetrVG hat präjudizielle Bindungswirkung für nachfolgende Urteilsverfahren (BAG 9.4.91, DB 91, 2392). Bei der Beurteilung, ob Unternehmen einen gemeinsamen Betrieb führen, steht dem ArbG und dem LAG als Tatsacheninstanz ein Beurteilungsspielraum zu (BAG 13.2.13 – 7 ABR 36/11, NZA-RR 13, 521). **17**

Nach der ständigen Rspr des BAG führt eine Verkennung des Betriebsbegriffs im Rahmen einer BRatWahl nicht zur Nichtigkeit der Wahl, sondern hat lediglich deren Anfechtbarkeit gem § 19 BetrVG zur Folge (BAG 13.3.13 – 7 ABR 70/11, NZA 13, 738; LAG Bln 28.6.99 – 9 TaBV 479/99, NZA-RR 2000, 246; Näheres s *Wahlanfechtung* Rz 4). Das gilt auch nach der gesetzlichen Neuregelung. Zum Streitwert solcher Verfahren: LAG Köln 24.2.89, NZA 89, 570.

Im **Gemeinschaftsbetrieb** sind Anträge des BRat, die sich gegen den ArbGeb in seiner Funktion als Inhaber der Leitungsmacht richten, gegen alle am Betrieb beteiligten Unternehmen zu richten (BAG 15.5.07 – 1 ABR 32/06, NZA 07, 1240: Unterlassung mitbestimmungswidrigen Verhaltens im Bereich der Arbeitszeit). **18**

B. Lohnsteuerrecht *Seidel*

Der Betriebsbegriff als solcher spielt im LStRecht keine Rolle. Lohnsteuerrechtliche Folgen knüpfen an die Begriffe *Betriebsstätte* Rz 2 ff und *Arbeitgeber* Rz 19 ff an (s auch *Unternehmen* Rz 16 ff). **19**

C. Sozialversicherungsrecht *Ruppelt*

1. Der sozialversicherungsrechtliche Betriebsbegriff lehnt sich im Wesentlichen an die arbeitsrechtliche Definition an (s oben). Dabei ist zu beachten, dass das SozVRecht zur Beschreibung der versicherungsrechtlichen Pflichten aus einem Beschäftigungsverhältnis von dem Begriffspaar **Arbeitgeber/Beschäftigter** ausgeht. Dem Betriebsbegriff kommt im **20**

102 Betrieb (Begriff)

SozVRecht Bedeutung für die Frage zu, ob ein ArbGeb (Unternehmen) mehrere (selbstständige) Betriebe unterhält oder es sich bei mehreren Betriebsstätten um (unselbstständige) Betriebsteile handelt. **Selbstständiger Betrieb** ist die auf Erreichung eines arbeitstechnischen Zwecks gerichtete organisatorische Zusammenfassung personeller, sächlicher und anderer Arbeitsmittel zu einer betrieblichen Einheit.

21 Dagegen liegt nur ein **unselbstständiger Betriebsteil** vor, wenn eine Produktionsstätte in Bezug auf die Gesamtheit der eingesetzten Arbeitsmittel über keinen selbstständigen Leitungsapparat verfügt und zwischen der zentralen Leitung und der Produktionsstätte auf dem Gebiet der Planung, der Entwicklung, der Produktion und des Vertriebs eine derart starke organisatorische Verflechtung besteht, dass eine Verselbstständigung nicht ohne grundlegende Wandlung der Organisationsstruktur möglich wäre. Das Bestehen zentraler Einrichtungen, zB eine einheitliche kaufmännische Leitung, spricht nicht in jedem Falle gegen die Eigenschaft eines selbstständigen Betriebes.

22 Insbesondere die Möglichkeiten moderner Datenverarbeitung und neue Kommunikationstechniken ermöglichen dem Unternehmen die Zentralisierung bestimmter Arbeitsbereiche, ohne die Selbstständigkeit des einzelnen Betriebes zu beseitigen. Die Entscheidung, ob lediglich eine unselbstständige Produktionsstätte vorliegt oder ob es sich um einen selbstständigen Betrieb handelt, erfordert die Berücksichtigung aller **Umstände des Einzelfalles.** Selbstständigkeit ist dann anzunehmen, wenn die hierfür sprechenden Faktoren im konkreten Fall qualitativ überwiegen (BSG 10.11.94 – 12 RK 58/93, SozR 3–2500 § 175 Nr 1). Die Fiktion des BetrVG, nach der Betriebsteile unter bestimmten Bedingungen als selbstständige Betriebe gelten, ist für das SozVRecht nicht anwendbar, weil für die Betriebsverfassung im Mittelpunkt steht, dass die ArbN eine tatsächliche Gemeinschaft bilden, die sich als Belegschaft von einer anderen Belegschaft abhebt. Bilden **mehrere Unternehmen** einen **einheitlichen Betrieb,** treffen die sozialversicherungsrechtlichen Pflichten das einzelne Unternehmen, da im SozVRecht das tatsächliche Beschäftigungsverhältnis zwischen ArbGeb und ArbN maßgebend ist. Zur **unfallversicherungsrechtlichen** Zuständigkeit der BGen für Unternehmen und ihre Bestandteile vgl *Unternehmen* Rz 25.

23 **2. Haftungsrechtlicher Betriebsbegriff.** Nach § 105 Abs 1 SGB VII haften Personen, die durch eine betriebliche Tätigkeit einen Versicherungsfall von Versicherten desselben Betriebs (fahrlässig) verursachen, diesen regelmäßig nicht für Personenschäden (vgl *Arbeitnehmerhaftung* Rz 1 ff). Diese Regelung, die der Beschränkung der Schadensersatzpflicht des Unternehmers entspricht (§ 104 SGB VII), gilt nur für in **demselben Betrieb** tätige Personen. Hierfür gilt ein **eigenständiger unfallversicherungsrechtlicher Betriebsbegriff,** der auch unselbstständige Betriebsteile als Betriebe definiert. Betrieb in diesem Sinne ist die auf **räumliche** Einheit beruhende Vereinigung von persönlichen, sachlichen und immateriellen Mitteln zur Verfolgung eines meist wirtschaftlichen Zwecks. Eigenständige Betriebe im unfallversicherungsrechtlichen Sinn sind daher auch Filialen, Produktions-, Lager- und Vertriebsstätten eines Unternehmens (*von Koppenfels-Spies* Der Risikobereich des Haftungsausschlusses gem § 105 Abs 1 SGB VII – Betrieb oder Unternehmens, NZS 06, 561). Sonderregelungen gelten für nicht gesetzlich unfallversicherte Unternehmer, die durch einen Betriebsangehörigen geschädigt werden (§ 105 Abs 2 SGB VII).

24 Das SGB VII hat den Haftungsausschluss für Personenschäden der Betriebsangehörigen untereinander ausgedehnt auf **Beschäftigte auf einer gemeinsamen Betriebsstätte** (§ 106 Abs 3 Variante 2 SGB VII – in der zivilrechtlichen Rspr auch als „§ 106 Abs 3 Fall 2 SGB VII" bezeichnet). Das Haftungsprivileg erstreckt sich auch auf diejenigen Fälle, in denen Versicherte von mehreren Unternehmen vorübergehend betriebliche Tätigkeiten auf einer gemeinsamen Betriebsstätte verrichten. Die Haftungsbeschränkung gilt nicht nur für LeihArbN und Arbeitsgemeinschaften von Unternehmen, sondern es reicht bereits eine **betriebliche Tätigkeit** (also keine zufällige Anwesenheit) auf einer gemeinsamen Betriebsstätte aus, ohne dass besondere Rechtsbeziehungen zwischen den Unternehmen bestehen müssen (BGH 16.12.03 – VI ZR 103/03, VersR 04, 381; BGH 17.10.2000 – VI ZR 67/00, NJW 01, 443; OLG Hamm 6.5.02 – 13 U 224/01, VersR 03, 506; BGH 14.9.04 – VI ZR 32/04, NJW 05, 288; BGH 6.8.10 – VI ZR 147/09, MDR 10, 988; BGH 1.2.11 – VI ZR 227/09, NJW 11, 3296; *Jahnke,* Haftungsausschluss wegen Arbeitsunfall „auf gemeinsamer Betriebsstätte", NJW 2000, 265). Der Haftungsausschluss bei betrieblichen Tätigkeiten auf

einer gemeinsamen Betriebsstätte setzt ein bewusstes Miteinander im Betriebsablauf voraus, das sich zumindest tatsächlich als ein aufeinander bezogenes betriebliches Zusammenwirken mehrerer Unternehmen darstellt (BGH 10.5.11 – VI ZR 152/10 VersR 11, 882 mit Anm *Dahm* jurisPR-SozR 20/11; BGH 11.10.11 – VI ZR 248/10, NZS 12, 347 mit Anm *Dahm* jurisPR-SozR 2/12; BGH 22.1.13 – VI ZR 175/11, VersR 13, 461 mit Anm *Höher*). Die Regelung wirkt sich vor allem auf Baustellen des Baugewerbes aus (vgl auch *Marburger* Haftungsfreistellung bei Arbeitsunfällen, BB 2000, 1781; *Imbusch* Neue Tendenzen zur Auslegung des Haftungsausschlusses nach § 106 Abs 3 Alt 3 SGB VII, VersR 01, 547). Ein häusliches Arbeitszimmer ist kein Teil des Betriebes im unfallversicherungsrechtlichen Sinn (BSG 7.11.2000 – B 2 U 39/99 R, NZS 01, 432). Sonderregeln gelten für Unternehmer, die auf der gemeinsamen Betriebsstätte geschädigt werden (s Rz 23; BSG 26.6.07 – B 2 U 17/06 R, SozR 4–2700 § 105 Nr 2 mit Anm *Merten* jurisPR-SozR 4/08; BGH 17.6.08 – VI ZR 257/06 NJW 08, 2895 mit Anm *Waltermann*). Zu den Fällen, wenn am Arbeitsunfall ein ArbN mit Wohnsitz oder ein ArbGeb mit Sitz in einem **anderen EU-Staat** beteiligt ist s BGH 7.11.06 – VI ZR 211/05, NJW 07, 1754; BGH 15.7.08 – VI ZR 105/07, NJW 09, 916. Berufssportler verrichten während des Spiels eine betriebliche Tätigkeit auf einer gemeinsamen Betriebsstätte iSv § 106 Abs 3 SGB VII (OLG Karlsruhe 27.9.12 – 4 U 256/11, MDR 12, 1413).

Betriebliche Altersversorgung

A. Arbeitsrecht

Kreitner

Übersicht

	Rz		Rz
1. Allgemeines	1–4	b) Unverfallbarkeit	37, 38
a) Historie und Begriff	1	c) Änderungsmöglichkeiten	39
b) Rechtscharakter	2	d) Wert	40, 41
c) Gesetzliche Regelung	3	e) Auskunftsanspruch	42
d) Allgemeine Grenzen	4	f) Abfindung	43, 44
2. Begründung der Versorgungszusage	5–13	g) Übernahme durch Dritte	45–52
a) Arbeitsvertrag	6	7. Anpassung	53–65
b) Gesamtzusage/Arbeitsvertragliche Einheitsregelung	7	a) Aufgrund der Versorgungsordnung	53
c) Betriebliche Übung	8	b) Gemäß § 16 BetrAVG	54–65
d) Gleichbehandlungsgrundsatz	9–11	8. Änderung von Versorgungszusagen	66–73
e) Tarifvertrag	12	a) Änderungsmöglichkeit	66–69
f) Betriebsvereinbarung	13	b) Änderungsgründe	70–73
3. Zusageformen	14–23	9. Beendigung von Versorgungszusagen	74–80
a) Leistungszusage	15	a) Widerruf wegen wirtschaftlicher Notlage	74–76
b) Beitragsorientierte Leistungszusage	16	b) Widerruf wegen Treuepflichtverletzung	77
c) Beitragszusage mit Mindestleistung	17	c) Kündigung von Betriebsvereinbarungen	78
d) Entgeltumwandlung	18–22	d) Erlassvertrag	79
e) Umfassungszusage	23	e) Verjährung	80
4. Durchführungswege	24–30	10. Mitbestimmung des Betriebsrats	81–83
a) Direktzusage	25	11. Insolvenzsicherung	84–96
b) Direktversicherung	26, 27	a) Grundsatz	84
c) Pensionskasse	28	b) Insolvenzfälle	85, 86
d) Unterstützungskasse	29	c) Umfang und Reichweite	87–93
e) Pensionsfonds	30	d) Träger	94
5. Anspruchsvoraussetzungen	31–35	e) Streitigkeiten	95, 96
a) Bestehendes Arbeitsverhältnis	32	12. Neue Bundesländer	97
b) Versetzung in den Ruhestand	33		
c) Wartezeit	34		
d) Altersgrenzen	35		
6. Anwartschaft	36–52		
a) Begriff	36		

103 Betriebliche Altersversorgung

1 1. Allgemeines. a) Historie und Begriff. Die betriebliche Altersversorgung existiert bereits seit Mitte des 19. Jahrhunderts und hat sich mittlerweile zu einem festen Bestandteil des Alterssicherungssystems entwickelt (einen aktuellen RsprÜberblick geben *Matthießen* NZA 13, 416; *Cisch/Bleeck/Karst* BB 13, 1205; speziell zu Hinweis-, Auskunfts- und Beratungspflichten *Uckermann* NZA 11, 552; *Reinecke* DB 06, 555; zur Invalidenversorgung *Reinecke* DB 10, 2167). Während sie zunächst mangels gesetzlicher Regelung hauptsächlich im Wege des Richterrechts durch das BAG fortentwickelt wurde, ist sie seit 1974 im BetrAVG geregelt (vgl hierzu *Reinecke* NZA 04, 753), das in den letzten Jahren mehrfach grundlegend geändert worden ist (Näheres s Personalbuch 2004, Betriebliche Altersversorgung Rz 1 mwN aus dem Schrifttum). Wesentliche Änderungen erfolgten durch das RRG 99 (BGBl I 97, 3025 ff) und das AVmG vom 26.6.01 (BGBl I 01, 1310). Nach einer geringfügigen Überarbeitung durch das HZvNG vom 21.6.02 (BGBl I 02, 2167) hat der Gesetzgeber mW zum 1.1.05 im Rahmen des AltEinkG vom 5.7.04 (BGBl I 04, 1427) nochmals eine grundlegendere Novellierung vorgenommen, die außer der ergänzten Gesetzesbezeichnung (Betriebsrentengesetz) insbesondere den Bereich der Abfindungs- und Übertragungsmöglichkeiten von Rentenanwartschaften betrifft (vgl hierzu *Langohr-Plato/Teslau* NZA 04, 1297, 1353). Nach einer Änderung im Bereich der PSV-Finanzierung am 2.12.06 (BGBl I 06, 2742; vgl dazu *Hoppenrath/Berenz* DB 07, 630) sind zuletzt mWv 1.1.08 § 2 Abs 1 und § 6 BetrAVG an die geänderte Regelaltersgrenze in der gesetzlichen RV angepasst worden (BGBl I 07, 554) sowie zum 1.1.09 die Altersgrenze für die Unverfallbarkeit in § 1b BetrAVG auf das 25. Lebensjahr heruntergesetzt worden (BGBl I 07, 2838).

In § 1 Abs 1 BetrAVG hat der Gesetzgeber unter weitgehender Übernahme der Rspr den **Begriff** definiert als Leistungen der Alters-, Invaliditäts- oder Hinterbliebenenversorgung, die einem ArbN aus Anlass seines Arbeitsverhältnisses zugesagt worden sind. Die betriebliche Altersversorgung deckt daher bestimmte biometrische Risiken (Alter, Invalidität oder Tod). Andere Lebensrisiken wie bspw Krankheitsrisiken werden nicht erfasst (BAG 12.12.06 – 3 AZR 476/05, NZA-RR 07, 653). Eine einmalige oder laufende Beihilfe in außergewöhnlichen, unverschuldeten wirtschaftlichen Notlagen ist daher keine betriebliche Altersversorgung im rechtlichen Sinn (BAG 25.10.94, DB 95, 735; LAG Bln 15.11.99 – 9 Sa 1602/99, NZA-RR 2000, 99; ebenso LAG Hamm 14.3.95, DB 95, 935 für eine zusätzliche monatlich ausgezahlte Treueprämie). Das Gleiche gilt für Überbrückungsbeihilfen, die für die Zeit bis zum Eintritt eines Versorgungsfalls gezahlt werden (BAG 14.2.12 – 3 AZR 260/10, BeckRS 2012, 69564; 3.11.98 – 3 AZR 454/97, NZA 99, 594; BGH 3.7.2000 – II ZR 381/98, NZA 01, 612; LAG Köln 14.4.04 – 8 Sa 980/03). Zweifelhaft erscheint dies auch, wenn das Versprochene im Fall des Todes des ArbN an dessen Erben auszuzahlen ist (BAG 18.3.03 – 3 AZR 313/02, NZA 04, 848). Andererseits steht die Vereinbarung einer vollständigen Kapitalisierung oder der Auszahlung des Kapitals in mehreren Raten dem Altersversorgungscharakter nicht entgegen (zu Folgeproblemen *Höfer/Küpper* DB 06, 2064). An einer Zusage „aus Anlass der Tätigkeit für ein Unternehmen" (§ 17 Abs 1 Satz 2 BetrAVG) kann es auch fehlen, wenn sie ohne Bezug auf die zu erbringende Arbeitsleistung wegen sonstiger, vor dem Beginn des Arbeitsverhältnisses in der Vergangenheit liegender Umstände erfolgt (LG Köln 25.2.99 – 24 O 87/98, ZIP 99, 374), wenn eine GmbH nur ihren Gesellschaftern eine Versorgung verspricht, die nach Art und Höhe bei sonstigen Beschäftigten wirtschaftlich nicht vertretbar wäre (BAG 25.1.2000 – 3 AZR 769/98, NZA 01, 959), oder wenn Tätigkeiten für mehrere wirtschaftlich verflochtene Gesellschaften erbracht worden sind (BAG 20.4.04 – 3 AZR 297/03, AP Nr 33 zu § 17 BetrAVG). Andererseits kann eine Zusage sowohl vor Beginn als auch nach Beendigung des Arbeitsverhältnisses gegeben werden (BAG 8.5.90 – 3 AZR 121/89, NZA 90, 931). Entscheidend ist insoweit der enge Bezug zum Arbeitsverhältnis. Das BetrAVG ist auch anwendbar auf Altersversorgungsleistungen, die Rechtsanwälten und Steuerberatern aus Anlass ihrer Tätigkeit für ein fremdes Unternehmen von diesem zugesagt worden sind (BGH 13.2.06 – IX ZR 90/05, NZA-RR 06, 652). Ob eine betriebliche Altersversorgung vorliegt, richtet sich allein nach der Versorgungszusage. Von daher ist unerheblich, ob der ArbN zum vorgesehenen Zeitpunkt die gesetzliche Altersrente in Anspruch nimmt, AlGeld beantragt oder weiter arbeitet (BAG 17.9.08 – 3 AZR 865/06, NZA 09, 440). Bei Familienangehörigen kommt es auf die objektive Angemessenheit der Zusage an (LAG Köln 1.2.02 – 12 Sa 1201/01, NZA-RR 02, 379). Die Zahlung eines Weihnachtsgeldes an Betriebsrentner (BAG 18.2.03 – 3 AZR 81/02, NZA 04, 98;

Betriebliche Altersversorgung

31.7.07 – 3 AZR 189/06, NZA-RR 08, 263; 16.2.10 – 3 AZR 118/08, NZA 11, 104) zählt ebenso zur betrieblichen Altersversorgung wie die Gewährung von Stromdeputaten (BAG 12.12.06 – 3 AZR 476/05, NZA-RR 07, 654; 19.2.08 – 3 AZR 61/06, NZA-RR 08, 597; 16.3.10 – 3 AZR 136/08, NZA-RR 10, 541; 14.12.10 – 3 AZR 799/08, BeckRS 2011, 70707; *Witschen* SAE 11, 43). Auch sog „Übergangsbezüge" können Leistungen der betrieblichen Altersversorgung darstellen, wenn es sich nicht um eine bloße Übergangsversorgung vor Eintritt des Versorgungsfalls handelt (BAG 10.8.93 – 3 AZR 69/93, NZA 94, 757; 28.10.08 – 3 AZR 317/07, NZA 09, 844).

b) Rechtscharakter. Während die betriebliche Altersversorgung ursprünglich aufgrund des Fürsorgegedankens entwickelt worden war, hat sie sich mittlerweile zu einem Rechtsinstitut mit **Versorgungs- und Entgeltcharakter** fortentwickelt. Diese Doppelfunktion wird vom BAG in ständiger Rspr bestätigt (grundlegend BAG 12.6.75, DB 75, 1559).

c) Gesetzliche Regelung. Seit dem 19.12.74 existiert eine gesetzliche Regelung der betrieblichen Altersversorgung im BetrAVG. Hierbei handelt es sich jedoch nicht um eine umfassende gesetzliche Normierung der Altersversorgung. Vielmehr stellt das Gesetz gewisse Mindestanforderungen auf, die nicht unterschritten werden dürfen (BGH 16.3.09 – II ZR 68/08, NZA 09, 613; LAG Hess 24.3.04 – 8 Sa 509/03, NZA-RR 05, 47).

d) Allgemeine Grenzen. Für die betriebliche Altersversorgung gilt im Grundsatz das Prinzip der Vertragsfreiheit, das auch in der differenzierten Mitbestimmungspflichtigkeit nach § 87 BetrVG (dazu unten Rz 81–83) seinen Ausdruck findet, mit seinen allgemeinen Grenzen, also insbesondere den Grundrechten und dem arbeitsrechtlichen Gleichbehandlungsgrundsatz. Auch eine arbeitsvertraglich vereinbarte dynamische Verweisung auf das jeweils geltende Beamtenversorgungsrecht ist zulässig, soweit keine zwingenden Regelungen des BetrAVG entgegenstehen (BAG 22.2.00 – 3 AZR 39/99, NZA 01, 541; 22.2.00 – 3 AZR 108/99, NZA 02, 36). Wie sich aus § 5 BetrAVG entnehmen lässt, ist eine Beschränkung der Zusage auf eine **Gesamtversorgung** grds möglich. Gegen eine Anrechnung der gesetzlichen Altersrente, auch soweit sie auf der Anerkennung von Kindererziehungszeiten beruht, bestehen keine rechtlichen Bedenken (BAG 5.12.95, DB 96, 1143; vgl auch 30.11.10 – 3 AZR 747/08, BeckRS 2011, 70666). Sozialversicherungsrenten sind in einem Gesamtversorgungssystem im Zweifel mit ihrem Bruttobetrag anzurechnen (BAG 14.12.99 – 3 AZR 742/98, NZA 01, 326). Ist die Berücksichtigung „der Sozialrente" vorgesehen, so ist die vom ArbN erdiente und nicht die infolge eines Versorgungsausgleichs geminderte oder erhöhte Rente anzurechnen (BAG 20.3.01 – 3 AZR 264/00, NZA 02, 273). Eine Eigenbeteiligung der ArbN durch Anrechnung der ArbNBeiträge zur Zusatzversorgung ist möglich (BAG 20.4.04 – 3 AZR 266/02, NZA-RR 05, 95). Auch die Altersentschädigung von Abgeordneten kann angerechnet werden (BAG 23.9.03 – 3 AZR 465/02, NZA 04, 850). Eine Gesamtversorgungsobergrenze ist dabei ggf bereits in der ersten Rechenschritt bei der Ermittlung der nach § 2 Abs 1 BetrAVG maßgeblichen fiktiven Vollrente zu berücksichtigen (BAG 21.3.06 – 3 AZR 374/05, NZA 06, 1220; kritisch *Rolfs/ de Groot* SAE 07, 244). Eine unzulässige Auszehrung iSv § 5 Abs 1 BetrAVG liegt vor, wenn die Betriebsrenten unter den bei Eintritt des Versorgungsfalles festgesetzten Betrag sinken (BAG 5.10.99 – 3 AZR 230/98, NZA 2000, 839). Der gesetzliche Auszehrungsschutz ist allerdings gem § 17 Abs 3 BetrAVG tarifdispositiv. Unabhängig davon kann in Einzelfällen ein Verstoß gegen Treu und Glauben gem § 242 BGB vorliegen. Dies gilt zB dann, wenn die Anrechnungsklausel aufgrund der geringen Höhe der Gesamtversorgungsobergrenze letztlich eine völlige Auszehrung der Versorgungszusage bewirkt (LAG Köln 17.6.93, DB 93, 2391). Im Übrigen unterliegen ArbGebseitige Ruhegeldordnungen nach der ständigen Rspr des BAG einer arbeitsgerichtlichen **Billigkeitskontrolle**.

2. Begründung der Versorgungszusage. Eine Pflicht des ArbGeb zur Einführung einer betrieblichen Altersversorgung besteht grds nicht (zum Sonderfall des Hamburger Ruhegeldgesetzes vgl BAG 28.5.02 – 3 AZR 422/01, NZA 03, 1198; 20.4.04 – 3 AZR 266/02, NZA-RR 05, 95). Die einzige Ausnahme bildet der mW zum 1.1.02 in Kraft getretene § 1a BetrAVG, der einen begrenzten Anspruch des ArbN auf Entgeltumwandlung schafft. Entschließt sich der ArbGeb zu der Erteilung einer Versorgungszusage, so kann dies auf unterschiedlichem rechtlichen Wege geschehen. Dem ArbN steht dabei gem § 1 Abs 1 Satz 3 BetrAVG immer ein direkter Verschaffungsanspruch aus dem arbeitsrechtlichen

103   Betriebliche Altersversorgung

Grundverhältnis gegenüber dem ArbGeb zu, der aufgrund seiner Fälligkeit erst mit Eintritt des Versorgungsfalls vorher weder verfallen noch verjähren oder verwirken kann (BAG 15.2.11 – 3 AZR 54/09, NZA 11, 928; 18.9.01 – 3 AZR 689/00, NZA 02, 1391: Betriebserwerber kann bisherigen Durchführungsweg nicht fortführen; LAG Hess 3.3.10 – 8 Sa 190/09, NZA-RR 11, 40: Pensionskasse).

6   **a) Arbeitsvertrag.** Eine individualvertragliche Zusage kann ausdrücklich oder konkludent erfolgen und muss vom ArbN zumindest konkludent angenommen werden. Dabei ist die Bezeichnung der Leistung nicht maßgeblich, vielmehr ist der von den Parteien beabsichtigte Leistungszweck entscheidend (s oben Rz 1). **Schriftform** ist für die arbeitsrechtliche Wirksamkeit nicht erforderlich, gleichwohl aber aus Gründen der Rechtssicherheit im Hinblick auf die langjährigen Auswirkungen der betrieblichen Altersversorgung dringend zu empfehlen. Etwas anderes gilt bei der Mitarbeit von **Familienmitgliedern.** Hier verlangt das BAG im Anschluss an steuerrechtliche Vorgaben für die Anerkennung einer betrieblichen Altersversorgung den schriftlichen Abschluss des Arbeitsvertrags, dessen tatsächlichen Vollzug sowie die Auszahlung des Arbeitsentgelts (BAG 20.7.93 – 3 AZR 99/93, NZA 94, 121; großzügiger LAG Köln 19.7.02 – 11 Sa 1147/01, NZA-RR 03, 259: anderer Nachweis bleibt möglich). Eine sog **Blankettzusage,** bei der die nähere Ausgestaltung dem ArbGeb vorbehalten bleibt, ist nach der Rspr zulässig. Es handelt sich um ein Recht zur *Leistungsbestimmung,* das arbeitsgerichtlich im Rahmen des § 315 BGB überprüfbar ist (BAG 19.6.05 – 3 AZR 472/04, AP Nr 42 zu § 1 BetrAVG).

7   **b) Gesamtzusage/Arbeitsvertragliche Einheitsregelung.** In vielen Fällen werden in der Praxis Ruhegeldzusagen im Wege einer Gesamtzusage oder einer sog arbeitsvertraglichen Einheitsregelung erteilt. Bei der **Gesamtzusage** handelt es sich um eine einseitige Erklärung des ArbGeb gegenüber der gesamten Belegschaft oder jedenfalls einer Gruppe von ArbN, in der er die bindende Versorgungszusage abgibt (BAG 22.12.09 – 3 AZR 136/08, NZA-RR 10, 541). Eine **arbeitsvertragliche Einheitsregelung** liegt vor, wenn systematisch durch den gebündelten Abschluss von im Grundsatz identischen Einzelverträgen die betriebliche Altersversorgung eingeführt wird. Meinungsverschiedenheiten in Rspr und Schrifttum bestehen hier lediglich in rechtsdogmatischer Hinsicht. Rechtliche Probleme können sich insbesondere bei der Änderung solcher Versorgungszusagen ergeben (dazu unten Rz 68).

8   **c) Betriebliche Übung.** Die Verpflichtung zur Zahlung einer betrieblichen Altersversorgung kann sich aus einer betrieblichen Übung ergeben (BAG 15.5.12 – 3 AZR 128/11, BeckRS 2012, 73013; 23.8.11 – 3 AZR 650/09, NZA 12, 37; 19.2.08 – 3 AZR 61/06, NZA-RR 08, 597; *Gehlhaar* BB 08, 835). Diese wird in § 1b Abs 1 Satz 4 BetrAVG als Verpflichtungstatbestand anderen ausdrücklichen Versorgungszusagen gleichgestellt (grundlegend *Bepler* RdA 04, 226; *Reinecke* BB 04, 1625). Dabei ist unerheblich, ob der ArbN selbst schon in die Übung einbezogen worden ist. Die bindende Wirkung einer Übung tritt auch gegenüber einem ArbN ein, der zwar unter der Geltung der Übung im Betrieb gearbeitet, selbst aber die Vergünstigungen noch nicht erhalten hat (BAG 15.5.12 – 3 AZR 610/11, NZA 12, 1279). Aufgrund betrieblicher Übung können Betriebsrentner auch einen Rechtsanspruch auf Beihilfe im Krankheitsfall haben (BAG 19.5.05 – 3 AZR 660/03, NZA 05, 889). Im Einzelnen gelten die allgemeinen Rechtsgrundsätze der betrieblichen Übung (s *Betriebliche Übung* Rz 1 ff). Leistet der ArbGeb unter Bezugnahme auf die Versorgungsordnung Überzahlungen, ist von einem irrtümlichen Regelungsvollzug auszugehen und es entsteht keine betriebliche Übung (BAG 23.4.02 – 3 AZR 224/01, DB 02, 2603). Anders kann dies bei Leistungen sein, die über die Versorgungsordnung hinausgehen und ohne entsprechenden Hinweis erfolgen (BAG 30.10.84 – 3 AZR 236/82, NZA 85, 531). Eine bestehende betriebliche Übung kann nicht durch eine inhaltlich gegenläufige, verschlechternde Übung abgelöst werden (BAG 16.2.10 – 3 AZR 123/08, BeckRS 2010, 66518).

9   **d) Gleichbehandlungsgrundsatz.** § 1b Abs 1 Satz 4 BetrAVG stellt neben der betrieblichen Übung auch den arbeitsrechtlichen Gleichbehandlungsgrundsatz ausdrücklichen Verpflichtungstatbeständen gleich. Es gelten auch insoweit die allgemeinen Grundsätze (BAG 20.7.93 – 3 AZR 52/93, NZA 94, 125; 25.5.04 – 3 AZR 15/03, AP Nr 5 zu § 1b BetrAVG; *Reinecke* BetrAV 12, 402; s *Gleichbehandlung* Rz 9), die nach genauer Einzelfallbetrachtung anzuwenden sind. Von besonderer Bedeutung ist in diesem Zusammenhang regelmäßig die Frage nach sachlich begründeten Differenzierungsmerkmalen, da lediglich die willkürliche Ungleichbehandlung verboten ist. Differenzierungsverbote ergeben sich zB aus Art 3 GG,

Betriebliche Altersversorgung 103

§ 75 BetrVG oder Art 141 EWG-Vertrag (EuGH 28.9.94, DB 94, 2086; 24.10.96, DB 96, 2444; 13.1.04 – Rs C-256/01 – Allonby, NZA 04, 201). Die sog Unisex-Versicherungstarife sind wegen Unwirksamkeit von Art 5 Abs 2 der Richtlinie 2004/113/EG mWv 21.12.12 unzulässig (EuGH 1.3.11 – Rs C-236/08 – Test Achats, NJW 11, 907). Umstritten ist, ob dies nur für Neuzusagen gilt (so *Höfer* DB 2011, 1334; *Ulbrich* DB 11, 2775; *Jurk/Wilhelm* BB 12, 381) oder auch Altzusagen anzupassen sind (so *Birk* DB 11, 819). Differenzierungsmerkmale müssen grds objektiv und hinreichend bestimmt sein und vom ArbGeb in einer allgemeinen Ordnung festgelegt werden (BAG 19.8.08 – 3 AZR 194/07, NZA 09, 197). Das zum 18.8.06 in Kraft getretene **AGG** gilt auch im Betriebsrentenrecht, soweit dieses keine vorrangigen Sonderregelungen enthält (BAG, 11.12.07 – 3 AZR 249/06, NZA 08, 532; *Rolfs* NZA 08, 553; *Langohr/Plato/Stahl* NJW 08, 2378). Als erforderliches Rechtsverhältnis genügt dabei, dass der ArbN mit einer unverfallbaren Anwartschaft aus dem Arbeitsverhältnis ausgeschieden oder Betriebsrentner ist und dieses Anwartschafts- oder Versorgungsverhältnis bei Inkrafttreten des AGG noch bestand (BAG 17.4.12 – 3 AZR 481/10, NZA 12, 929). Bei dem im Bereich der betrieblichen Altersversorgung wichtigstem Diskriminierungsmerkmal „Alter" ist dabei nach § 10 AGG entscheidend, ob die unterschiedliche Behandlung durch ein legitimes Ziel gerechtfertigt ist (vgl zuletzt EuGH 5.3.09 – C-388/07, NZA 09, 305 – Age Concern England; BAG 11.8.09 – 3 AZR 23/08, NZA 10, 408; *Rolfs/Schmid* SAE 11, 12). Eine Bestimmung in einer Versorgungsordnung, die die anrechenbare Dienstzeit auf 40 Jahre bis zur Vollendung des 65. Lebensjahres begrenzt und bestimmt, dass bei mehr als 40 Dienstjahren die letzten 40 Jahre zählen, bewirkt keine mittelbare Altersdiskriminierung (BAG 11.12.12 – 3 AZR 634/10, NZA 13, 564). Auch eine Mindestbetriebszugehörigkeit von 15 Jahren bis zur Regelaltersgrenze in der gesetzlichen RV ist als Leistungsvoraussetzung in einer Versorgungsordnung grds angemessen iSv § 10 Satz 2 AGG und bewirkt keine Diskriminierung wegen Alters oder Geschlechts (BAG 12.2.13 – 3 AZR 100/11, NZA 13, 733).

Sachliche Differenzierungsgründe liegen nach der Rspr zB vor bei Unterscheidung 10 nach einzelnen **Betrieben** (BAG 18.9.07 – 3 AZR 639/06, NZA 08, 56: wegen unterschiedlicher Arbeitszeitflexibilität in den Betrieben; LAG Hess 15.8.01 – 8 Sa 1098/00, NZA-RR 02, 266), nach einem Betriebsübergang für die übernommenen Betriebe (BAG 25.8.76, DB 77, 358; 30.8.79, DB 79, 2431), Herausnahme von Zeiten des **Erziehungsurlaubs** aus der Rentenberechnung (BAG 15.12.98 – 3 AZR 251/97, DB 99, 1507; 20.4.10 – 3 AZR 370/08, NZA 10, 1188), Ausschluss von **ABM-Kräften** (BAG 13.12.94, DB 95, 931; LAG Hamm 22.2.94, DB 94, 890; LAG Köln 22.10.93, BB 94, 361 [LS]), Gruppenbildung nach Umfang der regelmäßigen **Arbeitszeit** in voll-, überhalbzeitig und unterhalbzeitig Beschäftigte (BAG 5.10.93, DB 94, 739), soweit sich Unterschiede zB in Arbeitsleistung, Qualifikation, Berufserfahrung oder unterschiedlichen Anforderungen am Arbeitsplatz ergeben (BAG 25.10.94, NZA 95, 730; 20.11.96, DB 97, 683), Ausschluss von **geringfügig Beschäftigten** (BAG 27.2.96 – 3 AZR 886/94, NZA 96, 992; 22.2.2000 – 3 AZR 845/98, NZA 2000, 659, wobei allerdings die Hauptbegründung der Rspr bereits seit 1999 nicht mehr tragen dürfte (Näheres s *Geringfügige Beschäftigung* Rz 68, ebenso *Schumann* DB 99, 2637; *Ackermann* NZA 2000, 465; *Kuppel* BB 2000, 2150). Sachlich begründen ließe sich ein Ausschluss von geringfügig Beschäftigten aber mit dem unverhältnismäßigen Verwaltungsaufwand für den ArbGeb und dem Rechtsgedanken des § 3 BetrAVG, wonach Kleinstrenten möglichst vermieden werden sollen), bei Vereinbarung einer **Stückvergütung** im Arbeitsvertrag und hierdurch möglicher Kompensation einer fehlenden betrieblichen Altersversorgung durch einen deutlich höheren Verdienst (BAG 17.10.95 – 3 AZR 882/94, DB 96, 535; 4.4.2000 – 3 AZR 729/98, NZA 02, 917), bei einer konsequenten Anknüpfung an die **tarifliche Vergütungsstruktur** (BAG 25.2.99 – 3 AZR 213/97) und bei **unterschiedlicher Tarifgeltung im Vergütungsbereich** (BAG 25.2.99 – 3 AZR 113/97, NZA 99, 986; 19.3.02 – 3 AZR 121/01, DB 02, 2731), bei **unterschiedlichen Vergütungssystemen** mit deutlich verschiedenen Vergütungshöhen (BAG 21.8.07 – 3 AZR 269/06, NZA-RR 08, 649), bei einer Ermittlung des rentenfähigen Arbeitsverdienstes nur auf der Grundlage des **Festgehalts** ohne Berücksichtigung von **Provisionen** (BAG 17.2.98 – 3 AZR 578/96, NZA 98, 782), bei einer Unterscheidung zwischen **Innen- und Außendienstmitarbeitern** sowie ArbN mit **leitenden Aufgaben** und sonstigen Mitarbeitern, wenn eine besondere Bindung der bevorzugten ArbNGruppe an den Betrieb sachlich

103 Betriebliche Altersversorgung

berechtigt ist (BAG 9.12.97 – 3 AZR 661/96, NZA 98, 1173; 17.2.98 – 3 AZR 783/96, NZA 98, 762; 20.7.04 – 3 AZR 316/03, AP Nr 48 zu § 5 BetrAVG), bei sog **gespaltenen Rentenformeln** (BAG 11.12.12 – 3 AZR 588/10, NZA 13, 572), Versorgung in unterschiedlichen Versorgungswerken wegen besserer **Portabilität der Versorgungszusage** in der jeweiligen Berufsgruppe (BAG 22.12.09 – 3 AZR 136/08, NZA-RR 10, 541), bei einer Anpassung zwischen **Anwartschaftsberechtigten und Ruheständlern** (BAG 15.9.77, DB 77, 1903; 27.8.96, DB 97, 633); bei zusätzlichen **stichtagsbezogenen Ausgleichszahlungen** als Anreiz zum vorzeitigen Ausscheiden (BAG 18.9.01 – 3 AZR 656/00, NZA 02, 148; vgl auch BAG 18.9.07 – 3 AZR 391/06, NZA-RR 08, 156); bei unterschiedlichen **Refinanzierungsmöglichkeiten** wegen differenzierter Voraussetzungen für öffentliche Zuschüsse (BAG 19.6.01 – 3 AZR 557/00, NZA 02, 557); bei **anderweitiger Absicherung im Alter** (BAG 15.11.11 – 3 AZR 113/10, NZA-RR 12, 544); bei einer Unterscheidung nach dem formalen **Status** im Rahmen eines sog Einfädelungstarifvertrages für die Übernahme bisheriger freier Mitarbeiter in ein Arbeitsverhältnis (BAG 18.2.03 – 3 AZR 46/02, NZA-RR 04, 97), Unterscheidung zwischen **Beamten** und nicht beamteten Beschäftigten (BAG 16.3.10 – 3 AZR 356/08, BeckRS 2010, 71182).

11 **Sachlich nicht gerechtfertigt** ist es demgegenüber, ArbN allein deshalb aus einem betrieblichen Versorgungswerk auszunehmen, weil sie ein **Zweitarbeitsverhältnis** ausüben (BAG 22.11.94, DB 95, 930). Gleiches gilt für den generellen Ausschluss unterhälftig beschäftigter **Teilzeitkräfte** aus der betrieblichen Altersversorgung (BAG 7.3.95 – 3 AZR 282/94, NZA 96, 48; 12.3.96 – 3 AZR 993/94, NZA 96, 939), wobei das BVerfG auch den vom BAG bejahten rückwirkenden Gleichstellungsanspruch für Teilzeitkräfte bestätigt hat (BVerfG 19.5.99 – 1 BvR 263/98, NZA 99, 815). Soweit der EuGH die Rückwirkung auf den 8.4.76 (Verkündung des Urteils Defrenne II) begrenzt, gilt dies nur für Art 141 EGV; weitergehende nationale Gleichbehandlungsgebote bleiben hiervon unberührt (EuGH 10.2.2000 – Rs C-50/96 – Lilli Schröder, NZA 2000, 313; 10.2.2000 – Rs C-270 und 271/97 – Sievers und Schrage, ZIP 2000, 374). Die Ungleichbehandlung von **Arbeitern** und **Angestellten** ist nicht gerechtfertigt soweit Betriebszugehörigkeitszeiten ab dem 1.7.93 betroffen sind (BAG 10.12.02 – 3 AZR 3/02, NZA 04, 321), allerdings kann im Einzelfall ein unterschiedlich hoher Versorgungsgrad in der gesetzlichen RV einen billigenswerten Differenzierungsgrund darstellen (BAG 16.2.10 – 3 AZR 216/09, NZA 10, 701: hier aber nicht dargelegt). Auf welchem Durchführungsweg der ArbGeb den Gleichbehandlungsanspruch verwirklicht, bleibt ihm überlassen (LAG Hamm 13.7.99 – 6 Sa 2248/98, NZA-RR 99, 541). Dem ArbN steht lediglich der grds Verschaffungsanspruch gem § 1 Abs 1 Satz 3 BetrAVG zu. Dieser umfasst jedoch nicht weitergehende Steuerschäden der ArbN. Insoweit gilt allgemeines Schadensrecht (BAG 14.12.99 – 3 AZR 713/98, NZA 2000, 1348). Die steuerrechtliche Schlechterstellung von Teilzeitbeschäftigten bei der Berechnung der VBL-Rente im öffentlichen Dienst ist verfassungswidrig (BVerfG 25.8.99 – 1 BvR 1246/95, NZA 99, 1152). Demgegenüber ist die Anrechnung der SozV Rente im Rahmen der Gesamtversorgung auch insoweit zulässig, wie sie auf früheren Vollzeitbeschäftigungen beruht (BAG 14.10.98 – 3 AZR 385/97, NZA 99, 874). Eine unzulässige Geschlechtsdiskriminierung stellt auch die Differenzierung zwischen **Witwer- und Witwenrente** sowie die Ungleichbehandlung eingetragener **Lebenspartnerschaften** dar (EuGH 10.5.11 – C-147/08 – Römer, NZA 11, 557; Näheres s *Hinterbliebenenrente* Rz 6).

Der ArbGeb muss ggf darlegen, wie er den begünstigten Personenkreis abgegrenzt hat und warum der klagende ArbN nicht dazu gehört (BAG 12.11.91, DB 92, 1432; LAG Köln 1.12.95, NZA-RR 96, 263). Ist der Grund der Ungleichbehandlung nicht ohne weiteres erkennbar, so muss der ArbGeb ihn spätestens dann offenlegen, wenn ein von der Vergünstigung ausgeschlossener ArbN Gleichbehandlung verlangt (BAG 21.8.12 – 3 AZR 81/10, BeckRS 2012, 75178; 17.2.98 – 3 AZR 783/96, NZA 98, 762).

12 **e) Tarifvertrag.** Tarifliche Regelungen sind möglich (BAG 11.8.09 – 3 AZR 23/08, NZA 10, 408 – Lufthansa; 5.10.93, DB 94, 1683 – Baugewerbe; *Weyel* NZA 2000, 925: Chemie) und können bei Branchenwechsel durch Änderung des Unternehmenszwecks zum Wegfall des Versorgungsanspruchs führen (BAG 9.11.99 – 3 AZR 690/98, NZA 2000, 730: Baugewerbe). Ihre Vorteile liegen insbesondere in der eingeschränkten gerichtlichen Kontrolle (BAG 19.1.11 – 3 AZR 29/09, NZA 11, 860; 22.12.09 – 3 AZR 895/07, NZA 10, 521; s unten Rz 73). Solche Regelungen existieren bislang hauptsächlich im Bereich des öffentlichen Dienstes (vgl BAG 27.1.98 – 3 AZR 415/96, NZA 98, 1127: sechsmonatige Dauer des Arbeitsverhältnisses als Voraussetzung für die Aufnahme in die Zusatzversorgung – Zusammenrechnung mehrerer befristeter Arbeitsverhältnisse; 3.11.98 – 3 AZR 432/97, NZA 99, 999: Auslegung von Versorgungstarifvertrag für das ZDF; 21.11.2000 – 3 AZR 415/99, NZA 01, 661: Berichtigungsklage wegen Abmeldebescheinigung bei VBL; 20.3.01 – 3 AZR 349/00, NZA 02, 444: kein Nachversicherungsanspruch für vorzeitig ausgeschiedene Beamte; BAG 19.3.02 – 3 AZR 121/01, DB 02, 2731: Ausschluss angestellter Hochschullehrer aus dem BAT; zu verfassungsrechtlichen Problemen *Preis/Temming* ZTR 03, 262; zur Entgeltumwandlung *Langenbrück* ZTR 03, 426). Verwenden dieselben Tarifparteien dabei in verschiedenen Tarifverträgen des gleichen Geltungsbereichs dieselben Tarifbegriffe, so ist grds von einem identischen Bedeutungsgehalt auszugehen (BAG 12.10.04 – 3 AZR 444/03, NZA 05, 595). In der Privatwirtschaft wird die Altersversorgung auf Tarifebene meist nur in Firmentarifverträgen geregelt. Unterschiede ergeben sich bei tariflichen Versorgungswerken insbesondere wegen des gem § 17 Abs 3 BetrAVG teilweise tarifdispositiven Charakters des Gesetzes sowie im Hinblick auf die zur Umwandlung von Tarifentgelt gem § 17 Abs 5 BetrAVG erforderlichen Öffnungsklauseln (Näheres s unten Rz 21). Zur Umstellung der kirchlichen Gesamtversorgung auf das tarifliche Modell des öffentlichen Dienstes vgl BAG 19.8.08 – 3 AZR 383/06, NZA 09, 1275.

f) Betriebsvereinbarung. Schließlich kann auch eine *Betriebsvereinbarung* Rechtsgrundlage einer betrieblichen Altersversorgung sein. Wegen der mitbestimmungsfreien Entscheidung des ArbGeb hinsichtlich der Einführung der Altersversorgung und des Dotierungsrahmens (s unten Rz 81) kommen allerdings lediglich freiwillige Betriebsvereinbarungen iSd § 88 BetrVG in Betracht. Im Verhältnis zu bestehenden einzelvertraglichen Regelungen gilt das Günstigkeitsprinzip (s *Günstigkeitsprinzip* Rz 11–14). Ob auch **Richtlinien,** die mit dem Sprecherausschuss der leitenden Angestellten vereinbart worden sind, Anspruchscharakter haben, ist streitig. Im Regelfall geschieht die Ruhegeldzusage bei leitenden Angestellten ohnehin individualvertraglich. 13

3. Zusageformen. Unabhängig von ihrer Rechtsgrundlage kann der ArbGeb die Versorgungszusage in verschiedenen Formen erteilen. 14

a) Leistungszusage. Als Grundmodell der betrieblichen Altersversorgung nennt § 1 Abs 1 BetrAVG die sog Leistungszusage. Sie verpflichtet den ArbGeb, dem ArbN im Versorgungsfall eine bestimmte Alters-, Invaliditäts- oder Hinterbliebenenleistung zu erbringen. 15

b) Beitragsorientierte Leistungszusage. Eine modifizierte Form der Leistungszusage ermöglicht der Gesetzgeber in § 1 Abs 2 Nr 1 BetrAVG. Mit dieser sog beitragsorientierten Leistungszusage verpflichtet sich der ArbGeb, bestimmte Beiträge in eine Anwartschaft auf Alters-, Invaliditäts- oder Hinterbliebenenversorgung umzuwandeln. Im Unterschied zur reinen Leistungszusage wird hierbei die zugesagte Leistung nicht unmittelbar festgelegt, sondern entsprechend einem vereinbarten Beitrag des ArbGeb berechnet. Sie ist bereits im Rahmen des RRG 99 als damaliger § 1 Abs 6 BetrAVG aF in das Gesetz aufgenommen worden (zu Einzelfragen *Blomeyer* DB 97, 1921; *Karst/Paulweber* BB 04, 1498). 16

c) Beitragszusage mit Mindestleistung. Als zusätzliche Zusageform steht seit dem 1.1.02 die Beitragszusage mit Mindestleistung zur Verfügung (vgl hierzu *Langohr-Plato/Teslau* BetrAV 03, 523; *Friedrich/Kovac/Werner* BB 07, 1557). Sie ist durch das AVmG vom 26.6.01 erstmalig in das Gesetz aufgenommen und in § 1 Abs 2 Nr 2 BetrAVG definiert worden. Bei ihr ist hinsichtlich der Verpflichtung des ArbGeb zu differenzieren. Zum einen verpflichtet sich der ArbGeb zur Leistung von Beiträgen an einen Pensionsfonds, eine Pensionskasse oder Direktversicherung (*Schwark/Raulf* DB 03, 940). Zum anderen sagt er zu, im Versorgungsfall das aus den Beiträgen und Erträgen resultierende Kapital, mindestens jedoch die Summe der zugesagten Beiträge zu leisten, soweit sie nicht rechnungsmäßig für einen biometrischen Risikoausgleich verbraucht wurden. Der ArbGeb übernimmt also keine Zinsgarantie. Für diese Zusageform sind bezüglich der Anwartschaftsberechnung und der Anpassung Besonderheiten zu beachten (s unten Rz 41, 59). Demgegenüber unterfallen reine Beitragszusagen nicht dem BetrAVG, da sie keine zukünftigen Versorgungsleistungen versprechen (BAG 7.9.04 – 3 AZR 550/03, NZA 05, 1239; kritisch zuletzt *Höfer* DB 13, 288). 17

d) Entgeltumwandlung. Gem § 1 Abs 2 Nr 3 BetrAVG kann die Gewährung einer betrieblichen Altersversorgung auch in Form einer sog Entgeltumwandlung erfolgen. Diese 18

103 Betriebliche Altersversorgung

im Jahr 1999 durch das RRG 99 erstmalig gesetzlich normierte Form der Altersversorgung liegt vor, wenn künftige Entgeltansprüche in eine wertgleiche Anwartschaft auf Versorgungsleistungen umgewandelt werden. Hinzugekommen ist durch das AVmG vom 26.6.01 die Vorschrift des § 1a BetrAVG. Sie gewährt dem ArbN einen **Anspruch** gegen seinen ArbGeb **auf Entgeltumwandlung.** Damit wird das Freiwilligkeitsprinzip des BetrAVG durchbrochen und der ArbGeb in begrenztem Umfang zur Gewährung einer betrieblichen Altersversorgung auf Verlangen des ArbN verpflichtet. Die Vorschrift ist verfassungskonform (BAG 12.6.07 – 3 AZR 14/06, NZA-RR 07, 650). Das setzt aber immer die unmittelbare Tarifgeltung oder die Inbezugnahme des einschlägigen Tarifvertrags voraus (BAG 19.4.11 – 3 AZR 154/09, NZA 11, 982).

Bereits nach der Einführung der Entgeltumwandlung im Jahr 1999 ergaben sich wegen des unklaren Normwortlauts **Auslegungsfragen,** die wegen der wortgleichen Übernahme des § 1 Abs 5 BetrAVG aF in die Neuregelung des § 1 Abs 2 Nr 3 BetrAVG weiterhin bestehen. Missverständlich ist bereits der Begriff der **künftigen Entgeltansprüche,** da eine Umwandlung begriffsnotwendig die Existenz eines Anspruchs voraussetzt (BAG 8.6.99 – 3 AZR 136/98, NZA 99, 1103). Es können daher nur Ansprüche auf künftiges Entgelt, also künftig fällig werdende und im Umwandlungszeitpunkt noch nicht erdiente Ansprüche gemeint sein (*Wohlleben* DB 98, 1230; *Doetsch/Förster/Rühmann* DB 98, 258). Letzteres kann zB bei der Umwandlung von Weihnachtsgeld, Umsatz- oder Gewinnbeteiligungen problematisch werden, wenn diese erst zum Jahresende erfolgt (*Blomeyer* NZA 2000, 281; *Söffing/Nommensen* DB 98, 1285). Unklar ist auch das Merkmal der **Wertgleichheit.** Zwar wird aus der Entstehungsgeschichte des RRG 99 deutlich, dass es insoweit nicht auf versicherungsmathematische Grundsätze ankommt, sondern geringere Anforderungen zu stellen sind. Wann diese erfüllt sind, ist jedoch völlig offen (vgl *Hopfner* DB 07, 1810; *Reich/Rutzmoser* DB 07, 2314). Rechtsfolge einer überproportionalen Umwandlung ist jedenfalls, dass es bezüglich des Insolvenzschutzes für den „überschießenden Teil" bei den allgemeinen Bestimmungen bleibt. Um Unsicherheiten zu vermeiden ist aus Sicht des ArbGeb jedenfalls eine Orientierung an den versicherungsmathematischen Grundsätzen empfehlenswert. Auch sog **gezillmerte Tarife** stehen einer Wertgleichheit nicht entgegen, da maßgeblicher Bezugspunkt für deren Ermittlung nicht der Rückkauf als vertragszweckwidriger Störfall, sondern allein die Leistung ist, die der ArbN bei zweckentsprechender Durchführung des Vertrags zu erwarten hat. Gleichwohl können (voll) gezillmerte Versicherungsverträge eine unangemessene Benachteiligung iSv § 307 BGB darstellen (BAG 15.9.09 – 3 AZR 17/09, NZA 10, 164). Angemessen könnte danach eine Verteilung der Abschluss- und Vertriebskosten auf einen Zeitraum von 5 Jahren sein. Jedenfalls führt eine unrechtmäßige Zillmerung nicht zur Unwirksamkeit der Entgeltumwandlungsvereinbarung, sondern zu einer höheren betrieblichen Altersversorgung (BAG 15.9.09 – 3 AZR 17/09, NZA 10, 164 mit Anm *Uckermann/Fuhrmanns* NZA 10, 550; *Falkner* BB 11, 2488).

19 **Anspruchsberechtigt** bezüglich der Durchführung einer Entgeltumwandlung sind nach § 17 Abs 1 Satz 3 BetrAVG nur solche ArbN, die aufgrund ihrer Beschäftigung in der gesetzlichen RV pflichtversichert sind. Der Adressatenkreis entspricht damit dem des steuerlichen Förderkonzepts (s unten Rz 116). Die **Anspruchshöhe** ist auf 4 % der jeweiligen Beitragsbemessungsgrenze in der gesetzlichen RV der Arbeiter und Angestellten begrenzt. Als Mindestgrenze zur Vermeidung von Kleinstrenten mit unverhältnismäßigem Verwaltungsaufwand ist in § 1a Abs 1 Satz 4 BetrAVG ein Umwandlungsbetrag von $1/160$ der Bezugsgröße nach § 18 Abs 1 SGB IV vorgeschrieben. Aus denselben Gründen kann der ArbGeb gem § 1a Abs 1 Satz 5 BetrAVG bei der Umwandlung regelmäßig anfallender Entgeltbestandteile verlangen, dass während eines laufenden Kalenderjahres monatlich gleichbleibende Beträge verwendet werden. Schließlich stellt § 1a Abs 2 BetrAVG klar, dass bei bereits bestehender Entgeltumwandlung der Umwandlungsanspruch des § 1a Abs 1 BetrAVG auf den evtl verbleibenden Differenzbetrag bis zum og Höchstbetrag begrenzt ist. Der Anspruch auf Entgeltumwandlung ist gem § 17 Abs 3 BetrAVG **tarifdispositiv.** Er kann also durch tarifliche Regelungen sowohl ausgedehnt als auch eingeschränkt bzw insgesamt ausgeschlossen werden (aA *Heither* NZA 01, 1275). Auch inhaltliche Regelungen (zB Umwandlung von Arbeitszeitguthaben) sind in weitem Umfang möglich.

20 Die **Durchführung der Entgeltumwandlung** ist gem § 1a Abs 1 Satz 2 BetrAVG durch Vereinbarung zwischen ArbGeb und ArbN zu regeln (*Meyer/Janko/Hinrichs* DB 09,

1533 zu Gestaltungsmöglichkeiten des ArbGeb). Dabei besteht zunächst ein eingeschränktes Wahlvorrecht des ArbGeb. Soweit er zur Durchführung der Umwandlung über einen Pensionsfonds oder eine Pensionskasse bereit ist, ist einer dieser beiden Durchführungswege anzuwenden. Will der ArbGeb demgegenüber nur eine unmittelbare Versorgungszusage abgeben oder die Entgeltumwandlung über eine Unterstützungskasse abwickeln, kann der ArbN den Abschluss einer Direktversicherung verlangen. Dabei steht dem ArbGeb dann wiederum die Auswahl des Versicherungsunternehmens zu (BAG 19.7.05 – 3 AZR 502/04 (A), NZA-RR 06, 372). Gem § 1a Abs 4 BetrAVG hat der ArbN bei der Entgeltumwandlung seit dem 1.1.05 im **ruhenden Arbeitsverhältnis** (zB Elternzeit, langandauernde Arbeitsunfähigkeit) einen Anspruch auf Fortführung der Altersversorgung mit eigenen Beiträgen in den in § 1a Abs 1 BetrAVG genannten Durchführungswegen. Wegen des engen Bezugs zum Arbeitsverhältnis sind auch diese Eigenleistungen von der Zusage des ArbGeb (§ 1 Abs 1 Satz 3 BetrAVG) umfasst. Folgeprobleme sind noch ungeklärt. So wird die Entscheidung darüber, ob die Zahlung von Eigenbeiträgen der ArbN bei sog kofinanzierten Pensionskassen auch eine Pflicht des ArbGeb zur Zahlung der Aufstockungsbeiträge auslöst von der Ausgestaltung der jeweiligen Versorgungszusage abhängen (*Förster/Cisch* BB 04, 2126). Bei dynamischen Zusagen spricht der Normzweck der Lückenschließung für eine Fortführung der Dynamisierung auch im Ruhenszeitraum (vgl BT-Drs 15/2150 S 52).

Bei **tariflicher Vergütung** bedarf es nach § 17 Abs 5 BetrAVG einer entsprechenden 21 Öffnungsklausel im Tarifvertrag, um eine Entgeltumwandlung zu ermöglichen. Diese Vorschrift gilt allerdings gem § 30h BetrAVG nur für Entgeltumwandlungen, die auf Zusagen beruhen, die nach dem 30.6.01 erteilt worden sind. Für Altzusagen bleibt es daher streitig, ob ein Günstigkeitsvergleich möglich ist (Näheres s Personalbuch 2001, Betriebliche Altersversorgung Rz 19). Von § 17 Abs 5 BetrAVG erfasst werden nur solche Ansprüche, die auf eine normative Tarifgeltung zurückzuführen sind (*Hanau* DB 04, 2266). Dementsprechend genügt weder eine einseitige Tarifbindung des ArbGeb noch eine arbeitsvertragliche Bezugnahme auf tarifliche Vergütungsbestimmungen (*Heither* NZA 01, 1275). Bei tarifgebundenen Arbeitsverhältnissen kann daher eine Entgeltumwandlung ohne tarifliche Öffnungsklausel nur im außer- oder übertariflichen Bereich erfolgen.

Bei wirksamer Entgeltumwandlung gehört die umgewandelte Vergütung des ArbN nicht 22 mehr zu dessen Arbeitseinkommen iSd Pfändungsvorschrift des § 850 Abs 2 ZPO und wird von einer hierauf zielenden **Pfändung** nicht erfasst. Der Gläubiger muss den Anspruch des ArbN auf die Versicherungsleistungen pfänden und sich zur Einziehung überweisen lassen (BAG 17.2.98 – 3 AZR 611/97, NZA 98, 707).

e) **Umfassungszusagen.** Mit Wirkung zum 1.7.02 ist § 1 Abs 2 BetrAVG um die Nr 4 23 ergänzt worden. Danach liegt betriebliche Altersversorgung auch dann vor, wenn der ArbN Eigenbeiträge aus seinem Arbeitsentgelt zur Finanzierung von Leistungen der betrieblichen Altersversorgung an einen Pensionsfonds, eine Pensionskasse oder eine Direktversicherung leistet und der ArbGeb mit seiner Zusage die Leistungen aus diesen Beiträgen umfasst. Diese Bestimmung gilt gem § 30e Abs 1 BetrAVG erstmalig für Zusagen, die ab dem 1.1.03 erteilt werden. Mit wenigen in § 30e Abs 2 BetrAVG beschriebenen Ausnahmen werden derartige Zusagen solchen aus Entgeltumwandlung gleichgestellt.

4. Durchführungswege. Zur Durchführung der betrieblichen Altersversorgung stehen 24 nach dem BetrAVG insgesamt fünf verschiedene Möglichkeiten zur Verfügung. Es handelt sich dabei um verschiedene Altersversorgungsmodelle, die auch in Mischformen angewandt werden können. Solche Mischformen haben sich in der betrieblichen Praxis insbesondere durch Änderungen in den Versorgungssystemen oder bei Betriebsübergängen ergeben. Der ArbGeb ist grds bei der Bestimmung des Durchführungswegs frei (BAG 20.7.04 – 3 AZR 552/03, AP Nr 49 zu § 5 BetrAVG; *Reinecke* DB 10, 2392). Die Bindung an einen bestimmten Durchführungsweg kann sich jedoch aus der Versorgungszusage ergeben (BAG 12.6.07 – 3 AZR 186/06, NZA-RR 08, 537; *Thüsing/Granetzky* BetrAV 09, 485; *Löwisch/Diller* BetrAV 10, 411).

a) **Direktzusage.** Sie ist eine unmittelbare Versorgungszusage durch den ArbGeb gegen- 25 über einzelnen ArbN, Gruppen von ArbN oder der gesamten Belegschaft. Träger der Versorgungszusage ist der ArbGeb. Ihm obliegt die Finanzierung, die regelmäßig mit Hilfe von Pensionsrückstellungen erfolgt.

103 Betriebliche Altersversorgung

26 **b) Direktversicherung.** Die betriebliche Altersversorgung kann im Wege einer Einzel- oder Gruppenlebensversicherung, die auf das Leben des ArbN abgeschlossen wird, erfolgen. **Versicherungsnehmer** ist der ArbGeb, der ArbN bzw seine Angehörigen sind regelmäßig **bezugsberechtigt.** Der ArbN kann nicht Versicherungsnehmer sein (BAG 10.3.92, DB 93, 490). Als Versicherungsnehmer ist der ArbGeb zur Zahlung der Versicherungsbeiträge verpflichtet. Dies kann als sog gehaltsumwandelnde Lebensversicherung auch durch Verwendung eines Teils der Arbeitsvergütung für die Beitragszahlung geschehen (BAG 26.6.90, DB 90, 2475; Näheres zur Entgeltumwandlung oben Rz 18 ff). Befindet sich der Versicherungsschein im Besitz des ArbN, kann der ArbGeb dessen Herausgabe verlangen (BAG 19.4.11 – 3 AZR 267/09, NZA-RR 12, 92). Denkbar ist auch eine **Aufspaltung des Bezugsrechts** zwischen ArbGeb und ArbN, was in der Praxis vielfach hinsichtlich der Überschussanteile aus der Versicherung vereinbart wird. Maßgeblich ist insoweit immer der ggf durch Auslegung zu ermittelnde Inhalt der Versorgungszusage (BAG 16.2.10 – 3 AZR 479/08, NZA-RR 10, 601). Grds ist darauf zu achten, dass rechtlich zwischen Versicherungsverhältnis und arbeitsrechtlichem Versorgungsverhältnis zu differenzieren ist (BAG 28.3.95, DB 95, 2174; 8.6.99 – 3 AZR 136/98, NZA 99, 1103).

27 Bezüglich der **Ausgestaltung des Bezugsrechts** sind mehrere Alternativen möglich. Ist dem ArbGeb als Versicherungsnehmer ein **Widerruf** des Bezugsrechts im Versicherungsvertrag eingeräumt worden, so ist dieser gegenüber dem ArbN nur nach den arbeitsrechtlichen Grundsätzen über den Widerruf von Versorgungszusagen (s unten Rz 66–72) wirksam (LAG RhPf 28.2.03 – 8 Sa 1305/02, NZA-RR 04, 258). Für unverfallbare Anwartschaften ordnet § 1b Abs 2 BetrAVG die relative Unwirksamkeit des versicherungsrechtlich zulässigen Widerrufs an. Ein gleichwohl ausgeübter Widerruf macht den ArbGeb uU schadensersatzpflichtig (BAG 18.9.12 – 3 AZR 176/10, BeckRS 2012, 75279; 8.6.93, BB 94, 73). In der Insolvenz des ArbGeb gehört der Anspruch auf die Versicherungsleistung zur Insolvenzmasse (BAG 28.3.95 – 3 AZR 373/94, NZA 96, 36: auch bei Inanspruchnahme von vorzeitigem Altersruhegeld gem § 6 BetrAVG; 17.10.95 – 3 AZR 622/94, NZA-RR 96, 343; BGH 18.7.02 – IX ZR 264/01, NZA-RR 03, 154). Die Wirksamkeit des Widerrufs richtet sich ausschließlich nach der versicherungsrechtlichen Rechtslage im Verhältnis zwischen ArbGeb und Versicherung (BAG 18.9.12 – 3 AZR 176/10, BeckRS 2012, 75279). Keine Probleme im vorgenannten Sinne ergeben sich bei dem **unwiderruflichen Bezugsrecht** des ArbN. Hier treffen die Versicherung jedoch gesteigerte Schutz- und Obhutspflichten gegenüber dem ArbN (OLG Düsseldorf 17.12.02 – 4 U 78/02, BB 03, 2019: Mitteilung über Prämienrückstand des ArbGeb; aA *Bürkle* BB 03, 2007). Möglich ist schließlich noch ein sog **eingeschränkt unwiderrufliches Bezugsrecht,** bei dem sich der ArbGeb bis zum Eintritt der Unverfallbarkeit die Versicherungsleistung vorbehält. Hier ist zu differenzieren: Sofern die Voraussetzungen des Widerrufsvorbehalts vorliegen, bleibt das Widerrufsrecht erhalten, das Bezugsrecht kann widerrufen und der Rückkaufswert im Insolvenzfall zur Masse gezogen werden. Sind die Voraussetzungen des Vorbehalts nicht gegeben, scheidet ein Widerruf aus und die Rechte aus dem Versicherungsvertrag gehören zum Vermögen des ArbN, der dann im Insolvenzfall ein Aussonderungsrecht hat (BAG 19.4.11 – 3 AZR 267/09, BeckRS 2011, 75340). Maßgeblich für die Auslegung des in den Versicherungsbedingungen niedergelegten Vorbehalts sind dabei die betriebsrentenrechtlichen Wertungen (BAG 15.6.10 – 3 AZR 334/06, NZA-RR 11, 260; vgl auch BAG 15.6.10 – 3 AZR 31/07, BeckRS 2010, 72936).

28 **c) Pensionskasse.** Sie ist nach der gesetzlichen Definition in § 1b Abs 3 BetrAVG eine rechtlich selbstständige Versorgungseinrichtung, die dem ArbN oder seinen Hinterbliebenen auf seine Versorgungsleistungen einen **Rechtsanspruch** gewährt. Sie kann von einem oder mehreren ArbGeb errichtet werden und unterliegt der allgemeinen Versicherungsaufsicht. Sie wird finanziert durch Beitragsleistungen, die entweder ausschließlich der ArbGeb oder dieser gemeinsam mit den ArbN erbringt. Versorgungsschuldner bleibt aber der ArbGeb aus dem arbeitsrechtlichen Grundverhältnis. Gleichwohl sind Pensionskassen wie ArbGeb iSv Art 141 EGV zur Gleichbehandlung verpflichtet (EuGH 9.10.01 – Rs C-379/99, NZA 01, 1301 – *Menauer;* vorhergehend Vorlagebeschluss des BAG 23.3.99 – 3 AZR 631/97 (A), NZA 2000, 90; bestätigt durch BAG 7.9.04 – 3 AZR 550/03, NZA 05, 1239). Ob ein ArbN nach Beendigung des Beschäftigungsverhältnisses als freiwilliges Mitglied in der Pensionskasse bleiben und bei noch verfallbarer Anwartschaft die Versicherung fortführen kann, richtet sich nach der Satzung der jeweiligen Pensionskasse (BAG 18.11.08 – 3 AZR 970/06,

Betriebliche Altersversorgung

DB 09, 1414). Hängt die Fortführung in diesen Fällen von der Genehmigung des Vorstandes der Pensionskasse ab, so muss dieser gem § 315 Abs 1 BGB nach billigem Ermessen ggf nach Anhörung des ehemaligen ArbGeb entscheiden. Dabei ist das Erfordernis einer fünfjährigen Mindestbetriebszugehörigkeit für die Genehmigungserteilung gem § 315 Abs 1 BGB nicht zu beanstanden (BAG 4.5.93, DB 94, 383). Das Recht des Versicherungsnehmers, die Versicherung zu kündigen und Auszahlung der Prämienreserve zu verlangen, kann in einer Pensionskasse ausgeschlossen werden (BAG 13.5.97 – 3 AZR 79/96, NZA 98, 482). Setzt eine Pensionskasse wegen eines aufgetretenen Fehlbetrages satzungsgemäß ihre Leistungen herab, bleibt der ArbGeb gem § 1 Abs 1 Satz 3 BetrAVG zur Leistung des Differenzbetrages verpflichtet (BAG 19.6.12 – 3 AZR 408/10, NZA-RR 13, 426).

d) Unterstützungskasse. Die Unterstützungskasse ist nach der Definition in § 1b Abs 4 BetrAVG wie die Pensionskasse eine rechtlich selbstständige Versorgungseinrichtung, allerdings mit dem Unterschied, dass auf ihre Leistungen **kein Rechtsanspruch** gewährt wird (*Reinecke* DB 09, 1182; *Kemper/Hey* BB 09, 720). Trotz des fehlenden Rechtsanspruchs erfolgt nach der Rspr des BAG eine weitgehende Sicherung der Versorgungsaussichten der ArbN insoweit, als auch bei einer betrieblichen Altersversorgung nach den Regeln der Unterstützungskasse spätere Eingriffe nicht beliebig zulässig sind. Dabei sieht das BAG in dem Ausschluss des Rechtsanspruchs lediglich ein an sachliche Gründe gebundenes Widerrufsrecht (ständige Rspr zuletzt BAG 16.2.10 – 3 AZR 181/08, NZA 11, 42; 10.9.02 – 3 AZR 635/01, BB 03, 2749). Der Maßstab der sachlichen Gründe ist unter Beachtung der Grundsätze der Verhältnismäßigkeit und des Vertrauensschutzes zu bestimmen (BVerfG 19.10.83, DB 84, 190; BVerfG 14.1.87, DB 87, 638; BAG 17.11.92, NZA 93, 938). Bei der Auslegung von Versorgungsrichtlinien einer Unterstützungskasse gilt die Unklarheitenregel auch zulasten des ArbGeb, da dieser sich der Unterstützungskasse als Durchführungsweg bedient hat (BAG 27.1.98 – 3 AZR 444/96, NZA 99, 267). Eine Höchstaltersgrenze kann in einem Leistungsplan wirksam vereinbart werden (BAG 12.11.13 – 3 AZR 356/12, Pressemitteilung Nr 68/13). Entfällt die Leistung der Unterstützungskasse, weil der ArbGeb aus dem Kreis der Trägerunternehmen ausscheidet, so hat er die Zusage unmittelbar zu erfüllen (BAG 22.10.91, DB 92, 2095; 11.2.92, DB 92, 1937; 14.9.99 – 3 AZR 273/98, BeckRS 1999, 30780562). Zur Entgeltumwandlungsproblematik in diesem Bereich *Jaeger* BB 99, 1430; zu den Auswirkungen eines Betriebsübergangs *Powietzka* DB 08, 2593.

e) Pensionsfonds. Die Pensionsfonds sind als weiterer Durchführungsweg mit dem AVmG vom 26.6.01 in das BetrAVG aufgenommen worden (vgl *Zeppenfeld/Rößler* BB 06, 1221; *Baurmeister* DB 05, 2076). Hierbei handelt es sich gem §§ 112 Abs 1, 113 Abs 2 Nr 3 VAG um eine rechtlich selbstständige, rechtsfähige Einrichtung in Form einer AG oder eines Pensionsfondsvereins auf Gegenseitigkeit, die rechtlich weitgehend wie ein Versicherungsunternehmen zu behandeln ist und versicherungsrechtlicher Aufsicht durch das Bundesamt für Versicherungswesen unterliegt. Sie kann die betriebliche Altersversorgung für einen oder mehrere ArbGeb durchführen. Gem § 112 Abs 1 Nr 3 VAG besteht ein **unmittelbarer Leistungsanspruch** der ArbN gegenüber dem Pensionsfonds, der seinerseits nach § 112 Abs 1 Nr 4 VAG verpflichtet ist, die Altersversorgungsleistung als lebenslange Altersrente bzw in Form eines Auszahlungsplans mit unmittelbar anschließender Restverrentung zu erbringen. Pensionsfonds können sowohl mit Leistungs- als auch mit Beitragszusagen kombiniert werden. Gleiches gilt für Entgeltumwandlungen (hierzu *de Groot* DB 11, 532).

5. Anspruchsvoraussetzungen. Die Voraussetzungen für das Entstehen eines Ruhegeldanspruchs richten sich nach dem Inhalt der jeweiligen Ruhegeldordnung (zB zur Koppelung der Höhe des Betriebsrentenanspruchs an die Einkommensentwicklung der aktiv Beschäftigten vgl BAG 26.10.10 – 3 AZR 711/08, NZA 11, 595; zur Berechnung der Betriebsrente von ArbN, die zuvor in Altersteilzeit waren vgl BAG 17.4.12 – 3 AZR 280/10, NZA-RR 12, 489; zur Einbeziehung von Sachbezügen in die Versorgungsleistung vgl LAG Düsseldorf 14.12.92, DB 93, 1195). Eine vor dem 1.1.03 getroffene Versorgungsvereinbarung mit einer sog gespaltenen Rentenformel ist nach der außerplanmäßigen Anhebung der Beitragsbemessungsgrenze zum 1.1.03 nicht ergänzend dahin auszulegen, dass die Betriebsrente so zu berechnen ist, als wäre diese Anhebung nicht erfolgt. Das BAG hat seine bisherige anderslautende Rspr ausdrücklich aufgegeben (BAG 23.4.13 – 3 AZR 475/11, NZA 13, 1275; *Höfer* DB 13, 2150). Erwirbt ein Versorgungsberechtigter aufgrund zweier

103   Betriebliche Altersversorgung

Versorgungsordnungen für unterschiedliche Zeiten eines einheitlichen Arbeitsverhältnisses Versorgungsansprüche, ist für jeden Zeitraum der sich aus der Versorgungsordnung ergebende Rentenstamm festzustellen (BAG 28.7.09 – 3 AZR 43/08, NZA 10, 576). Üblicherweise werden folgende Anforderungen gestellt:

32   **a) Bestehendes Arbeitsverhältnis.** In aller Regel kommen nur solche ArbN in den Genuss der betrieblichen Altersversorgung, deren Arbeitsverhältnis bei Eintritt des Versorgungsfalls noch besteht. Diese Grundvoraussetzung wird jedoch durch die Unverfallbarkeit von Anwartschaften bei langjährigen Arbeitsverhältnissen deutlich abgemildert (s unten Rz 37; zur Rechtslage vor Inkrafttreten des BetrAVG vgl BAG 10.3.72, DB 72, 1486). Auch das Kraft gesetzlicher Fiktion gem § 10 Abs 1 AÜG entstandene Arbeitsverhältnis eines LeihArbN mit dem Entleiher genügt (BAG 18.2.03 – 3 AZR 160/02, BB 03, 2242). Eine Versorgungszusage im Rahmen der Bestellung eines Geschäftsführers genügt demgegenüber nicht, da sie nicht innerhalb eines Arbeitsverhältnisses erfolgt ist (BGH 20.12.93, NZA 94, 367). Personen, die nicht ArbN sind, unterfallen gem § 17 Abs 1 Satz 2 BetrAVG ausnahmsweise dann dem persönlichen Geltungsbereich des Gesetzes, wenn ihnen eine Versorgungszusage aus Anlass ihrer Tätigkeit für ein (fremdes) Unternehmen zugesagt worden ist (vgl zur Abgrenzung im Einzelnen BAG 16.4.97, DB 97, 2495; 20.4.04 – 3 AZR 297/03, NZA 05, 927; BGH 29.5.2000 – II ZR 380/98, NZA 01, 266; LAG Köln 11.3.99 – 10 Sa 1763/97, NZA-RR 99, 539).

33   **b) Versetzung in den Ruhestand.** Regelmäßig verlangen Versorgungsordnungen den Eintritt des ArbN in den Ruhestand als Anspruchsvoraussetzung für den Bezug von Leistungen aus der betrieblichen Altersversorgung. Die Beendigung des Arbeitsverhältnisses erfolgt dabei entweder durch Kündigung oder Aufhebungsvereinbarung oder vollzieht sich „automatisch" aufgrund einer kollektiv- oder individualrechtlichen Altersgrenzenregelung (Näheres s *Altersgrenze* Rz 4 ff). Nimmt nei von einer Versorgungszusage Begünstigter die vollen Leistungen der gesetzlichen RV in Anspruch, ist damit der Versorgungsfall „Alter" eingetreten (vgl zu den Anspruchsvoraussetzungen für eine betriebliche Invalidenrente BAG 19.1.11 – 3 AZR 83/09, NZA 12, 566). Die Fortführung des Arbeitsverhältnisses im rentenversicherungsrechtlich zulässigen Umfang ändert daran nichts (BAG 18.3.03 – 3 AZR 313/02, NZA 04, 848). Eine Versorgungszusage, mit der der ArbGeb die Zahlung der Betriebsrente für den Fall der Berufsunfähigkeit verspricht, bedarf der Auslegung, ob ein Gleichlauf mit den Voraussetzungen für die Bewilligung der gesetzlichen Rente wegen Leistungsminderungen gewollt ist (BAG 9.10.12 – 3 AZR 539/10, NZA-RR 13, 256).

34   **c) Wartezeit.** In der Versorgungsordnung kann die Erfüllung bestimmter Mindestbeschäftigungszeiten zur Voraussetzung für das Entstehen eines Ruhegeldanspruchs gemacht werden (BAG 19.12.2000 – 3 AZR 174/00, DB 02, 226). Die Festlegung der Wartezeitdauer steht dem ArbGeb frei. Ist sie länger als die Unverfallbarkeitsdauer iSd § 1b Abs 1 BetrAVG, so kann gem § 1b Abs 1 Satz 5 BetrAVG der ArbN diese auch nach Beendigung des Arbeitsverhältnisses zurücklegen. Eine Anrechnung von Beschäftigungszeiten, die bei einem anderen ArbGeb zurückgelegt worden sind, kann gleichwohl, kann jedoch entweder in der Versorgungsordnung oder einzelvertraglich vereinbart werden. Eine solche Absprache führt aber nur dann zur Entstehung einer insolvenzgeschützten Versorgungsanwartschaft, wenn die angeordnete Betriebszugehörigkeit bei dem früheren ArbGeb bereits von einer Versorgungszusage begleitet war und an das neue Arbeitsverhältnis heranreicht, durch das wiederum eine Versorgungsanwartschaft begründet wird (BGH 24.10.96, NZA-RR 97, 263). Lediglich im Fall des Betriebsübergangs gem § 613a BGB erfolgt ein Eintritt in die bestehenden Arbeitsverhältnisse mit ihrem jeweiligen Inhalt im Übernahmezeitpunkt, so dass absolvierte Wartezeiten anzurechnen sind (BAG 27.10.92 – 3 AZR 101/92, NZA 93, 645; 19.12.2000 – 3 AZR 451/99, NZA 02, 615; LAG RhPf 12.2.10 – 6 Sa 596/09, NZA-RR 10, 429). Besteht allerdings nur eine eigene Versorgungszusage des Betriebserwerbers, müssen frühere Dienstzeiten der übernommenen ArbN nicht angerechnet werden (BAG 19.4.05 – 3 AZR 469/04, AP Nr 19 zu § 1 BetrAVG Betriebsveräußerung). Zu unterscheiden sind hiervon **Vorschaltzeiten,** mit denen der Beginn der Zusage herausgeschoben wird. Ob bereits während der Vorschaltzeit die Unverfallbarkeitsfrist zu laufen beginnt, hängt davon ab, inwieweit die „Zusage einer Zusage" ein einer Versorgungszusage entsprechendes Vertrauen des ArbN begründet, der Erwerb des Versorgungsanspruchs hänge nur noch von der weiteren Beschäftigung im Betrieb und dem Eintritt des Versorgungsfalls ab. Das ist immer dann

Betriebliche Altersversorgung 103

der Fall, wenn dem ArbGeb nach Ablauf der Vorschaltfrist kein Entscheidungsspielraum über das Ob der Zusage verbleibt (BAG 24.2.04 – 3 AZR 5/03, NZA 04, 789; 15.12.81 – 3 AZR 1100/78, AP Nr 10 zu § 1 BetrAVG Wartezeit; vgl auch *Storck* BB 11, 2875).

d) Altersgrenzen. Der Gesetzgeber hat mit dem zum 1.1.08 in Kraft getretenen RV- 35 Altersgrenzenanpassungsgesetz (BGBl I 07, 554) die Altersgrenze in der gesetzlichen RV stufenweise angehoben (Näheres s *Altersrente* Rz 1 ff). Die Auswirkungen dieser Neuregelung sind maßgeblich von der jeweiligen Versorgungszusage abhängig. Dabei hat die Gesetzesänderung auf vereinbarte feste Altersgrenzen grds keinen Einfluss (BAG 17.9.08 – 3 AZR 865/06, NZA 09, 440: Altersgrenze von 60 Jahren). Auch dürften ArbN, die über die bisherige Altersgrenze hinaus weiterarbeiten, in aller Regel keine gleichzeitigen Betriebsrentenansprüche haben, so dass Doppelzahlungspflichten nicht entstehen. Möglich ist allerdings der Erwerb weiterer Steigerungsraten. Soll die bisherige Altersgrenze in der Versorgungsordnung angehoben werden, sind vorhandene Besitzstände zu wahren. Insoweit gelten die allgemeinen Grundsätze (s Rz 70 ff; vgl aus dem aktuellen Schrifttum *Cisch/Kruip* BB 07, 1162; *Baumeister/Merten* BetrAV 07, 398; *Höfer/Witt/Kuchem* BB 07, 1445; *Rolfs* BetrAV 07, 599). Grundlegende Bedenken gegen Altersgrenzen im Bereich der betrieblichen Altersversorgung bestehen aus altersspezifischen Diskriminierungserwägungen jedenfalls nach § 10 Satz 3 Nr 4 AGG nicht. Anders ist dies hinsichtlich der in älteren Versorgungsordnungen oftmals enthaltenen, an die unterschiedlichen Altersgrenzen für Männer und Frauen in der gesetzlichen RV anknüpfenden geschlechtsspezifischen Altersdifferenzierungen. Der EuGH sieht hierin einen Verstoß gegen Art 141 GV, der seit der sog Barber-Entscheidung vom 17.5.90 (DB 90, 1824 zu Art 119 EGV; bestätigt durch EuGH 14.12.93, DB 94, 228; vgl auch *Hanau* BetrAV 96, 21 und *Berenz* BB 96, 530) zum Tragen kommt. Das BAG hat diese Rspr konsequent fortgeführt und Regelungen in Versorgungsordnungen, die ein unterschiedliches Rentenzugangsalter für Männer und Frauen vorsehen, verfassungsrechtlich nur für einen Übergangszeitraum gebilligt (BAG 18.3.97, NZA 97, 824; 3.6.97, NZA 97, 1043; 23.5.2000 – 3 AZR 228/99, NZA 01, 47). Mit derselben Begründung hat es für eine Übergangszeit auch geringere versicherungsmathematische Abschläge für Frauen bei einer vorgezogenen Inanspruchnahme der Betriebsrente für rechtmäßig erachtet BAG 23.9.03 – 3 AZR 304/02, AP Nr 14 zu § 1 BetrAVG Gleichberechtigung; vgl zuletzt BAG 19.8.08 – 3 AZR 530/06, NZA 09, 785). Gleichzeitig hat es aber entsprechend der EuGH-Rspr sowohl für die Berechnung der Betriebsrente als auch die Ermittlung des Unverfallbarkeitsfaktors des § 2 Abs 1 BetrAVG bei den Beschäftigungszeiten vor und nach dem 17.5.90 differenziert auf eine mögliche Betriebszugehörigkeit bis zum 65. bzw 60. Lebensjahr abgestellt (BAG 3.6.97, DB 97, 1778; 7.9.04 – 3 AZR 550/03, NZA 05, 1239; 29.4.08 – 3 AZR 266/06, NZA 08, 1417). Mit der Regelung in § 30a BetrAVG hat der Gesetzgeber der EuGH-Rspr Rechnung getragen. Die Auswirkungen einer vorzeitigen Inanspruchnahme der Altersrente auf die betriebliche Altersversorgung sind in § 6 BetrAVG geregelt (s *Altersrente* Rz 1 ff). Bei einer Invaliditätsrente kann die Pensionsordnung eine bestimmte Mindestaltersgrenze (hier: 50. Lebensjahr) vorsehen (BAG 10.12.13 – 3 AZR 796/11, Pressemitteilung Nr 74/13).

6. Anwartschaft. a) Begriff. Auch wenn die Anspruchsvoraussetzungen für das Beste- 36 hen eines Ruhegeldanspruchs nach der jeweiligen Versorgungsordnung noch nicht erfüllt sind, kann bereits eine gesetzlich geschützte Anwartschaft vorliegen. Die Anwartschaft ist ein aufschiebend bedingter Versorgungsanspruch, der mit Eintritt der Bedingung zum Vollrecht erstarkt. Sie ist damit eine Vorstufe des Ruhegeldanspruchs. Zu unterscheiden ist hauptsächlich zwischen verfallbaren und unverfallbaren Anwartschaften. Während erstere mit der Beendigung des Arbeitsverhältnisses regelmäßig erlischt, bleibt die unverfallbare Anwartschaft als Vermögenswert erhalten und erstarkt bei Vorliegen der Ruhegeldvoraussetzungen zum zeitanteiligen Ruhegeldanspruch.

b) Unverfallbarkeit. Gem § 1b Abs 1 BetrAVG wird eine Versorgungsanwartschaft un- 37 verfallbar, wenn der ArbN das 30. Lebensjahr vollendet hat und die Versorgungszusage mindestens 5 Jahre bestanden hat. Für Versorgungszusagen vor dem 1.1.01 war bis zum 31.12.06 die Übergangsregelung in § 30f BetrAVG zu beachten (vgl Personalbuch 2006 *Betriebliche Altersversorgung* Rz 37). Zum 1.1.09 ist die Altersgrenze auf das 25. Lebensjahr heruntergesetzt und die Übergangsregelung in § 30f BetrAVG entsprechend angepasst

103 Betriebliche Altersversorgung

worden (BGBl I 07, 2838). Die in § 1 Abs 1 Satz 1 BetrAVG bestimmten Fristen sind sowohl europarechtlich unbedenklich als auch verfassungskonform (BAG 9.10.12 – 3 AZR 477/10, NZA-RR 13, 150). Gleichlautend hatte das BAG bereits früher zu § 1 BetrAVG aF entschieden (BAG 18.10.05 – 3 AZR 506/04, NZA 06, 1159; zuletzt BAG 15.10.13 – 3 AZR 10/12, BeckRS 2013, 73980).

Jede rechtliche Unterbrechung des Arbeitsverhältnisses schadet (ErfK/*Steinmeyer* § 1b BetrAVG Rz 15; *Höfer* § 1 Rz 1463; LAG Köln 25.6.99 – 11 Sa 1378/99, NZA-RR 2000, 42: auch beim Wechsel zu einer anderen Konzerntochter). Inhaltliche Änderungen der Versorgungszusage sind für die Verfallbarkeit ohne Belang. Hat ein Betriebsübergang stattgefunden, sind die Beschäftigungszeiten beim Veräußerer und Erwerber zusammenzurechnen. Das gilt auch dann, wenn nur der Erwerber eine Versorgungszusage erteilt hat (BAG 19.12.2000 – 3 AZR 451/00, NZA 02, 615; 24.7.01 – 3 AZR 660/00, NZA 02, 520). Anderenfalls kann es zur Ablösung der alten durch die neue Versorgungszusage des Erwerbers unter Beachtung der allgemeinen Grundsätze (s unten Rz 66) kommen. Das gilt uneingeschränkt auch für Anwartschaften auf eine Invaliditätsversorgung. Vereinbarungen, die den Anspruch auf eine Invaliditätsrente davon abhängig machen, dass das Arbeitsverhältnis bei Eintritt der Berufsunfähigkeit noch besteht, verstoßen daher gegen § 17 Abs 3 Satz 3 BetrAVG und sind nichtig (BAG 24.6.98 – 3 AZR 288/97, DB 98, 1969; 20.11.01 – 3 AZR 550/00, DB 02, 1510). Für den ArbN günstigere, also kürzere Unverfallbarkeitsfristen können individuell vereinbart werden, da das BetrAVG nur Mindestanforderungen normiert (vgl BAG 2.7.09 – 3 AZR 501/07, DB 09, 1939 zur Auslegung einer solchen Vereinbarung). Das Gleiche gilt für eine Anrechnungsvereinbarung bei einem unterbrochenen Arbeitsverhältnis. Derartige vertragliche Unverfallbarkeitsregelungen sind allerdings nicht insolvenzgesichert (BAG 21.1.03 – 3 AZR 121/02, NZA 04, 152; 22.2.2000 – 3 AZR 4/99, NZA 01, 1310). Für die Berechnung der Frist gelten die allgemeinen Vorschriften der §§ 187 ff BGB. Nach der Rspr des BAG sind dabei sog Vorschaltzeiten für die Unverfallbarkeit unerheblich (s oben Rz 34). Zeiten des Erziehungsurlaubs unterbrechen den Lauf der Unverfallbarkeitsfristen nicht. Sie können lediglich bei der dienstzeitabhängigen Steigerung der Altersversorgung zulasten des ArbN Berücksichtigung finden (BAG 15.2.94, DB 94, 1479). Eine Anrechnung von Wehrdienstzeiten findet nach dem ArbPlSchG nicht statt (BAG 25.7.06 – 3 AZR 307/05, NZA 07, 512).

38 Besonderheiten gelten bezüglich der Unverfallbarkeit bei **Entgeltumwandlungen.** Gem § 1b Abs 5 Satz 1 BetrAVG tritt mit der Umwandlung sofortige gesetzliche Unverfallbarkeit ein. Diese Regelung entspricht der bisherigen Rspr des BAG (8.6.93 – 3 AZR 670/92, NZA 94, 507) und gilt gem § 30 f Satz 2 BetrAVG für alle Neuzusagen ab dem 1.1.01 (vgl zuletzt BAG 14.1.09 – 3 AZR 529/07, NZA 10, 226).

39 **c) Änderungsmöglichkeiten.** Ruhegeldanwartschaften sind grds disponibel und können unter bestimmten Voraussetzungen auch zum Nachteil der ArbN geändert werden (Näheres s unten Rz 66 ff).

40 **d) Wert.** Scheidet der ArbN vor Erreichen der Altersgrenze aus dem Arbeitsverhältnis aus, so stellt sich die Frage der Wertberechnung der bis dahin erdienten Anwartschaften (zur Rentenberechnung bei vorzeitigem Ausscheiden und vorzeitigem Rentenbezug s *Altersrente* Rz 2 ff). Gem § 2 BetrAVG ist insoweit zwischen den einzelnen Durchführungswegen zu differenzieren. Auszugehen ist gem § 2 Abs 1 BetrAVG weiterhin von dem **ratierlichen Berechnungsverfahren.** Dabei ist zunächst der Anspruch zu ermitteln, der sich bei einem unterstellten Fortbestand des Arbeitsverhältnisses bis zum Erreichen der Altersgrenze ergeben hätte. Es ist die gesamte Betriebszugehörigkeit einschließlich der Berufsausbildung zu berücksichtigen (BAG 19.11.02 – 3 AZR 167/02, NZA 04, 264). Dieser Wert ist entsprechend um die nicht abgeleisteten Zeiten zu kürzen. Es ist somit der Quotient zu bilden aus erreichter und erreichbarer Betriebszugehörigkeit, um sodann den hypothetische Gesamtanspruch um diesen Quotient zu kürzen (sog m/n-tel Formel; vgl zB BAG 15.5.12 – 3 AZR 11/10, NZA-RR 12, 433; wegen ausführlicher Berechnungsmodelle vgl MünchArbR/ *Andresen/Cisch* § 145 Rz 118 ff). Dieses Verfahren stellt keine unzulässige Altersdiskriminierung dar, ist mit Unionsrecht vereinbar und verfassungsgemäß (BAG 11.12.12 – 3 AZR 634/10, NZA 13, 564; 19.7.11 – 3 AZR 434/09, NZA 12, 155; BVerfG 29.5.12 – 1 BvR 3201/11, BeckRS 2012, 55223). Es gilt auch dann, wenn die Versorgungsordnung eine aufsteigende Berechnung der Vollansprüche vorsieht und die Rente des vorzeitig ausgeschie-

Betriebliche Altersversorgung 103

denen ArbN sich ausdrücklich in gleicher Weise regelt (BAG 15.2.05 – 3 AZR 298/04, AP Nr 48 zu § 2 BetrAVG). Es ist grds für alle nicht beitragsorientierten und vom ArbGeb finanzierten Leistungszusagen anzuwenden. Auch die Vereinbarung sog Kappungsgrenzen ist möglich (BAG 17.9.08 – 3 AZR 1061/06, AP Nr 59 zu § 2 BetrAVG). Lediglich bei einer Durchführung der betrieblichen Altersversorgung über eine Direktversicherung oder eine Pensionskasse kann der ArbGeb gem § 2 Abs 2 und 3 BetrAVG die sog **versicherungsrechtliche Lösung** wählen. Ein möglicher Verzicht auf eine solche zeitanteilige Kürzung muss in der Versorgungszusage deutlich zum Ausdruck gebracht werden (BAG 4.10.94, BB 95, 881; 21.8.01 – 3 AZR 649/00, DB 02, 644; LAG Hamm 3.3.98 – 6 Sa 1800/97, NZA-RR 98, 370). Im Einzelfall kann er sich auch aus einer betrieblichen Übung des ArbGeb ergeben. Hierfür ist jedoch der ArbN darlegungs- und beweispflichtig (LAG Köln 4.8.95, NZA-RR 96, 182; BGH 13.1.03 – II ZR 254/00, BB 03, 851). Ausgeschlossen ist eine spätere zeitanteilige Kürzung auch, wenn im Zuge einer ablösenden Neuregelung einer Versorgungsordnung ein bis dahin erdienter, nach § 2 BetrAVG errechneter Besitzstand als Mindestrente garantiert worden ist (BAG 18.3.03 – 3 AZR 221/02, BB 03, 2625; 16.12.03 – 3 AZR 39/03, AP Nr 25 zu § 1 BetrAVG Berechnung). Für **Pensionsfonds** gilt gem § 2 Abs 3a BetrAVG die ratierliche Berechnung mit der Maßgabe, dass der ArbGeb bei einer über die Deckungsrückstellung des Fonds hinausgehenden Anwartschaft unmittelbar aus dem Grundverhältnis einstandspflichtig ist.

Hinsichtlich sämtlicher Bemessungsgrößen der Wertberechnung kommt es gem § 2 Abs 5 BetrAVG auf den **Zeitpunkt des Ausscheidens** an. Spätere Änderungen, gleichgültig ob zugunsten oder zulasten des ArbN bleiben unberücksichtigt (BAG 27.3.07 – 3 AZR 60/06, NZA 08, 133). Das gilt auch für spätere Änderungen des versicherungsmathematischen Abschlags (BAG 17.8.04 – 3 AZR 318/03, BB 05, 720). Die Veränderungssperre des § 2 Abs 5 Satz 1 BetrAVG ist allerdings gem § 17 Abs 3 Satz 1 BetrAVG tariflich abdingbar (zur Auslegung einer solchen Tarifregelung BAG 13.12.05 – 3 AZR 478/04, AP Nr 49 zu § 2 BetrAVG). Zugunsten des ArbN ist eine Abweichung von § 2 Abs 5 BetrAVG gem § 17 Abs 3 Satz 3 BetrVG immer möglich. Daher kann bspw arbeitsvertraglich vereinbart werden, dass die erworbene Anwartschaft nach dem Ausscheiden des Versorgungsberechtigten dynamisiert wird (BAG 15.11.05 – 3 AZR 521/04, NZA-RR 06, 482). Bei Anwartschaften aus **Entgeltumwandlung** und **beitragsorientierten Leistungszusagen** findet für bestimmte Durchführungswege eine Begrenzung auf die im Zeitpunkt des Ausscheidens **tatsächlich erreichte Anwartschaft** aus den bis dahin umgewandelten Entgeltbestandteilen bzw den geleisteten Beiträgen statt. Nach § 30g Abs 1 BetrAVG findet diese Regelung nur auf nach dem 1.1.01 erteilte Zusagen Anwendung, sofern ArbGeb und ArbN nicht Gegenteiliges vereinbart haben.

e) **Auskunftsanspruch.** Näheres zum Auskunftsanspruch s *Rentenauskunft* Rz 3 ff. 42

f) **Abfindung.** Das zum 1.1.05 in Kraft getretene AltEinkG hat § 3 BetrAVG grundlegend geändert und die Abfindungsmöglichkeiten von Rentenanwartschaften weiter eingeschränkt. Lediglich solche Anwartschaften, die noch nicht unverfallbar sind, können weiterhin unbeschränkt abgefunden werden (*Diller* NZA 11, 1021). Für alle gesetzlich unverfallbaren Anwartschaften gilt ein **weitreichendes Abfindungsverbot**, das seither nicht nur bei Beendigung des Arbeitsverhältnisses eingreift, sondern nach der Übergangsvorschrift in § 30g Abs 2 BetrAVG auch für laufende Betriebsrenten gilt, sofern sie erstmals nach dem 1.1.05 gezahlt worden sind (anders zur früheren gesetzlichen Regelung in § 3 BetrAVG aF BAG 21.3.2000 – 3 AZR 127/99, NZA 01, 1308). Ein Verstoß gegen § 3 BetrAVG führt nach wie vor zur Nichtigkeit der Vereinbarung (*Riewe* DB 10, 2503). Dabei umfasst das Abfindungsverbot auch eine Vereinbarung über die Verrechnung künftiger Rentenansprüche mit einer Abfindung nach §§ 9, 10 KSchG (BAG 24.3.98 – 3 AZR 800/96, BB 98, 1423; 17.10.2000 – 3 AZR 7/00, NZA 01, 963). Haben die Vertragsparteien die gem § 3 BetrAVG unwirksame Tilgungsbestimmung jedoch mit einer auflösenden Bedingung für die Abfindungszahlung (bei Rentenbewilligung) verbunden, so bleibt diese wirksam und kann einen Bereicherungsanspruch des ArbGeb nach § 812 Abs 1 BGB begründen, der durch § 817 Satz 2 BGB nicht ausgeschlossen ist (BAG 24.3.98, BB 98, 1423; vgl zu § 817 Satz 2 BGB auch LAG Köln 3.3.97, NZA-RR 97, 397). Die **Abfindungsmöglichkeiten** richten sich nach § 3 Abs 2 bis 6 BetrAVG. Über die Abfindung sog **Bagatellanwartschaften** entscheidet ausschließlich der ArbGeb. Er kann auch ohne Zustimmung des ArbN Rentenanwart-

103 Betriebliche Altersversorgung

schaften abfinden, wenn die aus der Anwartschaft resultierende Monatsleistung 1 % bzw eine einmalige Kapitalleistung 120 % der monatlichen Bezugsgröße nach § 18 SGB IV nicht übersteigt. Das gilt uneingeschränkt auch für Entgeltumwandlungen, da ein Zustimmungserfordernis des ArbN im Hinblick auf den nach § 4 Abs 3 BetrAVG bestehenden Übertragungsanspruch entbehrlich ist. Bei **Erstattung der Beiträge** zur gesetzlichen RV ist eine Abfindung uneingeschränkt möglich. Ebenfalls vom Abfindungsverbot unberührt bleiben die kraft **vertraglicher** Vereinbarung unverfallbaren Anwartschaften sowie die Abfindung jeglicher Anwartschaften **im laufenden Arbeitsverhältnis,** die nicht im zeitlichen oder sachlichen Zusammenhang mit einer Beendigung des Arbeitsverhältnisses erfolgt (so die Gesetzesbegründung BT-Drs 15/2150 S 52; vgl auch BAG 24.1.06 – 3 AZR 484/04, NZA 07, 279; 21.1.03 – 3 AZR 30/02, NZA 04, 331). Sieht eine Versorgungsordnung eine Renten- oder Kapitalleistung nach Wahl des ArbGeb im Versorgungsfall vor, so ist dies nach § 3 BetrAVG **nicht zu beanstanden** (LAG Hess 23.9.98 – 8 Sa 1410/97 – NZA-RR 99, 497 zu § 3 BetrAVG aF). Ebenfalls nicht anwendbar ist § 3 BetrAVG, wenn die betriebliche Altersversorgung bei gleichwertigen Leistungen nur umgestaltet wird (BAG 20.11.01 – 3 AZR 28/01, AP Nr 12 zu § 3 BetrAVG). Bedarf es nach der Versorgungsordnung für die Gewährung einer Kapitalabfindung der Antragstellung des ArbGeb, so hat dieser hierüber nach den Grundsätzen billigen Ermessens gem § 315 Abs 1 BGB zu befinden (LAG Hamm 13.8.96, DB 96, 2412).

44 **Im Insolvenzverfahren** ist die Abfindung nach wie vor unter erleichterten Voraussetzungen möglich. Wird die Betriebstätigkeit eingestellt und das Unternehmen liquidiert, kann die während des Insolvenzverfahrens erdiente Anwartschaft gem § 3 Abs 4 BetrAVG ohne Zustimmung des ArbN abgefunden werden. Das gilt nicht bei Fortführung des Betriebs nach § 613a BGB, da in diesem Fall der Erwerber in die Anwartschaften eintritt (BAG 22.12.09 – 3 AZR 814/07, NZA 10, 568).

45 **g) Übernahme durch Dritte.** Mit dem AltEinkG hat der Gesetzgeber mW zum 1.1.05 den rechtlichen Rahmen für die Übertragung von Versorgungsanwartschaften neu gestaltet und deutlich weitergehende Übertragungsmöglichkeiten geschaffen (sog **Portabilität**).

46 Besteht **Einvernehmen** zwischen ArbN, Alt- und NeuArbGeb gestattet das Gesetz in § 4 Abs 2 BetrAVG durch dreiseitigen Vertrag zwei Übertragungsalternativen (grundlegend BAG 24.2.11 – 6 AZR 626/09, NZA-RR 12, 148; vgl *Reinsch/Novara/Stratmann* NZA 11, 10; *Döring/Granetzny* NZA 12, 1339). Zum einen kann der neue ArbGeb die Zusage insgesamt übernehmen (weitergehend *Reichenbach/Jocham* BB 08, 1786: gleichzeitig einvernehmliche Änderung möglich). Praktisch bedeutsamer ist die zweite Regelungsalternative. Danach kann der Wert der beim AltArbGeb erworbenen Anwartschaft auf den NeuArbGeb übertragen werden, der eine mit dem Anwartschaftswert wertgleiche Zusage erteilt, die sofort gesetzlich unverfallbar ist.

47 Gem § 30b BetrAVG besteht für Anwartschaften aus Neuzusagen, die ab dem 1.1.05 erteilt werden, gem § 4 Abs 3 BetrAVG ein **Übertragungsanspruch** des ArbN, der innerhalb eines Jahres nach Beendigung des Arbeitsverhältnisses geltend gemacht werden muss. Soweit die betriebliche Altersversorgung über einen externen, beitragsfinanzierten Durchführungsweg (Pensionsfonds, Pensionskasse oder Direktversicherung) erfolgt und der Übertragungswert die Beitragsbemessungsgrenze in der gesetzlichen RV nicht übersteigt, kann der ArbN von den beiden beteiligten ArbGeb verlangen, dass der Übertragungswert auf den neuen ArbGeb übertragen wird und dieser eine wertgleiche Zusage erteilt, die sofort gesetzlich unverfallbar ist. Diese Zusage muss wiederum auf einem externen Durchführungsweg beruhen, um die weitere Portabilität sicherzustellen. In diesem Rahmen kann der ArbGeb den Durchführungsweg und den konkreten Versorgungsträger frei wählen (*Höfer* DB 04, 1427). Ein Übertragungsanspruch **besteht nicht,** wenn die Altersversorgung über eine Direktzusage oder eine Unterstützungskasse durchgeführt wird, denn der ArbGeb soll nicht gezwungen werden, im Unternehmen gebundene Rückstellungen für die Altersversorgung der Beschäftigten vorzeitig zu kapitalisieren (BT-Drs 15/2150 S 53). Liegt der Übertragungswert über der Beitragsbemessungsgrenze, besteht kein Recht auf teilweise Mitnahme. Dies würde der gesetzgeberischen Intention der Bündelung von Versorgungsanwartschaften widersprechen (BT-Drs 15/2150 S 53).

48 Verfügt der neue ArbGeb über ein eigenes Versorgungswerk, wird der Übertragungswert in dieses System einfließen. Ist das nicht der Fall, begründet der Übertragungsanspruch aus

§ 4 Abs 3 BetrAVG lediglich eine entsprechende Verschaffungs- bzw Einrichtungspflicht des neuen ArbGeb. Diese umfasst aber nur den übernommenen Übertragungswert. § 4 Abs 3 BetrAVG begründet **keine** Pflicht zur **Fortführung** der Altersversorgung. Unabhängig von den verfassungsrechtlichen Bedenken folgt dies bereits aus dem alleinigen Ziel des Gesetzgebers, die Übertragung der Anwartschaften zu erleichtern. In jedem Fall ist zu empfehlen, künftig bei Neueinstellungen die Geltendmachung des Übertragungsanspruchs nach § 4 Abs 3 BetrAVG abzuklären.

Die **Berechnung** des Übertragungswerts ist in § 4 Abs 5 BetrAVG geregelt (vgl hierzu 49 *Förster/Cisch* BB 04, 2126; *Langohr-Plato/Teslau* NZA 04, 1353). Erst mit der vollständigen Übertragung des Übertragungswerts erlischt schließlich gem § 4 Abs 6 BetrAVG die Zusage des früheren ArbGeb (*Rolfs* NZA 05, 745; *Reichel/Volk* DB 05, 986).

Insolvenzschutz ist für die übertragenen Anwartschaften im Umfang der Beitragsbemes- 50 sungsgrenze gem § 7 Abs 5 Satz 3 BetrAVG gewährleistet. Einer Beteiligung des PSV bei der Übertragung selbst bedarf es daher nicht (anders früher BAG 14.9.99 – 3 AZR 273/98 zu Übertragungen an andere Versorgungsträger iSv § 4 Abs 1 Satz 2 BetrAVG aF).

Nicht anwendbar ist § 4 Abs 3 BetrAVG im Fall des Betriebsübergangs nach § 613a 51 BGB, da der Übernehmer bereits kraft Gesetzes als neuer ArbGeb in die Arbeitsverhältnisse eintritt. Auch der bloße Wechsel des Versorgungsträgers ist nach wie vor kein Anwendungsfall des § 4 BetrAVG (vgl Gesetzesbegründung BT-Drs 15/2150 S 53).

Unverändert gilt der bisherige § 4 Abs 3 BetrVG aF nach dem AltEinkG als § 4 Abs 4 52 BetrAVG fort. Im Fall der vollständigen **Betriebseinstellung** mit anschließender **Unternehmensliquidation** kann nach dieser Vorschrift unter bestimmten Voraussetzungen eine Übertragung erfolgen (vgl im Einzelnen *Blomeyer/Rolfs/Otto* § 4 Rz 141 ff). Zum Sonderfall der Schließung einer unselbstständigen Niederlassung eines ausländischen Unternehmens (*Kock/Otto* BB 04, 1162).

7. Anpassung. a) Aufgrund der Versorgungsordnung. Richtet sich die Höhe des 53 Ruhegeldes nach der Versorgungsordnung prozentual nach bestimmten Einkommen, so bedarf es regelmäßig einer Überprüfung des zugrunde zu legenden Ausgangsbetrages. Enthält die Versorgungsordnung sog Wertsicherungs- oder Spannenklauseln ist ebenfalls eine entsprechende Anpassung vorzunehmen (*Langohr-Plato* BB 97, 1634). § 16 BetrAVG sichert insoweit nur eine Mindestanpassung (BAG 27.8.96 – 3 AZR 466/95, NZA 97, 535; 17.8.04 – 3 AZR 367/03, AP Nr 55 zu § 16 BetrAVG zu einer Anpassungsregelung des Bochumer Verbandes). Dabei sind Verweisungen auf die geltenden betrieblichen Altersversorgungsbestimmungen im Regelfall dynamisch und erstrecken sich auch auf die Rentenbezugsphase (BAG 18.9.12 – 3 AZR 431/10, NZA-RR 13, 651).

b) Gemäß § 16 BetrAVG. Der ArbGeb hat gem § 16 BetrAVG in einem Turnus von 54 drei Jahren eine Anpassung der laufenden Leistungen der betrieblichen Altersversorgung zu prüfen und hierüber nach billigem Ermessen zu entscheiden. Dabei sind insbesondere die Belange des Versorgungsempfängers und die wirtschaftliche Lage des ArbGeb zu berücksichtigen (Überblick und Prüfschema bei *Neef* NZA 03, 993; *Reichenbach/Dreger* BB 10, 2306). Durch das RRG 99 ist diese Anpassungsregelung grundlegend geändert worden (insgesamt kritisch *Lieb* BetrAV 04, 616; zur aktuellen BAG-Rspr*Langohr-Plato* NZA 13, 994).

aa) Grundtatbestand. Dieser ist nach wie vor die in § 16 Abs 1 BetrAVG geregelte 55 Anpassungsprüfung im Turnus von drei Jahren unter Berücksichtigung der Belange des Versorgungsempfängers und der wirtschaftlichen Lage des ArbGeb. **Hinzugekommen** sind die Abs 2 bis 4, die abweichend von der Grundregel des Abs 1 den ArbGeb in bestimmten Fällen von der Anpassungspflicht entbinden und die von der Rspr entwickelte sog nachholende Anpassung regeln.

bb) Anpassungsbedarf. Der Anpassungsbedarf richtet sich nach dem seit Rentenbeginn 56 eingetretenen Kaufkraftverlust. Daher kommt es sowohl für die Ermittlung des Kaufkraftverlusts als auch der reallohnbezogenen Obergrenze auf die Entwicklung vom Rentenbeginn bis zum jeweiligen Anpassungsstichtag an (BAG 19.6.12 – 3 AZR 464/11, NZA 12, 1291). Maßstab für die Ermittlung des Anpassungsbedarfs ist nach der ständigen Rspr des BAG der Verbraucherpreisindex (bzw vor dem 1.1.03 der Preisindex für einen 4-Personen-Haushalt von Arbeitern und Angestellten mit mittlerem Einkommen) begrenzt durch die durchschnittliche Steigerungsrate der Nettoverdienste vergleichbarer ArbNGruppen im Unternehmen (BAG 11.8.81 – 3 AZR 395/80, AP Nr 11 zu § 16 BetrAVG; 23.5.2000 – 3 AZR 103/99, NZA 01, 1076; vgl *Petersen/Bechtoldt/Birkel* DB 13, 175; weitergehend *Reichenbach/ Grüneklee* DB 06, 446; *Förster/Weppler* BB 06, 773). Diese Rspr hat der Gesetzgeber im RRG 99 aufgegriffen und in § 16 Abs 2 BetrAVG zum 1.1.03 nochmals modifiziert als Erfüllungstatbestand für eine ordnungsgemäße Anpassung normiert. Abzustellen ist bei der Anpassungsprüfung auf den Kaufkraftverlust, der sich aus dem zum Anpassungsstichtag aktuellsten vom Bundesamt veröffentlichten Verbraucherpreisindex ergibt (BAG 28.6.11 – 3 AZR 859/09, NZA 11, 1285). Dabei kann für die Berechnung des Anpassungsbedarfs vom individuellen Rentenbeginn bis zum Anpassungsstichtag die sog Rückrechnungsmethode angewandt werden (BAG 11.10.11 – 3 AZR 527/09, NZA 12, 454).

57 **cc) Belange des Versorgungsempfängers.** Will der ArbGeb eine Anpassung vornehmen, die geringer ist als sich aus den Parametern des § 16 Abs 2 BetrAVG ergibt, muss er nach billigem Ermessen die Belange des Versorgungsempfängers gegen die wirtschaftliche Lage des Unternehmens abwägen. Dabei darf nach der Rspr des BAG die Entwicklung der SozVRente des Versorgungsempfängers nicht berücksichtigt werden. Deren überproportionaler Anstieg entbindet den ArbGeb nicht von einer Betriebsrentenanpassung (BAG 15.9.77, DB 77, 1903; 14.2.89, DB 89, 1422). Auch bei einer Gesamtversorgung ist Bezugsobjekt der Anpassung nach § 16 BetrAVG grds die Ausgangsrente, also die Betriebsrente, die vom ArbGeb geschuldet und gezahlt wird, nicht die Gesamtversorgung (BAG 14.2.12 – 3 AZR 685/09, NZA-RR 12, 593). Um eine Besserstellung der Versorgungsempfänger im Verhältnis zu den aktiven ArbN zu verhindern, gilt lediglich die bereits erwähnte reallohnbezogene Obergrenze am Anpassungsstichtag (BAG 23.5.2000 – 3 AZR 83/99, NZA 02, 554; 21.8.01 – 3 AZR 589/00, NZA 03, 561). Diese kann auch konzernweit ermittelt werden (BAG 30.8.05 – 3 AZR 395/04, NZA-RR 06, 485). Bei der Ermittlung des Nettoreallohnanstiegs sind die Anwartschaftsrechte auf Versorgungslohn nicht mit in die Gesamtnettoeinkünfte einzubeziehen, da sie den Lebensstandard des ArbN während seines aktiven Berufslebens nicht erhöhen (LAG SchlHol 22.3.12 – 5 Sa 371/11, NZA-RR 12, 373 – nicht rkr, Az beim BAG: 3 AZR 460/12).

58 **dd) Wirtschaftliche Lage des Arbeitgebers.** Bei der Beurteilung der wirtschaftlichen Lage ist vorrangig die Erhaltung des Betriebs und der Arbeitsplätze zu berücksichtigen (BAG 17.1.80, DB 80, 306). Der ArbGeb muss in der Lage sein, den Teuerungsausgleich aus den Erträgen des Unternehmens und dessen Wertzuwachs in der Zeit bis zum nächsten Anpassungsstichtag aufzubringen (BAG 18.2.03 – 3 AZR 172/02, BB 03, 2292). Gestützt auf die bisherige Entwicklung ist am Anpassungsstichtag eine Prognoseentscheidung zu treffen. Dabei kommt es nicht allein auf die in den letzten drei Jahren vor dem Anpassungsstichtag erzielten Gewinne an. Der ArbGeb darf seiner Prognose bei entsprechender Aussagekraft sowohl einen längeren Zeitraum zugrunde legen als auch sich bereits abzeichnende oder wenigstens mit einer gewissen Wahrscheinlichkeit zu erwartende Veränderungen berücksichtigen (BAG 23.1.01 – 3 AZR 287/00, NZA 02, 560). Einmalige, außerordentliche Erträge sind nicht zu berücksichtigen (LAG Köln 9.12.09 – 8 Sa 1004/08, NZA-RR 10, 260). Das gilt gleichermaßen für einmalige belastende Ereignisse. Zu solchen gehört bei einem Bankkonzern nicht die internationale Finanzkrise (LAG BlnBbg 6.3.12 – 7 Sa 1948/11, nicht rkr – Az beim BAG: 3 AZR 441/12). Nach der Rspr des BAG ist eine übermäßige Belastung des ArbGeb zu bejahen, wenn es mit einiger Wahrscheinlichkeit unmöglich sein wird, den Anpassungsbedarf aus dem Wertzuwachs des Unternehmens und dessen Erträgen in der Zeit nach dem Anpassungsstichtag aufzubringen (BAG 23.4.85, DB 85, 1642; 26.10.10 – 3 AZR 502/08, BeckRS 2011, 68121). Dies kann bei einer unzureichenden Eigenkapitalverzinsung der Fall sein. Eine angemessene Eigenkapitalverzinsung besteht aus einem Basiszinssatz, der der Umlaufrendite öffentlicher Anleihen entspricht sowie einem für alle Unternehmen einheitlichen Risikozuschlag von 2 % (BAG 23.5.2000 – 3 AZR 146/99, NZA 01, 1251). Der ArbGeb trägt insoweit die Darlegungs- und Beweislast (BAG 23.5.2000, NZA 01, 1251). Als ausreichend substantiierter Sachvortrag genügt dabei zunächst die schriftsätzlich erläuterte Vorlage der nach handelsrechtlichen Rechnungslegungsregeln ermittelten testierten Bilanzen nebst Gewinn- und Verlustrechnungen der vergangenen drei Jahre. Nach anderen Regeln erstellte Jahresabschlüsse sind grds ungeeignet (BAG 21.8.12 – 3 ABR 20/10, BeckRS 2012, 76056). Zur Beurteilung der wirtschaftlichen Lage kann auf die Grundsätze zurückgegriffen werden, die das BAG zu Eingriffen in die sog erdiente Dynamik aufgestellt hat (s unten Rz 71). Liegen infolge der wirtschaftlichen Entwicklung Gründe vor, die solche Eingriffe rechtfertigen, kann der ArbGeb eine Anpassung laufender Betriebsrenten ablehnen (BAG 13.12.05 – 3 AZR 217/05, NZA 07, 39). Nach einem **Betriebsübergang** tritt der Erwerber in die gesetzliche Anpassungspflicht nach § 16 BetrAVG ein (BAG 21.2.06 – 3 AZR 216/05, NZA 07, 931). Dabei ist regelmäßig auf die Ertragskraft des Erwerbers abzustellen. Dies gilt auch für den beim Betriebsveräußerer erworbenen Teil des Versorgungsanspruchs (BAG 25.4.06 – 3 AZR 50/05, NZA-RR 07, 310). Ist der Versorgungsschuldner aus einer Verschmelzung zweier Unternehmen entstanden, die in dem für die Prognose maßgeblichen repräsentativen Zeitraum stattgefunden hat, kommt es grundsätzlich auf die wirtschaftliche Entwicklung der beiden ursprünglich selbstständigen Unternehmen bis zur Verschmelzung an (BAG 28.5.13 – 3 AZR 125/11, NZA-RR 13, 598; 31.7.07 – 3 AZR 810/05, BeckRS 2007, 48814). Bei einer betrieblichen Altersversorgung, die auf **Entgeltumwandlung** beruht, muss der ArbGeb gem § 16 Abs 5 BetrAVG die Leistungen jährlich um mindestens 1 % erhöhen oder bei Durchführung über eine Direktversicherung oder Pensionskasse sämtliche Überschussanteile entsprechend zur Leistungserhöhung verwenden. Das gilt gem § 30c Abs 3 BetrAVG nur für laufende Leistungen, die auf Zusagen beruhen, die ab dem 1.1.01 erteilt worden sind. Die wirtschaftliche Lage einer Gewerkschaft als Versorgungsschuldnerin kann wegen Art 9 Abs 3 GG nur eingeschränkt gerichtlich überprüft werden (LAG NdS 26.2.13 – 3 Sa 600/12 B, NZA-RR 13, 547).

Auch im **Konzern** sind grds die wirtschaftlichen Verhältnisse des ArbGeb maßgeblich (BAG 10.2.09 – 3 AZR 727/07, NZA 10, 95). Eine Ausnahme von diesem Grundsatz gilt im Fall des sog **Berechnungsdurchgriffs**, bei dem dem Versorgungsschuldner die günstige wirtschaftliche Lage eines anderen Konzernunternehmens zugerechnet wird. Voraussetzung eines derartigen Berechnungsdurchgriffs ist ein Gleichlauf von Zurechnung und Innenhaftung im Sinne einer Einstandspflicht/Haftung des anderen Konzernunternehmens gegenüber dem Versorgungsschuldner. Nur wenn dieser die anpassungsbedingte höhere Belastung an das andere Unternehmen auch weitergeben kann, kann der Betriebsrentner den Berechnungsdurchgriff geltend machen (BAG 15.1.13 – 3 AZR 638/10, BeckRS 2013, 68638; 29.9.10 – 3 AZR 427/08, NZA 11, 1416; vgl hierzu aus dem Schrifttum: *Cisch/Kruip* NZA 10, 540; *Schipp* DB 10, 112; *Diller/Beck* DB 11, 1052; *Preu/Novara* NZA 11, 1263; *Vogt* NZA 13, 1250). Seine frühere Rspr zum Berechnungsdurchgriff bei Vorliegen einer verdichteten Konzernverbindung und Verwirklichung von konzerntypischen Gefahren im Vertragskonzern sowie im qualifiziert faktischen Konzern hat das BAG ausdrücklich aufgegeben (vgl zur früheren Rspr Personalbuch 2013 *Betriebliche Altersversorgung* Rz 58). Ein Anspruch auf Sicherheit nach § 303 AktG für künftige Rentenanpassungen nach § 16 BetrAVG im Konzern besteht regelmäßig nicht (BAG 26.5.09 – 3 AZR 369/07, NZA 10, 641; *Böhm* DB 09, 2376). Bei Beendigung eines Beherrschungsvertrages hat das herrschende Unternehmen das beherrschte Unternehmen grds so auszustatten, dass dieses zur Betriebsrentenanpassung wirtschaftlich in der Lage ist. Anderenfalls drohen Schadensersatzansprüche (BAG 26.5.09 – 3 AZR 369/07, NZA 10, 641). Das gilt gleichermaßen, wenn durch gesellschaftsrechtliche Umstrukturierungen sog **Rentnergesellschaften** entstehen (BAG 11.3.08 – 3 AZR 358/06, NZA 09, 790; LAG Köln 12.6.13 – 3 Sa 815/12, BeckRS 2013, 73001 – nicht rkr, Az beim BAG: 3 AZR 839/13). Soweit die Leistungsordnung des Essener Verbandes eigene Anpassungsregelungen enthält und nur für vorzeitig ausgeschiedene ArbN eine Anpassung nach § 16 BetrAVG vorsieht, ist dies sachlich gerechtfertigt (BAG 30.11.10 – 3 AZR 754/08, NZA-RR 11, 593). Auch nach der Schließung des Unternehmens bleiben sowohl der frühere ArbGeb als auch dessen Erben zur Anpassung verpflichtet, wobei allerdings nur das seinerzeit dem Unternehmen gewidmete Vermögen maßgeblich ist (BAG 9.11.99 – 3 AZR 420/98, NZA 2000, 1057 mit weiteren Berechnungshinweisen).

ee) Entfallen der Anpassungspflicht. Keine Anpassungspflicht iSv § 16 Abs 1 BetrAVG **59** besteht gem § 16 Abs 3 Nr 1 BetrAVG, wenn sich der ArbGeb zu einer jährlichen Rentenanpassung von mindestens 1 % verpflichtet. Das Gleiche gilt gem § 16 Abs 3 Nr 2 BetrAVG bei Direktversicherung und Pensionskasse, wenn alle auf den Rentenbestand entfallenden Überschussanteile zur Erhöhung der laufenden Leistungen verwendet werden. Zu beachten ist insoweit der unterschiedliche Geltungsbeginn der Neuregelungen. Während die 1 %-Regelung gem § 30c Abs 1 BetrAVG **nur für Neuzusagen** nach dem

103 Betriebliche Altersversorgung

31.12.98 gilt, ist § 16 Abs 3 Nr 2 BetrAVG uneingeschränkt auch auf Altzusagen anwendbar. Wann eine Neuzusage iSv § 16 Abs 3 Nr 1 BetrAVG vorliegt, richtet sich nicht nach dem äußeren Erscheinungsbild, sondern danach, ob ein sachlicher Zusammenhang mit einer bereits vorhandenen Zusage besteht (*Heither* BetrAV 98, 140; *Doetsch/Foerster/Rühmann* DB 98, 258; *Höfer* BB 98, 2362). Dabei ist ein strenger Maßstab anzulegen, um im Hinblick auf die vom Gesetzgeber bezweckte Differenzierung Umgehungsversuche zu verhindern (zB Aufhebung der bestehenden Zusage bei gleichzeitiger inhaltsgleicher Neuerteilung). Auch die bloße Verbesserung einer bestehenden Zusage ist danach keine Neuzusage iSv § 30c Abs 1 BetrAVG. Keinesfalls genügt eine nach dem og Stichtag in einer Betriebsvereinbarung vereinbarte Anwendung der 1%-Regelung (BAG 28.6.11 – 3 AZR 282/09, BeckRS 2011, 77145). Darüber hinaus entfällt die Anpassungspflicht in der ab dem 1.1.02 geltenden Gesetzesfassung gem § 16 Abs 3 Nr 3 BetrAVG bei **Beitragszusagen mit Mindestleistung.** Widersprüchlich ist allerdings die in § 16 Abs 3 Nr 3 BetrAVG gestattete Nichtverwendung von Überschüssen, obwohl diese in § 1b Abs 5 Nr 2 BetrAVG ausdrücklich vorgeschrieben ist (*Höfer* DB 01, 1145).

60 **ff) Frist.** Der ArbGeb braucht beim dreijährigen Anpassungsturnus nach § 16 Abs 1 BetrAVG keine starren, individuellen Prüfungstermine einzuhalten. Er kann die in einem Jahr fälligen Anpassungsprüfungen vielmehr gebündelt zu einem bestimmten Zeitpunkt innerhalb oder am Ende des Jahres vornehmen (BAG 23.5.2000 – 3 AZR 83/99, NZA 02, 554).

61 Zusätzlich hatte die Rspr die sog nachholende und die nachträgliche Anpassung entwickelt. Bei der **nachholenden Anpassung** hat der ArbGeb in der Vergangenheit bei früheren Anpassungsstichtagen keine oder jedenfalls keine ausreichende Anpassung vorgenommen. Unabhängig davon, ob die Anpassung seinerzeit aufgrund der schlechten wirtschaftlichen Lage des Unternehmens zu Recht unterblieben war, verpflichtete ihn die Rspr bei der aktuellen Anpassung zu einem prozentualen Ausgleich des Kaufkraftverlusts seit Rentenbeginn (BAG 28.4.92, DB 92, 2401; 21.8.01 – 3 AZR 589/00, NZA 03, 561). Lediglich rückwirkende Nachzahlungen waren nicht zu erbringen. Hiervon unterschied die Rspr die **nachträgliche Anpassung,** mit der die Betriebsrente bezogen auf einen früheren Anpassungsstichtag unter Berücksichtigung der damaligen wirtschaftlichen Lage des Unternehmens erhöht werden sollte (BAG 17.4.96 – 3 AZR 56/95, NZA 97, 155; 17.8.04 – 3 AZR 367/03, AP Nr 55 zu § 16 BetrVG). Wegen der Befriedungsfunktion der Anpassungsentscheidung kann dieser Anspruch nur bis zum nächsten Anpassungsstichtag geltend gemacht werden (BAG 25.4.06 – 3 AZR 372/05, NZA-RR 07, 374). Der Gesetzgeber hat sodann mit dem RRG 99 die nachholende Anpassung in § 16 Abs 4 BetrAVG ausdrücklich geregelt und die Nachholungspflicht auf die zu Unrecht unterbliebene Anpassung beschränkt. Dabei ist der Prüfungszeitraum grds unverändert geblieben (BAG 25.4.06 – 3 AZR 159/05, NZA-RR 07, 376). Hat der ArbGeb zu einem früheren Anpassungsstichtag die Anpassung zu Recht ganz oder teilweise unterlassen, braucht er diese später, bei guter wirtschaftlicher Lage nicht mehr nachzuholen (§ 16 Abs 4 Satz 1 BetrAVG). Erst recht ausgeschlossen ist dann eine nachträgliche Anpassung (*Blomeyer/Rolfs/Otto* § 16 Rz 101). Die zusätzlich in § 16 Abs 4 Satz 2 BetrAVG aufgenommene Fiktion einer zu Recht unterbliebenen Anpassung ist in mehrfacher Hinsicht unklar.

62 Das gilt zunächst für das **Verhältnis von § 16 Abs 4 Satz 2 zu Satz 1 BetrAVG.** Entfällt die Pflicht zur nachholenden Anpassung „nur dann" oder lediglich „auch dann", wenn Satz 2 erfüllt ist? Entstehungsgeschichte und Gesetzessystematik sprechen eindeutig für die letztgenannte Alternative. Schließlich zeigt die Umkehrung des § 16 Abs 4 Satz 2 BetrAVG, dass damit eine ausschließliche Festlegung der zu Recht unterbliebenen Anpassung nicht bezweckt war (LAG Düsseldorf 11.6.04 – 18 Sa 1605/03, DB 05, 59; *Förster* BetrAV 98, 117; aA *Berner-Lüll/Drochner* BB 98, 1002; *Feudner* DB 05, 50).

63 Die **an die Mitteilungspflicht** des ArbGeb **zu stellenden Anforderungen** hat das BAG zuletzt konkretisiert. Danach muss der ArbGeb dem Versorgungsempfänger in nachvollziehbarer Weise schriftlich darlegen, aus welchen Gründen er nicht in der Lage sein wird, die Anpassungsleistungen aufzubringen. Das muss so detailliert geschehen, dass der Versorgungsempfänger in der Lage ist, die Entscheidung des ArbGeb auf ihre Plausibilität hin zu überprüfen (BAG 11.10.11 – 3 AZR 732/09, NZA 12, 337).

64 Das Gesetz sieht eine **Widerspruchsfrist** für den Versorgungsempfänger von **drei Kalendermonaten** vor. Die Fristberechnung erfolgt nach §§ 187 ff BGB.

Betriebliche Altersversorgung

gg) Anspruchsdurchsetzung. Der Versorgungsempfänger muss, wenn er die Anpas- 65
sungsentscheidung des ArbGeb für unrichtig hält, dies grds vor dem nächsten Anpassungsstichtag dem ArbGeb gegenüber geltend machen. Ohne eine solche Rüge erlischt mit dem nächsten Anpassungsstichtag der Anspruch auf Korrektur einer früheren Anpassungsentscheidung. Hat der ArbGeb keine ausdrückliche Anpassungsentscheidung getroffen, gilt die Erklärung, nicht anpassen zu wollen, nach Ablauf von drei Jahren als abgegeben. Deshalb kann der Versorgungsempfänger diese nachträgliche Entscheidung bis zum übernächsten Anpassungstermin rügen. Hat der Versorgungsempfänger schließlich die Anpassungsentscheidung rechtzeitig gerügt, so ist er grds gehalten, bis zum Ablauf des nächsten auf die Rügefrist folgenden Anpassungszeitraums Klage zu erheben. Denn der ArbGeb kann in der Regel erwarten, dass nach erfolgter Rüge im Anschluss an den Rügezeitraum binnen dreier Jahre gerichtlich gegen die Anpassungsentscheidung vorgegangen wird (BAG 25.4.06 – 3 AZR 372/05, NZA-RR 07, 374; 10.2.09 – 3 AZR 610/07, NZA-RR 10, 42). Für die Klage ist kein bezifferter Leistungsantrag nötig, sondern es genügt, wenn der Versorgungsempfänger den anspruchsbegründenden Sachverhalt und einen Mindestbetrag der Anpassung angibt. Das Gericht kann dann den zu zahlenden Betrag nach § 315 Abs 3 Satz 2 BGB bestimmen (BAG 17.10.95 – 3 AZR 881/94, DB 96, 1425). Es findet eine umfassende gerichtliche Überprüfung ohne Begrenzung auf die gerügten Umstände statt (BAG 21.8.07 – 3 AZR 330/06, DB 07, 2720). Dabei obliegt dem ArbGeb die Darlegungs- und Beweislast für die Billigkeit der von ihm getroffenen Anpassungsentscheidung (BAG 23.4.85, NZA 85, 499), sofern nicht die Fiktion des § 16 Abs 4 Satz 2 BetrAVG eingreift. Letzteres wird wahrscheinlich nur in Einzelfällen geschehen, da mit routinemäßigen Widersprüchen der Versorgungsempfänger zu rechnen ist. Verzögert der ArbGeb schuldhaft die Anpassung, ist er zum Ersatz der steuerlichen Nachteile, die hierdurch dem Versorgungsempfänger entstanden sind, verpflichtet (BAG 28.10.08 – 3 AZR 171/07, NZA-RR 09, 499).

8. Änderung von Versorgungszusagen. a) Änderungsmöglichkeit. Wann und auf 66
welche Weise Versorgungszusagen geändert werden können ist im BetrAVG nicht geregelt. Nach der Rspr des BAG sind solche Änderungen möglich. Wegen des Schutzes der erdienten Anwartschaften und des mit zunehmender Dauer der Versorgungszusage ständig wachsenden Vertrauens des ArbN stellt das BAG allerdings hohe Anforderungen an eine solche Änderung. Darüber hinaus ist hinsichtlich des Änderungsinstrumentariums nach der Rechtsgrundlage der jeweiligen Versorgungszusage zu differenzieren.

aa) Arbeitsvertragliche Zusage. Hat der ArbGeb eine individualvertragliche Versor- 67
gungszusage erteilt, so bedarf es für die Änderung grds des Einverständnisses des ArbN. Ansonsten bleibt dem ArbGeb nur die Möglichkeit der *Änderungskündigung*, die den Anforderungen des § 2 KSchG unterliegt.

bb) Gesamtzusage/Arbeitsvertragliche Einheitsregelung/Betriebliche Übung. Als 68
arbeitsvertragliche Regelungen unterliegen auch sie grds den Anforderungen des Individualarbeitsrechts. Ein vorbehaltener Widerruf wird erst mit nachgewiesenem Zugang wirksam (BAG 24.1.06 – 3 AZR 583/04, AP Nr 1 zu § 313 BGB). Es stellt sich allerdings die Frage, inwieweit eine Änderung der Versorgungszusage zuungunsten des ArbN durch eine ablösende Betriebsvereinbarung möglich ist. Unproblematisch ist dies lediglich dann, wenn die Gesamtzusage einen kollektiven Änderungsvorbehalt enthält und damit „betriebsvereinbarungsoffen" ausgestaltet ist (BAG 21.4.09 – 3 AZR 674/07, NZA-RR 09, 548; 15.2.11 – 3 AZR 35/09, NZA-RR 11, 541). Das ist regelmäßig bei einer „im Einvernehmen mit dem BRat beschlossenen" Leistungsgewährung der Fall (BAG 10.12.02 – 3 AZR 92/02, NZA 04, 272). Umstände, die nach der Erteilung der Versorgungszusage auftreten sind insoweit ohne Relevanz (LAG Köln 18.2.04 – 7 Sa 252/99). Keine Betriebsvereinbarungsoffenheit besteht bei einer arbeitsvertraglichen Versorgungszusage, wenn der Arbeitsvertrag an anderer Stelle „im Übrigen" auf Betriebsvereinbarungen verweist (BAG 17.6.08 – 3 AZR 254/07, NZA 08, 1320). Daneben lässt die Rspr eine ablösende Betriebsvereinbarung grds zu, erlaubt jedoch inhaltlich nur eine Umstrukturierung bei gleich bleibendem Gesamtvolumen (BAG 16.9.86 – GS 1/82, NZA 87, 168). Die zumindest erforderliche wertmäßige Neutralität der Umstrukturierung ist im Wege eines kollektiven Günstigkeitsvergleichs zu ermitteln (BAG 23.10.01 – 3 AZR 74/01, NZA 03, 986). Einziger verbleibender Fall einer betrieblichen Neuregelung ist eine eingetretene wesentliche Störung der Geschäftsgrundlage, aufgrund

Kreitner

103 Betriebliche Altersversorgung

derer die Zusage ihre Verbindlichkeit verloren hat (vgl BAG 17.1.12 – 3 AZR 555/09, BeckRS 2012, 69833; 18.3.03 – 3 AZR 101/02, NZA 04, 1099; 17.6.03 – 3 ABR 43/02, NZA 04, 1110; hierzu *Däubler* RdA 04, 304; *Rengier* BB 04, 2185). Die Opfergrenze liegt insoweit bei 50 % (BAG 19.2.08 – 3 AZR 290/06, NZA-RR 08, 600). In jedem Fall muss sich die Anpassung an der ursprünglichen Vereinbarung orientieren (BAG 13.11.07 – 3 AZR 455/06, NZA-RR 08, 520). Darüber hinausgehende verschlechternde Betriebsvereinbarungen sind unzulässig (Näheres s *Günstigkeitsprinzip* Rz 13). Kommt die für eine kollektive Ablösung erforderliche Einigung der Betriebspartner nicht zustande, entscheidet die *Einigungsstelle*. Erstreckt sich der Streit dabei auch auf die Frage, ob die Voraussetzungen für eine Störung der Geschäftsgrundlage vorliegen, muss der BRat gleichwohl an der abändernden Neuregelung mitwirken, kann diese aber unter den Vorbehalt einer arbeitsgerichtlichen Überprüfung stellen (BAG 23.9.97 – 3 ABR 85/96, NZA 98, 719).

69 cc) **Betriebsvereinbarung/Tarifvertrag.** Ist die Versorgungszusage in Form einer **Betriebsvereinbarung** erteilt worden, so kann diese durch eine neue, nachfolgende Betriebsvereinbarung auch zuungunsten der ArbN abgelöst werden. Für das Verhältnis zweier Betriebsvereinbarungen zueinander gilt die sog Zeitkollisionsregel, wonach die jüngere Norm die jeweils ältere verdrängt (s *Betriebsvereinbarung* Rz 23). Das gilt in gleicher Weise für kollektivrechtliche Ablösungen, die im Zusammenhang mit einem Betriebsübergang nach § 613a BGB geschehen (BAG 24.7.01 – 3 AZR 660/00, NZA 02, 520; *Lindemann/Simon* BB 03, 2510).

Eine betriebliche Altersversorgung, die aufgrund eines **Tarifvertrags** zu gewähren ist, steht unter dem Vorbehalt der Änderung des Tarifvertrags. Die Regelungsbefugnis der Tarifvertragsparteien erstreckt sich auch auf Betriebsrentner (BAG 17.6.08 – 3 AZR 409/06, NZA 08, 1244; 11.8.09 – 3 AZR 23/08, NZA 10, 408). Wird auf den jeweils geltenden Tarifvertrag Bezug genommen, so werden im Zweifel auch Ruheständler von der Zeitkollisionsregel erfasst (BAG 24.8.93, DB 94, 891). Nach der bisherigen Rspr des BAG können die Rechte und Pflichten der bereits ausgeschiedenen ArbN durch Betriebsvereinbarung weder begründet noch modifiziert werden (BAG 13.5.97 – 1 AZR 75/97, NZA 98, 160). Der 3. Senat des BAG stellt dies neuerdings in Frage, ohne jedoch bislang konkret Stellung zu beziehen (BAG 10.2.09 – 3 AZR 653/07, NZA 09, 796; 12.12.06 – 3 AZR 476/05, NZA-RR 07, 653).

Sog **Überkreuzablösungen** tariflicher Versorgungsregelungen durch nachfolgende Betriebsvereinbarungen sind nicht möglich. Das folgt bereits aus der lediglich teilweise erzwingbaren Mitbestimmung des BRat (BAG 6.11.07 – 1 AZR 862/06, NZA 08, 542; 13.11.07 – 3 AZR 191/06, NZA 08, 600).

70 b) **Änderungsgründe.** Von der Frage der Änderungsmöglichkeit sind die materiellen Anforderungen zu unterscheiden, die an eine zulässige Änderung durch eine ablösende Betriebsvereinbarung zu stellen sind (*Kort* NZA 04, 889). Wegen des besonderen Vertrauensschutzes der ArbN sind diese umso höher, je stärker in Besitzstände eingegriffen wird; sog „Je-Desto-Regel" (*Heither* DB 91, 700). Am Zweck der jeweiligen Neuregelung gemessen müssen Eingriffe geeignet, erforderlich und verhältnismäßig sein (zu Besonderheiten bei der Anpassung von Gesamtversorgungssystemen *Steinmeyer* RdA 05, 345).

71 Dabei ist nach der ständigen Rspr des BAG bei der Beurteilung von **Versorgungsanwartschaften** ein **dreistufiges Prüfungsschema** anzuwenden (zuletzt BAG 15.1.13 – 3 AZR 705/10, NZA-RR 13, 376), das gleichermaßen für Eingriffe in verfallbare und unverfallbare Anwartschaften gilt (BAG 15.1.13 – 3 AZR 169/10, NZA 13, 1028). In **erdiente Versorgungsanwartschaften** kann danach nur bei Vorliegen **zwingender Gründe**, in die sog **zeitanteilig erdiente Dynamik**, also das ruhegehaltsfähige Entgelt, kann nur aus **triftigem Grund** eingegriffen werden (BAG 11.12.01 – 3 AZR 128/01, NZA 03, 1407; 10.9.02 – 3 AZR 635/01, AP Nr 37 zu § 1 BetrAVG Ablösung; kritisch *Vienken* SAE 04, 35). Soweit es dagegen um eine für den ArbN nachteilige Änderung der **noch nicht erdienten Zuwachsraten** geht, genügen **sachliche Gründe** (BAG 18.9.01 – 3 AZR 728/00, NZA 02, 1165; 11.12.01 – 3 AZR 512/00, NZA 03, 1414; 19.4.05 – 3 AZR 468/04, NZA-RR 05, 598). Insbesondere der Abbau einer planwidrig eingetretenen Überversorgung ist möglich (BAG 28.7.98 – 3 AZR 100/98, NZA 99, 444; 19.11.02 – 3 AZR 167/02, AP Nr 40 zu § 1 BetrAVG Ablösung; 13.11.07 – 3 AZR 455/06, NZA-RR 08, 520; *Schipp* RdA 07, 340). Dabei müssen sich die Anpassungsregelungen aber an der bisherigen Versorgungs-

Betriebliche Altersversorgung 103

ordnung ausrichten (BAG 28.7.98 – 3 AZR 357/97, NZA 99, 780). Die Umstellung der Berechnungsgrundlage von einer brutto- auf eine nettolohnbezogene Gesamtversorgung ist nicht zu beanstanden (BAG 24.8.93, DB 94, 891; BVerfG 3.12.98 – 1 BvR 2262/96, NZA-RR 99, 204). Das Gleiche gilt für die Einführung einer nicht ruhegehaltsfähigen Zulage, um so einer planwidrigen Überversorgung entgegenzuwirken (BAG 5.12.95 – 3 AZR 941/94, NZA 96, 666) oder den Systemwechsel von einer Gesamtversorgung zu einem Punktemodell (BAG 27.3.07 – 3 AZR 299/06, DB 07, 2847). Bei einem späteren vollständigen Abbau der Überversorgung durch Absenkung der Gesamtversorgungsobergrenze muss diese Zulage aber dem pensionsfähigen Gehalt wieder zugerechnet werden (BAG 9.11.99 – 3 AZR 502/98, NZA 01, 98). Eine nach Erteilung der Versorgungszusage dem Abbau einer Überversorgung dienende, tariflich eingeführte Nettogesamtversorgungsobergrenze ist rechtlich nicht zu beanstanden (BAG 27.6.06 – 3 AZR 212/05, AP Nr 12 zu § 1 BetrAVG Überversorgung). Auf Versorgungsregelungen einer Gewerkschaft wendet das BAG das Prüfungsschema insoweit modifiziert an, als Eingriffe in noch nicht erdiente, dienstzeitabhängige Zuwächse nur der sachlichen Begründung bedürfen, ohne dass es auf die Proportionalität des Eingriffs ankommt (BAG 12.2.13 – 3 AZR 636/10, BeckRS 2013, 70480).

Greifen die Änderungen nicht in Versorgungsanwartschaften ein, sondern betreffen sie **72** **anderweitige Besitzstände,** kann die Je-Desto-Regel nicht angewandt werden. Es bleibt insoweit bei dem allgemeinen Verhältnismäßigkeitsgrundsatz. Nach Eintritt des Versorgungsfalls sind danach idR nur noch geringfügige Verschlechterungen gerechtfertigt (BAG 12.10.04 – 3 AZR 557/03, NZA 05, 580; 28.6.11 – 3 AZR 282/09, NZA 12, 1229). Früher hat das BAG für eine Änderung der Rentenanpassung (Orientierung an Lebenshaltungskosten statt tariflicher Entgelte der aktiven ArbN) sachlich nachvollziehbare, willkürfreie Gründe ausreichen lassen (BAG 16.7.96, DB 97, 631) und auch eine Verschiebung der Rentenauszahlung vom Monatsanfang an das Monatsende nicht beanstandet (BAG 23.9.97 – 3 AZR 529/96, NZA 98, 541).

Das dreistufige Prüfungsschema ist auch bei **tarifvertraglichen** Versorgungsregelungen **73** nicht anwendbar. Den Tarifvertragsparteien steht nach Art 9 Abs 3 GG bei der inhaltlichen Gestaltung ihrer Regelungen ein Beurteilungs- und Ermessensspielraum zu (BAG 14.10.03 – 9 AZR 146/03, NZA 04, 860). Prüfungsmaßstab sind auch insoweit die Grundsätze des Vertrauensschutzes und der Verhältnismäßigkeit (BAG 28.7.05 – 3 AZR 14/05, NZA 06, 336; 21.8.07 – 3 AZR 102/06, NZA 08, 183; 17.6.08 – 3 AZR 409/06, NZA 08, 1244).

9. Beendigung von Versorgungszusagen. a) Widerruf wegen wirtschaftlicher **74** **Notlage.** Nach der bis zum 31.12.1998 geltenden Fassung des § 7 Abs 1 Satz 3 Nr 5 Betr-AVG konnte der ArbGeb seine Versorgungszusage unter eng begrenzten Voraussetzungen aus wirtschaftlichen Gründen widerrufen (Näheres s Personalbuch 1998 Betriebliche Altersversorgung Rz 43 ff).

Mit der **Änderung** durch das **RRG 99** ist der frühere Sicherungsfall der wirtschaftlichen **75** Notlage nach § 7 Abs 1 Satz 3 Nr 5 BetrAVG aF weggefallen. Seitdem besteht das zuvor von der Rspr aus den Grundsätzen über den Wegfall der Geschäftsgrundlage entwickelte Recht zum Widerruf insolvenzgeschützter betrieblicher Versorgungsrechte wegen wirtschaftlicher Notlage nicht mehr (BAG 17.6.03 – 3 AZR 396/02, AP Nr 24 zu § 7 BetrAVG Widerruf; 18.11.08 – 3 AZR 417/07, DB 09, 1079; aA *Boemke* RdA 10, 10).

Ist die wirtschaftliche Notlage nur **vorübergehender Natur,** kann eine Stundung gerecht- **76** fertigt sein. Nach dem Grundsatz der Verhältnismäßigkeit ist jeweils nur das mildeste Mittel rechtmäßig (BAG 24.11.77, DB 78, 545). Wird die betriebliche Altersversorgung durch eine **Unterstützungskasse** erbracht, ist die wirtschaftliche Lage des ArbGeb, nicht die der Unterstützungskasse maßgeblich (BAG 10.11.77, DB 78, 939; 14.12.93, DB 94, 686).

b) Widerruf wegen Treuepflichtverletzung. Ähnlich wie im Bereich der wirtschaftli- **77** chen Notlage unterliegt auch insoweit der Widerruf strengen Voraussetzungen. Wegen einer Treuepflichtverletzung kann eine Ruhegeldzusage im Einzelfall nur bei einem nach Art und Schwere des Verstoßes rechtsmissbräuchlichem oder arglistigen Verhalten des ArbN bzw Versorgungsempfängers widerrufen werden (BAG 13.11.12 – 3 AZR 444/10, NZA 13, 1279; 9.11.99 – 3 AZR 553/98, NZA 00, 1288; BGH 13.12.99 – II ZR 152/98, NZA 00, 318; 17.12.01 – II ZR 222/99, NZA 02, 511; LAG Düsseldorf 16.10.12 – 17 Sa 461/11, BeckRS 2013, 65003; vgl BVerfG 28.6.00 – 1 BvR 387/00, NZA 00, 999: Kürzung der

103 Betriebliche Altersversorgung

Betriebsrente wegen MfS-Tätigkeit; *Aldenhoff/Hilderink* NZA-RR 04, 281). Zu den Grenzen einer **Aufrechnung** des ArbGeb mit Schadensersatzansprüchen aus unerlaubter Handlung gegen den Betriebsrentenanspruch vgl BAG 18.3.97, DB 97, 1474.

78 c) **Kündigung von Betriebsvereinbarungen.** Handelt es sich um eine Versorgungsordnung in Form einer Betriebsvereinbarung, so kann diese im Wege der Kündigung gem § 77 Abs 5 BetrVG beendet werden, soweit die Kündigung nicht in der Betriebsvereinbarung selbst ausgeschlossen ist. Ein solcher Kündigungsausschluss ergibt sich noch nicht aus dem allgemeinen steuerunschädlichen Widerrufsvorbehalt (BAG 10.3.92, DB 92, 1735; aA *Hanau/Preis* NZA 91, 81). Die Kündigung bedarf zu ihrer Wirksamkeit keines besonderen Grundes, allerdings ist hinsichtlich der Rechtsfolgen der Kündigung nach der Rspr des BAG der Maßstab der 3-Stufen-Theorie (s oben Rz 71) anzulegen (BAG 11.5.99 – 3 AZR 21/98, NZA 00, 322; 21.8.01 – 3 ABR 44/00, NZA 02, 575; *Langohr-Plato* BB 2000, 1885; *Gaul/Kühnreich* NZA 02, 495; aA *Roßmanith* DB 99, 634: Kündigung lässt Anwartschaften unberührt und verhindert nicht deren weiteres Anwachsen). Soweit danach Versorgungsbesitzstände unangetastet bleiben, ist deren Rechtsgrundlage weiterhin die gekündigte Betriebsvereinbarung. Die Reichweite des Eingriffs und den Umfang der Fortgeltung der Betriebsvereinbarung kann der BRat in einem arbeitsgerichtlichen Beschlussverfahren mit Bindungswirkung für den ArbGeb auch gegenüber den betroffenen ArbN klären lassen (BAG 17.8.99 – 3 ABR 55/98, NZA 2000, 498).

79 d) **Erlassvertrag.** Ansprüche auf Ruhegeldleistungen können durch einen sog Tatsachenvergleich wirksam ausgeschlossen werden (BAG 23.8.94, DB 95, 52). Im Fall des BAG hatten sich die Parteien über das Fehlen der tatsächlichen Voraussetzungen für das Eingreifen einer betrieblichen Invaliditätsrente gegen Zahlung einer Abfindung von 48 000 DM geeinigt. Ein solcher Tatsachenvergleich stellt einen wirksamen Erlassvertrag dar, der insbesondere weder gegen § 3 Abs 1 Satz 1 noch § 17 Abs 3 Satz 3 BetrAVG verstößt. Im laufenden Arbeitsverhältnis kann der ArbN auch auf in der Vergangenheit erdiente Anwartschaften wirksam verzichten (BAG 21.1.03 – 3 AZR 30/02, AP Nr 13 zu § 3 BetrAVG; 24.1.06 – 3 AZR 484/04, NZA 07, 279). Demgegenüber erfassen **tarifliche Ausschlussfristen** nicht den Versorgungsanspruch, sondern lediglich die Abwicklung einzelner Leistungsansprüche, und selbst das nur dann, wenn dies im Tarifvertrag hinreichend deutlich zum Ausdruck kommt (BAG 26.5.09 – 3 AZR 797/07, NZA 09, 1279; 14.10.98 – 3 AZR 377/97, NZA 99, 876). Das Gleiche gilt für **Ausgleichsquittungen** und Ausgleichsklauseln in Aufhebungsverträgen und Vergleichen (BAG 17.10.2000 – 3 AZR 69/99, NZA 01, 203; LAG Hamm 24.11.98 – 6 Sa 416/98, DB 99, 491).

80 e) **Verjährung.** Gem § 18a Satz 1 BetrAVG verjährt der Anspruch auf Leistungen aus der betrieblichen Altersversorgung (also das Rentenstammrecht) in 30 Jahren. Die Ansprüche auf die einzelnen monatlichen Betriebsrentenleistungen unterliegen demgegenüber gem § 18a Satz 2 BetrAVG iVm § 195 BGB der regelmäßigen dreijährigen Verjährung (BAG 26.5.09 – 3 AZR 797/07, NZA 09, 1279).

81 **10. Mitbestimmung des Betriebsrats.** Die betriebliche Altersversorgung stellt einen wichtigen Teil der Mitbestimmung des BRat in sozialen Angelegenheiten dar. Dabei greift bei Direktzusagen des ArbGeb bzw bei Direktversicherungen § 87 Abs 1 Nr 10 BetrVG ein. Erfolgt die betriebliche Altersversorgung durch eine Unterstützungs- und Pensionskasse ist eine Mitbestimmungspflicht nach § 87 Abs 1 Nr 8 BetrVG gegeben (BAG 26.4.88, DB 88, 2411). Hinsichtlich des Umfangs der Mitbestimmung gelten für den gesamten Bereich der betrieblichen Altersversorgung identische Maßstäbe. Erfasst wird allerdings nur die aktive Belegschaft. Eine Befugnis der Betriebspartner zur Regelung der Ruhestandsverhältnisse besteht nach geltendem Recht nicht, so wünschenswert sie auch sein mag (BAG 14.12.10 – 3 AZR 462/09, BeckRS 2011, 70704; 28.7.98 – 3 AZR 357/97, NZA 99, 780; 13.5.97 – 1 AZR 75/97, NZA 98, 160).

Danach ist der ArbGeb frei in der Entscheidung, ob er finanzielle Mittel für eine betriebliche Altersversorgung zur Verfügung stellen will, in welchem Umfang und in welcher Versorgungsform er dies tun will sowie welcher ArbNKreis von der Regelung erfasst sein soll. Allgemein wird dies mit dem Stichwort des mitbestimmungsfreien **„Ob"** und des **„Dotierungsrahmens"** der betrieblichen Altersversorgung gekennzeichnet (*Schnitker/Sittard* NZA 11, 331). Der BRat kann daher insbesondere die Einführung einer betrieblichen

Betriebliche Altersversorgung

Altersversorgung nicht erzwingen, sondern ist auf eine freiwillige Betriebsvereinbarung iSv § 88 BetrVG angewiesen. Das Gleiche gilt für die Fortgeltung einer gekündigten Versorgungsregelung (BAG 21.8.01 – 3 ABR 44/00, NZA 02, 575). Bei einer sog Blankettzusage des ArbGeb (s oben Rz 6) greift das Mitbestimmungsrecht allerdings ein (BAG 19.7.05 – 3 AZR 472/04, AP Nr 42 zu § 1 BetrAVG).

Der Mitbestimmung des BRat unterliegt demgegenüber der sog **Leistungsplan** (BAG 24.1.06 – 3 AZR 484/04, NZA 07, 279). Hierzu gehören auch die Änderung einer bestehenden Versorgungsordnung (BAG 26.3.85, DB 85, 2617; 28.7.98 – 3 AZR 357/97, NZA 99, 780; 21.1.03 – 3 AZR 30/02, NZA 04, 321) sowie der Widerruf, wenn gleichzeitig eine geänderte Neuverteilung erfolgen soll (BAG GS 16.9.86, DB 87, 383). Das Gleiche gilt bei der Teilschließung einer Unterstützungskasse, sofern ein Regelungsspielraum hinsichtlich der verbleibenden Mittel besteht (BAG 10.3.92, DB 92, 1885; 26.9.2000 – 3 AZR 570/99). Mitbestimmungsfrei bleibt demgegenüber zB die Auswahl des Versicherungsunternehmens und die Durchführungsform der Altersversorgung (BAG 29.7.03 – 3 ABR 34/02, NZA 04, 1344) oder der Wechsel der Versicherungsgesellschaft durch den ArbGeb, solange Verteilungsplan und Beitragsbelastung für die ArbN unverändert bleiben (BAG 16.2.93, DB 93, 1240). Das Gleiche gilt bei der Übertragung eines Pensionskassenbestandes auf eine Lebensversicherungsgesellschaft (BAG 14.12.99 – 3 AZR 675/98, DB 2000, 1719). **Verzichtet** ein ArbN auf seine Versorgungsrechte aus einer Betriebsvereinbarung ist gem § 77 Abs 4 Satz 2 BetrVG hierfür die Zustimmung des BRat erforderlich, die unmissverständlich zum Ausdruck kommen muss (BAG 3.6.97 – 3 AZR 25/96, NZA 98, 382: neutrale Haltung genügt nicht). Die vorgenannte Differenzierung zwischen Dotierungsrahmen und Leistungsplan setzt sich bei der Reichweite der **Nachwirkung** nach § 77 Abs 6 BetrVG fort (*Schlewing* NZA 10, 529; *Salamon* NZA 10, 536; Näheres s *Betriebsvereinbarung* Rz 33).

Bei **Pensions- und Unterstützungskassen** kann die Mitbestimmung ein- oder zweistufig durchgeführt werden (BAG 10.9.02 – 3 AZR 635/01, AP Nr 37 zu § 1 BetrAVG Ablösung; 9.12.08 – 3 AZR 384/07, BeckRS 2009, 65976). Erstreckt sich der Wirkungskreis der Unterstützungskasse auf einen Konzern, so ist der KBRat das für die Ausübung der Mitbestimmungsrechte zuständige Organ (BAG 14.12.93, DB 94, 686). Bei der zweistufigen Mitbestimmung ist es Aufgabe des ArbGeb die mit dem BRat getroffenen Vereinbarungen in den Organen der jeweiligen Sozialeinrichtung durchzusetzen. Demgegenüber übt der BRat bei der einstufigen Mitbestimmung diese durch eine paritätische Besetzung der Organe der Sozialeinrichtung unmittelbar aus. Welches Mitbestimmungssystem gewählt wird unterliegt wiederum der erzwingbaren Mitbestimmung (BAG 13.7.78, DB 78, 2129). Derartige Differenzierungen sind bei der Mitbestimmung nach § 87 Abs 1 Nr 10 BetrVG bei **Direktzusage und Direktversicherung** nicht erforderlich. Bei **Entgeltumwandlungen** auf der Grundlage des § 1a BetrAVG scheiden erzwingbare Mitbestimmungsrechte des BRat aus. Insoweit hat der individuelle Umwandlungsanspruch des ArbN jedenfalls unter Günstigkeitsgesichtspunkten (Wahlrecht) Vorrang (*Schnitker/Grau* BB 03, 1061, *Blomeyer* DB 01, 1413).

Werden die vorgenannten Mitbestimmungsrechte des BRat nach § 87 BetrVG nicht gewahrt, so hat dies nach der **Theorie der Wirksamkeitsvoraussetzung** (vgl *Mitbestimmung, soziale Angelegenheiten* Rz 20) die Unwirksamkeit der Maßnahme zur Folge. Der BRat kann vom ArbGeb verlangen, dass die Betriebsvereinbarungen abredegemäß durchgeführt werden und kann dies im arbeitsgerichtlichen Beschlussverfahren durchsetzen. Er hat jedoch nicht das Recht, im eigenen Namen Betriebsrentenansprüche des ArbN geltend zu machen (BAG 18.1.05 – 3 ABR 21/04, NZA 06, 167).

11. Insolvenzsicherung. a) Grundsatz. Vor Inkrafttreten des BetrAVG bestand für die ArbN und Versorgungsempfänger eine große Ungewissheit bezüglich des Insolvenzfalls. Diese ist durch die Insolvenzsicherungsvorschriften im vierten Abschnitt des BetrAVG beseitigt worden (zu Möglichkeiten der privatrechtlichen Insolvenzsicherung zuletzt *Schnittker/Sittard* NZA 12, 963).

b) Insolvenzfälle. Das Gesetz nennt in § 7 Abs 1 BetrAVG seit dem 1.1.99 in einer **abschließenden Aufzählung** nur noch vier relevante Insolvenzfälle, nämlich

(1) Eröffnung des Insolvenzverfahrens über das Vermögen des ArbGeb,
(2) Abweisung des Antrags auf Eröffnung des Insolvenzverfahrens mangels Masse,

103 Betriebliche Altersversorgung

(3) außergerichtlicher Vergleich (Stundungs-, Quoten- oder Liquidationsvergleich) des ArbGeb mit seinen Gläubigern zur Abwendung eines Insolvenzverfahrens, wenn ihm der Träger der Insolvenzsicherung zustimmt,
(4) vollständige Beendigung der Betriebstätigkeit im Geltungsbereich des BetrAVG, wenn ein Antrag auf Eröffnung des Insolvenzverfahrens nicht gestellt worden ist und ein Insolvenzverfahren offensichtlich mangels Masse nicht in Betracht kommt.

86 **Weggefallen** sind bedingt durch die zum 1.1.99 in Kraft getretene InsO die Sicherungsfälle des gerichtlichen Vergleichsverfahrens und der wirtschaftlichen Notlage (dazu zuletzt noch BAG 24.4.01 – 3 AZR 402/00, NZA 01, 1306). Die einfache Liquidation „mit Masse", wenn sich zB der Unternehmer aus Altersgründen zur Ruhe setzen will, ist auch weiterhin kein Sicherungsfall iSv § 7 Abs 1 BetrAVG (vgl hierzu im Einzelnen *Kemper* DB 95, 373). **Hinzugekommen** sind mit dem AVmG vom 26.6.01 Bestimmungen, mit denen das vorhandene Insolvenzsystem an den Pensionsfonds als zusätzlichen Durchführungsweg sowie die auf einer Entgeltumwandlung beruhende Altersversorgung angepasst wird.

87 **c) Umfang und Reichweite.** Die Leistungsbescheide des PSV sind bloße Mitteilungen nach § 9 Abs 1 BetrAVG und damit keine anspruchsbegründenden Willenserklärungen (BAG 29.9.10 – 3 AZR 546/08, NZA 11, 210). Die Eintrittspflicht des PSV hängt in jedem Einzelfall von mehreren Faktoren ab.

88 **aa) Beginn und Ende.** Gem § 7 Abs 1a BetrAVG beginnt die Leistungspflicht des PSV mit dem auf den Sicherungsfall folgenden Monatsersten und endet mit Ablauf des Sterbemonats des Begünstigten. Sie umfasst grds auch rückständige Versorgungsleistungen bis zur Dauer von sechs Monaten (vgl hierzu LAG Köln 16.3.05 – 7 Sa 1260/04, NZA-RR 06, 42). In § 7 Abs 1a Satz 2 BetrAVG hat der Gesetzgeber diese zuvor von der Rspr (BGH 14.7.80 – II ZR 106/79, AP Nr 5 zu § 7 BetrAVG) entwickelte beschränkte Rückwirkung gesetzlich festgeschrieben. Sie wird auch weiterhin durch den zeitlich frühesten Sicherungsfall ausgelöst (BAG 9.12.97 – 3 AZR 429/96, NZA 98, 941). Nur im Umfang seiner Einstandspflicht nach § 7 BetrAVG gehen die Versorgungsansprüche auf den PSV über (BAG 9.11.99 – 3 AZR 361/98, NZA 2000, 1290). Nach § 9 Abs 1 Satz 2 BetrAVG müssen bei unterbliebener Mitteilung durch den PSV Ansprüche ihm gegenüber binnen Jahresfrist geltend gemacht werden, um eine rückwirkende Zahlungspflicht des PSV zu begründen. Die Jahresfrist beginnt mit Eintritt des Sicherungsfalls und nicht des Versorgungsfalls. Hat der PSV einen Anwartschaftsausweis ausgestellt, galt früher die zweijährige Verjährungsfrist des § 196 Abs 1 Nr 8, 9 BGB aF (BAG 21.3.2000 – 3 AZR 72/99, NZA 2000, 835), seit dem 1.1.02 gilt die dreijährige Regelverjährungsfrist des § 195 BGB.

89 **bb) Inhalt.** Insolvenzgeschützt sind zum einen die **Versorgungsansprüche** der bereits im Ruhestand befindlichen Versorgungsempfänger. Hierzu gehören alle ArbN, die bei Eintritt des Sicherungsfalls die Voraussetzungen für den Bezug einer Leistung der betrieblichen Altersversorgung erfüllen (BAG 8.6.99 – 3 AZR 39/98, NZA 99, 1215; LAG Köln 13.1.05 – 6 (11) Sa 1137/04, NZA-RR 05, 546). Auf bereits erfolgte Ruhegeldzahlungen kommt es nicht an (BAG 26.1.99 – 3 AZR 464/97, NZA 99, 711). Zum anderen unterliegen der Insolvenzsicherung die nach § 2 BetrAVG unverfallbaren **Versorgungsanwartschaften** der aktiven Belegschaft. Sie genießen aber nur einen geringeren Insolvenzschutz, dessen Umfang sich nach §§ 7 Abs 2, 2 Abs 1 bis 5 BetrAVG richtet (BAG 14.12.99 – 3 AZR 684/98, NZA 01, 33). Deshalb hat der PSV jedenfalls nicht für Rentenanpassungen einzustehen, die sich nach variablen Größen richten (BAG 4.4.2000 – 3 AZR 458/98, AP Nr 32 zu § 2 BetrAVG und 3 AZR 494/98). Ferner ist bei der Berechnung der Versorgungsanwartschaft nach § 7 Abs 2 Satz 2 BetrAVG von dem bis zur festen Altersgrenze erreichbaren Versorgungsanspruch auszugehen (BAG 14.12.99 – 3 AZR 722/98, NZA 2000, 1001). Anlässlich der Beendigung eines Arbeitsverhältnisses vor Eintritt des Versorgungsfalls kann die feste Altersgrenze nicht mehr herabgesetzt werden (BAG 14.12.99 – 3 AZR 684/98, NZA 01, 33). Einzelvertragliche Unverfallbarkeitszusagen, die über den gesetzlichen Rahmen hinausgehen, binden den PSV als Träger der Insolvenzsicherung nicht (BAG 28.10.08 – 3 AZR 903/07, NZA-RR 09, 327). Der gesetzliche Insolvenzschutz kann auf der **Anrechnung von Vordienstzeiten** beruhen, wenn die angerechnete Betriebszugehörigkeit von einer Versorgungszusage begleitet war und bis unmittelbar an das

Arbeitsverhältnis heranreicht, das eine neue Versorgungsanwartschaft begründet (BAG 22.2.2000 – 3 AZR 4/99, NZA 01, 1310). Eine solche Ausweitung des Insolvenzschutzes scheidet jedoch aus, wenn der ArbN bereits aufgrund der Vordienstzeiten selbst eine unverfallbare Anwartschaft erworben hat (BAG 21.1.03 – 3 AZR 121/02, NZA 04, 152). Auch bei einer Unterbrechung des Arbeitsverhältnisses zur Absolvierung eines Studiums sind frühere Beschäftigungszeiten nicht insolvenzgesichert (BAG 25.4.06 – 3 AZR 78/05, AP Nr 111 zu § 7 BetrAVG; *Rolfs/de Groot* SAE 08, 85). Eine Haftung des PSV auch für eine von den Arbeitsvertragsparteien vereinbarte **Anrechnung von Nachdienstzeiten** kommt nur in Ausnahmefällen (zB BAG 10.3.92 – 3 AZR 140/91, NZA 92, 32) in Betracht (BAG 30.5.06 – 3 AZR 205/05, AP Nr 112 zu § 7 BetrAVG). Erteilen **mehrere Unternehmen** einem bei ihnen beschäftigten ArbN eine Versorgungszusage in einer Urkunde, folgt daraus nicht zwingend eine gesamtschuldnerische Verpflichtung. Vielmehr kann die Auslegung ergeben, dass nur Teilschulden begründet werden sollten, so dass bei Ausfall eines Unternehmens die Insolvenzsicherung eingreift (LAG Köln 28.4.94, NZA 95, 840). Bei der Umwandlung einer AG in eine GmbH schließt der Insolvenzschutz nach § 7 BetrAVG einen Anspruch auf **Sicherheitsleistung** gem § 374 AktG aus (BAG 30.7.96 – 3 AZR 397/95, NZA 97, 436). Im Fall der vollständigen Beendigung der Betriebstätigkeit nach § 7 Abs 1 Satz 3 Nr 3 BetrAVG ist die offensichtliche Masselosigkeit eine anspruchsbegründende Tatbestandsvoraussetzung, die nicht schon im Zeitpunkt der Betriebseinstellung vorliegen muss. Sie ist nach den objektiven Verhältnissen unabhängig vom Kenntnisstand des Betriebsrentners und des PSV zu bestimmen (BAG 9.12.97 – 3 AZR 429/96, NZA 98, 941).

Keinen Insolvenzschutz genießen Einbußen bei einer Direktversicherung, die dem 90 durch ein unwiderrufliches Bezugsrecht begünstigten ArbN durch unterbliebene Beitragsleistungen des ArbGeb entstanden sind (BAG 17.11.92, DB 93, 986; *Everhardt* DB 94, 1470; kritisch *Langohr-Plato* DB 94, 325). Eine Einstandspflicht des PSV besteht ebenfalls nicht, wenn der ArbGeb bei einer Direktversicherung (Kapitallebensversicherung) bei Eintritt des Versicherungsfalls (Erreichen eines bestimmten Lebensalters) die Versicherungssumme in Empfang nimmt und sie im Einverständnis des ArbN einstweilen behält, um sie später auf Abruf auszuzahlen. In einem solchen Fall wird nämlich regelmäßig keine zweite Versorgungszusage begründet, die dem Schutzbereich des § 7 BetrAVG unterfallen würde (LAG Köln 19.8.94, NZA 95, 427).

cc) Höchstgrenzen. Gem § 7 Abs 1 BetrAVG besteht bei Vorliegen eines Insolvenzfalls 91 iSd vorgenannten Vorschrift grds ein unmittelbarer Anspruch des ArbN gegen den Träger der Insolvenzsicherung. Bestimmte Höchstgrenzen werden in § 7 Abs 3 BetrAVG festgelegt; § 7 Abs 4 BetrAVG regelt anzurechnende Leistungen des ArbGeb.

§ 7 Abs 3 Satz 1 BetrAVG begrenzt die Leistungspflicht des PSV dabei auf das Dreifache 92 der im ersten Fälligkeitszeitpunkt maßgebenden monatlichen Bezugsgröße nach § 18 SGB IV. Damit ist die bis zum 31.12.98 geltende, auf die Beitragsbemessungsgrenze zur RV abstellende Regelung deutlich abgesenkt worden. Bei einem Anspruch auf Kapitalleistung sind gem § 7 Abs 3 Satz 2 BetrAVG 10 % als Jahresbetrag einer laufenden Leistung anzusetzen. Die Kappung nach § 7 Abs 3 BetrAVG ist erst im letzten Berechnungsschritt nach vorheriger vollständiger Ermittlung der an den Versorgungsempfänger oder dessen Hinterbliebene zu erbringenden Versicherungsleistung vorzunehmen (BGH 11.10.04 – II ZR 403/02, NZA 05, 103). Besonderheiten für Entgeltumwandlungen gelten seit dem 1.7.02 nicht mehr.

dd) Rechtsmissbrauch. Nach § 7 Abs 5 BetrAVG scheidet eine Einstandspflicht des 93 PSV in Rechtsmissbrauchsfällen aus (vgl BAG 8.5.90, DB 90, 2375; 10.3.92, DB 92, 2251; LAG Köln 29.9.93 – 2 (4) Sa 658/93). Voraussetzung ist dabei gem § 7 Abs 5 Satz 1 BetrAVG jedoch, dass der ArbN mit dem ArbGeb missbräuchlich zusammenwirkt und den missbilligten Zweck des Verhaltens zumindest erkennen kann (BAG 19.2.02 – 3 AZR 137/01, NZA 03, 282). Dies ist bei der Beleihung einer Direktversicherung durch einen wirtschaftlich angeschlagenen ArbGeb nicht ohne weiteres der Fall. Auch die Vermutungen des § 7 Abs 5 Satz 2 und 3 BetrAVG sind auf Beleihungen nicht anwendbar (BAG 17.10.95 – 3 AZR 420/94, DB 96, 1426). Erst recht scheidet eine Anwendung des § 7 Abs 5 BetrAVG aus, wenn nur eine Steigerung der Bemessungsgrundlage vorliegt und damit nur ein bloßer Vollzug der Zusage erfolgt (LAG Köln 27.6.01 – 8 Sa 84/01, NZA-

103   Betriebliche Altersversorgung

RR 02, 102). Durch das RRG 99 ist die ursprüngliche Jahresfrist des § 7 Abs 5 Satz 3 BetrAVG auf **zwei Jahre** verlängert worden. Die Regelung beinhaltet nach wie vor eine unwiderlegbare Vermutung zugunsten des PSV (BAG 24.11.98 – 3 AZR 423/97, NZA 99, 650). Sie greift ein, wenn ein ArbGeb innerhalb der 2-Jahresfrist das Bestehen einer unverfallbaren Anwartschaft trotz nicht erfüllter Wartezeit anerkennt (LAG Köln 5.5.04 – 7 Sa 54/04) und gilt auch weiterhin gleichermaßen für Erhöhungen der Betriebsrente durch den ehemaligen ArbGeb nach § 16 BetrAVG (BAG 26.4.94 – 3 AZR 981/93, NZA 95, 73; 18.3.03 – 3 AZR 120/02, BB 03, 2241). Erfolgt die Anpassung durch streitiges, rechtskräftiges Urt, liegt jedenfalls dann keine vereinbarte Verbesserung iSd § 7 Abs 5 Satz 3 BetrAVG vor, wenn der Anpassungszeitpunkt länger als zwei Jahre vor dem Sicherungsfall zurückliegt (BAG 26.4.94, NZA 95, 73). Bei Entgeltumwandlungen nach § 1a BetrAVG tritt seit dem 1.1.02 aufgrund der zum 1.7.02 erfolgten Novellierung des § 7 Abs 5 BetrAVG sofortiger Insolvenzschutz ein. Eine grds weitergehende Einstandspflicht gilt gem § 7 Abs 1 BetrAVG nur dann, wenn der ArbGeb nach dem Inhalt der Versorgungszusage eine besondere, über § 16 BetrAVG hinausgehende Anpassungsverpflichtung übernommen hatte. Hierfür muss auch der PSV einstehen (BAG 15.2.94, BB 94, 1222; 22.11.94, DB 95, 582; 8.6.99 – 3 AZR 113/98).

94   **d) Träger.** Der Träger der Insolvenzsicherung ist der PSV in Köln (Internetadresse: www.psvag.de).

95   **e) Streitigkeiten.** Für Streitigkeiten zwischen ArbN bzw ihren Hinterbliebenen und dem PSV über Ansprüche nach dem BetrAVG ist gem § 2 Abs 1 Nr 5 ArbGG das ArbG sachlich zuständig. Wegen des Sitzes des PSV in Köln sind die Ansprüche vor dem dortigen ArbG geltend zu machen. In prozessualer Hinsicht gelten für den PSV jedenfalls im Grundsatz dieselben Darlegungs- und Beweislastanforderungen wie für den ehemaligen ArbGeb (LAG Köln 31.8.99 – 13 Sa 402/99).

96   Dabei führt ein in einem Rechtsstreit zwischen ArbN und Betriebsübernehmer (§ 613a BGB) ergangenes Urteil, in dem die Klage wegen fehlender Versorgungszusage abgewiesen wurde im Verhältnis des ArbN zum PSV materiellrechtlich zum Fortfall des Insolvenzanspruchs wegen fehlender Kausalität iSv § 7 Abs 1 BetrAVG (BAG 23.3.99 – 3 AZR 625/97, NZA 99, 652). Für eine Klage gegen den PSV auf Feststellung einer Zahlungspflicht gegenüber den ArbN fehlt dem ArbGeb die erforderliche Prozessführungsbefugnis (LAG Köln 19.3.99 – 4 Sa 1652/98, NZA-RR 2000, 214). Eine solche Klage kann vom ArbN im Einzelfall bereits vor Eintritt des Sicherungsfalls erhoben werden (BGH 25.10.04 – II ZR 413/02, NZA 05, 782).

97   **12. Neue Bundesländer.** In den neuen Bundesländern gilt das BetrAVG für alle Versorgungszusagen, die nach dem 31.12.91 erteilt worden sind. Dabei zählen bei einer derartigen Neuzusage durch einen Betriebserwerber auch vor dem 31.12.91 beim Betriebsveräußerer geleistete Dienstjahre mit, sofern die Versorgungszusage keine anderweitige Regelung enthält (BAG 19.12.2000 – 3 AZR 451/99, NZA 02, 615). Die schlichte Weiterzahlung einer im Dezember 1991 zugesagten und rückwirkend ab 1.7.91 gewährten Altersversorgung über den Stichtag hinaus genügt allerdings nicht und stellt kein neues Versorgungsversprechen dar (BAG 24.3.98 – 3 AZR 778/96, NZA 98, 1059; BGH 25.7.05 – II ZR 237/03, NZA-RR 06, 534). Das gilt auch für Arbeitsverträge, die nach dem 3.10.90 und vor dem 1.1.92 abgeschlossen wurden (BAG 29.1.08 – 3 AZR 522/06, NZA-RR 08, 426). Grund dieser zeitlichen Beschränkung ist der Schutz des PSV vor finanzieller Überforderung durch Altlasten. Ist das BetrAVG jedoch anwendbar, gelten auch die Regeln zum Insolvenzschutz (vgl BAG 19.1.10 – 3 AZR 42/08, NZA 10, 1066). Die früheren betrieblichen Versorgungszusagen sind weiterhin für die Zeit bis zum 31.12.91 nach der „Anordnung zur Einführung einer Zusatzrentenversorgung für die Arbeiter und Angestellten in den wichtigsten volkseigenen Betrieben" des DDR-Ministerium für Arbeit vom 9.3.54 zu beurteilen. Diese hat einen gesetzlichen Anspruch auf Zahlung einer betrieblichen Zusatzrente begründet, soweit die dort genannten Anspruchsvoraussetzungen erfüllt werden, ohne dass es einer betrieblichen „Umsetzung" bedurft hätte. Aufgrund dessen ist auch ein Widerruf der betrieblichen Zusatzversorgung wegen wirtschaftlicher Notlage ausgeschlossen (BAG 27.2.96, DB 96, 2343). Ein im Jahr 1993 erklärter Verzicht auf Rechte aus der Anordnung 54 gegen Zahlung eines Abfindungsbetrags ist wirksam (BAG 11.5.99 – 3 AZR

106/98, NZA 2000, 99). Anders als das BetrAVG kennt die Anordnung jedoch nicht die Möglichkeit eines Anwartschaftserwerbs. Wegen der eindeutigen diesbezüglichen Regelung im EV kann das Rechtsinstitut der Versorgungsanwartschaft weder über das BetrAVG noch über die vor dessen Inkrafttreten richterrechtlich geschaffenen Grundsätze zur Anwendung kommen. Das Gleiche gilt grds für die Anpassung nach § 16 BetrAVG bzw § 242 BGB nach der vorgesetzlichen Rspr (BAG 24.3.98 – 3 AZR 778/96, NZA 98, 1059). Ausschließlich anspruchsberechtigt sind daher diejenigen ArbN, die nach Erfüllung der tatbestandlichen Voraussetzungen des Versorgungsanspruchs vor dem 31.12.91 aus dem Arbeitsverhältnis ausgeschieden sind. Bei späterem Eintritt des Versorgungsfalls scheiden Ansprüche nach der vorgenannten Anordnung aus (BAG 27.2.96, DB 96, 2343; 17.12.96, DB 97, 1187; 29.7.97 – 3 AZR 72/97, NZA-RR 98, 175; 14.9.99 – 3 AZR 655/98, NZA 2000, 595). Ausnahmen von diesen Grundsätzen sind nach der Rspr allenfalls dann denkbar, wenn es ansonsten zu einem untragbaren, mit Recht und Gesetz schlechthin nicht mehr zu vereinbarenden Ergebnis käme (BAG 24.3.98 – 3 AZR 778/96, NZA 98, 1059). Anders ist die Rechtslage bezüglich der berufsbezogenen Zuwendung für Ballettmitglieder der ehemaligen DDR. Sämtliche Zuwendungsansprüche sind durch den EV aufgehoben worden (BAG 24.3.98 – 3 AZR 384/97, NZA 99, 99). Ansprüche auf Altersversorgung von ehemaligen ArbN der Deutschen Reichsbahn können nicht gegenüber deren Rechtsnachfolger geltend gemacht werden, sondern können sich nur gegen die gesetzliche RV richten (BAG 17.1.12 – 3 AZR 805/09, BeckRS 2012, 67970).

B. Lohnsteuerrecht *Windsheimer*

Übersicht

	Rz
A) Überblick	101–105
1. Zweiteilung	102
2. Nachgelagerte Besteuerung	103
3. Übersicht	104
4. Literaturhinweise	105
B) Sonstige Einkünfte (§ 22 Nr 5 EStG)	106–146
I. Die einzelnen Arten	107–119
1. Direktversicherung	107–117
a) Allgemein	107, 108
b) Sonderfall Ehegatten-Direktversicherung	109–115
c) Sonstige Sonderfälle	116
d) Abgrenzungen	117
2. Pensionskasse	118
3. Pensionsfonds	119
II. Betriebliche Leistung	120, 121
1. Allgemein	120
2. Arbeitgeber	121
III. Lohnzufluss	122–124
1. Grundsatz	122
2. Arbeitnehmerfinanzierte Versorgung durch Entgeltumwandlung	123, 124
IV. Steuerfreiheit	125–143
1. Laufende Beitragsleistungen	125–133
a) Begünstigter Personenkreis	125
b) Begünstigte Aufwendungen	126–128
c) Zweifacher Freibetrag	129–131
d) Begünstigte Auszahlungsformen	132
e) Ausländische Versicherungsunternehmen	133
2. Verzicht auf Steuerfreiheit	134
3. Lohnsteuerpauschalierung (§ 40b EStG)	135
4. Beendigung der betrieblichen Altersversorgung	136
5. Beendigung des Dienstverhältnisses	137
6. Übertragung von Versorgungszusagen	138–143
a) Übertragung auf einen Pensionsfonds	138
b) Übertragung auf den neuen Arbeitgeber	139–142
c) Übertragung im Liquidationsfall	143
V. Steuerpflicht nach Eintritt des Versorgungsfalls (§ 22 Nr 5 EStG)	144–146
1. Nachgelagerte Besteuerung	144
2. Andere Fälle	145
3. Internationale Besteuerung	146
C) Versorgungsbezüge (§ 19 Abs 1 Nr 2 EStG)	147–192
I. Unterstützungskasse	148–151
1. Begriff und Wesen	148, 149
2. Leistungen an die Unterstützungskasse	150
3. Leistungen an den Arbeitnehmer	151
II. Pensionszusage	152–181
1. Überblick	152
2. Pensionszusage	153–156
a) Inhalt	153, 154
b) Form	155, 156
3. Begünstigte	157–177
a) Arbeitnehmer	157
b) Ehegatten	158–160
c) Familienangehörige	161
d) Einzelunternehmer	162

103 Betriebliche Altersversorgung

	Rz		Rz
e) Gesellschafter-Geschäftsführer von Personengesellschaften	163, 164	e) Verzicht auf die Pensionszusage	185–187
f) Gesellschafter-Geschäftsführer von Kapitalgesellschaften	165–175	f) Übertragung der Rückdeckungsversicherung	188
4. Doppelfinanzierung	176	g) Einfrieren der Pensionszusage	189
5. Steuerliche Behandlung der Versorgungsleistungen beim Arbeitnehmer	177–179	h) Neu abzuschließende Rentenversicherung	190
a) Während der Aktivphase	177	7. Übertragung der Pensionsverpflichtung	191
b) Nach Eintritt des Versorgungsfalls	178, 179	8. Umwandlung der Gesellschaftsform	192
6. Krisenszenario	180–190	D) Insolvenzsicherung	193–195
a) Rangrücktritt	181	1. Rückdeckungsversicherung	193
b) Herabsetzung der Pensionszusage	182	2. Leistungen nach Insolvenz	194, 195
c) Herabsetzung des Gehalts	183	a) beim Arbeitnehmer	194
d) Widerruf der Pensionszusage	184	b) beim Gesellschafter-Geschäftsführer	195

A) Überblick

101 Die Betriebliche Altersvorsorge als eine der drei Säulen der Altersvorsorge neben der gesetzlichen und privaten Altersvorsorge (s *Altersrente* Rz 8, *Altersvorsorgevermögen* Rz 6) hat durch das AltEinKG (BGBl I 04, 1427, BStBl I 04, 554) mit der (fast) durchgängigen Einführung der nachgelagerten Besteuerung wesentliche Änderungen erfahren, die auch differenzierte Übergangsregelungen erfordert hat. Ab 2005 gilt:

102 **1. Zweiteilung.** Die steuerliche Behandlung der Betriebsrenten knüpft an die Regelungen des BetrAVG an (s oben Rz 1 ff). Die fünf Arten der betrieblichen Altersversorgung werden steuerlich zweigeteilt behandelt. Leistungen von Unterstützungskassen und aus Pensionszusagen, bezeichnet als Versorgungsbezüge, behalten ihren Charakter aus der aktiven Zeit als Einkünfte aus nichtselbstständiger Arbeit (§ 19 EStG) bei, während die Leistungen aus Direktversicherungen, Pensionskassen und Pensionsfonds zu Sonstigen Einkünften (§ 22 EStG) führen. Die Zweiteilung gilt auch in der Aufbauphase. Beiträge an Unterstützungskassen und aufgrund von Pensionszusagen sind nicht steuerbar (§ 2 Abs 2 Nr 3 Satz 4 LStDV), während die Beiträge an Direktversicherungen, Pensionskassen und Pensionsfonds bis zu einer gesetzlich bestimmten Höhe steuerfrei (§ 3 Nr 63 EStG) und übersteigende Beiträge steuerpflichtig (§ 19 Abs 1 Satz 1 Nr 3 EStG; § 2 Abs 2 Nr 3 Sätze 1–3 LStDV) und bis zu bestimmten Höchstbeträgen als Sonderausgaben abzugsfähig sind (§ 10 Abs 1 Nr 2b, Abs 3 EStG).

103 **2. Nachgelagerte Besteuerung.** Während Leistungen aus Unterstützungskassen und aufgrund von Pensionszusagen schon bisher in voller Höhe besteuert wurden (§ 19 Abs 1 Satz 1 Nr 2 EStG), bringt das AltEinKG die nachgelagerte Besteuerung ab 2005 als Grundsatz nun einheitlich auch für die anderen drei Arten der Betriebsrente (§ 22 Nr 5 EStG), soweit die nachgelagerte Besteuerung nicht auch schon bisher gegolten hat. Allerdings bleibt die Besteuerung mit dem Ertragsanteil in vielfachen Ausnahmen bestehen. Nachgelagerte Besteuerung bedeutet: die Leistungsphase, dh der Zufluss der Rente, wird in voller Höhe besteuert, während die Beitragsphase, während der die Rente aufgebaut wird, steuerlich gefördert wird. Die steuerliche Förderung der Beitragsphase während des aktiven Erwerbslebens mit der anschließenden Besteuerung der Leistungsphase bewirkt eine Steuerstundung bei meist niedrigerem Steuersatz, weil die Einkünfte im Alter meist niedriger sind als in der Erwerbsphase (s auch *Altersrente* Rz 9).

Betriebliche Altersversorgung

3. Übersicht. Nachgelagerte Besteuerung für Betriebsrenten ab 2005:

	Pensionszusage, Unterstützungskasse	Direktversicherung, Pensionskasse, Pensionsfonds
Aufbauphase	Nicht steuerbar	bis zu gesetzlichen Höchstbeträgen steuerfrei, darüber steuerpflichtig mit Sonderausgabenabzug
Leistungsphase	Versorgungsbezüge (§ 19 Abs 1 Nr 2 EStG)	Sonstige Einkünfte (§ 22 Nr 5 EStG)
Sicherung der Besteuerung	Lohnsteuereinbehalt (§ 38a, § 39b EStG)	Rentenbezugsmitteilung (§ 22a EStG)

4. Literaturhinweise: BMF 24.7.13 – IV C 3 – S 2015/11/10002, IV C 5 – S 2333/09/10005, BStBl I 13, 1022; *Kirschenmann* BB 11, 1687.

Zu grenzüberschreitenden Fragen: *Richter* IStR 08, 546. Zu Einzahlungen an ausländische Versicherungsunternehmen und (künftigen) Versorgungsleistungen aus dem Ausland s. *Altersrente* Rz 19; *EU-Recht* Rz 28 und unten Rz 133; zur Entgeltumwandlung *Meyer/Janko/Hinrichs* DB 09, 1533.

B) Sonstige Einkünfte
(§ 22 Nr 5 EStG)

Ab dem Jahr 2005 werden Direktversicherungen (§ 1b Abs 2 BetrAVG), Pensionskassen und Pensionsfonds (§ 1b Abs 3 BetrAVG) steuerlich im Grundsatz gleich behandelt. Die Beiträge sind prinzipiell stpfl Arbeitslohn, der bis zu bestimmten Höchstgrenzen steuerfrei gestellt ist (§ 3 Nr 55 und Nr 63 EStG) und darüber hinausgehend zunächst als Lohn zu versteuern und dann als Sonderausgaben (§ 10a EStG) berücksichtigt werden kann. Zu **Aufzeichnungspflichten** des ArbGeb ab 2007 (§ 5 LStDV) s *Anzeigepflichten Arbeitgeber* Rz 14, *Aufzeichnungspflichten* Rz 7 und unten Rz 121.

I. Die einzelnen Arten. 1. Direktversicherung (§ 4b EStG, R 40b LStR). **a) Allgemein.** Die arbeitsrechtliche Begriffsbestimmung der Direktversicherung (s oben Rz 26; s Anhang 7 EStR; R 40b.1 Abs 1 LStR) gilt auch im Steuerrecht (vgl R 4b Abs 1 Satz 1 EStR). Notwendiges Kennzeichen der Direktversicherung ist: Todesfallwagnis und bereits bei Vertragsschluss Rentenwagnis und fakultativ Invaliditätsrisiko müssen abgedeckt sein (BFH 9.11.90 – VI R 164/86, BStBl II 91, 189). Das der Lebensversicherung innewohnende typische Todesfall- oder Rentenrisiko muss dem Versicherungsvertrag das Gepräge geben. Altersuntergrenze ist für Versorgungszusagen **ab 2012** grds das **62. Lebensjahr**, zeitlich vorher das 60. Lebensjahr (BMF 26.7.11 – IV C 3 – S 2220/11/10002, DStR 11, 2001), für einzelne Berufsgruppen, zB Piloten, laut Gesetz, TV oder Betriebsvereinbarung ein geringeres Alter. Durch Individualvereinbarung kann die Altersuntergrenze nicht weiter herabgesetzt werden. Die Genehmigung des Lebensversicherungsvertrags durch das BVA hat keine bindende steuerliche Aussagekraft, aber Indizwirkung (BFH 9.11.90 – VI R 164/86, BStBl II 91, 189). Bei einer nach dem 31.7.94 abgeschlossenen Direktversicherung muss die Todesfalleistung während der gesamten Versicherungsdauer mindestens 50 % der Kapitalleistung betragen, bei Abschluss nach dem 31.12.96 mindestens 60 % (R 40b.1 Abs 2 Sätze 3, 4 LStR). Neben der Direktversicherung nach der Legaldefinition des § 1b Abs 2 Satz 1 BetrAVG liegt auch eine Direktversicherung vor, wenn eine Lebensversicherung auf das Leben des ArbN abgeschlossen wird, die nach Abschluss durch den ArbN vom ArbGeb übernommen worden ist (R 40b.1 Abs 1 Satz 2 LStR). Der ArbN erwirbt einen eigenen unmittelbaren Anspruch gegenüber der Versicherung.

Die Bezugsberechtigung des ArbN oder seiner Hinterbliebenen muss vom Versicherungsnehmer (ArbGeb) der Versicherungsgesellschaft gegenüber erklärt werden (§ 166 VVG). Die Bezugsberechtigung kann widerruflich oder unwiderruflich sein; bei widerruflicher Bezugs-

103 Betriebliche Altersversorgung

berechtigung sind die Bedingungen eines Widerrufs steuerlich unbeachtlich. Unbeachtlich ist auch, ob die Anwartschaft des ArbN arbeitsrechtlich bereits unverfallbar ist (vgl R 40b Abs 2 Sätze 9–11 LStR). Direktversicherungen gelten, da sie keinen eigenen Organisationsaufwand für den ArbGeb erfordern, besonders für Klein- und Mittelbetriebe als besonders geeignete Form der betrieblichen Altersversorgung. Zum Anspruch des ArbN ab 1.1.02 auf Abschluss einer Direktversicherung s oben Rz 5.

109 **b) Sonderfall Ehegatten-Direktversicherung.** S zunächst *Familiäre Mitarbeit* Rz 29 ff, insbesondere Rz 42 zur Lebenspartnerschaft. Eine Direktversicherung zugunsten des EhegattenArbN ist steuerlich grds anzuerkennen, wenn Arbeitsverhältnis und Direktversicherung dem sog **Drittvergleich** dem Grunde und der Höhe nach standhalten. Hiernach gilt als Übersicht zusammengefasst Folgendes (s auch *Kempermann* FR 09, 288):

110 Es muss ein steuerrechtlich **anerkanntes Arbeitsverhältnis** zwischen den Ehegatten vorliegen (BFH 10.6.08 – VIII R 68/06, BStBl II 08, 973).

111 Auch **familienfremden Arbeitnehmern** mit vergleichbaren Tätigkeiten und Leistungsmerkmalen muss eine entsprechende betriebliche Altersversorgung eingeräumt oder zumindest ernsthaft angeboten worden sein (BFH 10.3.93 – I R 118/91, BStBl II 93, 604; FG BaWü 15.12.94, 6 K 184/91, nv; vgl den Sonderfall FG NdS 22.2.90 – II 227/88, EFG 90, 567).

112 Es muss eine **Gleichstellung** der familienfremden ArbN mit dem ArbNEhegatten gegeben sein, wenn dem ArbNEhegatten eine Direktversicherung als zusätzliche Entlohnung gewährt wird. Eine Gleichstellung ist hierbei nicht gegeben, wenn den familienfremden ArbN anstelle einer Direktversicherung eine Lohnerhöhung angeboten wird (BFH 28.7.83 – IV R 103/82, BStBl II 84, 60; FG Münster 8.11.89 – XIII 2268/86, EFG 90, 100).

113 Ist die Direktversicherung im Verhältnis zu den Aktivbezügen **unangemessen hoch,** kann für den internen Vergleich nur die entlohnte, nicht die unentgeltlich geleistete Tätigkeit des ArbNEhegatten berücksichtigt werden (BFH 17.4.86 – IV R 2/86, BStBl II 86, 559).

114 Die Direktversicherung muss zu den Aktivbezügen in einem **angemessenen Verhältnis** stehen (BFH 21.8.84 – VIII R 106/81, BStBl II 85, 124). Begnügt sich ein Ehegatte mit unangemessenen niedrigen Bezügen, erbringt er seine Arbeit teilweise unentgeltlich. Die betriebliche Veranlassung für die Direktversicherung ist dann auch nur in Höhe des verminderten Lohns anzunehmen (BFH 5.2.87 – IV R 198/84, BStBl II 87, 557). Wird anstelle eines Lohns nur eine Altersversorgung vereinbart, s unten Rz 159.

115 Aus dem Arbeitsverhältnis muss sich auch ergeben, dass die einzelnen Lohnbestandteile zueinander in der **gleichen Relation** stehen wie dies bei familienfremden ArbN üblich ist (BFH 21.8.84 – VIII R 106/81, BStBl II 85, 124; s hierzu die Urteilsanmerkung *Kreußler* DB 87, 209). Die Aufwendungen können aus einer Barlohnumwandlung stammen (s Rz 18, 123), dürfen aber nicht zu einer **Überversorgung** führen (BFH 16.5.95 – XI R 87/93, BStBl II 95, 873). Zu einer Überversorgung kommt es aber entgegen H 4b EStR nicht, wenn die bisherige Vergütung durch Barlohnumwandlung aufgesplittet wird in Lohnauszahlung und Direktversicherung, die bisherige Höhe der Gesamtvergütung also unverändert bleibt (BFH 10.6.08 – VIII R 68/06, DStR 08, 2054; s unten Rz 121, 123). Die Überversorgung ist kein Lohn. Gezahlte LSt hierauf ist zu erstatten (§ 37 Abs 2 Satz 1 AO; FG RhPf 25.11.98 – 1 K 2490/98, EFG 99, 230).

116 **c) Sonstige Sonderfälle.** Direktversicherungen können nicht nur für ArbN, sondern auch für solche Personen abgeschlossen werden, die in anderer Weise für ein Unternehmen tätig sind, zB **Handelsvertreter, Zwischenmeister** (R 4b Abs 5 EStR). Direktversicherungen für den **Unternehmer selbst** und für einen Gesellschafter einer Personengesellschaft, der auch ArbN der Gesellschaft ist, wirken steuerlich nicht, dh ein Betriebsausgabenabzug ist insoweit nicht möglich; s auch unten Rz 163, 164; zum **Gesellschafter-Geschäftsführer** einer Kapitalgesellschaft s Rz 165.

117 **d) Abgrenzungen.** UV sind keine Lebensversicherungen, auch wenn bei Unfall mit Todesfolge eine Leistung vorgesehen ist (R 4b Abs 1 Satz 6 EStR) s *Unfallversicherung* Rz 7 ff; *Lohnsteuerpauschalierung* Rz 49, 57). Dagegen gehören Unfallzusatzversicherungen und Berufsunfähigkeits- bzw Erwerbsminderungszusatzversicherungen, die im Zusammenhang mit Lebensversicherungen abgeschlossen werden, sowie selbstständige Berufsunfähigkeits- bzw Erwerbsminderungsversicherungen und UV mit Prämienrückgewähr, bei denen der ArbN Anspruch auf die Prämienrückgewähr hat, zu den Direktversicherungen (R 4b Abs 1 Satz 7 EStR). Eine Versicherung, bei der das typische Todesfallwagnis und bereits bei Vertrags-

Betriebliche Altersversorgung

abschluss das Rentenwagnis ausgeschlossen worden sind, ist keine Direktversicherung (BFH 9.9.90 – VI R 164/86, BStBl II 91, 189), sondern ein atypischer Sparvertrag. Es liegt auch keine Direktversicherung vor, wenn der ArbGeb für den **Ehegatten** eines verstorbenen früheren ArbN eine Lebensversicherung abschließt (R 4b Abs 1 Satz 3 EStR).

2. Pensionskasse (§ 4c EStG). Zum Begriff Pensionskasse und zur Möglichkeit, Gruppenkassen oder Konzernkassen zu bilden s oben Rz 28. Unter Beachtung der Voraussetzungen der § 5 Abs 1 Nr 3, § 6 KStG, §§ 1, 2 KStDV ist die Tätigkeit von Pensionskassen steuerbefreit; s auch § 3 Nr 9 GewStG und R 4c EStR. Auch **ausländische** Pensionskassen sind begünstigt, sofern diese den Erfordernissen von inländischen Pensionskassen entsprechen (R 4c Abs 2 Satz 2, Abs 3 Satz 3 EStR). Zuwendungen des ArbGeb sind in dem Umfang als Betriebsausgaben (§ 4 Abs 4 EStG) abzugsfähig, wie sie nach versicherungsrechtlichen Bedingungen bei der Pensionskasse zur Finanzierung der dem ArbN zugesagten Leistungen erforderlich sind (sog Anwartschaftsfinanzierung). **VBL-Renten** fallen unter § 4c EStG; s unten Rz 122. 118

3. Pensionsfonds (§ 4e EStG). Zu Begriff und Wesen der ab 1.1.02 eingeführten Pensionsfonds s oben Rz 30. Die Beiträge des ArbGeb an den Pensionsfonds sind Betriebsausgaben (§ 4 Abs 4 EStG), soweit sie auf einer festgelegten Verpflichtung beruhen oder der Abdeckung von Fehlbeträgen bei dem Fonds dienen und betrieblich veranlasst sind. Sie sind andererseits zufließender, grs stpfl Arbeitslohn (BFH 5.7.07 – VI R 47/02, DStRE 07, 1357; s unten Rz 122). 119

II. Betriebliche Leistung. 1. Allgemein. Die Versicherungsprämien können vom ArbGeb allein oder zusammen mit dem ArbN aufgebracht werden (zur ArbNFinanzierten Altersversorgung s Rz 18 ff und 123). Sie müssen betrieblich veranlasst sein. Dies ist dann der Fall, wenn der Beitrag zur Altersvorsorge (zusätzliche) Gegenleistung für die Dienste des ArbN im Unternehmen des ArbGeb ist. Liegt dem Beitrag zur Altersvorsorge nicht (nur) der Gedanke der Gegenleistung für erbrachte Dienste des ArbN zugrunde, sondern (auch) der private Versorgungsgedanke bei Familienangehörigen oder sonstigen dem ArbGeb nahe stehenden Personen, so ist der Beitrag zur Altersvorsorge nicht betrieblich veranlasst (BFH 15.6.10 – X 23/08, BFH/NV 10, 1807), so dass der Betriebsausgabenabzug und andererseits der Lohnzufluss entfallen. Der Vorsorgecharakter der Aufwendungen (§ 10 Abs 1 Nr 2 EStG) beim nicht anerkannten Arbeitsverhältnis bleibt aber erhalten (Einzelheiten s *Familiäre Mitarbeit* Rz 29 ff; *Sonderausgaben* Rz 4). 120

2. Arbeitgeber. Die **Arbeitgeberbeiträge,** die unmittelbar an die Versicherungsgesellschaft geleistet werden, sind laufende Betriebsausgaben, bei Barlohnumwandlung (s unten Rz 123) auch **ohne Prüfung einer eventuellen Überversorgung** (BFH 10.6.08 – VIII R 68/06, BStBl II 08, 973; *Kempermann* FR 09, 288). Sie gelten als dem ArbN zur eigenen Verwendung überlassen. Sie stellen daher im Zeitpunkt der Zahlung beim ArbN zugeflossenen Arbeitslohn dar, wenn der ArbN durch die Beitragsleistung des ArbGeb einen unmittelbaren und unentziehbaren Rechtsanspruch gegen den Versicherer bzw die Versorgungseinrichtung erhält (§ 2 Abs 2 Nr 3 LStDV; BFH 7.5.09 – VI R 8/07, BStBl II 10, 194). Der ArbGebBeitrag kann nicht als steuerfreier Sachbezug (§ 8 Abs 2 Satz 2 EStG) behandelt werden (BFH 26.11.02 – VI R 68/01, BStBl II 03, 492 und VI R 161/01, BStBl II 03, 331). Der ArbGeb hat seit 2007 besondere Aufzeichnungs- und Mitteilungspflichten (§ 5 LStDV; s *Aufzeichnungspflichten* Rz 7). Bei einer kapitalgedeckten betrieblichen Altersversorgung hat er aufzuzeichnen, ob und in welchem Umfang er Altersvorsorgebeiträge steuerfrei belassen hat (§ 3 Nr 56, 63 EStG), pauschal besteuert hat (§ 40b EStG) oder individuell versteuert hat. Die Aufzeichnungen hat der ArbGeb dann spätestens zwei Monate nach Ablauf des Kalenderjahres oder nach Auflösung des Arbeitsverhältnisses der jeweiligen Versorgungseinrichtung mitzuteilen. 121

III. Lohnzufluss. 1. Grundsatz. Der Zufluss von Arbeitslohn (s *Lohnzufluss* Rz 2 ff) durch Zahlung der Beiträge erfolgt im Zeitpunkt der Zahlung der Beiträge durch den ArbGeb an die jeweilige Versorgungseinrichtung (§ 19 Abs 1 Nr 3 EStG). Entscheidend ist der Zeitpunkt, in dem der ArbGeb seiner Bank einen entsprechenden Überweisungsauftrag erteilt (BFH 7.7.05 – IX R 7/05, BStBl II 05, 726). Dies gilt auch bei Entgeltumwandlung (s unten Rz 123). Der Ausschluss der Abtretung und Verpfändung gegen einen Pensionsfond steht dem Lohnzufluss nicht entgegen (BFH 5.7.07 – VI R 47/02, BFH/NV 07, 1876). Zahlungen vor Versicherungsbeginn, also bevor die Versicherungsgesellschaft die Annahme erklärt hat, meist zum Jahresende, um noch die Steuerwirkung für das alte Jahr herbei- 122

103 Betriebliche Altersversorgung

zuführen, gelten im Zeitpunkt des Versicherungsbeginns als zugeflossen. Die Einbehaltung der LSt richtet sich nach § 38a Abs 1 und 3 EStG (s *Lohnsteuerberechnung* Rz 2 ff). Gewinnausschüttungen der Versorgungskasse an den Träger der Versorgungseinrichtung, meist an den ArbGeb, sind keine Rückzahlungen von Arbeitslohn (BFH 12.11.09 – VI R 20/07, DStR 10,316; entgegen R 40b.1 Abs 12 LStR), mit der Folge, dass R 40b.1 Abs 12 LStR ab 2011 entfällt. Bis 31.12.2010 konnte nach bisheriger Rechtslage verfahren werden (BMF 28.9.10 – IV C 5 – S 2373/10/10001, DStR 2010, 2083).

Für **Sonderzahlungen** (§ 19 Abs 1 Nr 3 Satz 2 EStG) besteht Pauschalbesteuerungspflicht mit einem Steuersatz von 15 % (§ 40b Abs 4, § 52 Abs 52a EStG; s *Lohnsteuerpauschalierung* Rz 56; zur gesetzlichen Neuregelung ab 2006 *Heger* BB 06, 1598; *Glaser* BB 06, 2217). Ist eine Sonderzahlung des ArbGeb anlässlich des Wechsels zu einer anderen umlagefinanzierten Zusatzversorgungskasse bei einem ArbN als stpfl Lohn behandelt und bestandskräftig besteuert worden, so rechtfertigt die frühere BFH-Rspr, wonach die Sonderzahlung nicht zu stpfl Lohn führt (BFH 14.9.2005 – VI R 148/98, BStBl II 2006, 532), keine nachträgliche Änderung des bestandskräftigen Steuerbescheids (BFH 22.4.2010 – VI R 40/08, BStBl II 2010, 951).

Vom ArbGeb erbrachte **Umlage**zahlungen sind stpfl (BFH 7.5.09 – VI R 8/07, DStR 09, 1522). **Ab 2008** gilt hierzu: Zahlungen gem § 19 Abs 1 Nr 3 Satz 1 EStG aus dem ersten Dienstverhältnis an eine Pensionskasse sind bis zu 1 % der Beitragsbemessungsgrenze **steuerfrei** (§ 3 Nr 56 EStG), s *Beitragsbemessungsgrenzen* Rz 21; ab 2010 1 % aus 66 000 € = 660 €, ab 2014 2 %, ab 2020 3 %, ab 2025 4 %. Leistet der ArbGeb seit 2008 neben Sonderzahlungen nach § 19 Abs 1 Nr 3 Satz 2 EStG, die nach § 3 Nr 56 EStG teilweise steuerfrei sind, Beiträge zum Aufbau einer kapitalgedeckten betrieblichen Altersversorgung, also an einen Pensionsfonds, an eine Pensionskasse oder an eine Direktversicherung, so sind die nach § 3 Nr 56 EStG steuerfreien Beträge um die nach § 3 Nr 63 EStG steuerfreien Beträge zu mindern (§ 3 Nr 56 Satz 3 EStG).

Beispiel: Arbeitgeber A zahlt in 2014 an seine Zusatzversorgungskasse einen Betrag iHv 240 € (12 × 20 €) zugunsten einer getrennt verwalteten und abgerechneten kapitalgedeckten betrieblichen Altersversorgung und 1680 € (12 × 140 €) zugunsten einer umlagefinanzierten betrieblichen Altersversorgung.

Der Beitrag iHv 240 € ist steuerfrei gem § 3 Nr 63 EStG, denn der entsprechende Höchstbetrag wird nicht überschritten. Von der Umlage sind 1188 € steuerfrei gem § 3 Nr 56 Satz 1 und 3 EStG (2 % der Beitragsbemessungsgrenze 2014 in der allgemeinen Rentenversicherung iHv 1428 € abzüglich 240 €). Die verbleibende Umlage iHv 492 (1680 € abzüglich 1188) ist individuell oder gem § 40b Abs 1 und 2 EStG pauschal zu besteuern.

Kündigt der ArbGeb im Einvernehmen mit dem ArbN aus Renditeerwägungen eine für den ArbN in der Vergangenheit abgeschlossene, pauschal besteuerte Direktversicherung und setzt er den erstatteten Rückkaufwert für eine Einmalzahlung an eine Versorgungskasse oder für eine andere betriebliche Altersversorgung des ArbN ein, so handelt es sich nicht um Rückzahlung von Arbeitslohn. Die künftige steuerliche Behandlung der Versorgungsleistung ist hierbei unbeachtlich (FG München 11.2.09 – 8 K 1412/07, EFG 09, 1010).

Einzelheiten, insbes zur umlagefinanzierten **VBL-Rente,** OFD Münster KurzInfo 16.6.10, DStR 10, 1383; zum Ausscheiden des ArbGeb aus der VBL BFH 7.5.09 – VI R 5/08, VI R 37/08, BStBl II 10, 133 und 135; s auch unten Rz 145 und *Betriebsübergang* Rz 105. Zahlungen zum Ausgleich einer betrieblichen Rentenanwartschaft an den geschiedenen Ehegatten sind weder Werbungskosten noch außergewöhnliche Belastungen (BFH 15.6.10 – X R 23/08, BFH/NV 10, 1807; s auch Rz 158; s aber bei Versorgungsbezügen *Altersgrenze* Rz 22). Vielmehr gilt ab 2010 für diese Fälle der Versorgungsausgleich (§ 3 Nr 55a und Nr 55b EStG).

123   **2. Arbeitnehmerfinanzierte Versorgung durch Entgeltumwandlung (§ 1 Abs 2 Nr 3 und § 1a BetrAVG).** Zulässig und steuerlich wirksam ist es, wenn der ArbN dem ArbGeb gegenüber im Vorhinein auf einen Teil seines zukünftigen noch nicht fälligen Vergütungsanspruchs **verzichtet,** zB auf periodisch vorgesehene Gehaltserhöhungen, auf Tantiemen oder Weihnachts- oder Urlaubsgeld, auch noch während des Jahres, mit der Verpflichtung, dass der ArbGeb den Verzichtsbetrag für die betriebliche Altersversorgung des ArbN verwendet. Zu den Besonderheiten beim GmbH-Gesellschafter-Geschäftsführer im

Fall einer Pensionszusage s unten Rz 179. Zum Anspruch des ArbN auf Entgeltumwandlung s oben Rz 18 ff. Die Besteuerung hängt von der Versicherungsart ab (s oben Rz 102). Auch eine **Hinterbliebenenversorgung** ist auf diese Weise zulässig. Hierunter fällt der/die Witwe(r) des ArbN, Kinder iSd § 32 Abs 3 und 4 Satz 1 Nrn 1–3 EStG, der frühere Ehegatte und bei betrieblicher Veranlassung der **Lebensgefährte einer eingetragenen Lebenspartnerschaft** (EuGH 10.5.11 – C-147/08, NJW 11, 2187). Bei Versorgungszusagen vor dem 1.1.07 gilt für in Ausbildung befindliche Kinder weiter das 27. Lebensjahr.

Die Gehaltsminderung kann unwiderruflich vereinbart oder zeitlich befristet werden, kann auch jährlich neu und anders vereinbart werden. Der ArbN kann sich bereits bei Abschluss des Arbeitsvertrags oder erst im Lauf eines bestehenden Dienstverhältnisses für das eigenfinanzierte Versorgungsmodell entscheiden. **Es fließt noch kein Lohn zu,** wenn es sich um noch nicht fällige Gehaltsansprüche handelt. Dies gilt insbesondere, wenn auf **Arbeitszeitkonten** gutgeschriebene Beträge zugunsten von Leistungen der betrieblichen Altersversorgung verwendet werden und die Verwendung vor Fälligkeit zwischen ArbGeb und ArbN vereinbart worden ist. Der **Lohnzufluss** findet im Zeitpunkt der Zahlung der Beiträge an das Versicherungsunternehmen statt (s oben Rz 122; aA: kein Zufluss, FG Düsseldorf 15.4.08 – 10 K 3840/04 AO, EFG 08, 1290; für Verschiebung des Zuflusses auf tatsächliche Auszahlung *Offerhaus* DB 08, Heft 27, I). Der **Steuerspareffekt** liegt darin, dass der für Altersversorgung umgewidmete Verzichtsanteil zumindest teilweise steuerfrei ist (s unten Rz 125 ff), im Übrigen LSt-Pauschalierung eingreifen kann (s *Lohnsteuerpauschalierung* Rz 41 ff). Für den Verzichtsanteil ist alternativ die Begünstigung nach §§ 10a, 79 ff EStG **(Riester-Rente)** möglich (*Altersvorsorgevermögen* Rz 2 ff). Lohnzufluss ist (noch) nicht anzunehmen, wenn der ArbGeb den einbehaltenen Lohnteil einer Versorgungsrückstellung zuführt (BFH 20.7.05 – VI R 165/01, DStR 05, 1489). Erfüllt eine Gehaltsumwandlung nicht die Vorgaben des BetrAVG, obwohl die Vertragsbeteiligten dies erkennbar beabsichtigen, scheitert die steuerliche Anerkennung der betrieblichen Altersversorgung daran nicht. Der Zufluss von Arbeitslohn wird nicht nur dann auf den Zeitpunkt der Versorgungsleistung hinausgeschoben, wenn eine betriebliche Altersversorgung iSd BetrAVG vorliegt (FG Düsseldorf 15.4.08 – 10 K 3840/04 AO, EFG 08, 1290.

IV. Steuerfreiheit. 1. Laufende Beitragsleistungen (§ 3 Nr 63 Satz 1 und 3 EStG). **a) Begünstigter Personenkreis.** Zu dem durch § 3 Nr 63 EStG begünstigten Personenkreis gehören alle ArbN (§ 1 LStDV), unabhängig davon, ob sie in der gesetzlichen RV pflichtversichert sind oder nicht (zB beherrschende Gesellschafter-Geschäftsführer, geringfügig Beschäftigte, in einem berufsständischen Versorgungswerk Versicherte). Die Steuerfreiheit setzt ein bestehendes erstes Dienstverhältnis voraus. Diese Voraussetzung kann auch erfüllt sein, wenn es sich um ein geringfügiges Beschäftigungsverhältnis oder eine Aushilfstätigkeit handelt. Die Steuerfreiheit ist jedoch nicht bei ArbN zulässig, deren Lohn nach Steuerklasse VI besteuert wird.

b) Begünstigte Aufwendungen. Zu den nach § 3 Nr 63 EStG begünstigten Aufwendungen gehören nur Beiträge an Pensionsfonds, Pensionskassen und Direktversicherungen, die zum Aufbau einer betrieblichen Altersversorgung im **Kapitaldeckungsverfahren** erhoben werden. Für Umlagen, die vom ArbGeb an eine Versorgungseinrichtung entrichtet werden, kommt die Steuerfreiheit nach § 3 Nr 63 EStG dagegen nicht in Betracht. Hierfür ist ab 2008 Steuerfreiheit eingerichtet (§ 3 Nr 56 EStG; s oben Rz 122). Werden sowohl Umlagen als auch Beiträge im Kapitaldeckungsverfahren erhoben, gehören letztere nur dann zu den begünstigten Aufwendungen, wenn eine getrennte Verwaltung und Abrechnung beider Vermögensmassen erfolgt (Trennungsprinzip).

Steuerfrei sind sowohl die Beiträge des ArbGeb, die zusätzlich zum ohnehin geschuldeten Arbeitslohn erbracht werden (rein ArbGebFinanzierte Beiträge) als auch die Beiträge des ArbGeb, die durch Entgeltumwandlung finanziert werden (s oben Rz 123). Im Fall der Finanzierung der Beiträge durch eine Engeltumwandlung ist die Beachtung des Mindestbetrages gem § 1a BetrAVG für die Inanspruchnahme der Steuerfreiheit nicht erforderlich. Eigenbeiträge des ArbN (§ 1 Abs 2 Nr 4 BetrAVG) sind dagegen vom Anwendungsbereich des § 3 Nr 63 EStG ausgeschlossen, auch wenn sie vom ArbGeb an die Versorgungseinrichtung abgeführt werden. Es empfiehlt sich folgende **Gestaltung:** Ist der ArbGeb im Außenverhältnis zur Versicherung Versicherungsnehmer und Beitragsschuldner, so sind auch Beiträge und

103   Betriebliche Altersversorgung

Beitragsteile des ArbN, die der ArbGeb auf Grund eigener Verpflichtung an den Versicherungsträger bezahlt, Beiträge des ArbGeb mit der Folge der Steuerfreiheit (BFH 9.12.10 – VI R 57/08, DStR 11, 512). Auf diese Weise kann der ArbGeb bei entsprechender Vereinbarung den steuerfreien Höchstbetrag (4 % der Beitragsbemessungsgrundlage) auf den ArbN abwälzen, ohne dass die Steuerfreiheit gefährdet ist. Sind ArbNBeiträge, die im Gesamtversicherungsbeitrag des ArbGeb enthalten waren, entgegen BFH 9.12.10 – VI R 57/08, DStR 11, 512 vom ArbGeb als stpfl behandelt worden und in der LStBescheinigung auch so bescheinigt worden, so kann die Steuerfreiheit im Rahmen der Veranlagung des ArbN geltend gemacht werden. Der ArbN kann aber auch auf die Steuerfreiheit zugunsten der Riester-Förderung verzichten. Einzelheiten BMF 25.11.11 – IV C 5 – S 2333/11/10003, BStBl I 11, 1250.

128   Die Steuerfreiheit nach § 3 Nr 63 EStG kann nur dann in Anspruch genommen werden, wenn der vom ArbGeb zur Finanzierung der zugesagten Versorgungsleistung gezahlte Beitrag nach bestimmten individuellen Kriterien dem einzelnen ArbN zugeordnet wird. Allein die Verteilung eines vom ArbGeb gezahlten Gesamtbeitrags nach der Anzahl der begünstigten ArbN genügt hingegen für die Anwendung des § 3 Nr 63 EStG nicht. Für die Anwendung des § 3 Nr 63 EStG ist nicht Voraussetzung, dass sich die Höhe der zugesagten Versorgungsleistung an der Höhe des eingezahlten Beitrags des ArbGeb orientiert, da der ArbGeb nach § 1 BetrAVG nicht nur eine Beitragszusage mit Mindestleistung oder eine beitragsorientierte Leistungszusage, sondern auch eine Leistungszusage erteilen kann (OFD München und Nbg 5.6.03 – S 2333 – 41/St 41 und 146/St 32, DStR 03, 1300).

129   **c) Zweifacher Freibetrag. aa) Steuerfreiheit ab 1.1.2002.** Dem arbeitsrechtlichen Anspruch des ArbN auf Teilhabe an der Betrieblichen Altersversorgung (§ 1a BetrAVG; s oben Rz 18) entspricht die steuerliche Entlastung nach § 3 Nr 63 EStG. Hiernach sind ArbGebBeiträge jährlich bis zu **4 % der Beitragsbemessungsgrenze zur gesetzlichen Rentenversicherung steuerfrei.** Es gilt für alle Bundesländer die Beitragsbemessungsgrenze der Alten Bundesländer (s *Beitragsbemessungsgrenzen* Rz 21). Die Steuerfreiheit bezieht sich auf das erste Dienstverhältnis, dh nicht Steuerklasse VI (*Lohnsteuerklassen* Rz 4 ff). Geringfügig beschäftigte ArbN (s *Geringfügige Beschäftigung* Rz 20 ff) können an der Steuerfreiheit teilnehmen, wenn sie auf die RVFreiheit verzichten (*Geringfügige Beschäftigung* Rz 64 ff). Die 4 %-Grenze kann bei **Arbeitgeber-Wechsel** im gleichen Jahr erneut in Anspruch genommen werden. Die 4 %-Grenze kann andererseits bei einer nur zeitweisen Beschäftigung voll ausgeschöpft werden.

Beispiel: Scheidet der ArbN während des Jahres aus, können bis dahin versteuerte Beträge bis zur Höchstgrenze nachträglich steuerfrei behandelt werden, so dass LSt zu erstatten ist.

130   **bb) Zusätzliche Steuerfreiheit.** Bei einer nach dem 31.12.04 erteilten Versorgungszusage ist ein zusätzlicher Betrag in Höhe von 1800 € steuerfrei (§ 3 Nr 63 Satz 3 EStG). Auch für diesen zusätzlichen Freibetrag gelten die Jahresregelungen (s oben Rz 129), nicht aber bei einem Betriebsübergang (s hierzu unten Rz 141).

131   cc) **Gesamtsteuerfreibetrag 2014:**   2856 €   (= 4 % aus 71400 €)
         (Vorjahre s Vorauflage)   1800 €   Zusatzfreibetrag
                                                         ───────
                                                          4656 €

Beispiel 1: ArbGeb zahlt monatlich 250 € in eine Direktversicherung, wovon 50 € aus einer Entgeltumwandlung stammen.
250 × 12 = 3000 €; im ganzen steuerfrei.

Beispiel 2: ArbGeb zahlt monatlich 400 € in eine Direktversicherung, wovon 100 € aus einer Entgeltumwandlung stammen.

Anteil ArbGeb 300 € × 12 =	3600 € steuerfrei
Anteil ArbN 100 € × 12 =	1200 €
	4800 €
Zahlung in Direktversicherung	4800 €
hiervon steuerfrei	4656 €
Anteil ArbGeb steuerfrei	3600 €
Anteil ArbN steuerfrei	1056 €
Anteil ArbN stpfl	144 €
	4800 €

Betriebliche Altersversorgung 103

Der stpfl Anteil (144 €) ist begünstigt nach §§ 79 ff EStG, § 10a EStG (s *Altersvorsorgevermögen* Rz 6 ff).

d) Begünstigte Auszahlungsformen. Steuerfreiheit tritt nur ein und bleibt nur bestehen, wenn die Auszahlung der zugesagten Alters-, Invaliditäts- oder Hinterbliebenenrente in Form einer **lebenslangen Rente** oder eines Auszahlungsplans mit anschließender lebenslanger Teilkapitalverrentung vorgesehen ist. Entscheidet sich der ArbN bzw der Rentenberechtigte bei der Auszahlung oder auch bereits während der Beitragsleistungen für die Einmalkapitalauszahlung, entfällt die Steuerfreiheit und der Einmalbetrag unterliegt ohne Steuerbegünstigung der laufenden Steuer (§ 22 Nr 5 EStG; s unten Rz 144). Hiervon stellt § 3 Nr 3 EStG idF ab 2007 eine Ausnahme dar. Hiernach sind gewisse Abfindungen steuerfrei (s *Abfindung* Rz 42). **132**

e) Ausländische Versicherungsunternehmen. Beiträge an Pensionsfonds, Pensionskassen und – bei Direktversicherungen – an Versicherungsunternehmen in der EU sowie in Drittstaaten, mit denen besondere Abkommen abgeschlossen worden sind, können nach § 3 Nr 63 EStG begünstigt sein, wenn **das ausländische** Altersversorgungssystem mit einem Durchführungsweg der betrieblichen Altersversorgung nach dem deutschen BetrRentengesetz vergleichbar ist s BMF 24.7.13, BStBl I 13, 1022 Rz 314. Beiträge des ArbGeb an **ausländische** Lebensversicherungen, mit denen sozialversicherungsrechtliche Nachteile des ArbN auf Grund des Wohnortwechsels innerhalb der EU ausgeglichen werden sollen, sind mangels gesetzlicher Verpflichtung und ohne Verstoß gegen EG-Recht nicht nach § 3 Nr 62 EStG steuerfrei, auch wenn sie auf Grund eines Tarifvertrags gezahlt werden (BFH 28.5.09 – VI R 27/06, DStR 09, 1845; s auch *Ausländer* Rz 48; *EU-Recht* Rz 28, *Altersrente* Rz 18, 19; *Grenzgänger* Rz 24). **133**

Zur Zahlung an Schweizer Pensionskassen s *Altersrente* Rz 19; *Grenzgänger* Rz 23.

2. Verzicht auf Steuerfreiheit (§ 3 Nr 63 Satz 2 EStG). Auf die Steuerfreiheit können grds nur ArbN verzichten, die in der gesetzlichen RV pflichtversichert sind (§§ 1a, 17 Abs 1 Satz 3 BetrAVG). Alle anderen ArbN können von dieser Möglichkeit nur dann Gebrauch machen, wenn der ArbGeb zustimmt. Soweit der ArbN einen Anspruch auf Entgeltumwandlung nach § 1a BetrAVG hat, ist eine individuelle Besteuerung dieser Beiträge bereits auf Verlangen des ArbN durchzuführen. In allen anderen Fällen der Entgeltumwandlung (zB Entgeltumwandlungsvereinbarung aus dem Jahr 2001 oder früher) ist die individuelle Besteuerung der Beiträge hingegen nur aufgrund einvernehmlicher Vereinbarung zwischen ArbGeb und ArbN möglich. Bei rein ArbGeb-finanzierten Beiträgen kann auf die Steuerfreiheit nicht verzichtet werden. Die Ausübung des Wahlrechts nach § 3 Nr 63 Satz 2 EStG muss bis zu dem Zeitpunkt erfolgen, zu dem die entsprechende Gehaltsänderungsvereinbarung steuerlich noch anzuerkennen ist. Eine nachträgliche Änderung der steuerlichen Behandlung der im Wege der Entgeltumwandlung finanzierten Beiträge ist nicht zulässig. **134**

Durch den Verzicht auf die Steuerfreiheit kann der ArbN bewirken, dass die Beiträge, soweit sie ohne Verzicht steuerfrei wären, für die **Riester-Rente** verwendet werden (§§ 79 ff, § 10a EStG; s *Altersvorsorgevermögen* Rz 2 ff).

3. Lohnsteuerpauschalierung bei Direktversicherungen und Pensionskasse s *Lohnsteuerpauschalierung* Rz 41 ff. Gewinnausschüttungen des Versicherungsunternehmens an den ArbGeb mindern dessen pauschal besteuerte Beitragsleistungen nicht, weil es sich hierbei nicht um Lohnrückzahlungen handelt (BFH 12.11.09 – VI R 20/07, DStR 10, 316; Übergangsregelung entsprechend R 40b.1 Abs 12 und 14 LStR für 2010, BMF 28.9.10 – IV C 5 – S 2373/10/10001, DStR 10, 2083). **135**

4. Beendigung der betrieblichen Altersversorgung. Wird eine nach § 3 Nr 63 EStG geförderte betr. AV **mit Wirkung für die Zukunft beendet,** zB durch eine Abfindung (ggf. auch in Form der Beitragsrückerstattung), dann handelt es sich bei der Zahlung der Versorgungseinrichtung an den ArbN um sonstige Einkünfte im Sinne des § 22 Nr 5 EStG und nicht um Einkünfte nach § 19 EStG. Im Fall einer kompletten Rückabwicklung des Vertragsverhältnisses **mit Wirkung für die Vergangenheit** handelt es sich bei der Zahlung der Versorgungseinrichtung an den ArbN um eine Lohnzahlung iS des § 19 Abs 1 EStG, die im Zeitpunkt des Zuflusses nach den allgemeinen lohnsteuerlichen Grundsätzen behandelt wird. **136**

103 Betriebliche Altersversorgung

137 **5. Beendigung des Dienstverhältnisses** (§ 3 Nr 63 Satz 4 EStG). Beiträge an einen Pensionsfonds, eine Pensionskasse oder für eine Direktversicherung, die der ArbGeb aus Anlass der Beendigung des Dienstverhältnisses leistet, können im Rahmen des § 3 Nr 63 Satz 4 EStG steuerfrei belassen werden. Die Höhe der Steuerfreiheit ist dabei begrenzt auf den Betrag, der sich ergibt aus 1800 € vervielfältigt mit der Anzahl der Kalenderjahre, in denen das Dienstverhältnis des ArbN zu dem ArbGeb bestanden hat; der vervielfältigte Betrag vermindert sich um die nach § 3 Nr 63 EStG steuerfreien Beträge, die der ArbGeb in dem Kalenderjahr, in dem das Dienstverhältnis beendet wird, und in den sechs vorangegangenen Jahren erbracht hat. Sowohl bei der Ermittlung der zu vervielfältigenden als auch der zu kürzenden Jahre sind nur die Kalenderjahre ab 2005 zu berücksichtigen. Dies gilt unabhängig davon, wie lange das Dienstverhältnis zu dem ArbGeb tatsächlich bestanden hat. Die Vervielfältigungsregelung steht jedem ArbN aus demselben Dienstverhältnis insgesamt nur einmal zu. Werden die Beiträge statt als Einmalbetrag in Teilbeträgen geleistet, sind diese so lange steuerfrei, bis der für den ArbN maßgebende Höchstbetrag ausgeschöpft ist.

> **Beispiel:** Ein ArbGeb hat einem ArbN, der seit 1990 bei ihm beschäftigt ist, im Jahr 1995 eine Betriebsrente zum Ausscheiden wegen Erreichens der Altersgrenze zugesagt. Der ArbGeb hat bisher keine steuerfreien Beträge nach § 3 Nr 63 geleistet. Am 1.7.2012 scheidet der ArbN wegen Erreichens der Altersgrenze aus. Unmittelbar vor Eintritt des Versorgungsfalls schließt der ArbGeb eine Direktversicherung in Form einer RV ohne Kapitalwahlrecht ab und leistet eine Einmalprämie iHv 25 000 € an das Versicherungsunternehmen.
> 8 Jahre ab 2005 × 1800 € = 14 400 € sind nach § 3 Nr 63 Satz 4 steuerfrei. Der Differenzbetrag iHv 10 600 € ist nach § 39b Sätze 9 und 10 EStG ermäßigt nach der Fünftelregelung zu besteuern. Die Betriebsrente unterliegt der Besteuerung nach § 22 Nr 5 EStG (s unten Rz 144).

138 **6. Übertragung von Versorgungszusagen** (§ 3 Nr 66 EStG). **a) Übertragung auf einen Pensionsfonds.** Der ArbGeb kann eigene Versorgungsverpflichtungen und -anwartschaften, die bereits erdient sind, sog **past service**, auf einen Pensionsfonds übertragen. Zum Zustimmungserfordernis des ArbN bzw der ArbN-Vertretung s oben Rz 46. Durch die Möglichkeit der Übertragung sollen langfristige Zahlungsverpflichtungen des ArbGeb abgebaut und Risiken abgelöst und vermindert werden. Die Übertragung, durch die der ArbN einen eigenen Rechtsanspruch auf die Altersversorgung erlangt, ist steuerfrei, wenn der ArbGeb die anlässlich der Übertragung entstehenden Betriebsausgaben auf 10 Jahre gleichmäßig verteilt (§ 3 Nr 66 iVm § 4d Abs 3, § 4e Abs 3 EStG; BMF 26.10.06 – IV B 2 – S 2144 – 57/06, DStR 06, 2032).

139 **b) Übertragung auf den neuen Arbeitgeber** (§ 3 Nr 55 EStG). Bei einer Übertragung der erworbenen Altersversorgung nach § 4 Abs 2 Nr 2 BetrAVG (siehe oben Rz 138) ist der geleistete Übertragungswert nach § 3 Nr 55 Satz 1 EStG steuerfrei, wenn die betriebliche Altersversorgung sowohl beim ehemaligen ArbGeb als auch beim neuen ArbGeb über einen Pensionsfonds, eine Pensionskasse oder eine Direktversicherung durchgeführt wird. Es ist nicht Voraussetzung, dass beide ArbGeb auch den gleichen Durchführungsweg gewählt haben. Um eine Rückabwicklung der steuerlichen Behandlung der Beitragsleistungen an einen Pensionsfonds, eine Pensionskasse oder eine Direktversicherung vor der Übertragung (Steuerfreiheit nach § 3 Nr 66 EStG, individuelle Besteuerung, Besteuerung nach § 40b EStG) zu verhindern, bestimmt § 3 Nr 55 Satz 3 EStG, dass die auf dem Übertragungsbetrag beruhenden Versorgungsleistungen weiterhin zu den Einkünften gehören, zu denen sie gehört hätten, wenn eine Übertragung nach § 4 BetrAVG nicht stattgefunden hätte.

140 Der Übertragungswert ist gem § 3 Nr 55 Satz 2 EStG auch steuerfrei, wenn er vom ehemaligen ArbGeb oder von einer Unterstützungskasse an den neuen ArbGeb oder an eine andere Unterstützungskasse geleistet wird.

141 Die Steuerfreiheit des § 3 Nr 55 EStG kommt jedoch nicht in Betracht, wenn die betriebliche Altersversorgung beim ehemaligen ArbGeb als Direktzusage oder mittels einer Unterstützungskasse ausgestaltet war, während sie beim neuen ArbGeb über einen Pensionsfonds, eine Pensionskasse oder eine Direktversicherung abgewickelt wird. Dies gilt auch für den umgekehrten Fall. Ebenso kommt die Steuerfreiheit nach § 3 Nr 55 EStG bei einem **Betriebsübergang** nach § 613a BGB nicht in Betracht, da in einem solchen Fall die Regelung des § 4 BetrAVG keine Anwendung findet.

142 Wird die betriebliche Altersversorgung sowohl beim alten als auch beim neuen ArbGeb über einen Pensionsfonds, eine Pensionskasse oder eine Direktversicherung abgewickelt, liegt

Betriebliche Altersversorgung 103

im Fall der Übernahme der Versorgungszusage nach § 4 Abs 2 Nr 1 BetrAVG lediglich ein Schuldnerwechsel und damit für den ArbN kein lohnsteuerlich relevanter Vorgang vor (einschränkend BFH 11.3.10 – VI R 9/08, DStR 10, 1176; s hierzu *Lohnsteuerpauschalierung* Rz 49 ff). Entsprechendes gilt im Fall der Übernahme der Versorgungszusage nach § 4 Abs 2 Nr 1 BetrAVG, wenn die betriebliche Altersversorgung sowohl beim alten als auch beim neuen ArbGeb über eine Direktzusage oder Unterstützungskasse durchgeführt wird.

c) Übertragung im Liquidationsfall. Wird die Betriebstätigkeit eingestellt und das **143** Unternehmen liquidiert, sind Leistungen des ArbGeb zur Übernahme von Versorgungsleistungen oder unverfallbaren Versorgungsanwartschaften durch eine Pensionskasse oder ein Lebensversicherungsunternehmen steuerfrei (§ 3 Nr 65 Satz 2 iV mit § 4 Abs 4 BetrAVG; s oben Rz 52). Wird das Unternehmen veräußert und vom Erwerber fortgeführt, können Versorgungszusagen auf einen Pensionsfonds übertragen werden (s Rz 138). Im Liquidationsfall sind die späteren Versorgungsleistungen der Pensionskasse oder des Lebensversicherungsunternehmens im Regelfall als Lohneinkünfte zu behandeln. Die Pensionskasse bzw das Lebensversicherungsunternehmen haben die LSt zu erheben (§ 3 Nr 65 Sätze 3 bis 5 EStG).

V. Steuerpflicht nach Eintritt des Versorgungsfalls (§ 22 Nr 5 EStG). 1. Nachge- 144 lagerte Besteuerung. Beruhen Versorgungsleistungen auf steuerfreien Beitragsleistungen des ArbGeb (§ 3 Nr 63, 66, 56 EStG; s oben Rz 125 ff), sind die Versicherungsleistungen bei Zufluss **in voller Höhe** als Einnahmen stpfl (§ 22 Nr 5 EStG; s *Altersrente* Rz 8 ff). Nach Abzug von Werbungskosten, ggf Pauschbetrag iHv 102 € (§ 9a Nr 3 EStG), sind die Einkünfte im Rahmen der Jahresveranlagung zu erfassen (s *Antragsveranlagung* Rz 2). Der Versorgungsfreibetrag nach § 19 Abs 2 EStG (*Altersgrenze* Rz 17, 18) greift nicht ein (BFH 22.3.06 – XI R 60/03, BeckRS 2006, 25010407; BFH 18.10.06 – XI R 45/05, BFH/NV 07, 880). Gehen die Versorgungsleistungen sowohl auf steuerfreie als auch auf stpfl Beitragsleistungen zurück, teilt die auszahlende Stelle dem StPfl mit, welche Anteile voll stpfl sind und welche mit dem Ertragsanteil zu versteuern sind (§ 22 Nr 5 Satz 2, 7 EStG). Einzelheiten zur Rentenbezugsmitteilung (§ 22a EStG) BMF 7.12.11 – IV C 3 – S 2257 – c/10/10005, BStBl I 11, 1223. Diese Mitteilung hat der StPfl mit der ESt-Erklärung dem FA einzureichen (Formblatt ab 2010 BMF 17.12.10 – IV C 3 – S 2257 – b/07/1002, BStBl I 11, 6). Bei privat fortgeführten pauschalbesteuerten Direktversicherungsverträgen (*Lohnsteuerpauschalierung* Rz 44) ist keine Kapitalertragsteuer einzubehalten (BMF 3.4.07 – IV C 8 – S 2257-b/07/0003, DB 07, 1055 Nr 9). Die Besteuerung erfolgt nach § 22 Nr 5 iVm § 22 Nr 1 Satz 3 Buchst a.bb EStG (s *Altersrente* Rz 25). Teil- oder Einmalkapitalauszahlungen sind keine außerordentliche Einkünfte gem § 34 Abs 2 EStG, sodass die Fünftelregelung des § 34 EStG entfällt. Bei insolvenzbedingtem Verlust des Bezugsrechts aus einer Direktversicherung kommt es nicht zur Lohnsteuererstattung (BFH 5.7.07 – VI R 58/05, DStR 07, 1435).

2. Andere Fälle. Soweit die Steuerfreiheit (§ 3 Nr 63, 66, 56 EStG) nicht gegolten hat **145** und § 10a EStG nicht in Anspruch genommen worden ist (s *Altersvorsorgevermögen* Rz 20), ist die Rente mit dem **Ertragsanteil** zu versteuern, zB die **VBL-Rente** (§ 22 Nr 5 Satz 2 Buchst a EStG). Da die Steuerfreistellung der ArbGebBeiträge an Pensionskassen, Pensionsfonds sowie – ab 2005 – an Direktversicherungen nicht nur auf neue Versorgungszusagen Anwendung findet, sondern uU auch für bereits seit vielen Jahren bestehende Durchführungswege gilt, führt dies ggf zu einer entsprechenden Aufteilung der späteren Versorgungsleistungen in voll steuerpflichtige und mit dem Ertragsanteil zu besteuernde sonstige Einkünfte. Diese Aufteilung wird ebenfalls durch die auszahlende Kasse vorgenommen und dem Versorgungsempfänger gesondert mitgeteilt.

3. Internationale Besteuerung. Stark an Bedeutung hat das Problem der Betrieblichen **146** Altersversorgung bei **internationaler Arbeitnehmerentsendung** gewonnen. Grundsätzlich gilt hier, dass das Besteuerungsrecht während der aktiven Arbeitsphase auf den Zielstaat übergeht (s *Auslandstätigkeit* Rz 37), während in der späteren Ruhestandsphase der ArbN idR im Heimatstaat oder in einem Drittstaat ansässig ist und dieser Staat dann das Besteuerungsrecht für die Versorgungsleistungen hat (s auch *Altersrente* Rz 18). Dabei werden auch Versorgungsleistungen aus den im Ausland erdienten Beträgen erfasst. Die meisten DBA treffen zu dieser Konstellation (noch) keine Aussage, so dass die Aufkommensneutralität insoweit nicht gewahrt ist. Einen Beginn in der Bewältigung dieses Problems stellt Art 18 A DBA USA dar, wonach im Verhältnis der beiden Staaten eine wechselseitige steuerliche

103 Betriebliche Altersversorgung

Anerkennung heimatstaatlicher Versorgungspläne im Zielstaat mit steuerbefreiender Wirkung vorgesehen ist. Einzelheiten zu dieser Problemkonstellation *Brähler, Lösel* StuW 2008, 73; s auch *Arbeitnehmerentsendung* Rz 18. Der EuGH hat hierzu entschieden, dass vom ArbN gezahlte Vorsorgeaufwendungen im Zielstaat zu berücksichtigen sind, auch wenn das Versicherungsunternehmen nicht dort, aber in einem der EU-Staaten seinen Sitz hat (EuGH 5.7.2007 – C-522/04, BFH/NV 2007, Beilage 4, 336). Bis zu einer Neuregelung in den DBA gilt: Versorgungsleistungen sind im Ansässigkeitsstaat zu versteuern (OFD Rheinland 17.10.07 – S 1301 – St 52, IStR 07, 831; BFH 8.11.10 – I R 106/09, DStR 11, 14). Soweit die Renten vom früheren Tätigkeitsstaat besteuert werden, zB Dänemark (Art 18 Abs 2 DBA Dänemark), unterliegen sie im Inland dem Progressionsvorbehalt (§ 32b Abs 1 Nr 3 und Abs 2; BFH 14.7.10 – X R 37/08, DB 10, 2201). Umgekehrt greift bei **beschränkt Stpfl** die nachgelagerte Besteuerung im Inland ein, wenn die Beiträge im Inland steuerlich gefördert wurden (§ 49 Abs 1 Nr 10 EStG; s *Altersrente* 18, 19).

C) Versorgungsbezüge
(§ 19 Abs 1 Nr 2 EStG)

147 Hinsichtlich Unterstützungskasse (§ 4d EStG) und Pensionszusage (§ 6b EStG) hat bisher schon die nachgelagerte Besteuerung gegolten, so dass diese Arten der betrieblichen Altersversorgung von den Neuregelungen des AltEinkG nicht betroffen sind.

148 **I. Unterstützungskasse** (§ 4d EStG). **1. Begriff und Wesen.** Zum Begriff Unterstützungskasse s oben Rz 29. Die Legaldefinition nach § 1b Abs 4 BetrAVG gilt auch für das Steuerrecht. Eine Unterstützungskasse iSv § 4d EStG – und nicht eine Pensionskasse iSv § 4c EStG – ist auch dann anzunehmen, wenn zwar durch eine Satzungsbestimmung Rechtsansprüche auf die Leistungen ausgeschlossen sind, aber andererseits aufgrund der Rspr des BAG auf die Leistungen unter dem Gesichtspunkt der Geschäftsbesorgung für das Trägerunternehmen unmittelbar Rechtsansprüche gegen die Unterstützungskasse bestehen (BFH 5.11.92 – I R 61/89, BStBl II 93, 185). Kennzeichnend für die betriebliche Altersversorgung mittels Unterstützungskasse ist die Auslagerung der Finanzierung und Durchführung der betrieblichen Altersversorgung vom ArbGeb weg auf einen Dritten, eben auf die Unterstützungskasse. Zum Verhältnis zur Pensionszusage s unten Rz 152. Die Rechtsänderungen ab 1.1.02 (Steuerfreiheit und **Riester-Rente;** s oben Rz 124, 129) beziehen sich nicht auf die Unterstützungskasse. Möglich ist aber eine Entgeltumwandlung (s oben Rz 123). Zum Betriebsausgabenabzug (*Schmidt/Weber-Grellet* EStG § 4d Rz 22; OFD Frankfurt 14.1.08 – S 2723 A – 27 – St 53, BeckVerw 110036.

149 Für die **Höhe** der abziehbaren Zuwendungen an die Unterstützungskasse kommt es nicht darauf an, ob die Kasse von der KSt befreit ist (§ 5 Abs 1 Nr 3 und § 6 Abs 5, 6 KStG) oder nicht (R 4d Abs 1 Satz 1 EStR). Die Unterstützungskasse ist nicht steuerbefreit, solange die ArbN nicht ausreichend mitwirkungsberechtigt sind (BFH 10.6.87 – I R 253/83, BStBl II 88, 27). Da die Unterstützungskassen keiner Aufsicht unterliegen und in der Anlage ihres Vermögens frei sind, hat der Gesetzgeber den Umfang der steuerlich abziehbaren Zuwendungen an die Unterstützungskasse eingeschränkt. Einzelheiten R 4d EStR. Zur Übertragung von unmittelbaren Versorgungsverpflichtungen auf eine Unterstützungskasse *Harle/Kesting/Leser* BB 06, 131.

150 **2. Leistungen an die Unterstützungskasse.** Die Zuwendungen an die Unterstützungskasse, auch als Einmalbetrag geleistet, sind im Zeitpunkt der Zuwendung an die Unterstützungskasse für den ArbN ohne steuerliche Auswirkung, wenn dem ArbN kein eigener Rechtsanspruch gegen die Versorgungskasse zusteht; es liegt zu diesem Zeitpunkt **keine steuerpflichtige Einnahme** vor (BFH 16.9.98 – VI B 155/98, BFH/NV 99, 457), auch nicht bei Verpfändung der Ansprüche aus den Rückdeckungsversicherungen an die begünstigten ArbN (BMF 7.9.98 – IV B 2 – S 2144 – 36/98, DStR 98, 1554). Bei den Zuwendungen ist also anders als bei der Direktversicherung und bei der Pensionskasse kein LStAbzug vorzunehmen. Hinsichtlich **Überversorgung** gelten die Regeln wie bei der Pensionszusage (BFH 19.6.07 – VIII R 100/04, BB 07, 2271; s unten Rz 173). Zur Teilung von Versorgungsanrechten im Rahmen des **Versorgungsausgleichs** (§ 10 Abs 1 Nr 1 Buchst b

EStG) über eine Unterstützungskasse oder eine Pensionszusage BMF 12.11.2010 – IV C 6 – S 2144-c/07/10001, DStR 2010, 2354.

3. Leistungen an den Arbeitnehmer. Erst mit der Auszahlung der Versorgungsleistung an den ArbN im Versorgungsfall, dh mit Zufluss der laufenden Bezüge durch die Unterstützungskasse tritt die Stpfl ein. Die erhaltenen Bezüge stellen **Arbeitslohn** dar. Sie unterliegen mit dem Zufluss in voller Höhe als Versorgungsbezüge (§ 19 Abs 1 Nr 2 EStG) der LSt, die die Unterstützungskasse als Erfüllungsgehilfe des ArbGeb abzuführen hat (BFH 28.3.58 – VI 233/56 S, BStBl III 58, 268; Einzelheiten *Altersgrenze* Rz 17 ff; *Lohnsteuerhaftung* Rz 4 ff. Zu Einmalzahlungen s unten Rz 181. Der ArbN hat im Versorgungsfall der Unterstützungskasse die LStKarte vorzulegen bzw ab 2013 die ELStAM mitzuteilen. 151

II. Pensionszusage (§ 6a EStG). 1. Überblick. Pensionszusagen ermöglichen Pensionsrückstellungen. Diese führen zu einem jährlich **gewinnmindernden** Aufwand des **Arbeitgebers** während der aktiven Dienstzeit des Berechtigten. Die Rückstellung, die auf Grund einer Pensionszusage zwingend zu bilden ist (BFH 13.2.08 – I R 44/07, DStR 08, 1226), wird bis zum Versorgungsfall systematisch aufgebaut und ab dem Versorgungsfall nach und nach wieder gewinnerhöhend aufgelöst. Die Pensionsrückstellung bewirkt damit durch die zunächst vorgenommene Gewinnminderung eine Verschiebung der Gewinnrealisierung bis zur schrittweisen Auflösung der Pensionsrückstellung, mithin eine Steuerstundung. Dadurch werden Liquiditäts- und Zinsvorteile erzielt, die umso größer sind, je frühzeitiger mit der Rückstellungsbildung begonnen wird und je höher die Rückstellung gebildet wird. Hierin liegt der eigentliche Steuerspareffekt, der zugleich einer Eigenkapitalbildung gleichkommt (vgl zu diesem Gesichtspunkt *Gohdes/Meier* BB 03, 1375). Zum 31.12.10 sind Pensionsrückstellungen nach den Regeln des BilMoG neu zu bewerten. Unberührt hiervon bleibt die Bewertung nach § 6a EStG. Einzelheiten hierzu *Meier* BB 09, 998. Zur Bewertung von Pensionsverpflichtungen bei Berücksichtigung von Renten aus der gesetzlichen RV BMF 5.5.08 – IV B 2 – S 2176/07/0003, BB 08, 1277. Zur Finanzierung der zugesagten Pension empfiehlt sich der Abschluss einer **Rückdeckungsversicherung** und Einzahlungen hierzu oder der Aufbau eines anderen Vermögenswerts, zB Wertpapiere, Immobilien (s unten Rz 182). Zur Aktivierung der Rückdeckung BFH 9.8.06 – I R 11/06, BStBl II 06, 762. Pensionsrückstellungen in Umlageverfahren durch externe Versorgungsträger sind nicht zulässig (BFH 8.10.08 – I R 3/06, BB 09, 321; hierzu BMF 26.1.10 – IV C 6 – S 2176/07/10005, DStR 10, 274; BayLfSt 10.3.10 – S 2176.1.1–1, St 31, DStR 10, 872). Beim **Arbeitnehmer** ist die Pensionszusage steuerlich zunächst ohne Auswirkung (zum Sonderausgabenabzug s *Sonderausgaben* Rz 4). Erst die Pensionszahlung ist stpfl (s unten Rz 177). Die Rechtsänderungen ab 1.1.02 (Steuerfreiheit und **Riester-Rente;** s oben Rz 129) beziehen sich nicht auf die Pensionszusage. Möglich ist aber eine **Entgeltumwandlung** (BFH 29.7.10 – VI R 39/09, BFH/NV 10, 2296; s oben Rz 123), auch im Zusammenhang mit **Arbeitszeitkonten** (s oben Rz 124). 152

Literaturhinweis: *Höfer* DB 11, 140; *Veit* BB 11, 811; *Schothöfer/Killat* DB 11, 896; *Thaut* DB 11, 1645; *Otto* DStR 2011, 106; zur steuerschonenden Beseitigung einer Pensionszusage *Janssen* NWB 2011, 562; zu letzterem Thema s unten Rz 180 ff.

2. Pensionszusage (§ 6a Abs 1, 5 EStG). a) Inhalt. Eine (gewinnmindernde) Pensionsrückstellung setzt eine rechtswirksame **Pensionszusage** (auch **Direktzusage** genannt) voraus. Die Pensionszusage ist als Vertrag zwischen ArbGeb und ArbN die rechtsverbindliche Erklärung eines ArbGeb gegenüber dem späteren Pensionsberechtigten, insbesondere gegenüber seinen ArbN, diesem oder ihm nahe stehenden Personen bestimmte Leistungen zu erbringen, wenn der ArbN wegen Todes, Alters, Invalidität oder aus ähnlichen Gründen aus dem Dienst ausscheidet (vgl § 1 BetrAVG). Der Inhalt der Pensionszusage ist ggf durch Auslegung zu ermitteln (BFH 24.3.99 – I R 20/98, BStBl II 01, 612; hierzu BMF 28.8.01 – IV A 6 – S 2176 – 27/01, BStBl I 01, 594). Das Pensionsalter ist frühestens das 60. Lebensjahr (s unten Rz 170), bei Pensionszusagen ab 2012 das **62. Lebensjahr.** 153

Die Pensionszusage enthält **Unsicherheitsfaktoren** hinsichtlich der Dauer und der Höhe der Versorgung. Enthält eine Versorgungszusage diese Unsicherheitsfaktoren nicht, liegt gestundeter Lohn vor. Die Pensionszusage muss einen **Rechtsanspruch** auf einmalige oder laufende Pensionsleistungen zugrunde legen (§ 6a Abs 1 Nr 1 EStG), wobei die Frage, ob ein Rechtsanspruch begründet worden ist, nach arbeitsrechtlichen Gesichtspunkten zu beur- 154

103 Betriebliche Altersversorgung

teilen ist (R 6a Abs 2 Satz 3 EStR). Eine **wertpapiergebundene** Versorgungszusage ohne garantierte Mindestleistung ist keine betriebliche Altersversorgung, sondern eine Kapitalanlage zugunsten des ArbN (OFD Koblenz 15.10.03 – S 2176 A – St 412, DStR 03, 2119). Pensionszusagen, die Leistungen in Abhängigkeit von künftigen gewinnabhängigen Bezügen vorsehen, zB von Gewinntantiemen, sind unzulässig (§ 6a Abs 1 Nr 2 EStG; BFH 3.3.10 – I R 31/09, DStR 10, 691; hierzu *May/Jura* DStR 10, 1509).

155 **b) Form.** Die Pensionszusage muss **schriftlich** erteilt werden (§ 6a Abs 1 Nr 3 EStG). Sie muss neben dem Zusagezeitpunkt eindeutige und präzise Angaben zu Art, Form, Voraussetzungen und Höhe der in Aussicht gestellten künftigen Leistungen enthalten (R 6a Abs 7 EStR; BFH 15.9.04 – I R 62/03, DStR 05, 63); zur Auslegungsfähigkeit s oben Rz 153), wobei bei einem beherrschenden Gesellschafter einer GmbH die Schriftform aus zeitnahen Akten- und Geschäftsvermerken nicht gewahrt ist (BFH 22.10.03 – I R 37/02, BStBl II 04, 121; s unten Rz 166). Auch spätere Änderungen bedürfen der Schriftform (BFH 12.10.10 – I R 17, 18/10, BFH/NV 11, 452). Andererseits genügt Schriftlichkeit durch anbietenden ArbGeb (BFH 27.4.05 – I R 75/04, BStBl II 05, 702) und Aushang am „Schwarzen Brett" (BFH 8.12.04 – I B 125/04, BFH/NV 05, 1036). Die Pensionszusage kann auf Einzelvertrag, Gesamtzusage (Pensionsordnung), Betriebsvereinbarung, Tarifvertrag oder Besoldungsordnung beruhen (R 6a Abs 2 Satz 2 und Abs 7 EStR). Die Pensionszusage darf keinen Vorbehalt enthalten, wonach die Pensionsanwartschaft oder die Pensionsleistung gemindert oder entzogen werden kann, oder ein solcher Vorbehalt darf sich nur auf Tatbestände erstrecken, bei deren Vorliegen nach allgemeinen Rechtsgrundsätzen unter Beachtung billigen Ermessens eine Minderung oder ein Entzug der Pensionsanwartschaft oder der Pensionsleistung zulässig ist (§ 6a Abs 1 Nr 2 EStG; Musterformulierungen R 6a Abs 4 EStR). Ab 1996 ist keine Pensionszusage auf **gewinnabhängige** Bezüge zulässig (§ 6a Abs 1 Nr 2 EStG; zur Pensionszusage bei **Betriebsübergang** s *Betriebsübergang* Rz 106, 107).

156 Ein **schädlicher Vorbehalt** iSd § 6a Abs 1 Nr 2 EStG liegt vor, wenn der ArbGeb die Pensionszusage nach freiem Belieben, dh nach seinen eigenen Interessen ohne Berücksichtigung der Interessen des Pensionsberechtigten widerrufen kann (R 6a Abs 3 Satz 1 EStR). Ein **unschädlicher Vorbehalt** iSd § 6a Abs 1 Nr 2 EStG liegt vor, wenn der ArbGeb den Widerruf der Pensionszusage bei geänderten Verhältnissen nur nach billigem Ermessen (§ 315 BGB), dh unter verständiger Abwägung der berechtigten Interessen des Pensionsberechtigten einerseits und des Unternehmens andererseits, aussprechen kann (R 6a Abs 4 Satz 1 EStR s die Formulierungsbeispiele über steuerschädliche und steuerunschädliche Vorbehalte in R 6a Abs 3, 4 EStR. Erhöhungen der Pensionszusagen und damit der Pensionsrückstellungen um feste Prozentsätze wegen eines ansteigenden säkularen Einkommenstrends (sog **Dynamisierungsklauseln**) sind bis 3 % jährlich zulässig (BFH 31.3.04 – I R 79/03, BStBl II 04, 940). Zur bilanziellen Behandlung von **Abfindungsklauseln** BMF 6.4.05 – IV B 2 – S 2176 – 10/05, BStBl I 05, 619; *Paus* GmbHR 05, 975; Ergänzung BMF 1.9.05 – IV B 2 – S 2176 – 48/05, BStBl I 05, 860; *Beck* DStR 05, 2062. Zum **Nachholverbot** (§ 6a Abs 4 EStG) BFH 14.1.09 – I R 5/08, BStBl II 09, 457; BFH 8.10.08 – I R 3/06, BStBl II 10, 186.

157 **3. Begünstigte. a) Arbeitnehmer.** Pensionszusagen können in erster Linie gegenüber den ArbN eines ArbGeb ergehen, aber auch gegenüber anderen Personen, die zu einer Tätigkeit zugunsten des Unternehmens, etwa durch Dienstvertrag, Werkvertrag, Geschäftsbesorgungsvertrag, auch Geschäftsführung ohne Auftrag, verpflichtet sind (§ 6a Abs 5 EStG; Hauptbeispiel Handelsvertreter). Die Pensionszusage muss betrieblich veranlasst sein (BFH 9.10.85, BStBl II 86, 51). Mindestalter ab 1.1.09: Vollendung des 27. Lebensjahres (§ 6a Abs 2 Nr 1 EStG; R 6a Abs 10 EStR). Zulässig auch für 450 €-Kräfte (§ 40a Abs 2 EStG; s *Geringfügige Beschäftigung* Rz 12).

158 **b) Ehegatten.** Pensionszusagen an Ehegatten, die im Rahmen von steuerlich anzuerkennenden Arbeitsverhältnissen erteilt werden, sind auch steuerlich zu beachten und berechtigen zur Bildung von Pensionsrückstellungen (BVerfG 22.7.70 – 1 BvR 285/66, 1 BvR 445/67, 1 BvR 192/69, BStBl II 70, 652). An den Nachweis der Ernsthaftigkeit solcher Pensionszusagen sind jedoch mit Rücksicht auf die besonderen Beziehungen der Vertragspartner strenge Anforderungen zu stellen (FG München 31.3.10 – 10 K 2049/08, EFG 10, 1191). Es ist neben der betrieblichen Veranlassung, die zB bei fortgeschrittenem Alter des ArbN-Ehegatten fehlt (FG Nürnberg 22.6.92 – V 88/88, EFG 92, 730), insbesondere zu

Betriebliche Altersversorgung 103

prüfen, ob die Pensionszusage nach den Umständen des Einzelfalls dem Grunde und der Höhe nach angemessen ist (vgl BFH 16.5.95 – XI R 87/93, BStBl II 95, 873) und anderen ArbN des Unternehmens auch angeboten wird/würde (FG Köln 22.11.01 – 10 K 5150/97, EFG 02, 246). Ist weder ein betriebsinterner, noch ein betriebsexterner Vergleich möglich, kann die betriebliche Veranlassung dennoch gegeben sein (BFH 18.12.01 – VIII R 69/98, BStBl II 02, 353). Auch dem **teilzeitbeschäftigten** ArbNEhegatten kann eine Pensionszusage wirksam erteilt werden. Bei Zusagen oder Leistungen im Zusammenhang mit der Scheidung von Ehegatten greift ab 2010 der Versorgungsausgleich ein (§ 10 Abs 1 Nr 1b, § 3 Nr 55a und Nr 55b EStG; BMF 12.11.10 – IV C 6 – S 2144 – c/07/10001, BStBl I 10, 1303).

Eine **Nur-Pensionszusage** anstelle Arbeitslohn an den ArbNEhegatten wird steuerlich **159** nicht anerkannt (BFH 9.11.05 – I R 89/04, BStBl II 08, 523; s auch *Entgeltverzicht* Rz 8). Ebenso nicht anerkannt ist die starke Herabsetzung des Lohns zugunsten einer Pensionszusage, wenn keine Rückdeckungsversicherung abgeschlossen wird (FG Köln 28.6.01 – 7 K 2014/96, EFG 01, 1266). Eine Pensionszusage aber als Ausgleich für niedrige Aktivbezüge, zur Berücksichtigung besonderer Arbeitsleistungen oder zum Ausgleich einer fehlenden SozVRente kann steuerlich anzuerkennen sein (BFH 10.12.92, BStBl II 94, 381). Zur Überversorgung und Hinterbliebenenversorgung s Rz 173, 174.

Für die Bildung der Pensionsrückstellung bei Pensionszusagen zwischen Ehegatten in **160** Einzelunternehmen kommt nur eine Zusage auf Alters-, Invaliden- und Waisenrente in Betracht. Eine Zusage auf Witwen- oder Witwerversorgung ist im Rahmen von Ehegatten-Pensionszusagen in **Einzelunternehmen nicht rückstellungsfähig**, da hier bei Eintritt des Versorgungsfalls Anspruch und Verpflichtung in einer Person zusammenfallen.

c) **Familienangehörige.** Es gilt das zu Ehegatten (s Rz 158) Ausgeführte entsprechend **161** (BFH 25.4.2000 – XI B 34/99, BFH/NV 2000, 1201). Ist die Inanspruchnahme wegen Erbenstellung des ArbN und wegen fortgeschrittenen Alters des ArbGeb nicht wahrscheinlich, ist die Pensionszusage nicht betrieblich veranlasst (BFH 27.10.93 – XI R 2/93, BStBl II 94, 111). Auch die Vereinbarung der Vererblichkeit von Anwartschaften ist keine betriebliche Altersversorgung. Zum Lebensgefährten s Rz 123, 174.

d) **Einzelunternehmer.** Pensionszusagen dürfen sich nicht gewinnmindernd auswirken **162** (§ 15 Abs 1 Satz 2 EStG). Rückstellungen sind insoweit unzulässig. Auch Zuschüsse zur Altersversorgung von dritter Seite sind stpfl (BFH 15.2.90 – IV R 13/89, BStBl II 90, 621). Im Versorgungsfall kann die betriebliche Versorgungsrente einerseits Betriebsausgabe sein, andererseits ist sie als nachträgliche gewerbliche Einkünfte zu erfassen (§ 24 Nr 2 EStG).

e) **Gesellschafter-Geschäftsführer von Personengesellschaften.** Für diese können **163** nach neuerer Rspr des BFH Pensionsrückstellungen für in der Gesellschaft tätige Gesellschafter entgegen früherer Ansicht gebildet werden (BFH 2.12.97 – VIII R 15/96, BFH/NV 98, 781). Der Rückstellungsaufwand auf der Ebene der Gesellschaft muss aber zeit- und beitragsgleich durch einen Aktivposten in einer Sonderbilanz auf der Ebene des Gesellschafters wieder ausgeglichen werden (BFH 30.3.06 – IV R 25/04, DStRE 06, 1307; BMF 29.1.08 – IV B 2 – S 2176/07/0001, BStBl I 08, 317). Für Beiträge für eine **Rückdeckungsversicherung** gilt das Gleiche mit der Besonderheit, dass die Gewinnerhöhung allen Beteiligten nach dem allgemeinen Gewinnverteilungsschlüssel zuzurechnen ist (BFH 28.6.01 – IV R 41/00, BStBl II 02, 724). Bei Auflösung der Pensionsrückstellung ist der Mehrgewinn dem begünstigten Gesellschafter vorweg zuzurechnen (*Gschwendtner* DStR 05, 771; *Jachmann* DStR 05, 2019), ebenso bei Liquidation der Gesellschaft (BFH 20.1.05 – IV R 22/03, BStBl II 05, 559). Zu Umwandlungsfällen s unten Rz 171 und *Betriebsübergang* Rz 105, 106. Zu diesem Problemkreis *Groh* DB 08, 2391.

Ist ein Ehegatte eines Gesellschafters ArbN der Gesellschaft, so gelten für eine Pensions- **164** zusage an den **Ehegatten** die gleichen Regelungen wie beim Einzelunternehmer (s oben Rz 158). Auch eine Zusage für eine Witwen-/Witwerrente ist dann zulässig. Eine Pensionszusage an den Gesellschafter-Geschäftsführer einer Komplementär-GmbH innerhalb einer **GmbH & Co KG,** der gleichzeitig Gesellschafter der KG ist, ist anzuerkennen wie bei der Personengesellschaft (BMF 29.1.08 – S 2176/07/00001, BStBl I 08, 317).

f) **Gesellschafter-Geschäftsführer von Kapitalgesellschaften.** Aktuelle Rspr zu nahe- **165** zu allen Problemen, die im Rahmen einer Pensionszusage bei beherrschenden und nicht beherrschenden Gesellschaftern auftreten können (Probezeit Rz 171, Überversorgung Rz 173, Nur-Pensionszusage Rz 159, Abfindung anlässlich der Veräußerung der Kapitalge-

103   Betriebliche Altersversorgung

sellschaft Rz 179) ist behandelt in BFH 28.4.10 – I R 78/08, BFH/NV 2010, 1709; Literaturhinweise: *Linden* DStR 10, 582; *Otto* DStR 11, 106; s auch oben Rz 152.

Bei einer GmbH muss die Gesellschafterversammlung die Vereinbarung, Änderung oder Erhöhung der Pensionszusage beschließen. Eine Pensionszusage, die von einem Geschäftsführer an sich selbst erteilt wird, führt zu einer verdeckten Gewinnausschüttung, wenn die Zusage im zeitlichen Zusammenhang mit dem Erwerb der Gesellschafterstellung erteilt wird (BFH 29.1.10 – I B 88/09, BFH/NV 10, 1125). **Nicht beherrschende** Gesellschafter-Geschäftsführer sind als ArbN nach steuerlichen Kriterien zu behandeln (s *Geschäftsführer* Rz 35 ff). Daher genießen sie **Insolvenzschutz** (beachte hierzu das Merkblatt des Pensionssicherungsvereins 300 M3, Stand März 2011; s auch unten Rz 193). Die Pensionszusage hat Auswirkung auf die Höhe der abzugsfähigen Vorsorgeaufwendungen (*Sonderausgaben* Rz 5). Die Pension muss zum Zeitpunkt der Pensionszusage **erdienbar** sein, dh die Betriebszugehörigkeit muss mindestens 12 Jahre und die aktive Tätigkeit ab der Pensionszusage noch mindestens 3 Jahre betragen (BFH 15.3.2000 – I R 40/99, BStBl II 2000, 504). In die Zeit der Erdienensdauer sind die Zeiträume einzubeziehen, in denen der Gesellschafter-Geschäftsführer in einem Einzelunternehmen tätig war, das er in die GmbH eingebracht hat oder das er an diese veräußert hat (BFH 18.4.02 – III R 43/00, BStBl II 03, 149). Die Zahlung einer Einmalprämie an eine Versicherung zwecks Erlangung einer Altersversorgung kann steuerlich anzuerkennen sein (FG RhPf 25.10.94, EFG 95, 384). Die Pensionszusage darf nicht an die Beteiligungsquote, sondern muss an die geleisteten Dienste anknüpfen. Zum **Verbot der Überversorgung,** das auch für einen nicht beherrschenden Gesellschafter-Geschäftsführer gilt (BFH 18.2.99 – I R 51/98, BFH/NV 99, 1384; FG Nbg 19.10.99 – I 179/97, EFG 2000, 6) s unten Rz 173.

166 Bei einem **beherrschenden** Gesellschafter-Geschäftsführer gelten wegen des fehlenden Interessenkonfliktes zwischen zusagender GmbH und begünstigtem Zusageempfänger strengere Regeln unter dem Gesichtspunkt des Fremdvergleichs, deren Nichtbeachtung zu verdeckten Gewinnausschüttungen führt (zum Mindesterfordernis der Schriftform BFH 27.4.05 – I R 75/04, BStBl I 05, 702; s auch oben Rz 155).

Beispiel: Im Zeitpunkt der Pensionszusage hat der beherrschende Gesellschafter-Geschäftsführer das 60. Lebensjahr bereits vollendet. Ärztliche Atteste über die „Rüstigkeit" des Gesellschafter-Geschäftsführers hindern die Annahme einer verdeckten Gewinnausschüttung nicht (BFH 18.3.09 – I R 63/08, BFH/NV 09, 1841).

167 Beherrschend in diesem Sinne ist ein Gesellschafter dann, wenn er zu mehr als 50 % an der Gesellschaft beteiligt ist, wobei in Ausnahmefällen Gesellschaftsanteile von Familienangehörigen ihm zugerechnet werden können (BFH 14.6.85 – VI R 127/81, BStBl II 86, 62).

168 Unter folgenden **Voraussetzungen** hält eine Pensionszusage bei betrieblicher Veranlassung dem Fremdvergleich aus der Sicht des Zusagezeitpunkts stand: a) die Pension kann noch erdient werden (s Rz 169), b) die Qualifikation als Geschäftsführer steht fest, insbesondere aufgrund einer Probezeit (s Rz 171), c) die voraussichtliche Ertragsentwicklung erlaubt die Zusage (s Rz 172), d) es stehen keine betrieblichen Besonderheiten der Zusage entgegen (zB die Wahrung des sozialen Friedens; s Rz 173). Diese Voraussetzungen gelten auch bei sofortiger Unverfallbarkeit aufgrund **Entgeltumwandlung** (BFH 5.3.08 – I R 12/07, DStR 08, 1037).

169 zu a) Die **Erdienbarkeit** der Pension setzt grds voraus, dass zwischen Zusage und Versorgungsleistung ein Mindestzeitraum **von zehn Jahren** liegen muss. Beträgt der Zeitraum zwischen Pensionszusage und vorgesehenem Pensionseintritt zunächst weniger als zehn Jahre, werden die Vereinbarungen aber zB nach Beanstandung durch das FA auf zehnjährige Erdienbarkeit geändert, so ist diese Änderung steuerlich anzuerkennen und führt nicht zu einer verdeckten Gewinnausschüttung (BFH 28.6.05 – I R 25/04, GmbHR 05, 1510). Auch eine unter 10 Jahren liegende Erdienenszeit kann anzuerkennen sein (BFH 30.1.02 – I R 56/01, BFH/NV 02, 1055; BFH 24.4.02 – I R 43/01, BStBl II 03, 416; einschränkend BMF 13.5.03 – IV A 2 – S 2742 – 27/03, BStBl I 03, 300) auch wenn die Erdienenszeit durch Kündigung unterbrochen ist (BFH 30.1.02 – I R 56/01, BFH/NV 02, 1055). Für eine Änderung der Pensionszusage, insbes eine Erhöhung, gilt eine neue 10-Jahres-Frist (BFH 23.9.08 – I R 62/07, DStR 09, 43). Die Verkürzung der Unverfallbarkeitsfristen auf 5 Jahre (§ 1b Abs 1 Satz 1 BetrAVG; s oben Rz 37) ändert hieran nichts (BFH 19.11.08 – I B 108/08, BFH/NV 09, 608).

Betriebliche Altersversorgung 103

Als Untergrenze für altersbedingtes Ausscheiden gilt für Geburtsjahrgänge bis 1952 das **170** 65. Lebensjahr, ab 1953 bis 1961 das 66. Lebensjahr und ab 1962 das 67. Lebensjahr (R 6a Abs 8 EStR (s hierzu BMF 3.7.09 – IV C 6 – S 2176/07/10004, DStR 09, 1431). Eine Pensionszusage auf ein **niedrigeres Alter** kann in Ausnahmefällen berechtigt sein, zB bei Krankheit oder bei Behinderung (BFH 23.1.91 – I R 113/88, BStBl II 91, 379). Eine **widerrufliche** Pensionszusage ohne Rückdeckung (s unten Rz 182) muss nicht verdeckte Gewinnausschüttung sein (BFH 15.10.97 – I R 42/97, BStBl II 99, 316; 29.10.97 – I R 52/97, BStBl II 99, 318). Nicht anerkannt wird aber eine Pensionszusage unter dem Vorbehalt der jederzeitigen Abfindung (BFH 10.11.98 – I R 49/97, BFH/NV 99, 707) und eine Pensionszusage an über 60-Jährige (BFH 20.10.2000 – I B 74/00, BFH/NV 01, 344; großzügiger BFH 14.7.04 – I R 14/04, BFH/NV 05, 245) oder bei Pensionszusage trotz lebensbedrohender Erkrankung (BFH 11.8.04 – I R 108–110/03, BFH/NV 05, 385). Dies gilt auch für die Neuen Bundesländer (BFH 23.7.03 – I R 80/02, BStBl II 03, 926). Zum Erdienenszeitraum bei einem Betriebsübergang s *Betriebsübergang* Rz 106.

zu b) Die Pensionszusage kann wirksam frühestens nach Ablauf einer angemessenen **Pro-** **171** **bezeit** erteilt werden, idR nach 2–3 Jahren (OFD Frankfurt 20.9.05 – S 2742 A – 10 – St II 1.01, GmbHR 05, 1641), nach BFH-Rspr grds nach 5 Jahren (BFH 15.10.97 – I R 42/97, BStBl II 99, 316), bei Branchenerfahrung und Finanzierbarkeit auch innerhalb kürzerer Frist (BFH 23.2.05 – I R 70/04, BStBl II 05, 882) bzw ohne Probezeit (FG RhPf 13.8.02 – 2 K 1945/01, EFG 03, 184; Einzelfall entscheidend FinMin MV 14.6.06 – IV 302 – S 2742 – 34/93, DStR 06, 1371 und 1752); bei **Management-buy-out** kann ein Jahr genügen (BFH 24.4.02 – I R 18/01, BStBl II 02, 670). Deshalb kann auch eine sofort unverfallbare Pensionszusage erteilt werden (BFH 5.3.08 – I R 12/07, DStR 08, 1037). Bei **Umwandlung** eines Einzelunternehmens oder einer Personengesellschaft in eine GmbH oder andere Kapitalgesellschaft bedarf der bisher erprobte Geschäftsleiter keiner (erneuten) Probezeit (BFH 7.4.02 – IV R 62/00, BFH/NV 02, 976). Das Gleiche gilt bei einer Begründung einer **Betriebsaufspaltung** (BFH 18.8.99 – I R 10/99, BFH/NV 2000, 225; s aber auch BFH 9.4.97 – I R 124/95, BStBl II 97, 799; Betriebsübergang Rz 105, 106). Die Pensionszusage ist aber dann nicht betrieblich veranlasst, wenn sie wenige Tage vor der Betriebsaufspaltung erteilt wird, um das Erfordernis der Probezeit zu unterlaufen (BFH 4.5.2000 – IV B 143/99, BFH/NV 2000, 1336). Wird die Probezeit nicht eingehalten, sind sämtliche Zuführungen zur Pensionsrückstellung verdeckte Gewinnausschüttungen, nicht nur die Zuführungen bis zum Ablauf der angemessenen Probezeit. Die Pensionszusage kann also nicht in die Anerkennung hineinwachsen (BFH 28.4.10 – I R 78/08, DStRE 10, 976). Verzichtet der Begünstigte in einem solchen Fall auf die Pensionszusage (s Rz 185), liegt wegen der verdeckten Gewinnausschüttung kein Zufluss von Arbeitslohn vor.

zu c) **Finanzierbarkeit:** die GmbH muss wirtschaftlich in der Lage sein, den Pensions- **172** anspruch zu erfüllen (BFH 9.6.97 – GrS 1/94, BStBl II 98, 307; BFH 4.9.02 – I R 7/01, BFH/NV 03, 426). Dabei ist auf den Zeitpunkt der Pensionszusage abzustellen. Eine spätere Verschlechterung der finanziellen Verhältnisse der GmbH erfordert ggf eine Anpassung der Pensionszusage, um eine verdeckte Gewinnausschüttung zu vermeiden (BFH 8.11.2000 – I R 70/99, BStBl II 05, 653). Dazu kann auch ein vorübergehender Gehaltsverzicht gehören (FG SchlH 11.2.10 – 1 K 3/05, EFG 10, 889; s hierzu *Entgeltverzicht* Rz 15). Eine Versorgungszusage ist nicht finanzierbar, wenn die Passivierung des Barwerts der Pensionsverpflichtung zu einer Überschuldung der Gesellschaft führen würde (BMF 6.9.05 – IV B 7 – S 2742 – 69/05, BStBl I 05, 875 zu aktueller BFH-Rspr, die frühere Rspr ändert; OFD Frankfurt 20.9.05 – S 2742 A – 10 – St II 1.01., GmbHR 05, 1641). Trotz Finanzierbarkeit kann eine Invaliditätsrente zu einer verdeckten Gewinnausschüttung führen (BFH 28.1.04 – I R 21/03, DStR 04, 816; hierzu *Haßelberg* GmbHR 04, 1056). Bei fehlender betrieblicher Veranlassung führt eine Rückdeckungsversicherung dennoch nicht zu einer verdeckten Gewinnausschüttung (BFH 7.8.02 – I R 2/02, BStBl II 04, 131).

zu d) Die Pensionszusage darf nicht zu einer **Überversorgung** führen, die anzunehmen **173** ist, soweit die zugesagten Leistungen der betrieblichen Altersversorgung zusammen mit einer zu erwartenden Rente aus anderem Rechtsgrund, zB der SozVRente, höher sind als 75 % der Bezüge des Pensionsberechtigten zum Zeitpunkt des Ausscheidens aus dem aktiven Dienst (BFH 28.4.10 – I R 78/08, DStRE 10, 976). Eine Überversorgung ist auch dann gegeben, wenn die Versorgungsanwartschaft trotz **dauerhafter abgesenkter Aktivbezüge**

103 Betriebliche Altersversorgung

unverändert beibehalten und nicht ihrerseits gekürzt wird, s *Entgeltverzicht* Rz 15. Etwas anderes gilt bei einer nur **vorübergehenden** Gehaltsherabsetzung (BFH 27.3.12 – I R 56/11, DStR 12, 1072). Eine **Nur-Pensionszusage** ohne laufendes Gehalt oder ohne Barlohnumwandlung führt zu einer verdeckten Gewinnausschüttung (BFH 9.11.05 – I R 89/04, DStR 06, 83; Nichtanwendungserlass, dh Anerkennung der Nur-Pensionszusage als Gewinnminderung BMF 16.6.08 – IV C 6 – S 2176/07/1007, BStBl I 08, 681). Die Kapitalgesellschaft darf dem beherrschenden Gesellschafter-Geschäftsführer bei Zusage einer Altersversorgung das Recht einräumen, anstelle der Altersrente eine bei Eintritt des Versorgungsfalls fällige **einmalige Kapitalabfindung** zu wählen. Hierin liegt keine verdeckte Gewinnausschüttung. Ist der Begünstigte bei Eintritt des Versorgungsfalls weiterhin für die GmbH tätig, ist das Einkommen aus der fortbestehenden Tätigkeit als Geschäftsführer auf die Versorgungsleistung anzurechnen (BFH 5.3.08 – I R 12/07, DStR 08, 1037; kritisch hierzu mit dem Hinweis auf verlängerte Lebenszeiten *Schothöfer/Killat* DB 11, 896). Bei überhöhter Abfindung kann verdeckte Gewinnausschüttung vorliegen (FG Nbg 9.11.99 – I 332/97, GmbHR 2000, 189); s *Außerordentliche Einkünfte* Rz 8 und unten Rz 179.

174 Eine Zusage auf **Witwen-/Witwerversorgung** ist unter den gleichen Voraussetzungen wie beim Gesellschafter zulässig (FG NdS 19.12.2000 – 6 K 632/99, EFG 01, 525). Bei Spätehe und großem Altersunterschied kann die **betriebliche Veranlassung** fehlen (FG Nbg 14.3.2000 – I 269/97, EFG 2000, 701). Die betriebliche Veranlassung fehlt grds auch bei einer Pensionszusage an eine dem Gesellschafter **nahe stehende Person,** wobei eine langjährige nichteheliche Lebensgemeinschaft im Einzelfall steuerlich anzuerkennen sein kann (BFH 29.11.2000 – I R 90/99, BStBl II 01, 204; s auch BFH 19.6.2000 – I B 110/99, BFH/NV 01, 67). Sie fehlt bei nachträglicher Zusage einer Witwenversorgung (BFH 18.12.02 – I R 93/01, BFH/NV 03, 946) und bei Zusage einer Witwenrente an über 65-jährige Gesellschafts-Geschäftsführer (BFH 18.3.09 – I R 63/08, BFH/NV 09, 1841). S im Übrigen oben Rz 158–160.

175 Zusätzlich muss der Gesellschafter-Geschäftsführer vom **Selbstkontrahierungsverbot** befreit sein (BFH 22.9.76, BStBl II 77, 15; FG Hess 15.10.91, EFG 92, 413). Schließlich besteht ein **Nachzahlungsverbot** (BFH 5.3.08 – I R 12/07, DStR 08, 1037).

176 **4. Doppelfinanzierung.** Zuwendungen an Pensions- und Unterstützungskassen oder an einen Pensionsfonds und die Bildung von Pensionsrückstellungen schließen sich gegenseitig aus (R 6a Abs 15 EStR). Eine Pensionsrückstellung darf also nicht gebildet werden, wenn der ArbGeb Mitglied einer Versorgungskasse ist und die Versorgungsleistungen von dieser Versorgungskasse im Umlageverfahren erbracht werden (BFH 5.4.06 – I R 46/04, BB 06, 1626; BFH 8.10.08 – I R 3/06, BB 09, 321). Einzelheiten BMF 26.1.10 – IV C 6 – S 2176/07/10005, BStBl I 10, 138.

177 **5. Steuerliche Behandlung der Versorgungsleistungen beim Arbeitnehmer.**
a) Während der Aktivphase. Die Pensionszusage und die jährlichen Leistungen des ArbGeb, die die Anwartschaft auf die Versorgungsleistungen begründen, sind für den ArbN noch ohne steuerliche Auswirkung. Sie bilden noch keinen Zufluss eines geldwerten Vorteils. Dies gilt gleichermaßen für die Zusage laufender Leistungen, befristet oder lebenslang, und von Einmalbeträgen. Auch die Rückdeckungsversicherung stellt keinen Lohn dar (§ 2 Abs 2 Nr 3 Satz 4 LStDV), ebenso nicht die Verpfändung aus der Rückdeckungsversicherung an den ArbN (R 40b.1 Abs 3 Satz 2 Nr 3 LStR; FG Hbg 27.2.03 – V 272/98, EFG 03, 1000), ebenso nicht die Versorgungszusage bei **arbeitnehmerfinanzierten** Versorgungsmodellen (s oben Rz 123, 124). Ist für eine Gewinnbeteiligung (Tantieme) eine Entgeltumwandlung vereinbart, fließt eine solche auch bei einem beherrschenden Gesellschafter-Geschäftsführer nicht schon auf Grund der Fälligkeit zu (so grundsätzlich BFH 8.5.2007 – VIII R 13/06, BeckRS 2007, 25012384), wenn die Tantieme erst drei Monate nach Bilanzerstellung auszuzahlen ist (BFH 3.2.2011 – VI R 66/09, DStR 2011, 805). Zur Teilung von Versorgungsanrechten im Rahmen des Versorgungsausgleichs (§ 10 Abs 1 Nr 1 Buchst b EStG) bei einer Pensionszusage s Rz 158.

178 **b) Nach Eintritt des Versorgungsfalls** sind die laufenden und einmaligen Bezüge, die der ArbN bzw sein Rechtsnachfolger aufgrund der Pensionszusage des ArbGeb erhält, in vollem Umfang stpfl, dem StAbzug zu unterwerfender Arbeitslohn in der Form von Versorgungsbezügen (§ 19 Abs 1 Nr 2 EStG; § 2 Abs 2 Nr 2 Satz 1 LStDV). Für den LSt-Abzug

Betriebliche Altersversorgung 103

haftet der bisherige ArbGeb (*Lohnsteuerhaftung* Rz 4 ff). Hat der Leistungsbezieher das 63. Lebensjahr (vor 2000 das 62. Lebensjahr), als Behinderter das 60. Lebensjahr vollendet, steht ihm der Versorgungsfreibetrag zu (§ 19 Abs 2 EStG), der beim LStAbzug anteilig zu berücksichtigen ist (§ 39b Abs 2 Satz 2, Abs 3 Satz 2 EStG; s *Altersgrenze* Rz 17, 18; zum Abbau des Versorgungsfreibetrags ab 2005 *Altersgrenze* Rz 19). Pensionszahlungen, auch Witwenrenten, die von Personengesellschaften (OHG, KG) gewährt werden, sind nicht als Rente oder als Lohn, sondern als Sondervergütung nach § 15 Abs 1 Satz 1 Nr 2 EStG zu behandeln (BFH 25.1.94, BStBl II 94, 455). Die Versorgungsleistung bei **arbeitnehmerfinanzierten** Versorgungsmodellen (s oben Rz 123) folgt der der Pensionszusage, soweit sie auf einer Barlohnumwandlung beruht. Der Anspruch auf den Versorgungslohn entsteht mit Eintritt des Versorgungsfalls und fließt auch dann erst zu (s oben Rz 122). Hat der ArbN aufgrund Individualabsprache mit dem ArbGeb dessen Beiträge zur Altersversorgung diesem nachträglich ersetzt, so liegt hierin ein eigener Beitrag des ArbN zu seiner Altersversorgung mit der Folge, dass die gezahlten Altersversorgungsleistungen insoweit nicht als Versorgungsbezüge nach § 19 Abs 1 Nr 2 EStG, sondern als Leibrente nur mit dem Ertragsanteil zu versteuern sind (BFH 21.10.96, BStBl II 97, 127; s auch *Altersrente* Rz 12, auch zur ab 2005 geltenden Regelung). Zugesagte Jahresabschlussleistungen, die auch im Jahr des Eintritts des Versorgungsfalls (ganz oder teilweise) neben den fälligen Leistungen der betrieblichen Altersversorgung gewährt werden, ggf mit Wertsteigerungen, sind nicht Teil der betrieblichen Altersversorgung, so dass auch vorherige Rückstellungen hierfür unzulässig sind (BMF 11.11.99 – IV C 2 – S 2176 – 102/99, BStBl I 99, 959 = DStR 99, 1902) und der Zufluss von Lohn bereits im Zeitpunkt der ursprünglich vereinbarten Fälligkeit liegt (BMF 4.2.2000, s oben Rz 123).

Werden Versorgungsleistungen nicht fortlaufend, sondern **in einer Summe gezahlt,** 179 handelt es sich um Vergütungen (Arbeitslohn) für mehrjährige Tätigkeiten im Sinne des § 34 Abs 2 Nr 4 EStG (BFH 12.4.07 – VI R 6/02, BStBl II 07, 581), die bei Zusammenballung als außerordentliche Einkünfte nach § 34 Abs 1 EStG zu besteuern sind. Die Gründe für eine Kapitalisierung von Versorgungsbezügen sind dabei unerheblich. Im Fall von Teilkapitalauszahlungen ist dagegen der Tatbestand der Zusammenballung nicht erfüllt; eine Anwendung des § 34 EStG kommt daher für diese Zahlungen nicht in Betracht. Scheidet der ArbGeb aus der Versorgungsanstalt des Bundes und der Länder **(VBL)** aus, so führt eine Einmalzahlung aus einer Direktzusage, die den Nachteil aus einer beitragsfrei gestellten VBL-Versorgung ausgleichen soll, zu zusätzlichem Arbeitslohn (BFH 7.5.2009 – VI R 16/07, DStR 2009, 1526. Sind nach Ausscheiden des ArbGeb aus der VBL die Beiträge nicht mehr werthaltig, weil der ArbN die Wartezeit nicht mehr erfüllen kann, so liegen beim ArbN weder negative Einnahmen noch Werbungskosten noch Rückzahlung von Arbeitslohn vor. Der Verlust der Betrieblichen Altersversorgung liegt in der steuerlich unbeachtlichen privaten Vermögenssphäre des ArbN BFH 7.5.09 – VI R 5/08, DStRE 2009, 901; BFH 7.5.09 – VI R 37/08, DStRE 2009, 903. Die **Rückzahlung der Abfindung,** um die Pensionsansprüche in eine Rente überzuführen, wirkt auf das Jahr der Abfindungszahlung zurück (BFH 22.9.99 – XI R 98/97, BStBl II 2000, 115; s *Außerordentliche Einkünfte* Rz 8. Bei ArbNAbfindungen nach dem DBA **Schweiz** hat der Wohnsitzstaat das Besteuerungsrecht, außer es handelt sich nicht um Versorgungsabgeltung, sondern um Lohn- oder Gehaltsnachzahlungen (BMF 20.5.97, BStBl I 97, 560; entgegen BFH 10.7.96, BStBl II 97, 341; *Loukota* IStR 97, 251), ebenso bei einer Abfindung eines GmbH-Geschäftsführers, der in **Österreich** ansässig ist (*Gehringer* IStR 2000, 276). Allgemein zur Zahlung von Versorgungsbezügen **ins Ausland** s *Altersrente* Rz 16 und oben Rz 146. Eine vom Familiengericht im Rahmen der **Scheidung** angeordnete Zahlung zum Ausgleich einer betrieblichen Rentenanwartschaft kann weder als außergewöhnliche Belastung oder als dauernde Last, noch bei den Einkünften aus nichtselbstständiger Arbeit als Werbungskosten abgezogen werden. Vielmehr gilt für diese Fälle ab 1.1.2010 der Versorgungsausgleich (§ 3 Nr 55a, 55b EStG; s oben Rz 158 aE).

6. Krisenszenario. Gerät die GmbH in finanzielle Schwierigkeiten, so dass die Finanzie- 180 rung der Pensionszahlungen nicht gesichert erscheint bzw der GmbH die Überschuldung droht, ergeben sich je nach Verhalten folgende Ansätze:

a) Rangrücktritt. Der Rangrücktritt führt bei der GmbH nicht zu einem gewinnmin- 181 dernden Forderungsverzicht (BFH 10.11.05 – IV R 13/04, BStBl II 06, 618) und nicht zur

103 Betriebliche Altersversorgung

Anwendung des Passivierungsverbots iSd § 5 Abs 2a EStG (BMF 8.9.06 – IV B 2 – S 2133 – 10/06, BStBl I 06,497). Andererseits beinhaltet der Rangrücktritt keinen Forderungsverzicht, so dass es nicht zum Zufluss des noch werthaltigen Teils der Pensionsanwartschaft beim Gesellschafter-Geschäftsführer kommt. Gerät die GmbH trotz Rangrücktritts in Insolvenz, fällt der Auszahlungsanspruch des Gesellschafter-Geschäftsführers endgültig weg. Der Rangrücktritt bewirkt auch den Verzicht auf die Pfandrechte, wenn die Ansprüche durch eine Rückdeckungsversicherung verpfändet waren.

182 **b) Herabsetzung der Pensionszusage.** Ist die Herabsetzung der Pensionszusage betrieblich veranlasst, zB weil die GmbH die Pensionszusage nicht mehr voll finanzieren kann, so führt die Anpassung der Pensionszusage an die wirtschaftliche Leistungsfähigkeit der GmbH zur teilweisen Auflösung der Pensionsrückstellungen und damit bei der GmbH zu einem außerordentlichen Ertrag. Beim Pensionsberechtigten ergibt sich keine steuerliche Auswirkung. Anders ist dies, wenn die Herabsetzung der Pensionszusage gesellschaftlich veranlasst ist, zB bei (teilweisem) Verzicht auf die Pensionszusage, weil der Gesellschafter-Geschäftsführer eine anderweitige Altersvorsorge eingeleitet hat. In Höhe der geminderten Pensionszusage ist dann stpfl Zufluss beim Gesellschafter-Geschäftsführer gegeben.

183 **c) Herabsetzung des Gehalts** führt zu einer Kürzung und damit zu einer teilweisen gewinnwirksamen Auflösung der Pensionsrückstellung. Auf diese Weise wird eine Überversorgung beseitigt bzw vermieden (s oben Rz 173). Bei betrieblicher Veranlassung ist beim Gesellschafter-Geschäftsführer kein (fiktiver) Zufluss von Arbeitslohn anzunehmen. Hierin liegt kein Verzicht, vielmehr ändert sich die in der Zusage festgelegte Bemessungsgrundlage. Bei gesellschaftlicher Veranlassung ist Zufluss beim Gesellschafter-Geschäftsführer gegeben.

184 **d) Widerruf der Pensionszusage.** S oben Rz 156.

185 **e) Verzicht auf die Pensionszusage.** Neben der Beseitigung der Überschuldung der GmbH kann Motiv für einen Verzicht auf die Pensionszusage durch den Gesellschafter-Geschäftsführer die Stärkung des Eigenkapitals der GmbH oder der (beabsichtigte) Verkauf der GmbH ohne Übernahme der Pensionsverpflichtung durch den Erwerber sein. Einzelheiten zu den steuerlichen Auswirkungen bei einem Verzicht eines Gesellschafter-Geschäftsführers auf die Pensionszusage OFD Frankfurt 4.11.2010 – S 2742 A – 10 – St 510, BeckVerw 247760.

186 **aa) Verzicht ohne Abfindung. Verzicht** ohne Ausgleich, dh ohne Gegenleistung, führt grds nicht zu einem stpfl Zufluss (s *Entgeltverzicht* Rz 15; s auch *Heeg* DStR 09, 567). Verzichtet der beherrschende Gesellschafter-Geschäftsführer aber **aus Gründen des Gesellschaftsverhältnisses,** zB anlässlich des Verkaufs der GmbH-Anteile, auf eine ihm zugesagte Pension, dh auf die Anwartschaft, so liegt bei der GmbH eine **verdeckte Einlage** und entsprechend beim Gesellschafter steuerpflichtiger Zufluss als nichtselbständige **Einkünfte** (§ 19 Abs 1 EStG) in gleicher Höhe vor (BFH 12.10.07 – IV B 161/06, BFH/NV 08, 45; OFD Frankfurt 4.11.10 – S 2742 A – 10 – St 510, BeckVerw 247760). Zugleich hat der Gesellschafter-Geschäftsführer Anschaffungskosten in gleicher Höhe auf seine GmbH-Beteiligung. Für den fiktiv zugeflossenen Arbeitslohn ist die Steuerermäßigung nach § 34 EStG zu gewähren (BFH 12.4.07 – VI R 6/02, BStBl II 07, 581). Im Falle des vollständigen Verzichts auf eine Pensionsanwartschaft vor Eintritt des Versorgungsfalls liegt eine verdeckte Einlage iHd bis zum Verzichtszeitpunkt bereits erdienten Anteils des Versorgungsanspruchs vor. Der Verzicht auf den noch nicht erdienten Anteil (sog **Future Service**) führt weder zu einer verdeckten Einlage noch zu einem Lohnzufluss (BMF 14.8.12 – IV C 2 – S 2743/10/10001:001, BStBl I 12, 874 mit Beispiel). Dient der Verzicht auf die Pensionszusage zugleich mit der Absenkung des Aktivgehalts der Vermeidung einer **drohenden Überschuldung** bzw der Sanierung der Gesellschaft (§ 6a Abs 1 Nr 2 EStG), ist der Verzicht betrieblich veranlasst und damit ohne steuerliche Auswirkung für den verzichtenden Gesellschafter-Geschäftsführer, wenn sich auch ein Fremdgeschäftsführer zu einem Verzicht bereit erklärt hätte (OFD Hannover 15.12.06 – S 2742 – 117 – StO 241, DStR 07, 394 mit umfangreichen Hinweisen auf die BFH-Rspr; s auch BayLfSt 15.2.07 – S 2742 – 26 St 31 N, DStR 07, 993; *Heeg* DStR 09, 567).

187 **bb) Verzicht gegen Abfindung.** Bei betrieblich veranlasstem Verzicht liegt in Höhe der Barabfindung grds stpfl Arbeitslohn vor, der nach § 34 EStG ermäßigt zu besteuern ist (BFH 27.7.04 – IX R 64/01, BFH/NV 05, 191). Ist die Abfindung überhöht, also höher als der Barwert der Pensionsanwartschaft, liegt insoweit eine verdeckte Gewinnausschüttung vor. Ist die Abfindung niedriger als der Barwert der Pensionsanwartschaft, ist insoweit eine steuer-

neutrale Einlage des Gesellschafters gegeben. Insoweit hat der Gesellschafter-Geschäftsführer nachträgliche Anschaffungskosten auf seine GmbH-Beteiligung. Eine betriebliche Veranlassung des Verzichts auf die Pensionsanwartschaft ist anzunehmen bei grundlegenden gesellschaftlichen Veränderungen, wie zB Abfindungsverlangen des Anteilerwerbers bei Verkauf der GmbH-Anteile (FG Münster 23.3.09 – 9 K 319/02, EFG 09, 1779) oder bei Umwandlung, Liquidation oder Eintritt eines neuen Mehrheitsgesellschafters (vgl *Förster* DStR 06, 2149, 2151). Ist der Verzicht gesellschaftlich veranlasst, zB bei Abfindung im alleinigen Interesse des ausscheidenden Gesellschafter-Geschäftsführers oder wenn die Pensionsanwartschaft nicht unverfallbar ist, ist die Abfindung verdeckte Gewinnausschüttung (§ 20 Abs 1 Nr 2 Satz 2 EStG).

Beispiel: Der Gesellschafter-Geschäftsführer X verzichtet aus Gesellschaftsgründen gegenüber seiner GmbH auf seine Pensionsansprüche gegen eine Barabfindung von 500 000 €. Die Pensionsrückstellung der GmbH beträgt 450 000 €. Der Teilwert der Pensionsanwartschaft beträgt 550 000 €.

Verdeckte Gewinnausschüttung	500 000 €
zzgl Arbeitslohn	550 000 €
zu versteuern	1 050 000 €
nachträgliche Anschaffungskosten	550 000 €

Die Abfindung ist tarifbegünstigt nach § 34 Abs 1, Abs 2 Nr 4 EStG (BFH 12.4.07 – VI R 6/02, BStBl II 07, 581).

Dieses mit dem Beispiel gezeigte nachteilige Ergebnis, bedingt durch die gesellschaftlich veranlasste Abfindung, sollte möglichst vermieden werden.

f) Pensionsverzicht gegen Übertragung der Rückdeckungsversicherung. Es gelten die gleichen Rechtsfolgen wie bei der Barabfindung (s oben Rz 187). Bei betrieblicher Veranlassung der Abtretung der Ansprüche aus der Rückdeckungsversicherung ist der Aktivwert der Rückdeckungsversicherung als Arbeitslohn zu versteuern (vgl R 40b Abs 3 Satz 3 LStR). Dabei ist die LSt-Haftung des ArbGeb zu beachten (BFH 9.10.02 – VI R 112/99, BStBl II 02, 884). Zur Sicherstellung der Besteuerung in diesem Fall OFD RhPf 21.7.06 – S 2332 – 1001 – St 2, DStR 06, 1599. Soweit der Aktivwert – ausnahmsweise – den Teilwert der Pensionsanwartschaft übersteigt, liegt eine verdeckte Gewinnausschüttung vor. Bei gesellschaftlicher Veranlassung der Abfindung ist der Aktivwert der Rückdeckungsversicherung als verdeckte Gewinnausschüttung zu erfassen (BFH 14.3.06 – I R 38/05, DStRE 06, 883). Der Teilwert der Pensionsanwartschaft als Arbeitslohn ist zugleich als nachträgliche Anschaffungskosten zu berücksichtigen.

188

g) Einfrieren der Pensionszusage. Dies bedeutet, dass der Berechtigte die bereits erdiente Anwartschaft behält (sog **past service**) und auf die in der Zukunft zu erdienenden Anwartschaften (sog **future service**) verzichtet (Einzelheiten hierzu OFD Nds 15.6.11 – S 2742 – 202 – St 242, DB 11, 1778). Im Verzicht auf das weitere Anwachsen der Pensionsanwartschaft liegt eine verdeckte Einlage in die GmbH und zugleich und in gleicher Höhe Lohnzufluss beim Gesellschafter-Geschäftsführer und entsprechend nachträgliche Anschaffungskosten auf seine Beteiligung. Das Gleiche gilt, wenn der Gesellschafter-Geschäftsführer seine Tätigkeit als Geschäftsführer beendet = Verzicht auf den future service.

189

h) Pensionsverzicht gegen Übertragung einer neu abzuschließenden Rentenversicherung. In einem solchen Fall kündigt die GmbH die Rückdeckungsversicherung und zahlt den gekündigten Betrag als Einmalzahlung in eine neu abzuschließende Leibrentenversicherung zu Gunsten des Gesellschafter-Geschäftsführers ein. In der Folge heben GmbH und Gesellschafter-Geschäftsführer die Pensionszusage gegen Übertragung der Rentenversicherung auf. Die Übertragung der Rentenversicherung führt noch nicht zum Zufluss von Arbeitslohn. Erst die späteren Rentenzahlungen sind als nachträglicher Arbeitslohn (§ 19 Abs 1 Satz 1 Nr 2 EStG) zu versteuern (*Schmidt/Drenseck* EStG § 24 RdNr 27 „Gesellschafter-Geschäftsführer").

190

7. Übertragung der Pensionsverpflichtung. Die folgenden Ausführungen gelten sowohl für die Übertragung während des laufenden Geschäftsbetriebs wie auch bei Liquidation der Gesellschaft.

191

a) Übertragung auf einen Pensionsfond. Zur Übertragung von Pensionsverpflichtungen auf einen Pensionsfonds s oben Rz 138. Zahlungen an den Pensionsfonds für zukünftig noch

103 Betriebliche Altersversorgung

zu erdienende Anwartschaften sind in dem begrenzten Rahmen von § 3 Nr 63 EStG steuerfrei (BMF 26.10.06 – IV B 2 – S 2144 – 57/06, BStBl I 06, 709; s hierzu oben Rz 125).

b) Übertragung **auf eine Unterstützungskasse.** Da in einem solchen Fall dem ArbN kein unmittelbarer Anspruch auf die Altersversorgung eingeräumt wird (s oben Rz 150), führt die Auslagerung auf eine Unterstützungskasse noch zu keinem stpfl Zufluss beim ArbN.

c) Übertragung **auf eine andere GmbH** (Pensionärs-GmbH). Die Übertragung erfolgt zum versicherungsmathematischen Barwert. Für den Gesellschafter-Geschäftsführer ist die Übertragung grds steuerfrei. Sie ist aber stpfl, wenn dem Berechtigten vor der Übertragung der Anwartschaft ein Wahlrecht zwischen einer Abfindung (Einmalzahlung) und der Übertragung zugestanden worden ist (BFH 12.4.07 – VI R 6/02, BStBl II 07, 581).

d) Übertragung **auf eine Pensionskasse** oder **auf eine Lebensversicherung.** Die Zahlungen der GmbH zur Ablösung der Pensionsverpflichtung sind steuerfrei (§ 3 Nr 65 Buchst b EStG; R 3.65 Abs 1 Satz 3 LStR. Die späteren Bezüge fallen unter § 19 Abs 1 Nr 2 EStG). LSt-verpflichtet ist das übernehmende Unternehmen (§ 3 Nr 65 Sätze 2 und 3 EStG).

Literaturhinweis: Zur Übertragung und zum Verzicht von Pensionszusagen: *Heeg* DStR 09, 567; *Prost* DB 09, 2006; *Geilert/Retzlaff/Schnathmeier* DStR 10, 87; bei anstehendem Unternehmensverkauf *Wellisch* NWB 10, 2862; *Uckermann* BB 10, 279; *Wellisch* ua BB 10, 623; *Bredebusch/Großmann* DStR 10, 1441.

192 **8. Umwandlung.** Bei Umwandlung einer Kapitalgesellschaft in eine Personengesellschaft sollte im Hinblick auf bilanzrechtliche Probleme im Zusammenhang mit einer evtl zu erstellenden Sonderbilanz (GmbHR 99, 30) auf eine erdiente und rückgedeckte Pensionsanwartschaft verzichtet und der Rückdeckungsanspruch in eine **Direktversicherung** umgewandelt werden. Hierdurch entstehen zwar in der Person des Verzichtenden lohnsteuerpflichtige nachträgliche Einkünfte (§§ 19, 24 EStG). Der Wegfall der zulässigerweise gebildeten Pensionsrückstellung führt zudem in der Gesamthandelsbilanz zu einem außerordentlichen Ertrag, der nur teilweise in Höhe des Wegfalls des Rückdeckungsanspruchs als außerordentlicher Aufwand neutralisiert wird. Vorteil aber: Die Sonderbilanz wirft Bewertungsfragen auf, die zu Streitstoff führen. Bei Verzicht liegen klare Verhältnisse vor (*Götz* DStR 98, 1946; *Neumann* GmbHR 02, 996). Zur Behandlung von Pensionsverpflichtungen anlässlich von Umwandlungen von KStpfl Rechtssubjekten BFH 8.10.08 – I R 3/06, BFH/NV 09, 301.

D) Insolvenzsicherung

193 **1. Maßnahmen zur Insolvenzfestigkeit.** Es bedarf keines besonderen Insolvenzschutzes, wenn die betriebliche Altersversorgung durch einen externen Träger durchgeführt wird, wie es bei der Direktversicherung, der Pensionskasse und dem Pensionsfonds der Fall ist (§ 7 Abs 1 BetrAVG; s oben Rz 84 ff). Dies gilt auch bei Pensionszusagen für ArbN vorbehaltlich Gesellschaftern. Sind die Beiträge hierfür an den PSV gezahlt worden, besteht Insolvenzfestigkeit. Die Beiträge des ArbGeb an den PSV sind als Zukunftssicherungsleistungen in den Grenzen des § 3 Nr 62 EStG steuerfrei, ebenso die Beiträge des Trägers der Insolvenzsicherung oder anderer Dritter an ein Versicherungsunternehmen (§ 3 Nr 65 EStG; R 3.65 LStR). Die Steuerfreiheit gilt auch für die Übertragung von Direktzusagen oder für Zusagen, die von einer Unterstützungskasse erbracht werden sollen, wenn die Betriebstätigkeit eingestellt und das Unternehmen liquidiert wird (§ 4 Abs 3 BetrAVG; s oben Rz 177). Bei Betriebsveräußerung und Fortführung durch den Erwerber gilt die Steuerfreiheit nicht (R 3.65 Abs 1 Sätze 2, 3 LStR).

Bei **Pensionszusagen** tritt der PSV auch bei Fremdgeschäftsführern und Minderheitsgesellschafter-Geschäftsführern von Kapitalgesellschaften ein, nicht aber bei Mehrheitsgesellschaftern. Für Letztere empfiehlt sich eine Rückdeckungsversicherung (ausführlich *Neufang* StBp 08, 228; *Perwein* GmbHR 07, 589; Merkblatt des PSV; s auch die Literaturhinweise in Rz 105), deren Abschluss jedoch nicht zwingend ist (BFH 15.10.97 – I R 42/97, BStBl II 99, 316). Auch Wertpapierfonds, Immobilien oÄ eignen sich zur Rückdeckung. Die Verpfändung der Ansprüche aus dem Versicherungsvertrag bzw die Einräumung eines unwiderruflichen Bezugsrechts führt zur Insolvenzfestigkeit (OLG Brandenburg 13.2.02 – 7 U

Betriebliche Altersversorgung

152/01, GmbHR 02, 432). Sie führt noch nicht zum Lohnzufluss, weil der Pensionsberechtigte gegenwärtig noch keine unmittelbaren Ansprüche aus der Versicherung erwirbt (R 40b.1 Abs 3 Satz 2 Nr 3 LStR). Im Zuge der Insolvenz der Kapitalgesellschaft werden solche Rückdeckungsversicherungen vielfach auf den Pensionsberechtigten übertragen. Im Zeitpunkt der Übertragung fließt dem Berechtigten der lohnsteuerpflichtige geldwerter Vorteil zu, der regelmäßig dem geschäftsplanmäßigen Deckungskapital der Versicherung entspricht (R 40b Abs 3 Satz 3 LStR). Auch wenn die Pensionszusage eine verdeckte Gewinnausschüttung darstellt, bleibt die Rückdeckungsversicherung betrieblich veranlasst (BFH 7.8.02 – I R 2/02, BStBl II 04, 131).

2. Leistungen nach Insolvenz. a) Beim ArbN. Bei Insolvenz des ArbGeb geht der **194** Versorgungsanspruch des ArbN auf den PSV als Träger der Insolvenzsicherung über (§ 7 Abs 2 BetrAVG). Der ArbN verliert daher nicht sein Bezugsrecht aus dem ursprünglich abgeschlossenen Versorgungsvertrag. Aus diesem Grund liegt auch keine Lohnrückzahlung mit der Folge eines etwaigen LSt-Erstattungsanspruchs vor, wenn der Insolvenzverwalter die Deckungsmittel aus der ursprünglichen Altersvorsorgeversicherung zur Insolvenzmasse zieht (BFH 5.7.07 – VI R 58/05, DStR 07, 1435; s auch *Insolvenz des Arbeitgebers* Rz 31). Versorgungsleistungen des Pensionssicherungsvereins (PSV) bzw des eintretenden Unternehmens an ArbN nach Eintritt des Insolvenzfalles sind so zu behandeln, als wäre die Insolvenz nicht eingetreten. Die steuerliche Behandlung richtet sich also nach der jeweiligen Versorgungsleistung (§ 3 Nr 65 Sätze 2 bis 4 EStG). Das bedeutet, dass Versorgungsleistungen aufgrund einer Pensionszusage oder über eine Unterstützungskasse der LSt unterliegen, für die das eintretende Versicherungsunternehmen verantwortlich ist (R 3.65 Abs 3 LStR). Abfindungen des PSV gem § 8 Abs 2 BetrAVG können als Entschädigung (§ 24 Nr 1a EStG) ermäßigt zu besteuern sein (§ 34 Abs 2 EStG; BFH 25.8.93 – XI R 8/93, BStBl II 94, 167). Zahlt der frühere ArbGeb aus Liquiditätsgründen die zugesagte Pension nicht, hat er dennoch die Pensionsrückstellungen aufzulösen (*Müller* DStZ 98, 597; s auch *Insolvenz des Arbeitgebers* Rz 31).

b) Beim Gesellschafter-Geschäftsführer. Bei Verpfändung der Rückdeckungsver- **195** sicherung kann der Insolvenzverwalter die Ansprüche aus der Rückdeckungsversicherung kündigen und den Rückkaufswert von der Versicherung zur Auszahlung in die Masse verlangen. Der Insolvenzverwalter muss den ausgezahlten Betrag hinterlegen (§ 198 InsO). Mit Eintritt des Versorgungsfalls kommt der hinterlegte Betrag zur Auszahlung an den Pensionsberechtigten mit der Folge der Besteuerung je nach Art der Versorgungsleistung. War der Geschäftsführer zeitweise ein beherrschender Gesellschafter, tritt der PSV für den Zeitraum ein, in dem keine Beherrschung bestand.

C. Sozialversicherungsrecht *Schlegel*

Übersicht

	Rz		Rz
I. Begriff	206	c) Beitragsfreiheit kraft Pauschalbesteuerung	218, 219
II. Beitragsrechtliche Behandlung der Versorgungsaufwendungen	207–226	4. Arbeitnehmerfinanzierte Vorsorge	220–226
1. Allgemeines	207	a) Begriff der Entgeltumwandlung	220, 221
2. Durchführungswege der betrieblichen Altersversorgung	208–213	b) Abgrenzung Entgeltumwandlung	222
a) Direktzusage	209	c) Entgeltumwandlung zugunsten einer Direktzusage oder für Unterstützungskassen	223, 224
b) Pensionskasse	210		
c) Pensionsfonds	211		
d) Unterstützungskasse	212	d) Entgeltumwandlung für Pensionskasse, Pensionsfonds oder Direktversicherungen	225, 226
e) Direktversicherung	213		
3. Finanzierung durch den Arbeitgeber	214–219		
a) Direktzusage und Unterstützungskasse	215	III. Beitragspflicht der Leistungen	227–237
		1. Allgemeines	227
b) Steuer- und beitragsfreie Beiträge/Prämien für Pensionsfonds, Pensionskasse oder für Direktversicherung	216, 217	2. Sozialversicherungsrechtlicher Begriff	228–232
		3. Beitragspflichtiger Personenkreis	233

103 Betriebliche Altersversorgung

	Rz		Rz
4. Beitragssätze bezüglich der Versorgungsbezüge	234, 235	6. Versorgungsbezüge in Form einer Kapitalabfindung	237
a) Für Versicherungspflichtige ...	234	IV. Einzahlung abgefundener Anwartschaften auf betriebliche Altersversorgung in die Rentenversicherung	238–240
b) Für freiwillig Versicherte	235		
5. Tragung und Zahlung der Beiträge aus Versorgungsbezügen ...	236		

206 **I. Begriff. Betriebliche Altersversorgung im Sinne des Arbeitsrechts** liegt vor, wenn einem ArbN von seinem ArbGeb aus Anlass seines Arbeitsverhältnisses Leistungen der Alters-, Invaliditäts- oder Hinterbliebenenversorgung zugesagt werden (§ 1 Abs 1 Satz 1 BetrAVG). Diese kann unmittelbar über den ArbGeb oder über sonstige Versorgungsträger, nämlich eine Direktversicherung, eine Pensionskasse, einen Pensionsfonds, eine Unterstützungskasse durchgeführt werden (§ 1 Abs 1 Satz 2, § 1b Abs 2 bis 4 BetrAVG; zu den Einzelheiten oben Rz 1 ff). Der ArbGeb ist auch dann eintrittspflichtig, wenn die Altersvorsorge nicht durch ihn selbst erfolgt.

Hiervon zu unterscheiden ist der **Begriff der Versorgungsbezüge** iSv § 229 Abs 1 Nr 5 SGB V. Diese Vorschrift regelt die beitragsrechtliche Behandlung von „**Renten der betrieblichen Altersversorgung**". Dieser Begriff wird vom BSG wegen der Zwecke des sozialversicherungsrechtlichen Beitragsrechts eigenständig und ohne Bindung an § 1 Abs 1 BetrAVG ausgelegt (dazu eingehend unten Rz 181 ff).

207 **II. Beitragsrechtliche Behandlung der Vorsorgeaufwendungen – Aufbauphase. 1. Allgemeines.** Ob und in welchem Umfang die Mittel zur Finanzierung der betrieblichen Altersversorgung beitragspflichtig sind, richtet sich nach dem jeweiligen Durchführungsweg und danach, wer die Mittel für die betriebliche Altersversorgung aufbringt. Betriebliche Altersversorgung liegt nämlich nicht nur dann vor, wenn die Mittel ausschließlich vom ArbGeb aufgebracht werden. Vielmehr gehören Aufwendungen auf Vorsorgeleistungen auch dann noch zur betrieblichen Altersversorgung, wenn die Mittel hierfür aus der Sphäre des ArbN stammen, weil künftige Entgeltansprüche in eine wertgleiche Versorgungsleistung umgewandelt werden (Eigentumsumwandlung).

208 **2. Durchführungswege der betrieblichen Altersversorgung.** Zur Durchführung der betrieblichen Altersversorgung kommen die folgenden Durchführungswege in Betracht.

209 **a) Direktzusage.** Bei der Direktzusage, auch Pensions- oder unmittelbare Versorgungszusage genannt, ist der ArbGeb selbst Träger der Versorgung. Die Versorgungsleistungen werden bei Eintritt des Versorgungsfalles aus den betrieblichen Mitteln des ArbGeb finanziert. Zu diesem Zweck bildet der ArbGeb in aller Regel Rücklagen. Die ArbN selbst leisten keine eigenen Beiträge.

210 **b) Pensionskasse.** Die Pensionskasse ist eine rechtsfähige Versorgungseinrichtung, die dem ArbN oder seinen Hinterbliebenen einen Rechtsanspruch auf ihre Leistungen gewährt (§ 1b Abs 3 BetrAVG). Sie wird regelmäßig von einem oder mehreren Unternehmen getragen und meist in der Rechtsform eines VVaG durchgeführt. In der Pensionskasse sind die ArbN selbst Mitglied. Die Beiträge werden teils vom ArbGeb allein, teils von ArbGeb und ArbN gemeinsam aufgebracht.

211 **c) Pensionsfonds.** Der Pensionsfonds ist wie die Pensionskasse eine rechtsfähige Versorgungseinrichtung, die dem ArbN oder seinen Hinterbliebenen einen Rechtsanspruch auf ihre Leistungen gewährt (§ 1b Abs 3 BetrAVG, §§ 112 ff VVaG). Der Pensionsfonds arbeitet nach dem Kapitaldeckungsverfahren. Er erbringt seine Leistung (lebenslange Altersrente) je nach dem zugrunde liegenden Pensionsplan entweder beitragsbezogen mit der Zusage einer Mindestleistung oder leistungsbezogen. Pensionsfonds bedürfen zum Geschäftsbetrieb der Erlaubnis der Aufsichtsbehörde. Er ist in der Auswahl seiner Geldanlagen freier als die Pensionskasse.

212 **d) Unterstützungskasse.** Die Unterstützungskasse ist wie die Pensionskasse eine rechtsfähige Versorgungseinrichtung, jedoch gewährt sie die dem ArbN oder seinen Hinterbliebenen – anders als die Pensionskasse – keinen Rechtsanspruch auf ihre Leistungen (§ 1b Abs 4 BetrAVG). Die Unterstützungskasse wird von einem oder mehreren Unternehmen getragen. Das Vermögen der Unterstützungskasse wird durch Zuwendungen des/der Trägerunternehmen oder durch eigene Vermögenserträge der Kasse aufgebaut.

Betriebliche Altersversorgung

e) Direktversicherung. Die Direktversicherung ist eine besondere Form der Lebensversicherung, die der ArbGeb als Versicherungsnehmer für seine ArbN auf das Leben des ArbN abschließt und bei der hinsichtlich der Leistungen der ArbN oder seine Hinterbliebenen ganz oder teilweise bezugsberechtigt sind (vgl § 1b Abs 2 Satz 1 BetrAVG). Versicherungsnehmer ist der ArbGeb. Eine betriebliche Altersversorgung liegt nicht vor, wenn der ArbN Versicherungsnehmer ist, auch wenn der ArbGeb die Beiträge zahlt. Die Direktversicherung kann als Einzel- oder Gruppenlebensversicherung abgeschlossen werden. Eine Aufteilung der Bezugsberechtigung zwischen ArbGeb und ArbN wird in der Praxis oft hinsichtlich der Überschussanteile vorgenommen (vgl oben Rz 26). Zahlungsschuldner der Versicherungsprämien ist der ArbGeb. Er zahlt idR auch die Beiträge, jedoch ist dies nicht konstitutiv. Eine Direktversicherung liegt auch dann vor, wenn die Prämien etwa durch Gehaltsumwandlung zum Teil von ArbN getragen werden.

3. Finanzierung durch den Arbeitgeber. Werden die Mittel für die betriebliche Altersversorgung ausschließlich durch den ArbGeb von zusätzlich zum Arbeitsentgelt gewährten Entlohnungsbestandteilen, also ohne das Vorliegen einer Entgeltumwandlung, aufgebracht, ist zunächst zu prüfen, ob dem ArbN dadurch zusätzlich zum vereinbarten Arbeitsentgelt wirtschaftlich ein geldwerter Vorteil zugewandt wird. Ist dies der Fall, bedarf es der Prüfung, ob und ggf in welchem Umfang dieser dem Arbeitsentgelt auch beitragsrechtlich zugerechnet werden kann.

a) Direktzusage und Unterstützungskasse: Kein geldwerter Vorteil. Vor Eintritt des Versorgungsfalles sind die Mittel, die der ArbGeb für Rückstellungen einer von ihm erteilen Direktzusage verwendet, dem ArbN nicht als geldwerter Vorteil zuzurechnen und damit nicht beitragspflichtig. Gleiches gilt für Zuwendungen an eine Unterstützungskasse.

Beitragsrechtlich wird diese Form der betrieblichen Altersvorsorge erst nach Eintritt des Leistungsfalles relevant. Leistungen aus einer Direktzusage sind wie sonstige Arten der betrieblichen Altersversorgung als sog Versorgungsbezüge Teil der Beitragsbemessungsgrundlage der KV (§ 226 Abs 1 Nr 3, § 229 Abs 1 Nr 5, § 237 Satz 1 Nr 3 SGB V). Zum sozialversicherungsrechtlichen Begriff der Versorgungsbezüge (vgl Rz 181).

b) Steuer- und beitragsfreie Beiträge/Prämien für Pensionsfonds, Pensionskasse oder für Direktversicherung. Gem § 3 Nr 63 EStG sind Beiträge des ArbGeb aus dem ersten Arbeitsverhältnis an eine **Pensionskasse,** einen **Pensionsfonds** oder für eine **Direktversicherung** steuerfrei, soweit sie insgesamt im Kj 4 vH der Beitragsbemessungsgrenze der RV nicht übersteigen (dazu *Beitragsbemessungsgrenzen* zur Steuerfreiheit bei der nur bis Ende 2004 möglichen Pauschalbesteuerung von Direktversicherungsbeiträgen vgl Personalbuch 2003, Betriebliche Altersversorgung Rz 219). Die genannten Aufwendungen müssen einer kapitalgedeckten betrieblichen Altersversorgung dienen (zur Pauschalbesteuerung bei Zuwendungen an Pensionskasse bei nicht kapitalgedeckter Altersversorgung vgl unten). Gem § 1 Abs 1 Nr 9 SvEV (§ 2 Abs 2 Nr 5 ArEV) sind diese steuerfreien Zuwendungen auch nicht dem Arbeitsentgelt iSv § 14 SGB IV zuzurechnen und damit beitragsfrei. Negativ formuliert: Zusätzlich zum Arbeitsentgelt gewährte Zuwendungen des ArbGeb zu Pensionskassen, Pensionsfonds und für Direktversicherungen sind nur insoweit beitragspflichtiges Arbeitsentgelt, als sie in einem Kj den Betrag von 4 vH der in diesem Jahr geltenden Beitragsbemessungsgrenze des Kj übersteigen oder soweit sie aus einem zweiten Arbeitsverhältnis stammen. Dem Arbeitsentgelt nicht zuzurechnen sind solche „steuerfreien Zuwendungen" auch insoweit, als sie aus einer **Entgeltumwandlung** (§ 1 Abs 2 BetriebsrentenG) stammen (vgl § 1 Satz 1 Nr 9 SvEV).

Keine Beitragsfreiheit besteht dagegen, soweit § 3 Nr 63 Sätze 3 und 4 EStG einen weiteren Freibetrag für eine nach dem 31.12.2004 begründete Versorgungszusage steuerfrei lässt oder wenn der ArbN bei **Beendigung seines Dienstverhältnisses** Beiträge und Prämien für einen Pensionsfonds, eine Pensionskasse oder für eine Direktversicherung in der Höhe eines entsprechend seiner Beschäftigungsjahre Vielfachen des genannten Freibetrages steuerfrei erhält; § 1 Abs 1 Nr 9 SvEV (§ 2 Abs 2 Nr 5 ArEV) nimmt nämlich nur auf die Sätze 1 und 2, nicht dagegen auf die Sätze 3 und 4 des § 3 Nr 63 EStG Bezug. Dies dürfte auch dann gelten, wenn es sich bei den aus der für eine betriebliche Altersversorgung verwendeten Mitteln um ein **angespartes Wertguthaben** bei flexibler Arbeitsgestaltung (vgl § 7 Abs 1a SGB IV) handelt, das wegen eines Störfalles nicht mehr für Zeiten einer Freistellung ver-

103 Betriebliche Altersversorgung

wendet werden, kann. Fließt das Wertguthaben in eine betriebliche Altersversorgung, gilt es nach § 23b Abs 3a SGB IV unter bestimmten Voraussetzungen nicht als Arbeitsentgelt, so dass es schon mangels „Arbeitsentgelt-Qualität" nicht beitragspflichtig ist.

218 **c) Beitragsfreiheit kraft Pauschalbesteuerung.** Soweit die zusätzlichen Beiträge des ArbGeb an eine **Pensionskasse** nicht nach § 1 Abs 1 Nr 9 SvEV (§ 2 Abs 2 Nr 5 ArEV) iVm § 3 Nr 63 EStG steuer- und damit beitragsfrei sind (vgl vorherige Rz), ist zu prüfen, ob der ArbGeb von der Pauschalierungsmöglichkeit nach **§ 40b EStG** Gebrauch gemacht hat.

219 Der ArbGeb kann die LSt von **Zuwendungen an eine Pensionskasse** mit einem Pauschsteuersatz von 20 vH der Beiträge und Zuwendungen erheben, soweit die zu besteuernden Beiträge und Zuwendungen des ArbGeb für den ArbN den in § 40b Abs 2 Satz 1 EStG genannten Betrag im Kj nicht übersteigen. Macht der ArbGeb hiervon Gebrauch, sind seine zusätzlich zum Arbeitsentgelt für eine Pensionskasse aufgewandten Zuwendungen bis zu dem in § 40b Abs 2 Satz 1 EStG genannten Betrag gem § 1 Abs 1 Nr 4 SvEV (§ 2 Abs 1 Satz 1 Nr 3 ArEV) nicht dem Arbeitsentgelt zuzurechnen und somit beitragsfrei. Werden für den ArbN an die Pensionskasse höhere Zuwendungen eingezahlt, sind diese insoweit beitragspflichtiges Arbeitsentgelt.

220 **4. Arbeitnehmerfinanzierte Vorsorge. a) Begriff der Entgeltumwandlung.** § 1 Abs 2 Nr 3 BetrAVG enthält eine **Legaldefinition** der Entgeltumwandlung. Danach liegt eine betriebliche Altersversorgung auch dann vor, wenn „künftige Entgeltansprüche in eine wertgleiche Anwartschaft auf Versorgungsleistungen umgewandelt werden (Entgeltumwandlung)". Daher verliert zB eine Direktversicherung ihren Charakter als betriebliche Altersversorgung nicht dadurch, dass die Prämien von der Lebensversicherung wirtschaftlich vom ArbN getragen werden. Voraussetzung hierfür ist lediglich, dass die Versicherungsprämien aus einer Entgeltumwandlung stammen.

Gem § 1a Abs 1 BetrAVG hat der ArbN einen **Rechtsanspruch auf Entgeltumwandlung**, soweit nicht bereits eine durch Entgeltumwandlung finanzierte Altersversorgung besteht (Abs 2). Er kann vom ArbGeb verlangen, dass von seinen künftigen Entgeltansprüchen bis zu 4 vH der jeweiligen Beitragsbemessungsgrenze in der RV durch Entgeltumwandlung für eine betriebliche Altersversorgung verwendet werden. Hierzu bedarf es einer Vereinbarung mit dem ArbGeb. Ist der ArbGeb zur Durchführung der betrieblichen Altersversorgung im Durchführungswege der Pensionskasse oder eines Pensionsfonds bereit, ist die betriebliche Altersversorgung dort durchzuführen; andernfalls kann der ArbN verlangen, dass für ihn eine Direktversicherung abgeschlossen wird.

221 Bei der Entgeltumwandlung handelt es sich um einen **Novationsvertrag**. Die Verpflichtung des ArbGeb zur Erbringung seiner Gegenleistung, des Arbeitsentgelts, wird noviert und partiell durch eine Versorgungszusage ersetzt. Die Entgeltumwandlung führt somit im Grundsatz zu einer Absenkung des zuvor vereinbarten Bruttoentgeltanspruchs, die Zusammensetzung der Gesamtvergütung ändert sich. Zusagen, die der ArbGeb von sich aus nicht erteilt hätte, werden vom ArbN durch die Entgeltumwandlung gleichsam „erkauft". Dies führt dazu, dass die für eine Entgeltumwandlung verwendeten Entlohnungsbestandteile aus dem beitragspflichtigen Arbeitsentgelt „herausfallen" und damit die Bemessungsgrundlage der Beiträge zur SozV dauerhaft geschmälert werden. Für eine bis zum Jahr 2008 dauernde Übergangszeit hat der Gesetzgeber dies hingenommen (vgl *Rombach* Betriebliche Altersversorgung 2001, S 206, 208). Nach Ablauf von Übergangsfristen sollen die für eine Entgeltumwandlung eingesetzten Beträge des ArbN als beitragspflichtiges Arbeitsentgelt behandelt werden.

222 **b) Abgrenzung Entgeltumwandlung – Verwendung bereits entstandener Entgeltansprüche.** Bereits fällige oder auch nur erdiente (erarbeitete) Entgeltansprüche scheiden von einer Entgeltumwandlung iSv § 1 Abs 1 Nr 1 SvEV (§ 1 Abs 2 Nr 3 ArEV) aus (vgl hierzu *Blomeyer* NZA 98, 911 f). Insoweit liegt keine Novation des Arbeitsvertrags bzgl der künftigen Zusammensetzung der Entlohnungsbestandteile vor, sondern eine Abrede über die Verwendung bereits entstandener Ansprüche. Der Beitragsanspruch entsteht mit der Arbeitsleistung (vgl § 22 Abs 1 SGB IV). Eine nachträgliche Vereinbarung über die Verwendung des Arbeitsentgelts kann die insoweit entstandene Beitragsschuld nicht mehr beseitigen (vgl dazu BSG 14.7.04 – B 12 KR 10/02 R, SozR 4–5375 § 2 Nr 1).

223 **c) Entgeltumwandlung zugunsten einer Direktzusage oder für Unterstützungskassen.** Soweit es sich um die „echte" Umwandlung künftig fällig werdender Entgelt-

Betriebliche Altersversorgung

bestandteile handelt, gilt im Grundsatz folgendes: Nach § 14 Abs 1 Satz 2 SGB IV sind Arbeitsentgelt auch diejenigen Entgeltbestandteile, die durch Entgeltumwandlung nach § 1 Abs 2 BetrAVG für betriebliche Altersversorgung in den Durchführungswegen Direktzusage oder Unterstützungskassen verwendet werden, und zwar auch dann, wenn steuerlich kein dem ArbN zufließendes Entgelt angenommen wird (§ 14 Abs 1 Satz 2 SGB IV iF des AVmG, vgl Ausschuss für Arbeit und Sozialordnung BT-Drs 14/150 S 33 zu Art 3 Nr 2a). Hieraus folgt, dass seit 2009 die für eine Entgeltumwandlung zugunsten einer Direktzusage oder für Unterstützungskassen verwendeten Entlohnungsbestandteile **beitragspflichtiges Arbeitsentgelt** sind.

§ 14 Abs 1 Satz 2 SGB IV trägt dem Umstand Rechnung, dass die vom ArbGeb gezahlten 224 Mittel wirtschaftlich aus der Sphäre des ArbN stammen und eine Entgeltumwandlung die Beitragspflicht nicht per se beseitigt (zur Übergangsregelung des § 115 SGB IV aF BT-Drs 14/5150 S 33 zu Nr 2a und Nr 7a).

d) Entgeltumwandlung für Pensionskasse, Pensionsfonds oder Direktversiche- 225 **rungen.** Nach § 1 Abs 1 Nr 9 SvEV sind dem Arbeitsentgelt Zuwendungen an Pensionskassen, Pensionsfonds und Direktversicherungen nicht zuzurechnen, die nach § 3 Nr 63 Satz 1 und 2 EStG steuerfrei sind. Dies ist bei Beträgen der Fall, soweit sie im Kj 4 vH der jeweils geltenden Beitragsbemessungsgrenze der RV nicht übersteigen, unabhängig davon, ob sie aus einer Entgeltumwandlung stammen oder ob dies nicht der Fall ist.

Für Zuwendungen, die über dem Betrag von 4 vH der Beitragsbemessungsgrenze der RV 226 liegen, bleibt es bei der Beitragspflicht.

III. Beitragspflicht der Leistungen aus der betrieblichen Altersversorgung. 1. All- 227 **gemeines.** Als beitragspflichtige Einnahmen gelten nach § 229 SGB V die einer (gesetzlichen) Rente vergleichbaren Versorgungsbezüge. **Versorgungsbezüge** iS dieser Vorschrift sind ua auch Renten der betrieblichen Altersversorgung einschließlich der Zusatzversorgung im öffentlichen Dienst (VBL-Rente) und der hüttenknappschaftlichen Zusatzversorgung (§ 229 Abs 1 Nr 5 SGB V). Erforderlich ist, dass diese Bezüge wegen einer Einschränkung der Erwerbsfähigkeit oder zur Alters- oder Hinterbliebenenversorgung erzielt werden. Letzteres wird bei Leistungen aus der betrieblichen Altersversorgung regelmäßig der Fall sein. Hat die Leistung entsprechend ihrer tatbestandlichen Voraussetzungen ausnahmsweise keine rentenähnliche Zwecksetzung, liegt auch kein Versorgungsbezug iSd § 229 SGB V vor; dies ist der Fall, wenn die Leistung weder als Einkommensersatz bei Erwerbs- oder Berufsunfähigkeit oder bei Erreichen bestimmter Altersgrenzen dient noch ihr beim Todesfall Unterhaltsersatzfunktion für die Hinterbliebenen zukommt (zu diesen Anforderungen vgl BSG 11.12.87 – 12 RK 3/86, SozR 2200 § 180 Nr 38 S 155).

2. Sozialversicherungsrechtlicher Begriff der betrieblichen Altersversorgung. 228 Der Begriff der „betrieblichen Altersversorgung" wird in § 229 Abs 1 Nr 5 SGB V nicht definiert. Das BSG versteht unter Renten und den Renten vergleichbaren Bezügen, dass nicht auf den im Einzelfall jeweils nachweisbaren Zusammenhang mit dem früheren Erwerbsleben abzustellen ist, sondern typisierend von einem solchen allgemeinen Zusammenhang auszugehen ist. § 229 Abs 1 Satz 1 SGB V unterwirft grundsätzlich **Bezüge bestimmter Institutionen** und aus vergleichbaren Sicherungssystemen der Beitragspflicht, bei denen in der Regel ein Zusammenhang zwischen der Zugehörigkeit zu diesem System und einer Erwerbstätigkeit besteht. Diese sog **institutionelle Abgrenzung** orientiert sich allein daran, ob die Rente bzw die einmalige Kapitalleistung von einer Einrichtung der betrieblichen Altersversorgung gezahlt wird, und lässt Modalitäten des individuellen Rechtserwerbs unberücksichtigt (BSG 12.11.08 – B 12 KR 6/08 R, SozR 4–2500 § 229 Nr 7: Einmalzahlungen aus einer Direktversicherung, die auf eigenen Beitragszahlungen des Versicherten beruhen). Der Begriff der „betrieblichen Altersversorgung" ist für das Verständnis des § 229 Abs 1 Satz 1 Nr 5 SGB V eigenständig nach Sinn und Zweck dieser Vorschrift ohne Bindung an die Legaldefinition des § 1b Abs 2 BetrAVG auszulegen. Wer sich zur Alters- und Hinterbliebenenvorsorge der **Institutionen der betrieblichen Altersversorgung** und der hiermit verbundenen Vorteile bedient, muss sich in der Konsequenz auch bezüglich der an diesen institutionellen Rahmen geknüpften beitragsrechtlichen Folgen hieran festhalten lassen, ohne dass es dem KVTräger zugemutet werden könnte, noch nach Jahren und Jahrzehnten das Vorliegen der für diese Versorgungsform im Einzelnen vorgesehenen Voraussetzungen in

103 Betriebliche Altersversorgung

jedem Einzelfall rückwirkend vollständig zu überprüfen (BSG 10.3.94 – 12 RK 30/91, SozR 3–2500 § 229 Nr 3). § 229 SGB V ist allerdings nicht auf Leistungen nach dem BetrAVG beschränkt, sondern erfasst weitergehend auch Leistungen, die nicht unter dieses Gesetz fallen. § 229 SGB V setzt voraus, dass die Leistung den Renten der gesetzlichen RV vergleichbar ist und jedenfalls bei typisierender Betrachtung im Zusammenhang mit der früheren Berufstätigkeit steht (BSG 27.1.2000 – B 12 KR 17/99 R, SozR 3–2500 § 240 Nr 32). Dies erfordert eine wiederkehrende Zahlungsweise oder jedenfalls eine nur nachträglich vereinbarte Kapitalisierung sowie die Verfolgung bestimmter Versorgungszwecke (**Einkommensersatzfunktion** bei Erwerbs- und Berufsunfähigkeit sowie im Alter einerseits und **Unterhaltsersatzfunktion** für den Fall des Todes im Hinblick auf die Hinterbliebenen andererseits).

229 Zu den Renten der betrieblichen Altersversorgung iS von § 229 Abs 1 Satz 1 Nr 5 SGB V gehören auch Renten, die aus einer vom ArbGeb für den ArbN abgeschlossenen Direktversicherung iS von § 1b Abs 2 des Gesetzes zur Verbesserung der betrieblichen Altersversorgung (BetrAVG) gezahlt werden (vgl zB BSG 12.11.08 – B 12 KR 6/08 R, SozR 4–2500 § 229 Nr 7 Rn 14; 12.12.2007 – B 12 KR 6/06 R – USK 2007–98 – auf Verfassungsbeschwerde bestätigt: BVerfG Beschluss vom 6.9.2010 – 1 BvR 739/08, VersR 2011, 416). Die Leistung ist dann der betrieblichen Altersversorgung zuzurechnen, wenn sie die Versorgung des ArbN oder seiner Hinterbliebenen im Alter, bei Invalidität oder Tod bezweckt, also der Sicherung des Lebensstandards nach dem Ausscheiden des ArbN aus dem Erwerbsleben dienen soll. Dies gilt auch für Zahlungen aus einer **Kapitallebensversicherung,** die zunächst als private Lebensversicherung abgeschlossen wurde und erst später durch den Eintritt des ArbGeb als Versicherungsnehmer in den Versicherungsvertrag zu einer Direktversicherung wird, selbst wenn später ein weiterer Versicherungsnehmerwechsel erfolgt und der ArbN erneut Versicherungsnehmer wir (BSG 30.3.2011 – B 12 KR 24/09 R; vgl hierzu unter 3). **Rentenähnlichkeit** liegt nicht vor – und damit auch keine betriebliche Altersversorgung iSd § 229 SGB V –, wenn von vornherein keine wiederkehrende Leistung, sondern eine einmalige Kapitalzahlung vereinbart oder zugesagt war (BSG 18.12.84 – 12 RK 36/84, SozR 2200 § 180 Nr 25).

Nicht erforderlich ist, dass die betriebliche Altersversorgung vom ArbGeb finanziert oder zumindest mitfinanziert ist (BSG 6.2.92 – 12 RK 37/91, SozR 3–2500 § 229 Nr 1 mwN; BSG 10.3.94 – 12 RK 30/91, SozR 3–2500 § 229 Nr 3); eine betriebliche Altersversorgung iSd § 229 SGB V kann auch vorliegen, wenn sie allein auf Beiträgen der Versicherten beruht, wie zB Renten von Versicherungs- und Versorgungseinrichtungen bestimmter Berufsgruppen. Erforderlich für das Vorliegen einer betrieblichen Altersversorgung ist, dass ein Zusammenhang zwischen dem Erwerb des Anspruchs auf eine bestimmte Leistung und der früheren Beschäftigung, dh ein **unmittelbarer Bezug zur früheren Berufstätigkeit,** besteht. Dies ist zB dann der Fall, wenn nur Mitarbeiter bestimmter ArbGeb Mitglied einer Pensionskasse oder einer sonstigen Versorgungseinrichtung sein können. In einem solchen Fall ist es auch unschädlich, wenn die Rentenanwartschaften allein aus Beiträgen finanziert werden, die den Betriebsangehörigen vom Lohn abgezogen und an die Kasse/Einrichtung abgeführt wurden (BSG 11.12.87 – 12 RK 3/86, SozR 2200 § 180 Nr 38). Renten aus Lebensversicherungsverträgen gehören deshalb ebenso zu den Versorgungsbezügen wie ein zusätzlich zur Betriebsrente gezahltes Kindergeld, wenn der Anspruch hierauf auf der Betriebszugehörigkeit oder auf während des Beschäftigungsverhältnisses entrichteten Beiträgen beruht (zur **Lebensversicherung** aufgrund Direktversicherung vgl BSG 8.12.88 – 12 RK 46/86, SozR 2200 § 180 Nr 47; zum **zusätzlichen Kindergeld** BSG 25.10.88 – 12 RK 10/87, SozR 2200 § 180 Nr 45 zu einem einmal im Jahr gezahlten „**Weihnachtsgeld**" BSG 18.3.93 – 8 RKn 2/92). Die Versorgungsbezüge verlieren ihren Charakter auch nicht dadurch, dass sie zB bei einem früher als Handels- oder Versicherungsvertreter Beschäftigten anstelle des Ausgleichsanspruchs nach § 89b HGB treten (BSG 10.3.94 – 12 RK 30/91, SozR 3–2500 § 229 Nr 3).

230 Selbst bei „**eigenen" Beiträgen des Arbeitnehmers,** die der ArbN nach dem Ausscheiden aus dem Arbeitsverhältnis auf eine Direktversicherung einzahlt, ist der Berufsbezug noch gewahrt, solange der ArbGeb die Direktversicherung als Versicherungsnehmer und damit innerhalb der institutionellen Vorgaben des Betriebsrentengesetzes fortführt. Solche Beiträge auf einen vom ArbGeb abgeschlossenen und auf diesen als Versicherungsnehmer laufenden

Versicherungsvertrag lassen sich trotz des Ausscheidens des Versicherten aus dem Arbeitsverhältnis bei typisierender Betrachtungsweise noch als mit diesem in Verbindung stehend betrachten (BVerfG 6.9.2010 – 1 BvR 739/08, VersR 2011, 416). Die Grenzen zulässiger Typisierung werden aber jedenfalls dann überschritten, soweit auch Kapitalleistungen, die auf Beiträgen beruhen, die ein ArbN **nach Beendigung seiner Erwerbstätigkeit** auf den Lebensversicherungsvertrag unter **Einrücken in die Stellung des Versicherungsnehmers** eingezahlt hat, der Beitragspflicht nach § 229 SGB 5 V unterworfen werden. Denn mit der Vertragsübernahme durch den ArbN ist der Kapitallebensversicherungsvertrag vollständig aus dem betrieblichen Bezug gelöst worden und unterscheidet sich hinsichtlich der dann noch erfolgenden Einzahlungen nicht mehr von anderen privaten Lebensversicherungen, die nicht der Beitragspflicht unterliegen (vgl BVerfG 28.9.2010 – 1 BvR 1660/08, SozR 4–2500 § 229 Nr 11).

Dem Charakter einer betrieblichen Rente steht auch nicht entgegen, dass sie im Rahmen eines **Sozialplans** vereinbart wurde; so handelt es sich zB auch bei Ausgleichszahlungen des ArbGeb, die im Hinblick auf die durch ein vorzeitiges Ausscheiden des ArbN entstehende Rentenminderung mit Beginn einer Rente des ArbN gezahlt werden, um Versorgungsbezüge iSd § 229 SGB V, unabhängig davon, dass sie in einem Sozialplan vereinbart wurden und die Vertragsparteien subjektiv nicht die Vorstellung hatten, eine Leistung der betrieblichen Altersversorgung zu vereinbaren (vgl BSG 26.3.96 – 12 RK 44/94, SozR 3–2500 § 229 Nr 12). 231

Eine betriebliche Altersversorgung kann auch vorliegen, wenn der Anspruch hierauf von einem ArbGeb während seiner selbstständigen Erwerbstätigkeit erworben wurde; dh es kommt für das sozialversicherungsrechtliche Beitragsrecht nicht darauf an, ob der Begünstigte während seiner Mitgliedschaft zB in einer Pensionskasse vor dem Leistungsfall ArbN oder ArbGeb gewesen ist. Auch für einen **Arbeitgeber als Mitglied einer Einrichtung** für betriebliche Versorgung trifft die gesetzliche Zielrichtung zu, rentenähnlichen Leistungen, die mit der früheren Berufstätigkeit im Zusammenhang stehen, der Beitragspflicht zu unterwerfen (BSG 10.6.88 – 12 RK 24/87, SozR 2200 § 180 Nr 40). 232

3. Beitragspflichtiger Personenkreis. Beiträge aus Versorgungsbezügen (zB Betriebsrenten) haben zunächst **versicherungspflichtige Beschäftigte** zu zahlen; der Beitragsbemessung für diesen Personenkreis werden neben dem Arbeitsentgelt aus einer versicherungspflichtigen Beschäftigung ua auch der Zahlbetrag der Versorgungsbezüge zugrunde gelegt (§ 226 Abs 1 Nr 3 SGB V); dies gilt nur dann nicht, wenn die Summe aus den Versorgungsbezügen und einer ggf zusätzlich gewährten Rente aus der gesetzlichen RV monatlich nicht den Bagatellbetrag des § 226 Abs 2 SGB V von $1/20$ der monatlichen Bezugsgröße iSd § 18 SGB IV erreicht (zur Höhe der Bezugsgröße s *Sozialversicherungsbeiträge* Rz 66 Anhang). **Versicherungspflichtige Rentner** haben Beiträge zur KV ebenfalls nicht nur aus der gesetzlichen Rente, sondern neben dem evtl vorhandenen Arbeitseinkommen auch aus Versorgungsbezügen zu zahlen, wenn die Bagatellgrenze des § 226 Abs 2 SGB V überschritten wird (§ 237 Satz 1 Nr 2 SGB V). **Freiwillige Mitglieder** zahlen Beiträge entsprechend ihrer gesamten wirtschaftlichen Leistungsfähigkeit (vgl § 240 Abs 1 und 2 SGB V). Damit sind im Hinblick auf § 226 Abs 1 Nr 3 SGB V auch bei freiwilligen Mitgliedern deren Versorgungsbezüge als beitragspflichtige Einnahmen zu berücksichtigen. 233

4. Beitragssätze bezüglich der Versorgungsbezüge. a) Für Versicherungspflichtige ist seit 1.4.05 für die Bemessung der Beiträge aus Versorgungsbezügen der allgemeine Beitragssatz maßgeblich (zur Verfassungsmäßigkeit vgl BSG 24.8.05 – B 12 KR 29/04 R). 234

b) Für freiwillig Versicherte. Eine Ausnahme (halber allgemeiner Beitragssatz) gilt seit 2004 nur noch für Versorgungsbezüge nach § 229 Abs 1 Nr 4 SGB V, dh für Renten und Landabgabenrenten aus der landwirtschaftlichen Alterssicherung (vgl § 248 SGB V). 235

5. Tragung und Zahlung der Beiträge aus Versorgungsbezügen. Zur Tragung der Beiträge aus Versorgungsbezügen ist der Empfänger der Bezüge grds selbst verpflichtet; er allein wird mit den Beiträgen belastet (vgl § 250 Abs 1 SGB V). Hiervon zu unterscheiden ist die Frage, wer die Beiträge an die Kasse zu zahlen/abzuführen hat. Auszugehen ist von dem Grundsatz, dass die Beiträge von demjenigen zu zahlen sind, der sie zu tragen hat (§ 252 SGB V). Eine hiervon abweichende Regelung enthält § 256 SGB V. Hiernach gilt Folgendes: **Für Versicherungspflichtige, die eine Rente aus der gesetzlichen Rentenver-** 236

103 Betriebliche Altersversorgung

sicherung beziehen, haben die **Zahlstellen der Versorgungsbezüge** die Beiträge einzubehalten und an die zuständige Krankenkasse zu zahlen. Sie haben den Krankenkassen die von den Versorgungsbezügen einbehaltenen Beiträge nachzuweisen (§ 256 Abs 1 Sätze 1 und 2 SGB V). Es handelt sich hierbei also um ein dem Lohnabzugsverfahren vergleichbares Vorgehen. Nur dann, wenn laufende Versorgungsbezüge nicht mehr zu zahlen sind, obliegt der Beitragseinzug der zuständigen Krankenkasse (§§ 256 Abs 2 Satz 1, 255 Abs 2 SGB V). Lediglich Zahlstellen, die regelmäßig an weniger als 30 beitragspflichtige Mitglieder Versorgungsbezüge auszahlen, können bei der zuständigen Krankenkasse beantragen, dass das Mitglied die Beiträge selbst zahlt. **Für alle anderen** Bezieher von Versorgungsbezügen, also für alle freiwilligen Mitglieder und für alle Pflichtversicherten, die keine Rente aus der gesetzlichen RV beziehen, gilt der Grundsatz, dass sie selbst und eigenverantwortlich die Beiträge aus den Versorgungsbezügen an die zuständige Krankenkasse zu zahlen haben.

237   **6. Versorgungsbezüge in Form einer Kapitalabfindung.** Das BSG hat in seiner früheren Rspr die Rentenähnlichkeit und damit den Charakter von Versorgungsbezügen verneint, wenn von vornherein keine wiederkehrende Leistung, sondern eine einmalige Kapitalzahlung vereinbart oder zugesagt war (BSG 18.12.84 – 12 RK 36/84, SozR 2200 § 180 Nr 25; zum Zweck der Regelung vgl auch BSG 27.1.2000 – B 12 KR 17/99 R). Kapitalzahlungen waren danach im Grundsatz nicht beitragspflichtig. § 229 Abs 1 Satz 3 SGB V (aF) sah jedoch schon immer folgende Ausnahme vor: Tritt an die Stelle der Versorgungsbezüge eine nicht regelmäßig wiederkehrende Leistung, gilt der 120. Teil der Leistung als monatlicher Zahlbetrag der Versorgungsbezüge, längstens jedoch für 120 Monate. Danach galt der 120. Teil einer Kapitalabfindung schon immer als monatlicher Zahlbetrag der Versorgungsbezüge, wenn die nicht regelmäßig wiederkehrende Leistung (Kapitalabfindung) an die Stelle der Versorgungsbezüge tritt. Dh: Die Beitragspflicht der Versorgungsbezüge konnte kraft der Fiktion des § 229 Abs 1 Satz 3 SGB V nicht dadurch umgangen werden, dass zB eine an sich als monatliche Zahlungen zu leistende Rente (laufende Zahlung) aus einer vom ArbGeb als betriebliche Altersversorgung finanzierte Direktversicherung nach Eintritt des Leistungsfalles in eine einmalige Zahlung (Kapitalabfindung) umgewandelt wurde. In solchen Fällen wurde für längstens 120 Monate der 120. Teil der Kapitalabfindung zur monatlichen Beitragsbemessung herangezogen, dh die Kapitalabfindung auf 10 Jahre umgelegt. Das BSG hat die Beitragspflicht einer Kapitalabfindung nach § 229 Abs 1 Satz 3 SGB V (aF) jedoch verneint, wenn ein Versicherungsvertrag, der ursprünglich auf die Zahlung einer laufenden Rente gerichtet war, noch vor Eintritt des Versorgungsfalles dahin geändert wurde, dass eine Kapitalleistung erbracht wird (vgl BSG 30.3.95 – 12 RK 10/94, SozR 3–2500 § 229 Nr 10). Dieser Rspr hat das GMG vom 14.11.03 (BGBl I 03, 2190) seit 1.1.04 die Grundlage entzogen: Nach § 229 Abs 1 Satz 3 SGB V nF gilt seither Folgendes: Tritt an die Stelle der Versorgungsbezüge eine nicht regelmäßige wiederkehrende Leistung oder ist eine solche Leistung bereits vor Eintritt des Versorgungsfalles vereinbart oder zugesagt worden, gilt der 120. Teil der Leistung als monatlicher Zahlbetrag der Versorgungsbezüge, längstens jedoch für 120 Monate (vgl BT-Drs 15/1525 S 139 zu Nr 143 – § 229).

238   **IV. Einzahlung abgefundener Anwartschaften auf betriebliche Altersversorgung in die Rentenversicherung.** Nach § 187b SGB VI können ArbN, die in der gesetzlichen RV versichert sind, eine Abfindung auf eine unverfallbare Anwartschaft auf betriebliche Altersversorgung, die sie bei Beendigung des Arbeitsverhältnisses nach dem BetrAVG erhalten haben, als Beiträge in die RV einzahlen. Der ArbN hat damit die Möglichkeit, eine betriebliche Altersversorgung unter bestimmten Voraussetzungen in eine Vorsorge in der gesetzlichen RV „umzuwandeln", indem er eine Abfindung aus der sog 2. Säule der Altersvorsorge für eine ergänzende Altersversorgung (in der sog 1. Säule) nutzbar macht (vgl hierzu auch Begründung des Gesetzentwurfs; BT-Drs 13/8011 S 61 zu Nr 64 = § 187b; zum Ganzen vgl *Grintsch* DRV 1998, 88 ff).

239   Die Einzahlung des Abfindungsbetrages kann **innerhalb eines Jahres nach Zahlung** der Abfindung erfolgen; nach Bewilligung einer Vollrente wegen Alters steht dem ArbN das Recht nach § 187b SGB VI nicht mehr zu (vgl § 187 Abs 2 SGB VI). Die Abfindung muss die Voraussetzungen der **§§ 3, 8 BetrAVG** erfüllen; dies hat der ArbN bei Einzahlung des Abfindungsbetrages gegenüber dem RVTräger darzulegen.

Die aus einer Abfindung bezahlten Beiträge nach § 187b SGB VI sind weder Pflicht- 240
beiträge noch freiwillige Beiträge; vielmehr handelt es sich um Beiträge sui generis, die
lediglich bei der Ermittlung des Zuschlags an Entgeltpunkten nach § 76a Absatz 2 SGB VI
und damit bei der Ermittlung des **monatlichen Werts des Rechts auf Rente** (sog
Rentenhöhe) rentensteigernd berücksichtigt werden (vgl hierzu BT-Drs 13/8011 S 57 zu
Nr 76). Dagegen zählen sie aber zB bei der Erfüllung der Wartezeit oder sonstigen versicherungsrechtlichen Voraussetzungen nicht mit.

Betriebliche Berufsbildung

A. Arbeitsrecht *Poeche*

1. Einführung. Die betriebliche Berufsbildung ist in §§ 96–98 BetrVG geregelt. Die 1
Vorschriften begründen für BRat und ArbGeb Förderungs- und Beratungspflichten und für
den BRat erzwingbare Mitbestimmungsrechte. Sie zielen auf eine ständige Verbesserung der
Aus- und Weiterbildung. Langfristige Sicherung des Arbeitsplatzes, Schutz vor Kündigung
und beruflicher Aufstieg sind ohne „lebenslanges Lernen" idR nicht erreichbar. Angesichts
des rasanten technischen Wandels in Produktion und Verwaltung ist der ArbGeb auf gut
ausgebildete und ausbildungsmotivierte ArbN angewiesen. Die Beteiligung des BRat soll die
Achtung der Persönlichkeit und Würde des ArbN gewährleisten. Schutzziel sind auch Transparenz, Verteilungsgerechtigkeit der häufig begrenzten Aus- und Weiterbildungskapazitäten
(korrekte Auswahl) sowie angemessene Inhalte der Bildungsmaßnahmen (vgl *Fitting* § 96
Rz 5).

2. Berufsbildung. Nach Schutzzweck und Sprachgebrauch der §§ 96 ff BetrVG gehören 2
zur Berufsbildung alle Maßnahmen, die ArbN Kenntnisse, Fertigkeiten und Erfahrungen
vermitteln, die diese zu ihrer beruflichen Tätigkeit im Allgemeinen befähigen. Das schließt
alle Formen der Berufsbildung iSv § 1 BBiG ein, mithin Berufsausbildungsvorbereitung,
Berufsausbildung, berufliche Fortbildung und berufliche Umschulung (BAG 5.3.13 –
1 ABR 11/12, BeckRS 2013, 70165; 24.8.04 – 1 ABR 28/03, NZA 05, 371; zu Kranken-
pflegeschülern BAG 18.4.00 – 1 ABR 28/99, NZA 01, 167) sowie auch sonstige Bildungsmaßnahmen. **Abzugrenzen** ist die Berufsbildung von den Pflichten des ArbGeb, die sich
aus der Aufnahme oder Änderung der Tätigkeit des ArbN nach § 81 Abs 1 und Abs 2
BetrVG ergeben (BAG 5.3.13 – 1 ABR 11/12, BeckRS 2013, 70165).

Mitbestimmungsfrei ist lediglich die **Unterweisung** des ArbN über seine Aufgaben 3
und Verantwortung, die Art seiner Tätigkeit, ihrer Einordnung in den Arbeitsablauf, Information über den Unfall- und Gesundheitsschutz. Dem liegt die Vorstellung zugrunde, dass
der ArbN bereits die Kenntnisse und Erfahrungen besitzt, um die auf dem Arbeitsplatz
anfallenden Aufgaben zu erfüllen. Alle Maßnahmen, die über diese Unterrichtung hinausgehen, unterliegen der Beteiligung des BRat (BAG 23.4.91 – 1 ABR 49/90, BB 92, 565).
Noch vom Anwendungsbereich des § 81 BetrVG gedeckt sind die Befragung der Kunden
eines Warenhauses über Verhalten/Leistung des Verkaufspersonals oder die Einführung eines
neuen Produkts.

3. Bildungsmaßnahme. Eine Bildungsmaßnahme liegt vor, wenn dem ArbN in syste- 4
matischer, lehrplanartiger Weise Kenntnisse und Fähigkeiten vermittelt werden, die ihn zur
Ausübung einer bestimmten Tätigkeit erst befähigen (BAG 5.3.13 – 1 ABR 11/12, BeckRS
2013, 70165; 30.5.06 – 1 ABR 17/05, NZA 06, 1291). Die Wissensvermittlung muss ein
bestimmtes Lernziel verfolgen. Das ist etwa der Fall bei Lehrgängen, Seminaren und Schulungen, die darauf gerichtet sind, die Verwendungsbreite des ArbN qualitativ oder quantitativ
zu steigern. Die erforderliche didaktische Aufbereitung fehlt idR beim Besuch von Ausstellungen, Messen, Kongressen (*Preis/Wlotzke* § 96 Rz 3; aA *Fitting* § 96 Rz 10) und Podiums-
diskussionen (Hess LAG 12.7.12 – 5 TaBV 250/11, BeckRS 2012, 75681). Das gilt auch für
Qualitätszirkel, soweit diese nur dem Erfahrungsaustausch und nicht zusätzlich der beruflichen Qualifizierung dienen. Geht es um die Steigerung von Motivation und Arbeitszufriedenheit der ArbN und um die Verbesserung der Produktivität, können sich Rechte des
BRat aus § 87 Abs 1 Nr 12 BetrVG ergeben (s *Verbesserungsvorschläge* Rz 6). Die **Ausstat-**

104 Betriebliche Berufsbildung

tung der ArbN mit aktuellen Informationen und neuem Arbeitsmaterial genügt nicht (LAG Hess 8.11.05 – 4 TaBV 159/05, AuR 06, 173 (Ls): Überlassung von Flughafenkarten an Flugkapitäne). Aus der Rspr: Vermittlung von Fachkunde für ArbN eines Kernkraftwerkes (BAG 5.11.85 – 1 ABR 49/83, NZA 86, 535); Lehrgang Sicherheitsregeln für Flugbegleiter (BAG 10.2.88 – 1 ABR 39/86, NZA 88, 549); Computerunterweisung (BAG 23.4.91 – 1 ABR 49/90, NZA 91, 817).

5 **4. Betriebliche Bildungsmaßnahme.** Der Begriff „betrieblich" bezieht sich auf den ArbGeb und ist funktional, nicht räumlich zu verstehen. Auf den Ort, an dem die Maßnahme durchgeführt wird, kommt es nicht an. Der ArbGeb ist **Träger** oder Veranstalter dann, wenn er die Maßnahme allein durchführt oder – bei Zusammenarbeit mit einem Dritten – auf Inhalt und Gestaltung rechtlich oder tatsächlich einen beherrschenden Einfluss hat (schon BAG 12.11.91 – 1 ABR 21/91, NZA 92, 657; ebenfalls BAG 5.3.13 – 1 ABR 11/12, BeckRS 2013, 70165). Bei außerbetrieblichen Maßnahmen fehlt es an der für eine Beteiligung des BRat erforderlichen Gestaltungsmacht des ArbGeb (BAG 18.4.00 – 1 ABR 28/99, NZA 01, 167: kooperativ geführte Krankenpflegeschule).

6 **5. Förderung der Berufsbildung, § 96 BetrVG.** ArbGeb und BRat sind verpflichtet, die Berufsbildung der ArbN im Zusammenwirken mit den zuständigen Kammern (Handwerkskammer, IHK, Kammern der freien Berufe) zu fördern. Der Berufsbildungsbedarf ist auf Verlangen des BRat zu ermitteln und Fragen der Berufsbildung sind zu beraten (hierzu LAG Hbg 18. 1 12–5 TaBV 10/11, BeckRS 2012, 67024). Der BRat kann aus dieser Vorschrift nicht das Recht herleiten, dass der ArbGeb ihm regelmäßig, zB einmal jährlich, die entsprechenden Auskünfte erteilt (LAG Hbg 31.10.12 – 5 TaBV 6/12, BeckRS 2013, 66883). Der BRat kann Vorschläge unterbreiten. Die Betriebsparteien sollen den ArbN des Betriebs unter Berücksichtigung der betrieblichen Notwendigkeiten die Teilnahme an betrieblichen und außerbetrieblichen Bildungsmaßnahmen ermöglichen. Die Belange älterer ArbN, Teilzeitbeschäftigter und von ArbN mit Familienpflichten sind zu berücksichtigen. Eine nur mündliche Information über den Berufsbildungsbedarf und eine mündliche Beratung sind ausreichend, der BRat kann nicht die Vorlage von Listen verlangen (LAG Hbg 31.10.12 – 5 TaBV 6/12, BeckRS 2013, 66883).

7 **6. Einrichtungen und Maßnahmen der Berufsbildung, § 97 Abs 1 BetrVG.** Die Vorschrift begründet einen **Beratungsanspruch** des BRat. Der ArbGeb hat ihn unaufgefordert zu unterrichten, wenn er eine betriebliche Einrichtung zur Berufsbildung errichten oder betriebliche Berufsbildungsmaßnahmen einführen will. Dabei geht es etwa um die Einrichtung einer Lehrwerkstatt oder eines Bildungszentrums und deren maschinelle Ausstattung. Als betriebliche Berufsbildungsmaßnahme kommen Fortbildungskurse, Traineeprogramme, Zusatzunterricht für Auszubildende uÄ in Betracht. In diesem Rahmen ist der BRat an den Vorstellungen und Plänen des ArbGeb zu beteiligen. Die **Investitionsentscheidung** bleibt beim ArbGeb. Der ArbGeb hat außerdem mit dem BRat die Teilnahme an **außerbetrieblichen Berufsbildungsmaßnahmen** zu beraten. Das Beratungsrecht schließt die Auswahl der ArbN sowie Zeitpunkt und -dauer der Teilnahme ein. Aus § 98 BetrVG kann sich ein Mitbestimmungsrecht bei der Auswahl ergeben (s unten Rz 15).

8 **7. Präventive Beschäftigungssicherung, § 97 Abs 2 BetrVG.** Die Vorschrift begründet ein Mitbestimmungsrecht des BRat. Es greift ein, wenn der ArbGeb Maßnahmen geplant oder durchgeführt hat mit der Folge, dass sich die Tätigkeit der betroffenen ArbN ändert und ihre beruflichen Kenntnisse und Fähigkeiten nicht mehr zur Erfüllung ihrer Aufgaben ausreichen. Der BRat hat dann über die Einführung von Maßnahmen der betrieblichen Berufsbildung mitzubestimmen. Die 2001 eingeführte Vorschrift führt bisher, soweit ersichtlich, nahezu ein Schattendasein. Vieles ist deshalb ungeklärt (vgl *Richardi/Thüsing* § 97 Rz 9 ff).

9 **a) Zweck der Vorschrift.** Der BRat soll bereits präventiv tätig werden können, wenn aufgrund eines vom ArbGeb veranlassten Qualifikationsverlustes Entlassungen drohen. Kündigungen sollen vermieden werden. Der BRat soll einer Kündigung nicht erst im Anhörungsverfahren nach § 102 Abs 3 Nr 4 BetrVG widersprechen können, weil die Weiterbeschäftigung des ArbN nach zumutbaren Umschulungs- oder Fortbildungsmaßnahmen möglich sei. Sein Beteiligungsrecht ist deshalb als ein echtes über die Einigungsstelle erzwingbares Mitbestimmungsrecht einschließlich seines **Initiativrechts** ausgestaltet (vgl LAG Hamm – 9.2.09, 10 TaBV 191/08, BeckRS 2009, 58800). Das Verhältnis des § 97 Abs 2 zum

Kündigungsrecht bedarf noch der Klärung; vgl *Preis/Wlotzke* § 97 Rz 15; *Richardi/Thüsing* § 97 Rz 16.

b) Voraussetzungen. Der ArbGeb muss eine **tätigkeitsbezogene Maßnahme** geplant 10 oder ergriffen haben, die zu einer Änderung der Tätigkeit des ArbN und einem Verlust an beruflicher Qualifikation führt. Auf die Art der Maßnahme und ihren Gegenstand kommt es nicht an. Es kommt auf das Ergebnis an, nämlich darauf, ob der ArbN infolge der vom Arbeitgeber veranlassten Maßnahmen das bisherige Anforderungsprofil seines Arbeitsplatzes nicht (mehr) erfüllt (vgl *Fitting* § 97 Rz 8).

c) Regelungsgegenstände. Inhalt und Umfang der zu vereinbarenden Bildungsmaßnah- 11 men sind an dem erwarteten **Qualifizierungsbedarf** auszurichten. Die Berufsbildungsmaßnahme muss geeignet sein, dem ArbN Kenntnisse und Fähigkeiten zu vermitteln, die er benötigt, um weiterhin am bisherigen Arbeitsplatz arbeiten zu können. Der **Teilnehmerkreis** wird durch die Auswirkungen der betrieblichen Maßnahme und der sich hieran orientierenden Qualifizierung bestimmt: es sind alle ArbN mit Schulungsbedarf. Ausgehend von der gesetzlichen Zuweisung eines echten Mitbestimmungsrechts an den BRat hat dieser anders als nach § 98 Abs 3 BetrVG auch über die Anzahl der Teilnehmer zu entscheiden (str).

d) Kosten. Das Mitbestimmungsrecht schließt die Regelung von Kostenfragen ein. Ein- 12 zelheiten sind streitig. Das gilt insbesondere hinsichtlich der Entgeltfortzahlung, wenn die Bildungsmaßnahme während der Arbeitszeit stattfindet sowie die Frage, ob die ArbN Freizeit einbringen müssen und ob die Betriebsparteien eine **Rückzahlungsklausel** vereinbaren können (vgl *Fitting* § 97 Rz 30 f; *Richardi/Thüsing* § 97 Rz 14; *Wlotzke/Preis* § 97 Rz 14).

8. Durchführung betrieblicher Bildungsmaßnahmen, § 98 BetrVG. a) Inhalt. Der 13 BRat hat nach Abs 1 mitzubestimmen bei der „Durchführung von Maßnahmen der betrieblichen Berufsbildung". Der Begriff umfasst alle Folgeentscheidungen nach der Einführung der betrieblichen Berufsbildung. Erfasst wird der gesamte Inhalt der Maßnahme, Methoden der Wissensvermittlung, zeitliche Dauer und Lage der täglichen Schulungszeit (offengelassen in BAG 15.4.08 – 1 ABR 44/07, EzA-SD 08, Heft 19, 12). Soweit das zwingende Berufsausbildungsrecht einen Gestaltungsraum lässt, ist dieser einvernehmlich mit dem BRat auszufüllen. Beispielhaft: Block- oder Teilzeitunterricht, Richtlinien zur Beurteilung der Auszubildenden, Kontrolle des Ausbildungsstandes (LAG Köln 12.4.83 – 6 TaBV 6/83, EzA BetrVG § 98 Nr 1); Festlegung der Reihenfolge, in der Ausbildungsstationen durchlaufen werden (BAG 3.12.85 – 1 ABR 58/83, NZA 86, 532); betriebliche Fachkundeprüfung (BAG 5.11.85 – 1 ABR 49/83, NZA 86, 535). Dazu gehört auch eine vom ArbGeb beabsichtigte (zulässige) Kürzung der Ausbildungsdauer (BAG 24.8.04 – 1 ABR 28/03, NZA 05, 371). Das Mitbestimmungsrecht entfällt nicht deshalb, weil der ArbGeb ArbN schult, damit diese im Fall des Arbeitskampfes die Arbeitsplätze Streikender übernehmen können (BAG 10.2.88 – 1 ABR 39/86, NZA 88, 549).

Ob sich das Mitbestimmungsrecht auf **Kostenfragen** erstreckt, wird ebenso streitig beurteilt wie für die mitbestimmte Beschäftigungssicherung. Das BAG hat für das LPersV RhPf dies verneint (BAG 5.6.07 – 9 AZR 604/06, NZA-RR 08, 107). Mitbestimmungspflichtig seien nur Regelungen, die sich unmittelbar auf die Art und Weise der Berufsbildung bezögen. Dazu gehören Kostenfragen nicht.

b) Bestellung/Abberufung der ausbildenden Person, Abs 2. Der BRat kann der 14 Bestellung einer mit der Durchführung der betrieblichen Ausbildung beauftragten Person **widersprechen** oder nach ihrer Bestellung ihre **Abberufung** verlangen, wenn diese die persönliche oder fachliche, insbesondere die berufs- und arbeitspädagogische Eignung iSd BBiG oder der HandwO nicht besitzt oder ihre Aufgaben vernachlässigt. Das Widerspruchsrecht ist an die im Gesetz genannten Mängel in der Person des Ausbilders gebunden und bezieht sich auf alle Personen, die der ArbGeb mit der Berufsbildung beauftragen will oder beauftragt hat. Neben den Ausbildern iSd BBiG gehören dazu Schulungsreferenten, Seminarleiter. Leitende Angestellte sind nicht ausgenommen. Auf die Rechtsbeziehung der Ausbilder zum ArbGeb kommt es nicht an (BAG 5.3.13 – 1 ABR 11/12, BeckRS 2013, 70165). Das Recht aus § 98 Abs 2 BetrVG setzt voraus, dass der ArbGeb den BR von der Bestellung des Ausbilders rechtzeitig und umfassend unterrichtet (BAG 5.3.13 – 1 ABR 11/12, BeckRS 2013, 70165).

104 Betriebliche Berufsbildung

15 **c) Auswahl der teilnehmenden ArbN, Abs 3.** Der BRat kann **Vorschläge** für die Teilnahme von ArbN oder Gruppen von ArbN des Betriebes unterbreiten. Das Vorschlagsrecht besteht stets dann, wenn der ArbGeb die betriebliche Berufsbildung **selbst** durchführt. Bei **außerbetrieblichen Maßnahmen** greift es ein, wenn der ArbGeb den/die ArbN für die Maßnahme freistellt oder deren Kosten (Teilnehmergebühren, Reise- oder Unterbringungskosten) ganz oder teilweise übernimmt. Vorausgesetzt wird, dass der BRat zuvor eigene personelle Vorschläge gemacht hat. Es geht um die gerechte **Verteilung** der mit einer Teilnahme verbundenen Chancen. Der BRat kann sich deshalb nicht darauf beschränken, der Auswahl des ArbGeb zu widersprechen (BAG 20.4.10 – 1 ABR 78/08, NZA 10, 902). Der ArbGeb kann die Bildungsmaßnahme ohne Zustimmung des BRat durchführen. Sind mehr ArbN vorgeschlagen als Teilnehmerplätze vorhanden, müssen alle Vorgeschlagenen in die nach einheitlichen Merkmalen durchzuführende Auswahl einbezogen werden (BAG 8.12.87 – 1 ABR 32/86, NZA 88, 401). Das Beteiligungsrecht entfällt (§ 118 Abs 1), wenn die Bildungsmaßnahme mit Blick auf den zu entsendenden ArbN **tendenzbezogen** ist (BAG 30.5.06 – 1 ABR 17/05, NZA 06, 1291; 20.4.10 – 1 ABR 78/08, NZA 10, 902).

16 **d) Streitigkeiten.** Streitigkeiten über die Durchführung der Maßnahme iSv Abs 1 und über die Auswahl der Teilnehmer nach Abs 3 sind von der **Einigungsstelle** zu regeln (§ 98 Abs 4). Allein die Beteiligung des GBRat an der Einigungsstelle rechtfertigt nicht, die Anzahl der Beisitzer auf mehr als zwei pro BRat- und ArbGebSeite festzulegen (LAG Hess 8.11.05 – 4 TaBV 59/05, AuR 346, 173 /Ls). Können sich BRat und ArbGeb über die Person des Ausbilders nicht einigen, kann der BRat beim **Arbeitsgericht** beantragen, dem ArbGeb aufzugeben, die Bestellung zu unterlassen oder die Abberufung durchzuführen. Gegen den ArbGeb können **Ordnungsgeld und Zwangsgeld** verhängt werden (§ 98 Abs 5). Die Sonderregelung geht § 23 Abs 3 BetrVG vor. Aus § 98 Abs 3 BetrVG lässt sich indes kein Unterlassungsanspruch des BRat im Hinblick auf die Auswahl der Teilnehmer an der Maßnahme einer betrieblichen Berufsbildung herleiten. Ein solcher kann sich nur aus § 23 Abs 3 BetrVG ergeben (Hess LAG 21.6.12 – 9 TaBV 75/12, BeckRS 2012, 75689, nrkr).

17 **9. Sonstige betriebliche Bildungsmaßnahmen, § 98 Abs 6.** Die Mitbestimmungsrechte des BRat erfassen auch Veranstaltungen des ArbGeb, die keinen unmittelbaren Zusammenhang mit der beruflichen Tätigkeit des ArbN aufweisen. In Betracht kommen beispielhaft Kurse, die der politischen oder der allgemeinen Weiterbildung dienen. Das Mitbestimmungsrecht wird wegen der fehlenden beruflichen Zielrichtung nicht **tendenzbedingt** begrenzt (BAG 30.5.06 – 1 ABR 17/05, NZA 06, 1291). Nicht dazu gehören Freizeitbeschäftigung und Unterhaltung (Schachclub, Sportverein, Werksorchester uÄ).

18 **10. Sonstiges.** Die betriebliche Berufsbildung betrifft regelmäßig, wenn auch nicht notwendig, die Auszubildenden. Die **Jugend- und Auszubildendenvertretung** hat deshalb an allen sie betreffenden Sitzungen des BRat Teilnahme-, Stimm- und Antragsrechte (§§ 67, 70). Der **GBRat** nimmt das Recht aus § 96 BetrVG wahr, wenn der Arbeitgeber zentral für mehrere Betriebe die Berufsbildungsmaßnahmen regelt, auch wenn diese vor Ort in den einzelnen Betrieben durchgeführt werden (LAG Hbg 18.1.12 – 5 TaBV 10/11, BeckRS 2012, 67024) Der ArbN kann sich in einem **Schadensersatzprozess** nicht erfolgreich auf eine fehlende Beteiligung des BRat an der betrieblichen Schulung (Umgang mit Gabelstapler) berufen. Zweck der Mitbestimmung ist nicht der Schutz des vorsätzlich oder fahrlässig handelnden ArbN bei der Erledigung seiner Arbeit, sondern die optimale Gestaltung der betrieblichen Bildung (BAG 23.6.94 – 8 AZR 599/92, BeckRS 1994, 30915418). Der **Auskunftsanspruch** des BRat (§ 80 Abs 2 Satz 1 BetrVG) umfasst auch die zur Wahrnehmung seines Mitbestimmungsrechts erforderlichen Informationen im Zusammenhang mit vom ArbGeb angeordneten und finanzierten Schulungsmaßnahmen (hier: Teilzeitbeschäftigte BAG 15.4.08 – 1 ABR 44/07, NZA-RR 09, 98). **Schulungszeit** ist insoweit auch **Arbeitszeit** iSv § 87 Abs 1 Nr 2 und 3 BetrVG.

B. Lohnsteuerrecht

Thomas

19 **1. Steuerliche Einordnung.** Aufwendungen eines StPfl zum Erwerb von geistigen Grundlagen, Kenntnissen oder Fertigkeiten, die der Allgemeinbildung dienen (zB in der Schule), sind nicht als Werbungskosten abziehbar (s *Ausbildungskosten* Rz 7 ff). Demgegenüber sind Aufwendungen für eine Ausbildung, die die Grundlage für spätere Erwerbseinnahmen schaffen, ihrem Charakter nach Werbungskosten. Solche Aufwendungen sind aber nach der rückwirkend ab 2004 geltenden Neufassung von § 4 Abs 9, § 9 Abs 6 und § 12 Nr 5 EStG nicht mehr als Erwerbsaufwendungen, sondern nur noch nach § 10 Abs 1 Nr 7 EStG begrenzt als Sonderausgaben abziehbar, wenn sie bei einer Erstausbildung in Form einer erstmaligen Berufsausbildung oder eines Erststudiums anfallen, sofern diese nicht im Rahmen eines Dienstverhältnisses stattfinden. Damit ist die zu diesem Problemkreis ergangene Rspr (zu dieser und Äußerungen im Schrifttum vgl Personalbuch 2012 Betriebliche Berufsbildung Rz 19) überholt. Fraglich bleibt, ob die Erstausbildung im Rahmen eines öffentlich-rechtlich geordneten Ausbildungsganges erlernt und mit einer Prüfung abgeschlossen sein muss (BMF 22.9.10, BStBl I 10, 721 = DStR 10, 1989) oder ob staatliche Anerkennung des Ausbildungsgangs und Ausbildungsdauer irrelevant sind (BFH 18.6.09 – VI R 79/06, DStRE 12, 272 mit Anm *ge* zum Wirtschaftsassistenten; BFH 27.10.11 – VI R 52/10; DStR 12, 2454 mit Anm *ge* zum Rettungssanitäter; Nds FG 3.11.11 – 11 K 467/09, BeckRS 2012, 94066 zu nicht abgeschlossenen Studien, FG Köln 12.12.11 – 7 K 3147/08, DStRE 12, 1042 Rev VI R 6/12 zur Flugbegleiterin; *Geserich* DStR Beihefter zu Heft 14/2012, 61). Nach bisheriger Rspr begegnet weder die in der Neuregelung vorgenommene typisierende Abgrenzung zwischen Allgemeinbildung und beruflicher Ausbildung noch die Rückwirkung auf das Jahr 2004 verfassungsrechtlichen Bedenken (FG Münster 20.12.11 – 5 K 3975/09, DStR 12, 502 Rev VI R 8/12; FG Düsseldorf 14.12.11 – 14 K 4407/10, DStRE 12, 1046 Rev VI R 2/12).

Soweit der ArbGeb dem ArbN die von letzterem aufgewendeten Fortbildungskosten **20** ersetzt, wendet er grds Arbeitslohn zu. Dagegen erfolgt die Fortbildung im eigenbetrieblichen Interesse des ArbGeb (kein Lohn), wenn er selbst Rechnungsempfänger ist oder wenn er bei einer Fortbildung auf eigene Initiative des ArbN diesem die Kostenübernahme zugesagt hat und der ArbN im Vertrauen auf diese Zusage den Fortbildungsvertrag abgeschlossen hat. Zur Vermeidung unberechtigter Werbungskosten hat der ArbGeb auf der Originalrechnung die übernommenen Kosten anzugeben und eine Fotokopie der Rechnung zum Lohnkonto zu nehmen (FinMin NRW 26.6.09, DB 09, 2070; OFD Rheinland/Münster 28.7.09, DB 09, 1679). Bei übernommenen **Studiengebühren** wird ein eigenbetriebliches Interesse angenommen, wenn ein berufsbegleitendes Studium Gegenstand eines Ausbildungsdienstverhältnisses ist, wenn der ArbGeb die Studiengebühren als eigene schuldet oder wenn ein berufsbegleitendes Studium die Einsatzfähigkeit des ArbN im Betrieb erhöhen soll (BMF 13.4.12 DStR 12, 800). Finanziert der ArbGeb das Studium durch Gewährung eins marktüblichen Darlehen, hat dies keine lohnsteuerlichen Auswirkungen. Das gilt ausnahmsweise auch bei nachträglichem Wegfall der Rückzahlungspflicht, wenn ein solcher für den Fall vereinbart war, dass der ArbN aus Gründen, die in seiner Person liegen, vor Ablauf des vertraglich festgelegten Zeitraums aus dem Arbeitsverhältnis ausscheidet (BMF 14.4.12 DStR 12, 800 Rz 2.3; vgl aber BFH 26.7.07 – VI R 64/06, DStR 07, 1572 übernommene Beiträge zur Berufshaftpflichtversicherung; *Stück* DStR 08, 2020).

2. Betriebliche Bildung. a) Maßnahmen des Arbeitgebers liegen vor, wenn der **21** ArbGeb Veranstalter der Bildungsmaßnahme ist und die diesbezüglichen Kosten unmittelbar trägt. Dabei ist es gleichgültig, ob die Bildungsmaßnahme am Arbeitsplatz, in zentralen betrieblichen Einrichtungen oder in außerbetrieblichen Einrichtungen durchgeführt wird (R 19.7 Abs 1 Satz 2 LStR). Mietet der ArbGeb bspw ein Tagungslokal und verpflichtet er den Referenten, so wendet er mit diesen Aufwendungen den teilnehmenden ArbN keinen Arbeitslohn zu. Gleiches ist regelmäßig anzunehmen bei Veranstaltungen Dritter, wenn der ArbGeb den ArbN anweist, teilzunehmen, der ArbN mit der Teilnahme also seiner Arbeitsverpflichtung nachkommt. Dagegen kann in der Übernahme zusätzlicher Leistungen (zB der Verpflegungskosten) Arbeitslohn liegen, der unter den Voraussetzungen des § 3 Nr 16 EStG steuerfrei zugewendet werden kann.

Auch die Kostenübernahme für sprachliche Bildungsmaßnahmen kann ein nicht zu versteuernder Vorgang sein, wenn der ArbGeb die Sprachkenntnisse in dem für den ArbN vorgesehenen Aufgabengebiet verlangt (R 19.7 Abs 2 Satz 4 LStR; zum Deutschkurs eines im Inland lebenden Ausländers vgl aber BFH 15.3.07 – VI R 14/04, DStR 07, 1203 mit kritischer Anm *Beiser* DB 07, 1720), zumal der ArbGeb arbeitsrechtlich zur Kostentragung verpflichtet sein kann (BAG 21.6.11 – 9 AZR 236/10, DB 11, 2438 Tz 47). Vom ArbGeb

104 Betriebliche Berufsbildung

getragene Kosten einer Bildungsmaßnahme können auch dann im eigenbetrieblichen Interesse des ArbGeb liegen, wenn die Teilnahme des ArbN nicht auf seine Arbeitszeit angerechnet wird. Rechnet der ArbGeb die Teilnahme aber auf die Arbeitszeit an, ist idR vom eigenbetrieblichen Interesse (also kein Lohn) auszugehen, sofern nicht konkrete Anhaltspunkte für eine Incentive-Maßnahme (dazu unten) vorliegen (R 19.7 Abs 2 Satz 3 LStR).

22 **b) Maßnahmen des Arbeitnehmers.** Besucht der ArbN nach Dienstschluss und aus eigenem Antrieb berufliche Fortbildungsveranstaltungen, sind seine diesbezüglichen Aufwendungen Werbungskosten. Ein Ersatz oder Zuschuss des ArbGeb hierzu kann nach § 3 Nr 16 EStG steuerfrei sein, soweit Reisekosten vorliegen (LStR 37 Abs 3). Wie die Rspr zu Fachtagungen und Kongressen (BFH GS 27.11.78 – GrS 8/77, BStBl II 79, 213; BFH 23.4.92 – IV R 27/91, BStBl II 92, 898 mwN) bzw zu einer privaten Arbeitsgemeinschaft von ArbN (BFH 12.8.83 – VI R 83/82, BStBl II 83, 720; BFH 5.3.93 – VI R 82/91, BFH/NV 93, 533; BFH 20.9.96 – VI R 32/96, BFH/NV 97, 349) zeigt, wird dabei nicht gefordert, dass mit der vorübergehenden Auswärtstätigkeit dem ArbGeb gegenüber Arbeitsleistungen erbracht werden müssen. Danach kommt der steuerfreie Ersatz von Fahrtkosten, Verpflegungsmehraufwendungen sowie Übernachtungskosten in Betracht, während die Fortbildungskosten im engeren Sinn (zB Tagungsbeitrag) wohl nicht als Reisenebenkosten (R 9.8 LStR) einzuordnen sein dürften, also nicht steuerfrei ersetzt werden können, was aber zweifelhaft ist. Nach R 9.2 Abs 2 Satz 5 LStR können wenn – wie regelmäßig beim Fernstudium – die Wohnung Arbeitsmittelpunkt ist, bei gelegentlichen Reisen zu anderen Ausbildungsstätten nach Dienstreisegrundsätzen Werbungskosten berücksichtigt und wohl auch nach § 3 Nr 16 EStG steuerfrei Erstattungen vorgenommen werden (s R 9.8 Abs 3 LStR). Entgegen früherer Rspr hat der BFH zuletzt angenommen, dass Fahrtkosten auch bei einer vollzeitigen Bildungsmaßnahme über auch längeren Zeitraum in tatsächlicher Höhe und nicht mit der Entfernungspauschale zu berücksichtigen sind (vgl Personalbuch 2013 Betriebliche Berufsbildung Rz 22). Demgegenüber ist ab 2014 in diesen Fällen wieder die Entfernungspauschale anzusetzen (§ 9 Abs 4 Satz 8 EStG). Entsprechendes gilt für den Sonderausgabenabzug (§ 10 Abs 1 Nr 7 Satz 4 EStG). Zum Werbungskostenabzug bei Sprachkursen vgl BFH 10.4.02 – VI R 46/01, BStBl II 02, 579; BFH 13.6.02 – VI R 168/00, BStBl II 03, 765; BFH 19.5.04 – VI B 101/02, DStRE 04, 933 und BFH 9.12.05 – VI R 65/04, BFH/NV 06, 1075 sowie BFH 19.12.05 – VI R 89/02, BFH/NV 06, 934 jeweils mit Anm *Greite* HFR 06, 568; vgl auch *Sykora* DStR 03, 144; *Kanzler* FR 02, 1235.

23 **c) Incentive-Maßnahmen.** Bei Beurteilung solcher vom ArbGeb veranlasster und finanzierter Veranstaltungen, die zwar auch auf berufliche Fortbildung zielen, aber durch die urlaubsmäßigen Begleitumstände erkennen lassen, dass nicht die Weiterbildung, sondern die Belohnung der betreffenden ArbN im Vordergrund steht, nimmt der BFH in geänderter Rspr eine Aufteilung der Kostenanteile in Arbeitslohn und betriebsfunktionale Kosten nach Zeitanteilen vor (BFH 18.8.05 – VI R 32/03, BStBl II 06, 30 = DStR 05, 1810 vgl *Incentivereisen* Rz 10).

C. Sozialversicherungsrecht *Voelzke*

24 **1. Allgemeines.** Für das SozVRecht ist bedeutsam, dass betriebliche Bildungsmaßnahmen dem Begriff der **Beschäftigung** gleichgesetzt werden und damit diejenigen Rechtsfolgen auslösen, die an die Ausübung von nichtselbstständiger Arbeit geknüpft sind (§ 7 Abs 2 SGB IV). Im Hinblick auf drohende Beitragsnachforderungen empfiehlt es sich, eine Entscheidung der Einzugsstelle über die Versicherungspflicht und die Beitragshöhe herbeizuführen (vgl die Praxishinweise bei *Schlegel/Voelzke/Scheer* SGB IV § 7 Abs 2 Rz 64).

25 Der **Erwerb beruflicher Kenntnisse,** Fertigkeiten oder Erfahrungen im Rahmen betrieblicher Berufsbildung gilt nach § 7 Abs 2 SGB IV als Beschäftigung. Diese Regelung hat, wie die Legaldefinition der Beschäftigung selbst (s *Arbeitnehmer (Begriff)* Rz 51 ff), für alle Zweige der SozV einschließlich der ArblV Geltung. § 7 Abs 2 SGV IV erweitert den Begriff der Beschäftigung um die betriebliche Berufsbildung und lässt diese damit prinzipiell der SozVPflicht unterfallen, soweit nicht an die Versicherungspflicht in den einzelnen Zweigen der SozV weitere Anforderungen (zB Entgeltlichkeit) geknüpft sind. In der ArblV (§ 27 Abs 2 SGB III), der KV (§ 7 Nr 1 SGB V) und in der RV (§ 5 Abs 2 Satz 2 SGB VI) ist eine Beschäftigung im Rahmen betrieblicher Bildung trotz Erfüllung der Geringfügigkeitsvoraus-

setzungen versicherungspflichtig. Erforderlich ist jedoch die Zahlung von Arbeitsentgelt während der beruflichen Bildungsmaßnahme. Im Übrigen überschneidet sich der Anwendungsbereich der genannten Vorschriften zT mit den Regelungen der Besonderen Teile des SGB, die die Berufsausbildung der Beschäftigung gleichsetzen (§ 5 Abs 1 Nr 1 SGB V; § 1 Satz 1 Nr 1 SGB VI; § 20 Abs 1 Nr 1 SGB XI; § 2 Abs 1 Nrn 1 und 2 SGB VII; § 25 Abs 1 SGB III).

2. Ziele betrieblicher Berufsbildung können nach der umfassenden Legaldefinition des § 7 Abs 2 SGB IV neben der gesetzlich vorgesehenen Ausbildung, Fortbildung und Umschulung alle denkbaren (Misch-)Formen beruflicher Bildung sein. Dem Begriff der betrieblichen Berufsbildung unterfallen auch sog **berufsbildungsähnliche Rechtsverhältnisse,** die nicht unmittelbar in eine Berufstätigkeit einmünden müssen (zB Maßnahmen der Berufsfindung und der Arbeitserprobung). Entscheidend ist, dass die vermittelten Kenntnisse, Fertigkeiten und Erfahrungen letztlich auf die tatsächliche Verwendung in einer konkreten beruflichen Tätigkeit ausgerichtet sind. Ausgegrenzt sind lediglich betriebliche Bildungsveranstaltungen, die der Vermittlung von Kenntnissen der Allgemeinbildung dienen (zu berufspraktischen Ausbildungszeiten im Rahmen der Fahrlehrerausbildung BSG 27.7.11 – B 12 R 16/09 R, SozR 4–2400 § 7 Nr 14).

26

3. Die Durchführung der betrieblichen Bildungsmaßnahme muss, obwohl dies in § 7 Abs 2 SGB IV nicht ausdrücklich ausgesprochen wird, der Ausübung einer nichtselbstständigen Tätigkeit entsprechen. Dieses Merkmal wird in aller Regel zu bejahen sein, da die Gestaltung der Bildungsveranstaltung ohne eine hinsichtlich der **Weisungsbefugnis** der Stellung des ArbGeb entsprechende Funktion des jeweiligen Ausbilders kaum denkbar ist (so auch KassKomm/*Seewald* § 7 SGB IV Rz 159). Zwar wird eine wirksame rechtsgeschäftliche Vereinbarung über die betriebliche Bildungsmaßnahme regelmäßig vorliegen, jedoch gehört diese nicht zu den konstitutiven Voraussetzungen für die Annahme eines Beschäftigungsverhältnisses. Auch insoweit ist das Vorliegen eines faktischen Ausbildungsverhältnisses ausreichend.

27

4. Betrieblicher Zusammenhang. Der Erwerb beruflicher Kenntnisse, Fertigkeiten oder Erfahrungen muss sich im Rahmen betrieblicher Berufsbildung vollziehen. Das Merkmal der betrieblichen Berufsbildung ist auch erfüllt, wenn die berufliche Bildung außerhalb der Wirtschaft im öffentlichen Dienst, bei Angehörigen freier Berufe oder in Haushalten durchgeführt wird. Grds ist erforderlich, dass der Auszubildende in die Betriebstätigkeit eingewiesen und in den Produktions- oder Dienstleistungsprozess zum Erwerb von praktischen Kenntnissen und Fertigkeiten eingegliedert wird (*Schlegel/Voelzke/Scheer* SGB IV § 7 Abs 2 Rz 14). Der vorausgesetzte Zusammenhang zwischen beruflicher Bildungsmaßnahme und der Trägerschaft eines Betriebes ist schon dann gegeben, wenn die eigentliche Ausbildung nicht in der Betriebsstätte selbst stattfindet, sondern an anderen Lernorten (zB Schulungsstätten, andere Betriebe). Entscheidend ist die **Verantwortung** des Betriebes für die Durchführung der beruflichen Bildungsmaßnahme. Ausgenommen vom Begriff der betrieblichen Berufsbildung sind hingegen Vertragstypen mit privatrechtlichem Teilnehmerstatus ohne persönliche Abhängigkeit vom ArbGeb und ohne Einbindung in eine betriebliche Konzeption (vgl zu einer Umschulung durch eine unabhängige Bildungseinrichtung BSG 12.10.2000 – B 12 KR 7/00 R, SozR 3–2600 § 1 Nr 7). Ebenfalls nicht der Versicherungspflicht unterfallen berufspraktische Phasen eines sog praxisintegrierten Studiums, die sich infolge organisatorischer und/oder curricularer Verzahnung mit der theoretischen Hochschulausbildung als Bestandteil des Studiums darstellen (BSG 1.12.09 – B 12 R 4/08 R, SozR 4–2400 § 7 Nr 11).

28

Betriebliches Eingliederungsmanagement

A. Arbeitsrecht *Eisemann*

1. Verpflichtung des Arbeitgebers. Sind Beschäftigte innerhalb eines Jahres länger als sechs Wochen ununterbrochen oder wiederholt arbeitsunfähig, ist der ArbGeb nach **§ 84 Abs 2 SGB IX** verpflichtet (BAG 12.7.07 – 2 AZR 716/06, NZA 08, 173), ein sog

1

105 Betriebliches Eingliederungsmanagement

„betriebliches Eingliederungsmanagement" **(BEM)** durchzuführen. Er muss zusammen mit dem betroffenen ArbN, der zuständigen ArbNVertretung (BRat, PersV), bei schwerbehinderten Menschen außerdem mit der Schwerbehindertenvertretung und – soweit erforderlich – auch mit dem Betriebsarzt klären, wie die Arbeitsunfähigkeit überwunden werden und mit welchen Vorkehrungen erneuter Arbeitsunfähigkeit vorgebeugt und der Arbeitsplatz erhalten werden kann. Die Beteiligten sollen feststellen, aufgrund welcher gesundheitlichen Einschränkungen es zu den Ausfallzeiten gekommen ist und welche Möglichkeiten bestehen, sie künftig zu verringern, um so eine Kündigung zu vermeiden (BAG 10.12.09 – 2 AZR 400/08, NZA 10, 398). Dabei schreibt das Gesetz selbst keine konkreten **Maßnahmen** vor. Das BEM konkretisiert aber den aus dem Kündigungsrecht bekannten Grundsatz der Verhältnismäßigkeit (BAG 24.3.11 – 2 AZR 170/10, NZA 11, 993). Zu den „Vorkehrungen" gehören daher alle Maßnahmen, zu denen der ArbGeb kündigungsschutzrechtlich verpflichtet ist, wie ua die Veränderung der Arbeitsaufgabe oder der Arbeitsbedingungen und notfalls das „Freiräumen" eines besetzten „leidensgerechten" Arbeitsplatzes durch Verschieben von Arbeitsaufgaben (BAG 24.3.11 – 2 AZR 170/10, NZA 11, 993; s *Kündigung, personenbedingte* Rn 3 und 4) Die Ausweitung des Kreises der Beteiligten soll dabei die Suche nach sachgerechten Lösungen erleichtern. Da man mit diesem Verfahren generell personenbedingten Kündigungen vorbeugen will, trifft den ArbGeb die Verpflichtung zum BEM **gegenüber allen Arbeitnehmern** (BAG 24.3.11 – 2 AZR 170/10, NZA 11, 993; BAG 12.7.07 – 2 AZR 716/06, NZA 08, 173). Ein BEM ist auch **während der Wartezeit** des § 1 Abs 1 KSchG (BAG 28.6.07 – 6 AZR 750/06, NZA 07, 1049) und **im Kleinbetrieb** nach § 23 Abs 1 KSchG (*Schaub/Linck* § 131 Rz 7) durchzuführen. Unterbleibt dies, hat es keine Folgen für eine Kündigung die innerhalb der Wartezeit oder zu einem Zeitpunkt erfolgt, in dem der Schwellenwert des § 23 Abs 1 KSchG noch nicht überschritten ist. Selbst wenn der Arbeitgeber die Verfahren nach § 84 Abs 1 und 2 SGB IX durchführt, ist er innerhalb der Wartezeit des § 1 Abs 1 KSchG nicht verpflichtet, den Arbeitnehmer auf Grund der hierbei gewonnenen Erkenntnisse zur Vermeidung einer Kündigung auf einem anderen Arbeitsplatz zu beschäftigen, weil der Grundsatz der Verhältnismäßigkeit außerhalb des Anwendungsbereichs des KSchG nicht anwendbar ist (BAG 28.6.07 – 6 AZR 750/06, NZA 07, 1049). Dasselbe gilt dann auch für die Kündigung im Kleinbetrieb.

2 **2. Voraussetzungen.** Für die Bemessung des Sechswochenzeitraums des § 84 Abs 2 Satz 1 SGB IX sind die dem ArbGeb vom ArbN nach § 5 Abs 1 EFZG angezeigten **Arbeitsunfähigkeitszeiten** – nicht die Qualifizierung nach einem mit dem BRat vereinbarten Work-Ability-Index – maßgeblich (BAG 13.3.12 – 1 ABR 78/10, NZA 12, 748). Mit der Formulierung **„innerhalb eines Jahres"** ist nicht das Kj angesprochen. Gemeint ist der Zeitraum eines Jahres (ErfK/*Rolfs* SGB IX § 84 Rn 5). Für ein BEM ist nicht erforderlich, dass eine Krankheitsperiode durchgängig mehr als sechs Wochen andauert. Es reicht aus, dass die krankheitsbedingten Fehlzeiten innerhalb der letzten zwölf Monate insgesamt mehr als sechs Wochen betragen haben (BAG 24.3.11 – 2 AZR 170/10, NZA 11, 993). Ist ein ArbN im November drei Wochen arbeitsunfähig erkrankt und im Februar des Folgejahres für weitere vier Wochen, muss daher ein BEM durchgeführt werden. Auf die **Ursache der Arbeitsunfähigkeit** kommt es nicht an (ErfK/*Rolfs* SGB IX § 84 Rn 5). Für den ArbN ist die Beteiligung am BEM **freiwillig.** Seine Zustimmung und Beteiligung am Verfahren ist jedoch notwendige Voraussetzung. Ohne ausdrückliche Zustimmung des Betroffenen darf keine Stelle unterrichtet oder eingeschaltet werden (BAG 24.3.11 – 2 AZR 170/10, NZA 11, 993). Fehlt sie, obwohl der ArbGeb unmissverständlich zur Durchführung des Verfahrens aufgefordert und nach § 84 Abs. 2 Satz 3 SGB IX belehrt hat, endet die Verpflichtung des ArbGeb (BAG 24.3.11 – 2 AZR 170/110, NZA 11, 993; BAG 10.12.09 – 2 AZR 400/08, NZA 10, 398).

3 **3. Verfahren.** Zum **Verfahren** selbst enthält das Gesetz nur wenige Regelungen. Trotz dieser Unzulänglichkeit besteht keine Verpflichtung, eine generelle Verfahrensordnung aufzustellen, wie § 83 Abs 2a Nr 5 SGB IX zeigt. Liegen die Voraussetzungen für ein BEM vor, muss der ArbGeb nach § **84 Abs 2 Satz 3 SGB IX** den betroffenen ArbN auf die Ziele des BEM sowie auf Art und Umfang der hierfür erhobenen und verwendeten Daten hinweisen. Dies soll dem ArbN seine Entscheidung erleichtern, ob der dem BEM zustimmt. Geht es um Behinderte oder um Menschen, die von einer Behinderung bedroht sind, muss der ArbGeb nach § **84 Abs 2 Satz 4 SGB IX** die örtlich gemeinsamen Servicestellen (§ 22 SGB IX) oder

das Integrationsamt hinzuziehen. Im Übrigen handelt es sich um einen ohne ausdrückliche Bestimmungen regulierten „Suchprozess". Für dieses Verfahren lassen sich jedoch aus dem Gesetz gewisse Mindeststandards ableiten. Dazu gehört, die gesetzlich dafür vorgesehenen Stellen, Ämter und Personen zu beteiligen und zusammen mit ihnen eine an den gesetzlichen Zielen des BEM orientierte Klärung ernsthaft zu versuchen, bei der keine vernünftigerweise in Betracht zu ziehende Anpassungs- und Änderungsmöglichkeit ausgeschlossen wird und in dem die von den Teilnehmern – nicht nur vom ArbGeb – eingebrachten Vorschläge sachlich erörtert werden (BAG 10.12.09 – 2 AZR 400/08, NZA 2010 639).

4. Beteiligung Betriebsrat. Ein BEM muss auch in Betrieben ohne **Arbeitnehmervertretung** durchgeführt werden (BAG 30.9.10 – 2 AZR 88/09, NZA 2011, 39). In allen anderen Betrieben kann die ArbNVertretung bzw die Schwerbehindertenvertretung nach § **84 Abs 2 Satz 6 SGB IX** die Durchführung des BEM verlangen, wenn der ArbGeb seinen Verpflichtungen aus dem Gesetz nicht (rechtzeitig) nachkommt. Die ArbNVertretung achtet nach § **84 Abs 2 Satz 7 SGB IX** zugleich darauf, dass der ArbGeb auch im Übrigen seine Verpflichtungen im Rahmen des BEM erfüllt. Dies ist nicht davon abhängig, ob der betroffene ArbN dem zustimmen (BAG 7.2.12 – 1 ABR 46/10, NZA 12, 744). Auf Verlangen des betroffenen ArbN soll die ArbNVertretung am BEM nicht teilnehmen dürfen. Er soll auch entscheiden, ob und in welchem Umfang ihn betreffende Daten im Rahmen des BEM vom ArbGeb an die ArbNVertretung weitergegeben werden (BVerwG 23.6.10 – 6 P 8/09, NZA-RR 2010, 554). Dies ist problematisch. Mit ihrer Teilnahme am BEM nimmt die ArbNVertretung nicht allein die Rechte des betroffenen ArbN, sondern auch die aller anderen ArbN wahr, die von den dort vereinbarten Maßnahmen betroffen sind oder sein können. Ein Entscheidungsvorrecht des ArbN über die Weitergabe seiner Daten an die ArbNVertretung lässt sich datenschutzrechtlich nicht begründen. Der BRat ist Teil der verantwortlichen Stelle iSv § 3 Abs 7 BDSG und nicht Dritter (BAG 3.6.03 – 1 ABR 19/02 AP BetrVG 1972 § 89 Nr 1). So kann er verlangen, dass der ArbGeb ihm auch ohne deren Einverständnis die Namen aller ArbN mitteilt, die für ein BEM in Frage kommen (BAG 7.2.12 – 1 ABR 46/10, NZA 12, 744).

5. Folgen. Hat das BEM zu einem **positiven Ergebnis** geführt, ist der ArbGeb grds verpflichtet, die empfohlene Maßnahme – soweit dies in seiner alleinigen Macht steht – vor Ausspruch einer krankheitsbedingten Kündigung als milderes Mittel umzusetzen. Braucht er für die Umsetzung – etwa bei einer Maßnahme der Rehabilitation – die Einwilligung oder eine Mitwirkung des ArbN, muss der ArbGeb um diese nachsuchen oder den ArbN hierzu auffordern. Dazu kann er dem ArbN eine Frist setzen. Der ArbGeb muss den ArbN dabei deutlich darauf hinweisen, dass er im Weigerungsfall mit einer Kündigung rechnen müsse. Lehnt der ArbN die Maßnahme dennoch ab oder bleibt er trotz Aufforderung untätig, braucht der ArbGeb die Maßnahme vor Ausspruch der Kündigung nicht mehr als milderes Mittel zu berücksichtigen (BAG 10.12.09 – 2 AZR 400/08, NZA 10, 398). Ist das ordnungsgemäß durchgeführte Verfahren ohne Ergebnis geblieben oder endete es mit einem **negativen Ergebnis,** ist der Weg zur Kündigung frei, wenn auch die übrigen Voraussetzungen für eine personenbedingte Kündigung vorliegen (s *Kündigung, personenbedingte* Rn 3 ff).

6. Fördermaßnahmen. Die Rehabilitationsträger und das Integrationsamt können ArbGeb nach § **84 Abs 3 SGB IX**, § **102 Abs 3 Ziff 2d) SGB IX** durch **Prämien** oder **Boni** fördern, wenn sie ein BEM einführen. Unter Prämien sind dabei einmalige oder wiederholte Zahlungen an den ArbGeb zu verstehen, während mit Boni vor allem Ermäßigungen der SozVBeiträge gemeint sind. Ein **Anspruch** der ArbGeb auf diese Förderung **besteht nicht,** wie schon der Wortlaut beider Bestimmungen zeigt. Prämien und Boni „können" gewährt werden. Das Integrationsamt soll bei der Kündigung eines schwerbehinderten oder eines gleichgestellten ArbN das **Zustimmungsverfahren aussetzen** und dem ArbGeb die Nachholung des BEM aufgeben können (*Deinert/Neumann/Deinert,* § 18 Rn 12).

7. Sanktionen. Das Gesetz sieht keine **Sanktionen** gegenüber dem ArbGeb vor, der ein BEM nicht oder nicht ordnungsgemäß durchführt. Insbesondere führt dies nicht zur Unwirksamkeit einer in (BAG 28.6.07 – 6 AZR 750/06, NZA 2007, 1049) oder nach der Wartefrist (BAG 10.12.09 – 2 AZR 400/08, NZA 2010, 398) ausgesprochenen Kündigung. Ein unterlassenes BEM kann einer personenbedingten Kündigung nicht entgegenstehen, wenn sie auch bei seiner Durchführung nicht zu verhindern war. Damit die Norm dennoch greift, verschärft das BAG erheblich die Anforderungen an die Darlegungslast des „säumigen" ArbGeb im Kündigungsschutzprozess und entlastet ihn bei seiner Darlegung, wenn er das BEM ordnungsgemäß durchgeführt hat (hierzu *Kündigung, personenbedingte* Rn 47).

B. Lohnsteuerrecht
Seidel

10 Da die vom ArbGeb durchgeführten Maßnahmen seiner gesetzlichen Verpflichtung entsprechen (Rz 1), stellen die erbrachten Leistungen in entsprechender Anwendung des BFH-Urt v 19.9.75 – VI R 171/73, BStBl II 1975, 888, für den ArbN mE keinen Arbeitslohn dar (s *Fürsorgepflicht* Rz 22 und *Arbeitsentgelt* Rz 48), sodass sich lohnsteuerlich keine Besonderheiten ergeben. Soweit eine Ermäßigung der SozVBeiträge als Bonus nach § 84 Abs 3 SGB IX gewährt wird (s Rz 7), ist unabhängig vom Vorliegen einer Brutto- oder einer Nettolohnvereinbarung im Rahmen des LStAbzugs als Vorsorgepauschale (§ 39b Abs 2 Nr 3 EStG) der ermäßigte Betrag zu berücksichtigen (s *Lohnsteuertabellen* Rz 5, 8 ff; *Nettolohnvereinbarung* Rz 10, 17 ff). Die Aufwendungen des ArbGeb stellen Betriebsausgaben dar, die jedoch um nach § 84 Abs 3 SGB IX erhaltene Prämien zu kürzen sind. S auch *Gesundheitsvorsorge* Rz 11 sowie zu Maßnahmen für Behinderte *Behinderte* Rz 70 ff u *Rehabilitation (berufliche)* Rz 16 ff.

C. Sozialversicherungsrecht
Schlegel

16 **1. Sozialversicherungsrechtliche Flankierung durch teilweise Wiedereingliederung.** Können arbeitsunfähige Versicherte nach ärztlicher Feststellung ihre bisherige Tätigkeit teilweise verrichten und können sie durch eine stufenweise Wiederaufnahme ihrer Tätigkeit voraussichtlich besser wieder in das Erwerbsleben eingegliedert werden, soll der Arzt auf der Bescheinigung über die Arbeitsunfähigkeit Art und Umfang der möglichen Tätigkeiten angeben und dabei in geeigneten Fällen die Stellungnahme des Betriebsarztes oder mit Zustimmung der Krankenkasse die Stellungnahme des Medizinischen Dienstes einholen (§ 74 SGB V). Einzelheiten sind in den Arbeitsunfähigkeitsrichtlinien des Gemeinsamen Bundesausschusses festgehalten.

17 Der Versicherte ist während der teilweisen Wiedereingliederung weiterhin arbeitsunfähig und hat daher in dieser Zeit **Anspruch auf Krankengeld** (§ 44 Abs. 1 Satz 1 SGB V). Der ArbN ist durch den Bezug von Krankengeld zugleich in der RV und ArbIV Pflichtversichert (vgl § 3 Satz 1 Nr 3 SGB VI, § 26 Abs 2 Nr 1 SGB III). Streitig ist, ob ein vom ArbGeb gezahltes Entgelt auf das Krankengeld anzurechnen ist.

18 Die Durchführung der teilweisen Eingliederung soll nach den Vorstellungen des Gesetzgebers (vgl BT-Drs 11/2237, S 192) nur mit dem Einverständnis des ArbN möglich sein.

19 Eine entsprechende stufenweise Wiedereingliederung ist für den Bereich der **medizinischen Rehabilitation** in § 28 SGB IX vorgesehen. Diese Vorschrift gilt für alle Träger, die für Leistungen zur der medizinischen Rehabilitation zuständig sind, d. h. für die Krankenkassen, die Träger der gesetzlichen UV, der RV, der Kriegsopferversorgung, der Jugendhilfe und der Sozialhilfe. Können arbeitsunfähige Leistungsberechtigte nach ärztlicher Feststellung ihre bisherige Tätigkeit teilweise verrichten und können sie durch eine stufenweise Wiederaufnahme ihrer Tätigkeit voraussichtlich besser wieder in das Erwerbsleben eingegliedert werden, sollen die medizinischen und die sie ergänzenden Leistungen (zB Übergangsgeld) entsprechend dieser Zielsetzung erbracht werden (§ 28 SGB IX).

20 **2. Boni und Prämien für den Arbeitgeber.** Reha-Träger und Integrationsämter können ArbGeb, die BEM durchführen, im Rahmen pflichtgemäßen Ermessens (kein Rechtsanspruch!) mittels Prämien oder Boni fördern (vgl § 84 Abs 3, § 102 Abs 3 Nr 2d SGB IX).

Betriebliche Gesundheitsförderung

A. Arbeitsrecht
Poeche

1 **1. Einführung.** Die betriebliche Gesundheitsförderung tritt neben den klassischen Arbeitsschutz, der die Grundpflichten des ArbGeb in Rechtsvorschriften regelt. Das Engagement von Unternehmen im Bereich der betrieblichen Gesundheitsförderung ist freiwillig.

Sie soll zum Erhalt und zur Förderung der Arbeits- und Beschäftigungsfähigkeit von ArbN beitragen und dabei über das hinausgehen, was das Arbeitsschutzrecht verbindlich vorgibt. Sie umfasst alle präventiven Maßnahmen von ArbGeb, ArbN und der Gesellschaft, die Gesundheit und das Wohlbefinden bei der Arbeit zu verbessern und zielt dabei insbes auf eine Verbesserung der Arbeitsorganisation (zB durch Einführung flexibler Arbeitszeiten) und der Arbeitsumgebung, auf die Motivation der Beschäftigten zur Teilnahme an gesundheitsfördernden Aktivitäten (zB Betriebssport, Rückenschulen), auf die Förderung der persönlichen Entwicklung der Beschäftigten und die Förderung der psychischen Gesundheit. Wie dies geschieht, ist nicht vorgegeben. Der Begriff der betrieblichen Gesundheitsförderung findet sich bislang lediglich in § 20a SGB V, der die gesetzlichen Krankenkassen verpflichtet, Betrieben Leistungen zur betrieblichen Gesundheitsförderung anzubieten. Aufgegriffen wurde die Idee der betrieblichen Gesundheitsförderung auch in der Anlage zu Abschnitt VIII § 56 des TVöD-BT-V VKA für Beschäftigte des Sozial- und Erziehungsdienstes, der ua die Beteiligung der Beschäftigten an der Gefährdungsbeurteilung und die Einrichtung einer betrieblichen Kommission vorsieht. Auf Betriebsebene können Regelungen zur betrieblichen Gesundheitsförderung in freiwilligen Betriebsvereinbarungen gem § 88 BetrVG getroffen werden(s MünchArbR/*Kohte* § 290 Rn 65).

Die – gesetzlich vorgeschriebene – arbeitsmedizinische Vorsorge ist Teil der arbeitsmedizinischen Präventionsmaßnahmen im Betrieb und gehört damit im weitesten Sinne zur betrieblichen Gesundheitsförderung. Sie umfasst die Beurteilung der individuellen Wechselwirkungen von Arbeit und Gesundheit, die arbeitsmedizinische Aufklärung und Beratung der ArbN, arbeitsmedizinische Vorsorgeuntersuchungen sowie die Nutzung von Erkenntnissen aus diesen Untersuchungen für die Gefährdungsbeurteilung und für sonstige Maßnahmen des Arbeitsschutzes. **Zweck ist,** arbeitsplatzbedingte Erkrankungen einschließlich Berufskrankheiten frühzeitig zu erkennen und zu verhüten. Sie ergänzt den technischen und organisatorischen **Arbeitsschutz,** dessen objektive Maßnahmen im Interesse der menschengerechten Gestaltung der Arbeit Vorrang haben (s *Arbeitssicherheit/Arbeitsschutz* Rz 9; *Betriebsarzt* Rz 6–11; *Betriebsbeauftragte* Rz 2). Zu **genetischen Erhebungen** unten Rz 10 ff.

2. Arbeitsrechtliche Grundlagen. Pflichten und Rechte der Arbeitsvertragsparteien richten sich seit dem 21.8.96 nach dem ArbSchG; daneben sind die spezialgesetzlichen Regelungen, insbesondere §§ 2–4 ASiG, anzuwenden (Näheres *Arbeitssicherheit/Arbeitsschutz* Rz 1 ff; *Arbeitsstoffe, gefährliche* Rz 17, 19; *Jugendarbeitsschutz* Rz 36). Die Anforderungen des ArbSchG werden konkretisiert durch die Arbeitsmedizinische Vorsorge-Verordnung (ArbMedVV) v 18.12.08 (BGBl I 08, 2768) idF v 21.10.10 (BGBl I 10, 960). Sie verpflichtet den ArbGeb, auf der Grundlage der **Gefährdungsbeurteilung** für eine angemessene arbeitsmedizinische Vorsorge zu sorgen und dabei die ArbMedVV nebst Anhang sowie die vom Ausschuss für Arbeitsmedizin bekanntgemachten Erkenntnisse zu berücksichtigen (§ 3).

3. Vorsorgeuntersuchungen. a) Voraussetzungen. Schwerpunkt der Präventivmedizin sind ärztliche Vorsorgeuntersuchungen. Die ArbMedVV unterscheidet zwischen Pflichtuntersuchungen, Angebotsuntersuchungen und Wunschuntersuchungen. Pflichtuntersuchungen sind solche, die bei bestimmten besonders gefährdenden Tätigkeiten zu veranlassen sind. Angebotsuntersuchungen sind bei bestimmten gefährdenden Tätigkeiten anzubieten. Wunschuntersuchungen hat der ArbGeb dem ArbN nach § 11 ArbSchG zu ermöglichen (§ 2). Die Tätigkeiten, die eine Vorsorgeuntersuchung veranlassen, sind in dem Anhang der ArbMedVV im Einzelnen aufgelistet. Zu vertrauensärztlichen Untersuchungen nach dem TVöD s *Richter/Gamisch* DÖD 12, 225.

aa) Pflichtuntersuchungen, § 4. Pflichtuntersuchungen sind als Erst- und als Nachuntersuchung in regelmäßigen Abständen zu veranlassen. Der ArbGeb darf eine Tätigkeit nur nach vorheriger Durchführung der Untersuchung ausüben lassen. Soweit dies im Anhang bestimmt ist, ist die Bescheinigung der gesundheitlichen Unbedenklichkeit Tätigkeitsvoraussetzung. Bis dahin besteht ein **Beschäftigungsverbot.** Über Pflichtuntersuchungen hat der ArbGeb nach Maßgabe des Abs 3 eine **Vorsorgekartei** zu führen.

bb) Angebotsuntersuchungen, § 5. Es gilt der Katalog des Anhangs, nach dem der ArbGeb dem ArbN Untersuchungen (Erst- und regelmäßige Nachuntersuchungen) anbieten muss. Das Angebot ist auch dann regelmäßig zu unterbreiten, wenn der ArbN die Untersuchung abgelehnt hat. Erhält der ArbGeb Kenntnis von einer Erkrankung, die im ursächlichen Zusammenhang mit der Tätigkeit stehen kann, so hat er dem ArbN unverzüglich (§ 121 BGB) eine arbeitsmedizinische Vorsorgeuntersuchung anzubieten. Das gilt auch für ArbN mit vergleichbaren Tätigkeiten, wenn Anhaltspunkte für ihre Gefährdung bestehen. Ausführlich zu Angebotsuntersuchungen *Aligbe* ArbRAktuell 12, 111.

6   **b) Durchführung. aa) Anforderungen an den Arzt/Pflichten.** Zu beauftragen ist grds ein Arzt, der als Arbeitsmediziner oder Betriebsmediziner fachkundig ist (§ 7). Wird der Betrieb von einem *Betriebsarzt* betreut, sollen ihm auch die Vorsorgeuntersuchungen übertragen werden. Stets muss sich der beauftragte Arzt vor einer Untersuchung die notwendigen Kenntnisse über die Arbeitsplatzverhältnisse verschaffen. Der ArbN ist über die Untersuchungsinhalte und den Untersuchungszweck aufzuklären. Untersuchungsbefund und -ergebnis sind schriftlich festzuhalten, die untersuchte Person darüber zu beraten und ihr eine **Bescheinigung** auszustellen. Diese enthält ua die ärztliche Beurteilung, ob und inwieweit bei Ausübung einer bestimmten Tätigkeit gesundheitliche Bedenken bestehen. Eine Kopie der Bescheinigung ist dem ArbGeb nur bei Pflichtuntersuchungen zu übermitteln (§ 6).

7   **bb) Zeitliche Lage/Verbindung mit Eignungsuntersuchungen, § 3 Abs 3.** Vorsorgeuntersuchungen sollen während der **Arbeitszeit** stattfinden. Die Sollvorschrift ist als Mussvorschrift zu verstehen, von der nur aus dringenden betrieblichen Gründen abgewichen werden kann. Sie sollen außerdem nicht zusammen mit Untersuchungen zur Feststellung der Eignung für berufliche Anforderungen durchgeführt werden, es sei denn, betriebliche Gründe erfordern dies; in diesem Fall sind die unterschiedlichen Zwecke der Untersuchungen offenzulegen. Angesprochen werden damit ua *Einstellungsuntersuchungen*, die dem ArbGeb die Einschätzung ermöglichen sollen, ob der ArbN physisch und psychisch den Anforderungen des in Aussicht genommenen Arbeitsplatzes gerecht wird. Der (potentielle) ArbGeb kann vor dem Abschluss des Arbeitsvertrags eine vorgeschriebene Pflichtuntersuchung veranlassen und den Abschluss des Arbeitsvertrags von deren positiven Ergebnis („gesundheitlich unbedenklich") abhängig machen. Die Untersuchung muss sich auf das Gefährdungspotenzial der Tätigkeiten iSd Anhangs der ArbMedVV beschränken. Weitergehende ärztliche Befunde dürfen nur nach Maßgabe des Datenschutzes erhoben werden (s Näheres *Einstellungsuntersuchungen*).

8   **c) Untersuchungsergebnis.** Gesundheitliche Bedenken gegen einen Verbleib am Arbeitsplatz sind dem ArbN unter Mitteilung des Untersuchungsbefundes offenzulegen; er ist außerdem schriftlich medizinisch zu beraten. Das **Untersuchungsergebnis** ist dem ArbGeb mitzuteilen und – wenn die Gesundheitsgefährdung arbeitsplatzbedingt ist – gleichzeitig eine Überprüfung des Arbeitsplatzes zu empfehlen. Der Arbeitsplatz ist sodann nach dem jeweils vorgeschriebenen Verfahren zu überprüfen (s *Arbeitsstoffe, gefährliche* Rz 9).

9   **d) Arbeitsrechtliche Folgen.** Insoweit ist zwischen den öffentlich-rechtlich vorgeschriebenen **Pflichtuntersuchungen** und freiwilligen Untersuchungen zu unterscheiden. Bei Pflichtuntersuchungen führt die fehlende Unbedenklichkeitsbescheinigung regelmäßig zu einem **Beschäftigungsverbot**, das der ArbGeb zur Vermeidung von Ordnungsmaßnahmen zu beachten hat. Er gerät nicht in *Annahmeverzug*. Bei Zweifeln an der Richtigkeit der geäußerten ärztlichen Bedenken, können ArbGeb und ArbN das Ergebnis überprüfen lassen. In einem Rechtsstreit, in dem der ArbN trotz der fehlenden Bescheinigung seine Beschäftigung verlangt, hat das ArbG durch Einholung eines arbeitsmedizinischen Gutachtens die Unbedenklichkeit des Arbeitsplatzes zu klären (BAG 15.6.04 – 9 AZR 483/03, DB 04, 2643). Kein Beschäftigungsverbot begründen ärztliche Bedenken, die aufgrund einer vom ArbGeb veranlassten freiwilligen Untersuchung geäußert werden. Beruht sie auf einer regelwidrigen Beschaffenheit des Arbeitsplatzes, muss der ArbGeb für Abhilfe sorgen. Beruht sie auf der persönlichen Konstitution des ArbN, ist ihm die Entscheidung überlassen, ob er gleichwohl weiterhin arbeiten will.

Das gilt auch bei Vorlage eines sog **Hausattestes,** in dem der behandelnde Arzt bescheinigt, der ArbN solle aus gesundheitlichen Gründen nicht mehr auf seinem Arbeitsplatz beschäftigt werden (Arbeitsplatzwechselempfehlung). Richtigerweise ist dem ArbN die Entscheidung zu überlassen, ob er trotz des gesundheitlichen Risikos auf dem Arbeitsplatz verbleibt. Ein Beschäftigungsverbot/ein Annahmeverweigerungsrecht des ArbGeb besteht nur bei Arbeitsunfähigkeit des ArbN (BAG 17.2.98 – 9 AZR 130/97, NZA 99, 33).

10   **4. Krankengespräche.** Die Führung formalisierter Krankengespräche zur Aufklärung eines überdurchschnittlichen Krankenstandes unterliegt der **Mitbestimmung** des BRat

Betriebliche Gesundheitsförderung 106

(BAG 8.11.94 – 1 ABR 22/94, DB 95, 1132). Zum *betrieblichen Eingliederungsmanagement* nach § 84 Abs 2 SGB IX s dort sowie *Behinderte* Rz 29; *Kündigung, personenbedingte* Rz 5.

5. Pflicht zu gesundheitsförderndem Verhalten. Der ArbN ist grds nicht gehalten, 11 seine private Lebensführung auf die Belange des ArbGeb abzustellen. Besonderheiten können sich aus vertraglichen Beschränkungen (s *Freizeitbeschäftigung* Rz 7 ff) oder im Krankheitsfall ergeben (s *Kündigung, verhaltensbedingte* Rz 36). Zur Mitbestimmung des BRat nach § 87 Abs 1 Nr 7 BetrVG s *Arbeitssicherheit/Arbeitsschutz* Rz 20.

6. Gendiagnostikgesetz (GenDG). a) Einführung. Das GenDG v 31.8.09 (BGBl I 12 09, 2529) regelt die Voraussetzungen für genetische Untersuchungen und im Rahmen genetischer Untersuchungen durchgeführte genetische Analysen sowie die Verwendung genetischer Proben und Daten. **Zweck** des Gesetzes ist es, die Würde des Menschen und sein Recht auf informationelle Selbstbestimmung zu achten und zu schützen (§ 1). Eine Benachteiligung auf Grund genetischer Eigenschaften soll verhindert werden. Abschnitt 5 betrifft „Genetische Untersuchungen im Arbeitsleben". Seine Vorschriften (§ 19 bis § 22) gelten für „Beschäftigte". Das sind nach der Legaldefinition in § 3 Nr 12 GenDG nicht nur ArbN und die zu ihrer Berufsbildung Beschäftigten. Erfasst wird auch, wer als Rehabilitand an Leistungen zur Teilhabe am Arbeitsleben oder an Abklärungen der beruflichen Eignung oder Arbeitserprobung teilnimmt sowie jeder, der in einer anerkannten Werkstätte für behinderte Menschen beschäftigt wird (s *Rehabilitation (berufliche)*). Die Vorschriften gelten entsprechend für den öffentlichen Dienst (§ 22) (s *Fischinger* NZA 10, 65).

b) Arbeitsrechtliche Grundnorm. Nach § 19 darf der ArbGeb von Beschäftigten 13 weder vor noch nach Begründung des Beschäftigungsverhältnisses die Vornahme genetischer Untersuchungen oder Analysen (Nr 1) oder die Mitteilung von Ergebnissen bereits vorgenommener genetischer Untersuchungen oder Analysen verlangen, solche Ergebnisse entgegennehmen oder verwenden (Nr 2). Mit diesem Verbot korrespondiert die Regelung in § 20 Abs 1 zu arbeitsmedizinischen Vorsorgeuntersuchungen. In deren Rahmen dürfen weder genetische Untersuchungen oder Analysen vorgenommen werden noch bereits gewonnene Ergebnisse verlangt, entgegengenommen oder verwendet werden. Verstöße werden öffentlich-rechtlich durch Buß- und Strafvorschriften sanktioniert (§§ 25, 26). Individualrechtlich statuiert § 22 ein arbeitsrechtliches **Benachteiligungsverbot.** Der ArbGeb darf Beschäftigte bei einer Vereinbarung oder Maßnahme insbesondere bei der Begründung des Beschäftigungsverhältnisses, beim beruflichen Aufstieg, bei einer Weisung oder der Beendigung des Beschäftigungsverhältnisses nicht wegen ihrer oder der genetischen Eigenschaften einer genetisch verwandten Person benachteiligen. Das gilt auch, wenn sich Beschäftigte weigern, genetische Untersuchungen oder Analysen bei sich vornehmen zu lassen oder die Ergebnisse bereits vorgenommener genetischer Untersuchungen oder Analysen zu offenbaren. Insoweit gelten nach § 21 die §§ 15 und 22 AGG entsprechend.

c) Ausnahmen. § 20 Abs 2 Satz 1 erlaubt im Rahmen arbeitsmedizinischer Vorsorgeun- 14 tersuchungen diagnostische genetische Untersuchungen durch Genproduktanalyse, soweit sie zur Feststellung genetischer Störungen erforderlich sind, die für schwerwiegende Erkrankungen oder schwerwiegende gesundheitliche Störungen, die bei einer Beschäftigung an einem bestimmten Arbeitsplatz oder mit einer bestimmten Tätigkeit entstehen können, ursächlich oder mitursächlich sind. Solche Untersuchungen sind nach Satz 2 nachrangig zu anderen Maßnahmen des Arbeitsschutzes. Nach § 20 Abs 2 Satz 3 kann die Bundesregierung weitergehend im gesetzlich bestimmten Umfang genetische Untersuchungen im Rahmen arbeitsmedizinischer Vorsorgeuntersuchungen gestatten. Auch dann gelten nach § 20 Abs 3 die **allgemeinen Schutzbestimmungen** der §§ 7 bis 16: Dazu gehören der sog Arztvorbehalt (§ 7), die Widerruflichkeit einer einmal erklärten Einwilligung des Einverständnisses des Beschäftigten mit der genetischen Untersuchung (§ 8), die Aufklärungs- und Beratungspflichten durch den verantwortlichen Arzt (§§ 9, 10), die Regelungen über die Mitteilung des Ergebnisses sowie der Aufbewahrung und Vernichtung erstellter Unterlagen und der genetischen Proben (§§ 11–13).

B. Lohnsteuerrecht *Thomas*

1. Steuerliche Einordnung. Aufwendungen für die Gesundheit gehören zur Lebens- 15 führung (§ 12 Nr 1 EStG) und sind deshalb beim ArbN grds keine Werbungskosten (zu

106 Betriebliche Gesundheitsförderung

Ausnahmen s *Berufskrankheit* Rz 5, 7 ff). In Übereinstimmung hiermit bewirkt die Kostenübernahme durch den ArbGeb grds Arbeitslohn, es sei denn, dass sie nicht der finanziellen Entlastung des ArbN, sondern eigenen betriebsfunktionalen Zielen des ArbGeb dient (s dazu *Arbeitsentgelt* Rz 48), was durch Würdigung aller Umstände wie zB Art und Höhe des Vorteils, betriebliche Gebundenheit, Begleitumstände, mit ihm verfolgte Zwecke usw bestimmt wird.

16 **2. Betriebsinterne Maßnahmen. a) Medizinische Leistungen,** die gegenüber ArbN vom Betriebsarzt erbracht werden, begründen keinen Arbeitslohn, und zwar auch dann nicht, wenn sie über gesetzlich geforderte Maßnahmen zum Arbeitsschutz und der Unfallverhütung hinausgehen, sofern ein Bezug zur Art der im Betrieb zu erbringenden Arbeitsleistungen besteht. Hiervon ist jedenfalls bei beratender Tätigkeit auszugehen. Ob das für jegliche medizinische Betreuung gilt, wie der BFH, ohne dass es dort entscheidungserheblich gewesen wäre, im Urt vom 24.1.75, BStBl II 75, 340 (ebenso *Offerhaus* BB 82, 1068) ausgeführt hat, ist zweifelhaft. Abzulehnen ist die dort ebenfalls geäußerte Auffassung, wonach die kostenlose Verabreichung von Arzneien im betrieblichen Bereich durchweg nicht steuerbar sei (FG Hess 23.5.97, DStRE 97, 953). Auch diesbezügliche Preisnachlässe sind Arbeitslohn (BFH 27.8.02 – VI R 158/98, BStBl II 03, 95 betr Antibabypille einer Krankenhausangestellten; vgl aber BFH 18.10.12 – VI R 64/11, DStR 12, 2433, *Arbeitsentgelt* Rz 73).

17 **b) Sonstige Leistungen** des ArbGeb zur Gesundheitsvorsorge im Betrieb können Arbeitslohn darstellen, wenn sie eine gewisse Marktgängigkeit haben (BFH 11.3.10 – VI R 7/08, DStRE 10, 789: Übernahme von Kurkosten). Als Beispiele ist an Zuschüsse bzw betriebliche Einrichtungen zum Betriebssport (s *Betriebssport* Rz 8 ff) oder an betriebliche Erholungseinrichtungen zu denken. Dagegen liegt möglicherweise kein Arbeitslohn vor, wenn der ArbGeb einen Masseur bezahlt, den ArbN mit Bildschirmtätigkeit nach ihrem Gutdünken in Anspruch nehmen können, wenn dies zur Vorbeugung berufsbedingter Gesundheitsbeeinträchtigungen dient, sofern mögliche Beeinträchtigungen des Arbeitsablaufs gewichtig und die ergriffenen Maßnahmen zur Behebung besonders geeignet sind (BFH 30.5.01 – VI R 177/99, BStBl II 01, 671; ebenso BFH 4.7.07 – VI B 78/06, BFH/NV 07, 1874 während bei Kostenübernahme für Training im Sportcenter Lohn nicht beanstandet wurde: BFH 24.3.09 – VI B 106/08, BFH/NV 09, 1122). Die Entscheidung zum Masseur ist angesichts der einschränkenden Kautelen und weil nicht durchentschieden, sondern zurückverwiesen worden ist, nicht besonders aussagekräftig und vereinbart sich auch nicht mit der Entscheidung zu übernommenen Kurkosten. Im Übrigen handelt es sich um Aufwendungen der Art, die nach der Entscheidung des GS (BFH 21.9.09 – GrS 1/06 BStBl II 10, 672 = DStR 10, 101; BMF 6.7.10 BStBl I 10, 614 = DStR 10, 1522) vom anteiligen Abzug als Erwerbsaufwendungen ausgeschlossen sind (*Pezzer* DStR 10, 93 unter 2.3; BMF 6.7.10, BStBl I 10, 614 Rz 4). Hierzu zählen, wie auch § 3 Nr 34 EStG zeigt, Leistungen zur Gesundheitsförderung.

18 **3. Betriebsexterne Maßnahmen** des ArbGeb zur Gesundheitsvorsorge der ArbN sind, sofern sie vom ArbN selbst veranlasst marktüblich bezahlt werden müssten, nur ausnahmsweise kein Arbeitslohn, wenn das eigenbetriebliche Interesse des ArbGeb ganz im Vordergrund steht. Dies wurde für bestimmte Vorsorgeuntersuchungen bejaht (BFH 17.9.82, BStBl II 83, 39). Es handelt sich um einen Grenzfall, in welchem die betriebsfunktionalen Gründe darin lagen, dass seitens des ArbGeb von den leitenden Angestellten eine Untersuchungsbereitschaft gefordert, nur die für den Betrieb besonders wichtigen wenigen Führungskräfte untersucht und das Untersuchungsergebnis dem Werksarzt zugeleitet wurde. Nach diesen Grundsätzen ist bei Untersuchung vor Einstellung (zB eines Berufssportlers) Arbeitslohn zu verneinen, wenn die Maßnahme den ArbGeb und nicht den ArbN über dessen Gesundheitszustand informieren soll. Von Bedeutung kann auch sein, dass die Kosten andernfalls durch eine Versicherung des ArbN getragen worden wären (BFH 5.11.93, BFH/NV 94, 313 zu Kurkosten). Diese Rspr kann entgegen FG Hbg (13.4.89, EFG 89, 575) und FG Düsseldorf (5.9.89 – 8 K 447/84 L – nv) nicht dahingehend verallgemeinert werden, dass die Übernahme von Kosten ärztlicher Untersuchungen bestimmter ArbN durch den ArbGeb generell keinen Arbeitslohn begründe.

19 **4. Steuerbefreiung.** Nach § 3 Nr 34 EStG sind bestimmte zusätzlich zum ohnehin geschuldeten Arbeitslohn (dazu Rz 20) erbrachte Leistungen zur Gesundheitsverbesserung bzw betrieblichen Gesundheitsförderung bis zu 500 € im Kj steuerfrei.

a) Geförderte Maßnahmen sind solche, die hinsichtlich Qualität, Zweckbindung und Zielgerichtetheit den Anforderungen der §§ 20 und 20a SGB V genügen (s unten Rz 25 ff), insbesondere die im Leitfaden Prävention des Spitzenverbandes Bund der Krankenkassen niedergelegten. Danach bezieht sich die Steuerbefreiung auf Leistungen zur **Primärprävention** (Verbesserung des allgemeinen Gesundheitszustandes) und zur **betrieblichen Gesundheitsförderung**. Betroffen sind Maßnahmen, die Bewegungsgewohnheiten, Ernährung, Stressbewältigung und Suchtverhalten verbessern sollen. Danach können auch Zuschüsse des ArbGeb für extern durchgeführte Maßnahmen befreit sein, die diesen Zwecken dienen, was einen Gestaltungsspielraum eröffnet. Die jeweilige Maßnahme kann auch über einen Sportverein oder ein Fitnessstudio organisiert und abgewickelt werden, während die bloße Übernahme oder Bezuschussung von Mitgliedsbeiträgen zu solchen Einrichtungen nicht befreit ist. Deshalb führt ein Firmenfitnessvertrag mit vergünstigter Mitgliedschaft zu einem geldwerten Vorteil, der sich danach bemisst, was ein fremder Privatkunde für die Mitgliedschaft zahlen müsste (FG Brem 23.3.11 – 1 K 150/09, DStRE 12, 144). Das wäre anders, wenn nicht der ArbGeb, sondern der Personal- bzw BRat einen Mengenrabatt vermittelt (vgl *Sachbezug* Rz 6). Um die Steuerbefreiung des § 3 Nr 34 EStG nutzen zu können, müssten ArbGeb und Fitnessstudio ein gezieltes Programm für die ArbN erarbeiten.

b) Befreiungsrahmen. Steuerfrei sind Leistungen des ArbGeb bis 500 € je geförderten ArbN und Kj. Da es sich um einen Freibetrag und nicht eine Freigrenze handelt („soweit" und nicht „falls" sie ... übersteigen), greift bei teuren Maßnahmen die Befreiung anteilig ein. Wegen des Zusätzlichkeitserfordernisses müsste die Steuerbefreiung nach der Rspr des BFH (s *Arbeitgeberzuschuss* Rz 6) eigentlich entfallen, wenn der ArbGeb die Maßnahmen der Gesundheitsförderung vorbehaltlos gewährt, was aber wiederum die Angreifbarkeit dieser Rspr belegt. Bei einer am Wortsinn des Zusätzlichkeitserfordernisses orientierten gleichheitskonformen Auslegung könnte der Ausschluss der Befreiung nur bei einer anderweiten Verwendung bereits verdienten Lohns gemeint sein (vgl dazu BFH 6.3.08 – VI R 6/05, BStBl II 08, 530). 20

C. Sozialversicherungsrecht   *Ruppelt*

1. Betriebliche Gesundheitsförderung der gesetzlichen Krankenversicherung. Die Leistungen der gesetzlichen KV zur Verhütung von Krankheiten, der betrieblichen Gesundheitsförderung und zur Prävention arbeitsbedingter Gesundheitsgefahren sowie der Förderung der Selbsthilfe sind in den §§ 20–24 SGB V geregelt. Nach § 20 Abs 1 SGB V sollen Leistungen der gesetzlichen KV zur **Primärprävention** den allgemeinen Gesundheitszustand verbessern und insbesondere einen Beitrag zur Verminderung sozial bedingter Ungleichheit von Gesundheitschancen erbringen. Die weitschweifige und unkonkrete Formulierung der Vorschrift trägt nicht zu ihrer praktischen Relevanz bei. Die Krankenkassen können in ihren Satzungen entsprechende Leistungen vorsehen, wobei durch den GKV-Spitzenverband prioritäre Handlungsfelder und Leistungskriterien hinsichtlich Bedarf, Zielgruppe, Zugangswegen, Inhalten und Methodik festgelegt werden sollen. **Selbsthilfegruppen, -organisationen und -kontaktstellen** werden nach Maßgabe des Spitzenverbandes Bund der Krankenkassen gefördert. Eine über die Projektförderung hinausgehende Förderung der genannten Einrichtungen durch Zuschüsse ist möglich (§ 20c SGB V). Die Ausgaben für Prävention und zur Verhütung arbeitsbedingter Gesundheitsgefahren dürfen einen festgelegten Betrag, welcher entsprechend der prozentualen Veränderung der monatlichen Bezugsgröße angepasst wird, nicht übersteigen (§ 20 Abs 2 SGB V). Entsprechendes gilt nach § 20c Abs 3 SGB V für die Ausgaben zur Förderung der Selbsthilfeeinrichtungen. 25

Die Krankenkassen erbringen nach § 20a Abs 1 Satz 1 SGB V Leistungen zur **Gesundheitsförderung in Betrieben** (betriebliche Gesundheitsförderung), um unter Beteiligung der Versicherten und der ArbGeb die gesundheitliche Situation einschließlich ihrer Risiken und Potentiale zu erheben und Vorschläge zur Verbesserung zu entwickeln. Die dafür zur Verfügung stehenden Mittel sind nach § 20 Abs 2 SGB V begrenzt. Unmittelbare Leistungsansprüche werden durch § 20a SGB V nicht geschaffen, was die praktische Bedeutung der Vorschrift nicht erhöht. 26

2. Zur Verhütung arbeitsbedingter Gesundheitsgefahren arbeiten die Krankenkassen mit den Trägern der gesetzlichen UV zusammen. Die Krankenkassen können den autono- 27

107 Betriebliche Übung

men und gesetzlichen Arbeitsschutz (s *Arbeitssicherheit/Arbeitsschutz* Rz 29 ff) durch geeignete Maßnahmen **ergänzen** und unterrichten die Träger der gesetzlichen UV über die Erkenntnisse, die sie über Zusammenhänge zwischen Erkrankungen und Arbeitsbedingungen gewonnen haben. Bei Verdacht auf berufsbedingte gesundheitliche Gefährdungen oder das Vorliegen einer *Berufskrankheit* hat die Krankenkasse dies unverzüglich den für den Arbeitsschutz zuständigen Stellen und dem UVTräger mitzuteilen (§ 20b Abs 1 Satz 3 SGB V). Eine **originäre** Zuständigkeit für die Aufgaben des Arbeitsschutzes haben die Krankenkassen nicht.

28 **3. Allgemeine medizinische Vorsorgeleistungen.** Neben der Behandlung im Krankheitsfall als eigentliche Leistung der gesetzlichen KV (s *Krankenbehandlung*) können alle Versicherte ärztliche Behandlung und Versorgung mit Arznei-, Heil- und Hilfsmitteln auch dann beanspruchen, wenn eine Krankheit noch nicht akut eingetreten ist. Dies ist nach § 23 Abs 1 SGB V dann der Fall, wenn Maßnahmen erforderlich sind, um
- eine Schwächung der Gesundheit, die in absehbarer Zeit voraussichtlich zu einer Erkrankung führen würde, zu beseitigen,
- einer Gefährdung der gesundheitlichen Entwicklung eines Kindes entgegenzuwirken,
- Krankheiten zu verhüten oder deren Verschlimmerung zu vermeiden oder
- Pflegebedürftigkeit zu vermeiden.

Für die Vorsorgeleistungen gelten die allgemeinen Leistungsprinzipien der gesetzlichen KV, so das Sachleistungsprinzip und die Zuzahlungsregelungen der §§ 31 ff SGB V. Reicht die ärztliche Behandlung nicht aus, kann die Krankenkasse eine aus medizinischen Gründen erforderliche ambulante, ggf stationäre Vorsorgekur nach Maßgabe von § 23 Abs 4 und Abs 5 SGB V erbringen (s *Kur* Rz 21 ff). Maßnahmen zur **Verhütung von Zahnerkrankungen** sind nur noch für Kinder und Jugendliche nach Maßgabe der §§ 21, 22 SGB V vorgesehen.

29 **4. Leistungen zur Früherkennung von Krankheiten.** Abhängig von Alter und Geschlecht können Früherkennungsleistungen der gesetzlichen KV nach Maßgabe der §§ 25, 26 SGB V in Anspruch genommen werden.

30 **5. Primäre Prävention durch Schutzimpfungen.** § 20d SGB V sieht für alle Versicherte den Leistungsanspruch für Schutzimpfungen iSd § 2 Nr 9 Infektionsschutzgesetz vor. Ausgenommen sind Schutzimpfungen, die wegen eines durch einen nicht beruflichen Auslandsaufenthalt erhöhten Gesundheitsrisikos indiziert sind. Einzelheiten zu Voraussetzungen, Art und Umfang der Leistungen bestimmt der Gemeinsame Bundesausschuss auf Grundlage der Empfehlungen der Ständigen Impfkommission beim Robert-Koch-Institut gem § 20 Abs 2 Infektionsschutzgesetz. Die Krankenkasse kann durch Satzung weitere Schutzimpfungen vorsehen.

Betriebliche Übung

A. Arbeitsrecht
Kreitner

1 **1. Begriff.** Unter einer betrieblichen Übung versteht man die regelmäßige Wiederholung bestimmter Verhaltensweisen des ArbGeb, aus der die ArbN schließen können, dass ihnen die aufgrund dieser Verhaltensweise gewährten Leistungen oder Vergünstigungen auch künftig auf Dauer gewährt werden sollen (ständige Rspr BAG 16.1.02 – 5 AZR 715/00, NZA 02, 632; 28.6.06 – 10 AZR 385/05, NZA 06, 1174; 21.6.11 – 9 AZR 203/10, NZA 11, 1338). Dem tatsächlichen Verhalten des ArbGeb wird daher mit dem Rechtsinstitut der betrieblichen Übung anspruchserzeugende Wirkung beigemessen (instruktiver RsprÜberblick bei *Bepler* RdA 05, 323; speziell zum öffentlichen Dienst *Picker* ZTR 12, 195; *Bieder* RdA 13, 274).

2 **Abzugrenzen** ist die betriebliche Übung von der sog **Gesamtzusage**. Anders als bei der betrieblichen Übung liegt bei der Gesamtzusage ein ausdrücklicher Erklärungstatbestand vor. Der ArbGeb sagt den ArbN generell eine bestimmte Leistung bei Vorliegen bestimmter Leistungsvoraussetzungen zu (BAG 15.7.08 – 3 AZR 61/07, NZA-RR 09, 324; 4.6.08 – 4 AZR 421/07, NZA 08, 1360). Die Gesamtzusage ist ein Vertragsangebot des ArbGeb, das

lediglich aus Vereinfachungsgründen in einer besonderen Form ausgesprochen wird. Die ArbN erwerben einen vertraglichen Anspruch auf die zugesagten Leistungen, wenn sie die Anspruchsvoraussetzungen erfüllen (BAG 15.2.05 – 9 AZR 116/04, NZA 05, 1117). Dabei gilt die Gesamtzusage auch für später eintretende ArbN (BAG 23.9.09 – 5 AZR 628/08, AP Nr 36 zu § 157 BGB). Der bei einer Gesamtzusage vorbehaltene Widerruf kann grds in gleicher Weise wie die seinerzeitige Gesamtzusage selbst erfolgen. Voraussetzung ist aber immer, dass der ArbN typischerweise in die Lage versetzt wird, von der Erklärung Kenntnis zu nehmen (BAG 24.1.06 – 3 AZR 583/04, AP Nr 14 zu § 307 BGB; 22.12.09 – 3 AZR 136/08, NZA-RR 10, 541). Auf die konkrete Kenntnis des Einzelnen kommt es nicht an (BAG 17.11.09 – 9 AZR 765/08, NZA-RR 10, 293). Die Bindungswirkung einer durch Mitteilung und Hinterlegung im Intranet bekannt gegebenen Gesamtzusage wird nicht durch bloße Herausnahme der Zusage aus dem Intranet beseitigt werden (LAG Düsseldorf 11.9.03 – 11 (18) Sa 308/03, LAGE § 145 BGB 2002 Nr 1).

2. Rechtsnatur. Die Rechtsnatur der betrieblichen Übung ist seit langem umstritten (s zuletzt *Waltermann* RdA 06, 257). Die mittlerweile ständige Rspr des BAG sieht in der betrieblichen Übung einen schuldrechtlichen Verpflichtungstatbestand und leitet die bindende Wirkung der betrieblichen Übung entweder aus der Vertrags- oder der Vertrauenshaftung **(Erwirkungslehre)** her (BAG 4.5.99 – 10 AZR 290/98, NZA 99, 1162; 5.8.09 – 10 AZR 483/08, NZA 09, 1105; 18.3.03 – 3 AZR 101/02, NZA 04, 1099). Das Verhalten des ArbGeb wird als konkludente Willenserklärung angesehen, die von den ArbN ebenfalls durch schlüssiges Verhalten angenommen wird, so dass die betriebliche Übung auf diese Weise Bestandteil der Arbeitsverhältnisse wird.

3. Entstehung. Die betriebliche Übung entsteht allein durch die gleichartige, wiederholte Praktizierung eines bestimmten Verhaltens des ArbGeb, ohne dass es dabei auf einen Verpflichtungswillen des ArbGeb ankommt. Maßgeblich ist allein, wie die ArbN als Erklärungsempfänger das Verhalten des ArbGeb nach Treu und Glauben und unter Berücksichtigung sämtlicher Begleitumstände verstehen durften (BAG 7.12.2000 – 6 AZR 444/99, NZA 01, 780; 24.9.03 – 5 AZR 591/02, NZA 03, 1387; 19.8.08 – 3 AZR 194/07, NZA 09, 197; 1.4.09 – 10 AZR 393/08, BeckRS 2009, 65971). Allein die Leistung an einzelne ArbN lässt noch nicht auf einen zurechenbaren, objektiven Bindungswillen des ArbGeb schließen (BAG 11.4.06 – 9 AZR 500/05, NZA 06, 1089). Insgesamt kommt es entscheidend auf Art, Dauer und Intensität der Leistungen sowie auf die Zahl der Anwendungsfälle im Verhältnis zur Belegschaftsstärke an (BAG 17.11.09 – 9 AZR 765/08, NZA-RR 10, 293). Dabei unterliegt die Beurteilung, ob aus den vom LAG festgestellten Tatsachen der Leistungsgewährung eine betriebliche Übung entstanden ist, der uneingeschränkten Überprüfung durch das BAG (BAG 28.6.06 – 10 AZR 385/05, NZA 06, 1174).

Im Einzelfall kann sich aus den Umständen ein **fehlender Bindungswille** des ArbGeb ergeben, wie zB bei typischerweise kollektiven Tatbeständen wie Arbeitszeitregelungen (BAG 21.1.97, BB 97, 1368), bei jährlichen Gehaltsanpassungen (BAG 16.9.98 – 5 AZR 598/97; 16.1.02 – 5 AZR 715/00, NZA 02, 632) oder bei kleineren Aufmerksamkeiten aus besonderen Anlässen. Das ist nicht bereits dann der Fall, wenn ein ArbGeb den bislang bei den jährlichen Sonderzahlungen erfolgenden ausdrücklichen Hinweis auf die arbeitsvertraglichen Voraussetzungen für diese Sonderzahlung bei späteren Zahlungen weglässt (BAG 18.1.12 – 10 AZR 670/10, NZA 12, 499). Zahlt ein ArbGeb „nach Gutdünken" über einen Zeitraum von mehreren Jahren ein Weihnachtsgeld in jährlich unterschiedlicher Höhe, fehlt es dagegen bereits an einer regelmäßigen, gleichförmigen Wiederholung bestimmter Verhaltensweisen (BAG 28.2.96, DB 96, 1242). Wegen der Auswirkungen der Personaleinsatzplanung auf das Funktionieren des gesamten Betriebs bedarf es für die Entstehung einer betrieblichen Übung in diesem Bereich ebenfalls besonderer Umstände (BAG 13.6.07 – 5 AZR 849/06, AP Nr 78 zu § 242 BGB Betriebliche Übung: Arbeit an Feiertagen). Natürlich kann der ArbGeb die Bindungswirkung einer betrieblichen Übung für die Zukunft auch ausdrücklich ausschließen (*Freitag* NZA 02, 294). Das BAG hat hierfür Formulierungen wie „ohne Anerkennung einer Rechtspflicht" oder „kein Rechtsanspruch für die Zukunft" empfohlen (BAG 19.5.05 – 3 AZR 660/03, NZA 05, 889). Aufgrund der vorzunehmenden **AGB-Kontrolle** bestehen insofern jedoch hohe Wirksamkeitsanforderungen (*Bepler* RdA 06, 323; *Ricken* DB 06, 1372; *Preis* NZA 09, 281). Dennoch bleibt ein klar

107 Betriebliche Übung

und verständlich formulierter Vorbehalt, der einen Anspruch auf eine jährlich gezahlte Sonderleistung ausschließt, unbedenklich und hindert das Entstehen einer betrieblichen Übung (BAG 5.8.09 – 10 AZR 483/08, NZA 09, 1105; 18.3.09 – 10 AZR 289/08, NZA 09, 535). Möglich bleibt danach auch der ausdrückliche Hinweis darauf, die konkrete Regelung gelte nur für das laufende Jahr (BAG 6.9.94 – 9 AZR 672/92, NZA 95, 418: Dienstbefreiung an Rosenmontag, Heiligabend und Silvester; BAG 16.4.97, DB 97, 1927: Weihnachtsgratifikation von 100 DM mit jährlich wechselnden Ankündigungsschreiben) oder dass die Gewährung der Leistungen jeweils erkennbar auf Vereinbarungen mit dem BRat beruht (LAG Köln 12.2.03 – 7 TaBV 80/02). In diesen Fällen kann der ArbN berechtigterweise nicht darauf vertrauen, dass die Leistung auch im Folgejahr erbracht werden wird. Demgegenüber ist eine Klausel im Formulararbeitsvertrag, wonach zusätzliche Leistungen „freiwillig und jederzeit widerruflich" sind, in sich widersprüchlich und vermag das Entstehen eines Anspruchs aus betrieblicher Übung nicht zu verhindern (BAG 8.12.10 – 10 AZR 671/09, NZA 11, 628; 14.9.11 – 10 AZR 526/10, BeckRS 2011, 79051; Näheres s *Einmalzahlungen* Rz 7 f).

6 Nimmt der ArbGeb **irrtümlich** an, zur Leistung verpflichtet zu sein und zahlt deshalb über mehrere Jahre hinweg eine zusätzliche Leistung und erkennt der ArbN, dass sich der ArbGeb lediglich normgemäß verhalten will, entsteht kein Anspruch für die Zukunft (BAG 29.8.12 – 10 AZR 571/11, NZA 13, 40; 28.6.05 – 1 AZR 213/04, BeckRS 2005, 43356; LAG NdS 20.1.06 – 16 Sa 1205/04; grundlegend *Reiter* ZfA 06, 361). Für eine betriebliche Übung muss der ArbN also Anhaltspunkte für eine bewusste überobligationsmäßige Zahlung des ArbGeb darlegen (BAG 24.3.10 – 10 AZR 43/09, NZA 10, 759). Dies hat das BAG insbesondere für den Bereich des öffentlichen Dienstes entschieden (BAG 29.4.04 – 5 AZR 528/03, NZA-RR 05, 501; 1.11.05 – 1 AZR 355/04, NZA 07, 1303). Eine Anfechtung der betrieblichen Übung wegen Irrtums ist grds möglich, unterliegt aber engen Voraussetzungen (vgl *Schwarze* NZA 12, 289).

7 Erbringt der ArbGeb eine besondere Leistung bereits **aufgrund einer anderen Anspruchsgrundlage** (zB einer Betriebsvereinbarung) kann eine betriebliche Übung nicht entstehen (BAG 14.8.01 – 1 AZR 619/00, NZA 02, 276; 12.12.12 – 5 AZR 918/11, BeckRS 2013, 68694; 28.5.08 – 10 AZR 275/07, NZA, 08, 941). Zu Recht hat das BAG daher bspw einen Anspruch auf Gehaltserhöhung aus betrieblicher Übung in einem Fall verneint, in dem der ArbGeb aufgrund einer Betriebsvereinbarung zur jährlichen Gehaltsüberprüfung verpflichtet war (BAG 16.9.98 – 5 AZR 598/97, NZA 99, 203). Gleiches gilt beim Austritt aus dem ArbGebVerband (LAG Hamm 25.9.02 – 18 Sa 740/02, NZA-RR 03, 144). Selbst ein aus ArbGebSicht nur vermeintlich bestehender Normenvollzug reicht hierfür aus (BAG 22.1.02 – 3 AZR 554/00, NZA 02, 1224; 28.6.05 – 1 AZR 213/04, AP Nr 29 zu § 77 BetrVG 1972 Betriebsvereinbarung). Das gilt erst recht, wenn der ArbN davon ausgeht, die vom ArbGeb gewährte Leistung stünde ihm bereits aus einem anderen Rechtsgrund zu (BAG 20.8.02 – 9 AZR 261/01, NZA 03, 1046; 17.3.10 – 5 AZR 317/09, BeckRS 2010, 67367). Leugnet der ArbGeb allerdings ausdrücklich die Anwendbarkeit eines arbeitsvertraglich in Bezug genommenen Tarifvertrags als Anspruchsgrundlage für eine bestimmte Forderung, so kann sich der ArbN widerspruchsfrei alternativ sowohl auf den Tarifvertrag als auch auf die betriebliche Übung berufen (LAG Köln 21.3.07 – 7 Sa 1057/06, NZA-RR 08, 135). Scheitern kann die Entstehung einer betrieblichen Übung schließlich an einem Verstoß gegen gesetzliche Bestimmungen (LAG RhPf 4.10.99 – 7 Sa 821/99, NZA-RR 01, 89: § 4 ArbZG; 8.3.07 – 2 Sa 10/07: § 78 Satz 2 BetrVG). Das Gleiche gilt für sog **doppelte Schriftformklauseln**. Das hat das BAG zunächst für tarifliche Klauseln (BAG 24.6.03 – 9 AZR 302/02, NZA 03, 1145) und zuletzt auch für arbeitsvertraglich vereinbarte Klauseln entschieden (BAG 20.5.08 – 9 AZR 382/07, NZA 08, 1233). Danach treten derartige Klauseln auch nicht nach § 305b BGB gegenüber einer betrieblichen Übung zurück, da letztere keine individuell ausgehandelte Verpflichtung und somit keine Individualabrede iSv § 305b BGB darstellt. Allerdings können doppelte Schriftformklauseln insgesamt nach § 307 Abs 1 Satz 1 BGB unwirksam sein. Das ist nach der Rspr des BAG bereits immer dann der Fall, wenn sie den generellen Vorrang der Individualabrede nicht berücksichtigen (grundlegend BAG 20.5.08 – 9 AZR 382/07, NZA 08, 1233). Die bisher üblicherweise genutzten Schriftformklauseln sind daher entsprechend anzupassen (so auch *Jensen* NZA-RR 11, 225; *Bauer* BB 09, 1588; *Leder/Scheuermann* NZA 08, 1222). **Einfache Schriftform-**

Betriebliche Übung

klauseln vermögen demgegenüber insgesamt das Entstehen einer betrieblichen Übung nicht zu verhindern (BAG 17.7.07 – 9 AZR 819/06, NZA 08, 118; 20.5.08 – 9 AZR 382/07, NZA 08, 1233).

4. Gegenstand einer betrieblichen Übung können **zu Gunsten** des ArbN die verschie- 8 denartigsten Leistungen des ArbGeb sein.

Beispiele: Gratifikationen (LAG RhPf 16.8.11 – 3 Sa 167/11, NZA-RR 12, 5), betriebliche Altersversorgung (BAG 23.8.11 – 3 AZR 650/09, NZA 12, 37; 25.6.02 – 3 AZR 360/01, NZA 03, 875; 18.3.03 – 3 AZR 101/02, AP Nr 4 zu § 1 BetrAVG Ablösung; BGH 19.12.94, DB 95, 635), Treuegeld (BAG 28.6.06 – 10 AZR 385/05, NZA 06, 1174), Anspruch auf Vereinbarung eines Versorgungsrechts (BAG 20.8.13 – 3 AZR 374/11, BeckRS 2013, 72911; 15.5.12 – 3 AZR 128/11, BeckRS 2012, 73013), Rentnerweihnachtsgeld (BAG 29.4.03 – 3 AZR 247/02; 12.12.06 – 3 AZR 57/06, AP Nr 77 zu § 242 BGB Betriebliche Übung; 31.7.07 – 3 AZR 189/06, NZA-RR 08, 263; 16.2.10 – 3 AZR 118/08, BeckRS 2010, 71316), Geburtsbeihilfe (LAG Bln 27.10.99 – 13 Sa 1734/99, NZA-RR 2000, 124), Regelung des jährlichen Betriebsausflugs (LAG München 3.12.98 – 4 TaBV 42/98, NZA-RR 99, 525), Essenszuschuss (LAG NdS 10.7.68, DB 68, 1861; LAG Frankfurt 24.2.84, NZA 84, 259), Sonderzuwendung aus Dienstzeitzuschlägen für Busfahrer (BAG 29.8.12 – 10 AZR 571/11, NZA 13, 40), Übernahme der Pauschalsteuer im Innenverhältnis (LAG BaWü 3.4.02 – 17 Sa 61/01, LAGE § 611 BGB Nettolohn, Lohnsteuer Nr 9), Transport zur Arbeitsstelle (BAG 9.7.85, DB 86, 230), Kostenloser Werkbusverkehr (LAG Nbg 29.10.04 – 2 Sa 828/02, NZA-RR 05, 291), Bezugnahme auf tarifvertragliche Regelungen (BAG 19.1.99 – 1 AZR 606/98, NZA 99, 879; 17.4.02 – 5 AZR 89/01, NZA 02, 1096; 17.2.10 – 5 AZR 191/09, AP Nr 209 zu § 1 TVG Tarifverträge: Metallindustrie; vgl *Betz* BB 10, 2045), Nichtanrechnung von Tariflohnerhöhungen auf Zulagen (BAG 26.4.61, AP Nr 5 zu § 4 TVG Effektivklausel; LAG Hamm 14.12.89, DB 90, 1571 [LS]), Anpassung der Vergütung nicht tarifgebundener ArbN entsprechend der Tariflohnerhöhung (BAG 19.10.11 – 5 AZR 359/10, NZA-RR 12, 344), Anwendung eines Tarifvertrages auf Nichtgewerkschaftsmitglieder (BAG 23.1.80, DB 80, 1350; BAG 23.11.93, DB 94, 1575; LAG Düsseldorf 6.11.97 – 2 (14/4) Sa 1408/97, NZA-RR 98, 366 und 18.5.98 – 10 Sa 392/98, LAGE § 4 TVG Nachwirkung Nr 9: auch im Nachwirkungszeitraum nach gekündigtem Tarifvertrag), zeitlich vorgezogene tarifliche Zulagenzahlung (ArbG Freiburg 8.12.11 – 4 Ca 232/11, NZA-RR 12, 73), Zahlung einer Heimzulage trotz Fehlen der tariflichen Voraussetzungen (BAG 26.5.93, NZA 94, 88), bezahlte Freizeit an Rosenmontag (BAG 17.11.72, DB 73, 578; LAG Düsseldorf 3.9.93, NZA 94, 696; ArbG Frankfurt 11.2.91, NZA 91, 398) bzw an sonstigen Brauchtumstagen (BAG 12.1.94, DB 94, 2034: Wäldchestag).

Aber auch für den ArbN **ungünstige** betriebliche Übungen kommen in der Praxis vor, wie zB solche betr die betriebliche Ordnung (vgl *Schaub/Koch* § 111 Rz 18).

5. Geltungsbereich. a) Persönlich. Eine betriebliche Übung kommt grds den ArbN 9 zugute, mit denen unter der Geltung der Übung ein Arbeitsverhältnis begründet wird (BAG 10.8.88, BB 89, 356). Gegenüber neu eintretenden ArbN kann eine begünstigende betriebliche Übung durch eindeutige einseitige Erklärung des ArbGeb beseitigt werden (BAG 14.11.01 – 10 AZR 152/01, BeckRS 2002, 40134; *Reinecke* BB 04, 1625). Ansonsten gilt sie auch für diese ArbN gleichermaßen (BAG 23.11.93, DB 94, 1575). Unabhängig hiervon haben diese ArbN einen Anspruch aufgrund des arbeitsrechtlichen Gleichbehandlungsgrundsatzes, soweit nicht bei Abschluss des Arbeitsvertrages besondere gegenteilige Vereinbarungen getroffen werden (BAG 10.8.88, BB 89, 356). Für den ArbN ungünstige betriebliche Übungen gelten für neu eintretende ArbN nur dann, wenn sie entweder Kenntnis von der betrieblichen Übung hatten oder diese jedenfalls kennen mussten. Bestehende betriebliche Übungen behalten im Fall eines rechtsgeschäftlichen Betriebsübergangs ihre bindende Wirkung und müssen auch vom Betriebserwerber beachtet werden. Die betriebsverfassungsrechtlichen Beziehungen zwischen ArbGeb und BRat können durch eine betriebliche Übung nicht gestaltet werden (BAG 19.2.02 – 1 ABR 26/01, NZA 02, 1300). Zu den Ansprüchen eines GmbH-Geschäftsführers aus betrieblicher Übung vgl *Nebendahl* NZA 92, 289.

b) Räumlich. Die betriebliche Übung ist in ihrer Geltung nicht zwingend betriebs- 10 bezogen. Vielmehr hat es der ArbGeb bei Begründung der Übung in der Hand, den räumlichen Geltungsbereich festzulegen. So kann er die betriebliche Übung entweder unternehmensweit praktizieren oder sie auf eine Abteilung oder sogar einzelne Arbeitsverhältnisse beschränken (zB Nutzung des Geschäftswagens durch den Chauffeur für dessen Heimfahrten). Bei einer solchen begrenzten Übung können sich jedoch weiter gehende Ansprüche

Kreitner

107 Betriebliche Übung

der nicht berücksichtigten ArbN unter Berufung auf den arbeitsrechtlichen Gleichbehandlungsgrundsatz ergeben. Schließlich kann eine betriebliche Übung auch in einem **Gemeinschaftsbetrieb** entstehen. Dieser setzt kraft Definition das Bestehen einer einheitlichen Personalführung voraus (Näheres s *Betrieb (Begriff)* Rz 12), so dass auch hier eine einheitliche Übung trotz Beteiligung unterschiedlicher ArbGeb denkbar ist. Für differenzierende Übungen gilt das oben Gesagte entsprechend.

11   **6. Beendigung.** Ändert der ArbGeb einseitig das einer betrieblichen Übung zugrunde liegende Verhalten, führt dies allein noch nicht zu einer Beseitigung des verpflichtenden Charakters der betrieblichen Übung. Allerdings kann auf diese Weise eine neue betriebliche Übung begründet werden. Es ist zunächst zu unterscheiden, ob die mittels betrieblicher Übung gewährten Leistungen vorbehaltlos oder widerruflich erfolgt sind. Im letzteren Fall kann die Verpflichtung für die Zukunft einseitig durch den ArbGeb widerrufen werden. Dieser **Widerruf** muss gem § 315 BGB der Billigkeit entsprechen und unterliegt der gerichtlichen Überprüfung (BAG 12.1.94, DB 94, 2034). Er kann auch durch konkludentes Verhalten des ArbGeb erfolgen, wenn dieser lediglich sein Verhalten ändert und dadurch eine neue, für den ArbN ungünstigere betriebliche Übung begründet. Ein Eingriff in bereits entstandene Ansprüche und Anwartschaften (relevant besonders im Bereich der betrieblichen Altersversorgung) kommt nur ausnahmsweise unter engen Voraussetzungen in Betracht (Näheres s *Betriebliche Altersversorgung* Rz 68). Im Fall der **vorbehaltlosen Leistung** kommt individualrechtlich lediglich eine einvernehmliche Vertragsänderung oder eine Kündigung bzw Änderungskündigung des Einzelarbeitsverhältnisses in Betracht. Vereinzelt wird eine Irrtumsanfechtung nach § 119 BGB erwogen (*Houben* BB 06, 2301). Selbst das Bestehen einer wirtschaftlichen Notlage berechtigt den ArbGeb nicht zu einer einseitigen Einstellung der betrieblichen Übung (LAG Hamm 13.9.04 – 8 Sa 721/04, NZA-RR 05, 237). Auch die einvernehmliche Änderung der betrieblichen Übung kann ohne ausdrückliche Erklärung der Parteien durch schlüssiges Verhalten von ArbGeb und ArbN erfolgen. In jedem Fall muss jedoch der abändernde Entschluss des ArbGeb nach außen in Erscheinung treten und als Vertragsänderungsangebot erkennbar seien. Der bloße Aushang einer Mitteilung des ArbGeb, er könne aufgrund der wirtschaftlichen Lage des Betriebs in diesem Jahr kein Weihnachtsgeld zahlen genügt hierfür nicht (BAG 14.8.96, DB 96, 2547). Eine **kollektive Kündigung** der betrieblichen Übung gegenüber dem BRat oder eine Teilkündigung sämtlicher betroffener Arbeitsverhältnisse bezüglich der durch die betriebliche Übung gewährten Leistungen ist nicht möglich (BAG 8.11.57, BB 58, 192). Demgegenüber plädiert *Bepler* für eine kollektivrechtliche Ablösbarkeit bei gleichzeitiger Inhaltskontrolle nach den Grundsätzen der Verhältnismäßigkeit und des Vertrauensschutzes (*Bepler* RdA 04, 226).

Mit einer in der Folgezeit nachhaltig kritisierten Rspr erlaubte das BAG erstmalig im Jahr 1997 die **Ablösung** einer bestehenden durch eine neue verschlechternde betriebliche Übung (BAG 26.3.97 – 10 AZR 612/96, NZA 97, 1007; 4.5.99 – 10 AZR 290/98, NZA 99, 1162; zuletzt BAG 28.5.08 – 10 AZR 275/07, NZA 08, 94; Näheres s Personalbuch 2009 Betriebliche Übung Rz 11). Diese Rspr hat es nunmehr ausdrücklich aufgegeben und festgestellt, dass dem mit der Geltung der AGB-Kontrolle seit 1.1.02 das Klauselverbot für fingierte Erklärungen gem § 308 Nr 5 BGB entgegenstehe (BAG 18.3.09 – 10 AZR 281/08, NZA 09, 601; 25.11.09 – 10 AZR 779/08, NZA 10, 283; kritisch *Roeder* NZA 09, 883; *Bieder* DB 09, 1929; zustimmend *Waltermann* SAE 10, 193). Der 3. Senat hat diese Rspr für den Bereich der betrieblichen Altersversorgung übernommen (BAG 16.2.10 – 3 AZR 118/08, NZA 11, 104). Will der ArbGeb Leistungen aus einer betrieblichen Übung **einschränken,** sind Mitbestimmungsrechte des BRat zu beachten (Näheres s *Arbeitsentgelt* Rz 10 ff).

12   **Verdrängt** wird eine bestehende betriebliche Übung durch eine nachfolgende **Betriebsvereinbarung,** wenn diese für die ArbN günstigere Regelungen enthält (BAG 16.11.11 – 10 AZR 60/11, NZA 12, 349). Anders als die endgültige Ablösung dauert die verdrängende Wirkung nur solange, wie die Betriebsvereinbarung besteht. Danach leben die individualrechtlichen Ansprüche aus der betrieblichen Übung wieder auf (BAG 28.3.2000 – 1 AZR 366/99, NZA 01, 49; aA *Merten/Schwartz* DB 01, 646). Eine Ablösung durch eine verschlechternde Betriebsvereinbarung ist nicht zulässig.

B. Lohnsteuerrecht
Seidel

Ob Leistungen des ArbGeb aufgrund betrieblicher Übung steuerrechtlich Arbeitslohn **13** darstellen, ist nach allgemeinen Grundsätzen zu beurteilen (s *Arbeitsentgelt* Rz 30 ff sowie entsprechende Stichwörter, zB *Arbeitnehmerbeförderung* Rz 7 ff, *Essenszuschuss* Rz 7 ff, *Einmalzahlungen* Rz 32). Zahlungen, die an sich steuerfrei geleistet werden können, die der ArbGeb aber nur deshalb weiterhin erbringt, weil der ArbN darauf wegen langjähriger rechtsgrundloser Leistung einen Rechtsanspruch aufgrund betrieblicher Übung erworben hat, sind nicht steuerfrei (vgl BFH 27.5.94, BFH/NV 94, 857).

C. Sozialversicherungsrecht
Schlegel

Ob Ansprüche insbesondere auf laufendes Arbeitsentgelt oder bestimmte Einmalzahlungen **14** auf betrieblicher Übung oder sonstigen Vereinbarungen oder Rechtsquellen beruhen, ist für das SozVRecht ohne Belang.

Betriebsänderung

A. Arbeitsrecht
Kreitner

Übersicht

	Rz		Rz
1. Überblick	1–5	g) Berater	14
2. Voraussetzungen der Betriebsänderung im Sinne des § 111 BetrVG	6–13	3. Gesetzlich genannte Fälle der Betriebsänderung	15–31
a) Unternehmensgröße	6	a) § 111 Satz 3 Nr 1 BetrVG	16–23
b) Existenz eines Betriebsrats	7	b) § 111 Satz 3 Nr 2 BetrVG	24, 25
c) Geplante Betriebsänderung	8	c) § 111 Satz 3 Nr 3 BetrVG	26
d) Wesentlicher Nachteil	9	d) § 111 Satz 3 Nr 4 BetrVG	27–30
e) Erhebliche Teile der Belegschaft	10, 11	e) § 111 Satz 3 Nr 5 BetrVG	31
f) Abgrenzung zum Betriebsübergang	12, 13	4. Streitigkeiten	32, 33

1. Überblick. Bei der Durchführung von Betriebsänderungen muss der ArbGeb verschie- **1** dene Mitwirkungs- und Mitbestimmungsrechte des BRat beachten. Sie erreichen unterschiedliche Intensität, abgestuft nach dem jeweiligen betriebsverfassungsrechtlichen Verfahrensabschnitt der Betriebsänderung (zu Betriebsänderungen im Medienbereich zuletzt *von Olenhusen/Puff* NZA-RR 09, 345; zu grenzüberschreitenden Betriebsänderungen und Mitbestimmungsrechten des EBRat *Maiß/Pauken* BB 13, 1589).

Nach der **gesetzlichen Systematik** gibt § 111 BetrVG als Grundnorm den tatbestandli- **2** chen Rahmen vor und legt fest, in welchen Fällen eine betriebsverfassungsrechtlich relevante Betriebsänderung gegeben ist (Näheres s unten Rz 6 ff). Ferner normiert er ein umfassendes Unterrichtungs- und Beratungsrecht des BRat.

Liegt im Einzelfall eine Betriebsänderung iSd § 111 BetrVG vor, so müssen ArbGeb und **3** BRat gem § 112 Abs 1 BetrVG den Abschluss eines Interessenausgleichs, ggf mit Hilfe der *Einigungsstelle,* versuchen. Ziel des Interessenausgleichs ist es, Einigkeit über das „Ob, Wann und Wie" der durchzuführenden Maßnahme zu erreichen. Auch der Einigungsstelle kommen insoweit keine weiterreichenden Kompetenzen zu. Sie kann ebenfalls nur auf eine Einigung der Betriebspartner hinwirken. Ihr Spruch ersetzt nicht die Einigung zwischen ArbGeb und BRat. Unterlässt der ArbGeb diesen Einigungsversuch, so löst dies ebenso wie eine unkorrekte Durchführung eines abgeschlossenen Interessenausgleichs gem § 113 BetrVG Ansprüche der betroffenen ArbN auf *Nachteilsausgleich* aus. Ob der BRat in einem solchen Fall die Durchführung personeller Maßnahmen durch den ArbGeb unter Berufung auf den allgemeinen Unterlassungsanspruch ggf im Wege der einstweiligen Verfügung verhindern kann, ist äußerst umstritten (Näheres s *Unterlassungsanspruch* Rz 12).

Die **sozialen Auswirkungen** der Betriebsänderung bezüglich der von ihr betroffenen **4** ArbN sind in einer zweiten Stufe durch einen *Sozialplan* zu regeln. Anders als der Interessen-

108 Betriebsänderung

ausgleich kann dieser durch den BRat über die Errichtung einer *Einigungsstelle* erzwungen werden (§ 112 Abs 4 BetrVG) und der Einigungsstellenspruch ersetzt ggf die Einigung zwischen ArbGeb und BRat. Sonderregelungen hinsichtlich der Erzwingbarkeit des Sozialplans gelten gem § 112a BetrVG für neu gegründete Unternehmen in den ersten vier Jahren.

5   Im Folgenden wird der Anwendungsbereich des § 111 BetrVG im Einzelnen dargestellt. Wegen der sich anschließenden Rechtsfragen bezüglich Interessen- und Nachteilsausgleich bzw Sozialplan wird auf die dortigen Ausführungen verwiesen (s *Interessenausgleich* Rz 1 ff; *Nachteilsausgleich* Rz 1 ff; *Sozialplan* Rz 1 ff).

6   **2. Voraussetzungen der Betriebsänderung im Sinne des § 111 BetrVG. a) Unternehmensgröße.** Betriebsverfassungsrechtlich relevant sind Betriebsänderungen nur in Unternehmen mit idR mehr als 20 wahlberechtigten ArbN. Dabei ist für die Ermittlung des Schwellenwertes grds die Personalstärke maßgeblich, die für das Unternehmen im Allgemeinen kennzeichnend ist, und nicht wie viele ArbN ihm im Zeitpunkt des Stilllegungsentschlusses zufällig angehören (BAG 10.12.96 – 1 ABR 43/96, NZA 97, 733; 16.11.04 – 1 AZR 642/03, AP Nr 58 zu § 111 BetrVG 1972). LeihArbN, die länger als drei Monate im Unternehmen eingesetzt sind, sind mitzuzählen (BAG 18.10.11 – 1 AZR 335/10, NZA 12, 221). Im **Gemeinschaftsbetrieb** sind die ArbN aller beteiligten Unternehmen zu addieren (BAG 29.9.04 – 1 ABR 39/03, NZA 05, 420 zur identischen Problematik bei § 99 BetrVG; vgl auch BAG 11.11.97 – 1 ABR 6/97, NZA 98, 723 zu § 111 BetrVG aF).

Die Begriffe „Unternehmer" und „Arbeitgeber" werden in den §§ 111 ff BetrVG synonym verwandt und beschreiben lediglich verschiedene Funktionen derselben Personen (BAG 15.1.91, DB 91, 1472).

7   **b) Existenz eines Betriebsrats.** Weitere zwingende Voraussetzung für die Auslösung betriebsverfassungsrechtlicher Ansprüche ist das Bestehen eines BRat in dem von der Maßnahme betroffenen Betrieb. Auch Ansprüche auf Nachteilsausgleich gem § 113 BetrVG scheiden demgemäß für die ArbN in betriebsratslosen Betrieben aus (LAG Bln 15.6.73, DB 73, 2097; LAG Hamm 11.2.75, BB 75, 560). Der BRat muss bereits vor der Durchführung der Maßnahme gebildet sein. Einem erst im Laufe des Betriebsänderungsverfahrens gewählten BRat kommen keine Mitbestimmungsrechte zu (BAG 18.11.03 – 1 AZR 30/03, NZA 04, 161; aA LAG Köln 5.3.07 – 2 TaBV 10/07, BeckRS 2007, 43861). Bei einer Kündigung durch den Insolvenzverwalter kommt es nicht darauf an, ob der BRat bei Eröffnung des Insolvenzverfahrens bereits bestand (BAG 18.11.03 – 1 AZR 30/03, NZA 04, 220). Es kann auch eine Zuständigkeit des GBRat oder KBRat bestehen. Entscheidend ist insoweit, ob sich nach der ursprünglichen Planung des ArbGeb die Betriebsänderung auf mehrere Betriebe bzw mehrere Unternehmen eines Konzerns erstreckt (BAG 24.1.96, BB 96, 2093). Nach der Zuständigkeitsregelung des BetrVG ist eine Rückübertragung der Zuständigkeit vom GBRat auf die jeweiligen EinzelBRäte nicht möglich (str; wie hier *Röder/Gragert* DB 96, 1674).

Führt die Betriebsänderung selbst zur Auflösung des BRat (zB Betriebsaufspaltung), so besitzt der BRat gem § 21b BetrVG noch ein **Restmandat** soweit ein die Betriebsstilllegung überdauernder Regelungsbedarf besteht (Näheres s *Restmandat/Übergangsmandat* Rz 2 ff).

8   **c) Geplante Betriebsänderung.** Nach dem Gesetzeswortlaut des § 111 Satz 1 BetrVG muss es sich um eine „geplante" Betriebsänderung handeln. Das BAG hat anlässlich einer als Folge einer Konkurseröffnung notwendig gewordenen Betriebsänderung klargestellt, dass der Begriff der Planung allein in zeitlicher Hinsicht zu verstehen ist. Bezweckt wird hiermit lediglich, dass der BRat möglichst frühzeitig über die bevorstehende Betriebsänderung informiert werden soll (BAG GS 13.12.78, DB 79, 261; 17.9.74, DB 74, 2207).

9   **d) Wesentlicher Nachteil.** § 111 Satz 1 BetrVG verlangt, dass durch die geplante Betriebsänderung wesentliche Nachteile für zumindest erhebliche Teile der Belegschaft entstehen können. Dieses Tatbestandsmerkmal des „wesentlichen Nachteils" ist durch die Rspr des BAG nahezu bedeutungslos geworden. Zum einen weist das BAG darauf hin, dass es nach dem Gesetzeswortlaut nicht auf den tatsächlichen Nachteilseintritt, sondern allein auf dessen Möglichkeit ankomme (BAG 16.6.87, DB 87, 1842). Zum anderen geht das BAG davon aus, dass jedenfalls hinsichtlich der in § 111 Satz 3 BetrVG aufgeführten Betriebsänderungen ein wesentlicher Nachteil fingiert werde (BAG 17.8.82, DB 83, 344; 7.8.90, DB 91, 760).

e) Erhebliche Teile der Belegschaft. Von der Betriebsänderung müssen entweder die 10
gesamte Belegschaft des Betriebs oder zumindest erhebliche Teile der Belegschaft betroffen
sein. Ob ein erheblicher Teil der Belegschaft berührt wird, richtet sich nach der Anzahl der
von der Maßnahme betroffenen ArbN. Das BAG greift insoweit in ständiger Rspr auf die
Zahlenangaben des § 17 Absatz 1 KSchG zurück (BAG 6.6.78, DB 78, 1650; 28.3.06 –
1 ABR 5/05, NZA 06, 932; 31.5.07 – 2 AZR 254/06, DB 07, 2376). Dies bedeutet im
Einzelnen, dass bei Betrieben zwischen 21 und 59 ArbN mindestens 6 ArbN, in Betrieben
zwischen 60 und 499 ArbN 10% bzw mindestens 26 ArbN sowie in Betrieben mit mehr als
500 ArbN mindestens 30 ArbN betroffen sein müssen. Zusätzlich verlangt das BAG, dass
mindestens 5% der Belegschaft des Betriebs betroffen sind.

Diese Zahlenwerte dienen der Rspr allerdings nur als Richtschnur, die im **Einzelfall** auch 11
geringfügig unterschritten werden kann (BAG 7.8.90, DB 91, 760). Sie gelten unabhängig
von den durch § 112a BetrVG für die Frage der Erzwingbarkeit eines Sozialplans bei
Personalabbau festgelegten Zahlengrenzen (Näheres s unten Rz 19). Bei der Ermittlung der
Zahlenwerte ist die gesamte ArbGebSeitige Maßnahme zu berücksichtigen. Dies gilt auch
dann, wenn es sich um eine einheitliche Maßnahme handelt, die in mehreren Etappen
durchgeführt werden soll (BAG 28.3.06 – 1 ABR 5/05, NZA 06, 932). Fehlt es insoweit
jedoch an einem einheitlichen Gesamtplan, können mehrere Kündigungswellen nicht zusammen gefasst werden (LAG Köln 28.1.10 – 7 TaBV 84/09, BeckRS 2010, 73609). Die
30-Tages-Grenze des § 17 Abs 1 KSchG findet keine Anwendung (BAG 22.5.79, DB 79,
1897).

f) Abgrenzung zum Betriebsübergang. Der rechtsgeschäftliche Betriebsübergang als 12
solcher ist keine Betriebsänderung iSd § 111 BetrVG (BAG 15.12.11 – 8 AZR 692/10,
NZA-RR 12, 570; 26.4.07 – 8 AZR 695/05, AP Nr 4 zu § 125 InsO). Die Rechte der
ArbN werden insoweit umfassend durch § 613a BGB gesichert (Näheres s *Betriebsübergang*
Rz 1 ff). Allerdings können gleichwohl aus Anlass eines Betriebsübergangs auch Mitwirkungsrechte des BRat gem §§ 111 ff BetrVG ausgelöst werden (vgl *Moll* RdA 03, 129;
Matthes NZA 2000, 1073). Dies ist immer dann der Fall, wenn sich der Betriebsübergang
nicht in einem bloßen Wechsel des Betriebsinhabers erschöpft, sondern er darüber hinaus mit
Maßnahmen verbunden ist, die den Tatbestand einer Betriebsänderung iSd § 111 BetrVG
erfüllen (BAG 25.1.2000 – 1 ABR 1/99, NZA 2000, 1069). Führt zB der Betriebsveräußerer
noch vor dem Betriebsübergang eine erhebliche Personalreduzierung durch oder bedingt die
Eingliederung des Betriebs in die Unternehmensstruktur des Betriebserwerbers personelle
Maßnahmen, so können hierdurch Mitbestimmungsrechte des BRat nach §§ 111 ff BetrVG
tangiert werden (BAG 26.5.83, DB 83, 2690; 27.9.84, DB 85, 1399).

Das Gleiche gilt bei **Betriebs- und Unternehmensaufspaltungen,** soweit diese eine 13
Änderung der Betriebsorganisation oder des Betriebszwecks bewirken oder in anderer Weise
den Tatbestand einer Betriebsänderung erfüllen (BAG 16.6.87, DB 87, 1842; *Schaub* NZA
89, 5; vgl auch *Umwandlung* Rz 26) bzw bei dem **Zusammenschluss** zweier Betriebe
(*Kreßel* DB 89, 1623).

g) Berater. Nach § 111 Satz 2 BetrVG kann der BRat **in Unternehmen mit mehr als** 14
300 Arbeitnehmern zu seiner Unterstützung einen Berater hinzuziehen, für den die
gleichen Geheimhaltungspflichten wie für sonstige Sachverständige gelten. Sinn und Zweck
dieser Regelung ist die beschleunigte Behandlung der Betriebsänderung durch beide Betriebspartner. Der BRat soll in die Lage versetzt werden, die Auswirkungen der geplanten
Betriebsänderung rasch zu erfassen und in kurzer Zeit fundierte Alternativvorschläge im
Interesse der Beschäftigungssicherung rechtzeitig zu erarbeiten (*Engels/Trebinger/Löhr-Stein-
haus* DB 01, 532). Dementsprechend gilt die Hinzuziehungsbefugnis nur für die Beratung
der Betriebsänderung selbst. Für weitergehende Beratungen iRd Sozialplanverhandlungen
und einem evtl Einigungsstellenverfahren bleibt nur die Hinzuziehung eines Sachverständigen nach § 80 Abs 3 BetrVG (LAG München 24.6.10 – 2 TaBV 121/09; *Richardi/Annuß*
§ 111 Rz 52; *Oetker* NZA 02, 465). Anders als bei der Beauftragung eines Sachverständigen
bedarf es bei der Hinzuziehung eines Beraters iSd § 111 Satz 2 BetrVG **keiner vorherigen**
Vereinbarung mit dem ArbGeb. Wer als Berater hinzugezogen wird, entscheidet allein der
BRat. Die Kosten trägt gem § 40 Abs 1 BetrVG der ArbGeb (LAG Hess 19.2.04 – 9 TaBV
95/03, BeckRS 2004, 30448819; *Annuß* NZA 01, 367). Daneben haftet grds auch der BRat,
sofern er den gesetzlichen Erforderlichkeitsmaßstab nicht beachtet (BGH 25.10.12 – III ZR

108 Betriebsänderung

266/11, NZA 12, 1382; dazu auch *Bergmann* NZA 13, 57; *Jaeger/Steinbrück* NZA 13, 401; *Zange* BB 13, 384; *Müller/Jahner* BB 13, 440; *Dommermuth-Alhäuser/Heup* BB 13, 1461; *Dzida* NJW 13, 433). Die Höhe der Vergütung richtet sich mangels einer gesetzlichen Regelung, soweit vorhanden, nach Gebührenordnungen (zB RVG) bzw Üblichkeit und ist ansonsten vom Berater nach §§ 315, 316 BGB nach billigem, der gerichtlichen Kontrolle unterliegenden Ermessen festzusetzen (*Löwisch* NZA 01, Beilage S 40). Es gilt – wie sonst auch – der Erforderlichkeitsmaßstab (Näheres s *Betriebsratskosten* Rz 3). Entgegen dem Normwortlaut kann der BRat – soweit erforderlich – auch mehrere Berater hinzuziehen, wie sich aus dem Normzweck zweifelsfrei ergibt (*Bauer* NZA 01, 375; aA *Lingemann* NZA 02, 934).

15 **3. Gesetzlich genannte Fälle der Betriebsänderung.** Gem § 111 Satz 3 BetrVG gelten bestimmte dort katalogartig aufgeführte Maßnahmen des ArbGeb als Betriebsänderungen iSd Gesetzes. Ob die gesetzliche Aufzählung abschließenden Charakter hat, ist im Schrifttum umstritten (vgl *Fitting* § 111 Rz 44), kann jedoch letztlich dahinstehen, da in der Praxis kaum andere Fälle auftreten dürften, nachdem bereits der bloße Personalabbau vom BAG in ständiger Rspr als Betriebsänderung iSd § 111 BetrVG anerkannt wird (zuletzt BAG 31.5.07 – 2 AZR 254/06, NZA 07, 1307). Diese Rspr hat durch § 112a BetrVG eine gesetzliche Bestätigung gefunden. Es gilt der allgemeine betriebsverfassungsrechtliche Betriebsbegriff. Näheres s *Betrieb (Begriff)* Rz 3.

16 **a) Einschränkung und Stilllegung des ganzen Betriebes oder von wesentlichen Betriebsteilen (§ 111 Satz 3 Nr 1 BetrVG).** Unter **Betriebsstilllegung** ist nach der ständigen Rspr des BAG die Auflösung der zwischen ArbGeb und ArbN bestehenden Betriebs- und Produktionsgemeinschaft zu verstehen, die ihre Veranlassung und zugleich ihren unmittelbaren Ausdruck darin findet, dass der ArbGeb die bisherige wirtschaftliche Betätigung in der ernstlichen Absicht einstellt, die Weiterverfolgung des bisherigen Betriebszwecks dauernd oder jedenfalls für eine ihrer Dauer nach unbestimmte, wirtschaftlich nicht unerhebliche Zeitspanne einzustellen (BAG 21.6.01 – 2 AZR 137/00, NZA 02, 212).

17 Sie muss **durch den Arbeitgeber veranlasst** sein. Daher liegt eine Betriebsstilllegung iSd § 111 BetrVG nicht bereits dann vor, wenn sämtliche ArbN wegen erheblicher Lohnrückstände selbst kündigen (BAG 28.10.92, NZA 93, 421). Etwas anderes kann nur dann gelten, wenn der ArbGeb die ArbN durch schleppende Lohnzahlung zur Eigenkündigung veranlassen wollte bzw diese ausdrücklich zur Eigenkündigung aufgefordert hat, um auf diese Weise die Rechtsfolgen der §§ 111 ff BetrVG zu umgehen (BAG 4.7.89, DB 90, 485) bzw wenn der ArbGeb ausdrücklich wegen des bevorstehenden Personalabbaus die ArbN zu Eigenkündigungen veranlasst (BAG 28.10.92, DB 93, 590). Eine Betriebsstilllegung ist auch dann nicht gegeben, wenn ein Betrieb geschlossen wird, der von vornherein und für die ArbN erkennbar nur für einen zeitlich begrenzten Betriebszweck errichtet worden ist und die Betriebsschließung wegen der Zweckerreichung erfolgt (LAG München 15.2.89, NZA 90, 288).

18 Eine **Betriebseinschränkung** liegt demgegenüber vor, wenn der Betriebszweck zwar weiterverfolgt wird, dies jedoch unter einer nicht nur vorübergehenden Herabsetzung der Betriebsleistung geschieht (*Fitting* § 111 Rz 72).

19 Wichtigster Anwendungsfall der Betriebseinschränkung ist der **Personalabbau.** Ob ein rechtlich erheblicher Personalabbau vorliegt, richtet sich nach den Zahlenwerten des § 17 Abs 1 KSchG (BAG 28.3.06 – 1 ABR 5/05, NZA 06, 932; 23.2.12 – 2 AZR 773/10, NZA 12, 992). Maßgebliche Bezugsgröße ist dabei die Anzahl der im Betrieb beschäftigten ArbN. Es gilt also ein engerer Prüfungsmaßstab (Betrieb statt Unternehmen), als für die Feststellung, ob dem BRat überhaupt ein Mitbestimmungsrecht in wirtschaftlichen Angelegenheiten zukommt (BAG 27.9.12 – 2 AZR 516/11, NZA 13, 333). Dabei ist unerheblich, ob es sich um Teilzeit- oder Vollzeitbeschäftigte handelt. Hieran hat auch die Einfügung von § 112a BetrVG nichts geändert, da diese Vorschrift allein die Erzwingbarkeit von Sozialplänen bei Personalabbau betrifft, nicht jedoch den Begriff der Betriebsänderung iSd § 111 BetrVG neu definiert (BAG 8.11.88, DB 89, 331). Auch in Kleinbetrieben mit bis zu 20 ArbN ist eine Betriebseinschränkung durch alleinigen Personalabbau erst dann anzunehmen, wenn hierdurch die Mindestzahl des § 112a Abs 1 Satz 1 Nr 1 BetrVG von sechs ArbN erreicht wird (BAG 9.11.10 – 1 AZR 708/09, NZA 11, 466).

Normalerweise erfolgt der Personalabbau durch betriebsbedingte Kündigungen oder Arb- 20
GebSeitig veranlasste Aufhebungsverträge. Im Einzelfall können auch Eigenkündigungen der
ArbN Mitwirkungsrechte des BRat nach §§ 111 ff BetrVG auslösen. Dies gilt immer dann,
wenn sie auf Veranlassung des ArbGeb zur Vermeidung ArbGebSeitiger Kündigungen
erfolgen (BAG 23.8.88, DB 88, 2413; 28.10.92, DB 93, 590).

Änderungskündigungen sind nur dann zu berücksichtigen, wenn die gekündigten ArbN 21
entweder das Änderungsangebot abgelehnt oder nicht fristgerecht einen Vorbehalt iSd § 2
KSchG erklärt haben (LAG BaWü 16.6.87, LAGE Nr 6 zu § 111 BetrVG 1972).

Nicht unter den Begriff der Betriebseinschränkung fallen **saisonbedingte Personalredu-** 22
zierungen bei Saison- und Kampagnebetrieben (*Fitting* § 111 Rz 66).

Schließlich müssen sich Betriebsstilllegung und Betriebseinschränkung nicht auf den 23
gesamten Betrieb erstrecken, sondern es genügt, wenn **wesentliche Betriebsteile** betroffen
sind. Die Beurteilung der Wesentlichkeit eines Betriebsteils richtet sich nach der Rspr
wiederum nach der Anzahl der betroffenen ArbN, wobei erneut die Zahlenwerte des § 17
Abs 1 KSchG herangezogen werden (vgl zuletzt *Meyer/Röger* BB 09, 894; BAG 6.12.88,
DB 89, 883: Reinigungsabteilung einer Druckerei; 7.8.90, DB 91, 760: Schärerei einer
Samt- und Plüschweberei). Nicht entscheidend ist, ob in dem stillgelegten Betriebsteil
bislang ein wesentliches Vorprodukt gefertigt wurde, das nunmehr von Dritten angekauft
wird. Dies kann allenfalls iSv § 111 Satz 3 Nr 5 BetrVG erheblich sein (BAG 7.8.90, DB 91,
760).

b) Verlegung des ganzen Betriebs oder von wesentlichen Betriebsteilen (§ 111 24
Satz 3 Nr 2 BetrVG). Unter **Verlegung** ist jede wesentliche Veränderung der örtlichen
Lage des Betriebs bzw von wesentlichen Betriebsteilen zu verstehen, die mit nicht ganz
unerheblichen Erschwerungen für die Belegschaft verbunden ist. Dabei stellt die Rspr relativ
geringe Anforderungen. So bejaht das BAG eine Verlegung iSd § 111 BetrVG bei einem
Umzug von 4,3 km vom Zentrum an den Stadtrand (BAG 17.8.82, DB 83, 344); ähnlich das
LAG Frankfurt betr einen Umzug von 5,5 km innerhalb Frankfurts (LAG Frankfurt
28.10.86, AiB 87, 292). Allerdings hat die Entfernung maßgeblichen Einfluss bei der Ermittlung der im Wege des Sozialplans auszugleichenden Nachteile der ArbN (LAG Bln 8.3.83,
DB 83, 1264).

Die Betriebsverlegung ist dabei **von der Betriebsstilllegung abzugrenzen.** Nach der 25
Rspr des BAG stellt eine erhebliche räumliche Verlegung des Betriebs dann eine Betriebsstill-
legung dar, wenn die alte Betriebsgemeinschaft aufgelöst wird und der Aufbau einer im
Wesentlichen neuen Betriebsgemeinschaft am neuen Betriebssitz erfolgt (BAG 12.2.87,
NZA 88, 170). Ein solcher Fall soll zB vorliegen, wenn sich die ArbN weigern, am neuen
Betriebssitz zu arbeiten. Diese Überlagerung von Betriebsverlegung und Betriebsstilllegung
hat ihre Ursache in dem Betriebsbegriff des BetrVG und dabei insbesondere in dem
Umstand, dass zum Betrieb iSd BetrVG auch die ArbN zählen (Näheres s *Betrieb (Begriff)*
Rz 3). Eine Auflösung der Betriebsgemeinschaft hat damit notwendigerweise eine Betriebs-
stilllegung zur Folge.

c) Zusammenschluss mit anderen Betrieben oder die Spaltung von Betrieben 26
(§ 111 Satz 3 Nr 3 BetrVG). Die Zusammenfassung zweier bislang selbstständiger Betriebe
kann entweder durch die Aufnahme eines Betriebs in die bestehende betriebliche Organisation eines anderen Betriebs oder durch die Bildung einer gänzlich neuen Betriebseinheit
erfolgen. Beide Vorgänge erfüllen den Tatbestand des § 111 Satz 3 Nr 3 BetrVG (vgl *Kreßel*
DB 89, 1623). Das Gleiche gilt für selbstständige Betriebsteile iSv § 4 BetrVG, wohingegen
sonstige Betriebsteile nicht erfasst werden (ErfK/*Kania* § 111 BetrVG Rz 13). Im Zusammenhang mit der Neuregelung des Umwandlungsrechts zum 1.1.95 ist das Tatbestandsmerkmal der Spaltung von Betrieben in den Katalog möglicher Betriebsänderungen mitaufgenommen worden (vgl BAG 10.12.96, DB 97, 1416; LAG Brem 21.10.04 – 3 Sa 77/04,
NZA-RR 05, 140: Cafeteria eines größeren Einkaufsmarktes; vgl auch *Lingemann/Göpfert*
NZA 97, 1325; *Matthes* NZA 2000, 1073). Die Spaltung eines Betriebs iSv § 111 Satz 3
Nr 3 BetrVG setzt voraus, dass zumindest zwei neue Einheiten entstehen. Die teilweise
Stilllegung eines Betriebs ist daher keine Spaltung (BAG 18.3.08 – 1 ABR 77/06, NZA 08,
957).

d) Grundlegende Änderungen der Betriebsorganisation, des Betriebszwecks oder 27
der Betriebsanlagen (§ 111 Satz 3 Nr 4 BetrVG). Grundlegend ist jede Änderung, die

108 Betriebsänderung

nicht nur einer laufenden Verbesserung entspricht, sondern maßgebliche Auswirkungen auf den Betriebsablauf hat (BAG 26.10.04 – 1 AZR 493/03, NZA 05, 237). Es muss eine erhebliche Bedeutung für das betriebliche Gesamtgeschehen erkennbar sein. Maßgeblich ist dabei der Grad der Veränderung (BAG 18.11.03 – 1 AZR 637/02, NZA 04, 741).

28 Eine Änderung der **Betriebsorganisation** liegt vor, wenn eine vollständige Änderung des Betriebsaufbaus erfolgt. Hierzu gehört auch die Ausgliederung von wesentlichen Betriebsteilen.

29 Von einer Änderung des **Betriebszwecks** ist auszugehen, wenn sich der arbeitstechnische Zweck des Betriebs ändert, zB bei Umstellung der Produktpalette, Umstellung von Produktion auf Vertriebstätigkeit etc. Nach der Rspr des BAG kann die Hinzufügung eines weiteren Betriebszwecks ausreichen (BAG 17.12.85, DB 86, 2085: Ergänzung eines Spielkasinos mit Spieltischen um einen zusätzlichen Saal mit Spielautomaten; aA LAG Hess 9.4.98 – 5 TaBV 140/97, NZA-RR 99, 526: Einführung des Pokerspiels in Spielbank bewirkt keine Änderung des Betriebszwecks).

30 Die Änderung der **Betriebsanlagen** betrifft schließlich die Betriebsmittel im weiteren Sinne. Beispiele: Einführung neuartiger Maschinen (LAG Frankfurt 27.10.87, NZA 88, 407), Einführung eines EDV-Systems (LAG Hbg 5.2.86, LAGE Nr 5 zu § 23 BetrVG), Einführung von Bildschirmarbeitsplätzen (BAG 26.10.82, DB 83, 1766).

31 e) **Einführung grundlegend neuer Arbeitsmethoden und Fertigungsverfahren (§ 111 Satz 3 Nr 5 BetrVG).** Hinsichtlich der grundlegenden Bedeutung gilt das oben zu § 111 Satz 3 Nr 4 BetrVG Gesagte entsprechend. Ein Beispiel stellt der Wechsel von bisher fester individueller vertraglicher Wochenarbeitszeit zum systematischen Einsatz von Teilzeitkräften mit flexibler Arbeitszeit (LAG RhPf 9.3.12 – 6 TaBV 39/11, BeckRS 2012, 69019) oder der Wechsel von herkömmlichen Kassen zu überwachten Selbstbedienungskassen dar (LAG NdS 5.5.09 – 1 TaBV 28/09, NZA-RR 09, 531). Erfasst werden insbesondere Rationalisierungsmaßnahmen soweit es sich hierbei nicht lediglich um eine sich im Rahmen des Üblichen bewegende Verbesserung handelt (BAG 7.8.90, DB 91, 760). Je nach Art der Maßnahme können gleichzeitig Mitbestimmungsrechte des BRat nach § 87 BetrVG bzw § 102 BetrVG eingreifen; zB § 87 Abs 1 Nr 6 BetrVG bei Einführung von technischen Überwachungseinrichtungen.

32 **4. Streitigkeiten.** Besteht zwischen ArbGeb und BRat Streit darüber, ob die geplante Maßnahme Beteiligungsrechte des BRat gem §§ 111 ff BetrVG auslöst, so kann dies in einem arbeitsgerichtlichen Beschlussverfahren geklärt werden. Die gerichtliche Entscheidung hat präjudizielle Wirkung insoweit, als in einem späteren Verfahren andere Gerichte an die Feststellung einer Mitbestimmungspflicht bzw deren Ablehnung gebunden sind. Dies gilt insbesondere für die spätere Klage eines ArbN auf Nachteilsausgleich iSd § 113 Abs 3 BetrVG (BAG 10.11.87, DB 88, 609; 9.4.91, DB 91, 2392; aA *Jox* NZA 90, 424; kritisch auch *Zeiss* SAE 88, 230).

33 Umstritten ist, ob der BRat mit Hilfe einer **einstweiligen Verfügung** vom ArbGeb die vorläufige Unterlassung der beabsichtigten Maßnahme, insbesondere Unterlassung von Kündigungen, bis zum Abschluss des Interessenausgleichsverfahrens verlangen kann. Richtigerweise ist eine solche einstweilige Verfügung aus gesetzessystematischen Gründen abzulehnen (Näheres s *Unterlassungsanspruch* Rz 11 ff).

B. Lohnsteuerrecht *Windsheimer*

34 Eine Betriebsänderung kann lohnsteuerliche Folgen haben hinsichtlich *Abfindung* Rz 41 ff, *Kündigung, allgemein* Rz 82, *Kündigungsschutz* Rz 149, *Eingruppierung* Rz 30, *Versetzung* Rz 32 ff, *Betriebsstätte* Rz 2.

C. Sozialversicherungsrecht *Ruppelt*

35 Die allgemeinen Regelungen des SozVRechts bleiben bei einer Betriebsänderung grds in Kraft, da die sozialversicherungsrechtlichen Pflichten auf das tatsächliche Beschäftigungsverhältnis zwischen ArbGeb und Beschäftigten abstellen. Erfolgt eine Verlegung des Betriebs bzw eine Änderung des Betriebszwecks, kann ein Zuständigkeitswechsel des UVTrägers eintreten (vgl *Betrieb (Begriff)* Rz 20 ff).

Betriebsarzt

A. Arbeitsrecht *Poeche*

1. Einführung. Das **Gesetz über Betriebsärzte,** Sicherheitsingenieure und andere 1
Fachkräfte für Arbeitssicherheit vom 12.12.73 (ASiG) verpflichtet den ArbGeb ua zur
Bestellung von Betriebsärzten, die ihn beim Arbeitsschutz und bei der Unfallverhütung
unterstützen sollen. Arbeitsschutz umfasst alle rechtlichen, organisatorischen, technischen
und medizinischen Maßnahmen zum Schutz der körperlichen und psychischen Unversehrt-
heit der ArbN (Näheres s *Arbeitssicherheit/Arbeitsschutz* Rz 1). Unfallverhütung wird gesondert erwähnt, weil dieser Bereich des Gesundheitsschutzes den BG als Träger des Unfallschutzes übertragen ist. Eine sichere Abgrenzung beider Bereiche ist wegen der einheitlichen
Regelung im ASiG weder rechtlich geboten noch wegen vielfältiger Verzahnung und paral-
leler Vorschriften möglich. Die Bestellung von Betriebsärzten befreit den ArbGeb nicht von
seiner Verantwortung für den Gesundheits- und Gefahrenschutz.

Räumlich gilt das ASiG im gesamten Bundesgebiet. 2

2. Voraussetzungen. Betriebsärzte sind zu **bestellen,** wenn ihr Einsatz im Betrieb 3
erforderlich ist. Maßgebend sind hierfür die Betriebsart und die damit für die ArbN verbundenen Unfall- und Gesundheitsgefahren, Zahl und Zusammensetzung der Belegschaft
(zB Jugendliche, behinderte Menschen) sowie die Betriebsorganisation, insbesondere Zahl
und Art der für Arbeitsschutz und Unfallverhütung verantwortlichen Personen (§ 2 Abs 1
ASiG). Einzelheiten regeln die von den BG auf der Grundlage von § 15 SGB VII erlassenen
DGUV 2 v 24.11.10. Danach kann die Bestellung eines Betriebsarztes/einer Fachkraft für
Arbeitssicherheit behördlich angeordnet werden (VG Lüneburg 20.7.11 – 5 A 26/10,
BeckRS 11, 52914). Ausführlich *Aligbe* ArbR Aktuell 12, 524.

3. Organisation des betriebsärztlichen Dienstes. Der Gesetzgeber stellt drei Möglich- 4
keiten zur Verfügung: Haupt- und nebenberufliche Einstellung eines Betriebsarztes auf
arbeitsvertraglicher Grundlage, Beschäftigung auf der Grundlage eines freien Dienstvertrages
sowie Beauftragung eines überbetrieblichen Dienstes von Betriebsärzten (Werkarztzentrum).
Die Abgrenzung von Arbeits- oder Dienstvertrag des beschäftigten Betriebsarztes richtet sich
nach allgemeinem Arbeitsrecht (LAG Köln 25.8.99 – 2 Sa 611/99, DB 99, 2648; Näheres
Arbeitnehmer (Begriff) Rz 2 ff; *Freie Mitarbeit* Rz 2 ff). Die BG sind ermächtigt, den Anschluss
an ein Werkarztzentrum verbindlich vorzuschreiben, dessen Träger wird Vertragspartner des
ArbGeb (§§ 7 Abs 3, 19 ASiG).

Bestellt werden darf nur Personal, das zur Ausübung des ärztlichen Berufes berechtigt ist 5
und über die notwendige **arbeitsmedizinische Fachkunde** verfügt (§ 4 ASiG). Die Bestellung muss schriftlich erfolgen. Dem Betriebsarzt sind die Aufgaben nach dem ASiG zu
übertragen, wobei unter Berücksichtigung der betrieblichen Erfordernisse der Aufgabenbereich im Einzelnen eingeschränkt oder erweitert werden kann. Ständiger technologischer
Wandel, Erkenntnisse über neuartige oder bisher nicht erforschte Belastungen am Arbeitsplatz bedingen stetige **Fortbildung** des ärztlichen Personals. Dem als ArbN beschäftigten
Betriebsarzt ist deshalb bei Kostenübernahme durch den ArbGeb für die erforderliche Fortbildung bezahlte Freistellung zu gewähren, dem dienstvertraglich verpflichteten Arzt bloße
Freistellung (§ 2 Abs 3 ASiG); für Fachkräfte für Arbeitssicherheit gilt Entsprechendes (§ 5
Abs 3 ASiG).

4. Aufgabe der Betriebsärzte. Nach § 3 Abs 1 ASiG ist der ArbGeb beim Gesundheits- 6
schutz einschließlich der Humanisierung des Arbeitslebens zu unterstützen. Das ASiG verzichtet auf eine abschließende Auflistung der in Betracht kommenden Tätigkeiten. Hervorgehoben werden vier Schwerpunkte betriebsärztlicher Tätigkeit:

a) **Beratung des Arbeitgebers** und der sonst für den Arbeitsschutz und die Unfallver- 7
hütung verantwortlichen Personen. Beispielhaft werden genannt: Planung, Ausführung und
Unterhaltung von Betriebsanlagen und der sozialen und sanitären Einrichtungen, Beschaffung von technischen Arbeitsmitteln und Einführung von Arbeitsverfahren und -stoffen,
Auswahl und Erprobung von Körperschutzmitteln, arbeitsphysiologische, -psychologische,

109 Betriebsarzt

-hygienische und sonstige ergonomische Fragen. Dazu gehören Arbeitsrhythmus und -zeit, Pausenregelung, Gestaltung der Arbeitsplätze und ihrer Umgebung, des Arbeitsablaufs, Organisation der „Ersten Hilfe" im Betrieb bis hin zu Fragen des Arbeitsplatzwechsels und der Eingliederung behinderter Menschen in den Arbeitsprozess.

8 **b) Beratung der Arbeitnehmer,** ihre arbeitsmedizinische Untersuchung (Vor-, Eignungs- oder sonstige arbeitsmedizinisch vorgeschriebene oder freiwillige Untersuchungen), deren Beurteilung, Erfassung und Auswertung der Untersuchungsergebnisse, wobei dem ArbN auf seinen Wunsch hin das Untersuchungsergebnis mitzuteilen ist. Die vorgeschriebenen Untersuchungen sind im Anhang der VO zur arbeitsmedizinischen Vorsorge aufgeführt (ArbMedVV v 18.12.08, BGBl I, 2768).

9 **c) Beobachtung** der Durchführung des Gesundheitsschutzes; hierfür sind die Arbeitsstätten in regelmäßigen Abständen zu begehen, Mängel festzustellen, Vorschläge zu ihrer Behebung zu unterbreiten und hierauf hinzuwirken, auf die Benutzung der Körperschutzmittel zu achten sowie Ursachen von arbeitsbedingten Erkrankungen zu untersuchen, die Untersuchungsergebnisse zu erfassen, auszuwerten und Maßnahmen zur Verhütung dieser Erkrankungen vorzuschlagen. Die **Arbeitsbedingungen** sind zu beurteilen.

10 **d) Hinwirkung** auf alle im Betrieb Beschäftigten, sich den Anforderungen von Arbeitsschutz und Unfallverhütung entsprechend zu verhalten; Aufklärung über Unfall- und Gesundheitsgefahren und Belehrung über die Möglichkeiten zu ihrer Abwendung, Mitwirkung bei Einsatzplanung und Schulung der Helfer in Erster Hilfe und des medizinischen Hilfspersonals. **Nicht Aufgabe** der Betriebsärzte ist es, **Krankmeldungen** von ArbN auf ihre Berechtigung hin zu überprüfen (§ 3 Abs 3 ASiG). Zur Behandlung von ArbN durch den Betriebsarzt s *Krankenbehandlung* Rz 2. Vom ArbGeb veranlasste *Einstellungsuntersuchungen* sind nicht Bestandteil des gesetzlichen Aufgabenkatalogs; der zeitliche Aufwand ist deshalb bei der Festlegung des zeitlichen Umfangs des ärztlichen Dienstes gesondert zu berücksichtigen.

11 Das dem Betriebsarzt vom Gesetzgeber zur Verfügung gestellte **Instrumentarium zur Durchsetzung** aus seiner Sicht arbeitsmedizinisch gebotener oder sinnvoller Maßnahmen ist beschränkt. Kommt es zu keiner Einigung über einen von ihm unterbreiteten Vorschlag mit dem Leiter des Betriebes oder dem ArbGeb, ist ihm gegenüber der Vorschlag schriftlich und mit Begründung abzulehnen; dem BRat ist eine Durchschrift zuzuleiten (§ 8 Abs 3 ASiG).

12 **5. Pflichten des Arbeitgebers.** Neben der Bestellung des Betriebsarztes hat der ArbGeb dafür zu sorgen, dass diese ihre Aufgaben erfüllen. Er hat sie hierbei zu unterstützen. Hilfspersonal, Räume und Einrichtungen, Geräte und sonstige erforderliche medizinische Hilfsmittel sind zu stellen (§ 2 Abs 2 ASiG). Soweit Betriebsärzte oder Fachkräfte für Sicherheit bestellt sind, hat der ArbGeb in Betrieben mit mehr als zwanzig Beschäftigten (Teilzeitbeschäftigte rechnen zeitanteilig) einen **Arbeitsschutzausschuss** zu bilden, bei besonderer Gefahrenlage auch bei einer geringeren ArbNZahl. Mitglieder sind der ArbGeb oder ein von ihm Beauftragter, zwei BRatMitglieder und Sicherheitsbeauftragte.

In den mindestens einmal vierteljährlich einzuberufenden Sitzungen sind allgemeine Fragen des Arbeitsschutzes und der Unfallverhütung zu beraten (§ 11 ASiG).

13 **6. Gesundheitsschutz als Gemeinschaftsaufgabe.** Ein wirksamer Gesundheitsschutz für alle im Betrieb Tätigen bedingt **Zusammenarbeit** des Betriebsarztes mit dem BRat, der von ihm über wichtige Angelegenheiten zu unterrichten ist. Hierzu gehört auch die Information über Vorschläge, die dem ArbGeb vom Arbeitsmediziner gemacht worden sind. Auf Verlangen des BRat obliegt dem Betriebsarzt auch seine Beratung über den Gesundheitsschutz (§ 9 ASiG). Außerdem ist die Zusammenarbeit mit den Fachkräften für Arbeitssicherheit und allen Betriebsbeauftragten für technische Sicherheit, Arbeits- und Umweltschutz verpflichtend vorgeschrieben. Die Notwendigkeit gemeinsamer Betriebsbegehungen wird betont (§ 10 ASiG).

14 **7. Persönliche Stellung des Betriebsarztes. a) Weisungsfreiheit.** Die persönliche Stellung des Betriebsarztes zum ArbGeb wird durch Weisungsfreiheit gekennzeichnet. Er ist nur seinem ärztlichen Gewissen unterworfen und unterliegt der **ärztlichen Schweigepflicht** (§ 8 Abs 1 und 2 ASiG). Ohne Einwilligung des ArbN darf dem ArbGeb keine Mitteilung über Untersuchungsergebnisse gemacht werden. Dabei bedarf es der Befreiung von der Schweigepflicht im Einzelfall; pauschale Erklärungen im Arbeitsvertrag oder sons-

tigen Unterlagen genügen nicht. Streitig ist, ob eine stillschweigende Einwilligung des ArbN in die Offenbarung des Untersuchungsergebnisses dann angenommen werden kann, wenn sich der ArbN mit der Untersuchung als solcher einverstanden erklärt hat. Richtigerweise ist das zu verneinen, wobei gleich ist, ob es sich um eine freiwillige oder gesetzlich vorgeschriebene Vorsorgeuntersuchung handelt. Das Persönlichkeitsrecht des ArbN gebietet, ihm die Entscheidung über die Weitergabe zu überlassen. Sache des Betriebsarztes ist es, mit dem ArbN die Risiken eines etwaigen Verbleibs auf dem Arbeitsplatz zu besprechen. Eine bereits erteilte Befreiung von der Schweigepflicht kann der ArbN jederzeit zurücknehmen. Darf der ArbN ohne ärztliche Unbedenklichkeitsbescheinigung nicht auf seinem Arbeitsplatz eingesetzt werden oder macht der ArbGeb die Einstellung vom Ergebnis einer Eingangsuntersuchung abhängig, trägt der ArbN die sich daraus ergebenden arbeitsrechtlichen Folgen, wenn er nicht in die Offenbarung des Untersuchungsergebnisses einwilligt (s auch *Einstellungsuntersuchung* Rz 1; *Betriebliche Gesundheitsförderung* Rz 4).

Die nach § 203 StGB strafbewehrte Verletzung der ärztlichen Schweigepflicht ist unter den Voraussetzungen des § 34 StGB – **übergesetzlicher Notstand** – gerechtfertigt, wenn die weitere Beschäftigung des ArbN Leben oder Gesundheit Dritter konkret gefährdet (zB eine die Fahrtauglichkeit eines Berufskraftfahrers ausschließende Sehschwäche). Eine Berechtigung wird allerdings noch nicht anzunehmen sein, wenn der ArbN an einer ansteckenden Krankheit leidet, die nicht meldepflichtig ist. Es ist Sache des Gesetzgebers, den Katalog der meldepflichtigen Krankheiten zu erweitern. 15

b) Einordnung in die betriebliche Hierarchie. Der Betriebsarzt ist nach § 8 Abs 2 ASiG (mindestens) unmittelbar dem Leiter des Betriebes – bei mehreren Betriebsärzten der Leiter des betriebsärztlichen Dienstes – zu unterstellen. Damit sollen der Einfluss des Betriebsarztes und seine Unabhängigkeit gestärkt werden (BAG 15.12.09 – 9 AZR 769/08, NZA 10, 506). Regelmäßig wird das der technische Betriebsleiter sein. Ob eine Zuordnung zur Personalleitung genügt, hängt von deren Einbindung in die betriebliche Organisation und ihrer Kompetenz ab. Die fachliche und disziplinarische Unterstellung unter den Leiter gilt auch im öffentlichen Dienst, der nach § 16 ASiG einen gleichwertigen Arbeitsschutz zu gewährleisten hat (BAG 15.12.09 – 9 AZR 769/08, NZA 10, 506). Da es regelmäßig an der Wahrnehmung unternehmerischer Aufgaben fehlt, ist der Betriebsarzt kein leitender Angestellter iSv § 5 Abs 3 BetrVG. 16

8. Haftung des Betriebsarztes. Insoweit gelten die allgemeinen arbeitsrechtlichen Vorschriften. Soweit sich ein Behandlungsfehler gleichzeitig als Arbeitsunfall des betroffenen ArbN darstellt oder zu einer Berufskrankheit führt, greift für den Arzt das Haftungsprivileg des § 105 SGB VII ein (Näheres *Arbeitsunfall* Rz 9; *Berufskrankheit* Rz 1). Das gilt für den arbeitsvertraglich beschäftigten Arzt ohne weiteres, für den dienstvertraglich beschäftigten dann, wenn er wegen seiner nach Ort und Zeit betrieblich eingebundenen Tätigkeit der UV unterfällt. Für den angestellten Arzt gelten im Übrigen die Grundsätze der ArbNHaftung (s *Arbeitnehmerhaftung* Rz 3). Vertragliche Ansprüche des geschädigten ArbN gegen ihn kommen nicht in Betracht (LG Paderborn 15.5.01 – 2042/01, BB 01, 2168). Bei der Wahrnehmung des betriebsärztlichen Dienstes durch ein Betriebsarztzentrum bestehen unmittelbare Ansprüche des ArbN gegen den Betriebsarzt ggf aus unerlaubter Handlung gem § 823 BGB, vertragliche Ansprüche gegen den Träger des Zentrums aus dem Gesichtspunkt des Vertrags mit Schutzwirkung für Dritte. 17

9. Mitbestimmung. Mitbestimmungs**rechte** des BRat bestehen auf drei Ebenen: **a)** Soweit keine zwingenden Vorgaben durch UVV bestehen, ist der BRat nach § 87 Abs 1 Nr 7 BetrVG bei der Entscheidung zu beteiligen, ob hauptberufliche oder freiberufliche Ärzte bestellt werden sollen oder ob ein überbetrieblicher Dienst beauftragt werden soll (BAG 10.4.79 – 1 ABR 34/77, DB 79, 1995). Das gilt auch für die Konkretisierung des nach § 3 ASiG wahrzunehmenden Aufgabenkatalogs und die Zahl der zu bestellenden Ärzte (*Fitting* § 87 Rz 312, 315, 319). 18

b) Bei **Einstellung und Kündigung** arbeitsvertraglich beschäftigter Betriebsärzte sind zusätzlich die §§ 99, 102 BetrVG zu beachten (vgl *Einstellung* Rz 2; *Mitbestimmung, personelle Angelegenheiten* Rz 14 ff). 19

c) § 9 Abs 3 ASiG bindet **Bestellung und Abberufung,** die vom zugrunde liegenden Arbeitsvertrag als „Amtsübertragung" und „Amtsenthebung" zu unterscheiden sind, an die 20

109 Betriebsarzt

Zustimmung des BRat. Wegen Umgehung von § 9 Abs 3 ASiG bedarf die Kündigung des angestellten Betriebsarztes dann der Zustimmung des BRat, wenn sie zwangsläufig auch zur Abberufung des Arztes führt und sich die Kündigungsgründe sachlich nicht von seiner Tätigkeit als Betriebsarzt trennen lassen (BAG 24.3.88 – 2 AZR 369/87, DB 89, 227). Der Antrag nach § 9 Abs 3 ASiG und die Anhörung nach § 102 BetrVG können in einem Schreiben enthalten sein (LAG Brem 9.1.98 – 4 Sa 11/97, NZA-RR 98, 250). Vor Verpflichtung und Entpflichtung eines freiberuflichen Betriebsarztes oder eines überbetrieblichen Dienstes ist der BRat zu hören. Die Einigungsstelle ist für einen Antrag des BRat, den angestellten Arzt des beauftragten Werkarztzentrums abzuberufen, offensichtlich unzuständig iSv § 98 ArbGG (LAG Hamm 7.1.08 – 10 Ta BV 125/07, BeckRS 2008, 51533). S auch *Betriebsbeauftragte* Rz 7. Zur Beteiligung des Personalrats im öffentlichen Dienst *Hoffmann* PersV 03, 174.

B. Lohnsteuerrecht
Seidel

21 **1. Arbeitnehmer.** Sofern der Betriebsarzt neben- oder hauptberuflich auf arbeitsvertraglicher Grundlage eingestellt wird (s oben Rz 4), ist er ArbN. In Zweifelsfällen ist für die Einstufung als selbstständig oder nichtselbstständig (ArbN) entscheidend, ob er in ein Unternehmen eingegliedert ist oder ein Unternehmerrisiko trägt (s *Arbeitnehmer (Begriff)* Rz 33 ff). Unerheblich dürfte dagegen sein, ob er daneben eine eigene Praxis ausübt (s auch EStR 18.1 Abs 1). Wird ein **selbstständiger** Arbeitsmediziner auch auf dem Gebiet der Arbeitssicherheit tätig, sind die Einkünfte aus dem Bereich der Arbeitssicherheit nur dann als **freiberuflich** anzusehen, wenn der Mediziner einen dem Beruf des Ingenieurs ähnlichen Beruf ausübt, wozu die theoretischen Kenntnisse eines Ingenieurs erforderlich sind (BFH 1.4.05 – IV B 106/03, BFH/NV 05, 1544).

22 **2. Sonstiges.** Zur Berücksichtigung von Aufwendungen als außergewöhnliche Belastung (§ 33 EStG) kann der Nachweis der Zwangsläufigkeit, Notwendigkeit und Angemessenheit von Aufwendungen im Krankheitsfall durch Verordnung eines Arztes für Arznei-, Heil- und Hilfsmittel erfolgen (s *Behinderte* Rz 81). Für Bade- und Heilkuren ist dagegen ein **vorheriges** amtsärztliches Attest notwendig (EStR 33.4 Abs 1; s auch *Kur* Rz 12, 13). Ausnahmsweise kann auch ein nachträgliches Attest ausreichen (BFH 15.3.07 III R 28/06, DStRE 07, 1241). Ferner kann die Beteiligung eines Betriebs- oder Werksarztes bei vom ArbGeb bezahlten Gesundheitsuntersuchungen oder Kuren dazu führen, dass diese Aufwendungen beim ArbN keinen stpfl Arbeitslohn darstellen (BFH 24.1.75, BStBl II 75, 340; 17.9.82, BStBl II 83, 39; 31.10.86, BStBl II 87, 142; s auch *Kur* Rz 14, 15 und *Betriebliche Gesundheitsförderung* Rz 11 ff).

C. Sozialversicherungsrecht
Ruppelt

23 **1. Die Unfallversicherungsträger** erlassen nach § 15 Abs 1 Nr 6 SGB VII als autonomes Recht Vorschriften über Maßnahmen, die der Unternehmer zur Erfüllung der sich aus dem Gesetz über Betriebsärzte, Sicherheitsingenieure und andere Fachkräfte für Arbeitssicherheit (s oben Rz 1) ergebenden Pflichten zu treffen hat. Hinsichtlich der Betriebsärzte sind die UVTräger diesem Auftrag in der DGUV-Vorschrift 2 „Betriebsärzte und Fachkräfte für Arbeitssicherheit" nachgekommen. Die Aufgaben der Betriebsärzte sind im ASiG geregelt (s Rz 6 ff).

24 **2. Die Vorschrift Betriebsärzte und Fachkräfte für Arbeitssicherheit** regelt in erster Linie in welchen Betrieben und ab welcher Beschäftigtenzahl Betriebsärzte tätig sein müssen. Die Vorschrift enthält Tabellen für die einzelnen Gewerbezweige, in welcher Zahl entsprechend den Beschäftigten Betriebsärzte zu bestellen sind. Für die maßgebliche Beschäftigtenzahl ist bei Unternehmen mit mehreren Betrieben nach betriebsverfassungsrechtlichen Gesichtspunkten auf den einzelnen Betrieb abzustellen, nicht auf die Beschäftigtenzahl im gesamten Unternehmen (BSG 1.3.89 – 2 RU 51/88, SozR 2200 § 708 Nr 4). Nach LSG RhPf besteht eine betriebsärztliche Betreuungspflicht auch für nicht am Betriebsort tätige Beschäftigte wie etwa bundesweit eingesetzte Lkw-Fahrer. Diese sind bei der Ermittlung der maßgeblichen Beschäftigungszahl mit zu berücksichtigen (LSG RhPf 12.3.02 – L 2 U 320/01, BeckRS 2002, 30976854). Unfallverhütungsvorschriften, die den Anschluss von kleine-

ren Betrieben an den arbeitsmedizinischen und sicherheitstechnischen Dienst einer BG vorschreiben, stehen mit höherrangigem Recht in Einklang (BSG 2.11.99 – B 2 U 25/98 R, NZS 2000, 254). Vgl *Betriebsbeauftragte* Rz 29 ff.

Betriebsausflug

A. Arbeitsrecht
Kreitner

1. Rechtsgrundlage. Eine gesetzliche Regelung bezüglich der Durchführung von Betriebsausflügen besteht nicht. Dementsprechend ist der ArbGeb auch grds nicht verpflichtet, eine derartige Veranstaltung durchzuführen. Insbesondere ergibt sich eine Durchführungspflicht des ArbGeb nicht unter dem Gesichtspunkt der arbeitsvertraglichen *Fürsorgepflicht*, da dies eine deutliche Überspannung dieser arbeitsvertraglichen Nebenpflicht bedeuten würde. 1

Soweit Betriebsausflüge regelmäßig in einem Betrieb durchgeführt werden kann jedoch eine betriebliche Übung (Näheres s *Betriebliche Übung* Rz 4) entstehen mit der Folge, dass für die Zukunft ein Anspruch der ArbN auf Durchführung eines Betriebsausflugs in dem bisherigen Rahmen besteht. Möglich ist auch eine kollektivrechtliche Regelung des Betriebsausflugs zwischen ArbGeb und BRat mittels einer freiwilligen Betriebsvereinbarung (§ 88 BetrVG). Wegen der uneingeschränkten Regelungsbefugnis des BRat im Bereich der freiwilligen sozialen Angelegenheiten bestehen insoweit keine rechtlichen Bedenken (*Vogt/Kossmann* NZA 10, 1264). Eine solche freiwillige Betriebsvereinbarung entfaltet grds dieselben Rechtswirkungen wie sonstige Betriebsvereinbarungen und hat für den einzelnen ArbN anspruchsbegründenden Charakter (Näheres s *Betriebsvereinbarung* Rz 7). 2

2. Teilnahmerecht bzw Teilnahmepflicht des Arbeitnehmers. Die näheren Modalitäten des Betriebsausflugs bedürfen der einvernehmlichen Regelung zwischen ArbGeb und Belegschaft. Auch insoweit wird sich im Regelfall allerdings eine langjährige Übung entwickelt haben. 3

Regelmäßig ist dabei von einem **Teilnahmerecht** jedes ArbN auszugehen. Dieses dürfte sich jedenfalls aufgrund des arbeitsrechtlichen Gleichbehandlungsgrundsatzes ergeben, da ein Ausschluss einzelner ArbN willkürlich erscheint (zum Sonderfall des Notdienstes s unten Rz 6). 4

Eine **Teilnahmepflicht** des ArbN besteht demgegenüber nicht (BAG 4.12.70, DB 71, 295). Dies wäre ein unzulässiger Eingriff in seine Persönlichkeitssphäre. Sie kann sich auch nicht aus einer betrieblichen Übung oder einer Betriebsvereinbarung ergeben (*Neumann* AR-Blattei Betriebsfeier I). Bei Betriebsausflügen handelt es sich wie bei anderen vergleichbaren Betriebsveranstaltungen um gesellige Veranstaltungen der Belegschaft. Hierzu kann ein ArbN nicht verpflichtet werden, da dies mit der Erbringung seiner arbeitsvertraglichen Leistung nichts zu tun hat. Ebenso wie eine Fürsorgepflicht des ArbGeb zur Durchführung eines Betriebsausflugs nicht besteht, kann sich auch eine Teilnahmepflicht des ArbN nicht aus dem Gesichtspunkt der korrespondierenden arbeitsvertraglichen *Treuepflicht* des ArbN ergeben. Auch eine ArbGebseitige Anrechnung auf den Erholungsurlaub im Fall der Nichtteilnahme ist nicht möglich (BAG 4.12.70, DB 71, 295). Findet der Betriebsausflug allerdings ganz oder zT während der Arbeitszeit statt, bleibt der nicht teilnehmende ArbN zur Erbringung der Arbeitsleistung an diesem Tag verpflichtet. 5

3. Notdienst. Je nach Art des Betriebes kann die Einrichtung eines Notdienstes für die Dauer des Betriebsausflugs erforderlich sein. Es stellt sich daher die Frage der **Auswahl der Arbeitnehmer,** die einen solchen Notdienst verrichten müssen. Existiert eine Betriebsvereinbarung über die Durchführung des Betriebsausflugs, so wird dort in aller Regel auch die Frage des Notdienstes geregelt sein. Anderenfalls sollte eine entsprechende Vereinbarung zwischen ArbGeb und BRat getroffen werden. Kommt eine solche Vereinbarung nicht zustande, kann der ArbGeb unter Ausübung seines Direktionsrechts eine Auswahl treffen und einseitig ArbN bestimmen, die dann zur Verrichtung des Notdienstes verpflichtet sind. Hierbei hat er gem § 106 GewO nach billigem Ermessen zu entscheiden (Näheres s *Weisungsrecht* Rz 17). 6

111 Betriebsbeauftragte

7 **4. Vergütung.** Auch die Frage der Vergütung richtet sich nach der Vereinbarung der Parteien bzw der in der Vergangenheit praktizierten Übung.

8 Findet der Betriebsausflug **während der Arbeitszeit** statt, wird regelmäßig eine Fortzahlung der Vergütung vereinbart sein. Möglich ist allerdings auch eine unbezahlte Freistellung mit einer entsprechenden Verpflichtung zur Nacharbeit.

9 Erfolgt der Betriebsausflug **außerhalb der Arbeitszeit,** stellt sich die Frage der Vergütungsfortzahlung nicht. Inwieweit dann ggf ein besonderer Freizeitausgleich gewährt wird, obliegt wiederum der Vereinbarung der Parteien.

10 **Arbeitnehmer, die nicht** am Betriebsausflug **teilnehmen** und ihre normale Tätigkeit ausüben, sind entsprechend zu vergüten. Insoweit bestehen keine Besonderheiten. Kann ein arbeitswilliger ArbN seine Arbeit aus Gründen des Betriebsausflugs nicht verrichten (zB wenn ein ArbN als einziger Produktionsarbeiter nicht am Betriebsausflug teilnimmt), so bleibt der ArbGeb gem § 615 BGB zur Fortzahlung der Vergütung verpflichtet.

11 **5. Mitbestimmung des Betriebsrats.** Ein erzwingbares Mitbestimmungsrecht des BRat in sozialen Angelegenheiten iSd § 87 BetrVG greift im Fall des Betriebsausflugs in aller Regel nicht ein. Insbesondere handelt es sich bei dem Betriebsausflug nicht um eine Sozialeinrichtung iSd § 87 Abs 1 Nr 8 BetrVG, da es insoweit an der erforderlichen Institutionalisierung fehlt (BAG 27.1.98 – 1 ABR 35/97, NZA 98, 835). Näheres s *Sozialeinrichtungen* Rz 2). Im Einzelfall kann ein Mitbestimmungsrecht nach § 87 Abs 1 Nr 10 BetrVG in Betracht kommen, wenn zB die Gewährung des Betriebsausflugs mit einer Zeitgutschrift verbunden ist und den Charakter einer Erfolgsprämie hat (BAG 27.1.98 – 1 ABR 35/97, NZA 98, 835). Das LAG München hat allerdings nach erfolgter Zurückverweisung des Rechtsstreits durch das BAG im vorgenannten Fall ein Mitbestimmungsrecht des BRat wegen individualrechtlicher Bindung des ArbGeb aufgrund einer betrieblichen Übung und von daher fehlendem Regelungsspielraum verneint (LAG München 3.12.98 – 4 TaBV 42/98, NZA-RR 99, 525). Unabhängig davon bleibt jedenfalls der Abschluss freiwilliger Betriebsvereinbarungen iSd § 88 BetrVG möglich (s oben Rz 2).

B. Lohnsteuerrecht *Thomas*

12 Lohnsteuerrechtlich gelten die Grundsätze, die zur Betriebsveranstaltung dargelegt werden (s *Betriebsveranstaltung* Rz 2–19).

C. Sozialversicherungsrecht *Ruppelt*

13 **Unfallversicherungsrecht.** Vom Schutz der gesetzlichen UV ist der Betriebsausflug nach den gleichen Grundsätzen wie sonstige betriebliche Gemeinschaftsveranstaltungen umfasst, die der Verbundenheit zwischen Betriebsleitung und ArbN dienen (s *Betriebsveranstaltung* Rz 20 ff). Zum erforderlichen inneren Zusammenhang zwischen Betriebsausflug und betrieblicher Tätigkeit vgl BSG 8.12.98 – 2 U 37/97 R, SozR 3–2200 § 539 Nr 45.

Betriebsbeauftragte

A. Arbeitsrecht *Griese*

1 **1. Begriff.** Unter dem Begriff Betriebsbeauftragte werden Beauftragte verstanden, die vom ArbGeb aus ganz unterschiedlichen Gründen zur Einhaltung und Kontrolle rechtlicher Vorschriften bestellt werden müssen. Betroffen sind die Bereiche der Arbeitssicherheit (zB Fachkräfte für Arbeitssicherheit), des Umweltschutzes (zB Immissionsschutzbeauftragte) und des datenrechtlichen Persönlichkeitsschutzes (betriebliche Datenschutzbeauftragte).

2 Die **Institution des Betriebsbeauftragten ist als Kooperationsmodell gedacht.** Sie beruht auf dem Grundgedanken, dass die Kontrolle von Sicherheits-, Umwelt- oder Datenschutzvorschriften effektiver im Wege der **Selbstkontrolle** durch betriebliche Beauftragte unter staatlicher Aufsicht erfolgen kann, als durch eine allumfassende behördliche Kontrolle. Die Überwachung soll jeweils intern, innerhalb der zu überwachenden Unternehmung erfolgen, weil der Kontrollierende die betrieblichen Gegebenheiten und Abläufe am besten kennt und bei einer internen Kontrollperson eine größere Akzeptanz der Kontrollierten zu

Betriebsbeauftragte 111

erwarten ist. Hinzu kommt der Vorsorgegedanke, da den betrieblichen Beauftragten auch die Aufgabe zugewiesen ist, Verbesserungsvorschläge in ihrem Bereich zu machen. Nicht zu den Betriebsbeauftragten zählen Beauftragte der Gewerkschaft. Diese haben zwar ein Zutrittsrecht zum Betrieb nach § 2 Abs 2 BetrVG, sie sind jedoch nicht Beauftragte des Betriebes und in die betriebliche Organisation nicht eingebunden.

Folgende betriebliche Beauftragte sind gesetzlich geregelt:

2. Betriebsärzte s *Betriebsarzt* Rz 1 ff. 3

3. Fachkräfte für Arbeitssicherheit. Das Gesetz über Betriebsärzte, Sicherheitsingenieure und andere Fachkräfte für Arbeitssicherheit (ASiG) verpflichtet die ArbGeb in § 5, Fachkräfte für Arbeitssicherheit zu bestellen, soweit der mit der Betriebsart verbundenen Gesundheitsgefahren, der Zahl der ArbN und Betriebsorganisation notwendig ist. Ob im Einzelfall eine Notwendigkeit besteht, ergibt sich aus den hierzu von den UVTrägern erlassenen UVV (§ 15 Abs 1 Nr 6 SGB VII). 4

Die Regelung dient in erster Linie den Interessen der ArbN, sie soll den **Gesundheitsschutz** am Arbeitsplatz und die **Unfallverhütung** verwirklichen helfen. Sie dient aber auch den Interessen der ArbGeb und der Allgemeinheit, weil ein wirksamer Gesundheits- und Unfallschutz am Arbeitsplatz Kosten spart, sowohl den ArbGeb durch geringere Vergütungsfortzahlungsansprüche im Krankheitsfall und geringere Beiträge zur UV, als auch der öffentlichen Hand und den Beitragszahlern im Übrigen durch eine verminderte Belastung der SozVSysteme. 5

Bei der **Bestellung** hat der ArbGeb drei Möglichkeiten. Er kann **Arbeitnehmer** seines Betriebes **hauptamtlich mit den sicherheitstechnischen Aufgaben** betrauen. Er kann zweitens **externe Fachkräfte** durch freien Dienstvertrag zu dieser Tätigkeit verpflichten. Und er kann schließlich gem § 19 ASiG einen **überbetrieblich organisierten** Dienst mit den Aufgaben betrauen. Die staatliche Aufsichtsbehörde kann gem § 12 ASiG Anordnungen hinsichtlich der Verpflichtung des ArbGeb zur Bestellung der Beauftragten treffen. Das schließt ein, dass die Behörde sich für eins der Betreuungsmodelle entscheiden oder die Erweiterung des Tätigkeitsfeldes oder die Abberufung eines Beauftragten verlangen kann. 6

Die Bestellung und Abberufung eines Arbeitnehmers zum Beauftragten ist gem § 9 Abs 3 Satz 1 ASiG von der **Zustimmung des Betriebsrats** abhängig. Im Streitfall entscheidet die Einigungsstelle (BAG 24.3.88 – 2 AZR 369/87, NJW 89, 793). Dabei sind Bestellung und Einstellung ebenso zu unterscheiden wie Abberufung und Kündigung. Es handelt sich um zwei **verschiedene Rechtsverhältnisse**, nämlich das **Betriebsbeauftragtenverhältnis** und das zugrunde liegende **Arbeitsverhältnis**. So kann das Betriebsbeauftragtenverhältnis durch Abberufung enden, das Arbeitsverhältnis – mit anderen Arbeitsaufgaben – fortgeführt werden. Die Bestellung zur Fachkraft für Arbeitssicherheit hat nach § 5 ASiG durch **schriftliche** Bestellungsurkunde zu erfolgen. Wegen der Trennung von Arbeitsverhältnis und Beauftragtenverhältnis ist es zulässig, einen ArbN für diese Aufgaben einzustellen, seine Bestellung zur Fachkraft für Arbeitssicherheit aber erst vorzunehmen, wenn eine sechsmonatige Probezeit erfolgreich absolviert worden ist. Der durch das Zustimmungserfordernis nach § 9 Abs 3 Satz 1 ASiG bewirkte Abberufungsschutz kommt erst nach wirksamer Bestellung zum Tragen (BAG 23.6.94 – 2 AZR 640/93 – für das gleichlautende Zustimmungserfordernis nach § 72 Abs 4 Nr 6 LPVG NRW). Ein Zustimmungsbeschluss muss ordnungsgemäß zustande gekommen sein. Ein wegen nicht ordnungsgemäßer Ladung aller BRatmitglieder unwirksamer BRatBeschluss führt nicht zur Unwirksamkeit der individualrechtlichen Abberufung, wenn der ArbGeb auf die Wirksamkeit des Beschlusses des BRat vertrauen durfte (LAG Bbg 15.1.98 – 3 Sa 477/96, ArbuR 98, 331). Die **fehlende und auch nicht ersetzte Zustimmung des Betriebsrats zur Abberufung** einer Fachkraft für Arbeitssicherheit nach § 9 Abs 3 ASiG führt jedoch zumindest dann zur **Unwirksamkeit einer gleichzeitig ausgesprochenen Kündigung des Arbeitsverhältnisses**, wenn die Abberufungs- und Kündigungsgründe mit der Tätigkeit als Betriebsbeauftragter im Zusammenhang stehen (BAG 24.3.88 – 2 AZR 369/87, NZA 89, 60). Zu den betriebsverfassungsrechtlichen Beteiligungsrechten nach § 87 Abs 1 Nr 7 BetrVG bei Fachkräften für Arbeitssicherheit, wenn ein überbetrieblicher Dienst eingeschaltet werden soll, vgl *Betriebsarzt* Rz 18. 7

111 Betriebsbeauftragte

8 Die **Aufgaben** der Fachkräfte für Arbeitssicherheit sind in § 6 ASiG parallel zu denen der Betriebsärzte ausgestaltet. Hierzu gehören vor allem die Beratung des ArbGeb unter Arbeitsschutz-, Unfallverhütung- und Arbeitssicherheitsaspekten bei der Planung, Ausführung und Unterhaltung von Betriebsanlagen, bei der Beschaffung von Arbeitsmitteln und bei dem Einsatz von Arbeitsstoffen und technischen Arbeitsmitteln. Wichtig ist ferner die Pflicht, die Durchführung des Arbeitsschutzes und der Unfallverhütung zu beobachten und den ArbGeb auf Mängel hinzuweisen. Durch § 3 Abs 1 Nr 1 Buchst g und § 6 Nr 1 Buchst e ASiG ist die Pflicht hinzugekommen, den ArbGeb bei der Beurteilung der Arbeitsbedingungen zu beraten (*Pieper* ArbuR 96, 473).

9 Das ASiG belässt es nicht bei Überwachungs- und Beratungspflichten, sondern fordert **Initiativen im Hinblick auf die Durchführung des Arbeitsschutzes,** insbesondere durch die **Hinwirkungspflicht** in § 6 Abs 1 Nr 3 Buchst c und Nr 4 ASiG. Die Art und Weise der Kontrolle ist detailliert geregelt, indem die Beauftragten verpflichtet werden, in regelmäßigen Abständen zu kontrollieren, Beseitigungsmaßnahmen vorzuschlagen und auf deren Durchführung hinzuwirken (§ 3 Abs 1 Nr 3a und § 6 Nr 3a ASiG).

10 Die Fachkräfte für Arbeitssicherheit sind gem § 8 Abs 2 ASiG unmittelbar dem Leiter des Betriebes im Rahmen einer Stabsstelle fachlich und disziplinarisch zu unterstellen; eine Einordnung auf einer geringeren Hierachiestufe ist nicht zulässig (BAG 15.12.09 – 9 AZR 769/08, NZA 10, 506).

Dem direkten Zugang zur Unternehmensleitung dient es, dass der ArbGeb Verbesserungsvorschläge der Beauftragten, die er nicht akzeptieren will, gem § 8 Abs 3 Satz 3 ASiG **schriftlich** ablehnen und **begründen** muss. Weil sich die Kontrollaufgaben des BRat und der Beauftragten auf dem Gebiet des Arbeitsschutzes und der Unfallverhütung in erheblichem Umfang decken, schreibt § 9 Abs 1 ASiG die Pflicht zur **Zusammenarbeit** mit dem BRat vor.

11 **4. Sicherheitsbeauftragte.** Neben den Fachkräften für Arbeitssicherheit haben Unternehmen mit mehr als zwanzig Beschäftigten gem § 22 SGB VII Sicherheitsbeauftragte zu bestellen. Die Bestellung der Sicherheitsbeauftragten dient ebenfalls der Unfallverhütung. Ausdrücklich legt § 22 Abs 3 SGB VII fest, dass die Sicherheitsbeauftragten wegen der Erfüllung ihrer Aufgaben nicht benachteiligt werden dürfen. Ihre Bestellung erfolgt gem § 22 Abs 1 Satz 1 SGB VII unter Mitwirkung des BRat. Mitwirkung bedeutet in diesem Zusammenhang entsprechend der Systematik des BetrVG **nicht Mitbestimmung im Sinne von Zustimmungsbedürftigkeit,** sondern die Pflicht des ArbGeb zur Unterrichtung und Beratung mit dem BRat. Die Aufgabe der Sicherheitsbeauftragten besteht darin, den **Unternehmer bei der Durchführung des Unfallschutzes zu unterstützen** und insbesondere auf das Vorhandensein und den Gebrauch von Schutzvorrichtungen zu achten.

12 **5. Strahlenschutzbeauftragte.** Gem § 29 Abs 2 StrahlenschutzVO müssen Strahlenschutzbeauftragte bestellt werden, soweit dies für einen sicheren Umgang mit radioaktivem Material erforderlich ist. Damit wird der Schutz der betroffenen ArbN und der Schutz der Allgemeinheit vor Gesundheitsgefahren durch radioaktive Stoffe bezweckt. Das Gesetz sieht in dem Strahlenschutzbeauftragten aber nicht nur den **Kontrolleur,** sondern den für den **ordnungsgemäßen Umgang mit radioaktivem Material Verantwortlichen.** Das wird daran deutlich, dass § 29 Abs 2 StrahlenschutzVO das Erfordernis der Bestellung eines Beauftragten davon abhängig macht, dass seine Existenz für die Leitung und Beaufsichtigung dieser Tätigkeiten notwendig ist.

13 Die **Bestellung** hat gem § 29 Abs 2 StrahlenschutzVO schriftlich zu erfolgen, dabei sind die **innerbetrieblichen Entscheidungsbefugnisse** ebenfalls **schriftlich festzulegen.** Dies muss der zuständigen Behörde angezeigt werden (§ 29 Abs 3 StrahlenschutzVO); diese kann dem Strahlenschutzbeauftragten gem § 30 Abs 4 StrahlenschutzVO die Anerkennung versagen, wenn die innerbetrieblichen Entscheidungsbefugnisse des Strahlenschutzbeauftragten unzureichend sind.

14 Konsequenz dieser Regelung ist, dass **kein externer Beauftragter** bestellt werden kann. Die über die Kontrollaufgaben in § 31 Abs 2 StrahlenschutzVO hinausgehende Verantwortlichkeit wird ferner dadurch unterstrichen, dass der Strahlenschutzbeauftragte gem § 31 Abs 3 StrahlenschutzVO dafür zu sorgen hat, dass bei Gefahr für Leben, Gesundheit oder bedeutende Sachwerte unverzüglich geeignete Schadensabwendungsmaßnahmen getroffen werden. Können sich der Strahlenschutzverantwortliche und der Betreiber der kerntechnischen Anlage nicht über vorgeschlagene Strahlenschutzmaßnahmen einigen, muss der Betreiber die Ablehnung des Vorschlages schriftlich mitteilen und begründen; weitergehend als das ASiG schreibt § 30 Abs 1 Satz 3 der StrahlenschutzVO vor, dass **die Mitteilung und die Begründung der zuständigen Behörde zu übersenden ist.** Ebenso wie das ASiG verpflichtet die StrahlenschutzVO den Strahlenschutzbeauftragten, mit dem BRat (bzw dem Personalrat) zusammenzuarbeiten (§ 30 Abs 2). Das Verbot der Benachteiligung wegen ordnungsgemäßer Erfüllung der Aufgaben enthält § 30 Abs 3 der StrahlenschutzVO.

6. Beauftragte für Immissionsschutz. Die Betreiber genehmigungsbedürftiger Anlagen müssen gem § 53 BImSchG einen oder mehrere Immissionsschutzbeauftragte benennen, soweit dies wegen der Art und Größe der Anlagen und der aus ihr resultierenden Umweltauswirkungen erforderlich ist. In der hierzu erlassenen 5. VO zur Durchführung des BImSchG (VO über Immissionsschutz- und Störfallbeauftragte vom 30.7.93, BGBl I 93, 1433, zuletzt geändert durch VO v 2.5.13, BGBl I 973)) sind in der Anlage die Betriebe im Einzelnen aufgeführt, die Immissionsschutzbeauftragte bestellen müssen. Die Beauftragten müssen über die **erforderliche Fachkunde verfügen** (grds Studium und mindestens zweijährige einschlägige praktische Tätigkeit; Einzelheiten s § 7 der 5. VO).

Die **Bestellung** des Beauftragten erfolgt durch den Betreiber. Der Einfluss der staatlichen Überwachungsbehörde bleibt in Gestalt des § 55 Abs 2 BImSchG spürbar, da die Behörde die Abberufung eines Beauftragten verlangen kann, dem die nötige Fachkunde oder Zuverlässigkeit fehlt.

Grds kann nur ein **betriebsangehöriger** ArbN mit den Aufgaben des Immissionsschutzbeauftragten betraut werden (§ 1 der 5. VO BImSchG; *Jarass* § 53 BImSchG Rz 13; *Sander* Natur und Recht, 1985, S 48). **Externe Beauftragte** sind ausnahmsweise mit Genehmigung der Aufsichtsbehörde möglich (§ 5 der 5. VO BImSchG). Die Behörde kann nach § 2 der 5. VO die Bestellung mehrerer Beauftragter verlangen, wenn dies zur ordnungsgemäßen Aufgabenerfüllung erforderlich ist.

Bei der Bestellung des **internen Beauftragten** hat der BRat unmittelbar kein Mitbestimmungsrecht. Jedoch ergeben sich Mitbestimmungsrechte über das zugrunde liegende Arbeitsverhältnis. Die Neueinstellung eines ArbN, der zum Beauftragten bestellt werden soll, ist als **Einstellung mitbestimmungspflichtig gem § 99 Absatz 1 BetrVG.** Der Übertragung der Beauftragtentätigkeit an einen Mitarbeiter, der bisher andere Aufgaben wahrgenommen hat, ist als **Versetzung nach §§ 95 Absatz 3, 99 BetrVG mitbestimmungspflichtig.** Die Mitbestimmungsrechte entfallen, wenn der Beauftragte nach § 5 Abs 3 BetrVG leitender Angestellter ist. Unabhängig hiervon besteht das Unterrichtungsrecht nach § 55 Abs 1a BImSchG.

Der Sicherung der Unabhängigkeit dient der **besondere Kündigungsschutz** für Immissionsschutzbeauftragte in § 58 Abs 2 BImSchG. Danach ist die **ordentliche Kündigung** des Arbeitsverhältnisses während der Amtszeit des Beauftragten **ausgeschlossen.** Der besondere Kündigungsschutz nach § 58 Abs 2 BImSchG setzt die Bestellung des ArbN zum Betriebsbeauftragten voraus. Die Bestellung bedarf zu ihrer Wirksamkeit der Schriftform. Sie kann im Einzelfall auch im schriftlichen Arbeitsvertrag enthalten sein. Das Fehlen einer genauen Bezeichnung der Aufgaben des Abfallbeauftragten führt nicht zur Unwirksamkeit der Bestellung und steht dem Eingreifen des besonderen Kündigungsschutzes nicht entgegen. Entsprechendes gilt im Fall einer unterbliebenen Anzeige der erfolgten Bestellung gegenüber der zuständigen Behörde oder einer unterlassenen Aushändigung einer Abschrift der Anzeige an den ArbN (BAG 26.3.09 – 2 AZR 633/07).

Auch nach Ablauf der Amtszeit, dh nach Abberufung ist gem § 58 Abs 2 BImSchG die ordentliche Kündigung ein Jahr lang ausgeschlossen, so dass der Beauftragte nach Abberufung mit anderen Aufgaben im Betrieb betraut werden muss. Jederzeit, dh auch während der Amtszeit, ist hingegen eine fristlose Kündigung gem § 626 BGB möglich, wenn ein hierfür ausreichender wichtiger Grund vorliegt. Den **nachwirkenden Kündigungsschutz** will das BAG (Urt vom 22.7.92 – 2 AZR 85/92, NZA 93, 557) auf eine Amtsniederlegung des Beauftragten nicht anwenden, es sei denn, die Amtsniederlegung sei durch ein Verhalten des ArbGeb, etwa Kritik an der Amtsführung oder Behinderung bei der Aufgabenerfüllung, veranlasst. Der nachwirkende Kündigungsschutz knüpft an den Tatbestand der **Abberufung**

111   Betriebsbeauftragte

an. Diese liegt entgegen dem BAG auch dann vor, wenn der ArbGeb den ArbN nach einer Amtsniederlegung von den Pflichten als Beauftragter entbindet. Dafür spricht auch, dass der Gesetzgeber für die Beauftragten einen Kündigungsschutz schaffen wollte, der dem besonderen Kündigungsschutz für Betriebs- und Personalräte vergleichbar ist (Begründung des Regierungsentwurfs, BT-Drs 11/4909 S 25). Dort greift der nachwirkende Kündigungsschutz aber auch dann ein, wenn ein Betriebs- oder Personalratsmitglied sein Amt niederlegt.

20   Zu den **Aufgaben** des Immissionsschutzbeauftragten gehören zunächst die Überwachung der umweltrelevanten Rechtsvorschriften gem § 54 Abs 1 Ziff 3 BImSchG. Hinzu kommt seine Aufgabe als Berater des Betriebsinhabers und der Betriebsangehörigen in allen Angelegenheiten, die für den Immissionsschutz bedeutsam sein können, einschließlich Reststoffbeseitigung und Abwärmenutzung. Der Immissionsschutzbeauftragte hat ferner das Recht und die Pflicht, vor Entscheidungen des Betriebsinhabers über die Einführung von Verfahren und Erzeugnissen sowie vor Investitionsentscheidungen Stellung zu nehmen (§ 56 BImSchG). Dies ist organisatorisch dadurch abgesichert worden, dass dem Betreiber gem § 57 BImSchG die Pflicht auferlegt wurde, durch innerbetriebliche Organisationsmaßnahmen sicherzustellen, dass der Beauftragte seine Vorschläge und Bedenken unmittelbar der Geschäftsleitung vertragen kann. Schließlich trifft den Immissionsschutzbeauftragten die Pflicht, jährlich dem Betreiber Bericht zu erstatten nach § 57 Abs 2 BImSchG. Der Immissionsschutzbeauftragte hat auch das Recht, sich unmittelbar an die Aufsichtsbehörde zu wenden, wenn Missstände anders nicht beseitigt werden können (*Jarass* BImSchG § 52 Rn 7 und Vor § 53 Rn 11).

21   **7. Der Störfallbeauftragte.** Einen solchen müssen Betreiber besonders sicherheitsrelevanter Anlagen zusätzlich zum Immissionsschutzbeauftragten gem § 58a BImSchG bestellen. Die Festlegung der betroffenen Anlagen ist gem § 58a Abs 1 BImSchG einer RechtsVO sowie zusätzlich im Einzelfall der zuständigen Behörde gem § 58a Abs 2 BImSchG vorbehalten.

22   Die **Stellung** des Störfallbeauftragten entspricht grds derjenigen des Immissionsschutzbeauftragten (§ 58c BImSchG). Insbesondere gilt für den Störfallbeauftragten der besondere Kündigungsschutz des § 58 BImSchG. Auch der Aufgabenkatalog deckt sich mit dem des Immissionsschutzbeauftragten, allerdings speziell bezogen auf den Bereich der Anlagensicherheit (vgl *Büge* DB 90, 2409).

23   **8. Der Betriebsbeauftragte für Abfall.** Die Verpflichtung zur Bestellung folgte bis zum 31.5.2012 aus dem KrW-/AbfG. Da dessen § 55 Abs 3 auf §§ 55–58 BImSchG verwies, ist der Betriebsbeauftragte für Abfall ebenfalls durch besonderen Kündigungsschutz geschützt (s dazu BAG 26.3.09 – 2 AZR 633/07; *Fischer* ArbuR 96, 482). Durch die Verweisung wird die **Harmonisierung des Rechts der betrieblichen Umweltbeauftragten** vorangetrieben. Dies hat insbesondere zur Konsequenz, dass Voraussetzung für die Bestellung nunmehr **Fachkunde** statt lediglich Sachkunde ist (*Behnke* in: Betriebliches Umweltmanagement Teil 1: Abfall, S 10 f). Bei der Bestellung greifen die Mitbestimmungsrechte nach § 99 BetrVG. Ab dem 1.6.2012 gilt das Kreislaufwirtschaftsgesetz (BGBl I 2012, 212), welches in § 60 Abs 3 eine Verweisungsnorm auf die Bestimmungen des BImSchG enthält.

24   **9. Der Gewässerschutzbeauftragte.** Nach Maßgabe des § 21a WHG sind Betriebe, die an einem Tag mehr als 750m^3 Abwasser einleiten dürfen, verpflichtet einen oder mehrere Betriebsbeauftragte für Gewässerschutz zu bestellen. Die Regelung ist parallel derjenigen für den Betriebsbeauftragten für Abfall ausgestaltet. Ein wesentlicher Unterschied ergibt sich daraus, dass der Gewässerschutzbeauftragte nicht grds ein Mitarbeiter des Unternehmens sein oder werden muss, so dass auch ein externer – freiberuflich tätiger – Gewässerschutzbeauftragter verpflichtet werden kann. Die Behörden könnten außerdem nach § 21b Abs 3 WHG die Aufgaben des Gewässerschutzbeauftragten im Einzelfall näher regeln, erweitern oder einschränken.

25   **10. Der betriebliche Datenschutzbeauftragte.** ArbGeb, die personenbezogene Daten **automatisiert** verarbeiten und mindestens 10 ArbN damit ständig beschäftigen, haben gem § 4f Abs 1 Satz 1 u Satz 4 BDSG einen betrieblichen Datenschutzbeauftragten zu bestellen. Dieser ist der Unternehmensleitung unmittelbar zu unterstellen; er ist bei der Anwendung seiner Fachkunde auf dem Gebiet des Datenschutzes weisungsfrei und darf wegen der Erfüllung seiner Aufgaben nicht benachteiligt werden, § 4f Abs 2 und 3 BDSG. Es kann

sowohl ein externer Datenschutzbeauftragter aufgrund eines freien Dienstvertrages als auch ein unternehmensinterner Mitarbeiter bestellt werden (zur Bestellung eines Datenschutzbeauftragten im Konzern s *Reinhard* NZA 2013, 1049). Mitbestimmungsrechte des BRat entstehen nur bei einem unternehmensangehörigen Mitarbeiter hinsichtlich des zugrunde liegenden Arbeitsverhältnisses, wenn ein ArbN für die Position des betrieblichen Datenschutzbeauftragten eingestellt oder auf diese oder von dieser weg versetzt wird (§ 99 BetrVG). Dabei kann der BRat der beabsichtigten Versetzung eines ArbN auf einen Arbeitsplatz als Datenschutzbeauftragter mit der Begründung widersprechen (§ 99 Abs 2 Nr 1 BetrVG), der ArbN besitze nicht die nach § 4f Abs 2 BDSG geforderte Fachkunde und Zuverlässigkeit. Durchgreifende Bedenken gegen die Zuverlässigkeit können sich insbesondere daraus ergeben, dass der ArbN neben seiner Tätigkeit als Datenschutzbeauftragter Tätigkeiten ausüben muss, die mit seiner Kontrollfunktion nicht vereinbar sind, zB als EDV-Fachkraft (BAG 22.3.94 – 1 ABR 51/93, NZA 94, 1049).

Die **Abberufung** vom Amt des betrieblichen Datenschutzbeauftragten setzt nach § 4f **26** Abs 3 Satz 4 BDSG entweder ein entsprechendes Verlangen der Aufsichtsbehörde oder einen wichtigen Grund iSd § 626 BGB voraus. Durch **§ 4f Abs 3 Satz 5 BDSG** (BGBl I 09, 2814) ist seit dem 1.9.09 **ein besonderer Kündigungsschutz für den als ArbN tätigen Datenschutzbeauftragten eingeführt,** der die ordentliche Kündigung ausschließt und nur eine außerordentliche Kündigung bei Vorliegen eines wichtigen Grundes erlaubt. Nach Abberufung **wirkt der Kündigungsschutz** gem § 4f Abs 3 Satz 6 BDSG **ein Jahr nach.** Sind einem ArbN die Aufgaben des Beauftragten zusätzlich übertragen worden, ist eine Abberufung nur wirksam, wenn zugleich diese Aufgaben mit Hilfe einer **Teilkündigung** entzogen werden (BAG 13.3.07 – 9 AZR 612/05, NZA 07, 563). Ist ein interner betrieblicher Datenschutzbeauftragter von einem **Betriebsübergang** betroffen, geht das Arbeitsverhältnis nach § 613a BGB auf den Erwerber über. Fraglich ist, ob die Beauftragtenfunktionen ebenfalls übergeht (verneinend *Wiedtke* NZA 05, 390). Verneint man dies, müsste man einen außerordentlichen Grund zur Abberufung akzeptieren, wenn der Betriebsübernehmer bereits einen betrieblichen Datenschutzbeauftragten hat.

Bei einer **Fusion** zweier ArbGeb, die jeweils einen betrieblichen Datenschutzbeauftragten bestellt haben, erlischt das Amt mit dem Erlöschen der Rechtsfähigkeit (BAG 29.10.10 – 10 AZR 588/09, NZA 2011, 151).

Ein Widerruf gem § 4f Abs 3 Satz 4 BDSG setzt einen wichtigen Grund voraus. Als wichtige Gründe kommen insbesondere ein Geheimnisverrat, eine dauerhafte Verletzung der Kontrollpflichten als Datenschutzbeauftragter oder die wirksame Beendigung des zugrunde liegenden Arbeitsverhältnisses in Betracht. Eine organisatorische Änderung, nach der der betriebliche Datenschutz zukünftig durch einen externen statt durch einen internen Datenschutzbeauftragten gewährleistet werden soll, rechtfertigt den Widerruf der Bestellung aus wichtigem Grund nicht. Die Zulassung einer jederzeitigen Widerrufsmöglichkeit aufgrund einer organisatorischen Änderung würde dazu führen, den besonderen Abberufungsschutz, der insbesondere der Sicherung der unabhängigen Stellung des Datenschutzbeauftragten dient, zur Disposition der nicht-öffentlichen Stelle zu stellen (BAG 23.3.11 – 10 AZR 562/09, NZA 2011, 1036).

Die **Aufgabe** des betrieblichen Datenschutzbeauftragten besteht gem § 4g BDSG im **27** Wesentlichen darin, die Einhaltung des BDSG sowie anderer Bestimmungen zum Datenschutz sicherzustellen, wobei er sich im Zweifelsfällen an die Aufsichtsbehörde wenden darf (§ 4g Abs 1 Satz 2 BDSG). Das Kontrollrecht des betrieblichen Datenschutzbeauftragten erstreckt sich nicht auf die BRatTätigkeit (BAG 11.11.97 – 1 ABR 21/97, NZA 98, 385).

B. Lohnsteuerrecht *Seidel*

Die Prüfung, ob die Tätigkeit als Betriebsbeauftragter selbstständig oder nichtselbstständig **28** ausgeübt wird, hat nach den allgemeinen Grundsätzen zu erfolgen (s *Arbeitnehmer (Begriff)* Rz 30 ff). Soweit ArbN neben ihrer eigentlichen Tätigkeit zu Betriebsbeauftragten bestellt werden, ist diese Tätigkeit idR Ausfluss des Hauptarbeitsverhältnisses. Ein zusätzliches Entgelt hierfür ist dem Arbeitslohn zuzurechnen. Bei der Beauftragung **externer Fachkräfte** ist dagegen keine ArbNStellung gegeben, da der Auftragnehmer regelmäßig weder in den Betrieb des Auftraggebers eingegliedert sein wird noch diesem gegenüber weisungsgebunden ist.

C. Sozialversicherungsrecht

29 **1. Sicherheitsbeauftragter.** In Unternehmen mit mehr als 20 Beschäftigten (die UV-Träger können abweichende Regelungen treffen, § 22 Abs 1 Satz 3 u 4 SGB VII) hat der Unternehmer unter Beteiligung des Betriebsrats einen oder mehrere Sicherheitsbeauftragte zu bestellen (§ 22 Abs 1 Satz 1 SGB VII). Bei Unternehmen mit mehreren Betrieben (zB Filialen) ist die Beschäftigtenzahl des Gesamtunternehmens entscheidend (vgl *Betrieb (Begriff)* Rz 20 ff). Teilzeitkräfte sind auf Vollzeitkräfte umzurechnen. Die UVTräger können für Betriebe mit geringer oder hoher Unfallgefahr abweichende Regelungen treffen. Die BG-Vorschriften, die den Anschluss auch von **kleineren Betrieben** an den arbeitsmedizinischen und sicherheitstechnischen Dienst einer Berufsgenossenschaft vorschreiben, vollziehen die nach dem ASiG bestehenden Unternehmerpflichten und stehen mit Gesetz, GG und Europarecht im Einklang. Dies gilt auch für eine Satzungsregelung des Trägers der UV, die den **Anschluss eines Unternehmens durch Verwaltungsakt** für den Fall erlaubt, dass sich der Unternehmer weigert, einen Vertrag über den Anschluss sowie die näheren Einzelheiten der Betreuung abzuschließen (BSG 2.11.99 – B 2 U 25/98 R, NZS 2000, 254).

30 Die Sicherheitsbeauftragten haben den Unternehmer bei der Durchführung der Maßnahmen zur Verhütung von Arbeitsunfällen und Berufskrankheiten zu unterstützen, insbesondere sich von dem Vorhandensein und der ordnungsgemäßen Benutzung der vorgeschriebenen Schutzeinrichtungen und persönlichen Schutzausrüstungen zu überzeugen und auf Unfall- und Gesundheitsgefahren für die Versicherten aufmerksam zu machen. Weisungsbefugnisse gegenüber Mitarbeitern haben sie nur, wenn solche Befugnisse ausdrücklich durch den Unternehmer übertragen worden sind. Eine straf- oder zivilrechtliche Verantwortung folgt aus ihrer Funktion nicht.

31 Die **Sicherheitsbeauftragten** nach § 22 SGB VII erfüllen andere Aufgaben als die **Fachkräfte für Arbeitssicherheit** nach § 6 ASiG (s Rz 4). Letztere sind Sicherheitsingenieure, Techniker oder Meister, die der Unternehmer unter denselben Voraussetzungen wie Betriebsärzte zu bestellen hat. Entsprechende Regelungen, auch hinsichtlich der Anzahl der erforderlichen Fachkräfte, finden sich in der DGUV-Vorschrift 2 „Betriebsärzte und Fachkräfte für Arbeitssicherheit". Gegenüber dem Sicherheitsbeauftragten, der nur für die Unfallverhütung zuständig ist, nehmen die Fachkräfte für Arbeitssicherheit die umfassende Aufgabe wahr, den Unternehmer beim Arbeitsschutz und allen Fragen der Arbeitssicherheit, einschließlich der menschengerechten Gestaltung der Arbeit, zu unterstützen. Sie können nicht zugleich Sicherheitsbeauftragte sein (vgl Rz 4 ff).

32 **2. Einen geeigneten Betriebsangehörigen** hat der Unternehmer zum Sicherheitsbeauftragten zu bestellen. Dies kann auch ein Mitglied des BRat sein. Hat ein Unternehmer die ihm obliegenden Unfallverhütungspflichten auf einen Betriebsangehörigen übertragen, kann dieser nicht zum Sicherheitsbeauftragten bestellt werden, da der Sicherheitsbeauftragte die Aufgabe hat, den Unternehmens bei der Durchführung des Unfallschutzes zu unterstützen, und diese Unterstützung bei Vereinigung beider Funktionen in einer Person nicht möglich ist.

33 **3. Zu Betriebsärzten und Fachkräften für Arbeitssicherheit** können auch betriebsfremde Personen ohne Eingliederung in den Betrieb durch Vertrag bestellt werden. Ferner kann sich der Unternehmer insoweit einem überbetrieblich organisierten arbeitsmedizinischen und sicherheitstechnischen Dienst der BG anschließen (§ 23 Abs 1 Satz 2 SGB VII).

34 **4. Unfallversicherungsschutz** in der gesetzlichen UV besteht für die Betriebsbeauftragten bei ihrer Tätigkeit unabhängig davon, in welchem statusrechtlichen Verhältnis sie zum Unternehmer stehen. Handelt es sich um Betriebsangehörige, gelten die allgemeinen Vorschriften (vgl *Unfallversicherung*). Dies gilt für Betriebsärzte und Fachkräfte für Arbeitssicherheit auch dann, wenn diese als vertraglich verpflichtete betriebsfremde Personen tätig werden. Insoweit handelt es sich regelmäßig um ein von § 2 Abs 1 Nr 1 SGB VII umfasstes Beschäftigungsverhältnis. Bei überbetrieblich organisierten Diensten trägt der für diese Dienste zuständige UVTräger den Versicherungsschutz.

35 **5. Rechtsweg.** Für Streitigkeiten aufgrund der Überwachung der Maßnahmen der BG zu Arbeitsschutz und Unfallverhütung (Prävention) sind die Verwaltungsgerichte zuständig (§ 51 Abs 1 Nr 3 SGG). Diese Regelung soll den Dualismus zwischen Gewerbeaufsicht und autonomen UVRecht entschärfen. Dazu ist sie allerdings nur wenig geeignet.

Betriebsbuße

A. Arbeitsrecht *Kreitner*

1. Begriff und Abgrenzung zu anderen Rechtsinstituten. Unter Betriebsbußen 1 versteht man Maßnahmen des ArbGeb zur Ahndung von Verstößen gegen die kollektive Ordnung des Betriebes (BAG 17.10.89, DB 90, 483; *Fitting* § 87 Rz 76). Abzugrenzen ist die Betriebsbuße von der Vertragsstrafe sowie der Abmahnung. Übliche Betriebsbußen sind „Verwarnung", „Verweis" und „Geldbuße".

Betriebsbuße ist keine **Vertragsstrafe** (Näheres s *Vertragsstrafe* Rz 5) iSd §§ 339 ff BGB, da 2 sie kein Mittel des Schadensersatzes darstellt, nicht in erster Linie die Leistungserfüllung des individuellen Arbeitsverhältnisses bezweckt und nicht wie die Vertragsstrafe kraft Gesetzes verwirkt ist (BAG 5.2.86, DB 86, 1979; GK-BetrVG/*Wiese* § 87 Rz 240; aA *Richardi* § 87 Rz 233).

Von der **Abmahnung** (Näheres s *Abmahnung* Rz 1 ff, 7) unterscheidet sich die Betriebs- 3 buße durch ihren zusätzlichen Sanktionscharakter. Während die arbeitsvertragliche Abmahnung zukunftsbezogen ausgestaltet ist, da sie das dokumentierte Fehlverhalten zur Grundlage der eindringlichen Forderung des ArbGeb zu künftigem vertragsgerechten Verhaltens macht, liegt der Schwerpunkt der Betriebsbuße in der Sanktionierung vergangenen Unrechts (BAG 5.2.86, DB 86, 1979; 17.10.89, DB 90, 483; LAG Hamm 20.1.06 – 10 TaBV 144/05, BeckRS 2006, 31052849). Im Einzelfall muss zur Abgrenzung der erklärte Wille des ArbGeb durch Auslegung ermittelt werden, wobei entscheidend ist, wie der ArbN die Erklärung des ArbGeb nach Treu und Glauben verstehen musste (BAG 19.7.83, DB 83, 2695; LAG Bln 26.3.04 – 6 Sa 2490/03).

Rechtlich unerheblich ist die Bezeichnung der Erklärung als „Abmahnung" oder „Ver- 4 weis" oder ähnliches (BAG 5.12.75, DB 76, 583; LAG Köln 12.5.95, NZA-RR 96, 204). Gleiches gilt für den Umstand, dass der ArbGeb die Erklärung zu den Personalakten genommen hat (BAG 7.11.79, DB 80, 550). Dabei schließen sich Abmahnung und Betriebsbuße im Einzelfall nicht aus, sondern eine Erklärung des ArbGeb kann gleichzeitig als Abmahnung und als Betriebsbuße anzusehen sein (*Heinze* NZA 90, 169; *Danne* SAE 91, 25).

2. Wirksamkeitsvoraussetzung einer Verhängung von Betriebsbußen im Einzel- 5 **fall** ist zum einen das Bestehen einer **Betriebsbußenordnung,** die nach ganz hM nur durch *Tarifvertrag* oder *Betriebsvereinbarung* aufgestellt werden können (BAG 5.12.75, DB 76, 583; 7.11.79, DB 80, 550; *Schaub/Linck* § 61 Rz 16; aA *Löwisch* Anm zu AP Nr 12 zu § 339 BGB: kraft ArbGebSeitigem Direktionsrecht). Diese Bußenordnung muss **rechtsstaatlichen Grundsätzen** genügen, dh es muss rechtliches Gehör gewährt werden, der betroffene ArbN hat Anspruch auf eine Vertretung, die einzelnen Betriebsbußtatbestände müssen eindeutig festgelegt sein, und wegen derselben Handlung darf eine Betriebsbuße nur einmal verhängt werden (*Kraft* NZA 89, 777; *Danne* SAE 91, 25). Die **Höhe der Geldbuße** muss geregelt sein, wobei insoweit in der Bußenordnung die Festlegung eines Strafrahmens genügt (*Richardi* § 87 Rz 238). Als angemessene Höhe wird allgemein ein halber Tagesverdienst und bei schweren Verstößen ein ganzer Tagesverdienst angenommen (GK-BetrVG/*Wiese* § 87 Rz 259; *Richardi* § 87 Rz 225). Eine Geldbuße darf nicht dem ArbGeb zugute kommen, sondern muss an eine betriebliche oder gemeinnützige Wohlfahrtseinrichtung abgeführt werden (*DKK-Klebe* § 87 Rz 57; *Fitting* § 87 Rz 88; aA *Richardi* § 87 Rz 240). Weitere Wirksamkeitsvoraussetzung ist die Beachtung der **Mitbestimmungsrechte** des BRat.

3. Mitbestimmungspflichtig nach § 87 Absatz 1 Nr 1 BetrVG sind nach ganz hM in 6 Rspr und Schrifttum sowohl die Aufstellung der Bußenordnung als auch die Verhängung der Betriebsbuße im Einzelfall (BAG 17.10.89, DB 90, 483; *Kraft* NZA 89, 777; *Fitting* § 87 Rz 92; aA HSWGNR/*Worzalla* § 87 Rz 138: Festsetzung im konkreten Einzelfall ist mitbestimmungsfrei). Sowohl ArbGeb als auch BRat haben bei der Verhängung im Einzelfall ein Initiativrecht (GK-BetrVG/*Wiese* § 87 Rz 265). Die Verhängung der Betriebsbuße kann einem **Ausschuss nach § 28 Absatz 2 BetrVG** übertragen werden.

112   Betriebsbuße

7   **4. Zulässigkeitsgrenzen.** Trotz dogmatischer Streitigkeiten über die Rechtsnatur der Betriebsbuße wird mittlerweile allgemein von der Zulässigkeit dieses Rechtsinstituts ausgegangen. Bestimmte Maßnahmen sind jedoch nicht durch Betriebsbußen regelbar. So scheiden **Entlassungen** als Betriebsbußen aus, da die Kündigung ein vertragliches Gestaltungsmittel und kein Sanktionsmittel darstellt (BAG 28.4.82, DB 83, 775; GK-BetrVG/ *Wiese* § 87 Rz 256; *Leßmann* DB 89, 1769). Eine Ausnahme gilt hier nur für Dienstordnungs-Angestellte (BAG 28.4.82, DB 83, 775). Gleiches gilt für **Änderungskündigung, Rückgruppierung** und **Versetzung** (HSWGNR/*Worzalla* § 87 Rz 127a; *Kraft* NZA 89, 777). Unzulässig ist auch die **Veröffentlichung** einer Betriebsbußenverhängung am „Schwarzen Brett" wegen des hierin liegenden Verstoßes gegen die Menschenwürde (*Maunz/Dürig/Herzog/Scholz* Art 92 Rz 163; *DKK/Klebe* § 87 Rz 57).

8   **5. Verhältnis Betriebsbuße zur Kündigung.** Das kündigungsrechtliche ultima-ratio-Prinzip verpflichtet den ArbGeb nicht, vor Ausspruch einer verhaltensbedingten Kündigung zunächst eine Betriebsbuße zu verlangen. Diese ist insoweit kein milderes Sanktionsmittel (BAG 17.1.91 – 2 AZR 375/90, NZA 91, 557).

9   **6. Arbeitsgerichtliche Kontrolle.** Die Verhängung der Betriebsbuße unterliegt in vollem Umfang der arbeitsgerichtlichen Kontrolle, wobei überprüft werden kann, ob die Bußenordnung wirksam erlassen worden ist, der ArbN die ihm vorgeworfene Handlung begangen hat, die rechtsstaatlichen Verfahrensgrundsätze beachtet worden sind und ob die Betriebsbuße im Einzelfall angemessen ist (GK-BetrVG/*Wiese* § 87 Rz 266; *Richardi* § 87 Rz 246).

10   Liegen Rechtsmängel vor, so hat der ArbN einen Anspruch auf Rücknahme bzw Feststellung der Nichtigkeit der verhängten Betriebsbuße wegen Verletzung der Fürsorgepflicht durch den ArbGeb. Befindet sich über die unwirksame Betriebsbuße ein Vermerk in der Personalakte, so ist dieser zu entfernen.

B. Lohnsteuerrecht
Seidel

11   **1. Lohnsteuerabzug.** Die LStPflicht der Betriebsbuße ist unabhängig davon, wie sie zu entrichten ist. Auch wenn sie entsprechend der durch Tarifvertrag oder Betriebsvereinbarung aufgestellten Betriebsbußenordnung durch eine Lohnkürzung erhoben wird, ist für den einbehaltenen Betrag ein LStAbzug vorzunehmen (s *HMW*/Geldstrafen Rz 15 und *Wettbewerbsverbot* Rz 50). Dies gilt auch, wenn der ArbGeb gegen den Lohnanspruch des ArbN mit der Buße aufrechnet (s auch *Aufrechnung* Rz 15).

12   **2. Werbungskosten.** Die Betriebsbuße kann jedoch als Werbungskosten (s *Werbungskosten* Rz 2 sowie FG Münster 2.7.81, EFG 82, 181 und *HMW*/Geldstrafen Rz 15) abgezogen werden. Bei einer Betriebsbuße handelt es sich nicht um eine Geldbuße oder Geldstrafe iSd § 9 Abs 5 iVm §§ 4 Abs 5 Nr 8 oder 12 Nr 4 EStG, die von den Gerichten oder Behörden bzw in einem Strafverfahren festgesetzt werden und grds nicht abzugsfähig sind.

C. Sozialversicherungsrecht
Schlegel

13   **Sozialrechtliche Unbeachtlichkeit der Betriebsbuße.** Anders als im Steuerrecht (s oben Rz 11) spielt es für das Beitrags- und Leistungsrecht der SozV keine Rolle, ob die Betriebsbuße bereits zu einer Kürzung des ausgezahlten Arbeitsentgelts geführt hat, also in Höhe der Betriebsbuße überhaupt kein Entgelt zugeflossen ist, oder ob das (volle) Entgelt zunächst ausbezahlt wurde und nunmehr aus diesem oder dem sonstigen Vermögen des ArbN die Betriebsbuße zu zahlen ist. In beiden Fällen sind die Beiträge und Leistungen aus demjenigen Entgelt zu berechnen, das der ArbN durch seine Arbeit verdient hat (s *Lohnzufluss* Rz 19 ff). Die Betriebsbuße führt nicht dazu, dass Entgelt für geleistete Arbeit nicht gewährt wird, also rückschauend betrachtet „unbezahlte" Arbeit vorliegt. Vielmehr wird die Betriebsbuße in den Fällen sofortiger Kürzung des Lohnes mit dem Verdienst aufgerechnet, die Schuld des ArbN also auf „abgekürztem" Leistungsweg erfüllt. Der Bestand der ursprünglichen Forderung des ArbN auf Arbeitsentgelt wird dadurch nicht nachträglich beseitigt, sondern diese Forderung nur zum Teil (iHd Betriebsbuße) durch Aufrechnung erfüllt (vgl auch *Vertragsstrafe*).

Eine Minderung der Beitragslast kommt in der SozV auch nicht unter dem Aspekt der 14
Werbungskosten in Betracht, da die Beiträge grds aus dem Bruttoarbeitsentgelt zu entrichten und nach diesem zu berechnen sind. Eine Reduzierung der Beitragshöhe durch Werbungskosten ist grds ausgeschlossen *(Vertragsstrafe)*.

Betriebsgeheimnis

A. Arbeitsrecht
Kreitner

1. Begriff. Der Geheimnisschutz gewinnt im Arbeitsverhältnis mit fortschreitender Tech- 1
nisierung des Wirtschaftslebens ständig an Bedeutung. In immer größerem Umfang kommen ArbN mit Betriebs- oder Geschäftsgeheimnissen während ihrer Arbeit in Kontakt. Hieraus ergeben sich sowohl während als auch nach Beendigung des Arbeitsverhältnisses rechtliche Probleme (grundlegend *Reinfeld* Verschwiegenheitspflicht und Geheimnisschutz im Arbeitsrecht, 1989; *Taeger* Die Offenbarung von Betriebs- und Geschäftsgeheimnissen, 1988; zuletzt *Wolff* NJW 97, 98; *Richters/Wodtke* NZA-RR 03, 281; *Salger/Breitfeld* BB 05, 154).

Unter arbeitsrechtlich relevanten Geheimnissen werden allgemein solche Tatsachen ver- 2
standen, die im Zusammenhang mit einem Geschäftsbetrieb stehen, nicht offenkundig und nur einem eng begrenzten Personenkreis bekannt sind, nach dem Willen des ArbGeb geheim gehalten werden sollen und an deren Geheimhaltung der ArbGeb ein berechtigtes Interesse hat (BAG 16.3.82, DB 82, 2247; 27.9.88, DB 89, 1089; LAG RhPf 22.2.08 – 6 Sa 626/07, BeckRS 2008, 51666; LAG MeVo 9.2.06 – 1 Sa 394/05). Dabei wird unterschieden zwischen **Betriebsgeheimnissen,** die sich auf den technischen Betriebsablauf beziehen und **Geschäftsgeheimnissen,** die den kaufmännischen Bereich des Unternehmens betreffen (BAG 15.12.87, DB 88, 1020).

Zentrale Bedeutung erlangt bei dieser Begriffsdefinition das Merkmal der fehlenden 3
Offenkundigkeit des Geheimnisses, denn die Grenzen werden insofern von der Rspr weit gesteckt. Offenkundigkeit wird bereits dann bejaht, wenn es um Tatsachen geht, die ein Interessierter ohne besondere Schwierigkeiten und Mühen in Erfahrung bringen kann (BAG 26.2.87, DB 87, 2526; LAG Köln 18.12.87, LAGE Nr 1 zu § 611 BGB Betriebsgeheimnis; OLG Köln 30.7.97 – 6 U 70/97, CR 98, 199). Daher endet der Geheimnisschutz zB immer dort, wo es um Fakten geht, die in einer Fachzeitschrift veröffentlicht wurden oder die Gegenstand eines Patents sind (*Molkenbur* BB 90, 1196; *Preis/Reinfeld* ArbuR 89, 361). Informationen aus einem Vergabeverfahren, die den unterlegenen Mitbewerbern nach § 101a Abs 1 GWB mitzuteilen sind, können daher nicht von einem berechtigten Geheimhaltungsinteresse des ArbGeb erfasst sein (LAG Köln 11.4.11 – 5 Sa 1388/10, BeckRS 2011, 72414). Der Stand der Technik stellt insgesamt kein taugliches Abgrenzungskriterium dar (BGH 13.12.07 – I ZR 71/05, NZA-RR 08, 421).

2. Verschwiegenheitspflicht des Arbeitnehmers. In Bezug auf Betriebsgeheimnisse 4
iSd vorgenannten Begriffsdefinition besteht für ArbN regelmäßig die Pflicht zur Verschwiegenheit gegenüber Dritten. Dabei ist jedoch in zeitlicher Hinsicht zwischen dem bestehenden Arbeitsverhältnis sowie dem vor- und nachvertraglichen Bereich zu unterscheiden.

a) Während des bestehenden Arbeitsverhältnisses besteht eine umfassende Ver- 5
schwiegenheitspflicht des ArbN. Diese ist begründet auf die arbeitsvertragliche Treuepflicht (s *Treuepflicht* Rz 10; BAG 25.8.66, AP Nr 1 zu § 611 BGB Schweigepflicht; BGH 20.1.81, DB 81, 788). Oftmals treffen die Parteien auch in schriftlichen Arbeitsverträgen besondere Vereinbarungen hinsichtlich des Geheimnisschutzes während des bestehenden Arbeitsverhältnisses. Diese haben allerdings aufgrund der bereits gesetzlich normierten Geheimhaltungspflicht nur deklaratorische Bedeutung. Gehen sie über das gesetzliche Maß hinaus und führen sie zu einer übermäßigen vertraglichen Bindung des ArbN, ohne dass dies durch besondere betriebliche Belange gerechtfertigt ist, so sind derartige Vereinbarungen gem § 138 BGB unwirksam (LAG Hamm 5.10.88, DB 89, 783).

b) Im vorvertraglichen Bereich während der Vertragsverhandlungen ergibt sich eine 6
eingeschränkte Vertraulichkeitspflicht nach §§ 241 Abs 2, 311 Abs 2 BGB.

c) Im nachvertraglichen Bereich nach Beendigung des Arbeitsverhältnisses können 7
ebenfalls Verschwiegenheitspflichten für den ArbN bestehen. Dies gilt zunächst immer dann,

113 Betriebsgeheimnis

wenn entsprechende arbeitsvertragliche Vereinbarungen vorhanden sind, mit denen entweder ein bestehendes Verschwiegenheitsgebot für bestimmte Dauer auch nach Beendigung des Arbeitsverhältnisses Wirkung entfaltet oder ein selbstständiger nachvertraglicher Geheimnisschutz begründet wird (BAG 15.12.87, DB 88, 1020; *Gaul* ZIP 88, 689). Derartige Vereinbarungen sind in den Grenzen des Art 12 GG zulässig, dh, sie dürfen nicht zu einer unverhältnismäßigen Einschränkung des Rechts auf freie berufliche Betätigung des ArbN führen (BAG 19.5.98 – 9 AZR 394/97, NZA 99, 200; LAG Köln 18.12.87, LAGE Nr 1 zu § 611 BGB Betriebsgeheimnis). Schränkt die nachvertragliche Verschwiegenheitsabrede den ArbN in seinem beruflichen Fortkommen ein, liegt eine sog **qualifizierte Verschwiegenheitsvereinbarung** vor, die nach der Rspr des BAG einem Wettbewerbsverbot gleichzusetzen ist, so dass die §§ 74 ff HGB Anwendung finden (BAG 15.12.87, DB 88, 1020). Ein Beispiel hierfür sind sog Kundenschutzvereinbarungen (*Salger/Breitfeld* BB 05, 154). Dies hat zur Folge, dass die qualifizierte Verschwiegenheitsabrede nur dann wirksam ist, wenn sie eine Entschädigungsvereinbarung enthält (§ 74 Abs 2 HGB; Näheres s *Wettbewerbsverbot* Rz 12).

8   Demgegenüber bezieht sich die **einfache Verschwiegenheitsabrede** auf die Geheimhaltung von Unternehmensgeheimnissen, die den ArbN in seinem beruflichen Fortkommen nicht einschränken. Sie ist grds zulässig und unterliegt nicht den zuvor genannten gesetzlichen Anforderungen eines Wettbewerbsverbots (BAG 16.3.82, DB 82, 2247). Wegen der verfassungsrechtlichen Vorgaben ist jedenfalls eine zeitliche Beschränkung der Verschwiegenheitspflicht erforderlich. In Anlehnung an § 74 Abs 1 Satz 3 HGB erscheint dabei eine Höchstgrenze von zwei Jahren angebracht (ebenso *Preis/Reinfeld* ArbuR 89, 361). Ferner empfiehlt es sich, den Gegenstand der Verschwiegenheitspflicht möglichst genau zu bezeichnen, um spätere Auslegungsstreitigkeiten zu vermeiden.

9   Aber auch **ohne Vereinbarung** geht das BAG vom Bestehen einer allgemeinen nachvertraglichen Verschwiegenheitspflicht des ArbN aus. Es begründet dies mit einer nachwirkenden Treuepflicht (BAG 16.3.82, DB 82, 2247; 15.12.87, DB 88, 1020; aA BGH 3.5.01 – I ZR 153/99, EzA § 611 BGB Betriebsgeheimnis Nr 4 für die rein wettbewerbsrechtliche Rechtslage). Rechtsdogmatisch besser erscheint demgegenüber die Begründung des nachvertraglichen Geheimnisschutzes mit einer entsprechenden Anwendung des für Handelsvertreter geltenden § 90 HGB (ähnlich *Molkenbur* BB 90, 1196). Ebenso wie im Bereich des Wettbewerbsverbots Vorschriften aus dem Recht der Handlungsgehilfen (§§ 60, 61 und 74 ff HGB) im Arbeitsrecht analoge Anwendung finden, sollten auch hier Vorschriften des HGB herangezogen werden, um eine weitere Ausuferung des unscharfen Begriffs der arbeitsrechtlichen Treuepflicht zu vermeiden. Allerdings besteht die allgemeine nachvertragliche Verschwiegenheitspflicht ebenfalls nur in den Grenzen des Art 12 GG.

10   **d) Rechtsfolgen.** Die Rechtsfolgen von Verstößen des ArbN gegen die Verpflichtung zum Geheimnisschutz differieren je nachdem, ob es sich um einen Verstoß im vertraglichen oder vor- bzw nachvertraglichen Bereich handelt. Im Vertragsanbahnungsstadium sowie im nachvertraglichen Bereich haben Verstöße regelmäßig Schadensersatzansprüche des ArbGeb zur Folge. In Betracht kommt auch eine mögliche strafrechtliche Sanktionierung gem § 17 UWG. Im bestehenden Arbeitsverhältnis berechtigt darüber hinaus eine gravierende Vertraulichkeitsverletzung den ArbGeb regelmäßig zur Kündigung (LAG RhPf 14.3.13 – 10 Sa 351/12, BeckRS 2013, 68032; Näheres s *Kündigung, verhaltensbedingte* Rz 42; *Kündigung, außerordentliche* Rz 71). In weniger bedeutenden Fällen kann eine *Abmahnung* erfolgen.

11   **3. Verschwiegenheitspflicht im kollektiven Bereich. a) Grundsatz.** Gem § 79 Abs 1 BetrVG sind BRatMitglieder zur Geheimhaltung derjenigen Tatsachen verpflichtet, die ihnen aufgrund ihrer Zugehörigkeit zum BRat bekannt werden und die vom ArbGeb ausdrücklich als geheimhaltungsbedürftig bezeichnet worden sind (grundlegend *Hitzfeld* Geheimnisschutz im Betriebsverfassungsrecht, 1990). Das Gleiche gilt gem § 39 Abs 2 EBRG für Mitglieder und Ersatzmitglieder des Europäischen BRat. Das Geheimhaltungsgebot richtet sich dabei nicht lediglich gegen den BRat als Organ, sondern es betrifft sämtliche einzelnen BRatMitglieder (BAG 26.2.87, DB 87, 2526). Es schließt zudem ein Verwertungsverbot ein und gilt auch gegenüber den ArbN des Betriebes (*Fitting* § 79 Rz 16). Die Schweigepflicht gilt zeitlich unbeschränkt, dh, sie endet nicht mit der Beendigung des Mandats.

Für die übrigen Betriebsverfassungsorgane ergibt sich die Schweigepflicht aus der Verweisungsregelung in § 79 Abs 2 BetrVG. Zur Verschwiegenheitspflicht von ArbNVertretern im Aufsichtsrat zuletzt BAG 23.10.08 – 2 ABR 59/07, NZA 09, 855. Zu Sonderproblemen im Zusammenhang mit dem Insiderrecht vgl *Schleifer/Kliemt* DB 95, 2214.

Beispiele für Geheimnisse iSd § 79 BetrVG sind: Kundenlisten, Unterlagen über technische Herstellungsverfahren, Daten bezüglich Absatzplanung und Kalkulation (BAG 26.2.87, DB 87, 2526), Lohn- und Gehaltsdaten (LAG Hess 16.12.10 – 9 TaBV 55/10, BeckRS 2011, 72396), Konstruktionszeichnungen (LAG Hamm 21.6.04 – 7 Sa 590/03), Rezepturen (BAG 16.3.82, DB 82, 2247) sowie Bruttolohn- und -gehaltslisten bei einem Zeitschriftenverlag (BAG 26.2.87, DB 87, 2526; 14.5.87, DB 88, 2569).

b) Rechtsfolge eines Verstoßes des BRat oder anderer betriebsverfassungsrechtlicher Organe gegen die Geheimhaltungspflicht des § 79 BetrVG ist ein **Unterlassungsanspruch** des ArbGeb, der sich sowohl gegen die einzelnen BRatMitglieder als auch gegen den BRat als Organ richtet (BAG 26.2.87, DB 87, 2526; 14.5.87, DB 88, 2569).

Zudem sind die besonderen **strafrechtlichen Sanktionen** des § 120 BetrVG (Freiheitsstrafe bis zu einem Jahr bzw bei qualifizierter Tatbegehung bis zu zwei Jahren und Geldstrafe) zu beachten.

4. In prozessualer Hinsicht besteht für den ArbGeb bei einer Klage auf Wahrung von Betriebsgeheimnissen häufig das Problem der hinreichenden **Bestimmtheit des Klageantrags.** Insoweit hat das BAG mit Urt vom 25.4.89 (DB 89, 2340) klargestellt, dass an die Bestimmtheit des Klageantrags bei derartigen Unterlassungsklagen gem § 253 Abs 2 ZPO grds dieselben Anforderungen wie an sonstige Klagen zu stellen sind (zu Unterlassungsanträgen: LAG Köln 18.1.12 – 9 Ta 407/11, BeckRS 2012, 68079; LAG SachsAnh 10.7.09 – 9 Sa 167/08). Zur Verdeutlichung des begehrten Verbots kann im Klageantrag allerdings auf Fotografien, Zeichnungen uÄ Bezug genommen werden. Dabei muss hinreichend deutlich beschrieben sein, was geschützt werden soll, denn die Abgrenzung des Verbots darf nicht erst dem Vollstreckungsverfahren überlassen bleiben. Die Konkretisierungspflicht findet dort ihre Grenze, wo dies zu einer Offenbarung des zu schützenden Betriebsgeheimnisses führen würde (BAG 15.12.87, DB 88, 1020; 25.4.89, DB 89, 2340).

B. Lohnsteuerrecht *Seidel*

Soweit dem FA, insbes Betriebs- oder LStAußenprüfern, im Rahmen ihrer Tätigkeit Betriebs- oder Geschäftsgeheimnisse des Stpfl bekannt werden, unterliegen diese dem von den Amtsträgern zu wahrenden Steuergeheimnis (§ 30 Abs 2 Nr 2 AO). Die unbefugte Offenbarung kann sowohl straf- als auch disziplinarrechtliche Folgen sowie Schadensersatzansprüche auslösen (Näheres s *Datenschutz* Rz 35 ff). Dies gilt auch für Angehörige der Steuergerichte (FG, BFH). Zum Schutz der für den LStAbzug relevanten Daten des ArbN durch den ArbGeb s *Datenschutz* Rz 27 ff. Zu den ArbGeb betreffenden Auskünften des ArbN gegenüber dem FA bzw dem Prüfer s *Datenschutz* Rz 34, *Auskunftspflichten Arbeitnehmer* Rz 39 sowie *Lohnsteueraußenprüfung* Rz 10.

C. Sozialversicherungsrecht *Schlegel*

1. Sozialgeheimnis. Nach § 35 Abs 1 SGB I hat jedermann Anspruch darauf, dass Einzelangaben über seine persönlichen und sachlichen Verhältnisse (personenbezogene Daten) von den Leistungsträgern als Sozialgeheimnis gewahrt und nicht unbefugt offenbart werden. **Betriebs- und Geschäftsgeheimnisse** stehen personenbezogenen Daten gleich (so ausdrücklich § 35 Abs 4 SGB I). Das hat die Konsequenz, dass eine Offenbarung von Betriebs- und Geschäftsgeheimnissen nur unter den Voraussetzungen der §§ 67–77 SGB X zulässig ist (§ 35 Abs 2 SGB X) und keine Auskunftspflicht, keine Zeugnispflicht und keine Pflicht zur Vorlegung oder Auslieferung von Schriftstücken, Akten, Dateien und sonstigen Datenträgern besteht, soweit eine Offenbarung nicht zulässig ist (§ 35 Abs 3 SGB I).

a) Schutzbereich. Geschützt sind nach dieser Vorschrift nicht nur geheimhaltungsbedürftige Tatsachen, die ihrer Natur nach ausgesprochen vertraulichen Charakter haben, sondern alle Einzelangaben über persönliche und sachliche Verhältnisse (BSG 25.10.78 – 1 RJ 32/78, SozR 1200 § 35 Nr 1). Für Betriebsgeheimnisse besteht der Schutz demnach für alle individuellen, betriebsbezogenen Informationen in Bezug auf die technische und die kaufmännische Seite eines Unternehmens. Dazu gehören zB Betriebsstrukturen, Produktionsmethoden, Verfahrensarten, Marktstrategien, Kundenlisten, Lohn- und Finanzverhältnisse, Gesamtzahl der Arbeiter und deren Löhne, Geschäftsbücher, Kalkulationsgrundlagen, technische Pläne.

21 **Beitragsunterlagen.** Die dem ArbGeb im Rahmen des Beitragsrechts auferlegten Melde- und Auskunftspflichten einschließlich der Pflicht, Betriebsprüfungen mit Durchsicht seiner „Bücher" zu dulden, werden durch § 35 SGB I nicht beseitigt oder eingeschränkt. Die im Zusammenhang hiermit angelegten Dateien etc stehen nämlich von vornherein unter dem Vorbehalt der Transparenz und Nachprüfbarkeit durch die Einzugsstellen und den Prüfstellen der RVTräger (vgl § 28p SGB IV), so dass diesen schon bestimmungsgemäß die Einsicht nicht verweigert werden kann (vgl § 98 SGB X).

22 b) **Offenbarungsbefugnisse** können sich ergeben aus (schriftlicher) Einwilligung (§ 67 Satz 1 Nr 1 SGB X) oder einer gesetzlichen Offenbarungsbefugnis nach §§ 67–77 SGB X. Die Einwilligung in die Offenbarung eines Betriebs- oder Geschäftsgeheimnisses obliegt dem Inhaber des Betriebes bzw bei juristischen Personen deren Repräsentanten (Geschäftsführer, Vorstand etc). Für Betriebsgeheimnisse kommt insbesondere eine Offenbarung nach § 70 SGB X in Betracht, wonach die Offenbarung zulässig ist, soweit sie zur Erfüllung der gesetzlichen Aufgabe der UVTräger, der Gewerbeaufsichtsämter oder der Bergbehörden bei der Durchführung des Arbeitsschutzes erforderlich ist und dieses Interesse das Geheimhaltungsinteresse des Betriebes erheblich überwiegt.

23 **2. Rechte der technischen Aufsichtsbeamten im Rahmen der Prävention,** dh im Rahmen der Unfallverhütung gehen unter Einschränkung des Art 13 GG ua dahin, die Mitgliedsunternehmen einer BG während der Arbeitszeit zu besichtigen und Auskunft über Einrichtungen, Arbeitsverfahren und Arbeitsstoffe zu verlangen (vgl § 22 SGB VII).

Betriebsjubiläum

A. Arbeitsrecht
Griese

1 **1. Bedeutung.** Der ArbGeb kann aus Anlass eines Betriebs-, Firmen- oder Geschäftsjubiläums zusätzliche Leistungen erbringen. Dies können Gratifikationen *(Einmalzahlungen,* s dort) sein, zusätzliche Urlaubstage oder Sachzuwendungen. Das Betriebsjubiläum ist vom Dienstjubiläum zu unterscheiden, bei dem es nicht um das Jubiläum des Betriebes, sondern um das individuelle Dienstzeitenjubiläum des einzelnen ArbN geht.

2 **2. Voraussetzungen für Ansprüche der Arbeitnehmer.** Ein Anspruch besteht hierauf nicht, soweit nicht eine arbeitsrechtliche Anspruchsgrundlage (Tarifvertrag, Betriebsvereinbarung, Arbeitsvertrag, arbeitsvertragliche Einheitsregelung, Gesamtzusage) besteht. Auch aus dem Gleichbehandlungsgrundsatz kann sich ein Anspruch ergeben. Aus betrieblicher Übung wird idR kein Anspruch auf gleiche Leistungen bei zukünftigen Betriebsjubiläen herzuleiten sein, da das Betriebsjubiläum ein singuläres Ereignis ist und Leistungen des ArbGeb anlässlich eines solchen Ereignisses kein schutzwürdiges Vertrauen auf Leistungen gleichen Umfangs bei zukünftigen Betriebsjubiläen begründen.

3 Gewährt der ArbGeb eine **Zahlung** aus Anlass eines Betriebsjubiläums, ist aus der Rechtsgrundlage zugleich der Zweck der Zuwendung zu bestimmen. Zweck kann einerseits die Honorierung der bis zum Betriebsjubiläum erbrachten Betriebstreue sein, wofür die Staffelung der Zuwendung nach Beschäftigungsdauer spricht. Zweck kann anderseits die zusätzliche Vergütung der erbrachten Arbeitsleistung sein. Die Kombination beider Zweckelemente (Gratifikation mit Mischcharakter) ist ebenso möglich.

4 Nach der Zwecksetzung richtet sich, ob sich **krankheitsbedingte Fehlzeiten** oder Zeiten, in denen das Arbeitsverhältnis ruht, zur Minderung oder zum Ausschluss des Anspruchs führen. Insoweit gelten die generellen Grundsätze für *Einmalzahlungen* (s dort).

5 **3. Mitbestimmung des Betriebsrats.** Das Mitbestimmungsrecht des BRat nach § 87 Abs 1 Nr 10 BetrVG ist zu beachten. Auch wenn Zuwendungen des ArbGeb anlässlich eines Betriebsjubiläums eine freiwillige Leistung darstellen, hat der BRat bei der Verteilung des vom ArbGeb mitbestimmungsfrei vorgegebenen Dotierungsrahmens mitzubestimmen (Einzelheiten s *Einmalzahlungen* Rz 15 und Personalbuch 2013 *Jubiläumszahlung* Rz 4).

4. Unpfändbarkeit. Zahlungen im üblichen Rahmen aus Anlass eines Betriebsjubiläums 6
sind grds unpfändbar, bei Pfändungen wegen Unterhaltsforderungen höchstens zur Hälfte
pfändbar (§§ 850a Nr 2, 850d ZPO).

B. Lohnsteuerrecht
Windsheimer

S Personalbuch 2013 *Jubiläumszahlung* Rz 12; *Steuerfreie Einnahmen* Rz 18; *Außerordentliche* 7
Einkünfte Rz 19; *Bewirtungsaufwendungen* Rz 7 ff. Zu Jubiläumsrückstellungen BVerfG
12.5.09 – 2 BvL 1/00, BFH/NV 09, 1382; s auch *Bewirtungsaufwendungen* Rz 14.

C. Sozialversicherungsrecht
Schlegel

1. Zuwendungen bei Betriebsjubiläum. a) Beitragspflichtiges Arbeitsentgelt. 8
Nach § 1 Abs 1 Nr 1 SvEV sind einmalige Einnahmen, laufende Zahlungen, Zuschüsse etc,
die zusätzlich zu Löhnen und Gehältern gezahlt werden, nicht dem Arbeitsentgelt iSv § 14
SGB IV zuzurechnen und damit regelmäßig beitragsfrei.

Nach Aufhebung des § 3 Nr 52 EStG und des § 3 LStDV durch das StEntlG 1999 sind 9
Zahlungen, Sachgeschenke oder sonstige Annehmlichkeiten (zB eine Reise; Speisen, kulturelle Darbietung) bei einem Betriebsjubiläum ein dem Arbeitsentgelt zuzurechnender geldwerter Vorteil, der grds auch in die Beitragsbemessungsgrundlage eingeht. § 1 SVEV ist nicht mehr erfüllt.

b) Bagatellzuwendungen. Übliche Zuwendungen bei herkömmlichen (üblichen) Be- 10
triebsveranstaltungen (zB Betriebsausflüge, Weihnachtsfeiern, Jubiläumsfeiern) sind als Leistungen im ganz überwiegenden Interesse des ArbGeb und deshalb nicht als Arbeitsentgelt iSd § 14 SGB IV anzusehen (ebenso LSG Bay 20.12.89 – L 13 Kn 15/86 – nv).

c) Umfangreichere Zuwendungen werden als lohnsteuerpflichtiges und damit beitrags- 11
pflichtiges Arbeitsentgelt iSd § 14 SGB IV behandelt. Nach § 40 Abs 2 Nr 2 EStG ist die
Erhebung der LSt mit einem Pauschsteuersatz von 25 vH zulässig, wenn der ArbGeb aus
Anlass von Betriebsveranstaltungen Arbeitslohn zahlt; hat der ArbGeb die Pauschsteuer
entrichtet, sind die Einnahmen des ArbN insoweit nicht dem sozialversicherungsrechtlichen
Arbeitsentgelt zuzurechnen (§ 1 Abs 1 Nr 3 SvEV). In den übrigen Fällen (keine Pauschalbesteuerung), die kaum vorkommen werden, muss der geldwerte Vorteil für jeden ArbN
individuell ermittelt und als einmalige Einnahme (Einmalzahlung) behandelt werden.

d) Einmalzahlungen. Zahlungen aus Anlass eines Jubiläums des Betriebes sind nicht als 12
Arbeitsentgelt nur desjenigen Entgeltabrechnungszeitraums anzusehen, in welchem sie ausgezahlt werden. Es handelt sich dabei um nicht nur einem Abrechnungszeitraum zurechenbare Zuwendungen. Zur beitragsrechtlichen Behandlung s *Einmalzahlungen*.

2. Unfallversicherungsschutz. Bei Betriebsjubiläen besteht UVSchutz, wenn die Ver- 13
anstaltung der Verbundenheit zwischen Betriebsleitung und Betriebsangehörigen und damit
dem Betriebsklima insgesamt dient. Liegt eine betriebliche Gemeinschaftsveranstaltung vor,
kann die Teilnahme von Beschäftigten etwa an Betriebsfesten, Betriebsausflügen oder ähnlichen Gemeinschaftsveranstaltungen dem Unternehmen zugerechnet und der versicherten
Tätigkeit gleichgesetzt werden. Dies ist allerdings nur zu rechtfertigen, soweit die betreffende
Veranstaltung im Interesse des Unternehmens liegt und wie die eigentliche Arbeitstätigkeit
selbst betrieblichen Zwecken dient. Veranstaltungen zur Freizeitgestaltung oder zur Befriedigung sportlicher oder kultureller Interessen der Beschäftigten stehen auch dann nicht unter
Versicherungsschutz, wenn sie im räumlichen und zeitlichen Zusammenhang mit der
Betriebstätigkeit erfolgen und von dem Unternehmen gebilligt oder unterstützt werden.
Voraussetzung für die Annahme einer betrieblichen Gemeinschaftsveranstaltung ist, dass die
Zusammenkunft der Pflege der Verbundenheit zwischen der Unternehmensleitung und den
Beschäftigten sowie der Beschäftigten untereinander dient. Die Veranstaltung muss deshalb
allen Beschäftigten des Unternehmens – bei Großbetrieben mindestens allen Beschäftigten
einzelner Abteilungen oder anderer betrieblicher Einheiten – offen stehen und von der Unternehmensleitung selbst veranstaltet oder zumindest gebilligt oder gefördert und von ihrer
Autorität als betriebliche Gemeinschaftsveranstaltung getragen werden (BSG 7.12.2004 – B 2
U 47/03 R). Die Veranstaltung muss eine betriebliche sein, dh die Erlaubnis und Unterstützung des Unternehmers muss vorliegen; **private Feiern** im Betrieb genügen diesen Anforderungen nicht (BSG 10.12.75 – 8 RU 202/74, SozR 2200 § 548 Nr 11: Richtfest).

Betriebskindergarten

A. Arbeitsrecht
Kreitner

1   Es besteht keine Verpflichtung des ArbGeb zur Einrichtung eines Betriebskindergartens. Vielmehr handelt es sich insoweit um eine freiwillige, zusätzliche soziale Leistung des ArbGeb. Allerdings unterliegen Form, Ausgestaltung und Verwaltung eines Betriebskindergartens der erzwingbaren Mitbestimmung des BRat gem § 87 Abs 1 Nr 8 BetrVG (LAG Hamm 27.11.75, DB 76, 201; *Richardi* § 87 Rz 619). Wegen der weiteren Einzelheiten wird auf die Erläuterungen zu *Sozialeinrichtungen* Rz 9 ff verwiesen.

B. Lohnsteuerrecht
Thomas

2   **1. Steuerliche Einordung.** Kinderbetreuungskosten, die der ArbN selbst aufbringt, sind nach gefestigter Rspr (zuletzt BFH 12.4.07 – VI R 42/03, BFH/NV 07, 1312), bestätigt durch das BVerfG (11.10.77 – 1 BvR 343/73, 83/74, 183/75, 428/75, BStBl II 78, 174, sowie BVerfG 24.9.92 – 1 BvR 1443/89, DStR 93, 275) keine Werbungskosten (aA *von Nörenberg* BB 84, 330; *Degenhard* DStZ 95, 61; *Schön* DStR 99, 1677; *Tiedchen* FR 99, 1681). Auch im Beschluss des BVerfG v 10.11.98 – 2 BvR 980, 1057 und 1226/91 (BStBl II 99, 182; vgl dazu *Arndt/Schumacher* NJW 99, 745; *Kirchhof* NJW 2000, 2792) werden die Kinderbetreuungskosten nicht im Rahmen des objektiven Nettoprinzips (also als Erwerbsaufwendungen), sondern im Rahmen des subjektiven Nettoprinzips (als zwangsläufige Einkommensverwendungen) eingeordnet und ein Abzug verlangt (BVerfG 4.12.02 – 2 BvR 400/98 und 1735/00, BStBl II 03, 534).

Hierfür dient als Teil des Kinderfreibetrages der Freibetrag für den Betreuungs-, Erziehungs- oder Ausbildungsbedarf (§ 32 Abs 6 Satz 1 EStG) von 1320 €, der sich nur auswirkt, wenn er zusammen mit dem Grundfreibetrag für das sächliche Existenzminimum (2184 €) günstiger ist als das Kindergeld (vgl *Kinderfreibetrag* Rz 4). Daneben werden Betreuungsaufwendungen nach § 10 Abs 1 Nr 5 EStG berücksichtigt (vgl *Kindervergünstigungen* Rz 12 ff).

3   **2. Arbeitslohn. a) Steuerbarkeit.** Die ursprüngliche Unterscheidung zwischen Betreuungsaufwand des ArbGeb in betriebseigenen (BFH 24.1.75 – VI R 242/81, BStBl II 75, 340, kein Lohn) und in betriebsfremden Kindergärten (BFH 25.7.86 – VI R 203/83, BStBl II 86, 868, Lohn) ist hinfällig. In beiden Fällen liegt Lohn vor, da der ArbGeb Privataufwand des ArbN übernimmt, der bei diesem noch nicht einmal zu Werbungskosten führt (s oben Rz 2). Auch die Steuerbefreiung des § 3 Nr 33 EStG (s unten Rz 4) macht deutlich, dass Aufwendungen des ArbGeb für die Betreuung von ArbNKindern, gleichgültig in welcher Form, Arbeitslohn darstellen. Die Frage, ob die Betreuung in betriebseigenen Kindergärten Arbeitslohn bewirkt, kann trotz der Befreiung in § 3 Nr 33 EStG für die Fälle eine Rolle spielen, in denen die Befreiungsvoraussetzungen bspw wegen des Alters des Kindes nicht vorliegen.

4   **b) Steuerbefreiung.** Nach § 3 Nr 33 EStG sind bestimmte Leistungen des ArbGeb zur Kinderbetreuung steuerbefreit.

5   **aa) Leistungen des Arbeitgebers** können Aufwendungen für betriebseigene Kindergärten oder Barzuschüsse zu fremden Einrichtungen sein, wenn die Zweckverwendung sichergestellt ist. Barzuschüsse sind auch steuerfrei, wenn der nicht beim ArbGeb beschäftigte Elternteil die Aufwendungen trägt (R 3.33 Abs 1 Satz 2 LStR). Belege über die Verwendungskontrolle hat der ArbGeb als Nachweis für die Voraussetzung der Steuerbefreiung im Original zu den LStAkten zu nehmen. Sind Ehegatten bei unterschiedlichen ArbGeb berufstätig, kann der ArbGeb einen Eigenbeleg des bei ihm beschäftigten Ehegatten zu den Akten nehmen, dass die Vergünstigung nur einmal in Anspruch genommen wird oder die Kosten sachgerecht aufgeteilt werden (*Wermelskirchen* DStR 92, 1530).

6   **bb) Unterbringung und Betreuung.** Befreit sind Aufwendungen für Unterkunft, Verpflegung (R 3.33 Abs 1 Satz 1 LStR; vgl aber BFH 28.11.86 – III R 1/86, BStBl II 87, 490) und Betreuungspersonal, nicht dagegen mittelbare Betreuungskosten wie solche für die Beförderung des Kindes (vgl BFH 29.8.86 – III R 209/82, BStBl II 87, 167; zweifelhaft

Drenseck DB Beilage Nr 1/93 S 30), ebenfalls nicht für besondere Unterrichtsleistungen (R 3.33 Abs 2 Satz 5 und 6 LStR) oder für die Vermittlung von Unterbringungs- und Betreuungsmöglichkeiten.

cc) Nicht schulpflichtige Kinder sind solche, die das 6. Lebensjahr noch nicht voll- 7 endet haben. Wird das 6. Lebensjahr im laufenden Kj vor dem 1.7. vollendet, gilt die Befreiung bis zum 31.7., wird es nach dem 30.6. vollendet, gilt sie für das ganze Jahr, wenn das Kind nicht vorzeitig eingeschult wird. Ob ein Kind schulpflichtig ist, bestimmt sich nach dem landesrechtlichen Schulgesetz (R 3.33 Abs 3 LStR).

dd) Kindergärten und vergleichbare Einrichtungen sind Kindertagesstätten, Kinder- 8 krippen, Tagesmütter, Wochenmütter und Ganztagspflegestellen. Dagegen ist die Betreuung im eigenen Haushalt des ArbN durch Kinderpflegerinnen oder Angehörige nicht begünstigt.

ee) Zusätzlichkeitserfordernis. Steuerbefreit sind nur Leistungen, die zusätzlich zum 9 ohnehin geschuldeten Lohn erbracht werden. Nach der diesbezüglichen Rspr des BFH (s *Arbeitgeberzuschuss* Rz 6) müsste die Steuerbefreiung entfallen, wenn der ArbGeb Betreuungsaufwendungen vorbehaltslos gewährt (zur Kritik *Obermair* DStR 13, 1118; *Plenker* DB 13, 1202; *Thomas* DStR 11, 789). Bei einer am Wortsinn orientierten gleichheitskonformen Auslegung könnte der Lohn gemeint sein, der zu dem – ggfalls nach einer Lohnumwandlung – derzeit ohnehin geschuldeten Lohn zusätzlich für die Kinderbetreuung gewährt wird.

ff) Ehegattenarbeitsverhältnis. Der Steuerbefreiung steht nicht entgegen, dass ArbN 10 und ArbGeb Ehegatten sind (s *Familiäre Mitarbeit* Rz 25), wenn die Gestaltung einem Fremdvergleich standhält (*Wermelskirchen* DStR 92, 1530). Dabei ist aber zweifelhaft, ob im Falle der Pauschalierung (s *Geringfügige Beschäftigung* Rz 20) Vorteile aus der Kinderbetreuung in die Bemessungsgrundlage einzubeziehen sind (vgl *Thomas* StbJb 90/91, 218).

C. Sozialversicherungsrecht *Ruppelt*

1. Beitragsrecht. Stellt der ArbGeb einen Betriebskindergarten zur Verfügung, der von 11 der Belegschaft in ihrer Gesamtheit genutzt werden kann, so handelt es sich dabei nicht um einen Ertrag der nichtselbstständigen Arbeit der ArbN, sondern um eine Leistung, die in überwiegend betrieblichem Interesse erbracht wird. Im Vordergrund stehen die Förderung der Attraktivität des Betriebes auf dem Arbeitsmarkt bzw Elemente der Sozialverantwortung des Betriebes. Diese Leistung gehört daher nicht zum beitragspflichtigen Arbeitsentgelt in der SozV und ArblV (vgl *Sozialeinrichtungen* Rz 23; *Geldwerter Vorteil* Rz 9; *Sachbezug* Rz 39 ff).

2. Unfallversicherungsrecht. Betriebskindergärten sind Tageseinrichtungen iSv § 2 12 Abs 1 Nr 8a SGB VII, da für deren Betrieb regelmäßig eine Erlaubnis nach § 45 SGB VIII oder nach landesrechtlichen Vorschriften erforderlich ist. Kinder sind während des Besuchs dieser Tageseinrichtungen in der gesetzlichen UV versichert. Das SGB VII hat den UV-Schutz auf alle Tageseinrichtungen ausgedehnt, in denen Kinder und Jugendliche ganztägig oder für den Teil eines Tages betreut werden (Kindergärten, Krippen, Horte). Die Kinder sind auch auf dem Weg von und zu der Tageseinrichtung versichert (s *Wegeunfall* Rz 13 ff) und auch, wenn sie sich unerlaubt von der Einrichtung entfernen (BSG 30.6.98 – B 2 U 20/97 R, NZS 99, 152). Zuständiger UVTräger ist die für den Betrieb zuständige BG (§ 131 Abs 1 SGB VII).

Betriebsordnung

A. Arbeitsrecht *Kreitner*

1. Bedeutung. Der Begriff der Betriebsordnung ist im Arbeitsrecht in mehrfacher Hin- 1 sicht von Bedeutung. Das deutliche Schwergewicht liegt dabei im Bereich der betrieblichen Mitbestimmung gem § 87 Abs 1 Nr 1 BetrVG bei „Fragen der Ordnung des Betriebes". Doch auch für das einzelne Arbeitsverhältnis ist die Betriebsordnung relevant. So können Störungen der betrieblichen Ordnung je nach Lage des Einzelfalles den ArbGeb zu einer

116 Betriebsordnung

Kündigung des Arbeitsverhältnis berechtigen (BAG 17.3.88, DB 89, 329). Schließlich werden Sachverhalte, die zumindest mittelbar die betriebliche Ordnung berühren, in den verschiedensten Spezialgesetzen und VO geregelt (zB ArbZG, LadSchlG, Arbeitsschutzvorschriften). Selbst Verwaltungsakte von Aufsichtsbehörden können insoweit unmittelbare Auswirkungen haben (zB Auflagen für den Betrieb einer Kernforschungsanlage oder eines gentechnischen Labors). Schließlich ist die Betriebsordnung zentraler Gegenstand der aktuellen Compliance-Diskussion (Näheres s *Compliance* Rz 12).

2 **2. Mitbestimmungsrecht des Betriebsrats.** Gem § 87 Abs 1 Nr 1 BetrVG besteht ein erzwingbares Mitbestimmungsrecht des BRat bei Fragen der Ordnung des Betriebes und des Verhaltens der ArbN im Betrieb. Dieser Regelungsbereich unterliegt grds dem Direktionsrecht des ArbGeb (*Borgmann/Faas* NZA 04, 241; Näheres s *Weisungsrecht* Rz 11). Dabei ist der Begriff des Betriebs nicht räumlich, sondern funktional zu verstehen. Das Mitbestimmungsrecht besteht auch dann, wenn es um das Verhalten der ArbN außerhalb der eigentlichen Betriebsstätte geht (zB Außendienstmitarbeiter, Kraftfahrer, Monteure). Werden die ArbN in einem Kundenbetrieb eingesetzt, bleiben die Verhaltensregeln mitbestimmungspflichtig. Der ArbGeb muss durch eine entsprechende Vertragsgestaltung sicherstellen, dass die ordnungsgemäße Wahrnehmung der Mitbestimmungsrechte des BRat gewährleistet ist (BAG 27.1.04 – 1 ABR 7/03, NZA 04, 556). Zweck des Mitbestimmungsrechts ist es, durch die Beteiligung des BRat die Belange der ArbN geltend zu machen und auf diese Weise unter Einschränkung der Regelungsbefugnis des ArbGeb beide Interessenlagen zu einem gleichberechtigten Ausgleich zu bringen. Kommt eine Einigung nicht zustande, entscheidet gem § 87 Abs 2 BetrVG die *Einigungsstelle*. Grds entzogen sind den Betriebsparteien lediglich Regelungen, die in die private Lebensführung der ArbN eingreifen (BAG 28.5.02 – 1 ABR 32/01, NZA 03, 166).

3 a) **Voraussetzungen. aa) Allgemeine Mitbestimmungsvoraussetzung** ist das Vorliegen einer generellen Regelung. Dabei ist unerheblich, wie viele ArbN betroffen sind. Allein konkrete Einzelanweisungen des ArbGeb, die sich auf die arbeitsvertraglichen Pflichten einzelner ArbN beziehen, sind von der Mitbestimmung ausgenommen (BAG 8.8.89, DB 90, 893). Unerheblich ist ebenfalls, ob der ArbGeb für die ArbN verbindliche Verhaltensregeln einführen will oder ob es sich lediglich um allgemeine Ordnungsregeln ohne verpflichtenden Charakter handelt (BAG 24.3.81, DB 81, 1886; 14.1.86, DB 86, 1025).

4 **bb) Tatbestandliche Voraussetzung des § 87 Abs 1 Nr 1 BetrVG** ist, dass durch Maßnahmen des ArbGeb das sog Ordnungsverhalten der ArbN betroffen wird (BAG 8.6.99 – 1 ABR 67/98, NZA 99, 1288; 11.6.02 – 1 ABR 46/01, NZA 02, 1299; 27.1.04 – 1 ABR 7/03, NZA 04, 556). Nach der Rspr des BAG (Näheres s *Kontrolle des Arbeitnehmers* Rz 5 ff) regelt § 87 Abs 1 Nr 1 BetrVG einen einheitlichen Mitbestimmungstatbestand der Sicherung eines ungestörten Arbeitsablaufs und der Gestaltung des Zusammenlebens und Zusammenwirkens der ArbN im Betrieb (BAG 8.6.99, NZA 99, 1288; 11.6.02, NZA 02, 1299; 27.1.04, NZA 04, 556). Dies hat zur Folge, dass zwischen ArbGebSeitigen Maßnahmen, die das Ordnungsverhalten im obigen Sinne betreffen, und solchen, die das Arbeits- bzw Leistungsverhalten regeln, zu unterscheiden ist. (BAG 25.9.12 – 1 ABR 50/11, NZA 13, 467; 10.3.09 – 1 ABR 87/07, NZA 10, 180). Nur die Ersteren betreffen die Betriebsordnung iSd BetrVG und unterfallen daher der Mitbestimmung des BRat gem § 87 Abs 1 Nr 1 BetrVG. Hierzu zählen bspw sog Ethik-Richtlinien verschiedener Unternehmen, die zumeist allerdings sowohl mitbestimmungspflichtige als auch mitbestimmungsfreie Inhalte aufweisen. Zu ersteren gehört bspw die Verpflichtung der ArbN, Interessenkonflikte schriftlich zu melden (BAG 22.7.08 – 1 ABR 40/07, NZA 08, 1248; vgl hierzu auch *Schuster/Darsow* NZA 05, 273; *Dzida* NZA 08, 1265; *Meyer* NJW 06, 3605). Auch bei standardisierten Erklärungen, mit denen sich der ArbN gegenüber dem ArbGeb zum Stillschweigen über bestimmte betriebliche oder geschäftliche Vorgänge verpflichtet, hängt die Mitbestimmungspflicht vom jeweiligen Inhalt ab (BAG 10.3.09 – 1 ABR 87/07, NZA 10, 180). Unabhängig hiervon können Maßnahmen zur Regelung des Arbeitsverhaltens allerdings nach § 87 Abs 1 Nr 6 BetrVG mitbestimmungspflichtig sein.

5 Die Beachtung der Mitbestimmungsrechte des BRat ist **Wirksamkeitsvoraussetzung** der jeweiligen Maßnahme. Führt der ArbGeb Regelungen der betrieblichen Ordnung iSd

§ 87 Abs 1 Nr 1 BetrVG ein, ohne den BRat ordnungsgemäß zu beteiligen, sind diese rechtsunwirksam (allgemeine Ansicht vgl GK-BetrVG/*Wiese* § 87 Rz 234). Dennoch kann der ArbGeb mitbestimmungswidrig erlangte Informationen im gerichtlichen Verfahren nutzen, da es insoweit kein gesetzliches Verwertungsverbot gibt. Etwas anders gilt nur dann, wenn hierdurch das Persönlichkeitsrecht des ArbN erheblich in unverhältnismäßiger Weise verletzt würde (BAG 13.12.07 – 2 AZR 537/06, NZA 08, 1008).

b) Mitbestimmungspflichtig können die verschiedenartigsten Maßnahmen des ArbGeb **6** sein, da das Ordnungsverhalten der ArbN zur Gewährleistung eines reibungslosen Betriebsablaufs oftmals Gegenstand ArbGebSeitiger Anweisungen ist. Aus der umfangreichen Einzelfallrechtsprechung lassen sich exemplarisch folgende Entscheidungen anführen:

Abschleppen ordnungswidrig geparkter Fahrzeuge (LAG Frankfurt 15.1.79, DB 79, 1851; LAG **7** Düsseldorf 25.1.89, DB 89, 1878), Alkoholverbot (BAG 23.9.86, DB 87, 337; LAG SchlHol 20.11.07 – 5 TaBV 23/07, NZA-RR 08, 184: Schiffsbesatzung), Anwesenheitskontrolle (BAG 25.5.82, DB 82, 2712), Biometrische Zugangskontrolle (BAG 27.1.04 – 1 ABR 7/03, NZA 04, 556; *Besgen/Langner* SAE 06, 233), Arbeitskleidung (BAG 17.1.12 – 1 ABR 45/10, NZA 12, 687; 8.8.89, DB 90, 893; LAG Köln 18.8.10 – 3 TaBV 15/10, NZA-RR 11, 85; LAG Nbg 10.9.02 – 6 (5) TaBV 41/01, NZA-RR 03, 197; Einzelheiten s *Arbeitskleidung* Rz 5 ff), Kleiderordnung für Mitarbeiter im Spielcasino soweit es nicht um die Kostentragung geht (BAG 13.2.07 – 1 ABR 18/06, NZA 07, 640), Namensschilder an Dienstkleidung (BAG 11.6.02 – 1 ABR 46/01, NZA 02, 1299), Ethik-Richtlinien (BAG 22.7.08 – 1 ABR 40/07, NZA 08, 1248), Formulare für Arztbesuch (BAG 21.1.97, BB 97, 1690; LAG Düsseldorf 27.4.81, DB 81, 1677), Regelung von Anzeige- und Nachweispflicht im Krankheitsfall (BAG 25.1.2000 – 1 ABR 3/99, NZA 2000, 665; LAG Köln 21.8.13 – 11 Ta 87/13, BeckRS 2013, 73949; LAG Hamm 19.9.95, NZA-RR 96, 335; LAG Hess 6.9.01 – 5 TaBV 5/01, LAGE § 87 BetrVG Betriebliche Ordnung Nr 13), Erteilung von Attestauflagen durch den ArbGeb (LAG BlnBbg 19.6.12 – 3 TaBV 2149/11, BeckRS 2012, 71381), Anordnung genereller ärztlicher Eignungsuntersuchungen bei Krankheit (ArbG Offenbach 20.6.90, DB 91, 554), generalisierte Durchführung von Krankengesprächen (BAG 8.11.94, DB 95, 1132; aA *Raab* NZA 93, 193; *Hunold* BB 95, 1189), Errichtung einer Beschwerdestelle nach § 13 AGG (BAG 21.7.09 – 1 ABR 42/08, NZA 09, 1049), Formblatt über die Mitteilung von privatem Aktienbesitz (BAG 28.5.02 – 1 ABR 32/01, NZA 03, 166); Betriebsausweise (BAG 16.12.86, DB 87, 791), Regelungen zur Eigentumssicherung der ArbN (BAG 1.7.65, DB 65, 1485), Mitnahme von Arbeitsunterlagen nach Hause (ArbG Hbg 24.8.76, BetrR 76, 500), Verwaltung und Belegung von Betriebsparkplatz (BAG 7.2.12 – 1 ABR 63/10, NZA 12, 685; LAG Hamm 11.6.86, NZA 87, 35; aber Frage der Einrichtung des Parkplatzes ist mitbestimmungsfrei: LAG BaWü 4.11.86, NZA 87, 428 [LS]), Radiohören im Betrieb (BAG 14.1.86, DB 86, 1025), Rauchverbot (BAG 19.1.99 – 1 AZR 499/98, NZA 99, 546; LAG München 30.10.85, NZA 86, 577; 27.11.90, NZA 91, 521 [LS]; *Bergwitz* NZA-RR 04, 169; vgl *Nichtraucherschutz* Rz 7), Einführung eines Sicherheitswettbewerbs (BAG 24.3.81, DB 81, 1886), Telefonnutzung für private Zwecke (s *Kontrolle des Arbeitnehmers* Rz 17), generelles Nutzungsverbot für TV-, Video- und DVD-Geräte im Betrieb (LAG Köln 12.4.06 – 7 TaBV 68/05, NZA-RR 07, 80; aA wohl LAG Hamm 7.4.06 – 10 TaBV 1/06, NZA-RR 07, 20), Torkontrolle (BAG 26.5.88, DB 88, 2055), Taschenkontrolle (13.12.07 – 2 AZR 537/06, NZA-RR 08, 1008), Verhalten am Arbeitsplatz (Stehen im Geschäftslokal: ArbG Köln 13.7.89, AiB 90, 72), Verbot zur Mitnahme von Bargeld an den Arbeitsplatz bei Kassierer (LAG Hess 15.1.04 – 5 TaBv 49/03, NZA-RR 04, 411), Verlassen des Arbeitsplatzes während Mittagspause (BAG 21.8.90, DB 91, 394), Veröffentlichung sog Fehlzeitenlisten im Betrieb (ArbG Würzburg 14.11.95, AiB 96, 560), Behandlung von Werbegeschenken (LAG Köln 20.6.84, DB 84, 2202), Englisch als betrieblich vorgegebene Kommunikationssprache (LAG Köln 9.3.09 – 5 TaBV 114/08, BeckRS 2009, 66866).

c) Mitbestimmungsfrei iSd § 87 Abs 1 Nr 1 BetrVG sind demgegenüber ua folgende **8** Einzelfälle:

Erstellung von Arbeitsablaufstudien (BAG 8.11.94, DB 95, 783), Arbeitsbegleitende Papiere, wie **9** Arbeitszeitbelege uÄ (BAG 24.11.81, DB 82, 1116; aber je nach Auswertungsart evtl Mitbestimmung nach § 87 Abs 1 Nr 6 BetrVG; vgl *Kontrolle des Arbeitnehmers* Rz 17), Verwendung von Laufzetteln, auf denen der Erhalt von Arbeitsmitteln und Zutrittsberechtigungen nebst Belehrungen vermerkt ist (BAG 25.9.12 – 1 ABR 50/11, NZA 13, 467), Gestaltung von Geschäftsbriefen (BAG 8.6.99 – 1 ABR 67/98, NZA 99, 1288: Angabe des Sachbearbeitervornamens), Verhaltensanweisungen für BRatMitglieder zB bezüglich An- und Abmeldung (BAG 23.6.83, DB 83, 2419; 13.5.97 – 1 ABR 2/97, NZA 97, 1062), Detektiveinsatz zur Überwachung des Arbeitsverhaltens der ArbN (BAG 26.3.91, DB 91, 1834, *Maschmann* NZA 02, 13, allerdings mitbestimmungspflichtig, sofern das Ordnungsverhalten der ArbN überwacht wird: *Lingemann/Göpfert* DB 97, 374), Dienstreiseordnung (BAG 8.12.81, DB 82, 960), Fotografierverbot (*Hunold* NZA 04, 1206), Ehrlichkeitskontrollen von Kassierern durch eigene Mit-

116 Betriebsordnung

arbeiter (BAG 18.11.99 – 2 AZR 743/98, NZA 2000, 418), Anordnung einer außerplanmäßigen Dienstreise (BAG 23.7.96, DB 97, 380), Führungsrichtlinien (BAG 23.10.84, DB 85, 495; aber evtl mitbestimmungspflichtig gem § 94 Abs 2 BetrVG), Kundenbefragungen und Testkäufereinsatz, soweit es dabei um Verhaltensüberprüfung der ArbN geht (LAG Hamm 20.1.06 – 10 TaBV 144/05; LAG Nürnberg 10.10.06 – 6 TaBV 16/06, NZA-RR 07, 136; *Deckers/Deckers* NZA 04, 139), Schaltertests bei Bankunternehmen zur Überprüfung der Beratungsqualität (BAG 18.4.2000 – 1 ABR 22/99, NZA 2000, 1176), Stechuhren (aber mitbestimmungspflichtig gem § 87 Abs 1 Nr 6 BetrVG; vgl *Kontrolle des Arbeitnehmers* Rz 17); Krankenkontrollbesuche (LAG RhPf 29.6.06 – 11 TaBV 43/05, NZA-RR 07, 417), Regelungen zum Betrieblichen Eingliederungsmanagement nach § 84 Abs 2 SGB IX (*Leuchten* DB 07, 2482; aA LAG Hbg 15. 1 13–2 TaBV 13/11, BeckRS 2013, 69903), Regelungen zur Kostenerstattung von Bearbeitungsgebühren bei Lohnpfändungen (BAG 18.7.06 – 1 AZR 578/05, NZA 07, 462), Regelungen zur Kostentragung bei Dienstkleidung (BAG 13.2.07 – 1 ABR 18/06, NZA 07, 640), Abgabe standardisierter Erklärungen zur Schweigepflicht, soweit diese das Arbeitsverhalten betreffen (BAG 10.3.09 – 1 ABR 87/08, NZA 10, 180).

10 Wegen des Gesetzes- bzw Tarifvorrangs scheidet eine betriebliche Mitbestimmung zudem immer dann aus, wenn die Materie bereits durch Gesetz oder Tarifvertrag geregelt ist. Gleiches gilt, soweit eine Regelung durch VO oder Verwaltungsakt erfolgt und der ArbGeb die behördlichen Anordnungen letztlich nur vollziehen kann, ohne einen eigenen Regelungsspielraum zu haben (zB BAG 26.5.88, DB 88, 2055: Torkontrolle in Wiederaufbereitungsanlage für Kernbrennstoffe; BAG 9.7.91, NZA 92, 127: Sicherheitsüberprüfung in Kernforschungsanlage; anders bei § 5 Abs 1 Satz 3 EFZG wegen des verbleibenden Regelungsspielraums für den ArbGeb: BAG 25.1.2000 – 1 ABR 3/99, NZA 2000, 665).

11 **3. Mitwirkungsrechte des Sprecherausschusses** bestehen gem § 30 SprAuG. Diese Vorschrift entspricht in sachlicher Hinsicht der Mitbestimmung des BRat in sozialen Angelegenheiten (*Hromadka* SprAuG § 30 Rz 3). Unter das Merkmal der „sonstigen allgemeinen Arbeitsbedingungen" fallen demgemäß auch die Fragen der betrieblichen Ordnung iSd § 87 Abs 1 Nr 1 BetrVG. Allerdings bestehen die Mitwirkungsrechte des Sprecherausschusses nur in abgeschwächter Form dahingehend, dass lediglich eine Unterrichtung und Beratung seitens des ArbGeb zu erfolgen hat.

12 **4. Rechtsfolgen von Verstößen gegen die Betriebsordnung. a) Arbeitsvertrag.** Verstößt der ArbN gegen betriebliche Ordnungsregelungen, so kann dies seitens des ArbGeb mit den üblichen arbeitsvertraglichen Sanktionen geahndet werden. Als solche kommen unter Beachtung des Grundsatzes der Verhältnismäßigkeit regelmäßig Ermahnung, *Abmahnung* und ggf *Kündigung* in Betracht. Besteht eine betriebliche Bußenordnung, kann auch eine *Betriebsbuße* verhängt werden. Hat das gegen die Betriebsordnung verstoßende Verhalten darüber hinaus eine erhebliche Störung des Betriebsfriedens zur Folge, kann dies den ArbGeb zu einer *Versetzung* des ArbN in eine andere Abteilung (ggf im Wege der *Änderungskündigung*) berechtigen. Je nach Lage des Einzelfalles ist sogar eine sog Druckkündigung durch den ArbGeb in Erwägung zu ziehen (s *Kündigung, verhaltensbedingte* Rz 30).

13 **b) Betriebsverfassungsrechtlich** sind Verstöße der Betriebspartner gegen Betriebsvereinbarungen möglich, die Fragen der betrieblichen Ordnung betreffen. Insoweit steht das allgemeine betriebsverfassungsrechtliche Sanktionsinstrumentarium zur Verfügung; Besonderheiten gelten nicht (vgl zu Verstößen des BRat: *Amtspflichtverletzung (Betriebsrat)* Rz 4 ff und zu Verstößen des ArbGeb: *Unterlassungsanspruch* Rz 7).

B. Lohnsteuerrecht *Windsheimer*

14 Die Betriebsordnung kann sich lohnsteuerlich auswirken hinsichtlich *Betriebsbuße* Rz 11, 12. Bei abweichenden Vorschriften der Betriebsordnung von den gesetzlichen Regelungen gelten Letztere (s *Betriebsvereinbarung* Rz 37 f). Für die Frage, ob in einer Betriebsordnung enthaltene Leistungen des ArbGeb stpfl Lohn darstellen, gelten die allgemeinen Grundsätze, s *Arbeitsentgelt* Rz 30 ff; *Betriebsvereinbarung* Rz 36 ff.

C. Sozialversicherungsrecht *Ruppelt*

15 Für die SozV ist die Betriebsordnung ohne Bedeutung.

Betriebsrat

A. Arbeitsrecht
Kreitner

Übersicht

	Rz		Rz
1. Personelle Zusammensetzung	1	f) Sprechstunden	25, 26
2. Amtszeit	2–4	g) Ausschüsse	27–34
a) Beginn	2	h) Arbeitsgruppen	35–43
b) Ende	3, 4	4. Allgemeine Aufgaben	44–49
3. Organisation und Geschäftsführung	5–43	a) Überwachungsaufgaben	45–47
a) Vorsitzender	5–9	b) Antragsrechte	48
b) Stellvertreter	10	c) Weitere allgemeine Aufgaben	49
c) Amtsdauer	11	5. Allgemeine Grundsätze der Zusammenarbeit	50–56
d) Beschlüsse	12–15		
e) Sitzungen	16–24		

1. Personelle Zusammensetzung. Die Größe des BRat richtet sich gem § 9 BetrVG **1** nach der Zahl der ArbN, über deren Wahlberechtigung § 7 BetrVG entscheidet. Dementsprechend sind auch Beschäftigte in einer Arbeitsbeschaffungsmaßnahme zu berücksichtigen (BAG 13.10.04 – 7 ABR 6/04, NZA 05, 480). Das Gleiche gilt nach neuerer Rspr des BAG nunmehr auch für LeihArbN (BAG 13.3.13 – 7 ABR 69/11, NZA 13, 789) sowie die in § 5 Abs 1 Satz 3 BetrVG genannten Beschäftigten (BAG 12.9.12 – 7 ABR 37/11, NZA-RR 13, 197). Für die Ermittlung der ArbNZahl kommt es auf die, „in der Regel" tätigen ArbN an. Das ist die Zahl der ArbN, die für den Betrieb im Allgemeinen kennzeichnend ist. Maßgeblich ist danach sowohl der Personalbestand in der Vergangenheit als auch die künftige, aufgrund konkreter Entscheidungen des ArbGeb zu erwartende Entwicklung des Beschäftigungsstands (BAG 16.4.03 – 7 ABR 53/02, NZA 03, 1345). Werden Vertretungskräfte befristet für vorübergehend ausfallendes Stammpersonal eingestellt, so ist daher nur das Stammpersonal zu zählen (BAG 15.3.06 – 7 ABR 39/05). Arbeitet ein ArbN in mehreren Betrieben desselben Unternehmens und ist in diese jeweils eingegliedert, ist er auch mehrfach wahlberechtigt zu den jeweiligen BRatWahlen (LAG Köln 3.9.07 – 14 TaBV 20/07, BeckRS 200851325). Unberücksichtigt bleiben ArbN, die sich in der Freistellungsphase (Blockmodell) eines Altersteilzeitverhältnisses befinden (Näheres s *Altersteilzeit* Rz 7).

2. Amtszeit. a) Beginn. Wird in einem Betrieb erstmalig ein BRat gewählt oder ist **2** jedenfalls kein früher vorhandener BRat mehr im Amt, beginnt die Amtszeit gem § 21 Abs 1 Satz 2 BetrVG mit der Bekanntgabe des Wahlergebnisses. Besteht bereits bzw noch ein BRat, beginnt die Amtszeit des neuen BRat erst mit dem Ablauf der Amtszeit des vorherigen BRat, spätestens aber am 31. Mai des Wahljahres im vierjährigen Wahlturnus des § 13 Abs 1 BetrVG. Besonderheiten gelten, wenn ein BRat vor Ablauf der regelmäßigen Amtszeit neu zu wählen ist (§ 13 Abs 2 BetrVG). Hat sich in der laufenden Wahlperiode die Zahl der beschäftigten ArbN erheblich verändert, ist die Gesamtzahl der BRatMitglieder unter die gesetzliche Mindestgröße gesunken oder ist der BRat insgesamt zurückgetreten (§ 13 Abs 2 Nrn 1–3) bestimmt § 22 BetrVG, dass der BRat die Geschäfte bis zur Neuwahl vorläufig weiterführt und der neue BRat auch dann bereits mit Bekanntgabe des Wahlergebnisses amtiert.

b) Ende. Im Regelfall endet die Amtszeit des BRat mit Ablauf der vierjährigen Wahl- **3** periode. Das gilt nach hM unabhängig davon, ob bereits ein neuer BRat gewählt ist (*Fitting* § 21 Rz 19). Die Gegenmeinung (*Richardi/Thüsing* § 21 Rz 13) scheitert am eindeutigen Wortlaut des § 21 Abs 1 BetrVG. Letzter Endtermin ist der 31. Mai des jeweiligen Wahljahres (2010, 2014 usw). Eine **unregelmäßige Amtszeit** hat der BRat, der außerhalb des regelmäßigen Wahlzeitraums gewählt wird (§ 13 Abs 3 BetrVG). Abhängig von der bereits absolvierten Amtszeit am Stichtag 1. März des nächstfolgenden regelmäßigen Wahlzeitraums (mehr oder weniger als ein Jahr) endet die Amtsdauer dieses BRat bereits mit der nächsten oder erst mit der übernächsten Wahlperiode. In beiden Fällen endet die Amtszeit mit der Bekanntgabe des Wahlergebnisses des neu gewählten BRat (BAG 28.9.83 – 7 AZR 266/82, AP Nr 1 zu § 21 BetrVG). Unterbleibt die in § 18 Satz 1 WahlO vorgesehene förmliche

117 Betriebsrat

Bekanntgabe des Wahlergebnisses, so endet die Amtszeit des geschäftsführenden BRat spätestens mit der konstituierenden Sitzung des neu gewählten Gremiums iSv § 29 Abs 1 BetrVG unabhängig davon, ob die reguläre Amtszeit bereits abgelaufen ist (BAG 5.11.09 – 2 AZR 487/08, NZA-RR 10, 236). **Vorzeitig beendet** ist die Amtszeit des BRat in den oben in Rz 2 genannten Fällen des § 13 Abs 2 Nrn 1–3 BetrVG. Auch hier endet seine Amtszeit mit Bekanntgabe des Wahlergebnisses des neuen BRat. Sind alle BRatMitglieder und Ersatzmitglieder vor dem Ablauf der Wahlperiode ausgeschieden, endet die Existenz des BRat mit dem Ausscheiden des letzten BRatMitglieds (BAG 12.1.2000 – 7 ABR 61/98, NZA 2000, 669). Das Gleiche gilt, wenn die grds Voraussetzungen der BRatFähigkeit nach § 1 BetrVG nicht mehr vorliegen. Beim vorzeitigen Ende der Amtszeit wegen einer erfolgreichen Anfechtung der BRatWahl ist zwischen Anfechtbarkeit und Nichtigkeit zu differenzieren (Näheres s *Wahlanfechtung* Rz 1 ff).

4   **Keine Beendigung** der Amtszeit des BRat bewirkt ein Betriebsübergang nach § 613a BGB (Näheres s *Betriebsübergang* Rz 55). Ebenfalls unbeachtlich sind insoweit gesellschaftsrechtliche Veränderungen oder die Eröffnung eines Insolvenzverfahrens. In all diesen Fällen bleibt die betriebsverfassungsrechtlich maßgebliche Identität des Betriebes unverändert. Mögliche Mitbestimmungslücken werden insbesondere beim Übergang bloßer Betriebsteile durch die nachträglich in das Gesetz aufgenommenen Regelungen zum **Übergangsmandat** in § 21a BetrVG und zum **Restmandat** in § 21b BetrVG weitestgehend vermieden (Näheres s *Restmandat/Übergangsmandat* Rz 1 ff). Zur vorzeitigen Beendigung kann es beim Betriebsteilübergang lediglich dann kommen, wenn im verbleibenden Restbetrieb weniger als die Hälfte der ursprünglichen Belegschaft verbleibt und damit § 13 Abs 2 Nr 1 BetrVG zur Anwendung kommt.

5   **3. Organisation und Geschäftsführung. a) Vorsitzender.** Jeder mehrköpfige BRat muss gem § 26 BetrVG einen BRatVorsitzenden und einen Stellvertreter wählen. Die **Wahl** erfolgt in der konstituierenden Sitzung des BRat (§ 29 Abs 2 BetrVG). Erforderlich ist gem § 33 Abs 2 BetrVG ein beschlussfähiger BRat. Im Übrigen existieren keine besonderen Wahlvorschriften. Die Wahl kann also durch offene Abstimmung erfolgen. Dies muss aber im BRat selbst geschehen (§ 26 Abs 1 BetrVG: „aus seiner Mitte"). Bei Wahlfehlern gilt das Anfechtungsverfahren nach § 19 BetrVG entsprechend, wobei anfechtungsberechtigt nur die einzelnen BRatMitglieder und die im Betrieb vertretenen Gewerkschaften sind (BAG 13.11.91 – 7 ABR 8/91, NZA 92, 944; 8.4.92 – 7 ABR 71/91, NZA 93, 270).

6   Die gesetzlich festgelegten **Aufgaben** des BRatVorsitzenden bestehen insbesondere in der Einberufung und Leitung der BRatSitzungen (§ 29 Abs 2 BetrVG), der Leitung der Betriebsversammlung (§ 42 Abs 1 BetrVG) sowie der Führung der laufenden Geschäfte in BRäten mit weniger als neun Mitgliedern, falls ihm diese, wie ganz allgemein üblich, durch Beschluss des BRat übertragen ist (§ 27 Abs 3 BetrVG). Außerdem ist der Vorsitzende kraft Amtes Mitglied im Betriebsausschuss (§ 27 Abs 1 BetrVG) und zur Teilnahme an Sitzungen und Sprechstunden der JAV berechtigt (§§ 65 Abs 2, 69 Satz 4 BetrVG).

7   Im Übrigen obliegt ihm die **Vertretung** des BRat **nach außen**. Das geschieht jedoch ausschließlich **im Rahmen der gefassten Beschlüsse.** Eigene Entscheidungsbefugnis hat der Vorsitzende nicht. Er ist lediglich Ohr und Sprachrohr des BRat. Der BRat kann dem Vorsitzenden über den gesetzlich geregelten Bereich hinaus auch keine Aufgaben übertragen (BAG 28.2.74 – 2 AZR 455/73, AP Nr 2 zu § 102 BetrVG 1972). Allenfalls die Ermächtigung zur Ausfüllung von Grundsatz- oder Alternativbeschlüssen des BRat wird überwiegend für zulässig erachtet (ErfK/*Koch* § 26 BetrVG Rz 2). So kann der BRat für eine bevorstehende Einigungsstellenverhandlung eine „Linie" beschließen und dem als Einigungsstellenbeisitzer fungierenden BRatVorsitzenden in diesem Rahmen die Kompetenz zum Abschluss einer Betriebsvereinbarung einräumen (BAG 24.2.2000 – 8 AZR 180/99, NZA 2000, 785). Grds spricht eine widerlegbare Vermutung dafür, dass Äußerungen des Vorsitzenden durch entsprechende Beschlüsse des BRat legitimiert sind (BAG 17.2.81 – 1 AZR 290/78, AP Nr 11 zu § 112 BetrVG 1972).

8   **Überschreitet** der Vorsitzende seine **Kompetenzen** und handelt er ohne einen entsprechenden BRatBeschluss, ist seine Erklärung unwirksam, kann aber durch eine spätere Genehmigung des BRat geheilt werden (BAG 10.11.92 – 1 AZR 183/92, NZA 93, 570; 10.10.07 – 7 ABR 51/06, NZA 08, 369). Der gute Glaube des ArbGeb auf ein beschluss-

konformes Verhalten des BRatVorsitzenden wird grds nicht geschützt (BAG 24.2.2000 – 8 AZR 180/99, NZA 2000, 785). Nur über die allgemeinen Grundsätze der Rechtsscheinshaftung kann der BRat ausnahmsweise an solche Erklärungen seines Vorsitzenden ohne Vorliegen eines BRatBeschlusses gebunden sein. Zurechenbarer Anschein besteht aber nur dann, wenn der ArbGeb berechtigterweise darauf vertraut, dass die Mehrheit der BRatMitglieder die Äußerung des Vorsitzenden kennt und untätig bleibt. Bei vorsätzlicher Kompetenzüberschreitung haftet der BRatVorsitzende persönlich für entstandene Schäden.

§ 26 Abs 2 Satz 2 BetrVG stellt klar, dass jegliche **Erklärungen an den Betriebsrat** 9 gegenüber dem Vorsitzenden abzugeben sind. Übergibt der ArbGeb zB ein Anhörungsschreiben nach § 102 BetrVG einem anderen BRatMitglied, so ist dieses dem BRat erst mit Kenntnisnahme durch den BRatVorsitzenden bzw im Verhinderungsfall durch seinen Stellvertreter zugegangen (BAG 7.7.11 – 6 AZR 248/10, NZA 11, 1108). Das „einfache" BRatMitglied wird als bloßer Bote tätig, mit der Folge eines möglicherweise späteren Ablaufs der Stellungnahmefrist des BRat.

b) Stellvertreter. Der Stellvertreter ist ein reiner **Verhinderungsvertreter.** Er hat keine 10 besondere Funktion neben dem BRatVorsitzenden, sondern vertritt diesen nur im Fall seiner Verhinderung. Diese kann tatsächlicher (Urlaub, Krankheit etc) oder rechtlicher Natur sein, wenn der Vorsitzende in einer Angelegenheit persönlich betroffen ist (zB Anhörung des BRat zur beabsichtigten Kündigung des BRatVorsitzenden; Ausschlussverfahren des BRat gegen seinen Vorsitzenden). Er ist dann von der Beschlussfassung ausgeschlossen und die Sitzungsleitung obliegt insoweit dem Stellvertreter. Gleichwohl kann der BRatVorsitzende den ArbGeb über den in dieser Angelegenheit gefassten BRatBeschluss schriftlich informieren (BAG 19.3.03 – 7 ABR 15/02, NZA 03, 871). Für den Fall der gleichzeitigen Verhinderung des Stellvertreters sollte ein besonderer Beauftragter benannt werden, der dann die Aufgaben des Vorsitzenden ausübt. Sinnvollerweise beschließt der BRat eine Geschäftsordnung, die eine allgemeine, umfassende Vertretungsregelung vorsieht. Eine Aufgabenübertragung vom Vorsitzenden auf den Stellvertreter ist ebenso wenig möglich wie auf andere BRatMitglieder. Das kann in Einzelfällen nur der BRat insgesamt beschließen.

c) Amtsdauer. Der BRatVorsitzende und seine Stellvertreter werden grds für die gesamte 11 Amtsperiode des BRat gewählt. Beide können ihre Ämter jederzeit niederlegen oder von der Mehrheit der BRatMitglieder ohne Angabe von Gründen in den Grenzen des Willkürverbots abberufen werden. Bei einer groben Verletzung ihrer gesetzlichen Pflichten können der BRatVorsitzende und sein Stellvertreter wie jedes andere BRatMitglied gem § 23 Abs 1 BetrVG durch gerichtliche Entscheidung aus dem BRat ausgeschlossen werden (Näheres s *Amtspflichtverletzung (Betriebsrat)* Rz 4 ff).

d) Beschlüsse. Entscheidungen trifft der BRat durch Beschlüsse (§ 33 BetrVG; eine 12 instruktive RsprÜbersicht zur Wirksamkeit von BRatBeschlüssen gibt *Grosjean* NZA-RR 05, 113). Das Abstimmungsverfahren ist im BetrVG nicht geregelt und bleibt der Geschäftsordnung (§ 36 BetrVG) vorbehalten. Bloßes Schweigen des BRat genügt jedenfalls nicht. Die einzelnen BRatMitglieder handeln in eigener Verantwortung und sind nicht an Weisungen bestimmter Belegschaftsmitglieder oder der Gewerkschaften gebunden. Beschlüsse können nur in einer **ordnungsgemäß einberufenen Sitzung** des BRat (LAG Köln 3.3.08 – 14 TaBV 83/07, BeckRS 2008, 53822; Näheres s unten Rz 16) erfolgen; eine Beschlussfassung im Umlaufverfahren ist ausgeschlossen. Voraussetzung ist dabei zunächst die durch Anwesenheit von mindestens der Hälfte der BRatMitglieder sichergestellte **Beschlussfähigkeit** des BRat. Soweit das BetrVG nichts anderes bestimmt, werden Beschlüsse des BRat mit **einfacher Mehrheit** gefasst. Bei Stimmengleichheit ist ein Antrag abgelehnt (§ 33 Abs 1 Satz 2 BetrVG). Stimmenthaltung ist möglich, wirkt aber wie eine ablehnende Stimmabgabe. Ist ein BRatMitglied von einer Angelegenheit persönlich betroffen, ist es sowohl von der Beschlussfassung als auch von der Teilnahme an der Beratung ausgeschlossen. An seiner Stelle kommt das Ersatzmitglied zum Einsatz. Gegenteiliges Verhalten führt zur Unwirksamkeit des Beschlusses (BAG 3.8.99 – 1 ABR 30/98, NZA 2000, 440). **Absolute Stimmenmehrheit** schreibt das Gesetz beim Rücktritt des BRat (§ 13 Abs 2 Nr 3 BetrVG), bei der Übertragung von Aufgaben auf Ausschüsse, Arbeitsgruppen oder einzelne BRatMitglieder (§§ 27 Abs 3, 28, 28a BetrVG) sowie auf den GBRat oder vom Wirtschaftsausschuss auf einen Ausschuss des BRat (§§ 50 Abs 2, 107 Abs 3 BetrVG) und bei der Aufstellung einer schriftlichen Geschäftsordnung (§ 36 BetrVG) vor.

117 Betriebsrat

13 Besonderheiten gelten bei einer **Teilnahme von Mitgliedern der Jugend- und Auszubildendenvertretung** an der Beschlussfassung (Näheres s *Jugend- und Auszubildendenvertretung* Rz 22). Gem § 33 Abs 3 BetrVG werden ihre Stimmen bei der Feststellung der Stimmenmehrheit mitgezählt. Die Ermittlung der Beschlussfähigkeit bleibt hiervon unberührt.

14 Solange der BRat einen Beschluss noch nicht ausgeführt hat und daher noch keine Außenwirkung entstanden ist, kann er ihn jederzeit **abändern** oder auch vollständig **aufheben** (LAG Hamm 22.10.91 – 13 TaBV 36/91, LAGE § 611 BGB Direktionsrecht Nr 11). Hat der Beschluss die Sphäre des BRat verlassen und sind damit zB im Falle des Widerspruchs nach § 102 Abs 3 BetrVG Fristen in Gang gesetzt und/oder individualrechtliche Rechtsfolgen ausgelöst worden, ist eine Abänderung oder Aufhebung ausgeschlossen. Das Gleiche gilt, wenn der Beschluss des BRat zu einer Betriebsvereinbarung geführt hat. Bei einer Meinungsänderung bleibt dem BRat nur die Kündigung der Betriebsvereinbarung (Näheres s *Betriebsvereinbarung* Rz 25). Bis zu seiner Durchführung kann von der JAV und der Schwerbehindertenvertretung (jeweils mit absoluter Mehrheit) gem § 35 BetrVG eine einwöchige **Aussetzung** des BRatBeschlusses bewirkt werden, mit der Folge, dass der BRat über die Angelegenheit nach Ablauf der Wochenfrist neu beschließen muss. Ist die gesetzliche Frist des BRat zur Stellungnahme kürzer (zB § 102 Abs 2 BetrVG: 3 Tage/1 Woche, § 99 Abs 3 BetrVG: 1 Woche), lässt die Aussetzung diese Fristen unberührt, denn es handelt sich bei § 35 BetrVG lediglich um eine Ordnungsvorschrift für die Willensbildung des BRat (ErfK/ *Eisemann* § 35 BetrVG Rz 2). Allerdings soll der BRatVorsitzende den ArbGeb über die Aussetzung informieren, damit dieser mögliche Einwände des BRat bei seiner Entscheidungen berücksichtigen kann.

15 **Gerichtlich überprüfbar** sind Beschlüsse nur auf ihre **Rechtmäßigkeit** und nicht unter Zweckmäßigkeitsgesichtspunkten (BAG 3.4.79 – 6 ABR 64/76, AP Nr 1 zu § 13 BetrVG 1972). Das geschieht in einem arbeitsgerichtlichen Beschlussverfahren, in dem nur die **Nichtigkeit** von Beschlüssen festgestellt werden kann. Letzteres ist immer dann der Fall, wenn der BRat außerhalb seiner sachlichen Zuständigkeit gehandelt hat und Beschlüsse inhaltlich gesetzwidrig oder formell nicht ordnungsgemäß zustande gekommen sind (BAG 23.8.84 – 2 AZR 391/83, NZA 85, 254). Allerdings gilt dies nicht bereits für jeden geringfügigen Formmangel, sondern nur bei groben formellen Verstößen gegen Grundsätze, deren Beachtung unerlässliche Voraussetzung einer Beschlussfassung ist. Beispiele hierfür sind fehlende Beschlussfähigkeit, Beschlussfassung im Umlaufverfahren oder nicht ordnungsgemäße Ladung aller BRatMitglieder (BAG 29.4.04 – 1 ABR 30/02, NZA 04, 670). Einen geringfügigen Formmangel stellt zB die unterbliebene Aufnahme des Beschlusses in die Sitzungsniederschrift dar. Nach hM gehört hierzu auch die Nichtbeachtung des Prinzips der Nichtöffentlichkeit (s hierzu unten Rz 19). Eine **Anfechtung** von Beschlüssen des BRat scheidet daneben aus. § 19 BetrVG ist nicht anwendbar (Hako-BetrVG/*Blanke* § 33 Rz 13).

16 **e) Sitzungen.** Vom Vorsitzenden werden Sitzungen des BRat **einberufen** und **geleitet**. Lediglich die konstituierende Sitzung beruft der Wahlvorstand ein und lädt alle so gewählt festgestellten Kandidaten. Geschieht dies nicht, können die gewählten Kandidaten selbst aktiv werden und eine konstituierende Sitzung einberufen. Die BRatSitzungen finden idR **während der Arbeitszeit** statt (§ 30 BetrVG). Über die **Anzahl** und Häufigkeit der Sitzungen entscheidet der BRat bzw der einladende Vorsitzende je nach Arbeitsanfall. Üblicherweise tagt der BRat turnusmäßig in regelmäßigen Zeitabständen, kann aber bei Bedarf weitere „außerplanmäßige" Sitzungen anberaumen. Der **Sitzungstermin** (nicht die Tagesordnung) ist dem ArbGeb vorher mitzuteilen. Auf betriebliche Notwendigkeiten ist gem § 30 Satz 2 BetrVG bei der Terminierung Rücksicht zu nehmen. Das kann in begründeten Einzelfällen zu zeitlichen Veränderungen des Sitzungstermins auf einen anderen Arbeitstag oder ausnahmsweise auf außerhalb der Arbeitszeit führen. Keinesfalls kann der ArbGeb eine für den Betriebsablauf zeitlich ungünstige BRatSitzung einseitig verhindern. Ähnlich wie bei einer gesetzwidrigen Betriebsversammlung bleibt ihm nur der Weg über eine einstweilige Verfügung des ArbG. Auch ein Lohneinbehalt der teilnehmenden BRat-Mitglieder scheidet aus, da diese jedenfalls BRatTätigkeit ausgeübt haben. Allerdings sind bei schuldhaft unterlassener Mitteilung Schadensersatzansprüche des ArbGeb denkbar. Schließlich ist der BRat auf Nachfrage des ArbGeb verpflichtet, die tatsächliche Dauer der BRat-Sitzung mitzuteilen, damit der ArbGeb die Vergütungsfortzahlung für die von der Arbeit befreiten BRatMitglieder berechnen kann. Das folgt zwar nicht aus der Mitteilungspflicht nach § 30 BetrVG, ist aber Ausfluss des Gebots der vertrauensvollen Zusammenarbeit nach § 2 Abs 1 BetrVG (*Richardi/Thüsing* § 30 Rz 7a; aA *Fitting* § 30 Rz 14).

Dem Vorsitzenden obliegt die **Sitzungsleitung** und er legt die **Tagesordnung** der 17 Sitzung fest (§ 29 Abs 2 BetrVG). Er hat die rechtzeitige Ladung der BRatMitglieder unter Mitteilung der Tagesordnung zu veranlassen. Eine Änderung oder Ergänzung der Tagesordnung ist nach bisheriger Rspr des 7. Senats des BAG noch in der Sitzung selbst nur dann möglich, wenn die Mehrheit der BRatMitglieder dies beschließt, der BRat vollzählig versammelt ist und kein BRatMitglied der Beschlussfassung widerspricht (BAG 28.10.92 – 7 ABR 14/92, NZA 93, 466; 24.5.06 – 7 AZR 201/05, NZA 06, 1364). Der 1. Senat des BAG möchte nunmehr zu Recht von dieser Rspr abweichen und das Erfordernis der Anwesenheit sämtlicher BRatMitglieder aufgeben. Er hat daher beim 7. Senat förmlich angefragt, ob dieser an seiner bisherigen Rspr festhält (BAG 9.7.13 – 1 ABR 2/13, BeckRS 2013, 71033).

Teilnehmende BRatMitglieder müssen sich zur Teilnahme an der Sitzung bei ihrem 18 Vorgesetzten **abmelden.** Zur Begründung genügt die Ausübung von BRatTätigkeit (Näheres s *Betriebsratsfreistellung* Rz 21).

Die Sitzungen des BRat sind **nicht öffentlich** (§ 30 BetrVG). Daher können BRatSit- 19 zungen nicht im Wege der Telefon- oder Videokonferenz durchgeführt werden (*Jesgarzewski/Holzendorf* NZA 12, 1021). Außer den BRatMitgliedern dürfen nur der Schwerbehindertenvertreter (§ 32 BetrVG) sowie die Jugend- und Auszubildendenvertreter im Rahmen ihres gesetzlichen Teilnahmerechts an der Sitzung teilnehmen. Ein **Teilnahmerecht des Arbeitgebers** besteht nur bei den Sitzungen, die auf sein Verlangen anberaumt worden sind bzw bei ausdrücklicher Einladung durch den BRat. Er kann auch einen Vertreter des ArbGebVerbandes hinzuziehen. Auf Antrag eines Viertels der BRatMitglieder kann ein **Beauftragter** einer im BRat vertretenen **Gewerkschaft** an den Sitzungen beratend teilnehmen (§ 31 BetrVG). Schließlich darf der Vorsitzende, soweit im Einzelfall erforderlich, eine nicht dem BRat angehörende **Schreibkraft** als Protokollführer heranziehen. **Nicht teilnehmen** dürfen nicht konkret herangezogene Ersatzmitglieder oder Mitglieder des GBRat oder KBRat.

Die beschränkten Teilnahmerechte hindern den BRat nicht, betroffene ArbN anzuhören 20 sowie **Auskunftspersonen** und Sachverständige in der BRatSitzung zu befragen. Das wird meistens zu einzelnen Themen der Sitzung geschehen (Näheres s *Sachverständiger* Rz 4 ff). Bei der Beschlussfassung dürfen nicht zum BRat gehörende Personen nicht anwesend sein. Das gilt insbesondere für den berechtigterweise an der Sitzung teilnehmenden ArbGeb, denn bereits seine Anwesenheit lässt eine unbefangene Beschlussfassung idR nicht mehr zu. Gleichwohl gefasste Beschlüsse sind unwirksam (anders die hM BAG 24.3.77 – 2 AZR 289/76, AP Nr 12 zu § 102 BetrVG 1972; *Fitting* § 30 Rz 22, die auf eine tatsächliche Beeinflussung bei der Beschlussfassung abstellt).

Es gilt die **allgemeine Geheimhaltungspflicht** des § 79 BetrVG. Ferner haben alle 21 teilnehmenden Personen Stillschweigen zu bewahren soweit in der Sitzung persönliche Verhältnisse und Angelegenheiten der ArbN besprochen werden (zB Anhörung zu krankheitsbedingter Kündigung).

Gem § 34 BetrVG ist über jede Verhandlung des BRat eine **Sitzungsniederschrift** 22 aufzunehmen, die mindestens den Wortlaut der Beschlüsse und die Stimmenmehrheit, mit der sie gefasst wurden, enthalten muss. Auch die abgelehnten Anträge sind im Wortlaut festzuhalten. In die Niederschrift können auch geheimhaltungspflichtige Umstände aufgenommen werden, da ein Einsichtsrecht Dritter nicht besteht. **Tonbandaufnahmen** sind nur mit Zustimmung aller anwesenden BRatMitglieder zulässig. Der Niederschrift ist eine **Anwesenheitsliste** beizufügen, in die sich alle Anwesenden eigenhändig eintragen müssen. Die Niederschrift ist vom Vorsitzenden und einem weiteren Mitglied zu unterschreiben.

Hat der **Arbeitgeber** an einer BRatSitzung teilgenommen, erhält er eine vom BRat- 23 Vorsitzenden unterzeichnete **Abschrift** der Sitzungsniederschrift. Beschränkt sich die Teilnahme auf einzelne Tagesordnungspunkte, erhält er lediglich die entsprechenden Auszüge aus der Niederschrift. Das Gleiche gilt für einen teilnehmenden Gewerkschaftsbeauftragten. Unterschreibt der ArbGeb diese Abschrift ist damit dem Formerfordernis des § 77 Abs 2 BetrVG Genüge getan. Gleichwohl erhält damit die gegengezeichnete Sitzungsniederschrift noch nicht die Qualität einer Betriebsvereinbarung, da der erforderliche Regelungscharakter fehlt. Letzteres kann nur im Wege der Auslegung ermittelt werden.

24   **Einwendungen** gegen die Richtigkeit der Niederschrift können von allen Sitzungsteilnehmern geltend gemacht werden und sind der Niederschrift beizufügen. Gem § 34 Abs 2 Satz 2 BetrVG muss dies jedoch unverzüglich und schriftlich geschehen. Der BRat befindet dann üblicherweise in seiner nächsten Sitzung über deren Berechtigung. Eine fortbestehende Meinungsverschiedenheit muss ggf im arbeitsgerichtlichen Beschlussverfahren geklärt werden.

25   **f) Sprechstunden.** Unabhängig von der Größe des Betriebes kann der BRat gem § 39 BetrVG für die ArbN während der Arbeitszeit feste Sprechstunden **einrichten**. Ob er von dieser Möglichkeit Gebrauch macht, liegt in seinem Ermessen. Die Zustimmung des ArbGeb ist hierfür nicht erforderlich. Die Betriebspartner müssen sich lediglich über Zeit (dh zeitliche Lage, Dauer und Häufigkeit) und Ort der Sprechstunde einigen. Gelingt das nicht, entscheidet die Einigungsstelle.

26   Die **Durchführung** der Sprechstunde ist originäre BRatTätigkeit, so dass § 37 Abs 2 BetrVG eingreift. Soweit die ArbN für den Besuch der Sprechstunde nach ordnungsgemäßer Abmeldung ihre Arbeit unterbrechen, ist der ArbGeb zur Fortzahlung der Vergütung verpflichtet. Das gilt nur für erforderliche Gespräche, wobei ein großzügiger Maßstab anzulegen ist, der lediglich missbräuchliches Verhalten sanktioniert. Im Rahmen der Erforderlichkeit können die Mitglieder des BRat trotz einer eingerichteten Sprechstunde ArbN auch weiterhin an ihrem Arbeitsplatz aufsuchen. Unter den gleichen Voraussetzungen sind die ArbN nicht grds gehindert, den BRat auch außerhalb der Sprechstunde zu konsultieren. Schließlich kann der BRat sachkundige ArbN oder **Sachverständige** nach § 80 Abs 2 und 3 BetrVG zur Sprechstunde hinzuziehen, soweit das für eine sachgerechte Beratung des ArbN erforderlich ist (*Fitting* § 39 Rz 9).

27   **g) Ausschüsse. aa) Betriebsausschuss.** BRäte mit neun oder mehr Mitgliedern müssen gem § 27 BetrVG einen Betriebsausschuss bilden, dessen personelle Stärke wiederum von der Größe des BRat abhängt. Das geschieht sinnvollerweise in der konstituierenden Sitzung des neugewählten BRat. Der BRatVorsitzende und sein Stellvertreter sind geborene Mitglieder des Betriebsausschusses. Die weiteren **Ausschussmitglieder** werden vom BRat in geheimer **Wahl** nach den Grundsätzen der Verhältniswahl (Listenwahl) aus den Mitgliedern des BRat gewählt (vgl LAG NdS 24.4.09 – 10 TaBV 55/08, NZA-RR 09, 532). Das Gleiche gilt für die weiteren Mitglieder des Gesamtbetriebsausschusses (BAG 21.7.04 – 7 ABR 62/03, NZA 05, 173), auch bei einer Vergrößerung des GBRat und des Gesamtbetriebsausschusses durch gem § 613a BGB hinzugekommene Betriebe (BAG 16.3.05 – 7 ABR 37/04, NZA 05, 1069). Wird nur eine Vorschlagsliste eingereicht, gilt das Prinzip der Mehrheitswahl. Die Wahl von Ersatzmitgliedern ist ausgeschlossen, solange sie nicht nachgerückt sind. Allerdings wird es allgemein für sinnvoll und sachgerecht erachtet, dass für die gewählten Ausschussmitglieder vorsorglich Ersatzmitglieder gewählt werden, um eine vollständige Besetzung des Ausschusses sicherzustellen (*Fitting* § 27 Rz 28). Das kann nur der BRat tun, der Ausschuss selbst kann keine Ersatzmitglieder bestimmen. Die Wahl der Ausschussmitglieder erfolgt grds für die Amtszeit des BRat. Eine vorherige **Abberufung** durch qualifizierten Mehrheitsbeschluss des BRat (§ 27 Abs 1 Satz 5 BetrVG) ist ebenso möglich wie die jederzeitige Amtsniederlegung der gewählten Mitglieder des Betriebsausschusses.

28   Der Betriebsausschuss ist keine zusätzliche, besondere Betriebsvertretung, sondern er ist ein **Organ des Betriebsrats**. Seine gesetzliche **Hauptaufgabe** ist die Führung der laufenden Geschäfte des BRat. Dieser Begriff ist nicht gesetzlich definiert. Die ganz hM versteht hierunter die internen organisatorischen und verwaltungsmäßigen Aufgaben des BRat, wie zB die Vorbereitung beabsichtigter Beschlüsse, Erstellung von Entwürfen einer Betriebsvereinbarung, Vorbereitung von Betriebsversammlungen, Vorbesprechungen mit dem ArbGeb, Entgegennahme von Anträgen aus der Belegschaft etc (ErfK/*Koch* § 27 BetrVG Rz 5). Demgemäß zählen die monatlichen Besprechungen zwischen BRat und ArbGeb iSv § 74 Abs 1 BetrVG nicht zu den laufenden Geschäften iSv § 27 Abs 2 Satz 1 BetrVG, können aber nach Satz 2 übertragen werden (BAG 15.8.12 – 7 ABR 16/11, NZA 13, 284). Die Gegenmeinung, die auch die Ausübung materieller Mitwirkungs- und Mitbestimmungsrechte des BRat erfasst sieht (*Richardi/Thüsing* § 27 Rz 53), überzeugt in Anbetracht der

Betriebsrat

gesetzlich ausdrücklich geregelten besonderen Übertragungsmöglichkeit von Aufgaben nicht. Denn neben der Führung der laufenden Geschäfte des BRat nimmt der Betriebsausschuss **Aufgaben** des BRat wahr, soweit der BRat ihm diese mit absoluter Stimmenmehrheit zur selbstständigen Erledigung **übertragen** hat. Auf die gleiche Weise kann der BRat die übertragenen Aufgaben jederzeit wieder an sich ziehen. Die Übertragung der Aufgaben muss schriftlich erfolgen und die übertragenen Befugnisse zweifelsfrei festlegen (BAG 17.3.05 – 2 AZR 275/04, NZA 05, 1065). Bei der Wahrnehmung solcher Aufgaben tritt der Betriebsausschuss an die Stelle des BRat und trifft eigene Entscheidungen. Eine zusätzliche Beteiligung des BRat ist dann nicht mehr erforderlich. Die Reichweite der Aufgabenübertragung ist gesetzlich nicht eingeschränkt und inhaltlich unbegrenzt. Natürlich kann auch nur eine inhaltlich beschränkte Teilaufgabe übertragen werden oder jede Entscheidung dem BRat vorbehalten bleiben. In jedem Fall sollte die Aufgabenstellung möglichst genau beschrieben sein. Kraft Gesetzes **ausgeschlossen** ist allein der Abschluss von **Betriebsvereinbarungen** durch den Betriebsausschuss (§ 27 Abs 2 Satz 2 BetrVG). An ihre immanenten Grenzen stößt die Aufgabenübertragung schließlich dort, wo der Kernbereich der BRatTätigkeit betroffen ist und dem BRat letztlich keine eigene Funktion mehr verbleibt (BAG 20.10.93 – 7 ABR 26/93, NZA 94, 567; 17.3.05 – 2 AZR 275/04, NZA 05, 1065).

Sämtliche BRatMitglieder haben das Recht zur jederzeitigen **Einsichtnahme** in die 29 Unterlagen des Betriebsausschusses (§ 34 Abs 3 BetrVG). Für die Teilnahme dritter Personen an Sitzungen des Betriebsausschusses gelten die Vorschriften für BRatSitzungen in §§ 29 Abs 4, 31 BetrVG entsprechend (*Fitting* § 27 Rz 56).

bb) Sonstige Ausschüsse. Nach § 28 BetrVG kann der BRat bereits in Betrieben mit 30 mehr als 100 ArbN Ausschüsse bilden und ihnen bestimmte Aufgaben übertragen. Im Gegensatz zu dem in größeren Betrieben zwingend vorgeschriebenen Betriebsausschuss ist die Bildung sonstiger Ausschüsse **optional** und obliegt dem freien Ermessen des BRat. Werden solche Ausschüsse eingerichtet, muss der BRat zunächst deren Größe und Aufgabenbereich genau festlegen. Sämtliche Ausschussmitglieder werden gem § 28 Abs 1 Satz 2 BetrVG in entsprechender Anwendung der Bestimmungen zum Betriebsausschuss gewählt. Der BRatVorsitzende und sein Stellvertreter sind keine geborenen Mitglieder (BAG 16.11.05 – 7 ABR 11/05, NZA 06, 445). Bei einer personellen Erweiterung eines nach den Grundsätzen der Verhältniswahl gewählten Ausschusses ist eine vollständige Neuwahl erforderlich (BAG 16.3.05 – 7 ABR 43/04, NZA 05, 1072).

Sofern ein Betriebsausschuss vorhanden ist, besteht auch im Rahmen des § 28 BetrVG 31 keine inhaltliche Beschränkung der **übertragbaren Aufgaben**. Es können sowohl organisatorische Vorbereitungsarbeiten als auch ganze Angelegenheiten zur selbstständigen Wahrnehmung und Entscheidung übertragen werden. Üblich sind zB in größeren Betrieb sog Personalausschüsse, die die personellen Einzelmaßnahmen behandeln. Es gelten allerdings dieselben Grenzen, wie beim Betriebsausschuss (keine Betriebsvereinbarung, kein Eingriff in den Kernbereich der BRatAufgaben). Für die Aufgabenübertragung gelten ebenfalls die Regelungen zum Betriebsausschuss entsprechend. In den Betrieben ohne Betriebsausschuss mit einer Belegschaftsstärke zwischen 101 und 200 ArbN bleibt nur die Übertragung von Vorbereitungs- oder Durchführungsaufgaben.

Sofern einem Ausschuss Angelegenheiten zur selbstständigen Erledigung übertragen wor- 32 den sind, kann in entsprechender Anwendung des § 35 BetrVG die Aussetzung seiner **Beschlüsse** beantragt werden. Ebenso wie bei BRatSitzungen sind auch Ausschusssitzungen in einer **Niederschrift** zu protokollieren.

Nach § 28 Abs 2 ist die Bildung **gemeinsamer Ausschüsse** von BRat und ArbGeb 33 möglich. Auch solchen Ausschüssen können unter den og Voraussetzungen Angelegenheiten zur selbstständigen Erledigung übertragen werden. Typische Beispiele sind Akkordausschüsse oder Ausschüsse zur Verwaltung von Sozialeinrichtungen. Anders als die übrigen Ausschüsse sind sie jedoch kein Organ des BRat, sondern eine **eigenständige Einrichtung der Betriebsverfassung** (BAG 20.10.93 – 7 ABR 26/93, NZA 94, 567). Sind Aufgaben zur selbstständigen Erledigung übertragen, muss der Ausschuss aus Sicht des BRat zumindest paritätisch besetzt sein, da ansonsten ein unzulässiger Verzicht auf die Wahrnehmung von Mitbestimmungsrechten vorläge. Gesetzlich nicht geregelt ist die **Beschlussfassung** in gemeinsamen Ausschüssen. Dabei besteht Einigkeit, dass ein Vetorecht der entsandten BRatMitglieder von ArbGeb und BRat vereinbart werden kann. Im Übrigen sind die Meinungen im Schrifttum geteilt und reichen von einem zwingenden Erfordernis im vorgenannten Sinn (ErfK/*Koch* § 28 BetrVG Rz 3) bis zur ausreichenden einfachen Mehrheit aller Mitglieder des Ausschusses (*Fitting* § 28 Rz 45). Das BAG hat die Frage soweit ersichtlich bisher offen gelassen. Bei einer Pattsituation bleibt die Angelegenheit unentschieden und fällt an ArbGeb und BRat zurück (DKK/*Wedde* § 38 Rz 17).

34   Schließlich können auch im BetrVG nicht vorgesehene **weitere Ausschüsse** errichtet werden. Das BAG hat das für einen sog Koordinierungsausschuss aller BRäte eines Unternehmens in einer bestimmten Region entschieden (BAG 15.1.92 – 7 ABR 24/91, NZA 92, 1091; ebenso LAG BaWü 10.4.13 – 2 TaBV 6/12, NZA-RR 13, 411 – nicht rkr, Az beim BAG: 7 ABR 24/13).

35   **h) Arbeitsgruppen.** Wie bei den sonstigen Ausschüssen liegt der Schwellenwert auch für die Übertragung von Aufgaben auf Arbeitsgruppen nach § 28a BetrVG bei einer Betriebsgröße von 100 ArbN. **Zielsetzung** der Vorschrift ist es, den Bedürfnissen der Praxis Rechnung zu tragen und dem Wunsch der ArbN nach mehr unmittelbarer Beteiligung Geltung zu verschaffen. Der gesetzlich nicht definierte **Begriff** der Arbeitsgruppe ist nach Sinn und Zweck der Regelung weit auszulegen und umfasst jede organisatorisch oder sonst abgrenzbare Mehrheit von ArbN, denen bestimmte Arbeitsaufgaben zur gemeinsamen Erledigung übertragen sind (vgl *Fitting* § 28a Rz 11; DLW/*Wildschütz* I Rz 473; tendenziell enger DKK/*Wedde* § 28a Rz 15; HaKo-BetrVG/*Blanke* § 28a Rz 11; weiter *Richardi*/*Thüsing* § 28a Rz 8). Eine dauerhafte, organisatorische Verfestigung der Zusammenarbeit ist nicht erforderlich. Ob es sich um eine gezielte und gewollte Zusammenarbeit der ArbN handeln muss oder bereits die gemeinsame Ausübung einer gleichgerichteten Tätigkeit ausreicht, ist streitig (*Fitting* § 28a Rz 12). Jedenfalls ist eine Gruppenarbeit iSv § 87 Abs 1 Nr 13 BetrVG stets als Tätigkeit in einer Arbeitsgruppe anzusehen. Arbeitsgruppen sind nicht auf den Betrieb beschränkt, sondern können **betriebsübergreifend** gebildet werden (*Fitting* § 28a Rz 12a; aA HWK/*Reichold* § 28a Rz 6). Ein typisches Beispiel sind vorübergehend zusammengestellte Projektgruppen. **Unternehmensübergreifende** Arbeitsgruppen sind nur in gemeinsamen Betrieben oder in einer nach § 3 Abs 1 Nr 2 oder 3 BetrVG gebildeten besonderen Organisationseinheit möglich. In ihrer Funktion ist die Arbeitsgruppe mit einem BRatAusschuss vergleichbar, sie unterscheidet sich jedoch deutlich in der **personellen Zusammensetzung,** da eine Beschränkung auf BRatMitglieder nicht besteht. Gesetzliche Größenvorgaben existieren nicht.

36   Die Übertragung der Aufgaben auf die Arbeitsgruppe erfolgt auf der Grundlage einer **Rahmenvereinbarung,** die in Form einer Betriebsvereinbarung zwischen ArbGeb und BRat für die einzelne Arbeitsgruppe abgeschlossen wird (*Richardi* NZA 01, 346; *Thüsing* ZTR 02, 5; eine Mindermeinung hält eine Regelungsabrede für ausreichend, vgl *Raab* NZA 02, 474). In ihr werden die personelle Zusammensetzung der Gruppe und die von ihr wahrzunehmenden Aufgaben möglichst konkret benannt und sinnvollerweise Verfahrensregelungen vereinbart. Sie beruht auf einem mit einfacher Mehrheit zustande gekommenen BRatBeschluss. Als freiwillige Betriebsvereinbarung kann die Rahmenvereinbarung nicht gegen den Willen des ArbGeb erzwungen und ohne besonderen Grund sowie ohne gesetzliche Nachwirkung gekündigt und damit der Arbeitsgruppe die Tätigkeitsgrundlage entzogen werden.

37   Ist die Arbeitsgruppe eingerichtet, kann ihr der BRat mit qualifizierter Stimmenmehrheit bestimmte Aufgaben übertragen. Der **Übertragungsbeschluss** bedarf ebenso wie der Widerruf als actus contrarius der Schriftform (§ 28a Abs 1 Satz 3 BetrVG). Der BRat entscheidet nach pflichtgemäßem Ermessen darüber, ob und welche Aufgaben er auf der Grundlage der Rahmenvereinbarung auf die Arbeitsgruppe delegiert. Innerhalb des durch die Rahmenvereinbarung eröffneten Regelungsbereichs bleibt der BRat im weiteren Verlauf Herr des Übertragungsgeschehens. Er kann also die Rahmenvereinbarung auch insgesamt ungenutzt lassen oder nur eingeschränkte, mit konkreten Weisungen versehene Übertragungen vornehmen (DKK/*Wedde* § 28a Rz 47; *Fitting* § 28a Rz 23; aA *Richardi*/*Thüsing* § 28a Rz 19a). Das wird an der jederzeitigen freien **Widerrufbarkeit** der Übertragung deutlich (HWK/*Reichold* § 28a Rz 11). Zusätzlich wird auf diese Weise ein innerbetrieblicher Kompetenzstreit vermieden.

38   **Inhaltlich** müssen die übertragenen Tätigkeiten nach § 28a Abs 1 Satz 2 BetrVG im Zusammenhang mit den von der Arbeitsgruppe zu erledigenden Tätigkeiten stehen. In der

Begründung des Gesetzentwurfs werden Arbeitszeitfragen, Pausenregelung, Urlaubsplanung, Arbeitsgestaltung und ähnliche tätigkeits- und aufgabenbezogene Sachverhalte als Regelungsbeispiele angeführt. Weiterreichende, uU den ganzen Betrieb betreffende Materien scheiden aus. So kann zB die Beteiligung des BRat nach § 111 BetrVG bei einer Betriebsänderung selbst dann nicht auf eine Arbeitsgruppe übertragen werden, wenn es um deren Tätigkeitsbereich geht, denn es sind immer auch betriebliche Gesamtinteressen zu berücksichtigen. Das Gleiche gilt bei personellen Einzelmaßnahmen (HaKo-BetrVG/*Blanke* § 28a Rz 20).

Durch die Übertragung von Aufgaben auf die Arbeitsgruppe erlangt diese innerhalb der **39** Aufgabenzuweisung eine **eigenständige Regelungskompetenz.** Sie hat dieselben Befugnisse und Rechte, die auch dem BRat zustünden und handelt ähnlich wie ein BRat-Ausschuss. Sie ist daher auch an dieselben Grenzen wie der BRat, insbesondere Tarifvorbehalt und Tarifvorrang, gebunden. **Vereinbarungen** zwischen der Arbeitsgruppe und dem ArbGeb unterliegen keinem Formzwang. Sie bedürfen der qualifizierten Gruppenmehrheit. Sofern sie schriftlich erfolgen, haben sie die Qualität einer Betriebsvereinbarung. Das folgt aus der von § 28a Abs 2 Satz 2 BetrVG angeordneten entsprechenden Geltung des § 77 BetrVG (hM *Fitting* § 28a Rz 32; enger *Richardi/Thüsing* § 28a Rz 27, der ausschließlich schriftliche Vereinbarungen zulässt).

Schriftliche Gruppenvereinbarungen haben damit unmittelbare und zwingende Wirkung **40** und wirken in mitbestimmungspflichtigen Angelegenheiten nach (s auch *Betriebsvereinbarung* Rz 3). Anders als bei Betriebsvereinbarungen besteht im Verhältnis zwischen ArbGeb und Arbeitsgruppe Einigungszwang, der im Konfliktfall nicht durch eine Einigungsstelle gelöst werden kann. Kommt eine Gruppenvereinbarung nicht zustande, fällt die Regelungskompetenz gem § 28a Abs 2 Satz 3 BetrVG an den BRat zurück. Das gleiche gilt, wenn der BRat die Übertragung widerruft. Geschieht dies erst nach Abschluss einer Gruppenvereinbarung, bleibt diese in ihrer Wirksamkeit hiervon unberührt (*Neef* NZA 01, 361). Allerdings kann der BRat die Vereinbarung wie eine eigene Betriebsvereinbarung kündigen (*Engels/Trebinger/Löhr-Steinhaus* DB 01, 532; *Reichold* NZA 01, 857; *Raab* NZA 02, 474).

Das **Rangverhältnis zwischen Betriebsvereinbarung und Gruppenvereinbarung** ist **41** im Gesetz nicht geregelt. Bei inhaltlichen Überschneidungen ist unklar, welcher Regelung Vorrang zukommen soll. Als Konfliktlösungsmechanismus sind die Zeitkollisionsregel, der Spezialitätsgrundsatz oder das Rangprinzip denkbar. Die wohl hM favorisiert den Spezialitätsgrundsatz mit der Folge, dass die speziellere Gruppenvereinbarung der Betriebsvereinbarung unabhängig vom Abschlussdatum regelmäßig vorgeht (*Fitting* § 28a Rz 34; HWK/*Reichold* § 28a Rz 17). Überzeugender erscheint das Rangprinzip und damit im Ergebnis ein genereller Vorrang der Betriebsvereinbarung (*Richardi/Thüsing* § 28a Rz 28). Damit wird dem Umstand Rechnung getragen, dass die Tätigkeit der Arbeitsgruppe als solche auf der Delegation von Befugnissen durch den BRat beruht. Trifft eine neu abgeschlossene Betriebsvereinbarung auf eine für eine bestimmte Arbeitsgruppe geltende vorhandene Gruppenvereinbarung kann dies als (teilweise) Kündigung der Gruppenvereinbarung gewertet werden, so dass damit eine inhaltlich andere Betriebsvereinbarung möglich wird. Im anderen Fall dürfte dem Neuabschluss einer betriebsvereinbarungswidrigen Gruppenvereinbarung regelmäßig eine aus Sicht des BRat interessengerechte Auslegung der Übertragungsvereinbarung entgegenstehen.

Ob die Beschlüsse der Arbeitsgruppe in förmlich einberufenen **Sitzungen** getroffen **42** werden müssen oder eine Entscheidung auch im Umlaufverfahren herbeigeführt werden kann, ist streitig (DKK/*Wedde* § 28a Rz 74 einerseits, GK-BetrVG/*Raab* § 28a Rz 49 andererseits). Ebenso wie bei BRatSitzungen und Ausschusssitzungen sind aber jedenfalls die Verhandlungen und Beschlüsse von Arbeitsgruppen in einer Niederschrift zu protokollieren.

Soweit der Arbeitsgruppe durch ihre Tätigkeit **Kosten** entstehen, trägt diese der ArbGeb **43** in entsprechender Anwendung des § 40 BetrVG. Eine analoge Anwendung des § 37 Abs 6, 7 BetrVG scheidet demgegenüber nach allgemeiner Ansicht aus (*Richardi/Thüsing* § 28a Rz 32a). Anders als BRatMitglieder genießen die Mitglieder einer Arbeitsgruppe **keinen Sonderschutz**, insbesondere die Regelungen der §§ 103 BetrVG, 15 KSchG sind nicht entsprechend anwendbar. Es gelten jedoch die allgemeinen Behinderungs- und Benachteiligungsverbote der §§ 37 Abs 1–3, 78 BetrVG. Das Gleiche gilt für die Verschwiegenheitspflicht aus § 79 BetrVG.

Betriebsrat

44 **4. Allgemeine Aufgaben.** In § 80 BetrVG sind die allgemeinen Aufgaben des BRat aufgelistet. Neben den besonderen betriebsverfassungrechtlichen Mitwirkungs- und Mitbestimmungsrechten treffen den BRat nach § 80 Abs 1 BetrVG allgemeine Überwachungs- und Beratungsaufgaben (BAG 19.10.99 – 1 ABR 75/98, NZA 2000, 837). Sie obliegen dem örtlichen BRat, nicht dem GBRat (BAG 16.8.11 – 1 ABR 22/10, NZA 12, 342). Diese Vorschrift ist zwingendes nicht tarifdispositives Recht (BAG 21.10.03 – 1 ABR 39/03, NZA 04, 936). Dazu gehört ua die rechtliche Kontrolle der in Formulararbeitsverträgen enthaltenen Bestimmungen auf ihre Vereinbarkeit mit den Vorgaben des Nachweisgesetzes und der §§ 305 ff BGB (BAG 16.11.05 – 7 ABR 12/05, NZA 06, 553). Gemeinsam mit dem ArbGeb hat der BRat im Übrigen nach § 75 Abs 1 BetrVG darüber zu wachen, dass alle im Betrieb tätigen Personen nach Recht und Billigkeit behandelt werden und jegliche Diskriminierung unterbleibt (vgl zuletzt BAG 22.3.05 – 1 AZR 49/04, NZA 05, 773).

45 **a) Überwachungsaufgaben.** Diese entspringen einer Grundfunktion des BRat in der Betriebsverfassung. Er soll darüber wachen, dass das gesamte ArbNSchutzrecht eingehalten und angewandt wird. Gegenstand der Überwachung durch den BRat sind damit die geltenden **Gesetze** (einschließlich Grundgesetz und richterrechtlich entwickelten allgemeinen Grundsätzen wie zB dem arbeitsrechtlichen Gleichbehandlungsgrundsatz oder der ArbGebSeitigen Fürsorgepflicht) und **Verordnungen** (insbesondere die von den Berufsgenossenschaften erlassenen Unfallverhütungsvorschriften). Hierzu gehört bspw die Durchführung des BEM nach § 84 Abs 2 SGB IX durch den ArbGeb. Im Rahmen dieser Überwachungsaufgabe kann der BRat die namentliche Benennung aller aktuell hiervon betroffenen ArbN – unabhängig von deren Zustimmung – verlangen (BAG 7.2.12 – 1 ABR 46/10, NZA 12, 744). Darüber hinaus erstreckt sich der Überwachungsauftrag auf die Einhaltung der im jeweiligen Betrieb (kraft Tarifbindung, Allgemeinverbindlicherklärung oder allgemeiner Übung) bzw im einzelnen Arbeitsverhältnis (auch lediglich arbeitsvertraglicher Inbezugnahme) anwendbaren **Tarifverträge** durch den ArbGeb (BAG 6.5.03 – 1 ABR 13/02, NZA 03, 1348). Schließlich hat der BRat die Einhaltung und Durchführung von **Betriebsvereinbarungen** zu überwachen. Hierzu gehören sämtliche im Betrieb geltenden Betriebsvereinbarungen, mithin auch Gesamt- oder Konzernbetriebsvereinbarungen (BAG 20.12.88 – 1 ABR 63/87, NZA 89, 393). Das Gleiche gilt für Regelungsabreden und den Betriebsvereinbarungen gleichstehende Einigungsstellensprüche. Allerdings bezieht sich das Überwachungsrecht aus § 80 Abs 1 Nr 1 BetrVG regelmäßig nur auf die Einhaltung der jeweiligen Norm, nicht jedoch auf deren Überprüfung am Maßstab höherrangigen Rechts (LAG SchlHol 19.8.08 – 5 TaBV 23/08, NZA-RR 09, 136 zu einer tariflichen Urlaubsregelung).

46 **Abzugrenzen** ist die Überwachungsaufgabe von der Geltendmachung und Durchsetzung individualrechtlicher Rechtspositionen einzelner ArbN. Aus dem Überwachungsrecht folgt kein Anspruch des BRat auf Feststellung von tarifwidrigem Verhalten des ArbGeb gegenüber einzelnen ArbN. Auf Grund der Überwachungsbefugnis ist der BRat darauf beschränkt, die fehlerhafte Durchführung des Tarifvertrags zu beanstanden und für die Zukunft auf Abhilfe zu drängen (BAG 28.5.02 – 1 ABR 32/01, NZA 03, 166; 9.12.03 – 1 ABR 44/02, NZA 04, 746). Denn der BRat ist nicht Prozessstandschafter der ArbN.

47 Mit diesem allgemeinen Überwachungsrecht korrespondiert eine weitreichende **Unterrichtungspflicht** des ArbGeb. Daten, die der BRat zur Wahrnehmung seiner Überwachungsaufgabe benötigt, kann der ArbGeb nicht mit der Begründung verweigern, er verzichte auf eine Erhebung der Daten, wenn er diese für die eigene Überprüfung der betrieblichen Abläufe auf Einhaltung der gesetzlichen Vorgaben erheben müsste (BAG 6.5.03 – 1 ABR 13/02, NZA 03, 1348; Näheres hierzu s *Auskunftspflichten Arbeitgeber* Rz 11 ff). Andererseits ist es dem BRat auch zuzumuten, aus Datenmaterial, das ihm der ArbGeb zur Verfügung gestellt hat, selbst Daten mittels einfacher Rechenvorgänge zu ermitteln (BAG 24.1.06 – 1 ABR 60/04, NZA 06, 1050).

48 **b) Antragsrechte.** Der BRat hat Antragsrechte bezüglich aller Maßnahmen, die dem Betrieb und der Belegschaft dienen. Maßnahmen zur Bekämpfung von Fremdenfeindlichkeit und Rassismus im Betrieb hebt das Gesetz dabei besonders hervor. Erzwingen kann der BRat die von ihm beantragten Maßnahmen allein auf Grund des Antragsrechts nicht. Jedoch ist der ArbGeb verpflichtet, sich mit den Anträgen des BRat ernsthaft zu befassen. Das folgt aus dem gesetzlichen Gebot der vertrauensvollen Zusammenarbeit.

c) Weitere allgemeine Aufgaben. Diese benennt der Gesetzgeber in § 80 Abs 1 **49** BetrVG wie folgt: Der BRat soll die Durchsetzung der Gleichstellung von Frauen und Männern sowie die Vereinbarkeit von Erwerbstätigkeit und Familie und die Eingliederung behinderter Menschen und sonstiger besonders schutzbedürftiger Personen ebenso fördern wie die Beschäftigung älterer Menschen im Betrieb. Er soll Beschwerden und Vorschläge von ArbN und aus der JAV entgegen nehmen und auf deren Erledigung hinwirken, die Wahl der JAV durchführen und mit dieser Vertretung eng zusammenarbeiten, Maßnahmen des Arbeitsschutzes und betrieblichen Umweltschutzes fördern sowie schließlich die Beschäftigung im Betrieb insgesamt fördern und sichern.

5. Allgemeine Grundsätze der Zusammenarbeit. Beide Betriebspartner sind nach **50** § 2 Abs 1 BetrVG zu einer vertrauensvollen Zusammenarbeit verpflichtet. Diese Vorschrift konkretisiert den Grundsatz von Treu und Glauben für die Betriebsverfassung. Sie ist dabei mehr als nur Programmsatz, sondern enthält für ArbGeb und BRat unmittelbar anwendbares Recht und dient als **grundlegende Auslegungsregel,** soweit es um Inhalt und Abgrenzung der Rechte der beiden Betriebspartner geht. Weitergehende Rechte vermag die Vorschrift allerdings für beide Betriebspartner nicht zu begründen. Weder kann der BRat gestützt auf § 2 Abs 1 BetrVG eine Ausweitung seiner Beteiligungsrechte verlangen, noch kann der ArbGeb den BRat zu einem Verzicht auf seinen gesetzlichen Kostenerstattungsanspruch aus § 40 BetrVG bewegen.

Beispielsweise verstößt der ArbGeb gegen den Grundsatz der vertrauensvollen Zusam- **51** menarbeit, wenn er das Mitbestimmungsrecht des BRat aus § 87 Abs 1 Nr 10 BetrVG bei der Anrechnung von Tariflohnerhöhungen auf übertarifliche Zulagen negiert und dem BRat eigene Verteilungsgrundsätze vorgibt, über die er Verhandlungen nicht zulässt (BAG 26.5.98 – 1 AZR 704/97, NZA 98, 1292), den BRat oder einzelne BRatMitglieder im Betrieb dahingehend diskreditiert, sie wollten das Unternehmen lahmlegen und hätten sich auf Kosten der Belegschaft externe Berater gekauft (LAG NdS 6.4.04 – 1 TaBV 64/03, NZA-RR 05, 78) oder wenn er den Zugang von BRatMitglieder zu den ArbN an ihren Arbeitsplätzen unsachgemäß beeinträchtigt (ArbG Stuttgart 19.2.02 – 20 BV 14/01, NZA-RR 02, 365).

Für den BRat folgt daraus, dass er innerbetriebliche Missstände nicht in die Öffentlichkeit **52** trägt, sondern zunächst gemeinsam mit dem ArbGeb versucht Abhilfe zu schaffen. **Weitere tragende Gesichtspunkte** sind die Beachtung der geltenden Tarifverträge sowie das Zusammenwirken mit den im Betrieb vertretenen Gewerkschaften und ArbGebVerbänden. **Ziel** der Zusammenarbeit ist das Wohl der ArbN und des Betriebs. Über das Sozialstaatsprinzip sind die Betriebspartner schließlich auch dem Allgemeinwohl verpflichtet. Das gilt insbesondere in Betrieben von Krankenhäusern, Kindergärten, Verkehrs-, Ver- und Entsorgungsunternehmen.

Konkretisierungen des Grundsatzes der vertrauensvollen Zusammenarbeit sind in den **53** §§ 74, 78 und 79 BetrVG enthalten. § 74 Abs 1 Satz 2 BetrVG beschreibt das vom Gesetz vorgesehene Verhandlungsmodell. Zwar besteht kein Einigungszwang, jedoch sind beide Betriebspartner verpflichtet, konstruktiv mit dem ernsten Willen zur Einigung zu verhandeln. Es besteht also eine **Einlassungs- und Erörterungspflicht.** Das hat zB zur Folge, dass vor der Einleitung eines Einigungsstellenverfahrens sämtliche Erörterungs- und Verhandlungsmöglichkeiten über den streitigen Gegenstand ausgeschöpft werden müssen (Näheres s *Einigungsstelle* Rz 14). Eine weitere Ausgestaltung der Verhandlungspflicht ist das sog **Monatsgespräch** iSv § 74 Abs 1 Satz 1 BetrVG.

Eine vertrauensvolle Zusammenarbeit sichert des Weiteren die in § 74 Abs 2 BetrVG **54** enthaltene betriebliche **Friedenspflicht.** Sie verbietet Arbeitskampfmaßnahmen und verlangt die Unterlassung von Betätigungen, durch die der Arbeitsablauf oder der Betriebsfrieden beeinträchtigt werden sowie darüber hinaus jegliche parteipolitische Betätigung. Äußerungen allgemeinpolitischer Art ohne Bezug zu einer politischen Partei bleiben danach für den BRat zulässig (BAG 17.3.10 – 7 ABR 95/08, NZA 10, 1133; kritisch *Bauer/Willemsen* NZA 10, 1089). Das Gleiche gilt für die sachliche Information und Unterrichtung der Belegschaft über den Stand von Tarifverhandlungen zu den zulässigen tarifpolitischen Angelegenheiten iSd § 74 Abs 2 Satz 3 BetrVG (LAG Hamm 12.3.04 – 10 TaBV 161/03). Auch der Unterrichtungsanspruch des BRat aus § 80 Abs 2 Satz 1 BetrVG bleibt hiervon

117 Betriebsrat

unberührt und besteht auch während der Dauer von Arbeitskampfmaßnahmen im Betrieb fort. Die Arbeitskampffreiheit des ArbGeb wird dadurch nicht eingeschränkt (BAG 10.12.02 – 1 ABR 7/02, NZA 04, 223).

55 § 78 BetrVG normiert ein grundlegendes **Behinderungs-, Benachteiligungs- und Begünstigungsverbot** von BRatMitgliedern. Der ArbGeb behindert die Tätigkeit des BRat, wenn er zB dessen Kosten betriebsintern einseitig und verzerrt darstellt, so dass der BRat als Kostentreiber erscheint (BAG 12.11.97 – 7 ABR 14/97, NZA 98, 559), den Zugang zum Betriebsgelände verweigert (BAG 21.9.89 – 1 ABR 32/89, NZA 90, 314), BRatMitglieder wegen ihrer BRatTätigkeit bei der Vergabe von Beförderungsstellen nicht berücksichtigt (LAG NdS 21.11.03 – 16 Sa 147/03, NZA-RR 04, 414), ein BRatMitglied sachgrundlos aus einem Einzelbüro in ein Großraumbüro umsetzt (LAG Köln 26.7.10 – 5 SaGa 10/10, NZA-RR 10, 641) oder Telefongespräche des BRat überwacht (BAG 1.8.90 – 7 ABR 99/88, AP Nr 20 zu Art 56 ZA-Nato-Truppenstatut). Unzulässig ist bereits jede objektive Behinderung, eine Behinderungsabsicht ist nicht erforderlich. Der ArbGeb verstößt ferner gegen das Benachteiligungsverbot, wenn er Reisezeiten eines BRatMitglieds anders bewertet als sonstige Dienstreisen (BAG 16.4.03 – 7 AZR 423/01, NZA 04, 171), ohne besonderen Anlass und außerhalb einer Stichprobenregelung eine Kontrolle der Telefondaten nur des BRatVorsitzenden vornimmt (LAG SachsAnh 23.11.99 – 8 TaBV 6/99, NZA-RR 2000, 476), die BRatTätigkeit gegen den Willen des BRatMitglieds im Zeugnis angibt (LAG Hamm 6.3.91 – 3 Sa 1279/90, LAGE § 630 BGB Nr 13) oder die dem BRatMitglied in einem erfolgreichen Beschwerdeverfahren nach § 103 BetrVG entstandenen Rechtsanwaltskosten nicht erstattet (BAG 31.1.90 – 7 ABR 39/89, NZA 91, 152). Gleiches gilt umgekehrt auch für ungerechtfertigte Begünstigungen von BRatMitgliedern (*Bittmann/Mujan* BB 12, 637; *Schweibert/Buse* NZA 07, 1080 mit Beispielen). Die in einem gerichtlichen Vergleich zwischen einem BRatMitglied und dem ArbGeb getroffene Vereinbarung, die außergerichtlichen Kosten des Rechtsstreits selbst zu tragen, verstößt allerdings nicht gegen das Benachteiligungsverbot des § 78 Satz 2 BetrVG (BAG 20.1.10 – 7 ABR 68/08, NZA 10, 777).

56 Schließlich gehört zum Grundsatz der vertrauensvollen Zusammenarbeit die in § 79 BetrVG näher ausgestaltete **Verschwiegenheitspflicht** des BRat und seiner Mitglieder (Näheres s *Betriebsgeheimnis* Rz 11). In diesem Zusammenhang ist auch die grds Geltung des BDSG hinsichtlich der Speicherung, Nutzung und Verarbeitung personenbezogener Daten durch den BRat zu erwähnen (grundlegend BAG 11.11.97 – 1 ABR 21/97, NZA 98, 385; Näheres s *Datenschutz* Rz 22).

B. Lohnsteuerrecht *Windsheimer*

61 **1. Arbeitslohn.** Zur dem BRatMitglied nach dem **Lohnausfallprinzip** gezahlten Vergütung s *Betriebsratsfreistellung* Rz 38. Kein Arbeitslohn liegt vor, wenn der ArbGeb dem ArbN sächliche Mittel, Räume und Büropersonal zur Verfügung stellt. Derartige Ausgaben tätigt der ArbGeb im sog eigenbetrieblichen Interesse (s *Arbeitsentgelt* Rz 48 ff; *Betriebsratskosten* Rz 26). Gezahlte Aufwandsentschädigung aus öffentlichen Kassen ist steuerfrei (§ 3 Nr 12 Satz 2 EStG; BFH 15.11.07 – VI R 91/04, BFH/NV 08, 767). BRatKosten sind beim ArbGeb Betriebsausgaben (§ 4 Abs 4 EStG).

Die Mitwirkung des BRat an der **Verschaffung von Preisvorteilen durch Dritte** (zB Einkaufsgutscheine oder Rabatte) führt nicht zur Annahme von Arbeitslohn, außer der ArbGeb verschafft die Preisvorteile durch Dritte (BMF 27.9.93 – IV B 6 – S 2334 – 152/93, BStBl I 93, 814; s *Arbeitsentgelt* Rz 69 ff).

62 **2.** Zu **Betriebsvereinbarungen** zwischen ArbGeb und BRat s *Betriebsvereinbarung* Rz 36.

63 **3. Werbungskosten** des BRats. Aufwendungen, die der Wahl in den BRat dienen, auch kleinere Werbegeschenke, können Werbungskosten sein (FG Bln, Bbg 28.3.07 – 7 K 9184/06 B, EFG 07, 1323). Im Übrigen s *Betriebsratsfreistellung* Rz 39; *Ehrenamtliche Tätigkeit* Rz 11 ff.

64 **4. Gemischte Aufwendungen** s *Betriebsratsfreistellung* Rz 41.

C. Sozialversicherungsrecht *Voelzke*

71 **1. Antragsrecht im Arbeitsförderungsrecht.** Der BRat ist in das Bewilligungsverfahren für die Leistungen Kurzarbeitergeld (§§ 95 ff SGB III; Näheres: *Kurzarbeit*) einschließlich des Saison-Kurzarbeitergeldes (§§ 101, 102 SGB III) sowie für die Transferleistungen (§§ 110, 111 SGB III; Näheres: *Beschäftigungsgesellschaft*) eingebunden. Die Beteiligung des BRat dient der Wahrnehmung der Interessen der Betriebsvertretung und der nicht beteiligten ArbN sowie der Aufklärung der betrieblichen Leistungsvoraussetzungen (BSG 30.5.78 – 7/12 RAr 100/76, SozR 4100 § 63 Nr 1). Für das Kurzarbeitergeld regelt § 99 Abs 1 Satz 2 SGB III, dass ArbGeb oder Betriebsvertretung die **Arbeitsausfallanzeige** erstatten können. Erstattet der ArbGeb die Anzeige, so ist eine Stellungnahme der Betriebsvertretung beizufügen. Bei einer Anzeige durch den BRat ist die Vertretungsregelung in § 26 Abs 2 Satz 1 BetrVG zu beachten. Der BRat hat zur Anzeige des ArbGeb eine Stellungnahme abzugeben. Das Fehlen der Stellungnahme führt nicht zur Unwirksamkeit der Anzeige (*Hauck/Noftz/Petzold* SGB III, § 99 Rz 11).

Die Mitwirkungsmöglichkeiten des BRat setzen sich im Antragsverfahren, mit dem der Anspruch auf Auszahlung des Kurzarbeitergeldes realisiert wird, fort. Stellt der ArbGeb einen schriftlichen Antrag auf eine der genannten Leistungen, so hat er nach § 323 Abs 2 Satz 1 SGB III eine **Stellungnahme der Betriebsvertretung** beizufügen. Das Fehlen einer Stellungnahme macht den Antrag allerdings nicht unwirksam. Die BA hat jedoch die Betriebsvertretung zu unterrichten und ihr Gelegenheit zur Stellungnahme zu geben. In einem sozialgerichtlichen Verfahren ist die Betriebsvertretung notwendig beizuladen, wenn der ArbGeb klagt (BSG 6.3.97 – 7 RAr 42/96, SozR 3–4100 § 85 Nr 1). Die genannten Leistungen können auch unmittelbar **von der Betriebsvertretung beantragt** werden (§ 323 Abs 2 Satz 2 SGB III). Zwar sind die betroffenen ArbN Anspruchsinhaber, jedoch macht der BRat (wie der ArbGeb) das den ArbN zustehende Recht nach Art einer Prozessstandschaft im eigenen Namen geltend (*Hauck/Noftz/Radüge* SGB III, § 323 Rz 26). Wird der Antrag von der Betriebsvertretung gestellt, ist die Beifügung einer Stellungnahme des ArbGeb nicht vorgeschrieben. 72

2. Unfallversicherung. Tätigkeiten, die ein Mitglied des BRat im Rahmen seiner gesetzlichen Aufgabenstellung ausübt, gehören zu den in der gesetzlichen UV **geschützten Tätigkeiten** (BSG 20.1.76 – 8 RU 76/75, SozR 2200 § 539 Nr 19; *Schlegel/Voelzke/Wagner* § 8 SGB VII Rz 102). Die Rspr geht auch ohne ausdrückliche gesetzliche Regelung davon aus, dass die Tätigkeit eines ArbN, der die allgemeinen und besonderen Aufgaben des BRat nach dem Gesetz (insbesondere dem BetrVG) ausübt, stets den Interessen des Unternehmens zu dienen bestimmt ist und es folglich keines weiteren Nachweises der Verfolgung betrieblicher Interessen bedarf. Wird der ArbN zwar im Interesse des BRat, jedoch außerhalb seiner gesetzlich geregelten Aufgaben tätig, so besteht Versicherungsschutz nur dann, wenn eine wesentliche konkrete Beziehung zum Beschäftigungsverhältnis besteht. Eine Feier von Mitgliedern des BRat steht jedenfalls dann nicht unter Versicherungsschutz, wenn Kostentragung und Organisation der Feier allein in der Hand des BRat liegt (BSG 20.2.01 – B 2 U 7/00 R, NZS 01, 636). 73

Betriebsratsfreistellung

A. Arbeitsrecht

Kreitner

Übersicht

	Rz		Rz
I. Vollständige Freistellung gemäß § 38 BetrVG	1–17	1. Arbeitsbefreiung	18–24
1. Mindeststaffel	1–8	a) Voraussetzung	19, 20
2. Wahl der freizustellenden Betriebsratsmitglieder	9–13	b) Kein Zustimmungserfordernis	21, 22
		c) Vergütung	23, 24
3. Rechtsstellung der freigestellten Betriebsratsmitglieder	14–17	2. Ausgleich für Betriebsratstätigkeit außerhalb der Arbeitszeit	25–34
a) Allgemeines	14, 15	a) Voraussetzungen	26–31
b) Vergütung	16	b) Verfahren	32, 33
c) Sonstiges	17	c) Sonderfall	34
II. Arbeitsbefreiung gemäß § 37 BetrVG	18–37	3. Wirtschaftliche und berufliche Absicherung	35
		4. Verfahrensrechtliches	36, 37

118 Betriebsratsfreistellung

1 **I. Vollständige Freistellung gemäß § 38 BetrVG. 1. Mindeststaffel.** § 38 Abs 1 BetrVG enthält eine Mindeststaffel vollständig von ihrer beruflichen Tätigkeit freizustellender BRatMitglieder, die sich an der Anzahl der im Betrieb beschäftigten ArbN im Zeitpunkt der Freistellungsentscheidung orientiert. Eine nicht nur vorübergehende Veränderung der ArbNZahl kann dazu führen, dass sich die Zahl der Freistellungen im Laufe einer Amtszeit – in beide Richtungen – ändert (LAG RhPf 14.5.13 – 6 SaGa 2/13, BeckRS 2013, 69966). Mit Wirkung zum 28.7.01 sind die Zahlenwerte der gesetzlichen Freistellungsstaffel insgesamt abgesenkt und der Schwellenwert ist von 300 auf 200 ArbN herabgesetzt worden. LeihArbN bleiben auch nach der Novellierung bei der Ermittlung der ArbNZahlen unberücksichtigt (BAG 22.10.03 – 7 ABR 3/03, NZA 04, 1053). Bei den freigestellten BRat-Mitgliedern braucht die Erforderlichkeit der BRatTätigkeit nicht im Einzelfall nachgewiesen zu werden, sondern wird unwiderleglich vermutet (BAG 26.7.89, DB 90, 1290). Dies gilt jedoch nur für BRatTätigkeiten innerhalb des Betriebsgeländes.

2 Bei Tätigkeiten **außerhalb des Betriebsgeländes** ist aufgrund der auch für freigestellte BRatMitglieder grds geltenden Anwesenheitspflicht (BAG 19.5.83, DB 83, 2038) eine Erforderlichkeitsprüfung im Einzelfall anzustellen (BAG 31.5.89, DB 90, 742; 28.8.91 – 7 ABR 46/90, NZA 92, 72).

3 Über die Mindeststaffel des § 38 Abs 1 BetrVG hinaus können **zusätzlich weitere Betriebsratsmitglieder freigestellt** werden. Dies bedarf jedoch einer Vereinbarung zwischen ArbGeb und BRat bzw des Nachweises der Erforderlichkeit durch den BRat im Rahmen eines arbeitsgerichtlichen Beschlussverfahrens (BAG 26.7.89, DB 90, 1290; 12.2.97, NZA 97, 782; *Gillen/Vahle* BB 06, 2749).

4 Der BRat kann statt eines Mitgliedes auch **mehrere Mitglieder** jeweils **anteilig** freistellen, soweit hierdurch für den ArbGeb keine unzumutbaren Nachteile entstehen, denn oftmals wird es gerade aus der Sicht des einzelnen BRatMitglieds sinnvoll erscheinen, nicht völlig aus der beruflichen Tätigkeit auszuscheiden (§ 38 Abs 1 Satz 3 BetrVG).

5 Gem § 38 Abs 1 Satz 4 können **durch Tarifvertrag oder Betriebsvereinbarung andere Freistellungsregelungen** wirksam festgelegt werden, wobei diese auch eine geringere Zahl von Freistellungen vorsehen können (*Fitting* § 38 Rz 30). Letzteres gilt auch dann, wenn dadurch kein Mitglied einer Minderheitsliste freigestellt wird (BAG 11.6.97, NZA 97, 1301). Eine solche Freistellungsvereinbarung kann auch im Wege der formlosen Regelungsabrede erfolgen (LAG Köln 7.10.11 – 4 TaBV 52/11, NZA-RR 12, 135). Nicht zulässig ist der völlige Ausschluss von generellen Freistellungen (GK-BetrVG/*Weber* § 38 Rz 33).

6 Auch in **Betrieben mit weniger als 200 Arbeitnehmern** kann eine vollständige oder teilweise Freistellung eines BRatMitglieds in Betracht kommen (BAG 13.11.91, DB 92, 740). Die Rechtmäßigkeit einer solchen Freistellung ist jedoch nicht nach § 38 BetrVG, sondern nach § 37 Abs 2 BetrVG zu beurteilen.

7 Im Fall der Verhinderung eines freigestellten BRatMitglieds hat der BRat Anspruch auf **Ersatzfreistellung** eines anderen BRatMitglieds nur unter den Voraussetzungen des § 37 Abs 2 BetrVG (BAG 9.7.97 – 7 ABR 18/96, NZA 98, 164; aA *Weber* AiB 99, 71).

8 **Keine Anwendung** findet § 38 Abs 1 BetrVG auf den **Gesamtbetriebsrat** sowie den **Konzernbetriebsrat** (LAG München 19.7.90, NZA 91, 905). Die jeweiligen Verweisungsvorschriften der §§ 51 Abs 1 bzw 59 Abs 1 BetrVG nehmen § 38 BetrVG bewusst aus. Gleiches gilt für die **Jugend- bzw Gesamtjugendvertretung** (§§ 65 Abs 1, 73 Abs 2).

9 **2. Wahl der freizustellenden Betriebsratsmitglieder.** Sie ist in § 38 Abs 2 BetrVG geregelt und hat geheim entweder durch den gesamten BRat oder, wenn die Voraussetzungen des § 38 Abs 2 Satz 4 BetrVG vorliegen, getrennt nach Gruppen zu erfolgen. Kandidatur und Freistellung setzen das Einverständnis des jeweiligen BRatMitglieds voraus.

10 Vor der Wahl muss der BRat die bevorstehende Wahl mit dem ArbGeb **beraten,** um diesem die Möglichkeit zu geben, auf etwaige betriebliche Notwendigkeiten hinsichtlich einzelner Kandidaten hinzuweisen. Die Beratung einzelner BRatMitglieder mit dem ArbGeb genügt nicht (BAG 29.4.92; DB 93, 1527). Die Rechtsfolgen einer unterlassenen Beratung sind umstritten: Unwirksamkeit des Freistellungsbeschlusses (*Richardi/Thüsing* § 38 Rz 29; *Busch* DB 96, 326) oder lediglich Sanktionierung gem § 23 BetrVG ohne Einfluss auf die Wirksamkeit des Freistellungsbeschlusses (LAG Nbg 19.11.97 – 4 TaBV 15/96, BB 98, 427; *Fitting* § 38 Rz 46; GK-BetrVG/*Weber* § 38 Rz 45). Aus gesetzessystematischen Erwägungen spricht mehr für die zuletzt genannte Ansicht, denn zum einen kann der ArbGeb im Rahmen der Beratung keinen zwingenden Einfluss auf die Bestimmung des freizustellenden BRatMitglieds ausüben. Zum anderen normiert das Gesetz in § 38 Abs 2 Satz 6 BetrVG mit der besonderen Anrufungsmöglichkeit der Einigungsstelle einen eigenen Konfliktlösungsmechanismus.

Endet die Freistellung eines einzelnen BRatMitglieds infolge ordnungsgemäßer Abberufung oder aus sonstigen Gründen, rückt in entsprechender Anwendung des § 25 Abs 2 BetrVG das nächste Mitglied aus der Vorschlagsliste nach. Erst bei Erschöpfung der Liste hat bezüglich dieser Freistellung eine Neuwahl zu erfolgen (BAG 14.11.01 – 7 ABR 31/00, NZA 02, 755; 20.4.05 – 7 ABR 44/04, NZA 05, 1426). Bewilligt der ArbGeb während der laufenden Amtszeit des BRat die Freistellung eines neuen, weiteren BRatMitglieds, so ist die Neuwahl aller freizustellenden BRatMitglieder erforderlich, wenn die ursprüngliche Freistellungswahl nach den Grundsätzen der Verhältniswahl durchgeführt worden ist (BAG 20.4.05 – 7 ABR 47/04, NZA 05, 1013). **11**

Die **Wahl** selbst muss zwingend in einem Wahlgang durchgeführt werden (LAG Nbg 17.12.90 – 7 TaBV 16/90, BeckRS 1990, 30465439). **12**

Soweit der ArbGeb die durch den BRat beschlossene Freistellung für sachlich nicht vertretbar hält, kann er gem § 38 Abs 2 Satz 4 BetrVG binnen einer Frist von zwei Wochen (Ausschlussfrist) die *Einigungsstelle* anrufen. Der Spruch der Einigungsstelle unterliegt der Rechtskontrolle durch das ArbG. Ruft der ArbGeb die Einigungsstelle nicht an, so gilt gem § 38 Abs 2 Satz 6 BetrVG sein Einverständnis nach Ablauf der zwei Wochen als erteilt (*Fitting* § 38 Rz 65; aA LAG Nbg 19.11.97 – 4 TaBV 15/96, BB 98, 427: Zweiwochenfrist gilt nicht bei Rechtskontrolle). Eine mit der nach § 27 Abs 1 Satz 5 BetrVG erforderlichen Mehrheit erfolgte Neuwahl aller freizustellenden BRatMitglieder beinhaltet gleichzeitig eine Abberufung der zuvor Gewählten (BAG 13.11.91 – 7 ABR 18/91, NZA 92, 989; 20.4.05 – 7 ABR 44/04, NZA 05, 1426). **13**

3. Rechtsstellung der freigestellten Betriebsratsmitglieder. a) Allgemeines.

Die Freistellung entbindet das freigestellte BRatMitglied lediglich von der arbeitsvertraglichen Verpflichtung zur Arbeitsleistung; sämtliche übrigen Pflichten bleiben unberührt. Das BRatMitglied ist weiterhin verpflichtet die vertraglich vereinbarte Arbeits- und damit Anwesenheitszeit im Betrieb einzuhalten. Anders lediglich bei Schichtarbeit, hier braucht die alte Schichteinteilung nicht beibehalten zu werden (*Fitting* § 38 Rz 78; *DKK/Wedde* § 38 Rz 62; ArbG Nienburg 20.10.99 – 1 Ca 242/99, BeckRS 1999, 30824683; aA GK-BetrVG/*Weber* § 38 Rz 77, der auch in diesen Fällen eine Änderungsvereinbarung verlangt) bzw bei Herausnahme von freigestellten BRatMitgliedern neben anderen ArbNGruppen aus einer betrieblichen Gleitzeitregelung (LAG Düsseldorf 26.5.93, NZA 94, 720 [LS]). Daher nehmen freigestellte BRatMitglieder auch an der betrieblichen Arbeitszeiterfassung teil (BAG 10.7.13 – 7 ABR 22/12, NZA 13, 1221). **14**

Die Anwesenheitspflicht zur Ausübung von BRatTätigkeit tritt letztlich als gesetzliche Rechtsfolge der Freistellung von der beruflichen Tätigkeit gem § 38 BetrVG ein. Sie kann je nach Art der arbeitsvertraglich geschuldeten Tätigkeit (zB Montage) eine Veränderung des Leistungsortes iSd § 269 BGB bewirken (BAG 28.8.91, BB 92, 921). Daher ist bei Verlassen des Betriebes während der Arbeitszeit eine **Abmeldung** erforderlich (*Richardi/Thüsing* § 38 Rz 50). Nimmt das freigestellte BRatMitglied nach Abmeldung pflichtwidrig Privataufgaben wahr, besteht keine Vergütungspflicht und der ArbGeb kann das individualrechtliche Fehlverhalten abmahnen (vgl *Amtspflichtverletzung (Betriebsrat)* Rz 2). Bei Wahrnehmung von BRatAufgaben außerhalb der Dienstzeit gilt § 37 Abs 3 BetrVG (dazu unten Rz 25 ff) entsprechend. Widerspricht ein freigestelltes BRatMitglied bei einem Betriebsübergang iSv § 613a BGB dem Übergang seines Arbeitsverhältnisses, ändert die Freistellung bei weggefallener Beschäftigungsmöglichkeit nichts an der Anwendbarkeit des § 15 Abs 4 und 5 KSchG (BAG 18.9.97 – 2 ABR 15/97, NZA 98, 189). **15**

b) Vergütung. Das freigestellte BRatMitglied hat nach dem Lohnausfallprinzip Anspruch auf die Vergütung, die es ohne die Freistellung erhalten hätte einschließlich etwaiger Mehrarbeitszuschläge oder sonstiger besonderer Leistungen des ArbGeb wie Gratifikationen und Zulagen (BAG 21.4.83, DB 83, 2253; LAG Hamm 11.2.98 – 3 Sa 1300/97, BeckRS 1998, 30460146; LAG Köln 21.11.96, NZA-RR 97, 477; LAG Köln 21.2.2000 – 8 (13) Sa 907/99, **16**

Betriebsratsfreistellung

NZA-RR 01, 222: kirchliche Mitarbeitervertretung). Gleiches gilt für sonstige Leistungen wie zB Zusatzurlaub für Arbeit an gefährlichen Arbeitsplätzen (BAG 8.10.81, NJW 82, 1348). Auch bei einer freistellungsbedingten Änderung des Leistungsorts (bisher in auswärtigen Objekten tätige Reinigungskraft wechselt in BRatBüro im Verwaltungsgebäude) bleibt es bei dieser Vergleichsbetrachtung (aA LAG Hamm 2.7.97 – 3 Sa 903/97, BeckRS 1997, 31016657: Fortzahlung der Vergütung in den Schulferien trotz entgegenstehender arbeitsvertraglicher Vereinbarung für die Reinigungstätigkeit). Dabei können Entgeltansprüche freigestellter BRatMitglieder unter tarifliche Ausschlussfristen fallen (BAG 8.9.10 – 7 AZR 513/09, NZA 11, 159). Die Berechnung des **Urlaubs** richtet sich grds danach, welche Ansprüche das BRatMitglied ohne Freistellung hätte (BAG 20.8.02 – 9 AZR 261/01, NZA 03, 1046).

17 **c) Sonstiges.** § 38 Abs 3 und 4 BetrVG normiert unter bestimmten Voraussetzungen eine Verlängerung der Schutzfristen des § 37 Abs 4 und 5 BetrVG auf zwei Jahre sowie eine Sonderregelung zum Schutz der beruflichen Weiterbildung.

18 **II. Arbeitsbefreiung gemäß § 37 BetrVG. 1. Arbeitsbefreiung.** Gem § 37 Abs 2 BetrVG sind BRatMitglieder vorübergehend aus konkretem Anlass von ihrer beruflichen Tätigkeit zu befreien. Dies gilt auch für Ersatzmitglieder soweit sie nachgerückt sind (*Fitting* § 37 Rz 18) sowie für GBRat- und KBRatMitglieder (§§ 51 Abs 1, 59 Abs 1 BetrVG). Die Arbeitsbefreiung gem § 37 Abs 2 BetrVG kann beschränkt sein auf bestimmte Tätigkeiten eines BRatMitglieds wenn die Beeinträchtigung der BRatTätigkeit nur durch einzelne Tätigkeiten entsteht (BAG 27.6.90, DB 91, 973). Dies kann durch eine entsprechende pauschale Befreiung geschehen, sachgerecht ist allerdings auch die aufgrund einer im Nachhinein wöchentlich erfolgenden Beurteilung des Arbeitspensums eines Schadenssachbearbeiters einer Versicherung im Hinblick auf seine BRatTätigkeit vorgenommene Arbeitsentlastung (BAG aaO). Für die Erforderlichkeit einer solchen pauschalen Freistellung ist der BRat darlegungspflichtig. Allein die Durchführung von BRatSprechstunden genügt nicht (BAG 13.11.91, DB 92, 740). Bei der Ausübung eines Restmandats kommen in entsprechender Anwendung des § 37 Abs 2 BetrVG Freistellungsansprüche auch gegenüber einem neuen ArbGeb in Betracht (*Auktor* NZA 03, 950).

19 **a) Voraussetzung** ist zum einen, dass die Arbeitsbefreiung der **Wahrnehmung von Betriebsratsaufgaben** dient, zB BRatSitzungen, Betriebsräteversammlungen, Betriebsversammlungen, Einigungsstellenverfahren, BRatSprechstunden, anwaltliche Beratungsgespräche uÄ. Auch Arbeitsgerichtsverhandlungen gehören hierzu, soweit der BRat Beteiligter des Verfahrens ist (ArbG Hbg 27.11.91, ArbuR 92, 250 [LS]). Zum anderen muss die Arbeitsbefreiung aus Sicht des betroffenen BRatMitglieds bei gewissenhafter Überlegung und vernünftiger Würdigung aller Umstände des Einzelfalls **erforderlich** sein. Hieran fehlt es zB bei einer Veranstaltung, die auf Veranlassung der Gewerkschaft ohne konkreten betrieblichen Anlass (hier: BRäteKonferenz mehrerer BRäte verschiedener Unternehmen) stattfindet (LAG RhPf 10.9.09 – 2 Sa 340/09, NZA-RR 10, 78).

20 Die Dringlichkeit der beruflichen Tätigkeit und der Verrichtung von BRatTätigkeit sind gegeneinander abzuwägen, wobei im Zweifel die BRatArbeit Vorrang hat (BAG 11.6.97 – 7 AZR 229/96). Entscheidend sind immer die Umstände des Einzelfalles, wobei insbesondere Art und Größe des Betriebes sowie Umfang und Vielfalt der dem BRat konkret obliegenden Aufgaben zu berücksichtigen sind (GK-BetrVG/*Weber* § 37 Rz 36; *Fitting* § 37 Rz 38 jeweils mit Beispielen).

21 **b) Kein Zustimmungserfordernis.** Nicht erforderlich ist die Zustimmung des ArbGeb zu der Arbeitsbefreiung im Einzelfall. Das BRatMitglied ist lediglich verpflichtet, sich beim ArbGeb oder der dafür zuständigen Person rechtzeitig **abzumelden**. Etwas anderes kann ausnahmsweise dann gelten, wenn nach Art und Dauer der Arbeitsunterbrechung eine Umorganisation der Arbeit nicht ernsthaft in Betracht kommt (BAG 29.6.11 – 7 ABR 135/09, NZA 12, 47). Einen Anspruch auf persönliche Abmeldung hat der ArbGeb nicht (BAG 13.5.97, DB 97, 2131). Abwesenheitsgründe und voraussichtliche Abwesenheitsdauer müssen zunächst nicht mitgeteilt werden (BAG 15.3.95, DB 95, 1514). Vielmehr ist der ArbGeb erst im Nachhinein bei der Prüfung des Entgeltfortzahlungsanspruches nach § 37 Abs 2 BetrVG berechtigt, entsprechende Angaben zu fordern, wobei dann eine abgestufte Darlegungslast gilt (vgl LAG Hamm 10.2.12 – 13 Sa 1412/11, NZA-RR 12, 305; LAG Bln 20.2.97 – 10 Sa 73 und 97/96, NZA-RR 98, 20).

Betriebsratsfreistellung

Das BAG stützt damit im Ergebnis zu Recht die alleinige Entscheidungsbefugnis des 22
BRatMitglieds über die Frage, ob BRatTätigkeiten anstehen und verlagert die Rechtsfrage
der Erforderlichkeit auf die Ebene der Vergütungsfortzahlung bzw sonstigen Sanktionierung
eines evtl Fehlverhaltens des BRatMitglieds (kritisch *Leege* DB 95, 1510; *Hamm* ArbuR 96,
16; *Hunold* BB 99, 1492). Lag keine erforderliche BRatTätigkeit vor, oder hat das BRat-
Mitglied sogar private Angelegenheiten erledigt, besteht keine Vergütungspflicht und die
Möglichkeit zur Erteilung einer Abmahnung (s *Amtspflichtverletzung (Betriebsrat)* Rz 2). Nach
Beendigung der BRatTätigkeit besteht eine entsprechende **Rückmeldepflicht** (LAG Düsseldorf 9.8.85, DB 85, 2463). Zum Verfahren bei Stempelkarten: ArbG Bln 9.8.83, DB 83,
2476; LAG Bln 9.1.84, DB 84, 2098.

c) Vergütung. Die Arbeitsbefreiung erfolgt unter Fortzahlung des Arbeitsentgelts, das das 23
BRatMitglied erzielt hätte, wenn es gearbeitet hätte **(Lohnausfallprinzip)** (BAG 14.9.88,
NZA 89, 856). Das fortzuzahlende Entgelt beinhaltet sämtliche im Fall der Arbeitsleistung
anfallenden Nebenleistungen wie zB Erschwerniszuschläge (BAG 5.4.2000 – 7 AZR 213/
99, NZA 2000, 1174), Mehrarbeitszuschläge, Inkassoprämien, Wintergeld gem § 80 Abs 1
AFG sowie sonstige allgemeine Zuwendungen wie Weihnachtsgratifikationen, Urlaubsgeld,
Anwesenheitsprämien, Gewinnbeteiligungen, Sozialzulagen etc (*Fitting* § 37 Rz 63 f) sowie
Zahlungen an einen angestellten Arzt aus einem sog Liquidationspool (BAG 17.2.93, DB 94,
1427). Ein Nettoentgeltausgleich für die im Rahmen der Freistellung gezahlten ansonsten
steuerfreien Zulagen erfolgt nicht (BAG 15.1.97, NZA 97, 897), kann aber ohne Verstoß
gegen § 78 Satz 2 BetrVG vereinbart werden (LAG BlnBbg 12.3.09 – 20 Sa 34/09, BeckRS
2011, 67100). Nehmen in Schichtarbeit arbeitende BRatMitglieder an einer BRatSitzung
außerhalb ihrer persönlichen Arbeitszeit teil und ist es ihnen deswegen unzumutbar vor oder
nach der BRatSitzung liegende Arbeitszeit einzuhalten, besteht auch für diese Zeiten gem
§ 37 Abs 2 BetrVG ein Anspruch auf bezahlte Arbeitsbefreiung (BAG 7.6.89, DB 90, 995;
ArbG Lübeck 7.12.99 – 6 Ca 2589/99, NZA-RR 2000, 427). Ein vor der Freistellung auch
zur privaten Nutzung überlassener Dienstwagen muss grds auch weiterhin zur Verfügung
gestellt werden (BAG 23.6.04 – 7 AZR 514/03, NZA 04, 1287). Bei leistungsbezogener
Vergütung richtet sich die Fortzahlung individueller Zielvorgaben nach § 37 Abs 2 BetrVG,
unternehmensabhängige oder sonst gruppenbezogene Ziele sind durch eine Vergleichsbetrachtung nach § 37 Abs 4 BetrVG zu bewerten (*Göpfert/Fellenberg/Klarmann* DB 09,
2041).

Nicht zu zahlen sind Leistungen des ArbGeb, die als **Aufwendungsersatz** gezahlt 24
werden (Wegegelder, Auslösungen uÄ), da diese Aufwendungen dem BRatMitglied tatsächlich nicht entstanden sind und ansonsten eine ungerechtfertigte Begünstigung des BRat-
Mitglieds entstünde (anders lediglich hinsichtlich des stpfl Teils einer tariflichen Auslösung:
BAG 10.2.88, DB 88, 2006; 14.9.88, NZA 89, 856). Mangels einer Tariföffnungsklausel in
§ 37 Abs 2 BetrVG kann der Begriff des fortzuzahlenden Entgelts auch nicht durch einen
Tarifvertrag modifiziert werden (BAG 28.8.91 – 7 AZR 137/90, NZA 92, 709). Ebenfalls
nicht vom ArbGeb zu tragen ist der Aufwand des freigestellten BRatMitglieds für seine
regelmäßigen Fahrten vom Wohnort zum Betrieb (BAG 13.6.07 – 7 ABR 62/06, NZA 07,
1301; LAG Nürnberg 6.5.09 – 4 TaBV 18/08, NZA-RR 09, 590). Anders ist dies nur dann,
wenn das BRatMitglied den Betrieb nur aufsuchen muss, um zB an einer BRatSitzung
teilzunehmen. Dann ist der ArbGeb zur Erstattung der Reisekosten nach § 40 BetrVG
verpflichtet (BAG 16.1.08 – 7 AZR 71/06, NZA 08, 546).

2. Ausgleich für Betriebsratstätigkeit außerhalb der Arbeitszeit. Gem § 37 Abs 3 25
BetrVG soll BRatTätigkeit grds während der Arbeitszeit erfolgen. Findet sie dennoch außer-
halb der Arbeitszeit statt, so gewährt das Gesetz einen Ausgleichsanspruch auf entsprechende
Arbeitsbefreiung.

a) Voraussetzungen. aa) Wahrnehmung von Betriebsratsaufgaben (dazu oben 26
Rz 19). Insbesondere können auch Reise- und Wegezeiten auszugleichen sein, wie bspw die
Wegezeiten für die Anfahrt zur BRatSitzung eines Schichtarbeiters, die außerhalb seiner
persönlichen Schicht stattfindet (LAG Hamm 11.1.89, DB 89, 1422). Der Ausgleich derartiger Reisezeiten richtet sich nach den jeweiligen vertraglichen oder betrieblichen Dienst-
reisebestimmungen (BAG 21.6.06 – 7 AZR 389/05, NZA 06, 1417; 16.4.03 – 7 AZR 423/
01, NZA 04, 171; 12.8.09 – 7 AZR 218/08, NZA 09, 1284). Bestehen solche Regelungen

118 Betriebsratsfreistellung

nicht, greifen die gesetzlichen Regelungen der §§ 37 Abs 3, 6 BetrVG und es kommt auf deren Voraussetzungen an (BAG 10.11.04 – 7 AZR 131/04, NZA 05, 704). Auch die Tätigkeit als Mitglied des Wahlvorstands ist ausgleichspflichtig (BAG 26.4.95, NZA 96, 160).

27 **bb) Außerhalb der Arbeitszeit.** Die Tätigkeit muss außerhalb der Arbeitszeit ausgeübt werden, wobei die individuelle persönliche Arbeitszeit des einzelnen BRatMitglieds maßgeblich ist (BAG 3.12.87, NZA 88, 437). Zur persönlichen Arbeitszeit bei Lehrern: BAG 3.12.87, NZA 88, 437.

28 **cc) Betriebsbedingte Gründe.** Die zeitliche Lage der BRatTätigkeit muss auf betriebsbedingten Gründen beruhen. Solche Gründe liegen nur dann vor, wenn bestimmte Gegebenheiten und Sachzwänge des Betriebes die Undurchführbarkeit der BRatTätigkeit während der Arbeitszeit bedingen (BAG 3.12.87, NZA 88, 437; zB besonderer Arbeitsanfall, Unabkömmlichkeit des BRatMitglieds während der Arbeitszeit wegen Schlüsselstellung oder bestimmter Arbeitsplatzorganisation, Schichtarbeit, Teilnahme an Besichtigungen der für den Arbeitsschutz zuständigen Stellen zur Nachtzeit (*Bengelsdorf* NZA 89, 905). Gleiches gilt für alle Umstände, die vom ArbGeb veranlasst sind, also in seiner Sphäre liegen, wie zB Festlegung von BRatSitzungen auf Wunsch des ArbGeb (GK-BetrVG/*Wiese*/*Weber* § 37 Rz 78; *Fitting* § 37 Rz 80).

29 Nach § 37 Abs 3 Satz 2 BetrVG liegen derartige betriebsbedingte Gründe auch bei **teilzeitbeschäftigten Betriebsratsmitgliedern** regelmäßig vor. Bei BRatSchulungen gilt die Sonderregelung des § 37 Abs 6 Satz 2 BetrVG (Näheres s *Betriebsratsschulung* Rz 22).

30 **Keine betriebsbedingten Gründe** sind Umstände, die in der Person oder dem Verhalten des einzelnen BRatMitglieds ihre Ursache haben (BAG 26.1.94, DB 94, 1244) sowie sog betriebsratsbedingte Gründe (BAG 21.5.74, DB 74, 1823). Beispiele für letzteres: unrichtige Verteilung der BRatArbeit durch den BRat, freier Entschluss des BRat zur Abhaltung der BRatSitzung außerhalb der Arbeitszeit, Übertragung einer Aufgabe auf ein BRatMitglied zur Erledigung außerhalb der Arbeitszeit obwohl dies für ein anderes BRatMitglied während der Arbeitszeit möglich wäre, Beauftragung von zwei BRatMitgliedern obwohl eines ausgereicht hätte.

31 Die Entscheidung darüber, ob betriebsbedingte Gründe vorliegen, obliegt nicht dem BRat, sondern es hat der ArbGeb ggf im Einvernehmen mit dem BRat darüber zu befinden (BAG 26.1.94, DB 94, 1244). Deshalb muss das BRatMitglied die außerhalb der Arbeitszeit geplante BRatTätigkeit rechtzeitig anzeigen (BAG 3.12.87, NZA 88, 437). Diese Anzeige ist ausnahmsweise dann entbehrlich, wenn auch bei rechtzeitiger vorheriger Anzeige die BRatTätigkeit nicht während der Arbeitszeit hätte stattfinden können oder der ArbGeb eine Befreiung von der Arbeitspflicht im Vorhinein eindeutig und endgültig auch für zukünftige Fälle verweigert hat (BAG 3.12.87, NZA 88, 437). Eine pauschale Vereinbarung, dass entgegen § 37 Abs 3 BetrVG sog betriebsratsbedingte Gründe generell ausreichen, um einen Vergütungsanspruch zu begründen, ist allerdings wegen Verstoß gegen § 78 Abs 2 BetrVG unwirksam (LAG Köln 6.3.98 – 11/9 Sa 383/97, NZA-RR 99, 247 [LS]).

32 **b) Verfahren.** Liegen die vorgenannten Voraussetzungen vor, besteht ein Anspruch des BRatMitglieds auf entsprechende Arbeitsbefreiung, die binnen eines Monats vom ArbGeb zu gewähren ist. Hinsichtlich der zeitlichen Lage der Arbeitsbefreiung hat der ArbGeb ein Gestaltungsrecht, das gem § 106 GewO iVm § 315 Abs 3 BGB auszuüben ist. Die Grundsätze der Urlaubsgewährung nach § 7 Abs 1 S 1 BUrlG sind nicht entsprechend anwendbar (BAG 15.2.12 – 7 AZR 774/10, NZA 12, 1112). Das BRatMitglied muss den Freizeitausgleich vom ArbGeb verlangen. Die bloße Anzeige über während der Freizeit geleistete BRatTätigkeit genügt nicht (BAG 16.4.03 – 7 AZR 423/01, NZA 04, 171). Keinesfalls darf es eigenmächtig der Arbeit fernbleiben, um auf diese Weise den Anspruch auf Arbeitsbefreiung durchzusetzen.

33 Der **Umfang** der Arbeitsbefreiung ist entsprechend der außerhalb der Arbeitszeit geleisteten BRatTätigkeit zu bemessen.

34 **c) Sonderfall.** Ist ausnahmsweise die Gewährung von Arbeitsbefreiung aus betriebsbedingten Gründen nicht möglich, so ist die aufgewendete Zeit wie Mehrarbeit zu vergüten (ArbG Lörrach 19.12.95, AiB 96, 379: Beratungsgespräch bei auswärtigem Rechtsanwalt). Arbeitsbefreiung und Abgeltung stehen zwingend in einem Stufenverhältnis; es besteht weder ein Wahlrecht des ArbGeb noch des ArbN (BAG 11.1.95, BB 95, 1542). Der Freizeitausgleichsanspruch des BRat wandelt sich nach Ablauf der Monatsfrist des § 37 Abs 3 Satz 1

Betriebsratsfreistellung 118

BetrVG auch nicht automatisch in einen Vergütungsanspruch um. Letzteres erfolgt nur, wenn der ArbGeb unter Berufung auf betriebsbedingte Gründe die Gewährung von Freizeitausgleich ablehnt. Bis dahin steht dem BRatMitglied lediglich ein Anspruch auf Freizeitausgleich zu, den es notfalls gerichtlich durchsetzen muss (BAG 25.8.99 – 7 AZR 713/97, NZA 2000, 554). Die Höhe des Mehrarbeitszuschlags richtet sich nach den bestehenden Vereinbarungen. Diese Ausgleichszahlungen sind bei der Ermittlung des Durchschnittsverdienstes eines BRatMitglieds zur Berechnung seines Urlaubsentgelts zu berücksichtigen (BAG 11.1.95, NZA 96, 105). Umstritten ist, ob die abzugeltende Zeit stets wie Mehrarbeit zu vergüten ist ohne Rücksicht darauf, ob durch sie die regelmäßige tägliche bzw wöchentliche Normalarbeitszeit der Vollzeitbeschäftigten überschritten worden wäre. Richtigerweise ist, wenn diese Voraussetzung nicht vorliegt, lediglich die Grundvergütung zu zahlen, da ansonsten die BRatMitglieder gegenüber solchen ArbN, die außerhalb ihrer Arbeitszeit zu Arbeiten herangezogen werden, begünstigt würden (BAG 7.2.85, DB 85, 1346; 15.2.89, DB 90, 1141; *Fitting* § 37 Rz 111; aA *Düwell/Wolmerath* § 37 Rz 23). Die außerhalb der persönlichen Arbeitszeit erbrachte BRatTätigkeit ist keine betrieblich bedingte Überarbeit und kann daher mit der vertraglich zu leistenden Arbeitszeit nicht zu einer Gesamtarbeitszeit zusammengerechnet werden (BAG 19.12.06 – 9 AZR 356/06, NZA-RR 07, 477). Der BRat im Restmandat kann nach beendetem Arbeitsverhältnis keine Vergütung für das mit der BRatTätigkeit verbundene Freizeitopfer verlangen (BAG 5.5.10 – 7 AZR 728/08, NZA 10, 1025). Mögliche Ausgleichsansprüche, die durch unbezahlte Freistellungen für Restmandatstätigkeiten beim neuen ArbGeb entstehen, hat das BAG ausdrücklich offen gelassen.

3. Wirtschaftliche und berufliche Absicherung. § 37 Abs 4 und 5 BetrVG regeln die 35 wirtschaftliche und berufliche Absicherung von BRatMitgliedern und stellen sicher, dass diese durch die BRatTätigkeit gegenüber den sonstigen ArbN keine Nachteile erleiden. Sowohl hinsichtlich der Bemessung des Arbeitsentgelts als auch der Tätigkeit ist das BRatMitglied während der Dauer des BRatAmts sowie einschließlich eines Jahres nach Beendigung der Amtszeit einem vergleichbaren ArbN mit betriebsüblicher beruflicher Entwicklung gleichzubehandeln (vgl BAG 11.12.91, NZA 93, 909; 15.1.92, DB 93, 1379; LAG Köln 3.8.95, NZA-RR 96, 379). Dabei muss der Geschehensablauf so typisch sein, dass aufgrund der betrieblichen Gegebenheiten und Gesetzmäßigkeiten zumindest in der überwiegenden Anzahl der vergleichbaren Fälle mit dieser Entwicklung gerechnet werden kann. Deshalb ist die Übertragung höherwertiger Tätigkeiten nur dann betriebsüblich, wenn diese dem BRatMitglied nach den betrieblichen Gepflogenheiten hätten übertragen werden müssen oder die Mehrzahl der vergleichbaren ArbN einen solchen Aufstieg erreicht (BAG 17.8.05 – 7 AZR 528/04, NZA 06, 448; LAG Hamm 19.3.10 – 13 Sa 686/09, BeckRS 2010, 70223). Bei dieser Betrachtung ist der berufliche Werdegang fiktiv nachzuzeichnen (BAG 27.6.01 – 7 AZR 496/99, NZA 02, 107 zu § 46 BPersVG). Einzelheiten können in einer Betriebsvereinbarung geregelt werden (Beispiel bei *Cox/Grimberg/Offermann* AiB 99, 30). Auch wenn die Freistellung zu einem Wegfall der Schichtarbeit führt (s oben Rz 14), bleibt der in Schichtarbeit Beschäftigte der nach § 37 Abs 4 BetrVG zu vergleichende ArbN (LAG RhPf 4.2.98 – 8 Sa 867/97, NZA-RR 98, 503: besondere Altersfreizeit und Zusatzurlaub für SchichtArbN). Zum anzupassenden Entgelt gehören auch Leistungen der betrieblichen Altersversorgung (LAG Hess 6.9.2000 – 8 Sa 999/99, NZA-RR 01, 539) oder Sachbezüge (LAG Hamm 17.2.12 – 10 Sa 1479/11, BeckRS 2012, 68192: DB-Netzkarte). Das Gleiche kann für Aktienoptionen einer ausländischen Muttergesellschaft gelten, wenn diese Bestandteil des Arbeitsvertrags sind (BAG 16.1.08 – 7 AZR 887/06, NZA 08, 836). In einem qualifizierten **Zeugnis** ist eine Freistellung dann vom ArbGeb zu dokumentieren, wenn diese insbesondere wegen ihrer Dauer dem ArbGeb eine umfassende Gesamtbeurteilung des ArbN objektiv unmöglich macht (*Witt* BB 96, 2194). Unterlässt der ArbGeb in einem solchen Fall im Zeugnis einen Hinweis auf die unterbliebene Tätigkeitsausübung, so stellt dies einen Verstoß gegen den Grundsatz der Zeugniswahrheit dar (Näheres s *Zeugnis* Rz 25).

4. Verfahrensrechtliches. Streitigkeiten **zwischen Betriebsratsmitgliedern und** 36 **Arbeitgeber** bezüglich der Fortzahlung des Arbeitsentgelts gem § 37 Abs 2 BetrVG, der Gewährung von Freizeitausgleich bzw Abgeltung gem § 37 Abs 3 BetrVG, der Frage der Vergleichbarkeit des Arbeitsentgelts gem § 37 Abs 4 BetrVG sowie der Zuweisung eines unterwertigen Arbeitsplatzes gem § 37 Abs 5 BetrVG sind als individualrechtliche Streitig-

118 Betriebsratsfreistellung

keiten im Urteilsverfahren zu entscheiden (BAG 18.6.74, AP Nr 16 zu § 37 BetrVG 1972; LAG SchlHol 30.8.05 – 5 Sa 161/05, DB 05, 2415 [LS]). Der Anspruch des BRatMitglieds auf Freizeitausgleich unterliegt tariflichen Ausschlussfristen (BAG 26.2.92, DB 93, 1424).

37 Streitigkeiten **zwischen Betriebsrat und Arbeitgeber** bezüglich der Erforderlichkeit der Arbeitsbefreiung gem § 37 Abs 2 BetrVG, des Vorliegens betriebsbedingter Gründe gem § 37 Abs 3 BetrVG sowie Verfahren betr § 37 Abs 6 und 7 BetrVG sind im arbeitsgerichtlichen Beschlussverfahren zu klären.

B. Lohnsteuerrecht
Thomas

38 **1. Arbeitslohn.** Die dem BRatMitglied nach dem Lohnausfallprinzip gezahlte Vergütung unterliegt als Arbeitslohn dem LStAbzug nach den allgemeinen Vorschriften. Soweit für bestimmte Lohnzuschläge Steuerbefreiungen vorgesehen sind, greifen sie auch beim BRatMitglied ein (zB Reisekostenersatz § 3 Nr 16 EStG usw), es sei denn, besondere Befreiungsvoraussetzungen liegen im konkreten Fall nicht vor, wie im Falle von Zuschlägen für Sonn- und Feiertagsarbeit (s *Sonn- und Feiertagsarbeit* Rz 18) oder Nachtarbeit (s *Nachtarbeit* Rz 13), weil zu diesen Zeiten Arbeitsleistungen tatsächlich erbracht werden müssen (§ 3b Abs 1 Satz 1 EStG).

39 **2. Werbungskosten. a) Wahrnehmung von Betriebsratsaufgaben.** Aufwendungen des freigestellten ArbN, die der Wahrnehmung von BRatAufgaben dienen, sind Werbungskosten. Werden diese Aufgaben außerhalb der ersten Tätigkeitsstätte wahrgenommen, greifen Dienstreisegrundsätze ein (s *Dienstreise* Rz 18 ff). Wo sich die erste Tätigkeitsstätte eines BRatMitglieds befindet ist sowohl bei ganzer als auch bei teilweiser Freistellung nach allgemeinen Merkmalen, also der Zuordnung des ArbGeb bzw dem jeweiligen örtlichen Tätigkeitsumfang zu bestimmen.

40 **b) Anhangtätigkeiten.** Soweit ein BRatMitglied etwa als Gewerkschaftsfunktionär zusätzlich Verbandsaufgaben erledigt, hat der BFH 28.11.80 – VI R 193/77, BStBl II 81, 368 auch Aufwendungen aus diesem Zusammenhang als Werbungskosten angesehen. Es ist zweifelhaft, ob er hieran festhalten wird. Denn mit BFH-Urt 2.10.92 – VI R 11/90, BStBl II 93, 53 (vgl auch BFH 13.8.93 – VI R 51/92, BStBl II 94, 33 und FG RhPf 26.4.95, EFG 95, 799 in derselben Sache) wurde entschieden, dass Aufwendungen eines ArbN im Zusammenhang mit einer ehrenamtlichen Tätigkeit in einem Wirtschaftsverband keine Werbungskosten bei den Einkünften aus nichtselbstständiger Arbeit sind. Dabei war nicht maßgebend, dass der diesbezügliche Verband ArbGebInteressen wahrgenommen hat, weil der Streitfall einen leitenden Angestellten betraf, für dessen Gehaltsentwicklung eine derartige Tätigkeit vorteilhaft sein kann. Vielmehr wird erkennbar, dass insbesondere wegen verfassungsrechtlicher Vorgaben (BVerfG 9.4.92 – 2 BvE 2/89, BStBl II 92, 766) eine Trennung der Funktion – ArbNTätigkeit einerseits und Verbandstätigkeit andererseits – vorgenommen wird (vgl dazu BFH 3.12.87 – IV R 41/85, BStBl II 88, 266 sowie BFH 25.3.93 – VI R 14/90, BStBl II 93, 559). Danach sind zwar die Gewerkschaftsbeiträge als solche nach § 9 Abs 1 Nr 3 EStG Werbungskosten (zum Berufsverband BFH 7.6.88 – VIII R 76/85, BStBl II 89, 97; zweifelhaft FG RhPf 18.3.92, EFG 92, 449; FG Köln 13.12.89, EFG 90, 299), nicht aber Aufwendungen im Rahmen der Gewerkschaftsarbeit, es sei denn, sie hängen mit stpfl (vgl § 3c EStG) Einnahmen aus einer solchen Tätigkeit zusammen (*HHR* § 9 EStG Rz 436; weiter *K/S* § 9 Rz E12a).

41 Ebenfalls keine Werbungskosten sind Aufwendungen, die ein BRatMitglied aus Anlass von außerbetrieblichen **gesellschaftlichen Veranstaltungen** (zB Geburtstags-, Beförderungsfeiern usw) tätigt (BFH 23.1.91 – X R 6/84, BStBl II 91, 396; 4.12.92 – VI R 59/92, BStBl II 93, 350; 1.7.94 – VI R 67/93, BStBl II 95, 273 und 15.7.94 – VI R 70/93, BStBl II 94, 896 mit Anm *MIT* DStR 94, 1418; FG Köln 26.10.88, EFG 89, 171, vom BFH bestätigt mit Art 1 Nr 7 BFHEntlG ohne Mitteilung von Gründen; s auch *Bewirtungsaufwendungen* Rz 15–17). Pauschaler Ersatz von Repräsentationskosten eines freigestellten Vorsitzenden des Gesamtpersonalrats durch die Stadtverwaltung soll nach § 3 Nr 12 EStG steuerfrei sein (BFH 15.11.07 – VI R 91/04, DStRE 08, 729 mit Anm *MIT*). Wird eine pauschale Aufwandsentschädigung für alle mit diesem Amt verbundene Kosten gewährt, sind Werbungskosten iHd steuerfrei zugewendeten Betrags nach § 3c EStG vom Abzug ausgeschlossen.

C. Sozialversicherungsrecht
Schlegel

Fortzahlung von Entgelt. Bedeutung hat die BRatFreistellung sozialversicherungsrecht- 42 lich insbesondere dann, wenn trotz der Freistellung Zuschläge etwa für tatsächlich nicht geleistete Nachtarbeit, Sonntags- und Feiertagsarbeit und sonstige Lohnzuschläge gewährt werden. Bei der Fortzahlung von Arbeitsentgelt unter Einschluss von **Zuschlägen** lt Arbeitsplan trotz Freistellung von der Arbeit (s oben Rz 18), für die solche Zuschläge gewährt werden, gilt Folgendes: Grds gehören Zuschläge für Nacht-, Feiertags- und Sonntagsarbeit zum Arbeitsentgelt iSd § 14 SGB IV. § 1 Abs 1 Satz 1 Nr 1 SrEV (abgedruckt in *Aichberger* Nr 4/10) bestimmt aber für die KV, PflegeV, RV und ArblV, dass die Zulagen/Zuschläge im Normalfall hierfür nicht dem Arbeitsentgelt zuzurechnen sind, soweit sie LStfrei sind und 25 €/Stunde nicht übersteigen.

Damit unterliegen diese Zulagen/Zuschläge grds nicht der **Beitragspflicht** in diesen 43 Versicherungszweigen und werden auch bei der Berechnung von Lohnersatzleistungen nicht in die Bemessungsgrundlage miteinbezogen, wirken sich also auch nicht leistungserhöhend aus. § 1 Abs 1 Satz 1 Nr 1 SvEV nimmt die Zulagen vom Arbeitsentgelt jedoch nur insoweit aus, als sie LStfrei sind und nicht mehr als 25 €/Stunde betragen. Nach § 3b EStG sind Zuschläge aber nur steuerfrei für tatsächlich geleistete Sonntags-, Feiertags- und Nachtarbeit. Daraus folgt, dass Zuschläge, die – wie bei freigestellten BRatMitgliedern – für tatsächlich nicht geleistete Sonntags-, Feiertags- und Nachtarbeit gewährt werden, nicht steuerfrei und damit wieder beitragspflichtiges Arbeitsentgelt sind. Wegen der grds Identität des Begriffes Arbeitsentgelt im Leistungs- und Beitragsrecht sind diese Zuschläge dann auch bei der Bemessung der **Lohnersatzleistung** wieder zu berücksichtigen (so für das AlGeld BSG 21.4.88 – 7 RAr 71/86, SozR 4100 § 112 Nr 38 S 177).

Betriebsratskosten

A. Arbeitsrecht
Kreitner

Übersicht

	Rz		Rz
1. Allgemeines	1	5. Kosten für Sachaufwand und Büropersonal	15–24
2. Kostentragungspflicht des Arbeitgebers	2–5	a) Allgemeines	15
a) Grundsatz	2	b) Räume	16
b) Erforderlichkeit/Verhältnismäßigkeit	3	c) Sachmittel	17
c) Nachweis/Pauschalierung	4	d) Informations- und Kommunikationstechnik	18–22
d) Vorschuss	5	e) Fachliteratur	23
3. Kosten des Betriebsrats	6–9	f) Büropersonal	24
4. Kosten einzelner Betriebsratsmitglieder	10–14	6. Streitigkeiten	25

1. Allgemeines. Gem § 40 Abs 1 BetrVG ist der ArbGeb zur Tragung der durch die 1 Tätigkeit des BRat entstehenden Kosten verpflichtet. Hierbei handelt es sich um eine **zwingende** gesetzliche **Regelung,** die weder durch Tarifvertrag noch durch eine Betriebsvereinbarung abbedungen werden kann. Die Vorschrift gilt für sämtliche Arten der betrieblichen Interessenvertretung, die das BetrVG kennt (GBRat, KBRat, Jugendvertretung etc) inklusive der entsprechenden Ausschüsse. Sie gilt in entsprechender Anwendung auch für Arbeitsgruppen gem § 28a BetrVG sowie die zusätzlichen Vertretungen iSv § 3 Abs 1 Nr 4 und 5 BetrVG, soweit keine andere Regelung auf betrieblicher oder tariflicher Ebene vereinbart ist (aA *Hanau* NJW 01, 2513). Für den Sprecherausschuss der leitenden Angestellten trifft § 14 Abs 2 SprAuG eine entsprechende Regelung. Das Gleiche gilt gem §§ 16, 30 EBRG für den EBRat. Der ArbGeb ist gem § 41 BetrVG nicht berechtigt, die BRatKosten auf die ArbN **umzulegen.** Das gilt auch für Troncentnahmen bei Spielbanken (BAG 14.8.02 – 7 ABR 29/01, NZA 03, 626). Die betriebsinterne Veröffentlichung von BRat-Kosten kann einen Verstoß gegen § 2 Abs 1 BetrVG darstellen. Entscheidend sind insoweit die Umstände des Einzelfalles, wobei der Art und Weise der Informationsgestaltung und

119 Betriebsratskosten

–vermittlung besondere Bedeutung zukommt (BAG 19.7.95, DB 96, 431; 12.11.97 – 7 ABR 14/97, NZA 98, 559).

2. Kostentragungspflicht des Arbeitgebers. a) Grundsatz. Die Kostentragungspflicht des ArbGeb erstreckt sich sowohl auf Kosten, die aus der Tätigkeit des BRat entstehen, als auch auf solche, die ein einzelnes BRatMitglied verursacht hat. Die Verpflichtung zur Kostentragung gilt uneingeschränkt auch für einen BRat, der nach erfolgter Betriebsstilllegung ein sog **Restmandat** ausübt (LAG Hamm 5.1.79, DB 79, 1804 [LS] = EzA Nr 42 zu § 40 BetrVG 1972; *Auktor* NZA 03, 950). Unerheblich ist, ob die BRatWahl angefochten wurde. Auch nach dem **Ende seiner Amtszeit** bleibt der BRat in entsprechender Anwendung von §§ 22 BetrVG, 49 Abs 2 BGB befugt, noch nicht erfüllte Kostenerstattungsansprüche gegenüber dem ArbGeb geltend zu machen (BAG 24.10.01 – 7 ABR 20/00, NZA 03, 53). Zur Frage der Entgeltfortzahlung für Verdienstausfälle wegen der Wahrnehmung von BRatAufgaben s im Einzelnen *Betriebsratsfreistellung* Rz 18.

b) Erforderlichkeit/Verhältnismäßigkeit. Obwohl dies in § 40 Abs 1 BetrVG nicht ausdrücklich erwähnt wird, ist der ArbGeb nur zur Tragung der erforderlichen Kosten verpflichtet. Die Erforderlichkeit einer Maßnahme des BRat ist nicht rückblickend zu beurteilen, sondern maßgeblich ist, ob der BRat im Zeitpunkt der Verursachung bei gewissenhafter Abwägung unter Anlegung eines verständigen Maßstabes die Maßnahme für erforderlich halten durfte (ständige Rspr BAG 18.7.12 – 7 ABR 23/11, NZA 13, 49; 19.3.03 – 7 ABR 15/02, NZA 03, 871; *Hunold* NZA-RR 11, 57). Er muss die Interessen der Belegschaft und die berechtigten Interessen des ArbGeb, auch soweit sie auf eine Begrenzung der Kostentragungspflicht gerichtet sind, gegeneinander abwägen (BAG 20.1.10 – 7 ABR 79/08, NZA 10, 709). Letztlich darf kein ebenso effektiver aber kostengünstigerer Weg bestehen. Nach einer neuen Grundsatzentscheidung des BGH können BRatMitglieder, die als Vertreter des BRat mit einem Beratungsunternehmen eine Beratung vereinbaren, die zur Erfüllung der Aufgaben des BRat nicht erforderlich ist, gegenüber dem Beratungsunternehmen entsprechend § 179 BGB persönlich haften. Dabei geht der BGH von einer Teilrechtsfähigkeit des BRat aus und legt bei der ex ante vorzunehmenden Erforderlichkeitsbetrachtung einen großzügigen Maßstab an (BGH 25.10.12 – III ZR 266/11, NZA 12, 1382). Je nach Lage des Einzelfalls dürfte zugunsten des BRat eine Anwendung von § 179 Abs 3 BGB in Betracht kommen (vgl auch *Bergmann* NZA 13, 57; *Jaeger/Steinbrück* NZA 13, 401; *Richardi* RdA 13, 317; *Zange* BB 13, 384; *Müller/Jahner* BB 13, 440; *Dommermuth-Alhäuser/Heup* BB 13, 1461; *Dzida* NJW 13, 433; *Hayen* ArbuR 13, 35).

Anders als bei der Beauftragung eines Sachverständigen iSd § 80 Abs 3 BetrVG bedarf der BRat hier **nicht** der vorherigen **Zustimmung des Arbeitgebers.** Lediglich bei außergewöhnlichen Aufwendungen kann im Einzelfall aufgrund des Gebots zur vertrauensvollen Zusammenarbeit gem § 2 Abs 1 BetrVG eine vorherige Absprache geboten sein.

c) Nachweis/Pauschalierung. Der BRat ist verpflichtet, die entsprechenden Kosten im Einzelnen nachzuweisen und abzurechnen (BAG 29.4.75, BB 75, 1111 [LS] = AP Nr 9 zu § 40 BetrVG 1972). Wegen des Verbots der versteckten Vergütung der BRatTätigkeit gem § 37 Abs 1 BetrVG und dem Begünstigungsverbot des § 78 Satz 2 BetrVG wird eine Kostenpauschalierung von der Rspr äußerst restriktiv gehandhabt (vgl LAG Köln 13.9.84, DB 85, 394; ArbG Stuttgart 13.12.12 – 24 Ca 5430/12, NZA-RR 13, 140). Unzulässig ist ein Antrag des BRat auf gerichtliche Feststellung der generellen Berechtigung bestimmter Kosten ohne Berücksichtigung der konkreten Einzelfallumstände (LAG Frankfurt 13.7.89, LAGE Nr 29 zu § 40 BetrVG 1972).

d) Vorschuss. Aus dem Gebot der vertrauensvollen Zusammenarbeit des § 2 Abs 1 BetrVG folgt, dass der BRat hinsichtlich einzelner Aufwendungen einen angemessenen Vorschuss vom ArbGeb verlangen kann. Unbedenklich ist auch die Zurverfügungstellung eines Fonds, den der BRat regelmäßig gegenüber dem ArbGeb abrechnen muss. Ansprüche des BRat oder einzelner Mitglieder gegen den ArbGeb auf Kostenerstattung sind vom ArbGeb zu **verzinsen** (BAG 18.1.89, BB 89, 1618 unter ausdrücklicher Aufgabe der früheren Rspr des 6. Senats). Sie unterfallen regelmäßig nicht tariflichen Ausschlussfristen, da es sich nicht um Ansprüche aus dem Arbeitsverhältnis handelt (BAG 30.1.73, BB 73, 474); sie unterliegen jedoch der Verwirkung (BAG 14.11.78, BB 79, 577).

3. Kosten des Betriebsrats sind hauptsächlich die Kosten, die aus der laufenden 6
Geschäftsführung des BRat entstehen. Dies sind neben den Sachkosten (dazu unten
Rz 15 ff) zB die Kosten für die Heranziehung eines Dolmetschers (LAG Düsseldorf/Köln
30.1.81, DB 81, 1093; ArbG Frankfurt/Main 5.3.97 – 14 BV 170/96, AiB 98, 524) oder
die schriftliche Übersetzung eines Tätigkeitsberichts des BRat iSd § 43 Abs 1 BetrVG
(ArbG München 14.3.74, DB 74, 1118). Gem § 20 Abs 3 BetrVG trägt der ArbGeb auch
die Kosten der **Betriebsratswahl** inklusive der erforderlichen Kosten einer anwaltlichen
Beratung des Wahlvorstands (BAG 11.11.09 – 7 ABR 26/08, NZA 10, 353) sowie der
Kosten eines arbeitsgerichtlichen Beschlussverfahrens zur Klärung der Befugnis des Wahlvorstands (BAG 31.5.2000 – 7 ABR 8/99, NZA 01, 114). Bei der Nichtigkeit der Wahl
scheidet eine Kostentragung durch den ArbGeb nur dann aus, wenn der Nichtigkeitsgrund für die BRatMitglieder offenkundig war (BAG 29.4.98 – 7 ABR 42/97, NZA 98,
1133).

Ebenfalls gehören hierzu Kosten für ein Rundschreiben des BRat aus konkretem Anlass 7
(BAG 21.11.78, DB 79, 751). Bedenken im Hinblick auf die Erforderlichkeit bestehen
demgegenüber bezüglich eines regelmäßigen eigenen Informationsblattes des BRat wegen
der anderweitigen Informationsmöglichkeiten, wie Schwarzes Brett, Betriebsversammlung
etc (LAG Hbg 6.6.77, DB 78, 118). Insoweit dürfte regelmäßig auf die Umstände des
Einzelfalles abzustellen sein, wie zB Betriebsgröße, Anzahl der ArbN, Kostenbelastung für
den ArbGeb etc (BAG 21.11.78, DB 79, 751).

Zu den BRatKosten gehören die Kosten von **Rechtsstreitigkeiten,** die der BRat in 8
amtlicher Eigenschaft in betriebsverfassungsrechtlichen Angelegenheiten führt. Da Gerichtskosten im arbeitsgerichtlichen Beschlussverfahren gem § 2 Abs 2 GKG nicht erhoben
werden, handelt es sich hierbei regelmäßig um die Gebühren des vom BRat beauftragten
Rechtsanwalts, dessen Heranziehung der BRat für erforderlich halten durfte (BAG 7.2.12 –
7 ABR 83/10, NZA 12, 683; Näheres s *Rechtsanwaltskosten* Rz 9). Hierzu gehören sogar die
Rechtsanwaltskosten, die durch die Erstattung einer Ordnungswidrigkeitanzeige nach § 121
BetrVG entstehen (LAG SchlHol 14.11.2000 – 1 TaBV 22a/00, NZA-RR 01, 592). Der
Ausgang des Rechtsstreits ist insoweit unerheblich. Die gleichzeitige Vertretung von BRat
und betroffenem BRatMitglied im Zustimmungsersetzungsverfahren nach § 103 Abs 2
BetrVG hält das BAG jedenfalls solange für unbedenklich, wie beide Beteiligte die Zustim-
mungsersetzung verhindern wollen (BAG 25.8.04 – 7 ABR 60/03, NZA 05, 168; aA LAG
RhPf 6.6.05 – 7 TaBV 15/04, NZA-RR 06, 199: Verstoß gegen § 46 Abs 2 Nr 1 BRAO).
Eine Kostentragung durch den ArbGeb scheidet lediglich dann aus, wenn die Rechtsverfolgung mutwillig oder bei verständiger Würdigung offensichtlich aussichtslos erscheint
(BAG 19.3.03 – 7 ABR 15/02, NZA 03, 871; LAG Hamm 12.1.07 – 10 TaBV 63/06,
BeckRS 2007, 44220). Gleiches gilt, wenn der BRat unmittelbar den Rechtsweg beschreitet,
ohne zuvor einen betrieblichen Einigungsversuch unternommen zu haben (LAG SchlHol
15.9.88, DB 89, 52 [LS]), oder wenn der Antrag auf Einleitung eines gerichtlichen Beschlussverfahrens so spät gestellt wird, dass ein dem Rechtsschutzziel des BRat gerecht werdender
Beschluss bereits aus Zeitgründen nicht mehr möglich ist (LAG Frankfurt 15.10.92, DB 93,
1096). Für diese außergerichtlichen Kosten gibt es keinen prozessualen Kostenerstattungsanspruch. Aus Kostengründen kann der BRat auch gehalten sein, anstelle von mehreren
Einzelverfahren ein zusammengefasstes gerichtliches Verfahren durchzuführen (BAG
29.7.09 – 7 ABR 95/07, NZA 09, 1223). Sind anwaltliche Stundenhonorare vereinbart,
kann der ArbGeb verlangen, dass die anwaltliche Tätigkeit in nachprüfbarer Weise dargelegt
wird (BGH 4.2.10 – IX 18/09, NJW 10, 1364; *Hinrichs/Plitt* NZA 11, 1006). Eine Gewerkschaft kann die durch die gerichtliche Durchsetzung ihres betriebsverfassungsrechtlichen
Zutrittsrechts nach § 2 Abs 2 BetrVG entstehenden Kosten nicht als Schaden nach
§ 280 Abs 1 BGB ersetzt verlangen (BAG 2.10.07 – 1 ABR 59/06, NZA 08, 372). Nimmt
der Insolvenzverwalter ein nach § 240 ZPO unterbrochenes arbeitsgerichtliches Beschlussverfahren wieder auf, sind die gesamten Gebühren des Verfahrensbevollmächtigten des BRat
unabhängig von ihrem Entstehensdatum Masseverbindlichkeiten iSv § 55 Abs 1 Nr 1 InsO
(BAG 17.8.05 – 7 ABR 56/04, NZA 06, 109).

Auch die Kosten einer Einigungsstelle sind nach § 76a BetrVG vom ArbGeb zu tragen. Im 9
Einzelnen s *Einigungsstelle* Rz 29–33. Zu den Kosten für Sachverständige, die vom BRat
hinzugezogen werden s *Sachverständiger* Rz 13.

119 Betriebsratskosten

10 **4. Kosten einzelner Betriebsratsmitglieder** sind vom ArbGeb ebenfalls gem § 40 Abs 1 BetrVG zu erstatten, sofern diese dem BRatMitglied bei Ausübung seiner BRat-Aufgaben entstanden sind. Hierzu zählen insbesondere **Reisekosten** (Fahrt, Unterkunft, Verpflegung), die dem BRatMitglied bei der auswärtigen Wahrnehmung seiner Aufgaben entstehen, wie zB Sprechstunden in auswärtigen Betrieben oder Betriebsteilen, Teilnahme an Sitzungen des GBRat oder KBRat, an BRäteVersammlungen, an Gerichtsterminen uÄ (BAG 8.2.77, BB 77, 796; 23.9.82, DB 83, 182; 10.8.94, BB 95, 1034; LAG Hamm 23.11.12 – 10 TaBV 63/12, BeckRS 2013, 66915). Das kann auch die Kinderbetreuungskosten eines teilzeitbeschäftigten BRatMitglieds umfassen, die durch die Teilnahme an einer außerhalb der Arbeitszeit dieses BRatMitglieds stattfindenden BRatSitzung (LAG Hess 22.7.97 – 4/12 TaBV 146/96, NZA-RR 98, 121) oder einer mehrtägigen auswärtigen BRatTätigkeit (BAG 23.6.10 – 7 ABR 103/08, NZA 10, 1298; kritisch *Wiebauer* BB 11, 2104) entstehen. Bei größeren Entfernungen besteht keine Verpflichtung als Selbstfahrer den eigenen oder einen Firmen-Pkw zu benutzen (ArbG Nbg 16.6.95, NZA-RR 96, 174: GBRatSitzung in 500 km Entfernung). Die Kosten einer Auslandsreise eines KBRatMitglieds zu einem Treffen mit anderen ausländischen BRatMitgliedern eines konzernangehörigen Unternehmens, bei dem die Bildung eines EBRat besprochen werden soll, sind erstattungsfähig (ArbG Hbg 17.4.97 – 4 BV 1/97, AiB 98, 164). Nach einer Entscheidung als LAG NdS kann unter Berücksichtigung der Umstände des Einzelfalls (geplanter Unternehmenszusammenschluss) auch eine Reise des BRat zur EG nach Brüssel erforderlich sein, mit der Folge, dass der ArbGeb zur Kostentragung verpflichtet ist (LAG NdS 10.6.92, DB 93, 1043). Nicht erstattungsfähig ist der Aufwand, der einem freigestellten BRatMitglied aufgrund der regelmäßigen Fahrten zwischen seiner **Wohnung und dem Betrieb** entsteht (BAG 13.6.07 – 7 ABR 62/06, NZA 07, 1301). Dies gilt auch dann, wenn das BRatMitglied ohne seine Freistellung auf auswärtigen Baustellen tätig gewesen wäre und ihm hierfür der Fahrtkostenaufwand erstattet worden wäre (BAG 28.8.91, BB 92, 921). Anders ist die Situation jedoch bei einem in Elternzeit befindlichen BRatMitglied (BAG 25.5.05 – 7 ABR 45/04, NZA 05, 1002) und in dem Fall, dass ein BRatMitglied den Betrieb allein wegen der Wahrnehmung seiner betriebsverfassungsrechtlichen Aufgaben, wie zB Teilnahme an einer BRatSitzung, außerhalb seiner Arbeitszeit aufsuchen muss (BAG 16.1.08 – 7 ABR 71/06, NZA 08, 546).

11 Soweit im Betrieb eine **Reisekostenordnung** existiert, ist diese auch auf Reisen von BRatMitgliedern anzuwenden (BAG 28.3.07 – 7 ABR 33/06, AP Nr 89 zu § 40 BetrVG 1972; *Schweibert/Buse* NZA 07, 1080). Die Abrechnung hat dabei wegen § 78 Satz 2 BetrVG so zu erfolgen, als ob das BRatMitglied die Dienstreise als ArbN durchgeführt hätte. Dies gilt bspw für die Frage der Gewährung von Freizeitausgleich für Dienstreisen außerhalb der Arbeitszeit (LAG Sachs 4.7.01 – 3 Sa 876/00, NZA-RR 02, 471), der Benutzung der 1. Wagenklasse der Bahn (BAG 29.4.75, AP Nr 9 zu § 40 BetrVG 1972) oder der Zulässigkeit von Flugreisen und kann im Einzelfall dazu führen, dass verschiedene BRatMitglieder trotz Wahrnehmung derselben Aufgaben aufgrund ihrer unterschiedlichen arbeitsvertraglichen Stellung unterschiedliche Reisekostenansprüche bzw -befugnisse haben. In den Grenzen des § 78 Satz 2 BetrVG wird man hier eine gewisse Angleichung vornehmen können (ebenso GK-BetrVG/*Weber* § 40 Rz 42). Ein ausschließlich zur Durchführung der arbeitsvertraglich geschuldeten Tätigkeit vom ArbGeb zur Verfügung gestelltes Dienstfahrzeug darf ohne entsprechende Erlaubnis des ArbGeb nicht auch für BRatTätigkeit genutzt werden (BAG 25.2.09 – 7 AZR 954/07, AP Nr 146 zu § 37 BetrVG 1972).

Erstattungsfähig sind Kosten, die dem BRatMitglied zur **Wiederherstellung beschädigter Sachen** entstanden sind, wenn die Beschädigung in Ausübung des BRatAmt geschehen ist. Gleiches gilt für den Ersatz von Unfallschäden am eigenen Pkw des BRatMitglieds, wenn der ArbGeb die Pkw-Nutzung ausdrücklich gewünscht hat oder sie zur ordnungsgemäßen Ausübung der BRatAufgaben erforderlich war (BAG 3.3.83, DB 83, 1366; LAG Hamm 16.7.97, BB 97, 2007).

12 Hinsichtlich der **Kosten für Rechtsstreitigkeiten** gelten dieselben Grundsätze wie beim BRat (s oben Rz 8). Es besteht ein umfassender Erstattungsanspruch sowohl für Rechtsstreitigkeiten zwischen dem BRatMitglied und dem ArbGeb als auch bei betriebsratsinternen Streitigkeiten, wie zB bei einem Verfahren zur Überprüfung der Rechtmäßigkeit eines BRatBeschlusses (BAG 3.4.79, DB 79, 2091) oder einem Beschlussverfahren mit dem Ziel

des Ausschlusses eines bestimmten Mitglieds aus dem BRat (BAG 19.4.89, DB 90, 740). Auch die Rechtsanwaltskosten, die einem gerichtlich auf Widerruf bzw Unterlassung in Anspruch BRatVorsitzenden entstehen, gehören hierzu, sofern es um Handlungen oder Äußerungen geht, die bei objektiver Betrachtung nicht dem privaten Bereich, sondern der Erledigung von BRatAufgaben zuzuordnen sind (LAG Düsseldorf 21.2.97, NZA-RR 97, 383: Klage einer BRatSekretärin; BAG 10.2.99 – 7 ABR 60/97, BeckRS 1999, 30368645: Klage eines der Bestechlichkeit bezichtigten Betriebsinspektors). Demgegenüber sind Rechtsanwaltskosten, die dem BRatMitglied aufgrund einer Lohnklage entstanden sind, auch dann nicht vom ArbGeb zu erstatten, wenn Gegenstand der Klage ausschließlich Vergütungsansprüche wegen BRatbedingter Arbeitsversäumnis waren (BAG 30.6.93, BB 93, 2449). Ebenfalls nicht vom ArbGeb zu erstatten sind Rechtsanwaltskosten, die einem Mitglied der JAV in einem Verfahren nach § 78a Abs 4 BetrVG entstanden sind (BAG 5.4.2000 – 7 ABR 6/99, NZA 2000, 1178; LAG Hamm 16.1.09 – 10 TaBV 37/08, BeckRS 2009, 59328). Jeglicher Erstattungsanspruch kann allerdings unter Umständen rechtsmissbräuchlich sein, wenn das Rechtsmittel als von vornherein aussichtslos zu beurteilen ist.

Auf dem Hintergrund des Benachteiligungsverbots des § 78 Satz 2 BetrVG sind auch in einem **Zustimmungsersetzungsverfahren** nach § 103 Abs 2 BetrVG die im Beschwerdeverfahren entstandenen Rechtsanwaltskosten des BRatMitglieds vom ArbGeb zu erstatten, denn dieses Verfahren entfaltet insofern präjudizielle Wirkung für das spätere individualrechtliche Kündigungsschutzverfahren, als das betroffene BRatMitglied dort nur noch neue Tatsachen vortragen kann (BAG 31.1.90, BB 91, 205). Auch im zweitinstanzlichen Kündigungsschutzverfahren eines sonstigen ArbN wäre der ArbGeb gem § 91 ZPO als unterlegene Partei zur Tragung der Kosten des Rechtsstreits verpflichtet, so dass hier anderenfalls eine Benachteiligung des BRatMitglied entstünde. Dies hat das BAG entschieden für den Fall, dass eine zustimmungsersetzende Entscheidung des ArbG vorliegt und nur das betroffene BRatMitglied, nicht aber der BRat Beschwerde einlegt (BAG 31.1.90, BB 91, 205). Die dem BRatMitglied durch seine Beteiligung am Zustimmungsersetzungsverfahren entstehenden Kosten sind daher keine Kosten der BRatTätigkeit iSd § 40 Abs 1 BetrVG.

Zu den Kosten für die Beauftragung eines Rechtsanwalts durch das einzelne BRatMitglied s *Rechtsanwaltskosten* Rz 13 ff. Wegen der Kosten von Schulungs- und Bildungsveranstaltungen für einzelne BRatMitglieder s *Betriebsratsschulung* Rz 23–25, 31.

5. Kosten für Sachaufwand und Büropersonal. a) Allgemeines.
Gem § 40 Abs 2 BetrVG ist der ArbGeb verpflichtet, dem BRat die sächlichen Mittel, Räume und Büropersonal in erforderlichem Umfang zur Verfügung zu stellen. Das gilt auch für den lediglich ein Restmandat ausübenden BRat (LAG Brem 9.12.04 – 3 TaBV 15/04, DB 05, 1527 [LS]). Die Vorschrift ist nicht tarifdispositiv, sondern hat als betriebsverfassungsrechtliche Organisationsregelung zwingenden Charakter (BAG 9.6.99 – 7 ABR 66/97, NZA 99, 1292). Anders als im Bereich des § 40 Abs 1 BetrVG ist der BRat hier nicht berechtigt, von sich aus Arbeitsmittel anzuschaffen oder Büroräume anzumieten (BAG 21.4.83, DB 84, 248). Er kann lediglich im Rahmen der von ihm vorzunehmenden Erforderlichkeitsprüfung bestimmen, welches Sachmittel er für erforderlich hält. Diese Prüfungskompetenz eröffnet dem BRat einen gewissen, gerichtlich nur beschränkt überprüfbaren Beurteilungsspielraum, den er allerdings nicht aus seiner subjektiven Sichtweise ausfüllen darf. Vielmehr muss er unter sachgerechter Abwägung der Interessen der Belegschaft mit dem Interesse des ArbGeb an einer Kostenbegrenzung seine Entscheidung treffen (BAG 11.11.98 – 7 ABR 57/97, NZA 99, 945; 27.11.02 – 7 ABR 36/01, NZA 03, 803; 3.9.03 – 7 ABR 12/03, NZA 04, 278). Danach ist es grds Aufgabe des ArbGeb zu bestimmen, welches hiervon mehreren sachgerechten Mitteln der BRat erhält (zB welche konkrete Schreibmaschine, welchen PC etc; LAG Nbg 10.12.02 – 2 TaBV 20/02, NZA-RR 03, 418, noch weitergehend wohl BAG 17.2.93 – 7 ABR 19/92, NZA 93, 854). Das kann auch ein gebrauchtes Gerät sein (*Kraft* SAE 99, 70). Die Gegenmeinung (LAG BaWü 26.9.97 – 5 TaBV 1/97, NZA-RR 99, 486) lässt diesen unterschiedlichen Regelungsinhalt von § 40 Abs 1 und 2 BetrVG unberücksichtigt. Etwas anderes gilt lediglich bezüglich der Literaturauswahl aufgrund des dort bestehenden Ermessensspielraums des BRat (s unten Rz 23). § 40 Abs 2 BetrVG gewährt **keine sogenannte Grund- oder Normalausstattung.** Auch aus dem Ausstattungsniveau des ArbGeb lässt sich der erforderliche Umfang eines Sachmittels nicht ausschließlich bestimmen (LAG NdS

119 Betriebsratskosten

9.3.07 – 3 TaBV 47/07, ArbuR 07, 222). Es bedarf in jedem Fall einer konkreten Erforderlichkeitsprüfung (BAG 11.3.98 – 7 ABR 59/96, NZA 98, 953). In dringenden Fällen kann der BRat gem § 85 Abs 2 ArbGG eine einstweilige Verfügung gegen den ArbGeb erwirken, um die Überlassung bestimmter Sachmittel etc zu erreichen. Zum Personalvertretungsrecht vgl *Altvater* Personalrat 03, 261.

16   **b) Räume.** Dem BRat müssen entsprechende Räumlichkeiten zur Verfügung stehen, die ihm die Durchführung seiner Aufgaben ermöglichen. In größeren Betrieben müssen ihm daher ein oder mehrere abschließbare Räume zur ständigen Nutzung überlassen werden (LAG Köln 23.1.13 – 5 TaBV 7/12, BeckRS 2013, 67262; LAG SchlHol 19.9.07 – 6 TaBV 14/07, NZA-RR 08, 187; ArbG Halberstadt 17.6.98 – 3 BV 3/98, AiB 98, 585; ArbG Frankfurt 17.2.99 – 2 BV 454/98, NZA-RR 99, 420; ArbG Wiesbaden 21.12.99 – 8 BV 29/99, NZA-RR 2000, 195). Für die Durchführung der BRatSitzungen genügt unter Umständen die zeitweise Überlassung eines entsprechenden Besprechungszimmers. In kleineren Betrieben kann eine zeitweise Überlassung eines anderweitig genutzten Raumes ausreichen. In diesem Fall ist jedoch mindestens ein abschließbarer **Schrank** zur Verfügung zu stellen. Die Räumlichkeiten müssen zudem so beschaffen sein, dass die Vertraulichkeit der BRatTätigkeit gewährleistet ist (LAG Köln 19.1.01 – 11 TaBV 75/00, NZA-RR 01, 482). Der BRat hat keinen Anspruch auf bestimmte Räume; der ArbGeb kann ihm daher andere als die bisher genutzten Räume zuweisen (LAG Hamm 28.5.10 – 13 TaBV 102/09, BeckRS 2010, 71919, Grenze: Schikaneverbot). Keinesfalls kann er ein dem BRat zur Verfügung gestelltes Büro eigenmächtig räumen, da dem BRat an diesen Räumen das Hausrecht zusteht (LAG Nbg 1.4.99 – 6 Ta 6/99, NZA 2000, 335). Verweigert der BRat die Herausgabe, bedarf es der gerichtlichen Geltendmachung (ArbG Freiburg 5.11.96, AiB 97, 413). Der ArbGeb muss auch den Zutritt eines Rechtsanwalts zum BRatBüro dulden, um diesem dort eine erforderliche Besprechung zu ermöglichen (BAG 20.10.99 – 7 ABR 37/98). Die Räume müssen sich regelmäßig im Betrieb selbst befinden, bei Vorliegen sachlicher Gründe können auch außerbetriebliche Räume herangezogen werden. Diese müssen jedoch in der Nähe des Betriebes liegen (ArbG Würzburg 23.6.98 – 2 BV 1/97, AiB 99, 402: notfalls Anmietung eines Bürocontainers).

17   **c) Sachmittel.** Hierzu gehören die üblicherweise für einen Bürobetrieb benötigten Gegenstände wie **Aktenschrank, Schreibmaterialien,** Schreibmaschine, Diktiergerät, Kopiergerät etc. Der konkrete Bedarf richtet sich insbesondere nach der Größe des Betriebes und damit dem jeweiligen Aufgabenbereich des BRat (vgl im Einzelnen die Aufzählung bei *Kort* NZA 90, 598 und *Beckschulze* DB 98, 1815). In gleichem Maße sinken mit steigender Betriebsgröße die Anforderungen an die Darlegung von Tatsachen für die Erforderlichkeit, ohne diese Prüfung jedoch entbehrlich zu machen (vgl LAG Hamm 18.6.10 – 10 TaBV 11/10, NZA-RR 10, 521: PC-Drucker).

18   **d) Informations- und Kommunikationstechnik** hat in den letzten Jahren auch für die Tätigkeit des BRat erheblich an Bedeutung gewonnen. Dem hat der Gesetzgeber mit der Neufassung des § 40 Abs 2 BetrVG zum 28.7.01 Rechnung getragen. Die ausdrückliche Erwähnung dieser Sachmittel dient der Klarstellung, dass dem BRat die Nutzung von Computern und sonstiger im Betrieb oder Unternehmen vorhandener moderner Kommunikationsmittel ermöglicht werden soll. **Ziel der Neuregelung** war es, die Arbeitsmöglichkeiten der BRäte zu verbessern. Das ergibt sich mehrfach aus der amtlichen Begründung des Regierungsentwurfs (BT-Drs 14/5741 S 26, 28, 41). Gleichwohl ist im Grundsatz die Rechtslage unverändert geblieben. Wie bei den sonstigen Sachmitteln muss der BRat auch in diesem Bereich den konkret erforderlichen Bedarf in jedem Einzelfall darlegen. Dabei gilt als Maßstab das Urteil eines objektiven Dritten, nicht die subjektive Sicht des betroffenen BRat (aA *Däubler* ArbuR 01, 285).

19   Die bisherige Rspr der BAG zur Überlassung eines **PC** an den BRat bleibt daher weiterhin aktuell (BAG 16.5.07 – 7 ABR 45/06, NZA 07, 1117; 11.3.98 – 7 ABR 59/96, NZA 98, 953; 11.11.98 – 7 ABR 57/97, NZA 99, 945; 12.5.99 – 7 ABR 36/97, NZA 99, 1290; *Weber* NZA 08, 280). Allerdings ist der gesetzgeberischen Intention insoweit Rechnung zu tragen, als im Grundsatz von einer Erforderlichkeit auszugehen ist (enger BAG 16.5.07 – 7 ABR 45/06, NZA 07, 1117). Das gilt erst recht für größere Betriebe und umfasst sowohl die hard- als auch der softwaremäßigen Ausstattung des PC (LAG Brem 4.6.09 – 3 TaBV 4/09, NZA-RR 09, 485; LAG Nürnberg 24.8.09 – 5 TaBV 32/06, BeckRS 2009, 72494;

Betriebsratskosten 119

LAG Köln 9.1.08 – 7 TaBV 25/07, BeckRS 2008, 54045; LAG Düsseldorf 23.8.05 – 12 TaBV 23/05, NZA-RR 06, 139; so schon bisher LAG BaWü 19.9.95 – 7 TaBV 4/95, NZA-RR 96, 252; LAG Nbg 8.3.99 – 6/7 TaBV 15/98, NZA-RR 99, 310; weitergehender *Klebe/Wedde* DB 99, 1954). **Laptops** und **Notebooks** gehören demgegenüber auch weiterhin nicht zum allgemeinen Standard eines jeden BRat. Die Erforderlichkeitsprüfung im Einzelfall kommt insoweit uneingeschränkt zu tragen (LAG Köln 17.10.97 – 11 TaBV 15/97, NZA-RR 98, 163). Auch eine besondere Verschlüsselungs-Software, die ein höheres Sicherheitsniveau als sonst im Unternehmen üblich gewährleistet, ist in der Regel nicht erforderlich (LAG Köln 9.7.10 – 4 TaBV 25/10, NZA-RR 11, 24).

Auch die Nutzung elektronischer Kommunikationssysteme soll mit der gesetzlichen Neuregelung erleichtert werden. Das „**Schwarze Brett**" als Grundinformationsmittel des BRat wird zunehmend durch moderne Kommunikationstechnik abgelöst (zum „Schwarzen Brett" zuletzt LAG Hess 15.3.07 – 9 TaBVGa 32/07). Sofern in einem Unternehmen ein sog **Intranet** als Kommunikationsmedium genutzt wird, muss es auch dem BRat zur Verfügung stehen, damit ein effektiver Informationsfluss gewährleistet ist (*Engels/Trebinger/Löhr-Steinhaus* DB 01, 532). Die restriktive Rspr des BAG aus dem Jahr 1993 ist insoweit überholt (vgl BAG 17.2.93 – 7 ABR 19/92, NZA 93, 854). Auch die Rspr zum **Internet**anschluss hat sich in den letzten Jahren weiterentwickelt (vgl zB BAG 3.9.03 – 7 ABR 8/03, NZA 04, 280; 23.8.06 – 7 ABR 55/05, NZA 07, 337; 18.7.12 – 7 ABR 23/11, NZA 13, 49). Zwar geht das BAG auch insoweit nach wie vor von der Maßgeblichkeit der Erforderlichkeit im Einzelfall aus. Gleichzeitig weist es aber mittlerweile auch darauf hin, dass die Nutzung des Internets der Informationsbeschaffung durch den BRat und damit der Erfüllung der ihm obliegenden betriebsverfassungsrechtlichen Aufgaben dient. Der BRat darf daher – wie das BAG ausdrücklich feststellt – einen Internetzugang regelmäßig für erforderlich halten, ohne dass es der Darlegung konkreter, sich ihm aktuell stellender Aufgaben bedarf, zu deren Erledigung Informationen aus dem Internet benötigt werden, sofern nicht ausnahmsweise berechtigte Interessen des ArbGeb entgegenstehen. Lediglich im Einzelfall, insbes bei kleinen Betrieben mit geringer wirtschaftlicher Leistungskraft, dessen Inhaber selbst aus Kostengründen auf den Einsatz teurer Informations- und Kommunikationsmittel verzichtet, kann es angemessen sein, ebenfalls nach der Forderung von deren Zurverfügungstellung abzusehen. Die abstrakte Gefahr, der BRat könne seinen Internetzugang missbrauchen, steht dem Anspruch auf Einrichtung eines solchen Internetzugangs ebensowenig entgegen wie die gleichermaßen abstrakte Gefahr von Störungen durch Viren oder sog. Hackerangriffen (BAG 21.1.10 – 7 ABR 79/08, NZA 10, 709; 17.2.10 – 7 ABR 81/09, NZA-RR 10, 413; 17.2.10 – 7 ABR 54/09, AP Nr 103 zu § 40 BetrVG 1972; vgl auch *Besgen* NZA 06, 959; Näheres s *Internet-/Telefonnutzung* Rz 26 f). Stellt der ArbGeb einen Internetanschluss über das betriebliche Intranet zur Verfügung, hat der BRat regelmäßig keinen Anspruch auf einen weiteren Internetanschluss über einen externen Provider (LAG BaWü 23.1.13 – 13 TaBV 8/12, BeckRS 2013, 66840).

Das Gleiche gilt für die Einrichtung eines eigenen **Telefaxanschlusses** des BRat. Auch insoweit bleiben die Umstände des Einzelfalls maßgeblich (LAG NdS 27.5.02 – 5 TaBV 21/02, NZA-RR 03, 250). Dieser kann bspw zur effektiven Betreuung der ArbN in räumlich getrennten Betriebsteilen erforderlich sein (LAG Hamm 14.5.97 – 3 TaBV 2/97, AiB 98, 43). Sind demgegenüber alle Arbeitsplätze per Intranet vernetzt, wird ein zusätzlicher Telefaxanschluss regelmäßig entbehrlich sein.

Der BRat hat grds Anspruch auf einen eigenen **Telefonanschluss,** nicht jedoch auf einen Amtsanschluss, sofern die Benutzung der betrieblichen Telefonanlage gewährleistet ist (BAG 1.8.90, DB 91, 47; LAG RhPf 9.12.91, NZA 93, 426). Bei einem BRat, der ArbN in einer Vielzahl (hier: 18) räumlich voneinander entfernt liegenden Verkaufsstellen zu betreuen hat, muss der ArbGeb eine vorhandene innerbetriebliche Telefonanlage durch entsprechende Schaltung für den BRat zur Kontaktaufnahme mit den ArbN nutzbar machen. Die lediglich passive telefonische Erreichbarkeit des BRat genügt nicht (BAG 9.6.99 – 7 ABR 66/97, NZA 99, 1292; 8.3.2000 – 7 ABR 73/98; vgl auch BAG 27.11.02 – 7 ABR 36/01, NZA 03, 803). Ein Mobiltelefon **(Handy)** kann der BRat allenfalls in besonderen Ausnahmesituationen verlangen (LAG Hess 28.11.11 – 16 TaBV 129/11, NZA-RR 12, 307: 16 Mobiltelefone für den BRat in einem Unternehmen, das konzernweit seinen Mitarbeitern 32 000 Mobiltelefone zur Verfügung stellt; ArbG Frankfurt/Main 12.8.97 – 18 BV

119 Betriebsratskosten

103/97, AiB 98, 223: freigestellte BRatMitglieder eines 27köpfigen BRat, die mehrere entfernt liegende Betriebsstätten zu betreuen haben und daher nur 2 bis 3 Stunden pro Woche im BRatBüro anwesend sind). Die leichtere Erreichbarkeit des mit einem Handy ausgestatteten BRatVorsitzenden kann auch für den ArbGeb entscheidende Vorteile bieten. Der Anschluss des BRatTelefon an einen automatischen Gebührenrechner ist zulässig (BAG 27.5.86, DB 86, 2080; LAG Hbg 17.3.86, DB 86, 1473).

23   **e) Fachliteratur** ist dem BRat ebenfalls in erforderlichem Umfang zur Verfügung zu stellen. Auch hier sind die Bedürfnisse des jeweiligen BRat maßgebend. Regelmäßig sind erforderlich Gesetzessammlungen zu den wichtigsten arbeitsrechtlichen Vorschriften nebst zugehöriger Kommentierung, jedenfalls aber ein aktueller Kommentar zum BetrVG, weiterhin der einschlägige Tarifvertrag ggf mit Kommentierung sowie UVV (BAG 24.1.96, DB 96, 2034: bei mehrköpfigem BRat eine grundlegende Gesetzessammlung – hier die Sammlung von *Kittner* – für jedes BRatMitglied). Anspruch besteht auch auf eine arbeits- und sozialrechtliche Fachzeitschrift, unabhängig davon, ob sie in einem gewerkschaftlichen Verlag erscheint (vgl LAG Bln 5.10.92, BB 93, 725 [LS]). Fordert der BRat den Bezug mehrerer Fachzeitschriften, trägt er die Darlegungs- und Beweislast für die Erforderlichkeit (BAG 25.1.95, DB 95, 1339: Zeitschrift „Arbeit und Ökologie-Briefe"; LAG Düsseldorf 30.9.97 – 8 TaBV 44/97, BB 98, 2002: Zeitschrift „Computer-Fachwissen für Betriebs- und Personalräte"). Gleiches gilt für den Bezug eines zweiten BetrVG-Kommentars (LAG Frankfurt 2.12.93, DB 94, 1044 [LS]) sowie anderer spezialgesetzlicher Kommentare (LAG RhPf 18.11.99 – 4 TaBV 22/99, NZA-RR 2000, 534: Kommentar zum MuSchG). Ein Anspruch auf persönliche Exemplare von aktuellen BetrVG-Kommentaren besteht idR auch für BRat-Mitglieder, die im Außendienst tätig sind, nicht. Es genügt, wenn diesen BRatMitgliedern jeweils ein Exemplar der Vorauflage zur Verfügung steht (ArbG Düsseldorf 18.11.03 – 3 BV 131/03, NZA-RR 04, 311). Die Literaturauswahl trifft der BRat. Die Auswahlentscheidung muss er nicht ausschließlich unter Kostengesichtspunkten treffen. Dem BRat steht vielmehr ein Ermessensspielraum zu, den er durch sachgerechte Kriterien (zB besondere Eignung eines Buches für die BRatArbeit; besondere Aktualität; Buch, das Argumentationshilfen für die ArbGebSeite liefert etc) ausüben kann (BAG 24.1.96, DB 96, 2034). Insoweit unterliegt er der arbeitsgerichtlichen Kontrolle (BAG 21.4.83, DB 83, 997; LAG Düsseldorf 12.4.88, DB 88, 1072). Bei der Beschaffung der Neuauflage eines Kommentars steht es dem BRat frei, sich für einen anderen Kommentar zu entscheiden, der ihm für seine Bedürfnisse geeigneter erscheint (BAG 26.10.94, DB 95, 581). Der Einwand des ArbGeb, er verfüge selbst nicht über dieses Buch und der BRat müsse daher aus Gründen der „Waffengleichheit" ebenfalls auf den Erwerb verzichten, trägt nicht (LAG Brem 3.5.96, BB 96, 2303 [LS]). Nicht erforderlich ist der regelmäßige Bezug der Tagespresse (BAG 29.11.89, DB 90, 1093: Handelsblatt). Dagegen kann der ArbGeb den BRat gegenüber berechtigten Ansprüchen auf Fachliteratur nicht auf den vorrangigen Besuch von Schulungsveranstaltungen oder die Inanspruchnahme von Sachverständigen verweisen (BAG 25.1.95, DB 95, 1339).

24   **f) Büropersonal.** Soweit der BRat zur Erledigung seiner Aufgaben Hilfskräften bedarf, sind ihm diese zur Verfügung zu stellen (BAG 19.6.12 – 1 ABR 19/11, NZA 12, 1237). Dies kann in kleineren Betrieben durch die stundenweise Überlassung von Schreibkräften geschehen (zum Anspruch auf eine Protokollführerin für eine umfangreiche GBRatSitzung: ArbG Frankfurt 9.1.97, DB 97, 1723), in größeren Betrieben kann je nach Lage des Einzelfalls ein Anspruch auf eine eigene Bürokraft bestehen. Der BRat muss einen entsprechenden Beschäftigungsbedarf darlegen, wobei ihm allein die gerichtlich überprüfbare Entscheidung obliegt, ob und ggf welche Bürotätigkeiten einer Bürokraft übergeben werden. Diese Entscheidung trifft der BRat unter Berücksichtigung sowohl der Interessen der Belegschaft als auch der auf Kostenbegrenzung gerichteten Belange des ArbGeb (BAG 20.4.05 – 7 ABR 14/04, NZA 05, 1010; kritisch *Hunold* NZA 05, 1149; *Bayreuther* NZA 13, 758). Eingestellt wird die Bürokraft dann vom ArbGeb. Er behält grds das arbeitsvertragliche Weisungsrecht. Lediglich das Recht zu Ausübung **konkreter Arbeitsanweisungen** geht auf den BRat über (*Zumkeller/Lüber* BB 08, 2067). ArbN, die berechtigterweise nicht sein Vertrauen genießen, kann der BRat ablehnen (BAG 5.3.97, BB 97, 1538). Er hat ein Mitspracherecht bei der vom ArbGeb zu treffenden Personalauswahl. Eine eigene Auswahlentscheidung steht ihm nicht zu (*Pielenz* AiB 98, 421). Die Bürokräfte des BRat unterliegen denselben Verschwiegenheitspflichten im Hinblick auf Geschäftsgeheimnisse und Personaldaten wie der BRat selbst.

6. Streitigkeiten über die Kosten der BRatTätigkeit sind im arbeitsgerichtlichen Be- 25 schlussverfahren zu klären (BAG 21.11.78, DB 79, 507; 3.4.79, DB 79, 1706). Dies gilt unabhängig davon, ob es um die Kosten des BRat oder eines einzelnen BRatMitglied geht. Im letzteren Fall ist der BRat notwendiger Verfahrensbeteiligter (BAG 13.7.77, DB 78, 168; 10.2.99 – 7 ABR 60/97). Der BRat kann Erstattungsansprüche seiner Mitglieder im eigenen Namen gerichtlich geltend machen, allerdings nur Freistellung bzw Zahlung an die einzelnen Mitglieder verlangen (BAG 27.3.79, AP Nr 7 zu § 80 ArbGG 1953). Die Auflösung des BRat ändert hieran nichts (BAG 24.10.01 – 7 ABR 20/00, DB 02, 849). Auch bei Abtretung der Kostenerstattungsansprüche des BRat an die Gewerkschaft oder den beauftragten Rechtsanwalt zur eigenen Geltendmachung ist das Beschlussverfahren die richtige Verfahrensart (BAG 29.1.74, DB 74, 1292; 13.5.98 – 7 ABR 65/96, NZA 98, 900; LAG NdS 24.1.2000 – 5 TaBV 25/99, NZA-RR 2000, 309).

B. Lohnsteuerrecht *Thomas*

BRatKosten sind beim ArbGeb Betriebsausgaben (§ 4 Abs 4 EStG). Beim BRatMitglied 26 sind die weitergezahlten Vergütungen Arbeitslohn (s *Betriebsratsfreistellung* Rz 38), nicht dagegen der von ihm dadurch ersparte Aufwand, dass der ArbGeb ihm sächliche Mittel, Räume und Büropersonal zur Verfügung stellen muss. Derartige Ausgaben tätigt der ArbGeb im sog eigenbetrieblichen Interesse (s *Arbeitsentgelt* Rz 48). Soweit der ArbGeb dem BRatMitglied eigene Aufwendungen ersetzt, gelten die allgemeinen Bestimmungen über Werbungskostenersatz (s *Aufwandsentschädigung* Rz 3 bzw *Aufwendungsersatz* Rz 23).

C. Sozialversicherungsrecht *Schlegel*

Die Verpflichtung des ArbGeb, BRatKosten zu tragen, hat keine sozialversicherungsrecht- 27 lichen Auswirkungen.

Betriebsratsmitglied

A. Arbeitsrecht *Kreitner*

Übersicht

	Rz		Rz
1. Betriebsratsamt und Ausübung	1–6	3. Betriebsratsamt und Arbeitsverhältnis	18–23
2. Erlöschen des Betriebsratsamts	7–17	4. Ersatzmitglieder	24–29
a) Gründe	7–14	a) Nachrücken	25, 26
b) Rechtsfolgen	15, 16	b) Reihenfolge	27, 28
c) Streitigkeiten	17	c) Rechtsstellung des Ersatzmitglieds	29

1. Betriebsratsamt und Ausübung. In ein BRatAmt **wählbar** ist gem § 8 BetrVG jeder 1 wahlberechtigte ArbN, der sechs Monate dem Betrieb angehört oder als Heimarbeiter in der Hauptsache für den Betrieb gearbeitet hat. Anders ist dies lediglich in Betrieben, die noch keine sechs Monate bestehen. Hier genügt nach § 8 Abs 2 BetrVG die Betriebszugehörigkeit im Zeitpunkt der Einleitung der BRatWahl. Wählbar ist auch der ordentlich gekündigte ArbN, sofern er eine Kündigungsschutzklage erhoben hat (BAG 10.11.04 – 7 ABR 12/04, NZA 05, 707). Zur Arbeitsleistung überlassene ArbN sind im Entleiherbetrieb nicht wählbar. Das gilt auch bei nicht gewerbsmäßiger Überlassung (BAG 17.2.10 – 7 ABR 51/08, NZA 10, 832). Jedes BRatMitglied übt sein Amt **ehrenamtlich** und **unentgeltlich** aus (§ 37 Abs 1 BetrVG). Jegliche Vergütungszahlung wegen oder aufgrund des BRatAmtes ist damit ausgeschlossen. Das gilt auch für sonstige Vergünstigungen oder Benachteiligungen (*Moll/Roebers* NZA 12, 57; Näheres s *Betriebsrat* Rz 55). Dieses Prinzip wahrt sowohl die innere als auch die äußere Unabhängigkeit der BRäte und stärkt die Akzeptanz der vom BRat mit zu tragenden Entscheidungen in der Belegschaft (BAG 5.3.97 – 7 AZR 581/92, NZA 97, 1242). Die BRatTätigkeit ist keine Arbeitszeit iSd ArbZG (*Wiebauer* NZA 13, 540).

Um dieses Ehrenamt sachgerecht ausüben zu können, muss das BRatMitglied von seiner 2 arbeitsvertraglich geschuldeten Tätigkeit entlastet und bei der Ausübung der BRatTätigkeit

120 Betriebsratsmitglied

unterstützt werden. Das stellt das BetrVG im Wesentlichen durch entsprechende Freistellungs- und Schulungsregelungen in § 37 Abs 2 und 3 bzw Abs 6 und 7 BetrVG sicher (Näheres hierzu s *Betriebsratsfreistellung* Rz 1 ff und *Betriebsratsschulung* Rz 1 ff). Daneben sind BRatMitglieder gem § 37 Abs 4 und 5 BetrVG in ihrer **wirtschaftlichen und beruflichen Entwicklung** gesetzlich dahin abgesichert, dass ihnen durch die BRatTätigkeit gegenüber den anderen ArbN keine Nachteile entstehen dürfen. Sowohl hinsichtlich der Bemessung des Arbeitsentgelts als auch in Bezug auf die Tätigkeit ist das BRatMitglied während der Dauer seiner Amtszeit sowie während eines Nachwirkungszeitraums von einem Jahr einem vergleichbaren ArbN mit betriebsüblicher beruflicher Entwicklung gleich zu behandeln. Der berufliche Werdegang ist fiktiv nachzuzeichnen (BAG 27.6.01 – 7 AZR 496/99, NZA 02, 107 zu § 46 BPersVG; Näheres s *Betriebsratsfreistellung* Rz 35). Aus der Unentgeltlichkeit folgt gleichzeitig die gesetzlich in § 40 BetrVG angeordnete **Kostentragungspflicht** des ArbGeb (Näheres s *Betriebsratskosten* Rz 10 ff). Bei Kompetenzüberschreitungen kann allerdings eine persönliche Haftung in Betracht kommen (Näheres s *Betriebsratskosten* Rz 3). Nach dieser Vorschrift muss der ArbGeb auch die erforderlichen Sachmittel zur Verfügung stellen und ggf auch Unterstützung in personeller Hinsicht gewähren (Näheres s *Betriebsratskosten* Rz 15 ff).

3   Alle BRat- und Ersatzmitglieder trifft gem § 79 BetrVG eine besondere **Geheimhaltungspflicht,** die auch nach dem Ausscheiden aus dem BRat fortbesteht. Sie umfasst Betriebs- und Geschäftsgeheimnisse, die vom ArbGeb ausdrücklich als geheimhaltungsbedürftig bezeichnet worden sind (Näheres s *Betriebsgeheimnis* Rz 11). Das können im Einzelfall ausnahmsweise auch Lohn- und Gehaltsdaten sein, wenn in bestimmten Unternehmensbereichen konkurrierende Unternehmen durch die Kenntnis der Vergütungsstruktur ihre Wettbewerbsfähigkeit steigern könnten (BAG 26.2.87 – 6 ABR 46/84, NZA 88, 63). **Ausgenommen** von der Geheimhaltungspflicht sind im Interesse der Funktionsfähigkeit des BRat gem § 79 Abs 1 Satz 3 und 4 BetrVG der interne Meinungsaustausch im BRat sowie die Kommunikation mit dem GBRat und dem KBRat sowie den ArbNVertretern im Aufsichtsrat und im Einigungsstellenverfahren. Obwohl im Ausnahmekatalog des § 79 BetrVG nicht ausdrücklich erwähnt, gehören auch die ArbNVertreter iSv § 3 Abs 1 Nr 2 BetrVG zu den informationsberechtigten Personen, da sie an die Stelle von BRäten treten und daher auch für sie die Geheimhaltspflicht des § 79 BetrVG originär gilt (ErfK/*Kania* § 79 BetrVG Rz 13). Unzulässig bleibt demgegenüber die Weitergabe derartiger Informationen an die JAV, den Wirtschaftsausschuss sowie die Vertreter von Gewerkschaften und ArbGebVerbänden (*Fitting* § 79 Rz 25). Ob im Einzelfall ein Betriebs- oder Geschäftsgeheimnis gegeben ist, unterliegt der arbeitsgerichtlichen Rechtskontrolle (BAG 11.7.2000 – 1 ABR 43/99, NZA 01, 402).

4   **Weitere Verschwiegenheitspflichten** ergeben sich aus spezielleren Regelungen in §§ 82 Abs 2 Satz 3, 83 Abs 1 Satz 3 sowie §§ 99 Abs 1 Satz 3 und 102 Abs 2 Satz 5 BetrVG. Danach ist über anlässlich der BRatTätigkeit zur Kenntnis gekommene persönlichen Daten der ArbN (zB Anhörung des BRat zu einer krankheitsbedingten Kündung nach § 102 BetrVG oder zu einer Versetzung nach § 99 BetrVG; Kenntnis über besondere persönliche Situation von ArbN im Rahmen von Einzelgesprächen etc) Stillschweigen zu bewahren. Gleiches gilt aufgrund des allgemeinen Persönlichkeitsschutzes für Daten, die dem BRat-Mitglied von anderen ArbN ausdrücklich als vertraulich mitgeteilt worden sind.

5   Zur Gewährleistung von Transparenz und Kontrolle innerhalb des BRat haben die BRat-Mitglieder nach § 34 Abs 3 BetrVG ein jederzeitiges **Einsichtsrecht** in die Unterlagen des BRat und seiner Ausschüsse. Es umfasst auch Unterlagen von Arbeitsgruppen nach § 28a BetrVG und von anderen BRatMitgliedern in gemeinsamen Ausschüssen iSv § 28 Abs 2 BetrVG (ErfK/*Koch* § 34 BetrVG Rz 2). Unterlagen iSv § 34 Abs 3 BetrVG sind dabei nicht nur die in Papierform verkörperten Aufzeichnungen, sondern auch sämtliche auf Datenträgern gespeicherten Dateien sowie die Korrespondenz des BRat unter dessen E-Mail-Anschrift. Zum Einsichtsrecht zählt daher auch das elektronische Leserecht der Dateien und der E-Mail-Korrespondenz (BAG 12.8.09 – 7 ABR 15/08, NZA 09, 1218).

6   Schließlich gilt auch die Verpflichtung zur **vertrauensvollen Zusammenarbeit** mit dem ArbGeb aus § 2 Abs 1 BetrVG für jedes BRatMitglied unmittelbar (*Schaub*/*Koch* § 215 Rz 12). Die Vorschrift regelt jedoch nicht das Verhältnis einzelner BRatMitglieder zueinander und betrifft damit nicht die Zusammenarbeit im BRat selbst (*Richardi* § 2 Rz 8).

2. Erlöschen des Betriebsratsamts. a) Gründe. Für die Beendigung des BRatAmts beruhen die Gründe entweder auf Umständen, die den BRat als Ganzes betreffen oder sind individueller Natur.

aa) Ablauf der Amtszeit des Betriebsrats. Das regelmäßige oder vorzeitige Ende der Amtszeit des BRat beendet naturgemäß auch das Amt der einzelnen BRatMitglieder (§ 24 Nr 1 BetrVG). Besonderheiten gelten bei der teilweisen Betriebsstilllegung und dem Übergang von Betriebsteilen nach § 613a BGB wegen des dann eingreifenden Rest- bzw Übergangsmandats (Näheres *Betriebsübergang* Rz 56 sowie *Restmandat/Übergangsmandat* Rz 1 ff).

bb) Tod des Betriebsratsmitglieds. Auch wenn in Einzelfällen ein Arbeitsverhältnis nach dem Tod des BRatMitglieds mit dem Erben fortgesetzt wird, tritt dieser nicht in das betriebsverfassungsrechtliche Mandat ein. Das BRatAmt endet gleichermaßen mit dem Eintritt der Geschäftsunfähigkeit des BRatMitglieds.

cc) Niederlegung des Betriebsratsamtes führt gem § 24 Nr 2 BetrVG zum Erlöschen der Mitgliedschaft. Eine solche Niederlegung ist jederzeit grundlos möglich und ist dem BRatVorsitzenden gegenüber formlos zu erklären. Besteht der BRat nur (noch) aus einem BRatMitglied, ist die Amtsniederlegung der Belegschaft zur Kenntnis zu geben; ist auch eine solche – wie zB bei einem Restmandat nach einer Betriebsstilllegung – nicht mehr vorhanden, kann die Erklärung gegenüber dem ArbGeb erfolgen (BAG 12.1.2000 – 7 ABR 61/98, NZA 2000, 669). Ist die Erklärung dem Adressaten zugegangen, kommt ein Widerruf oder eine Rücknahme nicht mehr in Betracht. Auch eine Anfechtung scheidet grds aus, da die personelle Zusammensetzung des BRat jederzeit unzweifelhaft feststehen muss.

dd) Beendigung des Arbeitsverhältnisses. Mit dem rechtskräftig festgestellten Ende des Arbeitsverhältnisses erlischt die Wählbarkeit zum BRat und damit gleichzeitig die Möglichkeit ein BRatAmt auszuüben. Auf den Beendigungsgrund kommt es ebenso wenig an wie auf die Art und Weise der Beendigung des Arbeitsverhältnisses (Kündigung, Befristung, Aufhebungsvertrag). Eine **Ausnahme** bildet insoweit das Restmandat nach einer Betriebsstilllegung, das auch nach Beendigung des Arbeitsverhältnisses noch fortbestehen kann. Das gleiche kann bei einem Übergangsmandat im Verhältnis zum Betriebs(teil)übernehmer gelten (Näheres s *Restmandat/Übergangsmandat* Rz 8). Besteht zwischen dem BRatMitglied und dem ArbGeb Streit über die Wirksamkeit der Beendigung des Arbeitsverhältnisses, ist eine ArbGebSeitige Kündigung ggf erst nach rechtskräftigen Abschluss des gerichtlichen Zustimmungsersetzungsverfahrens nach § 103 BetrVG möglich. In diesem Fall ist das BRat-Mitglied trotz zunächst noch fortbestehenden Arbeitsverhältnisses an der Amtsausübung zeitweilig verhindert und ein Ersatzmitglied nimmt nach § 25 Abs 1 Satz 2 BetrVG die Geschäfte wahr. Etwas anderes gilt lediglich dann, wenn die beabsichtigte Kündigung offensichtlich unwirksam ist (LAG Hamm 17.1.96 – 3 TaBV 61/95, NZA-RR 96, 414). Kommt es nach einer wirksamen Beendigung des Arbeitsverhältnisses zu einer **Wiedereinstellung** des BRatMitglieds, lebt das BRatAmt auch dann nicht wieder auf, wenn dies von den Parteien gewollt ist.

ee) Verlust der Wählbarkeit. Da wählbar nur die betriebsangehörigen ArbN sind, führt jedes mehr als nur vorübergehende **Ausscheiden aus dem Betrieb** zum Verlust der Wählbarkeit. Praxisrelevante Fälle sind die Versetzung in einen anderen Betrieb oder ein anderes konzernangehöriges Unternehmen, die Ausgliederung des Betriebsteils, in dem das BRat-Mitglied beschäftigt ist oder der Eintritt in die Freistellungsphase einer Altersteilzeit im Blockmodell (BAG 16.4.03 – 7 ABR 53/02, NZA 03, 1345; Näheres s *Altersteilzeit* Rz 7).

Das Gleiche gilt beim **Verlust der Arbeitnehmereigenschaft** iSv § 5 BetrVG als der anderen grds Wählbarkeitsvoraussetzung. Häufigster Anwendungsfall dürfte insoweit die Übertragung einer Stellung als leitender Angestellter nach § 5 Abs 3 BetrVG sein. Schließlich kann ein BRatMitglied die Wählbarkeit verlieren, wenn ihm aufgrund einer **strafgerichtlichen Verurteilung** die Fähigkeit entzogen worden ist, Rechte aus öffentlichen Wahlen zu erlangen.

ff) Amtsenthebung. Das BRatAmt erlischt, wenn das BRatMitglied gem § 23 Abs 1 BetrVG aufgrund einer Entscheidung des ArbG aus dem BRat ausgeschlossen oder der BRat insgesamt aufgelöst worden ist (Näheres s *Amtspflichtverletzung (Betriebsrat)* Rz 4 ff).

gg) Gerichtliche Feststellung der Nichtwählbarkeit. Anders als beim Verlust der Wählbarkeit geht es hier um die von Anfang an fehlende Wählbarkeit des BRatMitglieds. Diese ist als Gegenstand eines arbeitsgerichtlichen Beschlussverfahrens mit rechtsgestaltender

120 Betriebsratsmitglied

Wirkung festzustellen. Die Behandlung als Vorfrage im Rahmen eines anderen Rechtsstreits genügt nicht (BAG 29.9.83 – 2 AZR 212/82, AP Nr 15 zu § 15 KSchG 1969). Antragsberechtigt sind in diesem Beschlussverfahren nur die wahlanfechtungsberechtigten Personen. Ist der ursprünglich vorhandene Mangel zwischenzeitlich behoben, scheidet eine Feststellung nach § 24 Nr 6 BetrVG aus. Das BRatMitglied behält den Sonderkündigungsschutz bis zum rechtskräftigen Abschluss des Beschlussverfahrens (BAG 29.9.83 – 2 AZR 212/82, AP Nr 15 zu § 15 KSchG 1969).

15 **b) Rechtsfolgen** des Amtsverlusts sind zunächst das Ausscheiden aus allen Ämtern und Funktionen, die mit dem BRatAmt verbunden sind. Betroffen sind hiervon Mitgliedschaften im Betriebsausschuss, sonstigen Ausschüssen und Arbeitsgruppen sowie die Zugehörigkeit zum GBRat und KBRat. Bei einer Zugehörigkeit zum Wirtschaftsausschuss gilt das nur für das in § 107 Abs 1 BetrVG genannte notwendige Mitglied. Die Funktion als Beisitzer in einer Einigungsstelle endet demgegenüber nicht automatisch. Es bedarf vielmehr einer ausdrücklichen Abberufung durch den BRatVorsitzenden. Eine Mitgliedschaft im Aufsichtsrat bleibt vom Amtsverlust unberührt.

16 Mit dem Verlust des BRatAmts endet gleichzeitig der Sonderkündigungsschutz aus §§ 15 KSchG, 103 BetrVG. An seine Stelle tritt nach § 15 Abs 1 Satz 2 KSchG der **nachwirkende Kündigungsschutz,** sofern die Beendigung der Mitgliedschaft nicht auf einer gerichtlichen Entscheidung beruht (also in den oben unter Rz 13 genannten Fällen).

17 **c) Streitigkeiten** über Beendigung oder Fortbestand der Mitgliedschaft im BRat sind im arbeitsgerichtlichen Beschlussverfahren zu klären. Mit Ausnahme der Fälle der gerichtlichen Feststellung der Nichtwählbarkeit und der Amtsenthebung kann über die Mitgliedschaft im BRat auch inzidenter zB im Rahmen eines Kündigungsschutzprozesses entschieden werden.

18 **3. Betriebsratsamt und Arbeitsverhältnis.** Jedes BRatMitglied ist gleichzeitig ArbN des Betriebes. Arbeitsvertragliche Pflichten überschneiden sich daher oftmals mit der Tätigkeit als BRat. Vorrangig bleibt aber immer das Individualarbeitsrecht. So gilt zB für das nach § 38 BetrVG freigestellte BRatMitglied weiterhin grds **Anwesenheitspflicht** während der Arbeitszeit (BAG 28.8.91 – 7 ABR 46/90, NZA 92, 72). Ein BRatMitglied kann für eine im BRatAmt begangene Fehlleistung nach bislang hM nicht **abgemahnt** werden. Demgegenüber bleibt die Abmahnung einer arbeitsvertraglichen Pflichtverletzung auch dann möglich, wenn sie im Zusammenhang mit der Ausübung von BRatTätigkeit steht (zB fehlende Abmeldung zur Ausübung von BRatTätigkeit; Näheres s *Amtspflichtverletzung (Betriebsrat)* Rz 2). BRatTätigkeit ist nur auf Wunsch des ArbN in ein **Arbeitszeugnis** aufzunehmen. Sie hat keinen hinreichenden Bezug zur dort dokumentierten Arbeitsleistung des ArbN (BAG 19.8.92 – 7 AZR 262/91, NZA 93, 222; Näheres s *Zeugnis* Rz 30). Etwas anderes kann allenfalls bei einer langjährigen Freistellung nach § 38 BetrVG gelten. Ist in diesem Fall ansonsten eine Beurteilung des ArbN ausgeschlossen, kann die erfolgte Freistellung als BRat-Mitglied auch gegen den Wunsch des ArbN in einem qualifiziertes Zeugnis Erwähnung finden (*Witt* BB 96, 2194).

19 Besonders hervorzuheben ist der **Sonderschutz,** den BRatMitglieder in ihrer individualrechtlichen Stellung haben. § 15 Abs 1 KSchG schließt die ordentliche **Kündigung** eines BRatMitglieds während der Amtszeit sowie für einen Zeitraum von einem Jahr nach Beendigung des BRatAmts grds aus. Ausnahmen gelten gem § 15 Abs 4 und 5 KSchG nur, wenn der gesamte Betrieb oder jedenfalls eine Betriebsabteilung stillgelegt wird. Im erstgenannten Fall ist die Kündigung frühestens zum Zeitpunkt der Stilllegung möglich, geht es um die Stilllegung einer Betriebsabteilung muss das BRatMitglied in eine andere Abteilung des Restbetriebs übernommen werden. Hier muss ggf ein Arbeitsplatz für das BRatMitglied freigekündigt werden (BAG 18.10.2000 – 2 AZR 494/99, NZA 01, 321; 13.6.02 – 2 AZR 391/01, NZA 03, 44). Das gilt allerdings nur für gleichwertige und nicht für höherwertige Arbeitsplätze (BAG 23.2.10 – 2 AZR 656/08, NZA 10, 1288).

20 Flankiert wird dieser individualrechtliche Kündigungsschutz von einer **weitergehenden Mitbestimmung** bei der danach regelmäßig allein möglichen außerordentlichen Kündigung. Über das Anhörungsrecht des § 102 BetrVG hinaus bedarf die außerordentliche Kündigung eines BRatMitglieds nach § 103 BetrVG der ausdrücklichen Zustimmung des BRat, die vom ArbGeb ggf im Rahmen eines arbeitsgerichtlichen Zustimmungsersetzungsverfahrens erstritten werden muss. Von der Beschlussfassung des BRat ist das betroffenen

BRatMitglied ausgeschlossen. An seiner Stelle ist das Ersatzmitglied heranzuziehen. Der Ausspruch der Kündigung ist dabei erst nach Vorliegen einer rechtskräftigen gerichtlichen Zustimmungsersetzungsentscheidung möglich. Verweigert der BRat die Zustimmung zur beabsichtigten außerordentlichen Kündigung, sind an die einseitige **Freistellung** des zu kündigenden BRatMitglieds durch den ArbGeb besonders strenge Anforderungen zu stellen (LAG Köln 2.8.05 – 1 Sa 952/05, NZA-RR 06, 28; LAG Hess 28.6.10 – 16 SaGa 811/10, BeckRS 2010, 73262; Näheres s *Freistellung von der Arbeit* Rz 19). Die gleichzeitige Verhinderung von BRatTätigkeit (generelles Hausverbot) ist regelmäßig nicht zulässig. Seine **betriebsverfassungsrechtlichen Aufgaben** darf auch das von der Arbeitspflicht freigestellte BRatMitglied ausüben. Etwas anderes kann in Ausnahmefällen nur unter Rechtsmissbrauchsgesichtspunkten gelten, wenn die Gefahr der Beseitigung von Beweismitteln oder eine aufgrund konkreter Umstände drohende Störung des Betriebsfriedens zu befürchten ist (LAG München 19.3.03 – 7 TaBV 65/02, NZA-RR 03, 641; LAG Hamm 27.4.72 – 8 TaBV 6/72, LAGE § 103 BetrVG 1972 Nr 1). Für die Dauer der Suspendierung bleibt der ArbGeb grds zur Zahlung der arbeitsvertraglichen **Vergütung** verpflichtet, da die Freistellung ansonsten der kraft Gesetzes noch nicht möglichen fristlosen Kündigung gleichkäme und der Sonderkündigungsschutz so umgangen würde. Vor diesem Hintergrund erscheint ein gerichtliches Zustimmungsersetzungsverfahren zur Suspendierung ohne Fortzahlung der Vergütung in entsprechender Anwendung von § 103 BetrVG jedenfalls in extremen Fällen erwägenswert (ebenso KR/*Etzel* § 103 BetrVG Rz 145).

Das betroffene BRatMitglied ist am gerichtlichen Zustimmungsersetzungsverfahren zu 21 beteiligen (BAG 11.5.2000 – 2 AZR 276/99, NZA 2000, 1106). Das Verfahren hat **Präklusionswirkung** im Verhältnis zum nachfolgenden Kündigungsschutzprozess. In diesem die Wirksamkeit der außerordentlichen Kündigung betreffenden Verfahren kann sich der ArbN nur auf solche Tatsachen berufen, die er im Zustimmungsersetzungsverfahren nicht geltend gemacht hat und auch nicht geltend machen konnte (BAG 15.8.02 – 2 AZR 214/01, NZA 03, 432).

Die **Versetzung** eines BRatMitglieds bedarf gem § 103 Abs 3 BetrVG ebenfalls der 22 Zustimmung des BRat, wenn das betroffene BRatMiglied mit der Versetzung nicht einverstanden ist und sie zum Verlust des Amtes oder der Wählbarkeit führen würde. Im Fall der fehlenden Zustimmung des BRat kann der ArbGeb die gerichtliche Zustimmungsersetzung betreiben, wenn die Versetzung aus dringenden betrieblichen Gründen notwendig ist. Da eine § 15 KSchG entsprechende Vorschrift für die Versetzung fehlt, endet der Versetzungsschutz mit Ausscheiden aus dem BRatAmt, ein nachwirkender Schutz existiert nicht.

Ein umfassendes **Behinderungs-** sowie **Benachteiligungs-** und **Begünstigungsverbot** 23 enthält § 78 BetrVG. BRatMitglieder dürfen in der Ausübung ihrer Tätigkeit nicht gestört oder behindert und wegen ihrer Tätigkeit nicht benachteiligt oder begünstigt werden (Näheres s *Betriebsrat* Rz 55 und *Unterlassungsanspruch* Rz 7).

4. Ersatzmitglieder. Diese sichern die Kontinuität der BRatArbeit und gewährleisten 24 eine möglichst vollständige und stetige Besetzung des BRat. Sie werden nicht gesondert gewählt, es handelt sich bei ihnen vielmehr um die bei der letzten BRatWahl nicht gewählten Wahlbewerber. Für BRatAusschüsse nach § 28 BetrVG müssen keine Ersatzmitglieder gewählt werden, da der BRat auch eine völlige Neubesetzung des Ausschusses bei Ausscheiden eines Mitglieds beschließen kann (BAG 16.3.05 – 7 ABR 43/04, NZA 05, 1072). Gleichwohl erscheint die vorsorgliche Wahl von Ersatzmitgliedern sinnvoll (Näheres s *Betriebsrat* Rz 27).

a) Nachrücken. Ersatzmitglieder rücken gem § 25 Abs 1 BetrVG kraft Gesetzes nach, 25 ohne dass ein besonderer BRatBeschluss hierfür notwendig ist, sobald ein Mitglied aus dem BRat ausscheidet. Der BRatVorsitzende zieht das Ersatzmitglied zu der anstehenden BRatTätigkeit heran. Je nach Lage des Einzelfalls kann eine gleichzeitige Information des ArbGeb sachgerecht sein, um späteren Streit über die Arbeitsbefreiung und Vergütungsfortzahlung für das Ersatzmitglied zu vermeiden. Das Ersatzmitglied rückt **endgültig** für den Rest der Amtszeit nach. Hierzu gehört auch der Eintritt eines in Altersteilzeit befindlichen BRat-Mitglieds in die Freistellungsphase im Blockmodell (BAG 16.4.03 – 7 ABR 53/02, NZA 03, 1345). Häufiger ist der Einsatz von Ersatzmitgliedern im Fall der vorübergehenden Verhinderung eines ordentlichen BRatMitglieds. Dann rückt das Ersatzmitglied nur **zeitweise**

120 Betriebsratsmitglied

für die Dauer der Verhinderung nach. Die Verhinderung kann tatsächlicher (Krankheit, Urlaub etc) oder rechtlicher (Beschlussfassung in eigener Sache) Natur sein. Sie bezieht sich nicht nur auf die Beschlussfassung des BRat sondern auch auf die Beratung der Angelegenheit, denn anderenfalls müsste das Ersatzmitglied über eine Angelegenheit entscheiden, die es nicht mitberaten durfte (BAG 23.8.84 – 2 AZR 391/83, NZA 85, 254). Ein ohne Heranziehung des Ersatzmitglieds getroffener Beschluss des BRat ist nach der Rspr des BAG unwirksam (BAG 3.8.99 – 1 ABR 30/98, NZA 2000, 440). Eine Verhinderung wegen Urlaubs liegt jedenfalls immer dann vor, wenn das BRatMitglied nicht zuvor seine Bereitschaft angezeigt hat, trotz des Urlaubs für BRatTätigkeit zur Verfügung zu stehen. Anders ist die Rechtslage hinsichtlich der allgemein arbeitsfreien Zeit. Außerhalb der persönlichen Arbeitszeit ist einem BRatMitglied die Wahrnehmung von BRatAufgaben nicht grds unzumutbar (BAG 27.9.12 – 2 AZR 955/11, NZA 13, 425). Bei einem Zustimmungsersuchen des ArbGeb nach § 99 BetrVG ist das BRatMitglied nur dann ausgeschlossen, wenn es selbst die Person ist, auf die sich das Ersuchen des ArbGeb richtet (BAG 24.4.13 – 7 ABR 82/11, NZA 13, 857).

26 Die Stellvertretung muss **notwendig** und darf nicht willkürlich sein. Die BRatMitglieder oder der BRatVorsitzende können also nicht nach Belieben die Besetzung des BRat wechseln und Ersatzmitglieder heranziehen. Für ein BRatMitglied, das der Sitzung unentschuldigt fernbleibt ohne verhindert zu sein, ist **kein Ersatzmitglied** zu laden. Die Voraussetzungen für ein Nachrücken liegen dann nicht vor. Die Vertretung **endet**, sobald der Verhinderungsgrund weggefallen ist und das verhinderte BRatMitglied seine Tätigkeit wieder aufnimmt.

27 b) **Reihenfolge.** Die Ersatzmitglieder rücken in der von § 25 Abs 2 BetrVG angeordneten Reihenfolge nach, wobei zwischen Verhältnis- und Mehrheitswahl zu unterscheiden ist. Die Vorgabe des § 25 Abs 2 BetrVG ist zwingend (LAG SchlHol 1.11.12 – 5 TaBV 13/12, BeckRS 2012, 75871).

Wurde die BRatWahl als **Verhältniswahl** (Listenwahl) durchgeführt, rückt ein Ersatzmitglied aus der Liste des ausgeschiedenen oder verhinderten BRatMitglieds nach. Innerhalb der Liste ist die Reihenfolge der Listenplätze maßgeblich, wobei vorrangig die Geschlechterquote einzuhalten ist. Ist diese Liste (ggf auch für die Geschlechterquote) erschöpft, ist die Liste heranzuziehen, auf die nach den Grundsätzen der Verhältniswahl der nächste Sitz entfallen würde. Eine Neuwahl ist anstelle des Nachrückens aus der Liste ebenso wenig zulässig wie die nachträgliche Änderung der Reihenfolge einer einmal gewählten Liste (ArbG Bln 19.6.03 – 25 BV 6243/03, NZA-RR 04, 87). Scheidet ein im Wege der Verhältniswahl freigestelltes BRatMitglied aus, ist in entsprechender Anwendung von § 25 Abs 2 Satz 1 BetrVG das ersatzweise freizustellende Mitglied der Vorschlagsliste des ausscheidenden Mitglieds zu entnehmen (BAG 14.11.01 – 7 ABR 31/00, NZA 02, 755; 20.4.05 – 7 ABR 44/04, NZA 05, 1426). Ist die Vorschlagsliste erschöpft, kommt § 25 Abs 2 Satz 2 BetrVG zur Anwendung. Letzteres gilt nicht für BRatAusschüsse (BAG 16.3.05 – 7 ABR 43/04, NZA 05, 1072).

28 Fand eine **Mehrheitswahl** statt, tritt an die Stelle des ausgeschiedenen oder verhinderten Mitglieds das dem gleichen Geschlecht angehörende Ersatzmitglied mit der nächsthöchsten Stimmenzahl. Der Vorrang der Geschlechterquote folgt aus § 15 Abs 2 BetrVG, der nach Auffassung des BAG ebenso wie § 15 Abs 5 Nr 2 Satz 1 WahlO verfassungsgemäß ist (BAG 16.3.05 – 7 ABR 40/04, NZA 05, 1252; anders noch vorher LAG Köln 13.10.03 – 2 TaBV 1/03, NZA-RR 04, 247 und 31.3.04 – 3 TaBV 12/03).

Ist **kein Ersatzmitglied mehr vorhanden,** das nachrücken könnte, und verfügt damit der BRat nicht mehr über die gesetzliche Anzahl von Mitgliedern, greift § 13 Abs 2 Nr 2 BetrVG ein und es kommt zur Neuwahl des BRat.

29 c) **Rechtsstellung des Ersatzmitglieds.** Während seiner Zeit „im Wartestand" **vor der Heranziehung** für ein verhindertes BRatMitglied hat das potenzielle Ersatzmitglied keine besondere betriebsverfassungsrechtliche Stellung. Es ist gerade nicht zum BRat gewählt worden (BAG 21.2.01 – 7 ABR 41/99, NZA 02, 282). Allerdings erhält es **mit seinem Nachrücken** in den BRat sofort die vollwertige Stellung eines BRatMitglieds. Es genießt dann den gleichen besonderen **Kündigungsschutz** wie die Vollmitglieder des BRat. Das gilt auch für den nachwirkenden Kündigungsschutz mit der Folge, dass auch für ein Ersatzmitglied bei einer Teilbetriebsstilllegung ein anderweitiger Arbeitsplatz freigekündigt werden muss (LAG Hbg 26.5.04 – 5 Sa 65/03). Dabei kommt es allein auf die tatsächliche Ausübung

von BRatTätigkeit an. Stellt sich zB später heraus, dass das wegen Krankheit vertretene BRatMitglied tatsächlich gar nicht krankheitsbedingt verhindert war oder die Heranziehung des Ersatzmitglieds durch den BRatVorsitzenden grundlos erfolgte, behält das vorübergehend herangezogene Ersatzmitglied den nachwirkenden Kündigungsschutz (BAG 5.9.86 – 7 AZR 175/85, AP Nr 26 zu § 15 KSchG 1969; 12.2.04 – 2 AZR 163/03, AP Nr 1 zu § 15 KSchG 1969 Ersatzmitglied). Der nachwirkende Kündigungsschutz setzt jeweils mit dem Ende der Heranziehung ein und beginnt bei mehrfacher Heranziehung innerhalb einer Wahlperiode jeweils wieder neu. Aus dem vorübergehenden Eintritt in alle Rechte und Pflichten eines BRatMitglieds folgt auch ein je nach dem Umständen des Einzelfalls möglicher Anspruch auf Teilnahme an **Betriebsratsschulungen** gem § 37 Abs 6 BetrVG (BAG 19.9.01 – 7 ABR 32/00, AP Nr 9 zu § 25 BetrVG 1972). Schließlich gilt § 24 BetrVG für das Ausscheiden des Ersatzmitglieds aus dem BRat entsprechend (GK-BetrVG/*Oetker* § 24 Rz 59 f).

B. Lohnsteuerrecht *Windsheimer*

S *Betriebsrat* Rz 61 ff; *Betriebsratsfreistellung* Rz 38 ff; *Ehrenamtliche Tätigkeit* Rz 11 ff. **41**

C. Sozialversicherungsrecht *Voelzke*

Zur sozialversicherungsrechtlichen Bedeutung der Tätigkeit von BRatMitgliedern s *Betriebsrat* Rz 71. **46**

Betriebsratsschulung

A. Arbeitsrecht *Kreitner*

Übersicht

	Rz		Rz
1. Allgemeines	1, 2	3. Schulungs- und Bildungsveranstaltungen gemäß § 37 Absatz 7 BetrVG	26–31
2. Schulungs- und Bildungsveranstaltungen gemäß § 37 Absatz 6 BetrVG	3–25	a) Geeignetheit	26, 27
a) Zulässiger Schulungsinhalt	3–8	b) Anerkennungsverfahren	28
b) Teilnehmer/Anspruchsberechtigte	9–14	c) Schulungsdauer	29
c) Schulungsdauer	15	d) Teilnehmer, Information des Arbeitgebers, Veranstaltungsträger, Entgeltfortzahlung	30
d) Einspruchs- und Unterrichtungsrecht des Arbeitgebers	16, 17		
e) Träger der Veranstaltung	18	e) Kosten	31
f) Entgeltfortzahlung	19–22	4. Streitigkeiten	32, 33
g) Kosten	23–25		

1. Allgemeines. Als Sonderfall der Arbeitsbefreiung für BRatTätigkeit regeln § 37 Abs 6 und 7 BetrVG die Teilnahme an Schulungs- und Bildungsveranstaltungen für BRatMitglieder. Hierunter sind Schulungen zu verstehen, die einen konkreten Bezug zur BRatTätigkeit haben und der ordnungsgemäßen Erfüllung der BRatAufgaben dienen. Reine gewerkschaftliche Strategieveranstaltungen, wie zB die Erörterung von Vorschlägen und Möglichkeiten der Einflussnahme des BRat auf unternehmerische Entscheidungen, werden nicht erfasst (LAG Bln 11.12.89, DB 90, 696). **1**

Das Gesetz unterscheidet zwischen dem individuellen Anspruch des einzelnen BRatMitglieds auf bezahlte Freistellung zur Teilnahme an Schulungsveranstaltungen für drei bzw vier Wochen pro Amtszeit gem § 37 Abs 7 BetrVG und dem daneben bestehenden kollektiven Anspruch des BRat auf Befreiung einzelner Mitglieder von der beruflichen Tätigkeit zur Teilnahme an Schulungsveranstaltungen gem § 37 Abs 6 BetrVG. **2**

2. Schulungs- und Bildungsveranstaltungen gemäß § 37 Absatz 6 BetrVG. a) Zulässiger Schulungsinhalt. § 37 Abs 6 BetrVG gewährt einen Anspruch auf Arbeitsbefreiung unter Vergütungsfortzahlung seitens des ArbGeb für solche Veranstaltungen, die Kenntnisse vermitteln, die für die BRatTätigkeit **erforderlich** sind. Dies ist nach der ständigen Rspr des BAG der Fall, wenn diese unter Berücksichtigung der konkreten Verhältnisse im **3**

121 Betriebsratsschulung

Betrieb und im BRat notwendig sind, damit der BRat seine gegenwärtigen oder in naher Zukunft anstehenden Aufgaben sach- und fachgerecht erfüllen kann (BAG 7.6.89, DB 90, 230; zuletzt 7.5.08 – 7 AZR 90/07, NZA-RR 09, 195). Bloße Nützlichkeit genügt ebenso wenig wie die rein theoretische Möglichkeit, dass bestimmte Probleme im Betrieb relevant werden können (LAG Hamm 25.1.95, BB 95, 878; LAG Köln 30.6.2000 – 11 (12) TaBV 18/00, NZA-RR 01, 255: Einführung in Sozialversicherungsrecht). Zu verlangen ist vielmehr ein aktueller betriebsbezogener Bezug (BAG 15.2.95 – 7 AZR 670/94, NZA 95, 1036; 15.1.97 – 7 ABR 14/96, NZA 97, 781).

4   Erforderlich im vorgenannten Sinne können sowohl Schulungsveranstaltungen zur Vermittlung von **Grundkenntnissen** sein, als auch solche, die Spezialwissen vermitteln oder der Vertiefung vorhandener Kenntnisse dienen. Gleiches kann im Einzelfall für eine Wiederholungsschulung zur Auffrischung der Kenntnisse gelten. Unterschiede ergeben sich dabei lediglich hinsichtlich der Anforderungen, die an die Darlegung der Erforderlichkeit einer Schulung aufseiten des BRat zu stellen sind. Bei der Vermittlung von Grundwissen ist regelmäßig von der Erforderlichkeit der Schulung auszugehen (BAG 7.6.89, DB 90, 230; zuletzt 7.5.08 – 7 AZR 90/07, NZA-RR 09, 195; LAG SchlHol 4.1.2000 – 3 Sa 511/98, AiB 2000, 287; LAG Köln 6.8.08 – 7 TaBV 11/08, NZA-RR 09, 423: DGB-Seminar „Einmal BRat, immer BRat?"; aA LAG Frankfurt 13.7.89, NZA 90, 156 [LS]; vgl auch LAG Düsseldorf 6.5.97 – 3 TaBV 102/96, NZA-RR 98, 123: Seminar zum Thema Lohngestaltung ist keine Grundschulung). Alle BRatMitglieder haben Anspruch auf Grundkenntnisse zur ordnungsgemäßen Ausübung ihrer BRatTätigkeit (BAG 5.11.81, DB 82, 704). Dies gilt zB für die Vermittlung allgemeiner Grundkenntnisse im BetrVG sowie im allgemeinen Arbeitsrecht oder im Arbeitsschutzrecht (BAG 4.6.03 – 7 ABR 43/02, NZA 03, 1284) und im AGG (*Besgen* BB 07, 213). Auch ein Lehrgang zum BetrVG, der in zwei Abschnitte (Stufe I und II) aufgeteilt ist, gehört in diese Kategorie (BAG 7.6.89, DB 90, 230). Die Kenntnis der aktuellen Rspr des BAG gehört nicht zum Grundschulungsbedarf, kann aber im Einzelfall erforderlich sein (BAG 18.1.12 – 7 ABR 73/10, NZA 12, 813). Das Gleiche gilt für Schulungen zu speziellen Mitbestimmungsrechten (LAG Hamm 16.5.12 – 10 TaBV 11/12, BeckRS 2012, 73604: Überstunden-Mitbestimmung). Grundschulungen eines BRatMitglieds, dessen Amtszeit demnächst endet, sind nur dann nicht erforderlich, wenn absehbar ist, dass das BRatMitglied das vermittelte Wissen in der verbleibenden Amtszeit nicht mehr benötigt. Seine frühere, restriktivere Rspr hat das BAG aufgegeben (BAG 17.11.10 – 7 ABR 113/09, NZA 11, 816; 7.5.08 – 7 AZR 90/07, NZA-RR 09, 195; kritisch *Schiefer* DB 08, 2649). Auch die Vermittlung von Grundkenntnissen im Sozial- und Sozialversicherungsrecht weist keine hinreichend engen Bezüge zu den Aufgaben des BRat nach dem BetrVG auf, so dass die Darlegung eines konkreten betriebsbezogenen Anlasses nötig ist (BAG 4.6.03 – 7 ABR 42/02, NZA 03, 1284).

5   Bei der Ermittlung der Erforderlichkeit einer bestimmten Schulungsmaßnahme steht sowohl dem zunächst entscheidenden BRat als auch dem überprüfenden Gericht ein gewisser **Beurteilungsspielraum** zu (BAG 12.1.11 – 7 ABR 94/09, NZA 11, 813; LAG Hess 14.5.12 – 16 TaBV 226/11, NZA-RR 12, 475). Zu entscheiden ist dabei nicht aus der subjektiven Sicht des BRat, sondern dieser muss sich auf den Standpunkt eines vernünftigen Dritten im Zeitpunkt der BRatEntscheidung stellen, der die Interessen von Betrieb einerseits und BRat sowie ArbN andererseits gegeneinander abzuwägen hat (BAG 7.6.89, DB 90, 230; 15.2.95, BB 95, 1906). Ausnahmsweise können auch spätere Umstände berücksichtigt werden, wenn diese zur nachträglichen Richtigkeit einer ursprünglich fehlerhaften BRat-Entscheidung führen (LAG Düsseldorf 6.2.09 – 9 TaBV 329/08, NZA-RR 09, 306). Außerdem sind die Verhältnisse des konkreten einzelnen Betriebes und das Schulungserfordernis hinsichtlich der Person des entsandten BRatMitglieds zu beurteilen (BAG 29.4.92, NZA 93, 375; 14.9.94, DB 95, 634).

6   Die Anerkennung der Schulungsmaßnahme nach § 37 Abs 7 BetrVG (dazu unten Rz 28) schließt die Erforderlichkeit iSv § 37 Abs 6 BetrVG nicht aus (BAG 5.4.84, DB 84, 1785).

7   Die gerichtliche Überprüfung der Erforderlichkeit von Schulungsveranstaltungen hat zu einer Vielzahl von **Einzelfallentscheidungen** geführt. Vgl insoweit die umfassenden **Übersichten** bei *DKK/Wedde* § 37 Rz 108; *Fitting* § 37 Rz 149; GK-BetrVG/*Weber* § 37 Rz 158. Die Vielzahl der Rechtsstreitigkeiten zeigt, dass insoweit ein erhebliches Konfliktpotenzial besteht. Es erscheint daher sinnvoll, die Schulungsteilnahme grds durch eine

Betriebsratsschulung

Betriebsvereinbarung zu regeln und dabei insbesondere ein bestimmtes jährliches **Schulungskontingent** für den BRat oder das einzelne BRatMitglied festzulegen, das nur überschritten werden darf, wenn der BRat sowohl die Erforderlichkeit sämtlicher absolvierter Schulungen als auch der zusätzlich beanspruchten Schulung im Einzelnen darlegt (*Wichert* DB 97, 2325; aA *Peter* AiB 97, 527, die das Schulungskontingent nur als garantierten Mindestrahmen für den BRat versteht).

Bei lediglich **teilweise erforderlichen** Schulungen ist danach zu unterscheiden, ob ein **8** zeitweiser Besuch möglich und sinnvoll ist. Ist dies nicht der Fall, so kommt es darauf an, ob die überwiegende Schulungszeit erforderlichen Themen gewidmet ist (BAG 11.8.93, DB 94, 535; LAG Hbg 26.9.96, NZA-RR 97, 344; aA *Loritz* NZA 93, 2).

b) Teilnehmer/Anspruchsberechtigte. Da sich der Schulungsanspruch gem § 37 **9** Abs 6 BetrVG an den BRat richtet, erwirbt das einzelne BRatMitglied erst nach einer ordnungsgemäßen Beschlussfassung durch den BRat einen abgeleiteten Individualanspruch auf Teilnahme an einer bestimmten Schulungsveranstaltung. Ist der BRatBeschluss, mit dem ein BRatMitglied zur Teilnahme an einer Schulung bestimmt wird, zB wegen eines Formmangels unwirksam, so wirkt sich dies auch auf die Schulungsveranstaltung aus und das BRatMitglied verliert für die Dauer der Schulung seine Entgeltansprüche (BAG 28.4.88, DB 88, 2259).

Teilnehmer von **Grundschulungen** kann jedes BRatMitglied sein, es sei denn, dass diese **10** Kenntnisse bereits durch langjährige BRatTätigkeit erworben wurden. Das BRatMitglied kann hinsichtlich dieses Basiswissens nicht auf Selbststudium oder Unterrichtung durch andere erfahrene BRatMitglieder verwiesen werden (BAG 15.5.86, DB 86, 2496). Dies gilt auch für eine Schulungsveranstaltung, die sich mit der Erläuterung der aktuellen Rspr des BAG zu betriebsverfassungsrechtlichen Fragen und deren Umsetzung in der betrieblichen Praxis beschäftigt (BAG 20.12.95, DB 96, 1139). Ansonsten bestehen im Fall einer **Entsendung mehrerer Betriebsratsmitglieder** zur gleichen Schulungsveranstaltung (auch zeitversetzt) besondere Anforderungen an die Erforderlichkeit (LAG Hess 29.6.95, BB 96, 328 [LS] = AiB 96, 246 mit kritischer Anm von *Kreuder*). Hat der BRat intern eine Aufgabenteilung nach **Fachgebieten** vorgenommen, so sind Fachseminare vorrangig von den jeweiligen „Spezialisten" wahrzunehmen (LAG Hamm 25.6.80, BB 80, 1374 [LS]; LAG Düsseldorf/Köln 15.4.80, DB 81, 119; aA *Peter* AiB 96, 467). Sind diese im Einzelfall anderweitig ausgelastet oder ist ein größerer Personenkreis betroffen, kommt auch eine Teilnahme weiterer BRatMitglieder in Betracht (*Wank/Maties* NZA 05, 1033).

Nach dem Gesetz werden von § 37 Abs 6 BetrVG lediglich BRatMitglieder und Mitglieder **11** der JAV (§ 65 Abs 1 BetrVG) erfasst (zu Letzteren *Christoffer* NZA-RR 09, 572). Für **Ersatzmitglieder** des BRat besteht eine Schulungsmöglichkeit grds nicht (BAG 14.12.94, DB 95, 834). Ausnahmen gelten nur dann, wenn wegen der zu erwartenden Häufigkeit und Dauer der Inanspruchnahme des Ersatzmitglieds bei Anlegung eines strengen Maßstabs eine Schulung notwendig erscheint (BAG 28.4.88, NZA 89, 221; 19.9.01 – 7 ABR 32/00, DB 02, 51; ArbG Brem 14.9.06 – 5 BVGa 28/06, NZA-RR 07, 22: einköpfiger BRat) bzw wenn es für ein ausgeschiedenes Mitglied in den BRat nachgerückt ist (BAG 14.12.94, DB 95, 834).

Nach der Rspr des BAG besteht für **Mitglieder des Wirtschaftsausschusses,** die nicht **12** BRatMitglieder sind, regelmäßig kein Schulungsanspruch nach § 37 Abs 6 BetrVG, da der Wirtschaftsausschuss kein eigenständiges Organ der Belegschaft sei (BAG 28.4.88, NZA 89, 221; 11.11.98 – 7 AZR 491/97, NZA 99, 1119). Richtigerweise sollte aber § 37 Abs 6 BetrVG auf diesen Personenkreis jedenfalls entsprechend angewendet werden soweit es um Schulungen geht, deren Thematik speziell für Mitglieder des Wirtschaftsausschusses notwendig ist (LAG Köln 1.12.08 – 5 TaBV 45/08, BeckRS 2009, 52083; LAG Hamm 13.10.99 – 3 TaBV 44/99, NZA-RR 2000, 641; 5.12.08 – 10 TaBV 25/07, BeckRS 2008, 58112). Die Beschränkung des BAG auf Einzelfälle, in denen Mitglieder des Wirtschaftsausschusses Informationen des ArbGeb nicht verstehen, erscheint demgegenüber zu strikt (ähnlich *Fitting* § 37 Rz 180; *Wichert* DB 97, 2325).

Für Mitglieder der **Schwerbehindertenvertretung** gelten gem § 96 Abs 4 SGB IX die **13** Grundsätze des § 37 Abs 6 BetrVG entsprechend (BAG 14.3.90, DB 90, 1623).

Teilzeitbeschäftigte Betriebsratsmitglieder haben grds den gleichen Schulungs- **14** anspruch wie Vollzeitbeschäftigte. Besonderheiten ergeben sich lediglich hinsichtlich der Vergütung (dazu unten Rz 22).

121 Betriebsratsschulung

15 **c) Schulungsdauer.** Die zulässige Dauer einer Schulungsmaßnahme richtet sich nach ihrer Erforderlichkeit und ist damit abhängig vom jeweiligen Schulungsinhalt, den betrieblichen Gegebenheiten und dem Kenntnisstand der einzelnen Schulungsteilnehmer. Nach einer Entscheidung des LAG Köln vom 12.4.96 (BB 96, 1939 [LS]) verstößt eine vierwöchige Grundschulung gegen den Verhältnismäßigkeitsgrundsatz. Das erscheint bedenklich, da die Vermittlung betriebsverfassungsrechtlichen Grundwissens für einen juristischen Laien durchaus vier Wochen in Anspruch nehmen kann (zB vier jeweils einwöchige Veranstaltungen zum allgemeinen Betriebsverfassungsrecht sowie zur personellen, wirtschaftlichen und sozialen Mitbestimmung).

16 **d) Einspruchs- und Unterrichtungsrecht des Arbeitgebers.** Der BRat ist verpflichtet, dem ArbGeb die Teilnahme des betreffenden BRatMitglieds so rechtzeitig bekannt zu geben, dass dieser noch vor Durchführung der Schulung prüfen kann, ob die Voraussetzungen einer Schulungsmaßnahme iSd § 37 Abs 6 BetrVG bei diesem konkreten BRatMitglied vorliegen. Ggf muss noch die Möglichkeit zur Anrufung der Einigungsstelle bestehen (BAG 18.3.77, DB 77, 1148; s unten Rz 33). Jedenfalls muss der ArbGeb entsprechende betriebliche, organisatorische Regelungen für die Abwesenheit des BRatMitglieds treffen können. Die Mitteilung an den ArbGeb sollte neben der Benennung der Teilnehmer Angaben über Zeit, Ort, Dauer und Themenplan der Veranstaltung sowie die Begründung für die Erforderlichkeit der Teilnahme des betreffenden BRatMitglieds enthalten.

17 Eine Zustimmung des ArbGeb zur Schulungsteilnahme ist nicht erforderlich (str, wie hier: BAG 30.1.73 – 1 ABR 1/73, AP Nr 3 zu § 40 BetrVG 1972; LAG Hamm 21.5.08 – 10 TaBVGa 7/08; LAG Köln 20.11.03 – 5 TaBV 9/03; LAG Düsseldorf 6.9.95 – 12 TaBV 69/95, NZA-RR 96, 12; aA LAG Hess 19.8.04 – 9 TaBV Ga 114/04). Allerdings kann der ArbGeb später gegenüber dem Entgeltanspruch des BRatMitglieds die fehlende Erforderlichkeit der Schulungsmaßnahme einwenden (BAG 24.5.95 – 7 ABR 54/94, NZA 96, 783). Unterrichtet der BRat den ArbGeb nicht ordnungsgemäß, so führt dies nicht zur Unwirksamkeit der Schulungsteilnahme und lässt den Entgeltfortzahlungsanspruch der Teilnehmer unberührt (LAG BaWü 17.12.87, ArbuR 88, 258 [LS]; aA LAG Düsseldorf 19.6.75, BB 75, 1388, das unberücksichtigt lässt, dass die vermeintliche Unwirksamkeit von dem einzelnen Teilnehmer nicht beeinflussbar ist und daher richtigerweise nur Sanktionen gegen den BRat ggf nach § 23 Abs 1 BetrVG zur Folge haben kann).

18 **e) Träger der Veranstaltung** können sowohl Gewerkschaften wie ArbGebVerbände, als auch kirchliche, private oder sonstige Vereinigungen sein. Unerheblich ist, ob neben BRatMitgliedern noch andere Personen an der Schulung teilnehmen.

19 **f) Entgeltfortzahlung.** Aufgrund des **Lohnausfallprinzips** (§ 37 Abs 2 BetrVG) ist der ArbGeb zur Fortzahlung des Arbeitsentgelts für die Dauer der Schulungsteilnahme verpflichtet. Das BRatMitglied ist so zu behandeln, als ob es während der Schulung gearbeitet hätte; daher erfolgt zB keine Kürzung von Anwesenheitsprämien (ArbG Ludwigshafen 22.4.74, ArbuR 74, 349 [LS]), vermögenswirksamen Leistungen (LAG Düsseldorf 16.4.74, DB 74, 1966) oder tariflichen Antrittsgebühren bei Schichtarbeiten (BAG 13.7.94, DB 95, 383). Bei BRatMitgliedern mit unregelmäßigen Arbeits- bzw Einsatzzeiten kann deren hypothetischer Einsatz im Schulungszeitraum anhand ihrer konkreten Einsätze in der Vergangenheit ermittelt werden. Eine unterbliebene Heranziehung im Dienstplan für den Schulungszeitraum hindert Entgeltfortzahlungsansprüche daher nicht (BAG 3.12.97 – 7 AZR 490/93, NZA 98, 558). Allgemein sind Kürzungen nur dann möglich, wenn die Schulung nicht erforderlich war (LAG Hamm 20.4.88, DB 88, 2058).

20 Ein **Streik** im Betrieb des ArbGeb während der Schulung bleibt ohne Einfluss auf den Entgeltfortzahlungsanspruch (BAG 15.1.91, DB 91, 1465; aA LAG Hamm 31.1.90, DB 90, 2274 [LS]). Fällt die Schulung in einen **Kurzarbeits**zeitraum, besteht lediglich ein Lohnzahlungsanspruch in Höhe des Kurzarbeitergeldes (LAG Hamm 2.12.92, DB 93, 1044 [LS]). Gleiches gilt für den Anspruch auf tarifliche Leistungen wie zB Schlechtwettergeld im Baugewerbe (BAG 31.7.86, DB 87, 1845).

21 § 37 Abs 6 BetrVG gewährt allein einen Anspruch auf Entgeltfortzahlung nach dem Lohnausfallprinzip. Ein Anspruch auf Freizeitausgleich oder Mehrarbeitsvergütung gem § 37 Abs 3 BetrVG besteht nicht, da § 37 Abs 6 BetrVG ausdrücklich nur auf § 37 Abs 2 BetrVG verweist (BAG 27.6.90, DB 91, 49).

Bei **teilzeitbeschäftigten Betriebsratsmitgliedern** besteht die Besonderheit, dass diese regelmäßig ein besonderes Freizeitopfer bringen müssen, da die Schulungen meist ganztägig erfolgen und somit zwar während der betrieblichen Vollarbeitszeit, aber jedenfalls teilweise außerhalb der individuellen Arbeitszeit der Teilzeitbeschäftigten liegen. Hier greift § 37 Abs 6 Satz 2 BetrVG ein und gewährt einen Ausgleich, der pro Schulungstag auf die Arbeitszeit eines vollzeitbeschäftigten ArbN begrenzt ist. Dabei kommt es auf die konkrete zeitliche Lage der Arbeitszeit eines vergleichbaren vollzeitbeschäftigten ArbN an dem betreffenden Schulungstag an (BAG 10.11.04 – 7 AZR 131/04, NZA 05, 704). Bei fehlender einheitlicher betriebsüblicher Arbeitszeit ist auf die Arbeitszeit eines vollzeitbeschäftigten ArbN in der Abteilung abzustellen, der das teilzeitbeschäftigte BRatMitglied angehört (BAG 16.2.05 – 7 AZR 330/04, NZA 05, 936). Dabei ist nach § 37 Abs 3 BetrVG vorrangig Freizeitausgleich zu gewähren (LAG BlnBbg 11.6.10 – 6 Sa 675/10, BeckRS 2011, 67206). Eine Differenzierung nach dem Anlass für die Teilzeitbeschäftigung (zB § 8 TzBfG) kommt dabei nicht in Betracht (*Wlotzke/Preis/Kreft* § 37 Rz 74; HaKo-BetrVG/*Wolmerath* § 37 Rz 45; aA *Reichold* NZA 01, 857), da die Bestimmung des § 37 Abs 6 Satz 2 BetrVG im Jahr 2001 in Kenntnis der Teilzeitproblematik entsprechend geändert worden ist (zuvor kritisch *Hanau* RdA 01, 65; zur Mitarbeitervertretung im kirchlichen Bereich BAG 11.11.08 – 1 AZR 646/07, AP Nr 51 zu § 611 BGB Kirchendienst). 22

g) Kosten. Der ArbGeb ist gem § 40 Abs 1 BetrVG zur Übernahme der durch die Teilnahme an einer nach § 37 Abs 6 BetrVG erforderlichen Schulungsveranstaltung entstehenden Kosten verpflichtet (daher kein Ersatz von Stornokosten, die durch Absage einer nicht erforderlichen Schulung entstanden sind; vgl LAG Köln 18.1.02 – 11 (2) TaBV 66/01, NZA-RR 03, 141), sofern der BRat vor der Schulungsmaßnahme die Teilnahme dieses BRatMitglieds in Kenntnis des konkreten Schulungsgegenstandes beschlossen hat (LAG Hamm 18.1.13 – 13 TaBV 60/12, BeckRS 2013, 68161). Die nachträgliche Billigung der Teilnahme durch den BRat genügt nicht, um eine Kostenerstattungspflicht des ArbGeb zu begründen (BAG 8.3.2000 – 7 ABR 11/98, NZA 2000, 838 unter ausdrücklicher Aufgabe der früheren Rspr). Nicht zu ersetzen sind lediglich unverhältnismäßige Kosten (BAG 27.9.74, DB 75, 504). Aus einem vorhandenen Schulungsangebot muss daher der BRat bei gleicher Schulungsqualität und konkreter Eignung das kostengünstigste Seminar auswählen. Im Rechtsstreit um die Kostenübernahme muss der ArbGeb diesen Verstoß gegen den Verhältnismäßigkeitsgrundsatz substantiiert vortragen und kostengünstigere gleichwertige Schulungen benennen (BAG 29.4.75, BB 75, 1111). 23

Reisekosten sind nach betrieblichen Reisekostenrichtlinien zu berechnen. Teilzeitbeschäftigte können eine Einzelabrechnung nach Belegen vornehmen, wenn sie durch eine Abrechnung nach Pauschbeträgen benachteiligt würden (LAG Frankfurt 6.10.88, DB 89, 2132). Ein Fahrtkostenersatz scheidet aus, wenn das BRatMitglied mit seinem Privat-Pkw gefahren ist, obwohl eine Mitfahrt im Wagen anderer BRatMitglieder zumutbar und möglich war (LAG Hamm 13.11.91, BB 92, 781). Auch bei der Anreise entstehende **Übernachtungskosten** können erstattungspflichtig sein. Allerdings hat der BRat insoweit das allgemeine Gebot zur sparsamen Wirtschaftsführung zu beachten (BAG 17.11.10 – 7 ABR 113/09, NZA 11, 816: Übernachtung nicht zwingend in Tagungshotel; LAG SchlHol 14.3.96, NZA-RR 97, 91: vierstündige Anreise am ersten Schulungstag ist bei einer um 11 Uhr beginnenden Schulungsveranstaltung zumutbar). Maßgeblich sind die konkreten Umstände zum Zeitpunkt der Schulung (LAG Köln 21.2.13 – 6 TaBV 43/12, BeckRS 2013, 68827 – nicht rkr, Az beim BAG: 7 ABR 26/13: bereits gebuchte Übernachtung wird erst durch aktuelle Wetterverhältnisse erforderlich). In jedem Fall kann der ArbGeb bei der Erstattung der notwendigen **Verpflegungskosten** ersparte eigene Aufwendungen des BRat-Mitglieds anrechnen. Dies sollte anhand § 2 SvEv geschehen, die eine aktuelle Bezugsgröße darstellt (LAG Köln 25.4.08 – 11 TaBv 10/08, BeckRS 200856269; LAG BaWü 20.9.07 – 11 TaBv 5/07, BeckRS 200850155; LAG Hamm 13.1.06 – 10 TaBv 65/05, NZA-RR 06, 249; aA bisher BAG 28.6.95 – 7 ABR 55/94, NZA 95, 1216: 20% der tatsächlichen Aufwendungen entsprechend der LStR). Auch insoweit sind allerdings allgemeine betriebliche Richtlinien oder tatsächliche Handhabungen bei auswärtigen Aufenthalten von Nicht-BRatMitgliedern zu beachten (§ 78 Satz 2 BetrVG). 24

Eine Besonderheit bezüglich der Kostentragungspflicht des ArbGeb besteht **bei gewerkschaftlich veranstalteten Schulungen** (*Wedde* DB 94, 730; *ders* ArbuR 97, 228). Da dem 25

121 Betriebsratsschulung

ArbGeb eine allgemeine Finanzierung des sozialen Gegenspielers nicht zuzumuten ist, muss bei einer gewerkschaftlich veranstalteten Schulungsmaßnahme eine dezidierte Kostenaufstellung gemacht werden. Denn der ArbGeb hat lediglich die Kosten zu tragen, die der Gewerkschaft durch die konkrete Schulung tatsächlich entstehen (BAG 15.1.92, DB 92, 2504). Diese eingeschränkte Kostenerstattungspflicht gilt auch dann, wenn die Schulungsveranstaltung von einer GmbH durchgeführt wird, deren Anteile von der Gewerkschaft gehalten werden (BAG 30.3.94, DB 94, 2295). In einem solchen Fall genügt die Vorlage eines vom Schulungsveranstalter vorgelegten Gutachtens einer unabhängigen Wirtschaftsprüfungsgesellschaft, in dem die schulungsbedingt angefallenen Selbstkosten des Veranstalters nach anerkannten kaufmännischen Grundsätzen ermittelt und testiert worden sind (BAG 17.6.98 – 7 ABR 25/97, NZA 99, 163). Ebenso hat das BAG in zwei Fällen entschieden, die die DGB-Bildungswerke in Hbg und NRW betreffen, die jeweils als eingetragene Vereine organisiert sind (BAG 28.6.95, DB 95, 2118 und 2121; insoweit zustimmend *Sowka* BB 96, 1165; kritisch *Müller-Knapp* ArbuR 95, 421). Dabei hat das BAG jedoch gleichzeitig eine beabsichtigte RsprÄnderung insoweit angekündigt, als auch bei gewerkschaftlichen Trägern sog Vorhaltekosten der Schulungseinrichtung (zB Aufwendungen für Strom, Heizung, Wasser, Reinigung) erstattungsfähig sind. In zwei weiteren, jeweils eingetragene Vereine betreffenden Entscheidungen vom 17.6.98 (– 7 ABR 20/97, NZA 99, 220 „Arbeit und Leben – DGB/Volkshochschule – Arbeitsgemeinschaft für politische und soziale Bildung im Land NRW eV" und 7 ABR 22/97, NZA 99, 161 „Bildungskooperative Alb-Donau-Bodensee eV") hat das BAG, die bisherige RsprLinie fortgeführt und weiter differenziert. Dies führte in beiden Fällen zur Verneinung einer besonderen Aufschlüsselungspflicht, da es an einer gewerkschaftlichen Dominanz in der Vereinsführung fehlte bzw der Verein ausschließlich die Durchführung betriebsverfassungsrechtlicher Schulungen bezweckte. Auch Anhaltspunkte für eine gezielte Vermeidung (Umgehung) einer Aufschlüsselungspflicht lagen nicht vor.

26 **3. Schulungs- und Bildungsveranstaltungen gemäß § 37 Absatz 7 BetrVG. a) Geeignetheit.** Anders als die konkrete Erforderlichkeit iSd § 37 Abs 6 BetrVG ist bei Schulungen nach § 37 Abs 7 BetrVG lediglich deren generelle Geeignetheit Voraussetzung des Teilnahmeanspruchs. Daher ist eine Eignung jedenfalls immer dann zu bejahen, wenn die Voraussetzungen des § 37 Abs 6 BetrVG vorliegen (BAG 6.11.73, BB 74, 461). **Geeignet** sind im Übrigen regelmäßig Veranstaltungen auf folgenden Sachgebieten:

27 Arbeitsrecht (inklusive Individualarbeitsrecht, kollektives Arbeitsrecht, Arbeitsschutzrecht, Arbeitsgerichtsverfahren, verfassungsrechtliche Grundlagen), betrieblicher Umweltschutz (BAG 11.10.95, ArbuR 96, 311), allgemeine Fragen der Arbeitswissenschaft und Arbeitsbewertung, Mitbestimmungs- und Gesellschaftsrecht, allgemeine Fragen des Sozialrechts, Versammlungspraxis und Versammlungsleitung (LAG SchlHol 21.1.99 – 4 TaBV 29/98, NZA-RR 99, 643), wirtschaftliche und betriebswirtschaftliche Fragen.

Anders als bei § 37 Abs 6 BetrVG (s oben Rz 8) kann im Rahmen des § 37 Abs 7 BetrVG eine teilweise Geeignetheit nicht berücksichtigt werden. Nur eine in vollem Umfang geeignete Schulungsmaßnahme kann gem § 37 Abs 7 BetrVG behördlich anerkannt werden (BAG 11.8.93, DB 94, 535; *Sowka* BB 96, 1165). Abzugrenzen sind derartige Schulungs- und Bildungsveranstaltungen von allgemeinem Bildungsurlaub, der nach dem unterschiedlichen ArbNWeiterbildungsgesetzen der Bundesländer allen ArbN zusteht (vgl LAG Düsseldorf 8.10.91, DB 92, 636; *Schiefer* DB 92, 631).

28 **b) Anerkennungsverfahren.** Die Veranstaltung muss gem § 37 Abs 7 BetrVG von der zuständigen obersten Arbeitsbehörde des Landes als geeignet anerkannt sein. Die Anerkennung geschieht auf Antrag des Schulungsträgers unter Beteiligung der Spitzenorganisationen von Gewerkschaften und ArbGebVerbänden. Diese können die Rechtmäßigkeit des Anerkennungsverfahrens im arbeitsgerichtlichen Beschlussverfahren überprüfen lassen (BAG 30.8.89, DB 90, 1241; 11.8.93, DB 94, 535).

29 **c) Schulungsdauer** beträgt drei Wochen, bei erstmaliger Wahl zum BRat vier Wochen. Bei verkürzter Amtszeit ist der dreiwöchige Schulungsanspruch anteilig zu kürzen. Auf die zusätzliche Woche bei erstmaliger BRatZugehörigkeit bleibt eine verkürzte Amtszeit ohne Auswirkung (BAG 19.4.89, DB 90, 696). Der Freistellungsanspruch nach § 37 Abs 7 BetrVG kann zusammenhängend oder in Teilabschnitten genommen werden. Restlicher Anspruch verfällt mit Ablauf der Amtszeit. Eine Übertragung auf die folgende Amtszeit ist gesetzlich

nicht vorgesehen (aA *DKK/Wedde* § 37 Rz 155: bei dringenden betrieblichen oder persönlichen Gründen).

d) Hinsichtlich **Teilnehmer, Information des Arbeitgebers, Veranstaltungsträger** und **Entgeltfortzahlung** gelten dieselben Grundsätze wie im Rahmen von § 37 Abs 6 BetrVG (s oben Rz 16 ff). Jedoch sind an eine Schulung gegen Ende der Amtsperiode eines BRatMitglieds geringere Auforderungen zu stellen als im Rahmen des § 37 Abs 6 BetrVG (BAG 28.8.96, DB 97, 283). Endgültig nachgerückte Ersatzmitglieder verfügen über einen Teilanspruch, der dem Anteil der verbleibenden Amtszeit an der gesamten Wahlperiode entspricht (*Peter* AiB 97, 223; *DKK/Wedde* § 37 Rz 156).

e) Kosten. Der ArbGeb ist grundsätzlich nicht zur Kostentragung bei Schulungs- und Bildungsmaßnahmen nach § 37 Abs 7 BetrVG verpflichtet, denn die Kostentragungspflicht setzt gem § 40 BetrVG die Erforderlichkeit der Maßnahme voraus, nach § 37 Abs 7 BetrVG genügt jedoch bereits die bloße Geeignetheit (BAG 6.11.73, DB 74, 633; aA *DKK/Wedde* § 40 Rz 54). Ausnahmsweise kann jedoch eine Erstattungspflicht des ArbGeb bestehen, wenn in einer Schulungsveranstaltung nach § 37 Abs 7 BetrVG zugleich erforderliche Kenntnisse iSv § 37 Abs 6 BetrVG vermittelt werden (BAG 25.4.78, DB 78, 1796).

4. Streitigkeiten. Entgeltansprüche, die ein BRatMitglied wegen der Teilnahme an einer Schulungs- oder Bildungsveranstaltung geltend macht, sind von dem einzelnen BRat-Mitglied im arbeitsgerichtlichen Urteilsverfahren zu verfolgen (BAG 28.4.88, DB 88, 2259). Fragen, die die Übernahme der **Schulungskosten** betreffen, sind demgegenüber im arbeitsgerichtlichen Beschlussverfahren zu klären (BAG 31.10.72, DB 73, 528; LAG Bln 10.10.88, DB 89, 683). Eine Abtretung des Anspruchs an die Gewerkschaft beeinflusst die Verfahrensart nicht (LAG Bln 10.10.88, DB 89, 683).

Streiten BRat und ArbGeb darüber, ob der BRat bei der **Festlegung der zeitlichen Lage** der Teilnahme einzelner BRatMitglieder die betrieblichen Notwendigkeiten ausreichend berücksichtigt hat, so entscheidet gem § 37 Abs 6 Satz 4 BetrVG die *Einigungsstelle*. Bestehen im Vorfeld einer Schulungsveranstaltung Meinungsverschiedenheiten über die **Erforderlichkeit,** können sowohl BRat als auch ArbGeb ein arbeitsgerichtliches Beschlussverfahren einleiten. Eine einstweilige Verfügung des BRat auf Feststellung der Erforderlichkeit einer Schulung ist nicht möglich, da der einstweilige Rechtsschutz nicht allgemein zur bloßen Klärung einer streitigen Rechtslage gedacht ist (LAG Köln 22.11.03 – 5 TaBV 69/03, DB 04, 551 [LS]; LAG Düsseldorf 6.9.95, NZA-RR 96, 12; *Heinze* RdA 86, 287; aA *Fitting* § 37 Rz 252; ArbG Brem 25.2.2000 – 1 BVGa 4/00, AiB 2000, 288, das eine einstweilige Leistungsverfügung auf Freistellung des BRatMitglieds zur Schulungsveranstaltung bejaht, obwohl eine solche nicht erforderlich ist; s oben Rz 17).

B. Lohnsteuerrecht

Thomas

Schulungen, die einen konkreten Bezug zur BRatTätigkeit haben und für die das BRat-Mitglied deshalb freizustellen ist, sind steuerrechtlich wie die sonst zu erbringende Arbeit zu beurteilen, dh das fortgezahlte Entgelt ist Arbeitslohn und die mit der Fortbildung zusammenhängenden Aufwendungen sind Werbungskosten (s *Betriebsratsfreistellung* Rz 39). Für Schulungs- oder Bildungsveranstaltungen gem § 37 Abs 7 BetrVG gelten die Ausführungen zum Stichwort *Betriebliche Berufsbildung* Rz 21 mit der Maßgabe, dass auch insofern kein Arbeitslohn vorliegt, als der ArbGeb auch Fortbildungskosten im engeren Sinne (zB Kursgebühr) trägt.

C. Sozialversicherungsrecht

Ruppelt

1. Unfallversicherungsrecht. Da der BRat wesentlich in die Regelung der innerbetrieblichen Belange eingebunden ist, stehen die Mitglieder des BRat bei ihrer Tätigkeit unter dem Schutz der gesetzlichen UV. Die Teilnahme der BRatMitglieder an Schulungsvorträgen und an Schulungs- und Bildungsveranstaltungen dient unmittelbar dieser Tätigkeit und ist daher auch gesetzlich unfallversichert. Dies gilt neben der Teilnahme an Schulungsvorträgen für die Schulungs- und Bildungsmaßnahmen nach § 37 Abs 6 BetrVG und grds ebenso für die Maßnahme nach § 37 Abs 7 BetrVG. Eine Prüfung, ob im Einzelfall ein innerer Zusammenhang mit der beruflichen Tätigkeit gegeben ist, ist in diesen Fällen nicht erforderlich. Im Hinblick auf die von der obersten Arbeitsbehörde des Landes anerkannte Eignung der Veranstaltung zur Schulung und Bildung von BRäten ist das darauf gestützte Vertrauen des einzelnen BRatMitgliedes geschützt, die Veranstaltung sei zur Weiterbildung geeignet (s Rz 28). Hinsichtlich des Umfanges des Versicherungsschutzes und der Leistung im Versicherungsfall gelten die allgemeinen Regeln der gesetzlichen UV (vgl *Unfallversicherung* Rz 16 ff; *Wegeunfall* Rz 13 ff).

36 Auch Schulungen durch die **Gewerkschaften** sind versichert, wenn diese den Zweck verfolgen, Kenntnisse für die BRatTätigkeit zu vermitteln. Für Schulungen rein gewerkschaftlicher oder politischer Art besteht jedoch **kein Versicherungsschutz** in der gesetzlichen UV, da sie insoweit im inneren Zusammenhang mit der betrieblichen Tätigkeit fehlt (s *Arbeitsunfall* Rz 34). Gleiches gilt für die Teilnahme eines ArbN an reinen Delegiertentagungen der Gewerkschaften und BRatFeiern ohne Beteiligung der Unternehmensleitung (BSG 20.2.01 – B 2 U 7/00 R, NZS 01, 496).

Die genannten Grundsätze gelten entsprechend für die Schwerbehindertenvertretung nach § 94 SGB IX.

37 **2. Beitragsrecht.** Die vom ArbGeb aufgewendeten Kosten für die Schulung des BRats sind kein Arbeitsentgelt und daher nicht beitragspflichtig (s auch Rz 34).

Betriebssport

A. Arbeitsrecht *Poeche*

1 **1. Begriff.** Betriebssport liegt arbeitsrechtlich vor, wenn der ArbGeb dem ArbN im Zusammenhang mit seinem Arbeitsverhältnis Gelegenheit gibt, sich während seiner **Freizeit** sportlich zu betätigen. Nicht hierher gehören die Fälle, in denen der ArbN aufgrund seines Arbeitsvertrages sportliche Leistungen zu erbringen hat oder er wegen der übertragenen Arbeitsaufgabe körperlich besonders leistungsfähig sein muss und Sport deshalb in die Arbeit integriert ist (zB Berufssportler, Werkschutz). Außer Acht bleiben auch vom ArbGeb vorgesehene Arbeitsunterbrechungen, in denen der ArbN innerhalb seiner Arbeitszeit am Arbeitsplatz oder einem vom ArbGeb bestimmten Ort gymnastische Entspannungsübungen oÄ verrichtet.

2 **2. Teilnahmepflicht.** Der ArbN ist nicht verpflichtet, am angebotenen Betriebssport teilzunehmen. Eine Teilnahmepflicht lässt sich auch nicht aus einer im eigenen Interesse des ArbN gebotenen Vorsorge zur Gesunderhaltung begründen (s *Betriebliche Gesundheitsförderung* Rz 8). Das gilt ohne nähere Vereinbarung auch für ArbNGruppen wie etwa die der leitenden Angestellten, deren Gesundheit wegen der ihnen übertragenen unternehmenswichtigen Aufgaben und der Folgen eines krankheitsbedingten Ausfalls dem ArbGeb ein besonderes Anliegen ist. Ob eine Teilnahmepflicht am organisierten Betriebssport arbeitsvertraglich überhaupt vereinbart werden kann, erscheint jedenfalls dann problematisch, wenn der ArbN für die Bindung seiner Freizeit keinen besonderen Ausgleich erhält.

3 **3. Haftungsfragen.** Wegen der Freiwilligkeit der Sportausübung haftet der ArbN bei Beschädigung von ArbGebEigentum nach allgemeinem Recht, dh nicht nach den Grundsätzen der *Arbeitnehmerhaftung*. Eine Verletzung des ArbN kann sich als Arbeitsunfall iSd SGB VII darstellen (s unten Rz 14 ff).

4 **4. Mitbestimmungsrechte.** Der BRat hat nach § 87 Abs 1 Nr 8 BetrVG mitzubestimmen bei Form, Ausgestaltung und Verwaltung von *Sozialeinrichtungen,* deren Wirkungsbereich auf den Betrieb, das Unternehmen oder den Konzern beschränkt ist. *Sozialeinrichtungen* in diesem Sinne sind auch vom ArbGeb für den Betriebssport zur Verfügung gestellte **Sportstätten** oder sonstige Räumlichkeiten wie etwa Fußballplatz, Schwimmhalle, Turnhalle usw. Hat sich der ArbGeb dem Grunde nach zur Einführung von Betriebssport entschlossen, erstreckt sich das Mitbestimmungsrecht auch auf die juristische Gestaltung, also etwa die Frage, ob der Betriebssport einer Betriebsabteilung (idR Personal- oder Sozialabteilung) betreut wird oder auf der Grundlage eines rechtsfähigen/nicht rechtsfähigen Vereins. Frei ist der ArbGeb bei seiner Entscheidung über den finanziellen Rahmen seines Engagements, gebunden hinsichtlich der internen Organisation und Verwaltung.

B. Lohnsteuerrecht

1. Übersicht. Sportliche Betätigung gehört zur privaten Lebensführung (§ 12 Nr 1 EStG), weshalb damit zusammenhängende Aufwendungen des ArbN grds nicht als Werbungskosten berücksichtigt werden können (BFH 10.1.12 – VI B 92/11, BFH/NV 12, 783: Jägerprüfung; BFH 9.6.93 – I B 13/93, BFH/NV 93, 723: Segeltörn eines Pfarrers auf sog kirchengemeindlichen Freizeiten; zweifelhaft BFH 22.6.06 – VI R 61/02, DStRE 06, 1045 mit Anm *MIT*: Snowboard-Anfängerkurs eines Sportlehrers; FG Nbg 13.1.93, EFG 93, 507 mit Anm *Rößler* DStZ 94, 158; vgl auch FG Saarl 7.7.93, EFG 94, 102). Übernimmt der ArbGeb die Kosten privater sportlicher Betätigung seiner ArbN, wendet er regelmäßig Arbeitslohn zu. Zur Steuerbefreiung nach § 3 Nr 34 EStG für Maßnahmen zur Gesundheitsverbesserung s *Betriebliche Gesundheitsförderung* Rz 19.

2. Arbeitslohn. a) Vereinsbeiträge des ArbN, die der ArbGeb übernimmt, sind auch dann Arbeitslohn, wenn die Mitgliedschaft im Verein auch dem Beruf förderlich ist und der ArbGeb sie deshalb wünscht (BFH 21.3.13 – VI R 31/10, DStR 13, 1421: Mitgliedsbeitrag für Golfclub; beim Kommanditisten keine Betriebsausgaben FG Köln 16.6.11 – 10 K 3761/08, DStRE 12, 657). Etwas anderes gilt aber dann, wenn der ArbGeb dem ArbN den Vorteil unentgeltlicher Mitgliedschaft in einem Sportverein dergestalt aufdrängt, dass der ArbN sich dem nicht entziehen kann, ohne Nachteile in Kauf zu nehmen (BFH 15.5.92 – VI R 106/88, BStBl II 93, 840 = DStR 92, 1474; zur Mitgliedschaft in einem Industrieclub vgl BFH 20.9.85 – VI R 120/82, BStBl II 85, 718; diese Entscheidung wurde in BFH 4.6.93 – VI R 95/92, BStBl II 93, 687 = DStR 93, 1216 als „äußerster Grenzfall" bezeichnet unter 2, a, aa). Leistet der ArbGeb einem Sportverein – bspw zum Bau einer Sporthalle – einen Zuschuss und wird seinen ArbN deshalb vom Verein ein Beitragsnachlass gewährt, so ist die Differenz zum Normalbeitrag Arbeitslohn. Die Höhe des Zuschusses und ihre steuerliche Behandlung, zB als Spende, spielt dabei keine Rolle, sofern der Nachlass nur den ArbN gewährt wird. Der Preisnachlass kann, wenn er unter 44 € monatlich liegt, nicht zu erfassen sein (§ 8 Abs 2 Satz 11 EStG), was aber bei Bargeldzuschüssen nicht der Fall ist (BFH 27.10.04 – VI R 51/03, BStBl II 05, 137 = DStR 05, 23). Dagegen greift der Rabattfreibetrag (§ 8 Abs 3 EStG) nur ein, wenn der ArbGeb solche Sportarten gewerblich betreibt. Arbeitslohn liegt ebenfalls vor, wenn der ArbGeb gewerbliche Tennis- und Squashplätze anmietet und der Belegschaft kostenlos überlässt (BFH 27.9.96 – VI R 44/96, BStBl II 97, 146 = DStR 96, 1969 mit Anm *von Bornhaupt* DStZ 97, 102; *Keune* KFR/F 6 EStG § 19, 3/97, S 115; *oV* HFR 97, 164; BFH 8.11.96 – VI R 74/96, BFH/NV 97, 473 = DStRE 97, 451; zum Skiwochenende als Arbeitslohn BFH 16.11.05 – VI R 151/00, BStBl II 06, 442 = DStR 06, 29). Es ergibt sich auch nichts anderes unter dem Gesichtspunkt der Betriebsveranstaltung, weil eine solche auf die Teilnahme der gesamten Belegschaft bzw ganzer organisatorisch geschlossener Teile der Belegschaft abzielt, während sich hier nur einzelne Betriebsangehörige treffen. Die Verwaltung unterscheidet zwischen Individual- und Mannschaftssportarten und verneint bei letzteren Arbeitslohn wegen der schwierigen persönlichen Zurechnung und des im Allgemeinen geringen persönlichen Vorteils (OFD Frankfurt 8.7.96, FR 96, 649).

b) Eintrittskarten zu Sportveranstaltungen oder zu einzelnen sportlichen Betätigungen, zB Fitnesscenter, Kegelbahn, Tennishalle (FG Münster 21.9.89, EFG 90, 178; zu Konzert- oder Theaterkarten FG Hbg 30.5.91, EFG 92, 129), die der ArbGeb finanziert, sind ebenfalls Arbeitslohn. Das ist aber nicht der Fall, wenn es sich dabei um den Programmpunkt eines Betriebsausflugs (s *Betriebsveranstaltung* Rz 2 ff) handelt und die Freigrenze pro ArbN nicht überschritten wird, oder wenn der Besuch solcher Veranstaltungen zum Dienst des ArbN gehört (s *Arbeitsentgelt* Rz 51).

c) Betriebliche Einrichtungen, die die Ausübung eines Sports ermöglichen, können im Einzelfall einen geldwerten Vorteil und damit Arbeitslohn darstellen. Das wird zu bejahen sein, wenn für eine vergleichbare Nutzungsmöglichkeit üblicherweise etwas zu bezahlen ist und die betreffende Einrichtung nicht auch der Allgemeinheit unentgeltlich zur Verfügung steht. Insbesondere bei teuren Einrichtungen, die ständiger Wartung bedürfen und nur eine begrenzte Teilnehmerzahl gleichzeitig zulassen, wird Arbeitslohn anzunehmen sein, vor allem, wenn der ArbGeb auch noch die Kosten eines entsprechenden Unterrichtspersonals trägt. Das gilt bspw für die Nutzung von betriebseigenen Tennisplätzen, Segelbooten, Reitpferden usw.

122 Betriebssport

9   Dagegen ist mangels Marktgängigkeit Arbeitslohn zu verneinen, wenn der ArbGeb lediglich die Nutzung von Räumlichkeiten bzw Freiflächen durch Betriebssportgruppen duldet, zB zu Ballspielen auf Hartplätzen oder Rasenflächen (Fußball, Volleyball, Basketball usw) oder zum Tischtennis in einem Kellerraum. Wo die Grenze zwischen nicht steuerbaren *Sozialeinrichtungen* und stpfl Arbeitslohn liegt, ist zweifelhaft. Rspr hierzu liegt, soweit ersichtlich, nicht vor, da die Verwaltung Grenzfälle offenbar nicht aufgreift.

10 **d) Personal,** das der ArbGeb zur Betreuung von Sporteinrichtungen oder von Sport ausübenden ArbN beschäftigt, sind ihrerseits ArbN, sofern organisatorische Eingliederung besteht (s *Arbeitnehmer (Begriff)* Rz 33). Ihr Arbeitslohn ist nach den allgemeinen Vorschriften zu versteuern.

11 **3. Werbungskosten. a) Betriebssport.** Sportliche Betätigungen des ArbN werden nicht dadurch zu einer dem ArbGeb gegenüber geschuldeten und von ihm deshalb entlohnten Arbeit, dass der ArbGeb diese Betätigungen durch das Zurverfügungstellen von Einrichtungen oder in anderer Weise fördert (vgl die Kriterien zum Ausbildungsdienstverhältnis in BFH 9.10.92 – VI R 176/88, BStBl II 93, 115 mit Anm *oV* HFR 93, 69; kritisch *Theisen* KFR F 3 EStG, § 9 1/93 S 45; BFH 6.2.12 – VI B 110/11, BFH/NV 12, 946: Teilnahme an Fußballturnier unter Freistellung vom Dienst). Deshalb sind weder die laufenden Aufwendungen des ArbN für Ausrüstung, Fahrtkosten usw Werbungskosten, noch beim Sport erlittene Schäden bzw Aufwendungen zu deren Behebung (vgl *Berufskrankheit* Rz 5).

12 Dagegen verliert eine Fahrt von der Arbeitsstätte zur Wohnung ihre berufliche Veranlassung nicht dadurch, dass sie wegen einer auf dem Betriebsgelände ausgeübten sportlichen Betätigung nicht im unmittelbaren Anschluss an den Dienst angetreten wurde. Bei Sportausübung mit Arbeitskollegen außerhalb des Betriebes gilt dies nicht.

13 **b) Berufssport.** Die berufsmäßige Ausübung von Sport führt zu stpfl Einkünften (*Lutz* DStZ 98, 279; zum Bergführer *März* DStR 94, 1177), bei Mannschaftssportarten wegen der damit verbundenen organisatorischen Eingliederung regelmäßig zu solchen aus nichtselbständiger Arbeit (s *Arbeitnehmer (Begriff)* Rz 50 „Lizenzfußballspieler", „Sportler"). Zahlt ein Sportverein an seine Mitglieder Geldbeträge, liegt Arbeitslohn vor, wenn die Vergütungen die mit der Tätigkeit zusammenhängenden Aufwendungen nicht nur unwesentlich übersteigen (BFH 23.10.92 – VI R 59/91, BStBl II 93, 303; dazu *MIT* DStR 93, 509; BFH 4.8.94 – VI R 94/93, BStBl II 94, 944; FG Brem 30.6.99 – 199024 K 6, EFG 99, 1125; FG Hess 16.10.2000 – 5 K 187/98, EFG 01, 683 und zu Ablösezahlungen FG Köln 28.8.98 – 15 K 4889/98, DStRE 99, 308; zum Verlust der Gemeinnützigkeit bei LStVerkürzung vgl BFH 27.9.01 – V R 17/99, BStBl II 02, 169 = HFR 02, 371 mit Anm *Fröschl*; zur Steuerhinterziehung bei verschleierter Gehaltszahlung an Fußballspieler BGH 20.3.02 – 5 StR 448/01, HFR 02, 844; BGH 7.11.06 – 5 StR 164/06, NStZ-RR 07, 345). Der mit der Erzielung solcher Einnahmen verbundene Aufwand stellt dann Werbungskosten dar (vgl *Arbeitsmittel* Rz 20).

C. Sozialversicherungsrecht *Ruppelt*

14 **1. Betriebssport unterfällt dem Schutz der gesetzlichen Unfallversicherung,** wenn die sportliche Betätigung nicht nur den persönlichen Interessen des ArbN, sondern wegen der Kräftigung der körperlichen Leistungsfähigkeit auch dem Betriebsinteresse dient. Da sich jede sportliche Betätigung, die der Leistungsfähigkeit des einzelnen angepasst ist und ihn nicht überfordert, regelmäßig günstig auf die körperliche und geistige Leistungsfähigkeit auswirkt und daher geeignet ist, die Beanspruchung durch die versicherte Tätigkeit im Unternehmen auszugleichen, hat die Rspr Merkmale entwickelt, nach denen der versicherte Betriebssport von der unversicherten sportlichen Betätigung abzugrenzen ist (grundlegend: BSG 28.11.61 – 2 RU 130/59, BB 62, 680; s auch *Schulin* Bd 2/*Schulin* § 30 Rz 79 ff). Dennoch sind die Entscheidungen der Sozialgerichte oft am Einzelfall orientiert. Eine zuverlässige Entscheidungsprognose ist schwierig. Die völlige Herausnahme des Betriebssports aus dem Schutz der gesetzlichen UV erscheint wegen des nur noch geringen betrieblichen Interesses im Vergleich zum persönlichen Interesse des ArbN an der sportlichen Betätigung geboten.

15 **2. Voraussetzungen des unfallversicherten Betriebssports. a) Zweck der sportlichen Betätigung** muss der Ausgleich für die körperliche, geistige oder nervliche Belastung

durch die Betriebstätigkeit sein, nicht dagegen die Teilnahme am allgemeinen sportlichen Wettkampfverkehr oder die Erzielung von Spitzenleistungen. Der versicherte Betriebssport ist dabei jedoch nicht auf den reinen Ausgleichssport (Gymnastik, Lockerungsübungen) beschränkt. Aus der Art der gewählten Sportart und deren Durchführung ergeben sich allerdings im Einzelfall Anhaltspunkte für die Abgrenzung des Ausgleichssports zum allgemeinen sportlichen Wettkampf auf der einen, und zur Freizeitgestaltung auf der anderen Seite (HessLSG 30.4.09 – L 3 U 249/08, NZA 09, 890: Canyoning-Tour ist kein Betriebssport).

Unter dem Schutz der gesetzlichen UV stehender Betriebssport liegt nur vor, wenn der **16** Sport Ausgleichs- und nicht Wettkampfcharakter hat, regelmäßig stattfindet, der Teilnehmerkreis im Wesentlichen auf Unternehmensangehörige beschränkt ist, Übungszeit und Übungsdauer im Zusammenhang mit der betrieblichen Tätigkeit stehen und der Sport unternehmens bezogen organisiert ist. **Wettkämpfe** mit anderen Betriebssportgemeinschaften außerhalb der regelmäßigen Übungsstunden oder eine **mehrtägige Skiausfahrt** sind **nicht versichert** (BSG 13.12.05 – B 2 U 29/04 R, NJW 07, 399). Nach diesem Urt stehen außerhalb der regelmäßigen Übungsstunden stattfindende Wettkämpfe mit anderen Betriebssportgemeinschaften sowie im Zusammenhang mit der Sportausübung stattfindende Freizeitveranstaltungen nicht mehr unter Versicherungsschutz. Die sportliche Betätigung dient nur dann dem erforderlichen Ausgleichszweck, wenn sie mit einer gewissen körperlichen Beanspruchung verbunden ist. Sog **Firmenläufe** (meist von Finanzdienstleistern organisierte Wettläufe ihrer Mitarbeiter mitten durch die Städte mit entsprechender Belästigung der übrigen Bevölkerung) stehen einschließlich der üblichen Abschlussveranstaltung nicht unter dem Schutz der gesetzlichen UV (LSG Hessen 18.3.08 – L 3 U 123/05, NJW 08, 2524). Liegt kein versicherter Betriebssport vor, kann die Veranstaltung uU dennoch unter dem Schutz der gesetzlichen UV stehen, wenn es sich um eine **betriebliche Gemeinschaftsveranstaltung** handelt (s *Betriebsveranstaltung* Rz 20 ff). Dazu muss die Veranstaltung aber konzeptionell auf die Teilnahme aller Betriebsangehörigen ausgerichtet sein (LSG BaWü 14.5.13 – L 9 U 2557/10, BeckRS 2013, 69336 zu einem Fußballturnier). Dies dürfte meist nicht der Fall sein (vgl BSG 22.9.09 – B 2 U 27/08 R, WzS 09, 346). Zum Versicherungsschutz eines Spitzensportlers, der auf einer Planstelle der Sportförderung des ArbGeb zur Hälfte von der regulären Arbeitszeit freigestellt war, BSG 30.6.09 – B 2 U 22/08 R, NZA 09, 1252.

b) **Die Übungen müssen regelmäßig stattfinden.** Dem Ausgleichszweck wird nur **17** Rechnung getragen, wenn die Abstände zwischen den sportlichen Betätigungen nicht zu groß sind. Grds ist zumindest einmal im Monat Gelegenheit zur Teilnahme erforderlich (BSG 24.2.77 – 8 RU 102/76, SozR 2200 § 548 Nr 29; LSG NRW 6.7.99 – L 15 U 101/98, BeckRS 1999, 30779595).

c) **Betriebsangehörige.** Der Teilnehmerkreis ist im Wesentlichen auf Betriebsangehörige **18** beschränkt. Bei Betriebssportvereinen, die auch Dritten offen stehen, handelt es sich regelmäßig um Teilnahme am allgemeinen Sport (BSG 27.10.09 – B 2 U 29/08 R, WzS 10, 59). Die Bildung von Betriebssportgemeinschaften aus mehreren Unternehmen steht dem Versicherungsschutz nicht entgegen.

d) **Zeit und Dauer.** Die Übungszeiten müssen in einem dem Ausgleichszweck entspre- **19** chenden Zusammenhang mit der Betriebstätigkeit stehen. Es ist nicht erforderlich und auch nicht üblich, dass die Übungen während der Arbeitszeit stattfinden (BSG 15.8.79 – 2 RU 45/79, Ersatzkasse 79, 423).

e) **Unternehmensbezogene Organisationen.** Die Übungen müssen im Rahmen einer **20** unternehmensbezogenen Organisation stattfinden, zu der sich auch mehrere Unternehmen zusammenschließen können. Das kann auch die Gründung eines eingetragenen Sportvereins sein, sofern im Übrigen die Voraussetzungen des versicherten Betriebssports vorliegen (BSG 27.10.09 – B 2 U 29/08 R, WzS 10, 59). Sportausübung in allgemeinen Sportvereinen ist dagegen kein Betriebssport.

Da vielfach betriebliche Aufgaben der Belegschaft zur eigenverantwortlichen Ausübung **21** durch ihre Organe übertragen worden sind, kann auch eine vom BRat organisierte Sportausübung geeignet sein, UVSchutz zu begründen. Es ist nicht erforderlich, dass der Unternehmer selbst Veranstalter ist oder die Kosten des Betriebssports trägt, jedoch reicht eine bloße **stillschweigende Duldung** des von Betriebsangehörigen selbst organisierten Sports nicht aus. Zumindest muss eine gewisse Einflussnahme in Form von Bereitstellung von Einrichtungen, Überwachung, Organisation, ausdrücklicher Billigung oÄ verlangt werden.

123 Betriebsstätte

22 **3. Der Versicherungsschutz** umfasst beim Betriebssport die Übungen selbst, die notwendigen Vorbereitungshandlungen und die Wege nach und von der Übungsstätte. Damit zusammenhängende Unfälle werden vom für das Unternehmen zuständigen UVTräger als Arbeitsunfälle entschädigt. Zum UVSchutz bei sportlicher Betätigung auf einer Dienstreise s *Dienstreise* Rz 71.

23 **4. Beitragsrecht.** Stellt der ArbGeb Einrichtungen zur Durchführung des Betriebssports zur Verfügung oder übernimmt er insoweit Kosten (zB Vereinsbeiträge) so handelt es sich nicht um beitragspflichtiges *Arbeitsentgelt* iSv § 14 SGB IV oder um beitragspflichtige Sachbezüge. Vielmehr erbringt der ArbGeb diese Leistungen im überwiegend betrieblichen Interesse, so dass insoweit kein beitragspflichtiger Ertrag der nichtselbstständigen Arbeit des ArbN vorliegt (vgl *Sozialeinrichtungen* Rz 23 ff). Dies gilt nicht, wenn die Leistungen des ArbGeb nicht im Rahmen des Betriebssports erfolgen, sondern für den ArbN einen **geldwerten Vorteil** (s oben Rz 8) darstellen.

24 Die Abgrenzung zwischen einer beitragsfreien Leistung iS einer betrieblichen Sozialeinrichtung und einer Leistung, welche sich als Ertrag der nichtselbstständigen Arbeit des ArbN darstellt, kann im Einzelfall schwierig sein. Von einem Ertragsbestandteil wird insbes dann auszugehen sein, wenn der Prämien- oder Belohnungscharakter der Leistung im Vordergrund steht. Hinsichtlich der beitragsrechtlichen Behandlung dieser Leistung nach der SvEV vgl *Arbeitsentgelt* Rz 124 ff.

Betriebsstätte

A. Arbeitsrecht *Kreitner*

1 Der Begriff der Betriebsstätte wird im Arbeitsrecht nur vereinzelt verwandt. So macht zB § 2 Abs 1 HAG den Begriff des Heimarbeiters ua von einer Tätigkeit in einer selbstgewählten Betriebsstätte abhängig. Ansonsten geht es stattdessen im Arbeitsrecht regelmäßig um die Begriffe *Betrieb (Begriff)* Rz 1 ff und *Betriebsteil* Rz 1 ff. Auswirkungen auf das Arbeitsrecht entfaltet der Begriff der Betriebsstätte seit dem 1.1.97 ferner durch die Neuregelung der gesetzlichen UV im SGB VII. Hier normiert § 106 Abs 3 SGB VII einen Haftungsausschluss bei vorübergehend betrieblichen Tätigkeiten mehrerer Unternehmen auf einer gemeinsamen Betriebsstätte (Näheres s *Arbeitsunfall* Rz 5).

B. Lohnsteuerrecht *Seidel*

2 **1. Allgemeines.** Im LStRecht muss mit mehreren Betriebsstättenbegriffen gearbeitet werden. Die lohnsteuerliche Betriebsstätte, die in § 41 Abs 2 EStG für das LStVerfahren definiert wird, ist für die Frage, wo der ArbGeb seine Pflicht zu erfüllen hat und welches FA (BetriebsstättenFA) für den ArbGeb zuständig ist, von Bedeutung. Demgegenüber steht der generelle steuerrechtliche Betriebsstättenbegriff des § 12 AO, nach dem sich (im LStRecht) richtet, ob ein ArbGeb im Inland eine Betriebsstätte unterhält und damit überhaupt als inländischer ArbGeb zur Einbehaltung und Abführung der LSt verpflichtet ist (§ 38 Abs 1 Nr 1 EStG; s auch *Lohnabzugsverfahren* Rz 6–11). Ferner ist bei Anwendung der DBA ein von § 12 AO bzw § 41 Abs 2 EStG abweichender Betriebsstättenbegriff zu beachten.

3 **2. Inländische Betriebsstätte** (§ 38 Abs 1 Nr 1 EStG iVm § 12 AO). Jeder (auch im Ausland ansässige) ArbGeb, der im Inland eine Betriebsstätte unterhält, ist inländischer ArbGeb und damit den lohnsteuerlichen Pflichten unterworfen. Inland ist dabei der Geltungsbereich des EStG, einschließlich des Festlandssockels (§ 1 Abs 1 Satz 2 EStG). Betriebsstätte iSd hier maßgebenden § 12 AO (s § 38 Abs 1 Nr 1 EStG) ist jede feste Geschäftseinrichtung oder Anlage, die der Tätigkeit eines Unternehmens dient. Besondere Baulichkeiten sind nicht erforderlich. Allerdings ist eine Geschäftseinrichtung oder Anlage nur fest, wenn sie eine Beziehung zu einem bestimmten Punkt der Erdoberfläche hat, die auf eine gewisse Dauer angelegt ist, zB Stätte der Geschäftsleitung, Zweigniederlassungen, Geschäftsstellen, Fabrikations- oder Werkstätten, Warenlager, Ein- und Verkaufsstellen, Bergwerke oder Steinbrüche oder andere Stätten der Gewinnung von Bodenschätzen, aber

auch Bauausführungen oder Montagen, auch örtlich fortschreitende oder schwimmende, wenn
a) die einzelne Montage oder Bauausführung oder
b) eine von mehreren zeitlich nebeneinander bestehenden Bauausführungen oder Montage oder
c) mehrere ohne Unterbrechung aufeinander folgende Bauausführungen oder Montagen **länger als 6 Monate** dauern (§ 12 Satz 2 Nr 1–8 AO). Bei entsprechenden Bauausführungen oder Montagen ausländischer ArbGeb im Inland ist der ausländische ArbGeb zugleich als inländischer ArbGeb anzusehen, gleichgültig, ob die Bauausführung oder Montage nach dem entsprechenden DBA eine Betriebsstätte begründet (vgl auch unten Rz 10). Wird nach dem DBA keine Betriebsstätte begründet, sind die Löhne der ArbN, die sich an höchstens 183 Tagen im Kj, bei bestimmten DBA in einem 12-Monatszeitraum im Inland aufhalten von der LSt frei zu stellen (LStR 38.3 Abs 4; s auch *Lohnabzugsverfahren* Rz 22). Neben den in § 12 Satz 2 AO aufgeführten Einrichtungen sind Betriebsstätten auch Landungsbrücken, Kontore und sonstige Geschäftseinrichtungen, die dem Unternehmer oder Mitunternehmer oder seinem ständigen Vertreter, zB einem Prokuristen, zur Ausübung des Gewerbes dienen (LStR 38.3 Abs 2). Gehören die Geschäftsräume nicht dem Unternehmer, liegt eine Betriebsstätte nur vor, wenn er über die Räumlichkeiten eine gewisse, nicht nur vorübergehende **Verfügungsmacht** hat (ständige Rspr; s BFH 28.3.85, BStBl II 85, 405). Alleinige Verfügungsmacht ist nicht erforderlich. Ihm muss aber eine Rechtsposition eingeräumt sein, die ihm ohne seine Mitwirkung nicht ohne weiteres entzogen werden kann. In Fällen ohne feste Anlagen (zB mobile Verkaufsstände) ist an andere in § 38 Abs 1 Nr 1 EStG genannte Merkmale anzuknüpfen (zB die Wohnung des ArbGeb; s *HMW*/Betriebsstätte Rz 11; s auch *Lohnabzugsverfahren* Rz 7 ff).

3. Lohnsteuerliche Betriebsstätte (§ 41 Abs 2 EStG). Für das LStVerfahren (LStAbzug s *Lohnabzugsverfahren* Rz 2 ff) gilt ein eigener, von § 12 AO abweichender Betriebsstättenbegriff. Betriebsstätte iSd § 41 Abs 2 Satz 1 EStG ist der im Inland gelegene Betrieb oder Teilbetrieb des ArbGeb, in dem der Arbeitslohn insgesamt ermittelt wird. Es kommt nicht darauf an, wo einzelne Lohnbestandteile ermittelt, die Berechnung der LSt vorgenommen und die für den LStAbzug maßgebenden Unterlagen aufbewahrt werden. Entscheidend ist, wo die einzelnen Lohnbestandteile zu dem für die Durchführung des LStAbzugs maßgebenden Arbeitslohn bzw bei maschineller Lohnabrechnung die Eingabewerte zusammengefasst werden (LStR 41.3). Ist der ArbGeb nur nach einem der in § 38 Abs 1 Nr 1 EStG genannten Merkmale inländischer ArbGeb (Wohnsitz, gewöhnlicher Aufenthalt, Geschäftsleitung, Sitz, Betriebsstätte iSd § 12 AO, ständiger Vertreter; s auch *Lohnabzugsverfahren* Rz 6–11) wird er dort idR auch den für den LStAbzug maßgebenden Arbeitslohn ermitteln, so dass dieser Ort auch die lohnsteuerliche Betriebsstätte darstellt (s LStR 41.3 Satz 3 zum **ausländischen ArbGeb** mit ständigem Vertreter im Inland). Bei **Konzernunternehmen** kommt es auf die Betriebsstätte der jeweiligen Organgesellschaft als ArbGeb an und nicht auf die des Organträgers (s auch *Konzernarbeitsverhältnis* Rz 21 ff; zur ArbGebStellung bei Entsendung von ArbN ausländischer Muttergesellschaften an eine deutsche Tochtergesellschaft s *Arbeitnehmerentsendung* Rz 18).

Bei **mehreren** in Betracht kommenden **Orten** nach § 38 Abs 1 Nr 1 EStG ist lohnsteuerliche Betriebsstätte der Ort, an dem der maßgebende Arbeitslohn ermittelt wird. Die Wahl dieses Ortes ist dem ArbGeb freigestellt.

Mehrere lohnsteuerliche **Betriebsstätten** iSd § 41 Abs 2 EStG können nur vorliegen, wenn die maßgebenden Arbeitslöhne in verschiedenen Betriebsteilen ermittelt werden, zB für Angestellte am Sitz der Hauptverwaltung, für gewerbliche ArbN am Sitz der Zweigniederlassung. Diese Gestaltung steht im Belieben des ArbGeb (s *Littmann/Barein* § 41 Rz 22). Für den Fall, dass der maßgebende Arbeitslohn nicht im Betrieb des ArbGeb oder nicht im Inland ermittelt wird, fingiert § 41 Abs 2 Satz 2 EStG den Mittelpunkt der geschäftlichen Leitung als lohnsteuerliche Betriebsstätte. Dies gilt insbesondere in Fällen, in denen der maßgebliche Arbeitslohn vom Steuerberater ermittelt wird (*HMW*/Betriebsstätte Rz 16).

In den Fällen der gewerbsmäßigen **Arbeitnehmerüberlassung,** in denen auch ein ausländischer Verleiher die inländischen ArbGebPflichten zu erfüllen hat (§ 38 Abs 1 Nr 2

123 Betriebsstätte

EStG; s auch *Arbeitnehmerüberlassung/Zeitarbeit* Rz 34 und *Lohnabzugsverfahren* Rz 12), gilt als lohnsteuerliche Betriebsstätte der Ort im Inland, an dem die Arbeitsleistung ganz oder überwiegend stattfindet (§ 41 Abs 2 Satz 2 EStG). Allerdings ist hier die Zuständigkeit bei einem FA je Bundesland zentralisiert (s Aufstellung LStH 41.3: Zuständige FÄmter für ausländische Verleiher). Auch für **ausländische Bauunternehmer** gelten für die LSt zentrale Zuständigkeiten, die sich nach der Ansässigkeit richten (s Aufstellung LStH 41.3: Zuständige Finanzämter für ausländische Bauunternehmer).

8 Wenn eine Reederei im Inland keine Niederlassung hat, gilt für deutsche **Handelsschiffe** der Heimathafen als lohnsteuerliche Betriebsstätte (§ 41 Abs 2 Satz 3 EStG).

9 Neben der Bedeutung für die Führung des Lohnkontos bestimmt sich nach dem Ort der lohnsteuerlichen Betriebsstätte auch das FA (BetriebsstättenFA, § 41a Abs 1 Nr 1 EStG), das zuständig ist

- für die Erteilung einer **Freistellungsbescheinigung** wegen Anwendung eines **DBA** oder des Auslandstätigkeitserlasses (s auch *Auslandstätigkeit* Rz 42 ff, 67, 68);
- für die Bescheinigung der **Steuerklasse** und eines etwaigen Freibetrages bei unbeschränkt stpfl ArbN iSd § 1 Abs 2 EStG und auf Antrag als unbeschränkt stpfl zu behandelnden ArbN iSd § 1 Abs 3 EStG (§ 39c Abs 3 und 4 EStG; s auch *Lohnsteuerberechnung* Rz 17);
- für die Erteilung der Steuerklassenbescheinigung und die Eintragung von Werbungskosten und bestimmten Sonderausgaben bei beschränkt stpfl ArbN (§ 39 Abs 3 Sätze 1, 3 EStG; s auch *Lohnsteuerabzugsmerkmale* Rz 26);
- für die Zulassung der LStPauschalierung nach § 40 Abs 1 EStG (s *Lohnsteuerpauschalierung* Rz 13 ff);
- für die Entgegennahme der *Lohnsteueranmeldung* Rz 2 ff und die *Lohnsteuerabführung* Rz 2 ff (s § 41a EStG),
- für den Ersatz von Fehlbeträgen aus LStErstattungen (§ 41c Abs 2 EStG; s auch *Lohnsteuerjahresausgleich* Rz 11) und für haftungsbefreiende Anzeigen (§ 41c Abs 4 EStG; s auch *Lohnsteuerberechnung* Rz 25 und *Anzeigepflichten Arbeitgeber* Rz 6 ff);
- für den Erlass von Haftungsbescheiden und Nachforderungs- bzw Pauschalierungsbescheiden (§ 42d Abs 3 EStG; s auch *Lohnsteuerhaftung* Rz 47–68; *Lohnsteuernachforderung* Rz 14–16 sowie *Lohnsteuerpauschalierung* Rz 6–12);
- für die Anrufungsauskunft (§ 42e EStG; s auch *Anrufungsauskunft* Rz 5–17);
- für die LStAußenprüfung (§ 42f EStG; s auch *Lohnsteueraußenprüfung* Rz 2–19);

(vgl auch Littmann/Barein § 41 Rz 25 und *HMW*/Betriebsstättenfinanzamt).

10 **4. Betriebsstätte nach Doppelbesteuerungsabkommen.** Der sich aus dem jeweiligen DBA ergebende Betriebsstättenbegriff ist bei Anwendung der sog 183-Tage-Klausel maßgebend (s aber auch oben Rz 3: in Einzelfällen 12-Monatszeitraum). Bei nur vorübergehender (bis zu 183 Tage im Steuerjahr) nichtselbstständiger Arbeit in einem DBA-Staat bleibt das Besteuerungsrecht idR beim Wohnsitzstaat, wenn – neben anderen Voraussetzungen – der Arbeitslohn nicht von einer Betriebsstätte wirtschaftlich getragen wird, die der ArbGeb in dem anderen Staat hat (vgl FG Hbg 22.11.01 – I 6/96, EFG 02, 445 mit Anm; s auch *Auslandstätigkeit* Rz 42 ff). Insbesondere enthalten die DBA hinsichtlich der Bau- und Montagestellen, die erst ab einer bestimmten Zeitdauer als Betriebsstätten gelten, unterschiedliche Regelungen (*HMW*/Betriebsstätte Rz 25). Strittig und ernstlich zweifelhaft ist, ob wegen der inländischen Betriebsstätte eines Unternehmens mit Sitz im Ausland (DBA-Staat) der ArbGeb als im Inland ansässiger ArbGeb iSd 183-Tageklauseln verschiedener DBA (so die Finanzverwaltung; FinMin NRW 5.7.82, DB 82, 1493) oder für die vorübergehende Auslandstätigkeit als ausländischer ArbGeb anzusehen ist (BFH 8.9.82, BStBl II 83, 71).

C. Sozialversicherungsrecht *Ruppelt*

11 **Haftungsbefreiung für Personenschäden.** Im SozVRecht kommt der Betriebsstätte Bedeutung nur für die gesetzliche UV zu. Beschäftigte auf einer **gemeinsamen Betriebsstätte** haften einander nicht für Personenschäden, die Folge eines durch sie verursachten Arbeitsunfalls sind, wenn die Schädigung nicht vorsätzlich herbeigeführt worden ist. Einzelheiten *Betrieb (Begriff)* Rz 23 f.

Betriebsstörung

A. Arbeitsrecht *Poeche*

1. Vorbemerkung. Mit dem Begriff Betriebsstörung verbinden sich idR zwei gänzlich verschiedene Sachverhalte, die schlagwortartig mit „Betriebsrisiko" und „Betriebsfrieden" gekennzeichnet werden. Er findet sich außerdem in Tarifverträgen.

2. Betriebsrisiko. a) Allgemeines. Nach § 615 Satz 3 BGB gelten die Vorschriften des *Annahmeverzugs* entsprechend in den Fällen, in denen der ArbGeb das Risiko des Arbeitsausfalls zu tragen hat. Die seit 1.2.02 bestehende Vorschrift erfasst die sog. Betriebsrisiko. Abweichend von § 326 BGB, dem zufolge beide Parteien leistungsfrei werden, wenn keine von ihnen die Unmöglichkeit der Leistung zu vertreten hat, hat der ArbGeb für das „Funktionieren" seines Betriebs einzustehen. Er schuldet dem ArbN auch dann das vereinbarte Entgelt, wenn der ArbN wegen einer **Betriebsstörung** nicht arbeiten kann (sog Annahmeunmöglichkeit des ArbGeb). Der Arbeitsausfall kann auf jedem von **außen einwirkenden Umstand** beruhen (Ausnahme: Arbeitskampf oder Verschulden des ArbN). In Betracht kommen technische Betriebsstörungen, Unterbrechungen r Energieversorgung, Maschinenausfall, Witterungsbedingungen (zB Hochwasser, vgl *Mosch* NJW-Spezial 13, 434), Erdbeben, Brand usw, aber auch Rohstoff- oder Auftragsmangel. (Nach LAG Hessen 15.2.11 – 13 Sa 1460/10, BeckRS 2011, 73343 soll auch ein vom ArbN nicht zu vertretendes Hausverbot, welches ihn an der Erbringung der Arbeitsleistung hindert, zum Betriebsrisiko des ArbGeb gehören.) Der ArbGeb trägt das Risiko auch, wenn er selbst den Betrieb aus Gründen, die in seinem betrieblichen oder **wirtschaftlichen Verantwortungsbereich** liegen, einschränkt oder stilllegt, etwa weil die Arbeit witterungsbedingt nicht sinnvoll fortgesetzt werden kann (BAG 9.7.08 – 5 AZR 810/07, NZA 08, 1407 zu einem Zement- und Baustoffhandel). Die Zuweisung des **Betriebsrisikos** rechtfertigt sich aus der Leitungs- und Anordnungsbefugnis des ArbGeb und insbesondere aus der Tatsache, dass er die **wirtschaftlichen Erträge** aus dem Betrieb zieht. (Zu der zur alten Rechtslage vom BAG entwickelten Betriebsrisikolehre BAG 18.5.99 – 9 AZR 13/98, NZA 99, 1166.). Kein Fall des § 615 Satz 3 BGB liegt vor, wenn der ArbN auf einer Dienstreise wegen eines Naturereignisses an der Erbringung der Arbeitsleistung gehindert wird, da dem ArbGeb die Annahme möglich bleibt (aA *Pötters/ Traut* DB 11, 1751). Das sog **Wirtschaftsrisiko** hat der ArbGeb bereits nach § 615 Satz 1 BGB zu tragen. Es verwirklicht sich, wenn die Arbeitsleistung betriebstechnisch möglich bleibt, die Fortsetzung des Betriebs wegen Auftrags- oder Absatzmangels aber wirtschaftlich sinnlos wird (BAG 7.12.05 – 5 AZR 535/04, NZA 06, 423; s auch BAG 13.12.11 – 1 AZR 495/10, BeckRS 2012, 68155).

b) Existenzgefährdung. Nicht zuzustimmen ist der Rspr, nach der der ArbGeb **ausnahmsweise** dann von seiner Zahlungspflicht befreit sein soll, wenn Betriebsstörung und Entgeltfortzahlung die Existenz des Betriebs gefährden (BAG 9.3.83 – 4 AZR 301/08, DB 83, 395; BAG 30.1.91 – 4 AZR 338/90, DB 91, 1525). Es fehlt an jedem Sachgrund, die ArbN mit diesem Risiko zu belasten, solange sie nicht am Betriebsergebnis beteiligt werden (Erfk*Preis* § 615 Rz 127). Im Übrigen dürfte bei einer solchen dramatischen Situation, deren Voraussetzungen vom BAG bisher in keinem Fall angenommen wurden, die Insolvenz der „richtige" Weg sein; ggf bietet sich *Kurzarbeit* an.

c) Wegerisiko. Zum Risiko des ArbN gehört es, seinen Arbeitsplatz zu erreichen. Der Entgeltanspruch entfällt, wenn er zB witterungsbedingt (Smog oder Hochwasser, vgl *Spielberger/Heer* AuA 13, 582 und *Gräf/Rögele* NZA 13, 1120) oder wegen Ausfalls der Verkehrsmittel die Arbeit nicht aufnehmen kann (BAG 8.12.82 – 4 AZR 134/80, NJW 83, 1079). Dazu auch *Arbeitsverhinderung* Rz 8.

d) Zur **Abdingbarkeit** wird auf *Annahmeverzug* Rz 21 verwiesen. Dass § 615 S 3 BGB durch TV abbedungen werden kann, hat das BAG nun ausdrücklich entschieden (BAG 25.1.12 – 5 AZR 671/10, BeckRS 2012, 68091 zu § 4 Nr 6 1 BRTV-Bau).

e) Die fehlende Beschäftigungsmöglichkeit aufgrund einer Betriebsstörung rechtfertigt nicht den Ausspruch einer fristlosen **Kündigung** (BAG 28.9.72 – 2 AZR 506/71, DB 73, 178).

124 Betriebsstörung

7   **3. Betriebsfrieden.** Unter der Überschrift „Entfernung betriebsstörender Arbeitnehmer" wird dem BRat das Recht eingeräumt, vom ArbGeb die Entlassung oder Versetzung eines ArbN zu verlangen (§ 104 BetrVG). Näheres *Mitbestimmung, personelle Angelegenheiten* Rz 35–38.

Die Kündigung auf **Verlangen Dritter** (zB Belegschaft, mehrere ArbN oder Auftraggeber) wird, soweit eine personen- oder verhaltensbedingte Entlassung nicht gerechtfertigt (sog unechte Druckkündigung, vgl BAG 18.7.13 – 6 AZR 420/12, BeckRS 2013, 70484) ist, teils als betriebsbedingte Kündigung (Druckkündigung) zugelassen (BAG 18.7.13 – 6 AZR 420/12, BeckRS 2013, 70484; 19.6.86 – 2 AZR 563/85, DB 86, 2498; BAG 26.6.97 – 2 AZR 502/96, RZK I 5i Nr 126; BAG 31.1.96 – 2 AZR 158/95, NZA 96, 581 zur personenbedingten außerordentlichen Änderungskündigung einer tariflich unkündbaren Kindergartenleiterin; Näheres s *Kündigung, verhaltensbedingte* Rz 30).

8   Dem ArbN, dessen Arbeitsverhältnis aufgrund einer Druckkündigung beendet worden ist, können gegen die „druckausübenden Personen" Schadensersatzansprüche wegen vorsätzlicher sittenwidriger Schädigung nach §§ 824, 826 BGB zustehen. Nicht entschieden hat das BAG bisher, ob auch Ansprüche nach § 823 Abs 1 BGB in Betracht kommen, ob also ein absolut geschütztes „Recht am Arbeitsplatz" oder „Recht am Arbeitsverhältnis" anzuerkennen ist (BAG 4.6.98 – 8 AZR 786/96, NZA 98, 113 mwN zum Schrifttum).

B. Lohnsteuerrecht
Seidel

10   Da die LSt an die Auszahlung des Arbeitslohns anknüpft (s *Lohnzufluss* Rz 2 ff) und vom tatsächlich geleisteten Bruttolohn einzubehalten ist, ergeben sich bei der Weiterzahlung von Arbeitslohn trotz Nichterbringens der Arbeitsleistung keine Besonderheiten. Es ist lediglich zu beachten, dass evtl gezahlte Zuschläge für Sonntags-, Feiertags- und Nachtarbeit nicht steuerfrei sind, wenn tatsächlich keine Arbeit zu den begünstigten Zeiten geleistet wird (s *Sonn- und Feiertagsarbeit* Rz 29).

11   Kommt es zu Nachzahlungen im Rahmen eines Annahmeverzugs des ArbGeb, so gelten die unter *Annahmeverzug* Rz 25 dargestellten Grundsätze. Verliert der ArbN wegen eines von ihm zu tragenden Arbeitskampfrisikos seinen Vergütungsanspruch (s *Schaub* § 101 III 2 Rz 15), ist mangels Lohnzahlung auch lohnsteuerlich nicht veranlasst (s auch *Arbeitskampf (Vergütung)* Rz 24 ff). Zur lohnsteuerrechtlichen Behandlung von Kurzarbeitergeld (s unten Rz 13) s *Kurzarbeit* Rz 27.

C. Sozialversicherungsrecht
Schlegel

12   **1. Annahmeverzug.** Betriebsstörungen, die dazu führen, dass die Arbeit nicht oder nicht im vertraglich vereinbarten Umfang erbracht werden kann, führen zu den sozialversicherungsrechtlichen Folgen des Annahmeverzuges, wenn der ArbN weiterhin arbeitsbereit bleibt und er seine Arbeitskraft dem ArbGeb anbietet. Liegen diese Voraussetzungen vor, so ist es unerheblich, auf welchen Gründen der Annahmeverzug bzw die Betriebsstörung beruht (s *Annahmeverzug* Rz 26 ff). Betriebsstörungen können Ansprüche auf Kurzarbeitergeld auslösen (Einzelheiten zum Kurzarbeitergeld vgl *Kurzarbeit* Rz 28 ff).

13   **2. Kurzarbeitergeld** nach Maßgabe der §§ 95 ff SGB III setzt voraus, dass die Betriebsstörung zu einem Arbeitsausfall führt, der Arbeitsausfall auf wirtschaftlichen Gründen oder einem unabwendbaren Ereignis beruht, der Arbeitsausfall unvermeidbar ist und der Agentur für Arbeit angezeigt worden ist, sofern in einem zusammenhängenden Zeitraum von mindestens vier Wochen für mindestens ein Drittel der im Betrieb tatsächlich beschäftigten ArbN jeweils mehr als 10 vH der Arbeitszeit ausfällt (§ 96 Abs 1 SGB III).

14   Wird diese Bagatellgrenze nicht erreicht, ist der Arbeitsausfall grds innerbetrieblich auszugleichen. Dem ArbN bleibt dann nur der Weg über den Annahmeverzug. Kurzarbeitergeld wird nicht gewährt, wenn der Arbeitsausfall überwiegend branchenüblich, betriebsüblich oder saisonbedingt ist oder ausschließlich auf betriebsorganisatorischen Gründen beruht (§ 96 Abs 4 Nr 1 SGB III).

15   **Unabwendbare Ereignisse** iSd § 96 Abs 1 SGB III sind zunächst Unglücksfälle wie Brände, Explosionen, Seuchen etc. Nach § 96 Abs 3 SGB III liegt ein unabwendbares Ereignis in diesem Sinne auch vor, wenn der Arbeitsausfall durch behördliche oder behördlich anerkannte Maßnahmen verursacht ist, die der ArbGeb nicht zu vertreten hat. Hierzu

zählen etwa Einschränkungen der Wasser-, Gas- und Stromlieferung, Straßensperren, Fahrverbote oder allgemeine Produktionssperren nach einem Smog-Alarm. Nicht hierher gehört der Fall, dass die Tätigkeit des Unternehmers unter einem **Erlaubnisvorbehalt** steht und der ArbGeb die Voraussetzungen für die erforderliche Erlaubnis/Genehmigung nicht erfüllt oder wenn dem ArbGeb die Tätigkeit untersagt wird, weil er im polizeirechtlichen Sinne Störer ist.

Ein unabwendbares Ereignis liegt insbesondere vor, wenn ein Arbeitsausfall auf ungewöhnlichen, dem üblichen **Witterungsverlauf** nicht entsprechenden Witterungsgründen beruht (§ 96 Abs 3 Satz 1 SGB III), nicht jedoch dann, wenn der Arbeitsausfall durch den üblichen Witterungsverlauf verursacht ist. 16

Die Gewährung von Kurzarbeitergeld kommt weiter bei einem Arbeitsausfall infolge Arbeitsmangels aus vom ArbGeb nicht zu vermeidenden Umständen, für die die **wirtschaftlichen Verhältnisse (Wirtschafts- und Arbeitsmarktlage)** ursächlich sind, in Betracht. Desgleichen wird Kurzarbeitergeld gewährt bei Arbeitsausfällen infolge **betrieblicher Strukturveränderungen,** die durch die allgemeine wirtschaftliche Entwicklung bedingt sind (vgl BT-Drs 14/2291 S 70). Auch die betriebliche Strukturveränderung muss auf einer (allgemeinen) wirtschaftlichen Ursache beruhen. Der Begriff der wirtschaftlichen Ursache schließt alle Arbeitsausfälle ein, die sich aus der Gesamtheit der laufenden Produktions- und Konjunkturvorgänge, den Veränderungen des Wirtschaftskreislaufes und damit aus der Teilnahme des Betriebs am Wirtschaftsleben ergeben. Der Begriff umfasst die externen Wirtschaftsprozesse mit ihren konjunkturellen, zyklisch verlaufenden Phasen sowie die hierfür verantwortlichen Strukturelemente wie die ökonomischen und außerökonomischen Rahmenbedingungen (Bevölkerung, Rechtsordnung, technisches Wissen, Kapitalbestand). Hierzu zählen auch die wirtschaftlichen Auswirkungen politischer Entscheidungen. Es handelt sich insoweit um Wirtschaftsabläufe, die nicht mit betriebsspezifischen vom einzelnen Unternehmen zu verantwortenden Verläufen im Zusammenhang stehen, sondern um allgemeine wirtschaftliche Veränderungen, insbesondere um konjunkturelle und strukturelle Störungen der Gesamtwirtschaftslage. Als von außen einwirkende wirtschaftliche Ursachen in diesem Sinne sind: Auftragsmangel infolge Rezession, Exportrückgang wegen währungspolitischer Maßnahmen, Mangel an Betriebs- und Werkstoffen, Umstellung auf ein neues Produkt, Automatisierung – jeweils als Folge der Gesamtwirtschaftslage. 17

Ein allgemeiner **soziokultureller Akzeptanzverlust eines Produkts** stellt allerdings keine wirtschaftliche Ursache bzw wirtschaftlichen Grund im og Sinne dar; Kurzarbeitergeld wird daher nicht gewährt, wenn ein Arbeitsausfall wesentlich darauf beruht, dass ein Produkt (hier: Rheumabandagen aus Katzenfell) aus der Mode kommt (BSG 15.12.05 – B 7a AL 10/05, R, SozR 4–4300 § 170 Nr 1; Anm Bieback jurisPR-SozR 14/2006). 18

Kurzarbeitergeldansprüche werden nicht ausgelöst durch reine **Management-Fehler** und wirtschaftliche Fehleinschätzungen der Betriebsleitung oder Ereignisse, die überwiegend betriebliche, branchenbedingte, saisonale oder organisatorische Gründe haben, denn es ist nicht Aufgabe des Kurzarbeitergeldes, Schwankungen der Beschäftigungslage aufzufangen, die durch die Eigenart des Betriebes bedingt sind oder regelmäßig wiederkehren (vgl BSG 18.5.95 – 7 RAr 28/94, SozR 3–4100 § 64 Nr 2). Beim Zusammentreffen betrieblicher und außerbetrieblicher Gründe für den Arbeitsausfall ist entsprechend den Grundsätzen der Lehre von der wesentlichen Bedingung darauf abzustellen, in welchen Gründen der Arbeitsausfall seinen Schwerpunkt hat. **Leiharbeitnehmer** haben ebenfalls keinen Anspruch auf Kurzarbeitergeld, weil konjunkturell bedingte, vorübergehende Auftragsnachfragerückgänge bei Zeitarbeitsunternehmen für diese Branche typusbildend und normativ dem Risikobereich des ArbGeb zugeordnet sind (BSG 21.7.09 – 7 AL 3/08 R). 19

Betriebsteil

A. Arbeitsrecht *Kreitner*

1. Abgrenzung/Begriff. Der Begriff des Betriebsteils steht im engen Zusammenhang mit dem arbeitsrechtlichen Betriebsbegriff, der seinerseits zu den Grundbegriffen des Arbeitsrechts zählt (Näheres s *Betrieb (Begriff)* Rz 1 ff). Eine allgemeine gesetzliche Definition des 1

125 Betriebsteil

Begriffs „Betriebsteil" existiert nicht. Hinsichtlich der drei wesentlichen Bereiche von BetrVG, KSchG und BGB ist wie folgt zu differenzieren:

2   a) BetrVG. aa) Allgemeine Begriffsdefinition. Betriebsteil ist ein unselbstständiger Teil eines Betriebes, der in den (Haupt)betrieb eingegliedert ist und dem eine Teilfunktion bei der Erreichung des Betriebszwecks zukommt. Er ist organisatorisch abgrenzbar und relativ verselbständigt (BAG 21.7.04 – 7 ABR 57/03, AP Nr 15 zu § 4 BetrVG 1972). Entscheidend für die Abgrenzung zum Betrieb ist der Grad der Verselbständigung, wie er im Umfang der Leitungsmacht zum Ausdruck kommt (BAG 18.1.12 – 7 ABR 72/10, NZA-RR 13, 133; 9.12.09 – 7 ABR 38/08, NZA 10, 906). Kennzeichnend ist insbesondere die Verfolgung eines Zwecks, der dem Zweck des Betriebes ein- oder untergeordnet ist (BAG 23.9.82, BB 83, 1534); zB: Reparaturwerkstatt bei Speditionsbetrieb oder Lackiererei bei Automobilbetrieb.

3   bb) Betriebsratsfähigkeit. In Betriebsteilen ist grds kein gesonderter BRat zu wählen. Etwas anderes gilt gem § 4 Abs 1 Satz 1 BetrVG dann, wenn der Betriebsteil zum einen die Voraussetzungen des § 1 Abs 1 Satz 1 BetrVG erfüllt (mindestens fünf ständig wahlberechtigte ArbN, von denen drei wählbar sind) und er zum anderen entweder räumlich weit vom Hauptbetrieb entfernt oder durch Aufgabenbereich und Organisation selbstständig ist. In ihren rechtlichen Auswirkungen ist die Fiktion des § 4 Abs 1 Satz 1 BetrVG für das gesamte BetrVG von Bedeutung. Meist stellt sich die Abgrenzungsproblematik erstmalig bei der BRatWahl, sie kann jedoch auch anderweitig virulent werden (vgl BAG 27.6.95, DB 96, 147: Betriebsstilllegung).

4   Eine hinreichende **räumliche Entfernung** wird von der Rspr immer dann bejaht, wenn eine lebendige Betriebsgemeinschaft zwischen Betriebsteil und Hauptbetrieb nicht gewährleistet ist und eine ordnungsgemäße Betreuung der ArbN im Betriebsteil durch den BRat des Hauptbetriebs nicht erfolgen kann (BAG 14.1.04 – 7 ABR 26/03, BeckRS 2009, 55090). Maßgeblich ist dabei die Entfernung der Filialen zum Hauptbetrieb und nicht zum Büro des BRat (BAG 7.5.08 – 7 ABR 15/07, NZA 09, 328). Da § 4 Abs 1 Satz 1 Nr 1 BetrVG allein auf die räumliche Entfernung abstellt, kommt es auf die Möglichkeit der Kontaktaufnahme durch moderne Kommunikationsmittel nicht an (BAG 7.5.08, NZA 09, 328). Ausreichend sind regelmäßig Entfernungen von 260 oder 300 Kilometer (vgl BAG 19.2.02 – 1 ABR 26/01, NZA 02, 1300; 15.12.11 – 8 AZR 692/10, BeckRS 2012, 69566). Demgegenüber kann zB die Fluktuation der ArbN von einer zur anderen Betriebsstätte für eine übergreifende Betriebsgemeinschaft sprechen (vgl BAG 21.6.95 – 2 AZR 693/94, AP Nr 16 zu § 1 BetrVG 1972). Sichere allgemeine Angaben dahingehend, ab wann eine ausreichende räumliche Entfernung iSd § 4 BetrVG vorliegt, sind daher nicht möglich.

5   Hinsichtlich des alternativ eingreifenden Merkmals **„eigenständiger Aufgabenbereich und Organisation"** sind nach der Rspr des BAG (29.5.91, DB 92, 231; LAG BaWü 26.3.96, DB 96, 2084) im Kern vergleichbare Kriterien heranzuziehen wie bei der Frage, ob zwei Unternehmen einen gemeinsamen Betrieb unterhalten (vgl *Betrieb (Begriff)* Rz 13). Es kommt mithin auf eine institutionalisierte Leitungsmacht an (zuletzt BAG 14.5.97, NZA 97, 1245), wobei diese allerdings hier – anders als im Fall des Gemeinschaftsbetriebs – nicht den gesamten Kern der ArbGebFunktionen im personellen und sozialen Bereich erfassen muss, da es nur um die Selbstständigkeit eines Betriebsteils geht (BAG 9.5.96, NZA 96, 1145; LAG Bln 28.6.99 – 9 TaBV 479/99, NZA-RR 2000, 246). Anderenfalls läge bereits ein selbstständiger Betrieb vor (BAG 29.5.91, DB 92, 231). Zur BRatFähigkeit eines Orchesters vgl BAG 21.7.04 – 7 ABR 57/03, AP Nr 15 zu § 4 BetrVG 1972.

6   Zu beachten ist, dass trotz der alternativen Reihung von Nr 1 und Nr 2 („oder") das BAG in ständiger Rspr auch für § 4 Abs 1 Satz 1 Nr 1 BetrVG **zusätzlich** das Bestehen einer Leitung verlangt, die Weisungsrechte des ArbGeb ausübt (BAG 14.5.97 – 7 ABR 26/96, NZA 97, 1245; 19.2.02 – 1 ABR 26/01, NZA 02, 1300). Das Vorhandensein von gewissen **Leitungsstrukturen** stellt damit ein ungeschriebenes Tatbestandsmerkmal des Betriebsteilbegriffs dar (kritisch *Trümner* AiB 96, 242; *von Hoyningen-Huene* SAE 98, 91).

Optional ist für ArbN in Betriebsteilen ohne eigenen BRat eine **Teilnahme an der Wahl** des BRat **im Hauptbetrieb,** wobei eine Abstimmung hierüber auch vom BRat des Hauptbetriebs veranlasst werden kann. Die eigentlich nach § 4 Abs 1 Satz 1 BetrVG eingetretene Verselbstständigung kann auf diese Weise rückgängig gemacht werden solange kein BRat besteht. Ein solcher Beschluss führt zur endgültigen Zuordnung zum Hauptbetrieb (BAG 17.9.13 – 1 ABR 21/12, BeckRS 2013, 74252). Andere tarifliche oder betriebsverfassungsrechtliche Zuordnungen iSv § 3 BetrVG gehen vor (BT-Drs 14/5741 S 35).

cc) Wesentlicher Betriebsteil. Gem § 111 BetrVG stellen die Einschränkung, Stilllegung oder Verlegung eines wesentlichen Betriebsteils eine mitbestimmungspflichtige Betriebsänderung dar (Näheres s *Betriebsänderung* Rz 14 ff). Nach der ständigen Rspr des BAG ist ein wesentlicher Betriebsteil immer dann betroffen, wenn die Zahlenwerte des § 17 Abs 1 KSchG überschritten werden (BAG 7.8.90, DB 91, 760; 31.5.07 – 2 AZR 254/06, NZA 07, 1307). 7

b) KSchG. Während der betriebsverfassungsrechtliche Betriebsbegriff gleichermaßen im Rahmen des KSchG Anwendung findet, ist der Begriff der **Betriebsabteilung** in § 15 Abs 5 KSchG nicht mit dem Begriff des Betriebsteils im oben dargestellten Sinn identisch. Ähnlich wie der Betriebsteil verlangt zwar auch der Begriff der Betriebsabteilung das Vorliegen einer gewissen organisatorisch abgegrenzten Einheit von Arbeitskräften und Betriebsmitteln. Darüber hinaus ist jedoch anders als beim Betriebsteil ein eigenständiger Zweck der Betriebsabteilung erforderlich (BAG 20.1.84, DB 84, 1248; 11.10.89, DB 90, 2024; LAG Bbg 12.10.01 – 5 Sa 603/00, NZA-RR 02, 520). Die betriebsverfassungsrechtliche Betriebsfiktion des § 4 BetrVG gilt im KSchG nicht (BAG 20.8.98 – 2 AZR 84/98, NZA 99, 255; 15.3.01 – 2 AZR 151/00, NZA 01, 831; LAG SachsAnh 11.1.2000 – 8 Sa 449/99, NZA-RR 01, 81; aA *Kania/Gilberg* NZA 2000, 678). 8

c) Betriebsübergang gemäß § 613a BGB. Praktische Relevanz erhält der Begriff des Betriebsteils auch beim rechtsgeschäftlichen Betriebsinhaberwechsel gem § 613a BGB, da bereits der Übergang eines Betriebsteils von dieser Vorschrift erfasst wird. Das BAG hat ursprünglich den Begriff des Betriebsteils iSd § 613a BGB als funktionsfähige organisatorische Einheit von materiellen und immateriellen Betriebsmitteln definiert, die es dem jeweiligen ArbGeb ermöglicht, bestimmte Betriebszwecke zu verfolgen (BAG 16.10.87, DB 88, 712; 29.11.88, BB 89, 558; 9.2.94, DB 94, 1731). Hieran ist der im Grundsatz auch nach der neueren Rspr von BAG und EuGH festzuhalten. Zu berücksichtigen ist lediglich, dass es als Bezugsobjekt des Betriebsteils auf eine selbstständig abtrennbare organisatorische Einheit ankommt, die innerhalb des betrieblichen Gesamtzwecks einen Teilzweck erfüllt (BAG 14.12.2000 – 8 AZR 200/00; 29.6.2000 – 8 AZR 520/99), dass die organisatorische Teileinheit immer bereits beim Veräußerer vorhanden sein muss (BAG 27.1.11 – 8 AZR 326/09, NZA 11, 1162) und dass es keiner Fortführung der betrieblichen Organisation bedarf, sondern maßgeblich darauf abzustellen ist, dass die funktionelle Verknüpfung zwischen den Produktionsfaktoren erhalten bleibt (BAG 26.5.11 – 8 AZR 37/10, NZA 11, 1143; Näheres s *Betriebsübergang* Rz 10). Schließlich ist bei § 613a BGB die Abgrenzung des Betriebsteils zu bloßen Betriebsmitteln des ArbGeb von Bedeutung (LAG Köln 28.3.06 – 9 (13) Sa 1361/05: einzelne Taxen eines Taxiunternehmers). 9

2. Streitigkeiten. Insoweit kann auf die Ausführungen zum Betrieb verwiesen werden (s *Betrieb (Begriff)* Rz 18). 10

B. Lohnsteuerrecht *Windsheimer*

Maßgebend für das LStRecht ist der Betriebsstättenbegriff. Zur Frage, ob und wo bei Auszahlung von Löhnen in einem Betriebsteil LSt anfällt, s *Betriebsstätte* Rz 2 ff, insbes Rz 6. Zum Ort der Aufzeichnungspflichten beim LStAbzug s *Betriebsstätte* Rz 4. 11

Leistet der bisherige ArbGeb anlässlich des Übergehens eines Betriebsteils an einen anderen ArbGeb Ausgleichszahlungen mit Rückzahlungsklausel an bisherige ArbN, weil die Vergütung des ArbN mit dem neuen ArbGeb geringer ist als zuvor, so können die Ausgleichszahlungen steuerbegünstigt sein (§§ 24 Nrn 1, 34 EStG; s *Außerordentliche Einkünfte* Rz 2 ff; BFH 12.4.2000 – XI R 1/99, BFH/NV 2000, 1195).

C. Sozialversicherungsrecht *Ruppelt*

Zu unterscheiden ist sozialversicherungsrechtlich zwischen **selbstständigem** und **unselbstständigem Betriebsteil** (s *Betrieb (Begriff)* Rz 20 ff). 12

Betriebsübergang

A. Arbeitsrecht *Kreitner*

Übersicht

	Rz		Rz
I. Allgemeines	1–4	3. Vorhandene kollektivrechtliche Regelung	62, 63
II. Voraussetzungen eines Betriebsübergangs	5–57	4. Außenseiter	64
1. Betriebsinhaberwechsel	5, 6	IV. Haftung	65–67
2. Betriebs- oder Betriebsteilübergang	7–21	1. § 613a Absatz 2 BGB	65, 66
a) Frühere Rechtsprechung des BAG	8	2. Besondere Haftungsgründe	67
b) Rechtsprechung des EuGH	9	V. Kündigungsschutz beim Betriebsübergang	68–92
c) Neuere Rechtsprechung des BAG	10–18	1. Kündigungsverbot gemäß § 613a Absatz 4 Satz 1 BGB	68–71
d) Rechtsprechungsüberblick	19, 20	a) Definition	68
e) Zeitpunkt	21	b) Rechtsnatur	69
3. Zuordnung	22–24	c) Geltungsbereich	70
4. Rechtsgeschäft	25–30	d) Maßgeblicher Zeitpunkt	71
5. Unterrichtungspflicht des Arbeitgebers	31–34	2. Kündigung aus anderen Gründen iSd § 613a Absatz 4 Satz 2 BGB	72–79
6. Widerspruchsrecht	35–42	a) Fehlender allgemeiner Kündigungsschutz	72
7. Beweislast	43	b) Verhaltens- und personenbedingte Kündigungen	73
8. Abweichende Vereinbarungen von § 613a Absatz 1 BGB	44, 45	c) Betriebsbedingte Kündigungen	74–79
9. Auswirkungen des Betriebsübergangs auf einzelne Rechtspositionen	46–57	3. Beweislast	80
a) Individualarbeitsrecht	46–54	4. Prozessuales	81–92
b) Betriebsratsmandat	55–57	VI. Betriebsübergang in der Insolvenz	93–98
III. Auswirkungen des Betriebsübergangs auf Tarifverträge und Betriebsvereinbarungen	58–64	VII. Allgemeine betriebsverfassungsrechtliche Auswirkungen des Betriebsübergangs	99–101
1. Transformation	58, 59	VIII. Neue Bundesländer	102
2. Kollektivrechtliche Fortgeltung	60, 61		

1   **I. Allgemeines.** § 613a BGB regelt die Rechte und Pflichten von ArbGeb und ArbN beim Betriebsübergang. Die Vorschrift wurde im Jahr 1972 im Rahmen einer Neufassung des BetrVG in das BGB aufgenommen und im Jahr 1980 um die Regelungen in Abs 1 Sätze 2–4 sowie Abs 4 im Wege der Umsetzung der EG-Richtlinie 77/187/EWG vom 14.2.77 ergänzt. Änderungen sind durch die Richtlinie 98/50/EG vom 29.6.98 sowie zuletzt durch die Richtlinie 2001/23/EG vom 13.3.01 (ABl EG L 82/16 vom 22.3.01) erfolgt. Die erstgenannte Richtlinie ist mit der Regelung des Übergangsmandats für BRäte in § 21a BetrVG, die letztgenannte durch die zum 1.4.02 erfolgte Ergänzung des § 613a BGB um die Abs 5 und 6 umgesetzt worden.

2   **Sinn und Zweck** des § 613a BGB ist es zunächst, den sozialen Besitzstand der ArbN zu erhalten und einen lückenlosen Bestandsschutz zu gewähren (BAG 22.2.78, DB 78, 1453; 26.2.87, DB 87, 991), den Bestand des BRat und seiner Mitbestimmungsrechte zu garantieren (BAG 3.7.80, BB 81, 1466), die Funktionsfähigkeit und Kontinuität des Betriebes zu sichern durch Fortbestand der eingearbeiteten Belegschaft sowie Haftungsregelungen für ArbNansprüche gegen alten und neuen Betriebsinhaber zur Verfügung zu stellen (BAG 29.10.92, DB 93, 637). Mit den zuletzt hinzugefügten Abs 5 und 6 soll schließlich den betroffenen ArbN eine Entscheidungsgrundlage für die Ausübung des Widerspruchsrechts und dem ArbGeb Planungssicherheit für die personelle Abwicklung des Betriebsübergangs gegeben werden.

3   **Anwendbar** ist § 613a BGB auf alle im Zeitpunkt des Betriebsübergangs bestehenden Arbeitsverhältnisse (BAG 1.12.04 – 7 AZR 37/04, AP Nr 12 zu § 1 TVG Tarifverträge:

Betriebsübergang 126

Maler). Dementsprechend existiert in Zeiten zwischen dem Ablauf eines befristeten und der Neubegründung eines weiteren befristeten Arbeitsverhältnisses grds kein übergangsfähiges Arbeitsverhältnis (BAG 16.5.12 – 5 AZR 268/11, NZA 12, 974) und der Übergang eines einen Tag vor dem Betriebsübergang mit Befristungsablauf endenden Arbeitsverhältnisses ist grds nicht möglich (aA BAG 19.5.05 – 3 AZR 649/03, NZA-RR 06, 373). Maßgeblich ist die rechtliche Zugehörigkeit, nicht die tatsächliche Beschäftigung (LAG Sachs 8.3.96, NZA-RR 97, 4). Die Vorschrift gilt mithin auch für freigestellte ArbN im gekündigten Arbeitsverhältnis während des Laufes der Kündigungsfrist (BAG 18.12.03 – 8 AZR 621/02, NZA 04, 791), für Altersteilzeitverhältnisse in der Freistellungsphase (BAG 31.1.08 – 8 AZR 27/07, NZA 08, 705; 30.10.08 – 8 AZR 54/07, NZA 09, 432) einschließlich Wertguthaben aus der aktiven Phase (BAG 16.8.05 – 9 AZR 470/04) sowie für befristete Arbeitsverhältnisse. Mit den bestehenden Arbeitsverhältnissen übernimmt der Erwerber auch die Altersversorgungszusagen des Veräußerers inklusive der bereits zurückgelegten Betriebszugehörigkeitszeit (LAG RhPf 12.2.10 – 6 Sa 569/09, NZA-RR 10, 429). Erfasst werden alle ArbN, ohne zwischen Arbeitern und Angestellten oder Voll- und Teilzeitbeschäftigten zu unterscheiden. Die Vorschrift gilt für leitende Angestellte (BAG 19.1.88 – 3 AZR 263/86, NZA 88, 501) ebenso wie für Auszubildende (BAG 13.7.06 – 8 AZR 382/05, NZA 06, 1406; *Mehlich* NZA 02, 823) sowie Volontäre und Praktikanten. Das Gleiche gilt für Arbeitsverhältnisse von ArbN, die ins Ausland entsandt wurden (BAG 14.7.05 – 8 AZR 392/04, NZA 05, 1411). Auch bei grenzüberschreitenden Betriebsübergängen ist § 613a BGB grds anwendbar. Allerdings kann nach dem Betriebsübergang das Recht des neuen Betriebssitzes anwendbar sein (BAG 26.5.11 – 8 AZR 37/10, NZA 11, 1143; *Gaul/Mückl* DB 11, 2318; *Forst* SAE 12, 18; *Leuchten* ZESAR 12, 411; zur Anwendbarkeit des § 613a BGB im kirchlichen Bereich *Joussen* NJW 06, 1850.

Nicht anwendbar ist § 613a BGB auf Vertragsverhältnisse mit ArbNÄhnlichen Personen 4 wie zB Heimarbeitern (BAG 3.7.80, BB 81, 1466; 24.3.98 – 9 AZR 218/97, NZA 98, 1001; aA *Heinze* DB 80, 205; *Bachner* AiB 96, 291) und auf Ruhestandsverhältnisse (BAG 18.3.03 – 3 AZR 313/02, NZA 04, 848; 23.3.04 – 3 AZR 151/03, AP Nr 265 zu § 613a BGB). Ebenfalls ausgeschlossen ist die Anwendbarkeit des § 613a BGB bei freien Mitarbeitern (BAG 13.2.03 – 8 AZR 59/02, NZA 03, 854), Werkvertragsnehmern und Handelsvertretern, Rechtsverhältnissen von Organmitgliedern (Geschäftsführer und Vorstände; BAG 13.2.03 – 8 AZR 654/01, NZA 03, 552), Mitinhaber des Unternehmens (BAG 17.8.2000 – 8 AZR 443/99: Tankstelle) sowie auf Beamte (LAG NdS 4.9.06 – 8 Sa 181/06, NZA-RR 07, 67). Auch Vereinbarungen zwischen den ArbN und einem weiteren konzernangehörigen Unternehmen gehen nicht nach § 613a BGB auf den Betriebserwerber über, da sie nicht Gegenstand des Arbeitsvertrages sind (BAG 12.2.03 – 10 AZR 299/02, NZA 03, 487: Aktienoptionszusage der Konzernmutter; *von Steinau-Steinrück* NZA 03, 473; *Willemsen/Müller-Bonanni* ZIP 03, 1177; *Annuß/Lembke* BB 03, 2230). Demgegenüber wendet der EuGH zuletzt die Betriebsübergangsrichtlinie auch auf ein konzernangehöriges Unternehmen an, zu dem ArbN lediglich „abgestellt" waren, und meint, die Stellung als für die Tätigkeit der ArbN verantwortlicher „nichtvertraglicher ArbGeb" reiche für einen Inhaberwechsel aus (EuGH 21.10.10 – C-242/09, NZA 10, 1225 – Albron Catering).

Der gem § 23 Abs 1 KSchG von der Belegschaftsstärke abhängige Kündigungsschutz ist kein Recht iSd § 613a Abs 1 Satz 1 BGB. Ein beim Veräußerer bestehender Kündigungsschutz gilt daher bei einem unterhalb des Schwellenwerts liegenden Erwerberbetrieb nicht fort (BAG 15.2.07 – 8 AZR 397/06, NZA 07, 739). Das Ausscheiden eines Unternehmens aus einem Gemeinschaftsbetrieb führt nicht ohne weiteres zur Anwendbarkeit des § 613a BGB (BAG 27.11.03 – 2 AZR 48/03, NZA 04, 477). Schließlich ist der Erwerber durch § 613a BGB nicht daran gehindert mit ArbN, die nach erfolgtem Betriebsübergang neu eingestellt werden, andere Arbeitsbedingungen zu vereinbaren (BAG 23.9.03 – 1 ABR 35/02, NZA 04, 800: Tarifgeltung; LAG Köln 5.5.04 – 7 Sa 54/04: Betriebliche Altersversorgung). Selbst längere Zeit nach einem Betriebsübergang ist der ArbGeb nicht zu einer Angleichung der unterschiedlichen Arbeitsbedingungen verpflichtet. Eine Bindung an den Gleichbehandlungsgrundsatz entsteht erst dann, wenn der ArbGeb neue Vergütungsstrukturen schafft (BAG 31.8.05 – 5 AZR 517/04, NZA 06, 265). Ist eine Bonuszahlung, die die Leistung einer Gruppe von ArbN für einen bestimmten Zeitraum belohnen soll, vom Fortbestand des Arbeitsverhältnisses mit einem bestimmten ArbGeb abhängig, können ArbN, die

126 Betriebsübergang

im Wege des Betriebsübergangs das Unternehmen verlassen, ausgenommen werden (BAG 14.2.07 – 10 AZR 181/06, NZA 07, 558). Ebenso müssen beim Veräußerer geleistete Verdienstzeiten für eine Jubiläumsgabe des Erwerbers grds nicht angerechnet werden (BAG 26.9.07 – 10 AZR 657/06, NZA 07, 1426). Auch die Tarifpartner sind in der Entscheidung weitestgehend frei, ob sie für bestimmte, erstmals in der Zeit nach dem Betriebsübergang normierte Leistungen frühere Beschäftigungszeiten anrechnen (BAG 17.10.07 – 4 AZR 1005/06, NZA 08, 713). Unabhängig von § 613a BGB kann ein ArbGebWechsel natürlich immer im Wege eines dreiseitigen Rechtsgeschäfts durchgeführt werden (LAG Köln 20.3.03 – 6 Sa 82/03, NZA-RR 04, 491). Zum rechtlichen Schicksal des Datenschutzbeauftragten beim Betriebsübergang vgl *Liedtke* NZA 05, 390.

5 **II. Voraussetzungen eines Betriebsübergangs. 1. Betriebsinhaberwechsel.** Der Wechsel des Betriebsinhabers ist erste Voraussetzung, dh es muss eine Änderung in der Person desjenigen erfolgen, der über die arbeitsrechtliche Organisations- und Leitungsmacht verfügt (BAG 6.2.85, DB 85, 2411; 13.11.86, DB 87, 990), ohne dass allerdings ein besonderer Übertragungsakt vorliegen muss (BAG 12.11.98 – 8 AZR 282/97, NZA 99, 310; *Müller-Glöge* NZA 99, 449). Das ist regelmäßig derjenige, der den Betrieb im eigenen Namen führt. Das Eigentum an den Betriebsmitteln ist dafür ohne Bedeutung (BAG 15.12.05 – 8 AZR 202/05, NZA 06, 597; s auch unten Rz 16). Gleichgültig ist dabei, ob es sich um eine natürliche Person, eine Gesamthand oder eine juristische Person handelt. Auch bei der Privatisierung öffentlicher Einrichtungen ist § 613a BGB uneingeschränkt anwendbar (LAG NdS 31.8.01 – 10 Sa 2899/98, NZA-RR 02, 630; 23.1.04 – 16 Sa 592/03, NZA-RR 04, 499; *Plander* NZA 02, 69; *Wollenschläger/von Harbou* NZA 05, 1081), denn auch solche Einrichtungen können Betriebe iSv § 613a BGB sein (BAG 25.9.03 – 8 AZR 421/02, NZA 04, 316; zur Privatisierung von Bühnen *Opolony* ZTR 04, 338). Gleiches gilt trotz des verfassungsrechtlichen Tendenzschutzes für Rundfunk- und Fernsehanstalten (BVerfG 19.7.2000 – 1 BvR 6/97, NZA 2000, 1049). Auch die Richtlinie 77/187/EWG erfasst identitätswahrende Übernahmen innerhalb der öffentlichen Verwaltung sowie Reprivatisierungen (EuGH 14.9.2000 – Rs C-343/98, NZA 2000, 1279 – Collino; 26.9.2000 – Rs C-175/99, NZA 2000, 1327 – Mayeur; 29.7.10 – C-151/09, NZA 10, 1014 – UGT-FSP).

6 Diese Voraussetzung wird nicht erfüllt durch bloße Veränderungen in der **Rechtsform** eines Betriebsinhabers oder beim **Wechsel von Gesellschaftern** (BAG 14.8.07 – 8 AZR 803/06, NZA 07, 1428). Gleichwohl kann mit dem Ausscheiden eines Unternehmers als Teilhaber eines Gemeinschaftsbetriebs aus demselben ein Betriebsteilübergang verbunden sein (BAG 26.8.99 – 8 AZR 588/98, BeckRS 1999, 30780253). Nicht notwendig ist eine Änderung der Eigentumsverhältnisse; andererseits bewirkt allein eine Sicherungsübereignung noch keinen Betriebsübergang (BAG 20.3.03 – 8 AZR 312/02, NZA 03, 1338). Ein Betriebsinhaberwechsel iSd § 613a BGB liegt auch im Fall des **Pächterwechsels** (BAG 26.2.87, DB 87, 991; allerdings **nicht** beim **Rückfall der Pachtsache** an den Verpächter ohne Fortführung des Betriebs BAG 18.3.99 – 8 AZR 159/98, NZA 99, 704; s unten Rz 12) sowie bei der Betriebsaufspaltung in Besitz- und Betriebsgesellschaft vor (BAG 19.1.88, DB 88, 1166; *Henssler* NZA 94, 294) oder der Verschmelzung von Gesellschaften (BAG 5.10.93, DB 94, 1683). Die Anwendbarkeit des § 613a Abs 1 BGB bei Verschmelzung, Spaltung oder Vermögensübertragung ist in § 324 UmwG gesetzlich normiert (Näheres s *Umwandlung* Rz 7).

7 **2. Betriebs- oder Betriebsteilübergang.** Das Tatbestandsmerkmal des Betriebs- bzw Betriebsteilübergangs ist in der letzten Zeit von der höchstrichterlichen Rspr grundlegend neu strukturiert worden. Bei diesem Merkmal erfolgt die entscheidende Weichenstellung für oder gegen die Annahme eines Betriebsübergangs.

8 **a) Frühere Rechtsprechung des Bundesarbeitsgerichts.** Früher prüfte das BAG in zwei Stufen zunächst das Vorliegen eines Betriebs oder Betriebsteils und sodann dessen Übergang im Rechtssinn. Dabei griff es in ständiger Rspr auf den allgemeinen arbeitsrechtlichen **Betriebsbegriff** (s *Betrieb (Begriff)* Rz 3) zurück und nahm lediglich die ArbN mit der Begründung aus, deren Übergang sei Rechtsfolge und könne daher keine Tatbestandsvoraussetzung sein (BAG 25.2.81, DB 81, 1140; 22.5.85, DB 85, 2409). Durchbrochen wurde der Grundsatz für ArbN mit Spezialkenntnissen, deren Know-how für den Betrieb von erheblicher Bedeutung war (BAG 27.7.94, DB 95, 431). Unter **Betriebsteil** iSv § 613a BGB

verstand die frühere Rspr eine Teileinheit bzw Teilorganisation eines Betriebes, mit der der neue Inhaber bestimmte arbeitstechnische Teilzwecke verfolgen kann (BAG 16.10.87, DB 88, 712; 9.2.94, DB 94, 1731). Es musste also eine organisatorische Untergliederung des Gesamtbetriebes übertragen werden. Einen **Übergang** bejahte das BAG immer dann, wenn der Erwerber die wesentlichen Betriebsmittel dergestalt übernommen hatte, dass ihm die Fortführung des Betriebs bzw Betriebsteils möglich war. Die Bedeutung der unterschiedlichen Betriebsmittel im Einzelfall sah das BAG dabei in Abhängigkeit vom jeweiligen Unternehmensgegenstand. Bei **Produktionsbetrieben** stellte es regelmäßig auf die Betriebsanlagen sowie je nach Branche und Spezialisierungsgrad auf das technische Know-how ab (BAG 22.5.85, DB 85, 2409; 9.2.94, DB 94, 1144). Bei **Handels- und Dienstleistungsbetrieben** standen demgegenüber die immateriellen Betriebsmittel im Vordergrund. Eine umfangreiche **Entscheidungsübersicht** über die frühere Rspr befindet sich im Personalbuch 1998 unter Betriebsübergang Rz 21 f und 24 f.

b) **Rechtsprechung des Europäischen Gerichtshofs.** Der EuGH hat demgegenüber 9 seit jeher in ständiger Rspr das diesbezügliche Tatbestandsmerkmal der Richtlinie anders ausgelegt. Er hat bereits in einem Urteil vom 18.3.86 (Rs 24/85, EAS Nr 2 zu Art 1 RL 77/187/EWG – Spijkers) im Einzelnen ausgeführt, dass es entscheidend darauf ankomme, ob eine **wirtschaftliche Einheit** vorhanden sei, die trotz des Inhaberwechsels ihre **Identität bewahrt** habe. Hierfür seien sämtliche, den betreffenden Vorgang kennzeichnenden Tatsachen im Rahmen einer umfassenden Gesamtwürdigung zu berücksichtigen. Von Bedeutung seien dabei namentlich die Art des betreffenden Unternehmens oder Betriebes, der Übergang oder Nichtübergang der materiellen Aktiva wie Gebäude und bewegliche Güter, der Wert der immateriellen Aktiva zum Zeitpunkt des Übergangs, die Übernahme oder Nichtübernahme der Hauptbelegschaft durch den neuen Inhaber, der Übergang oder Nichtübergang der Kundschaft sowie der Grad der Ähnlichkeit zwischen der vor und der nach dem Übergang verrichteten Tätigkeit und die Dauer einer eventuellen Unterbrechung dieser Tätigkeit. In der Folgezeit hat der EuGH diese Grundsätze in verschiedenen Fallkonstellationen angewandt (EuGH 17.12.87 – Rs 287/86, EAS Nr 3 zu Art 1 RL 77/187/ EWG – Ny Molle Kro; 10.2.88 – Rs 324/86, EAS Nr 4 zu Art 1 RL 77/187/EWG – Daddy's Dance Hall; 15.6.88 – Rs 101/87, EAS Nr 5 zu Art 1 RL 77/187/EWG – Bork) und dabei den og Kriterienkatalog mehrfach bestätigt (19.5.92 – Rs C-29/91, NZA 94, 207 – Redmond Stichting; 12.11.92 – Rs C-209/91, NZA 95, 475 – Watson Rask). Diese Rspr blieb weitestgehend unbeachtet und wurde erst durch die Christel Schmidt-Entscheidung vom 14.4.94 (Rs C-392/92, NZA 95, 545) bekannt, in der der EuGH bei der erstmaligen Fremdvergabe der bisher von einer einzigen angestellten Reinigungskraft erledigten Reinigungsaufgaben einen Betriebsübergang bejahte und die Kündigung dieser ArbN für unwirksam hielt. Die deutliche Kritik, die diese Entscheidung im Schrifttum hervorrief (vgl die Nachweise im Personalbuch 1997 Betriebsübergang Rz 10), blieb nicht ohne Wirkung. In seinem Urt vom 11.3.97 (Rs C-13/95, NZA 97, 433 – Ayse Süzen) führte der EuGH seine Rspr wieder auf die eingangs erwähnten Grundsätze zurück und bestätigte dies mit Urteilen vom 10.12.98 (Rs C-173/96 – Hidalgo und Rs C-247/96 – Ziemann, NZA 99, 189 sowie Rs C-127/96, 229/96 und 74/97, NZA 99, 253); 2.12.99 (Rs C-234/98 – Allen, NZA 2000, 587), 25.1.01 (Rs C-172/99 – Liikenne, NZA 01, 249), 24.1.02 (Rs C-51/00 – Imzilyen, NZA 02, 265), 13.9.07 (Rs C-458/05 – Jouini, NZA 07, 1151), 20.1.11 (Rs C-463/09 – MartinValor, NZA 11, 148) und vom 6.9.11 (Rs C-108/ 10 – Ivana Scatttolon, NZA 11, 1077; vgl *Steffan* NZA 12, 473; *Winter* RdA 13, 36; *Sittard/ Flockenhaus* NZA 13, 652). Bei der Gesamtwürdigung kann nach Auffassung des EuGH im Einzelfall ein Kriterium von derart entscheidender Bedeutung sein, dass alle anderen Umstände in den Hintergrund treten (EuGH aaO: Busse als Betriebsmittel bei Neuvergabe einer Buslinie; EuGH 20.11.03 – Rs C-340/01 – Abler, NZA 03, 1385: Räumlichkeiten, Inventar und weitere unverzichtbare Betriebsmittel bei der Neuvergabe einer Krankenhauskantine – s dazu unten Rz 14). Zuletzt hat der EuGH die Bedeutung der betrieblichen Organisationsstruktur in problematischer Weise relativiert (EuGH 12.2.09 – C-466/07, NZA 10, 251 – Klarenberg; kritisch *Schiefer* DB 11, 54) und auch außerhalb von arbeitsvertraglichen Beziehungen einen Betriebsübergang angenommen (EuGH 21.10.10 – C-242/09, NZA 10, 1225 – Albron Catering; kritisch *Bauer/Medem* NZA 11, 20; *Gaul/ Ludwig* DB 11, 298; *Forst* RdA 11, 228; *Willemsen* RdA 13, 36).

126 Betriebsübergang

10 **c) Neuere Rechtsprechung des Bundesarbeitsgerichts. aa) Übernahme der EuGH-Rechtsprechung.** Der für Fragen des Betriebsübergangs zuständige 8. Senat des BAG hat erstmals in seinem Urt vom 22.5.97 (8 AZR 101/96, NZA 97, 1050) eine grundlegende Änderung der oben in Rz 8 dargestellten bisherigen Rspr vollzogen und sich uneingeschränkt der Rspr des EuGH angeschlossen. An die Stelle des früheren Betriebsbegriffs ist damit auch in der nationalen Rspr das Merkmal der **auf Dauer angelegten wirtschaftlichen Einheit** getreten und entscheidendes Kriterium für einen rechtserheblichen Übergang ist die **Identitätswahrung.** Mit nahezu gleich lautenden Formulierungen greift das BAG auch auf den og Kriterienkatalog des EuGH zurück und nimmt in jedem Einzelfall eine **wertende Gesamtbetrachtung** aller Umstände vor. Schlagwortartig nennt das BAG in diesem Zusammenhang die weiteren Personal, Führungskräfte, Arbeitsorganisation, Betriebsmethoden und ggf zur Verfügung stehende Betriebsmittel (ständige Rspr BAG 26.5.11 – 8 AZR 37/10, NZA 11, 1143; 24.4.08 – 8 AZR 268/07, NZA 08, 1314; vgl *Schiefer/Hartmann* BB 12, 1985). Eine Rangfolge der Kriterien gibt es dabei nicht. Ihre Gewichtung ist allein einzelfallabhängig (BAG 26.6.97 – 8 AZR 426/95, NZA 97, 1228; 13.11.97 – 8 AZR 435/95; 22.1.98 – 8 AZR 358/95). So hat das BAG zB bei der Neuvergabe eines Reinigungsauftrags die Übernahme größerer Belegschaftsteile allein nicht für ausreichend angesehen, um einen Betriebsübergang zu bejahen, solange nicht die Weiterführung der bisherigen Arbeitsorganisation feststeht (BAG 19.3.98 – 8 AZR 737/96; ähnlich bereits BAG 22.1.98 – 8 AZR 623/96 für einen Möbelauslieferer). Auch reine Änderungen der Arbeitszeit wie bspw andere Schichtplanregelungen sind für die Identität des Betriebs nicht prägend (BAG 6.4.06 – 8 AZR 222/04, NZA 06, 723).

Diese Grundsätze gelten in gleicher Weise für **Betriebsteile.** Auch insoweit ist es erforderlich, dass die wirtschaftliche Einheit ihre Identität bewahrt (BAG 10.11.11 – 8 AZR 546/10, NZA 12, 509; 30.10.08 – 8 AZR 855/07, NZA 09, 723; 17.12.09 – 8 AZR 1019/08, NZA 10, 499). Allerdings erfordert dies nach der neueren Rspr des EuGH, der sich das BAG angeschlossen hat, keine zwingende **Fortführung der Betriebsorganisation,** sondern es reicht aus, dass die funktionelle Verknüpfung zwischen den übertragenen Produktionsfaktoren erhalten bleibt (EuGH 12.2.09 – C-466/07, NZA 09, 251 – Klarenberg; BAG 22.1.09 – 8 AZR 158/07, NZA 09, 905). Diese RsprÄnderung führt mit ihrer konturlosen, kaum subsumierbaren tatbestandlichen Vorgabe zu einer unnötigen Unschärfe bei der Feststellung der Identitätskriterien und trägt so zu einer erheblichen Rechtsunsicherheit bei (ebenfalls kritisch *Willemsen* NZA 09, 289; *Wißmann/Schneider* BB 09, 1126; *Grobys* NJW 09, 2032; *Schiefer* DB 11, 54;; aA *Salamon/Hoppe* NZA 10, 989). Das BAG hat die Rspr des EuGH übernommen. Nachdem es zunächst noch die Bedeutung der Gesamtbetrachtung und das Gewicht von betriebsorganisatorischen Veränderungen im Einzelfall betont hatte (BAG 17.12.09 – 8 AZR 1019/08, NZA 10, 499), stellt es mittlerweile maßgeblich auf die Beibehaltung der funktionalen Verknüpfung der Produktionsfaktoren ab (BAG 26.5.11 – 8 AZR 37/10, NZA 11, 1143; 7.4.11 – 8 AZR 730/09, NZA 11, 1231). Auch nach der neueren Rspr bleibt es aber bei dem Erfordernis, dass die übernommenen **Betriebsteile** immer bereits beim Veräußerer **als solche vorhanden gewesen** sein müssen, da nur eine existente, selbstständig abtrennbare, organisatorische Einheit übergehen kann (BAG 15.12.11 – 8 AZR 692/10, NZA-RR 12, 570; 13.10.11 – 8 AZR 455/10, NZA 12, 504; 27.1.11 – 8 AZR 326/09, NZA 11, 1162). Aus diesem Grund hat das BAG zB einen Betriebsübergang verneint, wenn der bisherige alleinige Betreiber einer Müllsortieranlage die Hälfte der Sortiermenge an ein drittes Unternehmen vergibt (BAG 27.9.07 – 8 AZR 941/06, NZA 08, 1130). Schließlich kommt es auch nicht darauf an, ob der verbleibende Restbetrieb noch lebensfähig ist (BAG 7.4.11 – 8 AZR 730/09, NZA 11, 1231).

11 **bb) Abgrenzung zur Funktionsnachfolge.** An einer Fortführung der **betrieblichen Organisation** im vorgenannten Sinn fehlt es regelmäßig auch dann, wenn lediglich eine bestimmte Tätigkeit beim Erwerber fortgeführt wird. Es liegt dann eine bloße Funktionsnachfolge vor, die keinen Betriebs- bzw Betriebsteilübergang darstellt (EuGH 20.1.11 – Rs C-463/09, NZA 11,148 – Gebäudereinigung; BAG 13.11.97 – 8 AZR 295/95, NZA 98, 251 – Gebäudereinigung in Krankenhaus; 13.11.97 – 8 AZR 52/96 – Verpackungsabteilung; 11.12.97 – 8 AZR 699/96 – Buchhalter; 22.1.98 – 8 AZR 197/95 – Reinigungskraft in Schuhgeschäft; 23.4.98 – 8 AZR 665/96 – Auslieferungsfahrer im Einzelhandel; 14.5.98 – 8 AZR 418/96 – Bewachungsauftrag; 4.6.98 – 8 AZR 644/96 – Kinderklinik;

16.7.98 – 8 AZR 77/97 – EDV-Vertriebstätigkeit bei Verlag; 3.9.98 – 8 AZR 306/97, NZA 99, 147 – Möbelauslieferung und -montage; 21.1.99 – 8 AZR 680/97; 23.9.99 – 8 AZR 614/98 – Lehrer in Privatschule; 25.9.03 – 8 AZR 421/02, NZA 04, 316 – Schießplatz; 5.2.04 – 8 AZR 639/02, NZA 04, 845 – Schwimmtrainerin; 16.5.07 – 8 AZR 693/06, NZA 07, 1296 – Handling auf Großflughafen; 14.8.07 – 8 AZR 1043/06, NZA 07, 1431 – technische Dienstleistung in Universitätsklinik; 13.12.07 – 8 AZR 937/06, NZA 08, 1021 – Lagerbetrieb; LAG NdS 23.6.03 – 5 Sa 1938/02, NZA-RR 04, 185 – Call-Center; LAG Köln 24.7.03 – 10 Sa 86/03, NZA-RR 04, 236 – Kinderbetreuung; LAG Hess 19.12.03 – 17 (9) Sa 1029/03 – Franchisevertrag in Gastronomie; LAG Sachs 27.2.04 – 2 Sa 739/03 – Notfallrettung; LAG Bln 1.10.04 – 6 Sa 1191/04, NZA-RR 05, 295 – Gartencenter).

cc) Identitätskriterien. Seit der grundlegenden Änderung seiner Rspr konkretisiert der 8. Senat des BAG in einer Vielzahl von Einzelfallentscheidungen die vorgenannten Identitätskriterien. So hat er bereits in der ersten Entscheidung vom 22.5.97 eine neunmonatige **Unterbrechung der betrieblichen Tätigkeit** bei einem Modefachgeschäft als übergangsschädlich angesehen (BAG 22.5.97 – 8 AZR 101/96, NZA 97, 1050). Der maßgebliche Schwellenwert ist dabei abhängig vom jeweiligen Unternehmensgegenstand (aA *Preis/Steffan* DB 98, 309: vier Monate analog § 1 Abs 3 Satz 2 BeschFG). Bei einer Kindertagesstätte kann bereits eine dreimonatige Unterbrechung gegen einen Betriebsübergang sprechen (LAG Köln 2.10.97 – 10 Sa 643/97, NZA-RR 98, 290). **12**

Die fehlende **Ähnlichkeit der betrieblichen Tätigkeit** verhinderte bei der Neuverpachtung einer Gaststätte einen Betriebsübergang, nachdem hier ein Wechsel von gutbürgerlicher deutscher Küche zu einem arabischen Spezialitätenrestaurant stattgefunden hatte (BAG 11.9.97 – 8 AZR 555/95, NZA 98, 31). Ebenso hat das BAG im Fall der Eröffnung eines Gaststätte und eines Hotels auf dem Gelände eines ehemaligen Ferienzentrums des FDGB entschieden (BAG 16.7.98 – 8 AZR 81/97, NZA 98, 1233). Das Gleiche gilt für die Änderung eines Gastronomiebetriebs in einen Integrationsbetrieb iSv § 132 SGB IX (LAG BlnBbg 4.3.10 – 26 Sa 2407/09, NZA-RR 11, 13). Anders ist dies bei der Fortführung eines bisherigen Gemeinschaftsbetriebs zweier Unternehmen durch eines der beiden Unternehmen bei weitestgehend gleichbleibender Arbeitsorganisation (LAG Hess 16.4.97 – 8 Sa 1202/95, NZA-RR 98, 242). Bei einem Elektro-Einzelhandelsgeschäft kommt dem gleich bleibenden Warensortiment entscheidende Bedeutung zu (BAG 2.12.99 – 8 AZR 796/98, NZA 2000, 369). Demgegenüber ist im Möbeleinzelhandel der Wechsel von einem Vollsortiment zum Abholverkauf von Einzelstücken zu Discountpreisen identitätsschädlich (BAG 13.7.06 – 8 AZR 331/05, NZA 06, 1357). Auch der Auftragswechsel von einem Servicedienstleister mit 20 Beschäftigten auf ein Unternehmen mit 1900 Beschäftigten ist regelmäßig mit erheblichen organisatorischen Veränderungen verbunden (BAG 15.2.07 – 8 AZR 431/06, NZA 07, 793; 14.8.07 – 8 AZR 1043/06, NZA 07, 1431). Wird eine Arztpraxis in derselben fachlichen Ausrichtung, in denselben Räumen mit den vorhandenen technischen Einrichtungen und bewusster Heranziehung des bisherigen Patientenkreises fortgesetzt, ist von einer Identitätswahrung auszugehen (LAG Düsseldorf 29.2.2000 – 3 Sa 1896/99, NZA-RR 2000, 353). Ein Betriebsübergang auf einen Gemeinschaftsbetrieb scheidet regelmäßig aus, da auf eine reine Betriebsführungsgesellschaft nichts übertragen werden kann, was die Identität der wirtschaftlichen Einheit ausmacht (BAG 16.2.06 – 8 AZR 211/05, NZA 06, 592). **13**

Hervorzuheben ist die weitgehende **Berücksichtigung des Personals** für die Beurteilung der Voraussetzungen eines Betriebsübergangs in betriebsmittelarmen Betrieben (BAG 27.1.11 – 8 AZR 326/09, NZA 11, 1162; 28.4.11 – 8 AZR 709/09, BeckRS 2011, 75933; 30.10.08 – 8 AZR 397/07, NZA 09, 485; *Kappenhagen* BB 13, 696). Bei betriebsmittelarmen Betrieben kommt es entscheidend darauf an, dass ein **nach Zahl und Sachkunde wesentlicher Teil** der Belegschaft vom Erwerber übernommen bzw neu eingestellt worden ist (BAG 23.9.10 – 8 AZR 567/09, NZA 11, 197; 21.6.12 – 8 AZR 181/11, BeckRS 2012, 74490). Ein typischer betriebsmittelarmer Bereich ist das Reinigungsgewerbe (BAG 21.5.08 – 8 AZR 481/07, NZA 09, 144). Gleiches gilt für Callcenter (BAG 25.6.09 – 8 AZR 258/08, NZA 09, 1412) und Arztpraxen (BAG 22.6.11 – 8 AZR 107/10, BeckRS 2011, 76229). Demgegenüber zählt bspw die Betreuung des Check-Ins sowie der Flugzeuge und ihrer Crews am Flughafen (sog Handling) nicht hierzu, da die umfangreiche Logistik des Flughafens und eigene weitere Betriebsmittel erforderlich sind (BAG 16.5.07 – 8 AZR 693/06, NZA 07, 1296). Auch eine Betriebskantine ist regelmäßig kein betriebsmittelarmer Betrieb (BAG **14**

126 Betriebsübergang

17.12.09 – 8 AZR 1019/08, NZA 10, 499). Die Anforderungen hängen im Einzelfall von der Art und Qualifikation der Tätigkeit ab (BAG 21.6.12 – 8 AZR 181/11, NZA-RR 13, 6: 58% der Servicetechniker, EDV-Servicemitarbeiter und Führungskräfte in IT-Service-Betrieb genügt; 29.6.2000 – 8 ABR 44/99, NZA 2000, 1180: 50% der ArbN inklusive 50% der Bauleiter und Poliere in Rohrleitungsbau genügt nicht; 19.3.98 – 8 AZR 737/96; 14.5.98 – 8 AZR 418/96: 60% genügt bei einfacher Reinigungstätigkeit nicht; LAG Köln 23.1.98 – 11/9 Sa 822/97, NZA-RR 98, 337: 4 von 7 Raumpflegerinnen genügt ohne die Übernahme von Führungskräften nicht; LAG Köln 26.3.98 – 5 Sa 1420/97, NZA-RR 98, 398: ebenso bei 50% der Reinigungskräfte ohne Übernahme von Führungspersonal; BAG 4.6.98 – 8 AZR 644/96: Chefarzt und 50% des Pflegepersonals und Azubis genügen bei Krankenhaus nicht; BAG 22.10.98 – 8 AZR 752/96: ebenso 57% der Verwaltungskräfte und 43% der Lehrer einer Einrichtung für Erwachsenenbildung; ähnlich BAG 23.9.99 – 8 AZR 614/98; BAG 21.1.99 – 8 AZR 680/97: erst recht nicht 30% der Lehrer bei Privatschule; BAG 10.12.98 – 8 AZR 676/97, NZA 99, 420: 75% der Belegschaft reicht bei einem Hol- und Bringdienst bzw einem Spülküchenbetrieb im Reinigungsdienst eines Krankenhauses nicht aus; LAG Köln 14.3.2000 – 13 Sa 1356/99, NZA-RR 2000, 634: 9 von 15 Busfahrern genügen nicht; LAG Köln 12.7.05 – 9 Sa 1566/04, LAGE § 613a BGB 2002 Nr 8: 50% des besonders ausgebildeten Personals aus allen Tätigkeitsbereichen der Personen- und Gepäckkontrolle an einem Flughafen genügt; deutlich geringere Anforderungen stellt *Gaul* ZTR 98, 1: Orientierung an § 17 KSchG). Insgesamt kommt im personellen Bereich der Übernahme der Führungskräfte und des damit verbundenen „Know-how" nach wie vor besondere Bedeutung zu (BAG 27.1.2000 – 8 AZR 106/99). Zum Betriebsübergang zweier Leiharbeitsunternehmen zuletzt EuGH 13.9.07 – Rs C-458/05 – Jouini, NZA 07, 1151.

15 Dabei genügt die faktische „Weiterbeschäftigung" durch den Erwerber. Auf das rechtliche Bewusstsein der ArbN, ob sie auf neue Vertragsangebote des Erwerbers eingehen oder einem Betriebsübergang folgen wollen, kommt es nicht an (insoweit zutreffend *Schipp* NZA 13, 238; aA *Niklas* BB 13, 2165). Umgekehrt kann aber aus der **unterbliebenen Übernahme** des Personals nicht generell darauf geschlossen werden, dass ein Betriebsübergang nicht vorliegt (LAG Köln 8.3.04 – 4 Sa 1115/03, NZA-RR 04, 464).

16 Abhängig von der Art des Betriebs kommt der **Nutzung vorhandener Betriebsmittel** besondere Bedeutung bei der Identitätsprüfung zu. Betriebsmittelintensive Betriebe, also solche, bei denen der Einsatz von Betriebsmitteln für die Tätigkeit unerlässlich ist und den eigentlichen Kern des zur Wertschöpfung erforderlichen Funktionszusammenhangs ausmacht, werden gerade durch diese Betriebsmittel geprägt. Ihr Schicksal kann daher im Rahmen der Gesamtbetrachtung entscheidend sein. Dabei kommt es nicht auf das Eigentum an den Betriebsmitteln und deren eigenwirtschaftliche Nutzung an. Im Anschluss an die EuGH-Rspr (EuGH 20.11.03 – Rs C – 340/01 – Abler, NZA 03, 1385; 15.12.05 – Rs C-232, 233/04 – Güney-Görres, NZA 06, 29) hat dies das BAG mittlerweile mehrfach entschieden (BAG 4.6.08 – 8 AZR 222/04, NZA 06, 723 – Druckserviceunternehmen; 13.6.06 – 8 AZR 271/05, NZA 06, 1101 – Fluggastkontrolle; 15.2.07 – 8 AZR 431/06, NZA 07, 793 – Schlachthof; 13.12.07 – 8 AZR 937/06, NZA 08, 1021 – Lagerbetrieb; 23.5.13 – 8 AZR 207/12, BeckRS 2013, 72336 – Objektschutz). Seine frühere gegenteilige Rspr (zuletzt BAG 14.5.98 – 8 AZR 418/96, NZA 99, 483; 29.6.2000 – 8 AZR 520/99) hat es ausdrücklich aufgegeben.

17 Die Wahrung der Identität setzt schließlich zwingend eine **tatsächliche Fortführung** der fraglichen Einheit voraus. Anders als nach der früheren Rspr (BAG 22.2.78, DB 78, 1453; 22.5.85, DB 85, 2409) kann daher die reine Fortführungsmöglichkeit nicht mehr ausreichen (BAG 10.5.12 – 8 AZR 434/11, NZA 12, 1161; 8.8.02 – 8 AZR 583/01, NZA 03, 315; 21.2.08 – 8 AZR 77/07, NZA 08, 825). Der Übernehmer muss die Betriebsmittel tatsächlich weiter oder wieder nutzen und der bisherige Betriebsinhaber muss deren Nutzung einstellen (BAG 27.9.12 – 8 AZR 826/11, NZA 13, 961; aA für betriebsmittelarme Betriebe *Schipp* NZA 13, 238). Verfügt ein Betrieb nicht über besonders prägende Betriebsmittel, vermag daher die Veräußerung der vorhandenen Betriebsmittel an mehrere verschiedene Unternehmen keinen Betriebsübergang zu begründen (BAG 26.7.07 – 8 AZR 769/06, NZA 07, 1419).

18 **dd) Outsourcing/Insourcing.** Keine Besonderheiten gelten im Hinblick auf das Erfordernis der Identitätswahrung bei der Überprüfung sog Outsourcing-Fälle. Gleiches gilt für

Betriebsübergang 126

die mittlerweile eingetretene gegenläufige Entwicklung zum Insourcing (BAG 17.4.03 – 8 AZR 253/02, AP Nr 253 zu § 613a BGB; 22.7.04 – 8 AZR 350/03, NZA 04, 1383).

d) Rechtsprechungsüberblick. Ohne Anspruch auf Vollständigkeit wird im Folgenden 19 die aktuelle Rspr des BAG zum Betriebsübergangstatbestand stichwortartig dargestellt. Sofern das BAG einen Betriebsübergang bejaht hat, ist dies mit einem (+) gekennzeichnet, anderenfalls mit einem (–); die Zurückverweisung an das Berufungsgericht ist mit einem (z) gekennzeichnet.

Anzeigenblatt – 3.9.98 – 8 AZR 439/97 (–); **Apotheke** – 19.3.98 – 8 AZR 139/97, NZA 98, 750 20 (+); **Armaturenherstellung** – 25.5.2000 – 8 AZR 335/99 (–); **Arztpraxis** – 22.6.11 – 8 AZR 107/10, BeckRS 2011, 76229 (–); **Auslieferungslager** – 18.12.03 – 8 AZR 621/02, NZA 04, 791 (+); **Bauunternehmen** – 19.12.2000 – 3 AZR 451/99, NZA 02, 615 (+); **Bewachung** – 22.1.98 – 8 AZR 775/96, NZA 98, 638 (–); 22.1.98 – 8 ABR 83/96 (–); 14.5.98 – 8 AZR 418/96, NZA 99, 483 (z); 14.5.98 – 8 AZR 328/96 (–); 7.9.98 – 8 AZR 276/97 (–); 25.9.08 – 8 AZR 607/07, NZA-RR 09, 469 (–); 15.12.11 – 8 AZR 197/11, BeckRS 2012, 67383 (–); 23.5.13 – 8 AZR 207/12, BeckRS 2013, 72336 (+); **Bohrgesellschaft** – 8.8.02 – 8 AZR 583/01, NZA 03, 315 (z); **Bistrobewirtschaftung** bei der Bahn – 6.4.06 – 8 AZR 249/04, NZA 06, 1039 (–); **Brauerei** – 22.1.98 – 8 AZR 358/95 (–); **Buchhaltung** – 11.12.97 – 8 AZR 699/96 (–); **Callcenter** – 25.6.09 – 8 AZR 258/08, NZA 09, 1412 (+); **Catering** – 11.12.97 – 8 AZR 426/94, NZA 98, 532 (–); **Dachdecker** – 26.7.07 – 8 AZR 769/06, NZA 08, 112 (–); **Druckerei** – 18.3.99 – 8 AZR 306/98, NZA 99, 706 (+); **Druckserviceunternehmen** – 6.4.06 – 8 AZR 222/04, NZA 06, 723 (+); **Druckweiterverarbeitung** – 26.8.99 – 8 AZR 588/98 (z); **Einzelhandel** – 2.12.99 – 8 AZR 796/98, NZA 2000, 369 (z); 17.6.03 – 2 AZR 134/02, AP Nr 260 zu § 613a BGB (–); **Erwachsenenbildung** – 22.10.98 – 8 AZR 752/96 (–); 18.2.99 – 8 AZR 485/97, NZA 99, 648 (z); 23.9.99 – 8 AZR 614/98 (–); **Ferienzentrum** – 16.7.98 – 8 AZR 81/97, NZA 98, 1233 (–); **Fleischereigeschäft** – 18.2.99 – 8 AZR 732/97 (+); **Fluggastkontrolle** – 13.6.06 – 8 AZR 271/05, NZA 06, 1101 (+); **Flughafen (Handling)** – 16.5.07 – 8 AZR 693/06, NZA 07, 1296 (–); **Forschungsschiff** – 2.3.06 – 8 AZR 147/05, NZA 06, 1105 (+); **Frauenhaus** – 4.6.06 – 8 AZR 299/05, NZA 06, 1096 (–); **Gaststätte** – 11.9.97 – 8 AZR 555/95, NZA 98, 31; 20.3.03 – 8 AZR 312/02, NZA 03, 1338 (–); **Gebäudereinigung** – 13.11.97 – 8 AZR 295/95, NZA 98, 251 (+ Neueinstellung); 11.12.97 – 8 AZR 729/96, NZA 98, 534 (+); 11.12.97 – 8 AZR 156/95, NZA 99, 486 (z); 22.1.98 – 8 AZR 197/95 (–); 19.3.98 – 8 AZR 737/96 (+); 22.9.98 – 8 AZR 500/97 (–); 2.12.99 – 8 AZR 774/98, NZA 2000, 480 (+); 22.4.04 – 2 AZR 243/03 (z); 24.5.05 – 8 AZR 333/04, NZA 06, 31 (–); 21.5.08 – 8 AZR 481/07, NZA 09, 144 (+); **Gebäudetechnik** – 27.1.2000 – 8 AZR 106/99 (z); 22.1.09 – 8 AZR 158/07, NZA 09, 905 (–); **Gefahrstofflager** – 22.7.04 – 8 AZR 350/03, NZA 04, 1383 (+); **Getränkehandel** – 14.12.2000 – 8 AZR 220/00 (–); **Grundstücksverwaltung** – 18.3.99 – 8 AZR 196/98, NZA 99, 869 (–); 18.3.99 – 8 AZR 169/98 (–); 15.11.12 – 8 AZR 683/11, BeckRS 2013, 67450 (–); **Hol- und Bringdienst** – 10.12.98 – 8 AZR 676/97, NZA 99, 420 (–); **Hotelbetrieb** – 14.12.2000 – 8 AZR 694/99 (–); 13.7.06 – 8 AZR 382/05, NZA 06, 1406 (+); 21.2.08 – 8 AZR 77/07, NZA 08, 825 (+); 21.8.08 – 8 AZR 201/07, NZA 09, 29 (z); **Installateur** – 16.2.06 – 8 AZR 211/05, NZA 06, 592 (–); **Instandhaltung** – 13.11.97 – 8 AZR 82/95 (z); **Instandsetzung/Bundeswehr** – 30.10.08 – 8 AZR 855/07, NZA 09, 723 (–); **IT-Service** – 21.6.12 – 8 AZR 181/11, NZA-RR 13, 6 (z); **Jugendwohnheim** – 23.9.99 – 8 AZR 750/98, RzK I 5e Nr 120 (–); **Kantine** – 25.5.2000 – 8 AZR 337/99 (+); 17.12.09 – 8 AZR 1019/08, NZA 10, 499 (–); **Kasernengelände** – 2.12.98 – 7 AZR 579/97, NZA 99, 926 (+); **Kommissionsbetrieb** – 29.6.2000 – 8 AZR 520/99 (–); **Krankenhaus** – 4.6.98 – 8 AZR 644/96 (–); 25.5.2000 – 8 AZR 416/99, NZA 2000, 1115 (+); 21.5.08 – 8 AZR 481/07, NZA 09, 144 (+); **Kundendienst** – 22.1.98 – 8 AZR 243/95, NZA 98, 536 (–); **Lagerhaltung** – 13.12.07 – 8 AZR 937/06, NZA 08, 1021 (+); **Lagerverwaltung** – 17.4.03 – 8 AZR 253/02, AP Nr 253 zu § 613a BGB (–); **Lebensmittellager** – 14.8.07 – 8 AZR 803/06, NZA 07, 1428 (–); **Malerei** – 20.6.02 – 8 AZR 459/01, NZA 03, 318 (+); **Maschinenbau** – 12.11.98 – 8 AZR 301/97, NZA 99, 715 (–); 23.9.10 – 8 AZR 567/09, NZA 11, 197 (–); **Metallbau** – 27.9.12 – 8 AZR 826/11, NZA 13, 961 (–); **Modefachgeschäft** – 22.5.97 – 8 AZR 101/96, NZA 97, 1050 (–); 12.11.98 – 8 AZR 282/97, NZA 99, 310 (z); **Mess- und Regeltechnik** – 13.10.11 – 8 AZR 455/10, NZA 12, 504; **Möbelauslieferung** und -montage – 22.1.98 – 8 AZR 623/96 (–); 3.9.98 – 8 AZR 306/97, NZA 99, 147 (+); **Möbeleinzelhandel** – 13.7.06 – 8 AZR 331/05, NZA 06, 1357 (–); **Müllsortieranlage** – 27.9.07 – 8 AZR 941/06, NZA 08, 1130 (–); **Notariat** – 26.8.99 – 8 AZR 827/98, NZA 2000, 371 (–); **Privatschule** – 21.1.99 – 8 AZR 680/97 (–); **Rechtsanwaltskanzlei** – 30.10.08 – 8 AZR 397/07, NZA 09, 485 (–); **Reisebüro** – 15.12.11 – 8 AZR 692/10, NZA-RR 12, 570 (–); **Rettungsdienst** – 10.5.12 – 8 AZR 434/11, NZA 12, 1161 (–); **Rohrleitungsbau** – 29.6.2000 – 8 ABR 44/99, NZA 2000, 1180 (–); **Schießplatz** – 25.9.03 – 8 AZR 421/02, NZA 04, 316 (–); **Schlachthof** – 15.2.07 – 8 AZR 431/06, NZA 07, 793 (+); 29.3.07 – 8 AZR 519/06, NZA 07, 927 (+); **Schuhproduktion** – 16.5.02 – 8 AZR 319/01, NZA 03, 93 (–); 13.5.04 – 8 AZR 331/03 (–); **Theater** – 23.9.99 – 8 AZR 135/99 (–); **Servicedienstleister** – 14.8.07 – 8 AZR 1043/06, NZA 07, 1431 (–); 21.5.08 – 8 AZR 481/07, NZA 09, 144 (+); **Tiernahrungs-**

126 Betriebsübergang

produktion – 23.9.99 – 8 AZR 650/98 (–); **Transportunternehmen** – 26.8.99 – 8 AZR 718/98, NZA 2000, 144; **Treuhandanstalt** – 24.8.06 – 8 AZR 317/05, NZA 07, 1287 (–); **Vertriebsunternehmen** – 13.11.97 – 8 AZR 52/96 (–); 13.11.97 – 8 AZR 435/95 (–); 28.5.09 – 8 AZR 273/08, BeckRS 2009, 69440 (–); **Verpackung** – 24.4.08 – 8 AZR 268/07, NZA 08, 1314 (–); **Verwaltung** – 26.6.97 – 8 AZR 426/95, NZA 97, 1228 (–); **Warenauslieferung** – 23.4.98 – 8 AZR 665/96 (–); **Wasserversorgung** – 10.11.11 – 8 AZR 546/10, NZA 12, 509 (–); **Zementwerk** – 3.11.98 – 3 AZR 484/97, BeckRS 1998, 30367932 (–).

21   e) **Zeitpunkt.** Maßgeblicher Zeitpunkt und damit auslösendes Moment für die Rechtsfolgen des § 613a BGB ist der Zeitpunkt, in dem der **Wechsel in der Person des Betriebsinhabers** erfolgt. Der bisherige Inhaber muss seine wirtschaftliche Betätigung in Bezug auf diesen Betrieb oder Betriebsteil einstellen und der neue Inhaber die wirtschaftliche Einheit nutzen und fortführen. Dieser Zeitpunkt ist nicht disponibel (BAG 21.2.08 – 8 AZR 77/07, NZA 08, 825). Auch ein nachträglich einschlägiger Wirksamkeitsvorbehalt im Unternehmenskaufvertrag hindert bei tatsächlicher Fortführung das Vorliegen eines Betriebsübergangs nicht (BAG 31.1.08 – 8 AZR 2/07, AP Nr 339 zu § 613a BGB). In diesem Sinn hat auch der EuGH bezüglich Art 3 Abs 1 der Richtlinie entschieden und auf den Zeitpunkt abgestellt, zu dem die Inhaberschaft (Verantwortung für den Betrieb der betreffenden Einheit) auf den Erwerber übergeht (EuGH 26.5.05 – Rs C-478/03, NZA 05, 681 – John Astley ua). Bei einer Übertragung in mehreren Schritten kommt es auf den Übergang der wesentlichen, zur Fortführung des Betriebs erforderlichen Betriebsmittel an (BAG 27.10.05 – 8 AZR 568/04, NZA 06, 668). Einer besonderen Übertragung einer irgendwie gearteten **Leitungsmacht** bedarf es nach der Rspr des 8. Senats des BAG daneben nicht (BAG 25.10.07 – 8 AZR 917/06, NZA-RR 08, 367; 21.2.08 – 8 AZR 77/07, NZA 08, 825). Erst recht führt eine Vereinbarung mehrerer Unternehmen über eine gemeinsame Betriebsführung nicht zu einem Betriebsübergang, da hierdurch keine Übertragung des Direktionsrechts erfolgt, sondern lediglich die Tätigkeit der Unternehmen koordiniert wird (BAG 26.8.99 – 8 AZR 588/98; 24.2.2000 – 8 AZR 162/99).

22   3. **Zuordnung.** Liegen die Voraussetzungen eines Betriebsübergangs bzw eines Betriebsteilübergangs vor, so gehen jeweils die Arbeitsverhältnisse derjenigen ArbN über, die dem konkreten Betrieb oder Betriebsteil zuzuordnen sind (BAG 13.11.97 – 8 AZR 375/96, NZA 98, 249; 28.10.04 – 8 AZR 391/03, NZA 05, 285; 21.2.06 – 3 AZR 216/05, AP Nr 58 zu § 16 BetrAVG). Eine solche Zuordnung ist unproblematisch, sofern zwischen ArbGeb und ArbN Einigkeit über die Zugehörigkeit zu einem bestimmten Betriebsteil besteht. In diesem Fall ist der **Parteiwille** maßgeblich (BAG 18.3.97 – 3 AZR 729/95, NZA 98, 97; LAG Düsseldorf 14.5.04 – 9 (14) Sa 1691/03, LAGE § 613a BGB 2002 Nr 4). Ist die Zuordnung streitig, entscheidet das BAG nach **objektiven Kriterien** (BAG 8.8.02 – 8 AZR 583/01, NZA 03, 315; 28.10.04 – 8 AZR 391/03, NZA 05, 285). Es kommt darauf an, ob der ArbN dem Betriebsteil angehört. Es kommt darauf an, dass er in den übergegangenen Betrieb oder Betriebsteil tatsächlich eingegliedert war (BAG 18.10.12 – 6 AZR 41/11, NZA 13, 1007). Die bloße Tätigkeit für einen Betriebsteil genügt nicht (BAG 21.6.12 – 8 AZR 181/11, NZA-RR 13, 6; 7.4.11 – 8 AZR 730/09, NZA 11, 1231; 24.8.06 – 8 AZR 556/05, AP Nr 315 zu § 613a BGB). Letztlich entscheidet der ArbGeb die Zuordnung durch ausdrückliche oder konkludente Ausübung seines Direktionsrechts (BAG 21.2.13 – 877/11, NZA 13, 617; vgl im Einzelnen auch *Kreitner* FS Küttner 2006, S 399). Arbeitsunfähigkeit oder Erwerbsunfähigkeit im Zeitpunkt des Betriebsübergangs sind dabei rechtlich ebenso unerheblich wie Erholungsurlaub des ArbN (BAG 21.2.06 – 3 AZR 216/05, NZA 07, 931; 2.3.06 – 8 AZR 147/05, NZA 06, 1105). Im Fall des Widerspruchs bedarf es einer erneuten Zuordnungsentscheidung des ArbGeb (BAG 25.9.03 – 8 AZR 446/02, BeckRS 2003, 41875; 13.2.03 – 8 AZR 102/02, BeckRS 2003, 40650). Dabei hat der widersprechende ArbN keinen Anspruch auf Zuordnung zu einem bestimmten Betrieb oder Betriebsteil des Veräußerers (BAG 21.2.13 – 877/11, NZA 13, 617). Auch das rechtliche Schicksal des nach einem Betriebsteilübergangs verbleibenden Restbetriebs des Veräußerers hat keinen Einfluss auf die Zuordnungsfrage (BAG 17.6.03 – 2 AZR 134/02, BeckRS 2004, 40374). Im Ergebnis werden damit oftmals ArbN in sog Stabs-, Verwaltungs- oder Overheadfunktionen nicht von Betriebsteilübergängen erfasst (BAG 13.11.97 – 8 AZR 375/96, NZA 98, 249: Leiter Finanz- und Rechnungswesen; 21.1.99 – 8 AZR 298/98: Leiter Finanz- und Personalbuchhaltung; 17.6.03 – 2 AZR 134/02, AP Nr 260 zu § 613a BGB).

Auch bei **freigestellten Betriebsratsmitgliedern** knüpft das BAG an den Betrieb bzw 23
Betriebsteil an, dem das BRatMitglied vor seiner Freistellung angehörte (BAG 18.9.97 –
2 ABR 15/97, NZA 98, 189). Das Gleiche gilt für AltersteilzeitArbN in der Freistellungsphase (BAG 31.1.08 – 8 AZR 27/07, NZA 08, 705). Dem ist grds zuzustimmen. Bei
langjährig freigestellten BRatMitgliedern kann es oftmals durch betriebliche Umorganisation
während der Freistellungsphase zum ersatzlosen Wegfall des früheren Arbeitsplatzes und
damit dem betrieblichen Anknüpfungspunkt für die Zuordnungsentscheidung kommen.
Hier bedarf es einer neuen Zuordnungsentscheidung des ArbGeb. Abzulehnen ist demgegenüber die von *Natzel* (NZA 2000, 77) vertretene Zuordnung zum Gesamtbetrieb. Sie
stellt letztlich ohne rechtliche Grundlage allein auf die betriebsverfassungsrechtliche Mandatsausübung ab und vernachlässigt den Fortbestand des individualrechtlichen Arbeitsverhältnisses.

§ 323 Abs 2 UmwG ermöglicht in Fällen der **Verschmelzung, Spaltung** oder **Ver-** 24
mögensübertragung die Zuordnung von ArbN zu bestimmten Betrieben oder Betriebsteilen durch namentliche Bezeichnung in einem *Interessenausgleich*. Diese von den Betriebspartnern vorgenommene Zuordnung kann nach dem Gesetzeswortlaut durch das ArbG nur
auf „grobe Fehlerhaftigkeit" überprüft werden. Der Gesetzgeber hat sich insoweit an der
Insolvenzordnung orientiert (vgl weiterführend *Neye* ZIP 94, 917; *Bauer/Lingemann* NZA
94, 1057), die im Rahmen der gerichtlichen Überprüfung der Sozialauswahl ebenfalls den
Kontrollmaßstab der „groben Fehlerhaftigkeit" vorgibt (Näheres s *Umwandlung* Rz 14).

4. Rechtsgeschäft. Gem § 613a Abs 1 Satz 1 BGB führt nur ein rechtsgeschäftlicher 25
Betriebsübergang zum Eintritt des Erwerbers kraft Gesetzes in die bestehenden Arbeitsverhältnisse. Daher scheidet eine Anwendung des § 613a BGB auf die **öffentlich-rechtliche**
Funktionsnachfolge aus, denn diese beruht idR auf Rechtsnormen und nicht auf einem
Rechtsgeschäft (BAG 19.1.2000 – 4 AZR 752/98, NZA 2000, 1170; 25.1.01 – 8 AZR
336/00, NZA 01, 840; 8.5.01 – 9 AZR 95/00, NZA 01, 1200; 18.12.08 – 8 AZR 660/07,
BeckRS 2009, 58466; jedoch BAG 7.9.95, NZA 96, 424: öffentlich-rechtliche Verwaltungsvereinbarung genügt; vgl auch EuGH 15.10.96, BB 97, 1742). Auch der Übergang eines
Notariats geschieht durch einen Verwaltungsakt der Landesjustizverwaltung und damit hoheitlich (BAG 26.8.99 – 8 AZR 827/98, NZA 2000, 371). Entscheidend ist, ob wesentliche
Betriebsmittel aufgrund vertraglicher Vereinbarungen oder aufgrund eines hoheitlichen
Aktes genutzt werden (BAG 13.6.06 – 8 AZR 271/05, NZA 06, 1101). Auch bei einem
solchen gesetzlichen Übergang muss der Gesetzgeber aber den Gleichbehandlungsgrundsatz
beachten (BAG 18.12.08 – 8 AZR 660/07, AP Nr 366 zu § 613a BGB). Jedenfalls bei
einem gesetzlich angeordneten Wechsel von einem öffentlichen zu einem privaten ArbGeb
kann die Einräumung eines Widerspruchsrechts erforderlich sein (BVerfG 25.1.11 – 1 BvR
1741/09, NZA 11, 400).

Das Rechtsgeschäft, das dem Betriebsübergang zugrunde liegen muss, ist der einverständ- 26
liche **Wechsel der Inhaberschaft.** Daher scheidet ein Betriebsübergang mangels rechtsgeschäftlicher Übertragung immer dann aus, wenn der Wechsel in der Person des Betriebsinhabers nicht auf eine Willensäußerung des bisherigen Betriebsinhabers zurückzuführen ist,
wie bspw im Fall der Betriebsbesetzung. Typische Beispiele für Rechtsgeschäfte sind: Kauf-,
Pacht-, Nießbrauchs- oder Schenkungsverträge, Vermächtnisse sowie Regelungen im Rahmen von Gesellschaftsverträgen.

Dieses Tatbestandsmerkmal ist sehr weit zu verstehen (BAG 25.10.07 – 8 AZR 917/06, 27
NZA-RR 08, 367). Dabei kann sich der Inhaberwechsel auch aus einem **Bündel von**
Rechtsgeschäften mit mehreren Dritten ergeben (BAG 22.5.85, DB 85, 2407; 18.2.99 –
8 AZR 485/97, NZA 99, 648; 21.6.12 – 8 AZR 181/11, NZA-RR 13, 6) soweit mit diesen
der Übergang eines funktionsfähigen Betriebes bzw Betriebsteils bezweckt wird. § 613a
BGB verlangt weiterhin nicht das Vorliegen eines zweiseitigen Rechtsgeschäfts, eine vom
bisherigen Betriebsinhaber erteilte Ermächtigung zur Fortführung des Betriebes reicht aus
(ArbG Köln 29.7.76, DB 76, 2021; aA LAG Hamm 10.1.75, DB 75, 604). Erst recht muss
sich das Rechtsgeschäft nicht auf die Übernahme der Arbeitsverhältnisse beziehen (LAG
Thür 14.11.2000 – 5 Sa 55/99, NZA-RR 01, 122).

Die **Unwirksamkeit des Rechtsgeschäfts** führt nicht zum Ausschluss der Rechtsfolgen 28
des § 613a BGB (BAG 6.2.85 – 5 AZR 411/83, NZA 85, 735). Auch ein nichtiges Rechts-

geschäft eines Geschäftsunfähigen soll danach die Voraussetzungen des § 613a BGB erfüllen. Wegen der überragenden Bedeutung, die ansonsten durch die Rechtsordnung dem Schutz des Geschäftsunfähigen gewährt wird erscheint diese Rspr bedenklich (kritisch ebenfalls *Schröder* NZA 86, 206; *Staudinger/Richardi/Annuß* § 613a Rz 94). Zum richtigen Ergebnis führt diese Rspr demgegenüber im Fall der Anfechtung eines Unternehmenskaufvertrages. Für das Vorliegen eines Betriebsübergangs kommt es insoweit allein auf die tatsächliche Fortführung der übernommenen wirtschaftlichen Einheit an (BAG 25.10.07 – 8 AZR 917/06, NZA-RR 08, 367). Daher ist auch ein vereinbartes Rücktrittsrecht des Betriebserwerbes für die Beurteilung des Betriebsübergangs ebenso unbeachtlich (BAG 15.12.05 – 8 AZR 202/05, NZA 06, 597) wie die aufschiebende Bedingung der vollständigen Kaufpreiszahlung (BAG 13.12.07 – 8 AZR 1107/06, AP Nr 338 zu § 613a BGB).

29   Im Schrifttum wird unter Berufung auf das Fehlen eines Rechtsgeschäfts die **Anwendbarkeit des § 613a BGB im Rahmen der Zwangsvollstreckung** generell verneint (*Mohrbutter* NZA 85, 105). Richtigerweise ist die Rechtslage wie folgt zu beurteilen: Bei der **Zwangsversteigerung** eines Betriebsgrundstücks (zB Hotelgrundstück) erfolgt der Übergang durch staatlichen Hoheitsakt, § 90 Abs 1 ZVG. Der den Zuschlag erhaltende Ersteher erwirbt somit nicht auf rechtsgeschäftliche Weise. Damit ist jedoch noch nichts über die Arbeitsverhältnisse gesagt, da sich die Zwangsversteigerung ausschließlich auf das Grundstück und die gem §§ 90 Abs 2, 55 Abs 1, 20 Abs 2 ZVG, 1120, 97 Abs 1 BGB miterfassten Gegenstände erstreckt.

30   Hier ist zu differenzieren: Nutzt der neue Inhaber lediglich die im Wege der Zwangsvollstreckung erworbenen Gegenstände, um damit einen ähnlichen, eigenen Betrieb führen zu können, so fehlt es am Übergang eines funktionsfähigen Betriebes; § 613a BGB ist nicht anwendbar. Nutzt der Ersteher jedoch die vorhandene betriebliche Einheit, so ist ein Betriebsübergang iSd § 613a BGB gegeben, da dann rechtsgeschäftliche Vereinbarungen hinsichtlich dieser wesentlichen Betriebsmittel vorliegen. Gleiches gilt für die **Zwangsverwaltung**. Auch hier erwirbt der Zwangsverwalter im Wege der Beschlagnahme, also nicht durch Rechtsgeschäft. Obwohl der Zwangsverwalter grds nur die Verfügungsbefugnis über das Betriebsgrundstück erhält, kann er berechtigt sein, einen grundstücksbezogenen Gewerbebetrieb fortzuführen (BGH 14.4.05 – V ZB 16/05, NJW-RR 05, 1175: Hotel mit Restaurants). Hierfür bedarf er grds der rechtsgeschäftlichen Mitwirkung des Schuldners (BAG 18.8.11 – 8 AZR 230/10, NJW 11, 3596; LAG Köln 11.5.99 – 10 Sa 14/99, NZA 2000, 36; kritisch *Drasdo* NZA 12, 239).

31   **5. Unterrichtungspflicht des Arbeitgebers.** Gem § 613a Abs 5 BGB ist der ArbGeb unabhängig von der Betriebsgröße und unabhängig von dem Vorhandensein eines BRat verpflichtet, die von einem Übergang betroffenen ArbN zu informieren, um ihnen eine ausreichende Wissensgrundlage für die Ausübung des Widerspruchsrechts zu verschaffen (grundlegend BAG 14.12.06 – 8 AZR 763/05, NZA 07, 682 sowie aus dem Schrifttum *Grau* Unterrichtung und Widerspruchsrecht der ArbN bei Betriebsübergang 2005; *Kania/Joppich* FS Küttner 2006 S 383 ff; *Willemsen* FS Küttner S 417 ff; *Hauck* NZA 09, Beilage 1, 18; *Jacobsen/Menke* NZA-RR 10, 393; *Meyer* SAE 10, 173; *Fuhlrott/Ritz* BB 12, 2689). Gemeint sind damit nur die ArbN des Veräußerers im übergehenden Betrieb bzw Betriebsteil (*Jaeger* ZIP 04, 433; *Franzen* RdA 02, 258). Die Unterrichtungspflicht stellt eine Rechtspflicht dar, deren Verletzung nach § 280 BGB schadensersatzpflichtig machen kann (BAG 31.1.08 – 8 AZR 1116/06, NZA 08, 642; aA *Grobys* BB 02, 726; *Bauer/von Steinau-Steinrück* NZA 03 Beilage S 72; *Riesenhuber* RdA 04, 340, die wie vor der Gesetzesänderung nur eine Obliegenheit des ArbGeb annehmen). Für die Information ist **Textform** gem § 126b BGB vorgeschrieben, so dass zwar keine unterschriebene Erklärung erforderlich ist, gleichwohl aber die Person des Erklärenden durch eine Nachbildung der Unterschrift oder auf andere Weise als Abschluss der Erklärung erkennbar sein muss. Ermöglicht wird damit insbesondere eine Unterrichtung der ArbN per E-Mail oder Intranet bzw Kopie oder Telefax. Eine Übersetzung für ausländische ArbN ist nicht vorgeschrieben, kann aber im Einzelfall im eigenen Interesse des ArbGeb sinnvoll sein (enger *Langner* DB 08, 2082). Die mündliche Information zB in einer Betriebsversammlung reicht daher nicht aus. Der ArbGeb muss sicherstellen, dass **jeder** von dem Betriebsübergang betroffene **Arbeitnehmer** von der Information Kenntnis erlangt. Dies kann unter Verwendung von Standardschreiben gesche-

hen, sofern sichergestellt ist, dass etwaige Besonderheiten einzelner Arbeitsverhältnisse erfasst sind (BAG 13.7.06 – 8 AZR 305/05, NZA 06, 1268). Eine individuelle Rechtsberatung wird vom Gesetz nicht verlangt (BAG 9.2.06 – 6 AZR 281/05, BeckRS 2006, 42337). Jedenfalls empfiehlt sich aus Beweisgründen ein Informationsschreiben in Papierform (möglichst gegen Empfangsquittung). Eine Information des BRat genügt den gesetzlichen Anforderungen nicht, kann aber über § 242 BGB bei nachgewiesener Weitergabe der Information an die ArbN erheblich sein (*Hauck* AuA 04, 14). § 613a Abs 5 BGB gibt dem ArbN grds keinen Anspruch auf Auskunft über die Höhe seiner Betriebsrentenanwartschaften, da diese nicht Folge des Betriebsübergangs sind (BAG 22.5.07 – 3 AZR 834/05, NZA 07, 1283; 22.5.07 – 3 AZR 357/06, NZA 07, 1285; Näheres s *Rentenauskunft* Rz 3).

Die Unterrichtungspflicht trifft gleichermaßen den **Veräußerer und** den **Erwerber** als Gesamtschuldner. Da die Unterrichtung vor dem Betriebsübergang stattfinden soll, wird sie im Regelfall durch den Betriebsveräußerer erfolgen. Sofern beide ArbGeb informieren, sollte dies gemeinsam geschehen, um inhomogene Informationen und daraus resultierende Schadensersatzrisiken zu vermeiden. Das gilt insbes bei Betriebsübergängen, die durch eine „Auftragsnachfolge" entstehen, da hier idR keine direkte Rechtsbeziehung zwischen Käufer und Erwerber besteht (*Meyer* NZA 12, 1185). Maßgeblich ist der **Kenntnisstand** im Zeitpunkt der Unterrichtung (BAG 13.7.06 – 8 AZR 303/05, NZA 06, 1273). Beide ArbGeb sind für die Erfüllung der Unterrichtungspflicht **darlegungs- und beweispflichtig.** Ebenso wie bei § 102 BetrVG gilt dabei eine abgestufte Darlegungslast, wonach seitens des ArbN näher dargelegte Einwände vom ArbGeb mit entsprechenden Darlegungen und Beweisantritten zu entkräften sind, es sei denn, die Unterrichtung ist offensichtlich fehlerhaft (BAG 10.11.11 – 8 AZR 430/10, BeckRS 2012, 66397). Dann ist der Fehler von Amts wegen zu berücksichtigen (BAG 24.7.08 – 8 AZR 1020/06; 13.7.06 – 8 AZR 305/05, NZA 06, 1268; 14.12.06 – 8 AZR 763/05, NZA 07, 682). Letzteres hat das BAG bislang regelmäßig angenommen.

Der erforderliche **Mindestinhalt der Unterrichtung** ist unter Berücksichtigung von Sinn und Zweck der Unterrichtung und Auslegung des 4-Punkte-Katalogs zu ermitteln (zuletzt BAG 10.11.11 – 8 AZR 277/10, BeckRS 2011, 77782; vgl *Lingemann* NZA 12, 546; *Köhler/Pinkwart* SAE 12, 96). Grundvoraussetzung ist danach, dass die ArbN über die Identität des Betriebserwerbers so informiert werden, dass sie in die Lage versetzt werden, über ihren möglichen neuen ArbGeb Erkundigungen einzuholen. Dazu gehört bei Gesellschaften die Firma, die Angabe des Firmensitzes sowie die Geschäftsadresse (BAG 21.8.08 – 8 AZR 407/07, NZA-RR 09, 62; 23.7.09 – 8 AZR 538/08, NZA 10, 89). Der gesetzliche Anforderungskatalog verlangt in **Nr 1** die Mitteilung des (geplanten) Übergangszeitpunkts. Dies dürfte in der Praxis keine Schwierigkeiten bereiten, da zwar eine möglichst genaue, aber ungefähre Zeitangabe ausreicht. Nach **Nr 2** ist über den Übergangsgrund zu informieren. Dies wird allgemein dahingehend verstanden, dass eine für die ArbN verständlich formulierte Information über den Rechtsgrund der Übertragung (Verkauf, Umwandlung oÄ) erfolgen muss. Es geht um eine schlagwortartige Schilderung derjenigen unternehmerischen Gründe für den Betriebsübergang, die sich im Falle des Widerspruchs auf den Arbeitsplatz auswirken können (BAG 13.7.06 – 8 AZR 305/05, NZA 06, 1268; 14.12.06 – 8 AZR 763/05, NZA 07, 682; *Meyer* SAE 07, 315; *Lindemann/Wolter-Roßteutscher* BB 07, 938). Hierfür sind zwischen Betriebsveräußerer und -erwerber geschlossene Vereinbarungen darzustellen (BAG 23.7.09 – 8 AZR 538/08, NZA 10, 89). **Nr 3** verpflichtet die ArbGeb weitergehend zu einer Unterrichtung über die rechtlichen, wirtschaftlichen und sozialen Folgen des Übergangs für die ArbN. Dies stellt letztlich eine Umschreibung der in § 613a Abs 1 bis 4 und 6 BGB geregelten Rechtslage dar. Auch insoweit wird man eine verständliche Information über die **unmittelbaren Auswirkungen** des Betriebsübergangs auf die Arbeitsverhältnisse der betroffenen ArbN verlangen müssen. Sicherlich nicht ausreichend ist dabei die bloße Wiedergabe des Gesetzeswortlauts. Gleichermaßen unzweifelhaft zu weitgehend ist auf der anderen Seite eine individuelle, rechtsverbindliche objektive Rechtsberatung der ArbN. Enthalten sollte die Information aber jedenfalls erläuternde Hinweise auf den grds unveränderten, gesetzlichen Übergang der Arbeitsverträge auf den Erwerber, den kollektivrechtlichen Fortbestand oder die Transformation bisher geltender kollektivrechtlicher Regelungen, die Haftungsregelung in § 613a Abs 2 BGB sowie den besonderen Kündigungsschutz nach § 613a Abs 4 Satz 1 BGB und die daneben nach § 613a Abs 4 Satz 2 BGB fort-

126 Betriebsübergang

bestehenden Kündigungsmöglichkeiten (BAG 23.7.09 – 8 AZR 538/08, NZA 10, 89; 22.1.09 – 8 AZR 807/07, NZA 09, 547; 27.11.08 – 8 AZR 174/07, NZA 09, 552; 27.11.08 – 8 AZR 188/07, NZA 08, 1354; 24.7.08 – 8 AZR 755/07, NZA-RR 09, 294). **Maßgebliches Kriterium** zur inhaltlichen Bestimmung der Unterrichtungspflicht ist dabei deren Sinn und Zweck, dem ArbN eine ausreichende Kenntnisgrundlage zur Entscheidung über die Ausübung des Widerspruchsrechts zu verschaffen. Hiervon ausgehend muss der ArbN grds nicht in jedem Fall im Einzelnen über die wirtschaftliche und finanzielle Lage des Erwerbers informiert werden. Anders ist dies etwa dann, wenn dieser sich in einer wirtschaftlichen Notlage befindet (BAG 31.1.08 – 8 AZR 1116/06, NZA 08, 642). Von Bedeutung für die Ausübung des Widerspruchsrechts ist auch die beim Erwerber vorhandene Haftungsmasse. Daher muss die Haftungsverteilung zwischen Veräußerer und Erwerber erläutert werden (BAG 22.1.09 – 8 AZR 808/07, NZA 09, 547; 24.7.08 – 8 AZR 755/07, NZA-RR 09, 294). Insbes ist darüber zu informieren, ob wesentliche Vermögensgegenstände (zB Grundvermögen) des bisherigen Betriebs übergehen (BAG 31.1.08 – 8 AZR 1116/06, NZA 08, 642). Das Gleiche gilt für den Fall, dass der Erwerber erhebliche finanzielle Unterstützungsleistungen vom Veräußerer erhält oder ein sog negativer Kaufpreis (der Veräußerer zahlt für den Erwerb des Betriebs) vereinbart wird (LAG München 27.2.09 – 6 Sa 457/08). Zu den wirtschaftlichen und sozialen Folgen zählen des weiteren Informationen über das Vorhandensein eines BRat beim Erwerber, bestehende Tarifbindung, Größenangaben der Belegschaft zu maßgeblichen Schwellenwerten, Kenntnis über laufende oder konkret bevorstehende Insolvenzverfahren beim Erwerber (*Worzalla* NZA 02, 353; enger *Jaeger* ZIP 04, 433). Danach sind Informationen bezüglich der wirtschaftlichen Situation des Erwerbers jedenfalls immer dann erforderlich, wenn eine konkrete Gefährdung der übergehenden Arbeitsplätze droht (*Kania/Joppich* FS Küttner S 393; vgl auch LAG Köln 4.6.07 – 14 Sa 1225/06, BeckRS 2007, 47107). Es ist immer auch über das Widerspruchsrecht nach § 613a Abs 6 BGB und die möglichen Rechtsfolgen einer Ausübung dieses Rechts zu unterrichten (BAG 24.7.08 – 8 AZR 73/07, AP Nr 345 zu § 613a BGB; vgl zuletzt BAG 10.11.11 – 8 AZR 417/10 und 309/10). Außerdem kann über **mittelbare Folgen** im Falle eines Widerspruchs zu informieren sein. Das gilt zB für einen im Fall der betriebsbedingten Kündigung nach Ausübung des Widerspruchs beim Veräußerer zum Tragen kommenden Sozialplan (BAG 13.7.06 – 8 AZR 303/05, NZA 06, 1273). In engem Zusammenhang hiermit steht die in **Nr 4** geforderte Unterrichtung über die hinsichtlich der ArbN in Aussicht genommenen Maßnahmen. Die Gesetzesbegründung spricht insoweit beispielhaft von Weiterbildungsmaßnahmen im Zusammenhang mit geplanten Produktionsumstellungen oder Umstrukturierungen und andere Maßnahmen, die die berufliche Entwicklung des ArbN betreffen. Gleichermaßen dürften hierunter auch sonstige unternehmerische Maßnahmen fallen, die nicht unmittelbar mit dem Betriebsübergang zusammenhängen, die übergehenden Arbeitsverhältnisse aber betreffen, wie zB eine bereits vor einem eingliedernden Betriebsteilübergang geplante Fremdvergabe bestimmter Tätigkeiten (*Adam* ArbuR 03, 441; aA *Bauer/von Steinau-Steinrück* ZIP 02, 457). Dabei kann auch auf etwa bereits vorhandene Sozialpläne Bezug genommen werden (*Gaul/Otto* DB 02, 634). Da es nur um „in Aussicht genommene" Maßnahmen geht, müssen diese sich in einem konkreten Planungsstadium befinden (*Hohenstatt/Grau* NZA 07, 13; *Hergenröder* RdA 07, 218).

33 Zum **Unterrichtungszeitpunkt** enthält das Gesetz keine Regelung. Wie sich aus dem Zusammenhang mit § 613a Abs 6 BGB ergibt, sollte die Unterrichtung aber mindestens einen Monat vor dem geplanten Betriebsübergang erfolgen, um Klarheit über den Kreis der widersprechenden ArbN zu haben (zutreffend *Willemsen/Lembke* NJW 02, 1159). Eine deutlich frühere Unterrichtung zwingt einerseits die ArbN zu einer frühzeitigen Entscheidung über die Ausübung ihres Widerspruchsrechts und schafft damit frühe Planungssicherheit für den ArbGeb, birgt aber andererseits die Gefahr von erheblichen Veränderungen der Verkaufsmodalitäten und erhöht damit für den ArbGeb das Risiko einer insgesamt fehlerhaften Unterrichtung. Letzteres gilt aber nur bei derart grundlegenden Veränderungen wie zB der Veräußerung an einen anderen Erwerber, die einen neuen Betriebsübergang begründen, da die ursprüngliche gesetzliche Unterrichtungspflicht mit der ersten, den seinerzeitigen Kenntnisstand entsprechenden Information nach § 362 Abs 1 BGB erfüllt worden ist (BAG 13.7.06 – 8 AZR 303/05, NZA 06, 1273; zur „Nachunterrichtung" *Leßmann* DB 11, 2378).

Auch die **Rechtsfolgen** einer unterbliebenen oder fehlerhaften Unterrichtung sind im **34** Gesetz nur unvollständig geregelt. Grds gilt, dass nur eine form- und fristgerecht erfolgte sowie **inhaltlich zutreffende** und iSv § 613a Abs 5 BGB **vollständige** Unterrichtung die Monatsfrist für die Ausübung des Widerspruchsrechts in Gang setzt (BAG 10.11.11 – 8 AZR 430/10, BeckRS 2012, 66397; 13.7.06 – 8 AZR 305/05, NZA 06, 1268; LAG BaWü 4.4.11 – 9 Sa 96/10, BeckRS 2011, 74248: zwei einander widersprechende Unterrichtungsschreiben). Die Vollständigkeit und inhaltliche Richtigkeit der Unterrichtung ist objektiv zu ermitteln. Die Grds der subjektiven Determinierung, wie bei der BRatAnhörung gelten hier nicht (*Lindemann/Wolter-Roßteutscher* BB 07, 938; aA *Willemsen* FS Küttner 2006 S 417; *Pröpper* DB 03, 2011). Es reicht auch nicht aus, dass die Unterrichtung mindestens „im Kern richtig" ist (BAG 14.12.06–8 AZR 763/05, NZA 07, 682). Die Unterrichtung muss präzise sein und darf keine juristischen Fehler enthalten (BAG 22.1.09 – 8 AZR 808/07, NZA 09, 547). Nach der Rspr des BAG ist eine **Kausalität** zwischen Fehlen oder Fehlerhaftigkeit der Unterrichtung und unterlassenem Widerspruch nicht erforderlich (BAG 14.12.06 – 8 AZR 763/05, NZA 07, 682; 20.3.08 – 8 AZR 1016/06, BB 08, 2072; 24.7.08 – 8 AZR 755/07, NZA-RR 09, 294). Dies wird im Schrifttum zu Recht kritisiert (*Lindemann/Wolter-Roßteutscher* BB 07, 938; *Schnitker/Grau* BB 07, 1343; *Grobys* NJW-Spezial 07, 321). Jedenfalls sofern der ArbGeb eine fehlende Kausalität nachweist oder es sich um offensichtlich unerhebliche Unterrichtungsfehler handelt, sollte dies den Fristablauf nicht beeinträchtigen. Davon unabhängig können jegliche Unterrichtungsmängel zu **Schadensersatzansprüchen** der betroffenen ArbN führen. Hierfür ist dann aber immer ein Kausalitätsnachweis durch den ArbN nötig (BAG 20.3.08 – 8 AZR 1022/06, NZA 08, 1297; 13.7.06 – 8 AZR 382/05, NZA 06, 1406; 24.7.08 – 8 AZR 109/07, AP Nr 346 zu § 613a BGB). Hat der ArbN sein Widerspruchsrecht verwirkt (s unten Rz 39) kommt auch ein auf Fortsetzung des Arbeitsverhältnisses mit dem Betriebsveräußerer gerichteter Schadensersatzanspruch nicht in Betracht (BAG 2.4.09 – 8 AZR 220/07, BeckRS 2009, 72151). Ein Kündigungsverbot ist § 613a Abs 5 BGB demgegenüber nicht zu entnehmen (BAG 24.5.05 – 8 AZR 398/04, NZA 05, 1302).

6. Widerspruchsrecht. Das früher nur richterrechtlich geregelte Widerspruchsrecht ist **35** ebenfalls seit dem 1.4.02 in § 613a Abs 6 BGB kodifiziert (Einzelheiten zur früheren Rechtslage in der Vorauflage Personalbuch 2002 Betriebsübergang Rz 30 ff). Entsprechend der Klarstellung in § 324 UmwG gilt es gleichermaßen auch für Unternehmensumwandlungen. Nicht anwendbar ist § 613a Abs 6 BGB auf Fälle eines gesetzlich angeordneten und nicht rechtsgeschäftlich erfolgenden Betriebsübergangs (BAG 2.3.06 – 8 AZR 124/05, NZA 06, 848; 18.12.08 – 8 AZR 660/07, AP Nr 366 zu § 613a BGB). Dort kann es allerdings verfassungsrechtlich geboten sein (BVerfG 25.1.11 – 1 BvR 1741/09, NZA 11, 400).

Das Widerspruchsrecht ist ein **Gestaltungsrecht** des ArbN, das durch eine einseitige, **36** empfangsbedürftige Willenserklärung **ausgeübt** wird (BAG 13.7.06 – 8 AZR 382/05, NZA 06, 1406). Als solches ist es grds bedingungsfeindlich und kann nur unbedingt erklärt werden. Die Abhängigkeit von einer zulässigen Rechtsbedingung (Widerspruch für den Fall eines Betriebsübergangs) ist demgegenüber unproblematisch (BAG 13.7.06 – 8 AZR 382/05, NZA 06, 1406). Ein einseitiger **Widerruf** ist nicht möglich (BAG 30.10.03 – 8 AZR 491/02, NZA 04, 481). Eine Beseitigung des erklärten Widerspruchs kann nur durch dreiseitige Vereinbarung zwischen ArbN, Veräußerer und Erwerber erfolgen (LAG Hamm 15.1.04 – 16 Sa 391/03). Arbeitet ein ArbN trotz erklärten Widerspruchs mehrere Monate vorbehaltslos beim Betriebserwerber, kann er sich auf den Fortbestand des Arbeitsverhältnisses gegenüber dem Veräußerer nicht mehr berufen. Mit dem Erwerber ist vielmehr ein neues Arbeitsverhältnis entstanden (LAG SchlHol 30.10.02 – 5 Sa 206c/02, BeckRS 2003, 40071). Eine Anfechtung nach §§ 119, 123 BGB ist grds möglich (BAG 15.12.11 – 8 AZR 220/11, NZA 12, 1101; *Salamon/Hoppe* NZA 11, 128). Der Widerspruch bedarf der **Schriftform** und kann nicht konkludent durch bloße Weiterarbeit bei dem Betriebsveräußerer ausgeübt werden. Auch die einfache Vergütungsklage gegen den Veräußerer stellt keinen Widerspruch dar, allerdings kann weitergehender schriftsätzlicher Prozessvortrag als Widerspruch gem §§ 133, 157 BGB auszulegen sein (BAG 13.7.06 – 8 AZR 382/05, NZA 06, 1406). Möglicher **Adressat des Widerspruchs** ist sowohl der bisherige als auch der neue ArbGeb. Das gilt unabhängig davon, welcher ArbGeb die Unterrichtung vorgenommen hat und ob der Widerspruch vor oder nach

126 Betriebsübergang

dem Betriebsübergang erfolgt. Im letztgenannten Fall wirkt er auf den Zeitpunkt des Betriebsübergangs zurück (BAG 22.4.93 – 2 AZR 50/92, NZA 94, 360; 22.1.09 – 8 AZR 808/07, NZA 09, 547; 24.7.08 – 8 AZR 1020/06; *Neufeld/Beyer* NZA 08, 1156; aA *Rieble* NZA 04, 1). Allerdings muss im Zeitpunkt des Widerspruchs das Arbeitsverhältnis mit dem Erwerber noch bestehen (LAG BlnBbg 20.7.07 – 6 Sa 680/07, NZA-RR 07, 626; LAG Köln 5.10.07 – 11 Sa 257/07, NZA-RR 08, 5). Die Abwicklung der bereits geleisteten Arbeit erfolgt nach den Grundsätzen des faktischen Arbeitsverhältnisses (LAG Köln 11.6.04 – 12 Sa 374/04, LAGE § 613a BGB 2002 Nr 5). Mögliche weitergehende Vergütungsansprüche gegen den Veräußerer können insbesondere bei späten Widersprüchen gem § 615 BGB bestehen, wenn man ein tatsächliches Arbeitskraftangebot des widersprechenden ArbN gem § 162 BGB als entbehrlich ansieht (vgl BAG 13.7.06 – 8 AZR 382/05, NZA 06, 1406) oder als Schadensersatzanspruch nach § 280 BGB (*Schneider/Sittard* BB 07, 2230).

37 Der Widerspruch bedarf keiner **Begründung** (BAG 19.2.09 – 8 AZR 176/08, NZA 09, 1095; 27.11.08 – 8 AZR 1021/06, AP Nr 361 zu § 613a BGB). Nach der früheren Rspr des BAG war der Widerspruchsgrund insoweit von Bedeutung, als die grundlose Aufgabe des Arbeitsplatzes beim Erwerber zu einem Malus in der Sozialauswahl mit vergleichbaren ArbN im Restbetrieb des Veräußerers führte (zuletzt BAG 22.4.04 – 2 AZR 243/03; Näheres s Personalbuch 2007 Betriebsübergang Rz 36). Diese Rspr hat das BAG grundlegend geändert. Aufgrund der seit dem 1.1.04 abschließend in § 1 Abs 3 KSchG vorgegebenen vier Sozialauswahlkriterien können andere Umstände bei der sozialen Auswahl nicht mehr berücksichtigt werden und auch eine Berücksichtigung über § 1 Abs 3 Satz 2 KSchG kommt nicht in Betracht. Letzteres kann allenfalls bei notwendig werdenden tiefgreifenden Umorganisationen, bspw ausgelöst durch einen Widerspruch einer größeren Anzahl von ArbN, ausnahmsweise der Fall sein (BAG 31.5.07 – 2 AZR 276/05, NZA 08, 33; *Eylert* BB 08, 50; aA *Schumacher-Mohr/Urban* NZA 08, 513 für offensichtlich unsachgemäße Widerspruchsgründe).

38 Nach wie vor negative Berücksichtigung kann ein grundloser Widerspruch bei der **Auslegung eines Sozialplans** finden. Schließt der Sozialplan Leistungen bei Ablehnung eines zumutbaren Arbeitsplatzes aus, so gilt dies gleichermaßen für den auf den Erwerber übergegangenen Arbeitsplatz. Dieser ist idR zumutbar (BAG 24.5.12 – 2 AZR 62/11, NZA 13, 277; 5.2.97 – 10 AZR 553/96, NZA 98, 158; ähnlich BAG 19.2.98 – 6 AZR 367/96, NZA 98, 1239 für einen Rationalisierungsschutztarifvertrag). Ohne derartige Bestimmungen ist ein widersprechender ArbN generell nicht von den Sozialplanleistungen ausgeschlossen (BAG 15.12.98 – 1 AZR 332/98, NZA 99, 667).

39 Der Widerspruch ist fristgebunden. An Stelle der früheren richterrechtlich festgelegten Frist von 3 Wochen gilt nunmehr nach erfolgtem Zugang der Unterrichtung gem § 613a Abs 5 BGB eine **Monatsfrist,** binnen der der Widerspruch beim Adressaten eingegangen sein muss. Diese Frist ist zwingend und kann nicht einseitig vom ArbGeb verkürzt werden (*Gaul/Otto* DB 02, 634). Die Monatsfrist beginnt mit Zugang der ordnungsgemäßen Unterrichtung (s oben Rz 34). Das gilt auch dann, wenn die Unterrichtung fehlerhafterweise erst nach dem Betriebsübergang erfolgt (*Hauck* NZA 04 Beilage 1, 43). Eine absolute zeitliche Obergrenze existiert nicht. Die teilweise im Schrifttum vertretene Auffassung, in entsprechender Anwendung zu § 5 Abs 3 KSchG eine sechsmonatige Ausschlussfrist zugrunde zu legen (*Worzalla* NZA 02, 353; *Bauer/von Steinau-Steinrück* NZA 03 Beilage S 72) scheitert am gegenteiligen Willen des Gesetzgebers, der entsprechende Vorschläge im Gesetzgebungsverfahren bewusst nicht aufgegriffen hat (BAG 22.4.10 – 8 AZR 805/07, AP Nr 14 zu § 613a BGB Widerspruch). In extremen Fällen bleiben allein die Rechtsinstitute des Rechtsmissbrauchs und der **Verwirkung** (BAG 13.7.06 – 8 AZR 382/05, NZA 06, 1406; 14.12.06 – 8 AZR 763/05, NZA 07, 682; *Rudkowski* NZA 10, 739; *Dzida* DB 10, 167; *Kittner* NJW 12, 1180; *Nebeling/Kille* NZA-RR 13, 1). Die Länge des Zeitablaufs steht dabei in Wechselwirkung zu der Bedeutung des Umstandsmoments (BAG 15.3.12 – 8 AZR 700/10, NZA 12, 1097; 24.7.08 – 8 AZR 205/07, NZA 08, 1294; 27.11.08 – 8 AZR 174/07, NZA 09, 552). Die bloße Weiterarbeit für den Erwerber stellt **keinen erheblichen Verwirkungsumstand** dar (BAG 14.12.06 – 8 AZR 763/05, NZA 07, 682; 27.11.08 – 8 AZR 174/07, NZA 09, 552; 20.5.10 – 8 AZR 734/08, NZA 10, 1295; *Hergenröder* RdA 07, 218; kritisch *Grosjean/Biester* DB 07, 1466; *Dzida* NZA 09, 641). Das schließt übliche Anpassungen der Vertragsregelungen ohne grundlegende Änderungen des rechtlichen Bestands des Arbeitsverhältnisses mit ein (BAG 15.3.12 – 8 AZR 700/10, NZA 12, 1097). Das Gleiche gilt für die

Klage gegen eine Kündigung des Betriebserwerbers (BAG 2.4.09 – 8 AZR 178/07, AP Nr 9 zu § 613a BGB Widerspruch) oder den zunächst erfolgenden Widerspruch gegenüber dem Zweiterwerber bei zwei aufeinanderfolgenden Betriebsübergängen (BAG 26.5.11 – 8 AZR 18/10, BeckRS 2011, 75483). Typischerweise **verwirkungsrelevant** sind demgegenüber zwischenzeitlich erfolgte Dispositionen des ArbN über sein Arbeitsverhältnis (BAG 23.7.09 – 8 AZR 357/08, NZA 10, 393; 21.1.10 – 8 AZR 63/08, AP Nr 385 zu § 613a BGB; 24.2.11 – 8 AZR 469/09, NZA 11, 973: Aufhebungsvertrag mit Erwerber; 17.10.13 – 8 AZR 974/12, Pressemitteilung Nr 64/13: Klage gegen den Erwerber auf Feststellung eines Arbeitsverhältnisses mit anschließender vergleichsweiser Regelung bei tatsächlich erfolgtem Betriebsübergang; 24.7.08 – 8 AZR 205/07, NZA 08, 1294: anwaltlich geltend gemachte Gesamtschuldnerhaftung gem § 613a Abs 2 Satz 1 BGB; 27.11.08 – 8 AZR 225/07, AP Nr 364 zu § 613a BGB; 22.4.10 – 8 AZR 805/07, AP Nr 14 zu § 613a BGB Widerspruch; 9.12.10 – 8 AZR 152/08, BeckRS 2011, 70756: nicht angegriffene Kündigung des Erwerbers; 27.11.08 – 8 AZR 174/07, NZA 09, 552; 2.4.09 – 8 AZR 262/07, NZA 09, 1149; 18.3.10 – 8 AZR 840/08, BeckRS 2010, 71906: Aufnahme einer neuen Beschäftigung bei drittem Unternehmen). Von geringerer, aber gleichwohl bedeutsamer Verwirkungsrelevanz kann ein mehrjähriger Konflikt mit dem Betriebserwerber sein, der seine Ursache in der veränderten Rechtslage des Betriebserwerbers hat (BAG 15.3.12 – 8 AZR 700/10, NZA 12, 1097). Dabei reicht es aus, dass das Umstandsmoment bei Veräußerer oder Erwerber verwirklicht ist (BAG 27.11.08 – 8 AZR 225/07, AP Nr 364 zu § 613a BGB; 20.5.10 – 8 AZR 1011/08, BeckRS 2010, 73530). Eine im Vertrauen auf den unterbleibenden Widerspruch erfolgte Vermögensdisposition des ArbGeb ist nicht erforderlich (BAG 22.6.11 – 8 AZR 752/09, BeckRS 2011, 76521). Da die Unterrichtung tatbestandliche Voraussetzung für den Fristbeginn ist, bleibt jegliche anderweitige Kenntnis der ArbN ohne Relevanz (*Gaul/Otto* DB 02, 634). Auch für einen durch Medien oder Gewerkschaften oder sonstige berufliche Spezialkenntnisse gut informierten ArbN beginnt die Widerspruchsfrist erst mit Zugang der Unterrichtung seitens des ArbGeb. Hat der ArbN sein Widerspruchsrecht verwirkt, so kann er nicht im Wege des Schadensersatzes verlangen, so gestellt zu werden, als habe er dem Übergang widersprochen (BAG 12.11.09 – 8 AZR 751/07, AP Nr 12 zu § 613a BGB Widerspruch; 20.5.10 – 8 AZR 1011/08, BeckRS 2010, 73530).

Auf Grund des zwingenden Charakters des § 613a BGB als ArbNSchutzvorschrift scheidet ein allgemeiner, im Voraus erfolgender **Verzicht** auf das Widerspruchsrecht aus. Dies gilt sowohl für eine entsprechende arbeitsvertragliche Regelung wie auch für Betriebsvereinbarungen oder Tarifverträge (*Gaul/Otto* DB 02, 634; *Olbertz/Ungnad* BB 04, 213; aA *Pröpper* DB 2000, 2322). Zulässig bleibt demgegenüber der aus Anlass eines konkreten Betriebsübergangs erklärte Verzicht (BAG 19.3.98 – 8 AZR 139/97, NZA 98, 750; 30.10.03 – 8 AZR 491/02, NZA 04, 481). Dieser muss jedoch in entsprechender Anwendung des § 613a Abs 6 BGB ebenfalls schriftlich erfolgen (*Gaul/Otto* DB 02, 634; aA *Grobys* BB 02, 726). Als Ausgleich erhalten die ArbN vom bisherigen ArbGeb oftmals zeitlich befristete Rückkehrzusagen (vgl dazu *Rieble* NZA 02, 706). Unabhängig von einer solchen Vereinbarung kann die Berufung des ArbN auf sein gesetzliches Widerspruchsrecht allenfalls bei einer rechtsmissbräuchlichen Ausübung **ausgeschlossen** sein. Das kann der Fall sein, wenn das Widerspruchsrecht durch mehrere ArbN als kollektives Druckmittel eingesetzt wird, um auf diese Weise besondere Vergünstigungen zu erhalten. Wird er dagegen nur als Mittel zur Vermeidung des ArbGebWechsels eingesetzt, ist auch der kollektive Widerspruch wirksam (BAG 30.9.04 – 8 AZR 462/03, NZA 05, 44; vgl dazu auch *Rieble* NZA 05, 1; *Melot de Beauregard* BB 05, 826). Auch eine Widerspruchsausübung, die eine Verbesserung der Verhandlungsposition gegenüber dem Erwerber im Hinblick auf eigene Vertragskonditionen zum Ziel hat, wird vom BAG akzeptiert (BAG (19.2.09 – 8 AZR 176/08, NZA 09, 1095). Unerheblich ist, ob das Arbeitsverhältnis zum Zeitpunkt der Widerspruchserklärung bereits beendet ist (BAG 24.7.08 – 8 AZR 755/07, NZA-RR 09, 294; kritisch *Löwisch* BB 09, 326).

Rechtsfolge des erklärten Widerspruchs ist, dass das Arbeitsverhältnis des widersprechenden ArbN **nicht** auf den Betriebserwerber **übergeht,** sondern er weiterhin ArbN des Betriebs- bzw Betriebsteilveräußerers bleibt. Der widersprechende ArbN geht damit das Risiko einer **betriebsbedingten Kündigung** durch den bisherigen ArbGeb ein, sofern dieser nicht über eine anderweitige Beschäftigungsmöglichkeit verfügt (BAG 12.8.99 – 2 AZR 748/98, NZA 99, 1267; 24.2.2000 – 8 AZR 167/99, NZA 2000, 764). Letzteres ist lediglich dann der Fall, wenn entweder nur einer von mehreren Betriebsteilen oder einer von mehreren Betrieben veräußert worden ist. Als freie Stellen sind dabei auch solche Arbeitsplätze zu berücksichtigen, die im Vorfeld des Betriebsübergangs zu besetzen sind. Der ArbGeb darf diese nicht kurz vor dem Betriebsübergang anderweitig besetzen, um so den sozial schwächeren, widersprechenden ArbN kündigen zu können (§ 162 BGB; BAG 25.4.02 – 2 AZR 260/01, NZA 03, 605). Dies sollte jedenfalls für die Zeit zwischen der Unterrichtung nach § 613a Abs 5 BGB und dem Ablauf der Frist des § 613a Abs 6 Satz 1 BGB gelten (BAG 15.8.02 – 2 AZR 159/01, NZA 03, 430; aA *Pomberg* DB 03, 2177). Keinesfalls hat der widersprechende ArbN Anspruch auf Zuordnung zu einem anderen Betrieb, um so einer drohenden Kündigung zu entgehen (BAG 21.2.13 – 8 AZR 877/11, NZA 13, 617). Geringer ist das Kündigungsrisiko bei einem Teilbetriebsübergang innerhalb eines Gemeinschaftsbetriebs, da betriebsbezogen der Beschäftigungsbedarf nicht wegfällt (BAG 15.2.07 – 8 AZR 310/06, AP Nr 2 zu § 613a BGB Widerspruch). Ist der widersprechende ArbN zB aufgrund eines Tarifvertrags ordentlich unkündbar, muss der Veräußerer alle zumutbaren eine Weiterbeschäftigung ermöglichenden Mittel ausschöpfen (BAG 29.3.07 – 8 AZR 538/06, NZA 08, 48) und ggf sogar einen vergleichbaren Arbeitsplatz freimachen, der mit einem ArbN ohne tariflichen Sonderkündigungsschutz besetzt ist (BAG 17.9.98 – 2 AZR 419/97, DB 99, 154). Außerdem kann die unterlassene Tätigkeit beim Erwerber während der Kündigungsfrist gem § 615 Satz 2 BGB als böswilliges Unterlassen Annahmeverzugsansprüche mindern bzw ausschließen (BAG 19.8.98 – 8 AZR 139/97, NZA 98, 750; 29.3.07 – 2 AZR 31/06, NZA 07, 855). Nach der neueren Rspr des BSG löst der Widerspruch keine **Sperrzeit** bzgl des AlGeld aus (BSG 8.7.09 – B 11 AL 17/08 R, NJW 10, 2459).

42 Durch den Widerspruch kann sich die Frage nach der **Anhörung** des richtigen **Betriebsrats** für die beabsichtigte Kündigung stellen. Ist der einzige vorhandene Betrieb veräußert worden, kommt das gem § 21b BetrVG bestehende Restmandat des ehemaligen BRat zum Tragen. Dieser ist gem § 102 BetrVG zu beteiligen. Ist einer von mehreren Betrieben oder lediglich ein Betriebsteil veräußert worden, kommt es darauf an, welchem verbliebenen Betrieb der widersprechende ArbN zuzuordnen ist, und ob in diesem Betrieb ein BRat vorhanden ist. Dieser ist dann zu beteiligen. Anderenfalls scheidet eine BRatBeteiligung aus. Allein die Erklärung des Widerspruchs ist für sich genommen kein Vorgang, an den ein Restmandat anknüpfen könnte (BAG 24.5.12 – 2 AZR 62/11, NZA 13, 277). Das Restmandat des ehemaligen BRat greift nach seinem Normzweck gem § 21b BetrVG nicht ein. Es entsteht keine Mitbestimmungslücke, sondern der widersprechende ArbN ist lediglich einem vorhandenen, betriebsratslosen Betrieb zuzuordnen. Schließlich gibt es auch keine „Auffangzuständigkeit" eines möglicherweise vorhandenen GBRat (BAG 21.3.96, DB 96, 2230). Insgesamt kann also der Widerspruch in Ausnahmefällen zu einer Verschlechterung des Schutzes nach § 102 BetrVG führen. Ansonsten gelten auch bei der betriebsbedingten Kündigung eines widersprechenden ArbN für § 102 BetrVG die allgemeinen Grundsätze der subjektiven Determinierung (BAG 24.2.2000 – 8 AZR 167/99, NZA 2000, 764; Näheres s *Mitbestimmung, personelle Angelegenheiten* Rz 28). Widersprechen ausreichend viele ArbN, können die dann erforderlich werdenden betriebsbedingten Kündigungen interessenausgleichs- und sozialplanpflichtig sowie massenentlassungsrelevant iSd §§ 17 ff KSchG sein.

43 **7. Beweislast.** Der ArbN, der sich auf das Vorliegen eines Betriebsübergangs beruft, ist für die anspruchsbegründenden Tatsachen darlegungs- und beweisbelastet. Er muss darlegen und beweisen, dass ein rechtsgeschäftlicher Betriebsübergang erfolgt ist und mit welchem Wechsel des Betriebsinhabers stattgefunden hat. Lediglich hinsichtlich des Merkmals „durch Rechtsgeschäft" stellt das BAG geringere Anforderungen. Die rechtsgeschäftliche Übertragung von wesentlichen Betriebsmitteln entspreche im Geschäftsleben der Lebenserfahrung, so dass dem ArbN insoweit die Grundsätze des **Anscheinsbeweises** zugute kommen (BAG 15.5.85 – 5 AZR 276/84, AP Nr 41 zu § 613a BGB mit kritischer Anm *von Hoyningen-Huene*, der allenfalls einen Indizienbeweis zu Gunsten des ArbN zulassen will). Demgegenüber trägt der ArbGeb die Darlegungs- und Beweislast für die ordnungsgemäße Unterrichtung iSv § 613a Abs 5 BGB und deren Zugang bei den betroffenen ArbN.

44 **8. Abweichende Vereinbarungen von § 613a Absatz 1 BGB.** Derartige Vereinbarungen können von Betriebsveräußerer und -erwerber zulasten der ArbN nicht getroffen wer-

den. § 613a Abs 1 BGB ist insoweit zwingend (BAG 19.3.09 – 8 AZR 722/07, NZA 09, 1091 mit Anm *Bunte* NZA 10, 319; ebenso zur EG-Richtlinie EuGH 14.11.96, DB 96, 2546; 6.11.03 – Rs C-4/01 – Serene Martin ua, NZA 03, 1325). Daher ist der Verzicht auf rückständige Vergütungen für den Fall, dass es zu einem Betriebsübergang auf einen Dritten kommt, gem § 134 BGB nichtig (BAG aaO). Aus demselben Grund ist ein mit dem bisherigen Betriebsinhaber geschlossener Aufhebungsvertrag unwirksam, wenn zwischen den Parteien feststeht, dass der ArbN bei dem Betriebserwerber weiterbeschäftigt werden soll (BAG 21.5.08 – 8 AZR 481/07, NZA 09, 144). Der BGH hat die formularmäßige Verpflichtung eines Tankstellenpächters, bei Vertragsbeendigung die mit Familienmitgliedern eingegangenen Arbeitsverhältnisse „auf seine Kosten zu beenden" bzw anderenfalls den Verpächter oder den Nachfolgebetreiber „von allen daraus entstehenden Kosten freizuhalten" nach § 307 Abs 1 Satz 1 BGB für unwirksam erachtet (BGH 23.3.06 – III ZR 102/05, NZA 06, 551). Unwirksam kann auch eine dreiseitige Vereinbarung unter Einbeziehung der ArbN sein, bspw die Eigenkündigung sämtlicher ArbN mit gleichzeitiger Wiedereinstellungszusage beim Erwerber zu schlechteren Arbeitsbedingungen – sog **Lemgoer Modell** (BAG 28.4.87 – 3 AZR 75/86, NZA 88, 198; 12.5.92 – 3 AZR 247/91, NZA 92, 1080 betr betriebliche Altersversorgung; zuletzt nochmals bestätigt durch BAG 27.9.12 – 8 AZR 826/11, NZA 13, 961). Dies gilt auch im Rahmen einer Unternehmenssanierung (aA *Hanau* ZIP 98, 1817). Andererseits können ArbN uU Ansprüche aus einer zwischen Veräußerer und Erwerber getroffenen Vereinbarung haben (vgl LAG Düsseldorf 16.8.06 – 9 (10) Sa 134/06, NZA-RR 07, 188; *Meyer* NZA 07, 1408). Auch eine im Voraus erfolgende allgemeine Abdingung von § 613a Abs 1 BGB zwischen ArbN und ArbGeb bei Abschluss des Arbeitsvertrages ohne Bezug zu einem konkreten Betriebsübergang ist wegen der zwingenden Wirkung der Vorschrift unwirksam (BAG 29.10.75, DB 76, 391; *Meyer* NZA 02, 246). Demgegenüber ist eine Vereinbarung zwischen ArbN und Betriebserwerber, dass ein Arbeitsverhältnis nicht besteht, zulässig und unterliegt nicht der Schriftform des § 623 BGB (LAG Hamm 22.5.02 – 3 Sa 1900/01, LAGE § 623 BGB Nr 3). Rechtlich unbedenklich ist auch ein zwischen ArbN und Betriebsveräußerer geschlossener Aufhebungsvertrag, der auf eine Beendigung des Arbeitsverhältnisses gerichtet ist, ohne dass eine Weiterarbeit zu geänderten Arbeitsbedingungen beim Betriebserwerber im Raum steht, rechtswirksam (BAG 25.10.07 – 8 AZR 917/06, NZA-RR 08, 367). Das Gleiche gilt beim Wechsel in eine Beschäftigungsgesellschaft (BAG 21.1.99 – 8 AZR 218/98, ZIP 99, 1572; 18.8.05 – 8 AZR 523/04, NZA 06, 145; 23.11.06 – 8 AZR 349/06, NZA 07, 866; *Gaul/Otto* ZIP 06, 644; *Meyer* SAE 06, 102; Näheres s *Beschäftigungsgesellschaft* Rz 6). Eine Umgehung von § 613a BGB liegt dann nicht vor (BAG 11.12.97 – 8 AZR 654/95, NZA 99, 262; 10.12.98 – 8 AZR 324/97, NZA 99, 422; *Hanau* ZIP 99, 324; *Ullrich* SAE 07, 344). Allerdings darf die Beschäftigungsgesellschaft nicht missbräuchlich genutzt werden. Daher ist ein aktuell praktiziertes Modell rechtsunwirksam, bei dem im Rahmen eines dreiseitigen Vertrags die Arbeitsverhältnisse mit dem ursprünglichen ArbGeb aufgelöst, neue befristete Arbeitsverhältnisse mit einer Beschäftigungsgesellschaft begründet und gleichzeitig von den ArbN mehrere vom ArbGeb vorbereitete Vertragsangebote für ein neues Arbeitsverhältnis mit einem dritten Unternehmen, dem potentiellen Erwerber, abgegeben werden (BAG 18.8.11 – 8 AZR 312/10, BeckRS 2011, 78 482; 25.10.12 – 8 AZR 572/11, BeckRS 2013, 65736; kritisch *Willemsen* NZA 13, 242; vgl auch *Thum* BB 13, 1525 und *Fuhlrott* BB 13, 2042).

Auch die **Befristung** eines Arbeitsverhältnisses, die im Hinblick auf einen bevorstehenden Betriebsübergang vereinbart wird, bedarf wegen der möglichen Umgehung des § 613a Abs 4 BGB eines sachlichen Grundes (BAG 2.12.98 – 7 AZR 579/97, NZA 99, 926). Rechtlich zulässig bleiben lediglich Änderungsvereinbarungen bzgl **künftig** noch zu erbringender Arbeitsleistungen (BAG 7.11.07 – 5 AZR 1007/06, NZA 08, 530; *Dzida/Wagner* NZA 08, 571). Verbesserte Arbeitsbedingungen können beim Betriebserwerber auch durch vorbehaltlose Weiterbeschäftigung konkludenter Vertragsbestandteil werden. Das gilt selbst dann, wenn der Erwerber für die Annahmeerklärung Schriftform verlangt hatte (BAG 19.12.07 – 5 AZR 1008/06, NZA 08, 464).

9. Auswirkungen des Betriebsübergangs auf einzelne Rechtspositionen. a) Individualarbeitsrecht. Noch nicht durch den Veräußerer abgewickelter **Erholungsurlaub** ist in den Grenzen des § 7 Abs 3 BUrlG vom Erwerber zu erteilen (*Leinemann/Lipke* DB 88,

126 Betriebsübergang

1217). Dabei ist es Sache des Betriebserwerbers den bislang nicht abgewickelten Urlaub auf das dem Urlaubsjahr folgende Vierteljahr zu übertragen und zur Abwicklung zu bringen (BAG 25.8.87, DB 88, 447; zum Ausgleich im Innenverhältnis zwischen Betriebsveräußerer und -erwerber BGH 25.3.99 – III ZR 27/98, NZA 99, 817; kritisch *Schmalz/Ebener* DB 2000, 1711). Eine Urlaubsabgeltung scheidet aufgrund des gesetzlich angeordneten Fortbestands des Arbeitsverhältnisses insgesamt aus (BAG 18.11.03 – 9 AZR 95/03, NZA 04, 651). Das gilt selbst dann, wenn der ArbN eine Kündigung des Betriebsveräußerers nicht angreift (BAG 2.12.99 – 8 AZR 774/98, NZA 2000, 480). Frühere Zusagen des Veräußerers bezüglich **Sonderurlaubs,** der zeitlich nach dem Betriebsübergang angetreten werden sollte, bleiben auch für den Erwerber bindend. Auch eine vorherige **Freistellung** des ArbN muss sich der Übernehmer regelmäßig zurechnen lassen (LAG RhPf 11.2.10 – 11 Sa 620/09, BeckRS 2010, 67988).

47   Für die **Entgeltfortzahlung im Krankheitsfall** sind bei der Ermittlung einer Fortsetzungserkrankung zugunsten des Betriebserwerbers krankheitsbedingte Fehlzeiten des ArbN beim Veräußerer zu berücksichtigen (BAG 2.3.83, DB 83, 1445). Erkrankt ein widersprechender ArbN, kann Entgeltfortzahlung nicht mit der Begründung abgelehnt werden, es fehle am nötigen Arbeitswillen des ArbN (BAG 24.3.04 – 5 AZR 355/03, AP Nr 22 zu § 3 EntgeltFG). Der Betriebserwerber tritt auch ohne Weiteres in einen zum Zeitpunkt des Betriebsübergangs bestehenden **Annahmeverzug** gegenüber dem ArbN ein (BAG 22.10.09 – 8 AZR 766/08, NZA-RR 10, 660). Ein arbeitsvertragliches **Wettbewerbsverbot** bindet grds auch den Betriebserwerber. Ist der Betriebsübergang mit einem Branchenwechsel verbunden, gilt das Wettbewerbsverbot regelmäßig nunmehr für die neue Branche des Erwerbers (*Fuhlrott* FA Arbeitsrecht 12, 162). Auch **nachvertragliche** Wettbewerbsverbote werden mit Ausnahme der bei Betriebsübergang bereits ausgeschiedenen ArbN erfasst (streitig; vgl LAG Köln 8.7.11 – 10 Sa 398/11, BeckRS 2011, 76976; LAG Hess 3.5.93, NZA 94, 1033; *Gaul/Ludwig* NZA 13, 489).

48   Gleiches gilt bezüglich **Nebentätigkeitsgenehmigungen** des ArbN, die vor dem Betriebsübergang vom Veräußerer erteilt wurden. Zu berücksichtigen ist hier allerdings anhand des Billigkeitsmaßstabs des § 315 BGB, ob aufgrund einer möglicherweise anderen Konkurrenz- und Wettbewerbssituation beim Betriebserwerber Modifizierungen vorzunehmen sind (Widerruf von Nebentätigkeitsgenehmigung einerseits, fehlende Konkurrenzsituation andererseits).

49   Ob ein **Arbeitgeberdarlehen** auf den Erwerber übergeht, hängt von der vertraglichen Vereinbarung im Einzelfall ab (BAG 21.1.99 – 8 AZR 373/97; LAG Köln 18.5.2000 – 10 Sa 50/00, NZA-RR 01, 174). Problematisch können diejenigen Fälle sein, in denen der Betriebsveräußerer besondere Leistungen gewährt hat, die der Erwerber nicht übernommen hat. In Betracht kommen zB **Werkswohnungen, Dienstwagen, Sozialeinrichtungen** etc. Auch insoweit bleibt der Betriebserwerber grds zur Leistung verpflichtet. Ggf muss er die ArbN im Wege des Schadensersatzes zB durch Zahlung der Mietdifferenz finanziell gleichstellen (*Bachner* AiB 96, 291). Die jeweilige Leistung kann allerdings auch unter dem vertraglichen Vorbehalt stehen, dass sie vom ArbGeb selbst hergestellt oder geleistet werden kann. Das hat das BAG für die Gewährung von sog **Personalrabatt** (Jahreswagen und Flugtickets) bejaht (BAG 7.9.04 – 9 AZR 631/03, NZA 05, 941; 13.12.06 – 10 AZR 792/05, NZA 07, 325; *Gaul/Naumann* NZA 11, 121).

50   **Lohnpfändungen,** die vor dem Betriebsübergang gegenüber dem Betriebsveräußerer durchgeführt wurden, gelten auch gegenüber dem Erwerber (LAG Hess 22.7.99 – 5 Sa 13/99, NZA 2000, 615). Es bedarf keiner neuen Pfändung.

51   War das Arbeitsverhältnis im Zeitpunkt des Betriebsübergangs anfechtbar (zB wegen arglistiger Täuschung des ArbN bei Vertragsabschluss), so geht dieses **Anfechtungsrecht** des ArbGeb auf den Betriebserwerber über und kann nunmehr von diesem ausgeübt werden. Auch im Zeitpunkt des Betriebsübergangs bestehende **Kündigungsbeschränkungen** (zB § 85 SGB IX) bleiben unberührt, so dass das Arbeitsverhältnis nur mit dieser Beschränkung übergehen kann (BAG 11.12.08 – 2 AZR 395/07, NZA 09, 556). Sofern der Veräußerer bereits vor dem Betriebsübergang das Verfahren beim Integrationsamt einleitet, sollte er auf den beabsichtigten Betriebsübergang hinweisen, damit das Integrationsamt auch den potenziellen Erwerber am Verfahren beteiligt und ihm ggf den Bescheid zustellt (BAG 15.11.12 – 8 AZR 827/11, NZA 13, 505).

52 Für **Verjährungsfristen,** tarifliche oder einzelvertragliche **Ausschlussfristen** und **Verwirkungstatbestände** ist der Betriebsübergang unerheblich (BAG 21.3.91 – 2 AZR 577/90, NZA 91, 726; 13.2.03 – 8 AZR 236/02, AP Nr 244 zu § 613a BGB). Haftet der Betrieberwerber neben dem Veräußerer nach § 613a Abs 2 BGB als Gesamtschuldner für Vergütungsansprüche, ist die Einwendung des Verfalls für jeden Schuldner gesondert zu beurteilen (BAG 22.8.12 – 5 AZR 526/11, NZA 13, 376). Werden Ansprüche allein gegen den Betriebsveräußerer erhoben, müssen diese fristgerecht geltend gemacht werden, wobei mit Betriebsübergang (s oben Rz 18) der Fristablauf beginnt (BAG 10.8.94, DB 95, 379). Bei streitigem Betriebsübergang wahrt ein Feststellungsverfahren wegen des Betriebsübergangs eine zweistufige Ausschlussfrist gegenüber dem Erwerber nicht (BAG 12.12.2000 – 9 AZR 1/00, NZA 01, 1082; zu vertraglichen Ausschlussfristen ist insoweit die geänderte Rspr des 5. Senats zu beachten: BAG 19.3.08 – 5 AZR 429/07, NZA 08, 757). Allerdings läuft die Frist für die gerichtliche Geltendmachung nicht vor Fälligkeit des Anspruch; für widersprechende ArbN also bezüglich Ansprüchen, die von dem Widerspruch abhängen, erst ab Zugang des Widerspruchs. Die Rückwirkung des Widerspruchs gem § 613a Abs 6 BGB ändert daran nichts (BAG 16.4.13 – 9 AZR 731/11, NZA 13, 850).

53 Von einem Betriebsübergang werden auch arbeitsvertragliche **Gratifikationszusagen** erfasst (BAG 18.4.12 – 10 AZR 47/11, NZA 12, 791). Schließlich tritt der Betrieberwerber auch in die Versorgungszusagen des Betriebsveräußerers bezüglich einer bestehenden **betrieblichen Altersversorgung** unabhängig von der Art der konkreten Versorgungszusage ein (BAG 18.9.01 – 3 AZR 689/00, NZA 02, 1391; *Rolfs* NZA 08, Beilage 4, 164). Dies schließt die Anpassungsverpflichtung nach § 16 BetrAVG ein (BAG 21.2.06 – 3 AZR 216/05, NZA 07, 931). Dabei wird insbesondere die Dauer der Betriebszugehörigkeit durch einen Wechsel des Betriebsinhabers nicht unterbrochen (BAG 20.7.93, DB 94, 151). Besondere Auskunftsansprüche bezüglich der Anwartschaftshöhe begründet § 613a Abs 5 BGB nicht (BAG 22.5.07 – 3 AZR 834/05, NZA 07, 1283; Näheres s *Rentenauskunft* Rz 3). Hinsichtlich der im Zeitpunkt des Betriebsübergangs bereits ausgeschiedenen Ruheständler ist § 613a BGB nicht anwendbar (s oben Rz 4) und es bleibt bei der Haftung des Veräußerers (BAG 23.3.04 – 3 AZR 151/03, AP Nr 265 zu § 613a BGB). Erhalten ArbN erstmals nach dem Betriebsübergang eine Versorgungszusage, so kann der neue ArbGeb die früheren Beschäftigungszeiten als wertbildenden Faktor außer Ansatz lassen (BAG 19.4.05 – 3 AZR 469/04, AP Nr 19 zu § 1 BetrAVG Betriebsveräußerung).

54 Der ArbN hat keinen gesetzlichen Anspruch auf Erteilung eines **Zeugnisses,** da es an der gem § 109 Abs 1 GewO erforderlichen Beendigung des Arbeitsverhältnisses fehlt. Die Erteilung eines Zwischenzeugnisses ist demgegenüber regelmäßig sach- und interessengerecht (*Jüchser* NZA 12, 244; Näheres s *Zeugnis* Rz 11). Der Betrieberwerber ist ebenso wie der frühere ArbGeb für die spätere Erteilung an den Inhalt des Zwischenzeugnisses gebunden (BAG 16.10.07 – 9 AZR 248/07, NZA 08, 298).

55 b) **Betriebsratsmandat.** Die betriebsverfassungsrechtliche Stellung der BRatMitglieder wird durch einen Betriebsübergang grds nicht beeinflusst, da der Betrieb regelmäßig in seiner **Identität erhalten bleibt** (BAG 18.10.2000 – 2 AZR 494/99, NZA 01, 321; 5.6.02 – 7 ABR 17/01, NZA 03, 336; 24.5.12 – 2 AZR 62/11, NZA 13, 277; vgl zum zusätzlichen Merkmal der Selbständigkeit des Betriebs oder Betriebsteils zuletzt EuGH 29.7.10 – C-151/09, NZA 10, 1014 – UGT-FSP). Das gilt auch für den Fortbestand des **Gesamtbetriebsrats** beim Übergang eines aus mehreren Betrieben bestehenden Unternehmens. Ändern sich jedoch die betrieblichen Strukturen, endet auch das Amt des GBRat (BAG 5.6.02 – 7 ABR 17/01, NZA 03, 336; *Giesen* SAE 03, 217). Besteht Streit über das Vorliegen eines Betriebsübergangs bzw den Übergang des Arbeitsverhältnisses eines BRat-Mitglieds, so ist dieser für die Dauer des Rechtsstreits an der Ausübung des BRatAmts beim bisherigen ArbGeb gem § 25 Abs 1 Satz 2 BetrVG zeitweilig verhindert und die Amtsgeschäfte sind von einem Ersatzmitglied wahrzunehmen (LAG Köln 27.6.97 – 11 TaBV 75/96, NZA-RR 98, 266). Vergrößert sich die Zahl der GBRatMitglieder und dadurch auch die Zahl der Mitglieder im Gesamtbetriebsausschuss durch im Wege des Betriebsübergangs hinzugekommene Betriebe, sind alle weiteren Mitglieder des Gesamtbetriebsausschusses neu zu wählen (BAG 16.3.05 – 7 ABR 37/04, NZA 05, 1069).

56 Die Auswirkungen eines Betriebs- oder Betriebsteilübergangs, mit dem ein **Verlust der Betriebsidentität** verbunden war, auf die Stellung der BRatMitglieder waren bis 2001

126 Betriebsübergang

ungeklärt (vgl im Einzelnen Personalbuch 2001 Betriebsübergang Rz 47 ff). Seither gelten gem §§ 21a, 21b BetrVG umfassende Übergangs- und Restmandate des BRat (LAG RhPf 18.4.05 – 2 TaBV 15/05, NZA-RR 05, 529; Näheres s *Restmandat/Übergangsmandat*). Geblieben sind die mit der Einführung des Übergangsmandats verbundenen rechtlichen **Folgeprobleme,** auf die bereits in der Vergangenheit hingewiesen worden ist (vgl *Feudner* DB 03, 882). So muss der Erwerber mit einem BRat zusammenarbeiten, den er nicht kennt. Die BRatMitglieder arbeiten – je nach Umfang des Betriebsteilübergangs – uU nicht im übergegangenen Betriebsteil und kennen daher ihrerseits die betrieblichen Strukturen und Probleme beim Erwerber nicht. Wegen der fehlenden Betriebszugehörigkeit zum Erwerberbetrieb besteht zudem die Gefahr einer unsachgerechten Interessenvertretung aufgrund möglicherweise persönlicher Interessenkonflikte. Es können größere Entfernungen zum Erwerberbetrieb bestehen, die eine ordnungsgemäße Interessenvertretung behindern. Schließlich ergeben sich Fragen ua bezüglich der personellen Besetzung des BRat bei der Spaltung, bei Freistellungen und im Hinblick auf die Kostentragung (*Rieble* NZA 02, 233).

57 Als zusätzlicher Sonderfall ist die Mandatsstellung von BRatMitgliedern zu beachten, die dem **Übergang** ihres Arbeitsverhältnisses **widersprochen** haben. Geht es dabei um den **Übergang des gesamten Betriebes,** erlischt das BRatMandat mit Erklärung des Widerspruchs gem § 24 Nr 4 BetrVG wegen fehlenden betrieblichen Substrats beim Veräußerer (vgl BAG 25.5.2000 – 8 AZR 416/99, NZA 2000, 1115 zum Personalvertretungsrecht; *Moll/Ersfeld* DB 11, 1108). Gleichzeitig scheidet auch ein nachwirkender Kündigungsschutz für das widersprechende BRatMitglied iSv § 15 Abs 1 Satz 2 KSchG aus, da nach erfolgter Betriebsveräußerung für das widersprechende BRatMitglied keine Beschäftigungsmöglichkeit besteht und damit eine dem § 15 Abs 4 KSchG identische Situation vorliegt (*Gerauer* BB 90, 1127; *Schaub* § 118 Rz 62). Etwas anderes kann in kündigungsschutzrechtlicher Hinsicht allenfalls bei der **Veräußerung eines von mehreren Betrieben** bzw bei der **Betriebsteilveräußerung** gelten. Im letzteren Fall besteht gem § 15 Abs 5 Satz 1 KSchG grds im Rahmen des § 15 Abs 5 Satz 2 KSchG eine Übernahmeverpflichtung bezüglich des widersprechenden BRatMitglieds in eine andere Betriebsabteilung. Hier sollte im Rahmen der Übernahmeprüfung der Widerspruchsgrund Berücksichtigung finden (LAG Düsseldorf 25.11.97 – 8 Sa 1358/97, NZA-RR 98, 539; *Kreitner* Kündigungsrechtliche Probleme beim Betriebsinhaberwechsel, 1989, S 169 f; aA *Feudner* DB 94, 1570; *Annuß* DB 99, 798).

58 **III. Auswirkungen des Betriebsübergangs auf Tarifverträge und Betriebsvereinbarungen. 1. Transformation.** Nach § 613a Abs 1 Satz 2 BGB findet durch den Betriebsübergang eine Transformation von Regelungen in Tarifverträgen und Betriebsvereinbarungen auf die Ebene der Einzelarbeitsverhältnisse statt mit einer gleichzeitigen einjährigen Veränderungssperre zum Nachteil des ArbN. Diese Transformation erfolgt nach dem Gesetzeswortlaut „in das Arbeitsverhältnis" und nicht in den Arbeitsvertrag. Dementsprechend behalten die transformierten Normen auch beim Betriebserwerber ihren grds kollektivrechtlichen Charakter und der Erwerber ist an diese Regelungen in einer Weise gebunden, die der Nachbindung des aus einem tarifschließenden Arbeitgeberverband ausgetretenen ArbGeb gem § 3 Abs 3 TVG weitgehend entspricht; Letzteres allerdings begrenzt auf die Höchstdauer von einem Jahr (BAG 22.4.09 – 4 AZR 100/08, NZA 10, 41; 26.8.09 – 5 AZR 969/08, NZA 10, 173; *Hohenstatt* NZA 10, 23; *Meyer* DB 10, 1404). Dies gilt auch für nachwirkende (§ 4 Abs 5 TVG) Tarifnormen (BAG 24.11.99 – 4 AZR 666/98, NZA 2000, 435; 1.8.01 – 4 AZR 82/00, NZA 02, 42). Sie gehen dabei statisch mit dem Inhalt in die Arbeitsverträge ein, den sie im Zeitpunkt des Betriebsübergangs hatten (BAG 8.12.09 – 1 ABR 66/08, NZA 10, 404; *Bepler* RdA 09, 65). Spätere Änderungen der tariflichen Regelungen haben keinen Einfluss auf die weitere Anwendbarkeit des transformierten Normenbestandes (BAG 3.7.13 – 4 AZR 961/11, BeckRS 2013, 72512). Demgemäß kann auch ein rückwirkend nach dem Betriebsübergang in Kraft getretener Tarifvertrag an einem zwischenzeitlich erfolgten Betriebsübergang nicht teilhaben (BAG 16.5.12 – 4 AZR 321/10, NZA 12, 923). Eine in der Regelung selbst enthaltene Dynamik gilt allerdings weiter fort (BAG 14.11.07 – 4 AZR 828/06, NZA 08, 420; 19.9.07 – 4 AZR 711/06, NZA 08, 241; *Jacobs* NZA 09, Beilage 1, 45). Für den Betriebserwerber besteht keine Verpflichtung zur Gleichbehandlung aller ArbN und Anpassung der transformierten früheren Betriebsvereinbarung an die vorhandenen Arbeitsbedingungen der eigenen „AltArbN" (BAG 31.8.05 – 5

AZR 517/04, NZA 06, 265). Zwar stellt allein die Anknüpfung an die beiden ArbNG-ruppen kein sachliches Differenzierungsmerkmal dar, jedoch ist die unterschiedliche Behandlung regelmäßig mit einer bezweckten Anpassung der Arbeitsbedingungen insgesamt begründbar (BAG 14.3.07 – 5 AZR 420/06, NZA 07, 862; 14.3.07 – 5 AZR 791/05, NZA 07, 981; 19.1.10 – 3 ABR 19/08, NZA-RR 10, 356). Nach Ablauf der Veränderungssperre können die transformierten Regelungen im Wege der individualrechtlichen Änderungskündigung geändert werden. Daneben bleiben auch kollektive Ablösungen möglich, da anderenfalls durch den Betriebsübergang eine Verfestigung der Rechtspositionen entstanden wäre, § 613a BGB aber lediglich den Bestandsschutz (status quo) sicherstellen will (BAG 14.8.01 – 1 AZR 619/00, NZA 02, 276; 28.6.05 – 1 AZR 213/04, AP Nr 29 zu § 77 BetrVG 1972 Betriebsvereinbarungen). Bei fehlendem BRat kann der ArbGeb eine einseitige Lossagung gegenüber allen ArbN vornehmen (LAG Köln 8.4.03 – 1 Sa 1219/02, NZA-RR 03, 657; *Völksen* NZA 13, 1182; *Moll/Leisbrock* RdA 03, 301). Zu Sonderproblemen im Bereich der betrieblichen Altersversorgung vgl BAG 24.7.01 – 3 AZR 660/00, NZA 02, 520; *Gaul/Kühnreich* NZA 02, 495.

§ 613a Abs 1 Satz 2 BGB gilt nicht für sog **Regelungsabreden** zwischen ArbGeb und 59 BRat (*Schaub* ZIP 84, 272), da diese gerade keine den Betriebsvereinbarungen oder Tarifverträgen vergleichbare Rechtsnormqualität aufweisen (für eine analoge Anwendung: *Röder* DB 81, 1980). Das Schicksal **freiwilliger Betriebsvereinbarungen** beim Betriebsübergang ist bislang noch ungeklärt. Die Meinungen im Schrifttum sind geteilt (*Heinze* DB 98, 1861: automatisches Erlöschen; *Moll* RdA 96, 275: normale Transformation; *Bauer/von Steinau-Steinrück* NZA 2000, 505; *Hertzfeld* DB 06, 2177: begrenzte Transformation). Die letztgenannten Autoren heben zu Recht den auf eine Sicherung des status quo gerichteten Zweck des § 613a BGB hervor, der einer Besserstellung der ArbN entgegensteht, die durch eine Transformation auf die arbeitsvertragliche Ebene und die hierdurch erfolgende Anspruchsverfestigung aber eintreten würde und weisen gleichzeitig auf die mit der erstgenannten Lösung verbundene statusverschlechternde Wirkung des Betriebsübergangs hin.

2. Kollektivrechtliche Fortgeltung. Ausnahmsweise kommt es trotz der gesetzlichen 60 Regelung in § 613a Abs 1 Satz 2 BGB zu einer kollektivrechtlichen Fortgeltung soweit Betriebserwerber und ArbN tarifgebunden sind (hM; vgl zuletzt BAG 21.2.01 – 4 AZR 18/00, NZA 01, 1318; 11.5.05 – 4 AZR 315/04, NZA 05, 1363; 9.4.08 – 4 AZR 164/07, BeckRS 200856177; zustimmend *Moll* RdA 07, 48; *Schiefer* DB 05, 2134; aA *Prange* NZA 02, 817). Darüber hinaus ist immer dann eine kollektivrechtliche Fortgeltung zu bejahen, wenn die Betriebsidentität beim Erwerber erhalten bleibt (BAG 14.8.01 – 1 AZR 619/00, NZA 02, 276; 15.1.02 – 1 AZR 58/01, NZA 02, 1034; noch weitergehend *Mues* DB 03, 1273, der eine bloße Identifizierbarkeit des übergegangenen Betriebs oder Betriebsteils beim Erwerber ausreichen lässt). Dies rechtfertigt sich aus dem Charakter des § 613a Abs 1 Satz 2–4 BGB als Auffangtatbestand, der Lücken im Betriebsverfassungs- und Tarifrecht schließen soll, ohne die Rechtsstellung des BRat und der ArbN einzuschränken. **Gesamtbetriebsvereinbarungen,** die in den Betrieben eines abgebenden Unternehmens gelten, bleiben grds als solche erhalten, sofern alle oder mehrere Betriebe übernommen werden. Bei der auf einen Betrieb beschränkten Übernahme gelten sie dort als Einzelbetriebsvereinbarung weiter (BAG 18.9.02 – 1 ABR 54/01, NZA 03, 670; *Thüsing* DB 04, 2474; *Bachner* NJW 03, 2861; *Niklas/Mückl* DB 08, 2250; aA *Preis/Richter* ZIP 04, 925; *Hohenstatt/Müller-Bonanni* NZA 03, 766; *Rieble/Gutzeit* NZA 03, 233; differenzierend LAG Köln 27.6.13 – 6 Sa 151/13, BeckRS 2013 72103 – nicht rkv, Az beim BAG: 3 AZR 763/13). Ob dies auch – wie vom BAG angenommen (vgl BAG 14.8.13 – 7 ABR 56/11, BeckRS 2013, 740111) – bei der selbstständigen Fortführung übernommener Betriebsteile gilt, ist allerdings vor dem Hintergrund fehlender Betriebsidentität zweifelhaft (*Preis/Richter* ZIP 04, 925). Jedenfalls scheidet eine kollektive Weitergeltung aus, wenn der übernommene Betriebsteil eingegliedert wird (*Richardi/Kortstock* RdA 04, 173). Diese Grundsätze gelten für Konzernbetriebsvereinbarungen gleichermaßen (*Salamon* NZA 09, 471).

Anders ist die Situation beim **Firmentarifvertrag.** Dieser kann kollektivrechtlich nur 61 durch Übernahme oder Neuabschluss durch den Erwerber Bindungswirkung entfalten (*Wank* NZA 87, 507; aA *Moll* RdA 96, 275: Erhaltung der Betriebsidentität reicht aus). Der Betriebserwerber tritt nicht automatisch in den Firmentarifvertrag ein. Es kommt vielmehr

126 Betriebsübergang

regelmäßig zur Transformation mit dem Tarifinhalt zum Zeitpunkt des Betriebsübergangs (BAG 26.8.09 – 4 AZR 280/08, NZA 10, 238; 26.8.09 – 5 AZR 969/08, NZA 10, 173; 10.6.09 – 4 ABR 21/08, NZA 10, 51; aA *Däubler* RdA 02, 303). Eine kollektivrechtliche Fortgeltung scheidet aus, wenn der übernommene Betrieb beim Betriebserwerber nicht mehr dem Geltungsanspruch des BetrVG unterfällt; zB bei Übernahme durch eine Anstalt, Stiftung oder Körperschaft des öffentlichen Rechts (BAG 9.2.82, DB 82, 1414).

62 **3. Vorhandene kollektivrechtliche Regelung.** Ausgeschlossen ist die Weitergeltung iSd § 613a Abs 1 Satz 2 BGB gem Satz 3, wenn die Materie beim Betriebserwerber bereits kollektivrechtlich geregelt ist. Das setzt aber immer die normative Geltung der Tarifregelungen vor dem Betriebsübergang voraus. Arbeitsvertragliche Bezugnahmen reichen hierfür nicht aus (BAG 29.8.07 – 4 AZR 767/06, NZA 08, 364; 17.11.10 – 4 AZR 391/09, NZA 11, 356). Erforderlich ist weiter, dass sowohl beim Betriebsveräußerer als auch beim Betriebserwerber inhaltlich auf dieselbe Materie bezogene Regelungen bestanden (BAG 22.1.03 – 10 AZR 227/02, AP Nr 242 zu § 613a BGB). Die konkreten Anforderungen, die an eine solche Regelungsidentität im Einzelfall zu stellen sind, sind streitig (vgl *Meyer* DB 04, 1886; *Freckmann/Wörz* BB 13, 2549). Das bloße Fehlen einer Regelung beim Erwerber genügt nicht (BAG 20.4.94 – 4 AZR 342/93, NZA 94, 1140; 1.8.01 – 4 AZR 82/00, NZA 02, 42). Demgegenüber reicht es aus, wenn die Tarifbindung an den neuen Tarifvertrag erst Monate nach dem Betriebsübergang entsteht (BAG 19.3.86, DB 86, 1575). Mithin kann auch eine bereits nach § 613a Abs 1 Satz 2 BGB transformierte kollektivrechtliche Regelung durch eine spätere, gleichrangige kollektivrechtliche Regelung geändert werden, ohne dass die einjährige Veränderungssperre eingreift (BAG 13.3.12 – 1 AZR 659/10, NZA 12, 990; 18.11.03 – 1 AZR 604/02, NZA 04, 803). Liegen diese Voraussetzungen vor, so kann eine Ablösung auch dann erfolgen, wenn die ursprüngliche Regelung für die ArbN günstiger war (BAG 11.5.05 – 4 AZR 315/04, NZA 05, 1363). Inhaltlich sind die Tarifpartner bei der späteren Vereinbarung tariflicher Leistungen weitestgehend frei, ob sie frühere Beschäftigungszeiten berücksichtigen wollen (BAG 17.10.07 – 4 AZR 1005/06, NZA 08, 713). § 77 Abs 3 BetrVG bleibt ebenfalls unberücksichtigt, denn § 613a Abs 1 Satz 3 BGB geht insoweit als speziellere Norm vor. Ob auch eine sog „Über-Kreuz-Ablösung" einer tariflichen Regelung durch eine Betriebsvereinbarung möglich ist, ist seit langem umstritten (dagegen: LAG Düsseldorf 16.8.07 – 15 Sa 630/07, NZA-RR 08, 23; dafür: *Döring/Grau* BB 09, 158; *Bauer/Meden* DB 10, 2560). Das BAG lehnt jedenfalls im Bereich der lediglich teilmitbestimmten ArbGebLeistungen eine solche Ablösung ab (BAG 3.7.13 – 4 AZR 961/11, BeckRS 2013, 72512; 21.4.10 – 4 AZR 768/08, DB 10, 1998; 13.11.07 – 3 AZR 191/06, NZA 08, 600; 6.11.07 – 1 AZR 826/06, NZA 08, 542; kritisch *Müller-Bonanni/Mehrens* NZA 12, 1194). Ein Firmentarifvertrag kann von einem Verbandstarifvertrag abgelöst werden (*Hanau/Vossen* FS Hilger/Stumpf, 1983, S 297; *Moll* RdA 96, 275). Das gilt bspw für einen allgemeinverbindlichen Tarifvertrag, an den nach einem Betriebsübergang ArbN und Erwerber gebunden sind (BAG 7.7.10 – 4 AZR 1023/08, NZA-RR 11, 30). Eine beim Betriebserwerber vorhandene Betriebsvereinbarung löst die durch Betriebsvereinbarung geregelte Versorgungsordnung des Veräußerers ab. Es müssen lediglich die erdienten Versorgungsbesitzstände gewahrt bleiben (BAG 24.7.01 – 3 AZR 660/00, NZA 02, 520; Näheres s *Betriebliche Altersversorgung* Rz 62).

63 **Gemäß § 613a Abs 1 Satz 4 BGB** können auf Betriebsvereinbarung und Tarifvertrag beruhende Rechte geändert werden, wenn die ursprünglichen kollektivrechtlichen Regelungen nicht mehr gelten. Dies entspricht der auch ohne eine derartige Vorschrift bestehenden Nachwirkung (vgl § 4 Abs 5 TVG, § 77 Abs 6 BetrVG) mit Folge der jederzeitigen arbeitsvertraglichen Änderungsmöglichkeit. Gleiches ist nach der 2. Alternative des § 613a Abs 1 Satz 4 BGB möglich, wenn der Betriebserwerber mit den übernommenen ArbN die Geltung des in seinem Betrieb für die dort vorhandenen ArbN geltenden Tarifvertrags vereinbart. Treffen demgegenüber bislang arbeitsvertraglich geregelte Arbeitsbedingungen nach einem Betriebsübergang auf normativ geltende Tarifregelungen, gilt das allgemeine Günstigkeitsprinzip des § 4 Abs 3 TVG (BAG 12.12.07 – 4 AZR 998/06, NZA 08, 649).

64 **4. Außenseiter.** Für nicht gewerkschaftlich organisierte ArbN (sog Außenseiter) gelten tarifliche Arbeitsbedingungen soweit Tarifverträge nicht für allgemeinverbindlich erklärt sind (§ 5 TVG) nur kraft arbeitsvertraglicher Vereinbarung. Dies geschieht durch sog statische

oder dynamische **Bezugnahmeklauseln** (Näheres s *Arbeitsvertrag* Rz 40). In diese vertragliche Vereinbarung tritt der Erwerber gem § 613a Abs 1 Satz 1 BGB ein (BAG 23.9.09 – 4 AZR 331/08, NZA 10, 513; 24.2.10 – 4 AZR 691/08, NZA 10, 530; *Rinck* RdA 10, 216). Maßgeblich für die Bezugnahme ist immer der beim bisherigen ArbGeb anzuwendende Regelungsbestand „im Zeitpunkt des Übergangs". Dazu gehört eine bereits vereinbarte, jedoch erst angesichts des Betriebsübergangs wirksam werdende Tarifvertragsbestimmung nicht (BAG 20.6.12 – 4 AZR 657/10, BeckRS 2012, 74961; vgl auch BAG 5.9.12 – 4 AZR 749/10, NZA-RR 13, 285). Problematisch sind insoweit die sog kleinen dynamischen Bezugnahmeklauseln. Nach dem früheren Konzept des 4. Senats des BAG waren derartige Klauseln im Zweifel als Gleichstellungsabreden auszulegen, mit der Folge einer lediglich statischen Weitergeltung bei einem Betriebsübergang auf einen nicht tarifgebundenen Erwerber (BAG 24.11.99 – AZR 666/98, NZA 2000, 435; 16.10.02 – 4 AZR 467/01, NZA 03, 390; Näheres s Personalbuch 2006, Betriebsübergang Rz 64). Mit Urt vom 14.12.05 hat der 4. Senat eine grundlegende **Rechtsprechungsänderung** dahingehend angekündigt, dass diese Auslegungsregel auf die ab dem 1.1.02 mit Inkrafttreten der Schuldrechtsreform abgeschlossenen Arbeitsverträge nicht mehr anzuwenden sei (BAG 14.12.05 – 4 AZR 536/04, NZA 06, 607). Begründet hat das BAG dies im Wesentlichen mit den geänderten Rahmenbedingungen und den nunmehr zu beachtenden Wertungen des Rechts der Allgemeinen Geschäftsbedingungen. Für vor dem 1.1.02 abgeschlossene Altverträge bleibt es unter Vertrauensschutzgesichtspunkten bei der bisherigen Rspr (zuletzt BAG 14.12.11 – 4 AZR 79/10, BeckRS 2012, 69243; aA *Simon/Kock/Halbsguth* BB 06, 2354; *Spiegelberger* NZA 07, 387: Vertrauensschutz bis 14.12.05).

Wenige Monate nach dieser BAG-Entscheidung hat der EuGH auf Vorlage des LAG Düsseldorf die lediglich statische Wirkung einer Bezugnahmeklausel bejaht und dabei die Bedeutung der negativen Koalitionsfreiheit betont (EuGH 9.3.06 – Rs C-499/04 – Werhof, NZA 06, 376). Demgegenüber hält das BAG weiterhin an seiner neuen Rspr ausdrücklich fest (BAG 18.4.07 – 4 AZR 652/05, NZA 07, 965; 22.10.08 – 4 AZR 793/07, NZA 09, 323; 21.10.09 – 4 AZR 396/08, NZA-RR 10, 361; 17.11.10 – 4 AZR 127/09, NZA 11, 457). Das Schrifttum ist geteilter Auffassung (vgl *Nicolai* DB 06, 670; *Höpfner* NZA 09, 420; *Clemenz* NZA 07, 769; *Olbertz* BB 07, 2737; *Bauer/Günther* NZA 08, 6; *Gaul/Naumann* DB 07, 2594 *Schwarz* BB 10, 1021 einerseits sowie *Thüsing* NZA 06, 473; *Jacobs* BB 11, 2037; *Hohenstatt/Kuhnke* RdA 09, 107; *Lehmann* BB 08, 1618, 1674 andererseits). Der EuGH hat zuletzt auf eine Vorlage aus Großbritannien eine dynamische Wirkung der Bezugnahmeklausel mit der Begründung abgelehnt, dass der Erwerber in diesem Fall nicht die Möglichkeit habe, an den Verhandlungen über die nach dem Übergang abgeschlossenen Kollektivverträge teilzunehmen (EuGH 18.7.13 – C-426/11, NZA 13, 835 – Alemo-Herron; die Auswirkungen auf die deutsche Rspr sind noch ungeklärt, vgl *Frost* DB 13, 1847; *Lobinger* NZA 13, 945; *Schiefer/Hartmann* BB 13, 2613). Zur Bezugnahme aufgrund betrieblicher Übung zuletzt *Sutschet* NZA 08, 679.

IV. Haftung. 1. § 613a Absatz 2 BGB. Der Betriebserwerber übernimmt die Arbeitsverhältnisse so, wie sie zum Zeitpunkt des Betriebsübergangs bestehen (BAG 27.10.94, NZA 95, 735 für ein gem EV ruhendes Arbeitsverhältnis), dh, er haftet grds für bestehende Verbindlichkeiten des Betriebsveräußerers. Letzterer haftet für bestehende Verpflichtungen aus der Zeit vor dem Betriebsübergang unbeschränkt weiter. Werden diese Ansprüche erst nach dem Betriebsübergang fällig, gilt gem § 613a Abs 2 BGB eine einjährige Haftungsbegrenzung. Dabei haftet der Betriebsveräußerer jedoch nur in dem Umfang, der dem im Zeitpunkt des Betriebsübergangs abgelaufenen Bemessungszeitraum entspricht. Anwendungsfälle: Weihnachtsgeld, 13. Monatseinkommen, Urlaubsgeld uÄ. Die Fälligkeit ist nach allgemeinen bürgerlichrechtlichen Grundsätzen zu bestimmen, § 271 BGB. 65

Im **Innenverhältnis** zwischen Betriebsveräußerer und -erwerber gelten die Regelungen der §§ 421 ff BGB. Danach erfolgt die Haftungsverteilung im Innenverhältnis im Zweifel gem § 426 Abs 1 Satz 1 BGB zu gleichen Teilen, soweit keine anderweitige vertragliche Vereinbarung getroffen wurde (zum Urlaub s oben Rz 46). § 613a Abs 2 BGB ist zu Gunsten der ArbN zwingend und kann weder durch Betriebsveräußerer und -erwerber, noch im Vorhinein arbeitsvertraglich mit den einzelnen ArbN abbedungen werden (zu Besonderheiten in der Insolvenz s unten Rz 93 ff). 66

126 Betriebsübergang

67 **2. Besondere Haftungsgründe.** Nach der Aufhebung des § 419 BGB zum 1.1.99 ist für Betriebsübergänge seither lediglich **§ 25 HGB** zu beachten, der den Fall des Erwerbs eines Handelsgeschäfts unter Fortführung der bisherigen Firma betrifft. Für Vermögensübernahmen aus der Zeit vor dem 1.1.99 ist **§ 419 BGB** weiter anwendbar.

68 **V. Kündigungsschutz beim Betriebsübergang. 1. Kündigungsverbot gemäß § 613a Absatz 4 Satz 1 BGB. a) Definition.** § 613a Abs 4 Satz 1 BGB verbietet ausdrücklich die Kündigung „wegen des Übergangs eines Betriebs oder Betriebsteils". Nach der Rspr des BAG liegt eine solche betriebsübergangsbedingte Kündigung vor, wenn das Motiv der Kündigung wesentlich durch den Betriebsübergang bedingt ist. Letzteres ist immer dann der Fall, wenn es nicht neben dem Betriebsübergang einen sachlichen Grund gibt, der aus sich heraus die Kündigung rechtfertigt, so dass sich der Betriebsübergang lediglich als äußerer Anlass für die Kündigung, nicht jedoch als tragender Grund darstellt (BAG 26.5.83, DB 83, 2690; 26.8.99 – 8 AZR 827/98, NZA 2000, 371; 27.10.05 – 8 AZR 568/04, NZA 06, 668). Dabei kommt es nach der Rspr allein auf die objektive Rechtslage an. Die Begründung durch den ArbGeb soll nicht maßgeblich sein (BAG 9.5.88, DB 89, 934). Gleichwohl wird man der deutlichen Benennung des Kündigungsgrundes durch den ArbGeb (zB im Kündigungsschreiben) erhebliche Indizwirkung beimessen müssen (vgl etwa LAG Köln 13.10.04 – 7 (9) Sa 1423/03).

69 **b) Rechtsnatur.** § 613a Abs 4 Satz 1 BGB enthält einen selbstständigen Unwirksamkeitsgrund (BAG 31.1.85, DB 85, 1842). Dies bedeutet, dass sich auch solche ArbN, die nicht dem Geltungsbereich des KSchG unterfallen, auf das Kündigungsverbot des § 613a Abs 4 Satz 1 BGB berufen können. Allerdings gilt seit 1.1.04 auch insoweit die dreiwöchige Klagefrist des § 4 KSchG (zu europarechtlichen Bedenken *Kamanabrou* NZA 04, 950).

70 **c) Geltungsbereich.** § 613a Abs 4 Satz 1 BGB gilt sowohl für ordentliche als auch für außerordentliche Kündigungen. Er findet entsprechende Anwendung auf die Überführung einer Einrichtung nach dem EV (BAG 21.7.94, DB 95, 381). Auf Grund seiner Komplementärfunktion zum ersten Absatz der Vorschrift wendet das BAG die Vorschrift analog auf Aufhebungsverträge und Befristungsvereinbarungen an, wenn diese darauf abzielen, die Bestandsschutzsicherung des § 613a Abs 1 BGB zu vereiteln (BAG 15.2.95 – 7 AZR 680/94, NZA 95, 987). Ferner werden über den Bestandsschutz hinaus auch inhaltliche Änderungen des Arbeitsverhältnisses und somit auch Änderungskündigungen von § 613a Abs 4 BGB erfasst (LAG Köln 12.10.95, NZA-RR 96, 327; *Schaub* ZIP 84, 272). Im Übrigen gelten die oben zum ersten Absatz der Vorschrift genannten Erwägungen entsprechend. Zur Anwendung des § 613a Abs 4 BGB im kirchlichen Bereich sowie bei Betriebsveräußerungen an ausländische Erwerber vgl *Kreitner* Kündigungsrechtliche Probleme beim Betriebsinhaberwechsel, 1989, S 252 ff, 258 ff.

71 **d) Maßgeblicher Zeitpunkt.** Für die Beurteilung der Rechtmäßigkeit der Kündigung ist auch hinsichtlich der Frage, ob eine Kündigung wegen des Betriebsübergangs vorliegt, nach der gefestigten Rspr des BAG allein der Zeitpunkt des Zugangs der Kündigung maßgeblich (BAG 28.4.88, DB 89, 430; 3.9.98 – 8 AZR 306/97, NZA 99, 147). Allerdings hat das BAG diesen Grundsatz teilweise in Anlehnung an die Rspr bei betriebsbedingten Kündigungen wegen einer bevorstehenden Betriebsstilllegung (BAG 19.6.91 – 2 AZR 127/91, NZA 91, 891; 3.9.98 – 8 AZR 439/97) insoweit modifiziert, als auch ein Betriebsübergang, der im Kündigungszeitpunkt lediglich „greifbare Formen" angenommen hat, zum Eingreifen des Kündigungsverbots nach § 613a Abs 4 BGB führen kann (BAG 10.12.98 – 8 AZR 264/98; 21.1.99 – 8 AZR 298/98; 26.8.99 – 8 AZR 827/98, NZA 2000, 371). Die spätere tatsächliche Entwicklung ist grds unerheblich, sie kann allerdings für einen **Wiedereinstellungsanspruch** des gekündigten ArbN Bedeutung erlangen (BAG 11.12.98 – 8 AZR 265/97, NZA 99, 311). Bei späterem Scheitern eines zunächst erwarteten und eingeleiteten Betriebsübergangs ist daher eine seinerzeit ausgesprochene Kündigung gem § 613a Abs 4 BGB unwirksam (BAG 9.5.88, DB 89, 934) während bei beabsichtigter Betriebsstilllegung und später doch noch erfolgendem Betriebsübergang die Kündigung nicht gegen § 613a Abs 4 BGB verstößt und regelmäßig gem § 1 Abs 2 KSchG wirksam ist (BAG 19.6.91, DB 91, 2442). Erfolgt der Betriebsübergang innerhalb der Kündigungsfrist, bejaht das BAG einen Wiedereinstellungs- bzw Fortsetzungsanspruch (BAG 27.2.97 – 2 AZR 160/96, NZA 97, 757; 15.12.11 – 8 AZR 197/11, BeckRS 2012, 67383). Das

Betriebsübergang 126

Gleiche gilt bei einem späteren Betriebsübergang, wenn die Weiterbeschäftigungsmöglichkeit schon innerhalb der Kündigungsfrist entstanden ist (BAG 21.8.08 – 8 AZR 201/07, NZA 09, 29; 25.9.08 – 8 AZR 607/07, NZA-RR 09, 469). Entstehen anderweitige Beschäftigungsmöglichkeiten erst danach, ist die BAG-Rspr uneinheitlich. Während der 7. Senat einen Wiedereinstellungsanspruch in diesen Fällen ablehnt (BAG 6.8.97 – 7 AZR 557/96, NZA 98, 254; 28.6.2000 – 7 AZR 904/98, NZA 2000, 1097) und der 2. Senat die Frage offen gelassen hat (BAG 4.12.97 – 2 AZR 140/97, NZA 98, 701), differenziert der für die Fragen des Betriebsübergangs zuständige 8. Senat des BAG danach, ob der Betriebsübergang gerade durch die willentliche Übernahme der Hauptbelegschaft eingetreten ist und lässt in diesem Fall den Fortsetzungs-/Wiedereinstellungsanspruch auch noch nach Ablauf der Kündigungsfrist zu (BAG 12.11.98 – 8 AZR 265/97, NZA 99, 311; 13.5.04 – 8 AZR 198/03, AP Nr 264 zu § 613a BGB). Im Übrigen folgt er der Auffassung des 7. Senats (BAG 25.10.07 – 8 AZR 989/06, NZA 08, 357). Auch im Insolvenzfall scheidet ein Wiedereinstellungsanspruch nach Ablauf der Kündigungsfrist aus (BAG 13.5.04 – 8 AZR 198/03, AP Nr 264 zu § 613a BGB). Ein solcher Wiedereinstellungsanspruch besteht nicht, wenn berechtigte Interessen des ArbGeb der Wiedereinstellung entgegenstehen (BAG 28.6.2000 – 7 AZR 904/98, NZA 2000, 1097; aA wohl LAG Düsseldorf 29.4.09 – 12 Sa 1551/08, NZA-RR 09, 637). Das ist immer dann anzunehmen, wenn der ArbGeb bereits anderweitige Dispositionen getroffen hat. Daher erlischt ein etwa entstandener Wiedereinstellungsanspruch mit der anderweitigen Besetzung des Arbeitsplatzes (Ausnahme: treuwidriges Verhalten). Das Gleiche gilt hinsichtlich der Festlegung des Anforderungsprofils für den zu besetzenden Arbeitsplatz (BAG 4.5.06 – 8 AZR 299/05, NZA 06, 1096). **Geltend machen** muss der ArbN den Wiedereinstellungsanspruch unverzüglich nach Kenntniserlangung der für den Betriebsübergang maßgeblichen Umstände. Das BAG hat hierfür zunächst in Anlehnung an die Rspr zum Widerspruchsrecht § 4 KSchG analog angewandt (BAG 11.12.98 – 8 AZR 265/97, NZA 99, 311). Seit Geltung des § 613a Abs 6 BGB ist in entsprechender Anwendung auf die Monatsfrist abzustellen (BAG 21.8.08 – 8 AZR 201/07, NZA 09, 29). Bei fehlender Unterrichtung nach § 613a Abs 5 BGB beginnt die Monatsfrist auch insoweit nicht (BAG 27.1.11 – 8 AZR 326/09, NZA 11, 1162; *Krieger/Willemsen* NZA 11, 1128). Keine Frist gilt für Fortsetzungsverlangen gegenüber dem Betriebserwerber im ungekündigten Arbeitsverhältnis (BAG 18.12.03 – 8 AZR 621/02, NZA 04, 791). Hier kann allenfalls eine Verwirkung in Betracht kommen. Eine weitergehende Pflicht zur klageweise gerichtlichen Geltendmachung besteht nicht (aA *Luke* NZA 05, 92). Mitbestimmungsrechte des BRat nach § 99 BetrVG können im Einzelfall immer dann bestehen, wenn der ArbGeb eine Auswahlentscheidung zwischen mehreren in Frage kommenden zunächst gekündigten ArbN treffen muss (aA *Kleinebrink* FA Arbeitsrecht 99, 139). Bei der Auswahl muss der ArbGeb zudem gem §§ 242, 315 BGB die Umstände des Einzelfalls berücksichtigen (BAG 28.6.2000 – 7 AZR 904/98, NZA 2000, 1097; 4.5.06 – 8 AZR 299/05, NZA 06, 1096).

2. Kündigung aus anderen Gründen im Sinne des § 613a Absatz 4 Satz 2 BGB. 72
a) Fehlender allgemeiner Kündigungsschutz. Bei ArbN, die entweder aufgrund noch nicht erfüllter sechsmonatiger Wartezeit oder wegen der geringen Betriebsgröße nicht dem Geltungsbereich des KSchG unterfallen, bleiben Kündigungen, bei denen der Betriebsübergang nicht den tragenden Grund darstellt, im Rahmen der allgemeinen Grenzen der §§ 134, 138, 242 BGB grds möglich und wirksam (*Hillebrecht* NZA 89 Beilage 4, 10). Bei der Berechnung der Wartezeit nach § 1 Abs 1 KSchG sind die beim Betriebsveräußerer erbrachten Beschäftigungszeiten bei einer Kündigung des Erwerbers zu berücksichtigen (BAG 27.6.02 – 2 AZR 270/01, NZA 03, 145). Das Gleiche gilt für die Berechnung der Kündigungsfrist (BAG 18.9.03 – 2 AZR 330/02, NZA 04, 319).

b) Verhaltens- und personenbedingte Kündigungen. Diese bleiben ebenso möglich 73 wie außerordentliche Kündigungen. Vor dem Betriebsübergang von dem Betriebsveräußerer ausgesprochene **Abmahnungen** behalten grds ihre Bedeutung für eine spätere verhaltensbedingte Kündigung des Erwerbers, denn die einzelnen ArbN sollen durch § 613a BGB keine Besserstellung erfahren. Zu beachten ist lediglich, dass Abmahnungsgründe des alten Betriebsinhabers beim Betriebserwerber aufgrund anderer betrieblicher Organisationsstrukturen andere Relevanz entfalten können (zur Geltendmachung des Entfernungsanspruchs BAG 11.12.98 – 8 AZR 265/97, NZA 99, 311).

126   Betriebsübergang

74   **c) Betriebsbedingte Kündigungen.** Zu den anderweitigen Kündigungen iSd § 613a Abs 4 Satz 2 BGB zählen auch betriebsbedingte Kündigungen. Bereits erwähnt wurde die zulässige und regelmäßig wirksame Kündigung von dem Betriebsübergang widersprechenden ArbN durch den Betriebsveräußerer (s oben Rz 42). Das Gleiche gilt für die Kündigung von ArbN in nicht veräußerten Betriebsteilen, deren Arbeitsbedarf aufgrund der Betriebsteilveräußerung zurückgeht (BAG 17.6.03 – 2 AZR 134/02, AP Nr 260 zu § 613a BGB: ArbN in betriebsteilübergreifender Stabsstelle).

75   Bei **Betriebsverlagerungen** hat das BAG zunächst darauf abgestellt, ob die bestehende Betriebsgemeinschaft im Wesentlichen erhalten geblieben ist (BAG 12.2.87, DB 88, 126; ebenso LAG Düsseldorf 16.2.95, NZA-RR 96, 241). Richtigerweise dürfte vorrangig die Frage zu stellen sein, ob die ArbN überhaupt arbeitsvertraglich verpflichtet sind, der Betriebsverlagerung Folge zu leisten und ein dahingehendes Weisungsrecht des ArbGeb besteht. Dies wird regelmäßig zu verneinen sein (*Hillebrecht* NZA 89 Beilage 4, 10), so dass unabhängig von der Frage des Betriebsübergangs immer eine Änderungskündigung seitens des ArbGeb erforderlich wird. Lehnen die ArbN allerdings definitiv einen Wechsel des Arbeitsorts ab, so ist eine Beendigungskündigung möglich (LAG Hamm 27.5.04 – 8 Sa 204/04, BeckRS 2004, 31044024). Die Sachlage entspricht derjenigen beim Widerspruch des ArbN gegen den Betriebsübergang (BAG 20.4.89, DB 89, 2334).

76   **Rationalisierungsmaßnahmen** durch den Veräußerer vor bzw durch den Erwerber nach dem Betriebsübergang bleiben uneingeschränkt möglich. Kündigt der bisherige ArbGeb, um den Betrieb „verkaufsfähig" zu machen (*Hillebrecht* ZIP 85, 263; *Lipinski* NZA 02, 75) gelten die allgemeinen Anforderungen für betriebsbedingte Kündigungen bzw Änderungskündigungen (BAG 20.9.06 – 6 AZR 249/05, NZA 07, 387; Näheres s *Kündigung, betriebsbedingte* Rz 1 ff sowie *Änderungskündigung* Rz 21 ff). Allein der fehlende Übernahmewille des Erwerbers stellt keinen betriebsbedingten Kündigungsgrund des Veräußerers dar. Beruht die Kündigung allein auf dem Druck des Erwerbers, den Betrieb andernfalls nicht zu übernehmen, da ihm der Arbeitsplatz des gekündigten ArbN „zu teuer" sei, ist die Kündigung gem § 613a Abs 4 Satz 1 BGB unwirksam (BAG 20.3.03 – 8 AZR 97/02, NZA 03, 1027; *Schumacher-Mohr* NZA 04, 629). Im Übrigen ist aber nach der Rspr des BAG eine **Kündigung** des Betriebsveräußerers **nach dem Erwerberkonzept** möglich. Ursprünglich hat das BAG insoweit verlangt, dass das Sanierungskonzept des Erwerbers auch vom Betriebsveräußerer durchgeführt werden könnte (BAG 26.5.83 – 2 AZR 477/81, AP Nr 34 zu § 613a BGB). Diese Einschränkung hat der 8. Senat des BAG später – jedenfalls in der Insolvenz – ausdrücklich aufgegeben (BAG 20.3.03 – 8 AZR 97/02, NZA 03, 1027). Die Argumentation des BAG lässt überdies eine Ausdehnung dieser Rspr auf sämtliche Sanierungsfälle auch außerhalb der Insolvenz erwarten, sofern ansonsten eine endgültige Betriebsstilllegung droht (aA LAG Köln 17.6.03 – 9 Sa 443/03, ZIP 03, 2042; kritisch *Mauer* EWiR 04, 273). Die hM im Schrifttum hat bereits zuvor ein hinreichend konkretisiertes, zwischen Betriebsveräußerer und -erwerber abgesprochenes Konzept als Kündigungsbegründung ausreichen lassen (*Henssler* NZA 94, 913; *Lipinski* NZA 02, 75). Diese sanierungsfreundliche Normauslegung überzeugt nicht. Sie lässt den Schutzzweck des § 613a BGB (s oben Rz 2) außer Acht und erweitert die gesetzliche Kündigungsmöglichkeit anstatt Bestandsschutz für die betroffenen Arbeitsverhältnisse zu gewährleisten. Entgegen der Auffassung des BAG geht es nicht um eine „künstliche Verlängerung" des Arbeitsverhältnisses, sondern die Veräußererkündigung nach Erwerberkonzept ermöglicht eine vorgezogene Beendigung. Besonders deutlich wird dies im Bereich der Sozialauswahl nach § 1 Abs 3 KSchG, die nach Auffassung der Vertreter der hM auf den Betrieb des Veräußerers beschränkt sein soll (*Sieger/Hasselbach* DB 99, 430). Konsequent wäre aber eine umfassende, auch den aufnehmenden Erwerberbetrieb einbeziehende Sozialauswahl (*Kreitner* Kündigungsrechtliche Probleme beim Betriebsinhaberwechsel, 1989, S 110 ff; differenzierend auch *Gaul/Bonanni/Naumann* DB 03, 1902; *Annuß/Stamer* NZA 03, 1247; *Meyer* SAE 04, 176; *Schumacher-Mohr* NZA 04, 629). Jedenfalls zu weit geht eine LAG-Entscheidung, nach der eine Kündigung auch dann wirksam ist, wenn der bisherige ArbGeb sie mit dem Ziel ausspricht, sich selbst auf diese Weise eine Beschäftigungsmöglichkeit beim Erwerber zu sichern und den Arbeitsplatz des gekündigten ArbN zu übernehmen (LAG MeVo 9.1.13 – 2 Sa 166/12, NZA-RR 13, 238).

77   Problematischster Fall der betriebsbedingten Kündigung ist die Kündigung wegen **Betriebsstilllegung.** Betriebsstilllegung und Betriebsübergang schließen sich tatbestands-

mäßig gegenseitig aus (BAG 15.12.11 – 8 AZR 692/10, NZA-RR 12, 570; 28.5.09 – AZR 273/08, NZA 09, 1267; 26.5.11 – 8 AZR 37/10, NZA 11, 1143). Das BAG bewältigt diese Abgrenzung durch eine genaue Prüfung des Vorliegens einer (beabsichtigten) Betriebsstilllegung. Ausgehend von dem gefestigten arbeitsrechtlichen Betriebsstilllegungsbegriff (s *Kündigung, betriebsbedingte* Rz 50; *Betriebsänderung* Rz 16) nimmt das BAG eine rechtlich erhebliche Stilllegung immer dann an, wenn die betrieblichen Umstände greifbare Formen angenommen haben und eine vernünftige, betriebswirtschaftliche Betrachtung die Prognose rechtfertigt, bis zum Ablauf der Kündigungsfrist seien die geplanten Maßnahmen durchgeführt und die ArbN damit entbehrlich (BAG 19.6.91, DB 91, 2442).

Maßgebliche Kriterien für die Betriebsstilllegung sind dabei: bei alsbaldiger Wiedereröffnung bzw Fortsetzung der Betriebstätigkeit spricht eine tatsächliche Vermutung gegen eine ernsthafte Stilllegungsabsicht (BAG 27.9.84, DB 85, 1399; 5.12.85, DB 86, 1290); das Gleiche gilt, wenn dem Insolvenzverwalter vor Ausspruch der Kündigung ein Übernahmeangebot eines Interessenten vorliegt, das wenige Tage später zu konkreten Verhandlungen mit dem Ergebnis einer teilweisen Betriebsübernahme führt (BAG 29.9.05 – 8 AZR 647/04, NZA 06, 720); Kündigungsbegründung des ArbGeb (BAG 27.2.87, DB 87, 1896); **nicht maßgeblich** sind: Abschluss und Durchführung eines Sozialplans (BAG 5.12.85, DB 86, 1290; 22.5.97 – 8 AZR 101/96, NZA 97, 1050; zu Recht differenzierend nach dem jeweiligen Unternehmensgegenstand *Wank* SAE 98, 209); überwiegende Identität der Belegschaft aufgrund formaler Neueinstellungen durch den neuen ArbGeb (*Hillebrecht* NZA 89 Beilage 4, 10); Konkursantragstellung sowie Gewerbeabmeldung und Löschung in der Handwerksrolle (BAG 3.7.86, DB 87, 99). Zuletzt hat das BAG bei der Fortführung von Aufgaben der früheren Treuhandanstalt durch das Bundesamt zur Regelung offener Vermögensfragen eine Stilllegung bejaht (BAG 24.8.06 – 8 AZR 317/05, NZA 07, 1287).

78

Zusätzliche Probleme ergeben sich bei einer **Teilbetriebsstilllegung** und einem gleichzeitigen **Betriebsteilübergang** hinsichtlich der **Sozialauswahl** der zu kündigenden ArbN. Richtigerweise kommt § 1 Abs 3 KSchG auch in diesem Fall uneingeschränkt zur Anwendung, so dass auch ArbN aus dem übergehenden Betriebsteil in die Sozialauswahl einzubeziehen sind. Das folgt aus dem Schutzzweck der Sozialauswahl (BAG 28.10.04 – 8 AZR 391/03, NZA 05, 285; *Stahlhacke/Preis/Vossen* Rz 1064). Auf den vom Betriebsteilübergang nicht betroffenen Restbetrieb beschränkt ist die Sozialauswahl – von Rechtsmissbrauchsfällen abgesehen – nur dann, wenn der Betriebsteilübergang vor dem Zugang der Kündigung vollzogen ist und ein Wechsel in der ArbGebStellung bereits stattgefunden hat. Der so von der Kündigung verschont gebliebene ArbN verbleibt allerdings beim Betriebsteilveräußerer, da die Sozialauswahl als solche nicht zu einer geänderten Zuordnung des ArbN zu dem veräußerten Betriebsteil führt. Hierfür bedarf es einer Ausübung des arbeitgeberseitigen Direktionsrechts oder einer einvernehmlichen Arbeitsplatzänderung vor Vollzug des Betriebsteilübergangs (*Kreitner* FS Küttner, S 399).

79

3. Beweislast. Es gelten die allgemeinen Grundsätze der Darlegungs- und Beweislast. Jede Partei muss die Voraussetzungen der ihr günstigen Norm im Prozess darlegen und ggf beweisen. Macht der ArbN den Übergang seines Arbeitsverhältnisses geltend oder beruft er sich auf den Unwirksamkeitsgrund des § 613a Abs 4 Satz 1 BGB, ist er darlegungs- und beweispflichtig (BAG 16.5.02 – 8 AZR 319/01, NZA 03, 93; 21.5.08 – 8 AZR 84/07, NZA 08, 753; 22.6.11 – 8 AZR 107/10, BeckRS 2011, 76229). Der ArbGeb muss sich allerdings substanziiert einlassen und darf sich nicht mit einem einfachen Bestreiten begnügen. Außerdem kann zugunsten des ArbN bezüglich einzelner Tatbestandsmerkmale ein auf Indizien gestützter Anscheinsbeweis eingreifen, wenn es um Tatsachen geht, die in der Sphäre des ArbGeb liegen (BAG 5.12.85 – 2 AZR 3/85, NZA 85, 736: Rechtsgeschäft; LAG Köln 3.3.97 – 3 Sa 1063/96, LAGE Nr 59 zu § 613a BGB; ArbG Kaiserslautern 19.1.94, BB 94, 1503: Kausalität). Macht demgegenüber der ArbN jedoch die Sozialwidrigkeit der Kündigung iSd § 1 Abs 2 KSchG geltend, bleibt der ArbGeb in vollem Umfang hinsichtlich der Kündigungsgründe darlegungs- und beweispflichtig (BAG 9.2.94 – 2 AZR 666/93, NZA 94, 686; LAG Köln 21.1.05 – 4 Sa 1036/04).

80

4. Prozessuales. Insbesondere für Kündigungsschutzklagen stellt sich die Frage nach dem zu verklagenden ArbGeb.

81

126 Betriebsübergang

82 Richtigerweise ist – unabhängig davon, ob die Kündigung vom Betriebsveräußerer oder -erwerber stammt – wie folgt zu differenzieren: Wendet sich der ArbN gegen eine **vor Betriebsübergang ausgesprochene Kündigung** und erhebt er noch **vor dem Übergang** der Leitungsmacht auf den Betriebserwerber **Klage,** so ist diese gegen den Betriebsveräußerer zu richten (BAG 20.9.06 – 6 AZR 249/05, NZA 07, 387). Da der Betriebsübergang im Zeitpunkt der Klageerhebung noch nicht stattgefunden hat, ist der Betriebsveräußerer (noch) der aktuelle und damit maßgebliche ArbGeb. Kommt es dann im Verlauf des Rechtsstreits zum Betriebsübergang, kann der Rechtsstreit gegen den Veräußerer weitergeführt werden und eine rechtskräftige Entscheidung wirkt gem § 325 ZPO auch gegenüber dem Betriebserwerber, der nach Rechtshängigkeit der Klage Rechtsnachfolger des bisherigen ArbGeb geworden ist (BAG 20.3.97 – 8 AZR 769/95, NZA 97, 937; 13.4.00 – 2 AZR 215/99, NZA 01, 144; 9.7.03 – 5 AZR 595/02, NZA-RR 04, 9; 18.5.10 – 1 AZR 864/08, NJW 10, 2909). Auch die spätere vergleichsweise Beendigung des Arbeitsverhältnisses bleibt im Rechtsstreit mit dem Betriebsveräußerer möglich (BAG 24.8.06 – 8 AZR 574/05). Um einen gegen den alten ArbGeb titulierten Anspruch auch gegenüber dem Erwerber vollstrecken zu können, muss der ArbN eine vollstreckbare Ausfertigung des Urt gem §§ 727, 731 ZPO beantragen (LAG Düsseldorf 10.7.95, NZA-RR 96, 242).

83 Erfolgt die **Klageerhebung** demgegenüber bei einer vor Betriebsübergang ausgesprochenen Kündigung erst **nach dem Übergang,** ist der Betriebserwerber der richtige Beklagte. Er ist in diesem Zeitpunkt der in Anspruch genommene ArbGeb (*Müller-Glöge* NZA 99, 449; *Fischer* DB 01, 331). § 325 ZPO ist in diesem Fall nicht einschlägig (BAG 18.2.99 – 8 AZR 485/97, NZA 99, 648; 18.3.99 – 8 AZR 306/98, NZA 99, 706; LAG Hamm 22.3.01 – 4 Sa 579/00, NZA-RR 02, 82). Dabei ist ohne Einfluss auf die Passivlegitimation, ob der Betriebsübergang noch innerhalb der Kündigungsfrist erfolgt ist (*Kreitner* FA Arbeitsrecht 98, 2).

84 Ist schließlich die **Kündigung** dem ArbN erst **nach** vollzogenem **Betriebsübergang** zugegangen, muss die Klage ebenfalls gegen den Betriebserwerber gerichtet werden (LAG Köln 18.3.94 – 13 Sa 924/93, NZA 94, 815; LAG Hamm 2.12.99 – 4 Sa 1153/99, NZA-RR 2000, 265; LAG Düsseldorf 20.11.02 – 4 (5) Sa 1095/02, ZIP 03, 861; aA LAG Köln 3.8.01 – 11 Sa 215/01, NZA-RR 02, 240; LAG Hamm 28.5.98 – 8 Sa 2257/97, NZA-RR 99, 71). Das gilt auch für eine Kündigung des Veräußerers (BAG 18.4.02 – 8 AZR 346/01, NZA 02, 1207; 24.5.05 – 8 AZR 398/04, NZA 05, 1302; 15.12.05 – 8 AZR 202/05, NZA 06, 597). Für eine isolierte Feststellungsklage gegen den Betriebsveräußerer dürfte ein Rechtsschutzbedürfnis nur im Fall des widersprechenden ArbN bestehen (vgl LAG Hamm 9.3.89, NZA 89, 823 [LS]; LAG Hamm 17.5.93, ArbuR 93, 306: grds Klärung von Ansprüchen gegen den bisherigen ArbGeb).

85 Oftmals ist aus Sicht des ArbN die **Sach- und Rechtslage** in Bezug auf einen möglichen Betriebsübergang **unklar.** In diesem Fall erscheint es sachgerecht und für den klagenden ArbN empfehlenswert, im Wege der subjektiven Klagehäufung gleichzeitig gegen Betriebsveräußerer und -erwerber vorzugehen (BAG 24.6.04 – 2 AZR 215/03, AP Nr 278 zu § 613a BGB). Zwischen beiden Beklagten besteht keine notwendige Streitgenossenschaft nach § 62 ZPO, so dass bei gemeinsamem Unterliegen ggf beide Beklagte Rechtsmittel einlegen müssen (BAG 4.3.93 – 2 AZR 507/92, NZA 94, 260). Haben Betriebsveräußerer und -erwerber verschiedene allgemeine Gerichtsstände, ist das zuständige Gericht nach § 36 Abs 3 ZPO zu bestimmen (BAG 25.4.96 – 5 AS 1/96, NZA 96, 1062). Im laufenden Prozess kann der ArbN ggf auf gerichtlichen Hinweis die Klage teilweise zurücknehmen bzw muss eine teilweise Klageabweisung wegen fehlenden Rechtsschutzinteresses in Kauf nehmen. Hat ein ArbN Betriebsveräußerer und -erwerber gesondert verklagt, so ist im Prozess gegen den Erwerber die Wirksamkeit einer vom Betriebsveräußerer ausgesprochenen Kündigung als Vorfrage zu prüfen. Eine eventuelle Rechtshängigkeit des Rechtsstreits gegen den Veräußerer ist dabei gem § 261 Abs 3 Nr 1 ZPO unerheblich. Insbesondere bestehen insoweit keine Zweifel hinsichtlich des Vorliegens eines Rechtsschutzinteresses des ArbN (BAG 14.7.94, NZA 95, 27). Schließt ein ArbN mit dem Betriebsveräußerer im Rahmen eines Kündigungsschutzprozesses einen gerichtlichen Beendigungsvergleich, so wirkt dieser hinsichtlich der Beendigung jedenfalls immer dann auch für und gegen den Betriebserwerber, wenn dieser die Vereinbarung zumindest konkludent nach § 177 BGB genehmigt (BAG 24.8.06 – 8 AZR 574/05, NZA 07, 328).

Betriebsübergang 126

Schließlich kann es sein, dass der gekündigte ArbN von dem erfolgten Betriebsübergang **86** nichts erfahren und er daher den falschen, nämlich seinen bisherigen ArbGeb verklagt hat. Hier hilft in aller Regel ein **Antrag auf nachträgliche Zulassung** nach § 5 KSchG, der allerdings alsbald nach Kenntniserlangung zu stellen ist. Nur dann, wenn bereits die absolute sechsmonatige Zulassungsfrist des § 5 Abs 3 Satz 2 KSchG verstrichen ist, bleibt es gem § 7 KSchG bei der Wirksamkeit der Kündigung (*Kreitner* FA Arbeitsrecht 98, 2 mwN).

Auch der verklagte **Arbeitgeber** kann sich zur Verteidigung auf einen Betriebsübergang **87** berufen. Er muss dann den vermeintlichen Betriebserwerber im Wege der sog **Drittwiderklage** in den Prozess einbeziehen (LAG Köln 26.3.98 – 5 Sa 1420/97, NZA-RR 98, 398).

Besonderheiten sind bei dem **Auflösungsantrag** nach § 9 KSchG zu beachten. Nach **88** erfolgtem Betriebsübergang kommt ein Auflösungsantrag gegen den Betriebsveräußerer nicht mehr in Betracht, da ein solcher Antrag ein mit dem Beklagten bestehendes Arbeitsverhältnis voraussetzt (BAG 20.3.97 – 8 AZR 769/95, NZA 97, 937). Das Gleiche gilt für den nach Rechtshängigkeit des Auflösungsantrags erfolgenden Betriebsübergang, da die Entscheidung darüber, ob die Fortsetzung des Arbeitsverhältnisses zumutbar ist nicht ohne den Erwerber getroffen werden kann (*Löwisch/Neumann* DB 96, 474). Will der ArbN dennoch sogleich die gerichtliche Auflösung des Arbeitsverhältnisses betreiben, muss er den Betriebserwerber in den Prozess einbeziehen oder dem Übergang seines Arbeitsverhältnisses widersprechen (BAG 20.3.97 – 8 AZR 769/95, NZA 97, 937). Demgegenüber kann der Betriebsveräußerer auch nach erfolgtem Betriebsübergang im laufenden Kündigungsschutzprozess bis zum Schluss der mündlichen Verhandlung in der Tatsacheninstanz noch einen Auflösungsantrag stellen. Das gilt jedenfalls dann, wenn der Auflösungszeitpunkt und die maßgeblichen Auflösungsgründe zeitlich vor dem Betriebsübergang liegen (BAG 24.5.05 – 8 AZR 246/04, NZA 05, 1178).

Bei einem **Leistungsantrag** verhindert die in § 613a Abs 2 BGB angeordnete gesamt- **89** schuldnerische Haftung des bisherigen ArbGeb für den dort genannten Zeitraum ein Eingreifen der §§ 265, 325 ZPO wegen fehlender Rechtsnachfolge (*Zeuner* FS Schwab, 1990, S 575). Etwas anderes gilt nur bei besonders betriebsbezogenen Verpflichtungen, die nur vom jeweiligen Betriebsinhaber erfüllt werden können (zB vertragsgemäße Weiterbeschäftigung; vgl LAG Düsseldorf 12.3.01 – 5 Sa 230/00, DB 01, 1732).

Zu beachten ist der nach neuerer Rspr jedenfalls beim Wegfall des Kündigungsgrundes **90** innerhalb der Kündigungsfrist bestehende **Wiedereinstellungsanspruch** des ArbN (*Krieger/Willemsen* NZA 11, 1128; *Bonanni/Niklas* DB 10, 1826; s oben Rz 71). Das gilt nicht bei einer Betriebsveräußerung in der Insolvenz, sofern der Betriebsübergang nach Ablauf der Kündigungsfrist erfolgt (BAG 13.5.04 – 8 AZR 198/03, AP Nr 264 zu § 613a BGB). Kommt es trotz wirksamer Kündigung wegen einer beabsichtigten Betriebsstilllegung innerhalb der Kündigungsfrist dennoch zu einem Betriebsübergang, ist der Wiedereinstellungs- bzw Fortsetzungsanspruch gegenüber dem Erwerber klageweise geltend zu machen (BAG 13.11.97 – 8 AZR 295/95, NZA 98, 251; 12.11.98 – 8 AZR 265/97, NZA 99, 311). Die Klage muss in entsprechender Anwendung von § 613a Abs 6 BGB innerhalb von einem Monat nach Zugang der Unterrichtung oder Kenntnis der betriebsübergangsrelevanten Tatsachen erfolgen (Näheres s oben Rz 71).

Findet der Betriebsübergang im Verlauf eines **arbeitsgerichtlichen Beschlussverfahrens** **91** statt, kommt es nach der Rspr des BAG zu einem gleichzeitigen Wechsel in der Beteiligtenstellung. Der Betriebserwerber tritt ebenso wie in die betriebsverfassungsrechtliche auch in die verfahrensrechtliche Stellung des Betriebsveräußerers ein (BAG 9.12.08 – 1 ABR 75/07, NZA 09, 254; 23.6.10 – 7 ABR 3/09, NZA 10, 1361). Gleiches gilt für den BRat des aufnehmenden Betriebes bei der Eingliederung des bisherigen Veräußererbetriebs in einen größeren Erwerberbetrieb (BAG 21.1.03 – 1 ABR 9/02, NZA 03, 1097).

Zur Frage der **Prozessverwirkung** im Fall des § 613a BGB vgl BAG 20.5.88 – 2 AZR **92** 711/87, NZA 89, 16 (11 Monate); 27.1.2000 – 8 AZR 106/99: 1 Jahr; 18.12.03 – 8 AZR 621/02, NZA 04, 791 (4 Monate); LAG Köln 17.6.03 – 13 (12) Sa 1146/02, NZA-RR 04, 38 (10 Monate); 12.5.10 – 3 Sa 1310/09, BeckRS 2010, 72976 (22 Monate); LAG Hamm 21.9.98 – 19 Sa 664/98, NZA-RR 99, 297 (3 Monate); OLG Düsseldorf 17.12.96 – 24 U 76/95, NZA-RR 98, 387 (2 Jahre); LAG RhPf 24.5.07 – 11 Sa 55/07, NZA-RR 07, 566. Nimmt ein ArbN den Betriebserwerber erst nach einem Obsiegen im zuvor gegen den Veräußerer geführten Kündigungsschutzprozess, der wegen Betriebsstilllegung gekündigt

126 Betriebsübergang

hatte, in Anspruch, begründet dies allein keinen Verwirkungsumstand (LAG Köln 11.8.08 – 5 Sa 1323/07, NZA-RR 09, 182).

93 **VI. Betriebsübergang in der Insolvenz.** Zur Rechtslage bezüglich Konkurs-, Vergleichs- und Gesamtvollstreckungsverfahren, die vor dem 1.1.99 beantragt worden sind, wird auf die 9. Auflage (Personalbuch 2002 Betriebsübergang Rz 88 ff) verwiesen. Seither gilt ausschließlich neues Insolvenzrecht. Danach ist die Fortführung eines Betriebs durch den Insolvenzverwalter selbst kein Betriebsübergang iSd § 613a BGB. Erst wenn der Insolvenzverwalter den von ihm zunächst fortgeführten Betrieb veräußert, kommt § 613a BGB zur Anwendung, soweit es um den **Übergang der Arbeitsverhältnisse** geht (LAG Sachs 29.6.01 – 2 Sa 836/00, NZA-RR 02, 265, LAG Hamm 4.6.02 – 4 Sa 81/02, NZA-RR 03, 293; *Danko/Cramer* BB 04, Special 4, 9).

94 Besonderheiten gelten im Bereich der **Haftung.** Wegen des Vorrangs des insolvenzrechtlichen Grundsatzes der gleichmäßigen Befriedigung aller Insolvenzgläubiger ist § 613a Abs 2 BGB nicht anwendbar (BAG 15.1.02 – 1 AZR 58/01, NZA 02, 1034; 20.6.02 – 8 AZR 459/01, NZA 03, 318; 19.12.06 – 9 AZR 230/05, BB 07, 1281; *Lembke* BB 07, 1333). Das gilt nicht bei mangels Masse unterbleibender Insolvenzeröffnung. Hier bleibt es bei der uneingeschränkten Anwendbarkeit des § 613a BGB (BAG 28.4.87, DB 87, 2313; 27.4.88, DB 88, 1653); anders jedoch bei der nachträglichen Einstellung des Insolvenzverfahrens gem § 207 InsO (BAG 11.2.92 – 3 AZR 117/91, NZA 93, 20 zu § 204 KO). Im Übrigen gilt die Haftungserleichterung naturgemäß nur bezogen auf Insolvenzforderungen, nicht jedoch für Masseschulden (BAG 9.12.09 – 7 ABR 90/07, NZA 10, 461). Wird bei Altersteilzeit im Blockmodell die Insolvenz noch während der Arbeitsphase eröffnet, haftet der Betriebserwerber für die Entgeltansprüche der restlichen Arbeitsphase sowie spiegelbildlich für den entsprechenden Teil der Freistellungsphase. Bei einer erst in der Freistellungsphase eröffneten Insolvenz greift demgegenüber die Haftungsbeschränkung (BAG 19.10.04 – 9 AZR 647/03, NZA 05, 408; 19.12.06 – 9 AZR 230/06, BB 07, 1281; 30.10.08 – 8 AZR 54/07, NZA 09, 432). Für **Sozialplanansprüche** kommt der insolvenzrechtliche Haftungsvorrang voll zum Tragen. Das gilt unabhängig davon, ob der Sozialplan vor oder nach der Insolvenzeröffnung abgeschlossen worden ist (BAG 15.1.02 – 1 ABR 58/01, NZA 02, 1034 noch zur KO). Anders ist das beim **Urlaubsanspruch.** Dieser geht auch in der Insolvenz auf den Erwerber über, ohne dass eine Haftungsbeschränkung eingreift (BAG 18.11.03 – 9 AZR 95/03, NZA 04, 651; 18.11.03 – 9 AZR 347/03, NZA 04, 654; LAG Hamm 15.9.04 – 18 Sa 389/04, NZA-RR 06, 65). Erwirbt ein ArbN für Zeiten nach der Insolvenzeröffnung Anwartschaften auf **betriebliche Altersversorgung,** gilt im Fall des späteren Betriebsübergangs § 613a Abs 1 Satz 1 BGB. Die Insolvenzmasse haftet dann nur für den Anspruch auf Zahlung von Betriebsrenten, die im Jahr nach dem Betriebsübergang fällig werden (BAG 19.5.05 – 3 AZR 649/03, AP Nr 283 zu § 613a BGB).

95 Auch der **Kündigungsschutz** gilt in der Insolvenz nur mit Einschränkungen. Zwar gilt § 613a Abs 4 BGB auch in der Insolvenz (BAG 20.3.03 – 8 AZR 97/02, NZA 03, 1027) aber der Insolvenzverwalter kann nach der Rspr des BAG eine Kündigung einschränkungslos mit dem Sanierungskonzept des Erwerbers begründen (BAG 20.9.06 – 6 AZR 249/05, NZA 07, 387; Näheres s oben Rz 76). Außerdem sind die Besonderheiten der InsO zu beachten. Hinzuweisen ist insoweit insbesondere auf die Vorschrift des **§ 128 Abs 1 InsO,** die die Stellung des Betriebserwerbers verbessern und auf diese Weise Betriebs- und Betriebsteilveräußerungen erleichtern soll. So ermöglicht § 128 Abs 1 InsO dem Insolvenzverwalter bereits vor dem Betriebsübergang den Ausspruch von Kündigungen, die erst durch eine vom späteren Betriebserwerber durchgeführte Betriebsänderung bedingt sind. An einem Verfahren nach § 126 InsO ist der Erwerber gem § 128 Abs 1 Satz 2 InsO beteiligt.

96 Darüber hinaus erstreckt **§ 128 Abs 2 InsO** die Vermutungswirkung des § 125 Abs 1 Satz 1 Nr 1 InsO auch darauf, dass die vom Insolvenzverwalter ausgesprochene Kündigung nicht wegen des Betriebsübergangs iSv § 613a Abs 4 BGB erfolgt ist. Der ArbN muss also den vollen Gegenbeweis führen (LAG Düsseldorf 23.1.03 – 11 (12) Sa 1057/02, LAGE § 125 InsO Nr 3). Das Gleiche gilt für die gerichtliche Feststellung nach § 126 Abs 1 Satz 1 InsO. Der Insolvenzverwalter kann das Feststellungsverfahren auch noch nach Ausspruch der Kündigungen einleiten (BAG 29.6.2000 – 8 ABR 44/99, NZA 2000, 1180).

Insolvenzrechtliche Besonderheiten sind auch beim **Wiedereinstellungsanspruch** ge- 97
kündigter ArbN (s oben Rz 71) zu beachten. Im Insolvenzfall scheidet ein solcher Anspruch
bei einem Betriebsübergang nach Ablauf der Kündigungsfrist generell aus (BAG 13.5.04 –
8 AZR 198/03, AP Nr 264 zu § 613a BGB). Ob das vom BAG zur Begründung in den
Vordergrund gestellte Interesse an einer beschleunigten und rechtssicheren Abwicklung von
Beendigungsstreitigkeiten in der Insolvenz auch bei einem noch während der laufenden
Kündigungsfrist erfolgenden Betriebsübergang greift, erscheint fraglich (offen gelassen von
BAG 28.10.04 – 8 AZR 199/04, NZA 05, 405). Das LAG Köln hat einen solchen Anspruch
zuletzt verneint (LAG Köln 13.10.04 – 7 (5) Sa 273/04, LAGE § 1 KSchG Wiederein-
stellungsanspruch Nr 6).

Außerhalb des Arbeitsrechts sind gem §§ 162 f InsO bei Betriebsveräußerungen an beson- 98
dere, am Insolvenzverfahren beteiligte Personen oder bei solchen, die unter Wert erfolgen
sollen, zusätzliche Anforderungen zu beachten. Zu weitgehend ist die Auffassung von *Hanau*
(ZIP 98, 1817), der aus diesen Kündigungserleichterungen auf einen Wegfall des vom BAG
mittlerweile anerkannten Wiedereinstellungsanspruchs (s oben Rz 71) schließt.

VII. Allgemeine betriebsverfassungsrechtliche Auswirkungen des Betriebsüber- 99
gangs. Der bisherige Betriebsinhaber ist verpflichtet, gem §§ 2 Abs 1, 74 Abs 1 sowie ggf
§ 92 Abs 1 BetrVG den **Betriebsrat** hinsichtlich des bevorstehenden Betriebsübergangs zu
informieren. Gleiches gilt für den Betriebserwerber. Besteht im Unternehmen des Betriebsveräußerers ein **Wirtschaftsausschuss**, so ist auch dieser rechtzeitig und umfassend
gem § 106 Abs 2 BetrVG zu **informieren**.

Mitbestimmungsrechte des Betriebsrats nach §§ 111, 112 BetrVG werden durch 100
einen Betriebsübergang allein nicht ausgelöst (aA *Gaul* BB 99, 582). Etwas anderes gilt nur
dann, wenn mit dem Wechsel des Betriebsinhabers weitere organisatorische Maßnahmen
verbunden sind, die dann für sich betrachtet einen der Tatbestände des § 111 BetrVG erfüllen
(BAG 19.1.99 – 1 AZR 342/98, NZA 99, 949; 25.1.2000 – 1 ABR 1/99, NZA 2000, 1069;
26.4.07 – 8 AZR 695/05, DB 07, 2379; *Kleinebrink/Commandeur* NZA 07, 113; *Moll*
RdA 03, 129; Näheres s *Betriebsänderung* Rz 12). Auch aus Art 7 Abs 1 der EG-Richtlinie 2001/23/EG resultiert kein Informationsrecht des BRats, da insoweit die „überobligationsmäßige" individualrechtliche Umsetzung der Richtlinie durch § 613a Abs 5 BGB
genügt (*Hanau/Steinmeyer/Wank* § 18 Rz 16 f; aA *Düwell* FA Arbeitsrecht 02, 172).

Die Befreiung von der Sozialplanpflicht gem **§ 112a BetrVG** gilt auch, wenn ein neu 101
gegründetes Unternehmen innerhalb der vierjährigen Frist einen Betrieb übernimmt, der
selbst schon länger als vier Jahre besteht (BAG 13.6.89, DB 89, 2335).

VIII. Neue Bundesländer. Gem Art 232 § 5 EGBGB galt § 613a BGB in den neuen 102
Bundesländern befristet bis zum 31.12.98 in modifizierter Form (wegen hieraus resultierender Besonderheiten s Personalbuch 2004 Betriebsübergang Rz 97 ff).

B. Lohnsteuerrecht *Windsheimer*

Bei einem Betriebsübergang ist grds davon auszugehen, dass das bisherige **Arbeitsver-** 103
hältnis mit dem **neuen ArbGeb fortgesetzt** wird (BFH 8.7.05 – XI B 32/03, BFH/NV
05, 1859). Das gilt auch und insbesondere, wenn trotz formalen Wechsels des ArbGeb das
Arbeitsverhältnis im Übrigen in Bezug auf Arbeitsbereich, Entlohnung und Wahrung des
sozialen Besitzstandes im Wesentlichen unverändert fortgesetzt wird (BFH 13.12.05 – XI R
8/05, BFH/NV 06, 1071). Anders ist dies nur in den Fällen des management-buy-out oder
des Wechsels eines leitenden Angestellten in den Geschäftsbetrieb einer neu gegründeten
GmbH des bisherigen ArbGeb (BFH 2.4.08 – IX R 82/07, BFH/NV 08, 1325). Für das
fortgesetzte Arbeitsverhältnis fällt der Wechsel der ArbGebStellung, der für die lohnsteuerlichen ArbGebPflichten entscheidend ist, auf den Zeitpunkt des Betriebsübergangs („Besitz,
Nutzen, Lasten gehen über am ..."). **Der Zeitpunkt der Anzeige** des Betriebsübergangs
gegenüber Behörden (vgl §§ 137, 138 AO) ist demgegenüber unbeachtlich. Auch bei
Verpachtung des Betriebs kann ein Betriebsübergang mit dem Wechsel der ArbGebStellung
vom Verpächter auf den Pächter vorliegen, ebenso bei Betriebsüberlassungs- und Betriebs-
führungsverträgen (vgl BFH 6.5.86 – VIII R 300/82, BStBl II 86, 891). Der Verpächter kann
zum ArbN des Pächters werden und der Veräußerer zum ArbN des Erwerbers (BFH 17.7.08
– X R 40/07, DStR 08, 2254). Zur Betriebsaufspaltung s *Umwandlung* Rz 27. Entscheidend

126 Betriebsübergang

ist, ob der Betriebsübergeber oder der Betriebsübernehmer als ArbGeb anzusehen ist (s *Arbeitgeber* Rz 19 ff). Hiernach entscheiden sich auch die **Outsourcing**-Fälle (s hierzu oben Rz 18). Bei Widerspruch des ArbN gegen den Übergang seines Arbeitsverhältnisses (s oben Rz 35 ff) bleibt der Betriebsübergeber ArbGeb mit den lohnsteuerlichen Pflichten, bis die Stellung des ArbN geklärt ist. Zu Abfindungszahlungen anlässlich Betriebsübergang s *Abfindung* Rz 41. Auch die Übernahme von Personal und Geschäftsausstattung auf Grund „bewährter Geschäftsbeziehung" ist als Betriebsübergang zu behandeln (BFH 30.1.08 – IX B 245/07, BFH/NV 08, 944).

104 **Zahlungen** des Betriebsübernehmers für die Übernahme bestimmter ArbN, an denen er besonders interessiert ist, können Aufwendungen zur Anschaffung eines immateriellen Vermögensgegenstandes iSd § 266 Abs 2 Buchst A I 1 HGB sein (BFH 26.8.92 – I R 24/91, BStBl II 92, 977). Ausgleichszahlungen, die ein ArbN für den Wechsel seines Arbeitsplatzes anlässlich des Betriebsübergangs erhält, sind nicht als Entschädigung ermäßigt zu besteuern (BFH 10.10.01 – XI R 54/00, BStBl II 02, 181). Es kommt allenfalls eine Verteilung der Einkünfte nach § 34 Abs 3 EStG in Betracht (BFH 10.10.01 – XI R 54/00, BStBl II 02, 181). Die Vervielfältigungsregelung des § 40b Abs 2 Satz 3 EStG (s *Lohnsteuerpauschlierung* Rz 53) ist anzuwenden (BFH 30.10.08 – VI R 53/05, DStRE 09, 193). Aufwendungen eines ArbN zur Erhaltung seines Arbeitsplatzes beim Betriebsübernehmer können Werbungskosten sein (BFH 2.3.05 – VI R 36/01, DStRE 05, 1440). Zu Zahlungen anlässlich des Übergangs eines Betriebsteils s *Betriebsteil* Rz 10.

105 Vorgänge **nach dem Betriebsübergang** betreffen den Betriebsübergeber lohnsteuerlich nicht mehr, außer die ArbGebStellung des Betriebsübergebers bleibt (partiell) bestehen. Dies hängt von den Vereinbarungen anlässlich des Betriebsübergabevertrags ab.

Beispiele: Zur Übertragung von Versorgungszusagen s *Betriebliche Altersversorgung* Rz 191 ff. Zur Altersversorgung der zum Zeitpunkt des Betriebsübergangs bereits ausgeschiedenen ArbN s BFH 29.7.92 – I R 28/92, BStBl II 93, 247; zu übernommenen ArbN BFH 16.12.02 – VIII R 14/01, BStBl II 03, 347; zum Betriebsübergang zwischen Familienangehörigen BFH 11.9.91 – XI R 32,33/89, BFH/NV 92, 168; einschließlich Rentenverpflichtung BFH 16.12.92 – XI R 34/92, DB 93, 1267; hierzu *Fischer* DB 93, 1002; s auch BFH 29.7.92 – I R 18/91, BStBl II 93, 139. Haftung für LSt bei Scheitern der Verkaufsverhandlungen s FG Hbg 18.5.99 – V 174/98, EFG 99, 1003; eine Tantieme nach Betriebsübergang auf eine GmbH an eine dem Gesellschafter nahe stehende Person soll keine verdeckte Gewinnausschüttung sein, wenn ohne Tantieme der Übergang des Arbeitsverhältnisses nicht hätte vorgenommen werden können (FG Hbg 14.3.2000 – II 193/99, EFG 2000, 890). Zahlungen eines Betriebsübernehmers in eine Zusatzversorgungskasse zum Ersatz von Versorgungsansprüchen der ArbN, die durch den ArbGebWechsel entfallen sind, stellen keinen (erneuten) Arbeitslohn dar (FG Köln 17.1.01 – 11 K 793/98, EFG 01, 635; s auch *Betriebliche Altersversorgung* Rz 122).

106 Bei Betriebsübergang von einem Einzelunternehmen auf eine GmbH bleibt eine vom Einzelunternehmer erteilte **Pensionszusage** steuerlich wirksam, wenn die Pension bei der GmbH noch erdient werden kann (*Betriebliche Altersversorgung* Rz 169). Gleiches gilt bei einer Umwandlung von einer KG in eine GmbH (BFH 9.4.97 – I R 124/95, BStBl II 97, 799). Diese Rspr gilt für ArbGebWechsel nach dem 31.12.97 (BMF 22.12.97 – IV B 2 – S 2176 – 120/97, BStBl I 97, 1020). Auch wenn kein Betriebsübergang im Ganzen vorliegt, sondern nur ein Teil des Betriebs fortgeführt wird, sind in den Erdienenszeitraum Vordienstzeiten des Pensionsberechtigten mit einzubeziehen (FG München 25.8.04 – 7 K 4780/02, EFG 04, 1863). Zur Pensionszusage anlässlich Betriebsaufspaltung s *Betriebliche Altersversorgung* Rz 171.

107 Ab dem Zeitpunkt des Betriebsübergangs gehen die **ArbGebPflichten auf den Betriebsübernehmer** über.

Beispiel: Bei Betriebsübergang zum 1. 1. muss der Betriebsübernehmer die LStAnmeldung zum 10. 1. betreffend LSt Dezember vornehmen und die LStBescheinigungen des abgelaufenen Jahres übermitteln.

108 Der **Betriebsübernehmer haftet** darüber hinaus für LSt begründende Vorgänge aus der Zeit **vor dem Betriebsübergang** nach § 75 AO einschließlich KirchenLSt (BFH 17.3.08 – V B 173/06, BFH/NV 08, 1108). Die Haftung setzt die Übertragung der wesentlichen Betriebsgrundlagen voraus (BFH 18.7.08 – VII B 184/07, BFH/NV 08, 1805). Der Erwerber haftet hierbei subsidiär gegenüber dem Betriebsübergeber (§ 219 AO; strittig, s *Schmidt/Krüger* § 42d Rz 37). Die Haftung gegenüber dem FA ist nicht abdingbar. Vereinbarungen wirken nur zwischen Betriebsübergeber und Betriebsübernehmer zB durch Schadensersatz, Haftungsfreistellung uÄ (Einzelheiten s *Lohnsteuerhaftung* Rz 43). Zum Verfahren bei Haftung wegen Betriebsübergangs s *Lohnsteuerhaftung* Rz 47 ff. Keine Haftung besteht bei einem Erwerb aus einer Insolvenzmasse und für Erwerbe im Vollstreckungsverfahren (§ 75 Abs 2 AO) sowie bei einem Erwerb vom Sequester, wenn sich die Eröffnung des Insolvenzverfahrens unmittelbar anschließt (BFH 23.7.98 – VII R 143/97, BStBl II 98, 765; *Insolvenz des Arbeitgebers* Rz 32).

Eine Haftung des Betriebsübernehmers für die LSt des Betriebsübergebers kann sich auch aus § 25 HGB ergeben. Hierzu muss der Erwerber das Handelsgeschäft unter der bisherigen Firma fortführen. Unbeachtlich ist es, wenn der ursprünglichen Firma eine Nachfolgezusatz angefügt wird oder wenn der Name nur unwesentlich verändert wird. Der Betriebsübernehmer haftet persönlich mit seinem ganzen Vermögen. Die Haftung kann jedoch wirksam ausgeschlossen werden (§ 25 Abs 2 HGB), wenn der Ausschluss in das Handelsregister eingetragen ist oder wenn der Ausschluss der Haftung unverzüglich nach der Betriebsübernahme dem FA mitgeteilt wird. 109

C. Sozialversicherungsrecht   *Schlegel*

1. Haftung für sozialrechtliche Forderungen. a) § 613a BGB. Aus § 613a BGB 112 können keine Ansprüche der SozVTräger gegen den Übernehmer eines Betriebes hergeleitet werden, sofern die Ansprüche bereits vor Betriebsübergang begründet wurden. § 613a BGB regelt nur die Rechte und Pflichten im Verhältnis zwischen altem/neuem ArbGeb und ArbN. Die Vorschrift erfasst jedoch nicht sämtliche, nur mittelbar auf dem Arbeitsverhältnis beruhende öffentlich-rechtliche Ansprüche Dritter. Insbesondere können SozVBeiträge vom „alten" ArbGeb nur für die Zeit bis zum Betriebsübergang verlangt werden. Da er nach Betriebsübergang zur Einbehaltung der ArbNAnteile im Lohnabzugsverfahren nicht mehr berechtigt, hierzu vielmehr nur noch der „neue" ArbGeb in der Lage ist, sollte insoweit im Rahmen der Übergabevereinbarungen entweder ein Freistellungsanspruch des alten ArbGeb oder eine Schuldübernahme durch den neuen ArbGeb gegenüber der Einzugsstelle vereinbart werden.

b) Sonderfall: Zeiten der Betriebszugehörigkeit als Anknüpfungspunkt sozial- 113 **rechtlicher Folgen.** Sofern sozialrechtliche Folgen von der Betriebszugehörigkeit abhängen, vertritt das BSG die Ansicht, dass der Betriebsübernehmer nicht nur in die Vertragsstellung des Arbeitsvertrages eintritt, sondern in alle in der Vergangenheit erworbenen Rechte und Pflichten aus dem Arbeitsverhältnis; insbesondere muss der Übernehmer die beim bisherigen Betriebsinhaber zurückgelegte Betriebszugehörigkeit (auch gegenüber den Trägern der SozV) gegen sich gelten lassen. Die aus der Dauer der Betriebszugehörigkeit erwachsende Fürsorgepflicht als Nebenpflicht des ArbGeb im Arbeitsverhältnis ist vom Übergang nicht ausgenommen (vgl BSG 18.9.97 – 11 RAr 55/96, SozR 3–4100 § 128 Nr 3).

c) Sperrzeit – Widerspruch des Arbeitnehmers. Widerspricht ein ArbN bei einem 114 Betriebsübergang dem Übergang seines Arbeitsverhältnisses schriftlich ohne Angabe von Gründen mit der Folge, dass das Arbeitsverhältnis mit der bisherigen Arbeitgeberin bestehen bleibt (zum Begriff des ArbGeb nach Widerspruch gegen einen Betriebsübergang vgl BSG 23.2.11 – B 11 AL 14/10 R, SozR 4–4170 § 3 Nr 3), und wird das Arbeitsverhältnis anschließend gegen Zahlung einer Abfindung durch Aufhebungsvertrag unter Einhaltung der ordentlichen Kündigungsfrist beendet, gilt hinsichtlich des Eintritts einer Sperrzeit Folgendes: Der Widerspruch eines ArbN bei Betriebsübergang als solcher stellt keinen sperrzeitrelevanten Sachverhalt dar. Allerdings besteht ein wichtiger Grund zur Lösung des Beschäftigungsverhältnisses durch Aufhebungsvertrag nur, wenn dem ArbN anderenfalls objektiv rechtmäßig zum selben Zeitpunkt gekündigt worden und ihm die Hinnahme der Kündigung nicht zumutbar gewesen wäre (BSG 8.7.09 – B 11 AL 17/08 R).

2. Besonderheiten in der Unfallversicherung bestehen nach Maßgabe des § 150 115 Abs 4 SGB VII iVm § 192 Abs 4 SGB VII. Nach § 192 Abs 4 SGB VII sind der Unternehmer und sein Nachfolger verpflichtet, dem UVTräger den Unternehmenswechsel innerhalb von vier Wochen anzuzeigen. Der Unternehmensbegriff in diesem Sinne umfasst auch denjenigen des arbeitsrechtlichen Betriebsbegriffs (zum Unternehmensbegriff s BSG 25.2.76 – 8 RU 86/75, SozR 2200 § 536 Nr 2; 9.8.73 – 2 RU 5/72, SozR Nr 1 zu § 653 RVO).

127 Betriebsurlaub

116 Kommt der bisherige Unternehmer oder ein hinzutretender neuer Unternehmer dieser **Anzeigepflicht** nicht nach, ist er dennoch zur Zahlung der Beiträge bis zum Ablauf des Geschäftsjahres, in dem der Wechsel angezeigt wird, neben seinem Nachfolger als Gesamtschuldner verpflichtet (§ 150 Abs 4 SGB VII). Erfasst werden wegen des Umlageverfahrens die Beiträge für das gesamte Geschäftsjahr/Kj. Wird die Anzeige im Kj des Unternehmenswechsels versäumt, haftet der ausgeschiedene Unternehmer auch noch für die Betragsforderung des folgenden Kj, wenn erst in dem folgenden Kj die Anzeige nach § 192 Abs 4 SGB VII erfolgt.

117 Hat der UVTräger allerdings anderweitig als durch Anzeige nach § 192 Abs 4 SGB VII von einem Wechsel in der Person des Unternehmers Kenntnis erlangt, wird er sich, falls die förmliche Anzeige unterbleibt, nicht über den Ablauf des Kj des Unternehmenswechsels hinaus auf die Haftung nach § 150 Abs 4 SGB VII berufen können; § 150 Abs 4 SGB VII stellt nämlich keinen Rechtsscheinstatbestand – wie etwa § 15 HGB – dar.

Betriebsurlaub

A. Arbeitsrecht *Poeche*

1 **1. Begriff.** Betriebsurlaub (oft auch Werksferien genannt) ist gegeben, wenn der Betrieb ganz oder teilweise vorübergehend geschlossen wird und der ArbGeb den ArbN in dieser Zeit einheitlich Erholungsurlaub gewährt. In der Praxis bleiben bei größeren Betrieben zumindest Teile der Verwaltung (zB Personalbereich), sowie Not- und Wartungsdienste in Funktion. Zeitlich aufeinander abgestimmte Arbeitsabläufe können zu einer arbeitsplatz- oder abteilungsbezogenen Staffelung des Betriebsurlaubs führen. Betriebsurlaub wird vom ArbN oft negativ beurteilt, weil er ihn ggf zum Urlaub während der (teuren) Hochsaison zwingt. Für den ArbGeb bietet er sich dagegen an, wenn sich die uneingeschränkte Fortführung des Betriebs zB wegen der Abhängigkeit von Kunden oder Lieferanten wirtschaftlich nicht rechnet. Anordnung, Dauer und zeitliche Lage des Betriebsurlaubs müssen diesem Interessenkonflikt Rechnung tragen. Die zwingenden Vorschriften des Urlaubsrechts (§ 7 Abs 1 BUrlG) bleiben beachtlich (Näheres *Urlaubsgewährung*). Zu gewährleisten ist, dass dem ArbN noch ausreichend **Urlaubstage zur freien Verfügung** verbleiben. Ggf bietet sich an, den Betriebsurlaub bereits im **Arbeitsvertrag** anzusprechen. In Formularverträgen ist allerdings § 307 BGB zu beachten. So verstößt etwa die Regelung, der ArbN habe während der Ferien unbezahlten Urlaub zu nehmen, gegen diese Vorschrift (vgl LAG MeVo 28.6.05 – 5 Sa 376/04, BeckRS 2005, 30804552). Die rechtlichen Möglichkeiten des ArbGeb zur Einführung von Betriebsurlaub hängen maßgeblich davon ab, ob ein BRat gebildet ist.

2 **2. Betriebsratloser Betrieb.** Der ArbGeb kann Betriebsferien einseitig anordnen. Unter welchen Voraussetzungen er dies darf, ist streitig. Nach § 7 Abs 1 BUrlG hat der ArbGeb bei der Festlegung von Urlaub die Wünsche des ArbN zu berücksichtigen. Einen konkret geäußerten Urlaubswunsch kann er nur aus dringenden betrieblichen Gründen ablehnen (Näheres *Urlaubsgewährung* Rz 7). Das gilt auch für die Anordnung von Betriebsferien, die sich dann als einheitliche Urlaubserteilung an alle ArbN darstellt. Dem ArbGeb steht **kein Weisungsrecht** zu. Er kann einseitig Betriebsferien nur beim Vorliegen **dringender betrieblicher Gründe** einführen (aA LAG Düsseldorf 20.6.02 – 11 Sa 378/02, BB 03, 156; HWK/*Lembke* GewO § 106 Rz 40; wie hier zweifelnd auch ErfK/*Gallner* BUrlG § 7 Rz 18). In Betracht kommen notwendig abgestimmte Anwesenheitszeiten von ArbGeb und ArbN (Arztpraxis, Handwerk), Werksferien bei Zulieferer oder Kunden; Kundenfrequenz während der Haupturlaubszeiten (Einzelhandel). Die Tatsachen, aus denen sich solche Gründe ergeben sollen, sind vom ArbGeb darzulegen und im Rechtsstreit voll überprüfbar.

3 **3. Betrieb mit Betriebsrat.** Einführung, zeitliche Lage und Dauer von Betriebsurlaub sowie die Frage, ob der Urlaub in den Betriebsferien zu nehmen ist, unterliegen der zwingenden Mitbestimmung des BRat (§ 87 Abs 1 Nr 5 BetrVG; „Aufstellen von allgemeinen Urlaubsgrundsätzen", BAG 28.7.81 – 1 ABR 79/79, NJW 82, 959). Die Zuständigkeit des **Gesamtbetriebsrats** kommt in Betracht, wenn die betriebsübergreifend gestalteten Arbeitsabläufe eine unternehmenseinheitliche Urlaubsregelung erfordern (§ 50

Betriebsurlaub 127

Abs 1 BetrVG). Richtigerweise steht dem BRat bei der Einführung von Betriebsurlaub kein Initiativrecht zu (dazu *Mitbestimmung, soziale Angelegenheiten* Rz 16). Der ArbGeb kann gegen seinen Willen nicht zur (vorübergehenden) Betriebsschließung gezwungen werden (aA *Fitting* § 87 Rz 198; wie hier: Richardi § 87 Rn 454). Der BRat kann die Einführung allenfalls verhindern und ein Initiativrecht hinsichtlich Lage und Dauer geltend machen (s auch LAG NdS 26.2.85 – 6 TaBV 2/84, BeckRS 1985, 30712917). Der ArbGeb umgeht das Mitbestimmungsrecht des BRat, wenn er alle ArbN veranlasst, für einen bestimmten Zeitraum individuelle Urlaubsanträge einzureichen (so der Sachverhalt bei LAG RhPf 6.7.11 – 7 TaBV 50/10, BeckRS 2011, 75334).

Die **Festlegung** erfolgt (ggfs über die Einigungsstelle) durch **Betriebsvereinbarung**. Dauer und Lage des Urlaubs des Einzelnen sind mit ihr verbindlich festgelegt. Im Streitfall wird nicht geprüft, ob der ArbGeb einen Urlaubswunsch des ArbN wegen eines mitbestimmt eingeführten Urlaubs zu Recht aus dringenden betrieblichen Gründen abgelehnt hat. Die Betriebsvereinbarung als solche begründet die entgegenstehenden dringenden betrieblichen Interessen (BAG 28.7.81 – 1 ABR 79/79, NJW 82, 959). Das BAG hat in dieser Entscheidung nicht beanstandet, wenn die Betriebsvereinbarung **drei Fünftel des Jahresurlaubs** umfasst und der Betriebsurlaub bereits für die folgenden vier Jahre (während der Sommerferien) verbindlich festgelegt wird. 4

4. Vergütung. Deckt der Urlaubsanspruch des ArbN die Dauer des Betriebsurlaubs, bestehen keine Besonderheiten. Der ArbN hat Anspruch auf *Urlaubsentgelt*. Erkrankt er arbeitsunfähig, greift § 9 BUrlG ein. Der ArbGeb schuldet *Entgeltfortzahlung*. Krankheitsbedingt nicht realisierter Urlaub ist nachzugewähren (LAG Nds 21.11.08 – 10 Sa 289/08, BeckRS 2009, 52336). Hat der (arbeitsbereite) ArbN keinen (Rest-)Urlaub, den er einbringen könnte, behält er wegen seines Anspruchs auf Beschäftigung grds seinen Entgeltanspruch aus *Annahmeverzug* (BAG 2.10.74 – 5 AZR 507/73, DB 75, 157). Hiervon kann einvernehmlich nur nach Abwägung der beiderseitigen Interessen abgewichen werden (BAG 30.6.76 – 5 AZR 246/75, DB 76, 2167). Gewährt der ArbGeb dem **nicht urlaubsberechtigten** ArbN während des Betriebsurlaubs Urlaub, kann er das hierfür gezahlte **Urlaubsentgelt** nicht zurückverlangen, wenn der ArbN vorzeitig, also vor Erwerb eines entsprechenden Urlaubsanspruchs ausscheidet (LAG Nds 20.8.80 – 5 Sa 38/80, DB 80, 2395). 5

5. Betriebsurlaub und personelle Mitbestimmung. Der BRat kann seine Beteiligungsrechte nur wahrnehmen, wenn er auch funktionsfähig ist. Daran fehlt es, wenn wegen des Betriebsurlaubs alle BRatMitglieder urlaubsabwesend und nicht erreichbar sind. Für personelle Maßnahmen ist in dieser Zeit nach dem Grundsatz der vertrauensvollen Zusammenarbeit kein Raum (§ 2 Abs 1 BetrVG). Der ArbGeb, der die Funktionsunfähigkeit des BRat mitzuvertreten hat, muss das Urlaubsende abwarten. Das gilt grds auch für die Anhörung des BRat nach § 102 Abs 1 BetrVG. Bei zwingenden und unvorhersehbaren Gründen hat der ArbGeb allerdings die Möglichkeit, ohne Mitwirkung des BRat zu kündigen, zB wenn andernfalls der Ablauf der zweiwöchigen Ausschlussfrist zum Ausspruch einer außerordentlichen Kündigung versäumt wird (KR/*Etzel* § 102 Rz 24d; aA *Fitting* § 102 Rz 7 und 68: Anhörungsfristen und Ausschlussfrist des § 626 Abs 2 BGB laufen nicht). Im Anwendungsbereich des § 99 BetrVG besteht das Mitbestimmungsrecht uneingeschränkt fort. Denn der ArbGeb kann die personelle Maßnahme nach § 100 Abs 1 und 2 BetrVG zunächst ohne Zustimmung des BRat vorläufig durchführen (BAG 19.1.10 – 1 ABR 55/08, NZA 10, 659; Näheres *Mitbestimmung, personelle* Rz 12). 6

B. Lohnsteuerrecht
Seidel

Lohnsteuerrechtlich ergeben sich aus der Anordnung oder Vereinbarung von Betriebsurlaub keine Besonderheiten. Vgl auch *Freistellung von der Arbeit* Rz 33 sowie *Urlaubsentgelt* Rz 19 und *Urlaubsgeld* Rz 6, 7. 7

C. Sozialversicherungsrecht
Ruppelt

1. Beitrags- und versicherungsrechtlich besteht während des Betriebsurlaubs mit Anspruch auf Urlaubsentgelt das SozVVerhältnis fort, da die Verfügungsgewalt des ArbGeb hinsichtlich Art, Zeit und Ort der zu leistenden Arbeit durch den Betriebsurlaub nicht 8

128 Betriebsveranstaltung

unterbrochen wird. Gleiches gilt für den individuell vereinbarten Erholungsurlaub unter Fortzahlung der Vergütung, so dass insoweit für den Betriebsurlaub keine Besonderheiten gegeben sind. Ein ArbN ist während eines Betriebsurlaubs auch dann nicht arbeitslos, wenn er mangels eines Urlaubsanspruchs in jener Zeit ohne Entgelt nicht beschäftigt wird (LSG Bay 30.1.91 – L 8 AL 168/88 – SGb 91, 486). Das für die Dauer des Urlaubs zu zahlende Urlaubsentgelt ist **laufendes Arbeitsentgelt** und wird mit dem für die Zeit vor und nach dem Urlaub im Abrechnungszeitraum erarbeiteten Entgelt bis zur Beitragsbemessungsgrenze (s *Beitragsbemessungsgrenzen* Rz 5 ff) berücksichtigt.

9   **2. Versicherungsschutz der gesetzlichen Unfallversicherung** besteht während des Betriebsurlaubs nach den allgemeinen Vorschriften, dh grds nur dann, wenn sich ein Arbeitsunfall ereignet. Dies ist bei einem Unfall während des (Betriebs-)Urlaubs regelmäßig nicht der Fall, da dabei der **eigenwirtschaftliche Erholungszweck** im Vordergrund steht. Das gilt auch in den Fällen, in denen der Betrieb für die Unterbringung seiner Belegschaftsangehörigen im Urlaub eigene Heime zur Verfügung stellt oder vertragliche Abmachungen mit Beherbergungsunternehmen trifft, um den Betriebsangehörigen einen verbilligten Urlaub zu ermöglichen.

Betriebsveranstaltung

A. Arbeitsrecht
Kreitner

1   Der Begriff der Betriebsveranstaltung hat im Arbeitsrecht keine eigenständige Bedeutung. Erfasst werden sämtliche Gemeinschaftsveranstaltungen der ArbN, die in unmittelbarem oder mittelbarem Zusammenhang mit betrieblichen Interessen stehen. Dies sind insbesondere Betriebsversammlungen (s *Betriebsversammlung* Rz 1 ff) einerseits und jegliche Arten von Betriebsfeiern andererseits. Wegen der im Zusammenhang mit Betriebsfeiern entstehenden arbeitsrechtlichen Probleme wird auf die Ausführungen zu dem Stichwort *Betriebsausflug* verwiesen.

B. Lohnsteuerrecht
Thomas

2   **1. Arbeitslohn.** Steuerpflicht liegt vor, wenn aus Anlass einer Betriebsveranstaltung Zuwendungen erfolgen, deren Charakter oder Höhe den Schluss rechtfertigen, dass es sich um Vorteile handelt, die „für" eine Beschäftigung (§ 19 Abs 1 Nr 1 EStG) gewährt werden.

3   **a) Freigrenzenregelung.** Mit einer solchen wird in typisierender Auslegung (s *Pauschbeträge* Rz 9) angenommen, dass Vorteile bis zur Höhe der Freigrenze keinen Arbeitslohn darstellen, weil sie nicht einzelnen ArbN als Entlohnung, sondern der Belegschaft als ganzer gewährt werden, und wegen der Bindung an die Veranstaltung – der Einzelne kann sich Zeitpunkt, Ort, Modalität und Art des Vorteils nicht aussuchen – nur dem damit verfolgten Zweck der Pflege des Betriebsklimas dienen (BFH 25.5.92 – VI R 85/90, BStBl II 92, 655 = DStR 92, 1092). Bei höheren Beträgen wird insgesamt Entlohnungsabsicht unterstellt. Die Verwaltung nimmt eine Freigrenze von **110 €** brutto an (R 19.5 Abs 4 Satz 2 LStR), die nicht jährlich fortzuschreiben ist (BFH 16.11.05 – VI R 151/00, BStBl II 06, 442 = DStR 06, 29; BFH 31.3.10 – V B 112/09, BFH/NV 10, 1313). Sie ist auch nicht wegen des besonderen Anlasses der Betriebsveranstaltung (Firmenjubiläum) oder wegen der Größe oder der Bedeutung der Firmengruppe anzupassen (FG Düsseldorf 7.10.10 – 16 K 1295/09 L, DStRE 12, 211 Rev VI R 96/10). Nunmehr läßt der BFH ausdrücklich offen, ob eine richterliche Typisierungsbefugnis besteht. Ungeachtet dessen lehnt er eine rückwirkende Anpassung der Freigrenze (für das Streitjahr 2007) ab, mahnt aber ein baldiges Tätigwerden der Verwaltung an (BFH 12.12.12 – VI R 79/10, DStR 13, 397 mit Anm *Bergkemper* FR 13, 522; *Messner* AktStR 13, 251; *Plenker* DB Heft 14/2013, M 12; *Scheider* BFH/PR 13, 144). Das ist insofern widersprüchlich, als ohne richterliche Überprüfungsbefugnis kein Raum für Ratschläge bleibt.

4   **b) Einzubeziehende Kosten.** Bisher wurden alle Aufwendungen des ArbGeb einbezogen, die aus Anlass der Betriebsveranstaltung anfallen, also nicht nur übernommene Verzehr- und Beförderungskosten, sondern auch solche für den äußeren Rahmen, wie Saalmiete,

Musikkapelle, Ausschmückungen sowie für künstlerische oder artistische Darbietungen, wenn die Darbietungen nicht der wesentliche Zweck der Betriebsveranstaltung sind. Nunmehr werden nur noch Leistungen erfasst, die in „unmittelbarem" Zusammenhang mit der Betriebsveranstaltung stehen. Dazu gehören nicht die Kosten eines Eventmanagers und – jedenfalls grundsätzlich – nicht Mietkosten (BFH 16.5.13 – VI R 94/10, DStR 13, 2170 mit Anm *Bergkemper* FR 13, 1096; *Albert* FR 13, 1071). Ebenfalls nicht eingezogen werden solche Zuwendungen, die – wie Taxikosten – individualisierbar und deshalb einzelnen ArbN zuordenbar sind (BFH VI R 79/10, DStR 13, 397 mit Anm *Bergkemper* FR 13, 522). Werden dann noch die Kosten für Alkoholica bei Abstinenten oder für Fleisch uÄ bei Vegetariern (jeweils nach Beweisantritt) herausgerechnet, wird das Ergebnis sehr gerecht aber wenig praktikabel sein. Zu Zuwendungen ohne funktionalen Bezug zur Betriebsveranstaltung s Rz 14. Wird eine Betriebsveranstaltung und eine sonstige betrieblich veranlasste Veranstaltung kombiniert, sind die jeweils angefallenen Kosten gesondert zu würdigen (BFH 30.4.09 – VI R 55/07, BStBl II 09, 726 = DStR 09, 1358; *Franz/Jooß* DStR 09, 1944). Für die Einhaltung der Freigrenze von 110 € bzw die Pauschalierungsbefugnis (Rz 14) sind nur die auf die Betriebsveranstaltung entfallenden Kosten heranzuziehen.

c) **Aufteilung nach Köpfen.** Es werden die Gesamtkosten durch die Teilnehmer geteilt. 5 Dabei werden auch zugelassene Gäste wie Kunden oder Geschäftsfreunde des ArbGeb oder Angehörige der ArbN einbezogen und es kann nicht eingewendet werden, einzelne Personen hätten von bestimmten Zuwendungen weniger oder gar nichts gehabt. Dabei soll aber nicht auf die vom ArbGeb nach vorheriger Umfrage für erforderlich gehaltenen und deshalb zu einem Pauschalpreis bestellten Essen abzustellen sein, sondern nur auf die Essen der tatsächlichen Teilnehmer (FG Düsseldorf 17.1.11 – 11 K 908/10 L, DStRE 11, 874). Hierzu hat der BFH (16.5.13 – VI R 7/11, DStR 13, 2172 mit Anm *Bergkemper* FR 13, 1099) nicht Stellung genommen, da der Klage aus anderen Gründen (s unten) stattgegeben wurde.

d) **Zurechnung als Lohn.** Zugerechnet wurden bisher dem einzelnen ArbN sein Pro- 6 Kopf-Anteil und der Anteil aller Personen, die auf seine Veranlassung teilnehmen durften. Dabei waren eigene Finanzierungsanteile der Belegschaft auszuscheiden (BFH 16.11.05 – VI R 157/98, BStBl II 06, 437 = DStRE 06, 405). Nunmehr werden dem ArbN eigene Begleitpersonen nicht mehr zugerechnet, was aber für bestimmte Betriebsveranstaltungen, zB mit Besuch eines Konzerts oder Musicals nicht gelten soll (BFH VI R 7/11 aaO). Es mag sein, dass die Einladung von Angehörigen eines ArbN – wie der BFH darlegt – dessen Arbeitsfreude fördert, was hoffentlich bei guter Bezahlung auch der Fall ist. Dass solche Einladungen aber auch das Betriebsklima beflügeln sollen ist Ansichtssache.

e) **Charakter der Freigrenze.** Da die 110 €-Grenze kein Freibetrag iS einer Steuerbe- 7 freiung ist, sondern eine Freigrenze, wird bei auch nur geringer Überschreitung der gesamte Zurechnungsbetrag und nicht etwa nur der übersteigende Betrag Arbeitslohn. Dies folgt aus der Systematik des Arbeitslohnbegriffs, wonach mit zunehmender Zuwendungshöhe der Entlohnungscharakter gegenüber den eigenbetrieblichen Gründen der Klimapflege Oberhand gewinnt, was die ganze Zuwendung als Entgelt für Arbeit erscheinen lässt.

Das kann **Unzuträglichkeiten** zur Folge haben, weil die Pro-Kopf-Aufteilung bei glei- 8 cher Ausstattung, aber weniger Teilnehmern zu Arbeitslohn führen kann: Rechnet der ArbGeb bspw mit 100 Teilnehmern und nimmt er – orientiert an der Freigrenze von 110 € – Kosten iHv (vorsichtshalber nur) 10 800 € auf sich, so wird die ganze Summe Arbeitslohn, wenn 4 Personen weniger teilnehmen, da dann der Pro-Kopf-Anteil schon 112,50 € beträgt. Dieses missliche Ergebnis kann nicht dadurch vermieden werden, dass der ArbGeb anstelle eigener Kostentragung jedem ArbN 110 € bar aushändigt, mit der Auflage, diesen Betrag mit den Arbeitskollegen am Ausflugstag zu verbrauchen. Denn Barzuwendungen sind den Sachzuwendungen, die im Rahmen der Freigrenze nicht besteuert werden, nur gleichgestellt, wenn ihre zweckentsprechende Verwendung sichergestellt ist (R 19.5 Abs 5 Nr 2 LStR). Das ist bspw bei einem Essenszuschuss von 15 € möglich, nicht aber bei einem Veranstaltungsgesamtzuschuss. Eine Besteuerung kann allerdings dadurch vermieden werden, dass die ArbN dem ArbGeb den 110 € übersteigenden Kostenanteil erstatten. Kosten einer Betriebsbesichtigung bei einem Kunden, die Teil einer Betriebsveranstaltung ist, können herausgerechnet werden (BFH 16.11.05 – VI R 118/01, BStBl II 06, 444 = DStR 06, 413 mit Anm *MIT*, zweifelhaft).

128 Betriebsveranstaltung

9 **2. Betriebsveranstaltungen** müssen, damit begrenzte Zuwendungen nicht Arbeitslohn darstellen, grds allen ArbN offen stehen, da der Bevorzugung einzelner ein Entlohnungsmoment entnommen werden kann (BFH 4.8.94 – VI R 61/92, BStBl II 95, 59).

10 **a) Begrenzung des Teilnehmerkreises.** Diese ist unschädlich, wenn sie – wie bei Trennung nach Organisationseinheiten – betrieblichen Erfordernissen Rechnung trägt. Bei Teilnahmebefugnis nur von Personen der Leitungsebene liegt eine schädliche Bevorzugung einer bestimmten ArbNGruppe vor (BFH 15.1.09 – VI R 22/06, BStBl II 09, 476 = DStR 09, 629), nicht hingegen bei Beschränkung auf langjährige Mitarbeiter. Teilnehmer solcher Jubilarfeiern dürfen nach R 19.5 Abs 2 Nr 3 Satz 3 LStR auch solche Personen sein, die ein 40-, 50- oder 60-jähriges ArbN-Jubiläum innerhalb der nächsten 5 Jahre erreichen.

11 **b) Sonderveranstaltungen.** Richtet der ArbGeb aus Anlass seines eigenen Geburtstages ein Fest aus, führt das grds nicht zu Betriebsausgaben (BFH 12.12.91 – IV R 58/88, BStBl II 92, 524; 28.11.91 – I R 13/90, BStBl II 92, 359; 29.7.94 – VIII B 71/93, BFH/NV 95, 118; BFH 4.11.98 – IV B 30/98, BFH/NV 99, 467). Übernimmt eine GmbH die Kosten der betrieblichen Geburtstagsfeier ihres beherrschenden Gesellschafters, sind die Aufwendungen auch dann eine verdeckte Gewinnausschüttung, wenn die Teilnehmer überwiegend ArbN der GmbH sind (BFH 14.7.04 – I R 57/03, DStR 04, 1691 mit Anm *Pezzer* FR 04, 1279; *Buciek* Inf 04, 808). Lädt ein Unternehmen Mitarbeiter und Geschäftspartner aus repräsentiven Gründen zu einer Schiffsreise ein, liegen nach § 4 Abs 5 Nr 4 EStG nicht abziehbare Betriebsausgaben vor (BFH 2.8.12 – IV R 25/09, DStR 12, 1911). Ob dann trotzdem bei den teilnehmenden ArbN geldwerte Vorteile angenommen werden können ist zweifelhaft. Eine Betriebsveranstaltung im obigen Sinne würde voraussetzen, dass die ganze Belegschaft teilnehmen darf. Richtet der ArbGeb dem ArbN ein privates Fest aus, wendet er Arbeitslohn zu (BFH 16.9.98 – VI B 155/97, BFH/NV 99, 339 = DStRE 99, 165 mit Anm *MIT;* FG Saarl 26.11.98 – 1 K 21/97, EFG 99, 286; vgl auch BFH 15.7.94 – VI R 70/93, BStBl II 94, 896 = DStR 94, 1417: keine Werbungskosten bei Beförderungsfeier eines ArbN; anders bei seiner Verabschiedung BFH 19.6.08 – VI R 48/07, BStBl II 08, 870). Demgegenüber sind Kosten eines Festes, bei dem der Geburtstag eines leitenden ArbN lediglich zum Anlass für eine Selbstdarstellung des Unternehmens genommen wird, nicht dem ArbN als Lohn zuzurechnen (BFH 28.1.03 – VI R 48/99, BStBl II 03, 724); zweifelhaft aber BFH 1.2.07 – VI R 25/03 (BStBl II 07, 459 = DStR 07, 575 mit Anm *Bergkemper* FR 07, 438; *Paetsch* NWB F 6 S 4825; *Thomas* Inf 07, 284) zum Gartenfest des ArbN anlässlich seines Dienstjubiläums.

12 Zuwendungen, die der ArbGeb einer privilegierten Gruppe von ArbN gewährt (zB Arbeitsessen; vgl BFH 5.5.94 – VI R 55–56/92, BStBl II 94, 771 mit Anm *von Bornhaupt* BB 94, 1766; BFH 4.8.94 – VI R 61/92, BStBl II 95, 59), können, obwohl keine Betriebsveranstaltung im lohnsteuerrechtlichen Sinne vorliegt, aus anderen Gründen nicht steuerbar oder steuerbefreit sein (s *Bewirtungsaufwendungen* Rz 7–14).

13 **c) Häufigkeit und Dauer** von Betriebsveranstaltungen mit Zuwendungen können ebenfalls ein Entlohnungsindiz sein. Die Wertung (BFH 25.5.92 – VI R 85/90, BStBl II 92, 655), dass mehr als zwei solcher Veranstaltungen jährlich schädlich seien, erscheint vertretbar, wobei die Übertragung eines nicht ausgeschöpften „Kontingents" nicht in Betracht kommt (vgl auch BFH 18.12.87 – VI R 204/83, BStBl II 88, 379). Nicht zu Lohn führt der Besuch von mehr als zwei Betriebsveranstaltungen, wenn er nur wegen einer anderen Gruppenzugehörigkeit (Versetzung, Pensionierung) erfolgt oder wenn funktionale Gründe (Anwesenheit als Repräsentant des ArbGeb oder als BRat) ausschlaggebend sind (BFH 16.11.05 – VI R 68/00, BStBl II 06, 440 = DStRE 06, 403). Die früher vorgenommene Begrenzung auf eintägige Veranstaltungen ohne Übernachtung wurde aufgegeben (BFH 16.11.05 – VI R 151/99, BStBl II 06, 439 = DStR 06, 27). Es können gerade betriebsfunktionale Gründe dafür sprechen, mit einem Betriebsausflug erst am Freitag nach Dienstschluss zu beginnen. Deshalb stellt die Verwaltung (R 19.5 Abs 3 Satz 2 LStR) nicht mehr auf die Dauer der Veranstaltung ab und bezieht auch Übernachtungskosten als übliche Zuwendungen in die 110 €-Freigrenze ein (R 19.5 Abs 4 Nr 2 LStR). Demgegenüber dürfte ein mehr als zweitägiger Kurzurlaub der Belegschaft auf Kosten des ArbGeb keine Betriebsveranstaltung im herkömmlichen Sinne mehr sein.

14 **3. Pauschalierung.** Sofern nach obigen Grundsätzen Arbeitslohn zu bejahen ist, kommt nach § 40 Abs 2 Nr 2 EStG eine Pauschalierung mit einem Pauschsteuersatz von 25 vH in

Betracht (s *Lohnsteuerpauschalierung* Rz 33). Die Pauschalierungsbefugnis erstreckt sich aber nur auf Zuwendungen, die in funktionalem Zusammenhang mit der durchgeführten Betriebsveranstaltung stehen. Geldgeschenke, die kein zweckgebundenes Zehrgeld sind, also lediglich bei Gelegenheit der Betriebsveranstaltung übergeben werden, können nicht pauschaliert werden (BFH 7.2.97 – VI R 3/96, BStBl II 97, 365). Das gilt auch für Goldmünzen, die auf einer Weihnachtsfeier verteilt werden (BFH 7.11.06 – VI R 58/04, BStBl II 07, 128 = DStRE 07, 95), oder für Wertgutscheine, die nicht teilnehmenden ArbN als Ausgleich gewährt werden (FG München 4.9.11 – 8 K 2633/08, DStR 11, 1131). Die zu Arbeitslohn führende Bewirtung ausgewählter ArbN (Meeting von Führungskräften BFH aaO Rz 11) ist ebenfalls keine die Pauschalierungsbefugnis begründende Betriebsveranstaltung.

4. Werbungskosten kann der ArbN für eigene Aufwendungen aus Anlass einer Betriebsveranstaltung regelmäßig nicht geltend machen. Ob für ArbN, die zB als Personalchef oder BRatMitglied (vgl R 19.5 Abs 3 Satz 6 LStR) besondere berufliche Aufgaben übernehmen, etwas anderes gilt, ist noch nicht entschieden. 15

a) Reisekosten. Da eine Betriebsveranstaltung „Dienst" ist, weshalb auch das Gehalt insofern weiterbezahlt wird, könnte man bei einem Betriebsausflug, der außerhalb der ersten Tätigkeitsstätte stattfindet, eine Dienstreise (vgl *Dienstreise* Rz 12ff) annehmen, mit der Folge, dass Fahrt-, Übernachtungskosten und Verpflegungspauschalen nach § 3 Nr 13, 16 EStG steuerfrei zugewendet werden könnten. Hiervon wird aber offenbar wegen des gesellschaftlichen Moments der Veranstaltung nirgendwo ausgegangen. Auch bei der 110 €-Freigrenze kann nicht eine Kürzungsbefugnis um diese Beträge angenommen werden (*Thomas* StbJb 95/96, 331 ff, 357). Ungeachtet dessen, ob eine Dienstreise vorliegt, ist die Fahrt zu einer Betriebsveranstaltung jedenfalls beruflich veranlasst, weshalb ein Unfallschaden auf dieser Fahrt Werbungskosten begründet (BFH 28.10.94 – VI R 54/94, BFH/NV 95, 668). 16

Die Rspr (BFH 25.5.92 – VI R 91/89, BStBl II 92, 856 = DStR 92, 1236 mit Anm *MIT*) sieht auch die **Anreise auswärtiger Arbeitnehmer** – der Streitfall betraf einen ArbGeb mit mehreren Niederlassungen – nicht als Dienstreise an. Demgegenüber behandelt R 19.5 Abs 5 Nr 3 LStR jedenfalls deren Fahrtkosten als Reisekosten. Dem schließt sich jetzt der BFH an (BFH 16.5.13 – VI R 94/10, DStR 13, 2170), wobei offenbleibt, ob damit lediglich die Anreise auswärtiger ArbN gemeint ist, oder alle Beförderungsaufwendungen zum Veranstaltungsort. 17

b) Außerbetriebliche Veranstaltungen. Keine berufliche Veranlassung und damit keine Werbungskosten liegen vor, wenn sich einzelne ArbN desselben ArbGeb zu sportlichen, musischen, geselligen oder ähnlichen Zwecken gelegentlich oder regelmäßig treffen. Das kann aber anders sein bei Arbeitsgemeinschaften zur Fortbildung; vgl *Betriebliche Berufsbildung* Rz 17. 18

5. Begrenzte Betriebsfeiern. Die Verwaltung sieht Sonderregeln für Betriebsfeiern vor, die durch ihren Anlass – Diensteinführung, Amts- oder Funktionswechsel, Ehrung eines einzelnen Jubilars oder Verabschiedung eines ArbN – geprägt sind (R 19.3 Abs 2 Nr 3 LStR). Während zuvor unter Feiern zur Ehrung eines Jubilars bei unbefangener Betrachtung auch Geburtstagsfeiern hätten verstanden werden können (s aber oben Rz 12), werden nunmehr nur noch Feiern aus Anlass eines runden ArbNJubiläums (10-, 20-, 25-, 30-, 40-, 50-, 60-jähriges) begünstigt. Es werden übliche Sachleistungen bei derartigen Feiern nicht als Arbeitslohn, sondern als im eigenbetrieblichen Interesse des ArbGeb erbracht (s *Arbeitsentgelt* Rz 48) angesehen, wenn die Aufwendungen pro teilnehmende Person 110 € einschließlich USt nicht übersteigen, wobei in diesem Betrag auch ein Geschenk bis zu einem Gesamtwert von 40 € einzubeziehen ist. Anders als Betriebsveranstaltungen müssen diese Feiern nicht generell allen ArbN offen stehen und es gilt nicht die Begrenzung auf zwei Veranstaltungen jährlich, solange ein betreffender Anlass gegeben ist. Ebenfalls wird einem ArbN nicht der Anteil eines ihn begleitenden Angehörigen zugerechnet, so dass insofern eine Gleichbehandlung aller Anwesenden stattfindet, also entweder bei allen ArbN (bei Überschreiten der 110 € Grenze) oder bei keinem (bei Nichtüberschreiten) Arbeitslohn angenommen wird. 19

C. Sozialversicherungsrecht *Ruppelt*

1. Unfallversicherung. Gemeinschaftsveranstaltungen der Betriebsangehörigen (Weihnachtsfeiern, Betriebsfeste uÄ) ohne unmittelbaren betrieblich bedingten Anlass (zu Ver- 20

128 Betriebsveranstaltung

anstaltungen im unmittelbaren betrieblichen Interesse vgl *Betriebsversammlung*) unterstehen als Betriebsveranstaltungen der gesetzlichen UV, wenn sie der **Verbundenheit zwischen Betriebsleitung und -angehörigen** und damit auch dem Betriebsklima dienen. Weitere Voraussetzung ist, dass die Veranstaltung vom Unternehmer organisiert oder zumindest mit seiner **Billigung und Förderung** stattfindet (BSG 9.12.03 – B 2 U 52/02 R, NZA 04, 534). Ferner muss die Veranstaltung – soll Versicherungsschutz bestehen – von einem **wesentlichen Teil der Belegschaft** besucht werden und allen Betriebsangehörigen offenstehen (*Schulin* Bd 2/*Schulin* § 30 Rz 72 ff; BSG 7.12.04 – B 2 U 47/03 R, NZS 05, 657; 22.9.09 – B 2 U 4/08 R, NZA 10, 326; LSG Bln-Bbg 29.11.12 – L 2 U 52/11, BeckRS 2013, 66575). Wird der ArbN zu einer **Fortbildungsveranstaltung** abgeordnet, steht er unter dem Schutz der gesetzlichen UV nach den für Geschäfts- und Dienstreisen maßgebenden Kriterien (s *Dienstreise* Rz 64 ff).

21 Ein geselliges Beisammensein von Abteilungsleitern und Substituten auf Einladung der Geschäftsführung ist keine der versicherten Tätigkeit zuzurechnende Betriebsveranstaltung (BSG 27.2.85 – 2 RU 42/84, NZA 85, 575). Bei größeren und organisatorisch unterteilten Betrieben sind auch Veranstaltungen von Betriebsteilen oder einzelner Filialen versichert, sofern die genannten Voraussetzungen für einen einzelnen Betriebsteil erfüllt sind (BSG 9.12.03 – B 2 U 52/02 R, NZA 04, 534). Teilnehmer an einer Feier des BRat, an der nur BRatMitglieder teilnehmen, stehen jedenfalls dann nicht unter Versicherungsschutz, wenn der Unternehmer am Zustandekommen und Ablauf der Veranstaltung nicht beteiligt war (BSG 20.2.01 – B 2 U 7/00 R, NZS 01, 496).

22 Unschädlich ist es, wenn die Veranstaltung auch **Familienangehörigen** der Belegschaft bzw früheren Betriebsangehörigen offensteht. Versicherungsschutz besteht für diese Personen oder sonstige Gäste jedoch nicht.

23 Veranstaltungen, die lediglich der Verbundenheit der **Arbeitnehmer** untereinander dienen, sind nicht versichert. Das gilt auch dann, wenn diese Veranstaltung mit Billigung und Förderung der Betriebsleitung stattfindet, da eine solche Veranstaltung nicht dem betrieblichen Interesse iSd gesetzlichen UV dient. So ist der Versicherungsschutz verneint worden bei kurzer Arbeitsbefreiung und Überlassung von Räumen für ein ArbNJubiläum, obwohl der Unternehmer selbst daran teilgenommen hatte (BSG 12.3.74 – 2 RU 101/73, DB 74, 1440). Die Abgrenzung kann im Einzelfall schwierig sein (vgl zu Einzelfällen *Krasney* Versicherungsschutz bei betrieblichen Gemeinschaftsveranstaltungen, NZS 06, 57; BSG 26.10.04 – B 2 U 16/04 R, SozR 4–1500 § 163 Nr 1 zu den Anforderungen an ein Fußballturnier als versicherte Gemeinschaftsveranstaltung). **Richtfeste** gehören zu den versicherten Betriebsveranstaltungen auch dann, wenn sie nicht vom Bauunternehmer, sondern vom Bauherrn veranstaltet und finanziert werden, wenn an ihnen nur diejenigen teilnehmen, die an dem betreffenden Bauwerk mitgewirkt haben. Sog Firmenläufe (s *Betriebssport* Rz 16) sind nicht in der gesetzlichen UV versichert.

24 **Der Versicherungsschutz umfasst** bei versicherten Gemeinschaftsveranstaltungen alle Tätigkeiten, die mit Art und Zweck der Veranstaltung zusammenhängen. Dazu gehören der Weg von und zu der Veranstaltung und alle bei solchen Veranstaltungen üblichen Verrichtungen (Tanz, sportliche Betätigung, Besichtigungen, gemeinsames Wandern uÄ). Handlungen, die **nicht mit dem Veranstaltungszweck zusammenhängen,** sind nicht versichert (BSG 27.6.2000 – B 2 U 25/99 R, NZA 2000, 1226). Zwischen versicherter Tätigkeit (Betriebsveranstaltung) und unfallbringendem Verhalten muss ein innerer Zusammenhang (vgl *Arbeitsunfall* Rz 31) bestehen (s auch BSG 19.3.96 – 2 RU 14/95, SozR 3–2200 § 548 Nr 27; 8.12.98 – B 2 U 37/97 R, SozR 3–2200 § 539 Nr 45). Der Versicherungsschutz dauert bis zur Beendigung der Veranstaltung. Beendet ist die Veranstaltung, wenn sie nicht mehr von der Autorität des Unternehmens getragen ist (zB nach Beendigungserklärung). Weiteres Beisammensein der Betriebsangehörigen ist nicht versichert.

25 **Ein Unfall** bei einer mit der versicherten Gemeinschaftsveranstaltung zusammenhängenden Verrichtung ist unter den sonstigen Voraussetzungen ein *Arbeitsunfall* (s dort Rz 31 ff) iSd gesetzlichen UV. Zu den Leistungen s *Unfallversicherung* Rz 39 ff.

26 **2. Beitragsrecht.** Zuwendungen des ArbGeb im Rahmen von Betriebsveranstaltungen liegen im ganz überwiegenden betrieblichen Interesse des ArbGeb und gehören nicht zum

beitragspflichtigen Arbeitsentgelt iSv § 14 SGB IV, wenn es sich um für Betriebsveranstaltungen **übliche Zuwendungen** handelt (HessLSG 14.7.05 – L 8/14 KR 399/03, *Breithaupt* 06, 1, verneint für die Ausgabe von Goldmünzen im Wert eines halben Monatsgehalts im Rahmen einer Weihnachtsfeier). Hierbei sind auch für das SozVRecht die steuerrechtlichen Höchstbeträge heranzuziehen (s oben Rz 3). Werden die Höchstbeträge überschritten, und stellen sich daher die Zuwendungen als Arbeitsentgelt dar, kommt die Pauschalierung der LSt u KiSt in Betracht (s oben Rz 15). Wird hiervon Gebrauch gemacht, gehören die Zuwendungen nicht zum beitragspflichtigen Arbeitsentgelt (s *Lohnsteuerpauschalierung* Rz 72).

Betriebsvereinbarung

A. Arbeitsrecht

Kreitner

Übersicht

	Rz		Rz
1. Begriff und Rechtsnatur	1–3	b) Schriftform	17
2. Geltungsbereich	4–6	c) Aushang	18
a) Räumlich	4	6. Durchführung	19–22
b) Personell	5, 6	7. Beendigung	23–30
3. Regelungsbereich	7–13	a) Ablösung durch nachfolgende Betriebsvereinbarung	23
a) Allgemeines	7		
b) Auslegung	8	b) Verlust der Betriebsidentität	24
c) Grenze	9, 10	c) Kündigung	25, 26
d) Unwirksamkeit	11–13	d) Anfechtung	27
4. Verhältnis zum Arbeitsvertrag	14, 15	e) Aufhebungsvertrag	28
a) Einzelvertragliche Regelungen	14	f) Zeitablauf	29
b) Arbeitsvertragliche Einheitsregelungen/Gesamtzusagen	15	g) Betriebsübergang	30
5. Zustandekommen	16–18	8. Nachwirkung	31–33
a) Vereinbarung	16	9. Neue Bundesländer	34
		10. Muster	35

1. Begriff und Rechtsnatur. Der Begriff der Betriebsvereinbarung wird im Gesetz nicht **1** definiert, sondern die Betriebsvereinbarung wird vielmehr als Rechtsinstitut vorausgesetzt, mit dem ArbGeb und BRat die betriebliche und betriebsverfassungsrechtliche Ordnung sowie die individuellen Rechtsbeziehungen zwischen ArbGeb und ArbN regeln und gestalten. Sie kann ihrer Natur nach nur generelle, dh kollektive Regelungen enthalten. Hinsichtlich der Rechtsnatur besteht nach wie vor Streit zwischen der sog Vertragstheorie und der Satzungstheorie (zum Meinungsstreit *Fitting* § 77 Rz 13 f mwN). Unstreitig ist demgegenüber die in § 77 Abs 4 Satz 1 BetrVG gesetzlich angeordnete unmittelbare und zwingende Wirkung der Betriebsvereinbarung zugunsten der ArbN des Betriebes (BAG 3.6.03 – 1 AZR 349/02, NZA 03, 1155: Grundlage für Überstundenanordnung). Lediglich günstigere einzelvertragliche Vereinbarungen gehen vor; sog *Günstigkeitsprinzip*.

Abzugrenzen ist die Betriebsvereinbarung von der sog **Regelungsabrede**. Diese bedarf **2** keiner Form, sollte jedoch aus Beweisgründen möglichst schriftlich erfolgen. Sie ist ein schuldrechtlicher Vertrag und hat keine der Betriebsvereinbarung vergleichbare normative Wirkung (BAG 14.8.01 – 1 AZR 744/00, NZA 02, 342; 21.1.03 – 1 ABR 9/02, NZA 03, 1097). Sie ist allerdings wie eine Betriebsvereinbarung analog § 77 Abs 5 BetrVG kündbar (BAG 10.3.92, DB 92, 1734). Besteht ihr Regelungsinhalt in einer mitbestimmungspflichtigen Angelegenheit, wirkt sie in gekündigter Form analog § 77 Abs 6 BetrVG bis zum Abschluss einer neuen Vereinbarung zwischen ArbGeb und BRat weiter (BAG 23.6.92, DB 92, 2643). Ein BRatBeschluss iSd § 33 BetrVG ist jedoch auch für sie Wirksamkeitsvoraussetzung (LAG Frankfurt 17.3.83, DB 84, 882). Anders als bei der Betriebsvereinbarung können im Rahmen von Regelungsabreden auch individuelle Regelungen getroffen werden. **Protokollnotizen** zu Betriebsvereinbarungen können entweder lediglich erläuternden Charakter haben oder ihrerseits eine Betriebsvereinbarung darstellen. Das ist wie bei Protokollnotizen zu Tarifverträgen im Wege der Auslegung zu ermitteln (BAG 9.12.97 – 1 AZR 330/

97, NZA 98, 609). Eine **betriebliche Übung** scheidet als Gestaltungsmittel im Betriebsverfassungsrecht aus (BAG 19.2.02 – 1 ABR 26/01, NZA 02, 1300).

3   In Unternehmen mit mehr als 100 ArbN hat der BRat gem § 28a Abs 1 BetrVG die Möglichkeit, Aufgaben auf Arbeitsgruppen zu übertragen, die ihrerseits mit dem ArbGeb sog **Gruppenvereinbarungen** abschließen können. Es handelt sich dabei nicht um Ausschüsse des BRat, so dass die Gruppenmitglieder auch nicht BRatMitglieder sein müssen (Näheres s *Betriebsrat* Rz 35 ff). Nach § 28a Abs 2 Satz 2 BetrVG gilt für diese Gruppenvereinbarungen § 77 BetrVG entsprechend. Sie haben mithin unmittelbare und zwingende Wirkung und wirken in mitbestimmungspflichtigen Angelegenheiten nach. Anders als bei Betriebsvereinbarungen besteht im Verhältnis zwischen ArbGeb und Arbeitsgruppe Einigungszwang, der im Konfliktfall nicht durch eine Einigungsstelle gelöst werden kann. Kommt eine Gruppenvereinbarung nicht zustande, fällt die Regelungskompetenz vielmehr gem § 28a Abs 2 Satz 3 BetrVG an den BRat zurück. Der BRat kann die Aufgabendelegation an die Arbeitsgruppe jederzeit ohne Grund widerrufen. Zieht er die Kompetenz wieder an sich, ändert dies zunächst an der Wirksamkeit von zwischenzeitlich abgeschlossenen Gruppenvereinbarungen nichts (*Neef* NZA 01, 361). Allerdings kann der BRat abgeschlossene Gruppenvereinbarungen kündigen (*Engels/Trebinger/Löhr-Steinhaus* DB 01, 532; *Raab* NZA 02, 474; *Reichold* NZA 01, 857).

4   **2. Geltungsbereich. a) Räumlich.** In räumlicher Hinsicht gilt die Betriebsvereinbarung jeweils in dem Betrieb, für den sie abgeschlossen wurde. Gesamt- und Konzernbetriebsvereinbarungen gelten entsprechend unternehmens- bzw konzernweit. In §§ 50 Abs 1, 58 Abs 1 BetrVG ist nunmehr klargestellt, dass auch betriebsratslose Betriebe bzw konzernangehörige Unternehmen ohne GBRat vom Geltungsbereich einer Gesamt- bzw Konzernbetriebsvereinbarung erfasst werden. Damit ist ein langjähriger Meinungsstreit beigelegt worden (Näheres s Personalbuch 2001 Betriebsvereinbarung Rz 3). Zu grenzüberschreitenden „europäischen Betriebsvereinbarungen" zuletzt *Rehberg* NZA 13, 73.

5   **b) Personell.** In personeller Hinsicht erstreckt sich die Betriebsvereinbarung grds auf alle ArbN des Betriebes iSd § 5 Abs 1 BetrVG, unabhängig von deren Gewerkschaftszugehörigkeit. Dies gilt auch für Betriebsvereinbarungen, die in Ausübung eines Tarifvertrags vereinbart werden (BAG 18.8.87, DB 87, 2257; vgl auch *Heinze* NZA 89, 41). Die Tarifvertragsparteien delegieren insoweit ihre Normsetzungsbefugnisse auf die Betriebspartner. Unerheblich ist, ob das Arbeitsverhältnis bei Abschluss der Betriebsvereinbarung bereits bestanden hat, denn auch für später eintretende ArbN entfaltet die bestehende Betriebsvereinbarung normative Wirkung.

6   Betriebsvereinbarungen **gelten nicht** für Pensionäre (Näheres s *Betriebliche Altersversorgung* Rz 81) sowie für ArbN, die im Zeitpunkt des Inkrafttretens der Betriebsvereinbarung bereits ausgeschieden sind (aA *Waltermann* NZA 96, 357; differenzierend *Blomeyer/Huep* SAE 99, 75). Zu Sonderproblemen im Bereich der betrieblichen Altersversorgung s *Betriebliche Altersversorgung* Rz 13. Allerdings erwirbt der ArbN mit seinem Ausscheiden gegenüber dem ArbGeb einen selbstständig-schuldrechtlichen Anspruch aus der Betriebsvereinbarung, der über die Geltungsdauer der Betriebsvereinbarung hinaus besteht (BAG 25.10.88, BB 89, 1548). Dieser Anspruch ist betrieblicher Gestaltung nur noch insoweit zugänglich, als auch die aktive Belegschaft Kürzungen hinnehmen muss (BAG 13.5.97, BB 97, 2328). Unanwendbar sind Betriebsvereinbarungen für leitende Angestellte. Daher werden diese zB nicht von einem Sozialplan erfasst (BAG 31.1.79, BB 79, 833; vgl auch § 32 Abs 2 SprAuG). Schließlich können Betriebsvereinbarungen keine normativen Ansprüche gegenüber Dritten begründen (BAG 11.1.11 – 1 AZR 375/09, BeckRS 2011, 72399).

7   **3. Regelungsbereich. a) Allgemeines.** Betriebsvereinbarungen können Bestimmungen über den Inhalt, Abschluss und die Beendigung von Arbeitsverhältnissen sowie über betriebliche und betriebsverfassungsrechtliche Fragen enthalten. Nicht umfasst ist lediglich der außerbetriebliche Lebensbereich des ArbN (BAG 12.12.06 – 1 AZR 96/06, NZA 07, 453). Grds können alle materiellen oder formellen Arbeitsbedingungen Gegenstand einer Betriebsvereinbarung sein (BAG GS 7.11.89 – GS 3/85, AP Nr 46 zu § 77 BetrVG 1972; 19.10.05 – 7 AZR 32/05, NZA 06, 393; aA *Diehn* BB 06, 1794 für den Wiedereinstellungsanspruch). Zu unterscheiden sind einerseits erzwingbare Betriebsvereinbarungen, die diejenigen betrieblichen Angelegenheiten behandeln, bei denen der BRat ein „echtes" Mitbestim-

Betriebsvereinbarung 129

mungsrecht hat. Letzteres ist immer dann der Fall, wenn bei Meinungsverschiedenheiten zwischen ArbGeb und BRat über das Mitbestimmungsrecht die Entscheidung der Einigungsstelle vorgeschrieben ist. Das Gegenstück bilden freiwillige Betriebsvereinbarungen. Insoweit besteht eine umfassende Regelungskompetenz der Betriebsparteien, da die Grenzen zwischen sozialer, personeller und wirtschaftlicher Mitbestimmung oftmals fließend sind (BAG GS 7.11.89, DB 90, 1724; LAG Köln 14.8.96, NZA-RR 97, 92; enger *Waltermann* RdA 07, 257). So können die Betriebsparteien anlässlich einer Betriebsänderung zusätzlich zu einem Sozialplan in einer freiwilligen Betriebsvereinbarung weitere Leistungen (sog Turboprämien) davon abhängig machen, dass der ArbN von der Erhebung einer Kündigungsschutzklage absieht (BAG 31.5.05 – 1 AZR 254/04, NZA 05, 997; 3.5.06 – 4 AZR 189/05, NZA 06, 1420; 18.5.10 – 1 AZR 187/09, NZA 10, 1304). Die Regelung eines Widerrufsvorbehalts in einer Betriebsvereinbarung unterliegt dem § 310 Abs 4 Satz 1 BGB nicht der Inhaltskontrolle nach §§ 305 ff BGB (BAG 1.2.06 – 5 AZR 187/05, NZA 06, 564). Abzugrenzen sind die Aufgabenbereiche von **Gesamt- und Konzernbetriebsrat** (vgl §§ 50 Abs 1, 58 Abs 1 BetrVG). Soweit keine Delegation von Aufgaben erfolgt (§§ 50 Abs 2, 58 Abs 2 BetrVG), müssen die funktionalen Zuständigkeitsvoraussetzungen aus §§ 50 Abs 1, 58 Abs 1 BetrVG erfüllt sein (vgl BAG 25.9.12 – 1 ABR 45/11, NZA 13, 275; 15.1.02 – 1 ABR 10/01, NZA 02, 988). Ein Über-/Unterordnungsverhältnis existiert nicht. Besteht zwischen BRat, GBRat und ggf KBRat Streit um die Regelungskompetenz im Einzelfall, so kann diese Frage im Rahmen eines arbeitsgerichtlichen Beschlussverfahrens geklärt werden (BAG 5.5.77, DB 77, 1610; 18.10.94, NZA 95, 390: zur Kompetenzabgrenzung BRat/GBRat).

b) **Auslegung.** Bei Unklarheiten über den Inhalt einer Betriebsvereinbarung ist diese **8** auszulegen. Die Auslegung hat wie bei Gesetzen oder Tarifverträgen zu erfolgen, dh es ist der objektive Gehalt der Betriebsvereinbarung zu ermitteln, wie er im Wortlaut wenigstens andeutungsweise zum Ausdruck kommt (BAG 11.12.07 – 1 AZR 953/06, AP Nr 37 zu § 77 BetrVG 1972 Betriebsvereinbarung). Ein eventuell abweichender Wille der Betriebspartner ist unerheblich (BAG 20.4.10 – 1 AZR 988/08, NZA 10, 1018; 30.9.08 – 1 AZR 684/07, NZA 09, 386; 24.7.08 – 8 AZR 109/07, AP Nr 346 zu § 613a BGB: Auslegung eines Sozialplans; 21.3.01 – 10 AZR 89/00, NZA 01, 1031: Betriebsvereinbarung über Gratifikationsgewährung; 21.1.03 – 1 ABR 5/02, NZA 03, 810: Betriebsvereinbarung über Gehaltssystem für außertarifliche Mitarbeiter; LAG SchlHol 11.5.04 – 5 Sa 540/03, NZA-RR 05, 142: Betriebsvereinbarung über Kurzarbeit). Werden in einer Betriebsvereinbarung Gesetzesbegriffe gebraucht, spricht eine Vermutung dafür, dass sie im gesetzlichen Sinn gemeint sind (LAG Köln 14.2.97, NZA-RR 97, 391). Das Gleiche gilt für den allgemein üblichen arbeitsrechtlichen Sprachgebrauch (BAG 17.11.98 – 1 AZR 221/98, NZA 99, 609: Kündigungstermin). Maßgeblich ist aber immer der Sprachgebrauch im jeweiligen Geltungsbereich der Betriebsvereinbarung (BAG 28.10.08 – 3 AZR 903/07, NZA-RR 09, 327). Auch aus der Vollzugspraxis des ArbGeb können Rückschlüsse auf den Regelungsinhalt einer Betriebsvereinbarung gezogen werden (BAG 22.1.02 – 3 AZR 554/00, NZA 02, 1224 zu Sonderproblemen bei einer Konzernbetriebsvereinbarung). Schließen BRat, ArbGeb und Gewerkschaft einen dreiseitigen sog Konsolidierungsvertrag, der eine Verkürzung tariflicher Ansprüche vorsieht, handelt es sich im Zweifel um einen Tarifvertrag, da eine Betriebsvereinbarung mit diesem Inhalt nach § 77 Abs 3 BetrVG unwirksam wäre (BAG 7.11.2000 – 1 AZR 175/00, NZA 01, 727).

c) **Grenze.** Begrenzt wird der Regelungsbereich der Betriebsvereinbarung durch den **9** Vorrang des Gesetzes und des Tarifvertrages gem § 77 Abs 3 sowie § 87 Abs 1 Einleitungssatz BetrVG. Dementsprechend kann durch kollektivrechtliche Regelungen in Betriebsvereinbarungen zwingendes Kündigungsschutzrecht nicht beschränkt werden (LAG BlnBbg 19.12.11 – 15 Sa 1264/11, NZA-RR 12, 130). Die gleiche Sperrwirkung wie Gesetze entfalten behördliche Entscheidungen. Auch sie schränken den Regelungsspielraum des ArbGeb und damit gleichzeitig das Mitbestimmungsrecht des BRat ein (BAG 11.12.12 – 1 ABR 78/11, NZA 13, 913). Gem § 77 Abs 3 Satz 1 BetrVG können Arbeitsentgelte und sonstige Arbeitsbedingungen, die zumindest üblicherweise durch **Tarifvertrag** geregelt werden, nicht Gegenstand einer Betriebsvereinbarung sein (BAG 10.10.06 – 1 ABR 59/05, NZA 07, 523; LAG Köln 17.4.96, NZA-RR 97, 12: Betriebsvereinbarung über die Zahlung von Tariflöhnen; LAG BaWü 14.7.97 – 15 Sa 29/97, NZA-RR 98, 264: durch Betriebsvereinbarung um 10% abgesenkte Sonderzahlung; LAG Hamm 9.3.2000 – 8 Sa 1895/99,

129 Betriebsvereinbarung

NZA-RR 01, 42: ersatzlose Streichung angesammelter Arbeitszeitkonten; aA ArbG Düsseldorf 6.6.97, BB 97, 1585: Verzicht auf tarifliche Ansprüche durch Betriebsvereinbarung möglich zur Abwendung ansonsten drohender Konkursreife). Dies gilt unabhängig davon, ob der ArbGeb tarifgebunden ist oder nicht, da § 77 Abs 3 BetrVG allgemein die Funktionsfähigkeit der Tarifautonomie gewährleisten will (BAG 24.1.96, DB 96, 1882; *Buchner* DB 97, 573). Allerdings ist die Sperrwirkung des § 77 Abs 3 BetrVG begrenzt auf den räumlichen, betrieblichen, fachlichen und persönlichen Geltungsbereich des Tarifvertrages (LAG Köln 16.3.99 – 13 TaBV 27/98, NZA-RR 99, 481). Sie wird auch durch Firmentarifverträge erzeugt (BAG 21.1.03 – 1 ABR 9/02, NZA 03, 1097). Demgegenüber sind die Betriebspartner durch § 77 Abs 3 BetrVG nicht gehindert, die Anrechnung von Tariferhöhungen auf übertarifliche Zulagen auszuschließen (BAG 9.12.97 – 1 AZR 319/97, NZA 98, 661). Eine Ausnahme besteht gem § 77 Abs 3 Satz 2 BetrVG auch dann, wenn der Tarifvertrag entsprechende **Öffnungsklauseln** enthält und Betriebsvereinbarungen ausdrücklich zulässt (BAG 20.4.99 – 1 AZR 631/98, NZA 99, 1059; 20.2.01 – 1 AZR 233/00, NZA 01, 903; differenzierend für Firmentarifverträge *von Hoyningen-Huene* DB 94, 2026; zur Zuständigkeit von örtlichem BRat, GBRat oder KBRat bei der Umsetzung tariflicher Öffnungsklauseln *Röder/Siegrist* DB 08, 1098). Eine solche Öffnungsklausel hat das BAG zuletzt bei einer Tarifregelung angenommen, die mehrere Lohnarten gleichberechtigt nebeneinander vorsah und damit eine bestimmte tarifliche Vorgabe bewusst unterließ (BAG 26.8.08 – 1 AZR 353/07, NZA-RR 09, 300).

Die Regelungsbefugnis der Betriebsparteien unterliegt weiteren **Binnenschranken.** Gem § 75 BetrVG sind die grundrechtlich geschützten Freiheitsrechte der ArbN zu wahren und es ist insbesondere die allgemeine Handlungsfreiheit der ArbN aus Art 2 Abs 1 GG zu beachten (BAG 12.12.06 – 1 ABR 96/06, NZA 07, 453). Daher sind auch Ansprüche des ArbGeb auf Erstattung von Bearbeitungskosten bei Lohn- und Gehaltspfändungen in einer freiwilligen Betriebsvereinbarung nicht regelbar (BAG 18.7.06 – 1 AZR 578/05, NZA 07, 462: Verstoß gegen § 75 Abs 2 BetrVG) und die Auszahlung des verdienten Entgelts darf nicht von der Erfüllung weiterer Zwecke abhängig gemacht werden (BAG 12.4.11 – 1 AZR 412/09, NZA 11, 989). Die Herausnahme von ArbN, die von einem Betriebsübergang betroffen sind, aus dem Anwendungsbereich einer Betriebsvereinbarung ist unter dem Maßstab des betriebsverfassungsrechtlichen Gleichbehandlungsgrundsatzes regelmäßig sachlich gerechtfertigt (BAG 19.1.10 – 3 ABR 19/08, NZA-RR 10, 356). Eine weitere Ausnahme stellt nach der mittlerweile gefestigten Rspr des BAG die Vorschrift des § 87 Abs 1 Einleitungssatz BetrVG dar, wonach die Regelungssperre der bloßen Tarifüblichkeit iSd § 77 Abs 3 BetrVG im Bereich des § 87 BetrVG keine Anwendung findet (BAG 29.10.02 – 1 AZR 573/01, NZA 03, 393; kritisch *Wank* RdA 91, 129). Nach § 87 Abs 1 BetrVG sind Betriebsvereinbarungen nur ausgeschlossen, soweit eine gesetzliche oder tarifliche Regelung besteht, die eine bestimmte Frage abschließend regelt (BAG 5.3.91, DB 91, 2044). Lediglich nachwirkende Tarifverträge entfalten keine Sperrwirkung iSd § 87 Abs 1 BetrVG (BAG 24.11.87, DB 88, 813).

10 Sog **dynamische Blankettverweisungen** in einer Betriebsvereinbarung auf den jeweils geltenden Rahmentarifvertrag sind unzulässig, denn der BRat muss sein Mandat höchstpersönlich ausüben (BAG 23.6.92, DB 93, 441). Etwas anderes soll nach der Rspr des 4. Senats des BAG ausnahmsweise dann gelten, wenn ein enger sachlicher Zusammenhang zu den Tarifnormen besteht (BAG 10.11.82, DB 83, 717; offen gelassen in der Entscheidung des 1. Senats vom 23.6.92, DB 93, 441). Schließlich darf sich der BRat seiner Mitbestimmungsrechte nicht in der Substanz begeben. Eine Vereinbarung, die dem ArbGeb im Kernbereich des Mitbestimmungstatbestands die **Letztentscheidungsbefugnis** überlässt, ist unwirksam (BAG 26.4.05 – 1 AZR 76/04, NZA 05, 892; 14.11.06 – 1 ABR 4/06, NZA 07, 399). Aus demselben Grund ist auch eine Betriebsvereinbarung unwirksam, die auf die jeweils gültigen Betriebsvereinbarungen eines anderen Unternehmens verweist (BAG 22.8.06 – 3 AZR 319/05, NZA 07, 1187).

11 **d) Unwirksamkeit.** Sind bestimmte Teile einer Betriebsvereinbarung unwirksam, so führt dies regelmäßig nicht zur Unwirksamkeit der gesamten Betriebsvereinbarung. Entscheidend ist vielmehr, ob der wirksame Teil der Betriebsvereinbarung auch ohne die unwirksamen Bestimmungen eine sinnvolle und in sich geschlossene Regelung enthält. Ist dies der Fall, so bleibt die „Restbetriebsvereinbarung" wirksam (BAG 25.1.2000 – 1 ABR

1/99, NZA 2000, 1068; 22.7.03 – 1 ABR 28/02, NZA 04, 507; 10.2.09 – 3 AZR 653/07, NZA 09, 796).

Ist eine Betriebsvereinbarung insgesamt unwirksam, so kann sie nach der Rspr des BAG **12** im Wege der Umdeutung analog § 140 BGB Inhalt der Einzelverträge werden (vertragliche Einheitsregelung). Voraussetzung hierfür ist allerdings, dass tatsächliche Umstände vorliegen, aus denen ein besonderer Verpflichtungswille des ArbGeb erkennbar ist, der über den Abschluss einer Betriebsvereinbarung hinausgeht (BAG 19.6.12 – 1 AZR 137/11, BeckRS 2012, 73166; 30.5.06 – 1 ABR 111/05, AP Nr 23 zu § 77 BetrVG 1972 Tarifvorbehalt; kritisch *Moll/Kreitner* Anm zu BAG EzA Nr 16 zu § 140 BGB; *Belling/Hartmann* NZA 98, 673; ablehnend auch *Schaub* BB 95, 1639; LAG Hamm 22.10.98 – 8 Sa 1353/98, NZA-RR 2000, 27: allenfalls Umdeutung in Regelungsabrede). Der BRat kann die Unwirksamkeit einer von einer anderen ArbNVertretung (zB GBRat) abgeschlossenen Betriebsvereinbarung nur dann gerichtlich überprüfen lassen, wenn diese seine eigene Regelungsbefugnis verletzt. Ein allgemeines Normenkontrollrecht steht ihm nicht zu (BAG 5.3.13 – 1 ABR 75/11, BeckRS 2013, 69282).

Verstößt eine Betriebsvereinbarung über die Grundsätze der Dienstplangestaltung gegen **13** das Verbot der Altersdiskriminierung, hat dies die Unwirksamkeit der Regelung zur Folge. Allerdings haben die benachteiligten jüngeren ArbN keinen Anspruch darauf künftig ebenso wie die begünstigten älteren ArbN behandelt zu werden, wenn hierdurch der Betriebsablauf zum Erliegen käme. Sofern der ArbGeb gleichwohl die altersdiskriminierende Dienstplangestaltung fortführt, steht den benachteiligten ArbN ein Leistungsverweigerungsrecht zu (BAG 14.5.13 – 1 AZR 44/12, NZA 13, 1160).

4. Verhältnis zum Arbeitsvertrag. a) Einzelvertragliche Regelungen. Eine Be- **14** triebsvereinbarung verdrängt nur solche einzelvertragliche Vereinbarungen, die für den ArbN ungünstiger sind; sog *Günstigkeitsprinzip* (BAG 22.4.09 – 5 AZR 292/08, AP Nr 11 zu § 611 BGB Wegezeiten; 5.8.09 – 10 AZR 483/08, NZA 09, 1105). Dies gilt sowohl für bestehende Arbeitsverhältnisse, die durch eine Betriebsvereinbarung geändert werden sollen, als auch für arbeitsvertragliche Vereinbarungen, die nach Inkrafttreten einer Betriebsvereinbarung getroffen werden (BAG GS 16.9.86, DB 87, 383). Dabei wird jedoch nach der Rspr des 1. Senats des BAG die bestehende vertragliche Regelung lediglich für die Wirkungsdauer der Betriebsvereinbarung verdrängt und bleibt latent bestehen (BAG 21.9.89, DB 90, 692; 28.3.2000 – 1 AZR 366/99, NZA 01, 49; kritisch *Annuß* NZA 01, 756; *Merten/Schwartz* DB 01, 646). Unzulässig ist eine Betriebsvereinbarung über Vertragsstrafen, wenn diese bestimmt, dass im Einzelfall für den ArbN ungünstigere einzelvertragliche Strafversprechen vorgehen. Der Sinn der Betriebsvereinbarung, einen bestimmten betrieblichen Mindeststandard zu garantieren, liefe sonst leer (BAG 6.8.91, BB 92, 427). Gem § 77 Abs 4 Satz 2 BetrVG ist ein Verzicht des einzelnen ArbN auf Rechte aus einer Betriebsvereinbarung grds ausgeschlossen. Etwas anderes gilt nur bei Zustimmung des BRat, entsprechender Regelung in einer späteren Betriebsvereinbarung (BAG 11.12.07 – 1 AZR 824/06, NZA-RR 08, 298), Vorliegen eines Tatsachenvergleichs (BAG 31.7.96, DB 97, 882), oder wenn zweifelsfrei feststellbar ist, dass die abweichende Regelung für den ArbN objektiv günstiger ist (BAG 27.1.04 – 1 AZR 148/03, NZA 04, 667). Wird in einem Arbeitsvertrag auf eine Betriebsvereinbarung Bezug genommen, hat dies regelmäßig nur deklaratorischen Charakter (BAG 21.1.97, BB 97, 1368). Unabhängig davon können die arbeitsvertraglichen Absprachen eine Abänderung durch betriebliche Normen gestatten. Das kann ausdrücklich oder konkludent erfolgen, wobei letzteres regelmäßig dann anzunehmen ist, wenn dies im Rahmen von allgemeinen Geschäftsbedingungen geschieht und ein kollektiver Bezug besteht (BAG 5.3.13 – 1 AZR 417/12, NZA 13, 916 – hier: Altersgrenze; *Hromadka* NZA 13, 1061; *Säcker* BB 13, 2677).

b) Arbeitsvertragliche Einheitsregelungen/Gesamtzusagen. Der vorgenannte **15** Grundsatz gilt auch für das Verhältnis zwischen Betriebsvereinbarung und arbeitsvertraglicher Einheitsregelung. Hierunter sind Zusagen des ArbGeb an alle oder eine Gruppe von ArbN eines Betriebs zu verstehen, die in allgemeiner Form zB über das schwarze Brett oder per Intranet erfolgen. Da es sich hierbei um vertragliche Ansprüche handelt, können solche Zusagen grds nur auf individualrechtlichem Weg geändert werden (LAG Bln 9.3.01 – 19 Sa 2596/00, NZA-RR 01, 491). Da die vertragliche Einheitsregelung/Gesamtzusage jedoch

129 Betriebsvereinbarung

trotz ihrer vertraglichen Rechtsnatur einen kollektiven Bezug hat, ist nach BAG (16.9.86 – GS 1/82, NZA 87, 168) nur in folgenden **Ausnahmefällen** eine **Verschlechterung** durch eine nachfolgende Betriebsvereinbarung **möglich:** bei gestörter Geschäftsgrundlage, bei vorbehaltenem Widerruf bzw vorbehaltener Abänderung durch Betriebsvereinbarung (Betriebsvereinbarungsoffenheit) sowie dann, wenn die nachfolgende Betriebsvereinbarung bei kollektiver Vergleichsbetrachtung insgesamt nicht ungünstiger ist als die Gesamtzusage (BAG 16.11.11 – 10 AZR 60/11, NZA 12, 349; 17.6.03 – 3 ABR 43/02, NZA 04, 1111). Ob eine Gesamtzusage betriebsvereinbarungsoffen ist, bedarf der Auslegung im Einzelfall (*Däubler* RdA 04, 304). So liegt in dem Hinweis, die Leistungsgewährung sei „im Einvernehmen mit dem GBRat beschlossen worden" (BAG 10.12.02 – 3 AZR 92/02, NZA 04, 272) oder die Leistung „beruhe auf mit dem BRat abgestimmten Richtlinien" (BAG 15.2.11 – 3 AZR 35/09, NZA-RR 11, 541) idR der Vorbehalt einer künftigen Abänderung durch Betriebsvereinbarung. Eine solche Betriebsvereinbarung, die wegen der Betriebsvereinbarungsoffenheit der Einheitsregelung diese ablöst, unterliegt nach § 310 Abs 4 Satz 1 BGB keiner Inhaltskontrolle gem § 307 Abs 1 BGB (BAG 17.7.12 – 1 AZR 476/11, NZA 13, 338). Schränken Betriebsvereinbarungen Ansprüche aus einer Gesamtzusage ein, müssen die Grundsätze der Verhältnismäßigkeit und des Vertrauensschutzes beachtet werden (BAG 18.3.03 – 3 AZR 101/02, AP Nr 41 zu § 1 BetrAVG Ablösung; Näheres s *Günstigkeitsprinzip* Rz 11).

16 **5. Zustandekommen. a) Vereinbarung.** Die Betriebsvereinbarung kommt durch übereinstimmende Beschlüsse von ArbGeb und BRat (§ 33 BetrVG) zustande. Das kann auch rückwirkend geschehen; im Einzelfall sogar zu Ungunsten der ArbN, wenn dabei die Grundsätze des Rückwirkungsverbots und des Vertrauensschutzes beachtet werden (BAG 20.4.99 – 1 AZR 631/98, DB 99, 1660: Genehmigung einer Betriebsvereinbarung durch rückwirkende Tariföffnungsklausel; ArbG Dresden 3.4.98 – 16 Ca 10 358/97, NZA-RR 99, 352). Im Rahmen der erzwingbaren Mitbestimmung kann der BRat von seinem **Initiativrecht** Gebrauch machen. Dies gilt auch dann, wenn er lediglich die bisherige betriebliche Praxis zum Inhalt einer Betriebsvereinbarung machen will (BAG 8.8.89, DB 90, 281). Fehlt es an einem wirksamen Beschluss des BRat, so kann die Betriebsvereinbarung vom BRat auch durch schlüssiges Verhalten gebilligt und dadurch wirksam werden (LAG Köln 5.10.88, LAGE Nr 1 zu § 26 BetrVG).

17 **b) Schriftform.** Die Betriebsvereinbarung muss schriftlich niedergelegt und von ArbGeb und BRat unterzeichnet werden (§ 77 Abs 2 BetrVG). Bei fehlender Schriftform kann die formnichtige Betriebsvereinbarung unter Umständen als formlose Regelungsabrede wirksam sein. Besteht die Betriebsvereinbarung aus **mehreren Seiten,** so genügt zwar die einmalige Unterschrift auf der letzten Seite, jedoch müssen die einzelnen Textseiten fest miteinander verbunden sein (LAG Frankfurt 20.6.89, DB 90, 637 [LS]). Bei Bezugnahme auf einen bestimmten Tarifvertrag, eine andere Betriebsvereinbarung oder eine schriftliche Gesamtzusage müssen diese nicht als Anlage beigefügt werden (BAG 3.6.97 – 3 AZR 25/96, NZA 98, 382).

18 **c) Aushang.** Darüber hinaus ist der ArbGeb verpflichtet, die Betriebsvereinbarungen an geeigneter Stelle im Betrieb auszulegen; § 77 Abs 2 Satz 3 BetrVG. Er muss dafür Sorge tragen, dass jeder ArbN in der Lage ist, ohne besondere Umstände Kenntnis vom Inhalt der Betriebsvereinbarung zu erlangen. Die bloße Herausgabe auf Nachfrage des ArbN genügt nicht. Da die Bekanntmachungspflicht lediglich eine **Ordnungsvorschrift** darstellt, führt ein Verstoß des ArbGeb nicht zur Unwirksamkeit der Betriebsvereinbarung (BAG 17.4.12 – 3 AZR 400/10, BeckRS 2012, 73017). Er kann jedoch Schadensersatzansprüche eines ArbN oder Maßnahmen nach § 23 Abs 3 BetrVG auslösen.

19 **6. Durchführung.** Gem § 77 Abs 1 BetrVG obliegt die Durchführung der Betriebsvereinbarung grds dem ArbGeb (grundlegend *Goebel* Der betriebsverfassungsrechtliche Durchführungsanspruch gem § 77 Abs 1 Satz 1 BetrVG, 2006; zuletzt *Ahrendt* NZA 11, 774). Das gilt gleichermaßen für Regelungsabreden. Dementsprechend muss der ArbGeb bei einer Betriebsvereinbarung über die betriebliche Arbeitszeit dafür sorgen, dass sich die ArbN an die festgelegten Arbeitszeiten halten (LAG Köln 8.2.10 – 5 TaBV 28/09, NZA-RR 10, 303). Eine Übertragung der Durchführungsaufgabe auf den BRat ist möglich (zB Werkskantine: BAG 24.4.86, DB 86, 2680).

Betriebsvereinbarung 129

Den Durchführungsanspruch kann der BRat gegenüber dem ArbGeb in einem arbeits- 20
gerichtlichen Beschlussverfahren durchsetzen (BAG 18.1.05 – 3 ABR 21/04, NZA 06, 167).
Anspruchsberechtigt ist immer das Gremium, das selbst Partei der Betriebsvereinbarung ist oder
dem betriebsverfassungsrechtliche Rechte eingeräumt werden, also uU auch der GBRat oder
der KBRat (BAG 18.5.10 – 1 ABR 6/09, NZA 10, 1433). Bei zwischenzeitlicher Regelung
der streitigen Durchführungsfrage in einer Folgebetriebsvereinbarung fehlt es allerdings an
dem erforderlichen Rechtsschutzinteresse (LAG Bln 10.4.95, NZA-RR 96, 215). Der Durchführungsanspruch gilt auch für den Spruch einer Einigungsstelle (hier: Sozialplan). Ist dieser
angefochten, ist eine Vollstreckung allerdings erst nach Rechtskraft des Anfechtungsverfahrens
möglich (BAG 22.1 13 – 1 ABR 92/11, BeckRS 2013, 68702). Aus § 77 Abs 1 BetrVG
resultiert auch ein Anspruch des BRat gegen den ArbGeb auf Überwachung der Durchführung
von Betriebsvereinbarungen. Stichproben sind dabei auch ohne konkrete Anhaltspunkte für
ein ArbGebSeitiges Fehlverhalten zulässig (LAG Frankfurt 18.3.93, BB 94, 66 [LS]). Allerdings
besteht keine Befugnis des BRat, vom ArbGeb die Erfüllung der Ansprüche der einzelnen
ArbN aus einer Betriebsvereinbarung zu verlangen, da er sonst ohne entsprechende gesetzliche
Ermächtigung die Rolle eines Prozessstandschafters der ArbN einnähme (BAG 18.1.05 – 3
ABR 21/04, aaO: Betriebsrentenansprüche; 18.2.03 – 1 ABR 17/02, NZA 04, 336; LAG
Köln 1.12.03 – 4 Ta BV 35/03, BeckRS 2004, 40936: Zahlung einer Leistungsprämie; LAG
SchlHol 15.9.09 – 5 TaBV 9/09, NZA-RR 10, 24: Tariferhöhung für AT-Angestellte). Ist
jedoch in einem Beschlussverfahren eine rechtskräftige gerichtliche Entscheidung über den
Inhalt einer Betriebsvereinbarung ergangen, so wirkt diese auch gegenüber ArbN, die Ansprü-
che aus der Betriebsvereinbarung geltend machen (BAG 17.2.92, DB 92, 1833).

Die **Gewerkschaft** kann vom ArbGeb verlangen, die Durchführung einer tarifwidrigen 21
Betriebsvereinbarung zu unterlassen. Das hat der 1. Senat des BAG in einer Grundsatzentscheidung vom 20.4.99 (1 ABR 72/98, NZA 99, 887) festgestellt und in einer Folgeent-
scheidung im Jahr 2001 nochmals bestätigt (BAG 13.3.01 – 1 AZB 19/00, NZA 01, 1037;
Näheres s *Unterlassungsanspruch* Rz 20). Sie kann bei groben Verstößen den ArbGeb gem
§ 23 Abs 3 BetrVG ebenfalls auf ordnungsgemäße Durchführung der Betriebsvereinbarung
in Anspruch nehmen (BAG 29.4.04 – 1 ABR 30/02, NZA 04, 670).

Nach der ständigen Rspr des BAG unterliegt die Betriebsvereinbarung einer arbeits- 22
gerichtlichen **Inhaltskontrolle** nach § 75 BetrVG (BAG 1.2.06 – 5 AZR 187/05, NZA 06,
564; kritisch *Eich* NZA 10, 1389; grundlegend zuletzt *Preis/Ulber* RdA 13, 211).

7. Beendigung. Im Einzelnen sind folgende Beendigungsgründe zu unterscheiden: 23
a) Ablösung durch eine nachfolgende Betriebsvereinbarung. Für das Verhältnis
zweier Betriebsvereinbarungen zueinander gilt die sog **Zeitkollisionsregel,** wonach die
jüngere Norm die ältere verdrängt (BAG 15.4.08 – 9 AZR 26/07, NZA-RR 08, 580;
23.1.08 – 1 AZR 988/06, NZA 08, 709). Wird auf diese Weise eine Verschlechterung
bewirkt, sind die Grundsätze der Verhältnismäßigkeit und des Vertrauensschutzes zu berücksichtigen (BAG 15.11.2000 – 5 AZR 310/99, NZA 01, 900). Danach darf lediglich ein
abgestufter Eingriff in erworbene Besitzstände erfolgen (BAG 17.3.87, DB 87, 1639). Letzteres wird insbesondere im Bereich *Betriebliche Altersversorgung* (s dort Rz 64) virulent. Durch
eine **formlose Regelungsabrede** kann eine bestehende Betriebsvereinbarung grds nicht
abgelöst werden (BAG 20.11.90, DB 91, 1229).

b) Verlust der Betriebsidentität. Wird ein Betrieb aufgelöst, fehlt es an dem erforderli- 24
chen Substrat, der zwingend notwendigen Grundlage für die Geltung einer Betriebsvereinbarung, so dass deren Wirkung endet. Das ist unproblematisch für den Fall der Betriebsstilllegung (*Richardi* § 77 Rz 210). Alle anderen Fälle, bei denen die Identität eines Betriebes
durch Umorganisationen im Unternehmen möglicherweise betroffen ist, werden im Schrifttum kontrovers diskutiert. Das betrifft bspw die Zusammenfassung mehrerer Betriebe zu
einem Gemeinschaftsbetrieb, die Einführung neuer tariflicher Betriebsstrukturen nach § 3
BetrVG oder auch nur die Neustrukturierung vorhandener Betriebsteile durch Eingliederung in andere bereits bestehende Betriebe (vgl zum Meinungsstand *Fitting* § 77 Rz 163 ff;
Richardi § 77 Rz 210 ff; HaKo-BetrVG/*Lorenz* § 77 Rz 77 ff; *Schönhöft/Brahmstaedt* NZA
10, 851). Richtigerweise sollte entscheidend darauf abgestellt werden, ob insbesondere die
Organisation der Arbeitsabläufe, der Betriebszweck und die Leitungsstruktur unverändert
geblieben sind (BAG 7.6.11 – 1 ABR 110/09, NZA 12, 110).

Kreitner

129 Betriebsvereinbarung

25 **c) Kündigung.** Soweit keine andere Regelung vereinbart ist, sind Betriebsvereinbarungen gem § 77 Abs 5 BetrVG mit einer Frist von drei Monaten kündbar. Dies gilt in entsprechender Anwendung der Vorschrift auch für Regelungsabreden (BAG 10.3.92, DB 92, 1734). Die Kündigung muss unmissverständlich und eindeutig sein (BAG 19.2.08 – 1 AZR 114/07, NZA 08, 412). Sie bedarf keine Begründung (BAG 26.4.90, DB 90, 1871; 17.1.95, NZA 95, 1010). Das gilt auch im Bereich der betrieblichen Altersversorgung (BAG 17.8.99 – 3 ABR 55/98, NZA 2000, 498; 21.8.01 – 3 ABR 44/00, BB 02, 1319). Wird durch die Kündigung in bestehende Besitzstände eingegriffen, gilt dasselbe wie im Fall der Ablösung (BAG 11.5.99 – 3 AZR 21/98, NZA 2000, 322; 18.9.01 – 3 AZR 728/00, NZA 02, 1165).

26 Liegen besonders schwerwiegende Gründe vor, die eine sofortige Beendigung der Betriebsvereinbarung unabdingbar machen, ist eine **außerordentliche Kündigung** möglich. Dabei sind an das Vorliegen eines wichtigen Grundes strenge Anforderungen zu stellen; bloße Kalkulationsfehler oÄ genügen nicht (*Schaub* BB 95, 1639). Regelmäßig ausgeschlossen sind **Teilkündigungen** einzelner Bereiche einer Betriebsvereinbarung. Etwas anderes gilt nur dann, wenn deren Zulässigkeit ausdrücklich vereinbart worden ist oder sie einen selbstständigen Teilkomplex betrifft (BAG 6.11.07 – 1 AZR 826/06, NZA 08, 422; LAG Hbg 10.8.06 – 8 Sa 9/06, LAGE § 77 BetrVG 2001 Nr 6). Soll im letztgenannten Fall eine Teilkündigung ausgeschlossen sein, muss dies ausdrücklich geregelt werden. Durch einzelvertragliche Änderungskündigungen kann eine Betriebsvereinbarung nicht beseitigt werden (LAG Düsseldorf 11.9.74, DB 75, 747). Zur Kündigung von GBRatVereinbarungen s BAG 18.9.02 – 1 ABR 54/01, NZA 03, 670; LAG Düsseldorf 28.4.04 – 17 Sa 1952/03, NZA-RR 04, 480.

27 **d) Anfechtung.** Eine Betriebsvereinbarung kann gem §§ 119, 123 BGB wegen Irrtums sowie arglistiger Täuschung oder Drohung angefochten werden. Dies geschieht lediglich mit der Besonderheit, dass ähnlich wie im faktischen Arbeitsverhältnis (Näheres s *Faktisches Arbeitsverhältnis* Rz 5) die Beendigung nur mit Wirkung für die Zukunft erfolgt (MünchArbR/*Matthes* § 328 Rz 49).

28 **e) Aufhebungsvertrag.** Im Wege eines Aufhebungsvertrages zwischen BRat und ArbGeb kann eine Betriebsvereinbarung jederzeit beendet werden. Dieser bedarf der Schriftform (umstritten; wie hier: *Schaub/Koch* § 231 Rz 40; GK-BetrVG/*Kreutz* § 77 Rz 355; offengelassen, aber mit ähnlicher Tendenz BAG 20.11.90, NZA 91, 426). Möglich ist auch ein Verzicht auf Ansprüche aus bestehenden Betriebsvereinbarungen (LAG Chemnitz 24.11.93, DB 94, 588 [LS]).

29 **f) Zeitablauf.** Die Betriebsvereinbarung endet mit Zeitablauf, wenn sie befristet für eine bestimmte Dauer abgeschlossen wurde. Gleiches gilt bei Erreichung des mit ihr verfolgten Zwecks, wie bspw bei einer Betriebsvereinbarung über den jährlichen Urlaubsplan nach Ablauf des Urlaubsjahres (BAG 20.12.61, DB 62, 375). Mehrjährig befristete Betriebsvereinbarungen können einem unzulässigen Verzicht des BRat auf Mitbestimmungsrechte gleichkommen. Entscheidend ist die Ausgestaltung der Regelung. Das Mitbestimmungsrecht darf nicht in seiner Substanz verletzt werden (BAG 3.6.03 – 1 AZR 349/02, NZA 03, 1155).

30 **g) Betriebsübergang.** Wegen der fortbestehenden Betriebsidentität führt ein Betriebsübergang iSd § 613a BGB nicht zur Beendigung geltender Betriebsvereinbarungen (s *Betriebsübergang* Rz 60). Anders ist dies regelmäßig beim Betriebsteilübergang, da er zwangsläufig die vorhandene Betriebsstruktur zerstört (s oben Rz 24).

31 **8. Nachwirkung.** Mit ihrer Beendigung verliert die Betriebsvereinbarung grds ihre unmittelbare und zwingende Wirkung (BAG 26.4.90, DB 90, 1871). Gem § 77 Abs 6 BetrVG entfalten Betriebsvereinbarungen im Bereich der **erzwingbaren Mitbestimmung** jedoch Nachwirkung, dh sie gelten fort, bis sie durch eine andere Abmachung, die nicht eine Betriebsvereinbarung sein muss, ersetzt werden. Dies gilt nach zutreffender hM auch für befristete Betriebsvereinbarungen, die mit Zeitablauf enden (*Fitting* § 77 Rz 179; aA *SW* § 77 Rz 44), nicht jedoch im Fall der Anfechtung (MünchArbR/*Matthes* § 328 Rz 49). Die Nachwirkung kann in der Betriebsvereinbarung selbst ausgeschlossen werden (BAG 17.1.95, NZA 95, 1010). Sie kann dann durch eine Regelungsabrede nicht neu begründet werden (BAG 6.5.03 – 1 AZR 340/02, NZA 03, 1422). Ein Wegfall der Geschäftsgrundlage beendet weder die Betriebsvereinbarung noch deren Nachwirkung, sondern hat nur die Notwendig-

Betriebsvereinbarung 129

keit ihrer Anpassung an die geänderten Umstände zur Folge (BAG 29.9.04 – 1 AZR 445/03, NZA 05, 533).

Freiwillige Betriebsvereinbarungen gelten demgegenüber nach ihrem Ablauf nicht 32 fort (BAG 9.2.89, BB 89, 2112; 17.1.95, BB 95, 1643). Jedoch kann die Nachwirkung auch sowohl in einer erzwingbaren Betriebsvereinbarung ausgeschlossen als in einer freiwilligen Betriebsvereinbarung ausdrücklich vereinbart werden (einerseits BAG 9.2.84, BB 84, 1746; LAG SchlHol 20.8.87, NZA 88, 35; andererseits BAG 28.4.98 – 1 ABR 43/97, NZA 98, 1348; *Boemke/Kursawe* DB 2000, 1405; *Trebeck/von Broich* NZA 12, 1018; aA *Loritz* DB 97, 2074; *Schöne/Klaes* BB 97, 2374). Kommt es in einem solchen Fall nicht zu einer einvernehmlichen Neuregelung, entscheidet die Einigungsstelle (BAG 28.4.98 – 1 ABR 43/97, NZA 98, 1348; differenzierend *Bauer/von Steinau-Steinrück* NZA 2000, 505: je nach Auslegung der Nachwirkungsvereinbarung; aA *Jakobs* NZA 2000, 69: Kündigung möglich, da Nachwirkungsabrede als Umwandlung der Betriebsvereinbarung in Regelungsabrede zu verstehen ist; *Kort* NZA 01, 477 zum Sonderfall einer freiwilligen Betriebsvereinbarung aufgrund einer beschränkten tariflichen Öffnungsklausel).

Bei sog **teilmitbestimmungspflichtigen Betriebsvereinbarungen** handelt es sich um 33 Bereiche, die nur zum Teil der erzwingbaren Mitbestimmung unterliegen, wie zB die Mitbestimmung bei der Gewährung von freiwilligen Leistungen des ArbGeb gem § 87 Abs 1 Nr 10 BetrVG, wo der BRat lediglich hinsichtlich des sog Leistungsplans ein erzwingbares Mitbestimmungsrecht besitzt, der sog Dotierungsrahmen jedoch als ArbGebEntscheidung mitbestimmungsfrei bleibt. Stellt der ArbGeb die Leistung insgesamt ein, scheidet eine Nachwirkung aus. Sie liefe dem Mitbestimmungssystem zuwider (BAG 9.12.08 – 3 AZR 384/07, NZA 09, 1341; 23.6.09 – 1 AZR 214/08, NZA 09, 1159). Die Nachwirkung endet jedoch erst mit der Erklärung des ArbGeb, die Leistung insgesamt einzustellen (BAG 5.10.10 – 1 ABR 20/09, NZA 11, 598 mit Anm *Grau/Sittard* RdA 13, 118). Stellt der ArbGeb demgegenüber die freiwillige Leistung zumindest teilweise weiterhin zur Verfügung und besteht lediglich Streit hinsichtlich des Leistungsplans, greift die Nachwirkung ein, da sie insoweit in vollem Umfang systemkonform ist (BAG 26.8.08 – 1 AZR 354/07, DB 08, 2709; 26.10.93 – 1 ABR 46/93, NZA 94, 572; 18.11.03 – 1 AZR 604/02, NZA 04, 803; vgl auch *Heither* DB 08, 2705; *Salamon* NZA 10, 745). Ist eine Betriebsvereinbarung nicht eindeutig in einen nachwirkenden und einen nachwirkungslosen Teil aufspaltbar, wirkt sie zur Sicherung der Mitbestimmung insgesamt nach (BAG 10.11.09 – 1 AZR 511/08, NZA 11, 475). Regelungen in einer teilmitbestimmten Betriebsvereinbarung, in denen das Verfahren für die Entscheidung des ArbGeb ausgestaltet wird, ob er finanzielle Leistungen zur Verfügung stellt, begründen regelmäßig keine Leistungs- oder Verhaltenspflichten des Arb-Geb zu Gunsten der ArbN, deren Verletzung zu einem Schadensersatzanspruch führen könnte (BAG 13.12.11 – 1 AZR 508/10, NZA 12, 876).

Zur Nachwirkung einer Dienstvereinbarung im **öffentlichen Dienst** vgl BAG 5.5.88, DB 89, 633.

9. Neue Bundesländer. Mit Beschluss vom 28.4.92 hat das BAG anlässlich einer Über- 34 prüfung einer GBRatVereinbarung der ÖTV (als ArbGeb) grundlegend zur Frage der Weitergeltung von Betriebsvereinbarungen über den 3.10.90 hinaus in den neuen Bundesländern Stellung genommen (BAG 28.4.92, DB 92, 2641).

10. Muster. S Online-Musterformular „*M25.2 Betriebsvereinbarung Betriebliches Vorschlags-* 35 *wesen (BVW)*".

B. Lohnsteuerrecht *Windsheimer*

Die Leistungen, die aufgrund einer Betriebsvereinbarung dem ArbN zufließen (zB Zu- 36 lagen, Gratifikationen, Sachbezüge, Aufmerksamkeiten, Ersatz von Aufwendungen, Abfindungen uÄ), sind nach allgemeinen lohnsteuerlichen Kriterien zu beurteilen, ob stpfl Arbeitslohn (s *Arbeitsentgelt* Rz 30 ff) oder steuerfreie Einnahmen (s *Steuerfreie Einnahmen* Rz 5 ff) vorliegen (BFH 14.4.05 – XI R 11/04, BFH/NV 05, 1772). Für die Besteuerung ist es unerheblich, ob die Betriebsvereinbarung wirksam (zustande gekommen) ist (§ 41 AO). Entscheidend ist der **Zufluss der Leistung** beim ArbN. Entsprechendes gilt für eine in einer Betriebsvereinbarung niedergelegten Verpflichtung des ArbN. Der Abfluss beim ArbN kann zu negativen Einnahmen bzw Werbungskosten führen. Ebenso sind vom ArbN zurück-

130 Betriebsversammlung

zuzahlende Leistungen zu behandeln. Zu Entschädigungen, die auf Grund einer Betriebsvereinbarung gezahlt werden s *Abfindung* Rz 41. Das **Günstigkeitsprinzip** (s oben Rz 14) gilt auch im Steuerrecht (BFH 11.11.09 – IX R 1/09, BStBl II 10, 746).

37 Da für Betriebsvereinbarungen der **Vorrang des Gesetzes** gilt und privatrechtliche Vereinbarungen öffentliches Recht und damit zwingende steuerliche Vorschriften nicht zur Disposition stellen können, ist bei vom geltenden Steuerrecht abweichenden Betriebsvereinbarungen mit steuerlichem Inhalt (zB in der Betriebsvereinbarung werden für Reisekosten höhere Pauschbeträge zugesagt und gezahlt, als das Steuerrecht sie vorsieht; vgl hierzu BFH 8.11.91, BStBl II 92, 204) zweifelhaft, was gelten soll.

38 In einer von lohnsteuerlichen Vorschriften abweichenden Betriebsvereinbarung kann eine *Nettolohnvereinbarung* (Rz 10 ff) liegen. Dies ist aber nicht zwingend. Ist eine Nettolohnvereinbarung nicht nachweisbar (vgl hierzu BFH 28.2.92 – VI R 146/87, BStBl II 92, 733), treffen die steuerlichen Folgen einer vom geltenden Steuerrecht abweichenden Vereinbarung in erster Linie den ArbN, über die Haftung aber auch den ArbGeb. Um Steuernachzahlungsrisiken für beide Seiten auszuschließen, sollten in Betriebsvereinbarungen keine Regelungen enthalten sein, die vom geltenden Steuerrecht abweichen. Eine einschränkende Auslegung der Betriebsvereinbarung, die von steuerlichen Vorschriften abweicht, ist nur für künftige Leistungen möglich. Was dem ArbN bereits zugeflossen ist, muss bei ihm als Zufluss versteuert werden. Eine Anpassung der Betriebsvereinbarung an geltende steuerliche Vorschriften ist empfehlenswert. Bei Änderung der gesetzlichen Vorschriften sind Betriebsvereinbarungen ggf anzupassen, zB bei Fahrtkostenersatz (*Fahrten zwischen Wohnung und Arbeitsstätte* Rz 4 ff).

39 Leistungen, die aufgrund von **Regelungsabreden** erbracht werden, sind wie Leistungen aufgrund von Betriebsvereinbarungen zu behandeln. Entsprechendes gilt für Leistungen aufgrund eines **Tarifvertrags.** Bei Betriebsvereinbarungen aufgrund einer Öffnungsklausel im Tarifvertrag gelten im Zweifel die Regelungen des Tarifvertrags (FG Münster 22.6.89 – IV 1004/88, EFG 89, 619). S auch *Sozialplan* Rz 61 ff.

C. Sozialversicherungsrecht *Schlegel*

40 Betriebsvereinbarungen können im Sozialrecht Auswirkung im Rahmen des Altersteilzeitrechts erlangen (vgl *Altersteilzeit* Rz 32 ff). Betriebsvereinbarungen dürfen – wie auch sonst Verträge zwischen ArbGeb und ArbN nicht den Charakter eines Vertrages zu Lasten der Solidargemeinschaft annehmen. So ist etwa eine nach Eintritt der Zahlungsunfähigkeit des ArbGeb geschlossene Betriebsvereinbarung, die den Fälligkeitszeitpunkt einer Jahressonderzahlung in den Insolvenzgeldzeitraum vorverlegt, wegen Verstoßes gegen die guten Sitten nichtig, weil dies allein zu Lasten der Solidargemeinschaft ginge (BSG 18.3.04 – B 11 AL 57/03 R, SozR 4–4300 § 183 Nr 3).

Betriebsversammlung

A. Arbeitsrecht *Kreitner*

Übersicht

	Rz		Rz
1. Funktion und Arten	1–4	6. Themen von Betriebs- und Abteilungsversammlungen	18–24
2. Einberufung und Ablauf	5–7	7. Vergütungsansprüche	25–32
a) Einberufung	5	a) Grundsatz	25, 26
b) Leitung	6, 7	b) Umfang	27
3. Teilnahmeberechtigung	8–10	c) Fahrtkosten	28
4. Ort/Kosten	11	d) Wegfall	29–32
5. Zeitpunkt	12–17	8. Einstweiliger Rechtsschutz	33
a) Regelmäßige Betriebsversammlungen	12–16	9. Betriebsräteversammlung	34, 35
b) Außerordentliche Betriebsversammlungen	17		

Betriebsversammlung   130

1. Funktion und Arten. Die Betriebsversammlung ist ein Organ der Betriebsverfassung 1
ohne eigene Funktion nach außen. Sie hat **keine Vertretungsmacht** und kann keine
rechtsgeschäftlichen Erklärungen mit Wirkung für die ArbN des Betriebes abgeben (allgemein zur Betriebsversammlung *Brötzmann* BB 90, 1055; *Lunk* Die Betriebsversammlung,
1991; *Bischof* BB 93, 1937). Sie kann insbesondere keine Betriebsvereinbarungen abschließen
(BAG 27.6.89, DB 89, 2543). Die Betriebsversammlung ist letztlich ein Forum der innerbetrieblichen Aussprache zwischen Belegschaft, BRat und ArbGeb. Das Gesetz definiert
Betriebsversammlung, Teilversammlung und Abteilungsversammlung in § 42 Abs 1 und 2
BetrVG. Zu Problemen im Zusammenhang mit JAV vgl *Lunk* NZA 92, 534.

Zu unterscheiden sind die **regelmäßigen,** vierteljährlichen Betriebsversammlungen 2
(§ 43 Abs 1 Satz 1 BetrVG), weitere Versammlungen auf Initiative des BRat aus **besonderen**
Gründen nach Maßgabe des § 43 Abs 1 Satz 4 BetrVG sowie **außerordentliche** Versammlungen auf Wunsch des ArbGeb oder mindestens eines Viertels der wahlberechtigten ArbN
des Betriebes bzw der Abteilung gem § 43 Abs 3 BetrVG, wenn im Betrieb Fragen anstehen,
die eine kurzfristige Aussprache in der Betriebsversammlung erforderlich machen.

Betriebsversammlungen iSd §§ 42 ff BetrVG setzen das Bestehen eines BRat voraus. Die 3
§§ 42 ff BetrVG sind keine abschließende Regelung, so dass andere Versammlungen möglich
sind. Insbesondere sind sog **Mitarbeiterversammlungen,** die vom ArbGeb einberufen
werden, zulässig, solange sie nicht als Gegenveranstaltung zu Betriebsversammlungen missbraucht werden (BAG 27.6.89, DB 89, 2543; ArbG Darmstadt 6.5.96, AiB 96, 609; *Rieble*
ArbuR 95, 245; enger *Richardi/Annuß* § 42 Rz 73, der nur solche Veranstaltungen zulassen
will, die sich nicht mit Fragen befassen, die zum Aufgabenbereich des BRat gehören).
Deutliches Indiz für eine Gegenveranstaltung ist dabei ein enger zeitlicher und thematischer
Zusammenhang mit der angekündigten Betriebsversammlung (ArbG Osnabrück 25.6.97 –
4 BVGa 3/97, AiB 98, 109). Finden solche Veranstaltungen außerhalb der betriebsüblichen
Arbeitszeit statt und sind die ArbN zur Teilnahme verpflichtet, sind derartige Mitarbeiterversammlungen nach § 87 Abs 1 Nr 3 BetrVG mitbestimmungspflichtig (BAG 13.3.01 –
1 ABR 33/00, NZA 01, 976).

Gesetzlich geregelt ist demgegenüber die Sonderfunktion der Betriebsversammlung bei 4
der **Betriebsratswahl.** Gem § 17 Abs 2 BetrVG wird bei der erstmaligen Wahl eines BRat
in Betrieben mit mehr als 50 ArbN der Wahlvorstand in einer Betriebsversammlung gewählt,
sofern weder ein GBRat noch ein KBRat existiert. In Kleinbetrieben bis 50 ArbN ist in
diesem Fall im Rahmen des vereinfachten Wahlverfahrens eine sog Wahlversammlung gem
§§ 14a, 17a BetrVG durchzuführen. Erfolgt diese Betriebsversammlung auf Einladung einer
im Betrieb vertretenen Gewerkschaft, so ist dem Gewerkschaftssekretär Zutritt zum Betrieb
zu gewähren, um das Einladungsschreiben auszuhängen (LAG RhPf 11.1.13 – 9 TaBVGa
2/12, BeckRS 2013, 67861). Sie findet im Betrieb statt (LAG Hamm 12.4.13 – 13 TaBV
64/12, BeckRS 2013, 69957 – nicht vkr, Az beim BAG: 7 ABR 33/13).

2. Einberufung und Ablauf. a) Einberufen wird die Betriebsversammlung durch 5
Beschluss des Betriebsrats (§ 43 Abs 1 Satz 1 BetrVG), den der BRatVorsitzende ausführt.
Besondere Formerfordernisse sind nicht zu beachten. Die Einberufung erfolgt nach pflichtgemäßem Ermessen des BRat in betriebsüblicher Form (Schwarzes Brett, Rundschreiben,
Werkszeitung etc). Der ArbGeb ist unter Mitteilung der Tagesordnung einzuladen (§ 43
Abs 2 Satz 1 BetrVG). Den im Betrieb vertretenen Gewerkschaften sind Zeitpunkt, Ort und
Tagesordnung rechtzeitig schriftlich mitzuteilen (§ 46 Abs 2 BetrVG). Evtl Einberufungsmängel haben keine Auswirkungen auf die Vergütungspflicht des § 44 BetrVG (LAG BaWü
17.2.87, DB 87, 1441).

b) Leitung. Geleitet wird die Betriebsversammlung vom BRatVorsitzenden (§ 42 Abs 1 6
Satz 1 BetrVG), im Verhinderungsfall von dessen Stellvertreter oder bei dessen Verhinderung
von einem anderen BRatMitglied (BAG 19.5.78, DB 78, 2032). Der BRatVorsitzende übt
während der Betriebsversammlung das **Hausrecht** aus (BAG 18.3.64, BB 64, 804; 13.9.77,
DB 77, 2452; LAG Hamm 17.3.05 – 10 TaBV 51/05), das sich auch auf die Zugangswege
zum Versammlungsraum erstreckt (*Fitting* § 42 Rz 36; aA GK-BetrVG/*Weber* § 42 Rz 39;
Richardi/Annuß § 42 Rz 29, die insoweit aber eine entsprechende Verpflichtung des ArbGeb
bejahen). Streit über den Umfang des Zutrittsrechts zu sonstigen Räumen im Zusammenhang mit einer Betriebsversammlung ist mit dem ArbGeb zu klären (BAG 22.5.12 – 1 ABR

130 Betriebsversammlung

11/11, NZA 12, 1176). Vorschriften über die Gestaltung der Betriebsversammlung im Einzelnen bestehen nicht. Dies kann durch eine Geschäftsordnung geregelt werden; ansonsten ist nach parlamentarischem Brauch zu verfahren (*Mußler* NZA 85, 445).

7 Eine **Aufzeichnung** der Betriebsversammlung auf Bild- oder Tonträger ist nur nach Zustimmung des Versammlungsleiters möglich, der die Tatsache der Aufnahme vor Sitzungsbeginn mitteilen muss (LAG München 15.11.77, DB 78, 894). Im Schrifttum wird teilweise darüber hinaus gefordert, dass sämtliche Teilnehmer (*Gaul* DB 75, 980) zustimmen. Persönliche Aufzeichnungen darf jeder Teilnehmer (auch der ArbGeb) vornehmen. Ein vollständiges Wortprotokoll erscheint aus Gründen des Persönlichkeitsrechts und wegen § 2 Abs 1 BetrVG bedenklich (LAG Hamm 9.7.86, NZA 86, 842; LAG Düsseldorf 4.9.91, DB 91, 2552 [LS]; aA LAG BaWü 27.10.78, DB 79, 316).

8 **3. Teilnahmeberechtigt** an der Betriebsversammlung bzw Abteilungsversammlung sind sämtliche ArbN des Betriebes bzw der Abteilung mit Ausnahme der leitenden Angestellten (§ 5 Abs 3 BetrVG), deren Teilnahmeberechtigung aber vereinbart werden kann. Gem § 14 Abs 2 Satz 2 AÜG dürfen auch LeihArbN teilnehmen. Diese Vorschrift gilt entsprechend für Auszubildende eines reinen Ausbildungsbetriebs, die zur praktischen Ausbildung zeitweilig dem Betrieb eines anderen Konzernunternehmens zugewiesen sind, bezüglich dort stattfindender Betriebsversammlungen (BAG 24.8.11 – 7 ABR 8/10, NZA 12, 223).

Der **Arbeitgeber** hat das Recht, an allen regelmäßigen Betriebsversammlungen (§ 43 Abs 2 Satz 1 BetrVG), den weiteren Betriebsversammlungen iSd § 43 Abs 1 Satz 4 BetrVG sowie den auf seinen Antrag anberaumten außerordentlichen Betriebsversammlungen (§ 43 Abs 3 Satz 1 BetrVG) teilzunehmen. Ein gesetzliches Teilnahmerecht des ArbGeb hinsichtlich der übrigen Betriebsversammlungen besteht nicht (BAG 27.6.89, DB 89, 2543). Nimmt der ArbGeb an einer Betriebsversammlung teil, kann er vom Versammlungsleiter verlangen, dass an seiner Stelle einem von ihm hinzugezogenen Beauftragten des ArbGebVerbandes das Wort erteilt wird (BAG 19.5.78, DB 78, 2032).

9 Die Betriebsversammlung ist **nicht öffentlich** (§ 42 Abs 1 Satz 2 BetrVG). Daher ist die Hinzuziehung von Presse-, Rundfunk- und Fernsehvertretern generell unzulässig. Die Teilnahme betriebsfremder Mitglieder des GBRat ist kein Verstoß gegen den Grundsatz der Nichtöffentlichkeit (BAG 28.11.78, DB 79, 1185).

10 Gem § 46 BetrVG sind Beauftragte von **Arbeitgeberverbänden** bei Hinzuziehung durch den ArbGeb bzw **Gewerkschaften,** soweit sie im Betrieb vertreten sind, teilnahmeberechtigt. Gewerkschaften iSd Vorschrift sind nur tariffähige ArbNKoalitionen (BAG 19.9.06 – 1 ABR 53/05, NZA 07, 518). Im Übrigen können im Einzelfall **Sachverständige** oder sonstige **Gäste** teilnehmen. Bei der Einladung von Sachverständigen durch den BRat ist wegen der Kostentragung § 80 Abs 3 BetrVG zu beachten (BAG 19.4.89, DB 89, 1774). Die Teilnahme eines externen Referenten ist auch gegen den Widerspruch des ArbGeb möglich (BAG 13.9.77, DB 77, 2452). Die Hinzuziehung eines **Dolmetschers** für ausländische ArbN ist zulässig (ArbG Stuttgart 27.2.86, ArbuR 86, 316 [LS]). Das Gleiche gilt für einen ausländischen Referenten (LAG BaWü 16.1.98 – 5 TaBV 14/96, NZA-RR 98, 306: BRatMitglieder aus ausländischem Schwesterunternehmen).

11 **4. Ort/Kosten.** Die Betriebsversammlung findet regelmäßig im Betrieb statt. § 40 Abs 2 BetrVG gilt entsprechend. Sind keine geeigneten Räume vorhanden, muss der ArbGeb außerhalb des Betriebes Räume und/oder Mobiliar anmieten (LAG RhPf 23.3.10 – 3 TaBV 48/09, BeckRS 2010, 68204: Stehtische). Der ArbGeb ist grds nicht verpflichtet, die Kosten der Bewirtung der Teilnehmer zu tragen (LAG Nbg 25.4.12 – 4 TaBV 58/11, NZA-RR 12, 524). Nach der Rspr des BAG können Betriebsversammlungen für vorübergehend ins Ausland entsandte ArbN nicht im **Ausland** stattfinden (BAG 27.5.82, DB 82, 2519; zuletzt offen gelassen von LAG München 7.7.10 – 5 TaBV 18/09, BeckRS 2010, 32441). Diese Ansicht ist bereits aus Praktikabilitätsgründen abzulehnen, da ansonsten häufige Auslandsreisen vor BRatMitgliedern notwendig sein dürften (Näheres s *Auslandstätigkeit* Rz 18).

12 **5. Zeitpunkt. a) Regelmäßige Betriebsversammlungen** (§ 43 Abs 1 Satz 1 BetrVG) sowie Betriebsversammlungen auf Wunsch des ArbGeb (§ 43 Abs 3 BetrVG) finden grds **während der Arbeitszeit** (§ 44 Abs 1 Satz 1 BetrVG) statt. „Arbeitszeit" meint die betriebliche Arbeitszeit, während der ein erheblicher Teil der ArbN arbeitet (BAG 9.3.76, DB 76, 1291; 27.11.87, DB 88, 810).

Betriebsversammlung 130

Nach pflichtgemäßem Ermessen soll der BRat den Zeitpunkt der regelmäßigen Betriebs- 13
versammlung so wählen, dass möglichst viele ArbN während ihrer persönlichen Arbeitszeit an der Betriebsversammlung teilnehmen können (BAG 27.11.87, DB 88, 810). Gesetzliche Vorgaben bezüglich der höchstzulässigen **Dauer** einer Betriebsversammlung bestehen nicht (*Fitting* § 44 Rz 10 f; *DKK/Berg* § 44 Rz 3). Auch eine Vertagung ist möglich, wenn die Tagesordnung beim ersten Termin nicht abschließend behandelt werden konnte (LAG BaWü 5.5.82, AiB 89, 209; 12.12.85, AiB 86, 67). Der BRat muss auf betriebliche Notwendigkeiten Rücksicht nehmen, um die entstehenden Betriebsablaufstörungen so gering wie möglich zu halten. Zweckmäßigerweise wird er daher die Betriebsversammlung an den Beginn oder an das Ende der Arbeitszeit legen. Betriebsversammlungen, die nach der Tagesordnung voraussichtlich nicht länger als 8 Stunden dauern, sind grds an einem Kalendertag abzuhalten (LAG MeVo 15.10.08 – 2 TaBV 2/08, BeckRS 2008, 57712).

Bei **Schichtarbeit** entscheidet der BRat, in welche Schicht die Betriebsversammlung 14
gelegt werden soll (BAG 5.5.87, DB 87, 1945). Oft wird hier eine „überlappende" Betriebsversammlung zwischen den Schichten sinnvoll sein (LAG SchlHol 30.5.91, DB 91, 2247 [LS]; *Bischof* BB 93, 1937). Bei **gleitender Arbeitszeit** sollte die Betriebsversammlung in die Kernarbeitszeit gelegt werden. Auch bei **Teilzeitarbeitnehmern** gelten die vorgenannten Grundsätze; es besteht kein Erfordernis, die Betriebsversammlung wegen der Teilzeit-ArbN grds außerhalb der Arbeitszeit durchzuführen (BAG 27.11.87, DB 88, 810; *Lipke* NZA 90, 758).

Auch bei **Einzelhandelsunternehmen** können Betriebsversammlungen grds während 15
der Arbeitszeit stattfinden. Dem steht nicht die Eigenart dieser Betriebe (vgl § 44 Abs 1 Satz 1 BetrVG) entgegen (BAG 9.3.76, DB 76, 1291). Allerdings sind hier Betriebsablaufstörungen nach dem Grundsatz der Verhältnismäßigkeit besonders zu berücksichtigen (Schlussverkauf, Weihnachtsgeschäft, besondere Stoßzeiten). Einen Anspruch auf Schließung des Betriebes (zB Kaufhaus) während der gesetzlichen Ladenöffnungszeiten hat der BRat aus § 44 BetrVG nicht (LAG Köln 23.10.85, LAGE Nr 3 zu § 44 BetrVG; LAG Köln 19.4.88, LAGE Nr 4 zu § 44 BetrVG).

Außerhalb der Arbeitszeit ist eine regelmäßige Betriebsversammlung nur zulässig, wenn 16
zwingende, in der Eigenart des Betriebes liegende Gründe entgegenstehen (§ 44 Abs 1 BetrVG). Hier ist ein **strenger Maßstab** anzulegen (BAG 27.11.87, DB 88, 810). Das Entstehen von Produktions- und Umsatzeinbußen genügt ebenso wenig wie die außergewöhnliche Größe des Betriebs (ArbG Darmstadt 7.5.09 – 7 BVGa 13/09, BeckRS 2009, 66084: Logistik-Unternehmen im Just-in-Time-System; 27.11.03 – 5 BVGa 39/03, AiB 04, 754: Betriebsversammlung im Einzelhandel in erster Dezemberwoche; ArbG Wuppertal 9.7.96, AiB 97, 347: Postniederlassung mit ca 2500 Beschäftigten; ArbG Essen 14.4.11 – 2 BVGa 3/11, NZA-RR 11, 579: Küche in Klinikum). Erforderlich sind vielmehr technisch untragbare Störungen des Betriebsablaufs und in Ausnahmefällen auch absolute wirtschaftliche Unzumutbarkeit (LAG SchlHol 28.10.96, AiB 97, 348; vgl außerdem die Einzelbeispiele bei GK-BetrVG/*Weber* § 44 Rz 18; *Hunold* AR-Blattei Betriebsverfassung XI C).

b) **Außerordentliche Betriebsversammlungen**, die der BRat auf eigene Initiative oder 17
auf Antrag eines Viertels der Belegschaft einberuft, finden grds außerhalb der Arbeitszeit statt, es sei denn, der ArbGeb stimmt der Abhaltung während der Arbeitszeit zu (§ 44 Abs 2 BetrVG). An die erforderliche Dringlichkeit der zu behandelnden Angelegenheit einer weiteren Betriebsversammlung iSd § 43 Abs 1 Satz 4 BetrVG sind hohe Anforderungen zu stellen (BAG 23.10.91, DB 92, 689).

6. Themen von Betriebs- und Abteilungsversammlungen können gem § 45 18
BetrVG Angelegenheiten sein, die den Betrieb oder seine ArbN unmittelbar betreffen einschließlich solcher tarifpolitischer, sozialpolitischer, umweltpolitischer und wirtschaftlicher Art unter Berücksichtigung der Grundsätze des § 74 Abs 2 BetrVG. Die Aufzählung der Themen in § 45 BetrVG ist lediglich beispielhaft und nicht abschließend. Zum 1.9.94 sind mit Inkrafttreten des 2. Gleichberechtigungsgesetzes Fragen der Frauenförderung und der Vereinbarkeit von Familie und Beruf und zum 28.7.01 mit Inkrafttreten des BetrVerf-Reformgesetzes umweltpolitische Themen sowie Fragen der Integration von im Betrieb beschäftigten Ausländern in den Themenkatalog mitaufgenommen worden. Unproblematisch zulässig sind alle Fragen, die zu dem Aufgabenbereich des BRat gehören.

130 Betriebsversammlung

19   Zu den **tarifpolitischen Angelegenheiten** zählen sämtliche Informationen über Bestrebungen der Tarifpartner bezüglich Abschluss oder Änderung von einschlägigen Tarifverträgen wie zB eine Information über den Stand aktueller Tarifverhandlungen (ArbG Oldenburg 29.5.89, NZA 89, 652; zu Unrecht differenzierend ArbG Wilhelmshaven 27.10.88, NZA 89, 571, wonach ein Bericht über Einzelforderungen des ArbGeb in Tarifverhandlungen unzulässig ist). Eine Betriebsversammlung zur Erörterung möglicher Arbeitskampfmaßnahmen verstößt demgegenüber gegen die arbeitskampfrechtliche Neutralitätspflicht des BRat (ArbG Neumünster 25.1.94, DB 94, 436).

20   Der Begriff der **sozialpolitischen Angelegenheiten** ist weit zu verstehen und umfasst bspw ein Referat über aktuelle Fragen der gesetzlichen RV (LAG Brem 5.3.82, DB 82, 1573), über die Wahlfreiheit in der KV (ArbG Paderborn 24.10.96 – 2 BVGa 4/96, NZA-RR 98, 23), über das Gesetz zur Verbesserung der betrieblichen Altersversorgung (BAG 13.9.77, DB 77, 2452), über die Auswirkungen einer bevorstehenden sozial- bzw arbeitsrechtlichen Gesetzesänderung (GK-BetrVG/*Weber* § 45 Rz 14; aA ArbG München 3.2.86, NZA 86, 235; ArbG Minden 2.7.96, AiB 96, 555).

21   **Umweltpolitische Angelegenheiten** sind sämtliche mit dem betrieblichen Umweltschutz zusammenhängenden Fragen. § 89 Abs 3 BetrVG enthält insoweit eine weitreichende gesetzliche Legaldefinition (kritisch zur gesetzlichen Neuregelung *Reichold* NZA 01, 857).

Wirtschaftliche Angelegenheiten sind schließlich sowohl konkrete wirtschaftliche Maßnahmen des ArbGeb (zB bevorstehender Betriebsübergang, Betriebsänderungen etc) als auch gesetzgeberische und wirtschaftspolitische Maßnahmen. Sämtliche Angelegenheiten müssen jedoch immer einen unmittelbaren Bezug zu dem Betrieb oder zu seinen ArbN haben.

22   Die **Themenkontrolle und -überwachung** obliegt dem BRatVorsitzenden. Die ArbN dürfen auf der Betriebsversammlung ihre Meinung zu allen betrieblichen Angelegenheiten frei äußern. Dies beinhaltet auch das Recht zur sachlichen Kritik am ArbGeb, wobei kein kleinlicher Maßstab anzulegen ist (*Kissel* NZA 88, 145).

23   Gem § 43 Abs 2 Satz 3 BetrVG ist der ArbGeb verpflichtet, einmal jährlich in einer Betriebsversammlung umfassend über das **Personal- und Sozialwesen** sowie die wirtschaftliche Lage und Entwicklung des Betriebes und über den betrieblichen Umweltschutz zu berichten. Bei Bestehen eines einheitlichen Betriebes für mehrere Unternehmen muss dieser Bericht durch sämtliche betroffenen ArbGeb erfolgen (LAG Hbg 15.12.88, NZA 89, 733 [LS]). In diesem Zusammenhang kann der ArbGeb uU die Beschäftigten über die Kosten der Amtsführung des BRat informieren. Hierbei muss er jedoch die berechtigten Belange des BRat beachten und darf durch Art und Weise der Informationsgestaltung und -vermittlung den BRat nicht in seiner Amtsführung beeinträchtigen (zB einseitige Information der ArbN durch Heraushebung der BRatKosten; vgl BAG 12.11.97 – 7 ABR 14/97, NZA 98, 559; zu Unrecht kritisch *Hunold* BB 99, 1492).

24   **Rechtsfolge** der Behandlung eines **unzulässigen Themas** ist insbesondere der Verlust von Vergütungsansprüchen der ArbN (s unten Rz 29 ff), wenn es sich um eine wesentliche Überschreitung handelt und die Veranstaltung hierdurch ihren Charakter als Betriebsversammlung verliert (LAG Hamm 5.11.86, LAGE Nr 4 zu § 44 BetrVG; LAG Düsseldorf 10.3.81, DB 81, 1729).

25   **7. Vergütungsansprüche. a) Grundsatz.** Nach der gefestigten Rspr sowohl des 1. als auch des 7. Senats des BAG stellt § 44 Abs 1 Satz 2 und 3 BetrVG keine Ausprägung des Lohnausfallprinzips dar, sondern enthält eine eigenständige kollektivrechtliche Vergütungsregelung (BAG 5.5.87, NZA 87, 712, 714 und 853; 27.11.87, DB 88, 810; 31.5.89, DB 90, 793; kritisch *Bengelsdorf* NZA 89, 905; *Buchner* SAE 88, 10). Der ArbN erfüllt danach die Voraussetzungen des Vergütungsanspruchs allein durch die Teilnahme an der Betriebsversammlung, ohne dass zu prüfen ist, ob er für den Fall der Nichtteilnahme einen Lohnanspruch erworben hätte.

26   Der Lohnanspruch besteht sowohl bei Betriebsversammlungen während Kurzarbeit (BAG 5.5.87, NZA 87, 714), während eines Streiks (BAG 5.5.87, NZA 87, 853) sowie während Erholungs- oder Erziehungsurlaub (BAG 5.5.87, NZA 87, 712 und 31.5.89, DB 90, 793). Einen Vergütungsanspruch haben auch Teilzeitbeschäftigte und Kapovaz-ArbN, wobei bei letzteren allerdings eine Anrechnung der Dauer der Betriebsversammlung auf das Arbeitsdeputat in Betracht kommt (vgl *Lipke* NZA 90, 758).

b) Umfang. Es wird lediglich die betriebsübliche Arbeitszeit vergütet, dh ein Anspruch 27
auf Sonntagszuschlag besteht nur, wenn die Betriebsversammlung in einer Freischicht am
Sonntag stattfindet (BAG 1.10.74, DB 75, 310). Auch ein Anspruch auf Mehrarbeitszuschlag
besteht nicht, da die Betriebsversammlung nur „wie Arbeitszeit" zu vergüten ist, jedoch
keine Arbeitszeit darstellt und Arbeitszeitvorschriften nicht gelten (BAG 5.5.87, NZA 87,
712 und 853; *Bartz/Stratmann* NZA-RR 13, 281; *Wiebauer* NZA 13, 540; aA OVG Münster
10.5.11 – 4 A 1403/08, BeckRS 2011, 51413).

c) Fahrtkosten. Bei Betriebsversammlungen außerhalb der Arbeitszeit sind gem § 44 28
Abs 1 Satz 3 BetrVG zusätzlich Fahrtkosten zu vergüten.

d) Wegfall. Ausnahmsweise entfällt der Vergütungsanspruch des ArbN aus § 44 Abs 1 29
und 2 BetrVG, wenn die tatbestandlichen Voraussetzungen des § 43 BetrVG für die abgehaltene Betriebsversammlung nicht vorgelegen haben. Der ArbN trägt insoweit das Risiko
der Fehleinschätzung der Rechtslage durch den BRat. Dabei kommt es nicht darauf an, ob
uU in der Person des ArbN ein schuldloser Rechtsirrtum vorliegt, denn fehlendes Verschulden kann einen gegen ihn gerichteten Schadensersatzanspruch ausschließen, vermag jedoch
nicht die fehlende gesetzliche Anspruchsvoraussetzung für den Vergütungsanspruch zu ersetzen (BAG 23.10.91, DB 92, 689).

Demgemäß scheidet eine Vergütungspflicht des ArbGeb bei einer weiteren Betriebsver- 30
sammlung iSd § 43 Abs 1 Satz 4 BetrVG aus, wenn es für eine solche Versammlung an der
nötigen besonderen **Dringlichkeit** der Angelegenheit fehlt (BAG 23.10.91, DB 92, 689).

Ein Vergütungsanspruch entfällt auch dann, wenn die Betriebsversammlung außerhalb der 31
Arbeitszeit stattgefunden hat, obwohl dies nach der Eigenart des Betriebs nicht erforderlich
war. Entscheidend ist auch dabei ein objektiver Maßstab, nicht die subjektive Vorstellung des
BRat (BAG 27.11.87, DB 88, 810; LAG Hamm 10.12.86, BB 87, 545 [LS]). Gleiches gilt
im umgekehrten Fall einer ausnahmsweise zu Unrecht während der Arbeitszeit stattfindenden Betriebsversammlung.

Voraussetzung für den Fortfall des Vergütungsanspruchs ist jedoch, dass der ArbGeb auf 32
die Unrechtmäßigkeit der Betriebsversammlung und die vergütungsmäßigen Konsequenzen
hingewiesen hat (LAG BaWü 17.2.87, DB 87, 1441; LAG Brem 5.3.82, DB 82, 1573).
Dies ergibt sich aus der *Fürsorgepflicht*. Unter dem Gesichtspunkt des Vertrauensschutzes kann
schließlich trotz fehlender gesetzlicher Voraussetzungen eine Vergütungspflicht bestehen,
wenn der ArbGeb den Eindruck erweckt hat, er sei mit der Durchführung der Versammlung
einverstanden (BAG 23.10.91, DB 92, 689).

8. Einstweiliger Rechtsschutz. In vielen Fällen reicht der Fortfall der Vergütungs- 33
ansprüche der ArbN nicht aus, um die Rechtsposition des ArbGeb hinreichend zu sichern.
Hier gewährt die Rspr dem ArbGeb die Möglichkeit, mit Hilfe einer einstweiligen Verfügung im Rahmen eines arbeitsgerichtlichen Beschlussverfahrens noch vor der Durchführung der Betriebsversammlung diese in gesetzmäßige Bahnen zu lenken. So kann zB der
ArbGeb in Zweischichtbetrieben Teilversammlungen verhindern (LAG SchlHol 26.6.91,
AiB 91, 391). Das Gleiche gilt, wenn die Betriebsversammlung zu einem fehlerhaften Zeitpunkt einberufen wird (LAG Düsseldorf 24.10.72, DB 72, 2212; *Bischof* BB 93, 1937). Auch
eine Betriebsversammlung mit unzulässiger Thematik oder unzulässigen Referenten kann auf
diese Weise verhindert werden. Umgekehrt kann sich der BRat mit denselben rechtlichen
Mitteln unter Berufung auf den allgemeinen Unterlassungsanspruch (Näheres s *Unterlassungsanspruch* Rz 14 ff) gegen rechtswidrige ArbGebVersammlungen (s oben Rz 3) zur Wehr
setzen (*Rieble* ArbuR 95, 245).

9. Betriebsräteversammlung. Um in größeren **Unternehmen** einer größeren Zahl 34
von BRatMitgliedern die Möglichkeit einer unmittelbaren Information über die Tätigkeit
des GBRat und die wirtschaftliche Lage und Entwicklung des Unternehmens zu geben,
schreibt § 53 BetrVG mindestens einmal jährlich die Durchführung einer BRäteVersammlung vor. Außerdem soll der allgemeine Gedankenaustausch zwischen den verschiedenen
BRatMitgliedern eines Unternehmens gefördert werden. Wegen der Arbeitsversäumnis der
teilnehmenden BRatMitglieder gelten die Grundsätze des § 37 Abs 2 und 3 BetrVG (ArbG
Siegen 16.1.98 – 1 Ca 278/97, NZA-RR 98, 360). Die Erstattung der Reisekosten richtet
sich nach § 40 BetrVG (*Fitting* § 53 Rz 41). Eine **konzernweite** Betriebsversammlung ist
auch bei Existenz eines KBRat vom Gesetz **nicht** vorgesehen. Aufgrund einer gesetzlichen

131   Bewerbung

Neuregelung kann seit dem 1.1.95 gem § 53 Abs 3 Satz 1 BetrVG die BRäteVersammlung auch in Form von **Teilversammlungen** durchgeführt werden.

35   **Streitigkeiten** hinsichtlich Einberufung und Durchführung der BRäteVersammlung sind im arbeitsgerichtlichen Beschlussverfahren bei dem ArbG zu führen, in dessen Bezirk sich der Unternehmenssitz befindet. Besteht Streit um die Teilnahmeberechtigung einzelner BRat-Mitglieder, ist das ArbG der jeweiligen Betriebsstätte örtlich zuständig (*Fitting* § 53 Rz 46).

B. Lohnsteuerrecht *Thomas*

36   Sofern die Betriebsversammlung mit Zuwendungen des ArbGeb verbunden ist, gelten die zum Stichwort *Betriebsveranstaltung* Rz 2 ff dargelegten Grundsätze. Fehlen solche und damit das gesellschaftliche Element oder sind sie nur unbedeutend (der Kaffee in der Pause), können bei Anreise auswärtiger ArbN Reisekosten steuerfrei zugewendet bzw als Werbungskosten geltend gemacht werden (BMF 16.5.72, BB 72, 697). Wird eine Betriebsversammlung (Teilnahmepflicht) mit einem Betriebsausflug (Teilnahme freigestellt) verbunden, sind Zuwendungen funktional zu trennen und zuzuordnen (BFH 30.4.09 – VI R 55/07, BStBl II 09, 726 = DStR 09, 1358).

C. Sozialversicherungsrecht *Ruppelt*

37   **1. Versicherungsschutz** in der gesetzlichen UV besteht für Teilnehmer an Betriebsversammlungen oder Abteilungsversammlungen iSv §§ 42 ff BetrVG. Gleiches gilt für Mitarbeiterversammlungen (s Rz 2). Voraussetzung ist, dass die Betriebs- oder Mitarbeiterversammlung vom BRat oder ArbGeb einberufen wird, weil nur dann gewährleistet ist, dass es sich um ein Zusammentreffen in betrieblichem Interesse handelt. Betriebliches Interesse liegt auch vor, wenn die Versammlung den Interessen der ArbN des Betriebs dient, denn die Wahrnehmung der Belange der ArbN gehört zu den betrieblichen Gemeinschaftsaufgaben. Das gilt nicht bei einer Feier des BRat, zu der nur dessen Mitglieder eingeladen sind (BSG 20.2.01 – B 2 U 7/00 R, NZS 01, 496). Freiwilligkeit der Teilnahme lässt den Versicherungsschutz ebenso wenig entfallen wie Versammlungen außerhalb der Arbeitszeit.

38   **2. Betriebliche Gemeinschaftsveranstaltungen** sind von den Betriebsversammlungen im dargelegten Sinn zu unterscheiden. Betriebliche Gemeinschaftsveranstaltungen dienen der Verbundenheit von Betriebsleitung und Belegschaft (Betriebsfeste, Betriebsausflüge). Einzelheiten s *Betriebsveranstaltung* Rz 20 ff.

39   **3. Versammlungen von Berufsverbänden** sind versichert, wenn der Teilnehmer im Auftrag oder auf Anordnung seines Betriebes teilnimmt. Ansonsten ist der Teilnehmer nur versichert, wenn ihm Kenntnisse vermittelt werden sollen, die für seinen Betrieb von wirtschaftlichem Nutzen sind und die er entsprechend verwenden kann. Das ist bei allg sozialpolitischen Veranstaltungen (Gewerkschaftskongress, Demonstration) nicht der Fall. Auch die Teilnahme am Streik ist grds unversichert (anders Streikhelfer im Verhältnis zur Gewerkschaft nach § 2 Abs 2 Satz 1 SGB VII).

Bewerbung

A. Arbeitsrecht *Poeche*

1   **1. Allgemeines.** Mit einer Bewerbung bringt der ArbN sein Interesse an der Aufnahme eines Arbeitsverhältnisses zum Ausdruck. Sie ist je nach dem Einzelfall nur ein Vorfühlen, ob der ArbGeb überhaupt einen freien Arbeitsplatz zur Verfügung stellen kann, oder Reaktion auf eine öffentliche oder innerbetriebliche Ausschreibung. Sie kann auch bloße Befolgung eines Vermittlungsvorschlags der Agentur für Arbeit sein. Mit jeder Bewerbung entstehen mehr oder weniger verdichtete Rechtsbeziehungen, die auch dann zu Rechtsansprüchen führen können, wenn es nicht zum Abschluss eines Arbeitsvertrages kommt. Bewirbt sich der ArbN aus einem bestehenden Arbeitsverhältnis heraus, ist zugleich die Rechtsposition zum bisherigen ArbGeb betroffen (s *Stellensuche* Rz 1–8).

Bewerbung 131

2. Bewerbungsunterlagen. Das sind regelmäßig das Bewerbungsschreiben, Lebenslauf, 2
Arbeitszeugnisse, Schul- oder Hochschulbescheinigungen, Ausbildungsnachweise, Referenzen usw. Die **Beschaffungskosten** (Kopien, Lichtbild) trägt der **Arbeitnehmer,** einschließlich der erforderlichen Übermittlungskosten. Das gilt auch für ein vom ArbGeb verlangtes Führungszeugnis (zur Zulässigkeit s *Auskunftspflichten Arbeitnehmer* Rz 28). Eine Abwälzung auf den ArbGeb kommt nur in Betracht, wenn es sich um völlig außergewöhnliche Unterlagen handelt. Das wird auch dann zu gelten haben, wenn die Kosten sehr hoch sind und eine Übernahme durch die Agentur für Arbeit ausscheidet (zB medizinisch-psychologisches Eignungsgutachten für eine Ausbildung zum Kraftomnibusfahrer); zumindest muss der ArbGeb ausdrücklich auf die Kostenpflicht des ArbN hinweisen.

3. Verwahrung und Rücksendung. Auf unverlangt eingehende Bewerbungen braucht 3
der ArbGeb nicht zu reagieren; die Bewerbungsunterlagen sind nur zurückzusenden, wenn der Bewerber einen Freiumschlag beigelegt hat. Eine Rechtspflicht besteht allerdings nicht. Meldet sich der Bewerber innerhalb angemessener Frist nicht erneut, können die Unterlagen vernichtet werden. Das dürfte auch für Originale gelten (*Laber/Klein* ArbRB 02, 171). Anderes gilt bei Bewerbungen, zu denen der ArbGeb – wenn auch allgemein über Inserat, Agentur für Arbeit oÄ – aufgefordert hat. Das **Anbahnungsverhältnis** begründet Verhaltenspflichten. Neben einer üblichen Eingangsbestätigung sind dem ArbN die Unterlagen nach Abschluss des (erfolglosen) Bewerbungsverfahrens vollständig auf Kosten des ArbGeb zuzuleiten. In der Zwischenzeit sind die Unterlagen sorgfältig zu verwahren; bei Beschädigungen oder Verlust ist Ersatz zu leisten. Führt die Bewerbung zur Einstellung des ArbN, werden sie Gegenstand der Personalakte (Näheres s *Personalakte* Rz 4). Führt die Bewerbung nicht zur Einstellung, sind nach § 32b des Entwurfs eines Gesetzes zur Regelung des Beschäftigtendatenschutzes (BDSG-E, BT-Drs 17/4230; s auch *Schriever* BB 11, 2680; das Vorhaben ist zwischenzeitlich gestoppt und seine Umsetzung in die nächste Legislaturperiode verschoben worden) die Daten umgehend zu löschen, es sei denn, der Bewerber hat in die Speicherung eingewilligt.

4. Vorstellungskosten. a) Grundsätze. Fordert der ArbGeb den ArbN auf, sich per- 4
sönlich vorzustellen, werden die hiermit verbundenen Aufwendungen auch ohne besondere Vereinbarung **verkehrsüblich** vom ArbGeb von vornherein übernommen oder gegen Beleg erstattet. Hierzu ist er nach ganz hM verpflichtet; auf die Vorschriften des Auftragsrechts wird zurückgegriffen (§§ 662 bis 670 BGB; BAG 29.6.88 – 5 AZR 433/87, NZA 89, 468; LAG Nbg 25.7.95 – 2 Sa 73/94, LAGE § 670 BGB Nr 12; aA *Sieber/Wagner* NZA 03, 1312). Das gilt auch dann, wenn die Aufforderung des ArbGeb auf eine Initiativbewerbung des ArbN zurückgeht. Unerheblich ist, ob es zur Einstellung des Bewerbers kommt. Der ArbGeb kann den Anspruch **ausschließen,** indem er vorher den Bewerber ausdrücklich darauf hinweist, dass etwaige Kosten nicht übernommen werden (vgl ArbG Kempten 12.4.94 – 4 Ca 720/94, DB 94, 1504). Hierzu genügt es nicht, wenn er ihn zu einer „unverbindlichen Rücksprache" bittet oder zum Ausdruck bringt, er stelle dem Bewerber ein Vorstellungsgespräch „anheim". Anders liegt es, wenn der ArbN ausdrücklich bittet, vorsprechen zu dürfen und der ArbGeb lediglich seine Zustimmung erteilt. Ebenso wenig wird ein Erstattungsanspruch begründet, wenn der ArbN den Betrieb unmittelbar auf eine Anzeige oder einen Vermittlungsvorschlag der Agentur für Arbeit hin aufsucht.

b) Art und Höhe. Zu erstatten sind die verkehrsüblichen und erforderlichen Auslagen. 5
Hierzu gehören die **Fahrtkosten,** soweit der ArbN von dem Ort anreist, der dem ArbGeb bekannt ist. Regelmäßig sind bei Benutzung des Pkw die km zu erstatten; auf die steuerliche Pauschale kann zurückgegriffen werden. Angesichts der Üblichkeit der Pkw-Nutzung beschränkt sich der Anspruch des ArbN auf die niedrigeren Kosten öffentlicher Verkehrsmittel nur bei einem entsprechenden vorherigen Hinweis des ArbGeb. Zu **Taxikosten** ArbG Köln 20.5.05 – 2 Ca 10220/04, NZA-RR 05, 577. **Flugkosten** sind idR nur zu erstatten, wenn der ArbGeb ihre Übernahme zugesagt hat (ArbG Hbg 2.11.94 – 13 Ca 24/94, NZA 95, 428; ArbG Düsseldorf 15.5.12 – 2 Ca 2404/12, BeckRS 2012, 70405). **Übernachtungskosten** sind zu übernehmen, wenn dem ArbN nach der zeitlichen Lage des Vorstellungsgesprächs erkennbar eine taggleiche An- und Abreise nicht zumutbar ist. Im Ergebnis kann daher die Benutzung des Flugzeugs kostengünstiger sein; eine vorherige Abklärung ist empfehlenswert. Regelmäßig ist der **Verpflegungsaufwand** nach Beleg oder steuerlicher Pauschale zu erstatten. Die Verjährungsfrist beträgt drei Jahre (§ 195 BGB).

131 Bewerbung

Der dem ArbN entstehende **Zeitaufwand** ist **nicht** auszugleichen, und zwar weder ein genommener Urlaubstag noch ein etwaiger **Verdienstausfall**. Mit derartigen Kosten braucht der ArbGeb idR nicht zu rechnen; sie sind nicht verkehrsüblich, zumal der ArbN von seinem bisherigen ArbGeb gem §§ 629, 616 BGB bezahlte Freizeit zur Stellensuche beanspruchen kann (s *Stellensuche* Rz 7). Wird dem ArbN ausnahmsweise Verdienstausfall erstattet, entfällt der Anspruch gegen den bisherigen ArbGeb. Ein gerichtlicher Vergleich, mit dem „alle eventuellen Ansprüche aus dem Arbeitsverhältnis und seiner Beendigung ausgeglichen" sind, erfasst idR auch Vorstellungskosten (LAG Nbg 29.9.03 – 6 Sa 882/02, NZA-RR 04, 290).

6   c) **Verweisung auf Leistungen der Bundesagentur für Arbeit.** Grds gilt, dass der ArbGeb vorab klarzustellen hat, wenn er üblicherweise zu übernehmende Kosten nicht trägt. Auch die Möglichkeit für den Bewerber, Leistungen von der BA zu erlangen, sollte daher vorher angesprochen werden. Entstehen dem ArbN infolge einer Leistungsgewährung durch die BA tatsächlich keine Kosten, entfällt der Aufwendungsersatzanspruch gegen den ArbGeb.

7   **5. Entschädigungsansprüche des Bewerbers.** Zur Vermeidung von Entschädigungsansprüchen muss der ArbGeb auf eine diskriminierungsfreie Behandlung der Bewerber achten. Es ist jeder Anschein zu vermeiden, die *Personalauswahl* orientiere sich an einem der nach § 1 AGG verbotenen Merkmale (BAG 17.12.09 – 8 AZR 670/08, NZA 10, 383; BAG 24.1.13 – 8 AZR 429/11, BeckRS 2013, 67925; Näheres *Diskriminierung* Rz 1 ff; *Einstellungsuntersuchung* Rz 2). Bewirbt sich ein schwerbehinderter Mensch, so haben der private ArbGeb § 81 SGB IX und der öffentliche ArbGeb zusätzlich § 82 SGB IX zu beachten. In der Praxis wird immer noch sehr häufig gegen die dort normierten Pflichten verstoßen. Das von dem BMFG, der Stadt Celle, der Arbeitsagentur NRW und einigen Großunternehmen durchgeführte Modellprojekt „Anonyme Bewerbungsverfahren" wurde von der Antidiskriminierungsstelle des Bundes im April 2012 insbesondere wegen verbesserter Chancen für junge Frauen positiv bewertet (Näheres auf der Homepage der Antidiskriminierungsstelle; s zur anonymen Bewerbung auch *Döse* NZA 12, 781).

8   **6. Gerichtsstand.** Zuständig für einen Rechtsstreit gegen den ArbGeb im Zusammenhang mit einer erfolglosen Bewerbung ist der Sitz des ArbGeb (ArbG Hanau 21.12.95 – 2 Ca 699/95, NZA-RR 96, 186). Dagegen sind die ordentlichen Gerichte zuständig für die **Auskunftsklage** eines Bewerbers gegen einen Rechtsanwalt, der im Namen eines namentlich nicht benannten ArbGeb eine Stellenanzeige schaltet. Dies gilt auch dann, wenn die Auskunft die Durchsetzung einen Entschädigungsanspruchs gem § 15 AGG gegen den ArbGeb vorbereiten soll (BAG 27.8.08 – 5 AZB 71/08, NZA 08, 1259). Die Entschädigungsklage nach § 15 Abs 2 AGG ist gegen den potentiellen ArbGeb, nicht gegen einen Vermittler zu richten (LAG SchlHol 22.11.12 – 4 Sa 246/12, BeckRS 2013, 66218, nrkr). Die vom BAG (20.5.10 – 8 AZR 287/08 (A), NZA 10, 1006) dem EuGH vorgelegte Frage, ob der Bewerber gegen den ArbGeb einen Auskunftsanspruch zur Vorbereitung eines Entschädigungsanspruchs hat, hat der EuGH (19.4.12 – C-415/10, NZA 12, 493) verneint. Er hat allerdings darauf hingewiesen, dass die Verweigerung jeglicher Information die Vermutung einer Diskriminierung mitbegründen kann. Das BAG hat daraufhin betont, dass allein die Verweigerung einer Auskunft noch kein Indiz iSd § 22 AGG darstellt; der Anspruchsteller muss vielmehr weitere Anhaltspunkte dartun (BAG 25.4.13 – 8 AZR 287/08, BeckRS 2013, 68457). Einen Anspruch des unterlegenen Bewerbers um eine Berufsbildungsmaßnahme auf Herausgabe von Informationen über die übrigen Bewerber hat der EuGH auf der Grundlage der Gleichbehandlungsrichtlinie ebenfalls verneint (EuGH 21.7.11 – C-104/10, BeckRS 2011, 81408, vgl hierzu auch *Gola* NZA 13, 360).

9   **7. Zur Anfechtbarkeit einer Einstellungserklärung** wegen unrichtiger Beantwortung der vom ArbGeb zulässig gestellten Fragen und zu den Offenbarungspflichten des ArbN bei einer Bewerbung s *Personalauswahl* Rz 10 bis 18.

10   **8. Mitbestimmungsrechte.** Nach § 99 Abs 1 BetrVG hat der ArbGeb den BRat ua bei einer Einstellung zu beteiligen (dazu *Mitbestimmung, personelle Angelegenheiten* Rz 6; *Einstellung* Rz 2). Er leitet dieses Beteiligungsverfahren nur dann ordnungsgemäß ein, wenn er dem BRat die erforderlichen **Bewerbungsunterlagen** vorlegt. Dazu gehören nicht nur die von den Bewerbern eingereichten Unterlagen, sondern idR auch solche, die der ArbGeb über die Person erstellt hat (BAG 14.12.04 – 1 ABR 55/03, NZA 05, 827).

B. Lohnsteuerrecht
Thomas

1. Charakter. Bewerbungskosten sind **vorweggenommene Werbungskosten,** die nach 16 § 9 Abs 1 Satz 1 EStG abziehbar sind, auch wenn es nicht zu den erstrebten Einnahmen kommt (vgl BFH 15.4.92 – III R 96/88, BStBl II 92, 819 sowie BFH 18.4.96 – VI R 5/95, BStBl II 96, 482 und BFH 18.4.96 – VI R 75/95, BStBl II 96, 529). Abweichendes gilt bei der – schwer nachweisbaren – nicht ernst gemeinten Bewerbung zur Erschleichung von Auslagenersatz, weil sie nicht der Erzielung steuerbarer Einnahmen dient.

2. Abziehbare Kosten. Zu den zu berücksichtigenden Aufwendungen des ArbN gehö- 17 ren neben den dem Einstellungsgespräch vorausgehenden Kosten (Fertigung und Verschickung von Unterlagen, Telefon usw) die mit dem Einstellungsgespräch verbundenen Reisekosten (Fahrt-, Übernachtungskosten, Verpflegungspauschalen; s *Dienstreise* Rz 16). Auch wenn der ArbN keine erste Tätigkeitsstätte besitzt, führt er insofern eine Dienstreise durch (R 9.4 Abs 1 Satz 2 LStR; FG Nbg 1.12.94, EFG 95, 512). Dagegen führt eine Fahrt ohne Bewerbungsgespräch, die nur dazu dient, das Umfeld eines künftigen Arbeitsplatzes kennen zu lernen als privater Ausflug nicht zu Werbungskosten (FG BaWü 28.3.96, EFG 96, 850).

3. Steuerfreiheit. Soweit der künftige ArbGeb Reisekosten gem § 3 Nr 16 EStG oder die 18 BA nach § 53 AFG Zuschüsse gem § 3 Nr 2 EStG steuerfrei ersetzt, ist der Werbungskostenabzug nach § 3c EStG ausgeschlossen. Das Gleiche gilt, wenn die Bewerbung im Ausland erfolgt und die dortigen Bezüge nicht der inländischen Besteuerung unterliegen (BFH 24.4.92 – VI R 141/89, BStBl II 92, 666; vgl aber BFH 28.7.11 – VI R 5/10, DStR 11, 1745).

C. Sozialversicherungsrecht
Voelzke

1. Leistungsrecht. Die BA gewährt nach § 44 SGB III Ausbildungssuchenden, von 19 Arbeitslosigkeit bedrohten Arbeitsuchenden und Arbeitslosen aus dem Vermittlungsbudget Förderungsleistungen für die **Anbahnung oder Aufnahme** einer versicherungspflichtigen Beschäftigung, wenn dies für die berufliche Eingliederung notwendig ist. Mit diesem Instrument sollen Hemmnisse beseitigt werden, die einer Arbeits- oder Ausbildungsaufnahme entgegenstehen (BT-Drs 16/10810 zu Art 1 § 44). Zum Leistungsspektrum des § 44 SGB III gehört auch die Übernahme von Bewerbungskosten.

Die Vorschrift des § 44 SGB III verzichtet bewusst auf die zentrale Vorgabe von **Pauscha-** 20 **len** für die Förderungstatbestände (Näheres: *Vermittlungsbudget*). Die Entscheidung über die Förderungshöhe kann die Bedürftigkeit des Bewerbers einbeziehen. Leistungen aus dem Vermittlungsbudget können nur erbracht werden, wenn der ArbGeb gleichartige Leistungen nicht oder voraussichtlich nicht erbringt (*Hauck/Noftz/Rademacker* SGB III, § 44 Rz 33).

2. Sperrzeit. Der ArbN, der Leistungen wegen Arbeitslosigkeit bezieht, im Rahmen der 21 von der Agentur für Arbeit geforderten Eigenbemühungen gehalten, sich selbst darum zu bemühen, seine Beschäftigungslosigkeit zu beenden sowie auf Vermittlungsvorschläge der Agentur für Arbeit zu reagieren und sich ggf zu bewerben. Diese versicherungsrechtlichen Obliegenheiten werden durch die Sperrzeit bei Arbeitsablehnung (§ 159 Abs 1 Satz 2 Nr 2 SGB III; Näheres: *Sperrzeit* Rz 15 ff) abgesichert. Nach Auffassung des BSG steht ein **Bewerbungsschreiben,** das auch negative Umstände aus der Berufsbiographie enthält, einer Nichtbewerbung nur bei groben Unrichtigkeiten oder demonstrativ herausgestellten negativen Gesichtspunkten gleich (BSG 9.12.03 – B 7 AL 106/02 R, SozR 4–4100 § 119 Nr 3). Der Arbeitslose ist jedoch andererseits gehalten, alles zu unterlassen, was beim ArbGeb den Eindruck einer Ablehnung des Beschäftigungsangebots erwecken könnte (BSG 5.9.06 – B 7a AL 14/05 R, NZA 07, 268).

3. Beitragsrecht. Aufwendungen, die ein ArbGeb einem Stellenbewerber für ein Vor- 22 stellungsgespräch erstattet, sind nicht dem der Beitragspflicht unterliegendem Arbeitsentgelt hinzuzurechnen.

4. Unfallversicherung. Unfälle, die sich im Zusammenhang mit der Bewerbung ereig- 23 nen, stehen nicht unter Versicherungsschutz in der gesetzlichen UV (vgl zu der kontrovers diskutierten Frage des Versicherungsschutzes bei der Arbeitsplatzsuche *Schulin* Bd 2/*Schulin* § 30 RdNr 51). Hierfür ist unerheblich, ob zu einem späteren Zeitpunkt ein Beschäftigungsverhältnis begründet wird, weil jedenfalls bis zum Abschluss des Arbeitsvertrages kein Ver-

132 Bewirtungsaufwendungen

sicherungsverhältnis nach § 2 Abs 1 Nr 1 SGB VII besteht. Da die Bewerbung in erster Linie eigenen Belangen des ArbN dient, kann auch kein Versicherungsschutz „wie ein Beschäftigter" nach § 2 Abs 2 SGB VII angenommen werden (vgl *Arbeitnehmerähnliche Personen* Rz 28 ff). Schließlich fällt eine im Zusammenhang mit der Bewerbung durchgeführte Arbeitsplatzbesichtigung nicht unter einen durch Satzungsrecht der BG begründeten UVSchutz für „Teilnehmer an Besichtigungen des Unternehmens" (BSG 25.8.94 – 2 RU 32/93, NZS 95, 84).

Bewirtungsaufwendungen

A. Arbeitsrecht
Griese

1   **1. Allgemeines.** Aufwendungen zur Bewirtung entstehen, wenn ArbN oder ArbGeb Geschäftspartner zu Geschäftsessen einladen (zum Begriff der *Bewirtungsaufwendungen* s unten Rz 7, 8). Spricht ein ArbN im betrieblichen Interesse des ArbG eine entsprechende Einladung aus und übernimmt die hieraus entstehenden Kosten, kann er unter den Voraussetzungen des § 670 BGB eine Erstattung als Aufwendungsersatz (s *Aufwendungsersatz* Rz 2) vom ArbGeb verlangen. Der ArbN muss diese Kosten regelmäßig nicht von seiner Vergütung bestreiten, da diese Kosten nicht zum persönlichen Lebensbedarf des ArbN gehören, sondern durch die jeweilige Arbeitsaufgabe veranlasst sind.

2   Anders wird die Rechtslage zu beurteilen sein, wenn der ArbN für den mit seiner Tätigkeit verbundenen Bewirtungs- und Repräsentationsaufwand eine besondere Vergütung oder **Pauschale** erhält.

3   **2. Voraussetzungen des Erstattungsanspruchs.** Nach § 670 BGB, der im Arbeitsverhältnis anzuwenden ist (BAG 21.8.85 – 7 AZR 199/83, NZA 86, 324), hat der ArbN Anspruch auf Ersatz derjenigen Aufwendungen, die er zweckgerichtet im Hinblick auf die Arbeitsaufgabe erbringt, die er den Umständen nach für erforderlich halten durfte und die nicht durch die Vergütung abgegolten sind.

4   Erforderlich ist also zunächst, dass die Bewirtung im Hinblick auf die **Arbeitsaufgabe** erfolgt. Bei den Eingeladenen muss es sich um Geschäftspartner handeln, mit denen der ArbN bei Ausführung seiner Arbeit zu tun hat. Die Einladung muss im **betrieblichen Interesse** liegen.

5   Ersatzfähig sind weiterhin nur diejenigen Bewirtungsaufwendungen, die der ArbN den Umständen nach für erforderlich halten durfte. Damit werden **Luxusaufwendungen** von der Erstattungspflicht ausgenommen. Was für erforderlich gehalten werden darf, richtet sich nach den Umständen des Einzelfalls, insbesondere nach den im Betrieb bestehenden Üblichkeiten und dem Stellenwert der Eingeladenen für den Betrieb. Im Zweifel ist dem ArbN zu empfehlen, vorher die Genehmigung des ArbGeb einzuholen.

Manipulative Maßnahmen bei der Abrechnung von Bewirtungsaufwendungen (Erstellung einer fingierten Gästeliste, LAG BaWü 29.3.06 – 12 Sa 135/04) können einen Grund zur fristlosen Kündigung ergeben.

6   Die Aufwendungen dürfen nicht den Charakter eines Schmiergeldes (s *Schmiergeld* Rz 3) annehmen, etwa kostenlose Gewährung von Ferienunterkunft und -verpflegung. Unabhängig von der Strafbarkeit von Schmiergeldzahlungen nach § 299 StGB besteht **kein Anspruch auf Ersatz von Schmiergeldaufwendungen.** Denn Aufwendungen, die mit der Rechtsordnung nicht in Einklang stehen, sind, weil sie gegen ein gesetzliches Verbot (§ 134 BGB) bzw gegen die guten Sitten verstoßen (§ 138 BGB), nicht erstattungsfähig, selbst wenn sie zum Erfolg geführt haben (vgl BGH 12.4.78, BB 78, 1415; *Palandt/Sprau* § 670 Rz 5).

B. Lohnsteuerrecht
Windsheimer

7   **1. Bewirtung durch den Arbeitgeber. a) Innerbetriebliche** Bewirtung, dh eine Bewirtung, zu der der ArbGeb nur die ArbN seines Unternehmens einlädt, führt **nicht zu Arbeitslohn,** soweit es sich bei der Bewirtung um eine nicht steuerbare **Aufmerksamkeit** handelt (vgl R 19.6 Abs 2 LStR; Einzelheiten s *Arbeitsentgelt* Rz 50). Hierunter fallen Getränke und Genussmittel, die der ArbGeb den ArbN zum Verzehr im Betrieb unent-

geltlich oder verbilligt überlässt. Dazu gehören auch Bewirtungen, die der ArbGeb den ArbN anlässlich und während eines außergewöhnlichen Arbeitseinsatzes, zB während einer außergewöhnlichen betrieblichen Besprechung oder Sitzung oder anlässlich unvorhergesehener Überstunden, zum Verzehr im Betrieb unentgeltlich oder verbilligt zukommen lässt und deren Wert 40 € pro Person nicht überschreitet (sog **Arbeitsessen;** R 19.6 Abs 2 Satz 2 LStR). Bei Überschreiten der 40 €-Grenze kommt die LSt-Pauschalierung nach § 37b EStG in Betracht (BMF 29.4.08 – IV B 2 – S 2297 – b/07/0001, BStBl I 08, 566; s *Lohnsteuerpauschalierung* Rz 60). Schließlich gehören hierher Bewirtungen im Rahmen einer Betriebsveranstaltung (R 19.5 Abs 4 Nr 1 LStR; BFH 30.4.09 – VI R 55/07, DStR 09, 1358; s *Betriebsveranstaltung* Rz 4) und Bewirtungen, die ansonsten im ganz überwiegenden betrieblichen Interesse des ArbGeb liegen (s hierzu *Arbeitsentgelt* Rz 37), zB anlässlich eines Dienstjubiläums, der Diensteinführung, eines Amts- oder Funktionswechsels oder des Ausscheidens eines Mitarbeiters. Ab 1999 gilt für letzteres eine Freigrenze von 110 € pro Teilnehmer (R 19.3 Abs 2 Nr 3 LStR).

Zur Bewirtung des ArbN während einer **Auswärtstätigkeit** s *Dienstreise* Rz 12 ff. **8**

Dagegen gehört die Bewirtung zum **Arbeitslohn,** wenn sie im weitesten Sinn als Gegen- **9** leistung für das Zurverfügungstellen der individuellen Arbeitskraft des ArbN anzusehen ist (R 8.1 Abs 8 Nr 3 LStR), zB die Bewirtung in einem Restaurant anlässlich regelmäßiger Geschäftsleitungssitzungen (BFH 4.8.94 – VI R 61/92, BStBl II 95, 59) oder nach einem Geschäftsabschluss oder zum Jahresende, um das Betriebsergebnis zu würdigen. Auch Bewirtungen anlässlich eines privaten Ereignisses des ArbN (zB Geburtstag, Ordensverleihung, Ruhestandversetzung) gehören anteilig zum Arbeitslohn, auch wenn sie mit einem geschäftlichen Anlass verknüpft werden (BFH 15.2.08 – VI B 97/07, BFH/NV 08, 790), außer es handelt sich um eine betriebliche Veranstaltung, wobei die 110 € – Freigrenze pro Teilnehmer gilt (R 19.3 Abs 2 Nr 4 LStR, zur Berechnung der Freigrenze s BFH 16.5.13 VI R 94/10, DStR 13, 2170). Dies kann dadurch erreicht werden, dass der ArbGeb, nicht der ArbN, die Gäste bestimmt (BFH 28.1.03 – VI R 48/99, BStBl II 03, 725). Steuerpflicht gilt für Bewirtungen im Rahmen unüblicher Betriebsveranstaltungen (BFH 6.2.1987 –, VI R 24/84, BStBl II 87, 355), nicht aber für Bewirtungen anlässlich der Beförderung oder Höhergruppierung eines ArbN (R 19.3 Abs 2 Nr 3 LStR). Für auswärtige ArbN, die an den Betriebssitz des ArbGeb anreisen, kann die als Lohn zu erfassende Zuwendung als Reisekosten (§ 3 Nr 16 EStG) steuerfrei sein (BFH 4.8.94, BStBl II 95, 59). Zu Bewirtungen bei **Bildungsmaßnahmen** des ArbGeb s *Betriebliche Berufsbildung* Rz 21, *Essenszuschuss* Rz 21. Bemessungsgrundlage der LSt für den zu erfassenden Arbeitslohn ist – soweit nicht der Sachbezugswert eingreift, wie bei Dienstreisen oder Bildungsmaßnahmen (R 8.1 Abs 8 Nr 2 LStR; s *Essenszuschuss* Rz 21) – der jeweilige tatsächliche Preis für den einzelnen Bewirteten. Zahlt der ArbN etwas dazu, ist die Differenz zum tatsächlich höheren Preis als zu versteuernder Arbeitslohn zu erfassen (R 8.1 Abs 8 Nr 4 LStR). Bei einer Kapitalgesellschaft führen Bewirtungen, die den persönlichen Bereich des (Gesellschafter-) Geschäftsführers betreffen, zu verdeckten Gewinnausschüttungen (BFH 7.4.08 – I B 143/07, BFH/NV 08, 1202; s *Geschäftsführer* Rz 40).

Für den ArbGeb stellen die Aufwendungen **in vollem Umfang Betriebsausgaben** dar, **10** auch soweit sie der ArbN nicht versteuern muss. Die 70%-Beschränkung und die besonderen Aufzeichnungspflichten des § 4 Abs 5 Nr 2 EStG gelten bei der innerbetrieblichen Bewirtung nicht (R 4.10 Abs 7 Satz 1 EStR). Jedoch gilt die allgemeine Angemessenheitsgrenze (§ 4 Abs 5 Nr 7 EStG). Voller Betriebsausgabenabzug ist auch zulässig, wenn der Bewirtende sich im Rahmen eines Leistungsaustausches zu Unterkunft und Verpflegung verpflichtet hat (FG Düsseldorf 16.1.01 – 6 K 2061/97, EFG 01, 731). Die General- und Vertreterversammlung bei Genossenschaften ist nicht innerbetrieblich, also 70%-Beschränkung (OFD Hann 1.9.98 Körperschaftsteuerkartei § 8 KStG Karte F 3; s unten Rz 12), ebenso die Bewirtung freier Mitarbeiter (BFH 18.9.07 – I R 75/06, DStR 08, 34). Die Bewirtung zB von Angehörigen oder Personen, die zur Gestaltung eines Betriebsfestes beitragen, ist bei einer ansonsten betrieblichen Bewirtung steuerlich unschädlich. Bei Bewirtungen in einer betriebseigenen Kantine wird aus Vereinfachungsgründen zugelassen, dass die Aufwendungen nur aus den Sachkosten der verabreichten Speisen und Getränke sowie den Personenkosten ermittelt werden; es ist nicht zu beanstanden, wenn – im Wirtschaftsjahr einheitlich – je Bewirtung ein Betrag von 15 € angesetzt wird (vgl R 4.10 Abs 6 Satz 9 EStR).

132　Bewirtungsaufwendungen

11　**b) Externe Bewirtung.** Nimmt der ArbN an einer geschäftlich veranlassten Bewirtung betriebsfremder Personen teil (vgl § 4 Abs 5 Nr 2 EStG; s hierzu BMF 21.11.94 Anhang 16 II EStR), so führt die Teilnahme **nicht zu Arbeitslohn** für den ArbN (R 8.1 Abs 8 Nr 1 LStR), auch nicht in Höhe der Haushaltsersparnis. Zur Bewirtung während einer **Auswärtstätigkeit** (s oben Rz 8). **Arbeitslohn** ist unter den Vorgaben der Rz 9 anzunehmen (BFH 15.2.08 – VI B 97/07, BFH/NV 08, 790). Entscheidend für die Abgrenzung betrieblich-privat ist der **Anlass** der Bewirtung (BFH 26.1.10 – VI B 95/09 BeckRS 2010, 25016021), der für die Abzugsfähigkeit in jedem Fall aufzuzeichnen ist (FG BlnBbg 11.5.11 – 12 K 12209/10, BeckRS 11, 95944). Die Pauschbeträge für Verpflegungsmehraufwendungen (s *Dienstreise* Rz 51) bleiben erhalten (R 9.6 Abs 1 Satz 3 LStR).

12　Für den ArbGeb gelten die Beschränkungen des § 4 Abs 5 Nr 2 (**70%-Grenze,** bis 2003 80%; BFH 18.9.07 – I R 75/06, DStR 08, 34) sowie die dort normierten besonderen Aufzeichnungspflichten (vgl BFH 13.5.04 – IV R 47/02, BFH/NV 04, 1402), auch bei Bewirtungen im **Ausland**. Im Fall der Gaststättenbewirtung ist eine ordnungsgemäße Rechnung über die Bewirtung beizufügen (§ 4 Abs 5 Nr 2 Satz 3 EStG, BFH 18.4.12 – X R 57/09, DStR 12, 1904). Ausnahmen sind zulässig, soweit die Formalvoraussetzungen nicht durchsetzbar und erfüllbar sind, zB maschinell erstellte Rechnung in Ostturkestan. Die unterbliebene Angabe des Bewirtenden auf dem Vordruck ist nachholbar (BFH 19.3.98 – IV R 40/95, BStBl II 98, 610 = DStR 98, 965 entgegen früherer Rspr; BFH 1.9.98 – VIII R 46/93, BFH/NV 99, 596). Speisen und Getränke müssen auf der maschinell erstellten und registrierten Rechnung (R 4.10 Abs 8 Satz 8 EStR) einzeln aufgeführt sein (R 4.10 Abs 8 Satz 9 EStR). Fehlt die laufende RegistrierNr auf der Rechnung, so ist dies unschädlich (BMF 30.6.95, DB 95, 1441 = DStR 95, 1151). Unschädlich ist auch, wenn für Bewirtungskosten nur ein Konto geführt wird, also die Unterscheidung zwischen 100%- und 70%-Abzug nicht beachtet wird, und sich eine Fehlbuchung als offenbare Unrichtigkeit darstellt (BFH 19.8.99 – IV R 20/99, BStBl II 2000, 203). Auch gilt § 4 Abs 5 Nr 7 EStG (Angemessenheit; vgl hierzu BFH 16.2.90 – III R 21/86, BStBl II 90, 575). Hiervon erfasst sind auch die eigenen Bewirtungskosten des ArbGeb und die seiner aus betrieblichen Gründen teilnehmenden Ehefrau sowie die seiner ArbN (BFH 30.1.86 – IV R 150/85, BStBl II 86, 488). Hierbei gilt als Bewirtung nur, wenn die Darreichung von Speisen und/oder Getränken und nicht andere Leistungen (Nachtlokalbesuch oÄ) eindeutig im Vordergrund stehen (BFH 16.2.90 – III R 21/86, BStBl II 90, 575; 29.3.94 – VIII R 7/92, BStBl II 94, 843; *Ludewig* DB 94, 1440; großzügiger BFH 3.2.93 – I R 57/92, BFH/NV 93, 530; BFH 24.4.97 – I B 121/96, BFH/NV 97, 751). Auch darf der Bewirtungsanlass nicht privat überlagert sein, zB durch einen runden **Geburtstag** des ArbGeb, ArbN oÄ (FG Münster 12.5.11 – 10 K 1643/10 E, BeckRS 11, 95935; FG BlnBrb 16.2.11 – 12 K 12087/07, EFG 11, 2012). Bei einer **gemischt veranlassten** Veranstaltung (geschäftlich-privat) sind die Aufwendungen nach Zeit-, Mengen- oder Flächenanteilen oder nach Köpfen **aufzuteilen** (BMF 6.7.10 – IV C 3 – S 2227/07/10003002, BStBl I 10, 614 mit Beispiel unter Rz 15; s auch die Beispiele bei OFD Hannover 15.4.04 – S 2332 – 278 – StH 212, S 2332 – 198 – StO 211, LSt-Karteil Nds § 19 EStG Fach 2 Nr 16). Treffen **Geschenke mit einer Bewirtung** zusammen, ist gemäß § 4 Abs 5 Nr 1 und Nr 2 EStG entsprechend aufzuteilen (BFH 17.2.10 – I R 79/08, BFH/NV 10, 1307). Eine rein betrieblich ausgerichtete Geburtstagsfeier führt beim Geehrten nicht zu Arbeitslohn (BFH 28.1.03 – VI R 48/99, BFH/NV 03, 712). Unter Bewirtung fällt auch die Ausgabe von Gutscheinen für Essen und Getränke **(Verzehrgutschein)** im Rahmen einer Veranstaltung (FG München 23.1.97, EFG 97, 1099).

13　Bewirtungen in der **Wohnung** des ArbGeb gehören regelmäßig nicht zu den Betriebsausgaben, sondern zu den nicht abzugsfähigen Lebenshaltungskosten (§ 12 Nr 1 EStG; R 4.10 Abs 6 Satz 8 EStR), auch wenn die Bewirtungsaufwendungen dort nachgewiesenermaßen niedriger sind als in Fremdräumen. Entscheidend ist der private Lebenshaltungscharakter der Wohnräume. Etwas anderes kann ausnahmsweise dann gelten, wenn wegen der Vielzahl der aus betrieblichem Anlass Bewirteten das private Umfeld der Räume völlig in den Hintergrund tritt (BFH 15.5.86 – IV R 184/83, BFH/NV 86, 657).

14　Für **Gastwirte** und ähnliche berufsmäßig gegen Entgelt bewirtende Unternehmer gelten die Beschränkungen des § 4 Abs 5 Satz 1 Nr 2 EStG nicht. Diese Berufsgruppe kann

Bewirtungsaufwendungen voll als Betriebsausgaben abziehen, soweit diese betrieblich veranlasst sind (§ 4 Abs 5 Sätze 2 und 3 EStG; FG BlnBbg 19.1.11 – 12 K 8371/06 B, EFG 11, 1140). Andererseits greift die Abzugsbeschränkung ein, wenn die Bewirtung im Zusammenhang mit einem Betriebsjubiläum des einladenden Gastwirts steht, BFH 7.9.11 – I R 12/11, BeckRS 2012, 94151.

2. Bewirtung durch Arbeitnehmer. a) Externe Bewirtung. Gehört die Bewirtung durch den ArbN zu dessen beruflichen Pflichten oder Obliegenheiten (zB Firmenrepräsentant, Reisender), so stellt der Kostenersatz durch den ArbGeb **steuerfreien Auslagenersatz** dar (§ 3 Nr 50 EStG) mit der Folge, dass die Aufwendungen des ArbN steuerlich unbeachtlich sind, soweit sie durch den ArbGebErsatz gedeckt sind (§ 3c EStG). Erstattet der ArbGeb die Kosten nicht, unabhängig davon, ob der ArbN dafür ein entsprechend höheres Gehalt erhält, so können die Aufwendungen bei ausschließlich beruflicher Veranlassung **Werbungskosten** sein (BFH 16.3.84 – VI R 174/80, BStBl II 84, 433). Es gelten dann die Beschränkungen des § 4 Abs 5 Nr 2 EStG (§ 9 Abs 5 EStG; s oben Rz 12; BFH 24.3.03 – VI B 163/02, BeckRS 2003, 25001755) mit entsprechendem Belegnachweis (BFH 12.4.07 – VI R 77/04, DStRE 07, 1082). Das **Pressegeheimnis** (Art 5 Abs 1 Satz 2 GG) rechtfertigt es nicht, die Angaben zu Teilnehmern und Anlass der Bewirtung zu verweigern (BFH 15.1.98 – IV R 81/96, BStBl II 98, 263), ebenso nicht die berufliche Schweigepflicht (BFH 26.2.04 – IV R 50/01, BStBl II 04, 502). Eine Nachholung der Vorlage des Bewirtungsbelegs soll – wie bei Selbstständigen, s oben Rz 12 – noch im finanzgerichtlichen Verfahren zulässig sein (*Buchheister* DStR 96, 1440). Zum Problem, wenn der Bewirtende sowohl selbstständig als auch nichtselbstständig tätig ist, s BFH 6.12.84 – IV R 135/83, BStBl II 85, 288. Bei erfolgsabhängiger Vergütung ist der Abzug eher möglich (BFH 24.5.07 – VI R 78/04, DStR 07, 1250). Die Bewirtung von Kunden des ArbGeb in der Wohnung des ArbN kann ausnahmsweise zu dessen Werbungskosten führen (FG Bln 9.2.88, EFG 88, 356; s oben Rz 13).

b) Interne Bewirtung. Die **Bewirtung von Kollegen und Mitarbeitern,** auch von Vorgesetzten und des ArbGeb, ist wie die Bewirtung durch den ArbGeb zu behandeln (s oben Rz 7, 9). Das bedeutet: kein stpfl Lohn beim Eingeladenen, Werbungskosten beim Einladenden (BFH 6.3.08 – VI R 68/06, BFH/NV 08, 1316), insbesonders bei ArbN mit variablen Bezügen (BFH 19.6.08 – VI R 33/07, DStR 08, 1959). Entscheidend für den steuerlichen Abzug ist der berufsbezogene Anlass und die berufsbezogenen Umstände des Einzelfalls (BFH 26.1.10 – VI B 95/09, BFH/NV 10, 875: Abschiedsfeier anlässlich Pensionierung; FG Rh-Pf 19.2.09 – 5 K 1666/08, DStRE 09, 1042: Jahresabschlussfeier und Geburtstag). Frühere Rspr hierzu (BFH 4.12.92 – VI R 59/92, BStBl II 93, 350) ist überholt (s auch OFD Hannover 1.9.09 – S 2350 – 32 – StO 217 Nr 5.6, BeckVerw 229017). Die 70%-Grenze (§ 4 Abs 5 Satz 1 Nr 2 EStG) gilt bei der Bewirtung von Arbeitskollegen nicht (BFH 10.7.08 – VI R 26/07, BFH/NV 08, 1831; BFH 19.6.08 – VI R 33/07, BStBl II 09, 11).

Übernimmt der ArbGeb derartige Kosten, gelten für die Frage, ob Arbeitslohn vorliegt, die Ausführungen zu Rz 7–9 entsprechend. Die Aufwendungen sind beim ArbGeb Betriebsausgaben (s oben Rz 10). Entscheidend ist hier – wie auch sonst – die ausschließlich berufliche Veranlassung in Abgrenzung zur gesellschaftlichen Veranstaltung (§ 12 Nr 1 Satz 2 EStG). Zur Bewirtung in der Wohnung des Stpfl s oben Rz 13, 15. Gewährt der ArbN, zB als leitender Angestellter, Teamchef oÄ, seinen Mitarbeitern **Aufmerksamkeiten** (s oben Rz 7), gilt das zum ArbGeb Ausgeführte entsprechend (s oben Rz 7, 10).

Literaturhinweise: *Albert* FR 10, 267; *Kühnen* EFG 11, 1315.

C. Sozialversicherungsrecht *Voelzke*

Bewirtungsaufwendungen, die dem ArbN für die Durchführung eines Geschäftsessens vom ArbGeb erstattet werden, gehören nicht zum beitragspflichtigen Arbeitsentgelt iSd § 14 SGB IV, da sie **keine Gegenleistung** für geleistete Arbeit darstellen (vgl *Aufwendungsersatz* Rz 35). Dies gilt auch für die Teilnahme von ArbN an der Bewirtung von Geschäftsfreunden des ArbGeb. Hingegen gehören sog „Arbeitsessen" von Mitarbeitern zum beitragspflichtigen Arbeitsentgelt (*Schlegel/Voelzke/Werner* SGB IV § 14 Rz 140).

133 Bildschirmarbeitsplatz

Bildschirmarbeitsplatz

A. Arbeitsrecht
Kreitner

1 **1. Allgemeines.** Nach intensiver Diskussion in den achtziger Jahren wurde die Einrichtung bzw Gestaltung von Bildschirmarbeitsplätzen nach In-Kraft-Treten der **EG-Richtlinie 90/270/EWG vom 29.5.1990** über die Mindestvorschriften bezüglich der Sicherheit und des Gesundheitsschutzes bei der Arbeit an Bildschirmgeräten (ABl Nr L 156/14 vom 21.6.90; zur Auslegung der Richtlinie EuGH 12.12.96 – Rs C-74/95 und 129/95, NZA 97, 307) neu thematisiert. In Umsetzung mehrerer EG-Richtlinien trat sodann im Jahr 1996 das **Arbeitsschutzgesetz** in Kraft, das in § 19 eine Ermächtigung an die Bundesregierung zum Erlass von Rechtsverordnungen zur Umsetzung von Rechtsakten der EU enthält. Eine derartige „Verordnung über Sicherheit und Gesundheitsschutz bei der Arbeit an Bildschirmgeräten (BildScharbV)" ist mW zum 20.12.96 erlassen worden (BGBl I 96, 1843).

2 **2. Individualarbeitsrechtlich** ist die Einführung von Bildschirmarbeitsplätzen weitestgehend unproblematisch. Eventuelle Beschränkungen können sich insoweit uU im Falle besonderer arbeitsvertraglicher Vereinbarungen ergeben. In Einzelfällen kann die arbeitsvertragliche Fürsorgepflicht des ArbGeb (Näheres s *Fürsorgepflicht* Rz 8 ff) besondere Arbeitsplatzgestaltungen erforderlich machen. Im Wesentlichen sind es Fragen des Arbeitsschutzrechts und teilweise damit zusammenhängende Probleme kollektivrechtlicher Natur, die in der betrieblichen Praxis Beachtung verlangen.

3 **3. Arbeitsschutzrecht.** Das ArbSchG enhält **Generalklauseln,** die der Verwirklichung des Gesetzeszwecks, die Sicherheit und den Gesundheitsschutz der Beschäftigten zu sichern und zu verbessern (§ 1 Abs 1 ArbSchG) dienen sollen.

4 § 3 Abs 1 ArbSchG schreibt als **Grundpflicht des Arbeitgebers** fest, die erforderlichen Maßnahmen des Arbeitsschutzes unter Berücksichtigung der Umstände zu treffen, die Sicherheit und Gesundheit der Beschäftigten bei der Arbeit beeinflussen. Dabei soll der ArbGeb eine Verbesserung von Sicherheit und Gesundheitsschutz der Beschäftigten anstreben. Gem § 4 Nr 1 ArbSchG ist die Arbeit so zu gestalten, dass eine Gefährdung für Leben und Gesundheit möglichst vermieden und die verbleibende Gefährdung möglichst gering gehalten wird (Näheres s *Arbeitssicherheit/Arbeitsschutz* Rz 9).

5 Die **konkrete Ausgestaltung** dieser Generalklausel erfolgt in Bezug auf Bildschirmarbeitsplätze durch die bereits angesprochene BildScharbV vom 4.12.96 (BGBl I 96, 1843). Ausweislich der Begründung zu dieser VO soll hiermit die bereits seit mehreren Jahren ausstehende Umsetzung der EG-Bildschirmrichtlinie vom 29.5.90 vollzogen werden. Dies geschieht in Zusammenschau mit dem ArbSchG, das die grundlegenden Richtlinienerfordernisse (zB Arbeitsplatzanalyse, Unterrichtung und Unterweisung der ArbN etc) enthält. Dabei geht die BildScharbV ebenso wie die EG-Richtlinie (vgl hierzu *Wank/Börgmann* Deutsches und europäisches Arbeitsschutzrecht, 1992, S 97 ff) von einem umfassenden Anwendungsbereich aus. Auf den Vorlagebeschluss des ArbG Siegen (7.1.99 – 1 Ca 2299/97, NZA-RR 2000, 183 betreffend eine Cutterin bei einer Fernsehanstalt) hat der EuGH zur Auslegung des Bildschirmbegriffs iSd Richtlinie Stellung genommen. Danach ist der Begriff des Bildschirms zur Grafikdarstellung entsprechend dem Regelungszweck der Richtlinie weit und der Ausnahmetatbestand des Fahrer- und Bedienerplatzes von Fahrzeugen und Maschinen demgegenüber eng auszulegen (EuGH 6.7.2000 – Rs C-11/99 Margit Dietrich, NZA 2000, 877; ArbG Siegen 8.5.01 – 1 Ca 2299/97, NZA-RR 01, 629).

6 Die **Bildschirmarbeitsverordnung** orientiert sich weitestgehend am Wortlaut der EG-Bildschirmrichtlinie bzw an den im Anhang der Richtlinie enthaltenen sog Mindestvorschriften zur Arbeitsplatzgestaltung. Dabei sind die beiden in der EG-Richtlinie enthaltenen speziellen Tatbestände der Tätigkeitsunterbrechung (Art 7 der Richtlinie) und des Schutzes von Augen und Sehvermögen (Art 9 der Richtlinie) übernommen worden. Nach dem nahezu wortgleichen § 5 BildScharbV muss der ArbGeb die Tätigkeit so organisieren, dass die tägliche Arbeit an Bildschirmgeräten regelmäßig durch andere Tätigkeiten oder durch Pausen unterbrochen wird. § 6 BildScharbV schreibt vor, dass den ArbN in regelmäßigen

Bildschirmarbeitsplatz 133

Abständen ärztliche Augenuntersuchungen ermöglicht werden müssen und ggf spezielle Sehhilfen zur Verfügung zu stellen sind (zur Kostentragung LAG Hamm 29.10.99 – 5 Ca 2158/98, NZA-RR 2000, 351; ArbG Kaiserslautern 12.6.01 – 5 Ca 316/01, NZA-RR 01, 628; ArbG Neumünster 20.1.2000 – 4 Ca 1034b/99, NZA-RR 2000, 237; ArbG Dortmund 2.9.98 – 4 Ca 3894/97, AiB 99, 419; BVerwG 27.2.03 – 2 C 2/02, NZA-RR 03, 651; VG Arnsberg 6.4.09 – 2 K 296/08, BeckRS 2009, 37572; VG Frankfurt 9.3.09 – 9 K 96/09 F). Hier finden sich deutlichere Unterschiede bei der Formulierung. Während die EG-Richtlinie vom „Recht der ArbN auf eine Augenuntersuchung" spricht, normiert die BildScharbV eine Pflicht des ArbGeb, den ArbN entsprechende ärztliche Untersuchungen „zu ermöglichen". Die von der EG-Richtlinie offengelassene Adressatenbestimmung wird von der BildScharbV mithin auf den jeweiligen ArbGeb konkretisiert, wie in der Verordnungsbegründung zu dieser Vorschrift ausdrücklich bestätigt wird.

Die weiteren Einzelheiten über die an Bildschirmarbeitsplätze zu stellenden Anforderungen enthält ein **Anhang zur Bildschirmarbeitsverordnung.** Dort ist ebenfalls in deutlicher Anlehnung an den Anhang zur EG-Bildschirmrichtlinie die konkrete Ausgestaltung des individuellen Arbeitsplatzes geregelt (vgl auch *Richenhagen* AiB 95, 758; speziell zur Frage der Software-Ergonomie *Kiesche/Schierbaum* AiB 95, 41; zur Beleuchtung *Martin* AiB 08, 601). Hier sind in insgesamt 22 Einzelpunkten, unterschieden nach Bildschirmgerät und Tastatur, sonstigen Arbeitsmitteln, Arbeitsumgebung sowie Zusammenwirken von Mensch und Arbeitsmitteln, ganz konkrete Mindeststandards normiert, die bei der Ausgestaltung von Bildschirmarbeitsplätzen zwingend zu beachten sind. Die Anforderungen reichen dabei zB von scharfen, deutlichen und ausreichend großen Zeichen auf dem Bildschirm über einen leicht dreh- und neigbaren Bildschirm, eine vom Bildschirmgerät getrennte und neigbare Tastatur, eine reflexionsarme Arbeitsfläche und verstellbare Lichtschutzvorrichtungen an den Fenstern bis hin zur benutzerfreundlichen Software. Hinzu kommen zum Zweck der Auslegung und Konkretisierung der Verordnungsbestimmungen nach der Begründung zur BildScharbV weiterhin die bestehenden Regelungen („Sicherheitsregeln für Bildschirmarbeitsplätze im Bürobereich" sowie DIN-Normen). 7

Kommt der ArbGeb diesen Arbeitsschutzanforderungen nicht nach und handelt es sich hierbei nicht lediglich um einen kurzfristigen, geringfügigen Verstoß, hat dies gem § 134 BGB die Nichtigkeit der konkreten Arbeitsanweisung zur Folge und führt gleichzeitig zum **Fortfall der Arbeitspflicht** des ArbN bei fortbestehender Vergütungspflicht (Näheres s *Leistungsverweigerungsrecht* Rz 4). Darüber hinaus besteht für den ArbN gem § 84 BetrVG die Möglichkeit einer förmlichen **Beschwerde** sowie nach vorheriger Ausschöpfung sämtlicher innerbetrieblicher Klärungsmöglichkeiten (ebenso *Krasshöfer* AiB 95, 440 sowie in anderem Zusammenhang LAG BaWü 20.10.76, EzA Nr 8 zu § 1 KSchG Verhaltensbedingte Kündigung; LAG BaWü 3.2.87, NZA 87, 756) die direkte Beschwerde bei den staatlichen Aufsichtsämtern. Schließlich ist die ArbGebSeitige Pflicht zur Ermöglichung von Augenuntersuchungen gem § 7 BildScharbV iVm § 25 Abs 1 Nr 1 ArbSchG als Ordnungswidrigkeit bußgeldbewährt und kann bei vorsätzlicher Gesundheitsgefährdung den Straftatbestand des § 28 Nr 2 ArbSchG erfüllen. 8

4. Kollektivrechtlich bedarf es für die Frage, ob und ggf in welchem Umfang der BRat bei der Einrichtung und Ausgestaltung von Bildschirmarbeitsplätzen zu beteiligen ist, einer differenzierten Betrachtung. 9

a) **Vor der Einrichtung** eines oder mehrerer Bildschirmarbeitsplätze bestehen Mitwirkungsrechte des BRat gem **§ 90 BetrVG.** Dabei muss der ArbGeb gem § 90 Abs 1 BetrVG den BRat über die Planung der Arbeitsplätze unterrichten und die vorgesehene Maßnahme gem § 90 Abs 2 BetrVG mit dem BRat beraten. Dies umfasst auch die Einrichtung von Bildschirmarbeitsplätzen, wobei im Schrifttum zT auf § 90 Abs 1 Nr 2 BetrVG (*DKK/Klebe* § 90 Rz 9) und zT auf § 90 Abs 1 Nr 4 BetrVG (*Fitting* § 90 Rz 33) abgestellt wird. Wichtig ist, dass die Information so rechtzeitig erfolgt, dass noch Einfluss nicht nur auf die Maßnahme selbst, sondern bereits auf die Planerstellung genommen werden kann (zutreffend *Fitting* § 90 Rz 34). 10

b) **Bei der Einrichtung** von Bildschirmarbeitsplätzen kann unter Umständen ein erzwingbares Mitbestimmungsrecht des BRat gem **§ 91 BetrVG** bestehen. Dies setzt allerdings voraus, dass die Maßnahme den gesicherten arbeitswissenschaftlichen Erkenntnissen über die 11

133 Bildschirmarbeitsplatz

menschengerechte Gestaltung der Arbeit offensichtlich widerspricht und hierdurch die ArbN besonders belastet werden. Für die Ausfüllung des Merkmals der „gesicherten arbeitswissenschaftlichen Erkenntnisse" wird im Schrifttum zu Recht auf die Bedeutung der Sicherheitsregeln der Verwaltungs-Berufsgenossenschaft (ZH 1/618) sowie der ISO-Norm 9241 hingewiesen (vgl insbesondere *DKK/Klebe* § 91 Rz 12; *Landerer/Ganz* AiB 90, 57). Bei Bedenken kann der BRat im Rahmen des § 80 Abs 3 BetrVG auf Kosten des ArbGeb einen sachkundigen ArbN oder ggf einen Sachverständigen hinzuziehen (*Feldhoff/Kohte* AiB 91, 389; allgemein zur Verfahrensweise bei Sachverständigen s *Sachverständiger* Rz 4 ff).

12 Abhängig vom Ausmaß der beabsichtigten Maßnahme kann es sich hierbei um eine **Betriebsänderung** iSd § 111 Satz 3 Nr 4 BetrVG handeln (s *Betriebsänderung* Rz 27 ff). Zu den Betriebsanlagen iSd Vorschrift zählen alle technischen Hilfsmittel, die im Arbeitsprozess Verwendung finden, mithin also auch Bildschirmgeräte (BAG 26.10.82, DB 83, 1766). Allerdings kann von der insoweit erforderlichen grundlegenden Änderung nach der Rspr des BAG erst dann gesprochen werden, wenn sie in qualitativer oder quantitativer Hinsicht erheblich ist. Bei der Einführung von Bildschirmarbeitsplätzen wird es daher für die Anwendbarkeit des § 111 BetrVG oftmals auf die Zahl der betroffenen ArbN ankommen (*Däubler* DB 85, 2298).

13 **c) Bereits vorhandene Bildschirmarbeitsplätze** unterfallen der Mitbestimmung des BRat in sozialen Angelegenheiten gem § 87 BetrVG. Diese ist naturgemäß auch bei der Neueinrichtung derartiger Arbeitsplätze zu beachten.

14 **Zentralnorm** ist insoweit **§ 87 Abs 1 Nr 7 BetrVG**. Danach hat der BRat ein erzwingbares Mitbestimmungsrecht, soweit im Betrieb im Rahmen der gesetzlichen Vorschriften oder Unfallverhütungsvorschriften Regelungen über den Gesundheitsschutz getroffen werden. Es müssen mithin ausfüllungsbedürftige Rahmenvorschriften vorhanden sein, die den Betriebspartnern einen entsprechenden Regelungsspielraum belassen (BAG 28.7.81, DB 82, 386; 6.12.83, DB 84, 775).

15 Die **Bildschirmarbeitsverordnung** enthält eine Vielzahl solcher Rahmenvorschriften, so dass der langjährige Meinungsstreit um den Rechtscharakter des § 120a GewO gegenstandslos geworden ist. Trotz ihres insbesondere im Anhang recht speziellen Anforderungskataloges lässt die Verordnung den Betriebspartnern einen ausreichenden Gestaltungsspielraum (*Fabricius* BB 97, 1254; *Merten/Klein* DB 98, 673; *Siemes* NZA 98, 232; *Wagner* DB 98, 2366 mwN aus der instanzgerichtlichen Rspr). Insofern ist die Argumentation des BAG in dem noch die Auslegung der EG-Richtlinie betreffenden Beschluss vom 2.4.96 (– 1 ABR 47/95, NZA 96, 998) jedenfalls grds übertragbar. Mitbestimmungspflichtig ist daher zB die Gefährdungsbeurteilung von Bildschirmarbeitsplätzen gem § 5 ArbSchG iVm § 3 BildscharbV (BAG 8.6.04 – 1 ABR 13/03, NZA 04, 1175; *Schierbaum/Franz* ArbuR 99, 82; aA *Geyer* FA Arbeitsrecht 05, 104).

16 **Im konkreten Anwendungsfall** bedarf es aber für die Beurteilung der Frage, ob tatsächlich ein erzwingbares Mitbestimmungsrecht des BRat besteht, jeweils einer genauen Auslegung der einzelnen Vorschrift der BildScharbV (grundlegend LAG Hbg 21.9.2000 – 7 TaBV 3/98, NZA-RR 01, 190). Für Augenuntersuchungen ist dies wegen der in § 6 BildScharbV geforderten Angemessenheit und des hierin liegenden Regelungsspielraums der Fall (*Börgmann* Anm zu AP Nr 5 zu § 87 BetrVG 1972 Gesundheitsschutz; *Löwisch/Neumann* SAE 97, 85). In anderem Zusammenhang (§ 6 Abs 5 ArbZG) hat das BAG bei der Frage der Angemessenheit eine Regelungskompetenz des BRat verneint und die Ausfüllung des Begriffs im Einzelfall den ArbG zugewiesen (BAG 26.8.97 – 1 ABR 16/97, NZA 98, 441). Ein Mitbestimmungsrecht besteht bezüglich der Unterbrechung der Bildschirmtätigkeit durch Pausen oder andere Tätigkeiten iSv § 5 BildScharbV, soweit es um die Organisation der Mischarbeit geht (*Siemes* NZA 98, 232; vgl auch BVerwG 8.1.01 – 6 P 6/00, NZA 01, 570). Das Gleiche gilt für die Ausnahmevorschrift des § 4 Abs 3 BildScharbV (*Schierbaum/Franz* ArbuR 99, 82).

17 Neben Gesundheitsschutzaspekten kann die Einführung von Bildschirmarbeitsplätzen unter dem Gesichtspunkt einer möglichen Leistungskontrolle der ArbN Mitbestimmungsrechte des BRat auslösen, sofern die tatbestandlichen Voraussetzungen des **§ 87 Absatz 1 Nummer 6 BetrVG** im Einzelfall erfüllt sind (*Gaul* Anm zu EzA Nr 1 zu § 87 BetrVG 1972 Bildschirmarbeit). Zu den Einzelheiten s *Kontrolle des Arbeitnehmers* Rz 1 ff.

18 **5. Hinweis.** Auf Grund der jeweils zu berücksichtigenden Einzelfallumstände erscheint der Abdruck einer „Musterbetriebsvereinbarung" nicht angezeigt. Anregungen lassen sich

jedoch im konkreten Anwendungsfall einem in AiB 95, 433 ff abgedruckten Einigungsstellenspruch einer Bildschirmarbeitsregelung bei der Deutschen Welle sowie dem in AiB 96, 410 abgedruckten Betriebsvereinbarungsentwurf von *Berger/Zabel/Biermann* bzw einem weiteren in AuA 97, 91 abgedruckten Einigungsstellenspruch entnehmen.

B. Lohnsteuerrecht *Seidel*

Der während der erforderlichen Unterbrechungen der Arbeit am Bildschirm weiter **19** gewährte Arbeitslohn unterliegt dem üblichen LStAbzug (s auch *Pause* Rz 12). Wird der ArbN bei Fortfall der Arbeitspflicht nicht tätig, erhält er aber trotzdem seine Vergütung (s oben Rz 8), ergeben sich lohnsteuerlich keine Besonderheiten, da die Lohnversteuerung vom Zufluss des Arbeitslohns abhängt (s auch *Arbeitspflicht* Rz 24). Aufwendungen des ArbGeb zur Ausgestaltung des Arbeitsplatzes und zur Arbeitssicherheit stellen keinen stpfl Arbeitslohn dar (s hierzu *Fürsorgepflicht* Rz 22). Dies gilt auch für vom ArbGeb übernommene Kosten für eine spezielle Sehhilfe gem § 3 Abs 2 Nr 1 und Abs 3 ArbSchG iVm § 6 Abs 1 BildScharbV (LStR 19.3 Abs 2 Nr 2; s auch oben Rz 6) und im Einzelfall für Massagen (BFH 30.5.01 – VI R 177/99, BStBl II 01, 671). Vom ArbN getragene Aufwendungen für eine Bildschirmarbeitsbrille sind nicht als Werbungskosten abzugsfähig (BFH 20.7.05 – VI R 50/03, BFH/NV 05, 2185). Zu vom ArbGeb getragenen Aufwendungen für erforderliche Augenuntersuchungen und evtl für eine Brille s im Übrigen *Gesundheitsvorsorge* Rz 15 ff und *Telearbeit* Rz 14. Bußgeldzahlungen des ArbGeb (s oben Rz 8) sind nicht als Betriebsausgaben abzugsfähig (§ 4 Abs 5 Nr 8 EStG).

C. Sozialversicherungsrecht *Voelzke*

Die arbeitsschutzrechtlichen Anforderungen an Bildschirmarbeitsplätze haben für das **20** SozVRecht keine unmittelbare Bedeutung. Zur sozialversicherungsrechtlichen Behandlung der Telearbeit s *Telearbeit* Rz 15 ff.

Bildungsurlaub

A. Arbeitsrecht *Poeche*

Übersicht

	Rz		Rz
1. Allgemeines	1	c) Dauer	14, 15
2. Landesgesetze	2	d) Sonstiges	16
3. Verfassungsgemäßheit	3, 4	e) Entgelt	17
4. Inhalt der Weiterbildung	5–8	f) Verfahren für Geltendmachung und Ablehnung	18
a) Berufliche Weiterbildung	6	g) Freistellung	19–21
b) Politische Weiterbildung	7	h) Selbstbeurlaubung	22
c) Allgemeine Weiterbildung	8	i) Schadensersatzanspruch des Arbeitnehmers	23, 24
5. Anerkennung	9, 10		
6. Gestaltung der Bildungsmaßnahme	11	8. Prozessuales	25
7. Überblick über die Ländergesetze	12–24	9. Mitbestimmungsrechte	26
a) Anspruchsinhalt	12	10. Rechtsprechungsübersicht	27
b) Anspruchsberechtigte	13		

1. Allgemeines. Bereits 1976 hat die BRD das Übereinkommen der Internationalen **1** Arbeitsorganisation (ILO) aus dem Jahre 1974 ratifiziert, mit dem sich die Mitgliedstaaten zur schrittweisen Einführung von Bildungsurlaub zum Zweck der beruflichen, politischen, allgemeinen und gewerkschaftlichen Bildung verpflichten. Unter Bildungsurlaub wird dabei die vom ArbGeb **bezahlte Freistellung** des ArbN zur Teilnahme an einer Weiterbildungsmaßnahme verstanden. Eine Umsetzung dieser völkerrechtlichen Verpflichtung in Bundesrecht ist nicht zu erwarten.

2. Landesgesetze. Aufgrund der den Ländern zustehenden Gesetzgebungskompetenz **2** (Art 74 Nr 12, 72 Abs 1 GG) haben eine Reihe von Bundesländern Landesregelungen geschaffen. Derzeit bestehen Bildungsurlaubsgesetze in Bln (GVBl 90, 2209), Bbg (GVBl 93,

134 Bildungsurlaub

498), Brem (GBl 74, 349; 85, 97; 10, 269), Hbg (GVBl 74, 6 und 91, 113), Hess (HBUG, GVBl 84 I, 261 und 98, 294), MeVO (GVOBl 01, 112), NdS (GVBl 91, 29), RhPf (GVBl 93, 157); in NRW gibt es das Gesetz zur Freistellung von ArbN zum Zwecke der beruflichen und politischen Weiterbildung (AWbG NRW, GVBl 84, 678, 09: 752, 2000, 361), im Saarl das Saarländische Bildungsfreistellungsgesetz (SBFG, ABl 10, 28), in SachsAnh das Gesetz zur Freistellung von der Arbeit für Maßnahmen der Weiterbildung (BildungsfreistellungsG, GVBl 98, 92) und in SchlHol das Weiterbildungsgesetz (WBG, GVOBl 12, 282). Die unterschiedliche Bezeichnung der Bildungsgesetze ist inhaltlich ohne Bedeutung. Mit der Betonung der „Freistellung zur Weiterbildung" soll in Abgrenzung zum Erholungsurlaub verdeutlicht werden, dass Bildungsurlaub nicht der beliebigen Freizeitgestaltung dient.

3 **3. Verfassungsgemäßheit.** Die Belastung des ArbGeb mit den Kosten beruflicher und politischer ArbNWeiterbildung ist verfassungskonform (BVerfG 15.12.87 – 1 BvR 563/85, NZA 88, 355 zum HBUG und AWbG). Das gilt auch, soweit ArbN zum Zweck der allgemeinen Weiterbildung bezahlt freizustellen sind (BAG 15.3.05 – 9 AZR 104/04, NZA 06, 496 zu NdS). Der Eingriff in die Berufsausübungsfreiheit des ArbGeb (Art 12 GG) rechtfertigt sich aus Gründen des Gemeinwohls. Im Vordergrund steht das vom Gesetzgeber bezweckte „lebenslange Lernen", das auch der ArbGebSeite zugute kommt.

4 Vom Bildungsurlaub zu unterscheiden ist der ebenfalls landesrechtlich geregelte Anspruch (ehrenamtlicher) Mitarbeiter in der **Jugendarbeit** auf unbezahlten **Sonderurlaub**. Landesrechtliche Bestimmungen, wonach der ArbGeb den ArbN hierfür bezahlt freistellen muss, hat das BVerfG für verfassungswidrig erklärt (BVerfG 11.2.92 – 1 BvR 890/84 und 1 BvR 74/87, DB 92, 841; 15.7.97 – 1 BvL 20/94 und 6/96, NZA 98, 27 zum SonderUrlG Hess). Das BVerfG hat auch nicht die dortige Regelung akzeptiert, wonach private ArbGeb einen Anspruch auf Erstattung der gezahlten Vergütung aus einem Ausgleichsfonds haben, zu dessen finanzieller Ausstattung alle privaten ArbGeb mit mehr als 50 ArbN beizutragen haben. Eine solche Sonderabgabe ist wegen Verstoßes gegen die Finanzverfassung des GG unzulässig (BVerfG 9.11.99 – 2 BvL 5/95, NZA 2000, 139).

5 **4. Inhalt der Weiterbildung.** Der Bildungsurlaub dient in allen Bundesländern der politischen und der beruflichen Arbeitnehmerweiterbildung, teils deren Verbindung. In Brem und SchlHol ist auch die allgemeine Weiterbildung genannt, in Bbg die kulturelle. Was unter beruflicher und politischer Weiterbildung zu verstehen ist, wird in den Landesgesetzen unterschiedlich umschrieben, inhaltlich entsprechen sich die Begriffe aber weitgehend. Die Landesgesetze Hess, NRW und Saarl enthalten zusätzlich einen Katalog der Veranstaltungen, deren Anerkennung (s unten Rz 10) ausgeschlossen ist.

6 **a) Berufliche Weiterbildung.** Soweit das Landesgesetz keine gesonderten Voraussetzungen aufstellt, sind hierunter in Anlehnung an die Begriffe des Berufsbildungsrechts Maßnahmen der *Fortbildung* und der *Umschulung* zu verstehen. Berufliche Weiterbildung zielt damit darauf ab, die beruflichen Kenntnisse und Fertigkeiten des ArbN zu erhalten, zu erweitern und sie den sich wandelnden Anforderungen anzupassen. Einbezogen sind sowohl der berufliche Aufstieg als auch die berufliche Umorientierung. Der ArbN soll in die Lage versetzt werden, die Möglichkeiten einer Mitsprache und Mitverantwortung in seinem Beruf zu verbessern. Es geht, wie in § 1 Abs 3 AWbG NRW nF formuliert ist, um die Förderung **der berufsbezogenen Handlungskompetenz.** Die Bildungsinhalte müssen sich allerdings nicht unmittelbar auf die ausgeübte berufliche Tätigkeit beziehen. Eingeschlossen sind auch Bildungsinhalte, die zum Vorteil des ArbGeb verwendet werden können. Dabei genügt es, wenn dieser Vorteil mittelbar wirkt und nur als gering einzuschätzen ist. Ein **Mindestmaß greifbarer Vorteile** genügt also. Zu den zulässigen Inhalten können daher auch Veranstaltungen gehören, die auf die Steigerung der Eigeninitiative und der Verantwortungsbereitschaft des ArbN in seinem beruflichen Umfeld gerichtet sind. Ob diese Voraussetzungen vorliegen, bestimmt sich nach den Verhältnissen bei dem in Anspruch genommenen ArbGeb. Der Wechsel zu einem anderen ArbGeb braucht nicht gefördert zu werden (BAG 18.5.99 – 9 AZR 381/98, NZA 2000, 98).

7 **b) Politische Weiterbildung.** Sie dient der Orientierung des Einzelnen in Staat und Gesellschaft und Beruf. Sie soll ihm ermöglichen, soziale, politische und gesellschaftliche Verhältnisse zu erkennen und zu beurteilen. Es geht um die Befähigung des ArbN zur Wahrnehmung staatsbürgerlicher Rechte und Pflichten, um die **Teilhabe an der Wil-**

lensbildung und damit um die Sicherung der Demokratie und der Entwicklung des sozialen Rechtsstaates (BVerfG 15.12.87 – 1 BvR 563/85, 582/85, 974/86, 3/86, DB 88, 709). Vorbehaltlich landesrechtlicher Besonderheiten betrifft politische Weiterbildung damit Inhalte des Gemeinschaftsrechts und der Staatsbürgerkunde sowie Themen, die sich mit der Stellung des ArbN als abhängig Beschäftigten befassen. Hierauf beschränkt sie sich aber nicht. Auch andere gesellschaftspolitische Themen wie zB zur Gefährdung der Umwelt und der Abwehr solcher Gefahren können zulässiger Inhalt von ArbNWeiterbildung sein.

c) Allgemeine Weiterbildung. Nach § 3 Abs 3 WBG SchlHol zielt sie ab auf die Förderung der Selbstentfaltung des Einzelnen, indem sie zur Auseinandersetzung insbesondere mit sozialen, kulturellen, wirtschaftlichen und ökologischen Fragen befähigt und zum Handeln in diesen Bereichen anregt. Sie soll auch befähigen, soziale Entwicklungen mit zu gestalten. Auch in Brem ist Bildungsurlaub zur allgemeinen Weiterbildung zu gewähren, in Bbg wird die kulturelle Weiterbildung ausdrücklich gesondert genannt. Zum NBildUG BAG 15.3.05 – 9 AZR 104/04, NZA 06, 496 mit abl Anm *Joussen* SAE 05, 276.

5. Anerkennung. Bildungsurlaub kann stets nur für Veranstaltungen beansprucht werden, die entweder von einem anerkannten Träger durchgeführt werden oder die selbst als Weiterbildungsmaßnahme von der hierfür bestimmten Behörde anerkannt worden sind. Eine solche Anerkennung des Trägers oder der Einzelveranstaltung bindet die Gerichte für Arbeitssachen nicht, soweit es um die Vereinbarkeit der Bildungsmaßnahme mit den vom BVerfG gezogenen Grenzen zulässiger Bildungsinhalte geht (BAG 3.8.89 – 8 AZR 249/87, NZA 90, 317 zum AWbG NRW; 9.2.93 – 9 AZR 648/90, NZA 93, 1032 zum HBUG). Eine andere Frage ist, ob die Gerichte für Arbeitssachen auch die Einhaltung der Ausschlusstatbestände zu prüfen haben. Das wird jedenfalls dann zu bejahen sein, wenn die Behörde nicht die einzelne Veranstaltung als Bildungsmaßnahme anerkannt hat, sondern lediglich der Träger anerkannt ist.

Nach den Weiterbildungsgesetzen einiger Länder werden Träger von Weiterbildung nur dann finanziell unterstützt, wenn **„jedermann"** Zugang zu ihren Bildungsveranstaltungen hat. Der Träger muss Gewähr dafür leisten, dass Interessierte teilnehmen können. Das setzt die öffentliche Bekanntgabe des Angebots voraus. Die Zielgruppe, nämlich Beschäftigte in Betrieben und Verwaltung, muss erreicht werden (Publikation durch Plakatierung, Programmaushang am schwarzen Brett uÄ; vgl LAG Düsseldorf 16.3.95 – 5 Sa 4/95, NZA 95, 995 [LS] = LAGE Nr 24 zu § 7 AWbG NRW). Unschädlich ist es, wenn ein einzelner Betrieb nicht erreicht wird. Vom Träger verlangte **Teilnahmevoraussetzungen** müssen in der Sache begründet sein, etwa Aufnahmekapazität der Lerngruppe oder Inhalt der behandelten Themen. Aufbauseminare dürfen vom Besuch eines Grundseminars abhängig gemacht werden. Die Jedermannzugänglichkeit des Aufbaukurses ist allerdings nur gegeben, wenn auch das Grundseminar für alle zugänglich war (BAG 9.11.93 – 9 AZR 9/92, DB 94, 736). Zielgruppenarbeit ist gestattet (LAG Köln 17.6.94 – 4 Sa 222/94, LAGE Nr 22 zu § 7 AWbG NRW). Unzulässig sind personenbezogene Kriterien wie Mitgliedschaft in Gewerkschaft, Trägerverein, Kirche. Dagegen ist unschädlich, wenn ein gewerkschaftlicher Träger von Nichtmitgliedern Unterbringungskosten/Pauschalen verlangt. Die Entgeltfortzahlung während der Bildungsmaßnahme ermöglicht dem ArbN, die Vergütung für seine Weiterbildung zu verwenden. Bildung ist nicht kostenfrei zu erhalten. Die Differenzierung gegenüber Gewerkschaftsmitgliedern rechtfertigt sich auch aus deren monatlichem Gewerkschaftsbeitrag (BAG 21.10.97 – 9 AZR 253/96, NZA 98, 760).

6. Gestaltung der Bildungsmaßnahme. Jede Bildungsmaßnahme ist auf der Grundlage des Lehrplans **einheitlich** zu bewerten; eine systematische, auf ein Lernziel ausgerichtete Wissensvermittlung muss stattfinden. Die zeitliche Beanspruchung darf nicht wesentlich hinter der eines normalen Arbeitstages zurückbleiben; teils machen die Landesgesetze konkrete Vorgaben. Eine Lohnkürzung für einzelne Tage kommt nicht in Betracht. Unschädlich ist es, wenn am Abreisetag nur $3^{1}/_{2}$ Stunden, im Übrigen aber sechs Zeitstunden und mehr gearbeitet wurde (BAG 11.5.93 – 9 AZR 289/89, NZA 93, 990). Dabei ist bei einer bloßen Trägeranerkennung erforderlich, dass dieser auf Inhalt und Organisation der Bildungsveranstaltung rechtlich oder tatsächlich beherrschenden Einfluss hat (BAG 16.8.90 – 8 AZR 654/88, DB 90, 2325).

134 Bildungsurlaub

12 **7. Überblick über die Ländergesetze. a) Anspruchsinhalt.** Der Anspruch ist höchstpersönlich, nicht abtretbar und nicht abdingbar. Er ist an den nach LandesG vorgesehenen Bezugszeitraum gebunden, überwiegend damit an das Kalenderjahr. Mit Fristablauf erlischt er. Gerichtet ist der Anspruch auf die **Gewährung bezahlter Freistellung** von der geschuldeten Arbeit zum Zweck der Weiterbildung. Ein Selbstbeurlaubungsrecht besteht nicht. Auch genügt regelmäßig nicht das Schweigen des ArbGeb auf eine Mitteilung hin, der ArbN werde an einer bestimmten Bildungsveranstaltung teilnehmen. Vielmehr bedarf es einer **Freistellungserklärung** des ArbGeb. Mit der Freistellungserklärung erfüllt der ArbGeb den Anspruch des ArbN.

13 b) **Anspruchsberechtigt** sind ArbN, wobei teils ausdrücklich vorausgesetzt wird, dass der Schwerpunkt des Beschäftigungsverhältnisses im Bundesland liegt. Bei fliegendem Personal richtet sich das nach dem dienstlichen Wohnsitz, dem Ort der Einsatzplanung und der Personalverwaltung (BAG 18.11.08 – 9 AZR 815/07, NZA-RR 10, 56). Heimarbeiter und die ihnen Gleichgestellten sowie sonstige ArbNÄhnliche Personen werden mit Ausnahme Bln und Hbg einbezogen. Auszubildende, Umschüler, Praktikanten und Volontäre werden in NRW ausdrücklich ausgenommen, in den anderen Bundesländern – teils unter Beschränkung auf politische Bildung – berücksichtigt. MeVO und Saarl erfassen teils auch Beamte. Dienstordnungsangestellte sind nach dem AWbG NRW nicht begünstigt (BAG 19.10.93 – 9 AZR 476/91, NZA 94, 791). Der Anspruch entsteht einheitlich nach einer **Wartezeit** von sechs Monaten (Saarl: 12 Monate).

14 c) **Dauer.** Der Bildungsurlaub beträgt regelmäßig fünf Arbeitstage im Kj (Saarl: grds drei Arbeitstage), in Bln bis zum 25. Lebensjahr des ArbN zehn Tage, anschließend – wie Bbg, Brem, Hbg und RhPf – zehn Tage innerhalb zwei aufeinander folgender Kj. Der Zweijahreszeitraum beginnt mit Ablauf der Wartezeit (LAG BlnBbg 21.5.10 – 13 Sa 38/10, DB 10, 1836 [s], BeckRs 10, 72268). NdS eröffnet die Möglichkeit, mit Einverständnis des ArbGeb den Anspruch von vier Jahren im vierten Jahr zusammenzulegen. Vorgesehen ist eine **Übertragung** des Anspruchs auf das folgende Kj, wenn der Bildungsurlaub wegen betrieblicher Belange nicht gewährt werden konnte; in Brem und Hbg ohne weitere Voraussetzung. In Bbg können die Ansprüche auch kommender Jahre durch schriftliche Vereinbarung zusammengefasst werden.

15 Die Ansprüche aus zwei Kj können auch in den Ländern zusammengefasst werden, die den Anspruch pro Kj gewähren. Der ArbN muss im laufenden Jahr dem ArbGeb mitteilen, dass er den Anspruch im folgenden Jahr für eine längere Freistellung verwenden werde. Die Erklärung ist nicht formgebunden; die beabsichtigte Bildungsmaßnahme braucht weder nach Inhalt noch nach Zeitraum mitgeteilt zu werden (LAG Köln 7.6.90 – 10 Sa 247/90, DB 90, 1973; LAG Hamm 2.10.91 – 3 Sa 1560/87, DB 92, 2347). Der nach dem AWbG NRW zusammengefasste Anspruch darf nur zur Teilnahme an einer mehr als fünftägigen Bildungsveranstaltung oder an mehreren zusammenhängenden Veranstaltungen von insgesamt mehr als fünftägiger Dauer genutzt werden (BAG 11.5.93 – 9 AZR 126/89, DB 93, 1825). Realisiert der ArbN im Folgejahr nur den einwöchigen Bildungsurlaub des laufenden Kalenderjahres, geht der „verblockte" anteilige Bildungsurlaub aus dem Vorjahr mit Ablauf des laufenden Jahres unter (LAG SchlHol 20.11.07 – 5 Sa 285/07, NZA-RR 08, 288).

16 d) **Sonstiges.** Der Vermeidung von **Doppelansprüchen** bei Wechsel des ArbGeb dient die Bildungsurlaubsbescheinigung des VorArbGeb. **Überlastungsschutz-/Kleinbetriebsklauseln** existieren in Bln, Bbg, Hess, NdS, NRW, RhPf, Saarl und SachsAnh. **Freistellungen für Bildungs- und Schulungsveranstaltungen** aufgrund anderer Vorschriften werden unterschiedlich berücksichtigt. Sie werden in NdS und Saarl angerechnet, wenn der ArbN hierfür einen Anspruch auf Fortzahlung des Entgelts hat. Bln und RhPf schließen jede Anrechnung aus; in anderen Ländern wird sie davon abhängig gemacht, dass der gesetzliche Zweck der Weiterbildung gewährleistet ist und die andere Vorschrift die Anrechnung ausdrücklich anordnet. In Bbg setzt die Anrechnung voraus, dass die Maßnahme den Grundsätzen der Weiterbildung iSd Gesetzes entspricht und ein Entgeltfortzahlungsanspruch besteht.

17 e) **Entgelt.** Die **Höhe** des fortzuzahlenden Entgelts bestimmt sich in Brem, Hbg, Hess, RhPf und SchlHol nach der Urlaubsvergütung (§§ 11, 12 BUrlG), sonst nach dem Lohnausfallprinzip. Zu beachten ist, dass der ArbN einen Anspruch auf bezahlte Freistellung von der Arbeitspflicht hat. Hat er an einem oder mehreren Tagen der Bildungsveranstaltung nicht zu arbeiten (zB wegen Schichtdienstes), hat er keinen Anspruch gegen den ArbGeb auf

Bildungsurlaub 134

Freizeitausgleich, also auf bezahlte Freistellung von der Arbeit für einen anderen Tag (BAG 21.9.99 – 9 AZR 765/98, NZA 2000, 1012).

f) Verfahren für Geltendmachung und Ablehnung. Die Landesgesetze sind zwar gleich angelegt, unterscheiden sich aber hinsichtlich einzuhaltender Fristen und Formvorschriften. Der Anspruch ist rechtzeitig, zwischen vier und sechs Wochen vor Beginn der Veranstaltung, dem ArbGeb anzumelden und die Teilnahme nachzuweisen (Vorlage der Anmeldung und des Programms). Die **Anmeldefrist** wird nach § 187 Abs 2, § 188 Abs 2 2. Hs BGB berechnet, dh zwischen dem Zugang des Freistellungsantrags beim ArbGeb und dem Beginn der Maßnahme müssen volle vier (sechs) Wochen liegen. Hat der ArbN seine Teilnahmeabsicht an einer Bildungsveranstaltung nicht rechtzeitig mitgeteilt, kann er für diese Maßnahme keine Freistellung verlangen; unberührt bleibt sein Anspruch auf Teilnahme an einer anderen Bildungsveranstaltung (BAG 9.11.99 – 9 AZR 917/98, DB 2000, 979). Der ArbGeb hat unverzüglich zu reagieren, wobei eine Ablehnung teils schriftlich begründet und fristgebunden zu erfolgen hat (Bln, Hess, NdS, SchlHol). Als **Ablehnungsgründe** kommen idR nur betriebliche Belange in Betracht, wobei trotz unterschiedlicher Wortwahl (dringende/zwingende) in der Praxis sich keine Unterschiede feststellen lassen werden. In einigen Ländern werden als Ablehnungsgrund ausdrücklich noch entgegenstehende Urlaubswünsche anderer ArbN genannt, die aus sozialen Gründen Vorrang verdienen (dazu LAG SchlHol 20.11.07 – 5 Sa 285/07, NZA-RR 08, 288). 18

g) Freistellung. Hat der ArbGeb den ArbN vorbehaltlos freigestellt, ist er hieran gebunden. Der ArbN erwirbt Anspruch auf Vergütung. Der ArbGeb kann nicht im Nachhinein geltend machen, die gesetzlichen Voraussetzungen für die Bildungsmaßnahme hätten nicht vorgelegen (BAG 11.5.93 – 9 AZR 231/89, DB 93, 1825; 21.9.93 – 9 AZR 335/91, DB 94, 52). Die aufgrund der Freistellung des ArbGeb gewährte Freizeit kann nicht wegen ungerechtfertigter Bereicherung (§ 812 BGB) zurückverlangt werden. Das gilt auch für den Fall, dass der ArbGeb den ArbN auf eine erwirkte einstweilige Verfügung hin ausdrücklich freistellt, ohne dass deren Vollziehung bewirkt oder angedroht war (BAG 7.12.93 – 9 AZR 325/92, DB 94, 737). Als ausreichende Erfüllungshandlung hat das BAG auch eine Freistellungserklärung angesehen, die als „Bescheid über die Freistellung nach dem Bildungsurlaubsgesetz NRW" überschrieben war und auf die von dem ArbN mitgeteilte Bildungsveranstaltung Bezug nahm, auch wenn im Text des Anschreibens unter Hinweis auf verfassungsrechtliche Bedenken des ArbGeb lediglich eine unbezahlte Freistellung erfolgte (BAG 9.11.93 – 9 AZR 306/89, DB 94, 738). 19

Daraus ergibt sich zugleich die **Risikoverteilung** bei späterer Unmöglichkeit. Nach den LandesG werden lediglich Arbeitsunfähigkeitszeiten nicht auf den geplanten und bewilligten Bildungsurlaub angerechnet. Wird dem ArbGeb die bezahlte Freistellung aus anderen Gründen nachträglich unverschuldet unmöglich, entfällt insoweit der Vergütungsanspruch. Auch eine Nachgewährung kommt nicht in Betracht (BAG 1.6.93 – 9 AZR 65/90, DB 93, 2237: Freistellung für eine später vereinbarte Feierschicht). 20

Bei Streit über die Anspruchsvoraussetzungen haben sich sog **Freistellungsvereinbarungen** eingebürgert: Der ArbN wird zunächst unbezahlt freigestellt und die Zahlungspflicht einvernehmlich von der gerichtlichen Klärung abhängig gemacht (BAG 9.2.93 – 9 AZR 648/90, DB 93, 1573). Hier ist auf klare Absprachen zu achten, um unerwünschte Rechtsfolgen zu vermeiden. Instruktiv BAG 7.12.93 – 9 AZR 325/92, DB 94, 737: Ablehnung der Freistellung durch den ArbGeb und Angebot von unbezahltem Sonderurlaub. Die ohne weitere Äußerung durch den ArbN erfolgte Teilnahme an der Maßnahme hat das BAG als stillschweigende Annahme des Angebots auf unbezahlten Urlaub beurteilt. 21

h) Selbstbeurlaubung. Bleibt der ArbN seiner Arbeit fern und besucht stattdessen die Bildungsmaßnahme, obwohl der ArbGeb jede Freistellung abgelehnt hat, entsteht für die Zeit der Abwesenheit kein Anspruch auf Vergütung nach den Bildungsurlaubsgesetzen oder auf Schadensersatz in Geld (BAG 21.9.93 – 9 AZR 429/91, DB 94, 51). Eine nachträgliche Gewährung von Erholungsurlaub für diese Zeit ist unzulässig (BAG 25.10.94 – 9 AZR 339/93, DB 95, 226). Neue Wege hat der Gesetzgeber NRW beschritten. Nach § 5 Abs 4 AWbG NRW nF kann der ArbN, wenn der ArbGeb aus anderen als dringenden betrieblichen/dienstlichen Gründen die Freistellung ablehnt, dem ArbGeb binnen einer Woche seit Zugang der Ablehnung schriftlich mitteilen, er werde gleichwohl an der Bildungsveranstaltung teilnehmen. In diesem Fall darf er auch ohne Freistellung der Arbeit fernbleiben, es sei 22

134 Bildungsurlaub

denn, der ArbGeb erwirkt eine gerichtliche Entscheidung, die einer Teilnahme des ArbN entgegensteht. Zum AWbG 2000 *Mittag* AiB 01, 1 ff.

23 **i) Schadensersatz.** Ersatzansprüche des ArbN kommen in Betracht, wenn der ArbGeb die bezahlte Freistellung zu Unrecht ablehnt. Das BAG wendet die Normen über den Schuldnerverzug an und verweist hierzu auf seine Rspr zum Erholungsurlaub: Der ArbGeb gerät in Schuldnerverzug, wenn er dem form- und fristgerechten begründeten Antrag auf Arbeitsbefreiung nicht entspricht. Bei Nichterfüllung des fortbestehenden Anspruchs auf ArbNWeiterbildung im laufenden Jahr hat der ArbGeb den Untergang des Anspruchs zum Ende des Bezugszeitraums zu vertreten. Der ArbN erwirbt einen Ersatzanspruch auf Freistellung für eine beliebige andere Bildungsmaßnahme, der neben dem mit dem Jahresbeginn entstehenden Weiterbildungsanspruch tritt. Da Naturalrestitution geschuldet wird, kommt eine Geldentschädigung erst bei Beendigung des Arbeitsverhältnisses in Betracht (st Rspr BAG 5.12.95 – 9 AZR 666/94, DB 96, 1421).

24 Der Schadensersatzanspruch verjährt vorbehaltlich § 199 BGB nach § 195 BGB in 3 Jahren. Tarifliche **Ausschlussfristen** für den Ersatzanspruch sind regelmäßig bereits durch die Geltendmachung der ursprünglichen Freistellung gewahrt (BAG 24.10.95 – 9 AZR 547/94, NZA 96, 254).

25 **8. Prozessuales.** Der Freistellungsanspruch ist im Klageverfahren vor dem ArbG zu verfolgen, ggf im Wege der einstweiligen Verfügung. Eine auf die Feststellung der Anspruchsvoraussetzungen gerichtete Klage ist nach allgemeinen Grundsätzen zulässig, nach dem Besuch der Veranstaltung nur bei dargelegten Folgewirkungen (BAG 21.9.93 – 9 AZR 580/90, DB 94, 2352). Das BAG verneint das Feststellungsinteresse, soweit der ArbN seine künftige Teilnahmeberechtigung an einer bestimmten, derzeit aber nicht angebotenen Veranstaltung geklärt wissen will (BAG 19.10.93 – 9 AZR 478/91, DB 94, 737). Darlegungs- und Beweislast für die anspruchsbegründenden Voraussetzungen liegen beim ArbN (ständige Rspr BAG 16.8.90 – 8 AZR 220/88, DB 90, 2326).

26 **9. Mitbestimmungsrechte** des BRat bestehen nach § 87 Abs 1 Nr 5 BetrVG für die Aufstellung von **allgemeinen Grundsätzen** zur Inanspruchnahme von Freistellungen. Hierzu gehören ua der Kreis der Anspruchsberechtigten, die für die Weiterbildung in Betracht kommenden Veranstaltungen, Anmelde- und Bewilligungsverfahren oder der Widerruf einer bewilligten Freistellung (BAG 28.5.02 – 1 ABR 37/01, NZA 03, 171). Die Rechte des BRat werden im Übrigen durch die zwingenden Festlegungen des jeweiligen BildungsurlaubsG beschränkt (*Zumbeck* AiB 08, 131). Die Beteiligung des BRat bei betrieblichen Bildungsmaßnahmen erfasst den Bildungsurlaub nicht, da der ArbN einen zwingenden individualrechtlichen Anspruch auf Bildungsurlaub hat (Näheres s *Betriebliche Berufsbildung*).

27 **10. Rechtsprechungsübersicht**

Architektur/Städtebau. BAG 24.10.95 – 9 AZR 431/94, DB 96, 145: „Architektur, Städtebau und aktuelle Situation in den neuen Bundesländern". Ablauf der Veranstaltung: Busrundreise durch Sachsen mit Mikrofonerläuterungen *(nein)*.
Auslandsseminar. BAG 16.3.99 – 9 AZR 166/98, NZA 2000, 32: „Zur aktuellen politischen und sozialen Situation in Cuba" *(nein)*; BAG 16.5.2000 – 9 AZR 241/99, NZA 01, 148: „Arbeitsmarkt und Beschäftigungspolitik am Beispiel Österreichs" *(ja,* wenn ein hinreichender Bezug zu den Verhältnissen der BRD hergestellt wird); LAG Köln 30.6.94 – 10 Sa 115/94, LAGE Nr 23 zu § 7 AWbG: „Wien: Österreichische Hauptstadt und weltpolitisches Zentrum" *(nein)*. LAG Köln 16.10.91 – 2/5 Sa 772/91, LAGE Nr 12 zu § 7 AWbG: Studienreise UdSSR *(nein)*.
Deutschlandseminar. LAG Düsseldorf 20.7.94 – 4 Sa 689/94, BB 94, 2208 *(ja)*.
EDV. LAG Düsseldorf 1.12.95 – 17 (5) Sa 1171/95, LAGE Nr 26 zu § 7 AWbG: „PC-Praxis für Einsteiger (Windows)"; angelernte Pflegehilfe im Altenheim *(nein)*.
Gesellschaft, Stellung. BAG 9.2.93 – 9 AZR 648/90, DB 93, 1573. „ArbN in Betrieb, Wirtschaft und Gesellschaft I" *(ja)*. Hierzu im Ergebnis zu Unrecht kritisch *Kania* Anm EzA Nr 16 zu § 7 AWbG. LAG Düsseldorf 10.3.94 – 13 Sa 1803/93, LAGE Nr 16 zu § 7 AWbG: „Wann ist ein Mann ein Mann? – Zur Rolle des Mannes in Staat, Gesellschaft und Familie" *(nein)*.
Gesundheitstraining. BAG 9.5.95 – 9 AZR 185/94, DB 95, 2072: „Mit dem Fahrrad auf Gesundheitskurs" *(nein)*.
Ratgeberkurse. BAG 15.6.93 – 9 AZR 411/89, DB 93, 2236: „Rund um den ökologischen Alltag" *(nein)*; LAG Hamm 6.6.91 – 4 Sa 45/91, zitiert nach *Schiefer* DB 92, 944: Existenzgründungsseminar für türkische ArbN *(nein)*; LAG Düsseldorf 27.2.91 – 11 Sa 1674/90, LAGE Nr 11 zu § 7 AWbG: Fachberater für das Kleingartenwesen *(nein)*.

Rhetorik. LAG Köln 17.6.94 – 4 Sa 222/94, LAGE Nr 22 zu § 7 AWbG: „Rhetorik und Kommunikation für Frauen" *(ja)*; LAG Hamm 13.9.96 – 15 Sa 2186/94, NZA 97, 464 *(nein* für CNC-ArbN*)*.
Schlüsselqualifikationen wie Einführung in die EDV/PC-Handhabung oder Sprachkurse genügen nicht für sich, erforderlich ist der berufliche Zusammenhang (BAG 21.9.93 – 9 AZR 258/91, NZA 94, 690; LAG Düsseldorf 1.12.95 – 17 (5) Sa 1171/95, LAGE Nr 26 zu § 7 AWbG).
Sprachkurse. Berufliche Bildung: BAG 18.5.99 – 9 AZR 381/98, NZA 2000, 98: Spanisch für Programmierer *(nein)*; BAG 21.10.97 – 9 AZR 510/96, NZA 98, 758: Spanisch für städtische Journalisten; *(ja)*; BAG 17.2.98 – 9 AZR 100/97: Spanisch für Bankkauffrau *(ja)*; BAG 15.6.93 – 9 AZR 261/90, DB 93, 2235: Italienisch für Krankenschwester zur besseren Kommunikation mit Patienten *(ja)*; BAG 24.8.93 – 9 AZR 473/90, DB 94, 583: Schwedisch für Ingenieur wegen fehlender Verwertbarkeit im Beruf *(nein)*; BAG 21.9.93 – 9 AZR 258/91, AP Nr 68 zu § 611 BGB Dienstordnungs-Angestellte: „Frankreich – Sprache und Politik" für Mitarbeiter einer KV *(nein)*; LAG Hamm 25.7.07 – 18 Sa 1994/06: Französisch für Pilot wegen fehlender Verwertbarkeit im Beruf *(nein)*; LAG Düsseldorf 21.3.91 – 12 (3) Sa 1600/90, DB 91, 1578: Französisch für Hauptvermittler bei der BA *(ja)*; LAG Hamm 13.2.91 – 3 (4) Sa 376/90, DB 91, 1178: Spanisch für städtischen Jugendpfleger *(ja)*. Allgemeine Bildung: BAG 15.3.05 – 9 AZR 104/04, MDR 05, 1358 Schwedisch *(ja)*.
Stressseminar. BAG 24.10.95, – 9 AZR 244/94 DB 96, 888: „Anti-Stress-Training für den Beruf" *(ja)*.
Technologie. LAG Köln 15.12.92 – 9 (4) Sa 560/92, LAGE Nr 14 zu § 7 AWbG: „Einführung in die Bio- und Gentechnologie" *(ja)*.
Umweltseminare. BAG 19.5.98 – 9 AZR 395/97: Regionalentwicklung des Spreewaldes im Spannungsfeld zwischen Ökonomie und Ökologie *(ja)*; BAG 24.10.95 – 9 AZR 433/94, DB 96, 786: „Das Meer – Ressource und Abfalleimer". Ablauf der Veranstaltung: überwiegend Tauchgänge im Mittelmeer und nur begleitende Vermittlung umwelt- und gesellschaftspolitischer Aufgaben *(nein)*. BAG 24.8.93 – 9 AZR 240/90, DB 94, 583: „Ökologische Wattenmeerexkursion" *(ja)*. LAG Düsseldorf 30.11.93 – 16 (13) Sa 608/93, DB 94, 436: „Der Berg ruft noch nicht mehr – er kommt! – Sanfter (Alpen-)tourismus als Chance für eine bedrohte Region *(ja)*. BAG 5.12.95 – 9 AZR 666/94, DB 96, 1421: „Nordsee – Müllkippe Europas!?" *(ja)*. LAG Köln 31.5.94 – 11 (7) Sa 470/93, LAGE Nr 20 zu § 7 AWbG: „Sylt – eine Insel in Not – Lehrstück einer Umweltzerstörung" *(ja)*. Vgl auch LAG Hess 29.2.00 – 15 Sa 1219/99, NZA-RR 01, 181 zur Frage, ob im Einzelfall ein „Bildungsbedürfnis" vorliegen muss.
Verkehrspolitik. LAG Hamm 25.9.95 – 15 Sa 1731/95, LAGE Nr 25 zu § 7 AWbG: „Auf neuen Wegen mobil. Der Verkehr der Zukunft zwischen Fahrrad und Transrapid" *(ja)*.

B. Lohnsteuerrecht *Thomas*

Wird während einer Bildungsmaßnahme des ArbN das Entgelt fortgezahlt, sei es bei einem **31** für Schulungs- oder Bildungsveranstaltungen freigestellten BRatMitglied (s *Betriebsratsschulung* Rz 34), sei es bei einem sonstigen ArbN für die Dauer einer ganzen Ausbildung (s *Ausbildungsverhältnis* Rz 86 ff) oder nur für die Dauer einzelner Fortbildungsveranstaltungen, liegt jeweils **Arbeitslohn** vor, der dem LStAbzug nach den allgemeinen Vorschriften zu unterwerfen ist. Zu Besonderheiten bei Bildungsmaßnahmen Behinderter s FG Münster 24.11.93, EFG 94, 658. Zusätzlich kann darin Arbeitslohn liegen, dass der ArbGeb auch die Kosten Dritter, bei denen die Bildungsmaßnahme erfolgt, übernimmt (s *Betriebliche Berufsbildung* Rz 21).

Ist die Finanzierung der Ausbildung durch den ArbGeb mit der Verpflichtung des ArbN **32** verbunden, später bei diesem ArbGeb zu arbeiten, so führt eine wegen Verletzung der Dienstpflicht entrichtete Vertragsstrafe zu **Werbungskosten** (BFH 7.12.05 – I R 34/05, BFH/NV 06, 1068; BFH 22.6.06 – VI R 5/03, BStBl II 07, 4 = DStRE 06, 1371 mit Anm Thomas Inf 06, 766; s *Vertragsstrafe* Rz 23 ff; *Richter* DStR 84, 516; *Dendl* DStR 2000, 1253 zur Rückzahlung von Studienkosten eines Soldaten). Ob an der Versagung von Werbungskosten festzuhalten ist, wenn mit der Vertragsstrafe die Verschaffung eines sonst nicht zustehenden Studienplatzes abgegolten wird (so noch BFH 28.2.92 – VI R 97/89, BStBl II 92, 834) erscheint nach Änderung der Rspr zur Behandlung beruflich veranlasster Ausbildungskosten (vgl *Betriebliche Berufsbildung* Rz 19) zweifelhaft.

C. Sozialversicherungsrecht *Schlegel*

1. Bildungsurlaub für Betriebsratsmitglieder. Ein derartiger Urlaub lässt den sozial- **33** versicherungsrechtlichen Status des BRatMitglieds während des Bildungsurlaubs unverändert;

135 Bruttolohnvereinbarung

da während des Bildungsurlaubes nach den Grundsätzen des Lohnausfallprinzips Anspruch auf Vergütungsfortzahlung besteht, sind unverändert SozVBeiträge und Beiträge zur BA wie bei Lohnfortzahlung im Krankheitsfall zu zahlen. Für sonstige Beschäftigte bleibt die Versicherungs- und Beitragspflicht mE bestehen, wenn der ArbN von der Arbeit freigestellt und er weiterhin bezahlt wird. Besteht zwar das Arbeitsverhältnis fort, wird jedoch kein Arbeitsentgelt mehr bezahlt, endet die Versicherungs- und Beitragspflicht spätestens mit Ablauf des Monats des letzten Arbeitstages (vgl § 7 Abs 3 Satz 1 SGB IV).

34   **Versicherungsschutz in der Unfallversicherung.** Für BRatMitglieder besteht UVSchutz nicht nur bei Teilnahme an BRatSitzungen, BRatVersammlungen, GBRatSitzungen und Besprechungen mit Gewerkschaften (vgl BSG 20.5.76 – 8 RU 76/75, SozR 2200 § 539 Nr 19), sondern auch bei der Teilnahme an Schulungs- und Bildungsveranstaltungen iSd § 37 Abs 6 BetrVG. Auch insoweit ist die für den UVSchutz erforderliche Voraussetzung gegeben, dass die Tätigkeit des BRat der Regelung innerbetrieblicher Belange dient oder zumindest einen mittelbaren Bezug zum Betrieb oder zum Aufgabenbereich des BRat hat. Es kommt hierbei nicht darauf an, ob die Bildungs- oder Schulungsveranstaltung wesentlich dem Beschäftigungsverhältnis dient, sondern maßgeblich ist, ob sie der BRatTätigkeit dient.

35   **2. ILO.** Bildungsurlaub nach Übereinkommen 140 der ILO vom 24.6.74 kraft länderrechtlicher Regelungen (vgl oben Rz 2) beseitigt den Versicherungsschutz nicht. Da in diesen Fällen das Beschäftigungsverhältnis fortbesteht und der ArbN Anspruch auf Entgeltfortzahlung hat, liegt auch für die Zeit des Bildungsurlaubs ein versicherungs- und beitragspflichtiges Beschäftigungsverhältnis iSd §§ 5 Abs 1 Nr 1 SGB V; 1 Satz 1 SGB VI; § 25 Abs 1 SGB III vor.

36   **Unfallversicherungsschutz** ist allerdings nur dann anzunehmen, wenn der Bildungsurlaub seinen inhaltlichen Zielen nach den Bildungs- oder Schulungsveranstaltungen für BRatMitglieder vergleichbar ist. Erforderlich ist insoweit, dass der Bildungsurlaub der betrieblichen Tätigkeit zugute kommt und nicht allein der Allgemeinbildung des ArbN dient.

37   **3. Sonstiger Bildungsurlaub.** Wird Bildungsurlaub zB zum Zweck der Durchführung einer Fortbildung gewährt, unterliegt der Versicherungs- und Beitragspflicht nur in eingeschränktem Umfang; erforderlich ist, dass das Arbeitsverhältnis formal fortbesteht, der ArbN sich weiterhin nach Abschluss der Fortbildung dem Weisungsrecht des ArbGeb unterstellen und die Arbeit fortsetzen will. In diesem Fall besteht das Beschäftigungsverhältnis (§ 7 SGB IV) fort, doch ist für das Vorliegen von Versicherungs- und Beitragspflicht weiter erforderlich, dass ein Entgelt erzielt wird (vgl §§ 5 Abs 1 Nr 1 SGB V; 1 Satz 1 Nr 1 SGB VI; § 25 Abs 1 SGB III). Das Arbeitsentgelt muss im Hinblick auf die Fortbildung des ArbN gezahlt werden (BSG 12.11.75 – 3/12 RK 13/74, SozR 2200 § 165 Nr 8 für ein bezahltes Studium eines Ingenieurs, der sich gegenüber dem Land verpflichtet hatte, nach Abschluss eines Lehrerstudiums mindestens fünf Jahre im Schuldienst des Landes zu verbleiben und während des Studiums nach BAT Vb bezahlt wurde; BSG 18.4.75 – 3/12 RK 10/73, SozR 2200 § 172 Nr 2: Beurlaubung eines Versicherungskaufmanns zum Studium der Betriebswirtschaft unter Zahlung von Ausbildungszuschüssen). Wird eine Vergütung in Form eines Entgelts oder von Zuschüssen zum Studium seitens des ArbGeb nicht gewährt, scheidet für diese Zeiten des Bildungsurlaubs Versicherungs- und Beitragspflicht nach den genannten Vorschriften aus. Insoweit kommt dann nur eine Versicherungspflicht für Studenten oder Praktikanten in Betracht (s *Studentenbeschäftigung; Praktikant*).

Bruttolohnvereinbarung

A. Arbeitsrecht
Griese

1   **1. Begriff.** Die Bruttovergütung bezeichnet die Gesamtvergütung des ArbN vor Abzug der öffentlichrechtlichen Steuern und Abgaben. Sie ist abzugrenzen von der Nettovergütung, also demjenigen Vergütungsteil, der dem ArbN nach Abzug von Steuern und ArbNAnteilen zur SozV verbleibt.

2   **2. Bruttovergütung als Regelfall.** Die Bruttovergütung ist der Regelfall im Arbeitsrecht. Jegliche Vergütungsabrede gilt grds als Bruttolohnvereinbarung. Auch wenn die Par-

Bruttolohnvereinbarung 135

teien keine ausdrückliche Vereinbarung treffen, ist die zugesagte Vergütung eine Bruttovergütung. Denn die Bruttovergütung ist der Normalfall im Arbeitsrecht, die Höhe der Auszüge und Steuern hängt von den individuellen Verhältnissen des ArbN ab, die außerhalb des Einflussbereiches des ArbGeb liegen.

Es bedarf daher einer besonderen, vom ArbN zu beweisenden Nettolohnvereinbarung **3** (s *Nettolohnvereinbarung* Rz 2), wenn ausnahmsweise der ArbGeb die Steuern und die SozVBeitragsteile des ArbN übernehmen soll (BAG 16.6.04 – 5 AZR 521/03, NZA 04, 1274). Das Erfordernis einer gesonderten Vereinbarung, falls von dem Regelfall der Bruttovergütung abgewichen werden soll, wird ferner durch § 14 Abs 2 SGB IV belegt, wonach **Nettoarbeitsentgelt vereinbart sein muss.** Nimmt der ArbGeb wiederholt und ausschließlich eine Bar-Auszahlung der vereinbarten Vergütung ohne Abzüge und ohne Erstellung einer Abrechnung vor, spricht dies vermutungsweise für eine Netto-Vereinbarung (LAG Köln 1.8.97 – 11 (7) Sa 152/97, ArbuR 98, 334). Erfahrungssätze zugunsten einer Nettolohnvereinbarung können sich darüber hinaus aus **branchenüblichen Verfahrensweisen** wie zB bei Aushilfstätigkeiten oder **geringfügigen Beschäftigungsverhältnissen** ergeben (*Hanau*, Münchener Handbuch zum Arbeitsrecht § 64 Rz 52). Werden solche Arbeitsverhältnisse branchen- oder betriebsüblich durchgehend als Nettolohnarbeitsverhältnisse praktiziert, wie zB die *geringfügige Beschäftigung*, spricht dies für die Abweichung vom Normalfall der Bruttoentgeltvereinbarung. Bei Üblichkeit der Nettovergütung wäre die hiervon abweichende Überwälzung von ArbNAnteilen zur SozV und Steuern auf den ArbN in einem Formulararbeitsvertrag eine unzulässige überraschende Klausel gem § 305c Abs 1 BGB und darüber hinaus wegen mangelnder Transparenz gem § 307 Abs 1 Satz 2 BGB unzulässig. Eine gesetzgeberische Reform der geringfügigen Beschäftigung, die die Sozialversicherungsfreiheit beseitigt und geringfügige Beschäftigungsverhältnisse als gesetzliche Nettoarbeitsverhältnisse ausgestaltet, würde an die übliche Praxis anknüpfen und ist dringlich (s dazu *Griese/ Preis/Kruchen*, NZA 2013, 113).

Zur Frage, ob eine Schwarzgeldabrede als Nettolohnvereinbarung gewertet werden kann, s *Nettolohnvereinbarung* Rz 4.

Konsequenz der Bruttovergütung ist, dass der ArbGeb von dem Bruttobetrag die darauf **4** entfallenden Steuern und die ArbNAnteile zur SozV abzuziehen und ebenso wie die ArbGebAnteile zur SozV abzuführen hat. Dabei ist der ArbGeb kraft seiner **Fürsorgepflicht** auch arbeitsrechtlich gegenüber dem ArbN verpflichtet, die Abzüge vom Lohn oder Gehalt des ArbN richtig zu berechnen und vollständig abzuführen (BAG 16.6.04 – 5 AZR 521/03, NZA 04, 1274; BAG 11.10.89 – 5 AZR 585/88, NZA 90, 309). In Zweifelsfällen besteht die Möglichkeit, eine Auskunft des FA und der Einzugsstelle der SozV (§ 28h SGB IV iVm § 15 SGB I) einzuholen (s *Anrufungsauskunft* Rz 1 und *Sozialversicherungsbeiträge* Rz 3).

3. Fehlerhafte Berechnung der Steuern und Abgaben. Hat der ArbGeb Steuern oder **5** SozVAbgaben **fehlerhaft zu niedrig** berechnet und demzufolge einen zu hohen Nettolohn an den ArbN ausgezahlt, stellt sich die Frage, ob die zu wenig von der Bruttovergütung in Abzug gebrachten Steuern und SozVBeiträge nachträglich vom ArbN verlangt werden können, wenn der ArbGeb von FA oder der Einzugsstelle für die SozVBeiträge, der Krankenkasse (§ 28h SGB IV), in Anspruch genommen worden ist. Hierbei ist zwischen Steuern und SozVBeiträgen zu unterscheiden.

Für **Sozialversicherungsbeiträge** liegt eine **ausdrückliche gesetzliche Regelung** vor. **6** Nach § 28g Satz 2 SGB IV kann der Beitragsanteil des ArbN in der SozV nur in engen zeitlichen Grenzen und nur durch Abzug vom Arbeitsentgelt geltend gemacht werden. Eine separate klageweise Geltendmachung ist daher nicht möglich. Nach § 28g Satz 3 SGB IV darf ein unterbliebener Beitragsabzug **nur bei den drei nächsten Lohn- und Gehaltszahlungen nachgeholt werden,** danach nur dann, wenn den ArbGeb an dem ganz oder teilweise unterbliebenen Beitragsabzug kein Verschulden trifft (BAG 30.4.08 – 5 AZR 725/07, NZA 08, 884). Der ArbGeb kann den Verschuldensvorwurf idR nur vermeiden, wenn er zuvor eine Auskunft der Einzugsstelle nach § 28h Abs 2 SGB IV eingeholt hat (vgl BAG 11.10.89 – 5 AZR 585/88, NZA 90, 309). Die Pfändungsfreigrenzen (§ 394 Satz 1 BGB, § 850c ZPO; s *Pfändung* Rz 20) sind dabei zu beachten. Ist der **ArbN ausgeschieden, besteht folglich kein Erstattungsanspruch des ArbGeb** mehr (BAG 14.1.88 – 8 AZR 238/85, DB 88, 1550).

135 Bruttolohnvereinbarung

7 Ausnahmsweise ist ein direkter Anspruch des ArbGeb hinsichtlich der ArbNAnteile zur SozV gegeben, wenn die unrichtige Beitragsabführung auf einer vorsätzlichen oder grob fahrlässigen **Meldepflichtverletzung** des ArbN beruht (§ 28g Satz 4 iVm § 28o Abs 1 Satz 1 SGB IV). Ein Erstattungsanspruch ist aber selbst dann ausgeschlossen, wenn die Parteien irrtümlich ihr Vertragsverhältnis nicht für ein Arbeitsverhältnis gehalten haben (BAG 14.1.88 – 8 AZR 238/85, NZA 88, 803).

8 Der ArbGeb trägt also das gesamte Sozialversicherungsrisiko, wenn sich zB ein **freies Mitarbeiterverhältnis** als Arbeitsverhältnis herausstellt, so dass es in seinem eigenen Interesse liegt, sehr sorgfältig zu prüfen, ob tatsächlich eine freies Mitarbeiterverhältnis vorliegt. Zur Klärung und Risikominimierung bietet sich das Antragsverfahren nach § 7a SGB IV an.
Die Tatsache, dass nachträglich gerichtlich festgestellt wird, dass es sich nicht um ein freies Mitarbeiterverhältnis, sondern um ein Arbeitsverhältnis handelt, rechtfertigt auch keine Vergütungsreduzierung; die bisher vereinbarte Vergütung ist dann die vertraglich geschuldete Bruttovergütung (LAG Bln 8.6.93, NZA 94, 512). Zusätzlich sind Ausschlussfristen und die regelmäßige dreijährige Verjährungsfrist des § 195 BGB zu beachten. Zur Frage eines Schadensersatzanspruchs für einen Schaden, den der ArbN in der SozV durch zu geringe Beitragsabführung erleidet, s *Sozialversicherungsbeiträge* Rz 8 ff.

9 Werden zu **wenig Steuern** von der Bruttovergütung abgezogen und abgeführt, entsteht nach der Rspr ein Ausgleichsanspruch im Gesamtschuldverhältnis (§ 42d Abs 3 EStG) des ArbGeb gegen den ArbN nach § 426 Abs 2 BGB (BAG 16.6.04 – 5 AZR 521/03, NZA 04, 1274).

10 Im **Innenverhältnis** ist der ArbN bei einer Bruttovergütung allein zahlungsverpflichtet, da er allein die Steuern zu tragen hat. Hat der ArbGeb die Steuer nachentrichtet, wandelt sich der Freistellungsanspruch in einen Erstattungsanspruch des ArbGeb gegen den ArbN (BAG 19.1.79 – 3 AZR 330/77, BB 79, 1040). Soweit **aufgrund eines Verschuldens des Arbeitgebers** zu wenig Steuern entrichtet worden sind, wird eine Aufrechnung des ArbN mit einem Schadensersatzanspruch nach § 280 BGB (richtige Berechnung und Abführung ist Nebenpflicht aus dem Arbeitsverhältnis – s BAG 16.6.04 – 5 AZR 521/03, NZA 04, 1274) in Betracht kommen, soweit der ArbN darlegen kann, dass er im Vertrauen auf die Richtigkeit des Steuerabzuges Ausgaben getätigt hat, die er bei von vorneherein richtiger Steuerberechnung nicht vorgenommen hätte (s *Entgeltrückzahlung* Rz 9). Verjährungs- und Verfallfristen sind anwendbar. Dabei richtet sich der Verjährungsbeginn nach § 199 BGB.

11 Werden **zu viel Steuern oder Sozialversicherungsbeiträge** von der Bruttovergütung abgezogen, kann der ArbN die zu viel einbehaltenen Vergütungsbestandteile vom ArbGeb verlangen; die Arbeitsgerichtsbarkeit ist zuständig, soweit es um die korrekte Berechnung der auszuzahlenden Vergütung und damit als Vorfrage um die **Höhe** der Steuern und Abgaben geht (BAG 21.3.84 – 5 AZR 320/82, DB 85, 136). Legt der ArbGeb nachvollziehbar dar, dass er bestimmte Abzüge für Steuern und SozVBeiträge abgeführt hat, kann der ArbN die nach seiner Ansicht zu Unrecht einbehaltenen Bestandteile nicht mehr mit der arbeitsgerichtlichen Vergütungsklage, sondern nur mit steuer- und sozialrechtlichen Rechtsbehelfen verlangen; es liegt insoweit ein besonderer Erfüllungseinwand vor. Allerdings haftet der ArbGeb nach § 280 BGB auf Schadensersatz, wenn er bei der Berechnung und Abführung schuldhaft Nebenpflichten verletzt (BAG 30.4.08 – 5 AZR 725/07, NZA 08, 844). Ein Anspruch besteht nicht, wenn der ArbGeb eine Auskunft des zuständigen FA eingeholt und hiernach die Berechnung und Abführung vorgenommen hat (BAG 11.10.89 – 5 AZR 585/88, NZA 90, 309). Eine möglicherweise unrichtige Information des FA durch den ArbGeb ist unschädlich, wenn der ArbN Gelegenheit hatte, hierzu gegenüber dem FA Stellung zu nehmen (vgl BAG 11.10.89 – 5 AZR 585/88, NZA 90, 309).

12 **4. Gerichtliche Geltendmachung.** Zahlt der ArbGeb die Vergütung nicht, kann der ArbN grds die Bruttovergütung einklagen. Auf die Bruttosumme bezogen kann der gesetzliche Zinssatz geltend gemacht werden (BAG, Großer Senat 7.3.01 – GS 1/00, NZA 01, 1195; andernfalls würde der säumige ArbGeb prämiert). Hat der ArbGeb nur Teilzahlungen erbracht, kann die Verurteilung zur Zahlung des Bruttobetrages abzüglich des erhaltenen Nettobetrages, der freilich ebenfalls zu beziffern ist, beantragt werden. Der gesetzliche Zinssatz beträgt gem § 288 Abs 2 BGB 5 Prozentpunkte über dem Basiszinssatz (§ 247 BGB). Der Basiszinssatz wird von der Bundesbank festgesetzt. Beträgt der Basiszinssatz zB 1,17 %, sind hierzu 5 % zu addieren, so dass der Zinssatz insgesamt 6,17 % beträgt. Da der Arbeitsvertrag als Verbrauchervertrag gewertet wird (BAG 25.5.05 – 5 AZR 572/04, NZA 05, 1111), kommt der höhere Zinssatz des § 288 Abs 2 BGB nicht zur Anwendung. Der Basiszins muss im Klageantrag nicht angegeben werden, da er aufgrund der regelmäßigen Bekanntgabe durch die Bundesbank (§ 247 Abs 2 BGB) ausreichend bestimmt ist (BAG 1.10.02 – 9 AZR 215/01, NZA 03, 567; *Palandt/Heinrichs* § 288 Rz 7).

Die Zwangsvollstreckung richtet sich ebenfalls auf den Bruttobetrag. Hat der **Arbeit-** 13 **nehmer den Bruttobetrag vollstreckt,** ist er für die **richtige Abführung** der Steuern und der ArbNAnteile zur SozV **selbst verantwortlich.** Der Sicherung des Steueranspruchs dient es, dass der Gerichtsvollzieher das FA vor Abführung der vollstreckten Beträge an den Gläubiger benachrichtigen muss, wenn es sich nicht um Bagatellbeträge handelt.

Zahlt der ArbGeb den aus der Bruttovergütung folgenden Nettolohn aus, führt jedoch 14 Steuern und Abgaben nicht ab, ist zu empfehlen, die Bruttovergütung abzüglich des erhaltenen Nettobetrages einzuklagen und den daraus resultierenden Betrag zu vollstrecken und an das FA und die Einzugsstelle abzuführen. Die Zwangsvollstreckung ist einzustellen, wenn der ArbGeb durch Quittungen oder sonstige Zahlungsbelege nachweist, dass die öffentlich-rechtlichen Lohnabzüge abgeführt worden sind (BAG 14.1.64, AP Nr 20 zu § 611 BGB Dienstordnungsangestellte).

Die ArbGebAnteile zur SozV können auf diesem Weg allerdings nicht geltend gemacht 15 werden, da sie nicht zur Bruttovergütung gehören. Diesbezüglich muss der ArbN bei Nichtabführung die Einzugsstelle (Krankenkasse) zum Tätigwerden veranlassen und ggf im **sozialgerichtlichen** Verfahren dazu zwingen.

Die Nichtabführung der ArbNAnteile von SozVBeiträgen erfüllt darüber hinaus den 16 **Straftatbestand des § 266a Abs 1 StGB.** Dabei liegt Vorsatz bereits dann vor, wenn die Nichtabführung der Beiträge zum Fälligkeitszeitpunkt dem Verantwortlichen bekannt ist (BGH 1.10.91, NJW 92, 177; s ferner *Sozialversicherungsbeiträge* Rz 11). Selbst die Zahlungsunfähigkeit hebt die zivilrechtliche Haftung nach § 823 Abs 2 BGB iVm § 266a Abs 1 StGB nicht auf, wenn zwischen dem Zeitpunkt der Auszahlung der Löhne und der Fälligkeit der SozVBeiträge Leistungen an andere Gläubiger erbracht wurden (BGH 21.1.97 – VI ZR 338/95, ArbuR 97, 289). Ggf müssen Rücklagen gebildet werden (BGH 25.9.06 – II ZR 108/05, ZIP 06, 2127). Soweit ein gesetzliches **Mindestentgelt** (s dort) nicht gezahlt und dadurch SozialVersBeiträge für den ArbN der SozV vorenthalten werden, greift ebenfalls die Strafbarkeit nach § 266a StGB ein (BGH 12.9.12 – 5 StR 363/12). Durch das Schwarzarbeitsbekämpfungsgesetz vom 23.7.04 (BGBl I 04, 1842) sind die strafrechtlichen Vorschriften verschärft worden (s *Schwarzarbeit* Rz 1 ff).

B. Lohnsteuerrecht *Seidel*

Im **Regelfall** vereinbart der ArbGeb mit dem ArbN die Zahlung eines Bruttoarbeits- 17 lohnes, in dem die LSt, die KiSt, der SolZ und die ArbNAnteile zur gesetzlichen SozV enthalten sind. Eine Nettolohnvereinbarung, bei der der ArbGeb sich verpflichtet, sämtliche oder bestimmte gesetzliche Abzüge zu tragen, ist nur ausnahmsweise anzunehmen (s *Nettolohnvereinbarung* Rz 10 ff). Auch der steuerrechtlichen Definition des Arbeitslohns in § 2 LStDV liegt der genannte Bruttoarbeitslohnbegriff zurunde.

Zum Umfang des in der LStBescheinigung einzutragenden Bruttoarbeitslohns s *Lohn-* 18 *steuerbescheinigung* Rz 17, 18. Zu sog schwarzen Lohnzahlungen s *Schwarzarbeit* Rz 7.

Zur Haftung des ArbGeb gegenüber dem FA, wenn er zu wenig LSt, SolZ und ggf KiSt 19 einbehalten und abgeführt hat s *Lohnsteuerhaftung* Rz 4–28. Zur nachträglichen Einbehaltung zu wenig erhobener LSt bzw Erstattung zu viel abgeführter LSt im Rahmen des LStAbzugsverfahrens s *Lohnsteuerberechnung* Rz 23–25.

Wird der ArbGeb zur Zahlung der **Bruttovergütung verurteilt,** so hat er bei der Lohn- 20 zahlung trotzdem die LSt einzubehalten und abzuführen, auch wenn ein entsprechender Vorbehalt im Urteil fehlt (s *HMW/Arbeitsgerichte* Rz 2). Lässt der ArbN im Wege der Zwangsvollstreckung durch den Gerichtsvollzieher den Bruttoarbeitslohn beim ArbGeb einziehen, so kann der ArbGeb die Beschränkung der Vollstreckung auf den um die LSt geminderten Betrag erreichen, wenn er einen entsprechenden Nachweis über die Einzahlung der LSt vorlegt (s hierzu *Pfändung* Rz 40). Hat er die LSt noch nicht abgeführt und wird der

135 Bruttolohnvereinbarung

Bruttoarbeitslohn durch den ArbN vollstreckt, so ist bei sachgerechter Ermessensausübung der ArbN für die LSt in Anspruch zu nehmen (*Schmidt/Krüger* § 42d Rz 19; aA wohl FG Hess 8.12.89, EFG 90, 362).

21   Erhält der ArbN aufgrund einer **Nettolohnklage** nur den als netto bezeichneten Arbeitslohn zugesprochen, ist dagegen nur dieser der LSt zu unterwerfen (BFH 18.6.93, BStBl II 94, 182).

C. Sozialversicherungsrecht
Schlegel

22   **Arbeitsentgelt** iSd SozV und ArblV ist im Normalfall das vereinbarte Bruttoarbeitsentgelt. § 14 SBG IV definiert sowohl den Begriff des Bruttoarbeitsentgelts als auch den des Nettoarbeitsentgelts, wobei das Nettoarbeitsentgelt keine selbstständige Berechnungsgröße, sondern das um die gesetzlichen Abzüge verminderte Bruttoarbeitsentgelt ist (BSG 19.12.91 – 4/1 RA 85/80, SozR 3–5765 § 6 Nr 1 mwN). Zum Bruttolohnprinzip allg *Schleyer/Voelzke* SGB IV § 14 Rz 31, 35 ff.

23   Ist in den SozVGesetzen von Arbeitsentgelt, Entgelt oder vergleichbaren Begriffen die Rede, ist in aller Regel das Bruttoarbeitsentgelt iSd § 14 SGB IV gemeint; dem Gesetzgeber ist es insoweit bislang nicht gelungen, eine einheitliche Terminologie durchzusetzen. Auf das Nettoarbeitsentgelt ist nur dort abzustellen, wo dies vom Gesetzgeber ausdrücklich gefordert wird (s *Nettolohnvereinbarung* Rz 21 ff). Zum Umfang des Bruttolohnes s *Arbeitsentgelt* Rz 61 ff. Bruttoarbeitsentgelt ist das **nicht** nur um Abgaben, Werbungskosten und ähnliche Abzugsposten verminderte, zwischen ArbGeb und ArbN vereinbarte oder durch Tarifvertrag festgesetzte Arbeitsentgelt.

Compliance

A. Arbeitsrecht
Kreitner

1. Begriff. Compliance ist seit längerem im deutschen Wirtschaftsrecht bekannt. Der 1 Begriff stammt ursprünglich aus dem amerikanischen Recht und bedeutet soviel wie „Einhaltung, Gesetzestreue, Befolgung, Übereinstimmung". Im Kern ist damit nichts anderes gemeint, als dass sich die Unternehmen insgesamt gesetzeskonform bzw. rechtmäßig verhalten. Nicht die Unternehmenspolitik und -strategie iSv richtigen oder falschen Unternehmerentscheidungen ist dabei Gegenstand von Compliance, sondern es geht ausschließlich um die Sicherstellung rechtskonformen Handelns durch das Management (grundlegend zur Pflicht des Aufsichtsrats zur Verfolgung von Schadensersatzansprüchen gegenüber Vorstandsmitgliedern BGH 21.4.97 – II ZR 175/95, NJW 97, 1926 – ARAG/Garmenbeck; weiterführend *Hauschka*, Corporate Compliance, 2. Aufl. 2010). Dies wird in den USA mittels umfangreicher interner Ermittlungen überprüft, die bei international tätigen Unternehmen auch grenzüberschreitend durchgeführt werden können. Am Ende drohen dabei oft Strafen in mehrstelliger Millionen- oder sogar Milliardenhöhe (informativ *Wytibul* BB 09, 606). Dass unabhängig von diesem internationalen Aspekt Compliance-Verstöße aber auch auf nationaler Ebene für die Unternehmensführung sogar strafrechtlich relevant sein können, hat kürzlich der BGH eindrucksvoll bestätigt (BGH 17.7.09 – 5 StR 394/08, NJW 09, 3173). Insofern erfüllen Compliance-Regelungen auch eine Schutzfunktion für das Unternehmen selbst und seine Verantwortungsträger (vgl *Hauschka* ZIP 04, 877; *Mengel/Hagemeister* BB 06, 2466).

Compliance muss in Deutschland im Zusammenhang mit dem **Deutschen Government** 2 **Kodex** gesehen werden. Dieser stellt einen sog „Code of Best Practice" dar, der von einer vom Bundesministerium für Justiz einberufenen Regierungskommission erstmalig im August 2002 veröffentlicht worden ist und seither regelmäßig aktualisiert wird. Er soll dazu beitragen, dass die in Deutschland geltenden Regeln für die Unternehmensleitung und -überwachung sowohl für nationale als auch für internationale Investoren transparent gemacht werden und so das Vertrauen in die Unternehmensführung deutscher Gesellschaften und damit mittelbar in den deutschen Kapitalmarkt gestärkt wird. Der Begriff der Compliance wird dabei unter Nr 4.1.3 als Kodex dahingehend definiert, dass der Vorstand für die Einhaltung der gesetzlichen Bestimmungen und der unternehmensinternen Richtlinien zu sorgen und auf deren Beachtung durch die Konzernunternehmen hinzuwirken habe. Die aktuelle Fassung datiert vom 13.5.13 (vgl www.corporate-governance-code.de mit markierten Aktualisierungen). Aber auch andere überregionale Codices gewinnen an Bedeutung, wie etwa der BSCI-Verhaltenskodex (vgl www.bsci-intl.org; dazu *Fabritius* BB 09, 2030).

2. Bedeutung im Arbeitsrecht. Natürlich ist Compliance nicht auf das Wirtschaftsrecht 3 beschränkt, sondern wirkt sich in erheblichem Maße auch im Arbeitsrecht aus (grundlegend *Mengel*, Compliance und Arbeitsrecht, 2009; *Schneider* Die arbeitsrechtliche Implementierung von Compliance- und Ethikrichtlinien, 2009; vgl auch *Göpfert/Landauer* NZA 11 Beilage 1, 16; *Schaupensteiner* NZA 11 Beilage 1, 8; *Heldmann* DB 10, 1235). Auch in arbeitsrechtlicher Hinsicht besteht ein allgemeines Interesse an umfassend rechtskonformem Verhalten (vgl auch den exemplarischen arbeitsrechtlichen Fragenkatalog bei *Umnuß*, Corporate Compliance Checklisten, 2008, S 1–46). Als typische Compliance-Themen lassen sich dabei die nachfolgenden Bereiche nennen:

a) Individualarbeitsrecht. Besondere Erwähnung verdient insoweit zunächst das Ar- 4 beitsvertragsrecht iwS, da es aufgrund seiner Zersplitterung in eine Vielzahl von spezialgesetzlichen Regelungen besonders anfällig für Rechtsverstöße seitens des ArbGeb ist.

aa) Persönlichkeitsrechtsschutz. An erster Stelle ist dabei die Beachtung des verfassungsrechtlich gewährleisteten allgemeinen Persönlichkeitsrechts des ArbN im Arbeitsverhältnis zu nennen. Seine aktuellen Ausprägungen findet er insbesondere im AGG, das ua einen umfassenden Schutz vor Diskriminierung, sexueller Belästigung und Mobbing bietet (Näheres s *Diskriminierung* Rz 1 ff, Rz 59 ff; *Mobbing* Rz 1 ff). Insbesondere bei amerikanischen Unternehmen mit einem entsprechend geprägten Compliance-Vorverständnis ist in

136 Compliance

diesem Zusammenhang die Rechtmäßigkeit von sog **Ethikrichtlinien** bzw Verhaltensrichtlinien in jüngerer Vergangenheit problematisiert worden (BAG 22.7.08 – 1 ABR 40/07, NZA 08, 1248 – Honeywell). Hier bedarf es im Einzelfall einer genauen Rechtmäßigkeitskontrolle am Maßstab des individuellen Persönlichkeitsrechts.

5   Zu weitgehend sind dabei etwa Vorgaben, die ausschließlich den privaten Bereich der ArbN betreffen, ohne sich im betrieblichen Bereich auszuwirken (*Müller-Bonanni/Sagan* BB 08 Beilage 5, 28). Deutlich wird dies bspw an Klauseln, die Mitarbeitern eines Unternehmens allgemein verbieten, gemeinsam auszugehen oder private Beziehungen/Liebesbeziehungen zu unterhalten (LAG Düsseldorf 14.11.05 – 10 TaBV 46/05, NZA-RR 06, 81 – Wal-Mart). Andererseits hat der ArbGeb ein berechtigtes Interesse, im Einzelfall darüber entscheiden zu können, ob Lebenspartner ggf unmittelbar weisungsabhängig miteinander arbeiten sollen und muss daher erfahren, ob eine solche Beziehung vorliegt. Erst recht gilt das im Verhältnis von Ausbilder zu Auszubildenden (*Mengel/Hagemeister* BB 07, 1386).

6   Rechtlich problematisch sind auch sog **Whistleblowing-Klauseln,** die die ArbN zur unaufgeforderten Mitteilung über verschiedenste Umstände anhalten (Näheres s *Whistleblowing* Rz 1 f). Zwar entspricht es der gefestigten Rspr des BAG, dass der ArbN aufgrund arbeitsvertraglicher Nebenpflichten ua zur Rücksichtnahme verpflichtet ist und den ArbGeb über alle wesentlichen Vorkommnisse im Betrieb informieren muss, um so Schäden des ArbGeb zu verhindern (BAG 3.7.03 – 2 AZR 235/02, NZA 04, 427; BAG 7.12.06 – 2 AZR 400/05, NZA 07, 502). Andererseits ist eine generelle, jegliche auch unwesentliche Vorkommnisse betreffende Meldepflicht unverhältnismäßig (*Schulz* BB 11, 629). Zudem bestehen insbesondere im Hinblick auf die oftmals anonym möglichen Mitteilungen erhebliche datenschutzrechtliche Bedenken (ebenso *Mahnhold* NZA 08, 737). Keinesfalls muss sich der ArbN zudem bei Fragen zu Wahrnehmungen außerhalb seines Arbeitsbereichs selbst bezichtigen (*Oberthür* ArbRB 11, 184; *Rudkowski* NZA 11, 612). Anderenfalls bestünde die Gefahr, dass der ArbN dem ArbGeb Tatsachen liefern müsste, um diesem seine eigene Kündigung „schlüssig" zu machen. Eine derartige arbeitsvertragliche Nebenpflicht existiert nicht (BAG 23.10.08 – 2 AZR 483/07, NZA-RR 09, 362; *Dann/Schmidt* NJW 09, 1851). Dem steht nicht entgegen, dass im Zusammenhang mit Einstellungen die Frage an den ArbN nach laufenden Ermittlungsverfahren unter einschränkenden Voraussetzungen im Einzelfall zulässig sein kann (vgl BAG 27.7.05 – 7 AZR 508/04, NZA 05, 1243). Demgegenüber dürften Fragen, die in unmittelbarem Zusammenhang mit dem konkreten Arbeits- und betrieblichen Ordnungsverhalten des ArbN stehen, in aller Regel rechtmäßig und deren Beantwortung dem ArbN zumutbar sein (vgl zu den näheren Voraussetzungen BAG 7.9.95 – 8 AZR 828/93, NZA 96, 637; Näheres s *Auskunftspflichten Arbeitnehmer* Rz 34 f). Auch generelle sog Kronzeugenregelungen, die einen arbeitsrechtlichen Sanktionsverzicht zusagen, sind unwirksam (*Göpfert/Merten/Siegrist* NJW 08, 1703). Im Fall der Kündigung einer Altenpflegerin nach einer von ihr gegen ihren ArbGeb erstatteten Strafanzeige hat der Europäische Gerichtshof für Menschenrechte Deutschland zur Zahlung einer Entschädigung verurteilt. Zuvor hatten die Arbeitsgerichte die Kündigung für rechtswirksam erklärt (EGMR 21.7.11 – 28274/08, NZA 11, 1269; vgl dazu *Ulber* NZA 11, 962; *Simon/Schilling* BB 11, 2421). Im Anschluss an diese Entscheidung des EGMR hat zuletzt das LAG Köln betont, dass für die Beurteilung der Frage, ob eine gegen den ArbGeb gerichtete Strafanzeige des ArbN einen wichtigen Kündigungsgrund iSv § 626 Abs 1 BGB bildet, eine an den Grundrechten orientierte umfassende Interessenabwägung unter besonderer Berücksichtigung der Interessen der Allgemeinheit zu erfolgen hat (LAG Köln 2.2.12 – 6 Sa 304/11, NZA-RR 12, 298).

7   Ebenfalls hochaktuell sind in diesem Zusammenhang Fragen der Zulässigkeit von Videoüberwachungen am Arbeitsplatz, der Einsichtnahme in elektronischen Schriftverkehr und das Mithören von Telefongesprächen (Näheres s *Kontrolle des Arbeitnehmers* Rz 3; *Internet-/Telefonnutzung* Rz 30; s auch *de Wolf* NZA 10, 1206; *Behling* BB 10, 892; *Dann/Gastell* NJW 08, 2945; *Nolte/Becker* BB 08, Beilage 5, 23 zur IT-Compliance) sowie der generellen Abgleichung von ArbNKontendaten (vgl *Diller* BB 09, 438; *Steinkühler* BB 09, 1294; Näheres s *Kontrolle des Arbeitnehmers* Rz 3).

8   **bb) Datenschutz.** Letztlich ebenfalls ein Ausfluss des allgemeinen Persönlichkeitsrechts ist der vom ArbGeb sicherzustellende Datenschutz im Arbeitsverhältnis (Näheres s *Datenschutz* Rz 1 ff). Das gilt natürlich auch für die Compliance-Überwachung selbst, die ihrerseits

oftmals den Datenschutz tangiert (*Heinson* BB 10, 3084; *Kort* DB 11, 651; *Wytibul* BB 10, 889; *Schmidt* BB 09, 1295).

cc) Arbeitssicherheit/Arbeitsschutz. Der ArbGeb hat für die Beachtung des Arbeitsschutzes auf allen Betriebsebenen Sorge zu tragen. Dabei hat er auf seine Kosten für eine geeignete Organisation zu sorgen, um den Arbeitsschutz effektiv umsetzen zu können. Diese weitreichenden Fürsorgepflichten bergen eine Vielzahl von Compliance-Risiken (Näheres s *Arbeitssicherheit/Arbeitsschutz* Rz 9 ff). 9

dd) Sonstige besondere Schutzbereiche. Weitere zusätzliche ArbNSchutzvorschriften finden sich im Bereich der Arbeitszeit (Näheres s *Arbeitszeit* Rz 1 ff), sowie des Schwerbehindertenrechts (Näheres s *Behinderte* Rz 1 ff), Mutterschutz- und Elternzeitrechts (Näheres s *Mutterschutz* Rz 1 ff; *Elternzeit* Rz 1 ff) und des Jugendarbeitsschutzrechts *(Näheres s Jugendarbeitsschutz* Rz 1 ff). 10

ee) Weitere Compliance-Risiken. Schließlich bleiben die allgemeinen Risiken um die Formulierung von Arbeitsverträgen (Näheres s *Arbeitsvertrag* Rz 20 ff) einschließlich der Gewährung einer betrieblichen Altersversorgung (Näheres s *Betriebliche Altersversorgung* Rz 5 ff), die Reichweite arbeitgeberseitiger Auskunfts- und Aushangpflichten (Näheres s *Auskunftspflichten Arbeitgeber* Rz 2 ff; *Aushänge im Betrieb* Rz 2 ff), die Abwicklung von Betriebs- und Betriebsteilübergängen (Näheres s *Betriebsübergang* Rz 5 ff), die Durchführung von Massenentlassungen (Näheres s *Massenentlassung* Rz 1 ff), die Einhaltung der zweiwöchigen Kündigungserklärungsfrist des § 626 Abs 2 BGB bei unternehmensinternen Ermittlungen (*Heinemeyer/Thomas* BB 12, 1218) usw. 11

b) Kollektives Arbeitsrecht. In kollektivrechtlicher Hinsicht stellen sich Fragen der Compliance sowohl im Betriebsverfassungsrecht als auch im Tarifrecht. 12

c) BetrVG. Das Betriebsverfassungsrecht ist unmittelbar compliancerelevant (vgl *Neufeld/ Knitter* BB 13, 821). Das gilt sowohl für das BRatAmt als solches und seine Ausübung durch die BRatMitglieder als auch für die Beachtung der einzelnen Beteiligungsrechte durch den ArbGeb (*Zimmer/Heymann* BB 10, 1853). Der erstgenannte Bereich ist in letzter Zeit vor dem Hintergrund von Korruptions- und Bestechungsfällen diskutiert worden, wobei besonders auf die Strafvorschrift des § 119 BetrVG hingewiesen wird (*Rieble* NZA 08, 276; *ders* BB 09, 1016; *Schemmel/Slowinski* BB 09, 830). Als schärfste Sanktion droht dabei der Ausschluss aus dem BRatAmt (Näheres s *Amtspflichtverletzung (Betriebsrat)* Rz 4 ff). Die Beteiligungsrechte des BRat sind in vielfältiger Weise tangiert. Besonders hervorzuheben sind insoweit die Mitbestimmungsrechte aus § 87 Abs 1 Nr 1 BetrVG bei der Vereinbarung sog Ethikrichtlinien (BAG 22.7.08 – 1 ABR 40/07, NZA 08, 1248 – Honeywell), da es hierbei nicht nur um die Frage kollektivrechtlich rechtmäßigen Verhaltens des ArbGeb geht, sondern zusätzlich auch ein individualrechtlich compliancerelevantes Thema aus dem Bereich des Persönlichkeitsrechts angesprochen ist, mithin also eine doppelte Compliance besteht.

d) TVG. Aber auch das Tarifrecht stellt keineswegs einen compliancefreien Rechtsbereich dar. Compliance-Regelungen finden sich hier bspw soweit es um den Informationsaustausch innerhalb des jeweiligen Verbandes geht. Ein solcher Austausch ist zwar im Rahmen von Tarifverhandlungen zwingend notwendig, um die tariflichen Ziele möglichst effektiv an den einzelnen Mitgliederinteressen ausrichten zu können. Gleichzeitig ist aber zu bedenken, dass die einzelnen Mitglieder eines ArbGebVerbandes in aller Regel am Markt als Wettbewerber auftreten und daher die Preisgabe wirtschaftlicher Unternehmensdaten immer auch mit dem Risiko von Wettbewerbsnachteilen und -verzerrungen verbunden ist. Verbandsinterne Compliance-Regelungen können hier für Abhilfe sorgen (*Andritzky* NZA 09, 990). 13

3. Organisation und Instrumentarium. Mit der Einrichtung eines Compliance-Systems im Unternehmen verfolgt die Unternehmensführung regelmäßig mehrere Ziele. Zunächst dient das **Compliance-System** dem allgemeinen Risikomanagement. Es soll Risiken in Form von Sanktionen und Rufschädigungen vom Unternehmen abwenden und dabei gleichzeitig die Außenwirkung des Unternehmens verbessern. Darüber hinaus sollen mit Hilfe des Compliance-Systems transparente Strukturen geschaffen werden, die eine möglichst effektive Information der Geschäftsführung, der Anteilseigner sowie der ArbN und ihrer Vertretung gewährleisten. Schließlich erleichtern straffe Compliance-Systeme die Durchführung einer effektiven Kontrolle und Überwachung des gesamten Unternehmens (vgl *Wisskirchen/Glaser* DB 11, 1392, 1447; *Bergmoser/Theusinger/Gushurst* BB 08, Beilage 5, 1). 14

15 Ein solches Compliance-System besteht regelmäßig aus einem Compliance-Verantwortlichen, dem sog Compliance-Officer, sowie je nach Unternehmensgröße weiteren ihm zugeordneten Mitarbeitern. Diese agieren regelmäßig auf der Grundlage bestimmter **Compliance-Richtlinien,** die gleichzeitig die Compliance inhaltlich ausgestalten. Diese Richtlinien können für einzelne Unternehmensbereiche oder Arbeitsverhältnisse unterschiedlich ausgestaltet sein, angepasst an die Anforderungen der jeweiligen Arbeitsaufgabe. Auf ihre Ausgestaltung ist besondere Sorgfalt zu verwenden, um die Compliance-Officer vor drohenden Vorwürfen von Kompetenzüberschreitungen und Datenschutzverletzungen zu bewahren (vgl ArbG Bln 18.2.10 – 38 Ca 12879/09, BeckRS 2010, 68681; *Meier* NZA 11, 779; *Zimmermann* BB 11, 634; *Krieger* NZA 10, 367; *Wytibul* BB 09, 2590). Ein wesentliches Instrument zur Sicherung von Compliance ist die Einrichtung einer umfassenden **Beschwerdestelle** für die ArbN, deren Aufgaben über die der gesetzlich in § 13 AGG sowie § 84 BetrVG geregelten Beschwerdestelle hinausgehen (ebenso *Müller-Bonanni/Sagan* BB 08, Beilage 5, 28). Auch eine sog Whistleblowing-Hotline findet sich oft in amerikanisch geprägten Compliance-Richtlinien (vgl *Mahnhold* NZA 08, 737; *Mengel/Hagemeister* BB 07, 1386). Im deutschen Arbeitsrecht stoßen entsprechende Klauseln aber an rechtliche Grenzen (s oben Rz 6).

16 Unbedenklich sind demgegenüber besondere **Schulungsmaßnahmen** für ArbN, die der Erläuterung der Compliance-Richtlinien dienen. Soweit es dabei um Schulungen für BRat-Mitglieder geht, können diese auch unter den Regelungsbereich des § 37 Abs 6 BetrVG fallen (LAG Köln 21.1.08 – 14 TaBV 44/07, BeckRS 2008, 52737 zu §§ 119, 120 BetrVG). Ein Mitbestimmungsrecht des BRat nach § 98 BetrVG besteht insoweit nicht. Ob der ArbGeb allerdings mit der Einführung von Ethikrichtlinien teilweise seinen Schulungspflichten nach § 12 AGG nachkommt, erscheint zweifelhaft (so aber *Schneider/Sittard* NZA 07, 654).

17 **4. Umsetzung/Durchsetzung.** Will der ArbGeb Compliance-Richtlinien iwS zur Anwendung bringen, so kann er dies auf individual- oder kollektivrechtlichem Weg tun. Die Entscheidung zwischen diesen beiden Alternativen kann nur einzelfallbezogen getroffen werden und hängt wesentlich von der Unternehmens- bzw Betriebsstruktur sowie den vorhandenen arbeitsvertraglichen Vorgaben ab. Generell erleichtern individualvertragliche Vereinbarungen oder Anordnungen eher eine differenziertere Handhabung (zB nur für bestimmte Führungskräfte oder ArbN in bestimmten Arbeitsbereichen), wohingegen kollektivrechtliche Regelungen die Einführung und Abänderbarkeit von Compliance-Regeln vereinfachen (zur Umsetzung im Konzern zuletzt *Fett/Theusinger* BB 10 Special 4, 6).

18 **a) Individualarbeitsrecht.** Auf der Ebene des Arbeitsvertrages bestehen grds zwei Möglichkeiten zur Implementierung von Compliance-Regeln.

aa) Vereinbarung. Unabhängig von den sonstigen Umständen können Compliance-Regeln immer im Wege einer Vereinbarung zwischen ArbGeb und ArbN Gegenstand des Arbeitsvertrags werden. Im Rahmen der geltenden Vertragsfreiheit werden rechtliche Grenzen nur durch die allgemeinen Gesetze gezogen (zB Art 2 GG, §§ 138, 242 BGB). Besonders zu beachten sind allerdings die **AGB-rechtlichen Vorgaben** der §§ 305 ff BGB. Auch compliancerechtliche Klauseln dürfen nicht überraschend und mehrdeutig sein (§ 305c BGB) und dürfen den ArbN insbesondere nicht unangemessen benachteiligen iSd § 307 Abs 1 BGB (vgl *Arbeitsvertrag* Rz 23 ff). Wegen ihres regelmäßig kollektiven Charakters bleibt auch bei einzelvertraglichen Vereinbarungen immer das je nach Regelungsinhalt eingreifende Mitbestimmungsrecht des BRat zu beachten.

19 **bb) Direktionsrecht.** Als einfachster Umsetzungsweg aus ArbGebSicht bietet sich die einseitige Inkraftsetzung von Compliance-Bestimmungen gestützt auf das Direktions- oder Weisungsrecht des ArbGeb nach § 106 GewO an (*Schreiber* NZA-RR 10, 617). Nach dieser Vorschrift kann der ArbGeb Inhalt, Ort und Zeit der Arbeitsleistung nach billigem Ermessen bestimmen und dabei insbes auch Vorgaben hinsichtlich der Ordnung und des Verhaltens der ArbN im Betrieb machen. Auf dieser Grundlage können daher entsprechende Bestimmungen vom ArbGeb, ohne dass eine Zustimmung des ArbN erforderlich wäre, zur Anwendung gebracht werden. Dies geschieht regelmäßig durch Aushang, Einstellung ins Intranet, E-Mail oder persönliche, quittierte Übergabe an den ArbN. Letzteres verschafft dem ArbGeb gleichzeitig einen entsprechenden Zugangsnachweis.

20 Allerdings ist das Direktionsrecht an enge **rechtliche Grenzen** gebunden. Es gilt nur, soweit höherrangiges Recht nicht verletzt wird. Arbeitsvertragliche Vereinbarungen, Betriebsvereinbarungen, Tarifverträge und gesetzliche Bestimmungen gehen ihm vor (Näheres s *Weisungsrecht* Rz 6 ff). Die wesentliche Grenze bildet damit jedenfalls bei den bereits bestehenden Arbeitsverhältnissen der jeweilige **Arbeitsvertrag.** Nur soweit dieser entweder keine Regelung oder eine zulässige Öffnungsklausel enthält, kann das Direktionsrecht im Wege einer inhaltlichen Ausgestaltung dieses Arbeitsvertrags als Rechtsgrundlage für eine einseitige Anordnung des ArbGeb dienen. Beim Abschluss neuer Arbeitsverträge besteht demgegenüber im Rahmen des oben dargestellten AGB-Rechts ein weiterer Regelungsspielraum. Selbstverständlich gelten insofern auch die og allgemeinen rechtlichen Grenzen.

b) Kollektives Arbeitsrecht. Insoweit stehen die formlose Regelungsabrede sowie die schriftliche Betriebsvereinbarung zur Verfügung, wobei letztere wegen ihrer unmittelbaren und zwingenden Wirkung nach § 77 Abs 4 BetrVG jedenfalls vorzuzugswürdig ist (zur Abgrenzung s *Betriebsvereinbarung* Rz 2). Im Vergleich zur individualvertraglichen Einführung von Compliance-Regeln bieten **Betriebsvereinbarungen** zwei wesentliche Vorteile, nämlich die sofortige Geltung für alle Arbeitsverhältnisse außer denjenigen der leitenden Angestellten einerseits sowie die deutlich leichtere Abänderbarkeit andererseits. Der Abschluss einer Betriebsvereinbarung bietet sich umso mehr an, als Compliance-Richtlinien ohnehin in weiten Bereichen mitbestimmungspflichtig sein werden (*Schreiber* NZA-RR 10, 617; Näheres s oben Rz 12). Da es dabei in den meisten Fällen um eine betriebsübergreifende, unternehmens- oder sogar konzernweite Geltung der Richtlinien gehen wird, ist der GBRat oder der KBRat zuständig (Näheres s *Gesamtbetriebsrat* Rz 12 ff sowie *Konzernbetriebsrat* Rz 13 ff). 21

B. Lohnsteuerrecht *Thomas*

1. Steuerliche Relevanz. Steuerlich erheblich ist nicht das unter dem Sammelbegriff Compliance zusammengefasste Einhalten gesetzlicher Bestimmungen bzw unternehmerischer Richtlinien (vgl. oben Rz 1 f), sondern der Verstoß dagegen, insbesondere daraus folgende Ersatzansprüche. 30

2. Ersatzanspruch des Arbeitgebers. Stehen dem ArbGeb aus dem Beschäftigungsverhältnis gegen den ArbN Ansprüche zu und macht er sie mit Rücksicht auf das Dienstverhältnis nicht geltend, wendet er in Höhe des Verzichts Lohn zu (vgl *Arbeitnehmerhaftung* Rz 28, *Arbeitsentgelt* Rz 54 ff). Ist der Anspruch nach Grund und/oder Höhe zweifelhaft, kann der Verzicht (zur Befugnis, auf Schadensersatzansprüche gegen Organmitglieder zu verzichten, vgl *Hasselbach* DB 10, 2037) aber auch darauf beruhen, dass der ArbGeb das prozessuale Risiko scheut oder einen Imageverlust befürchtet (zB Rückgriffsverzicht gegenüber dem beim ArbGeb beschäftigten gedopten Sportler oder gegenüber dem Geschäftsführer, der seinen Aufsichtspflichten nicht nachgekommen ist). Dann braucht der beim ArbN damit einhergehende Vorteil nicht Ertrag der Arbeit zu sein, sondern kann auch darauf beruhen, dass der ArbGeb im eigenbetrieblichen Interesse davon absieht, Ersatz zu fordern (vgl *Loritz/Wagner* DStR 12, 2205). Beim konkludenten Forderungsverzicht ist dessen Veranlassung durch das Dienstverhältnis („für" eine Beschäftigung iSv § 19 Abs 1 Nr 1 EStG) weniger eindeutig als in den Fällen, in denen der ArbGeb Einkommensverwendungen des ArbN (zB dessen Geldbußen) aktiv übernimmt. 31

3. Ersatzanspruch des Arbeitnehmers. Während echte Schadensersatzleistungen des ArbGeb, bspw weil dieser den ArbN selbst verletzt oder seine Güter beschädigt hat, außerhalb des Beschäftigungsverhältnisses anfallen (vgl BFH 26.11.08 – X R 31/07, BStBl II 09, 651 = DStRE 09, 205), und deshalb keinen Lohncharakter haben, ist ein Ausgleich wegen der Verletzung arbeitsvertraglicher Pflichten, wie er sich aus einem Verstoß gegen das Diskriminierungsverbot nach § 7 Abs 3 AGG ergeben kann (vgl oben Rz 5), regelmäßig Lohn. Danach bedarf es einer Würdigung der Umstände des Einzelfalles, ob ein Angriff des ArbGeb auf das Persönlichkeitsrecht des ArbN (zB Mobbing, Beleidigung, Rufmord usw) im Rahmen oder außerhalb des Dienstverhältnisses stattgefunden hat. Dessen Ergebnis bestimmt, ob Lohn oder nicht steuerbarer Schadensersatz gegeben ist. 32

4. Ersatzleistung des Arbeitnehmers. Hat der ArbN Ersatz für ein schuldhaftes Verhalten zu leisten, das im Rahmen seiner beruflichen Aufgabenerfüllung lag, sind seine diesbezüglichen Aufwendungen beruflich veranlasst (BFH 18.10.07 – VI R 42/04, BStBl II 08, 223 = DStR 07, 2254) und stellen deshalb Werbungskosten dar. Nicht im Rahmen 33 beruflicher Aufgabenerfüllung liegen eigennützige Handlungen des ArbN, die gegen die Interessen des ArbGeb gerichtet sind, wie zB die Annahme von Bestechungs- oder Schmiergeldern. Die Annahme solcher Vorteile begründet keinen Lohn (vgl *Schmiergeld* Rz 9), weshalb umgekehrt deren Rückgewähr bzw andere damit zusammenhängende Sanktionen keine Werbungskosten bei den Einkünften aus nichtselbstständiger Arbeit sind, sondern in der privaten Vermögenssphäre des ArbN erfolgen. Im Rahmen beruflicher Aufgabenerfüllung können ArbGebnützige Verhaltensweisen auch dann liegen, wenn sie mit Rechtsverstößen verbunden sind. Allerdings sind Strafen oder Geldbußen in diesem Zusammenhang, obwohl beruflich veranlasst, nach § § 12 Nr 4 EStG vom Abzug ausgeschlossen, während Verfahrenskosten zur Abwehr strafrechtlicher Vorwürfe abziehbar bleiben, ebenso wie Geldauflagen, die im Rahmen eines Strafverfahrens zur Wiedergutmachung eines zivilrechtlichen Schadens verhängt werden (BFH 15.1.09 – VI R 37/06, DStR 09, 736, *Bergkemper* FR 09, 820; *Bruschke* DStZ 09, 489). Ob auch solche Verhaltensweisen, die zwar ArbGebnützig sein können (zB das Einrichten schwarzer Kassen zur Finanzierung von Schmiergeldern), aber nach den Compliance-Regeln des Unternehmens ausdrücklich verboten werden, noch als im Rahmen beruflicher Aufgabenerfüllung erbracht gelten können, ist noch nicht ausdrücklich entschieden. Die Frage dürfte jedenfalls dann zu verneinen sein, wenn es Aufgabe des ArbN ist, das Einhalten von entgegenstehenden Compliance-Regeln zu überwachen, insbesondere, wenn ein Verstoß gegen solche Regeln dazu führen kann, dass gegen das Unternehmen erhebliche Strafen festgesetzt werden können.

34   **5. Versicherung.** Bei einer **D&O-Versicherung** (Directors and Officers Liability Insurance) liegt die Beitragsleistung des ArbGeb in dessen eigenbetrieblichem Interesse (kein Lohn; zu zivilrechtlichen Rahmenbedingungen *Franz* DB 11, 1961 ff, 2019 ff), wenn nur Schadensersatzansprüche Dritter gegen das Unternehmen abgesichert werden. Sind jedoch Schadensersatzansprüche des Unternehmens gegen seine leitenden Angestellten versichert, stellt die Beitragsübernahme durch den ArbGeb Lohn dar (BMF-Schreiben vom 24.1.02 an die Spitzenverbände, *Lange* DStR 02, 1626; *ders* DB 03, 1833). In der Literatur wird bei Übernahme der Beiträge einer D&O-Versicherung durch den ArbGeb ein Lohnzuschuss teilweise bejaht (*Hohenstatt/Naber* DB 10, 2321) und teilweise verneint (*Harzenetter* DStR 10, 653), wobei – zu Unrecht – nicht nach der Art der versicherten Risiken unterschieden wird. Soweit nach § 93 Abs 2 Satz 3 AktG für Vorstandsmitglieder ein zwingender Selbstbehalt (von mindestens 10 % des Schadens bis mindestens zur Höhe des Eineinhalbfachen der festen jährlichen Vergütung) besteht, führt eine ArbGebfinanzierte gesonderte Versicherung dieses Selbstbehaltes jedenfalls zu Lohn, weil dieser Risikoanteil kraft Gesetzes ausdrücklich dem ArbN zugewiesen ist. Im Versicherungsfall beruhen die Leistungen dann auf dem Versicherungs- und nicht dem Dienstverhältnis und haben deshalb keinen Lohncharakter. Dienen die Beiträge sowohl eigenbetrieblichen Interessen des ArbGeb als auch dem Versicherungsschutz des ArbN, ist eine Aufteilung möglich, wenn die Kalkulation des Versicherers einen hinreichend sicheren Schluss darauf zulässt, welcher Beitragsanteil der Finanzierung der jeweiligen Risiken dient (BFH 19.2.93 – VI R 42/92, BStBl II 93, 519 = DStR 93, 1098; BFH 20.5.09 – VIII R 6/07, DStR 09, 1632). Soweit Risiken des ArbN versichert sind, die im Rahmen dessen beruflicher Aufgabenerfüllung anfallen, führen die für ihn verwendeten Beiträge bei ihm zu Werbungskosten.

C. Sozialversicherungsrecht *Ruppelt*

40   **1. Begriff.** Die unscharfe Bezeichnung meint im Grunde die Selbstverständlichkeit, dass sich unternehmerisches Handeln an Recht und Gesetz auszurichten hat (s Rz 1). Ergeben sich aus recht- oder gesetzeswidrigem unternehmerischen Handeln Ersatzansprüche, bleibt nach allgemeinen sozialversicherungsrechtlichen Grundsätzen zu prüfen, ob der Befriedigung dieser Ersatzansprüche **beitragsrechtliche Bedeutung** zukommt.

41   **2. Beitragsrecht.** Beitragsrechtlich zu berücksichtigen sind Zuwendungen an Beschäftigte, wenn es sich um Arbeitsentgelt iSv § 14 Abs 1 Satz 1 SGB IV handelt. Das sind „alle laufenden oder einmaligen Einnahmen aus einer Beschäftigung, gleichgültig, ob ein Rechtsanspruch auf die Einnahmen besteht, unter welcher Bezeichnung oder in welcher Form sie geleistet werden und ob sie unmittelbar aus der Beschäftigung oder im Zusammenhang mit ihr erzielt werden" (vgl *Arbeitsentgelt* Rz 86 ff). Schadensersatz- oder Entschädigungansprüche des Beschäftigten gegen seinen ArbGeb, etwa nach § 15 Abs 1 oder 2 AAG (s *Diskriminierung* Rz 1) wegen Verletzung des Diskriminierungsverbots, stellen regelmäßig kein beitragspflichtiges Arbeitsentgelt dar. Zwar stehen auch diese Ansprüche in Zusammenhang mit der Beschäftigung, sie sind jedoch keine Gegenleistung für geleistete Arbeit, sondern beruhen auf gesetzlicher Grundlage. Sie sind daher grds weder bei der Beitrags- noch der Leistungsbemessung zu berücksichtigen (vgl *Arbeitgeberhaftung* Rz 35). Etwas anderes kommt nur dann und nur insoweit in Betracht, als Ersatz für entgangenen Lohn geleistet wird (s zum Steuerrecht oben Rz 31 f u *Diskriminierung* Rz 141). Verzichtet der ArbGeb auf die Durchsetzung von Ersatzansprüchen, die ihm **gegen den Beschäftigten** wegen der Verletzung von gesetzlichen oder vertraglichen Pflichten zustehen, ist dieser Verzicht nur dann beitragspflichtig, wenn der Anspruch nach Grund und Höhe feststeht.

Datenschutz

A. Arbeitsrecht
Griese

1. Begriff. Der Begriff Datenschutz umschreibt den Schutz personenbezogener Daten 1 vor missbräuchlicher Verwendung. Zweck des Datenschutzes ist es, den Einzelnen davor zu schützen, dass er durch den Umgang mit seinen personenbezogenen Daten in seinem **Persönlichkeitsrecht** beeinträchtigt wird. Der Datenschutz ist daher Teil des Persönlichkeitsrechtsschutzes; dieses ist **verfassungsrechtlich durch Art 2 Abs 1 GG gewährleistet** (*Jarass/Pieroth,* GG, Art 2 Rz 38 ff). Das BVerfG hat durch die Entscheidung zur Vorratsdatenspeicherung (BVerfG, Beschl v 11.3.08 – 1 BvR 256/08, NVwZ 08, 543) und zur anlasslosen Datenerfassung (BVerfG 11.3.08 – 1 BvR 2074/05, 1 BvR 1254/07, NJW 08, 1505) der Datenerfassung und -Speicherung zutreffend enge verfassungsrechtliche Grenzen gesetzt. Ergänzt wird dieser verfassungsrechtliche Schutz durch das **Grundrecht auf Gewährleistung der Vertraulichkeit und Integrität informationstechnischer Systeme** (Verfassungswidrigkeit der NRW-Vorschriften zur online-Durchsuchung, BVerfG 27.2.08 – 1 BvR 595/07, NJW 08, 822). Der Schutz personenbezogener Daten ist ferner Inhalt des **Art 8 der Grundrechtscharta der EU.** Die verfassungsrechtlich abgesicherten Datenschutzgrundrechte wirken sich auch im Privatrechtsverhältnis aus. Die Schutzbedürftigkeit ist in besonderem Maße bei elektronischer Datenverarbeitung gegeben, da insoweit spezifische Risiken bestehen, insbesondere im Hinblick auf die Vielzahl und die Qualität der verarbeiteten Daten, die Kombinations- und Auswertungsmöglichkeiten, den Kontextverlust bei elektronisch verarbeiteten Daten sowie deren zeitlich unbegrenzte Verfügbarkeit (Näher: *Griese* Zur Notwendigkeit und Effektivität eines verbesserten datenrechtlichen Persönlichkeitsschutzes im Arbeitsrecht, S 35 ff).

Das BDSG regelt die Grundsätze des Datenschutzes. Bereichsbezogene Bestimmungen 2 ergeben sich ergänzend aus anderen Rechtsvorschriften, insbesondere aus den gesetzlichen Regelungen zur Personalakte (s *Personalakte* Rz 8) und dem Persönlichkeitsrecht (s *Persönlichkeitsrecht* Rz 1 ff). Zur Rechtsentwicklung des Datenschutzrechts s *Gola/Klug* NJW 10, 2483. Wesentliche Impulse haben sich aus der **Datenschutzrichtlinie der EU** (RL 95/46/EG; s dazu *Simitis* NJW 97, 281) ergeben. Zu den gesetzlichen Verbesserungen s *Bull* ZRP 08, 233 und *Thüsing* NZA 09, 865; zu einem Beschäftigtendatenschutzgesetz BR-Drs 535/10 u *Forst* NZA 10, 1043 sowie BR-Drs 552/13.

2. Anwendungsvoraussetzungen des BDSG. Nach § 1 Abs 2 BDSG findet das Gesetz 3 Anwendung auf die Erhebung, Verarbeitung und Nutzung personenbezogener Daten durch öffentliche Stellen und durch nichtöffentliche Stellen.

Die Konzeption des BDSG besteht darin, einen gesetzlichen Rahmen für die Datenver- 4 arbeitung zur Verfügung zu stellen, der durch spezialgesetzliche Regelungen wie auch durch Willenserklärung des Betroffenen näher ausgestaltet werden kann. Dies zeigt sich darin, dass das BDSG in § 1 Abs 3 festlegt, dass spezielle Rechtsvorschriften dem BDSG vorgehen und aus § 4 Abs 1 BDSG folgt, dass eine Datenverarbeitung in weitergehendem Umfang zulässig ist, soweit der Betroffene eingewilligt hat.

3. Rechtmäßigkeitsvoraussetzungen nach dem BDSG. Die Verarbeitung und Nut- 5 zung personenbezogener Daten ist gem § 4 Abs 1 BDSG zulässig, wenn entweder das BDSG oder eine andere Rechtsvorschrift dies erlauben oder anordnen oder soweit der Betroffene eingewilligt hat.

Jede Datenverarbeitung und -nutzung bedarf daher entweder einer Rechtsgrundlage oder 6 der Einwilligung des Betroffenen. Wird die Einwilligung bei dem Betroffenen eingeholt, so ist er gem § 4a Abs 1 Satz 2 BDSG auf den Zweck der Speicherung und einer vorgesehenen Übermittlung sowie auf Verlangen auf die Folgen der Verweigerung der Einwilligung hinzuweisen. Die **Einwilligung** bedarf grds der **Schriftform.** Wird die Einwilligung zusammen mit anderen Erklärungen erteilt, etwa dem Abschluss eines Arbeitsvertrages, ist die Einwilligungserklärung im äußeren Erscheinungsbild deutlich hervorzuheben (§ 4a Abs 1 Satz 4 BDSG).

140 Datenschutz

7 Die Voraussetzungen der Datenspeicherung, -veränderung oder -übermittlung durch nichtöffentliche Stellen im Arbeitsverhältnis regelt seit 1.9.09 § 32 BDSG (BGBl I 09, 2814). Danach dürfen personenbezogene Daten eines Beschäftigten für Zwecke des Beschäftigungsverhältnisses erhoben, verarbeitet oder genutzt werden, wenn dies für die Entscheidung über die Begründung eines Beschäftigungsverhältnisses oder nach Begründung des Beschäftigungsverhältnisses für dessen Durchführung oder Beendigung erforderlich ist. Zur Aufdeckung von Straftaten dürfen personenbezogene Daten eines Beschäftigten nur dann erhoben, verarbeitet oder genutzt werden, wenn zu dokumentierende tatsächliche Anhaltspunkte den Verdacht begründen, dass der Betroffene im Beschäftigungsverhältnis eine Straftat begangen hat, die Erhebung, Verarbeitung oder Nutzung zur Aufdeckung erforderlich ist und das schutzwürdige Interesse des Beschäftigten an dem Ausschluss der Erhebung, Verarbeitung oder Nutzung nicht überwiegt, insbesondere Art und Ausmaß im Hinblick auf den Anlass nicht unverhältnismäßig sind. Diese Vorgaben gelten auch, wenn personenbezogene Daten erhoben, verarbeitet oder genutzt werden, ohne dass sie automatisiert verarbeitet oder in oder aus einer nicht automatisierten Datei verarbeitet, genutzt oder für die Verarbeitung oder Nutzung in einer solchen Datei erhoben werden (s *Thüsing* NZA 09, 865).

Vom BDSG unmittelbar erfasst ist gem § 32 Abs 1 Satz 1 bereits die Phase der **Datenerhebung.** Hier wirkt die Begrenzung des ArbGebSeitigen **Fragerechts** (s *Auskunftspflichten Arbeitnehmer* Rz 13 ff) auch als Grenze der Datenerhebung: Diejenigen Daten, die der ArbGeb im Anbahnungsverhältnis nicht erfragen darf, darf er sich auch nicht auf andere Art und Weise verschaffen (*Wohlgemuth* BB 92, 281). Nur die in rechtlich zulässiger Weise erhobenen Daten dürfen alsdann gespeichert werden (BAG 22.10.86 – AZR 660/85, DB 87, 1048). So darf bei Anbahnung des Arbeitsverhältnisses nicht nach Partei- oder Gewerkschaftszugehörigkeit gefragt werden; entsprechende Datenerhebungen sind unzulässig (ErfK/ *Preis* § 611 BGB Rz 386). Auch die Einschränkungen des Fragerechts gem § 41 SGB III wirken sich als Erhebungssperre aus.

8 **Genomanalysen (DNA-Analysen** – s dazu *Ronellenfitsch* NJW 06, 321) oder darauf beruhende Daten dürfen wegen des damit verbundenen gravierenden Eingriffs in das Persönlichkeitsrecht des ArbN nicht erhoben (s *Auskunftspflichten Arbeitnehmer* Rz 17) und zB zum Beweis von Pflichtverletzungen verwertet werden (VGH BaWü 28.11.2000 – PL 15 S 2838/99, ArbuR 01, 469).

§ 19 des ab 1.2.10 geltenden **Gendiagnostikgesetzes** (BGBl I 09, 2529) bestimmt ein generelles Verbot der Anordnung und Verwertung genetischer Untersuchungen im Arbeitsverhältnis. Der ArbGeb darf danach von Beschäftigten weder vor noch nach Begründung des Beschäftigungsverhältnisses die Vornahme genetischer Untersuchungen oder Analysen fordern oder die Mitteilung von Ergebnissen bereits vorgenommener genetischer Untersuchungen oder Analysen verlangen, solche Ergebnisse entgegennehmen oder verwenden. § 20 Gendiagnostikgesetz erlaubt unter besonderen Voraussetzungen gentechnische Untersuchungen im Rahmen von arbeitsmedizinischen Vorsorgeuntersuchungen. Verstöße können zu **Schadensersatzansprüchen** führen, die durch **Beweiserleichterungen** nach dem Vorbild von § 22 AGG begleitet werden (§ 21 Gendiagnostikgesetz iVm §§ 15, 22 AGG).

Bei der Einstellung kann der ArbGeb nach einschlägigen Vorstrafen in den Grenzen des § 51 BZRG fragen oder sich vom ArbN ein **polizeiliches Führungszeugnis** (§ 30 BZRG) vorlegen lassen.

9 § 32 Abs 1 Satz 1 BDSG enthält den zentralen Erlaubnistatbestand, unter dem die Datenspeicherung, -übermittlung und -nutzung zulässig sind, nämlich das Erforderlichkeitskriterium. Die Speicherung, Übermittlung oder Nutzung muss jeweils zur Entscheidung über die Begründung des Arbeitsverhältnisses oder nach Begründung für die Durchführung oder Beendigung erforderlich sein. Vor diesem Hintergrund begegnet das Elektronische Entgeltnachweisverfahren **ELENA durchgreifenden Bedenken** (*Wedde*, ArbuR 10, 94; Eilantrag gegen ELENA zwar nicht erfolgreich BVerfG 14.9.10 – 1 BvR 872/10; im Juli 2011 wurde aber die Einstellung des ELENA-Projekts bekannt gegeben).

10 Von der Erforderlichkeit her ist es gerechtfertigt, Daten des ArbN bzgl **Geschlecht, Familienstand, Schule, Ausbildung** in Lehr- und anderen Berufen, Fachschulausbildung/ Fachrichtung/Abschluss sowie **Sprachkenntnisse** zu speichern (BAG 22.10.86, DB 87, 1048), denn diese Daten sind für Personaleinsatzplanung, Personalauswahl und Sozialauswahl bei Kündigungen erforderlich.

Der Zweck des Arbeitsverhältnisses rechtfertigt es auch, Daten über **krankheitsbedingte** 11
Fehlzeiten zu verarbeiten. Dies gilt nicht nur, soweit hiermit eine korrekte Lohn- und Gehaltsabrechnung bezweckt wird. Es trifft auch zu auf Datenläufe, mit denen auf einzelne ArbN bezogene Aussagen über krankheitsbedingte Fehlzeiten, attestfreie Fehlzeiten und unentschuldigte Fehlzeiten erarbeitet werden sollen (BAG 11.3.86 – 1 ABR 12/84, DB 86, 1469). Allerdings ist insoweit das Mitbestimmungsrecht des BRat gem § 87 Abs 1 Ziff 6 BetrVG zu beachten.

Der Verhältnismäßigkeitsgrundsatz ist nicht gewahrt, wenn das Bundesamt für Verfassungsschutz den ArbGeb unter Preisgabe personenbezogener Daten informiert, um einen Gesprächskontakt zum ArbN herzustellen (BVerwG 19.11.97 – 1 C 25/95, NJW 98, 919).

Besonders sensible Gesundheitsdaten, zB über Sucht- oder Alkoholerkrankungen, sind in besonderer Weise geschützt zu speichern und gegen die zufällige Kenntnisnahme zu sichern; der informationsberechtigte Personenkreis ist insoweit zu beschränken (BAG 12.9.06 – 9 AZR 271/06, NZA 07, 269).

In §§ 6a ff BDSG sind die **Videoüberwachung** (s dazu *Bayreuther* NZA 05, 1038) und 12
die Verwendung von **Chip-Karten** geregelt und streng an den Datenerhebungszweck gebunden. Die Regelung zeigt, dass die Videoüberwachung nicht völlig unzulässig ist. An die **heimliche Videoüberwachung** wird man allerdings sehr viel strengere Anforderungen stellen müssen als an die offene, für den Betroffenen **erkennbare Videoüberwachung** (*Fischer* FS Küttner, 82). Die heimliche Videoüberwachung kommt nur in Betracht, wenn sie das einzige Mittel ist, eine schwere Straftat oder Verfehlung aufzuklären (BAG 27.3.03 – 2 AZR 51/02, NZA 03, 1193). Die daraus gewonnenen Daten sind nur dann verwertbar, wenn das Aufklärungsinteresse des ArbGeb im Einzelfall das informationelle Selbstbestimmungsrecht des ArbN überwiegt; die Nichteinhaltung der Pflichten aus § 6b Abs 2 BDSG (Hinweispflicht bei verdeckter Videoüberwachung an öffentlich zugänglichen Stellen) allein führt noch nicht zu einem Verwertungsverbot (BAG 21.6.12 – 2 AZR 153/11).

Bei der erkennbaren, offenen Videoüberwachung sind die Umstände des Einzelfalles maßgebend, insbesondere Anlass, Intensität und Verhältnismäßigkeit (BAG 29.6.04 – 1 ABR 21/03, NZA 04, 1278). Der Eingriff in das Persönlichkeitsrecht des ArbN setzt überwiegende schutzwürdige Belange des ArbGeb voraus, die bei der Post darin liegen können, das Entwenden von Postsendungen zu verhindern (BAG 14.12.04 – 1 ABR 34/03, NZA 05, 839). Eine Betriebs- oder Dienstvereinbarung, die die Videoüberwachung erlaubt, darf die Grenzen des Eingriffs in Persönlichkeitsrechte nicht überschreiten (BAG 29.6.04 – 1 ABR 21/03, NZA 04, 1278; BAG 26.8.08 – 1 ABR 16/07, DB 08, 2144). Hier kommt es auch auf die Art, Technik und zeitliche Intensität der Videoüberwachung an. Eine flächendeckende Videoüberwachung auf Vorrat aus präventiven Gesichtspunkten, wie sie von verschiedenen Lebensmitteldiscountern praktiziert wurde, ist rechtswidrig. Zu beachten ist auch die Strafvorschrift des § 201a StGB (*Oberwetter* NZA 08, 609). Eine rechtswidrige Videoüberwachung löst Unterlassungs-, Folgenbeseitigungs- und Schadensersatzansprüche aus (*Fischer*, FS Küttner, 75 ff, 94). Zum Einsatz **biometrischer** Systeme s BAG 27.1.04 – 1 ABR 7/03, NZA 04, 556; *Hornung/Steidle* AbuR 05, 201.

Keine Mitbestimmungsrechte des BRat bestehen, wenn eine **Videoüberwachung durch Unfallverhütungsvorschrift vorgegeben ist** (BAG 11.12.12 – 1 ABR 78/11).

Soweit eine **Betriebsvereinbarung** oder der Spruch einer Einigungsstelle die automatische Erfassung der Zielnummern von Telefongesprächen, die die ArbN aus dem Betrieb 13
heraus geführt haben, vorsehen, bilden diese die Rechtsgrundlage für die Speicherung der entsprechenden **Telefondaten** und gehen damit als spezielle Rechtsvorschrift dem BDSG vor (BAG 27.5.86 – 1 ABR 48/84, DB 86, 2080). Ansonsten stellt der Gesichtspunkt der Kostenkontrolle bei Dienstgesprächen ein berechtigtes Interesse des ArbGeb dar (s *Internet-/Telefonnutzung*). Dies gilt im Hinblick auf die Amtstätigkeit des BRat nur eingeschränkt, da der ArbGeb über die Zielnummernerfassung nicht die Amtstätigkeit des BRat kontrollieren darf. Das BAG (1.8.90, DB 91, 47) hält deshalb die Zielnummernerfassung nur bei Ferngesprächen für zulässig, nicht jedoch bei Haus-, Orts- und Nahgesprächen. Das **heimliche Mithörenlassen** von Telefongesprächen zwischen ArbN und ArbGeb verletzt das allgemeine Persönlichkeitsrecht und ist unzulässig; auf diese Weise erlangte **Beweismittel dürfen nicht verwertet werden** (BAG 29.10.97 – 5 AZR 508/96, NJW 98, 1331; BAG 23.4.09 – 6 AZR 189/08, NZA 09, 974; zur Einsicht in kennwortgeschützte Privatdaten des ArbN

140 Datenschutz

Weißgerber NZA 03, 1005). Mitbestimmungswidrig erlangte Daten dürfen im Prozess nur verwertet werden, wenn bei ihrer Erhebung nicht gegen Persönlichkeitsrechte des ArbN verstoßen worden ist (BAG 13.12.07 – 2 AZR 537/06, NZA 08, 1008).

Gerechtfertigt ist weiterhin die Datenerhebung über Tätigkeiten im ehemaligen Ministerium für Staatssicherheit (MfS) oder über Funktionen in der SED (BVerfG 8.7.97, NJW 97, 2307).

14 **4. Rechte des Arbeitnehmers.** Das BDSG statuiert eine Reihe von Rechten der von der Datenverarbeitung betroffenen ArbN.

15 **a) Benachrichtigung.** Nach § 33 BDSG ist der Betroffene von der Datenspeicherung zu benachrichtigen, wenn erstmals personenbezogene Daten über ihn gespeichert werden oder erstmals an Dritte übermittelt werden. Die Pflicht zur Benachrichtigung entfällt insbesondere dann, wenn der Betroffene auf andere Weise Kenntnis von der Speicherung oder Übermittlung erlangt hat. Dies wird man im Rahmen eines laufenden Arbeitsverhältnisses zumindest hinsichtlich der Speicherung der Stammdaten annehmen können, nicht jedoch, wenn es um die Speicherung von Bewerberdaten geht, und der Bewerber nicht eingestellt wird (*Wohlgemuth* BB 92, 284).

Durch die Datenschutznovelle 2001 ist die Benachrichtigungspflicht in § 34 Abs 1 Nr 2 BDSG bei Datenweitergabe auf die **Empfänger** erweitert worden.

16 **b) Auskunft.** Der Betroffene kann gem § 34 BDSG von allen Stellen, die Daten über ihn gespeichert haben, Auskunft über die zu seiner Person gespeicherten Daten, die Herkunft, die Empfänger, den Zweck der Speicherung, sowie diejenigen Personen und Stellen, an die die Daten regelmäßig übermittelt werden, verlangen. Die Auskunft ist idR schriftlich zu erteilen und für den Betroffenen kostenlos.

17 **c) Berichtigung, Sperrung und Löschung von Daten.** Unrichtige Daten sind gem § 35 Abs 1 BDSG zu berichtigen. Von der Berichtigung sind die regelmäßigen Datenempfänger nach § 35 Abs 7 BDSG zu benachrichtigen. Die Daten sind nach § 35 Abs 2 BDSG zu löschen, wenn entweder ihre Speicherung unzulässig war oder angesichts des Speicherungszwecks **nicht mehr erforderlich** ist oder wenn es sich um Daten über gesundheitliche Verhältnisse, strafbare Handlungen, Ordnungswidrigkeiten oder religiöse oder politische Anschauungen handelt und deren Richtigkeit von der speichernden Stelle **nicht bewiesen** werden kann. Schließlich ist eine Löschung dann vorzunehmen, wenn eine turnusmäßig am Ende des fünften Kj nach der erstmaligen Speicherung vorzunehmende Überprüfung ergibt, dass eine länger währende Speicherung nicht erforderlich ist. **Bewerberdaten** müssen nicht vor Ablauf der **Verjährungsfristen des AGG** gelöscht werden.

18 Neben den Berichtigungs- und Löschungsanspruch tritt als weitere Kategorie der **Sperrungsanspruch**. Die Datensperrung hat zur Folge, dass die Daten grds ohne Einwilligung des Betroffenen nicht mehr übermittelt oder genutzt werden dürfen (§ 35 Abs 8 BDSG). Die Sperrung von Daten kommt insbesondere gem § 35 Abs 4 BDSG in Betracht, wenn die Richtigkeit der Daten vom Betroffenen bestritten wird und sich weder die Richtigkeit noch die Unrichtigkeit feststellen lässt. Ebenso wie von der Berichtigung sind die regelmäßigen Datenempfänger auch von der Sperrung oder der Löschung von Daten zu benachrichtigen, soweit dies zur Wahrung der schutzwürdigen Interessen des Betroffenen erforderlich ist.

19 **d) Schadensersatz.** Eine Schädigung durch eine unrichtige oder unzulässige Datenerhebung, -speicherung, -nutzung, -verarbeitung oder -übermittlung zieht bei **Verschulden** einen Schadensersatzanspruch des Betroffenen nach sich. Hinsichtlich des Verschuldens ist die **Beweislast** umgekehrt: die verantwortliche Stelle muss beweisen, dass sie die erforderliche Sorgfalt beachtet hat (§ 7 Satz 2 BDSG). Eine verantwortliche öffentliche Stelle haftet verschärft auch ohne Verschulden und bei schwerer Persönlichkeitsverletzung zusätzlich auf **Schmerzensgeld** gem § 8 BDSG (*Oberwetter*, NZA 09, 1120). Ein Schmerzensgeldanspruch kann sich unabhängig davon auch gegen private ArbGeb aus der Verletzung des Allgemeinen Persönlichkeitsrechts ergeben gem § 823 Abs 2 BGB iVm Art 2 Abs 1, Art 1 Abs 1 GG. Liegt in einer rechtswidrigen Datenverarbeitung zugleich ein Verstoß gegen das **Allgemeine Persönlichkeitsrecht** des ArbN, folgt daraus im Prozess ein **Beweisverwertungsverbot** (*Forst* ArbuR 10, 106; BAG 13.12.07 – 2 AZR 537/06, NZA 08, 1008).

20 **5. Organisatorische Vorkehrungen des Arbeitgebers.** Der ArbGeb ist nach dem BDSG verpflichtet, eine Reihe von organisatorischen Vorkehrungen zu treffen, um eine unzulässige Datenspeicherung, -nutzung oder -übermittlung auszuschließen. So hat der ArbGeb diejenigen Personen, die im Betrieb mit der Datenverarbeitung beschäftigt werden, gem § 5 BDSG auf das Datengeheimnis zu verpflichten. Der ArbGeb hat unter den Voraussetzungen des § 4f BDSG einen betrieblichen Beauftragten für den Datenschutz zu bestellen (s näher *Betriebsbeauftragte* Rz 26–28).

Beauftragt der ArbGeb **Dritte** mit der Datenverarbeitung, so ist er gleichwohl nach § 11 BDSG für die Einhaltung aller Datenschutzvorschriften verantwortlich. Der ArbGeb muss die Tätigkeit des beauftragten Dritten daher sorgfältig kontrollieren und überwachen. **21**

6. Betriebsrat und Arbeitnehmerdatenschutz. Der BRat hat bei der Speicherung, Nutzung und Verarbeitung von personenbezogenen ArbNDaten ein umfassendes Mitbestimmungsrecht gem § 87 Abs 1 Nr 6 BetrVG (BAG 14.11.06 – 1 ABR 4/06, NZA 07, 399; s auch *Personalinformationssystem* Rz 1 ff). Danach greift das Mitbestimmungsrecht bereits dann ein, wenn leistungs- oder verhaltensbezogene ArbNDaten verarbeitet werden. Das Kontrollrecht des betrieblichen Datenschutzbeauftragten erstreckt sich nicht auf die BRat-Tätigkeit (BAG 11.11.97 – 1 ABR 21/97, NJW 98, 2466). **22**

So ist die **Telefondatenerfassung** (BAG 27.5.86, DB 86, 2080) ebenso mitbestimmungspflichtig wie die Verarbeitung von Daten aus **Arbeitsberichten** der ArbN (BAG 23.4.85, DB 85, 1897). Im Streitfall entscheidet die Einigungsstelle (§ 87 Abs 2 BetrVG). Jegliche Art der Datenverarbeitung, die unter Verletzung der Beteiligungsrechte des BRat geschieht, ist unzulässig und daher rechtswidrig (BAG 22.10.86, DB 87, 1048). Das BDSG steht auf der anderen Seite den Beteiligungsrechten, insbesondere den Informationsrechten des BRat nicht entgegen. Aus der Verletzung des Mitbestimmungsrechts folgt, wenn die Datenerhebung gegen das allgemeine Persönlichkeitsrecht des ArbN verstoßen hat, ein **prozessuales Verwertungsverbot** bezüglich dadurch möglich gewordener Erkenntnisse (BAG 13.12.07 – 2 AZR 537/06, NZA 08, 1008; s ferner *Schlewing* NZA 05, 1071). **23**

Soweit das BetrVG **Informations-** oder **Unterrichtungsansprüche** vorsieht, handelt es sich dabei um gesetzliche Spezialvorschriften, die gem § 4 Abs 1 BDSG dem BDSG vorgehen. So ändert das BDSG nichts an dem Einblicksrecht des BRat in die Brutto-Lohn- und Gehaltslisten (BAG 17.3.83, DB 83, 1607). Einsichts- und Leserechte von BRatMitgliedern können nicht durch Maßnahmen nach § 9 BDSG beschränkt werden (BAG 12.8.09 – 7 ABR 15/08, NZA 09, 1218). **24**

Das BDSG steht auch nicht der Mitteilungspflicht des ArbGeb hinsichtlich der **Sozialdaten** bei der Sozialauswahl von ArbN bei Kündigungen gem § 1 Abs 3 KSchG entgegen (BAG 24.3.83, DB 83, 1822; *Griese* Zur Notwendigkeit und Effektivität eines verbesserten datenrechtlichen Persönlichkeitsschutzes im Arbeitsrecht, 1987, S 79, 89 f). **25**

Die Informations- und Unterrichtungsrechte entfallen nicht dadurch, dass der ArbGeb die Verarbeitung der im Betrieb anfallenden ArbNDaten auf **Dritte** übertragen hat. Sie hängen nicht davon ab, ob die Datenverarbeitung weitergehende Mitbestimmungsrechte des BRat auslöst oder gegen Vorschriften des BDSG verstößt oder nicht (BAG 17.3.87, NZA 87, 747). Der ArbGeb bleibt trotz Auftragsdatenverarbeitung für die Erfüllung aller betriebsverfassungsrechtlichen Voraussetzungen der Datenverarbeitung verantwortlich. An der Mitbestimmungspflichtigkeit ändert sich auch nichts dadurch, dass Kunden, bei denen die ArbN für den ArbGeb arbeiten, ein Zugangskontrollsystem mit der **Erfassung biometrischer Daten** installiert haben (BAG 27.1.04 – 1 ABR 7/03, NZA 04, 556). **26**

B. Lohnsteuerrecht *Windsheimer*

1. Rechtsstellung des Arbeitgebers. Für Zwecke der LSt hat der ArbGeb für jeden ArbN ein Lohnkonto (s *Lohnkonto* Rz 2–12) zu führen (§ 41 Abs 1 EStG; § 4 LStDV). Die darin aufgenommenen Daten unterliegen dem BDSG, soweit dieses aufgrund des Einsatzes von automatisierter Datenverarbeitung anwendbar ist (§ 1 Abs 2 BDSG; sog Datenschutz im engeren Sinn). Ansonsten gelten die Regelungen zur Personalakte (sog Datenschutz im weiteren Sinn; s *Personalakte* Rz 24 ff). Das Gleiche gilt für die Vorgänge im Rahmen von ELStAM (§ 39e EStG; s *Lohnsteuerabzugsmerkmale* Rz 2 ff; *Personalakte* Rz 24 ff) sowie für die Durchführung des LStJahresausgleichs (s *Lohnsteuerjahresausgleich* Rz 7–13; *Persönlichkeitsrecht* Rz 15 ff). Nur der aktuelle ArbGeb ist berechtigt, die ELStAM abzurufen (Einzelheiten *Lohnsteuerabzugsmerkmale* Rz 2 ff). **27**

140 Datenschutz

28 Im Rahmen der **Lohnsteueranmeldung** (§ 41a EStG; s *Lohnsteueranmeldung* Rz 2 ff) werden keine personenbezogenen Daten offenbart. Das Gleiche gilt, soweit der ArbGeb die LStAnmeldung durch ein von ihm beauftragtes **Rechenzentrum,** durch Datenträger oder durch Datenfernübertragung erstellt (s hierzu die Steuerdaten-ÜbermittlungsVO – StDÜV, LStR Anh 13b und BMF 16.11.11 – IV A 7 – O 2200/10009:001, AO-Kartei NRW § 150 AO Karte 5).

29 Im Rahmen der **Lohnsteueraußenprüfung** (§ 42 f EStG iVm § 200 AO) hat der ArbGeb alle Unterlagen zur Verfügung zu stellen und Auskünfte zu erteilen, die für die Einbehaltung und Abführung der LSt relevant sein können. Bei einer Außenprüfung nach §§ 193 ff AO gilt Entsprechendes für die laut Prüfungsanordnung zu prüfenden Steuern (vgl zur Mitwirkungspflicht Anhang 70 AO-Hdbuch). Zur Befugnis des Prüfers auf den **Datenzugriff** s § 147 Abs 6 AO; hierzu Anhang 66 AO-Hdbuch; *Weinbrenner* DStR 09, 2082; BFH 24.6.09 – VIII R 80/06, DStR 09, 2006. § 42 f EStG iVm § 200 AO bzw §§ 193 ff AO sind gesetzliche Ermächtigungen, die dem Datenschutz im engeren Sinn (vgl § 4 Abs 1 BDSG) und im weiteren Sinn vorgehen, ebenso § 147 Abs 6 AO. In diesem Zusammenhang sind bspw alle die Daten gegenüber dem FA offenzulegen, denen **steuerfreie Zahlungen** des ArbGeb zugrunde liegen. So muss der ArbGeb Vorgänge und Unterlagen über zB das Mutterschaftsgeld (§ 3 Nr 1d EStG), die doppelte Haushaltsführung eines ArbN (§ 3 Nr 16 EStG), die Sonntagsarbeit betr (§ 3b EStG) usw vorlegen (s *Personalakte* Rz 24 ff).

30 Bei **Streit über die Mitwirkungspflicht** des ArbGeb dem Grunde und dem Umfang nach (zB Vorlage bestimmter Verträge) kann der Prüfer einen entsprechenden anfechtbaren Verwaltungsakt erlassen (BFH 23.2.84 – IV R 154/82, BStBl II 84, 512), ggf kann ein **Verzögerungsgeld** festgesetzt werden (§ 146 Abs 2b AO). Verwertet der Prüfer Daten, auf die er nicht hätte Zugriff nehmen dürfen, kann ein **Verwertungsverbot** bestehen (BFH 19.8.09 – I R 106/08, BFH/NV 10, 5). Bei **Telefonüberwachung** nach § 100a StPO besteht ein absolutes Verwertungsverbot für die Besteuerung (BFH 19.2.04 – VII B 260/03, BFH/NV 04, 807).

31 Im Rahmen einer Außenprüfung kann sich der geprüfte Stpfl nicht auf **Auskunftsverweigerungsrechte** zum Schutz bestimmter Berufsgeheimnisse (§ 102 AO) berufen. So kann bspw ein Arzt den Einblick in die Patientenkartei nicht verweigern, soweit darin für seine Besteuerung als ArbGeb relevante Daten enthalten sind (vgl zu diesem Problemkreis *T/K* § 200 AO Rz 11a).

32 Will der Prüfer **Kontrollmitteilungen** für die Besteuerung eines Dritten fertigen (§ 194 Abs 3 AO), so greift das Auskunftsverweigerungsrecht nach § 102 AO des geprüften Stpfl ein, nicht des Dritten. Vorbeugend können aber Kontrollmitteilungen nicht verhindert werden (BFH 8.4.08 – VIII R 61/06, DStR 08, 1233).

33 Wird der ArbGeb im Rahmen eines Besteuerungsverfahrens des ArbN, also als Dritter, um **Auskunft** oder um Vorlage von Unterlagen ersucht (§§ 93, 97 AO), also nicht in einem Haftungsverfahren gegen ihn als ArbGeb, so braucht er seiner Mitwirkungspflicht erst zu genügen, wenn das FA im Rahmen seines Ersuchens dargelegt hat, dass die Sachverhaltsaufklärung durch den beteiligten Stpfl (ArbN) nicht zum Ziel führt oder keinen Erfolg verspricht (§ 93 Abs 1 Satz 3 AO).

34 **2. Rechtsstellung des Arbeitnehmers.** Soweit die beim ArbGeb gespeicherten Daten für die Lohnbesteuerung des ArbN erforderlich sind (zB Familienstand, Anzahl der Kinder), sind die Daten gegenüber dem FA nicht geschützt. Im Rahmen einer LStAußenprüfung hat auch der ArbN Mitwirkungspflichten (§ 42 f Abs 2 Satz 2 EStG). Der ArbN soll aber erst dann zu Auskünften und Vorlage von Unterlagen herangezogen werden, wenn dies zur weiteren Sachaufklärung erforderlich ist. Dies hat das FA auf Verlangen des ArbN darzulegen. Bei Streit hierüber kann das FA einen anfechtbaren Verwaltungsakt gegenüber dem ArbN erlassen. Hinsichtlich **Verwertungsverbot** gilt das beim ArbGeb Gesagte entsprechend (s oben Rz 30). Wegen des Steuergeheimnisses kann der Stpfl sich im Hinblick auf unvollständige Fahrtaufzeichnungen nicht auf Datenschutz, dem er sich unterworfen hat, berufen (FG Saarl 17.7.97, EFG 97, 1435). Daher genügen Eintragungen ins Fahrtenbuch wie zB „Patientenbesuch", „Kundentermin" uÄ nicht (FG München 25.3.03 – 6 K 3818/01, nv; s aber BFH 26.4.04 – VI B 43/04, DStRE 04, 931; s auch *Dienstwagen* Rz 23; zum Presse-

Datenschutz 140

geheimnis s *Bewirtungsaufwendungen* Rz 15), auch nicht, wenn dem Stpfl ein Auskunftsverweigerungsrecht nach § 102 Abs 1 Nr 3 AO zusteht (OFD Frankfurt 19.4.2000, St 2145 A – 15 – St II 20, DStR 2000, 970 = DB 2000, 1203). Auch **Dritte** können zur Mitwirkung verpflichtet sein, wenn der Stpfl oder dessen Einkünfte unbekannt sind und ein hinreichender Anlass zwecks Besteuerung aufgrund konkreter Umstände oder allgemeiner, auch branchenspezifischer Erfahrungen besteht (BFH 4.10.06 – VIII R 53/04, DStR 06, 2302).

3. **Rechtsstellung des Finanzamtes. a) Steuergeheimnis,** § 30 AO (BMF 35 21.12.2010 – IV A 3 – S 0062/08/10007–09, BStBl I 2011, 2). Dem Amtsermittlungsgrundsatz (§ 88 AO) und den weitgehenden Mitwirkungspflichten des Stpfl im Besteuerungsverfahren (§§ 90, 93 ff, 97 AO, insbesondere § 200 AO im Rahmen von Außenprüfungen) entspricht die Verpflichtung des FA, die ihm bekanntgewordenen Besteuerungsgrundlagen, das sind die tatsächlichen und rechtlichen Verhältnisse, die für die Steuerpflicht und für die Bemessung der Steuer maßgebend sind (§ 199 Abs 1 AO), gegenüber **Kenntnisnahme Dritter** zu schützen. Ohne Wahrung des Steuergeheimnisses würde das Besteuerungsverfahren nicht funktionieren (*T/K* § 30 AO Rz 3). Das Steuergeheimnis ist aber iS effektiven Verwaltungshandelns vielfach eingeschränkt, wobei das Persönlichkeitsrecht des Einzelnen zu wahren ist. Im Einzelnen können hinsichtlich des Arbeitsverhältnisses folgende Fälle das Steuergeheimnis einschränken:

aa) Durch Gesetz **ausdrücklich zugelassen** (§ 30 Abs 4 Nr 2 AO). Einschlägige Fälle s 36 BMF 17.7.08 – IV A 3 – S 0062/08/10006, BStBl I 08,694 mit Änderung BMF 28.7.10 – IV A 3 – S 0062/08/10007, BStBl I 10, 630. Zum internationalen Datenaustausch *Ausländer* Rz 40. Zum Anspruch des Stpfl auf Mitteilung der über ihn gespeicherten Daten BMF 17.12.08 – IV A 3 – S 0030/08/10001, DStR 09, 274.

bb) Bei **Zustimmung des Betroffenen** (§ 30 Abs 4 Nr 3 AO). Die Zustimmung kann 37 formlos erfolgen, muss aber ausdrücklich gegenüber dem FA vor der Offenbarung erklärt werden.

Beispiele: Auskunft an die BA bei Zuverlässigkeitsüberprüfungen im Erlaubniserteilungsverfahren für gewerbliche ArbNÜberlassung nach § 3 Abs 1 AÜG (s *Arbeitnehmerüberlassung/Zeitarbeit* Rz 81); Bescheinigungen auf Antrag des Stpfl über seine Zuverlässigkeit nach §§ 34a, 34b GewO, § 4 Abs 1 GaststG.

cc) Bei Durchführung eines **Strafverfahrens** wegen einer Tat, die keine Steuerstraftat ist 38 (§ 30 Abs 4 Nr 4 AO, § 31a und § 31b AO; s hierzu unten Rz 42). Die Zulässigkeit der Weitergabe von Daten zu diesem Zweck (zB bei Verstoß gegen das AÜG uÄ) ist sehr differenziert geregelt. Grundtendenz: Solange ein Verfahren wegen einer Steuerstraftat oder einer Steuerordnungswidrigkeit gegen den Stpfl noch nicht eingeleitet worden ist (vgl §§ 397, 410 Abs 1 Nr 6 AO), ist die Weitergabe von Daten an die Strafverfolgungsbehörden unzulässig. Ist ein Strafverfahren eingeleitet, besteht eine Mitteilungspflicht des FA an das Bundeszentralregister (§ 399 AO; iVm § 474 Abs 3 StPO). Bei Verdacht auf **Schmiergeldzahlungen** besteht die Mitteilungspflicht des FA an die Strafverfolgungsbehörden (§ 4 Abs 5 Nr 10 Satz 3 EStG; BFH 14.7.08 – VII B 92/08, DStR 08, 1734; s *Schmiergeld* Rz 9 ff; Einzelheiten OFD Frankfurt 12.5.10 – S 0130 A – 85 – St 23, AO-Kartei Hess § 30 AO Karte 8).

dd) Bei **zwingendem öffentlichen Interesse** (§ 30 Abs 4 Nr 5 AO). Hierunter fallen nur 39 Fälle schwerer Kriminalität, zB Auskünfte an Gewerbebehörden zwecks Untersagung des Gewerbebetriebs nach § 35 GewO (BMF 17.12.04 – IV A 4 – S 0130 – 113/04, BStBl I 04, 1178; BFH 29.7.03 – VII R 39, 43/02, BStBl II 03, 828). Bei der übrigen Kriminalität verbleibt es bei § 30 Abs 4 Nr 4 AO, der ansonsten ausgehöhlt würde. Unter § 30 Abs 4 Nr 5 AO fallen nicht stets die Wirtschaftsstraftaten nach § 74c GVG (BMF 17.7.08 und 28.7.10 oben Rz 36). Sind Verhältnisse in der Öffentlichkeit bereits bekannt, besteht keine weitere Geheimhaltungsverpflichtung (BFH 14.4.08 – VII B 226/07, BFH/NV 08, 1295).

ee) Ein Verstoß gegen das Steuergeheimnis stellt eine Straftat dar (§§ 355, 358 StGB), zieht 40 disziplinarrechtliche Folgen nach sich, die über die Verletzung der allgemeinen Amtsverschwiegenheit hinausgehen können, und löst Schadensersatzansprüche aus (§ 839 BGB iVm Art 34 GG oder §§ 823 Abs 1, 831 BGB iVm § 30 AO oder §§ 823 Abs 2, 31, 89 BGB iVm § 30 AO).

140 Datenschutz

41 **b)** Durch die **ELStAM** ab 2013 (s *Lohnsteuerabzugsmerkmale* Rz 8 ff) werden keine zusätzlichen, bisher nicht erhobenen Daten erfasst. Die bisherigen Daten mittels LStKarte werden stattdessen nunmehr elektronisch erhoben. Welche ELStAM zentral gespeichert sind und welcher ArbGeb diese in den letzten zwei Jahren abgerufen hat, können ArbN über http://www.elsteronline.de einsehen. Das FA ist zudem Ansprechpartner des ArbN, falls dieser Auskünfte über die gespeicherten ELStAM einholen möchte. ArbN können beim zuständigen FA darüber hinaus beantragen, konkrete ArbGeb zu benennen oder vom Abruf ihrer ELStAM auszuschließen.

42 **c) Mitteilungspflichten des FA. aa)** Das FA hat gegenüber den Trägern der gesetzlichen SozV einschließlich BA und Künstlersozialkasse und anderen Körperschaften des öffentlichen Rechts zum Zweck der Festsetzung von Steuern und Beiträgen Mitteilungspflichten (§ 31 AO; § 21 Abs 4 SGB X; AEAO zu § 31 AO BMF 28.7.10, BStBl I 10, 630) sowie zwecks Bekämpfung der **Schwarzarbeit,** der illegalen Beschäftigung und des Leistungsmissbrauchs und bei Verstößen gegen das AÜG gegenüber der BA (§ 31a AO; Einzelheiten BMF 30.7.09 – § 31a AEAO). Dies ist verfassungsgemäß (BFH 4.10.07 – VII B 110/07, DStR 07, 2009; s auch unten Rz 44 und 46 sowie *Arbeitslosengeld* Rz 9; *Schwarzarbeit* Rz 6). Ab 1.7.02 besteht eine Mitteilungspflicht zur Bekämpfung der Geldwäsche nach § 261 StGB (§ 31b AO; BMF 2.1.09 – § 31b AEAO). Zu Mitteilungen des FA an die Ausländerbehörde s *Ausländer* Rz 40, innerhalb der EU s *EU-Recht* Rz 30. Auch bei der **Vollstreckung** außersteuerlicher Forderungen durch das FA ist das Steuergeheimnis eingeschränkt (§ 249 Abs 2 Satz 2 AO), ebenso zur Mitteilung **verdeckter Gewinnausschüttungen** durch das BetriebsFA an das WohnsitzFA des Gesellschafters (§ 3 Nr 40 Satz 1 lit d EStG, § 32a KStG: korrespondierende Besteuerung) sowie zur statistischen Auswertung von Daten, die dem FA im Rahmen des Besteuerungsverfahrens bekannt geworden sind (BFH 27.10.93, BStBl II 94, 210; hierzu Verwaltungsdatenverwendungsgesetz BStBl I 04, 3). Zur Mitteilungsbefugnis über Freistellungsaufträge s *Arbeitslosengeld II* Rz 5. Zur Durchführung dienstrechtlicher Maßnahmen gegenüber Angehörigen des öffentlichen Dienstes ist die Weitergabe von amtlichen Informationen an den Dienstvorgesetzten zulässig (BFH 15.1.08 – VII B 149/07, BStBl II 08,337; Einzelheiten BMF 12.3.10 – IV A 3 – S 0130/08/100006, BStBl I 08, 222 mit Ergänzung vom 20.6.11 – IV A 3 – S 0130/08/10006, BStBl I 11, 574).

43 **bb)** Ein Auskunftsanspruch gegenüber dem FA auf Benennung des Namens eines Anzeigenerstatters besteht grds nicht (BFH 28.12.06 – VII B 44/03, BFH/NV 07, 853), aber ein Einsichtsrecht bei Gericht in Strafakten in eigener Sache (BFH 20.8.99 – VI B 4/99, BFH/NV 2000, 214; s § 78 FGO), aber nicht mehr bei einem rechtskräftig abgeschlossenem Verfahren (BFH 20.10.05 – VI B 207/05, BStBl II 06, 41). Zur Akteneinsicht bei Gericht (§ 78 FGO) BFH 15.7.08 – X B 5/08, BFH/NV 08, 1695. Ein Anzeigenerstatter hat keinen Anspruch auf Auskunft über den Ermittlungsstand (BFH 19.1.07 – VII B 72/06, BFH/NV 07, 857). Für eine Streitigkeit wegen Akteneinsicht beim FA ist der Finanzrechtsweg gegeben (BFH 7.12.06 – V B 163/05, DStR 07, 195). ArbGeb und ArbN haben beim FA kein **Akteneinsichtsrecht,** nur ein Recht auf fehlerfreie Ermessensentscheidung (BFH 4.6.03 – VII B 138/01, BStBl II 03, 790; aA *T/K* § 30 AO Rz 41; Rechtsgebiete vergleichend *Dißars* DStR 05, 137). Ausnahmsweise kann ein **Auskunftsanspruch** hinsichtlich der Besteuerung eines **Konkurrenten** bestehen, wenn Wettbewerbsnachteile zu besorgen sind und eine Konkurrentenklage zulässig wäre (BFH 5.10.06 – VII R 24/03, DStR 06, 2310; *Sinewe/Frase* BB 11, 1567). Die **Identifikationsnummer** (§ 139b AO) ist trotz verfassungsrechtlicher Zweifel anzuwenden (FG Köln 7.7.10 – 2 K 3093/08, BB 10, 2334).

44 **4. Mitteilungspflichten von Behörden.** Behörden und öffentlich-rechtliche Rundfunkanstalten sind verpflichtet, Vorgänge, die für die Besteuerung von Bedeutung sein können, also insbesondere gezahlte Vergütungen, Honorare uÄ, dem WohnsitzFA des Empfängers mitzuteilen (§ 93a AO und MV; BMF 25.3.02 – IV D 2 – S 0229 – 26/02, BStBl I 02, 477), geändert BMF 25.3.04 – IV D 2 – S 0229 – 11/04, BStBl I 04, 418 = Anhang 50 AO-HdBuch; s auch § 2 **SchwarzArbG,** BStBl I 04, 906; hierzu *Schwarzarbeit* Rz 6 ff).

45 Keine Mitteilungspflicht besteht:
– bei personenbezogenen Daten, die dem Sozialgeheimnis (§ 35 SGB I) unterliegen und bei nach Landesrecht zu erbringenden Soziallestungen (§ 1 Abs 2 MV). Dieses Mitteilungsverbot ist jedoch für Besteuerungszwecke einschließlich Vollstreckung durch § 35 Abs 2

SGB I iVm § 71 I SGB X durchbrochen. Hiernach haben die SozVTräger die Pflicht, Sozialdaten den Finanzbehörden nicht nur auf Anfrage mitzuteilen, soweit die Übermittlung zur Sicherung des Steueraufkommens erforderlich ist. Die Mitteilungspflicht erstreckt sich auch auf Tatsachen, die den Verdacht einer Steuerstraftat begründen (OFD Koblenz 20.4.95, DStR 95, 1352),
– wenn der LStAbzug durchgeführt worden ist (§ 2 Satz 3, § 3 Abs 1 Satz 2 MV),
– bei Zahlungen an Körperschaften usw betr steuerbegünstigte Zwecke gem §§ 51 AO, also hauptsächlich bei steuerbegünstigten Spenden (§ 7 Abs 1 MV),
– bei Zahlungen von weniger als 1500 € pro Kj (§ 7 Abs 2 MV).
Der betroffene Stpfl ist über bestehende Mitteilungspflichten und über die jeweilige Mitteilung von der mitteilungspflichtigen Behörde zu unterrichten (§§ 11, 12 MV).

In einer Reihe von Gesetzen sind Mitteilungsbefugnisse bzw -pflichten an die Finanzverwaltung ausgesprochen, zB § 8 Abs 4 Sätze 2 und 3 AÜG, § 24 Abs 3 Arbeitssicherstellungsgesetz. Der Schutz von **Bankkunden** gegenüber dem FA nach § 30a AO (BMF 2.1.08 – § 30a AEAO) ist durch konkretes Auskunfts- und Vorlageersuchen und durch Kontroll- und Mitteilungsbefugnisse des BZSt (§§ 93, 93b, 97 AO) eingeschränkt (BFH 9.12.08 – VII R 47/07, BStBl II 09, 509). Bei Tafelgeschäften können Kontrollmitteilungen zulässig sein (BFH 28.4.04 – VII B 198/03, BFH/NV 04, 1216). Sammelauskunftsersuchen des FA an eine Bank sind nur bei Verdacht auf Steuerhinterziehung jedes einzelnen Kunden zulässig (BFH 16.1.09 – VII R 25/08, BStBl II 09, 582). Zur Verfassungsmäßigkeit der Mitteilungspflicht der Energieversorgungsunternehmen über **Kontenverbindungen** von Kunden BVerfG 15.11.00 – 1 BvR 1213/00, BStBl II 01, 142. Das mW zum 1.4.2005 eingeführte **Kontenabrufverfahren** (§ 93 Abs 7 AO iV mit § 93b AO ist verfassungsgemäß (BFH 29.11.05 – IX R 49/04, BStBl II 06, 178; BVerfG 13.6.07 – 1 BvR 1550/03, 1 BvR 2357/04, 1 BvR 603/05, NJW 07, 2464). Zu Einzelheiten des Kontenabrufs BMF-AEAO 2.1.09 – IV A – 3 – S 006L/08/10007 zu § 93 Abs 7 AO, DStR 09, 114.

Neben den Mitteilungspflichten nach § 93a AO, MV und Einzelgesetzen sind Gerichte und Behörden zur **Amtshilfe** verpflichtet (§§ 111 ff AO und § 4 Abs 5 Satz 1 Nr 10 Satz 2 EStG; AEAO zu § 111 AO). Zur Amtshilfe innerhalb der EU s *EU-Recht* Rz 30, zur internationalen Amtshilfe s *Ausländer* Rz 40. 46

C. Sozialversicherungsrecht *Voelzke*

1. Anwendbare Regelungen. Die Grundnorm des Datenschutzes ist in allen sozialen Leistungsbereichen § 35 SGB I. Die Norm begründet ein von denjenigen Institutionen, die in den Besitz von zT außerordentlich sensiblen Sozialdaten gelangen, zu wahrendes **Sozialgeheimnis**. Dieser Anspruch besteht unabhängig davon, ob die Sozialdaten auch in Dateien gespeichert oder weiterverarbeitet werden. Der Anspruch des Bürgers auf Wahrung des Sozialdatenschutzes erstreckt sich auf die Erhebung, Verarbeitung und die Nutzung von Daten. Nicht unter den Sozialdatenschutz nach § 35 SGB I fallen personenbezogene Daten, die die in der Vorschrift genannten Stellen zB als ArbGeb oder für fiskalische Handlungen erheben, verarbeiten oder nutzen (*Schlegel/Voelzke/Paulus* SGB I, § 35 Rz 19). § 35 SGB I wird durch die Regelungen des zweiten Kapitels des SGB X über den Schutz der Sozialdaten ergänzt und konkretisiert (§§ 67 bis 85a SGB X; vgl zum System des Sozialdatenschutzes *Jung* WzS 12, 3). 47

Das zweite Kapitel des SGB X enthält in seinem Ersten Abschnitt (§ 67 SGB X) Begriffsbestimmungen, die sich an die Regelungen des BDSG anlehnen. Die §§ 67a–78 SGB X behandeln als Zweiter Abschnitt die Grenzen der Zulässigkeit der Datenerhebung, -verarbeitung und -nutzung durch die Sozialleistungsträger. Es besteht eine Verpflichtung der Leistungsträger, die Daten grds beim Betroffenen selbst zu erheben (§ 67a Abs 2 SGB X; kritisch: *Kläsrer* DRV 94, 418). Während die §§ 78a–80 SGB X (Dritter Abschnitt) sich an die Leistungsträger richten, die die erforderlichen organisatorischen Maßnahmen zum Schutz der Sozialdaten zu treffen haben, werden im Vierten Abschnitt die Rechte der Betroffenen behandelt (§§ 81–85a SGB X). Der frühere Verweis auf die Regelungen des BDSG ist durch die umfassende Neuregelung hinsichtlich der zu schützenden Sozialdaten entfallen. Bedeutung hat das BDSG insoweit nur noch, als die Vorschriften des SGB X im Einzelfall ausdrücklich hierauf verweisen (vgl *Schöning* DAngVers 94, 202). 48

140 Datenschutz

49 Der sozialrechtliche Datenschutz wird durch konkretisierende Bestimmungen in den besonderen Teilen des SGB ergänzt (zB zum SozVAusweis § 18h Abs 2 Satz 2 SGB IV; zur Versicherungsnummer § 18 f SGB IV; zum Datenschutz in der KV §§ 284–305 SGB V; zur gemeinsamen Datenverarbeitung und -nutzung durch Pflege- und Krankenkassen § 96 SGB XI, s dazu *Krahmer/Stähler* NZS 03, 193). Bei der Arbeitsvermittlung sind die Geheimhaltungspflichten eingeschränkt; die Einschränkung wird aber auf das für eine ordnungsgemäße Vermittlung erforderliche Maß begrenzt. Der Datenschutz ist bei der Durchführung der Grundsicherung für Arbeitsuchende zugunsten einer effektiven Missbrauchskontrolle stark eingechränkt (*Schoch* ZFSH/SGB 05, 67). Schließlich sind für den Sozialdatenschutz die Vorschriften des **öffentlichen Dienstrechts** über die dienstrechtliche Verschwiegenheitspflicht und des ärztlichen Berufsrechts über die **ärztliche Schweigepflicht** von Bedeutung (§ 76 SGB X; s auch KassKomm/*Seewald* § 35 SGB I Rz 3).

50 **2. Geschützte Daten.** Der Anspruch auf Wahrung des Sozialgeheimnisses erstreckt sich auf alle **Sozialdaten** (§ 35 SGB I; § 67 SGB X). Sozialdaten sind nach der Legaldefinition des § 67 Abs 1 SGB X Einzelangaben über persönliche und sachliche Verhältnisse einer bestimmten oder bestimmbaren Person (Betroffener), soweit sie von einer in § 35 SGB I genannten Stelle erhoben, verarbeitet oder genutzt werden (zu den weiteren Adressaten des Sozialgeheimnisses s *Schlegel/Voelzke/Paulus* SGB I § 35 Rz 23 ff; s auch unten Rz 54). Anknüpfungspunkt für den Begriff der Sozialdaten ist daher die Erfüllung von Aufgaben nach dem SGB. Eine Eingrenzung des Begriffs Sozialdaten in der Weise, dass nur Daten im Zusammenhang mit den sog Kernaufgaben der Sozialleistungsträger erfasst werden, entspricht nicht dem Ansatz des Gesetzgebers (vgl *Adelt* BKK 95, 366). Ein besonderes Schutzbedürfnis erkennt das BSG hinsichtlich der in § 67 Abs 12 SGB X genannten Daten an (rassische und ethnische Herkunft, politische Meinungen, religiöse und philosophische Überzeugungen, Gewerkschaftszugehörigkeit, Gesundheit und Sexualleben). Insoweit wird SGB II-Leistungsempfängern zugebilligt, die entsprechenden Angaben auf der Ausgabenseite von Kontoauszügen zu schwärzen (BSG 19.9.08 – B 14 AS 45/07 R, SozR 4-1200 § 60 Nr 2). Der SGB II-Leistungsträger darf den Leistungsbezug gegenüber dem Vermieter nicht ohne Einverständnis des Leistungsberechtigten offenbaren (BSG 25.1.12 – B 14 AS 65/11 R, SozR 4-1200 § 35 Nr 4).

Der Begriff der geschützten Sozialdaten wird ausdrücklich auf **Betriebs- und Geschäftsgeheimnisse** erstreckt (§ 35 Abs 4 SGB I). Hierunter fallen alle betriebs- oder geschäftsbezogenen Daten, auch von juristischen Personen, die Geheimnischarakter haben. Vom Begriff des Betriebs- oder Geschäftsgeheimnisses werden weiterhin sämtliche den SozV-Trägern zugänglichen Kenntnisse über die kaufmännische und die technische Seite eines Unternehmens erfasst; eine Beschränkung auf besonders geheimhaltungsbedürftige Tatsachen mit vertraulichem Charakter kann nicht angenommen werden (vgl schon BSG 25.10.78 – 1 RJ 32/78, SozR 1200 § 35 Nr 1). Eine andere Beurteilung gilt allerdings für offenkundige Daten (*Schlegel/Voelzke/Paulus* SGB I § 35 Rz 31).

51 **3. Anspruchsberechtigung.** Zur Durchsetzung seines Rechts auf informelle Selbstbestimmung wird dem Bürger durch § 35 Abs 1 SGB I ein Rechtsanspruch auf Wahrung des Sozialgeheimnisses und auf Unterlassung der unbefugten Weitergabe der geschützten Daten eingeräumt. Der Rechtsweg ergibt sich aus der Rechtsnatur des Rechtsverhältnisses, welches der Datenerfassung und -weitergabe zugrunde liegt (§ 51 SGG, § 40 VwGO).

52 Die Anspruchsberechtigung steht **natürlichen und juristischen Personen** zu (zu den verfassungsrechtlichen Vorgaben des Datenschutzes bei Verwertung eines Sektionsbefundes BVerfG 22.8.06 – 1 BvR 1637/05, SozR 4-2700 § 63 Nr 4). Es ist keine Rechtfertigung dafür ersichtlich, hinsichtlich der Offenbarung von Betriebs- und Geschäftsgeheimnissen zwischen natürlichen und juristischen Personen zu differenzieren (so nun ausdrücklich § 67 Abs 1 Satz 2 SGB X).

53 Neben der Generalnorm des § 35 SGB I enthalten die §§ 81–84a SGB X spezialgesetzliche Ansprüche gegen den Leistungsträger. Dem Betroffenen ist nach näherer Maßgabe des § 83 SGB X ein **Auskunftsanspruch** eingeräumt worden. Dieser Anspruch des Betroffenen erstreckt sich auf die zu seiner Person gespeicherten Sozialdaten, auch soweit sie sich auf Herkunft dieser Daten beziehen, sowie auf den Zweck der Speicherung. Die Auskünfte sind unentgeltlich. Das Auskunftsrecht nach § 83 SGB X wird im KVRecht nicht durch die in § 305 Abs 1 SGB V getroffene Regelung verdrängt. Beide Regelungen sind nebeneinander anwendbar (BSG 2.11.10 – B 1 KR 12/10 R, NZS 11, 582). Nach § 84 SGB X besteht ein Anspruch auf **Berichtigung,** Löschung und Sperrung von Sozialdaten. Über einen Löschungsanspruch nach § 84 Abs 2 SGB X ist vor Klageerhebung in einem Verwaltungsverfahren durch Verwaltungsakt zu befinden (BSG 21.3.06 – B 2 U 24/04 R, SozR 4-1300 § 84 Nr 1). Soweit die Richtigkeit von Daten vom Betroffenen bestritten wird und sich weder die Richtigkeit noch die Unrichtigkeit feststellen lässt, tritt an die Stelle des Berichtigungsanspruchs ein Anspruch darauf, diesen Umstand in der Akte oder Datei zu vermerken. Eine Sperrung tritt hingegen nicht ein, soweit es um die Erfüllung sozialer Aufgaben geht. Schließlich eröffnet § 82 SGB X einen **Schadensersatzanspruch** gegen Bundesbehörden, dessen Voraussetzungen erfüllt sind, wenn durch eine unzulässige oder unrichtige automatisierte Verarbeitung von personenbezogenen Daten ein Schaden eintritt. Ein Verschulden wird nicht vorausgesetzt, jedoch entfällt die Ersatzpflicht, soweit die verantwortliche Stelle die nach den Umständen des Falles gebotene Sorgfalt beachtet hat (§ 7 Satz 2 BDSG).

4. Verpflichtete iSd § 35 SGB I sind nicht nur die Leistungsträger des SGB, sondern der **54** Geheimhaltungsanspruch richtet sich zB auch gegen die Verbände und Arbeitsgemeinschaften der Leistungsträger und die Deutsche Bundespost, soweit sie mit der Berechnung oder Auszahlung von Sozialleistungen betraut ist (§ 35 Abs 1 Satz 4 SGB I). Die Aufzählung in § 35 Abs 1 SGB I ist nicht analogiefähig (*Schlegel/Voelzke/Paulus* SGB I § 35 Rz 23). Sind personenbezogene Daten oder Betriebs- und Geschäftsgeheimnisse berechtigterweise an Dritte weitergegeben worden, so unterliegen sie einer strengen Zweckverbindung (vgl *Wagner* NJW 94, 2938). Der Dritte ist wie die in § 35 SGB I genannten Stellen zur Geheimhaltung der Daten verpflichtet (§ 78 SGB X).

5. Offenbarung. Die Zulässigkeit der Übermittlung sozialer Daten regeln die §§ 67d ff **55** SGB X. Hiernach ist eine Offenbarung von Sozialdaten zulässig, wenn der Betroffene im Einzelfall eingewilligt hat oder eine gesetzliche Offenbarungsbefugnis vorliegt. Die gesetzliche Offenbarungsbefugnis wird durch die Beschränkungen der §§ 76, 77 SGB X begrenzt. **Arzt- und andere Berufsgeheimnisse** werden durch § 76 SGB X auch dann gewahrt, wenn ein Arzt oder eine andere zur Geheimhaltung verpflichtete Person die Daten an eine geheimhaltungspflichtige Stelle weiterleitet. Die Weitergabe ist zulässig bei Daten, die im Rahmen einer Begutachtung wegen der Erbringung einer Sozialleistung oder der Erstellung einer Bescheinigung erhoben wurden, es sei denn, der Betroffene widerspricht der Übermittlung. Bei einer Datenübermittlung ins Ausland haben die Verpflichteten nach § 77 SGB X zusätzlich zu prüfen, ob schutzwürdige Belange des Betroffenen beeinträchtigt werden (s zum grenzüberschreitenden Datenaustausch *Pätzel* ZfSH/SGB 92, 337).

a) **Einwilligung.** Soweit eine Einwilligung beim Betroffenen eingeholt wird, ist dieser **56** auf den Zweck der Speicherung und einer vorgesehenen Übermittlung hinzuweisen (§ 67b Abs 2 SGB X). Die Einwilligung bedarf regelmäßig der **Schriftform.** Eine pauschale Einwilligung ist nicht zulässig; vielmehr müssen konkret die beabsichtigten Verarbeitungen und Nutzungen bezeichnet werden (*Schlegel/Voelzke/Fromm* SGB X, § 67b Rz 32). Wird die Einwilligung zusammen mit anderen schriftlichen Erklärungen (zB bei einem Antrag auf Sozialleistungen) erteilt, so bedarf sie der Hervorhebung im Text (§ 67b Abs 2 SGB X). Eine mutmaßliche Einwilligung genügt nicht. Die Einwilligung kann wirksam erteilen, wer iSd SGB handlungsfähig ist (vgl *Minderjährige* Rz 37–45).

b) **Gesetzliche Offenbarungsbefugnis.** Zur Erfüllung von Aufgaben der **Polizei-** **57** **behörden,** der Staatsanwaltschaften und Gerichte, der Behörden der Gefahrenabwehr, der Justizvollzugsanstalten und zur Durchsetzung von öffentlich-rechtlichen Ansprüchen von mindestens 600 € ist lediglich die Bekanntgabe des Vor- und Familiennamens, des Geburtsdatums, des Geburtsortes, der derzeitigen Anschrift und des Namens und der Anschriften des derzeitigen ArbGeb des Betroffenen zulässig (§ 68 SGB X).

Die Erfüllung **sozialer Aufgaben** nach dem SGB (zB die Durchführung eines Regress- **58** verfahrens gegen Schadensersatzpflichtige gem § 116 SGB X) und die Richtigstellung unwahrer Tatsachenbehauptung im Zusammenhang mit einem Leistungsverfahren ermöglicht gem § 69 SGB X die Offenbarung geschützter Sozialdaten. Zulässig ist es nach § 69 Abs 4 SGB X, dass die Krankenkassen dem ArbGeb mitteilen, ob die Fortdauer einer Arbeitsunfähigkeit eines ArbN auf derselben Krankheit beruht. Ausgenommen ist die Übermittlung von Diagnosedaten.

141 Dienstreise

59 Die BG und die Gewerbeaufsichtsämter dürfen zur Durchführung des **Arbeitsschutzes** Sozialdaten an Dritte weitergeben (§ 70 SGB X). Durch § 71 SGB X wird die Datenweitergabe zur Erfüllung bestimmter **gesetzlicher Mitteilungspflichten** (zB nach der AO, dem WPflG und dem AuslG) erlaubt. Nach § 71 Abs 1 Satz 4 SGB X (idF des Gesetzes vom 28.8.2000, BGBl I 2000, 1302) ist die Übermittlung von Sozialdaten auch zulässig, soweit sie erforderlich ist, Meldebehörden über konkrete Anhaltspunkte für die Unrichtigkeit oder Unvollständigkeit von diesen aufgrund Melderechts übermittelten Daten zu unterrichten. Nach § 35 SGB I geschützte Daten dürfen nach §§ 72, 73 SGB X zum Schutz der **inneren und äußeren Sicherheit** und auf richterliche Anordnung zur Aufklärung eines Verbrechens oder einer sonstigen Straftat von erheblicher Bedeutung offenbart werden. Dies ist außerdem zulässig bei der Verletzung einer **Unterhaltspflicht** und der Durchführung des Versorgungsausgleichs (§ 74 SGB X). Zusätzlich erfordert eine Offenbarung hier die vorherige Abmahnung des Auskunftsverpflichteten.

60 Schließlich wird die Datenweitergabe ermöglicht, soweit sie für die wissenschaftliche **Forschung** oder die Planung im Sozialleistungsbereich erforderlich ist (§ 75 SGB X).

61 Eine gesetzliche Offenbarungsbefugnis der SozVTräger gegenüber dem **Arbeitgeber** sehen die §§ 67 ff SGB X nicht vor. Die Interessen des ArbGeb bei der Tätigkeit von geringfügig Beschäftigten, deren Versicherungspflicht und Beitragspflicht von der Ausübung weiterer Beschäftigungen oder versicherungspflichtiger selbstständiger Tätigkeiten abhängt, werden dadurch gewahrt, dass der ArbGeb bei bestehenden Zweifeln bei der Einzugsstelle beantragen kann, Ermittlungen einzuleiten und über die Versicherungspflicht zu entscheiden (BSG 23.2.88 – 12 RK 43/87, DB 88, 716). Die Entscheidung der Krankenkasse, dass keine Versicherungspflicht besteht, kann nur noch unter Beachtung des Vertrauensschutzes im Rahmen der §§ 45, 48 SGB X aufgehoben werden.

Dienstreise

A. Arbeitsrecht
Griese

1 **1. Begriff.** Die Dienstreise ist arbeitsrechtlich nicht definiert, jedoch bietet es sich an, die Begriffsbildung aus dem für den öffentlichen Dienst geltenden § 2 des **Bundesreisekostengesetzes** zu übernehmen: Danach liegt eine Dienstreise vor, wenn der Mitarbeiter zur Erledigung von Dienstgeschäften an einen Ort außerhalb des Dienstortes reist. Muss der Mitarbeiter Dienstgeschäfte außerhalb der Dienststelle aber am Wohn- oder Dienstort verrichten, handelt es sich um einen **Dienstgang**.

2 **2. Verpflichtung zu Dienstreisen.** Zu Dienstreisen ist der ArbN verpflichtet, wenn der Arbeitsvertrag dies vorsieht. Dabei muss diese Verpflichtung nicht ausdrücklich vereinbart sein. Sie kann sich aus dem Berufsbild oder Tätigkeitsfeld ergeben. So beinhaltet die Tätigkeit in der Einkaufs- oder Verkaufsabteilung eines Unternehmens die Verpflichtung zu entsprechenden Dienstreisen.

3 Dienstreisen kann der ArbGeb im Rahmen der arbeitsvertraglichen Verpflichtung mittels seines **Direktionsrechts** anordnen (BAG 29.8.91 – 6 AZR 593/88, DB 92, 147). Insoweit steht dem ArbGeb ein weiter Raum zur Ausfüllung der Gestaltung der Arbeitsbedingungen im Rahmen der vereinbarten Arbeitsaufgabe zu, wobei das Direktionsrecht im Rahmen billigen Ermessens nach § 106 GewO auszuüben ist (s *Weisungsrecht* Rz 3). Bei Dienstreisen soll der ArbGeb den ArbN ferner anweisen dürfen, ein zur Verfügung gestelltes Dienstfahrzeug zu benutzen (BAG 29.8.91 – 6 AZR 593/88, DB 92, 147), was angesichts der straf- und ordnungswidrigkeitsrechtlichen Haftungsrisiken im Straßenverkehr nicht unproblematisch ist.

4 **3. Vergütungspflicht für Reisezeiten. a) Ohne einzel- oder kollektivvertragliche Regelung** ist der ArbGeb verpflichtet, Reisezeiten, die in die reguläre Arbeitszeit fallen, als Arbeitszeit zu vergüten. Der Vergütungsanspruch folgt unmittelbar aus § 611 BGB iVm der geltenden Vergütungsregelung. Denn der ArbGeb macht durch die Anordnung einer Dienstreise von seinem Direktionsrecht Gebrauch (BAG 29.8.91 – 6 AZR 593/88, DB 92, 147), folglich konkretisiert sich die Arbeitspflicht auf die Ausführung der Dienstreise, wofür der ArbGeb die Gegenleistung – die Vergütung – schuldet.

Die Vergütungspflicht besteht auch für **sonstige Wegezeiten,** die der ArbN während der Arbeitszeit zurücklegt, etwa für Fahrten zu auswärtigen Arbeitsstellen (BAG 8.12.60, AP Nr 1 zu § 611 BGB Wegezeit). Dies gilt auch im Rahmen der **Arbeitnehmerüberlassung,** wenn ein LeihArbN zu verschiedenen Einsatzstellen oder verschiedenen Entleihbetrieben fahren muss. Arbeitsvertragliche Klauseln, die die Vergütung für Reisezeiten während der regulären Arbeitszeit ausschließen, sind als **unangemessene Benachteiligung gem § 307 Abs 2 Nr 1 BGB rechtsunwirksam** (*Heins/Leder* NZA 07, 249). Bei Außendienstmitarbeitern gehört die Reisetätigkeit ohnehin zur vergütungspflichtigen Haupttätigkeit (BAG 22.4.09 – 5 AZR 292/08, DB 09, 1602).

Durch **Tarifvertrag** kann festgelegt werden, dass Dienstreisen, soweit sie mehr als die regelmäßige tägliche Arbeitszeit in Anspruch nehmen, keine Arbeitszeit sind, wie dies in § 44 Abs 2 Satz 1 u 2 **TVöD**-BT-V geschehen ist, so dass damit durch Dienstreisen keine Überstundenentgeltansprüche entstehen können (BAG 11.7.06 – 9 AZR 519/05, BB 07, 272). Freizeitausgleich ist nach § 44 Abs 2 Satz 3 TVöD-BT-V bei nichtanrechenbarer Reisezeit von mehr als 15 Stunden pro Monat aber möglich.

Nicht vergütungspflichtig ist hingegen die Zeit, die der ArbN für den Weg zwischen **5 Wohnung und Arbeitsstätte** zurücklegt (*Hunold* NZA 93, 12; *Loritz* BB 87, 1102).

Reisezeiten während der **regulären Arbeitszeit** sind **vergütungspflichtig,** da der Arb- **6** Geb die Dienstreise dem ArbN durch Ausübung des Direktionsrechts zur Pflicht und damit zum vorübergehenden Inhalt des Arbeitsverhältnisses macht. Zudem verliert der ArbN während der Dienstreise die Möglichkeit, über seine Zeit zu disponieren (zutreffend *Els* BB 86, 2192), er stellt dem ArbGeb seine Zeit zur Durchführung der Dienstreise zur Verfügung. **Dienstreisezeit** ist daher als **Arbeitszeit** zu vergüten. Deshalb ist es unerheblich, ob der ArbN selbst ein Fahrzeug steuert oder andere Verkehrsmittel benutzt (aA *Hunold* NZA 93, 15), zumal auch bei der Reise mit anderen Verkehrsmitteln als dem Pkw erhebliche Belastungen auftreten können, zB Überfüllung in öffentlichen Verkehrsmitteln, Schlangestehen am Abfertigungsschalter im Flughafen usw. Begrenzt wird die Anrechnung von Dienstreisezeiten als Arbeitszeiten dadurch, dass bei langdauernden oder mehrtägigen Reisen **Pausen, Ruhens- und Schlafenszeiten,** die auf einer Reise regelmäßig möglich sind, in Abzug zu bringen sind. Das BAG (3.9.97 – 5 AZR 428/96, NZA 98, 540) will diesen Grundsatz allerdings für Reisezeiten außerhalb der regulären Arbeitszeit einschränken, indem es unter Berufung auf § 612 Abs 1 BGB prüft, ob für solche Reisezeiten „nach den Umständen" eine Vergütung zu erwarten sei, und hat deshalb bei einem höheren gut verdienenden Angestellten zwei Reisestunden täglich zusätzlich zur regulären Arbeitszeit als nicht gesondert vergütungspflichtig angesehen.

b) **Abweichende Regelungen** hingegen können kollektivrechtlich vereinbart werden. **7**

Der **TVöD-BT-V** legt in § 44 Abs 2 fest, dass **maximal** die regelmäßige, durchschnitt- **8** liche oder dienstplanmäßige Arbeitszeit zugrunde zu legen ist (s dazu BAG 11.7.06 – 9 AZR 519/05, BB 07, 272). Freizeitausgleich ist nach § 44 Abs 2 Satz 3 TVöD-BT-V bei nichtrechenbarer Reisezeit von mehr als 15 Stunden pro Monat aber möglich.

Eine Regelungsvariante enthält § 6.3.1 des **Bundesmontagetarifvertrages,** der festlegt, dass Reisezeit bis zu 12 Stunden je Kalendertag bezahlt wird, wobei Reisezeit außerhalb der regelmäßigen betrieblichen Arbeitszeit ohne Zuschläge bezahlt wird. Nach dem allgemeinverbindlichen Mantteltarifvertrag für **Redakteure** von Zeitschriften ist bei Dienstreisen eine arbeitstägliche Arbeitszeit von 7,7 Stunden zugrunde zu legen (BAG 31.10.90 – 4 AZR 114/90, NZA 91, 201).

Regelungen sind ferner durch **Betriebsvereinbarung** (*Els* BB 86, 2193) möglich.

4. Anwendung des Arbeitszeitrechts. Die Vorschriften des ArbZG (s *Arbeitszeit* Rz 1 ff) **9** können auf Dienstreisezeiten nicht schematisch angewandt werden. Aufgrund des unterschiedlichen Schutzzwecks des ArbZG, das den Schutz des ArbN vor übermäßiger Arbeitsbelastung bezweckt, und der Tatsache, dass die Belastung auf Reisen wesentlich geringer ist als bei normaler Arbeitsleistung, besteht keine Deckungsgleichheit zwischen dem Maßstab des ArbZG und der Vergütungspflicht (ErfK/*Wank* § 2 ArbZG Rz 31). Dienstreisezeiten können deshalb im Rahmen des ArbZG als vergütungspflichtige Arbeitsbereitschaft gewertet werden.

5. Aufwendungen des Arbeitnehmers. Die Erstattung der Kosten der Dienstreise **10** schuldet der ArbGeb dem ArbN aus § 670 BGB (Näheres: *Aufwendungsersatz* Rz 2–4). Der

141 Dienstreise

Verzicht darauf ist zulässig. Anderes soll gelten, wenn im Tarifvertrag auf eine beamtenrechtliche Reisekostenregelung Bezug genommen wird (BAG 11.9.03 – 6 AZR 323/02, NZA 04, 326); dabei wird nicht berücksichtigt, dass auch der Beamte auf Reisekosten verzichten oder den Anspruch verfallen lassen kann. Bei Verzichtserklärungen darf der ArbGeb allerdings keine unangemessene Drucksituation schaffen (BAG 16.10.12 – 9 AZR 183/11 Genehmigung von Klassenfahrten von Lehrern nur bei vorherigem Reisekostenverzicht).

Zum Anspruch auf die „große Wegstreckenentschädigung" von 0,30 €/km im öffentlichen Dienst s BAG 15.9.09 – 9 AZR 645/08, NZA-RR 10, 271.

11   **6. Mitbestimmungsrechte des Betriebsrats.** Reisen gehört regelmäßig nicht zu den vertraglichen Hauptleistungspflichten eines ArbN. Die dafür benötigte Zeit soll in solchen Fällen keine Arbeitszeit nach § 87 Abs 1 Nr 2 BetrVG sein, weil nur die Freizeit und kein Verhalten der ArbN betr die Arbeitsleistung in Rede steht, so dass kein Mitbestimmungsrecht durchsetzbar ist (BAG 14.11.06 – 1 ABR 5/06, NZA 07, 458).

B. Lohnsteuerrecht *Thomas*

Übersicht

	Rz		Rz
I. Rechtsentwicklung	12	b) Übliche Mahlzeit	38
II. Dienstreise	13–17	c) Auf Veranlassung des Arbeitgebers	39
1. Begriff	13–16	d) Vorrang der Verpflegungspauschale	40, 41
a) Auswärtstätigkeit im Dienst	14	5. Kürzung der Verpflegungspauschalen	42–46
b) Auswärtstätigkeit außerhalb des Dienstes	16	a) Kürzungspflichtige Mahlzeiten	43
2. Geschäftsreise	17	b) Kürzungsbetrag	44–46
III. Rechtsfolgen	18–58	6. Unterkunftskosten	47–54
1. Berücksichtigungsfähige Kosten	18	a) Berufliche Veranlassung	48–51
2. Fahrtkosten	19–24	b) Berücksichtigungsfähige Kosten	52
a) Einzelnachweis	19–22	c) Kostenbegrenzung	53
b) Pauschalierung	23	d) Pauschalen	54
c) Sonderfahrten	24, 25	7. Reisenebenkosten	55
3. Verpflegungsmehraufwendungen	26–35	8. Schäden	56–58
a) Pauschalen	27–29		
b) Dreimonatsfrist	30–33		
c) Abgeltender Pauschsteuersatz	34, 35		
4. Gestellung von Mahlzeiten	36–41		
a) Lohncharakter	37		

12   **I. Rechtsentwicklung.** Durch das Gesetz zur Änderung ua des Reisekostenrechts vom 20.2.13 wurden mit Wirkung ab 2014 insbes Voraussetzungen und Rechtsfolgen der Dienstreise modifiziert (dazu Einführungserlass BMF 30.9.13 BStBl I 13, 1279; zur Literatur vgl *Fahrten zwischen Wohnung und Arbeitsstätte* Rz 4). Die Ersetzung des bisher maßgebenden Abgrenzungsbegriffs der regelmäßigen Arbeitsstätte durch den abweichenden Begriff der ersten Tätigkeitsstätte führt zu einem veränderten Anwendungsbereich der Dienstreise. Außerdem wurde die bisher dreistufige auf eine zweistufige Staffelung der Verpflegungspauschalen reduziert bei gleichzeitiger Vereinfachung der Dreimonatsfrist. Ebenfalls neu ist die gesetzliche Regelung der Mahlzeitengestellung, ihres Verhältnisses zu den Verpflegungspauschalen und der pauschalen km-Sätze bei den Fahrtkosten.

13   **II. Dienstreise. 1. Begriff.** Wie bisher wird die Dienstreise als solche nicht gesetzlich definiert, sondern es knüpfen deren Rechtsfolgen (Fahrt-, Unterkunfts-, Verpflegungsmehrkosten usw) an einen vorgegebenen Begriff (vgl § 3 Nr 13 und 16 EStG „Reisekosten") an, der verkürzt als Abwesenheit von der ersten Tätigkeitsstätte verstanden werden kann.

14   **a) Auswärtstätigkeit im Dienst. aa) Erste Tätigkeitsstätte.** Der ArbN befindet sich auf Dienstreise, wenn er seinen arbeits/dienstrechtlichen Verpflichtungen an Orten nachkommt, die keine erste Tätigkeitsstätte darstellen. Zur Abgrenzung wird insofern auf die Ausführungen in *Fahrten zwischen Wohnung und Arbeitsstätte* Rz 4 ff verwiesen. Die Mitnahme einer privaten Begleitperson berührt den Dienstreisecharakter einer beruflich veranlassten Reise regelmäßig nicht. Deren Aufwendungen sind aber keine Werbungskosten (BFH

30.6.95 – VI R 26/95, BStBl II 95, 744) und ihre Anwesenheit kann ein Indiz dafür sein, dass nicht die gesamte Reise beruflich veranlasst ist (BFH 18.7.97 – VI R 10/97, DStRE 97, 954). Dient eine Reise sowohl beruflichen als auch privaten Zwecken, ist ggf eine Aufteilung vorzunehmen (vgl *Incentivereise* Rz 10). Erstattet der ArbGeb die Reisekosten, fällt bei Mitnahme einer Begleitperson nur Arbeitslohn an, wenn durch sie höhere Aufwendungen entstanden sind.

bb) Sammelpunkt und weiträumiges Tätigkeitsgebiet. Hat ein ArbN, der keine 15 erste Tätigkeitsstätte besitzt, zur Aufnahme seiner Berufstätigkeit dauerhaft denselben Ort oder dasselbe weiträumige Tätigkeitsgebiet typischerweise arbeitstäglich aufzusuchen, ist auf diese Fahrten die Entfernungspauschale anzuwenden (§ 9 Abs 1 Nr 4a Satz 3 EStG). Da aber mit dieser Vorschrift keine erste Tätigkeitsstätte fingiert wird, bleiben im Übrigen Dienstreisegrundsätze anwendbar.

b) Auswärtstätigkeit außerhalb des Dienstes. Als Dienstreise behandelt werden auch 16 andere beruflich veranlasste Fahrten, als solche, für die der ArbN bezahlt wird, wie zB Fahrten zur Bewerbung oder Fahrten, mit denen der ArbN eigenverantwortlich Fortbildungsziele verfolgt. Das gilt aber nicht für Fortbildungen am Ort der ersten Tätigkeitsstätte (BFH 26.2.03 – VI R 30/02, BStBl II 03, 495) und für Orte, an denen ein Vollstudium oder eine andere vollzeitige Bildungsmaßnahme durchgeführt werden, weil diese Orte als erste Tätigkeitsstätte gelten (§ 9 Abs 4 Satz 8 EStG).

2. Geschäftsreise. Gegenstück zur Dienstreise ist bei Selbständigen die Geschäftsreise 17 (R 4.12 Abs 2 EStR). Weil es für Selbständige kein dienst- oder arbeitsrechtliches Weisungsrecht gibt, können die für ArbN geregelten Kriterien nicht analog übernommen werden. Insofern ist ein eigenes BMF-Schreiben geplant. Geschäftsreisen können auch bei Mieteinkünften (BFH 15.12.65 – I R 106/63, HFR 66, 210) bzw zu Kapitaleinkünften anfallen (zu Fahrten eines wesentlich Beteiligten BFH 2.5.01 – VIII R 32/00, BStBl II 01, 668).

III. Rechtsfolgen. 1. Berücksichtigungsfähige Kosten sind Verpflegungsmehraufwen- 18 dungen, Fahrt- Übernachtungs- und Reisenebenkosten. Nicht abziehbar sind Aufwendungen für persönliche Anschaffungen aus Anlass einer Dienstreise (Bekleidung, Taschen, Koffer usw), sofern es sich nicht um Arbeitsmittel handelt. Zum Nachweis sind Anlass und Art der beruflichen Tätigkeit, Reisedauer und Reiseweg aufzuzeichnen und anhand geeigneter Unterlagen zu belegen (R 9.4 Abs 1 Satz 6 LStR). Das Risiko der Nichterweislichkeit trägt der ArbN (BFH 14.5.99 – VI B 258/98, DStR 99, 1309 mit Anm *MIT*). Der Kostennachweis ist bei der EStVeranlagung auch insoweit zu führen, als der ArbGeb Kostenerstattungen beim LStAbzug steuerfrei behandelt hat (BFH 3.8.2000 – VI B 72/00, BFH/NV 01, 36).

2. Fahrtkosten. a) Einzelnachweis. Es sind die tatsächlichen Kosten zu berücksichtigen. 19 Die Wahl des Beförderungsmittels (auch Flugzeug, Taxi) und die Tarifklasse stehen dem ArbN frei. Allerdings kann ein ArbGeb, der die Beförderungskosten zu tragen hat, im Umfang seines Weisungsrechts das Verkehrsmittel bestimmen. Bei Benutzung eines selbst geflogenen Flugzeugs kann nach § 4 Abs 5 Nr 7 iVm § 9 Abs 5 EStG ein Unangemessenheitsabschlag vorzunehmen sein (vgl BFH 27.2.85 – I R 20/82, BStBl II 85, 458). Soweit Preisnachlässe Dritter (vgl *Arbeitsentgelt* Rz 73) zu Arbeitslohn führen, werden damit finanzierte Fahrten aus versteuertem Einkommen also mit eigenen Aufwendungen des ArbN getätigt.

aa) Gesamtkosten. Werden Dienstreisen mit dem Pkw durchgeführt, sind zur Ermitt- 20 lung der Kosten pro km die Gesamtkosten auf die Jahresfahrleistung zu verteilen; das Ergebnis ist mit den Dienstreise-km zu multiplizieren. Zu den Gesamtkosten gehören Betriebsmittel (Treibstoff, Öl), Kfz-Steuer, Haftpflicht- und Kaskoversicherung, Pflege- Wartungs- und Reparaturkosten, Kosten der Garage am Wohnort, Zinsen für Anschaffungsdarlehen (BFH 1.10.82, BStBl II 83, 17), Leasingsonderzahlungen (BFH 5.5.94, BStBl II 94, 643) und die AfA. Zu letzterer geht die Rspr im Normalfall von einer Nutzungsdauer von 8 Jahren (JahresAfA 12,5 % der Anschaffungskosten) aus (BFH 26.7.91, BStBl II 92, 1000; BFH 19.11.97 – X R 78/94, BStBl II 98, 59), während die Verwaltung zu Gunsten des Stpfl eine Nutzungsdauer von 5 Jahren (AfA 20 %) für gerechtfertigt hält. Dem ist der BFH auch nach nochmaliger Überprüfung nicht gefolgt (BFH 2.10.01 – VI B 111/01, BFH/NV 02, 190, Nichtannahmebeschluss BVerfG 22.4.02 – 2 BvR 2172/01, DStZ 02, 686). Zur AfA bei sehr hohen Fahrleistungen vgl FG Münster 20.6.96, EFG 96, 1157; FG Münster 16.11.99 – 6 K 3576/97 E, EFG 2000, 350.

141 Dienstreise

21 Im Rahmen des Einzelnachweises kann im Hinblick auf einzelne Kostenarten auch eine **Teilschätzung** erfolgen (BFH 7.4.92, BStBl II 92, 854). Nicht zu den in die Durchschnittsermittlung eingehenden Gesamtkosten, sondern zu den gesondert zu berücksichtigenden Reisenebenkosten gehören Park- und Straßenbenutzungsgebühren (BFH 14.9.05 – VI R 37/03, BStBl II 06, 72 = DStR 05, 1933, *Thomas* DB 06, Beilage 6 zu Heft 39, 62; *Urban* FR 06, 84), Aufwendungen für Insassen- und Unfallversicherungen und Unfallschäden (vgl dazu BFH 1.12.05 – IV R 26/04, BStBl II 06, 182). Gar nicht abziehbar sind Verwarnungs-Ordnungs- und Bußgelder. Gar nicht zu erfassen sind (anders als bei Selbständigen, BFH 26.1.94, BStBl II 94, 353) Erlöse aus der Veräußerung des Kfz.

22 **bb) Außergewöhnliche Kosten** gehen nicht in die Berechnung des individuellen km-Satzes und auch nicht in die km-Pauschale von 0,30 € ein, sondern können neben diesen berücksichtigt werden. In Betracht kommen **Unfallkosten** bis zum Ende der Dienstreise, ggf auch Schäden bei Einfahrt in die häusliche Garage, aber nicht mehr danach (vgl BFH 28.1.94, BStBl II 94, 355 = DStR 94, 1345 mit Anm *MIT*: an der Dienstwohnung abgestellter Pkw), zB beim Parken an einer sog Laternengarage. Ein Austauschmotor zählt in aller Regel zum normalen Verschleiß bzw Bedienungsfehler, die einen gesonderten Abzug ausschließen (BFH 17.10.73, BStBl II 74, 186 und 188; BFH 24.4.92, BFH/NV 93, 291).

23 **b) Pauschalierung.** An Stelle der individuellen Mobilitätskosten können die pauschalen km-Sätze angesetzt werden, die für das benutzte Fahrzeug als höchste Wegstreckenentschädigung nach dem Bundesreisekostengesetz (nicht dem einzelner Länder) festgesetzt sind (§ 9 Abs 1 Nr 4a Satz 2 EStG). Das sind beim Pkw 0,30 € und anderen motorgetriebenen Fahrzeugen 0,20 € je gefahrenen km. Die bisher (BMF 20.8.01 BStBl I 01, 541) geltenden km-Sätze von 0,13 € für Motorradroller, von 0,08 € für Moped/Mofa und von 0,05 € für Fahrrad sind entfallen (*Niermann* DB 13, 2357 unter II. 2. b). Anders als bei der vor 2014 erfolgten Pauschalierung auf Verwaltungsebene ist bei der jetzigen gesetzlichen Pauschalierung nicht mehr zu prüfen, ob sie zu einer offensichtlich unzutreffenden Besteuerung führen könnte (BMF 30.9.13 BStBl I 13, 1279 Rz 36). Die Gewährung von Versicherungsschutz durch den ArbGeb, die sich nur auf die Verwendung des Kfz auf Dienstreisen bezieht, stellt keinen stpfl Arbeitslohn dar (BFH 19.2.93, BStBl II 93, 519) und führt auch nicht zu einer Kürzung der gesetzlichen km-Pauschale. Das Wahlrecht zwischen Einzelnachweis und gesetzlicher km-Pauschale schließt eine anderweitige Pauschalierung, zB nach ADAC-Tabellen (vgl BFH 7.4.92, BStBl II 92, 894) oder nach früheren Aufzeichnungen für das nämliche Fahrzeug für einen bestimmten Zeitraum aus.

24 **c) Sonderfahrten.** Reisekosten sind die Fahrtkosten zwischen der auswärtigen Tätigkeitsstätte oder Unterkunft und der ersten Tätigkeitsstätte oder stattdessen von der Wohnung, wenn die Dienstreise direkt von der Wohnung angetreten wird bzw dort endet. Erfolgen aber Berührungen an der ersten Tätigkeitsstätte, so ist die Fahrt zwischen Wohnung und erster Tätigkeitsstätte nur im Rahmen § 9 Abs 1 Nr 4 EStG zu berücksichtigen. Zur Dienstreise gehört auch die Fahrt zwischen der auswärtigen Tätigkeitsstätte und der auswärtigen Unterkunft im Einzugsbereich des Zielortes (BFH 17.12.76, BStBl II 77, 294). Eine Fahrt zwischen Wohnung und erster Tätigkeitsstätte wird aber nicht dadurch zur Dienstreise, dass auf dem Weg berufliche Angelegenheiten erledigt werden. Nur berufliche Mehrwege sind zusätzlich abziehbar (BFH 25.6.02 – X B 30/01, BFH/NV 02, 1303).

25 Dienstreisen sind schließlich **Zwischenheimfahrten.** Dabei kommt es weder auf die Dauer der Dienstreise an noch besteht eine Begrenzung auf eine Heimfahrt pro Woche (BFH 15.11.91, BStBl II 92, 266). Eine Abzugsbeschränkung findet auch nicht deswegen statt, weil der ArbN die Zwischenheimfahrt nicht zu seiner Wohnung am Ort seiner ersten Tätigkeitsstätte vornimmt, sondern zu der weiter entfernt liegenden Wohnung wo sich der Mittelpunkt seiner Lebensführung befindet (BFH 24.4.92, BStBl II 92, 664).

26 **3. Verpflegungsmehraufwendungen.** Seit 2014 erfolgt die Grundregelung nicht mehr bei den Selbständigen (so noch § 4 Abs 5 Nr 5 EStG aF) sondern bei den ArbN (§ 9 Abs 4a EStG) mit jeweils umgekehrter Verweisung.

27 **a) Pauschalen.** Wie bisher ist der individuelle Nachweis berufsbedingten Mehraufwands von Verpflegungskosten ausgeschlossen (§ 9 Abs 4a Satz 1 EStG). Im Übrigen wurden sowohl die Pauschalen als auch die Dreimonatsfrist vereinfacht. Fallen Auswärtstätigkeit und doppelte Haushaltsführung zusammen, kann jeweils nur die höchste Pauschale angesetzt

werden (§ 9 Abs 4a Satz 12 EStG). Eine Beschränkung der Abzugsbeträge wegen offensichtlich unzutreffender Besteuerung ist nicht vorgesehen (vgl BFH 4.4.06 – VI R 44/03, BStBl II 06, 567 = DStRE 06, 782).

aa) Eintägige Auswärtstätigkeit. Ist der ArbN mehr als 8 Stunden von seiner Wohnung und seiner ersten Tätigkeitsstätte abwesend, kann eine Pauschale von 12 € vom ArbGeb steuerfrei ersetzt bzw vom ArbN als Werbungskosten abgezogen werden (§ 9 Abs 4a Satz 3 Nr 3 EStG). Damit wurde die bisherige Pauschale von 6 € verdoppelt; die 14 Stunden-Grenze ist entfallen. Die Verpflegungspauschale gilt entsprechend, wenn der ArbN keine erste Tätigkeitsstätte besitzt (§ 9 Abs 4a Satz 4 EStG). Beginnt die Auswärtstätigkeit an einem Kalendertag und endet sie – ohne Übernachtung – am Folgetag, ist die Pauschale dem Tag mit der überwiegenden Abwesenheitszeit zuzuordnen (**Mitternachtsregelung**). Bei mehreren Auswärtstätigkeiten am selben Kalendertag werden die Abwesenheitszeiten zusammengerechnet. 28

bb) Mehrtägige Auswärtstätigkeit. Bei einer Auswärtstätigkeit mit Übernachtung ist für den An- und Abreisetag die Pauschale von 12 € zu gewähren (§ 9 Abs 4a Satz 3 Nr 2 EStG), unabhängig davon, ob die Reise von der Wohnung, der ersten oder einer anderen Tätigkeitsstätte angetreten wird. Aus Vereinfachungsgründen kommt es bei An- bzw Abreisetagen weder auf die Abwesenheitsdauer an, noch darauf, ob an diesen Tagen selbst eine Übernachtung stattgefunden hat, was bei solchen An- bzw Rückreisen der Fall sein kann, die längere Zeit in Anspruch nehmen. An den restlichen Tagen der mehrtägigen Auswärtstätigkeit beträgt die Verpflegungspauschale 24 €. Zum Auslandseinsatz vgl *Auslandsreise* Rz 24. 29

b) Dreimonatsfrist. Der Abzug von Verpflegungspauschalen ist gem § 9 Abs 4a Satz 6 EStG „auf die ersten drei Monate einer längerfristigen beruflichen Tätigkeit an derselben Tätigkeitsstätte" beschränkt. Eine **Unterbrechung** dieser Berufstätigkeit führt zu einem Neubeginn der Dreimonatsfrist, wenn die Unterbrechung mindestens vier Wochen dauert (§ 9 Abs 4a Satz 7 EStG). Diese – neue – Unterbrechungsregelung ist als Vereinfachung gedacht, weil nur noch die Unterbrechungsdauer zählt, nicht aber der Unterbrechungsgrund (zB Krankheit, Urlaub, Tätigkeit an einer anderen Tätigkeitsstätte). 30

Allerdings hält die Verwaltung die Dreimonatsfrist samt Unterbrechungsregelung nur für anwendbar, wenn eine in dem Sinn *umfangreiche* längerfristige Tätigkeit vorliegt, dass der ArbN regelmäßig mindestens an drei Tagen wöchentlich tätig wird/werden soll (BMF 30.9.13 BStBl I 13, 1279 Rz 54; bisher: an mehr als (ein bis) zwei Tagen wöchentlich, R 9.6 Abs 4 Satz 1, 2 Hs LStR). Des Weiteren verneint die Verwaltung das Vorliegen einer Tätigkeitsstätte, wenn sie – wie Fahrzeuge, Flugzeuge oder Schiffe – nicht ortsfeste betriebliche Einrichtungen darstellen (BMF 30.9.13 BStBl I 13, 1279 Rz 55). Derartige Kriterien, die sich am Begriff der ersten Tätigkeitsstätte kraft Weisungsrechts des ArbGeb (§ 9 Abs 4 Satz 1 EStG) bzw kraft quantitativer Merkmale (§ 9 Abs 4 Satz 4 EStG) orientieren, sind dem Tatbestandsmerkmal „Tätigkeit an derselben Tätigkeitsstätte" nicht zu entnehmen. 31

Möglicherweise ist die Auffassung der Verwaltung durch nachwirkende frühere Vorstellungen bzw durch die vor 2014 unterschiedlich geregelte Anwendungsdauer von Pauschalen bei Dienstreisen einerseits und bei Fahr- bzw Einsatzwechseltätigkeit andererseits geprägt (vgl dazu Personalbuch 2013, *Dienstreise* Rz 27 f, *Fahrtätigkeit* Rz 16, *Einsatzwechseltätigkeit* Rz 21). Nach der neuen Terminologie wird zwischen „erster" und anderen Tätigkeitsstätten unterschieden, die unterschiedlich definiert sind. Deshalb kann der für die Begrenzung von Pauschalen gewählte Begriff der Tätigkeitsstätte nicht durch einen abweichenden Begriff ersetzt werden, der dem der ersten Tätigkeitsstätte gleicht oder angenähert ist, zumal Pauschalen auch zu gewähren sein können, wenn gar keine erste Tätigkeitsstätte vorliegt. 32

Nach dem naheliegenden Wortsinn ist Tätigkeitsstätte ein Ort, an dem der ArbN eben auch – wenn auch nicht ständig in großem Umfang – berufstätig wird. Dagegen wird eine flüchtige Berührung wie zB bei einem Post- oder Zeitungszusteller schon nach dem Wortsinn nicht als seine Tätigkeitsstätte bezeichnet werden können. Andererseits ist die Dreimonatsfrist berührt, wenn ein ArbN über einen längeren Zeitraum immer wieder die gleiche Tätigkeitsstätte aufsucht, zB die gleiche Baustelle oder den gleichen Kunden (vgl BFH 28.2.13 – III R 94/10, DStR 13, 1014) und der jeweils nächste Arbeitsansatz an dieser Tätigkeitsstelle innerhalb der Vierwochenfrist liegt. Keine Tätigkeitsstätten sind aber Sammelpunkte oder ein weiträumiges 33

141 Dienstreise

Tätigkeitsgebiet, weshalb auch Kundendienstmechaniker, Handwerker, Warenzusteller, Vertreter usw, die in ihrem weiträumigen Aufgabengebiet an immer anderen Orten tätig werden, von der Ausschlussregelung regelmäßig nicht betroffen sind.

34 **c) Abgeltender Pauschsteuersatz.** Bei einer Auswärtstätigkeit kann der ArbGeb Verpflegungsvergütungen bis zur Höhe der jeweils steuerfreien Verpflegungspauschale mit einem Pauschsteuersatz von 25 % abgeltend versteuern (§ 40 Abs 2 Nr 4 EStG). Nach Ablauf der Dreimonatsfrist ist das nicht mehr möglich.

35 **Beispiel:** Der ArbGeb leistet bei einer 9-stündigen Dienstreise eine Verpflegungsvergütung von 30 €. Es sind 12 € steuerfrei (§ 3 Nr 16 iVm § 9 Abs 4a Satz 3 Nr 3 EStG), 12 € pauschalierbar (§ 40 Abs 2 Nr 4 EStG) und die restlichen 6 € dem LStRegelabzug zu unterwerfen.

36 **4. Gestellung von Mahlzeiten.** Falls eine dem ArbN zur Verfügung gestellte Mahlzeit Lohn darstellt und wenn sie bei Auswärtstätigkeit des ArbN auf Veranlassung des ArbGeb gewährt wird und ihr Preis 60 € nicht übersteigt, ist der Sachbezugswert nach § 2 SvEV anzusetzen (§ 8 Abs 2 Satz 8 EStG). Damit ist einerseits die entgegenstehende Rspr (BFH 19.11.08 – VI R 80/06, BStBl II 09, 547 = DStR 09, 29) und andererseits das bisherige Wahlrecht der Verwaltung (BMF 13.7.09 BStBl I 09, 771) gegenstandslos. Steht dem ArbN eine Verpflegungspauschale zu, entfällt der Ansatz eines geldwerten Vorteils mit dem Sachbezugswert (§ 8 Abs 2 Satz 9 EStG). Ggf ist die Verpflegungspauschale anteilig zu kürzen (§ 9 Abs 4a Satz 8 EStG). Sachbezugswerte, die aus anderen Gründen zum Ansatz kommen, bleiben hiervon unberührt.

37 **a) Lohncharakter.** Die Beköstigung des ArbN durch den ArbGeb führt regelmäßig zu Lohn. Das ist aber nicht der Fall, wenn sie nicht als Entlohnung sondern aus betriebsfunktionalen Gründen erfolgt wie bspw bei Testessen, bei sog Arbeitsessen, bei Geschäftsessen mit Kunden oder bei Mahlzeiten im Rahmen herkömmlicher Betriebsveranstaltungen (s *Arbeitsentgelt* Rz 37, *Bewirtungsaufwendungen* Rz 7 ff, *Verpflegungsmehraufwendungen* Rz 5). Dagegen erfolgt eine Beköstigung nicht schon deshalb im ganz überwiegend eigenbetrieblichen Interesse des ArbGeb, weil die ArbN wie zB eine Schiffsbesatzung oder kasernierte Soldaten aus tatsächlichen Gründen eine Mahlzeit nicht selbst zubereiten können (vgl BFH 24.3.11 – VI R 11/10, DStRE 11, 863 einerseits und BFH 21.1.10 – VI R 51/08, DStR 10, 640 andererseits). Anders als in den oben genannten Fällen ist hier die Beköstigung nicht Teil der Arbeit (zweifelhaft deshalb Nds FG 19.2.09 – 11 K 384/07, DStRE 10, 1162; FG SchlHol 23.1.12 – 5 K 64/11, DStRE 12, 918 zur gemeinsamen Mahlzeit von Betreuern und Kindern in der Kita aus pädagogischen Gründen).

38 **b) Übliche Mahlzeit.** Der Ansatz des Sachbezugswert setzt eine in dem Sinn übliche Mahlzeit voraus, dass ihr Preis 60 € (bisher 40 € R 8.1 Abs 8 Nr 2 Satz 3 LStR) nicht übersteigt. Der Betrag gilt Brutto für Speisen und Getränke (zweifelhaft Trinkgeld). Eine Zuzahlung des ArbN berührt die 60 €-Grenze nicht, wohl aber den zu erfassenden Betrag. Ist die Mahlzeit in einem Gesamtpreis, zB für eine Fortbildungsveranstaltung enthalten, ist ggf im Wege der Schätzung festzustellen, ob die Üblichkeitsgrenze überschritten ist. Ist dies der Fall, liegt ein „Belohnungsessen" vor, das mit dem tatsächlichen Preis (§ 8 Abs 2 Satz 1 EStG) zu bewerten ist.

39 **c) Auf Veranlassung des Arbeitgebers.** Die Bewertung nach § 8 Abs 2 Satz 8 EStG (Sachbezugswert) setzt die Mahlzeitgewährung während einer Auswärtstätigkeit (also nicht bei doppelter Haushaltsführung) unmittelbar durch den ArbGeb oder auf dessen Veranlassung von einem Dritten, zB ein Fortbildungsveranstalter, voraus. Die Gestellung der Mahlzeit ist vom ArbGeb veranlasst, wenn er Tag und Ort der Beköstigung bestimmt. Hiervon ist regelmäßig auszugehen, wenn die Verpflegungskosten arbeits- bzw dienstrechtlich vom ArbGeb erstattet werden und die Rechnung auf ihn ausgestellt ist. Unerheblich ist dagegen, wie die Rechnung beglichen wird. Deswegen liegt eine vom ArbGeb veranlasst Mahlzeitgestellung auch vor, wenn die – etwa bei einer Fortbildungsveranstaltung – auf den ArbGeb ausgestellte Rechnung vom ArbN bezahlt und dann diesem vom ArbGeb erstattet wird.

40 **d) Vorrang der Verpflegungspauschale.** Der Ansatz des Sachbezugswerts für die Gewährung von Mahlzeiten bei Auswärtstätigkeit entfällt, wenn dem ArbN ein Verpflegungspauschbetrag zustände (§ 8 Abs 2 Satz 9 EStG). In welcher Höhe dem ArbN insofern Werbungskosten tatsächlich verbleiben, ist ebenso unbeachtlich, wie der Betrag, um den Verpflegungspauschalen im Einzelfall wegen zur Verfügung gestellter Mahlzeit nach § 9 Abs 4a

Satz 8 ff EStG zu kürzen sind. Entscheidend ist allein, dass eine Verpflegungspauschale in Betracht käme. Das ist nicht der Fall, wenn die 8 Stundengrenze unterschritten bzw die Dreimonatsfrist überschritten ist. Dann bleibt es beim Ansatz des Sachbezugswerts, der vom ArbGeb nach § 40 Abs 2 Nr 1a EStG mit einem Pauschsteuersatz von 25 % abgeltend erhoben werden kann. Hat der ArbN für die Mahlzeit dem ArbGeb ein Entgelt zu entrichten, mindert es den zu versteuernden Sachbezug. Ist es höher als der Sachbezug, verbleibt kein Lohn; der übersteigende Betrag kann aber nicht als Werbungskosten abgezogen werden.

Ist eine Reise gemischt veranlasst und kann eine Aufteilung in beruflich veranlasste Werbungskosten und nicht abziehbare Lebenshaltungskosten vorgenommen werden, führt dies zu einer entsprechenden Herabsetzung der Verpflegungspauschalen (BMF 30.9.13 BStBl I 13, 1279 Rz 82). Auch bei gekürzten Pauschalen entfällt der Ansatz des Sachbezugswerts für Mahlzeiten. Sind bei einer Reise nur die Fahrtkosten gemischt veranlasst, während im Übrigen ein rein beruflicher und ein rein privater Teil (Urlaub) feststeht, dürfte hinsichtlich der Pauschalen eine tageweise Betrachtung vorzunehmen sein. **41**

5. Kürzung der Verpflegungspauschalen. Die bei Auswärtstätigkeit zustehenden Verpflegungspauschalen kann entweder der ArbGeb steuerfrei erstatten oder der ArbN als Werbungskosten abziehen. Sie sind zu kürzen, wenn der ArbGeb oder auf seine Veranlassung ein Dritter eine Mahlzeit zur Verfügung gestellt hat (§ 9 Abs 4a Satz 8 EStG). Auf die Verpflegungspauschalen bei doppelter Haushaltsführung ist die Kürzung nicht anwendbar, weil hierauf in § 9 Abs 4a Satz 12 EStG nicht ebenfalls verwiesen wurde. **42**

a) Kürzungspflichtige Mahlzeiten. Anders als bei der Bewertung gestellter Mahlzeiten kommt es für die Kürzung nicht darauf an, ob diesbezügliche Vorteile Arbeitslohn sind. Deshalb erfolgt eine Kürzung auch bei sog Arbeits- oder Geschäftsessen wie auch bei Mahlzeiten, bei denen der Sachbezugswert nach § 40 Abs 2 Nr 1a EStG pauschaliert besteuert wurde. Dagegen ist keine Kürzung vorzunehmen, wenn die Bewirtung von einem Dritten auf eigene Kosten, also nicht auf Veranlassung des ArbGeb durchgeführt wird. Die Kürzung unterbleibt auch bei einer Mahlzeit über der Üblichkeitsgrenze von 60 €, die individuell versteuert wird (BMF 30.9.13 BStBl I 13, 1279 Rz 80). Ebenfalls keine Kürzung erfolgt, wenn eine Mahlzeit vom ArbGeb am Rückreisetag nach Beendigung der Auswärtstätigkeit gewährt wird. Das kann anders sein, wenn der ArbGeb eine erfolgreiche Dienstreise zum Anlass nimmt, anschließend den Teilnehmern mit einem Essen zu danken (vgl § 9 Abs 4a Satz 8 EStG „anlässlich oder während"). **43**

b) Kürzungsbetrag. Es wird die für die 24-stündige Abwesenheit geltende höchste Verpflegungspauschale (24 €) bei gestellter Mahlzeit für ein Frühstück um 20 % und für ein Mittag- und Abendessen jeweils um 40 % gekürzt, betragsmäßig also um 4,80 € bzw je 9,60 € (§ 9 Abs 4a Satz 8 EStG). Der jeweilige Kürzungsbetrag kann um ein für die Gewährung der Mahlzeit vereinbartes und vom ArbN tatsächlich gezahltes Entgelt gemindert werden. Dabei kann das Entgelt auch dadurch entrichtet werden, dass es im abgekürzten Zahlungsweg vom ArbGeb unmittelbar aus dem Nettolohn des ArbN entnommen wird. Dagegen entrichtet der ArbN nicht schon dadurch ein Entgelt, dass der ArbGeb sonst zustehende Reisevergütungen lediglich gekürzt auszahlt. Ist das Entgelt höher als der Kürzungsbetrag verbleibt als Kürzung Null. Umgekehrt sind mögliche Kürzungsbeträge durch die Höhe der Verpflegungspauschale begrenzt. **44**

Beispiel: Der ArbGeb hat für eine dreitägige Schulung des ArbN in einem Hotel zwei Übernachtungen jeweils mit Frühstück sowie am Zwischentag ein Mittag- und ein Abendessen gebucht und bezahlt. Die Verpflegungspauschalen betragen (Anreisetag 12 € + Zwischentag 24 € + Abreisetag 12 € =) 48 €. Die Kürzung beträgt (Frühstück 4,80 € x 2 = 9,60 € + Mittagessen 9,60 € + Abendessen 9,60 € =) 28,80 €. Es verbleiben (48 € ./. 28,80 € =) 19,20 €, die der ArbGeb steuerfrei zuwenden oder der ArbN als Werbungskosten abziehen kann. Will der ArbGeb ohne Entgeltvereinbarung für die Mahlzeiten den möglichen Erstattungsbetrag (19,20 €) um den Sachbezugswert der zugewendeten Mahlzeiten ermäßigen, nämlich um (Frühstück 1,63 € x 2 = 3,26 € + Mittag/Abendessen 3 € x 2 = 6 €, zusammen =) 9,26 €, wendet er die Differenz iHv (19,20 € ./. 9,26 € =) 9,94 € steuerfrei zu und es verbleiben dem ArbN Werbungskosten iHv (19,20 € ./. 9,64 € =) 9,56 €. **45**

Abwandlung: Sachverhalt wie oben, aber der ArbN vereinbart und zahlt für das Mittag- und das Abendessen je 5 €. Pauschalen wie oben 48 €. Kürzung (Frühstück 4,80 € x 2 = 9,60 € zzgl Mittagessen 9,60 € ./. 5 € = 4,60 € zzgl Abendessen 9,60 € ./. 5 € = 4,60 €, zusammen =) 18,80 €. Es verbleiben steuerfrei zuwendbar oder Werbungskosten des ArbN (48 € ./. 18,80 € =) 29,20 €.

141 Dienstreise

Abwandlung: Sachverhalt wie oben, aber der ArbN vereinbart und zahlt für das Mittag- und Abendessen je 10 €. Pauschalen 48 €; Kürzung (Frühstück 4,80 € x 2 = 9,60 € + Mittag/Abendessen je 9,60 € ./. 10 € = 0, zusammen =) 9,60 €. Es verbleiben (48 € ./. 9,60 € =) 38,40 € steuerfreier Ersatz oder Werbungskosten.

46 In sämtlichen Beispielen ist für die Beköstigung, da übliche Mahlzeiten vorliegen, kein geldwerter Vorteil zu erfassen (§ 8 Abs 2 Satz 9 EStG). So weit auf Mahlzeiten während der Auswärtstätigkeit Sachbezugswerte zur Anwendung kommen können, hat der ArbGeb auf der LStBescheinigung den Großbuchstaben M zu bescheinigen (§ 41b Abs 1 Nr 8 EStG), damit bei der EStVeranlagung des ArbN die vorzunehmende Kürzung der Werbungskosten erkannt werden kann.

47 **6. Unterkunftskosten.** Während deren Behandlung bisher aus dem allgemeinen Werbungskostenbegriff abgeleitet wurde, ist ab 2014 die Übernachtung bei Auswärtstätigkeit in § 9 Abs 1 Nr 5a EStG gesondert geregelt.

48 **a) Berufliche Veranlassung.** Notwendige Mehraufwendungen für beruflich veranlasste Übernachtungskosten entstehen, wenn zu den Kosten der Wohnung am Lebensmittelpunkt durch die Auswärtstätigkeit Unterkunftskosten hinzukommen. Das ist nicht der Fall, wenn sich der Lebensmittelpunkt am auswärtigen Tätigkeitsort befindet.

49 **Beispiel:** Ein ArbN ist an vier Wochentagen an seiner ersten Tätigkeitsstätte in A und an einem Wochentag an einer weiteren Tätigkeitsstätte in dem 60 km entfernten B tätig, wo er mit seiner Familie wohnt. Nach A fährt er jeweils mit dem eigenen Kfz. Die Tätigkeit in B ist Auswärtstätigkeit. Das Wohnen in B ist aber privat veranlasst.

50 **Beispiel:** Ein ArbN wohnt in der Großstadt G, wo er im ganzen Stadtgebiet an ständig wechselnden Tätigkeitsstätten arbeitet. Er ist auswärts tätig, da er keine erste Tätigkeitsstätte besitzt. Trotzdem sind die Wohnkosten privat veranlasst.

51 In § 9 Abs 1 Nr 5a EStG wurden die Kriterien, die bei der doppelten Haushaltsführung einen eigenen Hausstand begründen (§ 9 Abs 1 Nr 5 Satz 3 EStG) nicht wiederholt. Daraus wird geschlossen, dass Unterkunftskosten bei Auswärtstätigkeit auch dann zu berücksichtigen sind, wenn der ArbN andernorts im Haushalt seiner Eltern umsonst wohnen darf (BMF 30.9.13 BStBl I 13, 1279 Rz 108). Allerdings kann der dortige Lebensmittelpunkt nicht ohne weiteres unterstellt werden, sondern ist nach den jeweiligen Wohnverhältnissen, Aufenthaltsdauern, persönlichen Bindungen usw festzustellen.

52 **b) Berücksichtigungsfähige Kosten.** Es können alle Aufwendungen für das Wohnen einschließlich Wohnnebenkosten, Kurtaxe usw berücksichtigt werden. Maßgebend sind die tatsächlichen Aufwendungen. Eine Angemessenheitsprüfung (Hotelkategorie, Größe der Unterkunft) findet nicht statt. Es besteht auch keine Kostenobergrenze (Ausnahme s unten). Offenbar wird der Begriff „notwendige" Mehraufwendungen auf andere als Übernachtungskosten bezogen. Bei gemeinsamer Nutzung der Unterkunft durch mehrere Personen beschränkt sich der Abzug auf die Kosten, die bei alleiniger Nutzung des ArbN angefallen wären (§ 9 Abs 1 Nr 5a Satz 3 EStG). Das bedeutet bei Mitnahme einer privaten Begleitperson auf eine Dienstreise die Kosten eines Einzel- statt Doppelzimmers. Bei gemeinsamer Nutzung einer Wohnung durch mehrere Personen erfolgt eine entsprechende Kostenteilung. Damit ist die anderslautende Rspr (BFH 28.3.12 – VI R 25/11, DStR 12, 1436) gegenstandslos.

53 **c) Kostenbegrenzung.** Nach 48 Monaten einer Auswärtstätigkeit an derselben Tätigkeitsstätte tritt – wenn nicht eine Unterbrechung von sechs Monaten (aus welchen Gründen auch immer) stattgefunden hat – eine Kostenbegrenzung auf 1000 € monatlich ein (§ 9 Abs 1 Nr 5a Sätze 4 und 5 EStG). Die 48-Monatsfrist endet erst mit Ablauf des letzten vollen Monats. Nach Auffassung der Verwaltung soll die Begrenzung auf 1000 € monatlich nur gelten, wenn der ArbN an der betreffenden Tätigkeitsstätte regelmäßig mindestens an drei Tagen wöchentliche tätig werden soll oder tätig wird (BMF 30.9.13 BStBl I 13, 1279 Rz 113). Diese Ansicht wird weder durch den Wortlaut noch den Zweck der typisierenden Zeitgrenzen von 48 bzw 6 Monaten gestützt.

54 **d) Pauschalen.** Wie bisher darf der ArbGeb unabhängig von den tatsächlichen Aufwendungen pauschal eine Übernachtungsvergütung von 20 € steuerfrei zuwenden. Für den Werbungskostenabzug beim ArbN sind dagegen Pauschalen nicht vorgesehen (BFH 12.9.01 – VI R 72/97, BStBl II 01, 775). Der ArbN kann auch bei Auslandsübernachtungen

nicht die Differenz zwischen den diesbezüglichen Übernachtungspauschalen und den vom ArbGeb vollständig erstatteten Kosten abziehen (BFH 8.7.10 – VI R 24/09, DStR 10, 2347; zu anderen Fällen einer offensichtlich unzutreffenden Besteuerung BFH 22.4.04 – VI B 13/04, DStRE 04, 932). Die Pauschalierung ist auch nicht zulässig bei einer vom ArbGeb gestellten Unterkunft, zB in der Lkw-Kabine eines Fernfahrers (BFH 28.3.12 – VI R 48/11, DStR 12, 1074), oder wenn sonst keine Unterkunftskosten anfallen. Bei Benutzung eines Schlafwagens oder einer Schlafkabine ist pauschaler steuerfreier Ersatz nur zulässig, wenn die Übernachtung in einer anderen Unterkunft begonnen oder beendet wurde (R 9.7 Abs 3 Sätze 6–8 LStR). Auf der nämlichen Dienstreise kann zwischen Einzelnachweis und Pauschalerstattung gewechselt werden, zB wenn auf einer Dienstreise eine Nacht im Hotel und eine andere Nacht unentgeltlich bei Freunden übernachtet wurde.

7. **Reisenebenkosten.** Neben den ggf pauschalierten Fahrtkosten können zusätzlich anfallende, durch die Dienstreise veranlasste Aufwendungen abgezogen werden, zB für Beförderung und Aufbewahrung von Gepäck, Porto, Telefon (BFH 5.7.12 – VI R 50/10, DStR 12, 2586 zum Marinesoldaten), Park- und Straßengebühren, Versicherungsschutz (Unfall- und Reisegepäckversicherung, die auf die Auswärtstätigkeit beschränkt sind: BFH 19.2.93 – VI R 42/92, BStBl II 93, 519 = DStR 93, 1098; BFH 31.1.97 – VI R 97/94, DStR 97, 1077; allgemein zur UV BMF 18.2.97 BStBl I 97, 278 = DStR 97, 371), Verkehrsmittel am Zielort usw. Nicht abziehbar sind Geldbußen, Ordnungsgelder oder Verwarnungsgelder, soweit sie nicht lediglich der Vorteilsabschöpfung dienen (H 9.8 LStR iVm R 4.13 EStR). 55

8. **Schäden.** Wird wegen des Risikos, auf einer Dienstreise einen Schaden zu erleiden, eine Versicherung abgeschlossen, sind Beiträge hierfür, sofern sie vom ArbGeb getragen werden, steuerfreier Reisekostenersatz und sofern sie vom ArbN getragen werden, Werbungskosten, vorausgesetzt, die Versicherung ist auf Dienstreisen beschränkt. Andernfalls ist der auf berufliche Risiken entfallende Anteil der Beiträge nur zu berücksichtigen, wenn er abgrenzbar ist (BFH 19.2.93, BStBl II 93, 519). Leistungen aus einer solchen Versicherung für Schäden, die auf einer Dienstreise eingetreten sind, gehören nicht zum Arbeitslohn (aA BMF 17.7.2000 BStBl I 2000, 1204 unter 4.1.2). 56

Schäden (Beschädigungen oder Diebstahlsverluste), die dem ArbN an Gegenständen entstehen, die er auf einer Dienstreise mit sich führt, begründen Werbungskosten, wenn es sich um beruflich genutzte Gegenstände handelt, oder solche, die zur gewöhnlichen Ausstattung eines Dienstreisenden gehören (Bekleidung, Toilettenartikel; keine Sportgeräte), sofern sich der Schaden als Konkretisierung einer reisespezifischen Gefährdung erweist und nicht nur gelegentlich der Reise eingetreten ist (aA FG München 11.12.85, EFG 86, 229; zum Privatschmuck einer Schauspielerin FG München 7.7.99 – 1 K 3088/98, EFG 99, 1216). Bspw gilt dies beim Diebstahl eines privaten Pkw auf einer Dienstreise (BFH 25.5.92, BStBl II 93, 44). Anders ist es bei Verlusten an Gegenständen einer Begleitperson oder an solchen, die auf besonderer Leichtfertigkeit des ArbN beruhen (BFH 30.6.95, BStBl II 95, 744). 57

Entschädigungen durch den ArbGeb, die beim ArbN Werbungskosten wären, sind nach § 3 Nr 16 EStG steuerbefreit (BFH 30.11.93, BStBl II 94, 256). Als Schaden ersetzbar sind höchstens die fortgeschriebenen Anschaffungskosten (s *Arbeitskleidung* Rz 22). Deshalb wird es für den ArbGeb regelmäßig weniger verwaltungsaufwändig und für den ArbN günstiger sein, wenn der ArbGeb nicht die Schäden selbst ersetzt, sondern Versicherungsschutz für Dienstreisen gewährt, weil die Versicherungsleistung selbst nicht steuerbar ist. Noch nicht abschließend entschieden ist, in wie weit der Diebstahl von Geld auf einer Dienstreise zu Werbungskosten führt (ablehnend BFH 4.7.86, BStBl II 86, 771; vgl auch BFH 28.11.91, BStBl II 92, 343; *Bormann* DStZ 82, 97; *Glanegger* DStZ 84, 583; *Flies* DStR 96, 89; *Uhländer* FR 96, 301), da insofern Abgrenzungen nicht möglich sind. 58

C. Sozialversicherungsrecht *Ruppelt*

1. **Unfallversicherung. a) Allgemeines.** Auf Wegen und Reisen außerhalb der Betriebsstätte, die in Ausübung der versicherten Tätigkeit (idR des Beschäftigungsverhältnisses iSv § 2 Abs 1 Nr 1 SGB VII) zurückgelegt werden, unterliegt der Versicherte dem Versicherungsschutz der gesetzlichen UV, weil diese Wege Bestandteil der betrieblichen Tätigkeit sind 64

141 Dienstreise

(Betriebswege). Solche Wege sind Lieferfahrten, Montagereisen, Botengänge, Dienst- und Geschäftsreisen usw (vgl *Schulin* Bd 2/*Schulin* § 30 Rz 85 ff; BSG 19.8.03 – B 2 U 43/02 R, NZS 04, 273; 18.3.08 – B 2 U 2/07 R, NZS 09, 230). Dies gilt auch für solche Reisen ins Ausland.

65 Davon zu unterscheiden sind die Fahrten zwischen Wohnung und Arbeitsstätte. Bei diesen Fahrten handelt es sich nicht um unmittelbare betriebliche Tätigkeit, sondern um Verrichtungen, die der betrieblichen Tätigkeit notwendig vorausgehen. Solche Verrichtungen sind zwar systematisch eigenwirtschaftlicher Natur und damit grds unversichert. Wege nach und von dem Ort der versicherten Tätigkeit bezieht § 8 Abs 2 Nr 1–4 SGB VII jedoch ausdrücklich in den Schutz der gesetzlichen UV mit ein (Wegeunfälle). Grds gelten hinsichtlich des ursächlichen Zusammenhangs zwischen versicherter Tätigkeit und unfallbringendem Weg, Beginn und Ende des versicherten Weges, Unterbrechung, Um- und Abweg die für *Wegeunfälle* dargelegten Grundsätze. Das gilt allerdings nicht für die Unterbrechung eines Betriebsweges, um ein im gemeinsamen Haushalt lebendes Kind fremder Obhut anzuvertrauen. Bei einer solchen Unterbrechung unterliegt der Versicherte – anders als bei einem Weg zwischen Wohnung und Arbeitsstätte (s *Wegeunfall* Rz 20) – nicht dem Schutz der gesetzlichen UV (BSG 12.1.10 – B 2 U 35/08 R, NJW 11, 105). Andererseits lässt ein wenige Stunden dauerndes privates Treffen innerhalb einer drei Tage dauernden Dienstreise den Versicherungsschutz für die anschließende Fahrt ins Tagungshotel nicht entfallen (LSG Nds-Brem 18.9.12 – L 3 U 28/12, ArbuR 13, 129). **Beitragsrechtlich und haftungsrechtlich** ist die Unterscheidung von Bedeutung, da Unfälle auf Betriebswegen und Geschäftsreisen bei den Beitragszuschlägen berücksichtigt werden, Unfälle bei Fahrten zwischen Wohnung und Arbeitsstätte hingegen nicht (§ 162 Abs 1 Satz 2 SGB VII). Ferner gilt das Haftungsprivileg (s *Unfallversicherung* Rz 21) für ArbGeb und Arbeitskollegen nur auf Betriebswegen (§§ 104 Abs 1 Satz 1 SGB VII, 105 Abs 1, 106 Abs 3 SGB VII). Hierzu gehören auch Dienstreisen, nicht jedoch die Wege von und zur Arbeitsstätte nach § 8 Abs 2 Nrn 1–4 SGB VII (BGH 2.12.03 – VI ZR 349/02, NJW 04, 949; 25.10.05 – VI ZR 334/04, DB 06, 168; BAG 19.8.04 – 8 AZR 349/03, AP Nr 4 zu § 104 SGB VII; KassKomm/*Ricke* § 8 SGB VII Rz 179 ff). Keine Dienstreise liegt vor, wenn der Versicherte bei einem durch die versicherte Tätigkeit bedingten, längeren zeitlichen Aufenthalt an einem auswärtigen Ort in diesem oder in dessen Nähe eine Wohnung bzw eine Unterkunft bezieht (BSG 19.8.03 – B 2 U 43/02 R, NZS 04, 273; 4.9.07 – B 2 U 39/06 R, BeckRS 07, 49186). Der besondere Versicherungsschutz während einer Dienstreise (Rz 66–72) kann während des Aufenthalts an diesem Ort nicht in Anspruch genommen werden. Es gelten vielmehr die allgemeinen Vorschriften für die Fahrten zwischen Unterkunft und Betriebstätte, bzw zwischen Unterkunft und Familienwohnung (s *Wegeunfall* Rz 13 ff, *Doppelte Haushaltsführung* Rz 40).

66 **b) Betriebsbedingte Reisevorbereitungen** (Aufgeben von Gepäck, Beschaffung von Fahrausweisen usw) sind ebenfalls versichert.

67 **c) Ausgangs- und Endpunkt** der Dienstreise kann die regelmäßige Arbeitsstätte, die Wohnung oder auch ein sonstiger Ort sein, wenn im letzteren Fall der Reiseweg nicht wesentlich verlängert wird (BSG 7.11.2000 – B 2 U 39/99 R, NZA 01, 436).

68 **d) Vorverlegung des Reisebeginns** lässt den Versicherungsschutz (auf der Hinfahrt) nur dann entfallen, wenn diese Vorverlegung auf privaten Interessen beruht **und** so erheblich ist, dass unter Berücksichtigung der Gesamtreisedauer der betriebliche Charakter hinter die privaten Interessen zurücktritt. Entsprechendes gilt für die aus privaten Interessen verzögerte Rückfahrt. Ein wenige Stunden dauerndes privates Treffen innerhalb einer drei Tage dauernden Dienstreise lässt den Versicherungsschutz für die anschließende Fahrt ins Tagungshotel nicht entfallen (LSG Nds-Brem 18.9.12 – L 3 U 28/12, ArbuR 13, 129).

69 **e) Verrichtungen während der Dienstreise** sind nur versichert, wenn die unfallbringende Betätigung mit dem Beschäftigungsverhältnis rechtlich wesentlich zusammenhängt. Die Tatsache, dass der Versicherte einen Unfall während einer Dienst- bzw Geschäftsreise erlitten hat, reicht für sich alleine zur Begründung eines rechtlich bedeutsamen inneren Zusammenhanges mit der versicherten Tätigkeit nicht aus. Ein derartiger Zusammenhang wird zwar am Ort der auswärtigen Beschäftigung oftmals eher anzunehmen sein als am Wohn- oder Betriebsort. Ein lückenloser Versicherungsschutz auf Dienstreisen mit der Erwägung, dass der Reisende gezwungen sei, sich an einem fremden Ort in einer fremden Umgebung aufzuhalten, besteht nicht. Vielmehr kommt es darauf an, ob die Betätigung, bei

der der Unfall eintritt, eine rechtlich bedeutsame Beziehung zu der betrieblichen Tätigkeit am auswärtigen Dienstort aufweist, welche die Annahme eines inneren Zusammenhangs rechtfertigt. Auch auf Geschäftsreisen entfällt grundsätzlich der Versicherungsschutz, wenn der Reisende sich rein persönlichen, von seinen betrieblichen Aufgaben nicht mehr wesentlich beeinflussten Belangen widmet (BSG 4.6.02 – B 2 U 21/01 R, BeckRS 2002, 40994; 19.8.03 – B 2 U 43/02 R, NZS 04, 273; 18.3.08 – B 2 U 13/07 R, NZS 09, 288 mwN; 18.11.08 – B 2 U 31/07 R, BeckRS 09, 59258). Zum ausnahmsweisen Versicherungsschutz bei einer privaten Verrichtung während der Dienstreise s Rz 72. Einzelheiten bei *Krasney* Zum Versicherungsschutz auf Dienstreisen, ZTR 04, 292.

Versichert sind grds alle mit der Reise und dem Dienstgeschäft notwendig verbundenen 70 Tätigkeiten, wie zB Kongressteilnahme, Unterkunftssuche, Besprechungsteilnahme, notwendige Wege zwischen Unterkunft und Ort des Dienstgeschäfts, angemessene Wege zur Einnahme der üblichen Mahlzeiten, **nicht** jedoch die Einnahme der Mahlzeit selbst (BSG 29.4.80 – 2 RU 95/79, BB 80, 1329; anders BSG 24.2.2000 – B 2 U 20/99 R, NJW 2000, 2836 bei besonderen Umständen der Essenseinnahme) oder notwendige Wege **in** der Unterkunft (BSG 19.8.03 – B 2 U 43/02 R, NZS 04, 273). Während der Teilnahme an einem **betrieblichen Zwecken** dienenden **Arbeitsessen** besteht auch auf einer Dienstreise Versicherungsschutz. Das gilt auch für die damit zusammenhängenden Wege zu und von dem Ort der Essenseinnahme (LSG BaWü 22.4.98 – L 2 U 3620/97 SGb 98, 412).

Unversichert sind private Tätigkeiten, wie nächtlicher Aufenthalt im Hotel, Ankleiden, 71 Nahrungsaufnahme, Erholung oder Freizeitgestaltung. Dazu gehört auch ein abendliches geselliges Beisammensein mit Kollegen, soweit es nicht unmittelbar mit betrieblichen Belangen in Zusammenhang steht (BSG 18.3.08 – B 2 U 13/07 R, NZS 09, 288, Rz 13). Grds unversichert sind sportliche Betätigungen während der Dienstreise (BSG 16.3.95 – 2 RU 17/94, NJW 95, 3340; 27.5.97 – 2 RU 29/96, DStR 98, 905). Etwas anderes kann im Einzelfall nur dann in Betracht kommen, wenn der **Sport gemeinschaftlich** ausgeübt wird und ein innerer Zusammenhang zwischen dem Sport und dem Zweck der Dienstreise besteht. Das wird selten anzunehmen sein (BSG 1.7.97 – 2 RU 36/96, ArbuR 97, 333 zur Wintertagung einer Vermögensberatungsgsellschaft).

f) **Besondere Gefahren** des auswärtigen Aufenthalts können ausnahmsweise zum Ver- 72 sicherungsschutz auch bei **privaten Verrichtungen** während der Dienstreise führen, wenn diese – vor allem wegen mangelnder Vertrautheit mit der Umgebung – rechtlich wesentlich zum Unfall des Reisenden beigetragen haben: Ausrutschen auf glattem Fußboden (BSG 22.10.75 – 8 RU 178/74, *Breithaupt* 65, 798), Sturz aus dem Hotelfenster bei niedrigem Fenstersims (BSG 22.9.66 – 2 RU 101/66, BB 67, 287), Absturz mit Hotelfahrstuhl (BSG 30.7.58 – 2 RU 177/55, NJW 58, 1558), Sturz auf Wendeltreppe (BSG 18.3.08 – B 2 U 13/07 R, NZS 09, 288, Rz 18). Weitere Einzelfälle: *Schulin* Bd 2/*Schulin* § 30 Rz 97–98.

2. **Krankenversicherungs- und Beitragsrecht.** Insoweit treten bei der Dienstreise grds 73 keine Besonderheiten auf, da es sich bei der Dienstreise um die geschuldete Arbeitsleistung des ArbN handelt, welcher der entsprechende Vergütungsanspruch gegen den ArbGeb gegenübersteht. Dies gilt allerdings nur mit Einschränkungen hinsichtlich der Leistungen der gesetzlichen KV bei einer **Dienstreise ins Ausland,** da der Anspruch auf Leistungen grds ruht, solange sich der Versicherte im Ausland aufhält und dort erkrankt (§ 16 Abs 1 Nr 1 SGB V), es sei denn, aufgrund supranationalen oder zwischenstaatlichen Rechts sind besondere Regelungen getroffen (vgl *Auslandsreise* Rz 26 ff). Handelt es sich bei der Dienstreise zugleich um eine Beschäftigung im Ausland, erhalten **Mitglieder** der gesetzlichen KV Leistungen wegen Krankheit zunächst von ihrem ArbGeb (s *Krankenbehandlung* Rz 15).

Dienstwagen

A. **Arbeitsrecht** *Griese*

1. **Allgemeines.** Der ArbGeb kann dem ArbN zur Erledigung seiner Aufgaben einen 1 Dienstwagen zur Verfügung stellen. Das ist gerade dann zweckmäßig, wenn der ArbN zur Erfüllung seiner Arbeitsaufgabe häufig unterwegs ist und hierfür ein Kraftfahrzeug benötigt, etwa bei Außendienstmitarbeitern oder Servicetechnikern. Da der Einsatz eines eigenen Kfz

142 Dienstwagen

des ArbN für Dienstaufgaben Aufwendungsersatzansprüche des ArbN gegen den ArbGeb auslöst (Näheres: *Aufwendungsersatz* Rz 9 ff), ist die Anschaffung eines Dienstwagens häufig die kostengünstigere Lösung.

2 **2. Vertraglicher Anspruch.** Ein Anspruch auf einen Dienstwagen besteht, wenn eine entsprechende vertragliche Absprache zwischen den Parteien zustande gekommen ist. Aus dieser vertraglichen Zusage ergibt sich, welchen Dienstwagen der ArbN beanspruchen kann. Um Unklarheiten zu vermeiden, ist es zweckmäßig, in dieser Absprache möglichst konkret festzulegen, welche Pkw-Kategorie (Fabrikat, Typ, Ausstattung etc) geschuldet wird und wer die Auswahl des Dienstwagens vornimmt (ArbGeb oder ArbN). Wird dem ArbN die Auswahl des Dienstwagens überlassen, empfiehlt es sich, eine Preisgrenze festzulegen, die bei der Anschaffung nicht überschritten werden darf. Ist nach der vertraglichen Absprache ein bestimmtes Modell geschuldet, das nicht mehr gebaut wird, ist im Wege der ergänzenden Vertragsauslegung der Anspruch auf ein **gleichwertiges Fahrzeug** zu ermitteln.

3 Der vertraglichen Regelung der Parteien obliegt es ferner, festzulegen, ob der ArbN den Dienstwagen zu **Privatfahrten** nutzen darf. Ist insoweit keine vertragliche Absprache getroffen, kann der ArbN den Dienstwagen nur auf Dienstfahrten benutzen. Hierzu gehören grds nicht die Fahrten zwischen **Wohnung und Arbeitsstätte.** Die Arbeitsvertragsparteien können aber vereinbaren, dass der ArbN auch zu Privatfahrten ermächtigt ist. Eine solche vertragliche Absprache beinhaltet die Zusage eines geldwerten Vorteils in Form eines Sachbezuges und stellt einen Vergütungsbestandteil dar. Deshalb kann auch ein ArbN, dem das Recht auf Privatnutzung eingeräumt wurde, weiterhin ein Firmenfahrzeug beanspruchen, wenn er als BRatMitglied freigestellt wird (BAG 23.6.04 – 7 AZR 514/03, NZA 04, 1287).

Die Zusage der Privatnutzung **kann nicht einseitig widerrufen,** sondern nur durch Änderungskündigung oder Änderungsvereinbarung beseitigt werden. Das Recht zur privaten Nutzung besteht auch bei **Arbeitsabwesenheit** weiter, sofern es sich um Zeiträume handelt, für die der ArbGeb das Entgelt fortzahlen muss (**Erholungsurlaub, Arbeitsunfähigkeit bis zum Ablauf der Entgeltfortzahlungsfrist, bezahlte Freistellung etc,** BAG 14.12.10 – 9 AZR 631/09, NZA 2011, 569; ErfK/*Preis* § 611 BGB Rz 658 f). Dies gilt auch für die Beschäftigungsverbote der §§ 3 Abs 1, 4 MuSchG und die Mutterschutzfristen der §§ 3 Abs 2, 6 Abs 1 MuSchG (BAG 11.10.2000 – 5 AZR 240/99, NZA 01, 445). Zulässig dürfte aber eine vertragliche Vereinbarung sein, die es dem ArbGeb gestattet, während solcher Entgeltfortzahlungszeiträume die tatsächliche Nutzung durch die Vergütung des Nutzungswertes zu ersetzen. Die zugesagte Privatnutzung eines Dienstwagens kann nicht durch die Überlassung eines Leichenwagens erfüllt werden (LAG Köln 19.11.09 – 7 Sa 879/09, BeckRS 2010, 73541). Besteht kein Anspruch auf Überlassung mehr, ist zumindest eine kurze Ankündigungsfrist zu wahren (BAG 14.12.10 – 9 AZR 631/09, NZA 2011, 569).

Für die **Vereinbarung des Widerrufs der Privatnutzung** in einem Formulararbeitsvertrag müssen die Widerrufsgründe im Vertrag selbst angegeben und sachlich gerechtfertigt sein (BAG 13.4.10 – 9 AZR 113/09, DB 10, 1943; LAG NdS 17.1.06 – 13 Sa 1176/05, NZA-RR 06, 289). Eine in einem Formulararbeitsvertrag enthaltene Klausel, die eine **jederzeitige Widerrufbarkeit** der Privatnutzung vorsieht, hält der **Inhaltskontrolle nach §§ 307 iVm 308 Nr 4 BGB nicht stand** (BAG 19.12.06 – 9 AZR 294/06, BB 07, 1624). Ein an ausreichende Gründe geknüpfter Widerrufsvorbehalt hält darüber hinaus der Inhaltskontrolle nicht stand, wenn der geldwerte Vorteil mehr als 25 % des Gesamtverdienstes ausmacht (BAG 11.1.06 – 5 AZR 721/05, NZA 07, 87). Die Änderung der Überlassungsbedingungen ist grds nicht einseitig möglich, auch nicht durch den vertraglichen Verweis auf eine Dienstwagenordnung in ihrer jeweiligen Fassung (vgl BAG 11.2.09 – 10 AZR 222/08, NZA 09, 428).

Für die Zeit einer **Freistellung nach Ausspruch einer Kündigung** kann hingegen ein Widerruf der Privatnutzung vereinbart werden, wenn eine angemessene Auslauffrist gewahrt wird (BAG 21.3.12 – 5 AZR 651/10).

4 Im Rahmen der Vertragsfreiheit liegt es schließlich, Nutzungsentgelte für Privatfahrten festzulegen. Werden hierfür keine Nutzungsentgelte erhoben, handelt es sich um einen zusätzlichen Vergütungsbestandteil (vgl *Geldwerter Vorteil* Rz 1; BFH 3.12.87, BB 88, 324), über dessen Wert und Zusammensetzung der ArbN vom ArbGeb Auskunft verlangen kann, wenn er dies für seine Steuererklärung beim FA benötigt (BAG 19.4.05 – 9 AZR 188/04, NZA 05, 983). Dieser zusätzliche Vergütungsbestandteil muss bei der Berechnung der **betrieblichen Altersversorgung** berücksichtigt werden, wenn die Versorgungsordnung dies explizit vorsieht (LAG Köln 29.6.09 – 5 Sa 22/09, NZA-RR 09, 606). Wird dort der Begriff des ruhegeldfähigen Einkommens eng gefasst und sind dort zB Zuschläge und Urlaubsgeld ausgeklammert, ist auch der Wert der Privatnutzung des Dienstwagens nicht ruhegehaltfähig (BAG 14.8.90 – 3 AZR 321/89, NZA 91, 104).

Bei der Berechnung der **pfändbaren Bezüge** des ArbN darf der geldwerte Vorteil eines Firmenwagens wegen § 107 Abs 2 Satz 5 GewO nicht auf den unpfändbaren Teil des Entgelts angerechnet werden (BAG 24.3.09 – 9 AZR 733/07, NZA 09, 861; s ferner § 850e Abs 3 Satz 2 ZPO).

Vom Umfang des **Direktionsrechts** soll es gedeckt sein, den ArbN mit der Führung des 5 Dienst-Kfz zu beauftragen und anzuweisen, Arbeitskollegen mitzunehmen (BAG 29.8.91 – 6 AZR 593/88, DB 92, 147), was angesichts der Gefährlichkeit und der straf- und ordnungswidrigkeitsrechtlichen Haftungsrisiken des Straßenverkehrs nicht unproblematisch ist.

3. Haftung bei Beschädigung. Bei der Beschädigung eines Dienstwagens sind die 6 Grundsätze des **innerbetrieblichen Schadensausgleichs** (Näheres: *Arbeitnehmerhaftung* Rz 11) zu beachten. Wird das Fahrzeug ohne Verschulden des ArbN beschädigt, haftet der ArbN nicht. Bei leichtester Fahrlässigkeit haftet der ArbN ebenfalls nicht (BAG 24.11.87, DB 88, 1603). Bei **mittlerer Fahrlässigkeit** ist der Schaden nach den Umständen des Einzelfalls zwischen ArbN und ArbGeb zu verteilen. Dabei erlangt hier die Rspr große Bedeutung, wonach der ArbGeb sich so behandeln lassen muss, als habe er eine **übliche und zumutbare Versicherung** (BAG 24.11.87, DB 88, 1606) abgeschlossen. Daraus folgt im Kfz-Bereich eine Obliegenheit zum Abschluss einer Vollkaskoversicherung mit dem üblichen Selbstbehalt (LAG Köln 22.12.04 – 7 Sa 859/04, BB 06, 335). Da die Grundsätze des innerbetrieblichen Schadensausgleichs zwingendes Recht sind, ist eine einzel- oder kollektivrechtliche Vereinbarung unzulässig, die die Haftung des ArbN auch bei leichtester Fahrlässigkeit bezweckt (BAG 5.2.04 – 8 AZR 91/03, NZA 04, 649).

Die Haftung des ArbN beschränkt sich auf die übliche **Selbstbeteiligung** (bis 500 €). 7 Dies gilt auch, wenn der Dienstwagen geleast ist und der Leasinggeber den ArbN unmittelbar in Anspruch nehmen will, weil der ArbGeb insolvent geworden ist. Denn ein den Schadensersatzanspruch ausschließendes Mitverschulden des Leasinggebers kann vorliegen, wenn der Leasinggeber es unterlassen hat, eine zumutbare und übliche Versicherung des Leasinggutes entweder selbst vorzunehmen oder dem Leasingnehmer vertraglich aufzuerlegen. Eine solche Obliegenheit ist gerade dann anzunehmen, wenn dem Leasingnehmer bewusst sein muss, dass eine Beschädigung nicht unwahrscheinlich ist und zum normalen Benutzerrisiko gehört (aA BGH 19.9.89, NZA 90, 100). Bei **grober Fahrlässigkeit** haftet der ArbN regelmäßig voll. Eine Haftungserleichterung ist aber nicht generell ausgeschlossen. Sie kommt bei deutlichem Missverhältnis zwischen Verdienst und Höhe des Schadens in Betracht, wenn die Existenz des ArbN bei voller Inanspruchnahme bedroht ist (BAG 12.10.89 – 8 AZR 276/88, BB 90, 64). Eine für Rechtssicherheit sorgende Regelung schlägt hierzu der Gesetzesantrag des Landes Bbg für ein Arbeitsvertragsgesetz (BR-Drs 671/96) vor, der in § 99 Abs 2 die Haftung bei grober Fahrlässigkeit auf drei Bruttomonatsverdienste begrenzt (s dazu *Griese* NZA 96, 803 ff, 808 f).

Ein **Mitverschulden** des ArbGeb ist nach § 254 BGB zu berücksichtigen, etwa die 8 Überlassung eines nicht verkehrssicheren Fahrzeugs oder die Anstiftung zu einer Fahrt ohne Fahrerlaubnis (BAG 23.6.88 – 8 AZR 300/85, DB 89, 280).

4. Rechtslage bei Beendigung des Arbeitsverhältnisses. Wird das Arbeitsverhältnis 9 beendet, hat der ArbN den Dienstwagen zum Beendigungszeitpunkt **herauszugeben** (§ 985 BGB). Dies bereitet keine Probleme, wenn das Arbeitsverhältnis einvernehmlich oder durch ArbGebSeitige Kündigung, die vom ArbN nicht angegriffen wird, sein Ende findet. Ist die Frage der Beendigung des Arbeitsverhältnisses zwischen den Arbeitsvertragsparteien hingegen streitig, ist zu differenzieren; sofern die **Privatnutzung** des Dienstwagens **nicht vereinbart** ist, kann der ArbGeb den Dienstwagen jederzeit herausverlangen. Es handelt sich dann um ein Arbeitsmittel, an dem der ArbN kein Recht zum Besitz hat, da er nach § 855 BGB Besitzdiener ist (*Becker-Schaffner* DB 93, 2078). Macht der ArbGeb durch das Herausgabeverlangen dem ArbN die Erfüllung seiner Arbeitspflicht bis zum Beendigungszeitpunkt unmöglich, schuldet er gleichwohl die Vergütung (§ 615 BGB), die ggf nach dem in der Vergangenheit erzielten Durchschnittsverdienst zu berechnen ist.

10 Ist eine **Privatnutzung vereinbart worden,** kann der ArbN den Dienstwagen bis zum Beendigungszeitpunkt nutzen. Da die Privatnutzung ein Vergütungsbestandteil ist, hat der ArbN hierauf bis zur Beendigung des Vertragsverhältnisses Anspruch (BGH 9.4.90, DB 90, 1126; MüKo/*Schaub* § 615 Rz 123; *Staudinger/Richardi* § 615 Rz 123). Bedeutung hat dies insbesondere, wenn der ArbGeb eine fristgerechte Kündigung ausspricht und den ArbN in der Kündigungsfrist von der Arbeitsverpflichtung freistellt. Er muss dem ArbN im **Freistellungszeitraum** den Dienstwagen **weiterhin zur Privatnutzung zur Verfügung stellen** und die Unterhaltungs- und Reparaturkosten tragen (BGH 9.4.90, DB 90, 1126). Man wird dem ArbGeb allerdings ein Wahlrecht dahingehend einräumen können, statt der Überlassung des Dienstwagens diese Verpflichtung durch die Zahlung des Privatnutzungswertes in Geld zu erfüllen (offen gelassen für den Geschäftsführer von BGH 9.4.90 – II ZR 1/89, DB 90, 1126).

11 Mit dem Beendigungszeitpunkt, dh bei rechtswirksamer außerordentlicher Kündigung sofort, bei der ordentlichen Kündigung mit Ablauf der Kündigungsfrist, muss der ArbN den Dienstwagen herausgeben. Erweist sich allerdings im Nachhinein die Kündigung als unwirksam, stellt sich der Entzug des Dienstwagens als eine zum Schadensersatz verpflichtende Vertragsverletzung dar, so dass der ArbGeb dem ArbN den Nutzungswert der Privatnutzung zu erstatten hat (LAG RhPf 23.3.90, DB 91, 814; LAG Hamm 13.7.92, BB 92, 2434). Der Anspruch kann durch Beendigungsvergleich ausgeschlossen werden (BAG 5.9.02 – 8 AZR 702/01, NZA 03, 973). Nach Ende des Arbeitsverhältnisses kann der ArbN zur Erstattung von danach anfallenden Mehrkosten nicht herangezogen werden; es ist auch unzulässig, die Rückgabe des Fahrzeugs und gleichzeitig die nach Ende des Arbeitsverhältnisses anfallenden Leasingraten zu verlangen (BAG 9.9.03 – 9 AZR 574/02, NZA 04, 484). Der ArbGeb kann auch nicht aufgrund einer Vereinbarung Mehrkosten verlangen, die durch die vorzeitige Beendigung des Leasingvertrages vor Ablauf der Leasingperiode entstehen, denn dies wäre eine unzulässige Kündigungserschwerung (LAG Köln 10.3.08 – 14 Sa 1331/07, BeckRS 2008, 55834).

12 **Höhe der Nutzungsentschädigung.** ZT wurde vertreten, es müsse ermittelt werden, wie viel auf dem freien Markt für die Anschaffung und Nutzung eines vergleichbaren Fahrzeuges aufgewandt werden müsse, wozu auf die Kostentabellen des ADAC oder auf Nutzungsausfalltabellen zurückgegriffen werden könne (LAG RhPf 23.3.90, BB 90, 1202; ebenso BAG 23.6.94 – 8 AZR 537/92, DB 94, 2239 mit ablehnender Anm *Nägele* BB 94, 2277). Dies ist jedoch unrichtig, weil diese Tabellen auf der Annahme beruhen, dass die Nutzung ausschließlich privat erfolgt. Bei der Kombination dienstlicher und privater Nutzung kann ein Nutzungswert nicht in gleicher Höhe unterstellt werden, da die (Ab-)Nutzung zu einem erheblichen Teil aus der dienstlichen Nutzung resultiert, für deren Entgang der ArbN keinen Ersatz verlangen kann.

13 Richtigerweise ist bei der Ermittlung der Höhe des Nutzungswertes auf die **lohnsteuerrechtliche Vorteilsermittlung** abzustellen (zutreffend BAG 27.5.99 – 8 AZR 415/98; BAG 21.3.12 – 5 AZR 651/10). Man wird die Arbeitsvertragsparteien an der von ihnen gewählten Besteuerungsmethode (s unten Rz 19 ff) festhalten können, da davon auszugehen ist, dass die Parteien mit der gewählten Besteuerung den Vorteil realitätsgerecht und angepasst an die jeweiligen Verhältnisse bewertet haben. Es wäre auch nicht hinnehmbar, wenn den Arbeitsvertragsparteien erlaubt wäre, untereinander den geldwerten Vorteil der Privatnutzung anders zu bemessen als gegenüber den Finanzbehörden, und damit einer Steuerverkürzung Vorschub zu leisten. Dem entspricht es, dass auch bei der Ermittlung des pfändbaren Arbeitseinkommens der geldwerte Vorteil der Privatnutzung entsprechend den lohnsteuerrechtlichen Vorschriften geschätzt wird (so zutreffend LAG Hamm 10.4.91, BB 91, 1496). Anders ist es, wenn nachgewiesen werden kann, dass der mit der Besteuerungsmethode zugrunde gelegte Wert falsch ist. Dann ist freilich eine Nachversteuerung mit dem tatsächlichen Nutzungswert geboten, da dann der mittels Pauschalierung errechnete Nutzungswert evident unrichtig ist (s dazu auch *Pauschbeträge* Rz 24 ff). Soweit der ArbGeb darüber hinaus einen **Fahrer** zur Verfügung gestellt hat, ist dieser Vorteil zusätzlich in Ansatz zu bringen (vgl *Bein* DB 92, 964). Umgekehrt ist auch der ArbN dem ArbGeb unter dem

Gesichtspunkt des Schadenersatzes zur Nutzungsentschädigung nach denselben Grundsätzen, dh **begrenzt durch die lohnsteuerrechtliche Vorteilsermittlung,** verpflichtet, wenn er den Dienstwagen nach rechtswirksamer Kündigung **trotz abgelaufener Kündigungsfrist nicht herausgibt,** wenn sich die Kündigung als rechtswirksam erweist. Zur Streitvermeidung empfiehlt sich, die Höhe der Nutzungsentschädigung vertraglich festzulegen.

5. Durchsetzung des Herausgabeanspruchs. Gibt der ArbN den Dienstwagen nicht heraus, obwohl er hierzu verpflichtet ist, kann der ArbGeb auf Herausgabe klagen. Ein *Zurückbehaltungsrecht* wegen Gegenansprüchen kann dem ArbN nur dann zustehen, wenn er zur Privatnutzung berechtigt und damit nicht nur Besitzdiener nach § 855 BGB sondern Besitzer nach § 868 BGB ist (*Becker-Schaffner* DB 93, 2078). Der ArbGeb kann eine einstweilige Verfügung auf Herausgabe beantragen, muss dann aber darlegen, dass die Nichtherausgabe zu einer Rechtsvereitelung oder wesentlichen -erschwerung führen könnte oder aus sonstigen Gründen dringend erforderlich ist (§§ 935, 940 ZPO). Ein in der Praxis wirksames Mittel besteht darin, den Haftpflichtversicherungsvertrag zu kündigen und damit die Straßenverkehrsbehörde zur Stilllegung des Fahrzeugs zu veranlassen. Bei unrechtmäßiger Nichtherausgabe wird der ArbGeb Nutzungsentschädigung geltend machen können. Der Höhe nach ist diese Entschädigung auch hier auf den steuerlich gewählten geldwerten Vorteil begrenzt, denn auch insoweit ist anzunehmen, dass die Arbeitsvertragsparteien den Vermögenswert realitätsgerecht bemessen haben. 14

6. Mitbestimmung des Betriebsrats. Die Entscheidung des ArbGeb, ob und welchen ArbN Dienstwagen zugeteilt werden und welche Pkw-Kategorie vorgegeben wird, unterliegt nicht der Mitbestimmung. Mitbestimmungsfrei sind ferner Regelungen, die den ArbN zum Ersatz der Kosten bei Privatfahrten verpflichten, da es dabei um die Realisierung des Aufwandsersatzanspruchs des ArbGeb geht. Höchstrichterlich noch nicht entschieden ist die Frage, ob die Mitbestimmung dann eingreift, wenn der ArbGeb den ArbN die kostenlose oder verbilligte Nutzung der Dienst-Pkw für Privatfahrten gestattet. Da hierin ein geldwerter Vorteil liegen kann, ist es möglich, dass die Frage der betrieblichen Lohngestaltung nach § 87 Abs 1 Nr 10 BetrVG betroffen sein kann. Zumindest dann, wenn lediglich dem ArbN eine der steuerrechtlichen Abrechnungsoptionen zur Wahl gestellt wird, erscheint es aber zweifelhaft, ob es sich um eine **eigenständige betriebliche** Lohngestaltung handelt. 15

B. Lohnsteuerrecht *Thomas*

1. Arbeitslohn. a) Nutzungsüberlassung. Arbeitslohn liegt vor, soweit der ArbGeb dem ArbN einen Betriebs-Pkw (auch ein im Leasingverfahren gemietetes – OFD Koblenz 17.9.80, DB 80, 2164; FG SchlHol 3.11.99 – V 88/89, EFG 2000, 165 – oder sonst von einem Dritten auf Rechnung des ArbGeb überlassenes Kfz; *Thomas* DB 06, Heft 39 Beilage 6, 58 ff unter II 2a) ganz oder teilweise unentgeltlich für Fahrten zwischen Wohnung und erster Tätigkeitsstätte (dazu Rz 18) oder zur privaten Nutzung überlässt. Eine Privatnutzung liegt auch bei Mittagsheimfahrten vor, die neben den Fahrten von/zur Arbeit anfallen (FG BaWü 27.10.11 – 1 K 3014/09, BeckRS 2012, 94432). Betriebs-Pkw kann auch ein sog beamteneigener Pkw sein, bei dem der ArbN zwar zivilrechtlicher, der ArbGeb aber wirtschaftlicher Eigentümer des Kfz ist (BFH 26.7.01 – VI R 122/98, BStBl II 01, 844). Die Frage ob das Kfz wegen des Umfangs seiner betrieblichen Nutzung – ggf zum gewillkürten – Betriebsvermögen gehören kann (vgl für den Selbstständigen § 6 Abs 1 Nr 4 Satz 2 EStG; BMF 18.11.09, DStR 09, 2485; BFH 26.4.06 – X R 35/05, DStR 06, 1876; FG München 9.3.09 – 6 K 4619/06, DStRE 10, 394) stellt sich bei der Überlassung eines Dienstwagens an einen ArbN nicht. Denn auch mit der Privatnutzung werden vom ArbGeb betriebliche Zwecke – die Verschaffung von Sachlohn – verfolgt. Ein Kfz kann ausnahmsweise selbst dann vom ArbGeb überlassen sein, wenn zwar der ArbN Leasingnehmer ist, der ArbGeb aber wirtschaftlich betrachtet die Nutzungsbefugnis vermittelt (BFH vom 6.11.01 – VI R 62/96, BStBl II 02, 370 = DStR 02, 581). Grds keine Nutzungsüberlassung sondern **Barlohnzahlung** liegt dagegen vor, wenn der ArbGeb für ein dem ArbN gehörendes Kfz die Kosten übernimmt. Da mit der Kostentragung bewirkte Lohn in Geld besteht (vgl § 8 Abs 2 Satz 1 EStG), kann er nicht mit den für Nutzungsvorteile vorgesehenen Werten (zB nach § 8 Abs 2 Sätze 2 ff EStG) angesetzt werden (BFH 6.11.01 – VI R 54/00, BStBl II 02, 164 = DStR 02, 210). Barlohn ist ebenfalls anzunehmen, wenn der ArbGeb im Rahmen einer 17

142 Dienstwagen

Kündigungsschutzklage Ersatz für die Entziehung des Dienstwagens leistet (FG Köln 11.11.09 – 7 K 3651/08, EFG 10, 482). Auch Zuschüsse des ArbGeb zu den Anschaffungskosten des Kfz des ArbN sind Arbeitslohn, selbst wenn sie für sicherheitsrelevantes Zubehör gewährt werden (FG Hbg 13.3.97, EFG 97, 856). Zu Zuzahlungen des ArbN zum Dienstwagen s unten Rz 33.

18 Die Gestellung eines Dienstfahrzeugs durch den ArbGeb für Fahrten **zwischen Wohnung und erster Tätigkeitsstätte** führt auch dann zu Arbeitslohn, wenn der ArbN das Dienstfahrzeug wegen Sondereinsätzen ständig zur Verfügung haben muss (BFH 20.12.91, BStBl II 92, 308 = DStR 92, 390 mit Anm *MIT*) oder wenn der Pkw büromäßig ausgestattet ist (BFH 27.9.96, BStBl II 97, 147 = DStR 96, 1930). In die Nutzungswertbesteuerung gehen aber nur Pkw-Kosten (dazu unten Rz 27) ein. Wird der auf die Fahrten zur Arbeit entfallende Arbeitslohn vom ArbGeb nach § 40 Abs 2 Satz 2 EStG mit einem Pauschsteuersatz von 15 vH erhoben, muss der Anteil des Nutzungswerts, der mögliche Werbungskosten nach § 9 Abs 1 Nr 4 EStG übersteigt, noch beim LSt-Regelabzug erfasst werden (*Thomas* DStR 95, 1862; *Niermann* StuW 06, 339, 344). Die Abgeltungswirkung des Pauschsteuersatzes (§ 40 Abs 3 Satz 3 EStG) hat zur Folge, dass für diesen Lebenssachverhalt keine Werbungskosten mehr berücksichtigt werden können (§ 3c Abs 1 EStG; vgl auch zu den „negativen Unterschiedsbeträgen" beim Selbstständigen BFH 12.6.02 – XI R 55/01, BStBl II 02, 751). Kein Arbeitslohn ist dagegen gegeben, wenn ein Betriebs-Pkw nur zu Dienstreisen verwendet wird, einschließlich etwaiger Zwischenheimfahrten (BFH 15.11.91, BStBl II 92, 266). Wird dem ArbN der Pkw für Fahrten zur Arbeit nicht generell, sondern ausschließlich an solchen Tagen überlassen, an denen der Pkw, zB bei Bereitschaftsdienst für dienstliche Fahrten benötigt wird, braucht ebenfalls kein Nutzungswert angesetzt zu werden (BMF 28.5.96, BStBl I 96, 654 unter I.4; BFH 25.5.2000 – VI R 195/98, BStBl II 2000, 692 für Rufbereitschaft bei Stromlieferunternehmen).

Verunglückt der ArbN mit dem Betriebs-Pkw und besteht infolge schuldhaften Verhaltens des ArbN ein Schadenersatzanspruch des ArbGeb (zu Haftungsbeschränkungen vgl *Arbeitnehmerhaftung* Rz 8 ff), so begründet der Verzicht auf die Durchsetzung dieses Anspruchs ebenfalls Arbeitslohn (BFH 24.5.07 – VI R 73/05, BStBl II 07, 766 = DStR 07, 1159).

19 **b) Übereignung.** Wird, etwa aus Anlass der Anschaffung eines neuen Dienstwagens, der bisherige dem ArbN unentgeltlich oder verbilligt zu Eigentum überlassen, stellt die Differenz zum Zeitwert Arbeitslohn dar. Der Bewertungsabschlag und Rabattfreibetrag nach § 8 Abs 3 EStG sind nur anzusetzen, wenn die Gebrauchtwagen nicht überwiegend ArbN übereignet werden (vgl im Übrigen *Sachbezug* Rz 32).

20 **2. Vorteilsermittlung.** Anders als bisher geht der BFH von Arbeitslohn bereits aus, wenn dem ArbN arbeitsrechtlich eine Nutzungsbefugnis eingeräumt wird, während es auf den Umfang der tatsächlichen Nutzung nur noch im Rahmen des Einzelnachweises ankommt (BFH 21.3.13 – VI R 31/10, DStR 13, 1421; VI R 46/11, DStR 13, 1425; VI R 23/12, DStRE 13, 1031; VI R 42/12, DStRE 13, 1033; *Strohner* DB 13, 1986). Die Nutzungsbefugnis muss nicht ausdrücklich, insbes nicht schriftlich angesprochen werden, sondern kann konkludent erteilt worden sein. Problematisch bleiben die Fälle, in denen die Privatnutzung arbeitsrechtlich ausdrücklich verboten wird, bei denen aber – wie zB beim alleinigen Gesellschafter einer kleinen GmbH – mangels „Kontrollinstanz" (vgl *Geserich* Anm in DStR 13, 1425 f) Zweifel an der Ernsthaftigkeit des Verbots bestehen. Dann kann wie bisher nach den Grundsätzen des Anscheinsbeweises auf eine tatsächliche Nutzung und damit auf Arbeitslohn zu schließen sein (BFH 7.11.06 – VI R 19/05, BStBl II 07, 116 = DStRE 07, 94; *Thomas* DB 06 Heft 39 Beilage 6, 58 ff unter II 1b; zu Grenzen des Anscheinsbeweises BFH 19.5.09 – VIII R 60/06, DStR 09, 1357; BFH 27.5.09 – VI B 123/08, BFH/NV 09, 1434; BFH 16.6.09 – V B 131/08, BFH/NV 09, 1678; BFH 20.10.09 – VI B 74/08, BFH/NV 10, 197; BFH 17.11.09 – VI B 11/09, BFH/NV 10, 651; BFH 22.12.09 – VI B 79/09, BFH/NV 10, 867; BFH 21.4.10 – VI R 46/08, DStR 10, 1568). Das Vorhandensein privater Fahrzeuge erschüttert als solches den Anscheinsbeweis nicht (BFH 22.2.12 – VIII B 66/11, BFH/NV 12, 988). Ist glaubhaft, dass der Dienstwagen nur für Fahrten zur Arbeit, nicht jedoch für Privatfahrten überlassen ist, fällt für Letztere auch kein geldwerter Vorteil an (BFH 6.10.11 – VI R 56/10, DStR 12, 29). Entsprechendes gilt umgekehrt, zB beim Arbeitsplatz in unmittelbarer Nähe zur Wohnung, da die beiden Nutzungsarten nicht zusammenfallen müssen. Die vertraglich geregelte Privatnutzung durch den beherrschenden Gesellschafter führt zu Lohn (BFH 21.10.09 – VI B 26/09, BFH/NV 10, 199), die vertraglich nicht geregelte zu einer verdeckten Gewinnausschüttung, deren Vorteil nach Fremdvergleichsmaßstäben zu bewerten ist (BMF 3.4.12 DStR 12, 803; BFH 9.1.08 – I R 8/06, DStR 08, 865 mit Anm *Pezzer* FR 08, 964; vgl aber BFH 23.4.09 – VI R 81/06, DStR 09, 1355 und BFH 11.2.10 – VI R 43/09, DStR 10, 643 zur nachhaltigen Privatnutzung trotz formalen Nutzungsverbots. Das schließt nicht aus, bei der Veranlagung des Gesellschafters den Vorteil nach der 1 vH-Methode zu bemessen. Die Beschränkung der Privatnutzung auf einen bestimmten Nutzungsumfang kann aber nur beim Einzelnachweis berücksichtigt werden, weil es bei der Nutzungspauschale (unten Rz 26) auf den Umfang der Nutzung nicht ankommt.

a) Methoden. Wird den gesetzlichen Erfordernissen des Einzelnachweises (vgl Rz 23) nicht genügt, ist der geltwerte Vorteil pauschal (vgl Rz 26) zu ermitteln (zum Günstigkeitsvergleich *Kühn* BB 97, 285). Die pauschale Vorteilsermittlung ist aber nur dann zwingend, wenn ein Kfz iSv § 8 Abs 2 Satz 2 EStG vorliegt, was bei einem „Werkstattwagen" zu verneinen sein kann (BFH 18.12.08 – VI R 34/07, BStBl II 09, 381 = DStR 09, 261). Nach R 8.1 Abs 9 Nr 3 LStR darf die Methode der Vorteilsermittlung nur zum Jahresende oder bei einem Kfz-Wechsel geändert werden. Dies beruht darauf, dass die „Ermittlungen" teils monats-, teils jahresbezogen sind und dass ein **Wechsel** dem Vereinfachungszweck der Pauschalierung zuwiderliefe. Jedenfalls müssen Kosten, die für ein ganzes Jahr entrichtet werden, zB Steuern und Versicherungen, wenn der Ermittlungszeitraum kürzer ist, wirtschaftlich zugeordnet werden (BFH 7.4.92, BStBl II 92, 854, 856 aE). Das Abflussprinzip (§ 11 Abs 2 Satz 1 EStG) gilt hier nicht. Entweder muss der Kostenschätzung ein repräsentativer Ermittlungszeitraum (12 Monate) zugrunde gelegt werden, oder die Kosten werden bei kürzerem Zeitraum gequotelt. Um den diesbezüglichen Ermittlungsschwierigkeiten zu begegnen darf monatlich ein Zwölftel des Vorjahresbetrages zugrunde gelegt werden. Dann ist aber am Jahresende bzw nach Beendigung des Dienstverhältnisses der tatsächliche Nutzungswert nachzuermitteln und eine Lohndifferenz nach §§ 41c, 42b EStG auszugleichen. Der ArbN ist bei seiner Veranlagung nicht an die im LStAbzugsverfahren gewählte Methode gebunden. 21

b) Verfassungskonformität. Die 1%-Regelung ist verfassungsrechtlich unbedenklich, da statt dessen die Fahrenbuchmethode gewählt werden kann (BFH 24.2.2000 – III R 59/98, BStBl II 2000, 273 mit Anm *Kanzler* FR 2000, 618; *Rößler* DStZ 2000, 566; ebenso *Söhn* FR 97, 245, 250; BFH 1.3.01 – IV R 27/00, BStBl II 01, 403; BFH 11.10.06 – XI B 89/06, BFH/NV 07, 416; BFH 13.12.12 – VI R 51/11, DStR 13, 456). Da Gleiches auch für die 0,03% Regelung gilt, besteht kein Anlass, diese aus vermeintlichen Folgerichtigkeitsüberlegungen zu korrigieren, wie das zB in BFH 22.9.10 – VI R 57/09, DStR 10, 2627 geschehen ist. Damit negiert der BFH nicht nur die ständige Rspr des BVerfG, wonach gesetzliche Pauschalierungen, die aus Gründen des einfachen Steuervollzugs eingeführt werden, zu respektieren sind, sofern sie nicht ihrerseits verfassungswidrig sind, sondern setzt sich auch über die nur dem BVerfG zustehende Verwerfungskompetenz hinweg (vgl im Einzelnen *Thomas* DStR 11, 1341). 22

c) Einzelnachweis (R 8.1 Abs 9 Nr 2 LStR). Dieser setzt voraus, dass die gesamten Kfzkosten durch Belege und das Verhältnis der dienstlichen, der privaten und der Fahrten für den Weg zur Arbeit durch ein ordnungsgemäßes Fahrtenbuch nachgewiesen werden. Während noch nicht abschließend entschieden ist, inwieweit ein unvollständiger Belegnachweis durch Zuschätzungen ergänzt werden kann (vgl BFH 16.9.04 – VI B 5/04, DStRE 05, 188), schließt ein formal nicht ordnungsgemäßes Fahrtenbuch – zB weil es nicht zeitnah und in geschlossener Form erstellt wurde – einen Einzelnachweis aus und führt zwingend zur pauschalen Nutzungswertermittlung (BFH 9.11.05 – VI R 27/05, BStBl II 06, 408 = DStR 06, 409; BFH 21.4.09 – VIII R 66/06, BFH/NV 09, 1422; zum elektronischen Fahrtenbuch BFH 16.11.05 – VI R 64/04, BStBl II 06, 410 = DStR 06, 411; lose geführte Aufzeichnungen genügen nicht, BFH 10.6.13 – X B 258/12, BFH/NV 13, 1412). Dies gilt auch, wenn der ArbGeb die dienstlich gefahrenen km im Rahmen der Spesenabrechnung überprüft (BFH 31.5.05 – VI B 65/04, DStRE 05, 978), wenn nur mit Straßennamen gekennzeichnete Fahrtziele durch nachträglich erstellte Aufleistungen präzisiert werden (BFH 1.3.12 – VI R 33/10, DStR 12, 1011) oder ein Staatssekretär die Richtigkeit eingetragener Dienstfahrten bestätigt (BFH 28.6.07 – VI B 112/06, BFH/NV 07, 1654). Kleinere Mängel führen noch nicht zur Verwerfung des Fahrtenbuches, wie auch die KfzKosten nicht in einem gesonder- 23

142 Dienstwagen

ten Aufwandskonto geführt werden müssen (BFH 10.4.08 – VI R 38/06, BStBl II 08, 768 = DStR 08, 1373; FG Düsseldorf 7.11.08 – 12 K 4479/07 E, EFG 09, 324 zu Umwegen; *Urban* FR 97, 670). Im Übrigen müssen inhaltlich für jede betriebliche Fahrt neben Datum, km-Stand und Fahrtzielen auch die aufgesuchten Kunden bzw die Gegenstände der betrieblichen Verrichtungen (Besuch einer Behörde, Baustelle usw) festgehalten werden (BFH 16.3.06 – VI R 87/04, BStBl II 06, 625 = DStR 06, 749 mit Anm *Bergkemper* FR 06, 597; *Thomas* Inf 06, 406). Für die nämliche Dienstreise braucht der km-Anfangs- bzw Endstand nur einmal vermerkt zu werden, sofern nicht zwischenzeitlich eine private Nutzung stattgefunden hat (Einzelheiten bei *Thomas* DB 06 Heft 39 Beilage 6, 58 ff unter II 2b, bb (3). Nach dem insofern eindeutigen Wortlaut des § 8 Abs 2 Satz 4 EStG kann die Führung des Fahrtenbuches nicht auf einen repräsentativen Zeitraum beschränkt werden, zumal anstelle des Nachweises eine Pauschalierung zur Verfügung steht, die nicht durch eine andere Pauschalierung („repräsentative Kosten") ersetzt werden kann. Bemängelt das FA das Fahrtenbuch und kündigt es an, ein derartiges künftig nicht anzuerkennen, liegt darin nur eine Meinungsäußerung und nicht ein selbstständig anfechtbarer Verwaltungsakt (BFH 19.7.05 – VI B 4/05, BFH/NV 05, 1735). Für die **Privatfahrten** und diejenigen zwischen Wohnung und Arbeitsstätte und Familienheimfahrten genügen **Kilometerangaben.** Umwegstrecken aus Sicherheitsgründen bei ArbN der Gefährdungsstufen 1–3 werden nicht mitgezählt (FinMin NdS 2.12.96, DB 96, 2588 = DStR 97, 30).

24 Da der Anteil der privat zu den insgesamt gefahrenen km feststeht, sind auch in diesem Verhältnis die Kosten (einschließlich Unfallkosten und AfA, im Regelfall entsprechend einer achtjährigen Nutzungsdauer, BFH 29.3.05 – IX B 174/03, BStBl II 06, 368 = DStR 06, 508; *Paus* FR 96, 314; zweifelhaft, da Bemessungsgrundlage die tatsächlichen Aufwendungen des ArbGeb sind, *Thomas* DB 06, Heft 39 Beilage 6, 58 ff unter II 2b, aa) aufzuteilen. Allerdings muss beim vorsteuerabzugsberechtigten ArbGeb die **Umsatzsteuer** zugerechnet werden, weil diese beim ArbN als Endverbraucher auch anfiele (zum Selbstständigen FG Nbg 12.10.01 – VII 131/98, EFG 02, 607). Umgekehrt kann der ArbN nicht einwenden, er hätte auf eigene Kosten einen preiswerteren Pkw gefahren (BFH 15.6.73, BStBl II 73, 781). Zur umsatzsteuerlichen Behandlung beim ArbGeb (Vorsteuerabzug, Eigenverbrauch, sonstige Leistung durch Nutzungsüberlassung an den ArbN) vgl BMF 27.8.04, DB 04, 1961; BFH 15.7.04 – V R 30/00, BStBl II 04, 1025 = DStR 04, 1694; BFH 19.5.10 – XI R 32/08, DStR 10, 1939; BFH 28.4.10 – VIII R 54/07, BStBl II 10, 798 = DStRE 10, 1084; *Küffner/Zugmaier* Inf 04, 742.

25 Bei der Ermittlung der Gesamtkosten berechnet sich die AfA – anders als bei der Nutzungspauschale (s unten) – nicht aus dem Listenpreis, sondern den tatsächlichen Bruttoanschaffungskosten. Demnach sind Rabatte, die dem ArbGeb beim Erwerb des Kfz vom Veräußerer eingeräumt werden an zu kürzen. **Zuzahlungen** des ArbN zu den **Anschaffungskosten** gehen beim ArbGeb mangels eigenem Aufwand nicht in seine AfA ein. Sie gehören jedoch – verteilt auf die Verwendungsdauer des Dienstwagens – zu den „gesamten Kraftfahrzeugaufwendungen" iSv § 8 Abs 2 Satz 4 EStG, nach denen sich die Kosten je km berechnen. Sie dienen dem ArbN zur Erzielung von Einkünften und dies nicht nur bei Dienstreisen, sondern auch beim Weg zur Arbeit und der reinen Privatnutzung, weil der ArbN insofern geldwerte Vorteile erzielt, in die auch sein Eigenbeitrag eingeht. Deshalb können sie verteilt auf die voraussichtliche Nutzungszeit als Werbungskosten abgezogen werden (BFH 18.10.07 – VI R 59/06, BStBl II 09, 200 = DStR 07, 2319). Abweichend hiervon gestattet die Verwaltung nur, Zuzahlungen im Zahlungsjahr und den folgenden Nutzungsjahren bis zur Höhe des jeweiligen Nutzungsvorteils abzuziehen. Nach Nutzungsende noch nicht verrechnete Zuzahlungen verfallen und können nicht auf Folgefahrzeuge übertragen werden (*Niermann/Plenker* DB 10, 2127, 2130). Während bisher Zuzahlungen nur mit Nutzungsvorteilen des Zahlungsjahres verrechnet werden durften, gilt die neue Regelung rückwirkend auch für offene Fälle (BMF 6.2.09 BStBl I 09, 413). Die Verrechnung nur mit Nutzungsvorteilen verkennt, dass ein je nach Fall erheblicher Teil der zugezahlten Anschaffungskosten notwendigerweise auf Fahrtkosten bei Dienstreisen entfällt. Erhält der ArbN bei Veräußerung des Pkw seine Zuzahlungen anteilig erstattet, dürfte darin ein Zufluss von Barlohn vorliegen (ebenso R 8.1 Abs 9 Nr 4 Satz 4 LStR), weil die Zahlung mit Rücksicht auf das Dienstverhältnis erfolgt. Der Vorgang dürfte nicht mit der – nicht steuerbaren – Veräußerung eines Arbeitsmittels durch den ArbN vergleichbar sein (zu anderen Zuzahlungen vgl Rz 33).

d) Nutzungspauschale. aa) Berechnung (R 8.1 Abs 9 Nr 1 LStR). Als **monatlicher** 26 Nutzungsvorteil wird für die reinen Privatfahrten 1 vH des auf volle 100 € abgerundeten Bruttolistenpreises zuzüglich für die Fahrten zwischen Wohnung und Arbeitsstätte 0,03 vH des Listenpreises/Entfernungskm angesetzt, also bei einem Listenpreis von 32 190 € 321 € Grundbetrag zuzüglich bei einer Entfernung zum Arbeitsplatz von 30 km (321 × 0,03 × 30 =) 288,90 € (auch bei Nutzung eines Vorführwagens Nds FG 11.3.10 – 1 K 345/07, DStRE 10, 1424 Rev VI R 57/10). Der BFH wendet den Monatswert nach der 0,03 %-Regelung nicht an, wenn die Arbeitsstätte an weniger als 15 Tagen im Monat aufgesucht wird oder wenn plausibel ist, dass der Dienstwagen auf dem Weg zur Arbeit nur für Teilstrecken eingesetzt wird. Der Nutzungsvorteil bei monatlich weniger als 15 Fahrten zur Arbeit wird je tatsächlich durchgeführter Fahrt mit 0,002 % des Listenpreises je Entfernungskm ermittelt (BFH 4.4.08 – VI R 85/04, BStBl II 08, 887 = DStR 08, 1185), während im park&ride-Fall der Monatswert nach der 0,03 %-Regelung auf die Teilstrecke beschränkt wird, für die der Dienstwagen tatsächlich eingesetzt wurde (BFH 4.4.08 – VI R 68/05, BStBl II 08, 890 = DStR 08, 1182). Ob die Beschränkung auf Teilstrecken ggf auch bei der Tagesbetrachtung zulässig ist, wurde noch nicht entschieden. Da diese Rspr den unmissverständlichen Gesetzeswillen ohne Vorlage an das BVerfG korrigiert, ist hiergegen zu Recht (vgl Rz 22) ein Nichtanwendungserlass ergangen (BMF 23.10.08, BStBl I 08, 961 = DStR 08, 2166). Jetzt wird die Rspr – soweit sie ArbN betrifft – modifiziert übernommen (BMF 1.4.11, BStBl I 11, 301 = DStR 11, 672), während sie im Rahmen der Gewinnermittlung nicht anwendbar sei (OFD Nds 11.7.11, DStR 11, 1858). Zwar geht der Monatswert der 0,03 %-Regelung nicht von den bei einer Fünftagewoche möglichen Fahrten zur Arbeit, sondern wegen Dienstreisen, Krankheit, Urlaub bzw von weniger Fahrten monatlich aus. Jedoch enthält er einen von der individuellen Anzahl der Fahrten unabhängigen Pauschalwert. Andernfalls hätte bei Fahrten zwischen Wohnung und Arbeitsstätte – wie bei den Werbungskosten geschehen – als Nutzungsvorteil ein Tages- und nicht ein Monatswert geregelt werden müssen, was die Handhabung erheblich erschwert hätte. Deswegen können die von Monat zu Monat wechselnden individuellen Nutzungsverhältnisse nur beim Einzelnachweis berücksichtigt werden (*Broudré* DB 97, 1197, 1200; *Thomas* DStR 11, 1341; vgl auch *Bilsdorfer* DStR 12, 1477; *Paus* FR 11, 655). Nur wenn das Kfz den vollen Kalendermonat nicht zur Verfügung steht, entfällt der diesbezügliche Monatsbetrag. Kann das Kfz in dieser Zeit von Personen, die dem ArbN nahe stehen, genutzt werden, muss es beim ArbGeb abgestellt oder die Schlüssel übergeben werden. Eine Ausnahme hiervon wird zugelassen, wenn ein Kfz nicht generell, sondern nur in Sonderfällen (die Hochzeit der Tochter, ein Kurzurlaub usw) für nicht mehr als fünf Kalendertage im Kalendermonat überlassen wird. Dann beträgt der Nutzungswert 0,001 vH des Listenpreises je Fahrtkm (H 8.1 Abs 9–10 „gelegentliche Nutzung" LStR; BMF 28.5.96, BStBl I 96, 654 I.3b). Diese Regelung erscheint aber problematisch, wenn in so gut wie jedem Monat Sonderüberlassungen vorkommen, weil dann die gesetzliche Alternative zwischen Pauschalierung und Einzelberechnung unterlaufen wird. Werden **mehrere Pkw** wechselnd von mehreren ArbN privat genutzt, ist der Gesamtnutzungsvorteil auf die ArbN – regelmäßig nach Köpfen – aufzuteilen (BFH 15.5.02 – VI R 132/02, BStBl II 03, 311). Stehen einem ArbN mehrere Kfz privat zur Verfügung, ist auch für jeden ein Nutzungsvorteil anzusetzen (BFH 9.3.10 – VIII R 24/08, DStR 10, 800; BFH 13.6.13 – VI R 17/12, DStR 13, 2267; zur sog Junggesellenklausel in BMF 18.11.09 BStBl I 09, 1326 vgl *Urban* FR 10, 585; zum Fahrzeugwechsel im Laufe eines Kalendermonats vgl H. 8.1 LStH „Überlassung mehrerer Kraftfahrzeuge"). Eine Übermaßbesteuerung kann durch den Einzelnachweis (vgl Rz 23) oder dadurch vermieden werden, dass die Nutzungsbefugnis glaubhaft auf ein Kfz beschränkt wird.

Beim **Ehegatten-Arbeitsverhältnis** wird der Nutzungsvorteil dem ArbN-Ehegatten dann zugerechnet, wenn die Überlassung arbeitsvertraglich vereinbart worden ist, andernfalls dem ArbGeb-Ehegatten. Wird wegen des Verlustes des Arbeitsplatzes eine Entschädigung gezahlt, entfällt deren **Tarifvergünstigung** jedenfalls dann nicht wegen eines weiterhin nutzbaren Dienstwagens, wenn die Entschädigung Hauptleistung ist (BFH 3.7.02 – XI R 80/00, DStRE 02, 1427). Die Nutzungspauschale kommt auch bei **Barlohnumwandlung** (Kfz-Gestellung bei gleichzeitigem Lohnverzicht) in Betracht (BFH 20.8.97, BStBl II 97, 667 sowie *Thomas* DStR 97, 1841).

bb) Listenpreis. Maßgebend ist die Preisempfehlung zum Zeitpunkt der Erstzulassung 27 des Kfz einschließlich Sonderausstattung und Umsatzsteuer (BFH 16.5.13 – X B 172, 11,

142 Dienstwagen

BFH NV 13, 1404, kein Abschlag auf den Bruttolistenneupreis), und zwar auch bei BetriebsPkw, die gebraucht gekauft wurden (BFH 24.2.2000 – III R 59/98, BStBl II 2000, 273; BFH 1.3.01 – IV R 27/00, BStBl II 01, 403; BFH 18.12.07 – XI B 178/06, BFH/NV 08, 562), die schon abgeschrieben sind (BFH 25.5.05 – IV B 214/03, BFH/NV 05, 1788) bzw bei denen die Afa nur aus „angemessenen" Anschaffungskosten berechnet wird (BFH 31.7.09 – VIII B 28/09, BFH/NV 09, 1967). Das gilt auch für einen sog Geländewagen (BFH 13.2.03 – X R 23/01, BStBl II 03, 472) bzw ein umgebautes Rennfahrzeug (FG Düsseldorf 25.9.09 – 11 K 698/06 H, EFG 09, 168). Zu den Sonderausstattungen, die dem Listenpreis im Zeitpunkt der Erstzulassung hinzugerechnet werden, gehören nicht nachträgliche Einbauten, mit denen das Kfz nicht bereits werkseitig ausgestattet war (BFH 13.10.10 – VI R 12/09, DStRE 11, 207; zur behindertengerechten Umrüstung eines Pkw vgl BayLfSt 28.5.10 DStR 10, 1741 und BFH 22.10.09 – VI R 7/09, BStBl II 10, 280 = DStR 10, 47). Mehrkosten für ein aus Sicherheitsgründen gepanzertes Kfz bleiben außer Ansatz. Der Listenpreis ist trotz der Steuerbefreiung des § 3 Nr 45 EStG nicht um eingebaute Navigations- und Kombigeräte (BFH 16.2.05 – VI R 37/04, BStBl II 05, 563 = DStR 05, 1135 mit Anm *Bergkemper* FR 05, 894; *Fissenewert* FR 05, 882; *Urban* FR 04, 1383) und auch nicht um Diebstahlsicherungssysteme (OFD Bln 11.4.03, DStR 03, 1297) zu kürzen, jedoch um den Wert eines Autotelefons einschließlich Freisprecheinrichtung (R 8.1 Abs 9 Nr 1 Satz 6 LStR; zum nachträglichen Einbau vgl *Os* DB 02, 121 sowie DB 02, 1585). Ebenfalls nicht hinzugerechnet wird der Wert eines weiteren Satzes Reifen samt Felgen. Da vom Listenpreis ausgegangen wird, spielt keine Rolle, ob dem ArbGeb bei einem Neuwagenkauf **Rabatte** eingeräumt worden sind (BFH 25.5.92, BStBl II 92, 700). Abgesehen davon, dass die durch Vereinfachungsgründe gebotene Typisierung in gesetzgeberischem Ermessen liegt (aA *Weber* Beilage Nr 7/96 zu BB Heft Nr 15), ist diese Regelung insofern sachgerecht, als sie berücksichtigt, dass bei älteren Kfz höhere Reparaturkosten anfallen und weil sie vermeidet, dass der Nutzungswert bei ArbN, deren ArbGeb als Großabnehmer hohe Rabatte erlangen, nicht geringer ausfällt, als bei ArbN, deren ArbGeb keine vergleichbaren Rabatte eingeräumt bekommen.

28 Die 1 vH-Methode kann auch bei einem **Leasingfahrzeug** zum Zuge kommen (s oben Rz 17). Im Übrigen werden die individuellen Nutzungsverhältnisse, insbesondere der Umfang der privaten Fahrleistung und der Umfang der Kostenübernahme durch den ArbGeb (nur die festen oder auch die laufenden Kosten) vernachlässigt (BFH 23.10.92, BStBl II 93, 195), ebenso wie die Tatsache, dass der Pkw vom ArbGeb beschriftet worden ist oder dass ein Zweitwagen vorhanden ist (vgl aber zum Werkstattwagen Rz 21). Abgegolten sind nur die eigentlichen Kfz-Aufwendungen. Deswegen stellt die Übernahme von Straßenbenutzungsgebühren (Vignette, Maut) für Privatfahrten zusätzlichen Arbeitslohn dar (BFH 14.9.05 – VI R 37/03, DStR 05, 1933 mit Anm *Bergkemper* FR 06, 86; aA *Urban* FR 06, 84). Entsprechendes gilt für vergleichbare Kostentragung (Fähre, Reisezug, Parkgebühren, Stadtteilparklizenz usw). Da die jeweiligen Kostenarten bei der Nutzungspauschale und beim Einzelnachweis gleich zu behandeln sind, stellen solche zu den eigentlichen Kfz-Kosten hinzukommende Aufwendungen bei Dienstfahrten Reisenebenkosten dar, die zusätzlich berücksichtigt werden können. Soweit der ArbN die Kfz-Kosten verauslagt, ist der Ersatz durch den ArbG nach § 3 Nr 50 EStG steuerfrei. Nach BFH 26.7.01 – VI R 122/98 (BStBl II 01, 844) soll das nicht nur für von Dritten in Rechnung gestellte Kosten, sondern auch für eine Wagenpflegepauschale von 15 € monatlich gelten, wenn der ArbN das Kfz selbst pflegt. Das ist zweifelhaft, weil nicht von Materialkosten in dieser Höhe ausgegangen werden kann und die Bezahlung von Diensten des ArbN keinen Auslagenersatz darstellt. Ein dem ArbN vom ArbGeb neben dem Dienstwagen gewährtes Garagengeld soll keinen Arbeitslohn darstellen (BFH 7.6.02 – VI R 145/99, BStBl II 02, 829 mit Anm *MIT* DStR 02, 1567 sowie *Arbeitsentgelt* Rz 63).

29 Für **Familienheimfahrten** bei doppelter Haushaltsführung ist ein Nutzungswert von 0,002 vH des Listenpreises pro Entfernungskm nur anzusetzen, wenn mehr als eine Fahrt wöchentlich vorgenommen wird (vgl BFH 28.2.13 – VI R 33/11, DStR 13, 1222). Das ist für die erste Heimfahrt wöchentlich desto günstiger, je höher der Listenpreis bzw beim Einzelnachweis die Kosten des Kfz sind, weil ArbN, die ein vergleichbares Fahrzeug auf eigene Kosten benutzen, nur um den ggf wesentlich geringeren Werbungskostenpauschbetrag entlastet werden.

cc) Methodenmix. Werden mehrere BetriebsPkw privat genutzt kann der Nutzungs- 30
vorteil bei einigen durch Einzelnachweis (Fahrtenbuchmethode) und bei anderen pauschal ermittelt werden (BFH 3.8.2000 – III R 2/00, BStBl II 01, 332). Da die Nutzungspauschale für Fahrten zwischen Wohnung und Tätigkeitsstätte und für reine Privatfahrten zwar mit dem gleichen Ausgangsbetrag, im Übrigen aber mit unterschiedlichen Multiplikatoren ermittelt wird, weshalb die Beträge nicht voneinander abhängen, wäre auch denkbar, dass eine dieser Kostenarten individuell und die andere pauschal festgesetzt würde. Dies würde aber zu zusätzlichem Verwaltungsaufwand führen, der durch die Pauschalierung gerade vermieden werden soll. Daher kann bei nämlichen Kfz nur einheitlich entweder Pauschalierung oder Einzelnachweis gewählt werden. Dementsprechend kommt es bei Wahl der Pauschalierung für die Fahrten zwischen Wohnung und Arbeitsstätte nicht darauf an, welches Verkehrsmittel benutzt und wie oft gefahren wurde. Das gilt auch für urlaubs- oder krankheitsbedingte Fahrtausfälle, sofern sie nicht den vollen Kalendermonat dauern (vgl oben Rz 24). Will der Stpfl dadurch entstehende Nachteile vermeiden, steht es ihm frei, den Einzelnachweis zu führen, was auch in der Veranlagung noch möglich ist, wenn beim LStAbzug pauschaliert wurde.

Die Verwaltung lässt auch bei der Pauschalierung eine Begrenzung des Nutzungswerts auf 31
die entstandenen Gesamtkosten des ArbGeb zu (**Kostendeckelung;** H 8.1 Abs 9–10 „Begrenzung des pauschalen Nutzungswerts" LStR; nicht aber, wenn KfzKosten den Kunden in Rechnung gestellt werden OFD Magdeburg 24.7.01, DB 01, 2119; Zweifel bei *Söhn* FR 97, 250; *Seitz* DStR 96, 3). Diese können zB bei einem voll abgeschriebenen Kfz den pauschalen Nutzungswert übersteigen. Die Regelung ist problematisch, weil die – ggf zu hohe AfA (vgl BFH 26.7.91, BStBl II 92, 1000 einerseits und BMF 3.12.92, BStBl I 92, 734 andererseits) – auf die Pauschalierung in den Vorjahren keine Auswirkung hatte und weil der Vereinfachungszweck der Pauschalierung unterlaufen wird, wenn sie mit einem Element des Einzelnachweises verbunden wird. Entgegen BFH 14.3.07 – XI R 59/04 (BFH/NV 07, 1838) ist die Rspr, nach der von der Verwaltung aus Gründen einfacher Handhabung getroffene Sachverhaltsannahmen binden, nicht anwendbar, weil insofern eine vom Gesetz selbst nicht vorgesehene rechtliche Beurteilung erfolgt. Gesetzesinterpretierende Verwaltungsvorschriften haben keine Bindungswirkung (BFH 19.9.07 – VI B 45/07, BFH/NV 08, 10).

dd) Werbungskostenabzug. Weil durch die steuerliche Erfassung des Nutzungswertes 32
die Benutzung des Kfz aus versteuertem Einkommen des ArbN erfolgt, kann er für Fahrten zwischen Wohnung und Tätigkeitsstätte auch Werbungskosten geltend machen (anders, wenn der LStAbzug unterbleibt: BFH 8.2.96, BFH/NV 96, 473 oder soweit eine abgeltende Pauschbesteuerung erfolgt ist vgl oben Rz 18). Dabei spielt für den Werbungskostenabzug keine Rolle, ob der Nutzungswert durch Einzelnachweis oder pauschal ermittelt worden ist.

ee) Zuzahlungen des Arbeitnehmers (BMF 19.4.13 DStR 13, 860). Der Wert einer 33
vom ArbGeb eingeräumten Nutzungsmöglichkeit führt grds nur insoweit zu Arbeitslohn, als die Nutzung vom ArbGeb finanziert wird (BFH 16.11.05 – VI R 157/98, BStBl II 06, 437 = DStRE 06, 405; Zuschuss zur Betriebsveranstaltung). Dementsprechend kann der Nutzungswert um pauschale oder kilometerbezogene Nutzungsentgelte des ArbN gekürzt werden (BFH 7.11.06 – VI R 95/04, BStBl II 07, 269 = DStR 07, 104). Demgegenüber sind Kostenbestandteile des Kfz, die der ArbN vereinbarungsgemäß selbst zu tragen hat – zB Treibstoffkosten – keine Nutzungsentgelte, um die der geldwerte Vorteil als solcher gekürzt werden kann. Denn der ArbN wendet dem ArbGeb insofern gerade nichts zu. Sie sind aber, weil sie in die Vorteilsbewertung eingehen (vgl § 8 Abs 2 Satz 4 EStG „die durch das Kfz insgesamt entstehenden Aufwendungen") bei der individuellen Vorteilsermittlung zu berücksichtigen. Jedoch können sie nur beim Einzelnachweis abgezogen werden, weil anderenfalls der Gesetzeszweck vereitelt würde, individuelle Verhältnisse nur dann zu berücksichtigen, wenn für die gesamten Kfzkosten ein Buchnachweis geführt ist und die Nutzungsverhältnisse durch ein ordnungsgemäßes Fahrtenbuch nachgewiesen sind (BFH 18.10.07 – VI R 57/06, BStBl II 09, 199 = DStR 07, 2318). Der Einwand, eigene Kostenanteile des ArbN dürften gegen den eindeutigen Gesetzeswortlaut (die durch das Kfz „insgesamt" entstehenden Aufwendungen) nicht in die Vorteilsermittlung einbezogen werden, da der ArbN insofern nicht bereichert sei (BMF 6.2.09, BStBl I 09, 412), greift nicht durch. Denn beim Einzelnachweis sind die Gesamtkosten pro km um den Eigenanteil des ArbN zu kürzen, weshalb im Ergebnis nur die Kostenübernahme des ArbGeb als Lohn erfasst wird. Zur LStHaftung vgl BFH 18.10.07 – VI

R 96/04 (BStBl II 08, 198 = DStR 07, 2321). Wegen Zuzahlungen zu den Anschaffungskosten vgl Rz 25.

3. Fahrergestellung (R 8.1 Abs 10 LStR). Wird vom ArbGeb neben dem Kfz auch ein Fahrer für Privatfahrten zur Verfügung gestellt, wird der geldwerte Vorteil durch einen Zuschlag zum Nutzungswert des Pkw je nach Inanspruchnahme des Fahrers um 25 bis 50 vH erhöht. Für die Fahrergestellung bei Fahrten zwischen Wohnung und Arbeitsstätte wird der Nutzungswert des Pkw durchweg um einen Aufschlag von 50 vH auf den für diese Fahrten anzusetzenden Nutzungswert erhöht. Das gilt auch, wenn der ArbN gefahren wird, um auf dem Weg bereits arbeiten zu können und wenn das Kfz hierfür büromäßig eingerichtet ist (vgl Rz 18; vgl aber BFH 22.9.10 – VI R 54/09 zur Rechtslage vor Einführung der Entfernungspauschale). Bekommt ein ArbN für den Weg zur Arbeit einen Fahrer gestellt, liegt darin regelmäßig ein geldwerter Vorteil. Diesbezügliche Zweifel (vgl BFH 22.9.10 – VI R 54/09, DStR 10, 2633) hält der BFH zu Recht (vgl *Thomas* DStR 11, 1341, 1343) nicht mehr aufrecht (BFH 15.5.13 – VI R 44/11, DStR 13, 1777). Maßstab für die Bewertung des Vorteils ist entgegen R 8.1 Abs 10 LStR nicht der Listenpreis des Dienstwagens, sondern der Wert der Dienstleistung, die notfalls geschätzt werden muss. Bei einem sondergeschützten (gepanzerten) Pkw erfolgt für die Fahrergestellung auch bei Privatfahrten kein Zuschlag. Offenbar wird davon ausgegangen, dass die Fahrergestellung in diesen Fällen im eigenbetrieblichen Interesse des ArbGeb liege und deswegen kein Arbeitslohn anfalle (s *Arbeitsentgelt* Rz 48).

C. Sozialversicherungsrecht
Schlegel

1. Beitragsrecht. Wird dem ArbN ein Dienstwagen nicht ausschließlich für dienstliche Fahrten, sondern auch zur privaten Nutzung und zu Fahrten zwischen seiner Wohnung und der Arbeitsstätte überlassen, führt dies zu einem geldwerten Vorteil des ArbN.

a) Bewertung des Vorteils. Die Bewertung des geldwerten Vorteiles, der in der privaten Nutzung liegt, bereitet allerdings Schwierigkeiten. In Betracht kommen dabei Einzelnachweis und Pauschalierung (Einzelheiten s oben Rz 19–28).

b) Einzelnachweis des Gesamtaufwandes und des privaten Nutzungsanteiles führt dazu, dass der nachgewiesene private Nutzungsanteil als Arbeitsentgelt der Beitragspflicht unterliegt. Zur Wertermittlung s oben Rz 19–25.

c) Pauschalierung. Die Gestellung eines Dienstwagens ist ein geldwerter Vorteil, der nach § 40 Abs 2 Satz 2 EStG in den Grenzen des § 9 Abs 1 Satz 3 Nr 4 EStG pauschaliert besteuert werden kann. Soweit die in der Gestellung eines Dienstwagens zu sehenden Einnahmen iSv § 40 Abs 2 EStG vom ArbGeb mit dem vorgesehenen Pauschsteuersatz versteuert werden, sind sie gem § 1 Abs 1 Nr 3 SvEV nicht dem Arbeitsentgelt zuzurechnen und somit in der SozV beitragsfrei.

2. Leistungsrecht. Sozialleistungen sind unter Berücksichtigung des geldwerten Vorteils zu berechnen, wenn und soweit diese Vorteile Arbeitsentgelt iSd § 14 SGB IV sind. Insoweit ist auf die Ausführungen zur Beitragsberechnung Bezug zu nehmen. Eine Erhöhung der Sozialleistungen durch den Vorteil privater Nutzungsmöglichkeiten eines Dienstwagens ist allerdings dann ausgeschlossen, wenn der ArbN auch während des Bezugs dieser Sozialleistungen den Dienstwagen weiterhin benutzen kann, ihm der Vorteil also auch weiterhin „in Natur" zugute kommt. Zum Anspruch des ArbN auf Berücksichtigung verauslagter Reparaturkosten für einen Firmenwagen bei Insolvenz vgl BSG 8.9.2010 B 11 AL 34/09 R, NZA-RR 11, 437.

Dienstwohnung

A. Arbeitsrecht
Griese

1. Begriff. Nach dem BGB ist auch nach der **Mietrechtsreform** (**Mietrechtsreformgesetz** vom 19.6.01, BGBl I 01, 1149) zwischen **Werkmietwohnungen** (§ 576 BGB) und **Werkdienstwohnungen** (§ 576b BGB) zu unterscheiden. Eine Werkmietwohnung liegt vor, wenn über das Arbeitsverhältnis und das Mietverhältnis zwei getrennte und selbstständige Verträge vorliegen, wenngleich das Mietverhältnis mit Rücksicht auf das Arbeitsverhältnis begründet worden ist.

Die Werkmietwohnung kann sowohl eine gewöhnliche Werkswohnung als auch eine **funktionsgebundene Werkmietwohnung** sein. Letztere ist in § 576 Abs 1 Nr 2 BGB definiert und liegt vor, wenn das Dienstverhältnis seiner Art nach die Überlassung eines Wohnraums erfordert, der in unmittelbarer Beziehung oder Nähe zur Stätte der Dienstleistung steht (*Palandt/Weidenkaff* § 576 BGB Rz 7). 2

Demgegenüber ist die **Werkdienstwohnung** dadurch gekennzeichnet, dass die Wohnraumnutzung Bestandteil des Arbeitsvertrages und Teil des Arbeitsentgelts ist und ein **einheitlicher gemischter Vertrag** vorliegt, in dem das Arbeitsverhältnis vorherrscht. Konsequenzen hat die Unterscheidung insbesondere bei der Beendigung vom Miet- bzw Arbeitsverhältnis. Handelt es sich um eine Werkdienstwohnung, kann der ArbN nicht das Mietverhältnis isoliert kündigen. Da ein einheitlicher Vertrag zugrunde liegt, wäre dies eine unzulässige Teilkündigung (BAG 23.8.89 – 5 AZR 569/88, NZA 90, 191). Nicht zugestimmt werden kann dem BAG allerdings, wenn es in der vorzitierten Entscheidung die funktionsgebundene Werkmietwohnung (§ 565c Nr 2 BGB) als Werkdienstwohnung behandelt. Das ist nach der Gesetzessystematik nicht haltbar, die streng zwischen Werkmietwohnung und Werkdienstwohnung unterscheidet und die funktionsgebundene Werkmietwohnung dem ersteren Bereich zuordnet. 3

Eine **Pflicht zur Benutzung** einer Dienstwohnung besteht nur, wenn es sich um eine Werkdienstwohnung handelt oder wenn sich der ArbN vertraglich, insbesondere im Fall einer funktionsgebundenen Werkmietwohnung, zur Nutzung verpflichtet hat. Besteht eine Verpflichtung zum Bezug, kann aus § 670 BGB dem ArbGeb die Verpflichtung erwachsen, die Umzugskosten zu erstatten (vgl *Umzugskosten* Rz 4), wenn der ArbGeb aus betrieblichen Gründen die Benutzung der Dienstwohnung verlangt. 4

2. Nutzungsbedingungen. Für den Inhalt der mietvertraglichen Verpflichtungen gilt bei Werkmietwohnungen das allgemeine Mietrecht. Die Höhe des Mietzinses ist vertraglich festzulegen (§ 535 BGB), der Vermieter haftet für Mängel gem §§ 536 ff BGB, insbesondere steht dem Mieter in diesem Fall das Recht der Mietminderung zu. Ohne vertragliche Regelung trifft den Vermieter gem § 535 Abs 1 Satz 2 BGB die Pflicht zur Erhaltung der Mietsache in vertragsgemäßem Zustand, insbesondere zur Ausführung der jeweils notwendigen **Schönheitsreparaturen** (*Palandt/Weidenkaff* § 535 BGB Rz 41). Abweichende vertragliche Regelungen über Schönheitsreparaturen **benachteiligen den Mieter gem § 307 BGB** unangemessen, wenn sie einen starren Fristenplan ohne Berücksichtigung des tatsächlichen Renovierungsbedarfs enthalten (BGH 5.4.06 – VIII ZR 178/05, NJW 06, 1728). Renoviert der ArbN die Wohnung entsprechend der vertraglich vorgesehenen Intervallen und endet das Mietverhältnis vor Ablauf des nächsten Intervalls, hat der ArbN einen Anspruch auf Bereicherungsausgleich (BGH 27.5.09 – VIII ZR 302/07, NZM 09, 541). 5

Unzulässig ist die vertragliche Abwälzung von **Kleinreparaturen** auf den Mieter (BGH 6.5.92 – VIII RZ 129/91, NJW 92, 1759; *Sonnenschein* NJW 98, 2181). Die Übernahme der **Betriebskosten** durch den Mieter kann gem § 556 BGB vereinbart werden. Sind Vorauszahlungen vereinbart, ist darüber spätestens 12 Monate nach Ende des Abrechnungszeitraums abzurechnen. Gem § 556 Abs 3 BGB ist nach Ablauf dieser Frist eine **Nachforderung durch den Vermieter ausgeschlossen,** es sei denn, der Vermieter hat die verspätete Geltendmachung nicht zu vertreten.

Mieterhöhungen sind einseitig nicht zulässig, auch eine Kündigung des Vermieters aus diesem Grund nicht (§ 557 BGB). Der ArbGeb kann jedoch wie jeder andere Vermieter die Zustimmung des Mieters zur Erhöhung der Miete unter den Voraussetzungen der §§ 558 ff BGB verlangen, es sei denn, dass eine Mieterhöhung vertraglich (auch stillschweigend) ausgeschlossen wurde. So besteht die Möglichkeit, die Miete wegen Veränderung der wirtschaftlichen Verhältnisse auf die ortsübliche **Vergleichsmiete** anzuheben, wobei die Mietsteigerung nach der Reform des Mietrechts vor 1.9.01 innerhalb von **3 Jahren maximal 20 %** gem § 558 Abs 3 BGB betragen darf. Durch ab dem 1.5.2013 eingeführte Regelung in § 558 Abs 3 Satz 2 BGB sind die Landesregierungen ermächtigt, die Kappungsgrenze in Gebieten mit besonderer Wohnungsknappheit auf 15 % zu senken. 6

Bei der Errechnung der ortsüblichen Vergleichsmiete ist auf Werkswohnungen abzustellen, wenn insoweit ein Teilmarkt existiert (*Schaub* § 84 Rz 9). Voraussetzung ist stets ein ord-

143 Dienstwohnung

nungsgemäßes, schriftlich erläutertes Erhöhungsverlangen. Wird die Zustimmung verweigert, kann der Vermieter auf Erteilung der Zustimmung zur Erhöhung klagen.

Einseitige Erhöhungsmöglichkeiten bestehen bei Modernisierungsmaßnahmen nach § 559 BGB in der ab dem 1.5.13 geltenden Fassung (BGBl I 434) und bei Erhöhung der Betriebskosten nach § 560 BGB. Zu den Modernisierungsmaßnahmen gehören nach § 555b Nr 1, 2 u 3 BGB **Investitionen zur Energie- und Wassereinsparung.** Der ArbN ist zur Duldung der Modernisierungsmaßnahmen gem § 554 Abs 2 BGB verpflichtet. Die jährliche Miete kann um bis zu 11% der für die Wohnung aufgewendeten Kosten erhöht werden. Bei unterlassener rechtzeitiger Ankündigung (seit 1.5.2013 folgend aus § 555c BGB) der Modernisierung verlängert sich der Eintritt der Mieterhöhung (BGH 19.9.07 – VII ZR 6/07, MDR 07, 1413).

7   Bei Werkdienstwohnungen ist die Nutzungsmöglichkeit Teil des dem ArbN zustehenden Entgelts. Eine Erhöhung des für die Nutzungsmöglichkeit in Ansatz zu bringenden Wertes stellt eine Änderung der Vergütung dar, die nur mit arbeitsvertraglichen Instrumentarien, also Änderungsvertrag oder Änderungskündigung, bewerkstelligt werden kann (ArbG Hannover 14.1.90, BB 91, 554). Ist dem ArbN eine unentgeltliche Dienstwohnung zugesagt, steht ihm dieses Recht während der Arbeitsunfähigkeit **auch nach Ablauf des sechswöchigen Entgeltfortzahlungszeitraums** zu (*Schmitt* § 4 EFZG Rz 98).

Für Werkmietwohnungen und Werkdienstwohnungen besteht nach § 5a Energieeinsparungsgesetz iVm der Energieeinsparverordnung die Pflicht, einen **Energieausweis** erstellen zu lassen.

8   **3. Beendigung des Mietverhältnisses. a) Werkmietwohnung.** Da der Mietvertrag bei der Werkmietwohnung unabhängig vom Arbeitsvertrag besteht, ist eine Beendigung auch bei Fortbestehen des Arbeitsverhältnisses möglich, es sei denn, die Parteien haben eine Benutzungspflicht vereinbart. Auf der anderen Seite zieht die Beendigung des Arbeitsverhältnisses nicht automatisch die Beendigung des Mietverhältnisses nach sich. Weil zwei getrennte Verträge bestehen, sind jeweils **separate Kündigungserklärungen** oder Beendigungsvereinbarungen erforderlich. Das Gesetz stellt lediglich in §§ 576 ff BGB erleichterte Beendigungsmöglichkeiten zur Verfügung.

9   **Unzulässig** ist jedoch wegen § 572 Abs 2 BGB die Vereinbarung einer auflösenden Bedingung, wonach das Mietverhältnis automatisch bei Ende des Arbeitsverhältnisses enden soll (*Fitting* § 87 Rz 389), es sei denn, es handelt sich um Wohnraum zum vorübergehenden Gebrauch, zB Unterkunft für Montagearbeiter, oder um solchen, der Teil der vom Vermieter bewohnten Wohnung ist, von diesem mit Einrichtungsgegenständen ausgestattet ist und nicht zum Wohnen für eine Familie bestimmt ist, zB Zimmer für einen Kellner in der Wohnung des Gastwirts.

10   **Während** des laufenden **Arbeitsverhältnisses** kann das Mietverhältnis wie jedes normale Mietverhältnis gekündigt werden. Der Kündigungsschutz des § 573 BGB, wonach für die Kündigung ein berechtigtes Interesse vorliegen muss, findet in vollem Umfang Anwendung. Möglich ist daher zB eine Kündigung wegen erheblicher schuldhafter **Pflichtverletzung** des Mieters (§ 573 Abs 2 Nr 1 BGB) oder wegen **Eigenbedarfs** (§ 573 Abs 2 Nr 2 BGB). Andererseits kann sich der Mieter auf die Sozialklausel des § 574 BGB berufen, wenn der Verlust der Wohnung für den Mieter oder seine Familie eine Härte bedeuten würde, die trotz der berechtigten Interessen des ArbGeb nicht zu rechtfertigen ist, und hierdurch idR eine nur befristete Verlängerung des Mietverhältnisses erreichen.

11   Die **Kündigungsfrist** folgt aus § 573c BGB. Die Kündigung muss spätestens am dritten Werktag eines Kalendermonats zum Ablauf des übernächsten Kalendermonats erfolgen, beträgt also mindestens knapp drei Monate und verlängert sich für den Vermieter (§ 573c S 2 BGB) – nicht für den Mieter – um jeweils drei Monate nach fünf-, acht- und zehnjähriger Dauer des Mietverhältnisses.

12   Endet das Arbeitsverhältnis, folgt aus dem **Betriebsbedarf** an der Vergabe der Wohnung an einen anderen ArbN ein berechtigtes Kündigungsinteresse gem § 564b Abs 1 BGB (*Palandt/Weidenkaff* § 573 BGB Rz 41).

13   **Nach Beendigung des Arbeitsverhältnisses** erleichtert § 576 BGB die Kündigung durch **Abkürzung der Kündigungsfristen.** Für normale Werkmietwohnungen, die der Mieter nicht länger als 10 Jahre bewohnt hat, verkürzt § 576 Abs 1 Nr 1 BGB die Kündi-

gungsfrist auf knapp drei Monate zum Monatsende, wenn der Wohnraum für einen anderen Dienstverpflichteten benötigt wird. Für funktionsgebundene Werkmietwohnungen, die für einen anderen Mitarbeiter benötigt werden, legt § 576 Abs 1 Nr 2 BGB die Kündigungsfrist auf knapp einen Monat zum Monatsende fest (Kündigung spätestens am 3. Werktag des Monats für den Ablauf dieses Monats). Nach dem Wortlaut des § 576 BGB kann die Abkürzung der Mietkündigungsfrist erst nach Beendigung des Arbeitsverhältnisses, also nach Ablauf der Kündigungsfrist des Arbeitsverhältnisses in Anspruch genommen werden (*Palandt/ Weidenkaff* § 576 BGB Rz 3). Die **Sozialklausel des § 574 BGB findet keine Anwendung** auf funktionsgebundene Werkmietwohnungen gem § 576a Abs 2 Nr 1 BGB sowie dann, wenn der ArbN das Arbeitsverhältnis gelöst oder durch einen ausreichenden verhaltensbedingten Grund zur Lösung des Arbeitsverhältnisses Anlass gegeben hat (§ 576a Abs 2 Nr 2 BGB). Jede Vermieterkündigung muss schriftlich und unter Angabe der Gründe erfolgen.

b) **Werkdienstwohnung.** Da Dienstverhältnis und Mietverhältnis bei der Werkdienstwohnung eine **vertragliche Einheit** bilden, endet das Nutzungsrecht mit der rechtswirksamen Beendigung des Arbeitsverhältnisses. § 576b BGB erklärt jedoch die oben geschilderten Mietrechtsvorschriften für anwendbar, wenn der ArbN die Wohnung überwiegend mit eigenen Einrichtungsgegenständen ausgestattet hat oder dort mit seiner Familie einen Hausstand führt. Das Mietverhältnis kann dann nur unter den og Voraussetzungen und Fristen gelöst werden.

Ein formularmäßiges Verbot, gegen Mietzinsforderungen aufrechnen zu dürfen, hält der **Inhaltskontrolle nach §§ 307, 309 Nr 3 BGB nicht stand** (BGH 27.6.07 – XII ZR 54/ 05, NJW 07, 3421).

4. **Mitbestimmung des Betriebsrats.** Nach § 87 Abs 1 Nr 8 BetrVG hat der BRat über Werkswohnungen mitzubestimmen, soweit diese als Sozialeinrichtungen (s auch *Sozialeinrichtungen* Rz 6) betrieben werden. Unabhängig hiervon folgt sein Mitbestimmungsrecht aus § 87 Abs 1 Nr 9 BetrVG. Danach hat der BRat mitzubestimmen bei Zuweisung und Kündigungen von Wohnräumen sowie der Festlegung allgemeiner **Nutzungsbedingungen.** Die Mitbestimmungskompetenz betrifft nach dem Gesetzestext, der als Voraussetzung die Formulierung des § 576 BGB übernimmt, nur auf Werkmietwohnungen zu, nicht auf Werkdienstwohnungen. Wegen der Vergütungskomponente kann eine solche im letzteren Fall aber aus § 87 Abs 1 Nr 10 BetrVG folgen. Das Mitbestimmungsrecht greift unabhängig davon ein, ob der ArbGeb den ArbN die Wohnungen verbilligt überlässt.

Die Mitbestimmung erstreckt sich auf jede Art von Wohnraum, so dass zB bei der Festlegung von Übernachtungsgebühren für Monteure in einem möblierten betrieblichen Wohnheim der BRat beteiligt werden muss. Zu den mitbestimmungspflichtigen Nutzungsbedingungen gehören insbesondere die Höhe des Mietzinses und Mieterhöhungen. Gegenstände der Mitbestimmung sind ferner die **Zuweisung und die Kündigung** der Wohnungen. Für die Kündigung von Werkmietwohnungen hat dies zur Konsequenz, dass eine ohne Zustimmung des BRat ausgesprochene Kündigung des Mietverhältnisses **rechtsunwirksam** nach § 182 BGB ist. Das Zustimmungserfordernis ist auch dann zu beachten, wenn der ArbGeb das Arbeitsverhältnis gekündigt hat, aber Streit um die Rechtswirksamkeit der Beendigung besteht. Verweigert der BRat die Zustimmung zur Kündigung, bleibt dem ArbGeb die Möglichkeit, die Zustimmung mit Hilfe der *Einigungsstelle* zu erreichen. Das Mitbestimmungsrecht ist nicht dadurch ausgeschlossen, dass Wohnungen nicht nur an ArbN, sondern auch an betriebsfremde Personen vermietet werden. Es erstreckt sich auf die Vergabe von Wohnungen an betriebsfremde Personen, nicht jedoch auf die Festlegung der diesbezüglichen Nutzungsbedingungen (BAG 28.7.92 – 1 ABR 22/92, BB 93, 75 LS)

Zu restriktiv will das BAG 23.3.93 – 1 ABR 65/92, NZA 93, 766 jedoch dann ein Mitbestimmungsrecht verneinen, wenn ein ArbGeb sich entschließt, bestimmte Wohnungen nur noch an leitende Angestellte zu vergeben. Zwar ist richtig, dass der ArbGeb mitbestimmungsfrei die Schließung oder Teilschließung von Werkmietwohnungen festlegen kann. Eine solche Entscheidung liegt jedoch nicht vor, wenn die Wohnungen künftig nur innerhalb der Beschäftigten einer bestimmten Gruppe, für die der BRat nicht zuständig ist, zugewiesen werden sollen.

5. **Prozessuales.** Für Rechtsstreitigkeiten hinsichtlich Werkmietwohnungen sind nach § 29a ZPO die **Amtsgerichte** ausschließlich zuständig, für solche aus Werkdienstwohnun-

143 Dienstwohnung

gen hingegen die **Arbeitsgerichte** (BAG 24.1.90 – 5 AZR 749/87, NZA 90, 539). Nach Beendigung des Mietverhältnisses kann die Räumung der Dienstwohnung nicht im Wege der Selbsthilfe erzwungen werden, der ArbGeb muss vielmehr einen Räumungstitel (zB durch Räumungsklage ein Räumungsurteil) erwerben, um die Räumung zwangsweise durchsetzen zu können.

19 Wird über die Rechtswirksamkeit der Kündigung des Arbeitsverhältnisses vor dem ArbG gestritten, ist der mietrechtliche Räumungsprozess vor dem Amtsgericht idR bis zur rechtskräftigen arbeitsgerichtlichen Entscheidung nach § 148 ZPO auszusetzen. Eine Aussetzung einer Mieterhöhungsklage aufgrund derselben Norm ist regelmäßig geboten, wenn die erforderliche Zustimmung des BRat noch nicht vorliegt bzw im Einigungsstellenverfahren noch nicht erreicht worden ist.

B. Lohnsteuerrecht *Thomas*

20 **1. Steuerliche Einordnung. a) Arbeitslohn.** Für das Wohnen hat der ArbN selbst aufzukommen. Nimmt der ArbGeb dem ArbN Aufwendungen für das Wohnen ganz oder teilweise ab, wendet er Arbeitslohn zu, es sei denn der ArbGeb handelt ausnahmsweise im überwiegend eigenbetrieblichen Interesse (vgl *Arbeitsentgelt* Rz 48). Letzteres – also kein Arbeitslohn – kann angenommen werden, wenn eine Übernachtungsmöglichkeit nur eine Art Ausgestaltung des Arbeitsplatzes ist, wie bspw die Schlafmöglichkeit beim Nachtdienst in einer Apotheke, im Lkw eines Fernfahrers oder im Schlafwagen für das Zugpersonal.

21 Aus anderen Gründen kein Arbeitslohn liegt vor, wenn der ArbGeb dem ArbN eine Wohnung zwar unter ortsüblichen Preisen vermietet, der Preisnachlass aber nicht auf dem Dienstverhältnis beruht, sondern darauf, dass bspw eine Gemeinde mit ihrem Wohnbestand das Mietzinsniveau zu senken versucht und dabei **vergleichbar günstige Bedingungen** auch **anderen** Personen als ihren ArbN einräumt (vgl R 8.1 Abs 6 Satz 6 LStR). Deswegen liegt kein geldwerter Vorteil vor, solange der Mietzins den unteren kommunalen Mietspiegelrahmen nicht unterschreitet (BFH 17.8.05 – IX R 10/05, BStBl II 06, 71 = DStRE 06, 132; BFH 11.9.07 – IX B 4/07, BFH/NV 07, 2291). Ob der Umstand, dass ganz vereinzelt zu den gleichen Bedingungen an einen Betriebsfremden vermietet wird, als Indiz für die Ortsüblichkeit gelten kann, ist Tatfrage (vgl BFH 11.5.11 – VI R 65/09, DStR 11, 1849 zu einer vermeintlichen 10%Grenze; s auch BFH 8.9.94, BStBl II 95, 309 zur Teilwertermittlung bei Vorzugspreisen der Gemeinde).

22 Ebenfalls kein Arbeitslohn sind Mietersparnisse, die auf weitergegebene **Subventionen** zurückzuführen sind, wie zB bei Mietbindungen aufgrund verbilligter Baudarlehn oder bei verbilligter Grundstücküberlassung in Erfüllung von Ansprüchen aus dem Bergarbeiterwohnungsbaugesetz (BFH 25.5.92, BStBl II 93, 45). Das kann aber nicht dahingehend verallgemeinert werden, dass Vorteile immer dann nicht erfasst würden, wenn sie subventionsfinanziert sind (vgl *Arbeitsentgelt* Rz 62). Im Übrigen kommt es bei objektiv verbilligter Wohnungsüberlassung nicht darauf an, ob sich der ArbGeb dessen auch bewusst ist (BFH 10.6.83, BStBl II 83, 642).

Nach § 3 Nr 59 EStG sind Vorteile steuerfrei, die ein ArbN durch verbilligte Wohnungsüberlassung erhält, soweit die Vorteile aus einer Förderung nach dem Zweiten Wohnungsbaugesetz und anderer Wohnraumförderungsgesetzen nicht überschritten werden (BFH 16.2.05 – VI R 58/03, BStBl II 05, 750 = DStRE 05, 623 mit Anm *Bergkemper* HFR 05, 522). Die günstigere Regelung in R 3.59 Sätze 3 ff LStR, nach der es genügte, dass eine Förderung in Betracht kam, also nicht auch stattgefunden hat, wendet die Vwtg weiterhin an (BMF 10.10.05, BStBl I 05, 959; OFD Koblenz 26.2.97, DStR 97, 579; *Niermann* DB 96, 1842).

23 **b) Werbungskostenersatz.** Zwar sind Aufwendungen für das Wohnen grds als Lebensführungskosten (§ 12 Nr 1 EStG) nicht abziehbar. Jedoch liegen Werbungskosten vor, wenn wegen des Berufs – wie beispielsweise bei Auswärtstätigkeit, Doppelter Haushaltsführung oder beruflich veranlasstem Umzug – Mehraufwendungen anfallen. Erstattungen des ArbGeb hierfür sind im Rahmen des § 3 Nr 13 und 16 EStG steuerfrei. Soweit im öffentlichen Dienst weitergehende Befreiungen gewährt werden als im privaten (vgl FinMin Bbg 10.6.96, DB 96, 2056; Dienstzimmerentschädigung an Forstbedienstete) ist dies dann bedenklich (BFH 29.11.06 – VI R 3/04, BStBl II 07, 308 = DStR 07, 63; BFH 12.4.07 – VI R 53/04,

BStBl II 07, 536 = DStRE 07, 809), wenn die Kostenübernahme nicht im eigenbetrieblichen Interesse des ArbGeb liegt (vgl dazu BFH 19.10.01 – VI R 131/00, BStBl II 02, 300). Im Übrigen sind Mietaufwendungen nicht schon deswegen beruflich veranlasst, weil sich ein beruflicher Umzug verzögert (BFH 26.5.03 – VI B 13/03, BFH/NV 03, 1182).

Liegt die Lebensmittelpunktwohnung des ArbN so weit vom Arbeitsplatz entfernt, dass sie bei **Schichtdienst** oder **Rufbereitschaft** nicht mehr erreicht werden kann und wird deshalb an diesen Tagen eine am Arbeitsort vorhandene Unterkunftsmöglichkeit genutzt, so besteht ein Wahlrecht, die bei doppelter Haushaltsführung zulässigen Abzugsbeträge mit einer Familienheimfahrt wöchentlich, oder die Kosten für häufigere Fahrten zur Lebensmittelpunktwohnung (BFH 2.10.92, BStBl II 93, 113) geltend zu machen. Dabei ist nicht entscheidend, ob die Unterkunft am Arbeitsort üblichen Komfortansprüchen entspricht, sofern noch von einem „Wohnen" die Rede sein kann und es sich nicht nur um eine der oben (Rz 20) beschriebenen bloßen Schlafstellen handelt. 24

2. Zuwendungsformen. Der ArbGeb kann dadurch Arbeitslohn zuwenden, dass er dem ArbN verbilligt ein Grundstück überlässt, ein Wohnrecht einräumt, Mietnachlass gewährt (ebenso Mietnachlass durch Tochtergesellschaft BFH 7.11.06 – VI R 70/02, DStRE 07, 405; zur Mietzahlung als verdeckte Gewinnausschüttung BFH 19.1.07 – I B 55/06, BFH/NV 07, 978), oder sich sonst an den Kosten des Wohnens beteiligt, zB durch Übernahme von Schönheitsreparaturen (BFH 17.8.73, BStBl II 74, 8), von Anschaffungsnebenkosten (BFH 22.1.88, BStBl II 88, 525 unter 4.), durch Verzicht auf Ersatz von Nebenkosten oder durch Zinszuschüsse. Ein geldwerter Vorteil entsteht aber nur, wenn die Summe aller Mietkosten des ArbN den unteren Mietspiegelrahmen für vergleichbare Wohnungen zuzüglich umlegbarer Nebenkosten unterschreitet (BFH 22.1.88, BStBl II 88, 525). 25

Wird ein **Grundstück** unter dem ortsüblichen Marktpreis veräußert, so fließt der diesbezügliche geldwerte Vorteil mit der Verschaffung des wirtschaftlichen Eigentums zu, also sobald Besitz, Gefahr, Nutzen und Lasten übergehen (BFH 2.10.87, BFH/NV 88, 86; 10.11.89, BFH/NV 90, 290; *Offerhaus* StuW 06, 318). Hat der ArbN in dem vom ArbGeb an ihn veräußerten Haus bereits zuvor gewohnt, ist als Marktpreis der Wert eines leer stehenden und nicht der eines vermieteten Hauses anzusetzen (vgl BFH 15.3.2000 – VI B 119/98, DStRE 2000, 892). Eine Kaufpreisermäßigung, die darauf zurückzuführen ist, dass der ArbN zuvor als Mieter werterhöhende Maßnahmen durchgeführt hat, dürfte nicht zu Arbeitslohn führen (vgl BFH 27.8.97 – X R 138–139/94, BFH/NV 98, 443). Bei Einräumung einer **Option** auf Erwerb eines verbilligten Grundstücks entsteht der geldwerte Vorteil erst mit der Erfüllung des Optionsrechts (BFH 26.7.85, BFH/NV 86, 306; BFH 23.7.99 – VI B 116/99, BStBl II 99, 684; *Thomas* DStZ 99, 710). 26

Demgegenüber ist bei Bestellung eines **Erbbaurechts** der sich aus einem unangemessen niederen Erbbauzins ergebende Vorteil bereits voll im Jahr der Bestellung zu erfassen (BFH 10.7.83, BStBl II 83, 642). Hierzu nicht im Widerspruch steht, dass bei einem unentgeltlich eingeräumten lebenslänglichen **obligatorischen Nutzungsrecht** als geldwerter Vorteil lediglich monatlich die ersparte ortsübliche Miete zufließt, denn anders als hier kann der Vorteil aus der Erbbaurechtsbestellung sofort durch Beleihung oder Veräußerung realisiert werden (BFH 22.1.88, BStBl II 88, 525). Ein monatlicher Zufluss ist auch anzunehmen, wenn das obligatorische Nutzungsrecht durch eine beschränkte persönliche Dienstbarkeit nach § 1093 BGB abgesichert ist (BFH 19.8.04 – VI R 33/97, BStBl II 04, 1076 = DStR 04, 1825). Ebenso wie das obligatorische Wohnrecht ist auch der unentgeltliche **Nießbrauch** an einer Wohnung zu behandeln (BFH 26.5.93, BStBl II 93, 686). Wird im Fall des Wohnrechts nunmehr auch das Grundstück übertragen und dabei der Kaufpreis wegen des Wohnrechts gemindert, so fließt in diesem Zeitpunkt noch der verbliebene Kapitalwert des Wohnrechts als geldwerter Vorteil zu. Die genannten Beispiele zeigen, dass ArbGeb und ArbN im Einvernehmen den Zuflusszeitpunkt von Vorteilen aus Grundstücksnutzungen gestalten können. 27

3. Bewertung des Vorteils. a) Sachbezugswerte. Es wird zwischen Unterkunft und Wohnung unterschieden. Der Wert einer freien **Unterkunft** beträgt gem § 2 Abs 3 SvEV 221 € monatlich, der sich in bestimmten Fällen (Aufnahme in den Haushalt des ArbGeb, Gemeinschaftsunterkunft, Jugendliche, Mehrfachbelegung, vgl § 2 Abs 3 SvEV) prozentual vermindert. Die Sachbezugswerte für eine Unterkunft sind nach § 8 Abs 2 Satz 6 EStG auch 28

143 Dienstwohnung

dann verbindlich, wenn sie im Einzelfall über dem Marktpreis liegen sollten (BFH 23.8.07 – VI R 74/04, BStBl II 07, 948 = DStRE 07, 1482). Demgegenüber ist eine **Wohnung** (vgl dazu Rz 37) mit dem ortsüblichen Mietpreis unter Berücksichtigung der sich aus der Lage zum Betrieb ergebenden Beeinträchtigungen zu bewerten (§ 2 Abs 4 SvEV). Ist die Bewertung des ortsüblichen Mietpreises mit außergewöhnlichen Schwierigkeiten verbunden, werden feste Quadratmeterpreise monatlich (3,88 € bei normaler bzw bei einfacher Ausstattung – keine Sammelheizung oder kein Bad oder Dusche – 3,17 € § 2 Abs 4 Satz 2 SvEV) zugrundegelegt.

29   Lediglich eine Unterkunft ist ein Wohnraum mit Mitbenutzung von Bad, Toilette und Küche, während ein Einzimmerappartement mit Küchenzeile und WC als Nebenraum eine Wohnung darstellt (R 8.1 Abs 6 Satz 4 LStR). Werden Unterkunft oder Wohnung verbilligt überlassen, ist der Unterschiedsbetrag zwischen dem vereinbarten Preis und den obigen Werten als Lohn zu erfassen.

30   b) **Schätzung.** Hat der ArbGeb eine Wohnung von dritter Seite angemietet, so kann regelmäßig davon ausgegangen werden, dass dies zum ortsüblichen Preis geschehen ist (BFH 18.1.85, BFH/NV 85, 54). Etwas anderes kann bspw anzunehmen sein, wenn die Wohnung von einem verbundenen Unternehmen überlassen worden ist (BFH 7.2.86, BFH/NV 86, 494; FG Hess 29.9.97, EFG 98, 463 zu Grundstücksübergang bei Vorkaufsrecht und Gebäude unter Denkmalschutz; FG Münster 5.2.97, EFG 97, 1511 bei Übertragung außerhalb des normalen Geschäftsverkehrs). Gehört demgegenüber die Wohnung dem ArbGeb, ist die Marktmiete zu schätzen, um festzustellen, ob und ggf in welcher Höhe durch Mietnachlass Arbeitslohn zugewendet wird. Marktmiete ist dabei grundsätzlich der günstigste Preis, der am Ort für eine vergleichbare Wohnung zu entrichten ist (BFH 4.5.06 – VI R 28/05, BStBl II 06, 781 = DStR 06, 1594). Werden Nebenkosten nicht erhoben ist Vergleichswert die ortsübliche Kaltmiete plus umlagefähige Nebenkosten (BFH 11.5.11 – VI R 65/09, DStR 11, 1849).

31   Ob bei besonders **aufwändigen Häusern** statt der Marktmiete (vgl BFH 11.10.77, BStBl II 77, 860) ausnahmsweise die höhere Kostenmiete anzusetzen ist (für die Ermittlung der Einkünfte aus **Vermietung und Verpachtung** BFH 21.1.86, BStBl II 86, 394; für die dem Vorstand einer AG überlassene Villa BFH 8.3.68, BStBl II 68, 435), ist streitig (ablehnend *Barein* DB 88, 1353). Jedenfalls dürfte ein Abschlag weder deswegen vorzunehmen sein, weil der ArbN auf eigene Kosten weniger aufwändig wohnen würde (vgl BFH 2.2.90, BStBl II 90, 472), noch aus dem Grunde, dass die Wohnung den persönlichen Bedürfnissen des ArbN nicht entspricht, weil sie ihm zu groß ist (BFH 2.10.68, BStBl II 69, 73; fraglich, wenn einzelne Räume nachweislich nicht oder nur für den ArbGeb genutzt werden), noch deswegen, weil der ArbGeb eigene **Repräsentationszwecke** mit der Unterkunft verbindet (vgl BFH 9.3.90, BStBl II 90, 712 einerseits und 20.9.85, BStBl II 85, 718 andererseits). Auch eine **Residenzpflicht** des ArbN oder die Tatsache, dass er – wie etwa ein Pfarrer – aus dienstlichen Gründen in der Wohnung zu sprechen sein muss, rechtfertigt keinen Abschlag (BFH 29.3.85, BFH/NV 86, 52).

32   Ob bei einer **Hausmeisterwohnung** wegen Zugangsbeschränkungen oder sonstiger Nutzungsbeeinträchtigungen ein Abschlag vorzunehmen ist, ist Tatfrage (BFH 16.2.05 – VI R 46/03, BStBl II 05, 529 = DStR 05, 917 auch zum Rabattfreibetrag, vgl auch Rz 34). Bei der Ermittlung der Marktmiete ist im Übrigen nicht von Bedeutung, ob der ArbGeb aus tarifrechtlichen oder sonstigen Gründen für die Bewertung von Dienstwohnungen zu Besoldungszwecken nach bestimmten Regeln verfährt (BFH 15.12.78, BStBl II 79, 629; vgl aber auch BFH 16.3.62, BStBl III 62, 284). Die verbilligte Vermietung einer Wohnung an den Gesellschafter-Geschäftsführer stellt eine verdeckte Gewinnausschüttung dar (BFH 17.11.04 – I R 56/03, DStR 05, 594). Überlässt der ArbGeb dem ArbN im Rahmen einer Auslandstätigkeit eine Wohnung im Ausland, wird nach R 8.1 Abs 6 Satz 10 LStR hinsichtlich des Wohnwerts eine Deckelung vorgenommen.

33   c) **Nichtbeanstandungsgrenze.** Die Verwaltung hat bis einschließlich Abschn 50 Abs 2 Nr 3 LStR 87 bei Wohnungen in werkseigenen Gebäuden den Unterschied zwischen ortsüblichem und tatsächlich entrichtetem Mietpreis nicht als Arbeitslohn erfasst, wenn er monatlich 40 DM nicht überstiegen hat. Bei Überschreiten dieser Freigrenze wurde der gesamte Betrag der Besteuerung unterworfen. Gem OFD Münster 5.7.90, DB 90, 1490 soll dies in modifizierter Form – zur Vermeidung von Auseinandersetzungen bei schwieriger Ermittlung der ortsüblichen Miete – weitergelten. Für ein derartiges Nichterfassen fest-

stehenden Arbeitslohns in Bagatellfällen besteht keine Rechtsgrundlage (FG Köln 20.10.83, EFG 84, 230; vgl auch BFH 3.3.72, BStBl II 72, 490; *Offerhaus* DStJG Bd 9, 136). Die Anweisung kann aber so verstanden werden, dass die Frage, ob überhaupt eine Zuwendung vorliegt, in Zweifelsfällen zugunsten des ArbN verneint wird.

d) Rabattfreibetrag. Nutzungsüberlassungen, also auch die verbilligte oder unentgeltliche Überlassung von Wohnungen gehörten ebenfalls zu den Dienstleistungen iSv § 8 Abs 3 EStG, weshalb auf diesen Vorteil auch der Rabattfreibetrag von 1080 € angewendet werden kann, wenn das Vermieten zur Produktpalette des ArbGeb gehört. Im Hinblick auf das Urt BFH 4.11.94 (BStBl II 95, 338 mit Anm *Thomas* KFR/F 6 EStG § 8, 1/95, S 143) hat die Verwaltung ihre davor abweichende Auffassung aufgegeben (R 8.2 Abs 1 Nr 2 Satz 3 LStR). 34

C. Sozialversicherungsrecht *Schlegel*

1. Beitragspflichtiger geldwerter Vorteil. Arbeitsentgelt iSd § 14 SGB IV sind auch Sachbezüge, die der ArbN von seinem ArbGeb kostenlos oder jedenfalls verbilligt erhält. Dazu zählt auch die Überlassung einer Wohnung. In welcher Höhe der Sachbezug dem Arbeitsentgelt zuzurechnen ist, richtet sich nach den Bestimmungen der SozialversicherungsentgeltVO (vgl § 2 SvEV, dazu ausführlich unter *Sachbezug*). Sind bestimmte Vorteile ganz oder teilweise steuerfrei (vgl § 3 Nr 59 EStG für Vorteile aus der Förderung von Wohnraum, dazu oben Rz 22, oder weil der ArbGeb Wohnungen geschäftsmäßig vermietet, dazu Rabattfreibetrag oben Rz 34), sind sie auch in der SozV nicht beitragspflichtig. Im Einzelnen gilt für die Wertermittlung Folgendes: 35

a) Sachbezüge. Zu unterscheiden ist zwischen Unterkunft und Wohnung. Dabei wird der Begriff der Wohnung für in sich geschlossenen Einheiten von Räumen verwandt, in denen ein selbstständiger Haushalt geführt werden kann, mit der Folge, dass dieser Sachbezug nach dem ortsüblichen Mietpreis bewertet wird. Soweit diese Voraussetzungen nicht erfüllt sind, handelt es sich um Unterkünfte, für die ein amtlicher Sachbezugswert bestimmt wird. 36

b) Freie Wohnung. Eine Wohnung ist eine in sich geschlossene Einheit von Räumen, in denen ein selbstständiger Haushalt geführt werden kann. Wesentlich ist, dass eine Wasserversorgung und -entsorgung, zumindest eine einer Küche vergleichbare Kochgelegenheit sowie eine Toilette vorhanden sind. Danach stellt zB ein Einzimmerappartement mit Küchenzeile und WC als Nebenraum eine Wohnung dar, nicht dagegen ein Wohnraum bei bloßer Mitbenutzung von Bad, Toilette und Küche. Eine Wohnung ist mit dem **ortsüblichen Mietpreis** unter Berücksichtigung der sich aus der Lage der Wohnung zum Betrieb ergebenden Beeinträchtigungen zu bewerten. Ist im Einzelfall die Feststellung des ortsüblichen Mietpreises mit außergewöhnlichen Schwierigkeiten verbunden, kann die Wohnung mit den aus der SvEV ersichtlichen Werten angesetzt werden. Bestehen gesetzliche Mietpreisbeschränkungen, sind die durch diese Beschränkungen festgelegten Mietpreise als Wert anzusetzen. Dies gilt auch für die vertraglichen Mietpreisbeschränkungen im sozialen Wohnungsbau, die nach den jeweiligen Förderrichtlinien des Landes für den betreffenden Förderjahrgang sowie für die mit Wohnungsfürsorgemitteln aus öffentlichen Haushalten geförderten Wohnungen vorgesehen sind. Für **Energie, Wasser und sonstige Nebenkosten** ist der übliche Preis am Abgabeort anzusetzen. 37

c) Freie Unterkunft. Die einem ArbN zur Verfügung gestellte freie Unterkunft ist von Art und Größe her mit dem beheizbaren Zimmer eines Untermieters vergleichbar. Die SvEV gibt an, welcher Wert hierfür als geldwerter Vorteil (Arbeitsentgelt) anzusetzen ist. Der Wert für die Unterkunft schließt auch die früher besonders bewertete Beleuchtung ein. Zu den maßgeblichen Werten vgl *Sachbezug* Rz 39 ff. 38

d) Sammelunterkünfte. Der in der SvEV genannte Wert (s *Sachbezug* Rz 39 ff) für freie Unterkunft vermindert sich, wenn es sich um eine Sammelunterkunft handelt (vgl § 2 Abs 3 SvEV). 39

e) Verbilligte Wohnung oder Unterkunft. Werden Unterkunft oder Wohnung verbilligt als Sachbezug zur Verfügung gestellt, ist der Unterschiedsbetrag zwischen dem vereinbarten Preis und dem Wert, der sich bei freiem Bezug nach den § 2 Abs 3–5 SvEV ergeben würde, dem Arbeitsentgelt zuzurechnen. 40

2. Beitragsrecht. Der geldwerte Vorteil, der dem ArbN durch freie oder verbilligte Wohnung in Form des Sachbezuges zukommt, ist als laufend gezahltes Arbeitsentgelt zu 41

144 Diskriminierung

behandeln und in demjenigen Abrechnungszeitraum zu berücksichtigen, in dem dem ArbN die Wohnung zur Verfügung gestellt wurde (s *Sachbezug* Rz 39 ff). Er ist zum sonstigen Bruttoarbeitsentgelt zu addieren und dann Teil der Beitragsbemessungsgrundlage vgl auch *Schlegel/Voelzke* SGB IV, § 28g Rz 17.

Diskriminierung

A. Arbeitsrecht
Kania

Übersicht

	Rz		Rz
I. Allgemeines	1, 2	4. Sexuelle Belästigung	59–63
II. Anwendungsbereich des AGG	3–26	5. Anweisung zur Benachteiligung	64–66
1. Zeitlich	3, 4	V. Zulässige Ungleichbehandlung	67–106
2. Sachlich	5–17	1. Wegen wesentlicher und entscheidender beruflicher Anforderung, § 8 Abs 1 AGG	69–79
a) Auswahl	5		
b) Beschäftigungs- und Arbeitsbedingungen	6–9	a) Allgemeines	69–72
c) Arbeitsentgelt	10–14	b) Einzelfälle	73–79
d) Entlassungsbedingungen	15	2. Wegen der Religion oder Weltanschauung, § 9 AGG	80–82
e) Berufsausbildung, Beschäftigten- und Arbeitgebervereinigungen	16, 17	3. Wegen des Alters, § 10 AGG	83–101
		a) Generalklausel	84–88
3. Bereichsausnahme	18–22	b) Die Regelbeispiele Nr 1–6	89–101
a) Kündigungen	18–20	4. Positive Maßnahmen	102–106
b) Betriebliche Altersversorgung	21	VI. Organisationspflichten des Arbeitgebers	107–110
c) Leistungen nach dem SGB	22	1. Ausschreibung	107
4. Personeller Geltungsbereich	23–26	2. Maßnahmen und Pflichten	108–110
III. Unzulässige Differenzierungsmerkmale	27–42	VII. Rechtsfolgen	111–134
1. Rasse oder Ethnische Herkunft	28–32	1. Beschwerde-, Leistungsverweigerungsrecht und Maßregelungsverbot	111–113
2. Geschlecht	33, 34		
3. Religion oder Weltanschauung	35–37	2. Unwirksamkeit benachteiligender Regelungen, § 7 Abs 2 AGG	114–118
4. Behinderung	38–40		
5. Sexuelle Identität	41	3. Entschädigung und Schadensersatz, § 15 AGG	119–126
6. Alter	42		
IV. Unzulässige Benachteiligungsformen	43–66	4. Konkurrenzen	127
1. Unmittelbare Benachteiligung	45–52	5. Prozessuales	128–135
2. Mittelbare Benachteiligung	53–55		
3. Belästigung	56–58		

1 I. Allgemeines. Mit Inkrafttreten des Allgemeinen Gleichbehandlungsgesetzes (AGG) am 18.8.2006 ist das nationale Arbeitsrecht mit einer eigenständigen Kodifikation des Antidiskriminierungsrechts ausgestattet worden. Das Gesetz dient der Umsetzung der europäischen Richtlinien 2000/43/EG vom 29.6.2000 (ABl EG Nr L 180 S 22), 2000/78/EG vom 27.11.2000 (ABl EG Nr L 303 S 16) und der RL 76/207/EWG idF der RL 2002/73/EG vom 23.9.2002 (ABl EG Nr L 269 S 15) sowie der Richtlinie 2004/113/EG vom 13.12.2004 (ABl EU Nr L 373 S 37). Ziel des Gesetzes ist es, einen umfassenden Schutz vor Benachteiligungen aus Gründen der Rasse oder wegen der ethnischen Herkunft, des Geschlechts, der Religion oder Weltanschauung, einer Behinderung, des Alters oder der sexuellen Identität sowohl im Zivil- als auch im Arbeitsrecht zu schaffen.

2 Im Zuge der Richtlinienumsetzung durch das AGG wurden die §§ 611a, 611b, 612 Abs 3 BGB sowie das Beschäftigtenschutzgesetz aufgehoben und ins AGG integriert. § 81 Abs 2 SGB IX verweist nunmehr zur näheren Ausgestaltung des Diskriminierungsverbots Schwerbehinderter in Satz 2 auf die Regelungen des AGG. Ebenfalls modifiziert wurde § 75 Abs 1 BetrVG. § 75 Abs 1 Satz 1 BetrVG wurde an die Merkmale des AGG angepasst. Zugleich wurde § 75 Abs 1 Satz 2 BetrVG, der das Verbot wegen Benachteiligung der Überschreitung einer Altersgrenze vorsah, gestrichen. Dies ist dem Verbot der Altersdiskriminierung immanent.

II. Anwendungsbereich des AGG. 1. Zeitlich. Das AGG entfaltet mit dem Tag seines 3
Inkrafttretens am 18.8.06 für alle von seinem Anwendungsbereich erfassten Benachteiligungstatbestände Wirkung. Es gilt auch für alle individuellen und kollektiven Vereinbarungen, die zu diesem Zeitpunkt schon bestanden. Die Übergangsbestimmungen des § 33 AGG
enthalten für das Arbeitsverhältnis, obwohl es sich um ein Dauerschuldverhältnis handelt,
keine Übergangsfristen. Benachteiligungen, die vor Inkrafttreten des AGG eingetreten
sind und bei denen eine **zeitliche Zuordnung** problemlos möglich ist, so idR bei Kündigung, diskriminierender Ausschreibung, Nichteinstellung und Nichtbeförderung, müssen
nach bisherigem Recht beurteilt werden. Für Benachteiligungen wegen des Geschlechts
findet dann das vor dem 18.8.06 maßgebliche Recht Anwendung, nämlich die §§ 611a,
611b, 612 Abs 3 BGB in der alten Fassung sowie das inzwischen aufgehobene BeschSchG
für sexuelle Belästigungen.

Für Benachteiligungen von Beschäftigten, die vor dem 18.8.06 eingetreten sind und 4
gegenwärtig fortwirken (wenn zB bei Weisungen und faktischen Benachteiligungen ein
diskriminierender Dauertatbestand besteht), gilt das AGG „ex nunc", also mit seinem
Inkrafttreten; das AGG legt sich in § 33 AGG keine Rückwirkung zu. Gewährt ein Tarifvertrag, der schon vor dem 18.8.06 abgeschlossen wurde, mit steigendem Lebensalter eine
höhere Grundvergütung, ist diese benachteiligende Regelung insoweit gem § 7 Abs 2 AGG
unwirksam. Die benachteiligten Beschäftigten können ab dem 18.8.06 eine Gleichstellung
mit dem Meistbegünstigten verlangen. Dem steht nach neuerer Rspr auch nicht der Grundsatz des Vertrauensschutzes entgegen, da es sich hierbei um den Fall einer „unechten"
Rückwirkung handelt und ein geschützter Vertrauenstatbestand wegen entgegenstehender
Vorgaben der EG-Richtlinien bereits vor der Umsetzung in nationales Recht nicht vorliegt
(LAG Bln-Bbg 11.9.08 – 20 Sa 2244/07, NZA-RR 09, 378; s dazu Rz 90, 117).

2. Sachlich. a) Auswahl, Einstellung und beruflicher Aufstieg. Der sachliche Gel- 5
tungsbereich des AGG umfasst gem § 2 Abs 1 Nr 1 AGG alle Bedingungen, einschließlich
Auswahlkriterien und Einstellungsbedingungen, die den Zugang zur selbstständigen und
unselbstständigen Erwerbstätigkeit sowie für den beruflichen Aufstieg regeln. Der Diskriminierungsschutz der Beschäftigten erstreckt sich folglich in den vorvertraglichen Bereich, so
dass Bewerbung, Einstellung und Auswahl, unabhängig von der Art der Tätigkeit oder der
beruflichen Position, dem Benachteiligungsverbot unterliegen. Das **Fragerecht des Arb-
Geb** wird infolgedessen dahingehend eingeschränkt, dass er hinsichtlich eines unzulässigen
Differenzierungsmerkmals keine Auskunft fordern darf, es sei denn, die Ungleichbehandlung
selbst wäre gerechtfertigt. Näheres zum Fragerecht s *Auskunftspflichten Arbeitnehmer* Rz 13;
zur Schwerbehindertenfrage s Rz 40 und *Behinderte* Rz 25. Schließlich verpflichtet § 11
AGG zur benachteiligungsfreien Arbeitsplatzausschreibung (ausführlich zur Einstellung und
Auswahl *Kania/Merten* ZIP 07, 8; vgl auch *Ausschreibung* Rz 2). Der berufliche Aufstieg
beinhaltet nur Veränderungen im Tätigkeits- und Verantwortungsbereich. Eine Erhöhung
allein der Gegenleistung ist lediglich eine Veränderung des Entgelts, betrifft mithin die
Arbeitsbedingung und nicht den beruflichen Aufstieg (ErfK/*Schlachter* § 2 AGG Rz 6).

b) Beschäftigungs- und Arbeitsbedingungen. Zudem müssen alle Beschäftigungs- 6
und Arbeitsbedingungen, einschließlich Arbeitsentgelt und Entlassungsbedingungen (§ 2
Abs 1 Nr 2 AGG), frei von Benachteiligungen sein. Ausdrücklich erwähnt das AGG indivi-
dual- und kollektivvertragliche Vereinbarungen und Maßnahmen (s § 2 Abs 1 Nr 2 Hs 2
AGG). Somit berührt das Benachteiligungsverbot des AGG im Gegensatz zum Gleichbehandlungsgrundsatz, der stets eines kollektiven Bezuges bedarf (s *Gleichbehandlung* Rz 6), den
Bereich der Individualvereinbarungen sowie individueller Maßnahmen.

Arbeitsbedingungen sind nach der EuGH-Rspr zur RL 76/207 EWG solche, die im 7
Arbeitsverhältnis enthalten oder vom ArbGeb im Rahmen des Beschäftigungsverhältnisses
anzuwenden sind (*Senner* RdA 02, 80), Leistungen die notwendig mit einem Arbeitsver-
hältnis verbunden sind (EuGH 13.7.95 – Rs C-116/94 Meyers, AP Nr 69 zu Art 119
EWG-Vertrag) sowie sonstige Rahmenbedingungen, soweit sie rechtlich beeinflussbar sind
(*Lingscheid* Antidiskriminierung im Arbeitsrecht 04, 89).

Der **Begriff der Vereinbarung** ist weit zu verstehen und umfasst alle Rechtsgeschäfte, zB 8
Vertragsabschluss, -änderung, -beendigung, betriebliche Übung, Gesamtzusagen, Betriebsvereinbarungen usw (ErfK/*Schlachter* § 2 AGG Rz 9; *Löwisch* DB 06, 1729). Erfasst sind

144 Diskriminierung

daher Vereinbarungen zwischen ArbGeb und ArbN, aber auch Tarifverträge und vergleichbare kollektive Regelungen (BT-Drs 16/1780 S 31). Infolgedessen ist das Benachteiligungsverbot bei Personalfragebögen, Beurteilungsgrundsätzen (§ 94 BetrVG) und Auswahlrichtlinien (§ 95 BetrVG) zu beachten. Maßnahmen dagegen bezeichnen jedes tatsächliche ArbGebVerhalten. Dem Benachteiligungsverbot unterliegen somit auch das Weisungsrecht und die Erteilung von Abmahnungen (ErfK/*Schlachter* § 2 AGG Rz 9). Weiterhin ist das billige Ermessen in § 315 BGB unter Berücksichtigung des AGG zu beurteilen.

9   Erfasst sind alle Beschäftigungs- und Arbeitsbedingungen von der Durchführung bis zur Beendigung des Arbeitsverhältnisses. Anders als noch bei § 611a BGB aF beansprucht das Benachteiligungsverbot auch für Vereinbarungen und Maßnahmen Geltung, die **über** den **Beendigungszeitpunkt hinaus** nachwirkende Folgen haben, wie zB Arbeitszeugnisse oder Wettbewerbsverbote (BT-Drs 16/1780 S 31).

10 c) **Arbeitsentgelt.** Die eigenständige Erwähnung des Arbeitsentgelts in § 2 Abs 1 Nr 2 AGG ist keine Erweiterung des Anwendungsbereichs, sondern dient lediglich dem Hinweis auf diesen besonderen Bereich der Arbeitsbedingungen (ErfK/*Schlachter* § 2 AGG Rz 8). Das Arbeitsentgelt ist in Art 141 Abs 2 EG-Vertrag legal definiert. Demnach sind unter Arbeitsentgelt alle üblichen Löhne und Gehälter sowie alle sonstigen Vergütungen zu verstehen, die der ArbGeb aufgrund des Dienstverhältnisses dem ArbN unmittelbar oder mittelbar in bar oder als Sachleistung zahlt. Diese Begriffsbestimmung des Arbeitsentgelts ist auch für das AGG maßgeblich.

11 Eine unterschiedliche Vergütung für **gleiche oder gleichwertige Arbeit** wegen eines unzulässigen Differenzierungsmerkmals ist unzulässig, solange sie nicht durch einen dem Diskriminierungsverbot immanenten Rechtfertigungsgrund legitimiert ist. Schutzpflichten des ArbGeb, die gegenüber einem Beschäftigen bestehen, rechtfertigen keine unterschiedliche Vergütung bei gleicher oder gleichwertiger Arbeit (§ 8 Abs 2 AGG). Das zuvor nur für das Geschlecht in § 612 Abs 3 Satz 1 BGB aF enthaltene Gebot der Entgeltgleichheit besteht nun bzgl aller verpönten Merkmale.

12 Anlehnend an die Rspr zur Geschlechterdiskriminierung liegt eine gleiche Arbeit vor, wenn ArbN an verschiedenen oder nacheinander an denselben Arbeitsplätzen **identische oder gleichartige Tätigkeiten** ausüben. Ob die Arbeit gleich ist, ist durch einen Gesamtvergleich zu ermitteln. Ausschlaggebend hierfür sind die jeweiligen Arbeitsvorgänge und ihr Verhältnis zueinander (BAG 26.1.05 – 4 AZR 171/03, NZA 05, 1059). Eine gleichwertige Arbeit beurteilt sich nach demselben Arbeitswert (BT-Drs 8/3317 S 10). Verrichten die Beschäftigten hingegen unterschiedliche Tätigkeiten oder liegen unterschiedliche Qualifikationen vor, so ist dies keine vergleichbare Situation und das Diskriminierungsverbot steht der unterschiedlichen Vergütung nicht entgegen, soweit sie nicht zusätzlich wegen eines verpönten Merkmals erfolgt.

13 Erfasst werden **sämtliche Vergütungsformen** wie zB Sachbezüge, Zulagen, Gratifikationen oder Prämien. Ausdrücklich betont der EuGH, dass der Grundsatz gleichen Entgelts auch von den Tarifvertragsparteien zu beachten ist. Allerdings kann der Umstand, dass ein Vergütungssystem in Verhandlungen zwischen Kollektivorganisationen ausgehandelt worden ist, ein Indiz dafür sein, dass Vergütungsunterschiede auf objektiven Kriterien beruhen, die nichts mit einer Diskriminierung aufgrund des Geschlechts (bzw eines unzulässigen Merkmals) zu tun haben (EuGH 31.5.95 – C-400/93, BB 95, 1484).

14 Die erforderliche Glaubhaftmachung für eine Diskriminierung im Entgeltbereich ist wie in § 611 Abs 3 Satz 1 BGB aF erbracht, wenn ArbN eines bestimmten Merkmals zahlenmäßig wesentlich häufiger geringer entlohnt werden und die Entlohnungspraxis des ArbGeb für die ArbN nicht durchschaubar ist (BAG 23.9.92 – 4 AZR 30/92, DB 93, 737). Dasselbe gilt, wenn eine gleichwertige Tätigkeit erheblich unterschiedlich vergütet wird und die eine Tätigkeit überwiegend von einer Personengruppe mit einem verpönten Merkmal ausgeübt wird. So kann eine **mittelbare Geschlechtsdiskriminierung** in einem Betrieb, in dem über die individuelle Arbeitszeit hinausgehende Mehrarbeit geringer vergütet wird, darin liegen, dass Teilzeitbeschäftigte für bis zur Grenze der Regelarbeitszeit der Vollzeitbeschäftigten erbrachte Mehrarbeit eine niedrigere Vergütung erhalten, wenn Vollzeitbeschäftigte bei gleicher Mehrarbeitszeit eine höhere Vergütung erhalten (EuGH 6.12.07 – Rs C-300/06 Voß, NZA 08, 31). Der ArbGeb muss sodann den Nachweis erbringen, dass dieser Unterschied durch Faktoren sachlich gerechtfertigt ist, die nicht auf einem unzulässigen Merkmal

beruhen (zur Geschlechterdiskriminierung EuGH 27.10.93 – Rs C-127/92 Enderby, ArbuR 93, 409; vgl zur Beweislast Rz 130 ff).

d) Entlassungsbedingungen. Entlassung bedeutet nicht nur die einseitige ordentliche 15 oder außerordentliche (Änderungs-)Kündigung (vgl dazu Rz 19 ff), sondern auch die Beendigung durch Befristung, Anfechtung, Nichtigkeit des Arbeitsverhältnisses (EuGH 16.2.82 – Rs C-19/81 Burton, NJW 82, 2726; *Senner* RdA 02, 80) sowie die Beendigung durch einvernehmliche freiwillige Aufhebung ggf gegen Gewährung einer Geldleistung (EuGH 8.9.05 – Rs C-191/03, NZA 05, 1105; 16.2.82 – Rs C-19/81 Burton, NJW 82, 2726).

e) Berufsausbildung, Beschäftigten- und Arbeitgebervereinigungen. In Anlehnung 16 an Art 3 Abs 1b der Richtlinien erfasst § 2 Abs 1 Nr 3 AGG den Zugang zu allen Formen und allen Ebenen der Berufsausbildung, der beruflichen Weiterbildung und der Umschulung einschließlich der praktischen Berufserfahrung. Einbezogen werden allerdings nur diejenigen Bereiche, die vom ArbGeb beeinflussbar sind.

Schließlich findet das Benachteiligungsverbot Anwendung auf die **Mitgliedschaft** und 17 **Mitwirkung** in Beschäftigten- und ArbGebVereinigungen oder Vereinigungen, deren Mitglieder bestimmten Berufsgruppen angehören. Ebenfalls erfasst ist die Inanspruchnahme der **Leistungen** solcher Vereinigungen (§ 2 Abs 1 Nr 4 AGG). § 18 Abs 1 Nr 1 und 2 AGG erstreckt das Benachteiligungsverbot auf die Mitgliedschaft und die Mitwirkung in einer Tarifvertragspartei oder in Vereinigungen deren Mitglieder einer bestimmten Berufsgruppe angehören oder die eine überragende Machtstellung im wirtschaftlichen oder sozialen Bereich innehaben, wenn ein grundlegendes Interesse am Erwerb der Mitgliedschaft besteht, sowie auf deren jeweilige Zusammenschlüsse.

3. Bereichsausnahme. a) Kündigungen. Lange war **umstritten,** ob das AGG auch bei 18 Kündigungen anwendbar ist, da der Gesetzgeber mit § 2 Abs 4 AGG den Schutz vor diskriminierenden Kündigungen dem allgemeinen und besonderen Kündigungsschutz überantwortet hat. Allgemeiner Kündigungsschutz iSd § 2 Abs 4 AGG bezeichnet sowohl den von der Rspr aus §§ 138, 242 BGB abgeleiteten Mindestkündigungsschutz als auch den durch das KSchG gewährten Schutz (*Diller/Krieger/Arnold* NZA 06, 887). Zum besonderen Kündigungsschutz zählen Kündigungsschutzbestimmungen wie zB § 9 MuSchG, §§ 85 ff SGB IX (*Löwisch* BB 06, 2189; *Willemsen/Schweibert* NJW 06, 2583). Im Unterschied zum nationalen deutschen Recht beziehen die europäischen Richtlinien Kündigungen in den Geltungsbereich der Diskriminierungsverbote mit ein. Insoweit steht die in § 2 Abs 4 AGG enthaltene Bereichsausnahme nach bislang hM nicht im Einklang mit den europarechtlichen Vorgaben, womit eine richtlinienkonforme Auslegung des KSchG geboten sei (*Annuß* BB 06, 1629; *Diller/Krieger/Arnold* NZA 06, 887; ErfK/*Schlachter* § 2 AGG Rz 16; *Hein* NZA 08, 1033).

Nach inzwischen gefestigter Rspr des BAG finden die Diskriminierungsverbote des **AGG** 19 **im Rahmen des Kündigungsschutzes** nach dem KSchG Anwendung (BAG 5.11.09 – 2 AZR 676/08, NZA 10, 457; BAG 6.11.08 – 2 AZR 523/07, NZA 09, 361): Verstößt eine ordentliche Kündigung gegen die Diskriminierungsverbote des AGG (§§ 1–10 AGG), kann dies zur **Sozialwidrigkeit** der Kündigung nach § 1 KSchG führen. Dem steht § 2 Abs 4 AGG nicht entgegen. Diese Norm ist nicht im Sinne eines gänzlichen Anwendungsausschlusses des AGG zu verstehen, sondern sie soll eine Kohärenz zwischen dem Antidiskriminierungsrecht des AGG einerseits und dem Kündigungsrecht andererseits herstellen und die Diskriminierungsverbote des AGG in das bisherige System des Kündigungsschutzrechts einpassen. Das bedeutet insbes, dass die Unwirksamkeit diskriminierender Kündigungen nach Maßgabe des KSchG durch Kündigungsschutzklage geltend zu machen ist und dass in diesem Fall die Diskriminierungsverbote nicht als eigene Unwirksamkeitsnormen Anwendung finden. Danach tritt weder eine „Diskriminierungsklage" neben die Kündigungsschutzklage noch dürfen die besonderen Beschwerderechte nach dem AGG irgendetwas an der kündigungsrechtlichen Dogmatik ändern. Vielmehr sollen Verstöße gegen die Diskriminierungsverbote des AGG nach den kündigungsrechtlichen Maßgaben gewertet werden, also für den Bereich des KSchG im Zusammenhang mit der Frage erörtert werden, ob die Kündigung sozial gerechtfertigt ist oder nicht. Die Zulässigkeit einer Klage auf Entschädigung gem § 15 AGG bei AGG-widriger Kündigung anstelle bzw neben der Kündigungsschutzklage ist umstritten; bejaht vom LAG Brem 29.6.10 – 1 Sa 29/10, BB 10, 2512.

144 Diskriminierung

20 Bei der Berechnung der **Kündigungsfrist** müssen **entgegen § 622 Abs 2 Satz 2 BGB** auch Beschäftigungszeiten vor Vollendung des 25. Lebensjahres berücksichtigt werden. Mit Urteil im Rechtsstreit Kücükdeveci hat der EuGH Rechtsklarheit geschaffen und § 622 Abs 2 Satz 2 BGB für europarechtswidrig erklärt, da in der Nichtberücksichtigung dieser Beschäftigungszeiten eine verbotene Altersdiskriminierung liegt (EuGH 19.1.10 – C-555/07, NZA 10, 85. Die Vorschrift darf daher nicht mehr angewendet werden.

21 **b) Betriebliche Altersversorgung.** Zur Auslegung des unglücklich formulierten § 2 Abs 2 Satz 2 AGG hat das BAG klargestellt, dass das AGG bei der betrieblichen Altersversorgung – neben dem BetrAVG – Anwendung findet (BAG 11.12.07 – 3 AZR 249/06, NZA 08, 532).

22 **c) Leistungen nach dem SGB.** Soweit es um Leistungen nach dem Sozialgesetzbuch geht, gelten ausschließlich die neu eingeführten Regelungen der § 33c SGB I und § 19 SGB IV, die den Anforderungen der Richtlinien im Bereich des Sozialschutzes gerecht werden sollen (BT-Drs 16/1780 S 32).

23 **4. Personeller Geltungsbereich.** Den persönlichen Geltungsbereich für das Arbeitsrecht legt § 6 AGG fest. Demnach gilt das AGG für Beschäftigte (§ 6 Abs 1 AGG) und Arbeitgeber (§ 6 Abs 2 AGG) der Privatwirtschaft sowie des öffentlichen Dienstes. **Beschäftigte** in diesem Sinne sind ArbN (§ 6 Abs 1 Nr 1 AGG), Auszubildende (§ 6 Abs 1 Nr 2 AGG), die wegen ihrer wirtschaftlichen Unselbstständigkeit als arbeitnehmerähnlich bezeichneten Personen, einschließlich der in Heimarbeit Beschäftigten und die ihnen Gleichgestellten (§ 6 Abs 1 Nr 3 AGG). Für Beamte des Bundes, der Länder, der Gemeinden, der Gemeindeverbände sowie der sonstigen der Aufsicht des Bundes oder eines Landes unterstehenden Körperschaften, Anstalten und Stiftungen des öffentlichen Rechts und für Richter findet das AGG unter besonderer Berücksichtigung ihrer Rechtsstellung Anwendung (§ 24 AGG).

24 Ebenfalls Beschäftigte iSd AGG sind **Bewerber** oder **ehemalige Arbeitnehmer,** deren Beschäftigungsverhältnis bereits beendet ist (§ 6 Abs 1 Satz 2 AGG). Bei Letztgenannten können sich aus dem beendeten Arbeitsverhältnis noch Rechtswirkungen ergeben, zB bei Aufhebungs- und Abwicklungsverträgen, der betrieblichen Altersversorgung. Um im Anbahnungsverhältnis einem Missbrauch dieses weiten Anwendungsbereichs entgegenzuwirken, sollen nur Personen erfasst werden, die auch potentiell Opfer einer Benachteiligung iSd § 3 AGG werden können. Das sind nur solche Bewerber, die sich subjektiv ernsthaft beworben haben und objektiv für die zu besetzende Stelle in Betracht kommen (BAG 19.8.10 – 8 AZR 466/09, NZA 11, 203; LAG Bln 14.7.04 – 15 Sa 417/04, NZA-RR 05, 124; vgl Rz 123).

25 Das AGG findet zudem Anwendung für **Selbstständige** und **Organmitglieder,** insbes Geschäftsführer und Vorstände. Der Anwendungsbereich ist jedoch auf solche Regelungen beschränkt, die Bedingungen für den Zugang zur Erwerbstätigkeit oder den beruflichen Aufstieg beinhalten (§ 6 Abs 3 AGG) und den Abschluss des Dienstvertrages betreffen (keine Geltung für die Organbestellung). Die Vertragsdurchführung und die Beschäftigungsbedingungen, wie zB Arbeitsentgelt, bleiben indes bei Selbstständigen und Organmitgliedern vom Verbot der Benachteiligung unberührt (*Willemsen/Schweibert* NJW 06, 2583; ausführlich zur Stellung der Organmitglieder im AGG vgl. auch *Bauer/Göpfert/Krieger* DB 05, 595; *Thüsing* Sonderbeilage NZA Heft 22/2004, 1). **Keine Anwendung** findet das AGG auf die **Beendigung** des Beschäftigungsverhältnisses. Grds unzulässig ist demnach die Ablehnung einer Anstellung aus Altersgründen, während die Kündigung wegen Erreichens einer bestimmten Altersgrenze zulässig ist (BGH 23.4.12 – II ZR 163/10, NZA 12, 797). Würde sich der Gekündigte erneut bewerben, dürfte er daher nicht wegen seines Alters abgelehnt werden. Eine solche Differenzierung ist an sich widersprüchlich und praxisfern. Allerdings hat der BGH die unterbliebene Wiederbestellung bzw Nichtverlängerung des Dienstverhältnisses nach Ablauf der Vertragslaufzeit als „– neuen – Zugang zu dieser Tätigkeit" gewertet und damit dem Diskriminierungsschutz des AGG unterstellt (BGH 23.4.12 – II ZR 163/10, NZA 12, 797).

26 **Arbeitgeber** gem § 6 Abs 2 Satz 1 AGG sind natürliche und juristische Personen sowie rechtsfähige Personengesellschaften, die Personen nach Abs 1 beschäftigen. ArbGeb im Bereich der Leiharbeit ist auch der entleihende ArbGeb (Abs 2 Satz 2). Für die in Heimarbeit Beschäftigten und die ihnen Gleichgestellten, tritt gem § 6 Abs 2 Satz 3 AGG an die Stelle des ArbGeb der Auftraggeber oder Zwischenmeister.

III. Unzulässige Differenzierungsmerkmale. Anders als der allgemeine Gleichbe- 27
handlungsgrundsatz verbietet das AGG nicht allgemein die Ungleichbehandlung wegen eines
sachfremden Grundes, sondern nur Ungleichbehandlungen, die wegen eines bestimmten in
§ 1 AGG abschließend aufgezählten Merkmals (sog verpönte Merkmale) erfolgen.
Demnach sind Ungleichbehandlungen verboten, die an die Merkmale Rasse, ethnische
Herkunft, Geschlecht, Religion, Weltanschauung, Behinderung, Alter oder sexuelle Ausrichtung anknüpfen. Eine Legaldefinition dieser Begriffe fehlt sowohl in den Richtlinien als
auch im AGG.

1. Rasse oder ethnische Herkunft. Der Begriff der **Rasse** entzieht sich einer eindeuti- 28
gen Definition. Sowohl die Gesetzes- als auch die Richtlinienbegründung (zur sog Antirassismusrichtlinie 2000/43/EG) weisen lediglich darauf hin, dass der gewählte Begriff der
Rasse weit zu verstehen ist und nicht die Akzeptanz von Rassentheorien impliziert. Ziel ist
es, rassistische Tendenzen zu bekämpfen (BT-Drs 16/1780 S 31) und rassistisches Verhalten
zu sanktionieren. Erfasst wird daher die durch Vorurteile geprägte Vorstellung über Rassen
und deren spezifische Eigenschaften. Die Vorstellung von „Rassen" knüpft regelmäßig an
äußere körperliche Merkmale an, wie zB die Hautfarbe, die Augenform oder die Körpergröße (*Annuß* BB 06, 1629). Diese Auslegung steht mit dem Rassenbegriff des Art 3 Abs 3
GG in Einklang, nach dem der Begriff der Rasse gruppenspezifische tatsächliche sowie auch
nur behauptete biologisch vererbbare Merkmale umschreibt (*Sachs/Osterloh* Art 3 GG
Rz 293).

Das Merkmal der **ethnischen Herkunft** umschreibt die Zugehörigkeit zu einer kulturel- 29
len räumlich begrenzten Völkergruppe oder einem Stamm und ist nach hM, entsprechend
der Begriffsverwendung in völkerrechtlichen Abkommen (vgl insbes: Die Allgemeine Erklärung der Menschenrechte und die Konvention über die Eliminierung aller Formen von
Rassendiskriminierung „CERD"), weit zu verstehen (AGG/*Däubler*, § 1 Rz 25 ff mwN).
Wegen der ethnischen Herkunft benachteiligt, wer nach der Zugehörigkeit zu einer durch
sprachliche bzw kulturelle Merkmale oder durch soziale Gebräuche und Sitten verbundenen
Gemeinschaft differenziert. Erfasst sind jedenfalls Benachteiligungen aufgrund der Rasse, der
Hautfarbe, der Abstammung, des nationalen Ursprungs oder des Volkstums (*Annuß* BB 06,
1629). Entscheidend ist, ob die Merkmale zu Vorurteilen in der jeweiligen Umgebung
führen können oder bereits geführt haben.

Nimmt ein Ausländer die deutsche Staatsangehörigkeit an, ändert sich die ethnische 30
Zugehörigkeit dadurch nicht. Eine Diskriminierung wegen der Rasse oder ethnischen
Herkunft liegt auch dann vor, wenn die Benachteiligung nicht wegen einer ganz bestimmten
ethnischen Zugehörigkeit erfolgt, sondern alle Personen betrifft, die nicht als Deutsche
qualifiziert werden. Erklärt ein ArbGeb ganz allgemein, er wolle keine Ausländer einstellen,
hat diese Aussage diskriminierenden Charakter (EuGH 10.7.08 – C 54/07 Feryn, NZA 08,
929), ebenso wie die Ablehnung eines Bewerbers, weil er kein **„deutscher Muttersprachler"** ist (ArbG Berlin 11.2.09 – 55 Ca 16952/08, NZA-RR 10, 16). Der Begriff „Ossi"
bezeichnet keine Ethnie, da die gesellschaftspolitisch unterschiedlichen Entwicklungen der
damaligen DDR und der Bundesrepublik Deutschland zu keiner abgrenzbaren kulturellen
Völkergruppe geführt haben (ArbG Stuttgart 15.4.10 – 17 Ca 8907/09, NZA-RR 10, 344).
Inwieweit eine Diskriminierung vorliegt, wenn der ArbGeb die Einstellung an das **Vorliegen deutscher Sprachkenntnisse** knüpft, wird von der Rspr unterschiedlich beantwortet. Teilweise wird in der Ablehnung eines Bewerbers aufgrund mangelnder Deutschkenntnisse keine unzulässige Benachteiligung wegen der Ethnie gesehen, da er ja gerade
nicht wegen seiner Muttersprache als Merkmal seiner Herkunft, sondern wegen fehlender
Sprachkenntnisse in einer anderen Fremdsprache abgelehnt wird (BAG 28.1.10 – 2 AZR
764/08, NZA 10, 625; ArbG Berlin, 26.9.07 – 14 Ca 10356/07, ArbuR 08, 112; *Adomeit/
Mohr* NZA 07, 182). Die Gegenansicht sieht eine mittelbare Diskriminierung wegen der
Ethnie allein in der Ablehnung des Bewerbers aufgrund mangelnder Deutschkenntnisse,
wenn dem Bewerber im Bewerbungsverfahren keine adäquate Möglichkeit gewährt wird,
seine den Anforderungen der Stelle entsprechenden Sprachfähigkeiten unter Beweis zu
stellen (so bei Absage nach kurzem telefonischen Erstkontakt, s ArbG Hbg 16.1.10 – 25 Ca
282/09, ArbuR 10, 223; LAG Hamm 17.7.08 – 16 Sa 544/08, NZA-RR 09, 13). Auch
wenn das BAG dem ArbGeb hinsichtlich des Anforderungsprofils für die zu besetzende Stelle

144 Diskriminierung

grds eine Einschätzungsprärogative zuerkennt, sollten die in Frage stehenden beruflichen Fähigkeiten einen engen Tätigkeitsbezug aufweisen: Deutschkenntnisse in Wort und Schrift sollten nur in dem Maße verlangt werden, als sie tatsächlich für die Erbringung der Arbeitsleistung notwendige Voraussetzung sind, zB bei einem Arbeitsplatz mit Publikumsverkehr. Ein bloß ausländischer Akzent ist genauso wenig ein Ablehnungsgrund wie das Argument der besseren Verständigung zwischen ArbGeb und ArbN. Vor dem Hintergrund der hohen Anforderungen an die Darlegungslast des ArbGeb, insbes hinsichtlich der Transparenz der Einstellungskriterien, sollte sich dieser nicht nur bei der Stellenausschreibung, sondern auch im nachfolgenden Auswahlverfahren an den tatsächlichen Anforderungen für die ausgeschriebene Stelle orientieren.

31   Das Merkmal der **Nationalität** fällt begrifflich nicht unter die Merkmale Rasse oder ethnische Herkunft und wird im AGG auch nicht ausdrücklich angesprochen. Gem Art 3 Abs 2 der Antirassismusrichtlinie (RL 2000/43/EG) wird die unterschiedliche Behandlung aus Gründen der Staatsangehörigkeit auch nicht von dem dort angeordneten Diskriminierungsverbot erfasst. Der Sinn dieser Regelung liegt darin, das Recht der Mitgliedstaaten, ihre Einwanderungspolitik zu bestimmen, unberührt zu lassen. Diese Vorschrift ist insoweit restriktiv auszulegen, dass nur nationale Regelungen des Asyl- und Ausländerrechts von dem Benachteiligungsverbot ausgenommen sind. Die Ablehnung eines Bewerbers aus einem Drittstaat wegen fehlender, aber erforderlicher Arbeitserlaubnis ist zulässig. Soweit sich Drittstaatenangehörige erlaubterweise im Gebiet der EU aufhalten und am Arbeitsmarkt partizipieren können, gelten die Diskriminierungsverbote auch für sie. Stellt ein ArbGeb bei der Bewerberauswahl auf die ausländische Staatsangehörigkeit ab, indem er erklärt, er wolle „keine Türken" einstellen, liegt darin regelmäßig eine unmittelbare Diskriminierung wegen der ethnischen Herkunft. Wird der fragliche ausländische Staat durch ein „Staatsvolk" charakterisiert, das die Voraussetzungen einer „Ethnie" erfüllt, ist jedenfalls auch ein verpöntes Merkmal betroffen.

32   Legitime unmittelbare Benachteiligungen wegen der Rasse oder der ethnischen Herkunft werden in der Praxis nur selten anzutreffen sein (*Schiek* AuR 03, 44; *Thüsing* ZfA 01, 397). Auch die Rechtfertigung wegen einer wesentlichen und entscheidenden beruflichen Anforderung wird nur in geringem Maße Anwendung finden (vgl Rz 69 ff). Besondere Bedeutung wird die mittelbare Benachteiligung bei Stellenausschreibungen entfalten. Deshalb sind ArbGeb gehalten, **Ausschreibungskriterien** daraufhin zu **überprüfen,** ob sich hinter bestimmten Kriterien der Ausschluss einer Gruppe von Menschen bestimmter Herkunft oder Abstammung verbirgt und somit eine Rechtfertigung dieser Regelung erforderlich ist.

33   **2. Geschlecht.** Die Gleichbehandlung von Mann und Frau im Berufsleben hat als anerkannter Grundsatz der Sozialrechtsordnung eine Reihe normativer Ausprägungen erfahren. Unterscheiden lässt sich zwischen dem in verfassungs- oder europarechtlichen Normen niedergelegten Gleichberechtigungsgrundsatz und seiner einfachrechtlichen Umsetzung im Zivilrecht. Vor Einführung des AGG regelte § 611a BGB aF das Verbot der geschlechtsbezogenen Benachteiligung, § 611b BGB aF das Gebot der geschlechtsneutralen Ausschreibung und § 612 Abs 3 BGB aF den Grundsatz „gleicher Lohn für gleiche Arbeit". Ausgestaltung hat der Gleichberechtigungsgrundsatz zudem in Art 4 Nr 3 der Europäischen Sozialcharta vom 18.10.61 und Art 141 EGV erfahren, in denen Männern und Frauen gleiches Geld für gleiche Arbeit garantiert wird. Nunmehr wurde das Verbot der Geschlechterdiskriminierung ins AGG integriert. Das unzulässige Differenzierungsmerkmal des Geschlechts verbietet nach europarechtlicher Auslegung nicht nur Diskriminierungen, die sich aus der Zugehörigkeit zu dem einen oder anderen Geschlecht ergeben, sondern auch solche, die ihre Ursachen in einer Geschlechtsumwandlung haben (EuGH 17.2.98 – Rs C-249/96, EuZW 98, 212).

34   Anerkannt und im AGG positivrechtlich verankert (§ 3 Abs 1 Satz 2 AGG) ist, dass Ungleichbehandlungen wegen einer **Schwangerschaft** eine unmittelbare Geschlechtsdiskriminierung darstellen (EuGH 8.11.90 – Rs C-177/88 *Dekker* NZA 91, 171; 14.7.94, AP MuSchG 1986 § Nr 21; 14.10.01, NZA 01, 1241). Unzulässig ist die Frage nach einer Schwangerschaft bei der Einstellung (BAG 16.2.12 – 6 AZR 553/10, NZA 12, 555) und zwar selbst dann, wenn eine befristete Einstellung als Schwangerschaftsvertretung vorgesehen ist (LAG Köln 11.10.12 – 6 Sa 641/12, NZA-RR 13, 232). Nicht als Diskriminierung

wegen des Geschlechts wird hingegen eine Regelung über Krankheitsurlaub verstanden, die eine Kürzung der Vergütung genauso für weibliche ArbN, die vor dem Mutterschaftsurlaub wegen einer mit der Schwangerschaft in Zusammenhang stehenden Krankheit, wie für männliche ArbN, die infolge irgendeiner anderen Krankheit fehlen, vorsieht, sofern die ArbN*in* mit den ArbN gleich behandelt wird und die Kürzung der Zahlung nicht das Ziel des Schutzes schwangerer ArbN gefährdet (EuGH 8.9.05 – Rs C-191/03 Mc Kenna nv).

3. Religion oder Weltanschauung. Mangels Legaldefinition ist in Anlehnung an die deutsche Rspr und Literatur zu Art 4 GG von einem **weiten Religionsbegriff** auszugehen (vgl zum Religionsbegriff BAG 22.3.95 – 5 AZB 21/94, NJW 96, 143 mwN). Kennzeichnend für den religiösen Glauben sei der transzendente Bezug, mithin die subjektive Gewissheit von der Eingliederung des Einzelnen in einen jenseitigen, nicht mit von den Menschen gesetzten Maßstäben zu beurteilenden und durch wissenschaftliche Erkenntnisquellen nicht erschöpfend zu erklärenden Zusammenhang (*Sachs/Kokott* GG Art 4 Rz 17). Der Religion liegt somit „eine den Menschen überschreitende und umgreifende („transzendente") Wirklichkeit zugrunde, während sich die Weltanschauung auf innerweltliche („immanente") Bezüge beschränkt" (BAG 22.3.95 – 5 AZB 21/94, NJW 96, 143). Der Begriff der Religion umfasst damit jedes religiöse, konfessionelle Bekenntnis sowie die Zugehörigkeit zu einer Kirche oder Glaubensgemeinschaft (*Thüsing* NZA 04, Sonderbeilage S 9). 35

Als Weltanschauung wird ein subjektiv verbindliches Gedankensystem, das sich mit Fragen nach dem Sinnganzen der Welt und insbes des Lebens der Menschen in dieser Welt befasst und das zu sinnentsprechenden Werturteilen führt, verstanden. In Anlehnung an Art 4 Abs 1 GG dürften nur **Fundamentalkonzepte** über die Ordnung des gesellschaftlichen Zusammenlebens, die in Geschlossenheit und Sinngebungskraft einer **Religion vergleichbar** sind, vom AGG erfasst sein (*Annuß* BB 06, 1629). Überzeugungen zu einzelnen Teilaspekten des Lebens genügen nicht (BVerwG 19.2.92 – 6 C 5/91, NVwZ 92, 1192). Hierfür spricht auch die Systematik des Gesetzes, welches die Religion und Weltanschauung als komplementäres Begriffspaar aufzählt. Auf eine Zugehörigkeit zu einer Gemeinschaft kommt es nicht an (ErfK/*Schlachter* § 1 AGG, Rz 7). Allerdings muss der Weltanschauung eine Gewissensentscheidung zugrunde liegen (BVerwG 19.2.92 – 6 C 5/91, NVwZ 92, 1192). Eine bloße (zB politische) Überzeugung dürfte eher nicht ausreichen (*Thüsing* Diskriminierungsschutz Rz 199; aA ArbG Berlin 30.7.09 – 33 Ca 5772/09, NZA-RR 10, 70 für die politische Überzeugung „Marxismus-Leninismus" als gesamtgesellschaftliche Theorie; *Runggaldier* in FS für Doralt 04, 521). 36

In der Praxis wird hinsichtlich der Religion das Gebot der Gleichbehandlung größere Probleme als die tatsächliche Ungleichbehandlung aufwerfen (*Thüsing* ZfA 01, 397). So liegt eine mittelbare Diskriminierung vor, wenn Aufnahmeprüfungen an **religiösen Feiertagen** stattfinden, obwohl der Prüfling der Behörde rechtzeitig mitteilt, dass er aufgrund seines Glaubens an diesen Tagen weder arbeiten noch schreiben dürfe (EuGH 27.10.76 – Rs C-130/75 Prais/Rat, Slg 76, 1589). Im Einzelnen s Rz 78, 81. 37

4. Behinderung. Der Begriff der Behinderung ist gemeinschaftsrechtlich auszulegen. Zu diesem hat der EuGH nunmehr Stellung bezogen. Demnach ist eine Behinderung eine Einschränkung, die insbes auf **physische, geistige** oder **psychische Beeinträchtigungen** zurückzuführen ist und die ein Hindernis für die Teilhabe des Betreffenden am Berufsleben bildet (EuGH 11.7.06 – Rs C-13/05 Navas, NZA 06, 839; EuGH 11.4.13 – C-335/11, C-337/11, NZA 13, 553). Anders als § 2 SGB IX stellt der EuGH nicht auf die Abweichung zu dem für ein Lebensalter typischen Zustand ab. Ebenfalls verwendet der EuGH keine konkrete Zeitgrenze wie § 2 SGB IX, sondern verlangt lediglich eine **lange Dauer.** Eine solche lehnte er bei einer Beeinträchtigung von 8 Monaten ab. Wenngleich der Behindertenbegriff des EuGH über die von § 2 SGB IX geforderte Sechs-Monats-Grenze hinausgeht, ist sie weiterhin für das neunte Sozialgesetzbuch und daraus entstehende Rechte und Pflichten maßgeblich. Zum einen ist das SGB IX eigenständige Regelungsmaterie neben dem AGG und zum anderen verbietet das sog Absenkungsverbot, bestehende Mindeststandards aufgrund Richtlinienumsetzung herabzusetzen. 38

Allerdings unterscheidet das Europarecht nicht zwischen Behinderung und Schwerbehinderung. Ein **Schwellenwert,** wie ihn der Schwerbehindertenbegriff des SGB IX erfordert, 39

144 Diskriminierung

ist daher für das AGG **nicht erforderlich** (ErfK/*Schlachter* § 1 AGG, Rz 10). Der Schutz vor Diskriminierungen nach dem AGG kommt mithin allen Behinderten, unabhängig vom Grad ihrer Behinderung, zu (ArbG Bln 13.7.05 – 86 Ca 24618/04, NZA-RR 05, 608; *Thüsing/ Wege* NZA 06, 136; *Schiek* NZA 04, 873). Nach einem Urteil des EuGH kann das Diskriminierungsverbot auch Personen erfassen, die ein behindertes Kind zu betreuen haben und aus diesem Grund benachteiligt werden. Damit erweitert der EuGH den Schutzbereich insoweit, dass auch ein Dritter, der außerhalb des Arbeitsverhältnisses steht, Merkmalsträger sein kann (EuGH 17.7.08 – C-303/06, NZA 08, 932).

40 Die Frage nach einer etwaigen Behinderung, Schwerbehinderteneigenschaft oder Gleichstellung nach § 68 Abs 2 SGB IX stellt nach hM bereits eine unmittelbare Benachteiligung des Bewerbers dar und braucht von diesem nicht wahrheitsgemäß beantwortet zu werden (ArbG Bln 7.10.08 – 8 Ca 12611/08, AE 09, 47; *Bissels/Lützeler* BB 5.7.10 mwN. Eine **Frage** ist nur bei **Vorliegen konkreter Rechtfertigungsgründe** nach § 8 Abs 1 AGG zulässig und nur, soweit die ordnungsgemäße Erfüllung des Arbeitsvertrags ausgeschlossen oder beeinträchtigt ist (s Rz 74); dagegen ausdrücklich erlaubt nach sechsmonatigem Bestehen des Arbeitsverhältnisses wegen der ArbGebPflichten aus §§ 85ff SGB IX, BAG 16.2.12 – 6 AZR 553/10, NZA 12, 555). Eine Stellenausschreibung, die für die Stelle eines Kfz-Mechanikers die **Eigenschaften „flexibel und belastbar"** aufführt, stellt noch kein hinreichendes Indiz für eine Benachteiligung wegen der Behinderung dar (LAG Nürnberg 19.2.08 – 6 Sa 675/07, NZA 09, 148). Allerdings kann bereits die unterbliebene Einladung eines schwerbehinderten Bewerbers zu einem Vorstellungsgespräch und die nicht erfolgte Unterrichtung der Schwerbehindertenvertretung die Vermutung einer Benachteiligung wegen der Behinderung begründen; ausreichend sei bereits ein objektiver **Verstoß** gegen die **Arbeitgeberpflichten aus § 81 Abs 1 Satz 4 SGB IX** (BAG 16.9.08 – 9 AZR 791/07, NZA 09, 79). Nicht geschützt ist die Benachteiligung wegen der Nicht-Behinderung. Wird demnach ein Behinderter bevorzugt, kann sich der gesunde Mensch nicht auf das Benachteiligungsverbot wegen einer Behinderung berufen. Ferner ist auch eine Benachteiligung wegen der Krankheit nicht vom Schutz des AGG erfasst. Ausdrücklich hat der EuGH klargestellt, dass der Begriff der Behinderung nicht die Krankheit umfasst (EuGH 11.7.06 – Rs C-13/05 Navas, NZA 06, 839). Danach ist die **Frage nach einer Krankheit** mit Blick auf die gesundheitliche Eignung für die zu besetzende Stelle grundsätzlich zulässig. Der Übergang von einer (chronischen) Erkrankung zu einer Behinderung ist jedoch fließend. So kann die Frage nach einer bestimmten gesundheitlichen Beeinträchtigung, hinter der der ArbGeb eine Behinderung vermutet, bereits die Indizwirkung des § 22 AGG auslösen. Das gilt selbst dann, wenn das Vorliegen der Behinderung nur angenommen wird (§ 7 Abs 1 Hs 2 AGG): Der Versuch am untauglichen Objekt stellt bereits eine unzulässige Diskriminierung dar (BAG 17.12.09 – 8 AZR 670/08, NZA 10, 383). Grds sind Regelungen zulässig, die Vergünstigungen für ArbN gewähren, welche sich durch geringe Fehlzeiten auszeichnen, allerdings nur soweit sie behinderte Menschen und Frauen wegen Schwangerschaft und/oder Mutterschaft nicht benachteiligen.

41 **5. Sexuelle Identität.** Das AGG verbietet eine unzulässige Benachteiligung, die an die sexuelle Identität des Beschäftigten anknüpft und wählt somit eine über die europäische hinausgehende Formulierung, welche an die sexuelle Ausrichtung anknüpft. Dabei kann nicht von einem redaktionellen Versehen des Gesetzgebers ausgegangen werden, da dieser wie bei § 75 BetrVG (BT-Drs 14/5741 S 45) davon ausgeht, dass das Merkmal homosexuelle, bisexuelle, transsexuelle und zwischengeschlechtliche Menschen erfasst (BT-Drs 16/1780 S 31) und sich somit bewusst für einen weiteren Anwendungsbereich entscheidet. Der EuGH hingegen sieht in einer Benachteiligung eines transsexuellen Menschen eine Benachteiligung wegen des Geschlechts (EuGH 30.4.96 – Rs C-13/94, NZA 96, 659). Ein Verstoß gegen die Richtlinie liegt darin jedoch nicht, da in beiden Fällen der Schutz transsexueller Menschen gewahrt ist. Geschützt ist auch die heterosexuelle Ausrichtung. Demnach kann sich ein heterosexueller ArbN auf das Benachteiligungsverbot das AGG berufen, wenn der ArbGeb Homosexuelle bevorzugt. Aus dem Schutzbereich des AGG sind jedoch solche sexuellen Ausrichtungen (zB Pädophilie) im Wege einer europarechtskonformen Auslegung auszunehmen, die im nationalen Recht und im europäischen Konsens strafbewehrt sind (*Bauer/ Göpfert/Krieger* § 1 AGG Rz 52).

6. Alter. Das Differenzierungsmerkmal des Alters, gemeint ist das Lebensalter, ist neutral 42
und schützt sowohl ältere als auch jüngere ArbN vor Benachteiligungen (ErfK/*Schlachter* § 1
AGG, Rz 9; *Thüsing* Sonderbeilage NZA Heft 22/2004, 12). Das Verbot der Altersdiskriminierung hat durch die Umsetzung der RL 2000/78/EG zentrale Bedeutung insbes in den
Bereichen Einstellungspraxis, Entgeltregelungen und Kündigungsbedingungen erlangt. Dem
hat der Gesetzgeber durch die Schaffung spezieller Ausnahmetatbestände in Anlehnung an
die Richtlinie Rechnung getragen (vgl dazu: § 10 AGG, Rz 83 ff; § 8 AGG, Rz 79).

IV. Unzulässige Benachteiligungsformen. § 7 Abs 1 AGG normiert das unabding- 43
bare (§ 31 AGG) Verbot der Benachteiligung in Beschäftigung und Beruf. Demnach dürfen
individual- und kollektivvertragliche Vereinbarungen oder Maßnahmen Beschäftigte nicht
wegen ihrer Rasse, ethnischen Herkunft, Religion, Weltanschauung, Behinderung, sexuellen
Identität, ihren Alters oder Geschlechts benachteiligen. Entgegen den Richtlinien spricht das
AGG nicht von Diskriminierung, sondern von Benachteiligungen. Eine sachliche Abweichung geht damit nicht einher.

Die **einzelnen Benachteiligungstatbestände** wurden in **§ 3 AGG** weitgehend wörtlich 44
aus den Richtlinien 2000/78/EG, 2000/43/EG, 2002/73/EG übernommen. Adressaten des
Verbots sind nach dem AGG ArbGeb, Arbeitskollegen und Dritte, zB Kunden des ArbGeb
(BT-Drs 16/1780 S 34). Weder das tatsächliche Vorliegen noch die sichere Kenntnis des
Benachteiligenden vom verbotenen Merkmal soll Voraussetzung für einen Verstoß gegen das
Benachteiligungsverbot sein. Vielmehr reiche die Annahme aus, ein in § 1 AGG bezeichneter Grund läge vor (§ 7 Abs 1 Hs 2 AGG).

1. Unmittelbare Benachteiligung. Eine Benachteiligung ist nach der Legaldefinition 45
dann unmittelbar, wenn eine Person wegen eines unzulässigen Merkmals eine weniger günstige Behandlung als eine andere Person in einer vergleichbaren Situation erfährt, erfahren hat
oder erfahren würde (**§ 3 Abs 1 Satz 1 AGG**). Anders als bei der mittelbaren Benachteiligung muss das **Differenzierungsmerkmal direkter Anknüpfungspunkt** der Ungleichbehandlung sein (ErfK/*Schlachter* § 3 AGG Rz 2).

Die **differenzierende Behandlung** muss für den Betroffenen „weniger günstig" sein. Es 46
muss folglich ein qualitativer Unterschied zu Lasten des Betroffenen durch die Ungleichbehandlung entstanden sein. Dafür ist die tatsächliche Behandlung des Anspruchstellers zu
vergleichen mit einer gegenwärtigen, vergangenen oder hypothetischen Behandlung („erfährt, erfahren hat oder erfahren würde") einer anderen Person oder Personengruppe.
Entsprechend der Umsetzung der europäischen Vorgaben liegt eine unmittelbare Benachteiligung auch dann vor, wenn eine Vergleichsperson gem § 3 Abs 1 Satz 1 AGG eine bessere
Behandlung lediglich „erfahren würde". Gibt es aktuell keine konkrete Vergleichsperson im
Betrieb, genügt daher das Vorliegen einer sog **hypothetischen Vergleichsperson,** deren
gedachte Existenz belegen kann, dass die betroffene Person schlechter behandelt wird (ErfK/
Schlachter § 3 AGG Rz 3). Dabei muss die gedachte Vergleichsperson das unzulässige Differenzierungsmerkmal nicht selbst aufweisen. Dies war früher nur in den Schwangerschaftsfällen anerkannt, in denen es eine männliche Vergleichsperson naturgemäß nicht geben kann
(EuGH 27.3.80 – Rs 129/79, NJW 80, 2014). So kann die Ablehnung einer Schwangeren
eine unzulässige Benachteiligung wegen des Geschlechts darstellen, wenn der ArbGeb
Männer anders behandeln würde, gleichgültig, ob sich nur Männer oder Frauen und Männer
beworben haben (nunmehr ausdrücklich geregelt in § 3 Abs 1 Satz 2 AGG; vgl auch BAG
15.10.92 – 2 AZR 227/92, AP Nr 8 zu § 611a BGB). Der Rückgriff auf eine fiktive
Vergleichsperson ist in der Praxis vor allem bei **merkmalshomogen zusammengesetzten
Berufsfeldern,** die traditionell überwiegend von Angehörigen eines bestimmten Merkmals
besetzt werden (zB im sog „geschlechtsspezifischen Arbeitsmarkt", zB Putzhilfe im Reinigungsgewerbe, Arzthelferin), von Bedeutung.

Die Feststellung der **„vergleichbaren Situation"** kann in der praktischen Anwendung, 47
insbes beim Rückgriff auf eine fiktive Vergleichsperson, erhebliche Schwierigkeiten bereiten.
Voraussetzung ist eine vergleichbare, nicht notwendigerweise identische Situation (EuGH
9.12.04 – Rs C-19/02 Hlozek, BB 05, 273). Sind zwei Situationen in einem bestimmten
Punkt nicht vergleichbar und erfolgt die Benachteiligung gerade aus diesem Grunde, so fehlt
der Bezug zu dem verbotenen Diskriminierungsmerkmal. Vergleichbarkeit muss hinsichtlich
der wesentlichen Punkte gegeben sein. So kann eine Differenzierung zulässig sein, wenn sich

144 Diskriminierung

Arbeitsmarktbedingungen verändern und zB plötzlich Knappheit/Überangebot von bestimmten Qualifikationen eintreten (ErfK/*Schlachter* § 3 AGG Rz 3).

48 Auch bei der Heranziehung einer hypothetischen Vergleichsperson ist **nur die tatsächlich eingetretene** Benachteiligung des Anspruchstellers erfasst; hinsichtlich des Zeitmomentes der Ungleichbehandlung soll § 3 Abs 1 Satz 1 AGG mit der Formulierung „erfahren würde" nicht die bloß hypothetische Ungleichbehandlung des Betroffenen sanktionieren (*Thüsing* FA Beilage zu Heft 4/2005, 1). Die §§ 7 und 15 AGG knüpfen an eine konkrete Benachteiligung und nicht an die bloße Gefahr einer Benachteiligung durch zukünftig geplante Maßnahmen. Das Diskriminierungsverbot soll nicht auf einen Zeitpunkt vorverlagert werden, zu welchem noch keine Ungleichbehandlung stattgefunden hat; auf dieses Merkmal kann nicht verzichtet werden (ErfK/*Schlachter* § 3 AGG Rz 3; aA AGG/*Schrader*/*Schubert*/ AGG § 3 Rz 27).

49 Hat die **Benachteiligung in der Vergangenheit** stattgefunden, muss sie entweder noch andauern bzw Auswirkungen in die Gegenwart entfalten (Entwurfsbegründung BR-Drs 329/06 S 33, BT-Drs 16/1780 S 32). Wurde die Vergleichsperson in der Vergangenheit günstiger behandelt und ist dieser Vorgang ohne Auswirkungen auf die Gegenwart abgeschlossen, ist diese Ungleichbehandlung nicht zu kompensieren. Würde also ein ArbN 2010 erfahren, dass er gegenüber einer Vergleichsperson im Jahre 2006 benachteiligt worden ist, hat er keinen Gleichbehandlungsanspruch für die Zukunft. In der Vergangenheit entstandene Ansprüche bleiben aber unberührt.

50 Schließlich hat die Benachteiligung „**wegen**" eines verbotenen Merkmals zu erfolgen. Sie muss also durch eines oder mehrere dieser Merkmale motiviert sein bzw der Benachteiligende muss seine Handlung hieran anknüpfen (BT/Drs 16/1780 S 32). Eine unterschiedliche Behandlung aus anderen Gründen sollte nicht ausgeschlossen werden. Einer Diskriminierungsabsicht bedarf es nach überwiegender Auffassung nicht (ErfK/*Schlachter* § 7 AGG Rz 2; *Worzalla* AGG S 55).

51 Jedoch kann auch die Anknüpfung an ein **nicht ausdrücklich genanntes Merkmal** zur unmittelbaren Diskriminierung führen. Dies liegt vor, wenn die Behandlung an ein untrennbar mit dem unzulässigen Kriterium verbundenen Merkmal anknüpft. Probleme bei der Abgrenzung zwischen unmittelbarer und mittelbarer Benachteiligung können bei den sog **Teilgruppendiskriminierungen** auftreten. Hier wird an eine Eigenschaft (zB Schwangerschaft) angeknüpft, die nur bei einer Merkmalsausprägung (Frau) vorliegt, jedoch nicht bei allen Merkmalsträgern. Als Abgrenzungskriterium könnte die Frage dienen, ob das benutzte zusätzliche Unterscheidungskriterium repräsentativ für das verpönte Merkmal ist (*Thüsing* Diskriminierungsschutz Rz 243).

52 Zudem hatte der EuGH festgestellt, dass eine Bestimmung, nach der nur Frauen mit unbefristetem Vertrag für eine Teilzeitbeschäftigung eingestellt werden, nicht notwendigerweise eine unzulässige Diskriminierung wegen des Geschlechts sein muss. Allerdings kann der spätere Ausschluss von der Möglichkeit einer Eingliederung in das planmäßige Personal durch **anscheinend geschlechtsneutrale** Bezugnahme auf eine Gruppe von ArbN, hier Teilzeitbeschäftigte, die aufgrund einer nationalen Regelung mit Gesetzeskraft ausschließlich aus Frauen besteht, eine unmittelbare Diskriminierung wegen des Geschlechts darstellen (EuGH 10.3.05 – Rs C-196/02 Nikoloudi, NZA 05, 807).

53 **2. Mittelbare Benachteiligung.** Der weder in § 611a BGB noch in der Gleichbehandlungsrichtlinie 76/207/EWG definierte, aber durch die europäische und nationale Rspr (vgl dazu EuGH 10.3.05 – C-196/02, NZA 05, 807; EuGH 27.10.93, AP EWG-Vertrag Art 119 Nr 50; BAG 20.8.02, AP TVG Tarifverträge § Nr 6; BAG 9.10.91 – 5 AZR 598/90, NJW 92, 1125; BAG 14.10.86 – 3 AZR 66/83, DB 87, 994) entwickelte Begriff der mittelbaren Benachteiligung wurde nunmehr in den RL 2000/43/EG, 2000/78/EG, 2002/73/EG (Art 2 Abs 2 der RL) **legaldefiniert**. Diese Definition übernimmt § 3 Abs 2 AGG. Demnach liegt eine mittelbare Benachteiligung vor, wenn dem Anschein nach neutrale Vorschriften, Kriterien oder Verfahren Personen wegen eines unzulässigen Differenzierungsmerkmals gegenüber anderen Personen in besonderer Weise benachteiligen können, es sei denn, die betreffenden Vorschriften, Kriterien oder Verfahren sind durch ein rechtmäßiges sachliches Ziel gerechtfertigt und die Mittel sind zur Erreichung dieses Ziels angemessen und erforderlich.

Diskriminierung 144

Die Prüfung einer mittelbaren Benachteiligung erfolgt in **zwei Schritten** (*Schiek* NZA 54
04, 873). **Zuerst** ist festzustellen, ob die **scheinbar neutralen Kriterien,** Vorschriften oder
Verfahren geeignet sind, eine Person wegen eines unzulässigen Diskriminierungsmerkmals in
besonderer Weise gegenüber anderen Personen benachteiligen zu können (Geeignetheitsprüfung). Anscheinend neutrale Kriterien, Vorschriften oder Verfahren liegen vor, wenn
diese nicht an unzulässige Differenzierungsmerkmale anknüpfen, sondern an Alternativkriterien, die neutral erscheinen, aber gleichwohl in ihrem Vollzug faktisch einige Menschen
benachteiligen (*Bauer/Göpfert/Krieger* § 3 AGG Rz 22). So kann zB eine Regelung, die an
Sprache oder Körpergröße anknüpft, eine unzulässige Diskriminierung aufgrund des Merkmals Rasse darstellen, in der Begrenzung einer Stellenausschreibung auf Bewerber im
1. Berufsjahr eine mittelbare Benachteiligung wegen des Alters (BAG 18.8.09 – 1 ABR
47/08, DB 10, 284). Die mittelbare Benachteiligung muss den Benachteiligten „in besonderer Weise" benachteiligen. Anders als bei der Beweislastrichtlinie 97/80/EG und der Rspr
zur Gleichbehandlungsrichtlinie 76/207/EWG (EuGH 10.3.05 – C-196/02, NZA 05, 807
mwN) scheint nunmehr ein qualitativer Unterschied ohne statistischen Nachweis ausreichend (*Wank* in FS für *Wissmann* 05, 599; *Schiek* NZA 04, 873; kritisch: *Thüsing* Sonderbeilage NZA Heft 22/2004, 6; zweifelnd *Nicolai* AGG § 1 Rz 67; aA wohl HWK/*Thüsing*
§ 611a BGB Rz 36). Auch wenn scheinbar auf den statistischen Nachweis verzichtet wird,
befreit dies nicht von dem Erfordernis einer tatsächlich zur Benachteiligung geeigneten
Maßnahme. Eine nur potenziell geeignete Maßnahme dürfte nicht erfasst sein (*Annuß* BB
06, 1629). Ist die Prüfung im ersten Schritt positiv, so gilt die **widerlegbare Vermutung**
der verbotenen Benachteiligung.

Um diesen weiten Anwendungsbereich der Vorschrift einzuschränken, kann die Vermutung in einem **2. Schritt durch sachlich rechtfertigende Gründe widerlegt** werden, 55
mit der Folge, dass der Tatbestand des § 3 Abs 2 AGG bereits nicht erfüllt ist und zwar
unabhängig vom Vorliegen spezieller Rechtfertigungsgründe. Das ist nach dem – im Vergleich zur unmittelbaren Benachteiligung – erleichtertem Rechtfertigungsmaßstab bereits
dann der Fall, wenn die benachteiligenden Vorschriften usw. durch ein rechtmäßiges Ziel
sachlich gerechtfertigt und verhältnismäßig, dh zur Erreichung dieses Ziels erforderlich und
angemessen, sind. Ist die Ungleichbehandlung hiernach nicht gerechtfertigt, kommt auch
keine Rechtfertigung nach §§ 8, 9, 10 AGG in Betracht. Der Tatbestand der unmittelbaren
Benachteiligung aus § 3 Abs 1 AGG hat wegen des strengeren Rechtfertigungsmaßstabs
gegenüber der mittelbaren Benachteiligung Vorrang.

3. Belästigung. Die Mitgliedstaaten sind verpflichtet den Diskriminierungsschutz derart 56
zu gestalten, dass Personen im Geltungsbereich der Richtlinien ausreichend vor Belästigungen wegen eines verpönten Merkmals geschützt sind. § 3 Abs 3 AGG definiert die Belästigung als unerwünschte Verhaltensweisen, die mit einem **verbotenen Differenzierungsmerkmal im Zusammenhang** stehen und bezwecken oder bewirken, dass die Würde der
betreffenden Person verletzt wird und ein von Einschüchterungen, Anfeindungen, Erniedrigungen, Entwürdigungen oder Beleidigungen gekennzeichnetes Umfeld geschaffen wird.
Belästigungen können sowohl nonverbaler als auch verbaler Art sein wie zB Verleumdungen,
Beleidigungen und abwertende Äußerungen, Anfeindungen, Drohungen und körperliche
Übergriffe, die im Zusammenhang mit einem in Abs 1 Satz 1 genannten Grund stehen.
§§ 823 Abs 1, 253 Abs 2 BGB bleiben davon unberührt (BT-Drs 16/1780 S 32). Anders als
die mittelbare und unmittelbare Diskriminierung ist die Belästigung kein Gleichbehandlungstatbestand (*Bauer/Göpfert/Krieger* § 3 AGG Rz 39). Bei ihr wird das Unrecht aus der
Interaktion selbst deutlich und bedarf grds keiner Vergleichsgruppe oder Vergleichsperson
(*Thüsing* ZfA 01, 397).

§ 3 Abs 3 AGG setzt eine **die Würde verletzende Verhaltensweise** voraus, wobei dieser 57
nicht die Qualität einer Verletzung der Menschenwürde iSd Art 1 GG zukommen muss.
Ausreichend ist ein Verhalten, das abstrakt geeignet ist, die Menschenwürde zu verletzen;
eine tatsächliche Verletzung ist nicht erforderlich. Erfasst sind sowohl die Fälle, in denen die
Würdeverletzung subjektiv bezweckt ist, als auch die Fälle, in denen die Verletzung ohne
Vorsatz des Belästigers objektiv eintritt. Ausreichend ist, wenn der Handelnde aus Sicht eines
objektiven Betrachters davon ausgehen muss, dass sein Verhalten unerwünscht ist (BT-Drs 16/1780 S 33; ErfK/*Schlachter* § 3 AGG Rz 10; *Nickel* NJW 01, 2668). Dabei scheiden

144 Diskriminierung

wohl geringfügige Eingriffe bereits als Belästigungstatbestand aus, zB ein einmaliger ausländerfeindlicher Witz (*Bauer/Göpfert/Krieger* AGG, § 3 Rz 43). Zweck ist es, nicht jede Verhaltensweise zu verbieten, sondern nur solche, die eine gewisse Erheblichkeitsschwelle überschreiten (BT-Drs 16/1780 S 33; ErfK/*Schlachter* § 3 AGG Rz 13).

58 Als weitere Tatbestandsvoraussetzung muss kumulativ ein **sog „feindliches Umfeld"** vorliegen, wobei dieses Merkmal nicht lediglich eine Konkretisierung des Maßstabes für den Schweregrad der Belästigung darstellt (BAG 24.9.09 – 8 AZR 705/08, NZA 10, 387). Maßgeblich ist, ob eine bestimmte Verhaltensweise oder ein bestimmter Vorfall das Arbeitsumfeld kennzeichnen, also für dieses charakteristisch oder typisch sind. Das Verhalten muss also in einem sachlichen Zusammenhang zum Arbeitsleben stehen; ein fehlender Bezug zu arbeitsrechtlichen Pflichten ist unbeachtlich. Für die Schaffung eines Umfeldes ist regelmäßig ein Verhalten von gewisser Dauer erforderlich. Ein einmaliges Verhalten – bis auf besonders schwerwiegende Fälle – ist grds nicht geeignet, vielmehr wird eine gewisse Handlungssystematik vorausgesetzt. So wird zB Mobbing erfasst, wenn die einzelnen Tathandlungen aufeinander aufbauen und ineinander greifen (*Bauer/Göpfert/Krieger* AGG, § 3 Rz 46). Aber auch Toilettenschmierereien mit Hakenkreuz und der Schrift „Scheiß Kanaken" können ein Umfeld kennzeichnen, wenn der ArbGeb diese zwar nicht erkennbar billigt, jedoch untätig bleibt und Desinteresse an diesem Vorgang äußert (BAG 24.9.09 – 8 AZR 705/08, NZA 10, 387).

59 **4. Sexuelle Belästigung.** Bisher wurde der Schutz vor sexueller Belästigung, welchen Art 2 Abs 2 RL 2002/73/EG fordert, durch das BeschSchG gewährt (§ 2 Abs 2 Satz 2 BeschSchG aF). Eine sexuelle Belästigung am Arbeitsplatz ist jedes unerwünschte sexuell bestimmte Verhalten, das die Würde von Beschäftigten am Arbeitsplatz verletzt. Dazu gehören sexuelle Handlungen und Verhaltensweisen, die nach den strafgesetzlichen Vorschriften unter Strafe gestellt sind, sowie sonstige sexuelle Handlungen und Aufforderungen zu diesen, sexuell bestimmte körperliche Berührungen, Bemerkungen sexuellen Inhalts sowie Zeigen und sichtbares Anbringen von pornografischen Darstellungen, die von den Betroffenen erkennbar abgelehnt werden. Anders als bei der „einfachen" Belästigung ist das von Einschüchterungen, Anfeindungen, Erniedrigungen, Entwürdigungen und Beleidigungen gekennzeichnete Umfeld nicht Voraussetzung, sondern lediglich unwiderlegbares Indiz einer die Würde verletzenden Verhaltensweise, so dass eine einmalige Handlung den Tatbestand der sexuellen Belästigung erfüllen kann.

Da ausweislich der Gesetzesbegründung mit der Neuregelung an den Schutzbereich des § 2 Abs 2 BeschSchG angeknüpft werden sollte, kann die bisherige Rspr uneingeschränkt herangezogen werden. Orientiert an der beispielhaften Aufzählung in § 3 Abs 4 AGG stellen folgende Verhaltensweisen unerwünschtes sexuell bestimmtes Verhalten dar:

60 **Sexuelle Handlungen und Aufforderungen zu solchen.** BAG 25.3.04 – 2 AZR 341/03, NZA 04, 1214 (Vornahme sexueller Handlungen); BAG 9.1.86 – 2 ABR 24/85, NZA 86, 467 (Hochziehen des T-Shirts bei Auszubildender, Abtasten der Brust und Griffe unter den Rock); LAG Hamm 15.4.91 – 17 Sa 956/90 (Griffe an Brust und Gesäß von Patientin durch Therapeuten); LAG Sachs 10.3.2000 – 2 Sa 635/99, NZA-RR 2000, 468 (Berührungen des Gesäßes und Kussversuche); LAG Hess 27.1.04 – 13 TaBV 113/03; ArbG Lübeck 2.11.2000 – 1 Ca 2479/00, NZA-RR 01, 140 (Griffe an Brust einer Mitarbeiterin begleitet durch anzügliche Bemerkungen); LAG RhPf 15.2.06 – 9 Sa 990/05 (Schuldnerberater, der sich von Klientin massieren lässt und dies dahingehend kommentiert, dass er „viele Frauen über den Tisch ziehen könnte"); LAG RhPf 13.10.03 – 7 Sa 467/03 (gewaltsam erzwungener Körperkontakt mit gezieltem Griff an die Brust einer Mitarbeiterin).

61 **Körperliche Berührungen.** LAG Hamm 13.2.97 – 17 Sa 1544/96, NZA-RR 97, 250 (Armumlegen und Streicheln der Oberschenkel bei Auszubildender); LAG Hamm 22.10.96 – 6 Sa 730/96, NZA 97, 769 (Schlag mit Handrücken auf die Brust einer Mitarbeiterin); LAG BaWü 30.8.04 – 15 Sa 12/04 (Griff an die Brust einer Mitarbeiterin mit abfälliger Bemerkung); LAG Köln 7.7.05 – 7 Sa 508/04, NZA-RR 06, 237 (Klaps auf den Po); ArbG Würzburg 29.4.05 – 3 Ca 2094/04 S (Klaps auf den Po, Küssen und Öffnen der Haare bei einer Auszubildenden); ArbG Hbg 23.2.05 – 18 Ca 131/04, NZA-RR 05, 306 (Berührungen an Gesäß, Bauch und Brust einer Kollegin).

62 **Bemerkungen sexuellen Inhalts.** LAG Bln 3.3.06 – 13 Sa 1906/05 („Ich kann mir viele oder gar tausend Arten vorstellen, Sie zu erniedrigen oder zu demütigen"); LAG Hamm

10.3.99 – 18 Sa 2328/98, NZA-RR 99, 623 (beleidigende Briefe sexuellen Inhalts); LAG RhPf 24.10.01 – 9 Sa 853/01 (SMS obszönen Inhalts an Auszubildende); LAG RhPf 13.10.03 – 7 Sa 467/03 („Na meine schwarze Stute").

Zeigen und sichtbares Anbringen von pornografischen Darstellungen. Als porno- **63** grafisch ist eine Darstellung anzusehen, wenn sie unter Ausklammerung aller sonstigen menschlichen Bezüge sexuelle Vorgänge in grob aufdringlicher Weise in den Vordergrund rückt und ihre Gesamttendenz ausschließlich oder überwiegend auf das lüsterne Interesse an sexuellen Dingen abzielt (BGH 21.6.90 – 1 StR 477/89, NJW 90, 3026; BVerwG 20.2.02 – 6 C 13/01, NJW 02, 2922). Dabei wird der Mensch inhaltlich zum bloßen (auswechselbaren) Objekt geschlechtlicher Begierde degradiert (OLG Düsseldorf 28.3.74 – 1 Ss 847/73, NJW 74, 1475, OLG Karlsruhe 27.11.86 – 4 Ss 184/86, NJW 87, 1957) und dies formal vergröbernd, aufdringlich, übersteigert oder jedenfalls plump-vordergründig dargestellt (*Schönke/Schröder/Lenckner/Perron* § 184 Rz 4; BVerwG 4.4.01 – 1 D 15/00, *Buchholz* 232 § 54 Satz 3 BBG Nr 27).

5. Anweisung zur Benachteiligung. Eine nach § 3 Abs 5 AGG verbotene Anweisung **64** zur Benachteiligung liegt insbes vor, wenn jemand dazu bestimmt wird, einen Beschäftigten wegen eines in § 1 AGG genannten Grundes zu benachteiligen. Eine unzulässige Anweisung liegt demnach vor, wenn der ArbGeb seinem leitenden Angestellten aufträgt, keine Türkinnen einzustellen (anders noch ArbG Wuppertal 10.12.03 – 3 Ca 4927/03 nv, welches die Rechtmäßigkeit einer Kündigung bestätigte, die aufgrund der Weigerung des leitenden Angestellten, keine Türkinnen einzustellen, ausgesprochen wurde). Die Weisung muss vom Vorsatz umfasst sein (BT-Drs 16/1780 S 33), nicht jedoch die Tatsache, dass die konkrete Verhaltensweise als Benachteiligung wegen eines Merkmals des § 1 AGG verboten ist (ErfK/ *Schlachter* § 3 AGG Rz 19). Weder aus dem Wortlaut der Richtlinien noch aus dem AGG lässt sich die Frage beantworten, ob eine unzulässige Anweisung eine Weisungsbefugnis des Anweisenden voraussetzt. Für eine solche Voraussetzung spricht die ansonsten bestehende Gefahr einer ausufernden Haftung des ArbGeb (*Thüsing* Sonderbeilage NZA Heft 22/2004, 8; iE auch *Kummer* aaO 03, 31).

Eindeutig ist hingegen, dass **nur** die Anweisung zur **Benachteiligung eines Beschäftig-** **65** **ten** verboten ist. So ist es zB keine unzulässige Benachteiligung, wenn ein Filialleiter seine Angestellten anweist, keine Autos an ethnischen Minderheiten entstammende Kunden zu verleihen (*Thüsing* Sonderbeilage NZA Heft 22/2004, 8). Dritten können jedoch Ansprüche aus den Vorschriften zum Schutz vor Benachteiligungen im Zivilrecht (§§ 20–22 AGG) oder aus allgemeinen Vorschriften (bspw § 1004 BGB) zustehen.

Unerheblich ist, ob der Angewiesene die Handlung **tatsächlich ausführt** (BT-Drs 16/ **66** 1780 S 33). Dies ist richtig und steht mit den europarechtlichen Vorgaben im Einklang, da die Zulässigkeit solcher Anweisungen durch den ArbGeb nicht davon abhängig gemacht werden kann, ob der Angewiesene dieser Aufforderung folgt oder nicht. Problematisch ist sodann, wie sich der Schaden des zu Benachteiligenden berechnet. Hier wird wohl in Anlehnung an Benachteiligungen bei Bewerbungen nur ein immaterieller Schaden zu befürworten sein (*Thüsing* Sonderbeilage NZA Heft 22/2004, 8). Die Bemessung der Schadenshöhe bleibt jedoch der Rspr überlassen. Mangels eigener Haftungsgrundlage im AGG für den Angewiesenen, können diese nur nach allgemeinen Regeln (insbesondere § 823 BGB) haftbar gemacht werden kann. Darüber hinaus ist die Anweisung gem § 7 Abs 1 AGG iVm § 134 BGB unwirksam und der Angewiesene braucht sie nicht zu befolgen.

V. Zulässige Ungleichbehandlung. Das Benachteiligungsverbot bedeutet mehr als **67** Gleichbehandlung. Während der Gleichbehandlungsgrundsatz nur die willkürliche, dh ohne sachlichen Grund erfolgende Differenzierung verbietet, verwehrt das Verbot der Benachteiligung grds jede Anknüpfung an ein unzulässiges Differenzierungsmerkmal als Grundlage unterschiedlicher Behandlung, solange und soweit nicht eine **gesetzliche Ausnahme** (dazu vgl Rz 69 ff) besteht. Infolgedessen bewirkt eine richtlinienkonforme Umsetzung eine Einschränkung des Gleichbehandlungsgrundsatzes dahingehend, dass bei Ungleichbehandlungen aufgrund eines verpönten Merkmals ein sachlicher Grund alleine nicht ausreichend ist; erforderlich ist vielmehr eine Verhältnismäßigkeitsprüfung (s Rz 69). In dieser Sicht liegt der elementare **Unterschied zum allgemeinen arbeitsrechtlichen Gleichbehandlungs-** **grundsatz.** Für letzteren reicht ein vernünftiger rechtfertigender Grund (*Thüsing* NZA 01,

144 Diskriminierung

1061, s *Gleichbehandlung* Rz 4 ff). Somit ist das Benachteiligungsverbot durch die Beschränkung auf den abschließenden Rechtfertigungskatalog der §§ 8 ff AGG enger als der allgemeine Gleichbehandlungsgrundsatz. Die unzulässige Benachteiligung sowie der allgemeine arbeitsrechtliche Gleichbehandlungsgrundsatz müssen daher jeweils nach ihren eigenen Voraussetzungen überprüft werden.

68 Der nationale Gesetzgeber hat von den **Ausnahmetatbeständen** der Richtlinien Gebrauch gemacht und zulässige Ungleichbehandlungen in den **§§ 5, 8, 9, 10 AGG** normiert. Über das AGG hinausgehende Rechtfertigungsgründe existieren nicht. Grds kommt eine **Rechtfertigung** nur bei unmittelbarer und mittelbarer Benachteiligung in Betracht. Während bei der mittelbaren Diskriminierung die fehlende sachliche Rechtfertigung der Benachteiligung zum Tatbestand gehört (§ 3 Abs 2 AGG; s Rz 55), ist bei der unmittelbaren Benachteiligung die Rechtfertigung auf einer weiteren Stufe zu prüfen. Belästigungen oder sexuelle Belästigungen sind Rechtfertigungen regelmäßig nicht zugänglich (BT-Drs 16/1780 S 35). Erfolgt eine Ungleichbehandlung wegen mehrerer unzulässiger Gründe (Mehrfachdiskriminierung), so ist gem § 4 AGG die Zulässigkeit für jedes einzelne Merkmal gesondert zu überprüfen. Die Rechtfertigung eines Merkmals begründet nicht die zulässige unterschiedliche Behandlung aus einem anderen unzulässigen Merkmal. Dies gilt unabhängig von der Benachteiligungsform.

69 **1. Wegen wesentlicher und entscheidender beruflicher Anforderung, § 8 Abs 1 AGG. a) Allgemeines.** Ausnahmsweise kann gem § 8 Abs 1 AGG die Ungleichbehandlung wegen eines verpönten Merkmals zulässig sein, wenn das betreffende Merkmal wegen der Art der auszuübenden Tätigkeit oder der Bedingung ihrer Ausübung eine wesentliche und entscheidende berufliche Anforderung darstellt, sofern der Zweck rechtmäßig und die Anforderung angemessen ist. Das Erfordernis der wesentlichen und entscheidenden beruflichen Anforderung verdeutlicht, dass Ungleichbehandlungen nicht aus bloßen Zweckmäßigkeitserwägungen zulässig sind. „Vielmehr muss die an den Beschäftigten gestellte Anforderung erforderlich sein und dem **Grundsatz der Verhältnismäßigkeit** zwischen Zweck der Anforderung und Schutz vor Benachteiligungen standhalten" (BT-Drs 16/1780 S 35); allein sachliche Gründe sind unzureichend (*Richardi* NZA 06, 881).

70 **Entscheidend** sind berufliche Anforderungen, wenn sie für die vertragsmäßig zu erbringende Leistung erforderlich sind. **Wesentlich** sind sie, wenn ein hinreichend großer Teil der Gesamtanforderungen des Arbeitsplatzes betroffen sind (ErfK/*Schlachter* § 8 AGG Rz 4 mit Verweis auf ArbG Bln 13.7.05, NZA-RR 05, 608). Dies gilt insbes für Authentizitätsmerkmale wie bspw bei Schauspielern, Sängern etc. Ebenfalls ist es gerechtfertigt, wenn für das Vorzeigen von Damenmode nur Damen und für Herrenmode nur Herren eingestellt werden (*Richardi* NZA 06, 881; *Wisskirchen* DB 06, 1491; *Annuß* BB 06, 1629). **Bedingung der auszuübenden Tätigkeit** sind Beschäftigungsverbote und sonstige Arbeitsschutzvorschriften. Ein Beschäftigungsverbot für Frauen besteht heute noch für den Bergbau unter Tage (§ 64a Abs 1 Bundesbergbaugesetz) und zT für Seeleute. Besteht ein solches Beschäftigungsverbot, so liegt keine Diskriminierung vor, wenn der ArbGeb aus diesen rechtlichen Gründen nicht einstellt. Bedingung der auszuübenden Tätigkeit kann es sein, wenn im Rahmen von Erziehungsaufgaben Betreuer beider Geschlechter vorhanden sein müssen (*Richardi* NZA 06, 881).

71 Ein **unternehmerisches Konzept** kann nur in engen Grenzen den Anforderungen des § 8 Abs 1 AGG genügen. Nicht beeinträchtigt wird die Marktausrichtung des Unternehmens; sie erfolgt ohne Bindung an die Wertungen des AGG. Allerdings ermächtigt sie nicht zugleich nur ArbN auszuwählen, mit denen diese Marktausrichtung am leichtesten verwirklicht werden kann. Wesentlich und entscheidend sind die auf der Marktausrichtung beruhenden Anforderungen nur, wenn sie für den Unternehmenserfolg erweislich entscheidend sind (ErfK/*Schlachter* § 8 AGG Rz 4; *Annuß* BB 06, 1629). Hinsichtlich der Frage, ob eine **Anforderung bestandswichtig** ist, muss dem Unternehmer eine Einschätzungsprärogative zuerkannt werden (*Annuß* BB 06, 1629). In Anbetracht der restriktiven Handhabung des § 8 Abs 1 AGG ist es jedoch notwendig, dass die Anforderung einen engen Tätigkeitsbezug aufweist (ErfK/*Schlachter* § 8 AGG, Rz 3). Besteht das Unternehmenskonzept in der Beratung gewisser Merkmalsträger durch Angehörige derselben Gruppe (vgl ArbG Bonn 8.3.01 – 1 Ca 2980/00, NZA-RR 02, 100: Kundenberaterin bei Frauenfinanzdienstleistungsunternehmen; ArbG Köln 5.8.08 – 9 Ca 7687/07, BeckRS 2008, 58106: Beraterin mit Migrationshintergrund für Frauen in Gewalt- und Ausbeutungsverhältnissen), so kann dies die Ablehnung eines Bewerbers, der über das Merkmal nicht verfügt, nur rechtfertigen, wenn das Merkmal einen Tätigkeitsbezug aufweist. Die Ablehnung eines im Hintergrund fungierenden Hausmeisters dürfte unzulässig sein. Hier fehlt der Bezug zur beratenden Tätigkeit. Wesentlich und entscheidend kann das Merkmal jedoch sein, wenn der ArbN eine Position innehat, in der er das Unternehmen glaubhaft repräsentieren muss.

Nicht identisch, aber damit eng verbunden ist die Frage, ob besondere **Kundenwünsche** 72 („Customer preferences") eine wesentliche und entscheidende berufliche Anforderung darstellen können. Auch dies wird nur in bestandsentscheidenden Fällen zulässig sein. Andernfalls würden Anforderungen in der jeweiligen Branche von den Vorlieben des Kunden abhängig sein (*Wisskirchen* DB 06, 1491, 1492). Es bleibt zu berücksichtigen, dass die Ausnahmeregelung des § 8 Abs 1 AGG **restriktiv** zu handhaben und im jeweiligen Einzelfall auf seine Verhältnismäßigkeit zu prüfen ist. Als Faustregel kann hier gelten: Beruht die schlechtere Eignung eines Merkmalträgers auf diskriminierenden Vorstellungen von Kunden oder sonstigen Dritten, kann die Ungleichbehandlung regelmäßig nicht nach § 8 Abs 1 AGG gerechtfertigt sein (*Bauer/Göpfert/Krieger* § 8 AGG, Rz 29; mit Beispielen: *Thüsing* Diskriminierungsschutz Rz 336). Der Kundenwunsch nach einer jungen attraktiven weiblichen Flugbegleiterin ist daher kein anerkennenswerter Rechtfertigungsgrund. Ist dagegen ein bestimmtes Merkmal aus Gründen der Authentizität oder des Schamgefühls von Kunden Voraussetzung der Tätigkeit und sind die Kundenwünsche für das Unternehmen bestandswichtig, so kann die Ungleichbehandlung gerechtfertigt sein. So kann es zulässig sein, einen Mann für Auslandstätigkeiten auszuwählen, wenn Frauen dort als Verhandlungspartner abgelehnt werden oder dort mit der vorgesehenen Tätigkeit nicht beschäftigt werden können (*Richardi* NZA 06, 811; *Worzalla* AGG S 103). Dies muss jedoch auf Tätigkeiten in Drittstaaten begrenzt werden, da andernfalls Sinn und Zweck der Richtlinien, Diskriminierungsschutz in der gesamten EU zu schaffen, untergraben würde. Kann der ArbGeb nicht darlegen, dass mit der Einstellung des abgelehnten Bewerbers erhebliche wirtschaftliche Einbußen verbunden sind, ist die Benachteiligung unverhältnismäßig (s auch Kopftuchurteil des BAG vom 10.10.02 – 2 AZR 472/01, NZA 03, 483).

b) Einzelfälle. Eine Benachteiligung wegen des **Geschlechts** war bereits vor Einführung 73 des AGG zulässig, soweit ein bestimmtes Geschlecht unverzichtbare Voraussetzung für die Art oder Bedingung der auszuübenden Tätigkeit war (vgl § 611a BGB aF). Nach hM deckt sich das Tatbestandsmerkmal der Unverzichtbarkeit aus § 611a BGB aF mit dem Begriff der wesentlichen und entscheidenden beruflichen Anforderung nach § 8 Abs 1 AGG, womit für die Prüfung des Rechtfertigungsgrundes, in Einklang mit der bisherigen restriktiven Rspr des BAG, die gleichen hohen Anforderungen gelten (*Bauer/Göpfert/Krieger* § 8 AGG, Rz 7 ff mwN; *Annuß* BB 06, 1629). So erkannte das BAG das Geschlecht nicht als unverzichtbare Voraussetzung zur Bestellung einer Gleichstellungsbeauftragten an (BAG 12.11.98 – 8 AZR 365/97, NZA 99, 371; anders aber: BAG 18.3.10 – 8 AZR 77/09, NZA 10, 872 bei zu erbringender Integrationsarbeit mit muslimischen Frauen). Ein Merkmal sei nur dann unverzichtbar, wenn ein Angehöriger des jeweils anderen Geschlechts die vertragsgemäße Leistung nicht erbringen konnte und dieses Unvermögen auf Gründen beruht, die ihrerseits der gesetzlichen Wertentscheidung der Gleichberechtigung beider Geschlechter genügen (BAG 12.11.98 – 8 AZR 365/97, NZA 99, 371). Entsprechend verneint wird eine Benachteiligung wegen des Geschlechts bei der Ablehnung eines männlichen Bewerbers auf die Stelle einer Sozialpädagogin für ein Mädcheninternat, wenn ein nicht unerheblicher Teil der Arbeitszeit im Nachtdienst liegt (LAG RhPf 20.3.08 – 2 Sa 51/08, ZTR 08, 5009). Auch die Nichtberücksichtigung der Elternzeiten bei der Ermittlung der Berufsjahre stellt keine mittelbare Geschlechtsdiskriminierung bei der Eingruppierung einer Bankangestellten iSv §§ 1, 3 Abs 2 AGG dar, da die unterschiedliche Behandlung in Hinblick auf die Bedeutung der Berufserfahrung als wesentliche berufliche Anforderung nach § 8 Abs 1 GG gerechtfertigt ist (LAG Stuttgart 17.6.09 – 12 Sa 8/09, BeckRS 2011, 65754; ArbG Heilbronn 3.4.07 – 5 Ca 12/07, ArbuR 07, 391).

Im Falle der Ungleichbehandlung wegen einer **Behinderung** ist § 8 Abs 1 AGG der- 74 gestalt zu lesen, dass die wesentliche und entscheidende berufliche Anforderung, die körperliche oder seelische Gesundheit, mithin die Abwesenheit von Behinderung ist (*Kania/Merten*

144 Diskriminierung

ZIP 07, 8). Infolgedessen kann der ArbGeb einen Behinderten ablehnen, wenn er aufgrund seiner körperlichen oder seelischen Beeinträchtigung nicht imstande ist, die vorhergesehene Leistung zu erbringen (s Rz 40). Allerdings wird der Rechtfertigungsgrund der wesentlichen und entscheidenden beruflichen Anforderungen durch die Pflicht des ArbGeb, angemessene Vorkehrungen und Maßnahmen zu treffen, eingeschränkt (vgl Rz 108 ff).

75 Die Rechtfertigung einer unmittelbaren Benachteiligung wegen der **sexuellen Orientierung** ist nur in wenigen Ausnahmefällen möglich (*Bauer/Göpfert/Krieger* § 8 AGG, Rz 38). In Anlehnung an das Unternehmenskonzept ist es möglich, dass die sexuelle Ausrichtung für das Unternehmenskonzept entscheidend wäre, zB Beratung in der Homosexuellenszene. Nicht ausreichend wird jedoch sein, wenn der Betrieb ein bestimmtes Image erzeugen will, ohne dass es auf die konkret zu betreuende Kundschaft ankommt, zB nur homosexuelle Verkäufer in einem Möbelhaus.

76 Bedeutsam sind in diesem Bereich Regelungen, die wie zahlreiche Betriebsvereinbarungen und Tarifverträge an das **Differenzierungsmerkmal der Ehe** anknüpfen. Solche Regelungen sind grds dazu geeignet, mehr homosexuelle Menschen als heterosexuelle Partner zu benachteiligen. Während die deutschen Gerichte bislang die unterschiedliche Behandlung auch der eingetragenen Lebenspartnerschaft mit verfassungsrechtlichen Erwägungen aus Art 6 GG überwiegend als gerechtfertigt ansehen (LAG München 10.5.07 – 2 Sa 1253/06, Beck RS 2009, 61882; BVerfG 20.9.07 – 2 BvR 855/06, NJW 08, 209; BAG 15.5.97 – 6 AZR 26/96, NJW 98, 1012), hat der EuGH bei der Hinterbliebenenversorgung eine unzulässige Benachteiligung dann bejaht, wenn eine Vergleichbarkeit der Versorgungssituation der eingetragenen Lebenspartnerschaft mit der Ehe gegeben ist (EuGH 10.5.11 – C 147/08, NZA 11, 557; 1.4.08 – C 267/06 Maruko, NZA 08, 459). Das BAG hat auf Grundlage dieser Rspr nunmehr eine Vergleichbarkeit von Ehe und eingetragener Lebenspartnerschaft bejaht (BAG 15.9.09 – 3 AZR 294/09, NZA 10, 216; BAG 14.1.09 – 3 AZR 20/07, BB 09, 954). Auch der Gesetzgeber hat mit dem „Gesetz zur Überarbeitung des Lebenspartnerschaftsrechts" ab dem 1.1.05 für eingetragene Lebenspartner den Versorgungsausgleich eingeführt und damit in der gesetzlichen Rentenversicherung eine Gleichstellung bewirkt. Dies muss richtungweisend für berufsständische Versorgungssysteme gelten. Eine unzulässige Benachteiligung läge demnach auch vor, wenn ein ArbGeb im Rahmen der Sozialauswahl die dem Lebenspartner entstehenden Unterhaltspflichten nicht, wohl aber die des Ehepartners berücksichtigt (*Nicolai* AGG, Rz 423).

77 Auch eine Ungleichbehandlung wegen der **Rasse** oder der **ethnischen Herkunft** wird nur selten zulässig sein. Ausnahmsweise kommt eine Ungleichbehandlung im Falle sog Authentizitätsmerkmale in Betracht, zB bei der Auswahl eines Schauspielers nach äußeren Merkmalen, der seine Charaktere authentisch darstellen soll (*Schiek* AuR 03, 44, 48). Ebenfalls kann das chinesische Spezialitätenrestaurant ausschließlich asiatisch aussehendes Personal einstellen (*Nicolai* AGG, § 2 Rz 401; zweifelnd *Schiefer/Ettwig/Krych* § 8 Rz 426). Hingegen greift nicht allein das Konzept, lieber Inder zu beschäftigen, ohne dass es einen Bezug zur Tätigkeit hat. Anderseits kann das Argument der Bindung und Betreuung des Kundenkreises eine Ungleichbehandlung rechtfertigen (*Nicolai* AGG, Rz 400). Aber auch dann können muttersprachliche Kenntnisse keine wesentliche und entscheidende berufliche Anforderung darstellen (aA wohl *Nicolai* § 2 Rz 402). Das Kriterium der Muttersprache indiziert nur die Herkunft, nicht jedoch die sprachliche Fähigkeit des Einzelnen (s Rz 30).

78 In Betrieben, die nicht von § 9 AGG erfasst sind (dazu Rz 80), ist eine Ungleichbehandlung wegen der **Religion** oder **Weltanschauung** nach § 8 Abs 1 AGG möglich. Hierbei kann teilweise auf die im Arbeitsrecht bekannte Abwägung zwischen Direktionsrecht (§ 106 GewO) und Gewissensfreiheit des ArbN zurückgegriffen werden, nach der ArbGeb Gewissenskonflikte der ArbN zu berücksichtigen haben (BAG 24.5.89 – 2 AZR 285/88, AP Nr 1 zu § 611 BGB Gewissensfreiheit, vgl *Gewissensfreiheit* Rz 2 ff). Das BAG bejaht auch einen Anwendungsfall des § 8 Abs 1 AGG, wenn zwar nicht eine bestimmte Religionszugehörigkeit oder gerade deren Fehlen Voraussetzung für die Ausübung der fraglichen Tätigkeit ist, sondern ein Unterlassen der Religionsausübung eine wesentliche berufliche Anforderung darstellt. Hier sind die Fälle angesiedelt, in denen der ArbGeb den Betreffenden die äußere Kundgabe der eigenen religiösen Überzeugung, zB das Tragen von Kopftuch, Turban oder Kippa, untersagt (BAG 10.12.09 – 2 AZR 55/09, NZA-RR 10, 383; BAG 12.8.10 – 2 AZR 593/09, NZA-RR 11, 162). Das Bekundungsverbot an staatlichen Schulen wird

durch das im öffentlich-rechtlichen Schulrecht (zB §§ 58, 57 Abs 4 SchulG NRW) verankerte Neutralitätsgebot gegenüber Religionen und sonstigen Weltanschauungen gerechtfertigt (BAG 20.8.09 – 2 AZR 499/08, NZA 10, 227; BVerfG 24.9.03 – 2 BvR 1436/02, NJW 03, 3111); dieses Neutralitätsgebot gilt nicht in der Privatwirtschaft. Die bereits vor Inkrafttreten des AGG aus Art 4 GG entwickelten Wertungsmaßstäbe sind weiterhin anwendbar. Macht ein ArbGeb seinen Beschäftigten Vorschriften, welche Kleidung am Arbeitsplatz zu tragen ist, kann hierin eine Benachteiligung bestimmter religiöser Gruppen liegen. Ein sachlicher Grund für Kleidervorschriften kann sich aus Gründen der Arbeitssicherheit ergeben, dagegen reichen rein unternehmerische Gründe oder Kundenwünsche nicht (BAG 10.10.02 – 2 AZR 472/01, NZA 03, 483).

Eine zulässige Ungleichbehandlung wegen des **Alters** gem § 8 Abs 1 AGG ist hauptsächlich in Berufen zulässig, bei denen die körperliche Belastbarkeit mit der Altersgrenze in engem Zusammenhang steht. Dies dürfte nur in Berufen möglich sein, die dem Schutz der öffentlichen Sicherheit und Ordnung dienen, sowie in Berufen, in denen ein Abwarten bis zur tatsächlich schwindenden körperlichen Belastbarkeit erheblichen Schaden verursachen kann. Somit ist eine Altersgrenze für Polizisten, Feuerwehrmänner, Piloten etc eine zulässige Ungleichbehandlung aufgrund wesentlicher und entscheidender beruflicher Anforderungen (*Wiedemann/Thüsing* NZA 02, 1234; s Rz 87). Allerdings hat der EuGH entschieden, dass eine tarifvertragliche Altersbegrenzung für Piloten auf das vollendete 60. Lebensjahr, während nationale und internationale Regelungen dieses Alter auf 65 Jahre festlegen, eine unverhältnismäßige Anforderung hinsichtlich der notwendigen körperlichen Fähigkeiten zur Ausübung des Pilotenberufs an das Alter darstellt (EuGH 13.9.11 – C-447/09, NZA 11, 1039). Diese Entscheidung wird die Zulässigkeit der Altersgrenze von 68 Jahren für flugmedizinische Sachverständige wohl nicht berühren (OVG NdS 13.9.06 – ME 275/06, ArbuR 07, 69); bei Flugbegleitern wurde bereits die Unzulässigkeit der Altersgrenze von 60 Jahren anerkannt (LAG Düsseldorf 5.11.08 – 12 Sa 860/08, ArbuR 09, 102). Das Alter stellt ebenfalls eine wesentliche und entscheidende berufliche Anforderung dar, wenn es um die authentische Darstellung eines Schauspielers geht (*Schmidt/Senne* RdA 02, 80). Darüber hinaus können auch im Rahmen der Altersdiskriminierung in engen Grenzen die „Customer preferences" Berücksichtigung finden, soweit auch unter Beachtung des Grundsatzes der Verhältnismäßigkeit ein bestimmtes Alter eine wesentliche und entscheidende Voraussetzung einer Tätigkeit ist (zB Moderator bei einem Musiksender, Verkäufer in einem Geschäft für Jugendmode). Mögen Altersdiskriminierungen zwar teilweise nach § 8 AGG zu rechtfertigen sein, so kommt zusätzlich und bevorzugt eine Rechtfertigung nach § 10 AGG in Betracht, die an weniger strenge Voraussetzungen geknüpft ist, Rz 83 ff). 79

2. Wegen der Religion oder Weltanschauung. Ungeachtet des § 8 Abs 1 AGG sind Differenzierungen wegen der Religion oder Weltanschauung gem **§ 9 Abs 1 AGG** zulässig, wenn eine bestimmte Religion oder Weltanschauung unter Beachtung des Selbstverständnisses der jeweiligen Religionsgemeinschaft oder Vereinigung im Hinblick auf ihr Selbstbestimmungsrecht oder nach Art der Tätigkeit eine gerechtfertigte berufliche Anforderung darstellt. Zulässig ist es daher, wenn die Begründung des Arbeitsverhältnisses von der Konfession des Bewerbers abhängig gemacht wird. **Adressat** dieser Regelung sind **nur Religions- oder Weltanschauungsgemeinschaften,** die ihnen zugeordneten Einrichtungen ohne Rücksicht auf ihre Rechtsform oder Vereinigungen, die sich die gemeinschaftliche Pflege einer Religion oder Weltanschauung zur Aufgabe machen. Auf diesen Ausnahmetatbestand können sich mithin auch Einrichtungen der Caritas und der Diakonie berufen (ErfK/*Schlachter* AGG, § 9 Rz 2). Er gilt ebenfalls für Vereinigungen, die sich die gemeinschaftliche Pflege einer Religion oder Weltanschauung zur Aufgabe gemacht haben. Somit sind auch konfessionelle Vereinigungen erfasst, die nicht einer Kirche zugeordnet sind (*Richardi* NZA 06, 881). Insoweit wird die bereits durch das BAG negativ (jedoch in Europa nicht einheitlich) entschiedene Frage, ob Scientology eine Religions- oder Weltanschauungsgemeinschaft ist, erneut virulent. Nicht erfasst sind hingegen Tendenzbetriebe iSd § 118 Abs 1 BetrVG (*Nicolai* AGG, Rz 363), so dass in diesen Betrieben eine Ablehnung allein wegen der politischen Weltanschauung unzulässig ist (*Wisskirchen* DB 06, 1491). 80

Diese Bereichsausnahme wahrt das in Art 140 GG verankerte Recht der Selbstorganisation der Religions- und Weltanschauungsgemeinschaften und differenziert weder auf europa- 81 rechtlicher (*Joussen* RdA 03, 32) noch auf nationaler (*Thüsing* FA Beilage zu Heft 4/04, 8) Ebene zwischen nahen und nicht nahen kirchlichen Berufen. Ob die Religion oder Weltanschauung für eine Tätigkeit wesentlich ist, bemisst sich daher nach dem Selbstbestimmungsrecht der Kirchen. Allerdings ist die Reichweite der Rechtfertigungsmöglichkeiten nach § 9 Abs 1 AGG noch ungeklärt (dazu: *Mohr/Fürstenberg* BB 08, 2122). Die Vorschrift wird nach überwiegender Auffassung restriktiv gehandhabt und erfasst nur den **„verkündungsnahen Bereich"** (*Bauer/Göpfert/Krieger* § 9 AGG Rz 15). Ein unter kirchlicher Trägerschaft stehendes Krankenhaus kann von der angestellten Krankenschwester nicht verlangen, während der Arbeitszeit das Kopftuch abzulegen. Die damit verbundene Benachteiligung wegen der Religion wird nicht gem §§ 8, 9 AGG gerechtfertigt, da die Anspruchstellerin keine Tendenzträgerin ist (ArbG Köln 6.3.08 – 19 Ca 7222/07, BeckRS 2008, 53977). Dagegen soll der Kirchenaustritt einer Altenpflegerin eine den kirchlichen ArbGeb zur Kündigung berechtigende schwerwiegende Loyalitätsverletzung darstellen (LAG RhPf 2.7.08 – 7 Sa 250/08, BeckRS 2008, 55651; gleichfalls bejaht bei Sozialpädagogen im Caritasverband: BAG 25.4.13 – 2 AZR 579/12, becklink 1026211).

82 Darüber hinaus privilegiert **§ 9 Abs 2 AGG** die Religionsgemeinschaften, indem er sie ermächtigt, von den für sie arbeitenden Personen ein **loyales und aufrichtiges Verhalten** iS ihres Selbstverständnisses verlangen zu können. Für die katholische Kirche gilt die kirchengesetzlich erlassene Grundordnung (*Richardi* ArbeitR in der Kirche S 56 ff). Näheres zur Rspr zu Loyalitätspflichten und Kündigungsmöglichkeiten s *Kirchenarbeitsrecht* Rz 1 ff. Für nach dem AGG ergangene Kündigungen im kirchlichen Bereich, wird die Rspr bei der Beurteilung ihrer Zulässigkeit die Wertungen des § 9 Abs 2 AGG einbeziehen müssen.

83 **3. Wegen des Alters.** Insbes das Verbot der Benachteiligung wegen des Alters ist eine der komplexesten Regelungen des AGG. Das Alter ist vielfach Anknüpfungspunkt einer Differenzierung in gesetzlichen, tarifvertraglichen und einzelvertraglichen Regelungen sowie Betriebsvereinbarungen. Diesem Umstand trägt die RL 2000/78/EG durch einen weit reichenden Ausnahmetatbestand (Art 6 RL 2000/78/EG) Rechnung. Das AGG hat diese Vorgaben in § 10 Satz 1 und 2 sowie in den Regelbeispielen Satz 3 Nr 1–4 weitgehend übernommen.

84 **a) Generalklausel.** **§ 10 Satz 1 und 2 AGG** regeln den **allgemeinen Rechtfertigungsgrund** für eine differenzierende Behandlung wegen des Alters. Danach ist eine Benachteiligung – unabhängig von einer möglichen Rechtfertigung schon nach § 8 AGG – zulässig, wenn sie objektiv, angemessen und durch ein legitimes Ziel gerechtfertigt ist. Des Weiteren müssen die Mittel zur Erreichung dieses Ziels angemessen und erforderlich sein. Damit schafft der Gesetzgeber eine ausfüllungsbedürftige Generalklausel, die weitestgehend einer Verhältnismäßigkeitsprüfung gleicht. Nach der Rspr des BAG sind **legitime Ziele** iSd § 10 Satz 1 AGG sowohl solche, die im Interesse der Allgemeinheit liegen (zB Beschäftigungspolitik, Arbeitsmarkt und berufliche Bildung), als auch betriebs- und unternehmensbezogene Interessen, wobei es sich nicht nur um gesetzlich anerkannte Interessen handeln muss (zB Sicherung der Personalstruktur, Bindung bestimmter ArbN an den Betrieb: BAG 6.11.08 – 2 AZR 701/07, NZA 09, 361; BAG 11.4.06 – 9 AZR 528/05, NZA 06, 1217; BAG 15.12.11 – 2 AZR 42/10, NZA 12, 1044). Das verfolgte Interesse muss („objektiv") auf tatsächlichen und nachvollziehbaren Erwägungen beruhen und muss in einem angemessenen Verhältnis zu der Ungleichbehandlung stehen (BAG 22.1.09 – 8 AZR 906/07, NZA 09, 945). Allerdings steht die Anerkennung reiner ArbGebInteressen nicht mit der Rspr des EuGH in Einklang, der nur sozialpolitische Ziele wie solche aus den Bereichen Beschäftigungspolitik, Arbeitsmarkt oder berufliche Bildung in Betracht zieht (EuGH 18.6.09 – C-88/08 Hütter, NZA 09, 891; 5.3.09 – C-388/07 Age Concern England, NZA 09, 305).

85 Einer Berücksichtigung des Lebensalters bei der **Sozialauswahl nach § 1 Abs 3 KSchG** steht das Verbot der Altersdiskriminierung grds nicht entgegen (BAG 5.11.09 – 2 AZR 676/08, NZA 10, 457; BAG 13.10.09 – 9 AZR 722/08, NZA 10, 327). Eine im Rahmen der Sozialauswahl vorgenommene **Altersgruppenbildung** kann nach § 10 Satz 1 und 2 AGG gerechtfertigt sein, wenn dadurch der Überalterung des Betriebs entgegengewirkt und zugleich die Bevorzugung älterer ArbN relativiert wird. Das ArbGebInteresse an einer altersmäßig ausgewogenen Personalstruktur im Betrieb und einem kontinuierlichen Austausch- und Alterungsprozess wird vom BAG als legitimes Ziel iSd § 10 Satz 1 AGG anerkannt (BAG 6.11.08 – 2 AZR 523/07, NZA 09, 361; BAG 19.6.07 – 2 AZR 304/06, NZA 08,

103; zweifelnd aber das ArbG Siegburg, ob reine ArbGebInteressen legitime Ziele iSd § 10 AGG sein können, und Vorlage der Zulässigkeit der Altersgruppenbildung dem EuGH zur Vorabentscheidung, ArbG Siegburg 27.1.10 – 2 Ca 2144/09, DB 10, 1466). Dies ist jedenfalls bei Massenkündigungen aufgrund einer Betriebsänderung anzunehmen. Damit der Altersdurchschnitt insgesamt erhalten bleibt, wird die Sozialauswahl segmentiert nach Altersgruppen durchgeführt. Dafür wird jeweils innerhalb der Altersgruppen eine dem prozentualen Anteil an der Gesamtbelegschaft entsprechende Anzahl von ArbN zur Kündigung ausgewählt. Das Mittel der Gruppenbildung ist aber nur dann geeignet, wenn eine proportionale Berücksichtigung aller Altersgruppen auch innerhalb der einzelnen Vergleichsgruppe möglich ist. Soweit in einer betroffenen Vergleichsgruppe weniger ArbN zu kündigen sind als Altersgruppen gebildet wurden, kann das die Sozialauswahl grob fehlerhaft machen (BAG 19.7.12 – 2 AZR 252/11, BeckRS 2012, 76170). S auch Rz 98.

Das BAG hat weiterhin klargestellt, dass das Lebensalter als Auswahlkriterium auch durchgehend „linear" berücksichtigt werden kann, indem mit steigendem Lebensalter das Gewicht des Alters gleichmäßig zunimmt (**lineares Punkteschema**). Das Lebensalter sei ein geeignetes und erforderliches Kriterium, um die individuellen Arbeitsmarktchancen bei der sozialen Auswahl in die Abwägung mit einzubeziehen. Die Zuteilung von Alterspunkten führe mit einer hinnehmbaren Unschärfe zur Berücksichtigung von Chancen auf dem Arbeitsmarkt und im Zusammenspiel mit den übrigen sozialen Gesichtspunkten, wie Betriebszugehörigkeit, Unterhaltsverpflichtungen und Schwerbehinderung, nicht zu einer Überbewertung des Lebensalters (BAG 5.11.09 – 2 AZR 676/08, NZA 10, 457; BAG 13.10.09 – 9 AZR 722/08, NZA 10, 327). Dies entspricht in etwa der bereits vor Inkrafttreten des AGG überwiegenden Auffassung (*Kamanabrou* RdA 06, 27; *Bayreuther* DB 06, 1845; BAG 2.12.99 – 2 AZR 757/98, NZA 00, 531; BAG 5.12.02 – 2 AZR 549/01, NZA 03, 791). **Einfache Punkteschema,** die eine Berücksichtigung des Einzelfalls hinsichtlich der Arbeitsmarktchancen gänzlich ausschließen, sind daher auch nach Aufhebung des § 10 Satz 3 Nr 6 AGG aF nicht rechtssicher (*Bayreuther* DB 06, 1842; *Annuß* BB 06, 1629; *Willemsen/Schweibert* NJW 06, 2583). Zudem hat der EuGH in der Rs Mangold betont, dass Regelungen, die das Alter als einziges Kriterium festlegen, über das hinausgehen, was zur Erreichung des verfolgten Zieles angemessen und erforderlich ist, wenn nicht nachgewiesen wäre, „dass die Festlegung einer Altersgrenze als solche unabhängig von anderen Erwägungen im Zusammenhang mit der Struktur des jeweiligen Arbeitsmarktes und der persönlichen Situation des Betroffenen zur Erreichung des Zieles der beruflichen Eingliederung arbeitsloser älterer Arbeitnehmer objektiv erforderlich ist" (EuGH 22.11.05 – Rs C-144/04, NZA 05, 1345). In der bisherigen Rspr seit Inkrafttreten des AGG wurden allerdings einfache Punkteschemata letztlich nicht beanstandet (LAG NdS 13.7.07 – 16 Sa 269/07, ArbuR 07, 388; ArbG Bielefeld 25.4.07 – 6 Ca 2886/06, NZA-RR 07, 466; BAG 19.6.07 – 2 AZR 304/06, NZA 08, 103). Es ist anzuraten, eine relativ gleiche Gewichtung aller Kriterien vorzunehmen und abschließend das Ergebnis dahingehend zu überprüfen, ob es im Hinblick auf die Arbeitsmarktchancen der danach zu entlassenden Beschäftigten diskriminierungsrechtliche Bedenken geben könnte. Verstößt das Punktesystem gegen das AGG, führt dies allenfalls zur groben Fehlerhaftigkeit der Sozialauswahl, nicht jedoch zur Unwirksamkeit von Namensliste und Interessenausgleich und damit zum Wegfall der Vermutungswirkung nach § 1 Abs 5 Satz 1 KSchG (BAG 5.11.09 – 2 AZR 676/08, NZA 10, 457).

Individual- und kollektivvertragliche **Unkündbarkeitsklauseln,** die die Unkündbarkeit von Beschäftigten eines bestimmten Alters und einer bestimmten Betriebszugehörigkeit regeln, waren nach § 10 Satz 3 Nr 7 AGG aF nicht dem Benachteiligungsverbot unterworfen. Sie sind aber auch nach Aufhebung dieses Regelbeispiels zulässig, da sie dem Schutz älterer ArbN dienen, soweit der Kündigungsschutz jüngerer ArbN im Rahmen der Sozialauswahl nach § 1 Abs 3 KSchG dadurch nicht grob fehlerhaft gemindert wird. Die Streichung der Vorschrift hat im Ergebnis keine Änderung der Rechtslage zur Folge (s dazu *Unkündbarkeit* Rz 4 ff; *Bauer/Göpfert/Krieger* § 10 AGG Rz 46 ff). Ebenso liegt bei einem Personalabbau durch freiwillige Aufhebungsverträge unter Zahlung attraktiver Abfindungen in der Herausnahme älterer ArbN noch keine Benachteiligung gegenüber jüngeren iSd § 3 Abs 1 Satz 1 AGG (BAG 25.2.10 – 6 AZR 911/08, NZA 10, 561).

Altersgrenzen können der Sicherung eines wichtigen Gemeinschaftsguts dienen. So können niedrigere als die gesetzlich vorgesehenen Altersgrenzen zulässig sein, soweit ein

144 Diskriminierung

überwiegendes öffentliches Schutzinteresse besteht. Ist eine Rechtfertigung bereits nach § 8 AGG möglich, weil das Alter eine „wesentliche und entscheidende" berufliche Anforderung darstellt (zB bei Polizisten, Fluglotsen, Feuerwehr) ist eine Prüfung des § 10 Satz 1 und 2 AGG entbehrlich. Es stellt keinen Rechtfertigungsgrund dar, dass das wirtschaftliche Risiko krankheitsbedingter Ausfälle im Alter zunimmt (ArbG Frankfurt aM 25.6.07 – 11 Ca 8952/06, DSB 07, Nr 9, 20). Zur automatischen Beendigung des Arbeitsverhältnisses durch individual- oder tarifvertragliche Pensionsgrenzen s Rz 96.

89 **b) Die Regelbeispiele Nr 1–6.** Die Regelbeispiele Nr 1–4 sind im Wesentlichen Art 6 der RL 20000/78/EG entnommen und enthalten zusammen mit Nr 5 und 6 eine beispielhafte, nicht abschließende Aufzählung von zulässigen Differenzierungen wegen des Alters. Ist ein Regelbeispiel seinem Wortlaut nach einschlägig, ist gleichwohl die Verhältnismäßigkeit im Einzelfall zu prüfen (*Bauer/Göpfer/Krieger* § 10 AGG, Rz 25).

§ 10 Satz 3 Nr 1 AGG nennt als legitimes Ziel die Förderung der beruflichen Eingliederung oder die Sicherstellung des Schutzes von Jugendlichen, älteren Beschäftigten und Personen mit Fürsorgepflichten. Die Erreichung dieses Ziels darf durch die Festlegung besonderer Bedingungen für den **Zugang zur Beschäftigung** und zur **beruflichen Bildung** oder besonderer **Beschäftigungs- und Arbeitsbedingungen** einschließlich **Entlohnungs- und Entlassungsbedingungen** erfolgen, solange diese objektiv und angemessen sind. Eine besondere Arbeitsbedingung stellt zB § 14 Abs 1 JArbSchG dar. Infolgedessen verstößt ein Verbot der Nachtarbeit für Jugendliche nicht gegen den Grundsatz der Gleichbehandlung. Allerdings darf die Inanspruchnahme von Diskriminierungsschutz nicht zu Nachteilen für die ArbN führen (*Thüsing* NZA 02, 1234; s zur Geschlechterdiskriminierung EuGH 25.7.91 – Rs C-345/89, EuZW 91, 666 „Nachtarbeitsverbot für Frauen"; BVerfG 28.1.92 – 1 BvR 1025/82, NZA 92, 270).

90 **Reduzierte Wochenarbeitszeiten,** eine nach Altersstufen **gestaffelte Urlaubsdauer** und **Zusatzurlaub** für ältere ArbN begünstigen diese im Vergleich zu jüngeren ArbN. Eine solche Regelung kann grds einem mit zunehmendem Alter steigenden Erholungsbedürfnis oder dem Gesundheitsschutz älterer ArbN Rechnung tragen (BAG 20.3.12 – 9 AZR 529/10, NZA 12, 803; *Waltermann* NZA 05, 1269; *Löwisch* DB 06, 1729). Aus der Regelung muss aber der Schutz älterer ArbN als besonderes sozialpolitisches Anliegen iSd § 10 Satz 3 Nr 1 AGG erkennbar hervorgehen – ein allgemeines Interesse an der Erhaltung und Wiedererlangung der Arbeitskraft der ArbN reicht nicht (BAG 20.3.12 – 9 AZR 529/10, NZA 12, 803 zu TVöD). Im Übrigen bedarf es einer Verhältnismäßigkeitsprüfung im Einzelfall. Die Verhältnismäßigkeit des Mittels bemisst sich nämlich nicht nur am Ziel der Benachteiligung, sondern zugleich an der beeinträchtigten Rechtsposition der Jüngeren und an der Art der Vergünstigung. Eine geringere Vergünstigung wird nicht so strengen Prüfungsmaßstäben wie eine weiter reichende Vergünstigung unterworfen sein. Ein Verstoß kann für die Vergangenheit regelmäßig nur durch Anpassung „nach oben" beseitigt werden (BAG 20.3.12 – 9 AZR 529/10, NZA 12, 803 – s auch Rz 90). Kein Anspruch besteht auf vorzeitigen Abschluss eines Altersteilzeitvertrages, wenn einschlägiger Tarifvertrag Anspruch erst mit Vollendung des 60. Lebensjahres vorsieht (LAG SchlHol 4.11.09 – 6 Sa 18/09, BeckRS 2009, 74284). Keine unzulässigen besonderen Entlohnungsbedingungen stellen Verdienstsicherungen für ältere ArbN dar. Diese dienen vielmehr dem Schutz älterer ArbN und sind somit gem § 10 Nr 1 AGG gerechtfertigt (*Leuchten* NZA 02, 1254 so zu Art 6 RL 2000/78/EG).

91 **§ 10 Satz 3 Nr 2 AGG** erlaubt die Festlegung von **Mindestanforderungen an das Alter,** die Berufserfahrung oder das Dienstalter für den Zugang zur Beschäftigung oder für bestimmte mit der Beschäftigung verbundene Vorteile. Ein legitimes Ziel nennt Nr 2 nicht, dennoch ergibt sich dessen Notwendigkeit aus der Generalklausel des § 10 Satz 1 AGG. Im Bereich des Zugangs zur Beschäftigung kommt insbes die Gesundheit und Sicherheit Dritter, die mit der Arbeit in Berührung kommen, sowie das Gemeinwesen als legitimes Ziel in Betracht. Das Ziel, Schutz für jüngere oder ältere ArbN zu gewährleisten, ist bereits durch Nr 1 gedeckt (*Kamanabrou* RdA 06, 25).

92 Die **Einkommensstaffelung** nach dem Lebensalter stellt eine unzulässige Altersdiskriminierung dar und ist nicht nach § 10 Satz 3 Nr 2 AGG gerechtfertigt. Anders als bei der Anknüpfung an das Dienstalter ist eine solche an das tatsächliche Alter nicht geeignet, eine größere Berufs- bzw Lebenserfahrung – auch nicht in typisierender Weise – zu honorieren (LAG Köln 6.2.09 – 8 Sa 1016/08, BeckRS 2012, 65665; LAG Hessen 22.4.09 – 2 Sa

1689/08 NZA-RR 09, 384; LAG Bln-Bbg 11.9.08 – 20 Sa 2244/07, NZA-RR 09, 378, zur Einkommensstaffelung des BAT; *Löwisch* DB 06, 1729; *Bissels/Lützeler* BB 09, 774 mwN). Die Anknüpfung an das Kriterium der Berufserfahrung ist gerechtfertigt, wenn diese dem legitimen Ziel der Honorierung der beruflichen Qualifikation dient (*Waltermann* NZA 05, 1265; *Linsenmaier* RdA 03, Beil 5, S 22). Bei einer Entlohnung nach dem Dienstalter müssen objektive Kriterien hinzutreten, durch die eine relevante Beziehung zwischen Tätigkeit und Dienstalter deutlich wird (EuGH 7.2.91 – Rs C-184/89 Nimz, NZA 91, 461). Die Differenzierung nach dem Dienstalter innerhalb einer einfachen Tätigkeit ist daher eher unzulässig als die innerhalb einer qualifizierten Tätigkeit. Ungleichbehandlungen, die an das Kriterium der Beschäftigungsdauer knüpfen, können gerechtfertigt sein, wenn damit das legitime Ziel der Honorierung der Betriebstreue verfolgt wird (*Schmidt/Senne* RdA 02, 80). Grds muss **bis zur Einführung eines diskriminierungsfreien Systems** eine „Anpassung nach oben" in der Form erfolgen, dass die leistungsgewährenden, nicht benachteiligenden Tarifvertragsbestimmungen auf diejenigen ArbN anzuwenden sind, die unter Verstoß gegen die Diskriminierungsverbote von den Leistungen ausgeschlossen waren (sog **Meistbegünstigungsprinzip**). ArbN, die eine nach Lebensaltersstufe differenzierende Grundvergütung nach BAT erhielten, sollen danach Anspruch auf die Grundvergütung der höchsten Lebensaltersstufe ihrer Vergütungsgruppe haben (LAG Bln-Bbg 11.9.08 – 20 Sa 2244/07, NZA-RR 09, 378; LAG Hessen 22.4.09 – 2 Sa 1689/08, NZA-RR 09, 348). Der EuGH gesteht allerdings den Tarifpartnern eine **Übergangsregelung** zu, der zufolge die diskriminierenden Auswirkungen für einen befristeten Zeitraum Bestand haben, um den Übergang in ein auf objektive Kriterien gestütztes Vergütungssystem zu ermöglichen (EuGH 8.9.11 – C-297/10, C-298/10, NZA 11, 1100). Allerdings hält das BAG an einer Anpassung nach oben fest, wenn die Tarifvertragsparteien im Falle der Unwirksamkeit des bisherigen Vergütungssystems keine Ersatzregelung treffen. Das gelte uneingeschränkt auch dann, wenn die benachteiligte Gruppe groß und der Kreis der gleichheitswidrig Begünstigten klein ist (BAG 10.11.11 – 6 AZR 148/09, NZA 12, 161 zur Überleitung in den TV-L, mit der Konsequenz einer erheblichen Belastung der Länderhaushalte).

Gem **§ 10 Satz 3 Nr 3 AGG** sind **Höchstaltersgrenzen zur Einstellung** aufgrund spezifischer Ausbildungsanforderungen eines bestimmten Arbeitsplatzes oder aufgrund der Notwendigkeit einer angemessenen Beschäftigungszeit vor dem Eintritt in den Ruhestand zulässig. Die Bevorzugung von Berufsanfängern kann zulässig sein (LAG Hessen 16.1.12 – 7 Sa 615/11, NZA-RR 12, 464). Der Wunsch des ArbGeb, dass der ArbN nach dem Ausbildungs- oder Laufbahnkonzept noch eine angemessene Zeit auf der Stelle arbeitet, ist ein legitimes Ziel (*Linsenmaier* RdA 03, 28). Eine Ungleichbehandlung aufgrund spezifischer Ausbildungsanforderung ist möglich, wenn sich der finanzielle Aufwand einer spezifischen Ausbildung durch eine lange Beschäftigungsdauer rentieren soll. Mit dem Erfordernis einer angemessenen Beschäftigungszeit wird ua dem Umstand Rechnung getragen, dass einer aufwändigen Einarbeitung am Arbeitsplatz auch eine betriebswirtschaftlich sinnvolle Mindestdauer einer produktiven Arbeitsleistung gegenüber stehen muss (zur Zulässigkeit einer Höchstaltersgrenze von 35 Jahren für die Übernahme in ein Beamtenverhältnis OVG Münster 15.3.07 – 6 A 942/05, BeckRS 2007, 22662). Der ArbGeb muss sich gegebenenfalls entgegenhalten lassen, dass die übliche Verweildauer im Betrieb kürzer ist als die Zeit, die ein Bewerber bis zum Eintritt in den Ruhestand normalerweise bleiben könnte. Besondere Sorgfalt muss bei der Gestaltung der Höchstaltersgrenzen darauf gelegt werden, dass es durch diese nicht zu einer mittelbaren Geschlechtsdiskriminierung, bspw durch Nichtberücksichtigung von Kindererziehungszeiten (*Schmidt/Senne* RdA 02, 80), kommt. Für diesen Fall bedürfte es zusätzlich einer Rechtfertigung wegen einer Benachteiligung aufgrund des Geschlechts, welche jedoch nicht mit der Beschäftigungsunterbrechung aufgrund der Kinderziehung begründet werden kann.

Entsprechend Art 6 Abs 2 der RL 2000/78/EG lässt **§ 10 Satz 3 Nr 4 AGG** ausdrücklich Altersgrenzen in betrieblichen Systemen der sozialen Sicherheit, insbes in der **betrieblichen Altersvorsorge** zu, solange diese nicht eine Benachteiligung wegen des Geschlechts zur Folge haben. Somit ist auch nach dem 18.8.2006 eine **Versorgungsordnung,** welche die Teilhabe bei Überschreitung eines bestimmten Lebensalters ausschließt, zulässig (so schon BAG 14.1.86 – 3 AZR 456/84, DB 86, 2030). Daran hält das BAG jedenfalls für den Fall fest, dass die Erteilung der Versorgungszusage von der Erreichbarkeit einer mindestens 15-jährigen Betriebszugehörigkeit bis zum Erreichen der Regelaltersgrenze in der gesetz-

144 Diskriminierung

lichen Rentenversicherung abhängig gemacht wird (BAG 12.2.13 – 3 AZR 100/11, BeckRS 2013, 68637). Allerdings kann eine mittelbare Diskriminierung aufgrund des Geschlechts vorliegen, wenn eine Versorgungszusage Teilzeitbeschäftigte ausschließt, weil diese überwiegend weibliche ArbN besonders benachteiligen würde (EuGH 13.5.86 – Rs C-170/84 Bilka, AP Nr 10 zu EWG-Vertrag Art 119). Ebenfalls unzulässig ist eine Versorgungszusage, die zwischen Männern und Frauen hinsichtlich der Anrechnung von Dienstjahren und der Festsetzung des Alters für die Aufnahme in ein Versorgungswerk unterscheidet (vgl BAG 6.4.82 – 3 AZR 134/97, DB 82, 1466). Zudem liegt eine an das Alter anknüpfende und zugleich geschlechtsdiskriminierende Regelung vor, wenn die Leistungsordnung der Pensionskassen als Voraussetzung für die Inanspruchnahme der Versorgungsleitung für Männer und Frauen ein unterschiedliches Mindestalter fordert (s Rspr EuGH 17.5.90 – Rs C-262/88 Barber, NZA 90, 775; 6.10.93 – Rs C-1091/91 Ten Over, NZA 93, 1125; nun auch BAG 7.9.04 – 3 AZR 550/03).

95 Eine Versorgungsordnung, die dem Hinterbliebenen eine Rente nur dann gewährt, wenn der hinterbliebene Ehegatte weniger als 15 Jahre jünger ist als der verstorbene ehemalige ArbN, bzw eine Minderung von 5 % für jedes die 15 Jahre überschreitende Jahr des Altersunterschieds vorsieht, ist nach wohl hM wirksam (LAG Rheinland-Pfalz 19.12.08 – 6 Sa 399/08, BeckRS 2009, 56473; *Bissels/Lützeler* BB 10, 1661 mwN). Auch wenn keine unmittelbare Differenzierung wegen eines bestimmten Lebensalters vorliegt, bestehen hier Bedenken, da ein vergleichsweise größerer Anteil der älteren ArbN einen mind 15 Jahre jüngeren Partner aufweisen wird. Eine Benachteiligung könnte darin gesehen werden, dass die betroffenen ArbN nicht ihrem Fürsorgeinteresse nachkommen können. Ein rechtfertigendes legitimes Interesse dürfte hier allerdings die Wahrung der Leistungsfähigkeit der Hinterbliebenenversorgung sein. Das BAG hatte die Frage der Richtlinienkonformität **sog Abstandsklauseln** bereits dem EuGH vorgelegt (BAG 27.6.06 – 3 AZR 352/05, NZA 06, 1276), jedoch brachte die Entscheidung keinen Aufschluss, da nach Auffassung des EuGH die zu prüfende Versorgungsrichtlinie nicht der Umsetzung der RL 2000/78/EG diente und der Anwendungsbereich des Gemeinschaftsrechts nicht betroffen war (EuGH 23.9.08 – C-427/06, NZA 08, 1119); insoweit ist die Europarechtskonformität bislang ungeklärt.

96 Anders liegt die Fallgestaltung bei der **sog Spätehenklausel,** nach der die Ehe mindestens zehn Jahre bestanden haben muss, wenn sie nach Vollendung des 50. Lebensjahr des Beschäftigten geschlossen wurde. Hier wird ausdrücklich an das Lebensalter des Beschäftigten angeknüpft. Eine solche Klausel hat das BAG für zulässig erklärt, da sie einer sachlich gerechtfertigten Risikobegrenzung dient (BAG 28.7.05 – 3 AZR 457/04, DB 06, 2018). Dies dürfte auch nach Einführung des AGG zulässig sein.

97 § 1b BetrAVG macht den Erwerb einer unverfallbaren **Versorgungsanwartschaft** von der Vollendung des 25. Lebensjahres abhängig. Durch das Gesetz zur Förderung der betrieblichen Altersversorgung vom 10.12.2007 ist das Alter von bisher 30 auf 25 herabgesetzt worden, um den europarechtlichen Bedenken in Hinblick auf eine Benachteiligung jüngerer ArbN – insbes junger Frauen – und der geplanten EU-Portabilitätsrichtlinie, die ein Mindestalter von 21 Jahren vorsieht, Rechnung zu tragen. Dagegen ist eine mittelbare Benachteiligung jüngerer ArbN durch die ratierliche Kürzung der Versorgungsanwartschaft bei vorzeitigem Ausscheiden auch nach europarechtlichen Vorgaben unter dem Aspekt der Honorierung der Betriebstreue gerechtfertigt (BAG 19.7.11 – 3 AZR 434/09, NZA 12, 155; bestätigt durch BVerfG 29.5.12 – 1 BvR 3201/11, NZA 13, 164).

98 Gem **§ 10 Satz 3 Nr 5 AGG** sind individual- und kollektivvertragliche **Pensionsgrenzen,** die eine automatische Beendigung des Arbeitsverhältnisses ohne Kündigung vorsehen, zulässig, soweit auf das Erreichen der Regelaltersgrenze der gesetzlichen Rentenversicherung abgestellt wird. Maßgebliches Kriterium ist die bloße Rentenberechtigung, nicht der tatsächliche Rentenbezug. Dies entspricht der st nationalen Rspr (BAG 5.3.13 – 1 AZR 417/12, NZA 13, 916; 27.5.05 – 7 AZR 443/04, NZA 06, 37; 19.11.03 – 7 AZR 296/03, NZA 04, 1336; LAG Düsseldorf 24.4.09 – 4 Sa 1764/08, BeckRS 2009, 67083 zur Altersgrenze nach § 33 Abs 1a TVöD). Lange wurde die Europarechtskonformität dieser Regelung bezweifelt (ErfK/*Schlachter* AGG, § 10 Rz 7) und eine Rechtfertigung wegen berechenbarer Personal- und Nachwuchsplanung überwiegend abgelehnt (*Schmidt/Senne* RdA 02, 80; wegen „Age Concern"-Entscheidung des EuGH 5.3.09 – C-388/07, NZA 09, 305 fraglich, ob Rechtfertigung allein durch sozialpolitische Ziele zulässig. Mit seiner Entscheidung in der Rechts-

sache Rosenbladt hat der EuGH (EuGH 12.10.10 – C-45/09, NZA 10, 1167) die Europarechtskonformität des § 10 Satz 3 Nr 5 AGG bestätigt und eine automatische Beendigung des Arbeitsverhältnisses mit Erreichen der Altersgrenze durch beschäftigungspolitische Ziele gerechtfertigt angesehen und das unabhängig von der Höhe des Rentenanspruchs (bestätigt durch EuGH 5.7.12 – C-141/11, NZA 12, 785). Problematisch in dieser Entscheidung ist ein eventueller Vorbehalt der zulässigen Anschlussbewerbung (hierzu: *Bauer/Diller* DB 10, 2727); ein solcher würde die Zielsetzung derartiger Klauseln unterlaufen.

§ 10 Satz 3 Nr 6 AGG erlaubt unter bestimmten Voraussetzungen Differenzierungen 99 von Leistungen in **Sozialplänen** nach dem Alter oder der Dauer der Betriebszugehörigkeit der Beschäftigten. Durch die Zulässigkeit **gestaffelter Abfindungsregelungen** ermöglicht der Gesetzgeber die Berücksichtigung der vom Alter abhängigen Chancen auf dem Arbeitsmarkt durch eine verhältnismäßig stärkere oder schwächere Betonung des Lebensalters oder (zu lesen: und/oder) der Betriebszugehörigkeit in Sozialplänen. Der Entstehungsgeschichte der Vorschrift ist zu entnehmen, dass die bisherige Sozialplanpraxis bestätigt werden sollte (BT-Drs 16/1780 S 36). Auch wurden keine über § 75 BetrVG hinausgehenden Anforderungen bzgl der Altersdifferenzierungen geschaffen. Die Erhöhung einer Sozialplanabfindung mit steigendem Alter dient dem Ausgleich des entsprechend wachsenden Risikos längerer Arbeitslosigkeit und ist insoweit zulässig (BAG 26.5.08 – 1 AZR 198/08, NZA 09, 849). Auf dem Prüfstand stehen grds Sozialplanregelungen, die mit einem nach dem Alter gestaffelten Divisor arbeiten (für ihre Zulässigkeit vgl *Löwisch* DB 06, 1729; zweifelnd *Willemsen/Schweibert* NJW 06, 2583; ablehnend *Annuß* BB 06, 1634). Teilweise wird empfohlen, anstelle der stark pauschalierten Divisorformel an den Vermittlungschancen orientierte Altersgruppen zu bilden (*Willemsen/Schweibert* NJW 06, 2583).

Mit der Rspr zu § 10 Satz 3 Nr 6 AGG ist es nach wie vor zulässig, ältere ArbN ganz von 100 Sozialplanleistungen auszunehmen, wenn sie nach Beendigung des Arbeitsverhältnisses nach dem Bezug vom AlGeld rentenberechtigt und damit wirtschaftlich bereits hinreichend abgesichert sind (BAG 31.7.96 – 10 AZR 838/98, AP Nr 135 zu § 112 BetrVG 1972). Haben ältere ArbN einen Anspruch auf **vorgezogenes Altersruhegeld,** so konnte dies nach ständiger Rspr des BAG anspruchsmindernd berücksichtigt werden oder sogar zum völligen Ausschluss der Leistung führen, und zwar selbst dann, wenn ein Frühverrentungsabschlag zu erheblichen finanziellen Einbußen bei der Rentenhöhe führen würde. Es sei ein legitimes sozialpolitisches Ziel iSd § 10 Satz 3 Nr 6 AGG, den Betriebsparteien, mit Blick auf die zukunftsgerichtete Ausgleichs- und Überbrückungsfunktion von Sozialplänen, einen Beurteilungsspielraum hinsichtlich der den ArbN durch die Betriebsänderung voraussichtlich entstehenden wirtschaftlichen Nachteile zu eröffnen (BAG 11.11.08 – 1 AZR 475/07, NZA 09, 210; 23.3.10 – 1 AZR 832/08, NZA 10, 774; BAG 28.10.92 – 10 AZR 489/91, EzA § 112 BetrVG 1972, Nr 66; BAG 30.9.08 – 1 AZR 684/07, NZA 09, 386). Auch mit der jüngsten EuGH-Rspr ist eine **geminderte Entlassungsabfindung** für ArbN, die kurz vor dem Renteneintritt stehen, wegen der Notwendigkeit einer gerechten Verteilung der begrenzten finanziellen Mittel eines Sozialplans gerechtfertigt (EuGH 6.12.12 – C 152/11 *Odar*, NZA 12, 1435: Minderung der Standardabfindung um 50% zulässig; weitergehend: BAG 26.3.13 – 1 AZR 813/11, BeckRS 2013, 69157, das einen Nettoausgleich für das nach Entlassung und AlGeld entfallende Entgelt bis zum frühestmöglichen Bezug der gesetzlichen Altersrente als ausreichend ansieht). Gleichwohl wird man einen unverhältnismäßigen oder gar vollständigen Ausschluss wegen der bloßen Möglichkeit eines vorgezogenen Altersruhegeldes ablehnen müssen. Ein solcher führt nämlich zu einem unverhältnismäßigen Zwang in die Frühverrentung und damit zu einem Verstoß gegen die RL 2000/78/EG. Das hat der EuGH jedenfalls in einem vergleichbaren dänischen Rechtsfall angenommen (EuGH 12.10.10 – C-499/08 *Andersen,* NZA 10, 1341; dazu *Kania/Kania* ZESAR 12, 62). Keinesfalls berücksichtigt werden darf hingegen die Möglichkeit einer vorzeitigen Altersrente wegen Behinderung (EuGH 6.12.12 – C-152/11 *Odar,* NZA 12, 1435). Eine die Abfindungshöhe begrenzende Höchstbetragsklausel in Sozialplänen, die eine unter Umständen herbeigeführte Besserstellung älterer ArbN gegenüber jüngeren Mitarbeitern eingrenzt, bewirkt keine Diskriminierung älterer ArbN (LAG Hessen 27.11.07 – 4 Sa 1014/07). Wenngleich das Gesetz lediglich von Sozialplänen iSd BetrVG spricht, werden auch Sozialpläne außerhalb des Geltungsbereichs des BetrVG (§§ 32, 28 SprAuG und tarifliche Sozialpläne) zulässig sein, soweit sie den Anforderungen der Nr 6 gerecht werden (*Löwisch* DB 06, 1729).

144 Diskriminierung

101 § 10 AGG enthielt in seiner **ursprünglichen Fassung** zwei weitere Regelbeispiele: **Nr 6 und 7 aF.** Sie betreffen die Beendigung des Arbeitsverhältnisses und erlaubten in bestimmten Grenzen eine Berücksichtigung des Alters bei der Sozialauswahl gem § 1 Abs 3 KSchG (Nr 6 aF) bzw bei individual- oder kollektivrechtlichen Unkündbarkeitsregelungen (Nr 7 aF). Diese Vorschriften wurden durch das Zweite Gesetz zur Änderung des Betriebsrentengesetzes vom 2.12.06 (BGBl I 06, S 2742) gestrichen mit der Begründung, diese Vorschriften seien wegen der in § 2 Abs 4 AGG enthaltenen Bereichsausnahme für Kündigungen ein Redaktionsversehen gewesen. Nach inzwischen gefestigter Rspr des BAG finden die Diskriminierungsverbote des AGG im Rahmen des Kündigungsschutzes nach dem KSchG Anwendung (s hierzu Rz 18 ff).

102 **4. Positive Maßnahmen.** Über die Rechtfertigungsgründe der §§ 8–10 hinaus sollen gem § 5 AGG Ungleichbehandlungen in Form sog positiver Maßnahmen zulässig sein. Solche liegen vor, wenn sie dem Zweck der **Verhinderung oder Beseitigung bestehender** tatsächlicher oder struktureller **Nachteile** wegen eines in § 1 AGG genannten Grundes dienen. Sie müssen nach objektivem Maßstab angemessen und geeignet sein und bedürfen der Abwägung mit den Rechtspositionen des im konkreten Fall von ihnen negativ Betroffenen (BT-Drs 16/1780 S 34). Allerdings ist bei einer Rechtfertigung gem § 5 AGG Vorsicht geboten. Anders als nach den Richtlinien sind gem § 5 AGG nicht nur der Gesetzgeber, sondern auch ArbGeb, Tarifvertrags- und Betriebspartner sowie die Parteien eines privatrechtlichen Vertrags zum Erlass positiver Maßnahmen befugt (BT-Drs 16/1780 S 34). Eine Delegationsbefugnis enthält Art 7 der RL 2000/787/EG jedoch nicht. Infolgedessen wird die Europarechtskonformität des § 5 AGG bezweifelt (*Annuß* BB 06, 1629). Aus diesem Grund ist bei der Heranziehung dieser Vorschrift Vorsicht geboten. Unter Berücksichtigung der Entscheidung des EuGH vom 22.11.05 (Rs C-144/04, NZA 05, 1345) kann auf eine uneingeschränkte Anwendung der Norm nicht vertraut werden.

103 Positive Maßnahmen können sowohl repressiver als auch präventiver Art sein. Anerkannt ist, dass eine absolute Förderung einer benachteiligten Gruppe durch Regelungen, welche die benachteiligte Gruppe bis zum Erreichen einer gewissen Quote ohne Ausnahme bevorzugt, ausgeschlossen ist (EuGH 17.10.95 – Rs C-450/93 Kalanke, AP Nr 172 zu § 99 BetrVG 1972; auch BT-Drs 16/1780 S 34). Eine **sog weiche Quotenregelung,** die den Einzelfall berücksichtigt, ist hingegen zulässig (EuGH 11.11.97 – Rs C-409/95 Marshall, AP Nr 14 zu EWG-RL 76/207). Dieser Rspr hat sich auch das BAG angeschlossen (BAG 21.1.03 – 9 AZR 307/02, AuR 03, 318).

104 Die **Frauenförderung** als Prototyp der positiven Diskriminierung ist insbes durch Maßnahmen wie die og Quotenregel populär geworden. Nach umstrittener Auffassung verlangt schon das Gleichbehandlungsgebot des Art 3 Abs 2 GG die Herstellung einer realen Gleichheit. Nachteile, die auf biologischen oder gesellschaftlichen Unterschieden beruhen, sollen durch eine entsprechende Förderung der Frauen ausgeglichen werden. Dies ist Gegenstand diverser Frauenförderungsgesetze der Länder sowie des Bundesgleichstellungsgesetzes, jeweils beschränkt auf den öffentlichen Dienst. Ebenfalls als zulässige positive Maßnahme zur Frauenförderung hat der EuGH die bevorzugte Unterstützung von Frauen bei der Kinderbetreuung angesehen (EuGH 19.3.02 – Rs C-476/99 Lommers, NZA 02, 501) sowie die Zahlung einer Geburtsbeihilfe nur an Arbeitnehmerinnen, wenn diese dazu bestimmt war, die beruflichen Nachteile auszugleichen, die den Arbeitnehmerinnen aus ihrer Abwesenheit vom Arbeitsplatz entstehen (EuGH 16.9.99 – Rs C-218/98 Aboulaye, NZA 99, 1280).

105 Zur **Förderung von Menschen mit Behinderung** gibt die RL 2000/78/EG in Art 5 Abs 2 vor, dass ArbGeb angemessene Vorkehrungen zu treffen haben, dh dass sie die geeigneten und im konkreten Fall erforderlichen Maßnahmen ergreifen, um Menschen mit Behinderung den Zugang zur Beschäftigung, die Ausübung eines Berufes, den beruflichen Aufstieg und die Teilnahme an Aus- und Weiterbildungsmaßnahmen zu ermöglichen, es sei denn, diese Maßnahmen würden den ArbGeb unverhältnismäßig belasten. Diese Kompensationsverpflichtung hat der nationale Gesetzgeber im AGG nicht explizit übernommen. Dennoch wird sie im Wege einer europarechtskonformen Auslegung im Rahmen des § 8 AGG Bedeutung erlangen. Liegen mögliche und dem ArbGeb zumutbare und verhältnismäßige Maßnahmen iSd Art 5 RL 2000/78/EG vor, wird eine Ungleichbehandlung wegen der Behinderung nicht gem § 8 AGG aufgrund fehlender wesentlicher und entscheidender

Anforderungen zulässig sein. Unzumutbar sind Maßnahmen, wenn sie den ArbGeb finanziell erheblich belasten, andere Arbeitsplätze gefährden sowie zu unzumutbaren Belastungen für das Unternehmen oder dessen Mitarbeiter führen (*Wisskirchen* DB 06, 1491). Die Unzumutbarkeit der Beschäftigung ist vom ArbGeb substantiiert vorzutragen (BAG 14.3.06 – 9 AZR 411/05 zu § 81 Abs 4 S 1 Nr 1).

Der darüber hinaus in **§ 81 Abs 4 Nr 1–4 SGB IX** verankerte Anspruch des **Schwerbehinderten** auf geeignete und erforderliche Maßnahmen wird den Richtlinienvorgaben nicht gänzlich gerecht (*Thüsing* FA 04, 1). Zum einen erfasst § 81 Abs 4 SGB IX nicht den Zugang zur Beschäftigung und zum anderen gewährt er lediglich Schwerbehinderten iSd SGB IX einen solchen Individualanspruch (s zu § 81 Abs 4 *Behinderte* Rz 28). **106**

VI. Organisationspflichten des Arbeitgebers. 1. Ausschreibung. Gem § 11 AGG ist der ArbGeb verpflichtet, Stellenausschreibungen derart zu gestalten, dass sie nicht gegen das Benachteiligungsverbot des § 7 Abs 1 AGG verstoßen (ausführlich *Kania/Merten* ZIP 07, 8). Das Gebot zur **geschlechtsneutralen** Ausschreibung ist verletzt, wenn nur „männliche" oder „weibliche" Bewerber angesprochen werden bzw die Berufsbezeichnung nur in männlicher oder weiblicher Form verwendet wird (bejaht bei „Geschäftsführer": OLG Karlsruhe 13.9.11 – 17 U 99/10, NZA-RR 11, 632). Wird im allgemeinen Sprachgebrauch eine männliche Bezeichnung als Oberbegriff verwendet, ist der Zusatz „/in" oder „m/w" erforderlich. Besondere Aufmerksamkeit muss hier **umschreibenden Merkmalen** gewidmet werden. So kann das Stellengesuch nach einer langjährig berufserfahrenen Verstärkung eine mittelbare Diskriminierung wegen des Alters darstellen (s im Einzelnen Rz 132). Ebenfalls unzulässig kann die Ausschreibung nach einem Muttersprachler sein, da sie möglicherweise mittelbar wegen der Herkunft diskriminiert (hierzu Rz 30). Auch kann die **Art der Ausschreibung** benachteiligend sein. Die nur in einer an junge Frauen gerichteten Fachzeitschrift veröffentlichte Ausschreibung begegnet Bedenken hinsichtlich einer mittelbaren Geschlechtsdiskriminierung (*Thüsing* in *Bauer/Thüsing/Schunder* NZA 06, 774). Bedient sich der ArbGeb zur Ausschreibung eines **Dritten** und verstößt dieser gegen ein Benachteiligungsverbot, wird das dem ArbGeb zugerechnet; insoweit trägt der ArbGeb die Überwachungspflicht zB bei Stellenvermittlung durch BA (BAG 5.2.04 – 8 AZR 112/03, NZA 04, 540). **107**

2. Maßnahmen und Pflichten. Der ArbGeb hat gem § 12 AGG geeignete, erforderliche und angemessene Maßnahmen bei durch den ArbGeb selbst, durch Beschäftigte (§ 12 Abs 3 AGG) sowie durch Dritte (§ 12 Abs 4 AGG) verübten Benachteiligungen zu ergreifen, wenn diese während der Ausübung der Tätigkeit erfolgten. Ob die vom ArbGeb gewählte Maßnahme erforderlich ist, bemisst sich nach objektiven Kriterien. Hingegen kann die Frage nach der Angemessenheit von der Größe des Betriebs abhängig sein. Und schließlich soll die Verpflichtung des ArbGeb durch seine rechtliche und tatsächliche Möglichkeit zu dieser Pflichterfüllung begrenzt sein (BT-Drs 16/1780 S 37). **108**

§ 12 AGG umfasst auch **präventive Maßnahmen.** Dazu zählt auch die in § 12 Abs 2 Satz 2 AGG genannte Schulung der Beschäftigten. Hat der ArbGeb demnach seine Beschäftigten in geeigneter Weise zum Zwecke vor Verhinderung von Benachteiligungen geschult, gelte dies als Erfüllung seiner Pflichten nach Abs 1 (§ 12 Abs 2 Satz 2 AGG; vgl *Grobys* NJW 06, 2950). Diese Schulungspflicht wird weder im Gesetz noch in der Gesetzesbegründung konkretisiert. **109**

Verstößt ein Beschäftigter gegen § 7 Abs 1 AGG, zählt § 12 Abs 3 AGG beispielhaft die **Abmahnung, Umsetzung, Versetzung** oder **Kündigung** als geeignete bzw erforderliche Maßnahme des ArbGeb auf. Bei der Wahl der Mittel ist die Schwere des Verstoßes zu berücksichtigen (*Wisskirchen* DB 06, 1491). Hinsichtlich der Kündigung gilt, dass sie nicht allein auf die Unzumutbarkeit der Weiterbeschäftigung gestützt werden kann, wenn die gesetzlichen Voraussetzungen im Übrigen nicht vorliegen (BAG 8.6.2000 – 2 ABR 1/00, AP Nr 3 zu § 2 BeschSchG). Die Grenze der Unzumutbarkeit ist bei diskriminierenden Äußerungen jedoch gering. Ein ArbN kann zB nicht damit rechnen, der ArbGeb würde ausländerfeindliche Äußerungen dulden und eine Herabsetzung von anderen Mitarbeitern im Betrieb oder gar seiner eigenen Person hinnehmen (ArbG Bln 5.9.06 – 96 Ca 23147/05, BB 06, 2140). Die Mitwirkungsrechte des BRat müssen auch im Falle einer Kündigung wegen Benachteiligung gewahrt bleiben, selbst wenn § 12 Abs 2 AGG anders als § 4 BeschSchG auf die ausdrückliche Erwähnung dieser Voraussetzung verzichtet. Vor der Kündigung sollte **110**

144 Diskriminierung

die Entscheidung der Beschwerdestelle abgewartet werden. § 12 Abs 5 AGG enthält eine Bekanntmachungspflicht des ArbGeb über das AGG, § 61b des ArbGG sowie über die nach § 13 AGG zuständigen Stellen im Betrieb oder der Dienststelle.

111 **VII. Rechtsfolgen. 1. Beschwerde-, Leistungsverweigerungsrecht und Maßregelungsverbot.** § 13 Abs 1 AGG normiert das Recht der Beschäftigten, sich bei den zuständigen Stellen des Betriebes, des Unternehmens oder der Dienststelle zu beschweren, wenn sie sich im Zusammenhang mit ihrem Beschäftigungsverhältnis vom ArbGeb, von Vorgesetzten, anderen Beschäftigten oder von Dritten wegen eines in § 1 AGG genannten Grundes benachteiligt fühlen. Zuständige Stellen können bspw der Vorgesetzte, ein Gleichstellungsbeauftragter oder eine **betriebliche Beschwerdestelle** sein. Auch der BRat kann Beschwerdestelle sein. Wird eine betriebliche Beschwerdestelle eingerichtet, so stellt sich die Frage nach der Mitbestimmung eines (Gesamt-)BRates nach § 87 Abs 1 Nr 1 BetrVG. Die Schaffung sei nach Ansicht des LAG Hamburg als reiner Gesetzesvollzug mitbestimmungsfrei, nicht so die Frage der Besetzung sowie des Beschwerdeverfahrens (LAG Hbg 17.4.07 – 3 TaBV 6/07, NZA-RR 07, 413; *Ehrich/Frieters* DB 07, 1026; abweichend noch ArbG Hbg 20.2.07 – 9 BV 3/07, BB 07, 779). Stellt die Beschwerdestelle eine tatsächliche Benachteiligung fest, so löst dies die Verpflichtung des ArbGeb nach § 12 AGG aus.

112 Entsprechend dem inzwischen aufgehobenen BeschSchG in § 4 Abs 2 enthält **§ 14 AGG** ein **Leistungsverweigerungsrecht** der benachteiligten ArbN, dh sie können ihre Tätigkeit ohne Verlust des Arbeitsentgelts einstellen, wenn der ArbGeb keine geeigneten und erforderlichen Maßnahmen zur Unterbindung einer Belästigung oder sexuellen Belästigung ergriffen hat und die Einstellung der Tätigkeit zum Schutz des Beschäftigten erforderlich ist. Das Risiko der Fehleinschätzung trägt der ArbN (ErfK/*Schlachter* § 14 AGG Rz 1). Das Leistungsverweigerungsrecht aus § 273 BGB bleibt unberührt.

113 **§ 16 Abs 1 AGG** verbietet wie § 612a BGB die Benachteiligung Betroffener wegen Inanspruchnahme ihrer Rechte nach diesem Gesetz oder solcher Beschäftigter, die sich einer Anweisung zur Benachteiligung widersetzen **(Maßregelungsverbot).** Darüber hinaus erfasst § 16 Abs 1 Satz 2 AGG auch Personen, welche die Beschäftigten bei der Inanspruchnahme ihrer Rechte unterstützen oder als Zeuge aussagen. Beruft sich der ArbN auf die Unwirksamkeit einer gegen § 16 AGG verstoßenden Maßnahme, so greift auch hier die in § 22 AGG geregelte Beweislastverteilung (§ 16 Abs 3 AGG).

114 **2. Unwirksamkeit benachteiligender Regelungen, § 7 Abs 2 AGG.** Gegen das Benachteiligungsverbot verstoßende individual- oder kollektivvertragliche Vereinbarungen sind gem § 7 Abs 2 AGG nichtig. Die Regelung entspricht der ständigen Rspr des BAG, nach der eine Verletzung des Gleichbehandlungsgrundsatzes die **Unwirksamkeit der Regelung** nach sich zieht (*Willemsen/Schweibert* NJW 06, 2583). Die Nichtigkeit ergreift nur die verbotswidrige Vereinbarung und nicht den gesamten Arbeitsvertrag (§ 139 BGB). Ein befristetes Arbeitsverhältnis, das nur aufgrund eines verpönten Merkmals befristet geschlossen wurde, besteht deshalb als unbefristetes weiter (vgl LAG Köln 26.5.94 – 10 Sa 244/94, NZA 95, 1105; LAG Köln 12.2.09 – 7 Sa 1132/08, BeckRS 2009, 68222; dagegen führt die Nichtverlängerung infolge einer Diskriminierung nicht dazu, dass ein unbefristetes Arbeitsverhältnis entsteht: LAG Hamm 26.2.09 – 17 Sa 923/08, BeckRS 2010, 72245). Einseitige Rechtsgeschäfte und Maßnahmen, die gegen das Benachteiligungsverbot verstoßen, sind gem § 134 BGB iVm § 7 Abs 2 AGG nichtig (zur Kündigung Rz 18 f), so dass das Arbeitsverhältnis fortbesteht. Bei Betriebsvereinbarungen und -absprachen bedarf es hingegen eines Rückgriffs auf § 134 BGB nicht (aA *Worzalla* AGG S 92). Als kollektivvertragliche Vereinbarung unterliegen sie der Unwirksamkeitsanordnung des § 7 Abs 2 AGG.

115 Ebenfalls nichtig ist eine benachteiligende Entgeltvereinbarung. Hier wird eine **Wiederherstellung der Entgeltgleichheit** als Schadensersatz in Betracht gezogen. Anders als im Falle des § 611a BGB aF kann der Benachteiligte zudem einen Entschädigungsanspruch gem § 15 Abs 2 AGG geltend machen. Mithin hat die benachteiligte Person Anspruch auf die höhere Vergütung auch für die Vergangenheit, solange der ArbGeb an die begünstigende Regelung gebunden bleibt (BAG 14.10.86 – 3 AZR 66/83, AP EWG-Vertrag Art Nr 11; 20.8.02 EzA EG-Vertrag 1999 Nr 13).

116 Die durch die Unwirksamkeit entstandenen Lücken in individualvertraglichen Vereinbarungen können ggf durch **ergänzende Vertragsauslegung** geschlossen werden. Nicht so

Diskriminierung 144

eindeutig ist die Rechtsfolge kollektivvertraglicher Regelungen, aufgrund derer einzelnen ArbN oder ArbNGruppen eine Vergünstigung vorenthalten wurde. Die in § 7 Abs 2 des Entwurfs vom 18.3.05 zum AGG noch enthaltene Regelung, dass an die Stelle der unwirksamen kollektivvertraglichen Regelung das treten solle, was die Parteien bei Kenntnis der Unwirksamkeit vereinbart hätten, wurde gestrichen. Demzufolge gelten die allgemeinen Regeln (*Worzalla* AGG S 9). Ist eine kollektivvertragliche Norm teilnichtig, so sind die Benachteiligten nach den Regeln zu behandeln, welche für die Bevorzugten gelten. Ist die Regelung hingegen insgesamt nichtig, so muss eine Neuregelung getroffen werden (*Kamanabrou* ZfA 06, 327).

Für die Vergangenheit kommt nach den Grundsätzen der Rspr des EuGH und BAG grds nur eine **Anpassung nach oben** in Betracht (vgl EuGH 13.12.89 – Rs C-102/88, NZA 91, 59; 27.6.91 – Rs C-33/89, NZA 90, 771; BAG 13.11.85 – 4 AZR 234/84, NZA 86, 321; 7.3.95 – 3 AZR 282/94, NZA 96, 48; zur tarifvertraglichen Einkommensstaffelung nach dem Lebensalter s Rz 90). Ausnahmsweise hat das BAG eine **Übergangsfrist** zur Herstellung der Gleichbehandlung dort gewährt, wo den ArbGeb andernfalls eine unverhältnismäßige finanzielle Belastung getroffen hätte (BAG 25.1.84 – 5 AZR 44/82, NZA 84, 327). In der Literatur wird daher erwogen, eine solche Übergangsfrist zumindest für Fälle vorzusehen, in denen der ArbGeb verbandstarifvertragliche oder gar für allgemeinverbindlich erklärte tarifvertragliche Regelungen anwendet (*Kamanabrou* ZfA 06, 327). Ebenfalls sollte dies auch für Vereinbarungen gelten, in denen nicht nur eine kleine Gruppe übergangen wird, sondern die Mehrheit der Beschäftigten, wie zB bei altersdiskriminierenden Vergütungsregeln (ebenso ErfK/*Schlachter* § 10 AGG, Rz 6. Das BVerfG hat auf das Mangold-Urteil des EuGH zur Altersdiskriminierung erwogen, bei rückwirkender Nichtanwendung gesetzlicher Regelungen mangels Richtlinienkonformität Vertrauensschutz durch eine innerstaatliche Entschädigung zu gewähren, BVerfG 6.7.10 – 2 BvR 2661/06, NZA 10, 995). Ob die Rspr eine solche Übergangsfrist gewähren wird, ist jedoch unklar. Für die Zukunft ist es dem ArbGeb anheim gestellt, dass er eine Neuregelung einführt. Dies kann auch durch Absenkung des ganzen Niveaus geschehen. Nach Auffassung des LAG Hessen soll zumindest die Ausschlussfrist zur Geltendmachung des Anspruchs auf höhere Vergütung mit Inkrafttreten des AGG zu laufen beginnen und nicht ab dem Zeitpunkt der Kenntnis von der Nichtigkeit der Tarifregelung (LAG Hessen 6.1.10 – 2 Sa 1121/09, BeckRS 2010, 74788).

§ 15 Abs 3 AGG ist für Ansprüche, die aufgrund unwirksamer Vereinbarungen entstehen, nicht anwendbar. Dieser gilt nur für Schadensersatzansprüche (*Löwisch* DB 06, 1729).

3. Entschädigung und Schadensersatz, § 15 AGG. § 15 AGG sieht als zentrale Rechtsfolge für Verstöße gegen das Benachteiligungsverbot Schadensersatz- und Entschädigungsansprüche vor. Entgegen § 611a BGB aF sind diese nicht auf Benachteiligungen bei Begründung des Arbeitsverhältnisses beschränkt. Sie gelten für jeden Verstoß gegen das Benachteiligungsverbot.

Gem **§ 15 Abs 1** AGG hat der ArbGeb **Vermögensschäden,** die aus der Verletzung des Benachteiligungsverbotes entstanden sind, verschuldensabhängig (§§ 276, 278 BGB) zu ersetzen. Entsprechend § 280 Abs 1 Satz 2 BGB wird das **Verschulden des ArbGeb** widerlegbar vermutet (§ 15 Abs 1 Satz 2 AGG). Diese verschuldensabhängige Haftung begegnet jedoch erheblichen europarechtlichen Bedenken. Der EuGH hatte bereits zur Regelung des § 611a BGB aF entschieden, dass es zur effektiven Durchsetzung des Gleichbehandlungsgrundsatzes einer verschuldensunabhängigen Haftung des ArbGeb bedürfe.

Zwar formulieren die Antidiskriminierungsrichtlinien keine konkreten Vorgaben für die Ausgestaltung der Sanktionen bei Zuwiderhandlungen. Sehe allerdings der nationale Gesetzgeber bei der Umsetzung der Richtlinien Schadensersatzleistungen als Rechtsfolge vor, müsse ein Verstoß gegen das Verbot der Ungleichbehandlung für sich genommen ausreichen, um die volle Haftung auszulösen, ohne dass Rechtfertigungsgründe des nationalen Rechts Berücksichtigung fänden. Dabei solle der Schaden auf eine wirksame, abschreckende und angemessene Art und Weise ausgeglichen werden (EuGH 8.11.90 – C-177/88 Dekker, NZA 91, 171; EuGH 22.4.97 – Rs C-180/95 Draempaehl, NZA 97, 645). In richtlinienkonformer Auslegung wird daher in Teilen des Schrifttums das Verschuldenserfordernis abgelehnt (*Däubler/Bertzbach/Deinert* § 15 Rz 30 mwN; *Thüsing* Beilage zu NZA 04, 3). Die Gegenansicht setzt einen schuldhaften Verstoß des ArbGeb voraus, zT da wegen des eindeutigen Wortlauts und der vom Gesetzgeber bewusst angelegten Systematik des § 15 Abs 1 AGG kein Raum für eine richtlinienkonforme Auslegung sei (*Stoffels,* RdA 09, 204 mwN), zT weil sich das aus der nationalen Schadensersatzsystematik und der Entstehungsgeschichte der Norm ergebe (*Bauer/Göpfert/Krieger* § 15 Rz 15 ff; ErfK/*Schlachter* § 15 AGG Rz 4) oder weil der europarechtlichen Forderung nach einer wirksam ausgestalteten Sanktion durch den verschuldensunabhängigen Entschädigungsanspruch aus § 15 Abs 2 AGG hinreichend Rechnung getragen würde (*Walker* NZA 09, 5). Eine höchstrichterliche Entscheidung zu § 15 Abs 1 AGG steht noch aus.

122 Zu ersetzen ist das **sog positive Interesse,** daher ist der benachteiligte Beschäftigte so zu stellen, wie er ohne die benachteiligende Handlung stände. Die Höhe des Schadens hat der Gesetzgeber nicht begrenzt. Jedoch wurde bislang in Fällen der Einstellung oder Beförderung dem bestqualifizierten Bewerber in Anlehnung an die Rspr zu § 611a BGB aF nur ein zeitlich begrenzter Schadensersatz zugesprochen. Dabei wurde entweder auf den Rechtsgedanken aus § 628 BGB bzw §§ 9, 10 KSchG oder die Möglichkeit der ersten Kündigung zurückgegriffen (*Bauer/Göpfert/Krieger* § 15 Rz 27; *Willemsen/Schweibert* NJW 06, 2583). Nunmehr hat das LAG Bln-Bbg im Fall einer bei der Beförderung übergangenen Mitbewerberin einen zeitlich unbegrenzten Schadensersatzanspruch in Höhe der Vergütungsdifferenz zwischen der tatsächlich erhaltenen und der Vergütung, die auf der höherwertigen Stelle gezahlt wird, zuerkannt (LAG Bln-Bbg 26.11.08 – 15 Sa 517/08, NZA 09, 43). Dies entspräche der ständigen Rspr in vergleichbaren Fällen zu Art 33 Abs 2 GG. Hier bleibt abzuwarten, ob das BAG einen solchen „Endlosschaden" billigen wird.

123 Gem § **15 Abs 2** AGG haftet der ArbGeb auch für Nichtvermögensschäden. Anders als Abs 1 setzt der **Entschädigungsanspruch** nach Abs 2 keinen schuldhaften Verstoß des ArbGeb gegen das Benachteiligungsverbot voraus; auch ein dem ArbGeb bloß zurechenbares Verhalten wird sanktioniert (BAG 22.1.09 – 8 AZR 906/07, NZA 09, 945; LAG NdS 15.9.08 – 14 Sa 1769/07, NZA-RR 09, 126; BT-Drs 16/1780 S 38). § 15 Abs 2 Satz 1 AGG enthält eine eigenständige Anspruchsgrundlage. Tatbestandsvoraussetzung ist ein Verstoß gegen das Benachteiligungsverbot gem § 7 Abs 1 iVm § 1 AGG; die Grundsätze für den Anspruch auf Schmerzensgeld bei Verletzung des allgemeinen Persönlichkeitsrechts sind nicht anwendbar. Anspruchsberechtigt ist nur der subjektiv ernsthafte Stellenbewerber; Scheinbewerber (sog **„AGG-Hopper"**) handeln rechtsmissbräuchlich, wenn ihre Bewerbung von vornherein auf die Geltendmachung von Entschädigungsansprüchen gerichtet ist. Mögliche Indizien hierfür sind etwa eine offensichtliche Über- und Unterqualifikation, unvollständige Bewerbungsunterlagen, deplazierte Angaben in der Bewerbung, massenhafte Bewerbungen auf diskriminierende Anzeigen (vgl OLG Karlsruhe 13.9.11 – 17 U 99/10, NZA-RR 11, 632). Die objektive Eignung eines Bewerbers für eine zu besetzende Stelle ist keine Tatbestandsvoraussetzung für einen Anspruch aus § 15 Abs 1 und 2 iVm § 6 Abs 1 AGG. Das Korrektiv der objektiven Eignung wird vom BAG im Rahmen des § 3 Abs 1 AGG bei der Beurteilung der Vergleichbarkeit der Auswahlsituation zu Mitbewerbern angewandt und nicht als ungeschriebene Voraussetzung der Bewerbereigenschaft verstanden. Dabei ist nicht das vom ArbGeb erstellte formelle Anforderungsprofil relevant, sondern die Anforderungen, die an die jeweilige Tätigkeit nach der im Arbeitsleben herrschenden Verkehrsanschauung gestellt werden (BAG 19.8.10 – 8 AZR 466/09, NZA 11, 203; BAG 18.3.10 – 8 AZR 77/09, NZA 10, 872). Fordert der ArbGeb den zunächst unter Verstoß gegen das AGG abgelehnten Bewerber auf, sich erneut zu bewerben, beseitigt das nicht die zuvor erfolgte Diskriminierung (LAG Hamm, 19.5.11 – 14 Ta 519/10, NZA-RR 11, 399). Bei der Festsetzung der angemessenen Entschädigung sind alle Umstände des Einzelfalls zu berücksichtigen, zB Art und Schwere, Dauer und Folgen, Anlass und Beweggrund der Benachteiligung, der Grad der Verantwortlichkeit des ArbGeb, etwa geleistete Wiedergutmachung, das Vorliegen eines Wiederholungsfalls und das Erzielen einer abschreckenden Wirkung unter Berücksichtigung des Sanktionszwecks der Norm (BAG 22.1.09 – 8 AZR 906/07, NZA 09, 945; *Bauer/Göpfert/Krieger* § 15 Rz 34 ff). Lediglich für die Diskriminierung eines Bewerbers, der auch bei benachteiligungsfreier Auswahl nicht eingestellt worden wäre, stellt das Gesetz eine Höchstgrenze für die Entschädigung von drei Monatsverdiensten auf. In Anlehnung an § 611a Abs 3 BGB aF gilt als Monatsverdienst, was dem Bewerber bei regelmäßiger Arbeitszeit in dem Monat, in dem das Arbeitsverhältnis hätte begründet werden sollen, an Geld und Sachbezügen zugestanden hätte.

Diskriminierung 144

Das eine Benachteiligung indizierende **Verhalten durch Beschäftigte, Organe** oder **124**
Dritte kann dem ArbGeb nach Maßgabe der allgemeinen Regeln gem §§ 278, 31 BGB
(oder entsprechend aus dem AGG abzuleitenden Zurechnungsstrukturen) zugerechnet werden (mwN LAG NdS 15.9.08 – 14 Sa 1769/07, NZA-RR 09, 126). Bejaht wurde dies auch bei einer im Auftrag des Unternehmens nicht geschlechtsneutral ausgestalteten Stellenanzeige durch die BA (BAG 5.2.04 – 8 AZR 112/03, NZA 04, 540); dagegen gelte keine Zweckveranlasserhaftung, wenn ein privates Internetportal die Stellenausschreibung in diskriminierender Weise modifiziere (LAG Hamm 24.4.08 – 11 Sa 95/08, ArbuR 08, 360).

§ 15 Abs 3 AGG sieht eine **Haftungserleichterung** vor, wenn die Benachteiligung **125**
allein auf der Anwendung kollektivrechtlicher Vereinbarungen beruht. Den ArbGeb trifft nur dann eine Entschädigungspflicht (Abs 2), wenn er vorsätzlich oder grob fahrlässig gehandelt hat, also wenn er benachteiligende kollektivrechtliche Vorschriften anwendet, obwohl ihm ihre benachteiligende Wirkung bekannt (Vorsatz) oder infolge grober Fahrlässigkeit nicht bekannt ist (ErfK/*Schlachter* § 15 AGG, Rz 9). Die Privilegierung greift auch, wenn Tarifverträge lediglich kraft Verweisungsklausel oder Allgemeinverbindlicherklärung im Arbeitsverhältnis gelten. Auch hier wird die Europarechtskonformität dieser Haftungserleichterung angezweifelt (das BAG hat in seiner Entscheidung vom 22.1.09 – 8 AZR 906/07, NZA 09, 945 die Frage offen gelassen). Die Praxisrelevanz des § 15 Abs 3 AGG dürfte jedoch eher gering sein, weil es ArbN bei diskriminierenden Tarifverträgen und Betriebsvereinbarungen weniger auf den Ersatz des immateriellen als des materiellen Schadens ankommen wird.

Erfolgt die Benachteiligung bei Begründung des Beschäftigungsverhältnisses bzw des **126**
Berufsausbildungsverhältnisses oder beim beruflichen Aufstieg, besteht kein Anspruch auf Begründung eines Beschäftigungsverhältnisses bzw Berufsausbildungsverhältnisses oder einen beruflichen Aufstieg. Abweichend von § 15 Abs 6 AGG hat der Betroffene gem § 18 Abs 2 AGG einen Anspruch auf Zugang oder Mitwirkung zu den in § 18 Abs 1 AGG genannten Organisationen.

4. Konkurrenzen. Gem § 15 Abs 5 AGG bleiben die Rechte der Beschäftigten, die sich **127**
aus sonstigen allgemeinen Ansprüchen ergeben, unberührt. In Betracht kommen sowohl Unterlassungsansprüche gem § 1004 BGB als auch ein immaterieller Schadensersatzanspruch gem §§ 253, 823 BGB wegen Verletzung des Persönlichkeitsrechts. Es gilt aber die Ausschlussfrist des § 15 Abs 4 AGG. Vertragliche Schadensersatzansprüche aus §§ 280 Abs 1, 241 Abs 2, 311 Abs 2 BGB werden dagegen durch den spezielleren § 15 Abs 1 AGG verdrängt (BAG 21.6.12 – 8 AZR 188/11, NZA 12, 1211). Neben Ansprüchen gegen den ArbGeb können Ansprüche des Betroffenen sowohl gegen benachteiligende Beschäftigte als auch Dritte nach den allgemeinen Regeln treten.

5. Prozessuales. Klagebefugt ist grds der Benachteiligte. Eine Besonderheit sieht das **128**
AGG für den BRat oder eine im Betrieb vertretene Gewerkschaft vor. In einem Betrieb mit mindestens 5 ArbN sind sie gem § 17 Abs 2 AGG bei einem groben Verstoß des ArbGeb gegen Vorschriften aus dem AGG befugt, unter den Voraussetzungen des § 23 Abs 3 Satz 1 BetrVG vor dem ArbG auf Unterlassen, Vornahme oder Duldung einer Handlung zu klagen. Gem § 17 Abs 2 Hs 2 AGG gelten zudem § 23 Abs 3 Satz 2–5 BetrVG entsprechend, so dass der ArbGeb bei Zuwiderhandlung gegen die rechtskräftige Entscheidung mit einem Ordnungsgeld belegt werden kann. Ausdrücklich regelt § 17 Abs 2 Satz 2, dass BRat und die im Betrieb vertretene Gewerkschaft keine Rechte des Benachteiligten geltend machen dürfen (vgl dazu auch *Klumpp* NZA 06, 904).

Ebenfalls neu ist die Einführung sog **Antidiskriminierungsverbände**. § 23 Abs 1 AGG **129**
setzt die Anforderungen an einen solchen Verband fest. Demnach darf sich der Verband nicht gewerbsmäßig betätigen, muss sich dauerhaft den besonderen Interessen benachteiligter Gruppen annehmen und mindestens 75 Mitglieder aufweisen. Ihnen soll entgegen einiger Forderungen keine gesetzliche Prozessstandschaft und kein Verbandsklagerecht zukommen (§ 23 Abs 1 AGG). § 23 Abs 2 AGG räumt diesen Verbänden lediglich die Befugnis ein, in zivilrechtlichen Verfahren, in denen eine Vertretung durch Anwälte nicht geboten ist, als Bevollmächtigte oder Beistände in der Verhandlung aufzutreten. Die Schaffung solcher Mitwirkungsbefugnisse ist von den Richtlinien vorgegeben. Um eine effektive Interessenvertretung durch die Antidiskriminierungsverbände zu gewährleisten, nimmt § 23 Abs 3 AGG

144 Diskriminierung

diese Verbände konsequenterweise von dem Verbot der gewerbsmäßigen Besorgung fremder Rechtsangelegenheiten aus.

130 Die **Darlegungs- und Beweislast** ist in § 22 AGG geregelt und findet auf alle Fälle aus dem AGG Anwendung. § 22 AGG teilt, wie bereits zuvor § 611a BGB aF die Beweislast zwischen ArbGeb und ArbN auf. Allerdings verlangt er – anders als § 611a BGB aF – nicht das Glaubhaftmachen von Tatsachen zur Beweisführung. Gem § 22 AGG muss der Benachteiligte „... Indizien beweisen, die eine Benachteiligung wegen eines in § 1 AGG genannten Grundes vermuten lassen". Ein Beispiel sind öffentliche Äußerungen zu einer diskriminierenden Einstellungspolitik (EuGH 10.7.08 – C-54/07, NZA 08, 929). Gelingt dies, so trägt die andere Partei die Beweislast dafür, dass keine Benachteiligung vorlag oder aber eine solche gerechtfertigt war. Nach der wohl hM genügt es zur **Umkehr der Beweislast,** dass die eine Vermutung begründenden Tatsachen **(Indizien)** überwiegend wahrscheinlich sind (ArbG Berlin 12.11.07 – 86 Ca 4035/07, NZA 08, 492). Diese von § 611a BGB aF sprachliche Abweichung stellt nach Ansicht des Gesetzgebers jedoch keine inhaltliche Änderung dar. Vielmehr soll klargestellt werden, dass § 294 ZPO nicht unmittelbar anwendbar ist (BT-Drs 16/2022 S 30; ArbG Berlin 12.11.07 – 86 Ca 4035/07, NZA 08, 492). Infolgedessen kann grds auf die zu § 611a BGB ergangene Rspr zurückgegriffen werden. Bereits bei § 611a BGB aF bestand Einigkeit, dass die bloße Glaubhaftmachung iSd § 294 ZPO unzureichend ist und die eidesstattliche Versicherung als „Beweismittel" ausscheidet. Das Gericht muss vielmehr die Überzeugung einer überwiegenden Wahrscheinlichkeit für die Kausalität zwischen unzulässigem Merkmal und Nachteil gewinnen (BAG 15.2.05 – 9 AZR 635/03, NZA 05, 870; 5.2.04 – 8 AZR 112/03, NZA 04, 540).

131 Eine Vermutung für ein regelhaft die Merkmalsträgergruppe benachteiligendes Verhalten kann sich grds auch aus **Quoten und Statistiken** ergeben, soweit eine Aussagekraft über den Zusammenhang mit Stellenbesetzungen in bestimmten Bewerbungsverfahren besteht. Allein die bloße Unterrepräsentation einer Gruppe reicht nicht; diese kann zB auch auf einer individuellen Präferenz der Gruppenmitglieder für eine bestimmte Branche beruhen, der Bewerberlage oder den im Betrieb anfallenden Arbeiten (BAG 21.6.12 – 8 AZR 364/11, NZA 12, 1345 zur Beschäftigungsquote ausländischer ArbN). Bei feststehender **Ungleichbehandlung wegen des Geschlechts** reicht regelmäßig der Vortrag bestimmter Hilfstatsachen für die Glaubhaftmachung geschlechtsbezogener Gründe aus, zB eine geschlechtsspezifische Ausschreibung (BAG 5.2.04 – 8 AZR 112/03, NZA 04, 540), geschlechtsdiskriminierende Äußerungen, ein unterdurchschnittlicher Frauenanteil im Betrieb (LAG Bln-Bbg 12.2.09 – 2 Sa 2070/08, NZA-RR 09, 357). Das bloße Vorliegen einer Schwangerschaft allein indiziert noch nicht eine Benachteiligung der unterlegenen Bewerberin aufgrund des Geschlechts (BAG 24.4.08 – 8 AZR 257/07, NZA 08, 1351). Wird dagegen das befristete Arbeitsverhältnis einer schwangeren ArbN als einziges nicht verlängert, reicht diese Indiztatsache für sich genommen aus, um die Beweislastumkehr nach § 22 AGG auszulösen (LAG Köln 6.4.09 – 5 Ta 89/09, NZA-RR 09, 526).

132 Der bloße Ausspruch einer personenbedingten Kündigung wegen häufiger Arbeitsunfähigkeitszeiten ist allein noch kein Indiz für die Benachteiligung wegen einer Behinderung; es müssen weitere Anhaltspunkte hinzutreten (BAG 22.10.09 – 8 AZR 642/08, NZA 10, 280). Bei der Bewerbung eines **schwerbehinderten Stellenbewerbers** ist die unterbliebene Beteiligung der Schwerbehindertenvertretung bzw die nicht frühzeitige Kontaktaufnahme mit der BA (§ 81 Abs 1 Satz 2, 4 SGB IX; LAG Ba Wü 1.2.11 – 22 Sa 67/10, NZA-RR 11, 237) hinreichendes Indiz iSd § 22 AGG (gleiches kann gelten für die fehlende Unterrichtung der Beteiligten über die getroffene Besetzungsentscheidung, § 81 Abs 1 Satz 9 SGB IX; BAG 21.2.13 – 8 AZR 180/12, NZA 13, 840); dagegen keine Berufung auf diese Vermutungstatsachen durch „Einfach-Behinderte". Der ArbGeb kann sich nicht damit entlasten, dass er den Hinweis des Bewerbers auf seine Schwerbehinderung übersehen habe; der objektive Pflichtverstoß reiche insoweit aus (LAG München 19.11.08 – 5 Sa 556/08). Die Nichteinladung eines Schwerbehinderten zum Vorstellungsgespräch ist für den **öffentlichen ArbGeb** gem § 82 Satz 2 SGB IX idR Indiz für eine Benachteiligung (BAG 21.7.09 – 9 AZR 431/08, NZA 09, 1087); eine Heilung durch spätere Einbeziehung in das laufende Bewerbungsverfahren soll möglich sein (LAG Köln 29.1.09 – 7 Sa 980/08, AE 09, 326). In einer Stellenanzeige indiziert das Merkmal „junge(r) Bewerber(in)" die **Altersdiskriminierung** (BAG 19.8.10 – 8 AZR 530/09, NZA 10, 1412) ebenso wie die Formulierung „junges

Diskriminierung 144

Team" (LAG Hbg 23.6.10 – 5 Sa 14/10, NZA-RR 10, 629; verneinend: LAG Nürnberg 16.5.12 – 2 Sa 574/11, BeckRS 2012, 71383). Neuerdings lässt das BAG auch ohne direkten Bezug auf das Alter die an „Berufsanfänger" gerichtete Stellenanzeige für ein Traineeprogramm als Indiztatsache genügen (BAG 24.1.13 – 8 AZR 429/11, NZA 13, 498; anders noch LAG Hessen 16.1.12 – 7 Sa 615/11, NZA-RR 12, 464). Der rein objektive Verstoß gegen eine tarifliche Beförderungsregel, die eine bestimmte Anzahl von Berufsjahren vorschreibt, befreit nicht von der Darlegung der daraus konkret erfolgten Altersdiskriminierung (LAG Bln-Bbg 18.2.11 – 13 Sa 2049/10, NZA-RR 11, 286).

Allein die Zugehörigkeit zu einer durch das AGG geschützten Gruppe oder die **Behauptung** einer vermeintlichen Benachteiligung **„ins Blaue hinein"** reichen dagegen nicht aus, um Indizien für eine Benachteiligung zu beweisen. Gelangen bei mehrstufigen Bewerbungsverfahren Mitbewerber, die das gleiche Diskriminierungsmerkmal aufweisen wie der abgelehnte Bewerber, in die nächste Auswahlstufe, steht fest, dass das verpönte Merkmal für die Auswahl nicht ausschlaggebend war (LAG Köln 13.12.10 – 2 Sa 924/10, NZA-RR 11, 175). Es gibt auch keinen allgemeinen Anspruch des abgelehnten Bewerbers gegen den ArbGeb auf Auskunft, warum seine Bewerbung nicht erfolgreich war, oder auf Vorlage der Bewerbungsunterlagen des ausgewählten Kandidaten, um den eigenen Vortrag zu substantiieren. Allerdings kann die Verweigerung jeglicher Informationen ein Indiz iSd § 22 AGG darstellen (EuGH 19.4.12 – C-415/10, NZA 12, 493; LAG Hamburg 9.11.97 – H 3 Sa 102/07, AuA 08, 179). Bei einem Schadensersatzanspruch des abgelehnten Bewerbers auf das positive Interesse, zB die Vergütungsdifferenz, ist von einer gestuften Darlegungs- und Beweislast auszugehen: Zuerst muss dieser darlegen, dass er der bestqualifizierte Bewerber sei. Auf der zweiten Stufe muss der ArbGeb, da nur er Einblick in das gesamte Stellenbesetzungsverfahren habe, den Ablehnungs- bzw Differenzierungsgrund offenlegen. Der ArbGeb trägt zudem die Beweislast dafür, dass der Bewerber selbst im Falle benachteiligungsfreier Auswahl nicht eingestellt worden wäre (EuGH 22.4.97 – Rs C-180/95 Draempaehl, NZA 97, 645). Ein nachträglich vorgebrachtes Kriterium, das weder in der Ausschreibung noch im Auswahlverfahren bekannt gegeben worden war, kann idR nicht als „sachlich" angesehen werden (BVerfG 16.11.93 – 1 BvR 258/86, NJW 94, 647; LAG Bln-Bbg 26.11.08 – 15 Sa 517/08, ArbuR 09, 134; BAG 21.6.12 – 8 AZR 364/11, NZA 12, 1345).

Klagen mehrere Bewerber, so wird auf Antrag des ArbGeb das ArbG, bei dem die erste Klage erhoben ist, auch für die übrigen Klagen ausschließlich zuständig. Die Rechtsstreitigkeiten sind vAw an dieses ArbG zu verweisen; die Prozesse sind zur gleichzeitigen Verhandlung und Entscheidung zu verbinden.

Gem **§ 15 Abs 4** AGG muss der benachteiligte ArbN die Ansprüche aus § 15 Abs 1 oder 2 AGG innerhalb einer **Frist von zwei Monaten** schriftlich geltend machen, es sei denn die Tarifvertragsparteien haben etwas anderes vereinbart. Die Frist beginnt im Falle der Bewerbung oder des beruflichen Aufstiegs mit dem Zugang der Ablehnung und in sonstigen Fällen einer Benachteiligung mit dem Zeitpunkt, in dem der Beschäftigte von der Benachteiligung Kenntnis erlangt, § 15 Abs 4 Satz 2 AGG; dabei soll die Kenntnis von Indizien gem § 22 AGG ausreichen (BAG 15.3.12 – 8 AZR 37/11, NZA 12, 910 – Zur Richtlinienkonformität der Ausschlussfrist s EuGH 8.7.10 – C-246/09, NZA 10, 869; danach soll eine 2-Monats-Ausschlussfrist nicht grds dem unionsrechtlichen Grundsatz der effektiven Rechtsverfolgung entgegenstehen, wenn es für den Fristbeginn nicht zwangsläufig auf den Zugang der Ablehnung – hier auf eine Bewerbung –, sondern auf den Zeitpunkt der Kenntniserlangung von der behaupteten Diskriminierung ankommt. S auch BAG 21.6.12 – 8 AZR 188/11, NZA 12, 1211). Um den Fristbeginn belegen zu können empfiehlt es sich, Datum und Inhalt einer erteilten Absage sorgfältig zu dokumentieren. Die Ausschlussfrist erfasst auch sonstige Schadensersatzansprüche nach allgemeinem Zivilrecht, die sich auf denselben Lebenssachverhalt stützen (§§ 280, 823 BGB); Ansprüche aus anderen Benachteiligungsverboten oder auf Unterlassen dagegen nicht. Die Ausschlussfrist findet auch keine Anwendung auf andere Ansprüche aus dem AGG wie zB solche nach § 17 Abs 2 AGG oder nach § 12 AGG. Will der Benachteiligte seine Ansprüche gerichtlich geltend machen, so muss er die **Klage auf Entschädigung** nach § 15 AGG innerhalb von **drei Monaten,** nachdem der Anspruch schriftlich geltend gemacht wurde, erheben (§ 61b ArbGG). Wenngleich in § 61b ArbGG nur die Entschädigung genannt ist, muss die Ausschlussfrist auch für Schadensersatzansprüche gelten (*Willemsen/Schweibert* NJW 06, 2583).

B. Lohnsteuerrecht

141 I. Nationales Recht. Das AGG ist im Steuerrecht nicht unmittelbar anwendbar. Steuerrechtlich gilt: Das Diskriminierungsverbot als unmittelbar geltender – wenn auch ungeschriebener – Rechtssatz hat seine Rechtsgrundlage in Art 3 GG. Gesetzgeber und Verwaltung sind dazu verpflichtet, den Gleichheitssatz im Steuerrecht zu wahren, wodurch der Grundsatz der Gleichmäßigkeit der Besteuerung zum Tragen kommt (s *Gleichbehandlung* Rz 43). Konkrete Ausprägung des Diskriminierungsverbots ist zB die steuerliche Behandlung von Arbeits- und anderen (Miet-, Darlehens- usw)-Verträgen zwischen Partnern einer nichtehelichen Lebensgemeinschaft. Es stellt einerseits keine Diskriminierung der Ehe dar, wenn Verträge unter Ehegatten einem strengeren Maßstab unterliegen als Verträge unter Partnern einer nichtehelichen Lebensgemeinschaft (BFH 27.11.89 – GrS 1/88, BStBl II 90, 160; s *Familiäre Mitarbeit* Rz 29 ff). Andererseits liegt keine Diskriminierung von Partnern der nichtehelichen Lebensgemeinschaft vor, wenn deren Arbeits- usw -Verträge nach den Grundsätzen zu Verträgen unter nahen Angehörigen überprüft werden (BFH 15.3.07, VI R 31/05, BStBl II 07, 533; s *Lebensgemeinschaft (nichteheliche)* Rz 11 ff). In der Abzugsbeschränkung für Arbeitszimmer, die auch im Rahmen von Ehegatten-Arbeitsverhältnissen gilt, liegt keine Diskriminierung der Ehe (BFH 29.4.10 – VI B 153/09, BFH/NV 10, 1442), ebenso nicht bei Zusammenveranlagung in der Reihenfolge der Nennung der Ehegatten (FG Bln/Bbg 14.1.09 – 3 K 1147/06 B, EFG 09, 766).

Schadensersatz nach § 15 Abs 1 AGG (s oben Rz 119) kann nach § 24 Nr 1 Buchst a) EStG stpfl sein, nämlich wenn die Entschädigung ihrem Inhalt nach Ersatz für entgehende Einnahmen ist, insbesondere eine Abfindung bei Entlassung aus dem Dienstverhältnis. Entscheidend ist, was gewollt ist, nicht die Bezeichnung der Zahlung (§ 41 Abs 2 AO; s *Abfindung* Rz 41). Eine **Entschädigung nach § 15 Abs 2 AGG** (s oben Rz 123) ist grds nicht stpfl, weil die Zahlung nicht „für eine Beschäftigung" iSd § 19 Abs 1 Nr 1 EStG gewährt wird (s *Arbeitsentgelt* Rz 54 ff; *Gleichbehandlung* Rz 42).

Zur steuerlichen Behandlung von Schadensersatzleistungen bei sexueller Belästigung s *Arbeitgeberhaftung* Rz 19; *Arbeitnehmerhaftung* Rz 27; *Arbeitsentgelt* Rz 54 ff; für den Fall einer Betriebsbuße s *Betriebsbuße* Rz 11, 12.

142 II. Internationales Recht. 1. DBA. Es ist auf das Diskriminierungsverbot in Art 24 OECD-Musterabkommen (BStBl I 04, 287) hinzuweisen, das in den einzelnen Absätzen konkrete Ausprägungen beinhaltet, so in Art 24 Abs 1, 2 Diskriminierungsverbot betr Staatsangehörigkeit. Art 15 Abs 2 (183-Tage-Klausel; s *Auslandstätigkeit* Rz 40) und Art 15 Abs 3 (Arbeit an Bord von Seeschiffen und Luftfahrzeugen; s *Auslandstätigkeit* Rz 50) sowie Grenzgängerregelungen (s *Grenzgänger* Rz 2 ff) stehen auf dem Prüfstand der Übereinstimmung mit dem EUV, insbes Art 45 AEUV: Freizügigkeit der ArbN; s unten Rz 144 und *EU-Recht* Rz 28).

143 2. EU-Recht. Das Diskriminierungsverbot in Art 18 AEUV wirkt über Normen des EU-Rechts (*EU-Recht* Rz 28 ff) in das deutsche Steuerrecht hinein, bezüglich ArbN insbes über Art 45 AEUV: Freizügigkeit der ArbN; s *Arbeitnehmerüberlassung/Zeitarbeit* Rz 71 ff). Das Diskriminierungsverbot hat hauptsächlich bei folgenden Personengruppen und Vorgängen Bedeutung:

144 a) Beschränkt steuerpflichtigen Arbeitnehmern (§ 1 Abs 4 EStG) steht auf Grund EuGH 1.7.04 – C-169/03, IStR 04, 688; BFH 19.11.03 – I R 34/02, BStBl II 04, 773 nunmehr der Grundfreibetrag (§ 32a Abs 1 EStG) zu (§ 50 Abs 1 Satz 2 EStG; s *EU-Recht* Rz 28). Zur Veranlagung fiktiv unbeschränkt stpfl ArbN (§ 1 Abs 3, § 1a EStG) zwecks Anrechnung von KapESt und KöSt s *Ausländer* Rz 38. Zu **Grenzgängern** s *Grenzgänger* Rz 2 ff.

145 b) Ausländische Künstler, Sportler, Artisten (§ 50a Abs 1 Nr 1 EStG) s *Ausländer* Rz 45.

146 c) Zusammenveranlagung. Hat einer der Ehegatten seinen Wohnsitz im Inland, genügend auch Zweitwohnsitz im Rahmen einer doppelten Haushaltsführung, und ist der andere Ehegatte Staatsangehöriger eines EU/EWR-Staates (§ 1 Abs 3, § 1a EStG), so ist die Zusammenveranlagung der Ehegatten (§ 26b EStG) im Inland auf Antrag möglich (BFH 8.9.10 – I R 28/10, BeckRS 2010, 24004221). Das Diskriminierungsverbot

Diskriminierung 144

erfordert aber nicht eine Zusammenveranlagung eines im Inland wohnhaften Türken mit seiner in der Türkei lebenden Ehefrau (FG München 30.9.98 – 1 K 3801/97, EFG 99, 167).

d) Zukunftssicherungsleistungen. Gesetzlich nicht geforderte Beiträge der ArbGeb an 147 einen ausländischen SozVTräger, die auf vertraglicher Grundlage beruhen, sind stpfl Lohn und nicht nach § 3 Nr 62 Satz 1 EStG steuerbefreit. Dies verstößt nicht gegen EU-Grundfreiheiten (BFH 28.5.09 – VI R 27/06, DStR 09, 1845). Die Steuerfreiheit gilt aber für ArbGeb-Zuschüsse zu einer privaten Krankenversicherung nach § 257 Abs 2a SGB V (BFH 22.7.08 – VI R 56/05, DStR 08, 1825). Steht auf Grund gesetzlicher Vorschrift die Erhöhung des Ruhegeldes im Rahmen der betrieblichen Altersversorgung nur einem Verheirateten zu, nicht aber einem Partner einer eingetragenen Lebensgemeinschaft, so liegt hierin ein Verstoß gegen das Diskriminierungsverbot (Art 13 EGV, nun Art 19 Abs 1 AEUV; EuGH 10.5.2011 – C-147/08, BeckRS 2011, 80476). Zur Riester-Rente für einpendelnde Grenzgänger und im EU-Ausland Wohnende s *Altersvorsorgevermögen* Rz 7, 16. Zur beschränkten Abzugsfähigkeit der Vorsorgeleistungen im Inland und Rentenbesteuerung im Ausland s *Altersrente* Rz 18, *Grenzgänger* Rz 23.

e) Abfindung. Steht einem ArbN bei eigener Kündigung kein Abfindungsanspruch zu, 148 so liegt hierin kein Verstoß gegen Art 39 EGV, nunmehr Art 45 AEUV (EuGH 27.1.2000 – C-190/98, IStR 2000, 127, Fall **Volker Graf/Filzmoser**).

f) Unterhaltsleistungen an den im EU-Heimatland wohnenden geschiedenen Ehepart- 149 ner sind wie bei Inländern abziehbar (§ 1a Abs 1 Nr 1 EStG; s *Grenzgänger* Rz 17). Zur steuerlichen Abzugsfähigkeit von Unterhaltszahlungen ins Ausland gem § 33a Abs 1 EStG s *Ausländer* Rz 49. Beim **Realsplitting** (§ 10 Abs 1 Nr 1, § 22 Nr 1a EStG) liegt im Abzugsverbot beim inländischen Geber kein Verstoß gegen das Diskriminierungsverbot vor, wenn die Unterhaltszahlungen beim Empfänger im EU-Ausland nicht zu versteuern sind (EuGH 12.7.05 – C-403/03, Fall Eugen Schempp, DStR 05, 1265; BFH 13.12.05 – XI R 5/02, DStRE 06, 769).

g) Invalidenrenten. Es kann einen Verstoß gegen das Diskriminierungsverbot des EGV 150 darstellen, wenn nur Invalidenrenten aus deutschen Kassen (§ 3 Nr 6 EStG) und nicht auch gleichartige aus den Kassen anderer EU-Mitgliedstaaten steuerfrei sind (Anm zu BFH 22.1.97, IStR 97, 302, 303).

h) Ausländische Verluste. Die Nichtberücksichtigung ausländischer Verluste aus Ver- 151 mietung und Verpachtung kann auch bei einem ArbN gegen Art 39 EGV, nun Art 45 AEUV, verstoßen (EuGH 18.7.07 – C 182/06, DStR 07, 1339). Vgl nunmehr § 32b Abs 1 Nr 5 EStG.

i) Sonstige. Auslandsschulen s *Kindervergünstigungen* Rz 29; **Auslandskinder** s *Kinder-* 152 *geld* Rz 6, 7; **Behinderte Kinder** s *Kindervergünstigungen* Rz 35; **Auslandsreisen** s *Auslands-* *reise* Rz 19, *Fortbildung* Rz 29; **Progressionsvorbehalt** s *Ausländer* Rz 41, *Auslandstätigkeit* Rz 44. **Altersrenten** s *Altersrente* Rz 18. **Nebentätigkeit im Ausland** s *Auslandstätigkeit* Rz 48; **Berufskraftfahrer** s *Auslandstätigkeit* Rz 51.

Literaturhinweis: Kessler/Spengel DB 09 Beilage 1, 1 ff; Rust IStR 09, 382.

C. Sozialversicherungsrecht
Schlegel

1. Ausländerdiskriminierung. Im Bereich der EU ist die **Diskriminierung von** 156 **Angehörigen anderer EU-Staaten** durch Art 4 VO (EG) 883/2004 untersagt; danach haben Personen, für welche die VO gilt, die gleichen Rechte und Pflichten aufgrund der Rechtsvorschriften des Mitgliedstaates wie die (eigenen) Staatsangehörigen dieses Staates, soweit nicht die VO selbst spezielle Regelungen für Ausländer enthält. Dieses Gleichbehandlungsgebot verbietet die Ausländerdiskriminierung auf normativer Ebene, spricht also die gesetzgebenden Körperschaften an. Werden Ausländer innerhalb der bestehenden Gesetze durch die arbeitsvertraglichen Regelungen gegenüber deutschen ArbN diskriminiert, bietet die VO hiergegen keinen Schutz oder Anspruch auf weitergehende sozialrechtliche Ansprüche.

2. Frauendiskriminierung. Auf EU-Ebene soll eine Diskriminierung von Frauen we- 157 gen ihres Geschlechts in Arbeits- und Beschäftigungsfragen durch die Gleichbehandlungs-

144 Diskriminierung

richtlinie 2006/54/EG vom 5.7.06 (ABl Nr L 204/23) beseitigt werden. Die Richtlinie richtet sich zunächst an die gesetzgebenden Körperschaften der EU-Mitgliedstaaten; sie hat jedoch unter bestimmten Voraussetzungen (Fristablauf; s *EU-Recht* Rz 44 ff) auch unmittelbare Wirkung zugunsten der einzelnen Bürger und schafft so subjektive Rechte. Die Richtlinie hat das Ziel, dass auf dem Gebiet der sozialen Sicherheit und den sonstigen Bestandteilen der sozialen Sicherung (Krankheit, Invalidität, Alter, Arbeitsunfall, Berufskrankheit, Arbeitslosigkeit und ergänzende Sozialhilfe) der Grundsatz der Gleichbehandlung zwischen Männern und Frauen schrittweise verwirklicht wird.

158 Eine **mittelbare Diskriminierung** von Frauen wegen ihres Geschlechts iSd Art 4 Abs 1 EWG-Richtlinie liegt dann vor, „wenn eine ihrem Wortlaut nach neutrale Vorschrift ein Kriterium oder ein Verfahren enthält, das für die Person eines Geschlechts, insbes wegen des Bezugs auf den Ehe- oder Familienstand, tatsächlich eine unverhältnismäßig nachteilige Wirkung hat, die nicht durch zwingende Gründe oder Umstände gerechtfertigt ist, die in keinem Zusammenhang mit dem Geschlecht der betroffenen Personen stehen" (so Art 5 Abs 1 des Entwurfs einer Richtlinie des Rates zur Beweislast im Bereich gleichen Entgelts und der Gleichbehandlung von Frauen und Männern, BR-Drs 304/88 S 12). Der Anschein der Diskriminierung ist widerlegt, wenn die in Rede stehende Regelung durch Faktoren sachlich gerechtfertigt ist, die nichts mit einer Diskriminierung auf Grund des Geschlechts zu tun haben (EuGH, NJW 08, 499, 501 mwN). Letzteres ist der Fall, wenn die gewählten Mittel einem legitimen **Ziel der Sozialpolitik** des betreffenden Mitgliedstaats dienen und zur Erreichung dieses Ziels geeignet und erforderlich sind (EuGH 14.12.95 – C-444/93, Slg I 1995, 4741 = SozR 3–6083 Art 4 Nr 12 mwN).

159 Eine solche mittelbare Diskriminierung hat das BSG für die besonderen Vorversicherungszeit für Renten wegen Berufs- oder Erwerbsunfähigkeit (§ 43 Abs 1 Nr 3, Abs 3, § 44 Abs 4 SGB VI) verneint (BSG 27.6.91 – 4 DA 48/90 – nv). Gleiches gilt für die Regelungen über die Beitragsfreiheit kurzfristiger Beschäftigungen und den Zugang zu Leistungen bei Arbeitslosigkeit nach AFG aF (BSG 18.5.2000 – B 11 AL 61/99 R, SozR 3–6083 Art 4 Nr 15). Eine mittelbare Diskriminierung liegt auch nicht vor, wenn bei einer Arbeitnehmerin, die zunächst „gut" verdient hatte und im Anschluss an Mutterschutz und Erziehungsurlaub nach kurzer Beschäftigung arbeitslos wurde, das AlGeld ausgehend von einer fiktiven Bemessung des Arbeitsentgelts nach Qualifikationsgruppen berechnet wurde, weil innerhalb von zwei Jahren nach Anspruchsbeginn nicht mindestens 150 Tage mit Anspruch auf Arbeitsentgelt feststellbar waren (BSG 29.5.08 – B 11a AL 23/07 R, NZS 09, 464).

160 **3. Assoziierungsrechtliche Diskriminierungsverbote.** Aus Art 3 Abs 1 Beschluss Nr 3/80 des Assoziationsrats vom 19.9.80 über die Anwendung der Systeme der sozialen Sicherheit der Mitgliedstaaten der EG auf die **türkischen Arbeitnehmer** und auf deren Familienangehörige (ABl EG C 1983, 1160/60 ff) folgt nach der Entscheidung des EuGH, dass türkische Staatsangehörige, die im Gebiet eines Mitgliedstaates wohnen und für die der ARB gilt, im Wohnsitzstaat Anspruch auf Leistungen der sozialen Sicherheit nach den Rechtsvorschriften dieses Staates unter den gleichen Voraussetzungen wie dessen eigene Staatsangehörige haben (EuGH 5.5.99 – C-262/96 – Rechtssache Sürül, Slg 99, I-2743 = SozR 3–6935 Allg Nr 4 S 49 f; allgemein zu Art 3 ARB EuGH 28.4.04 – C-372/02 Rechtssache Öztürk; *Schlegel* in jPR SozR 31/2004 Anm 1).

161 **4. Stellenangebote an Arbeitslose.** Im Bereich der **Vermittlung Arbeitsloser** ist zu beachten, dass die BA gem § 36 Abs 2 SGB III **Einschränkungen des Arbeitgebers bei Stellenangeboten** für Arbeitslose gegenüber der BA nicht berücksichtigen darf, wenn diese diskriminierenden Charakter aufweisen (Einzelheiten vgl *Personalauswahl* Rz 34; *Tendenzbetrieb* Rz 24 ff).

162 **5. Soziale Rechte.** Der auf die Umsetzung der **GleichbehandlungsRL** zurückgehende § 33c Satz 1 SGB I verbietet es, jemanden bei der Inanspruchnahme sozialer Rechte auf Gründen der Rasse, wegen ethnischer Herkunft oder Behinderung zu benachteiligen (zum Verhältnis Art 3 GG vgl jPR-SozR 21/2006 *Weselski* in *Schlegel/Voelzke* SGB I § 33c).

Doppelte Haushaltsführung

A. Arbeitsrecht *Griese*

Führt der ArbN aus berufsbedingten Gründen einen zweiten Haushalt, kann sich der **1** ArbGeb **vertraglich** zur Kostenbeteiligung, insbesondere im Hinblick auf zusätzliche Miet- und Fahrtkosten, verpflichten. Dies wird in Betracht kommen, wenn die doppelte Haushaltsführung auch im betrieblichen Interesse liegt. Bei einer Versetzung in einen anderen, örtlich entfernt liegenden Betrieb, die allein im betrieblichen Interesse liegt, besteht unter dem Gesichtspunkt des **Aufwendungsersatzes** nach **§ 670 BGB ein gesetzlicher Anspruch** auf Ersatz der Umzugskosten (s *Umzugskosten* Rz 2–6). Unter diesem Gesichtspunkt kann der ArbGeb auch verpflichtet sein, sich für einen vorübergehenden Zeitraum bis zum zumutbaren Umzugstermin an den Kosten der doppelten Haushaltsführung zu beteiligen.

Als **Anspruchsgrundlage** kommen ferner alle sonstigen individual- oder kollektivrecht- **2** lichen Verpflichtungstatbestände in Betracht (Vertrag, Gesamtzusage, arbeitsvertragliche Einheitsregelung, Betriebliche Übung, Tarifvertrag, Betriebsvereinbarung), schließlich der Gleichbehandlungsgrundsatz. So verpflichtet § 7 Nr 4.4 des für allgemeinverbindlich erklärten Bundesrahmentarifvertrages für das Baugewerbe (BRTV Bau 2002) zu einer Fahrtkostenabgeltung für **Wochenendheimfahrten** iHv 0,30 € je Entfernungskilometer (BAG 24.1.07 – 4 AZR 50/06, DB 07, 2042). Dabei kann der Anspruchsumfang von den steuerrechtlichen Regelungen über den Werbungskostenersatz doppelter Haushaltsführung abweichen oder anders **pauschaliert** sein.

Erbringt der ArbGeb als freiwillige Leistung Mietzuschüsse oder Kosten für Familienheim- **3** fahrten, auf die kein gesetzlicher Aufwendungsersatzanspruch nach § 670 BGB besteht, handelt es sich um Vergütung im weiteren Sinne, so dass die betriebliche Lohngestaltung nach § 87 Abs 1 Nr 10 BetrVG betroffen ist. Dies hat zur Folge, dass die Ausgestaltung der Bezugsbedingungen der **Mitbestimmung** des BRat unterliegt (BAG 10.6.86 – 1 ABR 65/84, DB 86, 2340).

B. Lohnsteuerrecht *Thomas*

Übersicht

	Rz		Rz
I. Rechtsentwicklung	4	3. Berufliche Veranlassung	21
II. Voraussetzungen	7	III. Abziehbare Aufwendungen	23
1. Wohnen am Beschäftigungsort	8	1. Fahrtkosten	24
a) Tätigkeitsort	8	a) Fahrten zur Tätigkeitsstätte	24
b) Wohnung	9	b) Familienheimfahrten	25
c) Am Ort	10	c) Sonderfahrten	27
2. Beibehaltene Lebensmittelpunktwohnung	12	2. Verpflegungspauschalen	29
a) Eigener Hausstand	13	3. Unterkunftskosten	30
b) Lebensmittelpunkt	18	IV. Kostenübernahme des Arbeitgebers	32

I. Rechtsentwicklung. Durch das Gesetz zur Änderung ua des Reisekostenrechts vom **4** 20.2.13 wurden mit Wirkung ab 2014 auch Voraussetzungen und Rechtsfolgen der doppelten Haushaltsführung modifiziert (dazu BMF 30.9.13 BStBl I 13, 1279 BeckVerw 276583; *Harder-Buschner/Schramm* NWB Beilage zu 9/2013, 2; *diess* NWB 48/2012, 3848; *Niermann* DB 13, 1015; *ders* DB 13, 2357; *Paintner* DStR 13, 217; *Schneider* NWB Beilage zu 9/2013, 53; *Weber* NWB Beilage zu 9/2013, 21; *Wirfler* DStR 12, 2037; *Wirfler* DStR 13, 2037; *Wünnemann* DB 12, 421; *Wünnemann/Gödtel* NWB Beilage zu 9/2013, 36).

Während bisher lediglich vorausgesetzt wurde, dass der ArbN bei beibehaltenem eigenem **5** Hausstand (= Lebensmittelpunkt) „am Beschäftigungsort wohnt" (§ 9 Abs 1 Nr 5 Satz 2 EStG aF), muss ab 2014 der Beschäftigungsort gleichzeitig Ort der ersten Tätigkeitsstätte iSv § 9 Abs 4 EStG sein (§ 9 Abs 1 Nr 5 Satz 2 EStG). Wohnt der ArbN an einer Arbeitsstätte, die nicht erste Tätigkeitsstätte ist, greifen nicht die Rechtsfolgen der doppelten Haushalts-

145 Doppelte Haushaltsführung

führung ein, sondern es kommen Dienstreisegrundsätze des neu geschaffenen § 9 Abs 1 Nr 5a EStG zum Zug, der nicht näher beschriebene „notwendige" Mehraufwendungen als Übernachtungskosten zulässt.

6   Des Weiteren ist nicht mehr entscheidend, dass der doppelte Haushalt „aus beruflichem Anlass begründet" wurde, gleichgültig aus welchen Gründen er beibehalten wird. Vielmehr genügt ab 2014, dass die doppelte Haushaltsführung „beruflich veranlasst" ist. Neu ist auch, dass näher beschrieben wird, wann ein eigener Hausstand unterhalten wird (§ 9 Abs 1 Nr 5 Satz 3 EStG) und dass für Unterkunftskosten eine feste Monatsobergrenze eingeführt wurde (§ 9 Abs 1 Nr 5 Satz 4 EStG).

7   **II. Voraussetzungen.** Nach § 9 Abs 1 Satz 3 Nr 5 EStG können notwendige Mehraufwendungen wegen einer beruflich veranlassten doppelten Haushaltsführung als Werbungskosten abgezogen werden. Das erfordert neben dem Wohnen am Beschäftigungsort andernorts das Beibehalten eines eigenen Hausstands.

8   **1. Wohnen am Beschäftigungsort. a) Tätigkeitsort** iS des Gesetzes ist nur die erste Tätigkeitsstätte des § 9 Abs 4 EStG. Insofern wird auf die Ausführungen zu *Fahrten zwischen Wohnung und Arbeitsstätte* Rz 4 ff verwiesen.

9   **b) Wohnung.** Ein ArbN wohnt am Beschäftigungsort, wenn eine irgendwie geartete Unterkunft (möbliertes Zimmer, Gemeinschaftsunterkunft, Hotel oder Wohnung) zur Übernachtung genutzt wird, von der aus der ArbN seinen Arbeitsplatz aufsucht. Auf die Eigentumsverhältnisse bzw Ausstattung und Komfort kommt es nicht an. Die Wohnung muss auch nicht an der Mehrzahl der Arbeitstage genutzt werden (BFH 2.5.02 – VI B 158/99, BFH/NV 02, 1051). Nachdem die Wohnung nunmehr am Ort der ersten Tätigkeitsstätte liegen muss, wird die früher strittige Frage, ob auch die Übernachtung von Fall zu Fall im Hotel als Wohnen gewertet werden kann (vgl Personalbuch 2013, Doppelte Haushaltsführung Rz 7 f), allenfalls für den Beginn der doppelten Haushaltsführung bedeutsam sein. Auch hier dürfte die Monatsgrenze für Unterkunftskosten eingreifen.

10 **c) Am Ort** der Beschäftigung heißt bei Interpretation nach dem nahe liegenden Wortsinn in der Nähe des Arbeitsplatzes, was nicht identisch mit der Gemeindegrenze des Arbeitsorts sein muss. Jedenfalls bedeutet „am" Arbeitsort aber nicht weit von diesem entfernt. Denn der Abzug der zusätzlichen Wohnkosten beruht auf dem Erfordernis, den vom Lebensmittelpunkt entfernt liegenden Arbeitsplatz gut zu erreichen und nicht darauf, weit weg vom Arbeitsplatz private Wohninteressen zu verwirklichen. Ungeachtet dessen soll nach der Rspr eine 141 km vom Arbeitsplatz entfernte Wohnung noch dem Wohnen „am" Beschäftigungsort dienen, wenn dieser von dort täglich aufgesucht werden kann (BFH 19.4.12 – VI R 59/11, BStBl II 12, 833 = DStR 12, 1383). Die Verwaltung folgt dem und nimmt im Übrigen aus Vereinfachungsgründen hin, wenn die Entfernung zwischen Tätigkeitsstätte und Zweitwohnung weniger als die Hälfte der Entfernung zur Hauptwohnung beträgt (BMF 30.9.13 BStBl I 13, 1279 Rz 95). Nach den Gesetzesmaterialien (BT-Drs 17/10774, 14) sollte demgegenüber die Hälfteregel als Grenzentfernung angesehen werden, bis zu der eine Zweitwohnung aus beruflichen Gründen noch als erforderlich erscheint.

11 Eine andere Frage ist, ob – bei Großstädten – eine doppelte Haushaltsführung auch möglich ist, wenn Erstwohnung, Zweitwohnung und Tätigkeitsstätte in derselben Gemeinde liegen. In einem solchen Fall ist besonders zu prüfen, ob die Einrichtung der Zweitwohnung beruflichen oder auch privaten Zwecken dient.

12 **2. Beibehaltene Lebensmittelpunktwohnung.** Nach der Legaldefinition des § 9 Abs 1 Nr 5 Satz 3 EStG setzt das Vorliegen eines eigenen Hausstandes das Innehaben einer Wohnung sowie eine finanzielle Beteiligung an den Kosten der Lebensführung voraus. Außerdem muss sich nach der ständigen Rspr an diesem Hausstand der Lebensmittelpunkt des ArbN befinden.

13 **a) Eigener Hausstand. aa) Innehaben einer Wohnung.** Ein ArbN hat eine Wohnung inne, wenn er sie aus eigenem Recht als Eigentümer oder Mieter oder aus abgeleitetem Recht als Ehegatte, Lebenspartner oder Lebensgefährte nutzt (BMF 30.9.13 BStBl I 13, 1279 Rz 94). Maßgebend ist, dass die Wohnung gleichberechtigt genutzt wird (was bei minderjährigen Kindern zweifelhaft ist) und ein Verbleib in der Wohnung sichergestellt ist (BFH 14.10.04 – VI R 82/02, BStBl II 05, 98 = DStR 04, 2091). Demgegenüber hat jemand eine Wohnung nicht inne, in der er lediglich zu Besuch ist oder in der er Gefälligkeits halber

Doppelte Haushaltsführung 145

vorübergehend, dh alsbald beendbar übernachten darf. Inwieweit ein dauerhaftes Bleibendürfen anzunehmen ist, ist Tatfrage. Mitglieder einer Wohngemeinschaft (die regelmäßig Mit-oder Untermieter sind) unterhalten einen eigenen Hausstand auch, wenn sie an Gemeinschaftsräumen (Küche, Bad, WC) kein alleiniges Nutzungsrecht haben. Ein dauernd getrennt lebender oder geschiedener Ehegatte hat die von ihm persönlich nicht mehr genutzte ehemalige Familienwohnung selbst dann nicht inne, wenn er Wohnungseigentümer ist oder sie durch Unterhaltsleistungen vollständig finanziert.

bb) Finanzielle Beteiligung. Während die Rspr früher für das Unterhalten eines eigenen Hausstandes einen finanziellen Beitrag zu den Wohnkosten gefordert und später in diesem nur noch ein Indiz für den „eigenen" Hausstand gesehen hat, sollte zuletzt genügen, dass die gemeinsame Haushaltsführung wesentlich mitbestimmt wird, was auch bei kostenlosem Wohnendürfen erwachsener berufstätiger Kinder regelmäßig unterstellt wurde (BFH 16.1.13 – VI R 46/12, DStR 13, 852). Diese Rspr ist ab 2014 überholt (BMF 30.9.13 BStBl I 13, 1279 Rz 94; BT-Drs 17/10774, 14). 14

Allerdings ist der Gesetzeswortlaut insofern irreführend, als eine finanzielle Beteiligung nicht an den Wohnkosten, sondern den Kosten der Lebensführung verlangt wird. Das verwirrt, weil eine doppelte Haushaltsführung keine Haushaltsgemeinschaft mit Dritten voraussetzt. Auch ein Alleinstehender kann einen doppelten Haushalt führen (seit BFH 5.10.94 – VI R 62/90, BStBl II 95, 180 = DStR 94, 1888 ständige Rspr). Die finanzielle Beteiligung an den Kosten der eigenen Lebensführung kann aus zwei Gründen nicht gemeint sein. Zum einen ist diese mit dem Grundfreibetrag abgegolten. Und zum anderen ist selbstverständlich, dass der ArbN für seine eigene Lebensführung aufkommt, weshalb das Erfordernis einer solchen Kostenbeteiligung ins Leere liefe. Nach der vom Gesetz bezweckten Korrektur der Rspr (s oben) dürfte mit der finanziellen Beteiligung nicht die Beteiligung an den gesamten Lebensführungskosten, sondern die an den Wohnkosten also an den Kosten der Erstwohnung gemeint sein. Denn wer außerhalb des Beschäftigungsort umsonst wohnt hat am Beschäftigungsort keinen beruflich veranlassten Mehraufwand. Für diese Interpretation spricht insbes, dass die Regelung Teil der Definition des „eigenen" Hausstandes ist. 15

Ist schon vage, welche Kostenart gemeint ist, an der sich der ArbN zu beteiligen hat, so gilt entsprechendes leider auch für die Höhe. Die Forderung, dass sich der ArbN „beteiligen" muss, eröffnet einen Auslegungsspielraum von einige bis alle Kosten. Nicht weniger kryptisch ist die Interpretationshilfe der Verwaltung, dass Bagatellbeträge nicht ausreichend sind (BMF 30.9.13 BStBl I 13, 1279 Rz 94). Teilweise wird vertreten, dass die Bagatellgrenze bei 10% der monatlich regelmäßig anfallenden laufenden Kosten der Haushaltsführung (zB Miete, Mietnebenkosten, Kosten für Lebensmittel und andere Dinge des täglichen Bedarfs) liege (*Niermann* DB 13, 2357 ff, 2362). Warum Lebensmittel, die abschließend in § 9 Abs 4a EStG geregelt sind und andere Dinge des täglichen Bedarfs einzubeziehen seien, bei denen kein beruflicher Mehrbedarf entsteht, ist schwer einzusehen. Der Auslegungsrahmen könnte sich zwischen einer Untergrenze bewegen, nach welcher mindestens die Nebenkosten zu tragen sind, die üblicherweise Mieterseits übernommen werden, und einer Obergrenze, die orientiert am Rechtsgedanken des § 21 Abs 2 EStG rd zwei Drittel der ortsüblichen Marktmiete zum Maßstab nimmt. 16

Offen ist schließlich, in wie weit die Kostenbeteiligung dem ArbN, der eine doppelte Haushaltsführung in Anspruch nimmt, individuell zurechenbar sein muss. Bei Lebensgemeinschaften, die „aus einem Topf" wirtschaften (regelmäßig Ehegatten, eingetragene Lebenspartner, nicht verheiratete Eltern mit gemeinsamem Kind) dürften finanzielle Beiträge eines Partners auch als solche des anderen Partners anzusehen sein, so dass es nicht darauf ankommt, wessen finanzielle Mittel für den laufenden Lebensbedarf einschließlich Wohnkosten verwendet wurden, während andere Mittel Anschaffungen, Rücklagen, Urlaubskosten usw dienen. Bei anderen Wohngemeinschaften wie bspw zwischen Eltern und Kindern, zwischen Geschwistern oder sonstigen Partnern kann nicht von einem Wirtschaften aus einem Topf ausgegangen werden. Der Frage individuell zuordenbarer Kostenbeiträge dürfte kein großes Gewicht zu kommen, da die Vorliegen eines „eigenen" Hausstandes in erster Linie bei Alleinstehenden problematisch sein wird. Wer Gefälligkeits halber umsonst wohnen darf und ebenfalls Gefälligkeits halber sich durch Dienste oder Geschenke einbringt, erbringt damit keine finanzielle Kostenbeteiligung. Ebenso wenig dürften dadurch eigene Wohnkostenbeiträge des ArbN anzunehmen sein, dass ein freies Wohnen dürfen als Mittelverwen- 17

145 Doppelte Haushaltsführung

dung von Unterhaltsleistungen angesehen wird (so wohl *Schneider* NWB Beilage zu 9/2013 44 ff, 49), abgesehen davon, dass einem berufstätigen Kind regelmäßig keine Unterhaltsansprüche gegen seine Eltern zu stehen.

18 **b) Lebensmittelpunkt.** Nach allgemeiner Auffassung muss sich in der außerhalb des Beschäftigungsorts unterhaltenen Erstwohnung der Lebensmittelpunkt des ArbN befinden. Das beruht darauf, dass die doppelte Haushaltsführung beruflich veranlasst sein muss, was nicht der Fall ist, wenn eine zusätzliche Wohnung nicht dauernd zu Wohnzwecken genutzt, sondern nur für den Urlaub oder aus anderen Gründen vorgehalten wird.

19 Indizien für den Lebensmittelpunkt sind Ausstattung und Größe dieses Hausstandes auch im Vergleich zur Wohnung am Arbeitsplatz, Anzahl der Heimfahrten, gesellschaftliche Bindungen usw (BFH 9.8.07 – VI R 10/06, BStBl II 07, 820 = DStR 07, 1568; BFH 28.8.07 – VI B 52/07, BFH/NV 07, 2111). Für ArbN mit entferntem Heimatland reicht eine Heimfahrt im Kj, bei weit entfernten Ländern alle zwei Jahre und bei Asylbewerbern wurden bisher etwa fünf Jahre keine nachteiligen Schlüsse gezogen, wenn sie anderweitige Kontakte (Briefe, Telefonate) glaubhaft machten. Dem ist der BFH mit der Maßgabe gefolgt, dass auch bei wenigen Heimfahrten der Lebensmittelpunkt ausnahmsweise im Heimatland verblieben sein kann, wenn sich dies aus den Gesamtumständen herleiten lässt (BFH 10.2.2000 – VI R 60/98, DStR 2000, 728). Das FG München (30.9.97 – 16 K 1318/94, EFG 98, 188) verneint bei einem ledigen Asylbewerber mit unbefristetem Arbeitsverhältnis eine doppelte Haushaltsführung. Haben Ehegatten neben der Wohnung am gemeinsamen Arbeitsplatz eine weitere Wohnung die sie am Wochenende sowie im Urlaub nutzen, ist im Allgemeinen davon auszugehen, dass sich ihr Lebensmittelpunkt in der Wohnung befindet, von der beide regelmäßig ihren Arbeitsplatz aufsuchen (BFH 5.4.11 – VI B 152/10, BFH/NV 11, 1347). Im Übrigen spricht bei einem Verheirateten eine widerlegbare Vermutung dafür, dass die gemeinsame Wohnung mit dem Ehepartner auch seinen Lebensmittelpunkt darstellt (BFH 1.2.12 – VI B 88/11 BFH/NV 12, 945). Entsprechendes gilt für Partner einer eingetragenen Lebensgemeinschaft.

20 Ein beibehaltener Lebensmittelpunkt ist zu verneinen, wenn ein ArbN neben der von ihm finanzierten Wohnung, in der seine Familie lebt, am Beschäftigungsort eine weitere Wohnung unterhält, die er mit seinem Lebenspartner und gemeinsamen Kindern bewohnt (BFH 25.3.88, BStBl II 88, 582), wenn bei zwei rechtsgültigen Ehen eine Familie am Beschäftigungsort und eine weitere im Ausland lebt (BFH 25.3.88, BStBl II 88, 584) oder wenn ein ArbN bei bevorstehender Scheidung die bisherige Wohnung nur noch gelegentlich besuchsweise aufsucht. Dessen ungeachtet hält der BFH den Lebensmittelpunkt außerhalb des Beschäftigungsortes bei einem verheirateten ArbN, dessen (später geschiedener) Ehegatte mit den gemeinsamen Kindern und des Eltern des ArbN zusammen wohnt, dort auch dann für möglich, wenn der ArbN am Beschäftigungsort mit einer mit ihm befreundeten Arbeitskollegin und deren Kindern eine gemeinschaftliche Wohnung anmietet (BFH 28.3.12 – VI R 25/11, DStR 12, 1436). Dem Urteil ist zwar zu entnehmen, dass der ArbN für sich nur die „notwendigen" Mehraufwendungen abziehen kann, nicht jedoch ob aus dem Gesamtwohnaufwand zunächst die Kosten auszuschließen sind, die gefälligkeitshalber (also aus privaten Gründen) für die Arbeitskollegin und ihre Kinder übernommen wurden.

21 **3. Berufliche Veranlassung.** Es wurde nicht kommuniziert, warum das Gesetz ab 2014 statt einer „aus beruflichem Anlass begründeten" nur eine „beruflich veranlasste" doppelte Haushaltsführung verlangt und warum der Zusatz „unabhängig davon, aus welchen Gründen sie beibehalten wird" entfallen ist. Möglicherweise sollte der fragwürdigen RsprÄnderung (vgl dazu Personalbuch 2013 Doppelte Haushaltsführung Rz 21) zu den Wegverlegungsfällen (BFH 5.3.09 – VI R 58/06, DStR 09, 1083; BFH 5.3.09 – VI R 23/07, DStRE 09, 710) Rechnung getragen werden. Der BFH ging davon aus, dass eine doppelte Haushaltsführung in allen Fällen beruflich veranlasst ist, in denen – aus welchen Gründen auch immer – zur Wohnung am Beschäftigungsort außerhalb desselben ein eigener Hausstand hinzukommt. Danach wäre das Tatbestandsmerkmal „wegen einer beruflich veranlassten" doppelten Haushaltsführung in § 9 Abs 1 Nr 5 Satz 1 EStG entweder bedeutungslos oder zu lesen als „unabhängig davon, aus welchen Gründen der doppelte Haushalt entsteht". Denn dass beim Wegzug vom Beschäftigungsort jedenfalls berufliche Gründe keine Rolle spielen ist offensichtlich.

Es bleibt abzuwarten, ob die Verwaltung wie bisher (OFD Münster 16.9.09 DStR 09, 2009) in Wegzugsfällen Verpflegungspauschalen ablehnt, zumal die Verpflegungssituation am Beschäftigungsort bestens vertraut sein kann. Die Versagung von Verpflegungspauschalen wird neuerdings in Zweifel gezogen (FG Düsseldorf 9.1.13 – 15 K 318/12 E, DStRE 13, 772 = EFG 13, 417 Rev VI R 7/03; vgl auch FG Münster 27.6.13 – 3 K 4315/12 E, EFG 13, 1744 Rev VI R 59/13 zur Wegverlegung nicht der Erst – sondern der Zweitwohnung). Die zu erwartenden BFH Entscheidungen können auch für die ab 2014 geänderte Rechtslage von Bedeutung sein. Jedenfalls dürften Umzugskosten beim Wegzug zu versagen sein, so wie auch ein Umzug der Lebensmittelpunktswohnung innerhalb des Beschäftigungsortes regelmäßig nicht zu Werbungskosten führt. 22

III. Abziehbare Aufwendungen. Da die Rechtsfolgen der doppelten Haushaltsführung nur eingreifen, wenn der Arbeitsplatz erste Tätigkeitsstätte ist, wird sich die Rspr künftig mit den Zweifelsfällen auseinander zu setzen haben, in denen ArbGeb bzw ArbN diese Klassifizierung des Arbeitsplatzes verneinen. Hieran besteht dann ein Interesse, wenn die tatsächlichen Mobilitätskosten über den Abzugsbeträgen der Entfernungspauschale und die Unterkunftskosten über der Monatsgrenze des § 9 Abs 1 Nr 5 Satz 4 EStG von 1000 € liegen und wenn bei Gewährung eines Dienstwagens der pauschale Nutzungsvorteil für den Weg zur Arbeit entfällt. Insofern kann die Neuregelung getrost als Arbeitsbeschaffungsprogramm für Fortbilder, Berater und Gerichte verstanden werden. 23

1. Fahrtkosten. a) Fahrten zur Tätigkeitsstätte. Auf diese sind, weil der Beschäftigungsort bei der doppelten Haushaltsführung erste Tätigkeitsstätte sein muss, wie bisher die Regeln über die Entfernungspauschale anzuwenden. Denn auch die Zweitwohnung am Arbeitsort ist eine Wohnung iS des § 9 Abs 1 Nr 4 Satz 1 EStG. 24

b) Familienheimfahrten. Nach § 9 Abs 1 Nr 5 Satz 5 EStG kann jeweils nur eine Familienheimfahrt wöchentlich abgezogen werden. Diese Regelung geht § 9 Abs 1 Nr 4 Satz 6 EStG vor, wonach bei Fahrten zu der von Arbeitsplatz entfernteren Wohnung pauschale km Aufwendungen ohne Begrenzung auf eine Fahrt wöchentlich abziehbar sind, wenn diese Wohnung den Mittelpunkt der Lebensinteressen des ArbN bildet. Dies beruht darauf, dass der ArbN bei der doppelten Haushaltsführung kürzere Wegstrecken bewältigen muss, weil er bereits die Unterkunft an der Zweitwohnung steuerlich berücksichtigt bekommt. Im Übrigen hat der ArbN ein Wahlrecht zwischen Nr 4 und Nr 5 des § 9 Abs 1 EStG, also zwischen einer Familienheimfahrt wöchentlich und mehreren solchen in der Woche, dann aber ohne Unterkunftskosten (BFH 9.6.88, BStBl II 88, 990). Der ArbN kann das Wahlrecht bei derselben doppelten Haushaltsführung für jedes Kj nur einmal ausüben (R 9.11 Abs 10 Satz 3 LStR). 25

Auf die Familienheimfahrt sind die Regeln der Entfernungspauschale anwendbar (§ 9 Abs 1 Nr 5 Satz 6 EStG). Deshalb kommt es bei tatsächlich durchgeführter Familienheimfahrt nicht darauf an, ob bzw welche Aufwendungen der ArbN selbst gehabt hat zB bei kostenloser Mitfahrgelegenheit. Allerdings sind steuerfrei geleistete Reisevergütungen und steuerfrei gewährte Freifahrten auf die Entfernungspauschale anzurechnen (BFH 18.4.13 – VI R 29/12, DStR 13, 1373). Bei Benutzung eines Dienstwagens entfällt der Abzug; es ist aber auch kein Nutzungsvorteil anzusetzen (BFH 28.2.13 – VI R 33/11, DStR 13, 1222). Das gilt aber nur für ArbN und nicht für Familienheimfahrten von Selbständigen (BFH 19.6.13 – VIII R 24/09, DStR 13, 1284). Diese offensichtliche Ungleichbehandlung (vgl *Pezzer* BFH/PR 13, 389) mag, wie der BFH ausführt, bei Selbständigen verfassungskonform sein. Eine andere Frage ist ob die Bevorzugung der ArbN, die mit steigenden Fahrzeugkosten wächst, tatsächlich durch Vereinfachungszwecke zu rechtfertigen ist, zumal die Ausnahme nur die Familienheimfahrt betrifft und nicht den ungleich häufigeren Normalfall der Fahrten zwischen Wohnung und Tätigkeitsstätte.

Wird die Familienheimfahrt mit einer Dienstreise verbunden, ist die ganze Fahrtstrecke mit tatsächlichen Kosten abziehbar, wenn die Fahrt durch die Dienstreise geprägt wird, andernfalls nur die Umwegstrecke, während es im Übrigen bei den Entfernungspauschalen bleibt (BFH 12.10.90, BStBl II 91, 134 mwN). 26

c) Sonderfahrten. aa) Besuchsfahrten. Anders als früher sieht der BFH Besuchsfahrten des anderen Ehegatten vom gemeinsamen Lebensmittelpunkt zum Beschäftigungsort des ArbN weder als Familienheimfahrten, noch als sonst beruflich veranlasste Fahrten an (BFH 27

145 Doppelte Haushaltsführung

2.2.11 – VI R 15/10, DStR 11, 562; *Geserich* DStR 12, 1737 unter 2.1). Offengelassen wurde ob ausnahmsweise etwas Anderes gilt, wenn der am auswärtigen Beschäftigungsort tätige ArbN aus beruflichen Gründen keine Familienheimfahrten antreten kann. Dagegen soll bei ausgefallener Familienheimfahrt der ArbN selbst Telefonkosten für ein Ferngespräch mit Angehörigen bis zur Dauer von 15 Minuten berücksichtigt bekommen (BFH 8.11.96 – VI R 48/96, DStRE 97, 488), wobei nicht unterstellt werden kann, dass regelmäßig telefoniert worden ist (BFH 29.6.93 – VI R 44/89, BFH/NV 94, 19). Ob andere Ersatztelefonate, zB eines Alleinstehenden mit dem Freundeskreis entsprechend behandelt werden, ist eher fraglich. Es spricht einiges dafür, dass Mobilitätskosten durch die Familienheimfahrt abschließend geregelt sind und andere Aufwendungen nur berücksichtigt werden, wenn es sich um Unterkunftskosten handelt.

28 **bb) Antritts- und Abschlussfahrten** bei Beginn bzw Ende einer doppelten Haushaltsführung können vom ArbN in tatsächlicher Höhe abgezogen werden (R 9. 11 Abs 6 Nr 1 LStR). Ihrem Charakter nach handelt es sich um umzugsähnliche Fahrten (zum Rückumzug aus Anlass der Auflösung eines doppelten Haushalts vgl BFH 8.11.96, BStBl II 97, 207 = DStR 97, 322 mit Anm *MIT*).

29 **2. Verpflegungspauschalen.** Nach § 9 Abs 4a Satz 3 EStG stehen dem ArbN bei auswärtiger beruflicher Tätigkeit Verpflegungspauschalen gestaffelt nach Abwesenheitszeiten von 12 bzw 24 € zu. Der Abzug ist bei Tätigwerden an derselben Tätigkeitsstätte auf drei Monate beschränkt (§ 9 Abs 4a Satz 6 EStG). Die Verpflegungspauschalen und die Dreimonatsfrist gelten auch bei einer doppelten Haushaltsführung (§ 9 Abs 4a Satz 12 EStG). Darauf ob tatsächlich ein Mehraufwand entsteht, kommt es nicht an (BFH 4.4.06 – VI R 44/03, BStBl II 06, 567 = DStRE 06, 782). Die Begrenzung auf drei Monate ist verfassungskonform (BFH 8.7.10 – VI R 10/08, DStRE 11, 6). Schließt sich eine doppelte Haushaltsführung an eine Auswärtstätigkeit am gleichen Tätigkeitsort an, ist diese auf die Dreimonatsfrist anzurechnen. Die bei Auswärtstätigkeit dem ArbGeb eingeräumte Befugnis, Auslösungen zusätzlich zu den steuerfrei gewährbaren Verpflegungspauschalen gemäß § 40 Abs 2 Nr 4 EStG bis zu deren Höhe mit Pauschsteuersatz von 25 vH zu erheben, besteht bei der doppelten Haushaltsführung nicht.

30 **3. Unterkunftskosten.** Es können im Inland die tatsächlichen Aufwendungen für die Nutzung der Unterkunft angesetzt werden, höchstens 1000 € im Monat (§ 9 Abs 1 Nr 5 Satz 4 EStG). Die vor 2014 geltende Begrenzung auf den Durchschnittsmietzins einer 60 qm-Wohnung (BFH 9.8.07 – VI R 10/06, BStBl II 07, 820 = DStR 07, 1568) ist nur noch im Ausland anzuwenden. Wohnt der ArbN am Beschäftigungsort im eigenen Haus/Wohnung, sind ebenfalls die tatsächlichen Aufwendungen (Afa, Reparaturkosten, Zinsen, Nebenkosten) bis zur Höchstgrenze maßgebend (BFH 24.5.2000 – VI R 28/97, BStBl II 2000, 474 = DStR 2000, 1469). Aufwendungen, die ausschließlich ein Dritter getragen hat (sog Drittaufwand) können nicht berücksichtigt werden (BFH 23.8.99 – GrS 1/97, GrS 2/97, GrS 3/97 und GrS 5/97, BStBl II 99, 778, 782, 787 und 774).

In den Höchstbetrag einzubeziehende Aufwendungen sind solche für die Miete, Mietnebenkosten, Reinigung und Pflege der Wohnung, AfA für notwendige Einrichtungsgegenstände, Zweitwohnungssteuer, Rundfunkbeiträge, Kfz-Stellplätze, Garten, nicht aber ein häusliches Arbeitszimmer, dessen Beurteilung sich weiterhin nach § 4 Abs 5 Nr 6b EStG richtet (BFH 9.8.07 – VI R 23/05, BStBl II 09, 722). Ein separat angemieteter Garagenstellplatz ist ebenso wie ein zur Wohnung gehörender Kfz-Stellplatz zu behandeln. Das anderslautende BFH Urteil vom 13.11.12 – VI R 50/11, DStR 13, 350 ist überholt (BMF 30.9.13 BStBl I 13, 1279 Rz 98).

31 Der Höchstbetrag von 1000 € ist als Monatsbetrag nicht auf einen Kalendertag umzurechnen und gilt für jede doppelte Haushaltsführung gesondert, auch wenn betroffene ArbN eine Wohngemeinschaft bilden, dh er ist auf die jeweiligen Aufwendungen des einzelnen ArbN anzuwenden.

32 **IV. Kostenübernahme des Arbeitgebers.** Obwohl Voraussetzungen und Umfang des Werbungskostenabzugs durch den ArbGeb nur mit Schwierigkeiten festzustellen sind, sehen § 3 Nr 13 und 16 EStG die Möglichkeit steuerfreien Werbungskostenersatzes vor. Dabei wird beim LStAbzug nach der LStKarte III, IV, und V – nicht aber bei der Veranlagung – unterstellt, dass der ArbN einen eigenen Hausstand innehat, an dem er sich auch finanziell beteiligt. Andere ArbN müssen dem ArbGeb schriftlich bestätigen, dass die genannten Voraussetzungen vorliegen. Die Erklärung ist als Beleg beim Lohnkonto aufzubewahren (R 9.11 Abs 10 Satz 10 LStR).

Der ArbGeb kann statt der tatsächlichen Unterkunftskosten je Übernachtung im Inland eine Pauschale (drei Monate 20 € danach 5 €) steuerfrei erstatten, sofern die Zweitwohnung dem ArbN nicht ganz oder teilweise unentgeltlich zur Verfügung gestellt wurde (R 9.11 Abs 10 Satz 7 Nr 3 LStR). Auch in diesem Fall sind bei der Veranlagung alle Unterkunftskosten vom ArbN zu belegen (BFH 12.9.01 – VI R 72/97, BStBl II 01, 775). 33

C. Sozialversicherungsrecht *Ruppelt*

Versicherungsschutz der gesetzlichen Unfallversicherung auf dem Weg von und zu der Familienwohnung steht nicht entgegen, dass der Versicherte wegen der Entfernung seiner ständigen Familienwohnung von dem Ort der Tätigkeit an diesem oder in dessen Nähe eine Unterkunft hat (§ 8 Abs 2 Nr 4 SGB VII). Stellte schon die Einführung des Versicherungsschutzes auf Wegen zur (einzigen) Wohnung des Versicherten eine maßgebliche Erweiterung des ursprünglichen Anwendungsbereichs der gesetzlichen UV dar, so hat der Gesetzgeber mit § 550 Abs 3 RVO, welcher der genannten Vorschrift entsprach, eine nochmalige Ausdehnung des Versicherungsschutzes vorgenommen. Nach dieser Bestimmung schließt der Umstand, dass der Versicherte wegen der Entfernung seiner ständigen Familienwohnung von dem Ort der Tätigkeit an diesem oder in dessen Nähe eine Unterkunft hat, die Versicherung auf dem **Weg von und nach der Familienwohnung** nicht aus. Damit soll dem Umstand Rechnung getragen werden, dass **Tätigkeitsort** und **Lebensmittelpunkt** des Versicherten weit auseinander liegen können und eine tägliche Rückkehr zur Familienwohnung nicht möglich ist (zu den Voraussetzungen der Familienwohnung: BSG 10.10.06 – 8 2 U 20/05 R, SozR 4–2700 § 8 Nr 19, Rz 24, 25; LSG Bln-Bbg 15.6.12 – L 3 U 328/09, BeckRS 2012, 71029). Die Fahrten zur Familienwohnung stehen somit, wie die Fahrten von der Unterkunft am Tätigkeitsort zur Arbeitsstelle, unter Versicherungsschutz, obwohl die Beweggründe für diese Fahrten weitgehend dem persönlichen Lebensbereich des Versicherten zuzurechnen sind. Dem kommt gerade in einer Zeit, in welcher – wegen der stark verbesserten Verkehrsverbindungen – häufiger denn je Familienwohn- und Arbeitsort voneinander getrennt sind, größte praktische Bedeutung zu. 36

Unfallversicherungsrechtlich werden diese Fahrten wie Fahrten zwischen Wohnung und Arbeitstätte behandelt, und zwar auch dann, wenn vor oder nach der Familienheimfahrt zunächst die Unterkunft am Arbeitsort und nicht die Arbeitsstätte direkt angefahren wird. Erforderlich ist jedoch in jedem Fall der innere ursächliche Zusammenhang zwischen Fahrt und versicherter Tätigkeit, dh der Versicherte muss die Fahrt durchgeführt haben, um an seine Arbeitsstelle zu gelangen (BSG 4.9.07 – B 2 U 39/06 R, BeckRS 2007, 49186; *Wegeunfall* Rz 14). Die **Familienwohnung** ist an dem Ort begründet, der Mittelpunkt der Lebensgestaltung des Versicherten ist (vgl im Einzelnen *Fahrten zwischen Wohnung und Arbeitsstätte* Rz 40; *Wegeunfall* Rz 13 ff). 37

Ehrenamtliche Tätigkeit

A. Arbeitsrecht *Röller*

1. Begriff. Eine gesetzliche Definition des Begriffes Ehrenamt fehlt. Im ursprünglichen Sinne ist es ein öffentliches Amt, für das kein Gehalt, aber eine Aufwandsentschädigung gezahlt wird. Heute wird Ehrenamt als freiwilliges Handeln im gemeinnützigen Bereich verstanden und zunehmend auch Freiwilligenarbeit, bürgerschaftliches Engagement oder zivilgesellschaftliches Engagement genannt. Ehrenamtliche sind Mitarbeiter von Organisationen, Vereinen, Glaubensgemeinschaften, sozialen Diensten oder staatlichen Organen, die ihre Tätigkeit unbezahlt verrichten. Beispiele: Vereinsvorsitzende, Mitglieder der freiwilligen Feuerwehr, Sanitätshelfer, Gemeindehelfer usw. Erfolgt die unentgeltliche Tätigkeit für eine juristische Person des öffentlichen Rechts zur Erfüllung öffentlicher Aufgaben und aufgrund behördlicher Bestellung wird ein **öffentliches Ehrenamt** ausgeübt (BAG 7.11.91 – 6 AZR 496/89, NZA 92, 464). Beispiele: Ehrenbeamter iSd § 5 Abs 3 BBG (§ 3 Abs 2 BRRG und entsprechende landesrechtliche Vorschriften); ehrenamtlicher Bürgermeister, ehrenamtlicher Richter. Ein Anspruch auf Übertragung eines öffentlichen Ehrenamtes besteht aufgrund Art 33 Abs 2 GG nicht (OVG Hbg 11.2.03 – 1 Bs 36/03). **Ehrenämter besonderer Art** üben der Vertrauensmann der Schwerbehinderten (§ 94 SGB IX), die BRatMitglieder (§ 37 Abs 1 BetrVG) und die innerbetrieblichen Beisitzer einer Einigungsstelle (§ 76a Abs 2 BetrVG) aus. Für ehrenamtlich tätige **Vereinsvorstände** gilt seit 30.9.09 eine besondere **Haftungsbegrenzung** nach § 31a BGB (BGBl I 09, 3161). 1

2. Abgrenzung zum Arbeitsverhältnis. ArbN ist, wer aufgrund eines privatrechtlichen Vertrages im Dienste eines anderen zur fremdbestimmten Arbeit in persönlicher Abhängigkeit verpflichtet ist (s Stichwort *Arbeitnehmer (Begriff)* Rz 1 ff). Die ehrenamtliche Tätigkeit wird idR freiwillig, weisungsunabhängig und unentgeltlich (ausgenommen Aufwandsentschädigung) verrichtet. Sie begründet deshalb kein Arbeitsverhältnis (BAG 29.8.12 – 10 AZR 499/11, NZA 12, 1433). Dies schließt nicht aus, dass im Einzelfall die Ausübung einer ehrenamtlichen Tätigkeit im Rahmen eines Arbeitsverhältnisses erfolgt, wenn die betreffende Person zur weisungsgebundenen Wahrnehmung der Aufgaben verpflichtet und in eine betriebliche Organisation eingegliedert ist. Ob ein Arbeitsverhältnis vorliegt, ist im Rahmen einer Gesamtwürdigung aller Umstände des Einzelfalls unter Berücksichtigung der Ausgestaltung des Ehrenamtes zu beurteilen. Zu den Abgrenzungsmerkmalen s Stichwort *Arbeitnehmer (Begriff)* Rz 1 ff und *Freie Mitarbeit* Rz 1 ff. Schwierig kann die Abgrenzung dann sein, wenn eine Verpflichtung zur Erbringung einer Tätigkeit aufgrund der **Mitgliedschaft in einem Verein** besteht. Der Mitgliedsbeitrag kann auch in der Leistung von Diensten bestehen (§ 58 Abs 2 BGB). Feste Grundsätze zur Abgrenzung von körperschaftlichen und arbeitsrechtlichen Pflichten haben sich bislang noch nicht herausgebildet. Verneint wurde die ArbNEigenschaft von **Rot-Kreuz-Schwestern** (BAG 6.7.95 – 5 AZB 9/93, NZA 96, 33) und bei **DRK-Schwestern** (LAG Dü 29.10.12 – 9 Sa 1168/12, BeckRS 2012, 76078), bejaht hingegen bei hauptamtlichen außerordentlichen Mitgliedern von **Scientology** (BAG 22.3.95 – 5 AZR 21/94, NZA 95, 823). **Rettungssanitäter** sind abhängig beschäftigt und nicht ehrenamtlich tätig, wenn sie in den betrieblichen Ablauf der Wache integriert und Weisungen unterworfen sind (BSG 11.11.96 – 11 RAv 111/95, NZA-RR 97, 62). **Ehrenamtliche Bürgermeister** werden für den Bereich des SozVRechts als abhängig Beschäftigte angesehen (BSG 22.2.96 – 12 RK 6/95, NZS 96, 531). Arbeitsrechtlich sind sie gesetzliche Vertreter der Gemeinde und damit deren Organe. 2

3. Ausübung der ehrenamtlichen Tätigkeit neben einem bestehenden Arbeitsverhältnis. a) Aufnahme der ehrenamtlichen Tätigkeit. Wird die ehrenamtliche Tätigkeit neben einem bestehenden Arbeitsverhältnis ausgeübt, liegt eine Nebentätigkeit vor. Ihre Ausübung kann nicht von der Genehmigung des ArbGeb abhängig gemacht werden (*Hunold* NZA-RR 02, 505; *Wertheimer/Krug* BB 2000, 1462). Eine Klausel, die die Ausübung einer Nebenbeschäftigung von der Zustimmung des ArbGeb abhängig macht, stellt nur eine be- 3

150   Ehrenamtliche Tätigkeit

rufliche Tätigkeit unter Erlaubnisvorbehalt und zielt nicht auf die Übernahme von Ehrenämtern oder politischen Wahlämtern ab (BAG 11.12.01 – 9 ARZ 464/00, NZA 02, 965).

4   **b) Anspruch auf Arbeitsbefreiung.** Nach Art 160 WRV hatte der ArbN Anspruch auf die zur Wahrnehmung öffentlicher Ämter notwendige Freizeit, sofern dadurch der Betrieb nicht erheblich geschädigt wurde. Eine entsprechende Vorschrift im GG fehlt. Bei einer Kollision der Arbeitspflicht mit einer ehrenamtlichen Tätigkeit, zB Wahrnehmung einer Aufgabe in einem privaten Verein besteht deshalb im Grundsatz kein Anspruch auf bezahlte Freistellung gem § 616 BGB, auch nicht im Rahmen einer Kandidatur für ein öffentliches Amt (ErfK/*Dörner* § 616 BGB Rz 5; *Staudinger/Oetker* § 616 Rz 67). Vielfach bestehen jedoch tarifvertragliche oder landesrechtliche Regelungen (zur Tarifregelung für einen Ratsherrn in NdS BAG 20.6.90 – 3 AZR 857/94, NZA 96, 383; zu einer tarifvertraglichen Regelung zur Mitarbeit in einer Gewerkschaft BAG 11.9.85 – 4 AZR 147/85, AP Nr 67 zu § 616 BGB; zu landesrechtlichen Regelungen für Tätigkeiten bei einer freiwilligen Feuerwehr BAG 10.5.05 – 9 AZR 251/04, NZA 06, 439; 13.2.96 – 9 AZR 900/93, NZA 96, 1046). Eine **persönliche Verhinderung** iSv § 616 BGB wird jedoch für die Tätigkeit eines **ehrenamtlichen Richters** und in der **Selbstverwaltung der Sozialversicherung** angenommen (ErfK/*Dörner* § 616 BGB Rz 5; *Natter* AuR 06, 264).

5   **c) Kündigung.** Die Übernahme eines öffentlichen Ehrenamtes rechtfertigt keine personenbedingte Kündigung, auch wenn mit der Ausübung der Tätigkeit Versäumnisse der Arbeitszeit eintreten. Eine Kündigung würde gegen das Maßregelungsverbot (§ 612a BGB) verstoßen (ErfK/*Oetker* § 1 KSchG Rz 161; KR-*Etzel* § 1 KSchG Rz 302). Die Wahrnehmung von Ehrenämtern in Vereinigungen mit karitativer, künstlerischer, religiöser und sportlicher Zielsetzung ist gleichfalls kein Kündigungsgrund. Etwas anderes kann jedoch dann gelten, wenn die Arbeitsleistung konkret beeinträchtigt wird (*Schaub* § 129 II 4; ErfK/*Müller-Glöge* § 626 BGB Rz 93). Eine Verlagerung bestimmter Tätigkeiten von Haupt- auf ehrenamtliche Mitarbeiter kann die betriebsbedingte Kündigung eines ArbN rechtfertigen (BAG 18.9.08 – 2 AZR 560/07, NZA 09, 142).

6   **d) Besonderer Kündigungsschutz.** Nach Art 48 Abs 2 GG, § 2 Abs 3 AbgG ist eine Kündigung oder Entlassung wegen der Annahme oder Ausübung eines Abgeordnetenmandats unwirksam. Viele Gemeinde- und Landkreisordnungen sehen in Anlehnung an diese Bestimmung ausdrückliche Kündigungsverbote vor. Üblicherweise werden nur solche Kündigungen verboten, deren Gründe in Zusammenhang mit der Ausübung des Ehrenamtes stehen (zu einem Kündigungsverbot nach Kommunalverfassung der DDR BAG 30.6.94 – 8 AZR 94/93, NZA 95, 426). Einen besonderen Kündigungsschutz sehen häufig auch einzel- oder tarifvertragliche Regelungen vor.

B. Lohnsteuerrecht   *Windsheimer*

11   **1. Übersicht.** Die ehrenamtliche Tätigkeit ist im EStG nicht ausdrücklich geregelt. Im UStG ist ehrenamtliche Tätigkeit umsatzsteuerfrei (§ 4 Nr 26 UStG; *Leisner* NWB 11, 2871). Im EStG wird die ehrenamtliche Tätigkeit – soweit stpfl – durch partielle Steuerbefreiungen gefördert (§ 3 Nr 12 Satz 2, Nr 26, Nr 26a EStG). Aus einkommensteuerlicher Sicht kommt es bei den verschiedenen Erscheinungsformen der ehrenamtlichen Tätigkeit (s hierzu Rz 1) darauf an, ob für die entsprechende Tätigkeit eine Vergütung bezahlt oder ein anderer beliebiger Vorteil erbracht wird. **Grundsatz** bei ehrenamtlicher Tätigkeit im Privatbereich (Vereinsarbeit uÄ): Erfolgt die ehrenamtliche Tätigkeit **ohne** jede Gegenleistung, also zB auch keine Fahrkostenerstattung oÄ, ist sie steuerlich irrelevant. Es handelt sich in einem solchen Fall um eine **nicht steuerbare Tätigkeit.** Aufwendungen des ehrenamtlich Tätigen in diesem Zusammenhang wirken sich steuerlich nicht aus (s aber Rz 24). Wird eine Gegenleistung für die ehrenamtliche Tätigkeit erbracht, kann die Tätigkeit nicht steuerbar oder steuerfrei oder steuerpflichtig sein. Auch bei Steuerfreiheit bleiben die Aufwendungen des ehrenamtlich Tätigen grundsätzlich außer Betracht (§ 3c EStG; s aber Rz 24). Bei Steuerpflicht der ehrenamtlichen Tätigkeit kann es sich um gewerbliche Einkünfte (§ 15 EStG), um selbstständige Einkünfte (§ 18 Abs 1 Nr 3 EStG), um nichtselbstständige Einkünfte (§ 19 Abs 1 Nr 1 EStG) oder um Sonstige Einkünfte (§ 22 Nr 3 EStG) handeln. Die Art der Tätigkeit bestimmt die Einordnung in die jeweilige Einkunftsart. Eigene Aufwendungen des ehrenamtlich Tätigen mindern die entsprechenden Einnahmen.

Ehrenamtliche Tätigkeit 150

Schema

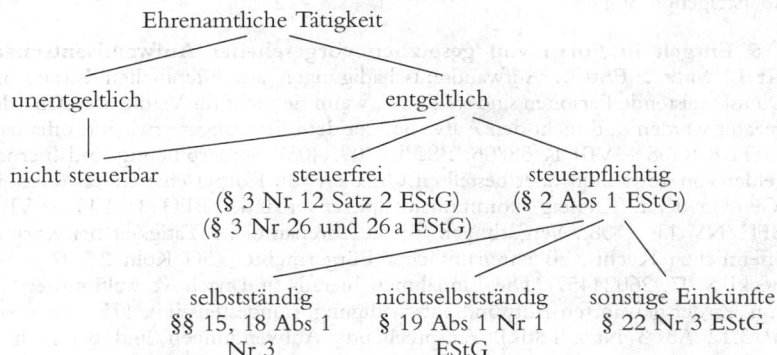

2. Kein Entgelt. Erhält der ehrenamtlich Tätige für seine Tätigkeit kein Entgelt, auch 12
nicht in Form zB von Fahrkostenerstattung oder Aufwandsentschädigung oder sonstigen
Vorteilen, ist die Tätigkeit nicht steuerbar, dh sie fällt unter keine der sieben Einkunftsarten
des § 2 EStG. Die Tätigkeit wird in einem solchen Fall ohne Einkünfteerzielungsabsicht
ausgeübt. Tätigkeiten aus Altruismus, Idealismus oder Liebhaberei (Hobby) sind steuerlich
unbeachtlich. Aufwendungen des ehrenamtlich Tätigen in diesem Zusammenhang wirken
sich steuerlich nicht aus (§ 12 Nr 1 Satz 2 EStG). So bleiben zB auch bei umfangreicher
ehrenamtlicher Tätigkeit die Aufwendungen des ehrenamtlich Tätigen für sein häusliches
Arbeitszimmer außer Betracht (BFH 19.7.05 – VI B 175/04, BFH/NV 05, 2000) und es
steht ihm auch nicht der Freibetrag nach § 3 Nr 26a EStG zu (BFH 25.4.12 – VIII B 202/
11, BeckRS 2012, 95457). Der **Zeitaufwand** für eine ehrenamtliche Betreuung kann nicht
als außergewöhnliche Belastung (§ 33 EStG) gewertet werden (FG Hess 11.3.11 – 11 K
1850/10, BeckRS 11, 95439).

3. Entgelt in Form von Selbstkostenersatz. Werden dem ehrenamtlich Tätigen die 13
Kosten nur in der Höhe erstattet, die ihm durch seine ehrenamtliche Tätigkeit tatsächlich
entstanden sind, so wird auch eine solche Tätigkeit ohne Einkünfteerzielungsabsicht ausgeübt
mit der Folge der steuerlichen Unerheblichkeit. Voraussetzung hierfür ist der Nachweis der
Selbstkosten, zB durch ein Fahrtenbuch bei Fahrkostenersatz oder durch privatschriftliche
Aufzeichnungen für entstandene andere Aufwendungen, zB Reisekosten, Verpflegungsmehraufwendungen und Übernachtungskosten nach den Grundsätzen der Auswärtstätigkeit
(s *Dienstreise* Rz 36 ff) sowie Telefonkosten, Büromaterial und Porti. Der Aufwendungsersatz
ist nicht steuerbar. Darüber hinausgehende selbst getragene Aufwendungen des ehrenamtlich
Tätigen bleiben außer Betracht (§ 12 Nr 1 Satz 2 EStG).

4. Entgelt in Form von pauschalem Kostenersatz. Werden dem ehrenamtlich Täti- 14
gen in pauschaler Höhe die Kosten ersetzt, so ist für die steuerliche Beurteilung entscheidend, ob der pauschale Kostenersatz die tatsächlich entstandenen Kosten im Wesentlichen
abdeckt oder beachtlich übersteigt. Bei tatsächlicher Kostendeckung ohne Einnahmenüber-
hang ist die ehrenamtliche Tätigkeit nicht steuerbar.

Beispiel: Pauschale Reisekostenvergütungen (BFH 8.10.08 – VIII R 58/06, BStBl II 09, 405);
Jubiläumszuwendungen für Feuerwehr- oder Rettungsdienste (LfS Sachs 22.9.11 – S 2337 – 65/3–212,
juris).

Im Fall, dass der Kostenersatz die tatsächlich aufgewendeten Kosten wesentlich übersteigt, 15
ist von Einkünfteerzielungsabsicht des ehrenamtlich Tätigen auszugehen, so dass die Tätigkeit
steuerlich zu erfassen ist (BFH 8.10.08 – VIII R 58/06, BStBl II 09, 405). Sie kann
steuerfrei sein, zB nach § 3 Nr 26 EStG als Übungsleiter oder Ausbilder im Nebenberuf
(s *Ausbilder* Rz 12 ff; *Nebentätigkeit* Rz 20 ff; s unten Rz 17 ff) oder nach § 3 Nr 26a EStG zB
als Funktionär in einem gemeinnützigen Verein (s unten Rz 23). Ist die Tätigkeit gesetzlich
nicht steuerfrei, ist sie der zutreffenden Einkunftsart zuzuordnen und die Einkünfte sind

150 Ehrenamtliche Tätigkeit

entsprechend zu ermitteln und zu versteuern. Das Gleiche gilt für den Steuerfreibetrag übersteigende Beträge.

16 **5. Entgelt in Form von gesetzlich vorgesehener Aufwandsentschädigung (§ 3 Nr 12 Satz 2 EStG).** Aufwandsentschädigungen aus öffentlichen Kassen an öffentliche Dienste leistende Personen sind steuerfrei, wenn sie nicht für Verdienstausfall oder Zeitverlust gezahlt werden und nicht den Aufwand, der dem Empfänger erwächst, offenbar übersteigen (BFH 8.10.08 – VIII R 58/06, BStBl II 09, 405). Steuerpflichtig sind hiernach Sitzungsgelder von gewählten oder bestellten Organen von Körperschaften des öffentlichen Rechts (Gemeinderat, Kreistag, kommunale Spitzenverbände; BFH 14.4.11 – VIII B 110/10, BFH/NV 11, 1138), Vergütungen für die ehrenamtliche Tätigkeit bei Körperschaften des öffentlichen Rechts, zB ehrenamtlicher Bürgermeister (FG Köln 2.9.07 – 5 K 1290/05, BeckRS 07, 26024457). Die Einnahmen hieraus sind nach Verwaltungsregelung in Höhe von $^1/_3$ der gewährten Aufwandsentschädigung, mindestens iHv 175 € monatlich steuerfrei (R 3.12 Abs 3 Nr 2 LStR). Entsprechende Aufwendungen sind bei nicht kleinlich zu prüfendem Nachweis steuermindernd abziehbar (R 3.12 Abs 2 LStR; kritisch hierzu *Thomas* HFR 08, 23). Bei nur gelegentlich ehrenamtlicher Tätigkeit sind bis zu 6 € täglich steuerfrei (R 3.12 Abs 5 LStR). Gemeinderäte und Kreistagsabgeordnete üben eine selbstständige Tätigkeit aus (§ 18 Abs 1 Nr 3 EStG; BFH 25.1.96 – IV R 15/95, BStBl II 96, 431; Thür Landesfinanzdirektion 24.1.08 – S 2337, S 2121).

Beispiele: stpfl: Wahlkampfkosten eines Bewerbers um ein ehrenamtliches Stadtratsmandat (BFH 25.1.96 – IV R 15/95, BStBl II 96, 431; ehrenamtliche Tätigkeit als Oberbürgermeister BFH 3.12.87 – IV R 41/85, BStBl II 88, 266. Aufwandsentschädigung eines Personalratsvorsitzenden einer Kommune (BFH 15.11.07 – VI R 91/04, DStRE 08, 729; Übergangsgeld eines nicht wiedergewählten Bürgermeisters BFH 23.8.07 – VI R 11/05, BFH/NV 07, 2110). **steuerfrei:** Schulwegehelfer bzw Schulbusbegleiter FinMinBay 17.1.2000 – S 2337 – 144 – 753, BeckVerw 157607; Ehrenamt bei SozVTräger OFD Frankfurt 20.5.11 – S 2248 A – 1 – St 213, BeckVerw 250501; Nachbarschaftshilfe BFH 12.5.09 – I B 112/08, juris; Erhebungsbeauftragte für den Zensus in 2011 OFD Nds 18.1.11 – S 2337 – 146 – St 213, BeckVerw 246794.

17 **6. Vertraglich vereinbarte Aufwandsentschädigung (§ 3 Nr 26 EStG).** Gezahlte Aufwandsentschädigung für ehrenamtliche Tätigkeit ist neben der voll unentgeltlichen Tätigkeit die häufigste Erscheinungsform des Entgelts für ehrenamtliche Tätigkeit. Die Einnahmen hieraus sind grds stpfl, selbst getragene, nicht erstattete Aufwendungen als Werbungskosten/Betriebsausgaben abzugsfähig. Bei nebenberuflicher ehrenamtlicher Tätigkeit sind ab 2013 **2400 €**, vorher 2100 €, **pro Jahr steuerfrei**, sog **Übungsleiterpauschale** (Einzelheiten s *Aufwandsentschädigung* Rz 12, zur Jahresberechnung s *Ausbilder* Rz 15, 16).

Beispiele: Aufwandsentschädigung für den ehrenamtlichen Präsidenten eines Industrieverbands (BFH 14.5.08 – XI R 70/07, DStRE 08, 1276); ehrenamtliche Gewerkschaftstätigkeit (BFH 28.11.80 – VI R 193/77, BStBl II 81, 368; s auch *Gewerkschaftsrechte (im Betrieb)* Rz 22 ff).

18 **a) Einkunftsart.** Übt der ehrenamtlich Tätige die fragliche Tätigkeit **unabhängig von seiner beruflichen und sozialen Stellung** aus, gelten die allgemeinen Abgrenzungskriterien für die Zuordnung der entsprechenden Einkunftsart (s *Arbeitnehmer (Begriff)* Rz 29 ff; *Nebentätigkeit* Rz 20 ff).

Beispiele: Sanitätshelfer des Deutschen Roten Kreuzes als ArbN (BFH 4.8.94 – VI R 94/93, BStBl II 94, 944); Freiwillige Helfer im Katastrophenschutz sind keine ArbN (FG Bbg 17.5.01 – 6 K 331, EFG 01, 1280).

19 Ist der ehrenamtlich Tätige hierbei als ArbN tätig, treffen den Träger der ehrenamtlichen Tätigkeit die allgemeinen LStPflichten.

Beispiele: Tätigkeit eines Vorstands eines gemeinnützigen Vereins als nichtselbstständige Tätigkeit (BFH 17.6.05 – VI S 3/05, BStBl II 05, 614). Dies kann bedeutsam für die Haftung des Vorstands nach §§ 34, 35 AO sein (BFH 13.3.03 – VII R 46/02, BStBl II 03, 556; BFH 23.6.98 – VII R 4/98, BFH/NV 98, 761).

Bei Vorliegen der Voraussetzungen gelten die Regeln für einen Minijob (s *Geringfügige Tätigkeit* Rz 20 ff).

Ehrenamtliche Tätigkeit 150

Steht die ehrenamtliche Tätigkeit mit der **Hauptberufstätigkeit des Steuerpflichtigen** 20 **im Zusammenhang,** so sind Einnahmen und Ausgaben aus der ehrenamtlichen Tätigkeit im Rahmen der beruflichen Haupttätigkeit zu erfassen.

Beispiele: Der ehrenamtlich tätige Präsident einer Berufskammer, der Inhaber eines gewerblichen Unternehmens dieser Berufskammer ist, bezieht aus der ehrenamtlichen Tätigkeit gewerbliche Einkünfte (BFH 26.2.88 – III R 241/84, BStBl II 88, 615). Ist der Präsident Kommanditist und Geschäftsführer einer KG, sind die Einnahmen aus der ehrenamtlichen Tätigkeit Sonderbetriebseinnahmen gemäß § 15 Abs 1 Nr 2 EStG (BFH 15.6.04 – VIII R 72/03, BFH/NV 05, 29; enger aber BFH 2.10.92 – VI R 11/90, BStBl II 93, 53).

Die Bezüge der **Parlamentarier** bei Bund, Ländern und EU gehören nicht hierher; sie 21 fallen unter § 22 Nr 4 EStG.

b) Einnahmen. Auf die Bezeichnung kommt es für die Steuerpflicht nicht an, zB 22 (Aufwands-)Entschädigung, Kostenersatz, Spesen, Vergütung uÄ. Die Einnahmen können – teilweise – **steuerfrei** sein, zB aus **nebenberuflicher** Ausbildertätigkeit (§ 3 Nr 26 EStG; **2400 € pro Jahr;** s *Nebentätigkeit* Rz 20; s die beispielhafte Aufzählung OFD Hannover 15.12.09 – S 2121 – 55 – StO 215, ESt-Kartei Nds § 3 EStG Nr 1, 16). Die gezahlte Vergütung kann als sog Rückspende an den ArbGeb/Auftraggeber zurückfließen. Zu den Regelungen des Spendenabzugs nach § 10b EStG BMF 18.12.08 – IV C 4 – S 2223/07/0020; BStBl I 09, 16. Die nebenberuflich ausgeübte Geschäftsführung einer als gemeinnützig anerkannten Stiftung ist nicht gemäß § 3 Nr 26 EStG steuerfrei (BFH 1.6.04 – XI B 117/02, BFH/NV 04, 1405). Ehrenamtliche Tätigkeit im EU-Ausland ist steuerfrei wie im Inland (BFH 22.7.08 – VIII R 101/02, DStR 08, 1824; ab 2009 § 3 Nr 26 EStG).

Ab 2007 gilt zusätzlich (§ 3 Nr 26a EStG): Einnahmen aus nebenberuflicher Tätigkeit im 23 Dienst oder Auftrag einer inländischen juristischen Person des öffentlichen Rechts oder einer steuerlich anerkannten **gemeinnützigen,** mildtätigen oder kirchlichen Zwecken dienenden Einrichtung (§ 5 Abs 1 Nr 9 KStG) sind bis insgesamt **720 € pro Jahr steuerfrei,** sog **Ehrenamtspauschale** (keine zeitanteilige Kürzung). Zum Begriff der Nebenberuflichkeit s *Nebentätigkeit* Rz 20. Typisches Beispiel: Vorsitzender, Schatzmeister, Schriftführer eines Vereins. Die Tätigkeitsvergütungen müssen aber bis spätestens 31.12.10 in der Satzung verankert sein, anderenfalls verliert der Verein die Gemeinützigkeit (BMF 14.10.09 – IV C 4 – S 2121/07/0010, DStR 09, 2254; *Wörle-Himmel/Endres* DStR 10, 759). Nicht begünstigt sind Tätigkeiten für Berufsverbände (zB ArbGeb-Verband, Gewerkschaften) oder für Parteien. Die Steuerfreiheit nach § 3 Nr 26a EStG ist ausgeschlossen, wenn für die Einnahmen aus derselben Tätigkeit ganz oder teilweise eine Steuerbefreiung nach § 3 Nr 12 EStG (s Rz 16) oder nach § 3 Nr 26 EStG (s Rz 17; *Ausbilder* Rz 14) gewährt wird (§ 3 Nr 26a Sätze 1 und 2 EStG).

Beispiel: X ist nebenberuflich Vorturner für Gymnastik im gemeinnützigen Sportverein und auch Kassier des gleichen Sportvereins. § 3 Nr 26 EStG und § 3 Nr 26a EStG schließen sich hier nicht aus, da unterschiedliche Tätigkeiten.

Die Steuerfreiheit gilt ab 2009 auch für eine Tätigkeit im EU-Ausland. Eine Tätigkeit im Dienst oder Auftrag einer steuerbegünstigten Körperschaft muss für deren ideellen Bereich einschließlich ihrer Zweckbetriebe und eines Betriebs gewerblicher Art (§ 4 KStG) ausgeübt werden. Tätigkeiten in einem steuerpflichtigen wirtschaftlichen Geschäftsbetrieb und bei der Verwaltung des Vermögens sind nicht begünstigt. Bei mehreren begünstigten Tätigkeiten hat der ArbGeb ggf die Erklärung des ArbN, dass der Freibetrag nicht in einem anderen Dienst- oder Auftragsverhältnis bereits in Anspruch genommen wurde, zum Lohnkonto zu nehmen.

Ab 2011 gilt zusätzlich nach § 3 Nr 26b EStG (§ 52 Abs 4b Satz 2 EStG) für ehrenamtliche Betreuer (§§ 1896 ff BGB), Vormunde (§ 1793 BGB) und Pfleger (§ 1909 BGB) für deren Aufwandsentschädigung (§ 1835a BGB) ein Steuerfreibetrag von 2100 €, ab 2013 2400 €, auf den aber steuerfreie Einnahmen nach § 3 Nr 26 EStG anzurechnen sind; dh für alle in §§ 3 Nr 26 und Nr 26b EStG genannten Tätigkeiten gilt ab 2013 insgesamt nur ein Freibetrag iHv 2400 €. § 3 Nr 26b EStG kann auch nicht neben § 3 Nr 26a EStG angewendet werden. Instruktive Beispiele in OFD Nds 16.8.11 – S 2337 – 121 – St 213, BeckVerw 252504.

c) Ausgaben. Stehen Ausgaben mit steuerfreien Einnahmen im wirtschaftlichen Zusam- 24 menhang, können sie steuerlich grundsätzlich nicht berücksichtigt werden (§ 3c EStG). Nur

150 Ehrenamtliche Tätigkeit

die Ausgaben, die bei ehrenamtlicher steuerfreier Tätigkeit den steuerfreien Betrag übersteigen (s Rz 22, 23), sind bei Nachweis abzugsfähig, wenn auch die Einnahmen über dem steuerfreien Betrag liegen (§ 3 Nr 26a Satz 3 EStG; zeitlich vor 2007 BFH 30.1.86 – IV R 247/84, BStBl II 86, 401). Die Verwaltung lässt einen monatlichen Abzugsbetrag von 175 € zu, wenn die Einnahmen aus öffentlichen Kassen stammen (R 3.12 Abs 3 Satz 3 LStR). Wird dieser Betrag monatlich nicht ausgenutzt, kann er auf spätere Monate übertragen werden. Beispiel in H 3.12 LStR. Zum häuslichen **Arbeitszimmer** bei ehrenamtlicher Tätigkeit s *Arbeitszimmer* Rz 25. Entstehen Aufwendungen sowohl für eine steuerfreie ehrenamtliche Tätigkeit, als auch für steuerpflichtige Tätigkeiten, so sind die Aufwendungen schätzungsweise aufzuteilen. Unterschreiten hierbei die Einnahmen aus der ehrenamtlichen Tätigkeit den Freibetrag nach § 3 Nr 26 EStG (2400 € pro Jahr) oder nach § 3 Nr 26a EStG (720 € pro Jahr), so greift für diesen Teil der Aufwendungen das Abzugsverbot des § 3c EStG ein (FG München 22.12.04 – 15 K 2777/03, BeckRS 2004, 26018096). Vorab entstandene Betriebsausgaben/Werbungskosten können bei stpfl Aufwandsentschädigung zu berücksichtigen sein (BFH 25.1.96 – IV R 15/95, BStBl II 96, 431). Ein Ehegatten-Unterarbeitsverhältnis ist nicht anzuerkennen, wenn diese Tätigkeit im Rahmen des Fremdvergleichs von Dritten unentgeltlich erbracht werden würde (BFH 22.11.96 – VI R 20/94, BStBl II 97, 187). **Ehrenamtliche Betreuer** gem § 1896 BGB erhalten eine jährliche pauschale Aufwandsentschädigung (§ 1835a BGB; ab 1.8.13 399 €). Diese ist grds als Einkünfte aus sonstiger selbständiger Arbeit (§ 18 Abs 1 Nr 3 EStG) stpfl (BFH 17.10.12 – VIII R 57/09, DStR 13, 84). Wegen des Steuerfreibetrags iHv 2400 € (§ 3 Nr 26b EStG) entfällt bei einer Betreuung die Besteuerung. Ausgaben dürfen nur abgezogen werden, soweit sie den Freibetrag übersteigen (§ 3 Nr 26b Satz 2, Nr 26 Satz 2 EStG).

25   Bei nichtselbstständiger Tätigkeit ist der **Arbeitnehmer-Pauschbetrag** (§ 9a Nr 1a EStG) zu berücksichtigen, soweit er nicht durch höhere Werbungskosten oder ein anderes Arbeitsverhältnis verbraucht ist, mit der Folge, dass bei nebenberuflicher Ehrenamtstätigkeit gem § 3 Nr 26 EStG ein gesetzlicher Abzugsbetrag von 3400 € (2400 € + 1000 €) und gem § 3 Nr 26a EStG 1720 € (720 € + 1000 €) eingreift. Die Finanzverwaltung lässt allerdings 25 % der Einnahmen pauschal zum Ausgabenabzug zu (FinMin Bay 7.4.04 – 31/34 – S 2337 – 156 – 15–628/04). Bei privater Überlagerung der Ausgaben durch gesellschaftliche Repräsentation uÄ entfällt der steuerliche Abzug (§ 12 Nr 1 Satz 2 EStG), zB bei Bewirtungs- und Geschenkkosten in unverhältnismäßiger Höhe zu den Einnahmen (BFH 23.1.91 – X R 6/84, BStBl II 91, 396) oder Repräsentationsaufwendungen eines Wahl- oder Honorarkonsuls (vgl *Schmidt/Drenseck* EStG § 12 Rz 25 Stichwort Ehrenamt).

26   **d) Ausbildung** zu ehrenamtlicher Vereinsarbeit oder sonstiger ehrenamtlicher Tätigkeit, die im Wesentlichen durch den Ausgleich der Aufwendungen mit entsprechenden Einnahmen geprägt ist (*Aufwendungsersatz* Rz 23 ff; *Aufwandsentschädigung* Rz 3 ff), ist steuerlich nicht zu berücksichtigen (BFH 22.9.95 – VI R 13/93, BStBl II 96, 8). Sie fällt nicht unter § 10 Abs 1 Nr 7 EStG (*Ausbildungskosten* Rz 10). Derartige Kosten sind nicht abzugsfähig (BFH 22.9.95 – VI R 13/93, BStBl II 06, 8).

27   **e) Zwangsläufige Übernahme.** Die Übernahme eines Ehrenamtes kann zwangsläufig iSd § 33 EStG sein, so bei einer amtlich verpflichtend übertragenen Vormundschaft oder Pflegschaft (FinMin NdS 4.12.84, DB 85, 88 = FR 85, 17). Zu Pflegeleistungen, die der Stpfl (unentgeltlich) erbringt (§ 35a Abs 2 Satz 1, 2. Halbsatz EStG) s *Pflegeversicherungsleistungen* Rz 2 ff. S im Übrigen *Aufwandsentschädigung* Rz 3 ff, *Fortbildung* Rz 27, *Gewerkschaftsrechte (im Betrieb)* Rz 23, Personalbuch 2013 Werbungskostenersatz Rz 2 ff.

28   **7. Haftung.** Zivilrechtlich haften Vereinsvorstände gemeinnütziger Organisationen nur noch für Vorsatz und grobe Fahrlässigkeit, soweit ihre Vergütung 720 € jährlich nicht übersteigt (§ 31a BGB ab 2013). Die Haftung für Steuerschulden richtet sich ohne Haftungserleichterung nach §§ 34, 69 AO. Einzelheiten *Möllmann* DStR 09, 2125.

Literaturhinweis: BMF 25.11.08 – IV C 4 – S 2121/07/0010, BStBl I 08, 985; *Hüttemann* DB 09, 1205; BMF 14.10.09 – IV C 4 – S 2121/07/0010, DStR 09, 2254.

C. Sozialversicherungsrecht *Ruppelt*

31   **1. Allgemeines.** Begrifflich ist das **Ehrenamt** gekennzeichnet durch ein freiwilliges Tätigwerden in einem Bereich, der im weitesten Sinn als gemeinnützig bezeichnet werden

kann. Ehrenamtliche Tätigkeit wird in erster Linie verrichtet für soziale Dienste, Vereine, Glaubensgemeinschaften und sonstige öffentlich-rechtliche Körperschaften. Ehrenamtlich tätig sind zum einen Personen in Wahlämtern (zB ehrenamtliche Bürgermeister, ehrenamtliche Gemeinderäte, Elternbeiräte, Vereinsvorsitzende usw) zum anderen Personen, die kontinuierlich Aufgaben als Mitglieder von Vereinen, öffentlichen Einrichtungen, Parteien oder Kirchen übernehmen (Mitglieder der freiwilligen Feuerwehr, Sanitätshelfer, Gemeindehelfer usw). Zu Tätigkeiten im Rahmen der **Jugendfreiwilligendienste** bzw des **Bundesfreiwilligendienstes** s *Freiwilligendienste* Rz 15 ff.

2. Sozialversicherungspflicht. a) Grundsätze. Eine ehrenamtliche Tätigkeit ist sozialversicherungsfrei, wenn sie **unentgeltlich** verrichtet wird. Wird für die Tätigkeit eine **Gegenleistung** gewährt, unterliegt die Tätigkeit dem Grunde nach der SozVPflicht, wenn es sich dabei um eine **Beschäftigung** iSv § 7 Abs 1 SGB IV handelt. Dies gilt unabhängig von der Bezeichnung der Gegenleistung (meist werden die Begriffe Aufwandsentschädigung, Aufwendungsersatz, Verdienstausfallentschädigung uä verwendet). § 14 Abs 1 SGB IV und die hierzu ergangene SvEV nehmen Aufwandsentschädigungen grds nicht von den Einnahmen aus, die als Arbeitsentgelt anzusehen sind. Soweit die Entschädigung nicht einen tatsächlich entstehenden Aufwand abgilt, ist sie Arbeitsentgelt (BSG 15.7.09 – B 12 KR 1/09 R, BSGE 104, 71). Zur Versicherungsfreiheit bei geringfügiger Beschäftigung s *Geringfügige Beschäftigung* Rz 27 ff; zur Aufwandsentschädigung an Ehrenbeamte und Übungsleiter s *Aufwandsentschädigung* Rz 22 f). 32

Eine Beschäftigung iSv § 7 Abs 1 SGB IV liegt vor, wenn die ehrenamtliche Tätigkeit im weiteren Sinn in einen Betriebsablauf eingegliedert und einem Zeit, Dauer und Ort der Ausführung umfassenden **Weisungsrecht** unterliegt (vgl *Arbeitnehmer (Begriff)* Rz 64 f). Dieses Weisungsrecht kann bei ehrenamtlichen Diensten höherer Art zu einer funktionsgerecht dienenden Teilhabe am Arbeitsprozess verfeinert sein. So liegt etwa bei **ehrenamtlichen Bürgermeistern** und ehrenamtlichen Beigeordneten ein sozialversicherungspflichtiges Beschäftigungsverhältnis vor (wegen § 27 Abs 3 Nr 4 SGB III allerdings keine Versicherungspflicht in der ArbLV, vgl BSG 27.1.10 – B 12 KR 3/09 R, NZS 11, 28), wenn diese über Repräsentationsaufgaben hinaus Verwaltungsaufgaben zu erfüllen haben. Weder das Rechtsverhältnis als Ehrenbeamter als solches noch dessen Rechtsstellung als Organ oder Mitglied eines Organs einer juristischen Person des öffentlichen Rechts mit eigenen gesetzlichen Befugnissen noch die Zahlung einer pauschalen Aufwandsentschädigung ohne Bezug zu einem konkreten Verdienstausfall schließen die Annahme eines versicherungspflichtigen und beitragspflichtigen Beschäftigungsverhältnisses aus (BSG 25.1.06 – B 12 KR 12/05 R, SozR 4–2400 § 7 Nr 6). 33

b) Ausnahmen von der Versicherungspflicht. Steuerfreie Aufwandsentschädigungen und die in § 3 Nr 26 EStG genannten **steuerfreien Einnahmen** gelten nicht als Arbeitsentgelt. Für zahlreiche ehrenamtliche Tätigkeiten bleiben Aufwandsentschädigungen jedenfalls zum Teil nach § 3 Nr 12 und Nr 26 EStG steuerfrei (s Rz 16 ff). Sie unterliegen insoweit auch nicht der Beitragspflicht (§ 14 Abs 1 Satz 3 SGB IV). Betroffen sind bestimmte Aufwandsentschädigungen aus öffentlichen Kassen sowie Einnahmen aus nebenberuflich ausgeübten Tätigkeiten als Übungsleiter, Ausbilder, Betreuer oder ähnliches im Dienste einer juristischen Person des öffentlichen Rechts oder einer Einrichtung zur Förderung gemeinnütziger, mildtätiger und kirchlicher Zwecke (vgl *Aufwandsentschädigung* Rz 19 ff). 34

c) Nachteilsausgleich in der Rentenversicherung. Bei ehrenamtlichen Tätigkeiten für Körperschaften, Anstalten oder Stiftungen des öffentlichen Rechts, deren Verbände einschließlich der Spitzenverbände oder ihrer Arbeitsgemeinschaften, Parteien, Gewerkschaften sowie Körperschaften, Personenvereinigungen und Vermögensmassen, die wegen des ausschließlichen und unmittelbaren Dienstes für gemeinnützige, mildtätige oder kirchliche Zwecke von der Körperschaftsteuer befreit sind und die **neben einer versicherungspflichtigen Beschäftigung** ausgeübt werden, sieht § 163 Abs 3 SGB VI den Ausgleich von Nachteilen vor, die in der RV dadurch entstehen, dass durch die Übernahme des Ehrenamtes im Hauptberuf eine Entgeltminderung eintritt. **Auf Antrag** hat der ArbGeb in den genannten Fällen auch den Unterschiedsbetrag zwischen tatsächlich erzieltem Entgelt und dem Entgelt, das ohne die ehrenamtliche Tätigkeit erreicht worden wäre, der Beitragsberechnung zur RV bis zur Beitragsbemessungsgrenze zu Grunde zu legen (KassKomm/*Werhahn* § 163 SGB VI 35

150 Ehrenamtliche Tätigkeit

Rz 16 ff). Eine weitere Möglichkeit zur Berücksichtigung **fiktiven Arbeitsentgelts** bei der Beitragsberechnung zur RV sieht § 163 Abs 4 SGB VI für ehrenamtlich Tätige vor, die dieses Ehrenamt in einem versicherungspflichtigen Beschäftigungsverhältnis ausüben und vorher freiwillige Beiträge zur RV geleistet haben (s KassKomm/*Werhahn* § 163 SGB VI Rz 20 ff).

36 **3. Unfallversicherung. a) Grundsätze.** Nach näherer Bestimmung in § 2 Abs 1 Nr 10 SGB VII sind kraft Gesetzes versichert Personen, die für Körperschaften, Anstalten oder Stiftungen des öffentlichen Rechts oder deren Verbände oder Arbeitsgemeinschaften ehrenamtlich tätig sind. Gleiches gilt für ehrenamtliche Tätigkeiten in Einrichtungen des Bildungswesens wie Schulen oder Universitäten (zum ehrenamtlichen Mitglied einer universitären Prüfungskommission: BSG 7.9.04 – B 2 U 45/03 R, SozR 4–2700 § 2 Nr 3). Die ehrenamtliche Tätigkeit für privatrechtliche Organisationen ist versichert, wenn diese im Auftrag oder mit Genehmigung von Gebietskörperschaften erfolgt. Ebenso die ehrenamtliche Tätigkeit für öffentlich-rechtliche Religionsgemeinschaften und für privatrechtliche Organisationen in deren Auftrag oder mit deren Genehmigung (*Leube* Gesetzliche Unfallversicherung im Ehrenamt – Religionsgemeinschaften und deren Einrichtungen, ZFSH/SGB 06, 579). Nach § 2 Abs 1 Nr 12 SGB VII sind versichert Personen, die in Unternehmen zur Hilfe bei Unglücksfällen oder im Zivilschutz ehrenamtlich tätig sind (Freiwillige Feuerwehr, Bergwacht uÄ). Gleiches gilt nach § 2 Abs 1 Nr 9 SGB VII für Personen, die ehrenamtlich im Gesundheitswesen oder in der Wohlfahrtspflege tätig sind (Deutsches Rotes Kreuz, Arbeiter-Samariter-Bund uÄ). Auch die Teilnahme an Ausbildungsveranstaltungen dieser Unternehmen ist versichert, nicht jedoch ein bloßes geselliges Beisammensein oder eine sonstige Freizeitgestaltung der Mitglieder der Hilfsorganisation (LSG RhPf 25.5.09 – L 2 U 25/08, BeckRS 2009, 74111). Die Satzung kann für die genannten Personenkreise zum Ausgleich von Unfallfolgen nach § 94 SGB VII **Mehrleistungen** vorsehen. Hinsichtlich des Umfangs des Versicherungsschutzes und des notwendigen inneren Zusammenhangs zwischen unfallbringender Vorrichtung und versicherter Tätigkeit gelten die allgemeinen Regeln der gesetzlichen UV (s *Arbeitsunfall* Rz 33, 34; *Unfallversicherung* Rz 38 ff).

37 **b) Unentgeltlichkeit.** Unfallversichert ist nur die unentgeltliche ehrenamtliche Tätigkeit. Die (auch pauschale) Erstattung barer Auslagen sowie des Verdienstausfalls ist allerdings ebenso unschädlich wie die Zahlungen zur Abgeltung von Mehraufwendungen, die konkret durch das Ehrenamt bedingt sind (echte Aufwandsentschädigungen). Unechte Aufwandsentschädigungen haben Entgeltcharakter und stehen dem Versicherungsschutz nach § 2 Abs 1 Nr 10 SGB VII entgegen (s oben Rz 27, *Aufwandsentschädigung* Rz 19 ff). In diesen Fällen kommt aber eine versicherungspflichtige Beschäftigung in Betracht, die ihrerseits den gesetzlichen UVSchutz nach allgemeinen Regeln auslöst.

38 **c) Freiwillige Versicherung.** Die satzungsgemäße Tätigkeit von Mitgliedern oder Vorstand in einem Verein ist nach wie vor grds nicht gesetzlich unfallversichert. **Gewählte Ehrenamtsträger** in gemeinnützigen Organisationen (und Vereinen) können nach § 6 Abs 1 Nr 3 SGB VII freiwillig der gesetzlichen UV beitreten. Es muss sich um gewählte Amtsträger handeln, etwa Vorstandsmitglieder eines gemeinnützigen Vereins. Diese Regelung ergänzt den Versicherungsschutz nach § 2 Abs 1 Nr 9 und 10 SGB VII, der auf bestimmte Bereiche der ehrenamtlichen Tätigkeit begrenzt ist, sowie die Versicherung von **Vereinsmitgliedern** nach § 2 Abs 2 SGB V, wenn sie wie Beschäftigte über ihre satzungsmäßigen Verpflichtungen hinaus für ihren Verein tätig werden. Schiedsrichter, Kampfrichter oder Wertungsrichter eines Sportvereins sind nicht unfallversichert, weil sie kein gewähltes Amt ausüben. Freiwillig versichern können sich auch Personen, die in Verbandsgremien und Kommissionen für ArbGebOrganisationen oder Gewerkschaften ehrenamtlich tätig sind (§ 6 Abs 1 Nr 4 SGB VII). Gleiches gilt für Personen, die ehrenamtlich für Parteien iSd Parteiengesetzes tätig sind oder an Ausbildungsveranstaltungen für diese Tätigkeit teilnehmen (§ 6 Abs 1 Nr 5 SGB VII). Der schriftliche Antrag ist vom Betroffenen zu stellen und wird auch durch Eingang bei einem unzuständigen UVTräger wirksam. Die Beitragserhebung erfolgt nach § 154 Abs 1 SGB VII. Zum Umfang der Unfallversicherung ehrenamtlich Tätiger vgl LSG Saarl 25.5.11 – L 2 U 30/10, BeckRS 2011, 75114).

Ein-Euro-Job

A. Arbeitsrecht *Poeche*

1. Allgemeines. Nach § 16d Abs 1 SGB II kann die BA dem erwerbsfähigen Leistungs- 1
berechtigten „Arbeitsgelegenheiten" zuweisen. Dem Erwerbssuchenden ist zusätzlich zum *Arbeitslosengeld II* eine angemessene Entschädigung für **Mehraufwendungen** zu zahlen (§ 16d Abs 3 Satz 2 SGB II). Die in der Eingliederungsvereinbarung zwischen der BA und dem Hilfsbedürftigen nach § 15 SGB II (vgl *Arbeitsförderung* Rz 23) festzulegende Entschädigung beträgt idR 1 bis 2 Euro pro Arbeitsstunde – deshalb der Begriff „Ein-Euro-Job".

2. Inhalt des Rechtsverhältnisses. Nach der ausdrücklichen gesetzlichen Anordnung in 2
§ 16d Abs 3 Satz 2 Halbsatz 2 SGB II begründet ein Ein-Euro-Job kein Arbeitsverhältnis zwischen dem Hilfsbedürftigen und dem Anbieter der Arbeitsgelegenheit. Vielmehr liegt ein vom öffentlichen Recht geprägtes Rechtsverhältnis vor (st Rspr vgl BAG 26.9.07 – 5 AZR 857/06, NZA 07, 1422; 20.2.08 – 5 AZR 290/07, NZA-RR 08, 401). Das gilt auch dann, wenn die sozialrechtlichen Voraussetzungen des § 16d Abs 3 Satz 2 SGB II (dazu unten Rz 7 f) nicht vorliegen. Auch ein faktisches Vertragsverhältnis wäre jedenfalls nicht zivilrechtlicher Natur. Anzuwenden sind dagegen, wie ebenfalls ausdrücklich geregelt, die Vorschriften des **Arbeitsschutzes** (dazu etwa *Arbeitssicherheit/Arbeitsschutz; Arbeitsstätte; Arbeitsstoffe, gefährliche*) und das **Bundesurlaubsgesetz** mit Ausnahme der Regelungen zum Urlaubsentgelt.

3. Prozessuales. Streitigkeiten zwischen dem Erwerbssuchenden und dem Anbieter der 3
Arbeitsgelegenheit über die Beendigung des zwischen ihnen bestehenden Rechtsverhältnisses sind vor dem SozG auszutragen (BAG 8.11.06 – 5 AZR 36/06, NZA 07, 53). Die Zuständigkeit der SozG dürfte wegen des fehlenden Arbeitsverhältnisses auch bei einem Streit über Vorschriften des Arbeitsschutzes oder über den Urlaubsanspruch des Hilfsbedürftigen gegeben sein. Mit der Frage des zulässigen Rechtswegs in verschiedenen Sachverhaltskonstellationen sowie den Folgen einer Verweisung an das SG befassen sich ausführlich *Steppler/Denecke* NZA 13, 482.

4. Betriebsverfassung. Auch wenn Ein-Euro-Jobber keine ArbN sind, hat der BRat bei 4
der Aufnahme ihrer Beschäftigung nach § 99 BetrVG mitzubestimmen (BAG 2.10.07 – 1 ABR 60/06, NZA 08, 244; ebenso für das Personalvertretungsrecht BVerwG 21.3.07 – 6 P 4/06, NZA-RR 07, 499).

B. Lohnsteuerrecht *Windsheimer*

Nachdem der Ein-Euro-Job nicht als Arbeitsverhältnis behandelt wird (s oben Rz 2, unten 5
Rz 6), ist die Bildung von ElStAM hierfür nicht erforderlich (s *Arbeitspflicht* Rz 26). Die zusätzlich zum AlGeld II gezahlte Mehraufwandsentschädigung ist steuerfrei (§ 3 Nr 2b EStG; s auch *Arbeitslosengeld II* Rz 5) und unterliegt nicht dem Progressionsvorbehalt (R 32b Abs 1 Satz 3 EStR; s *Lohnersatzleistungen* Rz 10). Aufwendungen in diesem Zusammenhang, zB Fahrtkosten, sind steuerlich unbeachtlich (§ 3c EStG).

Literaturhinweise: OFD Koblenz v. 29.11.2004 – S 2342 A, DStZ 2005, 89; *Berlit/Bieritz-Harder/ Trenk-Hinterberger* Recht und Praxis der Ein-Euro-Jobs, 2006.

C. Sozialversicherungsrecht *Voelzke*

1. Einordnung. Bei den Arbeitsgelegenheiten gegen Mehraufwandsentschädigung nach 6
§ 16d SGB II (sog Ein-Euro-Jobs) handelt es sich um eine **Eingliederungsleistung,** die an erwerbsfähige Leistungsberechtigte iSd § 7 SGB II zu deren Eingliederung in den Arbeitsmarkt gewährt wird. Der Lebensunterhalt wird während der Dauer der Eingliederungsmaßnahme durch das AlGeld II sichergestellt. Die Mehraufwandsentschädigung dient nur zum Ausgleich der durch die Tätigkeit entstehenden Mehraufwendungen. Die Ein-Euro-Jobs sind nach Voraussetzungen und Leistungsumfang abzugrenzen von der Förderung von Arbeits-

151 Ein-Euro-Job

verhältnissen für die Beschäftigung von zugewiesenen erwerbsfähigen Leistungsberechtigten durch Zuschüsse zum Arbeitsentgelt nach § 16e SGB II (Näheres: *Lohnkostenzuschüsse*).

Die Rechtsbeziehungen zwischen dem SGB II-Träger und dem Hilfebedürftigen werden bei den Arbeitsgelegenheiten durch eine Eingliederungsvereinbarung (§ 15 SGB II) oder einen Verwaltungsakt begründet und gehören dem öffentlichen Recht an. Auch das Rechtsverhältnis des Hilfebedürftigen zum Maßnahmeträger (ArbGeb) ist öffentlich-rechtlicher Natur. Insoweit gilt kraft ausdrücklicher gesetzlicher Regelung gem § 16d Abs 7 Satz 2 SGB II, dass kein Arbeitsverhältnis iSd Arbeitsrechts begründet wird. Vielmehr wird die Tätigkeit gegen Zahlung einer Mehraufwandsentschädigung von der hM als **öffentlich-rechtliches Beschäftigungsverhältnis** qualifiziert (BAG 26.9.07 – 5 AZR 857/06, NZA 07, 1422), wobei dem Träger der Maßnahme als Leistungserbringer die Rolle eines Verwaltungshelfers zukommt (*Rixen/Pananis* NJW 05, 2179). In dieser Funktion steht ihm ein Weisungsrecht hinsichtlich der Einzelheiten der auszuübenden Tätigkeit zu (*Hauck/Noftz/Voelzke* § 16d SGB II Rz 125).

7 **2. Voraussetzungen.** Bei den Voraussetzungen für die Gewährung von Eingliederungsleistungen ist zwischen den auf die Person des Leistungsberechtigten und den auf die Maßnahme bezogenen Anforderungen zu unterscheiden. Die Bewilligung der Leistung vollzieht sich entweder durch eine vom Jobcenter mit dem Leistungsberechtigten geschlossene **Eingliederungsvereinbarung** oder durch einen die Leistung bewilligenden Verwaltungsakt (*Hauck/Noftz/Voelzke* § 16d SGB II Rz 32).

Die Förderung durch Arbeitsgelegenheiten betrifft nur Berechtigte, die sämtliche **Anspruchsvoraussetzungen des § 7 SGB II** erfüllen. Die Maßnahmen sollen nach § 16d Abs 1 Satz 1 SGB II zur Erhaltung oder Wiedererlangung der Beschäftigungsfähigkeit gewährt werden. Sie dienen insoweit der Erzielung von Integrationsfortschritten (BT-Drs 17/6277 S 115).

8 Ferner setzt die Begründung einer Arbeitsgelegenheit positiv voraus, dass die Leistung für die Eingliederung in Arbeit **erforderlich** ist. Danach sind Arbeitsgelegenheiten grds Hilfebedürftigen vorbehalten, die sich selbst vergeblich um eine reguläre Erwerbsarbeit bemüht haben und bei denen im Regelfall auch der SGB II-Träger Eingliederungsbemühungen unternommen hat (*Hauck/Noftz/Voelzke* § 16d SGB II Rz 27). Es wird sich in erster Linie um Hilfebedürftige mit mehreren Vermittlungshemmnissen handeln. Es besteht nach § 16d Abs 5 SGB II ein Vorrang von Eingliederungsleistungen, mit denen die Aufnahme einer Erwerbstätigkeit auf dem allgemeinen Arbeitsmarkt unmittelbar unterstützt werden kann.

Bei den in § 16d Abs 1 SGB II genannten Merkmalen des **öffentlichen Interesses** und der **Zusätzlichkeit** handelt es sich um maßnahmebezogene Anspruchsvoraussetzungen, die die Förderungsfähigkeit der Eingliederungsleistung im Verhältnis von Grundsicherungsträger und Träger der Eingliederungsmaßnahme betreffen. Die Anforderungen an die Zusätzlichkeit von Maßnahmen sind in § 16d Abs 2 SGB II niedergelegt. Es gilt der Grundsatz des § 16d Abs 2 Satz 1 SGB II, wonach Arbeiten zusätzlich sind, wenn sie ohne die Förderung nicht, nicht in diesem Umfang oder erst zu einem späteren Zeitpunkt durchgeführt werden. Die Merkmale des öffentlichen Interesses sind in § 16d Abs 3 SGB II niedergelegt. Schließlich fordert die Förderung eine Wettbewerbsneutralität der Arbeitsgelegenheiten (§ 16d Abs 4 SGB II).

9 Ein **Rechtsanspruch auf Schaffung von Arbeitsgelegenheiten** oder auf Zuweisung in eine bestimmte Arbeitsgelegenheit besteht nicht (*Hauck/Noftz/Voelzke* § 16d SGB II Rz 43). Es besteht jedoch bei Vorliegen sämtlicher Anspruchsvoraussetzungen ein Anspruch auf eine ermessensfehlerfreie Entscheidung des SGB II-Trägers über die Zuweisung in eine bereits eingerichtete Arbeitsgelegenheit.

10 **3. Umfang und Dauer.** Ausdrückliche Regelungen zu den Grenzen der zeitlichen Inanspruchnahme des erwerbsfähigen Hilfebedürftigen durch den Ein-Euro-Job enthält das Gesetz nicht. Hinsichtlich der zulässigen Wochenarbeitszeit hat das BSG klargestellt, dass es den für Arbeitsgelegenheiten geltenden Prinzipien nicht grds widerspricht, wenn für die wöchentliche Arbeitszeit ein **zeitlicher Umfang von bis zu 30 Stunden** angesetzt wird (BSG 16.12.08 – B 4 AS 60/07 R, SGb 09, 744). Zutreffender Maßstab für die Bestimmung des zeitlichen Umfangs ist vielmehr der Eingliederungserfolg.

Auch eine starre Grenze der zulässigen Höchstzuweisungsdauer ist abzulehnen. Eine mittelbare Begrenzung des Umfangs von Arbeitsgelegenheiten ergibt sich jedoch aus § 16d Abs 6

SGB II, wonach erwerbsfähige Leistungsberechtigte innerhalb eines Zeitraums von fünf Jahren nicht länger als insgesamt 24 Monate in Arbeitsgelegenheiten zugewiesen werden.

4. Mehraufwandsentschädigung. Bei der Mehraufwandsentschädigung (§ 16d Abs 7 Satz 1 SGB II) handelt es sich nicht um ein Entgelt für eine Arbeitsleistung, sondern um den Teilaspekt einer Sozialleistung (*Hauck/Noftz/Voelzke* § 16d SGB II Rz 75). Der Anspruch auf die Mehraufwandsentschädigung richtet sich gegen den SGB II-Leistungsträger, auch wenn die Abrechnung bzw die Auszahlung durch den Maßnahmeträger erfolgt. Die Mehraufwandsentschädigung ist zumindest so zu bemessen, dass die durch den Ein-Euro-Job ausgelösten zusätzlichen **tatsächlichen Aufwendungen** nicht aus der Regelleistung bestritten werden müssen (BSG 13.11.2008 – B 14 AS 66/07 R, NJW 09, 2478). Es kann auch ein über den tatsächlichen Aufwand hinausgehender finanzieller Anreiz gesetzt werden (*Hauck/Noftz/Voelzke* § 16d SGB II Rz 107). 11

Die Mehraufwandsentschädigung wird nur für **tatsächliche Arbeit** geleistet. Ein Anspruch auf Fortzahlung der Entschädigung bei Krankheitstagen oder Urlaub besteht nicht (KSW/*Knickrehm* § 16d SGB II Rz 7). Handelt es sich nicht um zusätzliche Arbeiten, so kann der Leistungsberechtigte einen öffentlich-rechtlichen Erstattungsanspruch geltend machen, der auf Wertersatz für die geleistete Arbeit gerichtet ist (BSG 27.8.11 – B 4 AS 1/10 R, NJ 12, 306). Ein Rechtsgrund für die geleistete Arbeit kann in einer Eingliederungsvereinbarung oder einem Zuweisungsbescheid liegen (BSG 13.4.11 – B 14 AS 101/10 R, SozR 4–4200 § 16 Nr 8).

5. Sozialversicherungspflicht. Anknüpfungspunkt für die soziale Sicherung der Hilfebedürftigen in einer Arbeitsgelegenheit ist der **Bezug von Arbeitslosengeld II**, der Versicherungsschutz in der KV und PflegeV verschafft (s *Arbeitslosengeld II* Rz 36). Hingegen wird kein Beschäftigungsverhältnis iSd § 7 SGB IV begründet. In der gesetzlichen UV gehören Ein-Euro-Jobber als „Wie-Beschäftigte" nach § 2 Abs 2 Satz 1 SGB VII zum versicherten Personenkreis. 12

6. Sanktionen. Eine Absenkung des AlGeld II erfolgt nach Maßgabe des § 31 Abs 1 Satz 2 Nr 2 SGB II, wenn der erwerbsfähige Hilfebedürftige sich trotz Belehrung über die Rechtsfolgen weigert, eine Arbeitsgelegenheit aufzunehmen oder fortzuführen. Eine konkludente Ablehnung reicht aus (KSW/*Spellbrink* § 31 SGB II Rz 8). 13

Eingruppierung

A. Arbeitsrecht   *Griese*

Übersicht

	Rz		Rz
1. Definition	1–3	c) Rechte des Betriebsrats bei Missachtung des Mitbestimmungsrechts	18–21
2. Pflicht zur Eingruppierung	4–8		
3. Mitbestimmungsrecht des Betriebsrats	9–21	4. Korrektur fehlerhafter Eingruppierung	22–29
a) Unterrichtspflicht des Arbeitgebers	10		
b) Gründe für die Zustimmungsverweigerung	11–17		

1. Definition. Eingruppierung ist die erste Einstufung des ArbN nach der Einstellung oder nach einer Versetzung in eine bestimmte tarifliche oder betriebliche Lohn- oder Vergütungsgruppe. Nicht hierher gehören die Fälle, in denen die Vergütung zwischen ArbN und ArbGeb individuell vereinbart wird, also nicht nach einer Entgeltgruppe bemessen wird. 1

Voraussetzung für eine Eingruppierung ist, dass eine für den Betrieb verbindliche Lohn- und Gehaltsgruppeneinteilung, also ein **kollektives Entgeltschema** (*Fitting* § 99 Rz 70), existiert. Eine solche kann aufgrund eines Tarifvertrages oder einer Betriebsvereinbarung bestehen. Hierbei ist unerheblich, ob der entsprechende Tarifvertrag kraft Tarifbindung oder aufgrund einer Betriebsvereinbarung oder einer einzelvertraglichen Vereinbarung zwischen ArbN und ArbGeb gilt. Eine für die Eingruppierung erforderliche Lohn- und Gehaltsgruppeneinteilung kann aber auch auf einer sonstigen betrieblichen Regelung, insbes einer Betrieblichen Übung (BAG 23.11.93 – 1 ABR 34/93, DB 94, 1575), beruhen. 2

152   Eingruppierung

3   Soweit für **außertarifliche Angestellte** betriebliche Gehaltsgruppen bestehen, handelt es sich bei der Zuordnung zu diesen Gehaltsgruppen ebenfalls um Eingruppierung (zur Mitbestimmung bei der Vergütung s BAG 27.10.92, BB 93, 1589).

4   **2. Pflicht zur Eingruppierung.** Individualrechtlich ist die Eingruppierung in eine bestimmte Lohn- oder Gehaltgruppe kein konstitutiver Rechtsakt, sondern hat nur deklaratorische Bedeutung (Ausnahme, wenn kein Eingruppierungssystem vorhanden ist, BAG 16.5.02 – 8 AZR 460/01, NZA 03, 221). Die Eingruppierung ist keine vom ArbGeb vorzunehmende Handlung, sondern sie ergibt sich von selbst aus der vom ArbN auszuübenden Tätigkeit (BAG 16.1.91 – 4 AZR 301/90, BB 91, 1567). Folglich kann ein ArbN, der eine bestimmte Vergütungsgruppe begehrt, nicht den Rechtsakt der Eingruppierung in diese Vergütungsgruppe verlangen. Er muss vielmehr auf Vergütung nach der von ihm begehrten Vergütungsgruppe klagen. Die Vergütungsgruppe muss nicht unbedingt in den Arbeitsnachweis nach § 2 Abs 1 Nr 5 NachwG aufgenommen werden; es reicht die Arbeitsplatz- oder Stellenbeschreibung (BAG 8.6.05 – 4 AZR 406/04, NZA 06, 53).

5   **Betriebsverfassungsrechtlich** ist der ArbGeb verpflichtet, eine Eingruppierung vorzunehmen, wenn die vom ArbN zu verrichtende Tätigkeit von einer im Betrieb anzuwendenden Lohn- oder Gehaltsgruppenordnung erfasst wird (BAG 23.11.93 – 1 ABR 34/93, NZA 94, 461). Er kann sich dieser Pflicht nicht dadurch entziehen, dass er eine Eingruppierungsentscheidung unterlässt und den neu eingestellten ArbN besser als in der vorhandenen Vergütungsordnung vorgesehen bezahlt.

6   Die Pflicht zur Eingruppierung besteht auch für **geringfügig Beschäftigte** (BAG 18.6.91 – 1 ABR 60/90, BB 91, 1860). Sie sind wie alle anderen ArbN zu behandeln, es handelt sich um **vollwertige und gleich zu behandelnde Arbeitsverhältnisse** (s *Geringfügige Beschäftigung* Rn 3 ff). Dem steht nicht entgegen, dass geringfügig Beschäftigte häufig auf Nettolohnbasis tätig werden. Die Pflicht zur Eingruppierung schließt es nicht aus, eine Nettolohnvereinbarung zu treffen, die gegenüber der Bruttovergütung, die sich aus der Eingruppierung ergibt, günstiger ist. Die Eingruppierung erleichtert es dem BRat, zu erkennen, ob im Einzelfall die individuell vereinbarte Vergütung über derjenigen liegt, die aus der Lohn- und Gehaltsgruppeneinteilung folgt.

7   Die Eingruppierung richtet sich nach den in der Vergütungsordnung vorgesehenen **Tätigkeitsmerkmalen** und den ggf dort aufgeführten **Beispielstätigkeiten.** Die Auslegung von in Tarifverträgen verwendeten Begriffen obliegt den Gerichten. Der Begriff Unterhaltsreinigung umfasst auch die Reinigung von Ausstattung und Arbeitsmitteln, so dass davon auch die Tätigkeit einer Laborspülkraft erfasst ist (BAG 30.1.13 – 4 AZR 272/11).

Sind in der Vergütungsordnung im Anschluss an allgemeine Tätigkeitsmerkmale Beispielstätigkeiten aufgeführt, so reicht es, wenn der ArbN die Beispielstätigkeit erfüllt. Erfüllt er diese nicht, so bleibt ihm die Möglichkeit, die Erfüllung der allgemeinen Tätigkeitsmerkmale nachzuweisen (BAG 21.7.93, NZA 94, 710). Maßgeblich ist allein das betriebliche Entgeltschema; Änderungen einzelner Vergütungselemente ändern hieran nichts (BAG 28.4.09 – 1 ABR 97/07, NZA 09, 1102).

Soweit für eine Vergütungsgruppe das Merkmal der Unterstellung von Mitarbeitern gegeben sein muss, ist die dienstlich-organisierte Weisungsbefugnis innerhalb derselben Organisationseinheit erforderlich (BAG 22.3.2000 – 4 AZR 118/99, NZA 01, 282 – Referatsleiter beim Bundessprachenamt). Zu Besonderheiten der Lehrereingruppierung s BAG 13.5.04 – 8 AZR 92/03, NZA 04, 944. Tätigkeitsmerkmale, die einen Bewährungs- oder Zeitaufstieg vorsehen, bezwecken typischerweise die Honorierung der zurückgelegten längeren Beschäftigungszeit und der dabei erworbenen Kenntnisse und Erfahrungen (BAG 29.9.93, NZA 94, 761). Verlangt die Vergütungsordnung eine Spezialausbildung, muss sie für die konkrete Tätigkeit qualifizieren (BAG 20.5.09 – 4 AZR 184/08, NZA-RR 09, 651 zu Schuldnerberatung).

Üblicherweise ist von der überwiegend ausgeübten Tätigkeit des ArbN auszugehen, mithin von der Tätigkeit, die **mehr als die Hälfte der Gesamtarbeitszeit** des ArbN in Anspruch nimmt (BAG 25.9.91 – 4 AZR 87/91, DB 92, 530). Dabei kommt es auf den Umfang der einheitlichen Arbeitsvorgänge an, nicht auf die einzelnen Elemente eines Arbeitsvorgangs (BAG 21.8.13 – 4 AZR 933/11 – Bezirkssozialarbeiter).

Die Vergütungsordnung ist gerichtlich nicht auf ihre Zweckmäßigkeit zu überprüfen (BAG 15.11.95, ArbuR 96, 231), muss sich aber im Rahmen des höherrangigen Rechts halten, insbesondere den **arbeitsrechtlichen Gleichbehandlungsgrundsatz** und das **Verbot der Geschlechterdiskriminierung** beachten. Gegen den arbeitsrechtlichen Gleichbehandlungsgrundsatz verstößt es, wenn nach einer Vergütungsordnung der höher qualifizierte ArbN schlechter als der niedriger qualifizierte ArbN vergütet wird (vgl BAG 24.4.91, NZA 91, 896). Kein Verstoß liegt vor, wenn Lehrkräfte an Fachhochschulen einerseits und wissenschaftliche Mitarbeiter in Forschung und Lehre andererseits unterschiedlich eingruppiert werden (BAG 3.12.97 – 10 AZR 563/96, NZA 98, 438).

§ 7 Abs 2 AGG untersagt Vereinbarungen, die gegen ein Benachteiligungsverbot verstoßen. Ein ArbGeb kann daher nicht mit neu eingestellten behinderten ArbN nur noch eine auf 80 % herabgesenkte Vergütung gemäß der Richtlinien für Arbeitsverträge in den Einrichtungen des Deutschen Caritasverbandes (AVR – juris: DCVArbVtrRL) vereinbaren, während im Gegensatz dazu nicht behinderte neu eingestellte ArbN Anspruch auf 100 % der AVR-Vergütung haben sollen. Denn eine solche Vergütungsvereinbarung benachteiligt den behinderten ArbN unmittelbar allein wegen seiner Behinderung, verstößt gegen § 7 Abs 2 AGG und ist deswegen unwirksam. Auch der Umstand, dass es sich um einen Integrationsbetrieb handelt, rechtfertigt die Ungleichbehandlung nicht, weil der Wert der Arbeitsleistung nicht per se davon abhängt, ob sie ein behinderter oder nicht behinderter ArbN erbringt. Für die Berücksichtigung **tatsächlicher Leistungsunterschiede steht die tarifliche Eingruppierung als Instrument zur Verfügung (BAG 21.6.2011 – 9 AZR 226/10).**

Die Eingruppierung in eine Vergütungsgruppe kann von der Erfüllung von tariflich festgelegten Ausbildungsvoraussetzungen abhängig gemacht werden (BAG 16.4.97, ArbuR 97, 335 – Rettungssanitäter). Sieht ein TV einen **Zeitaufstieg** vor, können Auslandsdienstzeiten anrechenbar sein (EuGH 15.1.98 – Rs C-44/96, NZA 98, 205). Für den **Bewährungsaufstieg** wird vorausgesetzt, dass sich der ArbN in dieser Tätigkeit tatsächlich bewährt hat (BAG 25.3.98 – 4 AZR 128/97, NZA 98, 1072). Nimmt der ArbGeb **Höhergruppierungen** vor, darf er dabei nicht gegen das **Benachteiligungsverbot** des § 612a BGB verstoßen, indem er zB nur diejenigen ArbN höhergruppiert, die keine Klage erhoben haben (BAG 23.2.2000 – 10 AZR 1/99, NZA 01, 680).

Ein Vertrauensschutz auf die bestehenden Eingruppierungsvoraussetzungen besteht nicht. **8** Ändern zB die Tarifvertragsparteien die Eingruppierungsvoraussetzungen, kann sich hierdurch die Notwendigkeit zu einer **Umgruppierung** ergeben. Beruht eine solche Umgruppierung auf einem **veränderten Tarifvertrag,** besteht kein Vertrauensschutz dahingehend, dass die tariflichen Regelungen zur Bewertung einer bestimmten Berufstätigkeit stets auf dem Stand bei Abschluss eines Arbeitsvertrages verbleiben, wenn arbeitsvertraglich die Anwendbarkeit der jeweils gültigen Tarifverträge vereinbart ist. Die Zustimmung zum Arbeitsvertragsschluss umfasst grundsätzlich auch die tarifautonome Verschlechterung der Arbeitsbedingungen, solange die Tarifvertragsparteien damit nicht andere Verfassungsgrundsätze verletzen (BAG 19.5.10 – 4 AZR 903/08).

In Tarifverträgen können betriebliche Einrichtungen wie zB paritätische Kommissionen geschaffen werden, die bei Streit über die Eingruppierung ein **Schiedsgutachten** erstellen, das bei ausreichender Begründung gerichtlich nur begrenzt überprüfbar ist (BAG 17.3.05 – 8 AZR 179/04, NZA 05, 896).

3. Mitbestimmungsrecht des Betriebsrats. Nach § 99 BetrVG hat der BRat bei jeder **9** Eingruppierungsentscheidung ein Mitbestimmungsrecht. Zweck dieses Mitbestimmungsrechts ist es zum einen, dem BRat die **Kontrolle der Richtigkeit** der Eingruppierungsentscheidung des ArbGeb zu ermöglichen. Zum anderen dient das Mitbestimmungsrecht auch der Verwirklichung der Vergütungstransparenz im Betrieb und damit der Lohngerechtigkeit. Denn der BRat kann durch sein Beteiligungsrecht unter Zuhilfenahme seines Einblickrechts in die Bruttolohn- und Gehaltslisten feststellen, ob und in welchem Umfang der ArbGeb einzelne ArbN übertariflich entlohnt. Sind bei einer Vergütungsordnung die Vergütungsgruppen in Fallgruppen unterteilt, erstreckt sich die Mitbestimmung hierauf (BAG 27.7.93, NZA 94, 952). Die Mitbestimmungspflichtigkeit entfällt nicht deshalb, weil der ArbGeb sich auf den Standpunkt stellt, die Tätigkeit übersteige die Qualifikationsmerkmale der obersten Vergütungsgruppe (BAG 31.10.95 – 1 ABR 5/95, NZA 96, 890). Keine mitbestimmungspflichtige Eingruppierung liegt bei der Bewertung von Arbeitsplätzen vor, die mit **Beamten** besetzt sind (BAG 12.12.95 – 1 ABR 31/95, NZA 96, 837).

152 Eingruppierung

10 **a) Unterrichtungspflicht des Arbeitgebers.** Der ArbGeb hat den BRat vor jeder Eingruppierung nach § 99 Abs 1 BetrVG im Einzelnen zu unterrichten und Auskunft über die Person des Beteiligten zu geben. Hierbei hat er dem BRat auch die erforderlichen Unterlagen vorzulegen. Voraussetzung für die Mitbestimmung nach § 99 BetrVG ist allerdings, dass im Betrieb ständig mehr als 20 wahlberechtigte ArbN (dh ArbN über 18 Jahre gem § 7 BetrVG) beschäftigt sind. Kurzfristige Schwankungen der Belegschaftsstärke haben auf das Mitbestimmungsrecht keinen Einfluss. Das Mitbestimmungsrecht entfällt jedoch, wenn die Belegschaftsstärke dauerhaft unter zwanzig ArbN abgesunken ist.

Die Unterrichtung muss so rechtzeitig und umfassend erfolgen, dass der BRat sich vor Realisierung der Maßnahme über eine qualifizierte Stellungnahme schlüssig werden kann. Aufgrund der Frist des § 99 Abs 3 BetrVG muss der ArbGeb den BRat daher spätestens eine Woche vor der geplanten Maßnahme unterrichten. Die Unterrichtung hat der ArbGeb mit dem Antrag an den BRat zu verbinden, der vorgesehenen Eingruppierung zuzustimmen.

11 **b) Gründe für die Zustimmungsverweigerung.** Die Gründe für eine Zustimmungsverweigerung sind abschließend in § 99 Abs 2 BetrVG aufgeführt. Für die Eingruppierung findet sich der wichtigste Zustimmungsverweigerungsgrund in § 99 Abs 2 Ziff 1 BetrVG. Danach kann der BRat seine Zustimmung unter anderem dann verweigern, wenn die vorgesehene Eingruppierung gegen eine Bestimmung in einem Tarifvertrag oder einer Betriebsvereinbarung verstößt. Gerade in diesem Zustimmungsverweigerungsrecht kommt die Funktion der Richtigkeitskontrolle durch den BRat zum Ausdruck. Kein Zustimmungsverweigerungsrecht ergibt sich, wenn der ArbGeb den ArbN zutreffend eingruppiert aber eine längere als die bisher betriebsübliche Wochenarbeitszeit vereinbaren will (BAG 28.6.06 – 10 ABR 42/05, BB 06, 1913). Der BRat kann hingegen die Zustimmung verweigern, wenn der ArbGeb eine Eingruppierung in eine einseitig unter Verstoß gegen das Mitbestimmungsrecht als § 87 Abs 1 Nr 10 BetrVG aufgestellte Vergütungsordnung erstrebt (BAG 24.4.01 – 1 ABR 37/00, NJOZ 02, 519).

12 Die Eingruppierung ist in aller Regel mit einer **weiteren** mitbestimmungspflichtigen **personellen Einzelmaßnahme** verbunden, nämlich einer Einstellung oder einer Versetzung. Der BRat hat gleichwohl hinsichtlich Eingruppierung auf der einen Seite und Einstellung bzw Versetzung auf der anderen Seite jeweils getrennt zu prüfen, ob ein ausreichender Zustimmungsverweigerungsgrund vorliegt. So kann der BRat, wenn er die für einen Bewerber vom ArbGeb vorgesehene Eingruppierung für falsch hält, nicht die Zustimmung zur Einstellung verweigern (vgl BAG 20.12.88 – 1 ABR 68/87, BB 89, 1549). Der BRat muss vielmehr in diesem Fall der Einstellung zustimmen, der geplanten Eingruppierung hingegen unter Hinweis auf § 99 Abs 2 Ziff 1 BetrVG widersprechen. Will der BRat der geplanten Eingruppierung widersprechen, so muss er dies nach § 99 Abs 3 BetrVG unter Angabe von Gründen innerhalb einer Woche tun.

13 Die **Wochenfrist** beginnt freilich nur zu laufen, wenn der ArbGeb zuvor seine Informationspflichten ordnungsgemäß erfüllt hat (BAG 28.1.86, DB 86, 1077). Hinsichtlich der Eingruppierung beginnt die Wochenfrist daher erst, wenn der ArbGeb dem BRat alle für die Eingruppierung relevanten Daten mitgeteilt hat. Die Zustimmungsverweigerung des BRat muss schriftlich erfolgen. Dabei muss auf einen der im Gesetz aufgeführten Zustimmungsverweigerungsgründe Bezug genommen werden.

14 Die Verweigerung der Zustimmung des BRat zu einer personellen Einzelmaßnahme ist schon dann ausreichend begründet, wenn die vom BRat für die Verweigerung seiner Zustimmung vorgetragene **Begründung** es als möglich erscheinen lässt, dass einer der in § 99 Abs 2 BetrVG abschließend genannten Zustimmungsverweigerungsgründe geltend gemacht wird.

15 Nur eine Begründung, die offensichtlich auf keinen der Verweigerungsgründe Bezug nimmt, ist unbeachtlich mit der Folge, dass die Zustimmung des BRat als erteilt gilt (BAG 26.1.88, DB 88, 1167). Die Wiederholung des Gesetzeswortlautes reicht insoweit nicht. Hat der BRat fristgerecht die Zustimmung verweigert, kann er nach Ablauf der Wochenfrist seine Zustimmungsverweigerung ergänzend auf rechtliche Argumente stützen, die er im Verweigerungsschreiben noch nicht angeführt hatte (BAG 28.4.98 – 1 ABR 50/97, NZA 99, 52).

16 Da bei der Zustimmungsverweigerung **Schriftform** vorgesehen ist, muss das Schreiben des BRat, in dem die Zustimmung verweigert wird, vom Vorsitzenden des BRat bzw vom Vorsitzenden des zuständigen BRatsAusschusses unterzeichnet sein. Für die Erfüllung des Schriftlichkeitsgebots des § 99 Abs 3 Satz 1 BetrVG genügt eine Mitteilung per E-Mail, wenn diese den Erfordernissen der **Textform nach § 126b BGB** entspricht (BAG 10.3.09 – 1 ABR 93/07, DB 09, 1301).

Wird die Zustimmung vom BRat form- und fristgerecht verweigert, muss der ArbGeb das nach § 99 Abs 4 BetrVG vorgeschriebene gerichtliche **Zustimmungsersetzungsverfahren** einleiten. Er muss hierzu beim zuständigen ArbG beantragen, die Zustimmung des BRat zu der geplanten Eingruppierung zu ersetzen. Die Feststellung, ob die Zustimmungsverweigerung rechtmäßig war oder die Zustimmung des BRat zu der geplanten Eingruppierung zu ersetzen ist, trifft das ArbG im Beschlussverfahren nach §§ 80 ff ArbGG.

Das Zustimmungsersetzungsverfahren hat nur beschränkte Rechtskraft, es bindet den an 17 dem Beschlussverfahren nicht beteiligten, einzugruppierenden ArbN nicht. Der ArbN, der eingruppiert werden soll, kann daher unabhängig von einem gerichtlichen Zustimmungsersetzungsverfahren die seines Erachtens nach richtige Lohn- oder Gehaltsgruppe im arbeitsgerichtlichen **Urteilsverfahren** geltend machen.

c) Rechte des Betriebsrats bei Missachtung des Mitbestimmungsrechts. Ignoriert 18 der ArbGeb das Mitbestimmungsrecht bei personellen Einzelmaßnahmen des § 99 BetrVG, so ordnet § 101 BetrVG an, dass der BRat die Aufhebung derjenigen personellen Maßnahme verlangen kann, die der ArbGeb ohne Beachtung des Mitbestimmungsrechts des BRat durchgeführt hat. Dies gilt hinsichtlich der personellen Einzelmaßnahmen Eingruppierung und Umgruppierung jedoch nur eingeschränkt. Da die Eingruppierung kein konstitutiver Rechtsakt ist, kann der BRat nur verlangen, dass der ArbGeb das erforderliche Mitbestimmungsverfahren nachholt (BAG 20.9.90 – 1 ABR 17/90, NZA 91, 244).

Hat der ArbGeb den BRat an der geplanten Eingruppierung **überhaupt nicht beteiligt**, 19 so kann der BRat daher die nachträgliche Einholung der Zustimmung des BRat verlangen. Hat der ArbGeb sich über eine Zustimmungsverweigerung des BRat hinweggesetzt, ohne das gerichtliche Zustimmungsersetzungsverfahren zu betreiben, kann der BRat die Durchführung dieses Zustimmungsersetzungsverfahrens nach § 99 Abs 4 BetrVG erzwingen. Hat der ArbGeb die Eingruppierung eines neu eingestellten ArbN pflichtwidrig unterlassen, kann der BRat im Beschlussverfahren beantragen, dem ArbGeb aufzugeben, den ArbN einzugruppieren (BAG 20.12.88 – 1 ABR 68/87, BB 89, 1549). Hat der ArbGeb ein erstes Zustimmungsersetzungsverfahren erfolglos betrieben, weil er von der falschen Vergütungsgruppe ausgegangen ist, kann der BRat eine Wiederholung des Eingruppierungsverfahrens verlangen (BAG 3.5.94, DB 95, 1669).

Personelle Maßnahmen können, wenn dies aus sachlichen Gründen dringend geboten ist, 20 unter den Voraussetzungen des § 100 BetrVG **vorläufig durchgeführt** werden. Bei Ein- und Umgruppierungen wird dies jedoch nicht praktisch werden, da diese grds nicht unaufschiebbar sind.

Die Lohn- und Gehaltszahlung an den betroffenen ArbN kann insoweit unter **Vorbehalt** 21 der richterlichen Entscheidung über die zutreffende Eingruppierung geleistet werden. Daher kommt eine vorläufige Ein- oder Umgruppierung nach § 100 BetrVG nicht in Betracht (BAG 27.1.87 – ABR 66/85, DB 87, 2316).

4. Korrektur fehlerhafter Eingruppierung. Ist der ArbN nach einer bestimmten Ver- 22 gütungsgruppe bezahlt worden und ist der ArbGeb nunmehr der Auffassung, dass der ArbN fehlerhaft zu hoch eingruppiert worden ist, so kann der ArbGeb diese fehlerhafte Eingruppierung nicht einfach dadurch korrigieren, dass er nunmehr nach der von ihm für angemessen gehaltenen Vergütungsgruppe bezahlt, denn die Vergütung nach der ursprünglich festgelegten Vergütungsgruppe ist regelmäßig Vertragsbestandteil geworden.

Eine Korrektur, die zu einer niedrigeren Vergütung führen soll, ist daher nur dadurch 23 möglich, dass der ArbGeb eine entsprechende **Änderungskündigung** ausspricht (BAG 15.3.91 – 2 AZR 582/90, NZA 92, 120) und dabei das **Mitbestimmungsrecht des Betriebsrats** bei einer solchen sog **korrigierenden Rückgruppierung** beachtet (BAG 30.5.90 – 4 AZR 74/90, BB 90, 2043). Die allgemeinen Voraussetzungen der Änderungskündigung gem § 2 KSchG müssen dabei eingehalten werden (Einzelheiten s *Änderungskündigung* Rz 1 ff). Für den **Öffentlichen Dienst** hält das BAG (16.10.02 – 4 AZR 447/01, NZA 03, 688) eine korrigierende Rückgruppierung auch ohne Änderungskündigung für zulässig. Dies überzeugt nicht, weil die Festlegung einer Vergütungsgruppe im Arbeitsvertrag von den Arbeitsvertragsparteien als bindend gewollt ist. Schon nach **§ 2 Nr 6 NachwG** ist

152   Eingruppierung

der ArbGeb verpflichtet, die **Berechnungsgrundlagen des Arbeitsentgelts im Arbeitsnachweis** anzugeben; auf dieser vertraglichen Grundlage arbeitet der ArbN. Auch unter Vertrauensschutzgesichtspunkten ist es nicht zu rechtfertigen, die Angabe der Vergütungsgruppe im Arbeitsvertrag lediglich als unverbindliche Mitteilung zu qualifizieren. Sie ist vielmehr Vertragsgrundlage und kann nur durch Änderungskündigung korrigiert werden.

24   Spricht der ArbGeb in einem solchen Fall eine Änderungskündigung aus, ist dem ArbN zu empfehlen, das Änderungsangebot fristgerecht, dh innerhalb der Kündigungsfrist, spätestens jedoch innerhalb von drei Wochen nach Zugang der Kündigung, unter dem Vorbehalt der gerichtlichen Überprüfung der sozialen Rechtfertigung der Änderungskündigung anzunehmen und zugleich eine entsprechende Änderungskündigungsschutzklage zu erheben.

25   Eine solche Änderungskündigung ist sozial gerechtfertigt und daher nur rechtswirksam, wenn für die Korrektur der fehlerhaften Eingruppierung ein **dringendes betriebliches Erfordernis** gegeben ist. Ein solches dringendes betriebliches Erfordernis ist von der Rspr zutreffend unter dem Gesichtspunkt bejaht worden, dass die ungerechtfertigte höhere Eingruppierung eines einzelnen ArbN zu Missstimmungen bei den anderen ArbN, die korrekt eingruppiert sind, führt. Dem ArbGeb wird ein legitimes Interesse daran zugestanden, eine hierdurch im Betrieb entstehende Unruhe erst gar nicht aufkommen zu lassen (BAG 15.3.91 – 2 AZR 582/90, NZA 92, 120).

26   Im Bereich des öffentlichen Dienstes ist ein zusätzliches dringendes betriebliches Erfordernis darin zu sehen, dass der öffentliche ArbGeb nach Haushaltsrecht gehalten ist, mit den Haushaltsmitteln sparsam umzugehen. Von der sozialen Rechtfertigung der Änderungskündigung her kann es geboten sein, dem zurückzugruppierenden ArbN eine **Übergangsregelung** dergestalt anzubieten, dass der ArbN seine ursprüngliche Vergütung behält und der über die richtige Vergütungsgruppe hinausgehende Vergütungsteil mit Tariflohnerhöhungen verrechnet wird. Hat der ArbGeb den ArbN hingegen bewusst übertariflich eingruppiert, und den ArbN damit bewusst aus dem allgemeinen Lohngefüge herausgehoben, so bleibt er an diese vertragliche Festlegung gebunden und kann diesbezüglich kein dringendes betriebliches Erfordernis zur Rechtfertigung einer entsprechenden Änderungskündigung geltend machen (BAG 1.7.99 – 2 AZR 826/98, NZA 99, 1336).

27   Will der ArbN geltend machen, dass er fehlerhaft zu niedrig eingruppiert worden ist, so kann er die seines Erachtens nach zutreffende Vergütungsgruppe gerichtlich geltend machen. Anlass für ein solches Höhergruppierungsverlangen kann sowohl sein, dass der ArbN von Anfang an fehlerhaft eingruppiert worden ist, als auch, dass sich durch Übernahme höherwertiger Tätigkeiten im Laufe der Zeit eine höhere Vergütungsgruppe rechtfertigt. Die Klage ist auf die Feststellung zu richten, dass der ArbGeb den ArbN nach einer bestimmten Vergütungsgruppe zu vergüten hat.

28   Eine solche **Eingruppierungsfeststellungsklage** ist nicht nur im Bereich des öffentlichen Dienstes, sondern auch im Bereich der Privatwirtschaft allgemein üblich und zulässig (BAG 22.1.03 – 4 AZR 700/01, NZA 03, 1111). Sie ist idR als Zwischenfeststellungsklage auch im Rahmen einer Hauptklage auf Zahlung der Vergütungsdifferenz zulässig (BAG 24.4.96 – 4 AZR 876/94, NZA 97, 50). Für die Richtigkeit der von ihm erstrebten Vergütungsgruppe trägt der ArbN im Prozess die Darlegungs- und Beweislast. Er muss daher im Einzelnen diejenigen Tätigkeitsmerkmale detailliert darlegen und beweisen, die die Höhergruppierung rechtfertigen sollen (vgl BAG 20.10.93 – 4 AZR 47/93, NZA 94, 514). Soweit in einem zwischen ArbGeb und BRat nach § 99 Abs 4 BetrVG geführten Zustimmungsersetzungsverfahren eine bestimmte Entgeltgruppe als zutreffend ermittelt oder als unzutreffend ausgeschlossen wurde, kann sich der ArbN hierauf berufen (BAG 3.5.94, DB 95, 1669).

29   Hat sich die Tätigkeit des ArbN im Laufe der Zeit geändert, so hat der BRat **kein Initiativrecht** über § 99 BetrVG, mit dem er eine Höhergruppierung als Umgruppierung verlangen könnte. Der BRat kann insoweit nicht stellvertretend für den ArbN tätig werden. Der ArbN muss vielmehr selbst seine Höhergruppierung betreiben, wenn er die bisherige Einstufung für unzutreffend hält. Zur vorübergehenden Übertragung höherwertiger Tätigkeit (s BAG 17.4.02 – 4 AZR 174/01, NZA 03, 159).

B. Lohnsteuerrecht
Seidel

Kommt es wegen nachträglicher Höhergruppierung zu Lohnnachzahlungen s *Entgeltnachzahlung* Rz 6 ff. Zur *Änderungskündigung* s dort Rz 43. 30

C. Sozialversicherungsrecht
Voelzke

1. Beitragsrecht. Ist wegen einer Änderung der Eingruppierung laufendes Arbeitsentgelt 31 nachzuentrichten, so ist das nachgezahlte Arbeitsentgelt nicht als Einmalzahlung zu behandeln, sondern der Nachzahlungsbetrag ist auf die zurückliegenden Lohnabrechnungszeiträume zu verteilen. Es gelten die für die Lohnnachzahlung (*Entgeltnachzahlung* Rz 10 ff) geltenden Grundsätze. Hingegen gilt für die Beurteilung der Frage, ob durch das Überschreiten der **Jahresarbeitsentgeltgrenze** gem § 6 Abs 1 Nr 1 SGB V Versicherungsfreiheit in der KV besteht, grds eine vorausschauende Betrachtungsweise. Die mit Sicherheit zu erwartenden Änderungen sind zu berücksichtigen (*Schlegel/Voelzke/Felix* SGB V, § 6 Rz 18). Nach § 6 Abs 4 Satz 3 SGB V endet die Versicherungspflicht bei rückwirkender Erhöhung des Entgelts erst mit dem Ablauf des Kj, in dem der Anspruch auf das erhöhte Entgelt entstanden ist, nicht also schon zu dem Zeitpunkt, auf den die Erhöhung zurückwirkt.

2. Leistungsrecht. Die **fehlerhafte Eingruppierung** blieb nach der früheren Rspr des 32 BSG bei der Berechnung von Lohnersatzleistungen ohne Auswirkungen, soweit eine Korrektur der Vergütungsgruppe erst nach dem Ausscheiden des ArbN erfolgte. Unter Aufgabe dieser Rspr berücksichtigte das BSG bei der Bemessung der Leistung AlGeld auch das Arbeitsentgelt, das im Bemessungszeitraum beansprucht werden konnte (BSG 28.6.95 – 7 RAr 102/94, NZS 96, 182). Dieser Konzeption folgt § 151 Abs 1 Satz 2 SGB III, der bestimmt, dass Arbeitsentgelte bei der Berechnung des AlGeldes zu berücksichtigen sind, soweit der Arbeitslose beim Ausscheiden aus dem Beschäftigungsverhältnis Anspruch auf sie hatte und sie ihm (nachträglich) zugeflossen oder nur wegen Zahlungsunfähigkeit des ArbGeb nicht zugeflossen sind. Führt eine arbeitsgerichtliche Klage auf Höhergruppierung mit Wirkung für den Bemessungszeitraum zum Erfolg, so muss auch die Bemessung der Leistungen bei Arbeitslosigkeit entsprechend rückwirkend geändert werden.

Einigungsstelle

A. Arbeitsrecht
Kreitner

Übersicht

	Rz		Rz
1. Allgemeines	1, 2	b) Verfahren nach § 98 ArbGG	15–22
2. Aufgabenbereich	3–8	5. Verfahren	23–27
a) Erzwingbares Verfahren	4, 5	6. Tarifliche Schlichtungsstelle	28
b) Freiwilliges Verfahren	6–8	7. Kosten	29–33
3. Personelle Zusammensetzung	9–13	8. Streitigkeiten	34, 35
4. Errichtung der Einigungsstelle	14–22	9. Muster	36
a) Innerbetriebliche Einigung	14		

1. Allgemeines. Die Einigungsstelle ist ein **Organ der Betriebsverfassung** und hat 1 die Funktion einer innerbetrieblichen Schlichtungsstelle (§ 76 BetrVG). Nach § 74 Abs 1 Satz 2 BetrVG sollen ArbGeb und BRat zunächst über streitige Fragen verhandeln und sie möglichst auf diesem Wege einer Lösung zuführen. Scheitern derartige Verhandlungen, so kommt in bestimmten Fällen die Einigungsstelle als Konfliktlösungsorgan zum Tragen.

Die Einigungsstelle ist zuständig zur Beilegung von Meinungsstreitigkeiten zwischen 2 ArbGeb und BRat bzw im jeweiligen Zuständigkeitsbereich GBRat und KBRat. Letzteres kann zB bei Betriebsänderungen problematisch sein, die mehrere Betriebe eines Unternehmens betreffen (BAG 23.10.02 – 7 ABR 55/01, BeckRS 2003, 40645; LAG Hess 13.4.99 – 4 TaBV 41/99, NZA-RR 2000, 83). Keine Zuständigkeit der Einigungsstelle besteht bei Streitigkeiten zwischen ArbGeb und Jugend- und Auszubildendenvertretung, ArbGeb und ArbN oder BRat und ArbN. Beschlüsse der Einigungsstelle sind **keine Voll-**

153 Einigungsstelle

streckungstitel und bedürfen zu ihrer zwangsweisen Durchsetzung der Durchführung eines arbeitsgerichtlichen Beschlussverfahrens bzw im Eilfall einer einstweiligen Verfügung (LAG Bln 8.11.90 – 14 TaBV 5/90, BB 91, 206; LAG Köln 20.4.99 – 13 Ta 243/98, NZA-RR 2000, 311).

3   **2. Aufgabenbereich.** Die Einigungsstelle beschäftigt sich in den meisten Fällen mit **Regelungsstreitigkeiten**, wie zB Regelungen der betrieblichen Arbeitszeit, betrieblichen Ordnungsmaßnahmen, Sozialeinrichtungen etc. Doch auch **Rechtsfragen** können zum Aufgabenbereich der Einigungsstelle gehören, wie zB im Bereich der Schulungsmaßnahmen nach § 37 Abs 6 und 7 BetrVG. Allgemein zu unterscheiden ist ferner zwischen dem erzwingbaren (§ 76 Abs 5 BetrVG) und dem freiwilligen (§ 76 Abs 6 BetrVG) Einigungsstellenverfahren.

4   **a) Erzwingbares Verfahren.** Hierunter versteht man die im BetrVG genauer bezeichneten Fälle, in denen die Einigungsstelle bereits auf Antrag einer Seite (ArbGeb oder BRat) tätig wird. Es sind dies:

- § 37 Abs 6 und 7 BetrVG: Schulungs- und Bildungsveranstaltungen für BRat-Mitglieder
- § 38 Abs 2 BetrVG: Freistellung von BRatMitgliedern
- § 39 Abs 1 BetrVG: Zeit und Ort der BRatSprechstunden
- § 47 Abs 6 BetrVG: Herabsetzung der Zahl der GBRatMitglieder
- § 55 Abs 4 BetrVG: Herabsetzung der Zahl der KBRatMitglieder
- § 65 Abs 1 BetrVG: Schulungs- und Bildungsveranstaltungen JAVMitglieder
- § 69 BetrVG: Zeit und Ort der Sprechstunden der JAV
- § 72 Abs 6 BetrVG: Herabsetzung der Mitgliederzahl der GJAV
- § 85 Abs 2 BetrVG: Berechtigung der Beschwerde eines ArbN
- § 87 Abs 2 BetrVG: Mitbestimmung in sozialen Angelegenheiten
- § 91 Satz 2 BetrVG: Maßnahmen bei Änderung von Arbeitsablauf und Arbeitsumgebung
- § 94 Abs 1, 2 BetrVG: Mitbestimmung bei Personalfragebögen, persönlichen Angaben in Formulararbeitsverträgen und bei Aufstellung allgemeiner Beurteilungsgrundsätze
- § 95 Abs 1 und 2 BetrVG: Mitbestimmung bei Auswahlrichtlinien
- § 98 Abs 4 BetrVG: Mitbestimmung bei Durchführung und Teilnehmerauswahl von betrieblichen Bildungsmaßnahmen
- § 109 BetrVG: Auskunft über wirtschaftliche Angelegenheiten
- § 112 Abs 4 BetrVG: Aufstellung eines Sozialplans
- § 116 Abs 3 Nr 2, 4, 8 BetrVG: SeeBRat
- § 9 Abs 3 ASiG: Bestellung und Abberufung der Betriebsärzte und Fachkräfte für Arbeitssicherheit sowie Erweiterung oder Einschränkung ihres Aufgabenbereichs

5   Ob im Rahmen eines Sozialplans auch die Einbeziehung einer Transfergesellschaft im Wege eines Einigungsstellenspruchs erzwingbar ist, erscheint fraglich (dafür *Schütte* NZA 13, 249). Der vorgenannte Katalog kann durch Tarifvertrag erweitert werden (BAG 18.8.87 – 1 ABR 30/86, NZA 87, 779; 10.2.88 – 1 ABR 70/86, NZA 88, 699; 9.5.95 – 1 ABR 56/94, NZA 96, 156).

6   **b) Freiwilliges Verfahren.** Voraussetzung für das Tätigwerden der Einigungsstelle außerhalb des Bereichs der erzwingbaren Mitbestimmung ist die einvernehmliche Beantragung durch ArbGeb und BRat. Dieses Einvernehmen muss für die gesamte Dauer des Einigungsstellenverfahrens bestehen. Widerrufen entweder ArbGeb oder BRat ihre Zustimmung, ist das freiwillige Verfahren beendet.

7   Gem § 76 Abs 6 Satz 2 BetrVG ist der Spruch der freiwilligen Einigungsstelle zunächst **unverbindlich**. Bindende Wirkung entfaltet er nur bei vorheriger Unterwerfung oder nachträglicher Annahme seitens ArbGeb und BRat (BAG 30.8.95, DB 96, 333; *Heinze* NZA 94, 580). Beides kann formlos erklärt werden. Aufseiten des BRat ist ein vorheriger Beschluss (§ 33 BetrVG) erforderlich.

Besonderheiten gelten für die Einigungsstelle im Rahmen eines **Interessenausgleich-** 8
verfahrens nach § 112 Abs 2 BetrVG (vgl LAG Bln 3.6.94, NZA 94, 1146). Die Einigungsstelle wird hier bereits auf Antrag einer Seite tätig, ihr Spruch hat jedoch nur die Wirkung des § 76 Abs 6 Satz 2 BetrVG.

3. Personelle Zusammensetzung. § 76 Abs 2 BetrVG schreibt lediglich vor, dass die 9
Einigungsstelle aus einem unparteiischen **Vorsitzenden** und der gleichen Anzahl von **Beisitzern** besteht, die von ArbGeb und BRat gestellt werden. Sowohl hinsichtlich der Person des Vorsitzenden als auch der Zahl der Beisitzer müssen sich ArbGeb und BRat einigen. Ansonsten entscheidet hierüber das ArbG im Beschlussverfahren nach § 98 ArbGG.

Da das Gesetz ausdrücklich die Unparteilichkeit des **Vorsitzenden** verlangt, ist regelmäßig 10
die Benennung eines nichtbetriebsangehörigen Dritten zu empfehlen. In der Praxis werden meistens **Berufsrichter** der Arbeitsgerichtsbarkeit benannt, die zur Ausübung des Amts einer Nebentätigkeitsgenehmigung nach § 40 DRiG bedürfen. Dies können auch Richter desselben ArbGBezirks sein (LAG RhPf 23.6.83, DB 84, 56 [LS]; LAG Frankfurt 23.6.88, BB 88, 2173 [LS]). Beschränkungen gelten insoweit allerdings im gerichtlichen Bestellungsverfahren nach § 98 Abs 1 Satz 4 ArbGG (Näheres s unten Rz 15). Eine Verpflichtung zur Übernahme des Amts besteht nicht. Stellt sich während des Einigungsstellenverfahrens die Parteilichkeit des Vorsitzenden heraus, ist eine Ablehnung wegen **Befangenheit** möglich und ggf im arbeitsgerichtlichen Beschlussverfahren durchsetzbar (BAG 17.11.10 – 7 ABR 100/09, NZA 11, 940; 11.9.01 – 1 ABR 5/01, NZA 02, 572; aA *Deeg* RdA 11, 221). Zu verfahren ist dabei grds nach den gesetzlichen Regeln des schiedsrichterlichen Verfahrens gem §§ 1036ff ZPO. Gem § 1037 Abs 2 Satz 1 ZPO müssen die Befangenheitsgründe binnen 2 Wochen ab Bekanntwerden schriftlich gegenüber der Einigungsstelle dargelegt werden. Antragsbefugt sind dabei nur die beiden Betriebspartner und nicht die in die Einigungsstelle entsandten Beisitzer (BAG 29.1.02 – 1 ABR 18/01, AP Nr 19 zu § 76 BetrVG 1972 Einigungsstelle; LAG Köln 11.7.01 – 8 TaBV 4/01, NZA-RR 02, 270). Entschieden wird sodann über den Befangenheitsantrag in einem einzigen Abstimmungsgang ohne Beteiligung des Vorsitzenden. Kommt dabei eine Mehrheit nicht zustande (Patt), ist der Antrag abgelehnt. Hinsichtlich des möglichen **Befangenheitsgrundes** sind die Besonderheiten des Einigungsstellenverfahrens (Versuch einer „Zwangsschlichtung" durch den Vorsitzenden) zu berücksichtigen, die eine Befangenheit nur in eng begrenzten, gravierenden Ausnahmefällen als denkbar erscheinen lassen. Wollte man hier denselben Maßstab wie im gerichtlichen Verfahren (vgl insoweit *Zöller/Vollkommer* § 42 Rz 8ff) anwenden, wäre nahezu jede Einigungsstelle von vornherein zum Scheitern verurteilt.

Die Zahl der **Beisitzer** wird vom Gesetz nicht festgelegt. Maßgebliche Kriterien stellen 11
im Einzelfall die Schwierigkeit der Regelungsmaterie sowie die notwendigen Fachkenntnisse und Erfahrungen dar. Zwar gibt es **keine Regelbesetzung** für Einigungsstellen. Üblicherweise haben Einigungsstellen mit durchschnittlichem Schwierigkeitsgrad jedoch jeweils zwei Beisitzer für jede Seite (LAG Hamm 17.6.13 – 13 TaBV 48/13, BeckRS 2013, 72468; LAG SchlHol 4.2.97, DB 97, 832; LAG NdS 15.8.06 – 1 TaBV 43/06, NZA-RR 06, 644; aA LAG SchlHol 13.9.90, DB 91, 287; *Hennige* Das Verfahrensrecht der Einigungsstelle, 1996, S 113: ein Beisitzer). Bei einfachen Streitigkeiten kann jeweils ein Beisitzer ausreichend sein, schwierige Streitgegenstände können drei oder vier Beisitzer je Seite erforderlich machen (LAG Hbg 13.1.99 – 4 TaBV 9/98, AiB 99, 221).

Die Beisitzer werden jeweils von ArbGeb und BRat benannt. In Betracht kommen betriebs- 12
sangehörige oder dritte Personen, auch Verbandsmitglieder (ArbGebVerband oder Gewerkschaft) sowie Rechtsanwälte (BAG 14.12.88, BB 89, 983). Sie können von den Betriebspartnern kurzfristig ausgetauscht werden (*Faulenbach* NZA 12, 953; *Fischer* FA Arbeitsrecht 05, 391; aA *Tschöpe* NZA 04, 945: Sachgrund erforderlich). Dies geschieht oftmals bei größeren Einigungsstellen, die sich über einen längeren Zeitraum erstrecken wegen Terminierungsschwierigkeiten. Aber auch andere Gründe, wie zB besondere Sachkundeerfordernisse für einzelne Verhandlungspunkte, können einen Austausch der Beisitzer ratsam erscheinen lassen. Eine Ablehnungsmöglichkeit wegen Befangenheit besteht für die Gegenseite nicht (BAG 6.4.73, DB 73, 2197; LAG Düsseldorf/Köln 3.4.81, BB 81, 733). Im **Insolvenzfall** haben Vertreter der Gläubiger kein Teilnahmerecht als Beisitzer (BAG 6.5.86, DB 86, 2027). Ebenso wie der Vorsitzende können auch die Beisitzer die Übernahme des Amtes ablehnen.

153 Einigungsstelle

13 **Vorsitzender und Beisitzer** sind als Mitglieder der Einigungsstelle an **Aufträge und Weisungen** nicht gebunden. Sie sind in dieser Funktion keine Vertreter des ArbGeb oder des BRat (BAG 27.6.95, DB 95, 2219; 15.5.01 – 1 ABR 39/00, NZA 01, 1154). Von daher richten sich Äußerungen der ArbGebSeite in der Einigungsstelle nicht an den BRat, sondern an die ArbNSeite der Einigungsstelle (BAG 10.11.92, DB 93, 439), so dass eine Ausübung betriebsverfassungsrechtlicher Mitbestimmungsrechte durch BRatMitglieder in der Einigungsstellenverhandlung nicht erfolgen kann. Für die Mitglieder der Einigungsstelle gilt in entsprechender Anwendung das Begünstigungs- und Benachteiligungsverbot des § 78 BetrVG (*Hunold* NZA 99, 785). Sie unterliegen nach § 79 Abs 2 BetrVG derselben Geheimhaltungspflicht wie der BRat. Die persönliche Haftung ist auf Vorsatz und grobe Fahrlässigkeit beschränkt (aA *Schipp* NZA 11, 271; *Sprenger* BB 10, 2110).

14 **4. Errichtung der Einigungsstelle. a) Innerbetriebliche Einigung.** Bevor eine Einigungsstelle eingerichtet wird sind die Betriebspartner gehalten, zunächst eine innerbetriebliche Einigung zu erzielen. Erst nach Scheitern dieser Verhandlungen kommt die Errichtung einer Einigungsstelle in Betracht (LAG Hess 22.11.94, NZA 95, 1118; LAG Düsseldorf 10.12.97 – 12 TaBV 61/97, NZA-RR 98, 319; LAG RhPf 5.1.06 – 6 TaBV 60/05, ArbuR 06, 333). Etwas anderes gilt nur dann, wenn einer der Betriebspartner innerbetriebliche Verhandlungen von vornherein ablehnt (LAG Hamm 9.8.04 – 10 TaBV 81/04; LAG Hess 14.2.06 – 4 TaBV 1/06; LAG Sachs 12.10.01 – 3 TaBV 22/01, NZA-RR 02, 362; LAG München 4.4.07 – 8 TaBV 13/07, NZA-RR 08, 71; aA LAG NdS 7.12.98 – 1 TaBV 74/98, LAGE § 98 ArbGG 1979 Nr 35; *Tschöpe* NZA 04, 945) oder Verhandlungen aus anderen Gründen aussichtslos sind (LAG NdS 25.10.05 – 1 TaBV 48/05, NZA-RR 06, 142). An die prozessuale Verwirkung des Rechts zur Anrufung der Einigungsstelle sind strenge Anforderungen zu stellen (LAG Köln 25.11.04 – 6 TaBV 62/04). Die Errichtung erfolgt regelmäßig **für jeden konkreten Fall**. Zwar ist auch die Einrichtung einer **ständigen Einigungsstelle** zulässig, in der Praxis aber bislang die Ausnahme. Um eine mögliche Verzögerungstaktik des BRat über § 98 ArbGG (langwieriges Bestellungsverfahren) von vornherein auszuschließen, kann dies jedoch empfehlenswert sein (*Bauer/Diller* ZIP 95, 95). Die Besetzung einer ständigen oder zukünftig für bestimmte Gegenstände zuständigen Einigungsstelle kann nicht durch den Spruch einer Einigungsstelle festgelegt werden (BAG 9.7.13 – 1 ABR 19/12, BeckRS 2013, 72625; 26.8.08 – 1 ABR 16/07, NZA 08, 1187; *Kühn* BB 09, 2651).

15 **b) Verfahren nach § 98 ArbGG.** Die Einigungsstelle entsteht durch die Einigung beider Betriebspartner auf die Person eines Vorsitzenden und die Anzahl der Beisitzer. Kommt es insoweit nicht zu einer Einigung, so können ArbGeb oder BRat das **arbeitsgerichtliche Beschlussverfahren nach § 98 ArbGG** einleiten. Mit Ausnahme von § 37 Abs 6 und 7 BetrVG sowie § 38 Abs 2 BetrVG ist die Anrufung des ArbG nicht fristgebunden. Nach Gewährung rechtlichen Gehörs in mündlicher Verhandlung bestimmt das Gericht einen Vorsitzenden und legt die Zahl der Beisitzer fest. Mit Einverständnis der Beteiligten kann gem § 83 Abs 4 Satz 3 ArbGG eine Entscheidung auch im schriftlichen Verfahren erfolgen. Die Auswahl der Beisitzer obliegt weiter allein den Betriebspartnern. Im Tenor der Entscheidung ist zweckmäßigerweise der **Regelungsgegenstand** der Einigungsstelle zu benennen. Das Gericht ist bei seiner Entscheidung an Vorschläge nicht gebunden, sollte diesen jedoch folgen, soweit keine begründeten Bedenken bestehen (LAG BaWü 26.6.02 – 9 TaBV 3/02, NZA-RR 02, 523; LAG Hamm 26.7.04 – 10 TaBV 64/04; LAG BlnBbg 22.1.10 – 10 TaBV 2829/09, BeckRS 2010, 68396; aA: LAG BlnBbg 4.6.10 – 6 TaBV 901/10, BeckRS 2010, 72017: immer Benennung einer dritten Person, um jede mögliche Belastung des Einigungsstellenverfahrens zu vermeiden; mit ähnlicher Tendenz *Tschöpe* NZA 04, 945; vgl auch LAG Nbg 2.7.04 – 7 TaBV 19/04, NZA-RR 05, 100). Zu beachten ist, dass nach § 98 Abs 1 Satz 4 ArbGG ein Richter nur dann bestellt werden darf, wenn eine spätere Befassung mit dem Einigungsstellenspruch in seiner Funktion als Richter ausgeschlossen ist. Das kann durch eine entsprechende Regelung im gerichtlichen Geschäftsverteilungsplan sichergestellt werden (vgl LAG Bln 12.9.01 – 4 TaBV 1436/01, NZA-RR 02, 25). Auch wenn mehrere ArbGeb (zB Gemeinschaftsbetrieb) an der Errichtung einer Einigungsstelle beteiligt sind, beschränkt sich das Verfahren nach § 98 ArbGG auf die Person des Vorsitzenden und die Zahl der Beisitzer. Alle übrigen Fragen wie zB die Ermittlung der zu entsendenden Personen (von welchem ArbGeb?) sind ggf in einem gesonderten gerichtlichen Verfahren zwischen den ArbGeb zu klären (LAG Nbg 22.3.95, NZA-RR 96, 91). Um ein möglichst **schnelles Verfahren** zu gewährleisten, entscheidet das Gericht in beiden Instanzen durch den Kammervorsitzenden allein ohne Beteiligung der ehrenamtlichen Richter, sind die Einlassungs- und Ladungsfristen zwingend auf 48 Stunden verkürzt und soll die Zustellung der begründeten Entscheidung des Gerichts nach zwei bzw muss spätestens nach vier Wochen erfolgen.

Auch nach der gerichtlichen Bestimmung eines Vorsitzenden besteht für diesen **keine Verpflichtung zur Amtsübernahme.** Lehnt er ab, so ist ein neues Verfahren nach § 98 ArbGG durchzuführen, es sei denn, die Betriebspartner haben sich zwischenzeitlich auf einen Vorsitzenden geeinigt. In diesem Fall ist das Verfahren nach §§ 98, 83a ArbGG einzustellen. 16

Die gerichtliche Einrichtung der Einigungsstelle scheidet nach § 98 Abs 1 Satz 2 ArbGG nur dann aus, wenn die Einigungsstelle **offensichtlich unzuständig** ist. Dies ist der Fall, wenn sich dies bereits aus dem eigenen Tatsachenvorbringen des Antragstellers auf der Grundlage einer gefestigten Rechtsmeinung ergibt, zu der eine Gegenmeinung nicht existiert oder nicht ernsthaft vertretbar erscheint, oder aber dann, wenn die zuständigkeitsbegründende Tatsachengrundlage zwar streitig ist, die Richtigkeit der für die Unzuständigkeit der Einigungsstelle sprechenden Tatsachen dem Gericht iSv § 291 ZPO jedoch offenkundig ist oder gemacht wird (LAG Köln 5.12.01 – 7 TaBV 71/01, NZA-RR 02, 586; LAG Hamm 12.12.11 – 10 TaBV 87/11, BeckRS 2012, 65703). Wird eine Rechtsfrage vom BAG bislang nur vereinzelt behandelt und wird diese Rspr in der InstanzRspr und im Schrifttum in beachtlicher Weise kritisiert, besteht jedenfalls keine Offensichtlichkeit im vorgenannten Sinn (LAG NdS 19.12.12 – 1 TaBV 112/12, BeckRS 2013, 66028). Dieser Offensichtlichkeitsmaßstab gilt für alle in dem Verfahren zu entscheidenden Fragen (LAG Hamm 22.3.10 – 10 TaBV 13/10, BeckRS 2010, 71823). Beim Streit um die Zuständigkeit zwischen örtlichem BRat und GBRat spricht bei beiderseits fehlender offensichtlicher Unzuständigkeit eine gesetzliche Vermutung für den örtlichen BRat. Auf diese Weise wird eine systemwidrige parallele Einsetzung zweier Einigungsstellen vermieden (LAG NdS 26.8.08 – 1 TaBV 62/08, BeckRS 2008, 57013). Streitige Tatsachen sind im Verfahren nach § 98 ArbGG nur einer Schlüssigkeitsprüfung zu unterziehen. Es besteht kein Raum für eine Beweisaufnahme (LAG Hess 15.7.08 – 4 TaBV 128/08, BeckRS 2008, 57221). Die unterlegene Seite muss die Einigungsstellenverhandlung notfalls unter dem Vorbehalt der vertragsrechtlich zulässigen Umsetzung durchführen (BAG 23.9.97 – 3 ABR 85/96, NZA 98, 719; aA LAG Düsseldorf 10.12.97 – 12 TaBV 61/97, NZA-RR 98, 319). Die von der Einigungsstelle vertretene Rechtsauffassung unterliegt dann der uneingeschränkten gerichtlichen Überprüfung, die jederzeit sowohl von den Betriebspartnern als auch einzelnen ArbN verlangt werden kann (s unten Rz 35). 17

In folgenden beispielhaft aufgeführten Fällen hat sich die **Rechtsprechung** in den letzten Jahren mit der Frage der offensichtlichen Unzuständigkeit der Einigungsstelle beschäftigt **(Unzuständigkeit: ja/nein):** 18

Beschwerden eines ArbN gegen eine Abmahnung (ja: LAG Bln 19.8.88, DB 88, 2060 [LS]), Beschwerden von ArbN über unterbliebene Einführung einer betrieblichen Altersversorgung (ja: LAG Köln 7.5.08 – 7 TaBV 20/08, BeckRS 2008, 57360), Beschwerde eines ArbN wegen totaler Arbeitsüberlastung (nein: LAG Hamm 21.8.01 – 13 TaBV 78/01, NZA-RR 02, 139; LAG Düsseldorf 21.12.93, NZA 94, 767), Beschwerde eines ArbN wegen unterbliebener Gehaltserhöhung (ja: LAG München 6.3.97 – 4 TaBV 3/97, NZA-RR 98, 70), Beschwerde eines ArbN wegen Nichtverlängerung eines Dienstwagenleasingvertrages (ja: LAG Sachs 6.2.04 – 3 TaBV 33/03), Beschwerde eines ArbN wegen Tätlichkeiten eines Vorgesetzten und darauf gestützte Geltendmachung eines Anspruchs auf Entfernung dieses Vorgesetzten (ja: LAG Köln 2.9.99 – 10 TaBV 44/99, NZA-RR 2000, 26), zum Thema „Mobbing" (ja: LAG Hbg 15.7.98 – 5 TaBV 4/98, NZA 98, 1245; nein: LAG Düsseldorf 22.7.04 – 5 TaBV 38/04), Beschwerde wegen Tätigkeitsentzug (ja: LAG BlnBbg 3.7.07 – 12 TaBV 1166/07), Regelung des Beschwerdeverfahrens nach § 13 AGG (nein: LAG Hbg 17.4.07 – 3 Ta BV 6/07, NZA-RR 07, 413; LAG Hess 8.5.07 – 4 TaBV 70/07), Errichtung der Beschwerdestelle nach § 13 AGG (ja: LAG Nbg 19.2.08 – 6 TaBV 80/07, BeckRS 2008, 56105), wenn zwischen ArbGeb und BRat bereits rechtskräftig entschieden ist, dass das geltend gemachte Mitbestimmungsrecht nicht besteht (ja: LAG BaWü 4.10.84, NZA 85, 163; LAG München 13.3.86, NZA 87, 210 [LS]), wenn die Mitbestimmungspflichtigkeit der Angelegenheit vom BAG verneint wird, diese Ansicht aber im Schrifttum auf beachtliche Kritik gestoßen ist (nein: LAG BaWü 16.10.91, NZA 92, 186), bei vorhandener, nicht ergänzungsbedürftiger Betriebsvereinbarung (ja: LAG NdS 29.7.08 – 1 TaBV 47/08, BeckRS 08,

153 Einigungsstelle

56433; LAG Hess 20.5.08 – 4 TaBV 97/08, BeckRS 2008, 55972), wenn zu einer Frage von verschiedenen LAG unterschiedliche Auffassungen vertreten werden (nein: LAG Nbg 21.9.92, NZA 93, 281), Verbot bestimmte Plaketten (Buttons) zu tragen (nein: LAG Hamm 26.5.08 – 10 TaBV 51/08, BeckRS 2008, 55451), Zeitliche Lage des Freizeitausgleichs (nein: LAG Hamm 23.4.12 – 10 TaBV 19/12, BeckRS 2012, 70621), Regelung über Rauchverbot (nein: LAG RhPf 24.6.13 – 5 TaBV 8/13, BeckRS 2013, 71278), Verteilung der Arbeitsplätze in Großraumbüro (nein: LAG München 16.4.87, DB 88, 186), Gestaltung von Bildschirmarbeitsplätzen nach ArbSchG (nein: LAG Hbg 27.10.97 – 4 TaBV 6/97, BB 98, 1796; ArbG Mannheim 27.4.98 – 9 BV 18/97, BB 98, 1795), Regelungen zur Gefährdungsbeurteilung (nein: LAG Hamm 15.7.11 – 10 TaBV 41/11, BeckRS 2011, 76549), Gefährdungsbeurteilung für Arbeitsschutzmaßnahmen (nein: LAG SchlHol 8.2.12 – 6 TaBV 47/11, BeckRS 2012, 66427), Gesundheitsgefährdung durch dauerhaft stehende Tätigkeit im Einzelhandel (nein: LAG NdS 21.1.11 – 1 TaBV 68/10, NZA-RR 11, 247), Regelung zum betrieblichen Gesundheitsschutz (nein: LAG SchlHol 1.10.13 – 1 TaBV 33/13, BeckRS 2013, 73708), Regelung des Verfahrens bei Krankheit und sonstiger Abwesenheit von ArbN (nein: LAG Frankfurt 30.10.90, DB 91, 920 [LS]), Regelung der Anzeige- und Nachweispflicht im Krankheitsfall (nein: LAG Hamm 19.9.95, NZA-RR 96, 335), „Krankengespräche" zwischen ArbGeb und ArbN (ja: LAG BaWü 5.3.91, NZA 92, 184; LAG Frankfurt 24.3.92, NZA 93, 237), Aufstellung eines formalisierten Verfahrens für das betriebliche Eingliederungsmanagement iSv § 84 Abs 2 SGB IX (nein: LAG SchlHol 19.12.06 – 6 TaBV 14/06), Unterbringung von Monteuren auf auswärtigen Baustellen (nein: LAG Hamm 26.7.04 – 10 TaBV 73/04), Auslegung eines Sozialplans aufgrund besonderer Ermächtigungsregelung im Sozialplan (nein: LAG Köln 22.4.94, NZA 95, 445), Änderung bzw Anpassung eines Sozialplans (nein: LAG BaWü 7.8.95, NZA-RR 96, 53), Sozialplan durch BRat nach Übertragung auf GBRat (ja: LAG Köln 3.3.08 – 14 TaBV 83/07, BB 08, 1570), Sozialplanzuständigkeit bei streitiger Betriebsstruktur (nein: LAG München 26.1.11 – 11 TaBV 77/10, NZA-RR 11, 299), Interessenausgleich und Sozialplan bei erstmalig nach der Betriebsänderung gewähltem BRat (nein: LAG Köln 5.3.07 – 2 TaBV 10/07, BeckRS 2007, 43861; LAG Köln 29.6.09 – 3 TaBV 40/09, BeckRS 2009, 69330), Interessenausgleich und Sozialplan bei Gemeinschaftsbetrieb (nein: LAG Nbg 22.3.95, DB 95, 1972 [LS]), Interessenausgleich und Sozialplan nach erfolgten Entlassungen und fehlender Erzwingbarkeit nach § 112a BetrVG (ja: LAG Nbg 21.8.01 – 6 TaBV 24/01, NZA-RR 02, 138), Interessenausgleichsversuch nach erfolgter Betriebsstilllegung wegen Aufgabe des Standorts (ja: LAG NdS 14.2.06 – 1 TaBV 105/05, LAGE § 98 ArbGG 1979 Nr 46), Betriebsänderung ohne wesentliche Nachteile für die betroffenen ArbN (ja: LAG NdS 2.11.06 – 1 TaBV 83/06, NZA-RR 07, 134), mögliche Betriebsänderung (nein: LAG RhPf 29.1.08 – 3 TaBV 66/07, BeckRS 2008, 51641), nicht erreichte Grenzwerte des § 17 Abs 1 KSchG für einen Personalabbau (ja: LAG Hamm 28.4.06 – 10 TaBV 25/06), Überschreitung des Schwellenwertes von 20 ArbN gem § 111 BetrVG nur unter Zusammenrechnung aller ArbN mehrerer Unternehmen eines Gemeinschaftsbetriebs (nein: LAG Bln 23.1.03 – 18 TaBV 2141/02, NZA-RR 03, 477), Streit über das Bestehen eines Gemeinschaftsbetriebs (nein: LAG München 31.1.03 – 9 TaBV 59/02, AiB 04, 695), Auswirkungen einer teilweisen Produktionsverlagerung im Planungsstadium (nein: ArbG Stuttgart 15.7.04 – 21 BV 175/04, NZA-RR 04, 537), Auswahlrichtlinie für Sozialauswahl bei betriebsbedingten Kündigungen (nein: LAG RhPf 8.3.12 – 11 TaBV 5/12, BeckRS 2012, 67726), Unterlagen für den Wirtschaftsausschuss (nein: LAG Köln 14.1.04 – 8 TaBV 72/03, NZA-RR 05, 33), Bestellung eines Wirtschaftsausschusses (ja: LAG NdS 19.2.13 – 1 TaBV 155/12, BeckRS 2013, 67263; LAG Hess 1.8.06 – 4 TaBV 111/06, NZA-RR 07, 199), Auskunftsbegehren gegenüber dem Wirtschaftsausschuss (nein: LAG NdS 3.11.09 – 1 TaBV 63/09, NZA-RR 10, 142), bei Bestellung der Einigungsstelle auf Antrag des BRat nach Ablauf der Zweimonatsfrist des § 113 Abs 3 Satz 2 BetrVG aF (nein: LAG Köln 13.1.98 – 13 TaBV 60/97, NZA 98, 1018; LAG Hamm 31.8.98 – 13 TaBV 71/98, NZA-RR 99, 32), bei Zuständigkeit des GBRat bezüglich eines vom BRat geltend gemachten Mitbestimmungsrechts (ja: LAG Hbg 10.4.91, DB 91, 2195; LAG Bln 22.6.98 – 9 TaBV 3/98, NZA-RR 99, 34; LAG Düsseldorf 3.7.02 – 12 TaBV 22/02, NZA-RR 03, 83; ArbG Frankfurt am Main 13.1.2000 – 11 BV 830/99, NZA-RR 2000, 592), Berechnung der Urlaubsdauer (ja: LAG Hamm 12.12.11 – 10 TaBV 87/11, BeckRS 2012, 65703), Gewährung von Zusatzurlaub bei Schichtarbeit nach § 27 Abs 3 TVöD-K (nein: LAG BaWü 20.12.12 – 1 TaBV 1/12, BeckRS 2013, 65150), Einführung von Gehaltsstrukturen für AT-Angestellte bei vorhandener Gesamtbetriebsvereinbarung (ja: LAG Köln 5.7.04 – 2 TaBV 38/04 für örtlichen BRat), Zahlung von Prämien aufgrund von Zielvereinbarungen (nein: LAG Hamm 20.6.11 – 10 TaBV 39/11, BeckRS 2011, 75224), Gestaltung zukünftiger Sonderzahlungen (nein: LAG NdS 30.4.13 – 1 TaBV 142/12, BeckRS 2013, 68973), Gewährung von Zulagen (nein: LAG Hamm 18.3.13 – 13 TaBV 34/13, BeckRS 2013, 69212), Berufung des ArbGeb auf Nichtigkeit der BRatWahl wegen § 118 Abs 2 BetrVG (nein: LAG Köln 24.10.96, NZA-RR 97, 438), Nichtbeachtung des Tarifvorbehalts (ja: LAG Nbg 9.3.95, NZA-RR 97, 495; LAG Köln 16.10.07 – 9 TaBV 52/07, BeckRS 2008, 52850), Existenz einer abschließenden tariflichen Regelung iSv § 87 Abs 1 BetrVG (ja: LAG Köln 17.8.2000 – 6 TaBV 46/00, NZA-RR 01, 481), Anleitung zur Maschinenbedienung als betriebliche Berufsbildungsmaßnahme (ja: LAG Hamm 8.11.02 – 10 (13) TaBV 59/02, NZA-RR 03, 543), Freistellung der ArbN durch Insolvenzverwalter im Hinblick auf eine beabsichtigte Betriebsstilllegung bei Masseunzulänglichkeit (ja: LAG Hamm 20.9.02 – 10 TaBV 95/02, NZA-RR 03, 422), Mitbestimmungsrecht aus Restmandat (nein: LAG Köln 14.8.07 – 9 TaBV 27/07); weitere Flexibilisierung einer bestehenden kollektivrechtlichen Arbeitszeitregelung (nein: LAG Hamm 16.10.07 – 10 TaBV 85/07, BB 08, 340); Austausch herkömmlicher Kassen im Einzelhandel gegen Selbstbedienungskassen unter Hilfestellung mit Überwachung (nein: LAG NdS 5.5.09 – 1 TaBV 28/09, NZA-RR 09, 531).

Das **Verfahren** nach § 98 ArbGG ist unabhängig davon durchzuführen, ob die Parteien in einem weiteren arbeitsgerichtlichen Beschlussverfahren über das Bestehen des geltend gemachten Mitbestimmungsrechts streiten (BAG 24.11.81, DB 82, 1413; LAG Hamm 16.6.08 – 10 TaBV 59/08, BeckRS 2008, 55728: **keine Aussetzung** gem § 148 ZPO). Denn Sinn und Zweck des § 98 ArbGG ist es, ein beschleunigtes Verfahren zur Errichtung der Einigungsstelle zu gewährleisten. Aus diesem Grund kann der Antragsgegner in dem Verfahren nach § 98 ArbGG auch nicht die Feststellung der Unzuständigkeit der Einigungsstelle beantragen (LAG Hamm 7.7.03 – 10 TaBV 85/03, NZA-RR 03, 637). Die Entscheidung im Bestellungsverfahren nach § 98 ArbGG ist andererseits für das sog Vorabentscheidungsverfahren wegen des Bestehens eines Mitbestimmungsrechts nicht bindend (BAG 25.4.89, DB 89, 1928; 4.7.89, DB 90, 485; 9.5.95, DB 95, 2610). Hat die Einigungsstelle jedoch ihr Verfahren zur Einholung einer gerichtlichen Vorabentscheidung ausgesetzt, ist ein rechtliches Interesse iSv § 256 ZPO erst recht gegeben (BAG 1.7.03 – 1 ABR 20/02, NZA 04, 620). 19

Hat das ArbG in einem gleichzeitig anhängigen, noch nicht rechtskräftig entschiedenen Beschlussverfahren das Mitbestimmungsrecht, um das die Beteiligten streiten, bejaht, scheidet eine Zurückweisung des Antrags im Verfahren nach § 98 ArbGG wegen offensichtlicher Unzuständigkeit auch in zweiter Instanz aus (LAG Köln 11.2.92, NZA 92, 1103 [LS]). Ist demgegenüber eine Angelegenheit in einer Einigungsstelle einvernehmlich geregelt worden, begründet allein die dem Grunde nach fortbestehende Meinungsverschiedenheit der Betriebspartner über das Bestehen eines Mitbestimmungsrechts kein hinreichendes rechtliches Interesse für eine gerichtliche Klärung dieser Rechtsfrage (BAG 19.2.02 – 1 ABR 20/01, NZA 03, 1159; 11.6.02 – 1 ABR 44/01, AP Nr 70 zu § 256 ZPO 1977: **keine** abstrakten **Rechtsgutachten des Gerichts**). 20

Die Einigungsstelle kann auch nicht im Wege einer **einstweiligen Verfügung** eingerichtet werden, da § 98 ArbGG lediglich die §§ 80–84 ArbGG, nicht jedoch § 85 Abs 2 ArbGG für entsprechend anwendbar erklärt (streitig, wie hier: ArbG Siegburg 15.11.01 – 5 BVGa 6/01, DB 02, 278; ArbG Düsseldorf 24.6.92, NZA 92, 907; ArbG Ludwigshafen 20.11.96, DB 97, 1188 [LS]). 21

Gegen die Entscheidung des ArbG nach § 98 ArbGG ist binnen 2 Wochen die **Beschwerde** beim LAG möglich, die von einem Rechtsanwalt oder Verbandsvertreter unterzeichnet sein muss. Die Beschwerde muss auch innerhalb der Zweiwochenfrist begründet werden. Bei Fristversäumnis ist eine Wiedereinsetzung in den vorigen Stand nach § 87 Abs 2 ArbGG möglich. Der zweitinstanzliche Beschluss ist unanfechtbar. Eine gerichtliche Rechtsmittelbelehrung über die Begründungsfrist ist nicht erforderlich (LAG Düsseldorf 31.5.13 – 12 TaBV 49/13, BeckRS 2013, 70072). 22

Die **Gegenstandswertfestsetzung** für das arbeitsgerichtliche Beschlussverfahren nach § 98 ArbGG erfolgt in Anlehnung an § 23 Abs 3 RVG unter Berücksichtigung der besonderen Interessenlage des Antragstellers im Einzelfall. Dabei geht die Rspr regelmäßig von 4000 € aus (LAG Hamm 16.5.08 – 10 Ta 261/08, BeckRS 2008, 54114; LAG Köln 3.6.09 – 4 Ta 167/09, BeckRS 2009, 68710; 2.9.10 – 7 Ta 277/10, BeckRS 2010, 73413; LAG BaWü 19.3.10 – 5 Ta 52/10, BeckRS 2010, 73058).

5. Verfahren. Ort und Zeit einer Sitzung der Einigungsstelle werden üblicherweise zwischen allen Mitgliedern abgesprochen. Ist dies ausnahmsweise nicht möglich, so hat der Vorsitzende für die ordnungsgemäße Einladung der Beisitzer zu sorgen. Zur Vermeidung von Verzögerungen zwischen Bildung der Einigungsstelle und der Aufnahme ihrer Tätigkeit schreibt § 76 Abs 3 Satz 1 BetrVG vor, dass die Einigungsstelle **unverzüglich** tätig werden muss. Fehlt es an einer ordnungsgemäßen Ladung und haben nicht alle Beisitzer an der Sitzung teilgenommen, so ist ein gleichwohl beschlossener Spruch der Einigungsstelle unwirksam (BAG 27.6.95, DB 95, 2219). Sind dagegen alle Einigungsstellenmitglieder zum Termin erschienen, prüft die Einigungsstelle als Erstes selbst die Frage ihrer **Zuständigkeit** (BAG 22.1.80, DB 80, 1895; 4.7.89 – 1 ABR 40/88, NZA 90, 29). Verneint sie diese, so 23

153 Einigungsstelle

beschließt sie die Einstellung des Verfahrens. Der Einstellungsbeschluss kann ohne Einhaltung einer Frist beim ArbG angefochten werden. Ob die bejahte Zuständigkeit durch Zwischenbeschluss förmlich festgestellt wird, steht im freien Ermessen der Einigungsstelle (BAG 28.5.02 – 1 ABR 37/01, NZA 03, 171). Ein solcher Beschluss ist gerichtlich nicht isoliert anfechtbar (BAG 22.11.05 – 1 ABR 50/04, NZA 06, 803). Das BAG hat einen dahingehenden Antrag iS einer Feststellung des Bestehens/Nichtbestehens eines Mitbestimmungsrechts ausgelegt (BAG 8.6.04 – 1 ABR 13/03, NZA 04, 1175).

24 Bejaht die Einigungsstelle ihre Zuständigkeit, so erfolgt eine eingehende **mündliche Beratung,** die auch die Einholung von Sachverständigengutachten oder Zeugenvernehmungen umfassen kann (BAG 4.7.89 – 1 ABR 40/88, NZA 90, 29; 13.11.91 – 7 ABR 70/90, NZA 92, 459). Beide Parteien können sich durch Verbandsvertreter oder Rechtsanwälte vertreten lassen (BAG 21.6.89, DB 89, 2436). Die Sitzungen sind nach hM nicht allgemein- oder betriebsöffentlich, sondern lediglich parteiöffentlich (BAG 18.1.94, DB 94, 838). Das Verfahren kann gem § 76 Abs 4 BetrVG durch eine Betriebsvereinbarung näher geregelt werden. Anderenfalls gelten die in § 76 Abs 3 BetrVG festgeschriebenen Prinzipien im Rahmen der allgemein anerkannten, sich aus dem Rechtsstaatsgebot ergebenden **elementaren Grundsätze.** Hierzu gehören die rechtzeitige und ordnungsgemäße Unterrichtung der Einigungsstellenmitglieder über Ort und Zeit der Sitzungen, die Gewährung rechtlichen Gehörs, die Entscheidung über einen Zeitrahmen oder die Verlegung der Sitzung, die Beschlussfassung aufgrund nichtöffentlicher Beratung und die Bescheidung von Befangenheitsanträgen (BAG 29.1.02 – 1 ABR 18/01, AP Nr 19 zu § 76 BetrVG 1972 Einigungsstelle; LAG Köln 26.7.05 – 9 TaBV 5/05, NZA-RR 06, 197) sowie ein allgemeines Beschleunigungsgebot (*Hinrichs/Boltze* DB 13, 814). **Verfahrensbegleitende Beschlüsse** der Einigungsstelle, die nicht deren Zuständigkeit zum Gegenstand haben, sind nicht gesondert gerichtlich anfechtbar (BAG 4.7.89 – 1 ABR 40/88, NZA 90, 29; 22.1.02 – 3 ABR 28/01, AP Nr 16 zu § 76 BetrVG 1972 Einigungsstelle; LAG BlnBbg 1.7.11 – 8 TaBV 656/11, BeckRS 2011, 76125).

25 **Inhaltlich** wird die Einigungsstelle durch den **Verfahrensgegenstand** begrenzt. Innerhalb dieser Materie ist sie jedoch nicht an die Anträge der Beteiligten gebunden, sondern verpflichtet, den Verfahrensgegenstand voll auszuschöpfen und den Konflikt vollständig zu lösen (BAG 8.11.11 – 1 ABR 42/10, BeckRS 2012, 67026; 11.1.11 – 1 ABR 104/09, NZA 11, 651). Sie hat in eigener Zuständigkeit darüber zu befinden, auf welche Weise sie ihren Regelungsauftrag erfüllt, ohne dass dies vorab gerichtlich geklärt werden kann (BAG 17.9.13 – 1 ABR 24/12, BeckRS 2013, 73979). Bei einem Sozialplan darf die Einigungsstelle nicht nur Bestimmungen über die Verteilung eines möglichen Sozialplanvolumens treffen, sondern muss auch den Umfang der vom Unternehmen zur Verfügung zu stellenden Finanzmittel festlegen (BAG 26.5.09 – 1 ABR 12/08 NZA-RR 09, 588). Bei Regelungen zur Dienstkleidung darf sie die Festlegung des dienstkleidungspflichtigen Personenkreises nicht dem ArbGeb überlassen (BAG 17.1.12 – 1 ABR 45/10, NZA 12, 687). Bei der Regelung eines Dienstplans müssen regelmäßig auch Regelungen getroffen werden, wie bei der Abweichung von einem beschlossenen Dienstplan verfahren werden soll (BAG 9.7.13 – 1 ABR 19/12, BeckRS 2013, 72625). Die Mitbestimmungsrechte des BRat kann die Einigungsstelle gegen dessen Willen nicht erweitern (BAG 15.5.01 – 1 ABR 39/00, NZA 01, 1154). Diejenige Seite, auf deren Initiative hin die Einigungsstelle tätig wird, bleibt nicht Herrin des Verfahrens und kann insbesondere keine einseitige Beendigung des einmal begonnenen Einigungsstellenverfahrens herbeiführen (LAG Frankfurt 20.7.93, BB 94, 430). Soweit der Einigungsstellenspruch dem ArbGeb einen Spielraum hinsichtlich der konkreten Ausfüllung überlässt, muss diese so weit durch die Entscheidung der Einigungsstelle selbst vorgezeichnet sein, dass von einer eigenen Gestaltung des Regelungsgegenstandes durch die Einigungsstelle gesprochen werden kann (BAG 8.6.04 – 1 ABR 4/03, NZA 05, 227). Sie darf sich insbesondere nicht damit begnügen, den Antrag einer Seite zurückzuweisen (BAG 30.1.90, DB 90, 1090).

26 Nach § 76 Abs 3 BetrVG ist folgende **Verfahrensweise** bei der Beschlussfassung in der Einigungsstelle einzuhalten: Um zunächst eine „innerbetriebliche" Einigung zu ermöglichen, hat eine **erste Abstimmung** ohne Beteiligung des Vorsitzenden zu erfolgen. Ergibt sich keine Mehrheit, so haben die Beteiligten erneut in die Beratung einzutreten. Die fehlende Möglichkeit zur Zwischenberatung kann zur Aufhebung des Einigungsstellenspruchs führen (BAG 18.12.90 – 1 ABR 11/90, NZA 91, 484; 11.9.01 – 1 ABR 5/01, NZA

02, 572). Sodann erfolgt eine **zweite**, entscheidende **Abstimmung**, bei der der Vorsitzende mitstimmt und ggf den Ausschlag gibt. Stimmenthaltungen, insbesondere des Vorsitzenden, sind nicht zulässig. Geschehen sie dennoch, so sind sie insgesamt unberücksichtigt zu lassen (BAG 17.9.91, BB 92, 1133). Es genügt die Mehrheit der abgegebenen Stimmen; eine **Stimmenthaltung** ist jedoch keine Stimmabgabe. Gleiches gilt, wenn die von einer Seite benannten Beisitzer zur Beschlussfassung nicht erscheinen. Im Übrigen bestimmt der Vorsitzende Inhalt und Ablauf des Verfahrens im Interesse einer effektiven Schlichtung nach pflichtgemäßem Ermessen (BAG 11.2.92, DB 92, 1730; weiterführend *Hennige* Das Verfahrensrecht der Einigungsstelle, 1996, S 211 ff). Dabei bestehen gegen Einzelgespräche des Vorsitzenden mit den jeweiligen Beteiligten keine rechtliche Bedenken (ArbG Köln 20.4.94 – 13 BV 167/93; *Faulenbach* NZA 12, 953: „Pendeldiplomatie"). Zwingend müssen Schlussberatung und Beschlussfassung in Abwesenheit der Vertreter der Betriebsparteien erfolgen. Dies folgt das BAG aus der Schlichtungsfunktion der Einigungsstelle. Ein Verstoß gegen diesen elementaren Verfahrensgrundsatz hat die Unwirksamkeit des Einigungsstellenspruchs zur Folge (BAG 18.1.94, DB 94, 838).

Zu empfehlen ist eine förmliche Beschlussfassung im Rahmen einer Schlussabstimmung, 27 da nur auf diese Weise zweifelsfrei gewährleistet werden kann, dass der Einigungsstellenspruch, wie vom Gesetz verlangt, von der Mehrheit der Einigungsstellenmitglieder getragen wird (BAG 18.4.89, DB 89, 1926; 6.11.90, DB 91, 758). Es genügt die einfache Mehrheit. Eine Unterbrechung der Sitzung zwecks vorheriger Beschlussfassung des BRat ist nicht erforderlich. Es reicht aus, wenn die Beisitzer des BRat die „Linie" der Verhandlungen in der Einigungsstelle zuvor im BRat abgestimmt haben (BAG 24.2.2000 – 8 AZR 180/99, DB 2000, 1287). Der Einigungsstellenspruch ist **schriftlich niederzulegen**, vom Vorsitzenden zu unterschreiben und ArbGeb sowie BRat zuzuleiten (BAG 14.9.10 – 1 ABR 30/09, NZA-RR 11, 526). Weder elektronische, noch Textform genügen (BAG 5.10.10 – 1 ABR 31/09, NZA 11, 420; vgl auch *Tschöpe/Geißler* NZA 11, 545). Auch die Übersendung des Spruchs in Form einer pdf-Datei genügt nicht den gesetzlichen Anforderungen (BAG 13.3.12 – 1 ABR 78/10, NZA 12, 748). Zur Erleichterung einer evtl gerichtlichen Überprüfung sollte er **begründet** werden.

6. Tarifliche Schlichtungsstelle. Nach § 76 Abs 8 BetrVG kann durch Tarifvertrag eine 28 tarifliche Schlichtungsstelle an die Stelle der betrieblichen Einigungsstelle treten und deren Aufgaben übernehmen (vgl hierzu im Einzelnen *Rieble* RdA 93, 140). Die Einzelheiten bestimmen sich dann nach den jeweiligen tariflichen Regelungen. Scheitert die Einrichtung einer tariflichen Einigungsstelle im Einzelfall, fällt die Kompetenz an die betriebliche Einigungsstelle zurück und es gelten die allgemeinen Bestimmungen des § 76 BetrVG. Sprüche der tariflichen Schlichtungsstelle unterliegen derselben gerichtlichen Überprüfung wie Sprüche der Einigungsstelle (BAG 18.12.90, DB 91, 1076).

7. Kosten. Die Kosten der Einigungsstelle trägt gem § 76a Abs 1 BetrVG der ArbGeb. 29 Hierzu gehören der gesamte **Sachaufwand** für die Tätigkeit der Einigungsstelle sowie im Grundsatz die Kosten für die Vertretung durch Rechtsanwälte (s *Rechtsanwaltskosten* Rz 15–18) oder für Sachverständige (BAG 13.11.91, DB 92, 789; Näheres s *Sachverständiger* Rz 13).

Gem § 76a Abs 2 BetrVG erhalten **betriebsangehörige Beisitzer** keine Vergütung für 30 ihre Tätigkeit, sondern werden lediglich unter Fortzahlung ihres Entgelts gem § 37 Abs 2 und 3 BetrVG für die Einigungsstelle freigestellt.

Der **Vorsitzende** und die **betriebsfremden Beisitzer** haben nach § 76a Abs 3 BetrVG 31 einen gesetzlichen Vergütungsanspruch gegenüber dem ArbGeb, der auch einen Anspruch auf Erstattung der MwSt umfasst (BAG 14.2.96, DB 96, 2233). Als betriebsfremder Beisitzer gilt auch der in einem anderen Betrieb desselben Unternehmens oder Konzerns beschäftigte ArbN (BAG 21.6.89, DB 89, 2438; LAG BaWü 30.12.88, DB 89, 736). Gleiches gilt für Aufsichtsratsmitglieder, die nicht dem Unternehmen angehören. Die Tätigkeit als Einigungsstellenbeisitzer stellt keine originäre Aufsichtsratstätigkeit dar (s *Aufsichtsratsvergütung (Arbeitnehmer)* Rz 6), so dass ein Honoraranspruch nach § 76a BetrVG besteht. Bei arbeitgeberseitigen Einigungsstellenbeisitzern erscheint aufgrund des Normzwecks eine analoge Anwendung des § 114 AktG (Zustimmung des gesamten Aufsichtsrats) bedenkenswert. Der BRat kann auch mehrere betriebsfremde Beisitzer benennen. Eine Erforderlichkeitsprüfung findet

153 Einigungsstelle

auch unter Honorargesichtspunkten insoweit nicht statt (BAG 24.4.96, DB 96, 2232). Einzige Voraussetzung ist ein wirksamer BRatBeschluss. Fehlt es hieran jedoch, besteht seitens des fehlerhaft bestellten Beisitzers kein Vergütungsanspruch (BAG 19.8.92, DB 93, 1196). Die Höhe der Vergütung soll gem § 76a Abs 4 BetrVG durch eine Rechtsverordnung des BMAS geregelt werden. Da eine solche Rechtsverordnung derzeit noch nicht existiert, sind die Vergütungen nach den Kriterien des § 76a Abs 4 Satz 3–5 BetrVG (Zeitaufwand, Schwierigkeit der Tätigkeit, Verdienstausfall) privatrechtlich zu vereinbaren.

32   Sinnvoll erscheint eine Vergütung nach **Stunden- oder Tagessätzen,** wobei für die Beisitzer regelmäßig eine geringere Vergütung (§ 76a Abs 4 Satz 4 BetrVG) in Höhe von $^7/_{10}$ des Vorsitzendenhonorars angemessen erscheint (BAG 20.2.91, NZA 91, 651; 14.2.96 – 7 ABR 24/95, NZA 96, 1225; LAG München 26.11.98 – 4 TaBV 30/97, AiB 99, 359; aA ArbG Regensburg 10.2.97, NZA-RR 97, 256: 50%).

Die konkrete Festlegung der Vergütung ist problematisch. Aus Gründen der Rechtsklarheit ist es empfehlenswert, die Vergütungsabrede mit dem Vorsitzenden vorweg zu treffen (Pauschalhonorar oder Stundensatz). Die gegenteilige Auffassung, bei noch offener Honorierungsfrage sei eher sichergestellt, dass der Vorsitzende „vorsichtig und korrekt" agiere (so *Tschöpe* NZA 04, 945) überzeugt nicht. Ohne vorherige Vergütungsvereinbarung steht dem Einigungsstellenvorsitzenden ein Leistungsbestimmungsrecht gem §§ 315, 316 BGB zu, das nach den Grundsätzen billigen Ermessens auszuüben ist. In der Literatur wird insoweit ein Vergütungsrahmen von 100 bis 300 € pro Stunde vorgeschlagen (*Pünnel/Wenning-Morgenthaler* Die Einigungsstelle, 5. Aufl 2009, Rz 489. Zu berücksichtigen sind dabei neben dem Zeitaufwand für die Einigungsstellensitzung selbst auch die erforderlichen Vorbereitungs- und Nacharbeitszeiten für Protokollanfertigung, Spruchbegründung etc (GK-BetrVG/*Kreutz* § 76a Rz 45). Eine Orientierung an den Stundensätzen des JVEG wird wegen fehlender Vergleichbarkeit mit der Tätigkeit eines Sachverständigen zu Recht abgelehnt (*Löwisch* DB 89, 223; *Bauer* NZA 92, 433). Dem ist das BAG in einer Entscheidung vom 28.8.96 (– 7 ABR 42/95, NZA 97, 222) grds gefolgt. Das Gericht hat den vom LAG BaWü in der Vorinstanz zugrunde gelegten Stundensatz von 154 € (300 DM) für eine Einigungsstelle mittleren Schwierigkeitsgrades (Sozialplan) nicht beanstandet, gleichzeitig aber betont, dass aufgrund der bestehenden Gesetzeslage eine richterliche Festlegung von Höchstbeträgen nicht möglich sei.

Einigungsstellenmitglieder haben gem § 76a BetrVG auch einen Anspruch auf **Auslagenersatz** für diejenigen Kosten (zB Reisekosten, Übernachtungskosten, Tagesspesen), die durch die Teilnahme an Einigungsstellenverhandlungen tatsächlich entstanden sind (BAG 14.2.96, DB 96, 2233).

33   Die Vergütungspflicht für betriebsfremde Beisitzer gilt uneingeschränkt auch für **Rechtsanwälte** (Näheres s *Rechtsanwaltskosten* Rz 16–18) und **Verbandsvertreter** (ArbGebVerband oder Gewerkschaft), bei Letzteren unabhängig davon, ob diese die Vergütung ganz oder teilweise an die Verbände abführen (BAG 14.12.88, DB 89, 888 [LS]). Nach LAG RhPf ist die Gewährung unterschiedlich hoher Vergütungen für die Beisitzer der ArbGeb- und BRatSeite unzulässig (LAG RhPf 24.5.91, DB 91, 1992; aA *Bauer* NZA 92, 433). Dies erscheint jedenfalls im Hinblick auf den zu berücksichtigenden uU höchst unterschiedlichen Verdienstausfall bedenklich (anders wohl BAG 20.2.91, NZA 91, 651). Andererseits enthält § 76a Abs 4 BetrVG kein gesetzliches Verbot, an Beisitzer ein höheres Honorar als an den Vorsitzenden zu zahlen (LAG Hamm 20.1.06 – 10 TaBV 131/05, NZA-RR 06, 323). Zudem ist die Möglichkeit zur Vereinbarung abweichender Vergütungsregelungen in Tarifverträgen, Betriebsvereinbarungen oder Einzelverträgen allgemein anerkannt. Kosten, die im Rahmen der Durchsetzung des Vergütungsanspruchs eines Einigungsstellenmitglieds gegenüber dem ArbGeb entstanden sind, sind (zB Rechtsanwaltskosten), sind im arbeitsgerichtlichen Beschlussverfahren geltend zu machen und können als Schadensersatzanspruch gem §§ 280, 286 BGB berechtigt sein (BAG 27.7.94, DB 95, 835). Für die Erstattung auch dieser Kosten durch den ArbGeb kommt es auf deren Erforderlichkeit und Verhältnismäßigkeit an (LAG Frankfurt 3.9.92, DB 93, 1096). Die ArbG sind ebenfalls sachlich zuständig für Rückzahlungsansprüche des ArbGeb bzw Konkursverwalters nach erfolgter Anfechtung gegenüber einem Mitglied der Einigungsstelle (LG Frankfurt 25.6.93, NZA 94, 96).

8. Streitigkeiten. Die **Zuständigkeitsentscheidung** der Einigungsstelle unterliegt der 34 Rechtskontrolle durch das ArbG (BAG 6.12.88, DB 89, 883). Gleiches gilt für das Verlangen des BRat auf Vollzug des Einigungsstellenspruchs (BAG 28.11.89, DB 90, 792). Nicht isoliert anfechtbar sind dagegen verfahrensleitende Maßnahmen der Einigungsstelle wie Beweisbeschlüsse uä (BAG 4.7.89 – 1 ABR 40/88, NZA 90, 29; 22.1.02 – 3 ABR 28/01, AP Nr 16 zu § 76 BetrVG 1972 Einigungsstelle).

Der **Spruch der Einigungsstelle** unterliegt einer uneingeschränkten **Rechtskontrolle** 35 und einer fristgebundenen **Ermessenskontrolle** durch das ArbG. Die Betriebspartner und die Einigungsstelle haben höherrangiges Recht zu beachten (BAG 29.6.04 – 1 ABR 21/03, NZA 04, 1278). Dabei ist allein maßgeblich, ob sich der Spruch der Einigungsstelle selbst innerhalb der gesetzlichen Grenzen hält. Ob die dem Spruch zugrunde liegenden Erwägungen folgerichtig waren und eine erschöpfende Würdigung des Sachverhalts beinhalten, ist nicht entscheidend (BAG 6.5.03 – 1 ABR 11/02, NZA 04, 108; aA *Fiebig* DB 95, 1278). Maßgeblich ist vielmehr, ob der Spruch der Einigungsstelle dem Schutzzweck des einschlägigen Mitbestimmungsrechts Rechnung trägt (BAG 30.8.95, DB 96, 333). Gegenstand der gerichtlichen Überprüfung ist grds nicht das Verfahren der Einigungsstelle als solches und die den Regelungen der Einigungsstelle zugrunde liegenden tatsächlichen oder rechtlichen Annahmen und Erwägungen, sondern allein die von der Einigungsstelle beschlossene inhaltliche Regelung (BAG 6.5.03 – 1 ABR 11/02, NZA 04, 108; 22.7.03 – 1 ABR 28/02, NZA 04, 507; 29.1.02 – 1 ABR 18/01, AP Nr 19 zu § 76 BetrVG 1972 Einigungsstelle). Dies ist durch einen Feststellungsantrag und nicht im Wege der Aufhebungsklage zu klären (BAG 28.5.02 – 1 ABR 37/01, NZA 03, 171; 15.3.06 – 7 ABR 24/05; 18.5.10 – 1 ABR 96/08, NZA 11, 171). Auch eine auf abgrenzbare Teile des Einigungsstellenspruchs beschränkte Teilanfechtung ist möglich (BAG 30.5.06 – 1 ABR 21/05, NZA 06, 1240 [Ls]). Bei Sozialplänen stellt ein Verstoß gegen die Leitlinien des § 112 Abs 5 BetrVG einen Ermessensfehler dar, der die Unwirksamkeit des Spruchs der Einigungsstelle zur Folge hat (BAG 6.5.03 – 1 ABR 11/02, NZA 04, 108; *Scholz* BB 06, 1498). Der BRat kann den Spruch der Einigungsstelle mit der Begründung anfechten, dessen Gesamtvolumen sei zu gering. Ermessensfehlerfrei ist der Sozialplan nur, wenn er wenigstens eine substanzielle Milderung der wirtschaftlichen Nachteile vorsieht (BAG 24.8.04 – 1 ABR 23/03, NZA 05, 503). Ficht der ArbGeb einen Sozialplan wegen mangelnder wirtschaftlicher Vertretbarkeit an, muss er entweder darlegen, dass eine Überkompensation der eingetretenen Nachteile erfolgt oder die Grenze der wirtschaftlichen Vertretbarkeit für das Unternehmen (selbst bei einem möglichen Bemessungsdurchgriff auf Konzernobergesellschaften) überschritten ist (BAG 22.1.13 – 1 ABR 85/11, NZA-RR 13, 409). Will der ArbGeb eine freiwillige Zusatzleistung einführen, mit der die Übernahme von Führungsverantwortung honoriert werden soll, überschreitet die Einigungsstelle ihr Ermessen, wenn sie die Leistungsgewährung von einer mindestens 10-jährigen Konzernzugehörigkeit abhängig machen will (LAG Köln 13.7.05 – 7 TaBV 74/04, NZA-RR 06, 415). Wegen der grds bestehenden Zuständigkeit des örtlichen BRat für die Regelung der Vergütung von AT-Angestellten ist ein unter Beteiligung des GBRat zustande gekommener Einigungsstellenspruch zu diesem Regelungsgegenstand unwirksam (BAG 23.3.10 – 1 ABR 82/08, NZA 11, 642; 18.5.10 – 1 ABR 96/08, NZA 11, 171). Ermessensfehlerhaft ist auch ein Einigungsstellenspruch, der einen ArbGeb zu Gefährdungsschulungen nach § 12 ArbSchG verpflichtet, bevor konkrete Gefährdungen für den jeweils zu schulenden ArbN festgestellt wurden (LAG Köln 3.5.10 – 2 TaBV 90/09, BeckRS 2010, 70830).

Wollen ArbGeb oder BRat die Überschreitung der Grenzen des Ermessens durch die Einigungsstelle geltend machen, so muss dies durch einen begründeten Antrag innerhalb einer materiellrechtlichen **Ausschlussfrist von zwei Wochen** beim ArbG geschehen. Die Versäumung dieser Frist führt zum endgültigen Erlöschen des Anfechtungsrechts (BAG 26.5.88, DB 88, 2154; 25.7.89, DB 90, 791). Eine Wiedereinsetzung ist nicht möglich (*Weber/Burmester* BB 95, 2268). Außerhalb der Frist kann nur das Fehlen einer gesetzlichen Grundlage für die von der Einigungsstelle beanspruchte Regelungskompetenz gerügt werden (BAG aaO). Ist dies der Fall, so liegt ein rechtswidriger Einigungsstellenspruch vor, der von Anfang an unwirksam ist (*Schüren* RdA 96, 14; aA LAG Bln 6.12.84, BB 85, 1199; LAG Frankfurt 24.9.87, BB 88, 347). Insoweit kann der BRat die Unwirksamkeit eines Einigungsstellenspruchs auch mit der Begründung geltend machen, er habe bezüglich des Regelungsgegenstands der Einigungsstelle gar kein Mitbestimmungsrecht (BAG 20.7.99 – 1 ABR

154 Einmalzahlungen

66/98, NZA 2000, 495; 22.7.03 – 1 ABR 28/02, NZA 04, 507). Möglich ist eine teilweise Unwirksamkeit. Es gelten die allgemeinen Grundsätze wie auch sonst bei Betriebsvereinbarungen (BAG; 20.7.99 – 1 ABR 66/98, NZA 2000, 495; 28.5.02 – 1 ABR 37/01, NZA 03, 171; 22.7.03 – 1 ABR 28/02, NZA 04, 507; Näheres s *Betriebsvereinbarung* Rz 11). Kommt es zwischenzeitlich zur Stilllegung des betroffenen Betriebs ist damit auch ein Anfechtungsverfahren erledigt (BAG 19.6.01 – 1 ABR 48/00, NZA 02, 756).

Ein rechtliches Interesse an der Feststellung der Unwirksamkeit besteht, soweit und solange diesem ein betriebsverfassungsrechtlicher Konflikt zugrunde liegt und dieser fortbesteht. Es fehlt daher, wenn der Spruch zB wegen erkannter Unvollständigkeit durch einen späteren Einigungsstellenspruch ersetzt worden ist (LAG Hbg 19.2.13 – 2 TaBV 15/11 – nicht rkr, Az beim BAG: 1 ABR 21/13). Der **Streitwert** bemisst sich dabei nach dem Sozialplanvolumen, beschränkt auf die Höhe des streitigen Betrags unter Beachtung der Höchstgrenze für nichtvermögensrechtliche Streitigkeiten von 500 000 € (BAG 9.11.04 – 1 ABR 11/02 (A), NZA 05, 70). Eine auf Verhinderung der Durchführung eines Einigungsstellenspruchs gerichtete **einstweilige Verfügung** kommt nur in äußerst engen Grenzen in Betracht, wenn der Einigungsstellenspruch offensichtlich rechtswidrig ist (LAG Köln 30.7.99 – 11 TaBV 35/99, NZA 2000, 334).

Die Betriebspartner können in einer Betriebsvereinbarung vereinbaren, dass bei Streitigkeiten um die **Auslegung einer Betriebsvereinbarung** zunächst eine Einigungsstelle diese Rechtsfrage klären soll. Allerdings muss die gerichtliche Überprüfung möglich bleiben, da die Klausel ansonsten als Schiedsabrede nach § 4 ArbGG unzulässig wäre (BAG 8.11.88, DB 89, 587; 20.11.90, DB 91, 1025).

36 **9. Muster.** S Online-Musterformulare *„M19 Einigungsstelle"*.

B. Lohnsteuerrecht *Windsheimer*

37 Soweit ein Beschluss der Einigungsstelle Auswirkung auf den Lohn hat, s *Arbeitsentgelt* Rz 30 ff.

Die Kosten der Einigungsstelle sind Betriebsausgaben. Da betriebsangehörige Beisitzer keine Vergütung erhalten (vgl oben Rz 30), bestehen lohnsteuerrechtlich keine Auswirkungen. Soweit eine Vergütung zu zahlen ist und/oder freiwillig gezahlt wird, handelt es sich um Einkünfte aus sonstiger selbstständiger Arbeit (§ 18 Abs 1 Nr 3 EStG; vgl *Schmidt/Wacker* EStG § 18 Rz 140 ff), die nicht lohnsteuerpflichtig ist.

C. Sozialversicherungsrecht *Schlegel*

38 Der Tätigkeit von Einigungsstellen kommt im Sozialrecht keine unmittelbare Bedeutung zu.

Einmalzahlungen

A. Arbeitsrecht *Griese*

Übersicht

	Rz		Rz
1. Begriff	1	e) Anrechnung auf anderweitige Leistungen	16
2. Rechtsgrundlage	2	6. Rückzahlungsklauseln	17–20
3. Bindung an den Gleichbehandlungsgrundsatz	3–6	7. Unpfändbarkeit	21
4. Tranzparenzgebot und Widerrufsvorbehalte	7, 8	8. Mitbestimmungsrechte des Betriebsrats	22–27
5. Anspruchskürzungen und -ausschlüsse	9–16	a) Einmalzahlung aufgrund eines Tarifvertrages	22
a) Ausscheiden vor einem festgelegten Stichtag	10	b) Andere Rechtsgrundlagen	23, 24
b) Ausscheiden zum Stichtag oder Ende des Kalenderjahres aufgrund betriebsbedingter Kündigung	11	c) Grenzen des Mitbestimmungsrechts nach § 87 Abs 1 Nr 10 BetrVG	25, 26
c) Ruhen des Arbeitsverhältnisses	12, 13	d) Mitbestimmungsrecht nach § 87 Abs 1 Nr 11 BetrVG	27
d) Langdauernde Arbeitsunfähigkeit	14, 15		

Einmalzahlungen 154

1. Begriff. Unter dem Begriff Einmalzahlungen werden Sonderzuwendungen verstanden, 1 die aus bestimmten Anlässen – meistens einmal jährlich – zusätzlich zum laufenden Entgelt gezahlt werden (zur sozialversicherungsrechtlichen Legaldefinition s § 23a SGB IV. Hierher gehören als wichtigste Fälle die jährliche **Sonderzuwendung, die Gratifikation oder das Weihnachtsgeld,** ferner das *Urlaubsgeld* und die **Jubiläumszahlung,** ebenso wie Gewinnbeteiligungen, Jahresprämien, einmal jährlich gezahlte Anwesenheitsprämien oder 13. und 14. Monatsgehälter.

2. Rechtsgrundlage. Charakteristisch für Einmalzahlungen ist, dass es für sie keine 2 **gesetzliche** Anspruchsgrundlage gibt. Sie können in einem Tarifvertrag oder einer Betriebsvereinbarung ihre rechtliche Grundlage haben. Die arbeitsvertragliche Zusage kann sich auch aus der vertraglichen Einbeziehung von Tarifverträgen ergeben (BAG 27.10.04 – 10 AZR 138/04, NJOZ 05, 1464).

Ein Anspruch kann ferner aus einer betrieblichen Übung (BAG 24.3.10 – 10 AZR 43/09, NZA 10, 759) entstehen. Eine von vorneherein auf das jeweilige Kalenderjahr bezogene Zusage einer Einmalzahlung begründet keine betriebliche Übung (BAG 16.4.97 – 10 AZR 705/96, NZA 98, 423). Ebenfalls keine betriebliche Übung entsteht, wenn für den ArbN erkennbar dreimal in völlig unterschiedlicher Höhe gezahlt wird, da dann der ArbN davon ausgehen muss, dass der ArbGeb die Zuwendung nur für das jeweilige Jahr gewähren will (BAG 28.2.96 – 10 AZR 516/95, NZA 96, 758). Eine betriebliche Übung kann für Betriebsrentner eintreten (BAG 16.2.10 – 3 AZR 118/08, DB 10, 1947). Erbringt ein ArbGeb über mehrere Jahre vorbehaltlos Zahlungen aus Anlass von Dienstjubiläen der ArbN, entsteht hieraus eine **betriebliche Übung,** auf die sich nachfolgende ArbN, die das Dienstjubiläum erreichen, berufen können. Aus der lediglich zweimal erfolgten Jubiläumszahlung kann, auch wenn sie durch ein Kalenderjahr unterbrochen wird, in dem kein ArbN das Betriebsjubiläum erreichte, keine Betriebliche Übung abgeleitet werden (BAG 28.7.04 – 10 AZR 19/04, NZA 04, 1152).

Anspruchsgrundlage kann weiterhin eine vertragliche Einheitsregelung sein. Ferner kann der ArbGeb eine Zahlungsverpflichtung dadurch begründen, dass er durch einseitige Erklärung an die Belegschaft (Gesamtzusage) eine Einmalzahlung aus einem bestimmten Anlass zusagt. Der Anspruch auf eine Einmalzahlung kann des Weiteren aus dem Arbeitsvertrag oder einer arbeitsvertraglichen Zusage folgen. Die Rechtsgrundlage gibt zugleich Auskunft über die Zwecksetzung der Einmalzahlung. Die Einmalzahlung kann der ArbGeb schließlich als freiwillige zusätzliche Leistung erbringen. Die **vertragliche Ausgestaltung unterliegt der Kontrolle gem §§ 305 ff BGB.** So liegt eine unangemessene Benachteiligung gem § 307 BGB vor, wenn ein Arbeitsvertrag auf ein ergänzendes Regelwerk in seiner jeweiligen Fassung (Jeweiligkeitsklausel) verweist, das dem ArbGeb ermöglichen soll, einseitig die Höhe von Einmalzahlungen oder sonstigen Vergütungsbestandteilen zu verändern (BAG 11.2.09 – 10 AZR 222/08, NZA 09, 428).

3. Bindung an den Gleichbehandlungsgrundsatz. Eine Zusage aus einem Tarifvertrag, 3 einer Betriebsvereinbarung, aufgrund vertraglicher Einheitsregelung, Gesamtzusage oder betrieblicher Übung darf daher nicht in einer gegen Art 3 GG verstoßenden Weise bestimmte Beschäftigte oder Beschäftigtengruppen von der Einmalzahlung ausschließen (BAG 30.7.08 – 10 AZR 497/07, NZA 08, 1412 – keine Differenzierung danach, ob der ArbN verschlechternde Arbeitsbedingungen akzeptiert hat; BAG 1.4.09 – 10 AZR 353/08, NZA 09, 1409). Schlechtere Arbeitsbedingungen oder **geringere laufende Vergütung** dürfen aber durch Einmalzahlungen **kompensiert** werden (BAG 5.8.09 – 10 AZR 666/08, NZA 09, 1135).

Viel spricht dafür, den Gleichbehandlungsgrundsatz nicht auf den einzelnen Betrieb zu beschränken, sondern betriebsübergreifend auf das ganze Unternehmen anzuwenden (BAG 17.11.98 – 1 AZR 147/98, NZA 99, 606). Bestehen in einem Betrieb aus sachlichen Gründen, zB Übernahme eines zusätzlichen Betriebsteils, voneinander unabhängige Vergütungssysteme, sind daraus resultierende unterschiedliche Einmalzahlungen nicht zu beanstanden (BAG 18.11.03 – 1 AZR 604/02, NZA 04, 803). Ein Verstoß gegen Art 3 GG liegt vor, wenn die Ungleichbehandlung nicht durch sachliche Gründe gerechtfertigt ist. So stellt das unterschiedliche Arbeitspensum von Teilzeitbeschäftigten gegenüber Vollzeitbeschäftigten keinen sachlichen Grund für eine Differenzierung dar, so dass **Teilzeitbeschäftigte, auch**

154 Einmalzahlungen

geringfügig Beschäftigte, von einer Einmalzahlungsregelung nicht ausgeschlossen werden können, sondern – je nach Verwendungszweck anteilig entsprechend ihrer Arbeitszeit (BAG 22.10.08 – 10 AZR 734/07, NZA 09, 168) – ebenfalls einen Einmalzahlungsanspruch haben (BAG 6.12.90 – 6 AZR 159/89, BB 91, 2299). Dies gilt auch für **Jubiläumszuwendungen** (BAG 22.5.96 – 10 AZR 618/95, NZA 96, 938). Soll aufgrund nachfolgender tariflicher Regelung eine tarifliche Einmalzahlung gekürzt werden, muss dies proportional zum Beschäftigungsumfang erfolgen; eine Verkürzung um einen Einheitsbetrag von 1000 DM (511 €) einheitlich für Vollzeit- und Teilzeitbeschäftigte benachteiligt die Teilzeitbeschäftigten und ist deshalb unwirksam (BAG 24.5.2000 – 10 AZR 629/99, NZA 01, 216). Tarifvertraglich begründete Einmalzahlungen können durch einen nachfolgenden (Sanierungs-)Tarifvertrag auch rückwirkend, dh am Ende des Kj für das laufende Kj verschlechtert werden (BAG 14.11.01 – 10 AZR 698/00, NZA 02, 1056). Bei Beachtung des Vertrauensschutzprinzips ist durch einen **Sanierungstarifvertrag** sogar eine Beseitigung entstandener, aber noch nicht ausgezahlter Einmalzahlungsansprüche möglich (BAG 22.10.03 – 10 AZR 152/03, NZA 04, 444). Bei einer **Betriebsabspaltung** ist es unter Gleichbehandlungsgesichtspunkten zulässig, nur den **verbleibenden ArbN** zur Motivation für die Zukunft eine Sonderzahlung zu gewähren (BAG 14.2.07 – AZR 181/06, NJW 07, 1548).

4   Die **nebenberufliche Tätigkeit** eines Teilzeitbeschäftigten ist allein ebenfalls kein sachlicher Grund für den Ausschluss von einer Einmalzahlungszusage (BAG 6.12.90 – 6 AZR 159/89, BB 91, 2299). Durch § 4 Abs 1 TzBfG ist dies auch gesetzlich festgelegt und umfasst nach § 2 Abs 2 TzBfG auch die **geringfügig Beschäftigten**. Die unterschiedliche Behandlung von gewerblichen ArbN und Angestellten ist grds sachlich nicht gerechtfertigt (BAG 25.1.84 – 5 AZR 251/82, DB 84, 2355) eine entsprechende Gruppenbildung scheitert meistens an ausreichenden sachlichen Gründen (BAG 12.10.05 – 10 AZR 640/04, NZA 05, 1418). Zur sachlichen Rechtfertigung kann sich der ArbGeb insbesondere nicht auf den unterschiedlichen Fluktuationsgrad oder darauf berufen, dass die begünstigte Gruppe kleiner als die benachteiligte sei (BAG 25.1.84, NZA 84, 323). Deshalb hat es das BAG auch als unzulässig beurteilt, dass ein Fruchtgroßhandel als Urlaubs- und Weihnachtsgratifikation den Angestellten ein 13. Monatsgehalt, den Fahrern und Lagerarbeitern 1500 DM (767 €) und den Obstsortiererinnen etwas Obst und eine Flasche Kirschlikör zuwenden und dies damit begründen wollte, man habe bei Obstsortiererinnen kein Interesse, eine Fluktuation zu vermeiden (BAG 30.3.94 – 10 AZR 681/92, NZA 94, 786).

5   Ein **sachlicher Differenzierungsgrund** kann dann angenommen werden, wenn der ArbGeb eine bestimmte ArbNGruppe an den Betrieb stärker binden will, weil deren Weggang zu besonderen Belastungen führen würde (BAG 19.3.03 – 10 AZR 365/02, NZA 03, 724), oder wenn dadurch höhere übertarifliche Leistungen einer anderen ArbNGruppe ausgeglichen werden sollen (BAG 30.3.94 – 10 AZR 681/92, NZA 94, 786). Gewährt ein Zeitungsvertrieb seinen Innendienstangestellten ein Weihnachtsgeld, den Zeitungszustellern jedoch nicht, ist diese Differenzierung gerechtfertigt, wenn die Zeitungszusteller die Möglichkeit haben, zur Weihnachtszeit von den Abonnenten ein nicht unerhebliches Trinkgeld zu erhalten (BAG 19.4.95 – 10 AZR 344/94, NZA 95, 985). Das BVerfG (Beschluss vom 1.9.97 – 1 BvR 1929/95, NZA 97, 1339) akzeptiert eine Differenzierung wegen unterschiedlicher Krankenstände nur, wenn feststeht, dass der hohe Krankenstand nicht auf gesundheitsschädlichen Arbeitsbedingungen beruht. Will der ArbGeb nach Leistung differenzieren, muss er hierfür sachlich gerechtfertigte und nachvollziehbare Kriterien, die sich objektivieren lassen, transparent machen.

6   Die Differenzierung muss dem Leistungszweck entsprechen. Gestaltet der ArbGeb die Einmalzahlung als Anwesenheitsprämie aus, um leichtfertigen Krankmeldungen vorzubeugen, verletzt der ArbGeb den arbeitsrechtlichen Gleichbehandlungsgrundsatz, wenn er ArbN, die einer Arbeitszeitverlängerung nicht zugestimmt haben, von der Einmalzahlung ausnehmen will (BAG 26.9.07 – 10 AZR 569/06, NZA 07, 1424).

Ein sachlicher Grund für eine unterschiedliche Behandlung kann daraus folgen, dass einige Arbeitsverhältnisse drittmittelfinanziert sind, andere nicht (BAG 21.5.03 – 10 AZR 524/02, NJW 03, 3150).

Eine tarifliche Regelung, die den Anspruch auf eine Sonderzahlung vom Bestand des Arbeitsverhältnisses am 1. Dezember des Jahres abhängt macht, benachteiligt Arbeitnehmer, die vor diesem Stichtag wegen Erreichens des gesetzlichen Rentenalters aus dem Arbeitsverhältnis ausscheiden, ist **keine unzulässige Altersdiskriminierung** (BAG 12.12.12 – 10 AZR 718/11).

4. Transparenzgebot und Widerrufsvorbehalte. Einschränkungen bei der Entstehung eines Anspruchs auf eine Einmalzahlung müssen bei vom ArbGeb vorformulierten Arbeitsverträgen dem Transparenzgebot entsprechen, andernfalls entsteht der Anspruch ohne Einschränkung. Das **Transparenzgebot des § 307 Abs 1 Satz 2 BGB** ist verletzt, wenn in einem Formulararbeitsvertrag einerseits ein Anspruch zugesagt wird und es an anderer Stelle im Vertrag heißt, dass der ArbN keinen Rechtsanspruch habe (BAG 30.7.08 – 10 AZR 606/07, NZA 08, 1173).

Zulässig ist unter dem Blickwinkel der ABG-Kontrolle eine Klausel, die einem ArbGeb bei einer Einmalzahlung ein einseitiges Leistungsbestimmungsrecht einräumt, insbesondere wenn die Zahlung keinen Entgelt- sondern Gratifikationscharakter hat; die Leistungsbestimmung richtet sich dann nach § 315 Abs 3 BGB (BAG 16.1.13 – 10 AZR 26/12).

Die Vereinbarung eines **Widerrufsvorbehalts** ist gem § 308 Nr 4 BGB unzulässig, soweit der im Gegenseitigkeitsverhältnis stehende widerrufliche Teil des Gesamtverdienstes bei mehr als 25 % liegt oder der Tariflohn unterschritten wird (BAG 11.10.06 – 5 AZR 721/05, NZA 07, 87). Ferner müssen die Widerrufsgründe im Vertrag angegeben sein (BAG 12.1.05 – 5 AZR 364/04, NZA 05, 465). Fehlt ein Freiwilligkeits- oder Widerrufsvorbehalt, kann eineZusage, die durch Arbeitsvertrag, arbeitsvertragliche Einheitsregelung oder Gesamtzusage begründet worden ist, **für die Zukunft nicht einseitig beseitigt werden.** Es bedarf insoweit einer Änderungskündigung oder einer einverständlichen Vertragsänderung mit den ArbN. Gleiches gilt, wenn aufgrund mehrjähriger vorbehaltloser Zahlung eine betriebliche Übung entstanden ist. Eine betriebliche Übung kann durch eine **„umgedrehte" betriebliche Übung** nicht wieder aufgehoben werden (BAG 18.3.09 – 10 AZR 281/08, NZA 09, 601 unter Abänderung früherer Rspr); die dreimalige Deklarierung einer Einmalzahlung als freiwillige Leistung führt nicht zu einem wirksamen Freiwilligkeitsvorbehalt, wenn die Einmalzahlung in den Jahren zuvor ohne diesen Vorbehalt erbracht und damit zu einem Rechtsanspruch aus betrieblicher Übung geführt hat.

Wenn die Einmalzahlung auf Tarifvertrag oder Betriebsvereinbarung beruht, kann eine Änderung, auch Verschlechterung dadurch herbeigeführt werden, dass ein neuer Tarifvertrag bzw eine neue Betriebsvereinbarung, ggf nach Kündigung des alten Tarifvertrages bzw der alten Betriebsvereinbarung, abgeschlossen wird. Die Kündigung eines Tarifvertrags führt zu dessen Nachwirkung nach § 4 Abs 5 TVG. Die Tarifvertragsparteien können während des laufenden Jahres rückwirkend auf den Jahresanfang eine Verschlechterung der am Jahresende zu zahlenden Einmalzahlung wirksam vereinbaren (BAG 17.5.2000 – 4 AZR 216/99, NZA 2000, 1297). Bei der Kündigung einer Betriebsvereinbarung ist zu differenzieren: Handelt es sich bei der Einmalzahlung um eine freiwillige Leistung und beabsichtigt der ArbGeb mit der Kündigung, die Einmalzahlung vollständig entfallen zu lassen, tritt keine Nachwirkung nach § 77 Abs 6 BetrVG ein. Anders ist es hingegen, wenn der ArbGeb mit der Kündigung lediglich eine Änderung des Volumens oder des Verteilungsschlüssels erstrebt (teilmitbestimmte Betriebsvereinbarung, BAG 26.10.93 – 1 AZR 46/93, NZA 94, 572).

Zu Freiwilligkeitsvorbehalten s *Freiwillige Leistungen*

5. Anspruchskürzungen und -ausschlüsse. In der jeweiligen Rechtsgrundlage der Einmalzahlung können Bedingungen für deren Bezug vorgesehen werden. Bei der Beurteilung der rechtlichen Zulässigkeit spielt der mit der Einmalzahlung verfolgte Leistungszweck eine entscheidende Rolle (BAG 16.1.13 – 10 AZR 26/12). Der Leistungszweck kann einerseits in der Zuwendung eines zusätzlichen Entgelts bestehen (zB 13. Monatsgehalt, Sonderzuwendung), das als weitere Gegenleistung für die erbrachte Arbeitsleistung gemeint ist. Andererseits kann der Leistungszweck darin bestehen, eine Gratifikation zuzuwenden, also die erbrachte Betriebstreue zu belohnen (zB Jubiläumszahlung). Mischformen (Zuwendungen mit Mischcharakter) sind ebenfalls möglich.

Deshalb ist bei Leistungen mit Gratifikationscharakter eine Stichtagsregelung möglich und typisch, nach der nur diejenigen ArbN Anspruch auf ein Weihnachtsgeld haben, die sich am Stichtag in einem ungekündigten (dh überhaupt keine rechtswirksame Kündigung ausgesprochen; BAG 7.12.89, DB 90, 941) oder einem noch bestehenden Arbeitsverhältnis (zB Kündi-

154 Einmalzahlungen

gung zu späterem Zeitpunkt) befinden (BAG 25.4.91, DB 91, 1574). Bei der Zahlung aus Anlass eines **Dienstjubiläums** ist idR alleiniger Zweck die Honorierung der erbrachten Betriebstreue (zur Anrechnung von Vordienstzeiten s BAG 24.5.2000 – 10 AZR 402/99, NZA 01, 45). Dies schließt es einerseits aus, denjenigen ArbN, die kurz vor dem Dienstjubiläum ausscheiden, einen anteiligen Anspruch zu gewähren, andererseits hat es zur Konsequenz, dass krankheitsbedingte Fehlzeiten und Zeiträume, in denen das Arbeitsverhältnis geruht hat (Wehrdienst, Pflegezeit, Elternzeit), nicht anspruchsmindernd berücksichtigt werden können. Denn der ArbN hat die allein anspruchsbegründende Betriebstreue erbracht, wenn das Arbeitsverhältnis bis zum Dienstjubiläum **rechtlich** ununterbrochen bestanden hat.

Eine **Wartezeit** kann festgelegt werden (BAG 27.10.04 – 10 AZR 171/04, NZA 05, 239 LS). Die Leistung kann an zusätzliche Bedingungen geknüpft werden. So können die Betriebspartner vereinbaren, dass eine Sonderzahlung an Fahrer nur bei unfallfreiem Fahren und unter der zusätzlichen Bedingung gezahlt wird, dass das Arbeitsverhältnis nicht durch Eigenkündigung des ArbN im Bezugszeitraum endet (BAG 10.1.91 – 6 AZR 205/89, BB 91, 1045). Macht eine tarifliche Regelung den Anspruch auf die Jahresleistung davon abhängig, dass das Arbeitsverhältnis an einem Stichtag **ungekündigt** ist, steht ein vor dem Stichtag geschlossener Aufhebungsvertrag einer Kündigung nicht gleich und lässt sich dem Anspruch nicht entgegensetzen (BAG 7.10.92 – 10 AZR 186/91, BB 93, 220). Auch der Ablauf eines befristeten Arbeitsverhältnisses nach dem tarifvertraglich festgelegten Stichtag lässt sich nicht mit einer Kündigung gleichsetzen, so dass ein hiervon betroffener ArbN die Jahressonderzuwendung verlangen kann, da er sich am Stichtag nicht in einem gekündigten Arbeitsverhältnis befindet (BAG 14.12.93 – 10 AZR 661/92, NZA 94, 463).

10   a) **Ausscheiden vor einem festgelegten Stichtag.** Scheidet ein ArbN vor einem festgelegten Stichtag aus, stellt sich die Frage, ob er eine anteilige Einmalzahlung entsprechend der zurückgelegten Zeit fordern kann. Dabei ist nach dem **Leistungszweck zu differenzieren.** Soll die Einmalzahlung allein die geleisteten Dienste zusätzlich honorieren und stellt damit zusätzliches Arbeitsentgelt dar (zB 13. Monatsgehalt), so ist der Leistungszweck zumindest teilweise erbracht worden, infolgedessen besteht auch ein **anteiliger** Zahlungsanspruch. Eine vertragliche Regelung, die gleichwohl den gesamten Anspruch bei Ausscheiden vor dem Stichtag ausschließen will, hält der Inhaltskontrolle nach § 307 Abs 1 Satz 1 BGB nicht stand (BAG 18.1.12 – 10 AZR 667/10). Bei einem ArbGebWechsel von einem ArbGeb des öffentlichen Dienstes zu einem anderen ArbGeb des öffentlichen Dienstes im laufenden Kj kann nicht die volle Einmalzahlung, sondern nur die anteilige Einmalzahlung verlangt werden (BAG 11.7.12 – 10 AZR 488/11).

Ist vom Leistungszweck her **allein die Belohnung der Betriebstreue gewollt** (Gratifikation), was durch eine Stichtagsregelung zum Ausdruck kommen kann, hat der ArbN die bezweckte Leistung, nämlich die Erbringung der Betriebstreue bis zum Stichtag, nicht erbracht, so dass kein anteiliger Zahlungsanspruch in Betracht kommt (BAG 10.12.08 – 10 AZR 15/08, NZA 09, 322) und eine entsprechende vertragliche Formularausschlussklausel zulässig ist (BAG 18.1.12 – 10 AZR 667/10). Der Grund des vorzeitigen Ausscheidens ist unerheblich. Soweit durch eine solche Regelung auch ArbN, die im Kj vorzeitig wegen Eintritts in den Ruhestand ausscheiden, keinen Gratifikationsanspruch haben, stellt dies **keine Altersdiskriminierung** dar (BAG 12.12.12 – 10 AZR 718/11).

Sind beide Zweckelemente gewollt – **Gratifikation mit Mischcharakter** –, ist bei vorzeitigem Ausscheiden das Leistungselement erfüllt, so dass eine anteilige Zahlung in Betracht kommt (BAG 18.1.12 – 10 AZR 612/10 unter Aufgabe früherer Rspr). Wird in einem Arbeitsvertrag allein die Zahlung eines Weihnachtsgeldes zugesagt, so ist dies regelmäßig so zu verstehen, dass der Anspruch voraussetzt, dass das Arbeitsverhältnis zu Weihnachten noch besteht (BAG 30.3.94 – 10 AZR 134/93, NZA 94, 651). Eine Einmalzahlung kann daran gebunden werden, dass das Arbeitsverhältnis zum Ende des Geschäftsjahres noch besteht (BAG 6.5.09 – 10 AZR 443/08, NZA 09, 783). Unter Gleichbehandlungsgesichtspunkten ist es nicht zu beanstanden, wenn ein ArbGeb nach den von ihm aufgestellten Bedingungen für eine freiwillige Leistung zwar den im Laufe des Kj neu eintretenden ArbN eine anteilige Leistung gewährt, nicht aber den vor Ablauf des Kj ausscheidenden ArbN (BAG 8.3.95 – 10 AZR 208/94, NJW 96, 948).

11   b) **Ausscheiden zum Stichtag oder Ende des Kalenderjahres aufgrund betriebsbedingter Kündigung.** Ein solches Ausscheiden beeinträchtigt den Anspruch des ArbN nicht,

wenn Zweck der Einmalzahlung allein die zusätzliche Vergütung der geleisteten Arbeit ist (**reiner Entgeltzweck**), da der Zweck durch die Arbeitsleistung bis zum Stichtag bzw zum Ende des Kj erreicht wird. Anders will das BAG entscheiden, wenn die Belohnung der Betriebstreue allein oder jedenfalls auch (Gratifikation mit Mischcharakter) bezweckt war. Danach soll eine Bestimmung in einem Tarifvertrag oder einer Betriebsvereinbarung zulässig sein, die betriebsbedingt gekündigte ArbN von dem Anspruch ausschließt (BAG 25.4.91, DB 91, 1574). Damit hat das BAG seine frühere Rspr aufgegeben, wonach das Ausscheiden aufgrund betriebsbedingter Kündigung den Weihnachtsgeldanspruch nicht zu Fall bringen konnte (BAG 26.6.75, DB 75, 2089). Andererseits befürwortet das BAG (Urt vom 14.11.01 – 10 AZR 238/01, NZA 02, 337) eine für den ArbN günstige weite Auslegung von gratifikationserhaltenden Tarifvertragsklauseln. Das BAG neigt dazu, seine Rspr auch auf einzelvertragliche Zusagen zu übertragen (so explizit BAG 19.11.92 – 10 AZR 264/91, NZA 93, 353). Mit Recht wird dem BAG kritisch entgegengehalten, dass es schwer erträglich ist, einem ArbN, der im gesamten Bezugszeitraum im Arbeitsverhältnis gestanden und daher die bezweckte Betriebstreue erbracht hat, den Weihnachtsgeldanspruch zu entziehen, weil er die zukünftige Betriebstreue aufgrund betriebsbedingter Kündigung nicht erbringen kann. Sowohl der Rechtsgedanke des § 162 BGB als auch die Überlegung, dass der ArbN die angestrebten Zweckelemente ganz überwiegend erfüllt hat und die vollständige Erfüllung an Umständen aus der betrieblichen Sphäre gescheitert ist, müssten zu dem Ergebnis führen, dass entsprechende Regelungen in Betriebsvereinbarungen oder Arbeitsverträgen der Billigkeitskontrolle nicht standhalten. Anders mag es bei Tarifverträgen sein, die nur einer begrenzten richterlichen Kontrolle unterliegen (wie hier *Hanau/Vossen* DB 92, 221). Eine Vertragsklausel, die den Anspruch bei Kündigung des ArbN oder einer vom ArbN veranlassten Kündigung des ArbGeb entfallen lässt, ergreift nicht den Fall der betriebsbedingten Kündigung oder des Befristungsablaufs zum Ende des Kj (BAG 28.3.07 – 10 AZR 261/06, NZA 07, 687).

c) **Ruhen des Arbeitsverhältnisses.** Hat die Einmalzahlung von der Zwecksetzung her 12 **reinen Entgeltcharakter,** kann es für jeden Monat, in dem das Arbeitsverhältnis geruht hat, um $1/12$ gekürzt werden (so BAG 24.10.90 – 6 AZR 418/89, DB 91, 446 für die Inanspruchnahme von Elternzeit). Die Rspr wird man auch auf alle anderen Ruhenstatbestände, zB unbezahlten Urlaub oder unbezahlte Pflegezeit nach § 3 PflegeZG anwenden können. Das Kürzungsrecht muss nicht vertraglich vereinbart sein, es ergibt sich bereits aus dem zugrunde liegenden, reinen Entgeltzweck (BAG 19.4.95 – 10 AZR 49/94, NZA 95, 1098). Das Kürzungsrecht führt dazu, dass der Anspruch insgesamt entfällt, wenn das Arbeitsverhältnis während des ganzen Jahres geruht hat.

Wird im Arbeitsvertrag eindeutig festgelegt, unter welchen Voraussetzungen der Anspruch auf eine Sonderzahlung entsteht und aus welchen Gründen die Leistung wieder zurückzuzahlen ist, ist damit abschließend der Zweck der Leistung definiert, so dass nicht im Nachhinein weitere Anspruchsvoraussetzungen aufgestellt werden können. Ist danach nur die rechtliche Beendigung des Arbeitsverhältnisses bis zu einem bestimmten Datum für die Sonderzahlung schädlich, steht dem ein Ruhen wegen Elternzeit nicht gleich (BAG 10.12.08 – 10 AZR 35/08, NZA 09, 258).

Ist alleiniger Zweck des Weihnachtsgeldes die Honorierung von Betriebstreue, kann die Einmalzahlung nicht für Zeiträume, in denen das Arbeitsverhältnis geruht hat, gekürzt werden. Denn der ArbN hat die bezweckte Leistung – Erbringung der Betriebstreue – trotz ruhenden Arbeitsverhältnisses erbracht, er hat daher Anspruch auf das volle Weihnachtsgeld (LAG Düsseldorf 28.10.92, BB 93, 221). Ein Kürzungsrecht kann daher nicht vereinbart werden (*Hanau/Vossen* DB 92, 218).

Bei **Zuwendungen mit Mischcharakter** entsteht ein Kürzungsrecht für Ruhenstat- 13 bestände nicht automatisch, es muss jeweils in der Rechtsgrundlage (Tarifvertrag, Betriebsvereinbarung, Arbeitsvertrag) vereinbart sein (BAG 10.2.93 – 10 AZR 207/91, NZA 93, 803) und wird bei Formulararbeitsverträgen regelmäßig an § 307 Abs 1 Satz 1 BGB scheitern (BAG 18.1.12 – 10 AZR 612/10). Eine Kürzungsvereinbarung, die nicht ausdrücklich getroffen worden ist, kann auch nicht unter Bezugnahme auf den Willen der (Tarifvertrags-) Parteien oder unter Hinweis auf allgemeine Rechtsgrundsätze in die Anspruchsgrundlage hineininterpretiert werden (BAG 8.12.93 – 10 AZR 66/93, NZA 94, 421). Diese Grundsätze gelten auch, wenn eine Einmalzahlung unter den Vorbehalt des Widerrufs gestellt und ein Rechtsanspruch ausgeschlossen wird (BAG 10.5.95 – 10 AZR 648/94, NJW 96, 276).

154 Einmalzahlungen

Macht eine tarifliche Regelung die Jahres-Sonderzahlung allein vom rechtlichen Bestand des Arbeitsverhältnisses abhängig, ist die Zahlung auch für Zeiten zu gewähren, in denen das Arbeitsverhältnis wegen eines Arbeitskampfes geruht hat (BAG 20.12.95 – 1 AZR 742/94, NZA 96, 491). Liegt hingegen eine Sonderzuwendung mit Entgeltcharakter vor, ist eine anteilige Kürzungsvereinbarung für Ruhenstatbestände auch auf die Streikteilnahme anwendbar (BAG 3.8.99 – 1 AZR 735/95 und 1 AZR 290/99, ArbuR 99, 351). Tarifvertraglich kann eine anteilige Kürzung auch für Monate festgelegt werden, in denen der ArbN Verletztengeld nach § 45 SGB VII bezogen hat (BAG 25.4.07 – 10 AZR 110/06, NZA-RR 07, 474). Keine Kürzung ist ohne Vereinbarung für die Fehlzeiten möglich, die durch die **Mutterschutzfristen** der §§ 3, 6 MuschG entstehen (BAG 25.11.98 – 10 AZR 595/97, NZA 99, 766). Eine entsprechende Vereinbarung würde als unzulässige mittelbare Diskriminierung gegen Art 119 EG-Vertrag verstoßen (EuGH 21.10.99 – Rs C-333/97, ArbuR 2000, 66). Die Schutzfristen sind insoweit wie tatsächlich geleistete Arbeit zu behandeln.

14 **d) Langdauernde Arbeitsunfähigkeit.** In diesem Problemfeld ist die Zwecksetzung der Einmalzahlung ebenfalls von zentraler Bedeutung. Wird mit dem Weihnachtsgeld ein reiner Entgeltzweck verfolgt, entfällt der Anspruch, wenn der ArbN im ganzen Kj arbeitsunfähig war und deswegen keine Arbeitsleistungen erbracht hat. Dazu bedarf es keiner ausdrücklichen Vereinbarung (BAG 21.3.01 – 10 AZR 28/00, NZA 01, 785; *Vossen* NZA 05, 734), da dies schon aus dem Synallagma von Arbeitsleistung und Entgelt folgt. Auf der anderen Seite ist eine langdauernde, ganzjährige Arbeitsunfähigkeit für den Weihnachtsgeldanspruch unschädlich, wenn mit dem Weihnachtsgeld allein das Zweckelement **Betriebstreue** gefördert werden soll, denn auch der arbeitsunfähige, selbst der erwerbsunfähige (BAG 26.1.05 – 10 AZR 215/04, NZA 05, 655 LS) ArbN erfüllt dieses Zweckelement. Eine Kürzungsvereinbarung wäre deshalb nicht möglich.

15 Bei Einmalzahlungen mit **Mischcharakter** besteht der Anspruch grundsätzlich, wenn der ArbN im Kj überhaupt nicht gearbeitet hat. Allerdings ist es den Tarif-, Betriebs- oder Arbeitsvertragspartnern möglich, Kürzungs- und Ausschlussregelungen für den Fall der Arbeitsunfähigkeit zu vereinbaren (BAG 10.2.93, NZA 93, 803 und BAG 16.3.94 – 10 AZR 669/92, NZA 94, 747). Machen sie hiervon keinen Gebrauch, muss die Gratifikation im Fall langdauernder Arbeitsunfähigkeit ungekürzt ausgezahlt werden (BAG 5.8.92 – 10 AZR 88/90, BB 92, 2218). Richtigerweise müsste darauf abgestellt werden, dass bei Fehlen jeglicher Arbeitsleistung das zweite Zweckelement, die zusätzliche Vergütung für die geleistete Arbeit, fehlt und deshalb eine der beiden kumulativ zu erfüllenden Anspruchsvoraussetzungen nicht gegeben ist. Die Rspr des BAG führt allerdings dazu, dass die Vertragspartner bei der Gestaltung des Weihnachtsgeldes im Hinblick auf langdauernde Arbeitsunfähigkeit einen **erweiterten Gestaltungsspielraum** haben. Eine Kürzungsregelung, nach der Zeiten des Mutterschutzes und der Elternzeit anspruchserhaltend, Zeiten einer Arbeitsunfähigkeit ohne Entgeltfortzahlungsanspruch hingegen anspruchsmindernd wirken, verstößt nicht gegen den Gleichheitssatz des Art 3 Abs 1 GG (BAG 14.9.94 – 10 AZR 216/93, BB 95, 100). Ohne Kürzungsregelung besteht der Anspruch selbst dann, wenn wegen der Krankheit Erwerbsunfähigkeitsrente auf Zeit bewilligt wurde (BAG 11.10.95 – 10 AZR 985/94, NZA 96, 542). Eine Ausnahme von diesen Grundsätzen will das BAG nur dann machen, wenn das Arbeitsverhältnis trotz rechtlichen Fortbestandes faktisch bereits beendet wurde, so wenn der ArbGeb bei andauernder Arbeitsunfähigkeit auf sein Weisungsrecht gegenüber dem ArbN verzichtet, um diesem den Bezug von AlGeld bis zum Beginn der Berufs- oder Erwerbsunfähigkeitsrente zu ermöglichen (BAG 10.4.96 – 10 AZR 600/95, NZA 96, 498). Schließt eine tarifliche Regelung den Anspruch auf eine Sonderzahlung aus, wenn im Kj aus „sonstigen Gründen" nicht gearbeitet wurde, so gilt dies auch bei ganzjähriger Kurzarbeit mit „Null-Stunden"-Arbeitszeit (BAG 19.4.95 – 10 AZR 259/94, NZA 95, 997; 10.5.95 – 10 AZR 648/94, NZA 95, 1096). Zur Frage, inwieweit **krankheitsbedingte Fehltage** den Anspruch auf die Einmalzahlung mindern und zur Anwendung von § 4a EFZG s *Anwesenheitsprämie* Rz 10 ff.

Soweit eine gesetzliche Krankenkasse an einen ArbN erhöhtes Krankengeld zahlt gemäß § 46 Abs 2 S 6 SGB V, weil der ArbN gegen den ArbGeb einen Anspruch auf eine Einmalzahlung, zB Weihnachtsgeld hat, geht der Einmalzahlungsanspruch in Höhe der von der Krankenkasse erbrachten Leistung vom ArbN auf die Krankenkasse **nach § 115 SGB X über** (LAG Köln 10.5.10 – 5 Sa 7/10, BeckRS 2010, 70866).

e) Anrechnung auf anderweitige Leistungen. Ist der Anspruch auf eine Sonderzuwendung **tariflich** begründet, kann der Tarifvertrag zugleich bestimmen, dass auf die tarifliche Leistung gleichgerichtete betriebliche Leistungen angerechnet werden können. So kann ein Tarifvertrag vorsehen, dass auf die tarifliche Jahressonderzahlung alle betrieblichen Leistungen wie Weihnachtsgratifikationen, Jahresabschlussvergütungen, Ergebnisbeteiligungen, Tantiemen, dreizehnte Monatsgehälter und dergleichen angerechnet werden können. In diesem Fall kann auch eine aufgrund betrieblicher Übung einmal jährlich zu zahlende Treueprämie, die nach der Dauer der Betriebszugehörigkeit gestaffelt ist, angerechnet werden (BAG 3.3.93 – 10 AZR 42/92, NZA 93, 805). Die Anrechnung ist ausgeschlossen, wenn die betriebliche Leistung als „tariffest" (anrechnungsfest) vereinbart worden ist. Die Anrechnung scheidet ferner aus, wenn die betriebliche Leistung einen anderen Zweck verfolgt. Deshalb kann auf einen tariflichen Sonderzahlungsanspruch zum Weihnachtsfest nicht ein betrieblicher Anspruch auf eine Jubiläumszahlung (Treuegeld), die einmalig nach Erreichen der zehnjährigen Betriebszugehörigkeit fällig wird, angerechnet werden (BAG 10.2.93, NZA 93, 803). 16

6. Rückzahlungsklauseln. Vor allem bei jährlichen Sonderzahlungen und Weihnachtsgratifikationen finden sich Rückzahlungspflichten für den Fall, dass das Arbeitsverhältnis vor Ablauf einer Mindestfrist (meist vor Ablauf des 31. 3. des Folgejahres) vom ArbN beendet wird. Solche Einmalzahlungen stehen nicht automatisch unter dem Vorbehalt der Rückzahlung, falls der ArbN nach Ablauf des Bezugszeitraums aus dem Arbeitsverhältnis ausscheidet. Die Rückzahlungs- oder **Bindungsklausel** (BAG 28.4.04 – 10 AZR 356/03, NZA 04, 924) muss vielmehr **ausdrücklich vereinbart** sein und muss der Inhaltskontrolle nach §§ 305 ff BGB standhalten (BAG 25.4.07 – 10 AZR 634/06, NZA 07, 875). Ihr Vorhandensein ist zugleich ein Anhaltspunkt dafür, dass die Einmalzahlung auch den Zweck hat, die Betriebstreue zu belohnen und zu fördern (Gratifikationscharakter). Die Rückzahlungsklausel kann in einem Tarifvertrag, einer Betriebsvereinbarung oder einer arbeitsvertraglichen Regelung enthalten sein und Rückzahlungsvoraussetzungen und Bindungszeitraum eindeutig regeln, sonst entfaltet sie keinerlei Rechtswirksamkeit (BAG 14.6.95 – 10 AZR 25/94, NZA 95, 1034). Sie unterliegt zudem richterlicher Kontrolle im Hinblick darauf, dass eine Rückzahlungsklausel keine **unzumutbare Kündigungserschwerung** (vgl BAG 18.1.12 – 10 AZR 612/10) für den ArbN beinhalten darf, da das Grundrecht des ArbN auf freie Wahl des Arbeitsplatzes nach Art 12 Abs 1 GG betroffen ist. Das BAG hat hierfür folgende Grundsätze aufgestellt (BAG 17.3.82, DB 82, 1881): 17

Kleingratifikationen dürfen keiner Rückzahlung unterworfen werden (BAG 17.3.82, BB 82, 1666 = DB 82, 2144 = NJW 83, 67), wobei das BAG damals von einer Grenze von 200 DM ausgegangen ist. Diese Grenze dürfte heute angesichts der seither eingetretenen Geldentwertung bei 500 € liegen.

Bindungsfristen über den 30.6. des Folgejahres hinaus sind unzulässig. Bei Weihnachtsgratifikationen von weniger als einem Monatsgehalt ist eine Bindungsfrist bis zum 31.3. des Folgejahres zulässig (BAG 25.4.07 – 10 AZR 634/06, NZA 07, 875). Beträgt die Weihnachtsgratifikation ein volles Monatsgehalt oder mehr, ist eine Bindung bis maximal zum 30.6. des Folgejahres zulässig (BAG 25.9.02 – 10 AZR 7/02, NZA 03, 617). Ist die Bindung bis zum 31.3. des Folgejahres zulässig, muss die Rückzahlungsklausel ein Ausscheiden am 31.3. des Folgejahres ermöglichen, andernfalls ist sie unwirksam. Die Rückzahlung einer Jahresleistung in Höhe eines halben Monatsgehaltes kann daher nicht verlangt werden, wenn der ArbN zum 31.3. des Folgejahres kündigt (BAG 9.6.93 – 10 AZR 529/92, NZA 93, 935). Wird eine Einmalzahlung in Teilbeträgen zu unterschiedlichen Zeitpunkten fällig, sind die Teilbeträge getrennt zu betrachten (BAG 21.5.03 – 10 AZR 390/02, NZA 03, 1032). 18

Ist der ArbN aufgrund der zuvor dargestellten Grundsätze bei einem Weihnachtsgeld iH eines Monatsgehalts oder mehr über den 31.3. des Folgejahres hinaus gebunden, darf er zum ersten darauf folgenden Beendigungstermin ausscheiden. Richtigerweise knüpft deshalb die neuere Rspr (BAG 28.4.04 – 10 AZR 356/03, NZA 04, 924) an die vereinbarte Kündigungsfrist und den nächstzulässigen Kündigungstermin nach dem 31.3. an, so dass sich hieraus bei Geltung der gesetzlichen Kündigungsfristen regelmäßig die Unzulässigkeit der Bindung über den 30.4. hinaus ableitet. 19

Beruht die Rückzahlungsklausel auf einem Tarifvertrag, belässt die Rspr den Tarifvertragsparteien aufgrund der Tarifautonomie einen größeren Spielraum. Die Rückzahlungsklausel 20

154 Einmalzahlungen

kann so formuliert werden, dass sie nicht nur die arbeitnehmerseitige Kündigung erfasst, sondern auch die arbeitgeberseitige Kündigung, die der ArbN durch sein Verhalten verschuldet hat. In letzterem Fall entsteht ein Rückzahlungsanspruch nur, wenn das schuldhafte Verhalten des ArbN unmittelbar ausschlaggebend für die ArbGebKündigung ist (BAG 23.1.92 – 6 AZR 539/89, BB 92, 922). Unzutreffend ist jedoch die vom BAG angedeutete Auffassung, wonach die Rückzahlung auch für den Fall der betriebsbedingten Kündigung vereinbart werden kann (BAG 25.4.91, DB 91, 1574). Dem stehen bei betriebsbedingter Kündigung zusätzlich Vertrauensschutzgesichtspunkte entgegen. Im öffentlichen Dienst ist nach dem dort geltenden Zuwendungstarifvertrag die Rückzahlung ausgeschlossen, wenn der ArbN krankheitsbedingt kündigt; hierfür reicht aus, wenn er aufgrund seiner individuellen körperlichen Veranlagung infolge von Einwirkungen an seinem Arbeitsplatz immer wieder erkrankt und daher seine Einsatzfähigkeit erheblich herabgesetzt ist (BAG 12.3.97 – 10 AZR 575/96, NZA 97, 1293). Der Zuwendungstarifvertrag für den öffentlichen Dienst schließt den Rückforderungsanspruch zudem aus, wenn der ArbN zu einem anderen ArbGeb des öffentlichen Dienstes wechselt, der einen Tarifvertrag mit im Wesentlichen gleichen Inhalt anwendet (BAG 23.6.04 – 10 AZR 553/03, NZA 04, 1404). Soweit eine – tarifvertragliche – Rückzahlungsklausel existiert, kann ihr nicht der Entreicherungseinwand des § 818 Abs 3 BGB entgegengesetzt werden (LAG Frankfurt aM 27.3.92, NZA 93, 78).

21 **7. Unpfändbarkeit.** Eine Einmalzahlung in Form eines Weihnachtsgeldes ist nach § 850a Nr 4 ZPO bis zur Hälfte der monatlichen Bezüge, maximal aber bis 500 € unpfändbar. Die Einmalzahlung unterliegt den für das Arbeitsverhältnis geltenden Ausschlussfristen (BAG 13.12.00 – 10 AZR 168/00, NZA 01, 723). Muss die Einmalzahlung aufgrund einer Rückzahlungsklausel zurückgezahlt werden, kann dies mit späteren Gehaltsansprüchen nur im Wege der Aufrechnung unter Beachtung der **Pfändungsfreigrenzen** verrechnet werden (BAG 25.9.02 – 10 AZR 7/02, NZA 03, 617).

22 **8. Mitbestimmungsrechte des Betriebsrats.** Ob der BRat bei der Gewährung von Einmalzahlungen ein Mitbestimmungsrecht hat, hängt von der Rechtsgrundlage der Einmalzahlung ab.

a) Einmalzahlung aufgrund eines Tarifvertrages. Beruht die Einmalzahlung auf einem Tarifvertrag, der das Arbeitsverhältnis erfasst, besteht aufgrund des § 87 Abs 1 Eingangssatz BetrVG („soweit eine … tarifliche Regelung nicht besteht") und des § 77 Abs 3 BetrVG kein Mitbestimmungsrecht. Insoweit greift der Tarifvorrang ein, der den Vorrang der tariflichen Normsetzungsbefugnis festlegt und damit die Tarifautonomie sichert. Der Tarifvorrang ist jedoch nur zu beachten, sofern der Tarifvertrag eine abschließende Regelung enthält. In einem Tarifvertrag offengelassene Teilfragen und Modalitäten einer Zusage können daher in einer ergänzenden Betriebsvereinbarung geregelt werden.

23 **b) Andere Rechtsgrundlagen.** Sind diese maßgebend (Arbeitsvertrag, vertragliche Einheitsregelung, Gesamtzusage, betriebliche Übung), kommt das Mitbestimmungsrecht des BRat nach § 87 Abs 1 Nr 10 BetrVG zur Anwendung. Dass Einmalzahlungen üblicherweise durch Tarifvertrag geregelt werden, steht der Rechtssetzungsbefugnis der Betriebspartner nicht entgegen. Denn der Tarifüblichkeitsvorbehalt in § 77 Abs 3 BetrVG findet im Bereich der **erzwingbaren Mitbestimmung** in sozialen Angelegenheiten keine Anwendung, da § 87 Abs 1 Eingangssatz Spezialregelung ist (BAG 29.10.03 – 1 AZR 573/01, NZA 03, 393; DKKS/*Berg* § 77 Rz 38; *Heinze* NZA 89, 41; aA *Schaub* § 78 Rz 20). Der BRat hat danach mitzubestimmen bei Fragen der betrieblichen Lohngestaltung, wozu die Aufstellung von Entlohnungsgrundsätzen gehört. Hierzu zählen die Grundsätze für die Vergabe von Einmalzahlungen, so dass etwa die Grundsätze für die Zahlung einer Urlaubsgratifikation mitbestimmungspflichtig sind (BAG 31.1.84, AP Nr 15 zu § 87 BetrVG 72 Lohngestaltung = DB 84, 1353), ebenso die Grundsätze für die Zahlung einer Weihnachtsgratifikation (BAG 11.2.92 – 1 ABR 51/91, DB 92, 1730). Nicht mitbestimmungspflichtig ist freilich die konkrete individuelle Höhe der Einmalzahlung.

24 Denn Zweck des Mitbestimmungsrechtes nach § 87 Abs 1 Nr 10 BetrVG ist die Herstellung der **Entgeltgerechtigkeit.** Durch das Mitbestimmungsrecht soll der BRat auf eine gerechte Lohn- und Vergütungsverteilung hinwirken können.

Mitbestimmungspflichtig ist folglich die Festlegung abstrakter, kollektiver Regelungen zur Verteilung von Einmalzahlungen. Dadurch erhält der BRat insbesondere die

Möglichkeit, zu verhindern, dass unter Nichtbeachtung des Gleichbehandlungsgrundsatzes bestimmte Beschäftigte oder Beschäftigtengruppen von Einmalzahlungen ausgeschlossen werden. Der BRat gewinnt dadurch ferner Einfluss auf die Zwecksetzung der Einmalzahlung, er kann insbesondere mitbestimmen, ob eine Gratifikation nur das Zweckelement „zusätzliche Vergütung für geleistete Dienste", nur das Zweckelement „Belohnung der Betriebstreue" oder beide Zweckelemente (Gratifikation mit Mischcharakter) beinhalten soll. Im Streitfall entscheidet die Einigungsstelle. Der Spruch der Einigungsstelle darf zwar nicht die individuelle Höhe der Jahressondervergütung festlegen, er muss aber selbst regeln, in welchem Verhältnis die Sondervergütungen der einzelnen ArbN zueinander stehen sollen und – bei unterschiedlicher Höhe der Jahressondervergütungen – welche Kriterien hierfür zur Anwendung kommen sollen (BAG 11.2.92 – 1 ABR 51/91, DB 92, 1730).

c) **Grenzen des Mitbestimmungsrechts nach § 87 Abs 1 Nr 10 BetrVG.** Eine Ein- 25 schränkung des Mitbestimmungsrechtes ergibt sich, wenn es sich bei den Einmalzahlungen um freiwillige zusätzliche Leistungen, auf die **kein Rechtsanspruch** besteht, handelt, etwa wegen eines Freiwilligkeits- oder Widerrufsbehaltes. Hier hält das BAG die Entscheidung des ArbGeb darüber, in welchem Umfang der ArbGeb finanzielle Mittel bereitstellen will, welchem Zweck die Leistung dienen soll und auf welchen Personenkreis sie sich erstrecken soll, für mitbestimmungsfrei (BAG 8.12.81 – 1 ABR 55/79, AP Nr 1 zu § 87 BetrVG 1972 Prämie = DB 82, 1276).

Richtig ist daran, dass der ArbGeb bei einer freiwilligen zusätzlichen Leistung den **Gratifi-** 26 **kationsanlass** (zB Weihnachten, Urlaub, Jubiläum) und den **Dotierungsrahmen,** also den Umfang der Mittel, die der Betrieb insgesamt für diese Einmalzahlung aufbringen will, mitbestimmungsfrei festlegen kann. Mit dem Zweck des Mitbestimmungsrechts, der Herstellung von **Entgeltgerechtigkeit,** ist es jedoch nicht vereinbar, den BRat von der Mitbestimmung über den berechtigten Personenkreis auszuschließen, zumal der BRat die Einhaltung des Gleichbehandlungsgrundsatzes durchsetzen können muss. Auch die Festlegung der Zweckelemente (zB Gratifikation mit Mischcharakter) ist eine Frage der betrieblichen Lohngestaltung und daher mitbestimmungspflichtig. Insbesondere kann der BRat bei der Frage mitbestimmen, ob und welchen Einfluss Fehlzeiten auf den Gratifikationsanspruch haben (*Gaul* DB 94, 1140; hinsichtlich der Anrechnung von Tariflohnerhöhungen auf übertarifliche Gehaltsbestandteile wegen Fehlzeiten ebenso BAG 22.9.92 – 1 AZR 460/90, NZA 93, 568).

Hinsichtlich des Umfangs der Leistungen **(Dotierungsrahmen)** ist unabhängig hiervon bei freiwilligen zusätzlichen Leistungen zu beachten, dass dieser festlegt, wenn der ArbGeb bereits Auszahlungen vorgenommen hat und Änderungen hieran nur für zukünftige Bezugszeiträume vorgenommen werden können. Das Mitbestimmungsrecht schließt ein Initiativrecht des BRat ein, freilich erlaubt es dem BRat nicht, die Einführung einer zusätzlichen Einmalzahlung zu erzwingen.

d) **Mitbestimmungsrecht nach § 87 Abs 1 Nr 11 BetrVG.** Das Mitbestimmungsrecht 27 **erweitert** sich nach § 87 Abs 1 Nr 11 BetrVG, wenn der ArbGeb in eine Einmalzahlung echte Leistungsmerkmale dadurch einbauen will, dass er die Höhe ua nach Leistungskriterien staffelt. Dann handelt es sich um eine leistungsbezogene Vergütung, die hinsichtlich der Leistungs- und Geldfaktoren mitbestimmungspflichtig ist. Gratifikationsansprüche, die auf betrieblicher Übung, Gesamtzusage oder vertraglicher Einheitsregelung beruhen, können darüber hinaus durch Betriebsvereinbarung umstrukturiert werden (s näher *Betriebsvereinbarung* Rz 14 ff).

B. Lohnsteuerrecht *Seidel*

Einmalige Arbeitslohnzahlungen stellen steuerrechtlich regelmäßig sonstige Bezüge 31 dar, die im Zeitpunkt der Zahlung zufließen (LStR 39b.2 Abs 2; s auch *Sonstige Bezüge* Rz 2–11; *Leistungsorientierte Vergütung* Rz 11). Zur lohnsteuerlichen Behandlung s *Sonstige Bezüge* Rz 2 ff.

Formen von Einmalzahlungen sind insbesondere **Prämien** (s *Entgeltzuschläge* Rz 2, *Verbes-* 32 *serungsvorschläge* Rz 12), **Provisionen** (s *Provisionen* Rz 31), **Jubiläumszahlungen** (s *steuerfreie Einnahmen* Rz 18) sowie **Gratifikationen** als Sondervergütungen wie zB Weihnachtsgeld, Urlaubsgeld, 13. Gehalt. Sie sind grds stpfl Arbeitslohn. Das gilt für **Tantiemen,** die sich von den Gratifikationen dadurch unterscheiden, dass sie nach dem Betriebsergebnis des Unternehmens bemessen werden, auch dann, wenn Sonderzahlungen von einer – inländi-

154 Einmalzahlungen

schen oder ausländischen – Konzerngesellschaft nach einem Bonussystem geleistet werden. Dabei spielt für die Wertung als Arbeitslohn keine Rolle, ob die Zusatzentlohnung vom ArbGeb oder nur von der Konzerngesellschaft geschuldet wird (zum LStAbzug bei Lohnzahlung an Dritte s *Sachbezug* Rz 15). Wird die Tantieme rückwirkend für die Zeit zwischen Schluss des Geschäftsjahres und dem Tag der Beschlussfassung in der Hauptversammlung **verzinst**, handelt es sich insofern ebenfalls um Arbeitslohn und nicht um Einnahmen aus Kapitalvermögen (FG BaWü 25.9.97 – 10 K 32/95, nv). vor, Muss eine Gratifikation in einem späteren Kj ganz oder teilweise **zurückgezahlt** werden, bleibt die Besteuerung im Jahr des Zuflusses unverändert (BFH 4.5.06 – VI R 19/03, BStBl II 06, 832). Im Rückzahlungsjahr liegen negative Einnahmen vor, die mit positiven Einnahmen (Arbeitslohn oder andere) zu verrechnen sind (BFH 26.1.2000 – IX R 87/95, BStBl II 2000, 396).

33 Bei **Lohnnachzahlungen** oder **Lohnvorauszahlungen** gilt dies allerdings nur, wenn sich der Gesamtbetrag oder ein Teilbetrag auf Lohnzahlungszeiträume (s hierzu *Lohnsteuerberechnung* Rz 6) bezieht, die in einem anderen Jahr als dem der Zahlung enden und die Nachzahlung nicht innerhalb der ersten 3 Wochen des Folgejahres zufließt (LStR 39b.2 Abs 2 Nr 8; s auch *Entgeltnachzahlung* Rz 8, 9), ansonsten sind sie als laufender Arbeitslohn (s hierzu *Lohnsteuerberechnung* Rz 4, 12–14) zu besteuern (LStR 39b.2 Abs 1 Nr 6 und 7; s auch *Entgeltnachzahlung* Rz 6).

C. Sozialversicherungsrecht *Schlegel*

Übersicht

	Rz		Rz
1. Einmalig gezahltes Arbeitsentgelt	36–44	b) Verteilungsmaßstab für einmalig gezahltes Entgelt (§ 23a SGB IV)	47–54
a) Legaldefinition	36, 37	c) Entstehungszeitpunkt des Beitragsanspruchs	55
b) Qualität von Arbeitsentgelt	38	3. Leistungsrecht	56–63
c) Abgrenzung laufendes/einmalig gezahltes Arbeitsentgelt	39–42	a) Arbeitslosenversicherung	57–59
d) Frühere Bedeutung der Unterscheidung	43, 44	b) Krankenversicherung	60, 61
2. Beitragsrecht	45–58	c) Rentenversicherung/Unfallversicherung	62
a) Verteilungsmaßstab für laufendes Entgelt	46	4. Beitragserhebung bei freiwillig Krankenversicherten	63

36 **1. Einmalig gezahltes Arbeitsentgelt. a) Legaldefinition.** Einmalig gezahltes Arbeitsentgelt sind nach der Legaldefinition des § 23a Abs 1 SGB IV „Zuwendungen, die dem Arbeitsentgelt zuzurechnen sind und nicht für die Arbeit in einem einzelnen Entgeltabrechnungszeitraum gezahlt werden." § 23a SGB IV gilt gem § 1 Abs 1 SGB IV für die KV, RV, UV, PflegeV und die ArblV; zum Begriff der Einmalzahlung vgl BVerfG 11.1.95 – 1 BvR 892/88, SozR 3–2200 § 385 Nr 6 = BVerfGE 92, 53; zur Entstehung des § 23a SGB IV *Schlegel* NZS 97, 201). Die wichtigsten Einmalzahlungen sind das Weihnachts- und Urlaubsgeld, Urlaubsabgeltung, Tantiemen, Gratifikationen und zusätzliche Monatsgehälter.

37 **Abfindungen,** die wegen Beendigung des versicherungspflichtigen Beschäftigungsverhältnisses **für den Verlust des Arbeitsplatzes** gezahlt werden (sog **echte Abfindungen**), können zeitlich nicht der früheren Beschäftigung zugeordnet werden; sie sind daher kein Arbeitsentgelt und auch keine Einmalzahlung (BSG 21.2.90 – 12 RK 20/88, SozR 3–2400 § 14 Nr 2). Dagegen sind Abfindungen, die bei fortbestehendem Arbeitsverhältnis wegen der Verschlechterung von Arbeitsbedingungen (zB Verringerung der Arbeitszeit, Umsetzung auf geringer qualifizierte Arbeitsplätze) erbracht werden, Arbeitsentgelt iSd § 14 SGB IV. Derartige Abfindungen sind regelmäßig als Einmalzahlungen zu qualifizieren, weil sie in aller Regel nicht für die Arbeit in einem einzelnen Entgeltabrechnungszeitraum gezahlt werden. Sie werden beitragsrechtlich dem Entgeltabrechnungszeitraum der Zahlung und der Vergangenheit zugeordnet, auch wenn der Zweck der Einmalzahlung im Einzelfall eher zukunftsgerichtet ist (BSG 28.1.99 – 12 KR 6/98 R, SozR 3–2400 § 2400 § 14 Nr 16).

38 **b) Qualität von Arbeitsentgelt.** Beitragspflicht besteht für diese Zuwendungen in der gesetzlichen RV, KV, PflegeV sowie der ArblV nur dann, wenn sie nach der Legaldefinition des § 14 SGB IV als Arbeitsentgelt anzusehen sind und nicht kraft ausdrücklicher gesetzlicher

Regelung in § 17 Abs 1 SGB IV iVm der SvEV hiervon wieder ausgenommen sind. Einnahmen/Zahlungen, die zwar unmittelbar aus der Beschäftigung oder im Zusammenhang mit ihr erzielt werden, bleiben beitragsfrei, wenn sie nach der SvEV dem Arbeitsentgelt nicht zuzurechnen sind, obgleich an sich die Voraussetzungen des § 14 SGB IV vorliegen. Dies trifft für eine Reihe von Zuwendungen zu, zB *Beihilfeleistungen, Jubiläumszahlung*; ausführlich zur SvEV vgl *Arbeitsentgelt* Rz 124 ff.

c) Abgrenzung laufendes/einmalig gezahltes Arbeitsentgelt. Die Abgrenzung zwischen laufendem Arbeitsentgelt und einmalig gezahltem Arbeitsentgelt differenziert danach, ob die Zuwendung der konkreten Arbeitsleistung in einem bestimmten Entgeltabrechnungszeitraum zugeordnet werden kann oder ob dies nicht der Fall ist. Zwar könnte der Wortlaut des § 23a SGB IV auch auf die Zuwendungen bezogen werden, die nicht für Arbeitsleistungen in einem einzelnen Abrechnungszeitraum, sondern für Arbeiten in mehreren Zeiträumen und dann auf „einmal", dh in einer Summe, gezahlt werden. Richtig muss er aber dahin verstanden werden, dass nicht der Zeitpunkt der Auszahlung – alsbald nach Ablauf des jeweiligen Abrechnungszeitraums oder erst später – das entscheidende Merkmal des einmalig gezahlten Arbeitsentgelts ist. Vielmehr kommt es darauf an, ob das gezahlte Entgelt eine Vergütung für die in einem einzelnen, dh einem bestimmten Abrechnungszeitraum geleistete Arbeit ist, oder ob eine solche **Beziehung zu einem bestimmten einzelnen Abrechnungszeitraum** nicht besteht, wie insbesondere bei den jährlich gezahlten Sonderzuwendungen. Zum laufenden Arbeitsentgelt gehören insbesondere Akkordspitzen, Zuschläge für Nacht- und Mehrarbeit, Schmutz- und Erschwerniszulagen etc, und zwar selbst dann, wenn sie erst nach Erreichen eines bestimmten Stichtages gezahlt werden (BSG 15.5.84 – 12 RK 28/83, SozR 2200 § 385 Nr 9; 1.4.93 – 1 RK 38/92, vgl *Entgeltnachzahlung*). **Ein leistungsbezogenes Entgelt,** das vom Erreichen für das Geschäftsjahr vereinbarter Ziele abhängig ist und als sog variables Entgelt während des Geschäftsjahrs in gleich hohen Abschlagszahlungen und nach Ablauf des Geschäftsjahrs in einer Endzahlung erbracht wird, ist insgesamt als Einmalzahlung anzusehen (BSG 3.6.2009 – B 12 R 12/07 R, BSGE 103, 229). 39

Nachzahlungen ändern die Qualität laufenden Arbeitsentgelts nicht: Laufendes Arbeitsentgelt liegt auch dann noch vor, wenn es in mehreren einzelnen Abrechnungszeiträumen erarbeitet, aber in einer Summe gezahlt worden und dann auf die Zeiträume zu verteilen ist, in denen es erarbeitet wurde (BSG 7.2.02 – B 12 KR 12/01 R, SozR 3–2400 § 28 f Nr 3; 27.10.89 – 12 RK 9/88, SozR 2200 § 385 Nr 22 S 115 zur Nachzahlung laufenden Entgelts). Bei Zuwendungen hingegen, auf die ein Anspruch nicht ausschließlich durch die Arbeit in konkreten Abrechnungszeiträumen erworben worden ist, lässt das Gesetz entsprechend der Eigenschaft als allgemeine Zuwendung für größere Zeiträume eine Verteilung auf zurückliegende Abrechnungszeiträume zu (dazu Rz 15 ff). 40

Pauschal versteuerte Aufwandsentschädigungen, die an Außendienstmitarbeiter als Pauschale gezahlt und erst nachträglich abgerechnet werden, sind als Einmalzahlungen anzusehen, wenn im Zeitpunkt der Auszahlung lediglich die Kriterien bekannt sind, nach denen sie später abgerechnet werden sollten. Die Voraussetzungen, unter denen eine Beziehung zu bestimmten Abrechnungszeiträumen angenommen werden kann, hat das BSG in zwei Urteilen vom 7.2.02 für die dort zu beurteilenden Sachverhalte präzisiert: Es hat dabei den Gegenwert einer kostenlosen Kontoführung bei einer Sparkasse (BSG 7.2.02 – B 12 KR 12/01 R, SozR 3–2400 § 28 f Nr 3 S 12) sowie verbilligter Flüge bei einer Fluggesellschaft (BSG 7.2.02 – B 12 KR 6/01 R SozR 3–2400 § 14 Nr 23 S 58) als Einmalzahlungen zum beitragspflichtigen Arbeitsentgelt gerechnet, weil diese Zuwendungen nicht durch Arbeitsleistung in konkreten Entgeltabrechnungszeiträumen in dem Sinne erarbeitet waren, dass die Höhe des geldwerten Vorteils vom Umfang oder der Art der Arbeitsleistung abhing. Diese Maßstäbe hat das BSG später auf Aufwandsentschädigungen übertragen und diese dann als einmalig gezahltes Arbeitsentgelt qualifiziert, wenn sie im Zeitpunkt der Entstehung der Beitragsansprüche weder im Hinblick auf den Umfang noch die Art einer Arbeitsleistung einem konkreten Entgeltabrechnungszeitraum zugeordnet werden können. Das BSG hat dies in einem Fall angenommen, in dem Aufwandsentschädigungen im Voraus bezahlt wurden und im Zeitpunkt der Auszahlung lediglich die Kriterien bekannt waren, nach denen sie später abgerechnet werden sollten (BSG 26.1.05 – B 12 RK 3/04 R, SozR 4–2400 § 14 Nr 7 Rz 23, 24). 41

154 Einmalzahlungen

42 Der Gesetzgeber hat im Hinblick auf die og Urteile vom 7.7.02 (Freiflüge, kostenlose Kontoführung) mWv 1.1.03 § 23a Abs 1 SGB IV geändert und angeordnet, dass bestimmte Zuwendungen, die der Sache nach zwar die Voraussetzungen einer Einmalzahlung erfüllen, Kraft gesetzlicher Anordnung dennoch nicht als Einmalzahlungen gelten. Diese Zuwendungen sollen dadurch weiterhin wie laufendes Arbeitsentgelt und bei Pauschalbesteuerung durch den ArbGeb gem § 2 Abs 1 Nr 1 ArEV aF (jetzt § 1 SvEV) als nicht dem Arbeitsentgelt zuzurechnen und damit beitragsfrei behandelt werden (vgl BT-Drs 15/91 S 18 zu Art 2 Nr 7a). Beitragsfreiheit tritt danach ein bei Zuwendungen, wenn sie vom ArbGeb
- üblicherweise zur Abgeltung bestimmter Aufwendungen des Beschäftigten, die auch im Zusammenhang mit der Beschäftigung stehen (§ 23a Abs 1 Satz 2 Nr 1 SGB IV) erbracht werden,
- als Waren und Dienstleistungen erbracht werden, die vom ArbGeb nicht überwiegend für den Bedarf seiner Beschäftigten hergestellt, vertrieben oder erbracht werden und monatlich in Anspruch genommen werden können (§ 23a Abs 1 Satz 2 Nr 2 SGB IV),
- bei sonstigen Sachbezügen (§ 23a Abs 1 Satz 2 Nr 3 SGB IV) oder
- als vermögenswirksame Leistungen erbracht werden.

Der oben genannten Rspr zB zu Freiflügen und zur Kontoführung ist damit für Sachverhalte 1.1.03 die Grundlage entzogen.

43 **d) Frühere Bedeutung der Unterscheidung.** Die Unterscheidung zwischen einmalig und laufend gezahltem Arbeitsentgelt hatte bis zum Inkrafttreten des Einmalzahlungs-NeuregelungsG vom 21.12.2000 (BGBl I 2000, 1971) sowohl beitragsrechtliche als auch leistungsrechtliche Auswirkungen. Zwar wurden seit In-Kraft-Treten des § 385 Abs 1a RVO nach dem nachfolgend unter Rz 15 ff beschriebenen Verfahren bis zur anteiligen Jahres-Beitragsbemessungsgrenze Beiträge auch aus Einmalzahlungen erhoben, Einmalzahlungen bei der Berechnung kurzfristiger Lohnersatzleistungen wie dem AlGeld, dem Kranken- und Unterhaltsgeld aber nicht berücksichtigt (Rspr hierzu vgl Personalbuch 2000, Einmalzahlungen Rz 13). Hierdurch konnte es bei Personengruppe mit insgesamt gleich hoher Belastung ihres Arbeitsentgelts mit SozVBeiträgen zu unterschiedlich hohen Kranken-, Unterhaltsgeld oder AlGeld kommen, je nachdem, wie sich ihr beitragspflichtiges Arbeitsentgelt zusammensetzte.

44 Das BVerfG sah hierin einen **Verstoß gegen Artikel 3 Absatz 1 GG** (BVerfG 11.1.95 – 1 BvR 892/88, BVerfGE 92, 53 = SozR 2200 § 385 Nr 6) und hat gefordert, dass einmalig gezahltes Arbeitsentgelt bei der Berechnung kurzfristiger, beitragsfinanzierter Lohnersatzleistungen berücksichtigt werden muss, wenn es zu SozVBeiträgen herangezogen worden ist (hierzu *Schlegel* DStR 2000, 1353). Mit dem **Einmalzahlungs-Neuregelungsgesetz** vom 21.12.2000 (BGBl I 2000, 1971) hat der Gesetzgeber dem Rechnung getragen: Beitragsrechtlich wurde die bisherige Beitragserhebung auf Einmalzahlungen beibehalten; auf der Leistungsseite wurde einmalig gezahltes Arbeitsentgelt in die Bemessung des AlGeld, das Unterhalts- und Übergangsgeld sowie in die Bemessung des Krankengeldes einbezogen.

45 **2. Beitragsrecht.** Bei der Beurteilung der Frage, ob die Geringfügigkeitsgrenze mit Sonderzahlungen überschritten wird und Versicherungspflicht eintritt, sind auch die dem ArbN zustehenden tariflichen Sonderzahlungen zu berücksichtigen (BSG 14.7.04 – B 12 KR 7/04 R, SozR 4–2400 § 22 Nr 1). Gleiches gilt für das Überschreiten der JAEGrenze (vgl *Jahresarbeitsentgelt*). Beitragsrechtlich wirkt sich die Unterscheidung zwischen Einmalzahlungen und dem laufend gezahlten Arbeitsentgelt dadurch aus, dass für einmalig und laufend gezahltes Arbeitsentgelt **verschiedene Verteilungsmaßstäbe** gelten, dh die Verwaltung eine Zuwendung je nach ihrer Einordnung als einmaliges oder laufendes Arbeitsentgelt auf verschiedene Weise verteilen muss. Die Frage, welchem Zeitraum ein Entgelt zuzuordnen ist, kann wiederum ganz erhebliche Auswirkungen auf die Beitragspflicht haben, weil die Beitragsbemessungsgrenzen (JAEGrenzen in der KV, der PflegeV, der RV und der ArblV) auf das Arbeitsentgelt angewendet werden, das für den jeweiligen Abrechnungszeitraum zu berücksichtigen ist. Diese Unterschiede in der Beitragsbelastung der einzelnen ArbN sind auch endgültig, weil es im Beitragsrecht einen nachträglichen Jahresausgleich wie im LStRecht nicht gibt (BSG 27.10.89 – 12 RK 9/88, SozR 2200 § 385 Nr 22). Eine Vereinheitlichung der Verteilungsmaßstäbe hat das BSG abgelehnt, obgleich die verschiedenen Maßstäbe ungeachtet unterschiedlicher Ergebnisse im Einzelfall bei einer Gesamtbetrachtung im Ergebnis zu einem in etwa gleich hohen Beitragsaufkommen führen (BSG 27.10.89, SozR 2200 § 385 Nr 22).

a) Verteilungsmaßstab für laufendes Entgelt. Laufendes Entgelt ist dem Zeitraum zuzuordnen, in dem es verdient wurde. Erfolgt eine Nachzahlung, so ist es auch rückwirkend auf diejenigen Zeiträume zu verteilen, in denen es im Einzelnen erarbeitet wurde (s *Entgeltnachzahlung* Rz 10 ff). In Fällen, in denen – aus welchen Gründen auch immer – das arbeitsvertraglich maßgebliche Abrechnungsverfahren dazu geführt hat, dass die Beiträge die Verdienste nicht sachgerecht widerspiegeln, kann es nicht auf den Zeitpunkt ankommen, an dem die Entgelte fällig werden, gezahlt oder steuerrechtlich zu berücksichtigen sind, sondern allein darauf, wann sie verdient wurden. Sind diese Zeiträume nicht exakt zu ermitteln, so ist jedenfalls ein Verfahren zu wählen, das einer gleichmäßigen Verteilung der Arbeit, mit der der Verdienst erzielt wurde, möglichst nahekommt. Übersteigt das Arbeitsentgelt einzelner Abrechnungszeiträume die monatliche Beitragsbemessungsgrenze, ist es insoweit endgültig beitragsfrei. 46

b) Verteilungsmaßstab für einmalig gezahltes Entgelt (§ 23a SGB IV). Die Heranziehung einmalig gezahlten Arbeitsentgelts zur Beitragsbemessung richtet sich nach § 23a SGB IV. Einmalig gezahltes Arbeitsentgelt versicherungspflichtig Beschäftigter ist danach dem Entgeltabrechnungszeitraum zuzuordnen, in dem es gezahlt wird, soweit nichts Abweichendes bestimmt ist (§ 23a Abs 1 Satz 2 SGB IV); für die Beiträge zur BA ist § 23a SGB IV ebenfalls anwendbar (vgl § 1 Abs 1 SGB IV). 47

aa) Grundsatz: Zuordnung zum Auszahlungsmonat. § 23a Abs 1 Satz 2 SGB IV bestimmt, dass einmalig gezahltes Arbeitsentgelt vorbehaltlich der Abs 2 bis 4 dem Entgeltabrechnungszeitraum zuzuordnen ist, in dem es gezahlt wird. Eine Einmalzahlung wird danach grds demjenigen Kalendermonat zugeordnet, in dem sie gezahlt wird. 48

bb) Ausnahmen: Verteilung auf zurückliegende Zeiträume: Nur wenn die Einmalzahlung im Monat ihrer Auszahlung zusammen mit dem laufenden Arbeitsentgelt dieses Kalendermonats die monatlichen Beitragsbemessungsgrenzen übersteigt, wird sie früheren Kalendermonaten desselben Jahres oder – bei Auszahlung bis zum 31. März eines Jahres – auch dem Vorjahr zugeordnet. Eine Einmalzahlung ab April eines Kalenderjahres ist nur dem jeweiligen Auszahlungsmonat und den zurückliegenden Monaten dieses Kalenderjahres zuzuordnen. Eine Zurechnung solcher Einmalzahlungen zum vorigen Kalenderjahr sieht das Gesetz nicht vor. Eine Zuordnung zu Monaten nach der Auszahlung ist allgemein ausgeschlossen. 49

Es kommt somit für Beitragsansprüche auf Einmalzahlungen und für die Frage, ob ihre Verteilung auf zurückliegende Zeiträume möglich ist, maßgeblich auf den **Monat der Auszahlung** an: erst jetzt kann über die konkrete Zuordnungsfähigkeit sowie die Betragshöhe für Einmalzahlungen entschieden werden (vgl BSG 14.5.02 – B 12 KR 15/01 R, SozR 3–2400 § 23a Nr 2). Erst in dem Zeitpunkt, in dem die Einmalzahlung gezahlt wird, kann auch der Beitragsanspruch entstehen und fällig werden. § 22 Abs 1 SGB IV bestimmt insoweit: Beitragsansprüche entstehen bei einmalig gezahltem Arbeitsentgelt, sobald sie ausgezahlt worden sind. 50

cc) Überschreiten der Beitragsbemessungsgrenze im Auszahlungszeitraum. Wird mit der Summe des laufenden und des einmalig gezahlten Arbeitsentgelts die monatliche Beitragsbemessungsgrenze des Abrechnungszeitraumes überschritten, ist die Berechnung der Beitragspflicht nach § 23a Abs 3 SGB IV vorzunehmen. Die Vorschrift hat folgenden, nicht ohne weiteres verständlichen Text: Das einmalig gezahlte Arbeitsentgelt ist bei der Feststellung des beitragspflichtigen Arbeitsentgelts für versicherungspflichtig Beschäftigte zu berücksichtigen, soweit das bisher gezahlte beitragspflichtige Arbeitsentgelt die anteilige Beitragsbemessungsgrenze nicht erreicht. Die anteilige Beitragsbemessungsgrenze ist der Teil der Beitragsbemessungsgrenze, der der Dauer aller Beschäftigungsverhältnisse bei demselben ArbGeb im laufenden Kj bis zum Ablauf des Entgeltabrechnungszeitraums entspricht, dem einmalig gezahltes Arbeitsentgelt zuzuordnen ist; auszunehmen sind Zeiten, die nicht mit Beiträgen aus laufendem (nicht einmalig gezahltem) Arbeitsentgelt belegt sind. 51

Das bedeutet: Übersteigt die Summe des laufenden und des einmalig gezahlten Arbeitsentgelts im Abrechnungszeitraum die anteilige Beitragsbemessungsgrenze, ist zunächst die bis zum Ende des Monats der Auszahlung aufgelaufene Beitragsbemessungsgrenze festzustellen. Danach ist dieser anteiligen Beitragsbemessungsgrenze das in demselben Zeitraum zugeflos- 52

154 Einmalzahlungen

sene beitragspflichtige Arbeitsentgelt ohne die Einmalzahlung gegenüberzustellen. Ergibt sich dann noch ein Differenzbetrag, so ist das einmalig gezahlte Arbeitsentgelt insoweit beitragspflichtig; darüber hinaus ist es beitragsfrei.

53 Da in der KV, PflegeV, RV und ArblV verschiedene Beitragsbemessungsgrenzen gelten, sind diese Rechenvorgänge für die verschiedenen Beiträge gesondert vorzunehmen.

54 **dd) März-Regelung** (§ 23a Abs 4 SGB IV): Wird einmalig gezahltes Arbeitsentgelt in der Zeit vom 1.1. bis 31.3. eines Jahres gezahlt, ist es dem letzten Entgeltabrechnungszeitraum des vergangenen Kj zuzuordnen, wenn es vom ArbGeb dieses Entgeltabrechnungszeitraumes gezahlt wird und zusammen mit dem sonstigen, für das laufende Kj festgestellten beitragspflichtigen Arbeitsentgelt die anteilige Beitragsbemessungsgrenze nach übersteigt (§ 23a Abs 4 SGB IV). Damit soll vermieden werden, dass aus Gründen der Beitragsersparnis sämtliche im Laufe des Jahres anfallenden Einmalzahlungen bereits im Januar des Jahres ausgezahlt werden (Begründung zu § 385 RVO aF im Entwurf des Haushaltsbegleitgesetzes 1984 BR-Drs 302/88 S 71). Gäbe es diese Regelung nicht, wäre die Einmalzahlung nur insoweit beitragspflichtig, als sie zusammen mit den Grundgehaltsanteilen die monatliche Beitragsbemessungsgrenze des Monats Januar nicht übersteigt.

55 **c) Entstehungszeitpunkt des Beitragsanspruchs. Grundsatz: Geltung der Zuflusstheorie:** Nach § 22 Abs 1 SGB IV entstehen Beitragsansprüche im Regelfall, sobald ihre im Gesetz oder aufgrund eines Gesetzes bestimmten Voraussetzungen vorliegen, dh mit der Ausübung der versicherungs- und beitragspflichtigen Beschäftigung gegen Entgelt. Eine Ausnahme hiervon gilt für Einmalzahlungen seit der Neufassung des § 22 Abs 1 SGB IV mit Wirkung seit 1.1.03. Danach entsteht der Beitragsanspruch bei einmalig gezahltem Arbeitsentgelt, sobald dieses ausgezahlt worden ist (zur Begründung der Gesetzentwurf BT-Drs 15/26 S 24 zu Nr 6 – § 22). **Ausnahme:** Soweit das einmalig gezahlte Arbeitsentgelt nur wegen eines Insolvenzereignisses iSd § 183 SGB III vom ArbGeb nicht ausgezahlt worden ist, entsteht der Beitragsanspruch nicht mit dem Zufluss, sondern bereits mit Entstehen des arbeitsrechtlichen Anspruchs auf die Leistung. Dh die BA hat die Beiträge auf Einmalzahlungen auch dann zu zahlen, wenn der ArbGeb den an sich entstandenen Anspruch auf eine Einmalzahlung wegen Eintritt seiner **Insolvenz** nicht mehr erfüllt hat.

56 **3. Leistungsrecht.** Mit dem am 1.1.01 in Kraft getretenen Einmalzahlungs-NeuregelungsG vom 21.12.2000 (BGBl I 2000, 1971) wurden diejenigen Vorschriften aus dem SGB III, SGB V und SGB VI gestrichen, nach denen einmalig gezahltes Arbeitsentgelt aus der Bemessungsgrundlage für das AlGeld, das Kranken-, Unterhalts- und Übergangsgeld ausgenommen wurden.

57 **a) Arbeitslosenversicherung.** In die Bemessungsgrundlage des **Arbeitslosengeldes** gehen nunmehr auch beitragspflichtige Einmalzahlungen ein, dh soweit auf sie Beiträge erhoben und sie im Bemessungszeitraum erzielt wurden. Beim Ausscheiden aus dem jeweiligen Beschäftigungsverhältnis noch nicht abgerechnete Sonderzahlungen (zB Weihnachtsgeld) bleiben weiterhin außer Betracht (BSG 8.7.09 – B 11 AL 14/08 R, SozR 4–4300 § 130 Nr 6). Bei Beziehern von AlGeld, die neben dem AlGeld ein Nebeneinkommen beziehen, werden auch beitragspflichtige Einmalzahlungen aus dem Nebeneinkommen auf das AlGeld angerechnet (§ 155 Abs 1 SGB III).

58 Sind Einmalzahlungen Teil einer Entlassungsentschädigung, können sie nach Maßgabe des § 158 SGB III zum Ruhen des Anspruchs auf AlGeld führen (vgl BSG 18.12.03 – B 11 XL 25/03 R, SozR 4–4300 § 142 Nr 2 zu § 142 SGB III).

59 Bei der Berechnung von **Kurzarbeitergeld** bleiben Einmalzahlungen außer Betracht (vgl § 106 Abs 1 Satz 3 SGB III), weil ihre Berücksichtigung nicht zu höheren Leistungen, sondern zu Nachteilen führen könnte. Beim Soll- und Ist-Entgelt könnte die Beitragsbemessungsgrenze überschritten sein und damit kein durch das Kurzarbeitergeld auszugleichender Entgeltausfall mehr vorliegen (vgl BT-Drs 14/4371 S 13 zu § 179 SGB III).

60 **b) Krankenversicherung.** Beim **Krankengeld** wird einmalig gezahltes Arbeitsentgelt berücksichtigt, indem zur allgemeinen Bemessungsgrundlage (Regelentgelt im letzten vor Beginn der Arbeitsunfähigkeit abgerechneten Entgeltabrechnungszeitraum) die beitragspflichtigen Einmalzahlungen der letzten 12 Kalendermonate vor der Arbeitsunfähigkeit anteilig hinzugerechnet werden (Einzelheiten vgl § 47 SGB V; BT-Drs 14/4371 S 15; *Krankengeld*).

Bei der Frage, ob das Krankengeld bei Berücksichtigung von Einmalzahlungen auf 90 vH **61** des kumulierten kalendertäglichen Nettoarbeitsentgeltes oder 100 vH des zuletzt gezahlten laufenden Nettoarbeitsentgelts zu begrenzen ist, kommt es maßgeblich auf die **Art und Zusammensetzung der Einmalzahlungen** an; das BSG verlangt insoweit eine verfassungskonforme Auslegung des § 47 Abs 2 SGB V (vgl BSG 21.2.06 – B 1 KR 11/05 R, SozR 4–2500 § 47 Nr 3).

c) **Rentenversicherung/Unfallversicherung.** Die Berechnung des **Übergangsgeldes** **62** bei berufsfördernden und medizinischen Reha-Maßnahmen der RV und des **Verletztengeldes** der UV erfolgt wie die Berechnung des Krankengeldes (vgl § 20 Abs 1a, § 21 SGB VI; § 47 Abs 1a SGB VII). Anspruch auf **Altersrente** vor Erreichen der Regelaltersgrenze (vgl *Altersgrenze* Anm C) besteht nur, wenn bestimmte **Hinzuverdienstgrenzen** nicht überschritten werden (§ 34 Abs 2 SGB VI). Dabei bleibt allerdings ein zweimaliges Überschreiten der in § 34 Abs 3 SGB VI geregelten monatlichen Hinzuverdienstgrenze im Laufe eines Kalenderjahres um einen Betrag in Höhe der monatlichen Hinzuverdienstgrenze „außer Betracht", ist also rentenunschädlich. Durch die Möglichkeit des zweimaligen Überschreitens soll im Grundsatz gewährleistet werden, dass trotz eines Mehrverdienstes die bisherige Rente in zwei Monaten eines Kalenderjahres in unveränderter Höhe weiter beansprucht werden kann. Den Arbeitsvertragsparteien soll die Möglichkeit eröffnet werden, Arbeitsverträge so zu gestalten, dass die maßgeblichen Hinzuverdienstgrenzen unabhängig von Schwankungen infolge variabler monatlicher Arbeitszeiten oder Sonder- bzw Einmalzahlungen eingehalten und somit gewissen (zweimaligen) „**Verdienstspitzen**" im Kalenderjahr – von vornherein – die rentenschädliche Wirkung genommen werden kann (BSG 26.6.08 – B 13 R 119/07 R). Einmalig gezahltes Arbeitsentgelt, das nicht aus einer während des Rentenbezuges noch bestehenden Beschäftigung stammt, ist kein renteschädlicher Hinzuverdienst iSv § 96a SGB VI(bgl BSG 10.7.12 – B 13 R 85/11 R für eine nach nach Beginn einer Erwerbsminderungsrenten gezahlte Urlaubsabfindung)

4. **Beitragserhebung bei freiwillig Krankenversicherten.** Bei freiwillig Versicherten **63** kann die Satzung der Krankenkasse abweichend vom § 23a SGB IV vorsehen, dass bei der Einstufung des freiwilligen Mitglieds in Beitragsklassen das im Laufe des Jahres zu erwartende einmalig gezahlte Arbeitsentgelt ohne Rücksicht auf den Zeitpunkt des Zuflusses monatlich mit $1/12$ berücksichtigt wird (BSG 11.9.95 – 12 RK 11/95, SozR 3–2500 § 240 Nr 22).

Einsatzwechseltätigkeit

A. Arbeitsrecht *Griese*

1. **Arbeitsrechtliche Verpflichtung.** Der ArbN ist zur Tätigkeit an wechselnden Ein- **1** satzstellen verpflichtet, wenn dies im Arbeitsvertrag festgelegt oder vorbehalten ist oder sich aus dem Berufsbild oder Tätigkeitsfeld ergibt (*Wetterauer* BB 83, 318). Dann kann der ArbGeb den ArbN kraft seines Weisungsrechts gem § 106 GewO anweisen, an jeweils wechselnden Einsatzorten tätig zu werden. Eine solche Weisung, die sich im Rahmen der allgemeinen Grenzen des Weisungsrechts halten muss (s *Weisungsrecht* Rz 3), stellt **keine Versetzung** dar.

Nach § 95 Abs 3 Satz 2 BetrVG gilt die Festlegung des jeweiligen Arbeitsplatzes von **2** ArbN, die nach der Eigenart ihres Arbeitsverhältnisses üblicherweise nicht ständig an einem bestimmten Arbeitsplatz bzw Arbeitsort beschäftigt werden, **nicht als Versetzung.** Daraus folgt, dass dem BRat diesbezüglich auch kein Mitbestimmungsrecht zusteht.

2. **Ersatz der Aufwendungen.** Der ArbN hat Anspruch auf Ersatz der Mehraufwendun- **3** gen, die aus der Tätigkeit an wechselnden Einsatzstellen entstehen. Insoweit wird verwiesen auf die Ausführungen zu *Aufwendungsersatz* Rz 1 ff, *Verpflegungsmehraufwendungen* Rz 1 ff und *Auslösung* Rz 1 ff. Ist eine Pauschale vereinbart (zB Verpflegungspauschale), kommt es nicht auf die Zahl oder Dauer der Einsätze an (BAG 30.1.02 – 10 AZR 441/01, NZA 02, 815). Voraussetzung ist, dass der konkrete Einsatzort tatsächlich ständig wechselt. Die Tätigkeit in

155 Einsatzwechseltätigkeit

einem Forstrevier an verschiedenen Stellen innerhalb eines Forstamtsbezirks ist keine Einsatzwechseltätigkeit (BAG 20.3.12 – 9 AZR 518/10).

4 Muss der ArbN Wege zu einer anderen Einsatzstelle zurücklegen, ist die **Wegezeit** als **Arbeitszeit** zu vergüten (BAG 8.12.60, AP Nr 1 zu § 611 BGB Wegezeit; s auch *Dienstreise* Rz 3).

B. Lohnsteuerrecht *Thomas*

5 Bislang war die Einsatzwechseltätigkeit lediglich in § 4 Abs 5 Nr 5 Satz 3 iVm § 9 Abs 5 EStG aF ausdrücklich geregelt, wonach Verpflegungspauschalen vorgesehen waren, wenn der Stpfl bei seiner beruflichen „Tätigkeit typischerweise nur an ständig wechselnden Tätigkeitsstätten" tätig wird. Ab 2014 ist diese Regelung entfallen. Nunmehr wird hinsichtlich der **Verpflegungspauschalen** nicht mehr auf das berufliche Tätigkeitsbild abgestellt, sondern darauf ob der ArbN keine erste Tätigkeitsstätte hat (§ 9 Abs 4a Satz 4 EStG) oder außerhalb einer vorhandenen ersten Tätigkeitsstätte beruflich tätig wird (§ 9 Abs 4a Satz 2 EStG). Hierzu wird auf das Stichwort *Dienstreise* Rz 12 ff verwiesen.

6 Hinsichtlich der Frage, wann für die Fahrt zur Arbeit bei ArbN mit Einsatzwechseltätigkeit die **Entfernungspauschale** zum Zuge kommt, hat die Rspr wiederholt gewechselt (vgl Personalbuch 2013 Einsatzwechseltätigkeit Rz 15 ff). Nunmehr wird bei typischerweise ständig wechselnden Tätigkeitsstätten regelmäßig keine erste Tätigkeitsstätte vorliegen, also nicht die Entfernungspauschale sondern die individuellen Fahrtaufwendungen zum Ansatz kommen. Zu Einzelheiten wird auf *Fahrten zwischen Wohnung und Arbeitsstätte* Rz 4 ff verwiesen.

C. Sozialversicherungsrecht *Schlegel*

26 **1. Beitragsrecht. Auslösungen für Fahrtkosten** bei Einsatzwechseltätigkeit (zum Begriff s oben Rz 5) sind nicht dem Arbeitsentgelt iSd § 14 SGB IV zuzurechnen, wenn und soweit es sich um steuerfreie Reisekostenerstattung handelt.

27 Die Gleichstellung der Fahrtkosten für Einsatzwechseltätigkeit mit Reisekostenersatz gilt auch dann, wenn dem ArbN nicht der tatsächliche Aufwand ersetzt wird; ein Unkostennachweis ist nicht erforderlich, wenn die gezahlten Beträge so gering sind, dass Aufwendungen in dieser Höhe unvermeidlich erscheinen (BSG 9.7.80 – 12 RK 17/79, USK 80186). Die in den LStR festgesetzten pauschalen km-Sätze sind auch für die SozV als angemessen zu übernehmen. **Beitragspflichtiges Arbeitsentgelt** liegt allerdings dann vor, wenn die Kostenerstattung diese Pauschbeträge überschreitet.

28 **2. Leistungsrecht.** Die Erstattungsbeträge bei einer Kostenerstattung für Einsatzwechseltätigkeit sind bei der Berechnung von Lohnersatzleistungen nur dann in die Bemessungsgrundlage miteinzubeziehen, wenn und soweit es sich hierbei um Arbeitsentgelt iSd § 14 SGB IV handelt. Dies ist insbesondere dann der Fall, wenn die Kostenerstattung in größerem Umfang gewährt wird, als der ArbN im Rahmen einer Reisekostenerstattung verlangen könnte.

29 **3. Unfallversicherungsschutz.** Der Umstand allein, dass sich ein Versicherter im Verlauf einer Dienstreise oder während einer Einsatzwechseltätigkeit verletzt hat, besagt nicht, dass bereits deshalb die unfallbringende Betätigung als eine versicherte Tätigkeit anzusehen und der Unfall als **Arbeitsunfall** anzuerkennen ist. Auch insoweit ist zwischen Betätigungen zu unterscheiden, die mit dem Beschäftigungsverhältnis wesentlich zusammenhängen und solchem Verhalten, das der Privatsphäre des Reisenden zugehörig ist. So lassen sich gerade bei längeren Reisen im Ablauf der einzelnen Tage idR Verrichtungen unterscheiden, die mit der Tätigkeit für das Unternehmen wesentlich im Zusammenhang stehen, und solchen, bei denen dieser Zusammenahng in den Hintergrund tritt. Der Versicherungsschutz entfällt, wenn sich der Versicherte rein persönlichen, von der Betriebstätigkeit nicht mehr beeinflussten Belangen widmet (BSG 19.8.03 – B 2 U 43/02 R, SozR 4–2200 § 550 Nr 1).

Einstellung

A. Arbeitsrecht *Kania*

1. Allgemeines. Individualarbeitsrechtlich umfasst die Einstellung von ArbN grds den **1** gesamten Vorgang der **Anbahnung eines Arbeitsverhältnisses,** ausgehend von der Bewerbung, dem Einstellungsgespräch usw bis hin zum Abschluss des Arbeitsvertrages mit dem ausgewählten Bewerber und dessen Eingliederung in den Betrieb. Jedoch hat der Begriff der Einstellung insofern neben den einzelnen Schritten der Begründung des Arbeitsverhältnisses keine eigenständige Bedeutung; Näheres dazu s *Bewerbung* Rz 1 ff, *Personalauswahl* Rz 1 ff, *Arbeitsvertrag* Rz 1 ff, *Auskunftspflichten Arbeitgeber* Rz 1 ff, *Auskunftspflichten Arbeitnehmer* Rz 1 ff. Relevanz erlangt der Begriff der Einstellung überwiegend in kollektivrechtlicher Hinsicht wegen der in § 99 BetrVG vorgeschriebenen **Mitbestimmung des Betriebsrates.** Zum Mitbestimmungsverfahren s *Mitbestimmung, personelle Angelegenheiten* Rz 11 ff.

2. Einstellung im Sinne des § 99 BetrVG. a) Grundsatz. § 99 Abs 1 BetrVG ver- **2** pflichtet den ArbGeb, den BRat in Unternehmen mit idR mehr als 20 wahlberechtigten ArbN vor jeder Einstellung zu beteiligen. Unter Einstellung in diesem Sinne kann sowohl die Begründung des Arbeitsverhältnisses durch Abschluss des Arbeitsvertrages, als auch die **tatsächliche Eingliederung** in den Betrieb verstanden werden. Während das BAG zunächst in Übereinstimmung mit einem Teil der Literatur (*Fitting* § 99 Rz 32; GK-BetrVG/*Raab* § 99 Rz 22) davon ausging, dass die jeweils zeitlich erste Maßnahme mitbestimmungspflichtig sei, stellt das Gericht nunmehr allein auf die tatsächliche Beschäftigung im Betrieb ab (BAG 12.7.88, DB 89, 633; BAG 27.7.93, DB 94, 332).

Diese liegt vor, wenn Personen in den Betrieb **eingegliedert** werden, um zusammen mit **3** den im Betrieb schon beschäftigten ArbN den arbeitstechnischen Zweck des Betriebes durch weisungsgebundene Tätigkeit zu verwirklichen (BAG 7.8.90, DB 91, 46). Auf das Rechtsverhältnis zum Betriebsinhaber soll es nicht ankommen. Die Rspr des BAG trifft insbes im Bereich des Einsatzes von ArbN von **Fremdfirmen** nicht immer nachvollziehbare Differenzierungen und ist bedenklich, weil die unternehmerische Entscheidung des Einschaltens von Drittfirmen systematisch eher dem Mitbestimmungsrecht in wirtschaftlichen Angelegenheiten gem §§ 106 ff BetrVG unterfällt (*Hunold* NZA 90, 461). Für die Praxis ist jedoch von den vom BAG getroffenen Vorgaben auszugehen.

b) Einzelfälle. aa) Einstellung aufgrund wirksamen Arbeitsvertrags. Beteiligungs- **4** pflichtige Einstellung ist grds jede Beschäftigung eines ArbN, sei es unbefristet, befristet, zur Probe, Aushilfe, Ausbildung usw (anders für Ausbildungsverhältnisse vgl neuere Ausbildungsbetrieben BAG 21.7.93, DB 94, 842). Das BAG stellt zwar – wie dargelegt – auch bei der Einstellung aufgrund eines Arbeitsvertrages ausschließlich auf die tatsächliche Beschäftigung im Betrieb ab. Allerdings soll der BRat bereits **vor Abschluss des Arbeitsvertrages zu beteiligen** und seine Zustimmung zu der geplanten Beschäftigung einzuholen sein (BAG 28.4.92, BB 92, 1852). Damit wird im Interesse des ArbGeb vermieden, dass die Beschäftigung des ArbN trotz eines formell wirksamen Arbeitsvertrages an der fehlenden Zustimmung des BRat scheitert.

Insofern befindet sich das BAG bei der Einstellung aufgrund Arbeitsvertrages im Ergebnis **5** im Regelfall in Übereinstimmung mit der Gegenauffassung in der Literatur, wonach bei zeitlichem Auseinanderfallen von Vertragsschluss und Eingliederung jeweils die zeitlich erste Maßnahme des ArbGeb mitbestimmungspflichtig sein soll (*Fitting* § 99 Rz 32; DKK/*Bachner* § 99 Rz 37; BAG 14.5.74, DB 74, 1580).

bb) Fortsetzung des Arbeitsverhältnisses. Eine Einstellung iSd § 99 BetrVG liegt **6** auch vor bei der Verlängerung von zunächst befristet abgeschlossenen Arbeitsverträgen (BAG 28.10.86, NZA 87, 530; zum Sonderfall der Probezeit vgl BAG 7.8.90, DB 91, 46), der Beschäftigung über die vertraglich vereinbarte oder tarifliche Altersgrenze hinaus (BAG 10.3.92, DB 92, 1530), der vorübergehenden Beschäftigung von ArbN im Betrieb aus einem anderen Konzernunternehmen, der Übernahme in ein Arbeitsverhältnis nach Beendigung des Berufsausbildungsverhältnisses (BAG 22.1.91, NZA 91, 569) oder der Vereinbarung einer Teilzeitbeschäftigung während der Elternzeit auf dem bisherigen Arbeitsplatz (BAG

156 Einstellung

28.4.98 – 1 ABR 63/97, NZA 98, 1352), da diesen Maßnahmen jeweils eine **neue Arbeitgeberentscheidung** zugrunde liegt. Einer solchen Entscheidung bedarf es nicht bei der Wiederaufnahme eines ruhenden Arbeitsverhältnisses, zB nach Ableistung des Wehr- bzw Zivildienstes (*Fitting* § 99 Rz 44), oder bei Übergang des Arbeitsverhältnisses im Falle des Betriebsübergangs nach § 613a BGB (BAG 17.11.75, BB 76, 134). Hierbei handelt es sich folglich nicht um Einstellungen iSd § 99 BetrVG. Nach Auffassung des BAG soll auch eine nach Dauer und Umfang nicht unerhebliche **Erhöhung der Arbeitszeit** eine neue Einstellung sein; die Erheblichkeitsschwelle sieht das BAG bei mindestens 10 Stunden pro Woche (BAG 9.12.08 – 1 ABR 74/07, NZA-RR 09, 260); die gegenläufige Verminderung des Arbeitszeitvolumens unterfällt dagegen nicht der Mitbestimmung gem § 99 BetrVG (BAG 25.1.05 – 1 ABR 59/03, NZA 05, 945).

7   cc) **Einstellung ohne Arbeitsvertrag.** Problematisch wird der Tatbestand der Einstellung jedoch dann, wenn der Arbeitsvertrag unwirksam ist oder ein solcher aufgrund des immer häufigeren Einsatzes von ArbN fremder Firmen im Betrieb gar nicht existiert. Nach BAG kommt es auf das Rechtsverhältnis, in dem der Beschäftigte zum ArbGeb steht, insbesondere die ArbNEigenschaft, gerade nicht an. Auch die Hereinnahme von **Nicht-Arbeitnehmern** in die betriebliche Tätigkeit unterstellt das BAG dem Zustimmungsvorbehalt des BRat, da das kollektive Interesse der Belegschaft unabhängig davon berührt wird, auf welcher vertraglichen Grundlage die in die betriebliche Arbeit eingeschalteten Personen tätig werden (BAG 27.7.93, DB 94, 332). Entscheidend ist allein, ob „Personen in den Betrieb eingegliedert werden, um zusammen mit den im Betrieb schon beschäftigten ArbN den arbeitstechnischen Zweck des Betriebes durch weisungsgebundene Tätigkeit zu verwirklichen" (BAG 20.4.93, DB 93, 2033; 27.7.93, DB 94, 332; 22.4.97, NZA 97, 1297). Dies trifft zB auch auf sog Ein-Euro-Jobber zu, obwohl gerade kein Arbeitsverhältnis mit dem Beschäftigungsunternehmen zustande kommt (BAG 2.10.07 – 1 ABR 60/06, NZA 08, 244).

8   **Die Arbeitsaufnahme von Leiharbeitnehmern** im Entleiherbetrieb hat das BAG dementsprechend unabhängig von den Regelungen des AÜG wegen ihrer faktischen Eingliederung in den Betrieb als Einstellung angesehen (BAG 14.5.74, DB 74, 1580). § 14 Abs 3 AÜG regelt das Zustimmungserfordernis gem § 99 BetrVG dementsprechend ausdrücklich. Näheres s *Arbeitnehmerüberlassung/Zeitarbeit* Rz 36.

9   Auch die Beschäftigung von **freien Mitarbeitern,** uU sogar von **selbstständigen Unternehmern** (BAG 15.4.86, DB 86, 2497 – Taxifahrer), kann nach der Rspr des BAG eine Einstellung iSd § 99 BetrVG darstellen. Voraussetzung für die notwendige Eingliederung dieser Personen ist, dass sie eine weisungsgebundene Tätigkeit ausüben, wobei es das BAG genügen lässt, wenn die Tätigkeit „ihrer Art nach weisungsgebunden" ist. Darauf, ob tatsächlich im Einzelfall Weisungen gegeben werden, kommt es nicht an (BAG 27.7.93, DB 94, 332; 18.10.94, DB 95, 382). Allerdings hat das BAG klargestellt, dass **normalerweise** die Beschäftigung freier Mitarbeiter keine Einstellung iSd § 99 BetrVG darstellt. Nur wenn sich die Tätigkeit nicht nennenswert von der weisungsabhängigen Tätigkeit vergleichbarer ArbN desselben Betriebes unterscheidet und eine ArbNtypische teilweise Einbindung in die betriebliche Organisation vorliegt, kann ausnahmsweise bei der Beschäftigung freier Mitarbeiter oder Selbstständiger eine Einstellung vorliegen (BAG 30.8.94, NZA 95, 649 – Handelsvertreter). Um das Eingreifen des Mitbestimmungsrechts prüfen zu können, hat der BRat auch und gerade bei Einsatz freier Mitarbeiter Anspruch auf Unterrichtung gem § 80 Abs 2 BetrVG (BAG 15.12.98 – 1 ABR 9/98, NZA 99, 722).

10   In Bezug auf **werk- oder dienstvertragliche Tätigkeit** hat das BAG erst nach längerem Schwanken zu einer einheitlichen Linie gefunden. Teilweise hatte das Gericht für die Anwendung des § 99 BetrVG darauf abgestellt, ob sich die Aufgaben von Fremdfirmen auf „absonderbare Tätigkeitsbereiche", die nicht unmittelbar der Verwirklichung des Betriebszwecks dienten, beziehen (BAG 28.11.89, DB 90, 1139). Teilweise sollte es für die Anwendung des § 99 BetrVG ausreichen, wenn die von Fremdfirmen-ArbN ausgeübte Tätigkeit ihrer Art nach weisungsgebunden sei, gleichgültig, von wem die Fremdfirmen-ArbN tatsächlich ihre Weisungen erhalten (BAG 1.8.89, BB 90, 419). Die Wende zu einer restriktiven Anwendung des § 99 BetrVG vollzog das BAG mit Urt vom 5.3.91 (DB 91, 1334). Danach kommt es für die Anwendung des § 99 BetrVG maßgeblich darauf an, ob Personen, die als Erfüllungsgehilfen eines Dienst- oder Werknehmers im Betrieb des Auftraggebers tätig werden, so in die Arbeitsorganisation des Auftraggebers eingegliedert werden, dass dieser die **für ein Arbeits-**

verhältnis typischen Entscheidungen über deren Arbeitseinsatz auch nach Zeit und Ort zu treffen hat (ebenso BAG 5.5.92, NZA 92, 1045; 18.10.94, DB 95, 382).

Typische Weisungen über den Arbeitseinsatz sind solche, mit denen die individuelle 11 Arbeitspflicht nach Gegenstand, Ort und Zeit konkretisiert wird, etwa die Bestimmung des täglichen Arbeitsbeginns, die Zuweisung einer bestimmten Aufgabe oder die Reihenfolge der Arbeitsschritte. Nicht den konkreten Arbeitseinsatz betreffen dagegen Weisungen, die sich auf die Person des ArbN beziehen, etwa die Gewährung von Freizeiten oder die Festlegung des Urlaubs. Auch wenn solche Weisungen beim Vertrags-ArbGeb bleiben, steht dies einer Einstellung iSd § 99 BetrVG nicht entgegen.

Für die Praxis bleibt die Schwierigkeit, im Streitfall festzustellen, wer tatsächlich die „typischen Weisungen über den Arbeitseinsatz" zu treffen hatte. Will man eine betriebsverfassungsrechtliche Einstellung bei der Tätigkeit von Fremdfirmen-ArbN vermeiden, empfiehlt es sich, das Verbleiben der arbeitsrechtlichen Weisungsbefugnisse beim Auftragnehmer im Rahmen der Vertragsgestaltung transparent zu machen. Eine Möglichkeit ist, dass der Auftragnehmer einen verantwortlichen Einsatzleiter stellt, der als fachlicher und disziplinarischer Vorgesetzter für alle ArbN des Auftragnehmers zuständig ist und für Absprachen mit dem Auftraggeber ausschließlich zur Verfügung steht (so der Sachverhalt von BAG 18.10.94, DB 95, 382).

3. Muster. S Online-Musterformulare *„M21 Einstellung"*. 12

B. Lohnsteuerrecht *Thomas*

Lohnsteuerlich gelten die zu den Stichworten *Bewerbung, Umzugskosten* und *Versetzung* 13 dargelegten Grundsätze.

C. Sozialversicherungsrecht *Voelzke*

1. Arbeitsvermittlung. Der ArbGeb kann sich zur Anwerbung von Arbeitskräften der 14 Arbeitsvermittlung der Agenturen für Arbeit bedienen (§§ 35 ff SGB III; vgl *Stellensuche* Rz 10 ff). Anspruch auf die Vermittlungsdienste der BA besteht auch für Leistungsempfänger nach dem SGB II. Die bestehenden Vermittlungsdienste der BA bleiben durch die nunmehr weitgehend unbeschränkt zulässige private Arbeitsvermittlung (Näheres: *Arbeitsvermittlung (private)*) unberührt. Der Vermittlungsauftrag an die Agentur für Arbeit kann in jeder Form, auch mündlich oder telefonisch aufgegeben werden. Hierbei sollte der zu besetzende Arbeitsplatz möglichst genau beschrieben werden. Der ArbGeb teilt der Agentur für Arbeit mit, ob er die Einreichung schriftlicher Bewerbungsunterlagen oder eine direkte persönliche Vorstellung der Arbeitsuchenden wünscht. Eine Verpflichtung, einen von der Agentur für Arbeit vorgeschlagenen Bewerber einzustellen, besteht nicht. Die Agentur für Arbeit kann gem § 44 SGB III die durch die Vorstellung entstehenden Kosten des Arbeitssuchenden tragen (vgl *Bewerbung* Rz 19 ff).

2. Arbeitgeberpflichten. Der ArbGeb hat bei Beginn der Beschäftigung gegenüber der 15 Einzugsstelle die erforderliche Meldung zu erstatten (s *Meldepflichten Arbeitgeber* Rz 3 ff).

Einstellungsuntersuchung

A. Arbeitsrecht *Poeche*

1. Begriff. Einstellungsuntersuchungen sind (noch) weit verbreitet. Sie werden auf Ver- 1 langen des ArbGeb durchgeführt, der sich vergewissern will, ob der Bewerber physisch und psychisch den Anforderungen des (künftigen) Arbeitsplatzes gewachsen ist, und der deshalb den Abschluss des Arbeitsvertrags vom positiven Ergebnis einer ärztlichen Untersuchung abhängig macht. Solche vor Begründung des Arbeitsverhältnisses durchgeführten Untersuchungen sind **Mittel der Personalauswahl** (dazu allgemein *Personalauswahl*). Hiervon zu unterscheiden sind die **arbeitsmedizinischen Vorsorgeuntersuchungen** iSd ArbmedVV (Näheres *Betriebliche Gesundheitsförderung*) und die vorrangig dem Schutz Dritter und der Allgemeinheit dienenden Untersuchungen nach den einschlägigen Spezialgesetzen (§ 4

157 Einstellungsuntersuchung

LuftVG iVm § 24a LuftVZO; § 43 IfSG; § 81 SeemG iVm § 1 SeediensttauglichkeitsV). Eine fehlende gesundheitliche Eignung begründet in diesen Fällen idR ein Beschäftigungsverbot. Zu den ärztlichen Untersuchungen Jugendlicher nach §§ 32 ff JugArbSchG *Jugendarbeitsschutz* Rz 39 f).

2. Ausgangslage. Einstellungsuntersuchungen beeinträchtigen das grundrechtlich (Art 2 GG) geschützte Persönlichkeitsrecht des Stellenbewerbers. Sie sind deshalb nur eingeschränkt zulässig. Der Konflikt zwischen dem nachvollziehbaren Interesse des ArbGeb an möglichst umfassender Information über den Bewerber einerseits und dem Wunsch des Bewerbers auf Achtung seiner Privatsphäre andererseits wird bisher nach den zum Fragerecht des ArbGeb entwickelten Grundsätzen gelöst (*Auskunftspflichten Arbeitgeber* Rz 2, 3; *Personalauswahl* Rz 14 ff). Einstellungsuntersuchungen sind nur mit Einwilligung des Bewerbers zulässig und können verlangt werden, soweit der ArbGeb an der Feststellung der gesundheitlichen Eignung ein berechtigtes, billigenswertes und schutzwürdiges Interesse hat, das gegenüber dem Interesse des ArbN an der Unverletzlichkeit seiner Intimsphäre Vorrang hat. Nach dem zum 1.9.09 in Kraft getretenen § 32 BDSG dürfen (Gesundheits-)daten erhoben, verarbeitet und genutzt werden, wenn sie für die Begründung des Beschäftigungsverhältnisses **erforderlich** sind (kritisch zur Neuregelung *Thüsing* NZA 09, 865; s auch *Traschko-Luscher/Kiekenbeck* NZA 09, 1239). Das BAG lässt folgende Fragen zu: Liegt eine Krankheit oder eine Beeinträchtigung des Gesundheitszustandes vor, durch die die Eignung für die vorgesehene Tätigkeit auf Dauer oder in periodisch wiederkehrenden Abständen eingeschränkt ist? Liegen ansteckende Krankheiten vor, die zwar nicht die Leistungsfähigkeit beeinträchtigen, jedoch die zukünftigen Kollegen oder Kunden gefährden? Ist zum Zeitpunkt des Dienstantritts oder in absehbarer Zeit mit einem Ausfall zu rechnen, etwa wegen einer Operation, eines Kurantritts oder einer akuten Erkrankung (schon BAG 7.6.84 – 2 AZR 270/83, NZA 85, 57). Hiervon ist das BAG wegen des Benachteiligungsverbots Behinderter (§ 1 AGG) abgerückt (zum Behindertenbegriff *Diskriminierung* Rz 38) und hat die Frage des ArbGeb nach dem Vorliegen einer **chronischen Erkrankung** („Morbus Bechterew") als Indiz iSv § 22 AGG für eine Benachteiligung wegen (vom ArbGeb vermuteter) Behinderung beurteilt (BAG 17.12.09 – 8 AZR 670/08, NZA 10, 383). Die Frage und damit das Verlangen einer hierauf gerichteten Einstellungsuntersuchung ist nur zulässig, wenn das Nichtvorhandensein einer Behinderung eine wesentliche und entscheidende Anforderung für die angestrebte Tätigkeit iSv § 8 Abs 1 AGG darstellt. So könnten etwa die Sicherheitsstandards eines Pharmaunternehmens zur Vermeidung von Infektionen der Patienten eine Einstellungsuntersuchung, insbes die Frage nach einer HIV-Infektion, rechtfertigen (vgl LAG BlnBbg 13.1.12 – 6 Sa 2159/11, NZA-RR 12, 183 nrkr). Das entspricht der inzwischen kodifizierten Rechtslage (vgl *Bayreuther* NZA 10, 679).

3. Gesetzliche Regelung/Planung. Das BDSG soll nach dem Gesetzentwurf der Bundesregierung (BT-Drs 17/4230), den sie Anfang 2013 vorläufig gestoppt hat, einen Zweiten Unterabschnitt „Datenerhebung, -verarbeitung und -nutzung für Zwecke des Beschäftigungsverhältnisses" erhalten. § 32 regelt allgemein die Datenerhebung vor Begründung eines Beschäftigungsverhältnisses, § 32a Abs 1 betrifft die Zulässigkeitsvoraussetzungen von Einstellungsuntersuchungen und § 32b die Verwertung und Nutzung der nach §§ 32, 32a erhobenen Daten, die auch ausschließlich papiergebunden sein können. Die Zulässigkeit genetischer Untersuchungen bestimmt sich unverändert nach dem GenDG. Danach sind Genuntersuchungen bei Bewerbern mit Ausnahme der in § 20 geregelten Fälle untersagt (Näheres *Datenschutz* Rz 8; *Betriebliche Gesundheitsförderung* Rz 12; *Personalauswahl* Rz 17; *Fuhlrott/Hoppe* ArbR 10, 181). Bewerber um einen Arbeitsplatz sind Beschäftigte iSd BDSG (seit 1.9.09 ausdrücklich § 3 Abs 11 Nr 7 BDSG). Zum Entwurf *Thüsing* NZA 11, 16.

Für den **öffentlichen Dienst** sah § 7 BAT eine Einstellungsuntersuchung auf Verlangen des ArbGeb vor. Das geltende öffentliche Tarifrecht enthält eine derartige Vorschrift nicht mehr, so dass hier nur nunmehr die oben dargestellten allgemeinen Grundsätze gelten (Näheres *Weber/Wocken* NZA 12, 191).

a) Grundnorm, § 32 BDSG-E. Die Vorschrift legt in Abs 1 allgemein fest, welche Daten der ArbGeb bei der Anbahnung eines Arbeitsverhältnisses erheben darf (Name, Anschrift, Telefonnummer, E-Mail-Adresse). Weitere personenbezogene Daten dürfen erhoben werden, soweit die Kenntnis dieser Daten erforderlich ist, um die Eignung des Bewerbers für die vorgesehene Tätigkeit festzustellen. Sehr viel strengere Anforderungen stellt Abs 2 bei besonders sensitiven Daten. Daten über eine **Behinderung oder die Gesundheit** dürfen nur unter den Voraussetzungen erhoben werden, unter denen nach § 8 Abs 1 AGG eine unterschiedliche Behandlung zulässig ist (allgemein zu den Rechtfertigungsgründen *Diskriminierung* Rz 71 ff). Jede Datenerhebung steht unter dem Grundsatz der **Verhältnismäßigkeit**.

b) Ärztliche Untersuchungen vor Begründung eines Beschäftigungsverhältnisses, § 32a Abs 1 BDSG-E. Der ArbGeb darf die Begründung eines Beschäftigungsverhältnisses von einer ärztlichen Untersuchung abhängig machen, wenn und soweit die Erfüllung bestimmter gesundheitlicher Voraussetzungen wegen der Art der auszuübenden Tätigkeit oder der Bedingungen ihrer Ausübung eine wesentliche und entscheidende berufliche Anforderung zum Zeitpunkt der Arbeitsaufnahme darstellt. **Zeitlich** geht es um den Gesundheitszustand zum Zeitpunkt der Arbeitsaufnahme. Dabei kann sich die Untersuchung auch auf zukünftige Tätigkeiten beziehen, wenn sie bereits vorgesehen sind (Tropentauglichkeit wegen eines in Aussicht genommenen Auslandseinsatzes).

Inhaltlich bestimmen sich Art und Ausmaß zulässiger Untersuchungen nach objektiven beruflichen Kriterien und dem vom ArbGeb festgelegten Anforderungsprofil. Maßgebend ist der vorgesehene Arbeitsplatz. Dem ArbGeb ist damit verwehrt, jede Stellenbesetzung ohne Rücksicht auf tätigkeitsbezogene Anforderungen von einer vorhergehenden Einstellungsuntersuchung abhängig zu machen. Auch die abstrakte Befürchtung, der ArbN werde künftig periodisch erheblich krankheitsbedingt ausfallen, rechtfertigt grundsätzlich nicht das Verlangen nach einer unspezifischen Einstellungsuntersuchung (anders bezogen auf das Fragerecht nach bisherigen Erkrankungen wegen des Wertungswiderspruchs zur Zulässigkeit einer krankheitsbedingten Kündigung *Bayreuther* NZA 10, 679). Zulässig sind lediglich spezifisch auf den einzelnen Arbeitsplatz bezogene Untersuchungen. Das gilt auch für **Urin-, Blut- und Leberwerte** oder **Haarproben**. Dem ArbGeb wird nicht das generell bestehende Risiko abgenommen, der Bewerber werde möglicherweise aufgrund Alkohol- oder Drogenkonsums Schlechtleistungen erbringen (so schon zum bisherigen Recht *Diller/ Powietzka* NZA 01, 1227). Anhaltspunkt ist das Gefährdungspotenzial der Tätigkeit, insbesondere für Dritte, aber auch für den ArbGeb, wenn Fehlleistungen des ArbN besonders schadensträchtig sind. Die bisher als zulässig beurteilte Frage nach voraussichtlicher Arbeitsunfähigkeit zum Zeitpunkt der beabsichtigten Arbeitsaufnahme dürfte danach nicht mehr gestellt werden und eine hierauf gerichtete ärztliche Untersuchung unzulässig sein. Beides betrifft zwar die Frage, ob der ArbN die Arbeit zum vorgesehenen Zeitpunkt aufnehmen kann, sie hat aber nichts mit den spezifischen beruflichen Anforderungen zu tun.

Beispiele. Farbenblindheit kann untersucht werden, wenn der Aufgabenbereich die Fähigkeit zur Farbunterscheidung verlangt (Elektriker, Forschungsbereich), Gleichgewichtsstörungen/Höhenkrankheit (Dachdecker, Glasreiniger), Alkohol-, Medikamenten- oder Drogenabhängigkeit bei sicherheitsrelevanten Arbeitsbereichen (Umgang mit Waffen, explosiven Chemikalien, Fahrpersonal, Piloten) oder bei einem Einsatz im Sozialbereich (Suchtprävention). Das Vorliegen einer HIV-Infektion soll bei einem Chirurgen ermittelt werden dürfen. Belastungs- oder Reaktionstests sind zulässig bei Piloten oder Feuerwehrleuten, nicht aber bei Büroangestellten. Mehlallergie im Bäckerbereich, Lösungsmittel im Friseurhandwerk. Rückenerkrankungen bei schwerer körperlicher Arbeit.

c) Sonstige Untersuchungen und Tests. Deren Zulässigkeit bestimmt sich nach § 32a Abs 2 BDSG-E.

d) Rechtscharakter. Die Vorschriften der §§ 32 ff BDSG-E sind einseitig zwingend. Abweichende Vereinbarungen zu Ungunsten des ArbN sind unwirksam (§ 32l Abs 5 BDSG). Das gilt auch für tarifliche Regelungen. Der TVöD sieht anders als § 7 BAT keine Einstellungsuntersuchung vor.

e) Arztwahl. Einstellungsuntersuchungen dürfen nur von Ärzten vorgenommen werden. Zweckmäßig ist die Beauftragung des **Betriebsarztes,** der die betrieblichen Verhältnisse kennt und einen einheitlichen Standard gewährleistet. Die Tätigkeit gehört nicht zu seinem gesetzlich bestimmten Aufgabenbereich. Die Zusatzaufgabe ist daher vertraglich ausdrücklich zu regeln und bei der Festlegung der Einsatzzeiten zu berücksichtigen (*Betriebsarzt* Rz 6–11). Anstelle des Betriebsarztes können Vertrauens-, Amts- oder frei praktizierende Ärzte beauftragt werden.

f) Untersuchungsverlauf/Mitteilung des Untersuchungsergebnisses. Ärztliche Untersuchungen ermöglichen ein objektives und uneingeschränktes Bild über den Gesundheitszustand des Bewerbers. Er ist deshalb nach § 32a Abs 1 Satz 2 BDSG-E über Art und Umfang der ärztlichen Untersuchung aufzuklären; er muss in die Weitergabe des Untersuchungsergebnisses an den ArbGeb einwilligen. Eine „konkludente" Einwilligung ist nicht ausreichend. Dem Bewerber ist das vollständige Untersuchungsergebnis mitzuteilen. Der Arzt darf keine weitergehenden Fragen stellen als dem ArbGeb selbst gestattet ist. Zusätzliche Informationen, die der Arzt anlässlich der Untersuchung gewinnt, sog Zufallsbefunde, darf er dem ArbGeb nicht mitteilen oder auf andere Weise verwerten (*Fuhlrott/Hoppe* ArbRAktuell 10, 301737). Das gilt etwa auch für eine festgestellte Schwangerschaft. Der Arzt unterliegt der ärztlichen Schweigepflicht. Dem ArbGeb darf nur mitgeteilt werden, ob der Bewerber für die vorgesehenen Tätigkeiten „geeignet" ist (§ 32a Abs 1 Satz 4 BDSG-E). Eine Differenzierung nach „uneingeschränkt geeignet, bedingt geeignet, nicht geeignet" ist ausgeschlossen. Das Untersuchungsergebnis muss „eindeutig" sein. Die erhobenen Befunde selbst dürfen nicht mitgeteilt werden.

12 g) **Datenverarbeitung und -nutzung, § 32b BDSG-E.** Die zulässig erhobenen Beschäftigtendaten darf der ArbGeb verarbeiten und nutzen, soweit dies erforderlich ist, um die Eignung des Beschäftigten für die vorgesehene Tätigkeit festzustellen oder um über die Begründung des Beschäftigungsverhältnisses zu entscheiden. Steht fest, dass der Bewerber nicht eingestellt wird, sind die Daten zu **löschen.**

13 h) **Rechtsfolgen unzulässig verlangter Einstellungsuntersuchungen.** Ein Einstellungsanspruch des aufgrund einer unzulässig verlangten Einstellungsuntersuchung abgelehnten Bewerbers besteht nicht. In Betracht kommen bei privaten ArbGeb verschuldensabhängige, beim öffentlichen Dienst verschuldensunabhängig auf Geld gerichtete Schadensersatzansprüche nach §§ 7 f BDSG (*Datenschutz* Rz 19). Ersatzansprüche nach §§ 15 ff AGG bestehen bei einer Verletzung des Benachteiligungsverbots Behinderter iSv § 1 AGG (s auch *Raif* ArbRAktuell 10, 617). Die §§ 32 ff BDSG-E sind Schutzgesetze iSv § 823 Abs 2 BGB, so dass Ansprüche aus unerlaubter Handlung nicht ausgeschlossen sind. Der Bewerber hat außerdem das Beschwerderecht nach § 32l Abs 4 BDSG.

14 **4. Auflösende Bedingung.** Vielfach wird angenommen, der Arbeitsvertrag könne unter der auflösenden Bedingung der festgestellten gesundheitlichen Eignung geschlossen werden (*Fuhlrott/Hoppe* ArbRAktuell 10, 301737 mwN). Darauf kann auch der Text des § 32a Abs 1 Satz 1 BDSG-E („... darf die Begründung des Beschäftigungsverhältnisses abhängig machen") hindeuten. Das erscheint allerdings nicht zutreffend. Richtigerweise geht es im Gesetz lediglich um die Voraussetzungen, unter denen ein ArbGeb überhaupt eine ärztliche Einstellungsuntersuchung verlangen kann. Andernfalls entstünde eine Divergenz zum allgemeinen Befristungsrecht. Eine auflösende Bedingung ist nach § 21 iVm § 14 TzBfG nur bei Vorliegen eines sachlichen Grundes wirksam. Vorausgesetzt ist ein anerkennenswertes Interesse des ArbGeb an der Auflösungsmöglichkeit. Daran fehlt es, wenn sich die Bedingung auf Umstände erstreckt, die der ArbGeb bei gebotener Sorgfalt schon vor dem Vertragsschluss hätte erkennen und deshalb den Abschluss hätte ablehnen können (BAG 27.7.05 – 7 AZR 488/04, NZA 06, 539 zu dem mit einer auflösenden Bedingung vergleichbaren Rücktrittsvorbehalt iSv § 308 Nr 3 BGB; str, anders LAG Hess 8.12.94 – 12 Sa 1103/94, ZTR 95, 373). Einstellungsuntersuchungen müssen deshalb grds zeitlich vor dem Abschluss des Arbeitsvertrags durchgeführt werden (ebenso *Steinigen* ZTR 12, 67; aA *Fuhlrott/Hoppe* ArbR 10, 181).

15 **5. Kosten.** Die Kosten der Einstellungsuntersuchung trägt der ArbGeb nach §§ 675, 670 BGB (BAG 9.2.06 – 6 AZR 283/05, NZA 06, 1207).

16 **6. Mitbestimmungsrechte.** Das Verlangen nach einer positiven Einstellungsuntersuchung ist eine **Auswahlrichtlinie** iSv § 95 BetrVG (LAG BaWü 13.12.02 – 16 TaBV 4/02, NZA-RR 03, 417; Näheres *Personalauswahl* Rz 20; zur Mitbestimmung des Personalrats bei Einstellungsuntersuchungen im öffentlichen Dienst *Weber/Wocken* NZA 12, 191). Nicht mitbestimmt sind ärztliche Fragebogen für die Einstellungsuntersuchung. Deren Formulierung obliegt dem Arzt; für den ArbGeb besteht kein Handlungsspielraum.

17 **7. Muster.** S Online-Musterformular „*M21.3 Einverständniserklärung des einzustellenden Arbeitnehmers zu einer ärztlichen Untersuchung*".

B. Lohnsteuerrecht
Thomas

Soweit Einstellungsuntersuchungen gesetzlich oder tarifvertraglich angeordnet oder nach 21
der Art der Verwendung (zB bei Berufssportlern) geboten sind, führt eine diesbezügliche
Kostentragung des ArbGeb nicht zu Arbeitslohn. Im Übrigen gelten die Ausführungen zum
Gesundheitszeugnis (s *Gesundheitszeugnis* Rz 13 ff) entsprechend.

C. Sozialversicherungsrecht
Ruppelt

Das Ergebnis einer Einstellungsuntersuchung hat keine unmittelbaren sozialversicherungs- 26
rechtlichen Auswirkungen. Die Versicherungspflicht in den einzelnen Zweigen der SozV
und der ArblV entsteht grds erst mit Beginn des Beschäftigungsverhältnisses, das ist regelmäßig der Tag der Arbeitsaufnahme (s *Krankenversicherungspflicht* Rz 6; *Gesundheitszeugnis* Rz 16).

ELENA

A. Arbeitsrecht
Poeche

Zu den Vorschlägen der **Kommission für Moderne Dienstleistungen am Arbeits-** 1
markt (sog Hartz-Kommission) gehörte die Einführung eines elektronischen Verfahrens zur
Erfassung und Meldung von ArbNDaten, zunächst bezeichnet als JobCard, sodann als
ELENA (= Elektronischer Entgeltnachweis), umgesetzt durch Gesetz vom 28.3.09 (BGBl I
09, 634). Die zum 1.1.12 an sich gesetzlich vorgesehene durchgängige Anwendung von
ELENA wurde nach einer im Juli 2011 erfolgten ministeriellen Vorankündigung gestoppt.
Maßgebliche Vorschriften wurden durch das „Gesetz zur Änderung des Beherbergungsstatistikgesetzes und des Handelsstatistikgesetzes sowie zur Aufhebung von Vorschriften zum
Verfahren des elektronischen Nachweises" (BT-Drs 17/6851 sowie Ergänzung) aufgehoben;
die mehr als 700 Mio gespeicherten Datensätze sind bereits gelöscht. Der ArbGeb ist nicht
mehr zur monatlichen Meldung von Entgeltdaten an die sog Zentrale Speicherstelle verpflichtet. Geplant ist ein „einfacheres und unbürokratisches Meldeverfahren", welches in der
derzeit laufenden zweijährigen Projektphase den Kurztitel „Projekt OMS (Optimiertes
Meldeverfahren in der sozialen Sicherung)" trägt. Von Bedeutung ist die Gesetzesänderung
für das SozVRecht; arbeitsrechtlich spielt sie keine Rolle. Am 1.7.13 ist allerdings die
Verordnung zur Erstellung einer **Entgeltbescheinigung** nach § 108 Abs 3 GewO (Entgeltbescheinigungsverordnung – EBV, BGBl I 12, 2712) in Kraft getreten. Sie sieht verbindliche
Vorgaben des Inhalts und des Verfahrens einer Entgeltbescheinigung vor, die zu Zwecken
nach dem Sozialgesetzbuch verwendet werden kann. Sie soll sicherstellen, dass den Sozialleistungsträgern bundesweit einheitliche Angaben aus der Bescheinigung zur Verfügung
stehen. § 2 sieht außerdem vor, dass ArbN eine Bescheinigung mit den in § 1 vorgesehenen
Angaben in Textform in jedem Abrechnungszeitraum erhalten, es sei denn, es haben sich
keine Änderungen gegenüber der letzten ergeben.

B. Lohnsteuerrecht
Seidel

Das Gesetz über das Verfahren des elektronischen Entgeltnachweises (ELENA-Verfahrens- 6
gesetz) vom 28.3.09 (BGBl I 09, 634), sieht eine Einbeziehung der LStBescheinigung in das
vorgesehene JobCard-Verfahren nicht vor. Das Gesetz wurde zum 3.12.11 aufgehoben,
BGBl I 11, 2298. Ab 2004 wurde jedoch die elektronische LStBescheinigung eingeführt, die
auf einem ähnlichen Verfahren beruht (s *Lohnsteuerbescheinigung* Rz 2 ff). Zur Umstellung der
LStKarte auf die vom ArbGeb beim BZSt automatisiert abrufbaren LStAbzugsmerkmale ab
2013 s *Lohnsteuerabzugsmerkmale* Rz 8 ff.

C. Sozialversicherungsrecht
Schlegel

1. Vorgeschichte. a) Einführung des ELENA-Verfahrens. Seit 1.1.2010 waren im sog 11
elektronischen Entgeltnachweisverfahren (ELENA) gemäß §§ 95 ff SGB IV bestimmte Beschäftigtendaten durch die ArbGeb an die Zentrale Speicherstelle bei der Deutschen Renten-

158 ELENA

versicherung Bund (ZSS) zu melden. ELENA sollte für die Arbeitsbescheinigung nach § 312 SGB III, die Nebeneinkommensbescheinigung nach § 313 SGB III und Auskunft über Beschäftigung nach § 135 SGB III sowie die Bescheinigungen für Wohngeld und nach dem Bundeselterngeld- und ElternzeitG gelten. Ab 2015 sollten auch Entgeltersatzleistungen – beispielsweise Krankengeld, Kurzarbeitergeld oder Insolvenzgeld – in das ELENA-Verfahren einbezogen werden. Rechtsgrundlage waren zahlreiche Änderungen ua in den Gesetzen des SGB durch das Gesetz über das Verfahren des elektronischen Entgeltnachweises (ELENA-VerfahrensG vom 28.3.2009, BGBl I 09, 634). Aufgrund § 97 Abs 6 SGB IV hat das BMAS die ELENA-DatensatzVO vom 26.2.2010 (BGBl I 10, 131) erlassen. Kraft Übergangsrechts war zunächst vorgesehen, dass der ArbGeb bis zum 31.12.2011 bestimmte im ELENA-Verfahren elektronisch zu meldenden Daten auch noch in ihrer bisherigen Form zu melden hat (vgl § 119 Abs 4 SGB IV). Dies bedeutete „doppelten" Verwaltungsaufwand. Das ELENA-Verfahren wollte einen Medienbruch zwischen der elektronischen Personalverwaltung des ArbGeb und der elektronischen Sachbearbeitung in bestimmten Behörden beseitigen. Das Verfahren startete zum 1.1.2010 durch die „Einspeisung" näher bestimmter Daten und sollte nach den ursprünglichen Planungen spätestens ab 2012 „vollständig" funktionsfähig sein (so § 119 Abs 1 SGB IV), dh ab 2012 zu Abrufen von gemeldeten Arbeitsentgelten führen können. Der Start der zweiten Phase sollte nach einem Beschluss der Regierungsparteien vom Herbst 2010 um zwei Jahre verschoben werden. Die durch ELENA gesammelten Daten sollten danach frühestens ab dem 1.1.2014 an Sozialbehörden übermittelt werden.

12 **b) Geringe Verbreitung der qualifizierten Signatur und Datenschutzbedenken.** Im Laufe des Jahres 2011 stellte sich heraus, dass es Politik und Wirtschaft nicht gelungen war, den Verbreitungsgrad der für die Funktionsfähigkeit des ELENA-Verfahrens erforderlichen qualifizierten Signatur herzustellen und eine preiswerte Signatur zur Verfügung zu stellen (vgl BT-Drs 17/722 zu Art 3).

13 **2. Aufhebung des ELENA-Verfahrens durch Gesetz vom 23.11.2011. a) Aufhebungsgesetz.** Durch Art 3 des Gesetzes zur Änderung des Beherbergungsstatistikgesetzes und des Handelsstatistikgesetzes sowie zur Aufhebung von Vorschriften zum Verfahren des elektronischen Entgeltnachweises vom 23.11.2011 (BGBl I 11, 2298) wurden das ELENA-VerfahrensG vom 28.3.2009 (BGBl I 09, 634) sowie Vorschriften ua des SGB IV geändert. Damit wurde mit Wirkung vom 3.12.2011 das ELENA-Verfahren im Wesentlichen aufgehoben und der Rechtszustand vor Einführung des ELENA-Verfahrens wiederhergestellt (zum Inkrafttreten vgl Art 3 des am 2.11.2011 verkündeten Gesetzes; zur Begründung des Gesetzes vgl Beschlussempfehlung und Bericht des Ausschusses für Wirtschaft und Technologie, BT-Drs 17/722). Die wesentlichen Folgen des Gesetzes sind folgende:
– Die ArbGeb wurden von den bestehenden elektronischen Meldepflichten des ELENA-Verfahrens entlastet.
– Die bis zum 2.12.2011 gespeicherten Daten sind unverzüglich zu löschen (vgl § 119 SGB IV in der Fassung des Gesetzes vom 23.11.2011).

14 **b) Aufgehobene Vorschriften.** Mit Einführung des ELENA-Verfahrens war in das SGB IV ein neuer 6. Abschnitt „Verfahren des elektronischen Entgeltnachweises" (§§ 95 bis 103 SGB IV) eingefügt worden. Dieser Abschnitt wurde mit Wirkung vom 3.12.2011 wieder aufgehoben (Art 4 Nr 6 des Gesetzes vom 23.11.2011). Der genannte 6. Abschnitt war mit Einführung des ELENA-Verfahrens sachlich für das gesamte SGB einschließlich seiner besonderen Teile (vgl § 1 Abs 4 SGB IV) sowie persönlich/räumlich neben den im Geltungsbereich des SGB Beschäftigten auch für Beamte, Richter und Soldaten für anwendbar erklärt worden (§ 3 Abs 2 SGB IV). Mit Wirkung zum 3.12.2011 wurden § 1 Abs 4 und § 3 Abs 2 SGB IV in ihrer bis dahin geltenden Fassung aufgehoben. Gleiches gilt für die ELENA-DatensatzVO vom 26.2.2010 (BGBl I 10, 131; zur Aufhebung vgl Art 11 des Gesetzes vom 23.11.2011, BGBl I 11, 2298) und der ihr zugrunde liegenden Verordnungsermächtigung in § 28c Abs 2 SGB.

Weiter wurden Vorschriften aufgehoben, die wie § 320a SGB III Auskünfte und Bescheinigungen nach den §§ 312, 313 und 315 SGB III im Verfahren des elektronischen Entgeltnachweises vorsahen oder dieses Verfahren modifizierten (zB Entgeltbescheinigungen nach § 108 Abs 3 der GewO, § 23 Abs 2 des WoGG, § 2 Abs 7 BEEG).

c) Wiederherstellung des Rechts-Status-quo-ante – „zurück auf Los". Nach § 108 **15** GewO ist dem ArbN bei Zahlung des Arbeitsentgelts eine Abrechnung in Textform zu erteilen. Unter Geltung des ELENA-Verfahrens war das BMAS ermächtigt, Näheres zum Inhalt und Verfahren der Entgeltabrechnung, die auch für Zwecke der Sozialversicherung verwendet werden kann, nach Maßgabe des – nunmehr aufgehobenen § 97 SGB IV (aF) – zu bestimmen. § 108 Abs 3 GewO in der ab 3.12.2011 geltenden Fassung ermächtigt das BMAS weiterhin dazu, Näheres zum Inhalt und Verfahren einer Entgeltbescheinigung, die zu Zwecken nach dem SGB verwendet werden kann, durch Rechtsverordnung zu bestimmen; diese VO muss noch erlassen werden. Der ArbN kann vom ArbGeb zu anderen Zwecken eine weitere Entgeltbescheinigung verlangen, die sich auf die Angaben nach § 108 Abs 1 GewO beschränkt; das sind Angaben über den Abrechnungszeitraum und Zusammensetzung des Arbeitsentgelts. Hinsichtlich der Zusammensetzung sind insbesondere Angaben über Art und Höhe der Zuschläge, Zulagen, sonstige Vergütungen, Art und Höhe der Abzüge, Abschlagszahlungen sowie Vorschüsse erforderlich (§ 108 Abs 1 GewO).

Nach Aufhebung des ELENA-Verfahrens sind Grundlage der Einkommensermittlung im Rahmen des Bundeselterngeld- und ElternzeitG die entsprechenden monatlichen Lohn- und Gehaltsbescheinigungen des ArbGeb (§ 2 Abs 7 Satz 4 BEEG in der Fassung vom 3.12.2011).

3. Ausblick. Die Bundesregierung will auch nach Aufhebung des ELENA-Verfahrens **16** Lösungen aufzeigen, die die bisher getätigten Investitionen der Wirtschaft aufgreifen. Das BMAS soll hierzu im Laufe des Jahres 2012 ein Konzept erarbeiten, wie die bereits bestehende Infrastruktur des ELENA-Verfahrens und das erworbene Know-how für ein einfacheres und unbürokratisches Meldeverfahren in der SozV genutzt werden können. Dabei sollen keine Lösungsansätze verfolgt werden, die eine vollständige oder teilweise Massenspeicherung von Daten wie im ELENA-Verfahren vorsehen (vgl Ausschuss für Wirtschaft, BT-Drs 17/7200 S 9 zu Art 3).

Elterngeld

A. Arbeitsrecht *Poeche*

Mit Wirkung zum 1.1.07 ist das **Gesetz zum Elterngeld und zur Elternzeit** (Bundes- **1** elterngeld- und Elternzeitgesetz – BEEG) in Kraft getreten. Es gilt für die ab 1.1.07 geborenen oder zur Adoption angenommenen Kinder. Für die vor dem Stichtag geborenen oder zur Adoption angenommenen Kinder bleiben der Erste und der Dritte Abschnitt des BErzGG anwendbar. Ein Anspruch auf Elterngeld besteht nicht. Der arbeitsrechtliche Zweite Abschnitt des BErzGG bleibt grds anwendbar. Wegen der Ausnahmen wird auf *Elternzeit* Rz 1, 36 verwiesen.

Mitwirkungspflichten des ArbGeb. Nach § 9 BEEG ist der ArbGeb verpflichtet, den **2** bei ihm beschäftigten Elterngeldberechtigten Bescheinigungen über das Arbeitsentgelt und die Arbeitszeit auszustellen. Gleiches gilt für den Auftraggeber/Zwischenmeister der in Heimarbeit Beschäftigten und die ihnen Gleichgestellten. Vorsätzliche oder fahrlässige Falschbescheinigung sind nach § 14 Abs 1 Nr 1 BEEG als Ordnungswidrigkeit zu verfolgen (Rahmen: bis zu 2000 Euro).

B. Lohnsteuerrecht *Windsheimer*

Das Elterngeld ist **steuerfrei** (§ 3 Nr 67 EStG) und unterliegt in voller Höhe dem **6 Progressionsvorbehalt** (§ 32b Abs 1 Nr 1 Buchst j EStG; BFH 21.9.09 – VI B 31/09, DStR 09, 2139; Verfassungsbeschwerde erfolglos, BVerfG 20.10.10 – 2 BvR 2604/09). Im Rahmen des Progressionsvorbehalts ist vom Elterngeld aus Gründen der nach Art 3 GG gebotenen Gleichbehandlung aller Bezieher von Elterngeld stets der ArbNPauschbetrag abzuziehen (FG NdS 14.2.12 – 12 K 6/11, BeckRS 2012, 94983; Az BFH III R 61/12). Nachdem sich das Elterngeld aus dem bisherigen Nettolohn errechnet (s unten Rz 22), kann es sich bei beiderseits berufstätigen Verheirateten für den Ehegatten, der das Kind nach der Geburt betreut, empfehlen, so früh wie möglich (mindestens 7 Monate vor der Geburt des

159 Elterngeld

Kindes, § 2c Abs 3 Satz 2 BEEG) die **Steuerklasse III** zu wählen (s *Lohnsteuerklassen* Rz 10 ff), um zuletzt zu einem höheren Nettogehalt zu gelangen. Damit wird auch der Nachteil des Progressionsvorbehalts ausgeglichen. Der Steuerklassenwechsel ist kein Missbrauch gem § 42 AO (BSG 25.6.09 – B 10 EG 3/08 E, DStR 09, 2263). Andererseits darf nicht außer Acht gelassen werden, dass die LStKlasse V für den anderen Ehegatten zu höherer LSt führt, die erst im Rahmen der Veranlagung zur Anrechnung und ggf zur Erstattung führt (s *Antragsveranlagung* Rz 2 ff) und dass für Krankengeld und AlGeld ebenfalls der Nettolohn maßgebend ist (*Arbeitslosengeld* Rz 42; *Krankengeld* Rz 27). Anstelle des Wechsels der LStKlasse kann sich ein Antrag auf Einzelveranlagung nach § 26a EStG für den nicht das Elterngeld beziehenden Ehegatten empfehlen. Das wird insbes der Fall sein, je näher die stpfl Einkommen der Ehepartner beieinander liegen und je höher das Elterngeld ist, da sich in diesem Fall der Progressionsvorbehalt nur auf den das Elterngeld beziehenden Ehegatten bezieht.

7 Dem ArbGeb erwachsen aus der Gewährung des Elterngeldes keine steuerlichen Pflichten. Er kann aber verpflichtet sein, für das Elterngeld erforderliche Bescheinigungen auszustellen (s oben Rz 2). Gewährt der ArbGeb dem ArbN zum Elterngeld einen Zuschuss, so ist dieser nach allgemeinen Vorschriften stpfl und unterliegt somit der LSt. Während des Bezugs von Elterngeld weitergezahltes Arbeitsentgelt ist ebenfalls lohnsteuerpflichtig.

8 Zu weiter geltenden Leistungen dem bisherigen Erziehungsgeld entsprechend s *Kindervergünstigungen* Rz 9.

Literaturhinweis: *Beyer-Petz* DStR 09, 2266.

C. Sozialversicherungsrecht *Voelzke*

11 **1. Allgemeines.** Das im BEEG vom 5.12.06 (BGBl I 06, 2748; zuletzt geändert durch G vom 15.2.13, BGBl I 13, 254) geregelte Elterngeld löst als familienpolitische Leistung das Erziehungsgeld mit dem Ziel ab, Familien bei der **Sicherung ihrer Lebensgrundlage** zu unterstützen, wenn sich Eltern vorrangig um die Betreuung ihrer Kinder kümmern (vgl *Dau* SGb 09, 261). Mit dem Elterngeld soll Familien gerade im ersten Lebensjahr des Kindes mehr Geld zur Verfügung gestellt werden und Einkommensbeschränkungen im Vergleich zu kinderlosen Paaren und kinderlosen Frauen stärker kompensiert werden (kritisch zu der familienpolitischen Zielsetzung des BEEG *Müller-Heine* Gesundheits- und Sozialpolitik 2006, 57; zu verfassungsrechtlichen Fragen *Seiler* NVwZ 07, 129; *Brosius-Gersdorf* NJW 07, 177). Verfassungsrechtliche Bedenken gegen die Ausgestaltung des Elterngeldes als Einkommensersatzleistung bestehen nicht (BVerfG 9.11.11 – 1 BvR 1853/11, NJW 12, 214). Das Betreuungsgeld soll die Wahlfreiheit von Müttern und Vätern bei der Kinderbetreuung verbessern (Näheres: *Kindervergünstigungen* Rz 59).

12 **2. Anspruchsberechtigte.** Zum Bezug des Elterngeldes grds berechtigt sind nach § 1 Abs 1 BEEG Personen, die ihren Wohnsitz oder gewöhnlichen Aufenthalt in Deutschland haben (Nr 1), mit ihrem Kind in einem Haushalt leben (Nr 2), dieses Kind selbst betreuen und erziehen (Nr 3) und keine oder keine volle Erwerbstätigkeit ausüben (Nr 4). Elterngeld erhalten nicht nur ArbN, sondern auch selbstständig Tätige, Beamte, Studierende oder Personen, die keine Erwerbstätigkeit ausüben. Der Anspruch entfällt nach § 1 Abs 8 BEEG (eingefügt durch das HBeglG 2011 vom 9.12.10 (BGBl I 10, 1885), wenn die berechtigte Person ein zu versteuerndes Einkommen von mehr als 250 000 Euro erzielt hat (bei zwei berechtigten Personen 500 000 €).

13 **a) Wohnsitz oder Aufenthalt.** Die Anwendbarkeit des BEEG hängt nicht von der Staatsangehörigkeit des Antragstellers ab, sondern ausschlaggebend ist, ob ein Wohnsitz oder gewöhnlicher Aufenthalt **in Deutschland** begründet wird. Für die Konkretisierung der genannten Voraussetzungen findet die Legaldefinition des § 30 SGB I Anwendung (so zum Erziehungsgeld BSG 25.6.87 – 11a REg 1/87, SozR 7833 § 1 Nr 1; eingehend zum Begriff des Wohnsitzes oder gewöhnlichen Aufenthaltes *Schlegel* in *Schlegel/Voelzke* SGB I, § 30 Rz 31 ff). Da es sich um eine Familienleistung iSd VO (EG) 883/04 handelt, kommt das Gesetz auch für *Grenzgänger* zur Anwendung, die ein Arbeitsverhältnis in Deutschland, ihren Wohnsitz aber im EU-Ausland haben (BT-Drs 16/1889 S 18).

In bestimmten Fällen sieht der Gesetzgeber nach Maßgabe des § 1 Abs 2 BErzGG von der **14** Anforderung, es müsse ein inländischer Wohnsitz oder gewöhnlicher Aufenthalt vorliegen, ab. Wichtigster Erweiterungsfall ist das Fortbestehen der SozVPflicht wegen einer **Entsendung** des ArbN iSd § 4 SGB IV ins Ausland (zu den Voraussetzungen des § 4 SGB IV s *Auslandstätigkeit* Rz 116 ff; *Schlegel/Voelzke/Padé* SGB IV, § 4 Rz 31 ff). Weitere Erweiterungen gelten für die vorübergehende Abordnung, Versetzung oder Kommandierung im Rahmen eines öffentlich-rechtlichen Dienst- oder Amtsverhältnisses, die Tätigkeit als Entwicklungshelfer oder als Missionar sowie die vorübergehende Tätigkeit von deutschen Staatsangehörigen bei einer zwischen- oder überstaatlichen Organisation. Die Erweiterung erstreckt sich nach § 1 Abs 2 Satz 2 BEEG auch auf mit dem Berechtigten in einem Haushalt lebende Ehegatten und Lebenspartner. Dies gilt unabhängig von der Staatsangehörigkeit der Partner.

Für bestimmte nicht freizügigkeitsberechtigte **Ausländer** gelten die in § 1 Abs 7 BEEG **15** geregelten Ausnahmen von der Bezugsberechtigung. Diese Vorschrift folgt dem Grundsatz, dass Familienleistungen nur an solche Eltern gezahlt werden, die sich voraussichtlich dauerhaft im Inland aufhalten (BT-Drs 16/1889 S 19; kritisch *Werner* InfAuslR 07, 112; *Gutmann* InfAuslR 07, 309; vgl. zur Nichtigkeit des § 1 Abs 7 Nr 3b BEEG BVerfG 10.7.12 – 1 BvL 2/10, 1 BvL 3/10, 1 BvL 4/10, 1 BvL 3/11).

b) Anspruchsbegründende Kinder. Nach dem Grundsatz des § 1 Abs 1 Nr 2 BEEG **16** hat nur derjenige Anspruch auf Elterngeld, der **mit seinem Kind in einem Haushalt** lebt. § 1 Abs 3 BEEG erstreckt die Anspruchsberechtigung zusätzlich auf bestimmte Personen, die (noch) nicht mit dem Kind verwandt sind (Zusammenleben mit dem Ziel der Annahme als Kind; Aufnahme eines Kindes des Ehegatten oder des Lebenspartners in den Haushalt; Zeitraum vor Feststellung der Vaterschaft). Bei angenommenen Kindern tritt bei der Anwendung des Gesetzes an den Zeitpunkt der Geburt der Zeitpunkt der Aufnahme des Kindes bei der berechtigten Person.

c) Betreuung und Erziehung. Der Anspruch auf Elterngeld setzt voraus, dass der jeweili- **17** ge Antragsteller das Kind selbst betreut und erzieht. Kann der Berechtigte aus wichtigem Grund die Betreuung und Erziehung des Kindes vorübergehend nicht aufnehmen oder muss er sie unterbrechen (zB wegen eines Krankenhaus- oder Kuraufenthalts), so bleibt der Anspruch nach § 1 Abs 5 BEEG unberührt. Verwandte bis zum dritten Grad und ihre Ehegatten bzw Lebenspartner haben Anspruch auf Elterngeld, wenn die Eltern wegen einer schweren Krankheit, Schwerbehinderung oder Tod ihr Kind nicht betreuen können (§ 1 Abs 4 BEEG).

d) Erwerbstätigkeit. Der Berechtigte darf nach § 1 Abs 1 Nr 4 BEEG keine oder keine **18** volle Erwerbstätigkeit ausüben. Zulässig ist eine Beschäftigung, deren Arbeitszeit im Durchschnitt des Monats **30 Stunden** nicht übersteigt (§ 1 Abs 6 BEEG). Zur Feststellung der anspruchsschädlichen Grenze ist bei Berufstätigkeiten, bei denen typischerweise weitere mit der Arbeit in Zusammenhang stehende Aufgaben zu erfüllen sind, auf den gesamten Zeitaufwand abzustellen. Bei Lehrern erschöpft sich die Arbeitszeit zB nicht allein in der Erfüllung der Unterrichtsverpflichtung, sondern auch die Vor- und Nachbereitung und sonstige berufstypische Aufgaben sind einzubeziehen (zum Erziehungsgeld BSG 10.2.05 – B 10 EG 5/03 R, SozR 4–7833 § 1 Nr 8). Maßgebend ist ein ArbN mit durchschnittlichen Fähigkeiten. Vergütete Zeiten ohne Arbeitsverpflichtung (sog Stillzeiten) sind dagegen nicht in Ansatz zu bringen.

Die zur Berufsbildung Beschäftigten üben ebenfalls keine volle Erwerbstätigkeit iSd **19** Elterngeldrechts aus. Diese Regelung soll es Auszubildenden ermöglichen, ohne Unterbrechung ihrer Ausbildung Elterngeld in Anspruch zu nehmen. Der Begriff der **Berufsbildung** wird vom BSG in vergleichbarem Zusammenhang weit ausgelegt und umfasst auch die Weiterbildung nach einem Hochschulabschluss (Urt vom 3.11.93 – 14b REg 4/93, SozR 3–7833 § 2 Nr 1) und die Teilnahme an einem Sprachkurs für Aussiedler (BSG 10.7.96 – 14 REg 11/95, SozR 3–7833 § 2 Nr 4). Eine neben einem Hochschulstudium ausgeübte Erwerbstätigkeit innerhalb der maßgebenden Grenzen steht dem Bezug von Elterngeld nicht entgegen (so zum Erziehungsgeld BSG 13.5.98 – B 14 EG 2/97 R, SozR 3–7833 § 2 Nr 6).

Dem Anspruch auf Elterngeld steht es nach § 1 Abs 6 BEEG nicht entgegen, wenn der **20** leistungsberechtigte Elternteil als **Tagespflegeperson** tätig ist. Allerdings dürfen in einem derartigen Fall maximal fünf Kinder in Tagespflege betreut werden.

159 Elterngeld

21 **3. Leistungsumfang.** Das Elterngeld ist – abweichend vom früheren Erziehungsgeld – grds als **Entgeltersatzleistung** konzipiert und knüpft insofern an das bisher erzielte Einkommen an (§ 2 BEEG). Aus diesem Grunde hat sich die Leistungsberechnung gegenüber dem bisherigen Recht deutlich verkompliziert.

22 Auszugehen ist von dem Grundsatz des § 2 Abs 1 Satz 1 BEEG, wonach das Elterngeld iHv **67 Prozent** des in den zwölf Kalendermonaten vor der Geburt des Kindes durchschnittlich erzielten monatlichen (Netto-)Einkommens aus Erwerbstätigkeit gezahlt wird. Der Bemessungszeitraum umfasst auch bei Nichtberücksichtigung bestimmter Kalendermonate vor dem Monat der Geburt stets zwölf Kalendermonate (BSG 18.8.11 – B 10 EG 7/10 R, BeckRS 2011, 78488).

Hierbei wird der allgemeine Gleichheitssatz nicht dadurch verletzt, dass sich bei Wahrnehmung der Elternzeit über den Bezugszeitraum des Elterngeldes hinaus uU ein geringeres Elterngeld für ein weiteres Kind ergibt (BVerfG 6.6.11 – 1 BvR 2712/09, NJW 11, 2869). Bei Einkünften aus Erwerbstätigkeit von mehr als 1200 Euro sinkt der Prozentsatz um 0,1 Prozent für jeweils 2 Euro. Der Mindestprozentsatz beträgt 65 Prozent.

Bei der **Einkommensermittlung** werden auch Zeiten eines vorherigen Elterngeldbezugs berücksichtigt (BSG 25.6.09 – B 10 EG 8/08 R, SozR 4–7837 § 2 Nr 2). Ein während der Schwangerschaft veranlasster Wechsel der LStKlasse ist zu berücksichtigen (BSG 25.6.09 – B 10 EG 3/08 R, DStR 09, 2263). Außerdem wird das Elterngeld nicht bis zu jeder Höhe des berücksichtigungsfähigen Einkommens gezahlt, sondern es ist auf einen Höchstbetrag von 1800 € begrenzt. Die Ermittlung des zu berücksichtigenden Erwerbseinkommens folgt den Grundsätzen in §§ 2–2 f BEEG (in der Neufassung durch das G vom 10.9.12, BGBl I 12, 1878; dazu *Dau* jurisPR-SozR 20/2012 Anm 1; *Richter* DStR 12, 2285; *Ismer/Luft/Schachameyer* NZS 13, 327). Unberücksichtigt bleiben bei der Ermittlung des maßgebenden Einkommens steuerfreie Beitragszahlungen des ArbGeb an eine Pensionskasse zum Aufbau einer betrieblichen Altersversorgung des ArbN (BSG 25.6.09 – B 10 EG 9/08 R, SozR 4–7837 § 2 Nr 3). Hingegen sind Umsatzbeteiligungen, die einem ArbN neben einem monatlichen Grundgehalt für kürzere Zeiträume als ein Jahr nach festgelegten Berechnungsstichtagen regelmäßig gezahlt werden, berücksichtigungsfähig (BSG 3.12.09 – B 10 EG 3/09 R, SozR 4–7837 § 2 Nr 4). Der Gesetzgeber hat der Rspr des BSG, wonach auch bereits erarbeitetes, aber außerhalb des Bemessungszeitraums zufließendes Arbeitsentgelt bei der Bemessung des Elterngeldes zu berücksichtigen ist, durch die Neufassung des § 2 Abs 1 BEEG den Boden entzogen. Kein Einkommen aus Erwerbstätigkeit stellen Streikgeld (BSG 17.2.11 – B 10 EG 17/09 R, SozR 4–7837 § 2 Nr 7), Krankengeld (BSG 17.2.11 – B 10 EG 20/09 R, SGb 12, 84) und AlGeld (BSG 17.2.11 – B 10 EG 21/09 R) dar. Auch im Bemessungszeitraum bezogenes Insolvenzgeld ist bei der Berechnung des Elterngeldes nicht zu berücksichtigen (BSG 21.2.13 – B 10 EG 12/12 R, SozR 4–7837 § 2 Nr 19). Von den zu berücksichtigenden Bruttoeinkünften eines angestellten Rechtsanwalts sind Pflichtbeiträge zu seiner berufsständischen Versorgung nicht abzusetzen (BSG 29.8.12 – B 10 EG 15/11 R, SozR 4–7837 § 2 Nr 17).

23 Gegenüber der regelmäßig vorzunehmenden Berechnung des Elterngeldes enthält § 2 Abs 2 BEEG eine Besserstellung für **Berechtigte mit niedrigem Einkommen.** Liegt das zu berücksichtigende Einkommen unter 1000 €, wird der prozentuale Anteil stufenweise erhöht. Hierzu ist zunächst der Betrag zu ermitteln, um den das zu berücksichtigende monatliche Nettoeinkommen 1000 € unterschreitet. Für je zwei € der Differenz wird die Entgeltersatzrate um 0,1 Prozentpunkte erhöht. Die Obergrenze von 100 Prozent wird bei 340 € erreicht. Die erhöhte Entgeltersatzrate für niedrige Einkommen nach § 2 Abs 2 BEEG kommt bei Ausübung einer Erwerbstätigkeit nur zur Anwendung, wenn das Einkommen vor der Geburt unter 1000 € betragen hatte.

Beispiel: Erzielt ein ArbN im Referenzzeitraum ein berücksichtigungsfähiges monatliches (Netto-) Einkommen von 600 €, erhöht sich die maßgebende Ersatzquote auf 87 Prozent. Das Elterngeld beträgt in einem derartigen Fall 522 €.

24 Das Elterngeld kann auch für Monate gezahlt werden, in denen der betreuende Elternteil die **Erwerbstätigkeit nicht vollständig unterbricht,** sondern nur (auf bis zu 30 Stunden wöchentlich) einschränkt. Maßstab für die Höhe des Elterngeldes ist auch in diesen Fällen der tatsächliche Einkommensausfall. Verglichen wird dabei das durchschnittliche Einkommen vor der Geburt mit dem voraussichtlichen durchschnittlichen Einkommen nach der Geburt (§ 2 Abs 3 BEEG). Als zu berücksichtigendes Einkommen vor der Geburt gilt höchstens ein Betrag iHv 2770 €.

Beispiel: Ein ArbN erzielte im Referenzzeitraum vor der Geburt ein berücksichtigungsfähiges monatliches (Netto-)Einkommen von 2000 €. Nach der Geburt übt er eine Halbtagsbeschäftigung aus, mit der er nur noch 900 € netto erzielt. Sein Elterngeld beträgt in diesem Fall 737 €.

Der **Mindestbetrag** des Elterngeldes folgt aus § 2 Abs 4 BEEG, denn nach dieser Vor- 25 schrift wird das Elterngeld mindestens iHv 300 € gezahlt. Der Mindestbetrag wird auch gezahlt, wenn vor der Geburt des Kindes kein Einkommen erzielt wird.

Eine Erhöhung des Elterngeldes erfolgt bei Vorliegen der im § 2a BEEG geregelten 26 Voraussetzungen durch den **Geschwisterbonus** oder den Mehrlingszuschlag. Erfüllen bei der Geburt von Zwillingen beide Eltern die Anspruchsvoraussetzungen für das Elterngeld, steht für jedes Kind Elterngeld in gesetzlichem Umfang zu (BSG 27.6.13 – B 10 EG 8/12 R, SozR 4–5528 § 2a Nr 1).

4. Verhältnis zu anderen Leistungen. Das Kindergeld wird zusätzlich zum Elterngeld 27 gezahlt. Das im Zeitraum nach der Geburt gezahlte **Mutterschaftsgeld** wird nach Maßgabe des § 3 Abs 1 BEEG auf das Elterngeld angerechnet (BSG 20.12.12 – B 10 EG 19/11 R, SozR 4–7837 § 3 Nr 1). Ebenfalls angerechnet werden Einnahmen, die nach ihrer Zweckbestimmung an die Stelle von Einkommen aus einer Erwerbstätigkeit treten, das vor der Geburt erzielt worden ist (§ 3 Abs 2 BEEG). Hierbei ist an alle Leistungen gedacht, die dem Ausgleich des weggefallenen Einkommens dienen (zB *Arbeitslosengeld* oder *Krankengeld*). Allerdings wird bei diesen Leistungen nur der 300 € übersteigende Betrag auf das Elterngeld angerechnet.

Bei Sozialleistungen, deren **Zahlung einkommensabhängig** erfolgt, bleibt das Eltern- 28 geld nach § 10 Abs 1 und 2 BEEG unberücksichtigt. Bei den Leistungen nach dem SGB II, SGB XII und beim Kinderzuschlag nach § 6a BKGG erfolgt eine Anrechnung nach Maßgabe des § 10 Abs 5 BEEG.

5. Bezugszeitraum. Ein Elternteil kann nach § 4 BEEG während des Bezugszeitraums, 29 der bei leiblichen Kindern vom Tag der Geburt ausgehend berechnet wird, grds nur für zwölf Monate Elterngeld beziehen (zu Ausnahmen: § 4 Abs 3 Satz 2 BEEG). Das Elterngeld kann **14 Monate lang** bezogen werden, wenn von einem Elternteil zumindest für zwei Monate eine vor der Geburt ausgeübte Erwerbstätigkeit unterbrochen oder eingeschränkt wird. Dies bedeutet im Ergebnis, dass von den 14 Monaten, die beiden Eltern gemeinsam zustehen, mindestens zwei Monate als „Partnermonate" dem anderen Elternteil zustehen. Durch diese Regelung will der Gesetzgeber einen Anreiz setzen, nicht allein einem Elternteil die Erwerbsarbeit und dem anderen Teil die Betreuungsarbeit zu überlassen (BT-Drs 16/1889 S 23).

Nach § 4 Abs 3 BEEG kann ein Elternteil allein nur dann Anspruch auf Elterngeld für 30 mehr als zwölf Lebensmonate des Kindes haben, wenn der andere Elternteil aus tatsächlichen oder rechtlichen Gründen für eine Betreuung des Kindes nicht zur Verfügung steht (die Vereinbarkeit mit dem GG bejaht BSG 26.5.11 – B 10 EG 3/10 R, SozR 4–7837 § 4 Nr 1). Der Gesetzgeber war auch nicht gehalten eine besondere Regelung zum doppelten Anspruchsverbrauch bei gleichzeitig teilzeitbeschäftigten Ehegatten zu schaffen (BSG 15.12.11 – B 10 EG 1/11 R, BeckRS 12, 66154).

Das **Zusammentreffen von Ansprüchen** während des 14-monatigen Bezugszeitraums 31 ist in § 5 BEEG geregelt. Diese Vorschrift geht von dem Grundsatz aus, dass die Elternteile im Antrag bestimmen, wer von den Anspruchsberechtigten welche Monatsbeträge in Anspruch nimmt. Hierbei ist die im Antrag getroffene Entscheidung grds verbindlich und kann nur in Fällen besonderer Härte einmalig bis zum Ende des Bezugszeitraums geändert werden. Für den Fall, dass die Eltern keine einvernehmliche Regelung erzielen, greift § 5 Abs 2 BEEG ein. Soweit beide Eltern die Anspruchsvoraussetzungen erfüllen und Ansprüche geltend machen, werden ihnen die Zahlungsansprüche in gleicher Weise zugeordnet.

6. Verfahren. Das Elterngeld wird auf **schriftlichen Antrag** geleistet (§ 7 BEEG). Eine 32 rückwirkende Zahlung ist nur für die letzten drei Monate vor Beginn des Antragsmonats möglich. In dem Antrag muss angegeben werden, für welche Monate Elterngeld beantragt wird. Der Gesetzgeber räumt den Eltern einmal bis zum Ende des Bezugszeitraums eine

160 Elternzeit

Änderung der Entscheidung ohne Angabe von Gründen ein (§ 7 Abs 2 Satz 2 BEEG). Eine weitere Änderung ist in Fällen besonderer Härte zulässig. Um zu gewährleisten, dass beide berechtigte Personen gegenseitig Kenntnis von den von der jeweils anderen Person erhobenen Ansprüchen erhalten, ist der Antrag von beiden Anspruchsberechtigten zu unterschreiben.

33 Die besonderen **Auskunftspflichten** von Berechtigten, die während des Bezugszeitraums Einkommen erzielen, sind in § 8 BEEG geregelt. Da das Elterngeld seiner Höhe nach vom während des Bezugszeitraums erzielten Einkommen abhängig ist, ist der Berechtigte bereits nach § 60 SGB I zu Angaben über seine Einkünfte einschließlich etwaiger Änderungen verpflichtet. Darüber hinaus verpflichtet § 8 Abs 1 BEEG dazu, im Antrag gemachte Angaben zum voraussichtlichen Einkommen aus Erwerbstätigkeit nach Ablauf des Bezugszeitraums nachzuweisen. Enthält der Antrag die Angabe, dass voraussichtlich kein Einkommen aus Erwerbstätigkeit erzielt wird, wird das Elterngeld unter dem Vorbehalt des Widerrufs gezahlt. Es kann dann ggf aufgrund der geänderten Verhältnisse zurückgefordert werden (§ 8 Abs 2 BEEG). Soweit das voraussichtliche Einkommen aus der Erwerbstätigkeit nicht zuverlässig ermittelt werden kann, wird das Elterngeld nach § 8 Abs 3 BEEG bis zum Nachweis des tatsächlich erzielten Einkommens vorläufig unter Zugrundelegung des glaubhaft gemachten Einkommens gezahlt.

34 Den ArbGeb treffen im Rahmen des Nachweises der Anspruchsvoraussetzungen für das Elterngeld durch den ArbN die in § 9 BEEG geregelten **Auskunfts- und Nachweispflichten**. Danach hat der ArbGeb dem ArbN das Arbeitsentgelt, die abgezogene LSt, den ArbNAnteil der SozVBeiträge sowie die Arbeitszeit zu bescheinigen. Die Verpflichtung entsteht durch ein darauf gerichtetes Verlangen des Beschäftigten. Sie ist ggf auch vom ehemaligen ArbGeb zu erfüllen. Die Richtigkeit und Vollständigkeit der vom ArbGeb zu machenden Angaben sind nach § 14 bußgeldbewehrt. Es kann ein Bußgeld bis zu 2000 € verhängt werden (§ 14 BEEG).

Elternzeit

A. Arbeitsrecht

Poeche

Übersicht

	Rz		Rz
I. Allgemeines	1	5. Einvernehmliche Teilerwerbstätigkeit	25–27
II. Anwendungsvoraussetzungen	2, 3	a) Beim Arbeitgeber	25, 26
1. Sachlich	2	b) Arbeitsaufnahme bei einem Dritten	27
2. Persönlich	3	6. Streitige Teilerwerbstätigkeit	28–38
III. Rechtscharakter	4	a) Voraussetzungen der Elternteilzeit	28, 29
IV. Rechtsfolgen	5, 6	b) Verhältnis zum Anspruch auf Elternzeit	30
1. Individualrecht	5	c) Ablehnung des Arbeitgebers	31, 32
2. Kollektives Recht	6	d) Lage der verringerten Arbeitszeit	33
V. Elternzeit	7–56	e) Prozessuales	34–37
1. Umfang	7–10	f) Sonstige Ansprüche bei unberechtigter Ablehnung	38
a) Mehrere Kinder	8	7. Beibehaltung der Arbeitszeit	39
b) Mutterschutzfrist	9	8. Auswirkungen auf den Erholungsurlaub	40–43
c) Übertragung	10	a) Kürzungsrecht	40
2. Inanspruchnahme der Elternzeit	11–15	b) Übertragung und Abgeltung	41
a) Inhalt der Erklärung	11	c) Höhe des Urlaubsentgelts	42
b) Bindung an die Erklärung	12	d) Mehrurlaub	43
c) Verteilung der Elternzeit	13	9. Sonderkündigungsschutz	44–49
d) Fristen	14	a) Beginn des Kündigungsschutzes	44
e) Formvorschriften	15	b) Inhalt des Kündigungsverbots	45
3. Dauer der Elternzeit	16–23		
a) Regelfall	16		
b) Vorzeitige Beendigung der Elternzeit	17–21		
c) Verlängerung der Elternzeit	22, 23		
4. Restliche Elternzeit	24		

	Rz		Rz
c) Arbeitgeber	46	c) Vorzeitige Beendigung	54
d) Teilzeit	47, 48	d) Beschäftigtenzahl und Arbeitsplätze	55
e) Zulässigkeitserklärung	49		
f) Klagefrist	50	12. Rechtslage nach Elternzeit	56
10. Sonderkündigungsrecht	51	13. Mitbestimmungsrechte	57
11. Ersatzeinstellung	52–55	VI. Rechtsprechungs-ABC	58–79
a) Befristungsgrund	52	VII. Muster	80
b) Schriftform	53		

I. Allgemeines. Elternzeit (bis 31.12.2000 Erziehungsurlaub) hat den **Zweck,** erwerbstätigen Eltern die Betreuung und Erziehung ihres Kindes zu erleichtern. Neben der Möglichkeit zum Bezug von staatlichem *Elterngeld* haben sie einen von dieser finanziellen Förderung abgekoppelten unabdingbaren privatrechtlichen Anspruch gegen den ArbGeb auf unbezahlte Freistellung von der Arbeit. Der Anspruch ist **unverzichtbar** und verbietet nicht nur Vereinbarungen, die den Anspruch auf Elternzeit unmittelbar betreffen. Untersagt sind auch Regelungen, die sich auf die arbeitsrechtliche Stellung des ArbN vor oder nach der Elternzeit nachteilig auswirken (BAG 26.11.03 – 4 AZR 693/02, ZTR 04, 426: Ausfluss Art 6 Abs 1 GG). Das gilt sowohl für Individualvereinbarungen als auch für Betriebsvereinbarungen und Tarifverträge. 1

An diesem Befund hat das zum 1.1.07 in Kraft getretene **Gesetz zum Elterngeld und zur Elternzeit** (Bundeselterngeld- und Elternzeitgesetz – BEEG vom 5.12.06 (BGBl I 06, 2748)) nichts geändert. Das BEEG gilt für ab 1.1.07 geborene oder zur Adoption angenommene Kinder. Für die vor dem Stichtag geborenen/angenommenen Kinder bleiben der Erste und der Dritte Abschnitt des BErzGG weiter anwendbar (§ 27 BEEG). Dagegen sind der arbeitsrechtliche Teil (Zweiter Abschnitt) am 31.12.06 und die sozialrechtlichen und allgemeinen Schlussvorschriften am 31.12.08 außer Kraft getreten; zur Übergangsregelung BAG 15.4.08 – 9 AZR 380/07, NZA 08, 998.

II. Anwendungsvoraussetzungen. 1. Sachlich. Der arbeitsrechtliche Teil des BEEG (§§ 15–21) betrifft ein dem deutschen Arbeitsrecht unterliegendes Arbeitsverhältnis im allgemein arbeitsrechtlichen Sinn. Als ArbN gelten auch die zu ihrer Berufsbildung Beschäftigten (§ 20 Abs 1). Zur Berufsbildung gehören berufliche Fortbildung, berufliche Umschulung und Berufsausbildung iSd § 1 Abs 1 BBiG. Das BEEG findet ferner Anwendung auf Heimarbeiter und ihnen Gleichgestellte, soweit sie am Stück mitarbeiten (§§ 1, 2 HAG, § 20 Abs 2 BEEG). 2

2. Persönlich. Anspruchsberechtigt ist, wer das Kind im eigenen Familienhaushalt selbst betreut und erzieht (§ 15 Abs 1 Ziff 2 BEEG). Kurzfristige Unterbrechungen wie Krankenhausaufenthalt oder Kurabwesenheit heben die häusliche Gemeinschaft und die eigene Betreuungsleistung nicht auf. Anderes gilt für eine auf Dauer angelegte Heimunterbringung des Kindes. Erforderlich ist weiter eine enge **personale Beziehung** zum Kind: Personensorgerecht iSd BGB; Adoptionspflege oder Vollzeitpflege iSv § 1744 BGB, § 33 SGB VIII; Kind des Ehegatten oder Lebenspartners; leibliches Kind ohne Sorgerecht (dann bedarf die Elternzeit der Zustimmung des sorgeberechtigten Elternteils); Härtefälle iSd § 1 Abs 4 BEEG, die ausnahmsweise zum Bezug von Elterngeld berechtigten (s *Elterngeld* Rz 17). Insoweit ist das BEEG auch für vor dem 1.1.07 geborene/angenommene Kinder anzuwenden (§ 27 Abs 2 BEEG). 3

Seit dem 1.1.09 (BGBl I 09, 61) können **Großeltern** Elternzeit nehmen, ohne dass ein Härtefall vorliegen müsste, wenn sie mit dem Enkelkind in einem Haushalt leben und das Kind selbst betreuen und erziehen. Minderjährigen und jungen volljährigen Eltern soll damit geholfen werden, eine schulische oder berufliche Ausbildung ohne erhebliche Verzögerung zu beenden. § 15 Abs 1a BEEG unterscheidet zwei Sachverhalte: Der Anspruch auf Elternzeit (nicht auf Elterngeld!) besteht, wenn die Großeltern mit ihrem Enkelkind in einem Haushalt leben, dieses Kind selbst betreuen und erziehen und ein Elternteil des Kindes minderjährig ist (Nr 1) oder wenn sich ein Elternteil im letzten oder vorletzten Jahr seiner Ausbildung befindet, die vor Vollendung des 18. Lebensjahres begonnen wurde und die Arbeitskraft des Elternteils im Allgemeinen voll in Anspruch genommen wird (Nr 2). Ausgeschlossen ist Großelternzeit, wenn einer der Elternteile des Kindes selbst Elternzeit beansprucht (Satz 2). Ein gemeinsamer Haushalt aller Betroffenen, also von Großeltern, Eltern

160   Elternzeit

und Kind ist nicht vorausgesetzt. **Ausbildung** iSv § 15 Abs 1a Nr 2 BEEG ist zunächst jede Berufsbildung iSv § 1 Abs 1 BBiG. Nach dem Regelungsziel des Gesetzes wird jede schulische Ausbildung erfasst, die innerhalb der nächsten zwei Jahre regulär abgeschlossen werden soll (berechnet ab dem ersten Tag der „Großelternzeit"). Der Anspruch wird auch vermittelt, wenn ein junger Erwachsener bereits als Minderjähriger (Jungstudent) ein Hochschulstudium aufgenommen hat, dessen Regelstudienzeit fristgerecht endet (BR-Drs 341/08, 8; *Düwell* FA 09, 11). Eine **Zustimmung** der sorgeberechtigten Eltern (§ 15 Abs 1 Satz 2 BEEG) ist nicht erforderlich (vgl *Genenger* ZRP 08, 180, die insoweit zu Recht eine fehlende Harmonisierung der Vorschriften bemängelt). Im Übrigen entsprechen die Rechte der Großeltern den Rechten der Eltern. Sie können allein/gemeinsam/im Wechsel (§ 15 Abs 3) Elternzeit beanspruchen und unter den Voraussetzungen des § 15 Abs 7 BEEG in Teilzeit arbeiten. Ob es zu der von Teilen der Bundesregierung geplanten Erweiterung einer voraussetzungslosen Großelternzeit auf alle Großeltern kommt, ist derzeit offen.

4   III. Rechtscharakter. Elternzeit bedeutet inhaltlich **Freistellung** des ArbN von der vertraglichen Arbeitspflicht. Anders als der Sprachgebrauch des Gesetzes suggeriert, geht es nicht um einen Anspruch des ArbN iSv § 194 BGB, ist also nicht auf ein Tun oder Unterlassen des ArbGeb gerichtet. Der ArbN hat vielmehr einen Anspruch auf **Gestaltung** (BAG 15.4.08 – 9 AZR 380/07, NZA 08, 998). Er kann der Arbeit ohne jede Reaktion des ArbGeb fernbleiben, wenn die sachlichen und persönlichen Voraussetzungen des § 15 BEEG erfüllt sind und er die Elternzeit form- und fristgerecht „verlangt" hat, wie es in § 16 Abs 1 Satz 1 BEEG heißt.

5   IV. Rechtsfolgen. 1. Individualrecht. Der Bestand des Arbeitsverhältnisses wird durch die Inanspruchnahme von Elternzeit nicht berührt. Während der Elternzeit sind die beiderseitigen Hauptpflichten iSv § 611 BGB, also Arbeitspflicht des ArbN und Entgeltpflicht des ArbGeb suspendiert; das **Arbeitsverhältnis ruht** (ständige Rspr seit BAG 22.6.88 – 5 AZR 526/87, NZA 89, 13). Das schließt das Bestehen von Entgeltansprüchen im Einzelfall nicht aus (vgl Rechtsprechungs-ABC). Im Übrigen bleiben die arbeitsvertraglichen Nebenpflichten beider Arbeitsvertragsparteien aufrechterhalten. Für den ArbN sind das insbesondere Geheimhaltungspflicht und Wettbewerbsverbot, für den ArbGeb vor allem Informationspflichten. So hat er den ArbN während der Elternzeit über die aufgrund einer geplanten Änderung der Arbeitsabläufe vorgesehenen Maßnahmen zu unterrichten und Anpassungsmaßnahmen zu erörtern. Verletzt der ArbGeb diese Verpflichtung, kann er sich gegenüber dem ArbN nach Rückkehr in den Betrieb nicht darauf berufen, andere vergleichbare ArbN hätten sich durch betriebliche Schulungen weiterqualifiziert und seien deshalb als Leistungsträger aus der sozialen Auswahl herauszunehmen (ArbG Bochum 20.4.06 – 4 Ca 3329/05, NZA-RR 06, 643).

6   2. Kollektives Recht. Der ArbN behält das **aktive und passive Wahlrecht.** Er bleibt auch Mitglied im **Betriebsrat.** Nimmt der ArbN an BRatSitzungen teil, sind ihm nach § 40 BetrVG die Fahrtkosten zu ersetzen (BAG 25.5.05 – 7 ABR 45/04, NZA 05, 1002). Seine Rechtsstellung ist mit der eines ArbN in Altersteilzeit, dessen Ausscheiden aus dem Betrieb mit Beginn der Freistellungsphase feststeht, nicht vergleichbar (*Altersteilzeit* Rz 7). Der ArbN ist auch bei vollständigem Aussetzen mit der Arbeit für die Dauer der Elternzeit nicht ohne weiteres zeitweilig verhindert iSv § 25 Abs 1 Satz 2 BetrVG. Er kann vielmehr entscheiden, ob er trotz der Elternzeit grds weiter für BRatArbeit zur Verfügung steht (LAG München 22.7.04 – 2 TaBV 5/04, NZA-RR 05, 29; *Fitting* § 25 Rz 17). Richtigerweise kann der BRatVorsitzende von der Verhinderung des ArbN ausgehen, solange ihm nicht positiv angezeigt wird, dass der ArbN trotz Elternzeit sein Amt aktiv wahrnehmen wird (LAG Bln 1.3.05 – 7 TaBV 2220/04, ZTR 05, 606 [LS]; LAG Düsseldorf 26.4.10 – 16 Sa 59/10, NZA-RR 10, 419).

7   V. Elternzeit. 1. Umfang. Der Anspruch umfasst nach § 15 Abs 2 BEEG den Zeitraum bis zur Vollendung des dritten Lebensjahres des Kindes, das ist der Tag vor dem 3. Geburtstag des Kindes, § 187 Abs 2 BGB. Bei einem angenommenen Kind und bei einem Kind in Vollzeit- oder Adoptionspflege kann Elternzeit ab der Inobhutnahme beansprucht werden, längstens bis zur **Vollendung des achten Lebensjahres** des Kindes. Auch dann beträgt die Dauer der Freistellung drei Jahre. Den Eltern ist die Entscheidung überlassen, ob und wie die Elternzeit im Interesse der Familie und des Kindes genutzt wird. Sie können sich in der

Elternzeit 160

Kindesbetreuung ablösen, also untereinander wechseln, und auch ganz oder teilweise gleichzeitig mit der Arbeit aussetzen oder arbeiten.

a) Mehrere Kinder. § 15 Abs 3 Satz 1 BEEG stellt klar, dass jeder Anspruchsberechtigte einen eigenständigen persönlichen Anspruch gegen seinen ArbGeb auf Elternzeit hat. Dieser Anspruch besteht bei **mehreren Kindern** für **jedes Kind,** auch wenn sich die Drei- oder Achtjahreszeiträume überschneiden (§ 15 Abs 2 Satz 3) und gilt, wie ausdrücklich in § 15 Abs 2 Satz 1 geregelt ist, nicht nur für die leiblichen Eltern, sondern (selbstverständlich) auch für alle anderen Anspruchsberechtigten. Bei **Mehrlingsgeburten** verlängert sich der Anspruchszeitraum nicht. Dies ist mit dem Unionsrecht vereinbar (EuGH 16.9.10 – C-149/10, EuZW 11, 62). Die Möglichkeit, den Zeitraum bis zur Vollendung des dritten Lebensjahres der Kinder auszuschöpfen und mit Zustimmung des ArbGeb einen Anteil von zwölf Monaten zu übertragen, wahrt die Bedürfnisse der Mehrlingseltern hinreichend (zur Übertragung Rz 9). 8

b) Mutterschutzfrist. Das Beschäftigungsverbot nach § 6 Abs 1 MuSchG steht der Inanspruchnahme der Elternzeit durch den Vater im unmittelbaren Anschluss an die Geburt nicht entgegen. Diese Zeit wird aber ausnahmslos auf die drei Jahre angerechnet (§ 16 Abs 1 Satz 3). Nimmt die Mutter im Anschluss an das Beschäftigungsverbot **Erholungsurlaub,** so wird auch diese Zeit auf den Dreijahreszeitraum angerechnet (§ 16 Abs 1 Satz 4 BEGG). 9

c) Übertragung. In allen Fällen besteht die Möglichkeit, einen Anteil der Elternzeit von bis zu zwölf Monaten auf die Zeit bis zur **Vollendung des achten Lebensjahres** des Kindes zu übertragen. Diese Regelung soll den Eltern ermöglichen, sich dem Kind bei einem späteren erhöhten Betreuungsbedarf zu widmen, etwa während seines ersten Schuljahres. Eine solche Übertragung setzt allerdings die **Zustimmung des Arbeitgebers** voraus (§ 15 Abs 2 BEEG). Dabei bezieht sich das erforderliche Einverständnis des ArbGeb allein auf die Übertragung der Elternzeit und nicht auf deren spätere zeitliche Lage. Im Gesetz wird kein Anspruch des ArbN auf Zustimmung des ArbGeb begründet. Die Verweigerung der Zustimmung ist an billiges Ermessen iSv § 315 BGB gebunden (BAG 21.4.09 – 9 AZR 391/08, FamRZ 09, 1824, zur Klage auf Zustimmung zur Übertragung nicht verbrauchter Elternzeit s LAG RhPf 10.4.13 – 8 Sa 325/12, BeckRS 2013, 71017). 10

Für den ArbN ist zu beachten, dass nur der zustimmende ArbGeb und seine Rechtsnachfolger an das erklärte Einverständnis gebunden sind, zB im Falle des Betriebsübergangs *(Betriebsübergang)* oder der *Umwandlung*. Die anteilige Rückstellung der Elternzeit kann daher dazu führen, dass bei einem **Wechsel des Arbeitsplatzes** die übertragene Elternzeit nicht zur Verfügung steht, weil der neue ArbGeb einer Freistellung nicht zustimmt *(Gaul/Wisskirchen* BB 2000, 2426).

2. Inanspruchnahme der Elternzeit. a) Inhalt der Erklärung. Die Inanspruchnahme setzt **inhaltlich** voraus, dass der ArbN die Elternzeit verlangt und gleichzeitig mitteilt, für welche Zeiten sie **innerhalb von zwei Jahren** genommen wird (§ 16 Abs 1 Satz 1 BEEG). Anzugeben sind mithin die konkreten Daten für Beginn und Ende. Die Mitteilung einer arbeitsunfähig erkrankten ArbN, sie werde Elternzeit antreten, sobald ihr Arzt sie für arbeitsfähig halte, genügt diesen Anforderungen nicht. Sie begründet kein Recht, der Arbeit ohne weiteres fernzubleiben (BAG 17.10.90 – 5 AZR 10/90, NZA 91, 320). § 16 Abs 1 Satz 5 BEEG ermöglicht, von vornherein die Elternzeit auf **zwei Zeiträume** zu verteilen. Bei der Inanspruchnahme nach § 16 Abs 1 Satz 1 BEEG kann der ArbN daher festlegen, dass er nach sechs Monaten Elternzeit für die Dauer von drei Monaten arbeitet und anschließend erneut mit der Arbeit aussetzt. Das gilt für Vollzeit- und Teilzeitbeschäftigte in gleicher Weise. Der ArbGeb hat in diesen Fällen **kein Ablehnungsrecht.** 11

b) Bindung an die Erklärung. Das Verlangen nach Elternzeit wird als einseitige, empfangsbedürftige Willenserklärung mit Zugang beim ArbGeb (§ 130 BGB) wirksam. **Adressat** der Erklärung ist der ArbGeb. Empfangsberechtigt sind außerdem seine Vertreter, die für Personalsachen zuständigen ArbN und mit Personalkompetenz ausgestattete Vorgesetzte. Eine Mitteilung an Vorarbeiter, Kollegen, BRat oder Betriebsarzt genügt nicht. Mit Zugang wird das Elternzeitverlangen **unwiderruflich.** Der ArbN bleibt auch dann an seine Erklärung gebunden, wenn er sich im Interesse des ArbGeb lange vor den gesetzlichen Mindestfristen festgelegt hat. Der ArbGeb muss sich in seinen Dispositionen auf die angekündigte Fehlzeit einrichten können. Allerdings ist dem ArbN das Recht zum „Widerruf" einzu- 12 räumen, soweit ein Anspruch auf **vorzeitige Beendigung** der Elternzeit besteht (s unten Rz 17).

Die gegenüber dem Erziehungsurlaub von drei auf zwei Jahre verkürzte Zeitspanne erklärt sich ua aus der Flexibilisierung der Elternzeit bis zum achten Lebensjahr des Kindes. Wird der Zeitrahmen von zwei Jahren nicht ausgeschöpft, ist der nicht genommene Teil des Anspruchs „verbraucht". Verlangt die Mutter zB im Anschluss an das mutterschutzrechtliche Beschäftigungsverbot Elternzeit bis zum ersten Geburtstag des Kindes, so hat sie für das sich unmittelbar anschließende Jahr keinen Freistellungsanspruch. Ein Anspruch besteht erst wieder für die darauf folgende Zeit, begrenzt auf das vollendete dritte Lebensjahr oder im Fall der Übertragung auf das vollendete achte Lebensjahr des Kindes (ArbG Frankfurt 22.4.10 – 20 Ga 78/10, NZA-RR 10, 487).

Eltern sind nicht gehindert, die Elternzeit von vornherein bis zum vollendeten dritten Lebensjahr des Kindes zu nehmen. Das Verlangen nach Elternzeit ist in einem solchen Fall nicht unwirksam, BAG 27.4.04 – 9 AZR 21/04, NZA 04, 1039. Die Verkürzung der gesetzlich bestimmten Mindestbindung von bisher drei auf zwei Jahre dient allein den Interessen der Eltern und des Kindes. Hiervon können die Anspruchsberechtigten Gebrauch machen, müssen es aber nicht. Entscheidet sich ein Anspruchsberechtigter mithin, die Elternzeit in vollem Umfang zu nehmen und teilt er das dem ArbGeb mit, ist er an diese Erklärung für den gesamten Zeitraum gebunden. Anderes lässt sich mit dem Interesse des ArbGeb nicht vereinbaren, der die vom ArbN mitgeteilte Abwesenheitszeit und damit den Ausfall seiner Arbeitskraft überbrücken muss.

13   c) **Verteilung der Elternzeit.** § 16 Abs 1 Satz 5 knüpft an § 15 Abs 3 an, wonach die beiden Anspruchsberechtigten allein oder auch gemeinsam Elternzeit beanspruchen können. Die zum 1.1.04 neu gefasste Vorschrift stellt klar, dass „die Elternzeit auf zwei Zeitabschnitte" verteilt werden kann. Der ArbN braucht also den Anspruchszeitraum von drei Jahren nicht auszuschöpfen, sondern kann die Elternzeit unterbrechen und arbeiten. Die Eltern haben damit einen erheblichen Gestaltungsspielraum, der mit Zustimmung des ArbGeb erweitert werden kann.

14   d) **Fristen.** Die **Ankündigungsfrist** zur Inanspruchnahme beträgt grds **sieben Wochen.** Das gilt auch, wenn sich die Elternzeit unmittelbar an das Beschäftigungsverbot anschließen soll. Eine **angemessene kürzere Frist** ist ausnahmsweise möglich, wenn die Regelfrist aus **dringenden Gründen** nicht eingehalten werden kann. Zu denken ist an eine zwar beantragte, aber unerwartet schnelle Vermittlung eines Kindes zur Adoptionspflege (vgl etwa BAG 17.2.94 – 2 AZR 616/93, NJW 94, 2783) oder an den Ausfall der Betreuungsperson infolge ernsthafter Erkrankung, die nunmehr den Einsatz von Mutter oder Vater notwendig macht. Eine **weitere Ausnahme** enthält § 16 Abs 2 BEEG. Kann die sich unmittelbar an die Schutzfrist des § 6 Abs 1 MuSchG anschließende Elternzeit aus einem Grund (der vom ArbN nicht zu vertreten ist) nicht rechtzeitig verlangt werden, kann die Mitteilung innerhalb einer Woche nach Wegfall des Grundes verlangt werden. Das hindernde Ereignis muss sich auf die Inanspruchnahme selbst beziehen; Arbeitsunfähigkeit der Mutter hindert daher bspw idR nicht an der Anmeldung der Elternzeit zum Ende der Schutzfrist.

15   e) **Formvorschriften.** Nach § 16 Abs 1 Satz 1 muss der ArbN die Elternzeit schriftlich verlangen, nach § 16 Abs 1 Satz 6 hat der ArbGeb die Elternzeit zu bescheinigen. Die Dokumentation soll den Arbeitsvertragsparteien erleichtern, Lage und Dauer der Freistellung zu überblicken (BT-Drs 14/3118 S 21). Die Einhaltung der Schriftform durch den ArbN ist nach der Rspr des BAG **Wirksamkeitsvoraussetzung** für sein berechtigtes Aussetzen mit der Arbeit (BAG 27.4.04 – 9 AZR 21/04, NZA 04, 1039; 26.6.08 – 2 AZR 23/07, NZA 08, 1241). Wegen des Dokumentationszwecks der Formvorschrift dürften gegen eine Geltendmachung per Fax oder E-Mail keine Bedenken bestehen. Die Folgen einer fehlenden „Bescheinigung" des ArbGeb sind vom ArbG im Einzelfall zu würdigen. Sie ist in keinem Fall konstitutiv für die Wirksamkeit der Inanspruchnahme der Elternzeit.

16   3. **Dauer der Elternzeit. a) Regelfall.** Elternzeit beginnt und endet zu den vom ArbN mitgeteilten Daten. Hiervon kann mit Zustimmung des ArbGeb jederzeit abgewichen werden. Das gilt für eine vorzeitige Beendigung ebenso wie für eine Verlängerung. Hat der ArbGeb auf Wunsch der Frau ihrer vorzeitigen Rückkehr zugestimmt, kann er seine Erklärung nicht nach §§ 119, 123 BGB anfechten, wenn die ArbN wegen einer neuen

(nicht offenbarten) Schwangerschaft nur vorübergehend und wegen der gesundheitsgefährdenden Arbeitsbedingungen (Krankenschwester) nur eingeschränkt zur Verfügung steht (EuGH 27.2.03 – Rs C-320/01, NZA 03, 373).

b) Vorzeitige Beendigung der Elternzeit. aa) Allgemeines. Die Arbeitsvertragsparteien können jederzeit die vorzeitige Rückkehr des ArbN aus der Elternzeit in das bisherige oder modifizierte Arbeitsverhältnis vereinbaren. **Gesetzlich** endet die Elternzeit mit der Beendigung des Arbeitsverhältnisses und, falls das Kind verstirbt, spätestens drei Wochen nach seinem **Tod** (§ 16 Abs 4 BEEG). Der ArbN hat den ArbGeb hierüber unverzüglich zu unterrichten. Ansonsten hat der ArbN unter den gesetzlich bestimmten Voraussetzungen lediglich einen **Anspruch** auf vorzeitige Beendigung der Elternzeit, den der ArbGeb form- und fristgebunden aus dringenden betrieblichen Gründen ablehnen kann. Die Elternzeit endet in diesem Fall also nicht automatisch. 17

bb) Härtefall. Der ArbN hat nach § 16 Abs 3 Satz 2 BEEG Anspruch auf vorzeitige Beendigung der Elternzeit bei Eintritt eines Härtefalls iSv § 7 Abs 2 Satz 3 BEEG. Das kommt in Betracht, wenn bei einer Fortführung der unbezahlten Freistellung die wirtschaftliche Existenz des ArbN erheblich gefährdet ist (vgl BAG 6.9.94 – 9 AZR 221/93, NZA 95, 953). 18

cc) Geburt eines weiteren Kindes. Anspruch auf vorzeitige Beendigung der Elternzeit begründet außerdem die Geburt eines weiteren Kindes (§ 16 Abs 3 Satz 2 BEEG). Sie wird berücksichtigt, weil die neue familiäre Situation häufig Umplanungen der festgelegten Betreuung verlangt (BT-Drs 14/1338 S 22). Die Arbeitnehmerin konnte allerdings nach § 16 Abs 3 Satz 3 Hs 1 BEEG aF ihre Elternzeit **nicht wegen der Mutterschutzfristen** vor und nach der Entbindung (§ 3 Abs 2 und § 6 Abs 1 MuSchG) vorzeitig beenden. Die Vorschrift sollte möglichem Missbrauch vorbeugen. Die Regelung war unionsrechtlich nicht haltbar (s auch VG München 21.3.13 – M 15 K 12.3453, BeckRS 2013, 51388; *Niklas* BB 13, 951; aA *Joussen* EuZA 08, 375). Ein durch das Gemeinschaftsrecht gewährleisteter Urlaub (Mutterschutzfristen) darf nicht durch einen ebenfalls gemeinschaftsrechtlich gewährleisteten Urlaub (Elternzeit) beeinträchtigt werden. Der Frau dürfen die mit dem Mutterschaftsurlaub verbundenen Rechte nicht genommen werden (EuGH 20.9.07 – C 116/06, NZA 07, 1274 in Fortführung EuGH 18.3.04 – C 342/02 NZA 04, 535; 14.4.05 – C 519/03, NZA 04, 587; vgl *Franzen* EuZA 08, 7; *Göhle-Sander* jurisPR-ArbR 17/2008 Anm 1). Durch das Gesetz zur Vereinfachung des Elterngeldvollzugs (BGBl I S 1878) vom 10.9.12 ist dieser Widerspruch zum Unionsrecht aufgehoben worden. Zur Inanspruchnahme der Schutzfristen des § 3 Abs 2 und des § 6 Abs 1 MuSchG kann die Elternzeit nun auch ohne Zustimmung des Arbeitgebers vorzeitig beendet werden. Notwendig ist allein eine rechtzeitige Mitteilung der Beendigung der Elternzeit. 19

dd) Wegfall der Voraussetzungen. Kein Anspruch auf Abbruch der Elternzeit besteht bei **Wegfall der gesetzlichen Voraussetzungen** nach § 15 Abs 1 Satz 1 BEEG wie etwa Verlust des Sorgerechts, Aufhebung der häuslichen Gemeinschaft mit dem Kind, es sei denn, es liegt zugleich eine **besondere Härte** vor (aA ErfK/*Gallner* § 16 BEEG Rz 8). Das ergibt sich unmittelbar aus der gestaltenden Wirkung der Inanspruchnahme und wird bestätigt durch Gegenschluss aus der Beendigung der Elternzeit bei Tod des Kindes kraft Gesetzes. Nach § 16 Abs 5 BEEG hat der ArbN dem ArbGeb außerdem eine Änderung in der Anspruchsberechtigung lediglich mitzuteilen; dazu gehört auch der Wegfall der Anspruchsberechtigung. Nach der Konzeption des § 16 BEEG ist das Dispositionsinteresse des ArbGeb vorrangig. Er kann den ArbN auffordern, die Arbeit aufzunehmen. Eine Rechtspflicht besteht nicht (*Zmarzlik/Zipperer/Viethen* MuSchG, Mutterschaftsleistungen, BundeserziehungsgeldG, 9. Aufl, § 16 Rz 13 ff). 20

ee) Ablehnungsrecht des Arbeitgebers. Liegen die Voraussetzungen für den Anspruch auf Abbruch der Elternzeit vor, kann der ArbN seine Rückkehr auf den Arbeitsplatz vom ArbGeb verlangen. Die **Ablehnung** des ArbGeb ist **form- und fristgebunden.** Er muss sie innerhalb von **vier Wochen** erklären. Die Frist beginnt mit Zugang der Mitteilung des ArbN beim ArbGeb. Adressat seiner Erklärung ist derselbe Empfängerkreis, der auch für die Entgegennahme des Elternzeitverlangens zuständig ist. Ob der ArbGeb dem Antrag auf Abbruch der Elternzeit zustimmt, liegt nicht in seinem Belieben. Die Ablehnung bedarf der **Schriftform** und kann ebenso wie die Ablehnung einer vom ArbN gewünschten Elternteilzeit nur auf **dringende betriebliche Gründe** gestützt werden. Als ein solcher Grund kommt insbesondere eine fehlende Beschäftigungsmöglichkeit in Betracht. Lehnt der Arb- 21

160 Elternzeit

Geb die vorzeitige Beendigung der Elternzeit nicht form- oder fristgerecht oder nicht aus dringenden betrieblichen Gründen ab, wird die Elternzeit auf Grund der Gestaltungserklärung des ArbN beendet. Eine Zustimmung des ArbGeb zur vorzeitigen Beendigung ist nicht erforderlich (BAG 21.4.09 – 9 AZR 391/08, NZA 09, 155).

22 c) **Verlängerung der Elternzeit.** Mit Zustimmung des ArbGeb kann die Elternzeit verlängert werden. Nach § 16 Abs 3 Satz 4 BEEG kann der ArbN eine Verlängerung verlangen, wenn ein „vorgesehener Wechsel in der Anspruchsberechtigung" aus einem wichtigen Grund nicht erfolgen kann. Die Formulierung der Vorschrift ist missglückt. Einen „Wechsel in der Anspruchsberechtigung" gibt es nicht. Beide Eltern können gleichzeitig Elternzeit beanspruchen. Gemeint sein kann deshalb nur der Fall, dass ein ArbN Elternzeit deshalb für eine kürzere Zeit als zwei oder drei Jahre genommen hat, weil das Kind anschließend vom Partner betreut werden sollte. Zu beachten ist, dass eine **Verlängerung** iSd Gesetzes nur vorliegt, wenn der ArbN die Zweijahresfrist (§ 16 Abs 1 BEEG) nicht ausgeschöpft hat und nunmehr über den mitgeteilten Zeitraum hinaus mit der Arbeit aussetzen will. Nicht erfasst wird also die Inanspruchnahme der über die zwei Jahre hinausgehenden und daher noch „nicht verbrauchten" Elternzeit (LAG Düsseldorf 24.1.11 – 14 Sa 1399/10, BeckRS 2011, 70516, LAG Nds 13.11.06 – 5 Sa 402/06, BeckRS 2007, 41260; LAG BaWü 14.4.10 – 10 Sa 59/09, BeckRS 2010, 70690; Rundschreiben des BMI v 24.8.11; aA Erfk/*Gallner* § 16 Rz 4 mwN).

Der **wichtige Grund** verlangt keine „Unzumutbarkeit" iSv § 626 Abs 1 BGB (LAG Bln 7.6.01 – 10 Sa 2770/00, NZA-RR 01, 625 zu § 16 BErzGG aF). Die tatsächlichen Umstände müssen aber von solchem Gewicht sein, dass es gerechtfertigt ist, dem Freistellungsinteresse des ArbN gegenüber dem Dispositionsinteresse des ArbGeb den Vorrang einzuräumen (ErfK/*Gallner* § 16 BEEG Rz 11). In Betracht kommen insbesondere Erkrankung des Partners, Wegfall der Anspruchsvoraussetzungen in seiner Person (der wohl häufigste Fall: Aufhebung der häuslichen Gemeinschaft). Ob das Kind von Dritten (Hort, Großeltern) betreut werden könnte, ist unerheblich. Ein wichtiger Grund kann auch eine Erkrankung des Kindes sein, die eine Betreuung durch die Mutter verlangt (LAG Bln 7.6.01 – 10 Sa 2777/00, NZA-RR 01, 625). Nicht ausreichend ist, wenn der andere Elternteil die Elternzeit bei seinem ArbGeb rechtzeitig geltend gemacht hat, dieser ArbGeb aber den ArbN aus dienstlichen Gründen nicht „freistellt". Eine solche Freistellung ist gerade nicht erforderlich (ArbG Bonn 9.1.02 – 2 Ca 3328/01, NZA-RR 03, 14).

23 Die beanspruchte Verlängerung ist unverzüglich beim ArbGeb zu beantragen. Ihm sind die Tatsachen mitzuteilen, aus denen sich der wichtige Grund ergeben soll. Stimmt der ArbGeb dem Antrag nicht zu, ist der ArbN berechtigt, der Arbeit fernzubleiben (ErfK/ *Gallner* § 16 BEEG Rz 13). Insoweit gilt nichts anderes als für die Inanspruchnahme der Elternzeit. Der ArbN handelt insoweit aber auf eigenes Risiko. Hat er keinen wichtigen Grund, so kann der ArbGeb die üblichen arbeitsrechtlichen Mittel ergreifen (Abmahnung, Kündigung vorbehaltlich des Kündigungsverbots des § 18 BErzGG). Hat der ArbN keinen Verlängerungsanspruch, kann der ArbGeb die weitere Freistellung ablehnen. Bei seiner Ablehnungsentscheidung soll er an die Grundsätze **billigen Ermessens** iSv § 315 BGB gebunden sein (BAG 18.10.11 – 9 AZR 315/10, NZA 12, 262). Begründet wird die Entscheidung mit Verweis auf die vergleichbare Situation der Elternzeit, auf die Zeit bis zur Vollendung des achten Lebensjahres des Kindes (s oben Rz 10), mit der Entstehungsgeschichte und dem generell den §§ 15, 16 BEEG zu entnehmenden Ziel, Elternzeit im Interesse der besseren Vereinbarkeit von Familie und Beruf flexibel zu gestalten. Das erscheint zumindest zweifelhaft. Die Arbeitsvertragsparteien stehen sich bei dem „Aushandeln" der gesetzlich nicht vorgeschriebenen Verlängerung grundsätzlich gleichberechtigt gegenüber, so dass jede Partei ihre eigenen Interessen verfolgen darf.

24 4. **Restliche Elternzeit.** Hat der ArbN Elternzeit zunächst für die Dauer von zwei Jahren (oder für einen kürzeren Zeitraum) verlangt, so ist der noch nicht verbrauchte Anspruch von maximal zwölf Monaten erneut **fristgebunden** geltend zu machen, also spätestens **sieben Wochen** vor dem Beginn. Das gilt unabhängig davon, ob der Anspruch bis zur Vollendung des dritten Lebensjahres des Kindes verwirklicht wird oder ob sich der ArbN mit dem ArbGeb auf die Übertragung bis zum achten Lebensjahr geeinigt hat (LAG Düsseldorf 24.1.11 – 14 Sa 1399/10, BeckRS 2011, 70516; LAG RhPf 4.11.04 – 4 Sa 606/04, BeckRS

2005, 42229; LAG NdS 13.11.06 – 5 Sa 402/06, BeckRS 2007, 41260 [str]). Das Freistellungsverlangen bedarf keiner Begründung; es handelt sich um **keine Verlängerung** iSv § 16 Abs 3 BEEG (s oben Rz 22). Mit der umstrittenen Frage, ob die Inanspruchnahme der noch nicht verbrauchten Elternzeit im Anschluss an das zweite Jahr der Zustimmung des ArbGeb bedarf, setzt sich *Aschmoneit* NZA 12, 247 auseinander.

5. Einvernehmliche Teilerwerbstätigkeit (Konsensverfahren). a) Beim Arbeit- 25
geber. Gestattet ist nach § 15 Abs 4 BEEG eine Teilzeitbeschäftigung bis zu dreißig Stunden/Woche im Durchschnitt eines Monats; sog Tagesmütter können die Höchstgrenze überschreiten. Die Erhöhung des Stundenkontingents gegenüber dem Erziehungsurlaub (19 Stunden/Woche) soll die Inanspruchnahme von Elternzeit für Väter attraktiver machen und so deren Bereitschaft fördern, familiäre Aufgaben zu übernehmen. Insbesondere Frauen in qualifizierten Berufen soll der berufliche Anschluss erleichtert werden. Ohne Elternzeit in Anspruch zu nehmen, können bereits in Teilzeit arbeitende ArbN daher ihre bisherige Arbeit beibehalten, soweit die Arbeitszeit dreißig Stunden nicht übersteigt. Diese Möglichkeit wird in § 15 Abs 5 Satz 2 BEEG klarstellend genannt (zum Kündigungsverbot in diesen Fällen *Elternzeit* Rz 35).

Die **Arbeitsbedingungen** können im Rahmen der üblichen arbeitsrechtlichen Grenzen 26 (Tarifvertrag oder Betriebsvereinbarung) frei vereinbart werden. Eine Herabsetzung der bisherigen Stundenzahl bei sonst unveränderten Arbeitsbedingungen ist ebenso möglich wie ein Wechsel in der Beschäftigungsart und eine Anpassung an eine etwaige niedrigere tarifliche Vergütung. Die Stundenreduzierung begründet kein „zweites", rechtlich gesondert zu beurteilendes Arbeitsverhältnis (BAG 22.10.08 – 10 AZR 360/08, NZA 09, 962). Bei jeder Teilzeitbeschäftigung handelt es sich um ein voll gültiges Arbeitsverhältnis, auf das alle arbeitsrechtlichen Vorschriften zur Anwendung gelangen. Anwendbar ist damit auch das BEEG selbst mit der Folge, dass der Teilzeitbeschäftigte bei der Geburt eines weiteren Kindes für dieses erneut Elternzeit in Anspruch nehmen kann. Er ist hierfür nicht an eine etwa für die Teilzeittätigkeit vereinbarte Kündigungsfrist gebunden, sondern kann auf die Inanspruchnahmefrist zurückgreifen. Bei der Umsetzung der neuen Vertragsbedingungen sind die **Mitbestimmungsrechte** des BRat zu beachten; Näheres Rz 57.

b) Arbeitsaufnahme bei einem Dritten. Mit Zustimmung des ArbGeb kann der ArbN 27 bei einem anderen ArbGeb in Teilzeit oder auch als Selbstständiger arbeiten. Damit der ArbGeb über einen solchen Wunsch des ArbN befinden kann, muss der ArbN die Daten der beabsichtigten Beschäftigung angeben. Mitzuteilen sind die konkrete Art der Tätigkeit und deren zeitlicher Umfang sowie der in Aussicht genommene ArbGeb. Die Ablehnung der Zustimmung muss innerhalb von vier Wochen erfolgen. Die **Frist** berechnet sich nach dem Zugang des Antrags des ArbN. Die **Ablehnung** des ArbGeb bedarf der **Schriftform** und kann nur mit entgegenstehenden dringenden **betrieblichen Interessen** begründet werden (§ 15 Abs 4 Satz 2 BEEG). Das können wettbewerbliche Interessen sein wie auch eigener Bedarf an der Beschäftigung des ArbN (LAG Düsseldorf 8.10.03 – 12 (9) Sa 1034/03, LAGReport 04, 170: Tätigkeit einer angestellten Rechtsanwältin beim Mieterverein; Schwerpunkt der ArbGebKanzlei ist die Vertretung von Vermietern; Näheres *Nebentätigkeit*). Ein möglicher Anspruch ist durch Klage auf Zustimmung des ArbGeb nach § 894 ZPO zu verfolgen. Bei nicht form- oder fristgerechter Erklärung des ArbGeb entfällt das Zustimmungserfordernis (befristetes Verbot mit Erlaubnisvorbehalt). Der ArbN kann die andere Tätigkeit aufnehmen. Schadensersatzansprüche wegen entgangenen Verdienstes stehen ihm nicht zu, wenn er die vorgesehene Beschäftigung unterlässt (BAG 26.6.97 – 8 AZR 506/97, NZA 97, 1156).

6. Streitige Teilerwerbstätigkeit (sog Anspruchsverfahren). a) Voraussetzungen 28 **der Elternteilzeit.** Der Gesetzgeber geht von einem erheblichen Interesse der Eltern aus, während der ersten Lebensjahre des Kindes durch Verringerung der bisherigen Arbeitszeit über ein Mehr an Freizeit zu verfügen, ohne den beruflichen Kontakt zu verlieren. Dem dient zunächst § 15 Abs 5 Satz 1 BEEG. ArbGeb und ArbN sollen sich über einen Antrag des ArbN auf Verringerung der Arbeitszeit und deren Ausgestaltung (also ihre zeitliche Lage) innerhalb von vier Wochen einigen. Der ArbGeb kann den Antrag allerdings ohne Begründung ablehnen. Kommt keine Einigung zustande, greift § 15 Abs 6 BEEG ein. Soweit eine Einigung nicht möglich ist, kann der ArbN während der Gesamtdauer der

160   Elternzeit

Elternzeit **zweimal** eine **Verringerung der Arbeitszeit** beanspruchen. Einvernehmliche Reduzierungen sind nicht anzurechnen (BAG 19.2.13 – 9 AZR 461/11, NZA 13, 907). Das Verfahren zur Durchsetzung dieses Anspruchs ist geprägt durch Form- und Fristbestimmungen. Zu vielen Rechtsfragen hat sich noch keine einheitliche Meinung gebildet. Die **Anspruchsvoraussetzungen** während der Elternzeit ergeben sich aus der ausdrücklichen Benennung in § 15 Abs 7 BEEG. Das sind im Einzelnen:

29   aa) **Abs 7 Satz 1 Nr 1:** Der ArbGeb beschäftigt idR mehr als **fünfzehn Arbeitnehmer** ausschließlich der zu ihrer Berufsausbildung beschäftigten Personen. Maßgebend ist also nicht die Zahl der ArbN im Beschäftigungsbetrieb, sondern die Zahl des VertragsArbGeb. Auf Voll- oder Teilzeitbeschäftigung kommt es ebenfalls nicht an. Es zählen alle „Köpfe". **Nr 2** verlangt eine **Wartezeit.** Das Arbeitsverhältnis des ArbN in demselben Betrieb oder Unternehmen muss mindestens ohne Unterbrechung sechs Monate bestehen. **Nr 3** betrifft **Dauer und Umfang** der vom ArbN gewünschten Arbeitszeitverringerung. Sie „soll" einen Zeitraum von mindestens **zwei Monaten** und eine wöchentliche Arbeitszeit von mindestens fünfzehn Stunden und höchstens dreißig Stunden umfassen. Mit der Mindestdauer von zwei Monaten wird dem Dispositionsbedürfnis des ArbGeb Rechnung getragen, um ein erfahrungsgemäß schwer planbares „Hin und Her" zu vermeiden. Die zum 1.1.07 eingeführte Verkürzung von drei auf zwei Monate entspricht der Regelung zu den zwei Partnermonaten in § 4 Abs 3 BEEG. Bleibt der Antrag des ArbN dahinter zurück, soll er nicht allein deshalb aus dringenden betrieblichen Gründen abgelehnt werden können. Dagegen spricht der Zweck der Mindestdauer. Richtigerweise steht es den Arbeitsvertragsparteien zwar frei, eine geringere wöchentliche Arbeitszeit oder weniger als zwei Monate Elternzeit zu vereinbaren, der ArbN kann eine solche Vertragsgestaltung aber nicht beanspruchen (LAG SchlHol 18.6.08 – 6 Sa 43/08, BeckRS 2008, 56511). Nach **Nr 4** dürfen dem Antrag keine dringenden betrieblichen Gründe entgegenstehen (dazu Rz 31 ff).

bb) **Ankündigungsfrist. Inhalt und Form.** Nach **Abs 7 Satz 1 Nr 5** setzt der Anspruch auf Arbeitszeitverringerung weiter voraus, dass er „dem Arbeitgeber sieben Wochen vorher schriftlich mitgeteilt wurde". Die Fristen für die Inanspruchnahme der Elternzeit und die Ankündigungsfrist decken sich seit 1.1.04. Außerdem ist ausdrücklich bestimmt, dass der Verringerungsantrag „mit der schriftlichen Mitteilung" verbunden werden „kann" (§ 15 Abs 5 Satz 2). Der Streit, ob der Antrag erst nach Scheitern der Verhandlungen mit dem ArbGeb gestellt werden kann, ist damit überholt. Streitig bleiben die **Rechtsfolgen** einer mangelnden Fristwahrung. Richtigerweise verschiebt sich der Beginn der Elternzeit lediglich um die an der Mindestfrist fehlenden Tage (BAG 18.10.11 – 9 AZR 315/10, NZA 12, 262; zum Verringerungsanspruch nach § 8 TzBfG *Teilzeitbeschäftigung* Rz 27 ff). Der **Inhalt** des Verringerungsantrags bestimmt sich nach § 15 Abs 7 Satz 2 BEEG: Beginn und Umfang der verringerten Arbeitszeit müssen angegeben werden, die gewünschte Verteilung der Arbeitszeit soll angegeben werden. Fehlt es daran, ist davon auszugehen, dass der ArbGeb die verbleibende Arbeitszeit nach § 106 GewO festlegen kann. Die vorgeschriebene **schriftliche Mitteilung** ist nach BAG 27.4.04 – 9 AZR 21/04, NZA 04, 1039 konstitutiv.

30   b) **Verhältnis zum Anspruch auf Elternzeit.** Dem Gesetz liegt die sog Vertragslösung zugrunde: ArbN und ArbGeb sollen sich über die Beschäftigung des ArbN mit verringerter Arbeitszeit während der Elternzeit einigen. Gelingt dies nicht, hat der ArbN Anspruch auf Vertragsänderung (BAG 15.4.08 – 9 AZR 380/07, NZA 08, 998). Sein Antrag auf Verringerung der Arbeitszeit muss dem Bestimmtheitsgebot (§ 145 BGB) genügen, anzugeben sind mithin die genaue Anzahl der gewünschten Wochenarbeitsstunden sowie Beginn und Ende der Elternteilzeit, andernfalls ist das Teilzeitverlangen unwirksam (st Rspr, vgl BAG 16.4.13 – 9 AZR 535/11, BeckRS 2013, 71116). Der Anspruch kann **zeitlich** mit der Inanspruchnahme von Elternzeit verbunden werden; eine frühere Geltendmachung kommt nicht in Betracht (BAG 5.6.07 – 9 AZR 82/07, NZA 07, 1352). Dagegen kann der Anspruch auch später während einer bereits laufenden Elternzeit erhoben werden (BAG 19.4.05 – 9 AZR 233/04, NZA 05, 1354; 9.5.06 – 9 AZR 278/05, NJW 06, 3595). Der ArbN läuft dann allerdings Gefahr, dass sein Arbeitsplatz zwischenzeitlich mit einer befristet eingestellten Ersatzkraft besetzt ist und seine Weiterbeschäftigung mit verringerter Arbeitszeit deshalb abgelehnt wird (s unten Rz 32). Die Ansprüche können **inhaltlich** verknüpft werden, indem die Inanspruchnahme der Elternzeit von der Zustimmung des ArbGeb zu der gewünschten Arbeitszeitverringerung abhängig gemacht wird (BAG 15.4.08 – 9 AZR 380/07, NZA 08, 998).

Elternzeit 160

c) Ablehnung des Arbeitgebers. aa) Voraussetzungen. Der ArbGeb kann das Teil- 31
zeitverlangen ablehnen, wenn **dringende betriebliche Gründe** entgegenstehen. Gemeint sind objektiv gewichtige Umstände. Sie müssen der gewünschten Arbeitszeitregelung zwingend entgegenstehen (BAG 18.3.03 – 9 AZR 126/02, DB 04, 319 zu § 15b BAT). Nach der Rspr ist bei den Ablehnungsgründen zu unterscheiden: Macht der ArbGeb geltend, der Arbeitsplatz sei unteilbar oder die gewünschte Arbeitszeitverteilung unvereinbar mit den betrieblichen Arbeitszeitmodellen, sind seine Darlegungen nach dem zum allgemeinen Verringerungsanspruch entwickelten Dreistufenschema zu beurteilen (dazu *Teilzeitbeschäftigung* Rz 34). Beruft er sich darauf, er habe für den ArbN keine Beschäftigungsmöglichkeit, kommt es nicht auf einen Vergleich der vertraglich vereinbarten Arbeitszeit mit der vom ArbN nunmehr verlangten Teilzeitbeschäftigung an. Zu vergleichen ist vielmehr das vollständige Ruhen der Beschäftigungspflicht des ArbN bis zum Ende der Elternzeit mit der verlangten Teilzeitarbeit. Dieser Beschäftigungspflicht müssen dringende betriebliche Gründe entgegenstehen (BAG 15.12.09 – 9 AZR 72/09, NZA 10, 447). Dem ArbGeb wird mithin nicht zugemutet, den ArbN während der Elternzeit in Teilzeit zu beschäftigen, obwohl er keinen Beschäftigungsbedarf hat. Hierfür ist unerheblich, ob er den Arbeitsplatz des zunächst vollständig mit der Arbeit aussetzenden ArbN befristet mit einer Ersatzkraft besetzt hat (BAG 19.4.05 – 9 AZR 233/03, NZA 05, 1354), oder ob der Beschäftigungsbedarf aufgrund organisatorischer Maßnahmen weggefallen ist (BAG 15.4.08 – 9 AZR 380/07, NZA 08, 998). Deckt der ArbGeb seinen Beschäftigungsbedarf teilweise durch LeihArbN, hat er zumindest darzulegen, weshalb die Leiharbeit nicht im Umfang der beantragten Teiltätigkeit zurückgefahren werden kann (ArbG Ludwigshafen 30.3.11 – 3 Ca 151/10, NZA 12, 635).

bb) Form und Frist. Die Ablehnung der vom ArbN beantragten Arbeitszeit hat der 32
ArbGeb **schriftlich zu begründen**. Hierfür steht ihm eine Frist von **vier Wochen** zur Verfügung, § 15 Abs 7 Abs 2 BEEG. Die die dringenden betrieblichen Gründe ausmachenden Tatsachen müssen eindeutig beschrieben werden und so formuliert sein, dass der ArbN die Erfolgsaussichten einer Klage prüfen kann. Allein die Wiedergabe des Gesetzestextes genügt also nicht (Hess LAG 22.12.12 – 20 Sa 418/12, BeckRS 2013, 67652 nrkr). Stimmt der ArbGeb der Verringerung der Arbeitszeit nicht oder nicht rechtzeitig zu, so kann der ArbN Klage vor den Gerichten für Arbeitssachen erheben. Rechtsfolge der Fristversäumnis ist also nicht die Fiktion der Zustimmung des ArbGeb, wie in § 8 Abs 5 Satz 2 TzBfG bestimmt, sondern allein die **Eröffnung des Klageweges.** Weshalb der Gesetzgeber diese Klagemöglichkeit ausdrücklich nennt, ist schwer nachvollziehbar. Ansprüche können regelmäßig durch Klage geltend gemacht werden, es sei denn, die Klagbarkeit ist ausnahmsweise ausgeschlossen. Deshalb wird erwogen, der ArbN habe ein einseitiges Gestaltungsrecht (*Düwell* AuA 02, 58).

d) Lage der verringerten Arbeitszeit. Anders als in § 8 TzBfG (*Teilzeitbeschäftigung* 33
Rz 24 f) wird die eminent wichtige Verteilung der verringerten Arbeitszeit in § 15 BEEG nur rudimentär angesprochen. So „sollen" sich die Arbeitsvertragsparteien auf eine Verringerung und „ihre Ausgestaltung" einigen (Abs 5 S 1); der Antrag des ArbN „soll" die gewünschte Verteilung der Arbeitszeit enthalten (Abs 7 S 3). Ausgehend vom Weisungsrecht des ArbGeb (§ 106 GewO iVm § 315 BGB), die Lage der Arbeitszeit nach billigem Ermessen festzulegen, kann der ArbGeb nach der Rspr des BAG bei seiner Ermessensentscheidung über den vom ArbN gewünschten Verteilungswunsch nur Umstände von erheblichem Gewicht iSv dringenden betrieblichen Gründen berücksichtigen (BAG 9.5.06 – 9 AZR 278/05, NZA 06, 1413). Das BAG (19.2.13 – 9 AZR 461/11, NZA 13, 907) hat nun „klargestellt", dass sich der Verringerungsanspruch auch auf die Verteilung der verringerten Arbeitszeit erstreckt. Ist im Antrag die gewünschte Verteilung der verringerten Arbeitszeit nicht angegeben, verbleibt es allerdings hinsichtlich der Festlegung der Lage der Arbeitszeit beim Direktionsrecht des Arbeitgebers. Stehen der im Antrag angegebenen Verteilung der verringerten Arbeitszeit dringende betriebliche Gründe entgegen, besteht – wie auch schon bisher – kein Anspruch auf Verringerung der Arbeitszeit.

e) Prozessuales. Der Klageantrag richtet sich auf Abgabe der Zustimmungserklärung des 34
ArbGeb, einer Willenserklärung iSv § 894 ZPO. Dabei verlangt das Bestimmtheitsgebot des § 253 Abs 2 Nr 2 ZPO, dass die Dauer der Wochenarbeitszeit und der Endzeitpunkt der Arbeitszeitreduzierung in den Antrag aufgenommen werden. Nach der mit Urteil des BAG vom 19.2.13 (– 9 AZR 461/11, NZA 13, 907) erfolgten „Klarstellung", sollte der ArbN nun auch die gewünschte Verteilung der Arbeitszeit in den Antrag aufnehmen, wenn er die

160 Elternzeit

Verringerung nur für den Fall beantragen will, dass die Verteilung wie gewünscht erfolgt. Insoweit gelten die gleichen Grundsätze wie bei § 8 TzBfG (s *Teilzeitbeschäftigung* Rz 50). Im Antrag ist der **Beginn** der verringerten Arbeitszeit anzugeben. Zwar gilt die Zustimmung des ArbGeb erst mit Rechtskraft des Urteils (§ 894 ZPO) als erteilt. Das betrifft aber nur die „Vollstreckung" des Titels. Zu welchem Zeitpunkt der Arbeitsvertrag geändert wird, richtet sich nach dem Inhalt des geltend gemachten Anspruchs. Der Anspruch kann im Wege der Leistungsklage auch rückwirkend verfolgt werden (BAG 27.4.04 – 9 AZR 522/03, NZA 04, 1225). Dies bietet sich regelmäßig an, weil der ArbGeb in einem solchen Fall automatisch rückwirkend in *Annahmeverzug* gerät und dementsprechend Entgelt für die bereits verstrichene Zeit schuldet (BAG 9.5.06 – 9 AZR 278/05, NZA 06, 1414; insoweit abl *Sievers* jurisPR-ArbR 52/2006 Anm 3).

35   Richtigerweise ist davon auszugehen, dass der ArbGeb im Rechtsstreit nur auf die Gründe zurückgreifen kann, die er dem ArbN vorher schriftlich entgegengehalten hat (*Gaul/Wisskirchen* BB 2000, 2466; aA *Leßmann* DB 01, 95; *Menke* ArbR 11, 112). Fehlt eine schriftliche Begründung ganz, hat dies zur Folge, dass der ArbGeb im Prozess mit der Geltendmachung der entgegenstehenden dringenden betrieblichen Gründe ausgeschlossen ist (Hess LAG 22.12.12 – 20 Sa 418/12, BeckRS 2013, 67652 nrkr). Auch wenn im Gesetz nicht ausdrücklich von **Präklusion** die Rede ist, so ergibt sich diese Rechtsfolge aus dem mit der Schriftform verfolgten Zweck. Zwar braucht der ArbN seinen Antrag auf Verringerung der Arbeitszeit nicht zu begründen. Der Gesetzgeber geht aber davon aus, dass der ArbN die vermehrte Freizeit zur Betreuung seines Kleinkindes benötigt. Das wird nur gewährleistet, wenn er eine gewisse Planungssicherheit hat. Hierzu soll er durch die schriftliche Begründung des ArbGeb in die Lage versetzt werden. Er soll abschätzen können, ob eine gerichtliche Verfolgung seines Anspruchs Erfolg verspricht. Das gilt umso mehr, als die für eine gerichtliche Klärung zur Verfügung stehende Zeit wegen der Begrenzung der Elternzeit auf drei Jahre nur kurz ist. Dem ArbGeb ist daher dringend zu raten, seine Ablehnungsgründe vollständig und schriftlich darzustellen.

36   Aus dem **Verbot des Nachschiebens** von Ablehnungsgründen ergeben sich zugleich Rechtsfolgen für den **Beurteilungszeitpunkt,** den das Gericht seiner Entscheidung zugrunde zu legen hat. Das ist grds der Zeitpunkt, zu dem der ArbGeb den Antrag des ArbN abgelehnt hat. Hatte der ArbGeb keinen Zustimmungsverweigerungsgrund oder wurde der Anspruch des ArbN nicht form- oder fristgerecht abgelehnt, so ist die Klage auch dann begründet, wenn später Ablehnungsgründe entstehen. Hierfür ist unerheblich, dass das Tatsachengericht seiner Entscheidung regelmäßig den Tatsachenstoff zum Schluss seiner mündlichen Verhandlung zugrunde zu legen hat. Das gilt dann nicht, wenn das materielle Recht wie hier etwas anderes bestimmt (zum Verringerungsanspruch nach § 8 TzBfG s *Teilzeitbeschäftigung* Rz 24 f). **Darlegungs- und Beweislast** für das Bestehen von Ablehnungsgründen liegen trotz des Wortlauts in § 15 Abs 7 Nr 4 BErzGG beim ArbGeb (negative Anspruchsvoraussetzung).

37   **Einstweiliger Rechtsschutz** soll ausscheiden, weil der Erlass einer einstweiligen Verfügung die Hauptsache vorwegnehme (*Peters-Lange/Rolfs* NZA 2000, 684). Das trifft so nicht zu. Eine einstweilige Regelung kann nach § 940 ZPO stets dann erlassen werden, wenn sie (pauschal gesprochen) notwendig ist, um wesentliche Nachteile vom Anspruchsinhaber abzuwenden (vgl *Grobys/Bram* NZA 01, 1175, auch zur Formulierung des Antrags; *Gotthardt* NZA 01, 1183). Solche wesentlichen Nachteile, die den Erlass einer einstweiligen Verfügung im Zusammenhang mit der Inanspruchnahme von Elternzeit rechtfertigen, lassen sich im Zusammenhang mit der Reduzierung der Vertragsarbeitszeit gleichwohl schwer begründen. Das wird aus den möglichen Konfliktfällen deutlich. Eine erhebliche Gefährdung der Interessen des ArbN kommt in Betracht, wenn er seine Vertragsarbeitszeit wegen der Betreuung des Kindes nicht beibehalten kann, er aber zugleich auf die Einkünfte aus der (reduzierten) Arbeitszeit dringlich angewiesen ist. Da die (vorläufige) Verurteilung des ArbGeb zur Zustimmung der Arbeitszeitreduzierung nur ein „Zwischenschritt" zum Entgeltanspruch ist, ist ein solcher Konflikt nach den für Geldansprüche allgemein geltenden Grundsätzen des einstweiligen Rechtsschutzes zu lösen. Möglich erscheint auch der Fall, dass der ArbGeb dem ArbN, der ihm sein Absicht angekündigt hat, seine Arbeitszeit herabzusetzen und die Arbeit vorzeitig zu beenden, mit arbeitsrechtlichen Maßnahmen (Abmahnung, Kündigung) droht. Betroffen ist dann das Interesse des ArbN an der (vorläufigen) Klärung, der ArbGeb sei

zu solchen angekündigten arbeitsrechtlichen Maßnahmen nicht berechtigt. Das kann im summarischen Verfahren regelmäßig nicht geklärt werden.

f) Sonstige Ansprüche bei unberechtigter Ablehnung. Der ArbGeb, der die Herab- **38** setzung der Arbeitszeit zu Unrecht (schuldhaft) ablehnt, hat dem ArbN den hierdurch entstehenden Schaden zu ersetzen. Dabei erscheint die Annahme zutreffend, dass der ArbGeb die Zustimmung aufgrund des bestehenden Arbeitsvertrags als Nebenpflicht schuldet (*Leßmann* DB 01, 95), der Anspruch also im Ergebnis auf positiver Forderungsverletzung (§ 280 BGB) beruht. Der Umfang des nach §§ 249 ff BGB zu ersetzenden Schadens hängt ua davon ab, ob der ArbN wegen des Verhaltens des ArbGeb mit der Arbeit insgesamt ausgesetzt hat oder gegenläufig mit der Vertragsarbeitszeit weiter gearbeitet hat. Im ersteren Fall kommt der **entgangene Verdienst** als Schadensposition in Betracht. Hat der ArbN weiter gearbeitet, sind beispielhaft **Mehraufwendungen** des ArbN auszugleichen, die ihm durch die dann notwendige Fremdbetreuung des Kindes entstehen. Der ArbN hat außerdem Anspruch auf **Annahmeverzugslohn**, soweit die Zustimmung des ArbGeb vom Gericht zu einem in der Vergangenheit liegenden Zeitpunkt ersetzt wird. Der ArbGeb geht daher ein nicht unerhebliches Risiko ein, wenn er den Verringerungsantrag grundlos ablehnt. Dem ArbN ist dann auch ohne Arbeitsleistung der entgangene Lohn zu zahlen.

7. Beibehaltung der Arbeitszeit. In § 15 Abs 5 Satz 2 BEEG wird klargestellt, dass der **39** ArbN selbstverständlich seine bisherige Arbeitszeit beibehalten kann, soweit die Höchstdauer von dreißig Stunden nicht überschritten wird. Ebenso selbstverständlich ist die weitere Aussage im Gesetz, der ArbN könne nach der Elternzeit zu der ursprünglichen Arbeitszeit zurückkehren.

8. Auswirkungen auf den Erholungsurlaub. a) Kürzungsrecht. Der ArbGeb ist **40** berechtigt, den Erholungsurlaub, der dem ArbN für das Urlaubsjahr zusteht, für jeden vollen Kalendermonat der Elternzeit um ein Zwölftel zu kürzen (§ 17 Abs 1 BEEG). Angebrochene Monate gewähren kein Kürzungsrecht; je nach zeitlicher Lage begründet Elternzeit von sechs Monaten ein Kürzungsrecht um sechs oder fünf Zwölftel. Die Kürzung ist für jedes Urlaubsjahr gesondert zu ermitteln. Sie tritt nicht automatisch ein, sondern der ArbGeb muss das ihm zustehende Recht ausüben. Er ist dabei an das Gleichbehandlungsgebot gebunden. Der ArbGeb ist nicht verpflichtet, seine Kürzungsabsicht vor Antritt der Elternzeit mitzuteilen (BAG 28.7.92 – 9 AZR 340/91, DB 93, 642). Nach LAG Hamm (27.6.13 – 16 Sa 51/13, BeckRS 2013, 72277 nrkr) kann der ArbGeb das Kürzungsrecht nach Aufgabe der Surrogatstheorie jedoch nicht mehr nach Beendigung des Arbeitsverhältnisses ausüben. Da die Geburt eines weiteren Kindes die Elternzeit nicht unterbricht, besteht das Kürzungsrecht auch für den Fall, dass die ArbN während der Elternzeit erneut schwanger wird und deshalb einem Beschäftigungsverbot unterliegt. Nicht höchstrichterlich entschieden ist, ob die Kürzungsbestimmung mit Art 7 Abs 1 der RL 2003/88/EG vereinbar ist (so LAG Nds 16.11.10 – 3 Sa 1288/10, BeckRS 2011, 68526).

b) Übertragung und Abgeltung. Soweit der ArbN vor Antritt der Elternzeit seinen **41** Erholungsurlaub nicht vollständig abgewickelt hat, ist der Resturlaub nach der Elternzeit im laufenden oder folgenden Jahr zu gewähren oder bei Ausscheiden zum Ende der Elternzeit abzugelten (§ 17 Abs 2 und 3 BEEG). Resturlaub ist nur der Urlaub, der wegen der Elternzeit nicht genommen werden konnte. Bestand zB bei Beginn der Elternzeit am 26. 3. noch Resturlaub aus dem Vorjahr, der nach den maßgeblichen Urlaubsbestimmungen bis zum 31. 3. abgewickelt sein musste, andernfalls verfiel, bleibt der Urlaub nur in Höhe der bis zum 31. 3. zur Verfügung stehenden Urlaubstage erhalten, der Rest verfällt (BAG 1.10.91 – 9 AZR 365/90, DB 92, 584). Nach neuer Auffassung des BAG beschränkt sich der **Übertragungszeitraum** nicht auf das Jahresende des Folgejahres nach Beendigung der Elternzeit. Hat der ArbN nahtlos an eine in* Anspruch genommene Elternzeit für ein weiteres Kind ebenfalls Elternzeit in Anspruch genommen, wird der vor der ersten Elternzeit entstandene Resturlaub auf die Zeit nach der weiteren Elternzeit übertragen (BAG 20.5.08 – 9 AZR 219/07, NZA 08, 1237).

c) Höhe des Urlaubsentgelts. Insoweit enthält das BEEG keine gesonderten Regelun- **42** gen; anzuwenden sind die allgemeinen urlaubsrechtlichen Bestimmungen (s *Urlaubsentgelt* Rz 3–13).

160   Elternzeit

43   **d) Mehrurlaub.** Hat der ArbN vor Beginn der Elternzeit mehr Urlaub erhalten, als er unter Berücksichtigung der Kürzungsregel des § 17 Abs 1 BEEG verlangen kann, ist der ArbGeb zur Kürzung des Erholungsurlaubs um die zu viel gewährten Tage berechtigt (§ 17 Abs 4 BEEG). Die Vorschrift bezieht sich ausschließlich auf die Gewährung neuen Urlaubs nach Wiederaufleben des Arbeitsverhältnisses. Wird es nach der Elternzeit nicht fortgesetzt, kann das für die zu viel gewährten Tage gezahlte Urlaubsentgelt nicht zurückverlangt werden.

44   **9. Sonderkündigungsschutz. a) Beginn des Kündigungsschutzes.** Der ArbGeb darf das Arbeitsverhältnis ab dem Zeitpunkt, von dem an Elternzeit verlangt worden ist, höchstens jedoch acht Wochen vor seinem Beginn, und während der Elternzeit nicht kündigen (§ 18 Abs 1 BEEG). Vorausgesetzt wird ein **formwirksames Elternzeitverlangen** (BAG 26.6.08 – 2 AZR 23/07, NZA 08, 1241). Der ArbGeb kann allerdings nach Treu und Glauben (§ 242 BGB) gehindert sein, sich auf die fehlende Schriftform zu berufen. Rechtsmissbrauch hat das BAG angenommen, weil die beklagte RA-Kanzlei der BKK die Inanspruchnahme der Elternzeit durch die ArbN mitgeteilt hatte. Die Kündigung kann in **besonderen Fällen** von der zuständigen Behörde für **zulässig** erklärt werden, eine ohne behördliche Gestattung erklärte Kündigung ist **nichtig** (§ 134 BGB). Der Kündigungsschutz **beginnt** mit Zugang der Erklärung des ArbN beim ArbGeb, er nehme Elternzeit in Anspruch, allerdings begrenzt auf einen Zeitraum von **acht Wochen** vor Antritt der Elternzeit. Die Frist berechnet sich, sofern Elternzeit bereits vor der Entbindung des Kindes formgerecht angemeldet worden ist, nach dem voraussichtlichen und nicht nach dem tatsächlichen Entbindungstermin (BAG 12.5.11 – 2 AZR 384/10, NZA 12, 208). Die Ankündigungsfrist gilt sowohl für die erstmalige Inanspruchnahme von Elternzeit innerhalb der abzudeckenden zwei Jahre (§ 16 Abs 1 BEEG) als auch für die Inanspruchnahme des „dritten Jahres" (zum Meinungsstreit, ob es sich dabei um eine „Verlängerung" handelt, s *Elternzeit* Rz 22) sowie für die Inanspruchnahme einer bis zur Vollendung des 8. Lebensjahres des Kindes übertragenen Elternzeit. Streitig ist auch die Behandlung der Fälle, in denen der ArbN sich von vornherein dafür entscheidet, die Elternzeit nicht in einem Stück von zwei Jahren zu nehmen, sondern zu unterbrechen (zwölf Monate Elternzeit, sechs Monate Arbeit, sechs Monate Elternzeit). Nach überwiegender Ansicht gilt im Hinblick auf den zweiten Abschnitt der Elternzeit kein um acht Wochen vorverlagerter Kündigungsschutz, sondern nur während der Freistellung als solcher (vgl LAG Bln 15.12.04 – 17 Sa 1929/04, NZA-RR 05, 474 mwN). Diese restriktive Lösung ist vom Wortlaut der Vorschrift nicht zwingend geboten. Sie erscheint auch von ihrem Zweck nicht gedeckt. Vor einer höchstrichterlichen Klärung sollte vorsorglich die behördliche Gestattung eingeholt werden. Ein Antrag auf **Verlängerung** der Elternzeit führt dagegen dann zu keiner Vorverlagerung des Kündigungsschutzes, wenn der ArbN auf eine solche Verlängerung keinen gesetzlichen Anspruch hat. Dagegen ist unschädlich, wenn bei der Inanspruchnahme die **Ankündigungsfrist** von sieben Wochen (§ 16 Abs 1 BEEG) **nicht eingehalten** wird. Der Zeitpunkt des Beginns der Elternzeit verschiebt sich insoweit lediglich um die fehlenden Tage; der Kündigungsschutz selbst greift nicht (BAG 17.2.94 – 2 AZR 616/93, NZA 94, 656). Wird Elternzeit nur bedingt für den Fall einer **Elternteilzeit** beansprucht (dazu Rz 30) und lehnt der ArbGeb das Teilzeitbegehren wirksam ab, besteht kein Sonderkündigungsschutz. Das gilt auch für den Schwebezeitraum zwischen Stellung und Ablehnung des bedingten Antrags (BAG 12.5.11 – 2 AZR 384/10, NZA 12, 208). Der Kündigungsschutz **endet** mit Ende der Elternzeit ohne jede Nachwirkung. Eine dann erklärte Kündigung ist ausschließlich nach allgemein geltendem Kündigungsrecht zu beurteilen. Zu beachten ist allerdings die Möglichkeit einer erneuten Schwangerschaft der Frau mit dem sich daraus ergebenen mutterschutzrechtlichem Kündigungsverbot des § 9 MuSchG; die Kündigung muss nach beiden Vorschriften für zulässig erklärt worden sein (LAG BlnBbg 6.4.11 – 15 Sa 2454/10, DB 11, 1587; Näheres *Mutterschutz* Rz 40–43).

45   **b) Inhalt des Kündigungsverbots.** Das Verbot umfasst jede **Kündigung.** Es gilt auch bei Massenentlassungen oder in der Insolvenz sowie während eines Arbeitskampfes. Hat die zuständige Behörde eine Kündigung nach § 18 BEEG für zulässig erklärt und ist eine daraufhin vom Rechtsanwalt des ArbGeb erklärte Kündigung nach § 174 BGB unwirksam (fehlende Originalvollmacht), so kann der ArbGeb das Arbeitsverhältnis ohne neuerliche Einholung der behördlichen Zustimmung kündigen, wenn die Kündigung auf demselben Sachverhalt beruht (LAG Köln 21.4.06 – 11 Sa 143/06, NZA-RR 06, 469 (Ls)).

c) Arbeitgeber iSv § 18 BErzGG ist derjenige, bei dem der ArbN Elternzeit in Anspruch **46** nimmt, also nicht notwendig der ArbGeb zZt der Geburt des Kindes, sondern auch jeder FolgeArbGeb (BAG 11.3.99 – 2 AZR 19/98, NZA 99, 1047; 27.3.03 – 2 AZR 627/01, NZA 04, 41). Dagegen genießt der ArbN, der während der Elternzeit bei einem Dritten arbeitet, in diesem Arbeitsverhältnis keinen besonderen Kündigungsschutz (BAG 2.2.06 – 2 AZR 596/04, NZA 06, 678).

d) Teilzeit. aa) Während der Elternzeit. Kündigungsschutz genießen nach § 18 Abs 2 **47** Nr 1 BEEG auch ArbN, die während der Elternzeit bei ihrem bisherigen ArbGeb Teilzeit leisten. Erfasst wird die Gruppe der ArbN, die während der Elternzeit nicht vollständig mit der Arbeit aussetzt, sondern ganz oder teilweise mit einer verringerten Arbeitszeit weiterarbeitet. Die verbleibende Arbeitszeit darf nicht mehr als 30 Stunden/Woche betragen, wie sich aus der Höchstgrenze zulässiger Erwerbstätigkeit während der Elternzeit in § 15 Abs 4 Satz 1 BEEG ergibt. Gelegentliche Überschreitungen der zulässigen Arbeitszeit sind unschädlich. Teils wird angenommen, die Arbeitsvertragsparteien könnten die Geltung von § 18 bei einer höheren Arbeitszeit als 30 Stunden/Woche arbeitsvertraglich vereinbaren (ErfK/*Gallner* BEEG § 18 Rz 6). Das erscheint nicht richtig. Privatpersonen können die Zuständigkeit einer Behörde über deren gesetzlichen Auftrag hinaus nicht regeln. Eine zeitliche Untergrenze besteht nicht. **Gegenstand des Kündigungsverbots** ist „das Arbeitsverhältnis". Gemeint ist die Gesamtheit der zwischen ArbGeb und ArbN bestehenden Rechtsbeziehungen. Der Bestandsschutz erstreckt sich damit sowohl auf das ruhende Arbeitsverhältnis als auch auf die Gesamtheit der Arbeitsbedingungen, die die Parteien für die Dauer der Elternzeit vereinbart haben. Eine „völlige Neuordnung" der Rechtsbeziehungen ändert nichts an dem umfassenden Kündigungsschutz (unklar BAG 22.10.08 – 10 AZR 360/08, NZA 09, 962 zum sog einheitlichen Arbeitsverhältnis).

bb) Ohne Inanspruchnahme von Elternzeit. Nach Nr 2 gilt das Kündigungsverbot **48** auch für ArbN, die ohne Inanspruchnahme von Elternzeit Teilzeit leisten. Vorausgesetzt ist weiter, dass ein Anspruch auf Elterngeld (§ 1) während des Bezugszeitraums des § 4 Abs 1 besteht. Zielgruppe sind die ArbN, die ohne Änderung ihres Arbeitszeitregimes familiäre und berufliche Pflichten vereinbaren können und deshalb weiterarbeiten. Der Bestandsschutz verkürzt sich gem § 18 Abs 2 Nr 2 BEEG auf die Höchstdauer des Elterngeldbezugs von zwölf/vierzehn Monaten. Legt der ArbN dem ArbGeb die Tatsachen, aus denen sich sein Bestandsschutz ergibt, nicht offen, stellt sich bei einer ArbGebKündigung die Frage, ob sich der ArbN fristgebunden auf den Sonderkündigungsschutz berufen muss (vgl *Buchner/Becker* BEEG § 18 Rz 37: „angemessene Zeitspanne"). Dagegen spricht, dass den Interessen des ArbGeb durch die Klagefrist des § 4 KSchG hinreichend Rechnung getragen wird.

e) Zulässigkeitserklärung. Die Kündigung kann von der nach Landesrecht zuständigen **49** Behörde bei Vorliegen eines besonderen Grundes für zulässig erklärt werden (ausführlich hierzu *Wiebauer* BB 13, 1784). Nach den Allgemeinen Verwaltungsvorschriften zu § 18 Abs 1 Satz 2 BEEG liegt ein besonderer Grund beispielhaft vor bei: Betriebsstilllegung, Stilllegung der Betriebsabteilung ohne Weiterbeschäftigungsmöglichkeit, Verlagerungen von Betrieb oder Betriebsabteilung, Ablehnung einer zumutbaren Weiterbeschäftigung. Die Behörde muss prüfen, ob eine Beschäftigungsmöglichkeit endgültig entfällt. Ein Einsatz des ArbN nach seiner Rückkehr aus der Elternzeit muss ausgeschlossen sein (BVerwG 27.3.09 – 7 K 4198/08, BeckRS 2009, 34813). Die Behörde kann die Kündigung mit dem Vorbehalt zulassen, dass die (vom ArbGeb behauptete) Stilllegung vorliegt und kein Betriebsübergang. Insoweit handelt es sich um einen „vorsorglichen" **Verwaltungsakt**, mit dem die Behörde zum Ausdruck bringt, dass die Zulässigkeitserklärung nur dann Wirkung entfaltet, wenn das ArbG im Streitfall nicht rechtskräftig das Vorliegen eines Betriebsübergangs feststellt (BAG 18.10.12 – 6 AZR 41/11, NZA 13, 1007; 22.6.11 – 8 AZR 107/10, NZA 12, 119). Die Gerichte sind an den **Verwaltungsakt** – vorbehaltlich der Nichtigkeit – gebunden. Der ArbGeb kann bereits vor Bestandskraft kündigen (BAG 17.6.03 – 2 AZR 245/02, NZA 03, 1329 zu § 9 MuSchG). Gegenläufig muss die Kündigung auch nicht innerhalb einer bestimmten Frist ab Zustellung der Zulässigkeitserklärung ausgesprochen werden (BAG 22.6.11 – 8 AZR 107/10, NZA 12, 119). Zur gebotenen Einstellung des Verfahrens nach § 18 Abs 1 Satz 2 BEEG bei gleichzeitiger Betreibung des Verfahrens nach § 9 Abs 3 Satz 1 MuSchG VG Darmstadt 26.1.12 – 5 K 1830/11 DA, BeckRS 2012, 335216 m zust Anm *Brodtrück* ArbRAktuell 12, 412.

160 Elternzeit

Kündigungsschutzrechtlich ist die ordentliche Kündigung wegen Betriebsstilllegung regelmäßig sozial gerechtfertigt. Eine längere Auslauffrist – etwa zum Ende der Elternzeit – braucht der ArbGeb nicht einzuhalten (BAG 20.1.05 – 2 AZR 500/03, NZA 05, 687). Dem entspricht die Rspr des BVerwG. Danach handelt die zuständige Behörde ermessensfehlerhaft, wenn sie eine (berechtigte) betriebsbedingte Kündigung erst zum Ende der Elternzeit zulässt (BVerwG 30.9.09 – 5 C 32.08, NJW 10, 2074).

Für die Annahme eines besonderen Falles bei **verhaltensbedingten Kündigungen** werden schwere Pflichtverstöße des in Elternzeit befindlichen Arbeitnehmers vorausgesetzt, wie dies etwa bei betriebsbezogenen Straftaten oder beharrlich wiederholten, schwerwiegenden Verletzungen arbeitsvertraglicher Pflichten angenommen werden kann. Nicht jeder wichtige Grund iSd § 626 BGB reicht hierzu aus. Auch der Verdacht einer Straftat genügt nicht (OVG NRW 13.6.13 – 12 A 1659/12, BeckRS 2013, 53084).

50 **f) Klagefrist.** Nach § 4 Satz 1 KSchG ist jede schriftliche Kündigung innerhalb von drei Wochen nach Zugang beim ArbN anzugreifen. Bedarf die Kündigung der Zustimmung einer Behörde, läuft die Frist erst ab der Bekanntgabe der behördlichen Entscheidung an den ArbN. Die Frist läuft auch dann nicht, wenn der ArbGeb die Zulässigerklärung gar nicht beantragt hat (BAG 3.7.03 – 2 AZR 487/02, NZA 03, 1335 zu dem inhaltsgleichen § 113 InsO). Der ArbN kann die Unwirksamkeit der Kündigung wegen fehlender behördlicher Zulassung dann bis zur Grenze der Verwirkung im (nicht innerhalb von drei Wochen nach Kündigungszugang) eingeleiteten Rechtsstreit geltend machen. Zum Tatbestand der Verwirkung BAG 25.3.04 – 2 AZR 295/03, NZA 04, 1064 (LS).

51 **10. Sonderkündigungsrecht.** Im Interesse einer nahtlosen Betreuung des Kindes kann der ArbN das Arbeitsverhältnis zum Ende der Elternzeit mit einer Frist von drei Monaten kündigen (§ 19 BEEG). Die Frist berechnet sich nach §§ 187 Abs 2, 188 Abs 2 Satz 1 BGB: Die Kündigung muss dem ArbGeb einen Tag vor dem Tag zugehen, der in seiner Benennung dem Ende der Elternzeit entspricht (Ende: 14.4., Zugang: 13.1.). Unberührt bleibt das Recht des ArbN zur Kündigung nach den gesetzlichen oder vereinbarten Fristen. Der ArbGeb darf an die Sonderkündigung keine nachteiligen Folgen knüpfen (Wegfall von Zinsvergünstigungen: BAG 16.10.91 – 5 AZR 35/91, DB 92, 1000; LAG Düsseldorf 29.11.90 – 5 Sa 1200/90, DB 91, 813).

52 **11. Ersatzeinstellung. a) Befristungsgrund.** Für die Dauer der Beschäftigungsverbote nach dem MuSchG, der gesetzlichen Elternzeit, Freistellungen zur Kindesbetreuung aufgrund Tarifvertrag, Betriebsvereinbarung oder Einzelarbeitsvertrag können ArbN befristet als Vertretung eingestellt werden, und zwar für die gesamte Zeit oder für Teile davon (§ 21 Abs 1 BEEG). Eine gesonderte Wirksamkeitskontrolle nach dem TzBfG entfällt (§ 23 TzBfG; s *Befristetes Arbeitsverhältnis*). Entscheidend ist der konkrete Vertretungsbedarf. Eine „Ringvertretung" kann genügen. Zusammenfassend zu den Voraussetzungen einer zulässigen Befristung wegen Vertretung BAG 15.2.06 – 7 AZR 232/05, NZA 06, 781). Die Entscheidung kann auch für § 21 BEEG fruchtbar gemacht werden: Die Ersatzeinstellung muss durch den (vorübergehenden) Ausfall der Stammkraft verursacht sein. Eine sog mittelbare Vertretung genügt. Bei ihr werden die Aufgaben der Stammkraft ganz oder teilweise anderen ArbN übertragen, deren Aufgaben wiederum von der Ersatzkraft erledigt werden. Ausreichend ist auch, wenn die Ersatzkraft (andere) Aufgaben übernimmt, die der Stammkraft bei ihrer Rückkehr tatsächlich und rechtlich übertragen werden können. Der ArbGeb ist nicht verpflichtet, eine Prognose über mögliche künftige Vertretungsfälle infolge Mutterschutz oder Erziehungsurlaub anzustellen und braucht auch bei vorhersehbaren künftigem Bedarf keinen unbefristeten Arbeitsvertrag abzuschließen (LAG Köln 13.9.95 – 2 Sa 568/95, DB 96, 1144). Entscheidend ist, ob mit der Rückkehr des Elternzeitlers zu rechnen ist. Davon kann der ArbGeb grds ausgehen (BAG 9.7.97 – 7 AZR 806/95, ZTR 98, 41). Die Befristung ist nur dann unwirksam, wenn der Vertretene verbindlich erklärt hat, er werde seine Tätigkeit nicht wieder aufnehmen (BAG 2.7.03 – 7 AZR 529/02, NZA 04, 1055). Auch eine mehrmalige Befristung ist zulässig. Die Frist kann kalendermäßig bestimmt oder bestimmbar sein; eine **Zweckbefristung** genügt.

53 **b) Schriftform.** Der befristete Arbeitsvertrag bedarf der Schriftform (§ 14 Abs 4 TzBfG). Andernfalls ist die Befristungsabrede unwirksam.

Elternzeit 160

c) Vorzeitige Beendigung. Das befristete Arbeitsverhältnis kann unter Einhaltung einer 54
Frist von drei Wochen gekündigt werden, wenn die Elternzeit ohne Zustimmung des
ArbGeb beendet werden kann und der ArbN die vorzeitige Beendigung der Elternzeit dem
ArbGeb mitgeteilt hat; die Kündigung ist frühestens zum Ende der Elternzeit möglich. Das
KSchG gilt insoweit nicht (§ 21 Abs 4 und 5 BEEG).

d) Beschäftigtenzahl und Arbeitsplätze. Kommt es bei der Anwendung arbeitsrecht- 55
licher Gesetze oder Verordnungen auf die Zahl der beschäftigten ArbN oder die Zahl der
Arbeitsplätze an, werden Elternzeitler oder Freigestellte nicht mitgezählt, wenn für sie ein
Vertreter eingestellt ist. Ist dieser nicht einzuberechnen, wird der abwesende ArbN einbezogen (§ 21 Abs 7 BEEG). Damit wird sichergestellt, dass keine Doppelzählung erfolgt.
Anwendungsbereiche: zB § 23 KSchG; §§ 9, 89, 99, 111 BetrVG. Ob dies auch gilt, wenn
es aufgrund tariflicher Vorschriften auf die Anzahl der ArbN bzw der Arbeitsplätze ankommt,
richtet sich nach dem jeweilig zu ermittelnden Sinn der Vorschrift (vgl BAG 26.5.92 –
9 AZR 102/91, BB 92, 2149: Überforderungsschutz/Vorruhestand). § 21 Abs 7 BEEG ist
nicht anzuwenden, wenn ArbN nur aus Anlass der Elternzeit eines ArbN unbefristet eingestellt werden (LAG Hamm 18.3.98 – 3 TaBV 42/98, BB 98, 1211; vgl auch LAG RhPf
5.2.04 – 6 Sa 1226/03, LAGReport 04, 305).

12. Rechtslage nach Elternzeit. Mit Beendigung der Elternzeit tritt das Arbeitsverhält- 56
nis in vollem Umfang in Kraft, es sei denn, das Arbeitsverhältnis ist aufgrund Kündigung oder
Aufhebungsvertrag beendet. Ein gesetzlicher Anspruch des Elternzeitlers auf Reduzierung
seiner Arbeitszeit zur Harmonisierung von Arbeitsvertrags- und Familienpflichten kommt
nach allgemeinem Recht in Betracht (s *Teilzeitbeschäftigung* Rz 20–30). Teils bestehen tarifliche und betriebliche Regelungen. Es besteht kein Anspruch auf den früheren Arbeitsplatz.
Der ArbGeb kann im Rahmen des ihm zustehenden Weisungsrechtes andere Arbeiten
zuweisen (LAG SchlHol 5.4.01 – 4 Sa 497/00, FA 02, 179). Für einen bestimmten Zeitraum
nach Ende der Elternzeit muss er aber zB hinsichtlich der Lage der Arbeitszeit auf die
Interessen des „Rückkehrers" Rücksicht nehmen (LAG Nbg 8.3.99 – 6 Sa 259/97, ARSt
99, 122).

13. Mitbestimmungsrechte. Der BRat kann bezogen auf die Lage der neuen Arbeitszeit 57
nach § 87 Abs 1 Nr 2/3 BetrVG zu beteiligen sein; Näheres *Arbeitszeit* Rz 36 ff. Wird dem
ArbN im Wege der *Versetzung* ein anderer Arbeitsbereich zugewiesen, ist er nach § 99
BetrVG zu beteiligen (s *Mitbestimmung, personelle Angelegenheiten* Rz 8–13 und *Versetzung*
Rz 12–22). Eine mitbestimmungspflichtige Einstellung iSv § 99 BetrVG hat das BAG für
den Fall angenommen, dass der ArbN während des Erziehungsurlaubs aufgrund einer nachträglichen Vereinbarung mit dem ArbGeb vorübergehend zur Aushilfe auf dem bisherigen
Arbeitsplatz eingesetzt wird (BAG 28.4.98 – 1 ABR 63/97, DB 98, 2278; ebenso LAG Köln
18.4.12 – 3 TaBV 92/11, BeckRS 2012, 72668 nrkr; dazu auch *Teilzeitbeschäftigung* Rz 24 f).
Für die Aufnahme der Teilzeittätigkeit während der Elternzeit gilt nichts anderes (LAG Köln
18.4.12 – 3 TaBV 92/11, BeckRS 2012, 72668).

VI. Rechtsprechungs-ABC.

Arbeitsentgelt einschließlich der Sachbezüge entfällt. Das gilt auch für alle anderen Vergütungen, 58
die sich als Gegenleistung des ArbGeb für erbrachte Arbeit darstellen und mit denen auch kein
weitergehender Zweck iSd Belohnung oder Förderung der Betriebstreue verfolgt wird (BAG
24.10.90 – 6 AZR 156/89, DB 91, 446 zum einzelvertraglich vereinbarten 13. Gehalt; Abgrenzung zur
Gratifikation).

Arbeitsunfähigkeit bei Beginn der Elternzeit verändert dessen zeitliche Lage nicht; ein Anspruch 59
auf Entgeltfortzahlung entfällt, da auch ohne Erkrankung ein Vergütungsanspruch nicht besteht (BAG
22.6.88 – 5 AZR 526/87, DB 88, 2365). Hat die ArbN während des Beschäftigungsverbots auf ihre
Arbeitsunfähigkeit hingewiesen und erklärt, der Erziehungsurlaub werde erst nach Gesundung angetreten, soll für die sich an das Beschäftigungsverbot anschließende Zeit der Arbeitsunfähigkeit Anspruch
auf Entgeltfortzahlung bestehen. Das ist wohl nicht richtig, weil die ArbN nicht leistungswillig ist (zum
Annahmeverzug BAG 19.5.04 – 5 AZR 434/03, NZA 04, 1064 [Ls]). Dagegen besteht Anspruch auf
Entgeltfortzahlung im Krankheitsfall, wenn der ArbN während der Elternzeit arbeitsunfähig erkrankt
und die Erkrankung über die Beendigung der Elternzeit hinaus andauert. Der 6-Wochenzeitraum
beginnt nach Wiederaufheben des Arbeitsverhältnisses (BAG 29.9.04 – 5 AZR 558/03, NZA 05, 225).

160   Elternzeit

60   **Betriebliche Altersversorgung.** ArbGebBeiträge sind nicht zu entrichten. Der Lauf der Unverfallbarkeitsfrist gem § 1 BetrAVG und die Dauer der Betriebszugehörigkeit iSd § 2 BetrAVG werden nicht unterbrochen. Zulässig ist eine Regelung, die Elternzeit von Steigerungen der Anwartschaft ausnimmt; sie verstößt auch nicht gegen EU-Recht (BAG 15.2.94 – 3 AZR 708/93, DB 94, 1479; s auch *Hoppach* DB 94, 1672).

61   **Berufsbildungszeiten** verlängern sich um die Dauer der Elternzeit (§ 20 Abs 1 BErzGG).

62   **Betriebsrat.** Das Amt des ArbN in Elternzeit besteht unverändert fort. Der ArbN kann daher auch an den Sitzungen des BRat teilnehmen; die hierdurch entstehenden Fahrtkosten zwischen Wohnung und Betrieb hat der ArbGeb nach § 40 Abs 1 BetrVG zu tragen (BAG 25.5.05 – 7 ABR 45/04, NZA 05, 1002). Daran ändern ein zwischenzeitlicher Umzug und deshalb längerer Anfahrweg des ArbN nichts (so schon LAG München 22.7.04 – 2 TaBV 5/04, NZA-RR 05, 29).

63   **Betriebsversammlung.** Die Zeit der Teilnahme ist nach § 44 Abs 2 BetrVG zu vergüten (BAG 31.5.89 – 7 AZR 574/88, DB 90, 793).

64   **Bewährungszeiten/Stufenlaufzeit.** Die Anrechnung der Elternzeit auf Laufzeiten zur tariflichen Höherstufung oder -gruppierung bestimmt sich nach dem jeweiligen **Zweck** der Wartezeit. Anrechnung, wenn die Höherstufung nicht ausschließlich den mit einer tatsächlichen Tätigkeit verbundenen Qualifikationszuwachs ausgleichen soll (BAG 21.10.92 – 4 AZR 73/92, DB 93, 690). Keine Anrechnung, wenn die (höhere) Vergütung Erfahrungswissen honorieren soll, BAG 27.1.11 – 6 AZR 526/09, NZA 11, 1361; 21.5.08 – 5 AZR 187/07, NZA 08, 955.

65   **Dienstwagen** sind auch dann an den ArbGeb zurückzugeben, wenn dem ArbN die Privatnutzung überlassen ist, vgl BAG 14.12.10 – 9 AZR 631/09, NZA 11, 569 zum vergleichbaren Fall des krankheitsbedingten Arbeitsausfalls ohne Entgeltanspruch.

66   **Erholungsurlaub** s oben Rz 36–38.

67   **Gratifikationen/Jahressonderleistungen** können je nach Inhalt und Zweck der zugrunde liegenden Vereinbarung (Tarifvertrag, Betriebsvereinbarung oder Arbeitsvertrag) um Zeiten des Erziehungsurlaubs/der Elternzeit anteilig gekürzt werden. Weder das Maßregelungsverbot des § 612a BGB noch das Verbot der mittelbaren Diskriminierung verbieten entsprechende Regelungen (ständige Rspr BAG vgl 12.1.2000 – 10 AZR 840/98, NZA 2000, 944). Näheres zu Begriff und Abgrenzung der Sonderleistungen s *Einmalzahlungen* Rz 1. Eine Kürzungsmöglichkeit für Wehr- oder Ersatzdienstzeiten erfasst die Elternzeit nicht (BAG 24.3.93 – 10 AZR 160/92, DB 93, 2489). Fehlende Arbeitsleistung im gesamten Kj ist unbeachtlich, wenn nicht ausdrücklich eine Mindestarbeitsleistung vorausgesetzt wird (BAG 12.5.93 – 10 AZR 528/91, DB 93, 2339).

68   **Hochschulrecht.** Nach § 2 Abs 5 Nr 3 WZVG verlängert sich im Einverständnis mit dem wissenschaftlichen Mitarbeiter die jeweilige Dauer eines befristeten Arbeitsvertrags um Zeiten einer Elternzeit. Das Einverständnis muss noch vor Ablauf des befristeten Vertrags vorliegen.

69   **Karenzentschädigung.** Hat der ArbN während der Elternzeit in Teilzeit bei seinem ArbGeb gearbeitet und endet das Arbeitsverhältnis in dieser Zeit, soll sich die Karenzentschädigung (Näheres *Wettbewerbsverbot* Rz 31) nach der Teilzeitvergütung richten (BAG 22.10.08 – 10 AZR 360/08, NZA 09, 962).

70   **Kündigungsschutz** iSd § 1 KSchG knüpft an den rechtlichen Bestand des Arbeitsverhältnisses, sodass die Wartezeit durch die Elternzeit nicht unterbrochen wird.

71   **Lohnabsicherung.** Zeiten der Elternzeit können berücksichtigt werden, wenn der bisherige Lohn wegen der Umstellung von Leistungs- auf Zeitlohn nur für die Dauer von zwölf Monaten gesichert wird (LAG Bln 14.11.03 – 13 Sa 1382/03, LAGReport 04, 190).

72   **Mutterschutz.** Die wegen eines anderen Kindes laufende Elternzeit wird durch eine neuerliche Schwangerschaft/Geburt eines weiteren Kindes und die hierfür nach § 3 Abs 2 und § 6 Abs 1 MuSchG geltenden Beschäftigungsverbote nicht unterbrochen (BAG 15.4.03 – 9 AZR 137/02, NZA 04, 47 zur Kürzung von Urlaubsgeld). Ansprüche auf Mutterschutzlohn scheiden schon deshalb aus, weil der Verdienstausfall nicht auf dem Beschäftigungsverbot, sondern auf der Elternzeit beruht. Dies stellt § 14 Abs 4 MuSchG für den Zuschuss zum Mutterschaftsgeld ausdrücklich klar.

73   **Sozialplan.** Haben die Betriebsparteien in einem Sozialplan für die Höhe der Abfindung auch auf die Dauer der Beschäftigung abgestellt, verstößt es gegen die Grundsätze von Recht und Billigkeit (§ 75 BetrVG), wenn sie davon Zeiten der Elternzeit ausnehmen (BAG 12.11.02 – 1 AZR 58/02, NZA 03, 1287; 21.10.03 – 1 AZR 407/02, NZA 04, 559 zum Umfang der finanziell hinzunehmenden Belastung des ArbGeb). Ob diese Rspr auf einen vom betriebsratlosen ArbGeb freiwillig erstellten „Sozialplan" anzuwenden ist, ist höchstrichterlich nicht entschieden.

74   **Übergangsgeld.** Elternzeit/Erziehungsurlaub entspricht der Beurlaubung iSv § 63 Abs 3 Satz 1 BAT und berechtigt zur zeitanteiligen Kürzung (BAG 21.2.91 – 6 AZR 406/89, NZA 91, 595; 10.11.94 – 6 AZR 486/97, NZA 95, 693).

75   **Unbezahlter Urlaub.** Elternzeit ist nicht gleichzustellen (BAG 26.11.03 – 4 AZR 693/02, ZTR 04, 426).

76   **Urlaubsgeld.** Nach BAG 6.9.94 – 9 AZR 92/93, DB 95, 936 steht dem Elternzeitler nach dem TVEinzelhandel Hess das ungekürzte Urlaubsgeld auch dann zu, wenn der ArbGeb den Erholungsurlaub wegen der Elternzeit zu Recht kürzt (s dazu oben Rz 22). Der Anspruch kann bei ganzjährigem Erziehungsurlaub entfallen; entscheidend ist die jeweils zugrunde liegende Regelung (BAG 14.8.96 – 10 AZR 70/96, DB 97, 234; 18.3.97 – 9 AZR 84/96, NZA 97, 1168; 11.4.2000 – 9 AZR 225/99, NZA 01, 512). Hätte der ArbN, der während der Elternzeit vollständig mit der Arbeit aussetzt, Anspruch auf das volle Urlaubsgeld, so gilt das auch dann, wenn er mit verringerter Arbeitszeit weiter arbeitet (BAG 19.3.02 – 9 AZR 29/01, AP BAT § 22 Urlaubsgeld Nr 2).

Vermögenswirksame Leistungen entfallen idR wegen ihres Entgeltcharakters, es sei denn, die 77 Auslegung der zugrunde liegenden Bestimmung ergibt, dass sie auch bei einer Freistellung von der Arbeit zu gewähren sind.

Wohnung. Hat der ArbN eine Wohnung mietzinsfrei oder verbilligt erhalten, kann der ArbGeb das 78 Nutzungsverhältnis nicht wegen des Erziehungsurlaubs/Elternzeit kündigen. Für seine Dauer ist der übliche Mietzins zu entrichten.

Zeugnis. Nach LAG Hess (19.2.04 – 11 Sa 734/03) darf Elternzeit im Zeugnis dann erwähnt werden, 79 wenn die tatsächliche Unterbrechung zwei Drittel (33 von 50 Monaten) der Gesamtdauer des Arbeitsverhältnisses ausmacht. Das BAG hat das Urt bestätigt (10.5.05 – 9 AZR 261/04, NZA 05, 1237). Die Elternzeit darf auch angegeben werden, wenn der ArbN vor der Beendigung des Arbeitsverhältnisses mehr als ein Jahr ausfiel und es nach dem Berufsbild (Software-Entwickler) auf den aktuellen Wissensstand im praktizierten Beruf ankommt (LAG Köln 4.5.12 – 4 Sa 114/12, NZA-RR 12, 563).

VII. Muster. S Online-Musterformular „*M23.1 Elternteilzeitvereinbarung*". 80

B. Lohnsteuerrecht

Thomas

Wird trotz der Elternzeit freiwillig Lohn weiter entrichtet, so unterliegt er auch dem 81 LStAbzug. Da die Dienstpflicht nur ruht, handelt es sich nicht um Versorgungsbezüge (§ 19 Abs 2 Satz 2 EStG). Erfolgen nur Sachbezüge, zB KfzGestellung oder Wohnverbilligung, muss der ArbN dem ArbGeb die Mittel für die LStAbführung zur Verfügung stellen (s *Lohnabzugsverfahren* Rz 26). Andernfalls muss der ArbGeb dem FA das Vorliegen unzulänglichen Barlohns anzeigen (BFH 9.10.02 – VI R 112/99, BStBl II 02, 884 mit Anm *MIT* DStR 02, 2167).

Bei Teilzeitbeschäftigung (Rz 20 ff) kann, wenn die Grenzen des § 40a Abs 2 EStG nicht 82 überschritten werden (s *Geringfügige Beschäftigung* Rz 20 ff), mit abgeltender Wirkung pauschaliert werden (vgl BFH 27.7.90, BStBl II 90, 931), wobei ein freiwillig weiter entrichteter Lohn aber in die Pauschalierungsgrenzen einzubeziehen ist. Der Übergang vom LStRegelabzug zur Pauschalierung im laufenden Jahr dürfte in diesem Fall nicht missbräuchlich sein (dazu BFH 20.12.91, BStBl II 92, 695). Dieser Übergang empfiehlt sich vor allem dann, wenn im Verlaufe des Jahres ein LStRegelabzug, mit dem die diesbezüglichen Freibeträge ausgeschöpft werden, schon stattgefunden hat oder noch stattfinden wird. Ein Pauschalierungsverbot nach § 40a Abs 4 Nr 2 EStG greift nicht ein, weil es nur eine nach (und nicht neben) der Haupttätigkeit ausgeübte Nebentätigkeit betrifft. Zur Steuerbefreiung des § 3 Nr 39 EStG bei geringfügiger Beschäftigung vgl BFH 26.3.02 – VI B 1/02 (BStBl II 02, 361 mit Anm *MIT* DStR 02, 758; *Kanzler* FR 02, 684) und BFH 29.5.08 – VI R 57/05, DStRE 08, 1050. Kindergeldrechtlich ist Elternzeit der Berufsausbildung nicht gleichgestellt (BFH 15.7.03 – VIII R 47/02, BStBl II 03 848 mit kritischer Anm *Greite* FR 03, 1292; BFH 14.10.03 – VIII R 56/01, DStRE 04, 88).

Aufwendungen während der Elternzeit, die dazu dienen, berufliche Qualifikationen zu 83 erhalten, sind vorab entstandene Werbungskosten (BFH 22.7.03 – VI R 50/02, DStR 03, 1612). Wird dabei ein häusliches Arbeitszimmer benutzt, ist hinsichtlich der Abzugsbeschränkungen des § 4 Abs 5 Satz 1 Nr 6b EStG darauf abzustellen, unter welchen Verhältnissen die spätere berufliche Tätigkeit ausgeübt werden wird (BFH 2.12.05 – VI R 63/03, BStBl II 06, 329 = DStRE 06, 391 mit Anm *Bergkemper* FR 06, 471). Im Übrigen wird auch auf die Ausführungen zum Stichwort *Betriebskindergarten* verwiesen.

C. Sozialversicherungsrecht

Ruppelt

1. Krankenversicherung. Die Mitgliedschaft Versicherungspflichtiger in der gesetzlichen 84 KV bleibt erhalten, solange Elternzeit in Anspruch genommen oder *Elterngeld* bezogen wird (§ 192 Abs 1 Nr 2 SGB V). Voraussetzung ist das Bestehen einer Pflichtmitgliedschaft in der gesetzlichen KV vor Eintritt des Erhaltungstatbestandes. Grds kommen alle Tatbestände, die eine Pflichtmitgliedschaft in der gesetzlichen KV auslösen, in Betracht (vgl *Krankenversiche-*

rungspflicht Rz 3 ff). IdR wird jedoch die Mitgliedschaft aus einem entgeltlichen Beschäftigungsverhältnis erhalten bleiben, weil die Gewährung von Elternzeit das Bestehen eines solchen voraussetzt (s oben Rz 2). Während der Schwangerschaft bleibt die Mitgliedschaft Versicherungspflichtiger auch erhalten, wenn das Beschäftigungsverhältnis vom ArbGeb zulässig aufgelöst oder das Mitglied unter Wegfall des Arbeitsentgelts beurlaubt worden ist (§ 192 Abs 2 SGB V). Vgl BSG 17.2.04 – B 1 KR 7/02 R, NZS 05, 147 zur Mitgliedschaft bei unbezahltem Sonderurlaub und Erziehungsurlaub (heute: Elternzeit).

85   Die Versicherung von **Familienangehörigen** nach § 10 SGB V (vgl *Familienversicherung* Rz 5 ff) ist keine Mitgliedschaft Versicherungspflichtiger iSd § 192 SGB V. Gleiches gilt für eine freiwillige Mitgliedschaft **Versicherungsberechtigter** nach § 9 SGB V (KassKomm/ *Peters* § 192 SGB V Rz 4). Die Mitgliedschaft Versicherungspflichtiger bleibt während der Inanspruchnahme der Elternzeit lediglich erhalten, so dass die Elternzeit unmittelbar an die Pflichtmitgliedschaft anschließen muss. Die **Begründung** einer Mitgliedschaft in der gesetzlichen KV ist durch Elternzeit nicht möglich (BSG 28.3.2000 – B 8 KN 10/98 KR R, SozR 3–2500 § 10 Nr 18 zum Fall einer verheirateten Beamtin).

86   **2. Rentenversicherung.** Unabhängig von der Inanspruchnahme von Elternzeit gelten **Kindererziehungszeiten** im Inland nach § 56 SGB VI als Pflichtbeitragszeiten in der gesetzlichen RV. Dadurch soll Müttern – oder Vätern – der Aufbau von Rentenanwartschaften ermöglicht werden, wenn sie wegen der Kindererziehung keiner Erwerbstätigkeit nachgehen konnten. Den Berechtigten können für Geburten ab 1.1.92 bis zu drei Jahren Kindererziehungszeiten gutgeschrieben werden (vgl *Kindervergünstigungen* Rz 51 ff).

87   Die Kindererziehungszeit ist dem Elternteil zuzuordnen, der das Kind erzogen hat. Haben die Eltern ihr Kind gemeinsam erzogen, können sie durch eine übereinstimmende Erklärung bestimmen, welchem Elternteil die Erziehungszeit zuzuordnen ist (§ 56 Abs 2 SGB VI). Sinnvoll ist idR die Zuordnung auf denjenigen Elternteil, der die Elternzeit in Anspruch nimmt, da der andere Elternteil durch Erwerbstätigkeit rentenversichert bleiben kann. Von der Anrechnung ausgeschlossen sind ua Elternteile, die versicherungsfrei oder von der Versicherungspflicht befreit sind. Das sind in erster Linie Beamte und ihnen gleichgestellte Personen (vgl im Einzelnen § 56 Abs 4 SGB VI und *Kindervergünstigungen* Rz 51 ff). Zur **Kinderberücksichtigungszeit** s *Rentenversicherungsrechtliche Zeiten* Rz 14 ff.

Entgeltabtretung

A. Arbeitsrecht   *Griese*

1   **1. Begriff.** Die Abtretung ist ein Verfügungsgeschäft. Mit der Entgeltabtretung verfügt der ArbN **rechtsgeschäftlich** über seine Vergütungsansprüche. Es bedarf dazu eines Rechtsgeschäfts zwischen dem ArbN (Zedenten) und dem neuen Gläubiger (Zessionar). Die Entgeltabtretung hat große Bedeutung durch die Kreditwirtschaft. Banken, Versandhäuser und Einzelhandelsgeschäfte lassen sich zur Sicherung ihrer Darlehenszurückzahlungs- bzw Kaufpreisforderungen von ihren Kunden deren Lohn- und Gehaltsansprüche abtreten.

2   **2. Voraussetzungen der Entgeltabtretung.** Die Abtretung von Entgeltforderungen ist grds zulässig. Da die Abtretung künftig fällig werdender Forderungen möglich ist (Vorausabtretung), können künftig fällig werdende Vergütungsansprüche abgetreten werden. Die Abtretung setzt einen Vertrag zwischen dem ArbN und dem neuen Gläubiger voraus. Dabei sind folgende Umstände zu beachten:

3   **a) Bestimmtheit** bzw **Bestimmbarkeit der Forderung.** Ein Abtretungsvertrag ist nur wirksam, wenn die abgetretene Forderung ausreichend bestimmt bzw bestimmbar ist. Es muss im Voraus feststehen bzw eindeutig bestimmbar sein, welche Forderung in welcher Höhe abgetreten worden ist. Bedeutung hat dies vor allem für die **Sicherungsabtretung,** mit der der Kreditnehmer oder Ratenkäufer seine zukünftigen Lohn- und Gehaltsansprüche zur Sicherung abtritt. Hier muss insbesondere klargestellt sein, wegen **welcher Forderungen** die Sicherungsabtretung erfolgt. Aus der Abtretungsvereinbarung muss hervorgehen, ob die Abtretung zur Sicherung einer Forderung aus einem Kredit- oder Ratenkreditvertrag oder zur Sicherung aller Forderungen des Kreditinstituts oder des Verkäufers erfolgt; lässt eine

Abtretungsformulierung dies nicht mit ausreichender Klarheit erkennen, ist die Abtretung **mangels Bestimmtheit unwirksam** (BGH 22.6.89 – III ZR 72/88, NJW 89, 2383). Auch wenn für einen Entgeltabtretungsvertrag kein konstitutives Schriftformerfordernis besteht, wird die Bestimmtheit in aller Regel nur durch einen **schriftlichen Vertrag** zu gewährleisten sein. Es spricht im Übrigen viel dafür, dass die Auszahlung eines Teils der Vergütung an einen Dritten Teil der **nachweispflichtigen Regelung über das Arbeitsentgelt** (§ 2 Abs 1 Nr 6 NachwG: Zusammensetzung, Höhe und Fälligkeit des Arbeitsentgelts) ist. Verstöße gegen die Pflicht, den schriftlichen Nachweis über das Arbeitsverhältnis zu erstellen, führen zu Beweiserleichterungen bis hin zur Beweislastumkehr zu Gunsten des ArbN (ErfK/ *Preis* NachwG, Einf Rz 22). Eine formularmäßige Abtretung zukünftiger Entgeltansprüche erfasst nicht ohne weiteres **Abfindungsansprüche** (LAG Köln 27.3.06, NZA-RR 06, 383). Erstreckt sich die Abtretungserklärung ausdrücklich auf Abfindungen, bleibt diese gem § 114 Abs 1 InsO („Bezüge aus dem Dienstverhältnis") in der Insolvenz wirksam (BGH 11.5.10 – IX ZR 139/09, NZA-RR 2010, 425).

b) Verbot der Übersicherung. Die Entgeltabtretung darf nicht zu einer **Übersicherung** des Kreditgebers führen. Eine solche Übersicherung hat die Unwirksamkeit der Abtretung nach § 138 BGB wegen Verstoßes gegen die guten Sitten zur Folge (*Palandt/ Heinrichs* § 398 Rz 14 ff). Eine solche sittenwidrige Übersicherung dürfte anzunehmen sein, wenn der Kreditgeber bereits über andere effektive Sicherungsmittel (zB Eigentumsvorbehalt, Grundschuld) verfügt und ein krasses Missverhältnis zwischen zu sichernder und abgetretener Forderung besteht. Eine Abtretung ist ferner dann **sittenwidrig** gem § 138 BGB, wenn der ArbN damit in eine Mithaftung für die Verbindlichkeit eines Ehepartners oder Lebensgefährten genommen wird und sich damit möglicherweise bis zum Lebensende wirtschaftlich ruiniert (BGH 25.1.05 – XI ZR 325/03, NJW 05, 973). 4

c) Keine unangemessene Benachteiligung nach § 307 BGB. Ist eine Entgeltabtretung in **Allgemeinen Geschäftsbedingungen** als **Formularklausel** enthalten, gelten zusätzlich die Beschränkungen der Inhaltskontrolle gem §§ 305 ff BGB, damit auch § 307 BGB. Danach sind Klauseln von den Gerichten daraufhin zu überprüfen, ob sie die Vertragspartei des Verwenders entgegen den Geboten von Treu und Glauben unangemessen benachteiligen. Eine unangemessene Benachteiligung ist im Zweifel anzunehmen, wenn die Bestimmung mit wesentlichen Grundgedanken der gesetzlichen Regelung, von der abgewichen wird, nicht vereinbar ist, oder wesentliche Rechte oder Pflichten, die sich aus der Natur des Vertrages ergeben, so einschränkt, dass die Erreichung des Vertragszwecks gefährdet ist. 5

An diesem gegenüber § 138 BGB wesentlichen **schärferen Maßstab der Inhaltskontrolle** hat der BGH bereits nach dem früheren AGB-Gesetz (Vorgängerregelung zu §§ 305 ff BGB) mit Recht eine Formularabtretung scheitern lassen, die keine zeitliche oder betragsmäßige Begrenzung der Entgeltabtretung enthielt (BGH 22.6.89 – III ZR 72/88, NJW 89, 2383). Darüber hinaus hat der BGH in diesem Urteil gefordert, dass eine Formularabtretung der Tatsache, dass das Sicherungsinteresse mit fortschreitender Tilgung abnimmt, durch eine **geeignete Freigabeklausel** Rechnung zu tragen hat, deren Fehlen ebenfalls zur Unwirksamkeit der Lohnabtretung führt. Eine solche in **den AGB von Banken** enthaltene Abtretungsklausel hält der Inhaltskontrolle (nach § 307 BGB, früher § 9 AGB-Gesetz) ebenfalls nicht stand. Zutreffend beanstandet der BGH insbesondere, dass die Globalzession der Lohn- und Gehaltsansprüche keinerlei zeitliche oder betragsmäßige Beschränkung zum Schutz des Kreditnehmers vor **unangemessener Übersicherung** enthalte (BGH 7.7.92 – XI ZR 274/91, NJW 92, 2626). 6

Eine weitere unangemessene Benachteiligung liegt darin, dass die **Offenlegung und Verwertung** der Entgeltabtretung an keinerlei einschränkende Voraussetzungen gebunden ist (BGH 7.7.92, NJW 92, 2626: ebenso *Kohte* BB 89, 2259). Eine Formularabtretungsklausel zur Kreditsicherung muss insoweit die Grenzen des Verbraucherkreditschutzrechts (§ 498 BGB) berücksichtigen und aufnehmen. Danach ist eine Gesamtfälligstellung eines Kredits erst möglich, wenn der Kreditgeber mit mindestens zwei Teilzahlungen ganz oder mit 10 % der Kreditsumme (bei Laufzeiten über drei Jahre 5 % der Kreditsumme) in Verzug ist und der Kreditgeber erfolglos eine zweiwöchige Frist zum Ausgleich der rückständigen Beträge unter Hinweis auf die weiteren Folgen des Zahlungsverzuges gesetzt hat. Diese Grenzen sind auch für die Offenlegung und Verwertung der Lohnabtretung als Sicherungsmittel angemessen. 7

161 Entgeltabtretung

8 **d) Ausschluss der Abtretung unpfändbarer Forderungen.** Nach § 400 BGB kann eine Forderung nicht abgetreten werden, soweit sie der Pfändung nicht unterworfen ist. Für die Entgeltabtretung bedeutet dies, dass der **unpfändbare** Teil des Lohn- und Gehaltsanspruchs nicht abgetreten werden kann. Eine entgegenstehende Vereinbarung ist nach § 134 BGB nichtig, selbst wenn die unpfändbaren Einkommensbestandteile an den Vermieter zwecks Mietzahlung abgetreten waren (BAG 21.11.2000 – 9 AZR 692/99, NZA 01, 654). Formularabtretungsklauseln in Allgemeinen Geschäftsbedingungen müssen die Beschränkung auf den pfändbaren Teil ausdrücklich enthalten. Der unpfändbare und nicht abtretbare Teil des Arbeitseinkommens ist im Fall der Offenlegung und Verwertung der Entgeltabtretung anhand der Vorschriften der §§ 850 ff ZPO und der hierzu als Anlage zu § 850c ZPO erlassenen Pfändungstabelle zu ermitteln (s *Pfändung* Rz 20). Eine Erhöhung des unpfändbaren Teils der Bezüge nach § 850f Abs 1 ZPO ist in einem Rechtsstreit zwischen ArbN und ArbGeb nicht möglich, sondern kann nur vom Vollstreckungsgericht oder in einem Rechtsstreit zwischen ArbN und Abtretungsgläubiger vorgenommen werden (BAG 6.2.91 – 4 AZR 348/90, NJW 91, 2038). Erteilt ein ArbN zusammen mit einer Gehaltsabtretung zugunsten seines Darlehensgläubigers seinem ArbGeb den Auftrag, die laufenden Darlehensraten vom Gehalt zu überweisen, erstreckt sich dieser Auftrag von vornherein nicht auf den unpfändbaren Teil des Gehalts. Führt der ArbGeb in diesem Fall auch den unpfändbaren Teil des Gehalts an den Darlehensgläubiger ab, ist dies gegenüber dem ArbN unwirksam mit der Folge, dass der ArbGeb den unpfändbaren Teil des Gehalts nochmals an den ArbN auszahlen muss (BAG 23.11.88 – 5 AZR 723/87, NJW 89, 1501).

9 **3. Abtretungsverbote.** Die Abtretbarkeit von Entgeltansprüchen kann nach § 399 BGB ausgeschlossen werden, auch in Allgemeinen Geschäftsbedingungen (BGH 13.7.06 – VII ZR 51/05, DB 06, 2345). Dies ist möglich durch einzelvertragliche Vereinbarung zwischen ArbN und ArbGeb, etwa im Arbeitsvertrag oder durch gesonderte vertragliche Festlegung. Möglich ist ferner, ein Abtretungsverbot für alle ArbN in einer Betriebsvereinbarung festzulegen, soweit es um Lohnansprüche geht, die nach Inkrafttreten der **Betriebsvereinbarung** bestehen. Dem BRat wird diesbezüglich die Regelungsmacht zugestanden, den Ausschluss der Abtretbarkeit als **Entgeltsicherungsmaßnahme** mit Wirkung für alle ArbN zu vereinbaren (ErfK/*Preis* § 611 BGB Rz 581). Ein durch Betriebsvereinbarung zustande gekommenes Entgeltabtretungsverbot erfasst auch die Entgeltansprüche derjenigen ArbN, die erst nach Abschluss der Betriebsvereinbarung in den Betrieb eintreten (BAG 5.9.60, DB 60, 1309). Nach Auffassung des BAG (26.1.83 – 4 AZR 206/80, BB 84, 145) soll hingegen im Bereich des öffentlichen Dienstes ein Entgeltabtretungsverbot durch Dienstvereinbarung mit dem Personalrat nicht möglich sein, weil dort anders als nach dem BetrVG eine freiwillige Dienstvereinbarung nicht möglich sei. Schließlich können Tarifverträge Einschränkungen oder Verbote der Entgeltabtretung enthalten. Bspw bestimmt § 5 Ziff 12 des für allgemein verbindlich erklärten Bundesrahmentarifvertrages für das Baugewerbe, dass eine Abtretung von Lohnansprüchen nur mit Zustimmung des ArbGeb möglich ist. Ein tarifliches Entgeltabtretungsverbot ergreift alle Ansprüche, die nach Inkrafttreten des Tarifvertrages fällig werden (LAG Köln 27.3.06, NZA-RR 06, 383).

10 **4. Wirkungen der Entgeltabtretung. a) Unwirksame Abtretung.** Eine unwirksame Lohnabtretung entfaltet keine Wirkungen, der ArbGeb hat die Vergütung vollständig an den ArbN auszuzahlen. Zahlt er trotz unwirksamer Entgeltabtretung an den Zessionar, befreit ihn dies nicht von der Leistungspflicht an den ArbN. Bei nicht auf Fahrlässigkeit beruhender Unsicherheit über die Wirksamkeit der Abtretung bleibt ggf nach § 372 BGB die Möglichkeit der Hinterlegung (*Kohte* BB 89, 2263). Hat sich der ArbGeb eine Abtretungsurkunde vorlegen lassen, gibt § 409 Abs 1 Satz 2 BGB dem ArbGeb die Möglichkeit, die Abtretung trotz ihrer Unwirksamkeit als wirksam zu behandeln. Mit Recht weist *Kohte* (BB 89, 2263) darauf hin, dass diese Vorschrift auf eine nicht gesondert unterschriebene, nur in den AGB enthaltene Formularabtretungsklausel nicht anwendbar ist. Sie ist ferner nicht anwendbar, wenn die Abtretung gegen ein gesetzliches Verbot verstößt (BAG 6.2.91 – 4 AZR 348/90, NJW 91, 2038).

11 **b) Wirksame Abtretung.** Ist die Abtretung wirksam, muss der ArbGeb nach Offenlegung und Kenntniserlangung von der Abtretung den abgetretenen Teil der Vergütungsforderung an den Zessionar abführen, eine Leistung an den ArbN befreit ihn nicht mehr.

Entgeltabtretung

Der Anspruch des Zessionars ist auf die aus der Bruttovergütung resultierende Nettovergütung abzüglich des unpfändbaren Teils zu richten. Der ArbGeb kann nach § 410 BGB die Auszahlung an den Zessionar von der **Vorlegung einer Abtretungsurkunde** abhängig machen. Dabei ist es angesichts des Gesetzeswortlautes nicht einsichtig, dass der ArbGeb sich mit einer Fotokopie begnügen muss, er hat vielmehr Anspruch auf das Original (ebenso *Palandt/Heinrichs* § 410 Rz 2; MüKo/*Roth* § 410 BGB Rz 5; unzutreffend daher LAG Frankfurt aM 11.9.87, DB 88, 612). Der ArbGeb kann dem Abtretungsgläubiger gem § 404 BGB alle Einwendungen entgegensetzen, die er gegenüber dem Gehaltsanspruch des ArbN gehabt hätte, zB Verfall, Verzicht oder mit Schadensersatzansprüchen aufrechnen.

Trifft eine Entgeltabtretung mit einer Gehaltspfändung (s auch *Pfändung* Rz 33) **zusammen**, gilt der Grundsatz der **zeitlichen Priorität**. Dabei kommt es bei der Entgeltabtretung nicht darauf an, wann sie offen gelegt wurde, sondern wann sie tatsächlich erfolgte. Ist dies vor der Pfändung geschehen, ist die Abtretung ab dem Zeitpunkt der Offenlegung zuerst zu bedienen. Eine Abtretung, die in der Absicht der Gläubigerbenachteiligung vorgenommen wird, kann nach Maßgabe des Anfechtungsgesetzes angefochten werden. Hat der Anfechtungsprozess Erfolg, wird ein nach Abtretung zugestellter Pfändungs- und Überweisungsbeschluss wirksam, er muss nicht erneut zugestellt werden (LAG Hamm 15.10.91, BB 92, 928 [LS]). Die Mehrarbeit, die dem ArbGeb durch die Bearbeitung von Entgeltabtretungen entsteht, ist nicht erstattungsfähig und berechtigt auch nicht zu Sanktionen oder einer Kündigung des ArbN (*Schaub* § 125 Rz 57 und 97; für die Pfändung s BAG 18.7.06 – 1 AZR 578/05, BB 07, 221). Der ArbGeb kann dies nur durch die Vereinbarung von **Abtretungsverboten** vermeiden. 12

B. Lohnsteuerrecht *Seidel*

Die **Abtretung** des Anspruchs auf Arbeitslohn ist zivilrechtlicher Natur (§ 398 BGB), umfasst idR auch etwaige spätere **Lohnsteuererstattungsansprüche** an das FA (BFH 4.12.79, BStBl II 80, 488) und stellt grds die persönliche Zurechnung nicht in Frage. Mit dem Zufluss der abgetretenen Forderung beim neuen Gläubiger ist sie dem alten Gläubiger (ArbN) zuzurechnen (s *Schmidt/Heinicke* § 11 Rz 30 Abtretung a)), was bei diesem aufgrund des Lohnzuflusses (s *Lohnzufluss* Rz 6: Abtretung) zur Entstehung der LSt führt (§ 38 Abs 2 Satz 2 EStG), die der ArbGeb mit der Zahlung an den neuen Gläubiger wie bei einer direkten Zahlung an den ArbN zu berechnen und einzubehalten hat. Es ergeben sich steuerrechtlich keine Unterschiede, so dass auch die einbehaltene LSt bei der EStVeranlagung des ArbN anzurechnen ist. Der ArbGeb hat sowohl den abgetretenen Lohnteil als auch die einbehaltene LSt wie üblich in die LStBescheinigung (s *Lohnsteuerbescheinigung* Rz 17, 18) einzutragen. Da der geschäftsmäßige Erwerb von Erstattungsansprüchen nach § 46 Abs 4 AO unzulässig ist, ist die generelle Abtretung des **Einkommensteuererstattungsanspruchs** des ArbN an den ArbGeb unwirksam. Dies gilt auch, wenn der Anspruch aufgrund eines nach ausländischem Recht zu beurteilenden Arbeitsvertrags (Nettolohn) dem ArbGeb zusteht (BFH 4.2.99 – VII R 112/97, BStBl II 99, 430). Zur Rückforderung der erstatteten LSt vom Abtretenden bzw vom Abtretungsempfänger s § 37 Abs 2 AO und FG Bln 14.5.04 – 3 K 3425/02, DStRE 05, 911. 13

Mit der hM ist von der Entstehung der LSt bei Zahlung an den neuen Gläubiger auch für den Fall auszugehen, dass die **Lohnabtretung vor der Entstehung des Lohnanspruchs entgeltlich** erfolgt, so dass nicht das Abtretungsentgelt nach § 24 Nr 1a EStG, § 2 Abs 2 Nr 4 LStDV als Ersatz für entgangenen Arbeitslohn, sondern bei Auszahlung des geschuldeten Arbeitslohns an den Abtretungsempfänger die darauf entfallende LSt nach den LSt-Abzugsmerkmalen des ArbN einzubehalten, abzuführen und der LStBescheinigung zugrunde zu legen ist. Das Abtretungsentgelt wird steuerlich nicht erfasst. Damit wird eine doppelte Besteuerung vermieden (s auch *HMW*/Abtretung des Arbeitslohns Rz 4). 14

Im Gegensatz zur bisherigen Regelung sind nunmehr auch die Leistungen des Insolvenzverwalters bzw des ehemaligen ArbGeb an die Agentur für Arbeit aufgrund des **gesetzlichen Forderungsübergangs** hinsichtlich des Arbeitslohns nach der Zahlung von **Insolvenzgeld** (früher KAUG) an die ArbN durch die Agentur für Arbeit steuerfrei (§ 3 Nr 2 EStG; LStR 3.2 Abs 2; s auch *Insolvenz des Arbeitgebers* Rz 34 und *Erstattungsanspruch der Agentur für Arbeit* 15

162 Entgeltfortzahlung

Rz 11). Über das Zufließen von Arbeitslohn bei Abtretung einer Forderung des ArbGeb s *Lohnzufluss* Rz 6.

C. Sozialversicherungsrecht *Schlegel*

16 **1. Abtretung von Entgeltansprüchen.** Der Umstand, dass ein ArbN seinen Anspruch auf Arbeitsentgelt (vgl § 14 SGB IV) an Dritte abgetreten hat, beeinflusst im Grundsatz weder seine Versicherungs- noch seine Beitragspflicht. Mit der Erbringung der Arbeit sind die Beiträge zur SozV und ArblV entstanden (vgl § 22 Abs 1 Satz 1 SGB IV). Bei einmalig gezahltem Arbeitsentgelt (zB Weihnachtsgeld) sowie bei Arbeitsentgelt, das aus Arbeitszeitguthaben abgeleiteten Entgeltguthaben errechnet wird, entstehen die Beitragsansprüche, sobald dieses ausgezahlt worden ist (§ 22 Abs 1 Satz 2 SGB IV, insoweit Geltung des Zuflussprinzips). Die Beitragspflicht entfällt weder bei **abgetretenem laufendem Arbeitsentgelt** noch bei **abgetretener Einmalzahlung,** jedoch werden die Beiträge aus abgetretenen Einmalzahlungen erst mit deren Auszahlung (an den Abtretungsgläubiger) fällig (zur Fälligkeit vgl § 23 SGB IV). Der Lohn- oder Gehaltsanspruch wird von vornherein mit den sich aus den §§ 28a ff SGB IV ergebenden Beschränkungen (Belastungen) abgetreten; der ArbGeb ist deshalb auch bei der Lohnabtretung berechtigt und verpflichtet, die auf den ArbN entfallenden Beitragsanteile vom Arbeitsentgelt abzuziehen (Einzelheiten s *Lohnabzugsverfahren* Rz 23–33). Entsprechend ist er auch berechtigt, einen unterlassenen Beitragsabzug in den Grenzen des § 28g Sätze 3 und 4 SGB IV bei späteren Lohnzahlungen nachzuholen. Die Meldungen sind zu erstatten, wie wenn die Zahlung nicht an den Dritten, sondern an den ArbN erfolgen würde.

17 **2. Einfluss der Entgeltabtretung auf Lohnersatzleistungen.** Lohnersatzleistungen sind nach dem erzielten Arbeitsentgelt zu berechnen; hierzu zählen auch diejenigen Lohnbestandteile, die der ArbN an Dritte abgetreten und die der ArbGeb deshalb nicht an den ArbN, sondern an den Abtretungsgläubiger ausgezahlt hat. Tritt ein Versicherungsfall ein und erwirbt der ArbN Anspruch auf Lohnersatzleistungen (zB Krankengeld, AlGeld), erstreckt sich die Entgeltabtretung nicht auf die an die Stelle des Arbeitsentgelts tretende Lohnersatzleistung; einen Rechtssatz oder eine ausdrückliche Vorschrift, dass Lohnersatzleistungen als Surrogat an die Stelle des abgetretenen Lohnes treten, soweit eine Entgeltabtretung im Raum steht, gibt es nicht (vgl jedoch § 170 SGB III für die Abtretung des Arbeitsentgeltanspruchs und die Erstreckung der Abtretung auf das Insolvenzgeld, Einzelheiten hierzu s *Insolvenz des Arbeitgebers* Rz 81 ff). Allerdings ist es möglich, auch Lohnersatzleistungen bzw Sozialleistungen abzutreten, sofern es sich um Geldleistungen (nicht Dienst- und Sachleistungen) handelt. Unter welchen Voraussetzungen eine **Abtretung von Ansprüchen auf Sozialleistungen** zulässig ist, regelt § 53 SGB I.

18 **3. Insolvenz des Arbeitgebers.** Zur Abtretung von Versorgungsbezügen (zB Betriebsrente) im Rahmen des schuldrechtlichen Versorgungsausgleichs vgl BSG 21.12.93 – 12 RK 28/93, SozR 3–2500 § 237 Nr 3; BVerfG 22.2.95 – 1 BvR 117/95, FamRZ 95, 664. Die Abtretung von künftigen Ansprüchen der ArbN auf Arbeitsentgelt zur Vorfinanzierung der Arbeitsentgelte im Rahmen einer **Insolvenz des Arbeitgebers** bedarf der Zustimmung der BA (vgl § 188 Abs 2 SGB III; dazu *Insolvenz des Arbeitgebers* Rz 61 ff).

Entgeltfortzahlung

A. Arbeitsrecht *Griese*

Übersicht

	Rz		Rz
I. Rechtsgrundlagen	1	2. Unverschuldete Arbeitsunfähigkeit	6–9
II. Voraussetzungen und Umfang der Vergütungsfortzahlung im Krankheitsfall	2–22	3. Maßnahmen der medizinischen Vorsorge und Rehabilitation	10
1. Arbeitsunfähigkeit infolge Krankheit	2–5	4. Höhe des Anspruchs	11, 12
		5. Bestandteile und Berechnung der Vergütungsfortzahlung	13, 14

	Rz		Rz
6. Wartezeit	15	1. Ausfall der Arbeit infolge eines Feiertages	23–25
7. Anspruchsdauer	16, 17	2. Kein unentschuldigtes Fernbleiben	26
8. Mehrfache Erkrankung	18, 19	3. Höhe der Feiertagsvergütung	27, 28
9. Kleinbetriebe	20	4. Feiertagsvergütung im Arbeitskampf	29
10. Fälligkeit und Unabdingbarkeit	21, 22	5. Fälligkeit und Unabdingbarkeit	30, 31
III. Voraussetzungen und Umfang der Vergütungsfortzahlung an Feiertagen	23–30		

I. Rechtsgrundlagen. Unter dem Begriff Entgeltfortzahlung sind seit dem am 1.6.94 in Kraft getretenen EFZG die **Vergütungsfortzahlung im Krankheitsfall** und die **Entgeltfortzahlung an Feiertagen** für alle ArbNGruppen zusammengefasst und einheitlich festgelegt worden. Seither stehen diese Ansprüche auch **geringfügig beschäftigten Arbeitnehmern** zu. Trotz dieser seither bestehenden Verpflichtung, auch für geringfügig beschäftigte ArbN Entgeltfortzahlung zu leisten, ist das Ausmaß der Gesetzesverstöße ist gravierend. Nach einer im März 2013 vorgestellten Studie des RWI zahlen 40 Prozent der Arbeitgeber geringfügig beschäftigten ArbN kein Entgelt, wenn der Arbeitstag auf einen Feiertag fällt, 39 Prozent gewähren keine Entgeltfortzahlung im Krankheitsfall. Eine gesetzgeberische Reform, die auch die Sozialversicherungsfreiheit beseitigt, ist daher dringlich (s dazu *Griese/Preis/Kruchen* NZA 2013, 113). 1

Die Entgeltfortzahlung an Feiertagen (Feiertagslohn) ist von der Bezahlung zusätzlicher Arbeit an Sonn- und Feiertagen (Näheres: *Sonn- und Feiertagsarbeit* Rz 14) zu unterscheiden. Im Gegensatz zur Sonn- und Feiertagsarbeit, die zusätzlich und ggf mit Zuschlägen zu bezahlen ist, bezweckt der Feiertagslohn, dass dem ArbN der Entgeltausfall durch den ArbGeb ausgeglichen wird, der durch die **Nichtarbeit** an einem gesetzlichen Feiertag entsteht.

II. Voraussetzungen und Umfang der Vergütungsfortzahlung im Krankheitsfall. 2
1. Arbeitsunfähigkeit infolge Krankheit. Nach § 3 Abs 1 EFZG ist Voraussetzung, dass der ArbN **infolge Krankheit arbeitsunfähig** ist. Damit ist zugleich klargestellt, dass nicht jede Krankheit zur Arbeitsunfähigkeit führt, sondern nur eine solche, die den ArbN an der Ausführung seiner Arbeit hindert (Näheres *Arbeitsunfähigkeit* Rz 1 ff). Arbeitsunfähigkeit ist daher gerade auch dann gegeben, wenn die Krankheit vorübergehend oder dauerhaft zur vollen Erwerbsminderung führt (BAG 29.9.04 – 5 AZR 558/03, NZA 05, 225). Die Entgeltfortzahlung bei einem Schwangerschaftsabbruch (s *Schwangerschaftsabbruch* Rz 3–6) regelt § 3 Abs 2 EFZG.

Der ArbN hat die Arbeitsunfähigkeit unverzüglich dem ArbGeb mitzuteilen (Näheres: 3 *Arbeitsunfähigkeit* Rz 5–9) und durch ärztliche Arbeitsunfähigkeitsbescheinigung (s *Arbeitsunfähigkeitsbescheinigung* Rz 1) nachzuweisen. Die Krankheit und die darauf beruhende Arbeitsunfähigkeit müssen für die Nichtarbeit des ArbN **monokausal** sein (*Müller-Glöge* RdA 06, 105 ff); eine tariflich günstigere Regelung ist möglich (BAG 9.10.02 – 5 AZR 356/01, NZA 03, 978). Hätte der ArbN aus anderen Gründen ohnehin an den Krankheitstagen nicht gearbeitet, so entfällt sein Entgeltfortzahlungsanspruch (BAG 25.2.04 – 5 AZR 179/03, NZA 04, 808). So hat der ArbN keinen Entgeltfortzahlungsanspruch im Krankheitsfall, wenn die Arbeit, auch wenn er gesund gewesen wäre, infolge einer rechtmäßigen Arbeitszeitverlegung (BAG 7.9.88 – 5 AZR 558/87, BB 89, 69 für Arbeitsausfall infolge vorgeholter Arbeitszeit), infolge witterungsbedingter Gründe (BAG 30.8.73, DB 73, 2404), wegen einer mit dem BRat vereinbarten Betriebsruhe (BAG 28.1.04 – 5 AZR 58/03, NZA 05, 656) oder aufgrund einer Arbeitsaussetzung infolge Kurzarbeit (BAG 6.10.76, DB 77, 262) ausfällt. Bei teilweisem Arbeitsausfall infolge Kurzarbeit reduziert sich der Anspruch entsprechend (§ 4 Abs 3 Satz 1 EFZG).

Kein Anspruch besteht, wenn das Arbeitsverhältnis des ArbN vereinbarungsgemäß **ruht** 4 oder der ArbN sich in **Elternzeit** oder **Pflegezeit** befindet. Hatte der ArbN während der Erkrankung unbezahlten Urlaub, so entfällt regelmäßig eine Entgeltfortzahlung im Krankheitsfall, da der ArbN, auch wenn er gesund gewesen wäre, nicht gearbeitet und keine Vergütungsansprüche erworben hätte (BAG 25.5.83, DB 83, 2526).

162 Entgeltfortzahlung

5 Hat der ArbN vor Eintritt der **Arbeitsunfähigkeit mehrere Tage unentschuldigt gefehlt** und dadurch die Vermutung begründet, dass er ohnehin arbeitsunwillig ist, so entfällt der Entgeltfortzahlungsanspruch, es sei denn, dass der ArbN nachweist, dass er ab dem Erkrankungszeitraum, wenn die Erkrankung nicht eingetreten wäre, arbeitswillig und arbeitsfähig gewesen wäre (BAG 20.3.85, DB 85, 2694). Anspruchsausschließende Arbeitsunwilligkeit ist im Verhältnis zum Betriebserwerber gegeben, wenn ein ArbN einem Betriebsübergang widersprochen hat (BAG 4.12.02 – 5 AZR 494/01, NZA 03, 632). Für den Fall eines Arbeitskampfes gilt, dass der Entgeltfortzahlungsanspruch entfällt, wenn der ArbGeb nachweisen kann, dass der ArbN, wäre er gesund gewesen, sich an dem Streik beteiligt bzw von der rechtmäßigen Aussperrung betroffen gewesen wäre, und deshalb ohnehin keinen Entgeltanspruch hätte erwerben können (BAG 1.10.91 – 1 AZR 147/91, NZA 92, 163).

6 **2. Unverschuldete Arbeitsunfähigkeit.** Ein Entgeltfortzahlungsanspruch besteht nur, wenn die Arbeitsunfähigkeit unverschuldet eingetreten ist. Dabei versteht die Rspr in diesem Kontext unter „Verschulden" nicht das Verschulden des § 276 BGB, also jede Art von Fahrlässigkeit und Vorsatz, sondern nur ein **grobes Verschulden gegen sich selbst,** nämlich ein unverständliches, leichtfertiges Verhalten des ArbN, das vorliegt, wenn der ArbN in gröblicher Weise gegen das von einem verständigen Menschen im eigenen Interesse zu erwartende Verhalten verstößt (BAG 23.11.71, DB 72, 395). Bei Verkehrsunfällen ist ein Verschulden gegeben, wenn der Verkehrsunfall durch grob fahrlässiges Verhalten des ArbN verursacht worden ist (BAG 30.3.88, DB 88, 1403). Ein solches grobes Verschulden ist anzunehmen, wenn der Verkehrsunfall auf **alkoholbedingte Fahruntüchtigkeit** zurückzuführen ist. Gleiches gilt für erhebliche Geschwindigkeitsüberschreitungen (BAG 5.4.62, DB 62, 971), für das Überfahren einer **Rotlicht zeigenden Ampel** (vgl BGH 8.7.92, NJW 92, 2418), für das Überholen an unübersichtlicher Stelle, das Abkommen von der Straße oder für die Benutzung eines verkehrsunsicheren Fahrzeuges (ArbG Marburg 24.8.90, DB 91, 869).

7 Das **Nichtanlegen des Sicherheitsgurtes** begründet ebenfalls ein den Entgeltfortzahlungsanspruch ausschließendes Verschulden, wenn die Verletzungen gerade darauf zurückzuführen sind, dass der Sicherheitsgurt nicht angelegt war (BAG 7.10.81, DB 82, 496). Ein Verschulden ist auch gegeben, wenn ein ArbN sich als Beifahrer einem wegen Alkoholgenusses fahruntüchtigen Fahrer anvertraut und infolge seiner Alkoholisierung die Fahruntüchtigkeit des Fahrers nicht erkennt (LAG Frankfurt aM 24.4.89, DB 89, 2031). Auch sonstige auf **Alkoholmissbrauch beruhende Unfälle** sind schuldhaft, etwa der Sturz auf einer Treppe (ArbG Bln 20.5.80, BB 80, 1858) oder der auf Alkoholmissbrauch beruhende Sturz in einer Gaststätte (BAG 11.3.87, BB 87, 1389).

8 Bei einer **Alkoholerkrankung** kann nicht ohne weiteres von einer verschuldeten Arbeitsunfähigkeit ausgegangen werden, da es keinen Erfahrungssatz gibt, dass eine Alkoholerkrankung stets verschuldet ist (BAG 7.8.91, DB 91, 2488). Maßgebend für die Beurteilung des Verschuldens ist das Verhalten, das vor dem Zeitpunkt liegt, in dem die als Krankheit zu bewertende Alkoholabhängigkeit eingetreten ist, wobei der ArbN durch Erteilung näherer Auskünfte und Entbindung seiner Ärzte von der Schweigepflicht an der Aufklärung dieser Umstände mitwirken muss (BAG 7.8.91, DB 91, 2488). Ein **Verschulden** liegt jedoch in jedem Fall vor, wenn ein ArbN **nach durchgeführter Entziehungskur erneut rückfällig wird** (BAG 11.11.87, DB 88, 402). Eine selbst verschuldete Arbeitsunfähigkeit liegt bei einem alkoholkranken ArbN ferner vor, wenn er in alkoholisiertem Zustand mit seinem Kfz einen Verkehrsunfall verursacht. Der Schuldvorwurf liegt dann darin, dass der ArbN überhaupt noch ein Kfz benutzte, da er hätte wissen müssen, dass er aufgrund seiner Alkoholabhängigkeit erhebliche Alkoholmengen konsumieren und damit eine erhebliche Gefahr im Straßenverkehr darstellen würde (BAG 30.3.88, DB 88, 1403). Bei sonstigen Suchterkrankungen kann ebenfalls nicht automatisch ein Verschulden unterstellt werden. Ein ArbN handelt jedoch schuldhaft, wenn er die zur Behandlung dieser Erkrankung ergehenden ärztlichen Anordnungen und Empfehlungen nicht beachtet, wenn er etwa **trotz ärztlicher Untersagung des Rauchens weiterhin raucht** (BAG 17.4.85, DB 86, 976). Nikotinsucht sollte ebenso behandelt werden wie Alkoholsucht (*Schmitt* § 3 EFZG Rz 146). Auch bei Erkrankungen, die auf anderen Suchtformen beruhen, zB Fettsucht, ist derselbe Maßstab anzulegen.

Recht großzügig geht die Rspr mit Sportverletzungen um. Zwar soll die Ausübung besonders gefährlicher Sportarten ein grobes Verschulden sein. Praktisch ist jedoch keine reguläre Sportart als gefährlich eingestuft worden.

Sportliche Betätigungen sind bis hin zum Amateurboxen (BAG 1.12.76, AP 42 zu § 1 **9** LFZG) und Drachenfliegen (BAG 7.10.81, DB 82, 706) hinzunehmen, sofern der ArbN richtig ausgerüstet und mit der Sportart nicht offensichtlich überfordert ist. Hingegen ist das Kick-Boxen mit Recht als gefährliche Sportart qualifiziert worden, so dass hierbei erlittene Verletzungen selbstverschuldet sind (ArbG Hagen 5.9.89, NZA 90, 311). Ein Eigenverschulden liegt ferner vor, wenn die Arbeitsunfähigkeit durch die Teilnahme an einer **Rauferei** eintritt (LAG Köln 22.6.88, DB 88, 1703). Bei Betriebsunfällen kommt ein Ausschluss des Entgeltfortzahlungsanspruchs in Betracht, wenn der ArbN **grob fahrlässig Unfallverhütungsvorschriften nicht eingehalten hat** (LAG Bln 31.3.81, DB 82, 707). Der Entgeltfortzahlungsanspruch wird nicht dadurch gehindert, dass die Arbeitsunfähigkeit bei privaten Betätigungen eintritt. Freilich sind auch hier die jedem verständigen Menschen einleuchtenden Sicherheitsmaßregeln zu beachten (LAG BaWü 18.11.86, BB 87, 477: Schneiden von Obstbäumen). Nach der Rspr des BAG ist der Entgeltfortzahlungsanspruch auch gegeben, wenn der ArbN bei **zulässiger Nebentätigkeit** gesundheitlich zu Schaden kommt (BAG 21.4.82, DB 82, 1729).

3. Maßnahmen der medizinischen Vorsorge und Rehabilitation. Nach § 9 EFZG **10** (Näheres *Kur* Rz 1 ff) gelten die Bestimmungen des EFZG auch für Maßnahmen der medizinischen Vorsorge und Reha (Kuren), die von einem SozVTräger bewilligt und stationär durchgeführt werden. Die stationäre Durchführung setzt voraus, dass in der Einrichtung Verpflegung und medizinische Anwendung erbracht werden und die tatsächliche Durchführung der Maßnahme die Lebensführung des ArbN während des Aufenthaltes maßgeblich gestaltet (BAG 19.1.2000 – 5 AZR 685/98, NZA 2000, 773).

4. Höhe des Anspruchs. Seit **dem 1.1.1999 ist durch das Gesetz zu Korrekturen in** **11** **der Sozialversicherung und zur Sicherung der Arbeitnehmerrechte** in § 4 Abs 1 EFZG der Grundsatz der 100%igen Entgeltzahlung wieder festgeschrieben. Er sieht vor, dass dem ArbN das ihm bei der für ihn maßgebenden regelmäßigen Arbeitszeit zustehende Arbeitsentgelt fortzuzahlen ist.

Eine Vereinfachung der Berechnung leistet § 4 Abs 1a EFZG. Danach bleiben Über- **12** stunden, die im Erkrankungszeitraum angefallen wären, einschließlich etwaiger Zuschläge bei der Berechnung außer Betracht. Der Gesetzgeber ist damit einer verbreiteten Tarifpraxis gefolgt (*Däubler* NJW 99, 605). Durch diese Regelung wird die teilweise **Abkehr vom Lohnausfallprinzip** vollzogen.

5. Bestandteile und Berechnung der Vergütungsfortzahlung. Fortzuzahlen ist die **13** Vergütung, die bei der individuell maßgebenden regulären Arbeitszeit angefallen wäre. Bei einer Monatsvergütung ist dies die auf den jeweiligen Krankheitstag entfallende Vergütung, so dass der Monatsverdienst ungeachtet der Arbeitsunfähigkeit fortzuzahlen ist. Bei einer stundenbezogenen Vergütung ist der Stundensatz mit der Zahl der ausgefallenen Arbeitsstunden zu multiplizieren. Überstundenzuschläge und -vergütungen außerhalb der regelmäßigen Arbeitszeit bleiben nach § 4 Abs 1a EFZG außer Betracht, sowohl bei monats- wie auch bei stundenbezogener Vergütung (BAG 26.6.02 – 5 AZR 153/01, NZA 03, 156; anders bei dauerhaft anfallenden Überstunden (BAG 21.11.01 – 5 AZR 457/00, NZA 02, 439). Abweichend von letzterem kann durch Tarifvertrag vereinbart werden, dass sich die Entgeltfortzahlung nicht nach der individuellen regelmäßigen, sondern der regelmäßigen tariflichen Arbeitszeit bestimmt (BAG 24.3.04 – 5 AZR 346/03, NZA 04, 1042). In das Referenzentgelt gem **§ 21 TV-L** ist das für Zeiten der tatsächlichen Inanspruchnahme während einer **Rufbereitschaft** zustehende Entgelt nicht einzurechnen (BAG 10.4.13 – 5 AZR 97/12). Bei **Arbeitszeitkonten** sind die regelmäßig anfallenden Arbeitsstunden, die infolge Krankheit ausfallen, als gearbeitete Stunden gutzuschreiben, nicht hingegen betriebliche Zusatzschichten (BAG 13.2.02 – 5 AZR 470/00, NZA 02, 683). **Feiertagszuschläge** zählen zum fortzuzahlenden Entgelt (BAG 1.12.04 – 5 AZR 68/04, NZA 05, 1315), ebenso Sonn- und Feiertagszuschläge (BAG 14.1.09 – 5 AZR 89/08).

Bei einer **leistungsbezogenen Vergütung** (Akkordlohn, Provision) ist von dem in dem **14** Erkrankungszeitraum erzielbaren Durchschnittsverdienst auszugehen (§ 4 Abs 1a Satz 2

162 Entgeltfortzahlung

EFZG; zu Akkordgruppe s BAG 26.2.03 – 5 AZR 162/02). Auch laufende Leistungsprämien oder Leistungszulagen müssen während der Arbeitsunfähigkeit fortgezahlt werden (zu Anwesenheitsprämien s *Anwesenheitsprämie* Rz 6). Bei Berufsfußballspielern gehören dazu auch Prämien für jeden gewonnenen Meisterschaftspunkt (BAG 6.12.95 – 5 AZR 237/94; s aber auch BAG 19.1.2000 – 5 AZR 637/98). Die Entgeltfortzahlung umfasst während der Arbeit bezahlte Kurzzeitpausen (BAG 24.5.07 – 6 AZR 706/06). Sinn dieser Regelung ist, dass dem ArbN während der Arbeitsunfähigkeit sein volles Einkommen erhalten bleibt (zu rechtspolitischen Überlegungen s *Wank* BB 92, 1992). Nicht fortzuzahlen sind daher Auslösungen, Schmutzzulagen und ähnliche Leistungen, die dem ArbN nicht entstehen, wenn er nicht arbeitet. Dies gilt ebenso für Essens- und Fahrtkostenzuschüsse (§ 4 Abs 1a Satz 1 EFZG). Die Zahlungspflicht des ArbGeb reduziert sich bzw entfällt ferner, wenn im Betrieb wegen Kurzarbeit (§ 4 Abs 3 Satz 1 EFZG) oder aus sonstigen Gründen (Schlechtwetter im Baubereich) ohnehin nur teilweise oder gar nicht gearbeitet worden wäre. Der Entgeltfortzahlungsanspruch ist ein Bruttoanspruch: Wie bei der normalen Vergütung sind Steuern und SozVBeiträge zu entrichten. Soweit ein Entgeltfortzahlungsanspruch besteht, ist auch ein vertraglich zugesagter Firmenwagen weiterhin zur Verfügung zu stellen (BAG 14.12.10 – 9 AZR 631/09).

15 **6. Wartezeit.** Nach § 3 Abs 3 EFZG entsteht der Entgeltfortzahlungsanspruch nach vierwöchiger ununterbrochener Dauer des Arbeitsverhältnisses.

Nach der Rspr bedeutet dies, dass in bis zu vier Wochen dauernden Arbeitsverhältnissen die Entgeltfortzahlung entfällt. Auch hier ist aber § 8 EFZG zu beachten, so dass eine Kündigung aus Anlass der Arbeitsunfähigkeit den Entgeltfortzahlungsanspruch nicht beseitigt, soweit sie länger als vier Wochen (§ 3 Abs 3 EFZG) dauert (BAG 26.5.99 – 5 AZR 476/98). Dauert das Arbeitsverhältnis länger als vier Wochen und erkrankt der ArbN in den ersten vier Wochen, hat er Anspruch auf Entgeltfortzahlung erst ab dem ersten Tag der 5. Woche für dann maximal sechs Wochen (BAG 26.5.99 – 5 AZR 338/98, ArbuR 99, 445; ErfK/*Dörner* § 3 EFZG Rz 33). Besteht zwischen einem beendeten und einem neu begründeten Arbeitsverhältnis zu demselben ArbGeb ein enger zeitlicher und sachlicher Zusammenhang, beginnt die Wartezeit nicht erneut (BAG 22.8.01 – 5 AZR 699/99, NZA 02, 610; für Ausbildungsverhältnis und anschließendes Arbeitsverhältnis BAG 20.8.03 – 5 AZR 436/02).

16 **7. Anspruchsdauer.** Die Entgeltfortzahlung wird für die Dauer der Erkrankung vom ersten Krankheitstag an, maximal für **sechs Wochen** geleistet. Ist eine Freistellung vereinbart, bleibt es bei der Anspruchsdauer von sechs Wochen; soll die Freistellungsvereinbarung einen Entgeltanspruch über die gesetzlichen, tarifvertraglichen oder arbeitsvertraglichen Voraussetzungen hinaus begründen, bedarf dies einer besonderen Regelung (BAG 23.1.08 – 5 AZR 393/07). Dauert die Erkrankung länger als sechs Wochen, zahlt ab der siebten Krankheitswoche die Krankenkasse **Krankengeld.** Die maximale Leistungsdauer von sechs Wochen verlängert sich nicht dadurch, dass in die Sechswochenfrist Schlechtwetterperioden, Arbeitskämpfe oder sonstige Ausfallzeiten fallen, für die dem ArbN keine Lohnfortzahlung zusteht. Erkrankt der ArbN während des ruhenden Arbeitsverhältnisses (zB während der Elternzeit, beginnt die Sechs-Wochenfrist nicht mit der Erkrankung, sondern erst mit der tatsächlichen Verhinderung an der Arbeitsleistung infolge Krankheit (BAG 29.9.04 – 5 AZR 558/03, NZA 05, 225).

Die Anspruchsdauer kann durch Tarifvertrag oder Betriebsvereinbarung verlängert werden, eine Verschlechterung aufgrund einer nachfolgenden Vereinbarung derselben Rechtsqualität ist bis zum gesetzlichen Mindeststandard möglich (BAG 15.11.2000 – 5 AZR 310/99, NZA 01, 900). Wird in einem Vergleich die unwiderrufliche Freistellung von der Arbeit unter Fortzahlung der Vergütung vereinbart, liegt darin nicht eine vertragliche Verlängerung des Sechs-Wochen-Zeitraums (BAG 29.9.04 – 5 AZR 99/04, NZA 05, 104).

17 Verstößt der ArbN gegen die **Pflicht zum heilungsfördernden Verhalten** (s hierzu LAG Hamm 28.8.91, BB 92, 279), besteht der Entgeltfortzahlungsanspruch nicht für den gesamten Arbeitsunfähigkeitszeitraum, sondern nur für die Zeit, die die Krankheit bei pflichtgemäßem Verhalten gedauert hätte. Andererseits wird die Dauer des Entgeltfortzahlungszeitraumes nicht dadurch beeinträchtigt, dass der ArbGeb das Arbeitsverhältnis zu einem Zeitpunkt vor Ablauf der Arbeitsunfähigkeit aus **Anlass der Arbeitsunfähigkeit kündigt**

(§ 8 EFZG). Sinn dieser Regelung ist es, den ArbGeb daran zu hindern, sich durch die Kündigung der Entgeltfortzahlungspflicht zu entziehen. Eine **Anlasskündigung** liegt dann vor, wenn sich die Arbeitsunfähigkeit als eine die Kündigung wesentlich mitbestimmende Bedingung erweist und wird vermutet, wenn der ArbGeb in nahem zeitlichen Zusammenhang mit einer ihm bekannten eingetretenen oder bevorstehenden (zB mitgeteilter Operationstermin) Arbeitsunfähigkeit kündigt (BAG 17.4.02 – 5 AZR 2/01, NZA 02, 899). Der ArbGeb muss diese Vermutung entkräften, indem er darlegt und beweist, dass andere Gründe seinen Kündigungsentschluss bestimmt haben (BAG 5.2.98 – 2 AZR 270/97, NZA 98, 644).

8. Mehrfache Erkrankung. Treten nacheinander mehrere jeweils neue Erkrankungen auf, liegen **wiederholte Erkrankungen** vor, mit der Folge, dass für jede Erkrankung der Entgeltfortzahlungszeitraum von maximal sechs Wochen neu beginnt. Anders ist es, wenn die zweite Erkrankung eintritt, während der ArbN noch aufgrund der ersten Erkrankung arbeitsunfähig ist. Dann beschränkt sich der Entgeltfortzahlungszeitraum auf einmalig sechs Wochen (Einheit des Verhinderungsfalls; BAG 14.9.83, DB 83, 2783). Für eine zweite Bezugsdauer soll es nach problematischer Rspr des BAG nicht erforderlich sein, dass der ArbN zwischen der ersten und zweiten Erkrankung gearbeitet hat; es soll ausreichen, wenn der ArbN für wenige, in der Freizeit liegende Stunden arbeitsfähig gewesen ist (BAG 12.7.89 – 5 AZR 377/88, NZA 89, 927). Ein missglückter Arbeitsversuch führt jedoch nicht zu einem Neubeginn der Entgeltfortzahlungsdauer von sechs Wochen (BAG 1.6.83, DB 83, 2203).

Liegt eine **Fortsetzungserkrankung** vor, also eine Erkrankung, die auf demselben Grundleiden beruht, so entsteht nach § 3 Abs 1 Nrn 1 und 2 EFZG einheitlich für alle ArbN der **Anspruch für weitere sechs Wochen,** wenn der ArbN vor der erneuten Arbeitsunfähigkeit mindestens sechs Monate nicht wegen derselben Krankheit arbeitsunfähig war oder seit Beginn der ersten Arbeitsunfähigkeit infolge derselben Krankheit eine Frist von zwölf Monaten abgelaufen ist und er nach dieser Frist *erneut* arbeitsunfähig wird (BAG 14.3.07 – 5 AZR 514/06, DB 07, 1360). Bei der Berechnung sind auch solche Arbeitsunfähigkeiten als Teil der Fortsetzungserkrankung mitzuzählen, in denen gleichzeitig noch eine andere als die Fortsetzungserkrankung bestand (BAG 2.2.94, DB 94, 1039). Diese Grundsätze gelten auch bei Zusammentreffen von Arbeitsunfähigkeit und einer auf derselben Krankheit beruhenden Kur. Dabei ist der SozVTräger gegenüber dem ArbGeb nicht verpflichtet, für einen Beginn der Kur binnen sechs Monaten nach dem Ende der früheren Erkrankung zu sorgen, um einen erneuten Entgeltfortzahlungsanspruch unter dem Gesichtspunkt der Wiederholungserkrankung zu Lasten des ArbGeb zu vermeiden (BAG 18.1.95, BB 95, 729). Der ArbN muss im Streitfall den Arzt von der Schweigepflicht entbinden und die Tatsachen dafür vortragen, dass keine Fortsetzungserkrankung vorliegt (BAG 13.7.05 – 5 AZR 389/04, DB 05, 2359).

9. Kleinbetriebe. Für solche mit nicht mehr als 20 ArbN bestand nach dem bis 31.12.2005 fortgeltenden §§ 10, 14 LFZG ein **Erstattungs- und Umlageverfahren.** Ab 1.1.2006 ist an die Stelle des LFZG das Gesetz über den Ausgleich von ArbGebAufwendungen – **Arbeitgeberaufwendungsgesetz (AAG)** getreten (BGBl I 05, 3686). Das Umlage- und Erstattungsverfahren ist auf Betriebe bis zu **30 Arbeitnehmern** erweitert, zugleich sind die Angestellten in das Verfahren einbezogen worden. Dadurch ist der Anwendungsbereich des Umlageverfahrens ganz erheblich ausgeweitet worden. Zudem werden getrennte Umlagen für die Aufwendungen für **Krankheit** und **Mutterschaft** erhoben.

10. Fälligkeit und Unabdingbarkeit. Der Entgeltfortzahlungsanspruch ist wie der normale Vergütungsanspruch fällig. der ArbGeb kann jedoch die Leistung vorläufig gem § 7 EFZG verweigern, wenn der ArbN seinen Mitwirkungspflichten nicht nachkommt, insbesondere die ärztliche *Arbeitsunfähigkeitsbescheinigung* nicht vorlegt oder den *Forderungsübergang bei Dritthaftung* verhindert (§ 6 EFZG) oder bei Auslandserkrankung entgegen § 5 Abs 2 EFZG die Urlaubsadresse nicht mitteilt (BAG 19.2.97 – 5 AZR 747/93, NZA 97, 705). Zu beachten ist, dass es sich dabei nur um ein vorläufiges Leistungsverweigerungsrecht handelt. Holt der ArbN die zunächst unterlassene Mitwirkungspflicht nach, muss die Entgeltfortzahlung nachgeleistet werden. Anders ist es, wenn der Beweiswert der nachträglich eingereichten Arbeitsunfähigkeitsbescheinigung aus anderen Gründen erschüttert ist (s *Arbeitsunfähigkeitsbescheini-*

162   Entgeltfortzahlung

gung Rz 8 ff – zB Skiurlaub während der Arbeitsunfähigkeit, BAG 2.3.06 – 2 AZR 53/05, DB 06, 2183). Zahlt der ArbGeb trotz bestehender Verpflichtung nicht, tritt die Krankenkasse mit *Krankengeld* in Vorlage und wird dies vom ArbGeb zurückfordern.

22   Die Entgeltfortzahlungsansprüche sind **unabdingbar.** Arbeitszeitmodelle, die im Krankheitsfall eine nicht ausreichende Gutschrift auf das Arbeitszeitkonto (BAG 13.2.02 – 5 AZR 470/00, NZA 02, 683) oder eine teilweise Verpflichtung zur Nacharbeit (BAG 26.9.01 – 5 AZR 539/00, NZA 02, 387) vorsehen, sind unwirksam. Die Höhe des fortzahlenden Entgelts ist allerdings **tariflich** abweichend regelbar (*Müller-Glöge* RdA 06, 112). Nach § 4 Abs 4 EFZG ergreift die **Tarifdispositivität** die Bemessungsgrundlage, setzt aber eine eindeutige und klare tarifliche Regelung voraus (BAG 20.1.10 – 5 AZR 53/09, NZA 10, 455) Im Tarifvertrag kann daher zB bestimmt werden, dass bestimmte Vergütungsbestandteile, etwa Leistungsprämien oder Nachtarbeitszuschläge (BAG 13.3.02 – 5 AZR 648/00, NZA 02, 744) bei der Berechnung nicht berücksichtigt werden. Ein nachträglicher Verzicht des ArbN in einer Ausgleichsquittung ist nur in sehr engen Grenzen möglich (Näheres: *Ausgleichsquittung* Rz 1 ff). Zur Regelung in einem Vergleich s *Vergleich* Rz 1–11. Entgeltfortzahlungsansprüche können aber einer zwischen den Parteien geltenden *Ausschlussfrist* (BAG 16.1.02 – 5 AZR 430/00, ArbuR 02, 156) unterfallen. Hat ein Dritter die Arbeitsunfähigkeit verursacht, kann der ArbGeb bei diesem Regress nehmen gem § 6 EFZG (s *Forderungsübergang bei Dritthaftung*).

Zu Unrecht geleistete *Entgeltfortzahlung* ist **zurückzuerstatten.** Dabei sind die Gerichte in gleichem Umfang wie der ArbGeb an eine ärztliche *Arbeitsunfähigkeitsbescheinigung* gebunden. Dies gilt auch bei der Rückforderung von *Entgeltfortzahlung,* die aus Sicht des ArbGeb zu Unrecht geleistet worden ist, weil der ArbN tatsächlich nicht arbeitsunfähig war (BAG 11.10.06 – 5 AZR 755/05, DB 07, 1313).

23   **III. Voraussetzungen und Umfang der Vergütungsfortzahlung an Feiertagen. 1. Ausfall der Arbeit infolge eines Feiertages.** Nach § 2 Abs 1 EFZG (früher § 1 des Gesetzes zur Regelung der Lohnzahlung an Feiertagen) muss die Arbeit **infolge eines gesetzlichen Feiertages** ausfallen. Betroffen sind lediglich die in den Feiertagsgesetzen der Länder geregelten gesetzlichen Feiertage, **nicht** hingegen **kirchliche Feiertage** oder Brauchtumstage. Der 24.12. ist kein gesetzlicher Feiertag (BAG 30.5.84, DB 84, 2357). Die Regelung gilt für alle ArbN, auch für TeilzeitArbN und **geringfügig Beschäftigte.** Der Vergütungsfortzahlungsanspruch setzt voraus, dass der Feiertag die Ursache für den Arbeitsausfall ist. Es ist also jeweils zu prüfen, ob der ArbN, wenn kein Feiertag gewesen wäre, gearbeitet hätte. So besteht kein Anspruch, wenn der ArbN an dem Feiertag seinen turnusmäßig freien Tag hatte, oder nach dem Schicht- oder Dienstplan nicht zu arbeiten hatte (BAG 24.1.01 – 4 AZR 538/99, NZA 01, 1026). Eine Ausnahme ist dann zu machen, wenn der Dienst- oder Schichtplan gerade wegen des Feiertages geändert worden ist. Nur wenn sich die Arbeitsbefreiung aus einem von der Feiertagsruhe unabhängigen Schema ergibt, entfällt der Anspruch (BAG 9.10.96, NZA 97, 444). Bei Arbeit auf Abruf muss der ArbN darlegen, dass seine Arbeitskraft ohne Feiertag mit hoher Wahrscheinlichkeit abgerufen worden wäre (BAG 24.10.01 – 5 AZR 245/00, ArbuR 02, 197). Die **Arbeit muss nicht unbedingt am Feiertag selbst ausfallen,** es genügt, wenn sie infolge des Feiertags entfällt. Die Voraussetzung ist daher auch erfüllt, wenn eine in den Feiertag hereinragende oder aus ihm herausragende Schicht ausfällt (BAG 17.5.73, BB 73, 1260).

24   Wegen eines Feiertages fällt daher auch eine Schicht aus, die planmäßig am Sonntag vorgesehen ist, weil am Montag ein Feiertag ist (LAG München 11.4.91, DB 91, 2193). Für Zeitungszusteller fällt die Arbeit feiertagsbedingt aus, wenn wegen eines Feiertages keine Zeitung produziert wird und deshalb an dem auf den Feiertag folgenden Werktag nicht ausgetragen werden muss. An dem Ursachenzusammenhang fehlt es, wenn die Arbeit aufgrund eines **vom Arbeitnehmer gewünschten unbezahlten Urlaubs** ausfällt. Geht die Vereinbarung über die Gewährung unbezahlten Urlaubs auf den Wunsch oder das Interesse des ArbGeb zurück, müssen die in den unbezahlten Urlaub fallenden Feiertage bezahlt werden (BAG 6.4.82, DB 82, 1676).

25   Eine ausdrückliche Ausnahme vom Ursächlichkeitsprinzip macht § 2 Abs 2 EFZG für die **Kurzarbeit.** Danach hat der ArbN, wenn an einem Feiertag die Arbeit infolge Kurzarbeit ausfällt, Anspruch auf die Feiertagsvergütung. Ist der ArbN an einem Feiertag **arbeitsunfä-**

hig krank, ist der gesetzliche Feiertag gem § 4 Abs 2 EFZG iHd Feiertagsentgeltfortzahlung zu bezahlen, wenn der Feiertag noch in die Lohnfortzahlungsperiode fällt. Anerkannt ist ferner, dass Feiertage, die in einen **bezahlten Erholungsurlaub** fallen, zu vergüten sind (BAG 31.5.88 – 1 AZR 200/87, NZA 88, 887). Wird die infolge des Feiertages ausfallende Arbeit **vor- oder nachgeholt,** ändert dies an dem Feiertagslohnanspruch nichts, die vor- oder nachgeholte Arbeitszeit ist **zusätzlich** zu vergüten (BAG 25.6.85, DB 85, 2694).

2. Kein unentschuldigtes Fernbleiben. Nach § 2 Abs 3 EFZG entfällt der Anspruch auf die Feiertagsbezahlung, wenn der ArbN am letzten Arbeitstag vor oder am ersten Arbeitstag nach dem Feiertag unentschuldigt fehlt. Unentschuldigtes Fehlen liegt immer dann vor, wenn das Fernbleiben **objektiv pflichtwidrig** war. Darauf, ob der ArbN sein Fehlen hinterher entschuldigt, oder ob der ArbN ohne eigenes Verschulden objektiv pflichtwidrig gefehlt hat, kommt es nicht an (*Matthes* Lohnzahlung ohne Arbeit Rz 287). Auch ein Teilarbeitsversäumnis von mehr als der Hälfte der täglichen Arbeitszeit schließt den Anspruch aus (BAG 28.10.66, BB 67, 209). Entscheidend ist der letzte individuelle Arbeitstag des ArbN vor oder nach dem Feiertag, nicht der erste generelle Arbeitstag im Betrieb vor oder nach dem Feiertag.

3. Höhe der Feiertagsvergütung. Für die Berechnung der Feiertagsvergütung ist das **Lohnausfallprinzip** maßgebend. Der ArbN hat die Vergütung zu beanspruchen, die er bekommen hätte, wenn die Arbeit feiertagsbedingt nicht ausgefallen wäre. Bei festen Wochen- oder Monatsbezügen erhält der ArbN die Feiertagsvergütung dadurch, dass die Bezüge ungekürzt durchgezahlt werden. Für gewerbliche ArbN, die im Stundenlohn beschäftigt sind, müssen die infolge des Feiertages ausgefallenen Arbeitsstunden mit dem regulären Stundenlohn in Ansatz gebracht werden. Wären am Feiertag **Überstunden** angefallen, wofür der ArbN die Darlegungs- und Beweislast trägt, sind diese **einschließlich etwaiger Zuschläge hinzuzurechnen** (BAG 18.3.92, DB 92, 1939).

Bei leistungsabhängigen Vergütungsbestandteilen (Akkord, Prämie, Provision etc) ist die ausgefallene Vergütung anhand der Durchschnittswerte der Vergangenheit zu schätzen, wobei sich als Zeitrahmen die Parallele zu § 11 BUrlG anbietet, der auf die letzten 13 Wochen abstellt.

Wie bei der Entgeltfortzahlung im Krankheitsfall sind Vergütungszuschläge fortzuzahlen, soweit sie nicht einen besonderen Aufwand abdecken, der bei Nichtarbeit nicht anfällt (§ 4 Abs 1 Satz 2 EFZG, früher § 2 LFZG; Beispiel: Fahrtkostenzuschuss, Schmutzzulage). Fällt auf den Feiertag **Kurzarbeit,** ist Feiertagsvergütung in Höhe des Kurzarbeitergeldes zu zahlen. Der ArbGeb muss insoweit die gesamten SozVBeiträge übernehmen, nicht jedoch die anfallende LSt (BAG 8.5.84, NZA 85, 62).

Der Anspruch auf Freizeitausgleich wegen Vorfeiertagsarbeit und schichtplanfreien Wochenfeiertagen kann in einem Jahresarbeitszeitkonto durch entsprechende Verringerung der geschuldeten Grundarbeitszeitstunden erfüllt werden (BAG 11.2.09 – 5 AZR 341/08).

4. Feiertagsvergütung im Arbeitskampf. S dazu *Arbeitskampf (Vergütung)* Rz 18.

5. Fälligkeit und Unabdingbarkeit. Die Fälligkeit der Feiertagsvergütung folgt der des Entgelts, das der ArbN erhalten hätte, wenn er an dem gesetzlichen Feiertag gearbeitet hätte. Die Fälligkeit tritt daher zu dem üblichen Fälligkeitszeitpunkt für die Entgeltzahlung ein. Die Feiertagsvergütung ist weder nach Grund noch nach Höhe **abdingbar** (§ 12 EFZG). Unzulässig ist es daher Vor- oder Nacharbeit zu verlangen oder das Arbeitszeitkonto negativ zu belasten (BAG 14.8.02 – 5 AZR 417/01, NZA 03, 232). Eine Pauschalierung durch Tarifvertrag hält das BAG, soweit es um die Bemessung des im Gesetz nicht geregelten regelmäßigen Entgelts, zB die Bemessung der anfallenden Überstunden, geht, für zulässig (BAG 18.3.92, DB 92, 1939).

Dem ArbN ist zu empfehlen, keine Verzichtserklärungen zu unterschreiben, in denen durch einen Tatsachenvergleich anerkannt wird, dass Anspruchsvoraussetzungen nicht gegeben sind, etwa dergestalt, dass ein grobes Verschulden vorgelegen oder eine anspruchsausschließende Fortsetzungserkrankung bestanden habe.

B. Lohnsteuerrecht *Windsheimer*

1. An Feiertagen (§ 2 EFZG). Das für den Arbeitsausfall an Feiertagen gezahlte Arbeitsentgelt unterliegt nach allgemeinen Grundsätzen der LSt. Wird kein Arbeitsentgelt gezahlt

162 Entgeltfortzahlung

(zB nach § 2 Abs 3 EFZG; s Rz 26), ist auch lohnsteuerlich insoweit nichts veranlasst. Zur lohnsteuerlichen Behandlung der Zuschläge für an Feiertagen tatsächlich geleistete Arbeit s *Sonn- und Feiertagsarbeit* Rz 17 ff.

42 **2. Im Krankheitsfall** (§§ 3 ff EFZG). Die Entgeltfortzahlung im Krankheitsfall ist Abgrenzungskriterium für die Frage der nichtselbständigen Tätigkeit (BFH 2.3.05 – VI B 161/04, BFH/NV 05, 1088; s *Arbeitnehmer (Begriff)* Rz 38). Solange der ArbGeb den Lohn nach den einschlägigen Bestimmungen fortzahlt (§§ 3, 4 EFZG), aber auch wenn er ohne rechtliche Verpflichtung bzw unter dem Vorbehalt der Rückzahlung den Lohn fortzahlt, gelten die allgemeinen Regelungen über den LStAbzug (s *Krankengeld* Rz 6). Entscheidend ist der Lohnzufluss und dessen Höhe beim ArbN (s *Lohnzufluss* Rz 2). Verweigert der ArbGeb die Lohnfortzahlung (§ 7 EFZG), ist mangels Lohnzufluss beim ArbN steuerlich nichts veranlasst. Zu Aufwendungen zwecks Erlangung der Entgeltfortzahlung s *Rechtsanwaltskosten* Rz 22. Wird der Lohn teilweise gezahlt bzw der **Lohn gekürzt,** ist die Teilzahlung bzw der gekürzte Lohn Bemessungsgrundlage für die LSt. Bezieht der ArbN Lohnersatzleistungen, also insbesondere Krankengeld oÄ, richtet sich die Besteuerung nach diesen Regelungen (s *Krankengeld* Rz 6; *Lohnersatzleistungen* Rz 6). Für Leistungen anlässlich **Kur** und Schonungszeiten (§ 9 EFZG) gilt das Ausgeführte entsprechend. Zur steuerlichen Behandlung von Zuschüssen des ArbGeb zur Kranken- und PflegeV eines nicht versicherungspflichtigen ArbN bei fortgezahltem Arbeitsentgelt im Krankheitsfall s R 3.62 Abs 2 Nr 2 LStR; FG Köln 15.12.05 – 10 K 2143/04, EFG 06, 953. Gehaltsfortzahlungen an einen im Ausland wohnhaften, erkrankten ArbN gehören zu dessen inländischen Einkünften (FG Düsseldorf 3.6.05 – 8 K 3649/02 E, EFG 05, 1360; s auch *Ausländer* Rz 42). Zum Krankengeld bei Auslandstätigkeit *Krankengeld* Rz 6. Zurückzuzahlende Entgeltfortzahlung ist erst im Jahr der Rückzahlung steuermindernd zu berücksichtigen (BFH 4.5.06 – VI R 19/03, DStRE 06, 909). Zum Krankentagegeld eines Grenzgängers in die Schweiz s *Grenzgänger* Rz 23. Bei einem **Wiedereingliederungsverhältnis** (§ 84 Abs 2 SGB IX) besteht kein Vergütungsanspruch, so dass lohnsteuerlich nichts veranlasst ist. Vereinbaren ArbGeb und ArbN dennoch eine Vergütung, so ist diese wohl steuerfrei (§ 3 Nr 2, 2b EStG), solange bei der Vergütung der Gedanke der Rehabilitation und nicht der der Erfüllung vertraglicher Arbeitspflichten im Vordergrund steht.

43 **3. Zur Arbeitsplatzsuche** (§ 629 BGB). Wird das Arbeitsentgelt aufgrund gesetzlicher Verpflichtung (§ 616 BGB) oder freiwillig fortgezahlt, gelten für den LStAbzug keine Besonderheiten. Die LStPflicht entfällt mit Einstellung der Entgeltzahlung.

44 **4. Im Todesfall** s *Sterbegeld* Rz 4 ff.

45 **5. Andere Fälle** s *Freistellung von der Arbeit* Rz 33.

C. Sozialversicherungsrecht *Ruppelt*

51 **1. Ruhen des Krankengeldanspruches.** Der Anspruch auf *Krankengeld* ruht, soweit und solange Versicherte **beitragspflichtiges Arbeitsentgelt oder Arbeitseinkommen** erhalten (§ 49 Abs 1 Nr 1 SGB V). Damit wird eine doppelte wirtschaftliche Absicherung im Krankheitsfalle vermieden.

52 Bei der Vergütungsfortzahlung im Krankheitsfall nach arbeitsrechtlichen Vorschriften handelt es sich um **beitragspflichtiges Arbeitsentgelt,** so dass für den Fortzahlungszeitraum Krankengeld vom KVTräger nicht beansprucht werden kann. Dies ist die zentrale Fallgestaltung des § 49 Abs 1 Nr 1 SGB V, da sowohl die Entgeltfortzahlung im Krankheitsfall als auch das Krankengeld grds die *Arbeitsunfähigkeit* des ArbN voraussetzen. Der Anspruch auf Krankengeld ruht trotz Anspruchs auf Entgeltfortzahlung **nicht,** wenn der ArbN **tatsächlich keine oder zu geringe Leistungen** vom ArbGeb erhält; maßgebend ist der tatsächliche Bezug des Arbeitsentgelts. Nur wenn der ArbN durch eine schuldhafte Verletzung einer sozialversicherungsrechtlichen Nebenpflicht (Fristversäumung, Verzicht auf Entgeltfortzahlung in einer Ausgleichsquittung) die Vergütungsfortzahlung verhindert, erhält er weder Vergütungsfortzahlung noch Krankengeld.

53 Der ArbN hat Anspruch auf das ihm bei regelmäßiger Arbeitszeit zustehende Arbeitsentgelt (also ohne Überstunden- oder Mehrarbeitsvergütung) in **voller Höhe** (§ 4 Abs 1 EFZG). Zu Einzelheiten vgl oben Rz 11.

Der Anspruch auf Entgeltfortzahlung entsteht erst nach **vierwöchiger ununterbroche-** 54
ner Dauer (s Rz 15) des Arbeitsverhältnisses (§ 3 Abs 3 EFZG). Erfüllt der ArbN die
Wartezeit des § 3 Abs 3 EFZG nicht, hat er bei *Arbeitsunfähigkeit* Anspruch auf *Krankengeld*
bzw bei arbeitsunfallbedingter *Arbeitsunfähigkeit* Anspruch auf Verletztengeld. Entgeltfortzahlung wird grds für eine Dauer von höchstens sechs Wochen gewährt (s oben Rz 16 ff).
Besteht die AU über diesen Zeitraum hinaus fort, hat der ArbN Anspruch auf *Krankengeld*
bzw bei AU nach einem *Arbeitsunfall* auf Verletztengeld.

2. Erstattungsanspruch. Soweit der ArbGeb den Anspruch des ArbN auf Vergütungs- 55
fortzahlung nicht erfüllt und der KVTräger deshalb Sozialleistungen erbracht hat, geht der
Anspruch des ArbN gegen den ArbGeb auf den KVTräger bis zur Höhe der erbrachten
Leistung über. Der Übergang wird nicht dadurch ausgeschlossen, dass der Anspruch nicht
übertragen, verpfändet oder gepfändet werden kann (§ 115 Abs 1 und 2 SGB X). Anstelle
des Anspruchs auf Sachbezüge tritt der Wert der Sachbezüge (Abs 3). Auch gegenüber
einem auf den KVTräger übergangenen Anspruch des ArbN auf Vergütungsfortzahlung
kann der ArbGeb mit eigenen Ansprüchen aufrechnen, jedoch sind auch dabei die Pfändungsfreigrenzen zu beachten. Hinsichtlich der übergangenen Ansprüche ist der Rechtsweg
zu den ArbG gegeben, da es sich um – übergeleitete – Ansprüche aus Arbeitsvertrag
handelt.

3. Verletztengeld. Das Verletztengeld (s *Unfallversicherung* Rz 41) entspricht nach Leis- 56
tungsgrund und -zweck dem Krankengeld aus der gesetzlichen KV. Der Verletztengeld-
anspruch entsteht mit der Arbeitsunfähigkeit des Verletzten. Auf das Verletztengeld wird
gleichzeitig erzieltes Arbeitsentgelt – also auch die Entgeltfortzahlung – angerechnet. Bei
ArbN wird das Arbeitsentgelt nur insoweit angerechnet, als es um die gesetzlichen Abzüge
vermindert ist (§ 52 Nr 1 SGB VII).

4. Ausgleichsverfahren. Die ArbGebAufwendungen zur Entgeltfortzahlung werden 57
bei Kleinbetrieben durch die Entgeltfortzahlungsversicherung der Krankenkassen zu grds
80 vH erstattet. Das Ausgleichs- und Erstattungsverfahren ist im AAG geregelt. Am
Ausgleichsverfahren der Entgeltfortzahlung im Krankheitsfall (U 1) nehmen alle ArbGeb
teil, die **regelmäßig nicht mehr als 30 ArbN** beschäftigten. Eine Heraufsetzung dieser
Zahl durch Satzung ist nicht möglich. Auch die Entgeltfortzahlung im **Krankheitsfall
der Angestellten** ist versichert, und die Ersatz- und Betriebskrankenkassen (nicht jedoch
die landwirtschaftlichen Krankenkassen) sind in das Ausgleichsverfahren einbezogen. **Zuständige Ausgleichskasse** ist nach § 2 Abs 1 Satz 1 AAG die Krankenkasse, bei der der
jeweilige ArbN versichert ist. Übertragung der Zuständigkeit ist möglich. Die Zuständigkeit gilt sowohl für das Feststellungs- als auch für das Erstattungsverfahren. Für geringfügig Beschäftigte ist immer die Deutsche Rentenversicherung Knappschaft-Bahn-See
zuständig.

Erstattungsfähig zu 80 vH sind nach § 1 Abs 1 AAG das vom ArbGeb nach § 3 und 58
§ 9 Abs 1 EFZG weitergezahlte Entgelt im Krankheitsfall und die darauf entfallenden
ArbGebAnteile zur Kranken-, Renten- und Pflegeversicherung und zur ArblV. Darüber
hinaus sind zu 80 vH erstattungsfähig der ArbGebAnteil zu einem berufständischen Versorgungswerk nach Maßgabe des § 172 Abs 2 SGB VI und die Beitragszuschüsse nach § 257
SGB V und § 61 SGB XI für freiwillige Mitglieder der gesetzlichen KV und privat Pflege-
versicherte. Nach § 9 Abs 2 Nr 1 AAG kann **die Satzung** der Krankenkasse anstelle der
gesetzlich vorgesehenen Erstattung von 80 vH **geringere Werte** vorsehen, die 40 vH nicht
unterschreiten, was sich auf die Höhe des Umlagesatzes auswirkt (zur Grenze von 40 vH:
BSG 13.12.11 – B 1 KR 3/11 R, Breithaupt 2012, 601 mit Anm *Meyerhoff* jurisPR-SozR
17/2012). Die Mittel zur Durchführung des Ausgleichs werden kostendeckend nach dem
vermutlich entstehenden Bedarf durch eine Umlage der am Ausgleichsverfahren beteiligten
ArbGeb aufgebracht. Weitere Einzelheiten des Ausgleichsverfahrens sind dargestellt bei *Kleinbetrieb* Rz 17 ff.

5. Vorlage Arbeitsunfähigkeitsbescheinigung. Nach § 5 Abs 1 Satz 2 EFZG ist der 59
Beschäftigte grds erst nach dem Dritten Kalendertag der Arbeitsunfähigkeit verpflichtet, eine
Arbeitsunfähigkeitsbescheinigung vorzulegen. Eine Erstattung im Ausgleichsverfahren kann
der ArbGeb jedoch grds nur gegen Vorlage der Arbeitsunfähigkeitsbescheinigung erhalten;
daher kann er auch in diesem Fall verlangen, dass der ArbN bereits vom ersten Tag an die

163 Entgeltnachzahlung

Arbeitsunfähigkeit nachweist (§ 5 Abs 1 Satz 3 EFZG). Zu Zweifeln an der Arbeitsunfähigkeit s *Arbeitsunfähigkeitsbescheinigung* Rz 23.

60 **6. Entgeltzahlung an Feiertagen.** Die Feiertagsvergütung ist sozialversicherungsrechtlich/beitragsrechtlich reguläres Arbeitsentgelt. Sie ist deshalb bei der Berechnung der Höhe der Entgeltfortzahlung in vollem Umfang zu berücksichtigen. Zur Berücksichtigung von Feiertagszuschlägen s Rz 23 ff.

61 **7. Organspende.** Wegen Organspende arbeitsunfähige ArbN haben Anspruch auf Entgeltfortzahlung nach § 3a Abs 1 EFZG, wenn die Spende von Organen und Geweben nach §§ 8 und 8a TransplantationsG erfolgt. Nach Maßgabe von § 3a Abs 2 EFZG steht dem ArbGeb auf Antrag Erstattung des fortgezahlten Arbeitsentgelts und des ArbGebAnteils der SozVBeiträge sowie der betrieblichen Alters- und Hinterbliebenenversorgung gegen den Kostenträger des Organempfängers zu.

Entgeltnachzahlung

A. Arbeitsrecht
Griese

1 **1. Problemstellung.** Entgeltnachzahlungen führen arbeitsrechtlich zu Problemen, wenn durch sie höhere Abzüge vom Bruttolohn des ArbN hervorgerufen werden. Hinsichtlich der SozVBeiträge entstehen diese Probleme regelmäßig nicht, da diese prozentual vom Bruttoeinkommen berechnet werden und **linear** mit steigendem Bruttoeinkommen steigen. Probleme können hier lediglich bei gesetzlichen Änderungen der Beitragssätze von einem auf das andere Kj entstehen. Zu Problemen kann eine Entgeltnachzahlung jedoch vor allem beim Abzug der LSt führen, da im Steuerrecht das **Zuflussprinzip** gilt. Für den Steuerabzug ist der Zuflusszeitpunkt maßgebend, so dass aufgrund des progressiv **gestaffelten** Steuertarifs ein höherer Steuerabzug anfällt, wenn das Entgelt nicht bei Fälligkeit, sondern erst in einer folgenden Gehaltsperiode **im folgenden Kalenderjahr ausgezahlt wird.** Ein Schaden kann auch dadurch entstehen, dass durch die Auszahlung erst im nachfolgenden Kalenderjahr eine zusätzliche Steuerbelastung durch eine neu eingeführte oder erhöhte Steuer (zB Solidaritätszuschlag) entsteht.

2 **2. Zusätzliche Ansprüche des Arbeitnehmers bei Entgeltnachzahlung.** Für einen aus verspäteter Zahlung resultierenden höheren Steuerabzug kann der ArbN den ArbGeb nach § 280 Abs 2 iVm § 286 BGB nur in Anspruch nehmen, wenn der ArbGeb trotz Fälligkeit zunächst nicht zahlt und später die Entgeltnachzahlung leistet. Handelt es sich hingegen um Entgeltnachzahlungen, die erst später fällig geworden sind, etwa rückwirkende Erhöhung der Vergütung, rückwirkende Tariferhöhung oder vertragliche Festlegung, dass bestimmte Vergütungsteile (zB Prämien) erst später berechnet und fällig werden, muss der ArbN den höheren Steuerabzug hinnehmen.

Bei **Nichtzahlung trotz Fälligkeit und späterer Nachzahlung** hat der ArbN die Möglichkeit, diesen höheren Steuerabzug durch den vom ArbGeb durchzuführenden LStJahresausgleich bzw die **Antragsveranlagung** beim FA auszugleichen. Die Steuerabzüge erweisen sich insoweit nur als Vorschüsse auf den endgültig festzusetzenden Betrag der Jahreslohn- und -einkommensteuer. Es verbleibt dann nur der Zinsschaden, der durch die vorläufige Zuvielabführung der Steuern entsteht. Entsteht ein **endgültiger Steuerschaden,** kann dieser nach § 280 Abs 2 iVm § 286 BGB geltend gemacht werden (BAG 20.6.02 – 8 AZR 488/01, NZA 03, 268). Deshalb muss ein ArbGeb, der im Jahr 1990 bei nicht eindeutiger Rechtslage fristlos gekündigt hat und der 1993 – nach erfolgreicher Kündigungsschutzklage des ArbN – die Vergütung für drei Jahre nachzahlt, dem ArbN zusätzlich den Steuerschaden ersetzen, der sich aus der höheren Steuerprogression durch die Zahlung von drei Jahresverdiensten in einem Jahr ergibt (BAG 11.9.98 – 8 AZR 633/96: Steuerschaden von DM 22000; BAG 14.5.98 – 8 AZR 158/97, ArbuR 98, 376).

3 Der ArbN ist jedoch hierauf nicht beschränkt. Er kann stattdessen die **Nettovergütung** verlangen, die sich aus der Bruttovergütung ergeben hätte, wenn der ArbGeb bei Fälligkeit jeweils abgerechnet und bezahlt hätte. Eine hierauf gestützte **Nettogehaltsklage** ist zulässig, da der im Fälligkeitszeitpunkt bei korrekter Verfahrensweise vorzunehmende Steuer-

Entgeltnachzahlung 163

abzug ohne weiteres bestimmt werden kann (BAG 29.8.84, DB 84, 2708; aA *Berkowsky/ Drews* DB 85, 2099). Das BAG hat zu Recht darauf hingewiesen, dass der ArbN den Nettolohn so verlangen kann, wie ihn der ArbGeb bei Fälligkeit hätte auszahlen müssen. Der Anspruch ergibt sich somit aus § 286 BGB. Bei Arbeitsentgeltansprüchen handelt es sich um **kalenderbestimmte Leistungen** iSd § 286 Abs 2 Nr 1 BGB, so dass der ArbGeb in **Verzug** kommt, wenn er bei Fälligkeit nicht leistet. Zu dem auszugleichenden **Verzugsschaden** gehört es dann, den ArbN hinsichtlich der ihm zustehenden Nettovergütung so zu stellen, als sei jeweils bei Fälligkeit abgerechnet und bezahlt worden. Dabei ist von dem für den **Verzug** nach § 286 Abs 4 BGB notwendigen Verschulden regelmäßig auszugehen. An einem Verschulden des ArbG fehlt es aber bspw, wenn die Entgeltzahlung unterbleibt, weil der ArbN selbst sein Arbeitsverhältnis gekündigt hat und sich erst später herausstellt, dass der ArbN wegen einer die freie Willensbildung ausschließenden Störung der Geistestätigkeit geschäftsunfähig nach §§ 105, 104 Nr 2 BGB war (BAG 17.2.94, NJW 94, 2501).

Der Schuldner hat die Beweislast dafür, wenn er ausnahmsweise darlegen will, die Leistung 4 bei Fälligkeit sei infolge eines Umstandes unterblieben, den er nicht zu vertreten gehabt habe. Bedeutung erlangt dies insbesondere, wenn der ArbGeb zunächst nicht zahlt, weil er von der Wirksamkeit einer von ihm ausgesprochenen Kündigung ausgeht, die später gerichtlich für unwirksam erklärt wird, so dass der ArbGeb aufgrund des eingetretenen Annahmeverzugs (s *Annahmeverzug* Rz 14) die Vergütung nachzahlen muss.

Der ArbGeb kann sich zur Entschuldigung grds nicht darauf berufen, er habe auf die Wirksamkeit der Kündigung vertraut. Es entlastet ihn nur, wenn er einen **unverschuldeten Rechtsirrtum** geltend machen kann. Das setzt eine objektiv schwierige Rechtslage und eine sorgfältige Prüfung durch den ArbGeb voraus (BAG 13.6.02 – 2 AZR 391/01, NZA 03, 44). Der ArbGeb muss die Sach- und Rechtslage sorgfältig prüfen und erforderlichenfalls Rechtsrat eingeholt haben (MüKo/*Walchshöfer* § 285 BGB Rz 7 ff). Auf eine im Verfahren mit nur summarischer Prüfung ergangene gerichtliche Entscheidung darf sich der ArbGeb nicht verlassen (BAG 26.1.83, NJW 83, 2318), etwa nicht auf die Ablehnung eines im einstweiligen Verfügungsverfahren gestellten Weiterbeschäftigungsantrags. Muss der ArbGeb mit einer abweichenden Beurteilung des zuständigen Gerichts ernsthaft rechnen, kann er sich nicht mehr auf unverschuldeten Rechtsirrtum berufen.

3. Verzinsung der Entgeltnachzahlung. Zum Verzugsschaden gehört die Verzinsung 5 der Entgeltnachzahlung. Die Verzinsung beginnt mit dem Eintritt des Verzuges, also mangels Entschuldigungsgründen regelmäßig mit dem Ablauf des Kalendermonats, für den zu zahlen ist. Der gesetzliche Zinssatz beträgt **fünf** Prozentpunkte oberhalb des Basiszinssatzes (§ 247 BGB) gem § 288 Abs 1 BGB. § 288 Abs 2 BGB findet keine Anwendung (*Däubler* NZA 01, 1329), weil der Arbeitsvertrag als Verbrauchervertrag einzustufen ist (BAG 25.5.05 – 5 AZR 572/04, NZA 05, 1111). Der ArbN ist Verbraucher iSd § 13 BGB (BVerfG 23.11.06 – 1 BvR 1909/06, NZA 07, 85).

Ab **Rechtshängigkeit werden gem § 291 BGB Prozesszinsen** in derselben Höhe geschuldet, ohne dass es auf Verzug und damit Verschulden noch ankommt.

B. Lohnsteuerrecht *Seidel*

1. Laufenden Arbeitslohn stellen Lohnnachzahlungen dar, wenn sie sich ausschließlich 6 auf Lohnzahlungszeiträume beziehen, die im Kj der Zahlung enden. Dies gilt auch, wenn Arbeitslohn für Lohnzahlungszeiträume des abgelaufenen Kj innerhalb der ersten 3 Wochen des nachfolgenden Kj zufließt (LStR 39b.2 Abs 1 Nr 6 und 7). Die LSt ist bei der Zahlung einzubehalten (s auch *Lohnzufluss* Rz 2 und *Lohnsteuerberechnung* Rz 12–14). Für die Berechnung der LSt ist die Nachzahlung den Lohnzahlungszeiträumen zuzurechnen, für die sie geleistet wird (LStR 39b.5 Abs 4).

Beispiel: Der Monatslohn iHv 2000 € eines ArbN mit Steuerklasse III wird im Juni 2012 rückwirkend zum 1. 1. um 5 % erhöht. Die Nachzahlung für Januar bis Mai beträgt 500 € (5 × 100 €) und wird mit den Juni-Bezügen ausbezahlt. Die LSt von 2000 € beträgt 33,66 € und von 2100 € 48,33 €. Auf die anteilige Nachzahlung von monatlich 100 € entfallen 14,67 € (48,33 € – 33,66 €). Dieser Betrag ist mit der Zahl der Nachzahlungsmonate zu vervielfachen: Das ergibt eine LSt von 73,35 €

163   Entgeltnachzahlung

(14,67 € × 5). Der ArbGeb muss daher für Juni 121,68 € (48,33 € + 73,35 €) an LSt einbehalten. Hinzu kommen noch der SolZ und ggf die KiSt. Zur Bemessungsgrundlage s *Solidaritätszuschlag* Rz 5.

7 LStR 39b.5 Abs 4 Satz 2 lässt zu, dass Nachzahlungen als sonstige Bezüge behandelt werden, wenn nicht der ArbN eine Besteuerung als laufender Bezug verlangt. Wird eine Nachzahlung erst nach dem Ausscheiden des ArbN gezahlt und betrifft diese ausschließlich Lohnzahlungszeiträume, die im Kj der Zahlung enden, so kann (muss aber nicht) entsprechend dem dargestellten Beispiel verfahren werden, wenn der ArbN keinen Arbeitslohn von einem anderen ArbGeb bezieht; ansonsten erfolgt regelmäßig eine Besteuerung als sonstiger Bezug (*HMW*/Nachzahlung von Arbeitslohn Rz 3). Zu den Besonderheiten bei einem nachträglichen Zufluss von Arbeitslohn beim international mobilen Arbeitnehmer s *Neyer*, FR 07, 382.

8 **2. Sonstige Bezüge** stellen Lohnnachzahlungen dar, wenn sich der Gesamtbetrag oder ein Teilbetrag der Nachzahlung auf Lohnzahlungszeiträume bezieht, die in einem anderen Kj als dem der Zahlung enden oder später als 3 Wochen nach Ablauf des Kj für Lohnzahlungszeiträume des abgelaufenen Kj zufließen (LStR 39b.2 Abs 2 Nr 8). Erfolgt daher im oben dargestellten Beispiel die Gehaltszahlung rückwirkend zum 1.10. des Vorjahres, so darf keine Nacherhebung der LSt für die Lohnzahlungszeiträume ab 1.10. des Vorjahres und auch nicht ab 1.1. des Kj erfolgen, sondern die Nachzahlung iHv 800 € (8 × 100 €) ist als sonstiger Bezug im Jahr der Nachzahlung zu versteuern (*HMW*/Nachzahlung von Arbeitslohn Rz 4), außer die Nachzahlung für Oktober–Dezember erfolgt innerhalb von 3 Wochen und Ablauf des Kj (s oben Rz 6). Dies gilt auch bei Gehaltsnachzahlungen für frühere Jahre wegen unwirksamer Kündigung (BFH 22.7.93, BStBl II 93, 795; s auch unten Rz 9). Dabei sind die Besteuerungsmerkmale des Zuflussjahres zugrunde zu legen (BFH 29.5.98 – VI B 275/97, BFH/NV 98, 1477). Zur Besteuerung als sonstiger Bezug bei ausgeschiedenen ArbN s *Sonstige Bezüge* Rz 11.

9 **3.** Nachzahlungen für eine **mehrjährige Tätigkeit** (zB nach einer unwirksamen Kündigung; s FG Saarl 28.2.92, EFG 92, 610) führen gem § 34 Abs 1 und 2 Nr 4 EStG zu einer (Steuer-)**Tarifbegünstigung** (s *Außerordentliche Einkünfte* Rz 17–21). Der ArbGeb kann die (Steuer-)Tarifmäßigung bereits beim LStAbzug berücksichtigen (Näheres s *Sonstige Bezüge* Rz 10). Unter die Begünstigung fallen auch Nachzahlungen, die darauf beruhen, dass rückwirkende Tarifvereinbarungen getroffen oder Löhne mangels flüssiger Mittel früher nicht in voller Höhe ausgezahlt wurden. Lohnnachzahlungen aus dem Vorjahr gehören aber nicht schon deswegen zu den nach § 34 Abs 1 EStG begünstigten Einkünften, weil sie im Zuflussjahr mit laufenden Lohnzahlungen zusammentreffen. Darin liegt keine Entlohnung für einen längeren Zeitraum als ein Jahr (BFH 6.12.91, BFH/NV 92, 381). Eine Lohnnachzahlung ist **keine Entschädigung** iSd § 24 Nr 1a EStG und kann daher nicht zu einer Steuerermäßigung gem § 34 Abs 1 und 2 Nr 2 EStG führen (s auch *Außerordentliche Einkünfte* Rz 5–16).

C. Sozialversicherungsrecht   *Schlegel*

10 **1. Beitragsrecht.** Lohnnachzahlungen können darauf beruhen, dass der ArbGeb geschuldetes Arbeitsentgelt zum Fälligkeitstermin zunächst nicht zahlt, oder Arbeitsentgelt zwar erarbeitet, aber erst später berechnet und fällig wird. Möglich ist auch, dass sich eine Lohnnachzahlung aus einer rückwirkenden Lohnerhöhung ergibt.

11 **a) Nichtzahlung des Arbeitsentgelts bei Fälligkeit** lässt die Pflicht des ArbGeb unberührt, aus dem geschuldeten Arbeitsentgelt GesamtSozVBeiträge zu entrichten. Das im Steuerrecht maßgebliche Zuflussprinzip gilt insoweit aus sozialen Schutzerwägungen zugunsten des Beschäftigten nicht. Dies ergibt sich ua aus § 175 SGB III, wonach die Beitragspflicht für nicht gezahltes Arbeitsentgelt trotz Zahlung von Insolvenzgeld fortbesteht (BSG 26.11.85 – 12 RK 51/83, DB 86, 867; 26.10.82 – 12 RK 8/81, SozR 2200 § 393 Nr 9). Die Beiträge sind an den durch die Kassensatzung bestimmten Zahlungstagen zu entrichten (vgl § 23 SGB IV). Dies gilt selbst dann, wenn der ArbN vom ArbGeb das Arbeitsentgelt wegen einer tariflichen Ausschlussklausel nicht mehr verlangen kann (BSG 30.8.94 – 12 RK 59/92, SozR 3–2200 § 385 Nr 5; Einzelheiten s *Lohnzufluss* Rz 21).

b) Hinausgeschobene Fälligkeit. Laufend erarbeitetes, aber erst später fällig gewordenes und ausgezahltes Entgelt ist auch noch nachträglich auf die Zeit, in der es erarbeitet wurde, zu verteilen. Die Nachzahlung ist nicht als Einmalzahlung zur Beitragszahlung heranzuziehen (BSG 27.10.89 – 12 RK 9/88, SozR 2200 § 385 Nr 22; s *Lohnzufluss* Rz 23 ff). Wird zB eine Montagebeteiligung, die sich nach dem Baufortschritt in den einzelnen Abrechnungszeiträumen bemisst, erst nach Fertigstellung eines Bauabschnitts berechnet und in einer Summe für alle früheren Abrechnungszeiträume ausbezahlt, muss die Gesamtsumme auf die einzelnen zurückliegenden Entgeltabrechnungszeiträume verteilt werden. Entsprechendes gilt für Akkordspitzen, die erst später (zB nach Ablauf der Gewährleistungspflicht für ein Bauwerk) abgerechnet werden (vgl BSG 9.3.83 – 12 RK 28/83, NZA 85, 102; der hier beiläufig geäußerten Ansicht, die Beiträge würden erst fällig, wenn auch das Arbeitsentgelt arbeitsvertraglich fällig wird, ist nicht zuzustimmen; s *Sozialversicherungsbeiträge* Rz 24 ff). Anders verhält es sich, wenn ein leistungsbezogenes, vom Erreichen für das Geschäftsjahr vereinbarter Ziele abhängiges sog **variables Entgelt** während des Geschäftsjahrs zunächst in mehreren **Abschlagszahlungen** und erst nach Ablauf des Geschäftsjahrs, wenn die Höhe des Entgelts endgültig feststeht, in einer Endzahlung erbracht wird: hierbei handelt es sich sowohl bei den Abschlagszahlungen als auch bei der Schlusszahlung um Einmalzahlungen (BSG 3.6.09 – B 12 R 12/07 R, BSGE 103, 229).

c) Nachzahlungen aufgrund rückwirkender Tariferhöhungen führen ebenfalls zu einer nachträglichen Zuordnung der Nachzahlung auf diejenigen Monate, auf die die Nachzahlung im Tarifvertrag bzw Einzelarbeitsvertrag entfällt; derartige Nachzahlungen waren nach früherer Ansicht des BSG zur Rechtslage vor In-Kraft-Treten des § 385 Abs 1a RVO (dh die Zeit vor dem 1.1.84) nur in demjenigen Monat zu berücksichtigen, in dem die Nachzahlung dem ArbN tatsächlich zufloss bzw fällig wurde (BSG 17.12.74 – 3 RK 74/60, BSGE 22, 162); zur Begründung wurde ausgeführt, der Beitragsanspruch entstehe erst mit Abschluss des die Nachzahlung regelnden Tarifvertrages/Einzelarbeitsvertrages; eine nachträgliche Vereinbarung über das in der Vergangenheit geschuldete Arbeitsentgelt lasse die Beitragspflicht für zurückliegende Zeiträume unberührt (BSG 25.1.95 – 12 RK 51/93, SozR 3–2400 § 26 Nr 6). Dem kann jedenfalls dann nicht zugestimmt werden, wenn ein Tarifvertrag gekündigt und zunächst das Arbeitsentgelt – nur vorläufig – auf der Grundlage des gekündigten Tarifvertrags bis zum Abschluss eines neuen Tarifvertrags weitergezahlt wird. Individuell berechnete Nachzahlungen aufgrund rückwirkend in Kraft getretener Tarifverträge sind kein einmalig gezahltes Arbeitsentgelt iSd §§ 227 SGB V, 164 SGB VI. Sie sind auf diejenigen Entgeltabrechnungszeiträume zu verteilen, in denen sie verdient wurden (BSG 9.2.94 – 11 RAr 43/93; zu einer pauschalierten Gehaltsnachzahlung: BSG 15.2.90 – 7 RAr 78/88, SozR 3–7825 § 3 Nr 1; Gehaltsnachzahlung aufgrund tarifvertraglicher Gehaltserhöhung). Sollte aus Vereinfachungsgründen von den Einzugsstellen gleichwohl die Vorschriften der §§ 227 SGB V, 164 SGB VI angewendet werden, kann dem nicht zugestimmt werden. Nachzahlungen aufgrund rückwirkender Tariferhöhungen können insoweit nicht anders beurteilt werden als die Nachzahlungen sonstigen Arbeitsentgelts. Die Ausführungen des BSG zur Nachzahlung von Montagebeteiligungen gelten insoweit für Nachzahlungen aufgrund Tariferhöhungen entsprechend (vgl zu den Montagebeteiligungen BSG 27.10.89 – 12 RK 9/88, SozR 2200 § 385 Nr 22).

Anders ist dies nur dann, wenn der neue Tarifvertrag für zurückliegende Zeiten eine **pauschale Zuwendung** vorsieht, die sich den einzelnen Lohnabrechnungszeiträumen nicht konkret und nach individueller Arbeitsleistung zurechnen lässt. In diesem Fall ist die Pauschale als Einmalzahlung zu behandeln. Die Beiträge auf diese einmalige Nachzahlung entstehen gem § 22 Abs 1 Satz 2 SGB IV erst wenn gezahlt worden ist.

2. Leistungsrecht. Im Leistungsrecht herrschte früher der Grundsatz, dass Lohnnachzahlungen nach Eintritt des Versicherungsfalles bzw nach dem für die Bemessung einer Lohnersatzleistung maßgeblichen Bemessungszeitpunkt im Grundsatz nicht zu einer Erhöhung der Lohnersatzleistungen führen.

a) Arbeitslosengeld wurde früher nur auf der Grundlage des beim Ausscheiden bereits erzielten und abgerechneten Arbeitsentgelts berechnet.

Mit Urt vom 28.6.95 (7 RA 102/94, SozR 3–4100 § 112 Nr 22 = NZS 96, 182) hat das BSG jedoch in Abgrenzung hiervon entschieden, dass das einem Arbeitslosen nach dem

164 Entgeltrückzahlung

Ausscheiden aus dem Beschäftigungsverhältnis zugeflossene Entgelt bei der Bestimmung der Leistungshöhe zu berücksichtigen ist, wenn mit dem zusätzlich gewährten Entgelt der Vertrag nachträglich erfüllt wurde. Für Fälle rückwirkender Vertragsänderung hielt das BSG an seiner bisherigen Linie fest (vgl BSG 28.6.95 – 7 RAr 20/94, SozR 3–4100 § 249e Nr 7 = NZS 96, 178).

18   Nach § 151 Abs 1 Satz 2 SGB III gelten Arbeitsentgelte jetzt als erzielt, wenn der Arbeitslose bei Ausscheiden aus dem Beschäftigungsverhältnis Anspruch darauf hatte, wenn das Arbeitsentgelt danach tatsächlich zufließt (Fall der nachträglichen Vertragserfüllung) oder nur wegen Zahlungsunfähigkeit des ArbGeb nicht mehr zufließt. In der 2. Variante (Zahlungsunfähigkeit) verlangt das BSG, dass die Zahlungsunfähigkeit alleinige Ursache des unterbliebenen Zuflusses ist (vgl BSG 8 2.07 – B 7a AL 28/06 R; zum Beschluss der Annahme eines Härtefalls bei Fehlen dieser Voraussetzungen vgl BSG 29.1.08 – B 7/7a AL 40/06 R).

19   b) **Krankengeld, Verletztengeld der Unfallversicherung und Übergangsgeld bei medizinischen Rehabilitationsmaßnahmen** werden demgegenüber im Grundsatz nur aufgrund des im maßgeblichen Bemessungszeitraum (das ist idR der Letzte vor Eintritt der Arbeitsunfähigkeit abgerechnete Entgeltabrechnungszeitraum) „erzielten regelmäßigen" Arbeitsentgelts berechnet (§ 47 SGB V; § 21 SGB VI iVm § 47 SGB V). Dh es bleiben nachträgliche Lohnerhöhungen unberücksichtigt (BSG 22.6.73 – 3 RK 105/71, SozR Nr 60 zu § 182 RVO; 23.3.77 – 4 RJ 177/75, SozR 2200 § 1241 Nr 3: Keine Erhöhung des Übergangsgeldes durch eine nach dem Bemessungszeitraum ausgezahlte LStErstattung aufgrund des LStJahresausgleichs; BSG 16.9.81 – 4 RJ 55/80, SozR 2200 § 182 Nr 75; 27.9.68 – 7 RAr 30/67, SozR Nr 1 zu § 121 AVAVG: Keine Berücksichtigung rückwirkender Lohnerhöhungen und daraus resultierender Nachzahlungen bei der Bemessung des Kurzarbeitergeldes; EuGH vom 18.1.07 – C-332/05 Celozzi zur ausnahmsweisen Neuberechnung des Krankengeldes bei WanderArbN nach LStKlassenwechsel). Allerdings ist bei der Bemessung des Krankengeldes zunächst vorenthaltenes Arbeitsentgelt ausnahmsweise dann zu berücksichtigen, wenn es dem Versicherten für den maßgeblichen Bemessungszeitraum bei Annahmeverzug des ArbGeb zur nachträglichen Vertragserfüllung zugeflossen ist (BSG 16.2.05 – B 1 KR 19/03 R, NZS 06, 29).

Entgeltrückzahlung

A. Arbeitsrecht   Griese

1   **1. Rechtsgrundlage.** Hat ein ArbN mehr Entgelt erhalten, als ihm zustand, kann auf unterschiedlicher Rechtsgrundlage ein Anspruch auf Entgeltrückzahlung entstehen.

2   **a) Vertraglicher Anspruch.** Die Arbeitsvertragsparteien können bereits im Arbeitsvertrag vereinbaren, dass der ArbN zu viel erhaltenes Entgelt ohne Rücksicht auf die noch vorhandene Bereicherung zurückzahlen muss. Zweck einer solchen vertraglichen Rückzahlungsverpflichtung ist es, dem ArbN im Fall einer Überzahlung den Einwand der Entreicherung (§ 818 Abs 3 BGB) abzuschneiden, der auf vertragliche Ansprüche keine Anwendung findet. Aus einer Rückzahlungsvereinbarung kann der ArbGeb im Fall der Überzahlung unmittelbar vom ArbN die Rückzahlung verlangen. Ein solcher vertraglicher Anspruch ist freilich nur gegeben, wenn es sich um eine **irrtümliche Überzahlung** handelt oder wenn die Leistungsvoraussetzungen nachträglich weggefallen sind, etwa beim Weihnachtsgeld (s *Einmalzahlungen*) mit Bindungsklausel durch Ausscheiden vor dem 31.3. des Folgejahres. Handelt es sich hingegen um eine **bewusste Überzahlung,** besteht kein Rückzahlungsanspruch, insoweit wird eine vom ArbGeb stillschweigend angebotene und vom ArbN stillschweigend angenommene Vertragsergänzung anzunehmen sein.

3   Bei vertraglicher Rückzahlungsverpflichtung kann der ArbN mit **Schadensersatzansprüchen aufrechnen,** wenn er infolge einer zunächst fehlerhaften Entgeltberechnung und -auszahlung im Vertrauen auf deren Richtigkeit Ausgaben tätigt, die er bei Kenntnis der Entgeltüberzahlung nicht gemacht hätte. Denn die richtige Berechnung und Auszahlung der Vergütung ist Teil der Fürsorgepflicht (s *Fürsorgepflicht* Rz 14). Der Schadensersatzanspruch nach § 280 BGB setzt **Fahrlässigkeit** des ArbGeb oder seiner Erfüllungsgehilfen gem § 278

BGB (dies können auch vom ArbGeb beauftragte Steuerberater sein) bei der Entgeltabrechnung und -auszahlung voraus. Nicht haltbar ist die veraltete Rspr, es werde diesbezüglich nur für **grobe Fahrlässigkeit** gehaftet (BAG 8.2.64, DB 64, 662), denn für eine Haftungserleichterung zugunsten des ArbGeb fehlt die gesetzliche Grundlage, sie stünde zudem in Widerspruch zu den Grundsätzen des innerbetrieblichen Schadensausgleichs (s *Arbeitnehmerhaftung* Rz 11 ff).

Eine solche Haftungsmilderung kann auch nicht in eine Rückzahlungsvereinbarung hinein- **4** interpretiert werden, sondern müsste **ausdrücklich** vereinbart sein. Bei ausdrücklicher Vereinbarung wäre fraglich, ob diese der Inhaltskontrolle standhalten würde. Zumindest dürfte nach § 307 BGB die Überprüfung einer formularmäßigen Rückzahlungsvereinbarung ergeben, dass der Einwand der Entreicherung nur ausgeschlossen werden kann, soweit die Überzahlung dem ArbN erkennbar war (ErfK/*Preis* §§ 305–310 BGB Rz 93). Handelt es sich um die Rückzahlung von nicht verdienten **Vorschüssen,** besteht der Rückzahlungsanspruch aus der Vorschussvereinbarung (Näheres: *Vorschuss* Rz 7–10 und *Provision* Rz 28–30). Ein Rückzahlungsanspruch kann sich ferner aus einem TV ergeben (BAG 7.2.07 – 5 AZR 260/06).

b) Ungerechtfertigte Bereicherung. Ohne vertragliche Rückzahlungsverpflichtung er- **5** gibt sich der Entgeltrückzahlungsanspruch aus § 812 BGB. Was der ArbN ohne Rechtsgrund erhalten hat, muss er an den ArbGeb zurückerstatten. Das gilt sowohl, wenn der ArbGeb die Vergütung fehlerhaft berechnet, als auch wenn er zu viel ausgezahlt hat oder irrtümlich glaubte, aufgrund tariflicher Vorschrift zur Leistung verpflichtet zu sein. Gleiches gilt, wenn er im Vorgriff auf eine erwartete Erstattung von ArbNAnteilen zur SozV eine Zahlung an den ArbN leistet und nachträglich herausstellt, dass kein Erstattungsanspruch besteht (BAG 1.2.06 – 5 AZR 395/05, ZTR 06, 434). Zu Unrecht geleistete **Krankenbezüge** sind ebenso zurückzuerstatten. Dabei sind die Gerichte in gleichem Umfang wie der ArbGeb an eine ärztliche *Arbeitsunfähigkeitsbescheinigung* gebunden. Dies gilt auch bei der Rückforderung von *Entgeltfortzahlung,* die aus Sicht des ArbGeb zu Unrecht geleistet worden ist (BAG 11.10.06 – 5 AZR 755/05, DB 07, 1313).

Bei **irrtümlicher Eingruppierung** in eine zu hohe Vergütungsgruppe bedarf es jedoch **6** zunächst einer **Änderungskündigung,** ehe nach der richtigen Vergütungsgruppe gezahlt und die Vergütung gesenkt werden kann (BAG 15.3.91, NZA 92, 120; s aber *Eingruppierung* Rz 22 ff). Eine Entgeltüberzahlung kann erst ab Wirksamwerden der Änderungskündigung geltend gemacht werden.

Der Anspruch aus ungerechtfertigter Bereicherung ist nach § 814 BGB ausgeschlossen, **7** wenn der ArbGeb in Kenntnis der Überzahlung leistet **(bewusste Überzahlung).** Ein solcher Fall liegt nicht vor, wenn der ArbGeb zunächst in der Annahme war, das Arbeitsverhältnis sei ein freies Mitarbeiterverhältnis gewesen und später nach gerichtlicher Feststellung eines Arbeitsverhältnisses die gezahlten Honorare, soweit sie das aus dem Arbeitsverhältnis geschuldete Entgelt übersteigen, zurückfordert (BAG 9.2.05 – 5 AZR 175/04, NZA 05, 814).

Der Anspruch ist ferner ausgeschlossen, wenn die Zahlung zu gesetzes- oder **sittenwidrigen Zwecken** erfolgt ist (§ 817 Satz 2 BGB). Dies kann der Fall sein, wenn der ArbGeb die Zahlung erbringt, um den ArbN zu einer gesetzeswidrigen Arbeit zu veranlassen, etwa zur Arbeit als Lkw-Fahrer unter Verstoß gegen die gesetzlich vorgeschriebenen Lenk- und Ruhezeiten oder zu illegaler Ausländerarbeit.

Gegenüber dem Bereicherungsanspruch kann sich der ArbN gem § 818 Abs 3 BGB auf **8** den **Wegfall der Bereicherung** berufen. Die vorformulierte vom ArbN unterschriebene Klausel, ihm sei bekannt, dass er alle Bezüge zurückzahlen müsse, die er infolge unterlassener, verspäteter oder fehlerhafter Meldung zu viel erhalten habe, enthält keine Vereinbarung über den Ausschluss des Entreicherungseinwandes nach § 818 Abs 3 BGB (BAG 18.9.86, DB 87, 589). Um sich auf Entreicherung berufen zu können, muss der ArbN dartun, dass er das zu viel empfangene Geld verbraucht hat und nicht ausgegeben hätte, wenn er von der Zuvielzahlung gewusst hätte. Vom Fortbestehen der Bereicherung ist gleichwohl auszugehen, wenn der ArbN mit der Ausgabe der Zuvielzahlung anderweitige Aufwendungen erspart hat. Daraus ergibt sich, dass insbesondere Luxusaufwendungen, die der ArbN bei Kenntnis der Sachlage nicht gemacht hätte, zum Wegfall der Bereicherung führen.

Ist die Überzahlung bei ArbN der unteren oder mittleren Einkommensgruppen **gering-** **9** **fügig,** so ist **ohne nähere Darlegung** davon auszugehen, dass die zu viel empfangenen

164 Entgeltrückzahlung

Beträge für den Lebensunterhalt ausgegeben worden sind und eine Bereicherung nicht mehr vorhanden ist (BAG 18.9.86 – 6 AZR 517/83, DB 87, 589; LAG Köln 10.5.10 – 5 Sa 1295/09, BeckRS 2010, 72979; LAG Frankfurt aM 29.9.89, DB 89, 1826). Anhaltspunkt für die Geringfügigkeit der Überzahlung sind in erster Linie die vom ArbGeb selbst gesetzten oder tarifvertraglich vorgegebenen Richtlinien (10% der dem ArbN zustehenden Bezüge in den Fällen des BAG 18.9.86, DB 87, 589 und LAG Frankfurt aM 29.9.89, DB 89, 1826). Diese Erleichterungen der Darlegungs- und Beweislast finden nur bei ArbN der unteren und mittleren Einkommensgruppen Anwendung. Sie gelten nicht für Besserverdienende, weil bei dieser ArbNGruppe, anders als bei der zuvor genannten ArbNGruppe, nicht davon ausgegangen werden kann, dass Mehreinkünfte unmittelbar für eine bessere Lebenshaltung ausgegeben werden (BAG 25.4.01 – 5 AZR 497/99, NZA 01, 966), ferner nicht, wenn der ArbN noch anderweitige Einkünfte hat (BAG 18.1.95 – 5 AZR 817/93, NJW 96, 411). Die Berufung auf Entreicherung ist nach § 819 Abs 1 BGB ausgeschlossen, wenn der ArbN die Lohnüberzahlung erkannt hat. Dies wird insbesondere auf sehr **hohe und auffällige Lohnüberzahlungen** zutreffen, etwa die versehentliche Doppelzahlung der Vergütung in einem Monat oder die Fortzahlung der Vergütung trotz Beendigung des Arbeitsverhältnisses. Zur Lohnrückzahlung bei Fortsetzung der Tätigkeit trotz Beendigung des Arbeitsverhältnisses nach § 59 Abs 1 BAT s BAG 30.4.97 – 7 AZR 122/96, NJW 98, 557; danach muss ein ArbN, der trotz Erwerbsunfähigkeitsrentenbescheid und damit der Beendigung des Arbeitsverhältnisses seine Tätigkeit fortsetzt, zumindest die Vergütungsbestandteile nach Bereicherungsrecht herausgeben, die nicht auf konkreter Arbeitsleistung beruhen (Urlaubsentgelt, Urlaubsgeld, Sonderzuwendung).

10 c) **Schadensersatzanspruch des Arbeitgebers.** Unter dem Gesichtspunkt des Schadensersatzes wegen **Nebenpflichtverletzung** kann der ArbN zur Lohnrückzahlung verpflichtet sein, wenn er es fahrlässig unterlässt, seinen **Mitteilungspflichten** nachzukommen und dadurch die Lohnüberzahlung herbeiführt. Dies trifft zu, wenn es der ArbN pflichtwidrig versäumt hat, für die Vergütung maßgebliche Tatsachenänderungen mitzuteilen. Dies hat insbesondere Bedeutung, wenn der ArbN Änderungen der für die Gewährung von Sozialzulagen erheblichen Verhältnisse nicht mitteilt. Hierunter fallen auch schuldhafte Versäumnisse bei der Mitteilung von anderweitigem Verdienst im Fall des Annahmeverzugs oder des Bezugs von Karenzentschädigung oder beim Bezug von Lohnersatzleistungen. Auch die schuldhafte Verletzung der Auskunftspflicht eines Ruhegeldempfängers über anderweitigen Rentenbezug begründet eine solche Schadensersatzverpflichtung (BAG 27.3.90 – 3 AZR 187/88, NZA 90, 776).

11 **2. Umfang der Rückzahlungsverpflichtung.** Der Umfang der Entgeltrückzahlungsverpflichtung ist streitig. Dabei geht es um die Frage, ob der ArbN den zu viel erhaltenen **Nettobetrag** oder den daraus resultierenden **Bruttobetrag,** also einschließlich der entrichteten Steuern und Sozialabgaben, zurückerstatten muss. Die Praxis der FA ging davon aus, dass der ArbN zur Rückzahlung des Arbeitslohns einschließlich der entrichteten Steuern verpflichtet ist und die Rückzahlungsbeiträge als negative Einkünfte geltend machen kann (Erlass des FinMin NdS vom 12.3.86, DB 86, 725; zu negativen Einnahmen ferner *Kottke* BB 81, 965; Näheres s unten Rz 19).

12 Zum Teil wird zumindest bei der Rückforderung einer Gratifikation vertreten, der ArbN müsse den **Bruttobetrag** zurückzahlen (*Palandt/Putzo* § 611 Rz 89; BAG 5.4.2000 – 10 AZR 257/99, ArbuR 2000, 399 für einen tarifvertraglichen, nicht für einen bereicherungsrechtlichen Rückforderungsanspruch). Richtig ist hingegen, dass der ArbN grds nur den **Nettobetrag** zurückzuerstatten hat (*Groß* ZIP 87, 5; *Lüderitz* BB 10, 2629). Nach Bereicherungsrecht schuldet der ArbN nur das, was er tatsächlich erhalten hat. Dies sind aber nur die Nettobezüge. Die Zahlung an Dritte, nämlich an das FA und die Einzugsstelle für die SozVBeiträge, bereichert den ArbN nicht unmittelbar, es befreit ihn auch nicht von einer Verbindlichkeit. Der ArbGeb kommt mit der Abführung von Steuern und SozVBeiträgen vielmehr seiner eigenen Verpflichtung zur Abführung nach (§ 41a EStG, §§ 28e und 28h SGB IV). Zutreffend ist deshalb, wenn bei überzahlten SozVBeiträgen der ArbGeb darauf verwiesen wird, sich den Erstattungsanspruch gem § 26 Abs 2 SGB IV vom ArbN abtreten zu lassen (BAG 29.3.01 – 6 AZR 653/99, NZA 03, 105). Dem entspricht der BFH (27.3.92, BB 92, 1272 LS) mit der Feststellung, dass ArbGebAnteile zur SozV, die in der rechts-

irrtümlichen Annahme der Versicherungspflicht an die gesetzliche RV und ArblV geleistet und dem ArbGeb später erstattet worden sind, für den ArbN keinen Vorteil begründen und keinen Arbeitslohn darstellen.

Bei einer Entgeltrückzahlung ist der ArbGeb folglich gehalten, die darauf entfallenden Steuern vom FA unmittelbar im Wege der Direktkondiktion zurückzufordern. Hinsichtlich der SozVBeiträge kann sich der ArbGeb den GesamtSozVBeitrag (ArbGeb- und ArbN-Anteile) zurückerstatten lassen. Dies ist angesichts des dort praktizierten vereinfachten Erstattungsverfahrens (s unten Rz 26) ohne weiteres zumutbar. Hat sich der ArbN allerdings den zu Unrecht geleisteten ArbNAnteil zur SozV bereits nach § 26 SGB IV erstatten lassen, muss er ihn im Rahmen der Entgeltrückzahlung an den ArbGeb zurückzahlen (BAG 9.4.08 – 4 AZR 164/07, ZTR 09, 95). 13

Insgesamt ist die Lösung, den ArbN im Fall der **Entgeltrückzahlung nur auf den Nettobetrag** haften zu lassen, interessengerecht: Der ArbN hat in aller Regel die Entgeltüberzahlung nicht veranlasst. Dem ArbGeb sind daher der Aufwand und das Risiko der Rückabwicklung in steuerlicher und sozialversicherungsrechtlicher Hinsicht aufzubürden. Die Gegenansicht läuft darauf hinaus, den ArbN zu verpflichten, mehr zurückzuzahlen, als er erhalten hat, mit der ungewissen Aussicht und den praktischen Schwierigkeiten bei der Rückforderung von Steuern und Sozialabgaben, zumal dem ArbN insbesondere in steuerlicher Hinsicht trotz der Verbuchung als negative Einnahmen Nachteile infolge der Steuerprogression entstehen können (dazu *Groß* ZIP 87, 5). 14

Anders wird sich die Situation darstellen, wenn der ArbN die Überzahlung veranlasst hat, etwa durch falsche Angaben oder die unterlassene Mitteilung von geänderten tatsächlichen Umständen, die sich auf die Vergütung auswirken. Bei einer solchen auf einem Schadensersatzanspruch beruhenden Rückzahlungsverpflichtung sind die abgeführten und anders nicht realisierbaren Erstattungsansprüche bezüglich der abgeführten Steuern und SozVBeiträge Teil des zu ersetzenden Schadens. Bei einer **Lohnsteuernachforderung des Finanzamts** entsteht ein Erstattungsanspruch des ArbGeb gegen den ArbN, wenn der ArbGeb eine Steuerschuld des ArbN tilgt und den Innenausgleich im Gesamtschuldverhältnis nach § 426 Abs 1 Satz 1 BGB iVm § 42d Abs 1 Nr 1 EStG verlangt (BAG 16.6.04 – 5 AZR 521/03, NZA 04, 1274). 15

3. Verjährung und Verfall. Entgeltrückzahlungsansprüche unterliegen tariflichen Verfallfristen, wenn für das Arbeitsverhältnis ein entsprechender Tarifvertrag gilt. Die einseitige Erklärung des ArbGeb „Zahlung unter Vorbehalt" schließt die Anwendung tariflicher Verfallfristen nicht aus (BAG 27.3.96 – 5 AZR 336/94, NZA 97, 45). Soweit tarifvertragliche Verfallfristen Ansprüche aus vorsätzlicher unerlaubter Handlung ausnehmen, verfällt ein Entgeltrückzahlungsanspruch nicht, der auf eine vorsätzliche Falschinformation durch den ArbN zur Erzielung eines dem ArbN nicht zustehenden Vergütungsbestandteils gestützt wird (§ 823 Abs 2 BGB iVm § 263 StGB). Darüber hinaus kann im Einzelfall aufgrund von § 242 BGB ein Verfall nicht eintreten, wenn es der ArbN grob pflichtwidrig unterlassen hat, auf ungewöhnliche, die Rückzahlung begründende Umstände hinzuweisen, zB eine auffällig hohe Überzahlung (BAG 1.6.95 – 6 AZR 912/94, NZA 96, 135); insoweit fallen Entstehung des Anspruchs und Fälligkeit des Anspruchs auseinander, weil Letztere voraussetzt, dass der ArbGeb überhaupt hätte erkennen können, dass ihm ein Rückzahlungsanspruch zusteht (BAG 19.2.04 – 6 AZR 664/02, NZA 04, 1120). Erhält der ArbGeb anderweitig Kenntnis von der Überzahlung, beginnt nicht die tarifvertragliche Ausschlussfrist neu; der ArbGeb muss vielmehr in kurzer Frist den Anspruch geltend machen (BAG 10.3.05 – 6 AZR 217/04). Für Entgeltrückzahlungsansprüche, die auf ungerechtfertigter Bereicherung beruhen, gilt die regelmäßige Verjährungsfrist von **drei** Jahren beginnend ab Kenntnis oder grob fahrlässiger Unkenntnis, maximal **zehn** Jahre (§§ 195, 199 Abs 2 und 3 BGB). 16

B. Lohnsteuerrecht
Seidel

1. Rückzahlung von Arbeitslohn ist grds im Zeitpunkt der Rückzahlung einkünftemindernd zu berücksichtigen (BFH 7.11.06 – VI R 2/05, BStBl II 07, 315). Bewirkt der Stpfl die einkommensteuerliche Berücksichtigung der Rückzahlung durch das FA bereits im Jahr der Überzahlung, handelt er treuwidrig, wenn er die Rückzahlung im Zeitpunkt der tatsächlichen Leistung nochmals einkünftemindernd geltend macht (BFH 29.1.09 – VI R 17

164 Entgeltrückzahlung

12/06, BFH/NV 09, 1105). Dies gilt auch für den Erben, der aus dem Nachlass Gehaltsbezüge des Erblassers zurückzahlt (BFH 19.12.75, BStBl II 76, 322). Zahlt ein ArbN aber Bezüge zurück, die zu Recht oder Unrecht bei der Zahlung steuerfrei belassen wurden (zB Reisekosten), wirkt sich die Rückzahlung steuerlich nicht aus (*HMW*/Rückzahlung von Arbeitslohn Rz 1). Sind allerdings steuerfreie Einnahmen zu Unrecht der Besteuerung unterworfen worden, muss sich auch die Rückzahlung steuermindernd auswirken (*Schmidt/ Loschelder* § 9 Rz 63 mwN). Zur Rückzahlung steuerfreier Lohnersatzleistungen und den Auswirkungen auf den Progressionsvorbehalt s *Lohnersatzleistungen* Rz 13 und BFH 12.10.95, BStBl II 96, 201. Zur Rückzahlung von im Jahr der Überzahlung nicht versteuertem Arbeitslohn s FG Düsseldorf 13.4.10 – 17 K 1654/09 F, EFG 10, 1783.

18 Zahlt der ArbN versteuerten Arbeitslohn zurück, handelt es sich nach Auffassung von Rspr und Finanzverwaltung um **negative Einnahmen** aus nichtselbstständiger Arbeit, die den ArbNPauschbetrag (s *Werbungskosten* Rz 6, 20) nicht verbrauchen (FinMin NdS 12.3.86, DB 86, 725; OFD Erfurt 19.12.96, FR 97, 240; aA *Schmidt/Loschelder* § 9 Rz 61 mwN). Dies gilt auch für den Fall der Rückübertragung von zuvor durch den ArbN im Rahmen eines Mitarbeiterbeteiligungsprogramms vom ArbGeb vergünstigt erworbenen Aktien auf den ArbGeb, wobei die Höhe der negativen Einnahmen auf den ursprünglich auf Grund der Gewährung der Aktien als Arbeitslohn berücksichtigten Betrag begrenzt ist und nicht um eine zwischenzeitlich eingetretene Wertsteigerung erhöht wird (BFH 17.9.09 – VI R 17/08, DStR 09, 2529; aA FG Düsseldorf 20.3.08 – 16 K 4752/05 E, EFG 08, 1194 mit Anm *Wagner*: Werbungskosten: offen gelassen BFH 17.9.09 – VI R 24/08, DStR 09, 2526). Schließt der ArbN mit seinem ArbGeb einen Kaufvertrag über eine Eigentumswohnung und erfüllt der ArbGeb die fällige Gehaltsforderung des ArbN durch Verrechnung der ihm zustehenden Kaufpreisforderung, scheitert jedoch die zivilrechtliche Übertragung des Eigentums an der Wohnung auf den ArbN, stellt die Zwangsversteigerung der Wohnung durch den ArbGeb bzw Insolvenzverwalter **keine Lohnrückzahlung** dar, denn der Veranlassungszusammenhang zum Arbeitsverhältnis wird durch den Abschluss des Kaufvertrags unterbrochen (BFH 10.8.10 – VI R 1/08, DB 10, 2030). Entsprechendes gilt für die Kündigung einer Direktversicherung bei Einsatz des erstatteten Rückkaufswerts für eine andere betriebliche Altersversorgung des ArbN durch den ArbGeb (FG München 11.2.09 – 8 K 1412/07, EFG 09, 1010). Zu Gewinnausschüttungen betrieblicher Versorgungseinrichtungen s BMF 28.9.10 IV C 5 – S 2373/10/10001; Dok 2010/0727227; LStR 40b.1 Abs 13. Auch die darlehens- oder schenkweise Zurverfügungstellung des Arbeitslohns an den ArbGeb stellt keine Lohnrückzahlung dar. Bei Arbeitsverhältnissen unter Ehegatten/Lebenspartnern kann dies aber zur steuerrechtlichen Nichtanerkennung des Arbeitsverhältnisses führen (s *Familiäre Mitarbeit* Rz 36).

19 **2. Bruttolohnvereinbarung. a) Verfahren.** Steht der ArbN noch **im selben Dienstverhältnis** und erfolgt die Rückzahlung durch Verrechnung mit dem laufenden Arbeitslohn, ist die LSt von dem um den gesamten Rückzahlungsbetrag einschließlich der darauf entfallenden Steuerabzugsbeträge gekürzten Arbeitslohn zu berechnen (s auch BeckPersHB/Bd II Kap IV StW Rückzahlung von Arbeitslohn und oben Rz 11 ff). Dies kann auch noch im Wege des LStJahresausgleichs durch den ArbGeb erfolgen (s *Lohnsteuerjahresausgleich* Rz 2 ff; FinMin NdS DB 86, 725 Tz 2). In der LStBescheinigung (s *Lohnsteuerbescheinigung* Rz 11 ff) ist vom ArbGeb der saldierte stpfl Arbeitslohn zu bescheinigen. Steht der ArbN **nicht** mehr **im (selben) Dienstverhältnis**, so kann keine Verrechnung erfolgen. Der zurückgezahlte Betrag kann dann entweder in den ELStAM als Freibetrag gespeichert werden (s *Lohnsteuerermäßigung* Rz 7) oder ist bei der EStVeranlagung des ArbN zu berücksichtigen. Hat der ArbN im Rückzahlungsjahr keine positiven Einkünfte erzielt, kann er nach Beantragung einer EStVeranlagung für das betreffende Jahr eine Erstattung der LSt im Rahmen eines Verlustrück- bzw -vortrags erlangen (s auch *Antragsveranlagung* Rz 2; *HMW*/Rückzahlung von Arbeitslohn Rz 7; FinMin NdS 12.3.86, DB 86, 725 Tz 2.4.3). Die Rückzahlung stellt kein rückwirkendes Ereignis iSd § 175 Nr 2 AO dar (BFH 4.5.06 – VI R 33/03, BFH/NV 06, 1979 und VI R 17/03, BStBl II 06, 830); eine Änderung der EStVeranlagung für das Jahr, für das die Rückzahlung zu leisten ist, kommt daher nicht in Betracht.

20 **b) Billigkeitsmaßnahmen.** Führt das genannte Verfahren nicht zu einem vollen steuerlichen Ausgleich, kommt eine zusätzliche Steuererstattung aus sachlichen Billigkeitsgründen nicht in Betracht (aA BeckPersHB/Bd II Kap IV StW Rückzahlung von Arbeitslohn). Dies schließt eine Billigkeitsmaßnahme aus persönlichen Gründen (zB Existenzgefährdung, § 227 AO) nicht aus (FinMin NdS 12.3.86, DB 86, 725 Tz 3).

c) Sozialversicherungsbeiträge. Fordert der ArbGeb mit dem Arbeitslohn auch den ArbNAnteil zur SozV zurück und erstattet er diesen dem ArbN später wieder, weil er ihn gegenüber dem SozVTräger berücksichtigt hat (Verrechnung oder Erstattung), so ist die Rückerstattung kein stpfl Arbeitslohn. Fordert der ArbGeb nur den um den ArbNAnteil gekürzten Arbeitslohn zurück und behält er den durch Verrechnung zurückerhaltenen ArbNAnteil zurück, so stellt der ArbNAnteil ebenfalls zurückgezahlten Arbeitslohn dar, unabhängig davon, ob die SozVBeiträge im selben oder im folgenden Kj verrechnet werden. Zurückgezahlte ArbNAnteile zur SozV mindern im Rückzahlungsjahr die als Vorsorgeaufwendungen abziehbaren SozVB (s *Sozialversicherungsbeiträge* Rz 14 und *Sonderausgaben* Rz 5). Ist eine Kompensation nicht möglich, ist der Sonderausgabenabzug des ursprünglichen Abzugsjahres zu mindern (BFH 28.5.98 – X R 7/96, BStBl II 99, 95). Die Erstattung des ArbGebAnteils durch den SozVTräger an den ArbGeb kann sich nur im Rahmen des Vorwegabzugs bei der Berücksichtigung der Sonderausgaben auswirken. Der ArbGeb hat aber auch dies bei der Bescheinigung der ArbGebAnteile zur SozV zu berücksichtigen (FinMin NdS DB 86, 725 Tz 4; OFD Erfurt 19.12.96, FR 97, 240 Tz 3). 21

3. Nettolohnvereinbarung. Die genannten Grundsätze gelten entsprechend, da der ArbN auch hier Steuerschuldner und damit Erstattungsberechtigter ist (s *Nettolohnvereinbarung* Rz 10 ff sowie OFD Düsseldorf 29.11.05, DStZ 06, 84 Tz 3, 4). 22

4. Lohnsteuerpauschalierung. Hier führt die Rückzahlung von Arbeitslohn zu einem Steuererstattungsanspruch des ArbGeb, da dieser hier Steuerschuldner ist. Soweit bei der Pauschalierung nach §§ 40 Abs 2, 40a Abs 2a und 40b EStG (s *Lohnsteuerpauschalierung* Rz 28–58) eine Verrechnung mit Zahlungen im gleichen LStAnmeldungszeitraum nicht möglich ist, ergibt sich ein Erstattungsanspruch, dem der im Zeitpunkt der Rückzahlung geltende Pauschsteuersatz zugrunde zu legen ist. Im Fall des § 40 Abs 1 EStG (s *Lohnsteuerpauschalierung* Rz 14–27) darf eine Verrechnung nicht erfolgen; daher kommt es hier bei der Rückzahlung von Arbeitslohn generell zu einem Steuererstattungsanspruch (vgl FinMin NdS DB 86, 725 Tz 6). Ob die arbeitsrechtlich zulässige Überwälzung der pauschalen LSt auf den ArbN steuerrechtlich eine Lohnrückzahlung darstellt s *Lohnsteuerpauschalierung* Rz 29. Zur Arbeitslohnrückzahlung im Zusammenhang mit Zukunftssicherungsleistungen, insbesondere auch bei Pauschalierung nach § 40b EStG, s LStR 40b.1 Abs 12–16, aber auch BMF 24.5.78, BStBl I 78, 232; BFH 12.11.09 – VI R 20/07, BStBl II 10, 845: Gewinnausschüttungen einer Versorgungskasse an das Trägerunternehmen sind keine Arbeitslohnrückzahlungen. Der Verlust des durch eine Direktversicherung eingeräumten Bezugsrechts bei Insolvenz des ArbGeb löst aufgrund der Besonderheiten der Insolvenzsicherung keine lohnsteuerrechtlichen Folgen aus (BFH 5.7.07 – VI R 58/05, BStBl II 07, 774 – offen gelassen, ob der ersatzlose Verlust des Bezugsrechts aus einer Direktversicherung in anderen Fällen Arbeitslohnrückzahlung darstellt). 23

C. Sozialversicherungsrecht
Schlegel

Beitragserstattungsansprüche als Folge einer Entgeltrückzahlung. Hat der ArbN zunächst zu viel Lohn erhalten, sind regelmäßig hinsichtlich des Arbeitsentgelts insgesamt (bei vollständiger Rückzahlung) oder hinsichtlich der auf die Überzahlung eines Teils des Arbeitsentgelts (bei teilweiser Rückzahlung) bereits SozVBeiträge vom ArbGeb im Wege des Lohnabzugsverfahrens an die Einzugsstellen abgeführt worden. Soweit eine Rückzahlung erfolgt, steht dem ArbN hinsichtlich der von ihm getragenen Beitragsanteile ein Beitragserstattungsanspruch gegen die Einzugsstelle bzw den zuständigen Leistungsträger zu; ein entsprechender Beitragserstattungsanspruch entsteht auch in der Person des ArbGeb für die von ihm getragenen Beitragsanteile (vgl § 26 SGB IV; s *Sozialversicherungsbeiträge* Rz 31 ff; vgl jedoch auch *Rückzahlungsklausel* Rz 27). 24

Aus Gründen der Praktikabilität gestatten die Versicherungsträger dem ArbGeb ein vereinfachtes Erstattungsverfahren. Entsprechend den „Gemeinsamen Grundsätzen der Spitzenverbände für die Berechnung und Erstattung zu Unrecht gezahlter Beiträge" vom 8.10.91 wird es von den Versicherungsträgern gebilligt, dass die ArbGeb die für alle ArbN ihres Betriebes 25

165   Entgeltverzicht

abzuführenden SozVBeiträge um den für einen einzelnen ArbN zu viel gezahlten Betrag kürzen und den zu viel entrichteten ArbNAnteil dem ArbN erstatten, gleichgültig, ob der zu viel gezahlte Arbeitslohn im gleichen oder in einem späteren Kj zurückgezahlt wird. Aus Vereinfachungsgründen fordern die ArbGeb dann von ihrem ArbN von vornherein nur den um den ArbNAnteil gekürzten Bruttoarbeitslohn zurück (Einzelheiten zu diesem Verfahren s *Sozialversicherungsbeiträge* Rz 31 ff). Das Erstattungsverfahren wird also anstatt von den Versicherungsträgern „kurzerhand" von den ArbGeb durchgeführt.

26   Da dieses Verfahren, für das es keine gesetzliche Grundlage gibt, die Mitwirkung des ArbN vorsieht, indem dem ArbGeb bei der Verrechnung bestimmte Erklärungen des ArbN vorliegen müssen, ist der ArbN hinreichend informiert. Er kann, wenn er dies will, seine Mitwirkung zum Verrechnungsverfahren versagen. Er hat dann die Möglichkeit, den ihm zustehenden Erstattungsanspruch direkt beim Versicherungsträger geltend zu machen. Allerdings umfasst dann der Lohnrückzahlungsanspruch des ArbGeb gegen den ArbN auch die ArbNAnteile und den Beitrag des ArbN zur BA.

Entgeltverzicht

A. Arbeitsrecht   *Griese*

1   **1. Rechtliche Einordnung.** Der Entgeltverzicht ist rechtlich ein **Erlassvertrag** nach § 397 Abs 1 BGB. Mit ihm verzichtet der ArbN auf ihm zustehende Entgeltansprüche. Ein Entgeltverzicht kann auch in einem gerichtlichen oder außergerichtlichen *Vergleich* oder einer *Ausgleichsquittung* enthalten sein.

2   Vom Entgeltverzicht ist die **Lohnverwirkungsabrede** zu unterscheiden. Sie liegt vor, wenn das Entfallen des Entgeltanspruchs für den Fall vertragswidrigen Verhaltens des ArbN vereinbart wird, und ist nur in sehr engen Grenzen zulässig. Da es sich um eine der *Vertragsstrafe* (s dort Rz 10) gleichstehende Abrede handelt (ErfK/*Preis* § 611 BGB Rz 469), kann sie gem § 309 Nr 6 BGB nicht durch Formulararbeitsverträge, sondern nur durch individuellen Vertrag vereinbart werden, darf nicht den unpfändbaren Teil des Arbeitseinkommens erfassen (*Schaub* § 87 Rz 27) und unterliegt der Inhaltskontrolle, insbesondere im Hinblick auf eine unangemessene Benachteiligung gem § 307 BGB.

3   Für den im Verzicht liegenden Erlassvertrag gelten die allgemeinen Vertragsregeln. Die Willenserklärungen der Parteien müssen **eindeutig einen Verzichtswillen** zum Ausdruck bringen, an dessen Feststellung strenge Anforderungen zu stellen sind (*Palandt/Heinrichs* § 397 Rz 4). Es ist ein Erfahrungssatz, dass ein Verzicht **nicht zu vermuten und im Zweifel eng auszulegen** ist (BGH 20.12.83, NJW 84, 1346; BAG 18.12.84, DB 85, 1949). Diese Grundsätze gelten grds auch bei Entgeltverzichtserklärungen in Ausgleichsquittungen (Näheres s *Ausgleichsquittung* Rz 7 ff; s aber auch BAG 28.7.04 – 10 AZR 661/03, NZA 04, 1097). Übersendet der ArbGeb über einen Teilbetrag der ausstehenden Vergütung einen Scheck und unterbreitet in einem Begleitschreiben über den Restbetrag ein Erlassangebot, so liegt in der Einlösung des Schecks regelmäßig keine Annahme des Erlassvertragsangebots (*Frings* BB 96, 809). Der Erlassvertrag bedarf keiner Form. **Die Anfechtung ist nach § 119 BGB (Inhalts- oder Erklärungsirrtum) oder nach § 123 BGB (Anfechtung wegen arglistiger Täuschung oder rechtswidriger Drohung) möglich.** Eine am Arbeitsplatz geschlossene Verzichtsvereinbarung ist ebenso wie eine dort geschlossene Beendigungsvereinbarung (BAG 27.11.03 – 2 AZR 135/03, NZA 04, 597) kein **Haustürgeschäft,** so dass kein Widerrufsrecht nach § 312 Abs 1 Nr 1 BGB gegeben ist.

4   **2. Grenzen des Entgeltverzichts.** Entgeltverzichtsvereinbarungen unterliegen unterschiedlich restriktiven Grenzen, je nachdem, auf welcher Rechtsgrundlage die Entgeltansprüche beruhen.
   a) Gesetzliche Ansprüche. Soweit die Ansprüche auf Vergütung auf Gesetz beruhen, ist ein Verzicht nicht möglich, wenn nicht die gesetzliche Regelung dispositiv ist. Letzteres ist im Arbeitsrecht die Ausnahme, zudem schließen verschiedene gesetzliche Vorschriften einen Verzicht ausdrücklich aus, so § 12 EFZG für die Entgeltfortzahlung im Krankheitsfall und § 13 Abs 1 BUrlG für Urlaubsentgeltansprüche (Näheres s *Verzicht* Rz 2).

Entgeltverzicht 165

b) Ansprüche aus Kollektivverträgen. Tarifverträge und Betriebsvereinbarungen gelten nach § 4 Abs 1 TVG bzw § 77 Abs 4 Satz 1 BetrVG unmittelbar und zwingend. Tarifverträge, die den Betrieb vom Geltungsbereich her erfassen, und für die unmittelbare, nicht lediglich nachwirkende Tarifbindung besteht, sowie im Betrieb geltende Betriebsvereinbarungen können daher nicht durch Entgeltverzichtsvereinbarungen unterlaufen werden (zB ArbG Düsseldorf 26.11.96, ArbuR 97, 212: indirekter Entgeltverzicht durch Überschreitung der tariflichen Arbeitszeit ohne Vergütung). Für den Verzicht auf entstandene tarifvertragliche Rechte schreibt deshalb § 4 Abs 4 TVG vor, dass dieser nur in einem **von den Tarifvertragsparteien gebilligten Vergleich zulässig ist.** Von einer Billigung des Vergleichs durch die Tarifvertragsparteien ist im Regelfall dann auszugehen, wenn die Prozessparteien im ArbGVerfahren durch Beauftragte der jeweiligen Tarifvertragsparteien vertreten waren und die Beauftragten zur Abgabe von entsprechenden Erklärungen bevollmächtigt sind. Für Rechte und damit auch **Entgeltansprüche aus Betriebsvereinbarungen** bestimmt § 77 Abs 4 Satz 2 BetrVG, dass ein Verzicht **nur mit Zustimmung des Betriebsrats** möglich ist. Von einem Verzicht auf **bestehende** Ansprüche ist die Einigung über die **tatsächlichen** Grundlagen eines Anspruchs zu unterscheiden (zB ob überhaupt nach Tarifvertrag entgeltpflichtige Überstunden geleistet worden sind); insoweit sind vertragliche, die tatsächlichen Grundlagen betreffende Einigungen jederzeit möglich (BAG 5.11.97 – 4 AZR 682/95, NZA 98, 434).

c) Individualrechtliche Ansprüche. Beruhen die Lohnansprüche auf individualrechtlicher Grundlage (Vertrag, Gesamtzusage, vertragliche Einheitsregelung, Betriebliche Übung oder Gleichbehandlungsgrundsatz), ist ein Entgeltverzicht grds möglich. Dies hat zur Folge, dass insbesondere übertarifliche Vergütungsbestandteile verzichtbar sind. Mit entsprechenden Entgeltverzichtsverträgen bzgl übertariflicher Leistungen kann die Belegschaft im Fall einer **wirtschaftlichen Krise** des Betriebes dessen Überleben sichern. Bei späteren Entgelterhöhungen darf der ArbGeb die Gruppe, die Entgeltverzicht geleistet hat, bis zur Kompensation der Verzichtsbeträge besser stellen (BAG 17.3.10 – 5 AZR 168/09, NZA 10, 696).

Mit Entgeltverzichtsverträgen darf jedoch nicht gegen höherrangiges Recht verstoßen werden. So ist es unter dem Gesichtspunkt des Verbotes der Kündigungserschwerung unzulässig, im Vorhinein eine **rückwirkende Entgeltminderung oder** einen rückwirkenden **Entgeltverzicht** für den Fall der Beendigung des Arbeitsverhältnisses zu vereinbaren (BAG 27.4.82 – 3 AZR 814/79, DB 82, 2406). Entgeltverzichtsverträge, die in einer vertraglichen Einheitsregelung enthalten sind, können wegen unangemessener Benachteiligung gem § 307 BGB unwirksam sein. Die Berufung auf eine vom ArbN abgegebene Verzichtserklärung kann eine unzulässige Rechtsausübung sein, wenn der ArGeb eine für den ArbN unzumutbare Drucksituation herbeiführt (BAG 16.10.12 – 9 AZR 183/11 Genehmigung von Klassenfahrten für Lehrer nur bei für Reisekostenverzicht).

B. Lohnsteuerrecht *Windsheimer*

1. (Bedingungsfreier) Verzicht (H 38.2 LStR). Im Falle eines bedingungsfreien Lohnverzichts, liegt **keine steuerpflichtige Einnahme** vor, da es für die Besteuerung auf den Zufluss beim ArbN ankommt (s *Lohnzufluss* Rz 2, § 38 Abs 2 Satz 2 EStG). Dies gilt auch dann, wenn nach tarifvertraglichen Vorschriften ein Entgeltverzicht unzulässig ist (§ 40 AO). Der ArbN darf keine Bedingungen an die Verwendung der freigewordenen Mittel knüpfen (BFH 23.9.98 – XI R 18/98, BStBl II 1999, 98). Auf das Motiv des Verzichts (eigen- oder fremdnützig) kommt es nicht an. Daher liegt auch ein Entgeltverzicht vor, wenn ArbN zwecks Stärkung der finanziellen Leistungskraft ihres ArbGeb mit einem Vorabzug eines Teils ihres Lohns aufgrund (kollektiver) vorher geschlossener Vereinbarungen einverstanden sind (sog **Sanierungsbeitrag;** BFH 25.11.93 – VI 3/92, BStBl II 94, 242). Fiktive Einnahmen werden nicht angesetzt. Zu den Folgen eines langzeitigen Auszahlungsverzichts des Lohns im Rahmen von **Ehegatten-Arbeitsverhältnissen** s *Familiäre Mitarbeit* Rz 36, bei Entgeltverzicht des ArbNEhegatten zugunsten einer **Nur-Pension** (BFH 25.7.95 – VIII R 38/93, BStBl II 96, 153; s *Betriebliche Altersversorgung* Rz 173, 159). Zum Entgeltverzicht im Rahmen einer **geringfügigen Beschäftigung,** um die 400 €-Grenze nicht zu überschreiten, zB Verzicht auf Weihnachtsgeld, Urlaubsgeld, s BFH 29.5.08 – VI R 57/05, BStBl II 09, 147.

165 Entgeltverzicht

Mangels Zufluss und damit mangels Einnahme beim ArbN entstehen korrespondierend **keine Betriebsausgaben** des ArbG für den nicht gezahlten Lohn (BFH 5.12.90 – I R 5/88, BStBl II 91, 308; FG Hess 23.11.98 – 4 K 6322/97, EFG 99, 459).

9 Bei **teilweisem** Verzicht ist die Lohnsteuer auf der Grundlage der geminderten Bruttobeträge zu berechnen. Eine Entschädigungszahlung für den Verzicht ist nicht steuerbegünstigt (BFH 10.10.01 – XI R 50/99, BFH/NV 02, 698). Bei **zeitweisem Verzicht** bzw **Stundung** des Lohns, bei vereinbartem Sicherheitseinbehalt durch den ArbGeb uÄ kommt es auf den späteren Zufluss beim ArbN an. Auch ein **nachträglicher** Verzicht nach Stundung oÄ auf die Lohnzahlungsforderung löst mangels Zufluss keine Einnahme und damit keine Steuer aus. In Höhe des Gehaltsverzichts liegen keine Werbungskosten vor (BFH 21.10.80 – VIII R 190/78, BStB II 81, 160). Zur Umwandlung von gestundetem Lohn in ein Darlehen mit darauf folgenden Darlehensverlust s *Arbeitnehmerdarlehen* Rz 8 ff. Zur Lohngutschrift auf ein **Arbeitszeitkonto** s *Arbeitszeitmodelle* Rz 17.

10 Bei **Gewährung einer anderen Leistung anstelle Lohn,** zB günstige Bezugsbedingungen, Reisen, unentgeltliches Wohnen, Pkw-Nutzung uÄ (s hierzu *Sachbezug* Rz 3 ff), liegt **kein Verzicht** vor (FG SchlHol 21.3.95, EFG 95, 836). In diesen Fällen fällt also LSt aus dem Wert des Sachbezugs an (s *Sachbezug* Rz 11 ff), außer die Ersatzleistung des ArbGeb stellt keinen geldwerten Vorteil dar, wie zB beim Verzicht auf Überstundenvergütung zugunsten von **Freizeitausgleich.** Bei einem Wahlrecht des ArbN zwischen Barlohn und einer anderen Art der Vergütung, zB Sachlohn oder Deputatware, ist im Einzelfall zu entscheiden, mit welchem Wert die erhaltene Vergütung anzusetzen ist (BFH 6.3.08 – VI R 6/05, BStBl II 08, 530, BFH 10.6.08 – VI B 113/07, BFH/NV 08, 1482). Beitragsermäßigungen bei der Krankenkasse führen zum Lohnzufluss, auch wenn die ArbN im Gegenzug auf Beihilfe verzichtet haben (BFH 28.10.04 – VI B 176/03, BFH/NV 05, 205). Stellt die Bruttogehaltskürzung das Nutzungsentgelt für die Überlassung eines Pkw dar, so ist diese **Barlohnumwandlung** steuerlich wirksam (s *Dienstwagen* Rz 26 aE; zur Barlohnumwandlung s *Arbeitgeberzuschuss* Rz 6).

11 **2. Verzicht unter Lohnverwendungsabrede.** Bei Verzicht auf Lohn **zugunsten eines Dritten,** also wenn Zufluss beim Dritten vorliegt, kann entweder nach Besteuerung beim ArbN eine steuerlich abzugsfähige **Spende** des ArbN iSd § 10b EStG zugunsten des Dritten vorliegen oder aber ein Entgeltverzicht mit der Folge, dass nur der um den Verzicht gekürzte Lohn stpfl ist, also die Zahlung an den Dritten beim Stpfl sich LStmindernd auswirkt.

Beispiele: Der ArbN beauftragt den ArbGeb, sein Weihnachtsgeld einem gemeinnützigen Verein zu überweisen.

Der ArbN setzt seinen eigenen Pkw unentgeltlich für Fahrten im Auftrag des ArbGeb ein: 0,30 € je gefahrener km (OFD Frankfurt 21.2.02 – S 2223 A – 22 – St II 25, DStR 02, 805).

Entscheidend, ob Entgeltverzicht oder voller Lohn anzunehmen ist, ist die der Zahlung an den Dritten zugrunde liegende Vereinbarung zwischen ArbGeb und ArbN. Erfüllt der ArbGeb eine **Lohnverwendungsabrede,** das bedeutet: Ist der ArbGeb hinsichtlich des Adressaten der Zahlung an die Vorgabe des ArbN gebunden, liegt kein Entgeltverzicht, sondern voller Lohn vor (FG Münster 24.3.11 – 8 K 3696/10 E, EFG 11, 1712). Unterliegt der ArbGeb keinen Vorgaben hinsichtlich der Verwendung der Zahlung an den Dritten, liegt Entgeltverzicht vor. Die Verwendungsvereinbarung muss **vor der Fälligkeit** des Lohns getroffen werden und beim Lohnkonto des ArbGeb nachgewiesen sein, um nicht Zufluss anzunehmen (BFH 30.7.93 – VI R 87/92, BStBl II 93, 884; BFH 23.9.98 – XI R 18/98, BStBl II 99, 98). Im Spendenfall kann LStMinderung durch Eintragung eines Freibetrags mittels ELStAM iHd Spende erreicht werden (s *Lohnsteuerermäßigung* Rz 3 ff). Spenden für **Katastrophengeschädigte** sind Sonderausgaben (§ 50 Abs 2 Satz 1 Nr 1, Abs 2a EStDV, ab 2011).

Ist bei einem entgeltlichen **Schülerpraktikum** vereinbart, dass die Vergütung einem gemeinnützigen Träger als Spende gezahlt wird, liegt kein Arbeitsverhältnis mit Entgeltverzicht vor (s *Praktikant* Rz 5, 11; aA OFD Frankfurt 18.11.11 – S 2332 A – 88 – St 211), so dass kein LStAbzug zu erfolgen hat. Die Spende ist dem Unternehmen zuzurechnen.

12 **3. Verzicht unter Bedingung der Rückzahlung.** An einem Zufluss fehlt es nur bei einem **bedingungsfreien Verzicht.** Bei Zufluss unter einer Bedingung der Rückzahlung ist der Lohn mit steuerlicher Wirkung gezahlt, also LStPflicht, ebenso bei Hinterlegung des

Entgeltverzicht 165

Lohns nach § 378 BGB. Bei Bedingungseintritt führt die Rückzahlung zu negativen Einnahmen im Zeitpunkt des Abflusses beim ArbN (s *Entgeltrückzahlung* Rz 17 ff).

4. Rückzahlung von ausbezahltem Lohn. Ist der Lohn bereits ausbezahlt worden und bezahlt ihn der ArbN zurück, liegt grds kein Entgeltverzicht mehr vor, vielmehr *Lohnzufluss* und Lohnrückzahlung. Ausnahmsweise kann nach der Rspr bei Rückzahlung des Lohns dann ein Entgeltverzicht vorliegen (also keine Einnahmen und damit keine Steuer beim ArbN, keine Betriebsausgaben beim ArbGeb), wenn der Lohn sofort, dh in engstem zeitlichem Zusammenhang mit seiner Auszahlung wieder zurückgeleitet wird (BFH 5.12.90 – I R 5/88, BStBl II 91, 308). Der Entscheidung des BFH kann unter der engen Voraussetzung zugestimmt werden, dass die Lohnzahlung nur zum Schein erfolgt (§ 41 Abs 2 AO) und der Lohn deshalb unmittelbar wieder zurückgeleitet wird. Ansonsten wird man Lohnzufluss und Lohnrückzahlung annehmen müssen (vgl OFD Köln 12.10.92, DStR 92, 1687; s auch *Entgeltrückzahlung* Rz 17 ff). 13

5. Bei einem **nicht beherrschenden Gesellschafter-Geschäftsführer** einer Kapitalgesellschaft (bis zu 50 % am Kapital beteiligt) kommt es auf den tatsächlichen Zufluss an, nicht (wie beim beherrschenden, s Rz 15) auf die Fälligkeit (BFH 3.2.2011 – VI 4/10, DStR 2011, 618). 14

6. Verzichtet ein **beherrschender Gesellschafter-Geschäftsführer** einer Kapitalgesellschaft (s hierzu BFH 5.10.04 – VIII R 9/03, BFH-NV 05, 526) nach Fälligkeit der Gehaltsforderung auf die (momentane) Auszahlung seines Gehalts oder einer anderen vereinbarten Leistung, zB auf die Tantieme, um die Liquidität der Gesellschaft nicht zu gefährden, wozu er aus Treuegesichtspunkten verpflichtet sein kann (FG München 25.3.03 – 6 K 3812/01, BeckRS 03, 21014057; OLG Köln 6.11.07 – 18 U 131/07, DStR 08, 1298), so führt der Gehaltsverzicht zu einer verdeckten Einlage bei der GmbH und damit zu nachträglichen Anschaffungskosten iSd § 17 EStG (BFH 19.7.94 – VIII R 58/92, BStBl II 95, 362). Trotz Verzicht gilt hiernach das Gehalt beim beherrschenden Gesellschafter-Geschäftsführer als **zugeflossen,** wenn es **fällig** war und sich gegen eine zahlungsfähige Gesellschaft richtet (BFH 3.2.11 – VI R 66/09, DStR 11, 805; *Bergkemper* FR 11, 578). Ist die Gehaltsforderung nicht mehr vollwertig, zB wegen Zahlungsunfähigkeit der GmbH, gilt das Gehalt in Höhe des noch werthaltigen Teils der Forderung als zugeflossen (BFH 9.6.97 – GrS 1/94, BStBl II 98, 307). Um bei Werthaltigkeit der Forderung der (momentanen) Besteuerung zu entgehen, empfiehlt sich ein Verzicht mit **Besserungsklausel** (BFH 18.12.02 – I R 27/02, BFH/NV 03, 824 mit Anm *Hoffmann* GmbHR 03, 548; s auch *Kohlhaas* GmbHR 09, 685), die Stundung der Vergütung mit späterer Zuwendung nach wiedererlangter Liquidität (BFH 2.9.94 – VI R 35/94, BFH/NV 95, 208) einschließlich Verzinsung und Sicherheitsleistung (FG Hess 16.8.2000 – 4 K 5124/99, DStRE 03, 161) oder die Vereinbarung eines Darlehens iHd jeweils nicht gezahlten Gehalts (s *Arbeitnehmerdarlehen* Rz 15). Bei einem nicht an der GmbH beteiligten Geschäftsführer führt der Verzicht auf die Tantiemen zugunsten einer Pensionszusage nicht zu Lohnzufluss (FG Hbg 27.2.03 – V 272/98, EFG 03, 1000). **Kein Zufluss** liegt vor bei Verzicht auf die Vergütung vor Fälligkeit auf Grund von Liquiditätsproblemen der GmbH (BFH 22.11.83 – VIII R 133/82, BB 84, 513). Ebenso kein Zufluss von Urlaubs- und Weihnachtsgeld als Arbeitslohn bei einvernehmlicher Aufhebung einer entsprechenden Zusage vor dem Zeitpunkt der Entstehung dieser Sonderzuwendungen (BFH 15.5.13 – VI R 24/12, DStR 2013, 1722). Der Verzicht auf das Gehalt kann auch Auswirkung auf eine **Pensionszusage** haben (BFH 12.10.10 – I R 17, 18/10, BFH/NV 11, 452). Ist durch den Gehaltsverzicht die 75%-Grenze nicht mehr eingehalten (s *Betriebliche Altersversorgung* Rz 173), ist die Pensionszusage entsprechend zu kürzen, mit der Folge einer ertragswirksamen Auflösung in der Bilanz der GmbH, nicht jedoch mit der Folge eines entsprechenden Zuflusses beim Gesellschafter-Geschäftsführer. Wird die Anpassung nicht vorgenommen, liegt hierin eine verdeckte Gewinnausschüttung (BFH 15.9.04 – I R 62/03, DStR 05, 63). Der Verzicht auf das laufende Gehalt in voller Höhe zugunsten einer Versorgungszusage, also die „**Nur-Pension**" als Vergütung für aktive Dienste, ist jedenfalls dann verdeckte Gewinnausschüttung, wenn die Pensionsanwartschaft nicht durch eine Rückdeckungsversicherung abgesichert ist (BFH 15.9.04 – I R 62/03, DStR 05, 63; hierzu BMF 28.1.05 – IV B 7 – S 2742 – 9/05, DStR 05, 248 = BStBl I 05, 387). Auch eine anfängliche Nur-Pension ist verdeckte Gewinnausschüttung (BFH 9.11.05 – I R 89/04, DStR 06, 83; 15

165 Entgeltverzicht

OFD Frankfurt 8.9.08 – S 2742 A – 10 – St 51, BeckVerw 126779). Verzichtet der Gesellschafter-Geschäftsführer auf Pensionsansprüche, um künftig verdeckte Gewinnausschüttungen zu vermeiden, weil das FA eine ursprüngliche Pensionszusage nicht anerkannte, also zwecks Anpassung der Vorgaben des FA, so ist der Verzicht keine verdeckte Gewinnausschüttung, sondern steuerlich anzuerkennen (BFH 19.5.98 – I R 36/97, BStBl II 98, 689). Der Verzicht des Geschäftsführers zugunsten des Gesellschafters ist verdeckte Gewinnausschüttung (FG BaWü 18.8.94, EFG 95, 287), ebenfalls der Verzicht auf das Festgehalt zugunsten einer gewinnabsaugenden **Tantieme** (BFH 27.3.01 – I R 27/99, BStBl II 02, 111; BMF 1.2.02 – IV A 2 – S 2742 – 4/02, BStBl I 02, 219; BVerfG 7.3.02 – 1 BvR 1563/01, DStZ 02, 342). Erfüllt eine GmbH aus eigenem Entschluss und entgegen dem Willen des Anspruchsberechtigten die fällig werdenden Betriebsrentenansprüche nicht, kann ein Zufluss im Wege der Novation selbst dann nicht angenommen werden, wenn der Anspruchsberechtigte die Möglichkeit hätte, die Forderung gerichtlich durchzusetzen, eine solche streitige Durchsetzung seiner Ansprüche aber aus persönlichen Gründen unterlässt (FG BaWü 8.2.11 – 4 K 264/09, EFG 11, 1156).

16 **7.** Zum Verzicht auf eine **Pensionszusage** s *Betriebliche Altersversorgung* Rz 185; zum Entgeltverzicht zugunsten einer Pensionszusage (sog **arbeitnehmer-finanzierte** Pensionszusage, s *Betriebliche Altersversorgung* Rz 123; zum Verzicht im Zusammenhang mit einer **Rente** s *Rentenanpassung* Rz 2; zum Verzicht auf rückständigen Lohn einschließlich Urlaubsgeld zugunsten einer **Abfindung** s *Außerordentliche Einkünfte* Rz 6; zur **darlehens**weisen Überlassung s *Arbeitnehmerdarlehen* Rz 8 ff; zu anderen Arten des Verzichts (Aufwendungsersatz, Schadensersatzforderung, Verzicht des ArbGeb uÄ) s *Verzicht* Rz 13 ff.

C. Sozialversicherungsrecht *Schlegel*

17 **1. Bedeutung des Entgeltverzichts in der Sozialversicherung.** Ein Entgeltverzicht kommt aus sozialrechtlichen Erwägungen in der **Praxis** zB vor, wenn Auszubildende mit ihrem ArbGeb eine geringere als tarifvertraglich vorgesehene Ausbildungsvergütung oder die Nichtzahlung vermögenswirksamer Leistung vereinbaren, um noch in den Genuss des **Kindergeldes** zu kommen. Entsprechendes gilt, wenn bei eigenem Erwerbseinkommen Leistungsansprüche erst gar nicht entstehen, zum Ruhen kommen oder Erlöschen, wie dies zB bei den **Hinterbliebenenrenten** selbst erwerbstätiger Witwen und Witwern der Fall sein kann (vgl §§ 18a ff SGB IV). Bisweilen sieht das Gesetz allerdings vor, dass Sozialleistungen nicht gewährt werden, wenn die hierfür maßgeblichen Einkommensgrenzen nur deshalb nicht überschritten werden, weil auf einen Teil des Arbeitsentgelts etc verzichtet worden ist (vgl zB § 2 Abs 2 Satz 6 BKGG).

18 **2. Unterscheidung echter/unechter Entgeltverzicht.** In der SozV kommt es sowohl für das Leistungs- als auch für das Beitragsrecht darauf an, ob der ArbN auf einen Teil des vereinbarten und bereits erarbeiteten Arbeitsentgelts verzichtet **(echter Verzicht)** oder ob von vornherein für die Zukunft ein geringeres als beabsichtigt oder tarifvertraglich vorgesehenes Arbeitsentgelt vereinbart wird **(unechter Verzicht).** In beiden Fällen bedarf es einer **einvernehmlichen Regelung** zwischen ArbGeb und ArbN, sei es nach § 305 iVm § 397 BGB oder iS eines Änderungsvertrages. Daher kann zB auf einen Zuschuss des ArbGeb an einen nicht krankenversicherungspflichtigen ArbN nach § 257 SGB V nicht durch einseitige Erklärung des ArbN gegenüber dem ArbGeb verzichtet werden (BSG 8.10.98 – B 12 KR 19/97 R, SozR 3–2500 § 257 Nr 5). Zur insolvenzrechtlichen Behandlung von Lohnbestandteilen, auf die im Rahmen eines Sanierungs- oder **Restrukturierungs-Tarifvertrages** verzichtet wurde, wenn der Sanierungserfolg nicht eintritt und der Verzicht wieder entfallen soll vgl BSG 4.3.09 – B 11 AL 8/08 R.

19 **3. Abgrenzung des Entgeltverzichts zur Verwendungsabrede.** Wird vom ArbGeb verabredungsgemäß ein Teil des **Barlohns** nicht ausgezahlt, sondern stattdessen ein **Sachbezug** (zB private Kfz-Nutzung etc) zugewandt, so ist die Verminderung des Barlohns sowohl im Steuerrecht als auch im Sozialversicherungsrecht nur dann beachtlich, wenn wirksam vereinbart wurde, dass auf den Barlohnanspruch verzichtet und stattdessen ein Sachlohn gewährt wird. Für die Berechnung der SozVBeiträge ist als Entgelt nur noch der verbliebene reduzierte Barlohn und der Wert des Sachbezuges zugrunde zu legen. Liegt dagegen lediglich

eine Abrede über die Verwendung des vereinbarten und erarbeiteten Barlohns vor, ist für die Beitragserhebung unverändert nur der Barlohn zu berücksichtigen (BSG 2.3.10 – B 12 R 5/09 R, BeckRS 2010, 72501; zur Novation auch BSG 4.7.04 – B 12 KR 10/02 R, BSGE 93, 109 = SozR 4–5375 § 2 Nr 1).

4. Sozialrechtliche Zulässigkeit. § 46 Abs 1 SGB I steht weder einem echten noch einem unechten Entgeltverzicht entgegen. § 46 Abs 1 SGB I regelt den Verzicht auf Sozialleistungen. Dieser ist unwirksam, soweit durch ihn andere Personen oder Leistungsträger belastet oder Rechtsvorschriften umgangen werden (§ 46 Abs 2 SGB I). Auf einen Verzicht auf Arbeitsentgelt findet § 46 SGB I weder direkt noch analog Anwendung (BSG 12.4.2000 – B 14 KG 4/99 R, SozR 3–5870 § 2 Nr 44; 28.2.90 – 10 RKg 15/89, SozR 3–5870 § 2 Nr 4). 20

5. Beitragsrechtliche Folgen. a) Unechter Verzicht. Im Fall eines unechten Verzichts entsteht der Anspruch von vornherein nur in geringerer Höhe (BSG 12.4.2000 – B 14 KG 4/99 R, SozR 3–5870 § 2 Nr 44). Darauf, ob der Verzicht tarifvertraglich wirksam ist, kommt es nach der Rspr des BSG nicht an (BSG 27.11.86 – 5a RKnU 6/85, SozR 2200 § 583 Nr 5). In die Zukunft wirkende Vereinbarungen sind auch beitragsrechtlich relevant, weil in Wirklichkeit Beiträge nur aus dem tatsächlich verdienten Arbeitsentgelt, das für die Zukunft in anderer Höhe festgesetzt wird, zu entrichten sind. In diesen Fällen liegt kein Entgeltverzicht, sondern eine **Änderung des Arbeitsvertrages bezüglich der Entlohnung** vor. 21

b) Echter Erlassvertrag. Anders verhält es sich bei einem echten Erlassvertrag, bei dem der ArbN auf bereits erarbeitetes Arbeitsentgelt verzichtet. In diesem Fall ist die **Beitragsentstehung vom Lohnzufluss und damit von einem Entgeltverzicht unabhängig.** Gem § 22 Abs 1 SGB IV entstehen Beitragsansprüche der Versicherungsträger bzgl des **laufenden Arbeitsentgelts,** sobald die in einem Gesetz oder aufgrund eines Gesetzes bestimmten Voraussetzungen vorliegen, dh mit der Arbeitsleistung (BSG 21.5.96 – 12 RK 64/94, SozR 3–2500 § 226 Nr 2; s auch *Lohnzufluss*). 22

Beiträge zur SozV und ArblV sind auch für geschuldetes, bei Fälligkeit aber nicht gezahltes Arbeitsentgelt zu entrichten (BSG 14.7.04 – B 12 KR 7/04 R, SozR 4–2400 § 22 Nr 1; s *Annahmeverzug* Rz 29). Sind die Beiträge gem **§ 22 Absatz 1 SGB IV** erst einmal entstanden, so steht der Beitragsanspruch nicht zur Disposition der Arbeitsvertragsparteien; der Anspruch ist von der Beitragseinzugsstelle zugunsten der einzelnen Versicherungsträger geltend zu machen, wobei die SozVBeiträge nicht nur dem Versicherungsschutz des einzelnen ArbN iS einer individuellen, personenbezogenen Versicherungsposition, sondern auch der Versichertengemeinschaft zur Deckung ihres Finanzbedarfes dienen. Eine Verfügungsbefugnis der Arbeitsvertragsparteien hierüber besteht nicht, so dass ein Verzicht auf Entgeltbestandteile, die der ArbN durch geleistete Arbeit bereits erworben hat, die Beitragspflicht hinsichtlich dieser Entgeltbestandteile nicht nachträglich wieder beseitigen kann.

Etwas anderes gilt nur für die auf **Einmalzahlungen** zu entrichtenden Beiträge. Nach § 22 Abs 1, 2. Hs SGB IV entsteht der Beitragsanspruch bei einmalig gezahltem Arbeitsentgelt erst, sobald dieses ausgezahlt worden ist (zur Begründung der Gesetzentwurf BT-Drs 15/26 S 24 zu Nr 6 – § 22). Verzichtet ein ArbN auf entstandene Ansprüche auf Einmalzahlungen vor deren Auszahlung, entsteht insoweit auch kein Anspruch der Einzugstelle auf GesamtSozVBeiträge. 23

Entgeltzahlungsformen

A. Arbeitsrecht *Griese*

1. Allgemeines. Der ArbGeb hat verschiedene Möglichkeiten, seine Verpflichtung zur Entgeltzahlung zu erfüllen. Er kann die Vergütung **bar** auszahlen. Dies stellt jedoch in der Praxis inzwischen den Ausnahmefall dar. Überwiegend wird stattdessen die **bargeldlose Entgeltzahlung** praktiziert, bei der der ArbGeb die Vergütung auf ein Bankkonto des ArbN überweist. 1

166 Entgeltzahlungsformen

2   Wird die Vergütung bar ausgezahlt, ist Erfüllungsort der Betriebssitz; es handelt sich dann um eine **Holschuld**. Bei bargeldloser Lohnzahlung kann hingegen keine Holschuld angenommen werden. Hier bleibt es vielmehr bei der gesetzlichen Regelung des § 270 Abs 1 BGB, wonach der Geldschuldner – der ArbGeb – im Zweifel das geschuldete Geld **auf seine Kosten** und **auf seine Gefahr** dem Gläubiger – dem ArbN – an dessen Wohnsitz zu übermitteln hat. Dies bedeutet, dass es sich um eine **Schickschuld** (*Schaub* § 70 Rz 7) handelt. Zwar können die Arbeitsvertragsparteien etwas anderes vereinbaren. Aus der bargeldlosen Lohnzahlung allein kann dies jedoch nicht geschlossen werden, die Tatsache der Überweisung von Geld spricht im Gegenteil dafür, dass die Arbeitsvertragsparteien an der vom Gesetz als Regelfall angesehenen Schickschuld nichts ändern wollen.

3   Bei einer **Überweisung** ist die Erfüllung erst eingetreten, wenn der überwiesene Geldbetrag dem Konto des ArbN **vorbehaltlos gutgeschrieben** ist. Der ArbGeb trägt das Verlustrisiko, etwa bei Fehlgehen der Überweisung, es sei denn, dies beruht auf Umständen aus der Sphäre des ArbN, etwa Angabe der falschen Kontonummer. Entstehen durch die Überweisung selbst beim ArbN Kosten (Buchungsgebühr), trägt diese nach § 270 Abs 1 BGB der ArbGeb (anders offenbar BAG 31.8.82, DB 82, 2519; offen gelassen von BAG 12.9.84 – 4 AZR 336/82, NZA 85, 160). Der ArbN ist finanziell so zu stellen, als hätte er das Entgelt in bar bekommen. Die Übernahme einer **Kontoführungsgebühr** kann hingegen nur aufgrund eines besonderen Rechtsgrundes verlangt werden. Für die Banküberweisung gelten die §§ 676a–g BGB (s dazu *Klamt/Koch* NJW 99, 2776).

4   Bei der Zahlung durch **Scheck** ist zur Erfüllungswirkung die Einlösung und vorbehaltlose oder endgültige Gutschrift erforderlich. Für eine Scheckklage auf Arbeitsentgelt sind die Arbeitsgerichte zuständig (BAG 7.11.96 – 5 AZR 19/96, NJW 97, 758), die Verfahrensvorschriften des Urkundenprozesses gelten allerdings wegen § 46 Abs 2 ArbGG nicht. Zulässig ist es gem § 107 Abs 2 Satz 1 GewO ferner, **aufgrund entsprechender Vereinbarung**, einen Teil der Vergütung durch **Naturalleistungen**, zB Verpflegung, Unterkunft, zu erbringen (Näheres: *Sachbezug* Rz 1 ff und *Geldwerter Vorteil* Rz 1 ff), wenn dies dem Interesse des ArbN oder der Eigenart des Arbeitsverhältnisses entspricht (vgl *Schöne* NZA 02, 829). Der pfändungsfreie Betrag muss gem § 107 Abs 2 Satz 5 GewO auf jeden Fall ausgezahlt werden. Die Frage der **Auszahlungswährung** beantwortet § 107 Abs 1 GewO: Das Arbeitsentgelt ist in Euro zu berechnen und auszuzahlen.

5   **2. Kreditierungsverbot.** Auf Missbräuche zu Beginn der Industrialisierung geht das in § 107 Abs 2 Satz 2 GewO festgeschriebene Kreditierungsverbot zurück. Es verbietet dem ArbGeb, den ArbN Waren zu kreditieren. Es ist also nicht erlaubt, dem ArbN Waren des ArbGeb auf Kredit zu verkaufen und zu vereinbaren, dass der Kaufpreis durch Kreditraten, die vom Entgelt abgezogen werden, getilgt werden soll. Das Kreditierungsverbot ist verfassungsrechtlich unbedenklich (BVerfG 24.2.92, NJW 92, 2143; s auch *Sachbezug*).

6   **Unter Anrechnung auf die Vergütung** dürfen den ArbN nach Vereinbarung Waren mindestens mittlerer Art und Güte zu den **durchschnittlichen Selbstkosten** veräußert werden. Die Begrenzung auf die durchschnittlichen Selbstkosten soll verhindern, dass der ArbGeb mit Gewinninteresse dem ArbN Waren aufdrängt und dadurch zusätzliche Einnahmen auf Kosten des Arbeitsentgelts erzielt.

7   Der Verkauf von Waren gegen **unmittelbare Bezahlung durch den Arbeitnehmer** bleibt hingegen zulässig. Die AGB-Kontrolle gem §§ 305–310 BGB ist auf mit dem ArbN geschlossenen Kaufverträge anwendbar (BAG 26.5.93 – 5 AZR 219/92, BB 93, 1659 zur früheren AGB-Kontrolle).

Verstöße gegen die Bestimmungen des § 107 Abs 2 GewO führen dazu, dass der ArbGeb die Differenz zum urspr vollen Entgeltanspruch nachleisten muss (ErfK/*Preis* § 107 GewO Rz 7).

8   **3. Mitbestimmung des Betriebsrats.** Der BRat hat, soweit keine tarifliche Regelung besteht (BAG 31.8.82, DB 82, 2519), nach § 87 Abs 1 Nr 4 BetrVG ein erzwingbares Mitbestimmungsrecht bei der Regelung von Zeit, Ort und Art der Auszahlung der Arbeitsentgelte. Dies bedeutet, dass der BRat mitbestimmen kann bei der **Fälligkeit** der Arbeitsentgelte, beim **Leistungsort** und bei der **Auszahlungsform**. Zu der Auszahlungsform gehört die Regelung, ob die Arbeitsentgelte bar oder bargeldlos, also durch Überweisung,

gezahlt werden. Von der Mitbestimmungskompetenz ist umfasst die Frage der Kosten für die Überweisung und Kontoführung (BAG 24.11.87 – 1 ABR 25/86, BB 88, 1387).

Durch **Betriebsvereinbarung** kann ferner geregelt werden, ob die Zeit des Aufsuchens 9 der Bank zum Zweck der Abhebung des Lohns Arbeitszeit ist (vgl BAG 20.12.88 – 1 ABR 57/87, BB 89, 1056).

Der BRat kann im Rahmen des § 87 Abs 1 Nr 4 BetrVG von seinem **Initiativrecht** 10 Gebrauch machen. Insbesondere kann er bei bargeldloser Lohnzahlung die Übernahme der Kosten für Kontoführung und der beim ArbN entstehenden Buchungsgebühren für Überweisung und Abhebung geltend machen (BAG 24.11.87, DB 88, 813). Eine **Pauschalierung** dieser Gebühren in einer Betriebsvereinbarung ist zulässig (BAG 5.3.91 – 1 ABR 41/90, NZA 91, 611). Können sich die Betriebspartner nicht einigen, entscheidet die Einigungsstelle. Ein Spruch einer **Einigungsstelle,** der dem ArbGeb die Kontoführungsgebühren auferlegt, kann nicht als verfassungswidrig beanstandet werden (BVerfG 18.10.87, DB 87, 2361).

B. Lohnsteuerrecht *Seidel*

Auf die Ausführungen unter *Lohnzufluss* Rz 2–18 wird Bezug genommen. 11

C. Sozialversicherungsrecht *Voelzke*

Sozialversicherungsrechtlich haben die unterschiedlichen Entgeltzahlungsformen keine 12 Bedeutung. Zur Behandlung von Sachbezügen s *Sachbezug* Rz 39 ff.

Entgeltzuschläge

A. Arbeitsrecht *Griese*

1. Rechtsgrundlage. Ein Rechtsanspruch auf Vergütungszuschläge kann kraft Gesetzes, 1 kollektiver oder einzelvertraglicher Grundlage oder aufgrund des Gleichbehandlungsgrundsatzes bestehen. Keinen Verstoß gegen den Gleichbehandlungsgrundsatz hat das BAG (15.5.97 – 6 AZR 26/96, NZA 98, 207) darin gesehen, dass der für verheiratete Angestellte vorgesehene Ortszuschlag des BAT nicht auch den Angestellten gewährt wird, die in gleich geschlechtlicher Partnerschaft leben. Anders ist es bei **Eingetragener Lebenspartnerschaft;** die durch die Einführung dieser neuen gesetzlichen Möglichkeit entstandene Tariflücke ist durch Rechtsanalogie zu schließen (BAG 29.4.04 – 6 AZR 101/03, NZA 05, 57; nicht überzeugend abweichend für den kirchlichen Bereich BAG 26.10.06 – 6 AZR 307/06, NZA 07, 1179). Eine trotz gleicher Tätigkeit unterschiedliche Zulagengewährung muss sachliche Gründe haben (BAG 21.3.01 – 10 AZR 444/00, NZA 01, 782), sie kann sich sonst als **unzulässige mittelbare Diskriminierung** darstellen (EuGH 26.6.01 – Rs C-381/99, NZA 01, 883).

Die der Gewährung von Entgeltzuschlägen zugrunde liegende **Zwecksetzung** ist unter- 2 schiedlich: Der Zweck kann zB in der Belohnung besonderer Leistungen des ArbN (Leistungszulagen), im Ausgleich ungünstiger Arbeitsumstände (zB Schmutzzulage, Gefahrenzulage, Erschwerniszulage, Schichtzulage, Zuschläge für Nacht-, Sonn- und Feiertagsarbeit), in der Belohnung der Qualität der Arbeit (Prämien, Zuschläge für sparsamen Ressourcenverbrauch oder geringe Beanstandungs- oder Schadensquote), in der Förderung eines bestimmten Verhaltens der ArbN liegen (zB *Anwesenheitsprämie*) oder auf sozialen Überlegungen beruhen (Sozialzulagen, *Kindervergünstigungen*).

Das ArbZG sieht für Nachtarbeit und Sonn- und Feiertagsbeschäftigung nach § 6 Abs 5 3 und § 11 Abs 2 ArbZG als Ausgleich eine angemessene Zahl freier Tage oder einen angemessenen **Zuschlag** auf das in dieser Zeit anfallende Bruttoentgelt vor (s BAG 12.12.01 – 5 AZR 294/00, NZA 02, 505). Dabei handelt es sich um eine Wahlschuld des ArbGeb (BAG 5.9.02 – 9 AZR 201/01, ArbuR 03, 467). Ansonsten finden sich Entgeltzuschlagsregelungen vor allem in Tarifverträgen, die im Einzelnen Voraussetzungen und Umfang der Entgeltzuschläge regeln. Dies gilt insbesondere für Überstunden, Sonn- und Feiertagsarbeit und Nachtarbeit (s *Überstunden* Rz 12; *Sonn- und Feiertagsarbeit* Rz 14; *Nachtarbeit* Rz 5), aber auch zB für Samstagsarbeit (BAG 23.9.92, DB 93, 540) oder zeitversetzte Arbeit (BAG 12.1.94, NZA 95, 84). Die Abgeltung von Zuschlägen kann **pauschaliert**

167 Entgeltzuschläge

werden (BAG 31.8.05 – 5 AZR 545/04, ArbuR 05, 381). Zur Anrechnung von Zuschlägen auf Tariflohnerhöhungen s *Anrechnung übertariflicher Entgelte* Rz 1 ff.

Eine tarifliche Regelung, die ArbN, die sich schon vorher aufgrund ihres Lebensalters in der tariflichen Verdienstsicherung befunden haben, von einer neu eingeführten Leistungszulage ausnimmt, verstößt nicht gegen höherrangiges Recht (BAG 26.4.2000 – 4 AZR 177/99, NZA 01, 369). Zulässig ist es auch, eine **Gefahrenzulage** für die Arbeit in psychiatrischen Kliniken auf die ArbN zu beschränken, die ständig einer erhöhten Gefahr ausgesetzt sind (BAG 12.6.02 – 10 AZR 503/01, NZA 02, 1112).

Die **Schicht- und Wechselschichtzulage** steht Teilzeitbeschäftigten im öffentlichen Dienst aufgrund von § 24 Abs 2 TVÖD nur anteilig entsprechend ihrer individuellen Arbeitszeit im Verhältnis zur Regelarbeitszeit zu (BAG 24.9.08 – 10 AZR 634/07, NZA 08, 1422). Einer tariflich vorgesehenen Schichtzulage steht bei Abrufarbeit nicht der fehlende regelmäßige Einsatz entgegen (BAG 24.9.08 – 10 AZR 106/08, NZA 08, 1424). Eine **Einsatzerschwerniszulage** entsteht erst beim Einsatz, nicht beim Bereithalten für einen Einsatz (BAG 11.2.09 – 10 AZR 48/08, ZTR 09, 323).

4   Soweit keine tarifliche Regelung besteht, hat der BRat bei der Gestaltung von Entgeltzuschlägen ein **Mitbestimmungsrecht** nach § 87 Abs 1 Nr 10 BetrVG (s *Entgeltzahlungsformen* Rz 10–13). Das Mitbestimmungsrecht erstreckt sich auf alle Arten von Zuschlägen und Zulagen, so dass zB Mietzuschüsse und Kosten für Familienheimflüge (BAG 10.6.86, DB 86, 2340) ebenso erfasst werden wie übertarifliche Zulagen (BAG 17.12.85, DB 86, 914). Es erstreckt sich auf Auslandszulagen, die der ArbGeb an vorübergehend ins Ausland entsandte ArbN gewährt (BAG 30.1.90, DB 90, 1090).

5   Für Leistungszulagen erweitert sich das Mitbestimmungsrecht nach § 87 Abs 1 Nr 11 BetrVG. Hierzu gehören auch Leistungszulagen, die Arbeitsergebnis, Arbeitssorgfalt, Einhaltung von vorgegebenen Terminen, sparsamen Rohstoff- oder Energieverbrauch oder die Arbeitssicherheit honorieren oder nach Prozenten oder Beurteilungsstufen (Leistungsstufen) zusätzlich zur Grundvergütung gezahlt werden.

6   **2. Kürzung oder Abschaffung von Entgeltzuschlägen.** Beruhen die Entgeltzuschläge auf Kollektivvertrag (Tarifvertrag oder Betriebsvereinbarung), kann eine Änderung nur durch Kündigung des Tarifvertrages durch eine Tarifvertragspartei, bzw bei Betriebsvereinbarungen durch Kündigung der Betriebsvereinbarung durch den ArbGeb, erreicht werden. Bis zu einer Neuregelung bleiben die Regelungen aufgrund der gesetzlich vorgesehenen Nachwirkung (§ 4 Abs 5 TVG, § 77 Abs 6 BetrVG) in Kraft. Die Nachwirkung ist bei Betriebsvereinbarungen über freiwillige Leistungen allerdings eingeschränkt. Zu einer Nachwirkung kommt es nur, wenn der ArbGeb beabsichtigt, das Zulagenvolumen insgesamt zu ändern oder neu zu verteilen. Ist hingegen beabsichtigt, die freiwillige Leistung vollständig entfallen zu lassen, tritt keine Nachwirkung ein (BAG 26.10.93 – 1 AZR 46/93, DB 94, 987). Beabsichtigt der ArbGeb, Entgeltzuschläge für neu eingestellte ArbN entfallen zu lassen, löst dies die Mitbestimmung nach § 87 Abs 1 Nr 10 BetrVG aus (BAG 28.2.06 – 1 ABR 4/05, NZA 06, 1426).

7   **Vertraglich zugesagte** Entgeltzuschläge können nur durch Änderungsvereinbarung oder **Änderungskündigung** beseitigt oder geändert werden. Dies gilt grds auch für Ansprüche aus Gesamtzusage, vertraglicher Einheitsregelung oder Betrieblicher Übung, wenngleich hier zusätzlich eine Abänderung durch umstrukturierende Betriebsvereinbarung in Betracht kommt (BAG GS 16.9.86, DB 87, 383 = NZA 87, 168; Näheres: *Günstigkeitsprinzip* Rz 11). Das Bestreben, Lohnkosten zu senken oder eine Unrentabilität des Betriebes oder eines Betriebsteils zu vermeiden, rechtfertigt eine Änderungskündigung zur Abschaffung übertariflicher Zuschläge noch nicht. Hinzukommen muss, dass die mit Änderungskündigung bezweckte Lohnsenkung bewirkt und bewirken soll, dass die Betriebsstilllegung oder die Reduzierung der Belegschaft verhindert wird (BAG 11.10.89, BB 90, 1628).

8   Ist die Zusage von vornherein eingeschränkt oder an Bedingungen geknüpft, kann sie bei deren Wegfall eingestellt werden (BAG 25.7.97 – 6 AZR 774/95, NZA 97, 619 – Ballungsraumzulage unter der Bedingung verfügbarer Haushaltsmittel).

Für vom ArbGeb vorgegebene (§ 310 Abs 3 Nr 2 BGB) oder vorformulierte Vertragsbedingungen, insbesondere in **Formulararbeitsverträgen** ist die Zumutbarkeitsklausel des § 308 Nr 4 BGB zu beachten (*Preis* NZA 04, 1014). Danach kann eine **jederzeitige unbe-**

schränkte **Widerruflichkeit nicht vereinbart werden**; eine Widerrufsklausel darf maximal 25 % des Gesamtverdienstes erlassen, weil sonst die Grenze zur Änderungskündigung überschritten würde, sie darf nicht zur Unterschreitung des Tarifniveaus führen und muss an im Arbeitsvertrag zumindest umrissene, triftige Gründe, zB Verschlechterung der wirtschaftlichen Lage, geknüpft sein (BAG 20.4.11 – 5 AZR 191/10 NZA 11, 796; BAG 11.10.06 – 5 AZR 721/05, NZA 07, 87). Die sich daraus für den ArbGeb ergebenden Begrenzungen sind verfassungsgemäß (BVerfG 23.11.06 – 1 BvR 1909/06, NZA 07, 85). Ein **Freiwilligkeitsvorbehalt ist unzulässig wegen § 307 Abs 1 Satz 1 BGB** (LAG Köln 5.3. 08 – 3 Sa 1425/07).

Der ArbGeb benötigt für den Widerruf **sachliche Gründe.** Er ist insbesondere an den Gleichbehandlungsgrundsatz gebunden. Ein sachlicher Grund für den Widerruf einer Leistungszulage ist nicht gegeben, wenn der ArbN krankheitsbedingte Fehlzeiten hat, während der Arbeitsfähigkeit aber überdurchschnittliche Leistungen erbringt (BAG 1.3.90, DB 90, 2127 [LS]). Der BRat hat nach § 87 Abs 1 Nr 10 BetrVG **mitzubestimmen,** wenn der ArbGeb jederzeit widerrufliche Zulagen widerruft, um sie anschließend nach neuen Verteilungsgrundsätzen verteilen zu können (BAG 3.8.82, DB 83, 237). Missachtet der ArbGeb dieses Mitbestimmungsrecht, ist der Widerruf unwirksam mit der Folge, dass die Zulage im bisherigen Umfang weitergewährt werden muss (BAG 26.1.05 – 10 AZR 331/04, ArbuR 05, 108). Wird in einer Betriebsvereinbarung ein Widerrufsrecht vereinbart, unterliegt dies wegen § 310 Abs 4 Satz 1 BGB nicht der Inhaltskontrolle nach §§ 305 ff BGB (BAG 1.2.06 – 5 AZR 187/05, NJW 06, 2060). Sieht ein vom ArbGeb vorformulierter Arbeitsvertrag eine monatlich zu zahlende Leistungszulage unter Ausschluss jeden Rechtsanspruchs vor, benachteiligt dies den ArbN unangemessen und ist unwirksam (BAG 25.4.07 – 5 AZR 627/06, NZA 07, 853).

9

Die Einstellung **irrtümlich gezahlter Entgeltzuschläge,** für die die Voraussetzungen nicht gegeben waren, ist für die Zukunft jederzeit möglich (BAG 7.6.90 – 6 AZR 423/88, BB 90, 1775 [LS]), die Rückforderung für die Vergangenheit nur ausnahmsweise (s *Entgeltrückzahlung* Rz 5 ff). Der Anspruch auf einen Entgeltzuschlag kann schließlich dadurch entfallen, dass der ArbGeb dem ArbN kraft seines Weisungsrecht andere Arbeiten oder Arbeitszeiten zuweist und dadurch die Voraussetzungen für einen Entgeltzuschlag wegfallen lässt, vorausgesetzt, der ArbGeb hält dabei die Grenzen des Weisungsrechts ein (Näheres: *Weisungsrecht* Rz 6 ff). So reduziert sich die Vergütung automatisch, wenn ein Tarifvertrag die Höhe der Vergütung nach der Zahl der unterstellten Mitarbeiter staffelt und der ArbGeb eine Reduzierung der unterstellten Mitarbeiter vornimmt (BAG 7.11.01 – 4 AZR 724/00, NZA 02, 860). Entsprechendes gilt, wenn die vorgesehene Schülerzahl (BAG 14.9.05 – 4 AZR 102/04, NZA 06, 160) oder die zu betreuende Zahl von Krankenkassenmitgliedern (BAG 22.6.05 – 10 AZR 570/04, NJOZ 06, 8) unter die in dem jeweiligen Tarifvertrag festgelegte Größenordnung sinkt.

10

Ebenso ist es möglich, dass ein ArbGeb, soweit tarifliche oder vertragliche Bestimmungen nicht entgegenstehen und die Mitbestimmungsrechte des BRat gewahrt sind, die **Lage der Arbeitszeit** kraft seines Weisungsrechts verändert und dadurch den Anspruch auf Zuschläge für ungünstige Arbeitszeiten verringert (BAG 19.6.85, DB 86, 132).

11

Aus der Anbindung solcher Maßnahmen an das ArbGebSeitige Weisungsrecht folgt allerdings, dass Voraussetzung für die Rechtswirksamkeit dieser Maßnahmen stets die Einhaltung der Grundsätze des billigen Ermessens nach § 106 GewO (s *Weisungsrecht* Rz 6 ff).

12

B. Lohnsteuerrecht
Seidel

Entgelt- bzw Lohnzuschläge und Lohnzulagen sind steuerrechtlich grds stpfl **Arbeitslohn.** Eine ausdrückliche Regelung enthält § 2 Abs 2 Nr 6 und 7 LStDV. Danach gehören zum Arbeitslohn auch besondere Entlohnungen für Dienste, die über die regelmäßige Arbeitszeit hinaus geleistet werden (Mehrarbeit), wie Entlohnung für Überstunden, Überschichten, Sonntagsarbeit sowie Lohnzuschläge, die wegen der Besonderheit der Arbeit gewährt werden, zB Erschwerniszuschläge wie Hitze-, Wasser-, Gefahren- und Schmutzzuschläge. Ob die Zuschläge als laufender Arbeitslohn (s *Lohnsteuerberechnung* Rz 12–14) oder sonstige Bezüge (s *Sonstige Bezüge* Rz 2) der LSt unterliegen, hängt von der Art der Zahlung ab (s auch *Einmalzahlungen* Rz 31).

13

167 Entgeltzuschläge

14 Für gewisse Zuschläge besteht unter bestimmten Voraussetzungen (partielle) **Steuerfreiheit:**
- § 3b EStG: Zuschläge für *Sonn- und Feiertagsarbeit* Rz 17 ff und *Nachtarbeit* Rz 13.
- § 3 Nr 30 EStG: Entschädigungen für die betriebliche Benutzung des Werkzeuges des ArbN **(Werkzeuggeld),** soweit sie die entsprechenden Aufwendungen des ArbN nicht offensichtlich übersteigen, pauschale Entschädigungen, soweit sie die regelmäßige AfA, die üblichen Betriebs-, Instandhaltungs- und Instandsetzungskosten sowie die Kosten der Beförderung zwischen Wohnung und Einsatzstelle abgelten. Entschädigungen für damit zusammenhängenden Zeitaufwand des ArbN sind allerdings stpfl. Instrumentengelder fallen nicht unter § 3 Nr 30 EStG (LStR 3.30; BFH 21.8.95, BStBl II 95, 906).

15 – Zu weiteren steuerfreien Zahlungen des ArbGeb, zB Auslagenersatz (§ 3 Nr 50 EStG), Reisekosten- und ähnlichen Vergütungen (§ 3 Nr 13 und 16 EStG), Leistungen zur betrieblichen Gesundheitsförderung (§ 3 Nr 34 EStG), die nicht unter den arbeitsrechtlichen Begriff der Entgelt- bzw Lohnzuschläge bzw Lohnzulagen fallen, aber zusätzlich zum Arbeitslohn gezahlt werden, s *Steuerfreie Einnahmen* Rz 8 ff, *Aufwendungsersatz* Rz 23 ff, und *Betriebliche Gesundheitsförderung* Rz 15.

C. Sozialversicherungsrecht *Schlegel*

16 **1. Leistungsrecht.** Hängt die Höhe einer Lohnersatzleistung von der Höhe des im maßgeblichen Bemessungszeitraum vor Eintritt des Versicherungsfalles (zB krankheitsbedingte Arbeitsunfähigkeit, Arbeitslosigkeit) erzielten Arbeitsentgeltes ab, ist zu differenzieren nach dem Zweck der Zulage und danach, ob sie lstpflichtig oder lstfrei ist.

17 **a) Regelmäßig gezahlte lohnsteuerfreie Zulagen** zum Lohn und Gehalt sind nicht dem Arbeitsentgelt zuzurechnen; dies ergibt sich für die UV, RV, PflegeV, ArbIV und KV aus §§ 14, 17 SGB IV iVm § 1 Abs 1 Satz 1 Nr 1 SvEV. **Ausnahme:** Gemäß § 1 Abs 1 Nr 1 SvEV werden dem Arbeitsentgelt laufende Zulagen und Zuschüsse sowie ähnliche Einnahmen nicht zugerechnet, soweit sie lohnsteuerfrei sind. Dies gilt nicht für Sonntags-, Feiertags- und Nachtarbeitszuschläge, soweit das Entgelt, auf dem sie berechnet werden, mehr als **25 €** beträgt. Somit ist bei **Zuschlägen für Sonn- und Feiertagsarbeit** wie folgt vorzugehen: Es ist zu prüfen, ob das Entgelt pro Stunde (Stundengrundlohn iSv § 3b EStG), für das die Zuschläge gezahlt werden, über 25 € liegt; ist dies nicht der Fall, sind die Zuschläge nicht dem Arbeitsentgelt zuzurechnen und damit auch beitragsfrei, soweit sie steuerfrei sind. Liegt das Entgelt pro Stunde (Stundengrundlohn), für das die Zuschläge gezahlt werden, über 25 €, sind nur die auf einen Grundlohn-Betrag von bis 25 € entfallenden Zuschläge, nicht jedoch die auf den Betrag von über 25 € entfallenden Zuschläge im Rahmen ihrer Steuerfreiheit auch beitragsfrei (vgl Besprechungsergebnis der Spitzenverbände vom 22.6.2006 zum HBeglG 2006). Zu den **Aufstockungsbeträgen** bei Altersteilzeit s *Altersteilzeit* Rz 27, 60 f.

18 **b) Regelmäßig gezahlte lohnsteuerpflichtige Zulagen** dagegen gehen in die Leistungsbemessung der Lohnersatzleistungen ein, wenn sie auf tatsächlicher Arbeitsleistung des ArbN beruhen. Werden an sich lohnsteuerfreie Zulagen (zB für Nacht- und Sonntagsarbeit) an den ArbN erbracht, obwohl er die Arbeit tatsächlich nicht geleistet hat (zB wegen Freistellung), liegt ausnahmsweise keine Steuerfreiheit vor; dies hat die rechtspolitisch wenig befriedigende Konsequenz, dass in diesem Fall die Zulage ausnahmsweise dem Arbeitsentgelt zuzurechnen ist und mithin in die Leistungsbemessung für Lohnersatzleistungen eingeht, der ArbN im Versicherungsfall also besser steht, als wenn er tatsächlich gearbeitet hätte (zu einem in solchen Fall vgl BSG 21.4.88 – 7 RAr 71/86, SozR 4100 § 112 Nr 38).

19 **2. Beitragsrecht. Beitragspflicht** besteht für Zulagen, die dem Arbeitsentgelt zuzurechnen sind. Dies ist grds für alle Zulagen der Fall, die für tatsächlich geleistete Arbeit gezahlt werden. Eine Ausnahme besteht insoweit, als auch in beitragsrechtlicher Hinsicht lohnsteuerfreie Zulagen nicht dem Arbeitsentgelt zuzurechnen sind (§ 1 Abs 1 Satz 1 Nr 1 SvEV iVm § 14 SGB IV), die Zulage also insoweit auch nicht in die Beitragsbemessungsgrundlage eingeht (zur Steuerfreiheit von Zulagen s oben Rz 14, 15).

20 **Nachgezahlte Zuschläge** sind bei verspäteter Auszahlung demjenigen Entgeltabrechnungszeitraum zuzurechnen, in dem die erschwerten Arbeitsbedingungen (zB Nacht- oder Sonntagsarbeit) vorlagen (Einzelheiten hierzu s *Entgeltnachzahlung* Rz 11–15).

Erstattungsanspruch der Agentur für Arbeit

A. Arbeitsrecht
Griese

1. Anwendungsbereich nach SGB III (Geltung ab 1.1.1998). Der Erstattungsanspruch der Agentur für Arbeit gegen den ArbGeb für Zeiten, für die der ArbN *Arbeitslosengeld* oder *Arbeitslosengeld II* bezogen hat und noch Arbeitsentgelt oder Urlaubsabgeltung zu beanspruchen hatte, ergibt sich aus § 143 Abs 3 SGB III iVm § 115 SGB X. Die Erstattung des Insolvenzgeldes regelt § 187 SGB III, die Erstattung bei Konkurrenzklausel (Wettbewerbsverbot) § 148 SGB III.

Grundgedanke ist jeweils, dass die Agentur für Arbeit die an den ArbN erbrachten Leistungen zurückbekommen soll, wenn für den ArbN in demselben Zeitraum noch Entgeltansprüche bestanden, die der ArbGeb nicht erfüllt hat. In Höhe der erbrachten Leistungen geht der Entgeltanspruch insoweit gem § 115 Abs 1 SGB X auf die Agentur für Arbeit über. Dies umfasst auch die darauf entfallenden Teile des SozVBeitrages gem § 335 Abs 3, 5 SGB III. Einmalzahlungen gehen zeitanteilig bezogen auf die Zeiträume des Sozialleistungsbezugs über (entsprechend § 47 Abs 2 Satz 6 SGB V; LAG Köln 10.5.10 – 5 Sa 7/10, BeckRS 2010, 70866; BeckOK SGB X/*Pohl*, § 115 SGB X). Der Anspruchsübergang und damit der Erstattungsanspruch ist begrenzt durch die von der Agentur für Arbeit für den ArbN selbst erbrachten Leistungen. Deshalb können Leistungen **nicht übergehen und nicht als Erstattung beansprucht werden, soweit sie der Arbeitnehmer nicht für sich, sondern für mit ihm in einer Bedarfsgemeinschaft lebende Angehörige erhalten hat** (LAG Köln 16.9.10 – 7 Sa 385/09; zustimmend *Kohte/Beetz*, jurisPR-ArbR 17/2011 Anm 6; teilweise abweichend und unzutreffend BAG 21.3.12 – 5 AZR 61/11). Die teilweise abweichende Ansicht des BAG würde darauf hinauslaufen, dass die BA sich Leistungen erstatten lassen kann, die sie gar nicht an den ArbN erbringt, sondern an diesen nur als Zahlstelle zur Weiterleitung an Angehörige gegeben hat. Auf diese Weise wurden Ansprüche außenstehender Familienangehöriger systemwidrig zum Gegenstand eines arbeitsrechtlichen Erstattungsanspruchs.

Die Agentur für Arbeit kann ihren Erstattungsanspruch vor den Arbeitsgerichten einklagen. Alternativ ist es möglich, dass der ArbN hinsichtlich des auf die BA übergegangenen Vergütungsanspruchs im Wege der **gewillkürten Prozessstandschaft** mit Zustimmung der BA gegen den ArbGeb auf Zahlung an die BA klagt (BAG 19.3.08 – 5 AZR 432/07, NJW 08, 2204).

2. Einfluss von vertraglichen Vereinbarungen zwischen Arbeitnehmer und Arbeitgeber auf den Erstattungsanspruch. Grds gilt, dass der Erstattungsanspruch der Agentur für Arbeit durch vertragliche Vereinbarungen zwischen ArbGeb und ArbN nicht außer Kraft gesetzt werden kann. So ist eine Vereinbarung zwischen ArbGeb und ArbN, wonach sich der ArbN verpflichtet, keinen AlGeld Anspruch (auch AlGeld II) zu stellen, um den Erstattungsanspruch zu vermeiden, rechtsunwirksam (BSG 24.3.88, BB 88, 1964; *Gagel* BB 88, 1957).

Bei Aufhebungsverträgen ist es zwar zulässig, das Ende des Arbeitsverhältnisses durch einvernehmlichen Verzicht auf eine Kündigungsfrist vorzuverlegen und dadurch den Übergang von Vergütungsansprüchen auf die Agentur für Arbeit zu verhindern (*Waltermann* NJW 92, 1141). Eine solche Regelung kann auch in einem Prozessvergleich getroffen werden. Wird jedoch eine Abfindung gezahlt, führt dies unweigerlich zur Anrechnung auf den AlGeld Anspruch (auch AlGeld II) nach § 143a SGB III. Zahlt der ArbGeb dann trotz Kenntnis von den Leistungen der Agentur für Arbeit an den ArbN die Abfindung ungekürzt aus, steht der Agentur für Arbeit ein Erstattungsanspruch iHd anrechenbaren Betrages zu.

Der ArbGeb seinerseits kann, wenn sich im Nachhinein herausstellt, dass eine bereits gezahlte Abfindung zu einem Erstattungsanspruch führt, die der Agentur für Arbeit erstatteten Leistungen vom ArbN **zurückverlangen,** denn es bedarf einer ausdrücklichen Vereinbarung, wenn eine Abfindung entgegen § 143a SGB III nicht um den darauf entfallenden Anteil der Arbeitslosenunterstützung gekürzt werden soll, sondern die auf die BA übergegangenen Ansprüche vom ArbGeb getragen werden sollen (BAG 25.3.92 – 5 AZR 294/91, BB 92, 1794, auch bei Vereinbarung in einem gerichtlichen Vergleich). Nicht zugestimmt

168　Erstattungsanspruch der Agentur für Arbeit

werden kann dem BAG allerdings, wenn es in der vorzitierten Entscheidung einen Rückforderungsanspruch des ArbGeb gegen den ArbN auch dann bejahen will, wenn die Parteien vereinbart haben, dass die Abfindung abzugsfrei gezahlt werden soll und zudem eine Ausgleichsklausel in den Vergleich aufnehmen. Mit solchen zusätzlichen Regelungen ist hinreichend klargestellt, dass einen eventuellen Erstattungsanspruch der Agentur für Arbeit im Innenverhältnis ArbGeb/ArbN allein der ArbGeb übernehmen soll.

5　Eine zwischen ArbGeb und ArbN **vereinbarte Vorverlegung des Beendigungszeitpunktes** des Arbeitsverhältnisses führt nicht zu einem Wegfall des Erstattungsanspruchs der Agentur für Arbeit, wenn dieser im Zeitpunkt der Vorverlegungsvereinbarung schon entstanden war. Hat etwa ein ArbGeb eine Kündigung im Einverständnis mit dem ArbN zurückgenommen, ist vom Fortbestand des Arbeitsverhältnisses und von der Vergütungsfortzahlungspflicht aus Annahmeverzug nach § 615 BGB auszugehen. Dies hat zur Folge, dass für die Zeit der Nichtbeschäftigung ein Erstattungsanspruch der Agentur für Arbeit nach § 115 SGB X iVm § 143 SGB III entsteht, soweit die Agentur für Arbeit für diese Zeit Leistungen erbracht hat. Diesen durch Anspruchsübergang entstandenen Erstattungsanspruch können ArbGeb und ArbN nicht durch eine nachträgliche Vereinbarung über die Vorverlegung des Beendigungszeitpunktes wieder beseitigen. Eine nachträgliche Änderung braucht sich die Agentur für Arbeit wegen §§ 404, 412 BGB nicht entgegenhalten zu lassen (BAG 17.4.86 – 2 AZR 308/85, BB 86, 2202).

6　Wird durch **Prozessvergleich** das Ende des Arbeitsverhältnisses nach Ausspruch einer **fristlosen Kündigung** unter Verzicht des ArbN auf etwaige Vergütungsansprüche hinausgeschoben, so muss, wenn nunmehr die Agentur für Arbeit einen Erstattungsanspruch gegen den ArbGeb aus übergegangenem Recht aus § 615 BGB geltend macht, als Vorfrage geprüft werden, ob die außerordentliche Kündigung berechtigt war. Ist dies zu bejahen, besteht kein Anspruch aus § 615 BGB und damit kein Erstattungsanspruch (BAG 28.4.83, DB 83, 2091).

Erhält ein ArbN eine **sittenwidrig zu niedrige Vergütung** (s *Mindestentgelt*) und ergänzende Leistungen zur Sicherung des Lebensunterhalts nach SGB II, kann die ARGE bzw die Agentur für Arbeit **aus übergegangenem Recht gem § 115 Abs I SGB X die Vergütungsdifferenz zur üblichen Vergütung arbeitsgerichtlich gegen den ArbGeb einklagen** (ArbG Stralsund 10.2.09 – 1 Ca 313/08, ArbuR 09, 182).

B. Lohnsteuerrecht
Seidel

11　**1. Insolvenzgeld** (Näheres hierzu s zunächst *Insolvenz des Arbeitgebers* Rz 34). Zahlt der ArbGeb oder der Insolvenzverwalter das Arbeitsentgelt aufgrund des gesetzlichen Forderungsübergangs nach § 169 Satz 1 SGB III an die BA, sind die Leistungen nach § 3 Nr 2 EStG steuerfrei (s auch LStR 3.2 Abs 2). Gleiches gilt für die von der Agentur für Arbeit für die letzten drei Monate vor Insolvenzeröffnung an die Einzugsstelle entrichteten Pflichtbeiträge zum GesamtSozVBeitrag, die der ArbGeb oder der Insolvenzverwalter nach § 175 Abs 2 SGB III an die Einzugsstelle abführt und von dieser der Agentur für Arbeit zurückerstattet werden (§ 175 Abs 2 Satz 2 SGB III).

12　**2. Arbeitslosengeld, Arbeitslosengeld II** (Näheres hierzu s zunächst *Arbeitslosengeld* Rz 4–10; *Arbeitslosengeld II* Rz 5, 6). Zahlt der **Arbeitgeber** das Arbeitsentgelt oder Teile hiervon an die BA, weil der Anspruch nach § 115 Abs 1 SGB X auf den Leistungsträger (BA) übergegangen ist, soweit dieser Sozialleistungen erbracht hat, sind die Zahlungen stpfl Arbeitslohn (BFH 16.3.93, BStBl II 93, 507; s auch *Krankengeld* Rz 9), der als Rückzahlung des AlGeldes dem negativen Progressionsvorbehalt unterliegt (FG Bbg 23.2.05 – 4 K 401/02, EFG 05, 1056; s auch Rz 13). Zum Zuflusszeitpunkt s BFH 15.11.07 – VI R 66/03, BStJl II 08, 375; s auch *Lohnzufluss* Rz 8: Forderung). Die Besteuerung erfolgt als sonstiger Bezug, wobei insbesondere auf die Besteuerung bei ausgeschiedenen ArbN hinzuweisen ist (s *Sonstige Bezüge* Rz 4 ff und 11). Die Zahlungen sind aber steuerfrei, wenn über das Vermögen des ArbGeb das Insolvenzverfahren eröffnet worden ist oder einer der Fälle des § 165 Abs 1 Satz 1 Nrn 2 oder 3 SGB III vorliegt (vgl LStR 3.2 Abs 1 Satz 2 und *Insolvenz des Arbeitgebers* Rz 43, 48–51).

13　Zahlt der **Arbeitnehmer** AlGeld an die BA zurück, das ihm trotz des Ruhens des Anspruchs auf AlGeld nach § 157 Abs 1 und 2 SGB III gezahlt wurde (§ 157 Abs 3 SGB III), weil der ArbGeb ungeachtet des Rechtsübergangs (§ 115 Abs 1 SGB X) die übergegangenen Leistungen an den ArbN erbringt (§ 157 Abs 3 SGB III), bleibt die Rückzahlung grds ohne steuerliche Auswirkung (§ 3c EStG). Allerdings hat die Rückzahlung Auswirkungen auf den Progressionsvorbehalt (Näheres s *Lohnersatzleistungen* Rz 13). Der nachgezahlte Arbeitslohn ist jedoch grds stpfl (LStR 3.2 Abs 1 Satz 3; s auch *Entgeltnachzahlung* Rz 6 ff).

3. Kurzarbeiter- und Wintergeld. Rückzahlungen des **Arbeitnehmers** bleiben – wegen der Steuerfreiheit dieser Leistungen bei ihrer Gewährung (s *Kurzarbeit* Rz 27; *Wintergeld* Rz 5) – steuerlich mit Ausnahme des Progressionsvorbehalts ohne Auswirkungen (s auch *Lohnersatzleistungen* Rz 13). Zahlt der **Arbeitgeber** gem § 108 Abs 3 SGB III die Leistungen an den Leistungsträger zurück, ist dies lohnsteuerlich ohne Bedeutung. Der ArbGeb kann sie jedoch insoweit als Betriebsausgaben abziehen, als er sie vom ArbN nicht mehr zurückerhält, da sie bei ihrer Gewährung durch den Leistungsträger Betriebseinnahmen darstellen (s auch *Arbeitsförderung* Rz 8). **14**

4. Arbeitgeberleistungen (s unten Rz 62, 63). Lohnsteuerlich ist bei der Rückzahlung nur dem ArbGeb gewährter Leistungen nach dem SGB III nichts veranlasst. Da diese Leistungen bei ihrer Gewährung aber Betriebseinnahmen des ArbGeb darstellen (s auch *Lohnkostenzuschuss* Rz 5), kann dieser sie bei Rückzahlung als Betriebsausgaben abziehen. **15**

5. Unrichtige Bescheinigungen (s unten Rz 64). In diesen Fällen ist bei einer Zahlung von Schadensersatz an die BA durch den ArbGeb lohnsteuerlich nichts veranlasst. Regelmäßig dürfte es sich aber um Betriebsausgaben des ArbGeb handeln. **16**

C. Sozialversicherungsrecht *Voelzke*

Übersicht

	Rz		Rz
I. Allgemeines	17, 18	IV. Kurzarbeitergeld	29–33
II. Erstattung von Arbeitslosengeld	19–27	1. Erstattungsanspruch	30–32
1. Entlassung älterer Arbeitnehmer	19	2. Schadensersatzanspruch	33
2. Arbeitgeberregress	20–27	V. Arbeitgeberleistungen	34, 35
a) Forderungsübergang	22–25	1. Allgemeiner Erstattungsanspruch	34
b) Erstattungsanspruch gegen den Arbeitnehmer	26, 27	2. Eingliederungszuschuss	35
III. Insolvenzgeld	28	VI. Unrichtige Bescheinigungen	36

I. Allgemeines. Das SozVRecht enthält umfassende Regelungen über die Erstattung von Leistungen, die sich in erster Linie im Verhältnis von Leistungsträger und Leistungsempfänger, jedoch auch zwischen den Leistungsträgern und im Verhältnis von Leistungsträgern zu Dritten vollziehen kann. Soweit die gesetzlichen Regelungen die Inanspruchnahme Dritter vorsehen, dienen sie der Durchsetzung des **Subsidiaritätsprinzips,** das für das gesamte Sozialrecht Geltung beansprucht. Hiernach wird zwar im Interesse einer zügigen Deckung des beim Leistungsempfänger bestehenden Bedarfs die Leistung an den Berechtigten erbracht, jedoch der Dritte, der beim Eintritt des Versicherungsfalls mitgewirkt oder eine Überzahlung von Leistungen bewirkt hat, hierfür nachträglich in Anspruch genommen. **17**

Diese Grundsätze gelten auch für die hier zu behandelnden Ansprüche der BA gegen ArbGeb. In diesem Zusammenhang ist allerdings zu berücksichtigen, dass der ArbGeb hinsichtlich des Risikos Arbeitslosigkeit bereits mit der Beitragslast zur BA belastet wird. Erstattungspflichten verletzen daher das verfassungsrechtliche Übermaßverbot nur dann nicht, wenn den ArbGeb eine **besondere Verantwortung** für den Eintritt des Versicherungsfalls und die Gewährung der zu erstattenden Leistung trifft (BVerfG 23.1.90 – 1 BvL 44/86 und 1 BvL 48/87, NZA 90, 161 zu § 128 AFG aF). Hieraus folgt, dass bei der Anwendung der Erstattungsregelungen dem Grundsatz der Verhältnismäßigkeit besondere Bedeutung zukommt (BSG 13.3.90 – 11 RAr 50/86, NZA 90, 906). **18**

II. Erstattung von Arbeitslosengeld. 1. Entlassung älterer Arbeitnehmer. Das Gesetz zur Verbesserung der Eingliederungschancen am Arbeitsmarkt vom 20.12.11 (BGBl I 11, 2854) hat die bisherige Erstattungsregelung bei Entlassung älterer ArbN (§ 147a SGB III) aufgehoben. Die Regelung war bereits nach bisherigem Recht nur noch anzuwenden, wenn der Anspruch bis zum 31.3.06 entstanden war (zu Einzelheiten der Erstattungspflicht s Personalbuch 2011 Erstattungsanspruch der Agentur für Arbeit Rz 20–45). **19**

168 Erstattungsanspruch der Agentur für Arbeit

20 **2. Arbeitgeberregress.** Gewährt die Agentur für Arbeit oder ein anderer Leistungsträger **Lohnersatzleistungen** für Zeiten, in denen noch ein Anspruch auf Arbeitsentgelt besteht (insbesondere bei der sog Gleichwohlgewährung gem §§ 157 Abs 3, 158 Abs 4 SGB III), so tritt dieser in die Gläubigerstellung des Arbeitslosen ein (vgl *Forderungsübergang bei Dritthaftung* Rz 20 ff). Dem Leistungsträger steht gem § 115 SGB X ein arbeitsrechtlicher Regressanspruch gegen den ArbGeb zu. Entsprechende Ansprüche der Agentur für Arbeit entstehen, wenn der ArbGeb eine dem ArbN zustehende Urlaubsabgeltung oder *Abfindung* nicht zahlt. Das im Wege der Gleichwohlgewährung gezahlte AlGeld mindert die Anspruchsdauer, wenn der ArbGeb der BA das AlGeld nicht erstattet. Diese Folge kann der Arbeitslose dadurch vermeiden, dass er gegen den ArbGeb auf Zahlung der übergegangenen Entgeltansprüche an die BA klagt (BSG 29.11.88 – 11/7 RAr 79/87, SozR 4100 § 117 Nr 23). Weitere Nachteile, die dem ArbN durch die frühzeitige Geltendmachung des AlGeldes entstehen können, werden nicht korrigiert (kritisch *Schmidt* NZA 02, 380).

21 Wird AlGeld im Wege der Gleichwohlgewährung geleistet, so wird der ArbGeb infolge des Anspruchsübergangs nach § 115 SGB X Schuldner der BA in Höhe der gewährten Leistungen. Daneben bleibt er dem ArbN hinsichtlich des übersteigenden Spitzbetrages verpflichtet. Erfüllt der ArbGeb – zB während einer Auseinandersetzung über den Fortbestand des Arbeitsverhältnisses – Ansprüche auf Arbeitsentgelt nicht und tritt wegen des Anspruchs auf Arbeitsentgelt ein Ruhen nach § 157 Abs 1 SGB III ein, so ist der ArbGeb im Falle der Gleichwohlgewährung nach Klärung der Frage, zu welchem Zeitpunkt das Arbeitsverhältnis beendet worden ist, **vier verschiedenen Ansprüchen** (*Gagel/Pilz* SGB III, § 335 Rz 34) ausgesetzt:
– Der Arbeitsentgeltanspruch geht in Höhe des gezahlten AlGeld auf die BA über (§ 115 SGB X).
– Da der Arbeitsentgeltanspruch das AlGeld in aller Regel übersteigt, bleibt der ArbN insoweit Inhaber der Forderung (sog Spitzbetrag). Der Spitzbetrag ist an den ArbN auszuzahlen.
– Der ArbGeb hat der BA die infolge des Leistungsbezugs gezahlten Beiträge nach § 335 Abs 3 und 5 SGB III zu erstatten, soweit er für dieselbe Zeit Beiträge zu entrichten hätte.
– Der Einzugsstelle schuldet der ArbGeb die sich aufgrund des Arbeitsentgeltanspruchs ergebenden überschießenden Beitragsanteile.

22 **a) Forderungsübergang.** Wird AlGeld im Wege der Gleichwohlgewährung gezahlt, so hat dies zur Folge, dass der Anspruch des Arbeitslosen auf Zahlung des Arbeitsentgelts (Urlaubsabgeltung, Entlassungsentschädigung) in Höhe des geleisteten AlGeld auf die BA übergeht (§ 115 SGB X). Mit dem Anspruchsübergang wird die BA Inhaberin der Forderung. Der Anspruch des Arbeitslosen auf die Leistung des ArbGeb geht **kraft Gesetzes** auf die BA über, ohne dass es hierzu eines feststellenden Verwaltungsaktes bedürfte oder ein solcher überhaupt zulässig wäre (BSG 14.7.94 – 7 RAr 104/93, SozR 3–4100 § 117 Nr 11). Für den Forderungsübergang ist unerheblich, ob die Voraussetzungen der Gleichwohlgewährung bereits im Bewilligungszeitpunkt feststehen. Ausreichend ist, wenn sich nachträglich ergibt, dass der Leistungsanspruch geruht hat. Der gesetzliche Forderungsübergang vollzieht sich unabhängig von einer Mitwirkung durch den ArbN oder den ArbGeb. Eine Begrenzung durch die Pfändungsfreigrenzen findet nicht statt.

23 **Gegenstand** des Rechtsübergangs ist nicht der von der BA erfüllte Anspruch auf AlGeld, sondern der Anspruch des ArbN auf die vom ArbGeb geschuldete Leistung. Der Anspruchsübergang vollzieht sich im Zeitpunkt der Gewährung des AlGeld. Eine Leistung ist gewährt, wenn sie tatsächlich gezahlt wird (BSG 3.3.93 – 11 RAr 57/92, SozR 3–4100 § 117 Nr 10). Die bloße Bewilligung des Anspruchs genügt nicht. Die BA wird mit der Zahlung von AlGeld Inhaberin der Forderung, ohne dass es einer Überleitungsanzeige bedürfte. Da das AlGeld nach § 337 Abs 2 SGB III monatlich nachträglich gezahlt wird, gehen die Ansprüche aus dem Arbeitsverhältnis ggf sukzessive in Höhe des jeweiligen Zahlbetrages auf die BA über. Der Forderungsübergang setzt nicht voraus, dass AlGeld rechtmäßig bewilligt worden ist; die tatsächliche Zahlung wegen Nichterhalts der vom ArbGeb zu leistenden Zahlung reicht aus. Durch den Anspruchsübergang verändert der auf die BA übergegangene Arbeitsentgeltanspruch seinen Rechtscharakter nicht. Die Forderung kann deshalb nicht mit einem Verwaltungsakt geltend gemacht werden, sondern muss von der BA – ggf mit vorgeschaltetem Mahnverfahren – vor den Gerichten der Arbeitsgerichtsbarkeit durchgesetzt werden.

Erstattungsanspruch der Agentur für Arbeit   168

Die BA muss sich nach § 404 BGB alle Einwendungen und Einreden entgegenhalten lassen, die der ArbGeb auch gegenüber dem ArbN zum Zeitpunkt des Anspruchsübergangs hätte geltend machen können (zB Verjährung, Verwirkung, Stundung oder Aufrechnung). Auch bereits auf die BA übergegangene Ansprüche können noch wegen laufender tariflicher Ausschluss- oder Verfallfristen erlöschen. Der auf die BA übergegangene Anspruch erlischt im Übrigen durch **Erfüllung** an die BA (§ 362 Abs 1 BGB).

Die Anspruchsberechtigung der Agentur für Arbeit wird in **zeitlicher und sachlicher** 24
Hinsicht begrenzt. § 115 SGB X findet nur auf Zeiten der Leistungsgewährung Anwendung und beschränkt den Forderungsübergang auch der Höhe nach auf die gezahlten Leistungen. Soweit der Anspruch auf Arbeitsentgelt höher als das gewährte AlGeld ist, bleibt der ArbN in Höhe des überschießenden Betrages anspruchsberechtigt. Der Anspruch auf Arbeitsentgelt, der für Zeiten nachgezahlt wird, für die kein AlGeld gezahlt wurde, geht ebenfalls nicht auf die BA über. Nur in Höhe der von der Agentur für Arbeit geleisteten Zahlungen verliert der ArbN seine Verfügungsbefugnis, da der Anspruch insoweit der BA zusteht.

Nach erfolgtem Anspruchsübergang bestehen **Gestaltungsmöglichkeiten** der Arbeits- 25
vertragsparteien zulasten der BA grds nicht mehr. Der ArbGeb kann der BA keine Verfügungen des ArbN entgegenhalten, die dieser nach dem Anspruchsübergang getroffen hat (BSG 13.3.90 – 11 RAr 125/89, SozR 3–4100 § 117 Nr 1). Insbesondere ist ein vom ArbN erklärter Verzicht auf fällige Entgeltansprüche unwirksam. Das Gleiche gilt für die Übertragung oder Verpfändung des Entgeltanspruchs durch den ArbN, soweit die Verfügung den auf die BA übergegangenen Teil betrifft. Eine Rückdatierung des Endes des Arbeitsverhältnisses auf einen Zeitpunkt vor Ende des durch die ursprüngliche Kündigung fixierten Termins ist regelmäßig als rechtsmissbräuchlich anzusehen (BSG 14.7.94 – 7 RAr 104/93, SozR 3–4100 § 117 Nr 11). Ein Verzicht auf fällige Ansprüche gegen den ArbGeb ist dagegen nach erfolgtem Anspruchsübergang noch möglich, wenn der ArbGeb bei Abschluss des Erlassvertrages – zB zum Zeitpunkt der Unterzeichnung einer Ausgleichsklausel oder eines arbeitsgerichtlichen Vergleichs – noch keine Kenntnis von der Gewährung des AlGeld an den ArbN hat und folglich gutgläubig iSd § 407 BGB ist.

Der Forderungsübergang nach § 115 SGB X erstreckt sich nicht auf die von der BA infolge der Gleichwohlgewährung nach § 157 Abs 3 SGB III gezahlten **Beiträge**. Aus diesem Grunde räumen § 335 Abs 3 und 5 SGB III der BA einen Ersatzanspruch auf die wegen des Leistungsbezuges gezahlten Beiträge ein. Diesen Anspruch kann die BA jedoch nur geltend machen, soweit der ArbGeb für dieselbe Zeit Beiträge zur Kranken-, Renten- und PflegeV bzw einen Beitragszuschuss nach § 257 SGB V zu leisten hatte. Beiträge schuldet der ArbGeb längstens bis zum Ende des Beschäftigungsverhältnisses im beitragsrechtlichen Sinne. Durch die Befriedigung des Ersatzanspruches wird der ArbGeb in Höhe der geleisteten Zahlungen von seiner Verpflichtung befreit, Beiträge zu entrichten.

b) Erstattungsanspruch gegen den Arbeitnehmer. Hat der ArbGeb trotz des Rechts- 26
übergangs mit befreiender Wirkung an den ArbN gezahlt, muss der ArbN in Höhe des erhaltenen AlGeld an die BA zahlen, was der BA aufgrund des gesetzlichen Anspruchsübergangs zugestanden hat (BSG 8.2.01 – B 11 AL 59/00 R, SozR 3–4100 § 117 Nr 23). Die §§ 157 Abs 3 Satz 2, 158 Abs 4 Satz 2 SGB III begründen einen Erstattungsanspruch ohne Aufhebung des Bewilligungsbescheides, sofern der ArbGeb Arbeitsentgelt für die Zeit des Bezuges von AlGeld **mit befreiender Wirkung** an den ArbN oder einen Dritten gezahlt hat. Der Erstattungsanspruch dient dazu, eine wegen der Unkenntnis des ArbGeb von dem Rechtsübergang auf die BA an den Arbeitslosen mit befreiender Wirkung eingetretene Doppelleistung rückgängig zu machen.

Der ArbGeb hat mit **befreiender Wirkung** an den ArbN gezahlt, wenn er bei der 27
Zahlung von dem gesetzlichen Forderungsübergang keine Kenntnis hatte. Der ArbN wird auch dann Schuldner des Erstattungsanspruchs, wenn der ArbGeb mit befreiender Wirkung an einen Dritten – zB an einen vorrangig berechtigten Pfändungsgläubiger des Arbeitslosen – gezahlt hat. Ferner liegt auch in der rechtswirksamen Aufrechnung mit einer Forderung gegen den Arbeitslosen eine Zahlung durch den ArbGeb. Verschuldete Unkenntnis von der Gleichwohlgewährung steht der Kenntnis nicht gleich. Andererseits genügt es, wenn dem Schuldner diejenigen Umstände bekannt sind, aus denen sich der gesetzliche Forderungsübergang ergibt. Ausreichend ist demnach – abhängig von den Umständen des Einzelfalles –,

Voelzke 1215

168 Erstattungsanspruch der Agentur für Arbeit

dass der ArbGeb Kenntnis davon erlangt, dass der ArbN AlGeld in Anspruch nimmt bzw in Anspruch genommen hat, weil sich mit der Zahlung der Anspruchsübergang vollzieht (BSG 29.8.91 – 7 RAr 130/90 SozR 3–4100 § 117 Nr 6).

Zahlt der ArbGeb ohne befreiende Wirkung an den ArbN, so eröffnet die Rspr des BSG der BA gleichwohl den Zugriff auf den ArbN, weil sie dieser die Befugnis zubilligt, die Einziehung der Forderung durch einen Dritten nach § 185 BGB zu genehmigen (BSG 8.2.01 – B 11 AL 59/00 R, SozR 3–4100 § 117 Nr 23). Die Genehmigungsmöglichkeit wird der BA auch zugebilligt, wenn der frühere ArbGeb in Kenntnis des Forderungsübergangs an einen Gläubiger des Arbeitslosen zahlt (BSG 24.6.99 – B 11 AL 7/99 R, SozR 3–4100 § 117 Nr 18). Die **Genehmigung der Zahlung** hat zur Folge, dass die Zahlung der BA gegenüber wirksam wird und der ArbGeb mit befreiender Wirkung an den ArbN (bzw einen Dritten) gezahlt hat. Genehmigt die BA nach Eintritt des Anspruchsübergang die Zahlung des ArbGeb und macht sie auf dieser Grundlage einen Erstattungsanspruch gegenüber dem ArbN geltend, so wird nach der Rspr des BSG nicht vorausgesetzt, dass sie ihren Anspruch zunächst gegenüber dem ArbGeb durchzusetzen versucht hat (BSG 22.10.98 – B 7 AL 106/97 R, SozR 3–4100 § 117 Nr 16; kritisch hierzu KassHB SGB III/*Voelzke* § 12 Rz 80).

28 **III. Insolvenzgeld.** Abweichend von § 115 SGB X gehen die dem Insolvenzgeld zugrunde liegenden Arbeitsentgeltsansprüche nicht erst mit der Gewährung der Leistung, sondern bereits mit dem **Antrag** auf Insolvenzgeld auf die BA über (§ 169 SGB III). Die Ablehnung des Antrags auf Insolvenzgeld ist auflösende Bedingung für den Forderungsübergang (*Hauck/Noftz/Voelzke* § 169 SGB III, Rz 14). Ausreichend für den Übergang ist es nach der Rspr des BSG bereits, wenn eine entfernte Möglichkeit besteht, dass die Leistung von Insolvenzgeld in Betracht kommt (BSG 17.7.79 – 12 RAr 15/78, SozR 4100 § 141b Nr 11). Der BA kommt damit die Aufgabe zu, treuhänderisch ArbNAnsprüche bei Insolvenz der Unternehmen zu realisieren. Hierzu gehört es ggf auch, einen Antrag auf Eröffnung des Insolvenzverfahrens zu stellen. Der Anspruchsübergang vollzieht sich auch in Höhe des Teils der Lohnforderung, der bei Zahlung von Arbeitsentgelt als LSt zu entrichten wäre (BAG 11.2.98 – 5 AZR 159/87, AP Nr 19 zu § 611 BGB Lohnanspruch; BSG 20.6.01 – B 11 AL 97/00 R, SozR 3–4100 § 141 m Nr 3).

29 **IV. Kurzarbeitergeld.** Bei der Rückabwicklung dieser Leistung ergibt sich eine Besonderheit dadurch, dass sie zwar dem ArbN zusteht, jedoch durch den ArbGeb ausgezahlt wird. Der ArbGeb hat auch gegenüber der Agentur für Arbeit die für die Leistungsgewährung wesentlichen Angaben zu machen. Da das Verwaltungsverfahrensrecht des SGB X lediglich die Rückabwicklung von Ansprüchen zwischen dem Leistungsempfänger und dem Leistungsträger kennt, enthält § 108 Abs 3 SGB III zur Herstellung der materiell richtigen Rechtslage einen Erstattungsanspruch gegen den ArbGeb, der auch Elemente eines Schadensersatzanspruches beinhaltet. Neben diesem Erstattungsanspruch finden die allgemeinen Regelungen des Verwaltungsverfahrensrechts (§§ 45, 50 SGB X) keine Anwendung. Es ist auch unzulässig, wenn die Agentur für Arbeit sich bei sog Vorwegzahlung global die spätere Aufhebung und Rückforderung für den Fall des Fehlens oder Wegfalls von Anspruchsvoraussetzungen vorbehält (BSG 25.6.98 – 7 AL 126/95 R, SozR 3–4100 § 71 Nr 2; vgl hierzu auch *Bieback* SGb 99, 393). Der ArbGeb haftet auch für die Handlungen der von ihm ausdrücklich bestellten Personen als Erfüllungsgehilfen (*Hauck/Noftz/Petzold* SGB III, § 108 Rz 9). Verletzt der ArbGeb die ihm bei der Auszahlung der Leistung obliegenden Verfahrenspflichten, so findet der Schadensersatzanspruch gem § 321 Nr 3 SGB III Anwendung.

30 **1. Erstattungsanspruch.** Der Ersatzanspruch nach § 108 Abs 3 SGB III ist öffentlich-rechtlicher Natur und kann durch Verwaltungsakt geltend gemacht werden (BSG 11.6.87 – 7 RAr 105/85, NZA 88, 292). Der Rückforderungsanspruch setzt voraus, dass der ArbGeb oder eine von ihm bestellte Person durch Erfüllung der in § 45 Abs 2 Satz 3 SGB X genannten Tatbestände bewirkt hat, dass Kurzarbeitergeld zu Unrecht geleistet worden ist. Erfasst sind hiermit die arglistige Täuschung, Drohung und Bestechung (Nr 1), Angaben, die vorsätzlich oder grob fahrlässig in wesentlicher Beziehung unrichtig oder unvollständig gemacht wurden (Nr 2) und die Kenntnis oder grob fahrlässige Unkenntnis der Rechtswidrigkeit der Bewilligung (Nr 3). Leichte Fahrlässigkeit löst die Haftung nicht aus.

Ein **grob fahrlässiges Handeln** ist nicht anzunehmen, wenn der ArbGeb Leistungen 31
beantragt, obgleich er die Umlagepflicht bestritten und die Umlagebescheide angefochten
hat (BSG 12.12.90 – 11 RAr 73/89, NZA 91, 701). Für eine bestellte Person haftet der
ArbGeb nur, wenn diese mit der Abwicklung der Leistung besonders beauftragt wurde;
hierdurch wird eine Haftung für Handlungen des BRat, der ebenfalls zur Anzeige berechtigt
ist, ausgeschlossen.

Ein **Mitverschulden** der BA sollte entsprechend § 254 BGB Berücksichtigung finden. 32
ArbGeb und ArbN haften, soweit beide ausgleichsverpflichtet sind, als Gesamtschuldner
(§ 108 Abs 3 Satz 2 SGB III). Die BA kann die an den ArbGeb ausgezahlten Leistungen
nach § 108 Abs 4 SGB III nach Eröffnung des Insolvenzverfahrens aus der Insolvenzmasse
zurückfordern, wenn der ArbGeb den Betrag noch nicht an die ArbN weitergeleitet hat.

2. Schadensersatzanspruch. Verletzt der ArbGeb seine Berechnungs-, Auszahlungs- 33
und Aufzeichnungspflichten bei Kurzarbeitergeld und Wintergeld, so haftet er bei Vorsatz
oder Fahrlässigkeit für den der BA entstandenen Schaden (§ 321 Nr 3 SGB III). Ausreichend
ist hier das Vorliegen **leichter Fahrlässigkeit,** die idR zu bejahen ist, wenn der ArbGeb die
in den Merkblättern der BA enthaltenen Hinweise nicht beachtet. Auch hier haftet der
ArbGeb für das Verschulden von Erfüllungsgehilfen. Der Ersatzanspruch kann von der BA
durch Verwaltungsakt geltend gemacht werden.

V. Arbeitgeberleistungen. 1. Allgemeiner Erstattungsanspruch. Leistungen nach 34
dem SGB III, die nicht dem ArbN, sondern dem ArbGeb gewährt werden, sind nach den
allgemeinen Regeln des Verwaltungsverfahrensrechts, die durch § 330 SGB III ergänzt
werden, zu erstatten. Zu Unrecht erbrachte Leistungen können hiernach nur dann gem § 50
SGB X zurückgefordert werden, wenn der Bewilligungsbescheid nach den §§ 45 ff SGB X
aufgehoben wurde. Die damit verbundene Durchbrechung der Bestandskraft von Verwaltungsakten setzt idR die Beachtung des Vertrauensschutzes voraus.

2. Eingliederungszuschuss. Nach § 92 Abs 2 SGB III ist der dem ArbGeb als Lohn- 35
kostenzuschuss gezahlte *Lohnkostenzuschuss* teilweise zurückzuzahlen, wenn das Beschäftigungsverhältnis während des Förderungszeitraums oder innerhalb eines Zeitraums, der
Förderungsdauer entspricht, längstens jedoch von zwölf Monaten, nach Ende des Förderungszeitraums beendet wird (zu Einzelheiten *Hauck/Noftz/Voelzke* SGB III, § 92 Rz 26 ff.).
Die Rückzahlungspflicht besteht nicht, wenn der ArbGeb berechtigt war, das Arbeitsverhältnis aus Gründen, die in der Person oder dem Verhalten des ArbN liegen, oder aus dringenden
betrieblichen Erfordernissen, die einer Weiterbeschäftigung in diesem Betrieb entgegenstehen, zu kündigen oder die Beendigung des Arbeitsverhältnisses auf das Bestreben des
ArbN hin erfolgte, ohne dass der ArbGeb den Grund hierfür zu vertreten hat oder der ArbN
das Mindestalter für den Bezug der gesetzlichen Altersrente erreicht. Der Rückzahlungsbetrag ist nach § 92 Abs 2 Satz 3 und 4 SGB III auf die Hälfte des Förderungsbetrages,
höchstens aber den in den letzten zwölf Monaten vor der Beendigung des Beschäftigungsverhältnisses gewährten Förderungsbetrag begrenzt. Ferner sind ungeförderte Nachbeschäftigungszeiten anteilig zu berücksichtigen.

VI. Unrichtige Bescheinigungen. Führt die unrichtige Bescheinigung von Tatsachen 36
oder eine Verletzung von Auskunftspflichten zu einem Schaden der BA, so wird bei vorsätzlicher oder fahrlässiger Verletzung der Verpflichtung ein Schadensersatzanspruch nach § 321
Nr 1 und 2 SGB III begründet. Hinsichtlich der Bescheinigungspflichten wird das nicht
richtige oder nicht vollständige Ausfüllen der *Arbeitsbescheinigung* nach § 312 SGB III, der
Nebeneinkommensbescheinigung nach § 313 SGB III und der Insolvenzgeldbescheinigung
nach § 314 SGB III erfasst. Ein Schadenersatzanspruch bei unrichtiger oder unvollständiger
Ausfüllung einer Einkommensbescheinigung besteht auch für Leistungsempfänger nach dem
SGB II (§ 62 Nr 1 SGB II).

Erwerbsminderung

A. Arbeitsrecht
Poeche

1. **1. Begriff.** Erwerbsminderung ist ein Begriff des SozVRecht. Im Arbeitsrecht hat er keine eigenständige Bedeutung und wird deshalb im Zweifel iSd sozialversicherungsrechtlichen Definition verstanden und angewendet (BAG 19.1.11 – 3 AZR 83/09, BeckRS 2011, 73039; 24.6.98 – 3 AZR 288/97, NZA 99, 318; 14.12.99 – 3 AZR 742/98, NZA 01, 326). Obgleich seit 1.1.01 das Rentenrecht, abgesehen von Übergangsregelungen, nur noch die Rente wegen teilweiser Erwerbsminderung und die Rente wegen voller Erwerbsminderung kennt, knüpfen arbeitsvertragliche Regelungen, insbesondere in Tarifverträgen und Altersversorgungszusagen, teils noch an das alte Recht mit den Begriffen Berufs- und Erwerbsunfähigkeit an. Ob die Regelungen anzuwenden sind, ist durch einen Vergleich der zugrunde liegenden rentenrechtlichen Voraussetzungen und Folgen nach altem und neuem Recht zu ermitteln. Die Ergänzung einer durch die Gesetzesänderung entstandenen „Lücke" eines Tarifvertrags hat das BAG 15.11.05 – 3 AZR 520/04, BeckRS 2006, 1064). Der Begriff „Dienstunfähigkeit" in der Leistungsordnung des Bochumer Verbands ist mit den sozialrechtlichen Begriffen „Erwerbs-/Berufsunfähigkeit" oder „Erwerbsminderung" nicht vergleichbar (BAG 20.4.10 – 3 AZR 553/08, BeckRS 10, 72543).

2. **2. Inhalt des Arbeitsverhältnisses.** Die vereinbarten Arbeitsbedingungen werden regelmäßig durch Eintritt oder Feststellung der Erwerbsminderung **nicht automatisch** verändert. Auch eine mit der Erwerbsminderung verbundene andauernde Arbeitsunfähigkeit oder die Bewilligung einer Rente auf Dauer oder auf Zeit führen nicht zum *Ruhen des Arbeitsverhältnisses* (BAG 11.10.95 – 10 AZR 985/94, NZA 96, 542). Ist der ArbGeb mit der Annahme der Dienste des ArbN in Verzug, so ist der **Annahmeverzugslohn** nicht um eine in dieser Zeit bezogene Rente zu kürzen (BAG 24.9.03 – 5 AZR 282/02, NZA 03, 1332 zur Berufsunfähigkeitsrente). Die Rente hat zwar Lohnersatzfunktion. Sie steht einem anderweitigen Verdienst iSv § 615 Satz 2 BGB, § 11 Nr 1 KSchG aber nicht gleich und ist auch keine öffentlich-rechtliche Leistung, die der ArbN iSv § 11 Nr 3 KSchG „infolge Arbeitslosigkeit" erhält (s auch *Annahmeverzug* Rz 16, 18).

3. **3. Beendigung des Arbeitsverhältnisses. a) Unbefristete Rente.** Die Zuerkennung einer Rente wegen Erwerbsminderung führt idR nicht zur Beendigung des Arbeitsverhältnisses. Es bedarf der Kündigung oder eines Auflösungsvertrags (§ 623 BGB). Höchstrichterlich nicht entschieden ist die Wirksamkeit einer **arbeitsvertraglichen Beendigungsklausel**, die den Bestand des Arbeitsvertrags vom „Rentenbezug" abhängig macht. Nach § 21 TzBfG sind auf **auflösende Bedingungen** die Bestimmungen über das befristete Arbeitsverhältnis entsprechend anzuwenden. Erforderlich ist deshalb ein **sachlicher Grund** (§ 14 Abs 1 Satz 1 TzBfG). In einem **Formularvertrag** wird eine Beendigungsklausel schon an § 307 BGB (unangemessene Benachteiligung des ArbN) scheitern, weil der Rentenbezug als solcher keine endgültige Aussage über die Leistungsfähigkeit des ArbN enthält. **Tarifverträge** unterliegen dagegen keiner AGB-Kontrolle. Das BAG bejaht die Wirksamkeit tariflicher Beendigungsklauseln, wenn der ArbN eine **unbefristete Rente** bezieht (BAG 1.12.04 – 7 AZR 135/04, NZA 06, 211; 26.9.01 – 4 AZR 497/00, NZA 02, 584). Dabei hat es auf das (anerkennenswerte) Interesse des ArbGeb abgestellt, sich von leistungsgeminderten ArbN zu trennen, und dies mit dem Interesse des ArbN am (grundgesetzlich durch Art 12 GG geschützten) Bestandsschutzinteresse abgewogen. Vorausgesetzt wird **tatsächlicher Rentenbezug**. Solange der Bescheid des SozVTrägers nicht rechtsbeständig ist, bleibt der ArbN „Herr" seines sozialrechtlichen Anspruchs, über den er verfügen kann. Eine Rücknahme des Rentenantrags während der Widerspruchsfrist oder die Beschränkung des Antrags auf die Bewilligung einer Rente auf Zeit verhindern die Beendigung des Arbeitsverhältnisses (BAG 11.3.98 – 7 AZR 101/97, NZA 98, 1180; 23.2.2000 – 7 AZR 906/98, NZA 2000, 821). Andererseits wird das Arbeitsverhältnis auch dann beendet, wenn der Rentenbescheid nach der formellen Bestandskraft vom RVTräger zurückgenommen und dem ArbN nunmehr eine befristete Rente bewilligt wird (BAG 3.9.03 – 7 AZR 661/02,

NZA 04, 328; 23.6.04 – 7 AZR 440/03, NZA 05, 520). In Betracht kommt allenfalls ein Anspruch auf Wiedereinstellung. Allerdings entfaltet ein nichtiger Rentenbescheid keinerlei Bestandskraft, so dass er – auch wenn er formell bestandskräftig ist – nicht zur Beendigung des Arbeitsverhältnisses führen kann (BAG 10.10.12 – 7 AZR 602/11, BeckRS 13, 65638). Die auf „Dauer" zu beziehende Rente muss keine Leistung der gesetzlichen RV sein. Ausreichend ist auch eine sonstige Leistung, wenn sie der Höhe nach den ArbN wirtschaftlich sichert, der ArbN die erhaltenen Leistungen auch im Fall des späteren Wegfalls der Anspruchsvoraussetzungen behalten darf und auch im Übrigen seine Interessen im Fall des Erlöschens des Rentenanspruchs hinreichend gesichert sind (BAG 6.12.2000 – 7 AZR 302/99, NZA 01, 792 zur Versorgungsrente der Deutschen Bundespost). Trotz der Bewilligung einer Rente auf Dauer endet das Arbeitsverhältnis auch dann nicht, wenn der ArbN einen Arbeitsplatz innehat, der nach den Feststellungen des RVTrägers seinem Leistungsvermögen entspricht (hier: 12,5 Stunden wöchentliche Arbeitszeit – BAG 9.8.2000 – 7 AZR 214/99, BB 2000, 2474, s auch LAG BaWü 16.7.12 – 10 Sa 8/12, BeckRS 12, 72969 nrkr). Gleiches gilt, wenn der ArbN auf seinem bisherigen oder einem anderen freien Arbeitsplatz beschäftigt werden kann und er vom ArbGeb rechtzeitig, nämlich noch vor Zustellung des Rentenbescheids, seine **Weiterbeschäftigung** verlangt (BAG 31.7.02 – 7 AZR 118/01, NZA 03, 620). Nach den Tarifbestimmungen des öffentlichen Dienstes ist das Verlangen auf Weiterbeschäftigung auf einem gesundheitlich geeigneten Arbeitsplatz **schriftlich** zu beantragen (s zu § 33 Abs 2 TV-L: *Seel* NZS 13, 373; ebenso § 18 der „Richtlinien für Arbeitsverträge in den Einrichtungen des Deutschen Caritasverbandes [AVR]", vgl hierzu LAG RhPf 6.3.12 – 3 Sa 639/11). Eine mündliche Erklärung ist formunwirksam (BAG 1.12.04 – 7 AZR 135/04, NZA 06, 211). Zum Anwendungsbereich vgl auch BAG 15.3.06 – 7 AZR 322/05, BB 06, 2760.

b) Befristete Rente. Soweit im Tarifvertrag die Beendigung des Arbeitsverhältnisses auch für die **Bewilligung einer Zeitrente** bestimmt ist, beurteilt das BAG dies als rechtswirksam, wenn der ArbN nach Wiederherstellung der Erwerbsfähigkeit oder Ablaufs des Rentenbezugs einen **Wiedereinstellungsanspruch** hat. Dabei genügt es, wenn der Anspruch auf einen geeigneten freien Arbeitsplatz gerichtet ist (BAG 15.3.06 – 7 AZR 322/05, BB 06, 2760; 23.2.2000 – 7 AZR 126/99, NZA 2000, 776). Teils wird dem Rentenbescheid das Gutachten eines **Amtsarztes** gleichgestellt, wenn der ArbN den Rentenantrag schuldhaft verzögert. Das Gutachten ist dann nicht bindend, wenn der ArbN seine fortbestehende Erwerbsfähigkeit durch einen Ablehnungsbescheid des SozVTrägers nachweist (LAG RhPf 29.5.98 – 3 Sa 1165/97, ZTR 99, 135). **4**

c) Schriftform. Die einzelvertragliche Abrede über die Beendigung des Arbeitsverhältnisses infolge Erwerbsminderung unterliegt der Schriftform iSv § 126 BGB (Näheres *Befristetes Arbeitsverhältnis* Rz 8). Streitig ist, ob bei einer arbeitsvertraglichen Geltung des einschlägigen Tarifvertrags eine schriftliche Bezugnahme auf den Tarifvertrag genügt oder ob der Beendigungstatbestand „Erwerbsminderung" in dem Arbeitsvertrag ausdrücklich genannt werden muss. Vor einer höchstrichterlichen Klärung sollte vorsorglich die **Tarifvorschrift im Wortlaut** wiederholt oder zumindest auf die tarifliche Beendigungsnorm hingewiesen werden (*Dörner* Der befristete Arbeitsvertrag Rz 83). **5**

d) Bei **schwerbehinderten Arbeitnehmern** ist § 92 SGB IX zu beachten. Die Beendigung des Arbeitsverhältnisses im Fall des Eintritts einer teilweisen Erwerbsminderung, der Erwerbsminderung auf Zeit, der Berufsunfähigkeit oder der Erwerbsunfähigkeit auf Zeit bedarf auch ohne Kündigung der Zustimmung des Integrationsamts. Bei Eintritt einer „vollen" Erwerbsminderung bedarf es der Zustimmung nicht (st Rspr, zuletzt BAG 27.7.11 – 7 AZR 402/10, BeckRS 12, 65214). **6**

4. Ruhen des Arbeitsverhältnisses. Regelungen, nach denen das Arbeitsverhältnis bei Bewilligung einer Zeitrente zum Ruhen kommt, sind grds zulässig. Anderes gilt, wenn damit in den Anspruch des schwerbehinderten Menschen auf (geänderte) Beschäftigung eingegriffen wird (BAG 14.10.03 – 9 AZR 100/03, NZA 04, 614; *Behinderte*). Führt die Bewilligung einer Rente auf Zeit zum **Ruhen des Arbeitsverhältnisses**, schließt dieser Umstand gleichwohl eine **Kündigung** bei Vorliegen der gesetzlichen Voraussetzungen, etwa wegen andauernder Arbeitsunfähigkeit (BAG 3.12.98 – 2 AZR 773/97, NZA 99, 440) oder aus betriebsbedingten Gründen (BAG 9.9.2010 – 2 AZR 493/09, BeckRS 2011, 75378) nicht aus. Näheres zu den Rechtsfolgen des Ruhens s *Ruhen des Arbeitsverhältnisses* Rz 14. **7**

169 Erwerbsminderung

8 **5. Klagefrist bei Beendigung des Arbeitsverhältnisses.** Die Klagefrist von drei Wochen des § 17 TzBfG gilt auch für **auflösend bedingte** Arbeitsverhältnisse (§ 21 TzBfG). Der ArbN muss innerhalb von drei Wochen nach der vorgesehenen Beendigung beim ArbG Klage auf Fortbestehen des Arbeitsverhältnisses erheben („Bedingungskontrollklage"). Die Klage kann vor Eintritt der auflösenden Bedingung erhoben werden (BAG 1.12.04 – 7 AZR 135/04, ZTR 05, 372). Seine frühere Rechtsprechung, nach der die Klagefrist nicht galt, wenn die Parteien ausschließlich über den tatsächlichen Eintritt der auflösenden Bedingung streiten (BAG 23.6.04 – 7 AZR 440/03, NZA 05, 520), hat das BAG aufgegeben (BAG 6.4.11 – 7 AZR 704/09, BeckRS 2011, 74721; 27.7.11 – 7 AZR 402/10, BeckRS 12, 65214). Die Klagefrist ist damit nicht nur für die Geltendmachung der Rechtsunwirksamkeit der Bedingungsabrede, sondern auch für den Streit über den tatsächlichen Eintritt der auflösenden Bedingung maßgeblich. Die Klagefrist **beginnt** auch in diesen Fällen mit Eintritt der auflösenden Bedingung oder, sofern die Bedingung vor Ablauf der Zweiwochenfrist der §§ 21, 15 Abs 2 TzBfG eingetreten ist, erst mit Zugang der schriftlichen Erklärung des ArbGeb, dass das Arbeitsverhältnis aufgrund des Eintritts der Bedingung beendet sei (BAG 15.8.12 – 7 AZN 956/12, NZA 12, 1116; 10.10.12 – 7 AZR 602/11, BeckRS 2013, 65638).

9 **6. Betriebsrente.** Sieht eine Ruhegeldordnung die Zahlung einer Rente vor, wenn der ArbN „wegen" dauernder Erwerbsminderung ausscheidet, so gilt die sog **Einmündungstheorie.** Dh der ArbN erwirbt den Anspruch bereits dann, ggf auch auf eine erhöhte Rente, wenn das Arbeitsverhältnis aus gesundheitlichen Gründen durch Kündigung oder Aufhebungsvertrag beendet wird und die Erwerbsminderung (Berufs-/Erwerbsunfähigkeit) erst später rückwirkend auf einen Zeitpunkt im laufenden Arbeitsverhältnis durch den SozVTräger festgestellt wird (BAG 22.10.02 – 3 AZR 629/01, BeckRS 2003, 41159). Der Gesundheitszustand des ArbN muss für die Beendigung des Arbeitsverhältnisses eine entscheidende Rolle gespielt haben (vgl aber zur Auslegung einer Ruhegeldordnung, die lediglich vorsieht, dass die Rente „nach Auflösung des Arbeitsverhältnisses" gezahlt wird: BAG 9.10.12 – 3 AZR 539/10, NZA-RR 13, 256). Zur Auslegung des TV Bundespost zum Beginn der Betriebsrente BAG 15.6.04 – 3 AZR 403/03, ZTR 05, 203. Sieht eine Versorgungsordnung Leistungen für den Fall der Erwerbsunfähigkeit vor, ist diese Voraussetzung erfüllt, wenn der ArbN voll erwerbsgemindert iSv § 42 Abs II Satz 2 SGB VI ist (BAG 11.10.11 – 3 AZR 795/09, BeckRS 12, 67609; 28.6.11 – 3 AZR 385/09, BeckRS 11, 75824). Die Befristung der Erwerbsminderungsrente ist hierfür unerheblich (BAG 19.1.11 – 3 AZR 83/09, BeckRS 2011, 73039). Selbst die Zahlung einer Rente wegen teilweiser Erwerbsminderung kann einen Anspruch auf Zahlung einer betrieblichen „Berufs- oder Erwerbsunfähigkeitsrente" bei Auflösung des Arbeitsverhältnisses zur Folge haben, wenn die Ruhegeldordnung eine in jeder Hinsicht dynamische Verweisung auf die sozialversicherungsrechtlich maßgeblichen Tatbestände enthält, was durch Auslegung zu ermitteln ist (BAG 9.10.12 – 3 AZR 539/10, NZA-RR 13, 256).

Die Zahlung der Invaliditätsrente kann an die **Vollendung eines bestimmten Mindestalters** gebunden werden (BAG 20.10.87 – 3 AZR 208/86, NZA 88, 394). Sie darf auch neben dem Eintritt der Erwerbsminderung von weiteren Voraussetzungen abhängig gemacht werden, wie Beendigung des Arbeitsverhältnisses oder Beendigung der Verpflichtung des ArbGeb zur Vergütungszahlung (BAG 6.6.89 – 3 AZR 401/87, DB 89, 2618). Zur Zulässigkeit einer **Wartezeit** und deren Erfüllung *Betriebliche Altersversorgung* Rz 34.

10 **7. Sonstiges.** ArbN, die eine befristete, volle Erwerbsminderungsrente beziehen und bei denen mit einer Wiederherstellung der Arbeitsfähigkeit nicht zu rechnen ist, können von **Sozialplanleistungen** ohne Verstoß gegen § 75 BetrVG und das AGG ausgenommen werden (BAG 7.6.11 – 1 AZR 34/10, NZA 11, 1370). Auch in einem wegen des Bezugs einer befristeten Erwerbsminderungsrente nach den maßgeblichen tariflichen Vorschriften ruhenden Arbeitsverhältnis entsteht der gesetzliche **Urlaubsanspruch.** Nach der neuesten Rspr des BAG verfällt der Urlaubsanspruch jedoch 15 Monate nach Ablauf des Urlaubsjahres (BAG 7.8.12 – 9 AZR 353/10, NZA 12, 1216).

Erwerbsminderung

B. Lohnsteuerrecht
Seidel

1. Steuerliche Vergünstigungen. Hat der ArbN für **Bausparbeiträge** eine Wohnungs- **11** bauprämie in Anspruch genommen, hat er diese zurückzuzahlen, wenn er die geleisteten Beträge vor Ablauf von sieben Jahren seit Vertragsschluss nicht zum begünstigten Zweck verwendet. Die vorzeitige Auszahlung, Rückzahlung, Abtretung oder Beleihung ist jedoch unschädlich, wenn der ArbN oder sein von ihm nicht dauernd getrennt lebender Ehegatte nach Vertragsschluss völlig erwerbsunfähig geworden ist (§ 2 Abs 2 Nr 3 WoPG; s *Vermögenswirksame Leistungen* Rz 50). Als völlige Erwerbsunfähigkeit gilt ein GdB von mindestens 95, der durch einen Ausweis nach § 69 Abs 5 SGB IX oder durch einen Bescheid der für die Durchführung des BVG zuständigen Behörde (idR Versorgungsamt) nachzuweisen ist (§ 84 Abs 3 iVm § 29 Abs 6 EStDV). Zu den Vergünstigungen für ArbN bei **Körperbehinderung** s *Behinderte* Rz 70 ff. Hinsichtlich der Möglichkeit zur Absicherung durch eine sog Basisrente (Rürup) s *Altersrente* Rz 22.

2. Erhält der ArbN von der gesetzlichen RV eine **Rente** wegen teilweiser oder voller **12 Erwerbsminderung** bzw weiterhin eine vor dem 1.1.01 begonnene Berufsunfähigkeits- oder Erwerbsunfähigkeitsrente (s unten Rz 15 ff), so unterliegt diese als abgekürzte Leibrente seit Ergehen des AltEinkG ab dem Jahr 2005 mit dem in § 22 Nr 1 Satz 3 Buchst a) aa) Satz 3 zu ermittelnden Anteil der Besteuerung (BFH 13.4.11 – X R 33/09, BFH/NV 11, 1496 und X R 54/09, BFH/NV 11, 1576; Verfassungsbeschwerde anhängig, Az 2 BvR 1808/11). Die Rentenbescheide sind jedoch im Hinblick auf die Rentenbezugsdauer keine Grundlagenbescheide iSv § 175 Abs 1 Satz 1 Nr 1 AO für die ESt-Festsetzung (BFH 27.5.09 – X R 34/06, BFH/NV 09, 1826). Für das Ende der Laufzeit wird davon ausgegangen, dass mit Vollendung des 65. Lebensjahres die Umwandlung in eine Altersrente erfolgt (EStR 22.4 Abs 5). Anders wohl bei einer Rente wegen teilweiser Erwerbsminderung, da sie zunächst nur für drei Jahre gewährt wird (s unten Rz 33). Die Besteuerung erfolgt im Wege der EStVeranlagung des ArbN.

Zur Behandlung von Erwerbsunfähigkeitsrenten, die von **früheren Arbeitgebern** oder aus einer betrieblichen Unterstützungskasse gezahlt werden als Arbeitslohn (Versorgungsbezüge iSd § 19 Abs 2 Nr 2 EStG) s *Arbeitsentgelt* Rz 65–67 und *Altersgrenze* Rz 17. Zur Besteuerung des Hinzuverdienstes s *Rentnerbeschäftigung* Rz 4–6.

3. Sonstige Zahlungen. Schadensersatzrenten nach § 843 BGB wegen Erwerbsmin- **13** derung oder Erwerbsunfähigkeit stellen wiederkehrende Bezüge iSd § 22 Nr 1 EStG dar und unterliegen – anders als Kapitalabfindungen – der Besteuerung. Die Mehrbedarfsrente nach § 843 Abs 1 2. Alternative BGB ist nicht steuerbar (BFH 15.10.94, BStBl II 95, 121). Bezüge aus der **gesetzlichen Unfallversicherung** in Renten- und Kapitalform sind steuerfrei (§ 3 Nr 1a EStG; Näheres s *Unfallversicherung* Rz 6 und *Unfallrente* Rz 8). Zu Leistungen im Zusammenhang mit einer GruppenUV s BFH 11.12.08 – VI R 19/06, BFH/NV 09, 905.

Einmalige Unfallentschädigungen oder Ausgleichszahlungen an **Beamte** nach § 43 bzw § 48 Abs 1 Beamtenversorgungsgesetz sind nach § 3 Nr 3d und Nr 6 EStG ebenso steuerfrei wie gesetzliche Bezüge aus öffentlichen Mitteln, die versorgungshalber an **Wehrdienst- und Zivildienstbeschädigte** oder ihre Hinterbliebenen, **Kriegsdienstbeschädigte** oder Kriegshinterbliebene und ihnen gleichgestellte Personen gezahlt werden, soweit sie nicht aufgrund der Dienstzeit geleistet werden, zB Gehalt nach einem Dienstunfall (§ 3 Nr 6 EStG; s auch Aufzählung in LStR 3.6).

C. Sozialversicherungsrecht
Ruppelt

Übersicht

	Rz		Rz
1. Begriff	14	a) Allgemeiner Arbeitsmarkt	21
2. Rentenversicherung	15–18	b) Verschlossener Arbeitsmarkt	22
3. Rente wegen teilweiser Erwerbsminderung	19	6. Besondere Einschränkungen	23
		7. Arbeitsweg	24
4. Rente wegen voller Erwerbsminderung	20	8. Versicherungsrechtliche Voraussetzungen	25–29
5. Arbeitsmarkt	21, 22	9. Rentenhöhe	30

169 Erwerbsminderung

	Rz		Rz
10. Hinzuverdienst	31, 32	d) Zumutbarer Verweisungsberuf	42, 43
11. Befristung	33	e) Arbeitsmarkt	44
12. Rente für Bergleute	34	f) Qualitative Leistungseinschränkungen und eingeschränkter Arbeitsweg	45
13. Rente wegen teilweiser Erwerbsminderung bei Berufsunfähigkeit	35–46		
a) Berufsunfähigkeit	36	g) Die versicherungsrechtlichen Voraussetzungen	46
b) Bisheriger Beruf	37, 38		
c) Der qualitative Wert des bisherigen Berufes	39–41		

14 **1. Begriff.** Aus sozialrechtlicher Sicht bezeichnet Erwerbsminderung den durch gesundheitliche Einschränkungen (körperlicher, seelischer oder geistiger Art) hervorgerufenen Verlust an Erwerbsmöglichkeiten auf dem Arbeitsmarkt. Es muss sich um eine Einschränkung auf Dauer oder doch zumindest grds auf nicht absehbare Zeit handeln, so dass eine vorübergehende krankheitsbedingte *Arbeitsunfähigkeit* nicht erfasst wird (HessLSG 22.2.13 – L 5 R 211/12, BeckRS 2013, 68938).

In den einzelnen Zweigen der SozV und der sozialen Entschädigung wird das Vorliegen einer Erwerbsminderung nach unterschiedlichen Kriterien beurteilt und ihr Ausmaß unterschiedlich gemessen. Daher kann von einer arbeitsunfallbedingten MdE (vgl *Unfallversicherung* Rz 45) von 100 vH nicht auf verminderte Erwerbsfähigkeit iSd RV geschlossen werden. Gleiches gilt für die Erwerbsminderung bzw Berufsunfähigkeit iS privater Unfall- bzw Berufsunfähigkeitsversicherungen im Verhältnis zur gesetzlichen UV bzw RV und für den Grad der Behinderung nach dem SGB IX. Dieser GdB besagt nichts über die konkrete Leistungsfähigkeit des Behinderten am Arbeitsplatz (BayLSG 12.3.09 – L 18 R 836/07, BeckRS 2009, 67166; 6.8.09 – L 20 R 50/07, BeckRS 2009, 74622).

15 **2. Rentenversicherung.** Ab 1.1.01 wurde das System der Invalidenrenten umfassend geändert. Die früheren Renten wegen Berufs- oder Erwerbsunfähigkeit sind durch eine zweistufige Erwerbsminderungsrente ersetzt worden, die grds nur befristet gewährt wird. Eine (in der Höhe verminderte) Rente wegen teilweiser Erwerbsminderung bei Berufsunfähigkeit können Versicherte nur noch erhalten, wenn sie vor dem 2.1.61 geboren sind (§ 240 Abs 1 SGB VI). Für Bergleute sieht § 45 SGB VI die **Rente für Bergleute** bei verminderter bergmännischer Berufsfähigkeit vor. Nach dem auf **Koalitionsabreden 2013** beruhenden Entwurf eines Gesetzes über Leistungsverbesserungen in der gesetzlichen Rentenversicherung sollen für Rentenzugänge ab 1.7.2014 die Erwerbsminderungsrenten (geringfügig) angehoben werden. Die Renten wegen Erwerbsminderung werden bei Renteneintritt vor dem 60. Lebensjahr so berechnet, als hätte der Versicherte bis zum 60. Lebensjahr gearbeitet. Künftig soll für die Rentenberechnung das 62. Lebensjahr maßgebend sein. Die Rente wegen teilweiser Erwerbsminderung entspricht dabei der Hälfte der Rente wegen voller Erwerbsminderung.

16 Ziel der Reform war die sachgerechte Zuordnung der von den einzelnen Zweigen der SozV zu tragenden Risiken (s dazu: Personalbuch 2001 Erwerbsunfähigkeit Rz 12).

17 Im Einzelnen gilt Folgendes:
- Die Renten wegen Berufs- und Erwerbsunfähigkeit sind durch eine zweistufige Erwerbsminderungsrente **(Rente wegen teilweiser Erwerbsminderung** und **Rente wegen voller Erwerbsminderung)** ersetzt worden, die grds nur befristet gewährt wird. Die befristeten Renten werden nicht vor Beginn des **siebten Kalendermonats** nach Eintritt der Erwerbsminderung geleistet (§ 101 Abs 1 SGB VI), weil in dem halbjährigen Wartezeitraum idR Anspruch auf Krankengeld besteht. Die Rente wird auch an **versicherte Selbstständige** gezahlt.
- Anspruch auf Rente wegen **teilweiser Erwerbsminderung** haben Versicherte, die auf dem allgemeinen Arbeitsmarkt wegen Krankheit oder Behinderung außerstande sind, mindestens **sechs Stunden täglich** erwerbstätig zu sein.
Die Rentenhöhe beläuft sich auf die Hälfte der vollen Erwerbsminderungsrente.
- Anspruch auf Rente wegen **voller Erwerbsminderung** haben Versicherte, die auf dem allgemeinen Arbeitsmarkt wegen Krankheit oder Behinderung außerstande sind, mindes-

tens drei Stunden täglich erwerbstätig zu sein. Die Rentenhöhe entspricht einer vorzeitig in Anspruch genommenen Altersrente.
- Die Rente wegen **voller Erwerbsminderung** wird auch an Versicherte gezahlt, die noch mindestens drei, aber nicht mehr sechs Stunden täglich arbeiten können (also teilweise erwerbsgemindert sind), dieses Restleistungsvermögen **wegen Arbeitslosigkeit** jedoch nicht in Erwerbseinkommen umsetzen können.
- Die Höhe der Rente wegen teilweiser Erwerbsminderung bei **Berufsunfähigkeit** für Neurentner beläuft sich auf die Hälfte der vollen Erwerbsminderungsrente und fällt für Versicherte ganz weg, die nach dem 1.1.61 geboren worden sind.

Wesentliches Ergebnis der Reform ist, dass eine Rentenleistung wegen Erwerbsminderung 18 nur noch Versicherten mit einem Restleistungsvermögen von **unter sechs Stunden** täglich gewährt werden kann, wenn sie nach dem 1.1.61 geboren sind. Berufsschutz wird diesem Versichertenkreis nicht mehr gewährt.

3. Rente wegen teilweiser Erwerbsminderung. Versicherte haben nach § 43 Abs 1 19 SGB VI Anspruch auf Rente wegen teilweiser Erwerbsminderung, wenn sie teilweise erwerbsgemindert sind und die versicherungsrechtlichen Voraussetzungen erfüllen (s Rz 25). Eine teilweise Erwerbsminderung liegt vor, wenn der Versicherte wegen Krankheit oder Behinderung auf nicht absehbare Zeit nur noch **zwischen 3 bis unter 6 Stunden** täglich im Rahmen einer 5-Tage-Woche unter den üblichen Bedingungen des allgemeinen Arbeitsmarktes erwerbstätig sein kann. Bei einer Leistungsfähigkeit von 3 bis unter 6 Stunden kann aus gesundheitlichen Gründen also nur noch eine Teilzeitarbeit ausgeübt werden. Die Rentenhöhe entspricht der Hälfte einer Rente wegen voller Erwerbsminderung. Ist der Versicherte mit diesem Restleistungsvermögen arbeitslos, erhält er, obwohl nur teilweise erwerbsgemindert, die Rente wegen voller Erwerbsminderung, wenn weder der RV Träger noch die Arbeitsagentur ihm innerhalb eines Jahres einen für ihn in Betracht kommenden Arbeitsplatz anbieten können (LSG Bay 8.4.09 – L 18 R 875/08, BeckRS 2009, 72416; s auch Rz 22).

4. Rente wegen voller Erwerbsminderung. Versicherte haben nach § 43 Abs 2 SGB VI 20 Anspruch auf Rente wegen voller Erwerbsminderung, wenn sie voll erwerbsgemindert sind und die versicherungsrechtlichen Voraussetzungen erfüllen. **Voll erwerbsgemindert** sind Versicherte, die wegen Krankheit oder Behinderung auf nicht absehbare Zeit außerstande sind, unter den üblichen Bedingungen des allgemeinen Arbeitsmarktes **mindestens drei Stunden** täglich erwerbstätig zu sein.

5. Arbeitsmarkt. a) Allgemeiner Arbeitsmarkt. Maßstab für die Feststellung des Leis- 21 tungsvermögens ist die Erwerbsfähigkeit des Versicherten auf dem **allgemeinen Arbeitsmarkt**. Ob dem Versicherten nach der Arbeitsmarktlage eine entsprechende Stelle vermittelt werden kann, ist grds nicht entscheidend (Ausnahme: Teilzeitarbeitsplätze). Es kommt jede Tätigkeit in Betracht, die auf dem Arbeitsmarkt vorhanden ist. Einen damit verbundenen sozialen Abstieg hat auch der ausgebildete Versicherte in Kauf zu nehmen. Allerdings braucht er sich nicht auf sozial ganz außergewöhnlich gering bewertete Tätigkeiten verweisen zu lassen.

b) Verschlossener Arbeitsmarkt. Der Anspruch auf eine Erwerbsminderungsrente 22 hängt nicht allein vom Gesundheitszustand des Versicherten ab. Die konkrete Situation des (Teilzeit-)Arbeitsmarktes ist bei der Frage zu berücksichtigen, ob der **teilweise erwerbsgeminderte** Versicherte mit einem Restleistungsvermögen zwischen drei und sechs Stunden täglich, der grds nur Anspruch auf Rente wegen teilweiser Erwerbsminderung hat, wegen der Unmöglichkeit, das verbliebene Restleistungsvermögen in Erwerbseinkommen umzusetzen, die **volle Erwerbsminderungsrente** beanspruchen kann. Die RVTr gehen bei der derzeitigen Arbeitsmarktlage idR ohne weitere Ermittlungen davon aus, dass der Teilzeitarbeitsmarkt verschlossen ist, wenn der Versicherte nicht einen geeigneten Teilzeitarbeitsplatz innehat. Keine Rolle spielt die Arbeitsmarktlage für Versicherte, die noch mindestens sechs Stunden täglich erwerbstätig sein können. Diese erhalten keine Erwerbsminderungsrente (§ 43 Abs 3 SGB VI).

6. Besondere Einschränkungen. Die Rspr zu der **Summierung ungewöhnlicher** 23 **Leistungseinschränkungen** und zur **schweren spezifischen Leistungsbehinderung** ist auch zum neuen Recht anwendbar (BSG 19.10.11 – B 13 R 78/09 R, NZS 12, 302 mit Anm *Lange* jurisPR-SozR 12/2012; 9.5.12 – B 5 R 68/11 R, SozR 4–2600 § 43 Nr 18).

169 Erwerbsminderung

Trotz sechsstündiger Einsatzfähigkeit für körperlich leichte Tätigkeiten ist der Versicherte erwerbsgemindert, wenn eine Summierung ungewöhnlicher Leistungseinschränkungen oder eine schwere spezifische Leistungsbehinderung vorliegt und eine leistungsgerechte Verweisungstätigkeit nicht benannt werden kann (BSG 23.5.06 – B 13 RJ 38/05 R, NZS 07, 265 Rz 23; LSG BaWü 26.3.10 – L 4 R 3765/08, BeckRS 2010, 68321; LSG SachsAnh 9.9.10 – L 10 KN 5/06, BeckRS 2011, 74862; Hess LSG 26.11.10 – L 5 R 363/08 KN, BeckRS 2011, 66001). Unter dem Begriff **„schwere spezifische Leistungsbehinderung"** werden diejenigen Fälle erfasst, bei denen bereits eine schwerwiegende Behinderung ein weites Feld von Verweisungstätigkeiten versperrt (etwa erhebliche Einschränkungen der Arm- und Handbeweglichkeit oder die Erforderlichkeit, zwei zusätzliche Arbeitspausen von je 15 Minuten einzulegen). Das Merkmal **„Summierung ungewöhnlicher Leistungseinschränkungen"** trägt dem Umstand Rechnung, dass auch eine Mehrzahl von Einschränkungen, die jeweils nur einzelne Verrichtungen und Arbeitsbedingungen betreffen, zusammengenommen das noch mögliche Arbeitsfeld in erheblichem Umfang zusätzlich einengen können. In diesen Fällen ist eine konkrete Verweisungstätigkeit zu benennen, weil fraglich ist, ob es Tätigkeiten gibt, deren Anforderungen der Versicherte gewachsen ist. Gibt es einen solchen Arbeitsplatz auf dem allgemeinen Arbeitsmarkt, kommt es nicht darauf an, ob dieser dem Versicherten auch vermittelt werden kann (BSG 9.5.12 – B 5 R 68/11 R, SozR 4–2600 § 43 Nr 18; BayLSG 18.2.09 – L 13 R 558/07, BeckRS 2009, 60044, zur Frage, ob gesundheitlich erforderliche Kurzpausen zur Blutzuckermessung und Nahrungsaufnahme eine Verweisung auf den allg Arbeitsmarkt ausschließen). Wenn feststeht, dass Arbeitsunfähigkeitszeiten so häufig auftreten werden, dass die während eines Arbeitsjahres zu erbringenden Arbeitsleistungen nicht mehr den betriebsüblichen Mindestanforderungen entsprechen, ist trotz eines vollschichtigen Leistungsvermögens eine Verweisungstätigkeit zu benennen. Ist dies (ggf nach entsprechenden arbeitsmarkt- und berufskundlichen Ermittlungen) nicht möglich, ist der Versicherte wegen Verschlossenheit des Arbeitsmarktes (voll) erwerbsgemindert, auch wenn die voraussichtlichen Arbeitsunfähigkeitszeiten insgesamt sechs Monate im Jahr nicht überschreiten (BSG 31.10.12 – B 13 R 107/12 B, SozR 4–2600 § 43 Nr 19 mit Anm *Schmidt* jurisPR-SozR 7/2013, Anm 1).

24 7. **Arbeitsweg.** Erwerbsgemindert ist auch, wer krankheitsbedingt den **üblichen Weg zur Arbeitsstelle** nicht zurücklegen kann. Auf den konkreten Weg vom Wohnort zur Arbeitsstelle oder zur Haltestelle eines öffentlichen Verkehrsmittels kommt es angesichts des maßgeblichen gesamten deutschen Arbeitsmarktes grds nicht an. Erwerbsfähigkeit setzt grds die Fähigkeit des Versicherten voraus, viermal am Tag Wegstrecken **von mehr als 500 Metern** in jeweils weniger als 20 Minuten zu Fuß bewältigen und zweimal täglich während der Hauptverkehrszeit mit öffentlichen Verkehrsmittel fahren zu können (BSG 28.2.02 – B 5 R 3 12/02 R, SozSich 04, 180; 12.12.06 – B 13 R 27/06 R, SozR 4–2600 § 43 Nr 10), es sei denn, der Versicherte kann einen Arbeitsplatz mit dem eigenen Kfz erreichen oder hat einen Arbeitsplatz inne, den er trotz Einschränkung seiner Gehfähigkeit konkret erreichen kann (BSG 19.11.97 – 5 RJ 16/97, SozR 3–2600 § 44 Nr 10; 21.3.06 – B 5 RJ 51/04 R, SozR 4–2600 § 43 Nr 8; LSG SachsAnh 23.11.11 – L 3 R 252/08, BeckRS 2012, 66386). Die rentenrechtliche Wegeunfähigkeit kann durch Leistungen zur Teilhabe am Arbeitsleben (Übernahme der Beförderungskosten) durch den RVTräger wiederhergestellt werden (BSG 12.12.11 – B 13 R 79/11 R, SozR 4–2600 § 43 Nr 17).

25 8. **Versicherungsrechtliche Voraussetzungen.** Ein Anspruch auf (volle oder teilweise) Erwerbsminderungsrente besteht grds nur dann, wenn der Versicherte neben der Erwerbsminderung die Regelaltersgrenze noch nicht erreicht, die allgemeine Wartezeit erfüllt, in den letzten fünf Jahren vor Eintritt der Erwerbsunfähigkeit mindestens drei Jahre Pflichtbeitragszeiten in einer versicherten Beschäftigung oder Tätigkeit zurückgelegt und Rentenantrag gestellt hat (§ 43 Abs 1 Satz 1, Abs 2 Satz 1 SGB VI; vgl BSG 14.8.03 – B 13 RJ 4/03 R, LVAMitt 04, 171; LSG SachsAnh 6.10.11 – L 10 KN 25/07, BeckRS 2012, 73417).

26 Die **allgemeine Wartezeit** beträgt nach § 50 Abs 1 SGB VI insgesamt fünf Jahre Versicherungszeit. Diese fünf Jahre müssen nicht unmittelbar vor dem Versicherungsfall und auch nicht zusammenhängend zurückgelegt worden sein. Auf die allgemeine Wartezeit anrechenbare Zeiten sind Beitragszeiten (dazu gehören auch Zeiten, für die Beiträge zu einem System der gesetzlichen RV im Beitrittsgebiet gezahlt worden sind und nach dem Fremdrentengesetz von Vertriebenen und Spätaussiedlern zurückgelegte Beschäftigungszeiten). Die vorzeitige Wartezeiterfüllung (zB wegen eines Arbeitsunfalls) ist in § 53 SGB VI, die Wartezeiterfüllung durch Versorgungsausgleich in § 52 SGB VI geregelt.

Bei den letzten **fünf Jahren vor Eintritt der Erwerbsminderung,** wovon mindestens drei Jahre mit Pflichtbeiträgen belegt sein müssen, handelt es sich nicht um Kalender-, sondern um **Zeitjahre,** die ab dem Tag des Eintritts des Versicherungsfalles zurückgerechnet werden. 27

Versicherte, die bereits vor Erfüllung der allgemeinen Wartezeit voll erwerbsgemindert waren und seitdem ununterbrochen erwerbsunfähig sind, haben Anspruch auf Rente, wenn sie eine **Wartezeit von 20 Jahren** erfüllt haben (§ 43 Abs 6 SGB VI). Diese Vorschrift hat Bedeutung insbesondere für Behinderte, da die Erfüllung der verlängerten Wartezeit auch auf freiwilligen Beiträgen beruhen kann, die nach Stellung des Rentenantrags entrichtet werden. 28

Die **Pflichtbeiträge** brauchen nicht für einen zusammenhängenden Zeitraum entrichtet worden zu sein. Nach § 55 Satz 2 SGB VI reichen Zeiten aus, für die Pflichtbeiträge nach besonderen Vorschriften als gezahlt gelten (s KassKomm/*Gürtner* § 55 SGB VI Rz 7 ff auch zu ausländischen Versicherungszeiten in EU-Staaten und Abkommensstaaten). Der Fünf-Jahres-Zeitraum kann sich durch die Anrechnung von Aufschubzeiten verlängern (§ 43 Abs 4 SGB VI). **Sonderfälle** sind in § 241 SGB VI geregelt (insbesondere für Versicherte, die bereits vor dem 1.1.84 die allgemeine Wartezeit erfüllt hatten). 29

9. Rentenhöhe. Grds entspricht die Höhe der **Rente wegen voller Erwerbsminderung** der Höhe der vorzeitig in Anspruch genommenen Altersrenten. Ebenso wie bei diesen Renten verringert sich der Zugangsfaktor 1,0 (§ 67 Nr 3 SGB VI) für jeden Kalendermonat, für den die Rente vor Ablauf des Kalendermonats der Vollendung des 63. Lebensjahres in Anspruch genommen wird, um 0,3 vH (§ 77 Abs 2 Satz 1 Nr 3 SGB VI). Die **Verminderung des Zugangsfaktors** ist auf höchstens 10,8 vH beschränkt und gilt auch für Erwerbsminderungsrenten, die vor dem 60. Lebensjahr bezogen werden (BSG 14.8.08 – B 5 R 140/07 R, FamRZ 09, 877; BVerfG 11.1.2011 – 1 BvR 3588/08, 1 BvR 555/09, NJW 11, 2035). Entsprechend der Anhebung der Altersgrenzen für den Bezug der Altersrenten durch das RV-Altersgrenzenanpassungsgesetz vom 20.4.07 (BGBl I 07, 554) werden auch für die Erwerbsminderungsrenten die Altersgrenzen für den abschlagfreien Bezug dieser Renten seit 2012 angehoben (§ 77 Abs 2 Satz 1 Nr 3 SGB VI). Die Anhebung erfolgt stufenweise von der Vollendung des 63. Lebensjahres auf die Vollendung des 65. Lebensjahres nach Maßgabe der Tabelle in § 264c SGB VI. Mit dem Jahr 2024 ist die Anpassung abgeschlossen und ein abschlagsfreier Bezug einer Erwerbsminderungsrente ist dann grds nur noch bei einem Rentenbeginn nach Vollendung des 65. Lebensjahres möglich. Die Altersgrenze von 63 Jahren für den abschlagsfreien Bezug einer Erwerbsminderungsrente bleibt auch künftig gültig, wenn der Rentenberechnung 40 Jahre Pflichtbeitragszeiten wegen versicherungspflichtiger Beschäftigung zugrunde liegen (§ 77 Abs 4 SGB VI). Anrechnungszeiten, freiwillige Beitragszeiten, Pflichtbeiträge wegen des Bezugs von Sozialleistungen oder Ersatzzeiten bleiben dabei unberücksichtigt. Um die **Verminderung des Zugangsfaktors** für erwerbsgeminderte Versicherte zu mildern, wird die Zeit vom Eintritt des Versicherungsfalls bis zum 60. Lebensjahr in vollem Umfang als Zurechnungszeit berücksichtigt (§ 59 SGB VI). Zurechnungszeiten werden bei der Rentenberechnung grds so behandelt, als seien in diesen Zeiten Beiträge nach dem Durchschnitt des Versicherungslebens entrichtet worden (§ 71 Abs 1 Satz 1 SGB VI). Sonderregelungen gelten für Bergleute (§ 86a SGB VI). Der Zugangsfaktor **für Renten wegen teilweiser Erwerbsminderung** beträgt 0,5 (§ 67 Nr 2 SGB VI). Die Berechnung entspricht ansonsten den Renten wegen voller Erwerbsminderung, so dass die Rente wegen teilweiser Erwerbsminderung grds die Hälfte der Rente wegen voller Erwerbsminderung ausmacht. 30

10. Hinzuverdienst. Neben einer Rente wegen verminderter Erwerbsfähigkeit darf nur in begrenztem Umfang hinzuverdient werden (§ 96a SGB VI). Dies gilt auch für die Renten wegen Erwerbs- oder Berufsunfähigkeit nach altem Recht (Bestandsrenten). Zum Hinzuverdienst zählen neben dem Arbeitsentgelt aus einer abhängigen Beschäftigung und Arbeitseinkommen aus einer selbstständigen Tätigkeit auch bestimmte Lohnersatzleistungen (zB *Krankengeld, Arbeitslosengeld*). Dabei wird als Hinzuverdienst nicht die Lohnersatzleistung 31

169 Erwerbsminderung

selbst, sondern das ihr zu Grunde liegende (höhere) Arbeitseinkommen berücksichtigt. Die Hinzuverdienstgrenzen berechnen sich wie bei den Altersrenten nach den Entgeltpunkten der letzten drei Kj vor Eintritt des Versicherungsfalls. Sie sind daher individuell verschieden und somit auch für jeden Rentenbezieher in einem wenig praktischen und unübersichtlichen Verfahren gesondert zu ermitteln. Die Hinzuverdienstgrenze bei der Rente wegen voller Erwerbsminderung beträgt einheitlich ein Siebtel der monatlichen Bezugsgröße nach § 18 SGB IV. Eine selbstständige Tätigkeit steht dem Rentenbezug nicht mehr entgegen.

32 Abhängig von der **Höhe des erzielten Hinzuverdienstes** werden die Renten wegen verminderter Erwerbsfähigkeit in voller oder in anteiliger Höhe gezahlt: So wird die Rente wegen voller Erwerbsminderung entweder in voller Höhe, in Höhe von drei Vierteln, in Höhe der Hälfte oder in Höhe eines Viertels geleistet. Die Rente wegen teilweiser Erwerbsminderung wird entweder in voller Höhe oder in Höhe der Hälfte gezahlt. Ein Hinzuverdienst kann aber auch dazu führen, dass die Rente wegen verminderter Erwerbsfähigkeit überhaupt nicht mehr gezahlt werden kann. Zur Berechnung der Höhe des rentenschädlichen Hinzuverdienstes vgl im Einzelnen (*Rentnerbeschäftigung* Rz 35 ff).

33 **11. Befristung.** Renten wegen verminderter Erwerbsfähigkeit werden auf Zeit geleistet (§ 102 Abs 2 SGB VI). Die Befristung erfolgt für längstens drei Jahre nach Rentenbeginn. Sie kann wiederholt werden. Renten, auf die ein Anspruch unabhängig von der jeweiligen Arbeitsmarktlage besteht (in erster Linie Renten wegen voller Erwerbsminderung), werden unbefristet geleistet, wenn unwahrscheinlich ist, dass die Minderung der Erwerbsfähigkeit behoben werden kann; hiervon ist nach einer Gesamtdauer der Befristung von neun Jahren auszugehen (keine Befristung bei ausgeschöpften Behandlungsmöglichkeiten: LSG Bay 18.2.09 – L 13 R 350/08, BeckRS 2009, 66134).

34 **12. Rente für Bergleute** wird bei verminderter bergmännischer Berufsfähigkeit unter den weiteren Voraussetzungen des § 45 Abs 1 SGB VI oder nach Vollendung des 50. Lebensjahres unter den Voraussetzungen des § 45 Abs 3 SGB VI gewährt (Hess LSG 4.3.11 – L 5 R 390/09, NZS 11, 548).

35 **13. Rente wegen teilweiser Erwerbsminderung bei Berufsunfähigkeit.** Anspruch auf diese Rente haben nach § 240 SGB VI bei Erfüllung der **versicherungsrechtlichen Voraussetzungen** Versicherte, die **berufsunfähig** und **vor dem 2.1.1961** geboren sind.

36 a) **Berufsunfähigkeit.** Berufsunfähig sind nach § 240 Abs 2 Sätze 1 bis 3 SGB VI Versicherte, deren Erwerbsfähigkeit wegen Krankheit oder Behinderung im Vergleich zur Erwerbsfähigkeit von körperlich, geistig und seelisch gesunden Versicherten mit **ähnlicher Ausbildung** und **gleichwertigen Kenntnissen und Fähigkeiten** auf **weniger als sechs Stunden** gesunken ist. Der Kreis der Tätigkeiten, nach denen die Erwerbsfähigkeit von Versicherten zu beurteilen ist, umfasst alle Tätigkeiten, die ihren Kräften und Fähigkeiten entsprechen und ihnen unter Berücksichtigung der Dauer und des Umfangs ihrer Ausbildung sowie ihres **bisherigen Berufs** und den besonderen Anforderungen ihrer bisherigen Berufstätigkeit zugemutet werden können. Zumutbar ist stets eine Tätigkeit, für die der Versicherte durch Leistungen zur Teilhabe am Arbeitsleben mit Erfolg ausgebildet oder umgeschult worden ist (LSG Bayern 29.11.11 – L 6 R 1038/09, NZS 12, 389).

37 b) **Bisheriger Beruf** ist idR die letzte versicherungspflichtige Beschäftigung oder Tätigkeit, von der auch bei nur kurzfristiger Ausübung auszugehen ist, wenn sie zugleich die qualitativ höchste im Berufsleben des Versicherten gewesen ist (BSG 25.8.93 – 13 RJ 59/92, SozR 3–2200 § 1246 Nr 34). Wurden **mehrere Berufe** verrichtet, ist der **Hauptberuf** zu ermitteln. Das ist idR die zuletzt versicherungspflichtig ausgeübte Tätigkeit, es sei denn, der Versicherte musste **gesundheitsbedingt** einen früher ausgeübten – qualitativ höherwertigen – Beruf aufgeben. Beschäftigungen, die nicht der deutschen Versicherungspflicht unterlagen, bleiben unberücksichtigt, es sei denn, die Beschäftigung unterlag in einem anderen Mitgliedstaat der EU der Versicherungspflicht (BayLSG 21.1.10 – L 14 R 583/09, BeckRS 2010, 67794).

38 Hat sich der Versicherte gesundheitsunabhängig endgültig einer anderen Berufstätigkeit zugewandt, liegt eine Lösung vom bisherigen Beruf vor, mit der Folge, dass dieser nicht mehr als Hauptberuf angesehen werden kann (LSG SachsAnh 6.10.11 – L 10 KN 25/07, BeckRS 2012, 73417).

c) Der qualitative Wert des bisherigen Berufes und damit der Kreis der zumutbaren 39 Verweisungstätigkeiten bestimmt sich nach dem von der Rspr zur alten Berufsunfähigkeitsrente entwickelten **Mehrstufenschema,** wonach der Kreis der Tätigkeiten, nach denen die Erwerbsfähigkeit von Versicherten zu beurteilen ist, alle Tätigkeiten umfasst, die ihren Kräften und Fähigkeiten entsprechen und ihnen unter Berücksichtigung der Dauer und des Umfanges ihrer Ausbildung sowie ihres bisherigen Berufes und der besonderen Anforderungen ihrer bisherigen Berufstätigkeit zugemutet werden können. Hierzu untergliedert das Mehrstufenschema die Arbeiterberufe in vier Gruppen: (1) **Facharbeiter mit Vorgesetztenfunktion** bzw besonders hoch qualifizierte Facharbeiter, (2) **Facharbeiter,** die einen anerkannten Ausbildungsberuf mit einer Ausbildungszeit von mehr als zwei Jahren ausüben, (3) **angelernte Arbeiter,** die einen Ausbildungsberuf mit einer vorgeschriebenen Regelausbildungszeit bis zu zwei Jahren ausüben, (4) **ungelernte** Arbeiter (BSG 25.8.93 – 13 RJ 59/92, SozR 3–2200 § 1246 Nr 34; LSG BaWü 2.12.11 – L 4 R 3833/08, BeckRS 2012, 66043; LSG BaWü 25.9.12 – L 13 R 6087/09, NZS 13, 106).

Eine entsprechende Einteilung gilt für die **Angestelltenberufe,** wobei die Angestellten, 40 deren Bruttoarbeitsentgelt aus der versicherungspflichtigen Beschäftigung die Beitragsbemessungsgrenze der RV übersteigt, die erste Berufsgruppe (Angestelltenberufe von hoher Qualität) bilden (BSG 29.7.04 – B 4 RA 5/04 R, BeckRS 2004, 41474). Ausschlaggebend für die **Zuordnung** einer bestimmten Tätigkeit zu einer der Gruppen des Mehrstufenschemas ist allein die Qualität der verrichteten Arbeit, dh der aus einer Mehrzahl von Faktoren zu ermittelnde qualitative Wert der Arbeit für den Betrieb. Hierzu kommt nach der Rspr des BSG der **tarifvertraglichen Einstufung des Berufs** entscheidende Bedeutung zu, weil die Tarifparteien als die unmittelbar am Arbeitsleben Beteiligten die Bewertung von Berufstätigkeiten zuverlässig vornehmen. Soweit ein bestimmter Beruf im Tarifvertrag aufgeführt und einer Tarifgruppe zugeordnet ist, ist daher davon auszugehen, dass die tarifvertragliche Einstufung die Qualität des Berufes unabhängig von der Dauer der erforderlichen Ausbildung wiedergibt (BSG 17.12.91 – 13/5 RJ 14/90, NZA 92, 813; 3.7.02 – B 5 RJ 18/01 R, BeckRS 2002, 30269922; LSG Bln-Bbg 13.3.08 – L 3 R 1282/07, BeckRS 2008, 52858, zur Einstufung einer Krankenpflegehelferin in den unteren Bereich der Gruppe der Angelernten; BayLSG 17.2.09 – 6 L R 532/07, BeckRS 2009, 66324, zur Einstufung eines Betonpumpenmaschinisten in den unteren Bereich der Gruppe der Angelernten; BayLSG 24.2.10 – L 1 R 1/09, BeckRS 2010, 69361, zur Einstufung eines Lichtbogenhandschweißers in den unteren Bereich der Gruppe der Angelernten; Hess LSG 15.4.11 – L 5 R 331/09, BeckRS 2011, 71839, zur Verweisungsmöglichkeit eines Metallbauschlossers; LSG Bln-Bbg 17.11.11 – L 4 R 380/11, BeckRS 2011, 78436 zur Verweisungsmöglichkeit eines Baufacharbeiters; LSG SachsAnh 21.3.13 – L 1 R 191/11, BeckRS 2013, 70123 zur Verweisbarkeit eines Kranfahrers auf den allgemeinen Arbeitsmarkt).

Handelt es sich um einen nach Qualitätsstufen geordneten Tarifvertrag, ist die Einstufung 41 des konkreten Berufs durch die **Tarifparteien** für den RVTräger und die Gerichte bindend. Von der **abstrakten** tarifvertraglichen Einstufung eines Berufs ist die vom ArbGeb (uU zusammen mit dem BRat) vorgenommene **konkrete** Einstufung des Versicherten in eine bestimmte Lohn- oder Gehaltsgruppe des Tarifvertrags zu unterscheiden. Dieser Einstufung können nämlich Motive zugrunde liegen, die mit der Qualität der Arbeit in keinem Zusammenhang stehen (soziale Erwägungen, Dauer der Betriebszugehörigkeit usw). Diese Einstufung ist daher für die Zuordnung einer bestimmten Tätigkeit in das Mehrstufenschema nicht bindend, ihr kann aber Indizwirkung zukommen (BSG 17.12.91 – 13/5 RJ 14/90, NZA 92, 813). Für nicht nach Tarif entlohnte Versicherte bestimmt sich die Einordnung in das Mehrstufenschema nach dem Tarifvertrag, in den sie hätten eingeordnet werden können.

d) Zumutbarer Verweisungsberuf. Zumutbar iSv § 240 Abs 2 Satz 2 SGB, und damit 42 einer Rentengewährung wegen Berufsunfähigkeit entgegenstehend, ist grds eine Tätigkeit in der nächstniederen Berufsgruppe, soweit sie den Versicherten weder nach seinem persönlichen Können noch hinsichtlich seiner gesundheitlichen Kräfte überfordert (BSG 29.3.94 – 13 RJ 35/93, SozR 3–2200 § 1246 Nr 45; BayLSG 27.1.10 – L 20 R 79/07, BeckRS 2010, 68976; Bay LSG 6.10.10 – L 13 R 596/09, BeckRS 2011, 68433; BayLSG 14.11.12 – L 20 R 578/10 ZVW, BeckRS 2013, 67469). Erst wenn der Versicherte nicht mehr auf eine in diesem Sinne zumutbare Tätigkeit sechs Stunden täglich verwiesen werden kann, ist er berufsunfähig. Der Versicherte hat somit einen **beruflichen Abstieg** hinzunehmen, wenn er seine bisherige Berufstätigkeit aus gesundheitlichen Gründen nicht mehr verrichten kann. Allerdings muss die ins Auge gefasste Verweisungstätigkeit dem Versicherten auch objektiv zumutbar sein, dh sie muss seinen Kräften und Fähigkeiten entsprechen. Eine mehr als dreimonatige Einarbeitungs- bzw Einweisungszeit braucht nicht hingenommen zu werden (BSG 8.9.93 – 5 RJ 70/92, SozR 3–2200 § 1246 Nr 35).

43 Dabei bleiben mangelnde **deutsche Sprachkenntnisse** außer Betracht, da die dadurch hervorgerufene Einschränkung der Arbeitsmöglichkeiten ausländischer ArbN auf nichtversicherten außergesundheitlichen Gründen beruht (BSG 9.5.12 – B 5 R 68/11 R, SozR 4–2600 § 43 Nr 18). Für einen zumutbaren Berufswechsel muss die erforderliche Anpassungs- und Umstellungsfähigkeit des Versicherten vorliegen. Hierzu sind uU auch **psychologische Eignungstests** erforderlich. Zumutbar ist stets eine Tätigkeit, für die der Versicherte durch Leistungen zur beruflichen Reha mit Erfolg ausgebildet oder umgeschult worden ist, wenn er die Kenntnisse und Fähigkeiten zur Ausübung des Berufs (noch) besitzt (BSG 8.9.93 – 5 RJ 70/92, SozR 3–2200 § 1246 Nr 35). Aus den dargestellten Kriterien folgt, je qualifizierter ein Beruf ist und je spezieller die dafür erforderlichen Kenntnisse und Fähigkeiten sind, desto geringer ist die Zahl der möglichen Verweisungstätigkeiten, wenn der Versicherte seinen erlernten Beruf aus gesundheitlichen Gründen nicht mehr mindestens sechs Stunden täglich verrichten kann. So kann etwa ein Facharbeiter mit Vorgesetztenfunktion im Regelfall nicht auf eine **fachfremde Facharbeitertätigkeit** verwiesen werden, weil ihm insoweit die notwendigen Fachkenntnisse fehlen. Eine Facharbeitertätigkeit in seinem erlernten Beruf wird im Regelfall aus gesundheitlichen Gründen nicht in Betracht kommen, wenn schon die entsprechende Tätigkeit mit Vorgesetztenfunktion aus Gesundheitsgründen nicht mehr verrichtet werden kann.

44 **e) Arbeitsmarkt.** Ist der Versicherte trotz Leistungsminderung noch in der Lage, einen zumutbaren Verweisungsberuf mindestens sechs Stunden täglich auszuüben, liegt Berufsunfähigkeit nicht vor. Dabei ist die **Arbeitsmarktlage grundsätzlich nicht zu berücksichtigen** (§ 240 Abs 2 Satz 4 SGB VI), dh, es kommt nicht darauf an, ob in hinreichender Anzahl leistungsgerechte (Teilzeit-)Arbeitsplätze auf dem Arbeitsmarkt vorhanden sind und ob dem Versicherten ein konkreter Arbeitsplatz auch vermittelt werden kann (vgl aber Rz 45, 23). Das gilt jedenfalls dann, wenn die Verweisungstätigkeit in Tarifverträgen erfasst ist und die Tätigkeit unter betriebsüblichen Bedingungen verrichtet werden kann (BSG 31.3.93 – 13 RJ 65/91, NZS 93, 404 mwN).

45 **f) Qualitative Leistungseinschränkungen und eingeschränkter Arbeitsweg.** Bestehen schwere spezifische Leistungsbehinderungen oder liegt eine **Summierung ungewöhnlicher Leistungseinschränkungen** vor, welche einer Tätigkeit im Verweisungsberuf unter den Bedingungen des allgemeinen Arbeitsmarktes entgegenstehen, oder ist die Fähigkeit eingeschränkt, den üblichen Weg zur Arbeitsstelle zurückzulegen, können die Voraussetzungen der Rente wegen teilweiser Erwerbsminderung wegen Berufsunfähigkeit bzw wegen voller Erwerbsminderung auch dann vorliegen, wenn der Versicherte noch mehr als sechs Stunden täglich tätig sein kann (vgl oben Rz 23).

46 **g) Die versicherungsrechtlichen Voraussetzungen** entsprechen den Renten wegen Erwerbsminderung (vgl oben Rz 25 ff).

Essenszuschuss

A. Arbeitsrecht
Griese

1 Die Verpflegung gehört grds zum **persönlichen Lebensbedarf** des ArbN. Abgesehen von der Fallgestaltung des Aufwendungsersatzes (s *Aufwendungsersatz* Rz 1) besteht keine gesetzliche Verpflichtung des ArbGeb, Essenszuschüsse zu leisten. Der ArbGeb kann eine solche Verpflichtung durch Arbeitsvertrag, durch vorbehaltlose, längerfristige Gewährung (s *Betriebliche Übung* Rz 4) oder durch Betriebsvereinbarung übernehmen.

2 Der Essenszuschuss kann als Barleistung oder in Form eines **verbilligten Kantinenessens** gewährt werden. Der Ausschluss von Teilzeitbeschäftigten ist nicht zulässig (BAG 26.9.01 – 10 AZR 714/00, ArbuR 02, 37). Eine Kantine ist eine **mitbestimmungspflichtige** Sozialeinrichtung (s *Sozialeinrichtung* Rz 6) nach § 87 Abs 1 Nr 8 BetrVG (BAG 15.9.87 – 1 ABR 31/86, NZA 88, 104). Der BRat hat insoweit mitzubestimmen hinsichtlich Form, Ausgestal-

tung und Verwaltung der Kantine. Nicht der Mitbestimmung unterliegen hingegen die Frage der Einrichtung und Abschaffung einer Kantine sowie die Frage, mit welchem **Dotierungsrahmen** der ArbGeb die Kantine ausstattet. Die Reduzierung des Dotierungsrahmens kann der BRat daher nicht verhindern (BAG 15.1.87 – 6 AZR 589/84, BB 87, 2092). Innerhalb des zur Verfügung gestellten Dotierungsrahmens hat der BRat über die **Kantinenpreise** und **sonstigen Nutzungsentgelte** und damit über die in den Preisen enthaltenen Essenszuschüsse mitzubestimmen (BAG 15.1.87, BB 87, 2092 für die Zahlung von Zuschüssen zu den Kosten der Essensmarken). Kommt eine Einigung zwischen ArbGeb und BRat nicht zustande, entscheidet die Einigungsstelle.

Essenszuschüsse können schließlich in **Tarifverträgen** festgelegt werden, so etwa in § 7 Nr 3.2 des Bundesrahmentarifvertrages für das Baugewerbe (Näheres: *Verpflegungsmehraufwendungen* Rz 3). Die **Streichung von zugesagten Essenszuschüssen** kann, wenn ein Tarifvertrag oder eine Betriebsvereinbarung die Rechtsgrundlage bildet, nur durch Kündigung oder Aufhebung des Tarifvertrages bzw der Betriebsvereinbarung erreicht werden. Bei einer arbeitsvertraglichen Verpflichtung bleibt – gegen den Willen des ArbN – nur der Weg der Änderungskündigung. 3

Bildet eine **betriebliche Übung**, eine Gesamtzusage oder eine **vertragliche Einheitsregelung** des ArbGeb die Rechtsgrundlage für die Gewährung von Essenszuschüssen, ist nach dem Beschluss des GS des BAG nur eine **umstrukturierende, keine verschlechternde Betriebsvereinbarung** möglich (BAG GS 16.9.86, DB 87, 383). Weitergehende Möglichkeiten zur Verschlechterung ergeben sich, wenn sich der ArbGeb den **Widerruf explizit vorbehalten** hatte, die Geschäftsgrundlage weggefallen oder die Regelung als **betriebsvereinbarungsoffen** angesehen werden kann (BAG GS 17.6.08 – 3 AZR 254/07, NZA 08, 1320; Einzelheiten s *Günstigkeitsprinzip* Rz 11). 4

Handelt es sich bei den Essenszuschüssen um eine **freiwillige Leistung,** auf die kein Rechtsanspruch besteht, kann der ArbGeb einseitig und mitbestimmungsfrei den Dotierungsrahmen ändern und das Essenszuschussvolumen insgesamt verringern (BAG 15.1.87 – 6 AZR 589/84, BB 87, 2092). Hinsichtlich der Verteilung des veränderten Zuschussvolumens setzt die Mitbestimmung des BRat ein. 5

B. Lohnsteuerrecht *Windsheimer*

1. Überblick. Der vom ArbGeb dem ArbN gewährte Essenszuschuss ist grds eine **zu versteuernde Einnahme** (§ 8 Abs 1 EStG). Dies gilt insbesondere dann, wenn der ArbGeb den Essenszuschuss in bar als Lohnbestandteil vergütet (§ 40 Abs 2 Nr 1 Satz 2 EStG). Verschafft der ArbGeb dem ArbN die Möglichkeit, dass dieser kostenlos oder verbilligt essen kann, erfolgt die Besteuerung der arbeitstäglich an die ArbN unentgeltlich oder verbilligt abgegebenen Mahlzeiten wie folgt: 7

Entweder hat der ArbN den Essenswert nach der SvEV zu versteuern (§ 8 Abs 2 Satz 6 EStG; s nachfolgend Rz 9 ff) oder der ArbGeb versteuert den Essenswert durch LStPauschalierung (§ 40 Abs 2 Nr 1 EStG; s unten Rz 15 und *Lohnsteuerpauschalierung* Rz 28 ff). Für die Besteuerung des ArbN gilt (R 8.1 Abs 7 LStR): 8

2. Abgabe von Speisen durch den Arbeitgeber. Mahlzeiten, die durch eine vom ArbGeb **selbstbetriebene** Kantine, Gaststätte oder vergleichbare Einrichtung abgegeben werden, sind mit dem maßgebenden amtlichen Sachbezugswert nach der SvEV zu bewerten. Der amtliche Sachbezugswert einer Mahlzeit beträgt 9

Jahr	2011	2012	2013	2014
Wert für ein Mittag- oder Abendessen	2,83 €	2,87 €	2,93 €	3 €
Wert für ein Frühstück	1,57 €	1,57 €	1,60 €	1,63 €
Fundstelle	BMF DStR 11, 32	BMF DStR 11, 2467	BMF Beck Verw 267358	BMF BStBl I 13, 1473

170 Essenszuschuss

Der amtliche Sachbezugswert gilt nicht, wenn die Mahlzeiten überwiegend nicht für die ArbN zubereitet werden (s unten Rz 20). Ausnahmsweise stellt die vom ArbGeb gestellte Personalverpflegung keinen zu versteuernden Arbeitslohn dar, nämlich wenn die Verpflegung auf Grund der besonderen Tatumstände im ganz überwiegend eigenbetrieblichen Interesse des ArbGeb zugewendet wird (BFH 21.1.10 – VI R 51/08, DStR 2010, 510 entschieden zur Verpflegung des Personals auf einem Flusskreuzfahrtschiff. Gleicher Ansicht FG Nds 19.2.09 – 11 K 384/07, BeckRS 2009, 26029104 entschieden zur Verpflegung von Beaufsichtigungspersonen beim Essen in einem Kindergarten). Bei Annahme von Arbeitslohn kann der Personalrabatt (§ 8 Abs 3 EStG) in Betracht kommen s *Sachbezug* Rz 27; im übrigen s unten Rz 18 und *Verpflegungsmehraufwendungen* Rz 5. Zur Abgrenzung *Arbeitsentgelt* Rz 48.

10 **3. Abgabe von Speisen durch Dritte.** Der amtliche Sachbezugswert (s oben Rz 9) ist auch anzusetzen, wenn der ArbGeb eine Kantine, Gaststätte oder vergleichbare Einrichtung **nicht selbst betreibt,** sondern zur Verbilligung des Essens beiträgt, indem er einem Dritten, der die Mahlzeiten bereitstellt (zB Gaststätte, betriebsfremde Kantine, Essen auf Rädern oÄ) aufgrund vertraglicher Beziehungen Barzuschüsse oder andere Leistungen, zB verbilligte Überlassung von Räumen, Energie oder Einrichtungsgegenstände erbringt. Es ist nicht erforderlich, dass die Mahlzeiten im Rahmen eines Reihengeschäfts zunächst an den ArbGeb und danach von diesem an die ArbN abgegeben werden.

11 **4. Versteuerung.** In den eben aufgezeigten Fällen (s oben Rz 9, 10) ist der zu versteuernde geldwerte Vorteil unabhängig vom Essenspreis iHd amtlichen Sachbezugswerts (s oben Rz 9) zu erfassen, wenn der ArbN beim Bezug der Mahlzeiten nichts dazuzahlt, und ansonsten iHd Differenz zwischen der Zuzahlung des ArbN und dem amtlichen Sachbezugswert bis zu dieser Höhe. Eine **Besteuerung entfällt** somit, wenn gewährleistet ist, dass der ArbN für jede Mahlzeit mindestens den Preis iHd amtlichen Sachbezugswerts bezahlt.

	2011	2012	2013	2014
Beispiel: Preis der Mahlzeit	4,– €	4,– €	4,– €	4,– €
Sachbezugswert	**2,83 €**	**2,87 €**	**2,93 €**	**3 €**
Alternative A: Zahlung des ArbN	–,–	–,–	–,–	–,–
Geldwerter zu versteuernder Vorteil	2,83 €	2,87 €	2,93 €	3 €
Alternative B: Zahlung des ArbN	2,– €	2,– €	2,– €	2,– €
Geldwerter zu versteuernder Vorteil	0,83 €	0,87 €	0,93 €	1 €
Alternative C: Zahlung des ArbN	2,83 €	2,87 €	2,93 €	3 €
Geldwerter zu versteuernder Vorteil	–,–	–,–	–,–	–,–
Alternative D: Zahlung des ArbN	3,– €	3,– €	3,– €	3,10 €
Geldwerter zu versteuernder Vorteil	–,–	–,–	–,–	–,–

12 **5. Ausgabe von Essenmarken** (Essensgutscheine, Restaurantschecks R 8.1 Abs 7 Nr 4 LStR):

a) Sachbezugsbewertung. Erhält ein ArbN von seinem ArbGeb Essenmarken (Essensgutscheine, Restaurantschecks), die von einer Gaststätte oder vergleichbaren Einrichtung (im Folgenden: Annahmestelle) bei der Abgabe von Mahlzeiten in Zahlung genommen werden, so ist unter den nachfolgenden Voraussetzungen nicht die Essenmarke mit ihrem ausgewiesenen Verrechnungswert, sondern die Mahlzeit als Sachbezug dem Arbeitslohn zuzurechnen und mit dem amtlichen Sachbezugswert anzusetzen.

Der Ansatz des Sachbezugswerts (s oben Rz 9) setzt voraus, dass
1. tatsächlich Mahlzeiten abgegeben werden. Lebensmittel sind nur dann als Mahlzeiten anzuerkennen, wenn sie zum unmittelbaren Verzehr geeignet oder zum Verbrauch während der Essenpausen bestimmt sind,
2. für jede Mahlzeit lediglich eine Essenmarke täglich in Zahlung genommen wird, hierzu FG Düsseldorf 19.5.10 – 15 K 1185/09, BB 10, 2206;

3. der Verrechnungswert der Essenmarke den amtlichen Sachbezugswert einer Mittagsmahlzeit um nicht mehr als 3,10 € übersteigt,
4. die Essenmarken nicht an ArbN ausgegeben werden, die eine Auswärtstätigkeit (R 9.4 LStR) ausüben.

Dies gilt auch dann, wenn zwischen dem ArbGeb und der Annahmestelle keine unmittelbaren vertraglichen Beziehungen bestehen, weil ein Unternehmen eingeschaltet ist, das die Essenmarken ausgibt (Essenmarkenemittent).

Beispiel: Wert der Essensmarke: a) 1 €, Restzuzahlung durch den ArbN; b) 5 €, c) 7 €, zu b) und c) je ohne Zuzahlung durch den ArbN. Der ArbN hat zu versteuern: a) steuerfrei (§ 8 Abs 2 Satz 9 EStG); b) 3 €; c) 7 €;

Tipp: Empfehlenswert ist es demnach in jedem Fall, den Wert der Essenmarke auf den Sachbezugswert plus höchstens 3,10 € zu begrenzen (6,10 € für 2014).

Liegen obige Voraussetzungen nicht vor, greift nicht der Sachbezugswert ein. Vielmehr ist der Wert des Essens als Barlohn zu versteuern (FG Düsseldorf 19.5.10 – 15 K 1185/09, EFG 10, 2078).

Zur Erfüllung der Voraussetzungen nach 2. hat der ArbGeb für jeden ArbN die Tage der Abwesenheit zB infolge von Auswärtstätigkeiten, Urlaub oder Erkrankung festzustellen und die für diese Tage ausgegebenen Essenmarken zurückzufordern oder die Zahl der im Folgemonat auszugebenden Essenmarken um die Zahl der Abwesenheitstage zu vermindern. Die Pflicht zur Feststellung der Abwesenheitstage und zur Anpassung der Zahl der Essenmarken im Folgemonat entfällt für ArbN, die im Kj durchschnittlich an nicht mehr als drei Arbeitstagen je Kalendermonat Auswärtstätigkeiten ausüben, wenn keiner dieser ArbN im Kalendermonat mehr als 15 Essenmarken erhält.

b) Barlohnverzicht. Entscheidend für die steuerliche Behandlung der Essenmarken ist, welche Abrede dem Barlohnverzicht zugrundeliegt. Wird der Arbeitsvertrag dahingehend **abgeändert,** dass der ArbN anstelle von Barlohn Essenmarken erhält, so vermindert sich dadurch der Barlohn in entsprechender Höhe (BFH 20.8.97 – VI B 83/97, BStBl II 97, 667). Die Essenmarken bis zu einer Höhe von Sachbezugswert plus 3,10 € (s oben Rz 12 unter a) 3.) sind dann mit dem Sachbezugswert anzusetzen, bei einem darüberliegenden Wert mit ihrem ausgewiesenen Wert. 13

Beispiel (s H 8.1 (7) LStR): Der ArbGeb gibt dem ArbN monatlich 15 Essenmarken. Im Arbeitsvertrag ist der Barlohn von 3500 € im Hinblick auf die Essensmarken um 60 € auf 3440 € herabgesetzt worden. Beträgt der Verrechnungswert der Essenmarken jeweils 5 €, so ist dem Barlohn von 3440 € der Wert der Mahlzeit mit dem Sachbezugswert (15 × 3 €) = 45 € hinzurechnen, sodass der zu versteuernde Monatslohn 3485 € beträgt.

Beträgt der Verrechnungswert der Essenmarken jeweils 7 €, so ist dem Barlohn von 3440 € der Verrechnungswert der Essenmarken (15 × 7 €) = 105 € hinzurechnen, so dass der zu versteuernde Monatslohn 3545 € beträgt.

Wird der Arbeitsvertrag **nicht abgeändert,** führt der Austausch von Barlohn durch Essenmarken nicht zu einer Herabsetzung des stpfl Barlohns (vgl BFH 30.7.93 – VI R 87/92, BStBl II 93, 884 betr Gehaltsverzicht mit Verwendungsauflage). Der Betrag, auf den verzichtet wird, ist als Entgelt für die Mahlzeit bzw Essenmarke anzusehen und vom Sachbezugswert bzw von dem für die Essenmarke anzusetzenden Verrechnungswert abzusetzen.

Beispiele (s H 8.1 (7) LStR): Ein ArbN mit einem monatlichen Bruttolohn von 3500 € erhält von seinem ArbGeb 15 Essenmarken. Der ArbN verzichtet zugunsten der Essenmarken monatlich auf 60 € seines Bruttolohns. Der Sachbezugswert einer Mittagsmahlzeit beträgt nach der SvEV 3 €.
a) Auf den Essenmarken ist jeweils ein Verrechnungswert von 7 € ausgewiesen.
Der Verrechnungswert der Essenmarke übersteigt den nach a) Nr 3 maßgebenden Betrag (Rz 12). Die Essenmarken sind deshalb mit ihrem Verrechnungswert anzusetzen:

15 Essenmarken × 7 €	105 €
abzüglich Entgelt des ArbN (Barlohnverzicht)	60 €
Vorteil	45 €

Dieser ist dem bisherigen Arbeitslohn von 3500 € hinzurechnen.
b) Auf den Essenmarken ist jeweils ein Verrechnungswert von 5 € ausgewiesen.

170   Essenszuschuss

Der Verrechnungswert der Essenmarken übersteigt nicht den nach a) Nr 3 maßgebenden Betrag (Rz 12). Es ist deshalb nicht der Verrechnungswert der Essenmarken, sondern der Wert der erhaltenen Mahlzeiten mit dem Sachbezugswert anzusetzen:

15 Mahlzeiten × Sachbezugswert 3 €	45 €
abzüglich Entgelt des ArbN (Barlohnverzicht)	60,– €
Vorteil	–,– €

Dem bisherigen Arbeitslohn von 3500 € ist nichts hinzuzurechnen.

14   **c) Aufbewahrungserleichterungen.** Die von Annahmestellen eingelösten Essenmarken brauchen nicht an den ArbGeb zurückgegeben und von ihm nicht aufbewahrt zu werden, wenn der ArbGeb eine Abrechnung erhält, aus der sich ergibt, wieviel Essenmarken mit welchem Verrechnungswert eingelöst worden sind, und diese aufbewahrt. Dasselbe gilt, wenn ein Essenmarkenemittent eingeschaltet ist, und der ArbGeb von diesem eine entsprechende Abrechnung erhält und aufbewahrt (R 8.1 Abs 7 Nr 4d LStR).

15   **6. Pauschalbesteuerung.** Der zu versteuernde geldwerte Vorteil kann durch den ArbGeb mit 25 % pauschal besteuert werden (§ 40 Abs 2 Nr 1 EStG; s *Lohnsteuerpauschalierung* Rz 28–30).

Beispiel: Wert der Essensmarke 5 € an 200 Arbeitstagen pro Jahr = 1000 € betrieblicher Aufwand pro ArbN zuzüglich pauschale LSt (25 % LSt aus 3 € × 200 Tage =) 150 € = Gesamtaufwand 1150 € pro Jahr pro ArbN. Dies entspricht einer Nettolohnerhöhung von (1150 : 12 =) 95,83 € pro Monat.

Zum Ansatz eines Durchschnittswerts für die Pauschalbesteuerung s *Lohnsteuerpauschalierung* Rz 28.

16   **7. Ausnahmen.** Die Besteuerung nach obigen Grundsätzen greift in den folgenden Fällen **nicht** ein (vgl R 8.1 Abs 8 LStR):

a) Einmalige Bewirtungen, zB aus Anlass eines **Betriebsausflugs;** zur Besteuerung in diesem Fall einschließlich LStPauschalierung nach § 40 Abs 2 Nr 2 EStG s *Betriebsveranstaltung* Rz 2–15). Zur Bewirtung ohne Steuerermäßigung s *Bewirtungsaufwendungen* Rz 9.

17   **b) Aufmerksamkeiten.** Bei der Beköstigung handelt es sich um eine Aufmerksamkeit, die im Wert bis 40 € nicht der ESt/LSt unterliegt (Einzelheiten hierzu s *Bewirtungsaufwendungen* Rz 7).

18   **c) Steuerfreie Bezüge. aa)** Im **Einsatz gewährte Verpflegung und Verpflegungszuschüsse** bei Angehörigen der Bundeswehr, des Bundesgrenzschutzes, der Bereitschaftspolizei der Länder, der Vollzugspolizei und der Berufsfeuerwehr der Länder und Gemeinden und bei Vollzugsbeamten der Kriminalpolizei des Bundes, der Länder und Gemeinden (§ 3 Nr 4c EStG) sind steuerfrei. Zivilbediensteten steht die Steuerfreiheit hiernach nicht zu (R 3.4 Satz 2 LStR).

bb) Aus Öffentlichen Kassen gezahlte Aufwandsentschädigungen und **Reisekostenvergütungen** (§ 3 Nr 12 und Nr 13 EStG) sind steuerfrei.

cc) Verpflegungsmehraufwendungen sind steuerfrei, die im Rahmen von Reisekosten von privaten ArbGeb gezahlt werden (§ 3 Nr 16 EStG; s hierzu *Verpflegungsmehraufwendungen* Rz 8; zum Ansatz des Sachbezugswerts s Rz 19).

dd) Einnahmen für nebenberufliche Tätigkeit, soweit diese in Essensform gewährt werden (§ 3 Nr 26 EStG; s *Nebentätigkeit* Rz 22), sind ebenfalls steuerfrei.

19   **d) Geschäftliche Veranlassung.** Bei Beteiligung des ArbN an einer geschäftlich veranlassten Bewirtung betriebsfremder Personen s *Bewirtungsaufwendungen* Rz 11. Zur **Gestellung von Mahlzeiten** während einer Auswärtstätigkeit oder doppelten Haushaltsführung (BMF 30.9.13 – IV C 5 – S 2353/13/10004 DOK 13/0862915, BeckVerw 276583 Rz 60–92; R 8.1 Abs 8 Nr 2 LStR): Ansatz des Werts des Essens nach SvEV als Einnahme- wenn der Wert der Mahlzeit die maßgebende Grenze für ein sog Arbeitsessen von 60 € nicht übersteigt und der ArbN keine Verpflegungspauschale beanspruchen kann (§ 8 Abs 2 Satz 8 EStG). Zahlt der ArbN in diesen Fällen ein Entgelt für die erhaltene Mahlzeit, mindert dieses Entgelt den stpfl geldwerten Vorteil.Zur Pauschalbesteuerungsmöglichkeit s § 40 Abs 2 Satz 1 Nr 1a EStG. Auf die Versteuerung der Mahlzeit wird verzichtet, wenn der ArbN für die betreffende Auswärtstätigkeit dem Grunde nach eine Verpflegungspauschale nach § 9 Abs 4a EStG als Werbungskosten geltend machen könnte (§ 8 Abs 2 Satz 9 EStG) – im Gegenzug werden die Pauschalen gekürzt (§ 9 Abs 4a Satz 8 EStG s auch *Dienstreise* Rz 53).

Wurde eine Mahlzeit zu Verfügung gestellt, muss im Lohnkonto der Großbuchstabe „M" aufgezeichnet und in der LStBescheinigung bescheinigt werden (§ 41b Abs 1 Nr 8 EStG).

e) Abgabe auch an Nichtarbeitnehmer. Wenn der ArbGeb Kantinenessen auch an 20 NichtArbN zu gleichen Bedingungen wie an ArbN abgibt, liegt in der Essensgewährung an die ArbN kein LStVorteil (vgl *E. Schmidt* BB 85, 1709). Den ansonsten anzusetzenden steuerlichen Vorteil (s oben Rz 7 ff) kann der ArbGeb aber nicht dadurch aushebeln, dass er einen nicht ins Gewicht fallenden Anteil von NichtArbN als Essensteilnehmer zulässt, um auf diese Weise seinen ArbN einen Lohnbestandteil (nämlich den Wert des Essens) steuerfrei zukommen zu lassen (s *Schmidt/Drenseck* § 19 Anm 50 Stichwort Essensfreibetrag). Bei verbilligter Abgabe an ArbN und Normalpreis für NichtArbN soll für die ArbN der Lohnvorteil unter den Rabattfreibetrag (§ 8 Abs 3 EStG) fallen (FG Leipzig 27.1.94, EFG 94, 468; s hierzu *Sachbezug* Rz 28).

f) Bildungsmaßnahmen. Bei unentgeltlich oder verbilligt abgegebenen Mahlzeiten 21 während **Bildungsmaßnahmen** des ArbGeb (s *Betriebliche Berufsbildung* Rz 21; *Fortbildung* Rz 36) gelten die Regeln oben Rz 19; s auch *Dienstreise* Rz 50).

Bei einer Schulungsveranstaltung von freien Mitarbeitern kann der Unternehmer Bewirtungskosten nur beschränkt nach § 4 Abs 5 Satz 1 Nr 2 EStG als Betriebsausgaben geltend machen (BFH 18.9.07 – I R 75/06, DStR 08, 34).

g) Seeschifffahrt und Fischerei. Zur Bewertung der Beköstigung im Bereich der 22 Seeschifffahrt und Fischerei s *Sachbezug* Rz 24.

C. Sozialversicherungsrecht *Schlegel*

Beitragspflichtiges Arbeitsentgelt. Gewährt der ArbGeb dem ArbN einen Essens- 23 zuschuss, ist dieser regelmäßig als aus der Beschäftigung erlangt und somit als Arbeitsentgelt iSv § 14 Abs 1 Satz 1 SGB IV anzusehen. Denn die Essensaufnahme und Ernährung ist grds der Privatsphäre der ArbN zuzurechnen, für die der ArbGeb nicht aufzukommen hat. Der steuerrechtliche Essensfreibetrag wurde mWv 1.1.90 gestrichen, so dass mangels LStFreiheit die Vorschrift des § 1 Abs 1 Satz 1 Nr 1 SvEV (lohnsteuerfreie Zuschüsse sind nicht dem sozialversicherungsrechtlichen Arbeitsentgelt zuzurechnen; s *Entgeltzuschläge* Rz 17 ff) nicht eingreift. Entsprechendes gilt, wenn der ArbGeb an seinen ArbN unentgeltlich oder jedenfalls verbilligt Mahlzeiten (zB in Form eines Kantinenessens) abgibt. Ein Vorteil und damit beitragspflichtiges Arbeitsentgelt liegt insoweit vor, als der ArbN für die Mahlzeit einen Betrag zahlt, der unter dem amtlichen SozialversicherungsentgeltVO (SvEV) liegt (vgl BSG 24.9.86 – 10 RKg 9/85, SozR 5870 § 2 Nr 47). Muss der ArbN einen höheren als den in der SachBezV angegebenen Betrag oder jedenfalls den dort angegebenen Betrag zahlen, liegt kein geldwerter Vorteil mehr vor (vgl *Sachbezug*).

Pauschalbesteuerung. Werden Essenszuschüsse, unentgeltliche oder verbilligt abgegebe- 24 ne Mahlzeiten nach § 40 Abs 2 Nr 2 EStG pauschal besteuert (s oben Rz 13), führt dies dazu, dass der geldwerte Vorteil, den der ArbN aus der Verbilligung oder dem Zuschuss zieht, gem § 1 Abs 1 Satz 1 Nr 3 SvEV nicht dem beitragspflichtigen Arbeitsentgelt iSd SozV und ArblV zuzurechnen ist.

EU-Recht

A. Arbeitsrecht *Kania*

Übersicht

	Rz		Rz
1. Primär- und Sekundärrecht	1, 2	5. Regelungsbereiche des EU-Arbeitsrechts	12–27
2. Rechtswirkung von EU-Rechtsnormen	3–5	a) Arbeitsschutz	13
3. Rechtssetzungskompetenzen im Arbeitsrecht	6, 7	b) Arbeitsvertrag	14
		c) Arbeitszeit	15
4. Europäischer Gerichtshof und nationale Gerichtsbarkeit	8–11	d) Betriebsübergang	16
		e) Europäischer Betriebsrat	17, 18
		f) Freizügigkeit	19–23

	Rz		Rz
g) Gleichbehandlung	24, 25	i) Sozialvorschriften im Straßenverkehr	27
h) Massenentlassungen	26		

1 **1. Primär- und Sekundärrecht.** Eingebürgert hat sich im Europarecht die Unterscheidung zwischen Primär- und Sekundärrecht. Als **Primärrecht** bezeichnete man früher die Gründungsverträge der Europäischen Gemeinschaften, wobei für das Arbeitsrecht insbes der EGV mit seinen diversen Änderungen maßgeblich war. Mit Inkrafttreten des Vertrags von Lissabon (vom 13.12.07) am 1.12.09 ist die EU in die Rechtsstellung der EG eingetreten. Der Begriff „Gemeinschaftsrecht" hat seine Bedeutung verloren und an dessen Stelle tritt nun das „Unionsrecht". Das Primärrecht bildet die Rechtsgrundlage für die Existenz der Union und ihrer Organe sowie für das Verhältnis zwischen Mitgliedstaat und Union; zu den formellen Rechtsquellen gehören der neue **Vertrag über die EU (EUV)** und der **Vertrag über die Arbeitsweise der EU (AEUV)**, in den der Vertrag zur Gründung der EG umbenannt wurde, einschließlich der Anhänge, Zusatzprotokolle und -vereinbarungen. Arbeitsrechtlich relevante Regelungsbereiche sind vor allem das Recht der Freizügigkeit (Art 45 AEUV), der Grundsatz gleichen Entgelts für Männer und Frauen bei gleicher Arbeit (Art 157 AEUV) und der Schutz vor Diskriminierungen (Art 18, 19 AEUV). Zugleich wurde mit dem Vertrag von Lissabon die **Charta der Grundrechte der EU (GRC)** formell anerkannt und somit gleichrangiger Teil des Primärrechts; ihr umfangreicher Grundrechtskatalog hat vielfach auch arbeitsrechtliche Bedeutung, zB Schutz personenbezogener Daten (Art 8 GRC), Vereinigungsfreiheit (Art 12 GRC), Diskriminierungsverbot sowie Gleichheit von Mann und Frau (Art 21, 23 GRC), Recht der ArbN auf Unterrichtung und Anhörung, Kollektivverhandlungen/-maßnahmen sowie Entlassungsschutz und angemessene Arbeitsbedingungen (Art 27, 28, 30, 31 GRC), und gilt zunächst für die EU-Organe, ist aber auch von den Mitgliedstaaten der EU bei der Durchführung von Unionsrecht zu beachten (*Hanau* NZA 10, 1). Anders als im deutschen Recht im Verhältnis von GG zu einfachem Gesetz gibt es keine Normenhierarchie zwischen den europäischen Grundrechten und den Verträgen; insoweit bleibt der formale Geltungsanspruch der GRC deutlich hinter dem Geltungsanspruch der Grundrechte des GG zurück. Zum Primärrecht gehören weiterhin auch die **(ungeschriebenen) allgemeinen Grundsätze des Unionsrechts.** Diese sind in der Rspr anerkannt und bestehen auch nach der Kodifizierung der GRC fort (EuGH 26.1.10 – C-118/08, BeckRS 2010, 90089 „Transportes Urbanos"). Hierzu gehören zB der Allgemeine Gleichheitssatz (der EuGH hat im Urteil „Mangold" das Verbot einer Diskriminierung in Beschäftigung und Beruf wegen des Alters als allgemeinen Grundsatz des Gemeinschaftsrechts angesehen, EuGH 22.11.05 – C-144/04, NZA 05, 1345; dazu unten Rz 5), das Gebot der Verhältnismäßigkeit, Vertrauensschutz und Rechtssicherheit. Auch diese allgemeinen Grundsätze sind für die Mitgliedstaaten im Anwendungsbereich des Unionsrechts verbindlich. Schließlich sind die Grundrechte, wie sie in der **Europäischen Menschenrechtskonvention (EMRK)** gewährleistet sind und wie sie sich aus den gemeinsamen Verfassungsüberlieferungen der Mitgliedstaaten ergeben (Art 6 Abs 3 EUV) gleichrangiges Primärrecht. Da das Unionsrecht innerhalb des Primärrechts keine Normenhierarchie kennt, sind Konflikte von Grundrechten und/oder Grundfreiheiten durch eine Abwägung der im Einzelfall in Frage stehenden Interessen zu lösen.

2 Als **sekundäres Unionsrecht** bezeichnet man das von den Organen der Union nach Maßgabe des Primärrechts erlassene Recht. Hierzu zählen die vom Rat und dem Europäischen Parlament gemeinsam erlassenen Gesetze (Art 16 Abs 1 EUV). Für das Arbeitsrecht maßgebliche Regelungsinstrumente sind die EU-Richtlinie und EU-Verordnung. Der Unterschied der beiden Rechtssetzungsinstrumente liegt in der unterschiedlichen Verbindlichkeit gegenüber den Mitgliedstaaten und ihren Bürgern. Die **Richtlinie** entfaltet gegenüber den Mitgliedstaaten Rechtsverbindlichkeit hinsichtlich ihrer Ziele, überlässt jedoch den Mitgliedstaaten die Wahl der Form und der Mittel, wie sie in das nationale Recht umgesetzt werden muss (Art 288 Abs 3 AEUV). Demgegenüber entfaltet die **Verordnung** gem Art 288 Abs 2 AEUV unmittelbare Rechtsverbindlichkeit auch gegenüber natürlichen oder juristischen Personen der Mitgliedstaaten. Eine Umsetzung in nationales Recht ist grds nicht erforderlich (Näheres zur Rechtswirkung unten Rz 3). Allerdings bleibt auch bei der Rechtssetzung in Form der Verordnung die Möglichkeit, dem nationalen Gesetzgeber aufzugeben, bestimmte Lücken der Verordnung im Wege der nationalen Gesetzgebung auszufüllen (sog hinkende Verordnung). Verordnungen spielen aufgrund fehlender Ermächtigungsnormen im Primärrecht nur eine untergeordnete Rolle im Arbeitsrecht. Wesentlich durch Verordnungen ausgestaltet ist allein das Recht der Freizügigkeit, für das Art 46 AEUV ausdrücklich eine Verordnungsermächtigung bereithält. Daneben beruhen auf Verordnungen einzelne soziale Vorschriften im Straßenverkehr. Im Übrigen erfolgt die europäische Rechtssetzung auf dem Gebiet des Arbeitsrechts meist durch Richtlinien. Weiterhin gehören die mit internationalen Organisationen oder Drittstaaten geschlossenen **völkerrechtlichen Verträge** (mit Ausnahme der Beitrittsverträge) zum Sekundärrecht; diese haben Vorrang vor dem übrigen Sekundärrecht. Hierzu zählt die Verfahrensordnung des EuGH und die vom Rat, der Kommission, dem EuGH und den sonstigen Organen ergangenen Rechtsakte, Entscheidungen, Empfehlungen und Stellungnahmen (Art 288 Abs 1 AEUV).

2. Rechtswirkung von EU-Rechtsnormen. Hinsichtlich der Rechtswirkung von EU-Rechtsnormen sind zwei Fragen zu unterscheiden: Zum einen die Frage, ob EU-Recht oder nationalem Recht bei einer Kollision der Vorrang gebührt. Insofern gilt der Grundsatz: **„EU-Recht bricht nationales Recht"**, und zwar unabhängig davon, ob es sich um primäres oder sekundäres EU-Recht handelt (EuGH 15.7.64, Slg 64, 1251 – Costa; *Krimphove* Europäisches Arbeitsrecht, S 67). Dieser Vorrang des Unionsrechts führt dazu, dass entgegenstehendes nationales Recht der Mitgliedstaaten verdrängt und dessen wirksames Entstehen in der Zukunft verhindert wird (MünchArbR/*Oetker* § 10 Rz 22). Dies gilt freilich nur für wirksame europäische Rechtsakte, wobei umstritten ist, welches Gericht (EuGH oder nationales Gericht) über eine mögliche Kompetenzüberschreitung der rechtssetzenden Organe der Union entscheidet (dazu unten Rz 11).

Die andere Frage ist, **wem gegenüber** eine EU-Rechtsnorm verbindliche Rechtswirkung entfaltet. Grds ist dies der Fall gegenüber den Mitgliedstaaten. Ob ein Rechtsakt darüber hinaus auch für natürliche und juristische Personen des Privatrechts in den Mitgliedstaaten unmittelbar geltende Rechte und Pflichten enthält, hängt von Inhalt und Rechtsnatur der einzelnen Rechtsnorm ab. Für **Normen des primären Unionsrechts** ist hier bei jeder einzelnen Vorschrift im Wege der Auslegung zu ermitteln, ob eine unmittelbare Anwendbarkeit gewollt ist. Für die arbeitsrechtlichen Vorschriften des Primärrechts, das Grundrecht auf Freizügigkeit gem Art 45 AEUV und den Grundsatz gleichen Entgelts für Männer und Frauen bei gleicher Arbeit gem Art 157 AEUV, ist die unmittelbare Anwendbarkeit anerkannt (EuGH 4.12.74 – Rs 41/74 van Duyn, BeckRS 2004, 71134 zu Art 48 EGV aF; EuGH 8.4.76 – Rs 43/75 Defrenne II, BeckRS 2004, 71181 zu Art 119 EGV aF). Keine unmittelbare Geltung für das Arbeitsverhältnis hat die Grundrechtscharta (GRC); sie ist primär an die Organe der Union gerichtet und bindet die Mitgliedstaaten bei der Durchführung des Unionsrechts. Dagegen hat der EGMR wiederholt entschieden, dass die durch Art 10 EMRK geschützte Freiheit der Meinungsäußerung grds auch am Arbeitsplatz gilt (EGMR 21.7.11 – 28274/08, NZA 11, 1269 zur Offenlegung von Missständen am Arbeitsplatz). Für **Verordnungen** ist die unmittelbare Rechtsverbindlichkeit auch gegenüber natürlichen und juristischen Personen der Mitgliedstaaten gem Art 288 Abs 2 AEUV – wie eingangs dargelegt – prägend.

Demgegenüber äußert die **Richtlinie** gem Art 288 Abs 3 AEUV im Allgemeinen nur unmittelbare Rechtswirkung gegenüber den Mitgliedstaaten, nicht aber gegenüber natürlichen oder juristischen Personen des Privatrechts. Allerdings ist der EuGH vor dem Hintergrund, dass Richtlinien von den Mitgliedstaaten häufig nicht oder nicht fristgerecht in nationales Recht umgesetzt werden, dazu übergegangen, die Wirkung der Richtlinien in den Mitgliedstaaten zu verstärken. Einmal können sich die einzelnen Unions-Bürger in Fällen, in denen Vergünstigungen begründende Richtlinien inhaltlich unbedingt und hinreichend genau bestimmt sind, **gegenüber dem Staat** auf diese Bestimmungen berufen, wenn der Staat die Richtlinien nicht fristgemäß oder nur unzulänglich in innerstaatliches Recht umgesetzt hat **(unmittelbare vertikale Direktwirkung).** Der Mitgliedstaat hat dann den Schaden des einzelnen zu ersetzen, der durch eine nicht fristgerechte Umsetzung der Richtlinie entstanden ist (EuGH 19.11.91 – C-6/90 Francovic, BeckRS 2004, 77605; EuGH 16.12.93 – C-334/92, NJW 94, 921). Dies gilt auch für den öffentlichen ArbGeb (EuGH 26.2.86 – Rs 152/84, NJW 86, 2178). Weiter wird die Wirkung von Richtlinien dadurch verstärkt, dass nationales Recht **richtlinienkonform auszulegen** ist (EuGH 10.4.84 – Rs 14/83, NZA 84, 157; BAG 2.4.96, DB 96, 1725), und zwar ab Ablauf der Umsetzungsfrist (EuGH

4.7.06 – C-212/04, NZA 06, 909). Und für den Fall, dass eine richtlinienkonforme Auslegung nicht mehr möglich ist, genießt die Richtlinie gegenüber nationalem Recht **Anwendungsvorrang** (EuGH 22.4.97 – C-180/95 Draehmpaehl, NZA 97, 645). Dieser Anwendungsvorrang kann als Reflex auch unter Privatpersonen zu einer **„negativen" horizontalen Direktwirkung** der Richtlinie führen (*Streinz/Herrmann* RdA 07, 165; vgl auch EuGH 22.11.05 – C-144/04 Mangold, NZA 05, 1345). Eine Richtlinie kann allerdings keine Verpflichtung des einzelnen EU-Bürgers begründen; hieraus folgt, dass ein Einzelner sich nicht auf eine Richtlinie gegenüber einer anderen natürlichen oder juristischen Person des privaten Rechts berufen kann; es gibt **keine unmittelbare „positive" horizontale Direktwirkung** (EuGH 14.7.94 – C-91/92, NJW 94, 2473). Schließlich ist nach Auffassung des EuGH zu prüfen, ob hinter einer (nicht umgesetzten) Richtlinie allgemeine Rechtsprinzipien stehen, die sich aus den gemeinsamen Verfassungstraditionen der Mitgliedstaaten ergeben und die im Range des Primärrechts unmittelbare Geltung beanspruchen (vgl hierzu *Riesenhuber* Europäisches Arbeitsrecht § 1 Rz 66 f, § 11 Rz 49). Ist dies, wie zB bei dem Verbot der Altersdiskriminierung der Fall, scheide die Anwendung jeder entgegenstehenden Norm des nationalen Rechts auch zwischen Personen des Privatrechts aus (EuGH 22.11.05 – C-144/04 Mangold, NZA 05, 1345, 1348; EuGH 19.1.10 – C-555/07 Kücükdeveci, NZA 10, 85; vgl hierzu ausführlich *Diskriminierung* Rz 20; kritisch *Preis* NZA 06, 401).

6   **3. Rechtssetzungskompetenzen im Arbeitsrecht.** Eine umfassende Ermächtigung zur Rechtssetzung auf dem Gebiet des Arbeits- oder Sozialrechts kennt das Unions-Recht nicht. Die einzige in erster Linie sozialpolitisch motivierte Kompetenznorm stellte lange Zeit der durch die Einheitliche Europäische Akte von 1987 in Kraft getretene Art 154 AEUV dar, welcher der Gemeinschaft die Möglichkeit zum Erlass von Richtlinien zur Verbesserung der Arbeitsumwelt einräumt. Eine spezielle, wenn auch wirtschaftspolitisch motivierte Zuweisung enthält weiter Art 46 AEUV zur Umsetzung der in Art 45 AEUV garantierten Freizügigkeit. Die meisten arbeitsrechtlichen Regelungen der Union beruhen allerdings nicht auf diesen Spezialzuweisungen, sondern auf den allgemeinen Kompetenznormen zur Rechtsangleichung in Art 115, 114 AEUV. Danach besteht (auch für das Arbeitsrecht) eine Rechtssetzungszuständigkeit der EU, wenn die Errichtung oder das Funktionieren des Gemeinsamen Marktes (Art 115 AEUV) bzw des Binnenmarktes (Art 114 AEUV) durch nationales Recht behindert werden. Welche arbeitsrechtlichen Fragen der Harmonisierung nach Art 115, 114 AEUV dienen, ist in einem weit gesteckten Rahmen eine politische Frage und liegt insoweit im Ermessen des Rates. Eine Kompetenzausweitung für bestimmte Bereiche des Arbeitsrechts (zB Gleichbehandlung von Männern und Frauen, Arbeitsbedingungen) enthalten Art 151 ff AEUV. Diese Vorschriften haben ihren Ursprung in dem Protokoll über die Sozialpolitik, das dem Maastricht-Vertrag beigefügt war und nicht für Großbritannien galt. Die Vereinheitlichung der Rechtsgrundlagen für alle Mitgliedstaaten erfolgte durch den Vertrag von Amsterdam. Ausdrücklich ausgeschlossen wird die Zuständigkeit der Union für „das Arbeitsentgelt, das Koalitionsrecht, das Streikrecht sowie das Aussperrungsrecht" (Art 153 Abs 5 AEUV).

7   Unabhängig davon, auf welche Ermächtigungsgrundlage der europäische Gesetzgeber zurückgreift, unterliegt er bei seiner Rechtssetzungstätigkeit dem Subsidiaritätsprinzip und dem Grundsatz der Verhältnismäßigkeit. Das **Subsidiaritätsprinzip** bedeutet insbes, dass in den Bereichen, die nicht in die ausschließliche Zuständigkeit der EU fallen, diese nur tätig wird, sofern und soweit die Ziele der in Betracht gezogenen Maßnahmen auf Ebene der Mitgliedstaaten nicht ausreichend erreicht werden können, sondern wegen ihres Umfanges oder ihrer Wirkungen besser auf Unionsebene zu verwirklichen sind (Art 5 Abs 3 EUV). Der **Grundsatz der Verhältnismäßigkeit** gebietet, dass die Maßnahmen der Union nicht über das für die Erreichung der Ziele der Verträge erforderliche Maß hinausgehen dürfen (Art 5 Abs 4 EUV).

8   **4. Europäischer Gerichtshof und nationale Gerichtsbarkeit.** Der EuGH ist das rechtsprechende Organ der EU und zuständig für die Wahrung des Rechtes bei der Auslegung und Anwendung des Unionsrechtes (Art 19 EUV). Die Zuständigkeit des Gerichtshofs ist abschließend aufgezählt und ergibt sich im Einzelnen aus Art 258, 259, 261, 263, 265, 267 bis 279 AEUV, wobei von besonderer Bedeutung das Vertragsverletzungsverfahren gem Art 258 AEUV und das Vorabentscheidungsverfahren gem Art 267 AEUV sind. Gem

EU-Recht 171

Art 256 AEUV ist dem EuGH ein Gericht 1. Instanz (EuG) beigeordnet; das Gericht 1. Instanz ist nicht zuständig für Vorabentscheidungen nach Art 267 AEUV (Art 256 Abs 1 Satz 2 AEUV).

Für das Arbeitsrecht von besonderer Bedeutung ist das **Vorabentscheidungsverfahren** gem § 267 AEUV. Auch wenn der einzelne ArbGeb oder ArbN nicht vor dem EuGH klagen bzw verklagt werden kann, bedeutet dies nicht, dass die Wahrung und Auslegung von Unionsrecht in die Hände der nationalen (Arbeits)Gerichte gelegt wäre. Vielmehr sind die nationalen Arbeitsgerichte zur Aussetzung des Rechtsstreits und zur Vorlage an den EuGH berechtigt bzw verpflichtet, soweit ein Rechtsstreit von der Auslegung oder Gültigkeit von europäischen Rechtsnormen abhängt. **Zur Vorlage verpflichtet** sind alle Gerichte, deren Entscheidungen selbst nicht mehr mit Rechtsmitteln des innerstaatlichen Rechts angefochten werden können (Art 267 Abs 3 AEUV). Vorlageverpflichtet sind damit nicht nur die obersten Gerichte, sondern auch Instanzgerichte, soweit gegen deren Entscheidungen kein ordentliches Rechtsmittel mehr gegeben ist. Das LAG ist damit zur Vorlage verpflichtet, soweit es die Revision zum BAG nicht zulässt (streitig, wie hier *Geiger* EG-Vertrag, Art 234 Rz 14). Kommt ein letztinstanzliches Gericht seiner Vorlagepflicht gem Art 267 Abs 3 AEUV nicht nach, stellt dies eine Verletzung des Rechts auf den gesetzlichen Richter gem Art 101 Abs 1 Satz 2 GG dar (BVerfG 22.10.86 – 2 BvR 197/83, NJW 87, 577). Dies hat das BVerfG bejaht, soweit das BAG in einer Rechtsfrage des Unionsrechts (hier zur Auslegung der durch § 17 KSchG umgesetzten MERL) eine eigene Lösung entwickelt, die nicht auf die bestehende EuGH-Rspr zurückgeführt werden kann und insoweit die Voraussetzungen einer Vorlagepflicht verkennt (BVerfG 25.2.10 – 1 BvR 230/09, NZA 10, 439; *Thüsing/Pötters/Traut* NZA 10, 930). Legt die betroffene Partei erfolgreich **Verfassungsbeschwerde** gegen die ablehnende Entscheidung des letztinstanzlichen Gerichts ein, so wird dieses gezwungen, die Vorlage an den EuGH nach Aufhebung seiner Entscheidung durch das BVerfG nachzuholen (MünchArbR/*Birk* § 18 Rz 129). Das BVerfG hat jedoch jüngst klargestellt, dass nicht jede Verletzung der unionsrechtlichen Vorlagepflicht einen Verstoß gegen Art 101 Abs 1 Satz 2 GG darstelle. Nur wenn die Nichtvorlage willkürlich erscheine, komme eine Beanstandung in Frage; das seien die Fälle, in denen das letztinstanzliche Hauptsachegericht die Vorlagepflicht verkenne, obwohl es Zweifel hinsichtlich der entscheidungserheblichen Rechtsfrage hege, bewusst von der EuGH-Rspr abweiche oder seinen Beurteilungsrahmen in unvertretbarer Weise überschreite. Das BVerfG sieht sich nicht als „oberstes Vorlagenkontrollgericht" (BVerfG 6.7.10 – 2 BvR 2661/06, NZA 10, 995; BVerfG 29.5.12 – 1 BvR 3201/11, NZA 13, 164).

Voraussetzung für eine Vorlageverpflichtung bzw -berechtigung ist, dass die europarechtliche Vorfrage **entscheidungserheblich** ist (EuGH 24.5.77 – Rs 107/76, NJW 77, 1585). Dem nationalen Gericht kommt hier ein Beurteilungsermessen zu (EuGH 16.12.81 – C-JO24/08, BeckEuRS 1981, 89978). Der EuGH lehnt ein vorgelegtes Vorabentscheidungsverfahren nur ab, wenn offensichtlich kein Zusammenhang zwischen der von diesem Gericht erwogenen Auslegung des Unionsrechts oder der Prüfung der Gültigkeit einer Vorschrift desselben einerseits und dem Gegenstand des Ausgangsrechtsstreits andererseits besteht (EuGH 26.1.90 – 286/88, BeckRS 2004, 72936). Die Vorlagepflicht entfällt auch dann, wenn bereits eine gesicherte Rspr des EuGH zu der entscheidungserheblichen Frage des Unionsrechts besteht oder wenn die richtige Anwendung des Unionsrechts derart offenkundig ist, dass keinerlei Raum für einen vernünftigen Zweifel an der Entscheidung der gestellten Frage besteht (EuGH 6.10.82 – Rs 283/81, NJW 83, 1257, sog **acte clair**). Darüber hinaus hat der EuGH in der Rechtssache Kücükdeveci einen weiteren Tatbestand für den Wegfall der Vorlagepflicht geschaffen: Ein nationales Gericht sei nicht verpflichtet, um Vorabentscheidung zu ersuchen, wenn der allgemeine primärrechtliche Grundsatz der Altersdiskriminierung einer nationalen Vorschrift entgegenstehe; dem nationalen Gericht stehe insoweit eine Verwerfungskompetenz zu (EuGH 19.1.10 – C-555/07, NZA 10, 85). Dieser Ansatz ist bedenklich und führt zu Rechtsunsicherheit, da zahlreiche Gleichheits- und Freiheitsrechte als allgemeine Grundsätze des Unionsrechts aus den völkerrechtlichen Vereinbarungen abgeleitet werden können. Zum anderen kann nach bisherigem Verständnis eine nationale Norm nur nach einer Vorlage zum BVerfG gem Art 100 GG als verfassungswidrig verworfen werden. Die Berechtigung des nationalen Gerichts zu einer **erneuten Vorlage** wird durch eine zu derselben Frage ergangene Entscheidung des EuGH nicht tangiert

Kania

171 EU-Recht

(EuGH 27.3.83, Slg 83, 63); ist in einem anderen Rechtsstreit zur selben Rechtsfrage bereits ein Vorabentscheidungsverfahren anhängig, ist die Aussetzung des Verfahrens gem § 148 ZPO analog zulässig (BAG 20.5.10 – 6 AZR 481/09, NZA 11, 710). Die Entscheidung des EuGH im Vorlageverfahren wirkt grds ex tunc; zur Sicherung des verfassungsrechtlichen Vertrauensschutzes s BVerfG 6.7.10 – 2 BvR 2661/06, NZA 10, 995.

11 Problematisch kann die **Kompetenzabgrenzung** zwischen EuGH und nationalem (Verfassungs-)Gericht werden, wenn der EuGH rechtsfortbildend tätig wird und damit die Frage entsteht, ob die Rechtsfortbildung noch von einer EU-rechtlichen Kompetenzzuweisung gedeckt ist. Insofern reklamiert das BVerfG im Maastricht-Urteil für sich die Befugnis zu überprüfen, ob in der jeweiligen Rechtsfortbildung eine Änderung des Primärrechts zu sehen sei, die nicht mehr von Art 23 GG gedeckt und damit in Deutschland unverbindlich ist (BVerfG 12.10.93 – 2 BvR 2134/92 und 2 BvR 2159/92, NJW 93, 3047; zur grds Berechtigung einer sog „Ultra-vires-Kontrolle" und deren zurückhaltender Ausübung: BVerfG 6.7.10 – 2 BvR 2661/06, NZA 10, 995). Ob diese Doppelkompetenz angesichts der Vorlageverpflichtung auch des BVerfG durchgehalten werden kann, erscheint zweifelhaft (ausführlich zum Streitstand *Kirchhof* ZfA 92, 459; *Lenz* NJW 93, 3038).

12 **5. Regelungsbereiche des EU-Arbeitsrechts.** Wie dargelegt existiert kein systematisches EU-Arbeitsrecht. Vielmehr sind die einzelnen Regelungsbereiche, in denen das deutsche nationale Arbeitsrecht durch EU-Recht überlagert bzw gestaltet wird, Ausdruck der lückenhaften und nur teilweise arbeitsrechtlich motivierten Ermächtigungsgrundlagen des europäischen Primärrechts. Im Folgenden soll ein Überblick in alphabetischer Reihenfolge über die durch EU-Recht ausgestalteten Bereiche des deutschen Arbeitsrechts gegeben werden; zT sind die Einzelheiten, soweit sie für die Personalarbeit von Relevanz sind, im systematischen Zusammenhang bei den jeweiligen Stichworten abgehandelt, auf die hier verwiesen werden kann. Ein ausführlicher Überblick über die Regelungen des EU-Arbeitsrechts mit Erläuterungen findet sich bei MünchArbR / *Oetker* § 10 Rz 25 ff.

13 **a) Arbeitsschutz.** Im Bereich des Arbeitsschutzes besteht ein relativ dichtes Netz von Normen zur Harmonisierung der Sicherheit am Arbeitsplatz. Ein Konzept lassen diese Regelungen allerdings erst ab 1980 erkennen, als der europäische Gesetzgeber dazu überging, unterschiedliche Einzelrichtlinien durch Rahmenrichtlinien zu verknüpfen. Die wichtige Rahmenrichtlinie über die Gefährdung durch Arbeitsstoffe 80/1107 vom 27.10.80 (ABl-EG 80 Nr L 183/1) ist ins deutsche Recht durch die GefahrstoffVO umgesetzt. Die sog Arbeitsschutzrahmenrichtlinie vom 12.6.89 (ABlEG 89 Nr L 183/1), welche durch ausführende Einzelrichtlinien weitere Maßnahmen zur Verbesserung der Sicherheit am Arbeitsplatz vorsieht, ist jetzt durch das ArbSchG umgesetzt. Eine ausführende Einzelrichtlinie ist die sog Mutterschutz-RL vom 19.10.92 (ABlEG 92 Nr L 348/1), die zu einer Änderung des MuSchG durch Art 1 des Gesetzes zur Änderung des Mutterschaftsrechts vom 20.12.96 (BGBl I 96, 2110) geführt hat (dazu *Zmarzlik* DB 97, 474). Am 20.12.96 ist die VO zur Umsetzung von EG-Einzelrichtlinien (BGBl I 96, 1841) in Kraft getreten; mit dieser VO werden die RL 89/656/EWG vom 30.11.89 (ABlEG Nr L 393/18), 90/269/EWG vom 29.5.90 (ABlEG Nr L 156/9), 90/270/EWG vom 29.5.90 (ABlEG Nr L 156/14) und 89/654/EWG vom 30.11.1989 (ABlEG Nr L 393/1) zu Sicherheit und Gesundheitsschutz an bestimmten Arbeitsplätzen umgesetzt. Zu Einzelheiten s *Arbeitssicherheit / Arbeitsschutz* Rz 1 ff; *Arbeitsstoffe, gefährliche* Rz 1 ff; *Mutterschutz* Rz 1 ff.

14 **b) Arbeitsvertrag.** Die Nachweisrichtlinie vom 14.10.91 (ABlEG 91 Nr L 288/32) verpflichtet die Mitgliedstaaten sicherzustellen, dass die wesentlichen Bedingungen des Arbeitsvertrages schriftlich fixiert werden. Ein entsprechendes Schriftstück ist dem ArbN spätestens zwei Monate nach Aufnahme der Arbeit auszuhändigen. Die Umsetzung in deutsches Recht erfolgte durch das NachwG, das im Rahmen des Gesetzes zur Anpassung arbeitsrechtlicher Bestimmungen an das EG-Recht vom 20.7.95 (BGBl I 95, 946 ff) verabschiedet wurde. Einzelheiten s *Arbeitsvertrag* Rz 13, 44 ff. Die am 28.6.99 verabschiedete EG-Richtlinie 99/70 über befristete Arbeitsverhältnisse basiert auf einer Vereinbarung der europäischen Sozialpartner. Sie ist durch das zum 1.1.01 in Kraft getretene Gesetz über Teilzeitarbeit und Befristung (TzBfG) in deutsches Recht umgesetzt worden.

15 **c) Arbeitszeit.** Maßgeblich ist hier die RL 03/88/EG vom 4.11.03 über bestimmte Aspekte der Arbeitszeitgestaltung (ABlEU Nr L 299; hierdurch wurde die RL 93/104/EG

abgelöst, durch deren Umsetzung am 1.7.94 das ArbZG in Kraft trat). Die Richtlinie stellt zum Schutz der Gesundheit der ArbN Mindeststandards auf, etwa über Ruhepausen, Höchstarbeitszeiten und Mindesturlaub.

d) Betriebsübergang. Bedeutsam ist insbes die RL 01/23/EG über die Wahrung von Ansprüchen der ArbN beim Übergang von Unternehmen, Betrieben oder Betriebsteilen vom 12.3.01 (ABlEG Nr L 82/16). Diese trat an die Stelle der RL 77/187/EWG vom 14.2.77 und schützt den ArbN davor, dass der Inhaberwechsel den Bestand des Arbeitsverhältnisses gefährdet, indem sie regelt, dass der neue Inhaber in dieses eintritt, kollektivvertragliche Arbeitsbedingungen fortgelten und Kündigungen aus Anlass des Betriebsübergangs unzulässig sind. Die Umsetzung der Richtlinien erfolgte vor allem durch Modifizierungen des § 613a BGB. Bereits mit der RL 98/50/EG vom 29.6.98 wurden bedeutsame Neuerungen für das deutsche Recht eingeführt, zB die Gewährleistung eines Übergangsmandats des BRats bei Teilbetriebsübergängen (Umsetzung durch § 21a BetrVG), Einschränkung des § 613a in der Insolvenz der ArbGeb durch § 128 InsO. 16

e) Europäischer Betriebsrat. Am 22.9.94 wurde die RL 94/45/EG (ABlEG 94 Nr L 254/64) über die Einsetzung eines Europäischen BRat oder die Schaffung eines Verfahrens zur Unterrichtung und Anhörung der ArbN in gemeinschaftsweit operierenden Unternehmen und Unternehmensgruppen verabschiedet. Die Richtlinie findet ihre Ermächtigungsgrundlage in dem Protokoll über die Sozialpolitik, das dem Vertrag über die EU beigefügt ist. Die Umsetzung der Richtlinie in Deutschland erfolgte durch das Gesetz über Europäische Betriebsräte (EBRG) vom 28.10.96 (BGBl I 96, 1548 ff). Das Gesetz gilt gem §§ 2, 3 EBRG für unionsweit tätige Unternehmen mit Sitz im Inland bzw für unionsweit tätige Unternehmensgruppen mit Sitz des herrschenden Unternehmens im Inland, wenn das Unternehmen bzw die Unternehmensgruppe mindesten 1000 ArbN in den Mitgliedstaaten und jeweils mindestens 150 ArbN in mindestes zwei Mitgliedstaaten beschäftigt. Die Installation eines Europäischen BRat ist nur subsidiär vorgesehen. Nach der Konzeption des Gesetzes (ebenso wie der Richtlinie) vorrangig ist eine Vereinbarung zwischen der zentralen Unternehmensleitung und einem besonderen Verhandlungsgremium der ArbNSeite, in der die Strukturen und Kompetenzen der ArbNVertretung festgelegt werden. Nur wenn eine solche Vereinbarung nicht zustande kommt, ist ein Europäischer BRat gem §§ 22, 23 EBRG zu errichten. Dem kraft Gesetzes errichteten Europäischen BRat stehen nur Unterrichtungs- und Anhörungsrechte zu (§§ 29, 30 EBRG). 17

Als Folge der neugefassten RL 09/38/EG vom 6.5.09 (ABl EU 09 Nr L 122/28) sind am 18.6.11 **Neuregelungen des EBRG** (BGBl I 11, 1050) in Kraft getreten; deren wesentlicher Inhalt ist die rechtzeitige Information und Anhörung des Europäischen BRat über geplante Maßnahmen des Unternehmens, die die ArbN betreffen (zB Umstrukurierungen). Hierdurch wird sichergestellt, dass die Interessen der ArbN in europaweit tätigen Unternehmen ausreichend berücksichtigt werden und bereits in die Entscheidungsfindung der Unternehmen miteinfließen. Neu ist ebenfalls das Recht auf Teilnahme an erforderlichen Schulungen. 18

f) Freizügigkeit. Das Recht der Freizügigkeit ist in Art 45, 46 AEUV normiert und wird durch die sog Freizügigkeitsverordnung 1612/68, die sog Verbleibeverordnung 1251/70 sowie durch eine Reihe von Richtlinien für das Einreise- und Aufenthaltsrecht ausgestaltet. Soweit eine Umsetzung des EURechts erforderlich war, erfolgte sie in Deutschland durch das Gesetz über die allgemeine Freizügigkeit von Unionsbürgern (FreizügG/EU) und das AufenthG/EWG. Die Freizügigkeit beinhaltet zunächst das Recht, sich zur Ausübung einer Beschäftigung innerhalb der Union frei zu bewegen. Für den ArbN selbst ergibt sich dieses Recht unmittelbar aus Art 45 Abs 3 AEUV; die Vorschriften des FreizügG/EU dienen nur der näheren Ausgestaltung. So bedürfen Unionsbürger gem § 2 Abs 4 FreizügG/EU für die Einreise keines Visums und für den Aufenthalt keines Aufenthaltstitels. 19

Für **Familienangehörige** des ArbN ergibt sich das Aufenthaltsrecht aus der RL 04/38/EG (zuvor Art 10–12 der VO 1612/68) und § 3 FreizügG/EU. Hierbei handelt es sich um eine abgeleitete Freizügigkeit, welche vom Aufenthaltsrecht des ArbN in Grund und Ausmaß abhängig ist. Art 17 RL 04/38/EG, umgesetzt durch §§ 2, 4, 4a FreizügG/EU, gewährt dem ArbN und seinen Familienangehörigen im Hoheitsgebiet eines Mitgliedstaates unter gewissen Voraussetzungen ein Bleiberecht für die Zeit nach dem Ende der Beschäftigung. 20

Das Aufenthaltsrecht steht gem Art 45 Abs 3 AEUV unter dem **Vorbehalt der öffentlichen Ordnung,** Sicherheit und Gesundheit. Die danach zulässigen Beschränkungen von 21

171   EU-Recht

Einreise- und Aufenthalt von Ausländern sind konkretisiert durch Art 27 ff RL 04/38/EG und durch § 6 FreizügG/EU in deutsches Recht umgesetzt worden. Der Vorbehalt ist eng auszulegen und wird durch das Verhältnismäßigkeitsprinzip beschränkt.

22   Neben der Bewegungsfreiheit innerhalb der Gemeinschaft umfasst die Freizügigkeit weiter das Recht des ArbN auf **freien Zugang zu einer Beschäftigung** in einem anderen Mitgliedstaat. Dieses ist ausdrücklich in Art 1 Abs 1 der VO 1612/68/EWG normiert. Für ausländische ArbN aus Mitgliedstaaten dürfen gem Art 6 Abs 1 der VO 1612/68 keine strengeren Anforderungen gelten als für inländische. Auch bei identischen Bedingungen für in- und ausländische ArbN kann eine mit dem Freizügigkeitsrecht nicht zu vereinbarende Behinderung vorliegen (vgl zu den [früheren] Transferentschädigungsregeln im Profifußball EuGH 15.12.95 – Rs C-415/93 Bosman, NZA 96, 191). Allerdings ist es den Mitgliedstaaten derzeit zum Teil noch möglich, aufgrund nationalen Rechts besondere Befähigungsnachweise zu verlangen, soweit die Union hierzu keine Regeln aufgestellt hat. Der Europäische Gesetzgeber hat hier in den letzten Jahren durch verschiedene Einzelrichtlinien, insbes zur wechselseitigen Anerkennung von Hochschuldiplomen, nachgebessert (Nachweise bei *Krimphove* Europäisches Arbeitsrecht, S 123).

23   Der dritte Aspekt der Freizügigkeit ist die **Gleichbehandlung bei der Ausübung der Beschäftigung.** Gem Art 39 Abs 2 EGV, Art 7 der VO 1612/68/EWG bezieht sich die Pflicht zur Gleichbehandlung sowohl auf die individualrechtliche Begründung und Ausgestaltung des Arbeitsverhältnisses als auch auf die Ausgestaltung des Arbeitsverhältnisses durch die Tarifvertragsparteien und den BRat. Art 8 Abs 1 Satz 1 der VO 1612/68/EWG erweitert die Verpflichtung zur Gleichbehandlung insoweit, als jeder ArbN aus einem Mitgliedsland Anspruch auf gleiche Behandlung hinsichtlich der Zugehörigkeit zu Gewerkschaften und der Ausübung gewerkschaftlicher Rechte einschließlich des Wahlrechts sowie des Zugangs zur Verwaltung oder zur Leitung von Gewerkschaften hat.

24   **g) Gleichbehandlung.** Im AEUV ist lediglich in Art 157 der Grundsatz der Lohngleichheit zwischen Mann und Frau verankert. Eine Ausweitung dieses Gesichtspunkts der Lohngleichheit zu dem umfassenden Grundsatz der Gleichbehandlung der Geschlechter erfolgte insbes durch die RL 76/207/EG zur Verwirklichung des Grundsatzes der Gleichbehandlung von Männern und Frauen hinsichtlich des Zugangs zur Beschäftigung zur Berufsausbildung und zu beruflichen Aufstieg vom 9.2.76 (ABlEG 76 Nr L 39/40). Die RL 76/207/EG verbietet die Diskriminierung von Frauen bei der Einstellung, im Arbeitsvertrag und in Bezug auf die betrieblichen Arbeitsbedingungen, soweit nicht eine Differenzierung nach dem Geschlecht aufgrund der Art oder der Bedingungen der ausgeübten Tätigkeit unabdingbar ist.

25   Der **Verhinderung von Benachteiligungen** wegen Rasse und ethnischer Herkunft dient die RL 2000/43/EG. Die RL 2000/78/EG dient dem Schutz vor Benachteiligung wegen Religion, Weltanschauung, Behinderung, Alter und sexueller Ausrichtung. Beide Richtlinien, die an sich schon im Jahre 2003 umzusetzen waren, sind in dem am 18.8.06 in Kraft getretenen Allgemeinen Gleichbehandlungsgesetz (AGG) in nationales Recht umgesetzt worden (dazu ausführlich *Diskriminierung* Rz 1 ff).

26   **h) Massenentlassungen.** § 17 KSchG erhielt seine frühere Fassung im Wege der Umsetzung der RL 75/129/EWG über Massenentlassungen vom 17.2.75 (ABlEG 75 Nr L 48/29). Nicht in deutsches Recht umgesetzt war die RL 92/56 zur Änderung der Richtlinie über Massenentlassungen vom 24.6.92 (ABlEG 92 Nr L 245). Diese sieht insbes vor, dass bei der Feststellung der maßgeblichen Entlassungszahl den Kündigungen andere (betriebsbedingte) Beendigungen des Arbeitsverhältnisses, die vom ArbGeb veranlasst sind, gleichzustellen sind. Die vom deutschen Gesetzgeber vorgesehene Anpassung des § 17 KSchG ist durch das Gesetz zur Anpassung arbeitsrechtlicher Bestimmungen an das EG-Recht vom 20.7.95 (BGBl I 95, 946 ff) erfolgt. Die am 1.5.99 in Kraft getretene RL 98/59/EG zur Angleichung der Rechtsvorschriften der Mitgliedstaaten über Massenentlassungen vom 20.7.98 (ABlEG 98 Nr L 225/16) schafft für den deutschen Gesetzgeber wohl keinen neuen Regelungsbedarf. Anpassungsbedarf ergibt sich aber im Hinblick auf die Junk-Entscheidung des EuGH (EuGH 27.1.05 – Rs C-188/03, NZA 05, 212). Einzelheiten s *Massenentlassung* Rz 8 ff.

27   **i) Sozialvorschriften im Straßenverkehr.** Arbeitsrechtliche Regelungen für den Bereich des Straßenverkehrs enthalten die VO 3820/85 und 3821/85. Regelungsgegenstand ist

vor allem die Sicherheit des Fahrpersonals durch Vorschriften über Lenk- und Ruhezeiten sowie das Verbot sicherheitsbeeinträchtigender Leistungslohnsysteme. Bei den VO handelt es sich um „hinkende Verordnungen", welche durch den Erlass nationaler Vorschriften ausgefüllt werden müssen.

B. Lohnsteuerrecht *Windsheimer*

1. Allgemeines. Im Gegensatz zur Umsatzsteuer und anderen Verbrauchsteuern (Art 113 AEUV) enthalten EUV und AEUV keine Ermächtigung zur Steuerharmonisierung der ESt, so dass den EU-Organen keine Kompetenz zu einer europaweit einheitlichen Besteuerung der ArbN zusteht (*Frenz/Distelrath* DStZ 10, 246). Allerdings finden materielle Direktiven des AEUV, nämlich das **Diskriminierungsverbot** (Art 18 AEUV; s *Diskriminierung* Rz 143 ff), das Recht auf **Arbeitnehmer-Freizügigkeit** (Art 45 AEUV) und auf **Dienstleistungsfreiheit** (Art 56 AEUV) unmittelbare Anwendung auf nationales Recht (EuGH 5.7.07 – C-522/04, NJW 08, 1059). Sie bestimmen und begrenzen den Ermessensspielraum des nationalen Gesetzgebers (s *Diskriminierung* Rz 143 ff; *Gosch* DStR 07, 1553; EuGH 18.7.07 – C-182/06, DStR 07, 1339). Die Grundfreiheiten des AEUV sind in den Mitgliedstaaten der EU unmittelbar geltendes Recht (BFH 28.5.09 – VI R 27/06, BStBl II 09, 857). Zur Ausweitung der Grundfreiheiten des AEUV auch gegenüber der Schweiz *Weigell* DStR 06, 190. EU-Recht geht dem innerstaatlichen Recht und den DBA vor (BFH 21.10.08 – X R 15/08, BFH/NV 09, 559; zu den Auswirkungen *Rüping* IStR 08, 575). Art 45 AEUV ist in den Mitgliedstaaten der EU unmittelbar geltendes Recht (BFH 24.3.98 – I B 100/97, DStR 98, 1016), ebenso Art 56 AEUV. Die Charta der Grundrechte der Europäischen Union (Grundrechtecharta), die im Zusammenhang mit dem **Vertrag von Lissabon** vom 13.12.07 von allen EU-Staaten verabschiedet und ratifiziert wurde und in Kraft ist seit 1.12.09, erlangt durch alle Mitgliedstaaten der EU Rechtsverbindlichkeit (BVerfG 30.6.09 – 2 BvE 2/08, NJW 09, 2267). Das Prinzip des Vorrangs des EU-Rechts gilt auch bei der Auslegung von § 9 Abs 1 und § 12 Nr 1 EStG (BFH 13.6.02 – VI R 168/00, BFH/NV 02, 1517; s auch *Auslandsreise* Rz 19; *Fortbildung* Rz 29) sowie § 10 Abs 1 EStG (EuGH 13.11.03 – C-209/01, IStR 04, 60 zu § 10 Abs 1 Nr 8 EStG bis 2001 und BFH 26.5.04 – I R 113/03, BStBl II 04, 994 zu § 10 Abs 1 Nr 6 EStG; s *Ausländer* Rz 47) und § 10 Abs 2 EStG, s *Sonderausgaben* Rz 7, *Diskriminierung* Rz 147. Nur wenn EU-Recht, also eine EU-RL, den Vorrang nationalen Rechts anerkennt, geht insoweit nationales Recht dem EU-Recht vor (BFH 4.6.03 – VII B 138/01, BStBl II 03, 790 zum Datenschutz; s *Datenschutz* Rz 42). So stehen alle Vorschriften des EStG, die Inländern gegenüber EU-Ausländern eine Bevorzugung gewähren, auf dem Prüfstand mit EU-Konformität (*Kessler/Spengel* DB 11, Beilage Nr 1, 1 ff; s auch *Diskriminierung* Rz 144 ff). Das Gesetz zur Änderung steuerlicher EU-Vorgaben (BGBl I 10, 386) hat die beschränkte Steuerpflicht (§ 1 Abs 4 EStG) erweitert (s *Ausländer* Rz 42) sowie Öffnungen bei der Riester-Rente gebracht (s *Altersvorsorgevermögen* Rz 7). Zum Einfluss von EU-Recht auf die Pfändung einer Altersrente s *Altersrente* Rz 15, *Pfändung* Rz 44.

2. EU-Richtlinien (Art 288 AEUV), die für die Besteuerung der ArbN bedeutsam sind:
a) Amtshilfe. Die zuständigen Behörden der Mitgliedstaaten erteilen sich auf Grund einer EU-Richtlinie gegenseitig alle Auskünfte, die für die zutreffende Festsetzung der Steuern geeignet sein können; s hierzu das **EUAHiG** (; s auch *Datenschutz* Rz 46; *Ausländer* Rz 40; zum *Spendenabzug* ins EU-Ausland § 10b Abs 1 Satz 2 ff EStG). Dem Auskunftsaustausch steht das **Bankgeheimnis** (§ 30a AO) nicht entgegen (BFH 4.9.2000 – I B 17/00, BStBl II 2000, 648). Die Finanzbehörden haben seit 2006 die Möglichkeit, im Rahmen eines Steuerstrafverfahrens Bankkonten im EU-Ausland mittels Auskunftsersuchen aufzuspüren und der inländischen Besteuerung zuzuführen (s *Kutzner* DStR 06, 639). Aufgrund der Richtlinie 2010/24 v 16.3.10 ist das Gesetz zur Umsetzung der Beitreibungsrichtlinie erlassen worden, das die EU-weite Amtshilfe bei der Steuererhebung (Beitreibung) (AO-Handbuch Anhang 10) regelt. Die Amtshilfe innerhalb der EU erstreckt sich auf alle Steuern einschließlich steuerliche Nebenleistungen (§ 3 Abs 4 AO). Sie unterliegt dem Steuergeheimnis (§ 30 AO). Der Informationsaustausch erfolgt durch elektronische Übermittlung von Sprachbarrieren überwindenden Formblättern. Ein einheitlicher Titel für Vollstreckungsmaßnahmen sichert die Zustellung von Dokumenten. Es werden Beitreibungs- und Sicherungsmaßnahmen über

171 EU-Recht

die Grenze ermöglicht. Der Stpfl hat somit keinen Anspruch auf Unterbindung des grenzüberschreitenden Informationsaustausches. Zur bisherigen (Un-)Zulässigkeit von EU-Amtshilfe BFH 3.11.10 – VII R 21/10, BStBl II 11, 401; zum Rechtsschutz bei EU-Rechtsfragen BFH 30.9.10 – III R39/08, BStBl II 11, 11; hierzu *Wedelstadt* DB 11, 396.

31 **b) Grenzgängerbesteuerung** s *Grenzgänger* Rz 2 ff; *Ausländer* Rz 38, 39, 45.
32 **c) Entsendung** s *Arbeitnehmerentsendung* Rz 18; *Ausländer* Rz 46; *Auslandstätigkeit* Rz 44.
33 **d) Andere Bereiche. aa)** Stipendien (§ 3 Nr 44 EStG) s *Berufsausbildungsförderung* Rz 6.

bb) Für einen bestandskräftigen Steuerbescheid, der gegen EU-Recht verstößt, gilt kein günstigeres Änderungssystem als §§ 172 ff AO. Die nachträgliche Erkenntnis des Verstoßes gegen EU-Recht ist kein eigener Änderungsgrund (BFH 16.9.10 – V R 57/09, DStR 10, 2400; hierzu *Geuenich* BB 11, 100; *Levedag* HFR 11, 262).

cc) Die Vergütung von EU-Bediensteten ist im Inland steuerfrei (Art 343 AEUV), so dass Aufwendungen, die mit dieser Tätigkeit im Zusammenhang stehen, im Inland nicht als Werbungskosten berücksichtigt werden können (§ 3c EStG; s auch *Auslandstätigkeit* Rz 61).

dd) Kindergeld (§§ 62 ff EStG) s BFH 15.7.10 – III R 6/08, BFH/NV 11, 116; BFH 4.8.11 – III R 55/08, BeckRS 2011, 96758; hierzu *Greite* FR 11, 244, *Bilsdorfer* NJW 11, 2913; s im Einzelnen *Kindergeld* Rz 6, 7.

ee) Zu Fragen des Verhältnisses zwischen EU und der **Schweiz** EuGH 28.2.13 C-425/11, DStR 13, 514.

34 **3. EU-Verordnungen** (Art 288 AEUV) betr die Besteuerung von ArbN bestehen gegenwärtig nicht.

Literaturhinweis: *Brandt* BB 11 Heft 12, I.

C. Sozialversicherungsrecht *Ruppelt*

36 **I. Allgemeines. 1. Rechtsquellen.** Für den gesamten Regelungsbereich des SGB bestimmt § 30 SGB I den **Vorrang des primären und sekundären Unionsrechts** gegenüber dem innerstaatlichen Recht. Dabei handelt es sich bei dem **primären Unionsrecht** um die Verträge zwischen den vertragsschließenden Staaten. Das ist der Vertrag über die Europäische Union vom 7.4.92 idF des Vertrags von Lissabon vom 13.12.07 (EUV) und der Vertrag über die Arbeitsweise der Europäischen Union (AEUV), der an die Stelle des EG-Vertrages getreten ist. **Sekundäres Unionsrecht** ist das von den EU-Organen gesetzte Recht (EU-Richtlinien, EU-Verordnungen). Da durch die Europäischen Verträge in Gestalt der EU eine supranationale, gegenüber der Staatsgewalt der Mitgliedstaaten selbstständige, öffentliche Gewalt entstanden ist, wird nationales Recht **verdrängt,** soweit dieses mit primärem oder sekundärem Unionsrecht nicht in Einklang steht. Im Bereich des koordinierenden Sozialrechts (s Rz 39) bleiben nationale Rechtsvorschriften allerdings weiterhin anwendbar, wenn diese im Vergleich zum Sekundärrecht weitergehende Ansprüche vorsehen. So begründen die sekundärrechtlichen Normen hinsichtlich des Umfangs eines sachleistungsersetzenden Kostenerstattungsanspruchs im KV-Recht lediglich eine Mindesthöhe (BSG 30.6.09 – B 1 KR 22/08 R, SozR 4–2500 § 13 Nr 23; LSG BaWü 26.6.12 – L 11 KR 2811/11, BeckRS 2012, 71688). Zu den Handlungsformen des EU-Rechts: *Husmann* Die Richtlinien der Europäischen Union, NZS 10, 655.

37 **2. Die Überordnung des Unionsrechts** über nationales Recht hat zur Folge, dass der EU-Bürger sich vor seinen nationalen Gerichten auf geltendes Unionsrecht berufen kann, wenn nationales Recht seinem Begehren entgegensteht. **Verfassungsrechtlich** ergibt sich der Vorrang des Unionsrechts aus den Zustimmungsgesetzen zu den Gründungsverträgen der EU iVm Art 24 Abs 1 GG. Daraus folgt die Verpflichtung deutscher Gerichte, das Unionsrecht anzuwenden und diesem den Vorrang vor kollidierenden nationalen Rechten einzuräumen. Ist Auslegung oder Gültigkeit des supranationalen Rechts im konkreten Fall zweifelhaft, die Beantwortung dieser Fragen aber entscheidungserheblich, so ist das nationale Gericht berechtigt (das letztinstanzliche nationale Gericht verpflichtet), eine **Vorabentscheidung** des EuGH einzuholen.

38 **II. Grundprinzipien des EU-Rechts.** Grundprinzipen des sozialrechtlichen Unionsrechts sind die **Gleichbehandlung** (Art 18 ff AEUV) und die **Freizügigkeit** (Art 45 AEUV) der Unionsbürger in den Mitgliedstaaten (Art 20 Abs 2 Satz 2 AEUV). Hinzu tritt

die **Freiheit des Dienstleistungs- und Warenverkehrs** (Art 56 ff AEUV). Ursprünglich bedeutete Freizügigkeit das Recht der Unionsbürger, sich zur Ausübung einer Beschäftigung oder Erwerbstätigkeit innerhalb der Union frei zu bewegen. Nunmehr ist die **Freizügigkeit** auf weitere Unionsbürger, die sich im weitesten Sinne in Zusammenhang mit einer Beschäftigung oder Erwerbstätigkeit in einem Unionsstaat aufhalten, ausgedehnt worden (etwa Arbeitsuchende, Rentner, Familienangehörige, vorübergehend Erwerbsunfähige). Ein unbeschränktes freies Daueraufenthaltsrecht für alle Unionsbürger innerhalb der Union gibt es jedoch nach wie vor nicht. Näheres regelt das FreizügG/EU (BGBl I 04, 1950) auch hinsichtlich der Einschränkungen des Freizügigkeitsrechts für Staatsangehörige von Beitrittsstaaten. S auch oben Rz 19 ff.

Der Grundsatz der **Gleichbehandlung der Unionsbürger** innerhalb der Union (Art 18 ff AEUV) betrifft sowohl unmittelbare wie mittelbare Diskriminierungen aufgrund der Staatsangehörigkeit (EuGH 7.3.02 – C 107/00, SozR 3–6050 Art 46b Nr 1). Dies bedeutet, dass nicht nur „offene" Ungleichbehandlungen von EU-Ausländern gegenüber Inländern mit dem Gemeinschaftsrecht unvereinbar sind, sondern auch indirekte Diskriminierungen, dh Regelungen, die nicht an die Staatsangehörigkeit anknüpfen, die aber aufgrund ihrer Ausgestaltung – zB der Anknüpfung an den Wohnort im Inland oder an einen anderen inlands- oder inländerbezogenen Gesichtspunkt – typischerweise von Ausländern nicht oder signifikant seltener erfüllt werden als von Inländern. Das Verbot der **mittelbaren Diskriminierung** erfasst mithin auch solche Tatbestände, die bei formaler Gleichbehandlung von Inländern und EU-Ausländern dazu führen, dass EU-Ausländer häufiger vom Bezug von Leistungen ausgeschlossen werden als Inländer. Gleichbehandlung von Beschäftigten innerhalb der EU bedeutet auf dem Gebiet des Sozialrechts somit, dass Beschäftigte aus anderen EU-Staaten im Rahmen des Systems der sozialen Sicherheit ihres Beschäftigungsstaates die gleiche Behandlung erfahren müssen wie solche Beschäftigte, die ihr ganzes Leben im Beschäftigungsstaat gelebt und gearbeitet haben. Gleiches gilt für selbstständig Erwerbstätige. So haben aus- und einwandernde Beschäftigte und Selbstständige aus EU-Staaten einen Anspruch darauf, dass die Rechte, die ihnen aufgrund des jeweiligen nationalen Sozialrechts zustehen, in derselben Weise festgestellt werden, wie dies bei inländischen Erwerbstätigen geschieht. Wohn-, Beschäftigungs- und Versicherungszeiten, die ein Beschäftigter in einem anderen Mitgliedstaat zurückgelegt hat und in seinen jetzigen Beschäftigungsstaat „mitbringt", sind deshalb von den zuständigen Trägern dieses Beschäftigungsstaates in derselben Weise zu berücksichtigen, als wären sie innerhalb seines Staatsgebietes und nach seinem Recht zurückgelegt worden. Zugleich haben aus- und einwandernde Erwerbstätige auch für ihre Familienmitglieder, die in einem anderen Mitgliedstaat als dem zuständigen Staat (idR dem Beschäftigungsstaat) wohnen, Anspruch auf Leistungen – insbes Familienleistungen – in demselben Umfang, wie sie für Familienangehörige gewährt werden, die in dem zuständigen Staat selbst wohnen. Werden im Wohnstaat ebenfalls entsprechende Leistungen gewährt, so steht dem Betroffenen in dem Fall, dass die entsprechenden Leistungen des Beschäftigungsstaates höher sind als diejenigen des Wohnsitzstaates, ein entsprechender Differenzbetrag zu.

III. Sekundärrechtliche Regelungen der sozialen Sicherheit. 1. Koordination sozialer Sicherheit. In der Folge des Vertrages von Lissabon und der damit verbundenen Veränderung der primärrechtlichen Grundlage der Koordination ist am 1.5.10 die **VO (EG) 883/2004** in Kraft getreten, welche die VO (EWG) 1408/71 ersetzt. Die neue VO aktualisiert und vereinfacht die bisherigen Regelungen, ohne von den bisher geltenden Prinzipien abzuweichen. Wesentliches Merkmal bleibt die auf einzelne Sozialleistungsbereiche beschränkte **Koordinierung** des in den Unionsstaaten vielfältig geregelten Sozialrechts. Gleichwohl hat dies auch Auswirkungen auf die Ausgestaltung des nationalen SozVRechts. Das gilt insbesondere für den territorialen Anwendungsbereich, aber auch für das Leistungsrecht. Eine **Harmonisierung** des Sozialrechts der Mitgliedstaaten ist weder erfolgt noch angestrebt. Deshalb verdrängen sekundärrechtliche Ansprüche weitergehende nationale Ansprüche auf Leistungen nicht (s Rz 36). 39

2. Grundbestimmungen der VO (EG) 883/2004. Die Grundbestimmungen der VO (Art 5 bis 10) gelten jeweils vorbehaltlich der speziellen Regelungen für die einzelnen Leistungszweige (im Folgenden sind Art ohne Zusatz solche der VO (EG) 883/2004). 40

171 EU-Recht

41 **a)** Nach Art 5 gilt innerhalb der Union auf dem Gebiet der sozialen Sicherheit grundsätzlich die **Tatbestandsgleichstellung.** Hat nach den Rechtsvorschriften des zuständigen Mitgliedstaats der Eintritt bestimmter Sachverhalte oder Ereignisse Rechtswirkungen, so berücksichtigt dieser Mitgliedstaat die in einem anderen Mitgliedstaat eingetretenen entsprechenden Sachverhalte oder Ereignisse, als ob sie im eigenen Hoheitsgebiet eingetreten wären. Gleiches gilt für den Bezug von Leistungen der sozialen Sicherheit. Hat nach den Rechtsvorschriften des zuständigen Mitgliedstaats der Bezug von Leistungen der sozialen Sicherheit oder sonstiger Einkünfte bestimmte Rechtswirkungen, so sind die entsprechenden Rechtsvorschriften auch bei Bezug von nach den Rechtsvorschriften eines anderen Mitgliedstaats gewährten gleichartigen Leistungen oder bei Bezug von in einem anderen Mitgliedstaat erzielten Einkünften anwendbar.

42 **b)** Art 6 bestimmt den Grundsatz der **Zusammenrechnung** von Versicherungs-, Beschäftigungs- und Wohnzeiten sowie Zeiten einer selbstständigen Erwerbstätigkeit innerhalb der Union, sofern hiervon bestimmte sozialversicherungsrechtliche Ansprüche abhängig sind.

43 **c)** Art 7 verbietet im Rahmen der Gewährung von Geldleistungen vorbehaltlich von speziellen Regelungen (ausgenommen sind zB Geldleistungen bei Arbeitslosigkeit) die Anwendung von **Wohnortklauseln.** Geldleistungen dürfen nicht mit der Begründung verweigert werden, der Berechtigte wohne außerhalb des Leistungsstaates. Art 7 gilt nicht für **beitragsunabhängige Grundsicherungsleistungen**, die den notwendigen Lebensbedarf zu sichern bestimmt sind. Diese Geldleistungen sind nicht exportierbar (Art 70).

44 **d)** Art 10 schließt einen Anspruch auf mehrere Leistungen aus denselben Pflichtversicherungszeiten aus **(Verbot des Zusammentreffens von Leistungen).**

45 **3. Persönlicher Geltungsbereich.** Die in allen Mitgliedstaaten verbindliche VO (EG) 883/2004 gilt für alle Staatsangehörigen der Mitgliedstaaten (einschließlich der dort aufgenommenen Flüchtlinge und Staatenlosen), die in ein System der sozialen Sicherung eines Mitgliedstaates einbezogen sind oder waren (Art 2). Die VO gilt für Beschäftigte und selbstständig Erwerbstätige sowie deren Familienangehörige und Hinterbliebene gleichermaßen. Entsprechendes gilt für EWR-Bürger und Bürger der Schweiz. Für rechtmäßig in der EU sich aufhaltende Drittstaater gilt weiterhin die VO (EWG) 1408/71.

46 **4. Sachlicher Geltungsbereich.** Die Verordnung gilt nach Art 3 für
- Leistungen bei Krankheit (einschließlich Pflegebedürftigkeit) sowie Leistungen bei Mutterschaft und gleichgestellte Leistungen bei Vaterschaft (Art 17–35);
- Leistungen bei Invalidität (Art 44–49);
- Leistungen bei Alter und Leistungen an Hinterbliebene (Art 50–60);
- Leistungen bei Arbeitsunfällen und Berufskrankheiten (Art 36–41);
- Sterbegeld (Art 42–43);
- Leistungen bei Arbeitslosigkeit (Art 61–65);
- Vorruhestandsleistungen (Art 66);
- Familienleistungen (Art 67–69).

Keine Anwendung findet die Verordnung auf Leistung der sozialen Entschädigung, wie Kriegs-, Gewaltopfer- oder Verfolgungsentschädigung. Das Gemeinschaftsrecht regelt die Fälle der Verwirklichung eines sozialrechtlichen Ausgleichstatbestandes in einem anderen Mitgliedstaat nicht durch Generalklauseln, sondern durch auf die besonderen sozialrechtlichen Leistungsarten beschränkte Einzelregelungen.

47 **5. Bestimmung des Sozialrechtsstatuts (Art 11–16).** Das anwendbare nationale (Sozial-)Recht für abhängig Beschäftigte und selbstständig Erwerbstätige bestimmt sich nach dem Beschäftigungsstaat bzw. dem Staat, in dem der selbstständig Erwerbstätige seinen (Firmen-)Sitz hat (Art 11). Subsidiär findet das Recht des Wohnsitzstaates Anwendung, wenn ein Beschäftigungsstaat mangels Erwerbstätigkeit nicht feststellbar ist (s *Auslandstätigkeit* Rz 75 ff).

In **Entsendungsfällen** ist ein Beschäftigter, der in einem anderen Mitgliedstaat auf Weisung des ArbG eine Beschäftigung ausübt, weiterhin dem Sozialrecht des entsendenden Staates unterworfen, sofern die Dauer der Entsendung 24 Monate weder überschreitet, noch der entsandte Beschäftigte einen anderen Entsandten ablöst (Art 12). Entsprechendes gilt für selbständig Erwerbstätige. Art 13 regelt die Zuständigkeit bei **Mehrfachbeschäftigten** in unterschiedlichen Staaten während eines Beitragsabrechnungszeitraums. Es findet das Recht des Staates Anwendung, in dem der wesentliche Teil der Erwerbstätigkeit ausgeübt wird (s *Auslandstätigkeit* Rz 116 ff).

6. Prinzipien Rentenversicherung (Art 44–60). a) Leistungen bei Invalidität **48** **(Art 44–49).** Bei der Gewährung von Invaliditätsleistungen an Versicherte, die in mehreren EU-Staaten Rentenversicherungsverläufe aufzuweisen haben, ist zunächst festzustellen, nach welchen Rechtsvorschriften die Versicherungszeiten zurückgelegt worden sind. Sehen diese Rechtsvorschriften eine Invaliditätsleistung in ihrer Höhe unabhängig von der Dauer- und Wohnzeit vor, ist die Leistung ausschließlich nach dem Recht des Staates zu gewähren, in dem die Invalidität eingetreten ist (Art 44 Abs 2). Liegen dagegen (auch) Versicherungszeiten vor, die unter Rechtsvorschriften zurückgelegt worden sind, welche die Höhe einer Invaliditätsleistung von der Versicherungsdauer abhängig machen, so wird die Rente nach den für die Alters- und Hinterbliebenenrenten geltenden Vorschriften (also zeitanteilig) berechnet (Art 46 Abs 1). S *Hauschild* Europäische Neuregelung für die Zusammenrechnung von Versicherungszeiten, DRV 2011, 117; EuGH 3.3.11 – C-440/09, NJW 11, 2635; EuGH 21.2.13 – C-282/11, NZS 13, 338; EuGH 7.3.13 – C-127/11, ABl EU 13, Nr C 123 zur Einkommensanrechnung bei inländischer Hinterbliebenenrente und mitgliedstaatlicher Altersrente.

b) Alters- und Hinterbliebenenrenten (Art 50–60). Zur Leistungsberechnung und **49** zur Aufteilung der Ansprüche auf die beteiligten Versicherungsträger gilt folgendes Prinzip, das im Einzelnen und unter Berücksichtigung zahlreicher Sonderfälle in den Art 50 bis 58 geregelt ist: Wird nach einer Versicherungsbiografie in mehreren EU-Staaten ein Leistungsantrag gestellt, so stellen alle zuständigen Träger die Leistungsansprüche nach den Rechtsvorschriften aller Mitgliedstaaten fest, die für die betreffende Person galten (Art 50 Abs 1 Satz 1). Zur Ermittlung der Rentenhöhe ist der theoretische Betrag zu ermitteln, den der Versicherte erhalten würde, wenn er alle Versicherungszeiten in nur einem Mitgliedstaat zurückgelegt hätte (Art 52 Abs 1 Buchstabe b). Diese Berechnung nehmen alle beteiligten Versicherungsträger vor. Zur Vermeidung von Doppelleistungen berücksichtigt sodann jeder beteiligte Versicherungsträger, dass der Versicherte nur einen Teil der anzurechnenden Versicherungszeiten im Zuständigkeitsbereich des Versicherungsträgers zurückgelegt hat. Der dem Versicherten tatsächlich geschuldete Betrag ist der Teil des theoretischen Betrags, der sich aus dem Verhältnis zwischen den im Zuständigkeitsbereich des jeweiligen Versicherungsträgers zurückgelegten Zeiten und den insgesamt in den verschiedenen Mitgliedstaaten zurückgelegten Zeiten ergibt. Diese **Pro-rata-temporis** Berechnung verteilt die insgesamt zu zahlende Rente auf die beteiligten Versicherungsträger nach dem Verhältnis der in den einzelnen Mitgliedstaaten zurückgelegten Zeiten unter Zugrundelegung des nationalen Rechts. Hat also ein ArbN von den 40 Jahren seines Berufslebens 10 Jahre in Deutschland, 20 Jahre in Frankreich und 10 Jahre in Italien verbracht, so berechnen alle drei Versicherungsträger die Rente auf der Basis von 40 Versicherungsjahren nach ihren Rechtsvorschriften. Der deutsche RV-Träger zahlt dann den von ihm berechneten Betrag zu 25 vH aus, ebenso der italienische Versicherungsträger. Der französische Versicherungsträger hat 50 vH des von ihm errechneten Betrags auszuzahlen. In den Fällen, in denen ein Rentenanspruch allein nach den innerstaatlichen Rechtsvorschriften bereits erfüllt ist, findet ein Vergleich zwischen dem sich daraus ergebenden Betrag und dem pro-rata-temporis Betrag statt. Nur der höhere Betrag wird gezahlt. Die Summe der Rentenansprüche eines Versicherten in den verschiedenen Mitgliedstaaten darf den höchsten theoretischen Betrag nicht übersteigen (s *Auslandstätigkeit* Rz 158 ff).

7. Prinzipien Krankenversicherung- und Pflegeversicherung (Art 17–35). Sach- **50** leistungen bei Krankheit (und Pflegebedürftigkeit) werden außerhalb des zuständigen (Beschäftigungs-)Staates im anderen Mitgliedstaat (auch Schweiz, Norwegen, Island, Liechtenstein) grds nur erbracht, wenn der Berechtigte dort wohnt (Art 18), ein akuter Notfall vorliegt (Art 19) oder der zuständige KVTräger die Inanspruchnahme genehmigt hat (Art 20). Ein Versicherter oder seine Familienangehörigen, die in einem anderen als dem zuständigen Beschäftigungsmitgliedstaat wohnen, erhalten in dem Wohnmitgliedstaat Sachleistungen, die vom Träger des Wohnorts nach den für ihn geltenden Rechtsvorschriften für Rechnung des zuständigen Trägers erbracht werden, als ob sie nach diesen Rechtsvorschriften versichert wären (Art 17). Dies gilt nach Art 18 auch für Familienangehörige. Nach § 13 Abs 4 SGB V sind alle Versicherten der gesetzlichen KV berechtigt, Erbringer **ambulanter Leistungen** in anderen Staaten im Geltungsbereich der VO (EG) 883/04 **im Wege der Kostenerstattung** in Anspruch zu nehmen, und zwar auch dann, wenn sie nicht für das Kostenerstattungsverfahren optiert haben (s *Krankenbehandlung* Rz 9). Für die KV der Rentner (einschließlich Familienangehöriger) gilt nach Art 23 die Primärzuständigkeit des Wohnstaates, jedoch ermöglicht Art 27 Abs 2 bei vorübergehendem Aufenthalt die Anspruchsbegründung im zuständigen Staat, wenn dieser die Kosten der Krankheit zu tragen hat (Art 24 Abs 2). Beitragserhebung des zuständigen Staates von in anderen Mitgliedstaaten wohnenden Versicherten ist möglich (Art 30). **Stationäre Leistungen** bedürfen nach § 13 Abs 5 SGB V der vorherigen Zustimmung der Kasse (BSG 30.6.09 – B 1 KR 22/08 R, ZESAR 10, 81), die nicht grundlos verweigert werden darf (EuGH 5.10.10 – C-173/09, EuZW 10, 907). Durch die Kostenerstattung wird der **Leistungsanspruch** nicht verändert. Der Erstattungsanspruch besteht daher nur für Leistungen in der inländischen Sachleistung entsprechenden Höhe. Im Einzelnen: *Becker/Walser* Stationäre und ambulante Krankenhausleistungen im grenzüberschreitenden Dienstleistungsverkehr, NZS 05, 449; *Kingreen* Ein neuer rechtlicher Rahmen für einen Binnenmarkt für Gesundheitsleistungen, NZS 05, 505; *Janda*, Die Verteilung der Kostenlast bei ungeplanten Krankenhausaufenthalten in anderen EU-Mitgliedstaaten, ZESAR 10, 465; *Krankenbehandlung* Rz 15 ff; *Arbeitsunfähigkeitsbescheinigung* Rz 23.

Geldleistungen bei Pflegebedürftigkeit nach dem SGB XI werden in andere Mitgliedstaaten nur insoweit geleistet, als sie nicht von Sachleistungsansprüchen gegen den Träger im Wohnstaat verdrängt werden (EuGH 16.7.09 – C-208/07, ZESAR 09, 438 mit Anm *Bassen* NZS 10, 479). Der für die Geldleistung zuständige Träger der Pflegeversicherung nach dem SGB XI hat in Höhe des Sachleistungsanteils Kostenersatz an den Träger des Wohnstaates zu leisten (Art 34). S auch *Auslandstätigkeit* Rz 150.

51   **8. Prinzipien Unfallversicherung (Art 36–41).** Hat nach den Rechtsvorschriften des zuständigen Mitgliedstaats der Eintritt bestimmter Sachverhalte oder Ereignisse Rechtswirkungen, so berücksichtigt dieser Mitgliedstaat die in einem anderen Mitgliedstaat eingetretenen entsprechenden Sachverhalte oder Ereignisse, als ob sie im eigenen Hoheitsgebiet eingetreten wären (Art 5 Satz 2). Ein Versicherter, der einen **Arbeitsunfall** erlitten oder sich eine **Berufskrankheit** zugezogen hat und in einem anderen als dem zuständigen Mitgliedstaat wohnt oder sich dort aufhält, hat Anspruch auf die besonderen Sachleistungen bei Arbeitsunfällen und Berufskrankheiten, die vom Träger des Wohn- oder Aufenthaltsorts nach den für ihn geltenden Rechtsvorschriften für Rechnung des zuständigen Trägers erbracht werden, als ob die betreffende Person nach diesen Rechtsvorschriften versichert wäre (Art 36 Abs 2). Bei der Entschädigung von **Berufskrankheiten** ist der Mitgliedstaat der letzten Beschäftigung zuständig. Hat ein Versicherter, der sich eine Berufskrankheit zugezogen hat, nach den Rechtsvorschriften von zwei oder mehr Mitgliedstaaten eine Tätigkeit ausgeübt, die ihrer Art nach geeignet ist, eine solche Krankheit zu verursachen, so werden die Leistungen, auf die sie oder ihre Hinterbliebenen Anspruch haben, ausschließlich nach den Rechtsvorschriften des letzten dieser Mitgliedstaaten gewährt, dessen Voraussetzungen erfüllt sind (Art 38). Dabei sind die in anderen Mitgliedstaaten zurückgelegten Zeiten der Gefahrexposition so zu berücksichtigen, wie wenn sie nach dessen Recht zurückgelegt worden wären.

52   **9. Prinzipien Arbeitslosenversicherung (Art 61–65).** Zuständig ist grds der Mitgliedstaat der letzten Beschäftigung oder selbstständigen Tätigkeit vor Eintritt der Arbeitslosigkeit. Grds werden Erwerbs-, Beschäftigungs- und Versicherungszeiten aus anderen Mitgliedstaaten berücksichtigt (Art 61). Für **Vollarbeitslose**, die in einem anderen als dem Staat ihrer bisherigen Beschäftigung wohnen, ist der Wohnmitgliedstaat zuständig (Art 65 Abs 2). Der Grundsatz des **Leistungsexports** (s oben Rz 38, 43) ist bei Geldleistungen wegen Arbeitslosigkeit eingeschränkt, weil der Arbeitslose der Arbeitsverwaltung zur Vermittlung zur Verfügung zu stehen hat und Meldepflichten unterliegt (Art 63). Allerdings ist die Arbeitssuche mit Leistungsbezug außerhalb des zuständigen Mietgliedstaates bei Vollarbeitslosigkeit unter den Voraussetzungen von Art 64 Abs 1 möglich. Ohne Anspruch auf Arbeitslosenunterstützung kann sich der Arbeitslose zusätzlich der Arbeitsverwaltung des letzten Beschäftigungsmitgliedstaates zur Verfügung stellen, um dort Wiedereingliederungsleistungen (Vermittlung) in Anspruch zu nehmen (EuGH 11.4.13 – C-443/11, NZS 13, 420). Zum Anspruch auf Grundsicherung für Arbeitssuchende (ALGeld II) s *Arbeitslosengeld II* Rz 22.

10. Prinzipien Familienleistungen (Art 67–69). Für die Zuerkennung von Familien- 53 leistungen sind die in einem anderen Mitgliedstaat wohnenden Familienangehörigen wie die im zuständigen Mitgliedstaat wohnenden Angehörigen zu behandeln (Art 67). Zuständig ist in erster Linie der Beschäftigungsstaat bzw der Staat, in dem eine selbstständige Beschäftigung ausgeübt wird (Art 68 Abs 1). Vgl *Vießmann/Merkel,* Die europarechtliche Koordinierung von Familienleistungen nach der Verordnung (EG) Nr 883/2004, NZS 12, 572.

Literaturhinweise: *Schulte,* Die neue europäische Sozialrechtskoordinierung, ZESAR 10, 143 (Teil 1), ZESAR 10, 202 (Teil 2); *Buschermöhle,* Grenzüberschreitende Beschäftigung in der EU-Koordinierung der Systeme der sozialen Sicherheit ab 1.5.2010, DStR 10, 1845; *Charissé,* Grenzüberschreitender Arbeitnehmereinsatz in der EU – Neue sozialversicherungsrechtliche Regelungen, DB 10, 1348; *Tiedemann,* Das neue europäische Recht zur Koordinierung der sozialen Sicherheit, ZfSH/SGB 10, 220; *Eichenhofer* Neue Koordination sozialer Sicherheit (VO (EG) Nrn. 883/2004, 987/2009), SGb 10, 185; *Tiedemann* Bestimmungen des anwendbaren Sozialversicherungsrechts bei Entsendung in der EU – Regelungen nach Inkrafttreten der VO (EG) 883/04 und VO (EG) 987/09, NZS 11, 41; *Schlegel* Sozial- und arbeitsrechtliche Fragen der vollen Arbeitnehmerfreizügigkeit von Bürgern aus den EU-8 Staaten seit 1.5.2011, jurisPR-SozR 9/11, Anm 1.

Europäischer Betriebsrat

A. Arbeitsrecht *Eisemann*

Übersicht

	Rz		Rz
1. Vorbemerkung	1	4. Europäischer Betriebsrat kraft Gesetz	14–23
2. Geltungsbereich	2–5	a) Dauer	15
3. Europäischer Betriebsrat kraft Vereinbarung	6–13	b) Geschäftsführung	16–18
		c) Mitwirkungsrechte	19–22
a) Zusammensetzung und Amtszeit	7–9	d) Schutzbestimmungen	23
b) Rechte und Pflichten	10	5. Bestehende Vereinbarungen	24
c) Vereinbarungen	11–13		

1. Vorbemerkung. Das Gesetz über Europäische Betriebsräte (EBRG) regelt die **länder-** 1 **übergreifende betriebsverfassungsergänzende Beteiligung** von ArbN auf Unternehmens- und Konzernebene und vervollständigt damit die bisher an den Grenzen endenden nationalen Mitbestimmungsregelungen. Es soll – soweit es reicht – verhindern, dass nationale Mitbestimmungsrechte bei länderübergreifenden Sachverhalten leer laufen, weil unternehmerische Entscheidungen im Ausland getroffen werden, an welche die inländischen Betriebs- und Unternehmensleitungen gebunden sind. Die grenzüberschreitende Mitwirkung wird **vorrangig durch Vereinbarung** der Beteiligten erreicht. Hierfür sind **zwei Formen** vorgesehen: der **zentrale europäische Betriebsrat** oder ein **dezentrales Unterrichtungs- und Anhörungsverfahren.** Kommen die unmittelbar Betroffenen nicht zu einer Einigung, ist nach § 1 Abs 1 Satz 2 EBRG ein EBRat **kraft Gesetz** zu errichten. Insgesamt sollen derzeit etwa 11 Mio ArbN durch einen EBRat oder vergleichbare Gremien staatsübergreifend vertreten werden (HWK/*Giesen* EBRG Rn 5).

Mit dem am 18. Juni 2011 in Kraft getretenen EBRG hat die Bundesregierung ein Gesetz von 1996 abgelöst und die Richtlinie 2009/38/EG vom 6. Mai 2009 umgesetzt, welche ihrerseits die Richtlinie 94/45/EG ersetzt hat. Das neue Gesetz enthält ua neben einer Bestimmung der Begriffe Unterrichtung und Anhörung in grenzübergreifenden Angelegenheiten einen verbesserten Auskunftsanspruch für die Bildung des EBRats, eine Regelung zu den Kosten und dem Sachaufwand des EBR und eine eigene Regelung für die Teilnahme an Schulungs- und Bildungsveranstaltungen.

2. Geltungsbereich. Das Gesetz erfasst nach § 1 Abs 2 EBRG Angelegenheiten, welche 2 mindestens zwei Betriebe bzw Unternehmen gemeinschaftsweit tätiger Unternehmen oder Unternehmensgruppen in verschiedenen Mitgliedstaaten betreffen. Nach § 2 Abs 3 EBRG sind damit 27 **Mitgliedstaaten** der **Europäischen Union** sowie die über das Abkommen

172 Europäischer Betriebsrat

zum Europäischen Wirtschaftsraum (EWR) verbundenen Staaten Island, Liechtenstein und Norwegen angesprochen. Das EBRG ist grundsätzlich weder auf eine Europäische Gesellschaft (SE) noch auf eine Europäische Genossenschaft (SEC) anzuwenden. Es kann anzuwenden sein, wenn dort das besondere Verhandlungsgremium (BVG) Verhandlungen mit der Unternehmensleitung nicht aufnimmt oder abbricht (*Fitting* EBRG Rz 5, 6). Nach § 2 Abs 1 EBRG gilt das Gesetz für gemeinschaftsweit tätige Unternehmen mit **Sitz in Deutschland** und gemeinschaftsweit tätige Unternehmensgruppen, deren herrschendes Unternehmen ihren Sitz im Inland haben. Zu diesen Unternehmen oder Unternehmensgruppen gehörende Betriebe und Unternehmen mit Sitz in Drittstaaten werden vom EBRG grundsätzlich nicht erfasst. Dies kann aber nach § 14 EBRG vereinbart werden (*Fitting* EBRG Rz 21). Bei Euro-Unternehmen bzw Unternehmensgruppen mit Betrieben in der Bundesrepublik und **Sitz in einem anderen Mitgliedstaat** bestimmt sich die Ausgestaltung der grenzüberschreitenden Mitbestimmung nach dem Umsetzungsrecht dieses Staates (*Fitting* EBRG Rz 23). Einzelne Bestimmungen des EBRG gelten nach § 2 Abs 4 EBRG auch in diesem Fall weiter. Liegt die zentrale Leitung multinationaler Unternehmen oder Unternehmensgruppen **in einem Drittstaat,** ist nach § 2 Abs 2 EBRG das Gesetz anzuwenden, wenn die nachgeordnete Leitung – zB die Europa-Zentrale eines US-Konzerns – in Deutschland liegt, die zentrale Leitung einen Betrieb oder Unternehmen in Deutschland ausdrücklich als ihren Vertreter benennt oder wenn der Betrieb oder das Unternehmen im Inland liegt, in dem verglichen mit anderen in den Mitgliedstaaten liegenden Betrieben des Unternehmens die meisten ArbN beschäftigt sind. Diese bilden die zentrale Leitung, welche die Beteiligung des EBRats sicherzustellen hat.

3   Die Mitbestimmung des EBRats setzt nach § 1 Abs 6 EBRG bei der zentralen Leitung an. Damit wird das gemeinschaftsweit tätige Unternehmen bzw das herrschende Unternehmen einer gemeinschaftsweit tätigen Unternehmensgruppe angesprochen. Sie sind nach § 9 EBRG Ansprechpartner für den Antrag auf Bildung des BVG und zuständig für die Beteiligung der nach dem EBRG geschaffenen ArbNVertretung.

Bei einem **Unternehmen** handelt es sich um eine „jede wirtschaftliche Tätigkeit ausübende Einheit, unabhängig von der Rechtsform und der Art ihrer Finanzierung" (EuGH 11.12.97 – Rs C-55/96 (Job Centre) Slg 97, I-7119, 7147). Eine **Unternehmensgruppe** besteht nach § 6 Abs 1 EBRG aus einem herrschenden Unternehmen und den von diesem abhängigen Unternehmen. Auf die Rechtsform der Unternehmen kommt es nicht an. Auch eine natürliche Person kann „Unternehmer" iSd EBRG sein (BAG 30.3.04 – 1 ABR 61/01, NZA 04, 863). Eine tatsächliche Zusammenfassung von Unternehmen unter einheitlicher Leitung des herrschenden Unternehmens ist nach § 6 Abs 1 EBRG nicht erforderlich. Die Möglichkeit der Beherrschung genügt. (BAG 30.3.04 – 1 ABR 61/01, NZA 04, 863). Der beherrschende Einfluss wird unter den Voraussetzungen des § 6 Abs 2 EBRG vermutet. Erfüllen mehrere Unternehmen eine der Vermutungsvoraussetzungen, bestimmt sich das herrschende Unternehmen nach der numerischen Rangfolge der Vermutungstatbestände (*Fitting* EBRG Rz 28). Gleichordnungskonzerne werden als solche nicht erfasst. Die Vermutung des § 6 Abs 2 EBRG geht teilweise über die des § 17 Abs 1 AktG hinaus (Einzelheiten BAG 30.3.04 – 1 ABR 61/01, NZA 04, 863). Bei einer gemeinschaftsweit tätigen Unternehmensgruppe mit mehreren gemeinschaftsweit tätigen Unternehmen wird der EBRat nach § 7 EBRG nur bei dem herrschenden Unternehmen gebildet, sofern nichts anderes vereinbart ist. Gemeinschaftsunternehmen (joint ventures) bilden keine Unternehmensgruppe, wenn keines von ihnen einen beherrschenden Einfluss ausübt (*Fitting* EBRG Rz 30).

4   Nach § 3 Abs 1 EBRG ist ein Unternehmen **gemeinschaftsweit** tätig, wenn es in den Mitgliedstaaten insgesamt mindestens 1000 ArbN und davon jeweils mindestens 150 in mehr als einem Mitgliedstaat beschäftigt. Bei der Unternehmensgruppe muss nach § 3 Abs 2 EBRG zu den mindestens 1000 Beschäftigten in den Mitgliedstaaten hinzukommen, dass ihr mindestens zwei Unternehmen mit Sitz in verschiedenen Mitgliedstaaten angehören, die jeweils mindestens je 150 ArbN in verschiedenen Mitgliedstaaten beschäftigen. Entscheidend ist nach § 4 EBRG die Zahl der im Durchschnitt der letzten zwei Jahre vor Bildung des besonderen Verhandlungsgremiums nach § 9 Abs 2 EBRG Beschäftigten. Die Formel lautet: Zahl der je Tag beschäftigten ArbN, geteilt durch 730 (*Fitting* EBRG Rz 21).

5   Wer **Arbeitnehmer** ist, richtet sich nach dem Recht des jeweiligen Mitgliedstaates (*Fitting* EBRG Rz 22). § 4 EBRG verweist für die ArbN im Inland auf § 5 Abs 1 BetrVG. Leitende

Angestellte werden nicht erfasst (Schaub/*Koch* § 256 Rz 6). Sie können aber nach § 11 Abs 4 EBRG Mitglied im BVG werden und nach § 23 Abs 6 EBRG unter den dort genannten Voraussetzungen mit Rederecht an den Sitzungen zur Unterrichtung und Anhörung des EBRats teilnehmen.

3. Europäischer Betriebsrat kraft Vereinbarung. Die grenzüberschreitende Beteiligung von ArbN soll in erster Linie **auf freiwilliger Basis** zustande kommen. Einen solchen „EBRat kraft Vereinbarung" gibt es in etwa 340 der erfassten Unternehmen und Unternehmensgruppen. Damit sie in Erfahrung bringen können, ob die Voraussetzungen für diese Beteiligung gegeben sind, begründet § 5 EBRG einen entsprechenden **Auskunftsanspruch** der ArbNVertretungen gegenüber der zentralen Leitung sowie gegenüber der örtlichen Betriebs- oder Unternehmensleitung. Der Anspruch besteht unabhängig davon, ob im Zeitpunkt des Auskunftsbegehrens die Voraussetzungen der §§ 2 und 3 EBRG vorliegen (EuGH 13.1.2004 – Rs C-440/00 Kühne & Nagel). Eine gewisse tatsächliche Wahrscheinlichkeit dafür reicht aus (BAG 30.3.04 – 1 ABR 61/01, NZA 04, 863). Der Anspruch umfasst Auskünfte über die durchschnittliche Gesamtzahl der ArbN, ihre Verteilung auf die Mitgliedstaaten, Unternehmen und Betriebe sowie die Struktur einer Unternehmensgruppe und über das Bestehen eines Gleichordnungskonzerns bzw darüber, ob ein Unternehmen iSv § 6 EBRG herrschend ist (BAG 30.3.04 – 1 ABR 61/01, NZA 04, 863). Dabei muss sich die nach § 2 Abs 2 EBRG fingierte zentrale Leitung einer gemeinschaftsweit tätigen Unternehmensgruppe die erforderlichen Kenntnisse von den anderen Unternehmen der Gruppe beschaffen (BAG 29.6.04 – 1 ABR 32/99, NZA 05, 118).

Die Aufgabe, eine **Vereinbarung** über die grenzübergreifende Unterrichtung und Anhörung der ArbN abzuschließen, übertragen Art 5 Abs 3 RL 2009/38/EG und § 8 Abs 1 EBRG dem **besonderen Verhandlungsgremium.** Es wird nach § 9 Abs 1 EBRG auf Initiative der zentralen Leitung oder der ArbN – nicht der Gewerkschaften – gebildet. Der Antrag ist von den ArbN schriftlich – ggf über die örtliche Betriebs- oder Unternehmensleitung – bei der zentralen Leitung zu stellen und erfordert das in § 9 Abs 2 EBRG festgelegte Quorum. Die zentrale Leitung muss dann nach den §§ 9 Abs 3, 12 S 2 EBRG die dort angesprochenen Stellen über die Bildung des besonderen Verhandlungsgremiums und nach seiner Besetzung über seine personelle Zusammensetzung unterrichten.

a) **Zusammensetzung und Amtszeit.** Nach § 10 EBRG entsenden die in einem Mitgliedstaat beschäftigten ArbN für jeweils 10% oder einen Bruchteil der insgesamt in allen Mitgliedstaaten Beschäftigten des gemeinschaftsweit tätigen Unternehmens oder der Unternehmensgruppe einen Vertreter in das BVG. So sind auch die ArbN aus den Mitgliedstaaten vertreten, in denen die Mindestzahl nicht erreicht wird. In einem gemeinschaftsweit tätigen Unternehmen erfolgt die **Bestellung** der auf das Inland entfallenden Mitglieder des besonderen Verhandlungsgremiums nach § 11 Abs 1 EBRG durch den GBRat bzw den BRat. Für gemeinschaftsweit tätige Unternehmensgruppen ist dies nach § 11 Abs 2 EBRG Aufgabe des KBRats. Dort nicht vertretene (Gesamt-) BRäte entsenden zu diesem Zweck ihren Vorsitzenden und seinen Stellvertreter. Fehlt ein KBRat, ist nach § 11 Abs 3 EBRG die jeweils nächstniedrigere ArbNVertretung zuständig. Mehrere Vertretungen gleicher Stufe wählen gemeinsam, dort nicht repräsentierte Vertretungen entsenden wiederum ihren Vorsitzenden und seinen Stellvertreter. Zu Mitgliedern des BVG können nach § 11 Abs 4 EBRG auch leitende Angestellte bestellt werden. Stehen die Mitglieder des BVG fest, müssen nach § 12 EBRG der zentralen Leitung ihre Namen, Anschriften und die Betriebszugehörigkeit mitgeteilt werden, die ihrerseits die örtlichen Betriebs- und Unternehmensleitungen, die Arbeitnehmervertretungen und die in den inländischen Betrieben vertretenen Gewerkschaften unterrichten muss.

Die zentrale Leitung lädt nach § 13 Abs 1 EBRG zur konstituierenden Sitzung des BVG ein und unterrichtet die zuständigen europäischen Gewerkschaften und Arbeitgeberverbände über die Zusammensetzung des BVG. Vor und nach jeder Verhandlung mit der zentralen Leitung kann das BVG nach § 13 Abs 2 EBRG eine Sitzung durchführen. Beschlüsse des BVG werden nach § 13 Abs 3 EBRG grundsätzlich mit der Mehrheit der Stimmen seiner Mitglieder gefasst. Das BVG kann sich nach § 13 As 4 EBRG – soweit erforderlich – durch einen Sachverständigen seiner Wahl unterstützen lassen, bei dem es sich auch um ein Gewerkschaftsmitglied handeln kann.

172   Europäischer Betriebsrat

9   Die **Amtszeit** des besonderen Verhandlungsgremiums endet grds mit Abschluss der freiwilligen Vereinbarung nach den §§ 17 ff EBRG. Sie endet ebenso, wenn dieses Gremium nach § 15 Abs 1 EBRG mit zwei Drittel der Stimmen seiner Mitglieder beschlossen hat, keine Verhandlungen aufzunehmen oder sie zu beenden. Ein neuer Antrag auf „Bildung eines besonderen Verhandlungsgremiums" kann nach § 15 Abs 2 EBRG grds erst zwei Jahre später gestellt werden.

10   **b) Rechte und Pflichten.** Auf seiner konstituierenden Sitzung, zu der die zentrale Leitung einlädt, wählt das besondere Verhandlungsgremium nach § 13 Abs 1 EBRG aus seiner Mitte einen **Vorsitzenden** und kann sich eine Geschäftsordnung geben. Die zentrale Leitung ist nach § 8 Abs 2 EBRGI verpflichtet, ihm rechtzeitig alle zur Durchführung seiner Aufgaben erforderlichen **Auskünfte** zu erteilen und die erforderlichen Unterlagen zur Verfügung zu stellen. Sie hat nach § 16 Abs 1 EBRG die für die Sitzungen des besonderen Verhandlungsgremiums erforderlichen **Mittel** – Räume, Sachmittel, Büropersonal und Dolmetscher – zur Verfügung zu stellen. Sie trägt die durch Bildung und Tätigkeit des Gremiums entstandenen **Kosten.** Dabei können sich aus dem Inland entsandte Mitglieder des Gremiums unabhängig vom Sitz der zentralen Leitung nach § 16 Abs 2 EBRG wegen der Kosten stets an den inländischen ArbGeb halten und diesen Anspruch nach § 2a Abs 1 Ziff 3b ArbGG vor deutschen ArbG verfolgen (*Fitting* EBRG Rz 64). Das Gremium darf nach § 13 Abs 4 EBRG **Sachverständige** hinzuziehen, soweit dies zur ordnungsgemäßen Erfüllung seiner Aufgaben erforderlich ist. Dabei kann es sich auch um Gewerkschaftsmitglieder handeln. Nach Art 5 Abs 6 RL 2009/38/EG und § 16 Abs 1 EBRG trägt die zentrale Leitung nur die Kosten für einen Sachverständigen.

11   **c) Vereinbarungen.** Zeitpunkt, Häufigkeit und Ort der Verhandlungen legen die zentrale Leitung und das BVG nach § 8 Abs 3 EBRG einvernehmlich fest.

12   Mit der freiwilligen Vereinbarung können sich zentrale Leitung und besonderes Verhandlungsgremium nach § 17 Satz 3 EBRG für einen EBRat, für ein Verfahren zur Anhörung und Unterrichtung oder für Mischformen entscheiden (*Fitting* EBRG Rz 64). Sie sind nach § 17 Satz 1 EBRG dabei nicht an die Bestimmungen der §§ 21–33 EBRG gebunden. Die Vereinbarung muss sich nach § 17 Satz 1 und 2 EBRG aber auf **alle in den Mitgliedstaaten beschäftigten Arbeitnehmer** erstrecken und zumindest eine **grenzüberschreitende Unterrichtung und Anhörung** vorsehen.

13   Ein dezentrales **Verfahren zur Unterrichtung und Anhörung** der ArbN muss nach § 19 EBRG schriftliche vereinbart werden und den in der Vorschrift vorgesehenen Mindestvoraussetzungen entsprechen. Es muss ua Regelungen darüber enthalten, wonach sich die Unterrichtung insbesondere auf grenzüberschreitende Angelegenheiten zu erstrecken hat, die erhebliche Auswirkungen auf die Interessen der ArbN haben. Für die schriftliche Vereinbarung über die Errichtung eines **Europäischen Betriebsrates** nach § 18 Abs 1 Satz 1 EBRG wird den Beteiligten in den Ziffern 1–7 ein Katalog von Regelungsgegenständen zur Verfügung gestellt. Es handelt sich um eine Orientierungshilfe. Ein Verstoß gegen diese Soll-Vorschrift ist unschädlich (*Fitting* EBRG Rz 65). Enthalten Vereinbarungen nach § 17 EBRG keine **Übergangsregelung,** gelten sie nach § 20 EBRG fort, wenn vor ihrer Beendigung das Antrags- und Initiativrecht zur Bildung eines BVG nach § 9 Abs 1 EBRG ausgeübt wurde. Die Fortgeltung endet, wenn die bestehende Vereinbarungen durch eine neue ersetzt wird, ein EBRat kraft Gesetz errichtet wird oder das besondere Verhandlungsgremium einen Beschluss nach § 15 Abs 1 EBRG fasst.

14   **4. Europäischer Betriebsrat kraft Gesetzes.** Scheitert eines freiwillige Vereinbarung nach § 17 EBRG, ist der EBRat unter den Voraussetzungen des § 21 EBRG **von Gesetzes wegen** zu errichten. Hierzu ist eine entsprechende Initiative der ArbN bzw des ArbGeb erforderlich. Ohne sie kommt trotz des imperativen Auftrags des Gesetzes ein EBRat kraft Gesetz nicht zustande. Ein Umsetzungszwang besteht nicht (HWK/*Giesen* EBRG Rn 5; Schaub/*Koch* § 256 Rz 2). Anders als die ArbNVertreter im besonderen Gremium nach § 10 EBRG können nach § 22 Abs 1 EBRG nur ArbN des gemeinschaftsweit tätigen Unternehmens bzw der Unternehmensgruppe Mitglied des EBRat werden. Für jeweils 10 % oder einen Bruchteil der insgesamt in allen Mitgliedstaaten Beschäftigten des gemeinschaftsweit tätigen Unternehmens oder der Unternehmensgruppe entsenden nach § 322 Abs 2 EBRG die in einem Mitgliedstaat beschäftigten ArbN einen Vertreter in den EBRat. So sind dort

auch die ArbN aus den Mitgliedstaaten vertreten, in denen die Mindestzahl nicht erreicht wird. Die deutschen Mitglieder des EBRat werden nach den §§ 11 und 23 EBRG für den EBRat kraft Gesetz nach den gleichen Regeln wie für das BVG bestellt. Ihre Bestellung ist nach § 23 Abs 1 EBRG in gemeinschaftsweit tätigen Unternehmen Aufgabe des GBRat, nach § 23 Abs 2 Satz 1 EBRG in gemeinschaftsweit tätigen Unternehmensgruppen Aufgabe des KBRat. Fehlt er, werden die inländischen ArbNVertreter nach § 23 Abs 3a) EBRG bei Bestehen mehrerer GBRäte auf einer gemeinsamen Sitzung der GBRäte bestellt, zu welcher der GBRVorsitzende des nach der Zahl wahlberechtigter ArbN größten inländischen Unternehmens einladen muss; besteht daneben noch mindestens ein in den GBRäten nicht vertretener BRat, sind dessen Vorsitzender und sein Vertreter einzuladen (BAG 18.4.07 – 7 ABR 30/06, NZA 07, 1375). **Leitende Angestellte** können grundsätzlich nicht Mitglied des EBRat sein Befindet sich die zentrale Leitung in Deutschland, kann das zuständige Sprecherausschussgremium jedoch nach § 23 Abs 6 EBRG bei mindestens fünf inländischen ArbNVertretern zusätzlich einen leitenden Angestellten entsenden. Der leitende Angestellte bleibt ohne Sitz und Stimme, hat aber nach § 23 Abs 6 EBRG ein Rederecht.

a) Dauer. Bei dem EBRat handelt es sich grds um eine **Dauereinrichtung** ohne feste **15** Amtszeit (*Fitting* EBRG Rz 76). Er endet jedoch in zwei Fällen: Bei Wegfall einer der in § 3 EBRG genannten Voraussetzungen entfällt er sofort und ersatzlos (*Fitting* EBRG Rz 79). Ändert sich die Struktur des gemeinschaftlich tätigen Unternehmens oder der Unternehmensgruppe wesentlich, sieht § 37 Abs 1 EBRG die Neuverhandlung der Vereinbarung eines EBRat nach § 18 EBRG oder eines Verfahrens zur Unterrichtung und Anhörung nach § 19 EBRG vor. Kommt es zu keiner Vereinbarung, ist nach § 37 Abs 4 EBRG ein EBRat kraft Gesetz zu errichten. Während der Verhandlungen über die Vereinbarung nimmt der EBRat eine Doppelrolle ein. Er nimmt für die Dauer der Verhandlungen nach § 37 Abs 3 EBRG ein Übergangsmandat wahr und ist zugleich besonderes Verhandlungsgremium mit allen Rechten und Pflichten (*Fitting* EBRG Rz 80). Als wesentliche Strukturänderung nennt das Gesetz beispielhaft den Zusammenschluss, die Spaltung oder Stilllegung von Unternehmen oder Unternehmensgruppen, ihre Verlegung in einen anderen Staat und die Verlegung oder Stilllegung von Betrieben, soweit sie Auswirkungen auf die Zusammensetzung des EBRats haben können. Die **Dauer der Mitgliedschaft** im EBR beträgt nach § 32 Abs 1 EBRG vier Jahre, soweit sie nicht durch Abberufung, Niederlegung des Amtes oder Beendigung des Arbeitsverhältnisses endet. Die erneute Bestellung ist zulässig (*Fitting* EBRG Rz 76). Das Ende der Mitgliedschaft kann sich nach § 32 Abs 2 EBRG auch aus einer veränderten Sitzverteilung ergeben, die auf einer Erweiterung, Verkleinerung oder Strukturveränderung des gemeinschaftlich tätigen Unternehmens oder der Unternehmensgruppe beruht. Dies muss die zentrale Leitung alle zwei Jahre überprüfen. Entspricht die Sitzverteilung nicht mehr § 22 Abs 2 EBRG, sind die Mitglieder des EBRat in diesem Mitgliedstaat neu zu bestellen.

b) Geschäftsführung. Zur konstituierenden Sitzung des EBRat lädt nach § 25 Abs 1 **16** EBRG die zentrale Leitung ein. Auf dieser Sitzung werden aus der Mitte des Gremiums der Vorsitzende und sein Stellvertreter gewählt. Der EBRat bildet nach § 26 EBRG einen **Ausschuss**, bestehend aus dem Vorsitzenden und zwei bis vier seiner Mitglieder, die in verschiedenen Mitgliedsländern beschäftigt sein sollen. Der Ausschuss führt die laufenden Geschäfte. **Vorsitzender** und sein Stellvertreter vertreten den EBRat nach § 25 Abs 1 EBRG im Rahmen der von ihm gefassten Beschlüsse und nehmen Erklärungen an, die dem EBRat gegenüber abzugeben sind (*Fitting* EBRG Rz 83). Sie sind nur **Vertreter in der Erklärung,** nicht im Willen.

Die **Sitzungen** des EBRat sind nach § 27 Abs 1 Satz 5 EBRG **nicht öffentlich.** Der **17** EBRat hat nach § 27 Abs 1 Satz 1–3 EBRG im Zusammenhang mit seiner Unterrichtung und Anhörung nach den §§ 29 und 30 EBRG das Recht, eine Sitzung durchzuführen. Zeitpunkt und Ort müssen mit der zentralen Leitung abgestimmt werden. Weitere Treffen erfordern nach § 27 Abs 1 Satz 4 EBRG deren Zustimmung. Nach § 27 Abs 2 EBRG gilt für den geschäftsführenden Ausschuss dasselbe.

Der EBRat fasst seine **Beschlüsse** nach § 28 Satz 1 EBRG grds mit der Mehrheit der **18** Stimmen seiner anwesenden Mitglieder. Die Beschlüsse zur Verabschiedung seiner Geschäftsordnung und zur Aufnahme von Verhandlungen über eine Vereinbarung nach § 17 EBRG fasst er nach § 28 Satz 2 EBRG und § 33 Satz 1 EBRG jeweils mit absoluter Mehrheit. Die durch Bildung und Tätigkeit des EBRats und des Ausschusses entstehenden **Kosten** trägt

172   Europäischer Betriebsrat

nach § 39 Abs 1 EBRG die zentrale Leitung. Dazu gehören insbesondere die Reise- und Aufenthaltskosten. EBRat und Ausschuss können sich nach § 39 Abs 2 EBRG – soweit erforderlich – durch Sachverständige ihrer Wahl unterstützen lassen. Dabei muss die zentrale Leitung nur die Kosten für einen Sachverständigen tragen. BVG und EBRat können nach § 38 EBRG an Schulungs- und Bildungsveranstaltungen teilnehmen, soweit diese Kenntnisse vermitteln, die für ihre Arbeit erforderlich sind.

19   **c) Mitwirkungsrechte.** Die Zentrale Leitung und EBRat arbeiten nach § 34 EBRG vertrauensvoll zusammen. Damit sind Arbeitskampfmaßnahmen ausgeschlossen (*Fitting* EBRG Rz 94). Die Mitglieder und Ersatzmitglieder des EBRats, des BVG, die ArbNVertreter im Rahmen eines Verfahrens nach § 19 EBRG, die Sachverständigen und Dolmetscher dürfen nach § 35 Abs 2–4 EBRG die ihnen aufgrund ihrer Funktion bekannt gewordenen **Betriebs- und Geschäftsgeheimnisse** weder offenbaren noch verwerten, soweit sie von der zentralen Leitung ausdrücklich als geheimhaltungsbedürftig bezeichnet worden sind. Für die Kommunikation innerhalb der ArbNSchaft sind in § 35 Abs 1 Satz 3–4 und in Abs 4 EBRG Ausnahmen von der Geheimhaltungspflicht vorgesehen.

20   Die **Beteiligungsrechte** des EBRat beschränken sich nach § 1 Abs 2 Satz 1 EBRG auf **Angelegenheiten mit grenzüberschreitender Auswirkung.** Der EBRat hat **nur Unterrichtungs- und Anhörungsrechte**, keine Mitbestimmungsrechte. Eine Mitwirkung findet einmal bei allen unternehmerischen Entscheidungen statt, die in einem Mitgliedstaat getroffen werden und sich in mindestens einem anderen auswirken. Wird die Entscheidung in einem Drittstaat getroffen, müssen sich nach § 1 Abs 2 Satz 2 EBRG Auswirkungen in mindestens zwei Betrieben in verschiedenen Mitgliedstaaten ergeben. **Einmal im Kalenderjahr** hat die zentrale Leitung den EBRat nach § 29 EBRG unter rechtzeitiger Vorlage der erforderlichen Unterlagen ua über die Entwicklung der Geschäfts-, Produktions- und Absatzlage zu **unterrichten** und ihn dazu **anzuhören.** Den Begriff der Unterrichtung definiert § 1 Abs 4 EBRG, den der Anhörung § 1 Abs 5 EBRG. Nach § 1 Abs 7 EBRG erfolgen beide spätestens gleichzeitig mit der der nationalen ArbNVertretung. Die **Gegenstände der Beteiligung** sind in § 29 Abs 2 EBRG nicht abschließend zusammengefasst. Diese Konkretisierung entspricht im Wesentlichen den wirtschaftlichen Angelegenheiten des § 106 Abs 3 BetrVG. Einzelne Vorschriften sind enger gefasst. In den Ziffern 5, 7 und 9 werden nur „grundlegende" Änderungen der Organisation und sowie die Einschränkung, Stilllegung und Verlegung von „wesentlichen" Betriebsteilen angesprochen. Zu der turnusmäßigen Beteiligung tritt nach § 30 EBRG die Unterrichtung und auf Verlangen die **Anhörung über außergewöhnliche Umstände,** welche erhebliche Auswirkungen auf die Interessen der ArbN haben. Dazu gehören insbesondere Massenentlassungen sowie die Verlegung oder Stilllegung von Unternehmen, Betrieben oder wesentlichen Betriebsteilen. Besteht ein Ausschuss nach § 26 EBRG, ist er in diesem Fall zu beteiligen. Die Beteiligung nach § 30 EBRG muss **„rechtzeitig"** erfolgen. Vorschläge und Bedenken der ArbNVertretung müssen noch berücksichtigt werden können, bevor eine unternehmerische Entscheidung getroffen wird (*Fitting* EBRG Rz 90). Mit der Beteiligung darf nicht so lange gewartet werden, bis vollendete Tatsachen geschaffen sind. Gefasste Beschlüsse müssen noch umkehrbar sein (*Fitting* Rz 71).

21   Die **Unterrichtung** dient nach § 1 Abs 4 EBRG der Übermittlung von Informationen zur Kenntnis und Prüfung durch die ArbNVertreter. Sie hat zu einem Zeitpunkt und in einer Art und Weise zu erfolgen, die ihrem Zweck angemessen ist. Zu dieser Unterrichtung gehört auch, dass die Ursachen für eine bestimmte Entwicklung angesprochen und die wichtigsten Entscheidungsmöglichkeiten aufgezeigt werden. Es reicht jedenfalls nicht aus, die ArbNVertretung mit unkommentiertem Zahlenmaterial gewissermaßen „zuzuwerfen". So wird sichergestellt, dass die ArbNVertretung die Informationen eingehend bewerten und eine Anhörung vorbereiten können. Bei der **Anhörung** handelt es sich nach § 1 Abs 4 EBRG um einen **Meinungsaustausch** und die Errichtung eines Dialogs zwischen den ArbNVertretern und der zentralen Leitung oder einer anderen geeigneten Leitungsebene. Gemeint ist weder eine Anhörung noch eine Beratung iSd BetrVG, sondern eine **Konsultation,** dh eine „gemeinsame Beratung". Bei ihr muss die zentrale Leitung von sich aus nach der Meinung der ArbNVertreter fragen und deren Meinung gemeinsam erörtern. Sie muss auf alle Einwände der Gegenseite eingehen und sich mit ihnen auseinandersetzen, ohne eine Vorauswahl zu treffen (HWK/*Giesen* EBRG Rz 14).

Für **Tendenzunternehmen** schränkt § 31 EBRG die Beteiligungsrechte ein. Unterrichtung und Anhörung müssen nur über den Ausgleich oder die Milderung wirtschaftlicher Nachteile erfolgen, die den ArbN als Folge einer Unternehmens- oder Betriebsänderung nach § 29 Abs 2 Ziff. 5–10 und § 30 EBRG entstehen. Den Informationsfluss vom EBRat bzw dem engeren Ausschuss zu den Beschäftigten sichert § 36 EBRG. 22

d) Schutzbestimmungen. Inländische ArbNVertreter im EBRat sind nach § 40 Abs 1 EBRG wie BRatMitglieder geschützt. Sie genießen damit **Entgelt- und Tätigkeitsschutz**, Schutz vor Behinderung und Benachteiligung sowie den besonderen **Kündigungsschutz**. § 37 Abs 6 BetrVG ist nicht in Bezug genommen. Ein **Schulungsanspruch** der ArbNVertreter im EBRat lässt sich damit allein aus § 38 EBRG herleiten. Denselben Schutz genießen nach § 40 Abs 2 EBRG die Mitglieder des besonderen Verhandlungsgremiums und die ArbNVertreter im Rahmen eines Verfahrens zur Unterrichtung und Anhörung, soweit sie im Inland beschäftigt sind. Diese Regelung gilt nach § 2 Abs 4 EBRG auch, wenn die zentrale Leitung nicht im Inland liegt. Mit den §§ 42–45 EBRG werden Errichtung und Tätigkeit des EBRat, des besonderen Verhandlungsgremiums und das Verfahren nach § 19 EBRG mit den aus dem BetrVG bekannten Sanktionen geschützt. 23

5. Bestehende Vereinbarungen. Auf Vereinbarungen, die vor dem 22.9.1996 abgeschlossen wurden, ist das neue Gesetz nach § 41 Abs 1 EBRG nicht anzuwenden. Dies gilt nach § 41 Abs 2 EBRG auch dann, wenn diese Vereinbarung auf Seiten der ArbN von einer Vertretung nach dem BetrVG und/oder mehrere Vereinbarungen abgeschlossen wurden. § 41 Abs 3–6 EBRG enthält Nachbesserungs-, Strukturanpassungs- und Verlängerungsklauseln, die für den Bestand der Vereinbarung über den Stichtag hinaus sorgen. In etwa 400 der ca 2700 von der Richtlinie in den 30 EU- und EWR-Staaten erfassten Unternehmen und Unternehmensgruppen gelten so die vor 1996 getroffenen Vereinbarungen über die staatsübergreifende Unterrichtung und Anhörung von ArbN weiterhin. Für Vereinbarungen, die zwischen dem 6. Juni 2009 und dem 5. Juni 2011 unterzeichnet oder überarbeitet worden sind, gilt nach § 41 Abs 8 EBRG weiterhin das EBRG 1996; ausgenommen sind die Fälle des § 37 EBRG. § 41 Abs 7 EBRG enthält eine besondere Regelung für Unternehmen, die deshalb erstmalig in den Geltungsbereich des Gesetzes fallen, weil in Großbritannien und Irland liegende Unternehmen zu berücksichtigen sind. 24

B. Lohnsteuerrecht *Windsheimer*

S *Betriebsrat* Rz 61. 31

C. Sozialversicherungsrecht *Voelzke*

Zur sozialversicherungsrechtlichen Bedeutung der Tätigkeit von BRatMitgliedern s *Betriebsrat* Rz 71 ff. 36

Fahrgemeinschaft

A. Arbeitsrecht *Griese*

1. Bedeutung. Zum Zwecke der Fahrtkostenersparnis bilden ArbN häufiger Fahrgemeinschaften, sowohl für den Weg von und zur Arbeitsstelle als auch für Fahrten zu auswärtigen Arbeits-, Tagungs- oder Lehrgangsorten. 1

2. Rechtliche Einordnung. Die Fahrgemeinschaft ist ein **Gefälligkeitsverhältnis** ohne rechtlichen Bindungswillen, wenn die Mitnahme nur gelegentlich und ohne Kostenbeteiligung oder Gegenleistung erfolgt. Denn regelmäßig wollen sich die Parteien bei einer solchen sporadischen Fahrgemeinschaft nicht rechtsgeschäftlich binden. Dies gilt auch, wenn ein ArbN einen Arbeitskollegen, mit dem er an sich eine Fahrgemeinschaft gegen Unkostenbeteiligung bildet, auf dessen besonderen Wunsch hin vor Ablauf der Arbeitszeit nach Hause bringt, weil dieser sich nicht arbeitsfähig fühlt (BGH 14.11.91, BB 92, 494). 2

Dies hat zur Konsequenz, dass sich beide Seiten von der Fahrgemeinschaft jederzeit lösen können. Hieraus folgt weiter, dass eine **Kostenbeteiligung** nur verlangt werden kann, wenn sie vereinbart war. Denn mangels rechtsgeschäftlichen Bindungswillens ist das Auftragsrecht (§§ 662 ff BGB) nicht anwendbar, insbesondere hat der Fahrer gegen den Mitfahrer keinen **Aufwendungsersatzanspruch** gem § 670 BGB. Dies gilt auch, wenn sein Pkw auf einer solchen Fahrt beschädigt wird (BGH 14.11.91, BB 92, 494). **Gegen** den **Arbeitgeber** können solche Aufwendungsersatzansprüche (nach § 670 BGB) nur geltend gemacht werden, wenn die Benutzung des Pkw vom ArbGeb angeordnet oder aufgrund betrieblicher Veranlassung unabweisbar notwendig ist (Einzelheiten s *Aufwendungsersatz* Rz 2). 3

Handelt sich es hingegen um eine **regelmäßige Fahrgemeinschaft** mit Kostenbeteiligung des Mitfahrers oder um eine solche, bei der abwechselnd ein Teilnehmer der Fahrgemeinschaft sein Fahrzeug zur Verfügung stellt und fährt, ist ein beidseitiger Bindungswille, eine rechtsgeschäftliche Verpflichtung einzugehen, idR gegeben. Dies folgt sowohl aus der zeitlichen Dimension wie auch aus dem Umstand, dass die Teilnehmer einer Fahrgemeinschaft gegenüber dem ArbGeb die Verpflichtung haben, an jedem Arbeitstag pünktlich zur Arbeit zu erscheinen, und sich deshalb auf die Fahrgemeinschaft verlassen können wollen (BGH 14.11.91, NJW 92, 498 unter 2b der Gründe; *Mädrich* NJW 82, 859). Die Fahrten der Fahrgemeinschaft beruhen dann auf einem Rechtsverhältnis; in Betracht kommt je nach den Umständen des Einzelfalls ein – ggf wechselseitiger – Beförderungsvertrag iSd § 631 BGB oder Auftrag iSd § 662 BGB, jedoch in aller Regel kein Gesellschaftsverhältnis iSd § 705 BGB (aA *Mädrich* NJW 82, 860). 4

Ist **keine feste Zeitdauer** der Fahrgemeinschaft vereinbart, kann sich jede Seite von der vertraglichen Verpflichtung jederzeit lösen; der Fahrer darf die Fahrgemeinschaft allerdings nicht zur Unzeit beenden (§ 671 Abs 2 BGB, zB Absetzen auf halber Strecke). Der Fahrer hat keinen Aufwendungsersatzanspruch gegen die Mitfahrer aus § 670 BGB, wenn sein Pkw auf einer Fahrt beschädigt wird (offen gelassen von BGH 14.11.91, NJW 92, 498). Es handelt sich um die Verwirklichung eines allgemeinen Lebensrisikos (MüKo/*Seiler* § 670 BGH Rz 14 ff), das nicht den Mitfahrern zugerechnet werden kann. Eine Aufwendungsersatzpflicht scheitert auch daran, dass der Fahrer die Fahrt nicht nur in fremdem Interesse (der Mitfahrer), sondern überwiegend im eigenen Interesse unternimmt. 5

3. Schadensersatzansprüche des Mitfahrers. Kommt der Mitfahrer aufgrund eines Unfalls zu Schaden, so greift der **gesetzliche Haftungsausschluss** des § 105 SGB VII iVm § 8 Abs 2 Nr 2b SGB VII nicht ein, da der Unfall auf dem nach § 8 Abs 2 Nr 2b SGB VII versicherten Weg aufgetreten ist. Das gilt auch für Umwege, die wegen der Fahrgemeinschaft gemacht werden. 6

Entgegen dem Wortlaut des § 8 Abs 2 Nr 1 SGB VII will das BAG (Urt vom 19.8.04 – 8 AZR 349/03, AP Nr 4 zu § 104 SGB VII) Wege zu auswärtigen Einsatzstellen und Dienstreisen nicht als versicherte Wege anerkennen. Damit wird den Geschädigten entgegen der gesetzlichen Intention ein Schmerzensgeldanspruch gegen die Kfz-Haftpflichtversicherung entzogen (zur Kritik im Einzelnen s *Griese* in FS Küttner, 165 ff; HWK/*Giesen* Vor §§ 104–113 SGB VII Rz 4). 7

8 Die gesetzliche **Haftung des Fahrers** ist eine Haftung für jede Art von Verschulden und richtet sich nach § 823 Abs 1 und 2 BGB, § 253 Abs 2 BGB (Schmerzensgeld) und § 18 Abs 1 StVG, wobei nach § 18 Abs 1 Satz 2 StVG das Verschulden des Fahrers vermutet wird. Hinzu kommt die Gefährdungshaftung des Pkw-Halters gem § 7 StVG. Durch das ab 1.8.02 geltende Zweite Gesetz zur Änderung schadensersatzrechtlicher Vorschriften (BGBl I 02, 2674) ist § 8a StVG so geändert worden, dass grds auch bei unentgeltlicher, nicht geschäftsmäßiger Beförderung gehaftet wird, so das es auf die Frage, ob die Fahrgemeinschaft eine entgeltliche, geschäftsmäßige Personenbeförderung ist (s dazu Personalbuch 2002 Stichwort Fahrgemeinschaft Rz 8), ebenfalls nicht ankommt.

Soweit die Fahrgemeinschaft auf einem Rechtsverhältnis beruht, kommt die **vertragliche Haftung** hinzu.

9 Getragen wird die Schadensersatzpflicht für **alle** Schäden jedoch **nicht vom ArbN** selbst als Fahrer oder Halter, sondern von der **Kfz-Haftpflichtversicherung,** die die Ansprüche gegen **Fahrer und Halter abdeckt** und vom Geschädigten direkt in Anspruch genommen werden kann (§§ 1, 3 Pflichtversicherungsgesetz), daneben von der gesetzlichen **Unfallversicherung,** da es sich um einen **Unfall auf dem versicherten Weg** nach § 8 Abs 2 SGB VII (früher Wegeunfall nach § 550 RVO) handelt (BSG 26.1.88 – 2 RU 12/87, NJW 88, 2759; auch für den Mitfahrer, der nur vorübergehend wie ein ArbN für den Betrieb tätig geworden ist).

10 Da die Haftpflichtversicherung die Schadensersatzansprüche des Mitfahrers abdeckt, kann **kein stillschweigend vereinbarter Haftungsausschluss** angenommen werden. Gerade dort, wo der Schädiger gegen Haftpflicht versichert ist (erst recht, wenn wie beim Betrieb von Kfz eine Pflichtversicherung besteht, der Schutz des Unfallopfers dienen soll), entspricht es weder dem Anliegen der Versicherungspflicht noch dem Willen der Beteiligten, durch – letztlich fingierte – Verzichtsabreden den Haftpflichtversicherer zu entlasten. Deshalb spricht das Bestehen eines Haftpflichtversicherungsschutzes für den Schädiger in aller Regel **gegen eine stillschweigende Haftungsbeschränkung** (BGH 13.7.93 – VI ZR 278/92, NJW 93, 3067). Allenfalls ist zu bedenken, ob eine stillschweigend vereinbarte Haftungsbeschränkung auf die Haftungshöchstgrenzen der Kfz-Haftpflichtversicherung anzunehmen ist. In diesem Umfang können **vertraglich vereinbarte Haftungsbeschränkungen** Sinn machen, da sie eine persönliche Haftung des Fahrers über den Versicherungsumfang hinaus verhindern. Darüber hinausgehende vollständige Haftungsausschlüsse durch Vertrag sind hingegen nicht ratsam, da sie dem Mitfahrer Schadensersatzansprüche und insbesondere Schmerzensgeldansprüche, die die gesetzliche UV nicht abdeckt, nehmen würde, ohne dass dies durch die Interessen des Fahrers, dessen Haftungsrisiko durch die Kfz-Haftpflichtversicherung gesichert ist, gerechtfertigt wäre.

B. Lohnsteuerrecht *Thomas*

11 Seit Einführung einer verkehrsmittelunabhängigen Entfernungspauschale ab 2001 kommt es für Fahrten zwischen Wohnung und Tätigkeitsstätte grds nicht mehr darauf an, welche Kosten angefallen sind bzw wer sie getragen hat. Dementsprechend steht die Entfernungspauschale jedem Teilnehmer der Fahrgemeinschaft zu, unabhängig davon, in wessen Pkw gefahren wurde. Verrechnungen unter den Mitgliedern haben zivilrechtliche, aber keine steuerliche Auswirkung mehr. Unterschiede bestehen aber noch hinsichtlich des Höchstbetrages von 4500 €, weil dieser nur mit Fahrten überschritten werden kann, die der betreffende ArbN mit dem eigenen Kfz zurückgelegt hat (Beispiel bei BMF 31.8.09, BStBl I 09, 891 unter 1.5), was die Pauschalierung ad absurdum führt. Unfallkosten sind bei der Entfernungspauschale nach BMF 31.10.13 DStR 13, 2463 unter 4. zu berücksichtigen, was sich aber dem Wortlaut des § 9 Abs 2 Satz 1 EStG nicht entnehmen lässt (*Kettler* DStZ 02, 676). Bei anderen beruflichen Fahrten, wie zB Dienstreisen, bleibt es beim Abzug der dem jeweiligen ArbN tatsächlich entstandenen Kosten.

C. Sozialversicherungsrecht *Voelzke*

13 **1. Begriff.** Der Zusammenschluss von ArbN zu Fahrgemeinschaften für den Weg von und nach dem Ort der Tätigkeit wird in der gesetzlichen UV in der Weise berücksichtigt, dass die durch Fahrgemeinschaften bedingten **Wegeabweichungen** (Näheres: *Wegeunfall* Rz 15 ff) nicht als sog eigenwirtschaftliche Tätigkeit den ansonsten bei Wegeunfällen gegebenen UVSchutz ausschließen (§ 8 Abs 2 Nr 2 Buchst b SGB VII). Als Fahrgemeinschaft gelten Zusammenschlüsse von Personen zur gemeinsamen Zurücklegung des Weges zum oder vom Ort der Tätigkeit. An der Fahrgemeinschaft können alle versicherten (zB Kinder) oder berufstätigen (zB Beamte) Personen beteiligt sein. Nach § 8 Abs 2 Nr 2 Buchst a SGB VII ist versicherte Tätigkeit auch die Abweichung von einem unmittelbaren Weg nach und von dem Ort der Tätigkeit, um im Haushalt lebende Kinder wegen der beruflichen Tätigkeit fremder Obhut anzuvertrauen. Die Beförderung der Obhutsperson wird hingegen nicht erfasst (BSG 28.4.04 – B 2 U 20/03 R, SozR 4–2700 § 8 Nr 4).

Der ArbGeb und der **Ort der Tätigkeit** brauchen bei den einzelnen Mitgliedern der Fahrgemeinschaft nicht übereinzustimmen. Das Motiv für die Bildung der Fahrgemeinschaft ist unerheblich (*Schlegel/Voelzke/Wagner*, SGB VII § 8 Rz 222). Ausreichend für die Annahme einer Fahrgemeinschaft ist die gelegentliche Mitnahme von versicherten oder berufstätigen Personen (BSG 30.9.80 – 2 RU 23/79, SozR 2200 § 550 Nr 45). Nicht zu den versicherten Teilnehmern einer Fahrgemeinschaft zählt derjenige, der Arbeitskollegen oder den Ehegatten an einem arbeitsfreien Tag zur Arbeit bringt, auch wenn er gewöhnlich Mitglied der Fahrgemeinschaft ist (BSG 8.12.83 – 2 RU 75/82, NZA 84, 63). 14

2. Versicherte Fahrten. Der UVSchutz für Teilnehmer einer Fahrgemeinschaft ist nicht davon abhängig, dass hierdurch eine Energieeinsparung oder eine Verminderung des Unfallrisikos bewirkt wird (BSG 28.7.82 – 2 RU 49/81, SozR 2200 § 550 Nr 51). Auch der Umfang der durch die Bildung der Fahrgemeinschaft bedingten Abweichung vom direkten Weg führt nicht zu einer Begrenzung des Versicherungsschutzes, solange der Abweg nicht unvertretbar ist (BSG 15.6.83 – 9b/8 RU 56/81, SozR 2200 § 550 Nr 56: Vervielfachung des Arbeitsweges schadet nicht). Allerdings muss die Abweichung durch die Fahrgemeinschaft bedingt sein. Zusätzlich sind vom UVSchutz für alle versicherten Beifahrer Wegeteile erfasst, die lediglich für einen Teilnehmer versichert sind (zB Abheben eines Geldbetrages beim Geldinstitut: BSG 26.1.88 – 2 RU 12/87, NZA 88, 747), während Umwege oder Abwege aus eigenwirtschaftlichen Gründen für alle Teilnehmer der Fahrgemeinschaft unversichert sind (zum Transport einer privaten Sache BSG 27.6.84 – 9b RU 28/83, NZA 84, 336). Der UVSchutz ist nicht auf „eine" Fahrgemeinschaft beschränkt (BSG 5.5.10 – B 2 U 36/08 R, NZS 10, 569). Kein UVSchutz besteht zB, wenn der Fahrer einen Umweg fährt, um günstiger zu tanken, der Umweg auch für den Mitfahrer im eigenwirtschaftlichen Interesse liegt und es ihm zumutbar war, den Fahrer zu bitten, ihn vorher zu Hause abzusetzen (LSG Saarl 20.9.06 – L 2 U 130/04). Etwas anderes wird hier zu gelten haben, wenn den Beifahrern einer Fahrgemeinschaft eine Einflussnahme nicht möglich oder zumutbar ist (so auch KassKomm/*Ricke* § 8 SGB VII Rz 229). 15

Längere **Wartezeiten,** die ansonsten zu einer Unterbrechung des Heimweges und zu einem endgültigen Verlust des UVSchutzes führen, sind unschädlich, wenn sie mit dem Weg der Gemeinschaft vom oder zum Ort der Tätigkeit zusammenhängen (BSG 28.3.85 – 2 RU 30/84, NZA 85, 607). 16

Fahrtätigkeit

A. Arbeitsrecht *Poeche*

1. Allgemeines. Die mit der Führung eines Kfz im öffentlichen Straßenverkehr verbundenen erheblichen Gefahren für Leben und Gesundheit der Verkehrsteilnehmer und für Sachwerte schlagen sich arbeitsrechtlich vor allem im **Haftungsbereich** und im **Arbeitszeitrecht** für das sog Fahrpersonal nieder. Da die Beförderung von Menschen und Gütern ohne großen zusätzlichen Aufwand sich grenzüberschreitend anbieten lässt, können unterschiedliche soziale Bestimmungen in den Ländern zu einem gefahrerhöhenden Unterbietungswettbewerb führen. Das Arbeitsschutzrecht wird deshalb maßgeblich durch unmittelbar geltendes EU-Recht bestimmt, das durch innerstaatliche Regelungen ergänzt wird. 1

Als Besonderheit ist festzuhalten, dass die Vorschriften des Fahrpersonalrechts im Interesse der Sicherheit im Straßenverkehr grds sowohl für abhängig Beschäftigte (ArbN) als auch für Selbständige gelten. Letztere werden zusätzlich gesondert von der Richtlinie 2002/15/EG (ab 23.3.09) erfasst. Die Erstreckung auf **selbstständige Kraftfahrer** ist mit dem Gemein-

181 Fahrtätigkeit

schaftsrecht vereinbar (EuGH 9.9.04 – C-184/02 und C-223/02, AuR 04, 464). Seit dem 1.11.12 gilt außerdem das G zur Regelung der Arbeitszeit von selbstständigen Kraftfahrern v 11.7.12 (BGBl I 12, 1479). Dazu ausführlich *Wiebauer* NZA 12, 1331.

2   2. Europarecht. Die nach Art 288 Abs 2 AEUV (ex Art 249 EG) unmittelbar geltende VO (*EU-Recht* Rz 1) Nr 561/2006/EG des Europäischen Parlaments und des Rates v 15.3.06 zur Harmonisierung bestimmter Sozialvorschriften im Straßenverkehr und zur Änderung der VO Nr 3821/85/EWG und Nr 2135/98/EG des Rates sowie zur Aufhebung der VO Nr 3820/85/EWG gilt seit dem 11.4.07. Sie betrifft die Güterbeförderung mit Fahrzeugen, deren zulässige Höchstmasse einschließlich Anhänger oder Sattelanhänger 3,5 Tonnen übersteigt sowie die Beförderung von mehr als neun Personen im Straßenverkehr, Art 2. Die Ausnahmen ergeben sich aus Art 3. Dazu gehören ua die Personenbeförderung im Linienverkehr auf Strecken mit nicht mehr als 50 km sowie Straßenbahnen. Art 4 enthält die für die Anwendung der VO maßgebenden Begriffsbestimmungen. Art 6–9 regeln die arbeitszeitrechtlichen Grenzen (Lenkzeit, Fahrtunterbrechungen, Ruhezeit und Ruhezeitunterbrechungen). Zur Bewertung der Wegezeit (Anfahrt zur Hauptbetriebsstätte) als Ruhezeit EuGH 29.4.10 – C-124/09, EuZW 10, 746. Die Fahrzeuge sind mit digitalen **Kontrollgeräten** zur Aufzeichnungen aller Lenkzeiten auszustatten.

3   3. Fahrpersonalgesetz/-Verordnung. Neben dem nur Mindestanforderungen enthaltenen EU-Recht gelten das FPersG und die FPersV. Beide haben einen von der VO Nr 561/2006/EG abweichenden Anwendungsbereich und erfassen selbst unterschiedliche Sachverhalte. Das FPersG gilt ohne Beschränkung ab Überschreitung eines zulässigen Gesamtgewichts oder einer zu befördernden Mindestzahl von Personen für alle ArbN. Abgesehen vom **Verbot bestimmter Lohnformen** (§ 3) enthält es keine Arbeitsschutzbestimmungen. Es ermächtigt den BM für Verkehr, Bau und Stadtentwicklung zum Erlass von **Rechtsverordnungen,** ua zur Umsetzung des EU-Rechts einschließlich des Europäischen Übereinkommens über die Arbeit des im internationalen Straßenverkehr beschäftigten Fahrpersonals (AETR v 1.7.70; BGBl II 1974, 1473). Die Verordnungen können außerdem Regelungen zur Gewährleistung der Sicherheit im Straßenverkehr, zum Schutz von Leben und Gesundheit des Fahrpersonals sowie zu den Kontrollgeräten enthalten (§ 2). Die auf dieser Grundlage fußende FPersV gilt ua für Fahrzeuge ab 2,8t Gesamtgewicht und im Personenlinienverkehr mit einer Streckenlänge bis zu 50 km. § 1 Abs 1 ordnet die Anwendung der Vorschriften über Lenkzeiten, Fahrtunterbrechungen (s hierzu LAG BaWü 5.4.12 – 3 Sa 138/11, BeckRS 2012, 72774) und Ruhezeiten der VO Nr 561/2006/EG an. Der in Bezug genommene Art 4 der EG-VO enthält sämtliche für die Beförderung im Straßenverkehr maßgebenden Begriffsbestimmungen. Das Fahrpersonal von **Straßenbahnen** wird deshalb nicht vom Anwendungsbereich der FPersV erfasst (BAG 14.11.08 – 9 AZR 737/07, NZA-RR 09, 354). Die Einsatzbedingungen des fahrenden Personals im interoperablen grenzüberschreitenden **Eisenbahnverkehr** ergeben sich aus der Eisenbahn-FahrpersonalV (EFPV), BGBl I 09, 2957).

4   4. Arbeitszeitgesetz. Nach § 21a Abs 1 ArbZG sind für die „Beschäftigung im Straßentransport" die VO Nr 561/2006/EG und das AETR maßgeblich. Dazu kommen die besonderen Regelungen des § 21a ArbZG und ergänzend die allgemeinen Arbeitszeitbestimmungen. Das Nebeneinander beruht auf dem unterschiedlichen Ansatz: das EU-Recht betrifft die Modalitäten von Lenkzeiten, das ArbZG die von Arbeitszeiten. Abweichend von § 2 Abs 1 ArbZG sind **keine Arbeitszeiten:** Zeiten, in denen sich der ArbN am Arbeitsplatz (oder an einem anderen Ort) aufhalten muss, um seine Tätigkeit (nach Anweisung) aufzunehmen, vorausgesetzt, die voraussichtliche Dauer der „Wartezeit" ist spätestens unmittelbar vor Beginn des betreffenden Zeitraums bekannt. Bei ArbN, die sich beim Fahren abwechseln, ist keine Arbeitszeit iSd öffentlich-rechtlichen Arbeitszeitschutzes die Zeit, die der ArbN während der Fahrt neben dem Fahrer oder in der Schlafkabine verbringt (Abs 3). (Zu beachten ist, dass es sich dabei gleichwohl um **vergütungspflichtige Reisezeiten** handelt (BAG 20.4.11 – 5 AZR 200/10, NZA 11, 917.) Der grundsätzlich auf 48 Stunden/Woche (das ist der Zeitraum von Montag 0 Uhr bis Sonntag 24 Uhr) begrenzte Arbeitszeit kann bis auf 60 Stunden/Woche verlängert werden, wenn innerhalb von vier Kalendermonaten oder 16 Wochen im Durchschnitt 48 Stunden wöchentlich nicht überschritten werden (Abs 4). Abweichende Regelungen können tariflich vereinbart werden (Abs 6). Für den ArbGeb besteht die besondere **Aufzeichnungspflicht,** die Arbeitszeit des ArbN (vollstän-

Fahrtätigkeit 181

dig) zu dokumentieren (s *Arbeitszeit* Rz 26). Dem ArbN ist auf seinen Wunsch eine Kopie auszuhändigen (Abs 7, s hierzu LAG Köln 19.6.12 – 11 Sa 148/12, BeckRS 2012, 75998). Bei mehreren ArbGeb geleistete Arbeitszeiten werden zusammengerechnet (s *Arbeitszeit* Rz 12). Nach Abs 8 „fordert der ArbGeb den ArbN schriftlich auf, ihm eine Aufstellung der bei einem anderen ArbGeb geleisteten Arbeitszeit vorzulegen." Vorzulegen ist also die nach Abs 7 erhaltene Kopie. Keine Kontrolle der Gesamtarbeitszeit erfolgt bei einer zusätzlichen Tätigkeit des ArbN als Selbständiger. Insoweit greifen die Aufzeichnungspflichten des EU-Recht. Zu den Voraussetzungen, nach denen **Lenkzeitunterbrechungen** als Ruhepause zu beurteilen sind BAG 13.10.09 – 9 AZR 139/08, AP ArbZG § 2 Nr 4.

5. Sanktionen. Verstöße des ArbN und des ArbGeb gegen die zwingenden Bestimmungen sind bußgeldbewehrt nach § 8 und § 8a FPersG. Zur Verantwortlichkeit des Unternehmers OLG Düsseldorf 21.12.07 – IV-2 Sa (OWi) 8/07, NZA-RR 08, 534. **5**

6. Ortungssysteme. Güter- und Personenverkehr sind ohne Ortungssysteme, mit deren Hilfe der geografische Standort eines ArbN oder des Fahrzeugs bestimmt werden kann, kaum mehr vorstellbar. Deren Zulässigkeit soll künftig im BDSG geregelt werden. Daten des Fahrpersonals dürfen nach § 32g Abs 1 BDSG-E durch Ortungssysteme (zB mit GPS über Handy oder im Fahrzeug eingebaute Sender) erhoben, verarbeitet und genutzt werden, wenn dies aus betrieblichen Gründen zur Sicherheit des Beschäftigten oder zur Koordinierung seines Einsatzes erforderlich ist und schutzwürdige Interessen des Beschäftigten am Ausschluss der Datenerhebung, -verarbeitung oder -nutzung nicht überwiegen. Erlaubt ist die Ortung ausschließlich während der Arbeitszeit oder der Bereitschaft, nicht also während der Freizeit oder im Urlaub. Der ArbGeb hat den Einsatz des Ortungssystems durch geeignete Maßnahmen erkennbar zu machen und die Beschäftigten darüber zu informieren, wie er die Ortungsdaten nutzt. Nach § 32g Abs 2 BDSG-E dürfen Ortungssysteme auch zum Schutz der Arbeitsmittel oder der sonstigen beweglichen Sachen, die sich in der Obhut des Beschäftigten befinden (zB Fracht), eingesetzt werden. In diesem Fall sind nicht die Voraussetzungen des § 32g Abs 1 BDSG-E zu erfüllen. Allerdings darf keine personenbezogene Ortung erfolgen, während der Beschäftigte die Sache ordnungsgemäß nutzt oder sie sich in seiner Obhut befindet (Drs 535/10 S 40). Ausführlich zur Ortung externer Beschäftigte *Gola* ZD 12, 308. **6**

7. Gefahrguttransporte. Besondere Anforderungen gelten im Zusammenhang mit dem Transport von Gefahrgut. Maßgeblich sind das GefahrgutbeförderungsG (GGBfG, BGBl I 09, 1774, 3975) und die auf seiner Grundlage erlassenen VO, ua die VO über die Bestellung von **Gefahrgutbeauftragten** (GbV, BGBl I 11, 341), gütig ab 1.9.11. Gefahrgüter im Straßenverkehr darf nur führen, wer über einen entsprechenden Gefahrgutführerschein verfügt (gültig für fünf Jahre). Ein Verstoß gegen das „Null-Alkohol"-Gebot kann eine außerordentliche Kündigung rechtfertigen (LAG Köln 8.11.10 – 2 Sa 612/10, BeckRS 2011, 65463). **7**

8. Personenbeförderung. Die Beförderung von Fahrgästen mit Kfz bedarf der besonderen Erlaubnis zur Personenbeförderung (§§ 15d ff StVZO). Sie wird jeweils für nicht mehr als drei Jahre erteilt. Verlust oder Nichtverlängerung der gesetzlichen Erlaubnis begründen ein Beschäftigungsverbot. Der ArbGeb gerät nicht in *Annahmeverzug*; bei gleichzeitiger krankheitsbedingter Arbeitsunfähigkeit besteht kein Anspruch auf *Entgeltfortzahlung*. Eine **personenbedingte Kündigung** kann gerechtfertigt sein. Der Entzug einer sog **betrieblichen Fahrerlaubnis** steht dem Verlust einer gesetzlich vorgeschriebenen Fahrerlaubnis nicht gleich (BAG 5.6.08 – 2 AZR 984/06, AP BGB § 626 Nr 212; NJW-Spezial 08, 595). **8**

9. Berufskraftfahrerqualifizierung. Entsprechend europarechtlicher Vorgaben ist sicherzustellen, dass das Fahrpersonal stets über die körperlichen und geistigen Fähigkeiten verfügt, um den erheblichen Anforderungen des Straßenverkehrs gerecht zu werden. Bestimmte Fahrergruppen unterliegen deshalb einer regelmäßigen **Fortbildungspflicht** (§ 5 BKrFQG v 14.8.06, BGBl I 06, 1958, idF v 25.5.11, BGBl I 11, 952 ber 1374). Ohne den Nachweis der Qualifizierung darf der Fahrer nicht arbeiten, der Unternehmer den Fahrer nicht beschäftigen. Verstöße sind sanktionsbewehrt (bis zu 5000 Euro für den Fahrer und bis zu 20 000 Euro für den Unternehmer). Das BKrFQG regelt nicht, wer die **Kosten** der Lehrgänge (35 Pflichtstunden in fünf Jahren, regelmäßig verteilt auf 5 × 7 Stunden/Kj) trägt. Die Gesetzesmaterialien sind unergiebig. In der Praxis werden die Lehrgänge vielfach vom **9**

Poeche

181 Fahrtätigkeit

ArbGeb schon im eigenen Interesse organisiert und finanziert, weil die Einhaltung der Fortbildungspflicht und damit die zulässige Beschäftigung des ArbN nur so gewährleistet ist. Es spricht viel dafür, dass die Praxis der Rechtslage entspricht. Ein ArbN muss zwar grds selbst dafür sorgen, dass er die vertraglich vereinbarte Arbeitsleistung tatsächlich erbringen kann, und die hierfür notwendigen Kosten tragen. Eine solche auf den Einzelnen abstellende Betrachtung berücksichtigt indessen nicht, dass die Qualifizierung kraft Gesetzes in das Berufsbild „Kraftfahrer" implementiert worden ist. Auf diesen „Dauerzustand" kann und muss sich der ArbGeb einstellen, da er ohne das gesetzlich fortgebildete Fahrpersonal seinen gewerblichen Personen- oder Güterkraftverkehrsbetrieb nicht führen kann.

10. Individualrechtliche Fragen. Die Zusage des ArbGeb, eine **Geldbuße** zu erstatten, die gegen den ArbN wegen der Überschreitung von Lenkzeiten verhängt wird, ist nach § 138 BGB nichtig. Der ArbN kann daher keine Erstattung verlangen (Näheres *Aufwendungsersatz* Rz 18–21). In Ausnahmefällen kommt ein **Schadensersatzanspruch** nach § 826 BGB in Betracht (BAG 25.1.01 – 8 AZR 465/00, NZA 01, 653; LAG RhPf 10.4.08 – 10 Sa 892/06, VRR 08, 242 [Ls]). Der Kraftfahrer kann nicht rechtswirksam angewiesen werden, unterwegs eingehende **Telefonanrufe** noch während des Führens des Fahrzeugs oder während der Lenkzeitunterbrechungen und/oder der Ruhepausen in schriftliche Telefonlisten einzutragen (LAG Hamm 5.7.01 – 17 Sa 455/01, NZA-RR 03, 436). In einem Tarifvertrag kann rechtswirksam ein **Nebentätigkeitsverbot** vereinbart werden, das vollzeitbeschäftigten Kraftfahrern die Aufnahme einer weiteren Tätigkeit als Kraftfahrer untersagt (BAG 26.6.01 – 9 AZR 343/00, NZA 02, 98). Die Einführung von **Namensschildern** auf der Dienstkleidung ist mitbestimmungspflichtig nach § 87 Abs 1 Nr 1 BetrVG (BAG 11.6.02 – 1 ABR 46/01, NZA 02, 1299). Ein ArbGeb des öffentlichen Dienstes kann kraft Direktionsrechts berechtigt sein, im Rahmen billigen Ermessens anzuordnen, dass ein Verwaltungsangestellter auf Dienstreisen einen Dienstwagen selbst führt und Kollegen mitnimmt (BAG 29.8.91 – 6 AZR 593/88, DB 92, 147). Der ArbN wird dadurch nicht zum „Kraftfahrer". Richtet sich die vertragliche Arbeitszeit nach dem ArbZG, ist für die Frage, ob der ArbN **Überstunden** geleistet hat, § 21a ArbZG einschließlich der dort geregelten Ausgleichszeiträume von vier Monaten/16 Wochen heranzuziehen. Maßgeblich ist also nicht die kalendertägliche oder wöchentliche Zeitspanne (BAG 18.4.12 – 5 AZR 195/11, NZA 12, 796). Zur Darlegung für die tatsächliche Leistung von Überstunden s *Überstunden* Rz 16.

Zum Betrieb des Aufzeichnungsgeräts ist neben einer Unternehmerkarte (§ 9 FPersV) eine **Fahrerkarte** (§ 5 FPersV) erforderlich. Die Fahrerkarte (EC-Kartenformat) enthält ein Lichtbild des Fahrers und seine persönlichen Daten in maschinenlesbarer Form. Sie steht in seinem Eigentum, ist nicht an ein bestimmtes Fahrzeug gebunden, darf keinem Dritten zur Nutzung überlassen werden und ist während der Fahrt mitzuführen. Die Fahrerkarte kann direkt beim Kraftfahrtbundesamt oder der nach Landesrecht zuständigen Behörde, das ist oft die örtliche Führerscheinstelle, beantragt werden (Gebühr derzeit 38 Euro). Die **Kosten** hat der ArbN zu tragen (BAG 16.10.07 – 9 AZR 170/07, NZA 08, 1012).

11. Internationales Privatrecht. Zum Schutz des ArbN schränkt Art 8 der VO (EG) Nr 593/2008 des Europäischen Parlaments und des Rates v 17.6.08 über das auf vertragliche Schuldverhältnisse anzuwendende Recht (Rom I; ABlEG 08, Nr L 177 S 6) die Befugnis der Arbeitsvertragsparteien zur Rechtswahl ein. Das wird insbesondere im internationalen Warenverkehr praktisch, wenn der ArbN in mehreren Vertragsstaaten tätig wird. Ungeachtet einer anderen Rechtswahl ist maßgeblich das Recht des Staates, in dem der ArbN „gewöhnlich seine Arbeit verrichtet". Der Begriff ist „weit" auszulegen (EuGH 15.3.11 – C-29/10, NZA 11, 625 – Koelzsch; Anm *Arnold* ArbRAktuell 11, 192). Der EuGH stellt ausdrücklich klar, dass die noch zu Art 6 Abs 2 lit b des Übereinkommens von Rom (80/934/EWG) ergangene Entscheidung auch für Art 8 gilt (s *Auslandstätigkeit* Rz 8). Festzustellen ist der Staat, in dem der ArbN im Wesentlichen seine Arbeitspflicht gegenüber dem ArbGeb erfüllt. Zu berücksichtigen sind sämtliche Gesichtspunkte, die die Tätigkeit des ArbN kennzeichnen, insbesondere, in welchem Staat der Ort liegt, in dem oder von dem aus der ArbN seine Transportfahrten durchführt, Anweisungen zu diesen Fahrten erhält und seine Arbeit organisiert und an dem sich die Arbeitsmittel (LKWs) befinden. Von Bedeutung kann auch sein, an welche Orte die Waren hauptsächlich transportiert werden und wohin der ArbN nach seinen Fahrten zurückkehrt. Auf den Sitz des ArbGeb kommt es nicht an.

B. Lohnsteuerrecht
Thomas

Bislang war die Fahrtätigkeit lediglich in § 4 Abs 5 Nr 5 Satz 3 iVm § 9 Abs 5 EStG aF **12** ausdrücklich geregelt, wonach Verpflegungspauschalen vorgesehen waren, wenn der StPfl bei seiner beruflichen „Tätigkeit typischerweise nur ... auf einem Fahrzeug" tätig wird. Ab 2014 entfällt diese Regelung. Nunmehr wird hinsichtlich der **Verpflegungspauschalen** nicht mehr auf das berufliche Tätigkeitsbild abgestellt, sondern darauf ob der ArbN keine erste Tätigkeitsstätte hat (§ 9 Abs 4a Satz 4 EStG) oder außerhalb einer vorhandenen ersten Tätigkeitsstätte beruflich tätig wird (§ 9 Abs 4a Satz 2 EStG). Hierzu wird auf das Stichwort *Dienstreise* Rz 12 ff verwiesen.

Hinsichtlich der Frage, wann für die Fahrt zur Arbeit beim ArbN mit Fahrtätigkeit die **13** **Entfernungspauschale** zum Zuge kommt, hat die Rspr wiederholt gewechselt (vgl Personalbuch 2013 Fahrtätigkeit Rz 12). Nunmehr wird die Entfernungspauschale bei Fahrtätigkeit anwendbar sein, wenn der ArbG den Ort der Übernahme des Fahrzeugs arbeitsrechtlich dauerhaft zugeordnet ist (§ 9 Abs 4 Satz 1 EStG) oder wenn er diesen Ort nach dem Weisungsrecht des ArbGeb typischerweise arbeitstäglich aufzusuchen hat (§ 9 Abs 1 Nr 4a Satz 3 EStG) Zu Einzelheiten wird auf *Fahrten zwischen Wohnung und Arbeitsstätte* Rz 4 ff verwiesen.

C. Sozialversicherungsrecht
Schlegel

Sozialversicherungsrechtlich bestehen **keine Besonderheiten** für eine Fahrtätigkeit, **19** da die SozV und ArblV nicht auf die konkrete Art der verrichteten Arbeit/Tätigkeit, sondern nur darauf abstellen, ob eine Beschäftigung in abhängiger oder selbstständiger Tätigkeit ausgeübt wird. **Besondere Vergütungsbestandteile** für Fahrtätigkeit sind bei der Beitrags- und Leistungsberechnung nur dann nicht als Arbeitsentgelt anzusehen, wenn und soweit diesbezüglich **Steuerfreiheit** besteht. Zahlt ein ArbGeb ein gegen seinen als Fahrer beschäftigten ArbN (im Ausland verhängtes) Bußgeld, ist diese Zuwendung nicht beitragspflichtig, wenn die Zahlung überwiegend im eigenbetrieblichen Interesse des ArbGeb erfolgt (BSG 1.12.09 – B 12 R 8/08R, BSGE 105, 66).

Fahrten zwischen Wohnung und Arbeitsstätte

A. Arbeitsrecht
Griese

Die Fahrt des ArbN von seiner Wohnung zur Arbeitsstätte und zurück gehört zum **1** **privaten Lebensbereich** des ArbN (BAG 21.7.93 – 4 AZR 471/92, NZA 94, 665). Sie rechnet weder zur Arbeitszeit noch besteht für die dafür aufgewandte Zeit ein Vergütungsanspruch. Auch die Fahrtkosten fallen grds dem ArbN zur Last (BAG 20.3.12 – AZR 518/10). Fahrten zwischen Wohnung und dem in der Betriebsstätte gelegenen Betriebsratsbüro sind keine ersatzpflichtigen Kosten der Betriebsratsarbeit (BAG 13.6.07 – 7 ABR 62/06, NZA 07, 1301). Der Weg von und zur Arbeitsstätte ist jedoch gem § 8 Abs 2 SGB VII durch die **gesetzliche Unfallversicherung versichert** (s unten Rz 32 ff).

Der ArbGeb kann gleichwohl die Fahrtkosten ganz oder teilweise übernehmen (s *Fahrt-* **2** *kostenzuschuss* Rz 1). Ebenso kann er selbst Transportmöglichkeiten zur Verfügung stellen (s *Arbeitnehmerbeförderung* Rz 1) oder ein job-ticket verbilligt anbieten. Ein Benutzungszwang besteht nicht, da der private Lebensbereich des ArbN betroffen ist. Aus diesem Grund kann der ArbGeb dem ArbN auch ansonsten keine Vorgaben machen, wie dieser den Weg von und zur Arbeitsstelle zurücklegt. Umgekehrt bestehen auch keine Haftungsansprüche für Sachschäden des ArbN gegen den ArbGeb, die der ArbN auf dem Weg von und zur Arbeitsstätte erleidet.

Kann der ArbN infolge von **Verkehrsstörungen** die Arbeit nicht rechtzeitig aufnehmen, **3** schuldet der ArbGeb für die dadurch ausgefallene Arbeitszeit keine Arbeitsvergütung. Insofern gelten die für die Arbeitsverhinderung dargestellten Grundsätze (s *Arbeitsverhinderung* Rz 8). Dies gilt auch, wenn ein vom ArbGeb gestellter Werksbus zB wegen Glatteis zu spät die Arbeitsstelle erreicht (BAG 8.12.82 – 4 AZR 134/80, DB 83, 395).

182 Fahrten zwischen Wohnung und Arbeitsstätte

B. Lohnsteuerrecht

Übersicht

	Rz		Rz
I. Rechtsentwicklung	4	a) Sammelpunkt	24
1. Gesetzesänderung	4	b) Weiträumiges Tätigkeitsgebiet	25
2. Der Weg zur Arbeit	5	III. Entfernungspauschale	26
a) Zweck der Regelung	5	1. Wege zwischen Wohnung und erster Tätigkeitsstätte	26
b) Korrekturen des BFH	6	a) Wohnung	27
c) Reaktion des Gesetzgebers	9	b) Mehrere Wohnungen	28
II. Erste Tätigkeitsstätte	10	2. Gesamtpauschalierung	29
1. Ortsfeste Betriebsstätte	11	a) Wegeberechnung	30
a) Betriebliche Einrichtung	11	b) Ausnahmen	32
b) Des Arbeitgebers oder Dritter	12	c) Kostendeckelung	33
c) Bildungseinrichtung	13	3. Abgeltung	34
2. Dauerhafte Zuordnung	14	a) Außergewöhnliche Kosten	34
a) Zuordnung	14	b) Öffentliche Verkehrsmittel	35
b) Dauerhaftigkeit	16	c) Behindertenprivileg	36
c) Mehrere mögliche Tätigkeitsstätten	21	4. Anrechnung steuerfreien Ersatzes	37
d) Verfassungsrechtliche Würdigung	22	5. Erfassen mit Pauschsteuersatz	38
3. Sammelpunkt und Tätigkeitsgebiet	23		

4 **I. Rechtsentwicklung. 1. Gesetzesänderung.** Durch das Gesetz zur Änderung ua des Reisekostenrechts vom 20.2.13 wurden mit Wirkung ab 2014 Voraussetzungen und Rechtsfolgen der Fahrten zwischen Wohnung und Arbeitsstätte modifiziert (*Bergkemper* FR 13, 1017; *Harder-Buschner/Schramm* NWB Beilage zu 9/2013, 2; *dies* NWB 48/2012, 3848; *Niermann* DB 13, 1015; *ders* DB 13, 2357; *Paintner* DStR 13, 217; *Schneider* NWB Beilage zu 9/2013, 53; *Weber* NWB Beilage zu 9/2013, 21; *Wirfler* DStR 12, 2037; *Wirfler* DStR 13, 2660; *Wünnemann* DB 12, 421; *Wünnemann/Gödtel* NWB Beilage zu 9/2013, 36). Die wesentlichste Änderung betrifft den Anwendungsbereich der Entfernungspauschale, indem der bisher maßgebende Begriff der „regelmäßigen Arbeitsstätte" durch den abweichenden Begriff der „ersten Tätigkeitsstätte" ersetzt wurde (dazu Einführungserlass BMF 30.9.13 BStBl I 13, 1279; BeckVerw 276583), während die Rechtsfolgen der Entfernungspauschale im großen Ganzen weitergeführt wurden (BMF 31.10.13 DStR 13, 2463). Mit dem neuen Abgrenzungsmerkmal reagierte der Gesetzgeber auf die massiven RsprÄnderungen zur bisherigen Rechtslage, die teilweise übernommen und teilweise korrigiert wurden. Allerdings darf bezweifelt werden, ob – wie behauptet wurde – damit Rechtssicherheit und Vereinfachung erreicht würden. Für das Verständnis der Neuregelung ist hilfreich zu wissen, in wie weit das bisherige System beibehalten bzw abgeändert wurde.

5 **2. Der Weg zur Arbeit. a) Zweck der Regelung.** Bisher diente das Tatbestandsmerkmal „Wege zwischen Wohnung und regelmäßiger Arbeitsstätte" dazu, Kosten für den Weg zur Arbeit von Kosten für Wege in der Arbeit abzugrenzen und – nur für Erstere – eine abgeltende Entfernungspauschale vorzuschreiben. Ausgangspunkt war dabei, dass der Weg zur Arbeit arbeitsrechtlich Sache des ArbN ist (BAG 28.8.91 – 7 ABR 46/90, DB 91, 2594), während Wege in der Arbeit in den Verantwortungsbereich des ArbGeb fallen. Folgerichtig stellt die Übernahme der Kosten für den Weg zur Arbeit durch den ArbGeb Lohn dar (*Thomas* DStR 11, 1341 unter 2.2), während sie bei Wegen in der Arbeit im eigenbetrieblichen Interesse des ArbGeb erfolgt, und nicht als Entlohnung für die Beschäftigung.

Mit der Entfernungspauschale wurden zwei Hauptziele verfolgt, nämlich Gleichbehandlung und Vereinfachung. Diese wurden dadurch bewirkt, dass für jeden ArbN pro Entfernungskm unabhängig von den tatsächlichen Kosten des individuellen Beförderungsmittels der gleiche Abzugsbetrag anzusetzen ist. Die Befugnis zu einer derartigen Typisierung beruht auf der privaten Mitveranlassung der Kosten. Wie das BVerfG ausführt, wird „die Höhe der Werbungskosten in erheblichem Maße auch durch individuelle Entscheidungen des Stpfl beeinflusst, wozu die Wahl des Verkehrsmittels ebenso gehört wie die Wahl des Wohnorts"

Fahrten zwischen Wohnung und Arbeitsstätte

(BVerfG 9.12.08 – 2 BvL 1/07, 2 BvL 2/07, 2 BvL 1/08, 2 BvL 2/08, DStR 08, 2460, dort Rz 74). Mit der „auch mit Blick auf das estrechtliche Nettoprinzip unbedenklichen Bewertung der Wegekosten ... eröffnen sich dem Gesetzgeber ... erhebliche Typisierungsspielräume" (BVerfG 9.12.08, DStR 08, 2460 dort Rz 75). Von diesen an Wortlaut, Gesetzeszweck und Systematik orientierten Grundsätzen ließen sich Verwaltung und Rspr jahrzehntelang leiten. Danach war Arbeitsstätte nicht nur der Ort, an dem überwiegend gearbeitet wurde, sondern auch der, von dem die Arbeit regelmäßig angetreten wurde, oder an dem sich ein weiterer Tätigkeitsschwerpunkt befand.

b) Korrekturen des BFH. Das änderte sich, als der BFH Kriterien schuf, die sämtlich auf eine Einschränkung des Anwendungsbereichs der Entfernungspauschale zielten. **6**

aa) Ortsfeste Einrichtung des Arbeitgebers. Mit diesem Merkmal ersetzte der BFH den Begriff der Arbeitsstätte des ArbN durch den der Betriebsstätte des ArbGeb, was dazu führte, dass die Entfernungspauschale nicht nur bei Arbeit ausschließlich für einen Kunden des ArbGeb (BFH 9.7.09 – VI R 21/08, DStR 09, 1937), bei LeihArbN (BFH 17.6.10 – VI R 35/08, DStR 10, 1715) oder in „Outsourcing-Fällen" (BFH 9.2.12 – VI R 22/10, DStRE 12, 913) sondern auch bei Fahrtätigkeit entfällt (nicht ortsfest). Es liegt auf der Hand, dass dies schwer mit Wortlaut und Zweck der Vorschrift zu vereinbaren ist, abgesehen davon, dass eine massive Ungleichbehandlung gegenüber anderen ArbN eintritt, die parallel – zB am gleichen Band – die nämliche Arbeitsleistung für einen anderen als den lohnsteuerrechtlichen ArbGeb erbringen.

bb) Ausschließlicher Berufsmittelpunkt. Weiterhin nahm der BFH an, dass der Begriff der Arbeitsstätte erfordere, dass sich dort nach Dauer und Gewicht der Tätigkeit zugleich der ortsgebundene Mittelpunkt der beruflichen Arbeit des ArbN befinde (BFH 9.6.11 – VI R 36/10, DStR 11, 1654; VI R 58/09, DStR 11, 1655). Das schließt ein, dass der ArbN nur eine einzige Arbeitsstätte besitzen kann. Eine derartige Ausschließlichkeit aus dem Begriff Arbeitsstätte abzuleiten ist zumindest nicht naheliegend. Wo das Gesetz den Berufsmittelpunkt meint, kommt das auch sprachlich zum Ausdruck (zB in § 4 Abs 5 Nr 5 EStG aF, § 4 Abs 5 Nr 6b EStG). Möglicherweise wurde eine Anleihe am damaligen Begriff der Dienst/Geschäftsreise genommen („vorübergehende Abwesenheit vom Mittelpunkt der dauerhaft angelegten Berufstätigkeit"), der zusammen mit der anders definierten Fahr- bzw Einsatzwechseltätigkeit („typischerweise nur an ständig wechselnden Tätigkeitsstätten oder auf einem Fahrzeug tätig") lediglich Verpflegungsmehraufwendungen regelte und nicht die mit ganz anderer Zielsetzung geregelte Berücksichtigung individueller oder pauschaler Fahrtkosten. **7**

cc) Erfordernis der Planungssicherheit. Schließlich leitete der BFH aus dem objektiven Nettoprinzip ab, dass die regelmäßige Arbeitsstätte um das ungeschriebene Tatbestandsmerkmal „Planungssicherheit" (vgl *Gesetrich* FR 12, 785) zu ergänzen sei, dem zufolge die Arbeitsstätte auf Dauer und Nachhaltigkeit angelegt sein muss, auf deren immer gleiche Wege sich der ArbN in unterschiedlicher Weise einstellen und auf die Minderung der Wegekosten hinwirken kann (zuletzt BFH 9.2.12 – VI R 22/10, DStRE 12, 913). Dies erstaunt, da eine aus Gründen der Vereinfachung normierte Pauschalierung vom objektiven Nettoprinzip notwendigerweise – nach oben oder nach unten – abweicht. Die Korrektur des Anwendungsbereichs der Entfernungspauschale setzt sich folglich entweder über die Rspr des BVerfG zur Zulässigkeit von Pauschalierungen hinweg oder missachtet – falls das gesetzgeberische Ermessen überraschenderweise überschritten wäre – das Verwerfungsmonopol des BVerfG. Abgesehen davon erscheint der Vorbehalt, dass eine gesetzliche Regelung zu korrigieren sei, solange sich der Stpfl nicht darauf einstellen kann, reichlich eigentümlich. **8**

c) Reaktion des Gesetzgebers. Die Neuregelung besagt nichts darüber, ob die Auslegung des bisherigen Gesetzeswortlauts überzeugend war oder nicht, sondern nur etwas darüber, zu welchen Konsequenzen sich der Gesetzgeber veranlasst sah. Übernommen wurde das Erfordernis der ortsfesten betrieblichen Einrichtung, allerdings nicht nur des eigenen ArbGeb, sondern auch Dritter bzw einer Bildungseinrichtung. Was das Merkmal Berufsmittelpunkt betrifft wurde zwar einerseits angeordnet, dass der ArbN nur eine erste Tätigkeitsstätte haben kann. Diese muss aber nicht Mittelpunkt der beruflichen Tätigkeit des ArbN sein. Schließlich wurde das Merkmal der Dauerhaftigkeit modifiziert eingeführt. **9**

182 Fahrten zwischen Wohnung und Arbeitsstätte

Ein wesentlicher Unterschied gegenüber der bisherigen Rechtslage besteht darin, dass das Abgrenzungsmerkmal „regelmäßige Arbeitsstätte" nur die Mobilitätskosten betraf, also die Frage ob tatsächliche Aufwendungen oder Pauschalen zum Zuge kommen, während die Verpflegungsmehraufwendungen an bestimmte berufliche Betätigungsformen anknüpften, nämlich vorübergehende Abwesenheit vom beruflichen Mittelpunkt, Tätigkeit typischerweise nur an wechselnden Tätigkeitsstätten und Tätigkeit typischerweise nur auf einem Fahrzeug. Nunmehr ist das Abgrenzungsmerkmal „erste Tätigkeitsstätte" sowohl für die Mobilitätskosten (§ 9 Abs 1 Nr 4 EStG) als auch für die Verpflegungspauschalen (§ 9 Abs 4a EStG) maßgebend. Dies wird vermutlich zu Verwerfungen führen, weil den beiden Anwendungsbereichen unterschiedliche Zielsetzungen zu Grunde liegen. Die Entfernungspauschale bezweckt, Fahrtkosten im Gestaltungs- und Verantwortungsbereich des ArbN mit einfach zu handhabenden Beträgen anzusetzen, die für alle ArbN gleich sind. Grund der Verpflegungspauschalen ist dagegen die typisierende Annahme des Gesetzgebers, der Stpfl werde bei bestimmten beruflichen Betätigungsformen für seine Verpflegung aus beruflichen Gründen mehr Geld ausgeben müssen, als das beim üblichen ortsfesten Arbeitsplatz der Fall ist (BFH 10.4.02 – VI R 154/00, DStR 02, 898 unter 2. b) aa) mit Anm *MIT*).

10 II. Erste Tätigkeitsstätte. Das Gesetz macht vom Vorliegen bzw Nichtvorliegen einer ersten Tätigkeitsstätte die Behandlung der Mobilitätskosten (tatsächliche Aufwendungen oder Entfernungspauschale, § 9 Abs 1 Nr 4 Satz 1 EStG), der Unterkunftskosten (tatsächliche oder auf 1000 € monatlich begrenzte), die Gewährung von Verpflegungspauschalen (§ 9 Abs 4a EStG) die Regeln der doppelten Haushaltsführung (§ 9 Abs 1 Nr 5 EStG) und die Erfassung eines geldwerten Vorteils beim Dienstwagen (§ 8 Abs 2 Satz 3 EStG) abhängig. Die erste Tätigkeitsstätte definiert sich durch die Merkmale ortsfeste betriebliche Einrichtung und dauerhafte Zuordnung (§ 9 Abs 4 Satz 1 EStG).

11 1. Ortsfeste Betriebsstätte. a) Betriebliche Einrichtung. Das häusliche Arbeitszimmer bzw ein Homeoffice des ArbN ist in aller Regel keine betriebliche Einrichtung und damit nicht erste Tätigkeitsstätte, selbst wenn sich dort der Erwerbsmittelpunkt des ArbN befindet. Das kann aber anders sein, wenn der ArbGeb beim ArbN ein Büro anmietet (vgl *Arbeitsentgelt* Rz 63; aA *Niermann* DB 13, 2357). Fahrzeuge, Flugzeuge und Schiffe sind nicht ortsfest und damit keine Tätigkeitsstätten iSv § 9 Abs 4 Satz 1 EStG. Sie können sich aber an oder in ortsfesten betrieblichen Einrichtungen befinden (vgl auch unten Sammelpunkt).

12 b) Des Arbeitgebers oder Dritter. Die betriebliche Einrichtung kann die des ArbGeb, eines verbundenen Unternehmens oder eines vom ArbGeb bestimmten Dritten sein. Damit wurde die bisherige Rspr zum LeihArbN, zur Beschäftigung beim Kunden des ArbGeb und zum Outsourcing jedenfalls bei dauerhafter dortiger Verwendung gegenstandslos. Bei entsprechender geschickter Gestaltung hinsichtlich Dauer der Verwendung bleibt aber möglicherweise alles beim Alten, sofern nicht ein sog Sammelpunkt vorliegt (vgl *Schneider* NWB Beilage zu 9/2013, 53 ff).

13 c) Bildungseinrichtung. Diese gilt als erste Tätigkeitsstätte, wenn sie außerhalb eines Dienstverhältnisses zum Zwecke eines Vollstudiums oder einer vollzeitigen Bildungsmaßnahme aufgesucht wird. Damit erfolgt eine Abgrenzung einerseits gegenüber Fortbildungsmaßnahmen des ArbGeb; im Rahmen eines dualen Ausbildungsdienstverhältnisses gibt es ohnehin nur noch keine erste Tätigkeitsstätte. Und andererseits gegenüber einzelnen Fortbildungsmaßnahmen auf eigene Kosten und Initiative des ArbN. Ein Stipendium oder Zuschuss eines künftigen ArbGeb ohne Dienstverpflichtungen erfolgt außerhalb des Dienstverhältnisses. Von der BA geförderte Bildungsmaßnahmen bleiben insofern unberührt, als sie idR unter die Steuerbefreiung des § 3 Nr 2 EStG fallen. Ob der Verwaltung darin zu folgen ist, dass die Vollzeitigkeit der Bildungsmaßnahme vom Umfang beibehaltener Erwerbstätigkeit (bis zu 20 Stunden wöchentlich bzw im Rahmen eines geringfügigen Beschäftigungsverhältnisses, BMF 30.9.13 BStBl I 13, 1279 Rz 33) abhängt, ist zweifelhaft (*Niermann* DB 13, 2357, 2359).

14 2. Dauerhafte Zuordnung. Die gesetzlichen Kriterien sowohl der Zuordnung als auch der Dauerhaftigkeit sind von einer bemerkenswerten Unbestimmtheit.
a) Zuordnung. Diese soll vorrangig im Rahmen des dienst- bzw arbeitsrechtlichen Weisungsrechts des ArbGeb erfolgen, hilfsweise nach quantitativen Kriterien und zuletzt durch Bestimmung des ArbGeb bzw hilfsweise durch die Entfernung zur Wohnung.

aa) Weisungsrechtliche Zuordnung. Diese wird „durch die dienst- oder arbeitsrechtlichen Festlegungen sowie die diese ausfüllenden Absprachen und Weisungen bestimmt" (§ 9 Abs 4 Satz 2 EStG). Die genannten Kriterien ergeben iVm dem Direktionsrecht des ArbGeb, welche Arbeit der ArbN nach Zeit, Ort, Inhalt und Art und Weise zu leisten hat (vgl *Weisungsrecht* Rz 2; BAG 21.2.13 – 8 AZR 877/11, DB 13, 1178). Danach kann der ArbN verpflichtet sein, Innen- und/oder Außendienst, Arbeit an einem und/oder mehreren Orten, als Springer, mit Bereitschaftsdienst oder Rufbereitschaft, an gleichbleibenden und/oder wechselnden Einsatzstellen usw zu leisten. Darüber, wie das individuelle Aufgabengebiet des jeweiligen ArbN steuerlich zu bewerten ist, besagen die arbeits- oder dienstrechtlichen Festlegungen und Weisungen jedenfalls dann nichts, wenn mehr als eine Tätigkeitsstätte in Betracht kommt. Auch der Vorschrift des § 9 Abs 4 Satz 2 EStG sind insofern keine Maßstäbe zu entnehmen. Das wird durch § 9 Abs 4 Satz 6 EStG bestätigt, der davon ausgeht, dass nach dem Aufgabengebiet des jeweiligen ArbN mehr als eine Tätigkeitsstätte gegeben sein kann, weshalb eine Auswahl getroffen werden muss.

Gleichwohl meint die Verwaltung, der Regelung in § 9 Abs 4 Satz 2 EStG die Zuordnung zu einer bestimmten Tätigkeitsstätte entnehmen zu können. Voraussetzung sei lediglich, dass der ArbN dort zumindest in ganz geringem Umfang tätig werden soll. Unerheblich sei dem gegenüber Dauer und Gewicht der dortigen Tätigkeit auch im Vergleich zu anderen Tätigkeitsstätten (BMF 30.9.13 BStBl I 13, 1279 Rz 5–9). Der ArbGeb kann zwar keine reine Negativfeststellung („mein ArbN hat keine erste Tätigkeitsstätte") treffen (BMF 30.9.13 BStBl I 13, 1279 Rz 5–9 Rz 12), ist aber im Übrigen völlig frei. Da das für alle ArbN gilt, hat die Weisung, die Entscheidung müsse (zB beim Gesellschafter-Geschäftsführer oder bei Angehörigen) einem Fremdvergleich standhalten (BMF 30.9.13 BStBl I 13, 1279 Rz 5–9) kaum Bedeutung. Die Verwaltung entnimmt § 9 Abs 4 Satz 2 EStG folglich den Rechtssatz: Die Zuordnung iSd Satzes 1 erfolgt durch den ArbGeb für die von ihm bestimmte Tätigkeitsstätte, vorausgesetzt, der ArbN soll dort zumindest in ganz geringem Umfang tätig werden. Da „ganz geringer Umfang" reicht, brauchen auch nicht die quantitativen Kriterien des § 9 Abs 4 Satz 4 EStG eingehalten zu sein. Allerdings soll bei diesen nur die „eigentliche" berufliche Tätigkeit maßgebend sein, also bspw beim Kundendienstmonteur nicht die Übernahme von Aufträgen und Material bzw des Kundendienstfahrzeugs und die Rückgabe von Stundenzetteln oder anderer Arbeitsunterlagen des Vortages (BMF 30.9.13 BStBl I 13, 1279 Rz 26; aA *Niermann* DB 13, 2357, 2358 li Sp). Möglicherweise wird bei Unterscheidung von eigentlichen und uneigentlichen Arbeitsverpflichtungen wieder zu klären sein, wozu das Beladen und die Pflege des Fahrzeugs gehört, wie dies vor Jahrzehnten der Fall war, als für Dienstreise und Fahrtätigkeit noch unterschiedliche Verpflegungspauschalen galten. Abgesehen von derartigen Feinabstimmungen ist die Zuordnung als erste oder weitere Tätigkeitsstätte keine dienst- oder arbeitsrechtliche sondern eine steuerliche Festlegung.

bb) Quantitative Kriterien. Bei fehlender oder nicht eindeutiger Festlegung bestimmt 15 sich die erste Tätigkeitsstätte nach Arbeitszeiten (§ 9 Abs 4 Satz 4 EStG). Das Gewicht der jeweils dort erbrachten Arbeit ist nicht mehr von Bedeutung. Eine Festlegung ist eindeutig, wenn dienst- oder arbeitsrechtlich von vorneherein nur eine einzige Tätigkeitsstätte in Betracht kommt, also wenn ohnehin kein Regelungsbedarf besteht. In allen anderen Fällen setzt Eindeutigkeit die Entscheidung des ArbGeb für eine der möglichen Tätigkeitsstätten voraus. Nach Auffassung der Verwaltung gehört zur Festlegung des ArbGeb auch deren Dokumentation. Indiz für die Festlegung soll die tatsächliche steuerliche Handhabung des ArbGeb (zB zu Reisekosten oder zur Dienstwagenbesteuerung) sein (BMF 30.9.13 BStBl I 13, 1279 Rz 10 ff), dh es wird erstaunlicherweise von der tatsächlichen Durchführung auf ihre Richtigkeit geschlossen.

Als **Zeitmaßstab** für eine erste Tätigkeitsstätte sieht § 9 Abs 4 Satz 4 EStG vor, dass der ArbN dort entweder typischerweise arbeitstäglich (nicht ganztägig) oder je Arbeitswoche zwei volle Arbeitstage oder mindestens ein Drittel seiner vereinbarten regelmäßigen Arbeitszeit tätig werden soll (bisher: arbeitstäglich oder einen vollen Arbeitstag pro Woche oder mindestens 20 % der vereinbarten Arbeitszeit, BMF 15.12.11 BStBl I 12, 57). Aber auch dies lässt noch keine abschließende Beurteilung zu, da ein ArbN an unterschiedlichen betrieblichen Einrichtungen arbeitstäglich oder wöchentlich im geschilderten Umfang tätig geworden sein kann. Da der ArbN seit 2014 je Dienstverhältnis höchstens eine erste Tätigkeitsstätte haben kann (§ 9 Abs 4 Satz 5 EStG), setzt das bei mehreren möglichen Tätigkeitsstätten den

182 Fahrten zwischen Wohnung und Arbeitsstätte

Stichentscheid des ArbGeb voraus, wenn nicht die zur Wohnung am nächsten liegende Tätigkeitsstätte (vgl § 9 Abs 4 Satz 7 EStG) maßgebend sein soll. Dieser Stichentscheid ist sowohl bei der sog dienst- oder arbeitsrechtlichen Festlegung als auch bei der Orientierung nach Arbeitszeiten erforderlich. Weil bei der dienst- oder arbeitsrechtlichen Festlegung geringe Zeiterfordernisse („ganz geringer Umfang") angenommen werden, gehen die quantitativen Kriterien ins Leere. Letztlich kann die Gesamtregelung auf den Nenner gebracht werden: Bei Arbeit an unterschiedlichen betrieblichen Einrichtungen des ArbGeb oder eines Dritten von mindestens geringem Umfang ist diejenige die erste Tätigkeitsstätte, die der ArbGeb als solche bestimmt.

16 **b) Dauerhaftigkeit.** Von einer solchen „ist insbesondere auszugehen, wenn der ArbN unbefristet, für die Dauer des Dienstverhältnisses oder über einen Zeitraum von 48 Monaten hinaus" an der betreffenden Tätigkeitsstätte tätig werden soll (§ 9 Abs 4 Satz 3 EStG).

aa) Maßgebende Zeitspanne. Wie zu zeigen sein wird kann die für die Dauerhaftigkeit maßgebende Zeitspanne von unter einem Tag bis zu über vielen Jahren liegen.

(1) Dauer des Dienstverhältnisses. Wird ein ArbN bspw nur für ein paar Stunden beschäftigt, um bei einem Event auszuhelfen, ist sein dortiger Arbeitsplatz erste Tätigkeitsstätte, weil er für die Dauer des Dienstverhältnisses vorgesehen ist. Entsprechendes gilt, wenn ein ArbN nur für ein paar Tage, zB für die Dauer des Oktoberfestes, einer Messe usw angestellt wird. In Übereinstimmung hiermit geht die Verwaltung bei einem ArbN, der ausschließlich für ein ortsgebundenes Projekt einen Arbeitsvertrag bekommt, der mit Abschluss des Projekts endet, davon aus, dass der ArbN dort von Anfang an seine erste Tätigkeitsstätte hat (BMF 30.9.13 BStBl I 13, 1279 Rz 13). Es ist nicht ersichtlich, dass in der Vergangenheit in Fällen kurzer Beschäftigungszeiten die damals maßgebende „regelmäßige Arbeitsstätte" mit der Begründung abgelehnt worden wäre, der ArbN habe sich nicht hinreichend auf die Fahrtkosten einstellen können. Eine diesbezügliche Korrektur der Entfernungspausche widerspricht nicht nur verfassungsrechtlichen Grundsätzen (vgl oben Rz 8), sondern auch dem mit der Pauschalierung verfolgten Zweck. Abgesehen davon, dass dem Gesetz selbst nicht zu entnehmen ist, die Pauschalierung stehe unter dem Vorbehalt möglicher Kostenoptimierung, sollte die individuelle Wahl von Wohnort und Verkehrsmittel die bezweckte Vereinfachung und Gleichbehandlung gerade nicht in Frage stellen.

17 *(2) Unbefristet Tätigkeit.* Für dieses Merkmal ist gleichgültig, ob das Dienstverhältnis selbst befristet ist oder nicht; entscheidend ist vielmehr ob die Zuordnung zu einer Tätigkeitsstätte befristet ist. Daher liegt bei unbefristeter Zuordnung („bis auf Weiteres") solange eine erste Tätigkeitsstätte vor, bis eine neue Zuordnung erfolgt. Das soll im öffentlichen Dienst nicht nur für die Stelle gelten, zu der der ArbN eingestellt oder versetzt, sondern auch zu der er abgeordnet, zugeteilt, zugewiesen oder kommandiert wurde (BMF 30.9.13 BStBl I 13, 1279 Rz 20). Danach spielt keine Rolle ob dienstrechtlich eine andere Verwendung möglich wäre; vielmehr kommt es darauf an, ob von der Möglichkeit Gebrauch gemacht wurde.

Beispiel: Ein Polizist aus dem Bayerischen Wald schreibt als erste Diensthandlung in dem ihm zugewiesenen Polizeirevier in München ein Versetzungsgesuch nach Regen, Zwiesel oder Frauenau. Das Polizeirevier in München ist seine erste Tätigkeitsstätte, sofern die Zuordnung nicht auf höchstens 48 Monate begrenzt wurde.

Dem entsprechend ist auch im privaten Dienst nicht entscheidend, welche Verwendung arbeitsrechtlich möglich wäre, zB Innen- oder Außendienst oder beides, sondern von welcher derzeit Gebrauch gemacht wird. Daher hat ein LeihArbN an seinem zugeordneten Arbeitsplatz seine erste Tätigkeitsstätte, falls der dortige Einsatz nicht auf einen bestimmten Zeitraum beschränkt ist (BMF 30.9.13 BStBl I 13, 1279 Rz 19; vgl aber *Schneider* NWB Beilage zu 9/2013, 44, 51). Das müsste auch für einen Springer gelten, der – anders als jemand, der in mehreren Filialen beschäftigt ist – nicht neben- sondern nacheinander an unterschiedlichen Tätigkeitsstätten arbeitet. Die Beschränkung auf höchstens eine Tätigkeitsstätte je Dienstverhältnis (§ 9 Abs 4 Satz 5 EStG) zeigt, dass Regelungsbedarf bei mehreren nebeneinander aufgesuchten Arbeitsplätzen besteht. Beim Wechsel der Zuordnung ist ohnehin nur eine – die neue – Tätigkeitsstätte vorhanden.

18 *(3) 48-Monatsfrist.* Die Ausführungen zur befristeten Tätigkeit deuten auf Gestaltungsmöglichkeiten hin. Wenn eine erste Tätigkeitsstätte nur bei einer unbefristeten Zuordnung begründet wird und bei einer befristeten erst bei einer Dauer von mehr als 48 Monaten, bedeutet das, dass bei weiterlaufendem Beschäftigungsverhältnis eine Zuordnung bis zu 48 Monaten keine erste Tätigkeitsstätte zur Folge hat. Das wäre anders, wenn die Befristung von bestimmten (näher beschriebenen) sachlichen Gründen abhängig wäre, zB einem vermuteten Auftrags- oder Personalbedarf. Für eine derartige Einschränkung ist dem Gesetz nichts zu entnehmen, abgesehen davon, dass Prognosen für einen Zeitraum von 48 Monaten schwer zu treffen sind. Das führt dazu, dass die 48-Monatsfrist nicht nur leicht vermieden werden, sondern dauerhaft unbeachtet bleiben kann, wenn die jeweilige Befristung unter vier Jahren bleibt und jeweils vor Fristablauf wiederum befristet – ggf mehrfach – verlängert wird. Auch die Verwaltung geht davon aus, dass eine solche Kettenabordnung möglich ist (BMF 30.9.13 BStBl I 13, 1279 Rz 18).

Letztlich kann bei einem unbefristeten Dienstverhältnis jegliche erste Tätigkeitsstätte vermieden werden, indem die Zuordnung aller möglichen Tätigkeitsstätten befristet wird nach dem Motto, wer weiß schon was in vier Jahren sein wird. Dies führt zu dem vermutlich nicht beabsichtigten Ergebnis, dass ein ArbN, der tatsächlich jahrelang im Wesentlichen im selben Büro (zB in der Konzernzentrale) beschäftigt ist, dann keine erste Tätigkeitsstätte hat, wenn sein dortiger Einsatz ausdrücklich jeweils auf höchstens 48 Monate befristet wurde.

(4) Ex ante Prognose. Da das Gesetz die Dauerhaftigkeit der Zuordnung davon abhängig **19** macht, wo der ArbN wie lange „tätig werden soll" (§ 9 Abs 4 Satz 3 EStG), ist die zum Zeitpunkt der Zuordnung beabsichtigte Verwendungsdauer an dieser Tätigkeitsstätte von Bedeutung. Das gilt auch, wenn die Zuordnung vor Anwendbarkeit des geänderten Gesetzes, also vor 2014 erfolgt ist. Hieraus wird gefolgert, dass ein ArbGeb, der zu Beginn der Tätigkeit keine oder keine eindeutige Prognose getroffen oder eine solche nicht dokumentiert hat, dies bis spätestens zum 1.1.2014 nachholen kann (BMF 30.9.13 BStBl I 13, 1279 Rz 24). Tut er das nicht, ist von einer jedenfalls nicht eindeutigen unbefristeten Zuordnung auszugehen.

bb) Zusatzkriterien. Da das Gesetz die Dauerhaftigkeit „insbesondere" von den oben **20** genannten Kriterien abhängig macht (§ 9 Abs 4 Satz 3 EStG), könnte angenommen werden, dass auch anderes maßgebend wäre. Es gibt aber keine hinreichenden Hinweise auf die Existenz von Zusatzkriterien und erst recht nicht auf deren konkrete Ausgestaltung. Insbes kann nicht die bisherige Rspr zur „vorübergehenden" Tätigkeit herangezogen werden. Diese besagte, dass eine vorübergehende Tätigkeit an einer anderen betrieblichen Einrichtung nicht zur neuen regelmäßigen Arbeitsstätte wird, wenn die bisherige in dem Sinne beibehalten wurde, dass von einer Rückkehr dorthin auszugehen ist (BFH 8.8.13 – VI R 72/12, DStR 13, 2558). Eine solche auf die Verhältnisse des Einzelfalles abstellende Prognose ist nicht mehr möglich, weil die obigen Merkmale Dauer des Dienstverhältnisses, unbefristete Tätigkeit und 48-Monatsfrist bereits abschließend regeln, was unter vorübergehend zu verstehen ist. Abgesehen davon hängt die dauerhafte Zuordnung jetzt nicht von einer vorausgegangenen oder nachfolgenden Verwendung ab.

c) Auswahl mehrerer Tätigkeitsstätten. Nach § 9 Abs 4 Satz 3 EStG kann ein ArbN **21** je Dienstverhältnis nur eine erste Tätigkeitsstätte haben. Dies hatte der BFH durch Änderung einer jahrzehntelangen Rspr vorweggenommen, was damals nach Wortlaut und Zweck der Vorschrift problematisch war (vgl Personalbuch 2013 *Fahrten zwischen Wohnung und Arbeitsstätte* Rz 17 ff), jetzt aber gesetzlich festgeschrieben ist. Dessen ungeachtet sind bei mehreren Dienstverhältnissen mehrere (höchstens je eine) erste Tätigkeitsstätten möglich. Außerdem kann ein ArbN, der zusätzlich selbständig tätig ist, neben einer ersten Tätigkeitsstätte eine Betriebsstätte iSv § 4 Abs 5 Nr 6 EStG haben, auf die die Rechtsfolgen einer ersten Tätigkeitsstätte entsprechend anwendbar sind.

Die Beschränkung auf eine erste macht bei mehreren in Betracht kommenden Tätigkeitsstätten eine Klärung erforderlich. Diese erfolgt vorrangig durch Zuordnung des ArbGeb. Unterbleibt diese Bestimmung oder ist sie nicht eindeutig, ist die der Wohnung örtlich am nächsten liegende die erste Tätigkeitsstätte. Dies erscheint willkürlich, zumal die Regelung alles andere als vereinfachend wirkt. Denn es müssen alle betrieblichen Einrichtungen, an denen der ArbN tätig ist, darauf untersucht werden ob sie nach dem Umfang der dort erbrachten Arbeit und der Prognose der dortigen Verweildauer als Tätigkeitsstätten in Betracht kommen, weil nur dann festgestellt werden kann, welches die nächstliegende Tätigkeitsstätte ist. Vermutlich einfacher weil offensichtlicher und sachgerechter wäre gewesen, auf diejenige Tätigkeitsstätte abzustellen, an der der ArbN am längsten arbeitet.

182   Fahrten zwischen Wohnung und Arbeitsstätte

22   d) Verfassungsrechtliche Würdigung. Das geschilderte Regelwerk wirft erhebliche Zweifel an seiner Verfassungsmäßigkeit auf. Die vom ArbGeb getroffene Entscheidung zur ersten Tätigkeitsstätte hat weitreichende Auswirkungen auf die Erfassung eines geldwerten Vorteils beim Dienstwagen und auf die Beträge, die vom ArbN als Fahrt-, Unterkunfts- oder Verpflegungsmehraufwendungen zu berücksichtigen sind. Dabei ist der ArbGeb bei seiner Zuordnungsentscheidung laut Verwaltung frei, jede betriebliche Einrichtung, an der der ArbN zumindest in geringem Umfang tätig wird, zur ersten Tätigkeitsstätte zu erklären.

> **Beispiel:** Ein Fußballprofi mit Wohnung in A hat seinen Berufsmittelpunkt im 50 km entfernten B auf dem Vereinsgelände seines ArbGeb (typischerweise arbeitstäglich Training, Fitness, Besprechung, medizinische und sonstige Betreuung). Der ArbGeb bestimmt das Stadion in C wo sich der ArbN alle zwei Wochen mehrere Stunden (Vorbereitung, Wettkampf, Nachbereitung) aufhalten muss, zur ersten Tätigkeitsstätte. Dadurch ermäßigt sich der Lohn für den überlassenen Dienstwagen (Listenpreis 100 000 €) monatlich um (100 000 € × 0,03 % × 50 =) 1500 €. Fährt der ArbN zwischen A und B mit einem vergleichbaren eigenen Kfz, werden die Fahrtkosten den Abzugsbetrag der Entfernungspauschale in ähnlicher Höhe übersteigen. § 9 Abs 1 Nr 4a Satz 3 EStG (Sammelpunkt) greift nicht ein, weil dies voraussetzt, dass der ArbN keine erste Tätigkeitsstätte besitzt. Gehört das Stadion nicht dem ArbGeb ändert sich nichts, weil es dann die ortsfeste betriebliche Einrichtung eines vom ArbGeb bestimmten Dritten ist.

Es gibt auch keine Anhaltspunkte dafür, dass der ArbGeb bei der Zuordnung nach einheitlichen Maßstäben vorzugehen hätte und die ArbN mit vergleichbarem Tätigkeitsprofil gleich zu behandeln hätte oder dass er an eine einmal getroffene Zuordnungsentscheidung für die Zukunft gebunden wäre. In Übereinstimmung hiermit geht die Verwaltung davon aus, dass bei Beschäftigung eines ArbN an mehreren Filialen seines ArbGeb dieser zunächst die Filiale A und später die Filiale B als erste Tätigkeitsstätte festlegen kann (BMF 30.9.13 BStBl I 13, 1279 Rz 14 Beispiel 3).

Umgekehrt ist zweifelhaft ob der ArbGeb arbeitsrechtlich verpflichtet ist, eine iSd jeweiligen ArbN steueroptimierte Entscheidung zu treffen. Hiergegen spricht, dass der ArbGeb von jeglicher Zuordnung absehen kann. Dann ist diejenige von mehreren möglichen die erste Tätigkeitsstätte, die der Wohnung des ArbN am nächsten liegt (§ 9 Abs 4 Satz 7 EStG). Im Übrigen kann von Fall zu Fall schwer zu beurteilen sein, welche Zuordnung für den jeweiligen ArbN optimal wäre. Dazu müsste der ArbGeb für alle in Betracht kommenden Tätigkeitsstätten eine Vergleichsberechnung mit teilweise unbekannten Parametern durchführen.

Danach hängt die Beurteilung von massenhaft vorkommenden Sachverhalten nicht von nachvollziehbaren gesetzlichen Maßstäben ab, sondern von einer dem ArbGeb nach seinem freien Ermessen überlassenen Zuordnungsentscheidung, die dann den Anwendungsbereich der jeweiligen gesetzlichen Regelungen bestimmt. Eine derartige Entscheidungsbefugnis des ArbGeb mag in Katar angehen. Hierzulande erfordert der Gleichbehandlungsgrundsatz, dass Rechtsfolgen von Gewicht nicht lediglich der freien Entscheidung nicht unmittelbar betroffener Dritter überlassen werden, sondern an ein nachvollziehbares und folgerichtiges System anknüpfen, das sich am Normalfall und nicht an den Vorstellungen und Wünschen Einzelner orientiert. Ein solches verfassungskonformes System ist nicht zu erkennen, wenn der ArbGeb einerseits bereits bei Arbeit in „ganz geringem Umfang" eine erste Tätigkeitsstätte generieren und andererseits trotz jahrelanger Arbeit am selben Arbeitsplatz durch eine nicht näher zu begründende Befristung eine erste Tätigkeitsstätte vermeiden kann.

23   3. Sammelpunkt und Tätigkeitsgebiet. Hat ein ArbN ohne erste Tätigkeitsstätte nach den dienst- und arbeitsrechtlichen Weisungen zur Aufnahme seiner beruflichen Tätigkeit dauerhaft denselben Ort oder dasselbe weiträumige Tätigkeitsgebiet typischerweise arbeitstäglich aufzusuchen, so ist für Fahrten von der Wohnung zu diesem Ort bzw zu dem zur Wohnung nächstgelegenen Zugang zum Tätigkeitsgebiet die Entfernungspauschale und die Erfassung von Nutzungsvorteilen beim Dienstwagen (vgl § 8 Abs 2 Satz 2 EStG) entsprechend anzuwenden (§ 9 Abs 1 Nr 4a Satz 3 EStG). Das heißt, dass beim Zugang zum Tätigkeitsgebiet die Wegekosten ggf in tatsächliche und in pauschalierte Aufwendungen aufgeteilt werden müssen, was die Handhabung der Regelung nicht gerade einfach macht. Anders als bei der vollzeitigen Bildungseinrichtung wird hier keine erste Tätigkeitsstätte fingiert, weshalb es mit Ausnahme der Entfernungspauschale/Vorteilserfassung im Übrigen bei Dienstreisegrundsätzen bleibt.

Fahrten zwischen Wohnung und Arbeitsstätte 182

a) Sammelpunkt. Als Beispiele nennt die Verwaltung Treffpunkt zum betrieblichen 24 Sammeltransport (zB bei Bauarbeitern), Busdepot, Fährhafen, Liegeplatz des Seenotrettungskreuzers, Anleger des Fahrgastschiffs, Lotsenstation, betrieblich Anlaufstelle des Kundendienstmonteurs (BMF 30.9.13 BStBl I 13, 1279 Rz 37 ff). Bei Fernfahrern und Piloten im interkontinentalen Einsatz dürfte der Startort nur ausnahmsweise typischerweise arbeitstäglich aufgesucht werden. Der Treffpunkt privat organisierter Fahrgemeinschaften ist mangels Weisung des ArbGeb kein derartiger Sammelpunkt.

b) Weiträumiges Tätigkeitsgebiet. Dieses ist von der großräumigen Tätigkeitsstätte 25 und einzelnen ortsfesten betrieblichen Einrichtungen innerhalb eines Bezirks zu unterscheiden. Nach wie vor eine einzige – möglicherweise erste – Tätigkeitsstätte ist ein größeres in sich geschlossenes Areal zB eines Werksgeländes (BFH 18.6.09 – VI R 61/06, BStBl II 10, 564 = DStRE 09, 1228), eines Messegeländes oder ein Bürokomplex. Dieses Gelände unterscheidet sich vom weiträumigen Tätigkeitsgebiet durch Geschlossenheit und Überschaubarkeit, während jenes Arbeitsleistungen auf einer weiträumigen Fläche zB einem Hafen, einem Forstgebiet, einem Straßenreinigungs-Müllabfuhr- oder Zustellbezirk uä betrifft. Warum der Kehrbezirk eines Schornsteinfegers nicht dazu gehören soll (so BMF 30.9.13 BStBl I 13, 1279 Rz 41), bedarf der Begründung. Hat der ArbN nicht wechselnd im betreffenden weiträumigen Gebiet zu tun, sondern nur an bestimmten ortsfesten betrieblichen Einrichtungen wie Filialen, Pflegestationen usw, bleibt es bei deren gesonderten Beurteilung als Tätigkeitsstätte.

III. Entfernungspauschale. 1. Wege zwischen Wohnung und erster Tätigkeitsstät- 26 **te.** Für diese Wege tritt (von Ausnahmen abgesehen) an die Stelle der tatsächlichen Aufwendungen des ArbN eine verkehrsmittelunabhängige abgeltende km-Pauschale. Diese Pauschale war bisher verfassungskonform (BFH 10.4.08 – VI R 66/05, DStR 08, 1228; BFH 10.2.10 – III B 112/09, BFH/NV 10, 881; BFH 11.9.12 – VI B 43/12, DStR 12, 2318 insbes zur Beschränkung auf eine Fahrt arbeitstäglich). Das ist ab 2014 nicht mehr der Fall, weil der Anwendungsbereich der Entfernungspauschale nicht mehr den Weg zur Arbeit typisiert, den der ArbN selbst zu verantworten hat und der auch von seiner persönlichen Entscheidung zu Wohnort und benutztem Verkehrsmittel geprägt ist. Vielmehr hängt die Anwendung der Entfernungspauschale von der freien Zuordnungsentscheidung des ArbGeb ab, die den die Typisierung rechtfertigenden Rahmen minimalisieren oder gegenstandslos machen kann.

a) Wohnung iSv § 9 Abs 1 Nr 4 EStG ist jede Unterkunft, die zur Übernachtung genutzt 27 wird und von der der ArbN seinen Arbeitsplatz aufsucht. Handelt es sich um die einzige Wohnung des ArbN, kommt es auf Eigentums- und Besitzverhältnisse, besondere Ausstattung oder Komfort und auf die Nutzungsdauer nicht an. Da – anders als bei der doppelten Haushaltsführung – kein eigener Hausstand mit finanzieller Beteiligung des ArbN gefordert wird, kann das auch die Wohnung der Eltern sein, ein vorübergehendes unentgeltliches Unterkommen bei Freunden, ein möbliertes Zimmer (BFH 4.8.67, BStBl III 67, 727), ein Schiff (BFH 17.12.71, BStBl II 72, 245), ein Wohnwagen (BFH 15.11.74, BStBl II 75, 278), eine Gemeinschaftsbaracke (BFH 10.11.78, BStBl II 79, 224), eine Kaserne (BFH 20.12.82, BStBl II 83, 269) oder ein Baustellenwagen (BFH 3.10.85, BStBl II 86, 369).

b) Mehrere Wohnungen. Hat der ArbN mehrere Wohnungen ist die nächstgelegene 28 maßgeblich, es sei denn die entferntere bildet den Lebensmittelpunkt und wird nicht nur gelegentlich aufgesucht (§ 9 Abs 1 Nr 4 Satz 6 EStG).

aa) Lebensmittelpunkt. Dieser bestimmt sich durch Würdigung aller Umstände des Einzelfalls wie persönlicher und wirtschaftlicher Beziehungen, Aufenthaltsdauer, Ausstattung der jeweiligen Wohnung usw (vgl *Doppelte Haushaltsführung* Rz 19). Darauf, ob der ArbN im Hinblick auf die zurückzulegende Entfernung die Fahrt zum Lebensmittelpunkt auch auf Dauer arbeitstäglich zurücklegen kann, kommt es nicht an (BFH 22.6.90, BFH/NV 91, 33).

bb) Gelegentliches Aufsuchen. Dieses Erfordernis, das zum Lebensmittelpunkt hinzukommen muss, ist eine Regelung zu Lasten verheirateter Gastarbeiter, bei denen nach ursprünglichem Verständnis die Voraussetzungen einer doppelten Haushaltsführung nicht vorlagen (BFH 8.11.96 – VI R 43/94, DStR 97, 733 mit Anm *MIT*). Denn bei einer doppelten Haushaltsführung können derartige Fahrten ohnehin als Familienheimfahrten berücksichtigt werden und bei anderen ArbN, die ihre weiter entfernt liegende Wohnung nur gelegentlich aufsuchen, stellt diese schon deshalb nicht den Lebensmittelpunkt dar. Entgegen R 9.10 Abs 1 Satz 5 LStR (mindestens sechs Mal im Kj) sieht der BFH bereits fünf Fahrten im Kj als ausreichend an (BFH 26.11.03 – VI R 152/99, BStBl II 04, 233 = DStR 04, 219 mit Anm MIT). Dabei soll auch eine besonders große Entfernung beachtlich sein. Das ist zweifelhaft, weil der Ausschluss bewusst zusätzlich zum Lebensmittelpunkt geregelt wurde, um gerade in den Fällen einzugreifen, in denen wegen der weiten Entfernung keine häufigen Fahrten möglich sind.

29   **2. Gesamtpauschalierung.** Es ist grds (zu Ausnahmen s unten) eine verkehrsmittel- und kostenunabhängige Gesamtpauschalierung vorzunehmen, bei der arbeitstäglich 0,30 € je vollständigen (nicht je angefangenen) Entfernungskm des Weges zwischen Wohnung und erster Tätigkeitsstätte angesetzt werden.
   a) Wegeberechnung. Maßgebend ist grds die kürzeste Straßenverbindung (§ 9 Abs 1 Nr 4 Satz 4 EStG). Als „Straßen"verbindung gilt auch eine Fähre (BFH 19.4.12 – VI R 19/11, DStR 12, 176) oder ein Tunnel. Bei der Fähre soll aber die Fährstrecke nicht in die Entfernungsberechnung eingehen und stattdessen die Fährkosten neben die Entfernungspauschale angesetzt werden (BMF 31.10.13 DStR 13, 2463 Tz 1.4 Beispiel 2). Dagegen sind Mautentgelte oder Tunnelgebühren nicht neben der Entfernungspauschale zu berücksichtigen.

30   **aa) Tagespauschale** („für jeden Arbeitstag" § 9 Abs 1 Nr 4 Satz 2 EStG). Diese gilt auch, wenn der ArbN die Fahrt wegen der Eigenart der geschuldeten Arbeit typischerweise zweimal am Tag zurücklegt (BFH 11.9.03 – VI B 101/03, BStBl II 03, 893), da die früheren Ausnahmen für einen zusätzlichen Arbeitseinsatz bzw eine längere Arbeitszeitunterbrechung entfallen sind. Arbeitstag ist ein solcher, an dem tatsächlich gearbeitet wird. Daher greift die Entfernungspauschale bei Rufbereitschaft nur ein, wenn die erste Tätigkeitsstätte auch aufgesucht wird. Die halbe Pauschale kommt zur Anwendung, wenn wegen einer Dienstreise oder bei Schichtdienst an einem Kalendertag nur eine Hin- oder Rückfahrt erfolgt.
   Da ein ArbN mit mehreren Dienstverhältnissen je Dienstverhältnis eine erste Tätigkeitsstätte haben kann, zB in unterschiedlichen Filialen, Büros usw, kommt jeweils eine eigene Entfernungspauschale in Betracht. Werden die Tätigkeitsstätten jeweils an unterschiedlichen Wochentagen (zB Montag bis Mittwoch in A und Donnerstag bis Samstag in B) oder jeweils arbeitstäglich, aber mit zwischenzeitlicher Rückkehr in die Wohnung angefahren, ist jeweils die volle Entfernungspauschale anzusetzen. Fährt ein ArbN an 220 Tagen im Kj mit seinem Kfz von der Wohnung in A zur 30 km entfernten Tätigkeitsstätte in B, sowie weiter zur 40 km entfernten Tätigkeitsstätte in C und von dort zurück zur 50 km entfernten Wohnung, behandelt die Verwaltung die Fahrt nach B als Umwegstrecke zur Fahrt nach C und legt der Entfernungspauschale nur die Hälfte der Gesamtstrecke, also (30+40+50 = 120 : 2 =) 60 km zugrunde, wenn diese niedriger ist, als die Summe der Einzelentfernungen zur Wohnung (hier: 30+50 = 80 km). Das ergibt (220 Tage × 60 km × 0,30 € =) 3960 € (BMF 31.10.13 DStR 13, 2463 Tz 1.8). Das ist zweifelhaft, weil bei der Fahrt von B nach C kein Weg von oder zu einer Wohnung gegeben ist. Deshalb wäre denkbar, für D und C jeweils die halbe Entfernungspauschale iHv (15+25 = 40 × 0,30 × 220 =) 2640 € und für die Strecke B nach C die tatsächlichen Kosten (beim Kfz mindestens 0,30 €/km), also (40 × 0,30 × 220 =) 2640 €, zusammen somit 5280 € anzusetzen.

31   **bb) Offensichtlich verkehrsgünstigere Strecke.** Diese kann statt der kürzesten Straßenverbindung zugrunde gelegt werden, wenn sie vom ArbN regelmäßig benutzt wird (§ 9 Abs 1 Nr 4 Satz 4, 2. Hs EStG). „Verkehrsgünstiger" ist eine Strecke, die idR schneller und pünktlicher erreicht werden kann. Das ist „offensichtlich", wenn die Vorteilhaftigkeit so auf der Hand liegt, dass sich ein verständiger Verkehrsteilnehmer unter den gegebenen Verkehrsverhältnissen ebenfalls für diese Strecke entschieden hätte. Danach braucht keine bestimmte absolute Zeitersparnis (zB 20 Minuten) erreicht zu werden, zumal die gesamte Wegstrecke in diesem Zeitrahmen liegen kann. Eine minimale Zeitersparnis von unter 10 % gegenüber der kürzesten Strecke reicht jedoch regelmäßig nicht (BFH 16.11.11 – VI R 19/11, DStR 12, 176 und VI R 46/10, DStRE 12, 336). Ob persönliche Wahrnehmungen darüber, dass die gewählte längere Stecke angenehmer und stressfreier sei, ebenfalls maßgebend sind (so *Geserich* DStR 12, 278) ist zweifelhaft, weil das nicht zuletzt vom eigenen Fahrstil abhängt und die Wegstrecke auch nicht schneller und pünktlicher macht. Umwege aus persönlichen

Gründen (FG Hbg 23.3.03 – II 61/02, DStRE 03, 968 Höhenangst auf einer Brücke) oder wegen des gewählten Verkehrsmittels (Moped, das in einem Tunnel nicht benutzt werden darf) dürften unbeachtlich sein, zumal das Gesetz auf die kürzeste Straßenverbindung und nicht mehr wie früher auf die kürzeste benutzbare Straßenverbindung abstellt und zumal das benutzte Verkehrsmittel für die Entfernungspauschale irrelevant ist. Der ArbN trägt die Feststellungslast sowohl zum Merkmal offensichtlich verkehrsgünstiger als auch zu regelmäßig benutzt (FG RhPf 21.2.13 – 4 K 1810/11, DStRE 13, 1414).

Obwohl sich die Privilegierung der verkehrsgünstigeren Strecke historisch (vor der 2001 eingeführten Gesamtpauschalierung) nur auf die Benutzung des eigenen Kfz bezogen hatte, ist sie jetzt nicht mehr ausdrücklich an ein bestimmtes Verkehrsmittel gebunden, sondern bestimmt nur die maßgebenden Entfernungskm. Gleichwohl wird sie bei anderen Verkehrsmittel (zB Bus oder Straßenbahn) selbst dann nicht angewendet, wenn diese der verkehrsgünstigsten Strecke folgen (BMF 31.10.13 DStR 13, 2463 Tz 1.4). Entsprechendes gilt für Umwege im park&ride-Verkehr (BMF 31.10.13 DStR 13, 2463 Rz 1.6). Dort werden Teilstrecken, soweit die Privilegierung öffentlicher Verkehrsmittel oder die Kostendeckelung auf 4500 € betroffen ist, einer für eine Pauschalierung absurd anmutenden Sonderbehandlung zugeführt.

b) Ausnahmen. Die Entfernungspauschale ist nicht auf eine Flugstrecke und steuerfreie Sammelbeförderung anzuwenden (§ 9 Abs 1 Nr 4 Satz 3 EStG). **32**

aa) Flugstrecke. Diese Ausnahme wurde ursprünglich geschaffen, um bei Familienheimfahrten von Gastarbeitern mit dem Flugzeug über Tausende von km zu vermeiden, dass der Abzugsbetrag die tatsächlichen Aufwendungen um ein Vielfaches übersteigt. Im Inland ist schwer zu begründen, warum das Flugzeug anders als die Bahn oder das Kfz behandelt werden soll, zumal schwer zu kontrollieren ist, welches Verkehrsmittel tatsächlich benutzt wurde. Gleichwohl wird eine verfassungswidrige Ungleichbehandlung verneint (BFH 26.3.09 – VI R 42/07, DStRE 09, 776 und VI R 15/07, DStR 09, 1030). Daher sind für die Flugstrecke die tatsächlichen Kosten maßgebend, während es für den Weg zum und vom Flughafen bei der Entfernungspauschale bleibt.

bb) Steuerfreie Sammelbeförderung. Diese ist ausgenommen, weil die ganze oder teilweise Kostenübernahme durch den ArbGeb wegen § 3 Nr 32 EStG beim ArbN nicht als geldwerter Vorteil erfasst wird. Keine steuerfreie Sammelbeförderung ist gegeben, wenn ein ArbN mit Dienstwagen Arbeitskollegen zur Arbeitsstätte mitzunehmen hat (BFH 29.1.09 – VI R 56/07, BStBl II 10, 1067; aA *Schmidt/Loschelder* EStG § 9 Rz 129).

c) Kostendeckelung. Der als Entfernungspauschale abziehbare Betrag ist auf 4500 € im **33** Kj begrenzt; ein höherer Betrag ist aber anzusetzen, soweit der ArbN einen eigenen Kraftwagen (nicht Kfz, also auch nicht Motorrad) benutzt (§ 9 Abs 1 Nr 4 Satz 2 EStG). Die Kappungsgrenze ist verfassungskonform (FG Nürnberg 11.8.11 – 4 K 258/10, DStRE 12, 531; Sachs FG 14.11.11 – 4 V 989/11, DStRE 12, 531). In die Kappungsgrenze sind nur die Entfernungskm einzubeziehen, die pauschaliert werden, also zB nicht Flugstrecke, Fährstrecke usw.

Wird die zu pauschalierende Wegstrecke sowohl mit dem eigenen Kraftwagen als auch mit anderen Verkehrsmitteln zurückgelegt, gilt die Begrenzung von 4500 € nur für die mit anderen Verkehrsmitteln zurückgelegte Fahrstrecke (BMF 31.10.13 DStR 13, 2463 Tz 1.6 mit Beispielen 1–4). Zur Vermeidung der Deckelung ist nachzuweisen, in welchem Umfang ein eigener Kraftwagen benutzt worden ist, was streitanfällig und verwaltungsaufwändig ist und die Vorteile einer Pauschale einschränkt, zumal bei Fahrgemeinschaften die Ausnahme von der Kostendeckelung nur bei Benutzung des eigenen Kraftwagens und nicht für Umwegstrecken zum Abholen gilt (BMF 31.10.13 DStR 13, 2463 Tz 1.5 mit Beispielen).

3. Abgeltung. Die Entfernungspauschale hat grundsätzlich abgeltende Wirkung, wobei **34** es weder auf das benutzte Verkehrsmittel noch auf die angefallenen Kosten ankommt (§ 9 Abs 2 Satz 1 EStG). Das gilt auch für Leasingsonderzahlungen (BFH 15.4.10 – VI R 20/08, BStBl II 10, 805 = DStR 10, 1328 mit Anm *Urban* FR 10, 713), Parkgebühren, Finanzierungskosten, Versicherungsbeiträge usw.

a) Außergewöhnliche Kosten bei Aufwendungen infolge Diebstahls oder zur Behebung eines Motorschadens sind ebenfalls abgegolten. Eine Ausnahme macht die Verwaltung für einen Unfall (BMF 31.10.13 DStR 13, 2463 Tz 4). Das soll auch für einen Unfall auf dem

182 Fahrten zwischen Wohnung und Arbeitsstätte

Umweg zum Abholen eines Mitfahrers gelten (*Niermann* DB 07, 17 unter 5). Die Ausnahme Unfallkosten ist nach Wortlaut und Zweck der Regelung nicht gerechtfertigt (*Kettler* DStZ 02, 676). Die Verwaltung kann sich insoweit auch nicht auf die Entscheidung zur Schadensberechnung beim nicht mehr reparierten Fahrzeug (BFH 21.8.12 – VIII R 33/09, DStR 12, 2423) berufen. Denn diese betraf das Streitjahr 1999, während die Gesamtpauschalierung erst 2001 eingeführt wurde. Die Streitfrage kann trotz der Ansicht der Verwaltung entscheidungserheblich werden, wenn streitig ist, wo sich der Unfall ereignet hat.

35   **b) Öffentliche Verkehrsmittel.** Auch bei der Benutzung öffentlicher Verkehrsmittel ist primär die Entfernungspauschale anzusetzen. Es können jedoch ggf Mehrkosten abgezogen werden. Diese 2007 entfallene Möglichkeit wurde (aus steuersystematischer Sicht leider) rückwirkend wieder eingeführt. Ab 2012 ist der Günstigervergleich jahresbezogen und nicht arbeits- bzw teilstreckenbezogen vorzunehmen (Nichtanwendungsgesetz zu BFH 11.5.05 – IV R 40/04, DStR 05, 1268 und BFH 26.3.09 – VI R 25/08, BFH/NV 09, 1619). Dabei wird der Betrag, der sich für die Entfernungspauschale sämtlicher Arbeitstage ergibt den in diesem Kj insgesamt entstandenen Aufwendungen für benutzte öffentliche Verkehrsmittel gegenüber gestellt (vgl BMF 31.10.13 DStR 13, 2463 Tz 1.6). Der Einwand, es sei verfassungsrechtlich bedenklich, dass nicht lediglich Zeiträume mit tatsächlicher Benutzung öffentlicher Verkehrsmittel verglichen würden (so *Nacke* DB 11, 132) verfängt nicht, weil der Gesetzgeber auf den Günstigervergleich insgesamt hätte verzichten können (*Reimer* FR 11, 929).

36   **c) Behindertenprivileg.** Personen, deren GdB mindesten 50 beträgt und die zusätzlich in ihrer Bewegungsfähigkeit im Straßenverkehr erheblich beeinträchtigt sind oder bei denen der GdB mindestens 70 beträgt, können zwischen der Entfernungspauschale und dem Ansatz tatsächlicher Kosten wählen (§ 9 Abs 2 Satz 3 EStG). Für den Nachweis der Behinderung gelten die für die Gewährung der Pauschbeträge nach § 33b EStG aufgestellten Regeln. Dabei können Behinderte im Verlaufe des Kj jeweils das günstigste Ergebnis auswählen. Jedoch muss bei Teilstrecken mit unterschiedlichen Verkehrsmitteln jeweils einheitlich (pauschale oder tatsächliche Kosten) verfahren werden (BFH 5.5.09 – VI R 77/06, BStBl II 09, 729 = DStR 09, 1189; Beispiel in BMF 31.10.13 DStR 13, 2463 Tz 3).

In die tatsächlichen Kosten gehen auch Leerfahrten des bringenden oder abholenden Ehegatten ein, wenn der ArbN keine Fahrerlaubnis besitzt oder von ihr wegen seiner Behinderung keinen Gebrauch machen kann (BFH 2.12.77, BStBl II 78, 260). Werden die tatsächlichen Aufwendungen nicht pauschal (mit 0,30 €/km) sondern individuell ermittelt, sind für die Berechnung der AfA die Anschaffungskosten um Leistungen nach der KfzhilfeVO für die Beschaffung bzw Ausstattung des Fahrzeugs zu kürzen (BFH 14.6.12 – VI R 89/10, DStRE 12, 1371).

Der Ansatz der Entfernungspauschale wird insbes dann günstiger sein, wenn der Behinderte eine stark ermäßigte Jahresfahrberechtigung im öffentlichen Nahverkehr erwerben kann. Zur Berücksichtigung **privater** Kfz-Kosten Gehbehinderter als außergewöhnliche Belastung vgl BFH 15.6.10 – VI B 11/10, BFH/NV 10, 1631; FG RhPf 5.1.94, EFG 94, 488.

37   **4. Anrechnung steuerfreien Ersatzes.** Die Entfernungspauschale ist insoweit zu kürzen, als der Weg zur Arbeit durch den ArbGeb steuerfrei finanziert wird nach § 8 Abs 2 Satz 11 EStG (Sachbezugsfreigrenze bis zu 44 €) oder nach § 8 Abs 3 EStG (Rabattfreibetrag bis zu 1080 €) oder soweit der ArbGeb Beförderungskosten nach § 40 Abs 2 Satz 2 EStG mit einem Pauschsteuersatz von 15 % erhebt. Ist der ArbGeb selbst Verkehrsträger und überlässt er seinem ArbN zB verbilligte Monatskarten, ist der Ausgangsbetrag für die Anrechnung nicht der Preis am Markt, sondern ein ggf geringerer Betrag, den ein dritter ArbGeb an den Verkehrsträger zu entrichten hätte (§ 9 Abs 1 Nr 4 Satz 5 EStG).

38   **5. Erfassung mit einem Pauschsteuersatz.** Der ArbGeb kann übernommene Beförderungskosten für die Wege des ArbN zwischen Wohnung und erster Tätigkeitsstätte in Form von Sachbezügen (zB Dienstwagen) oder Zuschüssen insoweit nach § 40 Abs 2 Satz 2 EStG mit einem Pauschsteuersatz erheben, als dem ArbN für diese Wege Werbungskosten zustanden. Dabei kann der ArbGeb aus Vereinfachungsgründen unterstellen, dass diese Wege (trotz Urlaub, Dienstreisen, Krankheit) jedenfalls an 15 Tagen monatlich zurückgelegt wurden. Bei der Ermittlung der höchstens zulässigen Werbungskosten greift die Kostendeckelung auf 4500 € bei ausschließlicher Benutzung eines Kraftwagens (nicht aber bei Motorrad, Roller,

Moped, Mofa) nicht ein und bei ausschließlicher Benutzung öffentlicher Verkehrsmittel, bei Flugstrecken, bei entgeltlicher Sammelbeförderung und bei Behinderten ist ein Pauschsteuersatz auf die tatsächlichen Aufwendungen möglich.

C. Sozialversicherungsrecht
Ruppelt

1. Wegeunfall. Versicherte Tätigkeit in der gesetzlichen UV ist auch das Zurücklegen der mit der versicherten Tätigkeit zusammenhängenden unmittelbaren Wege nach und von dem Beschäftigungsort. Es handelt sich typischerweise um den Weg zwischen Wohnung und Arbeitsstätte, aber auch alle anderen Wege in Zusammenhang mit einer versicherten Tätigkeit nach §§ 2, 3 und 6 SGB VII sind von § 8 Abs 2 Nr 1 SGB VII erfasst (vgl im Einzelnen *Wegeunfall* Rz 13 ff). Kein Wegeunfall ist der Unfall, der sich auf einem Betriebsweg ereignet, dh auf einem Weg, der Bestandteil der betrieblichen Tätigkeit ist (Lieferfahrten, Montagereisen, Botenwege usw). Unfälle auf solchen Wegen sind nach § 8 Abs 1 SGB VII versichert (vgl *Unfallversicherung* Rz 16 ff; *Dienstreise* Rz 64 ff). 39

2. Familienwohnung. Hat der Versicherte wegen der Entfernung seiner ständigen Familienwohnung von dem Ort der Tätigkeit an diesem oder in dessen Nähe eine Unterkunft, so ist **auch der Weg zur Familienwohnung** versichert, wenn er im rechtlich wesentlichen Zusammenhang mit der versicherten Tätigkeit steht, dh von der Absicht geprägt ist, die Arbeitsstätte aufzusuchen oder von ihr zurückzukehren (§ 8 Abs 2 Nr 4 SGB VII; s im Einzelnen *Doppelte Haushaltsführung* Rz 38 f; BSG; 10.10.02 – B 2 U 16/02 R, SozR 3–2200 § 55 Nr 22 mwN; 10.10.06 – B 2 U 20/05 R, SozR 4–2700 § 8 Nr 19 Rz 24). Ständige Familienwohnung ist eine Wohnung, die für nicht unerhebliche Zeit den Mittelpunkt der Lebensverhältnisse des Versicherten bildet; die Beurteilung, ob die hiernach erforderlichen Voraussetzungen gegeben sind, richtet sich nach **der tatsächlichen Gestaltung der Lebensverhältnisse** des Versicherten zur Unfallzeit, die insbesondere durch die persönlichen Absichten und Gegebenheiten ihren Ausdruck finden. Daneben sind aber bei der Feststellung des Mittelpunktes der Lebensverhältnisse in gleicher Weise objektive Kriterien in die Wertung mit einzubeziehen, in denen dann die subjektiven Verhältnisse uU ihre Bestätigung finden. So kann bspw die Gestaltung der Wohnverhältnisse (Größe des Wohnraums, Einrichtung, Anzahl der Wohnungsnutzer etc) darüber Auskunft geben, ob eine ständige Familienwohnung vorliegt oder nicht (BSG 3.12.02 – B 2 U 18/02 R, NJW 03, 2260; 10.10.02 – B 2 U 16/02 R, SozR 3–2200 § 550 Nr. 22). Bei einem **verheirateten Versicherten** befindet sich daher der Mittelpunkt der Lebensverhältnisse im Allgemeinen an dem Ort, an dem sich der Ehepartner und – ggf – die gemeinsamen Kinder nicht nur vorübergehend aufhalten. Bei einem **Ledigen** kann die Familienwohnung weiterhin bei den Eltern sein, wenn er seine Freizeit regelmäßig dort verbringt, die Bindung zu den Eltern nicht gelockert ist und er am Ort der Tätigkeit nicht einen neuen Lebensmittelpunkt gefunden hat. Aus einer polizeilichen Anmeldung von Wohnsitzen lässt sich idR demgegenüber noch kein verlässlicher Rückschluss auf die tatsächliche Wohnsituation ziehen (BSG 3.12.02 – B 2 U 18/02 R, NJW 03, 2260 mwN). Familienwohnung kann bei ausländischen ArbN nach diesen Grundsätzen auch eine **Wohnung im Ausland** sein, so dass auch eine mehrtägige Reise in das Ausland unter den genannten Umständen versichert ist (BSG 28.6.84 – 2 RU 13/83, NZA 85, 167; *Schulin* Bd 2/*Schulin* § 33 Rz 49 ff; vgl *Doppelte Haushaltsführung* Rz 38 f). Zum Versicherungsschutz für Wege vom Ort der Tätigkeit zu einem anderen Ort als der Wohnung s *Wegeunfall* Rz 16. 40

Fahrtkostenzuschuss

A. Arbeitsrecht
Griese

1. Anspruch auf Fahrtkostenzuschuss. Für die Fahrten zwischen Wohnung und Arbeitsstätte und zurück schuldet der ArbGeb von Gesetzes wegen keinen Fahrtkostenzuschuss, da diese Fahrten zum privaten Lebensbereich des ArbN gehören und der ArbN die Kosten dafür von seinem Arbeitsentgelt bestreiten muss (BAG 20.3.12 – 9 AZR 518/10). Gleichwohl kann der ArbGeb **freiwillig** Fahrtkostenzuschüsse leisten, die einen Teil oder sämtliche 1

183 Fahrtkostenzuschuss

Fahrtkosten abdecken (BAG 21.7.93 – 4 AZR 471/92, NZA 94, 663 für tarifliche Regelungen). Tut er dies, ist er an den **Gleichbehandlungsgrundsatz** gebunden. Das gilt auch, soweit der ArbGeb einen Fahrtkostenzuschuss in Gestalt eines **Job-Tickets** gewährt (BAG 11.8.98 – 9 AZR 39/97, NZA 99, 474). Nach Auffassung des EuGH soll es nicht gegen das Diskriminierungsverbot des Art 119 EGV verstoßen, wenn ein ArbGeb nur den ArbN, die in fester Beziehung mit einer Person des anderen Geschlechts eine Lebensgemeinschaft bilden, nicht aber ArbN, die in **gleichgeschlechtlicher** Beziehung leben, eine Fahrtkostenvergünstigung gewährt (EuGH 17.2.98 – Rs C-2249/96, NZA 98, 301).

Der ArbGeb kann eine entsprechende Verpflichtung zur Fahrtkostenbezuschussung in einer Betriebsvereinbarung eingehen oder durch Tarifvertrag dazu verpflichtet sein. So verpflichtet § 7 Nr 4.4 des für allgemeinverbindlich erklärten Bundesrahmentarifvertrages für das Baugewerbe zu einer Fahrtkostenabgeltung für **Wochenendheimfahrten** iHv 0,30 € je Entfernungskilometer (BAG 24.1.07 – 4 AZR 50/06, DB 07, 2042).

2 Ein gesetzlicher **Aufwendungsersatzanspruch** nach § 670 BGB ergibt sich hingegen, wenn es sich um Fahrten im betrieblichen Interesse handelt, etwa Fahrten zu auswärtigen Einsatz-, Baustellen oder Lehrgangsorten. Der ArbN hat dann Anspruch auf Ersatz der Fahrtaufwendungen, die er den Umständen nach für erforderlich halten durfte, und muss diese, wenn es keine generelle Regelung (Reisekostenrichtlinien) gibt, im Einzelnen darlegen und belegen (s *Aufwendungsersatz* Rz 3).

3 Werden im Betrieb üblicherweise die nach den steuerrechtlichen Regelungen steuerfrei möglichen Fahrtkostenerstattungen gezahlt, hat der einzelne ArbN aufgrund des Gleichbehandlungsgrundsatzes Anspruch auf die Höhe dieser Erstattungsbeträge.

An vertraglich zugesagte Fahrtkostenzuschüsse bleibt der ArbGeb gebunden. Die Vereinbarung eines **Widerrufsvorbehalts** ist gem § 308 Nr 4 BGB unzulässig, soweit der nicht im Gegenseitigkeitsverhältnis stehende widerrufliche Teil des Gesamtverdienstes bei mehr als 30 % liegt oder der Tariflohn unterschritten wird und Aufwendungen abdeckt, die normalerweise der ArbN tragen müsste (BAG 11.10.06 – 5 AZR 721/05, NZA 07, 87). Ferner müssen die Widerrufsgründe im Vertrag angegeben sein (BAG 12.1.05 – 5 AZR 364/04, NZA 05, 465).

4 **2. Mitbestimmungspflicht bei freiwillig gewährten Fahrtkostenzuschüssen.** Sofern der ArbGeb freiwillig Fahrtkostenzuschüsse für die Fahrten zwischen Wohnung und Arbeitsstätte an Belegschaftsmitglieder gewährt, ist dies mitbestimmungspflichtig. Nach § 87 Abs 1 Nr 10 BetrVG besteht ein Mitbestimmungsrecht des BRat bei der betrieblichen Lohngestaltung. Diese ist betroffen, wenn es um eine freiwillige zusätzliche Leistung des ArbGeb geht, so dass hierher auch Fahrtkostenzuschüsse gehören, auf die kein Rechtsanspruch besteht (vgl BAG 9.7.85 – 1 AZR 631/80, DB 86, 230). Dies gilt ebenso für Zuschüsse zu **Familienheimfahrten** (BAG 10.6.86 – 1 AZR 65/84, DB 86, 2340). Zwar ist der ArbGeb frei in der Entscheidung, **ob** er überhaupt freiwillige Fahrtkostenzuschüsse leistet. Hat er sich hierzu jedoch entschlossen, besteht das Recht des BRat darin, mitzubestimmen, **wie** im Einzelnen die Fahrtkostenzuschüsse vergeben werden, insbesondere den Kreis der Bezugsberechtigten unter Beachtung des Gleichbehandlungsgrundsatzes gemeinsam mit dem ArbGeb festzulegen. Ein Initiativrecht auf Einführung von – freiwilligen – Fahrtkostenzuschüssen hat der BRat indessen nicht. Zum Job-Ticket s *Arbeitnehmerbeförderung* Rz 1.

B. Lohnsteuerrecht
Thomas

5 Lohnsteuerrechtlich gelten die Grundsätze, die zum Stichwort *Arbeitnehmerbeförderung* dargelegt worden sind.

C. Sozialversicherungsrecht
Schlegel

6 **1. Fahrtkostenerstattung durch Leistungsträger.** Sozialversicherungsrechtlich können Fahrtkosten/Reisekosten als solche Sozialleistung oder akzessorische Nebenleistung (zB zur Krankenbehandlung) sein. Nach § 60 SGB V übernimmt die Krankenkasse die Kosten für Fahrten einschließlich der Krankentransporte nach § 133 SGB V, wenn sie im Zusammenhang mit einer Leistung der Krankenkasse aus zwingenden medizinischen Gründen notwendig sind (zu den Einzelheiten hierzu s Kommentare zu § 60 SGB V; zu Rettungsfahrten vgl BSG

2.11.07 – B 1 KR 4/07 R). Ebenso sind Reisekosten im Rahmen medizinischer und beruflicher RehaMaßnahmen von und zum Ort der RehaMaßnahme zu ersetzen (vgl zB §§ 28 Nr 2, 30 SGB VI; § 43 SGB VII; §§ 63, 85, SGB III). Im Rahmen der PflegeV umfasst die teilstationäre Pflege auch die notwendige Beförderung der Pflegebedürftigen von ihrer Wohnung zur Einrichtung der Tages- oder Nachtpflege und zurück (§ 41 Abs 1 SGB XI).

2. Fahrtkostenerstattung durch die Gerichte. § 9 des Gesetzes über die Entschädigung von Zeugen und Sachverständigen regelt für diese Personen und in § 3 des Gesetzes über die Entschädigung der ehrenamtlichen Richter ebenfalls die Erstattung von Fahrkosten. 7

3. Kostenerstattung durch Arbeitgeber. a) Dienstreisen. Werden dem ArbN die tatsächlichen Kosten einer für den ArbGeb durchgeführten Dienst- oder Geschäftsreise erstattet, hat der ArbN hiervon keinen ihm verbleibenden geldwerten Vorteil. Es liegt insoweit auch kein beitragspflichtiges Arbeitsentgelt vor. 8

Für den Fall, dass der ArbN ein eigenes Kfz benutzt oder Flug-, Bahn oder Taxikosten ausgelegt hat, sind Erstattungen des ArbGeb nach § 3 Nr 13, 16 oder 50 EStG steuerfrei und damit nach § 1 Abs 1 Satz 1 Nr 1 SvEV nicht dem Arbeitsentgelt zuzurechnen (vgl *Arbeitnehmerbeförderung* Rz 9). Ersetzt der ArbGeb geringere als die in § 9 EStG angesetzten Beträge, kann der ArbN zusätzlich in Höhe der Differenz Werbungskosten geltend machen; diese mindern das beitragspflichtige Arbeitsentgelt jedoch nicht. Dabei ist an sich die Beitragspflicht für jede Reise gesondert zu beurteilen. Erstattet der ArbGeb dem ArbN die Kosten mehrerer Reisen und liegt die Kostenerstattung teils über, teils unter den nach § 9 iVm § 3 Nr 13, 16 EStG steuerfreien Beträgen, ist steuerrechtlich eine Gesamtrechnung zulässig; die Spitzenverbände übertragen dieses Saldierungsverfahren zwecks einheitlicher Handhabung im Steuer- und Beitragsrecht auch auf die SozV, so dass nicht jede Kostenerstattung gesondert zu betrachten ist (vgl Besprechungsergebnis vom 21./22.11.01, Die Beiträge 02, 85). 9

b) Fahrten zwischen Wohnung und Arbeitsstätte. Zuschüsse zu den hierfür aufzuwendenden Kosten sind grds dem beitragspflichtigen Arbeitsentgelt zuzurechnen, denn es ist grds Sache des ArbN diese Fahrten selbst zu finanzieren. 10

Ausnahmen bestehen nur, soweit eine Sammelbeförderung durch den ArbGeb (§ 3 Nr 32 EStG) steuerfrei und damit der darin liegende geldwerte Vorteil nach § 1 Abs 1 Satz 1 Nr 1 SvEV nicht dem Arbeitsentgelt zuzurechnen ist. Entsprechendes gilt gem § 1 Abs 1 Satz 1 Nr 3 SvEV, wenn und soweit der ArbGeb von ihm gewährte Fahrtkostenzuschüsse nach § 40 Abs 2 Sätze 2 und 3 EStG pauschal versteuert (dazu *Arbeitnehmerbeförderung* Rz 16 ff; *Lohnsteuerpauschalierung*).

Faktisches Arbeitsverhältnis

A. Arbeitsrecht *Röller*

1. Begriff. Von einem faktischen (fehlerhaften) Arbeitsverhältnis wird gesprochen, wenn der ArbN Arbeit ohne wirksame Vertragsgrundlage geleistet hat. Die Grundsätze des faktischen Arbeitsverhältnisses dienen der Bewältigung der Rechtsfolgen eines übereinstimmend in Vollzug gesetzten Arbeitsvertrages, der wegen Rechtsverstoß (§§ 134, 138 BGB) nichtig oder rückwirkend wegen Anfechtung (§ 142 Abs 1 BGB) vernichtet worden ist (BAG 3.11.04 – 5 AZR 592/03, NZA 05, 1409; 30.4.97 – 7 AZR 122/96, NZA 98, 199). 1

2. Anwendungsbereiche. Die Grundsätze des faktischen Arbeitsverhältnisses sind bei allen Nichtigkeitsgründen anwendbar, zB **Geschäftsunfähigkeit** des ArbN, **Formmangel, gesetzlichen Verboten** iSd § 134 BGB, zB Abschluss eines Anlernvertrages in einem anerkannten Ausbildungsberuf (BAG 27.7.10 – 3 AZR 317/08, BeckRS 2010, 71531), **Nichtvorliegen öffentlich-rechtlicher Erlaubnisse** (BAG 3.11.04; LAG Bln 24.1.74 – 7 Sa 98/73, ARST 74, 104). Bei einem **besonders schweren Mangel** finden die Grundsätze des faktischen Arbeitsverhältnisses **keine Anwendung**, so zB bei einem bewussten Verstoß gegen Straf-/Verbotsgesetze (BAG 3.11.04; ärztliche Tätigkeit ohne Approbation) und bei krasser Sittenwidrigkeit (BAG 1.4.76 – 4 AZR 96/75, DB 76, 1680), ebenso nicht bei rechtsgrundloser Fortsetzung des Arbeitsverhältnisses trotz wirksamer Beendigung (zB gem § 59 Abs 1 BAT, BAG 30.4.97 – 7 AZR 122/96, NZA 98, 199). 2

185 Familiäre Mitarbeit

3. Quasi-vertragliche Abwicklung des faktischen Arbeitsverhältnisses. Für die Dauer des vollzogenen fehlerhaften Arbeitsverhältnisses bestehen die **gleichen Rechte und Pflichten wie im wirksam begründeten Arbeitsverhältnis**. Der ArbN kann die vereinbarte bzw übliche Vergütung (§ 612 Abs 2 BGB) verlangen, zB die tarifvertraglich geschuldete Vergütung (BAG 27.7.10; 10.3.87, DB 87, 1045). Arbeitsrechtliche Schutznormen sind ohne Einschränkung anzuwenden; insbesondere bestehen Ansprüche nach dem EFZG und BUrlG (BAG 15.1.89, DB 86, 1393). Bei **besonders schweren Mängeln** erfolgt die **Rückabwicklung** der erbrachten Leistungen **nach Bereicherungsrecht**. Gem § 817 Satz 2 BGB ist die Rückforderung des Wertes der Arbeitsleistung ausgeschlossen, wenn mit der Erbringung der Arbeitsleistung vorsätzlich gegen ein Verbotsgesetz verstoßen wurde. Im Einzelfall kann jedoch nach Treu und Glauben eine Einschränkung des Ausschlusses der Rückforderung in Betracht kommen (BAG 3.11.04).

4. Beendigung des faktischen Arbeitsverhältnisses. ArbGeb und ArbN können sich jederzeit durch einseitige Erklärung vom faktischen Arbeitsverhältnis lösen. Dieses endet mit Zugang der Erklärung; die **Einhaltung einer Frist** ist **nicht erforderlich** (BGH 3.7.2000 – II ZR 282/98, NZA 2000, 945). Im Falle der Anfechtung liegt in der Anfechtungserklärung die einseitige Lösung vom faktischen Arbeitsverhältnis. Allgemeiner Kündigungsschutz und Kündigungsbeschränkungen (zB § 85 SGB IX, § 9 MuSchG) greifen nicht; eine Anhörung des BRat (§ 102 BetrVG) ist nicht erforderlich (ErfK/*Preis* § 611 BGB Rz 147).

5. Weiterbeschäftigung im gekündigten Arbeitsverhältnis. Die gerichtlich erzwungene Weiterbeschäftigung während des Kündigungsschutzverfahrens begründet ein gesetzliches Beschäftigungsverhältnis. Wird dieses mit den Grundsätzen des Bereicherungsrechts abgewickelt (BAG 12.2.92 – 5 AZR 297/90, DB 92, 2298). Die Grundsätze des faktischen Arbeitsverhältnisses finden keine Anwendung. Die **vereinbarte Weiterbeschäftigung** führt zur Begründung eines befristeten Arbeitsverhältnisses, bei dem die Formpflicht des § 14 Abs 4 TzBfG zu beachten ist (BAG 22.10.03 – 7 AZR 113/03, DB 04, 2815). Näheres s *Weiterbeschäftigungsanspruch*.

B. Lohnsteuerrecht *Seidel*

Da das Steuerrecht auf die tatsächlichen Verhältnisse abstellt, ist es für die Besteuerung unerheblich, ob der Arbeitsvertrag zivilrechtlich unwirksam ist oder geworden ist (zB bei Minderjährigen, s *Minderjährige* Rz 32, 33; bei Sittenwidrigkeit oder bei Beendigung). Lassen die Beteiligten das wirtschaftliche Ergebnis eines Rechtsgeschäfts trotz dessen Unwirksamkeit eintreten und bestehen, unterliegt es gem § 41 Abs 1 AO der üblichen Besteuerung. Hinsichtlich der Beteiligten am faktischen Arbeitsverhältnis ist daher anhand der üblichen Kriterien zu prüfen, ob sie steuerrechtlich ArbGeb bzw ArbN sind. Ggf haben sie auch alle sich hieraus ergebenden steuerlichen Pflichten zu erfüllen (zB *Lohnsteuerabführung* Rz 2 ff).

Eine Ausnahme stellen allerdings Arbeitsverhältnisse zwischen nahen Angehörigen dar (s hierzu *Familiäre Mitarbeit* Rz 30 ff; zur Kritik an der hM s *T/K* § 41 AO Rz 28 ff).

C. Sozialversicherungsrecht *Voelzke*

Auch das faktische Arbeitsverhältnis unterfällt als Arbeitsverhältnis iSd § 7 Abs 1 SGB IV dem sozialversicherungsrechtlichen Begriff der Beschäftigung (vgl *Schlegel/Voelzke/Segebrecht* SGB IV § 7 Abs 1 Rz 71). Für das faktische Arbeitsverhältnis gelten mithin die Ausführungen zum Arbeitsverhältnis mit einem wirksamen Arbeitsvertrag (s *Arbeitsvertrag* Rz 88–92) entsprechend.

Familiäre Mitarbeit

A. Arbeitsrecht *Röller*

1. Begriff. Familiäre Mitarbeit ist die Beschäftigung des Ehegatten im Beruf oder Geschäft des anderen Ehegatten und/oder von Kindern im Hauswesen und Geschäft der Eltern oder eines Elternteils auf familien-, gesellschafts- oder arbeitsrechtlicher Grundlage.

Familiäre Mitarbeit

2. Verpflichtung zur familiären Mitarbeit. a) Ehegatte im Beruf oder Geschäft 2
des anderen Ehegatten. Eine familienrechtliche Verpflichtung zur Tätigkeit im Unternehmen des Ehegatten wird aus der allgemeinen Beistandspflicht des § 1353 Abs 1 Satz 2 BGB abgeleitet (BGH 20.5.80, NJW 80, 2196, 2197). Darüber hinaus kann der Ehegatte zur Mitarbeit nach § 1360 BGB verpflichtet sein. Die Arbeitsleistung ist dann der Beitrag zum Unterhalt der Familie (BGH 20.5.80, NJW 80, 2196, 2197). Die Verpflichtung zur Mitarbeit beschränkt sich in beiden Fällen auf besondere **Zwangssituationen.** Dies kann der Fall sein bei Erkrankung des Ehepartners, beim Aufbau eines Anwaltsbüros oder einer Arztpraxis, bei Personalmangel oder fehlenden Mitteln für die Einstellung einer Hilfskraft (*Palandt/Brudermüller* § 1356 Rz 6; *Menken* DB 93, 161).

Über diese Fälle familiärer Mitarbeitsverpflichtung hinaus kann jeder Ehegatte seine 3 Arbeitskraft nach eigenem Ermessen verwerten; dies schließt die Möglichkeit ein, auch im Rahmen eines Arbeitsvertrages als ArbN für den anderen Ehegatten tätig werden zu können (BVerfG 24.1.62, BStBl I 62, 492, 496 mwN). Die Zulässigkeit von Arbeitsverträgen zwischen Ehegatten ist heute auf allen Rechtsgebieten anerkannt.

b) Kind in Hauswesen und Geschäft der Eltern. Kinder sind, solange sie dem 4 elterlichen Hausstand angehören und von den Eltern erzogen oder unterhalten werden, verpflichtet, in einer ihren Kräften und ihrer Lebensstellung entsprechenden Weise den Eltern in ihrem Hauswesen und Geschäfte Dienste zu leisten (§ 1619 BGB). Diese Regelung über die Mitarbeit von Kindern gilt für minderjährige und volljährige Kinder gleichermaßen (*Palandt/Diederichsen* § 1619 Rz 2–4). Der Umfang der Dienstleistungspflicht des Kindes bestimmt sich einerseits nach den körperlichen und geistigen Fähigkeiten des Kindes, also nach Alter, Gesundheit, Erziehungsbedürftigkeit und Ausbildung; andererseits nach dem Bedarf der Eltern. Bei Berufstätigkeit beider Eltern besteht eine erhöhte Mithilfeverpflichtung (*Palandt/Diederichsen* § 1619 Rz 5).

3. Familiäre Mitarbeit bei Ehegatten. a) Familienrechtliche Grundlage. Die Leis- 5 tung von Diensten auf rein familienrechtlicher Grundlage unterfällt dann nicht dem Arbeits- und SozVRecht, wenn sie entsprechend dem Wesen der Ehe als gleichberechtigter Partnerschaft gleichgeordnet auf gesellschaftsrechtlicher Ebene (zB Ehegatteninnengesellschaft: BGH 9.10.74, NJW 74, 2278; gesellschaftsrechtliche Erfolgsbeteiligung, vgl *Soergel/Lange* § 1356 Rz 34) oder im Rahmen einer selbstständigen Tätigkeit, vergleichbar der Freien Mitarbeit, erfolgt. Eine solche Tätigkeit kann idR jederzeit und ohne an Fristen gebunden zu sein beendet werden (*Fezer* DB 74, 1062).

b) Abgrenzung zum Arbeitsverhältnis. Ob eine Tätigkeit auf familienrechtlicher 6 Grundlage oder ein Arbeitsverhältnis vorliegt, ist durch eine wertende Betrachtungsweise zu ermitteln. Zu berücksichtigen sind die gesamten Umstände des Einzelfalls, zB ob neben der Eingliederung in den Betrieb und einem (ggf abgeschwächten) Weisungsrecht des ArbGeb ein Entgelt gezahlt wird, das einen angemessenen Ausgleich für die geleistete Arbeit darstellt, dh über einen freien Unterhalt, ein Taschengeld hinausgeht. Weitere Kriterien sind, ob ein schriftlicher Arbeitsvertrag abgeschlossen ist, ob das gestellte Entgelt als Betriebsausgabe verbucht wird und ob der Angehörige eine fremde Arbeitskraft ersetzt (LAG SchlHol 30.8.06 – 3 Sa 156/06, NZA-RR 07, 9; LAG RhPf 26.1.02 – 7 Sa 1390/01, DB 02, 2050; LAG Köln 19.7.02 – 11 Sa 1147/01, NZA-RR 03, 259, MüKo/v Sachsen Gesaphe § 1619 Rz 32 f)).

c) Rechtsstreitigkeiten. Aus Beschäftigungsverhältnissen mit familienrechtlicher Grund- 7 lage sind diese vor den Zivilgerichten auszutragen. Der arbeitende Ehegatte kann aber wegen seiner wirtschaftlichen Unselbstständigkeit ggf als **arbeitnehmerähnliche Person** anzusehen sein; dann sind die ArbG zuständig (§ 5 Abs 1 Satz 2 ArbGG; *Menken* DB 93, 161).

4. Ehegattenarbeitsverhältnis. a) Vorteile gegenüber familiärer Mithilfe. Der Ab- 9 schluss eines Ehegattenarbeitsvertrages ist für beide Parteien vorteilhaft. Der mitarbeitende Ehegatte kann bereits während der Ehe über den auf seine Arbeitsleistung beruhenden Anteil am gemeinsamen Ertrag, das Arbeitsentgelt, frei verfügen. Das Arbeitsentgelt ist bei dem gesetzlichen Güterstand der Zugewinngemeinschaft der Verwaltung und Nutzung durch den anderen Ehegatten nach §§ 1363 II, 1364 BGB entzogen. Der ArbNehegatte wird darüber hinaus in die SozV aufgenommen, wenn er eine versicherungspflichtige Beschäftigung ausübt. Schließt der ArbGEhegatte eine Direktversicherung für den ArbNEhegatten ab oder

185 Familiäre Mitarbeit

sagt er sonst Leistungen der betrieblichen Altersversorgung zu, so kann der ArbGebEhegatte die Aufwendungen als Betriebsausgabe berücksichtigen und zugleich den ArbNEhegatten sozial absichern (BAG 20.7.93, DB 94, 151; BFH 8.10.86, NJW 87, 2607). Schließlich mindert sich durch Anstellung des ArbNEhegatten der Gewerbeertrag und damit auch die Gewerbesteuer, die der ArbGebEhegatte abzuführen hat (MüKo/*Wacke* § 1357 Rz 28). Grds bedarf es für den Abschluss eines Arbeitsvertrages keiner Schriftform. Jedoch sollten die Parteien einen schriftlichen Arbeitsvertrag schließen, weil an die steuerrechtliche Anerkennung im Hinblick auf Ausgestaltung und Durchführung des Vertragsverhältnisses strenge Anforderungen gestellt werden (s Rz 30; BAG 20.7.93, DB 94, 151), so dass durch die Arbeitsvertragsurkunde der Nachweis eines Arbeitsverhältnisses erleichtert wird. Der Vertrag sollte den sich aus § 2 Abs 1–3 NachwG ergebenden Anforderungen an einen Arbeitsvertrag entsprechen, tatsächlich vollzogen und das Entgelt an den ArbNEhegatten ausgezahlt werden (BAG 20.7.93, DB 94, 151).

10   **b) Scheingeschäft.** Soweit ein Ehegatte in dem Unternehmen des anderen tätig wird, können die Beteiligten durch die vertragliche Gestaltung die steuerlichen und sozialversicherungsrechtlichen Rechtsfolgen beeinflussen (*Fenn* DB 74, 1112, 1113). Der zwischen den Ehegatten abgeschlossene Arbeitsvertrag ist jedoch nach § 117 Abs 1 BGB nichtig, wenn er nur zum Schein, dh ohne den Willen, ihn tatsächlich durchzuführen, geschlossen wird (*Palandt/Heinrichs* § 117 BGB Rz 1). Beruft sich der ArbGebEhemann bei Mitarbeit der Ehefrau oder Lebensgefährtin darauf, bei dem abgeschlossenen Arbeitsvertrag handele es sich um ein Scheingeschäft iSd § 117 BGB, so trägt er dafür die Darlegungs- und Beweislast (BAG 9.2.95, NZA 96, 249; LAG Schl Hol 7.11.95, 1 Sa 401/95).

11   **c) Kündigungsschutz.** Zugunsten des ArbNEhegatten gilt das KSchG, wenn die Voraussetzungen der §§ 1 Abs 1, 23 Abs 1 KSchG erfüllt sind (ArbG Siegburg 8.7.86, NJW-RR 87, 73). In die Anzahl der im Betrieb beschäftigten ArbN sind Familienangehörige, die kraft Arbeitsvertrages im Betrieb mitarbeiten, einzubeziehen (LAG Bln 26.6.89, NZA 89, 849).

12   Die soziale Rechtfertigung einer Kündigung gem § 1 KSchG kann im Zusammenhang mit einer **Ehescheidung** vorliegen. Denn auch Umstände, die ihre Ursache primär in der Beziehung der Ehegatten untereinander und damit in der ehelichen Lebensgemeinschaft haben, sind geeignet, eine Kündigung des Arbeitsverhältnisses sozial gerechtfertigt erscheinen zu lassen. Voraussetzung ist eine Störung im Leistungs- oder Vertrauensbereich (BAG 9.2.95, NZA 96, 249). Hat der ArbNEhegatte sich ehe- und treuewidrig verhalten und dadurch einen nicht unerheblichen Anteil an der Zerrüttung der Ehe zu tragen, so kann dem ArbGebEhegatten die weitere tägliche Zusammenarbeit mit dem ArbNEhegatten über den Ablauf der Kündigungsfrist hinaus unzumutbar sein (ArbG Siegburg 8.7.86, NJW-RR 87, 73, 74; *Menken* DB 93, 161). Bei Auflösung eines Ehegattenarbeitsverhältnisses nach §§ 9, 10 KSchG bemisst sich die Höhe der Abfindung nach allgemeinen Grundsätzen (LAG Köln 15.9.94, BB 95, 523 [LS]).

13   **5. Ehegatteninnengesellschaft.** Diese kann vorliegen, wenn die Ehegatten einen über den typischen Rahmen der ehelichen Lebens- bzw Familiengemeinschaft hinausgehenden Zweck mit der Folge vereinbart haben, dass nach den Umständen des einzelnen Falls eine schuldrechtliche Sonderverbindung besteht, die über das hinausgeht, wozu die Ehegatten nach familiären Regeln verpflichtet sind (BGH 9.10.74, NJW 74, 2278; *Palandt/Sprau* § 705 Rz 27). Eine Innengesellschaft wurde bei etwa gleichgeordneter Mitarbeit eines Ehegatten im Geschäft des anderen bejaht (BGH 22.2.67, BGHZ 47, 157, 163). Die Annahme einer schlüssig zustande gekommenen Ehegatteninnengesellschaft scheidet jedenfalls dann aus, wenn zwischen den Ehegatten ein schriftlicher Arbeitsvertrag bestand, der einem Fremdvergleich standhält (BGH 26.4.95, FamRZ 95, 1062).

14   **Ausgleichsansprüche des mitarbeitenden Ehegatten** können bei Scheitern der Ehe bestehen. Der ausscheidende Ehegattenmitarbeiter hat ggf einen Anspruch auf Zahlung des Auseinandersetzungsguthabens (§§ 738 ff BGB), das sich am Wert seiner Beteiligung an dem gemeinsam erarbeiteten Vermögen orientiert. Der Betrieb verbleibt dem Inhaber. Zur Ermittlung der Höhe des Ausgleichsanspruchs ist der Vermögensbestand des Betriebs am Stichtag der Beendigung der Zusammenarbeit festzustellen und sein Wert im Zeitpunkt der Auseinandersetzung zu ermitteln. Haben die Ehegatten in Gütertrennung gelebt, steht einem

Familiäre Mitarbeit 185

gesellschaftsrechtlichen Ausgleichsanspruch der Vorrang güterrechtlicher Ansprüche nicht entgegen. Bei gesetzlichem Güterstand führt idR bereits der Zugewinnausgleich zu sachgerechten Ergebnissen, so dass es der Inanspruchnahme eines gesellschaftsrechtlichen Ausgleichsanspruchs nicht bedarf (ausführlich *Wever* FamRZ 96, 906).

Erbringt ein Ehegatte außerhalb eines gesellschaftsrechtlichen Verhältnisses in größerem **15** Umfang Arbeitsleistungen, die das Vermögen des anderen mehren, kommt ein Ausgleichsanspruch wegen Wegfalls der Geschäftsgrundlage nach § 313 BGB über den Weg der Annahme eines stillschweigend geschlossenen **familienrechtlichen Vertrages besonderer Art** in Betracht, wenn mit dem Scheitern der Ehe die Geschäftsgrundlage entfällt (BGH 13.7.94, FamRZ 94, 1167; *Wever* FamRZ 96, 905). Die Mitarbeit im Geschäftsbetrieb des anderen muss eine gewisse Dauer und Regelmäßigkeit gehabt haben. Insbesondere die Einsparung einer anderen Arbeitskraft deutet auf ein stillschweigend zustande gekommenes Vertragsverhältnis hin. Gelegentlich oder kurzzeitige Hilfeleistungen reichen nicht aus. Ein Ausgleich kommt nur in Betracht, wenn der mitarbeitende Ehegatte nicht schon über das Güterrecht einen angemessenen Ausgleich erhält, wenn also das güterrechtliche Ergebnis für ihn untragbar ist. Es hat eine Gesamtwürdigung der Verhältnisse zu erfolgen, bei der die Dauer der Ehe, das Alter der Parteien, Art und Umfang der erbrachten Arbeitsleistungen, die Höhe der dadurch bedingten und noch vorhandenen Vermögensmehrung sowie die Einkommens- und Vermögensverhältnisse der Parteien Bedeutung erlangen können. Auch hier wird es bei gesetzlichem Güterstand in seltenen Ausnahmefällen zu einem zusätzlichen Ausgleich kommen (*Wever* FamRZ 96, 905). Der Ausgleich erfolgt nur, soweit die Früchte der Arbeit noch in Form einer messbaren Vermögensmehrung beim anderen Ehegatten vorhanden sind. Er darf weiter den Betrag der ersparten Arbeitskosten nicht übersteigen, denn der außerhalb eines Gesellschaftsverhältnisses mitarbeitende Ehegatte hat kein Recht auf Gewinnbeteiligung. Ein Ausgleichsanspruch aufgrund eines familienrechtlichen Vertrages besonderer Art kann auch bei während der Verlobungszeit im Hinblick auf eine beabsichtigte Eheschließung erbrachten Arbeitsleistungen bestehen (BGH 2.10.91, FamRZ 92, 160; *Wever* FamRZ 96, 905).

Der Ausgleichsanspruch ist vor den allgemeinen Zivilgerichten geltend zu machen (BGH 13.7.94, FamRZ 94, 1167).

6. Arbeit von Kindern im elterlichen Hauswesen und Geschäft. a) Abgrenzung **16** **familiäre Mitarbeit – Arbeitsvertrag.** Zwischen den Eltern und dem Kind kann mündlich oder schriftlich, auch stillschweigend, ein Arbeitsvertrag über die Mitarbeit im elterlichen Haushalt und Geschäft geschlossen werden (BGH 21.1.58, FamRZ 58, 173, 174; BFH 17.2.55, NJW 55, 1615, 1616; LG Konstanz 17.5.68, VersR 69, 1126). Die Abgrenzung zwischen familiärer Mitarbeit und abhängiger entgeltlicher Beschäftigung richtet sich nach den Umständen des Einzelfalls (Einzelheiten s Rz 6).

b) Arbeitsvertrag. Schließen die Eltern mit ihrem minderjährigen Kind einen Arbeits- **17** vertrag ab, ist § 181 BGB zu beachten. Danach sind sog In-sich-Geschäfte unwirksam, somit auch ein Arbeitsvertrag, den die Eltern als die ArbGeb mit dem Minderjährigen, gesetzlich vertreten durch seine Eltern, schließen. Ein gleichwohl geschlossener Arbeitsvertrag ist bis zur Genehmigung durch einen Pfleger (§ 1909 BGB) schwebend unwirksam (§ 177 Abs 1 BGB). Anderes gilt, wenn die Eltern den Minderjährigen vor Abschluss des Arbeitsvertrages im Rahmen des § 113 BGB ermächtigt haben (s *Minderjährige* Rz 16). Auch im Verhältnis der Eltern zu ihren Kindern gilt, sofern die erforderliche Betriebsgröße erreicht wird, das KSchG.

c) Familiengesellschaft. Gründet eine Familie mit minderjährigen Kindern eine Gesell- **18** schaft bürgerlichen Rechts zwecks Verwaltung von Grundbesitz, den vorher der Vater allein verwaltet hat, so ist keine vormundschaftsgerichtliche Genehmigung erforderlich, da die Minderjährigen durch die Gesellschaftsmitgliedschaft kein unternehmerisches Risiko eingehen (LG Münster 18.7.96, FamRZ 97, 842). Dient die Familiengesellschaft jedoch der Erwerbsgeschäftsbetätigung (Erwerb und Verwaltung von Grundbesitz) so ist gem § 1822 Abs 3 BGB eine Genehmigung des Vormundschaftsgerichts notwendig. Sie kann verweigert werden, wenn die Minderjährigen durch den Gesellschaftsvertrag über die Volljährigkeit hinaus unkündbar und ohne entscheidende Mitbestimmungsrechte gebunden werden (BayObLG 5.3.97, FamRZ 97, 842).

185 Familiäre Mitarbeit

19 **7. Betriebsverfassung.** Auch wenn ein echtes Arbeitsverhältnis besteht, gelten der Ehegatte und die Kinder des ArbGeb nicht als ArbN iSd Betriebsverfassung, wenn sie mit ihm in häuslicher Gemeinschaft leben (§ 5 Abs 2 Nr 5 BetrVG). Besteht die häusliche Gemeinschaft nicht mehr, bspw bei Trennung der Ehegatten, finden die Vorschriften des BetrVG Anwendung (*Menken* DB 93, 161).

20 **8. Eheähnliche Lebensgemeinschaft.** Im Rahmen einer solchen Beziehung ist der Arbeitsvertrag ebenfalls nur eine von mehreren denkbaren Grundlagen für die Leistungserbringung. Es ist denkbar, dass die beabsichtigten familienrechtlichen Beziehungen zur Grundlage gemacht werden. Daneben kommen gesellschaftsvertragliche und dienstrechtliche Beziehungen in Betracht. Ein Arbeitsvertrag liegt nur vor, wenn die Dienste in persönlicher Abhängigkeit erbracht werden. Für die Frage, ob ein Arbeitsverhältnis vorliegt, gelten die in Rz 6 genannten Grundsätze (LAG Köln 14.3.08 – 4 Sa 1585/07, BeckRS 2008, 55736; LAG RhPf 18.11.98 – 3 Ta 191/98, FA 99, 324).

B. Lohnsteuerrecht   *Seidel*

29 **1. Allgemeines.** Arbeitsverträge mit nahen Angehörigen sind unter bestimmten Voraussetzungen steuerlich berücksichtigungsfähig. Da es am natürlichen Interessengegensatz fehlt, unterliegen die Vereinbarungen und Durchführung von Arbeitsverhältnissen unter nahen Angehörigen einer strengen Prüfung, um die steuerliche Berücksichtigung privater, auf familienrechtlicher Grundlage beruhender Zuwendungen und Dienstleistungen auszuschließen. Der Güterstand bei Ehegatten ist grds unerheblich. Gehört jedoch ein land- und forstwirtschaftlicher Betrieb bzw ein Gewerbebetrieb zum Gesamtgut der Ehegatten, so ist das einem mitarbeitenden Ehegatten gezahlte Gehalt aufgrund eines behaupteten Arbeitsverhältnisses steuerrechtlich seinem Gewinnanteil gem § 13 Abs 5 iVm/bzw § 15 Abs 1 Nr 2 EStG und nicht den Einkünften aus nichtselbstständiger Arbeit zuzurechnen (BFH 23.6.71, BStBl II 71, 730; s auch unten Rz 39). Zu Gestaltungen bei mitarbeitenden Familienangehörigen zur sinnvollen Nutzung der Kombination von Einkünften aus nichtselbstständiger Arbeit und SozVFreiheit s *Tomik, Nickel, Klufke* DStR 04, 1809.

30 **2. Ehegattenarbeitsverhältnis.** Der Abschluss wechselseitiger Arbeitsverträge zwischen Ehegatten ist trotz des regelmäßig fehlenden Interessengegensatzes der Parteien möglich, sofern die Verträge klare, eindeutige ernsthafte und zwischen Fremden übliche Vereinbarungen beinhalten, die auch tatsächlich vollzogen werden (BFH 12.10.88, BStBl II 89, 354; EStH 4.8: Fremdvergleich; *Schmidt/Heinicke* § 4 Rz 520 Angehörige; *Littmann/Barein* § 19 Rz 57; *HMW*/Arbeitnehmer Rz 68; generell zu Ehegattenarbeitsverhältnissen s auch *Schoor* Inf 04, 25). Die Entscheidung ist unter Würdigung aller Umstände zu treffen. Dies gilt auch bei Teilzeitarbeitsverträgen (s *Teilzeitbeschäftigung* Rz 114 ff; BFH 18.10.07 – VI R 59/06, DStR 07, 2319; s auch FG BaWü 6.11.03 – 8 K 462/98, EFG 04, 484 zum Fremdvergleich und EStH 4.8: Arbeitsverhältnisse zwischen Ehegatten). Die folgenden Grundsätze gelten mE auch für **Unterarbeitsverhältnisse** zwischen Ehegatten, dh, wenn der arbeitgebende Ehegatte nichtselbstständig tätig ist und ihm der arbeitnehmende Ehegatte hierfür Hilfsdienste leistet (s FG NdS 15.8.96, EFG 97, 529; FG RhPf 24.1.96, EFG 96, 743; FG BaWü 18.11.93, EFG 94, 652; FG Brem 21.2.91, EFG 91, 314; ablehnend FG BaWü 27.11.90, EFG 91, 378; FG Münster 7.8.90, EFG 91, 246; offen gelassen BFH 22.11.96, BStBl II 97, 187 und FG Köln 28.6.2000 – 15 K 4044/94, EFG 2000, 994 – Verletzung beruflicher Geheimhaltungspflichten; s auch EStH 4.8: Arbeitsverhältnisse zwischen Ehegatten, Unterarbeitsverhältnis) sowie für Unterarbeitsverhältnisse mit Kindern (BFH 6.3.95, BStBl II 95, 394).

31 Nach den Beschlüssen des BVerfG 7.5.2013 – 2 BvR 909/06; 2 BvR 1981/06; 2 BvR 288/07, DStR 2013, 1228 müssen Ehegatten und **eingetragene Lebenspartnerschaften** für die Anwendung des Ehegattensplittings gleichbehandelt werden. Da der BT mit dem neuen § 2 Abs 8 EStG die rückwirkende einkommensteuerliche Gleichstellung von Ehen und eingetragenen Lebenspartnerschaften umgesetzt hat (BStBl I 2013, 898), sind mE auch die Grundsätze zu den nahen Angehörigen auf Vertragsverhältnisse zwischen eingetragenen Lebenspartnern anzuwenden.

32 **a)** Die **Vereinbarung** muss zu Beginn des Dienstverhältnisses erfolgen (BFH 21.8.85, BStBl II 86, 250) und sollte zum Ausschluss von Zweifeln hinsichtlich des Bindungswillens

Familiäre Mitarbeit 185

und des Inhalts trotz zivilrechtlicher Formfreiheit schriftlich geschehen (BFH 24.3.83, BStBl II 83, 663). Die Vereinbarung hat die wesentlichen Rechte und Pflichten zu enthalten, insbesondere Art und Umfang der Arbeiten sowie Höhe und Fälligkeit des Arbeitslohns (*HMW*/Arbeitnehmer Rz 78; s zur Gestaltung von Ehegattenarbeitsverträgen auch *Schoor* Inf 04, 25). Bei Ausübung einer geschäftsleitenden Funktion kann auch eine Tantiemevereinbarung anzuerkennen sein (FG BaWü 29.9.95, EFG 96, 133). Der evtl zivilrechtlichen Unwirksamkeit des Vertrages kommt nur indizielle Bedeutung zu (BFH 7.6.06 – IX R 4/04, BStBl II 07, 294; vgl auch Nichtanwendungserlass des BMF v 2.4.07 – IV B 2 S 2144/00, BStBl I 07, 441). Der BFH hat seine Rspr im Urteil vom 22.2.07 – IX R 45/06 (DStR 07, 986) bestätigt.

Gelegentliche Hilfeleistungen, die üblicherweise auf familienrechtlicher Grundlage (s oben Rz 2 ff) erbracht werden, können nicht Inhalt des Dienstverhältnisses sein (zB Reinigung des Arbeitszimmers durch die Ehefrau, BFH 27.10.78, BStBl II 79, 80; s auch BFH 17.3.88, BStBl II 88, 632 und 25.1.89, BStBl II 89, 453 bzgl Arbeitsverträgen mit Kindern).

Die Vereinbarung eines **unüblich niedrigen Arbeitslohns** führt nur dann zur steuer- 33 rechtlichen Nichtanerkennung des Dienstverhältnisses, wenn der vereinbarte Betrag so niedrig ist, dass er nicht mehr als Gegenleistung angesehen werden kann (BFH 22.3.90, BStBl II 90, 776 mwN). Dies hat das FG NdS bei einem Stundenlohn von 6,67 DM (vor 1993) angenommen (15.8.96, EFG 97, 529).

Ein **zu hoher Lohn** bzw einzelne überhöhte Zuwendungen führen zu einer Reduzierung 34 auf den im Vergleich zu Dritten angemessenen Betrag (BFH 26.2.88, BStBl II 88, 606 und FG Saarl 5.7.96, EFG 97, 268). Vereinbarte Zukunftssicherungsleistungen sind in die Prüfung einzubeziehen; dabei sind Aufwendungen für eine Direktversicherung, die im Wege der Umwandlung von Barlohn geleistet werden, nur insoweit betrieblich veranlasst, als sie zu keiner Überversorgung führen (BFH 5.2.87, BStBl II 87, 557, 16.5.95, BStBl II 95, 873 und 10.6.08 – VIII R 68/06, BStBl II 08, 973: Direktversicherung; s auch *Betriebliche Altersversorgung* Rz 107 ff; BFH 14.7.89, BStBl II 89, 969: Pensionszusage). Auch die Vereinbarung über die Fälligkeit des Arbeitslohns muss dem zwischen Fremden Üblichen entsprechen (BFH 5.2.86, BFH/NV 86, 601).

b) Tatsächliche Erbringung der vereinbarten Leistungen (Dienstleistung; Arbeitslohn, 35 auch in Form von vermögenswirksamen Leistungen) ist weitere Voraussetzung für die steuerrechtliche Anerkennung. Der Lohn muss aus der wirtschaftlichen Verfügungsmacht des ArbGeb in den alleinigen Einkommens- und Vermögensbereich des ArbNEhegatten gelangen. Der Zufluss auf ein Konto des ArbGebEhegatten, über das der ArbNEhegatte kein Mitverfügungsrecht besitzt, genügt nicht (BFH 5.2.97, BFH/NV 97, 347; BFH 27.11.89 – GrS 1/88, BStBl II 90, 160). Ein Mitverfügungsrecht oder die Überweisung auf ein gemeinsames Konto der Ehegatten **(Oderkonto)** ist bei im Übrigen ernsthaft und tatsächlich durchgeführtem Arbeitsverhältnis ausreichend (BVerfG 7.11.95, BStBl II 96, 34; s auch EStH 4.8: Arbeitsverhältnisse zwischen Ehegatten). **Schädlich** ist es, wenn der ArbNEhegatte vom betrieblichen Bankkonto einen Geldbetrag abhebt und ihn dann selbst in den zustehenden Arbeitslohn und das benötigte Haushaltsgeld aufteilt (BFH 20.4.89, BStBl II 89, 655; 15.8.96, DB 96, 2470; s aber BFH 26.8.04 – IV R 68/02, DStRE 05, 328: Barquittungen) oder der Arbeitslohn wechselnd bar und auf ein gemeinschaftliches Konto ausgezahlt wird; jedoch kann für zusammenhängende Zeiträume der Barauszahlung bei klarer Trennung der Einkommens- und Vermögenssphäre der Ehegatten ein Arbeitsverhältnis anerkannt werden (BFH 16.5.90, BStBl II 90, 908; s auch EStH 4.8: Arbeitsverhältnisse zwischen Ehegatten).

Wird das Entgelt im Betrieb des ArbGebEhegatten stehen gelassen, so ist für die Anerken- 36 nung des Arbeitsverhältnisses ein wie unter Fremden üblicher **Darlehensvertrag** erforderlich (BFH 17.7.84, BStBl II 86, 48; s dazu auch BMF 23.12.10 – IV C 6 – S 2144/07/10004; Dok 2010/0862046, BStBl I 11, 37). Ist der Vertragsschluss unmittelbar durch die Erzielung von Einkünften veranlasst, sind bei der steuerrechtlichen Prüfung der Fremdüblichkeit großzügigere Maßstäbe anzulegen (BFH 22.10.13 X R 26/11, DStR 13, 2677). Eine langzeitige Nichtauszahlung ohne Vorliegen eines anzuerkennenden Darlehensvertrages oder unregelmäßige Zahlungen führen zur steuerrechtlichen Nichtanerkennung des Arbeitsverhältnisses (BFH 25.7.91, BStBl II 91, 842; BFH 7.9.95, BFH/NV 96, 320; s auch FG Saarl 30.5.96, EFG 96, 863). Trotz verspäteter Lohnauszahlungen kann aber aufgrund einer

Seidel

185 Familiäre Mitarbeit

Gesamtabwägung aller Umstände des Einzelfalles ein anzuerkennendes Ehegattenarbeitsverhältnis vorliegen (BFH 26.6.96, BFH/NV 97, 182). Die fehlende Abführung der SozVBeiträge und der LSt kann ein Indiz gegen die Ernsthaftigkeit des Arbeitsverhältnisses sein, reicht aber allein nicht aus (BFH 29.11.88, BStBl II 89, 281). Zur tatsächlichen Durchführung eines **Treuhandvertrags** s BFH 14.3.12 – IX R 37/11, BStBl II 12, 487.

37 **c)** Für ein Dienstverhältnis mit einer **Personengesellschaft** gelten die genannten Grundsätze entsprechend, wenn der andere Ehegatte die Gesellschaft wirtschaftlich beherrscht (zB Beteiligung über 50%; EStR 4.8 Abs 2; zu Ehegattenarbeitsverhältnissen bei ZweipersonenGbR zu je 50% s BFH 20.4.99 – VIII R 81/94, BFH/NV 99, 1457). Unschädlich war hier schon immer die Zahlung des Arbeitslohns auf ein Oderkonto (BFH 24.3.83, BStBl II 83, 663; s auch oben Rz 35). Beherrscht der andere Ehegatte die Gesellschaft nicht, so kann idR davon ausgegangen werden, dass der ArbNEhegatte die gleiche Stellung wie ein fremder ArbN hat., Unabhängig davon ist jedoch in diesen Fällen besonders sorgfältig zu prüfen, ob nicht der mitarbeitende Ehegatte selbst Gesellschafter bzw Mitunternehmer und damit steuerrechtlich kein ArbN ist (s auch *Arbeitnehmer (Begriff)* Rz 36).

38 Allein die Mitarbeit begründet noch keine steuerliche **Mitunternehmerschaft**. Kennzeichnend dafür sind die Mitunternehmerinitiative und das Mitunternehmerrisiko. Diese liegt jedenfalls bei einem zivilrechtlichen Gesellschaftsverhältnis (OHG, KG, GbR) vor, kann aber auch im Rahmen eines wirtschaftlich damit vergleichbaren Verhältnisses gegeben sein, sofern der Betreffende zusammen mit Anderen Unternehmerinitiative entfalten kann und ein Unternehmerrisiko trägt. Dabei bedeutet **Mitunternehmerinitiative** die Teilnahme an unternehmerischen Entscheidungen und **Mitunternehmerrisiko** die Teilhabe am Erfolg oder Misserfolg eines Unternehmens, idR durch Beteiligung am Gewinn (*Schmidt/Wacker* § 15 Rz 263, 264 mwN).

39 Leben Ehegatten im gesetzlichen Güterstand der **Zugewinngemeinschaft** oder haben sie Gütertrennung vereinbart, sind sie einkommensteuerrechtlich nur dann als Mitunternehmer anzusehen, wenn das zivilrechtliche Gesellschaftsverhältnis ernsthaft und klar vereinbart ist (Näheres s *Schmidt/Wacker* § 15 Rz 375 mwN). Gehört jedoch im Fall der **Gütergemeinschaft** der Betrieb zum Gesamtgut und nicht zum Vorbehalts- oder Sondergut (häufig in der Land- und Forstwirtschaft), ist der andere Ehegatte steuerrechtlich als Mitunternehmer und nicht als ArbN anzusehen, obwohl zivilrechtlich kein Gesellschaftsverhältnis vorliegt, denn aufgrund des Güterstandes hat er an den Erträgen und wegen der dinglichen Mitberechtigung am Gesamtgut auch an den stillen Reserven des Betriebsvermögens teil. Zudem haftet das Gesamtgut für betriebliche Schulden (s *Schmidt/Wacker* § 15 Rz 376ff mwN). Zur Frage der Mitunternehmerschaft zwischen Ehegatten in der Land- und Forstwirtschaft s BMF 18.12.09 – IV C 2 – S 2230/09/10001; Dok 2009/0754004, BStBl I 09, 1593.

40 Auch im Rahmen einer **freiberuflichen Tätigkeit** (§ 18 Abs 1 Nr 1 EStG) eines Ehegatten kommen diese Grundsätze nicht zum Tragen. Zur Eigentums- und Vermögensgemeinschaft der ehemaligen DDR sPersonalbuch 2013. Zur steuerrechtlichen Anerkennung von Familiengesellschaften s im Übrigen EStR und EStH 15.9.

41 **d)** Ist ein Ehegatte Alleingesellschafter oder Mitgesellschafter einer **Kapitalgesellschaft** (AG, GmbH), so sind ernsthaft vereinbarte und tatsächlich durchgeführte Dienstverhältnisse regelmäßig anzuerkennen. Dabei spielt es keine Rolle, wenn der Gesellschafterehegatte selbst ArbN der Kapitalgesellschaft ist (s *Geschäftsführer* Rz 35, 36).

42 **e)** Auf **Verlobte und in eheähnlicher Gemeinschaft Lebende** können die für Ehegattenarbeitsverhältnisses entwickelten Grundsätze nicht übertragen werden (BFH 14.4.88, BStBl II 88, 670; s aber auch *Wälzholz* DStR 02, 333 Tz 2.2.2; FG RhPf 24.1.96, EFG 96, 743; zu wechselseitigen Arbeitsverträgen oben Rz 30). Ebenso wenig sind sie anzuwenden, wenn ein vorhergehendes Arbeitsverhältnis nach der Eheschließung zwischen ArbGeb und ArbN unverändert fortgesetzt wird.

43 **3. Nahe Angehörige.** Bei Verträgen zwischen nahen Angehörigen (Eltern, Kinder, Geschwister) finden die für Ehegatten entwickelten Grundsätze, insbesondere zu gelegentlichen Hilfeleistungen (§ 1619 BGB; s Rz 32), entsprechende Anwendung (BFH 11.4.97, BFH/NV 97, 667; *HMW*/Arbeitnehmer Rz 105, 117, 121). Dabei ist die Intensität der erforderlichen Prüfung der Fremdüblichkeit der Vertragsbedingungen auch vom **Anlass des Vertragsschlusses** abhängig, so zB davon, ob der Stpfl bei Nichtanstellung des Angehörigen

einen fremden Dritten hätte einstellen müssen. Ebenso steht **unbezahlte Mehrarbeit** über die vertragliche Stundenzahl hinaus der Annahme der tatsächlichen Durchführung des Arbeitsverhältnisses nicht entgegen (BFH 17.7.13 X R 31/12, DStR 13, 2261). Bei Kindern unter 15 Jahren scheitert die steuerrechtliche Anerkennung am arbeitsrechtlichen Verbot der Kinderarbeit (EStR 4.8 Abs 3). Bei minderjährigen Kindern ist für die bürgerrechtliche Wirksamkeit eines Ausbildungs- oder Arbeitsvertrags nach Auffassung der Finanzverwaltung keine Bestellung eines Ergänzungspflegers erforderlich (EStR 4.8 Abs 3; s auch *Schall* DStZ 94, 179; aA FG RhPf 12.12.88, EFG 89, 274; s auch oben Rz 25). Zum Vorliegen eines Dienstverhältnisses bei wegen fehlgeschlagener Vergütungserwerbung vom ArbG ersatzweise zugesprochenem Vergütungsanspruch s *Arbeitnehmer (Begriff)* Rz 30.

Erfolgt die **Mitarbeit** jedoch im Rahmen eines wirksam vereinbarten, tatsächlich durch- **44** geführten Arbeitsverhältnisses, so kann dieses steuerrechtlich anerkannt werden, auch wenn die Tätigkeit nach Art und Umfang noch in den Bereich des § 1619 BGB fällt, wenn es seinem Inhalt nach auch unter Fremden üblich ist (BFH 25.1.89, BStBl II 89, 453 für eine Aushilfstätigkeit als Buchhalterin und Verkäuferin). Leistungen der Eltern im Rahmen der Unterhaltspflicht sind steuerrechtlich nicht anzuerkennen (zB Kost, Kleidung, Unterkunft und Taschengeld, s BFH 19.8.71, BStBl II 72, 172).

Für die steuerrechtliche Anerkennung eines Dienstverhältnisses zwischen einer berufs- **45** tätigen Tochter und ihrer Mutter stellt der BFH ua darauf ab, dass beide nicht im selben Haushalt wohnen und die Mutter eine fremde Arbeitskraft für die Führung des Haushalts und die Betreuung der minderjährigen Kinder ersetzt (BFH 6.10.61, BStBl III 61, 549). Insbesondere volljährige Kinder können aber auch Gesellschafter im elterlichen Betrieb sein (*HMW*/Arbeitnehmer Rz 105). Hier gilt das oben zu Ehegatten Dargestellte (s Rz 37 ff) entsprechend. Zur steuerrechtlichen Anerkennung von Familienpersonengesellschaften s EStR und EStH 15.9.

C. Sozialversicherungsrecht *Schlegel*

1. Beschäftigungsverhältnisse unter Ehegatten und nahen Angehörigen. a) Be- 46 sondere Meldepflicht mit obligatorischem Anfrageverfahren. Die Meldepflicht des ArbGeb gegenüber der Einzugsstelle nach § 28a SGB IV muss seit 1.1.05 auch die Angabe enthalten, ob der Beschäftigte zum ArbGeb in einer Beziehung als Ehegatte, Lebenspartner, Verwandter oder Verschwägerter in gerader Linie bis zum zweiten Grad steht (§ 28a Abs 3 Satz 2 Nr 1d) SGB IV). Außerdem ist in der ArbGebMeldung für den Beschäftigten anzugeben, ob er als geschäftsführender Gesellschafter einer GmbH tätig ist (§ 28a Abs 3 Satz 2 Nr 1e) SGB IV). Ergibt sich, dass der Beschäftigte Angehöriger des ArbGeb ist, muss die Einzugsstelle als Adressat der Meldung bei der DRV-Bund ein Statusfeststellungsverfahren nach § 7a SGB IV beantragen (allgemein zum Anfrageverfahren nach § 7a SGB IV vgl *Scheinselbstständigkeit* Rz 15). Kommt die für das Anfrageverfahren zuständige DRV-Bund im Anfrageverfahren zu dem Ergebnis, dass Versicherungspflicht vorliegt, ist die BA hieran leistungsrechtlich gebunden, solange der die Versicherungspflicht feststellende Verwaltungsakt der DRV-Bund wirksam ist (vgl § 336 SGB III). Damit will der Gesetzgeber möglichst ausschließen, dass mitarbeitende Familienangehörigen oder GmbH-Geschäftsführer jahrelang Beiträge zahlen und sie im Falle der Arbeitslosigkeit dennoch kein AlGeld.

b) Materielle Abgrenzungskriterien. Auch bei Familienangehörigen setzt abhängige **47** Beschäftigung die Eingliederung des ArbN in einen Betrieb voraus. Hierfür wiederum ist von Bedeutung, ob der Dienstleistende seine Tätigkeit im Wesentlichen frei gestalten und seine Arbeitszeit bestimmen kann oder ob er einem „Zeit, Dauer, Ort und Art der Ausführung" umfassenden Weisungsrecht des ArbGeb unterliegt. Die Vorschrift des § 175 RVO aF, nach der die Beschäftigung eines Ehegatten durch den anderen keine Versicherungspflicht in der gesetzlichen KV begründete, hat das BVerfG teilweise mit Art 3, 6 GG unvereinbar erklärt (Beschluss vom 26.11.64 – 1 BvL 14/62, SozR Nr 55 zu Art 3 GG). Auch wenn ein solches Arbeitsverhältnis durch die eheliche Gemeinschaft modifiziert wird, bleibt es nach Ansicht des BVerfG ein echtes Arbeitsverhältnis mit allen sonst daran anknüpfenden Folgen, auch solchen sozialrechtlicher Art. Allerdings dürften an den Nachweis eines solchen Beschäftigungsverhältnisses strenge Anforderungen gestellt werden. Im Einzelnen geht es darum, ein Beschäftigungsverhältnis mit Entgeltzahlung von der bloßen familienhaften Mit-

185 Familiäre Mitarbeit

hilfe, zu der Ehegatten einander und Kinder ihren Eltern nach den Vorschriften des bürgerlichen Rechts verpflichtet sein können (s oben Rz 2–5), abzugrenzen. Diese Abgrenzung hängt nach der Rspr des BSG von den gesamten Umständen des Einzelfalles ab (eingehend hierzu BSG 23.6.94 – 12 RK 50/93, SozR 3–2500 § 5 Nr 17), Gleiches gilt für **Au-pair-Kräfte** (vgl dazu *Erdmann* Die Beiträge, 01, 321 ff; *Hauswirtschaftliches Beschäftigungsverhältnis* Rz 18) oder familiäre Mithilfe bei der Beuteilung von angeblichen) Pflegeverträgen zwischen Familienangehörigen (BGH 4.2.98 – B 9 V 28/96 R, SozR 3–3100 § 35 Nr 8).

48   Ein **abhängiges Beschäftigungsverhältnis** ist anzunehmen, wenn der Beschäftigte auf die Verwertung seiner Arbeitskraft angewiesen ist, er in den Betrieb nach Art eines ArbN eingegliedert und dementsprechend dem Weisungsrecht des Betriebsinhabers – wenn auch in abgeschwächter Form – unterworfen ist und schließlich für seine Mitarbeit Arbeitsentgelt bezieht (BSG 16.12.60 – 3 RK 47/56, SozR Nr 22 zu § 165 RVO: Größere Freiheiten des als ArbN tätigen Familienangehörigen im Vergleich zu anderen ArbN sind unschädlich; 31.7.63 – 3 RK 46/59, SozR Nr 39 zu § 165 RVO: Die Arbeitskraft muss im Dienst des Unternehmens eingesetzt und es müssen Aufgaben erfüllt werden, die sich aus der Organisation bzw direkten Anweisung des ArbGeb ergeben; ähnlich jetzt BSG 10.5.07 – B 7a AL 8/06 R). Zum Ganzen vgl *Schlegel/Voelzke* SGB IV, § 7 Rz 116 ff.

49   **c) Indizwirkung des Arbeitsentgelts.** Für die Feststellung, ob die dem Ehegatten oder mitarbeitenden Verwandten gewährten Leistungen Entgelt – dh einen Gegenwert – für die geleistete Arbeit darstellen, ist insbesondere die Höhe der gewährten Leistungen (Geld- und Sachbezüge) sowie ihr Verhältnis zu Umfang und Arbeit der im Betrieb verrichteten Tätigkeit von Bedeutung. Wird den im Haushalt des Betriebsinhabers lebenden und im Betrieb tätigen Ehegatten oder Kindern nur freier Unterhalt einschließlich eines geringfügigen Taschengeldes gewährt, wird man das Vorliegen eines entgeltlichen Beschäftigungsverhältnisses verneinen können.

50   Es gibt zwar keinen Rechtssatz des Inhalts, dass eine untertarifliche oder eine erheblich untertarifliche Bezahlung des Ehegatten die Annahme eines beitragspflichtigen Beschäftigungsverhältnisses zwingend ausschließt (vgl BSG vom 12.9.96 – 7 RAr 120/95 = DBlR 4475, AFG § 168). Andererseits ist die Zahlung **verhältnismäßig nicht geringfügiger laufender Bezüge,** insbesondere in Höhe des ortsüblichen oder des tariflichen Lohnes, ein wesentliches Merkmal für das Bestehen eines entgeltlichen Beschäftigungsverhältnisses (BSG 29.3.62 – 3 RK 83/59, SozR Nr 31 zu § 165 RVO; 19.2.87 – 12 RK 45/85, SozR 2200 Nr 90 zu § 165 RVO: Annähernd **leistungsgerechte Entlohnung** als unverzichtbare Mindestanforderung an ein Beschäftigungsverhältnis; vgl auch BSG 17.12.02 – B 7 AL 34/02 R mwN zur Indizwirkung des Arbeitsentgelts). Weitere Indizien eines echten Beschäftigungsverhältnisses sind: Die Verbuchung der Vergütung an Ehegatten/Kinder als Betriebsausgabe und die Entrichtung von LSt (BSG 16.12.60 – 3 RK 47/56, SozR Nr 22 zu § 165 RVO) sowie die Lohnzahlung auf ein Konto zur freien Verfügung des ArbNEhegatten (vgl BSG 17.5.01 – B 12 KR 34/00 R, SozR 3–2400 § 7 Nr 17).

51   Die Entlohnung muss der **Entlohnung familienfremder Arbeitnehmer** nicht völlig entsprechen. Sie darf hiervon aber auch nicht wesentlich abweichen. Insoweit kann das geringfügige Zurückbleiben der Entlohnung des Ehegatten als Kompensation für eine nur gemilderte Handhabung und Form des Weisungsrechts des ArbGeb angesehen werden. Entscheidungen der Beitragseinzugsstelle nach § 28h Abs 2 SGB IV über das Bestehen von Versicherungs- und Beitragspflicht können und sollten vom ArbGeb in allen Zweifelsfällen eingeholt werden. Um evtl Schwierigkeiten zu begegnen, sollten die Arbeitsverträge schriftlich geschlossen werden und die Bezahlung unbar erfolgen. Zu achten ist auch darauf, dass dem ArbN Arbeitsentgelt auch tatsächlich zur freien Verfügung gestellt wird. Für den Bereich der **Pflegeversicherung** besteht eine widerlegbare Vermutung, dass eine versicherungspflichtige Beschäftigung nach § 20 Abs 1 Nrn 1, 3 oder 4 SGB XI nicht vorliegt, wenn eine Person, die in den letzten zehn Jahren nicht in der sozialen PflegeV oder KV versichert war, eine dem äußeren Anschein nach versicherungspflichtige Beschäftigung oder selbstständige Tätigkeit von „untergeordneter wirtschaftlicher Bedeutung" – insbesondere bei einem Familienangehörigen – aufnimmt (§ 20 Abs 4 SGB XI).

52   **d) Güterstand.** Ein abhängiges Beschäftigungsverhältnis zwischen Ehegatten wird nicht zwingend dadurch ausgeschlossen, dass sie im Güterstand der **Gütergemeinschaft** leben und der Betrieb zum Gesamtgut gehört (vgl BSG 9.12.03 – B 7 AL 22/03 R, SozR 4–4100

§ 168 Nr 2; BSG 28.1.92 – 11 RAr 133/90). In derartigen Fällen wird das Geschäft zwar auch im Namen und auf Rechnung des mitarbeitenden Ehegatten geführt, unabhängig davon, ob und wie sich dieser nach außen oder innen am Geschäftsbetrieb beteiligt, so dass regelmäßig Mitunternehmerschaft anzunehmen ist (vgl BSG 24.6.83 – 5b RJ 50/81, BSGE 55, 174). Etwas anderes gilt aber dann, wenn im (Gewerbe-)Betrieb kein nennenswertes, ins Gesamtgut fallendes Kapital eingesetzt wird, dort vielmehr die persönliche Arbeitsleistung eines Ehegatten überwiegt (vgl BSG 10.11.82 – 11 RK 1/82, BSGE 54, 173, 175 im Anschluss an Rspr des BFH); in diesen Fällen ist nach den allgemeinen Kriterien (Weisungsrecht, Eingliederung etc) wertend zu prüfen, ob das Gesamtbild mehr für ein abhängiges Beschäftigungsverhältnis, für familiäre Mitarbeit oder für eine Beschäftigung auf (Mit-) Unternehmerbasis spricht.

2. Leistungsrecht. Arbeitslosengeld eines arbeitslos gewordenen, bei seinem Ehegatten 53 oder Verwandten in gerader Linie beschäftigt gewesenen ArbN wurde bis Ende 2004 nach der Sondervorschrift des § 134 Abs 2 Nr 1 SGB III aF berechnet. Die Vorschrift wurde ab 1.1.05 aufgehoben, so dass nunmehr das tatsächlich erzielte und nicht ein – fiktiv – begrenztes Arbeitsentgelt der Ehegatten für das AlGeld maßgeblich ist.

Familienversicherung

A. Arbeitsrecht
Griese

Über die gesetzliche SozV hinausgehend kann der ArbGeb als **freiwillige Leistung** den 1 ArbN und seine Angehörigen zusätzlich versichern, insbesondere eine Lebens- oder Berufsunfähigkeitsversicherung für den ArbN abschließen. Ein Rechtsanspruch besteht nur bei einzel- oder kollektivrechtlicher Verpflichtung oder soweit sich der ArbN auf den Gleichbehandlungsgrundsatz stützen kann. Bei ArbN, die die Verdienstgrenze zur SozV überschreiten, schuldet der ArbGeb keinen Beitragszuschuss zu den Versicherungskosten des Kindes des ArbN, soweit dieses bei dem Ehepartner des ArbN familienversichert ist (BAG 21.1.03 – 9 AZR 695/01).

B. Lohnsteuerrecht
Seidel

Zur lohnsteuerlichen Behandlung der **Beiträge** zur gesetzlichen KV, die sich nach § 10 2 SGB V auch auf mitversicherte Familienangehörige erstreckt, sowie der Beiträge zur Familienversicherung bei privaten Krankenkassen s *Krankenversicherungsbeiträge* Rz 3–9 (s auch LStR 3.62 Abs 2). Hinsichtlich der Beiträge zur PflegeV bei der Familienangehörige ebenfalls beitragsfrei mitversichert sind, s *Pflegeversicherungsbeiträge* Rz 7, 8 sowie LStR 3.62 Abs 2. Zur steuerlichen Behandlung der Leistungen hieraus s *Pflegeversicherungsleistungen* Rz 2.

Krankenversicherungsleistungen für den ArbN und seine mitversicherten Angehörigen 3 durch gesetzliche (einschließlich Ersatzkassen) oder private Versicherungen, die Schutz vor Krankheit bieten, sind steuerfrei (§ 3 Nr 1a EStG). Darunter fallen auch Leistungen aus der **Krankenhaustagegeldversicherung** zur Abgeltung der Krankenhauskosten (*Schmidt/Heinicke* § 3 Krankheitskostenersatz). Zahlungen der **Krankentagegeldversicherung** zum Ausgleich des Verdienstausfalls (die Beiträge sind als Sonderausgaben, nicht als Werbungskosten abzugsfähig, EStH 10.4) sind ebenfalls steuerfrei, da auch sie Leistungen aus einer KV gem § 3 Nr 1a EStG darstellen (*K/S* § 3 Nr 1a Rz B 1a/13, 17 Krankentagegeldversicherung; offen gelassen BFH 7.10.82, BStBl II 83, 101). Krankentagegelder einer Betriebskrankenkasse sind jedenfalls dann kein Arbeitslohn, wenn der ArbN die Beiträge selbst trägt (BFH 26.5.98 – VI R 9/96, BStBl II 98, 581). Zur Steuerfreiheit des Krankengeldes aus der gesetzlichen KV (§ 3 Nr 1a EStG) und dessen Berücksichtigung im Rahmen des Progressionsvorbehalts (§ 32b Abs 1 Nr 1b EStG) s *Krankengeld* Rz 8 ff.

Zur Behandlung von **weiteren Aufwendungen** des ArbGeb zur Zukunftssicherung des 4 ArbN (Unfall, Invalidität, Alter, Tod) als Arbeitslohn (§ 2 Abs 2 Nr 3 LStDV) s *Betriebliche Altersversorgung* Rz 101 ff; *Unfallversicherung* Rz 6–9, 12–15 sowie *Lohnsteuerpauschalierung* Rz 41–58.

186 Familienversicherung

C. Sozialversicherungsrecht

5 **1. Allgemeines.** Die beitragsfreie KV und PflegeV der Familienangehörigen von Versicherten in der gesetzlichen KV bzw in der sozialen PflegeV ist ein wesentliches Element des Familienlastenausgleichs. Durch § 10 SGB V erhalten die Angehörigen eines Versicherten unter den dort aufgeführten Voraussetzungen einen eigenen Versichertenstatus und können aus eigenem Recht Leistungsansprüche gegen die Krankenkasse erheben (BSG 16.6.99 – B 1 KR 6/99 R, SozR 3–2500 § 10 Nr 16). Zur beitragsfreien Mitversicherung der Familienangehörigen in der PflegeV s *Pflegeversicherungspflicht* Rz 16.

6 Allerdings werden die versicherten Angehörigen **nicht zu Mitgliedern der Krankenversicherung,** können daher grds keine eigene Familienversicherung vermitteln, und ihr Versichertenstatus ist hinsichtlich Beginn und Ende zur Stammversicherung akzessorisch (zur Ausnahme bei familienversicherten Kindern s Rz 7). Soweit im SGB V oder anderen Gesetzen keine besonderen Regelungen aufgeführt sind, sondern generell auf versicherte Personen abgestellt wird, sind die Familienversicherten in vollem Umfang leistungsrechtlich mit umfasst. Sie haben allerdings keinen Anspruch auf Krankengeld (LSG BaWü – L 11 KR 3628/11, BeckRS 2012, 68 996).

7 **2. Sachliche Voraussetzungen.** Familienversichert sind der Ehegatte, der Lebenspartner nach dem Lebenspartnerschaftsgesetz und die Kinder von Mitgliedern der gesetzlichen KV (das sind auch die freiwillig Versicherten), wenn diese ihren **Wohnsitz oder gewöhnlichen Aufenthalt im Inland** haben (§ 10 Abs 1 Nr 1 SGB V). Gleiches gilt für die Kinder von familienversicherten Kindern. Von der Voraussetzung des Inlandswohnsitzes kann durch zwischenstaatliche Regelung abgewichen werden (so zB durch das Deutsch-Türkische SozV-Abkommen). Es darf keine eigene *Krankenversicherungspflicht* oder freiwillige Versicherung des Familienmitgliedes in der gesetzlichen KV bestehen (ausgenommen Studenten und Praktikanten nach § 5 Abs 1 Nrn 9 und 10 SGB V), dh die Familienversicherung ist **subsidiär** (§ 10 Abs 1 Nr 2 SGB V). Ferner ist nicht familienversichert, wer **versicherungsfrei** ist (Nr 3) oder nach beamtenrechtlichen Vorschriften beihilfeberechtigt ist (BSG 18.3.99 – B 12 KR 13/98 R, SozR 3–2500 § 10 Nr 14). Dies gilt allerdings nicht für eine Versicherungsfreiheit nach § 7 SGB V wegen einer geringfügigen Beschäftigung (s *Geringfügige Beschäftigung* Rz 25 ff). Eine geringfügige Beschäftigung iSd genannten Vorschrift steht also einer (weiter fortbestehenden) Familienversicherung nicht entgegen.

8 Das Familienmitglied darf keiner hauptberuflichen **selbstständigen Erwerbstätigkeit** (das Wahrnehmen von auf Kapitalbeteiligungen beruhenden gesellschaftsrechtlichen Pflichten ist unschädlich: BSG 4.6.09 – B 12 KR 3/08 R, NJW 10, 1836; 29.2.12 – B 12 KR 4/10 R, SozR 4–2500 § 10 Nr 10) nachgehen (Nr 4) und kein Gesamteinkommen (auch aus Vermietung und Verpachtung) haben, das regelmäßig im Monat **ein Siebtel der monatlichen Bezugsgröße** (zur Berücksichtigung von Kapitalvermögen BSG 22.5.03 – B 12 KR 13/02 R, NJW 03, 2853) nach § 18 SGB IV oder im Rahmen einer geringfügigen Beschäftigung (s *Geringfügige Beschäftigung*) nach § 8 Abs 1 Nr 1, § 8a SGB IV die Geringfügigkeitsgrenze überschreitet (Nr 5). Bei Renten wird der Zahlbetrag ohne den auf Entgeltpunkte für Kindererziehungszeiten entfallenden Teil berücksichtigt; das gilt auch für Betriebsrenten (BSG 10.3.94 – 12 RK 4/92, SozR 3–2500 § 10 Nr 5). Zur Berechnung des Gesamteinkommens und des Rentenzahlbetrags vgl KassKomm/*Peters* § 10 SGB V Rz 23 ff.

9 **3. Persönliche Voraussetzungen. Ehegatten** sind bei Erfüllung der sachlichen Voraussetzungen bis zur Rechtskraft des Scheidungsurteils bzw der Nichtigerklärung der Ehe versichert. Dies gilt auch für Ehefrauen in einer nach internationalem Privatrecht gültigen polygamen Ehe (§ 34 Abs 1 SGB I). Ein eheähnliches Verhältnis genügt nicht. Ehegatten sind für die Dauer der Schutzfristen des MuSchG (s *Mutterschutz* Rz 20) und der Elternzeit (s *Elternzeit* Rz 7) nur dann familienversichert, wenn sie zuletzt vor diesen Zeiträumen gesetzlich krankenversichert waren (§ 10 Abs 1 Satz 4 SGB V). Den Ehegatten gleichgestellt sind Lebenspartner nach dem LebenspartnerschaftsG vom 16.2.01 (BGBl I 01, 266).

10 **Kinder** sind bis zur Vollendung des 18. Lebensjahres, falls sie keiner Erwerbstätigkeit nachgehen, bis zur Vollendung des 23. Lebensjahres versichert (§ 10 Abs 2 Nr 1 und 2 SGB V). Bis zur Vollendung des 25. Lebensjahres besteht die Familienversicherung, wenn sich die Kinder in Schul- oder Berufsausbildung befinden oder ein freiwilliges soziales oder ökologisches Jahr leisten; wird die Schul- oder Berufsausbildung durch Erfüllung einer gesetzlichen Dienstpflicht des Kindes unterbrochen oder verzögert, besteht die Versicherung auch für einen der Dauer dieses Dienstes entsprechenden Zeitraum über das 25. Lebensjahr hinaus (Nr 3). Promotionsvorbereitung ist keine Berufsausbildung (LSG Sachs 7.3.12 – L 1 KR 186/11, BeckRS 2012, 68711). **Stiefkinder** und **Enkel** gelten als Kinder, wenn ihnen der Stammversicherte überwiegenden Unterhalt gewährt (BSG 30.8.94 – 12 RK 41/92, NZS 95, 132). **Pflegekinder** sind mitversichert, wenn sie im Rahmen eines auf längere Dauer angelegten Pflegeverhältnisses in die häusliche Gemeinschaft aufgenommen sind. Stiefkinder sind auch die Kinder des Lebenspartners eines Mitglieds (§ 10 Abs 4 Satz 3 SGB V).

Keine Altersgrenze besteht, wenn das Kind wegen einer Behinderung außerstande ist, sich selbst zu unterhalten. Voraussetzung ist jedoch, dass bei Eintritt der Behinderung eine Familienversicherung des Kindes nach § 10 Abs 2 Nr 1 bis 3 SGB V bestand (Abs 2 Nr 4). **11**

Kinder sind nicht familienversichert, wenn der **mit den Kindern verwandte** Ehegatte oder Lebenspartner des Mitgliedes nicht Mitglied der gesetzlichen KV ist und sein Gesamteinkommen regelmäßig im Monat ein Zwölftel der JAEGrenze (s *Beitragsbemessungsgrenzen* Rz 7 ff) übersteigt und regelmäßig höher als das Gesamteinkommen des Mitglieds ist (Abs 3). Zur Berechnung des Gesamteinkommens vgl BSG 29.7.03 – B 12 KR 16/02 R, SozR 4–2500 § 10 Nr 3; 25.8.04 – B 12 KR 36/03 R, NZA 05, 98; *Klose* Ausschluss der Familienversicherung wegen Überschreitens der JAEGrenze, NZS 05, 576). Zur Berücksichtigung einer Abfindung bei der Berechnung des Gesamteinkommens s BSG 25.1.06 – B 12 KR 2/ 05 R, SozR 4–2500 § 10 Nr 6. Damit wird erreicht, dass die Versicherung der Kinder an die Einkünfte des Ehegatten geknüpft wird, der den Lebensunterhalt der Familie überwiegend bestreitet. Da Stiefkinder mit dem Stiefelternteil nicht verwandt sind, ist die Familienversicherung für diese Kinder nicht ausgeschlossen, wenn nur der leibliche Elternteil pflichtversichert ist und der Stiefelternteil den Ausschlusstatbestand des Abs 3 erfüllt. Der Ausschlusstatbestand erfasst nur die Kinder verheirateter oder in Lebenspartnerschaft nach dem Lebenspartnerschaftsgesetz vom 16.2.01 (BGBl I 01, 266) lebenden Eltern bzw Elternteile. Er gilt nicht für Kinder von Eltern in **nichtehelicher Lebensgemeinschaft** (BSG 25.1.01 – B 12 KR 12/00 R, NZS 01, 489); dies verstößt nicht gegen Art 3 Abs 1 iVm Art 6 Abs 1 GG (BVerfG 14.6.11 – 1 BvR 429/11, NJW 11, 2867). **12**

4. Ende der Familienversicherung. Mit dem Ende der Mitgliedschaft des Stammversicherten endet auch die Familienversicherung. Danach entsteht für die familienversicherten Familienmitglieder nach § 5 Abs 1 Nr 13 SGB V idF des GKV-Wettbewerbsstärkungsgesetzes vom 26.3.07 (BGBl I 07, 378) **Versicherungspflicht** in der gesetzlichen KV, falls kein anderweitiger Anspruch auf Absicherung im Krankheitsfall besteht. Hinsichtlich der Beiträge gilt § 240 SGB V (s *Krankenversicherungsbeiträge* Rz 16 ff). **13**

Fehlgeldentschädigung

A. Arbeitsrecht *Griese*

1. Begriff. Fehlgeldentschädigung umschreibt die zusätzliche Vergütung, die der ArbGeb dafür erbringt, dass der ArbN **zusätzliche Haftungsrisiken** beim Verwalten einer Kasse, von Geld oder auch von Waren übernimmt. Die Fehlgeldentschädigung, die auch als Mankogeld bezeichnet wird, ist der vertraglich festgelegte Ausgleich für die **Mankohaftung** des ArbN. **1**

2. Vertragliche Abrede über Fehlgeldentschädigung. Unproblematisch ist die Fehlgeldentschädigung, soweit sie als zusätzliche Vergütung (Prämie) dafür gewährt wird, dass im Arbeitsbereich des ArbN kein Kassen- oder auch Warenmanko auftritt, ohne dass hiermit erweiterte Haftungsregulungen verbunden sind. Eine solche Fehlgeldentschädigung ist ohne weiteres zulässig, unterliegt aber als Frage der betrieblichen Lohngestaltung der Mitbestimmung des BRat nach § 87 Abs 1 Nr 10 BetrVG. **2**

Wird hingegen die Zusage einer Fehlgeldentschädigung mit einer **Haftungsverschärfung** für den ArbN verknüpft, bedarf dies einer vertragliche Rechtsgrundlage, die von der **3**

187 Fehlgeldentschädigung

Rspr einer **strengen Kontrolle** unterzogen wird. Die vertragliche Grundlage bildet die sog **Mankoabrede** zwischen ArbGeb und ArbN. Sie beinhaltet die Erweiterung der Haftung des ArbN: Während den ArbN grds nur eine verschuldensabhängige Haftung trifft, die zudem durch die Grundsätze des innerbetrieblichen Schadensausgleich gemildert ist (Näheres: *Arbeitnehmerhaftung* Rz 11), soll der ArbN durch die Mankoabrede eine Garantiehaftung für das ihm anvertraute Geld oder die im anvertrauten Waren übernehmen; er soll auch und gerade dann für einen Fehlbestand haften, wenn ihn kein Verschulden trifft bzw ihm dies nicht nachgewiesen werden kann. Problematisch sind Mankoabreden, weil damit ein typisches ArbGebRisiko auf den ArbN verlagert wird.

4 Die Rspr hält solche **Mankoabreden** mit Recht nur in **engen Grenzen** für zulässig (BAG 2.12.99 – 8 AZR 386/99, NZA 2000, 715).

5 Danach ist Rechtmäßigkeitsvoraussetzung, dass der ArbN für das zusätzlich übernommene Haftungsrisiko einen **angemessenen wirtschaftlichen Ausgleich,** die Fehlgeldentschädigung, erhält. Diese muss so bemessen sein, dass der ArbN aus ihr notfalls ein auftretendes Manko voll abdecken kann. Ansonsten liegt eine unverhältnismäßige Benachteiligung vor, da der ArbN ein besonderes Risiko übernimmt, ohne hierfür einen gleichwertigen wirtschaftlichen Vorteil zu erlangen (BAG 17.9.98 – 8 AZR 175/97, NJW 99, 1049). Dies bedeutet, dass die Fehlgeldentschädigung die absolute **Obergrenze** der vertraglichen Mankohaftung darstellt (BAG 17.9.98 – 8 AZR 175/97, NJW 99, 1049). Die Mankovereinbarung bedeutet daher im Ergebnis allein die Chance für den ArbN durch erfolgreiche Verwaltung eines Kassen- oder Warenbestandes eine zusätzliche Vergütung zu erzielen (BAG 2.12.99 – 8 AZR 386/98, NZA 2000, 715); **die Fehlgeldentschädigung ist daher eine Fehlbestands-Vermeidungsprämie.**

6 Weitere Voraussetzung ist, dass der ArbN die **alleinige Verfügungsgewalt** und den **alleinigen Zugang** zu den ihm anvertrauten Geld- oder Warenbeständen hat. Nur dann hat der ArbN effektive Möglichkeiten, ein Manko zu verhindern. So kann eine Verkaufsstellenverwalterin über eine Mankovereinbarung nicht für einen Fehlbestand haftbar gemacht werden, wenn an der Kasse in Wechselschicht mehrere Verkäuferinnen eingesetzt sind, die die Verkaufsstellenverwalterin nicht ausreichend überwachen kann (BAG 22.11.73, DB 74, 778). Eine Mankovereinbarung ist ferner insoweit rechtsunwirksam, als sie zu einer Unterschreitung der Tarifvergütung führt.

Die Fehlgeldentschädigung ist Teil des Arbeitsentgelts nach § 2 Abs 1 Nr 6 NachwG. Eine Mankoabrede ist daher in die **Vertragsniederschrift** aufzunehmen. Soweit sie in Formulararbeitsverträgen enthalten ist, unterliegt sie der **Inhaltskontrolle nach §§ 305 ff BGB**.

7 **3. Mankohaftung. a) Haftung aufgrund Mankoabrede.** Tritt ein Manko auf, kann die Haftung des ArbN auf eine vertragliche Mankoabrede gestützt werden. Dies setzt voraus, dass die Rechtmäßigkeitsvoraussetzungen der Mankoabrede eingehalten worden sind, insbes eine angemessene Fehlgeldentschädigung gezahlt worden ist. Die Haftung ist auf die Höhe des Mankogeldes begrenzt (BAG 2.12.99 – 8 AZR 386/98, NZA 2000, 715). Fehlt es an einer Mankoabrede oder ist sie rechtsunwirksam, kommt nur die übliche vertragliche und deliktische Haftung des ArbN in Betracht.

8 **b) Verschuldenshaftung.** Sowohl die vertragliche als auch die deliktische Haftung setzen eine **schuldhafte Pflichtverletzung** des ArbN voraus. Die vertragliche Haftung kann sich auf § 280 BGB, aber auch auf Schlechterfüllung von Obhuts- und Verwahrungspflichten (§ 688 BGB) oder Abrechnungs- und Herausgabepflichten (§ 667 BGB) gründen. Die deliktische Haftung fußt auf der Verschuldensnorm des § 823 BGB. Zur Haftung erforderlich ist ein pflichtwidriges und schuldhaftes Verhalten des ArbN. Ein solches ist bspw gegeben, wenn ein Busfahrer das eingenommene Geld ohne zusätzliche Sicherungsmaßnahmen während der Pause im Bus zurücklässt, obwohl sich der Bus mit einem leicht zu beschaffenden Vierkantschlüssel öffnen lässt (BAG 28.9.89 – 8 AZR 73/88, BB 90, 925). Ohne den Beweis eines Verschuldens durch den ArbGeb kommt eine Haftung nicht in Betracht. Eine durch Arbeitsvertrag in Bezug genommene Regelung, wonach ein Kassierer eines Automaten-Spiel-Casinos für Fehlbeträge haftet, entfaltet deshalb keine Wirkungen, wenn nicht entweder ein angemessenes Mankogeld zugesagt worden ist oder ein konkretes schuldhaftes Verhalten nachgewiesen wird (BAG 17.9.98 – 8 AZR 175/97, NJW 99, 1049).

Fehlgeldentschädigung 187

Hinsichtlich der Verschuldenshaftung will die Rspr zwischen selbständigen und unselbständigen ArbN Unterschiede machen (BAG 29.1.85, NZA 86, 23; ebenso *Schaub* § 52 Rz 105). Der **wirtschaftlich selbständige Arbeitnehmer,** dem die selbständige Verwaltung und Verwahrung von Geld oder Waren anvertraut ist, soll über die Verwahrungs- (§ 688 BGB) und Auftragsvorschriften (§§ 675, 666, 667 BGB) zur Haftung herangezogen werden können, da in den Arbeitsverträgen Elemente von Verwahrung und Auftrag enthalten seien. 9

Demgegenüber hafte der **wirtschaftlich unselbständige Arbeitnehmer** nur nach den Grundsätzen der Schlechterfüllung. Die Unterscheidung überzeugt nicht. Den unselbständigen ArbN treffen ebenfalls Obhuts-, Verwahrungs- und Herausgabepflichten hinsichtlich der im Eigentum des ArbGeb stehenden Sachen. Es handelt sich um Nebenpflichten des ArbN, für deren Schlechterfüllung der ArbN nach § 280 BGB haftet. Materiellrechtlich bedeutet es daher keinen Unterschied, ob eine Verwahrungs- oder Herausgabepflicht durch einen selbständig oder unselbständig handelnden ArbN schuldhaft verletzt worden ist. Er haftet wegen von ihm zu vertretender Pflichtverletzung gem § 280 BGB. In beiden Fällen ist wegen der Grundsätze des innerbetrieblichen Schadensausgleichs **Verschulden erforderlich**, und zwar mindestens mittlere Fahrlässigkeit. 10

c) **Mitverschulden.** Der Haftungsanspruch des ArbGeb ist gemindert oder ausgeschlossen, wenn ein mitwirkendes Verschulden gem § 254 BGB vorliegt. Dies gilt sowohl für die Haftung aufgrund einer Mankoabrede als auch für die vertragliche und deliktische Haftung des ArbN. Ein mitwirkendes Verschulden ist insbesondere gegeben, wenn der ArbGeb Organisationsmängel nicht abstellt, den ArbN überlastet, Sicherungsmaßnahmen nicht ergreift, regelmäßige Kontrollen und Inventuren unterlässt oder Zweitschlüssel zu vom ArbN verwalteten Kassen ohne strenge Sicherungsmaßnahmen vorrätig hält. 11

d) **Grundsätze des innerbetrieblichen Schadensausgleichs.** Auf die Mankohaftung die sind Grundsätze des innerbetrieblichen Schadensausgleichs (s *Arbeitnehmerhaftung* Rz 11 ff) anzuwenden (BAG 22.5.97 – 8 AZR 562/95, NJW 98, 1011). 12

Folglich gelten die Haftungsausschlüsse und -milderungen für einfache und mittlere und ausnahmsweise für grobe Fahrlässigkeit auch für Mankofälle (BAG 17.9.98 – 8 AZR 175/97, NZA 97, 1279). Haftet der ArbN hingegen aufgrund einer **rechtswirksamen** Mankoabrede, entfällt der Haftungsausschluss für einfachste und die Haftungsmilderung für mittlere Fahrlässigkeit, da der ArbN insoweit ein weitergehendes Haftungsrisiko vertraglich übernommen hat. 13

In Anlehnung an die Möglichkeit der Haftungseinschränkung bei grober Fahrlässigkeit aufgrund einer **Existenzgefährdung des Arbeitnehmers** (BAG 12.10.89 – 8 AZR 276/88, BB 90, 65; s *Arbeitnehmerhaftung* Rz 13) ist jedoch, wenn kein Vorsatz vorliegt, die Haftung zu beschränken, wenn ein deutliches Missverhältnis zwischen Verdienst und Höhe des Schadens besteht und bei voller Inanspruchnahme des ArbN dessen Existenz bedroht wäre. 14

Soll der ArbN ohne Mankoabrede aufgrund der vertraglichen oder deliktischen Verschuldenshaftung herangezogen werden, sind die Grundsätze des **innerbetrieblichen Schadensausgleichs anzuwenden** (BAG 17.9.98 – 8 AZR 175/97, NZA 97, 1279). Grobe Fahrlässigkeit ist zB gegeben, wenn ein Zug-Restaurantleiter die Einnahmen nicht in dem dafür vorgesehenen abschließbaren Schrank, sondern in einem anderen Schiebetürenschrank ablegt und das Zugrestaurant für kurze Zeit verlässt und dadurch das Geld abhanden kommt (BAG 15.11.01 – 8 AZR 95/01, NZA 02, 612). 15

4. **Darlegungs- und Beweislast.** Von entscheidender Bedeutung ist die Darlegungs- und Beweislast, da sich gerade in Mankofällen häufig Pflichtverletzung, Ursächlichkeit des ArbN und Verschulden nicht nachweisen lassen. Durch § 619a BGB ist klargestellt, dass der ArbGeb die Beweislast hat. Vertragliche Vereinbarungen über die Beweislast sind wegen § 309 Nr 12 BGB unzulässig. 16

a) **Haftung aufgrund wirksamer Mankoabrede.** Tritt ein Manko auf, muss der ArbGeb neben der Wirksamkeit der Mankovereinbarung zusätzlich die alleinige Verfügungsgewalt und den alleinigen Zugang des ArbN zu der verwalteten Kasse oder den verwalteten Waren beweisen. Ferner muss er darlegen, dass tatsächlich ein Manko eingetreten ist, das nicht auf anderen Ursachen beruht. Es muss ein tatsächlicher, nicht nur ein buchmäßiger Fehlbetrag vorliegen. Die Verwendung von Computern bei der Aufstellung und Auswertung 17

187 Fehlgeldentschädigung

von Inventuren führt grds nicht zu einer Minderung der Anforderungen an die Darlegungs- und Beweislast (BAG 13.2.74, DB 74, 1728). Zudem muss der ArbGeb darlegen und beweisen, dass die gezahlte Fehlgeldentschädigung mindestens so hoch ist wie der vom ArbGeb begehrte Mankobetrag. Dabei wird ein Vergleichszeitraum von bis zu einem Kalenderjahr für vertraglich regelbar gehalten (BAG 17.9.98 – 8 AZR 175/97, NJW 99, 1049).

18 **b) Haftung ohne Mankoabrede.** Fehlt eine besondere Mankoabrede, hat der ArbGeb grds eine Pflichtwidrigkeit des ArbN, einen durch den ArbN verursachten Schaden sowie ein Verschulden des ArbN zu beweisen, und zwar mindestens mittlere Fahrlässigkeit, da unterhalb dieser Schwelle die Haftung nach den Grundsätzen des innerbetrieblichen Schadensausgleichs ausgeschlossen ist (BAG 17.9.98 – 8 AZR 175/97, NJW 99, 1049). Die alleinige Beherrschbarkeit eines Geld- oder Warenbestandes ist ein Indiz, dass auf eine Pflichtverletzung des ArbN hindeuten kann. Ist der Fehlbestand angesichts des Gesamtumsatzes bei diesem Geld- oder Warenbestand gering, spricht dies aber nur für leichte Fahrlässigkeit und führt nicht zur Haftung. Ist ein ausreichender Verschuldensgrad dargelegt, muss der ArbN einen Geschehensablauf darlegen, aus dem sich ergibt, dass der Fehlbestand nicht durch einen entsprechenden Verschuldensgrad entstanden ist (BAG 6.6.84 – 7 AZR 292/81, NZA 85, 183; *Otto* Gutachten zum 56. Deutschen Juristentag, E 77). Zum Beweis der alleinigen Beherrschbarkeit gehört bei einem Geldtransportfahrer auch, dass der ArbGeb die Behauptung des ArbN widerlegt, er habe die Geldkassette an seinen Vorgesetzten weitergegeben (BAG 22.5.97 – 8 AZR 562/95, NJW 98, 1011).

Eine Beweislastumkehr zulasten des ArbN ist wegen der zwingenden Risikoverteilung im Arbeitsrecht nicht zulässig (BAG 17.9.98 – 8 AZR 175/97, NJW 99, 1049; 29.1.85, NZA 86, 23). Dem ArbGeb kann aber der Anscheinsbeweis zur Hilfe kommen, etwa bei einer überstürzten Abreise eines ArbN, der erhebliche Geldbeträge bei sich führt (vgl BAG 3.8.71, BB 71, 1506). In diesem Fall kann ein Anscheinsbeweis für eine pflichtwidrige unberechtigte Entnahme gegeben sein, auch wenn theoretisch ein Dritter Zugang zur Kasse hatte.

19 **5. Anerkenntnis und Vergleich.** Der ArbN kann hinsichtlich eines Mankos ein **Schuldanerkenntnis** abgeben. Dieses kann ein deklaratorisches oder konstitutives Schuldanerkenntnis sein, je nachdem, ob eine Schuldbestätigung unter Ausschluss aller bekannten oder erkennbaren Einwendungen oder die Schaffung eines neuen unabhängigen Schuldgrundes gewollt ist. Ein Schuldanerkenntnis ist **anfechtbar,** wenn es durch Drohung oder Täuschung nach § 123 BGB erreicht worden ist. Maßstab muss hierfür sein, ob der ArbGeb nach den Grundsätzen der ArbNHaftung und der Fehlgeldentschädigung von einer Haftung ausgehen durfte. Die Drohung mit einer Strafanzeige ist zumindest dann zulässig, wenn eine Straftat des ArbN aufgrund objektiver Anhaltspunkte möglich erscheint (BAG 22.7.10 – 8 AZR 144/09, NZA 11, 743).

20 Ein **Vergleich** über eine Mankoschuld ist ebenfalls möglich. Ein solcher Vergleich kann außer aufgrund erklärter Anfechtung wegen Täuschung oder Drohung (§ 123 BGB) aufgrund von Sittenwidrigkeit unwirksam sein (§ 138 BGB). Sittenwidrigkeit ist anzunehmen, wenn ein auffälliges Missverhältnis des beiderseitigen Nachgebens besteht, das auf eine verwerfliche Gesinnung des ArbGeb schließen lässt. Bewertungsmaßstab ist dabei, welchen Höchstschaden der ArbGeb bei Vergleichsabschluss in Betracht gezogen hat, nicht, ob er diesen auch beweisen konnte (BAG 11.9.84 – 3 AZR 184/82, BB 85, 802).

B. Lohnsteuerrecht *Thomas*

23 **1. Steuerliche Einordnung.** Ist der ArbN dem ArbGeb in Ausübung seines Dienstes schadensersatzpflichtig geworden, so erwachsen ihm zum Zeitpunkt der Ersatzleistung (§ 11 Abs 2 Satz 1 EStG) **Werbungskosten.** Verzichtet der ArbGeb auf zustehende Schadensersatzansprüche, so wendet er im Zeitpunkt des Verzichts (s *Verzicht* Rz 14, *Compliance* Rz 31) **Arbeitslohn** zu. Aus der Tatsache, dass der ArbGeb aufgetretene Kassenfehlbeträge trägt, kann aber noch nicht geschlossen werden, dass den ArbN eine Ersatzpflicht getroffen hat (FG Münster 25.2.2000 – 11 K 5202/98 L, EFG 2000, 556). Versichert sich der ArbN gegen das Risiko, von seinem ArbGeb in Anspruch genommen zu werden, sind seine Versicherungsbeiträge Werbungskosten. Etwaige Versicherungsleistungen sind nicht steuerbar, mindern aber die durch eine Schadensersatzleistung begründeten Werbungskosten des

Fehlgeldentschädigung 187

ArbN. Eine Verrechnung mit den laufenden Versicherungsbeiträgen nach § 3c EStG findet aber nicht statt, weil die Versicherungsleistung nur mit dem eingetretenen Schaden, aber nicht mit dem Risiko künftiger Inanspruchnahme in einem „unmittelbaren" wirtschaftlichen Zusammenhang steht. Finanziert der ArbGeb die Versicherung des ArbN, liegt in der Übernahme der Beiträge eine Lohnzahlung (s BFH 19.2.93, BStBl II 93, 519). Etwaige Versicherungsleistungen sind wie bei der vom ArbN selbst finanzierten Versicherung zu behandeln (vgl *Thomas* DStR 91, 1369).

Schließt der ArbGeb eine eigene Versicherung ab, die Risiken deckt, welche im Innenverhältnis der ArbN zu tragen hat und steht dem ArbN gegen die Versicherung kein eigener (selbstständiger) Anspruch zu, so begründen die Beitragszahlungen des ArbGeb bei diesem zwar Betriebsausgaben, stellen aber keine Lohnzahlung dar. Im Schadensfall kann jedoch der Verzicht des ArbGeb gegenüber dem ArbN, wenn auch die Versicherung nicht Rückgriff nimmt, wiederum eine Lohnzuwendung darstellen. 24

2. Arbeitslohn. a) Prämien. Zahlt der ArbGeb an ArbN, die für ihn Geld oder Waren verwalten, für Lohnabschnitte Prämien, in denen kein Manko aufgetreten ist, so sind diese Prämien Arbeitslohn (vgl BFH 11.3.88, BStBl II 88, 726 zu Unfallverhütungsprämien). 25

b) Haftungsbeitrag. Wendet der ArbGeb dem ArbN laufend Geldbeträge zu, welche das beim Verwalten einer Kasse entstehende normale Haftungsrisiko des ArbN abgelten, so sind diese Zahlungen grds ebenso Arbeitslohn wie Zuschüsse, welche der ArbGeb an eine diesbezügliche Versicherung des ArbN entrichten würde. Dies ist aber nicht zweifelsfrei. Werbungskosten stehen dem nur gegenüber, wenn der ArbN tatsächlich eine Versicherung abgeschlossen hat und dafür Beiträge entrichten. 26

Demgegenüber dürfte Arbeitslohn zu verneinen sein, wenn der ArbN aufgrund einer **Mankoabrede** (s oben Rz 3) eine **Haftungsverschärfung** auf sich nimmt und der ArbGeb hierfür einen Risikobeitrag in Form einer Fehlgeldentschädigung zahlt. Denn in diesem Fall wird die Zahlung des ArbGeb in seinem eigenbetrieblichen Interesse liegen, da die Zuwendung nicht „für" (§ 19 Abs 1 Nr 1 EStG) eine Beschäftigung erfolgt, sondern ein normalerweise den ArbGeb treffendes Haftungsrisiko abdeckt. Problematisch ist hierbei die betragsmäßige Eingrenzung dieses Risikos, die Abgrenzung zum Grundrisiko, das den ArbN trifft, und die Behandlung im Schadensfall. Da hinsichtlich der Bewertung einer Zuwendung als Arbeitslohn eine Gesamtbeurteilung erforderlich ist (s *Arbeitsentgelt* Rz 48), spricht mehr dafür, die Fehlgeldentschädigung als einheitliche Leistung im Falle der **Mankoabrede** – aber auch nur in diesem (vgl BFH 11.7.69, BStBl II 70, 69) – insgesamt nicht als Arbeitslohn anzusehen, sofern sich die Zuwendungshöhe im Rahmen des Haftungsrisikos hält, was notfalls durch ein Gutachten geklärt werden müsste. Realisiert sich das Risiko und leistet der ArbN Schadensersatz, hat er Werbungskosten, die nicht um gezahlte Fehlgeldentschädigungen zu kürzen sind. 27

c) Auslagenersatz. Ebenfalls streitig ist, ob Fehlgeldentschädigungen steuerfreien *Auslagenersatz* darstellen können (bejahend zB *Schmidt/Krüger* § 19 Rz 100; aA *von Bornhaupt* StuW 90, 56; *K/S* § 19 Rz 1000 „Fehlgeldentschädigung"). Da Auslagenersatz Beträge sind, „durch die Auslagen des ArbN für den ArbGeb ersetzt werden" (§ 3 Nr 50 EStG), kommt Auslagenersatz nur in Betracht, wenn der ArbN im Auftrag des ArbGeb **Gelder eines Dritten** verwaltet und dem Dritten gegenüber wegen eines Fehlbetrages in Vorleistung tritt. Bei Geldern des ArbGeb könnte eine Vorleistung („Auslage") nur in der um den Mankobetrag erhöhten Ablieferung liegen, was bei gleichzeitiger Rückzahlung des Mankos („Fehlgeldes") wirtschaftlich unsinnig ist. 28

d) Pauschale Fehlgeldentschädigung, die ArbN im Kassen- und Zähldienst gezahlt werden, gehören nach R 19.3 Abs 1 Nr 4 LStR nur zum Arbeitslohn, soweit sie **16 € im Monat** übersteigen. Die LStR gehen somit von einem Freibetrag aus, da nur der 16 € übersteigende Betrag als Arbeitslohn erfasst wird. Dem liegt die Vorstellung zugrunde, dass der ArbGeb bis zu 16 € monatlich nur das von ihm zu verantwortende Haftungsrisiko finanziert und deshalb noch keinen Arbeitslohn zuwendet. Ob diese Anweisung eine gesetzliche Grundlage hat, wird weitgehend als zweifelhaft angesehen (*Klunzinger* StRK Anm EStG bis 1974 § 19 Abs 1 Nr 510; *HMW*/Fehlgeldentschädigung mwN). Richtigerweise dürfte das eigenbetriebliche Interesse des ArbGeb an der Zahlung und damit die Verneinung von Arbeitslohn nur bei einer Mankoabrede (Übernahme eines erhöhten Haftungsrisikos durch 29

188 Forderungsübergang bei Dritthaftung

den ArbN) anzunehmen sein. Dabei besteht aber das Problem, dass eine betragsmäßige Begrenzung dieses Risikos von den Verhältnissen des Einzelfalles (zB Höhe des Kassenumsatzes) abhängt. Allerdings hat die Rspr bei der Beurteilung von Zuwendungen anlässlich einer Betriebsveranstaltung (s *Betriebsveranstaltung* Rz 3) als Arbeitslohn ebenfalls eine feste Grenze für zulässig gehalten und die Besonderheiten der jeweiligen Veranstaltung (Dauer der Veranstaltung, Zusammensetzung der Kosten, Größe der Belegschaft usw) vernachlässigt (BFH 25.5.92, BStBl II 92, 655).

30   Der BFH (11.7.69, BStBl II 70, 69 mwN; neuere höchstrichterliche Rspr existiert nicht) hat bei Fehlgeldentschädigungen die Voraussetzungen steuerfreien Auslagenersatz (§ 3 Nr 50 EStG) bejaht, jedoch grds verlangt, dass über die ausgelegten Beträge im Einzelnen abgerechnet werden muss (vgl aber zur Wagenpflegepauschale beim überlassenen Kfz BFH 26.7.01 – VI R 122/98, BStBl II 01, 844 mit Anm *Pust* HFR 02, 8). Da Fehlgeldentschädigungen einen Zuschuss zum Haftungsrisiko darstellen, könnte eine „Abrechnung" nur in einer versicherungsmathematischen Einschätzung des betreffenden Risikos liegen (vgl auch *Starck* StRK Anm EStG bis 1974 § 19 Abs 1 Nr 1, R 352, 501). Die vom BFH früher (Urt vom 25.5.62, BStBl III 62, 286) gebildeten Gefahrenklassen haben die LStR nicht übernommen.

31   **3. Werbungskosten** des ArbN sind gegeben, wenn dieser aufgrund einer Verletzung seiner dienstvertraglichen Nebenpflichten dem ArbGeb Schadensersatz leistet; nicht jedoch, wenn wegen eines von ihm begangenen Diebstahls oder einer Unterschlagung Ersatz geleistet wird, so wie umgekehrt unterschlagene Gelder keinen Arbeitslohn begründen (vgl BFH 3.7.91, BStBl II 91, 802). Werden vom ArbN, wie bspw in der Gastronomie eigene und fremde Gelder gemeinsam verwahrt, kann der Mankoeinwand wahlweise entweder bei der Schätzung der Trinkgeldhöhe (vgl BFH 23.10.92, BStBl II 93, 117; zwischenzeitlich steuerfrei § 3 Nr 51 EStG) oder – bei unvermindertem Trinkgeld – als Werbungskosten berücksichtigt werden.

C. Sozialversicherungsrecht *Schlegel*

32   **1. Beitragspflichtiges Arbeitsentgelt.** Fehlgeldentschädigungen sind Arbeitsentgelt, wenn sie dem ArbN in Form einer monatlichen Pauschale unabhängig von den tatsächlichen Kassenfehlbeständen gezahlt werden (zu den Voraussetzungen der Mankohaftung des ArbN vgl *Lansnicker/Schwiitzek* BB 99, 259). Die in Abschn 70 Abs 1 Nr 4 LStR getroffene Verwaltungsregelung, wonach zum Arbeitslohn (iSd Steuerrechts) pauschale Fehlgeldentschädigungen, die ArbN im Kassen- und Zähldienst gezahlt werden, nur dann gehören, wenn sie einen bestimmten Betrag im Monat übersteigen, ist nicht ins Recht der SozV und ArblV zu übernehmen. So praktikabel und angemessen diese Regelung im Hinblick auf die bei Kassenpersonal regelmäßig zu erwartenden Fehlbeträge auch sein mag, ist gleichwohl davon auszugehen, dass dem Arbeitsentgelt iSd § 14 SGB IV nach § 1 SvEV nur solche Zuschüsse und Zulagen nicht hinzugerechnet werden können, deren Steuerfreiheit durch Gesetz oder RechtsVO vorgesehen ist; dazu zählen die LStR nicht (anders LSG RhPf 14.11.01 – L 4 RA 16/01, das allein darauf abstellt, in welchem Umfang tatsächlich Steuern zu zahlen sind).

33   **2. Beitragsfreier Aufwendungsersatz.** Diese und durchlaufende Gelder sind Fehlgeldentschädigungen, wenn die Entschädigung nicht als Pauschale, sondern im konkreten Einzelfall anhand des tatsächlichen Kassenfehlbestandes durch den ArbGeb ersetzt wird, nachdem der ArbN in Vorlage treten musste (§ 14 SGB IV iVm §§ 1 Abs 1 SvEV, 3 Nr 50 EStG).

Forderungsübergang bei Dritthaftung

A. Arbeitsrecht *Griese*

1   **1. Begriff.** Der Begriff des Forderungsübergangs bei Dritthaftung kommt aus dem **Recht der Entgeltfortzahlung im Krankheitsfall** (s *Entgeltfortzahlung* Rz 1 ff). Er kennzeichnet die Situation, in der der ArbN arbeitsunfähig krank wird und ein Dritter hierfür schadensersatzrechtlich verantwortlich ist. Der ArbGeb muss in diesen Fällen Entgeltfortzahlung im

Krankheitsfall leisten, da die Entgeltfortzahlung im Krankheitsfall nicht durch eine Verantwortlichkeit eines Dritten für die Erkrankung aufgehoben wird. Der ArbGeb hat jedoch aufgrund des gesetzlich geregelten Forderungsübergangs bei Dritthaftung die Möglichkeit, die geleisteten Entgeltfortzahlungsaufwendungen von dem Dritten zurückzuerhalten, da der Schadensersatzanspruch des ArbN insoweit durch **gesetzlichen Forderungsübergang** auf den ArbGeb übergeht.

2. Rechtsgrundlage. Der Forderungsübergang ist für **alle Arbeitsverhältnisse** (Arbeiter, Angestellte, Geringfügig Beschäftigte, Nicht geringfügig Beschäftigte) in **§ 6 EFZG** geregelt. Da der Forderungsübergang nur den **gesetzlichen** Entgeltfortzahlungsanspruch betrifft, ist der ArbGeb hinsichtlich darüber hinausgehender arbeits- oder tarifvertraglicher Entgeltfortzahlungsbestandteile, zB tarifliche Krankengeldzuschüsse nach Ablauf der sechswöchigen Entgeltfortzahlungsdauer, darauf angewiesen, dass der ArbN den Ersatzanspruch gegen den Schädiger insoweit abtritt.

3. Einzelheiten des Forderungsübergangs bei Dritthaftung. a) Haftpflicht eines Dritten. Voraussetzung für den gesetzlichen Forderungsübergang ist, dass ein Dritter für den durch die Erkrankung erlittenen Verdienstausfall des ArbN **schadensersatzpflichtig** ist. Diese Schadensersatzpflicht kann auf vielfältigen Haftungsgrundlagen beruhen.

Die Schadensersatzpflicht des Dritten kann sich aus **unerlaubter Handlung** ergeben, etwa vorsätzlich oder fahrlässig begangener Körperverletzung (§ 823 Abs 1 BGB), sie kann auf Gefährdungshaftung beruhen (etwa § 33 Haftpflichtgesetz, § 7 StVG, § 1 Umwelthaftungsgesetz, § 1 Produkthaftungsgesetz). Ist der Dritte schadensersatzpflichtig, weil der ArbN infolge Arbeitsunfähigkeit einen Verdienstausfall erleidet, so entfällt der Schadensersatzanspruch nicht deshalb, weil der ArbN durch Entgeltfortzahlungsansprüche gegen den ArbGeb – teilweise – abgesichert ist. Der Vorteil, den der ArbN hierdurch erlangt, kann aufgrund des normativen Schadensbegriffs nicht zugunsten des Schädigers gewertet werden.

Vielmehr ergibt sich aus den gesetzlichen Vorschriften zum Forderungsübergang, dass **der Schadensersatzanspruch auf Verdienstausfallschaden**, soweit der ArbGeb ihn durch Gewährung von Entgeltfortzahlung im Krankheitsfall erfüllt hat, von dem ArbN auf den ArbGeb übergeht. Zum Beweis der Arbeitsunfähigkeit kann sich der ArbGeb gegenüber dem Schädiger auf die vom ArbN vorgelegten ärztlichen Arbeitsunfähigkeitsbescheinigungen berufen (BGH 16.10.01 – VI ZR 408/00, NZA 02, 40). Zu dem auf den ArbGeb übergehenden Anspruch gehörten nicht nur der dem ArbN im Entgeltfortzahlungszeitraum gewährte Nettolohn. § 6 Abs 1 EFZG ordnet insoweit an, dass der **Anspruchsübergang die Arbeitgeberanteile der Sozialversicherung erfasst.** Die ArbNAnteile gehören ohnehin zu dem geschuldeten Arbeitsverdienst. Im Ergebnis kann der ArbGeb daher von dem Schädiger sowohl den an den ArbN im Entgeltfortzahlungszeitraum geleisteten Nettoverdienst als auch den gesamten SozVBeitrag erstattet verlangen (*Hänlein* NJW 98, 105).

Zu dem übergehenden Anspruch gehören schließlich auch **Beiträge,** die der ArbGeb im Baugewerbe für den ArbN im Entgeltfortzahlungszeitraum an die **Baugewerbesozialkassen abführen muss** (BGH 28.1.86, DB 86, 1015). Voraussetzung für den Forderungsübergang ist stets, dass der ArbGeb die **Entgeltfortzahlungsansprüche** des ArbN einschließlich der Beiträge zur SozV **tatsächlich erfüllt** hat. Erst zu diesem Zeitpunkt geht die Schadensersatzforderung vom ArbN auf den ArbGeb über (zum Anspruch auf Beitragsabführung nach Ablauf des sechswöchigen Entgeltfortzahlungszeitraums s BGH 30.6.87, NJW 87, 3179).

Der Forderungsübergang wird nicht dadurch beeinträchtigt, dass ArbGeb und ArbN sich wegen der Arbeitsunfähigkeit auf eine Beendigung des Arbeitsverhältnisses einigen und der ArbGeb hierfür eine Abfindung zahlt. Eine solche Abfindung ist auf den übergegangenen Schadensersatzanspruch auch nicht anrechenbar (BGH 16.1.90, NJW 90, 1360).

Weitergehende, über den Verdienstausfallschaden hinausgehende Schadensersatzansprüche werden vom Forderungsübergang nach § 6 EFZG nicht erfasst.

b) Ausnahmen vom Forderungsübergang. Der Forderungsübergang findet ausnahmsweise nicht statt, wenn sich der Schadensersatzanspruch gegen einen in häuslicher Gemeinschaft mit dem ArbN lebende Person richtet. Dies wird aus einer entsprechenden Anwendung des **§ 86 Abs 2 Versicherungsvertragsgesetz** hergeleitet, im Verhältnis zu übergegangenen Ansprüchen der SozV ist es in **§ 116 Absatz 6 SGB X** (dort Familienprivileg) statuiert. Sinn dieses **Familienprivilegs** ist es, die Familiengemeinschaft nicht durch Schadensersatzansprüche untereinander zu belasten. Das Familienprivileg wirkt auch zugunsten von Pflegekindern (BGH 15.1.80, NJW 80, 1468).

9 Der Forderungsübergang kann ferner nicht zum **Nachteil des Arbeitnehmers geltend gemacht werden** (§ 6 Abs 3 EFZG). Dies bedeutet, dass durch einen evtl Forderungsübergang sonstige Ansprüche des ArbN nicht beeinträchtigt sein dürfen. Dieses Quotenvorrecht des ArbN wirkt sich aus, wenn etwa der ArbN aufgrund der Schädigung durch einen Dritten nicht nur einen Verdienstausfallschaden erleidet, sondern darüber hinaus Sachschadens – oder Schmerzensgeldansprüche gegen den Schädiger stellen kann und das Vermögen des Schädigers für die Befriedigung aller Ansprüche nicht ausreicht.

10 Hier ist es dem ArbN gestattet, zunächst seine über den Verdienstausfallschaden hinausgehenden Ansprüche zu realisieren; erst nach vollständiger Befriedung dieser Ansprüche kann der ArbGeb im Wege des Forderungsübergangs die Erstattung der Entgeltfortzahlungskosten verlangen. Die gleiche Situation tritt auf, wenn die Haftung des Dritten aufgrund einer Haftungshöchstgrenze oder aufgrund eines Mitverschuldens des ArbN begrenzt ist.

11 c) **Zusammentreffen mit der Sozialversicherung.** Die Ansprüche des ArbGeb und ArbN können schließlich mit Ansprüchen der SozV konkurrieren, zB Ansprüchen aus Krankengeld oder Verletztengeld. Soweit diese Leistungen den Verdienstausfallschaden abdecken und bereits ein Forderungsübergang nach § 116 Abs 1 SGB X auf den SozVTräger stattgefunden hat, kommt ein späterer Forderungsübergang auf den ArbGeb nicht mehr in Betracht (BGH 2.12.08 – VI ZR 312/07, VersR 09, 230).

Ist die Haftungsmasse des Dritten begrenzt, etwa wegen mangelnden Vermögens, wegen einer Haftungshöchstgrenze oder wegen eines Mitverschulden des ArbN, findet nach § 116 Abs 2 SGB X ein Anspruchsübergang bei einer gesetzlichen Haftungshöchstgrenze zugunsten des SozVTrägers nur statt, soweit die Haftungsmasse nicht zum Ausgleich des Schadens des ArbN oder seiner Hinterbliebenen erforderlich ist.

12 Ansprüche des **Arbeitnehmers haben insoweit Vorrang vor Ansprüchen eines Sozialversicherungsträgers.** Bei einem Mitverschulden des ArbN geht nach § 116 Abs 3 SGB X der Anteil des Ersatzanspruchs über, welcher dem Prozentsatz entspricht, für den der Schädiger einstandspflichtig ist. Stehen der Durchsetzung der Ansprüche gegen den Schädiger tatsächliche Hindernisse entgegen, hat nach § 116 Abs 4 SGB X der ArbN mit seinen Ansprüchen Vorrang vor den übergegangenen Ansprüchen des SozVTrägers. Der Vorrang gilt für den gesamten Schaden des Geschädigten (BGH 8.4.97, NJW 97, 1785).

13 d) **Pflichten des Arbeitnehmers beim Forderungsübergang.** Der ArbN hat dem ArbGeb bei einer Arbeitsunfähigkeit, für die ein Dritter haftpflichtig ist, unverzüglich die zur Geltungsmachung des Schadensersatzanspruches erforderlichen Angaben zu machen (§ 6 Abs 2 EFZG). Verletzt der ArbN diese Pflichten, berechtigt dies den **Arbeitgeber** zur **Leistungsverweigerung** (§ 7 Abs 1 Nr 2 EFZG).

14 Das Leistungsverweigerungsrecht ist nicht gegeben, wenn der ArbN die Pflichtverletzung nicht zu vertreten hat. Der ArbN darf schließlich nicht den Forderungsübergang dadurch unmöglich machen, dass er mit der Versicherung des Schädigers einen **Abfindungsvergleich** abschließt, der sämtliche aus dem Schadensfall herrührenden Ansprüche betrifft, obwohl er damit rechnen muss, dass infolge des schädigenden Ereignisses entgeltfortzahlungspflichtige Erkrankungen entstehen (BAG 7.12.88 – 5 AZR 757/87, BB 89, 630).

B. Lohnsteuerrecht *Seidel*

15 1. **Lohn-(Entgelt-)fortzahlung Arbeitgeber.** Der dem ArbN im Rahmen der Lohnfortzahlung durch den ArbGeb gezahlte Arbeitslohn unterliegt dem LStAbzug regelmäßig wie das während der Erbringung der Arbeitsleistung gezahlte Entgelt (Näheres s *Entgeltfortzahlung* Rz 42). Erhält der ArbGeb aufgrund des Forderungsübergangs von einem Dritten den an den ArbN weitergezahlten Arbeitslohn ersetzt (s oben Rz 1), so ist lohnsteuerlich nichts veranlasst. Die LSt war vom ArbGeb bei der Lohnfortzahlung vom Arbeitslohn bereits einzubehalten (s *Lohnabzugsverfahren* Rz 19 ff). Wird sie dem ArbGeb als Teil des dem ArbN geschuldeten Arbeitslohns im Rahmen des Forderungsübergangs von dem Schädiger ersetzt, führt dies lediglich zu einer Verminderung der Aufwendungen des ArbGeb. Dies gilt auch bei einer Nettolohnvereinbarung, da hier die LSt ebenfalls Teil des dem ArbN zustehenden Arbeitslohns ist und der ArbN gegenüber dem FA Schuldner der LSt bleibt (s *Nettolohnvereinbarung* Rz 14).

Forderungsübergang bei Dritthaftung 188

Soweit die Entgeltfortzahlung **pauschal besteuerten Arbeitslohn** betrifft, ist die LSt 16
nicht Teil des Arbeitslohns des ArbN. Vielmehr ist hier der ArbGeb Schuldner der LSt
(s *Lohnsteuerpauschalierung* Rz 5). ME kann der Forderungsübergang bei Dritthaftung, der
nur den vom ArbGeb dem ArbN geschuldeten Arbeitslohn betrifft, bzgl der LSt in diesen
Fällen nicht zum Tragen kommen. Ob der ArbGeb von dem schädigenden Dritten die
pauschale LSt ersetzt erhalten kann, ist daher keine Frage des Forderungsübergangs bei
Dritthaftung, sondern des allgemeinen Schadensersatzrechts.

2. **Ansprüche der Leistungsträger gegen den Arbeitgeber** (s unten Rz 19 ff). Zum 17
gesetzlichen Forderungsübergang gem § 115 SGB X (AlGeld, AlGeld II) und gem § 169
SGB III (Insolvenzgeld) s *Erstattungsanspruch der Agentur für Arbeit* Rz 11 ff. Zu Schadensersatzleistungen
des ArbGeb an den ArbN bzw an die BA s auch *Arbeitgeberhaftung* Rz 19–21.

Soweit **Ansprüche gegen Schadensersatzpflichtige** gem § 116 SGB X auf Versicherungsträger
übergehen, die aufgrund des Schadensereignisses Sozialleistungen zu erbringen
hatten (s unten Rz 27), ist dies lohnsteuerlich unerheblich, da sich die lohnsteuerliche
Behandlung nach der bereits bei der Gewährung der Sozialleistungen durch den Leistungsträger
maßgeblichen Rechtslage richtet. Handelt es sich bei dem übergegangenen Schadensersatzanspruch
jedoch um eine Arbeitslohnforderung, sind die Zahlungen stpfl Arbeitslohn
(BFH 16.3.93 – XI R 52/88, BStBl II 93, 507; BFH 15.11.07 – VI R 66/03, BStBl II 08,
375 zur Steuerberechnung beim Zusammenfallen von Tarifermäßigung und negativem
Progressionsvorbehalt; s auch *Erstattungsanspruch der Agentur für Arbeit* Rz 12).

C. Sozialversicherungsrecht *Schlegel*

1. **Erstattungs- und Ersatzansprüche der Leistungsträger gegen Dritte** sieht der 18
Dritte Abschn des SGB X in Form von Ansprüchen gegen den ArbGeb (§ 115 SGB X) und
als Ansprüche gegen Schadensersatzpflichtige vor (§ 116 SGB X), wobei § 119 SGB X eine
Spezialvorschrift für den Übergang von Beitragsansprüchen enthält.

2. **Ansprüche gegen den Arbeitgeber.** Soweit der ArbGeb den Anspruch des ArbN auf 19
Arbeitsentgelt nicht erfüllt und deshalb ein Leistungsträger Sozialleistungen erbracht hat, geht
der Anspruch des ArbN gegen den ArbGeb auf den Leistungsträger gem § 115 Abs 1 SGB X
bis zur Höhe der erbrachten Sozialleistungen über.

a) **Anwendungsbereich/Übergangsvoraussetzungen.** § 115 SGB X gilt für das ge- 20
samte Sozialrecht (Ausnahme: § 23 Abs 2 WohnGG). Eine Spezialvorschrift enthält § 169
SGB III hinsichtlich des Zeitpunkts des Anspruchsübergangs; danach gehen die Ansprüche
auf Arbeitsentgelt, die den Anspruch auf Insolvenzgeld begründen, bereits mit der Stellung
des Antrages auf Insolvenzgeld auf die BA über und nicht, wie dies in § 115 Abs 1 SGB X
vorgesehen ist, mit der Leistungserbringung durch den Leistungsträger. § 93 Abs 4 SGB XI
stellt für den Bereich der Sozialhilfe und § 33 Abs 5 für die Grundsicherung für Arbeitsuchende
klar, dass die Legalzession nach § 115 SGB X Vorrang genießt vor der Überleitung
von Ansprüchen nach § 93 SGB XII und der Legalzession nach § 33 Abs 1 SGB II. § 115
SGB X erfasst nicht nur Entgeltfortzahlungsansprüche, sondern auch Entgeltansprüche; diese
müssen fällig und entstanden sein. Der Anspruchsübergang setzt voraus, dass der Leistungsträger
zur Erbringung der Leistung berechtigt ist, soweit der ArbGeb seinen Leistungsverpflichtungen
unberechtigterweise nicht nachgekommen ist. Der Anspruchsübergang erfolgt
nicht, wenn der Leistungsträger die Sozialleistung bereits zu einem Zeitpunkt erbringt, zu
dem der ArbGeb noch nicht leistungspflichtig war; hier kann sich der Leistungsträger nur an
den Leistungsempfänger halten.

b) **Umfang des Anspruchsübergangs.** Dieser richtet sich nach der Höhe der erbrach- 21
ten Sozialleistung. Soweit der Anspruch auf Arbeitsentgelt höher ist als die Sozialleistung,
bleibt der ArbN iHd überschießenden Betrages anspruchsberechtigt; im Übrigen verliert er
seine Verfügungsbefugnis über den Anspruch, der nun dem Sozialleistungsträger zusteht. Der
Leistungsträger muss sich nach § 404 BGB alle Einwendungen und Einreden entgegenhalten
lassen, die der ArbGeb auch gegenüber dem ArbN entgegenhalten könnte (zB tarifliche
Ausschlussfristen, Verjährung, Verwirkung, Stundung, Aufrechnung oder eine befreiende
Zahlung an den ArbN gem §§ 404, 407 BGB).

§ 115 Abs 2 SGB X stellt klar, dass beim Anspruchsübergang **keine Begrenzung durch** 22
Pfändungsgrenzen, dh auf den pfändbaren Betrag (§ 400 BGB), stattfindet; der Anspruchs-

188 Forderungsübergang bei Dritthaftung

übergang ist nicht dadurch ausgeschlossen, dass der Anspruch gegen den ArbGeb nicht übertragen, verpfändet oder gepfändet werden kann.

23   c) **Ansprüche auf Sachleistungen** (Sachbezüge) gehen auf den Leistungsträger nicht als solche über, sondern werden durch einen Anspruch auf Geld ersetzt; dessen Höhe richtet sich nach § 17 Abs 1 Nr 3 SGB IV iVm der SachBezV (§ 115 Abs 3 SGB X).

24   d) **Gestaltungsmöglichkeiten der Arbeitsvertragsparteien zulasten des Leistungsträgers** nach dem Anspruchsübergang sind nur noch begrenzt zulässig. Dies betrifft insbes Fragen der Verzichtsmöglichkeit. Ein Verzicht auf noch nicht fällige Entgeltansprüche ist unwirksam (BAG 28.11.79, AP Nr 10 zu § 6 LFZG); dagegen ist ein Verzicht auf fällige Ansprüche gegen den ArbGeb nach Beendigung des Arbeitsverhältnisses (zB in einer Ausgleichsquittung) zulässig, sofern der ArbGeb bei Abschluss des Erlassvertrages (Verzichts) noch nichts von der Erbringung der Sozialleistung an den ArbN weiß, der ArbGeb also iSd § 407 BGB gutgläubig ist (BAG 14.4.86 – 2 AZR 308/85, DB 86, 2240); der Leistungsträger kann hier die Gutgläubigkeit des ArbGeb durch entsprechende Mitteilung der Leistungserbringung (ggf bereits bevor die Auszahlung erfolgt) beenden.

25   e) **Hauptanwendungsfälle.** Der ArbN kann im Fall der Nichtzahlung des Arbeitsentgelts bei **Annahmeverzug des Arbeitgebers,** idR während der Zeit eines Kündigungsschutzprozesses oder bei Zahlungsunfähigkeit des ArbGeb, AlGeld in Anspruch nehmen, obgleich er nicht arbeitslos ist (vgl Gleichwohlgewährung § 143 Abs 3 SGB III; Einzelheiten s *Annahmeverzug*). Entsprechendes gilt für den Zeitraum, in dem der ArbN Anspruch auf Lohnfortzahlung wegen Krankheit, medizinischen Reha-Maßnahmen, Schwangerschaft, Mutterschaft, Beaufsichtigung und Pflege eines erkrankten Kindes hat; soweit die Lohnfortzahlung nicht erfolgt, tritt hier kein Ruhen des Krankengeldanspruches nach § 49 Abs 1 Nr 1 SGB V ein; das gewährte Krankengeld löst dann den Anspruchsübergang nach § 115 SGB X aus.

26   f) **Rechtsweg.** Bei den nach § 115 SGB X übergegangenen Ansprüchen handelt es sich um Ansprüche aus Arbeitsverträgen, so dass der Rechtsweg zu den ArbG gegeben ist.

27   **3. Ansprüche gegen Schadensersatzpflichtige.** § 116 SGB X enthält eine dem § 6 EFZG vergleichbare Vorschrift. Danach geht ein auf anderen gesetzlichen Vorschriften beruhender Anspruch auf Ersatz eines Schadens (zB § 823 BGB, § 7 StVG, § 1 Haftpflichtgesetz, § 33 Luftverkehrsgesetz) auf den Versicherungsträger oder Träger der Sozialhilfe über, soweit dieser aufgrund des Schadensereignisses Sozialleistungen zu erbringen hat, die der Behebung eines Schadens der gleichen Art dienen und sich auf denselben Zeitraum wie der vom Schädiger zu leistende Schadensersatz beziehen. Nach dieser Vorschrift gehen auf den Sozialleistungsträger diejenigen Schadensersatzansprüche über, die der Schädiger deshalb nicht zu befriedigen hat, weil bereits der Leistungsträger sachlich und zeitlich kongruente Leistungen an den Geschädigten erbracht hat bzw hat für die Zukunft zu erbringen hat.

28   Im Arbeitsverhältnis gilt Folgendes: Schadensersatzansprüche des ArbN gegen den ArbGeb sind ausgeschlossen, soweit es sich um einen Arbeitsunfall handelt. Nach § 104 Abs 1 SGB VII (früher § 636 RVO) ist der Unternehmer den in seinem Unternehmen tätigen Angehörigen und Hinterbliebenen nach anderen gesetzlichen Vorschriften (dies sind insbesondere die §§ 823 ff, 249 ff BGB) zum Ersatz des Personenschadens, den ein Versicherungsfall verursacht hat, nur verpflichtet, wenn er den Versicherungsfall vorsätzlich oder auf einem nach § 8 Abs 2 Nr 1 bis 4 SGB VII versicherten Weg herbeigeführt hat. Nach § 8 Abs 2 Nr 1 SGB VII sind sog **Wegeunfälle,** dh Wege von und zum Betrieb versichert, während sog Betriebs- oder Dienstwege, Dienst- oder Geschäftsreisen sowie der Werksverkehr bereits nach § 8 Abs 1 SGB VII versichert sind. Nach § 636 Abs 1 Satz 1 RVO, der Vorgängerregelung des § 104 Abs 2 Satz 1 SGB VII erstreckte sich der **Haftungsausschluss** nicht auf die sog Teilnahme am allgemeinen Verkehr; der ArbN sollte haftungsrechtlich nicht dadurch schlechter stehen, dass er bei der Teilnahme am allgemeinen Verkehr gerade von seinem ArbG geschädigt wurde. Die Rspr verstand unter der Teilnahme am allgemeinen Verkehr nur sog Wegeunfälle, nicht dagegen sog Betriebswege. Dies wird nunmehr durch § 104 Abs 2 Satz 1 SGB VII klar gestellt (vgl Begründung des Gesetzesentwurfs BT-Drs 13/2204 S 100).

29   Vom Unternehmer verursachte Schäden, die für den ArbN Wegeunfälle sind, bleiben vom Haftungsausschluss ausgenommen, mit der Konsequenz, dass der ArbN vom Unternehmer in diesen Fällen auch Schmerzensgeld verlangen kann. Die vom Unternehmer „herbei-

geführten" Wegeunfälle nach § 8 Abs 2 Nr 1–4 SGB VII sind von der Haftungsbeschränkung ausgenommen worden, weil die betrieblichen Risiken dort keine Rolle spielen und dem Versicherten unter diesen Voraussetzungen möglicherweise bestehende weitergehende Ansprüche nicht abgeschnitten werden sollten. Folgerichtig umfasst die Ausnahme von der Haftungsbeschränkung (§ 104 Abs 1 Satz 1 letzter Hs zweite Alternative iVm § 8 Abs 2 Nr 1–4 SGB VII) andererseits nicht die Betriebswege, die Teil der den Versicherungsschutz nach §§ 2, 3 oder 6 SGB VII begründenden Tätigkeit und damit bereits gem § 8 Abs 1 Satz 1 SGB VII versicherte Tätigkeit sind. Für die Unterscheidung, ob der Versicherungsfall bei einem, in die Haftungsbeschränkung des § 104 Abs 1 Satz 1 SGB VII einbezogenen Betriebsweg, oder einem von der Haftungsbeschränkung ausgenommenen nach § 8 Abs 2 Nr 1–4 SGB VII versicherten Weg eingetreten ist, kann hinsichtlich der Kriterien innerbetrieblicher Vorgänge die zu § 636 Abs 1 Satz 1 RVO ergangene Rspr herangezogen werden (vgl BGH 12.10.2000 – III ZR 39/00, BGHZ 145, 311 = NJW 01, 442).

Selbst wenn gem § 104 Abs 1 SGB VII kein Ausschluss der Haftung des ArbGeb wegen Vorsatz oder wegen Verletzung auf einem Weg iSd § 8 Abs 2 Nr 1 bis 4 SGB VII stattfindet, vermindert sich der Schadensersatzanspruch des Versicherten, seiner Angehörigen oder Hinterbliebenen um die Leistungen, die sie nach dem Gesetz oder Satzung infolge des Versicherungsfalls von Trägern der UV erhalten (§ 104 Abs 3 SGB VII). Es bleibt auch insoweit beim Grundsatz, dass die „Versicherungslösung" dem zivilrechtlichen Haftungsrecht vorgeht. Werden die Leistungen des SozVTräger auf den Schadensersatzanspruch des ArbN gegen den Unternehmer angerechnet, können auf die SozVTräger wegen ihrer Leistungen keine Ansprüche nach § 116 SGB X übergehen (§ 104 Abs 1 Satz 2 SGB VII). Ein Regress gegen den Unternehmer ist ausgeschlossen. Der Unternehmer soll von den SozVTrägern nur in den in § 110 SGB VII genannten Fällen in Anspruch genommen werden können; zu diesen gehören zwar regelmäßig die Vorsatzfälle des § 104 Abs 1 Satz 1 SGB VII, nicht aber zwangsläufig auch die Wegeunfälle.

Fortbildung

A. Arbeitsrecht
Poeche

1. **Allgemeines.** Fortbildung gehört zu dem durch Gesetz und RechtsVO geregelten 1 Berufsbildungsrechts. Von Fortbildung wird auch bei inner- oder außerbetrieblichen Schulungsmaßnahmen wie auch bei schulischen Lehrgängen gesprochen. Zur Abklärung der anwendbaren Rechtssätze ist deshalb auf den jeweiligen Zusammenhang der Bildungsmaßnahme und die zugrunde liegenden Vereinbarungen zu achten. Die auf Fortbildung abzielenden Vereinbarungen können zusammenfassend als Fortbildungsvertrag bezeichnet werden. Die Berufsbildungsförderung der BA unterscheidet seit der Überführung des AFG in das SGB III nicht mehr zwischen *Fortbildung* und *Umschulung*. Die Leistungen sind unter dem Begriff Weiterbildung vereinheitlicht (Näheres s *Weiterbildung* Rz 6 ff). Zur Abgrenzung einer arbeitsrechtlich geprägten Fortbildung sind deshalb die im Einzelnen vereinbarten Rechte und Pflichten der Vertragsparteien zu beurteilen (BAG 17.7.07 – 9 AZR 1031/06, NZA 08, 416: keine Anwendung von Arbeitsrecht bei der „Ausbildung" zur Tätowiererin).

2. **Berufliche Fortbildung** ist neben der Berufsausbildung und der beruflichen Umschu- 2 lung Teil der Berufsbildung (§ 1 Abs 1 BBiG). Ihr Ziel ist es, berufliche Kenntnisse und Fertigkeiten zu erhalten, zu erweitern, technischen Entwicklungen anzupassen oder beruflich aufzusteigen, § 1 Abs 4 BBiG. Sie dient damit nicht der beruflichen Neu- oder Umorientierung (s *Umschulung* Rz 1), sondern baut als in sich selbstständige Bildungsform auf einer regelmäßig bereits abgeschlossenen Berufsausbildung und gewonnener Berufserfahrung auf.

Vorgaben für die berufliche Fortbildung enthält das BBiG nicht. Es ermächtigt den 3 Gesetzgeber zum Erlass von **Rechtsverordnungen** über inhaltliche Prüfungsanforderungen, Prüfungsverfahren, Zulassung und Bezeichnung des Abschlusses. Fernunterricht kann vorgesehen werden; er kann auf zugelassene oder als geeignet anerkannte Fernlehrgänge beschränkt werden (FernunterrichtsSchutzG). **Zum Nachweis** der durch berufliche Fortbildung erworbenen Kenntnisse, Fähigkeiten und Erfahrungen können die für die Berufsbildung zuständigen Stellen Prüfungen durchführen und deren Inhalt, Ziel, Anforderungen

189 Fortbildung

und Zulassungsvoraussetzungen bestimmen (§§ 53, 54 BBiG, 42 HandwO). Typische Abschlüsse sind Industrie- und Handwerksmeister sowie Techniker der verschiedenen Fachgebiete.

4 **3. Abschluss und Inhalt des Fortbildungsvertrages.** Inhalt und Umfang der Fortbildung bestimmen sich unter Berücksichtigung der allgemeinen arbeitsrechtlichen Grundsätze nach den getroffenen Vereinbarungen. Da keine Erstausbildung vermittelt wird und wegen der systematischen Stellung von § 53 BBiG finden die für das Berufsausbildungsverhältnis geltenden §§ 10 ff BBiG auch nicht über § 26 BBiG Anwendung. Dem breiten Feld möglicher beruflicher Fortbildung entspricht die betriebliche Praxis: Abschluss eines auf die Dauer der Fortbildung geschlossenen Arbeitsvertrages mit/ohne Option für die Zukunft für ArbGeb/ArbN (Facharztausbildung), langfristige Fortbildung auf der Grundlage eines bestehenden Arbeitsvertrages mit/ohne völlige oder teilweise Freistellung des ArbN, mit/ohne Zusage des beruflichen Aufstiegs nach Qualifizierung (Meisterposition, Ingenieur), interne oder externe Schulung für Tage/Wochen mit/ohne Freistellung.

5 **a) Hauptpflicht des Arbeitgebers** ist, den ArbN auf dem vereinbarten Gebiet zu schulen oder schulen zu lassen. Der Umfang der von ihm zu tragenden Aufwendungen bestimmt sich nach dem Vertrag. Regelmäßig übernimmt der ArbGeb die Gesamtkosten der Fortbildung, also die Kosten der betrieblichen Lehr- und Lernmittel, der Schulung selbst, der Reise, Übernachtung und Verpflegung. Durch die Fortbildung ausfallende Arbeitszeit wird vergütet. Etwas anderes gilt gelegentlich bei völliger Freistellung des ArbN zur Wahrnehmung einer außerbetrieblichen längerfristigen Fortbildung und Vereinbarung unbezahlten Urlaubs. Da die Fortbildung sich auf der Grundlage eines Arbeitsvertrages vollzieht, sind Urlaub und Entgelt bei Krankheit und an Feiertagen zu gewähren.

6 **b) Hauptpflicht des Arbeitnehmers** ist, sich zu bemühen, und alles hierfür zu tun, das Ziel der Fortbildung zu erreichen. Die Fortbildungsveranstaltungen sind pünktlich und zuverlässig zu besuchen, der Unterrichtsstoff ist zu erarbeiten.

7 **c) Beendigung des Fortbildungsvertrages. aa) Befristung.** Der Fortbildungsvertrag endet, wenn sein Zweck erfüllt ist, der ArbN also vorgeschriebene Prüfungen erfolgreich abgelegt hat. Ist der Fortbildungsvertrag für eine bestimmte Zeit abgeschlossen, endet er mit deren Ablauf (§ 620 BGB). Dies ist auch dann anzunehmen, wenn der ArbN zu diesem Zeitpunkt notwendige Prüfungen noch nicht abgelegt hat. Der ArbGeb ist nicht verpflichtet, eine weitere Fortbildung oder Wiederholungsprüfung zu finanzieren. Wohl ist der ArbN für eine Wiederholungsprüfung freizustellen.

8 **bb) Kündigung.** Das Recht zur **ordentlichen Kündigung** ist für die Dauer der Fortbildung regelmäßig ausgeschlossen (zum Umschulungsvertrag BAG 15.3.91 – 2 AZR 516/19, DB 92, 896). Außerordentlich kann aus wichtigem Grund gekündigt werden (§ 626 Abs 1 BGB). Es kann einen wichtigen Grund darstellen, wenn der fortzubildende ArbN schuldhaft seine Pflichten verletzt, so dass er nach den bisher gezeigten Leistungen bei objektiver Betrachtung das vereinbarte Fortbildungsziel nicht erreichen wird.

9 Hat der ArbGeb zu Unrecht gekündigt und gerät er wegen Unterbrechung der Fortbildung in Schuldnerverzug, ist der daraus entstehende Ausbildungsschaden zu ersetzen. Es ist nicht als schadensmitverursachend anzurechnen, wenn der ArbN während des länger dauernden Streits über die Berechtigung der Unterbrechung ein Studium aufnimmt (BAG 30.5.75 – 3 AZR 280/74, AP Nr 2 zu § 284 BGB). In Anlehnung an die **Berufsaufgabekündigung** des Auszubildenden (§ 22 Abs 2 Nr 2 BBiG) wird dem Fortzubildenden ein Recht zur außerordentlichen Kündigung zustehen, wenn er die berufliche Fortbildung nicht weiterführen will. Zur Wirksamkeit einer für diesen Fall vereinbarten Rückzahlungsklausel s *Rückzahlungsklausel* Rz 17.

10 **cc) Rechtsfolgen.** Mit Beendigung der Fortbildung tritt das weiterbestehende, für deren Dauer nur modifizierte, Arbeitsverhältnis in vollem Umfang wieder in Kraft. Hat der ArbN zuvor sein Arbeitsverhältnis aufgelöst, um an einem zweijährigen Fortbildungslehrgang teilzunehmen, der von der Agentur für Arbeit im Betrieb seines früheren ArbGeb durchgeführt wird, so hat er nach Ablauf des Lehrganges nicht ohne weiteres Anspruch auf Wiedereinstellung (BAG 10.11.77 – 3 AZR 329/76, DB 78, 700).

11 **4. Sonstige Schulungen und Lehrgänge** sind Fortbildungsmaßnahmen, wenn sie nicht nur die bloße Einweisung oder Einarbeitung des ArbN iSv § 81 BetrVG in einen neuen

Arbeitsbereich bezwecken (s *Betriebliche Berufsbildung* Rz 3). Die Abgrenzung kann im Einzelfall schwierig sein. Zur Fortbildung werden zB gerechnet: Erwerb von Führerschein der verschiedenen Klassen (außerhalb der Berufsausbildung zum Berufskraftfahrer), Schweißerzeugnis, Aufbaukurse, EDV-Schulung uÄ. **Inhalt und Umfang** der beiderseitigen Rechte und Pflichten bestimmen sich vorbehaltlich höherrangigen Rechts nach den getroffenen Vereinbarungen und entsprechen grds denjenigen, wie sie für die berufliche Fortbildung gelten. Für die Frage, ob das Kündigungsrecht für die Dauer der Maßnahme ausgeschlossen ist, kommt es auf die Umstände an (zB kein Kündigungsausschluss bei lediglich betriebsinternen Aufbaukursen, anders ggf bei Führerscheinerwerb).

5. Rückzahlungsklauseln werden bei beruflicher Fortbildung iSv § 1 Abs 1 BBiG wie auch bei sonstiger Fortbildung oft vereinbart. Der ArbN verpflichtet sich, die Fortbildungskosten ganz oder teilweise zu erstatten, wenn er aus in seiner Person liegenden Gründen vorzeitig aus dem Dienst des ArbGeb ausscheidet. Zur Zulässigkeit *Rückzahlungsklausel* Rz 5–10. 12

6. Schulische Ausbildung im Rahmen der beruflichen Fortbildung wird meist außerhalb eines bestehenden Arbeitsverhältnisses vermittelt. Grundlage ist idR ein privat-rechtlicher Dienstvertrag zwischen dem Schulträger und dem zu Unterrichtenden, auf den allgemeines Zivilrecht, nicht Arbeitsrecht zur Anwendung gelangt. Ansprüche des Fortzubildenden wegen vorzeitiger Beendigung der Bildungsmaßnahme oder auf Erteilung eines Zeugnisses sind vor den ordentlichen Gerichten zu verfolgen. 13

7. Anspruch auf Fortbildung/Pflicht zur Fortbildung. Fehlt es an einer Regelung durch Tarifvertrag, Betriebsvereinbarung oder Arbeitsvertrag kann sich ein Anspruch aus **Gleichbehandlung** ergeben. Das gilt etwa im Bereich der Luftfahrt. Dort führt der Weg zum beruflichen Aufstieg der Flugzeugführer idR nur über eine erfolgreiche Teilnahme an Fortbildungsmaßnahmen. Der ArbGeb kann die Teilnahme von einem erfolgreich bestandenen innerbetrieblichen Test abhängig machen (LAG München 20.4.04 – 8 Sa 1273/03, NZA-RR 05, 466 m Anm *Schmidt*). Zur Pflicht des ArbGeb, zur Abwendung einer sonst notwendigen betriebs- oder personenbedingten **Kündigung** dem ArbN eine Fortbildung anzubieten *Kündigung, betriebsbedingte* Rz 15, 16; *Kündigung, personenbedingte* Rz 4. 14

Steht fest, dass sich die Tätigkeit des ArbN ändern wird und seine beruflichen Kenntnisse und Fähigkeiten zur Erfüllung seiner Aufgabe nicht ausreichen, ist mit ihm zu erörtern, wie sie im Rahmen der betrieblichen Möglichkeiten den künftigen Anforderungen angepasst werden können (§ 81 Abs 2 Satz 2 BetrVG). Verletzt der ArbGeb diese **Erörterungspflicht,** kann er sich im Kündigungsschutzrechtsstreit regelmäßig nicht darauf berufen, der ArbN verfüge nicht über die notwendige Befähigung. Gehören Arbeiten, die dem ArbN übertragen werden sollen, zu seinem Berufsbild, verfügt er aber wegen der Entwicklung neuer Techniken nicht über die erforderlichen Fähigkeiten und Kenntnisse, kann der ArbGeb zur Vorbereitung auf die Arbeit eine entsprechende Schulung verlangen (ArbG Bonn 4.7.90 – 4 Ca 751/90, NZA 91, 512). 15

Eine gesetzliche **Pflicht** zur Fortbildung haben ua Betriebsärzte, Fachkräfte für Sicherheit (§§ 2, 4, 7 ASiG) und Fachanwälte (§§ 43a, 43c BRAO). Zur Fortbildungspflicht von Fahrpersonal s *Fahrtätigkeit* Rz 9. 16

Die **Fortbildungspflicht** besteht idR nur gegenüber dem ArbGeb. Ein Beschäftigungsverbot oder eine staatliche Zugangsvoraussetzung sind wegen der einschneidenden Folgen für den ArbN (Verlust des Entgeltanspruchs) nur anzunehmen, wenn sich dies aus der staatlichen Regelung unzweifelhaft ergibt. Der ArbGeb kann die Beschäftigung des (nicht fortgebildeten) ArbN verweigern, dieses Recht allerdings nicht rückwirkend geltend machen. Die fehlende Fortbildung macht dem ArbN die Arbeitsleistung als solche nicht unmöglich iSv § 275 BGB. Er hat deshalb Anspruch auf **Annahmeverzugslohn,** wenn die Arbeitsleistung aus anderen Gründen nicht erbracht wird (BAG 18.3.09 – 5 AZR 192/08, NJW 09, 2907 zur Fortbildung von Rettungsassistenten nach dem Landesrecht NRW).

8. Kündigungsschutz. Ob die Zeiten eines Fortbildungsverhältnisses auf die Wartezeit nach § 1 Abs 1 KSchG anzurechnen ist, bestimmt sich nach den zugrundeliegenden Vereinbarungen. Das BAG rechnet ein betriebliches Praktikum, das der beruflichen Fortbildung iSv § 53 BBiG gedient hat, nur an, wenn es im Rahmen eines Arbeitsverhältnisses abgeleistet worden ist (BAG 18.11.99 – 2 AZR 89/99, NZA 2000, 529). 17

189 Fortbildung

18   **9. Mitbestimmungsrechte** des BRat ergeben sich bei betrieblicher oder überbetrieblicher Fortbildung aus §§ 96 ff BetrVG (s *Betriebliche Berufsbildung* Rz 8 ff).

19   **10. Muster.** S Online-Musterformular *„M9.13 Rückzahlungsklausel in einer Fortbildungsvereinbarung"*.

B. Lohnsteuerrecht   *Windsheimer*

20   **1. Allgemeines.** Steuerlich ist zu differenzieren zwischen Aus- und Fortbildung (R 9.2 Abs 1 LStR). Weiterbildung ist Fortbildung, s *Weiterbildung* Rz 6. Während Aufwendungen für die **erstmalige Berufsausbildung** nur begrenzt bis 6000 € im Kj als Sonderausgaben (s *Sonderausgaben* Rz 2 ff) geltend gemacht werden können (§ 10 Abs 1 Nr 7 EStG; s *Ausbildungskosten* Rz 6 ff), sind Aufwendungen für die Fortbildung in einem bereits **ausgeübten Beruf** in tatsächlicher Höhe als Werbungskosten (§ 9 Abs 1 Satz 1 EStG) abzugsfähig. Die unterschiedliche steuerliche Behandlung zwischen Ausbildungs- und Fortbildungskosten, die als verfassungsgemäß (BVerfG 8.7.93 – 2 BvR 773/93, DStR 93, 1403) angesehen wurde, hat der Gesetzgeber in § 12 Nr 5 EStG und entgegen BFH 28.7.11 – VI R 38/10, VI R 5/10 und VI R 7/10, DStRE 11, 1116, DStR 11, 1745 und 1559 (s hierzu *Ausbildungskosten* Rz 10 ff) in § 4 Abs 9 und § 9 Abs 6 EStG festgeschrieben. Die Abgrenzung zwischen beschränkt abzugsfähigen Ausbildungskosten einschließlich Erststudium und unbeschränkt abzugsfähigen Fortbildungskosten löst der BFH zunehmend mit der Tendenz zu Fortbildung ua unter Hinweis auf die schwierige Arbeitsmarktlage zum Anreiz zu berufsqualifizierenden Maßnahmen (BFH 18.6.09 – VI R 49/07, BFH/NV 09, 1799, s auch *Ausbildungskosten* Rz 21 ff). Fortbildungskosten sind auch von den **nicht abzugsfähigen** privaten Lebenshaltungskosten (§ 12 Nr 1 EStG) abzugrenzen. Entscheidend ist die unmittelbare berufliche Bezogenheit der Fortbildungsmaßnahme (BFH 28.8.08 – VI R 35/05, DStR 08, 2157). Bei einem evidenten Missverhältnis der Aufwendungen zu den Einnahmen kommt eine **Kürzung der Aufwendungen** auf eine im Verhältnis zu den Einnahmen angemessenen Höhe in Betracht (BFH 17.7.92 – VI R 12/91, BStBl II 92, 1036).

21   **2. Abgrenzungsfragen zur Berufsausbildung** (§ 10 Abs 1 Nr 7 EStG) s *Ausbildungskosten* Rz 6 ff; s auch *Umschulung* Rz 13 ff; *Weiterbildung* Rz 6.

22   **3. Fortbildungskosten** sind Werbungskosten, wenn die Aufwendungen getätigt werden, um die Kenntnisse und Fertigkeiten im ausgeübten Beruf zu erhalten, zu erweitern oder den sich ändernden Anforderungen anzupassen. Wird eine Ausbildung durch Teilabschlüsse gesplittet, führt dies nicht dazu, dass teilweise Fortbildungskosten entstehen.

23   Als **Maßnahmen** der Berufsfortbildung kommen in Betracht: der Besuch von Lehrgängen, Kursen, Tagungen, Vortragsveranstaltungen sowie von Tages- und Abendschulen, wenn berufsbezogener Lernstoff vermittelt wird. Voraussetzung für die Annahme von Fortbildungskosten ist grds eine abgeschlossene Berufsausbildung sowie, dass bisherige Berufskenntnisse (zB durch ein **Aufbau- bzw Zweitstudium**) aufbauend ergänzt und vertieft werden, auch wenn dadurch ein Wechsel in eine andere Berufsart erfolgt (BFH 4.12.02 – VI R 120/01, BStBl II 03, 403). Folgende Aufwendungen kommen zum Abzug in Betracht (vgl R 9.2 LStR): Gebühren und Reisekosten für den Besuch von Kursen und Repetitorien, hierbei Aufwendungen für Fahrten zwischen Wohnung und Arbeitsstätte, wenn die Fortbildung dort stattfindet, mit den Pauschbeträgen des § 9 Abs 1 Satz 3 Nr 4 EStG (BFH 26.2.03 – VI R 30/02, BStBl II 03, 495), wenn sie woanders stattfindet oder befristet über drei Monate hinausgeht, nach Dienstreisegrundsätzen (H 9.2 LStR; BFH 10.4.08 – VI R 66/05, DStR 08, 1228; *Betriebliche Berufsbildung* Rz 22), Verpflegungsmehraufwendungen (R 9.2 Abs 2 Satz 1 iVm R 9.6 Abs 4 LStR: begrenzt auf 3 Monate), Aufwendungen wegen doppelter Haushaltsführung oder Reisekosten, zB bei einem Wechsel der Ausbildungsstätten, Aufwendungen zur Vorbereitung auf eine im Rahmen dieser Bildungsmaßnahme vorgesehene Abschlussprüfung, zB Aufwendungen für Fachliteratur. Zur Behandlung von *Arbeitsmitteln* s dort Rz 5 ff. Zur Fortbildung im häuslichen Arbeitszimmer s *Arbeitszimmer* Rz 14. Fortbildungskosten einer Krankenschwester zur Lehrerin für Pflegeberufe sind Werbungskosten (BFH 22.7.03 – VI R 190/97, BStBl II 04, 886), ebenso Aufwendungen einer Flugbegleiterin zur Pilotin (BFH 27.5.03 – VI R 85/02, BStBl II 05, 202; BFH 30.9.08 – VI R 4/07, BStBl II 09, 111 eines Bundeswehrsoldaten zum Verkehrsflugzeugführer). Aufwendungen

Fortbildung 189

für eine Tätigkeit als Referendar im Ausland können nur insoweit als Werbungskosten berücksichtigt werden, als sie sich auf die inländische Vergütung beziehen, BFH 11.2.2009 – I R 25/08, BStBl II 2010, 536. So kann auch ein Zweitstudium Fortbildung sein (BFH 19.6.97 – IV R 4/97, BStBl II 98, 239; BFH 16.1.98 – VI R 92/96, BFH/NV 98, 844), nicht aber ein Erststudium (§ 12 Nr 5 EStG) entgegen der durch § 12 Nr 5 EStG überholten Rspr (s hierzu *Betriebliche Berufsbildung* Rz 19). S nunmehr R 9.2 LStR. **Studiumbegleitende Praktika** können auch bei einen Erststudium vorab entstandene Werbungskosten sein, wenn ein hinreichend konkreter objektiv feststellbarer Zusammenhang mit künftigen steuerbaren Einnahmen gegeben ist, wobei eine ganz bestimmt vorgesehene berufliche Tätigkeit nicht erforderlich ist (BFH 1.2.07 – VI R 62/03, BFH/NV 07, 1291).

Lässt sich das angestrebte Berufsziel nicht sicher feststellen, kann das FA den Stpfl vorläufig (§ 165 Abs 1 AO) veranlagen (BFH 19.6.97 – IV R 4/97, BStBl II 98, 239). Aufwendungen für ein Studium mit dem Abschluss **„Master of Business Administration"** können Fortbildungskosten sein, wenn ein abgeschlossenes Hochschulstudium Zulassungsvoraussetzung ist (BFH 19.4.96 – VI R 24/95, BStBl II 96, 452), ebenso ein **Auslandsstudium (Master of Law;** BFH 22.7.03 – VI R 4/02, BFH/NV 04, 32). Ein Psychodrama-**Supervisions**-Lehrgang kann Fortbildung sein, wenn er auf die Vermittlung berufsspezifischer Erkenntnisse ausgerichtet ist (BFH 20.9.96, BFH/NV 97, 110; ebenso ein psychologisches Seminar (BFH 24.8.01 – VI R 40/94, BFH/NV 02, 182), ein Neuro-Linguistischer Kurs (BFH 28.8.08 – VI R 44/04, DStRE 08, 1440) und ein Kurs zur **Persönlichkeitsentfaltung** (BFH 28.8.08 – VI R 35/05, DStR 08, 2157).

Das **Motiv** für die Teilnahme an Fortbildungsmaßnahmen, meist die Verbesserung der 24 wirtschaftlichen Position, ist unerheblich. Für die Anerkennung als Fortbildung ist es unschädlich, dass bei einem anderen Stpfl, der von Anfang an die höhere Qualifikation anstrebt, Berufsausbildung vorliegt (FG Düsseldorf 23.3.92, EFG 92, 510).

Gesellentätigkeit erfolgt aufgrund abgeschlossener Berufsausbildung, so dass Aufwendungen 25 zur Erlangung der **Meisterprüfung** voll abziehbare Fortbildungskosten darstellen (BFH 15.12.89, BStBl II 90, 692; 19.1.90, BStBl II 90, 572; FG Saarl 2.4.92, EFG 92, 582; FG NdS 31.1.95, EFG 95, 617; einschränkend FG Münster 23.6.94, EFG 95, 7). Dies gilt auch dann, wenn der Stpfl vor Lehrgangsbeginn vorübergehend in einem anderen Beruf tätig und nach Abschluss des Lehrgangs kurzfristig **arbeitslos** gewesen ist (BFH 18.4.96, BStBl II 96, 529; s auch *Arbeitslosengeld* Rz 8). Zum **Meister-BAföG** und zur Aufstiegsfortbildung s *Berufsausbildungsförderung* Rz 5, 7. Aufwendungen zur Erlangung des Doktortitels **(Dissertation, Promotion)** sind Sonderausgaben nach § 10 Abs 1 Nr 7 EStG (s *Ausbildungskosten* Rz 15), außer das Promotionsstudium oder die Dissertation ist Gegenstand eines Dienstverhältnisses (BFH 22.11.2000 – VI B 174/00, BFH/NV 01, 451) oder baut auf bisheriger Berufstätigkeit auf und dient dieser (BFH 4.11.03 – VI R 96/01, BStBl II 04, 891; s *Ausbildungsverhältnis* Rz 86 ff). Entsprechendes gilt für die **Habilitation** (FG Brem 25.8.94, EFG 95, 11). Wird die Weiterbildung durchgeführt, um im erlernten Beruf auf dem Laufenden zu bleiben, aber ohne nach Abschluss der Bildungsmaßnahme dem Arbeitsmarkt unmittelbar zur Verfügung zu stehen, zB während der **Elternzeit** oder um Anstellungschancen auszuloten, so handelt es sich um Werbungskosten, wenn der berufliche Bezug detailliert dargelegt wird (BFH 22.7.03 – VI R 137/99, BStBl II 04, 888; BFH 22.6.06 – VI R 71/04, DStRE 06, 1111), ansonsten um beschränkt abzugsfähige Sonderausgaben nach § 10 Abs 1 Nr 7 EStG (BFH 18.4.96, BStBl II 96, 482; 19.4.96, BStBl II 96, 452; s auch *Ausbildungskosten* Rz 6 ff).

Fortbildung liegt auch vor, wenn Berufsverbände und Berufsstände Veranstaltungen zu 26 dem Zweck durchführen, die Teilnehmer im Beruf fortzubilden, zB Vorlesungen an Verwaltungsakademien oder Volkshochschulen, Fortbildungslehrgänge, fachwissenschaftliche Lehrgänge, fachliche Vorträge usw (s R 9.3 Abs 2 LStR). Zu Ausbildungs- und Fortbildungsmaßnahmen in der **Bankwirtschaft** OFD Frankfurt 18.2.97, DB 97, 849.

Zu Aufwendungen eines ArbN in Zusammenhang mit seiner **ehrenamtlichen** Tätigkeit 27 für seine Gewerkschaft oder seinen Berufsverband s *Ehrenamtliche Tätigkeit* Rz 16, 24; *Betriebsratsfreistellung* Rz 40; *Gewerkschaftsrechte (im Betrieb)* Rz 23 ff. Aufwendungen **ausländischer Arbeitnehmer** für die Erlernung der deutschen Sprache können nur im Ausnahmefall als abzugsfähige Fortbildungskosten berücksichtigt werden, wenn sie berufsbedingt sind und durch geeignete Unterlagen nachgewiesen werden (BFH 5.7.07 – VI R 72/06, BFH/NV 07, 2096; s auch *Ausländer* Rz 47; *Ausbildungskosten* Rz 14).

189   Fortbildung

28   Umgekehrt sind Aufwendungen für einen **Fremdsprachenunterricht** nur bei einem konkreten Bezug zur Berufstätigkeit Fortbildungskosten, auch bei einem **Sprachkurs im Ausland**, auch wenn es sich nur um im Beruf erforderliche Grundkenntnisse bzw allgemeine Kenntnisse handelt (BFH 24.2.11 – VI R 12/10 BStBl II 11, 796; *Auslandsreise* Rz 19), nicht aber bei Fremdsprachenunterricht im häuslichen Bereich (BFH 8.10.93 – VI R 10/90, BStBl II 94, 114). Wird die Fremdsprache wegen einer unmittelbar im Ausland angestrebten Tätigkeit erlernt, entfällt nach bisheriger Rspr jeglicher Abzug, da die im Ausland angestrebte Tätigkeit nicht der deutschen Besteuerung unterliegt (BFH 20.9.06 – I R 59/05, DB 07, 145; anders nun BFH 28.7.11 – VI R 5/10, DStR 11, 1745; s hierzu oben Rz 20). **Au-pair-Tätigkeit** im Ausland gehört nicht zur Berufsausbildung (s *Ausbildungskosten* Rz 12). Zur steuerlichen Behandlung des Unterhaltsgeldes s *Arbeitslosengeld* Rz 10.

29   Findet die Fortbildungsmaßnahme **im Rahmen einer Reise** statt, zB in einem beliebten Touristikort oder auf einem Schiff, ist darauf abzustellen, ob die Fortbildungsmaßnahme so im Vordergrund gestanden hat, dass der private (Erholungs-)Aspekt keine oder nur eine untergeordnete Rolle gespielt hat (BFH 21.4.10 – VI R 66/04, BStBl II 10, 685; s auch *Auslandsreise* Rz 19 ff). Ein unterschiedlicher Beurteilungsmaßstab für Inlands- und Auslandsreisen innerhalb der EU ist als Verstoß gegen die Dienstleistungsfreiheit (Art 56 AEUV) europarechtswidrig (EuGH 28.10.99 – C 55/98, IStR 99, 694, Fall **Vestergaard;** s oben Rz 28 und *Auslandsreise* Rz 19). Daher kann bei ausschließlicher Berufsbezogenheit die Teilnahme an einem psychologischen Seminar oder an einer Exkursion im Ausland, die laut Studienordnung vorgeschrieben ist, steuerlich als Werbungskosten zu berücksichtigen sein (BFH 24.8.01 – VI R 40/94, BFH/NV 02, 182; BFH 3.7.02 – VI R 93/00, BFH/NV 02, 1444; BFH 27.8.02 – VI R 22/01, BStBl II 03, 369), ebenso eine Auslandsreise eines Hochschullehrers zur Durchführung eines Forschungsauftrags (BFH 6.5.02 – VI B 34/00, BFH/NV 02, 1030). Bei zeitlichem Nach- oder Nebeneinander von Fortbildung und Urlaub sind die Aufwendungen **zeitanteilig,** ggf geschätzt, **aufzuteilen** (BFH 21.9.09 – GrS 1/06; DStR 10, 101 und oben Rz 28); s im Übrigen *Auslandsreise* Rz 20 ff, insbes zur Behandlung bei gemischtem Anlass der Reise (privat-beruflich).

30   **4. a) Betriebliche Fort- und Weiterbildungsleistungen** des ArbGeb stellen **keinen Arbeitslohn** dar, wenn diese Bildungsmaßnahme im ganz überwiegenden betrieblichen Interesse des ArbGeb durchgeführt wird. Die Bildungsmaßnahme kann am Arbeitsplatz, in zentralen betrieblichen oder außerbetrieblichen Einrichtungen oder durch fremde Unternehmer auf Rechnung des ArbGeb erbracht werden (R 19.7 Abs 1 LStR; s *Betriebliche Berufsbildung* Rz 19 ff). Steht der Fortzubildende in keinem Arbeitsverhältnis zum ArbGeb, wird man ein ganz überwiegend betriebliches Interesse des ArbGeb an der Fortbildung dem ersten Anschein nach wohl verneinen müssen, wobei im Einzelfall der Gegenbeweis möglich ist.

31   Unter welchen Voraussetzungen ein ganz überwiegend betriebliches Interesse des ArbGeb an der Bildungsmaßnahme anzunehmen ist, s R 19.7 Abs 2 LStR und *Betriebliche Berufsbildung* Rz 19 ff. Der Kostenersatz dem ArbN gegenüber ist steuerfrei. Dies gilt auch dann, wenn der ArbN Rechnungsempfänger der Fortbildungsmaßnahme ist und der ArbGeb die Kostenübernahme vor Vertragsschluss schriftlich zugesagt hat (R 19.7 Abs 1 Satz 4 LStR). Hierzu ist die Rechnung zum Lohnkonto zu nehmen. Durch die Kostenübernahme durch den ArbGeb entfällt für den ArbN der Abzug der Kosten als Werbungskosten. Um in solchen Fällen einen ungerechtfertigten Werbungskostenabzug zu verhindern, ist der ArbGeb verpflichtet, nach obligater Vorlage der Originalrechnung durch den ArbN die Kostenübernahme zu bestätigen und eine Kopie der Rechnung zum Lohnkonto zu nehmen.

32   Zur Behandlung der Fortzahlung des Lohns während der Fortbildungsmaßnahme s *Freistellung von der Arbeit* Rz 33 ff. Zum Verzicht auf Urlaub zugunsten der Teilnahme an einer Fortbildungsveranstaltung s *Verzicht* Rz 19.

33   **Allgemeinbildende Kenntnisse** und Fähigkeiten, die durch eine Fortbildungsveranstaltung vermittelt werden (zB Sprachkurs, Benimmkurs, PC-Kurs, Kurs über Sprechbewältigung, autogenes Training, Yoga, Raucherentwöhnung), können dann als ganz im überwiegenden betrieblichen Interesse des ArbGeb erfolgt angesehen werden, wenn sie dazu dienen, das Betriebsklima zu fördern, so dass aus diesem Grund Arbeitslohn zu verneinen ist (vgl BFH 22.3.85, BStBl II 85, 532; FG Saarl 7.7.93, EFG 94, 26; s aber oben Rz 20).

b) Steuerfreie Leistungen des Arbeitgebers. Die Aufwendungen für im ganz überwie- 34
genden Interesse des ArbGeb liegende Fortbildungsmaßnahmen (s oben Rz 30, 31) kann der
ArbGeb auf dreierlei Weise steuerfrei gegenüber dem ArbN erbringen:
- als Sachleistung, indem er die Fortbildungsmaßnahme selbst durchführt und finanziert;
- durch Abrechnung der Kosten gegenüber dem fremden Unternehmer, der die Fortbildung durchführt;
- durch Erstattung der dem ArbN anlässlich der Fortbildung entstandenen Kosten.

Es kann sich um folgende Kosten handeln: Kurs-Prüfungsgebühren, Reisekosten, Fach- 35
literatur, Schreibmaterial. Daneben dürfen dem ArbN für die Aufwendungen außerhalb der
regelmäßigen Arbeitsstätte (Fahrt- und Reisekosten, Mehraufwendungen für Verpflegung,
Übernachtungskosten, doppelte Haushaltsführung) steuerfrei nur die Kosten erstattet wer-
den, die auch bei Auswärtstätigkeit gelten (§ 3 Nr 16 EStG; R 19.7 Abs 3 LStR; s hierzu
Betriebliche Berufsbildung Rz 19; *Dienstreise* Rz 18; *Doppelte Haushaltsführung* Rz 34 ff sowie
FG Köln 28.10.93, EFG 94, 290; *Kleiner* NWB F 6, 4599). Bei dem SGB III entsprechenden
Qualifikations- und Trainingsmaßnahmen, die der ArbGeb oder eine zwischengeschaltete
Beschäftigungsgesellschaft im Zusammenhang mit **Auflösungsvereinbarungen** erbringt,
liegt kein Lohn vor (R 19.7 Abs 2 Satz 5 LStR).

c) Steuerpflichtige Leistungen des Arbeitgebers. Liegt die Fortbildungsveranstaltung 36
nicht im ganz überwiegenden betrieblichen Interesse des ArbGeb, so stellt die Kostenübernahme der Fortbildungsmaßnahme durch den ArbGeb einen stpfl *Sachbezug* Rz 11 dar (s
auch *Arbeitsentgelt* Rz 37 ff; *Incentivereisen* Rz 4 ff). Auch ersetzte Aufwendungen sind als stpfl
Einnahmen zu erfassen (s *Betriebliche Berufsbildung* Rz 19 ff). In gleicher Höhe kann der ArbN
den Wert der Fortbildungsmaßnahme und seine Aufwendungen als Werbungskosten bei
seinen Einkünften aus nichtselbstständiger Arbeit geltend machen (R 19.7 Abs 2 Satz 7
LStR; FinMin NRW 31.10.07 – S 2332 – 72 – V B 3, NZA 08, 864). Zur Abgabe von
unentgeltlichen oder verbilligten Mahlzeiten während der Bildungsmaßnahme s *Essenszuschuss* Rz 21.

Fortbildungsfinanzierung durch einen Dritten eines zu diesem Zweck **freigestellten**
ArbN können bei diesem zu sonstigen Einkünften (§ 22 Nr 3 EStG) führen, wenn sie nicht
steuerfrei sind, wie zB Fördermittel aus dem Europäischen Sozialfond (§ 3 Nr 2 EStG; BFH
13.2.08 – IX R 63/06, BFH/NV 08, 1138).

Literaturhinweise: BMF 22.9.10 – IV C 4 – S 2227/07/10002:002, BStBl I 10, 721 = Anhang 9
LStR; BMF 6.7.10 – IV C 3 – S 2227/07/10003:002, BStBl I 10, 614; *Holthaus* Dissertation 2011; s
auch *Auslandsreise* Rz 23.

C. Sozialversicherungsrecht   *Voelzke*

1. Förderung. Fortbildungsmaßnahmen sind nach dem Förderungsrecht des SGB III als 37
Weiterbildungsmaßnahmen (§§ 81 ff SGB III) grundsätzlich förderbar. Die Regelungen über
die Förderung der beruflichen Weiterbildung sehen bei der Teilnahme an einer Maßnahme
der beruflichen Weiterbildung die Gewährung von Weiterbildungskosten, Lehrgangskosten,
Fahrkosten, Kosten für auswärtige Unterbringung und Verpflegung, Kinderbetreuungskosten
(zu Voraussetzungen und Leistungsumfang s *Weiterbildung* Rz 9 ff) und von *Arbeitslosengeld* bei
beruflicher Weiterbildung als Lohnersatzleistung vor. Beruht die Erforderlichkeit der beruflichen Weiterbildung auf einer körperlichen, geistigen oder seelischen Behinderung des
ArbN, so besteht Anspruch auf Leistungen zur Teilhabe am Arbeitsleben (Näheres: *Rehabilitation (berufliche)* Rz 20 ff).

2. Sozialversicherungspflicht. Erfolgt während der beruflichen Fortbildung die Zah- 38
lung von *Arbeitslosengeld* bei beruflicher Weiterbildung durch die BA oder von *Übergangsgeld*
durch einen SozVTräger, so unterliegt der Teilnehmer regelmäßig der Versicherungspflicht in
der KV, RV und sozialen PflegeV. Zur SozVPflicht bei beruflichen Bildungsmaßnahmen
ohne Leistungsbezug s *Weiterbildung* Rz 28 ff.

3. Aufstiegsfortbildung. Durch das AFBG (Bekanntmachung der Neufassung vom 39
8.10.12, BGBl I 12, 2126) werden Bildungsmaßnahmen gefördert, die einen Abschluss auf
dem Niveau einer Facharbeiter-, Gesellen- oder Gehilfenprüfung voraussetzen und auf eine
herausgehobene Berufstätigkeit vorbereiten (zB als Meister, Techniker usw; weitergebende

190 Freie Mitarbeit

Informationen unter www.bmf.de). Die Fortbildungsmaßnahme darf in Vollzeitform nicht länger als zwei Jahre dauern; sie muss in jedem Falle mindestens 400 Unterrichtsstunden umfassen. Die Teilnehmer an Vollzeitmaßnahmen erhalten als Leistungen Beiträge zu den Kosten der Lehrveranstaltung und zur Deckung des Unterhaltsbedarfs, die vom Einkommen und Vermögen abhängig sind. Ein Teil des Unterhaltsbeitrages wird als **Zuschuss** ohne Rückzahlungsverpflichtung, ein Teil als **Darlehen** gezahlt. Für Voll- und Teilzeitmaßnahmen ist ein Darlehen zur Finanzierung der Lehrgangs- und Prüfungsgebühren und ein Zuschuss zu den Kinderbetreuungskosten vorgesehen. Während der Fortbildung und einer anschließenden Karenzzeit von zwei Jahren ist das Darlehen für den Antragsteller zins- und tilgungsfrei. Gründet oder übernimmt der Darlehensnehmer innerhalb von drei Jahren nach Beendigung der Maßnahme ein Unternehmen oder eine freiberufliche Existenz und trägt er dafür überwiegend die unternehmerische Verantwortung, so wird ihm nach Maßgabe des § 13b AFBG ein Teil des Restdarlehens erlassen.

Freie Mitarbeit

A. Arbeitsrecht
Röller

Übersicht

	Rz		Rz
1. Begriff	1	i) Urlaub	13
2. Abgrenzung der freien Mitarbeit vom Arbeitsverhältnis	2, 3	j) Gewerbeanmeldung	14, 15
		4. Kündigungsschutz	16
a) Selbstständigkeit des Freien Mitarbeiters	2	5. Scheindienst und -werkvertrag	17–21
		a) Bedeutung	17
b) Bedeutung der praktischen Handhabung einer Vertragsbeziehung	3	b) Rechtsfolgen	18–20
		c) Gesellschaftsgründung als Ausweg	21
3. Abgrenzungsmerkmale	4–15	6. Freie Mitarbeit und Betriebsverfassung	22, 23
a) Allgemeines	4		
b) Eigenart der Tätigkeit	5	a) Mitbestimmung bei der Einstellung	22
c) Festlegung der Arbeitszeit	6		
d) Eingliederung	7	b) Überprüfungsrechte des Betriebsrats	23
e) Konkreter Vertragsgegenstand bei Freier Mitarbeit/Umfang der fachlichen Weisungsgebundenheit	8	7. Einzelvertragliche Wettbewerbsverbote	24
f) Unternehmerrisiko	9, 10	8. Betriebsübergang	25
g) Vergütung	11	9. Beendigung des Vertragsverhältnisses	26
h) Fortzahlung der Vergütung im Krankheitsfalle	12	10. Zeugnisanspruch	27
		11. Rechtswegzuständigkeit	28
		12. Muster	29

1 **1. Begriff.** Freie Mitarbeit ist selbstständige unternehmerische Tätigkeit einer natürlichen Person für ein fremdes Unternehmen auf dienst- oder werkvertraglicher Grundlage.

2 **2. Abgrenzung der freien Mitarbeit vom Arbeitsverhältnis. a) Selbstständigkeit des Freien Mitarbeiters.** Durch das Merkmal der selbstständigen (unternehmerischen) Tätigkeit unterscheidet sich der Freie Mitarbeiter grundlegend von dem in persönlicher Abhängigkeit stehenden ArbN, der seine Dienstleistung im Rahmen einer von Dritten bestimmten Arbeitsorganisation erbringt. ArbN leisten fremdbestimmte Arbeit, sie unterscheiden sich von Freien Mitarbeitern durch ihre Weisungsgebundenheit. § 84 Abs 1 Satz 2 HGB enthält nach ständiger Rspr des BAG (17.4.13 – 10 AZR 272/12, NZA 13, 903; 15.2.12 – 10 AZR 301/10, NZA 12, 731; 9.6.10 – 5 AZR 332/09, NZA 10, 877) ein typisches Abgrenzungsmerkmal. Nach dieser Bestimmung ist selbstständig – und damit Freier Mitarbeiter –, wer im Wesentlichen frei seine Tätigkeit gestalten und seine Arbeitszeit bestimmen kann. Unselbstständig und deshalb persönlich abhängig ist dagegen der Mitarbeiter, dem dies nicht möglich ist. Maßgeblich für ein Arbeitsverhältnis ist insbesondere, dass der ArbGeb innerhalb eines bestimmten zeitlichen Rahmens über die Arbeitsleistung des Mitarbeiters verfügen kann (BAG 26.5.99 – 5 AZR 469/99, BB 99, 1876; 30.11.97 – 5 AZR

653/96, NZA 98, 364). Im Bereich der Vermittlung von Geschäften und Versicherungen für Dritte stellt das Gesetz für die Abgrenzung zum unselbstständigen Angestellten allein auf die beiden Merkmale des § 84 Abs 1 Satz 2 HGB ab. Eines Rückgriffs auf weitere Grundsätze der Abgrenzung bedarf es deshalb in diesem Bereich nicht (BAG 20.9.2000 – 5 AZR 271/99, NZA 01, 210; 15.12.99 – 5 AZR 169/99, DB 2000, 1618).

b) Bedeutung der praktischen Handhabung einer Vertragsbeziehung. Für die rechtliche Einordnung ist die von den Parteien **getroffene Bezeichnung nicht entscheidend.** Abzustellen ist vielmehr auf die **praktische Durchführung des Vertrages.** Widersprechen sich Vertragsbezeichnung und Vertragsdurchführung, so ist in aller Regel die tatsächliche Durchführung des Vertrages maßgebend. Zur Würdigung der praktischen Durchführung bedarf es einer wertenden Gesamtbetrachtung aller für die rechtliche Einordnung der Vertragsbeziehungen wesentlichen Umstände (BAG 13.3.08 – 2 AZR 1037/06, NZA 08, 878; 14.3.07 – 5 AZR 499/06, NZA-RR 07, 424; s auch *Arbeitnehmer (Begriff)* Rz 12). Bei einer **Umwandlung** eines Arbeitsverhältnisses in ein freies Mitarbeiterverhältnis muss dies unzweideutig vereinbart und auch umgesetzt werden. Eine bloß andere Bezeichnung des Rechtsverhältnisses reicht nicht aus. Die Bedingungen, unter denen die Dienste erbracht werden, müssen so gestaltet werden, dass eine Eingliederung in fremde Arbeitsorganisation nicht mehr stattfindet (BAG 12.9.96, DB 97, 47; LAG Thür 6.2.98, NZA-RR 98, 296). Bleiben die Bedingungen auch nach der Vertragsumgestaltung gleich, stellt die gewählte Vertragsform der freien Mitarbeit einen Missbrauch der Vertragsfreiheit iSd § 242 BGB dar.

3. Abgrenzungsmerkmale. a) Allgemeines. Wird der Freie Mitarbeiter in einem fremden Betrieb tätig, kommt es zur Abgrenzung gegenüber dem Arbeitsverhältnis darauf an, ob er so in die Arbeitsorganisation des fremden Betriebes eingegliedert wird, dass der Betriebsinhaber oder die für ihn verantwortlich tätigen Personen die für ein Arbeitsverhältnis typischen Entscheidungen über seinen Einsatz auch nach Zeit und Ort zu treffen und damit die Personalhoheit haben (BAG 5.5.92, DB 92, 1936; 31.3.93, EzA § 10 AÜG Nr 5). Unter Personalhoheit ist die Ausübung typischer ArbGebFunktionen durch den fremden Betriebsinhaber gegenüber dem Freien Mitarbeiter bspw durch Erteilung von Weisungen arbeitsvertraglicher Art zu verstehen (vgl BAG 9.11.94, DB 95, 1566; 18.10.94, DB 95, 382; 30.8.94, NZA 95, 649). Zur Abgrenzung allgemein vgl *Schmidt/Schwendtner* Scheinselbstständigkeit, 2. Aufl 2000; *Hopt* DB 98, 863; *Reiserer* BB 98, 1258; *Hanau/Strick* DB 98, Beilage Nr 14/98, 1 ff.

b) Eigenart der Tätigkeit. Dieser kommt ein besonderes Gewicht zu, wenn Tätigkeiten sowohl im Rahmen eines Arbeitsverhältnisses als auch im Rahmen eines Freien Mitarbeiterverhältnisses erbracht werden können. Die Entscheidung der Vertragsparteien für einen bestimmten Vertragstypus ist im Rahmen der bei jeder Statusbeurteilung vorzunehmenden Gesamtabwägung aller Umstände des Einzelfalls zu berücksichtigen (BAG 9.6.10 – 5 AZR 332/09, NZA 10, 877; 22.4.98 – 5 AZR 342/97, NZA 98, 1336; zum Handelsvertreter vgl OLG Düsseldorf 5.12.97, NZA-RR 98, 145).

c) Festlegung der Arbeitszeit, zeitliche Vorgaben. Die bloße Festlegung des zeitlichen Umfangs der Tätigkeit berührt die persönliche Unabhängigkeit nicht, wenn der Mitarbeiter innerhalb des vereinbarten zeitlichen Rahmens die Zeit seiner Tätigkeit frei bestimmen kann (BAG 13.3.08 – 2 AZR 1037/06, NZA 08, 878; 16.3.94, NZA 94, 1132). Eine abhängige Beschäftigung liegt jedoch vor bei strengeren zeitlichen Vorgaben, die dazu führen, dass der Mitarbeiter keine Zeitsouveränität mehr besitzt (BAG 13.3.08; 19.11.97 – 5 AZR 653/96, NZA 98, 364). Dies ist der Fall, wenn ständige Dienstbereitschaft erwartet wird oder wenn der Mitarbeiter in nicht unerheblichem Umfang auch ohne entsprechende Vereinbarung zur Dienstleistung herangezogen wird (BAG 20.5.09 – 5 AZR 31/08, NZA 10, 172). Ein starkes Indiz für die ArbNEigenschaft ist insb dann gegeben, wenn der Einsatz des Mitarbeiters durch Dienst-/Stundenpläne geregelt wird, die ohne seine Mitwirkung erstellt werden (BAG 17.4.13 – 10 AZR 272/12, NZA 13, 903; 15.2.12 – 10 AZR 301/10, NZA 12, 731). Eine Ausnahme kann sich unter dem Gesichtspunkt der Eigenart der Tätigkeit bspw für Honorarlehrkräfte in Bildungseinrichtungen ergeben (BAG 30.10.91, DB 92, 742). So ist ein Schulungsleiter, der Kurse für Mitarbeiter anderer Unternehmen gibt und dabei Beginn und Ende seiner Arbeitszeit insbesondere der Zeit für die Vorbereitung der

190 Freie Mitarbeit

Schulungen völlig frei festlegen kann, als Freier Mitarbeiter einzustufen (LAG Hess 25.9.96, 4 Ta 558/96; zum arbeitsrechtlichen Status von (Honorar-)Lehrkräften s BAG 20.1.10 – 5 AZR 106/09, BeckRS 2010, 67436; *Rohlfing* NZA 99, 1027).

7 **d) Eingliederung in eine fremde Arbeitsorganisation.** Diese kann sich darin ausdrücken, dass der Mitarbeiter in die Arbeitsabläufe des Unternehmens fest eingeplant ist und deshalb für ihn die Notwendigkeit besteht, ständig eng mit ArbN des Unternehmens zusammenzuarbeiten (vgl BAG 23.4.80, DB 80, 1996). Weitere Merkmale können sein, dass der Mitarbeiter für die Erfüllung seiner Aufgabe auf den technischen Apparat des fremden Unternehmens (Büroräume, Telefon, Labor, Werkstatt, Maschinen ua) angewiesen (BAG 23.4.80; 15.3.78, DB 78, 1035; 9.3.77, DB 77, 2459), dauernd in einem fremden Unternehmen präsent ist (BAG 9.3.77; auch LAG Bln 29.12.89, AP Nr 50 zu § 611 BGB Abhängigkeit) oder ausschließlich fremdes Arbeitsmaterial (LAG Bln 16.8.83 AP Nr 44 zu § 611 BGB Abhängigkeit) verwendet. Das Vorliegen eines dieser Merkmale bedeutet nicht, dass schon deshalb das Vorliegen eines Arbeitsverhältnisses zu bejahen wäre. Programmgestaltende Rundfunk- und Fernsehmitarbeiter sind nicht bereits deshalb ArbN, weil sie von Apparat und Team des Senders abhängig sind (BAG 20.5.09, 14.3.07 – 5 AZR 499/06, NZA-RR 07, 424; 19.1.2000 – 5 AZR 644/98, NZA 2000, 1102; zu Rundfunkmitarbeitern *Hochrathner* NZA-RR 01, 561; *Wrede* NZA 99, 1019 s auch *Arbeitnehmer (Begriff)* Rz 50). Das Vorhalten einer eigenen Betriebsstätte ist demgegenüber ein starkes Indiz für eine selbstständige Tätigkeit (BAG 15.12.99 – 5 AZR 770/98, NZA 2000, 481).

8 **e) Konkreter Vertragsgegenstand bei Freier Mitarbeit, Umfang der fachlichen Weisungsgebundenheit.** Für ein Freies Mitarbeiterverhältnis spricht, wenn die zu leistenden Dienste nicht rahmenmäßig umschrieben, sondern vertraglich konkret festgelegt werden. Der Dienstverpflichtete stellt dann nicht lediglich seine Arbeitskraft zur Verfügung, sondern schuldet eine bestimmte Dienstleistung (BAG 30.10.91, DB 92, 742). Ist der vertraglich festgelegte Leistungsgegenstand derart unbestimmt, dass er erst durch Weisungen des Auftraggebers konkretisiert wird, spricht dies für ein Arbeitsverhältnis (BAG 9.11.94, DB 95, 1566). Je mehr der Dienstberechtigte den Inhalt der Arbeitsleistung einseitig bestimmen und dem Dienstverpflichteten weitere Aufgaben übertragen kann, desto mehr spricht dies für ein Arbeitsverhältnis (BAG 13.11.91, NZA 92, 1125). Persönliche Abhängigkeit liegt idR vor, wenn der Mitarbeiter Einzelanordnungen arbeitsvertraglicher Art unterworfen ist. Diese sind von den projektbezogenen werkvertraglichen Anweisungen gem § 645 Abs 1 BGB zu unterscheiden (BAG 18.1.12 – 7 AZR 723/10, NZA-RR 12, 455). Die werkvertragliche Anweisung ist sachbezogen und ergebnisorientiert, das arbeitsvertragliche Weisungsrecht personenbezogen, ablauf- und verfahrensorientiert. Bei einem freien Handelsvertreter bestehen fachliche Weisungsrechte bezüglich der Personen der Geschäftspartner, der Bedingungen der Verträge, der Kundenwerbung und -betreuung. Derartige Weisungen dürfen nicht so eng sein, dass sie die Selbstständigkeit des Handelsvertreters in ihrem Kerngehalt beeinträchtigen (BAG 15.12.99 – 5 AZR 169/99, NZA 2000, 481).

9 **f) Unternehmerrisiko.** Typisch für selbstständige Arbeit ist, dass der selbstständig Tätige ein eigenes Unternehmerrisiko trägt. Zur zunehmenden Bedeutung dieses Abgrenzungsmerkmals s *Arbeitnehmer (Begriff)* Rz 13, 14. Freie Mitarbeit ist in aller Regel zu bejahen, wenn der Mitarbeiter gleichzeitig bei eigener Zeithoheit für mehrere Unternehmen tätig ist, jedenfalls die Möglichkeit hat, für andere Unternehmen ggf in der gleichen Branche tätig zu werden. Eine vertragliche Regelung, die ausdrücklich eine Konkurrenztätigkeit zulässt, ist für ein Arbeitsverhältnis untypisch (BAG 13.3.08 – 2 AZR 1037/06, NZA 08, 878).

10 Kann das übernommene Arbeitsvolumen innerhalb vorgegebener Zeit ohne Einsatz weiterer Hilfskräfte nicht bewältigt werden, spricht das ebenfalls für das Vorliegen eines freien Mitarbeitsverhältnisses (BAG 12.12.01 – 5 AZR 253/00, NZA 02, 787; BAG 16.7.97, DB 97, 2437), ebenso, wenn in Abweichung von § 613 BGB die Dienstleistung nicht in Person zu erbringen ist, sondern Dritte eingesetzt werden können (BAG 13.3.08).

11 **g) Vergütung.** Die Art der Vergütung spielt keine nennenswerte Rolle. Entscheidend sind die Umstände der Dienstleistung, nicht die Modalitäten der Entgeltzahlung (BAG 16.3.94, NZA 94, 1132).

12 **h) Fortzahlung der Vergütung im Krankheitsfalle.** Diese spricht nicht zwingend für ArbNEigenschaft, da ein derartiger Anspruch gem § 616 BGB auch denjenigen zusteht, die aufgrund eines freien Dienstvertrages tätig sind (BAG 29.1.92, EzA § 5 BetrVG 1972 Nr 51).

i) Urlaub. Die Gewährung von Urlaub steht der Einschätzung eines Rechtsverhältnisses 13
als freies Mitarbeiterverhältnis nicht entgegen, da gem § 2 Satz 2 BUrlG auch ArbNÄhnliche
Personen einen Urlaubsanspruch haben (BAG 29.1.92 – 7 ABR 25/91, NZA 92, 835). Die
Notwendigkeit der Festlegung des Urlaubszeitpunktes spricht jedoch für ArbNEigenschaft
(BAG 19.11.97 – 5 AZR 653/96, NZA 98, 364).

j) Gewerbeanmeldung. Sie ist als Abgrenzungsmerkmal unbeachtlich (BAG 19.11.97 – 14
5 AZR 653/96, NZA 98, 364).

Beispiele zur Abgrenzung zwischen Freier Mitarbeiter- und ArbNEigenschaft s *Arbeit-* 15
nehmer (Begriff) ABC Rz 84.

4. Kündigungsschutz. Der Freie Mitarbeiter hat nicht den Sozialschutz des ArbN und 16
genießt keinen Kündigungsschutz nach dem KSchG. Der Sonderkündigungsschutz gem
§§ 85 ff SGB IX, 9 MuSchG findet ebenfalls keine Anwendung, ebenso nicht das Maßregelungsverbot des § 612a BGB. Der allgemeine Kündigungsschutz (§§ 138, 242, 626 BGB)
besteht hingegen.

5. Scheindienst- und -werkvertrag. a) Bedeutung. Ein Schein(dienst- oder -werk) 17
vertrag liegt vor, wenn er nach seiner Bezeichnung als Freier Mitarbeits-, Dienst- oder
Werkvertrag ausgewiesen ist, in Wahrheit aber wie ein Arbeitsvertrag durchgeführt werden
soll oder sich in der praktischen Durchführung als solcher herausstellt. Soweit der Freie
Mitarbeiter im Rahmen eines Dienst- oder Werkvertrages als Subunternehmer tätig wird,
kann bei Verrichtung der Tätigkeit in persönlicher Abhängigkeit (illegale) ArbNÜberlassung
vorliegen (BAG 9.11.94, DB 95, 1566; *Arbeitnehmerüberlassung/Zeitarbeit* Rz 5; *Werkvertrag*
Rz 2 ff).

b) Rechtsfolgen. aa) Beiderseitige Kenntnis von der falschen Rechtswahl. Wollen 18
freier Mitarbeiter und Unternehmer zulasten der Allgemeinheit die mit einem Arbeitsverhältnis verbundenen sozialversicherungs- und lohnsteuerrechtlichen Folgen umgehen, stellt
sich die Frage, welche Rechtsfolgen sich hieraus ergeben. Teilweise wird die Auffassung vertreten, es handele sich um ein Scheingeschäft gem § 117 BGB (*Hohmeister* NZA 99, 1009).
Dies ist verfehlt. Es liegt ein wirksamer Vertrag vor, der lediglich eine falsche Bezeichnung
hat (*Lampe* RdA 02, 18; *Reinecke* RdA 01, 357).

Rückzahlungsansprüche des ArbGeb wegen geleisteter Mehrzahlungen (Differenz zwi- 19
schen üblicher Vergütung und höherer Vergütung nach Dienst- oder Werkvertrag) sind bei
beiderseitiger Kenntnis, dass ein Arbeitsverhältnis vorliegt, nach § 814 BGB ausgeschlossen.
Die Kenntnis vom Bestehen eines Arbeitsverhältnisses kann insbesondere dann vorliegen,
wenn bereits vergleichbare „freie Mitarbeiter" die ArbNEigenschaft erfolgreich geltend
gemacht haben (*Reinecke* RdA 01, 357). Dem ArbN steht die vertraglich vereinbarte Vergütung gegen den ArbGeb zu. Dieser hat das Risiko einer Statusfeststellung bewusst auf sich
genommen (*Lampe* RdA 02, 18).

bb) Beiderseitiger Rechtsirrtum. Befanden sich die Parteien in einem beiderseitigen 20
Rechtsirrtum, als sie ihr Arbeitsverhältnis als Freie Mitarbeit angesehen haben, so richtet sich
die Anpassung des Vertrages gem § 313 BGB nach den Grundsätzen über den Wegfall der
Geschäftsgrundlage (BAG 9.7.86 – 5 AZR 44/85, DB 86, 2676). Es stellt sich dann insb die
Frage, ob der ArbN bei Feststellung der ArbNEigenschaft Vergütung mindestens in Höhe des
bisher Vereinbarten verlangen kann. Bestehen beim ArbGeb unterschiedliche Vergütungsordnungen für ArbN und freie Mitarbeiter fehlt es bei einem fehlerhaft behandelten Arbeitsverhältnis regelmäßig an einer Vergütungsvereinbarung für das in Wahrheit vorliegende
Rechtsverhältnis. Die Vergütung richtet sich nach § 612 Abs 2 BGB. Dagegen ist anzuneh-
men, die jeweilige Parteienvereinbarung solle gem § 611 Abs 1 BGB maßgebend sein, wenn
der ArbGeb Tagespauschalen nur der Höhe nach abhängig von der rechtlichen Beurteilung als
Selbstständiger oder ArbN zahlt (BAG 9.2.05 – 5 AZR 175/04, NZA 05, 814; 12.1.05 – 5
AZR 144/04, AP Nr 69 zu § 612 BGB). Fehlt es an einer Vergütungsvereinbarung für das in
Wahrheit vorliegende Arbeitsverhältnis steht dem ArbGeb gegen den ArbN ein Anspruch auf
Rückzahlung der Differenz zwischen gezahlter und ArbNüblicher Vergütung und Erstat-
tung des ArbN-Anteils zur SozV gem §§ 812 ff BGB zu (BAG 8.11.06 – 5 AZR 706/05,
NZA 07, 321; 9.2.05). Da bei Bestehen eines Arbeitsverhältnisses in aller Regel auch ein
sozialversicherungsrechtliches Beschäftigungsverhältnis besteht, führt dies in den Grenzen des
§ 25 SGB IV zu Nachforderungsansprüchen der Einzugstellen gegen den ArbGeb (§ 28e

190 Freie Mitarbeit

Abs 1 S 1 SGB IV). Dieser kann nach § 28g SGB IV seinen Anspruch auf den ArbNAnteil nur im Lohnabzugsverfahren geltend machen, dh ein unterbliebener Abzug kann nur bei den drei nächsten Lohn- oder Gehaltszahlungen nachgeholt werden, danach nur dann, wenn der Abzug ohne Verschulden des ArbGeb unterblieben ist. Der ArbN kann sich nach § 818 Abs 3 BGB auf den Wegfall der Bereicherung berufen. Dieser ist von ihm nachzuweisen. Das BAG hat ihm aber eine Beweiserleichterung zukommen lassen, insbesondere bei geringfügigen Überzahlungen von ArbN mit geringem oder mittlerem Einkommen (BAG 9.2.05; 12.1.94 – 5 AZR 597/92, DB 94, 1039). Der Rückforderungsanspruch des ArbGeb wird iS einer tarifvertraglichen Ausschlussfrist erst fällig, wenn feststeht, dass ein Arbeitsverhältnis bestand (BAG 29.5.02; 14.3.01, NZA 02, 155; aA *Reinecke* RdA 01, 357). Zu den Konsequenzen eines vom ArbN gewonnenen Statusprozesses s auch *Niepalla/Dütemeyer* NZA 02, 712; *Hohmeister* NZA 99, 1009; *Hochrathner* NZA 99, 1016.

21 **c) Gesellschaftsgründung als Ausweg** aus den Rechtsfolgen von Scheindienst- und Werkverträgen wird in der Praxis für Rat suchende Freie Mitarbeiter empfohlen. Der bisher „Freie" Mitarbeiter gründet zB eine Ein-Personen-GmbH und schließt für diese als deren Alleingeschäftsführer einen Dienst- oder Werkvertrag mit dem Kundenunternehmen ab, für das er zuvor auf der Grundlage eines Scheindienst- oder Werkvertrages bereits tätig war. Ändert sich an der praktischen Durchführung seiner Tätigkeit nichts und wird er wie schon zuvor wie ein ArbN in das Kundenunternehmen eingegliedert, ändert sich auch die Rechtsfolge nicht: dh er wird ArbN des Kundenunternehmens, gleich ob er Geschäftsführer einer GmbH, Vorstandsvorsitzender, Präsident oÄ der juristischen Person ist, die den zugrunde liegenden Dienst- oder Werkvertrag abgeschlossen hat (*Schmidt/Schwendtner* Rn 184). In Abhängigkeit von der Fallkonstellation kann sich dies auch aus §§ 10 Abs 1, 9 Nr 1 AÜG ergeben. Zu Rechtsfragen im Zusammenhang mit Gesellschaftsgründungen s *Bauer/Baeck/Schuster* NZA 2000, 863; *von Hoyningen-Huene* NJW 2000, 3233; LAG Hess 20.3.2000 – 16 Sa 519/99.

22 **6. Freie Mitarbeit und Betriebsverfassung. a) Mitbestimmung bei der Einstellung.** Allein in dem Tätigwerden als Freier Mitarbeiter oder Erfüllungsgehilfe eines Dienst- oder Werkunternehmers liegt im Normalfall noch keine Einstellung iSv § 99 BetrVG (BAG 30.8.94, NZA 95, 649; 9.7.91, DB 92, 327). Hinzukommen muss, dass diese Personen selbst in die Arbeitsorganisation des Auftraggebers so eingegliedert werden, dass dieser die für ein Arbeitsverhältnis typischen Entscheidungen über ihren Einsatz auch nach Zeit und Ort zu treffen hat und damit wenigstens teilweise eine ArbGebStellung übernimmt (BAG 18.10.94, DB 95, 382; 30.8.94, NZA 95, 649) bzw (teilweise) die **Personalhoheit** über die Freien Mitarbeiter hat (BAG 5.5.92, DB 92, 1936; 9.7.91, DB 92, 327). Durch die „arbeitnehmertypische teilweise Einbindung in die betriebliche Organisation" werden die kollektiven Interessen der Belegschaft berührt; dies rechtfertigt die Bejahung einer Einstellung iSv § 99 BetrVG unabhängig vom Vertragsstatus (BAG 30.8.94, NZA 95, 651).

23 **b) Überprüfungsrechte des Betriebsrats.** Die Unterrichtungspflicht gem § 80 Abs 2 Satz 1 2. Hs BetrVG erstreckt sich auch auf die Beschäftigung von Personen, die nicht in einem Arbeitsverhältnis stehen. Der ArbGeb ist nach § 80 Abs 2 Satz 2 BetrVG verpflichtet, dem BRat auf Verlangen Verträge mit Freien Mitarbeitern vorzulegen, die im Betrieb eingesetzt werden sollen. Die Vorlage solcher Verträge ist erforderlich, damit der BRat prüfen kann, ob ihm hinsichtlich des Einsatzes der Freien Mitarbeiter Überwachungsrechte nach § 80 Abs 1 Nr 1 BetrVG oder Mitbestimmungsrechte nach § 99 BetrVG zustehen (BAG 15.12.98 – 1 ABR 9/98, NZA 99, 722; 9.7.91, DB 92, 327). Werden über die Einsatztage und Einsatzzeiten einzelner Freier Mitarbeiter **Kontrolllisten** geführt, kann der BRat verlangen, dass ihm diese zur Wahrnehmung seiner Beteiligungsrechte bei der Personalplanung (BAG 9.7.91, DB 327; 31.1.89, DB 89, 982), aber auch zur Prüfung, ob möglicherweise ein Scheindienstvertrag vorliegt, zur Verfügung gestellt werden. Der BRat kann gem § 93 BetrVG die Ausschreibung von Arbeitsplätzen beanspruchen, die der ArbGeb mit Freien Mitarbeitern besetzen will, wenn es sich um eine gem § 99 BetrVG mitbestimmungspflichtige Einstellung handelt (BAG 27.7.93, DB 94, 332; aA *Hromadka* SAE 94, 133).

24 **7. Einzelvertragliche Wettbewerbsverbote.** Sie können auch mit Freien Mitarbeitern abgeschlossen werden (BAG 21.1.97 – 9 AZR 778/95, DB 97, 1979). Soll die selbstständige Tätigkeit untersagt werden, so muss dies ausdrücklich vereinbart werden. Unklarheiten gehen zu Lasten des ArbGeb. Der Leitgedanke des § 74 Abs 2 HGB (Wettbewerbsverbot nur gegen Entschädigung) findet auch auf Freie Mitarbeiter Anwendung (BAG 21.1.97; BGH 10.4.03 – III ZR 196/02, NJW 03, 1864).

8. Betriebsübergang. § 613a BGB gilt nicht für Personen, die in keinem Arbeitsverhältnis, sondern in einem freien Dienstverhältnis stehen (BAG 13.2.03 – 8 AZR 59/02, NZA 03, 854). 25

9. Beendigung des Vertragsverhältnisses. Unbefristete echte freie Mitarbeiterverhältnisse können gem § 621 BGB gekündigt werden, § 623 BGB findet keine Anwendung. Mit einem echten Freien Mitarbeiter kann ein befristeter Dienstvertrag ohne sachlichen Grund abgeschlossen werden. Eine derartige Befristungsabrede bedarf nicht der Schriftform des § 14 Abs 4 TzBfG. Ein unbefristetes echtes freies Mitarbeiterverhältnis kann durch Aufhebungsvertrag beendet werden, der nicht der Schriftform des § 623 BGB bedarf. 26

10. Zeugnisanspruch. Rspr (BGH 9.11.67, BGHZ 49, 30) und Teile der Literatur (*Schaub* § 146 I 1) versagen dem Freien Mitarbeiter zu Recht den Zeugnisanspruch, da ihm die persönliche Abhängigkeit fehlt (vgl zum Meinungsstand *Hohmeister* NZA 98, 571). 27

11. Rechtswegzuständigkeit. Für Klagen eines Freien Mitarbeiters sind die Zivilgerichte, nicht die ArbG zuständig. Beruft sich der Freie Mitarbeiter darauf, ArbN zu sein, besteht unter bestimmten Voraussetzungen eine Zuständigkeit der ArbG. Einzelheiten s *Arbeitnehmer (Begriff)* Rz 23 ff. 28

12. Muster. S Online-Musterformular „*M9.4 Freie Mitarbeit, Vertrag*". 29

B. Lohnsteuerrecht

Seidel

Die arbeitsrechtliche Einordnung eines Beschäftigten als freier Mitarbeiter hat für das Steuerrecht keine bestimmende Bedeutung. Für die Frage, ob das Entgelt des als freier Mitarbeiter Beschäftigten dem LStAbzug zu unterwerfen ist, kommt es darauf an, ob er nach den im Steuerrecht geltenden Kriterien **selbstständig** oder als ArbN **nichtselbstständig** tätig ist (BFH 24.7.92, BStBl II 93, 155: Stromableser; 14.10.76, BStBl II 77, 50: Rundfunksprecher; FG Nbg 14.12.93, EFG 94, 544: Rechtsanwalt; FG BaWü 30.4.87, EFG 88, 19; s auch BMF 5.10.90, BStBl I 90, 638 Tz 1 und NWB (F) 6, 3919). Zur Abgrenzung der selbstständigen und der nichtselbstständigen Arbeit s *Arbeitnehmer (Begriff)* Rz 30 ff. Für als freie Mitarbeiter bezeichnete Beschäftigte bei Funk, Film und Fernsehen s BMF 5.10.90, BStBl I 90, 638 Tz 1.3 und 1.4 (s auch *Arbeitnehmer (Begriff)* ABC Rz 84). 32

Hinweis. Die Umsätze aus der Tätigkeit als freier Mitarbeiter können für **bestimmte Berufe umsatzsteuerfrei** sein (zB Kreditvermittler, § 4 Nr 8; Versicherungsvermittler, § 4 Nr 10b; Bausparkassen- und Versicherungsvertreter, § 4 Nr 11; Heilberufe mit Ausnahme Tierarzt, § 4 Nr 14 UStG). 33

Darüber hinaus entfällt die Erhebung der USt bei sog **Kleinunternehmern** gem § 19 Abs 1 UStG, sofern sie nicht auf die Anwendung dieser Regelung zum Erhalt des Vorsteuerabzugs gem § 15 UStG verzichten (§ 19 Abs 2 UStG). Kleinunternehmer iSd § 19 Abs 1 UStG sind Unternehmer, deren Umsatz zuzüglich der darauf entfallenden Steuer im vorangegangenen Kj 17 500 € nicht überstiegen hat und im laufenden Kj 50 000 € voraussichtlich nicht übersteigen wird. 34

Liegt ertragsteuerlich eine **gewerbliche Tätigkeit** des freien Mitarbeiters vor, fällt bei einem Gewerbeertrag von mehr als 24 500 € (Freibetrag natürliche Person) zusätzlich Gewerbesteuer an (§ 11 Abs 1 Nr 1 GewStG). Zur Höhe der Steuermesszahl s § 11 Abs 2 GewStG (3,5 %). 35

C. Sozialversicherungsrecht

Voelzke

1. Abgrenzung zum Beschäftigungsverhältnis. Die SozVPflicht und der Versicherungsschutz freier Mitarbeiter richtet sich nach den für das Vorliegen einer Beschäftigung (§ 7 SGB IV) maßgebenden Kriterien (s *Arbeitnehmer (Begriff)* Rz 51 ff; vgl zu freien Mitarbeitern im SozVRecht *Hoyningen-Huene* BB 87, 1730; *Berndt* BB 98, 894; *Reiserer* BB 03, 1557). Unstreitig ist, dass allein die Bezeichnung als „Freier Mitarbeiter" im Beschäftigungsvertrag nicht bewirkt, die ArbNEigenschaft des Beschäftigten auszuschließen (*Kunz/Kunz* DB 93, 327). Ungeachtet der Bezeichnung als „Freier Mitarbeiter" kann deshalb ein sozialversicherungsrechtliches Beschäftigungsverhältnis zu bejahen sein, wenn die Arbeit unter Berücksichtigung der von der Rspr entwickelten Indizien in persönlicher Abhängigkeit von 36

190 Freie Mitarbeit

einem Dritten geleistet wird (BSG 14.9.89 – 12 RK 64/87, SozR 2200 § 165 Nr 96). Auch die Zugehörigkeit zu sog freien Berufen besagt nichts darüber, ob die Tätigkeit als selbstständig einzustufen ist oder ob eine abhängige Beschäftigung vorliegt (*Schlegel/Voelzke/Segebrecht* SGB IV § 7 Abs 1 Rz 167). Maßgebend für die Abgrenzung von selbstständiger und unselbstständiger Beschäftigung sieht das BSG die tatsächlichen Verhältnisse an, die, weichen sie von den vertraglichen Vereinbarungen ab, den Ausschlag geben (BSG 13.7.78 – 12 RK 14/78, SozR 2200 § 1227 Nr 17). In erster Linie ist deshalb zu prüfen, in welchem Umfang von der die Arbeit vergebenden Person auf Zeit, Ort und Art der Durchführung der zu verrichtenden Tätigkeit Einfluss genommen wird.

37   Da es sich bei Tätigkeiten im Rahmen eines freien Mitarbeiterverhältnisses häufig um sog **Dienste höherer Art** handelt (zB bei Rechtsanwälten, Steuerberatern, „Freien Mitarbeitern" von Rundfunkanstalten, Lehrbeauftragten etc), ist zusätzlich die Rspr des BSG zu beachten, wonach die Weisungsgebundenheit sich zur „funktionsgerecht dienenden Teilhabe am Arbeitsprozess" verfeinern kann (BSG 1.2.79 – 12 RK 7/77, SozR 2200 § 165 Nr 36), da mit zunehmender Qualifikation Einzelanweisungen an Bedeutung verlieren. Hier kommt es in erster Linie darauf an, ob der Mitarbeiter ein Unternehmerrisiko trägt. Hingegen ist bei Diensten höherer Art nicht entscheidend, ob der Leistende über eine eigene Betriebsstätte bzw Betriebsorganisation und über eigene Arbeitsmittel verfügt (*Berndt* BB 98, 896).

38   Die in einigen Branchen verbreitete Tendenz zur Ausgliederung von abhängig Beschäftigten ist ebenfalls nach den allgemeinen Abgrenzungskriterien zu beurteilen, ohne dass bereits bei Vorliegen von wirtschaftlicher Abhängigkeit eine Umgehung zwingender sozialversicherungsrechtlicher Normen angenommen werden müsste. Anhaltspunkte für das Vorliegen von sog **Scheinselbstständigkeit,** die trotz ihrer formalen Ausgestaltung die SozVPflicht begründet, liegen insbesondere vor, wenn tatsächlich die Arbeitskraft nur in den Dienst eines Vertragspartners gestellt wird, unternehmerische Chancen und Risiken nicht eingeräumt werden, eine Berichtspflicht und Kontrolle der Tätigkeit vorgesehen ist und es sich schließlich um Arbeiten handelt, die ansonsten von abhängig Beschäftigten ausgeübt werden. In Zweifelsfällen hat der Gesetzgeber die Möglichkeit eröffnet, die sozialversicherungsrechtliche Stellung des „freien Mitarbeiters" durch das Anfrageverfahren zur Statusklärung nach § 7a SGB IV zu klären. Wird der Antrag innerhalb eines Monats nach Aufnahme der Tätigkeit gestellt, so wird die Versicherungspflicht bei Vorliegen der in § 7a Abs 6 SGB IV genannten Voraussetzungen hinausgeschoben und tritt erst mit der Bekanntgabe der Entscheidung ein. Zuständig für die Entscheidung ist die Clearingstelle der Deutschen Rentenversicherung Bund.

39   **2. Auswirkungen bei unrichtiger Einordnung.** Werden wegen einer unzutreffenden Behandlung als freier Mitarbeiter vom ArbGeb keine SozVBeiträge abgeführt, so bleibt der ArbGeb Schuldner des GesamtSozVBeitrages (§ 28e SGB IV). Die Beiträge sind vom Arb Geb **nachzuentrichten,** soweit nicht die Beitragspflicht nach § 7 Abs 6 SGB IV erst mit Bekanntgabe der Entscheidung des Versicherungsträgers eintritt (s *Scheinselbstständigkeit*). Der Beitragsanspruch verjährt gem § 25 SGB IV in vier Jahren nach Ablauf des Kj, in dem er fällig geworden ist (s *Verjährung* Rz 48–50). Bei vorsätzlicher Vorenthaltung beträgt die Verjährungsfrist 30 Jahre nach Ablauf des Kj, in dem der Anspruch auf Beiträge fällig geworden ist; bedingter Vorsatz des ArbGeb oder der mit der Beitragsentrichtung betrauten Person genügt (BSG 21.6.90 – 12 RK 13/89, Die Beiträge 91, 112).

40   Der ArbGeb kann seinen Anspruch gegen den Beschäftigten nur durch **Abzug vom Arbeitsentgelt** geltend machen (§ 28g SGB IV). Der Anspruch des ArbGeb auf Erstattung des vom ArbN zu tragenden Teils des GesamtSozVBeitrages wird dadurch begrenzt, dass er regelmäßig nur bei den nächsten drei Lohn- oder Gehaltszahlungen nachgeholt werden darf. Bei weiteren Zahlungen von Arbeitsentgelt darf ein Abzug nur geltend gemacht werden, wenn der Abzug ohne Verschulden des ArbGeb unterblieben ist.

Werden für einen selbstständig Tätigen Beiträge entrichtet, so resultiert hieraus **kein Vertrauensschutz.** Lediglich in der RV kann die unbeanstandete Beitragszahlung Vertrauensschutz begründen (vgl *Schlegel/Voelzke/Waßer* SGB IV § 26 Rz 25).

41   **3. Selbstständigkeit.** Sind freie Mitarbeiter selbstständig tätig, so kann sich dennoch eine Versicherungspflicht oder Versicherungsberechtigung ergeben. Bei gewerblichen Arbeiten kommt der sozialrechtliche Schutz für Hausgewerbetreibende in Betracht (s *Heimarbeit* Rz 65). Wird der freie Mitarbeiter als Lehrer oder Erzieher tätig und beschäftigt er keinen

versicherungspflichtigen ArbN, so besteht Versicherungspflicht in der gesetzlichen RV (§ 2 Nr 1 SGB VI). Versicherungspflicht in der gesetzlichen RV wird nach § 2 Satz 1 Nr 9 SGB VI ferner für Personen begründet, die im Zusammenhang mit ihrer selbstständigen Tätigkeit mit Ausnahme von Familienangehörigen keinen versicherungspflichtigen ArbN beschäftigen sowie regelmäßig und im Wesentlichen nur für einen Auftraggeber tätig sind *(Arbeitnehmerähnliche Selbstständige)*. Für selbstständige Künstler und Publizisten besteht Versicherungspflicht nach Maßgabe des KSVG (Näheres: *Künstlersozialversicherung* Rz 11–28).

Freistellung von der Arbeit

A. Arbeitsrecht

Kreitner

Übersicht

	Rz		Rz
1. Begriff	1–3	6. Rechtsfolgen der Freistellung für die Arbeitnehmer	23–30
2. Rechtliche Einordnung	4	a) Anderweitiges Einkommen	23
3. Freistellungsanspruch des Arbeitnehmers	5–12	b) Urlaub	24
a) Bezahlte Freistellung	6	c) Wettbewerbsverbot	25
b) Unbezahlte Freistellung	7–12	d) Erkrankung	26
4. Freistellungsmöglichkeiten des Arbeitgebers	13–21	e) Feiertagsvergütung	27
a) Unbezahlte Freistellung	13–15	f) Fristen	28, 29
b) Bezahlte Freistellung	16–21	g) Nachteilsausgleich	30
5. Mitbestimmungsrechte des Betriebsrats	22	7. Rechtsfolgen der Freistellung für den Arbeitgeber	31
		8. Muster	32

1. Begriff. Die Hauptpflichten des Arbeitsverhältnisses bestehen in der Arbeitspflicht des **1** ArbN einerseits sowie der Pflicht des ArbGeb zur Zahlung der vertraglich vereinbarten Vergütung andererseits. Sowohl im bestehenden als auch im gekündigten Arbeitsverhältnis sind jedoch vielgestaltige Sachverhaltskonstellationen denkbar, in denen der ArbN von der Erbringung seiner Arbeitspflicht entbunden ist. Teilweise entfällt dann gleichermaßen die Vergütungsverpflichtung aufseiten des ArbGeb.

Im arbeitsrechtlichen Schrifttum und in der Rspr werden diese Sachverhalte mit den **2** Begriffen „**Freistellung**", „**Suspendierung**", „**Beurlaubung**", „**Gewährung von unbezahltem Urlaub**" und „**Arbeitsbefreiung**" umschrieben. Eindeutig abgrenzbar ist der „unbezahlte Urlaub". Hierunter ist jede auf Wunsch des ArbN erfolgende Befreiung von der Arbeitspflicht unter Fortfall der Vergütung zu verstehen (Näheres s *Urlaub, unbezahlter* Rz 1–2). Demgegenüber sollten die Begriffe „Freistellung" und „Suspendierung" synonym bzw in der Praxis regelmäßig der allgemein verständliche Begriff der „Freistellung" verwandt werden. Noch weitreichender erfasst „Arbeitsbefreiung" begrifflich alle Sachverhalte, in denen der ArbN seine vertraglich geschuldete Arbeitsleistung nicht zu erbringen braucht.

Innerhalb der Freistellungen ist zwischen den sog **bezahlten** und **unbezahlten Freistellungen 3** zu unterscheiden. Während im ersteren Fall der ArbGeb weiter zur Vergütungszahlung verpflichtet bleibt, entfällt bei der unbezahlten Freistellung mit der Arbeitspflicht des ArbN gleichzeitig die Vergütungspflicht des ArbGeb.

2. Rechtliche Einordnung. Die Freistellung bewirkt eine einseitige oder beidseitige **4** Suspendierung der arbeitsvertraglichen Hauptleistungspflichten (bezahlte/unbezahlte Freistellung). Diese Suspendierung der Hauptpflichten hat das Ruhen des Arbeitsverhältnisses zur Folge. Unabhängig hiervon bestehen jedoch die beiderseitigen vertraglichen Nebenpflichten (zB Verschwiegenheitspflichten, Unterlassungspflichten, Wettbewerbsverbote aufseiten des ArbN ebenso wie Fürsorgepflichten des ArbGeb bezüglich Persönlichkeits- und Eigentumsschutz des ArbN) fort (wegen weiterer Beispiele s *Fürsorgepflicht* Rz 8 ff sowie *Treuepflicht* Rz 5 ff). Verletzungen dieser vertraglichen Nebenpflichten können zu Schadensersatz oder zur Kündigung berechtigen (vgl BAG 10.5.89, DB 89, 2127).

3. Freistellungsanspruch des Arbeitnehmers. Ein Anspruch des ArbN auf Freistellung **5** von der Arbeitspflicht kann sich entweder aus einzelnen gesetzlichen Vorschriften wie zB

191 Freistellung von der Arbeit

§ 616 BGB, § 3 PflegeZG (vgl *Joussen* NZA 09, 69; *Preis/Nehring* NZA 08, 729; *Freihube/ Sasse* DB 08, 1320; *Müller* BB 08, 1058; *Linck* BB 08, 2738), § 45 SGB V (vgl *Kleinebrink* ArbRB 06, 303), § 124 SGB IX (BAG 21.11.06 – AZR 176/06, NZA 07, 446; 3.12.02 – 9 AZR 462/01, NZA 04, 1219) oder aus allgemeinen Rechtsgrundsätzen wie dem arbeitsrechtlichen Grundsatz der Gleichbehandlung bzw allgemeinen Rechtsinstituten wie der betrieblichen Übung ergeben. Daneben existieren häufig tarifliche Regelungen (vgl BAG 11.2.93, DB 93, 1422 zu § 33 Abs 2 Satz 1 Buchst i MTB-II; BAG 13.2.96, DB 96, 1729 zu § 52 BAT) oder einschlägige Betriebsvereinbarungen. Ferner können die Vertragsparteien auch entsprechende Vereinbarungen in den einzelnen Arbeitsverträgen treffen. Schließlich kann rechtliche oder tatsächliche Unmöglichkeit zum Wegfall der Arbeitspflicht führen (Näheres s *Beschäftigungsverbot* Rz 4, *Arbeitspflicht* Rz 6, *Leistungsverweigerungsrecht* Rz 6 ff).

6 **a) Bezahlte Freistellung.** Hauptfälle der bezahlten Freistellung sind die Gewährung von Erholungsurlaub und Bildungsurlaub nach den Bildungsurlaubsgesetzen der Länder (zur geänderten Rspr des BAG s *Bildungsurlaub* Rz 19 ff), die Befreiung des ArbN von der Arbeitspflicht in Fällen der unverschuldeten Arbeitsverhinderung iSd § 616 BGB (Näheres s *Arbeitsverhinderung* Rz 2 ff) sowie die Freistellung des ArbN zur Stellensuche und Meldung bei der Agentur für Arbeit. § 629 BGB hat durch die Sollvorschrift des § 2 Abs 2 Satz 2 Nr 3 SGB III eine deutliche Ausweitung erfahren. Die Vergütungspflicht folgt auch im letztgenannten Fall aus § 616 BGB mit der Folge, dass abweichende Vereinbarungen durch Tarifvertrag, Betriebsvereinbarung oder Arbeitsvertrag möglich sind (ebenso *Sibben* DB 03, 826). Eine besondere Freistellung für Auszubildende zur Teilnahme am Berufsschulunterricht ist in § 7 BBiG geregelt. Gem § 12 Abs 1 Nr 1 BBiG ist die Ausbildungsvergütung für diese Zeit fortzuzahlen. Eine Nachholung der so ausgefallenen betrieblichen Ausbildungszeiten ist ausgeschlossen (BAG 26.3.01 – 5 AZR 413/99, NZA 01, 892). Im kollektiven Arbeitsrecht geht es um die Freistellung von BRatMitgliedern nach §§ 37 ff BetrVG (Näheres s *Betriebsratsfreistellung* Rz 16, 23) sowie aufgrund besonderer tariflicher Freistellungsregelungen (BAG 20.4.99 – 3 AZR 352/97, NZA 99, 1339: Teilnahme an gewerkschaftlicher Zusammenkunft).

7 **b) Unbezahlte Freistellung.** Ein allgemeiner Anspruch des ArbN auf Gewährung unbezahlter Freistellung besteht nicht. Maßgeblich sind insoweit die vorgenannten (Rz 5) **gesetzlichen Freistellungsregelungen.** Zuletzt ist § 3 PflegeZG hinzugekommen, der ArbN einen Anspruch auf vollständige oder teilweise Freistellung zuerkennt, wenn sie einen nahen Angehörigen in häuslicher Umgebung pflegen. Der Anspruch ist gem § 4 Abs 1 PflegeZG pro pflegebedürftigen Angehörigen auf 6 Monate begrenzt und besteht nur gegenüber ArbGeb mit mehr als 15 Beschäftigten. Teilzeitkräfte zählen dabei voll. Der ArbN kann sein Gestaltungsrecht nach § 3 Abs 1 PflegeZG nur einmalig ausüben. Er muss daher bereits bei der erstmaligen Inanspruchnahme festlegen, in welchem Umfang er insgesamt Pflegezeit für einen bestimmten Angehörigen in Anspruch nehmen will (BAG 15.11.11 – 9 AZR 348/10, NZA 12, 323). Die Regelung zur teilweisen Freistellung in § 3 Abs 4 PflegeZG ist § 8 Abs 3, 4 TzBfG nachgebildet. Insgesamt anspruchsberechtigt sind gem § 7 Abs 1 PflegeZG auch arbeitnehmerähnliche Personen. Der Begriff der nahen Angehörigen ist in § 7 Abs 3 PflegeZG definiert. Neben den og gesetzlichen Regelungen kann im Einzelfall auch aus der Sollvorschrift des § 2 Abs 2 Satz 2 Nr 3 SGB III ein Anspruch auf unbezahlte Freistellung zur Teilnahme an Qualifizierungsmaßnahmen resultieren. Abgesehen von diesen gesetzlichen Freistellungsregelungen kann der ArbN aufgrund von Tarifverträgen, Betriebsvereinbarungen oder vertraglichen Vereinbarungen einen Anspruch auf unbezahlte Freistellung von der Arbeit haben. So besteht zB im öffentlichen Dienst gem § 8 TVöD ein Anspruch auf Sonderurlaub unter Fortfall der Bezüge bei Vorliegen eines wichtigen Grundes, soweit dies die dienstlichen oder betrieblichen Verhältnisse gestatten (BAG 12.1.89, DB 89, 1425; 25.1.94, NZA 94, 546: Studium).

8 Soweit **im Arbeitsvertrag** bestimmte Tatbestände der unbezahlten Freistellung zwischen den Parteien im Vorhinein vereinbart werden, stehen dem hierauf gestützten Freistellungsbegehren des ArbN keine allgemeinen Rechtsgrundsätze entgegen. Bedenken im Hinblick auf vorformulierte Arbeitsverträge kommen allenfalls aus ArbNSicht gegenüber einem entsprechenden Freistellungsbegehren des ArbGeb in Betracht (s unten Rz 16). Daneben können Ansprüche auf Grund der arbeitsvertraglichen *Fürsorgepflicht* des ArbGeb bestehen. Im Rahmen einer umfassenden Interessenabwägung ist hier jeweils die persönliche Situation des ArbN mit den betrieblichen Interessen des ArbGeb abzugleichen (BAG 7.9.83, DB 84,

132; 20.7.77, DB 77, 2332; LAG Frankfurt 3.10.85, NZA 86, 717; LAG Köln 11.1.90, DB 90, 1291 [LS] = LAGE Nr 20 zu § 611 BGB Fürsorgepflicht).

Ist der ArbGeb in der Vergangenheit regelmäßig dem Freistellungsbegehren anderer ArbN unter vergleichbaren Umständen nachgekommen oder gewährt er gleichzeitig nur einem Teil der ArbN unbezahlte Freistellung, so kann bei Vorliegen der sonstigen Voraussetzungen ein Anspruch des ArbN aufgrund des arbeitsrechtlichen Gleichbehandlungsgrundsatzes bestehen (Näheres s *Gleichbehandlung* Rz 13–19). 9

Schließlich kommt bei mehrmaliger Freistellungsgewährung in der Vergangenheit ein Anspruch des ArbN aufgrund einer betrieblichen Übung in Betracht. Die Rspr stellt jedoch insoweit erhöhte Anforderungen an die Entwicklung eines anspruchsbegründenden Vertrauenstatbestandes aufseiten des ArbN (BAG 12.1.94, DB, 94, 2034; vgl ferner die sog Rosenmontagsentscheidungen: LAG Düsseldorf 8.12.91, LAGE Nr 8 zu § 242 BGB Betriebliche Übung; LAG Köln 2.10.91, 8.11.91 und 5.12.91, LAGE Nr 9, 10 und 12 zu § 242 BGB Betriebliche Übung). Sachlich gerechtfertigt ist bei einer streng zeit- und anlassbezogenen halbtägigen Freistellung (24. und 31. Dezember, Weiberfastnacht, Karnevalsdienstag) der faktische Ausschluss vormittags arbeitender Teilzeitkräfte von dieser Vergünstigung (BAG 26.5.93, DB 94, 99; *Wank* SAE 94, 195). 10

Einen Sonderfall der unbezahlten Freistellung stellt die Beteiligung eines ArbN an einem gewerkschaftlich organisierten **Streik** dar. Der Streik führt ebenso wie die ArbGebSeitige **Aussperrung** zu einer Suspendierung der arbeitsvertraglichen Hauptleistungspflichten. Der Vergütungsausfall der Gewerkschaftsmitglieder wird durch das von der streikführenden Gewerkschaft gezahlte Streikgeld teilweise kompensiert. Nimmt jedoch ein ArbN an einem Streik nicht teil und ist er aus anderen Gründen unter Fortzahlung der Vergütung von der Arbeitsleistung freigestellt, behält er seinen Vergütungsanspruch (BAG 7.4.92, DB 92, 2448 – sog halbjährlicher Arbeitszeitverkürzungstag im öffentlichen Dienst). Gleiches gilt, wenn ein ArbN trotz bestehender anderweitiger Beschäftigungsmöglichkeit und trotz Arbeitskraftangebots wegen eines laufenden Arbeitskampfes nicht beschäftigt wird (BAG 14.12.93, NZA 94, 331). Weder Art 9 GG noch § 275 Abs 3 BGB berechtigen einen gewerkschaftlich organisierten ArbN allerdings, von der Arbeit fernzubleiben, um an Sitzungen des Ortsvorstands seiner Gewerkschaft teilzunehmen (BAG 13.8.10 – 1 AZR 173/09, NZA-RR 10, 640). 11

In sämtlichen vorgenannten Freistellungssachverhalten folgt der Freistellungsanspruch des ArbN aus der gesetzlichen oder vertraglichen Regelung. Die **Geltendmachung** des Freistellungsanspruchs geschieht dabei entweder durch bloße Anzeige des Freistellungstatbestandes oder durch förmliche Beantragung der Freistellung gegenüber dem ArbGeb. Der Anspruch kann klageweise durchgesetzt werden; im Eilfall erfolgt einstweiliger Rechtsschutz durch Beantragung einer **einstweiligen Verfügung** auf Freistellung gegenüber dem ArbGeb beim örtlich zuständigen ArbG. 12

4. Freistellungsmöglichkeiten des Arbeitgebers. a) Unbezahlte Freistellung. Besteht bereits für den ArbN kein allgemeiner Anspruch auf unbezahlte Freistellung so muss dies erst recht für den ArbGeb gelten. Es bedarf vielmehr besonderer gesetzlicher oder kollektivrechtlicher Regelungen. 13

Beispiele für gesetzliche Regelungen sind: § 1 Abs 1 ArbPlSchG für ArbN, die zum Grundwehrdienst oder zu einer Wehrübung einberufen werden; §§ 3 Abs 2, 6 Abs 1 MuSchG für werdende Mütter und Wöchnerinnen; §§ 15 ff BEEG betr Elternzeit; § 45 SGB V betr Betreuung eines kranken Kindes; Art 48 Abs 1 GG für Bewerber um ein Bundestagsmandat (vgl *Dobberahn* NZA 94, 396); § 9 EFZG bei Maßnahmen der medizinischen Vorsorge und Rehabilitation. Zu den gesetzlich besonders geregelten Fällen zählt ferner die Kurzarbeit (Näheres s *Kurzarbeit* Rz 13) sowie die Altersteilzeit nach dem AltTZG, sofern der ArbN das sog Blockmodell wählt. Schließlich bedarf es an dieser Stelle eines Hinweises auf die mangels Vorliegen einer gesetzlichen Regelung durch die höchstrichterliche Rspr konkretisierten Grundsätze des Arbeitskampfrechts. Mit dem Mittel der Aussperrung kann der ArbGeb in Arbeitskämpfen unbezahlte Freistellungen arbeitswilliger ArbN herbeiführen.

Ohne gesetzliche, kollektivrechtliche oder vertragliche Regelung kann der ArbGeb insbes auch aus wirtschaftlichen Gründen den ArbN nicht unter Fortfall der Vergütung von der Arbeit freistellen. Der ArbGeb trägt das Betriebsrisiko (BAG 18.5.99 – 9 AZR 13/98, NZA 99, 1166: witterungsbedingter Arbeitsausfall). Insoweit steht ihm zur Reduzierung der Lohnkosten das Mittel der betriebsbedingten (Änderungs-)Kündigung zur Verfügung. Die ein- 14

191 Freistellung von der Arbeit

seitige unbezahlte Freistellung scheidet dabei auch unter Verhältnismäßigkeitsgesichtspunkten aus. Zwar bleibt bei einer Freistellung im Gegensatz zur Kündigung das Arbeitsverhältnis als solches bestehen. Sie stellt jedoch gleichwohl kein milderes Mittel im Verhältnis zu einer betriebsbedingten Kündigung dar, da sie in ihren Auswirkungen für den ArbN durchaus weitreichender sein kann. Bei einer einseitigen Freistellung bestimmt ausschließlich der ArbGeb die Freistellungsmodalitäten. Insbesondere liegen Beginn und Dauer der Freistellung in seinem Belieben. Für den ArbN bedeutet die Freistellung gerade wegen der jederzeitigen Widerrufsmöglichkeit des ArbGeb einen Ungewissheitstatbestand, durch den er gehindert ist, anderweitig zu disponieren. Dies kann in vielen Fällen zu einer stärkeren Beeinträchtigung als eine ordentliche Kündigung führen. Erst recht stellt die sofortige Freistellung regelmäßig eine Umgehung des § 626 BGB dar, sofern ein wichtiger Grund nicht vorliegt.

15 Erfolgt die Freistellung wegen einer vorherigen vorsätzlichen unerlaubten Handlung des ArbN (zB Betrug, Unterschlagung), die zu einem Schaden des ArbGeb geführt hat, besteht allerdings für den ArbGeb die **Möglichkeit zur Aufrechnung** mit Schadensersatzansprüchen gegenüber den Vergütungsansprüchen des ArbN für den Freistellungszeitraum. Da insoweit auch Pfändungsfreigrenzen nicht zu beachten sind (s *Aufrechnung* Rz 8), kommt dies letztlich wirtschaftlich einer unbezahlten Freistellung gleich.

16 **b) Bezahlte Freistellung.** Diese Grundsätze gelten vom Ansatz her wegen des Beschäftigungsanspruchs des ArbN auch für den Fall der bezahlten Freistellung. Allerdings sind bei vorformulierten Arbeitsverträgen die **§§ 305 ff BGB** zu beachten. Dabei ist wie folgt zu differenzieren: Eine allgemeine, nicht näher konkretisierte und insgesamt voraussetzungslose Freistellungsmöglichkeit des ArbGeb ist als unangemessene Benachteiligung iSv § 307 Abs 1 BGB bedenklich (LAG Hess 20.2.13 – 18 SaGa 175/13, BeckRS 2013, 70301; LAG München 7.5.03 – 5 Sa 297/03, LAGE § 307 BGB 2002 Nr 2; *Ohlendorf/Salamon* NZA 08, 856; *Hunold* NZA-RR 06, 113; aA *Kappenhagen* FA Arbeitsrecht 07, 167). Beschränkt sich die Freistellungsklausel auf den Zeitraum nach Ausspruch einer Kündigung, bestehen diese Bedenken in aller Regel nicht (BAG 21.3.12 – 5 AZR 651/10, NZA 12, 616 mit zusätzlicher Widerrufsmöglichkeit bezüglich der Dienstwagenüberlassung; LAG Köln 20.2.06 – 14 (10) Sa 1394/05, NZA-RR 06, 342; LAG RhPf 30.6.05 – 12 Sa 99/05; aA ArbG Frankfurt 19.11.03 – 2 Ga 251/03, NZA-RR 04, 409; ArbG Bln 4.2.05 – 9 Ga 1155/05, BB 06, 559; *Meyer* NZA 11, 1249; *Fischer* NZA 04, 233). Hiervon unabhängig sind in Rspr und Schrifttum Fallkonstellationen anerkannt, in denen dem ArbGeb eine Möglichkeit zur Freistellung des ArbN eingeräumt wird, sofern die vertragsgemäße Vergütung fortgezahlt wird. Das gilt bspw bei Wegfall des Arbeitsplatzes aufgrund einer während der noch laufenden Kündigungsfrist erfolgten Stilllegung der Abteilung (ArbG Stralsund 11.8.04 – 3 Ga 7/04, NZA-RR 05, 23). Speziell zu Arbeitsverträgen mit Fußballtrainern: *Richter/Lange* NZA-RR 12, 57.

17 Welche Anforderungen im Übrigen an eine rechtmäßige Freistellung zu stellen sind, ist umstritten. Während in einzelnen Entscheidungen des BAG von dem Erfordernis eines „sachlichen Grundes" die Rede ist (vgl BAG 19.8.76, DB 76, 2308; 15.6.72, DB 72, 1878), wird in Schrifttum und in der Instanzrechtsprechung teilweise das Vorliegen eines „wichtigen Grundes" iSd § 626 Abs 1 BGB gefordert (MünchArbR/*Blomeyer* § 49 Rz 34; *von Hoyningen-Huene* NJW 81, 713; LAG Köln 20.3.01 – 6 Ta 46/01, BeckRS 2001, 40499). Richtigerweise sollte die Rechtmäßigkeit der Freistellung einer umfassenden **Interessenabwägung** vorbehalten bleiben, in der zu überprüfen ist, ob ausnahmsweise besondere schutzwürdige Interessen der ArbGeb vorliegen, die den grds bestehenden Beschäftigungsanspruch des ArbN deutlich überwiegen (vgl dazu BAG GS 27.2.85, DB 85, 2197). Das gilt grds in gleicher Weise auch für Führungskräfte bzw leitende Angestellte (*Beckmann* NZA 04, 1131; *Fischer* NZA 04, 233). Eine Orientierung am Begriff des sachlichen oder wichtigen Grundes erscheint demgegenüber wenig hilfreich.

18 Ein typisches **Beispiel** einer möglichen Freistellung bildet die Freistellung nach Ausspruch einer fristgerechten **verhaltensbedingten Kündigung** für die Dauer der Kündigungsfrist. Beruht die Kündigung auf einer Straftat des ArbN oder besteht jedenfalls ein dringender Tatverdacht, so wird regelmäßig das ArbGebSeitige Freistellungsinteresse überwiegen (BAG 15.6.72, DB 72, 1878). Das Gleiche gilt, soweit berechtigte Bedenken wegen des Verrats von Betriebsgeheimnissen oder des Begehens von Wettbewerbsverstößen bestehen (vgl LAG Hamm 3.11.93, DB 94, 148 [LS]). Ebenfalls kann das Interesse des ArbGeb an einer Freistellung dann überwiegen, wenn aufgrund des Verhaltens des ArbN, das zur Kündigung

Freistellung von der Arbeit   191

geführt hat, eine Weiterbeschäftigung zu einer erheblichen Störung des Betriebsfriedens führen würde. Bei **betriebsbedingten Kündigungen** bilden Freistellungen die Ausnahme. Ein berechtigtes Interesse des ArbGeb kommt insofern nur bei definitivem Wegfall der Beschäftigungsmöglichkeit für den gekündigten ArbN innerhalb der Kündigungsfrist in Betracht. Oftmals enthalten **Sozialpläne** derartige Freistellungsregelungen. Hier spricht die von den Betriebspartnern bereits im Rahmen der Sozialplanverhandlungen vorgenommene Interessenabwägung für deren Rechtmäßigkeit.

Die Vereinbarung zur Vergütungsfortzahlung bei Freistellung des ArbN ist deklaratorischer Natur und schafft keinen über die vertragliche/gesetzliche Entgeltzahlungspflicht hinausgehende Vergütungspflicht des ArbGeb. Im Fall der **Erkrankung** des ArbN in der Freistellungsphase gelten daher allein die gesetzlichen Entgeltfortzahlungsbestimmungen (BAG 29.9.04 – 5 AZR 99/04, NZA 05, 104; LAG Hess 24.1.07 – Sa 1393/06, NZA-RR 07, 401). **19**

Eine ähnliche Interessenlage kann bei einer beabsichtigten **außerordentlichen Kündigung** bestehen, vor deren Ausspruch noch die Anhörung des BRat oder ein Zustimmungsverfahren beim Integrationsamt durchzuführen sind. Liegt ein derart gravierendes Fehlverhalten vor, das den ArbGeb zum Ausspruch einer außerordentlichen Kündigung iSd § 626 Abs 1 BGB berechtigt, so wird regelmäßig eine sofortige Freistellung des ArbN in Betracht kommen (*Fitting* § 102 Rz 20; noch weitergehend für eine Freistellung unter Fortfall der Vergütungsansprüche: HSWGNR/*Schlochauer* § 102 Rz 147). Das Gleiche gilt bei der beabsichtigten außerordentlichen Kündigung eines BRatMitglieds bei fehlender Zustimmung des BRat, wenn dies bei sorgfältiger Interessenabwägung im Einzelfall geboten ist (LAG Hamm 12.12.01 – 10 Sa 1741/01, NZA-RR 03, 311). Hierbei ist einerseits der besonders ausgestaltete Kündigungsschutz von BRatMitgliedern, andererseits aber auch die voraussichtlich lange Dauer des gerichtlichen Zustimmungsersetzungsverfahrens nach § 103 Abs 2 BetrVG zu berücksichtigen (vgl LAG Sachs 14.4.2000 – 3 Sa 298/00, NZA-RR 2000, 588; jedenfalls kein überwiegendes Freistellungsinteresse nach erstinstanzlicher Bestätigung der Zustimmungsverweigerung des BRat). Insgesamt sind dabei aber besondere Anforderungen zu stellen (LAG Hess 28.6.10 – 16 SaGa 811/10, BeckRS 2010, 73262; aA LAG München 25.2.10 – 3 SaGa 4/10 für den Fall der Versetzung). Es müssen Umstände hinzukommen, die über den „wichtigen Grund" für die beabsichtigte außerordentliche Kündigung hinausgehen (LAG Köln 2.8.05 – 1 Sa 952/05, NZA-RR 06, 28). Die Freistellung kann allgemein bei einer außerordentlichen Kündigung auch für den Fall der Wirksamkeit einer hilfsweise ausgesprochenen ordentlichen Kündigung erfolgen (LAG Köln 25.1.12 – 8 Sa 1080/11, NZA-RR 12, 351). Eine unwiderrufliche Freistellung für die Dauer einer mehrmonatigen Aufhebungsfrist auf der Grundlage einer Aufhebungsvereinbarung schließt eine fristlose Verdachtskündigung nicht wegen fehlender Unzumutbarkeit aus. Allerdings ist die Freistellung bei der Interessenabwägung zu berücksichtigen (BAG 5.4.01 – 2 AZR 217/00, NZA 01, 837). **20**

Bezahlte Freistellungen sind auch bei reduzierter Vergütung möglich. Das BAG hat eine **tarifliche Regelung** in einem Vorruhestandstarifvertrag, die dem ArbGeb unter bestimmten Voraussetzungen ein einseitiges Suspendierungsrecht bei 75%iger Vergütungsfortzahlung einräumt, für wirksam erachtet (BAG 27.2.02 – 9 AZR 562/00, NZA 02, 1100). **21**

Im Insolvenzfall kann der Insolvenzverwalter unter Beachtung der Grundsätze billigen Ermessens nach § 315 BGB ArbN aus insolvenzspezifischen Gründen freistellen (LAG Nbg 30.8.05 – 6 Sa 273/05, NZA-RR 06, 151). Geschieht dies nach erfolgter Anzeige der Masseunzulänglichkeit, sind die Vergütungsansprüche der freigestellten ArbN lediglich nachrangige Masseforderungen gem § 209 Abs 1 Nr 3 InsO (BAG 15.6.04 – 9 AZR 431/03, NZA 05, 354; LAG Hamm 27.9.2000 – 2 Sa 1178/00, NZA-RR 01, 654). Allein die Freistellung sämtlicher ArbN bedeutet noch keine Betriebsstilllegung iSv §§ 111 ff BetrVG (BAG 22.11.05 – 1 AZR 407/04, NZA 06, 736).

5. Mitbestimmungsrechte des Betriebsrats bestehen bei Freistellungen nicht. Insbesondere sind Freistellungen keine Versetzung iSv § 99 BetrVG, da nur Aufgaben entzogen, aber keine neuen zugewiesen werden (BAG 19.2.91 – 1 ABR 36/90, NZA 91, 565; 22.1.98 – 2 AZR 267/97, NZA 98, 699; 28.3.2000 – 1 ABR 17/99, NZA 2000, 1355; *Sibben* NZA 98, 1266). Soweit im Schrifttum vereinzelt eine analoge Anwendung des kündigungsrechtlichen Mitbestimmungstatbestandes des § 102 BetrVG befürwortet wird, überzeugt dies nicht. Kündigung und Freistellung sind bereits aufgrund des nur vorübergehenden Cha- **22**

191 Freistellung von der Arbeit

rakters der Freistellung zwei grds wesensverschiedene Rechtsinstitute, so dass eine Analogie nicht möglich ist (*Bitter* NZA 91 Beilage 3, 17). Das Gleiche gilt gem § 31 Abs 2 SprAuG für die Beteiligung des **Sprecherausschusses**. Stellt der ArbGeb den überwiegenden Teil der Belegschaft frei, so liegt darin noch nicht der Beginn einer nach § 111 BetrVG Mitbestimmungsrechte des BRat auslösenden (Teil-)Betriebsstilllegung (BAG 30.5.06 – 1 AZR 25/05, NZA 06, 1123; *Lauer* ZIP 06, 983). In besonders gelagerten Fällen kann allerdings ein Mitbestimmungsrecht des BRat nach § 87 Abs 1 Nr 5 BetrVG in Betracht kommen (vgl BAG 19.9.2000 – 9 AZR 504/99; LAG Köln 16.3.2000 – 10 (11) Sa 1280/99, NZA-RR 01, 310; enger *Fasshauer* NZA 86, 453).

23   **6. Rechtsfolgen der Freistellung für die Arbeitnehmer.** Arbeitsrechtlich kann sich eine Freistellung unterschiedlich auswirken (zu den sozialversicherungsrechtlichen Auswirkungen *Bergwitz* NZA 09, 518; *Bauer* NZA 07, 409; Näheres s unten Rz 36 ff).

a) Anderweitiges Einkommen. Beruht die Freistellung auf einer **Vereinbarung** der Parteien, so ist diese auch Grundlage für den Vergütungsanspruch des ArbN (BAG 23.1.01 – 9 AZR 26/00, NZA 01, 597; LAG RhPf 23.4.09 – 11 Sa 751/08, BeckRS 2009, 66670; LAG Köln 27.10.06 – 4 Sa 796/06, BeckRS 2007, 41930; *Kramer* DB 08, 2538). Eine solche Vereinbarung hat der 9. Senat des BAG bereits dann bejaht, wenn der ArbN einer unwiderruflich unter Urlaubsanrechnung erfolgten Freistellung unwidersprochen Folge leistet (BAG 19.3.02 – 9 AZR 16/01, NZA 02, 1055). Die Anrechnung von Zwischenverdienst muss dann ebenfalls ausdrücklich vereinbart werden (BAG 17.10.12 – 10 AZR 809/11, NZA 13, 207; LAG Bbg 17.3.98 – 2 Sa 670/97, AP Nr 78 zu § 615 BGB; LAG Hamm 10.10.96 – 10 Sa 104/96, NZA-RR 97, 287; *Nägele* BB 03, 45). Bei der **einseitigen Freistellung** gerät der ArbGeb in Annahmeverzug und anderweitiges Einkommen wird gem § 615 Satz 2 BGB angerechnet (BAG 6.9.06 – 5 AZR 703/05, NZA 07, 36; LAG Thür 21.11.2000 – 5 Sa 352/99, LAGE § 615 BGB Nr 62; LAG SchlHol 20.2.97 – 4 Sa 567/96, NZA-RR 97, 286; HWK/*Krause* § 615 BGB Rz 86; *Bauer* NZA 07, 409). Dies gilt unabhängig davon, ob die Freistellung rechtmäßig ist (aA *Bayreuther* Anm zu BAG AP Nr 118 zu § 615 BGB; *Klar* NZA 04, 576). Eine während der Freistellung erklärte unwirksame fristlose Kündigung des ArbGeb lässt die Arbeitsbefreiung in der bisherigen Form unberührt (BAG 23.1.01 – 9 AZR 26/00, NZA 01, 597). Beim Betriebsübergang nach § 613a BGB bleibt der Vergütungsanspruch des freigestellten ArbN gegenüber dem Erwerber bestehen, ohne dass es eines erneuten Arbeitskraftangebots bedarf (LAG Bln 11.10.02 – 6 Sa 961/02, NZA-RR 03, 409).

24   **b) Urlaub.** Die Anrechnung von Urlaub setzt eine **unwiderrufliche** Freistellung voraus (BAG 14.3.06 – 9 AZR 11/05, NZA 06, 1008; 19.5.09 – 9 AZR 433/08, NZA 09, 1211; *Kramer* DB 08, 2538). Das BAG legt daher jede nicht ausdrücklich widerruflich ausgesprochene Freistellung, die eine Urlaubsanrechnung vorsieht, als unwiderrufliche Freistellung aus. Der Urlaubsanspruch wird dann mit der Freistellung erfüllt und erlischt nach § 362 BGB (BAG 14.3.06 – 9 AZR 11/05, NZA 06, 1008; 6.9.06 – 5 AZR 703/05, NZA 07, 36). Dabei ist unschädlich, wenn der ArbGeb den genauen Urlaubszeitraum nicht bestimmt, sondern lediglich eine Gewährung im Freistellungszeitraum anordnet (BAG 16.7.13 – 9 AZR 50/12, BeckRS 2013, 72234; zum Anspruch auf Urlaubsgeld in einem solchen Fall LAG Köln 29.4.93 – 5 Sa 121/93). Demgegenüber bleibt für den ArbGeb auch bei widerruflicher Freistellung die Anrechnung auf ein Arbeitszeitkonto möglich (BAG 19.5.09 – 9 AZR 433/08, NZA 09, 1211). Auch eine vorsorgliche Gewährung von Urlaub ist im Freistellungsfall ohne Weiteres möglich (BAG 14.8.07 – 9 AZR 934/06, NZA 08, 473; *Koch/Fandel* DB 09, 2321). Trifft der ArbGeb insoweit keine Bestimmung bei der Freistellung oder regeln die Parteien bei einer Freistellungsvereinbarung die Urlaubsanrechnung nicht, so erfolgt **im Zweifel keine Anrechnung** (BAG 31.5.90, DB 91, 392; 9.6.98 – 9 AZR 43/97, NZA 99, 80; *Hohmeister* DB 98, 1130; *Hoß/Lohr* BB 98, 2575; aA *Meier* NZA 02, 873; *Nägele* DB 98, 518). Will der ArbGeb bei einer jahresübergreifenden Freistellung Urlaubsansprüche des ArbN anrechnen, muss er dies hinreichend deutlich machen. Zweifel über den Inhalt der Freistellungserklärung gehen zu seinen Lasten (BAG 17.5.11 – 9 AZR 189/10, NZA 11, 1032). Auch eine nachträgliche Verrechnung von Resturlaubsansprüchen mit dem Freistellungszeitraum durch den ArbGeb ist unzulässig (BAG 5.2.70, DB 70, 690). Eine Obliegenheit der ArbN, sich bei längerfristigen Freistellungen um eine Urlaubserteilung zu bemühen, besteht nicht. Der Freistellungszeitraum ist bei der **Ermittlung des Urlaubsanspruchs** zu

berücksichtigen. Auch während einer längeren Freistellungsphase erwirbt der ArbN im fortbestehenden Arbeitsverhältnis anteilige Urlaubsansprüche.

c) **Wettbewerbsverbot.** Stellt der ArbGeb den ArbN einseitig frei, so kann dieser regelmäßig davon ausgehen, dass er nunmehr in der Verwertung seiner Arbeitskraft frei ist und das allgemeine gesetzliche Wettbewerbsverbot des § 60 HGB nicht mehr gilt. Dies ist letztlich die Kehrseite des durch den ArbGeb herbeigeführten Annahmeverzugs mit der Anrechnung anderweitigen Verdienstes (BAG 6.9.06 – 5 AZR 703/05, NZA 07, 36; aA *Bauer* NZA 07, 410; *Nägele* NZA 08, 1039). Beruht die Freistellung auf einer Vereinbarung, kommt es maßgeblich auf deren Auslegung an. Ohne entsprechende anderweitige Anhaltspunkte ist von einer Fortgeltung des allgemeinen vertraglichen Wettbewerbsverbots auch in der Freistellung auszugehen. Auch hier bedarf die Anrechnung von Zwischenverdienst einer besonderen Vereinbarung (s oben Rz 23; BAG 17.10.12 – 10 AZR 809/11, NZA 13, 207).

d) **Erkrankung.** Erkrankt bei einer unbezahlten Freistellung der ArbN im Freistellungszeitraum, ist der ArbGeb regelmäßig nicht zur Lohnfortzahlung im Krankheitsfall verpflichtet, da nicht die Arbeitsunfähigkeit des ArbN, sondern die unbezahlte Freistellung kausal für den Fortfall der Vergütungsansprüche ist (zum Kausalitätserfordernis vgl *Entgeltfortzahlung* Rz 6). Etwas anderes gilt nach der Rspr nur dann, wenn die Parteien eine unbezahlte Freistellung zu Erholungszwecken des ArbN vereinbart haben. Hier findet § 9 BUrlG analoge Anwendung (BAG 1.7.74, DB 74, 2114; 17.11.77, DB 78, 499; 25.5.83, DB 83, 2526). Bei der bezahlten Freistellung gilt die gesetzliche Entgeltfortzahlungspflicht. Weitergehende Ansprüche bedürfen einer besonderen Vereinbarung (BAG 23.1.08 – 5 AZR 393/07, NZA 08, 595).

e) **Feiertagsvergütung.** Da auch für die Vergütung an Feiertagen gem § 2 EFZG das Lohnausfallprinzip gilt, entfällt wegen der fehlenden Kausalität ebenso wie im Krankheitsfall auch die Feiertagsvergütung für einen in den Zeitraum der unbezahlten Freistellung fallenden Feiertag. Demgegenüber greift § 2 EFZG ein und verpflichtet den ArbGeb zur Zahlung in dem Fall, dass der Feiertag zwischen einer unbezahlten Freistellung und dem sich anschließenden Betriebsurlaub liegt (BAG 27.7.73, DB 73, 2001).

f) **Fristen.** Soweit für Fristberechnungen der rechtliche Bestand des Arbeitsverhältnisses maßgeblich ist, werden Freistellungszeiträume grds mitberücksichtigt, da die Freistellung lediglich eine Suspendierung der Hauptleistungspflicht des ArbN bedeutet, ohne das Arbeitsverhältnis selbst zu beenden. So sind Freistellungen zB ohne Einfluss auf die sechsmonatige Wartezeit des § 1 Abs 1 KSchG bzw des § 90 Abs 1 Nr 1 SGB IX oder des § 4 BUrlG. Gleiches gilt für die Berechnung der verlängerten Kündigungsfristen gem § 622 Abs 2 BGB oder der fünfjährigen Betriebszugehörigkeit für die unverfallbare Rentenanwartschaft gem § 1b Abs 1 BetrAVG.

Anders ist die Rechtslage hinsichtlich der Erfüllung der 6-Monatsfrist des § 8 BetrVG als **Wählbarkeitsvoraussetzung** für die Wahl zum BRat. Ausweislich der amtlichen Begründung verfolgt § 8 BetrVG den Zweck, nur solchen ArbN das passive Wahlrecht zum BRat einzuräumen, die aufgrund ihrer mindestens sechsmonatigen Betriebszugehörigkeit einen Überblick über die betrieblichen Verhältnisse erworben haben. Dementsprechend sind kurzfristige Freistellungen von der Arbeit unbeachtlich. Bei längerfristigen Freistellungen tritt eine Hemmung des Fristablaufs ein mit der Folge, dass die Fristberechnung nach Beendigung der Freistellung fortgesetzt wird (*Fitting* § 8 Rz 45; *Richardi/Thüsing* § 8 Rz 23). Für die Wählbarkeit zum **Sprecherausschuss** gilt gem § 3 Abs 2 SprAuG entsprechendes (*Hromadka* SprAuG § 3 Rz 12).

g) **Nachteilsausgleich.** Der ArbGeb muss vor Durchführung einer Betriebsänderung iSv § 111 BetrVG einen Interessenausgleich suchen und wird anderenfalls nachteilsausgleichspflichtig (Näheres s *Nachteilsausgleich* Rz 7 ff). Der Interessenausgleich muss erfolgen, bevor mit der Durchführung der Betriebsänderung begonnen wird, also bevor der ArbGeb unumkehrbare Maßnahmen zur Auflösung der betrieblichen Organisation trifft (BAG 30.5.06 – 1 AZR 25/05, NZA 06, 1122). Eine derartige unumkehrbare Situation tritt bereits mit der unwiderruflichen Freistellung sämtlicher betroffenen ArbN ein (LAG BlnBbg 2.3.12 – 13 Sa 2187/11, BeckRS 2012, 68672).

7. Rechtsfolgen der Freistellung für den Arbeitgeber. Über die regelmäßig bestehende Pflicht des ArbGeb zur Fortzahlung der vertragsgemäßen Vergütung hinaus können bei einer unberechtigten Freistellung Schadensersatz- oder sonstige Gegenansprüche des

191 Freistellung von der Arbeit

ArbN entstehen (vgl LAG BaWü 12.6.06 – 4 Sa 68/05, BeckRS 2011, 65832; LAG Hbg 13.9.07 – 8 Sa 35/07, BeckRS 2008, 56418; *Göpfert/Fellenberg* BB 11, 1912). Je nach Schwere der Vertragsverletzung des ArbGeb ist eine fristlose Eigenkündigung des ArbN mit einem Schadensersatzanspruch gem § 628 BGB möglich.

Bei der Freistellung schwerbehinderter ArbN ist fraglich, ob diese weiter auf die Schwerbehindertenquote des § 71 Abs 1 SGB IX angerechnet werden. Richtigerweise ist dies wegen des rechtlichen Fortbestands des Arbeitsverhältnisses zu bejahen.

32 **8. Muster.** S Online-Musterformulare *„M9.10 Arbeitsvertragliche Freistellungsklausel"* u *„M9.11 Freistellungsklausel im konkreten Einzelfall".*

B. Lohnsteuerrecht *Seidel*

33 **1. Bezahlte Freistellungen.** Zahlt der ArbGeb während der Arbeitsfreistellung den Arbeitslohn weiter, ergeben sich für den LStAbzug keine Besonderheiten. Diese Zahlungen stellen keine Entschädigung dar, wenn der ArbN bis zum Ende des Arbeitsverhältnisses freigestellt ist (s *Außerordentliche Einkünfte* Rz 6). Es ist lediglich darauf zu achten, dass evtl gezahlte Zuschläge für Sonntags-, Feiertags- und/oder Nachtarbeit für die Zeit der Freistellung nicht nach § 3b EStG steuerfrei sind (Näheres *Sonn- und Feiertagsarbeit* Rz 29). Zu den lohnsteuerlichen Folgen im Rahmen des arbeitsrechtlichen Annahmeverzugs des ArbGeb s *Annahmeverzug* Rz 25, 26. Zur Freistellung der BRäte s *Betriebsratsfreistellung* Rz 38; zur Freistellung zu Ausbildungs- und Studienzwecken s *Ausbildungsverhältnis* Rz 88. Hat sich der ArbN anderweitiges Einkommen anrechnen zu lassen, wird zur lohnsteuerlichen Behandlung auf das Stichwort *Anrechnung anderweitigen Einkommens* Rz 4 verwiesen. Zur lohnsteuerlichen Behandlung der Zahlung von Arbeitslohn bei Freistellung im Rahmen von Laufzeit-(Jahres- oder Lebensarbeitszeit-)konten s auch *Arbeitszeitmodelle* Rz 17 sowie *Ritter* BB 99, 1956 und *Wertguthaben/Zeitguthaben* Rz 7.

34 **2. Unbezahlte Freistellungen.** Erhält der ArbN keinen Arbeitslohn, ist auch lohnsteuerlich nichts veranlasst (s auch *Arbeitsverhinderung* Rz 20). Zur steuerlichen Behandlung der Streik- und der Aussperrungsunterstützung s *Arbeitskampf (Vergütung)* Rz 26, der Krankengeldzahlungen s *Krankengeld* Rz 6 ff und des Kurzarbeitergeldes s *Kurzarbeit* Rz 27. Zum unbezahlten Urlaub s *Urlaub, unbezahlter* Rz 11.

35 **3. Schadensersatz.** Hat der ArbN dem ArbGeb Schadensersatz zu leisten, können die Aufwendungen hierfür Werbungskosten darstellen (s *Arbeitnehmerhaftung* Rz 27 und *Werbungskosten* Rz 2 ff). Hat der ArbGeb dem ArbN Schadensersatz zu zahlen, kann darin Arbeitslohn liegen (s *Arbeitgeberhaftung* Rz 19, 20; *Fürsorgepflicht* Rz 24 sowie *Arbeitsentgelt* Rz 54 ff).

C. Sozialversicherungsrecht *Schlegel*

Übersicht

	Rz		Rz
I. Auswirkungen einer Freistellung auf das Versicherungspflicht-, Beitrags- und Leistungsrecht	36–49	d) Vertragliche Freistellung des Arbeitnehmers bei fortgezahltem Arbeitsentgelt	47–49
1. Beschäftigungslosigkeit in der Arbeitslosenversicherung	37–41	II. Sonstige Freistellungsfälle	50–68
a) Arbeitslosigkeit	37	1. Freistellung im Rahmen von Arbeitszeitkonten	50–52
b) Arbeitslosigkeit trotz Fortbestehen des Arbeitsvertrages	38	2. Freistellung zur Pflege von erkrankten Kindern	53–55
c) Sperrzeit und Vermeidungsstrategien	39–41	3. Innerbetriebliche vorübergehende Freistellung für andere Aufgaben	56
2. Beschäftigung und Freistellung im Recht der Versicherungs- und Beitragspflicht	42–49	4. Freistellung zur Arbeitssuche	57
a) Arbeitnehmerbegriff	42	5. Freistellung zur Pflege eines Angehörigen nach dem Pflegezeitgesetz	58–61
b) Dogma: Tatsächliche Arbeitsleistung	43	a) Übersicht	58
c) Vorübergehende Unterbrechungen der tatsächlichen Arbeitsleistung	44–46	b) Kurzzeitige Pflege bis zu 10 Tagen	59
		c) Längerdauernde Pflege	60, 61

Freistellung von der Arbeit

	Rz		Rz
6. Freistellung zur Pflege eines Angehörigen nach dem Familienpflegezeitgesetz	62–68	d) Zinsloses Darlehen für ArbGeb	66
a) Begriff	63	e) Verhältnis zu allgemeinen Vorschriften des SGB IV	67
b) Entgeltsicherung durch Aufstockung	64	f) Bemessung des Arbeitslosengeldes	68
c) Nacharbeit	65	III. Sonstiges	69

I. Auswirkungen einer Freistellung auf das Versicherungspflicht-, Beitrags- und Leistungsrecht. In der SozV stellt sich in erster Linie die Frage, welche Folgen eine Freistellung von Arbeit mit und ohne Fortzahlung des Arbeitsentgelts nach sich zieht (zum Ganzen *Schlegel* NZA 05, 972 ff; *Bauer* DB 05, 2242 ff; *Voelzke* in FS Küttner, 2006, 345 ff). Versicherungspflicht in der KV, RV, PflegeV und ArblV setzt idR die tatsächliche Beschäftigung gegen Arbeitsentgelt voraus. Damit der Versicherungsschutz bei Beendigung des Arbeits- und Beschäftigungsverhältnisses nicht abrupt endet, fingiert § 7 Abs 4 Satz 1 SGB IV das Bestehen eines entgeltlichen Beschäftigungsverhältnisses für längstens einen Monat nach Beendigung der entgeltlichen Beschäftigung. Daneben sind im Wesentlichen die weiteren Fall-Konstellationen zu unterscheiden: **36**

- Der ArbGeb stellt den ArbN bei fortbestehendem Arbeitsverhältnis von der Arbeitsleistung frei, zahlt ihm aber weiterhin Arbeitsentgelt. In diesen Fällen besteht ebenfalls Versicherungspflicht in der KV, RV, PflegeV und ArblV; dazu unter Rz 42–49.
- Das Arbeitsverhältnis besteht fort, jedoch zahlt der ArbGeb das Arbeitsentgelt nicht „aus eigener Tasche", sondern aus einem regulären, vom ArbN angesparten Wertguthaben iSv § 7b SGB IV (Versicherungsschutz wird aufrecht erhalten nach § 7 Abs 1a Satz 1 SGB IV; dazu Rz 51) oder aus einem Arbeitszeitguthaben zur flexiblen Gestaltung der werktäglichen oder wöchentlichen Arbeitszeit oder zum Ausgleich betrieblicher Produktions- und Arbeitszeitzyklen (Versicherungsschutz wird aufrecht erhalten nach § 7 Abs 1a Satz 2 SGB IV; dazu Rz 52).

1. Beschäftigungslosigkeit in der Arbeitslosenversicherung. a) Arbeitslosigkeit. **37** Der Begriff „Beschäftigungsverhältnis" ist in der SozV funktionsdifferenziert, dh im Leistungsrecht der ArblV unabhängig (und oft anders) auszulegen als im Zusammenhang mit der Frage nach der Versicherungspflicht und dem Beitragsrecht (BSG 28.9.93 – 11 RAr 69/92, SozR 3–4100 § 101 Nr 5). **Arbeitslos** im Sinn der ArblV ist gem § 138 Abs 1 SGB III ein ArbN, der nicht in einem Beschäftigungsverhältnis steht (Beschäftigungslosigkeit), sich bemüht, seine Beschäftigungslosigkeit zu beenden (Eigenbemühungen) und den Vermittlungsbemühungen der Agentur für Arbeit zur Verfügung steht (Verfügbarkeit). Die Beschäftigungslosigkeit – und damit der Beschäftigungsbegriff im leistungsrechtlichen Sinne der Arbeitsförderung – ist unabhängig vom Bestehen eines Arbeitsverhältnisses iSd Arbeitsrechts – durch die tatsächliche Nichtbeschäftigung des Versicherten gekennzeichnet (BSG 28.9.93 – 11 RAr 69/92, SozR 3–4100 § 101 Nr 5; BSG 25.4.02 – B 11 AL 65/01 R, BSGE 89, 243 = SozR 3–4300 § 144 Nr 8). **Beschäftigungslosigkeit** liegt bereits dann vor, wenn ein ArbN vorübergehend nicht in einem (leistungsrechtlichen) Beschäftigungsverhältnis steht, selbst wenn sein Arbeitsverhältnis rechtlich-formal fortbesteht.

b) Arbeitslosigkeit trotz Fortbestehens des Arbeitsvertrages. Die Freistellung des **38** ArbN mit Fortzahlung von Arbeitsentgelt ist ein geradezu typisches Beispiel für die rechtliche Möglichkeit der Arbeitslosigkeit/Beschäftigungslosigkeit bei fortbestehendem Arbeitsverhältnis. Die Systematik des Gesetzes geht von dieser Möglichkeit aus. Denn andernfalls wäre die Ruhensvorschrift für Ansprüche bei Arbeitslosigkeit während des Bezuges von Arbeitsentgelt (vgl § 143 Abs 1 SGB III) überflüssig und nicht verständlich. Dies hat ua auch seinen Sinn darin, dass der ArbN bei faktischer Nichtbeschäftigung trotz noch fortbestehenden Arbeitsverhältnisses bereits als Arbeitsloser behandelt werden kann, er berechtigt ist, bereits die Vermittlungsbemühungen der Agentur für Arbeit in Anspruch zu nehmen, aber auch den Obliegenheiten der ArblV unterworfen wird.

c) Sperrzeit und Vermeidungsstrategien. Für das **Leistungsrecht** der ArblV gilt bei **39** einer Freistellung von der Arbeit Folgendes: Mit der Freistellung wird der ArbN trotz noch fortbestehendem Arbeitsverhältnis iSd ArblV beschäftigungs- und damit arbeitslos. Die

191   Freistellung von der Arbeit

Sperrzeit wegen Arbeitsaufgabe beginnt mit der durch die Lösung des Beschäftigungsverhältnisses herbeigeführten Beschäftigungslosigkeit; die weiteren Merkmale der Arbeitslosigkeit als Leistungsvoraussetzung (Verfügbarkeit, Beschäftigungssuche) und Leistungsbezug sind nicht erforderlich (BSG 5.8.99 – B 7 AL 14/99 R, BSGE 84, 225 = SozR 3–4100 § 119 Nr 17; BSG 25.4.02 – B 11 AL 65/01 R, BSGE 89, 243 = SozR 3–4300 § 144 Nr 8). Die Sperrzeit beginnt mit dem Tag nach dem Ereignis, das die Sperrzeit begründet, zB Tag der ArbN-Kündigung, des Abschlusses eines Aufhebungsvertrages oder des arbeitsvertragswidrigen Verhaltens (allg zum Sperrzeitenrecht *Voelzke* NZS 05, 281 ff). Die Dauer der Sperrzeit beträgt im Regelfall zwölf Wochen, kann aber insbes in Härtefällen verkürzt werden.

40   Nur bei einzelnen Ruhenstatbeständen ordnet das Gesetz zusätzlich die **Minderung der Anspruchsdauer** und damit eine Kürzung des Anspruchs an. Dies ist auch bei den Sperrzeiten wegen Arbeitsaufgabe der Fall: Die Dauer des Anspruchs auf AlGeld mindert sich hier um die Anzahl von Tagen der Sperrzeit (vgl § 148 Abs 1 Nr 4 SGB III). Dies erlangt allerdings nur dann Bedeutung, wenn es dem Arbeitslosen nicht gelingt, während der verbliebenen Restdauer seines Anspruchs auf AlGeld wieder eine Arbeit zu finden. Die Verkürzung der Anspruchsdauer spielt hingegen keine Rolle, wenn der später Arbeitslose den Anspruch auf AlGeld ohnehin nicht ausschöpfen will, zB weil er in Rente geht oder er wieder Arbeit findet.

41   Besteht das Arbeitsverhältnis bei Freistellung des ArbN für die Dauer der Sperrzeit fort, ist wie folgt zu differenzieren. **Beantragt der Arbeitnehmer Arbeitslosengeld,** wird ihm bei Erfüllung der übrigen Voraussetzungen (inbesondere Wartezeiterfüllung) AlGeld bewilligt, dieses in aller Regel aber nicht ausgezahlt, weil das AlGeld wegen Eintritt der Sperrzeit und/oder deshalb ruht, weil der ArbN von seinem ArbGeb trotz Freistellung von der Arbeit noch Arbeitsentgelt erhält (vgl § 157 Abs 1 SGB III). Stellt der ArbN den **Arbeitslosengeld-Antrag nicht bereits ab Beginn seiner Nichtbeschäftigung/Freistellung,** sondern erst nach Ablauf zB einer Zwölfwochenfrist, wirkt sich die Sperrzeit praktisch nicht mehr aus; sie ist während des noch bestehenden Arbeitsverhältnisses in der Freistellungsphase – je nach Dauer der Sperrzeit – bereits „abgelaufen". Der ArbN erhält mit der Arbeitslosmeldung AlGeld. Wie nachfolgend dargelegt wird, bleibt der in leistungsrechtlicher Sicht beschäftigungslos gewordene ArbN in der Zeit, in der er von seinem ArbGeb freigestellt ist, aber gleichwohl Arbeitsentgelt erhält, iSd Tatbestände über die Versicherungs- und Beitragspflicht abhängig Beschäftigter. Eine tatsächliche Arbeitsleistung ist bei derartigen Freistellungstatbeständen nicht erforderlich.

42   **2. Beschäftigung und Freistellung im Recht der Versicherungs- und Beitragspflicht. a) Arbeitnehmerbegriff.** Der Begriff des ArbN im arbeitsrechtlichen Sinne deckt sich weitestgehend mit demjenigen des Beschäftigten in der SozV. So knüpft denn auch die für den Typus der (abhängigen) Beschäftigung maßgebliche Vorschrift des § 7 Abs 1 SGB IV ausdrücklich an den arbeitsrechtlichen Begriff des ArbN an und bestimmt: „Beschäftigung ist die nicht selbstständige Arbeit, insbesondere in einem Arbeitsverhältnis". Daher kann man sagen: Wenn und solange ein wirksames Arbeitsverhältnis vorliegt, ist auch ein Beschäftigungsverhältnis gegeben. Allerdings können die unterschiedlichen Schutzzwecke des Arbeits- und SozVRechts in Randbereichen gewisse Differenzierungen im Detail erforderlich machen. Denn der Schutzzweck der SozV würde in sein Gegenteil verkehrt, wenn dem betreffenden Rechtsgeschäft nicht nur die zivilrechtliche Wirksamkeit, sondern zB dem Minderjährigen, Geschäftsunfähigen, illegal Beschäftigten etc über die Aufhebbarkeit seines Arbeitsverhältnisses hinaus auch der durch Arbeit regelmäßig vermittelte **Sozialversicherungsschutz** versagt oder gar nachträglich wieder entzogen würde (BSG 10.8.2000 – B 12 KR 21/98 R, BSGE 87, 53 = SozR 3–2400 § 7 Nr 15 S 51 mwN; zur Wertneutralität der SozV vgl *Felix* NZS 02, 225).

43   **b) Dogma: Tatsächliche Arbeitsleistung.** Gerade in diesem Zusammenhang hat die Rspr bereits früh das Dogma von der **Maßgeblichkeit der tatsächlichen Verhältnisse** geprägt und entscheidend darauf abgestellt, dass es zur Begründung des Versicherungsschutzes in der SozV (nur) auf die tatsächliche Beschäftigung/Arbeitsleistung ankomme, nicht jedoch auf den Inhalt und rechtsgeschäftliche Wirksamkeit der Erklärungen der Arbeitsvertragsparteien (BSG 11.12.73 – GS 1/73 BSGE 37, 10, 13 = SozR Nr 62 zu § 1259 RVO; BSG 28.9.93 – 11 RAr 69/92, BSGE 73, 126 = SozR 3–4100 § 101 Nr 5). Aus der „Maßgeb-

Freistellung von der Arbeit 191

lichkeit der tatsächlichen Verhältnisse" darf indessen nicht der Schluss gezogen werden, die Begründung der Versicherungs- und Beitragspflicht oder deren Aufrechterhaltung komme immer dann, aber auch nur dann in Betracht, wenn und solange tatsächlich Arbeit geleistet wird. Vielmehr hat die Rspr – ebenfalls im Hinblick auf den sozialen Schutzzweck der SozV – hiervon in verschiedenen Fallgruppen abgesehen.

c) **Vorübergehende Unterbrechungen der tatsächlichen Arbeitsleistung** lassen den Bestand des Beschäftigungsverhältnisses nach der Rspr des BSG unberührt, wenn „das Arbeitsverhältnis fortbesteht und ArbGeb und ArbN den Willen haben, das Beschäftigungsverhältnis fortzusetzen" (BSG 11.12.73 – GS 1/73 BSGE 37, 10, 13 = SozR Nr 62 zu § 1259 RVO; BSG 28.9.93 – 11 RAr 69/92, BSGE 73, 126 = SozR 3–4100 § 101 Nr 5; BSG 4.7.12 – B 11 AL 16/11 Rz 23 f, 28: deutet an, dass es hieran fehlen dürfte, wenn der Arbeitgeber seine Geschäftstätigkeit aufgegeben hat, den ArbN also gar nicht mehr beschäftigen kann; das bloße „arbeitsvertragliche Band" sei nicht ausreichend). 44

Dies wurde etwa angenommen für die Fälle **bezahlten Urlaubs** (BSG 12.11.75 – 3/12 RK 13/74, BSGE 41, 24 = SozR 2200 § 165 Nr 8: Freistellung/Beurlaubung für Studium bei Fortzahlung des Arbeitsentgelts; ähnlich BSG 11.3.09 – B 12 KR 20/07 R: Freistellung für eine beruflich weiterführende, berufsintegrierte bezahlte Ausbildung mit regulärer Beschäftigung in der verlegungsfreien Zeit; ebenso „Ausbildungsdienstverhältnis" BSG 11.3.09 – B 12 KR 20/07 R), des **bezahlten Sonderurlaub** zwecks Besuch eines Fortbildungslehrgangs, oder eines Festhaltens am Arbeitsverhältnis mit Fortzahlung des Arbeitsentgelts trotz Verhaftung des ArbN (BSG 18.4.91 – 7 RAr 106/90, BSGE 68, 236 = SozR 3–4100 § 104 Nr 6). Ebenso hat das BSG in einem Fall entschieden, in dem einem ArN die **Kündigung vor erstmaligen Dienstantritt** ausgesprochen, er von der Arbeit freigestellt, ihm aber das Arbeitsentgelt bis zum Wirksamwerden der Kündigung gezahlt worden war; das BSG hat hier angenommen, dass der ArbN ohne tatsächliche Arbeitsleistung den Schutz der SozV erlangt hat und er versicherungspflichtig geworden sei (BSG 18.9.73 – 12 RK 15/72, BSGE 36, 161 = SozR Nr 73 zu § 165 RVO). Weiter hat das BSG entschieden, dass eine rechtlich **unwirksame Kündigung des Arbeitsvertrages,** die zum Wegfall der Arbeitsleistung führt, das Beschäftigungsverhältnis nicht beendet, wenn und solange eine Pflicht des ArbGeb zur Fortzahlung des Arbeitsentgelts besteht. Dies ist bei einer unwirksamen Kündigung der Fall, wenn der ArbN seine Arbeitskraft zur Verfügung stellt, der ArbGeb sie aber nicht annimmt und dadurch in **Annahmeverzug** (§ 615 BGB) gerät (BSG 5.5.88 – 12 RK 43/86, SozR 2400 § 2 Nr 25; ständige Rspr; BSG 16.2.05 – B 1 KR 19/03 R; Rz 16 mwN; vgl auch *Annahmeverzug*). 45

In diesen Fällen hat das BSG ein zur Versicherungs- und Beitragspflicht führendes Beschäftigungsverhältnis angenommen, obwohl es nicht nur an der tatsächlichen Arbeitsleistung fehlte; vielmehr musste die zusätzliche „Hürde" genommen werden, dass der ArbGeb auch kein Arbeitsentgelt gezahlt hatte. Gleiches gilt, wenn eine sofortige **Freistellung wegen Insolvenz des Arbeitgebers** nach Eröffnung des Insolvenzverfahrens erfolgt. Erhalten ArbN im Wege der Gleichwohlgewährung bis zum Ablauf der Kündigungsfrist AlGeld und kein Arbeitsentgelt, ist ihr Beschäftigungsverhältnis bis zum Ablauf der Kündigungsfrist oder bis zur Aufnahme einer anderweitigen Beschäftigung als fortbestehend anzusehen (BSG 26.11.85 – 12 RK 51/83, BSGE 59, 183 = SozR 4100 § 168 Nr 19). Sowohl beim Annahmeverzug als auch in den Insolvenzfällen soll der ArbGeb den Schutz der SozV seiner ArbN nicht einseitig dadurch beenden können, dass er ihm die Arbeitsmöglichkeit nimmt und darüber hinaus geschuldetes Arbeitsentgelt nicht bezahlt. 46

d) **Vertragliche Freistellung des Arbeitnehmers bei fortgezahltem Arbeitsentgelt.** Kommt es zwischen ArbGeb und ArbN in gegenseitigem Einvernehmen zu einer unwiderruflichen, bezahlten Freistellung vom Arbeitsverhältnis, bleibt die Versicherungspflicht in der SozV ebenfalls bestehen, sofern der ArbGeb das Arbeitsentgelt weiterhin zahlt. Unerheblich ist, dass der ArbN keine tatsächliche Arbeitsleistung mehr erbringt. Trotz Freistellung sind weiterhin Pflichtbeiträge zu entrichten. Der ArbN verliert seinen SozVSchutz nicht und muss auch keine Sozialleistungen in Anspruch nehmen (vgl *Schlegel* NZA 05, 972 ff; aA *Knospe* NJW 06, 3676 ff). Der ArbN kann in diesen Fällen nicht schlechter stehen als in den oben geschilderten Fallgruppen und auch nicht schlechter, als in Fällen einer Freistellung im Rahmen von Arbeitszeitkonten (dazu nachfolgend auch unter II 1.). Es ist sogar möglich, dass in Zeiten, in denen eine versicherungspflichtige Beschäftigung bei Freistellung des ArbN 47

191 Freistellung von der Arbeit

von der Arbeitspflicht und Fortzahlung von Entgelt bestanden hat, ein Wertguthaben iSv § 7 Abs 1a SGB IV aufgebaut wird (BSG 24.9.08 – B 12 KR 27/07 R).

48 Ein **Missbrauch** der SozV oder gar ein „Erschleichen" des Versicherungsschutzes ist in solchen Fällen nicht zu befürchten: Bei dem freigestellten ArbN handelt es sich um einen idR langjährig Versicherten, der ohnehin in der KV und RV das Recht zur freiwilligen Weiterversicherung und ohne die Gewährung des Arbeitsentgelts regelmäßig Anspruch auf Sozialleistungen hätte; diese ruhen im Hinblick auf das weiterhin gewährte Arbeitsentgelt, so dass die Träger der SozV durch die bezahlte Freistellung eines ArbN bei typisierender Betrachtung finanzielle Vorteile haben, zumal aus dem während der Freistellung gezahlten Arbeitsentgelt regulär Pflichtbeiträge zu allen Zweigen der SozV zu zahlen sind.

49 Das BSG sieht dies ebenso (Urt vom 24.9.08 – B 12 KR 22/07 R): Eine die Versicherungspflicht in der RV und in der ArblV begründende Beschäftigung kann auch dann vorliegen, wenn bei fortlaufender Zahlung des Arbeitsentgelts der ArbN einvernehmlich und unwiderruflich bis zum Ende des Arbeitsverhältnisses von der Arbeitsleistung freigestellt ist. Die Spitzenverbände der SozV folgen dem für die KV, RV, ArblV und PflegeV (Besprechungsergebnis von 30./31.3.2009) und anerkennen, dass das durch nichtselbstständige Arbeit in einem tatsächlich vollzogenen Arbeitsverhältnis begründete versicherungspflichtige Beschäftigungsverhältnis bei einer vereinbarten Freistellung von der Arbeitsleistung zum Ende des Arbeitsverhältnisses demnach nicht bereits mit der Einstellung der tatsächlichen Arbeitsleistung, sondern mit dem regulären (vereinbarten) Ende des Arbeitsverhältnisses endet, wenn bis zu diesem Zeitpunkt Arbeitsentgelt gezahlt wird. Für die UV hingegen sehen sie das Beschäftigungsverhältnis im Besprechungsergebnis vom 2./3.11.2010 als mit Beginn der Freistellung beendet an.

50 **II. Sonstige Freistellungsfälle. 1. Freistellung im Rahmen von Wertguthaben/Arbeitszeitkonten.** Das Problem größerer Freistellungsphasen wurde erstmals im Altersteilzeit-Gesetz 1996 aufgegriffen und durch eine spezielle Regelung gelöst, die den Versicherungsschutz auch in einer Periode anordnete, in der der ArbN nicht (mehr) arbeitet, sondern im Blockmodell ein „angespartes" Arbeitszeitkonto größeren Umfangs abfeiert (vgl BT-Drs 13/4336 S 17 zu § 2 Abs 2; BT-Drs 13/4877 S 29 zu § 2 Abs 2; zum Ganzen *Altersteilzeit* Rz 57 ff und *Wertguthaben/Zeitguthaben* Rz 8 ff).

51 Die durch das FlexiG eingefügte und am 1.1.98 in Kraft getretene Vorschrift des **§ 7 Abs 1a SGB IV** traf eine Regelung zur Verbesserung des SozVSchutzes für sämtliche Arbeitszeitkonten-Modelle. Danach gilt Folgendes: Eine Beschäftigung besteht auch in Zeiten der Freistellung von der Arbeitsleistung von mehr als einem Monat, wenn 1. während der Freistellung Arbeitsentgelt aus einem Wertguthaben nach § 7b SGB IV fällig wird und 2. das monatlich fällig werdende Arbeitsentgelt in der Zeit der Freistellung nicht unangemessen von dem für die vorausgegangenen zwölf Kalendermonate abweicht, in denen Arbeitsentgelt bezogen wurde. Erforderlich ist nach § 7 Abs 1a SGB IV, dass das Arbeitsentgelt aus einem Wertguthaben iS des § 7b SGB IV entnommen wird. Dh das Wertguthaben muss 1. auf einer schriftlichen Vereinbarung beruhen; 2. darf die Vereinbarung nicht das Ziel flexibler Gestaltung der werktäglichen oder wöchentlichen Arbeitszeit oder den Ausgleich betrieblicher Produktions- und Arbeitszeitzyklen verfolgen; vielmehr muss es um größere Freistellungsphasen im Interesse gerade des ArbN gehen; 3. muss Arbeitsentgelt (oder Arbeitszeit) in das Wertguthaben eingebracht werden, um es für Zeiten der Freistellung von der Arbeitsleistung oder einer vereinbarten Arbeitszeitverringerung zu entnehmen; 4. muss das aus dem Wertguthaben fällige Arbeitsentgelt mit einer vor oder nach der Freistellung/Arbeitszeitreduzierung erbrachen Arbeitsleistung erzielt werden (damit ist es auch möglich, mit einem negativen Wertguthaben zu beginnen, das erst nach der Freistellungsphase „abgearbeitet"/nachgearbeitet wird); 5. muss das insgesamt fällig werdende Arbeitsentgelt 450 € monatlich übersteigen, es sei denn, die Beschäftigung wurde bereits vor der Freistellung als geringfügige Beschäftigung ausgeübt.

52 Eine Vereinbarung zwischen ArbGeb und ArbN zur **flexiblen Gestaltung der werktäglichen oder wöchentlichen Arbeitszeit oder zum Ausgleich betrieblicher Produktions- und Arbeitszeitzyklen** kann demnach nicht Gegenstand eines Wertguthabens iSv § 7b SGB IV sein. Arbeitsentgelt aus einer solchen Vereinbarung führt nicht zum Vorliegen entgeltlicher Beschäftigung und damit auch nicht zur Versicherungspflicht nach

§ 7 Abs 1a Satz 1 SGB IV, so dass bei einer solchen Freistellung eines ArbN das Beschäftigungsverhältnis nach Ablauf eines Monats endet (vgl § 7 Abs 3 Satz 1 SGB IV). Mit dem 4. SGB IV-ÄndG wurde angeordnet, dass eine Beschäftigung in **Zeiten einer bis zu 3-monatigen Freistellung von der Arbeit** auch dann besteht, wenn das Arbeitsentgelt in dieser Zeit nicht aus einem „richtigen Wertguthaben" iSd § 7b SGB IV, sondern aus einer Vereinbarung zur flexiblen Gestaltung der werktäglichen oder wöchentlichen Arbeitszeit oder zum Ausgleich betrieblicher Produktions- und Arbeitszeitzyklen stammt (§ 7 Abs 1a Satz 2 SGB IV). Damit soll dem Umstand Rechnung getragen werden, dass in den Wirtschafts- und Finanzkreisen ab 2008/2009 viele Unternehmen zur Vermeidung von Entlassungen und Sozialplankosten unterschiedliche Maßnahmen zur Sicherung von Beschäftigung ergriffen haben. Dabei wurden häufig bestehende, nicht zweckgebundene Arbeitszeitguthaben abgebaut oder es wurden bestehende Kontenvereinbarungen genutzt, um mit Minussalden Entlassungen zu vermeiden (vgl Ausschuss für Arbeit und Soziales BT-Drs 17/7991 S 18).

2. Freistellung zur Pflege von erkrankten Kindern kann nach Maßgabe des § 45 SGB V zu einem **Krankengeldanspruch** führen. Dieser setzt voraus, dass es nach ärztlichem Zeugnis erforderlich ist, dass der ArbN zur Beaufsichtigung, Betreuung oder Pflege seines erkrankten und versicherten Kindes der Arbeit fernbleibt, eine andere in seinem Haushalt lebende Person das Kind nicht beaufsichtigen, betreuen oder pflegen kann und das Kind das 12. Lebensjahr noch nicht vollendet hat (§ 45 Abs 1 SGB V). Der Anspruch auf Krankengeld bei Pflege eines erkrankten Kindes besteht nur, wenn neben der Betreuungsperson auch das betreute Kind über einen eigenen KVSchutz, zB nach § 10 SGB V verfügt; hieran fehlt es zB dann, wenn das zu betreuende Kind über den nicht betreuenden Elternteil privat versichert ist (vgl BSG 31.3.98 – B 1 KR 9/96 R). Der Anspruch besteht in jedem Jahr für jedes Kind längstens für 10, bei allein erziehenden Versicherten für 20 Arbeitstage (§ 45 Abs 2 SGB V); insgesamt – also bei Erkrankung mehrerer Kinder – besteht für Versicherte der Krankengeldanspruch für nicht mehr als 25, für alleinerziehende Versicherte für nicht mehr als 50 Arbeitstage im Jahr. Liegen die Voraussetzungen des Anspruchs auf Krankengeld für die Pflege eines Kindes vor, hat der ArbN gegen seinen ArbGeb nach § 45 Abs 3 SGB V für die Dauer dieses Anspruchs einen **arbeitsrechtlichen Anspruch auf unbezahlte Freistellung** von der Arbeit; dieser Anspruch kann nicht abbedungen oder eingeschränkt werden. – Der Anspruch auf unbezahlte Freistellung gegenüber dem ArbGeb und der Krankengeldanspruch gegen die Krankenkasse besteht ferner in Fällen, in denen ein Elternteil zu Hause bleibt, um ein schwerstkrankes Kind zu betreuen, das an einer progredient verlaufenden, bereits weit fortgeschrittenen Krankheit leidet; zu den Voraussetzungen im Einzelnen vgl § 45 Abs 4 SGB V.

Der Krankengeldanspruch besteht nur für Arbeitstage, dh, dass an arbeitsfreien Tagen (zB Wochenenden/Feiertagen), die zwischen sowie unmittelbar vor oder nach den Arbeitstagen liegen, ein Anspruch auf Krankengeld wegen Pflege nicht entstehen kann. Hierdurch unterscheidet sich das **Pflegekrankengeld** erheblich vom regulären Krankengeld, das für sämtliche Kalendertage gewährt wird (vgl BSG 22.10.80 – 3 RK 56/79, SozR 2200 § 185c Nr 2). Handelt es sich um eine erkennbar länger dauernde Erkrankung des Kindes, kann der ArbN wählen, an welchen Tagen er von der Arbeit freigestellt werden und das Krankengeld in Anspruch nehmen will (KassKomm/*Höfler* § 45 SGB V Rz 8).

Sind beide Elternteile berufstätig, können sie das Pflegekrankengeld abwechselnd jeweils bis zur Höchstdauer von 10 Tagen je Kind, beide insgesamt also 20 Tage je Kind, in Anspruch nehmen. Für die Berechnung des Pflegekrankengeldes ist § 47 SGB V anwendbar; abweichend hiervon ist für **Teilzeitbeschäftigte** das monatliche Arbeitsentgelt nicht durch die Anzahl der Kalendertage (also durch 30), sondern durch die Zahl der tatsächlichen monatlichen Arbeitstage zu teilen (BSG 17.9.86 – 3 RK 51/84, SozR 2200 § 185c Nr 3); die hierbei eintretende Besserstellung von Teilzeitarbeitskräften gegenüber Vollzeitbeschäftigten und gegenüber der allgemeinen Krankengeldabrechnung ist hinzunehmen, da das Pflegekrankengeld für Teilzeitbeschäftigte sonst seine Lohnersatzfunktion nicht hinreichend erfüllen könnte. Wird der ArbN vom ArbGeb freigestellt, bevor die Krankenkasse den Anspruch geprüft hat, und liegen die Anspruchsvoraussetzungen nicht vor, kann der ArbGeb die Freistellung auf einen späteren Freistellungsanspruch des ArbN anrechnen, dh die

191 Freistellung von der Arbeit

begehrte Freistellung versagen, wenn die Pflege des Kindes abermals oder die Pflege eines weiteren Kindes erforderlich wird, und diesmal ein Anspruch nach § 45 Abs 1 SGB V begründet ist. Hat der ArbGeb wegen Erkrankung eines Kindes einem Elternteil Freistellung zu dessen Pflege gewährt und das Arbeitsentgelt zB aufgrund tarifvertraglicher oder sonstiger arbeitsvertraglicher Regelung fortgezahlt, ist – wenn im Übrigen die Voraussetzungen des § 45 SGB V vorliegen – der Anspruch auf Gewährung von Pflegekrankengeld insoweit wegen Ruhens des Anspruches verbraucht (vgl LSG BaWü 6.8.93 – L 4 Kr – nv).

56 **3. Innerbetriebliche vorübergehende Freistellung für andere Aufgaben.** Innerbetriebliche Freistellung zur Erfüllung anderer als der im Arbeitsvertrag vereinbarten Aufgaben kommt insbesondere im Rahmen der BRatFreistellung in Betracht (s *Betriebsratsfreistellung*). Sofern der ArbN von seinen eigentlichen Aufgaben befreit und ihm andere zugewiesen werden, beurteilt sich die Versicherungs- und Beitragspflicht nach der nunmehr tatsächlich ausgeübten Beschäftigung.

57 **4. Freistellung zur Arbeitssuche.** Eine Pflicht des ArbGeb, den ArbN vor Beendigung des Arbeitsverhältnisses zwecks Arbeitssuche von der Arbeit freizustellen ergibt sich aus § 2 Abs 2 Satz 2 Nr 3 SGB III.

58 **5. Freistellung zur Pflege eines Angehörigen nach dem Pflegezeitgesetz. a) Übersicht.** Das Pflegezeitgesetz (PflegeZG) ist ein durch sozialrechtliche Vorschriften flankiertes arbeitsrechtliches Gesetz, das zwischen einer kurzzeitigen Pflege nach § 2 PflegeZG und einer Pflegezeit nach § 3 PflegeZG unterscheidet. Die Freistellung bei kurzzeitiger Arbeitsverhinderung nach § 2 PflegeZG für bis zu zehn Tage zielt darauf ab, in einer Akutsituation erste Maßnahmen der Pflege oder deren Organisation zu ergreifen. § 3 PflegeZG regelt eine Freistellung von bis zu sechs Monaten. Es muss stets um die Pflege eines nahen Angehörigen in häuslicher Umgebung gehen. Der Begriff des nahen Angehörigen, um dessen Pflege es geht, wird in § 7 Abs 3 PflegeZG legaldefiniert.

59 **b) Kurzzeitige Pflege bis zu 10 Tagen.** Die Freistellung bei kurzzeitiger Arbeitsverhinderung nach § 2 PflegeZG für bis zu zehn Tage zielt darauf ab, in einer Akutsituation erste Maßnahmen der Pflege oder deren Organisation zu ergreifen. Nach § 7 Abs 3 Satz 1 SGB IV gilt eine Beschäftigung gegen Arbeitsentgelt als fortbestehend, solange das Beschäftigungsverhältnis ohne Anspruch auf Arbeitsentgelt fortdauert, jedoch nicht länger als einen Monat. Mit dieser Fiktion des fortbestehenden entgeltlichen Beschäftigungsverhältnisses werden vor allem Fälle erfasst, in denen das Arbeitsverhältnis fortbesteht, der ArbN aber tatsächlich nicht mehr arbeitet und auch kein Arbeitsentgelt mehr erhält. Er soll dann einen Monat Zeit haben, sich um einen ausreichenden sozialen Schutz zu kümmern. Diese Regelung führt regelmäßig zum Versicherungsschutz, sofern die betreffenden Personen nur einen Freistellungsanspruch nach § 2 PflegeZG wegen kurzzeitiger Arbeitsverhinderung in Anspruch nehmen. Der Freistellungsanspruch kann maximal zehn Tage betragen, so dass sich die Freistellung stets innerhalb der Monatsfrist des § 7 Abs 3 Satz 1 SGB IV hält. Auch die übrigen Tatbestandsvoraussetzungen des § 7 Abs 3 Satz 1 SGB IV sind erfüllt: Das Arbeitsverhältnis besteht fort, lediglich die Hauptpflichten hieraus ruhen wegen Freistellung nach § 2 PflegeZG für maximal zehn Arbeitstage. Beitragsrechtlich hat die Freistellung insofern Auswirkungen, als sich die Beitragslast wegen Wegfalls des Arbeitsentgelts während der Freistellung verringert. Maßnahmen, diese „Beitragslücke" zB in der RV zu schließen, sieht das Gesetz nicht. Sie wären angesichts der Kürze der maximalen Freistellung und dem bürokratischen Aufwand zur „Schließung einer – zudem kaum messbaren – Rentenlücke" unverhältnismäßig.

60 **c) Längerdauernde Pflege.** Die Versicherungspflicht von ArbN, deren Beschäftigung durch die Inanspruchnahme von Pflegezeit nach § 3 PflegeZG unterbrochen wird, endet sofort ohne Fortbestand einer beitragsfreien Versicherungspflicht nach § 7 Abs 3 Satz 1 SGB IV (vgl Begründung des Gesetzentwurfs BT-Drucks 16/7439, S 95 zu Art 5). Bei Inanspruchnahme von Pflegezeit entfällt mit Wegfall des Anspruchs auf Arbeitsentgelt ab Beginn der Freistellung auch der Tatbestand „entgeltlicher Beschäftigung", so dass die Voraussetzungen der Versicherungspflicht in der KV, RV und ArblV nicht mehr vorliegen. Das Gesetz billigt dem ArbN in diesem Fall auch nicht die „einmonatige Überlegungs- und Reaktionsfrist" des § 7 Abs 3 Satz 1 SGB IV zu. Anders als beim Bezug von Krankengeld oder der Inanspruchnahme von Elternzeit usw (vgl § 192 Abs 1 SGB V) wird in der KV und

Freistellung von der Arbeit

PflegeV die Mitgliedschaft während einer Pflegezeit nicht aufrechterhalten. Der Beschäftigte muss sich in der KV freiwillig versichern, falls er nicht über einen Angehörigen (zB Ehegatte) nach § 10 SGB V familienversichert ist. In der ArblV wurde mit § 26 Abs 2b SGB III für den Tatbestand der Pflegezeit ein eigenständiger Versicherungspflichttatbestand geschaffen. Das Pflege-Weiterentwicklungsgesetz sieht im Hinblick auf den Freistellungsanspruch nach dem PflegeZG keine (weiteren) Rechtsänderungen in der UV und der RV vor.

Eine Pflegezeit nach § 3 PflegeZG erfüllt in aller Regel den Versicherungspflichttatbestand des § 3 Satz 1 Nr 1 SGB VI. Danach ist in der RV versicherungspflichtig, wer einen Pflegebedürftigen iSv § 14 SGB XI wenigstens 14 Stunden in der Woche in seiner häuslichen Umgebung pflegt und der Pflegende die Voraussetzungen des § 19 SGB XI erfüllt, er also eine Pflegeperson in diesem Sinne ist, dh die Pflege nicht erwerbsmäßig erfolgt. **61**

6. Freistellung zur Pflege eines Angehörigen nach dem Familienpflegezeitgesetz. **62**
Das Gesetz ist am 1.1.2012 in Kraft getreten.

a) Begriff. Familienpflegezeit ist die nach § 3 FPfZG förderfähige Verringerung der **63** wöchentlichen Arbeitszeit von Beschäftigten, die einen pflegebedürftigen Angehörigen in häuslicher Umgebung pflegen, bis zu einem Mindestumfang von 15 Stunden für die Dauer von längstens 24 Monaten bei gleichzeitiger Aufstockung des Arbeitsentgelts durch den ArbGeb. Wer naher Angehöriger, Pflegebedürftiger, Beschäftigter etc ist, richtet sich auch beim FPfZG nach der Begriffsbestimmung des § 7 PflegeZG (vgl § 2 Abs 2 FPfZG). Die Freistellung des Beschäftigten muss aufgrund schriftlicher Vereinbarung mit dem ArbGeb über die Inanspruchnahme von Pflegezeit erfolgen (§ 3 Abs 1 Nr 1 FPfZG). Damit ist zugleich klargestellt, dass das FPfZG dem Beschäftigten/ArbN neben dem PflegeZG keinen zusätzlichen gesetzlichen Anspruch auf Freistellung von der Arbeit zwecks Pflege eines Angehörigen einräumt. Vielmehr gilt das Freiwilligkeitsprinzip.

b) Entgeltsicherung durch Aufstockung. Verringert der Beschäftigte seine Arbeitszeit, **64** um einen pflegebedürftigen nahen Angehörigen zu Hause zu pflegen, besteht ein Bedürfnis nach finanzieller Absicherung. Lässt sich der ArbGeb auf eine Vereinbarung von Familienpflegezeit ein, erfolgt die Absicherung dadurch, dass der ArbGeb dem ArbN während der Arbeitszeitreduzierung durch Aufstockung des Arbeitsentgelts einen Gehaltsvorschuss leistet. Einzelheiten hierzu regelt § 3 Abs 1 Nr 1 FPfZG. Die Aufstockung erfolgt durch die Entnahme von Arbeitsentgelt aus einem Wertguthaben iSv § 7b SGB IV, das in der Nachpflegephase ausgeglichen werden muss. Dh das Wertguthaben wird zunächst als „Negativ-Guthaben" oder „Negativ-Wertguthaben" angelegt. Nach § 7d SGB IV sind Wertguthaben als Arbeitsentgeltguthaben einschließlich des darauf entfallenden ArbGebAnteils am Gesamtsozialversicherungsbeitrag zu führen. Daraus folgt, dass der Aufstockungsbetrag den ArbGebAnteil am Gesamtsozialversicherungsbeitrag umfassen muss (vgl BT-Drucks 17/6000 S 15 zu § Buchst b).

c) Nacharbeit. Den Gehaltsvorschuss muss der ArbN in der sog Nachpflegephase wieder **65** ausgleichen. Nach § 3 Abs 1 Nr 1 Buchst c FPfZG erfolgt der Ausgleich des Wertguthabens in der Weise, dass im Anschluss an die Familienpflegezeit (sog Pflegephase) bis zum Ausgleich des Wertguthabens bei jeder Entgeltabrechnung derjenige Betrag einbehalten wird, um den das Arbeitsentgelt in dem entsprechenden Zeitraum während der Familienpflegezeit aufgestockt worden ist.

d) Zinsloses Darlehen für Arbeitgeber. Der ArbGeb muss einen Gehaltsvorschuss **66** zur Finanzierung des Arbeitsentgelts in der Pflegephase leisten (negatives Wertguthaben, vgl oben). Dies wird ihm nicht immer ohne fremde finanzielle Hilfe möglich sein. § 3 Abs 1 FPfZG räumt dem ArbGeb deshalb einen Rechtsanspruch auf ein zinsloses Darlehen ein. Darlehensgeber ist das Bundesamt für Familie und zivilgesellschaftliche Aufgaben.

Arbeitet der ArbN in der Nachpflegephase wieder voll, zahlt er seinen Gehaltsvorschuss selbst zurück. In diesem Umfang ist dann auch der ArbGeb zur Tilgung des Darlehens des Bundesamtes für Familie und zivilgesellschaftliche Aufgaben verpflichtet (vgl § 6 FPfZG, vgl BT-Drucks 17/6000 S 13 zu II.1 Liquiditätsrisiko).

e) Verhältnis zu allgemeinen Vorschriften des SGB IV. Die Vorschriften des Sozial- **67** versicherungsrechts über Wertguthaben aus Arbeitszeitkonten werden durch das FPfZG nicht angetastet. Beschäftigte können auch bereits bestehende Wertguthaben zur Finanzierung der Pflege ihrer Angehörigen einsetzen.

192 Freiwillige Leistungen

68 **f) Bemessung des Arbeitslosengeldes nach Inanspruchnahme von Familienpflegezeit.** Das Arbeitslosengeld wird regelmäßig nach dem im Bemessungszeitraum tatsächlich erzielten Arbeitsentgelt berechnet. Damit Pflegepersonen durch ein im Bemessungszeitraum wegen Pflege eines Angehörigen vermindertes Arbeitsentgelt beim Arbeitslosengeld keinen Nachteil erleiden, werden Familienpflegezeiten und die Nachpflegephase, in denen das Arbeitsentgelt wegen Pflege vermindert war, bei der Bemessung des Arbeitslosengeldes nicht berücksichtigt.

69 **III. Sonstiges. Bezug einer Rente wegen verminderter Erwerbsfähigkeit während Freistellung.** Erhält ein Versicherter Rente wegen verminderter Erwerbsfähigkeit, dürfen bestimmte **Hinzuverdienstgrenzen** nicht überschritten werden (vgl § 96a SGB VI, *Rentnerbeschäftigung Rz 36*). Fließen dem ArbN nach einer Freistellung von der Arbeit noch Zahlungen zu, die sich auf Zeiten seiner tatsächlichen Arbeitsleistung beziehen, sind diese nicht rentenschädlich. Dies gilt auch für Einmalzahlungen; einmalig gezahltes Arbeitsentgelt, das nicht aus ein einer während des Rentenbezugs noch bestehenden Beschäftigung stammt, kein rentenschädlicher Hinzuverdienst (vgl BSG 10.7.12 – B 13 R 85/11 R, Urlaubsabgeltung).

Freiwillige Leistungen

A. Arbeitsrecht *Griese*

1 **1. Begriff.** Freiwillige Leistungen zeichnen sich dadurch aus, dass auf sie kein Anspruch besteht, weder aus Gesetz, noch aus Tarifvertrag, Betriebsvereinbarung oder Arbeitsvertrag. Interesse des ArbGeb ist es, die Dispositionsfreiheit über die Frage, ob und in welchem Umfang freiwillige Leistungen gewährt werden, in vollem Umfang zu behalten. Demgegenüber besteht das ArbNInteresse darin, nicht einseitig vom ArbGeb verfügte Entgeltänderungen hinnehmen zu müssen und insbesondere bei mehrfach hintereinander gewährten freiwilligen Leistungen einen Rechtsanspruch auf diese Leistungen entstehen zu lassen. Die Rspr löst diesen Interessengegensatz einerseits durch das Instrument der *Betrieblichen Übung* (s dort), wonach idR die dreimalige Gewährung einer freiwilligen Leistung zu einer Verfestigung im Sinne eines Rechtsanspruchs führt, andererseits durch das Instrument der Freiwilligkeitsvorbehalte, womit dem ArbGeb gestattet wird, das Entstehen eines Rechtsanspruchs für die Zukunft auszuschließen.

2 **2. Freiwilligkeitsvorbehalte.** Der ArbGeb kann durch einen Freiwilligkeitsvorbehalt den Anspruch auf die Leistung für zukünftige Bezugszeiträume ausschließen; dies setzt aber voraus, dass nicht im Widerspruch dazu an anderer Stelle im Vertrag von einem Rechtsanspruch die Rede ist (BAG 30.7.08 – 10 AZR 606/07, NZA 08, 1173). Nach der Rechtsprechung kann ein bei der jeweiligen Zahlung erklärter Freiwilligkeitsvorbehalt das Entstehen eines Rechtsanspruchs auf eine künftige Sonderzahlung wirksam verhindern (BAG 8.12.10 – 10 AZR 671/09), Der ArbGeb bleibt grundsätzlich in seiner Entscheidung frei, ob und unter welchen Voraussetzungen er zum laufenden Arbeitsentgelt eine zusätzliche Leistung erbringen will. Gibt es einen bei der Zahlung erklärten klar und verständlich formulierten Freiwilligkeitsvorbehalt, der jeden Rechtsanspruch des Arbeitnehmers auf eine Sonderzahlung ausschließt, entsteht kein Rechtsanspruch.

3 Demgegenüber sind vertragliche Freiwilligkeitsvorbehalte, jedenfalls **wenn sie alle zukünftigen Leistungen erfassen sollen, unzulässig** (BAG 14.9.11 – 10 AZR 526/10). **Unzulässig sind ferner Freiwilligkeitsvorbehalte bei laufendem Arbeitsentgelt** (BAG 25.4.07 – 5 AZR 627/06).

4 **3. AGB-Kontrolle von Freiwilligkeitsvorbehalten.** Die Vereinbarung eines Freiwilligkeitsvorbehalts in Formulararbeitsverträgen unterliegt der Inhaltskontrolle nach §§ 305 ff BGB und darf weder gegen die **Unklarheitenregelung in § 305c Abs 2 BGB** noch gegen das Transparenzgebot des **(§ 307 Abs 1 Satz 2 BGB)** verstoßen. Eine Vereinbarung, wonach „sämtliche Sonderzahlungen freiwillige Zahlungen sind, für die kein Rechtsanspruch besteht (zB Weihnachtsgratifikation und Urlaubsgeld richten sich nach den Bestimmungen des BAT)", ist unklar (BAG 20.1.10 – 10 AZR 914/08, NZA 10, 445). Nur **ausreichend**

transparente (§ 307 Abs 1 Satz 2 BGB) Freiwilligkeitsvorbehalte können das Entstehen von Ansprüchen aus betrieblicher Übung verhindern (BAG 21.1.09 – 10 AZR 219/08, NZA 09, 310; s auch *Preis* NZA 09, 282). Freiwilligkeitsvorbehalt und Widerrufsvorbehalt können nicht kombiniert werden (BAG 8.12.10 – 10 AZR 671/09, NZA 11, 628). Zulässig ist unter dem Blickwinkel der ABG-Kontrolle eine Klausel, die einem ArbGeb bei einer Einmalzahlung ein einseitiges Leistungsbestimmungsrecht einräumt, insbesondere wenn die Zahlung keinen Entgelt- sondern Gratifikationscharakter hat; die Leistungsbestimmung richtet sich dann nach § 315 Abs 3 BGB (BAG 16.1.13 – 10 AZR 26/12).

4. Freiwilligkeitsvorbehalte und Gleichbehandlungsgrundsatz. Der ArbGeb kann dem Gleichbehandlungsgrundsatz nicht durch einen Freiwilligkeitsvorbehalt ausweichen (BAG 25.4.91, DB 91, 1575). Für das laufende Jahr kann der ArbGeb daher nicht unter Berufung auf den Freiwilligkeitsvorbehalt einzelne ArbN oder Beschäftigtengruppen ohne sachlich gerechtfertigte Gründe von einer Gratifikationszahlung ausnehmen, da der Gleichbehandlungsgrundsatz trotz Freiwilligkeitsvorbehalt gilt (BAG 25.4.91 – 6 AZR 532/89, NZA 91, 763). Der ArbGeb kann den Freiwilligkeitsvorbehalt aber dazu nutzen, für die Zukunft veränderte Kriterien festzulegen, die aber nicht gegen den Gleichheitsgrundsatz verstoßen dürfen (BAG 12.1.2000 – 10 AZR 840/98, NZA 2000, 944). 5

5. zu Widerrufs- und Freiwilligkeitsvorbehalten s ausführlich *Änderungsvorbehalte* 6

B. Lohnsteuerrecht *Seidel*

Freiwillige ArbGeb-Leistungen erfolgen zusätzlich zum „ohnehin geschuldeten Arbeitslohn" (On-top-Leistung, s BFH 19.9.12 VI R 54/11, BStBl II 13, 395; VI R 55/11, BStBl II 13, 398 sowie großzügiger BMF 22.5.13 IV C 5-S 2388/11/10001–02; Dok 2013/0461548, BStBl I 13, 728, Gehaltsumwandlungen sind allerdings schädlich). Hauptanwendungsfälle sind die Kinderbetreuungsleistungen des ArbGeb (§ 3 Nr 33; s *Steuerfreie Einnahmen* Rz 19 „Kinderbetreuung"), Leistungen zur Verbesserung des allgemeinen Gesundheitszustandes (§ 3 Nr 34 EStG; s *Steuerfreie Einnahmen* Rz 17 „Gesundheitsvorsorge"), IT-Leistungen des Arb Geb (§ 40 Abs 2 Satz 2 Nr 5 EStG; *Lohnsteuerpauschalierung* Rz 37) und die Fahrtkostenzuschüsse zu den Aufwendungen für Fahrten Wohnung-erste Tätigkeitsstätte (§ 40 Abs 2 Satz 2 EStG; s *Steuerfreie Einnahmen* Rz 16 „Fahrten Wohnung-erste Tätigkeitsstätte"). Bei den Mitarbeiterbeteiligungen ist das Erfordernis der On-top-Leistung weggefallen, so dass hier auch Entgeltumwandlungen möglich sind (s *Mitarbeiterbeteiligung* Rz 28). Zu einmaligen Lohnzahlungen s die Ausführungen zu *Einmalzahlungen* Rz 31 und *Leistungsorientierte Vergütung* Rz 11. 10

C. Sozialversicherungsrecht *Schlegel*

Für das Beitragsrecht der SozVers spielt es keine Rolle, ob der ArbGeb geldwerte Leistungen oder Zahlungen auf der Grundlage eines Arbeitsvertrages oder oder betrieblichen/ tarifvertraglichen Grundlage erbringt. Arbeitsentgelt sind nach § 14 Abs 1 SGB IV „alle laufenden oder einmaligen Einnahmen aus einer Beschäftigung, gleich gültig ob ein Rechtsanspruch auf die Einnahmen besteht" oder ob dies – wie bei Freiwilligkeit – nicht der Fall ist. Unterliegen – freiwillige – Leistungen der Beitragspflicht, führen sie im Leistungsfall im Regelfall auch zu Leistungsansprüchen, indem sie zB in die Berechnung der Rente eingehen. 15

Freiwilligendienste

A. Arbeitsrecht *Röller*

1. Allgemeines. Zum 1.6.08 ist das Gesetz zur Förderung von Jugendfreiwilligendiensten (JFDG) in Kraft getreten (BGBl I 08, 842). Das JFDG stellt die rechtliche Grundlage für die Ableistung von Jugendfreiwilligendiensten (Freiwilliges soziales Jahr und Freiwilliges ökologisches Jahr) dar. Es richtet sich an Jugendliche ab Vollendung der Vollzeitschulpflicht bis zur Vollendung des 27. Lebensjahres (§ 2 Abs 1 Nr 4 JFDG). Zum 3.5.11 in Kraft getreten ist 1 das Gesetz zur Einführung des Bundesfreiwilligendienstes (BFDG, BGBl I 11, 687). Beim BFD handelt es sich um einen Nachfolgedienst für den Zivildienst, der aufgrund der Aussetzung des Wehrdienstes ebenfalls ausgesetzt wurde. Der BFD kann von allen Bürgern ab Vollendung der Vollzeitschulpflicht geleistet werden. Eine Altersbegrenzung wie beim FSJ u FÖJ besteht nicht (§ 2 Nr 1 BFDG). Bund bzw der Träger des Jugendfreiwilligendienstes und Freiwilliger schließen vor Beginn des BFD eine schriftliche Vereinbarung ab, deren zwingender Inhalt sich aus § 8 BFDG, § 11 JFDG ergibt.

2 **2. Ausgestaltung der Freiwilligendienste. a) Rechtsverhältnisse eigener Art.** Der BFD und die Freiwilligendienste nach dem JFDG sind **keine Arbeitsverhältnisse**, sondern **Rechtsverhältnisse eigener Art**. Die Freiwilligen engagieren sich für das Allgemeinwohl. Diese Zielsetzung führt dazu, dass die Freiwilligen auch in keinem Ausbildungsverhältnis stehen (so zum JFD BAG 12.2.92 – 7 ABR 42/91, NZA 93, 334). Arbeitsrechtliche Vorschriften, die an den Status eines Auszubildenden anknüpfen (zB § 5 Abs 1 BetrVG, § 2 BUrlG, § 7 Abs 1 Nr 2 PflegeZG, § 20 BEEG), sind daher auf die Freiwilligen nicht anzuwenden. Auch das KSchG findet keine Anwendung, da auch dieses an ein bestehendes Arbeitsverhältnis anknüpft.

3 **b) Träger, Einsatzstellen.** Träger des BFD ist der Bund, vertreten durch das Bundesamt für Familie und zivilgesellschaftliche Aufgaben (§ 14 BFDG); bei den JFD sind es anerkannte Einrichtungen der freien Wohlfahrtspflege auf Landesebene (§ 10 JFDG). Die Freiwilligendienste werden überwiegend als praktische Hilfstätigkeit in gemeinwohlorientierten Einrichtungen geleistet. Hierunter fallen bspw Einrichtungen der Kinder- und Jugendhilfe, der Wohlfahrts-, Gesundheits- und Altenpflege, der Behindertenhilfe, der Kultur- und Denkmalpflege, des Sports, des Natur- und Umweltschutzes, der Integration oder des Zivil- und Katastrophenschutzes (§ 6 BFDG, §§ 3, 4 JFDG).

4 **c) Dauer und Umfang.** Die Freiwilligendienste werden in der Regel für eine Dauer von 12 zusammenhängenden Monaten geleistet. Der Dienst dauert mindestens 6 Monate und höchstens 18 Monate. Ausnahmsweise kann er bis zu einer Dauer von 24 Monaten verlängert werden, wenn dies im Rahmen eines besonderen pädagogischen Konzeptes möglich ist (§ 3 Abs 2 BFDG, § 8 JFDG). Beim JFD ist der Dienst in Vollzeit zu erbringen (§ 2 Abs 2 Nr 1 JFDG); der BFD kann auch in Teilzeit abgeleistet werden. Eine wöchentliche Stundenzahl von 20 darf jedoch nicht unterschritten werden (§ 2 Nr 2 BFDG).

5 **d) Anwendung arbeitsschutzrechtlicher Bestimmungen.** Gemäß §§ 13 BFDG, 13 JFDG sind auf die freiwilligen Dienste die Arbeitsschutzbestimmungen entsprechend anzuwenden. Hierunter fallen insb das ArbeitsschutzG, die ArbeitsstättenVO, das JugendarbeitsschutzG sowie entsprechende Schutzvorschriften im MuSchG und im Schwerbehindertenrecht (SGB IX). Das ArbPlSchG findet hingegen keine Anwendung. Entsprechend anzuwenden ist auch das BUrlG, so dass die Freiwilligen im Rahmen des Dienstes Anspruch auf den gesetzlichen Mindesturlaub (24 Werktage) gegen Fortzahlung der Vergütung haben. Das EFZG ist nicht anwendbar. Es ist ein ArbNSchutzgesetz und kein ArbeitsschutzG (aA *Biedemann* NZA 12, 606).

Für Schäden bei der Ausübung ihrer Tätigkeit haften Freiwillige wie ArbN (§ 9 Abs 2 BFDG, § 13 Satz 2 JFDG). Näheres s *Arbeitnehmerhaftung* Rz 8 ff.

6 **3. Aufwandsentschädigung.** Die Freiwilligendienste sind als freiwilliges Engagement grds ein unentgeltlicher Dienst. Die Freiwilligen haben folglich keinen Anspruch auf eine Vergütung. Die Einsatzstelle kann den Freiwilligen jedoch ein angemessenes **Taschengeld** gewähren (§ 2 Nr 4 BFDG, § 2 Abs 1 Nr 3 JFDG). Das Taschengeld ist kein Gehalt im arbeitsrechtlichen Sinn. Es entspricht einer Aufwandsentschädigung für ein Ehrenamt. Die gesetzliche Obergrenze für ein gewährtes Taschengeld beträgt 6 % der Beitragsbemessungsgrenze West in der RV. Dies entspricht zurzeit einem Betrag von max € 330. Neben dem Taschengeld können den Freiwilligen auch Sachbezüge gewährt werden, zB Verpflegung und Unterkunft, Arbeitskleidung und Fahrtkostenerstattung (§ 2 Nr 4 BFDG, § 2 Abs 1 Nr 3 JFDG).

7 **4. Verpflichtungen nach Beendigung des Freiwilligendienstes.** Nach Abschluss des Dienstes hat die Einsatzstelle dem Freiwilligen eine Bescheinigung über die Teilnahme auszustellen (§ 11 Abs 1 BFDG, § 11 Abs 3 JFDG). Die Freiwilligen können vom Träger des

Freiwilligendienste 193

Weiteren ein schriftliches Zeugnis über die Art und Dauer des Freiwilligendienstes fordern (§ 11 Abs 2 BFDG, § 11 Abs 4 JFDG).

5. Kein Rechtsanspruch gegenüber dem bisherigen Arbeitgeber auf Freistellung. 8
ArbN, die aus einem bestehenden Arbeitsverhältnis heraus einen Freiwilligendienst ableisten möchten, haben **keinen gesetzlichen Freistellungsanspruch** gegenüber ihrem ArbGeb. Eine Freistellung oder Ruhendstellung des Arbeitsverhältnisses unterliegt daher der freien Vereinbarung.

6. Rechtsschutz. Für bürgerliche Rechtsstreitigkeiten zwischen den Trägern des Freiwil- 9
ligendienstes oder den Einsatzstellen und Freiwilligen nach dem BFDG und JFDG sind die ArbG zuständig (§ 2 Abs 1 Nr 8 ArbGG).

B. Lohnsteuerrecht *Windsheimer*

1. Familienleistungsausgleich. Die Programme der Jugendfreiwilligendienste (s oben 12
Rz 2) haben steuerliche Bedeutung für den **Kinderfreibetrag** (§ 32 Abs 4 Nr 2d EStG) und das **Kindergeld** (§ 63 Abs 1 Satz 2 EStG); Rückwirkung ab 2009 (§ 52 Abs 40 Satz 6 EStG). Wer nach Vollendung des 18. Lebensjahres bis zur Vollendung des 25. Lebensjahres (s oben Rz 1) zB ein freiwilliges soziales Jahr iSd einschlägigen Gesetzes (s oben Rz 1) – auch im Ausland – ableistet, wird steuerlich und für das Kindergeld als Kind berücksichtigt (BFH 18.3.09 – III R 33/07, BFH/NV 09, 1296). Keine Verlängerung über das 25. Lebensjahr hinaus (FG Münster 11.5.10 – 8 K 2450/09 Kg, EFG 10, 1706; BFH III R 44/10: Revision durch Rücknahme erledigt; s im Gegensatz dazu *Wehrdienst* Rz 18). In den Anwendungsbereich des Familienleistungsausgleichs wurden ab 2011 der Internationale Jugendfreiwilligendienst im Sinne der Richtlinie des Bundesministeriums für Familie, Senioren, Frauen und Jugend vom 20.12.10 (Gemeinsames Ministerialblatt, S 1778) und der BFD im Sinne des BFDG einbezogen (§ 32 Abs 4 Satz 1 Nr 2 Buchst d EStG). Freiwillige andere Dienste im Ausland werden nicht anerkannt (BFH 17.12.08 – III 62/06, BFH/NV 09, 747; großzügiger FG Köln 6.6.10 – 10 K 3427/09, EFG 10, 1621). Der jeweilige Träger der einschlägigen Dienste hat zum Nachweis der erbrachten Leistungen eine entsprechende Bescheinigung auszustellen, die auf der bei der Jahresveranlagung beim FA zur Gewährung des Kinderfreibetrags und zur Gewährung des Kindergelds (§ 69 EStG) vorzulegen ist. Fehlt es hieran, entfällt der Kindergeldanspruch (BFH 29.11.05 – III B 53/05, BFH/NV 06, 718; BFH 31.3.09 – III R 61/06 nv). Einzelheiten s *Kinderfreibetrag* Rz 23.

2. Besteuerung. Das **Taschengeld** (s oben Rz 6) oder eine vergleichbare Geldleistung, 13
das an Personen gezahlt wird, die einen in § 32 Abs 4 Satz 1 Nr 2 Buchstabe d EStG genannten Freiwilligendienst leisten, insbes Jugendfreiwilligendienst und BFD, ist **steuerfrei** (§§ 3 Nr 5 f, 52 Abs 1, 4g EStG ab 2013). Damit bleiben weitere Bezüge wie unentgeltliche Unterkunft und Verpflegung steuerpflichtig und unterliegen nach § 38 EStG dem Lohnsteuerabzug. Zur bisherigen Rechtslage s *Personalbuch* 2012 und 2013. Grundsätzlich und zur USt OFD Frankfurt 13.3.09 – S 7100 A – 271 – St 110, BeckVerw 159352. Die Ableistung des Jugendfreiwilligendienstes stellt steuerlich **keine Berufsausbildung** dar, weder iSd Kindergeldrechts, noch bezüglich abziehbarer Kosten (BFH 7.4.11 – III R 11/09, BeckRS 2011, 95638; s *Ausbildungsfreibetrag* Rz 4).

C. Sozialversicherungsrecht *Ruppelt*

1. Allgemeines. Freiwilligendienste werden im sozialen und ökologischen Bereich (auch 15
Sport, Integration und Kultur usw) in entsprechenden Trägereinrichtungen geleistet. Für die Tätigkeit wird grundsätzlich kein Arbeitsentgelt gezahlt und der Dienst ist idR befristet. Die Zahlung eines Taschengeldes und die Gewährung von Unterkunft und Verpflegung sind nicht ausgeschlossen. Im Vordergrund stehen die in Länderhoheit geregelten **Jugendfreiwilligendienste** (Freiwilliges Soziales Jahr und Freiwilliges Ökologisches Jahr) und der **Bundesfreiwilligendienst**. Nach Aussetzung der Wehrpflicht im Jahre 2011 und dem damit verbundenen Wegfall des Zivildienstes ist durch das Gesetz über den Bundesfreiwilligendienst (BFDG) vom 28. April 2011 (BGBl I, 687) zum 1.7.2011 der Bundesfreiwilligendienst eingeführt worden, um den Verlust der ca. 90 000 Zivildienstleistenden aufzufangen. Der Dienst ersetzt den erst im Jahre 2009 eingeführten Freiwilligendienst aller Generationen.

194 Freizeitbeschäftigung

16 **2. Sozialversicherungspflicht. a) Jugendfreiwilligendienste.** Die Jugendfreiwilligendienste werden trotz fehlenden Arbeitsentgelts (s Rz 6) regelmäßig im Rahmen eines sozversrechtlichen **Beschäftigungsverhältnisses** (s *Arbeitnehmer (Begriff)* Rz 47, 51) nach § 7 Abs 1 SGB IV verrichtet. Die fehlende Erwerbsabsicht ändert daran nichts (BSG 17.4.07 – B 5 R 62/06 R, SozR 4–2600 § 58 Nr 8). Dies entspricht auch der Auffassung der Spitzenverbände der SozVTräger. Daraus folgt die **Versicherungspflicht** dieser Dienste in allen Zweigen der SozVers und der ArblV nach § 5 Abs 1 Nr 1 SGB V (KrankenV), § 1 Abs 1 Nr 1 SGB VI (RentenV), § 20 Abs 1 Satz 2 Nr 1 SGB XI (PflegeV) und § 25 Abs 1 Satz 1 SGB III (ArblV). Als Beschäftigte sind die Teilnehmer der Jugendfreiwilligendienste nach § 2 Abs 1 Nr 1 SGB VIII **gesetzlich unfallversichert.** Die Beiträge werden nach § 20 Abs 3 Satz 1 Nr 2 SGB IV iVm § 9 Nr 6 JFDG vollständig von der Trägerstelle entrichtet. Die Beiträge errechnen sich aus Taschengeld und Sachbezügen (s *Sachbezug* Rz 39 ff). Werden die Freiwilligendienste im Rahmen eines entgeltlichen Beschäftigungsverhältnisses ausgeübt, sind diese auch dann nicht versicherungsfrei, wenn es sich im Übrigen um eine versicherungsfreie geringfügige Beschäftigung (s *Geringfügige Beschäftigung* Rz 25) handeln würde. Diese Ausnahme von der Versicherungspflicht wird für die Freiwilligendienste durch die §§ 7 Abs 1 Hs 2 Nr 2 u 3 SGB V, § 5 Abs 2 Satz 3 SGB VI, 27 Abs 2 Satz 2 Nr 1 SGB III ausgeschlossen. Wenn ein Entgelt (auch sog Taschengeld) an den Dienstleistenden bezahlt wird, besteht im Krankheitsfall nach Wegfall der Bezüge bzw dem Ende der *Entgeltfortzahlung* Anspruch auf *Krankengeld*. Werden die Dienste im Einzelfall **außerhalb eines Beschäftigungsverhältnisses** verrichtet, was uU bei fehlender betrieblicher Eingliederung und/oder Entgeltlosigkeit denkbar ist (s *Arbeitnehmer (Begriff)* Rz 64), besteht keine Versicherungspflicht (KassKomm/*Peters* § 5 SGB V, Rz 33). Deshalb sieht § 10 Abs 2 Nr 3 Hs 1 SGB V in diesen Fällen den Fortbestand einer ggf bestehenden *Familienversicherung* in der gesetzlichen KV (ohne Anspruch auf *Krankengeld*) vor, die ansonsten von der Pflichtversicherung verdrängt würde. Anspruch auf **Kindergeld** besteht auch während der Ableistung des Jugendfreiwilligendienstes. An der sozialversicherungsrechtlichen Absicherung ändert sich nichts, wenn der Jugendfreiwilligendienst im **Ausland** abgeleistet wird, wenn der Träger des Dienstes seinen Hauptsitz im Inland hat und als solcher nach § 10 JFDG zugelassen ist.

17 **b) Bundesfreiwilligendienst.** Personen, die eine Freiwilligendienst nach dem BFDG ableisten, sind entsprechend den Regelungen für den Jugendfreiwilligendienst **sozialversichert.** Nach § 13 Abs 2 BFDG finden die für den Jugendfreiwilligendienst geltenden Regelungen entsprechende Anwendung. Im Krankheitsfall besteht Anspruch auf Entgeltfortzahlung (*Tiedemann* Anwendbarkeit des Entgeltfortzahlungsgesetzes auf Freiwillige des Bundesfreiwilligendienstes, NZA 12, 602) und – soweit der Dienst im Rahmen eines sozversrechtlichen Beschäftigungsverhältnisses ausgeübt wird – auf Krankengeld.

18 **c) Internationale Freiwilligendienste.** Die zahlreichen weiteren internationalen Freiwilligendienste, etwa der Europäische Freiwilligendienst (EFD) und der Andere Dienst im Ausland (ADiA) haben gemeinsam, dass die Freiwilligen durch Ableistung dieser Dienste nicht pflichtversichert sind. Eine Ausnahme hinsichtlich der **gesetzlichen Unfallversicherung** bilden der entwicklungspolitische Freiwilligendienst „weltwärts" iS der Richtlinie des Bundesministeriums für wirtschaftliche Zusammenarbeit und Entwicklung vom 1.8.07 (BAnz 08, 1297) und der Internationale Jugendfreiwilligendienst iS der Richtlinie Internationaler Jugendfreiwilligendienst des Bundesministeriums für Familie, Senioren, Frauen und Jugend vom 20.12.10 (GMBl 1778). Diese Freiwilligen sind gesetzlich unfallversichert (§ 2 Abs 3 Satz 1 Nr 2 Buchstabe b und c SGB V). Im Übrigen werden von der Trägern der internationalen Dienste für die Dienstleistenden idR private KV und UV abgeschlossen.

Freizeitbeschäftigung

A. Arbeitsrecht *Poeche*

1 **1. Begriff.** Freizeitbeschäftigung ist kein gesicherter arbeitsrechtlicher Begriff. Er beschreibt in der SozV den von der gesetzlichen Versicherung nicht erfassten privaten Bereich des ArbN. Im Arbeitsvertragsrecht macht er Sinn, soweit es für die Beurteilung der Rechte und Pflichten des ArbN auf die **Abgrenzung zur Arbeitszeit** und die Art und Weise seiner Freizeitgestaltung ankommt. Freizeit als Gegensatz zur Arbeitszeit ist die Zeit, in der der ArbN dem ArbGeb nicht arbeitsvertraglich zur tatsächlichen Arbeitsleistung zur Verfügung zu stehen hat. Arbeitsrechtlich wird der Komplex schlagwortartig mit „außerdienstliches Verhalten" gekennzeichnet. Regelmäßig bleibt es ausschließlich dem ArbN überlassen, wie er seine Freizeit gestaltet, insbesondere erlaubt das in § 106 GewO geregelte Weisungsrecht dem ArbGeb keine Eingriffe in die private Lebensführung des ArbN. Er darf ausdrücklich nur Weisungen zum Verhalten der ArbN „im Betrieb" erteilen (BAG 23.8.12 – 8 AZR 804/11, NZA 13, 268).

2. **Generelle Beschränkungen der Freizeit** des ArbN ergeben sich aufgrund des Arbeitsvertrages, der ihm eine im Wettbewerb zum ArbGeb stehende Tätigkeit verbietet (s *Wettbewerb* Rz 3–9). Nicht mit Wettbewerbsinteressen des ArbGeb kollidierende Nebentätigkeiten sind dann untersagt, wenn durch sie die Grenzen des **Arbeitszeitschutzes** überschritten werden (BAG 11.12.01 – 9 AZR 464/00, NZA 02, 965). Da Überschreitungen der höchstzulässigen Arbeitszeit als Ordnungswidrigkeit verfolgt werden, muss der ArbN auch ohne gesonderte vertragliche Vereinbarung dem ArbGeb gesetzesverletzende Nebentätigkeiten mitteilen (Näheres s *Nebentätigkeit* Rz 5; *Anzeigepflichten Arbeitnehmer* Rz 6). Außerdienstliches Verhalten kann Anlass zu arbeitsrechtlichen Konsequenzen wie Abmahnung und Kündigung sein, wenn es unmittelbar auf das Arbeitsverhältnis einwirkt, weil es die auch außerhalb der Arbeitszeit bestehende Pflicht zur Rücksichtnahme auf die Rechte, Rechtsgüter und Interessen des ArbGeb verletzt (so zB, wenn der angestellte Polizist im Wachschutz in seiner Freizeit Partydrogen herstellt: LAG Bln-Bbg 25.10.11 – 19 Sa 1075/11, BB 12, 252 LS; offen gelassen BAG 20.6.13 – 2 AZR 589/12, NZA 13, 1345; Näheres *Kündigung, verhaltensbedingte* Rz 25–27; *Meinungsfreiheit* Rz 5–8).

3. **Arbeitsvertraglich vereinbarte Beschränkungen.** Vorbehaltlich der Inhaltskontrolle arbeitsvertraglicher Vereinbarungen nach Maßgabe der §§ 305 ff BGB kann sich der ArbN nach dem Grundsatz der Vertragsfreiheit verpflichten, bei der Gestaltung seiner Freizeit auf die Interessen des ArbGeb Rücksicht zu nehmen. Solche Vereinbarungen müssen sich allerdings am grundgesetzlich geschützten Katalog des Freiheits- und Persönlichkeitsrechts (Art 1 und 2 GG) messen lassen. Politische Enthaltsamkeit als solche kann ebenso wenig vereinbart werden wie Zölibatsklauseln oÄ. Anderes gilt für eher periphere Einschränkungen, wenn dem Anliegen des ArbGeb ein anerkennenswertes Interesse zugrunde liegt und dem ArbN für seinen Verzicht auf bestimmte Freizeitgestaltung ein angemessener Ausgleich geleistet wird. Dieser kann auch in der unmittelbaren Vergütung enthalten sein.

So können Künstler wie Schauspieler und Musiker im Interesse einer kontinuierlichen Präsenz sich verpflichten, anerkannt unfallträchtige Sportarten wie Drachenfliegen, Fußball, Ski, Boxen, Volleyball usw nicht auszuüben. Die Wirksamkeit entsprechender Klauseln hängt maßgeblich vom Einzelfall ab, so von der zeitlichen Dauer der Beschränkung oder der Entbehrlichkeit des Künstlers (zB mögliches vorübergehendes „Herausschreiben" aus einer Fernsehserie). Gegen Reisebeschränkungen bestehen je nach Einzelfall keine Bedenken (zB Geheimnisträger im öffentlichen Dienst; Gefahrengebiete im Ausland). Entsprechende vertragliche Bindungen leitender Angestellter unterliegen wegen der ihnen übertragenen unternehmenswichtigen Aufgaben und dem regelmäßigen Ausgleich der Beschränkung im privaten Lebensbereich durch höhere Vergütung keinen Bedenken. Anders liegt es bei normalen Arbeitsverhältnissen.

4. **Mitbestimmungsrechte** des BRat greifen in diesem Zusammenhang auch dann nicht ein, wenn der ArbGeb generell mit bestimmten ArbNGruppen, die zu dem vom BRat vertretenen Personenkreis gehören, entsprechende vertragliche Absprachen trifft. Das außerbetriebliche Verhalten der ArbN ist der Regelungskompetenz der Betriebsparteien entzogen, insbesondere berechtigt § 87 Abs 1 Nr 1 BetrVG nicht dazu, in die private Lebensführung der ArbN einzugreifen (zur Abgrenzung zum mitbestimmungspflichtigen Ordnungsverhalten: BAG 28.5.02 – 1 ABR 32/01, NZA 03, 166; BAG 22.7.08 – 1 ABR 40/07, NZA 08, 1248). Ein Einigungsstellenspruch, der die berechtigten Interessen der Beschäftigten an einer freien Gestaltung der Freizeit außer Acht lässt, entspricht nicht billigem Ermessen iSd § 76 Abs 5 S 3 BetrVG (BAG 17.1.12 – 1 ABR 45/10, NZA 12, 687).

194 Freizeitbeschäftigung

6   **5. Beeinträchtigungen** bei der Durchführung des Arbeitsverhältnisses, etwa infolge zahlreicher Sportunfälle oder mangelnder Leistungsfähigkeit aufgrund privater Überbeanspruchung, kann der ArbGeb mit den arbeitsrechtlich zur Verfügung stehenden Mitteln wie Abmahnung/Kündigung begegnen.

B. Lohnsteuerrecht *Seidel*

11   Wird der ArbN in seiner Freizeit gegen Bezahlung von Arbeitslohn für einen anderen ArbGeb tätig, ergeben sich für die Besteuerung des Arbeitslohns keine Besonderheiten. Meist wird es sich um eine pauschalierungsfähige Aushilfsbeschäftigung oder eine geringfügige Beschäftigung handeln, so dass die Bildung von LStAbzugsmerkmalen nicht erforderlich ist (s *Teilzeitbeschäftigung* Rz 115, *Aushilfskräfte* Rz 23 ff und *Geringfügige Beschäftigung* Rz 20 ff). Ansonsten hat der ArbN jedem seiner ArbGeb bei Eintritt in das Dienstverhältnis zum Zweck des Abzugs der LStAbzugsmerkmale mitzuteilen, ob es sich um das erste oder ein weiteres Dienstverhältnis handelt (§ 39e Abs 4 Satz 1 Nr 2 EStG; zur Steuerklasse s § 38b Abs 1 Satz 2 Nr 6 EStG und *Lohnsteuerklassen* Rz 11; s auch *Nebentätigkeit* Rz 20).

12   Betätigt sich der ArbN in seiner Freizeit nebenberuflich als Übungsleiter, Ausbilder, Erzieher, Betreuer oder in vergleichbaren Tätigkeiten bzw künstlerisch, so sind Aufwandsentschädigungen bis 2400 € steuerfrei. Dies gilt auch, wenn der ArbN nebenberuflich bei der Pflege alter, kranker oder behinderter Menschen im Dienst oder Auftrag einer inländischen juristischen Person des öffentlichen Rechts oder von Einrichtungen zur Förderung gemeinnütziger, mildtätiger oder kirchlicher Zwecke tätig wird (§ 3 Nr 26 EStG). Für alle sonstigen, nicht unter § 3 Nr 26 EStG fallenden Tätigkeiten gibt es einen Freibetrag iHv 720 € (§ 3 Nr 26a EStG; s auch *Ehrenamtliche Tätigkeit* Rz 23). Auf *Aufwandsentschädigung* Rz 12 ff, *Ausbilder* Rz 12 ff und *Nebentätigkeit* Rz 22 wird ergänzend Bezug genommen.

13   Zur Abgrenzung der ArbNEigenschaft von der ehrenamtlichen Tätigkeit (s *Ehrenamtliche Tätigkeit* Rz 11 ff) im Verhältnis zum Auftraggeber ist entscheidend, ob eine Eingliederung vorliegt (s *Arbeitnehmer (Begriff)* Rz 34). Geringfügigkeit der Entschädigung und kurze Dauer der Tätigkeit stehen der ArbNEigenschaft nicht entgegen (BFH 28.2.75, BStBl II 76, 134). Zur Einordnung weiterer möglicher Freizeitbeschäftigungen s das ABC bei *Arbeitnehmer (Begriff)* Rz 84 und *Nebentätigkeit* Rz 20 ff.

C. Sozialversicherungsrecht *Ruppelt*

14   **Unfallversicherung.** Verrichtungen in der Freizeit, auch wenn sie zur Erholung oder Erhaltung/Wiederherstellung der Arbeitsfähigkeit dienen, sind eine eigenwirtschaftliche, zum **privaten Lebensbereich** gehörende Angelegenheit. Es besteht daher grds kein Versicherungsschutz in der gesetzlichen UV (BSG 4.6.02 – B 2 U 24/01 R, NZA 02, 1274; 13.8.02 – B 2 U 29/01 R, ZfS 02, 274; 27.10.09 – B 2 U 26/08 R, WzS 10, 59). Zum UVSchutz in Arbeitspausen vgl *Pause* Rz 14. Ausnahmen von dem genannten Grundsatz sind denkbar, wenn in der Freizeit eine unmittelbar mit der beruflichen Tätigkeit in Zusammenhang stehende Beschäftigung verrichtet wird. So ist der Unfall eines Vorstandsassistenten einer Versicherung bei einer Skitour als *Arbeitsunfall* anerkannt worden, weil er eine Wintertagung einer Vermögensberatungsfirma aktiv zu begleiten hatte und damit für sein Unternehmen werben sollte (BSG 1.7.97 – 2 RU 36/96, ArbuR 97, 333). Ein freiwillig versicherter, selbstständig tätiger Arzt, der während eines gemeinsamen Skiurlaubs einer Sportgruppe deren Mitglieder ärztlich betreut, ist bei **dieser** Tätigkeit versichert; nicht jedoch bei einer privaten Zwecken dienenden Skiabfahrt (BSG 1.2.96 – 2 RU 3/95, NZS 96, 441). Vgl auch *Arbeitsunfall* Rz 31 ff, *Dienstreise* Rz 64 ff, *Unfallversicherung* Rz 16 ff, *Betriebssport* Rz 14 ff.

15   Von der Freizeitbeschäftigung unabhängig besteht Versicherungsschutz, wenn die Voraussetzungen vorliegen, unter denen die gesetzliche UV auch ohne direkten Bezug zu einem Arbeits- oder Dienstverhältnis das Unfallrisiko abzudecken hat. Dies ist zB für Helfer bei Unglücksfällen oder öffentlichen Diensthandlungen und für Blutspender der Fall (§ 2 Abs 1 Nr 13 SGB VII). Die betreffenden Personengruppen sind in § 2 Abs 1 SGB VII abschließend aufgeführt (s *Unfallversicherung* Rz 27 ff; *Ehrenamtliche Tätigkeit* Rz 36 ff).

Fürsorgepflicht

A. Arbeitsrecht
Kreitner

1. Begriff und Bedeutung. Ein jedes Arbeitsverhältnis besteht aus den vertraglichen 1 Hauptpflichten und sog Nebenpflichten. Während sich als Hauptpflichten allein die Pflicht des ArbN zur Dienstleistung und die Vergütungspflicht des ArbGeb gegenüberstehen, existieren eine Vielzahl vertraglicher Nebenpflichten für beide Vertragsparteien. Die Fürsorgepflicht stellt die wichtigste Nebenpflicht auf ArbGebSeite dar, die ihr ArbNseitiges Gegenstück in der sog *Treuepflicht* findet.

Die Fürsorgepflicht des ArbGeb ist **zwingender Bestandteil** des Arbeitsverhältnisses und 2 kann als solche nicht durch die Parteien abbedungen werden. Lediglich der Ausschluss bestimmter einzelner Verhaltenspflichten, die ihrerseits Ausfluss der Fürsorgepflicht sind, ist im Einzelfall möglich, wenn dabei die allgemeinen Grenzen der Sittenwidrigkeit, der Gleichbehandlung und anderer gesetzlicher Verbote beachtet werden.

Definieren lässt sich die Fürsorgepflicht als Verpflichtung des ArbGeb, seine Rechte aus 3 dem Arbeitsverhältnis so auszuüben und die im Zusammenhang mit dem Arbeitsverhältnis stehenden Interessen des ArbN so zu wahren, wie dies unter Berücksichtigung der Belange des Betriebes und der Interessen der gesamten Belegschaft nach Treu und Glauben billigerweise möglich ist (BAG 16.2.12 – 8 AZR 98/11, BeckRS 2012, 70997; 27.1.11 – 8 AZR 280/09, NZA 11, 1312). Sie hat mittlerweile in § 241 Abs 2 BGB auch eine gesetzliche Grundlage gefunden.

Die **Geltungsdauer** der Fürsorgepflicht wird nicht begrenzt durch das bestehende Ar- 4 beitsverhältnis, sondern sie beginnt bereits bei der Begründung des Arbeitsverhältnisses und wirkt fort im Zeitraum der Weiterbeschäftigung nach erfolgter Kündigung sowie in Einzelfällen sogar nach der Beendigung des Arbeitsverhältnisses als nachvertragliche Fürsorgepflicht (BAG 21.11.2000 – 3 AZR 415/99, NZA 01, 661). So bestehen zB im Rahmen der Vertragsverhandlungen unter Umständen eine Hinweispflicht des ArbGeb wegen besonderer Leistungsanforderungen oder Arbeitsbedingungen sowie Obhutspflichten hinsichtlich der persönlichen Bewerbungsunterlagen.

Im Rahmen des „Weiterbeschäftigungsverhältnisses" nach erfolgter Kündigung gilt grds 5 die gleiche vertragliche Fürsorgepflicht wie im ungekündigten Arbeitsverhältnis. Nach Beendigung des Arbeitsverhältnisses ist der ArbGeb zur Zeugniserteilung verpflichtet und hat bei Auskünften betreffend den ausgeschiedenen ArbN gegenüber Dritten dessen Interessen zu beachten (Näheres s *Auskunftspflichten Arbeitgeber Rz 19 ff*). Gem § 629 BGB muss er dem ArbN nach der Kündigung des Arbeitsverhältnisses Freistellung zur *Stellensuche* gewähren.

In Einzelfällen kann nach einer umfassenden Interessenabwägung ein **Wiedereinstel-** 6 **lungsanspruch** des gekündigten ArbN gestützt auf die nachwirkende Fürsorgepflicht bestehen (BAG 27.2.97 – 2 AZR 160/96, NZA 97, 757; 4.12.97 – 2 AZR 140/97, NZA 98, 701; 28.6.2000 – 7 AZR 904/98, NZA 2000, 1097; Näheres s *Wiedereinstellungsanspruch Rz 5*). Schließlich gilt die Fürsorgepflicht auch im ruhenden Arbeitsverhältnis (LAG Köln 9.12.97 – 13 Sa 756/97, BeckRS 1997, 30772860).

Der **Umfang** der Fürsorgepflicht lässt sich abgesehen von vorhandenen gesetzlichen oder 7 tariflichen Konkretisierungen nicht generell festlegen, sondern ist in jedem einzelnen Arbeitsverhältnis verschieden (speziell zum Anwaltsarbeitsverhältnis *Compensis* BB 96, 321; zur Auslandstätigkeit *Schliemann* BB 01, 1302). Wichtigster Maßstab ist regelmäßig der **Grad der Abhängigkeit** des ArbN. Je umfangreicher die Einwirkungsmöglichkeit des ArbGeb kraft seines Direktionsrechts ist, desto weitergehender sind auch die Fürsorgeverpflichtungen des ArbGeb. Zu beachten ist auch der **Verhältnismäßigkeitsgrundsatz**, der eine Abwägung zwischen dem Schutzinteresse des ArbN und den Interessen des ArbGeb erforderlich macht (*Kort* NZA 96, 854). Soweit eine normative Regelung besteht, scheidet ein Rückgriff auf die allgemeine Fürsorgepflicht aus (BAG 15.11.05 – 9 AZR 209/05, NZA 06, 502).

2. Einzelfälle. a) Schutz der Person des Arbeitnehmers. Die Fürsorgepflicht des 8 ArbGeb bezüglich Leben und Gesundheit des ArbN wird in §§ 617–619 BGB konkretisiert. Auch der zunächst im BSchuG und seit dem 18.8.06 durch das AGG gewährleistete Schutz

195 Fürsorgepflicht

vor sexueller Belästigung stellt eine weitere spezialgesetzliche Ausprägung der allgemeinen Fürsorgepflicht dar (Näheres s *Diskriminierung* Rz 65 ff sowie *Mobbing* Rz 1 ff).

9 Sonderregelungen finden sich für Handlungsgehilfen in § 62 HGB, für Jugendliche in §§ 32 ff JArbSchG sowie für Heimarbeiter in §§ 12 ff HAG. Zu beachten ist insbesondere die Generalklausel des § 618 BGB, wonach der ArbGeb die Arbeitsbedingungen so gestalten muss, dass der ArbN gegen Gefahren für Leben und Gesundheit geschützt ist, soweit dies die Natur der zu erbringenden Dienstleistung gestattet. Diese **Generalklausel** wird durch eine Vielzahl öffentlich-rechtlicher Schutzvorschriften, die oftmals bußgeldbewehrt sind, näher ausgestaltet (zB ArbstättV, GefStoffV, RöntgenVO, StrahlenschutzVO, Gerätesicherheitsgesetz). Umstritten ist, ob der ArbGeb aufgrund der Fürsorgepflicht verpflichtet ist, dem ArbN einen tabakrauchfreien Arbeitsplatz zur Verfügung zu stellen (BAG 17.2.98 – 9 AZR 84/97, NZA 98, 1231 [im Einzelfall]; LAG Bln 18.3.05 – 6 Sa 2585/04, BB 05, 1576; vgl im Übrigen *Nichtraucherschutz* Rz 8 ff).

10 **b) Gegenstände des Arbeitgebers.** Bei der Nutzung von Dienstfahrzeugen durch den ArbN besteht für den ArbGeb zwar keine Verpflichtung, jedoch eine sog Obliegenheit zum Abschluss einer Kaskoversicherung für das Kraftfahrzeug. Im Schadensfall muss er sich daher immer so behandeln lassen, als habe er eine derartige Versicherung abgeschlossen (Näheres s *Arbeitnehmerhaftung* Rz 17). Soweit der ArbN arbeitsplatzbedingt einem besonderen Schadensrisiko ausgesetzt ist, muss der ArbGeb aufgrund der Fürsorgepflicht für eine möglichst geringe Belastung des ArbN sorgen (LAG Frankfurt 4.11.87, DB 88, 2652: Schlüsselverlust durch Lagerleiter).

11 **c) Schutz der eingebrachten Sachen des Arbeitnehmers.** Aufgrund der Fürsorgepflicht hat der ArbGeb Vorsorgemaßnahmen zum Schutz der in den Betrieb mitgebrachten Sachen des ArbN zu treffen. Den ArbGeb trifft eine Obhuts- und Verwahrungspflicht, wenn der ArbN nicht selbst Vorsorge treffen kann (BAG 23.1.92 – 8 AZR 282/91, BeckRS 1992, 30739919; LAG Bln 17.5.99 – 9 Sa 209/99). Diese Pflicht gilt uneingeschränkt für sog **persönlich unentbehrliche Sachen** des ArbN (Straßenkleidung, Uhr, angemessener Geldbetrag) sowie sog **unmittelbar arbeitsdienliche Sachen** (Arbeitskleidung, Werkzeug, Fachbücher). Zu weitergehenden Maßnahmen ist der ArbGeb regelmäßig nicht verpflichtet (LAG Düsseldorf 19.10.89, DB 90, 1468: Feuerversicherung; LAG RhPf 15.1.09 – 10 Sa 615/08, BeckRS 2009, 56433: keine Garantiehaftung).

12 Hinsichtlich der sog **lediglich mittelbar arbeitsdienlichen Sachen** besteht eine eingeschränkte Verwahrungs- und Obhutspflicht, die nach den Grundsätzen der Billigkeit nach Treu und Glauben im Einzelfall zu beurteilen ist. Hauptanwendungsfall sind die privateigenen Verkehrsmittel der ArbN. Abstellplätze für Fahrräder und Mopeds muss der ArbGeb regelmäßig zur Verfügung stellen. Eine generelle Verpflichtung zur Bereitstellung von **Firmenparkplätzen** für Pkw besteht demgegenüber nicht, kann aber im Einzelfall je nach Betriebsgröße in Betracht kommen (LAG Hess 11.4.03 – 12 Sa 243/02, NZA-RR 04, 69; weiterführend *Kreßel* RdA 92, 169). Existiert ein solcher Parkplatz jedoch, so ist der ArbGeb verpflichtet, für die erforderlichen Verkehrssicherungsmaßnahmen zu sorgen (ArbG Marburg 15.8.97 – 2 Ca 8/97, BB 99, 852 [LS]), wie zB Beleuchtung (BGH 29.1.68, VersR 68, 399), Streupflicht im Winter (BGH 22.11.65, NJW 66, 202), Sicherung gegen vorbeifließenden Verkehr (BAG 5.3.59, DB 59, 833). Vom ArbGeb angeordnete Verkehrsregeln sind verbindlich (LAG Brem 19.11.98 – 4 Sa 131/98, NZA-RR 99, 260: Verkehrsunfall auf Firmenparkplatz unter Beteiligung mehrerer ArbN). Eine Haftung für schuldhaftes Verhalten eines Dritten, der im Rahmen eines Werkvertrages auf dem Firmengelände tätig ist und die auf dem Firmenparkplatz abgestellten Pkws beschädigt, ergibt sich hieraus jedoch nicht (BAG 25.5.2000 – 8 AZR 518/99, NZA 2000, 1052). Unter Umständen besteht im Einzelfall eine Pflicht zur Überdachung der Parkplätze zum Schutz vor Immissionen (LAG Hamm 23.6.71, DB 71, 1823; *Neuhausen* NZA 91, 372). Eine Bewachungspflicht besteht nicht (BAG 25.6.75, BB 75, 1343).

13 Soweit schließlich der ArbN **Sachen** in den Betrieb mitbringt, **die nicht im Zusammenhang mit dem Arbeitsverhältnis stehen,** geschieht dies auf sein alleiniges Risiko (zB wertvoller Schmuck). Besondere Obhutspflichten des ArbGeb bestehen insoweit nicht.

14 **d) Schutz vermögensrechtlicher Belange des Arbeitnehmers.** Aus Fürsorgegesichtspunkten ergibt sich nach der ständigen Rspr des BAG die Pflicht des ArbGeb, die LSt richtig zu berechnen und abzuführen (BAG 11.10.89, NZA 90, 309). Gleiches gilt hinsichtlich der

Fürsorgepflicht 195

sozialversicherungsrechtlichen Behandlung des Arbeitsverhältnisses (BAG 13.5.70, BB 70, 923); allerdings nicht bei einer freiwilligen Versicherung eines von der Versicherungspflicht befreiten ArbN in der RV (LAG Köln 19.1.96, NZA-RR 96, 447). Aus der Fürsorgepflicht kann sich ein Anspruch des ArbN gegen den ArbGeb auf Vorlage einer korrigierten Tätigkeitsdarstellung zwecks zutreffender tariflicher Bewertung seiner aktuellen Aufgaben und Funktionen ergeben (LAG Köln 28.3.13 – 6 Sa 577/12, BeckRS 2013, 71689). Der ArbGeb ist außerdem verpflichtet, den ArbN über betriebliche Sozialleistungen zu unterrichten (BAG 9.9.66, AP Nr 76 zu § 611 BGB Fürsorgepflicht; LAG Hamm 13.7.99 – 6 Sa 2407/98, NZA-RR 99, 658) und ihm eine *Verdienstbescheinigung* zu erstellen.

Bei einer einvernehmlichen Aufhebung des Arbeitsverhältnisses kann je nach Lage des 15 Einzelfalles eine Pflicht des ArbGeb zur **Aufklärung des Arbeitnehmers** über die Auswirkungen der Vertragsbeendigung auf den möglichen AlGeldAnspruch des ArbN bestehen (BAG 10.3.88, DB 88, 2006; LAG Hamm 22.5.02 – 3 Sa 1900/01, LAGE § 623 BGB Nr 3). Das Gleiche gilt in Bezug auf mögliche Versorgungsschäden in der betrieblichen Altersversorgung (BAG 17.10.2000 – 3 AZR 605/99, NZA 01, 206; 24.9.09 – 8 AZR 444/08, NZA 10, 337). Ebenfalls kann bei unmittelbar bevorstehender Zahlungsunfähigkeit eine Offenbarungspflicht des ArbGeb über die finanzielle Lage des Unternehmens bestehen, wenn in einer Vereinbarung das Arbeitsverhältnis gegen Zahlung einer Abfindung aufgelöst wird (ArbG Darmstadt 23.12.87, DB 88, 918). Kündigt ein ArbN in der irrigen Ansicht, von einer konkret bevorstehenden **Betriebsänderung** betroffen zu sein, kann eine Aufklärungspflicht des ArbGeb unter dem Gesichtspunkt der nachwirkenden Fürsorgepflicht eingreifen (LAG Düsseldorf 3.7.91, DB 91, 1836 [LS]). In welchem Umfang ein ArbGeb mit dem ArbN ein ArbNseitig gestelltes Auflösungsbegehren besprechen muss, ist sehr stark einzelfallabhängig (vgl LAG Köln 13.2.06 – 2 Sa 1271/05, NZA-RR 06, 463). Demgegenüber besteht keine Hinweispflicht auf bevorstehende Verhandlungen mit dem BRat über Interessenausgleich und Sozialplan (LAG Köln 17.6.93 – 5 Sa 295/93) oder auf drohenden Verfall von Ansprüchen durch eine tarifliche Ausschlussfrist (BAG 22.1.97, DB 97, 880).

Es besteht nach der Rspr des BAG im öffentlichen Dienst keine Pflicht zur Belehrung über 16 die Zusatzversorgung bei Eigenkündigung des ArbN oder bei Abschluss eines Aufhebungsvertrages (BAG 23.5.89, BB 90, 211; 13.12.88, DB 89, 932). Ebenso ist der ArbGeb nicht verpflichtet, im Interesse seines ArbN **Rechtsmittel** gegen einen Kurzarbeitergeld-Festsetzungsbescheid der Agentur für Arbeit einzulegen, wenn er die einer ständigen Verwaltungspraxis entsprechende Rechtsauffassung der Arbeitsverwaltung teilt (BAG 19.3.92, DB 92, 2040) bzw der Bescheid nicht offensichtlich unzutreffend ist oder der ArbN die Berechnung der Agentur für Arbeit nicht rechtzeitig und substanziiert gerügt hat (LAG Sachs 30.8.02 – 3 Sa 996/01, NZA-RR 03, 328). Das Gleiche gilt hinsichtlich eines abgelehnten Antrags auf Wintergeld (LAG Hamm 18.2.92, DB 92, 2198). Befindet sich ein ArbN im **Sonderurlaub,** so ist der ArbGeb aufgrund der Fürsorgepflicht allein grds nicht verpflichtet, in eine vorzeitige Beendigung des Urlaubs einzuwilligen. Vielmehr müssen besondere Umstände vorliegen (BAG 6.9.94, NZA 95, 953).

Im Zusammenhang mit **Lohnpfändungen** kann der ArbGeb unter Fürsorgegesichts- 17 punkten verpflichtet sein, den ArbN bei Unkundigkeit über seine Rechte und sein Verhalten gegen einen Pfändungs- und Überweisungsbeschluss eines Gläubigers zu beraten. Unterlässt er die Abführung einbehaltener und gepfändeter Beträge an den Gläubiger, so begründet dies nicht einen Schadenersatzanspruch des ArbN wegen Verletzung der Fürsorgepflicht. Der ArbN behält vielmehr seinen vertraglichen Erfüllungsanspruch (LAG Hamm 15.6.88, DB 88, 1703).

e) **Persönlichkeitsschutz des Arbeitnehmers.** Eine Vielzahl einzelner Pflichten des 18 ArbGeb lassen sich unter dem Oberbegriff des Persönlichkeitsschutzes des ArbN zusammenfassen. Sie werden im Einzelnen bei den jeweiligen Stichworten behandelt und sollen hier nur summarisch aufgeführt werden: Umgang des ArbGeb mit der Personalakte und Einsichtsrecht des ArbN (s *Personalakte* Rz 12; *Zeugnis* Rz 11), Anhörung und Unterrichtung des ArbN über seine Stellung und berufliche Entwicklung im Betrieb (s *Auskunftspflichten Arbeitgeber* Rz 2 ff), Erteilung von Auskünften des ArbGeb an Dritte während und nach Beendigung des Arbeitsverhältnisses (s *Auskunftspflichten Arbeitgeber* Rz 19–23) sowie Urlaubsgewährung und bezahlte oder unbezahlte Freistellung des ArbN bei besonderen persönlichen Anlässen (s *Freistellung von der Arbeit* Rz 9). Nach einer Entscheidung des BAG

Kreitner

195 Fürsorgepflicht

vom 9.3.95 (NZA 95, 777) kann ein ArbGeb im Einzelfall unter Fürsorgegesichtspunkten verpflichtet sein, bei der Erlangung eines Freigängerstatus eines in Strafhaft befindlichen ArbN mitzuwirken (grds zustimmend *Franzen* SAE 96, 37).

19 **f) Beförderung.** Ein Beförderungsanspruch des ArbN besteht aufgrund der Fürsorgepflicht nicht (BAG 28.3.73, BB 73, 1355 = AP Nr 2 zu § 319 BGB; 20.6.84, AP Nr 58 zu § 611 BGB DO-Angestellte). Auch bei einer aus Fürsorgegesichtspunkten gebotenen Umsetzung des ArbN (zB aus gesundheitlichen Gründen) hat dieser keinen Anspruch auf einen bestimmten Arbeitsplatz (BAG 13.6.89, DB 90, 283).

20 **3. Rechtsfolge** einer Verletzung der Fürsorgepflicht durch den ArbGeb ist zunächst ein **Zurückbehaltungsrecht** des ArbN. Der ArbN kann so lange die Arbeitsleistung verweigern, bis der ArbGeb gesetzmäßige Arbeitsbedingungen herstellt (Näheres s *Zurückbehaltungsrecht* Rz 1 ff, *Leistungsverweigerungsrecht* Rz 3 ff). Der ArbGeb gerät in einem solchen Fall in Annahmeverzug und bleibt zur Zahlung der vertragsgemäßen Vergütung verpflichtet, wenn der ArbN auf die Geltendmachung des Zurückbehaltungsrechts hinweist (BAG 7.6.73, DB 73, 1605).

21 Liegt eine schuldhafte Pflichtverletzung des ArbGeb vor, kann der ArbN Schadensersatz verlangen. Dabei haftet der ArbGeb gem § 278 BGB für das Verschulden seiner Erfüllungsgehilfen. Im Prozess muss der ArbN das Vorliegen einer Fürsorgepflichtsverletzung des ArbGeb darlegen und beweisen. Der ArbGeb trägt die **Darlegungs- und Beweislast** für fehlendes Verschulden sowie das Vorliegen besonderer Umstände, die eine andere Ursache des eingetretenen Schadens begründen (BAG 14.12.06 – 8 AZR 628/05, NZA 07, 262). Regelmäßig zu berücksichtigen ist die Frage des Mitverschuldens des ArbN gem § 254 BGB, wobei auch insoweit der ArbGeb darlegungs- und beweispflichtig ist.

B. Lohnsteuerrecht *Seidel*

22 **1. Arbeitgeber. a) Keine Einnahmen** aus dem Dienstverhältnis und damit keinen stpfl Arbeitslohn stellen regelmäßig die Leistungen des ArbGeb dar, die er im betrieblichen Bereich in Erfüllung seiner arbeitsrechtlichen Fürsorgepflicht erbringt (BFH 19.9.75, BStBl II 75, 888). Dazu gehören insbesondere die Ausgestaltung des Arbeitsplatzes, der Aufenthalts- und Sozialräume, die Zurverfügungstellung von Waschgelegenheiten, die Gestellung von Werkzeugen, Arbeits- und Schutzkleidung, Schutzbrillen, Gummistiefel in Nassbetrieben und Getränke in Gießereien (s auch *Arbeitsentgelt* Rz 51 f) oder auch die Vorsorgeuntersuchung leitender Angestellter (BFH 17.9.82 – VI R 75/79, BStBl II 83, 39). Diese Leistungen sind aus der Sicht des ArbN nicht als Vorteil für die Zurverfügungstellung seiner Arbeitskraft anzusehen (BFH 19.9.75, BStBl II 75, 888).

23 Aufwendungen des ArbGeb für den Einbau von Sicherheitsmaßnahmen im **häuslichen Bereich** gefährdeter ArbN sind nicht immer Arbeitslohn. Dies richtet sich idR nach dem Grad der Gefährdung (s BMF 30.6.97, BStBl I 97, 696) sowie danach, ob ein ganz überwiegendes eigenbetriebliches Interesse des ArbGeb vorliegt. Arbeitslohn liegt dagegen vor, wenn der ArbN ein nicht unerhebliches Eigeninteresse hat (BFH 5.4.06 – IX R 109/00, BStBl II 06, 541; s auch *Werbungskosten* Rz 32).

24 **b) Schadensersatzleistungen,** die der ArbGeb gegenüber dem ArbN wegen Verletzung oder vermeintlicher Verletzung der Fürsorgepflicht erbringt, gehören – wenn sie dem Ersatz von Privatvermögen dienen – nur insoweit zum stpfl Arbeitslohn, als sie den zivilrechtlichen Schadensersatzanspruch **übersteigen**. Handelt es sich jedoch um Ersatzleistungen aufgrund gesetzlicher Vorschriften, zB unerlaubte Handlung oder Gefährdungshaftung, ohne dass zugleich ein Bezug zum Dienstverhältnis besteht, stellen diese keinen stpfl Arbeitslohn dar (BFH 20.9.96, BStBl II 97, 144; LStH 19.3: Schadensersatzleistungen; *Schmidt/Krüger* § 19 Rz 100 Schadensersatz; s auch *Arbeitsentgelt* Rz 54 ff und *Arbeitgeberhaftung* Rz 19, 20).

25 **2. Finanzamt. a) Ermittlungen.** Das FA hat bei der Ermittlung des für die Besteuerung erheblichen Sachverhalts auch die für den Beteiligten **günstigen Umstände** zu berücksichtigen (§ 88 Abs 2 AO). Es darf nicht nur die Interessen des Fiskus im Auge haben, sondern muss auch die Belange der Beteiligten berücksichtigen. Dazu gehört zB auch die Prüfung der Verjährung (s *Verjährung* Rz 31 ff; *T/K* § 88 AO Rz 7). Soweit die Steuergesetze eine Aufklärung in der Privatsphäre verlangen und der Betroffene darüber hinaus einverstanden ist, wird weder die Intimsphäre noch die Menschenwürde verletzt. Beruft sich der

Fürsorgepflicht

Beteiligte auf eine für ihn günstige Vorschrift, verweigert aber die Mitwirkung wegen Berührung der Privatsphäre (zB bei außergewöhnlicher Belastung, § 33 EStG, wird die behauptete Krankheit nicht präzisiert), darf das FA mangels anderer Beweismittel zulasten des Beteiligten entscheiden, da diesen für steuerbegünstigende Tatsachen die objektive Beweislast trifft (T/K § 88 AO Rz 33).

b) Verfahrensrecht. Nach § 89 AO soll das FA die Abgabe von Erklärungen, die 26 Stellung von Anträgen oder die Berichtigung derselben anregen, wenn diese offensichtlich nur versehentlich oder aus Unkenntnis unterblieben, unrichtig abgegeben oder gestellt worden sind. Auch erteilt es, soweit erforderlich, Auskunft über die den Beteiligten im Verwaltungsverfahren zustehenden Rechte und Pflichten. Diese sog **Verfahrensfürsorgepflicht** soll den im Verfahrensrecht ungewandten Personen die gleiche Möglichkeit geben, ihr Recht durchzusetzen wie den Erfahrenen. Die Durchsetzung des Rechts soll nicht an Form- und Verfahrensfehlern scheitern (T/K § 89 AO Rz 11). Allerdings müssen sich die Erklärungen und Anträge bei dem gegebenen Sachverhalt aufdrängen.

Kann bei einem eindeutigen Verstoß gegen diese Fürsorgepflicht des § 89 AO dem StpFl 27 weder durch Wiedereinsetzung in den vorigen Stand (§ 110 AO) noch durch Änderung des bestandskräftigen Steuerbescheides nach § 173 Abs 1 Nr 2 AO geholfen werden, kann ein Erlass der zu Unrecht festgesetzten Steuer in Betracht kommen. Auf die Erteilung von Auskünften materieller Art besteht dagegen kein Anspruch (s AEAO zu § 89, Tz 3, BMF 2.1.08 – IV A 4 – S 0062/07/0001; Dok 2007/0605275, BStBl I 08, 27, geändert durch BMF 17.1.12 – IV A 3 – S 0062/08/10007 – 12, IV C 4 – S 0171/07/0038 – 007; Dok 2012/0028954, BStBl I 12, 83).

C. Sozialversicherungsrecht *Voelzke*

1. Allgemeines. Der Fürsorgepflicht des ArbGeb als Inhalt des Arbeitsverhältnisses 28 kommt im SozVRecht dann mittelbare Bedeutung zu, wenn hierdurch bedingte Zuwendungen an ArbN dem Begriff des Arbeitsentgelts iSd § 14 SGB IV unterfallen (s *Schlegel/Voelzke/Werner* SGB IV § 14 Rz 68). Als eine wesentliche Nebenpflicht öffentlich-rechtlicher Rechts- oder Pflichtenbeziehungen sind die Fürsorgepflichten der Leistungsträger entwickelt worden. Diesen obliegen Fürsorgepflichten gegenüber den bei der Durchführung der SozV indienstgenommenen ArbGeb und gegenüber den Leistungsempfängern. Eine Verletzung der Fürsorgepflicht kann die Voraussetzungen des sozialrechtlichen Herstellungsanspruches begründen.

2. Arbeitsentgelt. Entsprechend der Behandlung im LStRecht stellen **Zuwendungen** 29 des ArbGeb, die dieser im Rahmen seiner Fürsorgepflicht erbringt, regelmäßig kein Arbeitsentgelt iSd SozVRechts dar. Dies gilt insbesondere für Einrichtungen zur Verbesserung der Arbeitsbedingungen, da diese nicht als Ertrag der nichtselbstständigen Arbeit des ArbN angesehen werden können. Verletzt der ArbGeb seine Fürsorgepflicht und begründet dies eine Schadensersatzpflicht gegenüber dem ArbN, so ist zu unterscheiden. Während sog echte Schadensersatzleistungen (Haftpflicht oder unerlaubte Handlung) ohne Bezug zum Arbeitsverhältnis beitragsfrei sind, unterliegen Schadensersatzansprüche, die Ersatz für Verdienstausfall beinhalten oder sonst ihre Grundlage im Arbeitsverhältnis haben, der Beitragspflicht.

3. Fürsorgepflichten der Leistungsträger. a) Arbeitgeber. Enthalten Vorschriften des 30 Sozialrechts eine Indienstnahme Privater zu Erfüllung öffentlicher Aufgaben (sog öffentlich-sozialversicherungsrechtliches Pflichtverhältnis, BSG 7.6.79 – 12 RK 13/78, SozR 2200 § 394 Nr 1), so begründet dies als Kehrseite der Inpflichtnahme die Fürsorgepflicht der Behörde, den Betreffenden zu beraten, zu unterstützen und vor Schaden zu bewahren. Dies hat das BSG in einer Reihe von Entscheidungen zum Verhältnis von Einzugsstelle und dem zur Zahlung des GesamtSozVBeitrag verpflichteten ArbGeb (§ 28e SGB IV) ausgesprochen (BSG 18.11.80 – 12 RK 59/79, SozR 2200 § 1399 Nr 13).

Aus den allgemeinen Fürsorgepflichten ergibt sich ua, dass die Einzugsstelle eine Änderung 31 der höchstrichterlichen Rspr grds nicht rückwirkend, sondern erst ab **Unterrichtung** des ArbGeb anzuwenden hat (BSG 18.11.80 – 12 RK 59/79, SozR 2200 § 1399 Nr 13) und regelmäßig an erbetene Auskünfte gebunden ist (BSG 23.3.72 – 5 RJ 63/70, BSGE 34, 124). Ebenso hat das BSG der BA obliegende Betreuungspflichten hinsichtlich der Indienstnahme von ArbGeb durch die Regelungen des ArbIVRechts bejaht (zum Schlechtwettergeldantrag:

195 Fürsorgepflicht

BSG 23.6.76 – 12/7 RAr 80/74, SozR 4100 § 72 Nr 2; zum Schadensersatzanspruch bei unrichtiger *Arbeitsbescheinigung:* BSG 30.1.90 – 11 RAr 11/89, NZA 90, 790).

Die Fürsorgepflicht der Leistungsträger gebietet es auch, die zur Erfüllung der jeweiligen Verpflichtung zu verwendenden **Formulare** verständlich, übersichtlich und sachgerecht zu gestalten.

32 **b) Versicherte.** Zu den Nebenpflichten des öffentlich-rechtlichen Sozialrechtsverhältnisses gehört die allgemeine Fürsorgepflicht des Leistungsträgers gegenüber den Versicherten (BSG 28.3.90 – 9b/11 RAr 91/88, NZA 91, 39). Ihre gesetzliche Konkretisierung hat diese Rechtspflicht insbesondere in den Regelungen über eine umfassende **Information** (§§ 13–15 SGB I), das **Beschleunigungsgebot** (§ 17 SGB I) und das **Sozialgeheimnis** (§ 35 SGB I; s *Datenschutz* Rz 47 ff) erfahren. Der Leistungsträger ist auch bei einer Vertretung des Versicherten durch einen rechtskundigen Bevollmächtigten verpflichtet, auf nahe liegende Gestaltungsmöglichkeiten hinzuweisen (zur Erhaltung der Anwartschaft auf eine Berufsunfähigkeitsrente durch Entrichtung freiwilliger Beiträge: BSG 25.8.93 – 13 RJ 43/92, SozR 3–5750 Art 2 § 6 Nr 7). Informiert ein Leistungsträger durch ein Serienschreiben, worin er empfiehlt, bestimmte Sozialleistungen zu beantragen, einen von einer Rechtsänderung betroffenen Personenkreis, so darf er nicht bestimmte Angehörige dieses Personenkreises aus verwaltungstechnischen Gründen von der Benachrichtigung ausnehmen (BSG 14.2.01 – B 9 V 9/00 R, SozR 3–1200 § 14 Nr 31). Ob eine Verpflichtung der Behörde zu einer sog Spontanberatung sich auch auf **zukünftige Rechtsentwicklungen** bezieht, ist von der Rspr bisher noch nicht abschließend entschieden worden (vgl BSG 26.10.94 – 11 RAr 5/94, SozR 3–1200 § 14 Nr 16). Eine Verpflichtung zu einer an sich möglichen Beratung besteht jedenfalls nicht, soweit dies im Widerspruch zu den gesetzlichen Aufgaben des Leistungsträgers steht (zB Aufgabe einer Tätigkeit zur Sicherung des Leistungsanspruches BSG 21.3.90 – 7 RAr 36/88, NZA 90, 988).

33 **c) Herstellungsanspruch.** Bei einer Verletzung der dem Leistungsträger obliegenden Fürsorgepflichten kommt eine Anwendung der Grundsätze des im Wege richterlicher Rechtsfortbildung entwickelten sozialrechtlichen Herstellungsanspruches in Betracht (vgl *Mönch-Kalina* in *Schlegel/Voelzke* SGB I, § 14 Rz 38 ff; *Jung* BG 94, 503; *Kreßel* NZS 94, 395; *Gagel* SGb 2000, 517; *Hase* SGB 01, 594), der auf die **Vornahme einer Amtshandlung** zur Herbeiführung derjenigen Rechtsfolge abzielt, die bei rechtmäßigem Verhalten des Leistungsträgers eingetreten wäre. Der sozialrechtliche Herstellungsanspruch ist neben der gesetzlichen Wiedereinsetzungsregel (§ 27 SGB X) anwendbar (BSG 2.2.06 – B 10 EG 9/05 R, SozR 4–1300 § 27 Nr 2). Die fehlerhafte oder unterlassene Beratung durch eine andere Behörde kann dem Leistungsträger grds nicht zugerechnet werden (BSG 6.5.10 – B 13 R 44/09 R, BeckRS 2010, 73610). Eine Zurechnung soll selbst dann nicht möglich sein, wenn zwei Behörden derselben kommunalen Verwaltung angehören (zum Verhältnis von Erziehungsgeldbehörde und Ausländerbehörde BSG 2.10.97 – 14 REg 1/97, SozR 3–1200 § 14 Nr 24).

34 Der Anwendungsbereich des Herstellungsanspruches wird von der insoweit allerdings uneinheitlichen Rspr dahingehend eingeschränkt, dass ein tatsächliches Verhalten des Versicherten (zB die Verfügbarkeit des Arbeitslosen) nicht fingiert wird (BSG 15.5.85 – 7 RAr 103/83, NZA 86, 38; s aber auch BSG 9.8.90 – 11 RAr 141/90, SozR 3–4100 § 105a Nr 2). Bei einer fehlerhaften Unterrichtung über die für den Bezug von AlGeld günstigste LStKlasse muss die Agentur für Arbeit den Arbeitslosen so stellen, als habe er den für ihn ungünstigen Wechsel unterlassen (BSG 1.4.04 – B 7 AL 52/03 R, SozR 4–4300 § 137 Nr 1). Das Fehlverhalten des Leistungsträgers lässt sich mit Hilfe des Herstellungsanspruches nur insoweit berichtigen, als die Korrektur mit dem jeweiligen Gesetzeszweck im Einklang steht (verneint bei Ausscheiden aus der beitragspflichtigen Beschäftigung vor Vollendung des 55. Lebensjahres für den Anspruch auf Altersübergangsgeld von BSG 25.1.94 – 7 RAr 50/93, SozR 3–4100 § 249e Nr 4). Lässt sich der erlittene Nachteil nicht durch eine **zulässige Amtshandlung** ausgleichen (zB bei rückwirkender Änderung eines Pfändungs- und Überweisungsbeschlusses: BSG 15.12.99 – B 9 V 12/99 R, SozR 3–1200 § 14 Nr 28), so ist nicht der sozialrechtliche Herstellungsanspruch, sondern ggf ein Amtshaftungsanspruch gegeben, der in die Zuständigkeit der Zivilgerichte fällt.

35 Hauptanwendungsfälle des Herstellungsanspruches sind die **verspätete Antragstellung**, die Nachentrichtung von Beiträgen und die Verwirkung von Ausschlussfristen (vgl hierzu

ausführlich KassKomm/*Seewald* Vor §§ 38–47 SGB I Rz 151 ff; zum Herstellungsanspruch bei ungenügender Aufklärung der Bevölkerung s BSG 21.6.90 – 12 RK 27/88, SozR 3–1200 § 13 Nr 1). Zu den mit der Stellung eines Antrags auf vorgezogene Altersrente verbundenen Vor- und Nachteilen hat der 4. Senat des BSG angenommen, der RVTräger müsse die Versicherten bereits vor Erreichen der maßgebenden Altersgrenzen über die verschiedenen Möglichkeiten der Gestaltung informieren (BSG 6.3.03 – B 4 RA 38/02 R, NZS 04, 149). Im Einzelfall kann die Behörde auch verpflichtet sein, einen Antragsteller zu beraten, seinen Leistungsantrag erst zu einem späteren Zeitpunkt zu stellen, wenn die Verschiebung für den Versicherten offensichtlich vorteilhaft sein könnte (zum Antrag auf AlGeld bei Eintritt einer Sperrzeit s BSG 5.8.99 – B 7 AL 38/98 R, SozR 3–4100 § 110 Nr 2). Das Jobcenter verletzt seine Beratungspflicht, wenn es vor Beginn eines neuen Bewilligungsabschnitts nicht auf das Erfordernis eines Fortzahlungsantrags hinweist (BSG 18.1.11 – B 4 AS 29/10 R, NJW 11, 2907). Unterbleibt eine erforderliche Beratung durch den Leistungsträger, so ist für die Bejahung der Voraussetzungen des Herstellungsanspruchs zusätzlich erforderlich, dass eine ausreichende Beratung den Versicherten ursächlich veranlasst hätte, eine vorhandene Gestaltungsmöglichkeit tatsächlich zu nutzen (zum Beitritt zur Antragspflichtversicherung BSG 16.6.94 – 13 RJ 25/93, SozR 3–1200 § 14 Nr 15). Der sozialrechtliche Herstellungsanspruch führt, auch wenn die Versäumung der Frist des § 44 Abs 4 SGB X auf einem Fehlverhalten der Verwaltung beruht, nicht zu einer mehr als vier Jahre zurückwirkenden nachträglichen Leistungsgewährung (BSG 28.1.99 – B 14 EG 6/98 B, SozR 3–1300 § 44 Nr 25).

Gefährdungsbeurteilung

A. Arbeitsrecht
Griese

Als **öffentlich-rechtliche Pflicht hat der ArbGeb gem § 5 ArbSchG** die für die 1 Beschäftigten mit ihrer Arbeit verbundenen Gefahren abzuschätzen und zu ermitteln, welche Maßnahmen des Arbeitsschutzes notwendig sind. Dazu sind die Fachkräfte für Arbeitssicherheit gem § 5 ASiG (s *Betriebsbeauftragte*) heranzuziehen.

Ein **individualrechtlicher Anspruch für den ArbN erwächst daraus aber nur durch** 2 **§ 618 BGB** als Transformationsnorm; dabei hat ein ArbN keinen Anspruch auf von ihm vorgegebene Beurteilungskriterien und -methoden (BAG 12.8.08 – 9 AZR 1117/06).

Bei der Erstellung von arbeitsschutzbezogenen Verhaltenspflichten hat der **BRat mit-** 3 **zubestimmen gem § 87 Abs 1 Nr 7 BetrVG**, hierbei sind die Erkenntnisse von Gefährdungsbeurteilungen zu berücksichtigen (BAG 11.1.11 – 1 ABR 104/09).

Zu den Rechtsfragen der Gefährdungsbeurteilung im einzelnen s *Arbeitsschutz/Arbeits-* 4 *sicherheit* Rz 10 ff.

B. Lohnsteuerrecht
Seidel

Für die lohnsteuerlichen Fragen bezüglich der Gefährdungsbeurteilung wird auf die Aus- 10 führungen bei *Arbeitssicherheit/Arbeitsschutz* Rz 26 ff und *Arbeitsstoffe, gefährliche* Rz 31 verwiesen. Für den ArbGeb stellen die Aufwendungen Betriebsausgaben dar.

C. Sozialversicherungsrecht
Schlegel

Nach § 1 SGB VII ist es **Aufgabe der gesetzlichen UV** mit allen geeigneten Mitteln 15 Arbeitsunfälle und Berufskrankheiten sowie arbeitsbedingte Gesundheitsgefahren zu verhüten (§ 1 Nr 1 SGB VII). **Zweck des Arbeitsschutzes** ist es, Sicherheit und Gesundheitsschutz der Beschäftigten bei der Arbeit durch Maßnahmen des Arbeitsschutzes zu sichern und zu verbessern (§ 1 Abs 1 ArbSchG). Arbeitsschutz umfasst alle Maßnahmen zur **Verhütung von Unfällen bei der Arbeit als auch arbeitsbedingte Gesundheitsgefahren.**

Damit werden weitestgehend gleichgerichtete Schutzziele/Aufgaben beschrieben. Nach 16 § 20a ArbSchG entwickeln Bund (zuständig für Arbeitsschutz), Länder (Aufsichtsbehörden bzgl Arbeitsschutz) und Träger der UV im Interesse eines wirksamen Arbeitsschutzes eine **„Gemeinsame Deutsche Arbeitsschutzstrategie"**. Dazu gehören neben der Entwicklung gemeinsamer Arbeitsschutzziele auch die Herstellung eines verständlichen, überschaubaren und abgestimmten Vorschriften und Regelwerkes (vgl § 20a Abs 2 Nr 1, 5 ArbSchG).

Zur **Vermeidung von Doppelregelungen** zu vermeiden, sollen die Träger der UV 17 Unfallverhütungsvorschriften nur erlassen, wenn diese erforderlich und geeignet sind und staatliche Vorschriften des Arbeitsschutzes hierüber keine Regelung treffen (vgl § 15 SGB VII). Während der Arbeitsschutz nahezu ausschließlich den Schutz der Beschäftigten im Auge hat, können in den Schutzbereich der Unfallverhütungsvorschriften auch (versicherte) Unternehmer einbezogen sein.

Für die in § 5 ArbSchG angeordnete Gefährdungsbeurteilung gilt in soweit folgendes: 18

Der ArbGeb wird durch den Arbeitsschutz verpflichtet, die für die Beschäftigten mit ihrer 19 Arbeit verbundenen Gefahren zu bewerten (sog Gefährdungsbeurteilung, vgl § 5 Abs 1 ArbSchG) sowie zu ermitteln, welche Arbeitsschutzmaßnahmen erforderlich sind, um sodann entsprechende Maßnahmen zu treffen (§ 3 Abs 1 Satz 1 ArbSchG).

Die zu treffenden Maßnahmen können sein: Maßnahmen zur Verhütung von Unfällen bei 20 der Arbeit (**Arbeitsunfälle** iSv § 8 Abs 1 SGB VII, jedoch keine Wegeunfälle iSv § 8 Abs 2 SGB VII) Maßnahmen zur Verhütung arbeitsbedingter Gesundheitsgefahren, was mehr bedeutete, als nur die **Verhinderung von Berufskrankheiten** iSv § 9 SGB VII).

Dem korrespondiert in der UV die **Vorschrift BGV A1: Grundsätze der Prävention**. 21 Diese verpflichtet den Unternehmer dazu, die die erforderlichen Maßnahmen zur Verhütung von Arbeitsunfällen, Berufskrankheiten und arbeitsbedingten Gesundheitsgefahren sowie für eine wirksame Erste Hilfe zu treffen. Die zu treffenden Maßnahmen sind auch

201 Geldwerter Vorteil

insoweit insbesondere in staatlichen Arbeitsschutzvorschriften, dieser Unfallverhütungsvorschrift und in weiteren Unfallverhütungsvorschriften näher bestimmt. Dabei hat der Unternehmer von den allgemeinen Grundsätzen nach § 4 ArbSchG auszugehen und dabei insbesondere das staatliche und berufsgenossenschaftliche Regelwerk heranzuziehen. Der Unternehmer hat die Arbeitsschutzmaßnahmen entsprechend den Bestimmungen des § 3 Abs 1 Sätze 2 und 3 und Abs 2 Arbeitsschutzgesetz (ArbSchG) zu planen, zu organisieren, durchzuführen und erforderlichenfalls an veränderte Gegebenheiten anzupassen. Dies kann er nur, wenn er zuvor die nach § 5 ArbSchG vorgeschriebene Gefährdungsbeurteilung durchgeführt hat.

22   Die Unfallverhütungsvorschriften – und damit auch die Pflicht zur Gefährdungsbeurteilung – gelten für Unternehmer und Versicherte; sie gelten auch für Unternehmer und Beschäftigte von ausländischen Unternehmen, die eine Tätigkeit im Inland ausüben, ohne einem Träger der UV anzugehören; soweit in dem oder für das Unternehmen Versicherte tätig werden, für die ein anderer Träger der UV zuständig ist (vgl § 1 BGV A1).

Geldwerter Vorteil

A. Arbeitsrecht *Griese*

1   **1. Anspruch des Arbeitnehmers.** Der ArbGeb kann neben dem in Geld gezahlten Arbeitslohn dem ArbN als **Entgelt** für seine Tätigkeit weitere Vorteile zukommen lassen (s auch *Sachbezug* Rn 1 ff). Häufig handelt es sich dabei um die Einräumung verbilligten Wareneinkaufs (Personalrabatte), die Teilnahme an Kundenbindungsprogrammen (zB Freiflüge für Vielflieger, zu der steuerrechtlichen Beurteilung *Arbeitsentgelt* Rz 62), die Verbilligung von Werk- und Dienstleistungen, die Einräumung privater kostenloser Nutzungsmöglichkeit an betrieblichem Eigentum (Dienstwagen, Werkdienstwohnung, Telefon, Handy, Internetbenutzung). Auch der Verzicht des ArbGeb auf eine ihm berechtigterweise zustehende Schadensersatzforderung gegen den ArbN kann für den ArbN ein geldwerter Vorteil sein (BFH 27.3.92, NJW 93, 615). Geldwerte Vorteile können nicht nur ArbN sondern auch Rentnern, die nach einer Beschäftigung beim ArbGeb in Ruhestand getreten sind, gewährt werden (Personalrabatt; BAG 11.12.96 – 5 AZR 336/95, NZA 97, 442). Zur **Überlassung von Parkplätzen** s *Sozialeinrichtungen* Rz 22.

2   Ein Anspruch des ArbN auf einen geldwerten Vorteil besteht bei vertraglicher Vereinbarung, bei arbeitsvertraglicher Einheitsregelung, Gesamtzusage (s dazu BAG 14.6.95, NJW 96, 75) oder **Betrieblicher Übung,** ferner aufgrund Tarifvertrag oder Betriebsvereinbarung. Die Zusage eines geldwerten Vorteils kann unter einem immanenten Vorbehalt stehen, etwa wenn ein ArbGeb verbilligte Flugscheine zusagt, weil zu seinem Konzern eine Fluggesellschaft gehörte; nach Ausscheiden der Fluggesellschaft aus dem Konzern wirkt sich dieser immanente Vorbehalt aus und die Zusage verliert ihre Wirkung (BAG 13.12.06 – 10 AZR 792/05, NZA 07, 325). Die Gewährung geldwerter Vorteile kann daran geknüpft sein, dass für konkrete Zeiträume ein Vergütungsanspruch besteht. So ist die **Firmenwagenüberlassung** Teil des Arbeitsentgelts und nur solange geschuldet, wie Vergütungspflicht besteht, also nicht nach Ablauf des Entgeltfortzahlungszeitraums (BAG 14.12.10 – 9 AZR 631/09, NZA 11, 569).

Der ArbN hat ohne gesonderte vertragliche Absprache keinen Anspruch auf Miles and More-Gutschriften – **Bonusmeilen** – die er aus Dienstflügen erzielt hat; er muss diese an den ArbGeb herausgeben (BAG 11.4.06 – 9 AZR 500/05, BB 06, 2137). Duldet der ArbGeb die private Nutzung solcher Freiflüge oder sonstiger Leistungen aus Kundenbindungsprogrammen, kann eine *Betriebliche Übung* entstehen, an die der ArbGeb gebunden ist. Anspruchsgrundlage kann schließlich der **Gleichbehandlungsgrundsatz** sein. Ebenso wenig wie bei der Vergütungszahlung in Geld (BAG 19.8.92, BB 92, 2431) darf der ArbGeb bei geldwerten Vorteilen einzelne ArbN ohne sachlichen Grund schlechter stellen oder durch sachfremde Gruppenbildung bestimmte Beschäftigte von der gewährten Vergünstigung ausschließen.

3   Als sachfremde Gruppenbildung wäre es zB zu beanstanden, wenn **Teilzeitkräfte** von der Möglichkeit des Einkaufs mit Personalrabatt von vorneherein ausgeschlossen würden. Unter

dem Gesichtspunkt der **unzulässigen Kündigungserschwerung** ist zu beurteilen, ob es zulässig ist, den ArbN zur Rückgewähr des geldwerten Vorteils vertraglich zu verpflichten, sofern er vor Ablauf bestimmter Fristen aus eigenem Entschluss aus dem Betrieb ausscheidet oder einen ausreichenden Kündigungsgrund für den ArbGeb verursacht. Bei kurzlebigen Verbrauchsgütern wird eine solche Vertragsklausel idR eine unzulässige Kündigungserschwerung sein, bei langlebigen Gebrauchsgütern wie etwa Kfz und einem infolge der Verbilligung erheblichen Vorteil für den ArbN wird man hingegen **angemessene Bindungsfristen** akzeptieren können. Bei einem Werksangehörigenrabatt für Pkw ist daher eine Bindungsfrist von sechs Monaten nicht zu beanstanden (LAG Brem 28.7.87, DB 87, 2367). Zu beachten ist, dass auf vom ArbGeb vorformulierte Verträge gem § 310 Abs 4 Satz 2 BGB das **Recht der Allgemeinen Geschäftsbedingungen und die damit verbundene Inhaltskontrolle** (§§ 305–310 BGB) anwendbar ist (vgl BAG 26.5.93 – 5 AZR 219/92, BB 93, 1659 zum früheren AGB-Recht; *Palandt/Heinrichs* § 310 BGB Rz 51). Eine in einem solchen Kaufvertrag enthaltene **Rückzahlungsklausel** für den Fall vorzeitigen Ausscheidens ist unwirksam wegen Verstoßes gegen das aus § 307 BGB folgende **Transparenzgebot**, wenn die Höhe des Personalrabattes im Vertrag nicht angegeben ist (BAG 26.5.93 – 5 AZR 219/92, BB 93, 1659).

Wird vertraglich die Zusage eines verbilligten Personaleinkaufes für Waren, die der ArbGeb selbst herstellt, gegeben, kann daraus kein Anspruch mehr hergeleitet werden, wenn das Arbeitsverhältnis im Wege des (Teil-)**Betriebsüberganges gem § 613a BGB auf einen neuen ArbGeb übergeht** (BAG 7.9.04 – 9 AZR 631/03, NZA 05, 941). Die Vereinbarung eines **Widerrufsvorbehalts** ist gem § 308 Nr 4 BGB unzulässig, soweit der im Gegenseitigkeitsverhältnis stehende widerrufliche Teil des Gesamtverdienstes bei mehr als 25% liegt oder der Tariflohn unterschritten wird (BAG 11.10.06 – 5 AZR 721/05, NZA 07, 87). Ferner müssen die Widerrufsgründe im Vertrag angegeben sein (BAG 12.1.05 – 5 AZR 364/04, NZA 05, 465). Ohne Widerrufsvorbehalt ist der ArbGeb nicht berechtigt, einen im Wege der Gesamtzusage gewährten geldwerten Vorteil in Gestalt eines Personalrabatts zu widerrufen unter Hinweis auf die Freiwilligkeit der Leistung oder die pauschal behauptete verschlechterte wirtschaftliche Lage (BAG 14.6.95 – 5 AZR 126/94, NZA 95, 1194; für den Personalrabatt im Konzern BAG 11.12.96 – AZR 336/95, NZA 97, 442). Der vorsätzliche Verstoß gegen das durch Tarifregelung festgesetzte Verbot, statt Sachleistungen eine Barabgeltung zu erhalten, kann eine außerordentliche Kündigung rechtfertigen (BAG 23.6.09 – 2 AZR 103/08, NZA 09, 1198).

2. Mitbestimmung des Betriebsrats. Soweit eine tarifliche Regelung nicht besteht, hat der BRat bei der Gewährung von geldwerten Vorteilen ein Mitbestimmungsrecht nach § 87 Abs 1 Nr 10 BetrVG. Die Gewährung solcher zusätzlich zum Lohn gewährter Vergünstigungen ist Teil der betrieblichen **Lohngestaltung.** Soweit es sich um freiwillige ArbGebLeistungen handelt, umfasst das Mitbestimmungsrecht nur die Verteilung des zu diesem Zweck zur Verfügung gestellten Dotierungsrahmens.

Die Einführung solcher zusätzlichen geldwerten Vorteile ist dagegen mitbestimmungsfrei. Deshalb ist es dem BRat nicht möglich, den ArbGeb mit Hilfe seines **Initiativrechts** zur Einführung derartiger Vergünstigungen zu zwingen. Als in diesem Rahmen mitbestimmungspflichtige geldwerte Vorteile sind ua anerkannt worden die Gewährung von Personalrabatten (LAG Hamm 22.12.82, DB 83, 1985), das Angebot verbilligter Flugscheine an die Beschäftigten einer Fluggesellschaft (BAG 22.10.85, DB 86, 384), die Ausgabe von Essenszuschussmarken (BAG 15.1.87 – 6 AZR 589/84, BB 87, 2092), die Lieferung von verbilligtem Heizgas (BAG 22.10.85 – 1 ABR 47/83, DB 86, 704), das Angebot kostenloser oder verbilligter Personalfahrten (BAG 9.7.85 – 1 AZR 631/80, DB 86, 230) und die Gewährung von kostenlosen Reisen als Erfolgsprämie (BAG 30.3.82, BB 82, 1300).

Besteht auf die Vergünstigung kein Rechtsanspruch, kann der ArbGeb mitbestimmungsfrei über die Einstellung bzw Abschaffung entscheiden (BAG 15.1.87 – 6 AZR 589/84, BB 87, 2092), muss freilich im Verhältnis zu den ArbN das **Vertrauensschutzprinzip** beachten.

Beruht der Anspruch der ArbN auf vertraglicher Einheitsregelung, Gesamtzusage oder Betrieblicher Übung, ist eine **Ablösung** dieser Regelungen durch nachfolgende Betriebsvereinbarung nur in den Grenzen des vom GS des BAG statuierten kollektiven Günstigkeits-

201 Geldwerter Vorteil

vergleichs (BAG GS 16.9.86, DB 87, 383; kritisch mit Recht *Otto* Anm zu BAG GS 16.9.86, EzA Nr 17 zu § 77 BetrVG 1972) möglich. Das bedeutet, dass der Dotierungsrahmen nach der Abänderung konstant bleiben muss.

B. Lohnsteuerrecht
Thomas

8   Arbeitslohn wird durch die drei Merkmale Einnahme, für Dienstleistungen und Zufluss bestimmt. Was Einnahmen sind, definiert und bewertet § 8 EStG, den Zusammenhang mit dem Dienstverhältnis und damit den Entlohnungscharakter § 19 EStG und den Zufluss § 11 EStG. Einnahmen sind nach § 8 EStG Geld oder Sachbezüge (geldwerte Vorteile). Hinsichtlich der Frage, welche Bedeutung die Höhe des Vorteils, seine freie Verfügbarkeit, seine Marktgängigkeit hat, wie ersparte Aufwendungen und aufgedrängte Vorteile zu beurteilen sind und welche Rolle es spielt, ob der ArbGeb etwas zuwenden will bzw der ArbN empfindet, etwas zugewendet bekommen zu haben, wird auf die Ausführungen zu *Arbeitsentgelt* Rz 30 ff verwiesen. Ausführungen zur Bewertung geldwerter Vorteile sind unter dem Stichwort *Sachbezug* Rz 11 ff zu finden.

C. Sozialversicherungsrecht
Schlegel

9   **Arbeitsentgelt im Sinne des § 14 SGB IV** sind alle laufenden oder einmaligen Einnahmen aus einer Beschäftigung, gleichgültig, unter welcher Bezeichnung oder in welcher Form sie gewährt werden (vgl *Arbeitsentgelt*). Obgleich die SozV und ArblV keine dem § 8 Abs 1 EStG vergleichbare Vorschrift kennen, ist die in § 8 Abs 1 EStG enthaltene Definition der Einnahmen auch im Bereich der SozV und ArblV sinngemäß anwendbar. Unter Einnahmen sind alle Güter, Vorteile oder Dienstleistungen zu verstehen, auf die der ArbN als Gegenleistung für seine Arbeit Anspruch hat, unabhängig davon, ob der Anspruch auf Geld oder sonstige Güter mit Geldwert gerichtet ist.

10 In Anlehnung an die **Begriffsbestimmung** des BFH liegt nach der Rspr des BSG dem Grund nach beitragspflichtiges Arbeitsentgelt in Form eines geldwerten Vorteils vor, wenn der Vorteil durch das individuelle Dienstverhältnis veranlasst ist, dh wenn der Vorteil nur deshalb gewährt wird, weil der Zuwendungsempfänger ArbN des ArbGeb ist und sich die Leistung des ArbGeb im weitesten Sinne als Gegenleistung für das Zurverfügungstellen der individuellen Arbeitskraft des ArbN erweist. Nicht erforderlich ist, dass der Einnahme eine konkrete Dienstleistung des ArbN zugeordnet werden kann. Dagegen sind solche Vorteile nicht als Arbeitsentgelt anzusehen, die sich nach den Gesamtumständen nicht als Entlohnung, sondern lediglich als notwendige Begleiterscheinung betriebsfunktionaler Zielsetzung erweisen. Vorteile besitzen danach keinen Arbeitsentgeltcharakter, wenn sie im ganz überwiegend eigenbetrieblichen Interesse des ArbGeb gewährt werden. Das ist der Fall, wenn sich aus den Begleitumständen wie Anlass, Art und Höhe des Vorteils, Auswahl der Begünstigten, freie oder nur gebundene Verfügbarkeit, Freiwilligkeit oder Zwang zur Annahme des Vorteils und seiner besonderen Geeignetheit für den jeweils verfolgten betrieblichen Zweck ergibt, dass diese Zielsetzung ganz im Vordergrund steht und ein damit einhergehendes eigenes Interesse des ArbN, den betreffenden Vorteil zu erlangen, vernachlässigt werden kann. In Grenzfällen ist eine wertende **Gesamtbeurteilung** unter Berücksichtigung aller den jeweiligen Einzelfall prägenden Umstände vorzunehmen. Zwischen dem eigenbetrieblichen Interesse des ArbGeb und dem Ausmaß der Bereicherung des ArbN besteht eine Wechselwirkung der Gestalt, dass das aus der Sicht des ArbGeb vorhandene eigenbetriebliche Interesse um so geringer zählt, je höher aus der Sicht des ArbN die Bereicherung anzusetzen ist (BSG 1.12.09 – B 12 R 8/08 R, BeckRS 2010, 69542, Rz 15 zur Übernahme eines Bußgeldes; Erstattung der Kosten für den Erwerb eines Führerscheins BSG 26.5.2004 – B 12 KR 5/04 R, SozR 4–2400 § 14 Nr 3).

11 Für die Zwecke der Leistungs- und Beitragsberechnung sind die geldwerten Vorteile in Geld umzurechnen, was weitgehend durch die SachBezV bewerkstelligt wird (s Werte bei *Sachbezug* Rz 39 f). Soweit die SachBezV selbst keine normativen Umrechnungswerte bereithält, ist der Preis zu ermitteln, den der ArbN für den Vorteil aufwenden müsste, wenn ihm dieser nicht durch den ArbGeb verschafft und eingeräumt würde.

Geringfügige Beschäftigung

A. Arbeitsrecht *Griese*

1. Begriff. Das Arbeitsrecht kennt anders als das Sozialrecht schon seit längerem **überhaupt keine Definition** des Geringverdienerarbeitsverhältnisses mehr. Die letzten gesetzlichen Anhaltspunkte für eine arbeitsrechtliche Unterscheidung zwischen geringfügig und nicht geringfügig beschäftigten ArbN sind **schon vor vielen Jahren beseitigt worden** – der früher geltende § 1 Abs 3 Nr 2 LFZG durch das am 1.6.94 in Kraft getretene EFZG sowie der frühere § 23 Abs 1 Satz 3 KSchG durch die ab Oktober 1996 aufgrund des ArbBeschFG geltende Neufassung.

Das Fehlen einer allgemeingültigen arbeitsrechtlichen Definition des geringfügig Beschäftigten ist nicht verwunderlich, denn als arbeitsrechtliches Abgrenzungskriterium ist es nicht erforderlich, da geringverdienende ArbN sich in ihren Rechten und Pflichten – entgegen landläufiger Meinung – nicht von Vollzeitbeschäftigten unterscheiden, sondern die **gleichen Rechte und Pflichten** haben.

Die offenbar noch vorhandene Praxis, geringfügig Beschäftigte arbeitsrechtlich geringzuschätzen, indem diese von Entgeltfortzahlung, bezahltem Urlaub, betrieblichen Sozialleistungen und Kündigungsschutz ausgeschlossen werden, ist daher schlicht rechtswidrig.

Das Ausmaß der Gesetzesverstöße ist erheblich. Nach einer im März 2013 vorgestellten Studie des RWI haben mehr als 65 Prozent der Minijobber noch nie den ihnen gesetzlich zustehenden bezahlten Urlaub genommen. 41 Prozent wird der bezahlte Urlaub generell verwehrt. Selbst die Arbeitgeber geben in der Befragung zu, gesetzlich vorgeschriebene Leistungen nicht zu gestatten. So sagen 30 Prozent von ihnen, dass sie keinen Urlaub gewähren, 40 Prozent der Arbeitgeber zahlen kein Entgelt, wenn der Arbeitstag auf einen Feiertag fällt, 39 Prozent gewähren keine Entgeltfortzahlung im Krankheitsfall. Eine gesetzgeberische Reform ist daher dringlich (s dazu *Griese/Preis/Kruchen*, NZA 2013, 113).

Die Definition im SozVRecht in § 8 SBG IV betreffen die **arbeitsrechtliche Stellung der ArbN nicht. Das Arbeitsrecht unterscheidet nicht zwischen geringfügiger und nicht geringfügiger Beschäftigung** (zur Beschäftigung im Haushalt s *Hauswirtschaftliches Beschäftigungsverhältnis*).

Auch ArbN, die mit einem Verdienst **innerhalb der Gleitzone** arbeiten, unterscheiden sich in ihrem arbeitsrechtlichen Status nicht vom normalen Arbeitsverhältnis (s auch *Minijob* Rz 2).

Für geringfügig beschäftigte Selbstständige gilt das Arbeitsrecht hingegen von vorneherein nicht, ggf aber Spezialregelungen, etwa bei der *Heimarbeit*. Wegen der besonderen Probleme der Beschäftigung von Studenten s *Studentenbeschäftigung* Rz 3, 4.

2. Arbeitsrechtliche Position. Die arbeitsrechtliche Position des geringfügig beschäftigten ArbN ist dadurch gekennzeichnet, dass es sich um ein **vollwertiges Arbeitsverhältnis** handelt (BAG 13.3.87 – 7 AZR 724/85, BB 87, 132). Dies hat seinen gesetzlichen Ausdruck in § 2 Abs 2 TzBfG gefunden, der geringfügig Beschäftigte als Teilzeitbeschäftigte definiert, und in **§ 4 Abs 1 TzBfG jegliche Diskriminierung von Teilzeitbeschäftigten untersagt** (ErfK/*Preis* § 4 TzBfG Rz 58).

a) Arbeitsvertrag. Ebenso wie bei Vollzeitbeschäftigten gilt das NachwG (§ 1). Es ist also eine Vertragsniederschrift gem § 2 NachwG anzufertigen. Ein Verstoß hiergegen führt im Streitfall zu **Beweiserleichterungen** zugunsten des ArbN nach den Grundsätzen der Beweisvereitelung (s *Arbeitsvertrag* Rz 51; LAG Köln 18.1.10 – 5 SaGa 23/09; LAG Köln 31.7.98 – 11 Sa 1484/87, ArbuR 99, 34; *Preis* NZA 97, 10, 13). In die Vertragsniederschrift ist ein Hinweis auf die Möglichkeit für den ArbN, durch SozVBeitragsaufstockung RVAnsprüche zu erwerben (§ 5 Abs 2 Satz 2 SGB VI), aufzunehmen.

Weitere geringfügige oder nicht geringfügige Beschäftigungen können schon wegen der **verfassungsrechtlich geschützten Berufsfreiheit** gemäß Art 12 Abs 1 GG grds nicht arbeitsvertraglich untersagt werden (BAG 6.9.90 – 2 AZR 165/90, NJW 91, 1002). Eine **weitere Nebentätigkeit** kann deshalb grds **nicht untersagt werden**, auch nicht bei einem

202 Geringfügige Beschäftigung

Wettbewerber, solange es sich dort um Hilfstätigkeiten ohne Wettbewerbsbezug handelt (BAG 24.3.10 – 10 AZR 66/09, NZA 10, 693).

An der **Aufrechterhaltung der Sozialversicherungsfreiheit hat der Arbeitgeber kein rechtlich geschütztes Interesse** (BAG 18.1.07 – 2 AZR 731/05, NZA 07, 680). **Daher hat ein geringfügig Beschäftigter Anspruch auf Aufstockung seiner Arbeitszeit und entsprechende Aufstockung seiner Vergütung gem § 9 TzBfG; er ist demzufolge bei gleicher Eignung bevorzugt bei der Besetzung freier Arbeitsplätze zu berücksichtigen**, wenn er seinen Wunsch nach Aufstockung angezeigt hat und Arbeitszeitwünsche anderer teilzeitbeschäftigter ArbN nicht entgegenstehen. Als entgegenstehender betrieblicher Grund kann nicht der arbeitgeberseitige Wunsch nach Aufrechterhaltung der Sozialversicherungsfreiheit anerkannt werden.

7   **b) Befristete Arbeitsverhältnisse.** Befristungen von Arbeitsverhältnissen von geringfügig Beschäftigten unterliegen den gleichen Voraussetzungen wie die Befristungen aller übrigen Arbeitsverträge. Die Voraussetzungen des § 14 TzBfG müssen vorliegen, die Befristung bedarf gem § 14 Abs 4 TzBfG zu ihrer Wirksamkeit der Schriftform.

8   **c) Urlaubsansprüche.** ArbN im Geringverdienerarbeitsverhältnis haben ebenso Urlaubsansprüche wie Vollzeitarbeitskräfte (BAG 14.2.91 – 8 AZR 97/90, DB 91, 1987). Mindestens steht ihnen daher der **gesetzliche Mindesturlaubsanspruch nach §§ 1, 3 BUrlG** zu. Weitergehende Urlaubsansprüche können sich aus Tarifvertrag, Betriebsvereinbarung, Einzelarbeitsvertrag, betrieblicher Übung oder dem Gleichbehandlungsgrundsatz ergeben. Gegen den Gleichbehandlungsgrundsatz verstößt es regelmäßig, wenn der ArbGeb nur den Vollzeit-, nicht aber den Teilzeitbeschäftigten ein zusätzliches Urlaubsgeld gewährt (BAG 15.11.90 – 8 AZR 283/89, BB 91, 981). Zur Berechnung der Urlaubstage s BAG 14.2.91 – 8 AZR 97/90, DB 91, 1987; *Teilzeitbeschäftigung* Rz 75. Im Ergebnis bedeutet dies, dass ein geringfügig beschäftigter ArbN genauso viele Wochen Urlaub nehmen kann wie ein VollzeitArbN.

9   **d) Entgeltfortzahlung im Krankheitsfall.** Der Anspruch auf Entgeltfortzahlung im Krankheitsfall nach dem EFZG besteht für geringfügig beschäftigte ArbN ebenso wie für Vollzeitkräfte. Die frühere Sonderregelung des § 1 Abs 3 Nr 2 LFZG, wonach Arbeiter und Arbeiterinnen, die wöchentlich weniger als 10 oder monatlich weniger als 45 Stunden arbeiteten, keinen Anspruch auf Lohnfortzahlung hatten, ist durch das EFZG mWv 1.6.94 beseitigt worden, nachdem sie vom EuGH als Verstoß gegen Art 119 Abs 1 EWG-Vertrag wegen der von ihr ausgehenden mittelbaren Diskriminierung gewertet worden ist (EuGH 13.7.89, DB 89, 1574; ebenso BAG 9.10.91, DB 92, 330). Folgerichtig sind im EFZG alle geringfügig Beschäftigten in die Entgeltfortzahlung im Krankheitsfall einbezogen worden und haben den **gesetzlichen Anspruch auf Fortzahlung der Vergütung** während der Arbeitsunfähigkeit.

10 **e) Entgeltfortzahlung an Feiertagen.** Nach § 2 EFZG haben alle ArbN, auch geringfügig Beschäftigte, Anspruch auf Entgeltfortzahlung, wenn die Arbeit aufgrund eines gesetzlichen Feiertages ausfällt (s *Entgeltfortzahlung* Rz 36 ff).

11 **f) Gleichbehandlungsgrundsatz.** Geringfügig Beschäftigte können sich auf den Gleichbehandlungsgrundsatz berufen. Sie dürfen ohne sachlich rechtfertigenden Grund nicht schlechter bezahlt (BAG 1.11.95 – 5 AZR 84/94, NZA 96, 813) oder von sonstigen Vergütungsleistungen des ArbGeb ausgeschlossen werden (EuGH 27.6.90, DB 91, 100). Auch die Tatsache, dass ein geringfügig beschäftigter ArbN daneben einen Hauptberuf und dadurch eine gesicherte Existenz hat, rechtfertigt keine schlechtere Bezahlung (BAG 1.11.95 – 5 AZR 84/94, NJW 96, 2812). Dies gilt auch für *Einmalzahlungen*. Durch § 2 Abs 2 und § 4 Abs 1 TzBfG ist festgelegt, dass geringfügig Beschäftigte Teilzeitbeschäftigte sind und dass diese bei Arbeitsentgelt und anderen geldwerten Leistungen mindestens einen Anspruch entsprechend dem Anteil ihrer Arbeitszeit im Verhältnis zur Arbeitszeit eines vergleichbaren vollzeitbeschäftigten ArbN haben. Auch **tarifliche Regelungen** müssen sich hieran messen lassen. Der tarifliche Ausschluss von geringfügig Beschäftigten von einer **Weihnachtsgratifikation** ist wegen mittelbarer Diskriminierung unwirksam (EuGH 9.9.99 – Rs C-281/97, NZA 99, 1151). Ein **Verstoß gegen den Gleichbehandlungsgrundsatz** läge auch darin, bei geringfügig Beschäftigten im Arbeitsvertrag festzulegen, dass eine Weihnachtsgratifikation oder sonstige Einmalzahlung im **monatlichen Entgelt enthalten** ist, während die übrigen Beschäftigten eine **gesonderte Einmalzahlung** erhalten.

Geringfügige Beschäftigung 202

Ferner sind sie in eine betriebliche Altersversorgung einzubeziehen (vgl BVerfG **12**
27.11.97 – 1 BvL 12/91, NJW 98, 1215; BAG 22.2.2000 – 3 AZR 845/98, NZA 2000,
659; ErfK/*Preis* § 4 TzBfG Rz 56). Schließt eine betriebliche Ruhegeldregelung geringverdienende ArbN aus, so ist sie entsprechend zu ergänzen (zur Rückwirkung auf schon
beschäftigte geringfügig tätige ArbN s EuGH 10.2.2000, Rs C-50/96, ArbuR 2000, 189).
Die geringverdienenden ArbN sind so zu stellen, als hätte die betriebliche Ruhegeldregelung
von Anfang an auch für sie gegolten (vgl BAG 14.3.89 – 3 AZR 370/88, BB 89, 2116). Ob
geringfügig Beschäftigte nach der seit 1.4.99 geltenden Regelung aus der Zusatzversorgung
für den öffentlichen Dienst wirksam ausgeschlossen werden können, ist offen (BAG
22.2.2000 3 AZR 845/98, NZA 2000, 659). Angesichts des Umstandes, dass geringfügig
Beschäftigte durch eigene Beiträge Ansprüche aus der gesetzlichen RV erwerben können (§ 5
Abs 2 Satz 2 SGB VI; s *Lembke* NJW 99, 1827), fehlt es an sachlichen Gründen iSd § 4
Abs 2 TzBfG (s dazu ErfK/*Preis* § 4 TzBfG Rz 56; HWK § 4 TzBfG Rz 17; *Schaub* § 83
Rz 71), die eine Schlechterstellung rechtfertigen könnten.

g) Unzulässigkeit von Vereinbarungen über die SozVBeiträge. Bei der gesetzlichen **13**
Regelung, wonach der ArbGeb für geringfügig Beschäftigte pauschale SozVBeiträge zur RV
u KV abzuführen hat, während der ArbN ein Wahlrecht hat, ob er in der RV durch eigene
zusätzliche Beiträge einen Leistungsanspruch der RV erwerben will, handelt es sich um
zwingendes Recht; **abweichende Vereinbarungen sind gemäß § 32 SGB I unzulässig.**
Deshalb ist die Vereinbarung, die eine Fast-Food-Kette mit ihren geringfügig Beschäftigten aus Anlass der Gesetzesänderung zum 1.4.99 geschlossen hat, wonach die Arbeitsverhältnisse in Teilzeitarbeitsverhältnisse mit hälftiger Beitragszahlung für ArbN und ArbGeb
umgewandelt werden sollten, ein klarer Rechtsverstoß und daher gem § 32 SGB I rechtsunwirksam (*Krause* ArbuR 1999, 390) und kann darüber hinaus nach Mitteilung der BfA
zur Verhängung eines Bußgeldes führen (ArbuR 2000, 260). Ebenfalls rechtsunwirksam
sind mit diesem Ziel ausgesprochene Änderungs- oder Beendigungskündigungen (ArbG
Kassel 2.12.99 – 6 Ca 464/99).

Ist mit einem geringfügig Beschäftigten eine *Bruttolohnvereinbarung* getroffen, kann die
Pauschalsteuer auf den ArbN abgewälzt werden (BAG 1.2.06 – 5 AZR 628/04, DB 06,
1059). Freilich wird eine Vergütungsvereinbarung mit einem geringfügig Beschäftigten
angesichts der Betriebs- und Branchenpraxis in aller Regel als *Nettolohnvereinbarung* auszulegen sein. Der Grundsatz im Arbeitsverhältnis ist zwar das Bruttoentgelt: Der ArbN hat die
auf ihn entfallenden ArbNAnteile zur SozV und die Lohnsteuer zu tragen; der ArbGeb darf
diese Beträge von der Bruttovergütung abziehen. Nettoentgeltvereinbarungen sind jedoch
ohne Weiteres zulässig, wie § 14 Abs 2 SGB IX explizit deutlich macht.

Die Praxis bei der geringfügigen Beschäftigung sieht anders aus als das normale Bruttoarbeitsverhältnis. Der ArbN trägt weder ArbNAnteile zur SozV noch Steuern und geht
davon aus, dass dies auch **dauerhafte Geschäftsgrundlage des Arbeitsverhältnisses** ist.
Nicht selten wird der ArbN mit dieser Abgabenfreiheit auch angeworben, indem ihm ein
Verdienst netto offeriert wird. Es kommt hinzu, dass angesichts der bei den geringfügig
Beschäftigten überwiegend praktizierten Nettovergütung eine davon abweichende Überwälzung von Steuern und SozVBeiträgen auf den ArbN in Formulararbeitsverträgen **eine
unzulässige überraschende Klausel gem § 305c Abs 1 BGB** ist und darüber hinaus an
mangelnder Transparenz gem § 307 Abs 1 Satz 2 BGB scheitert.

Aus diesem Grund wäre die für Geringverdiener ausnahmsweise gewollte Bruttovergütung
auch in den **Arbeitsnachweis nach § 2 Nr 6 NachwG** aufzunehmen. Ist ein geringfügiges
Arbeitsverhältnis über einen längeren Zeitraum als Nettoarbeitsverhältnis praktiziert worden,
spricht dies ohnehin für eine Nettolohnvereinbarung, von der der ArbGeb einseitig nicht
mehr abweichen kann. Zur Klarstellung ist den Arbeitsvertragsparteien zu empfehlen, die
Nettoabrede in den Arbeitsvertrag aufzunehmen.

Gesetzgeberisch wäre eine **Reform wünschenswert,** die die SozVFreiheit abschaffen **14**
und das geringfügige Beschäftigungsverhältnis als **gesetzliches Nettoarbeitsverhältnis** ggf
kombiniert mit einer **pauschalierten Steuer- und Abgabenzahlung durch den ArbGeb**
ausgestaltet würde. Für die geringfügig beschäftigten ArbN würde hierdurch das Nettoentgelt unangetastet bleiben; zugleich würden sie **in allen Zweigen der SozV abgesichert.**
Für die ArbGeb würde die Kostenbelastung nur maßvoll steigen. Der ArbGeb trägt bisher
zwar nicht die herkömmlichen ArbGebAnteile zur SozV, er hat aber die Pauschalbeiträge zu

leisten, die sich im Ergebnis einschließlich der Pauschalsteuer regelmäßig auf rund 30 % der gezahlten Vergütung belaufen. Damit ist das geringfügige Beschäftigungsverhältnis vom wirtschaftlichen Ergebnis bei der Beitragsbelastung nicht weit von einem Nettonormalarbeitsverhältnis entfernt, in welchem der ArbGeb den gesamten SozVBeitrag von rund 40 % der Vergütung und zusätzlich die individuelle Steuerlast des ArbN übernehmen müsste, wobei letztere bei den meisten geringfügig Beschäftigten, insgesamt 4,8 Millionen, die ausschließlich ein geringfügiges Beschäftigungsverhältnis haben, gar nicht anfiele, weil das Gesamteinkommen unter dem steuerlichen Existenzminimum von rund 8000 € pro Jahr liegt, und die im Übrigen wie bisher mit 2 % pauschaliert werden könnte.

Eine gesetzliche Gesamtpauschalierung würde die Abwicklung weiter vereinfachen. Insgesamt würde eine solche Reform den Anreiz vermindern, reguläre Vollzeitstellen in mehrere geringfügige Beschäftigungsverhältnisse aufzuteilen.

Schon nach geltender Rechtslage günstiger für ArbN wie für ArbGeb ist ohnehin der Übergang von einer geringfügigen Beschäftigung in ein **Bruttoarbeitsverhältnis in der Gleitzone** (zwischen 450,01 und 850 €). Hier ist der ArbGeb zur Zahlung des üblichen ArbGebAnteils zur SozV in Höhe von rd 20 % des Arbeitsentgelts verpflichtet, also deutlich weniger als die Pauschale von 30 % bei geringfügiger Beschäftigung. Die durch den ArbN zu zahlenden SozVAbgaben beginnen mit 4 % bei einem Monatsverdienst ab 450,01 EUR und steigen linear bis zum vollen ArbNAnteil von rund 20 % bei 850 EUR Verdienst (s *Minijob* Rz 6 ff). Zugleich wird dadurch der **volle Versicherungsschutz** in allen Zweigen der SozV erreicht.

15   h) **Kündigungsschutz.** Keine Besonderheit ergibt sich beim Kündigungsschutz. Der geringfügig beschäftigte ArbN kann ebenso wie der VollzeitArbN den *Kündigungsschutz* nach dem KSchG wie auch Sonderkündigungsschutzvorschriften (§ 9 MuSchG; § 85 SGB IX), in Anspruch nehmen (BAG 13.3.87 – 7 AZR 724/85, BB 87, 1320). Das KSchG ist wie bei Vollzeitbeschäftigten gem § 23 Abs 1 Sätze 2 und 3 KSchG anwendbar, wenn mehr als zehn ArbN, im Betrieb beschäftigt sind. Teilzeitbeschäftigte werden dabei nach dem Modus des § 23 Abs 1 Satz 3 KSchG mitgezählt.

Findet das KSchG aufgrund einer ausreichenden Zahl von Beschäftigten Anwendung, muss für eine Kündigung in gleicher Weise wie bei einer Vollzeitbeschäftigung ein Kündigungsgrund nach § 1 Abs 2 KSchG vorhanden sein. Danach ist die **Kündigung sozial nur gerechtfertigt und rechtswirksam,** wenn ein ausreichender verhaltensbedingter, personenbedingter oder betriebsbedingter Kündigungsgrund vorliegt. Der Umstand, dass ein nebenberuflich tätiger ArbN durch seine Haupttätigkeit wirtschaftlich gesichert ist, stellt keinen personenbedingten Kündigungsgrund iSd § 1 Abs 2 KSchG dar (BAG 13.3.87 – 7 AZR 724/85, BB 87, 1320). Wird aus einem sozialversicherungsfreien ein sozialversicherungspflichtiges Arbeitsverhältnis, ist dies **kein Kündigungsgrund;** das Interesse des ArbGeb an der **Aufrechterhaltung der Sozialversicherungsfreiheit ist kein rechtlich geschütztes Interesse** (BAG 18.1.07 – 2 AZR 731/05, NZA 07, 680).

Im Fall der betriebsbedingten Kündigung ist zusätzlich eine soziale Auswahl gem § 1 Abs 3 KSchG danach vorzunehmen. Dabei sind nur die dort genannten Sozialkriterien maßgebend, nicht aber der Umfang der Beschäftigung, so dass geringfügig Beschäftigte mit nicht geringfügig Beschäftigten zu vergleichen sind (ErfK/*Preis* § 4 TzBfG Rz 52; vgl BAG 3.12.98 – 2 AZR 341/98, NJW 99, 1753).

Seit dem 1.5.2000 gilt für Kündigung und Auflösungsvertrag gem § 623 BGB ein **konstitutives Schriftformerfordernis.** Bei der Berechnung der Beschäftigungszeit für eine tarifliche Unkündbarkeit müssen die Zeiten geringfügiger Beschäftigung mitgerechnet werden (BAG 25.4.07 – 6 AZR 746/06, NZA 07, 881).

Die Sonderkündigungsschutzvorschriften, etwa für Schwangere nach § 9 MuSchG oder für Schwerbehinderte nach § 85 ff SGB IX, gelten ohne Einschränkung auch für geringfügig Beschäftigte.

16   **3. Kollektivrechtlicher Status.** In ihrem kollektivrechtlichen Status unterscheiden sich geringfügig Beschäftigte, soweit sie ArbN sind, von anderen ArbN ebenfalls nicht.

17   a) **Wahlrecht.** So sind sie in gleicher Weise und mit gleichem Stimmrecht wahlberechtigt zur BRatwahl wie vollzeitbeschäftigte ArbN (BAG 29.1.92 – 7 ABR 27/91, BB 92, 1486). Die Gefahr, dass auf diese Weise die geringfügig beschäftigte ArbNGruppe die Gruppe der

Vollzeitbeschäftigten majorisiert, rechtfertigt es nicht, das Wahlrecht der geringfügig beschäftigten ArbN zu beschneiden, da dies den Grundsatz der Gleichheit der Wahl verletzen würde. Auch das passive Wahlrecht steht den geringverdienenden ArbN zu.

b) Beteiligungsrechte des Betriebsrats. Diese verändern sich nicht, wenn geringfügig beschäftigte ArbN betroffen sind. Einstellung, Eingruppierung, Umgruppierung und Versetzung von geringfügig Beschäftigten unterliegen dem Zustimmungsverweigerungsrecht nach § 99 BetrVG. Bei der Kündigung besteht die Anhörungspflicht nach § 102 BetrVG. **Geringfügig beschäftigte ArbN müssen eingruppiert** werden, wenn im Betrieb eine bestimmte Gehalts- oder Lohngruppenordnung Anwendung findet. Dem steht nicht entgegen, wenn die Geringverdiener aufgrund einer Nettolohnabrede tätig sind. Sowohl der geringfügig beschäftigte ArbN selbst als auch der BRat können die Eingruppierung gerichtlich durchsetzen (BAG 18.6.91 – 1 ABR 60/90, BB 91, 1860). 18

c) Soziale Angelegenheiten. Arbeitszeit, Urlaubsplan, technische Leistungs- oder Verhaltensüberwachung oder Fragen der betrieblichen Lohnfortzahlung sind auch bei geringfügig beschäftigten ArbN in vollem Umfang nach § 87 BetrVG mitbestimmungspflichtig, ebenso wie alle anderen in § 87 BetrVG aufgeführten sozialen Angelegenheiten. 19

Betriebsänderungen iSd § 111 BetrVG, auch wenn sie nur geringfügig beschäftigte ArbN betreffen, lösen Ansprüche auf Interessenausgleichsverhandlungen und den Abschluss eines Sozialplans aus.

B. Lohnsteuerrecht *Seidel*

1. Allgemeine Lohnsteuer. Liegt **nichtselbstständige** Arbeit vor, so unterliegt der Arbeitslohn geringfügig beschäftigter ArbN grds der LSt nach den allgemeinen Vorschriften. Allerdings kann der ArbGeb unter Verzicht auf den Abruf der ELStAM (§ 39e Abs 4 Satz 2 EStG) oder die Vorlage einer Bescheinigung für den LStAbzug (§ 39 Abs 3 bzw § 39e Abs 7 oder 8 EStG; s auch *Lohnsteuerabzugsmerkmale* Rz 8 f) die LSt, den SolZ und die KiSt für das Arbeitsentgelt aus geringfügigen Beschäftigungen unter bestimmten Voraussetzungen (s unten Rz 21) mit 2% bzw (nur) die LSt mit 20% erheben (s unten Rz 22). Das Steuerrecht enthält keine eigene Definition der geringfügigen Beschäftigung, sondern stellt hierzu auf das SozVRecht (§ 8 Abs 1 und § 8a SGB IV) ab, so auch BFH 29.5.08 – VI R 57/05, BFH/NV 08, 1597. Dies führt dazu, dass nunmehr auch im Steuerrecht für die Arbeitsentgeltgrenze von 450 € mtl von der Definition des SozVRechts auszugehen ist. Lohnbestandteile, die nicht zum sozialversicherungspflichtigen Entgelt gehören, bleiben außer Ansatz (LStR 40a.2 Satz 3 und 4; s hierzu SvEV, *Arbeitsentgelt* Rz 85 ff sowie unten Rz 50 ff). Zur steuerlichen Behandlung der kurzfristigen Beschäftigung und der Aushilfskräfte in der Land- und Forstwirtschaft s *Aushilfskräfte* Rz 22 ff und *Teilzeitbeschäftigung* Rz 114 ff. 20

2. Pauschsteuersatz. Bei einer geringfügigen Beschäftigung iSd § 8 Abs 1 Nr 1 (Entgeltgeringfügigkeit bis 450 € mtl) oder § 8a (haushaltsnahe Dienstleistungen, s *Hauswirtschaftliches Beschäftigungsverhältnis* Rz 10 ff) SGB IV, für die der ArbGeb Beiträge nach § 168 Abs 1 Nr 1b oder 1c SGB VI (geringfügig versicherungspflichtig Beschäftigte, s unten Rz 36 ff, 67) oder nach § 172 Abs 3 oder 3a SGB VI (versicherungsfrei geringfügig Beschäftigte, s unten Rz 68) entrichtet, kann er die LSt, den SolZ und die KiSt mit einem einheitlichen Pauschsteuersatz von insgesamt **2%** des Arbeitsentgelts erheben (§ 40a Abs 2 EStG). Dieser ist zusammen mit den pauschalen Beiträgen zur KV (13%, s unten Rz 59) und RV (15%, s unten Rz 68), insgesamt 30% bzw 12% bei Beschäftigung im Privathaushalt (s *Hauswirtschaftliches Beschäftigungsverhältnis* Rz 11), an die **Deutsche Rentenversicherung Knappschaft-Bahn-See** (s unten Rz 99) und nicht an das BetriebsstättenFA zu entrichten (§ 40a Abs 6 EStG). Diese steuerliche Behandlung gilt auch, wenn der ArbN von der Möglichkeit der Aufstockung des pauschalen Beitrags des ArbGeb zur RV Gebrauch macht (s unten Rz 67). Wird **nachträglich die Versicherungspflicht** festgestellt, so gilt, sofern der ArbGeb nicht vorsätzlich oder grob fahrlässig versäumt hat, den Sachverhalt für die sozialversicherungsrechtliche Beurteilung aufzuklären, mit der Bekanntgabe der Feststellung durch die Einzugsstelle oder den RVTräger (s unten Rz 96), so dass auch die steuerliche Behandlung nicht rückwirkend, sondern erst künftig zu ändern ist. Zur Frage der Berfreiung von der Versicherungspflicht s Rz 28 und *Rentenversicherungsfreiheit* Rz 8. Nach der Rspr des 21

202 Geringfügige Beschäftigung

BAG (1.2.06 – 5 AZR 628/04 – NZA 06, 727) hat der ArbN die Pauschsteuer von 2% zu tragen, außer es liegt eine Nettolohnabrede vor.

22 **3. Pauschale Lohnsteuer.** Hat der ArbGeb keine pauschalen Beiträge nach den in Rz 21 genannten Vorschriften des SGB VI zur RV zu entrichten, sondern die vollen ArbGebAnteile (zB bei Zusammenrechnung mehrerer geringfügiger Beschäftigungen, s unten Rz 85 ff), kann er, wenn das Arbeitsentgelt beim einzelnen ArbGeb 450 € nicht übersteigt, die LSt mit einem Pauschsteuersatz von **20%** des Arbeitslohns erheben (§ 40a Abs 2a Satz 1 EStG). Der ArbGeb muss die pauschale LSt übernehmen. Anders als in der SozV findet bei der Pauschalierung der LSt mit 20% keine Zusammenrechnung mehrerer Beschäftigungen statt. Im Gegensatz zur Pauschalierung nach § 40a Abs 2 EStG (s oben Rz 21) ist die pauschale LSt nach Abs 2a mit der LStAnmeldung anzumelden und an das **Betriebsstättenfinanzamt** abzuführen (s *Lohnsteueranmeldung* Rz 4). Hinzu kommen noch der SolZ mit 5,5% der LSt sowie die KiSt (s *Solidaritätszuschlag* Rz 4, 5 und *Kirchenlohnsteuer* Rz 17–22).

23 **4. Gemeinsame Voraussetzungen.** Bei einem monatlichen Lohnzahlungszeitraum sind die Verhältnisse in den einzelnen Wochen dieses Zeitraums unbeachtlich. Die zu führenden **Aufzeichnungen** müssen die Verhältnisse jedes einzelnen Lohnzahlungszeitraums wiedergeben (*Schmidt/Krüger* § 40a Rz 12). Die durchschnittliche Stundenlohngrenze iHv 12 € spielt bei der geringfügigen Beschäftigung ebenso keine Rolle mehr wie die sozialversicherungsrechtliche 15-Stundengrenze. Es erscheint daher fraglich, ob der ArbGeb bei der geringfügigen Beschäftigung weiterhin verpflichtet sein soll, die tatsächlichen Arbeitsstunden aufzuzeichnen (vgl aber § 4 Abs 2 Nr 8 LStDV und *Seifert* StuB 03, 321; s *Teilzeitbeschäftigung* Rz 118). Da sich das Vorliegen einer geringfügigen Beschäftigung im Steuerrecht nach der Definition im SozVRecht richtet, ist es auch im Steuerrecht als unschädlich anzusehen, wenn die Arbeitsentgeltgrenze **ausnahmsweise überschritten** wird (vgl auch unten Rz 50–56). Zu unschädlichen Aufstockungen der Geringfügigkeitsgrenze durch steuerfreie oder pauschal besteuerte Leistungen des ArbGeb s *Plenker/Schaffhausen* DB 03, 957 und *HMW*/Geringfügige Beschäftigung (450 €-Jobs) Rz 15 sowie *Arbeitsentgelt* Rz 116–141; s auch LStR 40a.2 Satz 3 und 4. Das Überschreiten der 450 €-Grenze durch Zahlung von **Weihnachts- und/oder Urlaubsgeld** ist jedoch idR unschädlich (s unten Rz 44, 47). Sowohl bei der Pauschsteuer mit 2% als auch bei der Pauschalierung mit 20% bleiben der pauschal besteuerte Arbeitslohn und die pauschale LSt bei der **EStVeranlagung** (s *Antragsveranlagung* Rz 2 ff) außer Ansatz. Die pauschale LSt ist weder auf die ESt noch die JahresLSt anzurechnen (§ 40a Abs 5 iVm § 40 Abs 3 EStG), so dass insoweit kein Werbungskostenabzug besteht. Ein geringfügiges Beschäftigungsverhältnis nach § 40a Abs 2 und 2a EStG beim selben ArbGeb **neben** einem dem normalen LStAbzug unterliegenden Arbeitsverhältnis ist möglich, zB Entleihung von ArbN durch eine Zeitarbeitsfirma an den HauptArbGeb (s § 40a Abs 4 EStG: Ausschluss der Abs 2 und 2a s *Mehrfachbeschäftigung* Rz 10). Voraussetzung für das Vorliegen mehrerer Beschäftigungsverhältnisse ist der formelle Abschluss von zwei Arbeitsverträgen mit zwei rechtlich selbstständigen ArbGeb (s *Arbeitnehmerüberlassung* Rz 34, 36). Für die Frage der für das FA bindenden **Anerkennung** des geringfügigen Beschäftigungsverhältnisses ist ausschließlich die Minijob-Zentrale der Knappschaft-Bahn-See zuständig. Erfolgt die geringfügige Beschäftigung (bis 450 €) im **haushaltsnahen Bereich**, kann der Auftraggeber bestimmte Beträge von seiner Steuerschuld abziehen (§ 35a Abs 2 EStG). Zur Regelung im Einzelnen wird auf *Hauswirtschaftliches Beschäftigungsverhältnis* Rz 27 ff verwiesen. Die für die SozVBeiträge neu eingeführte **Gleitzone** bei Einkommen von 450,01 € bis 850,01 € (s *Minijob* Rz 4) ist steuerlich ohne Bedeutung. Hier erfolgt weiterhin eine individuelle Besteuerung nach den ELStAM (s *Lohnsteuerabzugsmerkmale* Rz 8 ff).

24 **5. Sozialversicherungsbeiträge** können, soweit sie im Zusammenhang mit pauschal besteuerten Einnahmen stehen, vom ArbN nicht als Sonderausgaben abgezogen werden (s auch *HMW*/Sonderausgaben Rz 5; vgl auch OFD Koblenz 1.3.07 – ESt Nr ST 3–2007 K 032, DB 07, 715 zur steuerlichen Behandlung der RVBeiträge eines Minijobs). Im Übrigen s *Sozialversicherungsbeiträge* Rz 14 ff. Für den ArbGeb sind sie, soweit er sie zu tragen hat (s unten Rz 59, 68, 95), Betriebsausgaben.

C. Sozialversicherungsrecht

Schlegel

Übersicht

	Rz		Rz
I. Versicherungspflicht und Versicherungsfreiheit	25–31	5. Rechtsfolgen in der Rentenversicherung	58–65
1. Grundsatz: Versicherungspflicht bei abhängiger Beschäftigung	25	a) Rechtsänderung zum 1.1.2013	58
2. Ausnahmetatbestände: Versicherungsfreiheit	26–28	b) Übergangsfälle – „Altfälle" – altes Recht	59–62
a) Allgemeines	26	c) Rechtslage seit 1.1.2013 – „neues Recht"	63–65
b) Versicherungsfreiheit bei geringfügiger Beschäftigung	27	IV. Tatbestand und Rechtsfolgen der Zeitgeringfügigkeit	66–78
c) Ausnahmen: Keine Versicherungsfreiheit trotz Geringfügigkeit	28	1. Begriff	66
3. Grund der Versicherungsfreiheit	29	2. Maßgeblicher Beurteilungszeitraum	67
4. Entwicklung des Rechts der Geringfügigen Beschäftigung	30	3. Zwei-Monats-Frist/50-Tage-Frist	68, 69
5. Zuständige Einzugsstelle	31	4. „Nach ihrer Eigenart" zeitlich begrenzte Beschäftigung	70–75
II. Begriff	32–42	a) Anwendungsfälle	70–74
1. Allgemeine Definition	32, 33	b) Beurteilungszeitpunkt/Prognosen	75
a) § 8 Abs 1 SGB IV	32	5. Berufsmäßige Beschäftigung	76–78
b) Differenzierungserfordernis zwischen zwei Geringfügigkeitstatbeständen	33	V. Zusammenrechnung mehrerer Beschäftigungen	79–90
2. Abgrenzung Entgelt-/Zeitgeringfügigkeit	34–42	1. Zusammenrechnung geringfügiger Beschäftigungen	79, 80
a) Allgemeines	34, 35	2. Zusammenrechnung „Haupt- und Nebenbeschäftigung"	81–89
b) Maßgebliches Abgrenzungskriterium	36, 37	a) Grundsatz	81–85
c) Kriterien des BSG für Regelmäßigkeit	38–42	b) Besonderheiten in den einzelnen Versicherungszweigen	86–88
III. Tatbestand und Rechtsfolgen der Entgeltgeringfügigkeit	43–65	c) Beitragsrecht	89
1. Entgeltgrenze	43–46	3. Beginn der Versicherungspflicht bei Zusammenrechnung	90
2. Beurteilungszeitpunkt/Prognoseentscheidung	47–49	VI. Verwaltungstechnische und verfahrensrechtliche Fragen	91–97
3. Rechtsfolgen in der Pflege- und Arbeitslosenversicherung	50	1. Meldepflichten des Arbeitgebers	91, 92
4. Rechtsfolgen in der Krankenversicherung	51–57	2. Zentrale Zuständigkeit der Deutschen Rentenversicherung Knappschaft-Bahn-See	93
a) Pauschalbeitrag	51, 52	3. Besonderheiten für geringfügig Beschäftigte in Privathaushalten	94
b) Persönlicher Geltungsbereich des § 249b SGB V	53	4. Förmliche Entscheidung der Einzugsstelle	95
c) Sachlicher Geltungsbereich des § 249b SGB V	54–56	5. Ausweispapiere	96
d) Übergangsrecht bzgl Erhöhung der Geringfügigkeitsgrenze	57	6. Vereinbarkeit des § 8 SGB IV mit EG-Recht	97
		VII. Muster	98

I. Versicherungspflicht und Versicherungsfreiheit. 1. Grundsatz: Versicherungs- 25
pflicht bei abhängiger Beschäftigung. Arbeit, die in abhängiger Beschäftigung gegen Zahlung von Entgelt ausgeübt wird, führt in der KV, RV, PflegeV und ArblV zur Versicherungs- und damit im Grundsatz auch zur Beitragspflicht (vgl zB § 5 Abs 1 Nr 1 SGB V; § 1 Abs 1 Nr 1 SGB VI; § 25 Abs 1 SGB III; § 20 Abs 1 Nr 1 SGB XI), sofern das Gesetz nicht Versicherungsfreiheit oder Befreiungstatbestände von der Versicherungspflicht vorsieht. Gleiches gilt für die UV mit der Ausnahme, dass dort eine Beschäftigung selbst dann der Versicherungspflicht unterliegt, wenn die Zahlung eines Arbeitsentgelts nicht vereinbart ist.

26 **2. Ausnahmetatbestände: Versicherungsfreiheit. a) Allgemeines.** Das Gesetz sieht für bestimmte Personengruppen zahlreiche Tatbestände der Versicherungsfreiheit vor, bei denen trotz Ausübung einer abhängigen Beschäftigung die Rechtsfolgen der Versicherungspflicht nicht wirksam werden. Der Tatbestand der Versicherungsfreiheit überlagert denjenigen der Versicherungspflicht und verhindert, dass der ArbN Pflichtbeiträge entrichten muss und er aus seiner Beschäftigung in der SozV Ansprüche auf Leistungen erwirbt. Dies ist zB der Fall, wenn für bestimmte Personengruppen – wie zB Beamte, Richter usw – besondere spezialgesetzliche Versorgungssysteme errichtet sind. Versicherungsfreiheit ist auch angeordnet bei geringfügiger Beschäftigung.

27 **b) Versicherungsfreiheit bei geringfügiger Beschäftigung.** Liegt eine nur geringfügige Beschäftigung iSv § 8 SGB IV vor, ist diese in der gesetzlichen **Kranken-, Pflege-, und Arbeitslosenversicherung** versicherungsfrei (vgl § 7 SGB V; § 27 Abs 2 SGB III). Für die gesetzliche Pflegeversicherung fehlt es allerdings an einer entsprechenden Vorschrift. Hierbei dürfte es sich jedoch um ein gesetzgeberisches Redaktionsversehen handeln. Die gesetzliche PflegeV soll immer dann eingreifen, wenn Personen in der gesetzlichen KV versichert sind, also tatsächlich Versicherungsschutz genießen (vgl § 1 Abs 2 Satz 1, § 20 Abs 1 Satz 1 SGB XI). Demgemäß ist für die gesetzliche PflegeV analog § 7 SGB V immer dann Versicherungsfreiheit anzunehmen, wenn diese in der gesetzlichen KV angeordnet ist.

28 **c) Ausnahmen: Keine Versicherungsfreiheit trotz Geringfügigkeit.** Für den Bereich der **gesetzlichen UV** hat die geringfügige Beschäftigung keine Bedeutung. In der UV stehen Beschäftigungen auch geringen Umfangs unter Versicherungsschutz. Für die **Rentenversicherung** war bis Ende 2012 ebenfalls Versicherungsfreiheit angeordnet; seit 1.1.13 besteht Versicherungspflicht mit der Möglichkeit, sich in der RV von der Versicherungspflicht befreien zu lassen; dann sind sog Pauschalbeiträge zur RV zu zahlen (dazu unter Rz 58 ff).

Sonstige Ausnahmen bestehen in folgenden Fällen: Versicherungsfreiheit besteht nicht für eine geringfügige Beschäftigung, wenn die Beschäftigung im Rahmen betrieblicher Berufsbildung und einer Beschäftigung nach dem Gesetz zur Förderung eines freiwilligen sozialen Jahres ausgeübt wird (§ 7 Satz 2 SGB V; § 5 Abs 2 Satz 2 SGB VI; § 27 Abs 2 Satz 2 Nr 2 SGB III). Im Rahmen der gesetzlichen RV und ArbIV besteht Versicherungsfreiheit außerdem nicht für Personen, die von der Möglichkeit einer stufenweisen Wiederaufnahme einer nicht geringfügigen Tätigkeit Gebrauch machen (§ 7 Abs 2 Satz 2 SGB VI; § 27 Abs 2 Satz 2 Nr 3 SGB III iVm § 74 SGB V) sowie für Personen, die nach § 1 Satz 1 Nrn 2 bis 4 SGB VI beschäftigt sind; zu letzteren gehören insbesondere bestimmte Behinderte, Personen, die in Einrichtungen der Jugendhilfe oder in Berufsbildungswerkstätten oder ähnlichen Einrichtungen für Behinderte für eine Erwerbstätigkeit befähigt werden sollen, sowie Mitglieder geistlicher Genossenschaften, Diakonissen und Angehöriger ähnlicher Gemeinschaften während ihres Dienstes für die Gemeinschaften und während der Zeit ihrer außerschulischen Ausbildung. Ebenso wenig sind in der ArbIV nicht versicherungsfrei diejenigen Personen, die wegen eines erheblichen Arbeitsausfalls mit Entgeltausfall iSd Vorschriften über das KAUG oder eines witterungsbedingten Arbeitsausfalls iSd Vorschriften über das Winterausfallgeld nur geringfügig iSd § 8 SGB IV beschäftigt sind. Schließlich ist auch keine Raum für geringfügige Beschäftigung, wenn ein sog **einheitliches Beschäftigungsverhältnis** vorliegt: alle von einem Beschäftigten bei demselben Arbeitgeber ausgeübten Beschäftigungen sind als einheitliche Beschäftigung iSv § 8 SGB IV anzusehen, sodass neben einer versicherungspflichtigen Beschäftigung bei demselben Arbeitgeber keine versicherungsfreie geringfügige Beschäftigung besteht (vgl BSG 27.6.12 – B 12 KR 28/10 R, Rz 23).

29 **3. Grund der Versicherungsfreiheit.** Über Sinn und Zweck der Anordnung von Versicherungsfreiheit wegen geringfügiger Beschäftigung finden sich in den Gesetzesmotiven idR kaum Hinweise. **Hauptmotiv** dürfte sein, dass eine Beschäftigung nur dann zur Zwangsmitgliedschaft in der SozV mit den daraus folgenden Beitragspflichten und Leistungsrechten führen soll, wenn sie ihrer Art und ihrem Umfang nach geeignet ist, die Existenz des ArbN sicherzustellen; bei Eintritt des Versicherungsfalles (Krankheit, Arbeitsunfähigkeit, Arbeitslosigkeit, Erwerbsminderung, Alter) treten dann die Sach- oder Geldleistungen der SozV (insbes: Lohnersatzleistungen) an die Stelle des entfallenen Arbeitsentgelts. Wer es sich dagegen „leisten kann" nur geringfügig beschäftigt zu sein, wird idR (überwiegend) von

anderen unterhalten, die nach der Vorstellung des Gesetzes dann auch für die soziale Sicherung des geringfügig Beschäftigten zu sorgen haben (zB Familienversicherung, § 10 SGB V, Hinterbliebenenrenten usw). Bisweilen mag auch die Vorstellung vorherrschen, dass sich ein ArbN nicht mit einer minimalen Beschäftigung und demgemäß minimalen Beiträgen das gesamte Sachleistungsspektrum zB der KV soll verschaffen können. – Es wäre wünschenswert, wenn der Gesetzgeber sowohl bei der Anordnung von Versicherungspflicht als auch der Regelung von Tatbeständen der Versicherungsfreiheit einem einigermaßen stringenten Plan folgen würde. Dieses **Regelungskonzept** müsste nicht unbedingt für alle Zweige der SozV einheitlich sein. Ein solcher Plan ist jedoch derzeit kaum erkennbar. Die zahlreichen Gesetzesänderungen der letzten Jahre erwecken vielmehr den Eindruck, dass die geringfügige Beschäftigung als ein je nach Bedarf beliebig einsetzbares und änderungsfähiges wirtschafts- und beschäftigungspolitisches Instrument angesehen wird.

4. Entwicklung des Rechts der Geringfügigen Beschäftigung. § 8 SGB IV regelt für alle Zweige der SozV, wann eine Beschäftigung geringfügig ist. Ob bei geringfügiger Beschäftigung Versicherungsfreiheit eintritt, ist in den Spezialgesetzen des SGB III, V, VI und XI geregelt. Das Recht der geringfügigen Beschäftigung sieht seit jeher zwei Tatbestände der Geringfügigkeit vor, denjenigen der **Entgeltgeringfügigkeit** und denjenigen der **Zeitgeringfügigkeit**. § 8 SGB IV wurde in den letzten Jahren mehrfach geändert, zuletzt durch das G vom 5.12.12, BGBl I 12, 2474. Zur Rechtsentwicklung vgl. Personalbuch 2012.

5. Zuständige Einzugsstelle. Für sämtliche geringfügig Beschäftigten ist seit 1.4.03 unabhängig davon, bei welcher Krankenkasse sie freiwillig oder familienversichert sind, die **Bundesknappschaft Einzugsstelle** (vgl § 28i S 5 SGB IV – sog. **Minijob-Zentrale**). Dies gilt auch für **geringfügig Beschäftigte in Privathaushalten.** Für diese gilt in Form des sog Hauhaltsscheckverfahrens (vgl § 28a Abs 7 SGB IV) ein **vereinfachtes Meldeverfahren.** Zudem werden die Beiträge für diesen Personenkreis von der Beitragseinzugsstelle berechnet und im Wege des Lastschriftverfahrens eingezogen; die Einzugsstelle ihrerseits erstatten dem Träger der RV die für die RV und ArblV maßgeblichen Daten und teilt dem Beschäftigten den Inhalt dieser Meldung mit (vgl § 28h Abs 3 SGB IV, Einzelheiten hierzu s *Hauswirtschaftliches Beschäftigungsverhältnis*).

II. Begriff der geringfügigen Beschäftigung. 1. Allgemeine Definition. a) § 8 Abs 1 SGB IV definiert die geringfügige Beschäftigung für sämtliche Zweige der SozV und die ArblV (vgl § 1 Abs 1 Sätze 1 und 2 SGB IV). Danach liegt eine geringfügige Beschäftigung vor, wenn
1. das Arbeitsentgelt aus dieser Beschäftigung regelmäßig im Monat 450 € nicht übersteigt (sog Entgeltgeringfügigkeit; bis 31.12.12: 400 €) oder
2. die Beschäftigung innerhalb eines Kalenderjahres auf längstens zwei Monate oder 50 Arbeitstage nach ihrer Eigenart begrenzt zu sein pflegt oder im Voraus vertraglich begrenzt ist, es sei denn, dass die Beschäftigung berufsmäßig ausgeübt wird und ihr Entgelt 450 € im Monat übersteigt (sog Zeitgeringfügigkeit).

b) Differenzierungserfordernis. Zwar bezeichnet das Gesetz beide Tatbestände **Entgeltgeringfügigkeit** (§ 8 Abs 1 Nr 1 SGB IV) und **Zeitgeringfügigkeit** (§ 8 Abs 1 Nr 2 SGB IV)) als geringfügige Beschäftigung. Die Rechtsfolgen, die an die beiden Tatbestände anknüpfen, sind im Detail jedoch durchaus unterschiedlich.
Folgende Regeln finden beim Tatbestand der Zeitgeringfügigkeit (§ 8 Abs 1 Nr 2 SGB IV) keine Anwendung:
– Pflicht des ArbGeb zur Tragung eines Pauschalbeitrages zur KV krankenversicherter ArbN iHv 13 vH (vgl § 249b SGB V),
– Pflicht des ArbGeb zur Tragung eines Pauschalbeitrages zur RV in Höhe von 15 vH, wenn sich der ArbN hat von der RV-Pflicht befreien lassen (§ 7 Abs 3 Satz 2 SGB VI),
– Zusammenrechnung mit einer nicht geringfügigen Beschäftigung.
Aus diesen jeweils **unterschiedlichen Rechtsfolgen** ergibt sich, dass in jedem Fall zwischen den beiden Tatbeständen des § 8 Abs 1 SGB IV zu differenzieren ist.
Ein weiteres Differenzierungserfordernis ergibt sich daraus, dass es innerhalb der geringfügigen Beschäftigung die Sondergruppe der „**geringfügig Beschäftigten in Privathaushalten**" gibt; für diese ordnet § 8a SGB IV iVm 249b Satz 2 SGB V und § 172 Abs 3a SGB VI eine auch innerhalb der Pauschalbeiträge (dazu Rz 54 und 62) weitergehende

202 Geringfügige Beschäftigung

Privilegierung an. Der Begriff „geringfügig Beschäftigten in Privathaushalten" ist nicht legaldefiniert. E knüpft an die in privaten Haushalten anfallenden Tätigkeiten an, die normalerweise von den Angehörigen des Haushalts selbst erledigt werden (Putzen, Rasenmäher, Autowaschen etc). Nicht darunter fallen geringfügige Beschäftigungen für eine Gemeinschaft von Wohnungseigentümern (WEG), die die Erfüllung von Aufgaben im Rahmen der Verwaltung des gemeinschaftlichen Eigentums betreffen; diese typischen WEG-Tätigkeiten sind von der jeweiligen privaten Sphäre des privaten Haushalts gelöst und speziell der WEG zur gemeinschaftlichen Verwaltung des gemeinschaftlichen Eigentums übertragen (vgl BSG 29.8.2012 B 12 R 4/10 R).

34 **2. Abgrenzung Entgelt-/Zeitgeringfügigkeit. a) Allgemeines.** Die wegen unterschiedlicher Rechtsfolgen zwingend erforderliche Abgrenzung der beiden Tatbestände wird **im Regelfall keine Probleme** bereiten. Prototyp der entgeltgeringfügigen Beschäftigung ist die auf Dauer angelegte und regelmäßig ausgeübte Beschäftigung in geringem zeitlichen Umfang gegen ein geringes Entgelt, das sich zB eine Hausfrau, ein Student oder ein Rentner „nebenbei" verdient. Prototyp und gesetzliches Leitbild der zeitgeringfügigen Beschäftigung sind saisonal ausgeübte Aushilfsbeschäftigungen, zB als Erntehelfer oder Ferienjobs eines Schülers oder Studenten.

35 **Problematisch** sind jene Fälle, in denen die Beschäftigung nicht zeitlich auf eng begrenzte Abschnitte, zB eine Saison, eine Kampagne oder die Ferien bzw einen ganz bestimmten Arbeitseinsatz (Projekt), begrenzt ist, sondern die Beschäftigung über längere Zeit hinweg immer wieder ausgeübt wird, jedoch im Jahresdurchschnitt an nicht mehr als 50 Tagen gearbeitet wird. Hier stellt sich die Frage, ob entscheidendes Gewicht dem Umstand zukommt, dass an nicht mehr als 50 Arbeitstagen im Jahr gearbeitet wird, was für zeitgeringfügige Beschäftigung iSv § 8 Abs 1 Nr 2 SGB IV sprechen könnte, oder ob die Beschäftigung ein Maß an Kontinuität erlangt, die sie zur entgeltgeringfügigen Beschäftigung nach § 8 Abs 1 Nr 1 SGB IV macht.

36 **b) Maßgebliches Abgrenzungskriterium.** Das entscheidende Abgrenzungskriterium zwischen den beiden Geringfügigkeitstatbeständen liegt demgegenüber nach der Rspr des BSG in der **Regelmäßigkeit bzw Nichtregelmäßigkeit der Beschäftigung.** Es kommt darauf an, ob die Beschäftigung regelmäßig ausgeübt wird. Ist dies der Fall, gilt § 8 Abs 1 Nr 1 SGB IV. Wird die Beschäftigung nicht regelmäßig – also nur gelegentlich – ausgeübt, gilt Nr 2 (vgl BSG 11.5.93 – 12 RK 23/91, SozR 3–2400 § 8 Nr 3; BSG 23.5.95 – 12 RK 60/93, SozR 3–2400 § 8 Nr 4).

37 **Die Auslegung des Wortlauts des § 8 Abs 1 Nr 1 SGB IV** lässt diese grundlegende Unterscheidung allerdings nur undeutlich erkennen, weil das Gesetz in § 8 SGB IV – im Gegensatz zum früheren, bis 30.6.75 geltenden § 168 Abs 2 RVO – den Begriff „gelegentlich" nicht mehr verwendet (vgl BSG 11.5.93 – 12 RK 23/92, SozR 3–2400 § 8 Nr 3 sowie Personahandbuch 2012, Rz 42).

38 **c) Kriterien des BSG für Regelmäßigkeit.** Regelmäßig ist eine Beschäftigung, die **von vornherein auf ständige Wiederholung gerichtet** ist (BSG 11.5.93 – 12 RK 23/91, SozR 3–2400 § 8 Nr 3 S 11; 28.4.82 – 12 RK 1/80, SozR 2200 § 168 Nr 6 S 10). Darüber hinaus ist es lediglich erforderlich, dass **Dauer und Zeitpunkt der einzelnen Arbeitseinsätze hinreichend vorhersehbar** sind. Der Begriff der Regelmäßigkeit betrifft damit „die **Häufigkeit und Voraussehbarkeit des Arbeitseinsatzes** und nicht die Dauer der täglichen Beanspruchung" (BSG 1.2.79 – 12 RK 7/77, SozR 2200 § 165 Nr 36 S 53).

39 Zwar hat das **BSG** in seiner Entscheidung vom 11.5.93 – 12 RK 23/91, SozR 3–2400 § 8 Nr 3 S 11 ausgeführt, eine entgeltgeringfügige Beschäftigung liege vor, wenn sie von vornherein auf ständige Wiederholung gerichtet ist „und über mehrere Jahre hinweg ausgeübt werden soll". Hieraus kann jedoch nicht der Schluss gezogen werden, dass bei der Befristung einer regelmäßigen Beschäftigung auf nicht mehr als zwei Jahre der Tatbestand der Entgeltgeringfügigkeit entfällt und derjenige des § 8 Abs 1 Nr 2 SGB IV erfüllt ist, wenn insgesamt in einem Jahr an nicht mehr als 50 Arbeitstagen gearbeitet wird. Auch eine Befristung des Arbeitsverhältnisses jenseits des in § 8 Abs 2 Nr 2 SGB IV genannten Zwei-Monats-Zeitraums führt aus den vom BSG genannten Abgrenzungskriterien bei Regelmäßigkeit der Beschäftigung zum Anwendungsbereich des § 8 Abs 2 Nr 1 SGB IV.

Die **zeitliche Nähe einander folgender, terminlich von vornherein festliegender** 40
Tätigkeiten verleiht einer Beschäftigung den Charakter der Regelmäßigkeit auch ohne Vorliegen ausdrücklicher Vereinbarungen, wenn beide Seiten davon ausgehen können, dass die jeweils andere Seite **die Fortsetzung der Beziehungen beabsichtigt** (BSG 28.4.82 – 12 RK 1/80, SozR 2200 § 168 Nr 6). Anzahl und Zeitpunkt der einzelnen Arbeitsleistung müssen nicht von vornherein nach Datum und Uhrzeit exakt festgelegt oder bestimmbar sein. Andernfalls hätte auch bei den Ultimokräften einer Sparkasse, die „zur Monatsmitte und zum Monatsende" Arbeitseinsätze leisten konnten, die Regelmäßigkeit der Beschäftigung verneint werden müssen. Dies ist jedoch nicht geschehen (vgl BSG 28.4.82 – 12 RK 1/80, SozR 2200 § 168 Nr 6).

Ausreichend ist bereits, dass der Beschäftigte zu den sich wiederholenden Arbeitseinsätzen 41 **auf Abruf bereitsteht,** ohne verpflichtet zu sein, jeder Aufforderung zur Arbeitsleistung Folge zu leisten (BSG 23.5.95 – 12 RK 60/93, SozR 3-2400 § 8 Nr 4 S 20), sofern nur Übereinstimmung darüber besteht, dass es zu einer regelmäßigen Wiederholung der Beschäftigung kommen soll, **sich der Beschäftigte auf den regelmäßigen Einsatz einstellen kann und er eine regelmäßige Gehaltsquelle erwarten darf.**

Nicht entscheidend ist, ob die Arbeitseinsätze im Rahmen eines Dauerarbeitsverhältnisses 42 von vornherein feststehen oder ob sie von Mal zu Mal vereinbart werden, sofern nur **tatsächlich über einen längeren Zeitraum hinweg** eine **ständige Wiederholung der Beschäftigung** vorliegt. – **Gegenindikatoren** sind die Unvorhersehbarkeit des Zeitpunkts und der Häufigkeit der einzelnen Arbeitseinsätze, für die sich jemand zumindest auf Abruf bereithält (BSG 23.6.71 – 3 RK 24/71, SozR Nr 11 zu § 168 RVO).

III. Tatbestand und Rechtsfolgen der Entgeltgeringfügigkeit. 1. Entgeltgrenze. 43
Eine Beschäftigung ist entgelt-geringfügig iSv § 8 Abs 1 SGB IV, wenn das Arbeitsentgelt aus dieser Beschäftigung regelmäßig im Monat 450 € (bis 31.12.12: 400 €) nicht übersteigt.

Regelmäßiges Arbeitsentgelt iSd § 8 Abs 1 Nr 1 SGB IV sind alle laufenden Entgelt- 44 zahlungen sowie **jährliche Sonderzahlungen,** die nach der bisherigen Übung mit Sicherheit zu erwarten sind (zB Weihnachtsgeld, Urlaubsgeld ua; nicht dagegen zB eine Jubiläumszuwendung). Bei der Berechnung des „regelmäßig im Monat" erzielten Arbeitsentgelts sind diese Sonderzahlungen auf die einzelnen Monate des Jahres zu verteilen. Das BSG hat hierzu entschieden (28.2.84 – 12 RK 21/83, SozR 2100 § 8 Nr 4), dass dies den Motiven des Gesetzgebers nicht entgegenstehe; danach soll die Beurteilung zwar vorausschauend erfolgen, doch schließe dies nicht aus, hierbei den Durchschnittswert des Arbeitsverdienstes über einen längeren Zeitraum heranzuziehen.

Eine andere Frage ist, in welche Zeitabschnitte derartige Sonderzahlungen fallen und wie 45 sie **beitragsrechtlich** zu beurteilen sind. Indessen ist die Frage der Versicherungspflicht bzw Versicherungsfreiheit hiervon unabhängig, denn bei den Verdienstgrenzen wurde zur Entscheidung über die Versicherungspflicht oder Versicherungsfreiheit von jeher davon ausgegangen, dass Sonderzahlungen in dem weiteren zeitlichen Rahmen eines Jahres zu sehen sind (vgl BSG 28.2.84, SozR 2100, S 6). Dies bedeutet: Für die Frage, ob Versicherungspflicht vorliegt, sind Sonderzahlungen bei der Ermittlung des regelmäßigen Arbeitsverdienstes auf den gesamten Zeitraum, für den sie gezahlt werden, dh idR das ganze Jahr, zu verteilen.

Die bis zum 31.3.03 ebenfalls einzuhaltende **15-Stunden-Grenze** ist mWv 1.4.03 entfal- 46 len (zu den Anforderungen dieser Tatbestandsmerkmale vgl Personalbuch 2002, Geringfügige Beschäftigung Rz 58 ff; vgl BSG 28.4.82 – 12 RK 1/80, SozR 2200 § 168 Nr 6 zu sog Ultimokräften einer Sparkasse die jeweils in der Mitte und am Ende des Kalendermonats beschäftigt wurden; ähnliche Bedarfslage in BSG 11.5.93 – 12 RK 23/91, SozR 3-2400 § 8 Nr 3: Aushilfskräfte im Möbeltransportgewerbe).

2. Beurteilungszeitpunkt/Prognoseentscheidung. Ob in einer bestimmten Beschäf- 47 tigung Versicherungspflicht oder Versicherungsfreiheit besteht, ist bei Aufnahme der Beschäftigung vorausschauend zu beurteilen (BSG 25.2.97 – 12 RK 51/96, SozR 3-2500 § 6 Nr 15 zum Überschreiten der JAEGrenze; BSG 19.2.87 – 12 RK 9/85, SozR 2200 § 172 Nr 19 S 41 mwN zur Aufnahme einer Vollzeitbeschäftigung durch einen Studenten). Dies gilt auch dann, wenn eine Entscheidung über die Feststellung der Versicherungsfreiheit erst im Nachhinein zu treffen ist (so BSG 27.7.11 – B 12 R 15/09R zur Geringfügigkeit bei selbstständig

202 Geringfügige Beschäftigung

Tätigen). Die regelmäßige Einhaltung der 450-€-Grenze ist zu prognostizieren und nicht im Rückblick und unter Zugrundelegung ermittelter Durchschnittswerte zu beurteilen (vgl BT-Drs 7/4122 S 43 zu § 8 SGB IV). Daher kommt es zB für die Frage, ob die 450 €-Grenze nicht überschritten wird, darauf an, welche Zahlungen der ArbN bei vorausschauender, den Zeitraum eines Jahres umfassender Betrachtung insgesamt (laufendes Entgelt, Sonderzuwendungen wie Weihnachtsgeld etc) zu erwarten hat. Bei der Beurteilung der Frage, ob die Geringfügigkeitsgrenze mit Sonderzahlungen überschritten wird und Versicherungspflicht eintritt, sind auch bei untertariflicher Bezahlung die zustehenden tariflichen Sonderzahlungen zu berücksichtigen. Auch insoweit gilt für die Feststellung der Versicherungspflicht und der Beitragshöhe das Entstehungsprinzip und nicht das Zuflussprinzip (vgl BSG 14.7.04 – B 12 KR 7/04 R, SozR 4–2400 § 22 Nr 1; dazu auch *Lohnzufluss*).

48 **Vorausschauende Betrachtung** bedeutet nicht eine alle Eventualitäten berücksichtigende genaue Vorhersage, sondern lediglich eine ungefähre Einschätzung, welches Entgelt nach der bisherigen Übung mit hinreichender Sicherheit zu erwarten ist (BSG 12.11.93 – 12 RK 23/91, SozR 3–2400 § 8 Nr 3 S 12 zum regelmäßigen Verdienst und zur regelmäßigen Arbeitszeit in der Woche).

49 **Prognosegrundlage.** Vereinbarungen kommt dabei zwar erhebliche Indizwirkung zu. Entscheidend aber sind die tatsächlichen Verhältnisse (vgl BSG 19.2.87 – 12 RK 9/85, SozR 2200 § 172 Nr 19). Prognosegrundlage können neben mündlichen und schriftlichen Vereinbarungen auch Erfahrungswerte der Vergangenheit oder ein Vergleich mit in ähnlicher Weise beschäftigten ArbN desselben ArbGeb bzw früher beschäftigter ArbN des ArbGeb sein. Erweist sich eine – berechtigte – Prognose im Nachhinein infolge nicht vorhersehbarer Umstände als unzutreffend, bleibt sie für die Vergangenheit gleichwohl maßgeblich (BSG 23.4.74 – 4 RJ 335/72, SozR 2200 § 1228 Nr 1 S 2; 27.9.61 – 3 RK 12/57, SozR Nr 6 zu § 168 RVO).

50 **3. Rechtsfolgen in der Pflege- und Arbeitslosenversicherung.** Eine geringfügige Beschäftigung ist in der ArblV ebenso wie in der KV und PflegeV versicherungsfrei (§ 27 Abs 2 SGB III). Beiträge sind nicht zu zahlen.

51 **4. Rechtsfolgen in der Krankenversicherung. a) Pauschalbeitrag.** In der KV besteht **Versicherungsfreiheit der geringfügigen Beschäftigungen** (vgl § 7 SGB V). Dies hat zur Folge, dass ein lediglich geringfügig beschäftigter ArbN aus seiner geringfügigen Beschäftigung **keine Mitgliedschaftsrechte** bei einer Krankenkasse und auch keine Leistungsansprüche aus der KV erwirbt. Folglich sind für ihn im Grundsatz auch keine Beiträge zu KV zu entrichten.

52 Ist der ArbN bereits aufgrund anderer Tatbestände (gesetzlich) **krankenversichert,** zB als Familienangehöriger (Ehegatte oder Kind) eines Mitglieds einer Krankenkasse (vgl § 10 SGB V), als pflichtversicherter Student oder Rentner, so dass Leistungsansprüche in der gesetzlichen KV bestehen, sind vom ArbGeb für den Versicherten Pauschalbeiträge zur KV iHv **13 vom Hundert** des Arbeitsentgelts aus dieser (geringfügigen) Beschäftigung zu tragen; für geringfügig Beschäftigte in Privathaushalten (vgl § 8a SGB IV) ist ein Pauschalbeitrag von 5 vH zu zahlen (vgl § 249b Abs 1 Satz 2 SGB V). Der ArbN erwirbt durch diesen **pauschalen Arbeitgeberbeitrag** jedoch keine zusätzlichen Leistungsansprüche (zB Krankengeld) aus der KV. Zur Verfassungsmäßigkeit des § 249b SGB V vgl BSG 25.1.06 – § 12 KR 27/04 R, SozR 4–2500 § 249b Nr 2.

53 **b) Persönlicher Geltungsbereich des § 249b SGB V.** Zwar spricht der Wortlaut des § 249b SGB V davon, dass der ArbGeb die pauschalen Beiträge für „**Versicherte,** die in dieser Beschäftigung versicherungsfrei oder nicht versicherungspflichtig sind", zu tragen hat. Dabei ist es unerheblich, ob es sich um eine Pflichtversicherung, eine freiwillige oder eine Familienversicherung in der KV handelt. Wer wegen Überschreitens der JAEGrenze in der KV nach § 6 Abs 1 Nr 1 SGB V versicherungsfrei ist, fällt mangels „Versicherung" in der KV nicht unter den Anwendungsbereich des § 249b SGB V. Aus dem Systemzusammenhang und der Entstehungsgeschichte der Vorschrift ergibt sich weiter, dass diese Beitragspflicht nur gilt, soweit es sich um in der gesetzlichen KV Versicherte handelt. Für **Privatversicherte,** die einer versicherungsfreien geringfügigen Beschäftigung nachgehen, ist der Pauschalbeitrag zur KV nicht zu zahlen (vgl BT-Drs 14/280 S 13 zu Art 3 Nr 3 einerseits, BT-Drs 14/441 S 38 zu Art 3 Nr 4 andererseits).

c) Sachlicher Geltungsbereich des § 249b SGB V. Die pauschalierte Beitragspflicht 54 des ArbGeb gilt nach dem Wortlaut des § 249b SGB V nur für eine geringfügige versicherungsfreie Beschäftigung nach § 8 Abs 1 **Nr 1** SGB IV, dh **in Fällen sog Entgeltgeringfügigkeit** sowie für Beschäftigte in Privathaushalten iSv § 8a SGB IV. Für Fälle der Zeitgeringfügigkeit, die in § 249b SGB V nicht erwähnt sind, bleibt es bei dem Grundsatz, dass die Beschäftigung nicht zu einer Beitragspflicht des ArbGeb nach § 249b SGB V führt.

Handelt es sich um eine geringfügige Beschäftigung, die versicherungspflichtig ist, weil sie 55 mit einer versicherungspflichtigen Hauptbeschäftigung zusammengerechnet wird (vgl § 8 Abs 2 Satz 1 SGB IV, § 7 Satz 2 SGB V), ist der Tatbestand des § 249b SGB V nicht erfüllt. Vielmehr gelten hier die allgemeinen Grundsätze des Beitragsrechts, dh dass Beiträge nach dem allgemeinen Beitragssatz gem dem Grundsatz hälftiger Beitragstragung zu zahlen sind.

Bei **freiwillig Krankenversicherten**, deren Beiträge nach **§ 240 SGB V** nach ihrer 56 gesamten wirtschaftlichen Leistungsfähigkeit bemessen werden, muss sichergestellt sein, dass nicht aus dem Entgelt der geringfügigen Beschäftigung der Pauschalbeitrag gezahlt und das Entgelt des Versicherten der Beitragsbemessung ein zweites Mal im Rahmen von § 240 SGB V zu Grunde gelegt wird (anders offenbar das BMG; vgl BT-Drs 14/2212 Antwort auf Anfrage 38). Das BSG hat entschieden, dass mit dem Pauschalbeitrag die „Beitragspflicht" aus geringfügiger Beschäftigung abschließend durch die Sonderregelung des § 249b SGB V geregelt ist und der freiwillig Versicherte neben dem Pauschalbeitrag des ArbGeb aus der geringfügigen Beschäftigung keine weiteren Beiträge zu zahlen hat. Die Pflicht zur Zahlung des Mindestbeitrags bleibt aber davon unberührt. Das BSG hat die Regelung des § 249b SGB V allerdings erheblich kritisiert, weil sie nicht ins Beitragssystem der gesetzlichen KV passt (vgl BSG 16.12.03 – B 12 KR 20/01 R, SozR 4–2500 § 240 Nr 2).

d) Übergangsrecht bzgl Erhöhung der Geringfügigkeitsgrenze auf 450 €. Per- 57 sonen, die am 31.12.2012 versicherungspflichtig waren, weil ihr Arbeitsentgelt mehr als geringfügig war (also über 400 € lag), und nunmehr nach § 8 oder § 8a SGB IV versicherungsfrei wären, weil ihr Entgelt 450 € nicht übersteigt, bleiben in ihrer Beschäftigung bis längstens 31.12.2014 versicherungspflichtig. Voraussetzung ist, dass ihr Entgelt nicht unter 400 € monatlich sinkt und sie nicht nach § 10 SGB V familienversichert sind (vgl § 7 Abs 3 SGB V). Diesen Personen will der Gesetzgeber ihren unter der „alten" Geringfügigkeitsgrenze von 400 € erworbenen Schutz als Pflichtversicherter der GKV nicht entziehen; sie sollen versicherungspflichtig bleiben, obwohl ihr Arbeitsentgelt (mehr als 400 € aber nicht mehr als 450 €) seit 1.1.13 als geringfügig anzusehen wäre. Beitragsrechtlich bleibt es – obwohl die Gleitzone seit 1.1.13 erst bei Entgelten ab 450 € beginnt, bei der Gleitzonenregelung (vgl § 249 Abs 4 S 2 SGB V). Allerdings haben diese Personen das Recht, auf Antrag von der Versicherungspflicht befreit zu werden (vgl § 7 Abs 3 SGB V). Die unwiderrufliche Befreiung gilt, solange das Beschäftigungsverhältnis die Voraussetzungen des § 7 Abs 3 Satz 1 SGB V erfüllt (mehr als 400, nicht mehr als 450 €) erfüllt.

5. Rechtsfolgen in der Rentenversicherung. a) Rechtsänderung zum 1.1.2013. In 58 der RV hat seit 1.1.2013 eine wesentliche Änderung der Rechtslage stattgefunden (vgl G vom 5.12.12, BGBl I 12, 2474). Bis 31.12.12 bestand in der RV bei entgeltgeringfügiger Beschäftigung grds Versicherungsfreiheit mit der Möglichkeit, auf die Versicherungsfreiheit zu verzichten. Seit 1.1.2013 besteht grds Versicherungspflicht (ohne Versicherungsfreiheit) mit der Möglichkeit, sich von der Versicherungspflicht befreien zu lassen (§ 6 Abs 1b SGB VI). Nachfolgend wird im Rahmen des Übergangsrechts das für Altfälle geltende „alte Recht" skizziert, anschließend das ab 1.1.13 geltende Recht.

b) Übergangsrecht – „Altfälle" – altes Recht. Personen, die am 31.12.12 als gering- 59 fügig Beschäftigte gem § 5 Abs 2 SGB VI in seiner bis 31.12.12 geltenden Fassung auf die RV-Versicherungsfreiheit in einer bestimmten Beschäftigung verzichtet hatten und daher „**wegen Verzicht**s versicherungspflichtig waren" (zu den Modalitäten des Verzichts vgl. Personalbuch 2012, Rz 65 ff), bleiben auch über den 31.12.12 hinaus in dieser Beschäftigung versicherungspflichtig. Für sie gilt folgendes:

Bei „**geringfügig versicherungspflichtig**" **Beschäftigten** werden die **Pflichtbeiträge** 60 von den ArbGeb iHv 15 vH „des der Beschäftigung zugrundeliegenden Arbeitsentgelts", im Übrigen von den ArbN (§ 276a, § 168 Abs 1 Nr 1b SGB VI) erbracht. Bei den in Privathaushalten Beschäftigten, die auf Versicherungsfreiheit verzichtet haben, trägt der ArbGeb

202 Geringfügige Beschäftigung

nur 5 vH des Betrags; im Übrigen ist der Betrag vom ArbN zu tragen (vgl § 168 Abs 1 Nr 1c SGB VI). Mindestbemessungsgrundlage sind 175 € (§ 163 Abs 8 SGB VI). Dies gilt nach dem Wortlaut der § 168 Abs 1 Nr 1b SGB VI auch bei Arbeitsentgelten unter 175 €. Auch hier zahlen die ArbGeb 15 vH bzw 5 vH aus dem tatsächlichen Arbeitsentgelt und nicht aus der fiktiven Mindestbemessungsgrundlage. Im Übrigen ist der auf 175 € entfallende RVBeitrag vom ArbN zu tragen. Sofern es sich beim ArbGeb um einen Kleinbetrieb iSv § 1 Abs 1 AAG handelt sind außerdem die **Umlagen U 1 und 2** für Aufwendungen der ArbGeb für Entgeltfortzahlung und nach dem Mutterschutzgesetz zu entrichten.

61   Hatte ein geringfügig Beschäftigter **nicht auf die Versicherungsfreiheit verzichtet,** bliebt es auch über den 31.12.12 hinaus bei Versicherungsfreiheit, und zwar solange, bis der ArbN in dieser Beschäftigung die „neue" Geringfügigkeitsgrenze von 450 € nicht überschreitet. Steigt sein Arbeitsentgelt auf über 450 €, entfällt Versicherungsfreiheit (vgl § 230 Abs 8 SGB VI).

62   **Beitragsrechtlich** gilt, solange Versicherungsfreiheit fortbesteht, folgendes: Trotz Versicherungsfreiheit hat der ArbGeb für den ArbN einen **Beitrag in Höhe von 15 vom Hundert** des Arbeitsentgelts aus der (versicherungsfreien) Beschäftigung zu zahlen (vgl § 276a, entspricht sachlich § 172 Abs 3 und Abs 3a SGB VI). Lediglich für geringfügig beschäftigte Studenten, die in einem Praktikum gem § 5 Abs 3 SGB VI versicherungsfrei sind, ist dieser Pauschalbeitrag nicht zu zahlen. In leistungsrechtlicher Hinsicht können mit einer derartigen Beschäftigung Ansprüche auf Renten wegen Alters erworben werden. Zwar handelt es sich nicht um (Pflicht-)Beitragszeiten, jedoch werden die Pauschalbeitragszeiten auf die für Renten erforderliche **Wartezeit** angerechnet **und Zuschläge zu den sogenannten Entgeltpunkten** ermittelt (vgl § 52 Abs 2, § 76b SGB VI).

Der ArbGeb kann die von ihm nach § 168 Abs 1 Nr 1b SGB VI (ebenso wie bei § 249b SGB V) zu tragenden Pauschalbeiträge nicht auf den ArbN überwälzen, und zwar auch nicht teilweise.

§ 230 Abs 8 Satz 2 SGB VI räumt den Beschäftigten das Recht ein, auf die Versicherungsfreiheit mit Wirkung für die Zukunft zu verzichten, dh zu den Rechtswirkungen der Versicherungspflicht zurückzukehren (BT-Drucks 17/10773 S 13 zu Nr 21).

63   **c) Rechtslage seit 1.1.2013 – „neues" Recht.** Seit 1.1.13 bleibt es bei der Versicherungspflicht in der RV auch dann, wenn das Arbeitsentgelt aus einer bestimmten Beschäftigung 450 € nicht überschreitet. Bei „geringfügig versicherungspflichtig" Beschäftigten werden die Pflicht-Beiträge von den ArbGeb in Höhe von 15 % „des der Beschäftigung zugrunde liegenden Arbeitsentgelts", im Übrigen von den ArbN (§ 168 Abs 1 Nr 1b SGB VI) getragen. Bei den in Privathaushalten Beschäftigten trägt der ArbGeb nur 5 % des Betrags; im Übrigen ist der Betrag vom ArbN zu tragen (vgl § 168 Abs 1 Nr 1c SGB VI). Eine Änderung des § 168 SGB VI ist durch das Gesetz zu Änderungen im Bereich der geringfügigen Beschäftigung nicht erfolgt.

64   Allerdings hat der ArbN das Recht, sich von der Versicherungspflicht befreien zu lassen. Die **Befreiung von der RV-Pflicht** nach § 6 Abs 1b SGB VI erfolgt auf schriftlichen Antrag. **Der schriftliche Befreiungsantrag** ist dem ArbGeb (nicht dem RVTräger oder der Minijob-Zentrale) zu übergeben. Übt der ArbN mehrere geringfügige Beschäftigungen aus, kann der Antrag nur einheitlich gestellt werden. Er ist für die Dauer der jeweiligen Beschäftigungen bindend (zum Verfahren § 6 Abs 1b SGB VI), dh: „einmal in einer Beschäftigung befreit – immer befreit".

Der ArbGeb meldet der Einzugsstelle, dass der ArbN einen Antrag nach § 6 Abs 1b SGB VI auf Befreiung von der RVPflicht gestellt hat. Mit der **Meldung des Befreiungsantrages** gegenüber der **Minijobzentrale** (§ 28i Satz 5 SGB IV, § 6 Abs 1b, Abs 3 SGB VI) teilt der ArbGeb mit, wann ihm der Antrag zugegangen ist (vgl § 28a Abs 1 Nr 11, Abs 8 Nr 4 f SGB IV).

Fiktion der Befreiung. Aus Gründen der Verwaltungspraktikabilität soll auf ein förmliches Befreiungsverfahren, insbes auf Befreiungsbescheide der Minijobzentrale, verzichtet werden. Daher gilt die Befreiung von der RVPflicht nach § 6 Abs 1b SGB VI als erteilt, wenn die Minijobzentrale dem Befreiungsantrag des ArbN nicht innerhalb eines Monats nach Eingang der § 28a SGB IV-Meldung über den Eingang des Befreiungsantrages widerspricht. Ein Befreiungsbescheid, der dergestalt fingiert und bestandkräftig wird, kann nur entsprechend der §§ 44 ff SGB X zurückgenommen werden (vgl § 6 Abs 3 SGB VI).

Hinsichtlich des **Beginns der Befreiung** von der RVPflicht ist zu unterscheiden: Liegen 65
die Befreiungsvoraussetzungen einschl Befreiungsantrag vor, wirkt die Befreiung ab Beginn
des Monats, in dem der Befreiungsantrag dem ArbGeb zugegangen ist; Voraussetzung hierfür
ist, dass der ArbGeb den Befreiungsantrag der Einzugsstelle mit der ersten folgenden Entgeltabrechnung, spätestens innerhalb von 6 Wochen nach Zugang des Antrages, gemeldet und
die Einzugsstelle dem Antrag nicht innerhalb eines Monats nach Eingang der Meldung
widersprochen hat (§ 6 Abs 4 SGB VI). Erfolgt die Meldung des ArbGeb später, wirkt die
Befreiung vom Beginn des auf den Ablauf der Widerspruchsfrist folgenden Monats; die
Widerspruchsfrist beträgt einen Monat und läuft ab Zugang der Meldung bei der Einzugsstelle.

IV. Tatbestand und Rechtsfolgen der Zeitgeringfügigkeit. 1. Begriff. Eine gering- 66
fügige Beschäftigung nach § 8 Abs 1 Nr 2 SGB IV liegt vor, wenn die Beschäftigung innerhalb eines Kj seit ihrem Beginn auf längstens zwei Monate oder 50 Arbeitstage nach ihrer
Eigenart begrenzt zu sein pflegt oder im Voraus vertraglich begrenzt ist, es sei denn, dass die
Beschäftigung berufsmäßig ausgeübt wird und ihr Entgelt die in § 8 Abs 1 Nr 1 SGB IV
genannten Grenzen übersteigt. Bei der zeitgeringfügigen Beschäftigung kommt es – außer
bei berufsmäßiger Ausübung – auf die Höhe des Arbeitsentgelts nicht an. Die Vorschrift wird
nur relevant, wenn die Beschäftigung nicht bereits nach § 8 Abs 1 Nr 1 SGB IV geringfügig
ist.

2. Maßgeblicher Beurteilungszeitraum ist das **Kalenderjahr** (zum früheren Recht, 67
das auf das Beschäftigungsjahr abstellt, vgl BSG 25.4.91 – 12 RK 46/89, SozR 3–2400 § 8
Nr 2).

3. Zwei-Monats-Frist/50-Tage-Frist. Die Geringfügigkeitsrichtlinien sehen vor, dass 68
von dem Zwei-Monats-Zeitraum nur dann auszugehen ist, wenn die Beschäftigung an
mindestens fünf Tagen in der Woche ausgeübt wird. Die Zwei-Monatsfrist gilt also immer
dann, wenn eine Beschäftigung im Rahmen der betriebsüblichen oder berufsüblichen
Arbeitszeit ausgeübt wird. Dagegen ist bei Beschäftigungen von regelmäßig weniger als fünf
Tagen in der Woche auf den Zeitraum von 50 Arbeitstagen abzustellen. Dies entspricht der
Rspr des BSG zur Vorgängervorschrift des § 8 SGB IV, also zu den §§ 168 Abs 2 Buchst a
und 128 Abs 2 Buchst a RVO aF, dh dem § 8 Abs 1 Nr 2 SGB IV vergleichbaren Vorschriften (vgl BSG 27.1.71 – 12 RJ 118/70, BSGE 32, 182, 184).

Bei der **Zusammenrechnung von mehreren Beschäftigungszeiten** verfahren die 69
Versicherungsträger wie folgt: An die Stelle des Zwei-Monats-Zeitraums treten 60 Kalender-
tage; bei Beschäftigungen von regelmäßig weniger als fünf Tagen in der Woche ist bei der
Beurteilung auf den Zeitraum von 50 Tagen abzustellen.

4. „Nach ihrer Eigenart" zeitlich begrenzte Beschäftigung. a) Anwendungsfälle. 70
Selbst wenn die Arbeitsvertragsparteien kein befristetes Beschäftigungsverhältnis vereinbart
haben, kann ein Beschäftigungsverhältnis seiner Eigenart nach begrenzt sein. Dies ist zB bei
Beschäftigungen als Erntehelfer, Helfer auf dem Oktoberfest oder Bühnenarbeiter bei Fest-
spielen etc anzunehmen, dh bei **Saison- und Kampagnearbeiten,** deren zeitliche Dauer
einschließlich Vor- und Nacharbeiten absehbar ist.

Ebenfalls ihrer Eigenart nach zeitlich begrenzt sind Beschäftigungsverhältnisse, die zur 71
Überbrückung des vorübergehenden, zeitlich absehbaren Arbeitsausfalls anderer
ArbN vereinbart werden. Dies ist zB bei einer Urlaubs- oder Krankheitsvertretung anlässlich
der Verhinderung einzelnen ArbN der Fall, sofern nicht generell eine regelmäßige Beschäftigung als „Springer" oder „Daueraushilfe" vereinbart wird.

Entsprechendes gilt mE für Beschäftigungsverhältnisse, die erkennbar befristet zu dem 72
Zweck begründet werden, einen **vorübergehenden Auftragsüberhang** kurzfristig abzubauen oder **Auftragsspitzen** in absehbarer Zeit zu bewältigen.

Gleiches gilt für eine **projektbezogene Beschäftigung,** wenn bei der Einstellung die 73
Begrenzung der Beschäftigung auf ein bestimmtes Projekt erkennbar ist und das Projekt
– gerechnet ab der Einstellung – innerhalb der Grenzen des § 8 Abs 1 Nr 2 SGB IV
ausgeführt werden kann. Demgegenüber kann aus der ausdrücklichen oder stillschweigenden
Vereinbarung einer **Probezeit** nicht geschlossen werden, das Beschäftigungsverhältnis sei
insgesamt zeitlich begrenzt.

202 Geringfügige Beschäftigung

74   Ist eine Beschäftigung nicht ihrer Eigenart nach zeitlich begrenzt, liegt ein Fall des § 8 Abs 1 Nr 2 SGB IV nur vor, wenn eine **vertragliche Begrenzung** der zeitlichen Dauer des Beschäftigungsverhältnisses stattgefunden hat. Hierauf kann entsprechend dem Wortlaut der Vorschrift nicht verzichtet werden. Deshalb kann man nicht davon ausgehen, dass eine kurzfristige Beschäftigung auch dann vorliegt, wenn innerhalb eines Dauerarbeitsverhältnisses bei kontinuierlicher, auf das ganze Jahr verteilter Arbeit die Zeitdauer von 50 Arbeitstagen im Laufe eines Jahres nicht überschritten wird. Hier liegt dem Typus nach eine regelmäßige Tätigkeit vor, die allein nach Nr 1 zu beurteilen ist. Das bedeutet, dass bei **regelmäßiger Beschäftigung** allein § 8 Abs 1 **Nr 1** SGB IV, bei **nicht regelmäßiger/nur gelegentlicher Beschäftigung** § 8 Abs 1 **Nr 2** SGB IV, gilt (BSG 11.5.93 – 12 RK 23/91, SozR 3–2400 § 8 Nr 3).

75   **b) Beurteilungszeitpunkt/Prognosen.** Maßgeblicher Beurteilungszeitpunkt der Geringfügigkeit ist die Aufnahme der Beschäftigung. Auch hier ist hinsichtlich der Dauer der Beschäftigung und ggf hinsichtlich der 450 €-Grenze bei berufsmäßiger Verrichtung der Beschäftigung eine Prognose zu stellen.

Überschreitet die als kurzzeitig (§ 8 Abs 1 Nr 2 SGB IV) prognostizierte Beschäftigung **unvorhergesehen** die zulässige Zeitgrenze von zwei Monaten oder 50 Arbeitstagen, tritt vom Tag des Überschreitens an Versicherungspflicht ein. Für die Vergangenheit bleibt es bei der Versicherungsfreiheit. Sofern sich bereits vor Erreichen der zulässigen Zeitgrenzen deren Überschreiten abzeichnet, beginnt die Versicherungspflicht zu dem Zeitpunkt, zu dem die Überschreitung der Grenzen erkennbar ist (zB Auftreten unerwarteter Hindernisse bei der Fertigstellung eines bestimmten Projekts, für dessen Durchführung die Einstellung erfolgt ist).

76   **5. Berufsmäßige Beschäftigung.** Selbst wenn eine Beschäftigung innerhalb eines Jahres auf längstens zwei Monate oder 50 Arbeitstage nach ihrer Eigenart begrenzt zu sein pflegt, liegt keine geringfügige Beschäftigung vor, wenn die Beschäftigung berufsmäßig ausgeübt wird und ihr Entgelt 450 € übersteigt. Diese Einschränkung hat Bedeutung allerdings nur für die **Geringfügigkeit nach Nr 2** (Zeitgeringfügigkeit). Liegt Geringfügigkeit nach Nr 1 (Entgeltgeringfügigkeit) vor, besteht Versicherungs- und Beitragspflicht selbst dann, wenn die Beschäftigung berufsmäßig ausgeübt wird.

Rechtsfolge ist, dass die Beschäftigung trotz Nichtüberschreitens der zeitlichen Grenzen des § 8 Abs 1 Nr 2 SGB IV ausnahmsweise (vgl Wortlaut: „es sei denn, ..."") nicht geringfügig ist, sofern hieraus monatlich mehr als 325 € Arbeitsentgelt oder -einkommen erzielt wird.

77   Eine Beschäftigung oder Tätigkeit wird dann berufsmäßig ausgeübt, wenn sie **für den Beschäftigten nicht nur von untergeordneter wirtschaftlicher Bedeutung** ist und der Beschäftigte damit seinen **Lebensunterhalt** überwiegend oder doch in einem solchen Umfang bestreitet, dass seine wirtschaftliche Stellung zu einem erheblichen Teil auf dieser Beschäftigung beruht (vgl BSG 28.10.60 – 3 RK 31/56, SozR Nr 1 zu § 166 RVO; 26.9.72 – 12 RJ 352/71, SozR Nr 11 zu § 1228 RVO). Ob eine derartige Beschäftigung berufsmäßig ausgeübt wird, kann nur aufgrund einer Beurteilung der **gesamten Umstände des Einzelfalles** und der gesamten wirtschaftlichen Verhältnisse dieser Person beurteilt werden.

78   Zur **unständigen Beschäftigung** vgl *Aushilfskräfte* Rz 41 ff.

79   **V. Zusammenrechnung mehrerer Beschäftigungen. 1. Zusammenrechnung geringfügiger Beschäftigungen.** Nach § 8 Abs 2 SGB IV sind „mehrere geringfügige Beschäftigungen nach Nummer 1 oder Nummer 2" zusammenzurechnen. Das bedeutet positiv formuliert: Es können nur Beschäftigungen zusammengerechnet werden, die für sich allein nach ein und derselben Vorschrift geringfügig wären (**artgleiche Geringfügigkeit**). Dagegen kann eine entgeltgeringfügige Beschäftigung nicht mit einer zeitgeringfügigen zusammengerechnet werden (so andeutungsweise BSG 23.5.95 – 12 RK 60/93, SozR 3–2400 § 8 Nr 4 S 18).

80   Übersteigt die Summe der jeweils für sich gem § 8 Abs 1 Nr 1 SGB IV geringfügigen Beschäftigungen die Grenzen der Entgeltgeringfügigkeit (450 €), entfällt für beide Beschäftigungsverhältnisse die Geringfügigkeit. Dies hat zur Folge, dass für beide Beschäftigungsverhältnisse **Versicherungs- und Beitragspflicht** eintritt. Beiträge sind in diesem Fall nach dem allgemeinen Vorschriften des Beitragsrechts zu zahlen (Grundsatz hälftiger Beitrags-

tragung bzw die Gleitzonenregelung). Aus diesem Grunde besteht ein Fragerecht des ArbGeb nach anderweitigen Beschäftigungsverhältnissen eingeräumt. Er ist berechtigt, seine ArbN unter Darlegung der Voraussetzungen für das Entstehen der Versicherungs- und Beitragspflicht zu fragen, ob sie bei einem anderen ArbGeb in einem Umfang beschäftigt sind, der zusammen mit der bei ihm ausgeübten Beschäftigung Versicherungspflicht und Beitragspflicht begründet (vgl BSG 23.2.88 – 12 RK 43/87, SozR 2100, § 8 Nr 5).

2. Zusammenrechnung „Haupt- und Nebenbeschäftigung". a) Grundsatz. § 8 Abs 2 Satz 1 SGB IV bestimmt: „Bei der Anwendung des Absatzes 1 sind mehrere geringfügige Beschäftigungen nach Nummer 1 oder Nummer 2 sowie geringfügige Beschäftigungen nach Nummer 1 mit Ausnahmen einer geringfügigen Beschäftigung nach Nummer 1 und nicht geringfügige Beschäftigungen zusammenzurechnen." – Die Vorschrift normiert ein grds Zusammenrechnungsgebot, enthält hiervon jedoch eine Ausnahme. Die Auslegung dieser Ausnahme bereitet Schwierigkeiten. 81

Unproblematisch ist folgender Fall: Trifft eine **nicht geringfügige Beschäftigung** mit **nur einer geringfügigen Beschäftigung** zusammen, weil nur eine einzige geringfügige (Neben-)Beschäftigung ausgeübt wird, findet **keine Zusammenrechnung** statt. 82

Schwieriger ist die Auslegung in den Fällen, in denen neben einer nicht geringfügigen (Haupt-)Beschäftigung nicht nur eine, sondern **zwei oder mehr geringfügige (Neben-)Beschäftigungen** ausgeübt werden. Der Wortlaut des Zusammenrechnungsgebots des § 8 Abs 2 Satz 1 und der dort normierten Ausnahme („mit Ausnahme einer geringfügigen Beschäftigung nach Nummer 1") lässt folgende Auslegungen zu: 83

1. Auslegungsmöglichkeit: Trifft eine nicht geringfügige (Haupt-)Beschäftigung mit mehreren geringfügigen Beschäftigung zusammen, werden **sämtliche geringfügigen Beschäftigungen mit der Hauptbeschäftigung zusammengerechnet** (so *Rolfs* ZIP 03, 141). Damit würde die Vorschrift so ausgelegt, dass das grds Zusammenrechnungsgebot nur dann eine Ausnahme erfährt, wenn die Hauptbeschäftigung mit nur einer einzigen Nebenbeschäftigung zusammentrifft, der Ausnahmetatbestand also nicht erfüllt ist und das Zusammenrechnungsgebot umfassend eingreift, wenn jemand mehrere geringfügige Beschäftigungen ausübt. Hierfür könnte sprechen, dass eine Zusammenrechnung sämtlicher geringfügiger Beschäftigungen auch dann stattfindet, wenn diese nicht mit einer nicht geringfügigen (Haupt-)Beschäftigung zusammentreffen. 84

2. Auslegungsmöglichkeit: Trifft eine nicht geringfügige (Haupt-)Beschäftigung mit nur einer geringfügigen Beschäftigung zusammen, findet eine **Zusammenrechnung nur für die zweite und jede weitere Nebenbeschäftigung** statt, hingegen bleibt **eine (die erste) Nebenbeschäftigung zusammenrechnungsfrei** (so *Figge* DB 03, 285). Dies käme einer Art „Freibetrag von bis zu 450 €" oder einer „Anrechnungsfreiheit" von einer geringfügigen Beschäftigung gleich. Hierfür sprechen Presseverlautbarungen des Vermittlungsausschusses. Dies dürfte auch der Auffassung der Spitzenverbände der SozVTräger entsprechen. Allerdings ergibt sich dann das Problem, welche von mehreren geringfügigen Beschäftigungen anrechnungsfrei bleibt und ggf der Beschäftigte ein Wahlrecht hat, hinsichtlich welcher seiner geringfügigen Beschäftigung eine Zusammenrechnung stattfinden soll. ME hat der ArbN ein Wahlrecht, welche seiner mehreren Beschäftigungen zusammengerechnet werden sollen; gibt er keine Erklärung ab, ist diejenige Beschäftigung zusammenrechnungsfrei, die zuerst begründet worden ist. 85

b) Besonderheiten in den einzelnen Versicherungszweigen. In der **Arbeitslosenversicherung** werden zwar mehrere geringfügige Beschäftigungen, die in der ArblV grds versicherungsfrei sind, zusammengerechnet, nicht jedoch geringfügige mit nicht geringfügigen Beschäftigungen (vgl § 27 Abs 2 Satz 1 SGB III nF). Damit soll vermieden werden, dass Bagatellbeschäftigungen Ansprüche auf Entgeltersatzleistungen der Arbeitsförderung (zB Ansprüche auf AlGeld) begründen können (BT-Drs 12/280 S 12 zu Art 2 Nr 1). 86

In der Kranken- und Pflegeversicherung wird eine geringfügige Beschäftigung mit einer nicht geringfügigen Beschäftigung (nur) zusammengerechnet, wenn bereits „diese", dh die nicht geringfügige (Haupt-)Beschäftigung für sich betrachtete Versicherungspflicht begründet; die Hauptbeschäftigten darf daher auch nicht versicherungsfrei sein. Für die Frage, ob in der KV **Versicherungsfreiheit wegen Überschreitens der Jahresarbeitsentgeltgrenze** vorliegt (vgl § 6 Abs 1 Nr 1 SGB V), sind mehrere – dem Grunde nach versiche- 87

202   Geringfügige Beschäftigung

rungspflichtige – Beschäftigungen zusammenzurechnen (vgl KassKomm/*Peters* § 6 SGB V Anm II c, Rz 9; vgl auch *Jahresarbeitsentgelt*). Das Zusammenrechnungsgebot des § 8 Abs 2 SGB IV kann somit nicht nur dazu führen, dass eine an sich geringfügige Beschäftigung wegen Zusammenrechnung nicht mehr versicherungsfrei ist. Die Zusammenrechnung kann auch bewirken, dass durch die zusammengerechneten Beschäftigungen die JAE-Grenze überschritten wird. Dies hat zur Folge, dass in der Hauptbeschäftigung und der geringfügigen Beschäftigung Versicherungsfreiheit eintritt (vgl BT-Drs 14/280 S 13 zu Art 3 Nr 1).

88   **In der Rentenversicherung** erfolgt gilt folgendes: Eine zeitgeringfügige (versicherungsfreie) Beschäftigungen ist mit einer nicht geringfügigen (Haupt-)Beschäftigung zusammenzurechnen, wenn diese versicherungspflichtig ist (vgl § 5 Abs 2 Satz 2 SGB VI). Dies ist der Fall, wenn die nicht geringfügige (Haupt-)Beschäftigung dem Grunde nach der Versicherungspflicht unterliegt und kein Tatbestand der Versicherungsfreiheit oder eine Befreiung von der Versicherungspflicht vorliegt. Negativ formuliert: In der RV erfolgt keine Zusammenrechnung einer zeitgeringfügigen (versicherungsfreien) Beschäftigung mit einer zwar nicht geringfügigen aber versicherungsfreien Beschäftigung zB als Beamter, Richter etc (vgl § 6 SGB V; § 5 Abs 1 SGB VI) oder mit der nicht geringfügigen Beschäftigung eines hauptberuflich Selbständigen (vgl § 5 Abs 5 SGB V). Seit entgeltgeringfügige Beschäftigungen schon für sich betrachtet zu Versicherungspflicht führen, stellt sich insoweit das „Zusammenrechnungsproblem" seit 1.1.13 nicht mehr.

89   **c) Beitragsrecht.** Entfällt der Tatbestand der Versicherungsfreiheit, weil eine zeitgeringfügige (an sich versicherungsfreie) Beschäftigung mit einer versicherungspflichtigen Hauptbeschäftigung zusammengerechnet wird oder mehrere geringfügige Beschäftigungen zusammentreffen und hierdurch die Geringfügigkeitsgrenzen überschritten werden (vgl § 8 Abs 2 Satz 1 SGB IV; § 5 Abs 2 SGB VI; § 7 Satz 2 SGB V), unterliegt auch die geringfügige Beschäftigung der Versicherungspflicht. Es gelten hier die allgemeinen **Grundsätze des Beitragsrechts,** dh dass Beiträge nach dem allgemeinen Beitragssatz nach dem Grundsatz hälftiger Beitragstragung zu zahlen sind. Bleibt die Summe der Arbeitsentgelte unter 850 €, gilt die Gleitzonenregelung.

90   **3. Beginn der Versicherungspflicht bei Zusammenrechnung.** Nach § 8 Abs 2 Satz 3 SGB IV tritt in den Fällen der Zusammenrechnung nach § 8 Abs 2 Satz 1 SGB IV die Versicherungspflicht allerdings nicht bereits kraft Gesetzes, sondern erst mit dem Tag der Bekanntgabe (§ 37 SGB X) einer entsprechenden **Feststellung** durch die Einzugsstelle oder einen Träger der RV ein. Dies gilt allerdings nicht, wenn der ArbGeb vorsätzlich oder grob fahrlässig versäumt hat, den Sachverhalt für die versicherungsrechtliche Beurteilung der Beschäftigung aufzuklären.

91   **VI. Verwaltungstechnische und verfahrensrechtliche Fragen. 1. Meldepflichten des Arbeitgebers.** Die geringfügige Beschäftigung ist in das allgemeine Meldeverfahren der SozV integriert. Für die Meldung geringfügiger Beschäftigungsverhältnisse gelten folgende **Besonderheiten:** Für geringfügig Beschäftigte sind **keine Jahresmeldungen** zu erstatten. Da das Arbeitsentgelt bei geringfügiger Beschäftigung nicht beitragspflichtig ist, kann solches bei der Meldung auch nicht genannt werden (vgl § 13 DEÜV; § 28a Abs 9 SGB IV).

92   Einer **besonderen Meldung** bedarf es dann, wenn sich bei einem ArbN das **Arbeitsentgelt ändert** und die 450 €-Grenze dadurch entweder über- oder unterschritten wird (vgl § 28a Abs 1 Nr 18 SGB IV). Die Änderung des Arbeitsentgelts muss in Gestalt einer An- oder Abmeldung innerhalb von zwei Wochen nach der Änderung erfolgen.

93   **2. Zentrale Zuständigkeit der Deutschen Rentenversicherung Knappschaft-Bahn-See.** Für sämtliche geringfügig Beschäftigten ist unabhängig davon, bei welcher Krankenkasse sie freiwillig oder familienversichert sind, die DR Knappschaft-Bahn-See Einzugsstelle (vgl § 28i Satz 5 SGB IV– sog **Minijobzentrale**). Dies gilt auch für geringfügig Beschäftigte in Privathaushalten. Die Zuständigkeit dieser Stelle ist im Gesetz einschränkungslos formuliert, so die Stelle auch für den Einzug derjenigen Beiträge zuständig ist, die in der RV bei einem Verzicht auf die Versicherungsfreiheit zu zahlen sind. Hingegen dürfte die genannte Stelle nicht zuständig sein, wenn eine für sich betrachtet geringfügige Beschäftigung nach Zusammenrechnung mit weiteren geringfügigen oder nicht geringfügigen Beschäftigungen zur Versicherungs- und Beitragspflicht führt; in diesem Fall verliert die Beschäftigung durch Zusammenrechnung ihre rechtliche Eigenschaft der Geringfügigkeit.

3. Besonderheiten für geringfügig Beschäftigte in Privathaushalten. Für diese gilt 94
in Form des sog Haushaltsscheckverfahrens (vgl § 28a Abs 7 SGB IV) ein **vereinfachtes
Meldeverfahren**. Zudem werden die Beiträge für diesen Personenkreis von der Beitragseinzugsstelle berechnet und im Wege des Lastschriftverfahrens eingezogen; die Einzugsstelle ihrerseits erstatten dem Träger der RV die für die RV und ArbIV maßgeblichen Daten und teilt dem Beschäftigten den Inhalt dieser Meldung mit (vgl § 28h Abs 3 SGB IV; Einzelheiten s *Hauswirtschaftliches Beschäftigungsverhältnis*, vgl zum Ganzen auch *Schlegel/Voelzke* SGB IV, § 28a Rz 94 ff).

4. Förmliche Entscheidung der Einzugsstelle. Bei Zweifeln an der Geringfügigkeit 95
einer Beschäftigung kann der ArbGeb eine Entscheidung der Einzugsstelle beantragen. Diese hat dann entsprechende Ermittlungen über die Versicherungspflicht bzw Versicherungsfreiheit vorzunehmen und in Gestalt eines sog personenbezogenen Verwaltungsaktes hierüber zu entscheiden (vgl § 28h Abs 2 Satz 1 SGB IV). Diese Entscheidung entfaltet einen Vertrauensschutz insoweit, als sie nur noch nach Maßgabe der §§ 44 ff SGB X aufgehoben werden kann (BSG 23.2.88 – 12 RK 43/87, SozR 2100 § 8 Nr 5). Im gerichtlichen Verfahren wird der betreffende ArbN nach § 75 SGG zum Rechtsstreit notwendig beigeladen (vgl BSG 23.5.95 – 12 RK 63/93, SozR 3–2400 § 28h Nr 3).

5. Ausweispapiere. Die Pflicht, in bestimmten Branchen (zB Baugewerbe, Gaststätten- 96
gewerbe, Gebäudereinigergewerbe, Personenbeförderungsgewerbe etc) bei der Erbringung von Dienst- und Werkleistungen einen Personalausweis, Pass oder Ausweisersatz mitzuführen (vgl § 2a Schwarzarbeitsbekämpfungsgesetz) gilt auch für geringfügige Beschäftigte.

6. Vereinbarkeit des § 8 SGB IV mit EG-Recht. Die Frage, ob § 8 SGB IV einen 97
Verstoß gegen Art 4 Abs 1 der EG-Richtlinie 79/7 darstellt, weil viele Vorschrift dazu führt, dass mehr Frauen als Männer in der gesetzlichen RV versicherungsfrei sind (vgl hierzu Vorlagebeschluss zum EuGH, NZS 93, 367), hat der EuGH mit seinen Entscheidungen vom 14.12.95 (C 317/93, SozR 3–6083 Art 4 Nr 11 und C 444/93, SozR 3–6083 Art 4 Nr 12) verneint.

VII. Muster. S Online-Musterformulare „*M27 Geringfügige Beschäftigung*". 98

Gesamtbetriebsrat

A. Arbeitsrecht *Poeche*

Übersicht

	Rz		Rz
1. Allgemeines	1	b) Verfahren	19
2. Voraussetzungen	2–7	c) Rechtsfolge	20, 21
3. Betriebsübergang	8	12. Verhandlungspartner	22
4. Konstituierung	9	13. Betriebsratlose Betriebe	23
5. Zusammensetzung/Stimmengewicht	10	14. Geschäftsführung	24–27
6. Dauer der Mitgliedschaft	11	a) Allgemeines	24
7. Zuständigkeit	12, 13	b) Die entsprechend anzuwendenden Vorschriften	25
a) Vorbemerkung	12	c) Beschlüsse	26
b) Originäre Zuständigkeit	13	d) Teilnahmerecht	27
8. Soziale Angelegenheiten	14, 15	15. Betriebsräteversammlung	28
9. Personelle Angelegenheiten	16	16. Streitigkeiten	29–32
10. Wirtschaftliche Angelegenheiten	17		
11. Aufgaben kraft Auftrags	18–21		
a) Gegenstand	18		

1. Allgemeines. Die für ArbN wichtigen Entscheidungen des ArbGeb werden auf 1
unterschiedlichen Ebenen getroffen. Dem trägt das BetrVG Rechnung. Es unterscheidet zwischen Betrieb, Unternehmen und Konzern und stellt jeder Leitungsebene ein eigenständiges betriebsverfassungsrechtliches Organ der ArbNVertretung gegenüber. In §§ 47–53 BetrVG sind Voraussetzungen und Aufgaben des auf der Unternehmensebene angesiedelten GBRat geregelt. Die Vorschriften sind grds **zwingend** und weder durch Tarifvertrag (BAG

11.11.98 – 4 AZR 40/97, NZA 99, 1056) noch durch Betriebsvereinbarung zu ändern (BAG 9.8.00 – 7 ABR 64/87, NZA 01, 116). Unberührt bleibt das Recht, nach Maßgabe des § 3 Abs 1 BetrVG unter den dort bestimmten Voraussetzungen **andere Organisationsstrukturen** zu vereinbaren, wobei die Bildung eines unternehmensübergreifenden GBRat allenfalls nach § 3 Abs 1 Nr 3 BetrVG möglich ist (näher zu den Voraussetzungen: BAG 13.3.13 – 7 ABR 70/11, BeckRS 13, 68949). Der GBRat ist ebenso wie der KBRat und im Gegensatz zum BRat eine **Dauereinrichtung.** Er hat keine Amtszeit und besteht über die Wahlperioden der einzelnen BRäte hinaus. Sein Amt wird erst beendet, wenn die Voraussetzungen für seine Errichtung entfallen (BAG 5.6.02 – 7 ABR 17/01, NZA 03, 336). Dementsprechend fehlt eine gesetzliche Möglichkeit, den GBRat durch gerichtlichen Beschluss aufzulösen. Die Errichtung des GBRat liegt nicht im Ermessen der BRäte. Sie ist eine **betriebsverfassungsrechtliche Pflicht,** deren Verletzung zu Sanktionen nach § 23 Abs 1 BetrVG führen kann (BAG 23.9.80 – 6 ABR 8/78, BB 81, 1095).

2 **2. Voraussetzungen.** Nach § 47 Abs 1 BetrVG ist in einem Unternehmen mit mehreren BRäten ein GBRat zu errichten. Das BetrVG enthält keinen eigenständigen **Unternehmensbegriff,** knüpft vielmehr an die in anderen Gesetzen geregelten Rechts- und Organisationsformen an. Das zeigt die Systematik des BetrVG. Es setzt die für die Mitbestimmung der ArbN relevanten Ebenen Betrieb/Unternehmen/Konzern voraus. Insbesondere die Bestimmungen zum Konzern und *Konzernbetriebsrat* machen deutlich, dass auf ArbGeb-Seite strikt zwischen dem Inhaber als Rechtsträger und wirtschaftlicher Leitungsmacht zu unterscheiden ist (ausführlich unter Darstellung der bisherigen Rspr BAG 9.8.00 – 7 ABR 56/98, NZA 01, 116). Ein Unternehmen iSd BetrVG setzt danach stets einen **einheitlichen Rechtsträger** voraus. Unternehmer und Inhaber der zu dem Unternehmen gehörenden Betriebe müssen identisch sein (BAG 17.3.10 – 7 AZR 706/08, NZA 10, 1144). Bei den juristischen Personen des Privatrechts (AG, GmbH, KG aA, Genossenschaften, eingetragener Verein, Stiftungen) ist das stets der Fall. Das gilt auch für Personengesellschaften des Handelsrechts (OHG und KG) und die GbR sowie den nicht eingetragenen Verein. Sie alle können keine Aktivitäten entfalten, die über ihre satzungsgemäßen Ziele hinausgehen und können deshalb auch stets nur ein Unternehmen sein. Auf die mit dem Betrieb/dem Unternehmen verfolgten wirtschaftlichen oder ideellen Zwecke kommt es nicht an. Auch ein Wohlfahrtsverband, der unter einheitlicher Rechtsträgerschaft mehrere Betriebe unterhält, ist Unternehmen iSd BetrVG (BAG 11.12.87 – 7 ABR 49/87, DB 88, 759). Bei politischen Parteien kommt es auf die Organisation nach dem PartG an. Ihre Untergliederungen können auf der Ebene des Hauptvorstandes, wenn sie nach dem Organisationsstatut selbstständig sind, keinen GBRat errichten (entschieden für die Bezirke und Landesverbände der SPD BAG 9.8.00 – 7 ABR 56/98, NZA 01, 116). Zusammenfassend: BRäte, die in Betrieben mit unterschiedlichen Rechtsträgern gebildet sind, können keinen GBRat errichten (BAG 29.11.89 – 7 ABR 64/87, NZA 90, 615; 17.3.10, 7 AZR 706/08, NZA 10, 1144). Auch ein gemeinsamer GBRat kommt in diesen Fällen nicht in Betracht (BAG 13.3.2007 – 1 AZR 184/06, NZA 07, 825).

3 Nicht ausreichend ist die **wirtschaftliche oder finanzielle Beteiligung.** Wirtschaftliche Beherrschung kann einen Konzern und die Errichtung eines KBRat begründen. Bei einer **Betriebsführungsgesellschaft** kommt es auf die vertragliche Gestaltung an. Führt die Betriebsführungsgesellschaft vertraglich die Betriebe im eigenen Namen und wird sie ArbGeb der ArbN der überlassenen Betriebe, ist ein GBRat zu errichten. Ist das nicht der Fall, bleiben die angeschlossenen Betriebe selbstständig. Ein GBRat ist nicht zu errichten. Das gilt auch für die Unternehmensführung aufgrund **Beherrschungsvertrags** oder die Eingliederung einer Gesellschaft in eine andere. Bleiben die Unternehmen rechtlich selbstständig, kommt nur die Bildung eines KBRat in Betracht. Für die **GmbH & Co KG** gelten keine Besonderheiten. KG und GmbH sind rechtlich selbstständig. Ein GBRat ist zu errichten, wenn die KG mehrere Betriebe unterhält. Die Bildung eines KBRat kommt in Betracht, wenn sowohl die GmbH als auch die KG mindestens einen Betrieb unterhalten. An der fehlenden gemeinsamen Rechtsträgerschaft scheitert auch die Bildung eines GBRat in **Franchise-Systemen.**

4 Ob eine **natürliche Person,** die mehrere Betriebe unterhält, auch dann ein Unternehmen iSv § 47 BetrVG betreibt, wenn sie jeden Betrieb für sich mit jeweiligem Leitungsapparat organisiert, ist streitig. Dafür spricht die Anknüpfung der Betriebsverfassung an die einheitliche Rechtsträgerschaft, die ein Bedürfnis nach Repräsentation der ArbN immer dann begründet, wenn es um die gesamte unternehmerische Betätigung dieses Rechtsträgers geht. Auf die Rechtsform stellt das BetrVG nicht ab (*Richardi/Annuß* § 47 Rz 9; *Fitting* § 47 Rz 13).

Durch das BetrVG-ReformG ist in § 1 Abs 1 Satz 2 BetrVG klargestellt, dass ein BRat **5** auch **in einem gemeinsamen Betrieb mehrerer Unternehmen** zu bilden ist. Hieran knüpft § 47 Abs 9 BetrVG an, der für die von einem Gemeinschaftsbetrieb entsandten Mitglieder des GBRat abweichende Regelungen zum Stimmengewicht zulässt. Nicht ausdrücklich geklärt ist damit, welcher BRat in welchen GBRat Mitglieder entsendet und ob es sich bei den entsandten Mitgliedern um ArbN des ArbGeb handeln muss, in dessen Unternehmen der GBRat errichtet ist. Richtigerweise entsendet der BRat des Gemeinschaftsbetriebs Mitglieder in alle auf Unternehmensebene bestehenden GBRäte (weitgehend unstreitig *Fitting* § 47 Rz 80). Entsandt werden können aber nur ArbN, die in einem Arbeitsverhältnis zum jeweiligen Inhaber des Unternehmens stehen (*Richardi/Annuß* § 47 Rz 77; aA *Fitting* § 47 Rz 81).

Ein GBRat ist nach dem ausdrücklichen Gesetzestext nur zu errichten, wenn im Unter- **6** nehmen mindestens **zwei Betriebsräte** gebildet sind. BRat ist auch derjenige, der aus nur einer Person besteht. Auf die Zahl der Betriebe kommt es mithin nicht an; betriebsratslose Betriebe bleiben bei der Errichtung des GBRat unberücksichtigt. Kein GBRat ist zu bilden, wenn im Unternehmen nach § 3 Abs 1 Nr 1 oder Abs 3 BetrVG ein **unternehmenseinheitlicher** BRat zu bilden ist. Er tritt dann an die Stelle des GBRat.

Im **Ausland gelegene Betriebe** eines inländischen Unternehmens spielen für die Errich- **7** tung des GBRat keine Rolle. Der Geltungsbereich des BetrVG beschränkt sich auf das Gebiet der Bundesrepublik (*Fitting* § 47 Rz 22; *Richardi/Annuß* § 47 Rz 19 mwN; aA DKK/*Trittin* § 47 Rz 22a). Unterhält ein Unternehmen mit Sitz im Ausland in Deutschland mehrere Betriebe mit BRat, ist ein GBRat zu errichten, wenn hier eine überbetriebliche Organisation besteht, die als Ansprechpartner des GBRat in Betracht kommt (*Richardi/Annuß* § 47 Rz 21; aA *Fitting* § 47 Rz 23; so zur Bildung eines Wirtschaftsausschusses BAG 1.10.74 – 1 ABR 77/73, NJW 75, 1091, 31.10.75 – 1 ABR 4/77, DB 76, 295). Grenzüberschreitende Beteiligungsrechte der ArbNVertretungen richten sich im Übrigen nach den Bestimmungen zum *Europäischen Betriebsrat*.

3. Betriebsübergang. Ein Betriebsinhaberwechsel lässt die Rechtsstellung des für den **8** Betrieb gebildeten BRat unberührt, soweit die Identität des Betriebs beim neuen ArbGeb fortbesteht (Näheres *Betriebsrat* Rz 4). Dieser Grundsatz der Identität gilt auch für die Dauer des Bestandes des GBRat. Sie bleibt erhalten, wenn ein neuer Unternehmer alle Betriebe eines Unternehmens übernimmt und die Betriebsidentität aller Betriebe erhalten bleibt (BAG 18.9.02 – 1 ABR 54/01, NZA 03, 670). Das Amt des im übertragenden Unternehmen gebildeten GBRat endet jedoch, wenn nicht sämtliche Betriebe auf den neuen Inhaber übertragen werden oder das übernehmende Unternehmen bereits einen oder mehrere Betriebe hat und sich die betrieblichen Strukturen im übernehmenden Unternehmen durch Integration der neuen Betriebe in das Unternehmen entsprechend ändern. Dabei genügt es, wenn die betriebsverfassungsrechtliche Identität auch nur eines Betriebs im Zusammenhang mit dem Betriebsübergang verändert wird. Auf wesentliche Änderungen oder auf eine Vielzahl von betroffenen Betrieben kommt es nicht an (BAG 5.6.02 – 7 ABR 17/01, NZA 03, 336: hier Übertragung der Betriebe auf zwei andere, rechtlich selbstständige Unternehmen). Unproblematisch ist der Fall, dass ein ArbGeb einen weiteren Betrieb übernimmt. Der BRat des neu hinzugekommenen Betriebs entsendet Mitglieder in den fortbestehenden GBRat. Dieser vergrößert sich entsprechend (BAG 16.3.05 – 7 ABR 37/04, NZA 05, 1069). Zum rechtlichen Schicksal einer **Gesamtbetriebsvereinbarung** im Fall einer Betriebs- oder Teilbetriebsübertragung s *Betriebsübergang* Rz 55.

4. Konstituierung. Ist ein GBRat zu errichten, so hat der BRat der Hauptverwaltung des **9** Unternehmens oder, soweit ein solcher BRat nicht besteht, der BRat des nach der Zahl der wahlberechtigten ArbN größten BRat zur Wahl des Vorsitzenden und des stellvertretenden Vorsitzenden des GBRat einzuladen. Der Vorsitzende des einladenden BRat hat die Sitzung zu leiten, bis der GBRat aus seiner Mitte einen Wahlleiter bestellt hat (§ 51 Abs 2 BetrVG).

203 Gesamtbetriebsrat

10 **5. Zusammensetzung/Stimmengewicht.** Die Mitglieder des GBRat werden von der Belegschaft nicht gesondert gewählt; ihre Legitimation beruht auf der Wahl zum BRat. Jeder BRat mit bis zu drei Mitgliedern entsendet eines seiner Mitglieder; größere BRäte zwei Mitglieder. Nicht endgültig nachgerückte Ersatzmitglieder können nicht entsandt werden. Die Geschlechter sollen angemessen berücksichtigt werden. Ersatzmitglieder sind zu bestellen und die Reihenfolge des Nachrückens zu bestimmen (§ 47 Abs 2 und 3). Besteht der BRat aus nur einer Person, ist diese automatisch Mitglied des GBRat. Die **Auswahl** der zu entsendenden Mitglieder gehört zur Geschäftsführung des BRat und erfolgt durch **Mehrheitsbeschluss.** Die Grundsätze der Verhältniswahl sind nicht anzuwenden (BAG 21.7.04 – 7 ABR 58/03, NZA 05, 170; 16.3.05 – 7 ABR 33/04, NZA 05, 1080). Die Entsendung von BRatMitgliedern in den GBRat kann als betriebsratsinterne Wahl entsprechend § 19 BetrVG gerichtlich überprüft werden (BAG 15.8.01 – 7 ABR 2/99, NZA 02, 569). Durch Tarifvertrag oder Betriebsvereinbarung aufgrund eines Tarifvertrags kann die Mitgliederzahl im GBRat abweichend geregelt werden (§ 47 Abs 4 BetrVG). Es handelt sich um einen Tarifvertrag über eine betriebsverfassungsrechtliche Frage, der nach § 3 Abs 2 TVG für alle Betriebe eines tarifgebundenen ArbGeb gilt. Auf die Tarifgebundenheit der ArbN kommt es nicht an. Ein Abschluss jedenfalls durch die im Unternehmen mehrheitlich vertretene Gewerkschaft reicht aus (BAG 25.5.05 – 7 ABR 10/04, NZA 06, 215). Das Gesetz sieht die **Arbeitsfähigkeit** des GBRat bedroht, wenn bei regulärer Entsendung die Zahl von 40 Mitgliedern überschritten wird. Ist die **Größe des Gesamtbetriebsrats** tariflich nicht bestimmt, ist in diesen Fällen deshalb durch (erzwingbare) Betriebsvereinbarung festzulegen, dass BRäte, die regional oder durch gleichartige Interessen miteinander verbunden sind, gemeinsam Mitglieder entsenden (Abs 5 und 6). Das **Stimmengewicht** im GBRat richtet sich nach der Gesamtzahl der in die Wählerlisten eingetragenen ArbN; sind mehrere ArbN entsandt, steht ihnen das Stimmrecht anteilig zu (Abs 7 und 8).

11 **6. Dauer der Mitgliedschaft.** Bei grober Verletzung seiner gesetzlichen Pflichten kann ein Mitglied aus dem GBRat ausgeschlossen werden (§ 48). Über den **Ausschluss** entscheidet das ArbG auf Antrag. Antragsberechtigt sind mindestens ein Viertel der wahlberechtigten ArbN des Unternehmens, der ArbGeb, der GBRat oder eine im Unternehmen vertretene Gewerkschaft. Die Regelung ist § 23 Abs 1 BetrVG nachgebildet, der den Ausschluss aus dem BRat betrifft (Näheres *Amtspflichtverletzung (Betriebsrat)* Rz 5). In Betracht kommen hier nur Pflichtverletzungen, die sich auf die Amtsausübung im GBRat beziehen. Insoweit ist zu beachten, dass das entsandte Mitglied kein imperatives Mandat hat. Mit Rechtskraft der Entscheidung des ArbG endet die Mitgliedschaft. Des Weiteren endet sie mit dem Erlöschen der Mitgliedschaft im BRat oder durch Amtsniederlegung (*Betriebsrat* Rz 3). Ein gemeinsamer „Rücktritt" aller Mitglieder des GBRat lässt den Bestand des Gremiums unberührt. Er führt nur zur Beendigung der Einzelmandate. Die Ämter sind von den BRäten umgehend durch Entsendung neuer Mitglieder zu besetzen. Die **Abberufung** des Mitglieds richtet sich nach denselben Voraussetzungen wie die Entsendung. Sie bedarf keiner Begründung und kann jederzeit erfolgen. Hierüber entscheidet der BRat durch Geschäftsführungsbeschluss mit einfacher Mehrheit (BAG 16.3.05 – 7 ABR 33/04, BeckRS 05, 42256).

12 **7. Zuständigkeit. a) Vorbemerkung.** Die Mitwirkung des GBRat an den unternehmerischen Entscheidungen vollzieht sich nach den allgemein für den BRat geltenden Regeln, insbesondere gestaltet er die Arbeitsbedingungen im Rahmen der gesetzlichen Bestimmungen durch den Abschluss von Gesamtbetriebsvereinbarungen. Soweit er zuständig ist, hat er alle im BetrVG begründeten Rechte wie etwa Anhörung, Unterrichtung, Beratung usw. Nach der zentralen Vorschrift des § 50 BetrVG ist zwischen den **originären Aufgaben** (Abs 1) und den **Aufgaben kraft Auftrags** (Abs 2) zu unterscheiden. Als Kollisionsnorm grenzt Abs 1 **zwingend** die Kompetenz des GBRat gegenüber der des BRat ab und kann weder durch Tarifvertrag (BAG 11.11.98 – 4 ABR 40/97, NZA 99, 1056) noch durch (Gesamt-) Betriebsvereinbarung (BAG 28.4.92 – 1 ABR 68/91, NZA 93, 31) oder eine Vereinbarung zwischen BRat und GBRat geändert werden (BAG 26.1.93 – 1 AZR 303/92, NZA 93, 714). Die originären Mitbestimmungsrechte des GBRat und die des einzelnen BRat schließen sich grds aus (BAG 6.4.76 – 1 ABR 27/74, BB 76, 791; 14.11.06 – 1 ABR 4/06, NZA 07, 399). Der **Durchführungsanspruch** (dazu *Betriebsvereinbarung* Rz 20) steht bei originärer Gesamtbetriebsvereinbarung ausschließlich dem GBRat zu (BAG 18.5.10 –

1 ABR 6/09, NZA 10, 1433; 17.5.11 – 1 ABR 121/09, BeckRS 2011, 75154 zum KBRat). Unterlassungsansprüche des BRat aus § 87 Abs 1 oder § 80 Abs 1 BetrVG bestehen nicht. Dadurch entsteht keine Schutzlücke. Führt der ArbGeb die Gesamtbetriebsvereinbarung nicht durch, steht dem örtlichen BRat das Verfahren nach § 23 Abs 3 BetrVG zur Verfügung. Das Verhältnis BRat zum GBRat kann daher nicht mit der „konkurrierenden Gesetzgebung" verglichen werden. Die originäre Zuständigkeit des GBRat ist auch nicht auf eine bloße Rahmenkompetenz beschränkt. Soweit der GBRat für die Behandlung einer Angelegenheit zuständig ist, hat er die Angelegenheit insgesamt zu regeln (BAG 14.11.06 – 1 ABR 4/06, NZA 07, 399). Ist der GBRat originär zuständig, bleibt er aber untätig oder wird kein GBRat konstituiert, wächst dem BRat keine „Ersatzzuständigkeit" zu. Die Beteiligungsrechte bleiben vielmehr ungenutzt. Betriebliche Absprachen helfen insoweit nicht weiter. Sie sind unzulässig und daher rechtsunwirksam. Folge der Beteiligung eines unzuständigen BRat oder des unzuständigen GBRat ist die Unwirksamkeit der mit dem ArbGeb vereinbarten Regelung (BAG 17.3.10 – 7 AZR 706/08, NZA 10, 1144). Die betroffenen ArbN können aus ihr keine kollektivrechtlich begründeten Rechte herleiten. Die Abgrenzung ist außerdem von erheblicher Bedeutung, weil Gesamtbetriebsvereinbarungen, die der GBRat in seinem originären Zuständigkeitsbereich eingeht, nach § 50 Abs 1 Satz 2 BetrVG auch die Arbeitsverhältnisse der ArbN in betriebsratlosen Betrieben unmittelbar und zwingend gestalten (dazu unten Rz 23 und *Betriebsvereinbarung* Rz 4).

b) Originäre Zuständigkeit. Der GBRat tritt immer dann an die Stelle des BRat, wenn **13** Angelegenheiten zu behandeln sind, die das Gesamtunternehmen oder mehrere Betriebe betreffen und die nicht durch die einzelnen BRäte innerhalb ihres Betriebes geregelt werden können. Beide Voraussetzungen müssen kumulativ vorliegen (BAG 26.1.93 – 1 AZR 303/92, NZA 93, 714; 14.12.99 – 1 ABR 27/98, NZA 00, 98). Eine **überbetriebliche Regelungsfrage** liegt vor, wenn mindestens zwei Betriebe des Unternehmens betroffen sind. Nicht erforderlich ist, dass alle Betriebe betroffen sind. Die **fehlende Regelungsmöglichkeit** auf betrieblicher Ebene verlangt keine „objektive" Unmöglichkeit (BAG 23.9.75 – 1 ABR 122/73, DB 76, 56). Es genügt, wenn dem BRat subjektiv unmöglich ist, den Gegenstand abschließend zu regeln (BAG 18.10.94 – 1 ABR 17/94, NZA 95, 390). Das ist immer dann der Fall, wenn der ArbGeb **freiwillige Leistungen** nur unternehmenseinheitlich erbringen will. Die mitbestimmungsfreie Festlegung des Empfängerkreises begründet dann die Zuständigkeit des GBRat für das „Wie" der Verteilung (ständige Rspr vgl schon BAG 11.2.92 – 1 ABR 51/91, NZA 92, 703; 26.4.05 – 1 AZR 76/04: Ausgestaltung einer Prämie). Eine die Zuständigkeit des GBRat begründende freiwillige Leistung setzt voraus, dass der ArbGeb über das „Ob" der Leistung frei entscheiden kann (BAG 23.3.10 – 1 ABR 82/08, NZA 11, 642 insoweit Aufgabe von BAG 6.12.88 – 1 ABR 44/87, NZA 89, 479). Bei der **notwendigen Mitbestimmung** ist ausreichend aber auch erforderlich, dass eine **zwingende sachliche Notwendigkeit,** ein zwingendes Erfordernis für eine betriebsübergreifende Regelung besteht (BAG 11.11.98 – 4 ABR 40/97, NZA 99, 1056). Sie kann sich aus praktischen und rechtlichen Gründen ergeben und muss sich aus der „Natur der Sache" aufdrängen (BAG 6.12.88 – 1 ABR 44/87, NZA 89, 479). Der GBRat ist nur zuständig, wenn eine unterschiedliche Regelung sachlich nicht rechtfertigen lässt. Zweckmäßigkeitserwägungen genügen ebenso wenig wie ein bloßes Koordinierungsinteresse des ArbGeb oder Kostengesichtspunkte. Die Unternehmensleitung kann die Zuständigkeit des BRat nicht durch Konzentration der Entscheidungsgewalt auf das Unternehmen vermeiden. Die Abgrenzung kann nicht schematisch vorgenommen werden. Maßgeblich sind die Umstände des Einzelfalls, insbesondere der **Gegenstand des Beteiligungsrechts** und die betriebliche Praxis. In Betracht kommt eine Zuständigkeit nach § 50 Abs 1 BetrVG überdies nur, sofern die Beteiligungsrechte den Betriebsparteien eine Regelungsbefugnis eröffnen, was zB nicht für das Überwachungsrecht aus § 80 Abs 1 BetrVG gilt (BAG 16.8.11 – 1 ABR 22/10, NZA 12, 342). Vorbehaltlich der gebotenen Prüfung des Einzelfalls kann von Folgendem ausgegangen werden (ausführlich auch *Lunk* NZA 13, 233):

8. Soziale Angelegenheiten *(Mitbestimmung, soziale Angelegenheiten).* Diese fallen meist in **14** die Zuständigkeit des BRat. Sie sind regelmäßig betriebsbezogen und lassen nur selten eine zwingende sachliche Notwendigkeit für eine gemeinsame Regelung erkennen (BAG 23.9.75 – 1 ABR 122/73, DB 76, 56; 18.10.94 – 1 ABR 17/94, NZA 95, 390). Das betrifft etwa Fragen der betrieblichen Ordnung iSv § 87 Abs 1 Nr 1 BetrVG (Torkontrollen/ Betriebsbußen; anders BAG 17.1.12 – 1 ABR 45/10, BeckRS 2012, 68993: Ausgestaltung der Dienstkleidungspflicht des Bodenpersonals eines deutschlandweit tätigen Luftfahrtunternehmens). Beginn und Ende der **Arbeitszeit** (§ 87 Abs 1 Nr 2 BetrVG) können in die Zuständigkeit des GBRat fallen, wenn Betriebe produktionstechnisch oder technisch-organisatorisch derart miteinander verknüpft sind, dass nur eine aufeinander abgestimmte Regelung in Betracht kommt (BAG 9.12.03 – 1 ABR 49/02, NZA 05, 234 und BAG 19.6.12 – 1 ABR 19/11, NZA 12, 1237: Schichtrahmenplan). Dieser Gesichtspunkt kann auch bei der Festlegung von **Betriebsurlaub** (§ 87 Abs 1 Nr 5) relevant werden, wenn die Arbeitsabläufe betriebsübergreifend derart miteinander vernetzt sind, dass nur eine einheitliche oder jedenfalls aufeinander abgestimmte Betriebsruhe Sinn macht (*Fitting* § 50 Rz 40; aA DKK/*Trittin* § 50 Rz 36). Das gilt auch für die Einführung von Kurzarbeit iSv § 87 Abs 1 Nr 3 BetrVG. Die Auszahlung des Arbeitsentgelts (§ 87 Abs 1 Nr 4 BetrVG) ist grds der Mitbestimmung des BRat vorbehalten; das gilt auch für die Erstattung von Kontoführungsgebühren (BAG 15.1.02 – 1 ABR 10/01, NZA 02, 988). Anderes kommt in Betracht bei der Einführung eines für das gesamte Unternehmen zentral geführten computergestützten Abrechnungssystem, soweit die Regelungen notwendigerweise einheitlich getroffen werden müssen (vgl *Fitting* § 50 Rz 39 mwN). Diese Grundsätze gelten auch für die Mitbestimmungsrechte nach § 87 Abs 1 Nr 6 BetrVG. Für die Einführung und Anwendung von **technischen Kontrolleinrichtungen** ist regelmäßig der BRat zuständig. Anderes gilt, wenn ein EDV-System oder eine Telefonvermittlungsanlage einheitlich für das Unternehmen eingeführt werden soll, das der zentralen Kostenüberwachung und der unternehmenseinheitlichen Steuerung dient. Die Mitbestimmungsrechte folgen insoweit den technischen Möglichkeiten; diese wiederum hängen von der unternehmenseinheitlich zu erfüllenden Aufgabe ab (BAG 11.11.98 – 7 ABR 47/99, NZA 99, 947). Eine technische Notwendigkeit zu einer betriebsübergreifenden Regelung kann etwa dann bestehen, wenn im Wege der elektronischen Datenverarbeitung in mehreren Betrieben Daten erhoben und verarbeitet werden, die in anderen Betrieben weiterverarbeitet werden (BAG 14.11.06, 1 ABR 4/06, NZA 07, 399). Besteht eine Gesamtbetriebsvereinbarung über den Zugang zum **Internet,** nach der der GBRat den EinzelBRäten den Zugang ermöglichen kann, schließt das allerdings den Anspruch des EinzelBRat gegen den ArbGeb auf Zugang nicht aus (BAG 1.12.04 – 7 ABR 18/04, NZA 05, 1016). Die Nutzung eines vorhandenen Kommunikationsmittels durch den einzelnen BRat kann nicht nur unternehmenseinheitlich geregelt werden; sie betrifft die Ausstattung des BRat mit den Sachmitteln, die ihm der ArbGeb nach § 40 BetrVG zur Verfügung zu stellen hat *(Betriebsratskosten).* Beim **Gesundheitsschutz** (§ 87 Abs 1 Nr 7 BetrVG) hat der GBRat und nicht der BRat mitzubestimmen, wenn es etwa um die Gestaltung von Arbeits- und Sicherheitsanweisungen für unternehmensweit eingesetzte Montagearbeiter geht (BAG 16.6.98 – 1 ABR 68/97, NZA 99, 49; LAG Nbg 3.5.02 – 8 TaBV 38/01, NZA-RR 03, 21). Bei **Sozialeinrichtungen** (§ 87 Abs 1 Nr 8 BetrVG) kommt es auf ihren Wirkungsbereich an. Über eine unternehmenseinheitliche Altersversorgung hat der GBRat mitzubestimmen (BAG 21.1.03 – 3 ABR 26/02, NZA 03, 992 [LS] mwN). Verneint hat das BAG die Zuständigkeit des GBRat bei einem vom ArbGeb eingeführten Vergütungssystem iSv § 87 Abs 1 Nr 10 BetrVG; sein Wunsch nach einer unternehmenseinheitlichen Regelung der Eingruppierung genügt nicht (BAG 13.3.01 – 1 ABR 7/00, NZA 02, 111).

15 Für die **Gestaltung von Arbeitsplatz, Arbeitsablauf und Arbeitsumgebung** und die Beseitigung **belastender Arbeitsbedingungen** (§§ 90, 91 BetrVG) gelten die allgemeinen Abgrenzungskriterien. Maßgebend ist, inwieweit eine überbetriebliche Regelung von der Sache her geboten ist. Einschlägige Rspr liegt nicht vor. Sollen sog **Ethik-Richtlinien** bundesweit eingeführt werden, so sind je nach Sachlage entweder der GBRat zuständig (LAG Düsseldorf 14.11.05 – 10 TaBV 46/05, NZA-RR 06, 81) oder der KBRat (BAG 17.5.11 – 1 ABR 121/09, BeckRS 2011, 75154).

16 **9. Personelle Angelegenheiten.** Zum Anwendungsbereich s *Mitbestimmung, personelle Angelegenheiten*. Die Zuständigkeit des GBRat kommt realistisch in den allgemeinen Angelegenheiten der § 92 bis § 95 BetrVG in Betracht. Hierfür ist insbesondere die Handhabung im Unternehmen von Bedeutung. Das gilt etwa bei jeder **Personalplanung auf Unternehmensebene,** wobei allerdings die Zuständigkeit des BRat für die betrieblich zu treffen-

den Entscheidungen nicht ausgeschlossen ist. **Personalfragebogen, Formulararbeitsverträge** und **Beurteilungsgrundsätze** (§ 94) sowie **Auswahlrichtlinien** (§ 95), gehören in die Zuständigkeit des GBRat, wenn eine überbetriebliche Regelung erfolgt (BAG 31.5.83 – 1 ABR 6/80, NZA 84, 49; LAG Nürnberg 21.12.10 – 6 TaBVGa 12/10, NZA-RR 11, 130). So auch für eine vom ArbGeb eingerichtete **überbetriebliche Beschwerdestelle** iSv § 13 AGG, BAG 21.7.09 – 1 ABR 43/08, NZA 09, 1049. Gleiches gilt für die **Ausschreibung** von Arbeitsplätzen (§ 93). Hat der BRat allerdings ein Initiativrecht (zB Auswahlrichtlinien), kann der ArbGeb dem BRat die Zuständigkeit des GBRat nur entgegen halten, wenn er mit diesem solche vereinbart (BAG 3.5.84 – 6 ABR 68/91, BB 85, 125). Fragen der **betrieblichen Berufsbildung** sind vom GBRat zu behandeln, wenn die Ausbildung unternehmenseinheitlich ausgestaltet ist (BAG 12.11.91 – 1 ABR 21/91, NZA 92, 657). Bei **personellen Einzelmaßnahmen** (§§ 99, 102 ff) ist grds der örtliche BRat zu beteiligen. Einstellung, Ein- oder Umgruppierung, Versetzung oder Umsetzung wie auch die Kündigung betreffen regelmäßig nur den einzelnen Betrieb. Das gilt auch für Versetzungen von einem Betrieb in den anderen (Näheres *Versetzung*). Die Beteiligung des GBRat kommt ausnahmsweise in Betracht, wenn der ArbN keinem bestimmten Betrieb zugeordnet werden kann (BAG 18.10.12 – 6 AZR 41/11, NZI 13, 151; 21.3.96 – 2 AZR 559/95, NZA 96, 974). Das **Konsultationsverfahren** nach § 17 Abs 2 KSchG ist mit dem dann originär zuständigen GBRat durchzuführen, wenn der geplante Personalabbau auf der Grundlage eines unternehmenseinheitlichen Konzepts durchgeführt werden soll und mehrere Betriebe von der Betriebsänderung betroffen sind (BAG 13.12.12 – 6 AZR 48/12, BeckRS 13, 68180).

Der GBRat ist auch bei sog Insichbeurlaubungen nicht zu beteiligen (BAG 10.12.02 – 1 ABR 27/01, ZTR 03, 584). Zur Rechtslage in den **privatisierten Postunternehmen** vgl im Übrigen *Fitting* § 50 Rz 57.

10. Wirtschaftliche Angelegenheiten. Kraft Gesetzes hat der GBRat mitzubestimmen bei allen Angelegenheiten, die mit dem **Wirtschaftsausschuss** zusammenhängen (Näheres *Mitbestimmung, wirtschaftliche Angelegenheiten*). Geht es um eine **Betriebsänderung** (§§ 111 bis 113 BetrVG), erfolgt die Abgrenzung nach dem Inhalt der vom ArbGeb geplanten Maßnahmen. Bezieht sich die Planung auf das ganze Unternehmen oder auf mehrere Betriebe, ist der GBRat für den **Interessenausgleich** zuständig. Diese Kompetenz erstreckt sich auch auf die Vereinbarung einer Namensliste (BAG 20.9.12 – 6 AZR 253/11, NZI 12, 1011; 7.7.11 – 6 AZR 248/10, NZA 11, 1108). Hierfür ist maßgeblich, dass die Beurteilung, ob das unternehmerische Konzept in der geplanten Weise umgesetzt werden soll oder ob nicht ein anderes Konzept besser, sinnvoller oder interessengerechter wäre, nicht aus Sicht des Einzelbetriebs beurteilt werden kann (BAG 20.4.94 – 10 AZR 186/93, NZA 95, 89). Die Zuständigkeit des GBRat hat das BAG danach bejaht: Stilllegung aller Betriebe (BAG 17.2.81 – 1 AZR 290/78, NJW 82, 69); **Zusammenlegung mehrerer Betriebe** sowie **Verlegung** eines Betriebes und dessen Zusammenlegung mit einem anderen Betrieb (BAG 24.1.96 – 1 AZR 193/01, NZA 92, 688); Stilllegung des über mehrere Betriebe verteilten Außendienstes (BAG 8.6.99 – 1 AZR 831/99, NZA 99, 1168). Dagegen ist der BRat zuständig, wenn die Betriebsänderung ausschließlich den Betrieb betreffen soll, für den er gebildet ist (BAG 26.10.82 – 1 ABR 11/81, NJW 83, 2838; Änderung der Betriebsanlagen der Hauptverwaltung. Die Wahl des „richtigen" Verhandlungspartners liegt beim ArbGeb. Bei Zweifeln über die Zuständigkeit des BRat oder des GBRat muss er versuchen, diese auszuräumen, indem er beide Gremien zur Klärung der Frage auffordert. Andernfalls läuft er Gefahr, einen Interessenausgleich nicht ausreichend iSv § 113 BetrVG „versucht" zu haben (BAG 24.1.96 – 1 AZR 542/95, NZA 96, 1107). Aus der Zuständigkeit des GBRat hinsichtlich des Interessenausgleichs folgt nicht automatisch seine Zuständigkeit auch für den Sozialplan; sie ist vielmehr gesondert zu prüfen (BAG 11.12.01 – 1 AZR 193/01, NZA 02, 688; 23.10.02 – 7 ABR 55/01, ZIP 03, 1514). Kann ein im Interessenausgleich vorgesehenes unternehmenseinheitliches Sanierungskonzept nur auf der Grundlage eines bestimmten unternehmensbezogenen Sozialplanvolumens realisiert werden, so begründet diese Verzahnung zwischen Interessenausgleich und Sozialplan die Zuständigkeit des GBRat (vgl auch BAG 3.5.06 – 1 ABR 15/05, AP Nr 186 zu § 112 BetrVG 1972; zustimmend: *Joussen* NZA 07, 114).

203 Gesamtbetriebsrat

18 **11. Aufgaben kraft Auftrags. a) Gegenstand.** Nach § 50 Abs 2 BetrVG kann der BRat den GBRat beauftragen, eine Angelegenheit für ihn zu behandeln. Eine solche Übertragung kann zweckmäßig sein, wenn sich der BRat die betriebsübergreifenden Kenntnisse des GBRat für seine betrieblichen Belange nutzbar machen will. Die gleichzeitige Beauftragung des GBRat durch mehrere BRäte ermöglicht oft eine sinnvolle betriebsübergreifende oder unternehmenseinheitliche Regelung. Grds kann die Übertragung nur für **eine bestimmte Angelegenheit** erfolgen. Das schließt die Befugnis zur Übertragung komplexer und vielschichtiger Sachverhalte nicht aus. Der **Gegenstand** der zu übertragenden Angelegenheiten ist inhaltlich nicht beschränkt. In Betracht kommen mithin grds alle Angelegenheiten, in denen der BRat kraft Gesetzes zu beteiligen ist. Dabei steht ihm frei, ob er die Angelegenheit dem GBRat zur abschließenden Verhandlung überträgt oder ob er sich die Entscheidungsbefugnis vorbehält. Eine weitergehende Beschränkung der Beauftragung ist gesetzlich nicht vorgesehen. Der BRat kann daher dem GBRat nicht nach außen eine umfassende Vertretungsbefugnis einräumen und diese intern durch inhaltliche Weisungen einschränken. Er muss „Farbe bekennen", inwieweit er die Regelung betrieblicher Angelegenheiten dem GBRat überlässt. Im Zweifel ist von einer umfassenden Bevollmächtigung des GBRat auszugehen. Die Beauftragung des GBRat ist jederzeit **widerruflich**. Die vom GBRat kraft Auftrags mit dem ArbGeb geschlossenen **Betriebsvereinbarungen** sind rechtlich keine Gesamtbetriebsvereinbarung. Schließt der GBRat trotz eines bloßen Verhandlungsmandats eine Betriebsvereinbarung, kann der BRat diese genehmigen.

19 **b) Verfahren.** Der BRat beschließt über die Beauftragung des GBRat mit der **Mehrheit der Stimmen seiner Mitglieder.** Verlangt ist damit eine qualifizierte Mehrheit; die einfache Mehrheit der anwesenden Mitglieder genügt nicht. Inhaltlich muss dem Beschluss zu entnehmen sein, welche konkrete Aufgabe dem GBRat übertragen wird. Die Übertragung selbst bedarf der **Schriftform,** ist also vom Vorsitzenden eigenhändig zu unterschreiben (§ 50 Abs 2 iVm § 27 Abs 2 Satz 3 BetrVG). Die Zuleitung der Sitzungsniederschrift ist nicht ausreichend. Die Übertragung wird mit **Zugang** beim Vorsitzenden des GBRat wirksam. Dieselben Voraussetzungen gelten für den **Widerruf** der Übertragung (§ 50 Abs 2 iVm § 27 Abs 2 Satz 4 BetrVG).

20 **c) Rechtsfolge.** Ungeachtet der Übertragung bleibt der **Betriebsrat Träger des Mitbestimmungsrechts.** Ansprechpartner des ArbGeb ist aber nunmehr der GBRat und nicht mehr der BRat. Der **Arbeitgeber** ist deshalb davon zu **unterrichten,** dass er sich bei der in Frage stehenden Angelegenheit an den GBRat zu wenden hat. Das ergibt sich schon aus dem Grundsatz der vertrauensvollen Zusammenarbeit (*Fitting* § 50 Rz 66). Hinzu kommt: Das BetrVG verpflichtet den ArbGeb, den BRat in bestimmten Angelegenheiten „rechtzeitig und umfassend" zu unterrichten und die geplanten Maßnahmen mit ihm zu beraten (vgl § 111 BetrVG s hierzu *Mitbestimmung, wirtschaftliche Angelegenheiten*). Geht es um die Beteiligung des BRat bei der in § 99 und §§ 102 f BetrVG geregelten personellen Mitbestimmung, hat der BRat anknüpfend an den Zugang der Mitteilung des ArbGeb fristgebunden Stellung zu nehmen. Die Fristen werden mit der Bekanntgabe an den BRat in Lauf gesetzt, sofern dem ArbGeb die geänderte Zuständigkeit nicht mitgeteilt ist. Insoweit sind die allgemeinen Vertretungsregelungen der §§ 164 ff BGB anzuwenden.

21 Ob der GBRat an einen (formwirksamen und inhaltlich hinreichend bestimmten) Übertragungsbeschluss gebunden ist, wird unterschiedlich beurteilt. Richtigerweise hat er grds **kein Ablehnungsrecht** (*Fitting* § 50 Rz 71). Teils wird angenommen, der GBRat könne die Übernahme des Auftrags aus „sachlichen Gründen" ablehnen (DKK/*Trittin* § 50 Rz 72; *Richardi/Annuß* § 50 Rz 63). Sollte damit gemeint sein, der GBRat könne die Übernahme ablehnen, weil die Entscheidung des BRat nicht zweckmäßig oder weil er – der GBRat – etwa überlastet sei und sich der Angelegenheit deshalb nicht im gebotenen Ausmaß widmen könne, ist dem nicht zu folgen. Das Gesetz sieht kein Ablehnungsrecht vor. Die angenommene Prüfkompetenz des GBRat ist mit der im Interesse des ArbGeb gebotenen Rechtssicherheit und Rechtsklarheit nicht vereinbar. Er muss wissen, welche betrieblichen Angelegenheiten nicht mehr vom eigentlich zuständigen BRat sondern vom GBRat wahrgenommen werden.

22 **12. Verhandlungspartner.** Verhandlungspartner des GBRat ist in den Fällen des Abs 1 die Unternehmensleitung, bei den Auftragsaufgaben ist es die Betriebsleitung. Haben mehrere BRäte den GBRat beauftragt, wird regelmäßig die Unternehmensleitung einzuschalten sein.

13. Betriebsratlose Betriebe. Nach der gesetzlichen Konzeption ist der GBRat nicht allgemein legitimiert, die Beteiligungsrechte der ArbN in einem Betrieb wahrzunehmen, der nach § 1 BetrVG betriebsratsfähig ist, in dem aber kein BRat gebildet ist (zu den Voraussetzungen *Betriebsrat* Rz 1). Hiervon macht § 50 Abs 1 Satz 1 HS 2 BetrVG eine Ausnahme. Gesamtbetriebsvereinbarungen, die der GBRat im Rahmen seiner originären Zuständigkeit mit dem ArbGeb schließt, gelten auch für Betriebe ohne BRat. Nicht ausdrücklich geregelt ist, ob das auch dann gilt, wenn die Gesamtbetriebsvereinbarung vor In-Kraft-Treten des BetrVG-ReformG (28. Juli 2001) geschlossen worden ist. Richtigerweise ist das zu bejahen (aA Erfk/*Koch* BetrVG § 50 Rz 8; wie hier *Fitting* § 50 Rz 30). Hierfür spricht zunächst, dass die Erstreckung von Gesamtbetriebsvereinbarungen auch auf betriebsratslose Betriebe schon früher weitgehend vertreten worden ist (zum Meinungsstand *Richardi/Annuß* § 50 Rz 49). Ein anderes Verständnis widerspricht außerdem dem mit der Neuregelung verfolgten Zweck. Mit ihr soll die Gleichbehandlung aller im Unternehmen beschäftigten ArbN erreicht werden. Da der GBRat die ArbN in einem betriebsratslosen Betrieb zumindest partiell repräsentiert, kann er vom ArbGeb verlangen, dass dieser ihm die Kommunikation mit den dort Beschäftigten ermöglicht. Dazu gehört die Freischaltung der Telefonverbindungen (BAG 9.12.09 – 7 ABR 46/08, NZA 10, 662; Näheres *Internet-/Telefonnutzung* Rz 23). Zu den Aufgaben des GBRat gehört allerdings die Bestellung eines Wahlvorstands in betriebsratslosen Betrieben (§ 17 Abs 1 BetrVG), was ihn jedoch nicht befugt, Informationsveranstaltungen mit dem Charakter einer Belegschaftsversammlung durchzuführen (BAG 16.11.11 – 7 ABR 28/10, NZA 12, 404).

14. Geschäftsführung. a) Allgemeines. Nach der Aufzählung in § 51 Abs 1 BetrVG sind weitgehend die für den BRat geltenden Bestimmungen auf den GBRat entsprechend anzuwenden; nach Abs 2 außerdem § 29 Abs 2–4, nach Abs 3 noch § 33 Abs 3 und für Ausschüsse des GBRat nach Abs 4 § 33 Abs 1 und 2 BetrVG. Der Katalog ist abschließend. Die **Generalverweisung** in § 51 Abs 2 BetrVG, wonach vorbehaltlich anderer gesetzlicher Regelung für den GBRat die „Rechte und Pflichten des BRat" entsprechend gelten, bezieht sich nicht auf die formelle, sondern auf die materielle Betriebsverfassung. Betroffen ist beispielhaft das Recht zur Heranziehung von Sachverständigen oder Auskunftspersonen nach § 80 BetrVG. Dass die Organisationsvorschriften der § 37 Abs 4 bis 7 und § 38 nicht im Katalog enthalten sind, erklärt sich aus dem notwendigen Doppelmandat der Mitglieder des GBRat. Sie können Schulungen und Bildungsveranstaltungen „als" BRat besuchen. Dabei obliegt dem GBRat dann die Entscheidung über die Erforderlichkeit einer Schulung, wenn es um die Beurteilung der für die Arbeit im GBRat erforderlichen Kenntnisse geht. Das konkrete Entsendungsverfahren liegt beim BRat (vgl *Richardi/Annuß* § 51 Rz 50). Freistellungen von beruflicher Tätigkeit wegen der Wahrnehmung des Amtes als GBRat vollziehen sich nach § 37 Abs 2 BetrVG (Näheres *Betriebsratsfreistellung*).

b) Die entsprechend anzuwendenden Vorschriften. § 25 Abs 1: Bei Ausscheiden oder zeitweiliger Verhinderung eines Mitglieds ist das vom EinzelBRat bestimmte Ersatzmitglied zu den Sitzungen des GBRat heranzuziehen. **§ 26:** Der GBRat wählt einen Vorsitzenden und dessen Stellvertreter; die Vertretung obliegt dem Vorsitzenden. Ihm gegenüber sind die für den GBRat bestimmten Erklärungen abzugeben. **§ 27 Abs 2 und 3:** Besteht der GBRat aus neun oder mehr Mitgliedern, ist ein **Gesamtbetriebsausschuss** zu bilden, der die laufende Geschäfte führt und dem weitere Aufgaben zur selbstständigen Erledigung übertragen werden können. Er besteht aus dem Vorsitzenden, dessen Stellvertretern und je nach Größe des Gremiums gestaffelt aus drei bis neun weiteren Ausschussmitgliedern. Die weiteren Mitglieder sind nach den Grundsätzen der Verhältniswahl zu wählen (§ 27 Abs 2 Satz 1), soweit nicht nur ein Wahlvorschlag gemacht wird. Die angeordnete Verhältniswahl dient dem Minderheitenschutz (verstanden als Schutz kleiner Koalitionen). Eine gleichwohl nach den Grundsätzen der Mehrheitswahl durchgeführte Wahl verletzt wesentliche Wahlvorschriften und kann in entsprechender Anwendung des § 19 BetrVG erfolgreich angefochten werden (BAG 21.7.04 – 7 ABR 62/03, NZA 05, 173). Das gilt auch, wenn sich der GBRat wegen des Hinzukommens neuer Betriebe vergrößert und damit auch die Zahl der weiteren Ausschussmitglieder erhöht. Es sind dann alle weiteren Mitglieder neu zu wählen (BAG 16.3.05 – 7 ABR 37/04, NZA 05, 1069). **§ 28 Abs 1 Satz 1 und 3:** Weiter gebildeten Ausschüssen können Aufgaben übertragen werden. **§§ 29, 30** betreffen die Sitzungen des GBRat. Diese brauchen nicht am Sitz der Hauptverwaltung durchgeführt zu werden (BAG 24.7.79 – 6 ABR 96/77, NJW 80, 1128). Häufigkeit und Dauer bestimmt der GBRat nach pflichtgemäßem Ermessen. **§ 31:** Auf Antrag eines Viertels der Mitglieder des GBRat kann ein Beauftragter der Gewerkschaften an den Sitzungen beratend teilnehmen. Da die Vorschriften nur „entsprechend" anzuwenden sind, muss die Gewerkschaft im GBRat vertreten sein, eine Vertretung im BRat genügt nicht (*Fitting* § 51 Rz 37, aA DKK/ *Trittin* § 51 Rz 45).

26 **c) Beschlüsse.** Nach § 51 Abs 3 werden die Beschlüsse des GBRat, soweit nichts anderes bestimmt ist, mit der Mehrheit der Stimmen der anwesenden Mitglieder gefasst. Bei Stimmengleichheit ist der Antrag abgelehnt. Beschlussfähig ist der GBRat, wenn mindestens die Hälfte seiner Mitglieder an der Beschlussfassung teilnimmt und die Teilnehmenden mindestens die Hälfte aller Stimmen vertreten. Stellvertretung durch Ersatzmitglieder ist zulässig. Ergänzend gilt nach **§ 33 Abs 3** für die Teilnahme der GesamtJAV an der Abstimmung, dass deren Stimmen bei der Feststellung der Stimmenmehrheit mitgezählt werden. Auf die Beschlüsse der Ausschüsse ist **§ 33 Abs 1 und Abs 2 BetrVG** entsprechend anzuwenden. Sie fassen ihre Beschlüsse grds mit der Stimmen der Mehrheit der anwesenden Mitglieder; bei Stimmengleichheit ist der Antrag abgelehnt. Der Ausschuss ist nur beschlussfähig, wenn mindestens die Hälfte seiner Mitglieder an der Beschlussfassung teilnimmt. Stellvertretung durch Ersatzmitglieder ist zulässig. **§ 34:** Sitzungsniederschriften sind zu fertigen. **§ 35:** Beschlüsse sind unter den in der Vorschrift näher genannten Voraussetzungen auf Antrag der JAV auszusetzen (*Jugend- und Auszubildendenvertretung* Rz 22). Der GBRat soll sich nach § 36 eine Geschäftsordnung geben. **§ 37 Abs 1–3:** Die Mitglieder des GBRat führen ihr Amt als Ehrenamt und haben Anspruch auf Freistellung und Entgeltsicherung wie die Mitglieder des BRat. Besonderheiten ergeben sich für die Arbeit im GBRat insoweit nicht (*Betriebsrat; Betriebsratsfreistellung*). Das gilt auch hinsichtlich der nach § 40 vom ArbGeb zu tragenden Kosten und Sachaufwand (*Betriebsratskosten*) und das in § 41 festgelegte Umlageverbot.

27 **d) Teilnahmerecht.** An allen Sitzungen des GBRat kann die **Gesamtschwerbehindertenvertretung** teilnehmen (§ 52 BetrVG; dazu Näheres *Schwerbehindertenvertretung*). Zum Teilnahmerecht der *Jugend- und Auszubildendenvertretung* s dort Rz 21.

28 **15. Betriebsräteversammlung.** Mindestens einmal im Kalenderjahr ist eine BRäte-Versammlung durchzuführen (§ 53 Abs 1 BetrVG). Sie ist der auf der Betriebsebene angesiedelten Betriebsversammlung vergleichbar und kann in Form von Teilversammlungen durchgeführt werden (Abs 3). Sie dient ua dem allgemeinen Informationsaustausch und besteht aus den Mitgliedern des GBRat, den Vorsitzenden der BRäte und deren Stellvertreter sowie den weiteren Mitgliedern der Betriebsausschüsse. Sofern die Gesamtzahl der sich für ihn ergebenden Teilnehmer nicht überschritten wird, kann der BRat aus seiner Mitte andere Mitglieder entsenden. Über die **Einberufung** entscheidet der GBRat nach pflichtgemäßem Ermessen, der hierbei an keine Jahresfrist gebunden ist. Auch mehrere Versammlungen im Jahr können durchgeführt werden. **Organisation und Aufgaben** entsprechen denen der Betriebsversammlung (Verweisung in § 53 Abs 3 auf § 43 Abs 2 Satz 1 und 2 sowie die §§ 45 und 46): Die Leitung der nicht öffentlichen Sitzungen obliegt dem Vorsitzenden des GBRat; der Unternehmer ist unter Mitteilung der Tagesordnung einzuladen und hat in der Versammlung Rederecht. Inhaltlich wird die Versammlung geprägt durch den zwingend zu erstattenden **Tätigkeitsbericht des Gesamtbetriebsrats** und den **Bericht des Unternehmers.** Der Tätigkeitsbericht des GBRat ist von diesem zu beschließen und wird mündlich vorgetragen. Der Unternehmer hat, bezogen auf das Unternehmen, über das Personal- und Sozialwesen einschließlich des Standes der Gleichstellung von Frauen und Männern zu berichten, die Integration der beschäftigten ausländischen ArbN, die wirtschaftliche Lage und Entwicklung sowie über Fragen des Umweltschutzes. Die Berichtspflicht endet, wenn Betriebs- oder Geschäftsgeheimnisse gefährdet werden. Dem Umfang des Unternehmensberichtes entspricht der Katalog der in der Versammlung zulässig zu behandelnden **Themen.** Sie beziehen sich auf alle Angelegenheiten, die das Unternehmen oder die in ihm beschäftigten ArbN

unmittelbar betreffen. Einbezogen sind tarif-, sozial- und umweltpolitische Fragen wie auch solche wirtschaftlicher Art. Angesprochen werden können die Förderung der Gleichstellung von Mann und Frau sowie die Integration ausländischer ArbN (Näheres *Betriebsversammlung*). Die Grundsätze des § 74 Abs 2 BetrVG finden Anwendung **(Friedenspflicht)**. Die BRäteVersammlung kann dem GBRat **Anträge** unterbreiten und zu seinen Beschlüssen Stellung nehmen. Beauftragte der im Unternehmen vertretenen Gewerkschaften können beratend teilnehmen. Nimmt der ArbGeb an der Versammlung teil, so kann er einen Beauftragten seiner ArbGebVereinigung hinzuziehen.

16. Streitigkeiten. Streitigkeiten über alle mit dem GBRat als Gremium verbundenen Fragen sind im Beschlussverfahren nach §§ 2a, 80 ff ArbGG zu entscheiden. 29

Das Zuordnungsverfahren des § 18 Abs 2 BetrVG dient unabhängig von der Durchführung einer Wahl der Klärung der betriebsverfassungsrechtlichen Zuständigkeit der Gremien. Es steht auch dem GBRat zur Verfügung. Wird seine Zuständigkeit für die einen Gemeinschaftsbetrieb bildenden Betriebe bestritten, kann er dies durch eigenen Antrag beim ArbG klären (BAG 22.6.05 – 7 ABR 57/04, NZA 05, 1248). Am Verfahren sind zwingend stets der Antragsteller und derjenige beteiligt, gegen den sich der Antrag richtet. Im Übrigen greift § 83 Abs 3 ArbGG ein. Zu den **Beteiligten** gehören alle natürlichen Personen und Gremien, die durch die gerichtliche Entscheidung in ihren betriebsverfassungsrechtlichen Rechten betroffen sind. Bei Streit über die wirksame Errichtung des GBRat sind das der GBRat, die EinzelBRäte, deren Mitglieder und der ArbGeb. Betrifft der Streit das Bestehen von Mitbestimmungsrechten, so sind stets auch die EinzelBRäte zu beteiligen. Denn mit der Feststellung des vom GBRat gegenüber dem ArbGeb reklamierten Mitbestimmungsrechts steht zugleich fest, dass sie keine Beteiligungsrechte haben (BAG 31.5.05 – 1 ABR 22/04, DB 05, 2585). Da der örtliche BRat bei Auftragsangelegenheiten Träger des Mitbestimmungsrechts bleibt, ist er in diesen Fällen stets antrags- und beteiligtenbefugt. Er kann allerdings den GBRat mit der Führung des Verfahrens in gewillkürten Prozessstandschaft beauftragen (BAG 6.4.76 – 1 ABR 27/74, DB 76, 1290). Der GBRat ist bei Streit über das Bestehen des Mitbestimmungsrechts des BRat nicht Beteiligter iSd § 83 Abs 3 ArbGG; seine betriebsverfassungsrechtliche Stellung ist nicht unmittelbar betroffen (BAG 13.3.84 – 1 ABR 49/82, NZA 84, 172). 30

Die **örtliche Zuständigkeit** des ArbG richtet sich danach, ob es sich um eine betriebsverfassungsrechtliche Angelegenheit auf Unternehmens- oder auf Betriebsebene handelt. Unternehmensbezogene Fragen sind vor dem ArbG auszutragen, in dessen Bezirk das Unternehmen seinen Sitz hat. Befindet sich der Unternehmenssitz im Ausland, ist der Sitz des Betriebs maßgeblich, dem innerhalb Deutschlands die zentrale Bedeutung zukommt (BAG 31.10.75 – 1 ABR 4/74, DB 76, 295). Das für den Betrieb zuständige ArbG ist anzurufen, wenn die Mitgliedschaft im GBRat zwischen dem EinzelBRat und dem betroffenen ArbN als Mitglied des BRat streitig ist (Wirksamkeit einer Abberufung, Erlöschen des BRatAmtes). Das gilt auch bei Streit über Auftragsangelegenheiten iSv § 50 Abs 2 BetrVG einschließlich der Wirksamkeit des Übertragungsbeschlusses. 31

Im **Urteilsverfahren** sind Zahlungsansprüche zu verfolgen, die ein Mitglied des GBRat aus seiner Tätigkeit für den GBRat gegen den ArbGeb herleitet (*Betriebsratsfreistellung* Rz 36). Das gilt auch für Ansprüche wegen Teilnahme an einer BRäteVersammlung. 32

B. Lohnsteuerrecht *Windsheimer*

S *Betriebsrat* Rz 61. 36

C. Sozialversicherungsrecht *Voelzke*

Zur sozialversicherungsrechtlichen Bedeutung der Tätigkeit von BRatMitgliedern s *Betriebsrat* Rz 71 ff. 41

Geschäftsführer

A. Arbeitsrecht
Kania

Übersicht

	Rz		Rz
1. Begriff	1, 2	3. Arbeitnehmerstatus des GmbH-Geschäftsführers	17–20
2. Organschaftliche Bestellung und Anstellungsverhältnis des GmbH-Geschäftsführers	3–16	4. Anwendbarkeit von Arbeitsrecht	21–33
a) Zuständigkeit	4, 5	a) Grundsatz	21
b) Abberufung	6	b) Einzelfälle	22–33
c) Kündigung des Anstellungsvertrages	7–16	5. Muster	34

1. Begriff. Der Begriff „Geschäftsführer" ist mehrdeutig und wird auch in verschiedenem Sinn vom Gesetzgeber verwendet. Einen konkret gesetzlich umrissenen Inhalt hat der Begriff „Geschäftsführer" nur, soweit es um den **GmbH-Geschäftsführer** geht. Dieser – wenn man so will – „echte" Geschäftsführer ist gem § 35 Abs 1 GmbHG der gesetzliche Vertreter der Gesellschaft. Dazu ausführlich unten Rz 3 ff. Der Begriff „Geschäftsführer" wird aber vielfach – auch vom Gesetzgeber (vgl § 14 Abs 2 KSchG) – **im untechnischen Sinne** verwendet. Als Geschäftsführer iSd § 14 Abs 2 KSchG gelten alle Personen unterhalb der Ebene der Organmitglieder juristischer Personen, welche leitende unternehmerische Aufgaben, bspw im kaufmännischen, organisatorischen, technischen oder personellen Bereich, wahrnehmen (Näheres *Leitende Angestellte* Rz 17 ff). In der Praxis werden vielfach auch solche ArbN als „Geschäftsführer" bezeichnet, die nur in geringem Umfang unternehmerisch bedeutsame Tätigkeiten ausüben. All diese „Geschäftsführer" in Unternehmen, Stiftungen, Vereinen und Verbänden, die nicht Organe „ihrer" Gesellschaft bzw „ihres" Vereins sind, bleiben ArbN, im Regelfall leitende Angestellte. Arbeitsrecht ist anwendbar, soweit nicht eine gesetzliche Ausnahmevorschrift für leitende Angestellte eingreift (Näheres *Leitende Angestellte*).

Grenzfall ist der „Geschäftsführer", der gem § 30 BGB zum **besonderen Vertreter** bestellt wird. Nach dieser Vorschrift kann durch die Satzung eines Vereins bestimmt werden, dass neben dem Vorstand für gewisse Geschäfte besondere Vertreter zu bestellen sind. Die Möglichkeit zur Bestellung eines besonderen Vertreters besteht nach hM nicht nur im Verein, sondern auch in der Genossenschaft und der GmbH (*Palandt/Ellenberger* § 30 Rz 2; *MüKo/Reuter* § 30 Rz 16). Derartige besondere Vertreter sind **Organe** der jeweiligen Gesellschaft bzw des jeweiligen Vereins (*Palandt/Ellenberger* § 30 Rz 1; *Soergel/Hadding* § 30 Rz 1). Konsequenz ist aber nur, dass sie als „andere verfassungsmäßig berufene Vertreter" eine Haftung des Vereins bzw der Gesellschaft gem § 31 BGB bewirken. Arbeitsrechtlich sind die besonderen Vertreter grds nicht einem GmbH-Geschäftsführer iSd § 35 GmbHG gleichzusetzen. Zwar üben sie regelmäßig in dem ihnen zugewiesenen Geschäftsbereich ArbGebFunktionen aus, indem sie Gesellschaft bzw Verein vertreten und repräsentieren. Das unterscheidet sie aber nicht wesentlich von Prokuristen, die unproblematisch ArbN, meist allerdings leitende Angestellte sind. Dementsprechend ist auch der besondere Vertreter als ArbN und – je nach der tatsächlich ausgeübten Tätigkeit – meist als leitender Angestellter einzustufen (Einzelheiten s *Leitende Angestellte*). Trotz der Organstellung sind besondere Vertreter auch nicht generell vom Anwendungsbereich des KSchG, BetrVG, ArbGG ausgenommen. §§ 14 Abs 1 Nr 1 KSchG, 5 Abs 2 Nr 1 BetrVG finden bereits deshalb keine Anwendung, weil dort nur die Mitglieder des Organs angesprochen sind, das zur „gesetzlichen" Vertretung der juristischen Person berufen ist. § 5 Abs 1 ArbGG verneint die Anwendbarkeit des Gesetzes zwar auch für diejenigen Personen, die kraft Satzung zur Vertretung der juristischen Person berufen sind, allerdings mit der Einschränkung, dass die Vertretungsbefugnis „allein oder als Mitglied des Vertretungsorgans" bestehen muss. Beides ist beim besonderen Vertreter nicht der Fall, da dieser nicht dem Vorstand (bzw der Geschäftsführung) angehört, sondern gem § 30 BGB ausdrücklich "neben dem Vorstand" bestellt wird (aA für § 5 Abs 1 ArbGG LAG Köln 19.5.95 – 6 Ta 41/95; differenzierend BAG 5.5.97, DB 97, 1984). Denkbar ist allerdings, dass ein besonderer Vertreter aufgrund fehlender Weisungsabhängigkeit in einem freien Dienstverhältnis beschäftigt wird.

2. Organschaftliche Bestellung und Anstellungsverhältnis des GmbH-Geschäftsführers. Von der Bestellung als gesellschaftsrechtlicher Akt, durch den die Organstellung des Geschäftsführers begründet wird, ist der Anstellungsvertrag zu unterscheiden, welcher die persönlichen Rechte und Pflichten zwischen dem Geschäftsführer und der Gesellschaft regelt (*Rowedder/Schmidt-Leithoff* § 6 Rz 23).

a) Zuständigkeit. Bestellung und Widerruf der **Bestellung** erfolgen in der nicht mitbestimmten GmbH grds durch Mehrheitsbeschluss der Gesellschafter gem § 46 Nr 5 GmbHG. Die Bestellung kann gem § 6 Abs 3 Satz 2 GmbHG auch im Gesellschaftsvertrag erfolgen. In Gesellschaften, die dem MitbestG oder der Montanmitbestimmung unterliegen, werden dagegen die Geschäftsführer zwingend vom Aufsichtsrat bestellt (§§ 31 MitbestG, 12 Montan-MitbestG, 12 MitbestErgG).

Inwiefern die für die nicht mitbestimmte GmbH in § 46 Nr 5 GmbHG ausdrücklich nur für das Organverhältnis angeordnete Zuständigkeit der Gesellschafter für Bestellung und Abberufung des Geschäftsführers auf das **Anstellungsverhältnis** durchschlägt, war früher umstritten. Heute wendet der BGH § 46 Nr 5 GmbHG auf das Anstellungsverhältnis analog an (BGH 25.3.91, ZIP 91, 580, 582; 27.3.95, GmbHR 95, 373). Freilich steht es der Gesellschaft frei, abweichende Zuständigkeiten vorzusehen, also zB auch den nichtbestellungsbefugten Geschäftsführer zu ermächtigen, den Anstellungsvertrag mit einem weiteren Geschäftsführer abzuschließen, oder die ordentliche Kündigung an die vorherige Zustimmung eines anderen Gesellschaftsorgans zu koppeln (vgl BAG 28.4.94, DB 94, 1730). Diese Dispositionsfreiheit der Gesellschaft besteht nicht in der mitbestimmten GmbH. Im Bereich der Montanbestimmung ergibt sich dies aus der ausdrücklich angeordneten Geltung des § 84 AktG; bei Gesellschaften, die dem MitbestG unterliegen, wendet die ganz hM § 84 AktG entsprechend an (*Rowedder/Koppensteiner* § 35 Rz 18 mwN).

b) Abberufung. Die Abberufung (= Widerruf der Bestellung) ist – ebenso wie die freiwillige Amtsniederlegung des Geschäftsführers (BGH 8.2.93, BB 93, 675) – gem § 38 Abs 1 GmbHG grds jederzeit und **ohne Grund** möglich. Allerdings kann im Gesellschaftsvertrag bestimmt werden, dass die Abberufung nur zulässig sein soll, wenn wichtige Gründe dieselbe notwendig machen (§ 38 Abs 2 GmbHG). **Im Geltungsbereich der Mitbestimmungsgesetze** ist die Abberufung infolge der Verweisung des AktG zwingend an das Vorhandensein eines wichtigen Grundes geknüpft. Bei der Bestimmung dessen, was als wichtiger Grund einzuordnen ist, ist wiederum zwischen der mitbestimmten und nicht mitbestimmten GmbH zu unterscheiden. Während es bei der nicht mitbestimmten GmbH zulässig ist, Abberufungsgründe im Gesellschaftsvertrag als wichtig zu qualifizieren, auch wenn sie dies bei objektiver Betrachtung nicht sind, ist dies in der mitbestimmten GmbH nicht zulässig (*Raiser/Veil* MitbestG § 31 MitbestG Rz 37; *Baumbach/Hueck/Zöllner* GmbHG § 38 Rz 4). Umgekehrt ergibt sich eine erweiterte Zulässigkeit der Abberufung im Bereich der Mitbestimmung, da der Vertrauensentzug durch die Anteilseignerversammlung kraft ausdrücklicher gesetzlicher Anweisung in § 84 Abs 3 AktG einen Abberufungsgrund liefert (*Raiser/Veil* MitbestG § 31 MitbestG Rz 38). Das Recht zur Abberufung aus wichtigem Grund findet seine Grenze im **Grundsatz von Treu und Glauben:** Dieser verbietet es zB die Abberufung auf Vorgänge zu stützen, die der Gesellschaft bereits bei der Bestellung bekannt waren (BGH 12.7.93 – II ZR 65/92, DB 93, 1814).

c) Kündigung des Anstellungsvertrages. Bei der Kündigung des Anstellungsvertrages ist zwischen der ordentlichen und der außerordentlichen Kündigung zu unterscheiden. Schriftform ist grds nicht zu wahren, da § 623 BGB nur für die Kündigung von Arbeitsverhältnissen gilt (vgl aber unten Rz 18 ff).

aa) Ordentliche Kündigung. Die ordentliche Kündigung des Anstellungsvertrages ist nur zulässig, wenn dieser nicht auf bestimmte Zeit abgeschlossen worden ist oder die Zustimmung des Betroffenen erforderlich ist (BGH 27.10.86, NJW 87, 1890, 1891). In der mitbestimmten GmbH ist die ordentliche Kündigung grds ausgeschlossen. Die Möglichkeit einer ordentlichen Kündigung ist nicht damit zu vereinbaren, dass die Abberufung von

Geschäftsführern dort einen wichtigen Grund zwingend voraussetzt (*Rowedder/Koppensteiner* § 38 Rz 41). Der allg Kündigungsschutz gem § 1 KSchG findet nach § 14 Abs 1 KSchG keine Anwendung. Dies gilt selbst dann, wenn der Bestellung zum Geschäftsführer ausnahmsweise (s unten Rz 17 ff) ein Arbeitsverhältnis zugrunde liegt (BAG 25.10.07 – 6 AZR 1045/06, NZA 08, 168). Etwas anderes kann sich dann ergeben, wenn der Geschäftsführer vor Ausspruch der Kündigung von seinem Amt abberufen wurde (aber nur unter besonderen Umständen: BAG 5.6.08 – 2 AZR 754/06, NZA 08, 1002), ausnahmsweise noch ein zusätzliches ruhendes Arbeitsverhältnis besteht (dazu unter Rz 20) oder die Geltung des KSchG ausdrücklich vereinbart wurde (BGH 10.5.10 – II ZR 70/09, BB 10, 2571). Ist ein ArbN im Rahmen seines Arbeitsverhältnisses (auch) zum Geschäftsführer eines anderen (Tochter-)Unternehmens bestellt, steht die Bestellung nicht dem Kündigungsschutz im Verhältnis zum VertragsArbGeb entgegen (*Bauer/Arnold* DB 08, 350). Zur Kündigungsfrist s unten Rz 22.

9 **bb) Außerordentliche Kündigung.** Die außerordentliche Kündigung ist gem § 626 BGB aus **wichtigem Grund** zulässig. Ein solcher liegt vor, wenn dem Kündigenden wegen bestimmter Tatsachen die Fortsetzung des Anstellungsverhältnisses bis zum Ablauf der Befristung bzw bis zum Ablauf der ordentlichen Kündigungsfrist nicht zugemutet werden kann. Eine Mitteilung des Kündigungsgrundes bei Ausspruch der Kündigung ist nicht erforderlich; zum Zeitpunkt der Kündigung bereits vorhandene Kündigungsgründe können auch nachträglich geltend gemacht werden (BGH 16.1.95, BB 95, 477). Eine vorherige **Abmahnung** durch die Gesellschafterversammlung ist grds nicht erforderlich (BGH 10.9.01 – II ZR 14/00, BB 01, 2239; *Trappehl/Scheuer* DB 05, 1276; aA *Schumacher-Mohr* DB 02, 1606). Etwas anderes dürfte allerdings gelten, wenn Unklarheit über den Pflichtenkreis bzw die Pflichtverletzung des Geschäftsführers herrscht.

10 Bei der Feststellung, ob ein wichtiger Grund gegeben ist, sind alle konkreten **Umstände des Einzelfalles** und die widerstreitenden Interessen gegeneinander abzuwägen (*Lutter/Hommelhoff* GmbHG Anh § 6 Rz 57). Aus dieser Definition folgt, dass nicht jeder wichtige Abberufungsgrund zugleich einen wichtigen Grund für die außerordentliche Kündigung des Anstellungsverhältnisses darstellt (BGH 23.2.61, WM 61, 569, 570). So stellt der gem § 84 Abs 3 AktG bei der mitbestimmten GmbH anerkannte wichtige Grund für den Widerruf der Bestellung, der Entzug des Vertrauens durch die Anteilseignerversammlung, einen wichtigen Kündigungsgrund nur dann dar, wenn ein nicht bloß geringfügiges Verschulden des Geschäftsführers dahintersteht (BGH 8.12.77, DB 78, 481, 482).

11 Im Regelfall wird der Grund für den Ausspruch einer außerordentlichen Kündigung des Anstellungsvertrages darin liegen, dass sich die Gesellschaft wegen eines **vorwerfbaren Fehlverhaltens** des Geschäftsführers vom Vertrag lösen will. Denkbar ist allerdings auch, dass die Kündigung durch die Verhältnisse der Gesellschaft, etwa einen **massiven wirtschaftlichen Niedergang,** veranlasst ist.

12 Bei einer Kündigung, welche ihren Grund nicht in dem Verhalten des Geschäftsführers hat, ist bei der erforderlichen Interessenabwägung verstärkt die Restlaufzeit des Anstellungsvertrages einzubeziehen. Je eher eine ordentliche Kündigung möglich ist bzw die Befristungszeit abläuft, desto schärfere Anforderungen sind an die Wichtigkeit des Kündigungsgrundes zu stellen (BGH 27.10.86, NJW 87, 1889, 1890). Liegt ein wichtiger Grund vor, bedarf es, soweit der Geschäftsführer nicht ausnahmsweise als ArbN einzustufen ist (dazu unten Rz 17), keiner vorhergehenden Abmahnung (BGH 14.2.2000 – II ZR 218/98, NZA 2000, 543).

13 **Einzelfälle.** Einen wichtigen Kündigungsgrund können darstellen: Massiver und nicht korrigierbarer Rückgang der Geschäfte (BGH 21.4.75, WM 75, 761), Unfähigkeit zur Amtsführung (BGH 29.1.76, WM 76, 378, 380), ständiger Widerspruch gegen Gesellschafterweisungen (OLG Düsseldorf 15.11.84, ZIP 84, 1476, 1478), unüberbrückbare Meinungsverschiedenheiten zwischen den Geschäftsführern (OLG Koblenz 29.4.86, ZIP 86, 1120, 1131), Verschwiegenheitsverstoß nach Widerruf der Bestellung (OLG Hamm 7.11.84, GmbHR 85, 157), heimliche oder ungerechtfertigte Auszahlung eines Bonus an sich selbst (dazu BGH 9.11.92, GmbHR 93, 33; OLG Hamm 24.6.94, GmbHR 95, 732), missbräuchliche Ausnutzung von Erwerbschancen der Gesellschaft für sich selbst (BGH 13.2.95, DB 95, 970), ungerechtfertigte Amtsniederlegung (OLG Celle 31.8.94, GmbHR 95, 728), systematische Vorenthaltung von Informationen über die Buchführung (BGH 26.6.95, GmbHR 95, 653), Verletzung der Pflicht zur Überwachung der wirtschaftlichen Entwicklung der Gesellschaft (BGH 20.2.95, GmbHR 95, 299).

Der vertraglichen Disposition unterliegt der Begriff des „wichtigen Grundes" nur in **14** begrenztem Umfang. So können in der nicht mitbestimmten GmbH bestimmte Sachverhalte unabhängig von ihrem tatsächlichen Gehalt als wichtige Gründe iSd § 626 BGB vereinbart werden. Üblich ist etwa die Vereinbarung, dass die Beendigung der Organstellung die Kündigung des Dienstvertrages legitimieren soll (kritisch *Bauer/Diller* GmbHR 98, 809). Zu beachten ist dabei allerdings, dass in dem Fall, dass der Abberufungsgrund objektiv keinen wichtigen Grund für die sofortige Auflösung des Anstellungsverhältnisses darstellt, dieses nur unter Wahrung der ordentlichen Kündigungsfrist sein Ende findet (BGH 11.5.81, BB 81, 1232, 1233). Umgekehrt ist ein vertraglicher Ausschluss objektiv wichtiger Kündigungsgründe unzulässig (BGH 16.1.95, BB 95, 477; *Rowedder/Koppensteiner* § 38 Rz 47). Eine unzulässige Einschränkung des Kündigungsrechts gem § 626 BGB ist auch in der Vereinbarung einer Abfindung für den Fall der fristlosen Kündigung im Anstellungsvertrag zu sehen (BGH 3.7.2000 – II ZR 282/98, GmbHR 2000, 876).

Die außerordentliche Kündigung gem § 626 Abs 2 BGB ist nur innerhalb einer Frist von **15** **zwei Wochen** ab „sicherer und umfassender Kenntnis der maßgeblichen Kündigungsgründe" (BGH 26.2.96, DB 96, 1030) zulässig. Umstritten ist in diesem Zusammenhang, **auf wessen Kenntnis** abzustellen ist: die einzelner Gesellschafter, einer Gesellschafterminderheit, welche die Gesellschafterversammlung einberufen lassen könnte, aller Gesellschafter oder die Kenntnis der zur Beschlussfassung zusammengetretenen Gesellschafterversammlung (zum Meinungsstand *Rowedder/Koppensteiner* § 38 Rz 48). Ein Abstellen auf die Kenntnis einzelner Gesellschafter bzw auf die Kenntnis einer zur Einberufung der Gesellschafterversammlung berechtigten Minderheit von Gesellschaftern erscheint nicht sachgerecht, da der einzelne Gesellschafter nicht verpflichtet ist, seine Kenntnis dazu zu verwenden, die Gesellschafterversammlung einzuberufen. Sachgerecht und für die Praxis maßgeblich ist die Auffassung des BGH, wonach die **Kenntnis aller Gesellschafter** von den Kündigungstatsachen erforderlich ist, damit die Frist beginnt (BGH 17.3.80, WM 80, 957; 9.11.92, WM 92, 2142). Dabei reicht eine Kenntnis aller Gesellschafter, die außerhalb der Gesellschafterversammlung erlangt wurde, entgegen der früheren Rspr (zuletzt BGH 2.6.97 – II ZR 101/96, DStR 97, 1338) nicht aus. Nach der jetzt maßgeblichen Auffassung des BGH kommt es auf die Kenntnis der Gesellschafter „in ihrer Eigenschaft als Mitwirkende an der kollektiven Willensbildung" an, die grds nur innerhalb der Gesellschafterversammlung erlangt werden kann. Wird allerdings die Einberufung der Gesellschafterversammlung von ihren einberufungsberechtigten Mitgliedern nach Kenntniserlangung von dem Kündigungssachverhalt unangemessen verzögert, so muss sich die Gesellschaft so behandeln lassen, als wäre die Gesellschafterversammlung mit der billigerweise zumutbaren Beschleunigung einberufen worden (BGH 15.6.98 – II ZR 318/96, GmbHR 98, 827).

cc) **Kündigung** des Anstellungsvertrages **durch den Geschäftsführer** ist prinzipiell **16** unter denselben Voraussetzungen zulässig wie die der Gesellschaft.

3. Arbeitnehmerstatus des GmbH-Geschäftsführers. Während die hM und der **17** BGH in ständiger Rspr (*Staudinger/Richardi* Vorbem § 611 Rz 236 mwN; BGH 9.2.78, DB 78, 878; 25.1.81, ZIP 81, 367) die ArbNEigenschaft eines GmbH-Geschäftsführers grds verneinen, steht das BAG auf dem Standpunkt, dass beim GmbH-Geschäftsführer jedenfalls die Möglichkeit besteht, dass dieser als ArbN einzustufen sei (BAG 15.4.82, ZIP 83, 607; 13.5.92, ZIP 92, 1496; 6.5.99 – 5 AZB 22/98, NZA 99, 839; 26.5.99 – 5 AZR 664/98, NZA 99, 987). Die ausnahmslose Ablehnung der ArbNEigenschaft eines GmbH-Geschäftsführers erscheint nicht sachgerecht. Zwar ist es im Regelfall zutreffend, dass der Geschäftsführer einer GmbH als Organ der juristischen Person seinerseits für diese gegenüber den ArbN des Unternehmens ArbGebFunktionen wahrnimmt. Ein striktes Ausschlussverhältnis, wonach derjenige, der selbst ArbGebRechte ausübt und eine Unternehmerstellung einnimmt, nicht zugleich ArbN sein kann, besteht indes nicht. Dies zeigt sich bei einem Vergleich mit dem leitenden Angestellten. Auch dieser wird regelmäßig ArbGebFunktionen ausüben und ihm können darüber hinaus unternehmerische Entscheidungskompetenzen übertragen werden, ohne dass dies seiner ArbNStellung entgegensteht (*Henssler* RdA 92, 289, 292). Letztlich ist auf den nach der konkreten Vertragsgestaltung gegebenen **Grad der für den ArbNStatus maßgeblichen persönlichen Abhängigkeit** des Geschäftsführers abzustellen, für die auch beim Geschäftsführer als wichtigstes Element eine Weisungsabhängigkeit hinsichtlich der Konkretisierung der Arbeitspflicht zu fordern ist (BAG 26.5.99 – 5 AZR 664/98, NZA 99, 987). Diese Differenzierung stimmt nicht vollständig mit der europarechtlichen Abgrenzung des ArbNBegriffs überein, der zudem je nach Rechtsquelle differiert (vgl EuGH 11.11.10 – C-232/09 Danosa, NZA 11, 143; *Fischer* NJW 11, 2329).

18 Richtungsweisend für die Abgrenzung erscheint die Entscheidung des BAG vom 13.5.92 (ZIP 92, 1496). Danach ist die Annahme einer persönlichen Abhängigkeit grds dann ausgeschlossen, wenn der Geschäftsführer zugleich **Gesellschafter** der GmbH ist und nach seiner Kapitalbeteiligung einen so erheblichen Einfluss auf die Beschlussfassung der Gesellschafter hat, dass er jede ihm unangenehme Entscheidung verhindern kann (einschränkend insoweit LSG NRW 12.6.91, ZIP 92, 53). Bei einem **Fremdgeschäftsführer** ist das Kriterium der persönlichen Abhängigkeit dann als erfüllt anzusehen, wenn dieser in den Betrieb eingegliedert wird, dh, regelmäßig einem Zeit, Dauer, Ort und Art der Ausführung umfassenden Direktionsrecht der Gesellschafter unterliegt. Im Normalfall sind diese Voraussetzungen beim Fremdgeschäftsführer nicht erfüllt (BAG 13.5.92, ZIP 92, 1496, 1498). Bejaht werden kann der ArbNStatus eines Fremdgeschäftsführers nur bei einer besonderen Vertragsgestaltung, etwa wenn der Geschäftsführer vertraglich dem Hauptgesellschafter als „disziplinarischem Vorgesetzten mit Einspruchsrecht in Sachfragen" untersteht, wenn er dessen Zustimmung bei Einstellungen und Entlassungen benötigt und der Geschäftsführer Anschaffungen für die Gesellschaft nur in geringem Umfang tätigen darf (BAG 15.4.82, ZIP 83, 607).

19 Von dieser Problematik zu unterscheiden ist der Fall, dass bei Bestellung zum Geschäftsführer **ein früher geschlossenes Arbeitsverhältnis** nicht aufgehoben wird. Dies ist einmal möglich bei der **GmbH & Co. KG,** wenn ein ArbN der KG zum Geschäftsführer der Komplementär-GmbH bestellt wird und sein ursprünglicher Arbeitsvertrag weiterhin Grundlage seiner Tätigkeit bleibt. In diesem Fall ist zwar grds die ArbNEigenschaft im Verhältnis zur GmbH zu verneinen, im Verhältnis zur KG kann sie jedoch bestehen bleiben (BAG 17.8.72, BB 73, 385; 10.7.80, DB 81, 276; 15.4.82, DB 83, 1442; 13.7.95, DB 95, 2271; 20.10.95, DB 96, 483).

20 Zum anderen kann bei der **Bestellung eines Arbeitnehmers einer GmbH zu deren Geschäftsführer** das bisherige Arbeitsverhältnis als ruhendes fortbestehen. Nach der früheren Rspr des BAG sollte das im Zweifel der Fall sein, wenn sich an den Vertragsbedingungen im Übrigen nichts ändere. Im Falle der Abberufung als Geschäftsführer lebe das Arbeitsverhältnis wieder mit seinem ursprünglichen Inhalt auf (BAG 9.5.85, ZIP 86, 797; 13.3.87, ZIP 88, 919). Von diesem Grundsatz ist das BAG mit Urt vom 7.10.93 (DB 94, 428) abgerückt; im Zweifel sei mit Abschluss des Geschäftsführervertrages ein früheres Arbeitsverhältnis als beendet anzusehen; es müssten konkrete Anhaltspunkte für den Willen der Parteien, das ursprüngliche Arbeitsverhältnis ruhend fortbestehen zu lassen, bestehen; im Normalfall sei dagegen von einer „automatischen" Vertragsumwandlung auszugehen (so BAG 7.10.93, DB 94, 428; 8.6.2000 – 2 AZR 207/99, NZA 2000, 1013). Diese Rspr war mit Inkrafttreten von § 623 BGB, der seit dem 1.5.2000 für die Aufhebung eines Arbeitsverhältnisses die Wahrung der **Schriftform** verlangt, in Frage gestellt (*Bauer* GmbHR 2000, 767). Für den Normalfall ändert sich jedoch nichts: Wenn der ArbN mit seinem ArbGeb einen schriftlichen Geschäftsführerdienstvertrag abschließt, wird nach Auffassung des BAG vermutet, dass das bis dahin bestehende Arbeitsverhältnis mit Beginn des Geschäftsführerdienstverhältnisses einvernehmlich beendet wird, soweit nicht klar und eindeutig etwas anderes vertraglich vereinbart worden ist (BAG 19.7.07 – 6 AZR 774/06, NZA 07, 1095; BAG 3.2.09 – 5 AZB 100/08, NZA 09, 669). Keine konkludente Vertragsauflösung kommt dagegen in Betracht, wenn entweder Vertragspartner von (früherem) Arbeitsvertrag und (späteren) Geschäftsführeranstellungsvertrag auseinanderfallen (= Geschäftsführertätigkeit in anderem Konzernunternehmen) oder der Geschäftsführerbestellung ein mündlicher Vertrag zugrunde liegt (LAG Brem 2.3.06 – 3 Ta 9/06, NZA-RR 06, 321; LAG Nds 7.3.07 – 17 Ta 618/06, NZA-RR 07, 522). Allerdings spricht auch im letztgenannten Fall viel dafür, dass sich mit der Bestellung zum Geschäftsführer die Rechtsnatur des Vertragsverhältnisses in ein freies Dienstverhältnis wandelt (dazu *Stagat* DB 10, 2801; vgl auch Rz 18). Für die Praxis ist im Hinblick auf die verbleibende Rechtsunsicherheit dringend zu empfehlen, im Zusammenhang mit der Bestellung zum Geschäftsführer eine ausdrückliche schriftliche Vereinbarung darüber zu treffen, ob das ursprüngliche Arbeitsverhältnis beendet sein soll.

4. Anwendbarkeit von Arbeitsrecht. a) Grundsatz. Nicht anwendbar sind arbeits- 21
rechtliche Gesetze, soweit diese ausdrücklich Organmitglieder juristischer Personen von ihrem Geltungsbereich ausnehmen (§§ 5 Abs 2 Nr 1 BetrVG; 14 Abs 1 Ziff 1 KSchG; 5 Abs 1 Satz 3 ArbGG). Im Übrigen ist auch mit der Verneinung des ArbNStatus eines Geschäftsführers noch keine Aussage darüber getroffen, ob nicht einzelne arbeitsrechtliche Normen und Grundsätze für den Geschäftsführer entsprechend herangezogen werden können. Soweit der BGH die **entsprechende Anwendung arbeitsrechtlicher Grundsätze** befürwortet hat, ist die Begründung hierfür nicht immer einheitlich und überzeugend (*Groß* Das Anstellungsverhältnis des GmbH-Geschäftsführers im Zivil-, Arbeits-, Sozialversicherungs- und Steuerrecht, Statusbeurteilung im Spannungsfeld von Sozialschutznormen und Gesellschaftsrecht, S 135 ff, 249 ff). Letztlich entscheidend für die entsprechende Anwendung ist, ob ein Geschäftsführer auch bei Fehlen der für die Einordnung als Arbeitsverhältnis maßgeblichen persönlichen Abhängigkeit **in einem mit einem Arbeitnehmer vergleichbaren Maß wirtschaftlich abhängig** ist. Entsprechend herangezogen werden können dann die arbeitsrechtlichen Normen und Grundsätze, welche dem Ausgleich dieser wirtschaftlichen Abhängigkeit dienen (*Lutter/Hommelhoff* GmbHG § 6 Anhang Rz 3; *Fleck* in FS Hilger/Stumpf, S 197, 226; *Henssler* RdA 92, 289, 295). Soweit deutsches Arbeitsrecht der Umsetzung von EU-Recht dient, kann sich zusätzlich eine unmittelbare Normanwendung im Wege europarechtskonformer Auslegung ergeben (*Fischer* NJW 11, 2329).

b) Einzelfälle. aa) AGB-Recht. Von der Gesellschaft vorformulierte Anstellungsverträ- 22
ge eines Geschäftsführers unterliegen einer Inhaltskontrolle nach den §§ 305 ff BGB. Dies gilt für Fremdgeschäftsführer grundsätzlich auch dann, wenn der Vertrag nur zur einmaligen Verwendung bestimmt ist, solange der Geschäftsführer auf seinen Inhalt keinen Einfluss nehmen konnte (§ 310 Abs 3 BGB). Geschäftsführer sind nämlich bei Abschluss ihres Anstellungsvertrages als **„Verbraucher"** iSd § 13 BGB einzustufen. Die Geschäftsführung einer GmbH ist keine gewerbliche oder selbständige, sondern eine angestellte berufliche Tätigkeit. Der Geschäftsführer einer GmbH übt seine Tätigkeit im Namen und auf Rechnung der Gesellschaft aus und unterliegt im Innenverhältnis den Weisungen der Gesellschafter (BAG 19.5.10 – 5 AZR 253/09, NZA 10, 939). Ob die Einordnung als „Verbraucher" auch für Gesellschafter-Geschäftsführer gilt, die zumindest über eine Sperrminorität verfügen, hat das BAG ausdrücklich offen gelassen.

bb) Altersversorgung. Gem § 17 Abs 2 BetrVG sind dessen §§ 1–16 auf ArbNähnliche Geschäftsführer anzuwenden. Die Abgrenzung des geschützten Personenkreises ist daran zu orientieren, ob der Begünstigte von Seiten der Gesellschaft auf die Ausgestaltung der Ruhegehaltszusage maßgeblichen Einfluss nehmen konnte. Dies können idR Fremdgeschäftsführer und Gesellschafter-Geschäftsführer, welche lediglich über eine Minderheitsbeteiligung verfügen (BGH 28.4.80, BGHZ 77, 94, 100 ff), nicht.

cc) Arbeitszeit. Während gem § 1 Abs 2 Nr 2 AZO die „im Handelsregister eingetrage- 23
nen Vertreter" ausdrücklich von der Anwendung des Gesetzes ausgenommen waren, fehlt eine solche Bestimmung in § 18 ArbZG. Gleichwohl kommt eine (entsprechende) Anwendung des ArbZG auf Geschäftsführer nicht in Betracht, zumal das Gesetz selbst leitende Angestellte ausdrücklich aus seinem Anwendungsbereich ausnimmt (vgl § 18 Abs 1 Nr 1 ArbZG).

dd) Beschäftigungsanspruch. Ein Anspruch auf tatsächliche Beschäftigung wie bei 24
ArbN (s *Beschäftigungsanspruch* Rz 1 ff) besteht für Geschäftsführer grds nicht; er verträgt sich nicht mit der gesetzlich vorgesehenen Möglichkeit des jederzeitigen Widerrufs der Bestellung gem § 38 Abs 1 GmbHG (*Lutter/Hommelhoff* Anh § 6 Rz 28). Dem Geschäftsführer bleibt nur der Anspruch auf Annahmeverzugslohn gem § 615 BGB sowie das Recht zur fristlosen Kündigung des Anstellungsvertrags. Ein Anspruch auf Schadenersatz gem § 628 Abs 2 BGB besteht nicht (BGH 28.10.02 – II ZR 146/02, GmbHR 03, 100). Ein weitergehender Anspruch auf Beschäftigung in anderer leitender Postion setzt eine entsprechende vertragliche Regelung voraus (BGH 11.10.10 – II ZR 266/08, BB 10, 2577; weitergehend *Leuchten* GmbHR 01, 750). Daraus folgt umgekehrt, dass ein abberufener Geschäftsführer grds auch nicht verpflichtet ist, zur Aufrechterhaltung seines Vergütungsanspruchs Positionen unterhalb der Geschäftsführerebene anzunehmen (vgl *Kothe-Heggemann/Schelp* GmbHR 11, 75).

ee) Betriebliche Übung. Ansprüche aus betrieblicher Übung bestehen im Regelfall 25
nicht, da das gesellschaftsrechtliche Treueverhältnis zwischen einer GmbH und ihrem Ge-

schäftsführer nicht mit der arbeitsrechtlichen Treuebeziehung zwischen ArbGeb und ArbN vergleichbar ist (*Nebendahl* NZA 92, 289, 293).

26 **ff) Betriebsrisikolehre.** Die Betriebsrisikolehre (§ 615 Satz 3 BGB) ist grds für Geschäftsführer einschlägig (BGH 11.7.53, NJW 53, 1465). Der Besonderheit der Geschäftsführertätigkeit ist aber insofern Rechnung zu tragen, als die Betriebsrisikolehre nicht angewandt werden darf, wenn die eingetretene Betriebsstörung dem Verantwortungsbereich des Geschäftsführers zuzurechnen ist (*Fleck* Festschrift Hilger/Stumpf, S 197, 218 ff; *Henssler* RdA 92, 289, 296).

27 **gg) Betriebsübergang und Gesamtrechtsnachfolge.** Bei einem rechtsgeschäftlichen **Betriebsübergang** geht das Anstellungsverhältnis des Geschäftsführers nicht gem § 613a BGB auf den Betriebserwerber über, falls nicht der Geschäftsführer ausnahmsweise als ArbN einzustufen ist. § 613a BGB gilt nur für ArbN und ist auch nicht entsprechend auf Geschäftsführer anwendbar (BAG 13.2.03 – 8 AZR 654/01, NZA 03, 552). Die Stellung der vertretungsberechtigten Organmitglieder ist derart vom Vertrauen der sie bestellenden Personen anhängig, dass es nicht angeht, das gesamte Dienstverhältnis kraft Gesetzes auf einen anderen Dienstherrn übergehen zu lassen (OLG Celle 15.6.77, DB 77, 1840). Anders ist es dagegen bei der gesellschaftsrechtlichen **Gesamtrechtsnachfolge.** Hier geht grds das Anstellungsverhältnis eines Geschäftsführers beim Rechtsvorgänger auf den Rechtsnachfolger über (BAG 21.9.94, NJW 95, 675 mwN für den Fall der Verschmelzung zweier GmbHs). Allerdings führt die gesellschaftsrechtliche Gesamtrechtsnachfolge regelmäßig gleichzeitig zum Erlöschen der Organstellung des bisherigen Geschäftsführers. Dieser Umstand hat jedoch nach Auffassung des BAG (21.2.94, NJW 95, 675, 676; vgl auch OLG Bbg 29.2.96, NZA-RR 96, 406) keine Auswirkungen auf den Inhalt des Anstellungsverhältnisses; insbesondere wandelt sich dies nicht automatisch in ein Arbeitsverhältnis. Konsequenz ist, dass in dem Fall, dass die in dem Anstellungsvertrag vereinbarten Tätigkeiten derart mit der Bestellung zum Geschäftsführer verknüpft sind, dass diese Tätigkeiten nach Wegfall der Organstellung nicht ausgeübt werden können, die Beschäftigungspflicht des (ehemaligen) Geschäftsführers entfällt. Dieser hat ein Recht zur außerordentlichen Kündigung. Der Rechtsnachfolger bleibt zur Vergütungszahlung gem § 615 BGB verpflichtet. Der Zahlungsanspruch gem § 615 BGB entfällt jedoch gem § 615 Satz 2 BGB, wenn der Rechtsnachfolger dem (ehemaligen) Geschäftsführer eine zumutbare andere leitende Tätigkeit anbietet und der Geschäftsführer dieses Angebot ausschlägt. Ist die ordentliche Kündigung ausgeschlossen, kann eine außerordentliche Kündigung durch den Rechtsnachfolger nur ausnahmsweise in Betracht kommen, wenn eine Vereinbarung über eine anderweitige Beschäftigung scheitert und die Verpflichtung zur Vergütungszahlung im Hinblick auf die Restlaufzeit des Vertrages langfristig bestehen bliebe.

28 **hh) Gleichbehandlung und Diskriminierung.** Der allgemeine Gleichbehandlungsgrundsatz ist prinzipiell anwendbar für Geschäftsführer, welche nicht oder nicht nennenswert an der GmbH beteiligt sind (BGH 14.5.90, GmbHR 90, 389). Gleichbehandlung kann **regelmäßig nur mit anderen Geschäftsführern** verlangt werden. Eine Gleichbehandlung mit leitenden Angestellten kann nur dann verlangt werden, wenn der Anstellungsvertrag des Geschäftsführers und die Arbeitsverträge der leitenden Angestellten ausnahmsweise gleichartig gestaltet sind. Bereits der Umstand, dass Geschäftsführer in deutlich stärkerem Maße über Tantiemen am Unternehmenserfolg beteiligt sind, kann diese Vergleichbarkeit zerstören (*Henssler* RdA 92, 289, 300). Die Regelungen des **AGG** gelten gem § 6 Abs 3 AGG für Geschäftsführer entsprechend, soweit es die Bedingungen für den Zugang zur Erwerbsfähigkeit sowie zum beruflichen Aufstieg betrifft. Insbes Einstellungen und Beförderungen von Geschäftsführern sind also an den Maßstäben des AGG zu messen, aber auch die Entscheidung, einen auslaufenden befristeten Anstellungsvertrag nicht zu verlängern (BGH 23.4.12 – II ZR 163/10, NZA 12, 797; dazu näher *Diskriminierung* Rz 1 ff).

29 **ii) Kündigungsfrist.** Die Kündigung des Anstellungsverhältnisses eines Geschäftsführers richtet sich nicht nach § 621 Nr 3 BGB, sondern nach **§ 622 Absatz 1 BGB** (BGH 26.3.84, BGHZ 91, 217; LAG Köln 18.11.98 – 2 Sa 1063/98, NZA-RR 99, 300; aA *Hümmerich* NJW 95, 1177 ff). Dies gilt nach Auffassung des BGH auch für den maßgeblich an der Gesellschaft beteiligten Gesellschafter-Geschäftsführer, da auch dieser in Bezug auf die Kündigungsfrist einem ArbN vergleichbar schutzwürdig ist (BGH 26.3.84, BGHZ 91, 217, 220). Für den **beherrschenden Gesellschafter-Geschäftsführer** stellt sich diese Frage im

Regelfall nicht, da dessen Anstellungsvertrag grds nicht gegen seinen Willen gekündigt werden kann. Anders ist es dagegen, wenn die Kündigung einem anderen Organ – etwa einem Beirat – übertragen ist, auf das der beherrschende Gesellschafter-Geschäftsführer keinen entscheidenden Einfluss nehmen kann; dann gilt für ihn ebenfalls § 622 Abs 1 BGB (*Lutter/Hommelhoff* GmbHG Anh § 6 Rz 53).

Bei **abhängigen Geschäftsführern** verlängert sich die Kündigungsfrist gem § 622 Abs 2 BGB abhängig von der Beschäftigungsdauer (LAG Köln 18.11.98 – 2 Sa 1063/98, NZA-RR 99, 300; zur früheren Rechtslage unter Geltung des § 2 AngKSchG BAG 16.2.83, BB 83, 2181, 2182; OLG München 15.2.84, WM 84, 896, 897). Keine Anwendung findet § 622 Abs 2 BGB auf Gesellschafter-Geschäftsführer, welche zur Hälfte oder mehr an der Gesellschaft beteiligt sind (BGH 9.3.87, ZIP 87, 707, 708 zu § 2 AngKSchG).

jj) Sonderkündigungsschutz. Die Anwendbarkeit von Normen des Sonderkündigungsschutzes (MuSchG, SGB IX) ist grds zu verneinen (BGH 9.2.78, DB 78, 878; *Buchner/Becker* MuSchG § 1 Rz 96). 30

kk) Urlaub. Geschäftsführer haben keinen gesetzlichen Mindesturlaubsanspruch (vgl § 2 BUrlG), wohl aber nach hM Anspruch auf Urlaubsabgeltung bei Vertragsende (*Neumann/Fenski* BUrlG § 2 Rz 34 f). 31

ll) Zeugnis. § 630 BGB findet auf Geschäftsführer entsprechende Anwendung (KG Bln 6.11.78, BB 79, 988). Die im Arbeitsrecht für ArbN entwickelten Grundsätze über die Erteilung von Zeugnissen gelten auch hier, allerdings mit den Einschränkungen, die sich aus der herausgehobenen Stellung eines Geschäftsführers ergeben. 32

mm) Zuständigkeit des Arbeitsgerichts. Unabhängig davon, ob Geschäftsführer ausnahmsweise als ArbN einzustufen sind oder nicht, sind für Rechtsstreitigkeiten zwischen Geschäftsführer und Gesellschaft die ArbG regelmäßig nicht zuständig, da § 5 Abs 1 ArbGG Organmitglieder juristischer Personen von seinem Anwendungsbereich ausnimmt (BAG 6.5.99 – 5 AZB 22/98, NZA 99, 839; 20.8.03 – 5 AZB 79/02, NZA 03, 1108). Dies gilt auch für Geschäftsführer einer Vor-GmbH (BAG 13.5.96, BB 96, 1774). Beim Landgericht fällt der Rechtsstreit zwischen Geschäftsführer und Gesellschaft in die Zuständigkeit der Kammern für Handelssachen, was allerdings zu beantragen ist (§§ 95, 96 GVG). Das ArbG ist dagegen ausnahmsweise zuständig, wenn nach den oben Rz 19 f dargestellten Grundsätzen neben dem Anstellungsverhältnis, das der Bestellung zum Geschäftsführer zugrunde liegt, ein weiteres (ruhendes) Arbeitsverhältnis besteht und sich der Rechtsstreit auf dieses Arbeitsverhältnis bezieht (BAG 15.3.11 – 10 AZB 32/10, NZA 11, 874). Insoweit reicht es auch aus, wenn der Geschäftsführer als ArbNähnliche Person iSd § 5 Abs 1 Satz 2 ArbGG einzustufen ist (BAG 25.7.96, NZA 97, 62). Problematisch ist die Zuständigkeit des ArbG, wenn – etwa im Fall einer gesellschaftsrechtlichen Gesamtrechtsnachfolge – die Organstellung endet, das Anstellungsverhältnis dagegen fortbesteht. Nach Auffassung des BAG fallen Rechtsstreitigkeiten im Zusammenhang mit dem fortbestehenden Anstellungsverhältnis nicht in die Zuständigkeit des ArbG, da sich der Inhalt des Anstellungsverhältnisses allein durch den Verlust der Organstellung nicht von einem freien Dienstvertrag zu einem Arbeitsvertrag wandelt (BAG 21.2.94, NJW 95, 675, 676). Folglich wandelt sich ein Dienstnehmer auch nicht allein durch das Unterbleiben der Bestellung zum Geschäftsführer zum ArbN (BAG 25.6.97, DB 97, 2029). Anders kann es jedoch sein, wenn der (ehemalige) Geschäftsführer nach dem Ende seiner Organstellung tatsächlich für die GmbH weiter tätig ist. In diesem Fall liegt es nahe, dass die Parteien sich schlüssig auf eine Änderung des bisherigen Vertrages geeinigt haben und für die Zukunft eine weitere Tätigkeit im Rahmen eines Arbeitsverhältnisses vorsehen. Für die Zulässigkeit einer Klage vor dem ArbG reicht bei streitiger Tatsachengrundlage die bloße Rechtsansicht der Klagepartei zum Bestand eines Arbeitsverhältnisses (BAG 26.10.12 – 10 AZB 60/12, BeckRS 2012, 75370; anders noch BAG 10.12.96, DB 97, 833). 33

5. Muster. S Online-Musterformulare „*M9.5 Geschäftsführervertrag*" u „*M25.3 Geschäftsführererfindung*". 34

B. Lohnsteuerrecht *Seidel*

1. Arbeitnehmereigenschaft. Die Frage nach der ArbNEigenschaft ist unabhängig vom Umfang der Vertretungsbefugnisse des Geschäftsführers im Innenverhältnis anhand einer 35

204 Geschäftsführer

Vielzahl in Betracht kommender Merkmale nach dem Gesamtbild der Verhältnisse zu beurteilen; dabei gelten für die ESt, GewSt und USt dieselben Grundsätzen. Der arbeits- und sozialversicherungsrechtlichen Behandlung kommt für die steuerrechtliche Beurteilung zwar indizielle Bedeutung zu, eine rechtliche Bindung besteht jedoch nicht. Allerdings sieht der BFH GmbH-Gesellschafter-Geschäftsführer, die mindestens 50 % des Stammkapitals innehaben, regelmäßig als Selbständige an (BFH 20.10.10 – VIII R 34/08, DStR 11, 911; s *Arbeitnehmer (Begriff)* Rz 31 ff und unten Rz 41 sowie *Sozialversicherungsbeiträge* Rz 16). Der am Unternehmen nicht beteiligte Geschäftsführer eines **Einzelunternehmens** oder einer **Personengesellschaft** ist steuerrechtlich regelmäßig ArbN, bei Beteiligung am Unternehmen Mitunternehmer iSd § 15 Abs 1 Nr 2 EStG und damit steuerrechtlich als selbständig anzusehen (s auch *Arbeitnehmer (Begriff)* Rz 36, 37). Zu ArbGebAnteilen eines atypisch stillen Gesellschafters (Mitunternehmer), der sozialversicherungsrechtlich als ArbN angesehen wird s BFH 30.8.07 – IV R 14/06, BStBl II 07, 942. Auch die Geschäftsführer von **Kapitalgesellschaften** sind steuerrechtlich idR ArbN (*HMW*/Gesellschafter-Geschäftsführer von Kapitalgesellschaften Rz 2). Dies gilt insbesondere für GmbH-Geschäftsführer als gesetzliche Vertreter der GmbH, da sie in den Organismus der Gesellschaft eingegliedert sind (s *Schmidt/Krüger* § 19 Rz 35: Gesetzliche Vertreter einer Kapitalgesellschaft; BFH 9.10.96, BStBl II 97, 255); auch die Vorstände anderer Kapitalgesellschaften sind als gesetzliche Vertreter deren ArbN.

36 Für die ArbNEigenschaft kommt es auf die Beteiligung an der Kapitalgesellschaft nicht an, so dass **Gesellschafter-Geschäftsführer** von der Gesellschaft sowohl Einkünfte aus nichtselbstständiger Arbeit (Arbeitslohn als Geschäftsführer) als auch Einkünfte aus Kapitalvermögen (Gewinnanteile als Gesellschafter) beziehen können. Da der Gesellschafter-Geschäftsführer aber seine Dienste als ArbN oder als Gesellschafter leisten kann, muss er klare Verhältnisse schaffen. Bei nicht beherrschenden Gesellschaftern besteht eine Vermutung für die Entgeltlichkeit der Dienstleistung (Näheres s *Streck* Körperschaftsteuergesetz, 7. Aufl 2008, § 8 Rz 275). Die Tätigkeit eines Gesellschaftergeschäftsführers kann auch im Rahmen einer (umsatzsteuerpflichtigen) selbstständigen Tätigkeit ausgeübt werden (BFH 10.3.05 – V R 29/03, BStBl II 05, 730; BFH 23.4.09 – VI R 81/06, BFH/NV 1311; FG Bln 6.3.06 – 9 K 2574/03, DStRE 06, 1055; s auch BMF 21.9.05 – IV A 5 – S 7104 – 19/05, BStBl I 05, 936). Hierauf ist bei der Abfassung von Anstellungsverträgen zu achten (s *Widmann* DB 05, 2373 und *Prühs/Zimmers* GmbH-Steuerpraxis 06, 1, auch zur Abgrenzung ArbN-Unternehmer). Zu Gesellschafter-Geschäftsführern s weiter Rz 39–42. LSt ist grds auch von den Bezügen der Geschäftsführer inländischer Kapitalgesellschaften einzubehalten, wenn die Geschäftsführer weder einen Wohnsitz noch ihren gewöhnlichen Aufenthalt im Inland haben, da sie insoweit inländische Einkünfte erzielen und nach nationalem deutschen Steuerrecht beschränkt stpfl sind (§ 49 Abs 1 Nr 4c EStG, hierzu *Steinhäuser* FR 03, 652; s auch *Lohnsteuerberechnung* Rz 18 ff). Allerdings stellen die DBA hinsichtlich der Zuweisung des Besteuerungsrechts regelmäßig auf den Tätigkeitsort des ArbN ab, der nach der Rspr seine Tätigkeit dort ausübt, wo er sich aufhält (BFH 5.10.94 – I R 67/93, BStBl II 95, 95), so dass das Besteuerungsrecht regelmäßig dem Ansässigkeitsstaat zusteht; einzelne DBA enthalten aber gesonderte Regelungen zu Geschäftsführervergütungen (s *Auslandstätigkeit* Rz 60, auch zu teilweisem Aufenthalt im In- und Ausland; s auch *Neyer* IStR 05, 514 für Geschäftsführer einer Schweizer Kapitalgesellschaft mit inländischem Wohnsitz).

Zu Entschädigungen (Abfindungen) der Geschäftsführer im Zusammenhang mit ihrem **Ausscheiden** sowie zur Frage der Abfindung eines Mitunternehmers als Geschäftsführer einer an der Mitunternehmerschaft beteiligten Kapitalgesellschaft s *Abfindung* Rz 41 ff, *Außerordentliche Einkünfte* Rz 5 ff, *Betriebliche Altersversorgung* Rz 176, 177 sowie *Lehr* GmbH-Steuerpraxis 03, 263 mit Musterformulierungen auch für den Fall des Pensionsverzichts und GmbH-Steuerpraxis 04, 161 und 227 sowie *Wendt* FR 04, 208: Anm zu BFH 13.8.03 – XI R 18/02, BStBl II 04, 106.

37 **2. Pflichten.** Die GmbH-Geschäftsführer als gesetzliche Vertreter der GmbH sowie die Geschäftsführer nichtrechtsfähiger Personenvereinigungen und Vermögensmassen (zB OHG, KG, GbR, stille Gesellschaft, Reedereien, nichtrechtsfähige Vereine, unselbstständige Stiftungen) haben deren steuerliche Pflichten zu erfüllen, also insbesondere dafür zu sorgen, dass die Steuern aus den Mitteln entrichtet werden, die sie verwalten (§ 34 Abs 1 AO). Dabei weicht die AO hinsichtlich der Geschäftsführer von Gebilden, die nach bürgerlichem Recht nicht rechtsfähig sind, aber steuerrechtlich Träger von Rechten und Pflichten sein können (§ 33 Abs 1 AO), von der Terminologie des bürgerlichen und des Handelsrechts ab. Sie knüpft bei **nichtrechtsfähigen Personenvereinigungen und Vermögensmassen** zur Bestimmung der Handlungsfähigkeit an den Begriff des Geschäftsführers an. Während jedoch das BGB und das HGB zwischen „Geschäftsführung" (Innenverhältnis) und „Vertretung" (Außenverhältnis) unterscheiden, betrifft der Begriff des Geschäftsführers in § 34 AO auch das Verhältnis zum FA. Unter diesen Begriff fallen alle Personen, die die Geschäfte von nichtrechtsfähigen Personenvereinigungen und Vermögensmassen führen. Maßgebend, wer hier Geschäftsführer idS ist, sind der Gesellschaftsvertrag, die Satzung, die Stiftungsurkunde oder die sonstige Verfassung der Personenvereinigung oder Vermögensmasse (s *HHS* § 34 Rz 31–37; *T/K* § 34 Rz 11).

Zu den von den Geschäftsführern zu erfüllenden steuerlichen Pflichten gehören neben der Steuerentrichtung auch die Abgabe der Steuererklärungen, die Erfüllung der dem ArbGeb gegenüber dem FA obliegenden Pflichten (s *Arbeitgeber* Rz 19), die Auskunftserteilung gegenüber dem FA sowie die Erfüllung der Buchführungs- und Aufzeichnungspflichten (s *Aufzeichnungspflichten* Rz 7). Dabei handelt es sich um öffentlich-rechtliche Pflichten gegenüber dem FA, denen sich der Geschäftsführer nicht unter Berufung auf bürgerlichrechtliche Vorschriften entziehen kann. Bei vorsätzlicher oder grob fahrlässiger Verletzung dieser Pflichten haftet der Geschäftsführer persönlich (§ 69 AO; s *Lohnsteuerhaftung* Rz 30–41). 38

Die **führungslose GmbH** wird durch die Gesellschafter vertreten (§ 35 Abs 1 GmbHG), die **führungslose AG** durch den Aufsichtsrat (§ 78 Abs 1 AktG). Diese besonderen Vertreter sind allerdings nur Passivvertreter, so dass eine gesetzliche Vertretung iSd § 34 Abs 1 AO nicht vorliegt. Sind aktive Handlungen erforderlich, haben die besonderen Vertreter einen Geschäftsführer bzw Vorstand zu bestellen. Ggf kann das FA beim Registergericht die Bestellung eines Notgeschäftsführers beantragen (AEAO zu § 34 Nr 3).

3. Gesellschafter-Geschäftsführer von Kapitalgesellschaften. a) Arbeitslohn. Liegt ein Dienstverhältnis vor, so ist zu prüfen, ob das gezahlte Entgelt in voller Höhe Arbeitslohn ist oder ob ein Teil als Ertrag der Beteiligung als Gewinnausschüttung (Einkünfte aus Kapitalvermögen) anzusehen ist. Arbeitslohn ist nur die **angemessene** Vergütung. Zuführungen zu Pensionsrückstellungen sind mit dem Betrag der Jahresnettoprämie anzusetzen. Maßstab für die Angemessenheit ist, ob die Gesellschaft auch einem Nichtgesellschafter unter gleichen Umständen für die gleiche Leistung gleich hohe Bezüge gewähren würde. Dies ist meist nur im Wege der Schätzung möglich, wobei im Rahmen eines Vergleichs mehrerer Jahre kein Missverhältnis zu den erzielten und erzielbaren Gewinnen der Gesellschaft bestehen darf. Der das Angemessene übersteigende Teil ist als verdeckte Gewinnausschüttung den Einnahmen aus Kapitalvermögen zuzurechnen (§ 20 Abs 1 Nr 1 Satz 2 EStG). Dies gilt auch für eine rückwirkende Erhöhung der Bezüge des Gesellschafter-Geschäftsführers, wenn er die Gesellschaft beherrscht (Näheres s *HMW*/Gesellschafter-Geschäftsführer von Kapitalgesellschaften Rz 25, 26). 39

b) Verdeckte Gewinnausschüttungen. Über das Vorstehende hinaus sind alle Vermögensvorteile, die eine Kapitalgesellschaft ihren Gesellschaftern außerhalb der gesellschaftsrechtlichen Gewinnverteilung zuwendet, die sie einem Nichtgesellschafter nicht gewähren würde, als verdeckte Gewinnausschüttung (§ 8 Abs 3 KStG) anzusehen, zB verbilligte Miete (BFH 19.4.72, BStBl II 72, 594). Die Überlassung eines Dienstwagens zum privaten Gebrauch, einer Dienstwohnung oder eines Telefons stellt dann keine verdeckte Gewinnausschüttung, sondern einen Sachbezug (s *Sachbezug* Rz 3 ff) dar, wenn sie im Voraus im Dienstvertrag vereinbart ist und zusammen mit anderen Bezügen die Grenze des Angemessenen nicht übersteigt (s *HMW*/Gesellschafter-Geschäftsführer von Kapitalgesellschaften, Rz 14, 17 ff). Anders dagegen die vertragswidrige private PKW-Nutzung, die iHd Vorteilsgewährung als verdeckte Gewinnausschüttung nach Fremdvergleichsmaßstäben mit dem gemeinen Wert der Nutzungsüberlassung zzgl eines angemessenen Gewinnaufschlags und nicht nach der 1%-Regelung zu bewerten ist (BFH 23.1.08 – I R 8/06, BFH/NV 08, 1057; zur Abgrenzung von Arbeitslohn und verdeckter Gewinnausschüttung bei Privatnutzung eines Firmen-Pkw durch den Gesellschaftergeschäftsführer s auch BFH 23.4.09 – VI R 81/06, 40

BFH/NV 09, 1311 und VI B 118/08, BFH/NV 09, 1188; zur steuerrechtlichen Gestaltung der Dienstwagenüberlassung an mitarbeitende GmbH-Gesellschafter, nicht beteiligte Mitarbeiter und Angehörige von Gesellschaftern s *Zimmers* GmbH-Steuerpraxis 09, 165). Überstundenvergütungen an Gesellschafter-Geschäftsführer sind regelmäßig verdeckte Gewinnausschüttungen (BFH 19.3.97, BStBl II 97, 577; 27.3.01 – I R 40/00, BStBl II 01, 655; s hierzu auch FG Köln 19.6.01 – 13 K 5563/00, EFG 01, 1516 und *Prühs* GmbH-Steuerpraxis 01, 109 sowie DB 02, 114), auch bei Zahlung von Sonn- und Feiertagszuschlägen (BFH 19.3.97, BStBl II 97, 577; zu Fremdgeschäftsführern s BFH 27.6.97, BFH/NV 97, 849), so dass eine Steuerbefreiung diesbezüglich dann nicht in Betracht kommt (zur Übergangsregelung s BMF 28.9.98 – IV B 7 – S 2742 – 88/98, BStBl I 98, 1194; BFH 9.4.03 – VIII B 124/02, BFH/NV 03, 1309; BFH 16.3.04 – VIII R 33/02, BFH/NV 04, 1002). Ist ausnahmsweise eine verdeckte Gewinnausschüttung zu verneinen, indiziert dies nicht die Steuerfreiheit gem § 3b EStG bei der ESt des Geschäftsführers (BFH 14.7.04 – I R 111/03, BStBl II 05, 307 sowie I R 24/04, BFH/NV 05, 247; s auch *Prühs* GmbH-Steuerpraxis 04, 297). Auch bei beherrschenden Gesellschafter-Geschäftsführern können Gehaltsumwandlungen zugunsten von Wertguthaben auf Arbeitszeitkonten anerkannt (s auch *Wertguthaben/Zeitguthaben* Rz 7; FinMin NRW 19.1.05 – S 2332 – V B 3, DB 05, 747 und FinMin Saarl 21.10.05 – B/2–5–194/2005 – S 2742, DStR 06, 39) und im Rahmen der betrieblichen Altersversorgung verwendet werden (s *Betriebliche Altersversorgung* Rz 124). Allerdings muss dabei eine verdeckte Gewinnausschüttung vermieden werden (s *Wellisch/Liedtke/Quast* BB 05, 198; *Mertes* GmbH-Steuerpraxis 06, 228). Zu verdeckten Gewinnausschüttungen bei Versorgungszusagen und Abfindungen bei Verzicht auf Pensionszusagen s *Betriebliche Altersversorgung* Rz 182 ff; s auch *Beck* DStR 05, 2062 sowie *Lehr* GmbH-Steuerpraxis und generell *Streck* KStG § 8 Rz 130 ff; § 8 Anhang Rz 1 ff). Eine Urlaubsabgeltung ist nicht immer eine verdeckte Gewinnausschüttung (BFH 28.1.04 – I R 50/03, BStBl II 04, 525).

41 **c) Sozialversicherungsbeiträge.** Eine Steuerfreiheit gem § 3 Nr 62 EStG für den ArbGebAnteil an den gesetzlichen SozVBeiträgen richtet sich danach, ob der Gesellschafter-Geschäftsführer sozialversicherungspflichtig ist. Maßgeblich ist der ArbNBegriff im SozV-Recht, so dass ein Gesellschafter-Geschäftsführer, der steuerrechtlich als ArbN zu behandeln ist, sozialversicherungsrechtlich zB wegen der Höhe seiner Kapitalbeteiligung kein ArbN und damit nicht sozialversicherungspflichtig ist (s auch unten Rz 44 ff und *Lohnzufluss* Rz 9: Gesellschafter-Geschäftsführer). Ist ein ArbN zu 50 % am Stammkapital der GmbH beteiligt, ohne Geschäftsführer zu sein, ist er ArbN iSd SozVRechts (BFH 23.4.09 – VI R 81/06, BFH/NV 09, 1311). Im Hinblick auf das Urt des BFH 21.1.10 – VI R 52/08, DStR 10, 974, kann die Entscheidung des SozVTrägers über die SozVPflicht aufgrund der Bindungswirkung im Besteuerungsverfahren für die Frage der Steuerfreiheit nach § 3 Nr 62 Satz 1 EStG regelmäßig vom FA übernommen werden, es sei denn, sie ist offensichtlich rechtswidrig (s auch FinMin Hess 2.6.03 – S 2333 A – 14 – II B 2a, DStR 03, 1168). Zu den steuerlichen Folgen bei einem rückwirkenden Wegfall der SozVPflicht bei beherrschenden Gesellschafter-Geschäftsführern s BFH 14.10.09 – X R 14/08, BStBl II 10, 533; OFD Düsseldorf 3.1.2000 – S 2333 – 4 7 – St 12 H–K (FR 2000, 578; GmbH-Steuerpraxis 2000, 271) und FG Köln 20.8.08 – 12 K 1173/04, EFG 09, 117.

Zur Steuerfreiheit von ArbGeb-Zuschüssen zur Lebensversicherung eines Gesellschafter-Geschäftsführers nach § 3 Nr 62 EStG s BFH 10.10.02 – VI R 95/99, BStBl II 02, 886.

42 Nach der **Neuregelung des Sonderausgabenabzugs** durch das Alterseinkünftegesetz **ab 2005** erfolgt bei den Steuerpflichtigen, bei denen bisher die Höchstbeträge um den Vorwegabzug zu kürzen waren, nunmehr eine Kürzung um den fiktiven GesamtSozVBeitrag (§ 10 Abs 3 Satz 3 EStG s *Sonderausgaben* Rz 13; s auch *Lehr* GmbH-Steuerpraxis 05, 336 und *Siegle* DStR 07, 1662). Allerdings wurde eine Günstigerregelung geschaffen, die bei schrittweiser Verminderung des Vorwegabzugs vAw die **bis 2004 geltende Regelung bis längstens 2019** weiter anwendet, wenn diese für den Steuerpflichtigen günstiger ist (§ 10 Abs 4a EStG; s hierzu ausführlich BMF 22.5.07 – IV C 8 – S 2221/07/0002, BStBl I 07, 493). Die bisher entwickelten Grundsätze zum Vorwegabzug bei Gesellschafter-Geschäftsführern finden daher weiterhin im Rahmen der Günstigerregelung Anwendung bzw sind sie entsprechend im Hinblick auf die Kürzung der Höchstbeträge um die fiktiven GesamtSozVBeiträge nach neuem Recht anzuwenden. Die folgende Darstellung gilt daher sowohl für den Vorwegabzug nach altem bzw Übergangsrecht als auch für die Kürzung um den

GesamtSozVBeitrag, wobei für beide Fälle die Formulierung „Kürzung" verwendet wird. Eine Kürzung bei der Ermittlung der abzugsfähigen **Sonderausgaben** im Rahmen der ESt-Veranlagung (s *Sonderausgaben* Rz 6 ff) erfolgt nicht, wenn der Gesellschafter-Geschäftsführer zwar einen Anspruch auf Ruhegehalt hat, die GmbH aber keine Aufwendungen zur Sicherstellung der künftigen Altersversorgung tätigt (BFH 14.6.2000 – XI R 57/99, BStBl II 01, 28) oder der Gesellschafter-Geschäftsführer bei typisierender und wirtschaftlicher Betrachtung sein Anwartschaftsrecht auf Altersversorgung ausschließlich durch einen seiner Beteiligungsquote entsprechenden Verzicht auf gesellschaftliche Ansprüche erwirbt (BFH 2.9.08 – X R 17/08, BFH/NV 09, 141). Dies gilt auch bei einem Alleingesellschafter-Geschäftsführer, dem die GmbH eine Altersversorgung zugesagt hat, da dieser seine Anwartschaftsrechte auf die Altersversorgung wegen der gebotenen Pensionsrückstellung durch eine Verringerung seiner gesellschaftsrechtlichen Ansprüche erwirbt (BFH 16.10.02 – XI R 25/02, BStBl II 04, 546). Bei mehreren Beschäftigungsverhältnissen ist eine Kürzung nur hinsichtlich des Arbeitslohns vorzunehmen, für den ArbGebBeiträge zur SozV erbracht werden oder der Stpfl nur zeitweise aufgrund vertraglicher Vereinbarungen Anwartschaftsrechte auf eine Altersversorgung ganz oder teilweise ohne eigene Beitragsleistung erworben hat (BFH 26.2.04 – XI R 74/03, BFH/NV 04, 1520). Eine Kürzung bei zusammen veranlagten Ehegatten kann nur bzgl des Arbeitslohns erfolgen, für den die Voraussetzungen erfüllt sind (BFH 3.12.03 – XI R 11/03, BStBl II 04, 709). EStR (2004 und früher) 106 Satz 2 und 3 sind nicht mehr anzuwenden (BMF 13.8.04 – IV C 4 – S 2221 – 155/04, BStBl I 04, 868). Nunmehr hat der BFH entschieden, dass eine Kürzung ebenfalls ausscheidet, wenn zwei zu gleichen Teilen beteiligten Gesellschafter-Geschäftsführern jeweils die gleiche Altersversorgung zugesagt wurde (BFH 3.2.05 – XI R 29/03, BStBl II 05, 634; s auch OFD Koblenz 20.2.06 – S 2221 A – St 32 3, DStZ 06, 346 mit Bspl und *Zimmers* GmbH-Steuerpraxis 06, 231; kritisch *Briese* DStR 05, 1087). Wird nur einem von ihnen eine Altersversorgung zugesagt und handelt es sich bei den anderen um die Ehegatten, ist die Kürzung nur bei Ersterem vorzunehmen (BFH 26.9.06 – X R 3/05, BStBl II 07, 452). Erteilt eine GmbH beiden Gesellschafter-Geschäftsführern eine Pensionszusage in gleicher Höhe und sind deren Geschäftsanteile unterschiedlich hoch, führt dies beim Minderheitsgesellschafter auch dann zu einer Kürzung, wenn dieser im Gegenzug eine höhere Leistung erbringen muss als der Mehrheitsgesellschafter (BFH 17.1.07 – X R 10/06, BFH/NV 07, 1289). Hinzuweisen ist darauf, dass nach **neuem Recht** der Sonderausgabenabzug nur zu kürzen ist, wenn dem Gesellschafter-Geschäftsführer eine Anwartschaft aus einem intern finanzierten Durchführungsweg der betrieblichen Altersvorsorge (Direktzusage oder Unterstützungskasse) zugesagt wird. Eine Kürzung scheidet dagegen jedenfalls aus, wenn ihm eine Anwartschaft aus einem extern finanzierten und kapitalgedeckten Durchführungsweg (Pensionsfonds, Pensionskasse oder Direktversicherung) zusteht, auf den steuerfreie Beträge nach § 3 Nr 63 EStG geleistet werden (BMF 24.2.05 – IV C 3 – S 2255 – 51/05, BStBl I 05, 429 Rz 29; s aber *Heinicke* DStR 08, 2000; s auch *Betriebliche Altersversorgung* Rz 125 ff). – Zur Berücksichtigung der Vorsorgepauschale nach § 39b Abs 2 Satz 5 Nr 3 Buchst d im LStAbzugsverfahren s *Lohnsteuertabellen* Rz 8 ff.

d) Werbungskosten bei den Einkünften aus nichtselbstständiger Arbeit. Die **Übernahme des Verlustes** einer GmbH durch deren Gesellschafter-Geschäftsführer kann zu Werbungskosten bei diesem führen (s hierzu BFH 17.7.92, BStBl II 93, 111). Dies gilt auch für die Beträge, die der Gesellschafter-Geschäftsführer aufgrund einer Haftungsinanspruchnahme nach §§ 69, 34 AO (s *Lohnsteuerhaftung* Rz 30–41) an das FA entrichten muss (Näheres s OFD Düsseldorf 29.10.92, DStR 92, 1725; FG NdS 18.3.93, EFG 93, 713 für Geschäftsführer, der nicht Gesellschafter ist), auch wenn die Haftung auf einer Beihilfe zur Steuerhinterziehung Dritter beruht (BFH 9.12.03 – VI R 35/96, BStBl II 04, 641). Ein Werbungskostenabzug scheidet aus, wenn die Haftung Körperschaftsteuerschulden der GmbH betrifft, soweit diese auf die Kapitaleinkünfte aus der GmbH entfallen (FG Münster 21.1.99 – 4 K 6282/98 E, EFG 2000, 481). Bei der Haftungsinanspruchnahme des Gesellschafter-Geschäftsführers wegen Gläubigerbenachteiligung gem § 64 Abs 2 GmbHG können evtl Werbungskosten vorliegen (*Schießl* StuB 07, 904). Zahlungen aufgrund einer **Bürgschaftsinanspruchnahme** stellen nur ausnahmsweise Werbungskosten dar (s BFH 14.5.91, BStBl II 91, 758 mwN und 8.12.92, BFH/NV 93, 654; FG Düsseldorf 8.11.96, EFG 98, 31; FG Ba-Wü 14.5.03 – 13 K 126/01, EFG 03, 1298; s auch *Schmidt/Krüger* § 19 Rz 110:

Bürgschaft; zu Schuldzinsen für ein Darlehen zur Erfüllung einer Bürgschaftsverpflichtung als Werbungskosten bei den Einkünften aus Kapitalvermögen s FG Saarl 21.11.01 – 1 K 230/98, EFG 02, 315). Der Verlust einer **Darlehensforderung** gegenüber der Gesellschaft führt idR nicht zu Werbungskosten bei den Einkünften aus nichtselbstständiger Arbeit (s *Werbungskosten* Rz 27 generell zu Darlehensverlusten), sondern zu Auswirkungen auf die Gesellschaftsbeteiligung (BFH 19.5.92, BStBl II 92, 902; FG SchlHol 19.4.05 – 3 K 50163/03, EFG 05, 1535; *Schmidt/Krüger* § 19 Rz 110: Darlehen; s aber auch FG Bbg 11.12.03 – 5 K 2345/01, DStRE 04, 442; zu Werbungskosten bei den Einkünften aus Kapitalvermögen s BFH 25.7.2000 – VIII R 35/99, BStBl II 01, 698; s auch *Bilsdorfer/Engel* Inf 94, 321 zu Darlehens- und Bürgschaftsverlusten sowie *Arbeitnehmerdarlehen* Rz 11 ff). Ein **verlorener Zuschuss** kann nur ausnahmsweise als Werbungskosten anerkannt werden (BFH 26.11.93, BStBl II 94, 242). Den **Verlust** seiner **Beteiligung** an der GmbH kann ein ArbN (Geschäftsführer) selbst dann nicht als Werbungskosten geltend machen, wenn seine Beteiligung am Stammkapital Voraussetzung für seine Beschäftigung war (BFH 12.5.95, BStBl II 95, 644).

e) **Lohnverzicht** s *Entgeltverzicht* Rz 15, 16.

C. Sozialversicherungsrecht *Voelzke*

44 1. **Dienstverhältnis.** Ob der Geschäftsführer einer GmbH eine abhängige und damit versicherungspflichtige Beschäftigung ausübt, beurteilt sich nach den allgemeinen, zum Begriff der sozialversicherungsrechtlichen Beschäftigung iSd § 7 Abs 1 SGB IV entwickelten Grundsätzen (s *Arbeitnehmer (Begriff)* Rz 51 ff; *Reiserer* BB 99, 2026; *Hölzl* ZFSH/SGB 07, 657), die allerdings vor dem Hintergrund der gesellschaftsrechtlich begründeten Organstellung Besonderheiten aufweisen. Die nachstehenden Grundsätze gelten für Personen, die als Geschäftsführer im untechnischen Sinne ArbGebFunktionen ausüben, entsprechend. Grds ist der Geschäftsführer einer Gesellschaft sozialversicherungsrechtlich als ein nichtselbstständig Beschäftigter anzusehen, der der SozVPflicht unterliegt (s *Schlegel* in FS Küttner, 31). Allein seine **Organstellung** schließt eine Abhängigkeit gegenüber der Gesellschaft bzw den Gesellschaftern nicht aus (BSG 18.4.91 – 7 RAr 32/90, NZA 91, 869), sondern die Ausgestaltung des Dienstverhältnisses zur Gesellschaft ist entscheidend. Hierbei kommt insbesondere den Regelungen des Geschäftsführervertrages über das **Innenverhältnis** (Weisungen durch Gesellschafterversammlung, Abdingung des Selbstkontrahierungsverbots) ein besonderes Gewicht zu (BSG 9.8.90 – 11 RAr 119/88, NZA 91, 159; vgl auch *Nägele* BB 01, 310). Zu beachten ist, dass die eine ArbNTätigkeit kennzeichnende Weisungsgebundenheit bei Diensten höherer Art erheblich eingeschränkt und zur funktionsgerecht dienenden Teilhabe am Arbeitsprozess verfeinert sein kann. In jedem Fall ist eine Einzelfallprüfung anhand der von der Rspr entwickelten Indizien erforderlich, ob der Geschäftsführer, insbesondere bei Vorliegen einer Gesellschafterstellung, maßgeblichen Einfluss auf die Gesellschaft nehmen kann (vgl eingehend *Schlegel/Voelzke/Segebrecht* SGB IV, § 7 Abs 1 Rz 118 ff und 133 ff).

45 a) **Kapitalanteil.** Besonderheiten gegenüber den allgemeinen Grundsätzen ergeben sich, wenn der Geschäftsführer am Kapital der Gesellschaft beteiligt ist. Dann ist ein entscheidendes Merkmal das Ausmaß der Kapitalbeteiligung und des sich hieraus ergebenden Einflusses auf die Gesellschaft, weil die Gesellschafterrechte eine persönliche Abhängigkeit zur Gesellschaft ausschließen können. Die zur ArbNEigenschaft eines Gesellschafter-Geschäftsführers entwickelten Grundsätze sind auch anzuwenden, wenn zwischen Geschäftsführern und Gesellschaftern Personenidentität besteht (BSG 4.7.07 – B 11a AL 5/06 R, ZIP 07, 2185) umfangreiche Rspr hat ein abhängiges Beschäftigungsverhältnis zur GmbH grds verneint, wenn er über mindestens die **Hälfte des Stammkapitals** der Gesellschaft verfügt (BSG 24.6.82 – 12 RK 43/81, BB 84, 1049 und 8.8.90 – 11 RAr 77/89, SozR 3–4100 § 7 Nr 4). Entgegen diesen Grundsätzen kann ein abhängiges Beschäftigungsverhältnis zu bejahen sein, wenn der Geschäftsführer als Treuhänder eines Dritten das Stammkapital der GmbH hält. Obwohl gegenüber dem Treugeber nur eine schuldrechtliche Verpflichtung besteht, liegt ein beitragspflichtiges Beschäftigungsverhältnis vor, wenn die dinglichen Folgen einer vom Treugeber jederzeit möglichen Beendigung des Treuhandvertrages vorweggenommen sind und während der Dauer des Treuhandvertrages die Ausübung des Stimmrechts allein beim Treugeber liegt (BSG 8.12.94 – 11 RAr 49/94, SozR 3–4100 § 168 Nr 18). Der Mehrheitsgesellschafter kann ausnahmsweise bei der GmbH abhängig beschäftigt sein, wenn er aufgrund einer treuhänderischen Bindung in der Ausübung seiner Gesellschaftsrechte vollständig eingeschränkt ist (BSG 25.1.06 – B 12 KR 30/04 R, ZIP 06, 678; hierzu *Bieback* jurisPR-SozR 11/2006 Anm 1). Hingegen verschafft ein Vertrag zur Gründung einer stillen Gesellschaft mit einer GmbH nicht die Rechtsmacht, Weisungen der Gesellschafter zu verhindern (BSG 24.1.07 – B 12 KR 31/06 R, SozR 4–2400 § 7 Nr 7).

Bei einem geringeren Kapitalanteil stellt das BSG darauf ab, ob er aufgrund seines Kapitalanteils – insbesondere beim Bestehen einer **Sperrminorität** – in der Lage ist, ihn belastende Entscheidungen zu verhindern (BSG 5.5.88 – 12 RK 43/86, SozR 2400 § 2 Nr 25). Das Innehaben einer Sperrminorität schließt eine abhängige Beschäftigung regelmäßig dann aus, wenn ein anderer Gesellschafter ein wirtschaftliches Übergewicht besitzt und dieses auch einsetzt (BSG 18.4.91 – 7 RAr 32/90, NZA 91, 869). Beschränkt sich die Sperrminorität auf die Festlegung der Unternehmenspolitik, die Änderung des Gesellschaftsvertrages und die Auflösung der Gesellschaft, so schließt dies die Annahme eines versicherungspflichtigen Beschäftigungsverhältnisses nicht aus (BSG 24.9.92 – 7 RAr 12/92, NZA 93, 430). Auch wenn der Kapitalanteil eines Gesellschafter-Geschäftsführers für eine Beherrschung der Gesellschaft nicht ausreicht, er aber nach der tatsächlichen Gestaltung der Verhältnisse im Wesentlichen hinsichtlich Zeit, Umfang und Ort seiner Tätigkeit weisungsfrei ist, verneint die Rspr die Voraussetzungen für das Vorliegen einer versicherungspflichtigen Beschäftigung (vgl BSG 24.6.82 – 12 RK 45/80, USK 82, 160). Gleichwohl hat die Rspr an dem Grundsatz festgehalten, dass ein Geschäftsführer, der als Fremdgeschäftsführer nicht am Stammkapital beteiligt ist, grds abhängig Beschäftigter der GmbH und versicherungspflichtig ist (BSG 18.12.01 – B 12 KR 10/01 R, SozR 3–2400 § 7 Nr 20).

b) Tatsächlicher Einfluss. Ausreichend für die Verneinung der ArbNEigenschaft ist **46** auch, dass der tatsächliche Einfluss des Geschäftsführers auf die Gesellschaft größer als der dem Gesellschaftsanteil entsprechende ist (BSG 27.7.89 – 11/7 RAr 71/87, Die Beiträge 89, 373). Hier ist allerdings eingangs zu betonen, dass der Geschäftsführer einer GmbH, der weder über die Mehrheit der Gesellschaftsanteile noch über eine Sperrminorität verfügt, idR abhängig Beschäftigter der GmbH ist (BSG 6.3.03 – B 11 AL 25/02 R, SozR 4–2400 § 7 Nr 1). Eine davon abweichende Gestaltung kann jedoch in seltenen Ausnahmefällen vorliegen, wenn der Geschäftsführer bei einer GmbH beschäftigt ist, deren alleiniger Gesellschafter mit ihm in gerader Linie verwandt ist (BSG 30.1.90 – 11 RAr 47/88, NZA 90, 950). In den Fällen einer sog Familiengesellschaft ist die ArbNEigenschaft des Geschäftsführers jedenfalls nach der bisherigen Rspr des BSG dann zu verneinen, wenn die Geschäftsführertätigkeit überwiegend durch familiäre Rücksichtnahmen geprägt wird, es an der Ausübung einer Direktion durch die Gesellschafter völlig mangelt und der Geschäftsführer sich nach dem Gesamtbild wie ein Alleininhaber einer Firma verhält (BSG 14.12.99 – B 2 U 48/98 R, BB 2000, 674 mit Anm *Reiserer* zu einem GmbH-Geschäftsführer ohne eigene Kapitalbeteiligung). Bedeutung für die tatsächliche Ausübung eines etwaigen Weisungsrechts in einer Familien-GmbH hat ua der Umstand, ob Gesellschafterbeschlüsse mit Weisungscharakter gegenüber dem Geschäftsführer ergangen sind (BSG 11.2.93 – 7 RAr 48/92, Die Beiträge 93, 521). An einer versicherungspflichtigen Beschäftigung kann es auch fehlen, wenn der ArbN zwar nicht Geschäftsführer, aber neben dem Ehegatten alleiniger und gleichberechtigter Gesellschafter der GmbH ist (BSG 17.5.01 – B 12 KR 34/00 R, SozR 3–2400 § 7 Nr 17).

c) Meldepflicht. Ab 1.1.05 wurde eine erweiterte Meldepflicht des ArbGeb gegenüber **47** der Einzugsstelle eingeführt. Die Anmeldung des ArbN muss die Angabe enthalten, ob er als **geschäftsführender Gesellschafter** einer GmbH tätig ist (§ 28a Abs 3 Satz 2 Nr 1e) SGB IV). Bei Vorliegen der genannten Fallgruppen ist die Einzugsstelle verpflichtet, bei der DRVB ein Statusfeststellungsverfahren nach § 7a SGB IV zu beantragen.

2. Selbstständige Tätigkeit. Liegen die Voraussetzungen für eine selbstständige Tätigkeit **48** des Geschäftsführers vor, so kann er ggf der RVPflicht nach § 2 Satz 1 Nr 9 SGB VI unterfallen. Die Anwendbarkeit dieser Vorschrift wird nicht durch die aus der Organstellung des Geschäftsführers erwachsenden Besonderheiten verdrängt. Bei Feststellung der Voraussetzungen des § 2 Satz 1 Nr 9 SGB VI (keine Beschäftigung eines ArbN; ein Auftraggeber; Näheres: *Arbeitnehmerähnliche Selbstständige* Rz 7 ff) ist auf die Verhältnisse der Gesellschaft abzustellen. Allerdings hatte das BSG mit Urt vom 24.11.05 – B 12 RA 1/04 R (= NJW 06, 1162; vgl zu diesem Urt etwa *Preis/Termming* SGb 06, 385; *Schrader* NZA 06, 358; *Gach* NJW 06, 1089) entschieden, dass Geschäftsführer als selbstständig Erwerbstätige RVpflichtig sind, wenn sie selbst einen versicherungspflichtigen ArbN beschäftigen und im Wesentlichen nur für die GmbH tätig sind. Die vorgenannte Entscheidung hat der Gesetzgeber nun durch Art 11 Haushaltsbegleitgesetz 2006 (BGBl I 06, 1405) korrigiert. Erfüllt die Gesellschaft die Voraussetzungen des § 2 Satz 1 Nr 9 SGB VI, so hat dies unmittelbare Auswirkungen auf die versicherungsrechtliche Stellung des Gesellschafters. Es handelt sich nach der Gesetzesbegründung um eine Klarstellung der seit 1.1.99 geltenden Rechtslage, so dass auf dieser Basis eine Heranziehung zu Beiträgen für die Vergangenheit nicht in Betracht kommt (*Freckmann* BB 06, 2077). Bei einer GmbH, deren ausschließlicher Gesellschaftszweck darin besteht, in einer KG die Stellung der persönlich haftenden Gesellschaft zu übernehmen und die Geschäfte der KG zu führen (Verwaltungs-GmbH), ist hinsichtlich der Zahl der Auftraggeber auf die Verhältnisse der GmbH abzustellen (so auch die Auffassung des Deutschen RV Bund, RVaktuell 08, 258).

49   **3. Unfallversicherung.** Ist der Geschäftsführer nicht als abhängig Beschäftigter anzusehen, so ist das ihm gezahlte Entgelt auch nicht bei der Festsetzung der Beiträge zur UV zu berücksichtigen (LSG SchlHol 11.11.92 – L 4 U 90/91, DB 93, 1370). Eine Einbeziehung eines Gesellschafter-Geschäftsführers, der wegen seiner beherrschenden Stellung kein ArbN ist, kann nicht durch Satzung des UVTrägers erfolgen, da der Geschäftsführer nach der Rspr des BSG auch nicht als Unternehmer iSd § 3 SGB VII angesehen werden kann (BSG 25.10.89 – 2 RU 12/89, BG 90, 357 mit ablehnender Anm *Spiegel/Wörth*). Geschäftsführern ist allerdings durch § 6 Abs 1 Nr 2 SGB VII ein Recht zum freiwilligen Beitritt eingeräumt. Das Beitrittsrecht besteht nach dieser Vorschrift für Personen, die in Kapital- oder Personenhandelsgesellschaften regelmäßig wie ein Unternehmer tätig sind.

50   **4. Haftung für Beitragsschulden.** Nach dem von der Rspr entwickelten Rechtsinstitut der Durchgriffshaftung haftet der Geschäftsführer einer GmbH in bestimmten Ausnahmefällen zivilrechtlich für die Verbindlichkeiten der Gesellschaft (vgl zur strafrechtlichen Verantwortlichkeit des Geschäftsführers BGH 16.5.2000 – VI ZR 90/99, NJW 2000, 2993). Entscheidender Maßstab dafür, ob die Grundsätze der Durchgriffshaftung Anwendung finden, sind nach Auffassung des BSG die Grundsätze von **Treu und Glauben** iSd § 242 BGB (BSG 1.2.96 – 2 RU 7/95, DB 96, 1475). Die Haftungsbeschränkung des § 13 Abs 2 GmbHG entfällt hiernach, wenn die Rechtsform der juristischen Person offenkundig dazu benutzt wird, einen von der Rechtsordnung zu billigenden Erfolg herbeizuführen. Ausnahmefälle, die die Durchgriffshaftung im Einzelfall begründen können, sind in erster Linie die Vermögensvermischung zwischen Gesellschafts- und Privatvermögen und die materielle Unterkapitalisierung (weiterführend *Holzkämper* BB 96, 2142; *Hauck* NZS 98, 262; *Groß* ZIP 01, 945; *Schneider/Brouever* ZIP 07, 1033; zur Anwendung der Grundsätze über die Haftung im qualifizierten GmbH-Konzern bei Beitragsansprüchen vgl BSG 27.9.94 – 10 RAr 1/92, SGB 95, 368 mit Anm *Hoyningen-Huene*). Der Geschäftsführer einer GmbH ist wegen des Vorenthaltens von ArbNAnteilen zur SozV auch dann haftungsrechtlich verantwortlich, wenn die GmbH zwar zum Zeitpunkt der Fälligkeit nicht über die erforderlichen Mittel verfügt, er es aber pflichtwidrig unterlassen hat, die Zahlung anderweitig (zB durch Bildung von Rücklagen oder durch Kürzung der Nettolohnzahlung) sicherzustellen (BGH 25.9.06 – II ZR 108/05, DStR 06, 2185).

51   **5. Leitungsorgane ausländischer Gesellschaften.** Die Spitzenverbände der SozVTräger haben sich im Hinblick auf die Ausweitung der Niederlassungsfreiheit für ausländische juristische Personen mit tatsächlichem **Verwaltungssitz im Inland** infolge der Rspr des EuGH und des BGH in ihrem Besprechungsergebnis vom 17./18.3.2005 mit der versicherungsrechtlichen Beurteilung von mitarbeitenden Gesellschaftern einer englischen Limited befasst. Sie sind zu dem Ergebnis gelangt, dass trotz der Unterschiede in der Gesellschaftsstruktur die mitarbeitenden Gesellschafter einer englischen Limited analog den Gesellschafter-Geschäftsführern, mit arbeitenden Gesellschaftern und Fremdgeschäftsführern einer GmbH nach deutschem Recht zu behandeln sind. Ob ein maßgeblicher Einfluss auf die Geschicke der Gesellschaft vorliegt, beurteilt sich nach dem konkreten Einfluss aufgrund der Satzung der Limited. Die in Deutschland beschäftigten Mitglieder des Board of Directors

einer private limited irischen Rechts sind nicht wie Mitglieder des Vorstands einer deutschen AG von der Versicherungspflicht in der gesetzlichen RV und ArblV ausgenommen (BSG 27.2.08 – B 12 KR 23/06 R, GmbHR 08, 1154). Dieser Tatbestand der Versicherungsfreiheit findet auch für die Mitglieder des Verwaltungsrats einer schweizerischen AG keine Anwendung (BSG 6.10.10 – B 12 KR 20/09 R, SozR 4–2600 § 1 Nr 5). Auch in Deutschland beschäftigte Mitglieder des Board of Directors einer US-Kapitalgesellschaft sind nicht von der Versicherungspflicht in der RV und ArblV ausgenommen (BSG 12.1.2011 – B 12 KR 17/09 R, DB 11, 1759).

6. Entscheidungshilfe. Die Spitzenorganisationen der SozVTräger haben zur Abgrenzung von abhängiger und selbstständiger Beschäftigung bei Gesellschafter-Geschäftsführern eine gemeinsame Entscheidungshilfe entwickelt. S PersonalDirekt (DKD) oder online unter *Besprechungsergebnis der Spitzenorganisationen der Sozialversicherung vom 13.4.2010* (s hierzu auch *Grimm* DB 12, 175). 52

Gesundheitszeugnis

A. Arbeitsrecht *Kreitner*

1. Allgemeines. In vielen Fällen besteht seitens des ArbGeb ein besonderes Interesse, Informationen über den Gesundheitszustand eines Stellenbewerbers zu erhalten, bevor er die Einstellungsentscheidung trifft. In anderen Fällen ordnen gesetzliche Vorschriften bzw VO oder Tarifverträge Gesundheitsuntersuchungen ausdrücklich an. Über diese Untersuchungen erstellt der Arzt ein sog Gesundheitszeugnis. 1

2. Gesetzliche Verpflichtung. a) Verkehr mit Lebensmitteln. Eine gesetzliche Verpflichtung zur Vorlage eines Gesundheitszeugnisses vor Antritt einer Beschäftigung ist in § 43 Abs 1 IfSG angeordnet. Danach müssen Personen, die Tätigkeiten iSd § 42 Abs 1 IfSG (Verkehr mit Lebensmitteln) ausüben wollen, ihre gesundheitliche Eignung mittels eines höchstens drei Monate alten Gesundheitszeugnisses nachweisen. Anderenfalls besteht ein Beschäftigungsverbot. Ein Verstoß gegen dieses Beschäftigungsverbot führt nicht zur Nichtigkeit des Arbeitsvertrages (BAG 2.3.71, DB 71, 1530; Näheres s *Beschäftigungsverbot* Rz 6). 2

Das Gesundheitszeugnis ist dem ArbGeb auszuhändigen und muss von diesem an der Arbeitsstätte verfügbar gehalten werden. Auf Verlangen ist es der zuständigen Behörde und ihren Beauftragten vorzulegen (§ 43 Abs 5 IfSG). Zuwiderhandlungen stellen eine Ordnungswidrigkeit dar, die mit einer Geldbuße bis zu 25 000 € geahndet werden kann (§ 73 Abs 1 Nr 20, 21, Abs 2 IfSG). 3

b) Jugendliche bedürfen gem § 32 Abs 1 JArbSchG vor Beschäftigungsbeginn eines ärztlichen Gesundheitszeugnisses, das innerhalb der letzten 14 Monate erstellt worden sein muss. Ohne diese Erstuntersuchung ist die Beschäftigung unzulässig. Es liegt ein sog überwindbares Beschäftigungsverbot vor (BAG 22.2.72, DB 72, 1783). Die Untersuchungskosten trägt gem § 44 JArbSchG das Land. Im Übrigen bestehen während des Beschäftigungsverhältnisses weitere Untersuchungspflichten. 4

c) Seeleute. § 81 Abs 1 SeemG verlangt vor Beschäftigungsbeginn eine Untersuchung bezüglich der Seediensttauglichkeit des ArbN durch einen von der See-BG ermächtigten Arzt. 5

d) Verordnungen. Vorlagepflichten hinsichtlich Gesundheitszeugnissen werden auch in einer Vielzahl von ArbeitsschutzVO normiert. Beispielhaft sind zu erwähnen §§ 14 Abs 3e, 17 Abs 2 ArbeitsstoffVO, §§ 67 ff StrahlenschutzVO, § 10 DruckluftVO. 6

e) Öffentlicher Dienst. Im öffentlichen Dienst hat gem § 3 Abs 4 TVöD der ArbN auf Verlangen des ArbGeb seine körperliche Eignung (Gesundheitszustand und Arbeitsfähigkeit) durch eine ärztliche Bescheinigung nachzuweisen. Die Untersuchungskosten trägt der ArbGeb. 7

f) Tarifverträge. Auch in den Tarifverträgen für privatwirtschaftliche Unternehmen sind oftmals Vorschriften über den Gesundheitsschutz und die Verpflichtung des ArbN zur Vorlage eines Gesundheitszeugnisses enthalten; vgl zB zum Tarifvertrag für Musiker in Kulturorchestern BAG 25.6.92, NZA 93, 81. 8

205 Gesundheitszeugnis

9   3. Verlangen des Arbeitgebers. Existiert keine gesetzliche oder tarifliche Regelung bezüglich der Vorlage eines Gesundheitszeugnisses durch den ArbN vor Arbeitsantritt, so gilt grds das Prinzip der Vertragsfreiheit. Danach kann der ArbGeb den Abschluss eines Arbeitsvertrages davon abhängig machen, dass sich der ArbN zuvor ärztlich untersuchen lässt und ein entsprechendes Gesundheitszeugnis vorlegt. Dem ArbN steht es dabei frei, eine derartige Untersuchung abzulehnen. Dies dürfte allerdings im Regelfall den Verlust sämtlicher Einstellungschancen bedeuten. Wegen des mit einer solchen Untersuchung verbundenen Eingriffs in das Persönlichkeitsrecht des ArbN ist das Verlangen des ArbGeb nur berechtigt, soweit sich die Eignungsuntersuchung auf arbeitsplatzbedingte Anforderungen bezieht. Es gelten dieselben Grenzen wie hinsichtlich des Fragerechts des ArbGeb (vgl *Auskunftspflichten Arbeitnehmer* Rz 15–16).

10   Grds zulässig ist eine Vereinbarung zwischen ArbGeb und ArbN, dass ein Arbeitsverhältnis endet, wenn eine nachträglich vorzunehmende Einstellungsuntersuchung ergibt, dass der ArbN gesundheitlich nicht geeignet ist (LAG NdS 26.2.80, DB 80, 1799; LAG Bln 16.7.90, LAGE Nr 2 zu § 620 BGB Bedingung; LAG Köln 12.3.91, LAGE Nr 3 zu § 620 BGB Bedingung). Derartige **Bedingungen** sind gem §§ 14 Abs 1, 21 TzBfG zulässig, wenn für sie ein sachlicher Grund gegeben ist. Das ist der Fall, wenn eine endgültige Einstellung von dem noch zu erbringenden Nachweis der gesundheitlichen Eignung des ArbN abhängig gemacht wird. Hierdurch findet auch keine Umgehung zwingender gesetzlicher Kündigungsschutzbestimmungen statt, denn die Parteien wollten gerade kein uneingeschränktes, auf unbestimmte Zeit dauerndes Vertragsverhältnis schließen.

11   Dies macht die Vereinbarung der auflösenden Bedingung deutlich. Hätte das Untersuchungsergebnis in solchen Fällen bereits vor der Einstellung vorgelegen, wäre diese regelmäßig von vornherein unterblieben. Ob die Eignungsuntersuchung kurz vor oder nach der Einstellung vorgenommen wird, kann aber keinen Unterschied machen (aA ArbG Hbg 22.10.90, NZA 91, 941). Allerdings kann es je nach Lage des Einzelfalles dem ArbGeb verwehrt sein, sich auf den Bedingungseintritt zu berufen; so etwa, wenn ihn aufgrund von Unfallverhütungsvorschriften eine selbstständige Verpflichtung traf, eine ärztliche Untersuchung des ArbN durchführen zu lassen und er dies unterlassen hat (LAG Köln 12.3.91, LAGE Nr 3 zu § 620 BGB Bedingung).

12   Wegen des bereits angesprochenen Prinzips der Vertragsfreiheit erscheinen auch arbeitsvertragliche Vereinbarungen unbedenklich, in denen sich der ArbN zu **regelmäßigen Gesundheitsuntersuchungen** verpflichtet. Zwischen einer vereinbarten Untersuchungspflicht vor Abschluss des Arbeitsverhältnisses und im bestehenden Arbeitsverhältnis ergeben sich keine sachlichen Differenzierungsmerkmale, die eine unterschiedliche rechtliche Würdigung begründen könnten. Dies gilt naturgemäß nur dann, wenn die Gesundheitsuntersuchungen in sinnvollen Abständen erfolgen und keine Schikanemaßnahmen darstellen. Von daher bestehen unter allgemeinen rechtlichen Gesichtspunkten (Treu und Glauben, Sittenwidrigkeit, § 307 BGB) auch gegen derartige Klauseln in Formularverträgen, wie sie in der Praxis insbesondere bei Führungskräften häufiger anzutreffen sind, keine Bedenken. Verweigert der ArbN in einem solchen Fall eine Folgeuntersuchung, so stellt dies einen abmahnungsfähigen Pflichtverstoß dar.

B. Lohnsteuerrecht   *Thomas*

13   **1. Einordnung.** Krankheitskosten einschließlich der Aufwendungen zu Feststellungen bzw Bescheinigungen über den Gesundheitszustand gehören grds zum Bereich der privaten Lebensführung, die beim ArbN keine Werbungskosten begründen, solange nicht ein beruflicher Verwendungszweck hinzukommt. Übernimmt der ArbGeb derartige Aufwendungen, wendet er regelmäßig Arbeitslohn zu.

14   **2. Werbungskosten.** Entstehen dem ArbN eigene Aufwendungen für das Erstellen eines Gesundheitszeugnisses, die auch nicht von Dritten, zB einer Versicherung, erstattet werden, sind diese beruflich veranlasst und deshalb Werbungskosten, wenn der ArbGeb einen Gesundheitsnachweis als Einstellungsvoraussetzung verlangt. Werbungskosten können auch hinsichtlich der Folgezeugnisse entstehen, wenn diese vom ArbGeb ernsthaft gefordert und diesem auch ausgehändigt werden. Dabei ist nicht von Bedeutung, ob der ArbGeb derartige Zeugnisse zu fordern berechtigt ist, solange der ArbN glaubt, sich dem nicht entziehen zu können.

3. Arbeitslohn. Trägt der ArbGeb die Kosten des Gesundheitszeugnisses, bewirkt dies **15** keinen Arbeitslohn, wenn das Erstellen eines derartigen Zeugnisses vom Gesetz gefordert wird und der ArbGeb auch ohne besondere Vereinbarung mit dem ArbN diese Kosten zu tragen verpflichtet ist. Es gelten insofern die gleichen Grundsätze wie beim Auslagenersatz (s *Aufwendungsersatz* Rz 23). Ist die Erstellung eines Gesundheitszeugnisses nicht Sache des ArbGeb, entfällt Arbeitslohn dann, wenn die Kostenübernahme durch betriebsfunktionale Gründe des ArbGeb veranlasst ist, die Kostentragung also im ganz überwiegend eigenbetrieblichen Interesse des ArbGeb liegt (s *Arbeitsentgelt* Rz 48). Dies wurde bei Vorsorgeuntersuchungen für leitende Angestellte bejaht (BFH 17.9.82, BStBl II 83, 39; s dazu *Gesundheitsvorsorge* Rz 14).

C. Sozialversicherungsrecht
Ruppelt

Die Versicherungsberechtigung in der gesetzlichen KV (freiwillige Versicherung) nach **16** § 9 SGB V ist nicht von der Vorlage eines Gesundheitszeugnisses abhängig, selbstverständlich auch nicht die Mitgliedschaft aufgrund Pflicht- oder Familienversicherung. Auch die seit 1.1.09 bestehende Pflicht zum Abschluss einer Krankheitskostenversicherung zum Basistarif in der privKV für alle nicht anderweitig abgesicherte Personen mit Wohnsitz im Inland (Auffangversicherungpflicht) gilt unabhängig von den gesundheitlichen Verhältnissen des zu Versichernden. Es besteht Kontrahierungszwang (s *Krankenversicherungspflicht* Rz 20).

Gewerkschaftsrechte (im Betrieb)

A. Arbeitsrecht
Röller

1. Allgemeines. Das BetrVG hat der Gewerkschaft verschiedene betriebsverfassungs- **1** rechtliche Aufgaben zugewiesen. Insoweit trifft den BRat sowie den ArbGeb eine **Verpflichtung zur Zusammenarbeit mit der Gewerkschaft** (§ 2 Abs 1 BetrVG). Soweit das BetrVG den Gewerkschaften keine eigenständigen Rechte einräumt, ist der BRat nicht zur Zusammenarbeit mit der Gewerkschaft verpflichtet. Er kann diese jedoch um Unterstützung bitten (*Fitting* § 2 Rz 53; GK-BetrVG/*Kraft/Franzen* § 2 Rz 22). Die Gewerkschaft erhält durch § 2 Abs 1 BetrVG kein eigenständiges Recht, sich gegen den Willen der Betriebsparteien in die Zusammenarbeit zwischen ArbGeb und BRat einzuschalten. Zieht der BRat die Gewerkschaft zur Unterstützung heran, muss die Zusammenarbeit vertrauensvoll erfolgen (*Fitting* § 2 Rz 53).

Eine betriebsverfassungsrechtliche **Pflicht der Gewerkschaft zur Zusammenarbeit** mit dem BRat **besteht nicht** (BAG 14.1.83 – 6 ABR 67/79, DB 83, 2583). Aus § 2 Abs 1 BetrVG folgt auch keine Verpflichtung der Gewerkschaft, einem BRat Rechtsschutz zu gewähren (BAG 3.10.78 – 6 ABR 102/76, NJW 80, 1486).

2. Gewerkschaften (Begriff). Gewerkschaften müssen sich als satzungsmäßige Aufgabe **2** die Wahrnehmung der Interessen ihrer Mitglieder in ihrer Eigenschaft als ArbN gesetzt haben und willens sein, Tarifverträge abzuschließen. Sie müssen **frei gebildet, gegnerfrei, unabhängig, auf überbetrieblicher Grundlage organisiert** sein und das geltende Tarifrecht als verbindlich anerkennen (BAG 16.1.90, DB 90, 839). Tariffähigkeit setzt darüber hinaus voraus, dass die Gewerkschaft ihre Aufgabe als Tarifpartner sinnvoll erfüllen kann. Dies erfordert eine **ausreichende Ausstattung**, dh die ArbNVereinigung muss über eine ausreichende Anzahl von Mitgliedern, hinreichende Finanzkraft sowie über entsprechende Organisationsstrukturen und kompetentes Personal verfügen (BAG 19.9.06 – 1 ABR 53/05, NZA 07, 518). Die ArbNVereinigung muss über eine **Durchsetzungsfähigkeit** verfügen, die erwarten lässt, dass sie als Tarifpartner vom sozialen Gegenspieler wahr- und ernst genommen wird. Sofern eine ArbNVereinigung bereits in nennenswertem Umfang Tarifverträge abgeschlossen hat, belegt dies regelmäßig ihre Durchsetzungskraft. Dies gilt sowohl für den Abschluss originärer Tarifverträge als auch für den Abschluss von Anschlusstarifverträgen (BAG 28.3.06 – 1 ABR 58/04, NZA 06, 1112; 14.12.04 – 1 ABR 51/03, NZA 05, 697). Mangels Tariffähigkeit wurden die Gewerkschaftseigenschaft der Tarifgemeinschaft Christlicher Gewerkschaften für Zeitarbeit und Personalserviceagenturen (CGZP) (BAG

206 Gewerkschaftsrechte (im Betrieb)

23.5.12 – 1 AZB 67/11, NZA 12, 625; 23.5.12 – 1 AZB 58/11, NZA 12, 623; 14.12.10 – 1 ABR 19/10, NZA 11, 289), der „medsonet. Die Gesundheitsgewerkschaft e. V." (BAG 11.6.13 – 1 ABR 33/12, DB 13, 2751), der Christlichen Gewerkschaft Holz und Bau und der Christlichen Gewerkschaft Bau, Chemie, Energie verneint (BAG 16.1.90, NZA 90, 623, 626), die Tariffähigkeit der Christlichen Gewerkschaft Metall wurde hingegen bejaht (BAG 28.3.06); s Übersicht bei GK-BetrVG/*Kraft/Franzen* § 2 Rz 32; *Schüren* NZA 07, 1213; *Rieble* SAE 06, 89. Verlust der Tariffähigkeit liegt bei einer Gewerkschaft vor, die durch Beschluss aufgelöst und durch Vertrag alle Forderungen und Rechte aus den von ihr abgeschlossenen Tarifverträgen auf eine andere Gewerkschaft unter gleichzeitiger Einstellung ihrer koalitionspolitischen Bestätigung überträgt (BAG 25.9.90 – 3 AZR 266/89, NZA 91, 314).

3   **3. Vertretensein im Betrieb.** Um an der Zusammenarbeit von ArbGeb und BRat beteiligt zu sein, muss die Gewerkschaft im Betrieb vertreten sein. Dies ist der Fall, wenn ihr mindestens ein ArbN des Betriebs angehört, der nicht zu den leitenden Angestellten iSd § 5 Abs 3 BetrVG zählt (BAG 10.11.04 – 7 ABR 19/04, NZA 05, 426). Die Tarifzuständigkeit der Gewerkschaft für den Betrieb ist nicht erforderlich. Die den Gewerkschaften im BetrVG zugewiesenen Rechte dienen nicht dem Abschluss von Tarifverträgen (BAG 10.11.04). Die Gewerkschaft kann den erforderlichen Nachweis durch mittelbare Beweismittel, zB durch notarielle Erklärung führen, ohne den Namen ihres im Betrieb des ArbGeb beschäftigten Mitglieds zu nennen (BVerfG 21.3.94 – 1 BvR 1485/93, NZA 94, 891; *Fitting* § 2 Rz 43).

4   **4. Betriebsverfassungsrechtliche Aufgaben. a) Inhalt.** Der Gewerkschaft sind im BetrVG zahlreiche Initiativ-, Teilnahme-, Beratungs- und Kontrollrechte eingeräumt. Es handelt sich um Rechte im Zusammenhang mit der ordnungsgemäßen Errichtung des BRat (§§ 3 Abs 3 Satz 2, 4 Abs 2 Satz 2, 14, 16–19 BetrVG) sowie der Jugend- und Auszubildendenvertretungen (§ 60 BetrVG), der Einberufung einer Betriebsversammlung (§ 43 Abs 4 BetrVG), der Überwachung der ordnungsgemäßen Durchführung des BetrVG durch ArbGeb und BRat (§§ 23, 48, 56, 65 Abs 1, 73 Abs 2, 119 Abs 2 BetrVG), der beratenden Teilnahme an Betriebs- oder Abteilungsversammlungen sowie BRatVersammlungen (§§ 46, 53 BetrVG), der unterstützenden beratenden Teilnahme an BRat- und Ausschusssitzungen auf Antrag von ¹/₄ der BRatMitglieder oder der Mehrheit einer Gruppe des BRat (§ 31 BetrVG), der Vermittlung bei Konflikten zwischen der Mehrheit der Vertreter einer Gruppe oder der JAV (§ 35 Abs 1 BetrVG), der Hinzuziehung der Spitzenorganisationen der Gewerkschaften und ArbGebVerbände bei der Entscheidung der obersten Arbeitsbehörde des Landes über die Geeignetheit von Schulungs- und Bildungsveranstaltungen (§§ 37 Abs 7, 65 Abs 1 BetrVG) sowie allgemein dem Zusammenwirken mit ArbGeb und BRat zum Wohle der ArbN und des Betriebs (§ 2 Abs 1 BetrVG).

5   **b) Einzelne Aufgaben. aa) Unterstützung der Betriebsratsarbeit.** Hierbei geht es in erster Linie darum, den BRat bei der Ausübung seiner Mitbestimmungsrechte zu unterstützen. Ein eigenes Recht der im Betrieb vertretenen Gewerkschaften zur Teilnahme an BRat- und Ausschusssitzungen besteht nicht. Es bedarf eines Antrags von ¹/₄ der Mitglieder oder der Mehrheit einer Gruppe des BRat, damit ein Beauftragter einer im BRat vertretenen Gewerkschaft an den Sitzungen beratend teilnehmen kann (§ 31 BetrVG). Auch der BRat als Gremium kann dies beschließen. Die Hinzuziehung von Gewerkschaftsbeauftragten durch den BRat als solchen kann sowohl durch Beschluss im Einzelfall als auch generell erfolgen, zB in der Geschäftsordnung vorgesehen sein (BAG 28.2.90 – 7 ABR 22/89, NZA 90, 660; *Fitting* § 31 Rz 6). § 31 BetrVG findet iVm § 28 BetrVG auch auf Ausschüsse des BRat Anwendung, soweit ihnen Aufgaben zur selbstständigen Erledigung übertragen worden sind sowie auf den Wirtschaftsausschuss gem § 106 BetrVG (BAG 25.6.87 – 6 ABR 45/85, NZA 88, 167). Die Gewerkschaft ist frei in der Bestimmung eines ihrer Mitglieder als Beauftragten. Der Beauftragte hat im Gegensatz zum Vertreter des ArbGebVerbands beratende Stimme und darf deshalb auf die Willensbildung des BRat Einfluss nehmen. Obwohl er kein Stimmrecht hat, kann er deshalb bei Beschlussfassungen anwesend sein (ErfK/*Eisemann* § 31 Rz 23). Der Zeitpunkt der BRatSitzung und die Tagesordnung sind dem Beauftragten rechtzeitig mitzuteilen. Die Teilnahme eines Gewerkschaftsbeauftragten an Sitzungen des Wirtschaftsausschusses kann nur für eine konkret bestimmte Satzung beschlossen werden, wenn die Sachkunde der Wirtschaftsausschussmitglieder nicht ausreichend ist. Die generelle

Einladung zu allen zukünftigen Sitzungen ist unzulässig (BAG 25.6.87 – 6 ABR 45/85, NZA 88, 167).

bb) Errichtung von Betriebsräten und Jugendauszubildendenvertretungen. In den §§ 3 Abs 3 Satz 2, 4 Abs 2 Satz 2, 14, 16–19 BetrVG sowie § 63 Abs 2 und 3 BetrVG ist ein Beteiligungsrecht der Gewerkschaften geregelt. In Betrieben ohne BRat kann die Gewerkschaft zu einer Betriebsversammlung einladen und Vorschläge für die Zusammensetzung des Wahlvorstandes machen (§ 17 Abs 3 BetrVG). Dieses Einladungsrecht entfällt nicht deshalb, weil bereits drei ArbN zu derselben Betriebsversammlung eingeladen haben (LAG Köln 6.10.89, BB 90, 998). Zu den vom ArbGeb nach § 20 Abs 3 Satz 1 BetrVG zu tragenden Kosten einer BRatWahl gehören auch die erforderlichen außergerichtlichen Kosten einer Gewerkschaft, die ihr durch die Beauftragung eines Rechtsanwalts in einem Beschlussverfahren zur gerichtlichen Bestellung eines Wahlvorstands entstanden sind (BAG 14.4.03 – 7 ABR 29/02, NZA 03, 1359). 6

Die Gewerkschaft kann nach § 14 Abs 5 BetrVG einen Wahlvorschlag unterbreiten. Dieser muss von zwei Gewerkschaftsbeauftragten unterzeichnet sein; ansonsten berechtigt dies zur Wahlanfechtung nach § 19 BetrVG (BAG 15.5.13 – 7 ABR 40/11, NZA 13, 1095). § 19 Abs 2 BetrVG gibt den im Betrieb vertretenen Gewerkschaften ein selbstständiges Recht zur **Anfechtung einer Betriebsratswahl** wegen Gesetzesverstoßes. Die Vertretung im Betrieb muss während des ganzen Verfahrens gegeben sein. Am Wahlanfechtungsverfahren sind sie nur dann zu beteiligen, wenn sie die Wahl ihrerseits selbstständig angefochten haben (BAG 27.1.93 – 7 ABR 37/92, NZA 93, 949; ErfK/*Eisemann* § 83 ArbGG Rz 8). 7

cc) Betriebsversammlungen. Auf Antrag einer im Betrieb vertretenen Gewerkschaft muss der BRat vor Ablauf von zwei Wochen nach Eingang des Antrags eine Betriebsversammlung einberufen, wenn im vorhergegangenen Kj keine Betriebs- und keine Abteilungsversammlung durchgeführt worden sind (§ 43 Abs 4 BetrVG). Bei den vorausgegangenen Versammlungen muss es sich nicht um regelmäßige Betriebsversammlungen nach § 43 Abs 1 BetrVG gehandelt haben. Ausreichend sind Versammlungen, auf denen der BRat seinen Tätigkeitsbericht erstattet hat (ErfK/*Eisemann* § 43 Rz 2). Der Antrag richtet sich an den BRat. Die Gewerkschaft selbst kann weder die Tagesordnung bestimmen, noch die Versammlung einberufen. Kommt der BRat der Aufforderung nicht nach, kann die Gewerkschaft die Betriebsversammlung mit einstweiliger Verfügung erzwingen (ErfK/*Eisemann* § 43 Rz 2; *Fitting* § 43 Rz 55). 8

dd) Überwachung der ordnungsgemäßen Durchführung des Betriebsverfassungsgesetzes durch Arbeitgeber und Betriebsrat. Bei **groben Pflichtverletzungen durch den Betriebsrat** kann eine im Betrieb vertretene Gewerkschaft den Ausschluss eines Mitglieds oder mehrerer Mitglieder aus dem BRat oder die Auflösung des BRat beim zuständigen ArbG beantragen (§ 23 Abs 1 BetrVG). Unter den gleichen Voraussetzungen kann der Ausschluss eines Mitglieds aus dem GBRat (§ 48 BetrVG) und aus dem KBRat (§ 56 BetrVG) beantragt werden. Entsprechendes gilt für Mitglieder der JAV bzw der GesamtJAV (§§ 65 Abs 1, 73 Abs 2 BetrVG). § 119 Abs 2 BetrVG gibt einer im Betrieb vertretenen Gewerkschaft das Recht, den Antrag auf Verfolgung von Straftaten gegen Betriebsverfassungsorgane und ihre Mitglieder zu stellen. 9

Bei **groben Pflichtverletzungen durch den ArbGeb** haben gem § 23 Abs 3 BetrVG im Betrieb vertretene Gewerkschaften die Möglichkeit, durch entsprechende Antragstellung beim zuständigen ArbG den ArbGeb ggf unter Androhung von Sanktionen zu einer gesetzestreuen Verhaltensweise zu veranlassen. Dies gilt auch dann, wenn der BRat kein Interesse an einer Verfolgung der geltend gemachten groben Gesetzesverstöße des ArbGeb hat. Ein Verschulden des ArbGeb ist, anders als bei der Amtsenthebung eines BRatMitglieds, nicht erforderlich (BAG 22.10.91 – 1 ABR 28/91, NZA 92, 376). 10

Der Gewerkschaft steht gem § 23 Abs 3 BetrVG ein **Unterlassungsanspruch** zu, der sich gegen die Durchführung oder den Abschluss von **tarifvertragswidrigen Betriebsvereinbarungen** richtet. Richtige Verfahrensart ist das Beschlussverfahren (BAG 13.3.01 – 1 AZB 19/00, NZA 01, 1037). Bei einer tarifwidrigen Regelungsabrede kann die Gewerkschaft den Unterlassungsantrag nicht auf § 23 Abs 3 BetrVG stützen, sondern nur auf die §§ 1004, 832 BGB iVm Art 9 Abs 3 GG (BAG 20.4.99 – 1 ABR 72/98, NZA 99, 887). Einzelheiten s *Unterlassungsanspruch* Rz 2 ff. 11

206 Gewerkschaftsrechte (im Betrieb)

12 **c) Rechte und Schutz bei der Wahrnehmung betriebsverfassungsrechtlicher Aufgaben. aa) Zutrittsrechte zum Betrieb.** Zur Wahrnehmung der gesetzlich genannten Aufgaben und Befugnisse steht dem Beauftragten der im Betrieb vertretenen Gewerkschaften nach Unterrichtung des ArbGeb oder seines Vertreters ein Zutrittsrecht zum Betrieb zu. Ausreichend ist, wenn die Angelegenheit in einem **inneren Zusammenhang mit einer betriebsverfassungsrechtlichen Aufgabe** der Gewerkschaft steht (BAG 26.6.73 – 1 ABR 24/72, NJW 73, 2222). Die Auswahl der **Beauftragten** ist Sache der Gewerkschaft. Es kann sich um ehrenamtliche oder hauptamtliche Mitarbeiter, aber auch um ArbN eines anderen Betriebs handeln (BAG 14.2.78 – 1 AZR 280/77, NJW 79, 1844); ErfK/*Eisemann* § 2 Rz 6). Häufigkeit, Zeitpunkt und Dauer des Besuchs bestimmt die Gewerkschaft. Sofern nicht besondere Umstände vorliegen, ist das Zutrittsrecht während der betriebsüblichen Arbeitszeit wahrzunehmen (ErfK/*Eisemann* § 2 Rz 6). Das Zutrittsrecht besteht zum Betrieb. Es ist nicht auf Räumlichkeiten des BRat oder den Verwaltungsbereich des ArbGeb beschränkt. Der Beauftragte der Gewerkschaft darf im Betrieb vielmehr den Ort aufsuchen, der sich aus der konkreten betriebsverfassungsrechtlichen Aufgabe ergibt; er ist deshalb auch befugt, die ArbN an ihren Arbeitsplätzen aufzusuchen, sofern dies im Rahmen der betriebsverfassungsrechtlichen Aufgabenstellung erforderlich ist (BAG 17.1.89 – 1 AZR 805/87, NZA 89, 938).

13 Vor dem Besuch des Beauftragten hat die Gewerkschaft den ArbGeb oder seinen Vertreter zu unterrichten. Die **Unterrichtung** hat im Normalfall so rechtzeitig zu erfolgen, dass dem ArbGeb hinreichend Zeit bleibt, sich auf den Besuch einzustellen und die Zugangsberechtigung zu prüfen. In **Eilfällen** kann die Unterrichtung aber auch unmittelbar vor dem Besuch erfolgen (Fitting § 2 Rz 74). Sind die Voraussetzungen des § 2 Abs 2 BetrVG erfüllt, darf der ArbGeb den Zutritt nur verweigern, soweit diesem unumgängliche Notwendigkeiten des Betriebsablaufs, zwingende Sicherheitsvorschriften oder der Schutz von Betriebsgeheimnissen entgegenstehen. Die bloße Behauptung des ArbGeb genügt nicht. Vielmehr muss er konkrete Tatsachen vortragen, aus denen sich ergibt, dass die Gründe tatsächlich vorliegen (Fitting § 2 Rz 76). Im Fall des § 23 BetrVG besteht das Zutrittsrecht, wenn konkrete Anhaltspunkte dafür bestehen, dass BRat und ArbGeb grob gegen ihre gesetzlichen Pflichten verstoßen haben. Ausreichend ist, wenn sich ein entsprechender Anfangsverdacht ergibt und die im Betrieb vertretene Gewerkschaft eine Überprüfung für erforderlich hält (Fitting § 2 Rz 60 ff).

Das Zutrittsrecht nach § 2 Abs 2 BetrVG kann im Beschlussverfahren durchgesetzt werden, in dringenden Fällen auch im Wege der einstweiligen Verfügung nach § 85 Abs 2 ArbGG. Die Gewerkschaft hat keinen Anspruch auf Erstattung der außergerichtlichen Kosten, die ihr durch die Führung eines solchen Verfahrens entstehen (BAG 2.10.07 – 1 ABR 59/06, NZA 08, 372).

14 **bb) Schutz bei gewerkschaftlicher Betätigung.** Die Bestimmungen der §§ 75 Abs 1, 74 Abs 3 BetrVG gelten auch für Vertreter von Gewerkschaften. ArbN dürfen deshalb wegen einer gewerkschaftlichen Betätigung gem § 75 Abs 1 BetrVG nicht benachteiligt werden. In ihrer Eigenschaft als Gewerkschaftsmitglieder unterliegen ArbN des Betriebs – vorbehaltlich der sich aus dem Arbeitsverhältnis ergebenden Pflichten – keinen Beschränkungen, wie sich aus § 74 Abs 3 BetrVG ergibt. Als zulässige gewerkschaftliche Betätigung sind alle Handlungen und Maßnahmen anzusehen, die vom Koalitionsrecht des Art 9 Abs 3 GG erfasst werden, insbesondere die Gewerkschaftswerbung im Betrieb.

Individualrechtlich gilt das Maßregelungsverbot des § 612a BGB. Eine nach dieser Bestimmung iVm § 134 BGB nichtige Maßnahme kann eine Kündigung sein, die der ArbGeb einem ArbN gegenüber wegen dessen aktiven gewerkschaftlichen Einsatzes im Betrieb ausspricht. Der ArbN trägt hierfür jedoch die Darlegungs- und Beweislast (LAG Hamm 18.12.87 – 17 Sa 1225/87, NZA 88, 586). Ein darüber hinausgehender besonderer Kündigungsschutz besteht für Beauftragte der im Betrieb vertretenen Gewerkschaften bei der Ausübung der betriebsverfassungsrechtlichen Aufgaben nicht.

Ein gewerkschaftlich organisierter ArbN hat keinen Anspruch darauf, von der Arbeit fernzubleiben, um an Sitzungen des Ortsvorstandes der Gewerkschaft teilzunehmen. Der ArbGeb kann jedoch bei der Aufstellung von Schichtplänen im Einzelfall verpflichtet sein, die Teilnahme des ArbN an den Sitzungen zu berücksichtigen (BAG 13.8.10 – 1 AZR 173/09, NZA-RR 10, 640).

Gewerkschaftsrechte (im Betrieb) 206

5. Koalitionsaufgaben der Gewerkschaft. a) Allgemeines. Aufgaben der Gewerkschaften und der Vereinigung der ArbGeb, insbesondere die Wahrung der Interessen ihrer Mitglieder werden durch das BetrVG nicht berührt (§ 2 Abs 3 BetrVG). Die typischen **Aufgaben der Koalitionen,** insbesondere der **Abschluss und die Überwachung von Tarifverträgen, Arbeitskampf, Mitgliederwerbung und -beratung sowie Prozessvertretung** werden durch das BetrVG weder geregelt noch beeinträchtigt (BAG 28.2.06 – 1 AZR 460/04, NZA 06, 798). Aus Art 9 Abs 3 GG ergibt sich, dass Hauptaufgabe der Koalitionen ist, kollektiv die Arbeits- und Wirtschaftsbedingungen ihrer Mitglieder zu wahren und zu fördern (GK-BetrVG/*Kraft/Franzen* § 2 Rz 82). Die Rspr zur koalitionsspezifischen Betätigung von Gewerkschaften in Betrieben war lange Zeit sehr restriktiv. Das BVerfG ging in der Vergangenheit davon aus, dass Art 9 Abs 3 GG die Koalitionsfreiheit nur in ihrem **Kernbereich** schützt (BVerfG 1.3.79, DB 79, 593). Ohne von dieser früheren Rspr abzurücken, hat das BVerfG im Beschluss vom 14.11.95 die „Klarstellung vorgenommen", dass der Schutz des Art 9 Abs 3 GG sich nicht auf diejenigen Tätigkeiten beschränkt, die für die Einhaltung und Sicherung des Bestandes der Koalition unerlässlich sind. Er umfasst **alle koalitionsspezifischen Verhaltensweisen** (BVerfG 14.11.95 – 1 BvR 601/92, NZA 96, 381). Die Wahl der Mittel, welche die Gewerkschaft zur Erfüllung ihrer Aufgaben für geeignet hält, bleibt dabei ihr überlassen (BVerfG 6.2.07 – 1 BvR 191/06, NZA 07, 394). 15

b) Streikaufruf. Die Verbreitung von Streikaufrufen im Intranet des ArbGeb durch Gewerkschaftsmitglieder ist unzulässig. Der ArbGeb kann Unterlassung gem § 1004 Abs 2 BGB verlangen (BAG 15.10.13 – 1 ABR 31/12). 16

c) Werbung. Zu der für eine Gewerkschaft verfassungsrechtlich gewährleisteten Betätigung gehört die Werbung neuer Mitglieder, die ohne entsprechende Information und Selbstdarstellung seitens der Gewerkschaften nur schwer verwirklicht werden kann. Die Gewerkschaft ist deshalb berechtigt, im Betrieb Werbung zu betreiben (BAG 20.1.09 – 1 AZR 515/08, NZA 09, 615; 28.2.06 – 1 AZR 460/04, NZA 06, 798). Dieses Recht steht auch **nicht tariffähigen ArbNKoalitionen** zu (BAG 22.5.12 – 1 ABR 11/11, NZA 12, 1176; *Schönhöfl/Klafki* NZA-RR 12, 393). Die Grenzen zulässiger Werbung werden überschritten, wenn sie mit unlauteren Mitteln erfolgt oder auf die Existenzvernichtung einer konkurrierenden Gewerkschaft gerichtet ist (BAG 31.5.05 – 1 AZR 141/04, NZA 05, 1182). 17

Als zulässig angesehen wird die Verteilung gewerkschaftlicher Werbe- und Informationsschriften außerhalb der Arbeitszeit und während der Pausen durch betriebsangehörige Mitglieder (BAG 14.2.67 – 1 AZR 494/65, NJW 67, 843). Die Werbung auch während der Arbeitszeit wird damit generell jedoch nicht ausgeschlossen. Maßgeblich ist, ob dadurch der reibungslose Betriebsablauf beeinträchtigt oder der Betriebsfrieden gestört wird (*Fitting* § 2 Rz 85). Die Gewerkschaft ist auch berechtigt, E-Mails zu Werbezwecken auch ohne Einwilligung des ArbGeb und Aufforderung durch die ArbN an die betrieblichen E-Mailadressen der Beschäftigten zu versenden (BAG 20.1.09). Voraussetzung für die Werbung ist, dass nur mit satzungsmäßigen Leistungen geworben wird. Die Werbung zu allgemeinen politischen Wahlen ist unzulässig (BVerfG 28.4.76 – 1 BvR 71/73, NJW 76, 1627).

Das Werberecht der Gewerkschaften stößt an eine äußere Grenze, wo die Sach- und Zielwerbung sich nicht mehr an die Beschäftigten, sondern an Dritte wendet, wie etwa bei Unterschriftsaktionen einer Gewerkschaft in Dienstgebäuden der Polizei (BAG 25.1.05 – 1 AZR 657/03, NZA 05, 592).

Gegen rechtswidrige Eingriffe in ihre durch Art 9 Abs 3 GG gewährleistete kollektive Koalitionsfreiheit kann sich eine Gewerkschaft in entsprechender Anwendung des § 1004 Abs 1 Satz 2 BGB mit Hilfe von Unterlassungsklagen wehren. Das UWG findet keine Anwendung, da die Mitgliederwerbung keine Wettbewerbshandlung ist (BAG 31.5.05 – 1 AZR 141/04, NZA 05, 1182).

Der BRat als solcher darf weder für eine bestimmte Gewerkschaft noch für die Gewerkschaften überhaupt werben oder Informationsmaterial verteilen. Er ist Repräsentant aller ArbN, nicht nur der gewerkschaftlich organisierten (*Fitting* § 2 Rz 91).

d) Zutrittsrecht für betriebsexterne Gewerkschaftsangehörige. Sie haben zum Zwecke koalitionsspezifischer Betätigung, insbesondere zur **Mitgliederwerbung** ein **Zutrittsrecht zum Betrieb.** Die Gewerkschaft braucht sich nicht darauf verweisen zu lassen, betriebsangehörige ArbN mit der Durchführung der Mitgliederwerbung zu beauftragen (BAG 22.6.10 – 1 AZR 179/09, NZA 10, 1365; 28.2.06 – 1 AZR 460/04, NZA 06, 798). 18

206 Gewerkschaftsrechte (im Betrieb)

Gegenüber dem gewerkschaftlichen Interesse an einer effektiven Mitgliederwerbung sind die ebenfalls verfassungsrechtlich geschützten Rechtsgüter des ArbGeb, insbesondere sein Haus- und Eigentumsrecht sowie sein Interesse an einem störungsfreien Arbeitsablauf und der Wahrung des Betriebsfriedens sowie etwaige Geheimhaltungs- und Sicherheitsinteressen abzuwägen. Das Zutrittsrecht hängt damit von den Umständen des konkreten Einzelfalls ab. Das Zutrittsrecht kann im Beschlussverfahren geltend gemacht werden; es besteht auch die Möglichkeit des **einstweiligen Rechtsschutzes** (BAG 28.2.06 – 1 AZR 460/04, NZA 06, 798). Ein gewaltsames Eindringen einzelner Gewerkschaftsangehöriger in Räumlichkeiten, in denen ArbN ihrer arbeitsvertraglich geschuldeten Beschäftigung nachgehen, ist rechtswidrig (LAG Nds 17.11.08 – 11 Saba 1433/08, NZA-RR 09, 209).

19   e) **Vertrauensleute.** Die Wahl von gewerkschaftlichen Vertrauensleuten ist eine rein innergewerkschaftliche Angelegenheit. Aus Art 9 Abs 3 GG lässt sich kein Recht ableiten, derartige Wahlen im Betrieb durchzuführen und hierfür entsprechende Räumlichkeiten zur Verfügung gestellt zu erhalten (BAG 8.12.78 – 1 AZR 303/77, NJW 79, 1847; aA *Däubler* DB 98, 2014). Näheres s *Vertrauensleute* Rz 5 ff.

20   f) **Unterlassungsansprüche.** Gewerkschaften haben neben dem Anspruch aus § 23 Abs 3 BetrVG einen allgemeinen, auf §§ 1004, 823 BGB iVm Art 9 Abs 3 GG gestützten Unterlassungsanspruch gegen **tarifwidrige betriebseinheitliche Regelungen** (BAG 17.5.11 – 1 AZR 473/09, NZA 11, 1169; 31.5.05 – 1 AZR 141/04, NZA 05, 1182; aA *Bauer/Haussmann* Sonderbeilage zu NZA 2000, 47; *Freihube* DB 2000, 1022; s auch *Unterlassungsanspruch* Rz 20 ff). Aktuelle Bedeutung hat diese Rspr vornehmlich bei betrieblichen Bündnissen für Arbeit, sei es in Form vertraglicher Einheitsregelungen mit den betroffenen ArbN oder durch Regelungsabreden mit dem BRat. Der Unterlassungsanspruch erfasst nicht die Tarifaußenseiter, da es dem ArbGeb freisteht, mit nicht tarifgebundenen ArbN untertarifliche Arbeitsbedingungen zu vereinbaren (BAG 20.4.99 – 1 ABR 72/98, NZA 99, 887). Im Klageantrag müssen die Gewerkschaftsmitglieder, hinsichtlich derer der ArbGeb die Anwendung untertariflicher Bedingungen unterlassen soll, namentlich bezeichnet werden (BAG 19.3.03 – 4 AZR 271/02, NZA 03, 1322; aA LAG Hamm 29.7.11 – 10 TaBV 91/10, BeckRS 2011, 77413, wenn die Betriebsparteien die betriebliche Regelung sowohl bei den organisierten als auch bei den nichtorganisierten ArbN zu Anwendung bringen wollen).

Zum Unterlassungsanspruch einer Gewerkschaft gegen eine andere Gewerkschaft wegen des Abschlusses tarifvertraglicher Differenzierungsklauseln s LAG Köln 17.1.08 – 6 Sa 354/07, DB 08, 1979.

B. Lohnsteuerrecht   *Windsheimer*

21   1. **Mitgliedsbeiträge** des ArbN zu den Gewerkschaften gehören zu den **Werbungskosten** bei den Einkünften aus nichtselbstständiger Arbeit (§ 9 Abs 1 Nr 3 EStG), solange das Arbeitsverhältnis besteht und Einkünfte aus nichtselbstständiger Arbeit bezogen werden. Nach Beendigung des Arbeitsverhältnisses gehören die Gewerkschaftsbeiträge nicht mehr zu den Einkünften aus nichtselbstständiger Arbeit (OFD Frankfurt 5.6.96, DB 96, 1373 = DStR 96, 1606). Wird eine Rente bezogen, sind sie in voller Höhe abziehbare Werbungskosten bei den Renteneinkünften nach § 22 EStG (s *Altersrente* Rz 15).

Führt die Gewerkschaft eine Veranstaltung durch, die der Förderung des **Allgemeinwissens** der Teilnehmer dient, so sind Aufwendungen des ArbN hierfür (Teilnahmegebühr, Fahrtkosten, Übernachtungskosten, Verpflegungskosten) keine Werbungskosten, sondern nicht abzugsfähige Aufwendungen für die Lebensführung (§ 12 Nr 1 Satz 2 EStG; R 9.3 Abs 1 Satz 1 LStR; s *Ausbildungskosten* Rz 9 und *Fortbildung* Rz 20). Dies gilt auch dann, wenn bei einer rein **berufsbezogenen Tagung** Aufwendungen aus Anlass von gesellschaftlichen Veranstaltungen (zB Gesellschaftsabend) entstehen (R 9.3 Abs 1 Satz 2 LStR). Umgekehrt sind Vergütungen, die der Deutsche Gewerkschaftsbund den Teilnehmern an den Lehrgängen seiner Bundesschulen zahlt, kein Arbeitslohn (BFH 6.5.54, Steuerrechtskartei EStG bis 1974, § 19 Abs 1 Ziff 1 R 25). Bei unmittelbar berufsbezogenen Veranstaltungen (Fortbildungslehrgängen uÄ) können entsprechende Ausgaben Werbungskosten sein (s *Fortbildung* Rz 26–28; *Weiterbildung* Rz 6, 7).

22   2. Ein **Betriebskassierer** der Gewerkschaft, der gegen geringes Entgelt die Gewerkschaftsbeiträge in Betrieben erhebt, begründet mit dieser Tätigkeit kein ArbNVerhältnis

(BFH 7.10.54, BStBl III 54, 374). Wird die Gewerkschaftstätigkeit im Wesentlichen aus ideellen Motiven ausgeübt, ist bei Bezügen und geldwerten Vorteilen dennoch die Besteuerung geboten, wenn die erhaltenen Leistungen Entgeltcharakter haben; s unten Rz 23. Zuwendungen eines gewerkschaftlichen Aufsichtsratsmitglieds an eine gewerkschaftliche gemeinnützige Einrichtung sind als Spende zu behandeln, nicht als Betriebsausgabe (FG Bbg 2.4.09 – 10 K 1190/06 B, EFG 09, 1286).

Ob ein **hauptberuflicher Gewerkschaftsfunktionär** ArbN iSd 2. VermBG ist, richtet sich nach arbeitsrechtlichen Gesichtspunkten (FG Hbg 26.2.73, EFG 73, 410).

3. Ehrenamtliche Tätigkeit. Aufwendungen eines ArbN für seine **ehrenamtliche Gewerkschaftstätigkeit** sind Werbungskosten bei seinen hauptberuflichen Einnahmen, wenn die Gewerkschaftstätigkeit in engem Zusammenhang mit dem Hauptberuf steht (FG Hess 26.1.94 – 11 K 180/91, EFG 94, 919; s auch *Ehrenamtliche Tätigkeit* Rz 20). Hierunter fallen auch Aufwendungen eines Gewerkschaftsmitglieds zu seiner Wahl in den Betriebsrat (s *Betriebsrat* Rz 63; FG Bln 28.3.07 – 7 K 9184/06, EFG 07, 1323) sowie Fahrtkosten und Verpflegungsmehraufwendungen, nicht aber bei Reisen mit touristischem Einschlag (BFH 25.3.93 – VI R 14/90, BStBl II 93, 559; s hierzu *Auslandsreise* Rz 20). 23

Hat die gewerkschaftliche Nebentätigkeit keinen unmittelbaren Bezug zur eigentlichen Berufstätigkeit, sind die Aufwendungen keine Werbungskosten, sondern nicht abzugsfähige Lebenshaltungskosten (FG Nbg 15.3.89, EFG 89, 565). Dies gilt insbesondere dann, wenn die Tätigkeit allgemein politischen Charakter trägt (BFH 2.10.92 – VI R 11/90, BStBl II 93, 53). 24

Die Aufwendungen, die nicht Werbungskosten sind, können grds auch nicht als außergewöhnliche Belastung geltend gemacht werden, weil keine Verpflichtung besteht, die ehrenamtliche Gewerkschaftstätigkeit zu übernehmen (Finanzverwaltung 4.12.84, DB 85, 88); s im Übrigen *Betriebsversammlung* Rz 36. 25

4. Streik- und Aussperrungsunterstützungen s *Arbeitskampf (Vergütung)* Rz 24 ff. 26

C. Sozialversicherungsrecht *Voelzke*

1. Sozialversicherungsträger. Mitwirkungsrechte sind den Gewerkschaften bei der Bildung der **Organe** der SozVTräger, die als rechtsfähige Körperschaften des öffentlichen Rechts organisiert sind, eingeräumt. Die Selbstverwaltung wird durch die Versicherten und die ArbGeb ausgeübt (§ 44 Abs 1 SGB IV). Die Wahlen für die Vertreterversammlungen erfolgen aufgrund von Vorschlagslisten (§ 46 SGB IV). Wird aus einer Gruppe nur eine Vorschlagsliste zugelassen oder werden nicht mehr Bewerber benannt als Mitglieder zu wählen sind, gelten die Vorgeschlagenen aufgrund gesetzlicher Fiktion als gewählt (§ 46 Abs 2 SGB IV; sog Friedenswahl, s hierzu *Schlegel/Voelzke/Woltjen* SGB IV, § 46 Rz 21). § 48 Abs 1 Nr 1 SGB IV räumt den Gewerkschaften sowie sonstigen ArbNVereinigungen und deren Verbänden das Recht ein, Vorschlagslisten einzureichen. Ein entsprechendes Vorschlagsrecht besteht für die Wahl der Versichertenältesten und der Vertrauensmänner (§ 61 SGB IV). Die Vorschlagslisten müssen je nach Zahl der Versicherten eine bestimmte Zahl von Unterschriften enthalten. Die an Gewerkschaften und sonstige ArbNVereinigungen zu stellenden Anforderungen werden durch § 48a SGB IV konkretisiert. 31

Gewerkschaften sind als ArbNVereinigungen vorschlagsberechtigt, wenn sie zu den tariffähigen Gewerkschaften im arbeitsrechtlichen Sinn gehören; sonstige ArbNVereinigungen müssen weitere Voraussetzungen erfüllen, insbesondere hinsichtlich ihrer Organisation, der Zahl ihrer beitragszahlenden Mitglieder und ihrem Hervortreten in der Öffentlichkeit. Für bisher noch nicht vertretene Gewerkschaften und sonstige ArbNVereinigungen ist ein Feststellungsverfahren bzw die Feststellung der allgemeinen Vorschlagsberechtigung zwingend vorgeschrieben (§§ 48b, 48c SGB IV). 32

Einzelheiten der Wahlen zu den Selbstverwaltungsorganen ergeben sich aus der Wahlordnung für die SozV vom 28.7.97 (BGBl I 97, 1946, zuletzt geändert durch Gesetz vom 21.3.05, BGBl I 05, 833). Die bei Verstößen gegen das Wahlrecht statthafte **Wahlanfechtungsklage** umfasst auch die Überprüfung der Berechtigung von ArbNVereinigungen zur Einreichung von Vorschlagslisten (BSG 14.6.84 – 1/8 RK 18/83, NZA 84, 365). Die Wahlanfechtungsklage ist unzulässig, wenn von den eröffneten Beschwerdemöglichkeiten nicht zumindest ein Beschwerdeberechtigter Gebrauch gemacht hat (§ 57 Abs 4 SGB IV; BSG 6.2.91 – 1 RR 1/89, SozR 3-2400 § 57 Nr 1). Ein direktes Vorschlagsrecht der 33 genannten ArbNOrganisationen für den Vorstand, der von den Vertretern der Versicherten und ArbGeb jeweils getrennt gewählt wird, besteht nicht (vgl § 52 SGB IV).

Vorschlagsberechtigt für die zu berufenden Vertreter der ArbN in den Selbstverwaltungsorganen der BA sind die Gewerkschaften, die Tarifverträge abgeschlossen haben, sowie ihre Verbände und Vereinigungen, die für die Vertretung von ArbNInteressen wesentliche Bedeutung haben (§ 379 Abs 1 Satz 1 Nr 1 SGB III). Für die Verwaltungsausschüsse der Agenturen für Arbeit sind nur die für den Bezirk zuständigen Gewerkschaften und ihre Verbände vorschlagsberechtigt (§ 379 Abs 1 Satz 2 SGB III).

34 **2. Sozialgerichtliches Verfahren.** In der Sozialgerichtsbarkeit ist den Gewerkschaften ein **Vorschlagsrecht** bei der Berufung der ehrenamtlichen Richter eingeräumt. Sie können gem § 14 Abs 1 SGG neben sonstigen selbstständigen ArbNVereinigungen und den ArbGebVereinigungen Vorschlagslisten für die ehrenamtlichen Richter bei den SG aufstellen, die in den Kammern für Angelegenheiten der SozV und der ArblV mitwirken. Ein Vorschlagsrecht besteht auch für die bei den LSG (§ 35 Abs 1 SGG) und beim BSG (§ 46 Abs 1 SGG) zu berufenden ehrenamtlichen Richter.

35 Eine Begünstigung im sozialgerichtlichen Verfahren, für das ein Vertretungszwang nicht vorgesehen ist, ist für die **Prozessvertretung** durch Mitglieder und Angestellte von Gewerkschaften (berufsständische Vereinigungen von ArbN mit sozial- oder berufspolitischer Zielsetzung, Vereinigungen von ArbGeb usw) geschaffen worden; die genannten Personen können nicht durch Beschluss als Bevollmächtigte gem § 73 Abs 6 Satz 1 SGG, § 157 Abs 1 ZPO zurückgewiesen werden (§ 73 Abs 6 Satz 3 SGG). Gleiches gilt nach § 73 Abs 6 Satz 4 SGG für Angestellte juristischer Personen, deren Anteile sämtlich im wirtschaftlichen Eigentum ua einer Gewerkschaft stehen, sofern die juristische Person ausschließlich die Rechtsberatung und Prozessvertretung der Mitglieder der Organisation (Gewerkschaft) entsprechend deren Satzung durchführt und wenn die Gewerkschaft für die Tätigkeit der Bevollmächtigten haftet. Für alle Verfahren vor dem BSG besteht Vertretungszwang (zu den Ausnahmen s *Meyer-Ladewig/Keller/Leitherer* § 166 Rz 3); zugelassen sind hier auch die in § 166 Abs 2 SGG genannten Mitglieder und Angestellten von Gewerkschaften und Vereinigungen, sofern sie kraft Satzung oder Vollmacht zur Prozessvertretung befugt sind und Mitglieder vertreten. Ferner sind für die Vertretung vor dem BSG auch die Angestellten der im wirtschaftlichen Eigentum der Gewerkschaften stehenden „Rechtsberatungs-GmbH" zugelassen. Erforderlich ist, wenn sich die Vertretungsbefugnis nicht bereits aus der Satzung ergibt, eine schriftliche Vollmacht (vgl BSG 27.3.91 – 7 RAr 126/88, SozR 3–1500 § 166 Nr 1).

Gewissensfreiheit

A. Arbeitsrecht
Kania

1 **1. Allgemeines.** Die grundrechtlich verankerte Gewissensfreiheit (Art 4 Abs 1 GG) wird dem ArbN auch im Arbeitsverhältnis gewährleistet. Als Ausfluss des Persönlichkeitsrechtes ist sie Schutzgut im Rahmen der Fürsorgepflicht und damit Gegenstand der vertraglichen Schutzpflichten des ArbGeb (MünchArbR/*Reichold* § 86 Rz 1, 23). Zu Gewissenskonflikten, die nicht die Arbeitsleistung selbst betreffen, sondern die Rücksichtspflicht des ArbN, insbes Verschwiegenheits- und Loyalitätspflichten, s *Whistleblowing* Rz 1 ff.

2 **2. Arbeitsverweigerung aus Gewissensgründen. a) Grundsatz.** Die Zuweisung von Arbeit durch den ArbGeb hat gem § 106 GewO unter Beachtung des Maßstabs billigen Ermessens zu erfolgen. Daraus folgt, dass beachtliche Glaubens- und Gewissenskonflikte bei ArbGebWeisungen berücksichtigt werden müssen. Auszugehen ist hierbei vom sog **subjektiven Gewissensbegriff.** Geschützt ist danach jede ernste sittliche, dh an den Kategorien „gut" und „böse" orientierte Entscheidung, die der Einzelne in einer bestimmten Lage als für sich bindend und unbedingt verpflichtend innerlich erfährt, so dass er gegen sie nicht ohne ernste Gewissensnot handeln könnte (BAG 24.2.11 – 2 AZR 636/09, NZA 11, 1087). Allerdings ist die Gewissensfreiheit nicht schrankenlos gewährleistet. Sie findet ihre Grenze jedenfalls in kollidierenden Grundrechtspositionen des ArbGeb, insbes Art 12 Abs 1 GG (BAG 22.5.03 – 2 AZR 426/02, NZA 04, 399; BAG 24.2.11 – 2 AZR 636/09, NZA 11, 1087).

Gewissensfreiheit

Befindet sich der ArbN in Gewissensnot, hat er grds das Recht, **die Arbeitsleistung zu** **3** **verweigern.** Dabei ist es zunächst möglich, dass der Gewissenskonflikt bereits dazu führt, dass es wegen nicht hinreichender Einhaltung des Maßstabs billigen Ermessens an einer verpflichtenden ArbGebWeisung iSd § 106 GewO fehlt. Im Übrigen greift bei Unzumutbarkeit der Ausführung einer ArbGebWeisung das gesetzliche Zurückbehaltungsrecht gem § 275 Abs 3 BGB ein (BAG 24.2.11 – 2 AZR 636/09, NZA 11, 1087; ErfK/*Preis* § 611 BGB Rz 687).

Erfährt der ArbN bereits frühzeitig, dass ihm eine Tätigkeit zugewiesen werden soll, die **4** mit seinem Gewissen nicht zu vereinbaren ist, so hat er den ArbGeb unverzüglich davon in Kenntnis zu setzen, dass er beabsichtigt, die Arbeit zu verweigern. Die auch im Gewissenskonflikt bestehende **Rücksichtspflicht** verpflichtet den ArbN, seinen ArbGeb so rechtzeitig zu informieren, dass eine anderweitige Arbeitsverteilung vorgenommen werden kann, um einen Arbeitsausfall zu verhindern.

b) Ausschluss und Grenzen des Arbeitsverweigerungsrechts. Bei der Bestimmung **5** der Grenzen der Gewissensfreiheit ist zunächst die **Intensität der Gewissensbeeinträchtigung** von Bedeutung. Wenn eine ArbGebWeisung mit fundamentalen, unüberwindbaren Überzeugungen des ArbN kollidiert, wird es häufig nicht billigem Ermessen entsprechen, wenn der ArbGeb an ihr festhält und ihre Befolgung verlangt (BAG 24.2.11 – 2 AZR 636/09, NZA 11, 1087). Anzuerkennen ist unter diesem Gesichtspunkt etwa ein Leistungsverweigerungsrecht eines Kriegsdienstverweigerers, der verpflichtet wird, kriegsverherrlichende Schriften zu drucken (BAG 20.12.84 – 2 AZR 436/83, DB 85, 1853), oder eines Arztes, der bei der Entwicklung von im Nuklearkriegsfall verwendbaren Medikamenten mitwirken soll (BAG 24.5.89 – 2 AZR 285/88, DB 89, 2538).

Absehbare Gewissensbeeinträchtigungen können unter dem Gesichtspunkt der Treue- **6** pflicht gem § 242 BGB der Gewissensfreiheit Grenzen setzen. Insofern ist es für die Interessenabwägung grds von Bedeutung, ob der ArbN schon bei Vertragsabschluss damit rechnen musste, dass ihm eine bestimmte Tätigkeit zugewiesen werden könnte. Jedenfalls wenn der ArbN bei Vertragsschluss bereits positiv wusste, dass er die vertraglich eingegangenen Verpflichtungen um seiner Überzeugungen willen sämtlich und von Beginn an nicht würde erfüllen können, ist eine Arbeitsverweigerung stets als Verletzung der vertraglichen Pflichten zu werten (BAG 24.2.11 – 2 AZR 636/09, NZA 11, 1087; BAG 22.5.03 – 2 AZR 426/02, NZA 04, 399). Weiter dürfen durch die Gewissensentscheidung nicht die **Ordnung des Betriebs und der Betriebsfriede** konkret berührt werden (so BAG 28.9.72, AP Nr 2 zu § 134 BGB zur vergleichbaren Grenzziehung hinsichtlich der Meinungsäußerungsfreiheit). Dementsprechend hat ein muslimischer ArbN keinen Anspruch auf Gebetspausen während der Arbeitszeit, wenn hierdurch betriebliche Störungen verursacht werden (LAG Hamm 18.1.02 – 5 Sa 1782/01, NZA 02, 675). Die Treuepflicht kann auch Postzusteller verpflichten, trotz Gewissensbissen Postwurfsendungen (rechts-)radikaler Parteien auszutragen (LAG Hess 20.12.94, LAGE § 611 BGB Abmahnung, Nr 41), und Angestellte in Musikgeschäften zwingen, politisch zweifelhafte Schallplatten zu verkaufen. Die Gewissensfreiheit legitimiert keinen Fundamentalismus im Arbeitsverhältnis (ArbG Hbg 22.10.01 – 21 Ca 187/01, NZA-RR 02, 87).

Auch ein ArbN, der für sich selbst zu Recht ein Leistungsverweigerungsrecht in Anspruch **7** nimmt, ist nicht berechtigt, missionarisch **auf andere Arbeitnehmer einzuwirken,** um diese ebenfalls zur Arbeitsniederlegung zu bewegen. Dies gilt nicht nur für ausdrückliche Aufforderungen. Als unzulässige Gefährdung des Betriebsfriedens wären etwa auch der „Sitzstreik" im Betrieb oder die Verteilung eines Flugblattes, in dem über die Arbeitsniederlegung aus Gewissensgründen berichtet wird, anzusehen.

c) Kündigung wegen Arbeitsverweigerung. Erfolgt die Arbeitsverweigerung aus an- **8** erkennenswerten Gründen, ist eine ordentliche verhaltensbedingte Kündigung grds nicht gerechtfertigt (BAG 20.12.84, BB 85, 1853; 24.5.89, DB 89, 2538). Der ArbGeb muss zunächst versuchen, andere ArbN mit der Arbeit zu betrauen, wenn dadurch ohne wesentliche Nachteile für den Betrieb der Gewissenskonflikt vermieden wird. Erst wenn dies nicht möglich ist, kann nach den Umständen des Einzelfalls eine personenbedingte Kündigung gerechtfertigt sein, insbes wenn auch künftig mit weiteren Gewissenskonflikten zu rechnen ist (BAG 20.12.84, BB 85, 1854; BAG 24.2.11 – 2 AZR 636/09, NZA 11, 1087). Zur Kündigung eines angestellten Arztes wegen der Weigerung, Schwangerschaftsabbrüche vorzunehmen s auch *Schwangerschaftsabbruch* Rz 4.

207 Gewissensfreiheit

9 **d) Vergütung trotz Arbeitsverweigerung.** Rechtsfolge der Leistungsverweigerung gem § 275 Abs 3 BGB ist ebenso wie bei berechtigter Nichtbefolgung einer unbilligen Weisung gem § 106 GewO der Wegfall des Vergütungsanspruchs. Dies ergibt sich aus § 326 Abs 1 BGB. Ein Anspruch auf Vergütungsfortzahlung könnte sich zwar aus § 616 BGB ergeben. Die Anwendung dieser Vorschrift ist aber bei Leistungsverweigerung aus Gewissensgründen abzulehnen (str, vgl ErfK/*Preis* § 611 BGB Rz 688 mwN).

10 **3. Aktive Gewissensbetätigung ohne Arbeitsverweigerung.** Die aktive Gewissensbetätigung kann dann eine verhaltensbedingte Kündigung nach sich ziehen, wenn sie mit entgegenstehenden Weisungen des ArbGeb kollidiert. Diese Gefahr besteht etwa beim Tragen religiöser Symbole und Kleidungsstücke während der Arbeitszeit. Allerdings darf der ArbGeb sein Weisungsrecht, etwa bei Anordnung einer bestimmten Kleiderordnung, nur nach billigem Ermessen ausüben (§ 106 GewO). Bei dieser Entscheidung sind grundrechtlich insbes durch Art 4 Abs 1 und Abs 2 GG geschützte Positionen des ArbN mit der durch Art 12 GG geschützten Unternehmerfreiheit abzuwägen. Nach Auffassung des BAG überwiegen die Grundrechtspositionen des ArbN, solange es nicht zu konkreten betrieblichen Störungen oder wirtschaftlichen Einbußen kommt. Da es im konkreten Fall daran fehlte, hat das BAG die Kündigung einer Verkäuferin in einem Kaufhaus wegen Tragens eines islamischen Kopftuchs für unwirksam erklärt (BAG 10.10.02 – 2 AZR 472/01, NZA 03, 483; bestätigt durch BVerfG 30.7.03 – 1 BvR 792/03, NZA 03, 953).

11 **4. Beschwerderecht des Arbeitnehmers.** Fühlt sich ein ArbN in seiner Gewissensfreiheit beeinträchtigt, so hat er die Möglichkeit, sich entweder **unmittelbar** (§ 84 BetrVG) **oder über den Betriebsrat** (§ 85 BetrVG) beim ArbGeb zu beschweren. Eine verbindliche Entscheidung der Einigungsstelle über die Berechtigung der Beschwerde gem § 85 Abs 2 Satz 1 BetrVG scheidet regelmäßig aus, da Beeinträchtigungen der Gewissensfreiheit grds „Rechtsansprüche" iSd § 85 Abs 2 Satz 3 BetrVG betreffen. Der ArbGeb hat den ArbN über die Behandlung der Beschwerde zu bescheiden und, soweit er die Beschwerde für berechtigt erachtet, ihr abzuhelfen. Aus der Erhebung der Beschwerde dürfen dem ArbN keine Nachteile entstehen (§ 85 Abs 3 BetrVG).

12 **5. Gewissensfreiheit der Betriebsratsmitglieder.** Zwar sind BRatMitglieder im Rahmen ihrer Amtstätigkeit grds befugt, nach ihrem Gewissen zu entscheiden; die Ausübung der Gewissensfreiheit darf jedoch nicht zu einer **Verletzung ihrer Amtspflichten** führen. Dies ergibt sich aus § 23 Abs 1 BetrVG, der bei grober Verletzung der gesetzlichen Pflichten die Möglichkeit des Ausschlusses aus dem BRat vorsieht. Von der Gewissensfreiheit nicht gedeckt sind insbes **aktive Maßnahmen,** durch die der Arbeitsablauf und der Betriebsfrieden beeinträchtigt werden oder die eine parteipolitische Betätigung darstellen (vgl § 74 Abs 2 Satz 2 und 3 BetrVG). Unzulässig ist etwa Werbung für die Scientology-Organisation durch ein BRatMitglied (ArbG Ludwigshafen 12.5.93, BB 94, 861).

13 **Untätigkeit** unter Berufung auf Gewissensfreiheit ist dann unzulässig, wenn das BRatMitglied auf diese Weise die Erfüllung seiner BRatPflichten verletzt. Dies ist etwa dann der Fall, wenn sich ein BRatMitglied aus Gewissensgründen weigert, eine Beschwerde eines ArbN gem § 85 BetrVG entgegenzunehmen.

B. Lohnsteuerrecht
Thomas

14 Ob ein ArbN eine bestimmte Arbeit zu Recht aus Gewissensgründen verweigert hat bzw ob ihm zu Recht wegen Arbeitsverweigerung gekündigt worden ist, hat steuerlich nur mittelbare Auswirkung, da die Steuer an den tatsächlich zugeflossenen (und ggf an einen nachgezahlten) Arbeitslohn anknüpft. Deswegen kommt es nicht darauf an, ob dem ArbN bei zutreffender Würdigung seiner Motive ein höherer oder geringerer Zahlungsanspruch zugestanden hätte, wenn dieser nicht durchgesetzt wird. Die Zahlung von Steuern kann nicht mit der Begründung verweigert werden, dass bestimmte Verwendungszwecke, zB militärische Ausgaben, nicht mit dem Gewissen des Stpfl vereinbar seien (BFH 6.12.91, BStBl II 92, 303; bestätigt durch BVerfG 26.8.92, DStR 93, 507). Die auf der Budgetverantwortung des Parlaments und dem demokratischen Prinzip beruhende haushaltsrechtliche Verwendungsentscheidung über die vereinnahmten Steuern unterliegt keinem Vorbehalt der Gewissensentscheidung des Einzelnen zu der Frage, wie Steuern zu verwenden sind (BFH 26.1.12 – II B 70/11, BFH/NV 12, 735). Ein

diesbezüglicher Gewissenskonflikt ist auch kein Billigkeitsgrund für den Erlass von ESt (FG Düsseldorf 25.9.96, EFG 97, 354 und vom 19.2.97, EFG 97, 653).

Wird LSt pauschal nacherhoben, darf für solche ArbN, die nachweislich keiner erhebungs- 15 berechtigten Religionsgemeinschaft angehören, nicht zusätzlich pauschale KiSt festgesetzt werden (BFH 30.11.89, BStBl II 90, 993; 7.12.94, BStBl II 95, 507 mit Anm *Thomas* KFR/ F 6 EStG § 40, 2/95, S 227; vgl auch *Lang/Lemaire* StuW 94, 257; *Birk/Jahndorf* StuW 95, 103 und BB 95, 1443 sowie *Völlmeke* DStR 94, 1517). Ob der gleichlautende Ländererlass vom 19.5.99 (BStBl I 99, 509) hinsichtlich der Formerfordernisse über den Nachweis der Nichtzugehörigkeit zu einer Religionsgemeinschaft (Ziff 2b) und hinsichtlich des Erfordernisses, in **allen** Fällen der Pauschalierung ein einheitliches Verfahren anzuwenden (Ziff 1), haltbar ist, erscheint zweifelhaft und wurde deshalb aufgegeben (gleichlautender Ländererlass 8.5.2000, BStBl I 2000, 612). Zur verfahrensrechtlichen Behandlung der Erstattung zu Unrecht einbehaltener KiLSt vgl BFH 16.3.94, BFH/NV 95, 67. Nach *Felix* (BB 95, 1929) soll die unentgeltliche Inanspruchnahme des ArbGeb beim KiLStAbzug verfassungswidrig sein.

C. Sozialversicherungsrecht *Schlegel*

1. Unzumutbarkeit von Arbeit aus Glaubens- und Gewissensgründen. Ist einem 16 arbeitslosen ArbN die Ausübung oder die Aufnahme einer Tätigkeit aus Glaubens- und Gewissensgründen nicht zumutbar, ist er gleichwohl iSd § 138 Abs 1 Nr 2 SGB III verfügbar, wenn die übrigen Voraussetzungen dieser Vorschrift vorliegen. **Verfügbarkeit** nach dieser Vorschrift liegt vor, wenn der arbeitslose ArbN ua bereit ist, jede zumutbare Beschäftigung anzunehmen, die er ausüben kann und darf (zu den zumutbaren Beschäftigungen vgl § 140 SGB III). Unter denselben Voraussetzungen kann ein wichtiger Grund iSd § 159 SGB III vorliegen, der den Eintritt einer Sperrzeit ausschließt, wenn ein ArbN das Beschäftigungsverhältnis gelöst hat oder eine ihm von der Agentur für Arbeit angebotene Arbeit ablehnt (Einzelheiten s *Sperrzeit* Rz 6 ff). **Wichtiger Grund im Sinne der Sperrzeitenregelung** sind aber nur Glaubens- und Gewissensgründe, denen bei einer Abwägung mit den Interessen der Versichertengemeinschaft ein Übergewicht zukommt. Gewissensgründe können auch bei der Frage eine Rolle spielen, ob Berufsunfähigkeit in der RV vorliegt, weil es **zumutbare Verweisungstätigkeiten** gibt (vgl BSG 9.10.07 – B 5b/8 KN 2/07 R, SozR 4–2600 § 43 Nr 12 zur Zumutbarkeit der Verweisung auf den Beruf eines Zigarettenautomatenauffüllers).

Einzelfälle. Religiöse Motive hat das BSG als wichtigen Grund anerkannt, wenn ein 17 ArbN bei Annahme einer von der Agentur für Arbeit angebotenen Arbeit gezwungen wäre, entgegen seiner Überzeugung und den Geboten seiner Glaubensgemeinschaft am Sabbat zu arbeiten (zu den „Sieben-Tage-Adventisten vgl BSG 10.12.80 – 7 RAr 93/79, SozR 4100 § 119 Nr 13); das BSG stellt in dieser Entscheidung darauf ab, dass sich die Freiheit der Religionsausübung nicht auf die christlichen Kirchen beschränkt, sondern sich auch auf andere Religions- und Weltanschauungsgemeinschaften erstreckt und diese Freiheit nicht nur die Vornahme kultischer Handlungen, sondern auch die Beachtung sonstiger religiöser Gebräuche sichert. Das BSG hat aber auch klargestellt, dass nicht sämtliche Gebräuche und Sitten jedweder Sekte es rechtfertigen, eine angebotene Arbeit abzulehnen oder eine ausgeübte Arbeit aufzugeben, ohne hierdurch Nachteile im Bereich der Arbeitsförderung befürchten zu müssen.

Arbeit in der Rüstungsproduktion durch Kriegsdienstverweigerer stellt nach An- 18 sicht des BSG dagegen keinen wichtigen Grund dar, eine derartige Tätigkeit (konkret: Katalogredakteur) abzulehnen, weil die konkret angebotene Tätigkeit nicht unmittelbar dem Kriegsdienst oder der Rüstungsgüterproduktion diene und außerdem die Funktionsfähigkeit der ArblV gefährdet wäre, wenn Kriegsdienstverweigerer jegliche mit der Rüstung im Zusammenhang stehende Arbeit ablehnen könnten (BSG 23.6.82 – 7 RAr 89/81, SozR 4100 § 119 Nr 19; bestätigt von BVerfG 13.6.83 – 1 BvR 1239/82, SozR 4100 § 119 Nr 22).

2. Vorenthaltung von Beiträgen aus Gewissensgründen. Nach §§ 200 ff RVO haben 19 Versicherte Anspruch ua auf Leistungen bei einem nicht rechtswidrigen Abbruch der Schwangerschaft durch einen Arzt. Im Hinblick darauf, dass es sich auch hierbei um beitragsfinanzierte Leistungen der Krankenkassen handelt, ist von Krankenkassenmitgliedern verschiedentlich der Versuch unternommen worden, den Krankenkassen im Wege einer Unterlassungs- oder Feststellungsklage die Erbringung derartiger Leistungen zu untersagen. Begründet wurden diese

208 Gleichbehandlung

Klagen ua damit, es verstoße gegen die Glaubens- und Gewissensfreiheit des Kassenmitglieds, wenn jemand gezwungen wird, durch seine Beiträge diese Leistungen mitzufinanzieren.

20 Letztlich ging es hierbei im Grunde immer darum, die genannten Leistungen schlechthin durch eine Entscheidung des BVerfG über den „Umweg" konkreter Feststellungsklagen ganz auszuschließen. Die Rspr ist dem zutreffend entgegengetreten. Versicherte haben nämlich auch im Lichte des Art 4 GG keinen Anspruch gegen die Krankenkassen, Beiträge nur zu bestimmten Zwecken zu verwenden, die Verwendung zu anderen Zwecken – etwa demjenigen des Schwangerschaftsabbruchs – aber generell zu unterlassen; derartige (Feststellungs-)Klagen sind als **Popularklagen** unzulässig; die in § 54 SGG vorgesehene Feststellungsklage ist keine Vorschrift, mit deren Hilfe sich jedermann in einer nach dem Verfassungsprozessrecht nicht zulässigen Weise „zum Wächter über die Verfassungsordnung" bestellen kann (BVerfG 18.4.84 – 1 BvR 43/81, SozR 1500 § 54 Nr 60; BSG 24.9.86 – 8 RK 8/85, SozR 1500 § 54 Nr 67) Ebensowenig hatte die Klage eines ArbGeb Erfolg, der seinen Anteil an den KV-Beiträgen im Hinblick auf die Leistungen für Schwangerschaftsabbrüche nur in reduzierter Höhe zahlen wollte (vgl BSG 9.10.85 – 12 RK 18/83, SozR 2200 § 385 Nr 10). Ein Versicherter kann aus Glaubensgründen auch nicht die Verlegung in ein anderes Krankenhaus verlangen, obwohl er im Aufnahme-Krankenhaus die „erforderliche Krankenhausbehandlung" (§ 39 Abs 1 Satz 2 SGB V) erhalten kann. Die durch das Grundgesetz gewährleistete Freiheit des Glaubens führt nicht dazu, dass zB die von **Zeugen Jehovas** religiös motivierte Ablehnung von Bluttransfusionen einer medizinisch notwendigen Verlegung des Versicherten von einem Krankenhaus ins andere gleichzustellen ist (BSG 2.11.07 – B 1 KR 11/07 R).

21 **3. Unfallversicherung.** Zur Eintrittspflicht eines UVTrägers, wenn nach einem Arbeitsunfall aus Gewissensgründen erforderliche Behandlungsmaßnahmen (zB Fremdbluttransfusion) abgelehnt werden vgl BSG 9.12.03 – B 2 U 8/03 R, SozR 4–2200 § 589 Nr 1.

22 **4. Krankenversicherung.** Die durch das Grundgesetz gewährleistete Freiheit des Glaubens, des Gewissens und die Freiheit des religiösen und weltanschaulichen Bekenntnisses (Art 4 Abs 1 GG) führen nicht dazu, dass die religiös motivierte Ablehnung bestimmter Leistungen zu ansonsten nicht vorgesehenen Leistungsansprüchen führt. Zwar ist nach § 2 Abs 3 Satz 2 SGB V bei der Auswahl der Leistungserbringer den religiösen Bedürfnissen der Versicherten Rechnung zu tragen. Das Rücksichtnahmegebot bzgl religiöser Bedürfnisse lässt das Wirtschaftlichkeitsgebot des § 12 SGB V nicht entfallen (vgl BSG 2.11.07 – B 1 KR 11/07 R, SozR 4–2500 § 60 Nr 3 zu zusätzlichen Transportkosten wegen des Wunsches eines Versicherten – Zeuge Jehovas – in ein Krankenhaus verlegt zu werden, das ohne Bluttransfusion behandeln wollte).

Gleichbehandlung

A. Arbeitsrecht
Kania

Übersicht

	Rz		Rz
I. Begriff und Rechtsgrundlagen	1–3	5. Rechtsfolge der Ungleichbehandlung	16–21
II. Allgemeiner arbeitsrechtlicher Gleichbehandlungsgrundsatz	4–21	a) Unwirksamkeit und Anpassung	16, 17
1. Sachlicher Geltungsbereich	4–6	b) Angleichung „nach oben"	18
2. Räumlicher Geltungsbereich	7	c) Rückwirkende Gleichstellung	19, 20
3. Voraussetzungen des Gleichbehandlungsgrundsatzes	8–14	d) Gesetz und Tarifvertrag	21
a) Gruppenbildung	8–11	III. Gleichbehandlung in der Praxis	22–37
b) Kollektive Regelung seitens des Arbeitgebers	12	1. Arbeitsvergütung	23–33
c) Rechtsverhältnis zwischen Arbeitgeber und Arbeitnehmer	13	a) Allgemeines	23
		b) Lohnerhöhung	24–27
d) Ungleichbehandlung ohne sachlichen Grund	14	c) Freiwillige Zulagen und Sonderzuwendungen	28–33
		2. Altersversorgung	34, 35
4. Darlegungs- und Beweislast	15	3. Arbeitszeit	36
		4. Kündigung	37

I. Begriff und Rechtsgrundlagen. Die Gleichbehandlung der ArbN gehört zu den 1
Grundprinzipien des europäischen und nationalen Arbeitsrechts und ist auf beiden Rechtsebenen gesetzlich verankert. Auf verfassungsrechtlicher Ebene ist der Gleichbehandlungsgrundsatz in Art 3 Abs 1 GG niedergelegt. Daneben enthält Art 3 GG in Abs 2 das Gebot der Gleichbehandlung der Geschlechter und in Abs 3 spezielle Diskriminierungsverbote. Allerdings ist Art 3 GG selbst im Arbeitsverhältnis nicht unmittelbar anwendbar, da nach einhelliger Auffassung **die Grundrechte** im Privatrecht **keine unmittelbare Drittwirkung** entfalten. Allgemein anerkannt ist jedoch eine mittelbare Wirkung der verfassungsrechtlichen Gleichbehandlungs- bzw Benachteiligungsverbote im Privatrecht über auslegungsbedürftige **Generalklauseln** und unbestimmte Rechtsbegriffe, zB den Grundsatz von Treu und Glauben aus § 242 BGB, billiges Ermessen gem § 106 Satz 1 GewO (ErfK/ *Dieterich* Einl GG Rz 15 ff). Daneben hat der verfassungsrechtliche Gleichheitssatz insbes über den ungeschriebenen, aber einhellig anerkannten **allgemeinen arbeitsrechtlichen Gleichbehandlungsgrundsatz** Eingang ins Arbeitsrecht gefunden. Durch ihn wird die im Gerechtigkeitsgedanken wurzelnde Grundidee, Gleiches gleich und Ungleiches ungleich zu behandeln, umgesetzt. Hiernach verboten ist die willkürliche, also sachlich ungerechtfertigte Ungleichbehandlung. Unmittelbar relevant wird dieser Grundsatz immer dort, wo eine einseitige Gestaltungsmacht des ArbGeb besteht, zB bei freiwillig und generell gewährten Leistungen wie Gratifikationen, Versorgungszulagen usw. Der Diskriminierungsschutz im nationalen Arbeitsrecht ist maßgeblich durch die Umsetzung EU-rechtlicher Vorgaben geschaffen und durch den EuGH ausgestaltet worden (s *Diskriminierung* Rz 1 ff und *EU-Recht* Rz 24, 25).

Daneben bestehen noch zahlreiche **einfachgesetzliche Diskriminierungsverbote**. Die- 2
se stellen eine Modifizierung des Gleichbehandlungsgrundsatzes dergestalt dar, dass sie die an ein **bestimmtes Kriterium anknüpfende Ungleichbehandlung** verbieten. Sofern ein geschütztes Merkmal vorliegt, muss Ungleiches grds gleich behandelt werden (*Preis* Arbeitsrecht § 32 I 2). Der Gesetzgeber hat vor allem mit dem **Allgemeinen Gleichbehandlungsgesetz (AGG)** das zentrale Verbot der Benachteiligung in Beschäftigung und Beruf wegen besonderer persönlicher Merkmale (Rasse, ethnischer Herkunft, Religion, politischer Weltanschauung, sexueller Identität, Geschlecht, Alter, Behinderung) geschaffen. Das AGG lässt die Geltung des arbeitsrechtlichen Gleichbehandlungsgrundsatzes aber unberührt (§ 2 Abs 3 AGG): Geht es um Ungleichbehandlungen, die nicht mit einer vom Geltungsbereich des AGG erfassten Diskriminierung einhergehen, richten sich die Rechtsfolgen allein nach den unten dargestellten, von der Rspr entwickelten Grundsätzen. Erfolgt eine Ungleichbehandlung hingegen wegen eines in § 1 AGG genannten Merkmals, bedarf diese Ungleichbehandlung einer spezifischen Rechtfertigung nach Maßgabe des AGG (Einzelheiten s *Diskriminierung*). Im Übrigen ist die Diskriminierung Teilzeit- und befristet Beschäftigter verboten durch **§ 4 Abs 1 und 2 TzBfG**, die von Schwerbehinderten durch § 81 Abs 2 SGB IX iVm AGG. Für die Behandlung der Betriebsangehörigen durch ArbGeb und BRat werden die grundrechtlichen Wertentscheidungen der Art 3 und Art 9 Abs 3 Satz 2 GG (als spezielles Benachteiligungsverbot) durch **§ 75 BetrVG** konkretisiert. Die dort festgeschriebenen Grundsätze haben den allgemeinen arbeitsrechtlichen Gleichbehandlungsgrundsatz mitgeprägt (ErfK/*Kania* § 75 Rz 1).

Während arbeitsrechtliche Gesetze unmittelbar an Art 3 GG zu messen sind, ist für 3
Rechtsnormen eines Tarifvertrages die unmittelbare Bindung an die Grundrechte und damit auch an Art 3 GG umstritten (vom BAG zunächst wegen der materiellen Rechtssetzungsbefugnis der Tarifparteien bejaht, inzwischen von verschiedenen Senaten des BAG abgelehnt, s BAG 27.5.04 – 6 AZR 129/03, NZA 04, 1399 mwN). Anerkannt ist aber die Geltung des allgemeinen Gleichheitssatzes als ungeschriebene Grenze der Tarifautonomie. Für **Betriebsvereinbarungen** wird wegen ihres privatrechtlichen Charakters eine unmittelbare Grundrechtswirkung nach ganz hM verneint (ErfK/*Dieterich* Einl GG Rz 1). Allerdings ergibt sich für die Betriebspartner eine Bindung an den Gleichbehandlungsgrundsatz bereits aus § 75 BetrVG.

II. Allgemeiner arbeitsrechtlicher Gleichbehandlungsgrundsatz. 1. Sachlicher 4
Geltungsbereich. Der allgemeine Gleichbehandlungsgrundsatz gehört anerkanntermaßen zu den tragenden Ordnungsprinzipien im Arbeitsrecht. Er verbietet dem ArbGeb eine

208 Gleichbehandlung

willkürliche, dh sachlich unbegründete **Durchbrechung allgemein- oder gruppenbezogener Regelungen** zum Nachteil einzelner ArbN oder ArbNGruppen (BAG 29.9.10 – 10 AZR 630/09, BeckRS 2010, 75 728; 14.6.06 – 5 AZR 584/05, NZA 07, 221). Handelt der ArbGeb bestimmte arbeitsvertragliche Regelungen nicht mit dem einzelnen ArbN aus, sondern stellt er diese einheitlich für den ganzen Betrieb, einzelne Betriebsabteilungen oder ArbNGruppen auf, dann ist er im Rahmen einer solchen **arbeitsvertraglichen Einheitsregelung** an den Gleichbehandlungsgrundsatz gebunden. Einheitsregelungen finden sich hauptsächlich bei der Vergütungsvereinbarung, zB in Form einer Lohnordnung, Gratifikationsordnung, Ruhegeldordnung usw. Hierbei handelt es sich idR um freiwillige, tariflich nicht abgesicherte Leistungen des ArbGeb. Zur Anwendung gelangt der Gleichbehandlungsgrundsatz aber auch beim **Direktionsrecht** des ArbGeb.

5 Teilweise wird vertreten, dass nicht nur die willkürliche Benachteiligung, sondern bereits eine **Privilegierung einzelner** unzulässig sei (*Däubler* Das Arbeitsrecht 2, S 298). Im Vordergrund steht jedoch das Verbot der Benachteiligung und weniger das Gebot der Gleichbehandlung (*Hunold* DB 91, 1670). Die Besserstellung von ArbNGruppen mit gleichen Merkmalen oder einzelner ArbN ist grds zulässig (BAG 13.2.02 – 5 AZR 713/00, NZA 03, 215; BAG 29.4.81, DB 81, 2440). Bei ArbNGruppen ist dies abhängig von deren Größe (BAG 25.1.84, DB 84, 2356). Die Begünstigung von weniger als 5 % der insgesamt betroffenen ArbN zählt noch als nicht gleichheitswidrige Privilegierung Einzelner (BAG 13.2.02 – 5 AZR 713/00, NZA 03, 215). Eine Besserstellung einzelner ist jedoch allgemein nur dann erlaubt, wenn nicht bereits absolute Gleichbehandlungsgebote bestehen, zB das Lohngleichheitsgebot für Mann und Frau aus Art 157 AEUV oder ein Benachteiligungsverbot nach dem AGG (dazu *Diskriminierung* Rz 1 ff).

6 Grds mit dem arbeitsrechtlichen Gleichbehandlungsgrundsatz vereinbar ist die **Durchführung gesetzlicher Differenzierungen.** So haben leitende Angestellte nach dem BetrVG keinen Anspruch auf Einbeziehung in den Sozialplan (BAG 16.7.85, DB 85, 2207), ebenso wie nicht tarifgebundene ArbN keinen Anspruch auf tarifliche Leistungen haben. Anders verhält sich dies bei außer- und übertariflichen Leistungen oder bei freiwilliger Gewährung der gesetzlichen oder tariflichen Leistungen an nicht anspruchsberechtigte ArbN. Hier muss der ArbGeb wieder den Gleichbehandlungsgrundsatz beachten (BAG 25.4.95, DB 95, 1868).

7 **2. Räumlicher Geltungsbereich.** Während früher die Gleichbehandlungspflicht vom BAG auf den Betrieb beschränkt wurde, ist das Gericht nun (BAG 17.11.98 – 1 AZR 147/98, BB 99, 692; BAG 3.12.08 – 5 AZR 74/08, NZA 09, 367) einer in der Literatur verbreiteten Meinung gefolgt, wonach der Gleichbehandlungsgrundsatz grds betriebsübergreifend auf das ganze Unternehmen zu erstrecken ist. Dafür spricht, dass die keineswegs immer eindeutige Abgrenzung von Betriebsteilen und selbstständigen Betrieben keinen verlässlichen Anhaltspunkt dafür bietet, ob der ArbGeb nun zur Gleichbehandlung verpflichtet ist oder nicht. Gleichwohl dürfte eine unterschiedliche Behandlung verschiedener Betriebe eines Unternehmens in vielen Fällen weiter möglich, weil sachlich gerechtfertigt sein. Insbes die Aushandlung unterschiedlicher Regelungen mit örtlichen Betriebsräten sollte als Rechtfertigungsgrund genügen. Über die Unternehmensgrenze hinaus besteht keine Gleichbehandlungspflicht, und zwar auch nicht in gemeinsamen Betrieben zweier Unternehmen (BAG 19.11.92, DB 93, 843). Abzulehnen ist deshalb auch eine **konzernweite Anwendung** des Gleichbehandlungsgrundsatzes (BAG 20.8.86, DB 87, 693).

8 **3. Voraussetzungen des Gleichbehandlungsgrundsatzes. a) Gruppenbildung.** Für die Anwendbarkeit des Gleichbehandlungsgrundsatzes muss eine Gruppenbildung vergleichbarer ArbN möglich sein. Ein Verstoß gegen den Gleichbehandlungsgrundsatz liegt nämlich nur dann vor, wenn die begünstigende Regelung des ArbGeb einzelne ArbN oder ArbN-Gruppen aus sachfremden Gründen ungünstiger behandelt als andere **ArbN in vergleichbarer Lage** (st Rspr, vgl BAG 29.9.04 – 5 AZR 43/04, AP 192 zu § 242 BGB Gleichbehandlung mwN; BAG 21.10.09 – 10 AZR 664/08, NZA-RR 10, 189). Allerdings liegt eine vollkommene Gleichheit zwischen mehreren ArbN nur selten vor. Insoweit reicht nach der Rspr die Bildung einer **Vergleichsgruppe**, die sich aufgrund bestimmter Umstände oder Merkmale mit der benachteiligten Person in einer im Wesentlichen übereinstimmenden Lage befindet (BAG 14.2.84, DB 84, 2571). Die Vergleichbarkeit ist grds tätigkeitsbezogen

festzustellen. **Vergleichbar** sind demnach ArbN, die nach der Verkehrsanschauung vergleichbare Tätigkeiten ausüben. Das sind Tätigkeiten, die auch bei fehlender Identität der Arbeitsvorgänge im Hinblick auf Qualifikation, erworbene Fertigkeit, Verantwortung und Belastbarkeit gleiche Anforderungen stellen (Schaub/*Linck* § 112 Rz 12). Bewertungen in Tarifverträgen können herangezogen werden (BAG 20.11.96 – 5 AZR 401/95, NZA 97, 724).

Mangels vergleichbarer Lage idS findet der Gleichbehandlungsgrundsatz grds keine Anwendung zwischen ArbN und **Handelsvertretern, Heimarbeitern** oder **Organmitgliedern** juristischer Personen und bei der Behandlung von **Beamten** und Angestellten im öffentlichen Dienst, selbst wenn diese auf gleichen Dienstposten beschäftigt werden (*Schaub* § 112 Rz 14). Ausnahmsweise kann eine Gleichbehandlung zwischen **Geschäftsführern** einer GmbH und leitenden Angestellten des Unternehmens in Betracht kommen (s *Geschäftsführer* Rz 28). Grds zulässig sind Leistungen an bestimmte Mitarbeiter allein aufgrund der Zuordnung zu einer bestimmten Führungsebene; werden sonstige tätigkeitsbezogene Kriterien zur Einordnung herangezogen, müssen aus dem Gesichtspunkt der sachgerechten Gruppenbildung alle Mitarbeiter mit **gleichwertigen Tätigkeiten** einbezogen werden (Zuteilung von Aktienoptionen: BAG 21.10.09 – 10 AZR 664/08, NZA-RR 10, 189). 9

Unzulässig ist aber nicht nur die sachfremde Schlechterstellung einzelner ArbN, sondern auch die **sachfremde Gruppenbildung**. Ob die Gruppenbildung sachlichen Kriterien entspricht, richtet sich nach dem Zweck der Leistung; dieser darf als solcher nicht sachwidrig sein (BAG 27.5.04, NZA 04, 1399). Eine Differenzierung zwischen **Arbeitern und Angestellten** ist nur aus sachlichem Grund möglich. Das BVerfG (30.5.90, NJW 90, 2246) hatte dementsprechend die unterschiedlichen **Kündigungsfristen** von Arbeitern und Angestellten in § 622 BGB aF als mit Art 3 Abs 1 GG unvereinbar angesehen und den Gesetzgeber zur Neufassung des § 622 BGB und der Abschaffung des AngKSchG veranlasst. Auch im Bereich der **Sozialleistungen** wird eine Einteilung in Angestellte und Arbeiter grds als unzulässig angesehen. Zwar hatte das BAG zunächst eine Differenzierung bei der Weihnachtsgratifikation zugelassen, hiervon ist es jedoch inzwischen abgerückt (BAG 25.1.84, DB 84, 2251; 25.1.84, DB 84, 2355). Ein zulässiger sachlicher Grund für die Differenzierung zwischen Arbeitern und Angestellten kann darin liegen, dass eine Weihnachtsgratifikation den Zweck hat, höhere übertarifliche Leistungen der anderen ArbNGruppe auszugleichen (BAG 30.3.94, DB 94, 2141), dass die nur für eine ArbNGruppe vorgesehene Kürzungsregelung einer Gratifikation im Hinblick auf höhere krankheitsbedingte Fehlzeiten dieser Gruppe erfolgt (BAG 6.12.95, NZA 96, 531) oder dass eine ArbNGruppe schwerer auf dem Arbeitsmarkt zu finden ist (BAG 19.3.03 – 10 AZR 365/02, NZA 03, 724). Eine Differenzierung zwischen **Voll- und Teilzeitbeschäftigten** aufgrund der Teilzeitarbeit ist ohne sachlichen Grund ebenfalls unzulässig; dies ergibt sich bereits aus § 4 Abs 1 TzBfG. Hierbei ist die Problematik der mittelbaren Diskriminierung zu beachten (näher dazu s *Diskriminierung* Rz 53 ff). 10

Die erforderliche **Größe der Vergleichsgruppe** ist nicht einheitlich festgelegt. Beschäftigt zB der ArbGeb nur zwei ArbN und gewährt er nur dem einen eine freiwillige Sonderzuwendung, so kann der andere unter Berufung auf den Gleichbehandlungsgrundsatz keine entsprechende Zuwendung verlangen (LAG Frankfurt 14.8.84, NZA 85, 188). Andererseits kommt der Gleichbehandlungsgrundsatz bei größeren Gruppen nicht erst dann zum Tragen, wenn 50% der vergleichbaren ArbN von der begünstigenden Regelung betroffen sind (ErfK/*Preis* § 611 BGB Rz 579). 11

b) Kollektive Regelung seitens des Arbeitgebers. Auf Seiten der Vergleichsgruppe muss weiterhin eine **allgemein begünstigende Regelung** des ArbGeb bestehen. Voraussetzung ist daher ein sog kollektiver Tatbestand, dh dass der ArbGeb für bestimmte Gruppen von ArbN oder sogar alle ArbN über die mit dem einzelnen individuell ausgehandelten Arbeitsbedingungen hinaus nach einheitlichen Gesichtspunkten allgemeingültige Regelungen getroffen hat. Nur dann muss der Grundsatz der Vertragsfreiheit dem arbeitsrechtlichen Gleichbehandlungsgrundsatz weichen (BAG 21.10.09 – 10 AZR 664/08, NZR-RR 10, 189; *Hunold* DB 84, Beilage 5, 4). 12

c) Rechtsverhältnis zwischen Arbeitgeber und Arbeitnehmer. Voraussetzung für die Anwendbarkeit des Gleichbehandlungsgrundsatzes ist eine Rechtsbeziehung zwischen ArbGeb und ArbN. Hierunter fällt das Arbeitsverhältnis oder jedes entsprechend geartete 13

208 Gleichbehandlung

Rechtsverhältnis (ErfK/*Preis* § 611 BGB Rz 578). **Vor Begründung des Arbeitsverhältnisses,** also auch im Rahmen des Anbahnungsverhältnisses, besteht kein Anspruch auf Gleichbehandlung zu den Beschäftigten oder übrigen Bewerbern. Dies gilt grds auch **nach Beendigung des Arbeitsverhältnisses,** es sei denn, die Rechtsbeziehungen bestehen in irgendeiner Form fort. So besteht zB im Ruhestandsverhältnis ein Anspruch auf Gleichbehandlung bei der betrieblichen Altersversorgung.

14   d) **Ungleichbehandlung ohne sachlichen Grund.** Differenziert der ArbGeb bei der Leistungsgewährung, muss hierfür ein sachlicher Grund vorliegen. Zur Feststellung des Sachgrunds ist der vom ArbGeb mit der Leistung **verfolgte Zweck maßgeblich** (BAG 26.9.07, NZA 07, 1424). In dessen Bestimmung ist der ArbGeb grds frei. Er kann daher die Voraussetzungen der Leistung so festlegen, dass diese zu dem gewünschten Erfolg führen (BAG 3.12.08 – 5 AZR 74/08). Unzulässig ist aber nicht nur die sachfremde **Schlechterstellung einzelner ArbN,** sondern auch die **sachfremde Gruppenbildung** (BAG 27.5.04, NZA 04, 1399; s Rz 10).

15   **4. Darlegungs- und Beweislast.** Der ArbGeb hat die Gründe für die Differenzierung offenzulegen, und zwar so substantiiert, dass eine Beurteilung möglich ist, ob die Gruppenbildung sachlichen Kriterien entspricht (BAG 17.3.10 – 5 AZR 168/09, NZA 10, 696). Ob „nachgeschobene" Differenzierungsgründe Berücksichtigung finden, ist keine Frage der Präklusion, sondern der Tatsachenfeststellung (BAG 23.2.11 – 5 AZR 84/10, NZA 11, 693). Die Stufenklage eröffnet dem ArbN eine ausreichende Möglichkeit, eine Offenlegung der Differenzierungsgründe zu verfolgen (BAG 27.7.10 – 1 AZR 874/08, NZA 10, 1369).

16   **5. Rechtsfolge der Ungleichbehandlung. a) Unwirksamkeit und Anpassung.** Verstoßen arbeitsvertragliche Einheitsregelungen, Gesamtzusagen oder Betriebsvereinbarungen gegen den Gleichbehandlungsgrundsatz, sind sie insoweit unwirksam. Im Wege ergänzender Vertragsauslegung ist die von der begünstigenden Regelung ausgenommene Gruppe in diese einzubeziehen. Die nach § 134 BGB entstandene Regelungslücke wird durch richterliche Anpassung grds nach oben geschlossen (BAG 20.7.93 – 3 AZR 52/93, NZA 94, 125).

17   Auch bei gleichheitswidrigen **Einzelarbeitsverträgen** haben die benachteiligten ArbN einen Anspruch auf die höhere Leistung. Der Gleichbehandlungsgrundsatz wirkt daher nur zugunsten der ArbN (BAG 11.9.85, NZA 87, 156). Ist dagegen bereits die Gesamtregelung unwirksam, scheitert eine ergänzende Auslegung (BAG 13.11.85, DB 86, 542).

18   b) **Angleichung nach oben.** Ein Eingriff seitens des ArbGeb in die Rechte der bevorzugten Gruppe **für die Zukunft** durch Änderungskündigung zum Zwecke der Vereinheitlichung der Arbeitsbedingungen auf niedrigerem Niveau ist unzulässig. Die Wahrung des Gleichbehandlungsgrundsatzes stellt allein keinen betriebsbedingten Grund zur sozialen Rechtfertigung einer Änderungskündigung dar. Insoweit gilt der Bestandsschutz der bevorzugten Gruppe und das dem Gleichbehandlungsgrundsatz entspringende **Prinzip der Gleichbehandlung nach oben** (BAG 28.4.82, DB 82, 1776). Werden die Leistungen dagegen unter Widerrufsvorbehalt gewährt, kann ein Widerruf zu deren Vereinheitlichung in Betracht kommen.

19   c) **Rückwirkende Gleichstellung. Für die Vergangenheit** kann ein Gleichbehandlungsverstoß nur durch Gewährung der Leistung an alle korrigiert werden. Eine solche **rückwirkende Gleichstellung** kann beim ArbGeb jedoch zu erheblichen finanziellen Belastungen führen. Im Fall der rückwirkenden Gleichstellung von **Teilzeitarbeitnehmern** in der betrieblichen Altersversorgung hat sich das BAG gegen einen schutzwürdigen Vertrauenstatbestand des ArbGeb ausgesprochen, teilweise die Anpassung jedoch durch eine Übergangsregelung abgemildert (BAG 20.11.90, DB 91, 1330). Der ArbGeb könne sich nicht darauf berufen, die mittelbare Diskriminierung von Frauen durch den Ausschluss der Teilzeitbeschäftigten von der betrieblichen Altersversorgung sei seinerzeit, als die Versorgungsordnung erlassen wurde, noch nicht erkannt worden (BAG 23.1.90, DB 90, 1620; 5.10.93, DB 94, 739). Seit dem 23.5.49 gelte das Grundrecht der Gleichberechtigung der Geschlechter und bereits 1955 habe das BAG daraus den Grundsatz der Lohngleichheit von Mann und Frau abgeleitet. Das BVerfG hat diese Rspr ausdrücklich gebilligt (BVerfG 19.5.99 – 1 BvR 263/98, NZA 99, 815). Demgegenüber hat der **EuGH** die unmittelbare Wirkung von Art 141 EGV zur Stützung der Forderung nach Gleichbehandlung auf dem Gebiet der Betriebsrenten aus Gründen der Rechtssicherheit auf Leistungen beschränkt, die für Beschäf-

tigungszeiten nach dem 17.5.90, dem Tag der Verkündung des maßgeblichen Barber-Urteils (EuGH DB 90, 1824), liegen (bestätigt durch EuGH 6.10.93, DB 93, 2132 Ten Oever). Zu den Anforderungen an eine Maßnahme zur Beseitigung bestehender Diskriminierungen in einem Betriebsrentensystem und den Auswirkungen des Barber-Urteils zwischen dem 17.5.90 und der beseitigenden Maßnahme s EuGH 28.9.94, DB 94, 2086 ff.

Ist eine **Betriebsvereinbarung bereits aus anderen Gründen** – dh nicht wegen Verstoßes gegen den Gleichbehandlungsgrundsatz – **unwirksam** und hat der ArbGeb bereits in Erfüllung dieser Betriebsvereinbarung Leistungen erbracht, so kann der nicht bedachte ArbN unter Berufung auf den Gleichbehandlungsgrundsatz die Leistung für die Vergangenheit nicht fordern. Es gibt weder einen Anspruch auf „Gleichbehandlung im Unrecht" noch einen Anspruch auf „Gleichbehandlung im Rechtsirrtum". Gewährt der ArbGeb jedoch in Kenntnis der Unwirksamkeit der Betriebsvereinbarung die Leistung weiterhin einem nach seinem Ermessen abgegrenzten Kreis von ArbN auf einzelvertraglicher Grundlage, so ist er an den Gleichbehandlungsgrundsatz gebunden (BAG 13.8.80, DB 81, 274). 20

d) Gesetz und Tarifvertrag. Bei ungerechtfertigter **Benachteiligung** ganzer ArbN-Gruppen **durch Gesetz oder Tarifvertrag** kommt es dagegen nach der Rspr der BVerfG und des BAG nicht zu einer automatischen Unwirksamkeit der gleichheitswidrigen Begünstigung und einer Angleichung nach oben. Allerdings kann sich eine „Angleichung nach oben" faktisch dann ergeben, wenn nur die benachteiligende Teilregelung für nichtig erklärt wird (BAG 15.12.98 – 3 AZR 239/97, NZA 99, 882; 24.5.2000 – 10 AZR 629/99, DB 2000, 2431). Eine **richterliche Anpassung für die Zukunft** kommt nur in Betracht, wenn aufgrund des Regelungsgegenstandes unter Berücksichtigung der zusätzlichen Belastung davon auszugehen ist, dass der Gesetzgeber bzw die Tarifvertragsparteien die Regelung selbst dann getroffen hätten, wenn sie die Gleichheitswidrigkeit der von ihnen vorgenommenen Gruppenbildung gekannt hätten (BAG 28.5.96, DB 97, 102; 7.3.95, DB 95, 2020). Ist eine Anpassung nach oben jedoch nicht eindeutig gewollt, bleibt es dem Gesetzgeber oder den Tarifparteien überlassen, auf welchem Niveau die Gleichbehandlung hergestellt wird (BVerfG 30.5.90, DB 90, 1565). Dementsprechend hatte das BAG die kürzeren gesetzlichen Kündigungsfristen für Arbeiter aus § 622 Abs 2 BGB aF wegen der Unvereinbarkeit mit Art 3 Abs 1 GG nicht an die der Angestellten angepasst, sondern eine Aussetzung der Prozesse bis zu einer endgültigen Entscheidung des Gesetzgebers verlangt (BAG 21.3.91, DB 1991, 1884). Auch hat das BAG eine nur den Männern gewährte Verheiratetenzulage nicht einfach den Frauen zugesprochen, sondern beiden Gruppen zunächst für die Zukunft diese Zulage abgesprochen (BAG 13.11.85, DB 86, 542). Allerdings ist die Rspr nicht immer einheitlich (vgl *Sachs* RdA 89, 25). Der EuGH stellt dagegen den Gedanken der Gleichbehandlung über den Schutz der Tarifautonomie und verlangt unabhängig von verschiedenen Gestaltungsmöglichkeiten der Tarifpartner bei Verstößen gegen EG-Recht eine Anpassung nach oben (EuGH 27.6.90 – C 33/89, NZA 90, 771 zu Art 119 EGV; EuGH 15.1.98, NZA 98, 205 zu Art 48 EGV). 21

III. Gleichbehandlung in der Praxis. 1. Arbeitsvergütung. a) Allgemeines. Der allgemeine arbeitsrechtliche Gleichbehandlungsgrundsatz gilt im Bereich der Arbeitsvergütung nur mit Einschränkungen. Handeln ArbGeb und ArbN die Arbeitsbedingungen individuell aus, geht insoweit die Vertragsfreiheit vor (*Schaub* § 112 Rz 8, 9). Insbes ist der ArbGeb nicht verpflichtet, von der individuellen Bemessung der Vergütung zu einer allgemeinen Regelung überzugehen (BAG 15.11.94, BB 95, 409). Ein allgemeines Prinzip „Gleicher Lohn für gleiche Arbeit" gibt es in der deutschen Rechtsordnung nicht (BAG 21.6.2000 – 5 AZR 806/98, DB 2000, 1920). Der Gleichbehandlungsgrundsatz ist deshalb nur einschlägig, wenn der ArbGeb tatsächlich für den Betrieb oder bestimmte ArbNGruppen **arbeitsvertragliche Einheitsregelungen** in einer allgemeinen Ordnung, zB Lohnordnung, Gratifikationsordnung, Ruhegeldordnung usw, aufstellt und anwendet. Dabei sind die Kriterien für die Leistungsbemessung und sonstigen Zahlungsvoraussetzungen, nach denen sich die Verteilung und Staffelung der Vergütungen richtet, vom ArbGeb festzulegen und rechtzeitig im Betrieb bekanntzugeben. Dies muss insbes dann gelten, wenn der ArbGeb an vergleichbare ArbNGruppen unterschiedliche Sondervergütungen zahlt (BAG 22.12.70, DB 71, 729). 22

Nicht tarifgebundene Arbeitnehmer haben keinen Anspruch auf den Tariflohn (BAG 8.8.2000 – 9 AZR 517, 99, BeckRS 2000, 30987017; ErfK/*Preis* § 611 BGB Rz 597). Nach 23

208 Gleichbehandlung

Ansicht des BAG bestehen keine tarifrechtlichen oder verfassungsmäßigen Bedenken gegen eine einfache Differenzierungsklausel, durch die ein Tarifvertrag die Mitgliedschaft in der tarifschließenden Gewerkschaft zum Tatbestandsmerkmal eines Anspruchs auf eine jährliche Sonderzahlung macht (BAG 18.3.09 – 4 AZR 64/08, NZA 09, 1028). Offen ließ das BAG die Grenzen der Gestaltungsmöglichkeiten. Unzulässig bleiben qualifizierte Differenzierungsklauseln, welche dem ArbGeb untersagen, gewisse tarifliche Leistungen auch nichtorganisierten ArbN zu gewähren. Bei außer- und übertariflichen Leistungen sind organisierte und nicht organisierte ArbN gleich zu behandeln. Dasselbe gilt, wenn ein nicht tarifgebundener ArbGeb freiwillig nach Tarif zahlt (BAG 25.4.95, DB 95, 1868).

24 **b) Lohnerhöhung.** Erhöht der ArbGeb allgemein die Gehälter und Löhne der tariflichen oder außertariflichen ArbN, wenn auch zu verschiedenen Zeitpunkten und in individuell unterschiedlicher Höhe, muss er den Gleichbehandlungsgrundsatz beachten. So hat das BAG in linearen über mehrere Jahre regelmäßig gewährten Lohnerhöhungen an die ganz überwiegende Mehrzahl der ArbN (hier 80 bis 90 %) jeweils bezüglich eines Teilbetrags den **Ausgleich für die Preissteigerung** gesehen. Danach darf ein ArbN auch bei individuell unterschiedlich bemessenen Lohnerhöhungen zumindest hinsichtlich dieses zu ermittelnden Teilbetrags nur bei Vorliegen sachlicher Gründe ausgeschlossen werden (BAG 11.9.85, DB 86, 2602; BAG 15.11.94, BB 95, 409). Erhöht der ArbGeb die Löhne, kann er grds nicht im Rahmen eines Betriebsübergangs gem § 613a BGB übernommene ArbN von der Lohnerhöhung ausnehmen. Allein unterschiedliche Arbeitsvertrags- und Vergütungssysteme stellen grds keinen sachlichen Differenzierungsgrund dar. Dies kann anders sein, wenn Ziel der Lohnerhöhung die Angleichung der Arbeitsbedingungen ist (BAG 14.3.07 – 5 AZR 420/06, NZA 07, 862). Legitim ist auch der Ausgleich einer Lohnabsenkung, wenn der ArbGeb aus wirtschaftlichen Gründen zuvor bei einem Teil seiner ArbN eine Verschlechterung der Arbeitsbedingungen durchgesetzt hatte. Maßgeblich ist, dass durch die Ablehnung der Vertragsänderung einiger ArbN ein unterschiedliches Vergütungsniveau entstanden ist, das der ArbGeb durch Anpassung nach oben ganz oder teilweise ausgleichen möchte (BAG 15.7.09 – 5 AZR 486/08, NZA 09, 120).

25 Dies gilt sowohl für die **außertariflichen** als auch für die **leitenden Angestellten.** Nach BAG ist es unzulässig, die Höherverdienenden schlechthin ohne sachgemäße Erwägungen von der Gehaltserhöhung auszuschließen (BAG 17.5.78, DB 78, 1887). Ebenso darf der ArbGeb erkrankte ArbN bei einer Lohnerhöhung durch vertragliche Einheitsregelung grds nicht unberücksichtigt lassen (BAG 10.3.82, DB 82, 1223; 9.6.82, DB 82, 2192).

26 **Freiwillige Nachzahlungen** dürfen aus dem Gesichtspunkt verbotener Kündigungserschwerung nicht davon abhängig gemacht werden, ob ein ArbN gekündigt hat oder nicht (BAG 14.2.74, DB 74, 973). Im Einzelfall richtet sich die Zulässigkeit der Differenzierung nach der Zweckrichtung der Lohnerhöhung.

27 Bei **tariflichen Lohn- und Gehaltserhöhungen** darf der ArbGeb übertarifliche Zulagen nicht ohne sachlichen Grund bei einigen ArbN anrechnen, bei anderen nicht (BAG 22.8.79, DB 80, 406; 6.2.85, DB 85, 1239). Möglich soll aber eine Differenzierung zwischen Arbeitern und Angestellten bei der Anrechnung übertariflicher Vergütungsbestandteile beim Lohnausgleich wegen tariflicher Arbeitszeitverkürzung sein (LAG RhPf 10.3.87, NZA 87, 393).

28 **c) Freiwillige Zulagen und Sonderzuwendungen.** Bei allgemein nach objektiven Kriterien, zB Familienstand, Betriebszugehörigkeit, Arbeitserschwernis usw gewährten Lohnzulagen ist der ArbGeb an den Gleichbehandlungsgrundsatz gebunden. Dem kann sich der ArbGeb auch nicht unter Berufung auf den Freiwilligkeitsvorbehalt entziehen. Er kann jedoch mit der **Leistung verschiedene Zwecke** verfolgen und dementsprechend die Voraussetzungen der Leistungen abgrenzen. Der ArbGeb kann mit einer höheren Weihnachtsgratifikation für bestimmte ArbNGruppen den Zweck verfolgen, **höhere übertarifliche Leistungen auszugleichen,** die bereits ohne Zweckbindung an andere Gruppen von ArbN gewährt werden (BAG 25.1.84, DB 84, 2355; 30.3.94 – 10 AZR 681/92, DB 94, 2141). Zulässig ist es auch, bei der Weihnachtsgratifikation zwischen Innen- und Außendienst zu differenzieren, wenn die Außendienstmitarbeiter in erheblichem Umfang Trinkgeldeinnahmen haben (BAG 19.4.95, DB 95, 2221). Im Rahmen eines betrieblichen Bündnisses für Arbeit soll es nach Auffassung des BAG nicht legitim sein, ein Weihnachtsgeld nur solchen ArbN anzubieten, die zuvor einer Entgeltreduzierung und Arbeitszeitverlängerung zugestimmt haben, wenn die Sonderzahlung nicht ausschließlich der Kompensation der erlittenen

Verdiensteinbußen dient, sondern auch andere Ziele verfolgt, zB die Honorierung der Betriebstreue oder der Anwesenheit im Betrieb (BAG 5.8.09 – 10 AZR 666/08, NZA 09, 1135; BAG 1.4.09 – AZR 353/08, NZA 09, 1409).

Unzulässig dagegen ist grds die **Differenzierung zwischen Arbeitern und Angestellten** hinsichtlich der Höhe der Gratifikation. Ein unterschiedlicher Fluktuationsgrad von Arbeitern und Angestellten allein bildet kein sachlich gerechtfertigtes Unterscheidungsmerkmal (BAG 25.1.84, DB 84, 2355), wohl aber der Umstand, dass eine ArbNGruppe auf dem Arbeitsmarkt nur schwer zu finden ist (BAG 19.3.03 – 10 AZR 365/02, NZA 03, 724). Durchschnittlich verschieden hohe Ausfallzeiten wegen Krankheit bei verschiedenen ArbN-Gruppen können ebenfalls ein sachlicher Grund für die Gewährung von Sonderzuwendungen in unterschiedlicher Höhe sein (BAG 19.4.95 – 10 AZR 136/94, DB 95, 1966; 6.12.95 – 10 AZR 123/95, NZA 96, 531).   29

Weiterhin kann der ArbGeb mit der Gewährung von Sonderzuwendungen sowohl **geleistete Dienste vergüten** als auch erwiesene und zu erwartende **Betriebstreue belohnen**. Soll Betriebstreue belohnt werden, kann die Zahlung in den Grenzen des § 307 BGB von einem gewissen Fortbestand des Arbeitsverhältnisses über den Auszahlungszeitpunkt abhängig gemacht werden (BAG 28.3.07 – 10 AZR 261/06, NZA 07, 687). Einer Differenzierung zwischen befristet und unbefristet beschäftigten ArbN steht § 4 Abs 2 TzBfG entgegen. Ein sachgerechter Grund für eine Differenzierung kann darin liegen, dass bestimmte ArbN durch höhere Gratifikationen an den Betrieb gebunden werden sollen, weil ihr Weggang zu besonderen Belastungen führt (BAG 30.3.94 – 10 AZR 681/92, DB 94, 2141; *Hunold* DB 91, 1675). Diese Differenzierung darf aber nicht im Rahmen eines Weihnachts- oder Urlaubsgelds getroffen werden, da diese lediglich die mit Weihnachten bzw Urlaub verbundenen besonderen Aufwendungen abfedern sollen (BAG 27.10.98 – 9 AZR 299/97, DB 98, 2421).   30

Ebenfalls zulässig ist eine **Differenzierung zwischen Pensionären und Aktiven** oder Vorruheständlern bei der Bemessung von Jubiläumsgeldern (LAG Düsseldorf 12.3.87, NZA 87, 706). Bei einer im Arbeitsvertrag vorgesehenen jährlichen Ermessenstantieme, die von der Erfüllung des geplanten Jahresüberschusses und der persönlichen Beurteilung durch den Vorgesetzten abhängen soll, handelt es sich dagegen um eine vom Betriebsergebnis abhängige Jahressonderzahlung, durch die die Leistung des ArbN im laufenden Jahr zusätzlich vergütet werden soll. Das LAG RhPf erklärte dementsprechend den Ausschluss einer weiblichen Arbeitskraft von dieser Sonderleistung, die sich zum Auszahlungszeitpunkt im Folgejahr im Erziehungsurlaub befand, als unzulässige sachfremde Differenzierung (LAG RhPf 24.7.87, NZA 88, 23).   31

In Bezug auf die **Kürzung freiwilliger Sonderzahlungen** entscheidet sich die Frage, inwiefern sich Fehlzeiten anspruchsmindernd auswirken, nach der neuen Rspr des BAG (5.8.92 – 10 AZR 88/90, NZA 93, 130; 16.3.94 – 10 AZR 669/92, NZA 94, 747) grds nicht danach, ob Zweck der Sonderleistung (auch) die zusätzliche Vergütung von im Bezugszeitraum geleisteter Arbeit ist. Erforderlich ist vielmehr eine ausdrückliche Kürzungsvereinbarung. Zu deren Grenzen s *Anwesenheitsprämie* Rz 1 ff.   32

Zur Zulässigkeit einer **Streikbruchprämie** s *Arbeitskampf (Vergütung)* Rz 15.   33

2. Altersversorgung. Allein die **Einteilung in Arbeiter und Angestellte** liefert keinen hinreichenden Differenzierungsgrund bei der Gewährung von Versorgungsleistungen (BAG 10.12.02 – 3 AZR 3/02, NZA 04, 321). Im Rahmen der betrieblichen Altersversorgung ist jedoch eine Staffelung je nach der Stellung in der betrieblichen Hierarchie zulässig, zB Geltung einer Versorgungsordnung ausschließlich für ArbN in gehobenen Positionen, selbst wenn davon nur Angestellte erfasst werden. Nach Auffassung des BAG gilt dies auch dann, wenn durch die Versorgungsordnung unverhältnismäßig mehr Männer als Frauen mangels der entsprechenden Anzahl von Frauen in gehobener Position begünstigt werden (BAG 11.11.86, DB 87, 994). Im Hinblick auf die Rspr des EuGH zur mittelbaren Diskriminierung erscheint dies bedenklich.   34

Differenziert der Arbeitgeber bei der Gewährung von Versorgungsleistungen **nach Stichtagen**, indem er zB eine Versorgungserhöhung nur nach einem bestimmten Stichtag gewährt oder nach einem solchen die Versorgung einstellt, muss hierfür ein sachlich gerechtfertigter Grund bestehen (BAG 6.6.74, DB 74, 1822; 8.12.77, DB 78, 991; 11.9.80, DB 81, 943). Dies können vernünftige wirtschaftliche Erwägungen sein. Eine Versorgungsregelung,   35 die die Leistung bei Überschreitung eines bestimmten **Lebensalters** bei Eintritt in das Arbeitsverhältnis ausschließt, ist wegen der erforderlichen Ansparung der Versorgungsleistungen nach § 10 Satz 3 Nr 4 AGG sachlich gerechtfertigt (s *Diskriminierung* Rz 94). Die **Befristung** von Arbeitsverhältnissen konnte nach der Rspr des BAG einen sachlichen Grund darstellen, um ArbN von einer betrieblichen Altersversorgung auszunehmen (BAG 13.12.94 – 3 AZR 367/94, DB 95, 931). Der am 1.1.01 in Kraft getretene § 4 Abs 2 TzBfG, der eine Benachteiligung befristet beschäftigter ArbN verbietet, dürfte der Auffassung des BAG den Boden entziehen. Auch können ArbN nicht allein deshalb aus einem betrieblichen Versorgungswerk ausgenommen werden, weil sie in **Nebentätigkeit** in einem zweiten Arbeitsverhältnis stehen (BAG 22.11.94 – 3 AZR 349/94, DB 95, 930).

36   **3. Arbeitszeit.** Fällt in einem Betrieb (zusätzlich vergütete) **Mehrarbeit** an, handelt der ArbGeb gleichheitswidrig, wenn er bestimmte arbeitswillige ArbN von der Mehrarbeit ohne sachlichen Grund ausnimmt (LAG Hess 12.9.01 – 8 Sa 1122/00, NZA-RR 02, 348).

37   **4. Kündigung.** Der allgemeine Gleichbehandlungsgrundsatz ist nach hM im Bereich des Kündigungsrechts nicht anwendbar (vgl ErfK/*Oetker* § 1 KSchG Rz 90). Wegen der individuell unterschiedlich gelagerten Kündigungssachverhalte, der speziellen Auswahlkriterien des KSchG und der im Einzelfall geforderten umfassenden Abwägung bei der ordentlichen Kündigung nach § 1 KSchG (vgl BAG 7.12.78, DB 79, 650) bzw bei der außerordentlichen Kündigung nach § 626 Abs 1 BGB wird ein Rückgriff auf den allgemeinen Grundsatz verneint. Lediglich im Fall der **herausgreifenden Kündigung,** also wenn von mehreren ArbN, die sich das gleiche Fehlverhalten hatten zuschulden kommen lassen, einer gekündigt wird, der andere jedoch nicht, wird eine Kündigung ohne Rücksicht auf das Vorliegen eines Kündigungsgrundes für unwirksam erachtet (ArbG Regensburg 23.4.90, BB 90, 1418). Anwendbar ist der Gleichbehandlungsgrundsatz auch in Bezug auf **freiwillige Abfindungszahlungen,** die der ArbGeb an eine größere Zahl – etwa im Rahmen einer Betriebsschließung – gekündigte ArbN zahlt. Nicht gleichheitswidrig ist es insofern, wenn der ArbGeb solche ArbN von Zahlungen ausschließt, die bereits geraume Zeit vor dem Termin der Betriebsschließung aufgrund von Eigenkündigungen ausscheiden (BAG 1.2.11 – 1 AZR 417/09, NZA 11, 880; 8.3.95 – 5 AZR 869/93, DB 95, 1239). Haben ArbN im Zusammenhang mit Aufhebungsverträgen Abfindungszahlungen vereinbart und erhalten, so kann Gleichbehandlung nur geltend gemacht werden, wenn der Anspruchsteller eine vergleichbare Beendigung seines Arbeitsverhältnisses angestrebt hat. Davon ist nicht auszugehen, wenn von vornherein eine Eigenkündigung und die nachfolgende Geltendmachung von Schadensersatzansprüchen vorbereitet wurde (BAG 22.1.09 – 8 AZR 808/07, NZA 09, 547). Vereinbart ein ArbGeb mit einzelnen ArbN längere Kündigungsfristen, können sich andere ArbN aus dem Gesichtspunkt der Gleichbehandlung nicht auf diese verlängerten Fristen berufen (LAG SchlHol 4.9.86, DB 87, 442).

B. Lohnsteuerrecht   *Seidel*

41   **1. Abgrenzung. a) Keine Gleichbehandlung.** Da der Gleichbehandlungsgrundsatz im hier gemeinten Sinn zum Privatrecht gehört, das Steuerrecht jedoch Teil des öffentlichen Rechts ist, kann sich im Verhältnis ArbGeb – ArbN aus steuerrechtlichen Vorschriften kein Anspruch des ArbN auf Gleichbehandlung durch den ArbGeb ergeben. So kann zB der ArbGeb unter gleichen Voraussetzungen die Steuer im Rahmen einer Pauschalierung der LSt bei einem oder mehreren ArbN übernehmen und bei anderen ArbN die Steuer (bei Teilzeitbeschäftigten oder Aushilfskräften) nach den allgemeinen Vorschriften einbehalten (s *Lohnabzugsverfahren* Rz 4, 19 ff; s auch *HMW*/Pauschalierung der Lohnsteuer Rz 171). Davon zu unterscheiden ist die Frage, ob die ArbN arbeitsrechtlich hierauf einen Anspruch haben. Zur neuen Regelung des § 13b AÜG s *Arbeitnehmerüberlassung/Zeitarbeit* Rz 71.

42   **b) Schadensersatz.** Hat der ArbGeb wegen eines Verstoßes gegen den arbeitsrechtlichen Gleichbehandlungsgrundsatz dem ArbN Schadensersatz zu leisten, kann dieser stpfl Arbeitslohn darstellen, wenn er als Ersatz für entgangenen oder entgehenden Arbeitslohn gezahlt wird (Näheres s *Arbeitgeberhaftung* Rz 19 ff). Zur Besteuerung von Lohnnachzahlungen s *Entgeltnachzahlung* Rz 6 ff. Zur steuerlichen Behandlung von Schadensersatzleistungen des ArbGeb wegen Ungleichbehandlung (§ 16 Abs 1 und Abs 2 AGG) s *Diskriminierung* Rz 119–126, 141.

2. Gleichmäßigkeit der Besteuerung. Zu unterscheiden von dem privatrechtlichen **43**
Gleichbehandlungsgrundsatz ist der Gleichheitssatz des Art 3 Abs 1 GG. Dieser stellt ein
subjektiv öffentliches Recht gegen den Staat auf Rechtsgleichheit dar, an den Gesetzgebung,
Verwaltung und Rspr gebunden sind. Ausfluss des allgemeinen Gleichheitssatzes ist der
Grundsatz der Gleichmäßigkeit der Besteuerung. Dieser richtet sich in erster Linie an den
Gesetzgeber, dem allerdings von der Rspr ein weiter Gestaltungsspielraum zugestanden wird.
Im Wesentlichen hat der Gesetzgeber hierbei das Willkürverbot und die Besteuerung nach
der Leistungsfähigkeit zu beachten (ausführlich *T/K* § 3 AO Rz 41–55 mwN).

Das FA bzw das FG verstoßen gegen den Gleichheitssatz nur dann, wenn die Rechts- **44**
anwendung und das Verfahren bei verständiger Würdigung der das GG beherrschenden
Gedanken nicht mehr verständlich ist und sich der Schluss aufdrängt, dass sie auf sachfremden Erwägungen beruhen. Eine verschiedene Auslegung allgemeiner Rechtsbegriffe
oder desselben Rechtssatzes führt noch nicht zu einem Verstoß gegen den Gleichheitssatz.
Dies gilt auch bei unterschiedlicher Ermessensausübung durch die FinBeh (s *T/K* § 3 AO
Rz 54 mwN). Häufig wird ein Verstoß gegen den Gleichheitssatz durch das FA von Stpfl
damit begründet, dass in einem vergleichbaren Fall eine bestimmte steuerrechtliche Behandlung vorgenommen worden sei. Hier wird oft übersehen, dass möglicherweise der Sachverhalt nicht identisch ist oder eine – meist unbeabsichtigte – Falschbehandlung des Bezugs-
falles vorliegt. Art 3 Abs 1 GG gewährt aber keinen Anspruch auf eine gleichmäßige Falschbehandlung (keine Gleichbehandlung im Unrecht; s zB BFH 3.2.05 – I B 152/04, BFH/NV
05, 1214).

C. Sozialversicherungsrecht *Voelzke*

1. Herleitung. Da nach § 29 Abs 1 SGB IV die Träger der SozV rechtsfähige Körper- **46**
schaften des **öffentlichen Rechts** sind, wirken im öffentlich-rechtlichen Verhältnis von
Versicherungsträger und ArbGeb oder ArbN (Versicherten), anders als beim privatrechtlichen
Gleichbehandlungsgrundsatz, die Grundrechte unmittelbar. Damit unterliegen nicht nur die
Gesetzgebung, sondern auch die betroffenen Leistungs- und Pflichtenverhältnisse dem allgemeinen Gleichheitssatz (Art 3 Abs 1 GG) und seinen speziellen Ausformungen (Gleichbe-
rechtigungssatz: Art 3 Abs 2 GG; Benachteiligungsverbot: Art 3 Abs 3 GG). Auf einfachge-
setzlicher Ebene ist das Benachteiligungsverbot nach § 33c SGB I (eingefügt durch Gesetz
vom 14.8.06, BGBl I 06, 1897) zu beachten. Diese Norm verbietet die Benachteiligung aus
Gründen der Rasse, wegen der ethnischen Herkunft und der Behinderung bei der Inanspruchnahme sozialer Rechte (zu Einzelheiten *Schlegel/Voelzke/Weselski* SGB I § 33c
Rz 15 ff). Neben diesen innerstaatlichen Rechtsnormen sind in jüngerer Zeit die Regeln des
Gemeinschaftsrechts über die soziale Sicherheit verstärkt in den Blickpunkt geraten, die ua
eine auf die Staatsangehörigkeit gestützte unterschiedliche Behandlung von eigenen Staatsangehörigen und solchen aus anderen EU-Mitgliedsstaaten untersagen (Art 4 VO 883/
2004). Für die Arbeitsvermittlung der BA wird der Gleichbehandlungsgrundsatz durch den
Grundsatz der Unparteilichkeit konkretisiert (§§ 36 Abs 3, 42 SGB III; s *Stellensuche* Rz 14).

2. Verfassungsrecht. Der Hauptanwendungsbereich des allgemeinen Gleichheitssatzes **47**
liegt im Sozialrecht auf dem Gebiet der Gesetzgebung und gewinnt dort wegen der zunehmenden Regelungsdichte immer mehr an Bedeutung (vgl *Jaeger* NZA 90, 2). Der
allgemeine Gleichheitssatz des Art 3 Abs 1 GG kann nach der Rspr des BVerfG unter dem
Gesichtspunkt der **Systemgerechtigkeit** zu einer verfassungswidrigen Ungleichbehandlung
führen, wenn das System des Gesetzes ohne sachliche Gründe verlassen wird, wobei dem
Gesetzgeber allerdings gerade bei der Einführung neuer Belastungen oder Leistungen ein
weiter Spielraum bei der Ausgestaltung der Systeme der sozialen Sicherheit eingeräumt wird
(vgl zu dem Grundsatz der Systemgerechtigkeit oder Systembindung KassHB III/*Spellbrink*
§ 39 Rz 140 ff). Obwohl die SozV im Grundsatz von der Forderung nach Äquivalenz von
Beiträgen und Leistung geprägt wird, beruht sie ebenso auf dem Prinzip des sozialen
Ausgleichs (vgl *Rüfner* NZS 92, 81). Unbestritten ist allerdings, dass der Gleichheitsgrundsatz
einen sachlichen Grund für eine Umverteilung erfordert.

a) Beitragsgerechtigkeit. Dieser Ansatz führt im Beitragsrecht dazu, dass die dem **48**
Einzelnen auferlegte Belastung ihm selbst oder seiner Gruppe zugute kommen muss. Während jeder Bürger ohne weiteres der Steuergewalt unterworfen ist, bedarf es im Sachbereich

208　Gleichbehandlung

der SozV einer **besonderen Rechtfertigung,** die sich allerdings bereits aus spezifischen Solidaritäts- und Verantwortlichkeitsbeziehungen zwischen Zahlungsverpflichteten und Versicherten ergeben kann (BVerfG 8.4.87 – 2 BvR 909/82, BB 87, 1529 zur Künstlersozialversicherungsabgabe; s hierzu *Hennig* NZS 05, 294). Unterschiede in den Beitragssätzen der verschiedenen Krankenkassen stellen keine verfassungswidrige Ungleichbehandlung dar, da sie durch die fehlende Äquivalenz von Beitrag und Leistung in der gesetzlichen KV zwangsläufig bedingt werden; nicht mehr gerechtfertigt sind Beitragssatzunterschiede allerdings, wenn sie ein unangemessenes Ausmaß erreichen (BVerfG 8.2.94 – 1 BvR 1237/85, NZS 94, 364). Bei der Beitragsentrichtung für Kapitalleistungen aus als Direktversicherung abgeschlossenen Lebensversicherungen hat das BVerfG eine Verletzung des Art 3 GG angenommen, soweit die Beiträge von einem ArbN nach Beendigung seiner Erwerbstätigkeit unter Einrücken in die Stellung des Versicherungsnehmers gezahlt worden sind (vgl BVerfG 28.9.10 – 1 BvR 1660/08, DB 10, 2343).

49 Das BVerfG hatte es für mit dem allgemeinen Gleichheitssatz unvereinbar erklärt, dass **einmalig gezahltes Arbeitsentgelt** (zB Weihnachtsgeld, Urlaubsgeld) zwar zu den SozV-Beiträgen herangezogen wird, jedoch bei der Berechnung von kurzfristigen Lohnersatzleistungen unberücksichtigt bleibt (BVerfG 11.1.95 – 1 BvR 892/88, NZS 95, 312). Hiernach sind bei Versicherten mit gleicher Beitragsleistung hinreichende Gründe für die ganz erheblichen Äquivalenzabweichungen nicht vorhanden. Nachdem der Gesetzgeber die Vorgaben des BVerfG mit dem Gesetz zur sozialrechtlichen Behandlung von einmalig gezahltem Arbeitsentgelt (BGBl I 96, 1859) nicht umgesetzt hatte, hat das BVerfG unter Einbeziehung des genannten Gesetzes nochmals das aus dem Gleichheitssatz herzuleitende Gebot bekräftigt, einmalig gezahltes Arbeitsentgelt bei der Berechnung von kurzfristigen beitragsfinanzierten Sozialleistungen, wie bspw *Arbeitslosengeld* und *Krankengeld,* zu berücksichtigen, wenn es zu den SozVBeiträgen herangezogen wird (BVerfG 24.5.2000 – 1 BvL 1/98, NZA 2000, 845). Mit dem EinmalzahlungsG-NeuregelungsG vom 21.12.2000 (BGBl I 2000, 1971) hat der Gesetzgeber die Vorgaben des BVerfG umgesetzt und Einmalzahlungen in die Bemessungsgrundlage der Entgeltersatzleistungen einbezogen. Hingegen hat das BSG für verfassungsrechtlich unbedenklich gehalten, Leistungsansprüche von einem fortbestehenden Bezug zum Inland abhängig zu machen (BSG 6.3.13 – B 11 Az 5/12 R, SozR 4–1200 § 30 Nr 8 zum Anspruch auf Gründungszuschuss bei Wohnsitz und gewöhnlichem Aufenthalt im Ausland).

50 Ursprünglich war vielfach davon ausgegangen worden, dass das sog **Beitragskinderurteil** des BVerfG auf die Ausgestaltung der SozVSysteme nachhaltigen Einfluss nehmen könnte (BVerfG 3.4.01 – 1 BvR 1629/94, NJW 01, 1712). In diesem Urt hat das BVerfG zum Beitragsrecht der sozialen PflegeV ausgesprochen, dass es mit Art 3 Abs 1 iVm Art 6 Abs 1 GG unvereinbar sei, dass bei gleichem beitragspflichtigem Einkommen Personen, die Kinder betreuen und erziehen, einen gleich hohen Beitrag wie kinderlose Personen zahlen müssen. Das BVerfG hatte beanstandet, dass nach bisherigem Recht auch Versicherte mit Kindern einen „generativen Beitrag" zur Funktionsfähigkeit eines umlagefinanzierten SozVSystems zahlen müssen. Dem Regelungsauftrag des BVerfG versucht der Gesetzgeber mit dem Kinder-Berücksichtigungsgesetz vom 15.12.04 (BGBl I 04, 3448) gerecht zu werden. Dieses Gesetz sieht einen sog Beitragszuschlag für Kinderlose in der PflegeV vor (Näheres: *Pflegeversicherungsbeiträge*). Es bleibt abzuwarten, ob aus dem Urt auch Folgerungen für andere SozVSysteme gezogen werden müssen (s dazu *Estelmann* SGb 02, 252; *Rust* VSSR 04, 75). Hinsichtlich der Beitragsberechnung bei einer Mitgliedschaft in berufsständischen Versorgungswerken hat das BVerfG entschieden, dass Satzungsbestimmungen mit Art 3 Abs 2 GG unvereinbar sind, soweit es an einer Regelung fehlt, die Mitglieder von der Beitragspflicht freistellt, wenn diese wegen Kindererziehung, höchstens bis zur Vollendung des dritten Lebensjahres des Kindes, ohne Einkommen sind (BVerfG 5.4.05 – 1 BvR 774/02, NJW 05, 2443). Damit ist den Satzungsgebern aufgegeben, eine Benachteiligung der Mitglieder von Versorgungswerken während Zeiten des Mutterschutzes und der Kindererziehung zu vermeiden.

51 Bei der **Heranziehung der Arbeitgeber** zur Zahlung von SozVBeiträgen kann sich ein sachlicher Grund für eine unterschiedliche Behandlung von Sachverhalten aus der Person der versicherten ArbN ergeben. So hatte das BVerfG eine Rechtfertigung für das Entstehen der Versicherungspflicht bei Ausübung mehrerer geringfügiger Beschäftigungen (§ 8 Abs 2

Satz 1 SGB IV aF) daraus hergeleitet, dass der mehrfach geringfügig beschäftigte ArbN stärker in den Arbeitsmarkt eingebunden und daher sozial schutzwürdiger sei (BVerfG 21.4.89 – 1 BvR 678/88, SozR 2100 § 8 Nr 6).

Bei gesetzlichen Regelungen, die eine **Befreiung von der Beitragspflicht** vorsehen, 52 wird dem Gesetzgeber ein besonders weiter Gestaltungsspielraum zugestanden. Selbst wenn sich der sozialversicherungsrechtliche Schutz aus nachträglicher Sicht als wertlos oder überflüssig darstellt, nimmt das BVerfG eine ungerechtfertigte Ungleichbehandlung nur an, soweit sich ein sachgerechter Grund für die Ausgestaltung des Befreiungstatbestandes nicht finden lässt (BVerfG 31.5.88 – 1 BvL 22/85, NZA 88, 819).

Sieht das Gesetz eine **Beitragserstattung** an Versicherte vor, so ist es wegen des Ver- 53 sicherungsgedankens verfassungsrechtlich nicht geboten, die Beitragserstattung in voller Höhe vorzunehmen (BVerfG 24.11.86 – 1 BvR 772/85, SozR 2200 § 1303 Nr 34).

b) Leistungsgerechtigkeit. Im Leistungsrecht stellt das BVerfG entscheidend auf den 54 Zweck der Leistung ab und verneint eine Ungleichbehandlung auch bei einfachen, generalisierenden Regelungen, wenn diese nicht als willkürlich anzusehen sind (zum Erziehungsgeld bei Mehrlingsgeburten BVerfG 14.6.89 – 1 BvR 594/89, SozR 7833 § 3 Nr 2). So liegt kein Verstoß gegen Art 3 GG darin begründet, dass die Kinderfreibeträge des Steuerrechts bei der Bestimmung des für die Leistungen der ArblV maßgeblichen Nettoarbeitsentgelts keine Berücksichtigung finden und für Arbeitslose mit mehreren Kindern auch keine höheren Leistungssätze vorgesehen sind (BSG 27.6.96 – 11 RAr 77/95, SozR 3–4100 § 111 Nr 14). Ebenso gebietet es das Diskriminierungsverbot zugunsten Behinderter (Art 3 Abs 3 Satz 2 GG) nicht, bei der Leistungsbemessung in der ArblV den Steuerfreibetrag für Schwerbehinderte zu berücksichtigen (BSG 24.7.97 – 11 RAr 45/96, SozR 3–4100 § 136 Nr 7). Auch bei der Ausgestaltung von Ruhensvorschriften unterliegt es weitgehend der Gestaltungsfreiheit des Gesetzgebers, wie er den Doppelbezug von Leistungen gleicher Zweckrichtung vermeidet. In der SozV folgt allerdings aus dem Beitrags- oder Versicherungsprinzip, das im Grundsatz von einer **Äquivalenz** von Beitrag und Leistung gekennzeichnet ist, dass den Versicherten bei gleicher Beitragsleistung und gleicher Bedarfssituation nicht durch Ruhensvorschriften im Ergebnis unterschiedliche Versicherungsleistungen zustehen dürfen (BVerfG 9.11.88 – 1 BvL 22/84, SozR 2200 § 183 Nr 54). Mit dem Gleichbehandlungsgebot unvereinbar ist es, wenn ein entscheidungsreifer Antrag auf Anerkennung einer Berufskrankheit im Hinblick auf den Entwurf einer RechtsVO mit Stichtagsregelung abgelehnt wird (BVerfG 23.6.05 – 1 BvR 235/00, SozR 4–1100 Art 3 Nr 32).

Da die gesetzliche SozV in erster Linie auf die **Sicherung von Arbeitnehmern** und 55 ArbNähnlichen Personen zugeschnitten ist, verstößt es weder gegen Art 6 GG noch gegen Art 3 Abs 1 GG, wenn Mütter, die vor der Geburt ihres Kindes nicht erwerbstätig waren, vom Bezug des Mutterschaftsgeldes ausgeschlossen werden (BVerfG 4.10.83 – 1 BvL 2/81, DB 84, 247). Hingegen sieht es das BVerfG als mit Art 3 GG unvereinbar an, dass Studenten grds vom Bezug von AlGeld ausgeschlossen werden, da dieses nicht durch das Leistungssystem des BAföG ausgeglichen wird (BVerfG 18.11.86 – 1 BvL 29/83, SozR 4100 § 118a Nr 1). Eine unterschiedliche Behandlung von freiwillig Versicherten und Pflichtversicherten bei der Auslegung anspruchsbegründender Tatbestände kann wegen der unterschiedlichen Ausgestaltung des Versicherungsverhältnisses gerechtfertigt sein (s zum Berufsschutz bei der Berufsunfähigkeitsrente BVerfG 28.3.88 – 1 BvR 1404/87, SozR 2200 § 1246 Nr 156). Ein die Ungleichbehandlung rechtfertigender Grund kann auch aus dem Umstand mangelnder Finanzierbarkeit der Leistungen folgen (BVerfG 7.7.92 – 1 BvL 51/86, 50/87, 873/90 und 1 BvR 761/91, SozR 3–5761 Allg Nr 1 zum Ausschluss der vor 1921 geborenen Mütter von der Anrechnung von Kindererziehungszeiten in der RV; kritisch hierzu *Ruland* NZS 93, 1 ff; ausführlich zu den Verfassungsanforderungen bei Kindererziehung *Ebsen* VSSR 04, 16). Auch im Bereich des Elterngeldes unterliegt es keinen durchgreifenden verfassungsrechtlichen Bedenken, dass Eltern, die Elternzeit über die Bezugszeit des Elterngeldes genommen hatten, uU eine geringere Leistung erhalten (BVerfG 6.6.2011 – 1 BvR 2712/09, NJW 11, 2869).

Die Ungleichbehandlung von Leistungsempfängern in den **alten und neuen Ländern** 56 hat das BVerfG erstmals mit der Entscheidung vom 14.3.2000 (1 BvR 284/96, NJW 2000, 1855) beanstandet. Nach dieser Entscheidung lagen zwar für die unterschiedliche Behandlung von Kriegsopfern im Zeitpunkt des Inkrafttretens des BVG in den neuen Ländern und in den folgenden Jahren gewichtige Gründe vor. Das zunächst verfassungsgemäße Anpassungskonzept für die Beschädigtengrundrente, die stark durch ihren ideellen Gehalt geprägt wird, ist nach der Entscheidung des BVerfG aber ab 1.1.99 verfassungswidrig geworden. Die Feststellung der Verletzung von Art 3 Abs 1 GG erstreckt sich hingegen nicht auf andere, rein materiell ausgerichtete Leistungen nach dem BVG.

57   **c) Zugang zur Sozialversicherung.** Regelungen über die Versicherungspflicht oder den Zugang zur SozV haben bisher nur in seltenen Fällen zu Beanstandungen mit Blick auf den Gleichheitsgrundsatz geführt. Grds steht es im Ermessen des Gesetzgebers, inwieweit er einem gesteigerten **sozialen Schutzbedürfnis** Rechnung tragen will (BSG 16.10.90 – 11 RAr 103/89, SozR 3–4100 § 104 Nr 3). Eine Lückenlosigkeit des Versicherungsschutzes braucht verfassungsrechtlich nicht gewährleistet zu werden (zu einer durch Berufstätigkeit verursachten Krankheit BVerfG 14.7.93 – 1 BvR 1127/90, SozR 3–2200 § 551 Nr 5). Der Gleichheitssatz gebietet es auch nicht, Versicherten, die von einer Heiratserstattung abgesehen haben, das Recht auf eine Beitragsaufstockung einzuräumen (BVerfG 4.3.98 – 1 BvR 1487/97, NZS 98, 287). Ebenso hat das BSG in der Einführung einer Altersgrenze von 30 Jahren für die KV der Studenten keine sachwidrige Ungleichbehandlung gesehen, da in dem Altersabschnitt unterhalb dieser Grenze Leistungen unterdurchschnittlich in Anspruch genommen werden (BSG 30.9.92 – 12 RK 50/91, SozR 3–2500 § 5 Nr 6). Kein eine Ungleichbehandlung verschiedener Personengruppen von Normadressaten sachlich rechtfertigender Grund ist es idR, wenn allein die Möglichkeit eines Missbrauchs zur Rechtfertigung des Ausschlusses aus der SozV und ArblV herangezogen wird (vgl *Rüfner* NZS 92, 83). Der Missbrauchsmöglichkeit ist mit anderen geeigneten Mitteln entgegenzuwirken.

58   Beanstandet wurden hingegen die Zugangsbeschränkungen **zur Krankenversicherung der Rentner** (BVerfG 15.3.2000 – 1 BvL 16/96, DB 2000, 1658). Die beanstandete Regelung führte die Trennung der in der KV Pflichtversicherten und freiwillig Versicherten im Rentenalter fort, auch wenn nur in einer relativ kurzen Zeitspanne die JAE überschritten worden war. Die vom Gesetz vorgesehene kurze Zeitspanne hatte weder auf das Schutzbedürfnis noch auf die Beteiligung an der Solidargemeinschaft hinreichende Auswirkungen, die die mit der Verweisung auf die freiwillige KV einhergehenden Beitragsnachteile rechtfertigen konnten.

59   **3. Gemeinschaftsrecht.** Die ausdrückliche Regelung eines allgemeinen Gleichheitssatzes enthält das Gemeinschaftsrecht nicht (vgl zur Entwicklung eines solchen Grundsatzes aus den speziellen Diskriminierungsverboten *Hanau/Steinmeyer/Wank* Handbuch des europäischen Sozialrechts, § 13 Rz 60 ff). Im Sozialrecht haben Personen, die unter den persönlichen Geltungsbereich der VO (EG) 883/2004 fallen und im Gebiet eines Mitgliedstaates wohnen, gem Art 4 der VO die gleichen Rechte und Pflichten wie die Staatsangehörigen dieses Staates. Hiernach können sich die Mitgliedstaaten zB nicht auf die mangelnde Verbürgung von Gegenseitigkeit berufen, um Angehörigen anderer Mitgliedstaaten bestimmte Rechtspositionen vorzuenthalten. Untersagt ist auch jede Form der versteckten **Diskriminierung**, die durch andersartige Tatbestandsmerkmale zum gleichen Ergebnis führt (*Schlegel/Voelzke/Hauschild* SGB I, Art 4 VO (EG) 883/2004 Rz 14).

Grenzgänger

A. Arbeitsrecht
Poeche

1   Arbeitsrechtlich ist der Wohnsitz des ArbN und damit sein Status als sog Grenzgänger (z Begriff *Grenzgänger* Rz 2) idR ohne Bedeutung. Tarifvertragliche Regelungen, nach denen sich bestimmte Leistungen nach fiktivem deutschen Steuerrecht berechnen, können wegen Verstoßes gegen Art 45 AEUV (früher Art 39 EG) und Art 7 Abs 4 der Verordnung (EWG) Nr 1612/68 des Rates vom 15.10.1968 über die Freizügigkeit der ArbN unwirksam sein (BAG 10.3.05 – 6 AZR 317/01, NZA-RR 06, 88 zur Überbrückungsbeihilfe bei den Stationierungsstreitkräften). Entsprechendes gilt für Altersteilzeitvereinbarungen mit Grenzgängern, in denen zur Berechnung eines Aufstockungsbetrags auf die deutsche Mindestnettoentgeltverordnung abgestellt wird (EuGH 28.6.12, Erny, C-172/11, NZA 12, 863).

B. Lohnsteuerrecht

Übersicht

	Rz		Rz
I. Rechtsgrundlagen	2	5. Fiktive unbeschränkte Steuerpflicht von EU-(EWR-Staatsangehörigen (§ 1a EStG)	17–21
II. Besteuerung des Einpendlers	3–21	a) Grenzgängerkarte	17, 18
1. Übersicht	4–6	b) Lohnsteuerabzug	19, 20
2. DBA mit Grenzgängerregelung	7–13	c) Mit der EU assoziierte Staaten	21
a) Grundsatz	8	III. Besteuerung der Auspendler	22–25
b) Lohnsteuerabzug	9	1. DBA mit Grenzgängerregelung	22, 23
c) Einzelne Staaten	10–13	a) Allgemeines	22
3. DBA ohne Grenzgängerregelung	14, 15	b) Besonderheiten zum DBA Schweiz	23
a) Tätigkeitsort	14	2. DBA ohne Grenzgängerregelung	24, 25
b) Lohnsteuerabzug	15	Literaturhinweise	25
4. Fiktive unbeschränkte Steuerpflicht (§ 1 Abs 3 EStG)	16		

I. Rechtsgrundlagen. „Grenzgänger" ist vorbehaltlich DBA-Regelungen kein gesetzlicher Begriff. Als Grenzgänger gelten die Stpfl (Selbstständige und ArbN), die in einem Staat ansässig sind, dh dort ihren privaten Lebensmittelpunkt (Wohnsitz oder gewöhnlichen Aufenthalt) haben, und ihre Berufstätigkeit über der Grenze im Nachbarstaat ausüben, um nach Arbeitsende regelmäßig über die Grenze an ihren privaten Lebensmittelpunkt zurückzukehren (BFH 20.10.04 – I R 31/04, BFH/NV 05, 840). Die Arbeitstätigkeit begründet keinen gewöhnlichen Aufenthalt am Arbeitsort (BFH 25.1.89 – I R 205/82, BStBl II 90, 687). Bei mehreren Wohnungen kann nur eine Wohnung Mittelpunkt der Lebensinteressen sein (BFH 4.5.11 – VI B 152/10, BFH/NV 11, 1347). Nach DBA-Regelungen gilt für Auslandstätigkeit grds die Besteuerung im Tätigkeitsstaat (Art 15 OECD-Musterabkommen, BStBl I 04, 286; s *Auslandstätigkeit* Rz 37). Hiervon machen die Grenzgängerregelungen in den DBA eine Ausnahme, indem sie das Besteuerungsrecht dem Wohnsitzstaat zuweisen. Hiervon stellen die innerstaatlichen Regelungen des § 1 Abs 3, § 1a EStG eine Rückausnahme dar, indem sie die Besteuerung im Tätigkeitsstaat zulassen, so dass dem Grenzpendler bei Vorliegen der jeweiligen Voraussetzungen ein **Wahlrecht** zusteht, ob die Besteuerung im Wohnsitzstaat oder im Tätigkeitsstaat stattfindet. Dauert die nichtselbstständige Beschäftigung im Ausland, unabhängig von der Grenzgängereigenschaft, nicht länger als 183 Tage im Kj, verbleibt das Besteuerungsrecht im Wohnsitzstaat (*Auslandstätigkeit* Rz 40). Die 183-Tage-Regelung geht also der Grenzgängerbesteuerung vor. Zur Berechnung der 183 Tage und zur Umrechnung der in ausländischer Währung gezahlten Vergütung s *Auslandstätigkeit* Rz 41, 42. Wegen unterschiedlicher Regelungen in den DBA gibt es keine einheitliche Besteuerung der Grenzgänger. Vielmehr ist die Besteuerung zum jeweiligen Grenzstaat unterschiedlich. Die Rspr des EuGH hat die Besteuerung der Grenzgänger wesentlich geprägt. Der EuGH hat aufgrund von Art 45 AEUV, ex-Art 39 EGV (Freizügigkeit der ArbN) zum Ausdruck gebracht, dass nicht im Inland Ansässige nicht höher besteuert werden dürfen als im Inland Ansässige, wenn die nicht im Inland Ansässigen ganz oder fast ausschließlich ihre Einkünfte im Inland beziehen (EuGH 8.5.90 Fall **Biehl**, DStR 91, 454; 14.2.95 Fall **Schumacker**, BB 95, 438 = DB 95, 407 = DStR 95, 326 = IStR 95, 126). Art 39 EGV, nun Art 45 AEUV, steht einer unterschiedlichen Besteuerung von Grenzgängern, die im privaten oder öffentlichen Dienst beschäftigt sind, nicht entgegen (EuGH 12.5.98, IStR 98, 336 Fall **Gilly**). Die 90%-Grenze und die Betrags-Grenze des § 1a EStG (= Grundfreibetrag nach § 32a Abs 1 Satz 2 Nr 1 EStG; s § 1 Abs 3 Satz 2 EStG; s *Ausländer* Rz 38) verstoßen nicht gegen Art 45 AEUV, ex-Art 39 EGV, weil bei nicht unbedeutenden Einkünften im Wohnsitzstaat dieser die personen- und familienbezogenen Vergünstigungen wegen der ortsnäheren Überprüfbarkeit gewähren muss (EuGH 14.9.99 – Rs C-391/97, BStBl II 99, 841, Fall Frans **Gschwind**); s auch EuGH 21.2.06 – C 152/03, DStR 06, 362, Fall **Ritter-Coulais**; hierzu BMF 24.11.06 – IV B 3 – S 2118a – 63/06, DStR 06, 2215; EuGH 16.10.08 – C-527/06, DStRE 09, 212 und 17.1.08 – C 152/05, DStRE 08, 167 zu Wohneigentumsförderung.

Verwaltungsanweisung: BMF 14.9.06 – IV B 6 – S 1300 – 367/06, BStBl I 06, 532.

209 Grenzgänger

3 II. Besteuerung des Einpendlers.

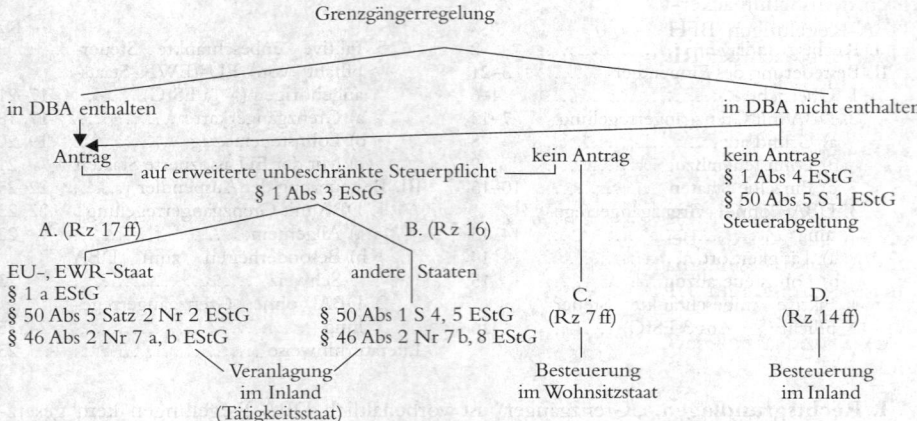

4 **1. Übersicht.** Für den Einpendler, also den Stpfl mit Wohnsitz oder gewöhnlichem Aufenthalt im Ausland, unabhängig von der Staatsangehörigkeit, also auch für Deutsche, die im Inland selbstständig oder nichtselbstständig tätig sind, gilt aufgrund des **Schumacker-Urteils** (s oben Rz 2) seit 1996 § 1 Abs 3, § 1a EStG. Einpendler können hiernach unter die erweiterte unbeschränkte Steuerpflicht nach § 1 Abs 3 EStG fallen, unabhängig davon, ob sie im öffentlichen Dienst oder in der Privatwirtschaft tätig sind. Die erweiterte unbeschränkte Steuerpflicht nach § 1 Abs 3 EStG tritt grds dann ein, wenn die Einkünfte des stpfl Einpendlers zu mindestens 90 % der deutschen Besteuerung unterliegen oder die nicht der deutschen ESt unterliegenden Einkünfte den Grundfreibetrag nach § 32a Abs 1 Satz 2 Nr 1 EStG nicht übersteigen. (Einzelheiten hierzu *Ausländer* Rz 38 ff). Von dieser Regelung können betroffen sein:
- ausländische ArbN und Selbstständige, die unter Beibehaltung ihres Familienwohnsitzes täglich zur Arbeit nach Deutschland einpendeln und hier stpfl werden;
- deutsche Staatsbürger, die unter Beibehaltung ihres bisherigen Arbeitsplatzes aus privaten Gründen (Heirat, günstigere Grundstückspreise oder Miete uÄ) ihren Wohnsitz in ein angrenzendes Land verlegen;
- verheiratete Gastarbeiter, die auf Dauer in Deutschland arbeiten und wohnen, ihre Familie aber im Heimatland gelassen haben;
- Saisonarbeiter und Werkvertragsarbeitnehmer, die zu einem Einsatz von wenigen Wochen oder Monaten nach Deutschland kommen.

5 Die erweiterte unbeschränkte Steuerpflicht nach § 1 Abs 3, § 1a EStG hängt von einem **Antrag** des Stpfl beim inländischen Betriebs(-stätten)FA ab und führt zur Besteuerung im **Tätigkeitsstaat** für Einpendler, also zur Besteuerung in der BRD. Einzelheiten s BMF 30.12.96, BStBl I 96, 1506. Der Antrag kann im Revisionsverfahren beim BFH nicht mehr gestellt werden (BFH 13.8.97 – I R 65/95, BStBl II 98, 21).

6 Vor Anwendung der erweiterten unbeschränkten Steuerpflicht (§ 1 Abs 3, § 1a EStG) ist jedoch zu prüfen, ob ein **Doppelbesteuerungsabkommen** eingreift, da DBA-Regelungen dem jeweiligen Staat das Besteuerungsrecht zuweisen und deshalb dem einfachen Gesetz grds vorgehen (§ 2 AO). Folgende DBA enthalten den § 1 Abs 3, § 1a EStG vorrangige Grenzgängerregelungen: **Frankreich** (Art 13 Abs 5 DBA), **Österreich** (Art 15 Abs 6 DBA) und **Schweiz** (Art 15a DBA). Die DBA-Regelungen treten aber gegenüber § 1 Abs 3, § 1a EStG wiederum zurück, wenn der Stpfl bei Vorliegen der Voraussetzungen des § 1 Abs 3 EStG den Antrag auf Besteuerung im Tätigkeitsstaat stellt. Denn der Antrag nach § 1 Abs 3 EStG kann zu einer Besserstellung des Steuerpflichtigen gegenüber DBA führen, so dass **§ 1 Absatz 3 EStG insoweit vorgeht** (s hierzu Rz 16 ff) und die Besteuerung dem Tätigkeitsstaat BRD zuweist. Im Verhältnis zu DBA geht EU-Recht vor (*Heinicke* DStR 98, 1332, 1337; *EU-Recht* Rz 28). Für die Frage, ob ein Stpfl Grenzgänger ist, kommt es nicht auf den

Grenzgänger

Zeitpunkt des Lohnzuflusses an, sondern auf den Zeitraum der Grenzgängertätigkeit (FG Saarl 26.3.97, EFG 97, 856). Zur Reformbedürftigkeit der DBA-Grenzgängerregelungen nach dem Schumacker-Urt des EuGH (Rz 4) und zur Unstimmigkeit von nationalen und DBA-Regelungen BFH 24.6.09 – X R 57/06, DStR 09, 1799. Einpendler können die Förderung nach der **Riester-Rente** erhalten, obwohl die nachgelagerte Besteuerung nach DBA nicht gesichert ist (§§ 79, 10a EStG; s auch *Altersvorsorgevermögen* Rz 7; *Altersrente* Rz 18, 19). Auch können Beiträge zwecks Altersvorsorge an ausländische Versorgungseinrichtungen steuerfrei sein (§ 3 Nr 63 EStG; OFD RhLand 6.4.11 KurzInf ESt Nr 16/11, DB 11, 847).

2. DBA mit Grenzgängerregelung (s oben Rz 3 C.). Nach der Grenzgängerregelung in den DBA ist das Besteuerungsrecht dem **Wohnsitzstaat** zugewiesen, wenn Wohnung und Arbeitsstelle innerhalb einer bestimmten Grenzzone liegen. Im Verhältnis zur Schweiz ist die Grenzzone zum 1.1.94 fortgefallen, wie auch für die anderen Staaten die Grenzzone wegfallen soll. **7**

a) Grundsatz. Die Grenzgängerregelung in den DBA (s oben Rz 6) beinhaltet grds Folgendes: **Einpendler aus dem Ausland** sind im Inland nicht stpfl. Sie versteuern ihre Einkünfte im Ansässigkeitsstaat. Die deutsche beschränkte Steuerpflicht (§ 1 Abs 4 iVm § 49 Abs 1 Nr 4 EStG) ist insoweit aufgehoben. §§ 50 Abs 4 und 39d EStG sind nicht anwendbar. Die Grenzgängereigenschaft geht nicht verloren, wenn die Tage, an denen der ArbN nicht an seinen Wohnsitz zurückkehrt oder außerhalb der Grenzzone tätig ist, 45 Tage (Frankreich/Österreich)/60 Tage (Schweiz) im Kj nicht übersteigen. **8**

War der ArbN nur zeitweise Grenzgänger, ist zeitanteilig aufzuteilen (BMF 25.3.10 – IV B 2 – S 1301 – CHE/07/10015, IStR 10, 460 = DStR 10, 1032; s auch unten Rz 13 aE; s auch *Betriebliche Altersversorgung* Rz 176, 181). Zur Normenkonkurrenz von DBA bei Dreieckssachverhalten s FG BaWü 26.9.12 – 2 K 776/11, EFG 13, 707 (BFH I R 19/13).

b) Lohnsteuerabzug. Für den LStAbzug für den Einpendler gilt (bis 2015): Das inländische BetriebsstättenFA erteilt für Grenzgänger auf Antrag des ArbN oder des ArbGeb eine sog **Freistellungsbescheinigung,** wonach bei Vorliegen der Grenzgängereigenschaft keine LSt zu erheben ist. Der ArbGeb hat die Bescheinigung als Beleg zum Lohnkonto aufzubewahren (§ 39b Abs 6 EStG; Einzelheiten R 39b.10 LStR; s *Lohnsteuerberechnung* Rz 17). Hat der ArbGeb den LStAbzug unterlassen, obwohl ihm eine Freistellungsbescheinigung nicht vorgelegen hat, so haftet er für die einzubehaltende LSt nicht (FG München 24.2.78, EFG 78, 327 zu DBA Frankreich). Um Haftungsrisiken auszuschließen, sollte der ArbGeb auf der Vorlage der Freistellungsbescheinigung bestehen. Umgekehrt erhält der GrenzgängerArbN die im Inland einbehaltene LSt durch Antragsveranlagung erstattet. **9**

c) Einzelne Staaten. aa) Belgien. Die frühere Grenzgängerregelung (BMF 9.7.82, BStBl I 82, 628) wurde zum 1.1.04 aufgehoben. Zur Besteuerung s OFD Koblenz 22.12.03 – S 1301 A, BeckVerw 056816 und unten Rz 14, 16, 17, 18. **10**

bb) Frankreich. Art 13 Abs 5 DBA. Auf deutscher Seite beträgt die Grenzzone 30 km, auf französischer Seite 20 km; zum Begriff Grenzgänger s BMF 3.4.06 – IV B 6 – S 1301 FRA – 26/06, BStBl I 06, 304, ausführlich mit Beispielen. Eine Tätigkeit außerhalb der Grenzzone von mehr als 45 Tagen im Jahr, wobei nur volle „Außerhalb-Tage" zählen, und/oder die nicht tägliche Rückkehr an den Wohnsitz von mehr als 45 Tagen im Jahr lassen die Grenzgängereigenschaft entfallen (BFH 25.11.02 – I B 136/02, BStBl II 05, 375; dh für Einpendler: Besteuerung im Inland). Bei der Prüfung, ob der Grenzgänger mehr als 45 Tage außerhalb der Grenzzone tätig war, zählt bei eintägigen Dienstreisen auch eine kurzzeitige Tätigkeit innerhalb der Grenzzone nicht zu den Nichtrückkehrtagen. Die Grenzgängereigenschaft bleibt also insoweit bestehen. Bei mehrtägigen Dienstreisen ist der Hinreisetag ein Nichtrückkehrtag, wenn keine Tätigkeit in der Grenzzone verrichtet wird. Gleiches gilt für den Rückreisetag. Nur-Durchfahrt durch die Grenzzone gehört also zum Nichtrückkehrtag. Empfehlung, um die Grenzgängereigenschaft nicht zu verlieren: – auch nur kurzzeitige – Tätigkeit innerhalb der Grenzzone. Samstag, Sonntag, Feiertag sind keine Nichtrückkehrtage. Gleiches gilt für Krankheitstage während der Dienstreise. Nichtarbeitstage wegen höherer Gewalt, zB Unwetter, zählen zu den Nichtrückkehrtagen (BFH 11.11.09 – I R 84/08, BStBl II 10, 390). Gleiches gilt bei Dienstreisen im Ansässigkeitsstaat (BFH 17.3.10 – I R 69/08, BFH/NV 10, 1634; hierzu FM Saarl 11.5.10 – S 1301 – 4001, 2010/28548, **11**

209 Grenzgänger

BeckVerw 238466; *Paetsch* IStR 2010, 320; *Lusche* DStR 10, 914). Die Grenzgängerregelung gilt nicht bei im Inland im öffentlichen Dienst tätigen Einpendlern (BFH 5.9.01 – I R 88/00, BFH/NV 02, 623; FG Münster 12.11.04 – 11 K 2330/03 E, EFG 05, 252). Auch bei höherer Steuerbelastung verstößt dies nicht gegen Art 39 EG, nun Art 45 AEUV (EuGH 12.5.98, IStR 98, 336 **Fall Gilly**). Auf einen Beamten, für den grundsätzlich das Kassenstaatsprinzip gilt, dh Besteuerung in dem Staat, von dem er besoldet wird (Art 14 Abs 1 DBA; BFH 23.9.08 – I R 57/07, BFH/NV 09, 390), ist aber die Grenzgängerregelung (Art 13 Abs 5 DBA-Frankreich) anwendbar, dh Besteuerung im Wohnsitzstaat, Freistellung im Tätigkeitsstaat, wenn er in einem privatwirtschaftlich strukturierten Unternehmen tätig ist (BFH 17.12.97 – I R 60–61/97, BStBl II 99, 13 = IStR 98, 478; zur Bemühung, diese Rspr durch Verständigungsvereinbarung zu ändern BayLfSt 23.3.09 – S 1301, 2.51–13/2 St 32/St 33, IStR 09, 592). Bei Lohnnachzahlungen gilt nicht das Zuflussprinzip, sondern für welchen Zeitraum der Lohn nachgezahlt wird. War für diesen Zeitraum der Stpfl nicht Grenzgänger, unterliegt die Lohnbesteuerung im Tätigkeitsstaat keinen Besonderheiten (FG Saarl 26.3.97 – 1 V 54/97, EFG 97, 856). Einzelheiten *Sinz/Blanchard* IStR 03, 258. Zur Behandlung der Altersteilzeit-Bezüge während der Freistellungsphase s *Altersrente* Rz 10. Freiwillige Zuschüsse zu einer Krankenversicherung, die ein inländischer ArbGeb an einen ArbN für dessen Versicherung in der französischen gesetzlichen Krankenversicherung leistet, sind nicht nach § 3 Nr 62 EStG steuerfrei (BFH 12.1.2011 – I R 49/10, BStBl II 2011, 446).

12 cc) **Österreich.** Art 15 Abs 6 DBA; VO zur Umsetzung von Konsultationsvereinbarungen v 20.12.2010, BGBl I 10, 2185. Die Grenzzone beträgt jeweils 30 km beiderseits der Grenze; zum Begriff Grenzgänger BMF 30.1.87, BStBl I 87, 191; Einzelheiten s *Albeseder* ua DStR 88, 491; s auch BFH 1.3.63, BStBl III 63, 271; BMF 31.1.87, BStBl I 87, 191. Berufskraftfahrer, die sich zu mehr als der Hälfte der täglichen Arbeitszeit innerhalb der Grenzzone aufhalten, im Übrigen außerhalb, gelten noch als Grenzgänger (FinMin BaWü 29.8.94, DStR 94, 1421; OFD München 25.6.96, BB 96, 1650 = DB 96, 1548 = FR 96, 571). Gesellschafter-Geschäftsführer mit einer Beteiligung von mehr als 25% besteuern im Tätigkeitsstaat (BayFinMin 10.12.90 – 38 S 1301 E-19/893).

13 dd) **Schweiz.** Art 15a DBA; BMF 19.9.94 – IV C 6 – S 1301 Schz-60/94, BStBl I 94, 683. Die praktische Bedeutung liegt im umgekehrten Fall: im Jahr 2009 standen 2000 Einpendlern aus der Schweiz 45000 Auspendler aus Deutschland in die Schweiz gegenüber (Schweizerisches Bundesamt für Statistik, 2009). Ab 1.1.94 ist die 30 km-Zone weggefallen. Grenzgänger ist hiernach, wer jeweils nach Arbeitsende regelmäßig an seinen Wohnsitz im anderen Staat zurückkehrt. Dabei bleiben bis zu 60 Arbeitstage, an denen eine Rückkehr an den Wohnsitz aus beruflichen Gründen nicht erfolgt, unberücksichtigt (Art 15a Abs 2 DBA Schweiz, BFH 15.9.04 – I R 67/03, IStR 05, 65). Bei Überschreiten der 60 Tage entfällt die Grenzgängerregelung mit der Folge der Besteuerung im Tätigkeitsstaat. Ein Arbeitseinsatz von mehreren Tagen zählt als ein Arbeitstag (BFH 7.8.08 – I R 10/07, IStR 09, 28) so zB Nacht- und Bereitschaftsdienst, der an die normale Arbeitszeit anschließt (BFH 27.8.08 – I R 64/07, IStR 08, 852); Einzelheiten hierzu VO zur Umsetzung von Konsultationsvereinbarungen v 20.12.10, BGBl I 10, 2187. Zu **leitenden Angestellten** von Kapitalgesellschaften s unten Rz 23 und *Auslandstätigkeit* Rz 52. Der Tätigkeitsstaat darf bei Anwendung der Grenzgängerregelung zum Ausgleich eine Steuer im Abzugsweg von bis zu 4,5% der Bruttovergütung erheben. Bei Einpendlern aus der Schweiz muss der inländische ArbGeb die Ansässigkeitsbescheinigung des Schweizer WohnsitzFA zum Lohnkonto nehmen, 4,5% des stpfl Arbeitslohns ohne Berücksichtigung von Abzugsbeträgen als LSt einbehalten und diese Abzugsteuer dem ArbN auf Antrag bescheinigen. Dies gilt auch bei der Pauschalierung der LSt. Die Schweiz setzt den Bruttobetrag des Lohns bei der Ermittlung der Besteuerungsgrundlage um ein Fünftel herab (Art 15a Abs 3 Buchst b DBA Schweiz). Legt der ArbN keine Ansässigkeitsbescheinigung vor, erfolgt der LStAbzug nach den Regeln für beschränkt einkommensteuerpflichtige ArbN (s *Lohnsteuerberechnung* Rz 18 ff). Weihnachtsgeld ist in dem Staat zu besteuern, in dem der Stpfl zum Zeitpunkt der Auszahlung wohnt (FG BadWü 25.10.01 – 14 K 21/97, EFG 02, 125; aA Aufteilung pro rata temporis, *Binninger* IStR 95, 428). Bei **Wegzug** in die Schweiz und beibehaltenem Arbeitsplatz im Inland gilt die Grenzgängerregelung nach Maßgabe des Art 4 Abs 4 DBA nicht; dh Besteuerung im Inland (BFH 19.11.03 – I R 64/02, BFH/NV 04, 765; FG BaWü 22.1.08 – 11 K 245/05, EFG 08,

1360). In der Schweiz ansässigen Grenzgängern müssen dieselben steuerlichen Vergünstigungen gewährt werden wie Inländern (EuGH 28.2.13 – C-425/11 DB 13, 1141: zum Splittingtarif, s BMF 16.9.13, BStBl I 13, 1325). Bei Aufgabe des inländischen Arbeitsplatzes ist eine **Abfindung,** die keine Lohn(nach-)zahlung oder Tantiemen enthält, vielmehr Versorgungscharakter hat, nicht in Deutschland zu versteuern (BFH 2.9.09 – I R 111/08, DStR 09, 2235; BMF 25.3.10 – IV B 2 – S 1301 CHE/07/10015, DStR 10, 1032). Maßgeblich ist der Zeitpunkt der Auszahlung. Für Bewohner der Exklave **Büsingen,** das zum Hoheitsgebiet der BRD, aber zum Währungs-, Wirtschafts- und Zollgebiet der Schweiz gehört, kann die Steuer wegen höherer Lebenshaltungskosten erlassen werden (FG BaWü 9.4.97, EFG 97, 1492).

3. DBA ohne Grenzgängerregelung (s oben Rz 3 D). **a) Tätigkeitsort.** Davon sind derzeit folgende Staaten betroffen: **Belgien, Luxemburg, Dänemark, Niederlande, Polen, Tschechien,** soweit nicht die Besteuerung nach § 1 Abs 3, § 1a EStG eingreift (s Rz 5, 16 ff). Hiernach erfolgt die Besteuerung der Einkünfte aus nichtselbstständiger Arbeit durch den Staat des **Tätigkeitsortes** (BFH 10.7.96, BStBl II 97, 15; zB Polen DBA Art 15 Abs 1, BStBl I 05, 354; Niederlande Drittes Zusatzprotokoll zum DBA Art 4, BStBl I 05, 365); Luxemburg BMF 14.6.11 – IV B 3 – S 1301 – Lux/10/10003, BStBl I 11, 576: Neue Verständigungsvereinbarung als ergänzende Regelung zum DBA Luxemburg. Unter anderem wurde vereinbart, dass dem Tätigkeitsstaat das Besteuerungsrecht zusteht, wenn der ArbN an weniger als 20 Tagen nicht im Tätigkeitsstaat anwesend ist. Bei Lohnfortzahlung im Krankheitsfall und bei Mutterschaft verbleibt das Besteuerungsrecht ebenfalls dem Tätigkeitsstaat. 14

Der ArbN ist beschränkt stpfl (§ 49 Abs 1 Satz 4 EStG; s hierzu *Ausländer* Rz 42). Die Einkommensbesteuerung richtet sich nach § 50 Abs 1 Sätze 4 und 5 EStG. Das bedeutet: Anwendbar sind (§ 50 Abs 1 Satz 4 EStG) neben §§ 9, 9a EStG (Werbungskosten, ggf Pauschbetrag) nur § 9c EStG (Kinderbetreuungskosten), § 10 Abs 1 Nr 2 und Nr 3 EStG (Vorsorgeaufwendungen), § 10b EStG (Spendenabzug), § 10c Abs 1 EStG (Sonderausgaben-Pauschbetrag), § 10c Abs 2 und Abs 3 EStG (Vorsorgepauschale). Werden nichtselbstständige Einkünfte nicht während des ganzen Jahres bezogen, ermäßigen sich die Jahres- und Monatsbeträge der Pauschalen nach § 9a Abs 1 Nr 1 EStG und § 10c Abs 1 bis 3 EStG zeitanteilig (§ 50 Abs 1 Satz 5 EStG). Der Stpfl wird nach der Grundtabelle (LStKlasse I) besteuert. Durch den LStAbzug gilt die ESt als **abgegolten** (§ 50 Abs 2 Satz 1 EStG), dh eine Veranlagung findet nicht statt (zum Antrag auf Veranlagung s unten Rz 15, 16). Die ungünstige Besteuerung im Inland kann durch einen Antrag auf erweiterte unbeschränkte Steuerpflicht vermieden werden (§ 1 Abs 3, § 1a EStG; s unten Rz 16 ff). **Abfindungen,** die anlässlich der Beendigung des Arbeitsverhältnisses gezahlt werden, sind grds im Wohnsitzstaat zu versteuern (BFH 2.9.09 – I R 90/08, BStBl II 10, 395). Anderslautende bisherige zwischenstaatliche Vereinbarungen sind ohne Gesetzesgrundlage, so zB BMF 10.1.07 – IV B 6 – S 1301 BEL – 1/07, BStBl I 07, 261. In § 2 Abs 2 AO ist der BMF ermächtigt (Art 80 Abs 1 GG), auch die Rspr bindende zwischenstaatliche Konsultationsvereinbarungen zu treffen, um Doppelbesteuerungen oder doppelte Nichtbesteuerungen zu vermeiden (Art 97 § 1 Abs 9 EGAO).

b) Lohnsteuerabzug. Es gelten die allgemeinen Regeln über den LStAbzug für beschränkt einkommensteuerpflichtige ArbN (s *Lohnsteuerberechnung* Rz 18 ff) mit folgender Besonderheit: Auf Antrag des ArbN trägt das BetriebsstättenFA in die LStBescheinigung (§ 39a Abs 4 EStG) Werbungskosten ein, soweit sie den Pauschbetrag nach § 9a Satz 1 Nr 1 EStG übersteigen, sowie Spenden, soweit sie den Sonderausgabenpauschbetrag nach § 10c Abs 1 EStG übersteigen (§ 39a Abs 4 EStG). Bezüglich der vom ArbN dem ArbGeb auszuhändigenden Bescheinigung sowie umgekehrt bezüglich der vom ArbGeb dem ArbN auszuhändigenden Bescheinigung s *Lohnsteuerberechnung* Rz 18 ff. Zur Haftung des ArbGeb *Lohnsteuerhaftung* Rz 8 ff. 15

Zur Besteuerung von ausländischen **Erntehelfern** s *Ausländer* Rz 42.

4. Fiktive unbeschränkte Steuerpflicht (§ 1 Absatz 3 EStG). (ohne § 1a EStG; s oben Rz 3 B). Zur Frage, welche Stpfl unter welchen Voraussetzungen unter § 1 Abs 3 EStG fallen, s *Ausländer* Rz 38 ff. Bedeutsam ist hier insbesondere die Bescheinigung der ausländischen Steuerbehörde über die Höhe der ausländischen Einkünfte (s *Ausländer* Rz 38). 16

Windsheimer

209 Grenzgänger

Zu Einzelheiten des LStAbzugs s *Lohnsteuerberechnung* Rz 20; H 39c LStR. Bei Einhaltung der Grenzwerte des § 1 Abs 3 EStG (s *Ausländer* Rz 38) findet eine **Veranlagung im Inland** wie bei einem unbeschränkt stpfl Inländer statt (§ 46 Abs 2 Nr 7 Buchst b EStG). Die 90%-Grenze (s oben Rz 3) verstößt nicht gegen EU-Recht (s Rz 2; *Ausländer* Rz 38; s auch unten Rz 17). Ohne Antrag des Stpfl wird eine Veranlagung durchgeführt, wenn für einen Stpfl iSd § 1 Abs 3 EStG Lohnsteuerabzugsmerkmale nach § 39 Abs 2 EStG gebildet worden sind (§ 46 Abs 2 Nr 7b EStG). Die erweiterte unbeschränkte Steuerpflicht nach § 1 Abs 3 EStG erstreckt sich aber nur auf den Stpfl, nicht auf dessen Angehörige. Die Besteuerung erfolgt wie bei einem alleinstehenden inländischen Stpfl. Verheirateten, deren Ehegatten außerhalb des Gemeinschaftsgebietes der EU leben oder die nicht die Staatsangehörigkeit eines EU- oder EWR-Staates haben, werden ehebezogene Freibeträge und der Splittingtarif nicht gewährt. Die Besteuerung nach § 1 Abs 3 EStG mit ihrer Veranlagung kann dazu führen, dass der Stpfl die gesamte einbehaltene LSt im Rahmen der ArbNVeranlagung erstattet bekommt, wenn er nur wenige Monate in Deutschland arbeitet. Betroffen hiervon sind hauptsächlich **Saisonarbeiter und Werkvertragsarbeitnehmer aus osteuropäischen Staaten** (s zB BFH 28.2.01 – I R 94/00, BFH/NV 01, 1023). Ein LStJahresausgleich durch den ArbGeb ist nicht vorgesehen (*Frerichs* FR 95, 574). Die Steuererklärung bzw der Antrag auf Veranlagung ist vom Stpfl eigenhändig zu unterschreiben (§ 150 Abs 3 AO; § 25 Abs 3 EStG). Eine Vollmacht ist ausnahmsweise zulässig (BFH 10.4.02 – VI R 66/98, BStBl II 02, 455). Zur örtlichen Zuständigkeit des FA FinMin NRW 1.1.06 – S 0127, nv. Wegen Ungleichbehandlung mit den Stpfl nach § 1a EStG (s Rz 17) bestehen verfassungsrechtliche Bedenken (Art 3 Abs 1 GG), da EG-Recht allein keine Besserstellung rechtfertigt. Zum zeitlichen Anwendungsbereich s unten Rz 22.

17 5. **Fiktive unbeschränkte Steuerpflicht von EU-/EWR-Staatsangehörigen (§ 1a EStG)** (s oben Rz 3 A). **a) Grenzgängerkarte.** Für Staatsangehörige eines Mitgliedstaates der EU (Dänemark, Luxemburg, Niederlande, Belgien, Frankreich, Österreich; ab 1.5.2004 Tschechien, Polen) oder eines Staates, auf den das Abkommen über den europäischen Wirtschaftsraum anwendbar ist (Island, Liechtenstein, Norwegen; nicht die Schweiz s aber EuGH 28.2.13 – C-425/11, DB 13, 1141), bei denen die Voraussetzungen des § 1 Abs 3 EStG vorliegen (s *Ausländer* Rz 38, 39 und oben Rz 16) und die in einem dieser Staaten einschließlich BRD ansässig sind, gilt für die Besteuerung im Inland über die Anwendung des § 1 Abs 3 EStG hinaus (oben Rz 16) Folgendes (H 39c LStR):
– Verheirateten wird unter den gleichen Voraussetzungen wie bei Inländern der Splittingtarif und die Verdoppelung der Höchst- und Pauschbeträge (zB bei den Sonderausgaben) gewährt (§ 1a Abs 1 Nr 2 iV mit § 26 EStG). Dabei sind die Einkünfte der Eheleute nach deutschem Recht zu ermitteln (BFH 20.2.06 – I B 144/05, BFH/NV 06, 1086). Das Überschreiten der Grenzwerte des § 1 Abs 3 EStG (s oben Rz 3) durch den im EU-Ausland ansässigen Ehegatten ist unschädlich. Im Übrigen gelten die Regeln der beschränkten Steuerpflicht; s *Ausländer* Rz 38, 42 ff; *Diskriminierung* Rz 146. Bei Bediensteten der öffentlichen Hand (§ 1 Abs 2 EStG; s hierzu *Auslandstätigkeit* Rz 60) kommt aus Billigkeit der Splittingtarif zur Anwendung, wenn nach Versetzung ins Inland der Ehegatte im Ausland verbleibt (BMF 8.10.96, BStBl I 96, 1191).
– Unterhaltsaufwendungen an geschiedene oder getrennt lebende Ehegatten sind abzugsfähig (§ 10 Abs 1 Nr 1 EStG), wenn der Unterhaltsempfänger im EU- bzw EWR-Ausland wohnt und der Unterhaltsverpflichtete nachweist, dass der Unterhaltsempfänger die Unterhaltsleistungen in seinem Wohnsitzstaat versteuert (§ 1a Abs 1 Nr 1 EStG). Sieht das ausländische Recht die Besteuerung der Unterhaltsleistungen nicht vor, liegt in der Nichtabzugsfähigkeit der Unterhaltsleistungen kein Verstoß gegen EU-Recht (EuGH 12.7.05 – C 403/03, Fall **Eugen Schempp**, DStR 05, 1265; s auch *Ausländer* Rz 49).

Es findet vAw eine **Veranlagung** statt, wenn für einen unbeschränkt Stpfl iSd § 1 Abs 1 EStG im Rahmen der ELStAM ein Ehegatte iSd § 1a Abs 1 Nr 2 EStG (betr Splitting) berücksichtigt worden ist oder wenn für einen Stpfl iSd § 1a EStG das BetriebsstättenFA eine Bescheinigung nach § 39 Abs 2 EStG erteilt hat (§ 46 Abs 2 Nr 7a, b EStG). Ausländische **Verluste** sind grds nicht berücksichtigbar (§ 2a EStG; Ausnahme zu Einkünften aus V + V bei Eigenbewohnen bis 1998, BMF 24.11.06 – IV B 3 – S 2118a – 63/06, DStR 06, 2215). Die Verluste sind im Rahmen des negativen Progressionsvorbehalts zu erfassen (BFH

20.9.06 – I R 13/02, IStR 07, 148 im Anschluss an EuGH 21.2.06 – C-152/03, IStR 06, 196 Fall *Ritter-Coulais*). Ein ArbGeb-Zuschuss zur freiwilligen KV ist nicht nach § 3 Nr 62 Satz 1 EStG steuerfrei, wenn die ausländische KV (im Streitfall **Niederlande**) die besonderen Voraussetzungen des § 257 Abs 2a SGB V nicht erfüllt (BFH 22.7.08 – VI R 56/05, BStBl II 08, 894).

Zur durchzuführenden Veranlagung sieht § 50 Abs 2 Satz 2 Nr 2 EStG vor (vgl OFD Berlin 25.6.04 – St 127 – S 1300 – 12/04, DStR 04, 1216; FM NRW 1.1.06 – S 0127, DB 06, 129): Für beschränkt einkommensteuerpflichtige ArbN, die die **Grenzwerte** des § 1 Abs 3 EStG **überschreiten** (s hierzu oben Rz 16), deren Einkünfte im Ausland also mehr als 10 % der gesamten Einkünfte ausmachen, steht auf Antrag dennoch eine Veranlagung zur ESt offen (§ 50 Abs 2 Satz 2 Nr 2 EStG), jedoch nicht als unbeschränkt Stpfl (FG BaWü 6.12.01 – 3 K 36/01, EFG 02, 664). Der Progessionsvorbehalt (§ 32b Abs 2 EStG) ist hierbei nicht anzuwenden (BMF 25.8.95, DStR 95, 1470 = DStZ 95, 767), dh, die Einkünfte unterliegen dem normalen Steuersatz und damit der Steuerprogression *(Hellwig* DStZ 96, 385, 387). Mangels Antrag auf Veranlagung (s *Antragsveranlagung* Rz 3) kann ein LStNachforderungsbescheid für die Zeit der inländischen Berufstätigkeit ergehen. Dies verstößt nicht gegen EU-Recht (BFH 13.8.03 – I B 4/03, BFH/NV 04, 63). Zur Freistellung oder Anrechnung der inländischen Steuer bei Grenzgängern aus **Dänemark** BMF 21.2.2000, IV D 3 – S 1301 Dän – 19/99, BStBl I 2000, 310 = IStR 2000, 275 = DStR 2000, 523. Steuerminderung um 8 % im Verhältnis zu **Belgien,** wenn die belgischen Grenzgemeinden auf die deutschen Einkünfte eine Gemeindesteuer erheben (BStBl I 05, 347). Zur grenzüberschreitenden Amtshilfe s *Ausländer* Rz 40; *Datenschutz* Rz 46; *EU-Recht* Rz 30. 18

b) **Lohnsteuerabzug** (§§ 38b, 39 Abs 2, 3 EStG; BayLfSt 11.1.12 – S 0122.2.1–1/5 St 42, BeckVerw 257763; Einzelheiten s *Lohnsteuerberechnung* Rz 20). 19

20

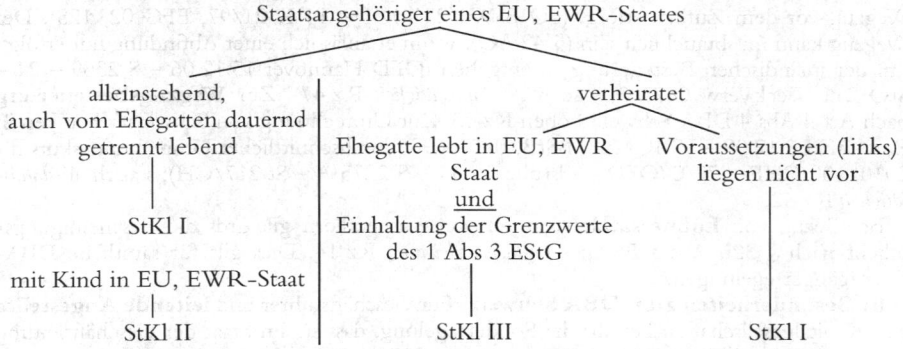

c) **Mit der EU assoziierte Staaten** (Algerien, Marokko, Tunesien, Türkei). §§ 1 Abs 3, 1a EStG gelten nicht. Zur Besteuerung s oben Rz 14 sowie *Ausländer* Rz 42, s *Diskriminierung* Rz 146 aE. 21

III. Besteuerung der Auspendler. 1. DBA mit Grenzgängerregelung. a) Allgemeines. Grds gilt das Prinzip der Besteuerung im Tätigkeitsstaat (Art 15 OECD-MA; s oben Rz 2). Will der Stpfl diese Besteuerung vermeiden, um im Wohnsitzstaat besteuert zu werden, zB wegen geringerer Steuerlast als im Tätigkeitsstaat (vgl zum einschlägigen Wahlrecht oben Rz 2), muss er folgende Formalien erfüllen, wobei im Inland ESt-Vorauszahlungen festgesetzt werden und eine Jahresveranlagung stattfindet: **DBA Frankreich:** Antrag beim BetriebsstättenFA in Frankreich, Vorlage der dort ausgestellten Bescheinigung beim ArbGeb, der auf Grund der Freistellungsbescheinigung keine Lohnsteuer einbehält (Einzelheiten *Sinz/Blanchard* IStR 03, 258). Zum Rentenversicherungssystem in Frankreich mit Steuerfreiheit nach § 3 Nr 62 Satz 4 EStG s OFD Karlsruhe 5.3.09 – S 2333 – St 124, BeckVerw 157644. Zur Frage der Zuordnung der Besteuerung von freigestellten Beamten, die im Ausland in privatwirtschaftlichen Betrieben arbeiten s oben Rz 11. Es verstößt nicht 22 gegen europäische Grundfreiheiten, dass SozVBeiträge nur beschränkt abzugsfähig sind, während die im Ausland erworbene Altersrente der vollen Besteuerung unterliegt (BFH 24.6.09 – X R 57/06, DStR 09, 1799).

DBA Österreich: Antrag beim inländischen WohnsitzFA mit Vorlage einer Verdienstbescheinigung des ArbGeb zwecks Festsetzung von ESt-Vorauszahlungen; Vorlage der Freistellungsbescheinigung des FA beim ArbGeb, der dann keine LSt einbehält.

DBA Schweiz: Zur praktischen Bedeutung wegen der großen Zahl der Auspendler in die Schweiz s oben Rz 13. Vorlage einer Ansässigkeitsbescheinigung des inländischen WohnsitzFA durch den Auspendler beim ArbGeb in der Schweiz. Dieser behält 4,5% der um ein Fünftel herabgesetzten Bruttovergütung bei jeder Zahlung als Abzugsteuer ein (Art 15 Abs 1 Sätze 2, 3 DBA Schweiz) und bescheinigt nach Jahresablauf die einbehaltene Abzugssteuer. Bei der inländischen Jahresveranlagung, die auch unter Berücksichtigung der Härteregelung-Vergünstigung nach § 46 Abs 3 und Abs 5 EStG vorzunehmen ist (BFH 10.1.92 – VI R 117/90, BStBl II 92, 720; s *Antragsveranlagung* Rz 2), wird die Schweizer Abzugsteuer – wie deutsche LSt – auf die deutsche ESt angerechnet (Art 15a Abs 3 DBA Schweiz; Einzelheiten OFD Frankfurt 19.2.07 – S 1301 A – 38.37 – St 58). Anders soll dies sein, nämlich die Schweizer Abzugsteuer als Werbungskosten, wenn mangels Grenzgängerschaft die Abzugsteuer zu Unrecht einbehalten worden ist (FG BaWü 5.6.08 – 3 K 147/07, EFG 2009, 1399). Hat der StPfl zu seiner Arbeitstätigkeit in der Schweiz bewusst unzutreffende Angaben gemacht, mit der Folge, dass sich im Nachhinein herausstellt, dass er als Grenzgänger im Inland zu besteuern ist, kommt eine Anrechnung der Schweizer Abzugsteuer nicht in Betracht (BFH 1.7.09 – I R 113/08, DStR 09, 253).

Bei einer arbeitsnahen Wohnung im Ausland und einer Wohnung im Inland ist der Mittelpunkt der Lebensinteressen zu bestimmen (BFH 27.3.07 – I B 63/06, BFH/NV 07, 1656; s *Auslandstätigkeit* Rz 40). Mit Wegzug ins Ausland endet die inländische unbeschränkte Steuerpflicht (s *Auslandstätigkeit* Rz 35), so dass zum Ende des Jahres gezahltes **Weihnachtsgeld** nicht mehr im Inland stpfl ist, auch nicht anteilig (§ 11 Abs 1 EStG), wenn der Wegzug vor dem Zufluss erfolgte (FG BaWü 25.10.01 – 14 K 21/97, EFG 02, 125). Der Wegzug kann missbräuchlich sein (§ 42 AO), wenn er anlässlich einer Abfindung nur erfolgt, um der inländischen Besteuerung zu entgehen (OFD Hannover 15.12.06 – S 2369 – 24 – StO 211, BeckVerw 087503; s auch *Auslandstätigkeit* Rz 47). Zur **Wegzugsbesteuerung** nach Art 4 Abs 4 DBA Schweiz s oben Rz 13. Zur Umrechnung von Schweizer Franken in Euro BFH 3.12.09 – VI R 4/08, BStBl II 10, 698; durchschnittlicher Umrechnungskurs für 2010: 100 CHF = 72 € (OFD Karlsruhe 3.1.11 – S 2275 A – St 217/CH); s auch *Auslandstätigkeit* Rz 42.

Bei Bezug von **Lohnersatzleistungen** von Auspendlern gilt grds die Bescheinigungspflicht nach § 32b Abs 3 EStG; s *Lohnersatzleistung* Rz 14. Dies gilt für sämtliche DBA-Grenzgängerregelungen.

23 **b) Besonderheiten zum DBA Schweiz.** Für Geschäftsführer und **leitende Angestellte** von Kapitalgesellschaften besteht die Sonderregelung, dass sie im Staat der Geschäftsleitung zu besteuern sind (Art 15 Abs 4 DBA Schweiz; VO zur Umsetzung von Konsultationsvereinbarungen v 20.12.2010, BGBl I 10, 2187; Einzelheiten hierzu OFD Frankfurt 11.2.11 – S 1301 A – CH.32 – St 58, DBA-Kartei HE DBA Schweiz Karte 12; s auch *Auslandstätigkeit* Rz 52). Die Grenzgängerregelung geht dieser Bestimmung aber vor (BFH 11.11.09 – I R 15/09, BStBl II 10, 602). Die Pauschalen für Verpflegungsmehraufwendungen wegen des Einsatzes auf wechselnden Einsatzstellen ist für Grenzgänger in die Schweiz um einen angemessenen Teuerungszuschlag iHv 20% zu erhöhen (FG BaWü 8.10.97 – 2 K 21/93, EFG 98, 360). Bei Nachweis des Auspendlers, dass er **mehr als 60 Tage** pro Jahr nicht ins Inland zurückgekehrt ist (s hierzu oben Rz 13), wechselt das Besteuerungsrecht in die Schweiz (Art 15a Abs 2 Satz 2 DBA Schweiz; BFH 11.11.09 – I R 83/08, DStR 10, 234). Das gilt aber nicht, wenn die Nichtrückkehr in den Ansässigkeitsstaat berufsbedingt ist, zB bei Bereitschaftsdienst (BFH 27.8.08 – I R 10/07, IStR 09, 28; BFH 27.8.08 – I R 64/07, BStBl II 09, 97; kritisch hierzu *Miessl* IStR 10,18). Es bleibt dann beim Besteuerungsrecht Deutschlands (BFH 16.5.01 – I R 100/00, BStBl II 01, 633; BFH 23.3.04 – I B 161/03, IStR 03, 822). Zu Fragen der Nichtrückkehrtage s VO zur Umsetzung von Konsultationsvereinbarungen v 20.12.10, BGBl I 10, 2187. Die Beweislast über Nichtrückkehrtage liegt beim StPfl (BFH 3.11.10 – I R 4/10, BFH/NV 11, 800).

Pflichtbeiträge an eine schweizerische Pensionskasse für einen Grenzgänger in die Schweiz sind als Zukunftsleistungen steuerfrei nach § 3 Nr 62 EStG, nicht aber darüber hinausgehende freiwillige Beiträge (FG BaWü 18.11.10 – 3 K 273/07, BeckRS 2011, 94464; Az BFH VI R 6/11). Nicht steuerfrei ist aber der vom Stpfl getragene fiktive ArbGebAnteil zur KV (§ 3 Nr 62 EStG; FG BaWü 30.7.97, EFG 98, 380), ebenso nicht freiwillige Krankenkassenbeiträge des ArbN (BFH 18.12.07 – VI R 13/05, BFH/NV 08, 794). Diese sind als Sonderausgaben abzugsfähig (FG BaWü 28.4.10 – 3 K 1285/08, EFG 11, 1799, Az BFH VIII R 39/10). Das sog **Tagegeld** einer schweizerischen Invalidenversicherung ist im Inland nicht zu versteuern (BFH 6.10.10 – VI R 15/08, BFH/NV 11, 39; s *Unfallrente* Rz 12). Für **Krankentagegeld** einer schweizerischen Betriebskrankenkasse wurde Steuerfreiheit nach § 3 Nr 1a EStG bejaht (BFH 26.5.98 – VI R 9/96, BStBl II 98, 581, ebenso für das „Schweizerische **Geburtengeld** (BFH 29.4.09 – X R 31/08, BFH/NV 09, 1625). Entscheidend ist, ob der ArbN lt Versicherungsvertrag einen eigenen Anspruch auf die Versicherungsleistung hat; dann kein Arbeitslohn, weil der ursprüngliche Beitrag des ArbGeb an die Versicherung bereits Lohncharakter hatte (BFH 15.11.07 – VI R 30/04, BFH/NV 08, 550; BFH 6.10.10 – VI R 15/08, BeckRS 2010, 25016636). (Einmal-)Zahlungen aus der **Schweizer Pensionskasse** sind im Inland zu besteuern (BFH 25.3.10 – X B 142/09, DStRE 10/598). Dies gilt auch bei Zahlungen wegen vorzeitigen Ruhestands (FG BaWü 10.3.10 – 14 K 4048/08, EFG 10, 1213).

Literaturhinweis zu Auspendler in die Schweiz BMF 20.10.06 – IV B 5 – S 1301 – CH 55/06, BStBl I 07, 68; *Paetsch* DStR 10, 320; *Lusche* DStR 10, 914; *Miessl* IStR 10, 18; OFD Frankfurt 11.2.11 – S 1301 A – CH.37 – St 58, BeckVerw 253344.

2. DBA ohne Grenzgängerregelung. Enthält das betreffende DBA keine Grenzgängerregelung, (s oben Rz 14), erfolgt die Besteuerung im Tätigkeitsstaat; s hierzu *Auslandstätigkeit* Rz 37 ff, insbesondere Rz 38. Der im Ausland bezogene Lohn kann im Inland unter Anwendung des Progressionsvorbehalts (§ 32b Abs 1 Nr 2 EStG) steuerfrei sein (zB Art 10 Abs 1 DBA Luxemburg; Art 20 Abs 2 iVm Art 10 Abs 1 DBA Niederlande; Art 16 Abs 2 DBA Polen; s hierzu BayLFSt 22.1.10 – S 1301.1.1–15/4 St 32, IStR 10, 224, 300). Von einem ausländischen ArbGeb erbrachte Leistungen an eine ausländische **Pensionskasse** für einen Grenzgänger nach Dänemark sind nach Ansicht von FG SchlHol 8.4.10 – 3 V 250/09, DStRE 10, 907 im Inland zu besteuern, weil sie in Dänemark nicht steuerbar sind, aber im Inland, würden sie hier gezahlt, grds stpfl, wenn auch teilweise steuerfrei (§ 3 Nr 63 Satz 1 EStG) wären; s hierzu *Betriebliche Altersversorgung* Rz 133). Zur Doppelbesteuerung und ihrer Vermeidung bei ArbN, die unter Art 23 DBA **Dänemark** fallen, s *Auslandstätigkeit* Rz 49. Insoweit können bei einer inländischen Veranlagung Vorsorgeaufwendungen nicht als Sonderausgaben abgezogen werden, finden aber beim Progressionsvorbehalt Berücksichtigung (BFH 29.4.92, BStBl II 93, 149; FG RhPf 16.1.91, EFG 92, 393; auch keine Berücksichtigung beim Progressionsvorbehalt: BFH 3.11.10 – I R 73/09, BFH/NV 11, 773 betr **Niederlande;** ebenso **Luxemburg:** FG Saarl 17.7.08 – 2 K 2194/05, EFG 08, 1708). Einzelheiten zu Grenzgängern Luxemburg s oben Rz 14. Zur Umrechnung des in ausländischer Währung gezahlten Lohns s *Auslandstätigkeit* Rz 42 und oben Rz 22 aE. Das VermBG gilt auch für Auspendler (BMF 30.7.92, BStBl I 92, 472). S im Übrigen Rz 14.

Bei Steuerrückständen von Grenzgängern können die FÄmter die Innenbehörden ersuchen, ein Verfahren zur Passentziehung und zur Beschränkung des Personalausweises einzuleiten (s *Auslandstätigkeit* Rz 35). Die Passversagung verstößt nicht gegen supranationales Recht (OVG Bln-Bbg 11.9.07 – 5 S 56/07, NJW 08, 313).

Literaturhinweis: BMF 14.9.06 – IV B 6 – S 1300 – 367/06, BStBl I 06, 532; *Lusche* DStR 10, 914; *Decker/Looser* IStR 09, 652; betr Österreich *Wurmsdobler* IStR 09, 758.

C. Sozialversicherungsrecht *Schlegel*

1. Legaldefinition. Grenzgänger ist eine Person, die in einem Mitgliedstaat der EG eine Beschäftigung oder selbstständige Tätigkeit ausübt und in einem anderen Mitgliedstaat wohnt, in den sie idR täglich, mindestens jedoch einmal wöchentlich zurückkehrt, vgl Art 7 Buchst f der VO (EG) Nr 883/2004 vom 29.4.04 zur Koordinierung der Systeme der sozialen Sicherheit (ABl EG Nr L 200/1 vom 7.6.04), zuvor: Art 1 Buchst b VO (EWG)

1408/71 Art 1 Buchst b), 2. Hs VO (EWG) 1408/71 – sah anders als Art 1 Buchst f) der VO (EG) Nr 883/2004 – vor: Ein Grenzgänger, der von dem Unternehmen, dem er gewöhnlich angehört, innerhalb des Gebietes des gleichen oder in das Gebiet eines anderen Mitgliedstaates entsandt wird oder der dort eine Dienstleistung erbringt, behält jedoch bis zur Höchstdauer von 4 Monaten die Eigenschaft eines Grenzgängers, selbst wenn er während dieser Zeit nicht täglich oder mindestens einmal wöchentlich an seinen Wohnort zurückkehren kann. Diese Erweiterung ist mit Geltung der VO 883/04 entfallen. Die Definition des Grenzgängers gilt sowohl für ArbN mit deutschem Wohnsitz, die im EG-Ausland arbeiten, als auch für ArbN mit Wohnsitz im EG-Ausland, die in der BRD (Inland) arbeiten. Entsprechende Definitionen enthalten die SozVAbkommen mit diversen Nicht-EU-Mitgliedsstaaten. Grenzgänger ist nach der Rspr des EuGH auch derjenige Staatsangehörige eines Mitgliedstaats, der unter Beibehaltung seines Dienst- bzw Arbeitsverhältnisses in diesem Mitgliedstaat seinen Wohnsitz in einen anderen Mitgliedstaat verlegt hat und seine Berufstätigkeit seitdem als Grenzgänger ausübt (EuGH 18.7.07 – C-212/05, BeckRS 2007, 70517, Rs Hartmann mit Anm *Schlegel* jurisPR-SozR 17/2007 Anm 1).

27   **2. Aufenthaltsrecht/Arbeitserlaubnis.** Grenzgänger aus den **Mitgliedstaaten der EU** bedürfen zur Aufnahme einer Beschäftigung in der Bundesrepublik weder einer Aufenthaltsgenehmigung (vgl 45 VAEU, ex Art 39 EGV; §§ 3, 8 Abs 3 AufenthG/EWG) noch einer Arbeitserlaubnis.

28   Demgegenüber benötigen ArbN aus **Nicht-EU-Staaten** zur Arbeitsaufnahme in der BRD regelmäßig einen Aufenthaltstitel.

29   **3. Soziale Sicherung. a) Allgemeines.** Auch bei der Frage nach der sozialen Sicherung von Grenzgängern ist zwischen ArbN aus EU-Staaten und solchen aus Nicht-EU-Staaten zu differenzieren. Während für EU-Bürger insoweit die VO 883/04 bzw das maßgebliche Recht Regelungen enthält, sind für ArbN aus Nicht-EU-Staaten vergleichbare Regelungen idR in SozVAbkommen getroffen, die den nationalen innerstaatlichen Vorschriften ihrer Ein- und Aushaltung (§§ 3 ff SGB IV).

30   Nach der allgemeinen Regel des Art 11 Abs 1 VO 883/04 (ex Art 13 Abs 1 EWG-VO 1407/71) unterliegen Personen, auf die die VO Anwendung findet (vgl Art 2 VO 883/04, ex Art 2 der EWG-VO), den Rechtsvorschriften nur eines Mitgliedstaates. Welche Rechtsvorschriften dies im Einzelfall sind, regelt Art 11 Abs 3 VO 883/04 (ex Art 13 Abs 2 der VO), wobei der Grundsatz durch die Art 11 und 12 VO 883/04 (ex Art 14–17 der VO 1408/71) modifiziert wird.

31   **b) Maßgeblichkeit der am Beschäftigungsort geltenden Rechtsvorschriften für Versicherungs- und Beitragspflicht.** Eine Person, die im Gebiet eines Mitgliedstaats in einem Lohn- oder Gehaltsverhältnis beschäftigt ist, unterliegt den Rechtsvorschriften dieses Staates auch dann, wenn sie im Gebiet eines anderen Mitgliedstaates wohnt oder wenn ihr ArbGeb oder das Unternehmen, das sie beschäftigt, seinen Wohn- oder Betriebssitz im Gebiet eines anderen Mitgliedstaates hat (Art 11 Abs 3 Buchst a VO 883/04, ex Art 13 Abs 2 Buchst a) EWG-VO 1408/71; sog Prinzip der lex loci latoris). Dh, abzustellen ist weder auf den Wohnsitz des ArbN oder den Wohn- oder Geschäftssitz des ArbGeb; maßgeblich ist allein der **tatsächliche Beschäftigungsort;** die dort geltenden gesetzlichen Bestimmungen finden auch auf ArbN oder einen an diesem Ort selbstständig Tätigen Anwendung (für Selbstständige s ebenfalls Art 11 Abs 3 VO 883/04, ex Art 13 Abs 2 Buchst b) EWG-VO 1408/71). Diese Regel gilt auch für Grenzgänger, da es nur auf den Beschäftigungsort, nicht aber auf den Wohnort ankommt. Damit unterliegt zB der in Lothringen wohnende ArbN, der im Saarland arbeitet, dem deutschen SozVRecht; er zahlt Beiträge zu den deutschen Trägern der SozV und erhält auch von diesen entsprechende Sozialleistungen.

32   **c) Ausnahmen bei vorübergehender Entsendung.** Eine Person, die im Gebiet eines Mitgliedstaats von einem Unternehmen, dem sie gewöhnlich angehört, im Lohn- oder Gehaltsverhältnis beschäftigt wird und die von diesem Unternehmen zur Ausführung einer Arbeit für dessen Rechnung in das Gebiet eines anderen Mitgliedstaates entsandt wird, unterliegt weiterhin den Rechtsvorschriften des ersten Mitgliedstaats, sofern die voraussichtliche Dauer dieser Arbeit 24 Monate nicht überschreitet und sie nicht eine andere Person ablöst, für welche die Entsendungszeit abgelaufen ist (Art 12 Abs 1 VO 883/2004; Art 14 Nr 1 Buchst a) EWG-VO 1408/71). Unter Geltung der VO 1408/71 galt Folgendes: Geht eine Arbeit, deren

Ausführung aus nicht vorhersehbaren Gründen die ursprünglich vorgesehene Dauer überschreitet, über zwölf Monate hinaus, so gelten die Rechtsvorschriften des ersten Mitgliedstaates bis zur Beendigung dieser Arbeit weiter, sofern die zuständige Behörde des Mitgliedstaates, in dessen Gebiet der Betreffende entsandt wurde, dazu ihre Genehmigung erteilt (Art 14 Nr 1 Buchst b VO 1408/71. Mit der Erweiterung der Entsendefrist von 12 auf 14 Monate sieht die VO 833/04 eine den Art 14 Nr 1 Buchst b) VO 1408/71 entsprechende Regelung nicht mehr vor. Die Einschränkung der oben bezeichneten Regel (Anwendbarkeit des am Beschäftigungsort geltenden Versicherungs- und Beitragsrechts) findet auch für Personen Anwendung, die nur zeitweise (vorübergehend) als Grenzgänger beschäftigt und in einen anderen Mitgliedstaat entsandt werden. Zur maßgeblichen Rechtsordnung bei Personen, die gewöhnlich im Gebiet von zwei oder mehreren Mitgliedstaaten in einem Lohn- oder Gehaltsverhältnis beschäftigt sind, s Art 13 VO 883/04, exArt 14 Nr 2 der EWG-VO 1408/71.

4. Besondere Vorschriften für einzelne Leistungsarten. a) Krankheit und Mutterschaft. Ein ArbN oder Selbstständiger, der im Gebiet eines anderen Mitgliedstaats als dem des zuständigen Staates wohnt und die nach den Rechtsvorschriften des zuständigen Staates für den Leistungsanspruch erforderlichen Voraussetzungen erfüllt, erhält nach den für WanderArbN allgemein geltenden Vorschriften (gleichwohl) in dem Staat, in dem er wohnt, **Sachleistungen** für Rechnung des zuständigen Trägers vom Träger des Wohnorts nach den für diesen Träger geltenden Rechtsvorschriften, als ob er bei diesem versichert wäre (Art 17 VO 883/2004; Art 19 Abs 1 Buchst a EWG-VO 1408/71). Dh, dass zB ein in Deutschland arbeitender Franzose Sachleistungen (ärztliche Behandlung) vom französischen Träger verlangen kann; letzterer erbringt diese auf Rechnung des nach dem Prinzip der lex loci laboris an sich zuständigen deutschen Trägers. **Geldleistungen** jedoch erhält er vom zuständigen Träger nach den für diesen Träger geltenden Rechtsvorschriften (Art 21 Abs 1 VO 883/2004; Art 19 Abs 1 Buchst b) Satz 1 EWG-VO 1408/71). Entsprechendes gilt für Familienangehörige, die im Gebiet eines anderen als des zuständigen Staates wohnen; Ansprüche sind für Familienangehörige nur dann ausgeschlossen, sofern sie aufgrund der Rechtsvorschriften des Staates, in dem sie selbst wohnen, eigene Ansprüche auf Leistungen haben. 33

Besonderheiten bestehen insoweit für Grenzgänger. Diese können die Leistungen – anders als sonstige WanderArbN – auch im Gebiet des zuständigen Staates erhalten (Art 18 Abs 1 VO 883/2004; ex). Die Leistungen werden dann vom zuständigen Träger nach den Rechtsvorschriften dieses Staates erbracht, als ob der Grenzgänger dort wohnte. Dh, dass zB ein in Lothringen wohnender, als Grenzgänger im Saarland arbeitender französischer ArbN auch in Deutschland von deutschen Trägern Sachleistungen in Anspruch nehmen kann; er hat insoweit ein Wahlrecht, wo er die Leistungen in Anspruch nimmt. 34

Die Familienangehörigen eines Grenzgängers können unter den gleichen Voraussetzungen Leistungen im zuständigen Mitgliedstaat erhalten, es sei den, dieser Mitgliedstaat hat dies angeschlossen (vgl Art 18 Abs 2 VO 883/04; zu Leistungsausschlüssen vgl Anhang III zu VO 883/04). Zum früheren Recht vgl Art 20 VO 1408/71. 35

b) Arbeitsunfälle und Berufskrankheiten. Ein ArbN oder Selbstständiger, der im Gebiet eines anderen Mitgliedstaates als des zuständigen Staates wohnt und einen Arbeitsunfall erlitten oder sich eine Berufskrankheit zugezogen hat, erhält in dem Staat, in dem er wohnt, Sachleistungen für Rechnung des zuständigen Trägers vom Träger des Wohnorts nach den für diesen Träger geltenden Rechtsvorschriften, als ob er bei diesem versichert wäre (Art 36 Abs 1 VO 883/2004; Art 52 Buchst a) EWG-VO 1408/71). Geldleistungen erhält er vom zuständigen Träger nach den für diesen Träger geltenden Rechtsvorschriften. **Grenzgänger** können die Sachleistungen auch im zuständigen Staat erhalten. Die für Familienangehörige im Bereich der Krankenversicherung geltende Vorschrift des Art 18 Abs 2 VO 833/04 ist in Art 36 Abs 1 VO 883/04 nicht erwähnt; dessen bedarf er auch nicht, weil Sachleistungen „wegen Arbeitsunfall oder Berufskrankheit" regelmäßig nur beim ArbN oder Selbstständigen zu erbringen sind; er hat den Arbeitsunfall erlitten und einen entsprechenden Bedarf; Sachleistungen an Familienangehörige sind insoweit kaum vorstellbar. 36

c) Anspruch auf Erziehungsgeld nach dem BErzGG haben neben den Angehörigen eines Mitgliedstaates der EG auch Grenzgänger aus Österreich, Polen, der Schweiz und der Tschechischen Republik bei einer Beschäftigung im Geltungsbereich des BErzGG (§ 1 Abs 4 Nr 2 BErzGG). 37

38 **d) Leistungen bei Arbeitslosigkeit.** Besteht nur Anspruch auf Leistungen wegen **vorübergehenden Arbeitsausfalls** (zB Kurzarbeit), richtet sich dieser nach dem am Beschäftigungsort geltenden Bestimmungen. Dh dass der in Lothringen wohnende, im Saarland als Grenzgänger arbeitende französische ArbN bei Kurzarbeit KUG von der deutschen Agentur für Arbeit erhält (vgl hierzu Art 71 Abs 1 Buchst a) Ziff 1 EWG-VO 1408/71).

39 Wird ein Grenzgänger **arbeitslos,** konnte er nach Art 71 Abs 1 Buchst a Ziff e EWG-VO 1408/71 an sich Leistungen nur nach Maßgabe der an seinem Wohnort geltenden Vorschriften beanspruchen; dh, es fand an sich ein Wechsel der Zuständigkeit, ein Statuswechsel, statt (hierzu *Werth/Kever* RdA 98 S 233, 238 mwN). Demgegenüber hatten WanderArbN, die nicht Grenzgänger sind, ein Wahlrecht, ob sie Leistungen nach dem (früheren) Beschäftigungsort oder am Wohnort in Anspruch nehmen (vgl Art 71 Abs 1 Buchst b EWG-VO 1408/71), solange sie nur der jeweiligen Arbeitsverwaltung zur Arbeitsvermittlung zur Verfügung standen. Um Grenzgänger gegenüber diesen WanderArbN nicht schlechter zu stellen, stand ihnen nach der Rspr des EuGH ein entsprechendes Wahlrecht zu, sofern der Arbeitslose aufgrund bestehender persönlicher oder beruflicher Bildung im Staat der letzten Beschäftigung die besten Aussichten auf berufliche Wiedereingliederung hatte (vgl EuGH 12.6.86 – Rs 1/85, Slg 86, 1837). Nach der VO 833/04 gilt nunmehr Folgendes: Echte Grenzgänger sind weiterhin verpflichtet, sich primär dem Arbeitsmarkt ihres Wohnortes zur Verfügung zu stellen, können jedoch zugleich im früheren Beschäftigungsstaat Arbeit suchen (Art 65 Abs 2 VO 883/04); AlGeld wird aber nach den Rechtsvorschriften des Wohnortes berechnet (vgl Art 62 Abs 3 VO 883/04). Der Anspruch auf AlGeld mindert sich jedoch um die Tage des vorhergehenden Leistungsbezugs in einem anderen Mitgliedstaat, wenn die Versicherungszeiten schon zu einer Leistung gleicher Art geführt hatten (BSG 21.3.07 – B 11a AL 49/06 R im Anschluss an EuGH vom 8.7.1992 – C-102/91 = Slg I 1992, 4341 = SozR 3–6050 Art 71 Nr 3 – Rs Knoch). Zur Feststellung der **Schwerbehinderteneigenschaft** bei Beschäftigung in Deutschland und Wohnort im Ausland vgl BSG 5.7.07 – B 9/9a SB 2/06 R, SozR 4–3250 § 69 Nr 5. Zur künftigen Rechtslage vgl Art 64, 65 VO 883/2004.

Gründungszuschuss

A. Arbeitsrecht *Röller*

1 Der Gründungszuschuss (§ 93 SGB III) soll für eine Übergangs- und Anfangszeit, in der aus der neu aufgenommenen selbstständigen Tätigkeit keine vollen Einnahmen zu erwarten sind, den Lebensunterhalt des zuvor Arbeitslosen sichern. Zu den Anspruchsvoraussetzungen im Einzelnen s Rz 13 ff.

2 Der Bezug des neuen Gründungszuschusses führt nicht automatisch zur RVPflicht. Diese besteht nur dann, wenn die betreffende Person eine bereits bisher in der gesetzlichen RV kraft Gesetzes versicherungspflichtige selbstständige Tätigkeit ausübt (Scheinselbstständiger) oder die Pflichtversicherung beantragt wird. Ansonsten besteht für den Unternehmer grds die Möglichkeit, freiwillige Beiträge zur RV zu leisten (Näheres s *Arbeitslosenversicherungspflicht*).

B. Lohnsteuerrecht *Windsheimer*

6 **1. Steuerliche Behandlung.** Der Gründungszuschuss (§§ 93, 94 SGB III) ist **steuerfrei** (§ 3 Nr 2 EStG). Er unterliegt nicht dem Progressionsvorbehalt (§ 32b Abs 1 Nr 1a EStG; s *Lohnersatzleistungen* Rz 5 ff). Nicht steuerfrei sind aber Existenzgründungsbeihilfen des Europäischen Sozialfonds (BFH 26.6.02 – IV R 39/01, BStBl II 02, 697) und aus Landesmitteln (FG Sachs 16.3.09 – 8 V 179/07, BeckRS 2009, 26026848).

Der Existenzgründer hat einen öffentlich-rechtlichen Anspruch auf Erteilung einer Steuernummer (§ 14 Abs 4 Satz 1 Nr 2 UStG; BFH 23.9.09 – II R 66/07, DStR 09, 2665). Bei Zweifeln, ob die Tätigkeit des Existenzgründers als selbständige Tätigkeit iSd Steuerrechts zu behandeln ist, vor allem aber bei Missbrauch, insbesondere, um einen nicht gerechtfertigten Vorsteuerabzug zu erlangen, hat das Finanzamt ein Prüfungsrecht mit der Befugnis, weitere Unterlagen zur Existenzgründung sich vorzulegen zu lassen, und schließlich das Recht, die Erteilung einer Steuernummer zu versagen (BMF 1.7.10 – S 7420/07/10061, DStR 10, 1428).

2. Gewinnermittlung. Der Gewinn aus der selbstständigen Tätigkeit unterliegt als Einkünfte aus Land- und Forstwirtschaft (§ 13 EStG), aus Gewerbebetrieb (§ 15 EStG) oder aus selbstständiger Arbeit (§ 18 EStG) der Einkommensteuer sowie der Umsatzsteuer, soweit die Betragsgrenzen für Kleinunternehmer (§§ 19, 20 UStG) überschritten sind oder der Betroffene zur Umsatzsteuer optiert (Einzelheiten OFD Erfurt 3.2.03 – S 2342 A – 52 – L 221). Der Gewinn ist nach der Einnahmen-Überschussrechnung zu ermitteln (§ 4 Abs 3 EStG), ggf durch Bilanzierung (§§ 4, 5 EStG). In Betracht kommt auch der Abzug für das **häusliche Arbeitszimmer** bei dortigem Mittelpunkt oder keinem sonstigen Arbeitsplatz (§ 4 Abs 5 Nr 6b EStG) mit vorweggenommenen Betriebsausgaben (s *Arbeitszimmer* Rz 25). Den Betreiber der unternehmerischen Tätigkeit treffen gegenüber dem Finanzamt Anzeige- (§ 138 AO) und Aufzeichnungspflichten (§ 22 UStG), auch für die Einkommensteuer (§ 60 EStDV). Die Tätigkeit unterliegt auch als Kleinstbetrieb der Betriebsprüfung (§ 196 AO; BFH 23.6.03 – X B 165/02, BFH/NV 03, 1147). Beschäftigt der Betroffene ArbN, so treffen ihn die allgemeinen LStPflichten des ArbGeb (§§ 38 ff EStG). Die LStAnmeldung (§ 41a Abs 1 EStG) und die UStVoranmeldung (§ 18 Abs 1 UStG) sind elektronisch einzureichen (§ 41a Abs 1 Satz 2 EStG; § 18 Abs 1 Satz 1 UStG; s *Lohnsteuerabführung* Rz 2 ff). Frühere Übergangsregelungen (OFD Chemnitz 4.7.05 – O 2000 – 56/13 – St 11) gelten nicht mehr.

3. Selbstständige Tätigkeit. Die Beurteilung der Tätigkeit als „selbstständige" Tätigkeit nach Sozialrecht ist nicht zwingend, aber ein Indiz für die steuerliche Behandlung als selbstständiger Unternehmer (BFH 6.6.02 – VI R 178/97, BStBl II 03, 34; s auch *Arbeitnehmer (Begriff)* Rz 29 ff). Ergeben die Umstände aber, dass der Betroffene nicht selbstständig tätig ist, dh weisungsgebunden und in die Arbeitsorganisation eines Dritten eingebunden (vgl § 1 LStDV), so kann die steuerliche Behandlung des Betroffenen von der des Sozialrechts abweichen.

Beispiel: Der bisherige ArbGeb kündigt dem ArbN, um Lohn- und Lohnnebenkosten zu sparen. Nach der Arbeitslosmeldung begründet der bisherige ArbN eine selbstständige Tätigkeit und wird für seinen bisherigen ArbGeb wie früher als ArbN (wegen des Gründungszuschusses mit gemindertem Lohn) tätig. Steuerlich wird das bisherige Arbeitsverhältnis unter Steuerpflicht des Gründungszuschusses als nichtselbstständige Tätigkeit mit den LStPflichten des (bisherigen) ArbGeb fortgeführt (s *Scheinselbstständigkeit* Rz 3, 4). Dies kann insbes bei (bisherigen) Ehegatten-Arbeitsverhältnissen zutreffen. Liegt der Fall so, treffen den Auftraggeber = ArbGeb des Existenzgründers alle lohnsteuerlichen Pflichten einschließlich der Haftung (*Greiner* DB 03, 1058; s auch *Familiäre Mitarbeit* Rz 29 ff).

4. Sonstige Tätigkeiten. Existenzgründer können auch haushaltsnahe Dienstleistungen erbringen (s *Hauswirtschaftliches Beschäftigungsverhältnis* Rz 21 ff).

C. Sozialversicherungsrecht *Voelzke*

1. Allgemeines. Zur Unterstützung von Existenzgründern eröffnen die §§ 93, 94 SGB III die Möglichkeit zur Gewährung eines Gründungszuschusses für die Aufnahme einer selbständigen, hauptberuflichen Tätigkeit. Der Gründungszuschuss wird zur Sicherung des Lebensunterhalts einschließlich der sozialen Sicherung des Gründers gezahlt. **Zweck der Förderung** ist die Beendigung von Arbeitslosigkeit durch Aufnahme einer selbstständigen Tätigkeit.

Der Gründungszuschuss ist seit den Änderungen durch das Gesetz zur Verbesserung der Eingliederungschancen am Arbeitsmarkt vom 20.12.11 (BGBl I 11, 2854) als Ermessensleistung ausgestaltet. Hierdurch soll eine höhere Flexibilität bei der Förderung von Gründungen erreicht werden (BT-Drs 17/6277 S 86). Abweichend von der Rechtslage beim Existenzgründungszuschuss (§ 421l SGB III) existiert eine Einkommensgrenze während des Förderungszeitraums nicht mehr. Allerdings ist der Zuschuss bei dem Bezug von AlGeld II als Einkommen zu berücksichtigen (BSG 6.12.07 – B 14/7b AS 16/06 R, SozR 4–4200 § 11 Nr 8).

2. Voraussetzungen. Die grundlegenden Förderungsvoraussetzungen sind in § 93 Abs 1 und 2 SGB III geregelt. Gefördert werden danach ArbN, die durch Aufnahme einer selbstständigen, hauptberuflichen Tätigkeit ihre Arbeitslosigkeit beenden. Es genügt nicht, dass der ArbN nur von Arbeitslosigkeit bedroht ist, so dass ein unmittelbarer Übergang aus einer Beschäftigung in eine geförderte Tätigkeit nicht möglich ist. Hat der Existenzgründer seinen

210 Gründungszuschuss

Wohnsitz und gewöhnlichen Aufenthalt im Ausland, so besteht kein Anspruch auf einen Gründungszuschuss (BSG 6.3.13 – B 11 AL 5/12 R, SozR 4–4300 § 57 Nr 5).

14 **a) Aufnahme einer selbstständigen Tätigkeit.** Anspruchsberechtigt sind entgegen dem Wortlaut des § 93 Abs 1 SGB III nicht ArbN, sondern **Existenzgründer,** die vor der Aufnahme ihrer selbstständigen Tätigkeit ArbN waren. In der Terminologie des SozVRechts ist ArbN nur derjenige, der eine abhängige Beschäftigung ausübt oder sucht.

15 Der Selbstständige muss nach § 93 Abs 1 SGB III durch die Aufnahme der selbstständigen Tätigkeit seine **Arbeitslosigkeit beenden.** Arbeitslos sind nach der Legaldefinition des § 16 SGB III Personen, die vorübergehend nicht in einem Beschäftigungsverhältnis stehen, eine versicherungspflichtige Beschäftigung suchen und dabei den Vermittlungsbemühungen der Agentur zur Verfügung stehen, und sich bei der Agentur für Arbeit arbeitslos gemeldet haben. Die Arbeitslosigkeit wird durch die Aufnahme der selbstständigen Tätigkeit beendet, wenn der zeitliche Aufwand für die selbstständige Tätigkeit mindestens 15 Stunden umfasst. Es steht einer Förderung nicht grds entgegen, wenn die bisherige selbstständige Nebentätigkeit zu einer selbstständigen Existenzgrundlage ausgeweitet wird (BSG 1.6.06 – B 7a AL 34/05 R, NZS 07, 102 zum Überbrückungsgeld). Dagegen führt die Aufnahme einer geringfügigen selbstständigen Tätigkeit nicht zu einer Zuschussgewährung, da die Arbeitslosigkeit des ArbN nicht beendet wird (vgl BSG 5.5.10 – B 11 AL 11/09 R, BeckRS 2010, 72120).

16 Die Modalitäten für die Aufnahme der selbstständigen Tätigkeit hat der Gesetzgeber nicht geregelt. Er geht jedoch davon aus, dass die Förderungsvoraussetzungen zB durch eine **Betriebsübernahme** erfüllt werden können (BT-Drs 16/1696 S 30). Die selbstständige Tätigkeit kann bereits durch Vorbereitungshandlungen aufgenommen werden, soweit diese im Geschäftsverkehr Außenwirkung entfalten und nach dem zugrunde liegenden Gesamtkonzept ernsthaft und unmittelbar auf die spätere Geschäftstätigkeit ausgerichtet sind (BSG 5.5.10 – B 11 AL 28/09 R, BeckRS 2010, 72665). Es muss sich jedoch während des Förderungszeitraums um eine **hauptberufliche** selbstständige Tätigkeit handeln. Deshalb liegen die Förderungsvoraussetzungen nur vor, wenn der Gründer für die selbstständige Tätigkeit den überwiegenden Teil seiner Arbeitskraft einsetzt. Werden neben der Gründung mehrere Nebenbeschäftigungen oder Nebentätigkeiten ausgeübt, so ist die Förderungsfähigkeit zu verneinen, wenn diese zusammengerechnet in zeitlich größerem Umfang als die Gründung ausgeübt werden. Einen Existenzgründungszuschuss können ArbN beanspruchen, wenn sie als Grenzpendler unter Beibehaltung ihres deutschen Wohnsitzes eine selbstständige Tätigkeit aufnehmen (BSG 27.8.08 – B 11 AL 22/07 R, NZS 09, 518).

17 **b) Anspruch auf Arbeitslosengeld.** Der Gründungszuschuss wird nach § 93 Abs 2 Satz 1 Nr 1 SGB III nur geleistet, wenn der ArbN bis zur Aufnahme der selbstständigen Tätigkeit einen Anspruch auf AlGeld als Versicherungsleistung hat. Die Dauer des Anspruchs auf AlGeld muss bei Aufnahme der selbständigen Tätigkeit noch mindestens 150 Tage betragen und darf nicht allein auf § 147 Abs 3 SGB III beruhen. Damit wird der Kreis der potentiell Anspruchsberechtigten gegenüber der bisherigen Rechtslage deutlich eingeschränkt, da ein Gründungszuschuss jetzt nur noch in der ersten Zeit der Arbeitslosigkeit in Anspruch genommen werden kann. Empfänger von AlGeld II sind von der Anspruchsberechtigung ohnehin ausgeschlossen. Diesen steht bei Aufnahme einer selbstständigen Tätigkeit eine Förderung durch Einstiegsgeld nach Maßgabe des § 16b SGB zu (vgl *Hauck/Noftz/Hengelhaupt* SGB II, § 16b Rz 83).

18 **c) Nachweis der Tragfähigkeit.** Der Zuschuss wird gem § 93 Abs 2 Satz 1 Nr 2 SGB III nur geleistet, wenn der Existenzgründung durch Vorlage der Stellungnahme einer fachkundigen Stelle die Tragfähigkeit der Existenzgründung nachgewiesen hat. Damit soll die Förderung von Gründungen vermieden werden, die keine Aussicht auf einen wirtschaftlichen Erfolg haben. Fachkundige Stellen sind nach dem Gesetzeswortlaut insbesondere Industrie- und Handelskammern, Handwerkskammern, berufsständische Kammern, Fachverbände und Kreditinstitute. Die Agenturen sind an den Inhalt der Bescheinigung nicht gebunden.

19 **d) Nachweis der Kenntnisse.** Erstmals mit der Schaffung des Gründungszuschusses wird die Anforderung an den Gründer gestellt, seine Kenntnisse und Fähigkeiten zur Ausübung der selbstständigen Tätigkeit gegenüber der Agentur für Arbeit darzulegen (§ 93 Abs 2 Satz 1 Nr 3 SGB III). Derartige Nachweise können regelmäßig durch Aufstellungen über den **beruflichen Werdegang** und durch Vorlage von beruflichen **Qualifikationsnachweisen** erbracht werden (BT-Drs 16/1696 S 31).

3. Ruhenstatbestände. Die Förderung wird nach § 93 Abs 3 SGB III nicht geleistet, solange das AlGeld betreffende Ruhenstatbestände vorliegen oder vorgelegen hätten. Der Anspruch auf AlGeld ruht während der Zuerkennung bestimmter Sozialleistungen (§ 156 SGB III), wegen des Anspruchs auf Arbeitsentgelt oder eine Urlaubsabgeltung (§ 157 SGB III, s *Arbeitslosengeld* Rz 50 ff), wegen eines Anspruchs auf eine Entlassungsentschädigung (§ 158 SGB III, s *Abfindung* Rz 60 ff) oder im Hinblick auf den Eintritt einer Sperrzeit (§ 159 SGB III, s *Sperrzeit* Rz 6 ff).

4. Ausschlussgründe. Eine (wiederholte) Förderung ist nach § 93 Abs 4 SGB III ausgeschlossen, wenn nach der vorangegangenen Förderung der Aufnahme einer selbstständigen Tätigkeit nach dem SGB III noch nicht 24 Monate vergangen sind. Von dieser Frist kann die Agentur wegen besonderer in der Person des ArbN liegender Gründe absehen. Personen, die das für die Regelaltersrente nach dem SGB VI maßgebende Lebensjahr vollendet haben, können vom Beginn des folgenden Monats keinen Gründungszuschuss mehr erhalten (§ 93 Abs 5 SGB III).

5. Leistungsumfang. Der Gründungszuschuss wird gem § 94 Abs 1 SGB III regelmäßig für die Dauer von sechs Monaten geleistet. Die Förderung erfolgt in Höhe des Betrages, den der ArbN zuletzt als AlGeld-Zahlbetrag erhalten hat. Bei der Berechnung der Höhe des Gründungszuschusses ist auf das AlGeld ohne Minderung durch ein Nebeneinkommen abzustellen (BSG 24.11.10 – B 11 AL 12/10 R, SozR 4–4300 § 58 Nr 1). Der Zahlbetrag wird um monatlich 300 Euro aufgestockt. Durch die Aufstockung soll der Gründer seine soziale Absicherung sicherstellen (BT-Drs 16/1696 S 31).

Nach Ablauf von sechs Monaten geht der Gesetzgeber davon aus, dass sich die Gründung gefestigt und am Markt etabliert hat und der Lebensunterhalt aus der selbstständigen Tätigkeit bestritten werden kann (BT-Drs 16/1696 S 31). Deshalb kann der Gründungszuschuss nach Ablauf der Regelförderung nur noch für die Dauer von weiteren neun Monaten iHv 300 Euro zum Zwecke der sozialen Absicherung des selbstständig Tätigen gewährt werden (§ 94 Abs 2 SGB III). Die weitere Aufbauförderung muss gesondert beantragt werden. Die Entscheidung über die weitere Förderung steht im Ermessen der Agentur. Wesentlicher Gesichtspunkt der Ermessensentscheidung ist, ob die geförderte Person ihre (intensive) Geschäftstätigkeit und hauptberufliche unternehmerische Aktivitäten anhand geeigneter Unterlagen nachweisen kann.

6. Soziale Sicherung. Während der Zahlung des Gründungszuschusses ist der Existenzgründer nicht über die Agentur für Arbeit in der SozV abgesichert (zur freiwilligen Versicherung von Existenzgründern in der KV, PflegeV und RV s *Winkel* SozSich 06, 286). Ein noch bestehender Anspruch auf AlGeld wird durch die Zahlung des Gründungszuschusses verbraucht. Auch insoweit besteht jedoch die Möglichkeit einer Antragspflichtversicherung (§ 28a SGB III) in der ArblV (Näheres: *Arbeitslosenversicherungspflicht*).

Gruppenarbeitsverhältnis

A. Arbeitsrecht

Kreitner

Übersicht

	Rz		Rz
1. Allgemeines	1, 2	c) Durchführung der Gruppenarbeit	18, 19
2. Betriebsgruppe	3–15	d) Rechtsbeziehung zum Arbeitgeber	20
a) Begriff	3	4. Eigengruppe	21–30
b) Personelle Zusammensetzung	4–7	a) Begriff	21
c) Gruppeninterne Rechtsbeziehungen	8, 9	b) Personelle Zusammensetzung	22
		c) Rechtsform	23
d) Rechtsbeziehungen zum Arbeitgeber	10–15	d) Gruppeninterne Rechtsbeziehungen	24
3. Teilautonome Arbeitsgruppe	16–20	e) Rechtsbeziehungen zum Arbeitgeber	25–30
a) Begriff	16	5. Arbeitgebergruppe	31, 32
b) Personelle Zusammensetzung	17		

211 Gruppenarbeitsverhältnis

1 **1. Allgemeines.** Je nach Größe des Betriebes ist dieser unterteilt in unterschiedlich viele organisatorische Einheiten, innerhalb derer die ArbN ihre vertraglich geschuldete Arbeitsleistung erbringen. Solche organisatorischen Untergliederungen des Betriebs begründen noch kein Gruppenarbeitsverhältnis im arbeitsrechtlichen Sinn. Arbeiten zB mehrere Schreibkräfte in einem Schreibbüro, mehrere Sachbearbeiter in einem Großraumbüro oder mehrere Maschinenarbeiter an einer Produktionsmaschine, so handelt es sich hierbei lediglich um rechtlich unerhebliche **Zufallsgemeinschaften,** denn es fehlt regelmäßig an einer auf enge Zusammenarbeit zielenden Zwecksetzung (vgl *Rüthers* ZfA 77, 1). Ein **Gruppenarbeitsverhältnis** liegt demgegenüber vor, wenn nach dem Inhalt des Leistungsversprechens die Arbeit als Gruppenarbeit zu erbringen ist (*Staudinger/Richardi* Vorbemerkung zu §§ 611 ff Rz 381). Erscheinungsformen sind die sog **Betriebsgruppe** (s unten Rz 3) und die sog **Eigengruppe** (s unten Rz 16).

2 **Abzugrenzen** ist das Gruppenarbeitsverhältnis neben der reinen Zufallsgemeinschaft von dem mittelbaren Arbeitsverhältnis (s *Mittelbares Arbeitsverhältnis* Rz 1), bei dem der ArbN im Einverständnis mit dem ArbGeb einen Gehilfen mit der Erfüllung der Arbeitsverpflichtung beauftragt, sowie von der Sonderform des sog Job-Sharing (s *Teilzeitbeschäftigung* Rz 37).

3 **2. Betriebsgruppe. a) Begriff.** Die Betriebsgruppe umfasst eine Mehrzahl von ArbN, die jeweils einzelne Arbeitsverträge mit dem ArbGeb abgeschlossen haben. Hauptabgrenzungsmerkmal zur sog Eigengruppe ist der Umstand, dass die Betriebsgruppe **vom Arbeitgeber gebildet** wird. Beispiele für solche Betriebsgruppen sind insbesondere im Baugewerbe zu finden (zB Maurer- und Putzerkolonnen). Oftmals werden derartige Betriebsgruppen als **Akkordgruppe** tätig.

4 **b) Personelle Zusammensetzung.** Da die Betriebsgruppe vom ArbGeb gebildet wird, bestimmt er die Gruppenstärke sowie die personelle Zusammensetzung im Einzelnen. Veränderungen der personellen Zusammensetzung kann der ArbGeb **gegenüber den anderen Gruppenmitgliedern** gestützt auf das *Weisungsrecht* anordnen, da hierdurch nicht in die vertragliche Position dieser ArbN eingegriffen wird. Besondere Mitbestimmungs- oder Vetorechte der Betriebsgruppe können allerdings vertraglich vereinbart werden. Bei der Ausübung des Weisungsrechts muss der ArbGeb gem § 106 GewO die besonderen Belange der Betriebsgruppe beachten. Insbesondere die Zuordnung von leistungsmäßig unterdurchschnittlichen ArbN scheidet danach bei einer Gruppenentlohnung regelmäßig aus.

5 Umstritten ist, ob der ArbGeb die Zugehörigkeit bestimmter ArbN zu solchen Betriebsgruppen **gegenüber den einzelnen Arbeitnehmern** ebenfalls aufgrund des ArbGebSeitigen Weisungsrechts einseitig anordnen kann. Wegen der weitreichenden Folgen hinsichtlich Leistungspflicht und Haftung des ArbN, die mit der Tätigkeit in einer Betriebsgruppe verbunden sind, stellt das Weisungsrecht nach richtiger Auffassung keine tragfähige Grundlage dar. Erforderlich ist vielmehr eine einvernehmliche Vertragsänderung bzw eine Änderungskündigung (*Rüthers* ZfA 77, 1; *Staudinger/Richardi* Vorbemerkung zu §§ 611 ff Rz 383; aA *Schaub/Koch* § 182 Rz 2). Etwa anderes gilt nur dann, wenn bereits bei Abschluss des Arbeitsvertrages eine Tätigkeit in einer Betriebsgruppe vereinbart wird. Eine spätere Versetzung in eine andere Betriebsgruppe stellt dann lediglich eine nähere Konkretisierung der vertraglich festgeschriebenen Leistungspflicht dar, die mit Hilfe des Weisungsrechts einseitig vorgenommen werden kann.

6 Bei der Bildung der Betriebsgruppe muss der ArbGeb in mehrfacher Hinsicht **Mitbestimmungsrechte des Betriebsrats** beachten. Zwar kann der BRat nicht mit Hilfe eines kollektivrechtlichen Initiativrechts die Bildung einer Betriebsgruppe erzwingen – dies bleibt die freie Entscheidung des ArbGeb. Hat sich der ArbGeb jedoch zur Bildung einer Betriebsgruppe entschlossen, kommen erzwingbare Mitbestimmungsrechte des BRat gem § 87 Abs 1 Nr 2, 10, 11 BetrVG und § 99 BetrVG sowie Unterrichtungs- und Beratungsrechte gem § 90 BetrVG in Betracht.

7 Hinsichtlich der **Auflösung der Betriebsgruppe** gelten sowohl individual- als auch kollektivrechtlich dieselben Grundsätze, die in Bezug auf die Bildung der Gruppe zum Tragen gekommen sind.

8 **c) Gruppeninterne Rechtsbeziehungen** bestehen bei der vom ArbGeb gebildeten Betriebsgruppe in aller Regel nicht. Weder gesellschaftsrechtliche noch vereinsrechtliche Vorschriften finden daher im Innenverhältnis der Gruppe Anwendung. Sie stellt vielmehr ledig-

lich in tatsächlicher Hinsicht eine Gemeinschaft dar und kann insbesondere nicht einzelne Gruppenmitglieder aus der Gruppe ausschließen oder deren Fehlverhalten sanktionieren.

Gleichwohl existiert oftmals eine gewisse **Organisation** der Betriebsgruppe. Zur Wahrnehmung der Gruppeninteressen gegenüber dem ArbGeb wählen die Mitglieder meist einen **Gruppensprecher.** Seine Befugnisse richten sich nach dem Umfang der konkreten Bevollmächtigung durch die Gruppe. Der ArbGeb seinerseits benennt einen **Gruppenleiter** bzw **Gruppenführer,** auf den ein Teil der ArbGebBefugnisse (Direktionsrecht) übertragen werden können. Er fungiert dann als „verlängerter Arm des ArbGeb" bezüglich Arbeitseinteilung etc sowie als Erklärungsempfänger für Urlaubsanträge uä. 9

d) Rechtsbeziehungen zum Arbeitgeber. Die Rechtsbeziehungen zwischen den einzelnen Gruppenmitgliedern und dem ArbGeb richten sich nach den zugrunde liegenden arbeitsvertraglichen Vereinbarungen. 10

aa) Erfüllungsanspruch. Jedes Gruppenmitglied einer Betriebsgruppe steht in unmittelbaren arbeitsvertraglichen Beziehungen zum ArbGeb (BAG 23.2.61, DB 61, 645). Dabei können die einzelnen Arbeitsverhältnisse durchaus unterschiedliche Vertragskonditionen enthalten (zB bedingt durch Tarifbindung eines ArbN), soweit nicht durch die Gruppentätigkeit zwingend eine Gleichbehandlung erforderlich ist. Die Abwicklung des Arbeitsverhältnisses (arbeitsvertragliche Weisungen, Zahlungen der Vergütung etc) kann unter Einschaltung von Gruppenleiter oder Gruppensprecher erfolgen. 11

bb) Haftung bei Schlechtleistung. Kommt der **Arbeitgeber** seiner Fürsorgepflicht in Bezug auf die sächliche und personelle Ausstattung der Gruppe nicht nach, so kann dies zu einer Schadensersatzpflicht führen. Bei Schlechtleistungen der **Arbeitnehmer** ist zu differenzieren: Haben die Parteien besondere Vereinbarungen hinsichtlich des Arbeitserfolgs getroffen, wie dies im Bereich der Akkordentlohnung häufig der Fall ist, besteht eine Vergütungspflicht des ArbGeb nur in diesem Umfang, und er kann die gesamte Vergütung entsprechend kürzen. Ohne eine solche Vereinbarung gelten die allgemeinen Regeln bei mangelhafter Arbeitsleistung (Näheres s *Arbeitnehmerhaftung* Rz 9). 12

Das BAG erleichtert für den ArbGeb die Beweisführung mit Hilfe einer **Beweislastverteilung** nach Gefahrenbereichen. Danach muss zunächst der geschädigte ArbGeb nur die Schadensverursachung durch die Betriebsgruppe nachweisen. Gelingt ihm dies, müssen sich die einzelnen Gruppenmitglieder entlasten und ihrerseits die individuelle ordnungsgemäße Erfüllung der vertraglichen Verpflichtungen nachweisen (BAG 24.4.74, DB 74, 1820). Die gleiche Beweislastverteilung gilt hinsichtlich des Verschuldensnachweises. 13

Im Schrifttum wird zu Recht darauf hingewiesen, dass eine derart weitgehende Beweislastumkehr nicht generell für Gruppenarbeitsverhältnisse gelten könne, da dies mit § 619a BGB unvereinbar wäre (*Schaub/Koch* § 182 Rz 10). Berechtigt erscheint demgegenüber eine Beweislastverteilung iSd Grundsätze der BAG-Rspr immer dann, wenn die Gruppenmitglieder eine gemeinsame Verantwortung (zB durch die Vereinbarung eines Gruppenakkords) übernommen haben (*Rüthers* ZfA 77, 1). 14

Die Gruppenmitglieder haften regelmäßig **anteilig** nur für den persönlich durch ihre individuelle Schlechtleistung verursachten Schadensanteil (LAG SachsAnh 26.2.04 – 6 Sa 474/03, BeckRS 2005, 40079; LAG Köln 10.3.06 – 12 Sa 1408/05). Eine gesamtschuldnerische Haftung kann nur in Ausnahmefällen eingreifen, wenn sich alle anderen Gruppenmitglieder entlasten können oder eine vorsätzliche Schädigungshandlung vorliegt. Schließlich kann eine umfassende Haftung des Vorarbeiters (Gruppenleiters) bestehen, da für ihn eine Schadensminderung durch das Mitverschulden anderer ArbN nicht in Betracht kommt. Liegt eine Schlechtleistung durch mehrere oder alle Gruppenmitglieder vor, stellt sich die Frage nach der Haftungsverteilung. Diese kann nach Köpfen oder nach der jeweiligen Verdiensthöhe der einzelnen ArbN erfolgen. 15

3. Teilautonome Arbeitsgruppe. a) Begriff. Die teilautonome Gruppenarbeit stellt eine Sonderform der Betriebsgruppe dar. Sie wird wie diese vom ArbGeb gebildet, unterscheidet sich aber durch die erforderliche Teilautonomie. Anders als bspw bei der Akkordgruppe muss der teilautonomen Arbeitsgruppe eine Arbeitsaufgabe dergestalt übertragen sein, dass die Erledigung durch die Gruppe im Wesentlichen eigenverantwortlich erfolgt (vgl LAG Nbg 20.12.11 – 6 TaBV 37/11, BeckRS 2012, 70165; *Preis/Elert* NZA 01, 371; *Klein* NZA 01, Beilage S 15). 16

211 Gruppenarbeitsverhältnis

17 **b) Personelle Zusammensetzung.** Insoweit bestehen gegenüber der Betriebsgruppe keine Besonderheiten.

18 **c) Durchführung der Gruppenarbeit** ist nur unter Beachtung der **Mitbestimmungsrechte des Betriebsrats** aus § 87 Abs 1 Nr 13 BetrVG möglich. Dieser Mitbestimmungstatbestand ist durch das BetrVerf-Reformgesetz im Jahr 2001 neu in den Katalog der erzwingbaren Mitbestimmungsrechte in sozialen Angelegenheiten aufgenommen worden. Ausweislich der Gesetzesbegründung soll die Einbindung des BRat der Gefahr entgegenwirken, dass der Gruppendruck zu einer „Selbstausbeutung" der Gruppenmitglieder und zu einer Ausgrenzung leistungsschwacher ArbN führt (BT-Drs 14/5741 S 47). Klargestellt wird in der Gesetzesbegründung aber auch der beschränkte Anwendungsbereich der Mitbestimmung, die allein die Durchführung der Gruppenarbeit betrifft und die Entscheidung über die Einführung und Beendigung der Gruppenarbeit ausschließlich dem ArbGeb überlässt. Hierzu gehören zB Regelungen über die Arbeitsstätte, die Aufgabenverteilung in der Gruppe, Konfliktregelungen, Terminplanung, Qualifizierung der Gruppenmitglieder oder Vertretungsregelungen (weitere Beispiele bei *Wiese* BB 02, 198). Wesentliche Neuerungen sind mit dieser Gesetzesänderung nicht verbunden, da sämtliche inhaltlich erheblichen Regelungstatbestände im Bereich der betriebsverfassungsrechtlichen Mitbestimmung ohnehin bereits von anderen Mitbestimmungstatbeständen erfasst werden (*Preis/Elert* NZA 01, 371; *Reichold* NZA 01, 857; weitergehend *Däubler* ArbuR 01, 285).

19 Die Neuregelung in § 87 Abs 1 Nr 13 BetrVG muss allerdings in Zusammenhang mit der in § 28a BetrVG im Jahr 2001 ebenfalls neu geschaffenen Möglichkeit der **Übertragung von Betriebsratsaufgaben** auf Arbeitsgruppen gesehen werden. Hierauf wird in der Gesetzesbegründung ausdrücklich hingewiesen, gleichzeitig aber klargestellt, dass die Gruppenarbeit iSv § 87 Abs 1 Nr 13 BetrVG nur einen Teilbereich der Arbeitsgruppen nach § 28a BetrVG erfasst, da insoweit auch sonstige Team- und Projektarbeit in Frage kommt (*Raab* NZA 02, 474; *Blanke* RdA 03, 140; *Löwisch* NZA 01, Beilage S 40; Näheres s *Betriebsrat* Rz 35 ff sowie *Betriebsvereinbarung* Rz 3). Im Schnittbereich beider Vorschriften kann daher der BRat entscheiden, ob er die Mitbestimmungsrechte des § 87 Abs 1 Nr 13 BetrVG auf die Arbeitsgruppe selbst überträgt (*Konzen* RdA 01, 76).

20 **d) Rechtsbeziehung zum Arbeitgeber.** Auch insoweit bestehen gegenüber der Betriebgruppe keine Besonderheiten. Auf die oben dargestellten Probleme insbes im Bereich der Haftung hat der neue Mitbestimmungstatbestand keinen Einfluss.

21 **4. Eigengruppe. a) Begriff.** Bei der Eigengruppe schließen sich mehrere ArbN aufgrund eigener Initiative zusammen und bieten dem ArbGeb ihre Dienste als Gruppe an. In der Praxis finden sich auch in dieser Arbeitsform dieselben Beispiele aus dem Baugewerbe (Maurer- und Putzerkolonnen) sowie Musikkapellen und Orchester. Auch Ehepaare arbeiten oftmals als Eigengruppe (zB Hausmeister, Heimleiter, Trinkhallenverwalter etc).

22 **b) Personelle Zusammensetzung.** Da die Eigengruppe allein auf die Initiative der ArbN zurückzuführen ist und der ArbGeb vertraglich nur mit der Gruppe verbunden ist, hat er auf die Bildung, Zusammensetzung und Auflösung der Gruppe grds keinen Einfluss. Er kann allenfalls das Vertragsverhältnis zur Gruppe selbst beenden.

23 **c) Rechtsform.** Eine zwingende gesetzliche Rechtsform ist für die Eigengruppe nicht vorgeschrieben. Die Festlegung der Rechtsform obliegt allein dem Willen der Gruppenmitglieder und richtet sich nach deren Bedürfnissen. Meist handelt es sich bei der Eigengruppe um eine Gesellschaft bürgerlichen Rechts, möglich ist jedoch auch die Gründung einer GmbH oder einer Genossenschaft bzw eines rechtsfähigen oder nicht rechtsfähigen Vereins. Die Organisation in Form einer juristischen Person ist dabei immer dann sinnvoll, wenn die Eigengruppe selbstständig nach außen auftreten soll.

24 **d) Gruppeninterne Rechtsbeziehungen.** Die Rechtsbeziehungen der einzelnen Gruppenmitglieder untereinander richten sich nach der jeweiligen Rechtsform der Gruppe. Wie bei der Betriebsgruppe wählen auch die Mitglieder einer Eigengruppe regelmäßig einen Gruppensprecher. Dieser hat allerdings hier in aller Regel weitergehende Befugnisse und vertritt die Gruppe nach außen, da die nach dem Gesetz für eine GbR vorgesehene gemeinschaftliche Geschäftsführung und Vertretung durch alle Gruppenmitglieder unpraktikabel ist.

25 **e) Rechtsbeziehungen zum Arbeitgeber.** Die Gestaltung der vertraglichen Beziehungen zum ArbGeb ist in dreierlei Form möglich.

aa) Eigengruppe als Vertragspartner. Zunächst kann die Eigengruppe selbst als alleiniger Vertragspartner des ArbGeb auftreten. In diesem Fall werden keine unmittelbaren vertraglichen Beziehungen zwischen ArbGeb und den einzelnen Gruppenmitgliedern begründet. Der Vertrag zwischen ArbGeb und der Eigengruppe kann als **Werkvertrag, Dienstvertrag** oder sog **Dienstverschaffungsvertrag** ausgestaltet sein. Die beiden ersteren Vertragsarten unterfallen nicht dem Arbeitsrecht. Im letzteren Fall wird lediglich ein mittelbares Arbeitsverhältnis zwischen ArbGeb und den einzelnen Gruppenmitgliedern begründet, mit der Folge, dass den ArbGeb bestimmte Fürsorgepflichten treffen (Näheres s *Mittelbares Arbeitsverhältnis* Rz 2). Abzugrenzen ist dieser Dienstverschaffungsvertrag vom Leiharbeitsverhältnis, bei dem der ArbGeb ein unmittelbares Weisungsrecht gegenüber den Gruppenmitgliedern erlangt (vgl *Staudinger/Richardi* Vorbem zu §§ 611 ff Rz 392).

Bei **Schlechtleistungen** einzelner oder mehrerer Gruppenmitglieder bestehen mangels 26 unmittelbarer vertraglicher Beziehungen zwischen ArbGeb und Gruppenmitgliedern gegen diese nur deliktische Schadensersatzansprüche. Eine vertragliche Haftung erfolgt allerdings bei der üblichen Form der als GbR organisierten Eigengruppe dennoch, da die Gruppenmitglieder als Gesellschafter der GbR gesamtschuldnerisch haften (§§ 714, 427, 421 BGB). Gleiches gilt gem § 54 BGB für den nicht rechtsfähigen Verein. Mangels vertraglicher Beziehungen bestehen naturgemäß auch keine unmittelbaren Vergütungsansprüche der Gruppenmitglieder gegenüber dem ArbGeb. Diese stehen allein der Eigengruppe als Vertragspartner des ArbGeb zu und werden regelmäßig durch den Gruppensprecher geltend gemacht.

bb) Gruppenmitglieder als Vertragspartner. Möglich ist auch, dass die einzelnen 27 Gruppenmitglieder selbst Arbeitsverträge mit dem ArbGeb abschließen. Es bestehen dann beiderseits unmittelbare Erfüllungsansprüche. Hinsichtlich der Haftung gilt das oben Gesagte entsprechend, wobei hier neben die deliktische noch die vertragliche Haftung tritt.

cc) Eigengruppe und Gruppenmitglieder als Vertragspartner. Schließlich können 28 kumulative vertragliche Beziehungen zwischen ArbGeb einerseits sowie Eigengruppe und Gruppenmitgliedern andererseits bestehen. Dieses Modell stellt eine Mischform der zuvor genannten Vertragskonstellationen dar, bei der die Erfüllungs- und Haftungskonditionen der beiden anderen Modelle ebenfalls kumulativ zur Anwendung kommen.

Probleme können hier bei der **Entlohnung** auftreten, wenn nach den gruppeninternen 29 Regelungen eine Einzelvergütung nach Kopfteilen erfolgt, hierdurch aber bei einzelnen Gruppenmitgliedern der tarifliche Mindestlohn unterschritten wird. Die einzelnen ArbN haben aufgrund der arbeitsvertraglichen Beziehung zum ArbGeb insoweit einen unmittelbaren Erfüllungsanspruch. Hierdurch entstehen interne Ausgleichsverpflichtungen der Gruppenmitglieder untereinander. Eine Erhöhung des gesamten Gruppenverdienstes erfolgt regelmäßig nicht. Etwas anderes kann ausnahmsweise nur dann gelten, wenn sämtliche Gruppenmitglieder tarifgebunden sind.

dd) Sonderfälle. Besonderheiten können sich bei Vertragsverhältnissen mit **Ehepaaren** 30 ergeben. IdR sind beide Arbeitsverhältnisse nach der zu erbringenden Dienstleistung im Bestand voneinander abhängig, so dass sie nur gemeinsam gekündigt werden können (BAG 21.10.71, DB 72, 244; LAG SachsAnh 8.3.2000 – 6 Sa 921/91, NZA-RR 2000, 528). Die berechtigte verhaltensbedingte Kündigung eines Ehepartners führt daher zur rechtmäßigen Kündigung auch des anderen Ehepartners, obwohl dieser seine Arbeitsleistung ordnungsgemäß erbracht hat. Problematisch ist die Rechtslage, wenn ein Ehepartner besonderen Kündigungsschutz (zB § 9 MuSchG oder §§ 85 ff SGB IX) genießt. Ob dieser Sonderkündigungsschutz aufgrund der engen Bindung der Arbeitsverhältnisse auch dem anderen Ehepartner zugute kommt, der selbst die Voraussetzungen nicht erfüllt, seinerseits aber den Kündigungsgrund verwirklicht hat, erscheint fraglich.

5. Arbeitgebergruppe. Ebenso wie aufseiten der ArbN können auch auf ArbGebSeite 31 mehrere natürliche oder juristische Personen bzw mehrere rechtlich selbstständige Gesellschaften an einem Arbeitsverhältnis beteiligt sein. Voraussetzung ist insoweit nach der Rspr des BAG ein rechtlicher Zusammenhang zwischen den arbeitsvertraglichen Beziehungen des ArbN zu den einzelnen ArbGeb, der es verbietet, diese Beziehungen rechtlich getrennt zu

211 Gruppenarbeitsverhältnis

behandeln (grundlegend BAG 27.3.81, DB 82, 1569). Die Existenz eines gemeinsamen Betriebs mehrerer Unternehmen (s *Betrieb (Begriff)* Rz 11–13) ist hierfür nicht erforderlich. Gleichwohl stellt der Gemeinschaftsbetrieb einen Anwendungsfall dar. Ein weiteres Beispiel ist die *Arbeitsgemeinschaft (ARGE)*.

32   Einen Sonderfall bildet insofern der sog **Gesamthafenbetrieb,** der durch eine Vereinbarung zwischen ArbGebVerbänden bzw einzelnen ArbGeb und Gewerkschaften gebildet werden kann (vgl *Martens* NZA 2000, 449; zum Erfordernis einer sog Hafenarbeitskarte: BAG 6.12.95 – 5 AZR 307/94, NZA 96, 721; zur Frage der jeweiligen Betriebszugehörigkeit der ArbN: BAG 25.11.92, NZA 93, 955; zur Mitbestimmung bei Versetzungen: BAG 2.11.93, DB 94, 985; zur betrieblichen Altersversorgung: BAG 6.10.92, NZA 93, 701).

B. Lohnsteuerrecht   *Windsheimer*

33   Es gilt das Prinzip der **Individualbesteuerung** (§ 1 Abs 1 Satz 1 und Abs 4 EStG; § 1 Abs 1 und Abs 3 LStDV). Solange die ArbNEigenschaft des einzelnen Mitglieds der Gruppe vorliegt, erfolgt die Besteuerung nach den individuellen Merkmalen des einzelnen ArbN. Der ArbGeb ist zur Abführung der LSt auch dann verpflichtet, wenn er den Gesamtlohn einem Gruppenmitglied, zB dem Gruppensprecher, zur Weiterleitung an die einzelnen ArbN auszahlt.

34   Der ArbGeb bedient sich in diesem Fall des Gruppensprechers als Hilfsorgan, bleibt aber für die LSt verantwortlich. Schaltet ein ArbN (zB der Gruppensprecher) ohne Wissen des ArbGeb **dritte Personen** zur Ausführung der geschuldeten Dienstleistung ein, so liegt ein Arbeitsverhältnis allenfalls zwischen Einschaltendem und Eingeschaltetem vor. Hat der ArbGeb den ArbN jedoch ermächtigt, bei Bedarf weitere ArbN einzustellen, so muss sich der ArbGeb die Einstellung von ArbN mit allen lohnsteuerlichen Folgen zurechnen lassen (s *Mittelbares Arbeitsverhältnis* Rz 21, 22).

35   Besteht zwischen dem Auftraggeber und der Gruppe bzw den einzelnen Gruppenmitgliedern kein Arbeitsverhältnis (zB beim Zwischenmeister oder im Verhältnis Gastwirt-Musikkapelle, s hierzu BFH 10.9.76, BStBl II 77, 178), so sind für die steuerliche Behandlung die Rechtsbeziehungen der Gruppenmitglieder untereinander entscheidend. Es können innerhalb der Gruppe Arbeitsverhältnisse mit allen lohnsteuerlichen Folgen für ArbGeb und ArbN bestehen, aber auch gesellschaftsrechtliche Beziehungen, zB eine BGB-Gesellschaft als Außen- oder Innengesellschaft (BFH 21.3.75, BStBl II 75, 513: Schwarzarbeiter am Bau; BFH 26.1.83 – I R 93/82 – amtlich nv: Bau- und Putzkolonnen). Entscheidend sind die tatsächlich durchgeführten Vereinbarungen (BFH 18.1.91, BStBl II 91, 409; s auch *Arbeitnehmer (Begriff)* Rz 28 ff; *Arbeitnehmerähnliche Personen* Rz 26; *Arbeitnehmerüberlassung/Zeitarbeit* Rz 71 ff). Im Zweifel kann eine Anrufungsauskunft (§ 42e EStG; s *Anrufungsauskunft* Rz 5 ff) die steuerliche Behandlung festlegen. Zur Stellung einer Personengruppe als ArbGeb s *Arbeitgeber* Rz 22.

C. Sozialversicherungsrecht   *Ruppelt*

36   **Sozialversicherungsrechtlich** ist ArbGeb einer Betriebsgruppe und auch einer Eigengruppe (s oben) derjenige, dem die geleistete Arbeit wirtschaftlich zugute kommt. Dies gilt jedenfalls dann, wenn die Auslegung der Vertragsverhältnisse ergibt, dass zwischen ArbGeb und ArbN trotz Zugehörigkeit des ArbN zu einer Eigengruppe ein mittelbares Arbeitsverhältnis (s *Mittelbares Arbeitsverhältnis* Rz 26 ff) begründet ist. Davon ist bei einer Eigengruppe regelmäßig auszugehen, wenn den Rechtsbeziehungen zwischen ArbGeb und Eigengruppe der Charakter eines **Dienstverschaffungsvertrages** zukommt.

37   Der Dienstverschaffungsvertrag hat die Ableistung abhängiger Arbeit der Gruppenmitglieder im Verhältnis zum (mittelbaren) ArbGeb zum Inhalt, so dass dieser und nicht die Gruppe für die ordnungsgemäße Entlohnung der Gruppenmitglieder zu sorgen und den sozialversicherungsrechtlichen Pflichten nachzukommen hat.

38   Nur wenn zwischen Auftraggeber und Eigengruppe aufgrund der Vertragsgestaltung Arbeitsrecht keine Anwendung findet, treffen den Auftraggeber keine sozialversicherungsrechtlichen Pflichten.

Günstigkeitsprinzip

A. Arbeitsrecht *Kreitner*

1. Grundsatz. § 4 Abs 3 TVG räumt den Arbeitsvertragsparteien die Möglichkeit ein, im 1
Arbeitsvertrag Regelungen zu treffen, die vom Tarifvertrag abweichen. Voraussetzung hierfür
ist entweder eine entsprechende Öffnungsklausel im Tarifvertrag selbst oder die Abweichung
zugunsten des ArbN. Letzteres bezeichnet man als das sog Günstigkeitsprinzip. Anerkanntermaßen ist § 4 Abs 3 TVG dabei nur ein Unterfall des als allgemeine Kollisionsnorm des
Arbeitsrechts zu verstehenden Günstigkeitsprinzips (BAG GS 7.11.89, DB 90, 1724; *Wiede-
mann/Wank* § 4 Rz 381 ff; *Däubler/Deinert* § 4 Rz 574). Es geht zurück auf das arbeitsrechtliche Schutzprinzip, das Vereinbarungen zugunsten des ArbN immer ermöglicht (vgl auch
Ehmann/Lambrich NZA 96, 346: Verfassungsprinzip zur Herstellung praktischer Konkordanz). Dementsprechend gilt das Günstigkeitsprinzip ebenfalls im Verhältnis von Arbeitsvertrag zu Betriebsvereinbarung (zuletzt LAG Hamm 16.2.12 – 15 Sa 1360/11, BeckRS
2012, 70492).

Abzugrenzen ist das Günstigkeitsprinzip vom sog Ordnungsprinzip. Letzteres gilt im 2
Verhältnis ranggleicher Normen zueinander und besagt, dass die spätere Rechtsnorm jeweils
die bestehende Norm ablöst. Mithin verdrängt eine neue Betriebsvereinbarung die bislang
geltende, ein neuer Tarifvertrag den bislang geltenden Tarifvertrag etc. Für das Verhältnis von
Betriebsvereinbarung und Tarifvertrag gilt dagegen das Günstigkeitsprinzip, es sei denn,
§§ 77 Abs 3, 87 Abs 1 BetrVG stehen entgegen (LAG Düsseldorf 2.12.99 – 5 Sa 992/99,
NZA-RR 2000, 137: zu einer tarifwidrigen Betriebsvereinbarung über einen Konsolidierungsvertrag; LAG RhPf 11.2.10 – 10 Sa 628/09, BeckRS 2010, 67096: tarifliche Ster-
begeldregelung ohne Öffnungsklausel). Nach einem Betriebsübergang findet das Günstigkeitsprinzip auf das Verhältnis von dem nach § 613a Abs 1 Satz 2 BGB fortgeltenden und
dem Erwerber normativ geltenden neuen Tarifrecht keine Anwendung (BAG 11.5.05 –
4 AZR 315/04, NZA 05, 1363). Anders ist dies bei einem Arbeitsverhältnis, für das ein
Tarifvertrag kraft arbeitsvertraglicher Bezugnahme gilt, das beim Betriebserwerber auf eine
Tarifgeltung kraft Allgemeinverbindlichkeit trifft. Dieser Konflikt ist nach Maßgabe des
Günstigkeitsprinzips zu lösen (BAG 29.8.07 – 4 AZR 767/06, NZA 08, 364; 12.12.07 –
4 AZR 998/06, NZA 08, 646; 7.7.10 – 4 AZR 1023/08, NZA-RR 11, 30).

2. Anwendungsbereich. § 4 Abs 3 TVG ist hauptsächlich anwendbar auf tarifliche 3
Inhaltsnormen, insbesondere im Bereich der Vergütung im weiteren Sinne. Das Günstigkeitsprinzip gilt uneingeschränkt auch im Verhältnis eines späteren Tarifvertrags zu bereits
bestehenden günstigeren arbeitsvertraglichen Vereinbarungen, da es andernfalls seinen Zweck
als umfassende Kollisionsnorm nicht entfalten könnte (vgl LAG BlnBbg 25.9.08 – 14 Sa
1232/08, BeckRS 2009, 61876).

Umstritten ist die Frage der Geltung des Günstigkeitsprinzips bei sog Beendigungsnormen 4
betreffend **Arbeitszeitfragen.** Dabei geht es insbes um Kollisionen von vertraglichen Regelungen mit der tariflichen Arbeitszeitverkürzung, um Probleme im Bereich der Altersgrenzen sowie sog Beschäftigungsgarantievereinbarungen auf betrieblicher Ebene.

Zur Frage der **Altersgrenze** hat der GS des BAG entschieden, dass ein Günstigkeits- 5
vergleich möglich und entscheidend für die Beurteilung der Günstigkeit die Einräumung
eines Wahlrechts für den einzelnen ArbN sei (BAG GS 7.11.89, DB 90, 1724; zuletzt
Däubler/Deinert § 4 Rz 734). Demgegenüber hat der 1. Senat des BAG einen Vergleich von
Arbeitszeit oder Arbeitsentgelt mit einer Beschäftigungsgarantie abgelehnt (BAG 20.4.99 –
1 ABR 72/98, NZA 99, 887; ebenso *Bepler* AuA 99, 558; *Robert* NZA 04, 633; aA *Buchner*
NZA 99, 897; *Reuter* SAE 99, 262; *Trappehl/Lambrich* NJW 99, 3217; *Freihube* DB 2000,
1022; *Niebler/Schmiedl* BB 01, 1631).

Bei der einzelvertraglichen Verlängerung der tariflichen **Wochenarbeitszeit** scheidet ein 6
Günstigkeitsvergleich aus (anders LAG Sachs 20.11.08 – 1 Sa 271/08; LAG Köln 26.4.07 –
6 Sa 208/07, ArbuR 07, 357). Es geht hier nicht um ein Wahlrecht des ArbN, sondern um
den Vergleich von weniger Arbeit und mehr Freizeit einerseits sowie mehr Arbeit und Geld
und weniger Freizeit andererseits. Soweit im Schrifttum ein Günstigkeitsvergleich befür-

212 Günstigkeitsprinzip

wortet wird, bejahen einige Autoren die Günstigkeit der einzelvertraglich verlängerten Arbeitszeit (*Richardi* DB 90, 1613; *Buchner* DB 90, 1715; *Heinze* NZA 91, 329; *Kramer* DB 94, 426), während andere an den tariflichen Regelungen festhalten (*Däubler* DB 89, 2534; *Zachert* DB 90, 986; im Ergebnis ebenso ArbG Stuttgart 7.9.95, NZA-RR 96, 139). Das BAG hat demgegenüber zuletzt auch in solchen Konstellationen die Durchführung eines Günstigkeitsvergleichs verlangt (BAG 12.12.12 – 4 AZR 328/11, BeckRS 2013, 70481).

7 Jedenfalls findet das Günstigkeitsprinzip bei einem individualrechtlichen Verzicht auf **Sozialplanansprüche** Anwendung. Danach kann der ArbN auf den Anspruch auch ohne die gem § 77 Abs 4 Satz 2 BetrVG erforderliche Zustimmung des BRat verzichten, wenn die abweichende Regelung für ihn objektiv günstiger ist (BAG 27.1.04 – 1 AZR 148/03, NZA 04, 667).

8 **3. Durchführung des Günstigkeitsvergleichs.** Zur Ermittlung der günstigeren Regelung sind tarifliche und einzelvertragliche Bestimmungen miteinander zu vergleichen. Dabei sind folgende Gesichtspunkte zu beachten:
a) **Individualvergleich.** Maßgeblich ist das Interesse des einzelnen ArbN an der jeweils zu überprüfenden Regelung; Gesamtinteressen der Belegschaft oder bestimmter ArbNG-ruppen sind unerheblich.

9 b) **Objektiver Maßstab.** Abzustellen ist nicht auf das subjektive Urteil des konkret betroffenen ArbN, sondern vielmehr darauf, wie ein verständiger ArbN unter Berücksichtigung der Anschauungen seines Berufsstandes und der Verkehrsanschauung die Bestimmung einschätzen würde (zuletzt LAG Düsseldorf 28.9.07 – 10 Sa 1078/07, BeckRS 2008, 50045).

10 c) **Gruppenvergleich.** Ist der Arbeitsvertrag in allen Punkten günstiger als der Tarifvertrag, ist der Vergleich insgesamt unproblematisch. Im Regelfall werden jedoch neben günstigeren auch ungünstigere Regelungen im Arbeitsvertrag enthalten sein. Dann ist ein sog Sachgruppenvergleich durchzuführen, bei dem diejenigen Bestimmungen miteinander zu vergleichen sind, die in einem inneren Zusammenhang zueinander stehen (BAG 27.1.04 – 1 AZR 148/03, NZA 04, 667; 5.8.09 – 10 AZR 634/08, BeckRS 2009, 72269; 12.12.12 – 4 AZR 329/11, BeckRS 2013, 69845; 17.4.13 – 4 AZR 592/11, BeckRS 2013, 71573; aA *Nebeling/Arutzen* NZA 11, 1215: Gesamtvergleich). Die Sachgruppenbildung ist dabei nach den allgemeinen Auslegungsgrundsätzen der §§ 133, 157 BGB vorzunehmen (*Wiedemann/Wank* § 4 Rz 471). Ein sachgruppenübergreifender Vergleich kommt nicht in Betracht (BAG 20.4.99 – 1 ABR 72/98, NZA 99, 887; aA *Buchner* NZA 99, 897; *Schliemann* NZA 03, 122: umfassender Vergleich der Synallagmata von Tarifvertrag und arbeitsvertraglicher Vereinbarung). Erweist sich in einem Sachgruppenvergleich keiner von zwei verschiedenen Regelungskomplexen als für den ArbN „günstiger", sondern stehen sich diese neutral gegenüber, so tritt die Individualabrede zurück und es bleibt bei der Anwendbarkeit der kraft beiderseitiger Tarifbindung geltenden Tarifverträge (LAG Köln 17.1.13 – 7 Sa 644/12 – nicht rkr, Az beim BAG: 4 AZR 384/13).

11 **4. Sonderfall: Kollektiver Günstigkeitsvergleich.** Der GS des BAG hat mit Beschluss vom 16.9.86 für den Bereich der sog ablösenden Betriebsvereinbarung das Rechtsinstitut des kollektiven Günstigkeitsvergleichs geschaffen (BAG GS 16.9.86, DB 87, 383). In dieser Grundsatzentscheidung hat sich der GS mit betrieblichen Sozialleistungen befasst, die durch arbeitsvertragliche Einheitsregelungen, Gesamtzusagen und betriebliche Übungen geregelt sind und durch nachfolgende Betriebsvereinbarungen geändert werden sollen (seither ständige Rspr, vgl zuletzt etwa BAG 16.11.11 – 10 AZR 60/11, NZA 12, 349; 21.4.10 – 4 AZR 768/08, AP Nr 387 zu § 613a BGB; LAG BaWü 3.3.11 – 6 Sa 44/10, BeckRS 2011, 73686). Dies ist unproblematisch, wenn die vertragliche Regelung einen kollektiven Änderungsvorbehalt enthält und damit „betriebsvereinbarungsoffen" ausgestaltet ist (BAG 19.2.08 – 3 AZR 61/06, AP Nr 52 zu § 1 BetrAVG; LAG Hess 26.9.01 – 8 Sa 1804/00, NZA-RR 02, 377).

12 Gleiches gilt, soweit die nachfolgende Betriebsvereinbarung eine günstigere Regelung enthält. Nach der neueren Rspr des BAG verdrängt außerhalb des Bereichs der Sozialleistungen die Betriebsvereinbarung für die Dauer ihrer Wirkung die bestehende vertragliche Regelung mit der Folge, dass die vertragliche Regelung nach Ablauf der Betriebsvereinbarung automatisch wieder auflebt (BAG 21.9.89, DB 90, 692). Auf diese Weise wird verhindert, dass durch eine günstigere Betriebsvereinbarung zunächst eine vertragliche Regelung ersetzt wird, um anschließend selbst durch eine weitere insgesamt noch unter dem seinerzeitigen vertraglichen Niveau liegende Betriebsvereinbarung nach dem dann geltenden Ordnungsprinzip abgelöst zu werden.

Stellt die nachfolgende Betriebsvereinbarung jedoch **keine günstigere Regelung** dar, so ist nach den Grundsätzen des GS ein sog kollektiver Günstigkeitsvergleich anzustellen. Ergibt sich dabei, dass die Betriebsvereinbarung insgesamt zu einer Verschlechterung führt, kann sie keinen Einfluss auf die vertragliche Regelung ausüben. Wird durch die Betriebsvereinbarung allerdings lediglich eine Umstrukturierung der Leistungen bei gleich bleibendem Leistungsvolumen bewirkt, löst sie die bestehende vertragliche Regelung ab (BAG 23.10.01 – 3 AZR 74/01, NZA 03, 986). Diese Rspr gilt jedoch nach den Grundsätzen des Vertrauensschutzes nur für Ablösungsmaßnahmen, die nach dem 16.9.86 erfolgt sind (BAG 20.11.90, NZA 91, 477; LAG Köln 9.5.90, BB 90, 1348 [LS]). 13

Zu beachten ist außerdem, dass nach der Rspr des BAG die Grundsätze des GS nur für den Bereich der Sozialleistungen gelten, da hier die einzelvertraglichen Ansprüche der ArbN untereinander ein Bezugssystem bilden und aus diesem Grunde der kollektive Günstigkeitsvergleich durchzuführen ist. Geht es demgegenüber um Entgeltansprüche des ArbN, kommt ein kollektiver Günstigkeitsvergleich nicht in Betracht, so dass auch eine ablösende Wirkung der Betriebsvereinbarung nicht zum Tragen kommt (BAG 21.9.89, DB 90, 692). Diese Rspr hat der 1. Senat des BAG mit Urt vom 28.3.2000 nochmals bestätigt (BAG 28.3.2000 – 1 AZR 366/99, NZA 01, 49). Zwar ging es dort um eine Sozialleistung (Urlaubsgeld), jedoch sollte diese nicht isoliert, sondern im Rahmen einer grundlegenden Änderung der Arbeitsbedingungen neu geregelt werden. Folge dieser größeren Einbindung ist der Ausschluss des Günstigkeitsvergleichs (kritisch *Annuß* FA Arbeitsrecht 01, 42).

Der kollektive Günstigkeitsvergleich findet auch bei der **betrieblichen Altersversorgung** Anwendung (BAG 23.10.01 – 3 AZR 74/01, NZA 03, 986). Voraussetzung ist, dass die beiden betroffenen Unternehmen zumindest in der Grundstruktur identisch sind (BAG 18.3.03 – 3 AZR 101/02, NZA 04, 1099). Wird ein durch Gesamtzusage begründetes Versorgungswerk, das im Wege des Widerrufs für neu eintretende ArbN geschlossen worden war, durch eine geänderte Versorgungsordnung abgelöst, die wieder für alle Mitarbeiter geöffnet ist, muss der Aufwand aus dem geschlossenen Versorgungswerk mit demjenigen verglichen werden, der sich bei der nächstmöglichen Schließung des neuen Versorgungswerks durch Kündigung der ablösenden Betriebsvereinbarung ergäbe (BAG 17.6.03 – 3 ABR 43/02, NZA 04, 1111). 14

5. Leitende Angestellte. § 28 Abs 2 Satz 2 SprAuG normiert das Günstigkeitsprinzip für Arbeitsverhältnisse leitender Angestellter und schreibt seine Geltung für das Verhältnis von Richtlinien zu günstigeren einzelvertraglichen Vereinbarungen fest. Hinsichtlich des vorzunehmenden Günstigkeitsvergleiches gelten die oben dargestellten Grundsätze (s Rz 7 ff) entsprechend. 15

Ob die Rspr des GS des BAG zur ablösenden Betriebsvereinbarung mit der Einführung des kollektiven Günstigkeitsvergleichs auch auf den Bereich der leitenden Angestellten übertragbar ist, ist umstritten. Während diese Rspr teilweise ohne nähere Begründung übernommen wird (vgl *Hromadka/Sieg* SprAuG § 28 Rz 30; *Röder* NZA 89 Beilage 4 S 3), lehnen andere Autoren mit beachtlichen Gründen eine Anwendung der Grundsätze des GS bei leitenden Angestellten ab (*Löwisch* SprAuG § 28 Rz 18; *Nebel* DB 90, 1512). Insbes die bei leitenden Angestellten nur sehr eingeschränkte Geltung des arbeitsrechtlichen Schutzprinzips bewirkt eine weitergehende Ablösbarkeit arbeitsvertraglicher Einheitsregelungen durch nachfolgende Richtlinien auch zuungunsten der leitenden Angestellten. 16

B. Lohnsteuerrecht *Windsheimer*

Lassen steuergesetzliche Vorschriften mehrere Methoden zur Steuerberechnung zu, ist auf Grund des Günstigkeitsprinzips die **niedrigere Steuer** festzusetzen (BFH 15.11.07 – VI R 66/03, BStBl II 08, 375; BFH 17.1.08 – VI R 44/07, DStR 08, 4990; s *Lohnsatzleistungen* Rz 17). Bis zur Grenze des Missbrauchs kann der Stpfl seine Verhältnisse steuergünstig gestalten (BFH 11.11.09 – IX R 1/09, BStBl II 10, 746), zB den Lohnzufluss zwecks Progressionsminderung auf einen späteren Zeitpunkt verschieben. 17

212 Günstigkeitsprinzip

Weichen Regelungen aufgrund des Günstigkeitsprinzips von steuerlichen Vorschriften ab, gelten für die Besteuerung letztere (s *Betriebsvereinbarung* Rz 36 ff). Das Günstigkeitsprinzip rechtfertigt daher bei der Zahlung von Vorruhestandsgeldern anlässlich des Verlustes des Arbeitsplatzes, die sich über mehr als ein Jahr erstrecken, keine Steuerbegünstigung nach § 34 Abs 1 EStG (BFH 16.6.04 – XI R 55/03, BStBl II 04, 1055; s *Außerordentliche Einkünfte* Rz 11). Zur Günstigerprüfung beim Abzug von Vorsorgeaufwendungen s *Sonderausgaben* Rz 11; beim Familienleistungsausgleich s *Kinderfreibetrag* Rz 3; bei der Riesterrente s *Altersvorsorgevermögen* Rz 14.

C. Sozialversicherungsrecht
Ruppelt

18   Aus § 2 Abs 2 SGB I, wonach bei Auslegung der Vorschriften des SGB und bei der Ermessensausübung sicherzustellen ist, dass die sozialen Rechte der §§ 3–10 SGB I möglichst weitgehend verwirklicht werden, entnimmt die sozialgerichtliche Rspr ein **sozialrechtliches Günstigkeitsprinzip,** das eine Pflicht zur bürgerfreundlichen Interpretation aller Normen des SGB vorschreibe und dazu führen solle, dass Ansprüche auf Sozialleistungen möglichst umfassend verwirklicht werden könnten (BSG 3.8.06 – B 3 KR 1/06 S, ZfS 06, 337 mwN). Praktische Bedeutung kommt diesem Prinzip vor allem bei der Auslegung eines Antrags auf eine Leistung zu. Ein solcher Antrag ist so auszulegen, dass dem Berechtigten die in seinem Fall günstigste im Gesetz vorgesehene Leistung bewilligt werden kann. So ist der Antrag eines Versicherten auf Leistung vorzeitiger Altersrente grds auf die für ihn günstigste Altersrentenart gerichtet (BSG 29.11.07 – B 13 R 44/07 R, NZS 08, 602, Rz 22). Das Günstigkeitsprinzip findet seine Grenzen in Anspruchsgrundlagen, die eindeutig und keiner Auslegung zugänglich sind sowie keinen Ermessensspielraum eröffnen. Auch ergeben sich aus dem sozialrechtlichen Günstigkeitsprinzip keine Beweiserleichterungen.

Handelsvertreter

A. Arbeitsrecht
Kania

1. Begriff und Abgrenzung zum Außendienstmitarbeiter. Handelsvertreter ist gem 1
§ 84 Abs 1 Satz 1 HGB, wer als selbstständiger Gewerbetreibender ständig damit betraut ist, für einen anderen Unternehmer Geschäfte zu vermitteln oder in dessen Namen abzuschließen. Entscheidendes Abgrenzungskriterium zum Außendienstmitarbeiter als kaufmännischen Angestellten ist die **Selbstständigkeit** (§ 84 Abs 2 HGB). Das Kriterium der Selbstständigkeit ist in § 84 Abs 1 Satz 2 HGB definiert. Danach ist selbstständig, wer im Wesentlichen frei seine Tätigkeit gestalten und seine Arbeitszeit bestimmen kann. Allein diese gesetzlichen Kriterien sind jedoch nicht geeignet, eine zuverlässige Abgrenzung zu gewährleisten. Vielmehr ist nach der Rspr unter Berücksichtigung aller in Betracht kommender Umstände ein Gesamtbild der Tätigkeit zu gewinnen (BAG 28.4.72, DB 72, 2215; BGH 11.3.82, NJW 82, 1757, 1758). Für Selbstständigkeit sprechen zB Kostentragung, eigene Geschäftsräume, Geschäftseinrichtung, Buchführung, Auftreten unter eigener Firma, Tätigkeit für mehrere Unternehmen (*Baumbach/Hopt/Hopt* § 84 Rz 36). Gegen Selbstständigkeit sprechen umfassende Kontrollen der Tätigkeitsausübung, Einordnung in eine betriebliche Hierarchie, Vereinbarungen über Urlaubsansprüche, Genehmigungspflicht für Nebentätigkeiten (*Baumbach/Hopt/Hopt* § 84 Rz 36) und die Verpflichtung zu persönlicher Dienstleistung (ArbG Nbg 31.7.96, DB 96, 2032). Entscheidend ist nicht die vertragliche Gestaltung, sondern die tatsächliche Handhabung (BGH 4.12.81, BB 82, 1876). In Grenzfällen ist aber die Entscheidung der Vertragsparteien für einen bestimmten Vertragstypus im Rahmen der Gesamtabwägung zu berücksichtigen (BAG 9.6.10 – 5 AZR 332/09, NZA 10, 877). Hilfestellung bei der Abgrenzung bietet das in erster Linie für die sozialversicherungsrechtliche Beurteilung konzipierte Rundschreiben der Spitzenorganisationen der Sozialversicherung vom 16.6.99/18.8.99, zuletzt aktualisiert am 13.4.10 (www.vdr.de), das in Anlage 2 konkrete Ausführungen zu Handelsvertretern macht.

2. Anwendbarkeit von Arbeitsrecht. a) Grundsatz. Wegen seiner Selbstständigkeit 2
und der deshalb fehlenden persönlichen Abhängigkeit ist der Handelsvertreter kein ArbN (zur Abgrenzung zum ArbN s *Arbeitnehmer (Begriff)* Rz 4 ff). Arbeitsrecht findet damit im Grundsatz **keine Anwendung** auf Handelsvertreter. Das zwischen dem Handelsvertreter und dem Auftraggeber bestehende Rechtsverhältnis ist vielmehr ein auf Geschäftsbesorgung gerichteter unabhängiger Dienstvertrag, auf den §§ 94 ff HGB, ergänzend §§ 611 ff BGB sowie § 675 BGB iVm §§ 663, 665, 670, 672–674 BGB anwendbar sind.

Die **soziale Absicherung** des Handelsvertreters ist damit noch nicht durchgängig geringer 3
als bei Anwendung des Arbeitsrechts. So gibt § 85 Abs 1 HGB seit jeher dem Handelsvertreter einen für ArbN erst durch das NachwG geregelten unabdingbaren Anspruch auf Fixierung der Vertragsbedingungen in einem schriftlichen Vertrag. Gem § 89b HGB erhält der Handelsvertreter bei Vertragsende einen **Ausgleichsanspruch** für von ihm vermittelte Geschäfte und geworbene Kunden. Schließlich sieht § 89 HGB **verlängerte Kündigungsfristen** vor, welche teilweise sogar die Kündigungsfristen des § 622 Abs 2 BGB überschreiten.

Mitbestimmungspflichtig gem § 99 BetrVG ist die Beschäftigung eines Handelsvertre- 4
ters grds nicht (BAG 30.8.94, NZA 95, 649). Nur wenn die Freiheit des Handelsvertreters derart durch Tätigkeitspflichten, Zielvereinbarungen und sonstige Weisungen eines Auftraggebers eingeengt ist, dass die Selbstständigkeit des Handelsvertreters in ihrem Kerngehalt beeinträchtigt ist, kann nach Auffassung des BAG eine Einstellung iSd § 99 BetrVG vorliegen (BAG 30.8.94, NZA 95, 649). In diesem Fall wird es sich allerdings im Regelfall um einen scheinselbstständigen Handelsvertreter handeln, der also in Wirklichkeit ArbN (auch im betriebsverfassungsrechtlichen Sinne) ist.

b) Handelsvertreter als arbeitnehmerähnliche Person. ArbNÄhnlich sind solche 5
Personen, die **wirtschaftlich abhängig** und einem ArbN vergleichbar sozial schutzbedürftig sind (§ 12a TVG). Näheres s *Arbeitnehmerähnliche Personen* Rz 1 ff. Dem ArbNÄhnlichen Handelsvertreter steht gem § 2 BUrlG ein **Urlaubsanspruch** zu. Allerdings braucht er im Hinblick auf seine Selbstständigkeit die Lage des Urlaubs nicht mit seinem Auftraggeber

abzustimmen; § 7 Abs 1 BUrlG findet keine Anwendung (BAG 20.8.03 – 5 AZR 610/02, NZA 04, 39). Er hat Anspruch auf Erteilung eines **Zeugnisses** (ErfK/*Müller-Glöge* § 630 BGB Rz 2; aA OLG Celle 23.5.67, BB 67, 775). Ihm gegenüber besteht eine gewisse **Fürsorgepflicht** seitens des Unternehmers (*Schaub* § 12 Rz 5).

6 Regelmäßig wird das für die Einordnung als ArbNähnliche Person maßgebliche Kriterium der wirtschaftlichen Abhängigkeit nur bei **Einfirmenvertretern** erfüllt sein, da andere Vertreter bei Wegfall eines Unternehmens für ein anderes tätig werden können, es sei denn, dass gerade das Unternehmen wegfällt, auf dem der wesentliche Verdienst und die Lebensgrundlage des Handelsvertreters beruht (*Schaub* § 12 Rz 6). Einfirmenvertreter sind gem § 92a Abs 1 HGB Handelsvertreter, die vertraglich nicht für mehrere Unternehmen tätig sein dürfen oder denen dies nach Art und Umfang der von ihnen verlangten Tätigkeit nicht möglich ist. Für diese ist eine Gleichstellung mit ArbN teilweise ausdrücklich gesetzlich angeordnet. Gem § 5 Abs 3 ArbGG ist für Streitigkeiten von Einfirmenvertretern das **Arbeitsgericht zuständig,** wenn sie während der letzten sechs Monate des Vertragsverhältnisses durchschnittlich nicht mehr als 1000 € Vergütung bezogen haben. Maßgeblich ist der tatsächliche Verdienst; weitergehende Ansprüche sind irrelevant (LAG Hess 12.4.95, NZA 95, 1071). Dies gilt auch dann, wenn der Handelsvertreter in diesen Monaten nicht gearbeitet und deshalb nichts verdient hat (BAG 15.2.05 – AZB 13/04, DB 05, 728). Zum abweichenden sozialversicherungsrechtlichen Begriff der ArbNähnlichen Selbstständigen s *Arbeitnehmerähnliche Selbstständige* Rz 5 ff.

B. Lohnsteuerrecht   *Seidel*

7 **1. Arbeitnehmer.** Ob ein Handelsvertreter selbstständig tätig ist oder als ArbN nichtselbstständig, bestimmt sich nach den im Steuerrecht üblichen Abgrenzungskriterien. Die arbeitsrechtliche Einstufung zB als ArbNähnlich ist unerheblich (s auch *Arbeitnehmerähnliche Personen* Rz 26 und *Arbeitnehmerähnliche Selbstständige* Rz 3). Das in § 84 Abs 1 Satz 2 HGB genannte Unterscheidungsmerkmal, dass selbstständig ist, wer im Wesentlichen frei seine Tätigkeit gestalten und seine Arbeitszeit bestimmen kann, stellt nur **ein** Abgrenzungskriterium dar. Steuerrechtlich ist das Gesamtbild der Verhältnisse entscheidend, ob ein Handelsvertreter ArbN ist oder nicht (s *Arbeitnehmer (Begriff)* Rz 38).

8 Wesentlich ist dabei, ob der Handelsvertreter hinsichtlich **Zeit, Ort und Erledigung des Auftrags** den Anordnungen des Auftraggebers zu folgen hat. Dabei darf nicht übersehen werden, dass auch der selbstständige Handelsvertreter an Anweisungen gebunden ist, zB Berichterstattung, Kundenbesuche und Wettbewerbsverbot (s *HMW*/Agenten Rz 1). Für die Abwägung im Rahmen der Weisungsgebundenheit kommt es darauf an, ob das auch bei einem angestellten Handelsvertreter gegebene Maß an Bewegungsfreiheit Ausfluss der eigenen Machtvollkommenheit oder des Willens des Geschäftsherrn ist (BFH 7.12.61, BStBl III 62, 149; s auch LStH 19.0 und EStH 15.1 Reisevertreter).

9 Von geringerer Bedeutung im Rahmen der Gesamtabwägung sind die **Art der Entlohnung** und die Bezeichnung des Vertragsverhältnisses durch die Beteiligten. Bei mehreren Auftraggebern kann die Selbstständigkeit und die Unselbstständigkeit jeweils unterschiedlich zu beurteilen sein (s HHR § 19 Anm 600: Handelsvertreter; *Arbeitnehmer (Begriff)* Rz 38). Meist wird die Tätigkeit für mehrere Auftraggeber aber generell für Selbstständigkeit sprechen. **Wechselseitige Arbeitsverhältnisse** sind bei selbstständigen Handelsvertretern keine Dienstverhältnisse iSd LStRechts (FG München 12.3.80, EFG 80, 545).

10 Für die **Arbeitnehmereigenschaft** spricht insbesondere das überwiegende Vorliegen folgender Merkmale: ausschließliche Zurverfügungstellung der Arbeitskraft für eine Firma, Schriftverkehr mit Kunden durch die Firma, keine Inkassovollmacht, keine eigene Firma, Abführung von LSt und SozVBeiträgen, Teilnahme an der betrieblichen Altersversorgung, ärztliche Arbeitsunfähigkeitsbescheinigung, kein Ausgleichsanspruch nach § 89b HGB, Auftreten nach außen als Beauftragter der Firma, eingeschränktes Unternehmerwagnis durch Erhalt von Fixum und Spesenersatz (BFH 30.10.69, BStBl II 70, 474). Zur EStBesteuerung des **Ausgleichsanspruchs** nach § 89b HGB eines selbstständigen Handelsvertreters s *Selder* in Heidelberger Kommentar HGB, 6. Aufl, § 84 Rz 12, 13.

11 **2. Versicherungsvertreter.** Bei diesen ergeben sich Besonderheiten dadurch, dass bei ihnen häufig Tätigkeiten, die für sich betrachtet jeweils überwiegende Merkmale für Selbst-

ständigkeit oder Unselbstständigkeit beinhalten, zusammentreffen, nämlich die Abschlusstätigkeit und die Verwaltungstätigkeit bei Generalagenten. Auch hier ist aber die gesamte Tätigkeit einheitlich im Rahmen einer Gesamtwürdigung zu beurteilen. Eine Aufteilung nach der Art der Tätigkeit ist steuerrechtlich nicht möglich (s hierzu LStH 19.0: Versicherungsvertreter und EStH 15.1: Generalagent mwN). Ein Versicherungsvertreter wird regelmäßig als selbstständig anzusehen sein, wenn er das Risiko seiner Tätigkeit (Unternehmerrisiko) trägt (BFH 26.10.77, BStBl II 78, 137; FG Düsseldorf 12.10.01 – 18 K 2524/97 G, EFG 02, 96: Bereichsdirektor Bausparkasse; LStH 19.0: Versicherungsvertreter und EStR 15.1 Abs 1; s auch *Arbeitnehmer (Begriff)* Rz 34–37).

C. Sozialversicherungsrecht

Voelzke

1. Beschäftigungsverhältnis. Für die Beurteilung der **Versicherungspflicht** von Personen, die eine vertreterähnliche Tätigkeit ausüben, ist nicht die Bezeichnung der Vertragsparteien als selbstständiger Handelsvertreter oder abhängiger Handlungsgehilfe (bzw als Außendienstmitarbeiter, Reisender, Agent, freier Mitarbeiter, Generalvertreter, Bezirksleiter usw) ausschlaggebend, sondern für die Zuordnung sind die tatsächlichen Merkmale der ausgeübten Tätigkeit entscheidend. Können deshalb die von den Vertragsparteien getroffenen Vereinbarungen über die rechtliche Einordnung einer Person für das SozVRecht als einer Einrichtung des öffentlichen Rechts nicht bindend sein, so kommt den **vertraglichen Vereinbarungen** doch eine erhebliche **Indizwirkung** zu, wenn die tatsächliche Ausgestaltung und Durchführung des Vertrages der gewählten Vertragsform entspricht. 12

Obwohl den Begriffen **Selbstständigkeit und Abhängigkeit** als Kriterium für die Abgrenzung von Handelsvertretern (§§ 84 ff HGB) und Handlungsgehilfen (§§ 59 ff HGB) im Handelsrecht eine andere Funktion als im SozVRecht zukommt, haben sie in beiden Rechtsbereichen weitgehend den gleichen Inhalt (BSG 29.1.81 – 12 RK 63/79, SozR 2400 § 2 Nr 16; LSG RhPf 25.4.02 – L 1 AL 162/00, NZS 02, 666; vgl auch *Schlegel/Voelzke/Segebrecht* SGB IV, § 7 Abs 1 Rz 99). Unerheblich für das Vorliegen einer selbstständigen Tätigkeit ist hierbei, ob ein Handelsvertreter als sog Einfirmenvertreter wirtschaftlich abhängig ist, da das SozVRecht allein auf die **persönliche Abhängigkeit** abstellt (vgl *Arbeitnehmer (Begriff)* Rz 51 ff). 13

Zur Abgrenzung der selbstständig tätigen Handelsvertretern von den abhängig Beschäftigten haben die Spitzenorganisationen der SozV unter Auswertung der Rspr des BSG in ihrem Rundschreiben sehr detaillierte Hinweise gegeben (s PersonalDirekt (DVD) oder online unter *Versicherungsrechtliche Beurteilung von Handelsvertretern*). Hierbei werden Merkmale mit starkem Gewicht, variable Merkmale und Merkmale ohne oder mit sehr geringem Gewicht unterschieden. Zu den sog starken Merkmalen für das Vorliegen eines versicherungspflichtigen Beschäftigungsverhältnisses rechnen die Spitzenorganisationen folgende Umstände des Einzelfalls: die uneingeschränkte Verpflichtung des Vertreters, allen **Weisungen** des Auftraggebers Folge zu leisten; die Verpflichtung, dem Auftraggeber regelmäßig in kurzen Abständen **Berichte** zukommen zu lassen; die Verpflichtung, in Räumen des Auftraggebers zu arbeiten; die Verpflichtung, bestimmte EDV-Hard- und Software zu benutzen, sofern damit Kontrollmöglichkeiten des Auftraggebers verbunden sind; die Verpflichtung, ein bestimmtes **Mindestsoll auf hohem Niveau** zu erreichen (eine diesbezügliche „Sanktionsregelung" sehen die SozVTräger wohl zu weitgehend auch schon darin, dass die Höhe des Provisionssatzes mit der Anzahl der vermittelten Verträge steigt). 14

„Nahezu zwingend" ist nach Auffassung der SozVTräger vom Vorliegen eines Beschäftigungsverhältnisses auszugehen, wenn die Verpflichtung des Vertreters begründet wurde, nach bestimmten **Tourenplänen** zu arbeiten und **Adressenlisten** abzuarbeiten. Diese Merkmale werden noch zusätzlich dadurch verstärkt, dass zugleich ein Verbot der Kundenwerbung aus eigener Initiative begründet wird. 15

2. Selbstständige Tätigkeit. Eine selbstständige Tätigkeit als Handelsvertreter übt nach § 84 Abs 1 Satz 1 HGB aus, wer als selbstständiger Gewerbetreibender ständig damit betraut ist, für einen anderen Unternehmer Geschäfte zu vermitteln (Vermittlungsvertreter) oder in dessen Namen abzuschließen (Abschlussvertreter). Selbstständig ist, wer im Wesentlichen frei seine Tätigkeit gestalten und seine Arbeitszeit bestimmen kann (§ 84 Abs 1 Satz 2 HGB). Ein starkes Merkmal für das Vorliegen einer selbstständigen Tätigkeit liegt nach Auffassung 16

221 Hauswirtschaftliches Beschäftigungsverhältnis

der Spitzenorganisationen der SozV bei einem Tätigwerden für **mehrere Auftraggeber** (nicht bei Konzernen bzw Konzernunternehmen iSd § 18 AktG) vor oder bei Beschäftigung von „eigenen" versicherungspflichtigen ArbN, gegenüber denen Weisungsbefugnis hinsichtlich Zeit, Ort und Arbeitsleistung besteht.

17 Führt die Abgrenzung nach den maßgebenden Gesamtumständen dazu, dass der Vertreter eine selbstständige Tätigkeit ausübt, so unterliegt er dennoch der **Rentenversicherungspflicht** mit der sich daraus ergebenden Beitragsverpflichtung, wenn die Voraussetzungen des § 2 Satz 1 Nr 9 SGB VI erfüllt sind (Näheres: *Arbeitnehmerähnliche Selbstständige* Rz 5; *Oberthür/Lohr* NZA 01, 127). Für Handelsvertreter entfällt die RV-Pflicht nur dann, wenn sie versicherungspflichtige ArbN beschäftigen, nicht jedoch auch dann, wenn sie selbstständige Hilfskräfte (zB Untervertreter) einsetzen (BSG 10.5.06 – B 12 RA 2/05 R, NZS 07, 97).

18 **3. Beitragsrecht.** Zu den beitragspflichtigen Versorgungsbezügen in der KV gehört eine Rente aus der betrieblichen Altersversorgung (s *Betriebliche Altersversorgung* Rz 208 ff) nach § 229 SGB V auch dann, wenn sie den beitragsfreien Ausgleichsanspruch eines Handelsvertreters nach § 89b HGB ersetzt (BSG 10.3.94 – 12 RK 30/91, Die Beiträge 94, 440). Zur beitrags- und leistungsrechtlichen Beurteilung einer Provision s *Provision* Rz 35 ff.

Hauswirtschaftliches Beschäftigungsverhältnis

A. Arbeitsrecht *Poeche*

1 **1. Begriff.** Als hauswirtschaftliches Beschäftigungsverhältnis wird hier jedes Arbeitsverhältnis verstanden, das den ArbN verpflichtet, in einem Privathaushalt dem Inhaber oder seiner Familie die vereinbarten Dienste zu erbringen. Der Begriff dient der Abgrenzung zur Beschäftigung in einem Betrieb oder in der Verwaltung. Hierfür kommt es auf die Erbringung „niederer" oder „höherer" Dienste ebenso wenig an wie auf die Aufnahme des ArbN in die häusliche Gemeinschaft des ArbGeb. Zu den „hauswirtschaftlichen" ArbN gehören deshalb nicht nur die auf arbeitsvertraglicher Grundlage für einen Privathaushalt beschäftigten „Hausangestellten" wie Reinigungskräfte, Betreuungs- und Pflegepersonen, Diener, Köche usw, sondern auch Gärtner, Chauffeure, Hauslehrer oder Au-pair ArbN. Der steuerrechtliche Begriff „haushaltsnahe Beschäftigung" spielt arbeitsrechtlich keine Rolle. Am 27.6.13 hat Deutschland das Gesetz zur Ratifikation der ILO Konvention 189 „Menschenwürdige Arbeit für Hausangestellte" v 16.6.11 verabschiedet (BGBl II 13, 922), welches ab 1.9.14 Wirksamkeit für Deutschland erlangen wird (vgl im einzelnen *Kocher* NZA 13, 929; *Scheiwe/Schwach* NZA 13, 1116). Es soll jedoch auf ArbN iSd § 18 Abs 1 Nr 3 ArbZG und damit nach dem Willen der BReg auch auf sog 24-Stunden-Kräfte keine Anwendung finden (krit hierzu *Kocher* NZA 13, 929; *Scheiwe/Schwach* NZA 13, 1116). Insgesamt betrachtet entspricht das deutsche Recht weitgehend den Vorgaben der Konvention, ein Anpassungsbedarf besteht daher kaum (s *Kocher* NZA 13, 929).

2 **2. Arbeitsvertragsrecht.** Das Beschäftigungsverhältnis unterliegt dem allgemeinen Arbeitsvertragsrecht (§§ 611 ff BGB). Anzuwenden sind insbesondere auch die Grundsätze der **Arbeitnehmerhaftung.** So werden Ersatzansprüche des ArbGeb wegen der Beschädigung von Glas, Porzellan, Möbeln usw wegen der mit der Erledigung von Reinigungsarbeiten alltäglich verbundenen Gefahr vielfach nicht in Betracht kommen (Näheres *Arbeitnehmerhaftung* Rz 13 ff). Eine „Grauzone" bildete bisher die Beschäftigung von Pflegekräften („Haushaltshilfen") aus den **MOE-Staaten**. Eine legale Einstellung als ArbN über die BA und die Befolgung der einschlägigen steuer- und sozialrechtlichen Bestimmungen überforderte idR den Pflegebedürftigen und seine Angehörigen (*Fuchs* NZA 10, 980). Mit Ausnahme von Bulgarien und Rumänien ist der deutsche Arbeitsmarkt zwar für die Angehörigen der EU-Staaten seit 1.5.11 geöffnet, unverändert sind aber die weiteren Anforderungen. Eine Beschäftigung auf der Grundlage eines freien Dienstvertrags wird regelmäßig an der sich aufdrängenden Weisungsgebundenheit der pflegerischen Leistung scheitern (*Arbeitnehmer (Begriff)* Rz 3). Erfolgt die Beschäftigung, wie überwiegend praktiziert, auf der Grundlage eines Vertrags mit einem ausländischen Pflegedienst, bestehen zwischen der Pflegekraft und dem Pflegebedürftigen keine unmittelbaren Rechtsbeziehungen (s auch zur ArbNEntsen-

dung im Pflegebereich *Pflegeversicherungsleistungen* Rz 32 ff). Die Weisungsbefugnis des Pflegebedürftigen/seiner Angehörigen wird durch das entsendende Unternehmen vermittelt (vgl EuGH 10.2.11 – C-307, 308, 209/09, NZA 11, 283).

3. Arbeitsschutz. Nach § 1 Abs 2 ArbSchG gilt der **Arbeitsschutz** nicht für Hausangestellte in privaten Haushalten. Das entspricht der EG-Rahmenrichtlinie Arbeitsschutz. Anforderungen an die Gestaltung des Arbeitsplatzes ergeben sich aus den **Unfallverhütungsvorschriften** der Gemeindeunfallversicherung, in der Hausangestellte idR gesetzlich unfallversichert sind. Nicht anzuwenden ist außerdem das **Arbeitssicherheitsgesetz** (§ 17 Abs 1 ASiG). § 618 Abs 2 BGB enthält eine erweiterte Pflicht zu Schutzmaßnahmen im Hinblick auf die Gestaltung von Wohn- und Schlafräumen für sog live-in-Hausangestellte. Anders als nach altem Recht (§ 1 AZO) unterliegen die im Haushalt beschäftigten ArbN dem **öffentlich-rechtlichen Arbeitszeitschutz** des ArbZG. Eine Ausnahme gilt nach § 18 Abs 1 Nr 3 ArbZG nur für ArbN, die in häuslicher Gemeinschaft mit den ihnen anvertrauten Personen zusammenleben und diese eigenverantwortlich erziehen, pflegen oder betreuen (zB Arbeit in SOS-Kinderdörfern oder in betreuten Wohngruppen, str für sog 24-Stunden-Pflegekräfte, vgl *Kocher* NZA 13, 929; *Scheiwe/Schwach* NZA 13, 1116). Arbeitszeit und Freizeit lassen sich in diesen Fällen nicht voneinander trennen (*Arbeitszeit* Rz 5). Zur Zulässigkeit der Beschäftigung von **Kindern** und **Jugendlichen** mit Arbeiten in Haus und Garten s *Jugendarbeitsschutz* Rz 12. Zum UVSchutz s unten Rz 18.

4. Betriebsverfassungsrecht. Das BetrVG ist nicht anzuwenden. Es gilt nur für ArbN, die in einem Betrieb beschäftigt sind. Eine solche Beschäftigungsstelle ist der Privathaushalt nicht, da sich die vom ArbGeb verfolgten arbeitstechnischen Zwecke in der Befriedigung des Eigenbedarfs erschöpfen (*Betrieb (Begriff)* Rz 3–5; krit *Kocher* NZA 13, 929). ArbN, die ausschließlich im Haushalt des Betriebsinhabers tätig sind, gehören daher dem Betrieb nicht an. Das gilt auch dann, wenn der ArbGeb den ArbN zur Ersparnis von Privatausgaben und mit dem Ziel der Steuerhinterziehung rechtswidrig als ArbN des Betriebs führt, ihn tatsächlich aber nicht dort, sondern im Privathaushalt beschäftigt. Wird der ArbN sowohl im Betrieb als auch im Haushalt eingesetzt, gehört er zur Belegschaft des Betriebs auch dann, wenn er mit dem Betriebsinhaber in häuslicher Gemeinschaft lebt (vgl ErfK/*Koch* § 5 BetrVG Rz 2).

5. Kündigung. Das Arbeitsverhältnis kann ohne weitere Voraussetzungen fristgerecht gekündigt werden. Das KSchG gilt nur für ArbN, die in einem Betrieb oder in einer Verwaltung beschäftigt sind, § 23 Abs 1 Satz 1 KSchG (*Kündigungsschutz* Rz 36; wiederum krit *Kocher* NZA 13, 929). Auch die verlängerten **Kündigungsfristen** des § 622 Abs 2 BGB gelten nicht. Sie setzen ebenfalls die Beschäftigung in einem Betrieb oder in einer Verwaltung voraus. Das Arbeitsverhältnis kann daher mit der Frist des § 622 Abs 1 BGB gekündigt werden, also mit vier Wochen zum 15. oder zum Ende eines Monats. Zu beachten ist der **Sonderkündigungsschutz des MuSchG** (Näheres *Mutterschutz* Rz 30 ff) und des BEEG (*Elternzeit* Rz 36). Anzuwenden ist ferner das Recht der **Schwerbehinderten** (*Behinderte* Rz 40). Keine Bedenken bestehen gegen die **vertragliche Vereinbarung** von Kündigungsschutz oder den Abschluss des Arbeitsvertrags für die Dauer der Lebenszeit des ArbGeb. Solche Vereinbarungen sind nicht ohne weiteres sittenwidrig iSv § 138 BGB. Besteht kein Grund zur außerordentlichen Kündigung, ist eine gleichwohl erklärte Kündigung rechtsunwirksam (BAG 25.3.04 – 2 AZR 153/03, BB 04, 2303).

6. Nachweisgesetz. Zu beachten ist § 2 Abs 1 UAbs 3 NachwG und die dort bestimmte **Hinweispflicht** auf die Möglichkeit der RV (s dazu *Geringfügige Beschäftigung* Rz 5).

B. Lohnsteuerrecht

Windsheimer

Übersicht

	Rz		Rz
I. Überblick	7–9	1. Haushaltsscheck	10
1. Gesetzesaufbau	7	2. Haushaltsnahes Beschäftigungsverhältnis	11
2. Gesetzgeberischer Hintergrund	8		
Literaturhinweise	9	3. Arbeitsverhältnis	12
II. Geringfügige Beschäftigung im Privathaushalt	10–20	4. Arbeitsort	13
		5. Begünstigungsausschluss	14

221 Hauswirtschaftliches Beschäftigungsverhältnis

	Rz		Rz
6. Abzugsregelung	15–19	b) Ort der Leistung	23
a) Antrag	15	c) Umfang der Steueermäßigung	24
b) Abzugshöhe	16	d) Rechnungsvorlage	25
c) Haushaltsbezogenheit	17	e) Begünstigter Personenkreis	26
d) Wegfall der Steuerermäßigung	18	IV. Sonstige haushaltsnahe Dienstleistungen	27–30
e) Bußgeld	19	1. Zweiteilung	27
7. Besteuerung der geringfügig Beschäftigten	20	2. Begriff der haushaltsnahen Dienstleistung	28
III. Inanspruchnahme von Handwerkerleistungen	21–26	3. Pflege- und Betreuungsleistungen	29
1. Zeitlicher Anwendungsbereich	21	4. Abzugsregelung	30
2. Abzugsregelung	22–26		
a) Begünstige Leistungen	22		

7 **I. Überblick. 1. Gesetzesaufbau.**

ab 2009	Tatbestand	Abzugsbetrag in % der Aufwendungen	höchstens
§ 35a Abs 1 EStG	Geringfügige Beschäftigung mit Haushaltsscheck	20 %	510 €
§ 35a Abs 3 EStG	Handwerkerleistungen	20 %	1200 €
§ 35a Abs 2 EStG	Haushaltsnahe Beschäftigungsverhältnisse oder Dienstleistungen, die nicht unter § 35a Abs 1 und Abs 3 EStG fallen	20 %	4000 €

8 **2. Gesetzgeberischer Hintergrund** der Einführung des § 35a EStG (seit 2003) war zum einen die Eindämmung der Schwarzarbeit, um der SozV Einnahmen zuzuführen. Zum anderen sollen dem Arbeitsmarkt Impulse gegeben werden, um die Beschäftigung zu fördern.

9 **Literaturhinweise:** BMF 15.2.10 – IV C 4 – S 2296 – b/07/0003, BStBl I 10, 140 = Anhang 17b EStR mit umfangreicher Liste der (Nicht-)Begünstigungen; *Apitz* StBp 11, 18.

10 **II. Geringfügige Beschäftigung im Privathaushalt** (§ 35a Abs 1 EStG). **1. Haushaltsscheck.** Zu den Voraussetzungen des § 8a SGB IV (Geringfügige Beschäftigung mit Haushaltsscheckverfahren), die lt § 35a Abs 1 EStG vorliegen müssen, s unten Rz 33 ff.

11 **2. Haushaltsnahes Beschäftigungsverhältnis.** Die geringfügige Beschäftigung im Privathaushalt muss im Rahmen eines haushaltsnahen Beschäftigungsverhältnisses ausgeübt werden. Der Begriff haushaltsnahes Beschäftigungsverhältnis ist im Gesetz nicht definiert. Es geht um eine Tätigkeit, die einen engen Bezug zum Haushalt hat (BFH 1.2.07 – VI R 77/05, BStBl II 07, 760), konkreter zur Hauswirtschaft (BFH 1.2.07 – VI R 74/05, BFH/NV 07, 900). Die Tätigkeit umfasst alle Haushaltsarbeiten im herkömmlichen Sinn, wie zB Kochen, Reinigen der Räume, Pflege der Wäsche, Einkaufen von Waren des täglichen Bedarfs, Gartenpflege, auch Umzugsdienstleistungen. Die Unterrichtung von Kindern (Musik- oder Nachhilfeunterricht, Vermittlung besonderer Fähigkeiten, sportliche und andere Freizeitbetätigungen) und gesellschaftliche Repräsentanz (Chauffeur, Sekretär, Gesellschaftsdame, Hauslehrer) sowie personenbezogene Dienstleistungen (Friseur, Kosmetik) sind nicht begünstigt.

12 **3. Arbeitsverhältnis.** Die Tätigkeit muss im Rahmen eines steuerlich anzuerkennenden Arbeitsverhältnisses erbracht werden. Arbeitsverhältnisse zwischen Ehegatten, Eltern und im Haushalt lebenden Kindern und Partnern einer nichtehelichen Lebensgemeinschaft sind nicht begünstigt, weil jede im Haushalt lebende Person am häuslichen Haushalt teil hat und es deshalb an dem für Beschäftigungsverhältnisse typischen Über- und Unterverhältnis fehlt. Zu Angehörigen, die außer Haus leben und Dienstleistungen im Haushalt des StPfl erbringen s *Familiäre Mitarbeit* Rz 29 ff.

13 **4. Arbeitsort** (§ 35a Abs 4 EStG). Der Privathaushalt, in dem die haushaltsnahe Beschäftigung erbracht wird, muss innerhalb der EU oder des EWR liegen. Tätigkeiten außerhalb des Haushalts sind nicht begünstigt, außer sie gehören als Nebenpflicht zur Haushaltsbetätigung, wie zB kleine Botengänge, Begleitung zum Einkaufen, Arztbesuch. Auch bei einem eigenständigen und abgeschlossenen Haushalt in einem **Heim** kann § 35a Abs 1 EStG eingreifen (s *Pflegeversicherungsleistungen* Rz 2), ebenso bei einer Zweitwohnung.

5. Begünstigungsausschluss (§ 35a Abs 5 EStG). Eine Steuerermäßigung nach § 35a 14
EStG kommt nicht in Betracht, soweit die Aufwendungen Betriebsausgaben oder Werbungskosten sind oder Kinderbetreuungskosten (§ 10 Abs 1 Nr 5 EStG) darstellen oder wenn sie als außergewöhnliche Belastung berücksichtigt worden sind. Bei gemischter Tätigkeit, zB eine Reinigungskraft reinigt Betriebs- und Wohnräume, ist zeitanteilig aufzuteilen; ggf sind zur Rechtsklarheit getrennte Verträge abzuschließen. § 35a EStG ist also gegenüber den genannten Vorschriften subsidiär. Ist die Abzugsmöglichkeit nach §§ 33, 33a, 33b EStG ausgeschöpft, kann ein überschießender Betrag in den Grenzen des § 35a Abs 1 EStG abgezogen werden. § 34f EStG (Baukindergeld) geht dem § 35a vor (BFH 30.1.08 – X R 1/07, BStBl II 08, 520; s unten Rz 30).

6. Abzugsregelung. a) Antrag. Die Steuerermäßigung erfolgt durch Abzug der Auf- 15
wendungen von der festgesetzten Steuer, nachdem andere Steuerermäßigungen vorweg berücksichtigt worden sind (s unten Rz 18, 30). Die Steuerermäßigung wird auf **Antrag** grds im Rahmen der Steuerveranlagung gewährt (s *Antragsveranlagung* Rz 2 ff), kann aber bereits schon bei der Festsetzung der ESt-Vorauszahlungen (§ 37 EStG) oder wenn der ArbGeb bzw der Auftraggeber für die haushaltsnahe Beschäftigung ein ArbN ist, zB ein GmbH-Geschäftsführer, im Rahmen von ELStAM (§ 39a Abs 1 Nr 5c EStG) berücksichtigt werden, und zwar mit dem vierfachen Betrag. Damit soll die Progressionswirkung beim Abzug von der ESt berücksichtigt werden.

Da die Neuregelung ab 2009 keine Zwölftelung mehr vorsieht (s § 35a Abs 1 Satz 2 EStG bis 2008), ist der Abzugsbetrag nicht zu kürzen, auch wenn die haushaltsnahe Beschäftigung nur einen Teil des Jahres andauert.

b) Abzugshöhe. Die Aufwendungen umfassen den Bruttolohn zzgl LSt, KiSt und 16
SozVBeiträge bzw das Arbeitsentgelt sowie die Umlagen nach der Lohnfortzahlungsversicherung und UVBeiträge, die an den Gemeindeversicherungsverband abzuführen sind. Sie können haushaltsbezogen, nicht personenbezogen geltend gemacht werden (s unten Rz 17). Zur Abzugshöhe s oben Rn 7. Als Nachweis dient die zum Jahresende von der Minijob-Zentrale erteilte Bescheinigung (§ 28 Abs 4 SGB IV; s unten Rz 41).

Beispiel: Eine Zugehfrau, ab 1. 7. des Jahres beim StPfl tätig, erhält im Rahmen des Haushaltsscheckverfahrens monatlich 200 €. Die ESt-Schuld des StPfl beträgt 7000 €.

	7000 €
Steuerabzug 20 % (200 € × 6 Monate = 1200 €) =	240 €
Steuerschuld	6740 €

c) Haushaltsbezogenheit. Bei Zusammenveranlagung steht die zu gewährende Steu- 17
erermäßigung den Ehegatten je zur Hälfte zu. Die Steuerermäßigung wird auch bei mehreren von den Ehegatten genutzten Wohnungen nur einmal gewährt (BFH 29.7.10 – VI R 60/09, DStR 10, 2027). Leben zwei Alleinstehende in einem Haushalt zusammen, können sie die Steuerermäßigung insgesamt jeweils nur einmal in Anspruch nehmen (§ 35a Abs 5 Satz 4 EStG).

d) Wegfall der Steuerermäßigung. Beträgt die Steuerfestsetzung 0 €, entfällt der Ab- 18
zugsbetrag nach § 35a EStG. Dies ist verfassungsgemäß (BFH 29.1.09 – VI R 44/08, DStR 09, 681; s auch unten Rz 30).

e) Bußgeld. Die Vernachlässigung der LStPflichten durch den Stpfl als ArbGeb gem 19
§ 35a Abs 1 Nr 1 EStG ist bußgeldbewehrt (§ 50e Abs 2 EStG).

7. Besteuerung des geringfügig Beschäftigten. Zur **Besteuerung** der im Privathaus- 20
halt beschäftigten Person (2 %; § 40a Abs 2 EStG; s *Geringfügige Beschäftigung* Rz 21). Bei nebenberuflicher Tätigkeit kommt der Steuerfreibetrag nach § 3 Nr 26 EStG iHv 2400 € in Betracht (OFD Frankfurt 6.9.06 – S 2245 A – 2 St 213, DStR 07, 72). Da Wohnungseigentümergemeinschaften und Vermieter nicht am Haushaltsscheckverfahren teilnehmen können, entfällt für sie die Begünstigung nach § 35a Abs 1 EStG; möglich aber nach Abs 2, 3 (s unten Rz 26 ff).

221 Hauswirtschaftliches Beschäftigungsverhältnis

21 **III. Inanspruchnahme von Handwerkerleistungen** (§ 35a Abs 3 EStG).

1. Zeitlicher Anwendungsbereich. Der ab 2009 neu geltende Höchstbetrag iHv 1200 € gilt für Aufwendungen ab dem Kj 2009, wenn die zugrunde liegende Leistung nach dem 31.12.2008 erbracht worden ist (§ 52 Abs 50b Sätze 4 und 5 EStG).

22 **2. Abzugsregelung. a) Begünstigte Leistungen.** Abzugsfähig sind Aufwendungen für Handwerkerleistungen, für Renovierungs-, Erhaltungs- und Modernisierungsaufwendungen, die in einem Haushalt des StPfl erbracht werden (BFH 6.5.10 – VI R 4/09, DStR 10, 1717 zur Abgrenzung zu haushaltsnahen Dienstleistungen). Nach BMF (s oben Rz 9) fällt auch Herstellungsaufwand hierunter, nicht jedoch eine Neubaumaßnahme einschließlich anschaffungsnaher Arbeiten (s auch FG SchlH 2.2.11 – 2 K 56/10, EFG 11, 1241).

Zu den handwerklichen Tätigkeiten zählen ua:
- Arbeiten an Innen- und Außenwänden,
- Arbeiten am Dach, an der Fassade, an Garagen, oÄ,
- Reparatur oder Austausch von Fenstern und Türen,
- Streichen/Lackieren von Türen, Fenstern (innen und außen), Wandschränken, Heizkörpern und -rohren,
- Reparatur oder Austausch von Bodenbelägen (zB Teppichboden, Parkett, Fliesen),
- Reparatur, Wartung oder Austausch von Heizungsanlagen, Elektro-, Gas- und Wasserinstallationen,
- Modernisierung oder Austausch der Einbauküche. Der Einbau einer Einbauküche in zeitlichem und funktionalem Zusammenhang mit der Errichtung eines Einfamilienhauses ist keine begünstigte Handwerkerleistung nach § 35a Abs 2 Satz 2 EStG, FG SchlH 2.2.2011 – 2 K 56/10, BeckRS 2011, 94816.
- Modernisierung des Badezimmers,
- Reparatur und Wartung von Gegenständen **im Haushalt des Steuerpflichtigen** (zB Waschmaschine, Geschirrspüler, Herd, Fernseher, Personalcomputer und andere Gegenstände, die in der Hausratversicherung mitversichert werden können),
- Maßnahmen der Gartengestaltung, nicht aber erstmalige Anlage (BFH 13.7.11 – VI R 61/10, DStR 11, 2390),
- Pflasterarbeiten auf dem Wohngrundstück.

Die Leistung braucht nicht von einem Berufskundigen erbracht zu werden; die Eintragung in die Handwerksrolle ist nicht erforderlich (BFH 13.7.11 – VI R 61/10, DStR 11, 2390). Es kann sich auch um einen Kleinunternehmer (§ 19 Abs 1 UStG) oder Existenzgründer handeln. Leistungen, bei denen die Lieferung von Waren im Vordergrund steht, sind nicht begünstigt. Zur Vermeidung von Doppelförderung sind Maßnahmen nach dem CO_2-Gebäudesanierungsprogramm mit Kfw-Förderbank sowie Maßnahmen, für die öffentlich geförderte zinsverbilligte Darlehen oder steuerfreie Zuschüsse in Anspruch genommen werden, gem § 35a Abs 3 Satz 2 EStG nicht begünstigt, ebenso nicht Förderprogramme des Bundes und der Länder, wie zB altersgerechte Umbauen oder die Förderung energetischer Renovierung, Erhaltung und Modernisierung.

23 **b) Ort der Leistung.** Zum Ort der Handwerkerleistung und zum Begünstigungsausschluss s oben Rz 13, 14.

Beispiel: Ein Möbelschreiner stellt auftragsgemäß maßgeschneiderte Möbel in seiner Werkstatt her. Nur die Kosten des Einbaus vor Ort, nicht die Werkstattarbeiten, sind begünstigt (FG München 24.10.11 – 7 K 2544/09).

24 **c) Umfang der Steuerermäßigung.** Abzugsfähig sind nur die Arbeitskosten, nicht die Material- und Warenkosten (§ 35a Abs 5 Satz 2 EStG). Es empfielt sich daher eine entsprechende Aufschlüsselung in der Rechnung (OFD Koblenz 1.6.06 – S 22966 – A – St 323, DStR 06, 1651). Zur Höhe der Steuerermäßigung s oben Rz 7.

Beispiel: Eine Handwerkerrechnung über Fliesenarbeiten im Bad: Arbeitskosten 1500 €, Material 500 € zzgl 19 % USt 380 € = 2380 €.
Abzugsfähig sind: 1500 € + 285 € (= 19 % aus 1500 €) = 1785 €; hiervon 20 % = 357 €.

Bei mehreren Wohnungen verbleibt es auch bei Ehegatten beim gesetzlichen Höchstbetrag (BFH 29.7.10 – VI R 60/09, DStR 10, 2027).

Hauswirtschaftliches Beschäftigungsverhältnis 221

d) Rechnungsvorlage. Für die Abzugsfähigkeit ist auf Anforderung des FA die Vorlage 25
der Rechnung und der Nachweis der Zahlung auf ein Bankkonto des Leistungserbringers
erforderlich (§ 35a Abs 5 Satz 3 EStG; BFH 29.1.09 – VI R 28/08, BFH/NV 09, 823; BFH
5.3.09 – VI R 43/08, BFH/NV 09, 1113). Damit soll die Besteuerung des Auftragnehmers
gesichert werden. Daher genügt Barzahlung – auch gegen Quittung – nicht (FG Münster
18.1.06 – 1 K 4132/04, EFG 06, 895). Dies ist verfassungsgemäß (BFH 20.11.08 – VI R
14/08, BStBl II 09, 307). Mieter, auf die die Aufwendungen umgelegt werden, haben einen
kostenlosen Anspruch auf Rechnungsvorlage (AG Lichtenberg 23.5.11 – 105 C 394/10,
BeckRS 11, 23302). Zu Anzahlungen in bar s *Schmidt/Krüger* EStG § 35a Rz 16. **Drittaufwand** ist anzuerkennen; zB die Mutter bezahlt die Rechnung für den Sohn = Aufwand
des Sohnes (FG Sachs 18.9.09 – 4 K 645/09, BeckRS 2009, 26028109). Ein Pauschalabzug
entfällt (FG Nürnberg 11.8.11 – 4 K 258/10, BeckRS 11, 96362).

e) Begünstigter Personenkreis. Begünstigt ist der die Wohnung Nutzende, also der im 26
eigenen Haus wohnende Eigentümer, der Mieter, Nießbraucher usw. Bei Wohnungseigentümergemeinschaften muss der Anteil des einzelnen Eigentümers ausgewiesen sein (OFD
Münster 17.12.07 – Kurzinfo ESt Nr 34/07, DStR 08, 254). Zum Antragserfordernis s oben
Rz 15. Zur Berechnung bei Zusammenveranlagung und bei nichtehelicher Lebensgemeinschaft s oben Rz 17.

IV. Sonstige haushaltsnahe Dienstleistungen (§ 35a Abs 2 EStG). **1. Zweiteilung.** 27
Für andere als in § 35a Abs 1 EStG aufgeführte haushaltsnahe Beschäftigungsverhältnisse
oder für die Inanspruchnahme von haushaltsnahen Dienstleistungen, die nicht unter § 35a
Abs 3 EStG fallen, ermäßigt sich die tarifliche ESt, vermindert um die sonstigen Steuerermäßigungen, auf Antrag um 20 %, höchstens 4000 €, der Aufwendungen des Stpfl. Die Vorschrift unterteilt die Betätigungen in einerseits haushaltsnahe Beschäftigungsverhältnisse, die
nicht auf 450 €-Basis mit Haushaltsscheck durchgeführt werden, und andererseits in haushaltsnahe Dienstleistungen. Für haushaltsnahe Beschäftigungsverhältnisse gelten die oben
unter Rz 11–20 dargestellten Voraussetzungen mit Ausnahme der 450 €-Job-Regeln. Durch
die neu angehobene Höchstgrenze von 4000 € (bisher 2400 €) sollen entsprechende Impulse
auf dem Arbeitsmarkt verstärkt werden.

2. Begriff der haushaltsnahen Dienstleistung. Haushaltsnahe Dienstleistungen iSv 28
§ 35a Abs 2 Satz 1 EStG sind Tätigkeiten, die gewöhnlich durch Mitglieder des privaten
Haushalts oder entsprechend Beschäftigte zur Versorgung der dort lebenden Familie im
Privathaushalt erledigt werden. Erforderlich ist ein Bezug zur Hauswirtschaft (BFH 1.2.07 –
VI R 74/05 BFH/NV 07, 900). Dadurch grenzt sich die haushaltsnahe = hauswirtschaftliche
Dienstleistung iSd § 35a Abs 2 EStG von Handwerkerleistungen nach § 35a Abs 3 EStG ab,
so dass sich die beiden Anwendungsbereiche nicht überschneiden (BFH 13.7.11 – VI R
61/10, DStR 11, 2390). Zu haushaltsnahen Dienstleistungen gehören ua Einkaufen von
Verbrauchsgütern, Kochen, Wäschepflege, Reinigung und Pflege der Räume, auch die
Pflege, Versorgung und Betreuung von Kindern und kranken Haushaltsangehörigen, aber
auch Nachbarschaftshilfe, Fensterputzkolonne, Arbeiten am Haus und im Garten, die nicht
durch Handwerker erledigt werden, Umzugsdienstleistungen (OFD Münster 30.1.09 –
Kurzinfo ESt Nr 003/09, DStR 09, 532). Den Arbeiten liegt grds **kein Arbeitsverhältnis,**
vielmehr eine Geschäftsbesorgung oder ein Auftrag zu Grunde. Dienstleistungen außerhalb
des Haushalts oder im Haushalt, die keinen Bezug zur Hauswirtschaft haben, sind nicht
begünstigt (BFH 6.5.10 – VI R 4/09, BStBl II 11, 909), zB Essen auf Rädern (FG Münster
15.7.11 – 14 K 1226/10 E, BeckRS 2011, 96247), Wäschereiservice, Textilreinigung,
Tanken, Autowaschen (FG Nbg 22.9.05 – IV 33/05, DStRE 06, 600), Grabpflege (FG Nds
25.2.09 – 4 K 12315/06, EFG 09, 761), Notrufeinrichtung außerhalb des eigenen Grundstücks (FG Hbg 20.1.09 – 3 K 245/08, DStRE 09, 1177). Auch Dienstleistungen, bei denen
die Lieferung von Waren im Vordergrund steht, sind nicht begünstigt, zB Partyservice,
ebenso nicht Kosten für die Müllabfuhr (FG Köln 26.1.11 – 4 K 1483/10, EFG 11, 978). Ob
die Betreuung von Haustieren unter § 35a Abs 2 EStG fällt, ist fraglich, da hier der
erforderliche Bezug zur Hauswirtschaft fehlt. Zur Berücksichtigung von Aufwendungen für
Winterdienst s FG Berlin-Bbg 23.8.12 – 13 K 13287/10, DStRE 13, 403 (BFH VI R
55/12).

221 Hauswirtschaftliches Beschäftigungsverhältnis

29 **3. Pflege- und Betreuungsleistungen.** Nach § 35a Abs 2 Satz 2 EStG fallen unter die haushaltsnahe Dienstleistung Pflege- und Betreuungsleistungen sowie die Unterbringung in einem Heim oder dauernde Pflege. S hierzu *Pflegeversicherungsleistungen* Rz 3, 4. Zur **Kinderbetreuung** s *Kindervergünstigungen* Rz 23.

30 **4. Abzugsregelung.** Hinsichtlich der übrigen Voraussetzungen (Leistungsort, Begünstigungsausschluss, Rechnungslegung) gelten die obigen Ausführungen Rz 23–26. Zu beachten ist, dass bei einer Steuerfestsetzung Null € ein Abzug nach § 35a EStG sowie ein Verlustvor- oder -rücktrag oder eine negative ESt entfällt (BFH 29.1.09 – VI R 44/08, DStR 09, 681) entfällt (*Bergkemper* FR 09, 825). Denn § 35a EStG kommt erst zur Anwendung, nachdem alle anderen Steuervergünstigungen berücksichtigt worden sind (§ 35a EStG in allen drei Absätzen: „vermindert um die sonstigen Steuerermäßigungen …"). Daher geht das Baukindergeld (§ 34 f Abs 3 EStG) dem Abzug nach § 35a EStG vor (BFH 30.1.08 – X R 1/07, BStBl II 08, 520; Sonderfall FG BaWü 24.1.11 – 10 K 1922/10, EFG 11, 1069). Bei Vorliegen der entsprechenden Voraussetzungen der Abs 1–3 des § 35a EStG kommt ein kumulativer Abzug der Abzugsbeträge in Betracht.

> **Beispiel:** Der Stpfl beschäftigt eine Hilfskraft auf 450 €-Basis (Abs 1), daneben eine Hilfskraft als Gärtner (Abs 2 Satz 1) und Handwerker (Abs 3). Höchstabzugsbetrag: 510 € + 4000 € + 1200 € = 5710 €. Ist der StPfl ein Pflegefall (Abs 2 Satz 2), erhöht sich dieser Betrag um nochmals 4000 €. Hieraus wird die Wirtschaftslenkungsfunktion dieser Vorschrift und eine gewisse Privilegierung der Besserverdienenden deutlich.

C. Sozialversicherungsrecht
Schlegel

31 **1. Versicherungsschutz in der Sozialversicherung.** Die SozV stellt im Grundsatz nicht darauf ab, welche Art von Arbeit verrichtet wird. Beschäftigung ist die nicht selbstständige Arbeit, insbesondere in einem Arbeitsverhältnis (§ 7 Abs 1 Satz 1 SGB IV). Daher führt, wenn die Geringfügigkeitsgrenzen überschritten sind (s *Geringfügige Beschäftigung*), auch abhängige Arbeit in einem Haushalt zur Versicherungspflicht in der UV, RV, KV, PflegeV und ArblV. In der UV gilt dies selbst dann, wenn die Beschäftigung unentgeltlich erfolgt. Da beim hauswirtschaftlichen Beschäftigungsverhältnis regelmäßig die Voraussetzungen eines Kleinbetriebs vorliegen, besteht für den ArbGeb Zulagepflicht nach dem AAG für Entgeltfortzahlung (Umlage U 1, § 1 Abs 1 AAG) und die Aufwendungen nach dem Mutterschutzgesetz (Umlage U 2, § 1 Abs 2 AAG). Für die **Umlage U 1 und U 2** finden die für die KV geltenden Vorschriften entsprechende Anwendung (vgl § 10 AAG), dh mit den Meldungen bzgl der Beiträge zum KV sind auch die Umlagen U 1 und U 2 zu melden. Ob **Au-Pair-Kräfte** in einem entgeltlichen Beschäftigungsverhältnis stehen, muss anhand der Umstände des Einzelfalles geklärt werden. Hieran wird es jedoch regelmäßig fehlen, wenn Au-Pair-Kräfte von der Familie ganz oder überwiegend wie ein eigenes Kind behandelt werden (BGH 29.10.69 – 12 RJ 440/63, USK 69, 102 ausführlich zu Au-Pair-Kräften vgl *Erdmann* Die Beiträge 01, 321 ff; BA, Die Beiträge 01, 93 f).

32 Sonderregelungen bestehen für hauswirtschaftliche Beschäftigungsverhältnisse insoweit, als der sog Haushaltsscheck ein vereinfachtes Melde- und Beitragsentrichtungsverfahren vorsieht (dazu nachfolgend).

33 **2. Geringfügige Beschäftigung in Privathaushalten – § 8a SGB IV. a) Versicherungsfreiheit.** Werden geringfügig Beschäftigte ausschließlich in Privathaushalten beschäftigt, gilt § 8 SGB IV (§ 8a Satz 1 SGB IV; im ganzen *Schlegel/Voelzke* SGB IV, § 8a). Dh im Normalfall ist die Beschäftigung versicherungsfrei, wird aber unter den Voraussetzungen des § 8 Abs 2 SGB IV mit anderen geringfügigen Beschäftigungen oder – wenn mehrere geringfügige Beschäftigungen ausgeübt werden – auch mit einer nicht geringfügigen Hauptbeschäftigung zusammengerechnet.

34 **b) Begriff.** Ob eine geringfügige Beschäftigung vorliegt, richtet sich nach der allgemeinen Regelung des § 8 SGB IV (dazu *Geringfügige Beschäftigung* Anm C). Eine geringfügige Beschäftigung **in Privathaushalten** liegt vor, wenn diese durch einen privaten Haushalt begründet und die Tätigkeit sonst gewöhnlich durch Mitglieder des privaten Haushalts erledigt wird (§ 8a Satz 2 SGB IV). Hierzu gehören zB Putzen, Rasenmähen, Autowaschen etc. Nicht darunter fallen geringfügige Beschäftigungen für Arbeiten im Zusammenhang mit

Hauswirtschaftliches Beschäftigungsverhältnis 221

der Verwaltung, Pflege, Instandhaltung etc von Gemeinschaftseigentum einer Gemeinschaft von Wohnungseigentümern (BS 29.8.12 – B 12 R 4/10 R).

c) Besonderheiten in der Krankenversicherung. Im Normalfall der geringfügigen Beschäftigung zahlt der ArbGeb in der KV für den Beschäftigten, wenn diese in der gesetzlichen KV (familien- oder freiwillig) versichert sind, einen 13%-igen Pauschalbeitrag an die Krankenkasse (vgl § 249b Satz 1 SGB V iF des HBG 2006 vom 29.6.06, BGBl I 06, 1402). Für Beschäftigte in Privathaushalten nach § 8a SGB IV, die versicherungsfrei sind, trägt der ArbGeb einen Beitrag in Höhe von lediglich 5% des Arbeitsentgelts dieser Beschäftigung (§ 249b Satz 2 SGB V). 35

d) Besonderheiten in der Rentenversicherung. In der RV besteht bei der **erstmaligen Aufnahme einer (neuen) Beschäftigung ab 1.1.2013** mit einem Arbeitsentgelt von nicht mehr als 450 Euro Versicherungspflicht; der ArbGeb trägt bei im Privathaushalt Beschäftigten 5% des Beitrages (sonstige geringfügig Beschäftigte 15%), den Rest bis zum gesetzlichen Rentenbeitragssatz der ArbN (§ 168 Abs 1 Nr 1b SGB VI). Macht der Beschäftigte von der Möglichkeit zur Befreiung von der Versicherungspflicht Gebrauch, trägt der ArbGeb einen Pauschalbeitrag in Höhe von 5% (sonstige geringfügig Beschäftigte 15%). Zum Ganzen auch *Geringfügige Beschäftigung*. 36

Übergangsrecht. Wurde die **Beschäftigung (bei demselben ArbGeb) schon vor dem 1.1.2013 ausgeübt** und war das Arbeitsentgelt nicht höher als 400 Euro/Monat und liegt auch kein Verzicht auf die Versicherungsfreiheit vor, besteht die Versicherungsfreiheit fort, solange die „alte" Entgeltgrenze von 400 Euro nicht überschritten wird (§ 230 Abs 8 Satz 1 SGB VI). Der ArbGeb trägt den Beitrag in Höhe von 5% (sonstige geringfügig Beschäftigte 15%, vgl § 276a Abs 1 SGB VI). Der Beschäftigte hat weiterhin, auch über den 31.12.2012 hinaus, das Recht, auf die Versicherungsfreiheit durch Erklärung gegenüber dem ArbGeb zu verzichten (§ 230 Abs 8 Satz 2 SGB VI); die Rechtsfolgen der Versicherungspflicht treten wieder in Kraft mit der Folge: ArbGeb trägt 5% des Beitrages (sonstige geringfügig Beschäftigte 15%), den Rest der ArbN (§ 168 Abs 1 Nr 1b SGB VI).

War das Arbeitsentgelt vor dem 1.1.2013 nicht höher als 400 Euro/Monat, lag jedoch wegen Verzichts auf die Versicherungsfreiheit Versicherungspflicht vor, bleibt der Beschäftigte insoweit versicherungspflichtig (§ 229 Abs 5, 1. Hs SGB VI). Der Beschäftigte hat auch nicht das Recht, sich nach § 6 Abs 1b SGB VI insoweit von der Versicherungspflicht befreien zu lassen (§ 229 Abs 5, 2. Hs SGB VI). Der ArbGeb trägt 5% des Beitrages (sonstige geringfügig Beschäftigte 5%), den Rest der ArbN (§ 168 Abs 1 Nr 1b SGB VI).

3. Haushaltsscheckverfahren für in Privathaushalten geringfügig Beschäftigte. 37
a) Begriff. Für die im Haushalt geringfügig Beschäftigten, deren Arbeitsentgelt im Monat 450 € nicht übersteigt, hat der ArbGeb eine vereinfachte Meldung zu erstatten (vgl § 28a Abs 7 SGB IV; dazu eingehend *Schlegel/Voelzke* SGB IV § 28a Rz 86 ff). Diese **vereinfachte Arbeitgebermeldung** wird als Haushaltsscheckverfahren bezeichnet (vgl § 28a Abs 7 Satz 1 SGB IV). Voraussetzung ist, dass das Arbeitsentgelt iSd § 14 Abs 3 SGB IV aus der Beschäftigung im Privathaushalt 450 €/Monat nicht übersteigt (dazu BT-Drs 13/6151 S 23). Als Arbeitsentgelt gilt insoweit der ausbezahlte Betrag zuzüglich der durch Abzug vom Lohn einbehaltenen Steuer. – Verdient ein im Haushalt Beschäftigter mehr als 450 € im Monat gilt das allgemeine Melde- und Beitragsentrichtungsverfahren. Allgemeine Informationen hierzu vgl unter www.haushaltsscheck.de.

b) Inhalt der Meldung. Diese Meldung umfasst die Angaben nach § 28a Abs 8 SGB IV 38 insbes:
- Personalien, Adresse und Betriebsnummer des ArbGeb; letztere wird von der Einzugsstelle vergeben (vgl § 28h Abs 3 SGB IV),
- Personalien und Anschrift des Beschäftigten sowie dessen Versicherungsnummer,
- die Angabe, ob der Beschäftigte bei mehreren ArbGeb beschäftigt ist,
- den Beginn der Beschäftigung und das monatliche Arbeitsentgelt, eine eventuelle Änderung des Arbeitsentgelts und den Zeitpunkt der Beendigung der Beschäftigung,
- ob der Beschäftigte in der RV auf die Versicherungsfreiheit verzichtet hat.

c) Einzugsermächtigung. Der ArbGeb erteilt der zuständigen Einzugsstelle eine **Ermächtigung zum Einzug des Gesamtsozialversicherungsbeitrags** (§ 28a Abs 7 Satz 2 SGB IV). Der Haushaltsscheck ist vom ArbGeb und vom ArbN zu unterschreiben. 39

40 Bei der Erstanmeldung vergibt die Einzugsstelle dem ArbGeb eine Betriebsnummer. Fortan berechnet die Einzugsstelle die Beiträge und zieht diese im **Lastschriftverfahren** ein (vgl § 28h Abs 3 SGB IV).

41 Zur Verwaltungsvereinfachung werden die Beiträge aus dem Haushaltsscheckverfahren nur noch **halbjährlich fällig** gestellt. Dh die Beiträge für das in den Monaten Januar bis Juli erzielte Arbeitsentgelt werden zum 15. Juli und die Beiträge für das in den Monaten Juli bis Dezember erzielte Arbeitsentgelt am 15. Januar des Folgejahres fällig (§ 23 Abs 2a SGB IV) und eingezogen. Zum Jahresende erhält der ArbGeb zur steuerlichen Geltendmachung einen Auszug über die gemeldeten Daten. Diese Daten teilt die Einzugsstelle auch dem ArbN mit (vgl § 28h Abs 3 Satz 3 SGB IV).

42 **d) Zuständige Einzugsstelle.** Für alle in privaten Haushalten geringfügig Beschäftigten ist Einzugsstelle die Bundesknappschaft (vgl § 28i Satz 5 SGB IV).

43 ArbGeb werden wegen Beschäftigten in privaten Haushalten nicht geprüft (vgl § 28p Abs 10 des Entwurfs). Für diesen **Verzicht auf Arbeitgeberprüfungen** wurden in den Motiven „verwaltungsökonomische" Gründe angeführt (vgl BT-Drs 15/26 S 54 zu Nr 18–§ 28p des Entwurfs). Die Meldung in der UV erfolgt gegenüber der örtlich zuständigen Gemeinde, Unfallversicherungsverband oder der **Unfallkasse**.

44 **4. Haushaltshilfe als „Sozialleistung".** Von der Frage der Versicherungs- und Beitragspflicht eines hauswirtschaftlichen Beschäftigungsverhältnisses ist die Frage abzugrenzen, unter welchen Voraussetzungen Versicherte in der SozV Anspruch auf eine Haushaltshilfe als Sozialleistung haben.

45 Dies ist in der RV und UV zB der Fall, wenn der Versicherte wegen einer **Reha-Maßnahme** außerhalb des eigenen Haushalts untergebracht wird und ihm deshalb die Weiterführung des Haushalts nicht möglich ist, den Haushalt auch keine andere im Haushalt lebende Person (zB der Ehegatte) weiterführen kann und Kinder zu versorgen sind (vgl § 29 SGB VI; § 42 SGB VII). Entsprechendes gilt in der KV, wenn ein **Krankenhausaufenthalt**, eine Reha-Maßnahme, eine **Schwangerschaft** oder eine Entbindung die Weiterführung des Haushalts verhindert (vgl § 38 SGB V; § 199 RVO).

46 Die Haushaltshilfe wird von den Leistungsträgern (Krankenkassen, RVTrägern etc) als sog **Sachleistung** erbracht. Zwischen dem Versicherten und der Haushaltshilfe kommt idR kein Arbeits- oder Beschäftigungsverhältnis zustande. Vertragsbeziehungen in Form eines Arbeits- oder Dienstleistungsvertrages bestehen zwischen dem Leistungsträger und der Haushaltshilfe (vgl § 132 SGB V).

Heimarbeit

A. Arbeitsrecht

Röller

Übersicht

	Rz
1. Allgemeines	1
2. Geschützter Personenkreis	2–6
a) In Heimarbeit Beschäftigte	3–5
b) Gleichstellung mit Heimarbeitern	6
3. Rechtliche Einordnung der Heimarbeit	7
4. Schutz durch Gesetz und staatliche Überwachung	8–26
a) Allgemeine Schutzvorschriften	8
b) Arbeitszeitschutz	9–11
c) Gefahrenschutz	12
d) Entgeltregelung	13–20
e) Entgeltschutz	21–23
f) Kündigung	24, 25
g) Unabdingbarkeit	26
5. Gleichstellung der in Heimarbeit Beschäftigten mit Arbeitnehmern	27
6. Einbeziehung der in Heimarbeit Beschäftigten in die Betriebsverfassung	28–33
a) Arbeitnehmer iSd BetrVG	28
b) Eingruppierung	29
c) Entlohnung	30
d) Berücksichtigung der in Heimarbeit Beschäftigten bei Sozialplänen	31
e) Kündigung	32
f) Auskunftsanspruch des Betriebsrats über Heimarbeit	33
7. Betriebsübergang	34
8. Entgeltumwandlung	35, 36
9. Altersteilzeit	37
10. Muster	38

1. Allgemeines. Die Heimarbeit steht unter einem besonderen gesetzlichen Schutz. Das **1** HAG und verschiedene andere Gesetze haben Vorschriften geschaffen, die einerseits den Personenkreis, der Heimarbeit verrichtet, weitgehend den ArbN angliedern, ohne seine persönliche Selbstständigkeit, vor allem die Freiheit in der Wahl des Arbeitsplatzes und der Arbeitszeit, anzutasten, andererseits aber auch die Eigenarbeit des Heimarbeitsverhältnisses berücksichtigten.

2. Geschützter Personenkreis. In § 1 Abs 1 und 2 HAG ist der persönliche Geltungs- **2** bereich festgelegt. Es wird unterschieden zwischen in Heimarbeit Beschäftigten und diesen Gleichgestellten. Während die Bestimmungen des HAG auf die in Heimarbeit Beschäftigten uneingeschränkt Anwendung finden, erlangen die Gleichgestellten den Schutz nur auf Antrag im Gleichstellungsverfahren.

a) In Heimarbeit Beschäftigte. Zu ihnen gehören die Heimarbeiter (§ 2 Abs 1 HAG) **3** und die Hausgewerbetreibenden (§ 2 Abs 2 HAG).

aa) Heimarbeiter. Seine Tätigkeit beschränkt sich im Wesentlichen auf die Erledigung **4** von Aufträgen. Die Verwertung der Arbeitsergebnisse wird vom Auftraggeber übernommen, der auch das wirtschaftliche Risiko trägt. Vom ArbN unterscheidet sich der Heimarbeiter dadurch, dass er seine Arbeit in einer von ihm frei gewählten Betriebsstätte verrichtet und hinsichtlich Arbeitszeit und Ausführung nicht der Überwachung und dem Direktionsrecht des ArbGeb unterliegt. Auch Angestelltentätigkeiten können in Heimarbeit durchgeführt werden, sofern es sich nicht um Tätigkeiten höherer Art handelt, wie zB Erstellung von Gutachten und künstlerische Tätigkeit (MünchArbR/*Heenen* § 238 Rz 12). **Mitarbeitende Familienangehörige** sind keine Heimarbeiter, wenn sie nicht selbst zum Auftraggeber in direkter Auftragsbindung stehen.

bb) Hausgewerbetreibender. Er unterscheidet sich vom Heimarbeiter durch seine un- **5** abhängigere Stellung. Die Mitwirkung von bis zu zwei Hilfskräften ist nur als Obergrenze zu verstehen, deren Überschreiten die Annahme eines Hausgewerbetreibenden ausschließt.

b) Gleichstellung mit Heimarbeitern. Voraussetzung sind die Gleichstellungsfähigkeit **6** und die Schutzbedürftigkeit. **Gleichstellungsfähig** sind nur natürliche Personen oder Personengruppen, nicht auch juristische Personen. Entscheidend ist, ob die Betreffenden in einer Weise wirtschaftlich abhängig sind, das für das Bestehen eines Heimarbeitsverhältnisses spricht. Zuständig für die Gleichstellung ist der Heimarbeitsausschuss (§ 4), oder, wenn dieser nicht besteht, die zuständige Arbeitsbehörde. Entscheidet der Heimarbeitsausschuss, bedarf die Entscheidung zu ihrer Wirksamkeit der Zustimmung der Arbeitsbehörde (§ 4 Abs 4 Satz 2 HAG). Die **Gleichstellungsentscheidung** hat **konstitutive Wirkung.** Durch sie wird der räumliche, sachliche und persönliche Umfang sowie der Zeitpunkt des Beginns der Gleichstellung festgelegt (§ 1 Abs 2 1. DVO v 26.1.76, BGBl I 76, 222). Die Gleichstellung erstreckt sich regelmäßig auf alle auch für den Heimarbeiter geltenden Schutzvorschriften (§ 1 Abs 3 HAG). Werden Gewerbetreibende gleichgestellt, können sie sich auf bindende Festsetzungen nach § 19 Abs 1 HAG berufen (BAG 19.1.88, NZA 88, 805). Der Gleichgestellte ist grds nicht verpflichtet, von sich aus dem Auftraggeber die Gleichstellung bekanntzugeben (LAG Köln 14.2.12 – 11 Sa 1380/10, BeckRS 2012, 70 845). Nur unter ganz besonderen Umständen kann einem Gleichgestellten die zu seinem Schutz erlassene Gleichstellungsanordnung versagt werden (BAG 19.1.88, NZA 88, 805).

3. Rechtliche Einordnung der Heimarbeit. Heimarbeiter, Hausgewerbetreibende und **7** ihnen Gleichgestellte sind ArbNähnliche Personen (ErfK/*Preis* § 611 BGB Rz 114; MünchArbR/*Heenen* § 238 Rz 7). Wegen ihrer wirtschaftlichen Abhängigkeit bedürfen sie des besonderen Schutzes. Deshalb enthält das HAG Vorschriften über den Arbeits-, den allgemeinen Gefahren-, den Entgelt- und Kündigungsschutz. Darüber hinaus werden die in Heimarbeit Beschäftigten durch zahlreiche gesetzliche Bestimmungen den ArbN gleichgestellt, s Rz 27 f.

4. Schutz durch Gesetz und staatliche Überwachung. a) Allgemeine Schutzvor- **8** **schriften.** Die Bestimmungen der §§ 6 bis 10 HAG haben die Funktion, den Umfang der Heimarbeit den in Heimarbeit Beschäftigten, aber auch dem Staat sowie ArbGebVerbänden und Gewerkschaften transparent zu machen und den Grundsatz der Lohnklarheit sicherzustellen. § 6 HAG: Pflicht zur Listenführung über die in Heimarbeit Beschäftigten; § 7 HAG: Mitteilungspflicht gegenüber der Obersten Aufsichtsbehörde bei der erstmaligen

222 Heimarbeit

Beschäftigung von Heimarbeitern; § 8 HAG: Verpflichtung zur Auslegung von Entgeltverzeichnissen; § 9 HAG: Verpflichtung zur Ausgabe von Entgeltbüchern. Einzelheiten regelt die DVO vom 26.1.76 (BGBl I 76, 222).

9 **b) Arbeitszeitschutz. aa) Anwendbarkeit des Arbeitszeitgesetzes.** Das ArbZG gilt nur für ArbN (§ 2 Abs 2 ArbZG), nicht für in Heimarbeit Beschäftigte und ihnen Gleichgestellte, die ArbNÄhnliche Personen sind. Das ArbZG findet jedoch uneingeschränkt für Familienangehörige Anwendung, soweit sie auf der Grundlage von Arbeitsverträgen tätig werden und fremde Hilfskräfte, die im Betriebe des Heimarbeiters, der Hausgewerbetreibenden oder Gleichgestellten eingegliedert sind.

10 **bb) Schutz vor Zeitversäumnis.** § 10 HAG enthält lediglich einen sehr weiten Rahmen für die Möglichkeit, durch Maßnahmen der obersten Arbeitsbehörde unnötige Zeitversäumnis der in Heimarbeit Beschäftigten auszuschließen.

11 **cc) Verteilung der Heimarbeit.** Wer Heimarbeit an mehrere in Heimarbeit Beschäftigte ausgibt, soll die Arbeitsmenge auf die Beschäftigten gleichmäßig unter Berücksichtigung ihrer und ihrer Mitarbeiter Leistungsfähigkeit verteilen (§ 11 HAG). Der Heimarbeitsausschuss kann zur Beseitigung von Missständen, die durch ungleichmäßige Verteilung der Heimarbeit entstehen, für einzelne Gewerbezweige oder Arten von Heimarbeit die Arbeitsmenge festsetzen, die für einen bestimmten Zeitraum auf einem Entgeltbeleg ausgegeben werden darf.

12 **c) Gefahrenschutz** (Arbeitsschutz und öffentlicher Gesundheitsschutz) ist nach näherer Maßgabe der §§ 12–16a HAG geregelt. Die Vorschriften des ArbSchG gelten grds nicht für die in Heimarbeit Beschäftigten (vgl § 2 Abs 2 Nr 3 ArbSchG); jedoch hat der ArbGeb Beschäftigte, an die er Heimarbeit vergibt, aufgegliedert nach Geschlecht, Alter und Staatsangehörigkeit der zuständigen Behörde mit zu melden (§ 23 Abs 1 Nr 1 ArbSchG).

13 **d) Entgeltregelung. aa) Rechtsgrundlage** iSd HAG sind gem § 18 Abs 2 HAG Tarifverträge, bindende Festsetzungen von Entgelten, von sonstigen Vertragsbedingungen (§ 19 HAG) und von Mindestarbeitsbedingungen für fremde Hilfskräfte (§ 22 HAG).

14 **bb) Tarifvertrag.** § 17 Abs 1 HAG macht das nur zur Regelung von Arbeitsverhältnissen zur Verfügung stehende Instrument des Tarifvertrages auch für die Beschäftigungsverhältnisse in der Heimarbeit anwendbar. Die in § 17 Abs 1 HAG genannten schriftlichen Vereinbarungen sind keine echten Tarifverträge, sie gelten nur als solche und können in dieser Eigenschaft alle Regelungen des TVG in Anspruch nehmen (*Brecht* § 17 Rz 4).

15 **cc) Bindende Festsetzungen.** Heimarbeitsausschüsse setzen für alle Bereiche der Heimarbeit allgemeinverbindliche **Mindestentgelte** fest. Diese sog bindenden Festsetzungen werden im Bundesanzeiger veröffentlicht. Die Voraussetzungen der sog bindenden Festsetzungen, ihr Inhalt und Zustandekommen sind in § 19 HAG im Einzelnen geregelt. Eine bindende Festsetzung hat die Wirkung eines allgemeinverbindlichen Tarifvertrages und ist in das Tarifregister einzutragen (§ 19 Abs 3 Satz 1 HAG). Wie bei Tarifverträgen kann von den Vorschriften einer bindenden Festsetzung nur zugunsten des Beschäftigten abgewichen werden (§ 19 Abs 3 Satz 2 HAG; zur Entgeltumwandlung s unten Rz 46). Ein Verzicht auf Rechte, die einem Beschäftigten aufgrund einer bindenden Festsetzung entstanden sind, ist nur in einem von der obersten Arbeitsbehörde des Landes oder der von ihr bestimmten Stelle gebilligten Vergleich zulässig. Die Verwirkung solcher Rechte ist ausgeschlossen (§ 19 Abs 3 Satz 2, 3 HAG). Der sachliche Geltungsbereich von bindenden Festsetzungen richtet sich nicht nach dem Gewerbezweig, dem der Auftraggeber angehört. Maßgebend ist vielmehr das Produkt, das in Heimarbeit hergestellt wird (BAG 10.11.81, DB 82, 1420).

16 Missachtet der Heimarbeitsausschuss im Verfahren zur bindenden Festsetzung nach § 19 Abs 1 HAG das Anhörungsrecht eines Auftraggebers, so liegt ein schwerer Verfahrensverstoß vor, der bewirken kann, dass die bindenden Festsetzungen für die Beschäftigungsverhältnisse der Heimarbeiter des nicht angehörten Auftraggebers nicht anzuwenden sind (BAG 5.5.92, DB 93, 941). Bindende Festsetzungen sind von den Gerichten für Arbeitssachen nicht auf Zweckmäßigkeit und Billigkeit, sondern nur auf ihre Vereinbarkeit mit höherrangigem Verfassungs- und Gesetzesrecht, die guten Sitten und die tragenden Grundsätze des Arbeitsrechts zu überprüfen (BAG 5.5.92, DB 93, 941).

17 **dd) Mindeststundenentgelt.** Besteht eine bindende Festsetzung, die ein Mindeststundenentgelt vorschreibt, so haben die Beschäftigten Anspruch auf diesen Stundensatz für jede Stunde der Vorgabezeit, die sie nach dem maßgebenden Entgeltverzeichnis geleistet haben. Vergütet der Auftraggeber einen geringeren Betrag, so kann er dem Nachzahlungsanspruch

Heimarbeit 222

der Beschäftigten nicht entgegenhalten, die Unterschreitung des Mindestsatzes sei durch überhöhte Vorgabezeiten kompensiert worden (BAG 5.5.81, DB 81, 2230).

ee) Vorgabezeiten. Werden Vorgabezeiten so kurz bemessen, dass die Normalleistung 18 nicht ausreicht, um ein bindend festgesetztes Mindeststundenentgelt zu erzielen, so ist die entsprechende Regelung unwirksam. Der Heimarbeiter hat Anspruch auf den Mindestbetrag (BAG 13.9.83 – 3 AZR 343/81, DB 84, 2047).

ff) Entgeltarten. Die Entgelte für Heimarbeit sind idR als Stückentgelte, und zwar möglichst auf der Grundlage von Stückzeiten, zu regeln. Ist dieses nicht möglich, so sind Zeitentgelte festzusetzen, die der Stückentgeltberechnung im Einzelfall zugrunde gelegt werden können (§ 20 HAG). 19

gg) Entgeltregelung für Zwischenmeister, Mithaftung des Auftraggebers. Für in 20 Heimarbeit Beschäftigten gleichgestellte Zwischenmeister können im Verhältnis zu ihren Auftraggebern Entgeltregelungen gem den §§ 17 bis 19 HAG festgelegt werden (§ 21 Abs 1 HAG). Zahlt ein Auftraggeber an einen Zwischenmeister ein Entgelt, von dem er weiß oder den Umständen nach wissen muss, dass es zur Zahlung der in der Entgeltregelung festgelegten Entgelte an die Beschäftigten nicht ausreicht oder zahlt er an einen Zwischenmeister, dessen Unzuverlässigkeit er kennt oder kennen muss, so haftet er neben dem Zwischenmeister für diese Entgelte (§ 21 Abs 2 HAG). Dies gilt auch bei Zahlung eines nur geringfügig über den einschlägigen bindenden Festsetzungen liegenden Entgelts an den Zwischenmeister (BAG 5.11.02 – 9 AZR 409/01, NZA 03, 1267). Anders als beim mittelbaren Arbeitsverhältnis, bei dem nur eine subsidiäre Haftung des mittelbaren ArbGeb greift, gilt nach § 21 Abs 2 HAG eine gesamtschuldnerische Haftung von mittelbarem Auftraggeber und Zwischenmeister.

e) Entgeltschutz. aa) Entgeltprüfer haben eine wirksame Überwachung der Entgelte 21 und sonstigen Vertragsbedingungen sicherzustellen (§ 23 HAG).

bb) Nachzahlung von Minderbeträgen. Ist in Heimarbeit Beschäftigten eine geringe- 22 res als das in einer Entgeltregelung bestimmte Entgelt gezahlt worden, besteht nicht nur ein individualrechtlicher Anspruch auf Ausgleich. Die oberste Arbeitsbehörde des Landes oder die von ihr bestimmte Stelle kann den Auftraggeber oder Zwischenmeister auffordern, den Minderbetrag innerhalb einer festzusetzenden Frist nachzuzahlen und den Zahlungsnachweis vorzulegen (§ 24 HAG).

cc) Klagebefugnis der Länder. Das Land, vertreten durch die oberste Arbeitsbehörde 23 oder die von ihr bestimmte Stelle kann im eigenen Namen den Anspruch auf Nachzahlung des Minderbetrages an den Berechtigten gerichtlich geltend machen (gesetzliche Prozessstandschaft). Das Urt wirkt auch für und gegen den in Heimarbeit Beschäftigten oder den Gleichgestellten (§ 25 HAG). Ist das Mindeststundenentgelt eines Heimarbeiters durch eine bindende Festsetzung bestimmt, so erfasst die Klagebefugnis des Landes auch den Streit darüber, ob die Vorgabezeiten für die Berechnung des vom Auftraggeber vergüteten Stücklohns wirksam festgesetzt sind (BAG 19.3.83, DB 84, 2047).

f) Kündigung. Das KSchG findet im Bereich der Heimarbeit keine Anwendung (*Schaub/* 24 *Vogelsang* § 163 Rz 56). Es besteht jedoch Kündigungsschutz nach §§ 1 Nr 2, 9 MuSchG; 18, 20 BErzzGG; 7, 2 ArbPlSchG und §§ 127 Abs 2, 85 ff SGB IX. Das Heimarbeitsverhältnis (Dienst-, Werk- oder Werklieferungsvertrag) kann unter Einhaltung der Fristen des § 29 Abs 4 HAG gekündigt werden. Die Kündigungsfristen entsprechen denen des § 622 BGB. In Heimarbeit beschäftigte betriebsverfassungsrechtliche Funktionsträger genießen den gleichen Kündigungsschutz wie normale Amtsträger (§ 29a HAG).

Der **Entgeltschutz für gekündigte Heimarbeiter** gem § 29 Abs 7 HAG richtet sich 25 nach den gesetzlichen Mindestkündigungsfristen. Ob der Auftraggeber darüber hinaus tatsächlich eine längere Frist eingeräumt hat, ist für den Entgeltschutz unbeachtlich. Neben dem Entgeltanspruch nach § 29 Abs 7 HAG kommen Vergütungsansprüche nach §§ 29 Abs 8 HAG oder 615 BGB nicht in Betracht. Haben Heimarbeiter von ihrem Auftraggeber die Zusage erhalten, dass sie auf absehbare Zeit mit bestimmten Arbeitsmengen rechnen dürfen, so kann ihnen ein Anspruch auf Schadenersatz zustehen, wenn die zugesicherte Auftragsmenge vertragswidrig gekürzt wird. Eine Zusicherung kann sich aus der jahrelangen Praxis bei der Vergabe von Heimarbeit ergeben (BAG 13.9.83, DB 84, 1354). Der während der Dauer der Kündigungsfrist bestehende Entgeltschutz (§ 29 Abs 7 HAG) sichert den in Heimarbeit Beschäftigten die bisherige durchschnittliche Arbeitsmenge und damit auch die

222 Heimarbeit

Weitergewährung des bisherigen durchschnittlichen Entgelts. Bei der Berechnung sind das Stückentgelt, der Unkostenzuschlag und der Krankengeldzuschlag zu berücksichtigen; Feiertagsgelder sind stets außer Betracht zu lassen. Urlaubszahlungen sind einzubeziehen, wenn dem Heimarbeiter auf seinen Antrag Urlaub gewährt worden ist (BAG 11.7.06 – 9 AZR 516/05, NZA 07, 1365). Die Entgeltgarantie des § 29 Abs 7 HAG setzt auch dann ein, wenn ein Auftraggeber oder Zwischenmeister zwar nicht kündigt, jedoch nachhaltig die Arbeitsmengen herabsetzt, die er bisher an den in Heimarbeit Beschäftigten vergeben hat. Dieser Schutz vor Umgehung von Kündigungen (*Brecht* § 29 Rz 29) greift ein, wenn sich die regelmäßige jährliche Arbeitsmenge um mindestens $^{1}/_{4}$ verringert (§ 29 Abs 8 HAG).

26 **g) Unabdingbarkeit.** Die Schutzvorschriften des HAG können nicht abbedungen werden (BAG 12.7.88, BB 88, 2392). Sie sind zwingendes Recht.

27 **5. Gleichstellung der in Heimarbeit Beschäftigten mit Arbeitnehmern.** Außerhalb des HAG werden die in Heimarbeit Beschäftigten in zahlreichen gesetzlichen Regelungen wegen ihrer besonderen Schutzbedürftigkeit ArbN gleichgestellt. Auf folgende Vorschriften ist zu verweisen: § 5 Abs 1 Satz 2 ArbGG: Gleichstellung mit dem ArbN iSd BetrVG; § 11 EFZG: **Feiertagslohnzahlung;** § 119 GewO: Vorschriften des Lohnschutzes; § 2 Abs 1 BErzGG: **Anspruch auf Elternzeit und Erziehungsgeld;** § 1 Nr 2 MuSchG: **Mutterschutz** für weibliche in Heimarbeit Beschäftigte und ihnen Gleichgestellte mit heimarbeitsspezifischen Bestimmungen in §§ 7 Abs 4, 8 Abs 5, 9 Abs 1, 9 Abs 4, 18 Abs 2 und § 24 MuSchG; § 10 EFZG: **Zuschlag zum Entgelt im Krankheitsfalle;** § 127 SGB IX: **Anwendung des SGB IX;** § 12 BUrlG: Anspruch auf ein **Urlaubsentgelt;** § 1 Abs 2 Satz 2 5. VermBG: **Gleichstellung im Rahmen staatlich geförderter Vermögensbildung;** § 20 Abs 2 BErzGG iVm §§ 1, 2 BErzGG); § 7 ArbPlSchG: Einberufung zum Wehrdienst. Gem § 27 HAG gelten die Vorschriften über den **Pfändungsschutz** für Vergütungen, die aufgrund eines Arbeits- oder Dienstverhältnisses geschuldet werden, entsprechend. Zum pfändungsgeschützten Einkommen gem § 850 ZPO zählen alle Entgeltansprüche der Heimarbeiter und Hausgewerbetreibenden aus Dienstverträgen, aber auch aus Werk- oder Werklieferungsverträgen (MünchArbR/*Hanau* § 74 Rz 131).

28 **6. Einbeziehung der in Heimarbeit Beschäftigten in die Betriebsverfassung.**
a) Arbeitnehmer iSd BetrVG. Heimarbeiter und Hausgewerbetreibende gelten als ArbN iSd Gesetzes, wenn sie in der Hauptsache für den Betrieb arbeiten, § 5 Abs 1 Satz 1 BetrVG. Der Begriff des Heimarbeiters entspricht dem im HAG (BAG 25.3.92, EzA § 6 BetrVG 1972 Nr 3). Unerheblich ist der zeitliche Umfang ihrer Tätigkeit, die Höhe des Verdienstes (BAG 27.9.74, DB 75, 936). Es ist zu prüfen, wie viele Arbeitsstunden sie für die von ihnen zu verrichtende Heimarbeit gemessen an ihrer für andere Betriebe zu erbringenden Arbeit für den fraglichen Betrieb aufwenden müssen (so BAG 27.9.74, DB 75, 936; GK-BetrVG/*Raab* § 5 Rz 61). Familienangehörige und fremde Hilfskräfte gehören nicht zur Belegschaft des Betriebs, dem der Heimarbeiter zugeordnet wird (*Fitting* § 5 Rz 275).

29 **b) Eingruppierung.** Die Zuordnung der verschiedenen Arbeitsgänge in die aufgrund einer bindenden Festsetzung nach § 19 HAG vorgegebenen Entgeltgruppen und die Zuweisung der Tätigkeiten an die Heimarbeiter/innen sind als Eingruppierung iSv § 99 BetrVG anzusehen und unterliegen deshalb der Beteiligung durch den BRat (BAG 20.9.90, DB 91, 552).

30 **c) Entlohnung.** Stückentgelt gem § 20 HAG stellt ein leistungsbezogenes Entgelt dar, auf das der BRat einschließlich der Geldfaktoren über § 87 Abs 1 Nr 11 BetrVG Einfluss nehmen kann. Auch bei der Änderung von Vergabearbeiten steht dem BRat ein Mitbestimmungsrecht nach § 87 Abs 1 Nr 11 BetrVG zu (BAG 13.9.83, DB 84, 2047). Bei der Entlohnung, im Rahmen von Betriebsvereinbarungen oder von sonstigen einheitlichen Arbeitsbedingungen scheidet nach Auffassung des BAG (19.6.57 – 2 AZR 84/55, DB 57, 775) die Anwendung des arbeitsrechtlichen Gleichbehandlungsgrundsatzes wegen des großen Unterschieds zwischen Heim- und Betriebsarbeiten aus (aA *Otten* Zum Begriff der in Heimarbeit Beschäftigten als ArbN iSd BetrVG, Dissertation Bonn 1982, S 90).

31 **d) Berücksichtigung der in Heimarbeit Beschäftigten bei Sozialplänen.** Soweit Heimarbeiter von Betriebsänderungen betroffen sind, müssen sie auch mit einbezogen werden (*DKKS/Däubler* §§ 112, 112a Rz 44). Eine Herausnahme aus den Sozialplanregelungen wäre ein unmittelbarer Verstoß gegen die gesetzliche Fiktion des § 5 Abs 1 Satz 2 BetrVG

(*Schmidt* NZA 89, 126). Wegen des geringen Bestandsschutzes für das Heimarbeiterverhältnis können niedrigere Abfindungen als für BetriebsArbN vorgesehen werden (*Schmidt* NZA 89, 126; *Otten* B, Rz 193; vgl auch BAG 3.7.80, BB 81, 1446; aA ArbG Kaiserslautern 24.9.87 – 7 Ca 112/87).

e) Kündigung des Rechtsverhältnisses eines Heimarbeiters, der hauptsächlich für den 32 Betrieb arbeitet, bedarf der vorherigen Anhörung des BRats nach § 102 BetrVG. Verletzt der ArbGeb seine Pflicht zur ordnungsgemäßen Anhörung, ist die Kündigung des Heimarbeitsverhältnisses nach § 102 Abs 1 Satz 3 BetrVG unwirksam. Berücksichtigt der ArbGeb bei der Auswahl der zu kündigenden Heimarbeiter soziale Gesichtspunkte, so hat er dem BRat die entsprechenden Daten oder Heimarbeiter mitzuteilen, die er in die Auswahlentscheidung einbezogen hat (BAG 7.11.95, DB 96, 1525).

f) Auskunftsanspruch des Betriebsrats über Heimarbeit. Der BRat hat einen An- 33 spruch darauf, alle wesentlichen Tatsachen mitgeteilt zu bekommen, die ihn in die Lage versetzen, selber zu beurteilen, ob ihm Mitbestimmungsrechte bspw im Zusammenhang mit Personen zustehen, die in ihren Wohnungen an Bildschirmeingabegeräten Texte zur Satzherstellung schreiben, die auf Speicherplatten aufgezeichnet und im Betrieb weiterverarbeitet werden (LAG München 30.11.84, AiB 85, 94).

7. Betriebsübergang. § 613a BGB ist wegen der strukturellen Unterschiede der Heim- 34 arbeit auf Heimarbeitsverhältnisse nicht anzuwenden (BAG 24.3.98 – 9 AZR 218/97, DB 98, 1669; 3.7.80, BB 81, 1466).

8. Entgeltumwandlung. ArbN können vom ArbGeb verlangen, dass von seinen künfti- 35 gen Entgeltansprüchen bis zu 4% der jeweiligen Beitragsbemessungsgrenze in der RV der Arbeiter und Angestellte durch Entgeltumwandlung für seine betriebliche Altersversorgung verwendet werden (§ 1a Abs 1 BetrAVG). Für in Heimarbeit Beschäftigte ist ein derartiger Rechtsanspruch für die erstmalige Umwandlung nicht normiert. Zwar können die in Heimarbeit Beschäftigten auch den Regelungen des BetrAVG unterliegen, weil sie zu dem Personenkreis gehören können, denen aus Anlass ihrer Tätigkeit für ein Unternehmen Leistungen der betrieblichen Altersversorgung zugesagt worden sind (§ 17 Abs 1 Satz 2 BetrAVG). Dies gilt jedoch erst dann, wenn der ArbGeb dem in Heimarbeit Beschäftigten einen Durchführungsweg vorgeschlagen, den Entgeltumwandlungsantrag entgegengenommen und ausgeführt hat; mit der Ausführung (= Zusage) ist ein Rechtsanspruch auf künftige Entgeltumwandlung entstanden.

Für ArbN gilt, dass tarifvertragliche Entgeltansprüche nur dann umgewandelt werden kön- 36 nen, soweit dies durch Tarifvertrag vorgesehen oder durch Tarifvertrag zugelassen ist (§ 17 Abs 5 BetrAVG). Da bindende Festsetzungen die Wirkungen eines allgemein verbindlichen Tarifvertrages haben (§ 19 Abs 3 HAG), ist es erforderlich, dass die einschlägige bindende Festsetzung die Umwandlung künftiger Entgeltansprüche ausdrücklich zulässt. Dies ist zwischenzeitlich für zahlreiche Heimarbeitsbetriebe geschehen.

9. Altersteilzeit. Das AltersteilzeitG sieht ein Altersteilzeitverhältnis nur für ArbN, nicht 37 aber für in Heimarbeit Beschäftigte vor (§ 2 Abs 1 AltersteilzeitG).

10. Muster. S Online-Musterformular „*M9.6 Heimarbeitsvertrag*". 38

B. Lohnsteuerrecht
Seidel

1. Arbeitnehmereigenschaft. Grds sind die Begriffsdefinitionen des HAG zu den 50 Heimarbeitern, Hausgewerbetreibenden und Zwischenmeistern (§ 2 Abs 1–3 HAG) für die steuerrechtliche Einordnung als selbstständig oder nichtselbstständig (ArbN) nicht bindend. Die Rspr und die Finanzverwaltung stellen jedoch im Rahmen des § 11 Abs 3 Nr 1 GewStG für die Anwendung der ermäßigten Steuermesszahl bei Hausgewerbetreibenden und ihnen gleichgestellten Personen nach § 2 Abs 2b–d HAG auf die Definition des HAG ab (BFH 26.2.02 – X R 61/99, BStBl II 03, 31; Abschn 70 Abs 2 GewStR iVm EStR 15.1 Abs 2).

Auch zur **Abgrenzung** der selbstständigen von der nichtselbstständigen Arbeit verweist die Finanzverwaltung auf das HAG und sieht Heimarbeiter idR als ArbN und Hausgewerbetreibende als selbstständig an (EStR 15.1 Abs 2; EStH 15.1). Zur arbeitsrechtlichen Einordnung als ArbNähnlich (oben Rz 11) s *Arbeitnehmerähnliche Personen* Rz 26 sowie *Arbeit-*

222 Heimarbeit

nehmerähnliche Selbstständige Rz 3. Für den Regelfall wird man daher davon ausgehen können, dass Heimarbeiter und ihnen gleichgestellte Personen (§ 1 Abs 2a HAG) nichtselbstständig und Hausgewerbetreibende sowie Zwischenmeister iSd HAG selbstständig tätig sind (s *HMW*/Hausgewerbetreibende Rz 1; *Littmann/Barein* § 19 Rz 101).

51   In **Grenzfällen** ist jedoch nach den allgemeinen steuerrechtlichen Grundsätzen zu prüfen, ob der Beschäftigte ArbN ist (s *Arbeitnehmer (Begriff)* Rz 30 ff). Bei der im Einzelfall notwendigen Abwägung nach dem Gesamtbild der Verhältnisse ist insbesondere zu berücksichtigen, ob ein Unternehmerrisiko vorliegt (BFH 13.2.80, BStBl II 80, 303). ArbN ist nicht, wer fremde Hilfskräfte beschäftigt (s aber auch *Mittelbares Arbeitsverhältnis* Rz 21, 22) oder wegen des Einsatzes wertvoller Betriebsmittel das Unternehmerrisiko trägt.

Auch eine **größere Zahl von Auftraggebern** und ein größeres Betriebsvermögen können gegen die ArbNEigenschaft sprechen (EStR 15.1 Abs 2 Satz 8; *HMW*/Hausgewerbetreibende Rz 5; *HHR* § 19 Anm 600: Heimarbeiter). Die Abführung von SozVBeiträgen ist wegen § 12 Abs 2 SGB IV sowie § 2 Nr 6 SGB VI unerheblich (BFH 4.8.82, BStBl II 83, 200; s auch unten Rz 62 ff). Ohne Bedeutung für die LSt ist auch § 1 Abs 2 Satz 2 5. VermBG, wonach in Heimarbeit Beschäftigte für die Anlage vermögenswirksamer Leistungen als ArbN gelten (s *Vermögenswirksame Leistungen* Rz 25 iVm Rz 4–6).

52   **2. Lohnsteuererhebung.** Sind in Heimarbeit Beschäftigte steuerrechtlich als ArbN einzustufen, gelten die allgemeinen Regelungen für den Steuerabzug (s *Lohnabzugsverfahren* Rz 2 ff). Sonderregelungen enthält LStR 9.13. Für den ArbGeb ist LStR 9.13 Abs 2 von Bedeutung. Danach sind Lohnzuschläge, die neben dem Grundlohn zur Abgeltung der mit der Heimarbeit verbundenen Aufwendungen gezahlt werden, aus Vereinfachungsgründen nach § 3 Nr 30 (Werkzeuggeld) und Nr 50 (Auslagenersatz) steuerfrei, soweit sie 10% des Grundlohns nicht übersteigen. Dazu gehört auch der pauschale Transportzuschlag von 1,5% und der Betrag für weitere Fahrten (BMF 6.2.90, DB 90, 864). Die oberste FinBeh eines Landes kann mit Zustimmung des BMF den Prozentsatz für bestimmte Gruppen von Heimarbeitern an die tatsächlichen Verhältnisse **anpassen** (LStR 9.13 Abs 2 Satz 2). Bei Zahlung eines höheren Zuschlags ist dieser stpfl. Der ArbN kann aber bei seiner EStVeranlagung (s *Antragsveranlagung* Rz 2 ff) höhere Aufwendungen als Werbungskosten abziehen, wobei er dann sämtliche Aufwendungen nachweisen muss (s LStR 9.13 Abs 1 und *HMW*/Hausgewerbetreibende Rz 12 und Heimarbeiter Rz 2). Bei einer Tätigkeit für **mehrere Auftraggeber**, wenn sie trotzdem als nichtselbstständig zu beurteilen ist, s *Mehrfachbeschäftigung* Rz 8 ff und *HMW*/Heimarbeiter Rz 4). Das **Feiertagsgeld** nach § 11 EFZG (s oben Rz 35) für in Heimarbeit Beschäftigte ist nicht steuerfrei (vgl OFD Hannover 16.7.98, DB 98, 1590; s auch *Sonn- und Feiertagsarbeit* Rz 29).

C. Sozialversicherungsrecht *Voelzke*

53   **1. Begriff. a) Heimarbeiter.** Eine für das SozVRecht einheitliche Definition des Heimarbeiterbegriffs findet sich in § 12 Abs 2 SGB IV. Hierauf wird für das Arbeitsförderungsrecht in § 13 SGB III verwiesen. Zwar entspricht diese Regelung weitgehend der Definition des Heimarbeiters im HAG, jedoch ist die arbeitsrechtliche Begriffsbestimmung nicht vollständig übernommen worden. Sozialversicherungsrechtlich sind Heimarbeiter Personen, die in eigener Arbeitsstätte im Auftrag und für Rechnung von Gewerbetreibenden, gemeinnützigen Unternehmen oder öffentlich-rechtlichen Körperschaften erwerbsmäßig arbeiten, auch wenn sie die Roh- oder Hilfsstoffe selbst beschaffen. Ohne sachliche Bedeutung ist es, dass der Zusatz des § 2 Abs 1 HAG, der Heimarbeiter arbeite „allein oder mit seinen Familienangehörigen", in § 12 Abs 2 SGB IV fehlt. Gerade die Zusammenarbeit oder Unterstützung durch in häuslicher Gemeinschaft zusammenlebende Familienangehörige ist auch für den Heimarbeiter im SozVRecht charakteristisch (*Hauck/Noftz/Timme* § 13 SGB III Rz 7).

54   Werden andere **Hilfskräfte** beschäftigt, so ist die Heimarbeitereigenschaft zu verneinen (*Schlegel/Voelzke/Grimmke* SGB IV § 12 Rz 51). Eine unterschiedliche Regelung ist im HAG und im SGB IV jedoch in unbefriedigender Weise für die möglichen Auftraggeber von Heimarbeitern getroffen worden. Während Körperschaften des privaten Rechts, welche die Herstellung, Bearbeitung oder Verpackung von Waren nicht zum Zwecke der Gewinnerzielung betreiben, nicht in die Definition des § 12 Abs 2 SGB IV aufgenommen wurden,

sind zusätzlich gemeinnützige Unternehmen und öffentlich-rechtliche Körperschaften als Auftraggeber genannt.

Erwerbsmäßige Tätigkeiten sind – wie im Arbeitsrecht – nicht nur gewerbliche, sondern auch typische Angestellten-Tätigkeiten. Das BSG (18.12.69 – 2 RU 241/65, SozR 2200 § 539 Nr 14) hält unter Hinweis auf den Schutzzweck des Gesetzes auch eine unregelmäßige und gering bezahlte Arbeit für ausreichend. Zu beachten ist jedoch, ob wegen der Geringfügigkeit der Beschäftigung Versicherungsfreiheit besteht (§§ 8 SGB IV; 27 Abs 2 SGB III; 7 SGB V; 5 SGB VI). 55

Für die Beurteilung der Frage, ob für Heimarbeiter Versicherungsfreiheit wegen **Geringfügigkeit der Beschäftigung** besteht, kommt es nach § 8 Abs 1 Nr 1 SGB IV darauf an, ob das Arbeitsentgelt aus der Beschäftigung regelmäßig im Monat 450 € nicht übersteigt (Näheres: *Geringfügige Beschäftigung*). 56

b) Hausgewerbetreibender. Der Begriff des Hausgewerbetreibenden wird für das SozV-Recht weiter als in § 2 Abs 1 HAG umschrieben (§ 12 Abs 1 SGB IV). Hausgewerbetreibender ist danach, wer in Anlehnung an die Definition des § 12 Abs 2 SGB IV gewerbliche Tätigkeiten selbstständig verrichtet oder vorübergehend für eigene Rechnung tätig wird, ohne dass die Zahl der beschäftigten Hilfskräfte und Heimarbeiter begrenzt wäre. Hausgewerbetreibende müssen in eigener Arbeitsstätte tätig werden. Ausreichend ist zB eine Tätigkeit in eigener Wohnung (*Schlegel/Voelzke/Grimmke* SGB IV § 12 Rz 32). 57

Für die wegen der sozialversicherungsrechtlichen Konsequenzen wichtige **Abgrenzung zum Heimarbeiter** kommt es auf das Maß der Selbstständigkeit des Hausgewerbetreibenden an, die sich trotz der wirtschaftlichen Abhängigkeit vom Auftraggeber in einer persönlichen Unabhängigkeit hinsichtlich der Arbeitszeit, Umfang und Art der Arbeit sowie der Heranziehung von Hilfskräften äußert (BSG 13.5.80 – 12 RK 32/79, USK 80121). Nicht gefolgt werden kann der Auffassung, für die Abgrenzung sei allein auf die Beschäftigung von Hilfskräften abzustellen, da auch Hausgewerbetreibende keine fremden Hilfskräfte beschäftigen müssen. 58

Abgrenzungskriterium zu den **sonstigen Selbstständigen** ist die wirtschaftliche Abhängigkeit des Hausgewerbetreibenden von seinem Auftraggeber. Indiz hierfür ist nach der Rspr des BSG (13.5.80 – 12 RK 32/79, USK 80121), ob bei gleicher Arbeitsleistung ein Einkommen erzielt wurde, das von dem eines abhängig Beschäftigten nur unwesentlich abweicht. Die Eigenschaft als Hausgewerbetreibender, der als Kleinstunternehmer teilweise dem Schutz der SozV untersteht, fehlt außerdem, wenn erhebliche Kapitalinvestitionen zur Einrichtung der Betriebsstätte getätigt wurden. Als unschädlich hatte das BSG den Erwerb einer Drehbank im Wert von 14 000 DM angesehen (13.5.80 – 12 RK 32/79, USK 80121). Zudem erstrecken sich die zu verrichtenden Tätigkeiten nur auf gewerbliche Arbeiten (Herstellung, Be- und Verarbeitung von Waren). 59

c) Zwischenmeister. Der Begriff des Zwischenmeisters entspricht inhaltlich dem des § 2 Abs 3 HAG. 60

d) Gleichgestellte Personen. Personen, denen aufgrund § 1 Abs 2 Buchst a), c) und d) HAG arbeitsrechtlich eine vergleichbare Stellung wie Heimarbeitern, Hausgewerbetreibenden oder Zwischenmeistern eingeräumt wurde, genießen den entsprechenden sozialversicherungsrechtlichen Schutz (§ 12 Abs 5 SGB IV). 61

2. Sozialversicherungsrechtlicher Schutz. a) Heimarbeiter gelten nach der Fiktion des § 12 Abs 2 SGB IV als **Beschäftigte** und genießen eine entsprechende soziale Absicherung. Als Beschäftigte unterliegen sie der Versicherungspflicht in der gesetzlichen KV nach § 5 Abs 1 Nr 1 SGB V (BSG 10.9.87 – 12 RK 13/85, BB 88, 210) und in der sozialen PflegeV. Sie erhalten in diesen Versicherungszweigen die gleichen Leistungen wie ArbN. 62

Auch in der gesetzlichen RV besteht gem § 1 Abs 1 Nr 1 SGB VI Versicherungspflicht und ein Anspruch auf die dortigen Regelleistungen bei Erfüllung der versicherungsrechtlichen Voraussetzungen. In der gesetzlichen UV sind Heimarbeiter nach § 2 Abs 1 Nr 1 SGB VII als Beschäftigte gegen Arbeitsunfälle versichert (vgl zur Problematik von Wegeunfällen BSG 29.3.62 – 2 RU 87/59, *Breithaupt* 63, 24). 63

Heimarbeiter unterstehen dem Schutz der gesetzlichen ArblV (s BSG 6.2.92 – 7 RAr 72/91, SozR 3–4100 § 112 Nr 12 zur Bemessung des AlGeldes von Heimarbeitern). Die Verfügbarkeit als Voraussetzung des Anspruches auf AlGeld braucht sich unter bestimmten 64

223 Hinterbliebenenrente

Voraussetzungen nur auf die Übernahme von Heimarbeit beziehen, soweit für die Beschränkung der Arbeitsbereitschaft ein besonderer Grund besteht (BSG 24.5.84 – 7 RAr 38/83, NZA 85, 101).

65 b) **Hausgewerbetreibende** sind als Selbstständige nur dann sozialversicherungsrechtlich geschützt, wenn dies in den einzelnen Versicherungszweigen ausdrücklich angeordnet wurde. Sie unterliegen nicht der Versicherungspflicht in der gesetzlichen KV. Hingegen sind sie in der gesetzlichen RV nach § 2 Satz 1 Nr 6 SGB VI weiterhin versicherungspflichtig. Hausgewerbetreibende unterliegen dem Schutz der gesetzlichen UV nach § 2 Abs 1 Nr 6 SGB VII. Eine Versicherungspflicht in der ArblV besteht nicht.

66 c) **Zwischenmeister.** Der sozialversicherungsrechtliche Schutz bestimmt sich danach, in welcher Eigenschaft der Zwischenmeister überwiegend tätig wird (vgl § 27 Abs 3 Nr 2 SGB III; für die UV gilt § 2 Abs 1 Nr 6 SGB VII).

67 3. **Beitragspflicht. a) Arbeitgeber** ist für Heimarbeiter und Hausgewerbetreibende hinsichtlich der Beitragszahlungspflicht nach der gesetzlichen Fiktion des § 12 Abs 3 SGB IV derjenige, der die Arbeiten unmittelbar an sie vergibt. Dementsprechend gilt der Hausgewerbetreibende, soweit der ArbGeb seine ArbGebPflichten erfüllt, als Beschäftigter iSd Vorschriften des 3. Abschnitts des SGB IV. ArbGeb iSd § 12 Abs 3 SGB IV kann der Auftraggeber oder ein Zwischenmeister sein (KassKomm/*Seewald* § 12 Rz 20).

68 Dem ArbGeb obliegen die Melde- und Beitragszahlungspflichten des SozVRechts nach Maßgabe des § 28 m Abs 2–4 SGB IV. Nach dieser Vorschrift können, soweit der ArbGeb seiner Verpflichtung zur Zahlung des GesamtSozVBeitrages bis zum Fälligkeitstage nicht nachgekommen ist, Heimarbeiter und Hausgewerbetreibende diesen selbst zahlen und haben dann auch die Meldungen zu erstatten. Sie erwerben in diesem Fall gegen den ArbGeb einen sozialversicherungsrechtlichen Erstattungsanspruch in Höhe des von ihm zu tragenden Teils der Beiträge (§ 28 m Abs 4 SGB IV).

Als **Auftraggeber** der Hausgewerbetreibenden oder Heimarbeiter gilt nach § 12 Abs 3 SGB IV derjenige, in dessen Auftrag oder für dessen Rechnung sie arbeiten. Der Begriff des Auftraggebers hat Bedeutung in der UV (vgl unten Rz 70).

69 b) **Beitragshöhe.** Die Höhe der Pflichtbeiträge richtet sich nach dem erzielten Arbeitsentgelt iSd §§ 14–18 SGB IV. Zu beachten ist, dass, soweit eine Tätigkeit für mehrere Auftraggeber vorliegt, die Geringfügigkeitsgrenze des § 8 SGB IV überschritten werden kann. Allerdings tritt nach § 8 Abs 2 Satz 2 SGB IV bei einer Zusammenrechnung von Beschäftigungen gem § 8 Abs 2 Satz 1 SGB IV Versicherungspflicht erst ein, wenn eine entsprechende Entscheidung durch die Einzugsstelle oder einen Träger der RV bekannt gegeben worden ist.

70 c) **Unfallversicherung.** Heimarbeiter haben als Beschäftigte iSd SozVRechts keine Beiträge zur gesetzlichen UV zu entrichten. Nach § 150 Abs 2 Satz 1 Nr 1 SGB VII sind die Auftraggeber beitragspflichtig, soweit sie Zwischenmeistern und Hausgewerbetreibenden zur Zahlung von Entgelt verpflichtet sind. Zuständig ist der UVTräger des Gewerbezweiges, in dem der Beschäftigte, nicht der Auftraggeber, tätig ist.

Hinterbliebenenrente

A. Arbeitsrecht *Kreitner*

1 1. **Allgemeines.** Als Parallele zu der gesetzlichen RV (s unten Rz 18 ff) sehen auch viele betriebliche Altersversorgungssysteme Leistungen an Hinterbliebene des ArbN vor. Eine dahingehende Verpflichtung besteht für den ArbGeb bei Gewährung einer betrieblichen Altersversorgung nicht (BAG 26.8.97 – 3 AZR 235/96, NZA 98, 817; LAG Bln 7.7.06 – 13 Sa 600/06). Das gilt auch bei Entgeltumwandlungen (BAG 18.11.08 – 3 AZR 277/07, NZA-RR 09, 153: Kein Anspruch für Schwester des verstorbenen ArbN). Meist handelt es sich bei den Begünstigten um Witwen bzw Witwer sowie Halb- und Vollwaisen. In Einzelfällen enthalten Ruhegeldzusagen jedoch auch Rentenansprüche von Eltern, geschiedenen Ehepartnern oder anderen dritten Personen (zur Gleichstellung eingetragener Lebenspartner vgl *Rengier* BB 05, 2574). Gesetzliche Vorgaben existieren insoweit nicht, so dass allein die Ausgestaltung der jeweiligen Versorgungsordnung maßgeblich ist. Dabei ist die Regelung

Hinterbliebenenrente 223

einer Wartezeit, die vor Eintritt des Versorgungsfalls erfüllt sein muss, auch bei der Hinterbliebenenrente grds möglich (LAG BlnBbg 3.4.12 – 7 Sa 2463/11, BeckRS 2012, 71273). Ob ohne entsprechende Ausgestaltung der Versorgungsordnung Hinterbliebene iSd BetrAVG grds nur solche Personen sind, die nach dem Recht der gesetzlichen RV eine „Rente wegen Todes" erhalten können, hat der 3. Senat zuletzt erneut bewusst offen gelassen (BAG 19.1.10 – 3 AZR 660/09, AP Nr 61 zu § 1 BetrAVG). Würde man dies bejahen, gehörten nach § 46 Abs 4 SGB VI die Eltern nicht dazu. Zu den allgemeinen Rechtsproblemen in diesem Bereich: *Reinecke* BB 12, 1025 sowie *Betriebliche Altersversorgung* Rz 5 ff.

2. Besonderheiten der betrieblichen Hinterbliebenenversorgung sind hauptsächlich 2 in folgender Hinsicht zu beachten:

a) Leistungsvoraussetzungen. Grundlegende Anspruchsvoraussetzung ist der Tod des ArbN. Dabei kann zwischen dem Tod des aktiven ArbN und des Rentners differenziert werden (vgl BAG 21.11.2000 – 3 AZR 91/00, NZA 02, 851; *Höfer* ART Rz 646 mwN). Die Unverfallbarkeit von Anwartschaften auf Hinterbliebenenrente richtet sich nach den allgemeinen Bestimmungen des § 1 Abs 1 BetrAVG (BAG 20.11.01 – 3 AZR 550/00, DB 02, 1510). Demgemäß ist auch die Regelung einer Wartezeit, die vor Eintritt des Versorgungsfalls erfüllt sein muss, wie bei der Altersrente (s *Betriebliche Altersversorgung* Rz 34) auch bei der Hinterbliebenenversorgung grds möglich. Das gilt selbst bei einer Entgeltumwandlung (LAG BlnBbg 3.4.12 – 7 Sa 2463/11, BeckRS 2012, 71273). Die Teilrentenberechnung erfolgt beim Fehlen günstigerer Vereinbarungen nach § 2 Abs 1 BetrAVG (BAG 15.12.98 – 3 AZN 816/98, NZA 99, 488). Die anspruchsberechtigten Personen müssen in der Versorgungszusage benannt sein. Sie haben als Begünstigte gem § 328 BGB (sog Vertrag zugunsten Dritter) einen eigenen durchsetzbaren Anspruch auf die Versorgungsleistung (BAG 5.9.72, NJW 73, 963 [LS] = AP Nr 159 zu § 242 BGB Ruhegehalt; BAG 16.8.83, DB 84, 887; LAG Hess 25.1.95, NZA-RR 96, 23). Treffen im Fall der Mehrehe zwei Berechtigungen auf eine Hinterbliebenenrente zusammen, gilt unabhängig von der jeweiligen Ehedauer eine Aufteilung nach Kopfteilen (BGH 10.7.13 – IV ZR 209/12, NZA-RR 13, 659).

Vielfach enthalten Versorgungszusagen im Hinblick auf die Hinterbliebenenversorgung 3 bestimmte, die Leistungspflicht **einschränkende Klauseln,** die von der Rspr ganz überwiegend für zulässig erachtet werden. Zu den üblichen Klauseln zählen die **Spätehenklausel** (Ehe muss vor Vollendung eines bestimmten Höchstalters oder vor Beendigung des Arbeitsverhältnisses geschlossen sein: BAG 26.8.97 – 3 AZR 235/96, NZA 98, 817; 28.7.05 – 3 AZR 457/04, NZA-RR 06, 591; 20.4.10 – 3 AZR 509/08, NZA 11, 1092; 19.9.09 – 3 AZR 797/08, AP Nr 318 zu Art 3 GG: auch für gleichgeschlechtliche Lebenspartnerschaften; LAG BaWü 12.11.09 – 11 Sa 41/09, NZA-RR 10, 315; LAG Hamm 15.2.11 – 9 Sa 1989/10, NZA-RR 11, 374; BAG 15.10.13 – 3 AZR 294/11, Pressemitteilung Nr 60/13: auch bei späterer Wiederheirat desselben Ehepartners nach vorheriger Scheidung), die **Mindestehedauerklausel** (BAG 11.8.87, DB 88, 347; LAG Köln 3.9.03 – 3 (6) Sa 453/03), die **Mindestalterklausel** (bestimmtes Mindestalter des Hinterbliebenen im Zeitpunkt des Todes des ArbN: BAG 19.2.02 – 3 AZR 99/01, NZA 02, 1286), die **Wiederverheiratungsklausel** (Wegfall der Hinterbliebenenversorgung bei Wiederheirat: *Höfer* ART Rz 655; kein automatisches Wiederaufleben der ursprünglichen Hinterbliebenenrente nach Auflösung der Zweitehe: BAG 16.4.97, DB 97, 1575; vgl auch LAG Köln 12.10.07 – 4 Sa 847/07, BeckRS 2008, 52387), die **Getrenntlebensklausel** (kein dauerhaftes Getrenntleben der Ehepartner im Zeitpunkt des Todes des ArbN: BAG 6.9.79, DB 80, 112; BAG 28.3.95, DB 95, 1666; vgl auch BGH 29.1.81, MDR 81, 476 = AP Nr 4 zu § 242 BGB Ruhegehalt-Lebensversicherung; OLG Stuttgart 22.5.95, NZA-RR 96, 62), die **Haupternährerklausel** (BAG 26.9.2000 – 3 AZR 387/99, EzA § 1 BetrAVG Hinterbliebenenversorgung Nr 8; LAG Hamm 8.12.98 – 6 Sa 674/98, NZA-RR 99, 431; LAG Köln 15.7.04 – 10 Sa 184/04, LAGE § 1 BetrAVG Hinterbliebenenversorgung Nr 8; hierzu kritisch unter Diskriminierungsgesichtspunkten *Rengier* NZA 06, 1251); die **Selbstmordklausel** (vgl *Höfer* ART Rz 653; LAG RhPf 16.9.96, DB 97, 1140; dies dürfte nach dem Regelungszweck jedoch nicht für den Freitod des Versorgungsempfängers gelten, da es hierdurch nur zu einer Verringerung der Versorgungsbelastung des ArbGeb aufgrund der regelmäßig geringeren Hinterbliebenenrente kommt) sowie einschränkende Regelungen bei namentlich benannter Ehefrau als Versorgungsempfängerin (LAG Hamm 29.7.97, DB 97, 1928), für die geschiede-

223 Hinterbliebenenrente

ne Ehefrau (LAG Hamm 17.8.93, BB 93, 2384 [LS]) und nach dem Ausscheiden aus dem Arbeitsverhältnis entstandene Unterhaltspflichten gegenüber Ehefrau und Kindern (BAG 19.12.2000 – 3 AZR 186/00, DB 01, 2303).

In vielen Versorgungszusagen sind auch sog **Altersdifferenzklauseln,** die eine bestimmte Höchstaltersdifferenz zwischen den Ehepartnern verlangen, zu finden. Derartige Klauseln wurden früher meist für wirksam gehalten (BAG 18.7.72, DB 72, 2067; ArbG Duisburg 16.2.2000 – 3 Ca 3606/99, NZA-RR 01, 48; mit Bedenken wegen Art 3 Abs 1 GG und Art 6 Abs 1 GG allerdings bereits LAG Hess 12.3.97 – 8 Sa 177/96, NZA-RR 98, 5). Demgegenüber hat das LAG Düsseldorf eine 10-Jahres-Altersdifferenzklausel für unwirksam erachtet (LAG Düsseldorf 12.4.06 – 12 Sa 1660/05, BeckRS 2006, 42591). Der EuGH hat auf Vorlage des BAG (27.6.06 – 3 AZR 352/05 (A), NZA 06, 1276) für einen vor Inkrafttreten des AGG liegenden Sachverhalt lediglich entschieden, dass vor Ablauf der Umsetzungsfrist der einschlägigen EG-Richtlinie am 2.12.06 mangels gemeinschaftsrechtlichem Bezug ein gemeinschaftsrechtliches Verbot der Altersdiskriminierung nicht eingreift (EuGH 23.9.08 – C-427/06 – Bartsch, NZA 08, 1119). Ob Altersdifferenzklauseln zukünftig den Anforderungen des AGG standhalten werden, bleibt daher streitig (dafür: LAG NdS 23.6.11 – 4 Sa 381/11, NZA-RR 11, 600 – nicht rkr, Az beim BAG: 3 AZR 653/11; *Bauer/ Göpfert/Krieger* § 2 Rz 49; MüKo/*Thüsing*, § 10 AGG Rz 57; dagegen: *Preis/Temming* NZA 08, 1209). Im Hinblick auf diese fortbestehende Rechtsunsicherheit sollte jedenfalls in der Praxis künftig auf Altersdifferenzklauseln in ihrer bisherigen Ausgestaltung zugunsten „weicherer" Klauseln verzichtet werden, die anstelle eines vollständigen Leistungsausschlusses bei einem fixen Altersabstand bspw eine Staffelung der Versorgungsleistung abhängig vom Lebensalter des Hinterbliebenen vorsehen, den Altersabstand durch eine versicherungsmathematische Reduzierung abbilden oder den Beginn der Versorgungsleistung abhängig von der jeweiligen Altersdifferenz hinausschieben (vgl etwa LAG RhPf 19.12.08 – 6 Sa 399/08, BeckRS 2009, 56473; ebenso *Preis/Temming* NZA 08, 1209; *Bauer/Arnold* NJW 08, 3377 unter Bezugnahme auf die Schlussanträge der Generalanwältin *Sharpston* vom 22.5.08 in dem vorgenannten Rechtsstreit (BeckRS 2008, 70585).

4 Nach einer Entscheidung des LAG Düsseldorf vom 8.9.89 (DB 91, 234) soll die Todesherbeiführung durch die Ehefrau nicht zwangsläufig den Ausschluss der betrieblichen Witwenversorgung nach sich ziehen. Das Gericht stellt dabei maßgeblich auf die konkreten Tatumstände ab. Bei der Auslegung von Spätehen- und Mindestehedauerklauseln legt die Rspr des BAG unter Berücksichtigung des zugrunde liegenden Zwecks einen relativ strengen Maßstab an und lässt uU bei einer entsprechenden Ausgestaltung der Versorgungszusage bereits den begründeten Verdacht einer „Versorgungsehe" ausreichen, um die Gewährung der Hinterbliebenenversorgung zu versagen (BAG 4.7.89, DB 89, 2435).

5 Zahlt der ArbGeb irrtümlich eine **zu hohe Hinterbliebenenrente,** kann er dieses Fehlverhalten mit sofortiger Wirkung korrigieren. Die Leistungsempfänger sind hinsichtlich der in der Vergangenheit zu viel gezahlten Beträge gem §§ 812 ff BGB zur Rückzahlung verpflichtet und können sich, jedenfalls im Bereich des öffentlichen Dienstes, regelmäßig nicht auf das Bestehen einer betrieblichen Übung (s *Betriebliche Übung* Rz 6) berufen (LAG Hamm 16.4.96, DB 96, 2087).

6 **b) Gleichbehandlung.** Früher sahen betriebliche Altersversorgungssysteme oftmals lediglich eine Witwen-, nicht jedoch auch eine Witwerrente vor. Ähnliche Ungleichbehandlungen im Bereich der gesetzlichen RV hat das BVerfG im Jahr 1975 für unwirksam erklärt (BVerfG 12.3.75, DB 75, 1228), woraufhin zum 1.1.86 eine gesetzliche Neuregelung in Kraft getreten ist.

Für die betriebliche Altersversorgung ist mittlerweile ebenfalls allgemein anerkannt, dass bei Gewährung einer Witwer- und Witwenversorgung der arbeitsrechtliche Gleichbehandlungsgrundsatz zu beachten ist. Nach der Rspr des BAG gelten diese Grundsätze allerdings nicht erst seit der gesetzlichen Neuregelung bezüglich der gesetzlichen RV, sondern bereits seit der ersten Grundsatzentscheidung des BAG zur Unverfallbarkeit im Jahr 1972, da bereits in dieser Entscheidung der für die Gleichbehandlung maßgebliche Entgeltcharakter der Altersversorgung herausgestellt worden ist (vgl BAG 5.9.89, DB 89, 2615). Sie unterfällt ferner dem Anwendungsbereich des Art 141 EG-Vertrag (EuGH 28.9.94 – Rs C-200/91 – Coloroll, NZA 94, 1073; 7.1.04 – Rs C-117/01, NJW 04, 1440). Das gilt auch für Pensionskassen unabhängig von der fortbestehenden Verschaffungspflicht des ArbGeb aus dem

Hinterbliebenenrente 223

arbeitsvertraglichen Grundverhältnis (EuGH 9.10.01 – Rs C-379/99, NZA 01, 1301 – Menauer; BAG 19.11.02 – 3 AZR 631/97, NZA 03, 380; *Oetker* SAE 03, 355). Sieht die Versorgungszusage Leistungen an hinterlassene Kinder des ArbN (Halb- oder Vollwaisen) vor, so sind eheliche und nicht eheliche Kinder ebenfalls gleichzubehandeln. Dabei ist eine Differenzierung nach Zusammenleben im gemeinsamen Haushalt und Sorgerecht nicht zu beanstanden (BAG 20.8.02 – 3 AZR 463/01, NZA 03, 1044).

Überlebende einer eingetragenen Lebenspartnerschaft haben in gleichem Maße wie überlebende Ehegatten Anspruch auf eine Hinterbliebenenversorgung, sofern am 1.1.05, dem Datum der gesetzlichen Gleichstellung eingetragener Lebenspartnerschaften mit der Ehe in der gesetzlichen Rentenversicherung, noch ein Rechtsverhältnis zwischen dem Versorgungsberechtigten und dem Versorgungsschuldner bestand (BAG 11.12.12 – 3 AZR 684/10, NZA-RR 13, 308; 14.1.09 – 3 AZR 20/07, NZA 09, 490; EuGH 1.4.08 – C-267/06 – Tadao Maruko, NZA 08, 459; BVerfG 7.7.09 – 1 BvR 1164/07, BB 09, 2421; *Bruns* NZA 09, 596). Als Rechtsverhältnis reicht dabei das Versorgungsverhältnis zwischen Betriebsrentner und ehemaligem ArbGeb aus (BAG 15.9.09 – 3 AZR 294/09, NZA 10, 216).

c) Anrechnung anderer Leistungen auf die betriebliche Altersversorgung ist in § 5 **7** BetrAVG, dem sog Anrechnungs- und Auszehrungsverbot, geregelt. Das Gesetz bezweckt ein grds Anrechnungsverbot sämtlicher sonstiger Leistungen, die ihrerseits Versorgungscharakter haben (BAG 25.10.83, DB 84, 1484). Hierzu zählt auch die Hinterbliebenenversorgung.

Anrechnungsmöglichkeiten bestehen im Einzelfall nur dann, wenn die Versorgungszusage eine entsprechende Anrechnungsklausel enthält. Eine Anrechnung allein aufgrund allgemeiner Rechtsgrundsätze wie zB Treu und Glauben oÄ ist nicht möglich (BAG 5.9.89, DB 90, 1143; 20.11.90, DB 91, 1837). Allerdings sind derartige Anrechnungsklauseln an den allgemeinen Rechtmäßigkeitsgrenzen der Rechtsordnung zu messen. Das BAG hat Anrechnungsklauseln im Bereich der Hinterbliebenenversorgung für unwirksam erklärt, wenn diese bezüglich der Anrechnung anderweitiger Bezüge nicht danach differenzieren, ob sie von einer oder mehreren Personen verdient wurden (BAG 16.2.78, BB 78, 916). Die Anrechnung von eigener Betriebsrente und Hinterbliebenenrente aufeinander ist daher möglich (LAG Bln 7.7.06 – 13 Sa 600/06, NZA-RR 07, 29). Ferner ist darauf zu achten, dass eine Anrechnung regelmäßig nur in dem Umfang möglich ist, in dem der Versorgungsberechtigte anderweitige Leistungen tatsächlich erhält (BAG 11.2.92, DB 93, 989). Andere Bezüge dürfen nicht unverhältnismäßig entwertet werden (BAG 18.5.10 – 3 AZR 97/08, NZA 11, 581; 18.5.10 – 3 AZR 80/08, BB 11, 443 mit Anm *Küpper/Reichenbach*). Ist eine Anrechnung vorgesehen, so ist der Versorgungsempfänger zur Offenbarung dieser anderweitigen Bezüge verpflichtet. Eine unterlassene Mitteilung hat Rückforderungsansprüche des ArbGeb zur Folge (BAG 27.3.90, DB 90, 2123) und kann uU strafrechtlich relevant sein. Umgekehrt ist nach § 22 MTV für Arbeiter, Angestellte und Auszubildende in der Eisen-, Metall- und Elektro- und Zentralheizungsindustrie NRW eine Anrechnung von Leistungen der betrieblichen Altersversorgung auf das tarifliche Sterbegeld unzulässig (BAG 10.8.93, DB 94, 1295). Eine tarifliche Regelung, die bestimmt, dass das Witwengeld auf 25 % zu kürzen ist, wenn die Witwe Vergütung von der Versorgungsschuldnerin bezieht, nicht jedoch, wenn sie Vergütung von anderen ArbGeb erhält, verstößt idR gegen den Gleichheitssatz (BAG 19.7.11 – 3 AZR 398/09, BeckRS 2012, 78920).

d) Änderungen der Hinterbliebenenversorgung seitens des ArbGeb unterliegen nicht der **8** dreistufigen „Je-desto-Regel" des BAG (s *Betriebliche Altersversorgung* Rz 70). Ebenso wie bei einer Änderung der Anpassungsregelungen bei laufenden Betriebsrenten sind auch hier die allgemeinen Grundsätze des Vertrauensschutzes und der Verhältnismäßigkeit anzuwenden (BAG 12.10.04 – 3 AZR 557/03, NZA 05, 580). Für die spätere Einführung einer Spätehenklausel genügen demnach sachliche Gründe (BAG 26.8.97 – 3 AZR 235/96, NZA 98, 817 mit grds zustimmender Anm von *Rolfs* AP Nr 27 zu § 1 BetrAVG Ablösung). Die nachträgliche Beschränkung der Hinterbliebenenversorgung auf den „Anwärtertod" wird demgegenüber regelmäßig triftige Gründe erforderlich machen (BAG 21.11.2000 – 3 AZR 91/00, NZA 02, 851).

e) Anpassung. Insoweit gelten die allgemeinen Grundsätze der betrieblichen Altersversorgung (s *Betriebliche Altersversorgung* Rz 53 ff), denn § 16 BetrAVG enthält für die Hinterbliebenenversorgung keine Ausnahme- oder Sonderregelung. **9**

223 Hinterbliebenenrente

10 **f) Insolvenzsicherung.** Vom Insolvenzschutz des § 7 Abs 1 BetrAVG (Näheres s *Betriebliche Altersversorgung* Rz 84 ff) werden auch die Bezüge aus der Hinterbliebenenversorgung umfasst. Zu beachten ist, dass bei der Höchstsicherungsgrenze des § 7 Abs 3 BetrAVG entscheidend darauf abzustellen ist, ob die Hinterbliebenenrente (und nicht der ursprüngliche Hauptanspruch des verstorbenen ArbN) das Dreifache der einschlägigen Bezugsgröße übersteigt (BGH 20.10.08 – II ZR 240/07, NZA 09, 497; 11.10.04 – II ZR 369/02, ZIP 04, 2297).

B. Lohnsteuerrecht *Windsheimer*

11 **1. Lohnsteuerliche Einordnung.** Die Besteuerung der Hinterbliebenenbezüge folgt der Besteuerung der Altersbezüge (s *Altersrente* Rz 8 ff, *Altersvorsorgevermögen* Rz 6 ff, 16, *Betriebliche Altersversorgung* Rz 101 ff, 123, 132, 159, 161, 164, 174). Zur Einordnung der Hinterbliebenenbezüge als Versorgungsbezüge iSv § 19 Abs 2 EStG s R 19.8 und R 19.9 LStR. Zur Lohnzahlung im Sterbemonat und zur Zahlung von Arbeitslohn an die Erben oder an die Hinterbliebenen eines verstorbenen ArbN s *Sterbegeld* Rz 4 ff sowie R 19.9 LStR. Für die Frage der Überschussprognose einer privat finanzierten Altersrente (s *Altersrente* Rz 25) ist die Hinterbliebenenrente mit einzubeziehen (BFH 16.9.04 – X R 29/02, DStR 05, 326), ebenso bei einem gegenwärtigen oder zukünftigen verlustbringenden Arbeitsverhältnis (BFH 28.8.08 – VI R 50/06, BStBl II 09, 243).

12 **2. Versorgungsbezüge.** Werden die Hinterbliebenenbezüge als Versorgungsbezüge iSv § 19 Abs 2 EStG gezahlt, richtet sich die Lohnbesteuerung nach den Merkmalen des nunmehr als ArbN zu behandelnden bezugsberechtigten Hinterbliebenen, der seine LSt-Karte bzw ab 2013 seine **ELStAM** beim die Versorgungsbezüge zahlenden ArbGeb einzureichen hat. Es gelten dann für den bezugsberechtigten, als ArbN zu behandelnden Hinterbliebenen die allgemeinen Regeln des LStRechts (§§ 38 ff EStG) und der EStVeranlagung (§ 46 iVm § 19 EStG). Die Höhe des **Versorgungsfreibetrags** und **Zuschlags** hängt vom Jahr des Beginns des Versorgungsbezugs ab (s *Altersgrenze* Rz 20) (§ 19 Abs 2 EStG; Einzelheiten BMF 19.8.13, BStBl I 13, 1087 Tz 168 ff) und ist bereits im LStVerfahren zu berücksichtigen (§ 39b Abs 2 Satz 3 EStG). Folgt ein Hinterbliebenenbezug einem Versorgungsbezug, bestimmen sich der Prozentsatz, der Höchstbetrag des Versorgungsfreibetrags und der Zuschlag für den Hinterbliebenenbzug nach dem Jahr des Beginns des Versorgungsbezugs des Verstorbenen (§ 19 Abs 2 Satz 7 EStG, BMF 19.8.13, BStBl I 13, 1087 Tz 180 ff). Der Altersentlastungsbetrag (§ 24a EStG) steht dem versorgungberechtigten Hinterbliebenen nur zu, wenn er die Voraussetzungen in eigener Person erfüllt (s *Altersentlastungsbetrag* Rz 6 ff). Kapitalabfindungen aufgrund der Beamten-(Pensions-)Gesetze sind steuerfrei (§ 3 Nr 3 EStG).

Beispiel:
Ein verheirateter Pensionär erhält seit seinem 63. Lebensjahr im Jahr 2005 Versorgungsbezüge. Er verstirbt 70-jährig im Oktober 2012. Der überlebende Ehegatte erhält ab November 2012 Hinterbliebenenbezüge.
Besteuerung des verstorbenen Ehegatten:
ab 2006: Versorgungfreibetrag 40 % der Versorgungsbezüge, maximal 3000 € zzgl Zuschlag zum Versorgungsfreibetrag 900 € (§ 19 Abs 2 Satz 3 EStG; *Altersgrenze* Rz 19)
2012: Versorgungsfreibetrag und Zuschlag wie 2006 iHv $^{10}/_{12}$.
Besteuerung des überlebenden Ehegatten:
2012: Versorgungsfreibetrag und Zuschlag $^{2}/_{12}$ von 40 % der Versorgungsbezüge, höchstens 3000 € zzgl Zuschlag $^{2}/_{12}$ von 900 € (§ 19 Abs 2 Satz 7 EStG).

13 **3. Rente.** In der gesetzlichen RV wird die Hinterbliebenenrente im Wesentlichen als Witwen- bzw Witwerrente, Erziehungsrente und Waisenrente geleistet. Auch eingetragene **Lebenspartner** fallen hierunter (BVerfG 7.7.09 – 1 BvR 1164/07, BB 09, 2421). Einzelheiten s unten Rz 18 ff. Auch Zusatzleistungen, wie zB Rentenabfindungen bei Wiederverheiratung von Witwen/Witwern und Zinsen gehören hierher.

14 Die **Besteuerung** der Hinterbliebenenrente folgt der Besteuerung der Altersrente (§ 22 Nr 1 Satz 3a) aa) Satz 8 EStG). Dies ist verfassungsgemäß (FG Saarl 27.6.11 – 2 K 1599/09, BeckRS 2011, 96570. Der Besteuerungsanteil der Rente ändert sich also nicht, dh der

Besteuerungsanteil der Hinterbliebenenrente richtet sich nach dem Beginn der Altersrente des Verstorbenen (BFH 8.3.89 – X 16/85, BStBl II 89, 551; s *Altersrente* Rz 11 ff).

Beispiele:
Altersrente seit 2002; Hinterbliebenenrente seit 2008: Besteuerungsanteil der Witwenrente 50 %
Altersrente seit 2007; Hinterbliebenenrente seit 2013: Besteuerungsanteil der Witwenrente 54 %

Im Prinzip gilt das Gleiche, wenn eine **kleine Witwenrente** einer **großen Witwenrente** folgt und umgekehrt (s hierzu unten Rz 19 ff) oder eine **Waisenrente** einer Altersrente folgt. Der jeweilige Besteuerungsanteil richtet sich nach dem Beginn der ersten Rente. Lebt eine wegen Wiederverheiratung des Rentenberechtigten weggefallene Witwen-/Witwerrente wegen Auflösung oder Nichtigerklärung der erneuten Ehe oder erneuten Lebenspartnerschaft wieder auf (§ 46 Abs 3 SGB VI; s hierzu unten Rz 28), ist bei Wiederaufleben der Witwen-/Witwerrente ebenfalls der Besteuerungsanteil der ersten, später weggefallenen Rente maßgebend (§ 22 Nr 1 Satz 3a) aa) Satz 8 EStG).

Sachleistungen und der **Kinderzuschuss** aus der gesetzlichen RV sind steuerfrei (§ 3 Nr 1b EStG). Dies gilt nicht für Kinderzuschüsse aus einem Versorgungswerk (BFH 31.8.11 – X R 11/10, DStR 12, 455). Bei der Einkommensermittlung der Rente sind Werbungskosten, ggf der Werbungskostenpauschbetrag (§ 9a Nr 3 EStG: 102 €), zu berücksichtigen, nicht aber der Versorgungsfreibetrag (BFH 12.6.06 – III B 189/05, BFH/NV 06, 2055). Der ArbGeb ist mit der Rentenbesteuerung – anders als bei den Versorgungsbezügen nach § 19 Abs 2 EStG – nicht befasst. Für die Verpflichtung, in Todesfällen Beihilfen zu gewähren, kann der ArbGeb eine Rückstellung bilden (BFH 30.1.02 – I R 71/00, BFH/NV 02, 1208). Zu Renten aus betrieblicher Altersversorgung, auch an den **Lebensgefährten,** s *Betriebliche Altersversorgung* Rz 123, 157, 174; zu Renten aus privater Altersvorsorge *Altersvorsorgevermögen* Rz 6 ff. 15

4. Pauschbeträge. Personen, denen laufende Hinterbliebenenbezüge bewilligt worden sind, erhalten auf Antrag einen Pauschbetrag von 370 € **(Hinterbliebenen-Pauschbetrag),** wenn die Hinterbliebenenbezüge nach den in § 33b Abs 4 EStG oder nach den in R 33b Abs 1 EStR genannten Bestimmungen geleistet werden. Zu den Voraussetzungen des Hinterbliebenen-Pauschbetrags im Einzelnen s R 33b EStR. Zur Übertragung eines Hinterbliebenen-Pauschbetrags, der einem Kind zusteht, auf den Stpfl s § 33b Abs 5 EStG; *Kindervergünstigungen* Rz 35. Der Hinterbliebenen-Pauschbetrag wird auf Antrag des Stpfl beim FA nach dessen Anweisung in die LSt-Karte, ab 2013 in die ELStAM aufgenommen (§ 39a Abs 1 Nr 4 und Abs 2 EStG; R 39.1 Abs 6 und R 39a.1 Abs 2 LStR; Einzelheiten s *Lohnsteuerermäßigung* Rz 12). 16

5. Erbschaftsteuer. Vertraglich vereinbarte Hinterbliebenenbezüge aus einem Arbeitsverhältnis sind nicht erbschaftstpfl. Dies gilt aber nicht für die Hinterbliebenenbezüge, die ein beherrschender Gesellschafter mit der GmbH, deren Geschäftsführer er ist, in angemessener Höhe vereinbart (BFH 24.5.05 – II B 40/04, BFH/NV 05, 1571). 17

Literaturhinweis: BMF 19.8.13 – IV C 3 – S 2222/12/10010:004 ua, BStBl I 13, 1087 Rz 168 ff.

C. Sozialversicherungsrecht
Ruppelt

1. Gesetzliche Rentenversicherung. a) Reform der Renten wegen Todes ab 1.1.2002. Aufgrund des **AVmEG** ist das Hinterbliebenenrecht der gesetzlichen RV einer tiefgreifenden Reform unterzogen worden. Die Neuregelungen gelten nur für Ehepaare, die **nach dem 31.12.2001 geheiratet haben oder bei denen beide Partner nach dem 1.1.1962** geboren sind. Das bisherige Hinterbliebenenrecht ist nach Maßgabe von § 242a SGB VI weiterhin anzuwenden, wenn der Tod des Ehegatten vor dem 1.1.02 eingetreten ist oder die Ehe bereits vor dem 1.1.02 geschlossen wurde **und** mindestens ein Ehegatte vor dem 2.1.62 geboren ist (Altehen). Durch das Gesetz zur Überarbeitung des Lebenspartnerschaftsrechts vom 15.12.04 (BGBl I 04, 3396) sind die **Lebenspartner** einer eingetragenen gleichgeschlechtlichen Lebenspartnerschaft bei Todesfällen nach dem 31.12.04 (BSG 16.3.10 – B 2 U 8/09 R, SozR 4–2700 § 63 Nr 5) hinsichtlich der Hinterbliebenenleistungen der gesetzlichen RV in vollem Umfang **Witwen und Witwern gleichgestellt.** Dies gilt auch für die Hinterbliebenenleistungen der gesetzlichen UV (§ 63 Abs 1a SGB VII). Vgl *Vogel/Pötter* Gesetzliche Neuregelungen für eingetragene Lebenspartner ab 1.1.2005, DAngVers 05, 156. 18

223 Hinterbliebenenrente

Anspruch auf Hinterbliebenenrente aus der gesetzlichen RV besteht für überlebende Lebenspartner einer eingetragenen gleichgeschlechtlichen Lebenspartnerschaft nicht, wenn für denselben Zeitraum aus den Rentenanwartschaften eines Versicherten Anspruch auf eine Witwen- oder Witwerrente für einen Ehegatten besteht oder ein Rentensplitting durchgeführt wurde (§ 105a SGB VI).

19 **b) Neues Hinterbliebenenrecht der gesetzlichen Rentenversicherung.** Dieses Recht findet Anwendung auf Ehepaare die nach **dem 31.12.2001 geheiratet** haben **oder** bei denen **beide Partner** nach dem **1.1.1962** geboren sind.

aa) Große Witwen- oder Witwerrente. Diese Rente beträgt nach Ablauf des Sterbevierteljahres, in dem die Vollrente gezahlt wird (§ 67 Nr 6 SGB VI), nur noch 55% der Rente wegen voller *Erwerbsminderung* des verstorbenen Ehepartners (Rentenartfaktor 0,55). Die große Witwen-/Witwerrente wird gezahlt, wenn der überlebende Ehegatte nicht wieder geheiratet hat und bereits das 45. Lebensjahr vollendet hat, oder ohne dieses Lebensjahr bisher erreicht zu haben entweder waisenrentenberechtigte Kinder erzieht oder aber teilweise bzw voll erwerbsgemindert ist (§ 46 Abs 2 SGB VI). Die Altersgrenze von 45 Jahren wird ab dem Jahr 2012 nach Maßgabe von § 242a Abs 5 SGB V stufenweise auf das 47. Lebensjahr angehoben. Für alle Todesfälle ab dem Jahr 2029 gilt die Altersgrenze von 47 Jahren für die große Witwen- oder Witwerrente (§ 46 Abs 2 Satz 1 Nr 2 SGB VI). Weitere Voraussetzung ist, dass der verstorbene Ehegatte die allgemeine Wartezeit von fünf Jahren nach § 50 Abs 1 SGB VI erfüllt hat. Für einen Anspruch auf Witwenrente oder Witwerrente der gesetzlichen RV gelten als Heirat auch die Begründung einer **Lebenspartnerschaft,** als Ehe auch eine Lebenspartnerschaft, als Witwe und Witwer auch ein überlebender Lebenspartner und als Ehegatte auch ein Lebenspartner. Der Auflösung oder Nichtigkeit einer erneuten Ehe entspricht die Aufhebung oder Auflösung einer neuen Lebenspartnerschaft (§ 46 Abs 4 SGB VI). Zum Ausgleich für die im Vergleich zum alten Recht herabgesetzte Rente erhalten Hinterbliebene, die Kinder erzogen haben, einen dynamischen Zuschlag an persönlichen Entgeltpunkten, der zur Witwen- oder Witwerrente geleistet wird (§§ 78a ff SGB VI). Er entspricht bei durchgehender mindestens dreijähriger Erziehung eines Kindes einem Entgeltpunkt. Während des sog Sterbevierteljahres steht der Witwe oder dem Witwer eine Rente in Höhe der vollen Versichertenrente des Verstorbenen zu; für diese Zeit wird ein Zuschlag an persönlichen Entgeltpunkten nicht geleistet. Im Übrigen (Kinder, Eheschließung, Abfindung bei Wiederheirat) vgl Rz 27 ff.

20 **bb) Kleine Witwen- oder Witwerrente.** Diese Rente wird unter den Voraussetzungen des § 46 Abs 1 SGB VI (keine Wiederheirat, Wartezeiterfüllung) nur noch für 24 Monate gezahlt. Sie beträgt nach Ablauf des Sterbevierteljahres (§ 67 Nr 5 SGB VI) 25% der Rente wegen voller *Erwerbsminderung* des verstorbenen Ehepartners (Rentenartfaktor 0,25). Eine Altersgrenze besteht nicht. Die Abfindung der kleinen Witwen- oder Witwerrente wird an den gekürzten Anspruchszeitraum für den Bezug dieser Rente angepasst. Die Höhe der Abfindung verringert sich, soweit der Zeitraum von zwei Jahren bereits durch den Bezug einer kleinen Witwen- oder Witwerrente ausgeschöpft wurde. Haben Witwen oder Witwer zB nur für zwölf Kalendermonate die kleine Witwen- oder Witwerrente erhalten, wird damit die Abfindung auch nur noch in Höhe des zwölffachen Monatsbetrages der abzufindenden Rente geleistet (§ 107 Abs 1 Satz 3 SGB VI). Zu den Voraussetzungen der Rente im Übrigen s Rz 25.

21 **cc) Versorgungsehe.** Ein Anspruch auf (große und kleine) Witwen- oder Witwerrente ist nach § 46 Abs 2a SGB VI ausgeschlossen, wenn die Ehe nicht **mindestens ein Jahr** angedauert hat (Regeltatbestand), es sei denn, der alleinige oder überwiegende Zweck der Heirat war es nicht, eine Hinterbliebenenrente zu erhalten (Ausnahmetatbestand). Mit dieser durch das AVmEG ab 1.1.02 eingeführten Regelung soll verhindert werden, dass bspw kurz vor dem Tode eines schwer Erkrankten noch eine Ehe zur Erlangung der Hinterbliebenenrente geschlossen wird. Die Annahme einer Versorgungsehe ist nur dann nicht gerechtfertigt, wenn die von der Versorgungsabsicht verschiedenen Beweggründe beider Ehegatten insgesamt gesehen überwiegen oder zumindest gleichwertig sind. Die Darlegungs- und Beweislast trägt der Anspruchssteller (BSG 5.5.09 – B 13 R 55/08 R, BSGE 103, 99, Rz 21 ff; BSG 19.10.11 – B 13 R 33/11 R, NZS 12, 230; LSG Hess 16.11.11 – L 5 R 320/10, FamRZ 12, 1013; LSG BaWü 16.10.12 – L 11 R 392/11, BeckRS FamFR 13, 65). Die Regelung ist verfassungsgemäß (BSG 5.5.09 – B 13 R 53/08 R, NZS 2010, 400).

dd) Rentensplitting. Die Ehepartner können zwischen der Hinterbliebenenrente nach **22** neuem Recht und dem neu eingeführten Rentensplitting unter Ehegatten **wählen** (§§ 120a ff SGB VI). Durch eine **übereinstimmende Erklärung** beider Ehepartner kann eine gleichmäßige Aufteilung der gemeinsam in der Splittingzeit erworbenen Rentenanwartschaften erreicht werden. Splittingzeit ist dabei die Zeit vom Beginn des Monats, in dem die Ehe geschlossen worden ist, bis zum Ende des Monats, in dem der Anspruch auf Durchführung des Rentensplittings unter Ehegatten entstanden ist. Mit der verbindlichen Wahl des Rentensplittings unter Ehegatten schließen die Ehepartner jedoch die spätere Zahlung einer Witwen- oder Witwerrente aus. Vorteile gegenüber einer späteren Witwen- oder Witwerrente können sich durch das Rentensplitting für den begünstigten Ehepartner (idR für Frauen) dadurch ergeben, dass die im Wege des Rentensplittings unter Ehegatten erworbenen **eigenständigen Rentenansprüche** im Gegensatz zu den abgeleiteten Hinterbliebenenrenten **nicht der Einkommensanrechnung** unterliegen und bei einer evtl Auflösung der Ehe und späteren Wiederheirat mit einem anderen Ehepartner nicht wegfallen. Das Rentensplitting unter Ehegatten ist dem Versorgungsausgleich bei Ehescheidung nachgebildet. Es beschränkt sich allerdings ausschließlich auf die in der Splittingzeit erworbenen dynamischen Rentenansprüche in der gesetzlichen RV. Nach Durchführung des Rentensplittings besteht kein Anspruch mehr auf Witwen- oder Witwerrente (§ 46 Abs 2b SGB VI).

Berechtigter Personenkreis für das Rentensplitting. Das Rentensplitting unter Ehe- **23** gatten kommt nur für die Ehepartner in Betracht, deren Ehe nach dem 31.12.01 geschlossen worden ist **oder** deren Ehe am 31.12.01 bereits bestand und beide Ehegatten nach dem 1.1.62 geboren sind (§ 120a Abs 2 SGB VI). Die Ehegatten können sich für das Rentensplitting erst entscheiden, wenn das **Versicherungsleben abgeschlossen** ist. Das ist der Fall, wenn beide Ehegatten erstmalig Anspruch auf eine Vollrente wegen Alters haben oder ein Ehegatte erstmalig den Anspruch auf eine Vollrente wegen Alters und der andere Ehegatte die Regelaltersgrenze erreicht hat. Stirbt einer der Ehegatten vor Eintritt dieser Voraussetzungen, so kann der überlebende Ehegatte die Erklärung auf Durchführung des Rentensplittings unter Ehegatten allein abgeben (§ 120a Abs 3 SGB VI). Weitere Voraussetzung ist, dass beide Ehegatten jeweils 25 Jahre an rentenrechtlichen Zeiten zurückgelegt haben (s *Rentenversicherungsrechtliche Zeiten* Rz 3 ff). Wird das Rentensplitting unter Ehegatten erklärt, nachdem ein Ehegatte gestorben ist, müssen die 25 Jahre an rentenrechtlichen Zeiten allein beim überlebenden Ehegatten vorhanden sein (§ 120a Abs 4 SGB VI).

Rentensplitting auf der Basis von Entgeltpunkten. Die Aufteilung der Rentenansprüche erfolgt im Gegensatz zum Versorgungsausgleich bei Ehescheidung nicht als Übertragung eines Entgeltbetrages an monatlicher Rentenanwartschaft, sondern auf der Basis von Entgeltpunkten. Diese Entgeltpunkte werden bei den Ehegatten entweder als Zuschlag oder aber als Abschlag im jeweiligen Versicherungskonto gespeichert. Dem Rentensplitting unter Ehegatten unterliegen nur die Entgeltpunkte, die in der Splittingzeit erworben worden sind. Zu übertragen ist die Hälfte des Unterschieds zwischen den von beiden Ehegatten in der Splittingzeit erworbenen Entgeltpunkten gewichtet nach ihrer Wertigkeit (§ 120a Abs 7 SGB VI). Eine **Härtefallregelung** enthält § 120b SGB VI bei Tod eines Ehegatten vom Empfang angemessener Leistungen nach Rentensplitting. Durch das Gesetz zur Strukturreform des Versorgungsausgleichs vom 3.4.09 (BGBl I 09, 700) ist die Schonzeit auf drei Jahre verlängert worden, dh sind dem verstorbenen Ehegatten aus dem Rentensplitting nicht länger als 36 Monate Rentenleistungen erbracht worden, wird die Rente des überlebenden Ehegatten auf Antrag nicht länger auf Grund des Rentensplittings gekürzt. Eine Anpassungsmöglichkeit eröffnet § 120c SGB VI bei einer Veränderung des dem Splitting zugrunde gelegten Wertunterschieds.

c) Hinterbliebenenrecht der gesetzlichen Rentenversicherung bis 31.12.2001. **24** Dieses Recht findet Anwendung auf alle Altehen (s oben Rz 18).

aa) Kleine Witwen- oder Witwerrente nach altem Recht ohne zeitliche Beschrän- **25** kung erhalten die nach dem Tod ihres versicherten Ehegatten, wenn sie nicht wieder geheiratet haben und der **versicherte Ehegatte** die allgemeine Wartezeit erfüllt hat (§ 46 Abs 1 SGB VI). Hat der Versicherte die allgemeine Wartezeit vor seinem Tod nicht erfüllt, kommt unter den Voraussetzungen des § 53 SGB VI (zB bei Tod durch Arbeitsunfall) eine vorzeitige Wartezeiterfüllung in Betracht. Der Rentenartfaktor beträgt für diese Rente 0,25.

223 Hinterbliebenenrente

26 **bb) Große Witwen- oder Witwerrente nach altem Recht** mit dem Rentenartfaktor 0,6 wird gezahlt, wenn neben den Voraussetzungen für die kleine Rente der hinterbliebene Ehegatte das 45. Lebensjahr vollendet hat (s Rz 19 zur Anhebung der Altersgrenze), oder erwerbsgemindert ist, oder ein eigenes oder ein Kind des Versicherten, das das 18. Lebensjahr noch nicht vollendet hat, erzieht (§ 46 Abs 2 SGB VI). Die Rente wird grds auf Zeit geleistet, es sei denn, es ist unwahrscheinlich, dass die Minderung der Erwerbsfähigkeit behoben werden kann (§ 102 Abs 2 SGB VI).

27 **d) Als Kinder für Witwen- oder Witwerrenten nach altem und neuem Recht** werden nach näherer Maßgabe des § 46 Abs 2 Satz 2 SGB VI auch Stiefkinder, Pflegekinder, Enkel und Geschwister berücksichtigt, wenn sie in den Haushalt der Witwe oder des Witwers aufgenommen bzw überwiegend von diesen unterhalten werden. Der Erziehung steht die in häuslicher Gemeinschaft ausgeübte Sorge für ein eigenes Kind oder ein Kind des versicherten Ehegatten, das wegen körperlicher, geistiger oder seelischer Behinderung außerstande ist, sich selbst zu unterhalten, auch nach dessen vollendetem 18. Lebensjahr gleich. Voraussetzung für die Witwen- oder Witwerrente ist eine **wirksam geschlossene Ehe.** Für Eheschließungen im **Ausland** sind hinsichtlich Voraussetzungen und Form Art 13 Abs 1 und Art 11 Abs 1 EGBGB maßgeblich. Danach kann auch eine polygame Ehe nach ausländischem Recht gem § 34 SGB I für die Witwenrentenberechtigung als wirksam anzusehen sein, wenn sie unterhaltsrechtlich einer deutschen Ehe entspricht.

28 **e) Bei Wiederheirat** endet der Anspruch auf Witwen- oder Witwerrenten nach altem und neuem Recht mit Ablauf des Monats der Wiederheirat (§ 100 Abs 3 Satz 1 SGB VI). Es wird bei der ersten Wiederheirat ein Abfindungsbetrag iHd 24fachen Monatsbetrages gezahlt (§ 107 SGB VI). Dies gilt für kleine Witwen- oder Witwerrente nach neuem Recht nur eingeschränkt (vgl Rz 20). Bei Auflösung (Tod des Ehegatten, Scheidung, gerichtliche Aufhebung) oder Nichtigerklärung der neuen Ehe lebt die Rente nach dem vorletzten Ehegatten unter den sonstigen Voraussetzungen des § 46 Abs 1 und 2 SGB VI wieder auf.

29 **f) Übergangsrecht. aa) Witwerrente.** Für Ansprüche von **Witwern** auf Rente wegen Todes nach der versicherten Ehefrau geht § 303 Satz 1 SGB VI als Sonderregelung vor, wenn die Ehefrau vor dem 1.1.86 gestorben ist oder die Ehegatten bis zum 31.12.88 erklärt haben, dass für sie das bis zum 31.12.85 geltende Hinterbliebenenrecht Gültigkeit behalten soll. Danach erhält der Ehemann nach dem Tod seiner versicherten Ehefrau nur dann eine Witwerrente, wenn die verstorbene Ehefrau den Unterhalt der Familie überwiegend bestritten hat.

bb) Anspruch auf große Witwen- oder Witwerrente besteht nach § 242a SGB VI bei Erfüllung der sonstigen Voraussetzungen auch, wenn die Witwe oder der Witwer vor dem 2.1.61 geboren und berufsunfähig nach § 240 Abs 2 SGB VI ist **oder** bereits am 31.12.2000 berufs- oder erwerbsunfähig war. Die Vorschrift stellt sicher, dass auch Witwen und Witwer eine Rente erhalten, die die Voraussetzungen der Berufsschutzregelung erfüllen oder bereits nach altem Recht erwerbs- oder berufsunfähig waren. In Zusammenhang mit der Reform der Renten wegen verminderter Erwerbsfähigkeit sind weitere Übergangsvorschriften in § 243 SGB VI geregelt.

30 **g) Halbwaisen- und Vollwaisenrente.** Eine Halbwaisenrente ist dem Kind nach dem Tode des versicherten Elternteils, der die Wartezeit von fünf Jahren erfüllt hat, zu gewähren, wenn es noch einen unterhaltspflichtigen Elternteil hat. Auf die Leistungsfähigkeit zur Erfüllung des Unterhaltsanspruches kommt es nicht an. Anspruch auf Vollwaisenrente besteht, wenn ein unterhaltsverpflichteter Elternteil nicht mehr vorhanden ist (§ 48 Abs 1 und 2 SGB VI). Anspruchsberechtigt sind auch die Kinder, die bei großen Witwen- und Witwerrenten berücksichtigt werden (s Rz 27). Zur Frage der Haushaltsaufnahme und des überwiegenden Unterhalts eines Enkelkindes im Haushalt der Großmutter iSd § 48 Abs 3 Nr 2 SGB VI vgl LSG München 19.2.09 – L 18 R 585/03, BeckRS 2009, 67165.

Die Rente wird grds bis zur Vollendung des **18. Lebensjahres,** unter den Voraussetzungen des Abs 4 Nr 2 bis zur Vollendung des **27. Lebensjahres** gewährt. Der Rentenartfaktor beträgt bei Halbwaisenrenten 0,1, bei Vollwaisenrenten 0,2.

31 **h) Erziehungsrente.** Versicherte haben bis zur Erreichung der Regelaltersgrenze Anspruch auf Erziehungsrente (Rentenartfaktor 1), wenn ihre Ehe nach dem 30.6.77 **geschieden** und ihr geschiedener Ehegatte gestorben ist, sie ein eigenes Kind oder ein Kind des geschiedenen Ehegatten erziehen (s oben), sie nicht wieder geheiratet haben und sie bis zum

Tode des geschiedenen Ehegatten die allgemeine Wartezeit erfüllt haben (§ 47 Abs 1 SGB VI). Anspruch auf Erziehungsrente besteht auch für verwitwete Ehegatten, für die ein Rentensplitting unter Ehegatten durchgeführt wurde, wenn sie ein eigenes Kind oder ein Kind des verstorbenen Ehegatten erziehen (§ 46 Abs 2 SGB VI), sie nicht wieder geheiratet haben und die allgemeine Wartezeit erfüllen (§ 47 Abs 3 SGB VI). Die allgemeine **Wartezeit** muss durch den **überlebenden geschiedenen Ehegatten** erfüllt sein, nicht erforderlich ist, dass der verstorbene geschiedene Ehegatte versichert war. Die Wartezeit kann ggf im Wege des Versorgungsausgleiches erfüllt werden (§ 52 SGB VI). Für einen Anspruch auf Erziehungsrente der gesetzlichen RV gelten als Scheidung einer Ehe auch die Auflösung einer Lebenspartnerschaft, als geschiedener Ehegatte auch der frühere eingetragene **Lebenspartner,** als Heirat auch die Begründung einer eingetragenen Lebenspartnerschaft, als verwitweter Ehegatte auch ein überlebender eingetragener Lebenspartner und als Ehegatte auch der eingetragene Lebenspartner (§ 47 Abs 4 SGB VI).

i) Geschiedenenwitwen/witwerrente wird nach näherer Maßgabe von § 243 SGB VI 32 gewährt, wenn die Ehe vor dem 1.7.77 geschieden worden ist und gegen den verstorbenen geschiedenen Ehegatten ein Unterhaltsanspruch bestand. Richtet sich der Unterhaltsanspruch des geschiedenen Ehegatten nach dem Recht, das im Beitrittsgebiet gegolten hat, findet § 243 SGB VI keine Anwendung (§ 243a SGB VI).

j) Rentenhöhe. Die Rentenhöhe richtet sich nach der Höhe der entrichteten **Beiträge** 33 (unter Berücksichtigung bestimmter beitragsfreier oder beitragsgeminderter Zeiten), dem **Rentenartfaktor** und dem **Zugangsfaktor** (vgl *Rentenanpassung*). Während die Beitragszeiten von der individuellen Versicherungsbiographie abhängen, richtet sich der Rentenartfaktor nach der gezahlten Rentenart (Altersrente, Hinterbliebenenrente usw) und der Zugangsfaktor nach dem Alter des Versicherten (nicht der Hinterbliebenen) bei Rentenbeginn oder Tod (BSG 25.2.10 – B 13 R 345/09 B, *Breithaupt* 2010, 842, zur Berechnung der Höhe der Witwenrente nach einem vor Vollendung des 60. Lj verstorbenen Schwerbehinderten). Der Zugangsfaktor verringert sich bei Hinterbliebenenrenten für jeden Kalendermonat, der sich vom Ablauf des Monats, in dem der Versicherte verstorben ist, bis zum Ablauf des Kalendermonats der Vollendung des 63. Lebensjahres des Versicherten ergibt, um jeweils 0,003 (§ 77 Abs 2 Satz 1 Nr 4 SGB VI). Dies führt für jeden Kalendermonat des vorgezogenen Bezugs zu einer um 0,3 % geminderten Rente auf Dauer. Der Abschlag beträgt höchstens 10,8 % (§ 77 Abs 2 Satz 2 SGB VI). Entsprechend der Anhebung der Altersgrenzen für den Bezug der Altersrenten durch das RV-Altersgrenzenanpassungsgesetz vom 20.4.07 (BGBl I 07, 554) werden auch für die Hinterbliebenen- und Erziehungsrenten die Altersgrenzen für den abschlagfreien Bezug dieser Renten ab 2012 angehoben (§ 77 Abs 2 Satz 1 Nr 3 und Nr 4 SGB VI). Die Anhebung erfolgt stufenweise von der Vollendung des 63. Lebensjahres auf die Vollendung des 65. Lebensjahres nach Maßgabe der Tabelle in § 264c SGB VI. Mit dem Jahre 2024 ist die Anpassung abgeschlossen und ein abschlagsfreier Bezug einer Hinterbliebenenrente ist dann nur noch möglich, wenn der Versicherte nach Vollendung des 65. Lebensjahres verstorben ist. Die Erziehungsrente (s Rz 31) wird danach ab 2024 abschlagsfrei nur noch zwischen dem 65. und 67. Lebensjahr der (oder des) Berechtigten (nicht des Verstorbenen) gewährt. Um die Verminderung des Zugangsfaktors zu mildern, wird die Zeit vom Eintritt des Versicherungsfalls bis zum 60. Lebensjahr in vollem Umfang als Zurechnungszeit berücksichtigt (§ 59 SGB VI).

k) Anrechnung von Einkommen auf Renten wegen Todes. Auf die Witwen- und 34 Witwerrenten nach §§ 46, 242a, 243, 303 SGB VI, die Waisenrente an ein über 18 Jahre altes Kind nach § 48 Abs 4 Nr 2 SGB VI und die Erziehungsrente nach § 47 SGB VI wird nach Ablauf des Sterbevierteljahres das nach §§ 18a und 18b SGB IV zu ermittelnde Einkommen des Rentenempfängers nach Maßgabe von § 97 SGB VI angerechnet. Daraus folgt nicht die Kürzung der Rente in Höhe des Einkommens, vielmehr verringert sich der zu berücksichtigende Teil zunächst durch die pauschalierende Ermittlung des Nettoeinkommens nach § 18b Abs 2 SGB IV. Sodann sind Freibeträge nach § 97 Abs 2 Satz 1 und ggf Satz 2 SGB VI zu berücksichtigen. Das danach zu berücksichtigende Einkommen wird nach § 97 Abs 2 Satz 3 SGB VI zu 40 vH auf die Rentenleistungen angerechnet.

Die anrechenbaren Einkommensarten ergeben sich aus § 18a SGB IV. Es handelt sich um 35 **Erwerbseinkommen** (Arbeitsentgelt aus abhängiger Beschäftigung und Einkommen aus selbstständiger Tätigkeit), **Erwerbsersatzeinkommen** (öffentliche und private Renten,

Ruhegehälter, Krankengeld, Verletztengeld, AlGeld, Mutterschaftsgeld usw), **Vermögenseinkommen** (Einnahmen aus Kapitalvermögen und Lebensversicherungen, Einnahmen aus Vermietung und Verpachtung, Gewinne aus privaten Veräußerungsgeschäften iSd von § 23 EstG) und das **Elterngeld**. Es findet eine umfassende Berücksichtigung nahezu aller Einnahmen statt. Ausgenommen sind lediglich steuerfreie Einnahmen nach § 18a Abs 1 Satz 2 Nr 1 SGB IV und Einnahmen aus steuerlich geförderten Altersvorsorgeverträgen („Riester-Rente").

36   **Keine Hinzuverdienstgrenzen** gelten für Bezieher von Witwen- oder Witwerrenten, deren Grundlage ein Todesfall vor dem 1.1.86 ist und für Bezieher von Witwen- oder Witwerrente aufgrund eines Todesfalles nach dem 31.12.85, die gegenüber dem RV-Träger eine wirksame Erklärung für das bis zum 31.12.85 geltende Hinterbliebenenrecht abgegeben haben (s Rz 29).

37   **1) Vorsätzliche Tötung.** Anspruch auf Rente wegen Todes und auf Versichertenrente, soweit der Anspruch auf dem Rentensplitting beruht, besteht nicht für die Personen, die den Tod vorsätzlich herbeigeführt haben (§ 105 SGB VI). Das gilt auch bei einer Tötung auf Verlangen (BSG 17.4.12 – B 13 R 347/10 B, SozR 4 – 2600 § 105 Nr 1).

38   **2. Unfallversicherung.** Stirbt der Verletzte **an den Folgen** eines *Arbeitsunfalls* oder einer anerkannten *Berufskrankheit* (BSG 25.7.01 – B 8 KN 1/00 U R, BSGE 88, 226), sei es auch erst nach Jahren so werden an die Hinterbliebenen Sterbegeld Überführungskosten und Hinterbliebenenrenten gewährt (vgl *Schulin* Bd 2/*Ruppelt* § 49). Bis zum Ablauf des dritten Kalendermonats nach Ablauf des Monats, in dem der Ehegatte verstorben ist, erhalten die Witwe oder der Witwer bzw der überlebende Partner einer eingetragenen Lebenspartnerschaft nach § 65 Abs 1 Nr 1 SGB VII die Rente in Höhe von zwei Dritteln des JAV. Die **Kleine Witwen- und Witwerrente** beträgt 30 vH, die **Große Witwen- und Witwerrente** 40 vH des JAV (§ 65 Abs 2 SGB VII). Die **Vollwaisenrente** beträgt 30 vH, die Halbwaisenrente 20 vH des JAV (§ 68 Abs 1 SGB VII). Durch das AVmEG wurde auch in der UV die Befristung der kleinen Witwen- und Witwerrente für Neuehen eingeführt (§§ 65, 80 SGB VII).

Hinsichtlich des **Hinzuverdienstes** gilt das im RVRecht maßgebende Prinzip der Einkommensanrechnung unter Berücksichtigung der Freibeträge (s oben Rz 28). Die Höhe des anrechenbaren Einkommens wird nach § 65 Abs 3 SGB VII ermittelt. Beim **Zusammentreffen einer Rente aus gesetzlichen Rentenversicherung** mit einer Rente aus der UV wird die Rente aus UV grds insoweit ganz oder teilweise nicht geleistet, als beide Renten den nach § 93 SGB VI zu errechnenden Grenzbetrag überschreiten (BSG 17.4.12 – B 13 R 15/11 R, NZS 12, 791). Die Renten der Hinterbliebenen dürfen zusammen vier Fünftel des JAV nicht übersteigen, ansonsten werden sie bei den Hinterbliebenen nach dem Verhältnis ihrer Höhe gekürzt (§ 70 SGB VII). Keine Anrechnung erfolgt in den Sonderfällen des § 93 Abs 5 SGB VII (Versicherungsfall der UV nach Rentenbeginn der gesetzlichen RV oder die UV beruht auf eigener Beitragsleistung des Versicherten, was insbesondere bei freiwilliger Mitgliedschaft in der UV und bei Landwirtschaftlichen Unternehmern der Fall ist). Vgl *Rieker* Die Anrechnung einer Verletztenrente aus der gesetzlichen Unfallversicherung auf die Witwenrente aus der gesetzlichen Rentenversicherung, NZS 13, 138.

Die Witwe oder der Witwer haben keinen Anspruch auf Rente, wenn die **Ehe** erst **nach** dem **Versicherungsfall** (Arbeitsunfall) geschlossen und der Tod innerhalb des ersten Jahres der Ehe eingetreten ist, es sei denn, dass nach den besonderen Umständen des Falles die Annahme nicht gerechtfertigt ist, dass es der alleinige oder überwiegende Zweck der Heirat war, der Witwe oder dem Witwer eine Versorgung zu verschaffen (§ 65 Abs 6 SGB VII). Vgl auch Rz 21.

Hat der durch den Arbeitsunfall Verstorbene seine Eltern aus seinem Arbeitsverdienst wesentlich unterhalten und hätten diese ohne den Arbeitsunfall Anspruch auf Unterhalt, ist eine **Elternrente** von 30 vH des JAV für ein Elternpaar (20 vH für einen Elternteil) zu gewähren (§ 69 SGB VII).

Incentivereisen

A. Arbeitsrecht
Griese

1. Allgemeines. Der ArbGeb kann als **zusätzlichen Vergütungsbestandteil** eine Incentivereise ausloben, anbieten oder als Losgewinn ausschreiben. Sie wird üblicherweise als Anreiz für besondere Leistungen angeboten und gewährt. Der ArbGeb will durch sie bspw besondere Verkaufserfolge bei Vertriebsmitarbeitern oder sonstige besondere Leistungen einzelner ArbN oder ArbNGruppen belohnen (vgl LAG Düsseldorf 7.2.90, DB 90, 844). Der ArbGeb ist an die betriebsöffentlich ausgelobten oder angebotenen Leistungsvoraussetzungen gebunden (§ 657 BGB); der ArbN, der sie erfüllt, erwirbt einen Rechtsanspruch auf die ausgelobte Incentivereise. 1

Wird ein ArbN von seinem ArbGeb aufgrund seiner Verkaufserfolge zu einer Incentivereise eingeladen mit dem Hinweis im Begleitschreiben, dass die gesamte Reise auf Firmenkosten gehe, hat der ArbGeb die Verpflichtung, die auf den ArbN entfallende Lohn- und Kirchensteuer zu übernehmen, wenn sich später herausstellt, dass die Reisekosten vom FA nicht als Betriebsausgaben anerkannt werden (LAG Düsseldorf 7.2.90, DB 90, 844). Hinsichtlich einer solchermaßen angebotenen Incentivereise ist wegen der Ankündigung, alles gehe auf Firmenkosten, eine **Nettolohnvereinbarung** (s dort) anzunehmen, so dass der ArbGeb alle darauf entfallenden Steuern und SozVBeiträge zu tragen hat. Nimmt ein ArbGeb an einem Wettbewerb seines Lieferanten teil (Einzelhandelsunternehmer mit angestelltem Dekorateur), soll nach einer Entscheidung des BAG (Urt vom 12.3.97 – 5 AZR 669/95, NZA 97, 765) der ausgelobte Preis (Reise im Wert von DM 7000 = € 3579) allein dem ArbGeb zugute kommen. 2

2. Mitbestimmung des Betriebsrats. Die Auslobung einer Incentivereise ist ein Teil der betrieblichen Lohngestaltung und deshalb mitbestimmungspflichtig nach § 87 Abs 1 Nr 10 BetrVG (Wettbewerb mit Reisen in die USA, BAG 30.3.82 – 1 ABR 55/80, DB 82, 1519). Danach kann der ArbGeb zwar mitbestimmungsfrei darüber entscheiden, ob er Mittel zur Gewährung von Incentivereisen zur Verfügung stellt. Mitbestimmungspflichtig ist hingegen die Ausgestaltung im Einzelnen. Dies gibt dem BRat die Möglichkeit, auf die Einsehbarkeit und Durchschaubarkeit der Auslobungs- und Bezugsbedingungen hinzuwirken und hierdurch zur Entgeltgerechtigkeit im Betrieb beizutragen. 3

B. Lohnsteuerrecht
Thomas

1. Steuerliche Einordnung. Trägt der ArbGeb die Kosten einer Reise des ArbN, so bestimmen Zielsetzung und Begleitumstände der Reise, ob diese der Entlohnung des ArbN dient (echte Incentivereise) oder anderen unternehmerischen Zwecken (Dienstreise), wie bspw Geschäftsanbahnung, Betreuung von Geschäftsfreunden, beruflicher Fortbildung usw. Ergibt die Gesamtwürdigung, dass die zugewendete Reise eine Entlohnung darstellt, sind einzelne Kosten, die der ArbN selbst getragen hat (zB für die Anreise zum Flughafen), auch keine Werbungskosten (BMF 14.10.96, DStR 96, 1690 unter 2.d). Da die zugewendete Reise einen Sachbezug darstellt, kann sie unter den Voraussetzungen des § 37b Abs 2 EStG mit einem Pauschsteuersatz von 30 vH abgeltend erfasst werden. Entsprechendes gilt nach § 37b Abs 1 EStG, wenn Zuwendungsempfänger nicht ein eigener ArbN ist (vgl unten Rz 6). Zu Ferienmaßnahmen zugunsten behinderter ArbN vgl FG Münster 24.11.93, EFG 94, 658; zu Aufwendungen in Zusammenhang mit Provisionen, die bei einer Freizeitbeschäftigung erzielt werden, vgl FG Saarl 7.7.93, EFG 94, 102. 4

Ob gleichzeitig eine Nettolohnvereinbarung (s *Nettolohnvereinbarung* Rz 10) getroffen wurde, ist Tatfrage. Im Zweifel, insbesondere wenn die Einordnung als Arbeitslohn dem Grunde und/oder der Höhe nach fraglich ist, wird dies zu verneinen sein (vgl BFH 23.4.97, DStRE 97, 577), zumal wegen der mit einer Nettolohnvereinbarung verbundenen Tilgungswirkung (BFH 28.2.92, BStBl II 92, 733) an ihren Nachweis strenge Anforderungen gestellt werden. Denn ein ArbGeb, der mit Ausgaben keinen Zuwendungscharakter verbindet, wird erst recht nicht etwaige daran anknüpfende Steuern automatisch übernehmen wollen. Der 5

225 Incentivereisen

abgeltende Pauschsteuersatz des § 37b EStG beträgt unabhängig davon 30 vH, ob der Zuwendungsempfänger der Reise die pauschale Steuer übernehmen muss oder nicht.

6   Wird einem **Selbstständigen** mit Rücksicht auf die Geschäftsbeziehungen eine Reise zugewendet, erzielt er Betriebseinnahmen (BFH 14.4.88, BStBl II 88, 633; 22.7.88, BStBl II 88, 995 und 20.4.89, BStBl II 89, 641; 26.9.95, BStBl II 96, 273 mit Anm HFR 96, 244: Zuwendung vom Geschäftspartner einer Personengesellschaft an einen Gesellschafter; vgl auch BFH 2.8.12 – IV R 25/09, DStR 12, 1911 und BFH 23.6.93, BStBl II 93, 806: nach § 4 Abs 5 Nr 1 bzw Nr 4 EStG nicht abziehbare Betriebsausgaben; *Lück* DStZ 89, 216). Übernimmt bei einem **Gesellschafter-Geschäftsführer** einer GmbH diese die Kosten einer Incentivereise, so handelt es sich um eine verdeckte Gewinnausschüttung (BFH 6.4.05 – I R 86/04, BStBl II 05, 666 = DStR 05, 1270; BFH 19.3.97 – I R 75/96, BStBl II 97, 577). Das ist möglicherweise anders, wenn der Geschäftsführer im Rahmen eines Dienstvertrages tätig wird und noch andere ArbN teilnehmen (*Thomas* DStR 96, 1678 unter 5; BFH 27.6.97 – VI R 12/97, DStR 97, 1481 mit Anm *MIT* sowie BFH 2.5.01 – VIII R 32/00, BStBl II 01, 668; s auch *Dienstwagen* Rz 20).

7   **2. Arbeitslohn. a) Auswahlverfahren.** Wird eine Reise vom ArbGeb zum Zwecke der Entlohnung finanziert, so ist der damit verbundene Vorteil auch dann Arbeitslohn, wenn die Teilnehmer durch Losentscheid bestimmt werden. Eine Unterbrechung des Zusammenhangs mit dem Dienstverhältnis tritt nicht ein (BFH 25.11.93, BStBl II 94, 254; vgl auch BFH 28.2.75, BStBl II 75, 520). Arbeitslohn in Form von **Lohnzahlungen Dritter** kann vorliegen, wenn die Incentivereise nicht vom ArbGeb selbst, sondern bspw einem Geschäftspartner des ArbGeb zugewendet wird (BFH 5.7.96, BStBl II 96, 545 = DStR 96, 1402 mit Anm *MIT;* FG BaWü 12.1.95, EFG 95, 666; FG Brem 29.9.94, EFG 95, 484; FG RhPf 13.5.98, DStRE 98, 707 und FG BaWü 28.4.98, EFG 98, 1125). Während bei der Zuwendung durch den ArbGeb der Lohncharakter auf der Hand liegt, setzt die Annahme von Arbeitslohn bei Zuwendungen Dritter voraus, dass mit der Incentivereise jedenfalls auch Dienste belohnt werden, die der ArbN seinem ArbGeb schuldet (vgl *Arbeitsentgelt* Rz 71). Dass der zuwendende Dritte seine Aufwendungen evtl nach § 4 Abs 5 Nr 1 EStG nicht als Betriebsausgaben abziehen kann, lässt den Lohncharakter unberührt (*Thomas* DStR 96, 1680; vgl auch BFH 9.4.97, BStBl II 97, 539: kein striktes Korrespondenzprinzip). Bei Zuwendungen des ArbGeb an seine eigenen ArbN greift das Abzugsverbot des § 4 Abs 5 Nr 1 EStG nicht ein (BMF 14.10.96, DStR 96, 1690 unter 1. b).

8   **b) Zielsetzung.** Wird vom ArbGeb eine Reise bspw nach einem Verkaufswettbewerb als Belohnung der besonders erfolgreichen ArbN gewährt, so ist deren Wert Arbeitslohn (BFH 9.3.90, BStBl II 90, 711; 1.7.94, BFH/NV 95, 22; aA *Polke* DB 84, 1497). Aber auch ohne unmittelbaren Zusammenhang zwischen Reise und beruflichem Erfolg des ArbN kann eine Belohnung und damit Arbeitslohn anzunehmen sein, was die Ausgestaltung der Reise, insbesondere die Mitnahme des Ehegatten (BFH 25.3.93, BStBl II 93, 639; 18.2.94, BFH/NV 94, 708) ergeben kann. Denn der Lohnbegriff erfordert nicht eine Gegenleistung für eine konkrete einzelne Dienstleistung (BFH 7.12.84, BStBl I 85, 164).

9   Bei einer vom ArbGeb finanzierten Reise, die neben einem Entlohnungselement eigenbetriebliche Ziele (s *Arbeitsentgelt* Rz 48) des ArbGeb verfolgt, werden die Kosten aufgeteilt (vgl Rz 10). Das ist der Fall, wenn der Reise ein unmittelbarer beruflicher Anlass zugrunde liegt wie beispielsweise das Ansprechen eines Kunden, das Halten eines Fachvortrags auf einem Kongress oder die Durchführung eines Forschungsauftrags. Der berufliche Anlass als solcher – jedenfalls für einen Teil der Reise – muss festgestellt und kann nicht anteilig „geschätzt" werden (BFH 1.6.10 – VIII R 80/05, BFH/NV 10, 1805, Auslandsreise eines Steuerberaters). Eine Schätzung ist lediglich hinsichtlich des Umfangs des beruflichen Kostenanteils möglich. Dient die Reise nur allgemeinen beruflichen Informationszwecken, gelten die für eine **Auslandsgruppenreise** entwickelten Kriterien (fachliche Organisation, Zuschnitt des Programms auf die besonderen Bedürfnisse der Teilnehmer, homogener Teilnehmerkreis, Berücksichtigung der Art der dargebotenen Informationen, Reiseroute, Städteauswahl, Gestaltung von Wochenenden, benutztes Verkehrsmittel usw) grundsätzlich fort (BFH 9.3.10 – VIII R 32/07, DStRE 10, 925, Teil der Wirtschaftsdelegation bei Reise eines Ministerpräsidenten; BFH 21.4.10 – VI R 5/07, DStR 10, 1126, Irlandreise von Englischlehrern; BFH 21.4.10 – VI R 66/04, DStRE 10,

784 Fortbildungskurs Sportmedizin; BFH 19.1.12 – VI R 3/11, DStR 12, 691, Paris- und Chinareise einer Lehrerin).

c) Einheitsbetrachtung. Eine Reise wird nur noch dann einheitlich als Dienstreise oder Incentivreise behandelt, wenn das private bzw berufliche Element von untergeordneter Bedeutung ist (BFH 17.12.09 – X B 115/09, BFH/NV 10, 1248; BFH 5.2.10 – IV B 57/09, BFH/NV 10, 880). Anderenfalls wird nach Zeitanteilen aufgeteilt (BFH 24.8.10 – VI B 14/10, BFH/NV 11, 24 zur Händlerincentivereise; BFH 18.8.05 – VI R 32/03, DStR 05, 1810; BFH 5.9.06 – VI R 49/05, DStRE 07, 406: Konzern-Strategie-Konferenz mit incentivem Einschlag; vgl aber auch BFH 6.4.05 – I R 86/04, BStBl II 05, 666 = DStR 05, 1270 und BFH 6.10.04 – X R 36/03, BFH/NV 05, 682). Wird der Werbungskostenabzug mit der Begründung versagt, dass die Veranstaltung in einem Feriengebiet im EU-Ausland stattgefunden hat, während ein solcher Ausschluss bei Veranstaltungen in inländischen Ferienorten nicht erfolgt, ist das gemeinschaftsrechtswidrig und deshalb steuerlich außer Betracht zu lassen (BFH 13.6.02 – VI R 168/00, BStBl II 03, 765 mit Anm *MIT* DStR 02, 1712; *Sykora* DStR 03, 144; *Bur* Inf 03, 537; *Kanzler* FR 02, 1235; vgl auch EuGH 28.10.99 – C-55/98, DStRE 2000, 114 mit Anm *Albert* FR 2000, 316; *Urban* Inf 2000, 535). Ungeachtet dessen liegen Werbungskosten aber nicht vor, wenn die Auslandsreise durch ihren Urlaubscharakter geprägt wird (BFH 29.11.06 – VI R 36/02, BFH/NV 07, 681; BFH 15.3.07 – VI R 61/04, DStRE 07, 818). Bei einer Dienstreise mit anschließendem Urlaub sind die An- und Rückreisekosten aufzuteilen (BFH 21.9.09 – GrS 1/06, BStBl II 10, 673 = DStR 10, 101 mit Anm *Pezzer* DStR 10, 93; *Kempermann* FR 10, 233; *Albert* FR 10, 220; *Leisner-Egensperger* DStZ 10, 185; vgl dazu BMF 6.7.10 BStBl I 10, 614 = DStR 10, 1522). Bei einer mit einer Betriebsveranstaltung kombinierten betrieblichen Pflichtveranstaltung erfolgt eine nach Funktionszusammenhängen getrennte Beurteilung der jeweiligen Zuwendungsbeträge (BFH 30.4.09 – VI R 55/07, BStBl I 09, 726 = DStR 09, 1358). Zur kombinierten Geschäfts- und Incentivereise eines Selbstständigen vgl BFH 26.11.97, BFH/NV 98, 961 mit kritischer Anm *Thomas* KFR F 3 EStG § 4, 9/98, S 327.

d) Nachweise. Im Einzelfall kann es schwierig sein festzustellen, ob wirklich eigenbetriebliche Ziele verfolgt werden, oder ob eine Zuwendung lediglich mit einem betrieblichen Vorwand verdeckt wird. Werden vom ArbGeb eigenbetriebliche, nicht der Entlohnung dienende Zwecke behauptet, müssen sich diese anhand nachprüfbarer Kriterien objektivieren lassen (BFH 16.4.93, BStBl II 93, 640). Hierzu kann bspw das betriebliche Projekt und die Funktion des ausgewählten ArbN im Betrieb beschrieben werden. Ob die Feststellungslast beim FA liegt oder beim ArbGeb (im LStAbzug) bzw beim ArbN (im Veranlagungsverfahren), ist zweifelhaft. Zwar wird in solchen Fällen die Kostentragung durch den ArbGeb als solche unstreitig sein. Auch liegt die Feststellungslast dafür, ob die Steuerbefreiung des § 3 Nr 16 EStG für Reisekostenersatz vorliegt, regelmäßig nicht beim FA (s Dienstreise Rz 57). Jedoch ist gerade fraglich, ob überhaupt steuerbarer Arbeitslohn vorliegt.

e) Kriterien. Für oder gegen eine Entlohnung können die Auswahl der Teilnehmer, der Arbeitsumfang, die Reiseroute, ihr touristischer Charakter, die Begleitpersonen, der Stellenwert der Reise für die unternehmerischen Aktivitäten usw sprechen (BFH 19.5.05 – VI B 189/04, BFH/NV 05, 1553; BFH 19.12.05 – VI R 63/01, BFH/NV 06, 728: Organisation und Durchführung der Reise als Dienstaufgabe). Die Verwaltung hat bei Bildungsmaßnahmen mit incentivem Einschlag die Indizwirkung der Anrechnung der Veranstaltung auf die regelmäßige Arbeitszeit wiederholt eingeschränkt (vgl LStR 1999: „diese Voraussetzung ist … als erfüllt anzusehen" gegenüber LStR 2001 „diese Voraussetzung kann … als erfüllt angesehen werden"). Inzwischen wurde die Vermutung dahingehend umgedreht, dass ein eigenbetriebliches Interesse (also kein Lohn) auch ohne Anrechnung auf die Arbeitszeit vorliegen kann und dass bei Anrechnung auf die Arbeitszeit nur konkrete Anhaltspunkte für den Belohnungscharakter der Maßnahme das eigenbetriebliche Interesse ausschließen (R 19.7 Abs 2 Satz 3 LStR). Hat die Reise incentiven Charakter, kann sie trotzdem für einzelne ArbN, die als **Betreuungspersonen** teilnehmen, Dienst sein und kein Wert deswegen nicht als geldwerter Vorteil zu behandeln sein (BFH 2.7.08 – VI B 21/08, BFH/NV 08, 1680; BFH 5.9.06 – VI R 65/03, BStBl II 07, 312 = DStRE 07, 409: Betreuung einer Händler-Incentiv-Reise; BFH 5.9.06 – VI R 49/05, DStRE 07, 406: Konzern-Strategie-Konferenzen; FG Hess 13.1.2000 – 10 K 2685/98, EFG 2000, 625: Fahrt des ArbN einer Gemeinde

225 Incentivereisen

mit einer Delegation zur ausländischen Partnerstadt). Dann muss aber – ähnlich wie bei dem Angestellten eines Reisebüros – der Betreuungscharakter den Urlaubscharakter der Reise so gut wie vollständig verdrängen (BFH 30.4.93, BStBl II 93, 674; vgl auch das Schulbuchurteil BFH 18.10.90, BStBl II 91, 92). Ist das nicht der Fall und die Zuwendung der Reise deshalb dem Grunde nach Arbeitslohn, darf dessen Wert nicht wegen einzelner auf der Reise erbrachter Betreuungsleistungen gekürzt werden. Das ist nur bei evtl Zuzahlungen des ArbN anders (BFH 4.8.94, BStBl II 94, 954). Mitunter wird die berufliche Veranlassung einer Auslandsreise trotz eines dichtgedrängten touristischen Programms für möglich gehalten (BFH 27.8.02 – VI R 22/01, BStBl II 03, 369 mit Anm *Rößler* DStZ 03, 585; bezeichnenderweise wird im Sachverhalt der touristische Einschlag – dazu Inf 03, 83 – nicht im Einzelnen wiedergegeben). Bei Pflichtveranstaltungen im Rahmen eines Ergänzungsstudiums werden ebenfalls Erwerbsaufwendungen angenommen (BFH 3.7.02 – VI R 93/00, DStRE 02, 1294).

13   **3. Bewertung.** Wird die Incentivereise auch am Reisemarkt angeboten, so ist sie nach § 8 Abs 2 Satz 1 EStG mit dem üblichen Endpreis des Reiseveranstalters anzusetzen, sonst mit den Kosten des ArbGeb. Eine Bewertung nach § 8 Abs 3 EStG unter Gewährung des Rabattfreibetrages von 1080 € kommt nur in Betracht, wenn der ArbGeb zivilrechtlich selbst Veranstalter solcher Reisen ist (dazu BGH 30.9.10 – X a ZR 130/08), was sich unter Berücksichtigung von § 651a Abs 2 BGB vor allem danach beurteilt, wie er bei der Akquisition nach außen auftritt (BFH 7.2.97 – VI R 17/94, BStBl II 97, 363; *Thomas* DStR 96, 1679). Ergibt die Gesamtbeurteilung der Reise, dass ihr Wert als Arbeitslohn zu erfassen ist, so können gleichwohl einzelne gesondert bewertbare und deshalb ausscheidbare Kosten die Voraussetzungen steuerfreien Werbungskostenersatzes erfüllen, bspw wenn im Rahmen einer Incentivereise an einem Tag ein konkreter Geschäftstermin wahrgenommen wurde (vgl FG Hess 16.6.88, EFG 88, 623; *Kempf/Starke* FR 85, 350). Dagegen können bei einer Incentivereise nicht einzelne Kosten um einen Luxuskostenabschlag reduziert werden mit der Begründung, die besonders aufwändige Ausgestaltung – etwa der Unterbringung – sei nur zur Befriedigung von Repräsentationsinteressen des ArbGeb erfolgt (*Thomas* StbJb 90/91, 190; aA *Albert* FR 90, 413, 414). Ebenso wenig können pauschale Sachbezugswerte nach der SvEV angesetzt werden (BFH 18.2.94, BFH/NV 94, 708; *von Bornhaupt* FR 90, 621). Schließlich kann der Wert der Reise auch nicht gem § 40 Abs 2 Nr 2 EStG mit einem Pauschsteuersatz von 25 vH abgeltend besteuert werden, weil diese Pauschalierung nur bei solchen Veranstaltungen möglich ist, die der gesamten Belegschaft offen stehen (BFH 15.1.09 – VI R 22/06, BStBl II 09, 476 = DStR 09, 629). Indessen ist eine Pauschalierung nach § 37b EStG mit 30 vH bzw mit einem Durchschnittssteuersatz möglich, wenn die Voraussetzungen des § 40 Abs 1 EStG vorliegen (BMF 14.10.96, DStR 96, 1690 unter 2. b).

C. Sozialversicherungsrecht   *Schlegel*

14   **1. Beitragspflichtiges Arbeitsentgelt.** Die Annehmlichkeit einer Incentivereise ist als geldwerter Vorteil Arbeitsentgelt iSv § 14 Abs 1 Satz 1 SGB IV, wenn der ArbGeb mit seiner Zuwendung (zB verloste Reise trotz der Verlosung und der damit zwangsläufig verbundenen Glückskomponente) im Wesentlichen das Ziel verfolgt, dem ArbN neben dem laufend gezahlten Arbeitsentgelt eine zusätzliche Vergütung für geleistete Arbeit zukommen zu lassen und zugleich einen Anreiz für weitere erfolgreiche Arbeit zu schaffen. Die Eigenschaft eines **Losgewinnes** als Gegenleistung für Arbeit liegt – je nach den Umständen des Einzelfalles – aber nicht vor, wenn der Gewinn zwar ohne das Beschäftigungsverhältnis nicht denkbar wäre, aber im Wesentlichen vom Glück abhängt und nicht nur untergeordnet von Gesichtspunkten mitbestimmt wird, die für das Verhältnis von Leistung und Gegenleistung im Beschäftigungsverhältnis von Bedeutung sein können. Dies ist nach der Rspr des BSG insbesondere dann anzunehmen, wenn eine Verlosung nur einmal stattfindet, die Teilnahmeberechtigung nur wenig beschäftigungsbezogen ist, die Gewinnchance gering, die Gewinne aber möglicherweise sehr hoch sind (BSG 26.10.88 – 12 RK 18/87, SozR 2100 § 14 Nr 19).

15   **2. Einmalzahlung.** Sofern einer Incentivereise die Qualität von Arbeitsentgelt zukommt, ist der Wert der Reise bei der Zuordnung zum Arbeitsentgelt als Einmalzahlung zu behandeln (BSG 26.10.88, SozR 2100 § 14 Nr 19; s auch *Einmalzahlungen*).

3. Beitragsentrichtung. Auszugehen ist davon, dass die verloste Zuwendung dem Ge- 16
winner (ArbN) nicht als Geldleistung, sondern als Naturalleistung zukommen soll und dass
jedenfalls der ArbN nicht damit rechnet und rechnen muss, die Hälfte der auf den Wert der
Reise entfallenen SozVBeiträge entrichten zu müssen. Im Zweifel darf der ArbN deshalb
davon ausgehen, dass ihm die Reise bzw deren Wert „netto" zugute kommt, so dass es
gerechtfertigt ist, die auf den Wert der Reise entfallenden GesamtSozVBeiträge in voller
Höhe dem ArbGeb aufzubürden.

Für Incentivs besteht **Beitragsfreiheit**, wenn es sich um **pauschal versteuerte „sonstige** 17
Sachbezüge" handelt, unabhängig davon, ob es sich um regelmäßige, fortlaufende, wiederholt oder nur einmalige Zuwendungen (geldwerte Vorteile) handelt. Soweit geldwerte Vorteile sie laufend zusätzlich zum laufenden Arbeitsentgelt gezahlt und nach § 40 Abs 1 Satz 1 Nr 1 EStG pauschal versteuert werden, sind sie nach § 1 Abs 1 Nr 2 SvEV (früher: § 2 Abs 1 Satz 1 Nr 1 ArEV) nicht dem Arbeitsentgelt zuzurechnen. Handelt es sich – was idR näher liegt – um einmalige Zuwendungen, ergibt sich die Beitragsfreiheit aus § 23a Abs 1 Satz 2 Nr 4 SGB IV. Diese Vorschrift nimmt vom Begriff des einmaligen Arbeitsentgelts ua Zuwendungen aus, wenn sie vom Arbeitgeber als sonstige Bezüge erbracht werden; dabei ist nicht erforderlich, dass es sich bei den (pauschalversteuerten) sonstigen Sachbezüge um „laufende Vergünstigungen, dh regelmäßig, fortlaufend oder wiederholt gewährte Vorteile handelt, vielmehr fallen auch einmalige Zuwendungen darunter (vgl BSG 31.1.2012 – B 12 R 15/11 Rz 22 für pauschal versteuerte Belobigungsprämien), die ein Arbeitgeber den Mitarbeitern eines seiner Verkaufsteams gewährt hat; konkret ging es um ein betriebliches Belohnungssystem, bei dem der ArbGeb denjenigen ArbN, die dem in einem bestimmten Zeitraum erfolgreichsten Verkaufsteam angehörten, Prämien gewährte, die das Team – nicht der einzelnen ArbN – für Gemeinschaftsveranstaltungen verwenden konnten, zB Kurzreisen).

4. Versicherungsschutz besteht während einer Incentivereise wie bei sonstigen Privat-/ 18
Urlaubsreisen des ArbN; da die Reise allein zum Vergnügen des ArbN und nicht zu
unmittelbar betrieblichen Zwecken stattfindet, scheidet ein Schutz in der UV und KV, wie er
bei Dienstreisen oder einer Auslandstätigkeit gewährt wird, aus (zum Ausschluss des UV-
Schutzes vgl BSG 25.8.94 – 2 RU 23/93, SozR 3–2200 § 548 Nr 21: Sportverletzung
während der Motivationsreise). Hiervon zu unterscheiden ist die Frage, ob ein vom Veranstalter beauftragter ArbN bei der Betreuung der an einer Incentivereise teilnehmenden
Personen unter UVSchutz steht (vgl BSG 1.7.97 – 2 RU 36/96, SozR 3–2200 § 548 Nr 32:
„Winterwochen", zum UVSchutz auch *Göpfert/Siegrist* NJW 06, 2806 f).

Insolvenz des Arbeitgebers

A. Arbeitsrecht *Kania*

Übersicht

	Rz		Rz
I. Allgemeines	1	6. Betriebsänderung in der Insolvenz	10–18
II. Arbeitsrecht in der Arbeitgeberinsolvenz	2–21	a) Überblick	10
		b) „Normaler" Interessenausgleich	11
1. Grundsatz	2	c) Sozialplan	12, 13
2. Arbeitgeberstellung des Schuldners	3	d) Kündigungserleichterungen	14–18
3. Arbeitnehmeransprüche in der Insolvenz	4, 5	7. Betriebsübergang in der Insolvenz	19, 20
4. Kündigung in der Insolvenz	6–8	8. Betriebliche Altersversorgung in der Insolvenz	21
5. Betriebsvereinbarungen in der Insolvenz	9		

I. Allgemeines. Die InsO löste mit ihrem Inkrafttreten im Jahre 1999 Konkurs-, Ver- 1
gleichs- und Gesamtvollstreckungsordnung ab. Seitdem gibt es nur noch einen **einheitlichen Insolvenzantrag** (§ 13 InsO) und nicht mehr die Alternative Vergleichs- oder Konkursantrag, so dass der Schuldner beim Eigenantrag nicht mehr schon vor Verfahrenseröff-

226 Insolvenz des Arbeitgebers

nung eine Entscheidung über die bestgeeignete Form der Krisenbewältigung treffen muss. Kern der InsO ist die Stärkung der Gläubigerautonomie insbesondere durch die Möglichkeit der Aufstellung eines **Insolvenzplans** (§§ 217–253 InsO). Im Insolvenzplan können die Befriedigung der Gläubiger, die Verwertung und Verteilung der Insolvenzmasse sowie die Haftung des Schuldners abweichend von den Vorschriften der InsO geregelt werden. Die Gläubiger haben insofern die Möglichkeit, nach marktwirtschaftlichen Gesichtspunkten zu entscheiden, ob das insolvente Unternehmen saniert, veräußert oder liquidiert werden soll. Wegen der besonderen Bedeutung für die ArbN wirken BRat und Sprecherausschuss der leitenden Angestellten bei der Aufstellung des Plans beratend mit (§ 217 Abs 3 InsO). Für **natürliche Personen** ist die in §§ 286–303 InsO eingeräumte Möglichkeit der **Restschuldbefreiung** von zentraler Bedeutung. Die nach der Regelung der KO bestehende „ewige" Haftung für festgestellte Konkursforderungen kann der redliche Schuldner abstreifen, indem er für den Zeitraum von sieben Jahren nach der Aufhebung des Insolvenzverfahrens den pfändbaren Teil seiner Einkünfte an einen Treuhänder abtritt, der hieraus die Insolvenzgläubiger anteilig befriedigt. Für **Arbeitnehmer** ist das in den §§ 304–314 InsO geregelte **Verbraucherinsolvenzverfahren** bedeutsam. Insbesondere durch kostenmäßige Anreize wird bei der Überschuldung von Verbrauchern bzw kleinen Gewerbetreibenden die außergerichtliche und gerichtlich begleitete (Schuldenbereinigungsplan) Einigung gefördert. Schlägt auch die Einigung auf der Basis einer Schuldenbereinigungsplanes fehl, sehen §§ 311–314 InsO ein vereinfachtes Insolvenzverfahren vor, in dessen Rahmen wiederum die Möglichkeit der Restschuldbefreiung besteht. Näheres s *Insolvenz des Arbeitnehmers* Rz 1 ff.

2 **II. Arbeitsrecht in der Arbeitgeberinsolvenz. 1. Grundsatz.** Die Insolvenz hat grds keinen Einfluss auf die **Fortgeltung des allgemeinen Arbeitsrechts.** Dem deutschen Arbeitsrecht ist ein spezielles Arbeitsrecht der Insolvenz fremd; dem ArbN soll prinzipiell der Schutz durch zwingendes Arbeitsrecht auch in der Insolvenz des ArbGeb erhalten bleiben, soweit keine insolvenzrechtlichen Ausnahmebestimmungen bestehen. Derartige Ausnahmeregelungen sieht die InsO veranlasst durch den Gesetzeszweck, die Möglichkeiten zu einer Unternehmenssanierung insb auch durch Übertragung von Betrieben zu verbessern, in weit stärkerem Maße vor als das frühere Konkursrecht.

3 **2. Arbeitgeberstellung des Schuldners.** Die Eröffnung des Insolvenzverfahrens gegen ArbGeb berührt zwar unmittelbar nicht den Bestand des Arbeitsverhältnisses, wohl aber regelmäßig die ArbGebStellung des Schuldners. Gem § 80 Abs 1 InsO geht grds mit Eröffnung des Insolvenzverfahrens das Recht des Schuldners, das zur Insolvenzmasse gehörende Vermögen zu verwalten und über es zu verfügen, auf den **Insolvenzverwalter** über. Insofern rückt der Insolvenzverwalter in die ArbGebStellung ein und nimmt sämtliche hiermit verbundenen Rechte und Pflichten wahr. Dazu zählt auch die Pflicht zur Erstellung von Zeugnissen, jedenfalls gegenüber weiterbeschäftigten ArbN (LAG Köln 30.7.01 – 2 Sa 1457/00, NZA-RR 02, 181; vgl ausführlich zum Zeugnisanspruch in der Insolvenz *Stiller* NZA 05, 330). Dagegen behält der Schuldner ausnahmsweise seine ArbGebStellung (weitgehend) inne, wenn das Insolvenzrecht die **Eigenverwaltung** anordnet (vgl *Lakies* BB 99, 1759). Bei diesem besonderen Insolvenzverfahren bleibt der Schuldner – allerdings notwendigerweise unter Aufsicht eines Sachverwalters – selbst verfügungsbefugt (Einzelheiten §§ 270 bis 285 InsO). Das Insolvenzgericht kann bei der Eigenverwaltung für bestimmte Rechtsgeschäfte anordnen, dass die Zustimmung des Sachverwalters erforderlich ist (§ 277 InsO). Die Zustimmungsbedürftigkeit gilt generell für die Ausübung der Rechte nach den §§ 120, 122, 126 InsO (dazu unten Rz 10 ff). Andererseits kann der Schuldner auch schon vor Eröffnung des Insolvenzverfahrens seine ArbGebStellung an den **vorläufigen Insolvenzverwalter** (§§ 21, 22 InsO) verlieren. Anders als beim vorläufigen Vergleichsverwalter bzw Sequester nach altem Recht geht die Verfügungsbefugnis auf den vorläufigen Insolvenzverwalter über, wenn das Insolvenzgericht dem Schuldner ein allgemeines Verfügungsverbot auferlegt (§ 22 Abs 1 InsO).

4 **3. Arbeitnehmeransprüche in der Insolvenz.** Entscheidend verändert gegenüber der früheren Rechtslage wurde die insolvenzrechtliche Behandlung der ArbNansprüche: Abgeschafft wurde die Privilegierung der Ansprüche auf **rückständiges Arbeitsentgelt** aus der Zeit vor Eröffnung des Konkursverfahrens. Dies betrifft zum einen die Einordnung der Entgeltansprüche für die letzten sechs Monate vor Konkurseröffnung als Masseschulden gem

§ 59 Abs 1 Nr 3a KO und zum anderen die Einordnung der Entgeltansprüche für das letzte Jahr vor Konkurseröffnung als bevorrechtigte Konkursforderungen gem § 61 Abs 1 Nr 1a KO. Sämtliche Forderungen auf rückständiges Arbeitsentgelt sind nunmehr **einfache Insolvenzforderungen** iSd § 38 InsO. Dies gilt auch für Entgeltansprüche während der Freistellungsphase bei Altersteilzeit im Blockmodell, wenn die Arbeitsphase vor Insolvenzeröffnung lag (BAG 23.2.05 – 10 AZR 672/03, DB 05, 1227; zu Haftungsfragen *Zwanziger* BB 06, 1684 mwN). Lohn- und Gehaltsansprüche für die Zeit nach Verfahrenseröffnung sind dagegen **Masseverbindlichkeiten** gem § 55 Abs 1 Nr 2 InsO, und zwar auch dann, wenn der Insolvenzverwalter die Arbeitsleistung nicht mehr in Anspruch nehmen will und die ArbN nach einer Kündigung bis zum Wirksamwerden der Kündigung freistellt (LAG Köln 30.7.01 – 2 Sa 1457/00, NZA-RR 02, 181; *Lakies* BB 98, 2638). Dies gilt auch für Urlaubs- und Urlaubsabgeltungsansprüche (BAG 15.2.05 – 9 AZR 78/04, NZA 05, 1124) oder für Abfindungsansprüche aus einem mit dem Insolvenzverwalter abgeschlossenen Vergleich (BAG 12.6.02 – 10 AZR 180/01, BB 02, 2609). Soweit in einem Altersteilzeitverhältnis nach dem Blockmodell die Arbeitsphase in die Zeit nach der Eröffnung des Insolvenzverfahrens fällt, sind die ArbNansprüche Masseverbindlichkeiten (BAG 23.2.05 – 10 AZR 602/03, NZA 05, 694). Für ArbGebLeistungen während der Freistellungsphase gilt nichts anderes, da es sich um hinausgeschobene Vergütung handelt (BAG 19.10.04 – 9 AZR 647/03, BB 05, 1339; *Zwanziger* DB 05, 1386). Bei **Masseunzulänglichkeit** hängt der Rang von Vergütungsforderungen von der Entscheidung des Insolvenzverwalters ab, ob er das Arbeitsverhältnis unverzüglich kündigt oder ob er es (zunächst) fortsetzt; als Masseverbindlichkeit iSd § 209 Abs 2 InsO gilt die Arbeitsvergütung für die Zeit nach dem ersten Termin, zu dem der Insolvenzverwalter nach Anzeige der Masseunzulänglichkeit kündigen konnte, und zwar auch dann, wenn der ArbN von der Arbeitsleistung freigestellt wird (BAG 31.3.04 – 10 AZR 253/03, BB 04, 2079). Für den Zeitraum bis zum frühestmöglichen Kündigungstermin entstehen privilegierte Neumasseverbindlichkeiten nur, wenn der Verwalter ArbN tatsächlich beschäftigt. Ebenfalls als Masseverbindlichkeiten einzustufen sind Entgeltansprüche, die aufgrund der Weiterbeschäftigung der ArbN durch einen vorläufigen Insolvenzverwalter mit Verfügungsbefugnis vor Eröffnung des Insolvenzverfahrens entstanden sind (BAG 3.4.01 – 9 AZR 301/00, NZA 02, 90), nicht aber die wegen Zahlung von Insolvenzgeld auf die BA übergegangenen Entgeltansprüche; insofern ist § 55 Abs 2 InsO einschränkend auszulegen (BAG 3.4.01 – 9 AZR 301/00, NZA 02, 90; LAG Hamm 10.1.2000 – 19 Sa 1638/99, NZA-RR 2000, 151). Für die Weichenstellung, ob es sich um einen Anspruch vor oder nach Insolvenzeröffnung handelt, ist nicht auf die Fälligkeit, sondern auf den Zeitpunkt des Entstehens der Forderung abzustellen (*Lakies* NZA 01, 521). Zur Zuordnung nicht monatlicher Leistungen wie Urlaubsentgelt, Gratifikationen, Sonderzuwendungen vgl *Lakies* NZA 01, 521 ff. Von einem vor der Insolvenz abgeschlossenen **Aufhebungsvertrag** kann ein ArbN nicht nach Antragstellung bzw nach Eröffnung des Insolvenzverfahrens zurücktreten, weil der (vorläufige) Insolvenzverwalter die Auszahlung der Abfindung verweigert (BAG 10.11.11 – 6 AZR 357/10, NZA 12, 205). Der Abfindungsanspruch wird zu einer normalen Insolvenzforderung, aber das Arbeitsverhältnis findet gleichwohl aufgrund des Aufhebungsvertrags sein Ende.

Die durch die Abschaffung der Konkursvorrechte bedingte Schlechterstellung der ArbN **5** wird in zweifacher Hinsicht mehr als kompensiert: einmal wird **Insolvenzausfallgeld,** welches an die Stelle des früheren KAUG tritt, für die letzten drei Monate vor Eröffnung des Insolvenzverfahrens auch dann gezahlt, wenn es sich um eine Insolvenz mit anschließender Sanierung handelt. Zum anderen sind **Sozialplanansprüche,** soweit der Sozialplan nach Eröffnung des Insolvenzverfahrens oder nicht früher als drei Monate vor dem Eröffnungsantrag aufgestellt worden ist, anders als nach altem Recht (§ 4 SozPlG) Masseforderungen (dazu näher unten Rz 13, 14).

4. Kündigung in der Insolvenz. Wie nach altem Recht ist zunächst danach zu unter- **6** scheiden, ob die ArbN ihre Arbeit vor Insolvenzeröffnung bereits aufgenommen haben oder nicht. Hat ein ArbN seine **Tätigkeit vor Insolvenzeröffnung noch nicht begonnen,** hat der Insolvenzverwalter ein **Wahlrecht** gem § 103 InsO. Wählt der Insolvenzverwalter die Nichterfüllung, so steht dem ArbN lediglich ein Anspruch auf Schadensersatz wegen Nichterfüllung, aber kein Erfüllungsanspruch zu (so BGH 11.2.88, ZIP 88, 322 zu § 17 KO). Die

226   Insolvenz des Arbeitgebers

Erfüllungsablehnung kommt damit hinsichtlich ihrer Rechtswirkung einer fristlosen Kündigung gleich.

7   Für **in Vollzug gesetzte Arbeitsverhältnisse** gilt grds der allgemeine Kündigungsschutz (BAG 28.10.04 – 8 AZR 391/03, BB 05, 892). Insbesondere kann also eine ordentliche Kündigung grds nur dann ausgesprochen werden, wenn hierfür ein betriebs-, personen- oder verhaltensbedingter Kündigungsgrund iSd § 1 Abs 2 KSchG vorliegt. Die Eröffnung des Insolvenzverfahrens allein rechtfertigt eine betriebsbedingte Kündigung nicht (BAG 16.9.82, DB 83, 504 zum Konkurs). Dringende betriebliche Erfordernisse iSd § 1 Abs 2 KSchG liegen erst dann vor, wenn der Insolvenzverwalter insolvenzspezifische Entscheidungen, wie die Rationalisierung oder Stilllegung unrentabler Betriebe oder Betriebsabteilungen, trifft. Auch die Betriebsschließung rechtfertigt allerdings nicht die Kündigung eines ArbN, mit dem Altersteilzeit im Blockmodell vereinbart ist und der sich in der Freistellungsphase befindet (LAG NdS 24.5.02 – 3 Sa 1629/01, NZA-RR 03, 17). Berechtigt ist der Insolvenzverwalter, während des Laufs der Kündigungsfrist die gekündigten ArbN oder einen Teil von ihnen **von der Arbeitsleistung freizustellen.** Bei der Auswahl der freizustellenden ArbN hat er die Grenzen billigen Ermessens zu wahren (LAG Hamm 27.9.2000 – 2 Sa 1178/00, NZA-RR 01, 654). Die dauerhafte unwiderrufliche Freistellung unterliegt keiner Mitbestimmung des BRat (BAG 22.1.98 – 2 AZR 267/97, NZA 98, 699). Die bloß vorübergehende Freistellung von Teilen der ArbN dürfte dagegen gem § 87 Abs 1 Nr 3 BetrVG mitbestimmt sein (offengelassen von LAG Hamm 27.9.2000 – 2 Sa 1178/00, NZA-RR 01, 654).

8   **Kündigungserleichterungen** bestehen im Hinblick auf die **Kündigungsfrist.** Gem § 113 InsO beträgt die Kündigungsfrist **drei Monate zum Monatsende,** wenn nicht eine kürzere Frist maßgeblich ist, dh verbindlich zwischen den Vertragspartnern gilt (BAG 3.12.98 – 2 AZR 425, 98, DB 99, 748). Diese verkürzte Kündigungsfrist setzt sich gegenüber sämtlichen längeren Kündigungsfristen, Befristungen (dazu LAG Düsseldorf 5.11.99 – 10 Sa 1247/99, BB 2000, 622) oder Unkündbarkeitsregelungen durch, gleichgültig, ob diese auf Gesetz, Tarifvertrag, Betriebsvereinbarung (dazu BAG 22.9.05 – 6 AZR 526/04, BB 06, 1278) oder Einzelarbeitsvertrag beruhen, und kann eine mit längerer Frist vor Insolvenzeröffnung ausgesprochene Kündigung „überholen" (BAG 22.5.03 – 2 AZR 255/02, NZA 03, 1086). In Bezug auf die Verkürzung tariflicher Kündigungsfristen handelt es sich um eine verhältnismäßige Einschränkung von Art 9 Abs 3 GG (BVerfG 21.5.99 – 1 BvL 22/98, NZA 99, 923; BAG 16.6.99 – 4 AZR 191/98, DB 99, 2472; LAG Hbg 19.5.98, NZA-RR 98, 440; *Lakies* BB 98, 2638, 2640). Wie nach altem Recht ist bei einer Kündigung im Rahmen der verkürzten Kündigungsfrist der andere Teil berechtigt, Ersatz des ihm durch die Aufhebung des Arbeitsverhältnisses entstehenden Schadens zu verlangen. Dieser ist bei vereinbarter Unkündbarkeit auf die ansonsten maßgebliche längste ordentliche Kündigungsfrist beschränkt (BAG 16.5.07 – 8 AZR 772/06, DB 07, 2265). § 113 Satz 2 InsO stellt klar, dass der Schadensersatzanspruch als Insolvenzforderung geltend zu machen ist. Die verkürzte Kündigungsfrist gem § 113 InsO gilt auch für **Änderungskündigungen.** Sie gilt nicht für Kündigungen, die von einem vorläufigen Insolvenzverwalter (mit Verwaltungs- und Verfügungsbefugnis gem § 22 Abs 1 InsO) ausgesprochen werden (BAG 20.1.05 – 2 AZR 134/04, BB 05, 1685).

9   **5. Betriebsvereinbarungen in der Insolvenz.** Bestehen Betriebsvereinbarungen, die Leistungen vorsehen, welche die Insolvenzmasse belasten, so sollen gem § 120 Abs 1 Satz 1 InsO Insolvenzverwalter und BRat über eine einvernehmliche Herabsetzung der Leistungen beraten. Gelingt eine einvernehmliche Lösung nicht, dann bietet § 120 Abs 1 Satz 2 InsO die Möglichkeit, die belastende Betriebsvereinbarung mit einer **Dreimonatsfrist** zu kündigen, wenn eine längere Kündigungsfrist vertraglich vorgesehen ist. Das Gleiche muss auch dann gelten, wenn die Betriebsvereinbarung für einen bestimmten Zeitraum fest vereinbart und überhaupt keine Kündigungsfrist vorgesehen ist. Soweit es sich allerdings um Betriebsvereinbarungen im Bereich der erzwingbaren Mitbestimmung handelt, ändert die Einräumung des verkürzten Kündigungsrechts nichts an der fortbestehenden **Nachwirkung** gem § 77 Abs 6 BetrVG. Eine entsprechende Klarstellung war noch im Regierungsentwurf vorgesehen. Verzichtet wurde auf diese Regelung nur, weil sie vom Rechtsausschuss als überflüssig und irreführend empfunden wurde (Bericht des Rechtsausschusses, BT-Drs 12/7302 Ziff 75).

6. Betriebsänderung in der Insolvenz. a) Überblick. Mit einer Insolvenz gehen 10 regelmäßig Betriebsänderungen iSd §§ 111 ff BetrVG einher, insbesondere in der Form der Einschränkung und Stilllegung von Betrieben oder wesentlichen Betriebsteilen (§ 111 Nr 1 BetrVG) bzw des „bloßen" Personalabbaus (§ 112a Abs 1 BetrVG). Die im Zusammenhang mit Betriebsänderungen erforderlichen Kündigungen, Interessenausgleichs- und Sozialplanverhandlungen mussten nach früherer Rechtslage in gleicher Weise wie bei einem wirtschaftlich gesunden Unternehmen durchgeführt werden. Die InsO versucht, die Gefährdung von Sanierungsversuchen zu vermeiden, indem für die anstehenden Maßnahmen verfahrensmäßige Erleichterungen vorgesehen werden. Die Pflicht zur Beteiligung des BRat gem §§ 111 ff BetrVG besteht auch dann, wenn der BRat erst nach Eröffnung des Insolvenzverfahrens, aber vor Beginn der Betriebsänderung gewählt wurde (BAG 18.11.03 – 1 AZR 30/03, NZA 04, 220).

b) „Normaler" Interessenausgleich. Die Pflicht, bei einer Betriebsänderung einen 11 Interessenausgleich zu versuchen, bleibt auch in der Insolvenz bestehen. Fehlt es an einem solchen Versuch, haben die von der Betriebsänderung betroffenen ArbN Nachteilsausgleichsansprüche gem § 113 Abs 3 BetrVG. Diese Rechtsfolge verbietet dem Insolvenzverwalter ein betriebsverfassungswidriges Vorgehen, allerdings ohne Auswirkung auf die Wirksamkeit gleichwohl ausgesprochener Kündigungen (BAG 4.6.03 – 10 AZR 586/02, NZA 03, 1087). §§ 121, 122 InsO ermöglichen allerdings eine erhebliche Beschleunigung des Verfahrens (ausführlich hierzu *Schmädicke/Fackler* NZA 12, 1199). Zunächst findet ein **Vermittlungsversuch des Vorstands der Bundesagentur für Arbeit** nur dann statt, wenn Insolvenzverwalter und BRat gemeinsam um eine solche Vermittlung ersuchen. Ansonsten können BRat oder Insolvenzverwalter sofort die Einigungsstelle anrufen. Erscheint dem Insolvenzverwalter auch die Anrufung der Einigungsstelle zu langwierig, kann er gem § 122 Abs 1 InsO die **Zustimmung des Arbeitsgerichts** zur Betriebsänderung ohne Durchführung eines Einigungsstellenverfahrens beantragen, wenn innerhalb von drei Wochen nach Verhandlungsbeginn bzw nach Aufforderung zur Aufnahme von Verhandlungen ein Interessenausgleich nicht zustande gekommen ist. Das ArbG hat die Zustimmung zu erteilen, wenn dies die wirtschaftliche Lage des Unternehmens auch unter Berücksichtigung der sozialen Belange der ArbN erfordert (§ 122 Abs 2 InsO). Eine Zustimmung des ArbG kommt nicht in Frage, wenn der Insolvenzverwalter den BRat nicht rechtzeitig und umfassend über die Betriebsänderung informiert hat (ArbG Bln 26.3.98 – 5 BV 5735/98, AiB 99, 239). Der Beschluss des ArbG wird grds sofort rechtskräftig, es sei denn, das ArbG lässt die Rechtsbeschwerde zum BAG zu. Ein Beschwerdeverfahren beim LAG gibt es nicht (§ 122 Abs 3 InsO).

c) Sozialplan. Da für den Abschluss des Sozialplans kein mit dem Interessenausgleich 12 vergleichbarer Zeitdruck besteht, gibt es insofern keine verfahrensrechtlichen Besonderheiten. Das bisher für die Behandlung von Sozialplänen im Konkurs- und Vergleichsverfahren maßgebliche SozPlG hat seine Geltung mit Ablauf des Jahres 1998 (§ 8 SozPlG) verloren und ist durch die §§ 123, 124 InsO ersetzt worden. § 123 Abs 1, 2 InsO entspricht wörtlich § 2 SozPlG und begrenzt das Sozialplanvolumen auf einen Gesamtbetrag von $2^{1}/_{2}$ Monatsverdiensten der von der Entlassung betroffenen ArbN. Zudem darf für Sozialplanforderungen nicht mehr als $^{1}/_{3}$ der Masse verwendet werden, die ohne einen Sozialplan für die Insolvenzgläubiger zur Verfügung stünde. Die einzelnen Forderungen sind anteilig zu kürzen, wenn das Sozialplanvolumen diese Grenze übersteigt. Grundlegend neu ist dagegen die insolvenzrechtliche Einordnung der Sozialplanforderungen: Anders als nach § 4 Satz 1 SozPlG handelt es sich nicht mehr um bevorrechtigte Konkursforderungen, sondern um **Masseverbindlichkeiten** (§ 123 Abs 2 Satz 1 InsO).

Sozialpläne aus den letzten drei Monaten vor dem Antrag auf Eröffnung des 13 **Insolvenzverfahrens** haben in § 124 InsO eine von § 3 SozPlG abweichende Regelung erfahren: Anders als § 3 SozPlG sieht § 124 InsO keine Begrenzung des Sozialplanvolumens vor, sondern gibt sowohl dem Insolvenzverwalter als auch dem BRat ein Widerrufsrecht. Unterbleibt der Widerruf, so werden die Ansprüche unabhängig von ihrer Höhe nur dann Masseschulden, wenn der Abschluss durch einen vorläufigen Insolvenzverwalter mit Verfügungsbefugnis erfolgte; ansonsten sind sie einfache Insolvenzforderungen iSd § 38 InsO (BAG 31.7.02 – 10 AZR 275/01, NZA 02, 1332; aA *Lakies* DB 99, 206, 210). Gem § 124 Abs 2 InsO können ArbN, deren Sozialplanansprüche vom Widerruf betroffen sind, in dem

226 Insolvenz des Arbeitgebers

Sozialplan gem § 123 InsO berücksichtigt werden (*Warrikoff* BB 94, 2338, 2344). Jedenfalls nach Insolvenzeintritt ist ein Verzicht auf das Widerrufsrecht wirksam möglich (LAG Köln 17.10.02 – 5 (4) TaBV 44/02, NZA-RR 03, 489).

14 **d) Kündigungserleichterungen. aa) Im Zusammenwirken mit dem Betriebsrat.** Für die im Zuge einer Betriebsänderung erforderlich werdenden Kündigungen sieht die InsO erhebliche Verfahrenserleichterungen vor, wobei § 125 InsO das Verfahren im Einvernehmen mit dem BRat und § 126 InsO das Verfahren ohne Einvernehmen regelt. Grundlage des Verfahrens nach § 125 InsO ist die Vereinbarung eines **besonderen Interessenausgleichs** zwischen Insolvenzverwalter und BRat, in dem die ArbN, denen gekündigt werden soll, namentlich bezeichnet sind. Die Vorschrift ist nach hM auch bei Änderungskündigungen anwendbar (vgl *APS/Dörner/Künzl* § 125 InsO Rz 19 mwN). Kommt es zum Abschluss eines derartigen Interessenausgleichs, der mit dem Interessenausgleich gem § 112 BetrVG verbunden werden kann, so hat dies zwei Folgen.

15 Zum einen wird abweichend von § 1 Abs 2 Satz 4 KSchG die Vermutung aufgestellt, dass die Kündigung der in der Liste genannten ArbN durch dringende betriebliche Erfordernisse bedingt ist (§ 125 Abs 1 Nr 1 InsO). Das umfasst auch das Fehlen einer anderweitigen Beschäftigungsmöglichkeit im selben oder einem anderen Betrieb des Unternehmens (BAG 6.9.07 – 2 AZR 715/06, NZA 08, 633). Diese Vermutung erstreckt sich entgegen einer teilweise vertretenen Ansicht (ArbG Bonn 5.2.97, DB 97, 1517) nicht nur auf die Beweis-, sondern auch auf die Darlegungslast (BAG 6.9.07 – 2 AZR 715/06, NZA 08, 633; *Zwanziger* BB 09, 668), so dass der ArbGeb in einem Kündigungsrechtsstreit nur das wirksame Zustandekommen eines Interessenausgleichs nach § 125 InsO und die Aufnahme des Klägers in die Liste der zu kündigenden ArbN darzulegen hat (BAG 7.5.98 – 2 AZR 536/97). Zum anderen wird die **gerichtliche Überprüfung der Sozialauswahl** eingeschränkt: Diese kann nur im Hinblick auf die Dauer der Betriebszugehörigkeit, das Lebensalter und die Unterhaltspflichten und auch insoweit nur auf **grobe Fehlerhaftigkeit** nachgeprüft werden. Grobe Fehlerhaftigkeit liegt nur dann vor, wenn die Gewichtung der genannten Kriterien jede Ausgewogenheit vermissen lässt (BAG 21.1.99 – 2 AZR 624/98, DB 99, 1862) und ein evidenter, ins Auge springender schwerer Fehler vorliegt (BAG 17.1.08 – 2 AZR 405/06, BB 08, 2187). Dies ist nicht der Fall, wenn sich der Verwalter als ArbGeb bei einer Punktetabelle nur marginal in der Punktzahl vertan hat (BAG 17.1.08 – 2 AZR 405/06, BB 08, 2187; *Zwanziger* BB 09, 668). Wie sich aus dem Wortlaut „auch insoweit" ergibt, bezieht sich die beschränkte Nachprüfbarkeit nicht nur auf die Bewertung der Sozialkriterien, sondern auf die Sozialauswahl insgesamt, also auch auf die Bestimmung des Kreises der vergleichbaren ArbN (BAG 28.8.03 – 2 AZR 368/02, NZA 04, 432) sowie auf die Ermittlung aus der Sozialauswahl herauszunehmender „Leistungsträger" iSd § 1 Abs 3 Satz 2 KSchG (BAG 17.11.05 – 6 AZR 107/05, BB 06, 1636). Hinsichtlich der Sozialauswahl bestehen keine Erleichterungen der Darlegungslast des ArbGeb; der ArbGeb hat also im Prozess die Gründe anzugeben, die zu der getroffenen Sozialauswahl geführt haben; tut er dies nicht, ist die Kündigung ohne weiteres sozialwidrig (BAG 10.2.99 – 2 AZR 716/98, NZA 99, 702). Von einer groben Fehlerhaftigkeit ist weiter dann nicht auszugehen, wenn eine **ausgewogene Personalstruktur** erhalten oder geschaffen wird. Der Begriff der ausgewogenen Personalstruktur lässt dem ArbGeb einen weiten Beurteilungsspielraum, ist aber voll gerichtlich nachprüfbar. Zudem kann allein die Schaffung einer ausgewogenen Personalstruktur nicht sonstige grobe Fehler bei der Sozialauswahl, etwa bei der Berücksichtigung der Unterhaltungspflichten rechtfertigen. Zur Zulässigkeit der Sicherung der Altersstruktur siehe *Diskriminierung* Rz 87. Beispiele für grobe Fehlerhaftigkeit sind etwa die willkürliche Eingrenzung des auswahlrelevanten Personenkreises, die Bildung unsystematischer Altersgruppen mit wechselnden Zeitsprüngen oder die Nichtberücksichtigung eines der gesetzlichen sozialen Grundkriterien (LAG Hamm 5.6.03 – 4 (16) Sa 1976/02, NZA-RR 04, 132). Hinsichtlich der abgestuften Darlegungs- und Beweislast bei der Sozialauswahl (dazu *Kündigung, betriebsbedingte* Rz 64 ff) bringt § 125 InsO keine Neuerungen (LAG Düsseldorf 29.1.98, DB 98, 1235). Ist ein Interessenausgleich iSd § 125 InsO abgeschlossen, entbindet dies nach hM den Insolvenzverwalter nicht von der **Anhörungspflicht gemäß § 102 BetrVG,** obwohl der BRat bereits bei der Aufnahme einzelner ArbN in die Liste die Berechtigung einer Kündigung sorgfältig prüfen muss (BAG 20.5.99 – 2 AZR 148/99, DB 2000, 148; *Fitting* § 102 Rz 37). Aus Gründen der Verfahrensvereinfachung ist dringend

zu empfehlen, die Anhörung gem § 102 BetrVG mit den Interessenausgleichsverhandlungen zu verknüpfen (zulässig nach BAG 20.5.99 – 2 AZR 532/98, DB 2000, 149). Die Einschränkung des Kündigungsschutzes gem § 125 Abs 1 Satz 1 InsO gilt nicht, soweit sich die Sachlage nach Zustandekommen des Interessenausgleichs wesentlich geändert hat (§ 125 Abs 1 Satz 2 InsO). Übliche Auftragsschwankungen stellen keine wesentliche Änderung dar (BAG 6.11.2008 – 2 AZR 523/07, AP KSchG 1969 Betriebsbedingte Kündigung Nr 182).

Der Interessenausgleich gem § 125 InsO ist wie jeder Interessenausgleich schriftlich niederzulegen (vgl § 112 Abs 1 BetrVG). Das bedeutet nicht, dass stets die „Liste" gesondert unterschrieben sein muss. Einer gesonderten Unterschrift bedarf die „Liste" nur, wenn sie mit dem unterschriebenen Interessenausgleich nicht fest – etwa mit einer Heftklammer – verbunden ist (BAG 7.5.98 – 2 AZR 55/98, DB 98, 1770; vgl auch *Zwanziger* BB 11, 1205 mwN). Im Hinblick auf die weitreichenden Wirkungen der „Liste" spricht viel dafür, dass der Interessenausgleich gem § 125 InsO die Wirkung einer Betriebsvereinbarung hat, also seine Einhaltung vom BRat gerichtlich durchgesetzt werden kann und ein Abweichen von der Vereinbarung nicht nur über individuelle Nachteilsausgleichsansprüche gem § 113 BetrVG sanktioniert ist (*Kocher* BB 98, 213, 217; aA *Willemsen/Hohenstatt* NZA 97, 345). **16**

bb) Ohne Einigung mit dem Betriebsrat. Hat der Betrieb keinen BRat oder kommt aus anderen Gründen innerhalb von drei Wochen nach Verhandlungsbeginn oder schriftlicher Aufforderung zur Aufnahme von Verhandlungen ein Interessenausgleich nach § 125 Abs 1 InsO nicht zustande, obwohl der Verwalter den BRat rechtzeitig und umfassend unterrichtet hat, so kann der Insolvenzverwalter beim **Arbeitsgericht** beantragen festzustellen, dass die Kündigung der Arbeitsverhältnisse bestimmter, im Antrag bezeichneter ArbN durch dringende betriebliche Erfordernisse bedingt und sozial gerechtfertigt ist. Dabei ist es möglich, die Kündigungen schon vor Einleitung des Verfahrens nach § 126 InsO auszusprechen (BAG 29.6.2000 – 8 ABR 44/99, DB 2000, 2021). Das Verfahren gem § 126 InsO knüpft an die Regelung des § 125 InsO an und setzt deshalb gleichfalls eine geplante Betriebsänderung voraus. Notwendig ist allerdings nur das Vorliegen einer Betriebsänderung iSd § 111 Satz 2 BetrVG, nicht dagegen die zusätzliche Voraussetzung einer Mindestgröße des betroffenen Betriebes. Der Insolvenzverwalter kann deshalb auch zB bei einer Betriebseinschränkung eines **Kleinbetriebs** mit weniger als 20 ArbN das Verfahren nach § 126 InsO einleiten. Diese Wertung wird durch den Wortlaut des § 126 InsO insoweit bestätigt, als dort ausdrücklich auch betriebsratslose Betriebe erwähnt sind. **17**

Das **Arbeitsgericht** überprüft uneingeschränkt, ob die Kündigung der im Antrag bezeichneten ArbN durch dringende betriebliche Erfordernisse bedingt ist. Eine § 125 Abs 1 Nr 1 InsO entsprechende Beweislastumkehr gibt es nicht. Die **soziale Auswahl** ist dagegen vom Gericht wie bei § 125 Abs 1 Nr 2 InsO nur in Bezug auf die Dauer der Betriebszugehörigkeit, das Lebensalter und die Unterhaltspflichten zu überprüfen. Diese Überprüfung ist aber, anders als bei § 125 InsO, nicht auf grobe Fehlerhaftigkeit beschränkt. Abweichungen von der Sozialauswahl können nicht durch die Schaffung einer ausgewogenen Personalstruktur gerechtfertigt werden, da eine dem § 125 Abs 1 Nr 2 Hs 2 InsO entsprechende Vorschrift fehlt. Die **Anhörung des Betriebsrats** gem § 102 BetrVG ist notwendig. Da es nach der Auffassung des BAG bei der Anhörung nicht darauf ankommt, ob der ArbGeb seinen Kündigungswillen schon abschließend gebildet hat (BAG 28.9.78, DB 79, 1135), reicht es aus, wenn die Anhörung nach Abschluss des Verfahrens gem § 126 InsO, aber rechtzeitig vor Ausspruch der Kündigung erfolgt. Kündigt der Insolvenzverwalter und erhebt ein im Antrag gem § 126 InsO bestimmter ArbN **Kündigungsschutzklage,** so ist die rechtskräftige Entscheidung im Verfahren nach § 126 InsO bindend, es sei denn, dass sich die Sachlage nach dem Schluss der letzten mündlichen Verhandlung wesentlich geändert hat (§ 127 Abs 1 InsO). Gegen den Beschluss des ArbG kann keine Beschwerde eingelegt werden. Die Rechtsbeschwerde an das BAG muss im Beschluss zugelassen sein (§ 126 Abs 2 Satz 2 InsO). Eine Nichtzulassungsbeschwerde ist nicht möglich (BAG 14.8.01 – 2 ABN 20/01, BB 01, 2535). **18**

7. Betriebsübergang in der Insolvenz. Für den durch den Insolvenzverwalter herbeigeführten Betriebsübergang gilt grds die Vorschrift des **§ 613a BGB.** Da es sich bei dieser Vorschrift um ein potentielles Hindernis für die Übernahme eines von der Insolvenz betroffe- **19**

226 Insolvenz des Arbeitgebers

nen Betriebes handelt, hat der Gesetzgeber die Stellung des Betriebserwerbers durch § 128 InsO gegenüber der alten Rechtslage deutlich verbessert. Gem § 128 Abs 1 InsO wird die Anwendung der §§ 125–127 InsO auf den Fall erstreckt, dass die Betriebsänderung, die dem Interessenausgleich gem § 125 InsO oder dem Feststellungsantrag gem § 126 InsO zugrunde liegt, erst nach einer Betriebsveräußerung durchgeführt werden soll. Ohne diese Vorschrift müsste der Betriebserwerber warten, bis der Insolvenzverwalter die Betriebsänderung vollzogen hat, bevor er den Betrieb übernimmt, da er anderenfalls die Kündigungserleichterungen verlieren würde. An dem Verfahren nach § 126 InsO ist der Erwerber des Betriebs zu beteiligen (§ 128 Abs 1 Satz 2 InsO). § 128 Abs 2 InsO mildert die eventuell abschreckende Wirkung des Kündigungsverbotes gem § 613a Abs 4 Satz 1 BGB. Die Vorschrift erstreckt die Vermutung gem § 125 Abs 1 Satz 1 InsO auch darauf, dass die Kündigung nicht wegen des Betriebsübergangs erfolgte. Der ArbN muss in einem solchen Fall den Vollbeweis dafür erbringen, dass die Kündigung seines Arbeitsverhältnisses nicht auf anderen Gründen, etwa auf einem Sanierungs- oder Reorganisationskonzept beruht (LAG Hamm 4.6.02 – 4 Sa 81/02, NZA-RR 03, 293). Bei Durchführung eines gerichtlichen Verfahrens gem § 126 Abs 1 InsO hat dies das ArbG festzustellen, freilich ohne dass eine Vermutung gegen das Vorliegen einer Kündigung wegen Betriebsübergangs spricht. Evtl Wiedereinstellungsansprüche müssen innerhalb der Höchstkündigungsfrist gem § 113 Abs 1 InsO entstanden sein (*Berscheid* MDR 98, 1129, 1131; vgl auch *Wiedereinstellungsanspruch* Rz 5).

20 Nur eingeschränkt gilt die durch § 613a Abs 2 Satz 1 BGB angeordnete **Haftungsnachfolge des Betriebserwerbers** für vor dem Betriebsübergang entstandene Verpflichtungen in der Insolvenz. Das BAG sieht in einer Anwendung des § 613a Abs 2 Satz 1 BGB auf vor Insolvenzeröffnung entstandene Ansprüche einen Verstoß gegen den Grundsatz der gleichmäßigen Gläubigerbefriedigung, da die übernommenen ArbN durch den Erhalt eines neuen Haftungsschuldners gegenüber anderen Gläubigern bevorzugt würden (BAG 20.11.84 – 3 AZR 584/83, DB 85, 1135; 13.11.86 – 2 AZR 771/85, DB 87, 990). Danach haftet der Betriebserwerber nicht für Ansprüche, die bereits vor Insolvenzeröffnung entstanden sind. Dagegen verbleibt es bei Ansprüchen für den Zeitraum von der Insolvenzeröffnung bis zum Betriebsübergang bei der uneingeschränkten Haftungsnachfolge des Betriebserwerbers (BAG 4.12.86 – 2 AZR 246/86, DB 87, 745). Gleiches gilt für Versorgungsanwartschaften. Scheidet ein ArbN nach Eröffnung des Insolvenzverfahrens, aber vor dem Betriebsübergang aus, wird er von dem Betriebsübergang nicht erfasst oder hat er dem Betriebsübergang widersprochen, so hat der Insolvenzverwalter für die während des Insolvenzverfahrens erworbenen Anwartschaften einzustehen. Diese kann er unter den Voraussetzungen des § 3 Abs 4 BetrAVG abfinden (BAG 22.12.09 – 3 AZR 814/07, NZA 10, 568). Bei Ansprüchen auf Jahressonderleistungen, die nach Betriebsübergang fällig werden, ist danach zu unterscheiden, ob sie arbeitsleistungsbezogen sind oder nicht; wenn nicht, entsteht der Anspruch erst bei Fälligkeit mit der Folge, dass der Betriebserwerber die volle Leistung schuldet (BAG 11.10.95 – 10 AZR 984/94, DB 96, 1478). Wird die Insolvenzeröffnung mangels Masse abgelehnt oder wird von der Stellung eines Insolvenzantrages abgesehen, soll die Haftungsbeschränkung nicht eingreifen, weil insofern der Grundsatz der gleichmäßigen Gläubigerbefriedigung nicht tangiert wird (BAG 20.11.84, DB 85, 1135). In diesem Fall soll der Betriebserwerber umfassend für rückständige Entgeltansprüche sowie Ansprüche und Anwartschaften aus betrieblicher Altersversorgung haften. Ist aber das Insolvenzverfahren eröffnet worden, lässt auch eine spätere Einstellung des Insolvenzverfahrens die eingetretene Haftungsbeschränkung des Betriebserwerbers nicht mehr entfallen (BAG 11.2.92 – 3 AZR 117/91, NZA 93, 20). Diese Grundsätze, die das BAG unter Geltung der Konkursordnung entwickelt hat, sind unter Geltung der InsO weiter maßgeblich (*Zwanziger* Das Arbeitsrecht der Insolvenzordnung, Einl Rz 41; *Bergwitz* DB 99, 2005, 2008).

21 **8. Betriebliche Altersversorgung in der Insolvenz.** Da die InsO sämtliche Konkursvorrechte der KO abgeschafft hat, ist insofern auch der Schutz rückständiger Forderungen auf Leistungen aus einer betrieblichen Altersversorgung geschmälert worden. Sowohl Leistungen für die letzten sechs Monate vor Insolvenzeröffnung als auch für das letzte Jahr vor Insolvenzeröffnung sind einfache Insolvenzforderungen. Eine Absicherung der unverfallbaren Versorgungsanwartschaften und -ansprüche erfolgt gem §§ 7 ff BetrAVG durch den PSV (näheres s *Betriebliche Altersversorgung* Rz 84 ff).

B. Lohnsteuerrecht

1. Forderungsausfall. Statistisch fallen bei einer Insolvenz ca 90 % der Forderungen aus. 22 Nachdem dem Fiskus grds keine „Konkursvorrechte" mehr zustehen, ist der Fiskus von den Forderungsausfällen ebenso betroffen wie andere Gläubiger (s aber das eingeschränkte Vorrecht unten Rz 24). So sind zB Rückforderungsansprüche des Fiskus wegen ungerechtfertigter Steuererstattungen eine nicht bevorrechtigte Insolvenzforderung (BGH 11.10.07 – IX ZR 87/06, BB 07, 2590). Das FA darf auch einen während des Insolvenzverfahrens erlangten Erstattungsanspruch des Schuldners nicht mit rückständigen Steuerforderungen aufrechnen, weil der Erstattungsanspruch zur Insolvenzmasse gehört (BFH 15.12.2009 – VII R 18/09, BStBl II 2010, 758; s unten Rz 28). Das **primäre Ziel** eines Insolvenzverfahrens ist nicht die Zerschlagung von Vermögenswerten, sondern die Schuldenbereinigung zur Fortsetzung unternehmerischer Betätigung (BFH 28.2.11 – VII B 224/10, BFH/NV 11, 763).

Literaturhinweise: BMF 31.1.13 – IV A 4 3 – S 0062/08/10007–15, 2012/1176804, BStBl I 13, 118; *Koller-van Delden* DStR 08, 1835.

2. Antragsbefugnis (§§ 13 ff InsO). Neben dem ArbGeb als Schuldner ist zum Antrag 23 auf Insolvenzeröffnung beim Amtsgericht als Insolvenzgericht (zum zuständigen Gericht bei internationaler Verflechtung AG Köln 10.8.05 – 71 IN 416/05, EuZW 05, 704) das FA als Gläubiger von Steuerforderungen befugt. Es muss sich um vollstreckbare Steuerrückstände handeln. Zur Ermessensentscheidung des FA beim Antrag auf Eröffnung des Insolvenzverfahrens BFH 28.2.11 – VII B 224/10, BFH/NV 11, 763; FG Hbg 25.2.11 – 2 V 8/11, EFG 11, 1400. Der Antrag auf Insolvenzeröffnung ist rechtswidrig, wenn er der Existenzvernichtung des Stpfl oder als Druckmittel für die Abgabe von Steuererklärungen bzw -anmeldungen dient oder wenn es nur um eine Bagatellforderung geht (BFH 1.2.05 – VII B 180/04, BFH/NV 05, 1002). Die verwaltungsintern erforderliche Zustimmung der OFD ist nicht Wirksamkeitsvoraussetzung des Antrags. Der Insolvenzantrag des FA ist kein Verwaltungsakt. Daher hat der Antrag keine Unterbrechenswirkung betr. Verjährung. Der Wegfall der bisherigen Konkursvorrechte für den Fiskus führt dazu, dass das FA mehr als nach der KO Insolvenzantrag stellt (BMF s oben Rz 22 Nr 2.2); *Obermair* BB 06, 582). Vorläufigen Rechtsschutz gegen einen Insolvenzantrag des FA bietet die einstweilige Anordnung nach § 114 FGO (BFH 28.2.11 – VII B 224/10, BFH/NV 11, 763 ; aA: Zuständigkeit beim Insolvenzgericht, AG Göttingen 31.5.11 – 74 IN 174/10, BeckRS 2011, 16073). Das FA ist von der Zahlung der Gerichtskosten für den Antrag auf Eröffnung des Insolvenzverfahrens befreit (§ 2 Abs 1 GKG). Ein ArbN, der Insolvenzantrag stellt, um das Insolvenzgeld zu erhalten, ist ebenfalls antragsbefugt (LG Frankenthal, Der Rechtspfleger 85, 31; strittig). Zu den Antragsgründen nach §§ 16–19 InsO (Zahlungsunfähigkeit, drohende Zahlungsunfähigkeit, Überschuldung) *Paulus* DStR 03, 598; *Schmidt* JuS 08, 45; *Pape* NWB 09, 55; zum Vorliegen der Insolvenzgründe bei bestrittenen Forderungen *Höffner* DStR 08, 1787; *Brete/Thomsen* GmbHR 08, 912). Gegen eine ablehnende Entscheidung des Insolvenzgerichts auf Eröffnung des Insolvenzverfahrens steht dem antragstellenden Gläubiger gem §§ 6, 34 InsO das Rechtsmittel der sofortigen Beschwerde zu (§§ 567 ff, 793 ZPO). Dies gilt auch für das FA. Die Beschwerde ist innerhalb der Notfrist von zwei Wochen ab dem in § 6 Abs 2 InsO genannten Zeitpunkt (Verkündung oder Zustellung der Entscheidung) beim Insolvenzgericht oder dem zur Entscheidung berufenen Landgericht einzulegen (vgl § 569 ZPO).

3. Stellung des Insolvenzverwalters. a) Vorläufiger Insolvenzverwalter. Wird dieser 24 bestellt (zu den Kategorien schwacher, halbstarker und starker vorläufiger Insolvenzverwalter § 22 InsO, BFH 27.5.09 – VII B 156/08, BFH/NV 09, 1591; *Loose* EFG 09, 305) und dem Schuldner ein allgemeines Verfügungsverbot auferlegt, so geht die Verwaltungs- und Verfügungsbefugnis über das Vermögen des Schuldners auf den vorläufigen Insolvenzverwalter über (§ 22 Abs 1 InsO). Ohne Auferlegung eines allgemeinen Verfügungsverbots bestimmt das Gericht die Pflichten des vorläufigen Insolvenzverwalters (§ 22 Abs 2 InsO). Entsprechend bestimmen sich auch die Pflichten zu Lohnsteuereinbehalt und -abführung, so dass der ArbGeb zum LStEinbehalt und zur LStAbführung noch verpflichtet sein kann und entsprechend haftet (BFH 30.12.04 – VII B 145/04, BFH/NV 05, 665). – Auch die Prozessführungsbefugnis kann für den Schuldner weiterbestehen (BFH 30.4.08 – V S 38/07, BFH/NV 08, 1497). Anderseits braucht der Schuldner den vorläufigen Insolvenzverwalter

226 Insolvenz des Arbeitgebers

nicht zu überwachen (BFH 3.12.04 – VII B 178/04, BFH/NV 05, 661) und nicht einzuschreiten gegen ihn (BFH 19.2.10 – VII B 190/09, BFH/NV 10, 1120).

Für Insolvenzverfahren, die **ab dem 1.1.2011** eröffnet worden sind, gilt nach **§ 55 Abs 4 InsO**, dass Verbindlichkeiten des Insolvenzschuldners aus dem Steuerschuldverhältnis, die von einem vorläufigen Insolvenzverwalter oder vom Schuldner mit Zustimmung des vorläufigen Insolvenzverwalters begründet worden sind, nach Eröffnung des Insolvenzverfahrens als Masseverbindlichkeit zu behandeln sind. Das bedeutet, dass sie durch Steuerbescheid gegenüber dem Insolvenzverwalter geltend gemacht werden können und von ihm nach § 34 Abs 3 iVm Abs 1 AO aus der Insolvenzmasse vorweg zu bezahlen sind (BFH 9.2.11 – XI R 35/09, DStR 11, 1128). Diese Regelung, als eingeschränkter Fiskusvorrang bezeichnet, die hauptsächlich die Umsatzsteuer, aber auch die Lohnsteuer betrifft, soweit nach Eröffnung des Insolvenzverfahrens noch Löhne ausbezahlt werden, soll die Vermeidung größerer Steuerausfälle bewirken, die nach bisheriger Regelung ohne Fiskusprivileg eingetreten sind (Einzelheiten *Gundlach/Rautmann* DStR 2011, 82; *Jatzke* DStR 11, 919; *Sinz/Oppermann* DB 11, 2185; s auch unten Rz 28).

b) Übergang Vermögensverwaltung. Durch die Eröffnung des Insolvenzverfahrens geht das Recht des Schuldners, das zur Insolvenzmasse gehörende Vermögen zu verwalten und über es zu verfügen, auf den Insolvenzverwalter über (§ 80 Abs 1 InsO), nicht schon mit dem Antrag auf Insolvenzeröffnung (BFH 23.9.08 – VII R 27/07, DB 09, 101). Der Insolvenzverwalter tritt insoweit in die lohnsteuerlichen Pflichten des ArbGeb gegenüber dem FA ein. Er hat die handels- und steuerrechtlichen Buchführungspflichten zu übernehmen (§ 155 Abs 1 InsO). Der Schuldner verliert auch die Prozessführungsbefugnis (BFH 30.4.08 – X 5 14/07, BFH/NV 08, 1351). Steuerberater können Insolvenzverwalter sein (§ 57 Abs 3 StBerG; *Fahlbusch* DStR 08, 893).

Beispiel: Insolvenzeröffnung am 10. eines Monats. LStEinbehalt und LStAbführung (§ 41a EStG) gehen ab diesem Zeitpunkt auf den Insolvenzverwalter über (§ 34 Abs 3 AO; BFH 16.5.75 – VI R 101/71, BStBl II 75, 621).

25 Dem Schuldner stehen keine Rechtsmittel zu, die Abgabe von Steuererklärungen durch den Insolvenzverwalter zu erzwingen (BFH 12.11.92 – IV B 83/91, BStBl II 93, 265). Hierbei und im weiteren Verfahren (zB bei Außenprüfungen oder LStPrüfungen während des Insolvenzverfahrens) muss der ArbGeb als Schuldner ggf die notwendige Hilfe durch Auskünfte leisten (§ 97 InsO), wie auch der Insolvenzverwalter dem FA gegenüber zur Mitwirkung verpflichtet ist (§§ 93 ff AO). Der Insolvenzverwalter darf die Abgabe von Steuererklärungen nicht mit der Begründung verweigern, die Kosten für einen Steuerberater seien durch die Masse nicht gedeckt (BFH 23.8.94 – VII R 143/92, BStBl II 95, 194). Der Insolvenzverwalter ist der Adressat von Steuerbescheiden (BMF s oben Rz 22, Tz 6, 8). Im finanzgerichtlichen Verfahren kann der Schuldner Zeuge sein (BFH 22.1.97 – I R 101/95, BStBl II 97, 464), aber nicht Beteiligter, weil er für die Dauer des Insolvenzverfahrens von der Verwaltungs- und Verfügungsbefugnis über das zur Insolvenzmasse gehörende Vermögen ausgeschlossen ist (BFH 7.3.06 – VII R 11/05, BStBl II 06, 573). In den Rechtsbeziehungen FA – Insolvenzverwalter – Schuldner gilt das Steuergeheimnis (§ 30 AO) nicht, soweit die Vorgänge der Abwicklung des Insolvenzverfahrens dienen (BFH 28.3.07 – III B 10/07, BFH/NV 07, 1182). Daher besteht ein Akteneinsichtsrecht beim FA, auch bereits vor Aufnahme des Verfahrens des Insolvenzverwalters (BFH 15.9.10 – II B 4/10, BeckRS 2010, 25016608). Dies verstößt nicht gegen Grundrechte (BFH 9.6.10 – II B 47/10, BFH/NV 10, 1653; einschränkend BFH 26.4.10 – VII B 229/09, BFH/NV 10, 1637).

26 **4. Insolvenzrechtliche Auswirkungen. a) Lohnsteuer.** Eine spezialgesetzliche Regelung der Auswirkungen der Eröffnung des Insolvenzverfahrens auf die Besteuerung und das Besteuerungsverfahren gibt es nicht. Einzelvorschriften finden sich in §§ 75 Abs 2, 251 Abs 2, 3 AO. Als Grundsätze gelten: „Insolvenzrecht geht dem Steuerrecht vor" und „die LSt teilt grds das Schicksal des Lohnes" (BFH 16.5.75 – VI R 101/71, BStBl II 75, 621). Für die Frage, ob beim ArbN LSt anfällt, gelten somit die allgemeinen Grundsätze s *Arbeitsentgelt* Rz 30 ff). Prinzipiell ist zu unterscheiden zwischen Insolvenzforderungen/-verbindlichkeiten und Masseforderungen/-verbindlichkeiten. Die Abgrenzung richtet sich nach dem Zeitpunkt der insolvenzrechtlichen Begründung (BFH 7.6.06 – VII B 329/05, BStBl II 06, 641). Zur Insolvenz**masse** gehören die Verbindlichkeiten, die **nach Verfahrenseröffnung** ent-

stehen. Bei LStForderungen für **vor Eröffnung** des Verfahrens gezahlte Löhne muss das FA wie jeder andere Gläubiger seine Forderungen gegenüber dem Insolvenzverwalter anmelden (§§ 28, 174 InsO; sog **Insolvenzforderungen,** § 38 InsO). Eine Steuerfestsetzung ist nach Eröffnung des Insolvenzverfahrens ohne Mitwirkung des Insolvenzverwalters nicht zulässig (vgl *Hagen* StBp 04, 217). Dennoch ergangene Bescheide sind unwirksam (BFH 2.7.97 – I R 11/97, BStBl II 98, 428). Erst wenn der Insolvenzverwalter die vom FA angemeldeten Forderungen bestreitet, darf das FA einen entsprechenden Feststellungsbescheid erlassen (§ 251 Abs 3 AO iVm §§ 179, 185 InsO), gegen den der Insolvenzverwalter, nicht der Schuldner Einspruch und Klage erheben kann (s oben Rz 25). Ein Feststellungsbescheid nach § 251 Abs 3 AO darf nicht mehr ergehen, wenn die Steuer bereits festgesetzt worden ist (BFH 23.2.05 – VII R 63/03, BStBl II 05, 591). Auch besteht ein Vollstreckungsverbot (§ 89 InsO).

Für **nach Eröffnung** des Insolvenzverfahrens gezahlte Löhne ist die fällige LSt **Masse-** 27 **forderung** (§ 53 InsO). Mit Auszahlung des Lohnes hat der Insolvenzverwalter die entsprechende LSt einzubehalten, anzumelden und abzuführen. Dies wirkt nicht gläubigerbenachteiligend (s unter Rz 32). Ist im Zeitpunkt der Insolvenzeröffnung Arbeitslohn rückständig, erhält der ArbN von der BA für diesen Zeitraum AlGeld. Dieses und die vom Insolvenzverwalter auf Grund des auf die BA übergegangenen Anspruchs nach § 115 SGB X vorgenommene Rückzahlung an die BA sind steuerfrei (s *Arbeitslosengeld* Rz 4; *Lohnersatzleistungen* Rz 11; s auch unten Rz 34). Das FA ist bei Nichterfüllung zum Erlass eines entsprechenden (Schätzungs-)Bescheides gegenüber dem Insolvenzverwalter befugt, der die LSt aus der Insolvenzmasse zu bezahlen hat (BFH 30.4.09 – V R 1/06, BStBl II 10, 138). Beauftragt der Insolvenzverwalter im Rahmen eines Angestelltenverhältnisses den Schuldner mit der Weiterführung der Geschäfte, hat er für die Tätigkeit des Schuldners bei Gehaltszahlung ebenfalls LSt einzubehalten und abzuführen (BFH 21.1.77 – III R 107/73, BStBl II 77, 393). Gibt der Insolvenzverwalter zu Gunsten des Schuldners den weiter laufenden Geschäftsbetrieb frei, ist der Schuldner zur LStEinbehaltung und -Abführung verpflichtet (FG Nds 8.3.07 – 11 K 565/06, EFG 07, 1272). Im Fall der Übernahme der LSt nach § 40 Abs 1 EStG durch **Lohnsteuerpauschalierung** durch den ArbGeb kann das FA bei Vorliegen eines Insolvenzgrundes (§§ 16 ff InsO) vor Eröffnung des Insolvenzverfahrens die Pauschalierung nicht zulassen. **Steuerliche Nebenleistungen** (§ 3 Abs 3 AO), wie zB ein Verspätungszuschlag oder Säumniszuschläge teilen grds das Schicksal der LSt (BGH 14.7.08 – II ZR 238/07, DStR 08, 2169). Säumniszuschläge zur LSt können zur Hälfte erlassen werden (BFH 9.7.03 – V R 57/02, BStBl II 03, 901). Zwangsgeld (§ 329 AO) sowie Geldstrafen wegen LStHinterziehung und Geldbußen wegen entsprechender Ordnungswidrigkeiten sind **nachrangige** Insolvenzschulden (§ 39 Nr 3 InsO), ebenso Säumniszuschläge auf Insolvenzforderungen, wenn sie auf die Zeit nach Eröffnung des Insolvenzverfahrens fallen. Auch **(LSt-)Außenprüfungen,** die das Insolvenzverfahren betreffen, sind zulässig. Sie dienen meist der Haftungsinanspruchnahme (s hierzu unten Rz 32). Kauft der ArbN in Anrechnung von Lohnrückständen vom ArbGeb eine Immobilie, liegt keine Lohnrückzahlung vor, wenn der ArbN aus Rechtsgründen nicht Eigentümer der Immobilie geworden ist (BFH 10.8.10 – VI R 1/08, DB 10, 2030).

b) Steuererstattungsansprüche des Schuldners wegen zu viel entrichteter Steuern ge- 28 hören, wenn die Steuerzahlungen vor Insolvenzeröffnung erfolgt sind, zur Insolvenzmasse (BFH 30.9.08 – VII R 18/08, DStR 08, 2257).

c) Aufrechnung. Das FA ist unabhängig vom Insolvenzverfahren zur **Aufrechnung** berechtigt, wenn die Steuerforderung **zum Zeitpunkt der Eröffnung** des Insolvenzverfahrens bereits bestanden hat (§ 94 InsO; BFH 10.5.07 – VII R 18/05, BStBl II 07, 914). Dies gilt auch bei berichtigter LStAnmeldung (BFH 26.1.05 – VII R 41/04, BFH/NV 05, 1211). Beruht der Anspruch auf Erstattung von ESt auf **nach Eröffnung des Insolvenzverfahrens** abgeführter LSt, ist eine Aufrechnung des FA mit Steuerforderungen gem § 96 Abs 1 Nr 1 InsO unzulässig (BFH 29.1.10 – VII B 188/09, BFH/NV 10, 1243; Abgrenzung hierzu BFH 29.1.10 – VII B 192/09, BFH/NV 10, 1856). Zur Zulässigkeit der Aufrechnung nach Aufhebung des Insolvenzverfahrens BFH 4.9.08 – VII B 239/07, BFH/NV 09, 6; vor dem die Restschuldbefreiung erteilenden Beschluss des Insolvenzgerichts BFH 7.1.10 – VII B 118/09, BFH/NV 10, 950; andererseits Unzulässigkeit der Aufrechnung in massearmen Insolvenzverfahren BFH 4.3.08 – VII R 10/06, BStBl II 08, 506). Die Aufrechnung ist aber zulässig, wenn der Insolvenzverwalter dem Schuldner eine gewerbliche Tätigkeit durch Freigabe aus dem Insolvenzbeschlag ermöglicht hat, weil diese Tätigkeit nicht in die Insolvenzmasse fällt, so dass ein aus dieser Tätigkeit entstandener Vergütungs- oder Erstattungsanspruch mit vorinsolvenzlichen Steuerschulden verrechnet werden kann (BFH 1.9.10 – VII R 35/08, BFH/NV 11, 88). Zur Aufrechnung gegen einen USt Erstattungsanspruch BFH 15.12.09 – VII R 18/09, BStBl II 10, 758; s auch *Jatzke* DStR 11, 919).

29 **d) Lohnsteuerjahresausgleich und ESt-Veranlagung.** Der Lohnsteuerjahresausgleich durch den ArbGeb (§ 42b EStG) ist durch das Insolvenzverfahren nicht berührt (§ 47 InsO), dh der Insolvenzverwalter hat den LStJahresausgleich unabhängig und außerhalb des Insolvenzverfahrens durchzuführen. Ein **ArbN-Darlehen,** das zur Sicherung des Arbeitsplatzes gegeben wurde und durch die Insolvenz des ArbGeb ausfällt, führt zu Werbungskosten des ArbN. Dabei ist es unerheblich, ob das Darlehen der Gesellschaft oder dessen Gesellschafter-Geschäftsführer gegeben wurde und dass die Sicherung des Arbeitsplatzes nicht erreicht werden konnte (BFH 7.2.08 – VI R 75/06, DStRE 08, 467). Das Gleiche gilt für den Verlust einer stillen Beteiligung (FG Nds 23.2.11 – 9 K 45/08, EFG 11, 1148; hierzu *Wagner* EFG 11, 1153). Abtretung und Verpfändung von LSt-erstattungsansprüchen bleiben wirksam (§§ 50 Abs 1, 51 Nr 1 InsO). Nur wenn die Abtretung/Verpfändung vom Insolvenzverwalter erfolgreich angefochten worden ist (§ 129 InsO), darf das FA nicht an den Pfandgläubiger erstatten (Einzelheiten BayLfSt 15.7.10 – AO-Kartei Bay § 46 AO Karte 1).

Im Rahmen der Jahresveranlagung (§ 25 EStG; s *Antragsveranlagung* Rz 2 ff) haben Ehegatten, deren einer Insolvenzschuldner ist, Anspruch auf Zusammenveranlagung zur ESt (BGH 18.11.10 – IX ZR 240/07, DStR 11, 277). Ergibt sich für einen Zeitraum nach Eröffnung des Insolvenzverfahrens für einen ArbN im Rahmen einer EStJahresveranlagung eine Abschlusszahlung, so ist die EStForderung – anders als die laufende LSt – nicht eine vorrangig zu befriedigende Masseverbindlichkeit iSd § 55 InsO (BFH 24.2.2011 – VI R 21/10, DStR 2011, 804). Die einheitliche EStSchuld ist ggf – aus Sicht des FA – in eine Insolvenzforderung, eine Masseforderung und eine insolvenzfreie Forderung aufzuteilen (BFH 5.3.08 – X R 60/04, BStBl II 08, 787).

30 **e) Finanzamt und Gläubigerausschuss.** Das FA kann Mitglied im **Gläubigerausschuss** sein (§ 67 InsO) und damit auf den **Insolvenzplan** durch Stellungnahmen Einfluss nehmen. Zum Erörterungs- und Abstimmungstermin ist das FA schriftlich zu laden (§ 235 InsO). Das FA kann den Insolvenzplan nach pflichtgemäßen Ermessen genehmigen oder ablehnen (zur Ermessensausübung BMF 17.12.98 – IV A 4 – S 0550, BStBl I 98, 1500 unter 9.). In der Zustimmung zum Insolvenzplan liegt ein entsprechender Verzicht auf Steuerforderungen, der die entsprechenden AO-Vorschriften (§§ 163, 227 AO) insoweit aufhebt (*Fett/Barten* DStZ 98, 885). Werden die Steuerforderungen gem dem Insolvenzplan nicht erfüllt, sind Insolvenzstundung und -erlass (§ 255 InsO) hinfällig. Das FA kann dann außerhalb des Insolvenzplans vollstrecken (§ 251 Abs 2 Satz 2 AO iVm § 257 InsO).

31 **5. Zum Insolvenzschutz bei betrieblicher Altersversorgung** durch Rückdeckungsversicherung s *Betriebliche Altersversorgung* Rz 193. Eine Pensionszusage wird nach Kündigung des Geschäftsführers durch den Insolvenzverwalter nicht gegenstandslos (GmbHR 2000, 1147). Die Insolvenzsicherung der Ansprüche aus einem **Altersteilzeitarbeitsverhältnis** und der darauf entfallenden ArbGebAnteile zur SozV durch den ArbGeb sind steuerfrei (§ 3 Nr 28 EStG; R 3.28 LStR; s *Altersteilzeit* Rz 26; s auch unten Rz 33). Kündigt der Insolvenzverwalter die Direktversicherung von ArbN, deren Bezugsrecht widerruflich war und werden ihm die bisherigen Beiträge ausbezahlt, so besteht für die unverfallbaren Ansprüche kein Anspruch auf Erstattung der pauschal abgeführten LSt (BFH 5.7.07 – VI R 58/05, BStBl II 07, 774 = DStR 07, 1435).

32 **6. Haftung** (§§ 34, 35, 69, 191 AO). Für die LStHaftung nach § 42d EStG (s *Lohnsteuerhaftung* Rz 2 ff) gelten keine Besonderheiten. Soweit LSt vor und nach Insolvenzeröffnung nicht einbehalten, angemeldet und/oder abgeführt worden ist, hat das FA die Haftungsschuld während des Insolvenzverfahrens als Insolvenzforderung nach § 38 InsO bzw als Masseanspruch nach § 55 Abs 1 Nr 1 InsO (s oben Rz 26, 27) zur Tabelle anzumelden (§ 174 InsO). **Haftungsschuldner** ist für die Tatbestandsverwirklichung vor Insolvenzeröffnung der ArbGeb, vertreten durch den Insolvenzverwalter (§ 34 Abs 3 AO; BFH 12.5.09 – VII B 266/08, BFH/NV 09, 1589), auch wenn ihm als GmbH-Geschäftsführer keine

Leitungsbefugnisse zustehen, für Haftungstatbestände nach Insolvenzeröffnung der Insolvenzverwalter persönlich nach §§ 34, 69 AO (BFH 21.7.09 – VII R 49/08, BStBl II 10, 13). Wird bei einer LStAnmeldung während des Laufs der Rechtsbehelfrist das Insolvenzverfahren eingeleitet mit der Folge des Verlustes der Verfügungsbefugnis des Schuldners, wirkt die Bestandskraft der LStAnmeldung nicht gegenüber dem ArbGeb, gegen den ein Haftungsbescheid erlassen worden ist (BFH 24.8.04 – VII R 50/03, BFH/NV 05, 89). Der ArbGeb haftet für LSt, die er innerhalb des **Drei-Monats-Zeitraums** des § 130 Abs 1 Nr 1 InsO anmeldet, die aber nicht mehr gezahlt wird. Auf ein hypothetisches Anfechtungsrecht des Insolvenzverwalters nach § 130 Abs 1 InsO kommt es nicht an (BFH 11.11.08 – VII R 19/08, DStR 09, 427; grundlegend BFH 5.6.07 – VII R 65/05, BStBl II 08, 273). Die Haftung besteht auch nach Anfechtung durch den Insolvenzverwalter (BFH 27.2.07 – VII R 67/05, BStBl II 09, 348). Ist dem FA die Zahlungsunfähigkeit des Schuldners nicht bekannt, so kommt es auf die Anfechtbarkeit nach §§ 130, 131 InsO nicht an mit der Folge der Haftung des Geschäftsführers nach § 69 AO (BFH 10.5.06 – VII B 123/05, BFH/NV 06, 1610; s hierzu auch *Laws/Stahlschmidt* BB 06, 1031; *Frotscher* BB 06, 351). Der Schuldner = ArbGeb haftet nicht, wenn er nach Insolvenzeröffnung vom Insolvenzverwalter gehindert wird, vorzunehmende LStZahlungen zu erbringen (BFH 3.12.04 – VII B 178/04, BFH/NV 05, 661), beispielsweise bei Kontosperrung durch den Insolvenzverwalter (BFH 5.6.07 – VII R 19/06, BFH/NV 07, 2225) oder bei Widerruf der Lastschrift durch den Insolvenzverwalter (FG Münster 2.7.09 – 10 K 1549/08 L, EFG 09, 1616). Der ArbGeb haftet, wenn er die Nettolöhne ausbezahlt, nicht aber die LSt abführt (BFH 8.5.01 – VII B 252/00, BFH/NV 01, 1222). Dies gilt auch für den „Director" einer in Deutschland ansässigen Limited Company (FG Sachs 29.5.08 – 6 K 40/07, BeckRS 2008, 26025777). Vereinbarungen mit der Lohn zahlenden Bank beseitigen die Haftung nicht (FG Saarl 15.1.08 – 2 K 2338/01, BeckRS 2008, 26024723). Die Zahlung des laufenden Lohnes und der LSt führt **nicht zu einer Gläubigerbenachteiligung** (BFH 21.12.98 – VII B 175/98, BFH/NV 99, 745; BGH 14.5.07 – II ZR 48/06, DStR 07, 1174; kritisch *Peetz* GmbHR 09, 186). Das bedeutet, dass bei Vorhandensein liquider Mittel zeitlich vor dem Antrag auf Insolvenzeröffnung fällige Lohnsteuer abzuführen ist, auch innerhalb der dreiwöchigen Schonfrist nach § 64 Satz 2 GmbHG (BFH 23.9.08 – VII R 27/07, BStBl II 09, 129; hierzu *Rüsken* NWB 09, 196; *Jäger* HFR 09, 103), anderenfalls haftet der Geschäftsführer (BFH 27.2.07 – VII R 67/05, BStBl II 09, 348). Umgekehrt ausgedrückt: Der Geschäftsführer einer GmbH haftet nicht nach § 64 GmbHG, wenn er nach Eintritt der Insolvenzreife rückständige USt und LSt an das FA und rückständige ArbNAnteile zur SozV an die Einzugsstelle zahlt (BGH 25.1.11 – II ZR 196/09, DStR 11, 530). Faktisch führt dies zu einer Privilegierung des FA als Gläubiger (*Götte* DStR 07, 1176; *Rüsken* NWB 09, 196). Haftungsbegründend kann sein, wenn der Geschäftsführer in der Krise der GmbH die Abführung der LSt nicht überwacht (BFH 20.4.06 – VII B 280/05, BFH/NV 06, 1441). Ist eine Gesellschaft ohne Rechtspersönlichkeit ArbGeb (zB OHG, KG), so schützt § 93 InsO, wonach für die Dauer des Insolvenzverfahrens die persönliche Haftung eines Gesellschafters nur vom Insolvenzverwalter geltend gemacht werden kann, den Gesellschafter-Geschäftsführer vor einem Haftungsbescheids des FA nach §§ 34, 69 AO nicht (BFH 2.11.01 – VII B 155/01, BStBl II 02, 73; BGH 4.7.02 – IX ZR 265/01, DStR 03, 557). Die Bemessung der LSt (s *Lohnsteuerberechnung* Rz 2) folgt den gleichen Grundsätzen, wenn nicht der insolvente ArbGeb nach § 42d EStG, sondern dessen ehemaliger Geschäftsführer nach §§ 69, 34 AO in Haftung genommen werden soll (BFH 29.7.09 – VI B 99/08, 1 BFH/NV 09, 1809). Vor Ergehen des Haftungsbescheids gegenüber einem Insolvenzverwalter ist die zuständige Berufskammer einzuschalten (§ 191 Abs 2 AO).

Wird im Rahmen eines Insolvenzverfahrens **ein Betrieb veräußert,** haftet der Erwerber für Steuerschulden des Veräußerers bzw des Insolvenzverwalters nicht (§ 75 Abs 2 AO). § 25 HGB findet keine Anwendung. Dies gilt auch, wenn dem Insolvenzverfahren eine Sequestration unmittelbar vorausgeht (BFH 23.7.98 – VII R 143/97, BStBl II 98, 765).

7. Insolvenz und Tarifvertrag. Der ArbGeb kann nach Tarifvertrag verpflichtet sein, 33 Ansprüche des ArbN aus einem **Altersteilzeitverhältnis** und die darauf entfallenden ArbGebAnteile zur SozV für den Fall der Insolvenz abzusichern, zB durch Bestellung von Pfandrechten oder durch Zahlungsversprechen Dritter. Diese Art der Insolvenzsicherung

226 Insolvenz des Arbeitgebers

stellt keinen geldwerten Vorteil für die gesicherten ArbN dar und ist daher nicht lohnsteuerpflichtig. Entscheidend hierfür ist, dass der ArbN keinen Rechtsanspruch gegen den Träger der Insolvenzsicherung erhält (BMF 13.2.98, BB 98, 680).

34 **8. Insolvenzgeld** s unten Rz 42) ist als soziale Lohnersatzleistung – netto ausgezahlt – steuerfrei (§ 3 Nr 2 EStG). Es ist nicht in die LStBescheinigung einzutragen (§ 41b EStG; s *Lohnsteuerbescheinigung* Rz 9). Zur Bescheinigungspflicht der Bundesagentur für Arbeit nach § 32b Abs 3 EStG s *Lohnersatzleistungen* Rz 14. Es unterliegt dem Progressionsvorbehalt (§ 32b Abs 1 Nr 1a EStG; s *Lohnersatzleistungen* Rz 6), auch das einem Dritten gem § 188 Abs 1 SGB III zustehende Insolvenzgeld, das dem ArbN zuzurechnen ist (§ 32b Abs 1 Nr 1a, 2. Hs, aE EStG). Nach Ablauf des Kj führt das FA vAw eine Veranlagung des ArbN durch (§ 46 Abs 2 Nr 1 EStG; s *Antragsveranlagung* Rz 7; *Lohnersatzleistungen* Rz 16). Hierbei steht dem ArbN der Werbungskostenabzug aus seiner Weiterbeschäftigung zu; § 3c EStG (s *Steuerfreie Einnahmen* Rz 7) steht dem nicht entgegen (BFH 23.11.2000 – VI R 93/98, BStBl II 01, 199; Anm hierzu *Urban* DStZ 01, 440). Die Zahlung von **Versicherungsbeiträgen** durch die Agentur für Arbeit (s unten Rz 42, 60) ist für den ArbN keine Sonderausgabe. Andererseits kommt eine Kürzung des Insolvenzgeldes im Rahmen des Progressionsvorbehalts um sog Vorsorgeaufwendungen nicht in Betracht (BFH 5.3.09 – VI R 78/06, BFH/NV 09, 1110). Zahlungen, die der Insolvenzverwalter aufgrund des gesetzlichen Forderungsübergangs des Lohns an die Bundesagentur für Arbeit (§ 187 Satz 1 SGB III) und an die Einzugsstelle (§ 208 Abs 2 SGB III) entrichtet (s unten Rz 70), sind entgegen BAG 17.4.85, DB 85, 2251 (zu § 141n Abs 2 AFG) nicht stpfl (§ 3 Nr 2 EStG; R 3.2 Abs 2 LStR); OFD Koblenz 15.7.08 – S 0550 A – St 342/St 345/St 322, DStR 08, 2266). Dies gilt auch für Zahlungen an freigestellte ArbN für die Zeit bis zum Ablauf der Kündigung (SenatsVerw Bln 15.12.08 – III B – S 2342 – 11/07, ESt-Kartei Bln § 3 EStG F 1, Nr 801). Dem ArbN steht kein Restlohn iHd rechnerischen LSt zu (BAG 11.2.98, DB 98, 1136; aA *Urban* DB 98, 2087: lohnsteuerpflichtiger Restlohnanspruch). Zum Anspruch auf Insolvenzgeld eines GmbH-Geschäftsführers *Grams* GmbHR 03, 29. Das Insolvenzgeld wird in die Berechnung des Elterngeldes nicht mit einbezogen (LSG NRW 19.3.10 – L 13 EG 44/09).

Steuerfrei sind auch spätere Zahlungen des ArbGeb an die BA gem dem gesetzlichen Forderungsübergang für das AlGeld nach § 115 SGB X und vergleichbare Leistungen (§ 3 Nr 2 EStG; R 3.2 Abs 1 Satz 2 LStR; ausführlich hierzu *Urban* DB 96, 1893; s auch *Arbeitslosengeld* Rz 6, *Lohnersatzleistungen* Rz 11; *Erstattungsanspruch der Agentur für Arbeit* Rz 12, 14). Zur Insolvenzgeldbescheinigung s *Lohnersatzleistungen* Rz 14.

35 **9. Besteuerung des Insolvenzverwalters.** Die Vergütung des Insolvenzverwalters (§ 54 Nr 2 InsO) stellt Einkünfte aus sonstiger selbstständiger Vermögensverwaltung iSd § 18 Abs 1 Nr 3 EStG dar (BFH 23.5.84 – I R 122/81, BStBl II 84, 823). Dies gilt auch für eine Partnerschaftsgesellschaft (BFH 26.1.11 – VIII R 3/10, DStRE 11, 672). Bei größerem Umfang führt die Tätigkeit zu gewerblichen Einkünften (BFH 12.12.01 – XI R 56/00, BStBl II 02, 202; FG Köln 28.5.08 – 12 K 3735/05, BeckRS 2008, 26025841; *Kindler* DStR 08, 220; aA FG Düsseldorf 18.11.09 – 7 K 3041/07). Zur USt BMF 28.7.09 – IV B 8 – S 7100/08/10003, DStR 09, 1646; OFD Frankfurt 20.1.10 – S 7104 A – 81 – St 110, DStR 10, 2135.

36 **10. Restschuldbefreiung** (§§ 286 ff InsO). Im Verfahren zur Restschuldbefreiung haben die Finanzämter Anhörungs- und Antragsrechte. Steuerhinterziehung schließt die Restschuldbefreiung nicht aus (BFH 19.8.08 – VII R 6/07, DStR 08, 2061; hierzu *Schmedding* DStR 09, 520). Zur Gefahr der mißbräuchlichen Inanspruchnahme der Restschuldbefreiung *Stephan* Zeitschrift für Verbraucherinsolvenz 08, 141. In Zusammenarbeit mit dem Treuhänder sind die ordnungsgemäße Verfahrensabwicklung und die Einhaltung der Pflichten des Schuldners durch das FA zu überwachen. Die vom Insolvenzgericht ausgesprochene Restschuldbefreiung erfolgt nicht nach § 227 AO, sondern nach den insoweit vorgreiflichen §§ 87, 301 InsO (BFH 19.8.08 – VII R 6/07, DStR 08, 2061). Sie bewirkt nicht das Erlöschen von Steueransprüchen, sondern das Verbot der Geltendmachung von Ansprüchen. Während der sechsjährigen Wohlverhaltensperiode erwirtschaftete Gewinne sind erst im Zeitpunkt der Erteilung der Restschuldbefreiung realisiert. Die Steuer hierauf ist auf Antrag des Stpfl nach § 163 AO abweichend festzusetzen und nach § 222 AO mit dem Ziel des

späteren Erlasses (§ 227 AO) zunächst unter Widerrufsvorbehalt zu stunden (BMF 22.12.09 – IV C 6 – S 2140/07/10001 – 01, BStBl I 10, 18).

In der Wohlverhaltensphase darf das FA mit Steuerschulden aus der Zeit vor Eröffnung des Insolvenzverfahrens gegen Erstattungsansprüche des Schuldners aus der Zeit der Restschuldbefreiung, in der er ein neues Unternehmen gründete, aufrechnen (FG BlnBB 25.8.10 – 12 K 2060/08, DStRE 11, 589 und 12 K 12109/09, BeckRS 2010, 26030336; s im Übrigen oben Rz 28.

11. Rechtsbehelfe des Finanzamts: Sofortige Beschwerde gegen Maßnahmen des Insolvenzgerichts innerhalb von zwei Wochen (§§ 574 ff ZPO). 37

C. Sozialversicherungsrecht *Voelzke*

Übersicht

	Rz		Rz
I. Allgemeines	38, 39	b) Arbeitsentgelt	54–58
II. Insolvenz und Beschäftigungsverhältnis	40	c) Höhe des Anspruchs	59, 60
		3. Übertragung von Arbeitsentgeltansprüchen	61–63
III. Insolvenzschutz für Wertguthaben	41		
IV. Insolvenzgeld	42–70	4. Verfügungen über das Insolvenzgeld	64
1. Voraussetzungen des Insolvenzgeldanspruchs	43–51	5. Verfahrensrecht	65–67
a) Arbeitnehmer	44	6. Mitteilungspflicht des Arbeitgebers	68
b) Arbeitgeber	45		
c) Insolvenzereignisse	46–51	7. Anspruchsübergang	69
2. Leistungsumfang	52–60	8. Umlageverfahren	70
a) Insolvenzgeldzeitraum	52, 53		

I. Allgemeines. Das sozialversicherungsrechtliche Beschäftigungsverhältnis (§ 7 Abs 1 SGB IV), das Hauptanknüpfungspunkt für die **Versicherungspflicht** in allen Zweigen der SozV ist, wird durch die Eröffnung des Insolvenzverfahrens nicht beendet. Zur Sicherung von bereits angesparten Wertguthaben im Rahmen einer Vereinbarung über die Flexibilisierung der Arbeitszeit sieht § 7e SGB IV vor, dass **Vorkehrungen zur Insolvenzsicherung** der Wertguthaben getroffen werden sollen (unten Rz 41, s zu Einzelheiten *Schlegel/Voelzke/ Wißing* SGB IV, § 7e Rz 23 ff). 38

Zum Schutz der ArbN gegen das Lohnausfallrisiko enthält das SGB III in den §§ 165–172 Regelungen über das **Insolvenzgeld** (s unten Rz 42 ff). 39

II. Insolvenz und Beschäftigungsverhältnis. Der Fortbestand eines Beschäftigungsverhältnisses iSd § 7 SGB IV (Näheres: *Arbeitnehmer (Begriff)* Rz 51 ff) als Grundlage der Versicherungspflicht in der KV, RV, sozialen PflegeV und ArblV wird durch die Eröffnung des Insolvenzverfahrens über das Vermögen des ArbGeb nicht berührt. Das Beschäftigungsverhältnis und die Verpflichtung zur Beitragszahlung enden auch dann nicht, wenn die betroffenen ArbN von der Arbeit freigestellt werden und AlGeld im Wege der Gleichwohlgewährung erhalten (BSG 26.11.85 – 12 RK 51/83, DB 86, 867). Das versicherungspflichtige Beschäftigungsverhältnis endet, wenn es nach den tatsächlichen Verhältnissen an dem beiderseitigen Willen der Arbeitsvertragsparteien fehlt, das Beschäftigungsverhältnis fortzusetzen, und der ArbGeb seine Verfügungsbefugnis nicht mehr wahrnimmt oder wahrnehmen kann (BSG 4.7.12 – B 11 AL 16/11 R, BeckRS 2012, 74145). Die Versicherungspflicht besteht längstens bis zur Aufnahme einer Beschäftigung bei einem anderen ArbGeb fort. Kündigt der Insolvenzverwalter das Beschäftigungsverhältnis eines ArbN, für den ein Eingliederungszuschuss gewährt worden war, so ist die Rückzahlungsverpflichtung keine Masseverbindlichkeit (BSG 30.11.11 – B 11 AL 22/10 R, NZI 12, 375). 40

Für die Dauer des Fortbestands des Beschäftigungsverhältnisses ist wegen des Entstehungsprinzips nach § 22 Abs 1 SGB IV ein **Beitragsanspruch** gegeben (*Schlegel/Voelzke/Segebrecht* SGB IV, § 22 Rz 47). Die Höhe des Beitragsanspruches bestimmt sich nach der Höhe des Arbeitsentgeltanspruches des betroffenen ArbN (vgl zu SozVBeiträgen in der Insolvenz *Plagemann* NZS 2000, 525). Als ArbGeb der weiterbeschäftigten bzw freigestellten ArbN gilt der Insolvenzverwalter. In der UV sind keine Beiträge an die BG für die ArbN zu leisten, die nach Eröffnung des Insolvenzverfahrens bis zur fristgerechten Beendigung ihrer Arbeits-

226 Insolvenz des Arbeitgebers

hältnisse von der Arbeit freigestellt sind (BSG 30.7.81 – 8/8a RU 48/80, SozR 2200 § 723 Nr 5).

41 **III. Insolvenzschutz für Wertguthaben.** Das Gesetz zur Verbesserung der Rahmenbedingungen für die Absicherung flexibler Arbeitszeitregelungen und zur Änderung anderer Gesetze (BGBl I 08, 2940) hat den Insolvenzschutz von Wertguthaben deutlich verbessert. Nach Maßgabe des § 7e SGB IV haben die Vertragsparteien einer Wertguthabenvereinbarung in der Vereinbarung die entsprechenden Vorkehrungen zu treffen, um das Wertguthaben einschließlich des darin enthaltenen GesamtSozV Beitrages vollständig gegen das Risiko der Insolvenz abzusichern. Eine derartige Absicherung wird immer erforderlich, soweit das Wertguthaben einen Betrag in Höhe der monatlichen Bezugsgröße übersteigt (s *Sozialversicherungsbeiträge* Anhang). In § 7e Abs 7 SGB IV wird eine **Ersatzpflicht** des ArbGeb (bei juristischen Personen auch der organschaftlichen Vertreter) für Schäden festgelegt, die aus einem nicht geeigneten oder nicht ausreichenden Insolvenzschutz resultieren (zu Einzelheiten *Rolfs/Witschen* NZS 09, 295; *Huke/Lepping* ZIP 09, 1204). Eine zwingende Regelung zur Insolvenzsicherung für Wertguthaben im Rahmen von Altersteilzeit enthält § 8a AltTZG (*Rolfs* NZS 04, 561; Näheres: *Wertguthaben/Zeitguthaben*).

42 **IV. Insolvenzgeld.** Das Insolvenzgeld soll die vorleistungspflichtigen ArbN vor dem **Risiko des Lohnausfalls** bei Zahlungsunfähigkeit des ArbGeb schützen. Die Vorschriften stehen in einem engen inhaltlichen Zusammenhang mit den Vorschriften der InsO und anderer insolvenz- und arbeitsrechtlicher Sicherungsmechanismen bei Zahlungsunfähigkeit des ArbGeb. Vorrangiges Ziel des von der BA zu gewährenden Insolvenzgeldes ist es, den Anspruch des ArbN auf Arbeitsentgelt gegen den zahlungsunfähigen ArbGeb im Falle der Eröffnung des Insolvenzverfahrens, der Abweisung des Antrags auf Eröffnung des Insolvenzverfahrens mangels Masse oder der Betriebseinstellung zu sichern (§ 165 SGB III). Der Anspruch auf Insolvenzgeld besteht auch dann, wenn der ArbN neben dem ArbGeb auch einen Dritten auf das Arbeitsentgelt in Anspruch nehmen kann (BSG 2.11.2000 – B 11 A 23/00 R, SozR 3–4100 § 141b Nr 22). Neben dem ausfallenden Arbeitsentgelt umfasst die Insolvenzgeld-Versicherung auch die Entrichtung der Pflichtbeiträge zur SozV (§ 175 SGB III). Das Insolvenzgeld ist trotz seiner Stellung im SGB III keine Leistung der ArblV, sondern eine im Wege der Umlage bei den ArbGeb aufzubringende Leistung.

43 **1. Voraussetzungen des Insolvenzgeldanspruchs.** Der Versicherungsfall für das Insolvenzgeld wird bei Bestehen rückständiger Ansprüche eines ArbN auf Arbeitsentgelt für die vorausgegangenen drei Monate durch die Eröffnung des Insolvenzverfahrens über das Vermögen des ArbGeb oder ein anderes Insolvenzereignisses iSd § 165 Abs 1 Satz 2 SGB III ausgelöst. Infolge einer Neufassung der Insolvenz-Richtlinie der EU sind Fragen der Vereinbarkeit des § 165 SGB III mit dem europäischen Recht hinfällig geworden (*Braun/Wierziock* ZIP 03, 2001; vgl noch EuGH 15.5.03 – Rs C-160/01, NZS 03, 647).

44 **a) Arbeitnehmer.** Anspruch auf Insolvenzgeld haben nur ArbN. Im Rahmen der Insolvenz-Versicherung zieht die Rspr in Zweifelsfällen den sozialversicherungsrechtlichen Begriff der Beschäftigung heran (BSG 7.9.88 – 10 RAr 10/87, BB 89, 936; Näheres: *Arbeitnehmer (Begriff)* Rz 51 ff). Das Bestehen von Versicherungspflicht ist aber nicht Voraussetzung für die Geltendmachung von Insolvenzgeld. Zu den ArbN gehören auch die zu ihrer Ausbildung Beschäftigten und die Heimarbeiter. Der Anspruch auf Insolvenzgeld ist nach § 165 Abs 4 SGB III nicht dadurch ausgeschlossen, dass der ArbN vor der Eröffnung des Insolvenzverfahrens verstorben ist.

45 **b) Arbeitgeber.** Aus dem Zusammenhang der Begriffe ArbN, ArbGeb und Arbeitsverhältnis mit dem Versicherungsfall der Insolvenzgeld-Versicherung ergibt sich, dass ArbGeb iSd §§ 165 ff SGB III jeder ist, der einen ArbN beschäftigt und diesem das **Arbeitsentgelt** zu zahlen hat (*Hauck/Noftz/Voelzke* SGB III, § 165 Rz 47). Bei einer OHG oder KG ist die insolvenzfähige Gesellschaft (vgl § 11 Abs 2 Nr 1 InsO) der ArbGeb. Auch die BGB-Gesellschaft unterliegt den gleichen insolvenzrechtlichen Regelungen wie OHG oder KG, da § 11 Abs 2 Nr 1 InsO die Zulässigkeit eines Insolvenzverfahrens auf diese Gesellschaft erstreckt. Auch hier ist also auf die Insolvenz der Gesellschaft, nicht der Gesellschafter abzustellen. Im Rahmen unerlaubter ArbNÜberlassung steht dem gutgläubigen LeihArbN Insolvenzgeld bei einer Insolvenz des Verleihers selbst dann zu, wenn das Leiharbeitsverhältnis wegen fehlender Erlaubnis nichtig ist (BSG 20.3.84 – 10 RAr 11/83, SozR 4100 § 141b Nr 32).

c) **Insolvenzereignisse.** Dies sind die Eröffnung des Insolvenzverfahrens über das Vermögen des ArbGeb, die Abweisung des Antrags auf Eröffnung des Insolvenzverfahrens mangels Masse und die vollständige Beendigung der Betriebstätigkeit im Inland, wenn ein Antrag auf Eröffnung des Insolvenzverfahrens nicht gestellt worden ist und ein Insolvenzverfahren offensichtlich mangels Masse nicht in Betracht kommt (§ 165 Abs 1 Satz 2 SGB III). Die drei genannten Insolvenztatbestände stehen grds selbstständig nebeneinander und der Insolvenzgeld-Anspruch wird durch das **zeitlich früheste Ereignis** ausgelöst, auch wenn mehrere Ereignisse nacheinander eintreten (BSG 5.6.81 – 10/8b RAr 3/80, SozR 4100 § 141b Nr 19). Solange ein bestimmtes Insolvenzereignis andauert, kann deshalb kein anderes Ereignis mehr eintreten, das den Anspruch auf Insolvenzgeld auslöst (BSG 17.5.89 – 10 RAr 10/88, NZA 89, 773). Bei Durchführung eines Insolvenzplanverfahrens gilt grundsätzlich, dass die Zahlungsunfähigkeit des ArbGeb andauert und ein neues Insolvenzereignis nicht eintreten kann (BSG 21.11.02 – B 11 AL 35/02 R, SozR 3–4300 § 183 Nr 3). Auch bei Durchführung eines Insolvenzplanverfahrens kann ein neues Insolvenzereignis nicht eintreten, wenn die Planüberwachung durch den Insolvenzverwalter noch andauert (BSG 29.5.08 – B 11a AL 57/06 R, ZIP 08, 1989). Der Weg für den Eintritt eines neuen Insolvenzereignisses ist frei, wenn der Antrag auf Eröffnung des Insolvenzverfahrens zurückgenommen wurde, da der Rücknahme Rechtswirkungen ex tunc zukommen (so zutreffend BSG 30.10.91 – 10 RAr 3/91, SozR 3–4100 § 141b Nr 3). Ein erneuter Anspruch auf Insolvenzgeld kann bei späterer Insolvenz dann entstehen, wenn eine Handelsgesellschaft einen Betrieb von einem insolventen Unternehmer übernimmt, selbst wenn bei den Gesellschaftern teilweise Personenidentität besteht (BSG 28.6.83 – 10 RAr 26/81, SozR 4100 § 141b Nr 27). 46

aa) **Eröffnung des Insolvenzverfahrens.** Wird durch Beschluss des Insolvenzgerichtes das Insolvenzverfahren über das Vermögen des ArbGeb eröffnet, so wird die Zahlungsunfähigkeit des ArbGeb als das den Anspruch auslösende Ereignis unwiderleglich vermutet. Der Insolvenz-Zeitraum endet, wenn bei Eröffnung des Insolvenzverfahrens das Arbeitsverhältnis nicht mehr besteht, mit dem letzten Tag des Arbeitsverhältnisses. Besteht das Arbeitsverhältnis bei Insolvenzeröffnung noch, so erstreckt sich der Anspruch auf Insolvenzgeld nicht mehr auf den Tag der Insolvenzeröffnung (BSG 22.3.95 – 10 RAr 1/94, ZIP 95, 935). Ein für die Gewährung von Insolvenzgeld maßgebendes Insolvenzereignis tritt auch dann nicht ein, wenn vor der Eröffnung eines zweiten Insolvenzverfahrens ein Insolvenzplanverfahren ohne Überwachung der Planerfüllung durchgeführt worden ist (BSG 6.12.12 – B 11 AL 11/11 R, NZI 13, 454 mit Anm *Rein*). Für Ansprüche auf Insolvenzgeld mit Auslandsberührung kommt es nach § 165 Abs 1 Satz 3 SGB III entscheidend darauf an, ob der ArbN in Deutschland beschäftigt war. Durch die Regelung sollte die Rspr des BSG (Urt vom 29.6.2000 – B 11 AL 35/99 R, SozR 3–4100 § 141a Nr 2), die entscheidend auf das Vorliegen einer inländischen registrierten Niederlassung abgestellt hatte, korrigiert werden. Liegt eine inländische Beschäftigung vor, so begründet nach § 165 Abs 1 Satz 3 SGB III ein ausländisches Insolvenzereignis einen Anspruch auf Insolvenzgeld. Im Inland beschäftigt ist ein ArbN auch dann, wenn er iS des § 4 SGB IV (Näheres: *Auslandstätigkeit* Rz 116–146) vorübergehend unter Weitergeltung des deutschen SozVRechts ins Ausland entsandt wird (BT-Drs 14/7347 S 73). 47

bb) **Abweisung des Antrags auf Eröffnung des Insolvenzverfahrens mangels Masse.** Als Insolvenzereignis steht der Eröffnung des Insolvenzverfahrens nach § 165 Abs 1 Satz 2 Nr 2 SGB III die Abweisung des Antrages mangels Masse gleich. Wird der Insolvenzantrag aus einem anderen Grunde abgelehnt, tritt ein Insolvenzereignis nicht ein, weil die Vermögenslage des ArbGeb ungeprüft bleibt (BSG 22.9.93 – 10 RAr 9/91, SozR 3–4100 § 141b Nr 7). Maßgeblicher Insolvenzzeitpunkt ist der Zeitpunkt **des Erlasses der Entscheidung** (BSG 17.12.75 – 7 RAr 17/75, BB 76, 794). 48

cc) **Vollständige Beendigung der Betriebstätigkeit.** Die vollständige Beendigung der Betriebstätigkeit im Inland ist als weiteres Insolvenzereignis zu beachten, wenn ein Antrag auf Eröffnung des Insolvenzverfahrens nicht gestellt ist und ein Insolvenzverfahren offensichtlich mangels Masse nicht in Betracht kommt (§ 165 Abs 1 Satz 2 Nr 3 SGB III). Der Insolvenzantrag darf bis zum Zeitpunkt der vollständigen Einstellung der Betriebstätigkeit noch nicht gestellt worden sein. Ist ein Antrag auf Eröffnung des Insolvenzverfahrens unzulässig (zB wegen unbekannter Anschrift des ArbGeb), so wird hierdurch der Eintritt des Insolvenz- 49

226 Insolvenz des Arbeitgebers

ereignisses bei völliger Masselosigkeit nicht ausgeschlossen (BSG 22.9.93 – 10 RAr 9/91, SozR 3–4100 § 141b Nr 7).

50 Ob eine vollständige Beendigung der Betriebstätigkeit eingetreten ist, richtet sich nach der Art des jeweiligen Betriebes. Die Frage ist zu bejahen, wenn die dem **Betriebszweck dienende Tätigkeit** vollständig eingestellt wurde, während die Durchführung reiner Abwicklungsarbeiten unschädlich ist (BSG 5.6.81 – 10/8b RAr 3/80, SozR 4100 § 141b Nr 19). Eine Betriebstätigkeit ist nicht schon dann vollständig beendet, wenn der ArbGeb einen anderen Betrieb weiterführt (BSG 29.4.84 – 10 RAr 14/82, SozR 4100 § 141b Nr 30). Bei Fällen mit Auslandsberührung genügt eine Einstellung sämtlicher Tätigkeiten im Ausland allein nicht, sondern es muss hinzukommen, dass auch im Inland sämtliche betriebliche Funktionen eingestellt werden (*Hauck/Noftz/Voelzke* SGB III, § 165 Rz 203).

51 Ob eine **offensichtliche Masselosigkeit** eingetreten ist, richtet sich nicht nach den Erkenntnissen der betroffenen ArbN, sondern nach den Erkenntnismöglichkeiten der Verwaltung. Maßgebend ist, ob sich aus äußeren Tatsachen für einen unvoreingenommenen Betreuer der Eindruck ergibt, dass ein Insolvenzverfahren nicht in Betracht kommen wird. Der äußere Eindruck spricht für die Massenunzulänglichkeit, wenn die Entgeltzahlung mit Hinweis auf die Insolvenz unterbleibt und keine anderweitigen Umstände dem Eindruck von der Zahlungsunfähigkeit entgegenstehen (*Hauck/Noftz/Voelzke* SGB III, § 165 Rz 80). Es ist nicht erforderlich, dass über die Frage der Insolvenz des ArbGeb letzte Klarheit geschaffen wird (BSG 22.9.93 – 10 RAr 9/91, SozR 3–4100 § 141b Nr 7). Bei Vorliegen der übrigen Merkmale des Insolvenztatbestandes ist der ArbN berechtigt, einen Antrag auf Gewährung von Insolvenzgeld zu stellen, mit der Folge, dass die Arbeitsentgeltansprüche auf die BA übergehen und von ihr durchzusetzen und zu realisieren sind (BSG 17.7.79 – 12 RAr 15/78, SozR 4100 § 141b Nr 11).

52 **2. Leistungsumfang. a) Insolvenzgeldzeitraum.** Der Anspruch auf Insolvenzgeld besteht für **die letzten drei Monate des Arbeitsverhältnisses**, die dem Insolvenzereignis vorausgehen. Durch § 165 SGB III werden nicht nur die jeweils letzten drei Monate des letzten Arbeitsverhältnisses vor Eintritt des Insolvenzereignisses geschützt, sondern es wird auch ein in den Dreimonatszeitraum hineinreichendes Arbeitsverhältnis erfasst, das mit demselben ArbGeb bestand (BSG 23.10.84 – 10 RAr 12/83, SozR 4100 § 141b Nr 33). Endet das Arbeitsverhältnis vor dem Insolvenztag, dann ist für die Berechnung des Dreimonatszeitraums allein die Beendigung des Arbeitsverhältnisses maßgeblich, da sichergestellt werden soll, dass die ArbN für die letzten drei Monate der Beschäftigung einen Anspruch auf Insolvenzgeld erhalten. In den Insolvenzgeldzeitraum werden nur Zeiträume einbezogen, die ihrer Natur nach zu nicht erfüllten Ansprüchen auf Arbeitsentgelt führen können (so EuGH 15.5.03 – Rs C-160/01, NZS 03, 647 zu Zeiten des Erziehungsurlaubs; ebenso: BSG 18.12.03 – B 11 AL 27/03 R, SozR 4–4100 § 141b Nr 1; vgl hierzu auch *Estelmann* ZESAR 03, 460). Zeiten, in denen Arbeitsentgelt nicht erzielt werden kann (zB weil das Arbeitsverhältnis während einer Elternzeit ruhte), sind aus dem Insolvenzgeldzeitraum auszuklammern.

53 Arbeitet der ArbN in **Unkenntnis** eines Insolvenzereignisses weiter, so sind die letzten drei Monate des Arbeitsverhältnisses zu berücksichtigen, die dem Tag der Kenntnisnahme vorausgehen (§ 165 Abs 3 SGB III). Der Anwendungsbereich dieser Vorschrift erstreckt sich ausdrücklich auch auf Fälle, in denen ArbN in Unkenntnis der Zahlungsfähigkeit des ArbGeb eine Arbeit aufgenommen haben. Unerheblich ist, ob der ArbN die Gründe für die Unkenntnis zu vertreten hat. Dies gilt jedenfalls bis zur endgültigen Betriebseinstellung (BSG 3.10.89 – 10 RAr 7/89, SozR 4100 § 141b Nr 49). Als Weiterarbeit gilt nicht nur die tatsächliche Arbeitsleistung, sondern auch der Eintritt des Insolvenzereignisses während des Urlaubs (BSG 30.10.80 – 8b/12 RAr 7/79, SozR 4100 § 141b Nr 14) oder während der Suspendierung gegen Entgeltfortzahlung (BSG 3.10.89 – 10 RAr 7/89, SozR 4100 § 141b Nr 49) werden erfasst.

54 **b) Arbeitsentgelt.** Zu den für die Gewährung des Insolvenzgeldes erheblichen Ansprüchen auf Arbeitsentgelt gehören nach § 165 Abs 2 Satz 1 SGB III alle **Ansprüche auf Bezüge aus dem Arbeitsverhältnis**, die vom ArbN im Insolvenzzeitraum erarbeitet wurden und vom ArbGeb nicht mehr ausgeglichen wurden. Wesentlich ist, dass die Ansprüche des ArbN sich als Gegenleistung für die geleistete Arbeit darstellen. Ein den Lohnanspruch des

Insolvenz des Arbeitgebers 226

ArbN betreffendes arbeitsgerichtliches Urteil hat auch auf den Insolvenzgeldanspruch Auswirkungen, da dieser einen durchsetzbaren Lohnanspruch voraussetzt (vgl BSG 8.4.92 – 10 RAr 4/91, NZS 92, 108). Im Übrigen bewirken für den ArbN positive arbeitsgerichtliche Urteile keine Bindungswirkung für die BA, so dass sie einer weiteren Erforschung des Sachverhalts von Amts wegen nicht entgegenstehen und lediglich die Obergrenze des Anspruchs bilden (BSG 9.5.95 – 10 RAr 5/94, SozR 3–4100 § 141b Nr 15). Der Anspruch auf Insolvenzgeld ist grds gegeben, wenn der Arbeitsentgeltanspruch im Insolvenzzeitpunkt bzw bei Antragstellung noch nicht erfüllt ist. Er entfällt aber, soweit der ArbGeb den Anspruch gegenüber dem ArbN zu einem späteren Zeitpunkt wirksam erfüllt (BSG 27.9.94 – 10 RAr 1/93, NZS 95, 375). Auch ein (arbeitsgerichtlicher) Abfindungsvergleich, der bei Insolvenz des ArbGeb alle gegenseitigen Ansprüche erledigt, beseitigt den Anspruch auf Insolvenzgeld (*Rittweger* NZA 96, 859). Leistet der ArbGeb während oder nach Ablauf des Insolvenzgeld-Zeitraums noch Zahlungen auf Arbeitsentgelt, so sind diese vorrangig noch offenen Arbeitsentgeltansprüchen zuzurechnen, die vor dem maßgebenden Zeitraum liegen (BSG 25.6.02 – B 11 AL 90/01 R, SozR 3–4100 § 141b Nr 24). Durch Insolvenzgeld geschützt wird nach § 165 Abs 2 Satz 3 SGB III auch Arbeitsentgelt, das der ArbN gem § 1 Abs 2 Nr 3 Betriebsrentengesetz umgewandelt hat.

Kein Insolvenzgeldanspruch besteht nach der ausdrücklichen Regelung in § 166 Abs 1 Nr 1 SGB III hinsichtlich der Ansprüche auf Arbeitsentgelt, die der ArbN wegen der **Beendigung des Arbeitsverhältnisses** oder für die Zeit nach der Beendigung des Arbeitsverhältnisses hat. Der Ausschluss erfasst Arbeitsentgelt, das mit der Beendigung in ursächlichem Zusammenhang steht. Hierzu zählt auch die Urlaubsabgeltung (BSG 20.2.02 – B 11 AL 71/01 R, SozR 3–4300 § 184 Nr 1; zur Richtlinienkonformität dieser Regelung vgl aber auch *Hauck/Noftz/Voelzke* SGB III, § 165 Rz 215). Ebenfalls kein Anspruch auf Insolvenzgeld besteht nach § 166 Abs 1 SGB III für Ansprüche auf Arbeitsentgelt, die der ArbN durch eine nach der InsO angefochtene Rechtshandlung oder durch eine Rechtshandlung erworben hat, die im Falle der Eröffnung des Insolvenzverfahrens anfechtbar wäre (Nr 2) oder die der Insolvenzverwalter wegen eines Rechts zur Leistungsverweigerung nicht erfüllt (Nr 3).

55

Als **insolvenzgeldfähiges Arbeitsentgelt** sieht das BSG an: Jahressonderzahlung nur, wenn sie während des Insolvenzgeld-Zeitraums fällig wird oder einzelnen Monaten zuzuordnen ist (BSG 18.1.90 – 10 RAr 10/89, SozR 3–4100 § 141b Nr 1); eine Vorverlagerung der Jahressonderzahlung durch Betriebsvereinbarung kann wegen Verstoßes gegen die guten Sitten nichtig sein (BSG 18.3.04 – B 11 AL 57/03 R, SozR 4–4300 § 183 Nr 3); Schadensersatzansprüche gegenüber dem ArbGeb, weil dieser versäumt hat, rechtzeitig den Antrag auf Kurzarbeitergeld oder Wintergeld zu stellen (BSG 17.7.79 – 12 RAr 4/79, DB 79, 2332); Urlaubsentgelt und Urlaubsgeld (BSG 30.10.80 – 8b/12 RAr 7/79, SozR 4100 § 141b Nr 14). Zu den berücksichtigungsfähigen Ansprüchen auf Arbeitsentgelt gehören auch der Anspruch auf Ersatz von Reisekosten und sonstiger Spesen, soweit die Auslagen für die eigene Person bestimmt sind oder jedenfalls im direkten Zusammenhang mit der Erfüllung der Verpflichtung aus dem Arbeitsvertrag stehen. Unerheblich ist hierbei, ob die Aufwendungen mittels einer Firmenkreditkarte getätigt wurden und der ArbN aus der Mithaftungsklausel in Anspruch genommen wird (BSG 18.9.91 – 10 RAr 12/90, NZA 92, 329). Reparaturkosten für einen Pkw, die vom ArbN verauslagt worden sind, sind ebenfalls zu erstatten, soweit sie sachlich gerechtfertigt und wertmäßig nicht überzogen sind (BSG 8.9.10 – B 11 AL 34/09 R, BeckRS 2010, 74891). Ein Anspruch auf variable Entgeltbestandteile ist auch dann durch Insolvenzgeld auszugleichen, wenn die zugrundeliegende Zielvereinbarung aus Gründen nicht zustande kommt, die der ArbN nicht zu vertreten hat (BSG 23.3.06 – B 11a AL 29/05 R, NZS 06, 605; *Schmiedl* BB 06, 2417).

56

Nicht zu den Ansprüchen auf Arbeitsentgelt gehören Ansprüche auf Verzugszinsen und die Kosten der Geltendmachung rückständigen Lohns (BSG 28.2.85 – 10 RAr 19/83, SozR 4100 § 141b Nr 35). Auch Barabhebungen zur Auffüllung der Firmenkasse, Darlehen an den ArbGeb, Begleichung von Rechnungen des ArbGeb, Inanspruchnahme aus einem Bürgschaftsversprechen usw werden nicht durch Insolvenzgeld ausgeglichen, da deren Mittel nicht im Ergebnis zur Kreditbeschaffung für den ArbGeb verwendet werden sollen (BSG 18.9.91 – 10 RAr 12/90, NZA 92, 329). Für den Schadenersatzanspruch des ArbN bei fristloser Kündigung des Arbeitsverhältnisses nach § 628 Abs 2 BGB ist kein Insolvenzgeld zu zahlen (BSG 29.2.84 – 10 RAr 20/82, SozR 4100 § 141b Nr 31). Auch der Anspruch auf

57

Schadensersatz wegen nicht gewährten Ersatzurlaubs unterliegt nicht dem Schutz des Insolvenzgelds (BSG 6.5.09 – B 11 AL 12/08 R, BeckRS 2009, 67925). Schließlich werden auch während des Insolvenzgeld-Zeitraumes tariflich vereinbarte Lohn- und Gehaltserhöhungen nicht durch Insolvenzgeld ausgeglichen, wenn sie für vor diesem Zeitraum liegende Lohnperioden bestimmt sind (BSG 24.11.83 – 10 RAr 12/82, SozR 4100 § 141b Nr 29).

58 Der Arbeitsentgeltanspruch ist nur dann und insoweit durch Insolvenzgeld auszugleichen, als er dem **Insolvenzgeld-Zeitraum** zuzuordnen ist. Hierbei kommt es bei Ansprüchen auf Lohn und ähnliche Leistungen auf den Zeitraum an, in dem sie erarbeitet wurden (BSG 18.9.91 – 10 RAr 12/90, NZA 92, 329). Bei erfolgsabhängigen Vergütungsansprüchen (zB Verkaufsprovisionsansprüchen) stellt das BSG darauf ab, wann nach der konkreten arbeitsvertraglichen Regelung der ArbN alles zur Erlangung einer gesicherten Provisionsanwartschaft Erforderliche getan hat (BSG 24.3.83 – 10 RAr 15/81, SozR 4100 § 141b Nr 26). Fällt die Fälligkeit einer Jahressonderzahlung, die nicht einzelnen Monaten zugeordnet werden kann, nicht in den Insolvenzgeld-Zeitraum, so ändert auch eine dem ArbGeb gewährte Stundung daran nichts (BSG 2.11.2000 – B 11 AL 87/99 R, SozR 3–4100 § 141b Nr 21; ebenso zur Verschiebung des Auszahlungszeitpunkts durch Betriebsvereinbarung BSG 21.7.05 – B 11a/11 AL 53/04 R, NZA-RR 06, 437). Für Zeiten einer Freistellung im Rahmen einer flexiblen Arbeitszeitregelung (§ 7 Abs 1a SGB IV) gilt nach § 165 Abs 2 Satz 2 SGB III der in der schriftlichen Vereinbarung zur Bestreitung des Lebensunterhalts im jeweiligen Zeitraum bestimmte Betrag als Arbeitsentgelt. Das Guthaben aus einem Arbeitszeitkonto wird nur für den Insolvenzgeld-Zeitraum geschuldet, wenn es in diesem Zeitraum erarbeitet wird oder bestimmungsgemäß zu verwenden ist (BSG 25.6.02 – B 11 AL 90/01 R, SozR 3–4100 § 141b Nr 24).

59 **c) Höhe des Anspruchs.** Da das Insolvenzgeld den rückständigen Arbeitslohn sichern soll, entspricht es in seiner Höhe dem noch ausstehenden Nettoentgelt, wenn dieses nach den dargestellten Grundsätzen Berücksichtigung finden kann (§ 167 Abs 1 SGB III). Lohnbestandteile, auf die durch einen Restrukturierungstarifvertrag verzichtet wurde, sind bei der Berechnung des Insolvenzgelds nur zu berücksichtigen, wenn sie im Insolvenzgeld-Zeitraum erarbeitet worden sind (BSG 4.3.09 – B 11 AL 8/08 R, BeckRS 2009, 62114). Nach § 167 Abs 1 SGB III wird das der Berechnung des Insolvenzgeldes zugrunde zu legende Bruttoarbeitsentgelt auf die Höhe der montlichen Beitragsbemessungsgrenze der ArblV begrenzt. Diese Grenze gilt auch, wenn in einem Monat neben dem laufenden Arbeitsentgelt einmalig gezahltes Arbeitsentgelt zu berücksichtigen ist. Zweifelhaft ist aber, ob derartige Einmalzahlungen auf die sich im Insolvenzgeld-Zeitraum ergebende „Gesamtbeitragsbemessungsgrenze" verteilt werden können. Einen Anspruch auf die Rückübertragung der steuerlichen Bruttorestlohnforderung hat der ArbN gegen die BA nicht (BSG 20.6.01 – B 11 AL 97/00 R, SozR 3–4100 § 141 m Nr 3). Kosten des Insolvenzantragsverfahrens werden dem ArbN nicht ersetzt (BSG 15.12.92 – 10 RAr 2/92, NZS 93, 323). Hingegen mindern Kosten der Zwangsvollstreckung, die vor Eröffnung des Insolvenzverfahrens entstanden und nach Zahlung durch den ArbGeb gemäß § 367 Abs 1 BGB verrechnet worden sind, die Höhe des Insolvenzgeldes nicht (BSG 7.10.09 – B 11 AL 18/08 R, SozR 4–4300 § 183 Nr 12). Die steuerlichen Abzüge sind zum Zwecke der Insolvenzgeld-Berechnung nur unter Verwendung der LStTabellen zu ermitteln, ohne dass die Vorschriften über den LStJahresausgleich heranzuziehen sind (BSG 19.2.86 – 10 RAr 14/84, SozR 4100 § 141d Nr 2).

60 Soweit der ArbN im Inland einkommensteuerpflichtig ist, ohne dass Steuern durch Abzug vom Arbeitsentgelt erhoben werden oder im Inland nicht einkommensteuerpflichtig ist und das Insolvenzgeld für ihn nach den maßgebenden Vorschriften nicht der Steuer unterliegt, wird das Insolvenzgeld um den Betrag vermindert, der im **Inland als Steuer** zu berücksichtigen wäre (§ 167 Abs 2 SGB III). Das Insolvenzgeld ist nicht um einen fiktiven Steueranteil zu kürzen, wenn die Steuerbehörde auf die Besteuerung wirksam verzichtet hat (BSG 28.6.85 – 10 RAr 16/84, SozR 4100 § 141d Nr 1). Neben der Verpflichtung, das rückständige Arbeitsentgelt an den ArbN zu zahlen, werden im Rahmen der Insolvenzgeld-Versicherung auch die Pflichtbeiträge zur SozV gem § 175 SGB III durch die BA an die Einzugsstelle geleistet.

61 **3. Übertragung von Arbeitsentgeltansprüchen.** Hat der ArbN vor Stellung des Antrages auf Insolvenzgeld seinen Arbeitsentgeltanspruch **abgetreten** oder ist dieser in sonstiger

Weise auf einen Dritten übergegangen, so steht diesem der Anspruch auf Insolvenzgeld zu (§ 170 Abs 1 SGB III). Dritte haben auch dann Anspruch auf Insolvenzgeld, wenn der Arbeitsentgeltanspruch wirksam verpfändet oder gepfändet wurde (§ 170 Abs 2 SGB III).

Zum Schutz vor missbräuchlicher Inanspruchnahme des Insolvenzgeldes bestimmt § 170 Abs 4 SGB III, dass der neue Gläubiger keinen Anspruch auf Insolvenzgeld für Ansprüche auf Arbeitsentgelt hat, die ihm vor dem Insolvenzereignis ohne Zustimmung der Agentur für Arbeit zur **Vorfinanzierung** der Arbeitsentgelte übertragen oder verpfändet worden sind. Die Agentur für Arbeit darf der Übertragung oder Verpfändung nur zustimmen, wenn Tatsachen die Annahme rechtfertigen, dass durch die Vorfinanzierung der Arbeitsentgelte ein erheblicher Teil der Arbeitsplätze erhalten bleibt. § 170 Abs 4 SGB III unterscheidet sich vom früheren Recht (§ 141 Abs 2a AFG) insbesondere dadurch, dass die Vorfinanzierung des Insolvenzgeldes nur mit Zustimmung der Agentur für Arbeit erfolgen kann. Die Zustimmung der Agentur für Arbeit dürfte idR zu erteilen sein, wenn ein Sanierungskonzept vorliegt, dass einen erheblichen Teil der Arbeitsplätze trotz Verwertung sichert. Die neue Gesetzesfassung soll ausschließen, dem insolventen ArbGeb die Weiterarbeit zu ermöglichen, um einzelnen Gläubigern oder Gesellschaftern zu Lasten der Insolvenzgeld-Versicherung Sondervorteile zu verschaffen. **62**

Nach der auf das neue Recht übertragbaren Rspr des BSG ist die Vorfinanzierung dann nicht als **rechtsmissbräuchlich** anzusehen, wenn sie im Rahmen von ernsthaften und Erfolg versprechenden Sanierungsbemühungen erfolgt. Darüber hinaus hat das BSG einen Rechtsmissbrauch aber auch verneint, wenn im Sequestrationsverfahren die Personalkosten für eine sog Ausproduktion durch die Vorfinanzierung auf die Insolvenzgeld-Versicherung verlagert werden, soweit die einzelnen Gläubiger oder Gläubigergruppen Sondervorteile verschafft (BSG 22.3.95 – 10 RAr 1/94, ZIP 95, 935). Diese weite Auslegung ist nach der neuen Gesetzesfassung nicht mehr zulässig, denn die Zustimmung ist nach § 170 Abs 4 Satz 2 SGB III von einer positiven Prognose über den Erhalt eines erheblichen Teils der Arbeitsplätze abhängig. **63**

4. Verfügungen über das Insolvenzgeld. Nach § 171 Satz 1 SGB III kann der Anspruch auf Insolvenzgeld **nach Antragstellung** wie Arbeitseinkommen gepfändet, verpfändet oder übertragen werden. Verfügungen über den Anspruch auf Insolvenzgeld sind vor der Antragstellung unwirksam. Nur hinsichtlich einer vor Antragstellung vorgenommenen Pfändung enthält § 171 Satz 2 SGB III eine Erleichterung zugunsten des Gläubigers, denn die Pfändung wird mit dem Antrag auf Insolvenzgeld wirksam. **64**

5. Verfahrensrecht. Das Insolvenzgeld ist innerhalb einer **Ausschlussfrist** von zwei Monaten nach dem rechtserheblichen Insolvenzereignis bei der Agentur für Arbeit zu beantragen (§ 324 Abs 3 SGB III). Der EuGH hat hierzu entschieden, dass das Gemeinschaftsrecht einer Ausschlussfrist grds nicht entgegensteht (EuGH 18.9.03 – C-125/01, SozR 4–4300 § 324 Nr 1; vgl auch BSG 17.10.07 – B 11a AL 75/07 R, SozR 4–4300 § 324 Nr 4). Zuständig für die Entgegennahme des Antrags ist nach § 327 Abs 3 SGB III die Agentur für Arbeit, in dessen Bezirk die für den ArbGeb zuständige Lohnabrechnungsstelle liegt. Hat der ArbGeb im Inland keine Lohnabrechnungsstelle, so ist die Agentur für Arbeit zuständig, in dessen Bezirk das Insolvenzgericht seinen Sitz hat. **65**

Hat der ArbN aus Gründen, die er nicht zu vertreten hat, die Ausschlussfrist versäumt, so kann er innerhalb von **zwei Monaten nach Wegfall des Hindernisses** einen Antrag auf Gewährung von Insolvenzgeld stellen (§ 324 Abs 3 SGB III). Der ArbN hat die Versäumung der Frist zu vertreten, wenn er sich nicht mit der erforderlichen Sorgfalt um die Durchsetzung seiner Ansprüche bemüht. Er muss sich hinsichtlich der Antragsfrist ein Verschulden seines Vertreters zurechnen lassen. Ob der Bevollmächtigte des ArbN, der im ArbGProzess von der Insolvenz des ArbGeb erfährt, seinen Mandanten zu informieren bzw einen Insolvenzgeld-Antrag zu stellen hat, hängt von dem ihm erteilten Auftrag ab (BSG 29.10.92 – 10 RAr 14/91, NZS 93, 272). Fällt das Hindernis schon während des Laufs der ersten Frist weg, so bleibt die erste Frist maßgeblich, ohne dass diese Frist unterbrochen oder gehemmt würde (BSG 10.4.85 – 10 RAr 11/84, SozR 4100 § 141e Nr 8). **66**

Nach § 168 SGB III hat die Agentur für Arbeit dem ArbN auf Antrag einen angemessenen **Vorschuss** auf das zu beanspruchende Insolvenzgeld zu zahlen. Voraussetzung für die Gewährung des Vorschusses ist es, dass die Eröffnung des Insolvenzverfahrens über das **67**

Vermögen des ArbGeb beantragt ist, das Arbeitsverhältnis beendet ist und die Voraussetzungen für den Anspruch auf Insolvenzgeld mit hinreichender Wahrscheinlichkeit erfüllt werden. Die Entscheidung über die Höhe des Vorschusses liegt im Ermessen der Agentur für Arbeit. Regelmäßig ist der Vorschuss so festzusetzen, dass daneben SGB II-Leistungen nicht mehr erforderlich sind (*Hauck/Noftz/Voelzke* SGB III, § 168 Rz 22).

Zur beschleunigten Abwicklung der Insolvenzgeld-Gewährung sind ArbGeb, Insolvenzverwalter, ArbN und alle Personen, die Einblicke in die Lohnunterlagen hatten, zur Erteilung von Auskünften an die Agentur für Arbeit verpflichtet (§ 316 SGB III).

68 6. Mitteilungspflicht des Arbeitgebers. Nach § 165 Abs 5 SGB III ist der ArbGeb verpflichtet, einen Beschluss des Insolvenzgerichtes über die Abweisung des Antrages auf Insolvenzeröffnung mangels Masse dem **Betriebsrat** oder, wenn ein BRat nicht besteht, den ArbN unverzüglich bekanntzugeben. Hierdurch soll die Weiterarbeit iSd § 165 Abs 3 SGB III vermieden werden. Eine bestimmte Form der Bekanntgabe ist nicht vorgeschrieben. Die Verletzung der Verpflichtung zur Bekanntgabe bzw zur rechtzeitigen Bekanntgabe begründet eine Ordnungswidrigkeit, die mit einer Geldbuße bis zu 5000 € bedroht ist (§ 404 Abs 2 Nr 2 SGB III).

69 7. Anspruchsübergang. Stellt der ArbN einen Antrag auf Insolvenzgeld, so gehen nach § 169 SGB III mit der Antragstellung seine Forderungen gegen den ArbGeb auf die BA über. Der Anspruchsübergang tritt auch ein, wenn zweifelhaft ist, ob ein Anspruch auf Insolvenzgeld überhaupt entsteht (BSG 17.7.79 – 12 RAr 15/78, SozR 4100 § 141n Nr 11). Der Anspruchsübergang erfasst auch die steuerliche Bruttorestlohnforderung (BSG 20.6.01 – B 11 AL 97/00 R, SozR 3–4100 § 141m Nr 3). Mit dem Anspruch auf Arbeitsentgelt wird die BA auch Inhaberin der **unselbstständigen Nebenrechte** iSd § 401 Abs 1 BGB. Die BA ist berechtigt, mit dem auf sie übergegangenen Arbeitsentgeltanspruch gegen einen Beitragserstattungsanspruch aufzurechnen (BSG 15.12.94 – 12 RK 69/93, Die Beiträge 95, 365). Nicht auf die BA gehen die Forderungen hinsichtlich der nach § 75 SGB III gezahlten Pflichtbeiträge über. Die Ansprüche hierauf sind vom Versicherungsträger im Insolvenzverfahren geltend zu machen und werden ggf von der Einzugsstelle an die BA erstattet.

70 8. Umlageverfahren. Das Umlageverfahren ist ab 1.1.09 neu geregelt worden. Die Umlage wird seither zusammen mit dem Gesamtsozialversicherungsbeitrag an die Einzugsstelle gezahlt. Bei der Berechnung der Insolvenzgeld-Umlage sind auch die Entgelte beurlaubter Beamter, die bei einer Gesellschaft privaten Rechts als ArbN beschäftigt sind, zu berücksichtigen (BSG 25.2.12 – B 11 AL 4/11 R, BeckRS 2012, 69260). Das BSG hat gegen die Erhebung und Berechnung der Umlage nach früherem Recht keine verfassungs- oder gemeinschaftsrechtlichen Bedenken erhoben (BSG 29.5.08 – 11a AL 61/08 R, NZA-RR 08, 661).

Insolvenz des Arbeitnehmers

A. Arbeitsrecht
Kania

1 1. Allgemeines. Mit der zum 1.1.99 in Kraft getretenen InsO ist ein einheitliches Insolvenzverfahren geschaffen worden. Näheres zu den arbeitsrechtlichen Rahmenbedingungen des Insolvenzverfahrens s *Insolvenz des Arbeitgebers* Rz 1 f. Im vorliegenden Zusammenhang von Bedeutung ist die seitdem bestehende Möglichkeit der Verbraucherinsolvenz verbunden mit der Chance der Restschuldbefreiung.

2 2. Grundzüge des Verbraucherinsolvenzverfahrens. Das Verbraucherinsolvenzverfahren ist ein subsidiäres und vereinfachtes Verfahren, das zwingend für natürliche Personen gilt, die keine oder nur eine geringfügige selbstständige Tätigkeit ausüben (§ 304 InsO). Bei diesen Personen findet ein Insolvenzverfahren nur statt, wenn eine außergerichtliche Einigung nachweisbar gescheitert ist: Der Schuldner muss mit dem Antrag auf Eröffnung eines Insolvenzverfahrens eine Bescheinigung vorlegen, aus der sich ergibt, dass eine außergerichtliche Einigung mit den Gläubigern über die **Schuldenbereinigung auf der Grundlage eines Plans** innerhalb der letzten 6 Monate vor dem Eröffnungsantrag erfolglos versucht worden ist (§ 305 Abs 1 Nr 1 InsO). Bevor über den Antrag auf Eröffnung des Insolvenzverfahrens entschieden werden kann, muss das Insolvenzgericht noch einmal eine Entscheidung der Gläubiger über einen vom Schuldner zu erstellenden Schuldenbereinigungsplan herbeiführen. Lehnen die Gläubiger den Schuldenbereinigungsplan ab, wird das vereinfachte Insolvenzverfahren gem §§ 311 ff InsO eröffnet. Die Aufgaben des Insolvenzverwalters werden gem § 313 InsO von einem Treuhänder wahrgenommen.

Bei entsprechendem Antrag des Schuldners kann dieses vereinfachte Insolvenzverfahren – wie jedes Insolvenzverfahren einer natürlichen Person – in eine **Restschuldbefreiung** gem §§ 286 ff InsO münden. Ziel der §§ 286 ff InsO ist es, den redlichen Schuldner von der nach altem Recht „ewigen" Haftung für festgestellte Insolvenzforderungen zu befreien. Seine Redlichkeit muss der Schuldner durch Wohlverhalten belegen. Insbesondere muss er für die Dauer von 7 Jahren seine Arbeitskraft nutzen (§ 295 InsO) und den pfändbaren Teil seines Einkommens auf einen Treuhänder übertragen. Der Treuhänder kehrt die Eingänge an die Gläubiger, bei zunehmendem Zeitablauf auch anteilig an den Schuldner aus (§ 292 InsO). Verletzt der Schuldner seine Obliegenheiten (§ 295 InsO) schuldhaft und beeinträchtigt dies die Gläubigerbefriedigung, so ist die Restschuldbefreiung zu versagen bzw eine bereits wirksame Restschuldbefreiung zu widerrufen. Die Wirkungen der Restschuldbefreiung bestehen gem § 301 InsO darin, dass der Schuldner von den restlichen Verbindlichkeiten gegenüber allen Insolvenzgläubigern befreit wird, auch gegenüber denjenigen, die ihre Forderungen nicht angemeldet haben (vgl zum Ganzen *Maier/Krafft* BB 97, 2173). 3

3. Arbeitsrechtliche Auswirkungen. a) Erfasster Personenkreis. Nach § 304 Abs 1 4 InsO gilt das vereinfachte Verbraucherinsolvenzverfahren für natürliche Personen, die keine oder nur eine geringfügige selbstständige wirtschaftliche Tätigkeit ausüben. Danach kann das Verbraucherinsolvenzverfahren unproblematisch für „hauptberufliche" ArbN durchgeführt werden. Für die Frage, wann eine selbstständige wirtschaftliche Tätigkeit einen solchen Umfang erreicht hat, dass die Vorschriften zum Verbraucherinsolvenzverfahren keine Anwendung mehr finden, gibt § 304 Abs 2 InsO eine Hilfestellung. Danach liegt eine nicht mehr geringfügige selbstständige wirtschaftliche Tätigkeit vor, wenn sie nach Art oder Umfang einen in kaufmännischer Weise eingerichteten Geschäftsbetrieb erfordert. Diese Formulierung entspricht der Umschreibung des „Istkaufmanns" in § 1 Abs 2 HGB. Die Voraussetzungen dürften nur dann erfüllt sein, wenn ein außerordentlich hoher Umsatz erzielt wird und die selbstständige Tätigkeit mit mehreren Mitarbeitern ausgeübt wird (vgl Münch-KommHGB/*Schmidt* § 1 Rz 72 ff). Daraus folgt, dass die §§ 305 ff InsO im Regelfall nicht nur für *Arbeitnehmerähnliche Personen* (Näheres dort Rz 1 ff), sondern auch für sonstige freie Mitarbeiter (s *Freie Mitarbeit* Rz 1 ff) Anwendung finden. Aktiv tätige Freiberufler, Handwerker, Landwirte sowie Kleinunternehmer sind vom Verbraucherinsolvenzverfahren ausgeschlossen (*Mohn* NZA-RR 08, 617).

b) Abtretung des Arbeitseinkommens. Um in den Genuss der Restschuldbefreiung 5 gem §§ 286 ff InsO zu kommen, muss der Schuldner dem Antrag auf Restschuldbefreiung eine Erklärung beifügen, dass er seine pfändbaren Forderungen auf Bezüge aus einem Dienstverhältnis oder an deren Stelle tretende laufende Bezüge für die Zeit von 7 Jahren nach der Aufhebung des Insolvenzverfahrens an einen vom Gericht zu bestimmenden Treuhänder abtritt. Diese Erklärung ist – trotz des missverständlichen Wortlauts – bereits die erforderliche Abtretungserklärung, allerdings durch die Treuhänderbenennung des Gerichts aufschiebend bedingt (*Maier/Krafft* BB 97, 2173, 2176). Hatte der Schuldner Forderungen aus einem Dienstverhältnis oder an deren Stelle tretende laufende Bezüge bereits vor Antragstellung an einen Dritten abgetreten oder verpfändet, so muss gem § 287 Abs 2 Satz 2 InsO in der Abtretungserklärung darauf hingewiesen werden. Die frühere Abtretungserklärung ist nach Maßgabe des § 114 InsO nur wirksam, soweit sie sich auf Bezüge vor Ablauf von 3 Jahren nach dem Ende des zurzeit der Eröffnung laufenden Kalendermonats bezieht. Die Abtretungserklärung erfasst demzufolge nur die Bezüge für den Rest der 7-jährigen Wohlverhaltensperiode.

Vertragliche Abtretungsverbote, die bei dem vorgesehenen Verfahren eine Restschuld- 6 befreiung unmöglich machen würden, sind gem § 287 Abs 3 InsO unwirksam, soweit damit die Abtretungserklärung für die Restschuldbefreiung vereitelt oder beeinträchtigt würde (ausführlich *Maier/Krafft* BB 97, 2173, 2176 f). Über den Wortlaut hinaus erfasst § 287 Abs 3 InsO tarifvertragliche Abtretungsverbote (*Mohn* NZA-RR 08, 617, 618).

227   Insolvenz des Arbeitnehmers

7   **c) Kündigung wegen Insolvenz.** Kündigungsrechtliche Konsequenzen können an die Insolvenz des ArbN regelmäßig nicht geknüpft werden. Insbesondere kann eine Kündigung nicht mit dem Arbeitsaufwand des ArbGeb, welcher durch die Abtretung des pfändbaren Teils des Arbeitseinkommens an den Treuhänder bei einem Antrag auf Restschuldbefreiung entsteht, begründet werden. Das BAG hat zwar in Bezug auf Lohnpfändungen oder -abtretungen außerhalb einer ArbNInsolvenz ausgesprochen, dass eine ordentliche Kündigung uU dann gerechtfertigt sein kann, wenn der entstehende Arbeitsaufwand zu wesentlichen Störungen im Arbeitsablauf oder in der betrieblichen Organisation führt (BAG 6.4.81, DB 82, 498). Da durch die Einschaltung des Treuhänders und das Verbot von Zwangsvollstreckungsmaßnahmen zugunsten einzelner Insolvenzgläubiger während der Laufzeit der Abtretungserklärung (§ 294 Abs 1 InsO) der Verwaltungsaufwand des ArbGeb grds verringert wird, fehlt es an kündigungsrechtlich relevanten Auswirkungen auf den Betrieb.

8   **d) Arbeitsgerichtliches Verfahren.** Wird das Verbraucherinsolvenzverfahren eröffnet, werden anhängige arbeitsgerichtliche Rechtsstreite, soweit diese die Insolvenzmasse betreffen, gem § 240 ZPO iVm § 46 Abs 2 ArbGG unterbrochen. Dies ist nicht der Fall bei nichtvermögensrechtlichen (Zeugniserteilung) oder höchstpersönlichen Streitigkeiten (Kündigungsrechtsstreit im vereinfachten Verbraucherinsolvenzverfahren über das Vermögen, BAG 5.11.09 – 2 AZR 609/08, NZA 2010, 277). Vermögensrechtliche Streitigkeiten führen nicht zur Unterbrechung, wenn der gesamte streitige Anspruch nicht zur Insolvenzmasse gehört (BAG 18.10.06 – 2 AZR 563/05, NZA 07, 765; *Mohn* NZA-RR 08, 617, 621). Nach der Rspr des BAG wird bei Insolvenz des ArbGeb ein Kündigungsschutzprozess wegen der mittelbaren Auswirkung auf die Insolvenzmasse unterbrochen, wenn im Prozess der Bestand des Arbeitsverhältnisses über den Insolvenzeröffnungszeitpunkt hinaus verlangt wird (BAG 18.10.06 – 2 AZR 563/05, NZA 07, 765). Diese Überlegung ist nach LAG RhPf (5.4.07 – 4 Ta 70/07, BeckRS 07, 46158) und *Mohn* (NZA-RR 08, 617, 621) nicht auf die Situation der Verbraucherinsolvenz übertragbar, so dass es nicht zur Unterbrechung kommt. Sind mehrere Ansprüche streitgegenständlich, ist eine Teilunterbrechung möglich (BAG 23.6.04 – 10 AZR 495/03, NZA 04, 1392; BAG 18.10.06 – 2 AZR 563/05, NZA 07, 765; *Mohn* NZA-RR 08, 617, 621). Nach Eröffnung des Verbraucherinsolvenzverfahrens bleibt der ArbN prozessführungsbefugt, er verliert jedoch die Aktivlegitimation bzgl der pfändbaren Vergütung (*Mohn* NZA-RR 08, 617, 619).

B. Lohnsteuerrecht   *Windsheimer*

9   **1. Lohnsteuer** (BMF 11.1.2002 – IV A 4 – S 0550 – 1/02, BStBl I 2002, 132; s im Übrigen die Literaturhinweise *Insolvenz des Arbeitgebers* Rz 22 sowie *von Usslar* DStZ 09, 242). Die Abwicklung von Kleininsolvenzen (§§ 304 ff InsO) führt faktisch zu einer bevorzugten Gläubigerstellung des FA, weil die Insolvenz des ArbN keine Auswirkung auf den LStAnspruch hat. Der ArbGeb ist bei Lohnzahlung also verpflichtet, die LSt – wie sonst auch – in vollem Umfang an das FA abzuführen (§ 41a EStG). Beruht ein Erstattungsanspruch des Schuldners auf nach Eröffnung des Insolvenzverfahrens abgeführter LSt, darf das FA erst nach Aufhebung des Insolvenzverfahrens mit Steuerschulden des Schuldners aufrechnen (BFH 7.6.06 – VI B 329/05, BStBl II 06, 641). Das Aufrechnungsverbot besteht ab 2011 fort (*Gundlach/Rautmann* DStR 11, 82).

10   **2. Schuldenbereinigungsplan** (§ 305 InsO). Rechte und Pflichten betr ESt verbleiben beim ArbN, zB Abgabe der Steuererklärung, Adressierung des EStBescheids, EStErstattungen, Rechtsbehelfsbefugnis. Für die Abgabe der EStErklärung hat der Schuldner umfassende Mitwirkungspflichten gegenüber dem Verwalter/Treuhänder (LG Duisburg 22.4.10 – 7 T 8/10, BeckRS 2011, 08436). Die EStSchuld auf Grund eines EStBescheids gegen den ggf mit seinem Ehegatten zusammen veranlagten Insolvenzschuldner ist – anders als die Lohnsteuer – keine vorrangig zu befriedigende Masseverbindlichkeit (BFH 24.2.11 – VI R 21/10, BStBl II 11, 520). Das FA hat also keine Sonderstellung, vielmehr die Stellung wie andere Gläubiger. Es besteht insoweit wie für die anderen Gläubiger ein Vollstreckungsverbot. Andererseits gelten §§ 163, 227 AO uneingeschränkt (FG Bln 14.4.03 – 10 K 10195/01, EFG 03, 1062); zur Ermessensausübung insoweit BMF (s Rz 8). Einzelheiten zu § 305 Abs 1 Nr 1 InsO BMF 11.1.02, BStBl I 02, 132; *Farr* BB 02, 1989. Eine Steuerfestsetzung auf 0 € führt nicht zur Unterbrechung eines Klageverfahrens (§ 155 FGO iVm § 240 Satz 1 ZPO;

FG BaWü 11.3.05 – 8 K 168/03, EFG 05, 968). Zu Problemen bei Zusammenveranlagung des Schuldners Farr BB 06, 1302.

3. Vereinfachtes Insolvenzverfahren (§§ 311 ff InsO). Rechte und Pflichten aus dem Steuerschuldverhältnis gehen auf den Treuhänder (§ 313 InsO) über. Das FA als Gläubiger nimmt auch hier keine Sonderstellung ein. **11**

4. Restschuldbefreiungsverfahren (§§ 286 ff InsO). Soweit ein solches durchgeführt wird, gelten hinsichtlich des LStAnspruchs keine Besonderheiten (s *Insolvenz des Arbeitgebers* Rz 36). **12**

C. Sozialversicherungsrecht   *Voelzke*

Für das SozVRecht hat die Anordnung des Verbraucherinsolvenzverfahrens über das Vermögen eines ArbN keine unmittelbaren Auswirkungen. **13**

Interessenausgleich

A. Arbeitsrecht   *Eisemann*

Übersicht

	Rz		Rz
1. Allgemeines	1	5. Verfahren	14–20
2. Inhalt	2–7	6. Interessenausgleich bei Insolvenz	21–25
3. Form	8–11	7. Streitigkeiten	26
4. Verpflichtung	12, 13	8. Muster	27

1. Allgemeines. Vor jeder mitbestimmungspflichtigen Betriebsänderung (s *Betriebsänderung* Rz 6 ff), muss der ArbGeb nach § 111 Abs 1 BetrVG den BRat rechtzeitig und umfassend unterrichten und mit ihm beraten. Gegenstand dieser Beratung ist das **Ob, Wann und Wie** der Betriebsänderung (BAG 17.9.91 – 1 ABR 23/91, NZA 92, 227). Es geht um die organisatorische Umsetzung der Betriebsänderung und die mit ihrer Durchführung verbundenen personellen Maßnahmen (BAG 22.1.13 – 1 AZR 873/11). Ziel der Beratung ist es, mit dem ernsten Willen der Verständigung (§ 74 Abs 1 BetrVG) die Interessen des ArbGeb an einer wirtschaftlichen Führung des Betriebes mit denen der ArbN an der Erhaltung ihrer Arbeitsplätze und Arbeitsbedingungen auszugleichen. Inhalt, Form und Verfahren für diesen **Interessenausgleich** sind ua in § 112 BetrVG geregelt. **1**

2. Inhalt. Der **Interessenausgleich** beschreibt die unternehmerische Maßnahme, den Kreis oder die Zahl der betroffenen ArbN und die Art, in der sie betroffen sind. Es ist nicht Aufgabe des Interessenausgleichs, mit der Betriebsänderung für den Mitarbeiter verbundene Nachteile aufzufangen oder abzuschwächen. Dies geschieht mit dem **Sozialplan** (s *Sozialplan* Rz 18–42). **2**

Der Interessenausgleich hat besondere Bedeutung in Fällen, wo ein Sozialplan nicht erzwungen werden kann (s *Sozialplan* Rz 14–17), weil damit die Chance geboten wird, die Betriebsänderung so durchzuführen, dass wirtschaftliche Nachteile nicht in dem Umfang zu erwarten sind, wie sie als Folge der vom ArbGeb zunächst geplanten Betriebsänderung eingetroffen wären (vgl BAG 8.11.88 – 1 AZR 687/87, NZA 89, 287). **3**

Inhalt eines Interessenausgleiches können die Veränderung der ursprünglich geplanten Betriebsänderung in zeitlicher, qualitativer und quantitativer Hinsicht sein. Dazu macht er dem ArbGeb eigene Vorschläge, um eine Einigung zu erreichen, wonach die geplante Betriebsänderung in einer Weise durchgeführt wird, die bei den betroffenen ArbN möglichst keine oder nur geringe wirtschaftliche Nachteile entstehen lässt. Ist etwa die (teilweise) Stilllegung eines Betriebes geplant, gehört in den Interessenausgleich, ob so verfahren wird, wann dies geschehen soll, wie die Stilllegung konkret durchgeführt wird und wie viele oder welche ArbN in welcher Form betroffen sind (BAG 18.12.84 – 1 AZR 176/82, NZA 85, 400). Die Betriebsparteien sind jedoch nicht auf die Ausgestaltung solcher Maßnahmen beschränkt. Arbeitgeber und Betriebsrat können auch Abreden über Sachverhalte treffen, deren Regelungsbedürftigkeit nicht unmittelbar auf die Betriebsänderung zurückgeht, son- **4**

228 Interessenausgleich

dern deren mittelbare Folge sind (Folgeregelungen). Hierzu zählen etwa Vereinbarungen über die Auswirkungen der geänderten Betriebsstruktur auf die Personalplanung, die Besetzung von neu geschaffenen Arbeitsplätzen und das darauf bezogene Auswahlverfahren (BAG 22.1.13. – 1 AZR 873/11). Inhalt eines Interessenausgleichs kann sein, dass der BRat die im Interessenausgleich beschriebene geplante Maßnahme „zur Kenntnis nimmt", ohne ihr ausdrücklich zuzustimmen. Die Betriebsparteien können im Interessenausgleich feststellen, dass ein Einigung über die dort beschriebene vom ArbGeb geplante Maßnahme in der Sache nicht möglich war, und vereinbaren, dass das Interessenausgleichsverfahren damit abgeschlossen sein soll – sog negativer Interessenausgleich.

5 Die Betriebspartner können sich im Interessenausgleich darauf verständigen, dass ArbN trotz Betriebsänderung nicht entlassen, sondern – ggf nach Umschulung oder Qualifizierung – an anderer Stelle des Unternehmens weiterbeschäftigt werden (BAG 14.11.06 – 1 AZR 40/06, NZA 07, 339). Aufgabe des Sozialplanes ist es, die dennoch entstehenden Nachteile zu mildern oder aufzufangen (BAG 17.9.91 – 1 ABR 23/91, NZA 92, 227). Man sieht mit anderen Worten Umschulung oder Qualifizierung schon als Teil der Betriebsänderung selbst, nicht als eine im Sozialplan aufzufangende Folge. Folgt man dem BAG in dieser Differenzierung, können derartige Maßnahmen vom BRat nicht erzwungen werden, da sie nicht in einen Sozialplan gehören, der allein der erzwingbaren Mitbestimmung unterliegt (s *Sozialplan* Rz 12). Mit dem sog „Transfersozialplan" nach den §§ 216a ff SGB III und den §§ 97 Abs 2 und 112 Abs 5 Nr 2a BetrVG können entsprechende Maßnahmen jedenfalls unter den dort genannten Voraussetzungen als Teil des Sozialplans erzwungen werden (s *Sozialplan* Rz 31, 65 ff).

6 In einem Interessenausgleich können **Auswahlrichtlinien** vereinbart werden, mit denen die personelle Auswahl bei Versetzung, Umgruppierungen und Kündigungen geregelt wird, die durch die Betriebsänderung bedingt sind (s *Kündigung, betriebsbedingte* Rz 42, 43). Dabei steht ArbGeb und BRat der gleiche Ermessensspielraum zu, wie bei einer Vereinbarung nach § 95 BetrVG (BAG 20.10.83 – 2 AZR 211/82, AP KSchG 1969 § 1 Betriebsbedingte Kündigung Nr 13). Die vier Grunddaten Betriebszugehörigkeit, Lebensalter, Unterhaltspflichten und Schwerbehinderung müssen in erheblichem und ausgewogenem Maß – zB in einem Punktesystem – berücksichtigt sein. Dabei darf das Lebensalter „linear" berücksichtigt werden, auch ohne Altersgruppen zu bilden (BAG 5.11.09 – 2 AZR 676/08, NZA 2010, 457). Die Auswahlkriterien müssen keinen Raum für eine abschließende Berücksichtigung der individuellen Besonderheiten des Einzelfalles lassen (BAG 9.11.06 – 2 AZR 812/05, NZA 07, 549). Und endlich darf der Kreis der in die Sozialauswahl einzubeziehenden ArbN nicht gegenüber der gesetzlichen Regelung in § 1 Abs 3 KSchG (s *Kündigung, betriebsbedingte* Rz 28–33) verengt werden (BAG 15.6.89 – 2 AZR 580/88, NZA 90, 226). Liegt ein solcher Interessenausgleich oder eine entsprechende Richtlinie nach den Personalvertretungsgesetzen vor, kann die darin enthaltene **Bewertung** der sozialen Daten vom ArbG im **Kündigungsschutzprozess** nach § 1 Abs 4 KSchG nur noch auf **grobe Fehlerhaftigkeit** überprüft werden (s *Kündigung, betriebsbedingte* Rz 42–44). Auswahlrichtlinien iSv § 1 Abs 4 KSchG können von ArbGeb und BRat bei Abschluss eines Interessenausgleichs mit Namensliste abgeändert werden. Setzen sich die Betriebsparteien in einem bestimmten Punkt gemeinsam über die Auswahlrichtlinie hinweg, gilt die Namensliste (BAG 24.10.13 – 6 AZR 854/11).

7 Sind in einem Interessenausgleich die ArbN, denen aufgrund der Betriebsänderung gekündigt werden soll, **namentlich** bezeichnet, wird im **Kündigungsschutzprozess** nach § 1 Abs 5 KSchG **vermutet,** dass die Kündigung durch dringende betriebliche Erfordernisse bedingt ist (s *Kündigung, betriebsbedingte* Rz 63) und die **soziale Auswahl als Ganzes** wird nur noch auf **grobe Fehlerhaftigkeit** geprüft. Diese Rechtsfolgen werden nicht durch eine **Teil-Namensliste** ausgelöst, welche nicht alle von einer Kündigung betroffenen ArbN erfasst. Regelmäßig wird nur aus einer die unternehmerische Entscheidung insgesamt erfassenden Liste deutlich, wie sich die dem Interessenausgleich zugrunde liegende Betriebsänderung aus Sicht der Betriebsparteien auf die konkreten Beschäftigungsmöglichkeiten der ArbN im Betrieb auswirkt, welche ArbN unter Beachtung sozialer Auswahlgesichtspunkte gekündigt werden müssen (und welche nicht) und ob die Betriebspartner bei der sozialen Auswahl ein von ihnen zugrunde gelegtes System, vor allem was die Bildung von Vergleichsgruppen anbelangt, durchgängig eingehalten haben (aA LAG Köln 22.2.07 – 6 Sa 974/06, BeckRS 2007, 44257, offen gelassen in BAG 26.3.09 – 2 AZR 296/07, NZA 09, 1151).

Ausreichend ist dagegen, wenn die Betriebsänderung in mehreren Stufen erfolgt und die Betriebsparteien vollständige Namenslisten für einige dieser Stufen aufgestellt haben (BAG 22.1.04 – 2 AZR 111/02, NZA 06, 64). In die Namensliste dürfen ausschließlich ArbN aufgenommen werden, die aus Sicht der Betriebsparteien aufgrund der dem Interessenausgleich zugrunde liegenden Betriebsänderung zu kündigen sind. Sonst bietet sie regelmäßig keine geeignete Basis für den Eintritt der in § 1 Abs 5 KSchG vorgesehenen Rechtswirkungen (BAG 19.7.12 – 2 AZR 386/11, NZA 13, 333). Sind in der Namensliste aber neben von der Betriebsänderung Betroffenen auch ArbN aus einem Betrieb enthalten, der von der Betriebsänderung nicht betroffen ist, bleibt die Namensliste als Ganzes wirksam. Es werden nur die ArbN in dem von der Betriebsänderung nicht betroffenen Betrieb von den Rechtswirkungen der Namensliste nicht erfasst (BAG 19.7.12 – 2 AZR 386/11, NZA 13, 333). Liegt eine wirksame Namensliste vor, muss der ArbN im Prozess – soweit er über entsprechende Kenntnisse verfügt (BAG 6.9.07 – 2 AZR 715/06, NZA 08, 633) – Tatsachen vortragen und beweisen, aus denen folgt, dass die Betriebsbedingtheit fehlt (Einzelheiten *Kündigung, betriebsbedingte* Rz 63). Darüber hinaus darf das ArbG die **gesamte soziale Auswahl** inklusive der Bildung auswahlrelevanter Gruppen und der Herausnahme von „Leistungsträgern" (BAG 10.6.10 – 2 AZR 420/09, NZA 10, 1352) in diesem Fall nur auf grobe Fehler überprüfen, es sei denn, die Sachlage hat sich nach Zustandekommen des Interessenausgleichs wesentlich geändert. Eine Sozialauswahl nach § 1 Abs 5 S 2 KSchG ist grob fehlerhaft, wenn eine evidente, massive Abweichung von den Grundsätzen des § 1 Abs 3 KSchG vorliegt und der Interessenausgleich jede soziale Ausgewogenheit vermissen lässt (BAG 19.7.12 – 2 AZR 386/11, NZA 13, 333). Um einen groben Fehler handelt es sich nicht, wenn die Betriebsparteien die Namensliste anhand einer von ihnen vereinbarten Punktetabelle zusammenstellen und dabei geringfügig von dieser Tabelle abweichen (BAG 17.1.08 – 2 AZR 405/06, NZA-RR 08, 571). Sie dürfen das Lebensalter als Auswahlkriterium „linear" berücksichtigen und müssen keine Altersgruppen bilden (BAG 5.11.2009 – 2 AZR 676/08, NZA 2010, 457). Bei der Berücksichtigung von Unterhaltspflichten gegenüber Kindern dürfen sie sich auf diejenigen beschränken, die aus der Lohnsteuerkarte entnommen werden können (für den Interessenausgleich nach § 125 InsO BAG 28.6.12 – 6 AZR 682/10, NZA 12, 1090; für den außerhalb der Insolvenz offen gelassen in BAG 15.12.11 – 2 AZR 42/10, NZA 12, 1044). Dagegen darf bei der einem solchen Interessenausgleich zugrunde liegenden Sozialauswahl jedenfalls die Verpflichtung zur Gewährung von Familienunterhalt an den mit dem ArbN in ehelicher Lebensgemeinschaft lebenden Ehegatten gemäß § 1360 BGB nicht gänzlich außer Betracht bleiben (BAG 28.6.12 – 6 AZR 682/10, NZA 12, 1090). Einen groben Fehler machen die Betriebsparteien, wenn eines der Sozialdaten nicht berücksichtigt oder ausschließlich auf eines dieser Daten abgestellt wurde (BAG 2.12.99 – 2 AZR 757/98, NZA 2000, 531), wenn bei der Herausnahme eines Leistungsträgers die betrieblichen Interessen übermäßig berücksichtigt wurden (BAG 12.4.02 – 2 AZR 706/00, NZA 03, 42), die Sozialauswahl nicht auf den gesamten Betrieb erstreckt wurde (BAG 17.11.05 – 6 AZR 107/05, NZA 06, 661) oder der Betriebsbegriff grob verkannt wurde (BAG 20.9.12 – 6 AZR 483/11, NZA 13, 94). Für die Wirksamkeit der Kündigung ist jedoch nur entscheidend, ob das Ergebnis der sozialen Auswahl im Blick auf den betroffenen ArbN grob fehlerhaft ist, nicht aber, ob das gewählte Auswahlverfahren beanstandungsfrei ist (BAG 19.7.12 – 2 AZR 386/11, NZA 13, 333). Ein mangelhaftes Auswahlverfahren kann zu einem richtigen – nicht grob fehlerhaften – Auswahlergebnis führen. Im Kündigungsschutzverfahren muss der ArbN daher nicht die Fehlerhaftigkeit des Auswahlverfahrens, sondern ihr konkretes Ergebnis rügen. Er muss geltend machen, dass ein bestimmter mit ihm vergleichbarer ArbN weniger sozial schutzwürdig ist, so dass diesem habe gekündigt werden müssen (BAG 10.6.10 – 2 AZR 420/09, NZA 10, 1352).

Mit einer **wesentlichen Änderung** haben wir es zu tun, wenn eine Seite sich bei Kenntnis der veränderten Umstände nicht auf den Interessenausgleich hätte einlassen müssen – wenn etwa ein Betrieb teilweise fortgeführt und nicht wie ursprünglich geplant stillgelegt wird oder sich die Zahl der im Interessenausgleich zur Kündigung vorgesehenen ArbN aus anderen Gründen wesentlich verringert hat. Es gelten im Ergebnis die Grundsätze zum Wegfall der Geschäftsgrundlage (BAG 12.3.09 – 2 AZR 418/07, NZA 09, 1023). Eine nur geringfügige Änderung reicht jedenfalls nicht aus. Entscheidend für die Beurteilung ist

228 Interessenausgleich

der Zeitpunkt des Zugangs der Kündigung (BAG 21.2.02 – 2 AZR 581/00, NZA 02, 223). Im Ergebnis macht die Namensliste nachfolgende Kündigungen – jedenfalls was die soziale Auswahl betrifft – weitgehend „prozessfest" (s *Kündigung, betriebsbedingte* Rz 63). Da der Interessenausgleich auch vom ArbGeb nicht erzwungen werden kann, bekommt er die Namensliste nur, wenn der BRat es will. Namenslisten können auch bei **Änderungskündigungen** vereinbart werden (BAG 19.6.07 – 2 AZR 304/06, NZA 08, 103). Das **Mitbestimmungsrecht** bei nachfolgenden **Kündigungen** wird auch dann nicht durch die Zustimmung des BRats zum Interessenausgleich erleichtert, wenn der Kreis der Betroffenen im Interessenausgleich mit Namen konkret bezeichnet wird (BAG 20.5.99 – 2 AZR 148/99, NZA 99, 1039 und 2 AZR 532/98, NZA 99, 1101). Die einfache Aufzählung der betroffenen ArbN ersetzt nicht die weitreichenden Rechte des BRat bei personellen Einzelmaßnahmen. Das schließt nicht aus, dass die Betriebspartner im Einzelfall anlässlich der Vereinbarung eines Interessenausgleichs auch die Mitbestimmung zu den personellen Einzelmaßnahmen abschließend durchführen. Dies muss sich dann aber zweifelsfrei aus dem Interessenausgleich selbst oder den Umständen bei seinem Abschluss ergeben (BAG 20.5.99 – 2 AZR 532/98, NZA 99, 1101).

8   **3. Form.** Der Interessenausgleich ist nach § 112 Abs 1 Satz 1 BetrVG **schriftlich** niederzulegen und von ArbGeb und BRat **auf einer Urkunde** zu unterschreiben. Die Wahrung der Schriftform ist beim Interessenausgleich Wirksamkeitsvoraussetzung (BAG 12.5.10 – 2 AZR 551/08, NZA 11, 114). Das mündliche Einverständnis des BRat reicht nicht aus (BAG 26.10.04 – 1 AZR 493/03, NZA 05, 237). Nur so können die betroffenen ArbN wissen, mit welchen Nachteilen sie rechnen müssen und ob sich der ArbGeb an den Interessenausgleich hält. Die elektronische Form dürfte nach den §§ 126 Abs 3, 126a Abs 3, 4 BGB ausreichen (*Fitting* § 112a Rz 24). § 112 Abs 1 BetrVG schließt sie nicht aus. Das Schriftformerfordernis soll nur Zweifel am Inhalt des Interessenausgleichs verhindern (BAG 14.11.06 – 1 AZR 40/06, NZA 07, 339), die bei einer korrekten elektronischen Form nicht entstehen können. Der Austausch einseitig unterzeichneter gleich lautender Urkunden sollte nach § 126 Abs 2 Satz 2 BGB zulässig sein (aA *Fitting* § 77 Rz 21). Ein gemeinsam von ArbGeb und BRat unterzeichnetes **Rundschreiben** (LAG Düsseldorf 3.2.77, DB 77, 1954) oder ein **Protokoll** über die Verhandlung des Interessenausgleichs (vgl *Fitting* § 77 Rz 21) reichen nicht aus, solange nicht der beiderseitige Wille erkennbar ist, damit einen Interessenausgleich abschließen zu wollen. Besteht der Interessenausgleich aus mehreren Blättern, die – zB durch eine Heftklammer – verbunden sind, genügt die Unterschrift auf einem Blatt (BAG 7.5.98 – 2 AZR 55/98, NZA 98, 1110). Die Schriftform ist auch gewahrt, wenn der Interessenausgleich statisch auf eine genau bezeichnete andere schriftliche Regelung – etwa eine Konzernbetriebsvereinbarung – verweist, die ihm nicht als Anlage beigefügt ist (BAG 14.11.06 – 1 AZR 40/06, NZA 07, 339). Unzulässig ist die dynamische Blankettverweisung auf eine von Dritten verfasste andere schriftliche Regelung in ihrer „jeweils geltenden Fassung". Damit geben die Betriebsparteien ihre Normsetzungsbefugnis aus der Hand (BAG 22.8.06 – 3 AZR 319/05, NZA 07, 1187). Die Auslegung kann jedoch auch bei scheinbar eindeutigem Wortlaut der Verweisungsnorm ergeben, dass in Wahrheit nur eine statische Verweisung gewollt war (BAG 28.3.07 – 10 AZR 719/05, NZA 07, 1066). Das Schriftformerfordernis erstreckt sich auch auf die **Namensliste**. Sie darf als Anlage dem Interessenausgleich beigefügt werden, beide müssen aber eine Urkunde bilden (BAG 19.7.12 – 2 AZR 386/11, NZA 13, 333). Dies ist der Fall, wenn Interessenausgleich und Namensliste beide unterzeichnet und körperlich miteinander verbunden sind. Sind Namensliste und Interessenausgleich getrennt erstellt worden und nicht verbunden, müssen sie beiderseits aufeinander verweisen und beide unterzeichnet werden (BAG 10.6.10 – 2 AZR 420/09, NZA 10, 1352). Eine Paraphierung der Namensliste reicht in diesem Fall wohl nicht aus (skeptisch BAG 12.5.10 – 2 AZR 551/08, NZA 11, 114). Nimmt der Interessenausgleich auf eine Namensliste nach § 1 Abs 5 KSchG als Anlage ausdrücklich Bezug, reicht dies selbst dann aus, wenn die Namensliste nicht zeitgleich, sondern nur zeitnah mit dem Interessenausgleich erstellt wurde (BAG 12.5.10 – 2 AZR 551/08, NZA 11, 114). Zeitnah ist jedenfalls eine 11 Tage nach Abschluss des Interessenausgleichs erstellte Namensliste (BAG 10.6.10 – 2 AZR 420/09, NZA 10, 1352); auch nach einem Monat ist sie noch zeitnah vereinbart (LAG Köln 22.2.07 – 6 Sa 974/06, BeckRS 2007, 44257).

Die gemeinsame Unterschrift unter eine **Massenentlassungsanzeige** nach § 17 Abs 3 KSchG stellt keinen wirksamen Interessenausgleich dar. Sie schafft nur die kündigungsrechtlichen Voraussetzungen für die geplanten Entlassungen. Umgekehrt ersetzt jedoch der Interessenausgleich mit Namensliste nach § 1 Abs 5 Satz 4 KSchG die Stellungnahme des BRates nach § 17 Abs 3 Satz 2 KSchG, wenn er der Anzeige einer **Massenentlassung** beigefügt wird (BAG 28.6.12 – 6 AZR 780/10, NZA 12, 1029; 18.1.12 – 6 AZR 407/10, NZA 12, 817; s *Massenentlassung* Rz 17). Für den Insolvenzfall ist dies in § 125 Abs 2 InsO festgelegt (BAG 7.7.11 – 6 AZR 248/10, NZA 11, 1108). Der Interessenausgleich kann in einem **Sozialplan** enthalten sein (BAG 20.4.94 – 4 AZR 354/93, NZA 94, 1090); der Sozialplan ersetzt jedoch nicht den Interessenausgleich (BAG 14.9.76 – 1 AZR 784/75, AP BetrVG 1972 § 113 Nr 2). 9

Unterschriftsberechtigt für den Interessenausgleich ist auf ArbNSeite nach § 26 Abs 3 Satz 1 BetrVG der BRatVorsitzende oder bei seiner Verhinderung sein Stellvertreter. Der BRat kann den **Abschluss** des Interessenausgleichs nach § 27 Abs 3 Satz 1 BetrVG nicht auf einen Ausschuss übertragen (ErfK/*Kania* BetrVG §§ 112, 112a Rz 5). Ob zumindest die **Verhandlungen** von einem Ausschuss geführt werden dürfen, dem diese Aufgabe zur selbstständigen Erledigung nach § 28 Abs 1 BetrVG übertragen wurde, hängt davon ab, ob die Verhandlungen eines Interessenausgleichs zum Kernbereich der gesetzlichen Befugnisse des BRat zählt, für den er als Gesamtorgan zuständig bleibt (vgl BAG 1.1.76, AP Nr 1 zu § 28 BetrVG 72). Wird der Interessenausgleich in einer **Einigungsstelle** abgeschlossen, muss ihn nach § 112 Abs 3 Satz 3 BetrVG auch deren Vorsitzender unterschreiben. Handelt es sich um einen Interessenausgleich mit Namensliste, muss diese ebenso vom Vorsitzenden unterzeichnet werden, wenn sie getrennt erstellt wurde, weil sie Teil des Interessenausgleichs ist und daher die dort geltenden Formvorschriften auch hier anzuwenden sind (BAG 10.6.10 – 2 AZR 420/09, NZA 10, 1352). 10

Wird ein geplanter Personalabbau auf der Grundlage eines unternehmenseinheitlichen Konzepts durchgeführt und sind mehrere Betriebe davon betroffen, ist der Gesamtbetriebsrat für den Abschluss des Interessenausgleichs zuständig. In seine Zuständigkeit fällt dann auch die Vereinbarung der Namensliste iSv § 1 Abs 5 KSchG (BAG 19.7.12 – 2 AZR 386/11, NZA 13, 333). 11

4. Verpflichtung. Jede einzelne **Betriebsänderung** erfordert einen neuen Interessenausgleich. Der BRat kann nicht wirksam sein Einverständnis mit zukünftigen nur denkbaren Betriebsänderungen erklären (BAG 29.11.83 – 1 AZR 523/82, AP BetrVG 1972 § 113 Nr 10). Er kann auf einen Interessenausgleich nicht wirksam verzichten (BAG 26.10.04 – 1 AZR 493/03, NZA 05, 237). Er nimmt dies Mitbestimmungsrecht nicht im Eigeninteresse, sondern im Interesse der ArbN des Betriebes wahr. Voraussetzung für den Interessenausgleich ist, dass die Maßnahme hinreichend bestimmt und in Einzelheiten schon absehbar ist. Die bloße Möglichkeit einer Betriebsänderung reicht nicht aus. Sie muss zumindest in ihren Konturen erkennbar sein (BAG 19.1.99 – 1 AZR 342/98, NZA 99, 949). Verhandlungen über einen Interessenausgleich auch zu führen, wenn ein Sozialplan nicht erzwungen werden kann, weil die Betriebsänderung ein neu gegründetes Unternehmen betrifft, welches nach § 112a Abs 2 BetrVG in den ersten vier Jahren von der Pflicht befreit ist, einen Sozialplan aufzustellen (BAG 8.11.88 – 1 AZR 687/87, NZA 89, 287). 12

Im **betriebsratslosen Betrieb** besteht keine Pflicht zur Verhandlung über einen Interessenausgleich. Dies gilt auch dort, wo es zwar keinen BRat, aber einen GBRat gibt (BAG 16.8.83 – 1 AZR 544/81, AP BetrVG 1972 § 50 Nr 5). Seine Zuständigkeit erstreckt sich nicht auf die betriebsratslosen Betriebe des Unternehmens. Nach § 50 Abs 1 BetrVG ist dies nur anders, soweit der GBRat selbst zuständig ist, weil von der Betriebsänderung mehr als ein Betrieb des Unternehmens betroffen ist. Wird ein BRat erst nach abgeschlossener Planung der Betriebsänderung gewählt, entsteht eine Pflicht zur Verhandlung eines Interessenausgleichs selbst dann nicht, wenn dem ArbGeb während der Planung bekannt war, dass ein BRat gewählt werden soll (BAG 28.10.92 – 10 ABR 75/91, DB 93, 385). Löst sich der BRat während der Planung einer Betriebsänderung auf oder läuft seine Wahlperiode aus, ohne dass eine Neuwahl erfolgt, entfällt die Mitbestimmung ebenso. Im **Tendenzbetrieb** ist der ArbGeb nur zur rechtzeitigen Unterrichtung des BRates, nicht zum Versuch des Interessenausgleichs, verpflichtet (BAG 27.10.98 – 1 AZR 766/97, NZA 99, 328). 13

228 Interessenausgleich

14 **5. Verfahren.** Das BetrVG sieht für den Interessenausgleich ein in Teilen **obligatorisches Verfahren ohne bindende Entscheidung** vor. Der „Unternehmer" – sprich ArbGeb (BAG 15.1.91 – 1 AZR 94/90, NZA 91, 681) – hat den BRat nach § 111 BetrVG über die geplante *Betriebsänderung* (s dort Rz 6 ff) rechtzeitig und umfassend zu unterrichten. Er muss sie mit dem BRat beraten. Er trägt die **„Initiativlast"**. Er muss daher auch den richtigen Verhandlungspartner ermitteln. Bei Zweifeln darüber, welcher BRat oder ob der GBRat zuständig ist, muss der ArbGeb die in Betracht kommende ArbNVertretung zur Klärung der Zuständigkeitsfrage auffordern. Einigen sich die ArbNVertretungen, wer zuständig sein soll, ist durch Verhandlung mit diesen Gremien der Interessenausgleich „versucht". Einigen sich die Mitbestimmungsorgane nicht auf einen Verhandlungspartner, darf der ArbGeb mit der Vertretung verhandeln, deren Herausgreifen nachvollziehbar erscheint. Der ArbGeb bestimmt dann selbst seinen Verhandlungspartner (BAG 24.1.96 – 1 AZR 542/95, NZA 96, 1107).

15 Die **Abhängigkeit** eines Unternehmens von einem anderen Unternehmen ändert nichts an den Beteiligungspflichten. Werden Betriebsänderungen bei der „Mutter" geplant, bleibt die „Tochter" zur Beteiligung des BRat verpflichtet; sie muss dann die beim herrschenden Unternehmen vorhandenen Planungen mit dem BRat beraten (BAG 15.1.91 – 1 AZR 94/90, NZA 91, 681). „Unternehmer" iSd § 111 BetrVG ist die Rechtsperson, die Inhaber des Betriebs ist, der von der geplanten Betriebsänderung betroffen ist. Das beherrschte Unternehmen kann sich nicht auf Unkenntnis oder fehlende Zuständigkeit berufen (*Fitting* BetrVG § 111 Rz 104).

16 **Rechtzeitig** ist der BRat beteiligt, wenn dies vor Abschluss der Planung geschieht. Dabei setzt die Pflicht zur Beteiligung des BRats ein, sobald eine hinreichend bestimmte, in Einzelheiten bereits absehbare Maßnahme vorliegt, die der ArbGeb konkret durchführen möchte (BAG 20.11.01 – 1 AZR 97/01, NZA 02, 992). Der BRat muss Gelegenheit haben, auf die Willensbildung Einfluss zu nehmen. Er kann nicht auf den Versuch verwiesen werden, eine bereits abgeschlossene Planung zu ändern. Dieser Versuch eines Interessenausgleichs muss daher abgeschlossen sein, bevor die Betriebsänderung auch nur teilweise verwirklicht ist (BAG 14.9.76 – 1 AZR 784/75, DB 77, 309). Dies ist jedenfalls der Fall, sobald der ArbGeb unumkehrbare Maßnahmen getroffen hat, die das Ob und Wie der Betriebsänderung schon in Teilen vorwegnehmen, etwa wenn Kündigungen ausgesprochen werden (BAG 23.9.03 – 1 AZR 576/02, NZA 04, 440) oder die Betriebstätigkeit eingestellt und die ArbN nur noch mit Aufräumarbeiten beschäftigt werden (BAG 16.5.07 – 8 AZR 693/06, NZA 07, 1296). Wird diese Reihenfolge nicht eingehalten, entstehen Nachteilausgleichsausgleichsansprüche nach § 113 BetrVG (hierzu *Nachteilsausgleich*). Dies gilt auch bei einer wirtschaftlichen Zwangslage des Unternehmens, die sofortiges Handeln erfordert (BAG 14.9.76 – 1 AZR 784/75, AP BetrVG 1972 § 113 Nr 2). Der Interessenausgleich kann nicht nachgeholt werden (BAG 14.9.76 – 1 AZR 784/75, AP BetrVG 1972 § 113 Nr 2 DB 77, 309). Ein erst nach Beginn der Betriebsänderung unternommener Versuch des Interessenausgleichs ist nicht das Regelungsziel der §§ 111, 112 BetrVG.

17 Der BRat ist **umfassend** zu unterrichten. Dabei sind ihm auch die Gründe für die Betriebsänderung und die Alternativen mitzuteilen, zwischen denen die Geschäftsleitung die Wahl getroffen hat (*Fitting* BetrVG § 111 Rz 111). Die nach § 118 Abs 1 Satz 2 iVm § 111 Satz 1 BetrVG in Tendenzbetrieben bestehende Pflicht des Arbeitgebers, dem Betriebsrat diejenigen Informationen über eine geplante Betriebsänderung zu erteilen, die dieser zur Ausübung seines Mitbestimmungsrechts in Bezug auf einen Sozialplan benötigt, gilt auch in nicht tendenzgeschützten Betrieben, dort neben der Pflicht zur Erteilung der auf einen Interessenausgleich bezogenen Informationen (BAG 30.3.04 – 1 AZR 7/03, NZA 04, 931). Soweit zu seiner umfassenden Unterrichtung erforderlich, sind dem BRat auch Betriebs- und Geschäftsgeheimnisse offenzulegen. Der ArbGeb kann ihn nicht auf die insoweit vollständige Information des Wirtschaftsausschusses verweisen (ErfK/*Kania* BetrVG § 111 Rz 23). Bei Einschaltung einer Beratungsfirma gehören deren Gutachten zu den nach § 80 Abs 2 BetrVG dem BRat vorzulegenden Unterlagen; im Übrigen sind die letzten Bilanzen und Wirtschaftsprüferberichte zugänglich zu machen, soweit sie im konkreten Zusammenhang von Bedeutung sein können (*Fitting* BetrVG § 111 Rz 113). Der BRat kann soweit erforderlich nach § 80 Abs 3 BetrVG Sachverständige hinzuziehen. In Unternehmen mit mehr als 300 ArbN ist nach § 111 Satz 2 BetrVG hierzu keine Vereinbarung mit dem ArbGeb erforderlich.

Der **Präsident des Landesarbeitsamtes** kann – nicht muss – bei der Verhandlung eines 18
Interessenausgleiches nach § 112 Abs 2 BetrVG zur Vermittlung von jedem der Betriebspartner eingeschaltet werden. In der Praxis geschieht dies selten. Er muss die Aufgabe wahrnehmen und wird einen Einigungsvorschlag machen, dem er die von der Agentur für Arbeit anzubietenden Umschulungs- und Weiterbildungsmaßnahmen sowie etwaige ABM-Stellen zugrunde legen kann. Die Betriebsparteien sind nach § 2 Abs 1 BetrVG verpflichtet, sich an diesem Einigungsversuch durch sachgerechte Einlassungen zu beteiligen. Jede Seite kann dieses Vermittlungsverfahren jedoch jederzeit abbrechen und die Einigungsstelle anrufen (*Fitting* BetrVG § 112a Rz 31).

Der ArbGeb muss den Interessenausgleich **versuchen,** will er der Verpflichtung entgehen, 19
als *Nachteilsausgleich* Abfindungen zu zahlen (s *Nachteilsausgleich* Rz 7–9). Wird ein Interessenausgleich schriftlich vereinbart, ist er versucht, unabhängig davon, ob er formungültig ist oder unter einer auflösenden Bedingung steht (BAG 21.7.05 – 6 AZR 592/04, NZA 06, 162). Ist der BRat ordnungsgemäß unterrichtet worden und haben die Betriebsparteien mit dem ernsten Willen zur Einigung verhandelt, ist der Interessenausgleich auch mit der Vereinbarung versucht, dass man sich nicht einigen konnte und das Verfahren damit beendet sein soll – sog negativen Interessenausgleich. Ein „Versuch" des Interessenausgleichs bedeutet nicht Einigung in der Sache. Es reicht das ernsthafte Bemühen um eine Einigung über Ob, Wann und Wie einer Betriebsänderung aus. So genügt auch eine Vereinbarung darüber, dass man sich trotz allen Bemühens nicht einigen konnte (Vgl. BAG 21.7.05 – 6 AZR 592/04, NZA 06, 162). Kommt es nicht zu einer Vereinbarung muss der ArbGeb nach der Rspr für den Abschluss eines Interessenausgleichs auch die *Einigungsstelle* (s dort Rz 8) einschalten (BAG 18.12.84 – 1 AZR 176/82, NZA 85, 400). Dies gilt selbst dann, wenn der BRat mit der Maßnahme einverstanden ist und der Interessenausgleich schriftlich nicht zu Stande kommt, weil der BRat die Maßnahme nicht für mitbestimmungspflichtig hält (BAG 26.10.04 – 1 AZR 493/03, NZA 05, 237). Die Einigungsstelle kann den Interessenausgleich nicht gegen den Willen von BRat oder ArbGeb beschließen. Der Interessenausgleich nach § 112 BetrVG unterliegt nicht der erzwingbaren Mitbestimmung. Kann eine Einigung im Einigungsstellenverfahren nicht erreicht werden, wird dort das Scheitern vom Vorsitzenden festgestellt und das Verfahren ohne Beschluss der Einigungsstelle (BAG 16.8.11 – 1 AZR 44/10) eingestellt. Zieht sich der ArbGeb vorzeitig aus dem Verfahren zurück, ist der Interessenausgleich nicht „versucht", er bleibt zum Nachteilsausgleich verpflichtet. Anders ist dies nur, wenn der Abschluss des Einigungsstellenverfahrens bewusst verzögert wird und die Einigungsstelle das Verfahren dennoch nicht einstellt. Hier kann der Auszug „aus zwingendem Grund" gerechtfertigt sein, um Kündigungstermine halten zu können. Zur Klarstellung sollte der ArbGeb dann seinerseits das Scheitern der Verhandlungen erklären (*Fitting* BetrVG § 112a Rz 42).

Die **Bindung** an den Interessenausgleich erfolgt grds allein über die Sanktionen des § 113 20
BetrVG (s *Nachteilsausgleich* Rz 3–6). Der Interessenausgleich wirkt nicht normativ wie ein Gesetz (BAG 14.11.06 – 1 AZR 40/06, NZA 07, 339). Der BRat kann – auch im Wege der einstweiligen Verfügung – nicht auf Erfüllung des Interessenausgleichs klagen (BAG 28.8.91 – 7 ABR 72/90, NZA 92, 41). Enthält der Interessenausgleich Auswahlgrundsätze für die soziale Auswahl bei betriebsbedingten Kündigungen (s *Kündigung, betriebsbedingte* Rz 42–44), kann der BRat jedoch bei Verstoß gegen diese Grundsätze der Kündigung nach § 102 Abs 3 Nr 2 BetrVG widersprechen. Enthält ein Interessenausgleich Bestimmungen, die von der Sache her in einen Sozialplan gehören, können insoweit auch die einzelnen ArbN Rechte aus diesem „qualifizierten Interessenausgleich" herleiten (BAG 14.11.06 – 1 AZR 40/06, NZA 07, 339). Den Betriebspartnern bleibt unbenommen, über die beschränkte Bindungswirkung eines Interessenausgleichs hinauszugehen und die bei einer Betriebsänderung anstehenden Fragen in einer echten freiwilligen Betriebsvereinbarung zu lösen. Verpflichtungen aus dieser Vereinbarung wären dann auch einklagbar (ErfK/*Kania* BetrVG §§ 112, 112a Rz 9) . Der besondere Bindungswille muss sich jedoch zweifelsfrei ergeben.

6. Interessenausgleich bei Insolvenz. Der **Insolvenzverwalter** ist selbst dann zum 21
Interessenausgleich verpflichtet, wenn die Betriebsänderung eine zwangsläufige Folge der Eröffnung des Insolvenzverfahrens ist (BAG 17.9.74 – 1 AZR 16/74, AP BetrVG 1972 § 113

Nr 1). Der Insolvenzverwalter kann sich ebenso wenig darauf berufen, die Beteiligung des BRats sei wegen der schlechten wirtschaftlichen Situation ausnahmsweise entbehrlich (BAG 22.7.03 – 1 AZR 541/02, NZA 04, 93). Er muss den Interessenausgleich auch dann versuchen, wenn der BRat erst nach Eröffnung des Insolvenzverfahrens gewählt wurde (BAG 18.11.03 – 1 AZR 30/03, NZA 04, 220). Weicht er von einem abgeschlossenen Interessenausgleich ab oder versucht er nicht, ihn abzuschließen, muss er an die von der Betriebsänderung betroffenen Mitarbeiter als Nachteilsausgleich (s *Nachteilsausgleich* Rz 3 ff) nach § 113 BetrVG Abfindungen zahlen. Für die Höhe dieser Abfindungen ist die Insolvenzsituation ohne Bedeutung (BAG 22.7.03 – 1 AZR 541/02, NZA 04, 93).

22 Das Verfahren ist durch die Vorschriften der **Insolvenzordnung** erleichtert. Sie dienen vor allem seiner Beschleunigung und erleichtern die Kündigung der Mitarbeiter.

Eine **Vermittlung** des Interessenausgleichs durch den Präsidenten der Landesagentur für Arbeit setzt – anders als in § 112 Abs 2 BetrVG vorgesehen – nach § 121 InsO voraus, dass ihn BRat und Insolvenzverwalter gemeinsam darum bitten. Kommt ein Interessenausgleich nicht innerhalb von 3 Wochen nach Verhandlungsbeginn oder schriftlicher Aufforderung zur Verhandlung zustande, obwohl der Verwalter den BRat rechtzeitig und umfassend unterrichtet hat, kann der Verwalter nach § 122 InsO die **Zustimmung** des ArbG dazu beantragen, dass die Betriebsänderung durchgeführt wird, **ohne** dass die **Einigungsstelle** nach § 112 Abs 2 BetrVG eingeschaltet wurde. Auf die Intensität der Verhandlungen kommt es nicht an, formalistische Scheinverhandlungen ohne den ernsthaften Willen zur Einigung reichen nicht aus (*Fitting* BetrVG §§ 112, 112a Rz 71). Freilich wird sich dies kaum jemals nachweisen lassen. Das ArbG hat die Zustimmung nach § 122 Abs 2 InsO zu erteilen, wenn die wirtschaftliche Lage des Unternehmens auch unter Berücksichtigung der sozialen Belange der ArbN erfordert, dass die Betriebsänderung ohne Anrufen der Einigungsstelle durchgeführt werden darf, was eine besondere Eilbedürftigkeit voraussetzt, die sich nicht allein aus der Insolvenz ergibt (*Fitting* BetrVG §§ 112, 112a BetrVG Rz 73).

23 Kommt zwischen Insolvenzverwalter und BRat ein Interessenausgleich zustande, in dem die ArbN, denen gekündigt werden soll, **namentlich** bezeichnet sind, wird nach § 125 Abs 1 Nr 1 InsO im Kündigungsschutzverfahren vermutet, dass diese Kündigungen durch dringende betriebliche Erfordernisse bedingt sind. Die Vermutung erstreckt sich nicht nur auf den Wegfall der Beschäftigungsmöglichkeiten, sondern auch darauf, dass eine Weiterbeschäftigung des ArbN zu veränderten Bedingungen im Beschäftigungsbetrieb nicht möglich ist. Sie erstreckt sich auch auf das Fehlen anderweitiger Beschäftigungsmöglichkeiten in einem anderen Betrieb des Unternehmens, wenn sich die Betriebspartner bei der Verhandlung des Interessenausgleichs damit befasst haben, wovon nach Auffassung des BAG auch ohne ausdrückliche Erwähnung regelmäßig auszugehen ist (BAG 20.9.12 – 6 AZR 253/11, NZA 13, 797). Nach § 125 Abs 1 Nr 2 InsO wird die gesamte soziale Auswahl „inclusive der Gruppenbildung und der Herausnahme von Leistungsträgern" (BAG 21.7.05 – 6 AZR 592/04, NZA 06, 162; BAG 28.8.03 – 2 AZR 368/02, NZA 04, 432) nur auf grobe Fehlerhaftigkeit überprüft, wobei es auf die Schwerbwehinderung nicht ankommt. „Grob fehlerhaft" iSv § 125 Abs 1 Nr 2 InsO ist eine soziale Auswahl, wenn ein evidenter Fehler vorliegt und der Interessenausgleich, insbesondere bei der Gewichtung der Auswahlkriterien, jede Ausgewogenheit vermissen lässt (BAG 21.7.05 – 6 AZR 592/04, NZA 06, 162). Der Interessenausgleich ersetzt nach § 125 Abs 2 InsO daneben die Stellungnahme des BRat zur Massenkündigung nach § 17 Abs 3 Satz 2 KSchG. Er ersetzt weder die Beteiligung des BRats zur Kündigung nach § 102 BetrVG, noch ändert er sie inhaltlich. Es reicht daher nicht aus, wenn der Insolvenzverwalter dem BRat nur den Abschluss eines Interessenausgleichs mit Namensliste und den Namen der dort Genannten mitteilt (BAG 28.8.03 – 2 AZR 377/02, AP BetrVG 1972 § 102 Nr 134).

24 Der Insolvenzverwalter kann die ArbN aus dem Betrieb **„herausklagen"**. Kommt innerhalb von 3 Wochen nach Verhandlungsbeginn oder der schriftlichen Aufforderung zur Aufnahme der Verhandlungen ein Interessenausgleich nicht zustande oder hat der Betrieb keinen BRat, kann er nach § 126 InsO beantragen festzustellen, dass die Kündigung der im Antrag bezeichneten ArbN durch dringende betriebliche Erfordernisse bedingt und sozial gerechtfertigt ist.

25 Wird der **Betrieb** vom Insolvenzverwalter **veräußert,** gelten nach § 128 InsO für den Erwerber die Privilegierungen der §§ 125–127 InsO selbst dann, wenn die Betriebs-

änderung, welche dem Interessenausgleich zugrunde liegt, erst nach der Veräußerung durchgeführt werden soll. In diesem Fall wird zusätzlich vermutet, dass die Kündigungen nicht wegen des Betriebsübergangs erfolgten. § 613a Abs 4 BGB ist damit weitgehend ausgeschlossen.

7. Streitigkeiten. Die ArbG entscheiden im **Beschlussverfahren,** ob eine Betriebsänderung vorliegt, ob der ArbGeb seinen Unterrichtungs- und Beratungspflichten rechtzeitig nachgekommen ist. Die Verpflichtung des ArbGeb zur Verhandlung eines Interessenausgleichs kann nicht festgestellt werden, wenn die Betriebsänderung schon durchgeführt wurde (BAG 14.9.76 – 1 AZR 784/75, AP BetrVG 1972 § 113 Nr 2). Im Beschlussverfahren wird nach §§ 126 Abs 2 und 128 Abs 2 InsO auch über den Antrag des **Insolvenzverwalters** bzw des Betriebserwerbers in der Insolvenz entschieden, wenn sie vor dem ArbG nach § 126 Abs 1 InsO die **Feststellung der Wirksamkeit betriebsbedingter Kündigungen** beantragen. In derselben Verfahrensart entscheidet das ArbG nach § 122 Abs 2 InsO über den Antrag des Insolvenzverwalters, eine Betriebsänderung **ohne Einschalten der Einigungsstelle** durchführen zu dürfen. In diesem Verfahren ist nach § 122 Abs 3 InsO die Beschwerde an das LAG ausgeschlossen. Die Rechtsbeschwerde an das BAG findet nur statt, wenn sie das ArbG zugelassen hat. 26

Ob der BRat die **Unterlassung** der Betriebsänderung – sprich zB den Ausspruch von Kündigungen oder den Abschluss von Aufhebungsverträgen – im Wege der einstweiligen Verfügung bis zum Ausschöpfen des Verhandlungsanspruches durchsetzen kann, ist umstritten (dafür LAG HE 19.1.10 – 4 TaBVGa 3/10, NZA-RR 2010, 187; dagegen LAG München 28.6.05 – 5 TaBV 48/05, NZA-RR 2005, 199). Dabei kommt es nicht darauf an, ob ein allgemeiner Unterlassungsanspruch besteht, mit dem der Brat Betriebsänderungen so lange verhindern könnte, bis er ordnungsgemäß beteiligt wurde. Denn die einstweilige Verfügung sichert nicht diesen (wohl nicht gegebenen) Anspruch, sondern den Beratungsanspruch des BRat aus § 111 BetrVG und damit seine Chance, auf die Willensbildung des ArbGeb einzuwirken. Sie kann verhindern, dass der ArbGeb den Verhandlungsanspruch des BRats unterläuft, indem er vollendete Tatsachen schafft. Sie setzt nach § 940 ZPO voraus, dass der Arbeitsrichter sorgfältig abwägt, ob im Einzelfall die dem BRat entstehenden Nachteile von solchem Gewicht sind, dass demgegenüber das Interesse des ArbGeb an der sofortigen Durchführung der Betriebsänderung zurückstehen muss. Damit kommt es stets auch auf die Art der Betriebsänderung an (*Fitting* § 111 Rz 137 ff; LAG Bbg 26.3.98 – 7 TaBV 5/98 – nv). Einstweiliger Rechtsschutz ist ausgeschlossen, wenn die Planungsphase schon überschritten ist, damit die Nachteilsausgleichsansprüche entstehen und der Interessenausgleich deshalb nicht mehr nachgeholt werden kann (BAG 4.12.02 – 10 AZR 16/02, NZA 2003, 665; BAG 14.9.76 – 1 AZR 784/75, AP BetrVG 1972 § 113 Nr 2). Der BRat kann im Wege der einstweiligen Verfügung ebenso wenig die Einhaltung eines Interessenausgleiches erzwingen (BAG 28.8.91 – 7 ABR 72/90, NZA 92, 41). Ein Interessenausgleich lässt sich nicht als **Firmentarifvertrag** durchsetzen Das Ob und Wie einer Betriebsänderung gehört nicht zu den nach § 1 Abs 1 TVG tariflich regelbaren Zielen (vgl. BAG 10.12.02 – 1 AZR 96/02, NZA 2003, 734).

8. Muster. S Online-Musterformulare *„M29 Interessenausgleich".* 27

B. Lohnsteuerrecht
Seidel

Lohnsteuerrechtlich hat der Interessenausgleich keine Bedeutung (s aber auch *Sozialplan* Rz 61 ff). 28

C. Sozialversicherungsrecht
Schlegel

Für das Recht der Arbeitsförderung kann der Versuch eines Interessenausgleichs Bedeutung erlangen, soweit es um die Gewährung von **Zuschüssen zu Sozialplanmaßnahmen** geht (s *Sozialplan* Rz 64 ff). 29

Internet-/Telefonnutzung

A. Arbeitsrecht *Kreitner*

Übersicht

	Rz		Rz
I. Individualarbeitsrecht	1–14	1. Rechtsgrundlage	16
1. Dienstliche Nutzung	2, 3	2. Mitbestimmungsrechte des Betriebsrats	17–22
2. Private Nutzung	4–6		
3. Grenzen	7	3. Durchführung der Mitbestimmung	23
4. Überwachung durch den Arbeitgeber	8–11	4. Telefon-, Intranet- und Internetnutzung durch den Betriebsrat	24–27
a) Überwachungsrechte und -grenzen	9, 10	5. Internetnutzung durch Gewerkschaften	28
b) Rechtsfolgen rechtswidriger Überwachung	11	III. Prozessuales	29–31
5. Verstöße der Arbeitnehmer	12–14	1. Telefonate als Beweismittel	29, 30
II. Kollektives Arbeitsrecht	15–28	2. E-Mails als Beweismittel	31

1 **I. Individualarbeitsrecht.** Die Nutzung von Telefon, Internet und Intranet wirft zunächst in der unmittelbaren arbeitsvertraglichen Rechtsbeziehung von ArbN und ArbGeb eine Vielzahl von Fragen und Problemen auf (aktueller RsprÜberblick zuletzt bei *Beckschulze* DB 09, 2097).

2 **1. Dienstliche Nutzung.** Rechtsgrundlage für die Nutzung derartiger Kommunikationsmittel ist allein der individuelle Arbeitsvertrag. Besondere gesetzliche Regelungen sind im Arbeitsrecht bislang nicht vorhanden. Dies ist für die **Telefonnutzung** im Wesentlichen unproblematisch. Besonderheiten bestehen insoweit bei Außendienstmitarbeitern, die ihre Tätigkeit in aller Regel von ihrem Wohnort aus erledigen. Sie verfügen meist über ein Büro in ihrer Privatwohnung und nutzen dann den privaten Telefon- und Telefaxanschluss auch zu dienstlichen Zwecken. Hier muss entweder eine Einzelabrechnung erfolgen oder der ArbN erhält eine monatliche Pauschale in Höhe der durchschnittlich anfallenden dienstlichen Telefonkosten. Letzteres sollte im Arbeitsvertrag im Einzelnen geregelt werden. Bei ArbN in Rufbereitschaft ändert sich durch die Überlassung von Mobiltelefonen am Charakter der Rufbereitschaft nichts (BAG 29.6.2000 – 6 AZR 900/98, NZA 01, 165). Soweit ArbN Auto- oder Mobiltelefone überlassen werden, sollte die Rückgabeverpflichtung im Fall der Kündigung bzw Freistellung arbeitsvertraglich geregelt werden. Bei fehlender Regelung wird man ähnlich wie beim Dienstwagen danach differenzieren müssen, ob eine Überlassung auch zur privaten Nutzung erfolgt war (Näheres s *Dienstwagen* Rz 9 f). Zunehmende Bedeutung gewinnt in letzter Zeit die Verwendung privater Smartphones der ArbN für dienstliche Zwecke (sog BOYD – s dazu *Göpfert/Wilke* NZA 12, 765; *Zöll/Kielkowski* BB 12, 2625; *Kamps* ArbRB 13, 350).

3 Bezüglich **Internet** und **Intranet** stellt sich die Frage nach den rechtlichen Grundlagen in doppelter Hinsicht, nämlich sowohl bezüglich der Einführungsberechtigung des ArbGeb und einer damit möglicherweise korrespondierenden Nutzungspflicht des ArbN einerseits als auch hinsichtlich eines möglichen Einführungsanspruchs des ArbN und einer dahingehenden Verschaffungspflicht des ArbGeb andererseits. Im Regelfall sieht der Arbeitsvertrag keine besonderen Bestimmungen für die Nutzung einzelner Arbeitsmittel vor. Er enthält üblicherweise nur eine pauschale Tätigkeitsbeschreibung; in Einzelfällen wird lediglich auf Arbeitsplatz- oder Stellenbeschreibungen Bezug genommen. Dementsprechend kommt als individualrechtliche Grundlage für die Internetnutzung allein das **Direktions-** bzw **Weisungsrecht** des ArbGeb in Betracht. Rechtlicher Maßstab ist mithin die Billigkeit iSv § 315 BGB. Hiervon ausgehend ist die Einrichtung von Internetanschlüssen durch den ArbG im Regelfall nicht zu beanstanden. Das hat zur Folge, dass die ArbN in aller Regel verpflichtet sind, den an ihrem Arbeitsplatz eingerichteten Internetanschluss zu dienstlichen Zwecken zu nutzen. Auch eine in der Vergangenheit langjährig praktizierte andersartige Kommunikationsform ändert daran nichts, da sich bestimmte Arbeitsbedingungen auch über einen

Internet-/Telefonnutzung

längeren Zeitraum nicht derart verfestigen, dass sie zum einseitig unabänderbaren Vertragsbestandteil werden (sog Konkretisierung; vgl BAG 23.6.92 – 1 AZR 57/92, NZA 93, 89; 17.5.11 – 9 AZR 201/10, BeckRS 2011, 76231). Lediglich in besonderen Ausnahmefällen kann der ArbGeb uU gem § 106 GewO gehalten sein, von der Einrichtung eines Internetanschlusses bei einzelnen ArbN abzusehen (zB älterer ArbN mit extremen „Berührungsängsten"). Daneben können für den ArbGeb Probleme unter **Gleichbehandlungsgesichtspunkten** entstehen, wenn er nicht alle vergleichbaren Arbeitsplätze mit Internetanschlüssen ausstattet und auch die unberücksichtigt gebliebenen ArbN einen Anschluss verlangen. Diese sind nach den allgemeinen Grundsätzen zu lösen (vgl *Gleichbehandlung* Rz 9 ff).

2. Private Nutzung der Telefon-, Internet- und Intranetanschlüsse bedarf grds der vorherigen **Genehmigung** des ArbGeb, die arbeitsvertraglich oder durch Betriebsvereinbarung erfolgen kann. Oft liegt auch eine stillschweigende Duldung des ArbGeb vor, so dass eine dahingehende betriebliche Übung entstanden ist (*Beckschulze/Henkel* DB 01, 1491; *Fleischmann* NZA 08, 1397; aA *Koch* NZA 08, 911; *Bloesinger* BB 07, 2177; Näheres s *Betriebliche Übung* Rz 4). Letztere muss allerdings unmittelbar auf das jeweilige Kommunikationsmittel bezogen sein. Daher reicht eine Duldung privater Telefonate in der Vergangenheit nicht ohne weiteres, um auch eine zulässige private Internetnutzung annehmen zu können (*Dickmann* NZA 03, 1009; *Kramer* NZA 04, 457; aA *Ernst* NZA 02, 585). 4

Eine differenzierte Betrachtung ist dabei lediglich in Bezug auf das Versenden **privater E-Mails** angezeigt (vgl *Sassenberg/Mantz* BB 13, 889). Wegen der äußerst kurzen Übersendungsdauer ist anders als bei privaten Telefonaten die hierdurch entstehende Kostenbelastung für den ArbGeb praktisch zu vernachlässigen. Arbeitsrechtliche Sanktionen können jedoch aufgrund der Beeinträchtigung des Arbeitsablaufs und der Arbeitsleistung, die durch den Zeitaufwand beim Verfassen der E-Mail entsteht, veranlasst sein. Hinzu kommt die Belastung des Netzes, die zu Behinderungen der dienstlichen Kontakte führen kann. 5

Liegt eine Genehmigung vor, kann der ArbN Telefon- und Internetanschluss auch zu ausschließlich privaten Zwecken nutzen. Er ist lediglich an den **Umfang der Genehmigung** gebunden, der sich meist an den betrieblichen Belangen orientieren wird. So wird der ArbGeb regelmäßig die Nutzungszeiten nach Lage und Dauer begrenzen (*Lindemann/Simon* BB 01, 1950). Gestattet er gleichwohl pauschal die Nutzung zu privaten Zwecken, ist grds alles erlaubt, was die Betriebstätigkeit nicht stört, keine erheblichen unzumutbaren Kosten verursacht und das Betriebssystem nicht gefährdet (LAG Köln 11.2.05 – 4 Sa 1018/04, NZA 06, 106 [LS]; *Kramer* NZA 04, 457). Private Telefonate iHv 1700 € in vier Monaten sind demgegenüber offensichtlich missbräuchlich (LAG Hess 25.11.04 – 5 Sa 1299/04, LAGE § 1 KSchG Verhaltensbedingte Kündigung Nr 87). Anderseits stellt die bloße Registrierung einer Internet-Domäne für einen ArbN, die nach ihrer Bezeichnung auf eine baldige Gründung eines Konkurrenzunternehmens schließen lässt, keinen Wettbewerbsverstoß dar (LAG Köln 12.4.05 – 9 Sa 1518/04, NZA-RR 05, 595). 6

3. Grenzen sind dem ArbGebHandeln außer durch § 106 GewO insbesondere durch das allgemeine Arbeitsschutzrecht und Datenschutzregelungen gesetzt. In **arbeitsschutzrechtlicher Hinsicht** geht es bei Internet- und Intranetnutzung im Wesentlichen um den besonderen Schutz bei Bildschirmarbeit (Näheres s *Bildschirmarbeitsplatz* Rz 5 ff). Bei **datenschutzrechtlichen Fragen** muss zwischen dienstlicher und privater Nutzung durch den ArbN unterschieden werden. Im Bereich der **dienstlichen Nutzung** findet das BDSG Anwendung, das gem § 1 Abs 2 Nr 3 BDSG für die Erhebung, Verarbeitung und Nutzung personenbezogener Daten auch durch nichtöffentliche Stellen, also private Unternehmen gilt (*Tinnefeld/Viethen* NZA 2000, 977; *Däubler* NZA 01, 875; Näheres s *Datenschutz* Rz 3 ff). Bei der erlaubten **privaten Nutzung** von Telefon, Intranet und Internet durch den ArbN sind die Vorschriften der §§ 88 ff TKG zu beachten, da der ArbGeb insoweit für den ArbN als „Dritten" iSd Begriffsdefinition in § 3 Nr 10 TKG Übertragungswege anbietet und damit Telekommunikationsdienste iSv § 88 Abs 2 TKG erbringt (*Mengel* BB 04, 2014; *Kort* DB 11, 2092; *Wellhöner/Byers* BB 09, 2310; aA LAG BlnBbg 16.2.11 – 4 Sa 2132/10, NZA-RR 11, 342; *Walther/Zimmer* BB 13, 2933; *Füllbier/Splittgerber* NJW 12, 1995; *Löwisch* DB 09, 2782; *Schimmelpfennig/Wenning* DB 06, 2290). Das Gleiche gilt insoweit für die Vorschriften der §§ 11 ff TMG (*Holzner* BB 09, 2148; aA *Kömpf/Kunz* NZA 07, 1341). Um eine differenzierte Behandlung von dienstlicher und privater Nutzung gewährleisten zu können, muss der 7

229 Internet-/Telefonnutzung

ArbGeb entsprechende Zugangscodes für die ArbN zur Verfügung stellen. Eine besondere zugriffsgeschützte Speicherung der Verkehrsdaten wird vom ArbGeb auch bei einer erlaubten Privatnutzung nicht verlangt, da § 113a TKG mangels öffentlicher Zugänglichkeit nicht anwendbar ist (*Grimm/Michaelis* DB 09, 174; *Feldmann* NZA 08, 1398; aA *Koch* NZA 09, 911).

8   **4. Überwachung durch den Arbeitgeber** ist grds zulässig. Der ArbGeb hat das Recht, die Telefon- und Internetnutzung seiner ArbN daraufhin zu überprüfen, ob diese allein dienstlichen Zwecken dient. Hierzu kann er die Verbindungsdaten einschließlich der Empfänger- und Adressatendaten prüfen und auswerten (*Balke/Müller* DB 97, 326). Mit Einwilligung der ArbN ist auch die Ermittlung von Standortdaten (Handy-Ortung) zulässig (*Oberwetter* NZA 08, 609).

9   **a) Überwachungsrechte und -grenzen.** Die Kontrolle geschieht auf der Grundlage widerstreitender Grundrechtspositionen, nämlich dem **allgemeinen Persönlichkeitsrecht** des ArbN einerseits und dem Persönlichkeitsrecht des ArbGeb sowie dessen Grundrecht aus Art 14 GG andererseits. Vor diesem Hintergrund ist es aus ArbGebSicht empfehlenswert, zulässige Überwachungsmaßnahmen generell nach Art und Umfang festzulegen und die individuelle Einwilligung (§§ 97 ff TKG) von jedem ArbN einzuholen (*Mengel* BB 04, 1445). Es ist dem ArbGeb auch unbenommen, besondere Schutzvorkehrungen zur Sicherung der ungestörten dienstlichen Kommunikation zu installieren, wie zB die Verwendung von Passwörtern oder Zahlencodes, die Verschlüsselung von E-mails oder die Installierung eines besonderen Virenschutzes bzw sonstiger Filtersoftware (*de Wolf* NZA 10, 1206; *Raffler/Hellich* NZA 97, 862). Bei der Überwachung ist zwischen Telefonaten und E-Mails einerseits sowie nach dienstlichem und privatem Bereich andererseits zu unterscheiden. Ein Mithören von Telefonaten der Mitarbeiter ist sowohl im privaten als auch im dienstlichen Bereich ausgeschlossen. Auch durch eine Betriebsvereinbarung kann eine unbemerkte Inhaltskontrolle grds nicht gestattet werden. Zwar hat der 1. Senat des BAG in einer Entscheidung aus dem Jahr 1995 (30.8.95 – 1 ABR 4/95, NZA 96, 218) eine derartige Betriebsvereinbarung, die das Mithören von Telefonaten erlaubte, als wirksam angesehen. Dies beruhte jedoch wesentlich auf den besonderen Umständen des Einzelfalls (nur innerhalb der Probezeit, am Arbeitsplatz eines ArbN in einer Reservierungszentrale mit ständigem telefonischen Kundenkontakt). Demgegenüber ist die Aufzeichnung von Verbindungsdaten grds zulässig. Bei E-Mails gilt in formeller Hinsicht das Gleiche. Das Verbot der inhaltlichen Kontrolle gilt bei ihnen jedoch nur für den privaten Bereich. Auf dienstliche E-Mails hat der ArbGeb in gleicher Weise Zugriff wie auf dienstliche Post (*Wolf/Mulert* BB 08, 442; *Hilber/Frik* RdA 02, 95; aA *Löwisch* DB 09, 2782). Unabhängig von diesen Grundsätzen kann in begründeten Ausnahmefällen, bei Vorliegen entsprechender dringender Verdachtsmomente, eine inhaltliche Überprüfung gerechtfertigt sein (LAG Hamm 4.2.04 – 9 Sa 502/03; *Ernst* NZA 02, 585; kritisch *Weißgerber* NZA 03, 1005). Insoweit gelten die allgemeinen Grundsätze (vgl BAG 27.3.03 – 2 AZR 51/02, NZA 03, 1193).

10 Neben diesen individuellen Überwachungsgrenzen muss der ArbGeb die oben dargestellten **datenschutzrechtlichen Vorschriften** beachten. Das gilt insbes für den zum 1.9.09 neu eingefügten § 32 BDSG. Auch hierdurch werden die Kontrollmöglichkeiten deutlich eingeschränkt. Schließlich unterliegt die Überwachung der einzelnen ArbN durch den ArbGeb der **Mitbestimmung des Betriebsrats** gem § 87 Abs 1 Nr 6 BetrVG (*Haußmann/Krets* NZA 05, 259; Näheres s unten Rz 19).

11 **b) Rechtsfolgen rechtswidriger Überwachung.** Missachtet der ArbGeb die oben dargestellten Grenzen einer zulässigen Kontrolle der Datenübermittlung, greift ein allgemeines Verwertungsverbot ein (BAG 29.10.97 – 5 AZR 508/96, NZA 98, 307; 27.3.03 – 2 AZR 51/02, NZA 03, 1193; *Kratz/Gubbels* NZA 09, 652; aA LAG Hamm 10.7.12 – 14 Sa 1711/10, BeckRS 2012, 71605). Das gilt auch bei dem Verstoß gegen Nutzungs- und Auswertungsregelungen in einer Betriebsvereinbarung (LAG BlnBbg 9.12.09 – 15 Sa 1463/09, NZA-RR 10, 347). Bei dem bloßen Verstoß gegen Mitbestimmungsrechte des BRat ist zu differenzieren (s unten Rz 23).

12 **5. Verstöße der Arbeitnehmer** gegen das Verbot der privaten Telefon- und Internetnutzung oder Überschreitungen des zulässigen Nutzungsrahmens berechtigen den ArbGeb zu verschiedenen Sanktionen. Das BAG hat hierzu in den letzten Jahren mehrfach grds Stellung genommen (BAG 7.7.05 – 2 AZR 581/04, NZA 06, 98; 12.1.06 – 2 AZR 179/05, NZA 06, 980; 27.4.06 – 2 AZR 386/05, NZA 06, 977; 31.5.07 – 2 AZR 200/06, NZA 07, 922).

Die unzulässige Privatnutzung während der Arbeitszeit stellt eine Verletzung der arbeitsvertraglichen Hauptpflicht, nämlich der Pflicht zur Erbringung der Arbeitsleistung, dar. Derartige Pflichtverletzungen kann der ArbGeb **abmahnen** (BAG 19.4.12 – 2 AZR 186/11, NZA 13, 27; 24.3.11 – 2 AZR 282/10, NZA 11, 1029; LAG Nbg 6.8.02 – 6(5) Sa 472/01, NZA-RR 03, 191; LAG RhPf 26.2.10 – 6 Sa 682/09, NZA-RR 10, 297; LAG Köln 17.2.04 – 5 Sa 1049/03, NZA-RR 05, 136; LAG Düsseldorf 25.3.04 – 11 (6) Sa 79/04, AiB 04, 639; LAG RhPf 18.12.03 – 4 Sa 1288/03, BB 04, 1682) und je nach Schwere und Dauer auch zum Anlass für eine **verhaltensbedingte Kündigung** nehmen (LAG Hess 13.12.01 – 5 Sa 987/01, DB 02, 901; ArbG Frankfurt 2.1.02 – 2 Ca 5340/01, NZA 02, 1093; ArbG Wesel 21.3.01 – 5 Ca 4021/00, NZA 01, 786; ArbG Würzburg 2.12.97 – 1 Ca 1326/97, NZA-RR 98, 444). Eine vorherige Abmahnung ist regelmäßig erforderlich, wenn eine klare betriebliche Regelung über die Privatnutzung fehlt (LAG Köln 15.12.03 – 2 Sa 816/03, NZA-RR 04, 527; LAG Hamm 28.11.08 – 10 Sa 1921/07, NZA-RR 09, 476; *Müller/Thele* MDR 06, 428; *Besgen* MDR 07, 1). Dabei kommt es allerdings immer auf den jeweiligen Einzelfall an (BAG 25.10.12 – 2 AZR 495/11, NZA 13, 319: Handynutzung durch Chefarzt in OP). Ist eine Verhaltensänderung trotz Abmahnung zukünftig nicht zu erwarten, kann sofort gekündigt werden (BAG 12.1.06 – 2 AZR 179/05, NZA 06, 980: Installation von Anonymisierungssoftware; zu weitgehend LAG Sachs 17.1.07 – 2 Sa 808/05, BB 08, 844: Löschung eines vom ArbN zuvor auf den PC aufgespielten Schreibprogramms ohne Genehmigung des ArbGeb). In Ausnahmefällen kann sogar eine außerordentliche Kündigung in Betracht kommen (BAG 27.4.06 – 2 AZR 386/05, NZA 06, 977; LAG Hess 25.7.11 – 17 Sa 153/11, NZA-RR 12, 76; 19.12.11 – 17 Sa 1973/10, BeckRS 2012, 68300; LAG SchlHol 27.6.06 – 5 Sa 49/06, BeckRS 2006, 43687; LAG Hamm 20.9.11 – 10 Sa 471/11, BeckRS 2012, 65681; 13.1.12 – 13 TaBV 30/11, BeckRS 2012, 67526; LAG NdS 31.5.10 – 12 Sa 875/09, NZA-RR 10, 406). Letzteres wird immer dann der Fall sein, wenn es nicht nur um eine pflichtwidrige Privatnutzung geht, sondern der ArbN gleichzeitig einen Straftatbestand verwirklicht hat (ArbG Braunschweig 22.1.99 – 3 Ca 370/99, NZA-RR 99, 192: kinderpornographische Bilddateien bei Kindergartenleiter). Das Gleiche kann auch bei beleidigenden Äußerungen des ArbN über seinen ArbGeb, Vorgesetzte oder Arbeitskollegen im Internet gelten (LAG SchlHol 4.11.98 – 2 Sa 330/98, NZA-RR 99, 132; ArbG Wiesbaden 2.5.01 – 3 Ca 33/01, NZA-RR 01, 639) oder wenn es der ArbN bei umfangreichen unerlaubten Privattelefonaten zulässt, dass der Verdacht auf unschuldige Kollegen fällt (BAG 4.3.04 – 2 AZR 147/03, NZA 04, 717). Die herausgreifende Überprüfung eines BRatMitglieds ohne besondere Veranlassung kann zudem einen Verstoß gegen § 75 BetrVG darstellen (LAG SachsAnh 23.11.99 – 8 TaBV 6/99, NZA-RR 2000, 476). Das Erfordernis einer umfassenden **Interessenabwägung** auch im Zusammenhang mit Äußerungen von ArbN im Intranet hat das BAG zuletzt nochmals hervorgehoben (BAG 24.6.04 – 2 AZR 63/03, NZA 05, 159; 31.5.07 – 2 AZR 200/06, NZA 07, 922). Insgesamt lassen die jüngeren Entscheidungen des BAG eine deutlich **restriktive Rechtsprechungstendenz** erkennen. Bei der einzelfallbezogenen Interessenabwägung wird den betroffenen Belangen des ArbGeb großes Gewicht beigemessen (vgl BAG 27.4.06 – 2 AZR 386/05, NZA 06, 977; dazu *Besgen* SAE 06, 117; *Lansnicker* BB 07, 2184; *Kramer* NZA 07, 1338). Die bloße Weiterleitung einer dienstlichen E-Mail an das eigene private E-Mail-Fach eines ArbN stellt regelmäßig keinen Kündigungsgrund dar (LAG Hamm 16.1.12 – 7 Sa 1201/11, BeckRS 2012, 67555).

Neben Beendigungssanktionen kommen auch **Schadenersatzansprüche** des ArbGeb in Betracht, wenn der ArbN durch sachwidrige Nutzung der Kommunikationsmittel Schäden verursacht hat. Das gilt zunächst für finanzielle Schäden durch überhöhte Leitungsgebühren bei länger andauernder Privatnutzung (Telefonsex). Aber auch für Schäden, die an der Soft- und Hardware durch unsachgemäße Bedienung entstanden sind, kann der ArbN verantwortlich sein (*Dickmann* NZA 03, 1009; *Fischer* FA Arbeitsrecht 04, 165). Insoweit gelten die allgemeinen Grundsätze der ArbNHaftung (Näheres s *Arbeitnehmerhaftung* Rz 8 ff). Zu möglichen Haftungsfolgen des ArbGeb für Urheberrechtsverstöße der ArbN bei der Internetnutzung *Emmert/Baumann* DB 08, 526.

229 Internet-/Telefonnutzung

15 **II. Kollektives Arbeitsrecht.** Neben den individualarbeitsrechtlichen sind vom ArbGeb sowohl bei der Einführung als auch bei der Nutzung der verschiedenen Kommunikationsmittel am Arbeitsplatz eine Vielzahl kollektivrechtlicher Aspekte zu beachten.

16 **1. Rechtsgrundlage.** Obwohl die Telefon- und Internetnutzung am Arbeitsplatz wegen fehlender gesetzlicher Grundlagen regelmäßig auf der Grundlage arbeitsvertraglicher Vereinbarungen stattfindet, bleiben in kollektivrechtlicher Hinsicht **Tarifvertrag** und **Betriebsvereinbarung** als Regelungsebene denkbar. Die betriebliche Mitbestimmung kann aufgrund freiwilliger Betriebsvereinbarungen und Regelungsabreden oder im Wege der erzwingbaren Mitbestimmung erfolgen (Näheres s *Betriebsvereinbarung* Rz 1 ff). Sie stellt den Regelfall der kollektivrechtlichen Gestaltung dar. Tarifliche Regelungen sind zwar grds möglich, erscheinen jedoch wegen der unterschiedlichen unternehmensbezogenen Anforderungen allenfalls als Firmentarifvertrag praktikabel.

17 **2. Mitbestimmungsrechte des Betriebsrats.** Sowohl bei der Einrichtung von neuen elektronischen Kommunikationssystemen an den Arbeitsplätzen als auch bei deren Nutzung sind verschiedene Mitwirkungsrechte des BRat zu beachten (*Bloesinger* BB 07, 2177).

18 Nach § 90 BetrVG muss der ArbGeb den BRat über die Planung von technischen Anlagen rechtzeitig unter Vorlage der erforderlichen Unterlagen unterrichten. Hierzu gehören im Verwaltungsbereich insbesondere elektronische Kommunikationssysteme (*Fitting* § 90 Rz 21; DKK/*Klebe* § 90 Rz 9). Allerdings handelt es sich hierbei nur um ein Unterrichtungsrecht des BRat. Zum erzwingbaren Mitbestimmungsrecht erstarkt dieses Unterrichtungsrecht nur unter den besonderen Voraussetzungen des § 91 BetrVG, an denen es in aller Regel fehlen wird.

19 Der umfassendste Regelungsspielraum besteht für den BRat im Bereich der Mitbestimmung in sozialen Angelegenheiten. Hier gewährt **§ 87 Abs 1 Nr 6 BetrVG** ein ggf mit Hilfe der Einigungsstelle erzwingbares Mitbestimmungsrecht bei der Einführung und Anwendung von **technischen Einrichtungen,** die dazu bestimmt sind, das Verhalten oder die Leistung der ArbN zu überwachen. Demgemäß kann der ArbGeb eine Telefonanlage, mit der Daten über die geführten Telefongespräche erfasst werden können (zB Uhrzeit und Dauer des Gesprächs, Rufnummer des angerufenen Teilnehmers), nur mit Zustimmung des BRat installieren (BAG 27.5.86 – 1 ABR 48/84, NZA 86, 643; 30.8.95 – 1 ABR 4/95, NZA 96, 218; 11.11.98 – 7 ABR 47/97, NZA 99, 947). Die Standard-Internetprogramme enthalten ebenfalls entsprechende Überwachungskomponenten, die den Anwendungsverlauf aufzeichnen. Da es für § 87 Abs 1 Nr 6 BetrVG allein auf die objektive Überwachungseignung der technischen Einrichtung ankommt, greift dieses Mitbestimmungsrecht in aller Regel ein (*Fitting* § 87 Rz 246; DKK/*Klebe* § 87 Rz 164; *Balke/Müller* DB 97, 326; Näheres s *Kontrolle des Arbeitnehmers* Rz 11 ff). Ein mitbestimmungspflichtiger Tatbestand ist daher nur dann nicht verwirklicht, wenn mehrere ArbN auf einen Internetzugang Zugriff haben und dies ohne Individualisierung der ArbN mit Hilfe eines Passwortes oder ähnlichen Zugangsschlüssels geschieht. Allenfalls in diesem eher theoretischen Fall ist eine konkrete Überwachung ausgeschlossen. Das Gleiche gilt, sofern eine Anonymisierung sämtlicher Anwendungsdaten durch die Verwendung besonderer Software gewährleistet ist. Die Ausgestaltung der Internetnutzung ist auch nach **§ 87 Abs 1 Nr 1 BetrVG** mitbestimmungspflichtig. Mitbestimmungsfrei ist insofern allein die Entscheidung des ArbGeb über die generelle Gestattung bzw das generelle Verbot von Privatnutzung (LAG Hamm 7.4.06 – 10 TaBV 1/06, NZA-RR 07, 20; *Beckschulze* DB 07, 1526).

20 Als allgemeine **Grenzen** der Mitbestimmung sind gem § 87 Abs 1 Einleitungssatz BetrVG vorrangige gesetzliche und tarifliche Regelungen zu beachten. Dies ist bezüglich der Vorschriften des BDSG umstritten. Nach richtiger Auffassung enthält jedoch § 4 Abs 1 BDSG mit der Bezugnahme auf andere Rechtsvorschriften eine Öffnungsklausel, die auch Betriebsvereinbarungen erfasst (BAG 20.12.95 – 7 ABR 8/95, NZA 96, 945; ErfK/*Kania* § 87 BetrVG Rz 61). Auch § 9 BDSG lässt dem ArbGeb einen weiten Spielraum, welche technischen und organisatorischen Maßnahmen er treffen will, um den Datenschutz zu gewährleisten. Anders ist dies hinsichtlich des TKG für den Bereich der privaten Nutzung, da dieses Gesetz keine Öffnungsklauseln enthält.

21 Ob die Einrichtung von Internet- bzw Intranetanschlüssen eine mitbestimmungspflichtige Versetzung iSv **§ 99 BetrVG** darstellt, erscheint fraglich. Eine solche Versetzung liegt gem

§ 95 Abs 3 BetrVG vor, wenn dem ArbN ein anderer Arbeitsbereich zugewiesen wird und diese Maßnahme länger als einen Monat andauert oder mit einer erheblichen Änderung der Umstände verbunden ist, unter denen die Arbeit zu leisten ist (Näheres s *Versetzung* Rz 16). Der Arbeitsbereich wird gem § 81 Abs 1 und 2 BetrVG räumlich funktional verstanden und durch die Beziehung des Arbeitsplatzes zur betrieblichen Umgebung in räumlicher, technischer und organisatorischer Hinsicht definiert (BAG 2.4.96 – 1 ABR 35/95, NZA 97, 219). Dementsprechend kann ein anderer Arbeitsbereich auch dadurch gekennzeichnet sein, dass sich die Umstände der Arbeit, unter denen diese zu leisten ist, erheblich ändern (BAG 26.5.88 – 1 ABR 18/87, NZA 89, 438). Nach der ständigen Rspr des BAG ist im Ergebnis maßgeblich, ob sich für einen außenstehenden, mit den betrieblichen Verhältnissen vertrauten Beobachter das Gesamtbild der Tätigkeit erheblich ändert, oder ob sich die Veränderung im normalen Schwankungsbereich der täglichen Arbeit und der technischen Entwicklung bewegt (BAG 2.4.96 – 1 AZR 743/95, NZA 97, 112; 22.4.97 – 1 ABR 84/96, NZA 97, 1358). Legt man diesen Maßstab zugrunde, so wird im Regelfall allein die Einrichtung eines Intranet- bzw Internetanschlusses keine derart gravierende Änderung der Arbeitsumstände bewirken. Sie stellt ähnlich wie die Umstellung von manueller auf elektrische Schreibmaschine bzw von Kugelkopfmaschinen auf Bildschirmtext (vgl hierzu BAG 10.4.84 – 6 ABR 67/82, NZA 84, 233) oder die Einführung von Telefaxgeräten und PC einen weiteren Schritt in der technischen Entwicklung der Bürokommunikation dar und überschreitet die Schwelle zur mitbestimmungspflichtigen Versetzung noch nicht.

Gleichermaßen fraglich ist eine Mitbestimmung des BRat in wirtschaftlichen Angelegenheiten. Nach **§ 111 BetrVG** muss der ArbGeb den BRat über geplante Betriebsänderungen rechtzeitig und umfassend unterrichten (Näheres s *Betriebsänderung* Rz 6 ff). Nach § 111 Satz 2 Nr 4 BetrVG gelten als **Betriebsänderungen** ua grundlegende Änderungen der Betriebsorganisation oder der Betriebsanlagen. Grundlegend ist eine Änderung immer dann, wenn sie nicht nur Ausfluss einer laufenden Verbesserung ist, sondern vielmehr maßgebliche Auswirkungen auf den Betriebsablauf hat und auf diese Weise eine erhebliche Bedeutung für das betriebliche Gesamtgeschehen erkennbar ist. Als Orientierungshilfe dienen dem BAG insoweit die Zahlenwerte des § 17 KSchG (BAG 6.12.83 – 1 ABR 43/83, AP Nr 7 zu § 87 BetrVG 1972 Überwachung). Die Umstellung der Bürokommunikation auf Intranet bzw Internet wird in aller Regel unternehmenseinheitlich eingeführt werden und damit jedenfalls aufgrund ihres Umfangs eine entsprechende Bedeutung aufweisen. Erfolgt sie zunächst probeweise lediglich in einer Abteilung, ändert dies an ihrem grundlegenden Charakter nichts, da § 111 BetrVG auch bei der schrittweisen Durchführung einer Betriebsänderung von Beginn an zu berücksichtigen ist (*Fitting* § 111 Rz 95). Regelmäßig wird jedoch die bloße Änderung des Kommunikationsmediums bei ansonsten gleich bleibenden Arbeitsabläufen nur in besonders gelagerten Einzelfällen eine wesentliche Änderung der betrieblichen Organisation bedeuten (vgl aus der früheren Rspr BAG 26.10.82 – 1 ABR 11/81, NJW 83, 2838 = AP Nr 10 zu § 111 BetrVG 1972; BAG 6.12.83 – 1 ABR 43/83, AP Nr 7 zu § 87 BetrVG 1972 Überwachung: Einführung von Datensichtgeräten; LAG Hbg 5.2.86 – 4 TaBV 12/85, LAGE Nr 5 zu § 23 BetrVG: Einführung eines EDV-Systems).

3. Durchführung der Mitbestimmung. Die Ausübung der Mitbestimmung erfolgt im Regelfall im Wege der **Betriebsvereinbarung.** Möglich sind aber auch formlose Regelungsabreden. Ebenfalls denkbar ist der Abschluss einer Rahmenbetriebsvereinbarung, die bestimmte Einzelfragen der Regelung im Einzelfall vorbehält. Unzulässig dürfte allerdings eine generelle Vorabzustimmung des BRat zur Einführung jeglicher neuer Kommunikationssysteme sein, da eine wirksame Ausübung des Mitbestimmungsrechts voraussetzt, dass beide Betriebspartner ihre Entscheidung in Kenntnis der konkreten Sachumstände getroffen haben. Zuständiges Gremium wird dabei in Unternehmen mit mehreren Betrieben in aller Regel der GBRat sein, da meist eine unternehmenseinheitliche Kommunikationsregelung angestrebt werden wird und damit die Voraussetzungen des § 50 Abs 1 BetrVG vorliegen (*Lindemann/Simon* BB 01, 1950). Auch konzernweite Regelungen sind denkbar (BAG 10.12.95 – 7 ABR 8/95, NZA 96, 945). Missachtet der ArbGeb bestehende Mitbestimmungsrechte des BRat hat dies je nach Ausgestaltung des Mitbestimmungsrechts **Unterlassungsansprüche** des BRat zur Folge (Näheres s *Unterlassungsanspruch* Rz 14 ff). Außerdem führt die unterbliebene Mitbestimmung nach § 87 BetrVG zur **individualrechtlichen**

Unwirksamkeit der Maßnahme. Im Rahmen von § 111 BetrVG können gem § 113 BetrVG Nachteilsausgleichsansprüche der ArbN entstehen. Insgesamt bleiben mitbestimmungswidrig erlangte Informationen aber im arbeitsgerichtlichen Verfahren für den ArbGeb verwertbar. Es besteht kein allgemeines Verwertungsverbot. Anders ist dies nur dann, wenn die allgemeinen Grenzen (s oben Rz 9) überschritten sind (BAG 13.12.07 – 2 AZR 537/06, NZA 08, 1008).

24 **4. Telefon-, Intranet- und Internetnutzung durch den Betriebsrat.** Effektive Kommunikationsmittel sind auch für den BRat von existenzieller Bedeutung. Nur wenn er die gesamte Belegschaft ungehindert erreichen kann, ist eine dem Grundgedanken des BetrVG entsprechende Interessenwahrnehmung gewährleistet (RsprÜberblick bei *Besgen* NZA 06, 959).

25 Der BRat hat im Rahmen des § 40 Abs 2 BetrVG grds Anspruch auf einen eigenen **Telefonanschluss,** da er nur auf diese Weise für alle ArbN ansprechbar ist. Hieraus kann im Einzelfall die Verpflichtung des ArbGeb folgen, eine vorhandene Telefonanlage fernsprechtechnisch so einzurichten, dass die ArbN des Betriebes dort anrufen können (BAG 9.6.99 – 7 ABR 66/97, NZA 99, 1292; 27.11.02 – 7 ABR 36/01, NZA 03, 803: Einzelhandelsbetrieb mit 38 Verkaufsstellen). Der GBRat kann vom ArbGeb die Freischaltung der in seinem Büro und der in betriebsratslosen Verkaufsstellen vorhandenen Telefone zum Zweck der wechselseitigen Erreichbarkeit verlangen (BAG 9.12.09 – 7 ABR 46/08, NZA 10, 662 mit Anm *Bieder* SAE 10, 257). IdR ist der ArbGeb auch verpflichtet, einen Amtsanschluss zur Verfügung zu stellen (BAG 1.8.90 – 7 ABR 99/88, NZA 91, 316; ebenso für den Bereich des öffentlichen Dienstes VGH Hess 27.2.92, DB 92, 1787; extensiver *Däubler* AiB 95, 149; Näheres s *Betriebsratskosten* Rz 22). Das gilt jedenfalls seit der besonderen Hervorhebung der Informations- und Kommunikationstechnik in § 40 Abs 2 BetrVG durch das am 28.7.01 in Kraft getretene BetrVerf-Reformgesetz. Ein Mobiltelefon (Handy) kann der BRat allenfalls in besonderen Ausnahmesituationen verlangen (ArbG Frankfurt 12.8.97 – 18 BV 103/97, AiB 98, 223; LAG BaWü 3.3.06 – 5 TaBV 9/05, LAGE § 40 BetrVG 2001 Nr 6; aA *Fuhrmann* AiB 97, 495). So hat das LAG Hess zuletzt bei einem Unternehmen, das konzernweit für seine Mitarbeiter 32.000 Mobiltelefone mit einer monatlichen Kostenbelastung von über 700.000 € zur Verfügung stellt, die Anschaffung 16 weiterer Mobiltelefontelefone für den BRat mit einer zusätzlichen monatlichen Kostenbelastung von 352 € zu Recht für zumutbar angesehen (LAG Hess 28.11.11 – 16 TaBV 129/11, NZA-RR 12, 306). In Bezug auf die Telefondatenerfassung gelten bei Telefonaten des BRat die og Grundsätze gleichermaßen (BAG 1.8.90, NZA 91, 316). Dabei stellt das BAG zu Recht auf die Kostentragungspflicht des ArbGeb gem § 40 BetrVG und das daraus resultierende Überprüfungserfordernis ab (ebenso LAG Hbg 17.3.86, DB 86, 1473).

26 Umstritten ist, ob und ggf in welchem Umfang der BRat einen Anspruch auf die Einrichtung eines **Intranet-** bzw **Internetzugangs** zur Durchführung seiner Aufgaben gegenüber dem ArbGeb berechtigterweise geltend machen kann. In einer relativ frühen Entscheidung aus dem Jahr 1993 hat das BAG in einem Unternehmen der Computerbranche, das über ein **Intranet** verfügte, dem BRat den Zugriff auf einen vom Unternehmen verwendeten Verteilerschlüssel mit dem alle ArbN erreicht werden konnten, verweigert (BAG 17.2.93 – 7 ABR 19/92, NZA 93, 854). Diese Entscheidung ist durch die fortschreitende Technik mittlerweile überholt *(Beckschulze/Henkel* DB 01, 1491; aA *Jansen* BB 03, 1726). In der jüngeren instanzgerichtlichen Rspr sind demgemäß gegenläufige Tendenzen erkennbar. So hat das LAG BaWü im Jahr 1997 dem BRat die Nutzung eines betriebsinternen Bürokommunikationssystems „eMail" gestattet (LAG BaWü 16.9.97 – 5 TaBV 1/97, DB 98, 887; ebenso ArbG München 19.11.96 – 19 BV 126/96, ArbuR 97, 252). Auch das Schrifttum tendiert zu Recht überwiegend zu ähnlichen Ergebnissen (*Klebe/Wedde* DB 99, 1954; *Hilber/Frik* RdA 02, 89; aA *Mühlhausen* NZA 99, 136). Zu weitgehend ist allerdings die von diesen Autoren vertretene Auffassung, IT-Nutzung gehöre bereits zur generellen Grundausstattung eines jeden BRat (so aber zuletzt LAG BlnBbg 17.8.09 – 10 TaBV 725/09, BeckRS 2009, 73285). Richtigerweise ist immer auf die konkreten Umstände im jeweiligen Unternehmen abzustellen (LAG Köln 27.9.01 – 10 TaBV 38/01, NZA-RR 02, 251; 19.1.06 – 6 TaBV 55/05, NZA-RR 06, 472). Dabei bestimmt sich die Erforderlichkeit zwar nicht ausschließlich nach dem Ausstattungsniveau des ArbGeb (BAG

23.8.06 – 7 ABR 55/05, NZA 07, 337). Auch bloße Effektivitätsvorteile reichen nicht aus (BAG 16.5.07 – 7 ABR 45/06, NZA 07, 1117). Gleichwohl gehört die technische Ausstattung eines Betriebs zu den konkreten Umständen, die vom BRat im Rahmen der Erforderlichkeitsprüfung zu berücksichtigen sind (BAG 3.9.03 – 7 ABR 12/03, NZA 04, 278). Soweit das Intranet, wie mittlerweile in den meisten mittleren und größeren Unternehmen, das übliche Kommunikationsmittel für die Belegschaft darstellt, muss auch dem BRat idR der ungehinderte Zugriff auf dieses Medium möglich sein (ArbG Frankfurt 7.4.02 – 1 BV 572/02, AiB 03, 744; ArbG Paderborn 29.1.98 – 1 BV 35/97, DB 98, 678; *Weber* NZA 08, 280). Es hat insoweit die Funktion des „schwarzen Brettes" übernommen und dieses ersetzt. Diese instanzgerichtliche Rspr hat das BAG mittlerweile mehrfach bestätigt und in einem Unternehmen mit ca 650 ArbN, von denen rund 80% der Arbeitsplätze über einen Intranet- und rund 15% über einen Internetanschluss verfügten, dem BRat einen **Internetzugang** zugestanden. Besondere Kosten entstanden hierdurch nicht, da das Unternehmen ohnehin eine sog Flatrate zahlte (BAG 3.9.03 – 7 ABR 8/03, NZA 04, 280; restriktiver *Hunold* NZA 04, 370, der nur einen eingeschränkten Zugriff auf bestimmte Internetseiten einräumt). Dieselbe Situation bestand im Fall einer Bank mit ca 790 ArbN, von denen 90% über einen Intranetzugang am Arbeitsplatz verfügten (BAG 1.12.04 – 7 ABR 18/04, AP Nr 82 zu § 40 BetrVG 1972). Diese RsprTendenz setzt das BAG weiter fort. Zuletzt hat es einen Anspruch des BRat auf Bereitstellung eines Internetanschlusses jedenfalls immer dann bejaht, wenn dieser bereits über einen PC verfügt, die Freischaltung des Internets keine zusätzlichen Kosten verursacht und der Internetnutzung keine sonstigen berechtigten Belange des ArbGeb entgegenstehen (BAG 20.1.10 – 7 ABR 79/08, NZA 10, 709; 17.2.10 – 7 ABR 81/09, NZA-RR 10, 413). Das gilt nicht nur für den BRat insgesamt, sondern auch für die einzelnen BRatMitglieder (BAG 14.7.10 – 7 ABR 80/08, BeckRS 2010, 74408). Dabei steht die abstrakte Gefahr, der BRat könne seinen Internetanschluss missbrauchen, dem Einrichtungsanspruch ebensowenig entgegen wie die Gefahr von Störungen durch Viren oder Hackerangriffe (BAG 17.2.10 – 7 ABR 81/09, NZA-RR 10, 413). Die Konfiguration seines PC bestimmt der BRat allein. Er kann idR auch die Einrichtung eines nicht personalisierten Internetzugangs über den ihm zur Verfügung gestellten PC verlangen (BAG 18.7.12 – 7 ABR 23/11, NZA 13, 49). Allerdings hat der BRat ohne Vorliegen besonderer Umstände keinen Anspruch auf Nutzung einer besonderen **Verschlüsselungssoftware**, die ein höheres Sicherheitsniveau bietet als die im Unternehmen allgemein verwendete Software (LAG Köln 9.7.10 – 4 TaBV 25/10, NZA-RR 11, 24). Schließlich verfügt jedes BRatMitglied nach § 34 Abs 3 BetrVG über ein unabdingbares Recht, auf Datenträgern gespeicherte Dateien und **E-Mails** des BRats auf elektronischem Weg zu lesen (BAG 12.8.09 – 7 ABR 15/08, NZA 09, 1218).

Im Sinne einer möglichst effektiven Nutzung des Intranets kann der BRat abhängig von **27** den Umständen des Einzelfalles auch eine **Homepage** erstellen, um so den ArbN einen jederzeitigen Zugriff auf aktuelle Informationen zu ermöglichen (BAG 3.9.03 – 7 ABR 12/03, NZA 04, 278; 1.12.04 – 7 ABR 18/04, AP Nr 82 zu § 40 BetrVG 1972). Neben dem Informationscharakter dient eine solche Homepage insbesondere auch der Kommunikation des BRat mit den ArbN sowie ggf auch der Belegschaft untereinander (vgl *Gehrke/Pfeifer* AiB 03, 522). Demgegenüber kann es an der Erforderlichkeit fehlen, wenn der BRat eine Homepage ausschließlich betriebsbezogen nutzen will (LAG RhPf 14.5.03 – 2 TaBV 40/03, NZA-RR 04, 310). Jedenfalls darf er das Internet nicht nutzen, um die Öffentlichkeit über betriebsinterne Vorgänge zu unterrichten (ArbG Paderborn 19.1.98 – 1 BV 35/97, DB 98, 887).

5. Internetnutzung durch Gewerkschaften. Internetanschlüsse an den einzelnen Ar- **28** beitsplätzen schaffen auch für Gewerkschaften neue Kommunikationsmöglichkeiten. Das gilt zum einen für den Kontakt der ArbN mit der Gewerkschaft, zum anderen aber auch für den Datenfluss in umgekehrter Richtung. Nach kontroverser Diskussion (Näheres s Personalbuch 2009, *Telefon-/Internetnutzung* Rz 28) hat das BAG nunmehr klargestellt, dass eine tarifzuständige Gewerkschaft aufgrund ihrer verfassungsrechtlich geschützten Betätigungsfreiheit grds berechtigt ist E-Mails zu Werbezwecken auch ohne Einwilligung des ArbGeb und Aufforderung durch die ArbN an die betrieblichen E-Mail-Adressen der Beschäftigten zu versenden (BAG 20.1.09 – 1 AZR 515/08, NZA 09, 716; kritisch *Arnold/Wiese* NZA 09,

229 Internet-/Telefonnutzung

716; *Mehrens* BB 09, 2086; *Dumke* RdA 09, 77; *Meyer* SAE 09, 280). Allerdings ist ein ArbN nicht berechtigt, einen vom ArbGeb für dienstliche Zwecke zur Verfügung gestellten personenbezogenen E-Mail-Account für die betriebsinterne Verbreitung eines Streikaufrufs seiner Gewerkschaft an die Belegschaft zu nutzen (BAG 15.10.13 – 1 ABR 31/12, Pressemitteilung Nr 62/13).

29 **III. Prozessuales. 1. Telefonate als Beweismittel.** Ein völlig anderes prozessuales Problem ergibt sich häufig bei Telefonaten, wenn der Gesprächsinhalt später von den Beteiligten unterschiedlich geschildert wird. In diesem Zusammenhang stellt sich zum einen die Frage, ob Telefonate zu Beweiszwecken aufgezeichnet werden dürfen. Dies ist nur im Einverständnis mit dem Gesprächspartner möglich. Jede **heimliche Aufzeichnung** eines Telefonats bedeutet einen Eingriff in das verfassungsrechtlich geschützte Persönlichkeitsrecht, wobei private und geschäftliche Gespräche grds den gleichen Schutz genießen (BGH 13.10.87 – VI ZR 83/87, NJW 88, 1016; LAG Bln 15.2.88, DB 88, 1024). Nur in besonderen Ausnahmefällen, wie zB zur Dokumentation einer erpresserischen Drohung, kann eine Aufzeichnung gerechtfertigt sein. Das bloße private Interesse, sich über den Inhalt des Gesprächs im Beweismittel für eine etwaige spätere Auseinandersetzung zu verschaffen, reicht nicht aus (BGH 13.10.87 – VI ZR 83/87, NJW 88, 1016).

30 Zum anderen geht es um das **heimliche Mithören** von Telefonaten und die Frage, ob der mithörende Dritte ggf später als Zeuge zum Inhalt des Gesprächs Angaben machen kann. Letzteres ist grds ausgeschlossen, da auch auf diese Weise das Recht am gesprochenen Wort und damit das Persönlichkeitsrecht des Betroffenen verletzt wird (aA OLG Düsseldorf 21.1.2000 – 22 U 127/99, NJW 2000, 1578). Insoweit besteht ein Beweisverwertungsverbot (BAG 29.10.97 – 5 AZR 508/96, NZA 98, 307 mit kritischer Anm von *Foerste* JZ 98, 790 und *Kopke* NZA 99, 917; LAG Köln 27.8.92 – 5 Sa 394/92; zu Unrecht einschränkend auf Gespräche mit vertraulichem Inhalt LAG Köln 30.9.92 – 2 Sa 351/92; LAG Köln 26.2.93, NZA 94, 48; MüKo-ZPO/*Prütting* § 284 Rz 69). Dies hat das BVerfG mit Beschluss vom 9.10.02 (1 BvR 1611/96 und 1 BvR 805/98, NJW 02, 3619) klargestellt (im Ergebnis ebenso BAG 2.6.82 – 2 AZR 1237/79, NJW 83, 1691; BGH 4.12.90 – XI ZR 310/89, NJW 91, 1180; LAG Köln 7.11.03 – 12 Sa 893/03). Auch hier besteht für dienstliche und private Gespräche ein identischer Schutzbereich (BVerfG 19.12.91 – 1 BvR 382/85, NJW 92, 815; *Mengel* BB 04, 1445). Nur in Ausnahmefällen kann die Abwägung einen Vorrang des Beweisführungsinteresses ergeben, der die Beeinträchtigung des Persönlichkeitsrechts zurücktreten lässt (weitergehend *Foerste* NJW 04, 262 und JZ 03, 1111). Demgegenüber löst das rein zufällige Mithören eines Telefonats (ohne Zutun des Angerufenen) nach einer neuen Entscheidung des BAG kein Beweisverwertungsverbot aus (BAG 23.4.09 – 6 AZR 189/08, NZA 09, 974 mit Anm *Joussen* SAE 10, 138). Erst recht gilt das natürlich für die Aussage des Zeugen über die Äußerungen des anwesenden Gesprächsteilnehmers selbst. Das Persönlichkeitsrecht des anderen Gesprächspartners wird hiervon nicht berührt (LAG Düsseldorf 24.4.98 – 10 Sa 157/98, DB 98, 1522). Ist das Telefonat demgegenüber zwischen einer Prozesspartei und einem Dritten erfolgt, der das Gespräch unzulässigerweise aufgezeichnet hat, besteht ein Verwertungsverbot nur bezüglich des Tonbands. Eine Zeugenvernehmung des Dritten bleibt möglich (BVerfG 31.7.01 – 1 BvR 304/01, NZA 02, 284).

31 **2. E-Mails als Beweismittel.** E-Mails stellen im Prozess regelmäßig kein taugliches Beweismittel dar. Der Anspruchsteller kann idR weder eine bestrittene Unverfälschtheit der Erklärung noch deren Zurechnung zu einem bestimmten Aussteller beweisen. Auch ein Anscheinsbeweis scheidet regelmäßig aus (*Roßnagel/Pfitzmann* NJW 03, 1209).

B. Lohnsteuerrecht *Thomas*

32 **1. Betriebliche Geräte.** Durch die Steuerbefreiung des § 3 Nr 45 EStG ist die Besteuerung von **Nutzungsvorteilen** durch das private Nutzen betrieblicher Telekommunikationsgeräte durch den ArbN entfallen, nicht aber für Selbstständige (BFH 21.6.06 – XI R 50/05, BStBl II 06, 715 = DStR 06, 1498; zum Luxushandy eines Zahnarztes FG RhPf 14.7.11 – 6 K 2137/10, DStRE 12, 981). Zur Auswirkung der Befreiung auf die Nutzungswertbesteuerung eines dem ArbN überlassenen Kfz vgl *Dienstwagen* Rz 27. Auch die bisherigen Aufzeichnungspflichten nach § 4 Abs 2 LStDV gelten nicht mehr. Die BMF-Schreiben zur bisherigen Handhabung (s Personalbuch 2001 Telefonbenutzung Rz 13 ff) wurden ausdrück-

lich aufgehoben (BMF 20.11.01, DStR 01, 2158). Das Benutzen betrieblicher Geräte zu dienstlichen Zwecken ist ein nicht steuerbarer Vorgang.

Steuerfrei ist die private Nutzung betrieblicher Telekommunikationseinrichtungen wie Festnetz- oder Autotelefon, Handys, Faxgeräten, Modems, Software und sonstigen für die Telekommunikation notwendigem Zubehör (*Fischer* DStR 01, 201), nicht dagegen von Rundfunk- oder Fernsehgeräten (FinMin SchlHol 12.10.01, DStR 01, 2116). Die Befreiung gilt auch, wenn der ArbGeb nicht nur Nutzungsentgelte, sondern auch Anschlusskosten trägt (R 3.45 LStR). Betriebliche Geräte sind alle für den Betrieb vom ArbGeb angeschafften, also auch geleaste oder gemietete Geräte. Kein betriebliches Gerät mehr ist ein solches, das dem ArbN übereignet wird.

Die Pauschalierungsbefugnis nach § 40 Abs 2 Nr 5 EStG für die unentgeltliche oder verbilligte **Übereignung** von Personalcomputern gilt nicht für andere Telekommunikationseinrichtungen, die nicht Zubehör eines Personalcomputers sind oder nicht für die Internetnutzung verwendet werden können (R 40.2 Abs 5 Satz 4 LStR). Die Pauschalierungsbefugnis greift nicht ein, wenn sich der ArbGeb die Übereignung des Computers durch eine Lohnkürzung bezahlen lässt. Dann läge allerdings ein entgeltliches Geschäft und nicht eine Lohnzuwendung vor, so dass das „zusätzlich zum ohnehin geschuldeten Arbeitslohn" in § 40 Abs 2 Nr 5 Satz 1 EStG ins Leere geht. Demgegenüber kann die Steuerbefreiung für Nutzungsvorteile auch aus einer Lohnumwandlung herrühren (R 3.45 Satz 6 LStR). 33

Befreit ist die Nutzung durch ArbN, möglicherweise auch durch Bezieher von Versorgungsbezügen (§ 19 Abs 2 Satz 1 EStG; *Harder-Buschner* Inf 01, 133), nicht jedoch die Nutzung durch Angehörige eines ArbN, zB wenn Kindern ein eigenes betriebliches Handy überlassen wird. Die Befreiung greift selbst dann ein, wenn das Gerät ausschließlich privat genutzt wird und auch dann, wenn es sich in der Wohnung des ArbN befindet bzw wenn er es mit sich führt. 34

2. Private Geräte. Aufwendungen des ArbN durch die berufliche Nutzung privater Telekommunikationseinrichtungen werden in großzügigerem Umfang als bisher als Werbungskosten anerkannt (vgl *Onderka* DStR 01, 2145). Seitens der **Verwaltung** wird der für einen repräsentativen Zeitraum von drei Monaten nachgewiesene beruflich veranlasste Anteil der Gesamtaufwendungen für ein ganzes Kj berücksichtigt; wobei die zusammenhängenden drei Monate nicht am Anfang des Kj liegen müssen. Ohne einen solchen repräsentativen Nachweis werden bis zu 20 vH der Gesamtkosten, höchstens aber 20 € monatlich anerkannt, wenn erfahrungsgemäß beruflich veranlasste Kosten anfallen. Stattdessen kann der monatliche Durchschnittsbetrag, der sich aus den Rechnungsbeträgen für einen repräsentativen Zeitraum von drei Monaten ergibt, für das ganze Kj zugrunde gelegt werden (R 9.1 Abs 5 LStR). Im geschilderten Umfang, in dem Werbungskosten anerkannt werden, kann der ArbGeb nach § 3 Nr 50 EStG steuerfreien Auslagenersatz leisten (R 3.50 Abs 2 Sätze 3 ff LStR), der dann den Werbungskostenabzug entsprechend mindert. Daneben können nachgewiesene Aufwendungen für ein anderes Gerät als Reisenebenkosten (R 9.8 Abs 1 Nr 2 LStR) nach § 3 Nr 16 EStG steuerfrei ersetzt werden. 35

Noch großzügiger geht die **Rechtsprechung** bei einem Computer regelmäßig von einer hälftigen beruflichen Nutzung aus, wenn feststeht, dass er jedenfalls nicht unwesentlich beruflich genutzt worden ist. Will der Stpfl oder das FA diese Vermutung entkräften, müssen sie entsprechende Anhaltspunkte und Umstände näher darlegen, die einen anderen Aufteilungsmaßstab rechtfertigen (BFH 19.2.04 – VI R 135/01, BStBl II 04, 958 = DStR 04, 812 mit Anm *Bergkemper* FR 04, 654; vgl auch BFH 15.6.04 – VIII R 42/03, DStRE 04, 1408). Wird der Computer nur zu 10 vH privat genutzt, ist er ein Arbeitsmittel, bei dem die Privatnutzung insgesamt zu vernachlässigen ist. Technisch auf den Computer abgestimmte Peripherie- und Zubehörgeräte, die nicht selbstständig nutzbar sind, können nicht als sog geringwertige Wirtschaftsgüter (§ 6 Abs 2 Satz 1 EStG), sondern nur zusammen mit diesem abgeschrieben werden.

3. Telefonbetreuung durch minderjährige Angehörige begründet kein steuerlich beachtliches Arbeitsverhältnis, sofern es sich lediglich um gelegentliche Aushilfen handelt (BFH 22.11.96, BStBl II 97, 187; BFH 17.3.88, BStBl II 88, 632). Wann diese Grenze überschritten ist, ist Tatfrage (vgl BFH 25.1.89, BStBl II 89, 453; FG RhPf 22.1.91, EFG 91, 36

457). Zur ArbNEigenschaft von Telefoninterviewern eines Marktforschungsunternehmens vgl BFH 29.5.08 – VI R 11/07, BStBl II 08, 933 = DStR 08, 1526.

C. Sozialversicherungsrecht *Ruppelt*

37 **Sozialversicherungsbeiträge.** Die **private Nutzung** einer dem ArbN betrieblich zur Verfügung gestellten Telekommunikationseinrichtung (zB Festnetz- oder Mobiltelefon, Faxgerät, Internetzugang) unterfällt nicht der **sozialversicherungsrechtlichen Beitragspflicht.** Der Wert dieser privaten Nutzung ist nicht (mehr) Bestandteil der Beitragsbemessungsgrundlage. Dies folgt aus § 1 SvEV, wonach einmalige Einnahmen, laufende Zulagen, Zuschläge, Zuschüsse sowie ähnliche Einnahmen, die zusätzlich zu Löhnen oder Gehältern gewährt werden, grds nicht dem Arbeitsentgelt zuzurechnen sind, soweit sie **lohnsteuerfrei** sind (vgl *Sachbezug* Rz 41). Die LStFreiheit folgt aus § 3 Nr 45 EStG, wonach die Besteuerung von Nutzungsvorteilen durch das private Nutzen betrieblicher Telekommunikationseinrichtungen seit dem Kj 2000 entfallen ist (keine Steuerbefreiung für Selbstständige: BFH 21.6.06 – XI R 50/05, NJW 06, 3309). Die Beitragsfreiheit gilt für betrieblich dem ArbN zur Verfügung gestellte (nicht übereignete) Geräte, unabhängig davon, wo sie betrieben und ob sie überhaupt (auch) betrieblich genutzt werden. Die Beitragsfreiheit gilt auch für die private Nutzung der Geräte am **Arbeitsplatz** und in der **Wohnung** des ArbN oder an sonstigen Orten. Sie gilt auch, wenn der ArbGeb die Nutzungs- und/oder Anschlusskosten des zur Verfügung gestellten Geräts trägt.

Jahresarbeitsentgelt

A. Arbeitsrecht
Griese

Im Arbeitsrecht hat der Begriff JAE nur insoweit Bedeutung, als eine Vergütung als **1** **Jahresgehalt** vereinbart werden kann. Diese insbesondere im Bereich der Führungskräfte anzutreffende Vertragsgestaltung ist eine Form der **Zeitvergütung** (s *Arbeitsentgelt*). Der vertraglichen Vereinbarung unterliegt bei Jahresgehältern die Festlegung, in welchen Teilzahlungen das Jahresgehalt ausgezahlt wird, zB in 12 gleich bleibenden monatlichen Teilbeträgen oder in 11 monatlichen Teilbeträgen von Januar bis November und zwei weiteren gleich hohen Teilbeträgen im Dezember jeden Jahres.

Die Regelung der Teilzahlungen beim Jahresgehalt hat dann Bedeutung, wenn für be- **2** stimmte Zeiträume kein oder nur ein gekürzter Vergütungsanspruch entsteht, etwa wegen unbezahlten Urlaubs oder wegen Arbeitsunfähigkeit über 6 Wochen hinaus. Das Entgelt ist dann entsprechend der vereinbarten Teilzahlungsregelung auf die einzelnen Zeitabschnitte umzurechnen. Bei Vereinbarung von 12 gleich bleibenden monatlichen Teilzahlungen führt dies dazu, dass die Teilzahlungen die Funktion eines Monatsgehalts haben. Entsteht wegen mehr als 6-wöchiger Erkrankung, **Pflegezeit** oder unbezahlten Urlaubs kein Vergütungsanspruch für den ganzen Monat, ist die monatliche Teilzahlung durch die Gesamtzahl der in diesem Monat anfallenden Arbeitstage einschließlich der Feiertage zu dividieren und mit der Zahl der vergütungspflichtigen Tage zu multiplizieren (s *Entgeltfortzahlung* Rz 26).

B. Lohnsteuerrecht
Seidel

Im Steuerrecht wird vom **Jahresarbeitslohn** gesprochen (zur Differenzierung zwischen **3** Arbeitsentgelt und Arbeitslohn s *Arbeitsentgelt* Rz 30). Nach § 38a Abs 1 Satz 1 EStG bemisst sich die JahresLSt nach dem Arbeitslohn, den der ArbN im Kj bezieht (Jahresarbeitslohn). Die entsprechende LSt ergibt sich aus der JahresLStTabelle (s hierzu *Lohnsteuertabellen* Rz 2 ff).

Für den **Arbeitgeber** hat der Jahresarbeitslohn Bedeutung bei der Durchführung des **4** Lohnsteuerjahresausgleichs (Näheres s *Lohnsteuerjahresausgleich* Rz 7–10, auch zur Ermittlung des maßgebenden Jahresarbeitslohns). Im Rahmen des LStAbzugs bei sonstigen Bezügen ist der (voraussichtliche) Jahresarbeitslohn bei der Ermittlung der zutreffenden LSt zu berücksichtigen (§ 39b Abs 3 EStG; Näheres s *Sonstige Bezüge* Rz 4–8).

Der Arbeitslohn ist Bemessungsgrundlage für die Berechnung der einzelnen Teilbeträge **5** der **Vorsorgepauschale** nach § 39b Abs 2 Satz 5 Nr 3 EStG (s *Lohnsteuertabellen* Rz 8 ff). Zu den Begriffen Brutto- bzw Nettoarbeitslohn s *Bruttolohnvereinbarung* Rz 17 und *Nettolohnvereinbarung* Rz 10.

C. Sozialversicherungsrecht
Schlegel

1. Bedeutung in den einzelnen Versicherungszweigen. Das JAE spielt in den einzel- **6** nen Zweigen der SozV eine unterschiedliche Rolle.

a) Kranken- und Pflegeversicherung. Übersteigt das JAE die in der gesetzlichen KV **7** geltende JAEGrenze, tritt in diesen Versicherungszweig Versicherungsfreiheit ein. Dort ist die JAEGrenze (§ 6 Abs 1 Nr 1 SGB V) eine **Versicherungspflichtgrenze. Einzelheiten** hierzu bei *Beitragsbemessungsgrenzen* und unten Rz 11 ff. Die JAEGrenze ist weiter von Bedeutung im Rahmen der Familienversicherung für die Frage, welchem Elternteil die Kinder zuzuordnen sind, wenn zumindest ein Elternteil privat versichert ist (vgl § 10 Abs 3 SGB V).

b) Renten- und Arbeitslosenversicherung. In der KV und ArblV gibt es keine JAE- **8** Grenze iSe Versicherungspflichtgrenze; das Überschreiten der dort geltenden Beitragsbemessungsgrenzen führt nicht zur Versicherungsfreiheit (s *Beitragsbemessungsgrenzen* Rz 5).

c) Unfallversicherung. Der Versicherungsschutz endet auch in der UV nicht bei der **9** JAEGrenze. Der Begriff des JAE hat in der UV insbesondere Bedeutung für die Berechnung von Leistungen.

230 Jahresarbeitsentgelt

10   Nach dem JAV eines ArbN werden in der UV die Verletztenrente (§ 57 Abs 3 SGB VII) einschließlich der Hinterbliebenenrenten (§ 65 SGB VII), die Hinterbliebenenbeihilfe (§ 71 SGB VII) sowie in Ausnahmefällen auch das Verletztengeld (§ 47 Abs 7 SGB VII) berechnet. Als JAV gilt in der gesetzlichen UV der Gesamtbetrag aller Arbeitsentgelte und Arbeitseinkommen des Verletzten in den zwölf Kalendermonaten vor dem Monat, in dem der Arbeitsunfall eingetreten ist (§ 82 Abs 1 SGB VII). Berücksichtigt werden die Arbeitsentgelte und Arbeitseinkommen, ob laufende oder einmalige, aus sämtlichen Beschäftigungen und Tätigkeiten, selbst wenn diese Tätigkeiten in der UV nicht versichert sind und sich der Arbeitsunfall nicht in dieser Tätigkeit ereignete. Was als Arbeitsentgelt und Arbeitseinkommen anzusehen ist, bestimmt sich nach den §§ 14, 15 SGB IV. Vom JAE iSd § 6 Abs 1 Nr 1 SGB V unterscheidet sich der JAV der UV somit dadurch, dass nicht nur Arbeitsverdienste aus mehreren versicherungspflichtigen Beschäftigungen zusammengezählt werden (dies ist auch bei § 6 Abs 1 Nr 1 SGB V möglich), sondern Arbeitsentgelt (aus unselbstständiger Beschäftigung) mit Arbeitseinkommen (aus selbstständiger Tätigkeit) zusammengerechnet werden kann. Der für die UV zuständige Senat des BSG folgt bei der Frage, was Arbeitsentgelt und Arbeitseinkommen ist, im Grundsatz dem Beitragssenat. Allerdings lässt es § 87 SGB VII zur Berechnung von Leistungen zu, den JAV nach billigem Ermessen zu bestimmen, wenn eine Berechnung des JAV nach §§ 14, 15 SGB IV iVm §§ 81, 82 SGB VII anhand des Einkommens des letzten Jahres vor Eintritt des Versicherungsfalles nicht den Fähigkeiten, der Ausbildung und der Tätigkeit des Versicherten in den letzten 12 Kalendermonaten vor dem Versicherungsfall entspricht und damit **in erheblichem Maße unbillig** ist. Ungleichheiten zwischen tatsächlichem Einkommen und gesetzlich berechnetem JAV können sich ua aus Änderungen der Arbeitszeit ergeben, zB wenn ein ArbN von einer Vollzeit- zu einer Teilzeittätigkeit übergeht oder umgekehrt. Nach der Rspr des BSG begründet dies nur dann eine erhebliche Unbilligkeit, wenn diese Veränderung innerhalb des letzten Jahres vor Eintritt des Versicherungsfalles eingetreten ist. Hat ein ArbN dagegen nach einer Vollzeittätigkeit Erziehungsurlaub in Anspruch genommen und dann vor Eintritt des Versicherungsfalles mehr als ein Jahr in Teilzeit gearbeitet, begründet dies keine erhebliche Unbilligkeit, selbst wenn die Kindererziehung nicht mehr als eine Teilzeittätigkeit zuließ (BSG 15.9.2011 – B 2 U 24/10 R; BSG 3.12.02 – B 2 U 23/02, SozR 3–2200 § 577 Nr 2 zur Berücksichtigung einer an sich nicht dem Arbeitsentgelt zuzurechnenden Abfindung). Weitere Einzelheiten zur Berechnung des JAV in der UV vgl §§ 81–93 SGB VII.

11   **2. Versicherungspflichtgrenze in der Krankenversicherung. a) Rechtsgrundlagen.** In der gesetzlichen KV tritt Versicherungsfreiheit ein, wenn das regelmäßige JAE eines ArbN die JAEGrenzen (§ 6 Abs 6 SGB V bzw in sog Altfällen des § 6 Abs 7 SGB V übersteigt (JAEGrenze; zu Einzelheiten und den derzeit geltenden Grenzwerten s *Beitragsbemessungsgrenzen* Rz 22). In der ArblV und RV hat die JAEGrenze keine Entsprechung; dort gibt es diese Grenze nicht. In der gesetzlichen KV gilt die JAEGrenze seit 1989 auch für Arbeiter. Wird die JAEGrenze überschritten, hat der betreffende ArbN jedoch das Recht, der gesetzlichen KV freiwillig beizutreten (freiwillige Versicherung nach § 9 Abs 1 Nr 1 SGB V).

12   **b) Berechnung des regelmäßigen Jahresarbeitsentgelts.** Wie der für die KVPflicht maßgebliche regelmäßige JAV zu berechnen ist, regelt das Gesetz nicht. Nach der Rspr des BSG (vgl SozR 2200 § 165 RVO Nr 65 mwN) ist für den regelmäßigen JAV das (um die Familienzuschläge verminderte) Arbeitsentgelt aus der versicherungspflichtigen Beschäftigung als ArbN maßgebend, wie es im Voraus für das kommende Kj festzustellen ist. Bei **Vereinbarung von Nettoarbeitsentgelt** besteht Versicherungspflicht in der KV so lange, wie das entsprechende Bruttoarbeitsentgelt nach Abzug des ArbNAnteils am KVBeitrag die Versicherungspflichtgrenze nicht übersteigt (vgl BSG 19.12.95 – 12 RK 39/94, SozR 3–2500 § 6 Nr 10). Der während des für die Ermittlung des JAE maßgebenden Jahres regelmäßig zu erwartende Verdienst ist nur der Verdienst, bei dem zu erwarten ist, dass er bei normalem Verlauf – abgesehen von einer anderweitigen Vereinbarung über das Entgelt oder von nicht voraussehbaren Änderungen in der Beschäftigung – voraussichtlich ein Jahr anhalten wird. Das regelmäßige JAE eines Beschäftigten mit festvereinbartem Entgelt wird in der Weise ermittelt, dass der vertragsmäßig zustehende Monatsverdienst mit zwölf vervielfacht wird. Ferner sind solche Bezüge zu berücksichtigen, deren Zahlung nach der bisherigen Übung auch künftig mit hinreichender Sicherheit zu erwarten ist (SozR 3–2500 § 6 Nr 10).

Entgelt, das auf die JAEGrenze anzurechnen ist, ist nur das Arbeitsentgelt aus einer 13
abhängigen Beschäftigung, nicht jedoch gleichzeitig gewährte Versorgungsbezüge (BSG
21.9.93 – 12 RK 39/91, SozR 3–2500 § 6 Nr 6) oder das Entgelt aus einer grds versicherungsfreien Beamtentätigkeit, die neben der abhängigen Beschäftigung zusätzlich ausgeübt
wird (BSG 18.12.63 – 3 RK 8/62, SozR Nr 5 zu § 5 AVG). Ebensowenig ist auf die
JAEGrenze das Einkommen aus einer zusätzlich ausgeübten selbstständigen Tätigkeit anzurechnen (BSG 27.5.71 – 3 RK 49/68, SozR Nr 65 zu § 165). Zusammenzurechnen sind
aber die Arbeitsentgelte aus einer regulären Beschäftigung und einer zweiten oder dritten
geringfügigen Beschäftigung.

c) **Regelmäßiges Jahresarbeitsentgelt.** Von einem regelmäßigen JAE bestimmter Höhe 14
ist auszugehen, wenn von diesem bei Beginn des Beschäftigungsverhältnisses und den
folgenden Beitragsbemessungszeiträumen (Abrechnungszeiträume) zu erwarten ist, dass es bei
normalem Ablauf der Dinge – abgesehen von einer anderweitigen Vereinbarung über das
Entgelt oder noch nicht voraussehbaren Änderungen in der Beschäftigung – voraussichtlich
ein Jahr anhalten wird; dh regelmäßiges JAE ist nur solches, das mit hinreichender Sicherheit
in den der Beurteilung folgenden zwölf Monaten zu erwarten ist (BSG 30.6.65 – GS 2/64,
SozR Nr 90 zu § 165 RVO).

Einmalzahlungen wie das Urlaubsgeld, Weihnachtsgeld, Tantiemen etc werden berück- 15
sichtigt, wenn diese mit an Sicherheit grenzender Wahrscheinlichkeit jährlich gezahlt werden.

Gehaltserhöhungen sind ebenfalls zu berücksichtigen, allerdings erst von dem Zeitpunkt 16
an, zu dem sie wirksam werden (BSG 7.12.89 – 12 RK 19/87, SozR 2200 § 165 Nr 97). Zu
berücksichtigen sind außerdem regelmäßige **Mehrarbeitsvergütungen** sowie **Bereitschaftsdienstvergütungen** (BSG 9.12.81 – 12 RK 20/81, SozR 2200 § 165 Nr 65). Nicht
berücksichtigungsfähig ist dagegen eine jahrelang gezahlte Urlaubsabgeltung, weil der Urlaubsanspruch gem § 7 Abs 3 BUrlG erst nach Ablauf von drei dem Urlaub folgenden
Monaten verfällt und die Urlaubsabgeltung daher – ungeachtet der Frage ihrer Rechtmäßigkeit – keinen zum Jahresbeginn fest einkalkulierbaren Einkommensbestandteil darstellt (BSG
9.2.93 – 12 RK 26/90, NZS 93, 365).

d) **Zuschläge.** Werden Zuschläge mit Rücksicht auf den Familienstand gewährt, bleiben 17
diese kraft ausdrücklicher Regelung unberücksichtigt (§ 6 Abs 1 Nr 1 Satz 2 SGB V).
Hierzu zählen insbesondere Familien- und Kinderzuschläge. Sonstige Zuschläge bleiben
dann unberücksichtigt, wenn sie gem § 1 SvEV nicht dem Arbeitsentgelt iSd § 14 SGB IV
zuzurechnen sind (s *Arbeitsentgelt* Rz 76, 77; *Entgeltzuschläge* Rz 17 ff).

e) **Zeitpunkt des Ausscheidens aus der Versicherungspflicht.** Gem § 6 Abs 4 18
SGB V endet die Versicherungspflicht bei Überschreiten der JAEGrenze mit **Ablauf des
Kalenderjahrs,** in dem sie überschritten wird. Dies gilt nicht, wenn das Entgelt die vom
Beginn des nächsten Kj an geltende JAEGrenze nicht übersteigt. Dh, bei einem allmählichen
Überschreiten der JAEGrenze wird das Ausscheiden aus der Versicherungspflicht auf das
Ende des Kj hinausgeschoben. § 6 Abs 4 SGB V findet aber keine Anwendung, wenn ein
ArbN den ArbGeb wechselt, also ein neues Beschäftigungsverhältnis beginnt, und hierbei
sofort ein Entgelt oberhalb der JAEGrenze erhält. Hier bedarf es keines Abwartens, um im
Hinblick auf evtl unsichere Prognosen die Kontinuität des Versicherungsverhältnisses zunächst aufrecht zu erhalten (vgl zum Zweck des § 6 Abs 4 SGB V BSG 25.2.97 – 12 RK
51/96, SozR 3–2500 § 6 Nr 15). Die Mitgliedschaft bei der Krankenkasse endet in diesem
Zeitpunkt aber nur, wenn das Mitglied innerhalb von zwei Wochen nach Hinweis der
Krankenkasse über die Austrittsmöglichkeit seinen Austritt erklärt.

f) **Recht auf freiwillige (Weiter-)Versicherung.** Wird der Austritt nicht innerhalb von 19
zwei Wochen nach Hinweis der Kasse über die Austrittsmöglichkeit erklärt, setzt sich die
Mitgliedschaft als freiwillige fort; der Austritt ist nur möglich, wenn der ArbN das Bestehen
eines anderweitigen Versicherungsschutzes nachweist (§ 190 Abs 4 SGB V).

g) **Recht auf Befreiung von der Versicherungspflicht.** Wer wegen Überschreitens der 20
JAEGrenze in der KV versicherungsfrei war und wegen Erhöhung der JAEGrenze versicherungspflichtig wird, hat gem § 8 Abs 1 Nr 1 SGB V das Recht, von der Versicherungspflicht
in der KV befreit zu werden. Dies ist zB der Fall, wenn das Arbeitsentgelt knapp über der
JAEGrenze liegt und durch die bisher jährlich erfolgende Erhöhung der Beitragsbemessungs-
und JAEGrenze „eingeholt" wird. Der Befreiungsantrag ist innerhalb von drei Monaten nach

231 Jugendarbeitsschutz

Beginn der Versicherungspflicht zu stellen. Die Befreiung kann nicht widerrufen werden; sie ist nur möglich, wenn der ArbN das Bestehen eines anerweitigen KV-Versicherungsschutzes nachweist (vgl § 8 Abs 2 SGB V). Zur Erstreckung einer Befreiung bei erneuter Änderung der Verhältnisse vgl BSG 8.12.99 – 12 KR 12/99 R, SozR 3–2500 § 8 Nr 4.

Jugendarbeitsschutz

A. Arbeitsrecht   *Poeche*

Übersicht

	Rz		Rz
1. Zweck des Jugendarbeitsschutzes	1–3	h) Samstagsruhe	26
2. Geltungsbereich	4–9	i) Sonntagsruhe	27
a) Grundsätze	4–6	j) Feiertagsruhe	28
b) Ausnahmen	7, 8	k) Notfälle	29
c) Adressat	9	l) Ausnahmen vom Arbeitszeitschutz in Tarifverträgen	30
3. Kinderarbeit	10–13	6. Berufsschule und JArbSchG	31–35
a) Begriff	10	a) Jugendliche	32
b) Einzelheiten	11–13	b) Anrechnung der Berufsschule auf die Arbeitszeit	33
4. Beschäftigung von nicht vollzeitschulpflichtigen Kindern	14	c) Prüfungen und außerbetriebliche Ausbildungsmaßnahmen	34
5. Beschäftigung Jugendlicher	15–30	d) Volljährige	35
a) Arbeitszeitschutz	15–17	7. Urlaub	36
b) Höchstdauer der Arbeitszeit	18–20	8. Beschäftigungsverbote und Beschränkungen	37, 38
c) Ruhepause	21	9. Ärztliche Untersuchungen	39, 40
d) Höchstdauer der Schichtzeit	22	10. Besondere Fürsorgepflichten	41
e) Tägliche Freizeit	23		
f) Nachtruhe	24		
g) Fünf-Tage-Woche	25		

1   **1. Zweck des Jugendarbeitsschutzes.** Der Jugendarbeitsschutz soll körperlicher und geistig-seelischer Überforderung von Kindern und Jugendlichen im Arbeitsleben vorbeugen und ihre ordnungsgemäße schulische Ausbildung sichern. Sie sollen lernen und noch nicht unter den Bedingungen des Berufslebens der Erwachsenen arbeiten, vielmehr an die Arbeitswelt ihrem Alter und ihrer Entwicklung entsprechend herangeführt werden. Leitziele sind Gesundheitsschutz und Schutz der Persönlichkeit der regelmäßig noch leicht beeinflussbaren Minderjährigen. Dem dient das **JArbSchG** mit zwingenden Vorgaben für Höchstarbeitszeiten, Ruhepausen und Freizeiten, Beschäftigungsverboten und -beschränkungen, Vorrang der Berufsschule, medizinischer Vorsorge. Seine Einhaltung wird auf verschiedenen Ebenen gesichert:

2   Zur **Information** der Minderjährigen sind der Gesetzestext und die Anschrift der zuständigen Aufsichtsbehörde (Gewerbeaufsichtsamt, Ämter für Arbeitsschutz) und bei Beschäftigung von idR mindestens drei Jugendlichen auch Beginn und Ende der regelmäßigen Arbeitszeit sowie die Lage der Ruhepausen auszuhängen (§§ 47, 48 JArbSchG). Zur **Kontrolle** muss der ArbGeb Verzeichnisse der beschäftigten Jugendlichen unter Angabe von Vor- und Familiennamen, Geburtsdatum und Wohnanschrift führen, in denen das Datum des Beschäftigungsbeginns bei ihm, bei einer Beschäftigung unter Tage auch das des Beginns dieser Beschäftigung, enthalten ist (§ 49 JArbSchG).

3   Der **Aufsichtsbehörde** gegenüber bestehen Auskunfts-, Berichts- und Vorlagepflichten. Sie ist berechtigt, die Arbeitsstätten zu betreten und zu besichtigen (§§ 50, 51 JArbSchG). Verstöße werden durch einen umfassenden Katalog von **Bußgeld- und Strafvorschriften** geahndet (§§ 58, 59 JArbSchG). Eine Verpflichtung, sich Gewissheit über das Alter (Kind oder Jugendlicher) zu verschaffen, besteht allerdings nicht in jedem Fall, sondern erst, wenn das äußere Erscheinungsbild und sonstige Anhaltspunkte hierzu Anlass geben (BayObLG 11.11.81 – 3 Ob OWi 186/81, AP Nr 1 zu § 5 JArbSchG). Die Bestimmungen des JArbSchG sind zwingend, entgegenstehende Vereinbarungen mithin wegen Verstoßes gegen ein gesetzliches Verbot nichtig (§ 134 BGB) und eine Einwilligung des Minderjährigen oder seiner Eltern rechtlich unerheblich (OLG Hamm 2.5.63 – 2 Ss 1492/62, RdA 64, 160 [LS] = AP Nr 1 zu § 7 JArbSchG). Dementsprechend haftet der verbotswidrig beschäftigte Minderjährige nicht für von ihm verursachte Schäden, auch wenn er sie verschuldet hat (BAG 23.1.73 – 1 AZR 30/72, DB 73, 1077).

2. Geltungsbereich. a) Grundsätze. Das JArbSchG regelt die **Beschäftigung** von Personen, die noch nicht 18 Jahre alt sind und erfasst damit alle **fremdbestimmten Tätigkeiten** (§ 1 Abs 1 JArbSchG). Es gilt im gesamten Bereich der Berufsbildung nach dem BBiG, also insbesondere der Berufsausbildung und gleichgestellten Ausbildungsgängen wie Volontariat und Praktikum, in der öffentlichen Verwaltung mit dem Ziel der späteren Verwendung als Beamter, für die betriebliche Ausbildung in Heil- und Heilhilfsberufen. Erfasst werden auch das reguläre Arbeitsverhältnis und die Heimarbeit. 4

Darüber hinaus erstreckt sich der Anwendungsbereich auf **sonstige Dienstleistungen**, die der Arbeitsleistung als ArbN oder HeimArbN ähnlich sind. Mit dieser weiten Formulierung sollen Umgehungen verhindert werden. Die im Einzelfall schwierige Abgrenzung zwischen selbstständiger und unselbstständiger Tätigkeit soll nicht auf dem Rücken der Jugendlichen ausgetragen werden. Auch **Werk- und Dienstverträge** unterliegen mithin voll dem Jugendarbeitsschutz. Dass der Minderjährige seine Beschäftigung nicht als Zwang begreift, sondern als Hobby mit dem Ziel der Aufbesserung seines Taschengeldes, ist unerheblich (BAG 23.1.73 – 1 AZR 30/72, DB 73, 1077). Das JArbSchG kann auch nicht dadurch umgangen werden, dass die Eltern mit dem Beschäftiger/ArbGeb im eigenen Namen einen Arbeits- oder Dienstvertrag abschließen, wenn klar ist, dass der Vertrag durch deren Kind erfüllt werden soll (OLG Celle 18.8.66 – 1 Ss 148/66, AP Nr 2 zu § 7 JArbSchG: Zeitungsaustragen durch das Kind aufgrund Vertrages zwischen den Eltern und dem Beschäftiger). 5

Nicht erfasst werden die eigenbestimmte Beschäftigung in **Spiel und Sport**, aufgrund sozialen Engagements sowie die **selbstständige unternehmerische Betätigung** zB als Gesellschafter oder im Rahmen eines der Genehmigung des Vormundschaftsgerichtes bedürftigen Erwerbsgeschäfts (§ 112 BGB). Ebenfalls ausgeschlossen ist der schulische Ausbildungsbereich einschließlich der Hausaufgabenerledigung. 6

b) Ausnahmen. Das JArbSchG gilt nicht für die Beschäftigung der eigenen Kinder im Familienhaushalt durch die Personensorgeberechtigten (Eltern), wohl aber bei deren Einsatz im Erwerbsbetrieb (§ 1 Abs 2 Nr 2 JArbSchG). Außerdem werden geringfügige Hilfeleistungen nicht erfasst, wenn sie nur gelegentlich und aus Gefälligkeit, aufgrund familienrechtlicher Vorschriften oder in Einrichtungen der Jugendhilfe oder zur Eingliederung Behinderter erbracht werden. 7

Geringfügig ist eine Hilfeleistung, wenn sie gemessen am Alter und der Entwicklung des Kindes/Jugendlichen nicht nennenswert belastet. **Gelegentlich** ist sie, wenn sie nicht nach einem vorbestimmten Zeitplan erfolgt. Eine Hilfeleistung für einen von vornherein absehbaren Zeitraum (zB für die Urlaubsabwesenheit des Nachbarn, seinen Krankenhausaufenthalt) ist noch als gelegentlich zu bezeichnen. Mit dem Merkmal der **Gefälligkeit** wird betont, dass keine Rechtspflicht eingegangen wird, sondern dass es sich um eine sich aus einem aktuellen Bedürfnis ergebende Betätigung handelt. Die Ausnahmevorschrift ist nicht anwendbar auf Tätigkeiten, die im Rahmen eines bestehenden festen Arbeits- oder Ausbildungsverhältnisses anfallen. Das JArbSchG greift deshalb auch dann, wenn sich der Jugendliche freiwillig zur Mithilfe bereiterklärt (BayObLG 26.2.82 – 3 Ob OWi 23/82, DB 82, 1627: Freiwillige Hilfe beim Garnieren von Aufschnittplatten am Feiertag durch eine Auszubildende zur Metzgereifachverkäuferin). 8

c) Adressat des JArbSchG ist jeder, der eine noch nicht 18 Jahre alte Person beschäftigt. Es gilt ein **funktionaler Arbeitgeberbegriff** (§ 3 JArbSchG). Hierzu gehören alle Personen, die tatsächlich Einfluss auf die Gestaltung des Rechtsverhältnisses des Minderjährigen und die Einhaltung der Schutzbestimmungen haben. Im Leiharbeitsverhältnis treffen die Pflichten auch den Entleiher, im mittelbaren Arbeitsverhältnis den die Arbeit vermittelnden ArbGeb, aber auch den Beschäftiger. 9

3. Kinderarbeit. a) Begriff. Unterschieden wird zwischen Kindern und Jugendlichen, wobei sich die Abgrenzung nicht nur nach dem Alter richtet. **Kind** ist, wer noch nicht 15 Jahre alt ist, **Jugendlicher,** wer 15, aber noch nicht 18 Jahre alt ist. Die Berechnung des 10

231   Jugendarbeitsschutz

Lebensalters bestimmt sich nach allgemeinen Vorschriften (§ 187 Abs 2 BGB). Danach ist bei der Berechnung des Lebensalters der Tag der Geburt mitzurechnen (Beispiel: Geburt 1.2.80; bis zum 31.1.94 einschließlich gilt Kindesrecht, mit dem 1.2.94 ist der Status des Jugendlichen erreicht, mit dem 1.2.98 die Volljährigkeit). Auf Jugendliche, die noch zum Besuch einer sog **Vollzeitschule** verpflichtet sind, finden die für Kinder geltenden Vorschriften Anwendung (§ 2 Abs 3 JArbSchG). Das richtet sich nach den Schulgesetzen der Länder, die derzeit mindestens neun, teilweise auch zehn Schuljahre (so Bbg, Bln, Brem, NRW) verpflichtend vorschreiben. Mit Eintritt der Volljährigkeit endet regelmäßig der Jugendarbeitsschutz. Ausnahmen bestehen für die Dauer des Urlaubsanspruchs (s dazu unten Rz 36) und für die Teilnahme am Berufsschulunterricht (s dazu unten Rz 35).

11   **b) Einzelheiten. aa) Grundsätze. Kinderarbeit** ist verboten (§ 5 Abs 1 JArbSchG). Das auch in Notfällen eingreifende **Beschäftigungsverbot** besteht nicht durchgängig. Ohne Altersgrenze dürfen Kinder bis zu sieben Stunden täglich und 35 Stunden wöchentlich zu leichten und für sie geeigneten Tätigkeiten in einer Beschäftigungs- und Arbeitstherapie, für ein Betriebspraktikum während der Vollzeitschulpflicht sowie in Erfüllung einer richterlichen Weisung herangezogen werden (§§ 5 Abs 2, 7 Abs 2 Nr 2 JArbSchG). Die §§ 9–46 JArbSchG finden entsprechende Anwendung.

12   **bb) Ausnahmen.** Die zum 1.3.97 in Kraft getretene Änderung des JArbSchG hat den bis dahin abschließenden Katalog zulässiger Kinderarbeit durch eine allgemein formulierte Vorbehaltsnorm ersetzt. **Kinder über 13 Jahren** dürfen mit Einwilligung der Personensorgeberechtigten beschäftigt werden, wenn die Tätigkeit leicht und für Kinder geeignet ist. Das ist gegeben, wenn die Beschäftigung aufgrund ihrer Beschaffenheit und der besonderen Bedingungen, unter denen sie ausgeführt wird, Sicherheit, Gesundheit und Entwicklung des Kindes nicht nachteilig beeinflusst und keine negativen Folgen für Schule, Maßnahmen der Berufswahlvorbereitung oder Berufsausbildung hat. Nach der VO über den **Kinderarbeitsschutz** vom 23.6.98 (BGBl I 98, 1508) sind grds zulässig: Austragen von Zeitungen, Zeitschriften, Anzeigeblättern und Werbeprospekten; in privaten und landwirtschaftlichen Haushalten: Tätigkeiten in Haushalt und Garten, Botengänge, Betreuung von Kindern und anderen zum Haushalt gehörenden Personen, Nachhilfeunterricht, Betreuung von Haustieren, Einkaufstätigkeiten mit Ausnahme des Einkaufs von alkoholischen Getränken und Tabakwaren; in landwirtschaftlichen Betrieben Tätigkeiten bei der Ernte und der Feldbestellung, der Selbstvermarktung landwirtschaftlicher Erzeugnisse und der Versorgung von Tieren. Gestattet sind Handreichungen beim Sport und Tätigkeiten bei nichtgewerblichen Aktionen und Veranstaltungen der Kirchen, Religionsgemeinschaften, Verbände, Vereine und Parteien. ist die Beschäftigung in Betrieben der gewerblichen Wirtschaft oder Verwaltungen des öffentlichen Dienstes sowie körperlich belastende Arbeiten wie die manuelle Handhabung von Lasten mit regelmäßig mehr als 7,5 kg oder gelegentlich mehr als 10 kg. Ungeeignet und damit unzulässig sind auch Arbeiten, die infolge einer ungünstigen Körperhaltung physisch belasten oder die mit Unfallgefahren verbunden sind, insbesondere bei Arbeiten an Maschinen und bei der Betreuung von Tieren. Die **tägliche Höchstarbeitszeit** beträgt zwei Stunden, in der Landwirtschaft drei Stunden. Verboten ist die Arbeit zwischen 18.00 und 8.00 Uhr, vor und während des Schulunterrichts. Die Arbeitszeitbestimmungen für Jugendliche gelten entsprechend (§ 5 Abs 1–3 JArbSchG; s unten Rz 15 ff). Während der **Schulferien** dürfen sie bis zu vier Wochen nach Maßgabe der §§ 8–31 JArbSchG beschäftigt werden. § 5 Abs 4b JArbSchG verpflichtet den ArbGeb zur Unterrichtung der Personensorgeberechtigten über mögliche Gesundheitsgefahren und die zur Sicherheit und Gesundheitsschutz der Kinder getroffenen Maßnahmen.

13   **cc) Behördliche Ausnahmen.** Auf Antrag kann bewilligt werden, dass Kinder bei Theatervorstellungen, Musik- und anderen Aufführungen, Werbeveranstaltungen, Aufnahmen in Hörfunk und Fernsehen, auf Ton- und Bildträger, bei Film- und Fotoaufnahmen mitwirken und proben dürfen (§ 6 JArbSchG). Vorausgesetzt wird eine gestaltende Mitwirkung, die zB beim Einsatz als Platzanweiser oder im Kartenverkauf nicht gegeben ist. Die zeitliche Beanspruchung richtet sich nach dem Alter der Kinder. Keine Bewilligung darf erfolgen für Kabaretts, Tanzlokale, Vergnügungsparks uÄ. Das Jugendamt ist vorab zu hören; die Personensorgeberechtigten müssen schriftlich ihr Einverständnis erklärt haben. Die gesundheitliche Unbedenklichkeit der Beschäftigung ist durch nicht länger als drei Monate

Jugendarbeitsschutz 231

zurückliegende ärztliche Bescheinigung nachzuweisen. Betreuung und Beaufsichtigung des Kindes sowie sein Schutz der geistig-seelischen Entwicklung müssen gewährleistet sein. Einzelheiten sind von der Aufsichtsbehörde festzulegen. Die Kinder dürfen erst nach Vorlage der schriftlichen Bewilligung beschäftigt werden.

4. Beschäftigung von nicht vollzeitschulpflichtigen Kindern. Diese dürfen bis zu **14** sieben Stunden täglich/35 Stunden wöchentlich mit leichten und für sie geeigneten Tätigkeiten sowie im Berufsausbildungsverhältnis beschäftigt werden (§ 7 Abs 1 JArbSchG). Der Vorschrift kommt unter Berücksichtigung der ausgedehnten Vollzeitschulpflicht keine nennenswerte praktische Bedeutung bei.

5. Beschäftigung Jugendlicher. a) Arbeitszeitschutz. Tägliche Arbeitszeit ist die Zeit **15** vom Beginn bis zum Ende der Beschäftigung ohne die Ruhepausen (§ 4 Abs 1 JArbSchG). Beginn und Ende bestimmen sich nach der jeweiligen Gestaltung durch Arbeitsvertrag, Betriebsvereinbarung oder Tarifvertrag. Regelmäßig beginnt sie mit dem arbeitsfertigen Einfinden am Arbeitsplatz und endet mit seinem Verlassen. Muss der Jugendliche vorgeschriebene Schutzkleidung anlegen, rechnet die aufgewendete Zeit bereits zur Arbeitszeit (*Zmarzlik* JArbSchG, 3. Aufl, § 4 Rz 21). Eingeschlossen ist ferner die Zeit des Wartens auf Arbeit am Arbeitsplatz oder an einem vom ArbGeb oder dem Jugendlichen selbst bestimmten Ort.

Anders als beim Arbeitszeitschutz der Volljährigen gehört **Rufbereitschaft** zur Arbeitszeit. **16** Zur Beschäftigung gehören auch die vom ArbGeb für die Ausbildung vorgesehenen Maßnahmen, soweit sie zum Ausbildungsstoff gehören. Anderes gilt, wenn dem Jugendlichen bloße Gelegenheit gegeben wird, sich über den zu vermittelnden Stoff hinaus fortzubilden und die Teilnahme an der Fortbildung freiwillig ist. Kursangebote wie Sport, Sprachen und zur sonstigen Freizeitgestaltung sind Arbeitszeit, wenn der ArbGeb den Jugendlichen zur Teilnahme verpflichtet. Sportunterricht im Bergbau rechnet wegen der besonders wichtigen körperlichen Ertüchtigung der Jugendlichen als Arbeitszeit (LAG Hamm 9.4.63 – 3 Sa 73/63, BB 64, 261). Nicht eingeschlossen sind hingegen Schularbeiten und das Führen des Berichtsheftes (BAG 11.1.73 – 5 AZR 467/72, DB 73, 831, 832).

Schichtzeit ist die tägliche Arbeitszeit von Beginn bis Ende der Arbeitszeit einschließlich **17** der Ruhepausen (§ 4 Abs 2 JArbSchG). Da der Tag von 0.00 bis 24.00 Uhr geht, wird die Schichtzeit auch durch eine mehrstündige Pause nicht unterbrochen, in der der Jugendliche den Arbeitsplatz verlassen darf (BayObLG 28.1.82 – Ob OWi 231/81, DB 82, 1680). Für die Berechnung der **Wochenarbeitszeit** ist auf die Tage von Montag bis Sonntag abzustellen. Die an einem Werktag infolge eines gesetzlichen Feiertags ausfallende Arbeitszeit wird auf die wöchentliche Arbeitszeit angerechnet (§ 4 Abs 4 JArbSchG). Beschäftigungszeiten bei **mehreren Arbeitgebern** werden zusammengerechnet (§ 4 Abs 5 JArbSchG). Arbeitszeit sind auch die Wegezeiten, die nach Arbeitsbeginn anfallen, etwa zur Erreichung auswärtiger Arbeitsstätten vom Betrieb aus (BayObLG 23.3.92 – 3 Ob OWi 18/92, DB 92, 997).

b) Höchstdauer der Arbeitszeit. Jugendliche dürfen nicht mehr als acht Stunden **18** täglich und 40 Stunden in der Woche beschäftigt werden (§ 8 Abs 1 JArbSchG). In der Landwirtschaft verlängert sich während der Erntezeit die zulässige Arbeitszeit auf täglich 9 Stunden und 85 Stunden in der Doppelwoche (§ 8 Abs 3 JArbSchG). Eine Erhöhung der täglichen Arbeitszeit auf 8,5 Stunden ist gestattet, wenn in Verbindung mit Feiertagen an Werktagen nicht gearbeitet wird, um eine längere zusammenhängende Freizeit zu ermöglichen.

Die ausfallende Arbeitszeit kann auf die Werktage von fünf zusammenhängenden, die **19** Ausfalltage einschließenden Wochen so verteilt werden, dass die Wochenarbeitszeit im Durchschnitt dieser fünf Wochen 40 Stunden nicht überschreitet (§ 8 Abs 2 JArbSchG). Angesprochen sind hier sog Brückentage, also zB der Freitag nach Himmelfahrt. Die mögliche andere Verteilung der Arbeitszeit gilt nicht nur für gesetzliche, sondern auch für kirchliche Feiertage. Auch Brauchtumstage wie zB Rosenmontag im Rheinland sind erfasst. Bei Abschluss von Betriebsvereinbarungen über Vor- und Nachholzeit für Brückentage ist auf den Jugendarbeitsschutz Rücksicht zu nehmen.

Zur Erleichterung der Einführung von **gleitender Arbeitszeit** können Jugendliche, **20** deren Arbeitszeit an einem Werktag auf weniger als acht Stunden verkürzt ist, an den übrigen Werktagen derselben Wochen 8,5 Stunden beschäftigt werden (§ 8 Abs 2a JArbSchG). Die

231 Jugendarbeitsschutz

Gleitzeitvereinbarung muss sicherstellen, dass die Ruhepausen der Jugendlichen festliegen und der Zeitausgleich innerhalb der laufenden Woche vorgenommen wird.

21 **c) Ruhepause.** Der Jugendliche hat Anspruch auf eine im Voraus feststehende Ruhepause von angemessener Dauer (§ 11 JArbSchG). Ihre zeitliche Lage am Tag muss mithin bereits spätestens vor Beginn der täglichen Arbeitszeit festliegen. Mit Ausnahme von Schichtarbeit zählen sie nicht zur Arbeitszeit. Bei einer Beschäftigungszeit von mehr als viereinhalb bis zu sechs Stunden beträgt die Ruhepause mindestens 30 Minuten, bei einer sechs Stunden übersteigenden Arbeitszeit mindestens 60 Minuten. Als Ruhepause dient nur eine Arbeitsunterbrechung von mindestens 15 Minuten. Ruhepausen müssen angemessen auf den Tag verteilt werden: Sie dürfen frühestens eine Stunde nach Beschäftigungsbeginn und spätestens eine Stunde vor Ende der Arbeitszeit gewährt werden. Länger als viereinhalb Stunden hintereinander dürfen Jugendliche nicht beschäftigt werden.

22 **d) Höchstdauer der Schichtzeit.** Maximal gestattet sind zehn Stunden, im Bergbau unter Tage acht Stunden, im Gaststättengewerbe, in der Landwirtschaft, in der Tierhaltung, auf Bau- und Montagestellen dürfen elf Stunden nicht überschritten werden (§ 12 JArbSchG). Betriebsschließungen im Gaststättenbereich nach dem Mittagsdienst und vor Einsatz der Abendöffnung rechnen mithin ebenso zur Schichtzeit wie der geteilte Dienst im Krankenhausbereich.

23 **e) Tägliche Freizeit.** Nach Beendigung der Arbeitszeit dürfen Jugendliche nicht vor Ablauf einer ununterbrochenen Freizeit von mindestens zwölf Stunden beschäftigt werden (§ 13 JArbSchG). Anders als im Erwachsenenrecht geht es also nicht nur um eine Ruhezeit, sondern um die Gewährleistung einer freien Zeit zur eigenen Verfügung. Eine Verpflichtung des Jugendlichen zur Bereithaltung auf Abruf des ArbGeb, wie sie bei Bereitschaftsdienst und Rufbereitschaft gegeben sind, beeinträchtigt mithin die zu gewährende Freizeit.

24 **f) Nachtruhe.** Jugendliche dürfen nur in der Zeit von 6.00 bis 20.00 Uhr beschäftigt werden (§ 14 Abs 1 JArbSchG). Sind sie über 16 Jahre alt, dürfen sie in bestimmten Branchen auch zu anderen Zeiten beschäftigt werden. So im Gaststätten- und Schaustellergewerbe bis 22.00 Uhr, in mehrschichtigen Betrieben bis 23.00 Uhr, in der Landwirtschaft ab 5.00 Uhr oder bis 21.00 Uhr, in Bäckereien und Konditoreien ab 5.00 Uhr (§ 14 Abs 2 JArbSchG). Jugendliche über 17 Jahre dürfen in Bäckereien ab 4.00 Uhr beschäftigt werden (§ 14 Abs 3 JArbSchG). Regelmäßig dürfen Jugendliche allerdings dann nicht nach 20.00 Uhr beschäftigt werden, wenn am unmittelbar folgenden Tag die Berufsschule vor 9.00 Uhr beginnt (§ 14 Abs 4 JArbSchG). Weitergehende Ausnahmen setzen eine vorherige Anzeige an die Aufsichtsbehörde voraus, teils die ausdrückliche Bewilligung (§ 14 Abs 6 und 7 JArbSchG). In diesen Fällen erweitert sich die dem Jugendlichen zu gewährende ununterbrochene Freizeit auf mindestens 14 Stunden.

25 **g) Fünf-Tage-Woche.** Jugendliche dürfen nur an fünf Tagen in der Woche beschäftigt werden, die beiden wöchentlichen Ruhetage sollen nach Möglichkeit aufeinander folgen (§ 15 JArbSchG). Eine Ausnahme besteht dann, wenn der Jugendliche (zulässig) am Samstag beschäftigt wird, allerdings zB wegen des Ladenschlussgesetzes keine acht Stunden beschäftigt werden kann. Der erforderliche Zeitausgleich kann dann durch eine nur teilweise Freistellung am Werktag in der Woche realisiert werden (§ 16 Abs 4 JArbSchG).

26 **h) Samstagsruhe.** An Samstagen dürfen Jugendliche grds nicht beschäftigt werden (§ 16 JArbSchG). Für bestimmte Tätigkeitsbereiche gilt das Verbot der Samstagsarbeit nicht, und zwar für: Krankenanstalten, Alten-, Pflege- und Kinderheime, offene Verkaufsstellen, Betriebe mit offenen Verkaufsstellen, Bäckereien und Konditoreien, Friseurhandwerk und Marktverkehr, Verkehrswesen, Landwirtschaft und Tierhaltung, Familienhaushalt, Gaststätten- und Schaustellergewerbe, Musikaufführungen, Theatervorstellungen und anderen Aufführungen, Aufnahmen in Hörfunk und Fernsehen, Ton- und Bildträger sowie Film- und Fotoaufnahmen, außerbetriebliche Ausbildungsmaßnahmen, Sport, ärztlicher Notdienst, Reparaturwerkstätten für Kfz. Auch in diesen Fällen sollen mindestens **zwei Samstage** im Monat beschäftigungsfrei bleiben. Die Samstagsarbeit ist durch Freistellung an einem anderen berufsschulfreien Arbeitstag derselben Woche auszugleichen. Das kann auch ein Betriebsruhetag sein, wie er zB im Friseurhandwerk oder Gaststättengewerbe üblich ist. Auch eine kurzfristige Tätigkeit am Samstag verpflichtet den ArbGeb, den Jugendlichen an einem anderen Werktag freizustellen.

27 **i) Sonntagsruhe.** Auch an Sonntagen dürfen Jugendliche nicht beschäftigt werden (§ 17 JArbSchG). Das Beschäftigungsverbot gilt nicht für Krankenanstalten, Alten-, Pflege- und

Jugendarbeitsschutz 231

Kinderheime, in der Landwirtschaft und Tierhaltung mit Arbeiten, die durchgehend vorgenommen werden müssen, für Familienhaushalte, wenn der Jugendliche in die häusliche Gemeinschaft aufgenommen worden ist, im Schaustellergewerbe, bei Musikaufführungen, Theatervorstellungen und anderen Aufführungen sowie bei Direktsendungen im Hörfunk und Fernsehen, beim Sport, im ärztlichen Notdienst und dem Gaststättengewerbe. Jeder zweite Sonntag soll, mindestens zwei Sonntage im Monat müssen beschäftigungsfrei bleiben. Dem Jugendlichen ist für seine Sonntagsbeschäftigung unabhängig von der Zahl der geleisteten Arbeitsstunden ein Ersatzruhetag in derselben Woche zu gewähren. Der Ersatzruhetag kann nicht auf einen Berufsschultag gelegt werden.

j) Feiertagsruhe. Am 24. und 31. Dezember nach 14.00 Uhr und an gesetzlichen Feiertagen dürfen Jugendliche nicht beschäftigt werden (§ 18 JArbSchG). Der Ausnahmekatalog entspricht dem der Sonntagsarbeit. Beschäftigungsfrei müssen der 25. Dezember, der 1. Januar, der 1. Osterfeiertag und der 1. Mai bleiben. 28

k) Notfälle rechtfertigen Ausnahmen (§ 21 JArbSchG). Sämtliche Arbeitszeitschutzbestimmungen finden keine Anwendung, wenn Jugendliche mit vorübergehenden und unaufschiebbaren Arbeiten in Notfällen beschäftigt werden. Vorausgesetzt wird, dass ein erwachsener Beschäftigter nicht zur Verfügung steht. Notfall ist ein ungewöhnliches, unvorhergesehenes und vom Willen des Betroffenen unabhängiges, plötzlich eintretendes Ereignis, das erhebliche Gefahren in sich birgt. Die vom Jugendlichen über die zulässige tägliche oder wöchentliche Arbeitszeit hinaus geleistete Mehrarbeit ist innerhalb der folgenden drei Wochen auszugleichen. 29

l) Ausnahmen vom Arbeitszeitschutz in Tarifverträgen. Durch Tarifvertrag oder eine Betriebsvereinbarung aufgrund eines Tarifvertrages können tägliche und wöchentliche Arbeitszeit, Ruhepausen, Samstags-, Sonn- und Feiertagsarbeit anderweitig geregelt werden (§ 21a JArbSchG). Dieses Recht steht auch den Kirchen und den öffentlich-rechtlichen Religionsgesellschaften für ihre Arbeitsvertragsbedingungen zu. Eine weitergehende Ermächtigung zum Erlass von RechtsVO hat das BMW (§ 21b JArbSchG). 30

6. Berufsschule und JArbSchG. Seit dem 1.3.97 gilt für Jugendliche und Volljährige, die der Berufsschulpflicht unterliegen, unterschiedliches Recht. 31

a) Jugendliche, die im Inland in einem Arbeits- oder Ausbildungsverhältnis stehen, sind nach den Schulgesetzen der Länder nach Beendigung ihrer allgemeinen Schulpflicht verpflichtet, bis zum 18. Lebensjahr eine Berufsschule zu besuchen. 32

Der Jugendliche hat einen **Freistellungsanspruch** für die Dauer der Teilnahme am Berufsschulunterricht (§ 9 JArbSchG). Er darf im Betrieb nicht beschäftigt werden, wenn der Unterricht vor 9.00 Uhr beginnt, an einem Berufsschultag mit mehr als fünf Unterrichtsstunden von mindestens je 45 Minuten (einmal in der Woche), in Berufsschulwochen mit einem planmäßigen Blockunterricht von mindestens 25 Unterrichtsstunden an fünf Tagen. Zusätzliche betriebliche Ausbildungsveranstaltungen sind bis zu zwei Stunden in der Woche zulässig. Der Jugendliche muss tatsächlich am Unterricht teilnehmen. Hierzu hat ihn der ArbGeb anzuhalten. Unvorhergesehener Unterrichtsausfall verpflichtet den Jugendlichen nicht zum Erscheinen im Betrieb. Anderes gilt für einen angekündigten Unterrichtsausfall, der zur Unterschreitung der für das Beschäftigungsverbot maßgebenden Zeiten führt und auf den sich der Jugendliche einstellen konnte (OVG NRW 11.3.85 – 12 A 2697/82, DB 85, 2156: Ausfall wegen Rosenmontag). Der ArbGeb kann dann verlangen, dass der Jugendliche entweder arbeitet, oder sich einen Urlaubstag oder unbezahlten Urlaub nimmt.

b) Anrechnung der Berufsschule auf die Arbeitszeit. Ein Berufsschultag mit mehr als fünf Unterrichtsstunden von mindestens 45 Minuten wird auf die Arbeitszeit mit 8 Stunden, Berufsschulwochen mit 40 Stunden angerechnet, im Übrigen die Unterrichtszeit einschließlich der Pausen (§ 9 Abs 2 JArbSchG). Die Anrechnung bezieht sich auf die gesetzlich höchstzulässige Arbeitszeit von 40 Stunden/Woche, 8 Stunden/Tag und nicht auf die betriebsübliche tarifliche Arbeitszeit. Bei einer tariflichen Arbeitszeit von 37 Stunden und einem anrechenbaren Berufsschultag verbleiben 32 Stunden für die betriebliche Ausbildung (BAG 27.5.92 – 5 AZR 252/91, DB 93, 330; mit kritischer Anm *Mache* in AiB 93, 273). Eine anderweitige tarifliche Regelung steht den Tarifvertragsparteien frei. Die Gleichstellung des Berufsschulunterrichtes mit der Arbeitszeit bedingt, dass der Jugendliche, der an einem Samstag die Berufsschule besucht, an einem anderen Tag in der Woche freizustellen ist. Der 33

231 Jugendarbeitsschutz

Jugendliche hat für die durch den Berufsschulbesuch ausfallende Arbeitszeit Anspruch auf seine Vergütung nach dem **Lohnausfallprinzip**. Kurzarbeit oder generelle Arbeitsbefreiung der ArbN führen damit zur Verkürzung des Anspruchs des Jugendlichen.

34 **c) Prüfungen und außerbetriebliche Ausbildungsmaßnahmen.** Der Jugendliche ist zur Teilnahme an Prüfungen und Ausbildungsmaßnahmen, die aufgrund öffentlich-rechtlicher oder vertraglicher Bestimmungen außerhalb der Ausbildungsstätte durchzuführen sind, freizustellen (§ 10 Abs 1 Nr 1 JArbSchG). Der Freistellungsanspruch bezieht sich auf jegliche Prüfungen, also Zwischen-, Abschluss- oder Wiederholungsprüfungen. Er ist weiter freizustellen für den Arbeitstag, der der schriftlichen Abschlussprüfung unmittelbar vorangeht (§ 10 Abs 1 Nr 2 JArbSchG). Kein Freistellungsanspruch besteht mithin dann, wenn zwischen dem Tag der Abschlussprüfung und dem letzten Arbeitstag ein arbeitsfreies Wochenende liegt. Wegen der Gleichstellung von Berufsschule und Arbeitszeit gilt das dann nicht, wenn der Jugendliche am Tag vor der Prüfung die Berufsschule besucht oder seine praktische Prüfung abzulegen hat.

35 **d) Volljährige** (also Personen über 18 Jahren) unterliegen der Berufsschulpflicht, wenn sie sich in einem Berufsausbildungsverhältnis befinden. Seit dem 1.3.97 sind sie nicht mehr den Jugendlichen gleichgestellt. § 9 Abs 1 Nr 1 JArbSchG bestimmt lediglich, dass sie dann nicht zur Arbeit verpflichtet sind, wenn der schulische Unterricht vor 9 Uhr beginnt (§ 9 Abs 1 Nr 1 JArbSchG). Im Übrigen ist dieser Personenkreis aus dem Geltungsbereich des JArbSchG ausgenommen; anzuwenden sind ausschließlich die Bestimmungen für die Berufsausbildung nach dem BBiG. Das gilt etwa für die Freistellung zum Schulbesuch nach § 7 BBiG (BAG 26.3.01 – 5 AZR 413/99, NZA 01, 892), die Vergütung und die Berücksichtigung von Berufsschulzeiten als Arbeitszeit (s *Ausbildungsverhältnis* Rz 25, 32).

36 **7. Urlaub.** Der ArbGeb hat **Jugendlichen** für jedes Kalenderjahr bezahlten Erholungsurlaub zu gewähren (§ 19). Der Anspruch richtet sich im Wesentlichen nach den Bestimmungen des BUrlG. Mit den Modifikationen in § 19 wird vor allem dem **erhöhten Schutzbedürfnis** der Jugendlichen Rechnung getragen. Die **gesetzliche Mindestdauer** richtet sich nach dem Alter der Jugendlichen. Sie beträgt in der Altersgruppe bis 16 Jahre 30 Werktage, bis 17 Jahre 27 Werktage und bis 18 Jahre 25 Werktage. Eine Beschäftigung im Bergbau unter Tage erhöht den Urlaub für jede Altersgruppe zusätzlich um drei weitere Werktage. Maßgebend ist das Alter **zu Beginn des Kalenderjahres**; Geburtstag am 1. Januar führt damit zur Anwendung der ungünstigeren Staffel. Wird der Jugendliche an weniger als sechs Werktagen in der Woche beschäftigt, ist der Urlaub auf **Arbeitstage** umzurechnen (*Urlaubsdauer* Rz 2). Bei zulässiger Kinderarbeit gilt § 19 aufgrund der Verweisungen in § 5 entsprechend. Bei unzulässiger **Kinderarbeit** gilt im Ergebnis nichts anderes. Nicht gewährter Urlaub ist abzugelten (Schadensersatz nach § 823 Abs 2 BGB iVm § 19 JArbSchG oder § 7 Abs 4 BUrlG analog). Bei Berufsschülern soll der Urlaub in den Berufsschulferien liegen. Andernfalls ist für jeden Berufsschultag während des Urlaubs ein zusätzlicher Urlaubstag zu gewähren. Vorausgesetzt wird, dass der Jugendliche am Unterricht teilnimmt oder aufgrund Krankheit entschuldigt fehlt.

37 **8. Beschäftigungsverbote und Beschränkungen.** Jugendliche dürfen nicht mit Arbeiten beschäftigt werden, die ihre physische oder psychische Leistungsfähigkeit übersteigen, bei denen sie sittlichen Gefahren ausgesetzt sind, die mit Unfallgefahren verbunden sind, von denen anzunehmen ist, dass Jugendliche sie wegen ihres mangelnden Sicherheitsbewusstseins, fehlender Erfahrung nicht erkennen oder abwenden können, bei denen ihre Gesundheit durch außergewöhnliche Hitze oder Kälte oder starke Nässe gefährdet ist, bei denen sie schädlichen Einwirkungen von Lärm, Erschütterungen, Strahlen oder schädlichen Einwirkungen von Gefahrstoffen iSd Chemikaliengesetzes oder biologischen Arbeitsstoffen ausgesetzt sind (§ 22 Abs 1–7 JArbSchG).

38 Die fünf letztgenannten Beschäftigungsverbote gelten nicht, wenn die Arbeiten zur Erreichung des Ausbildungsziels erforderlich sind. Die Aufsicht eines Fachkundigen muss gewährleistet sein. Bei betriebsärztlicher Betreuung oder Bestellung von Fachkräften zur Arbeitssicherheit sind diese heranzuziehen. Ein **absolutes Beschäftigungsverbot** besteht allerdings für den absichtlichen Umgang mit biologischen Arbeitsstoffen. Ein Beschäftigungsverbot besteht weiter für **Akkordarbeiten** und sonstige Arbeiten, bei denen durch ein gesteigertes Arbeitstempo ein höheres Entgelt erzielt werden kann (§ 23 JArbSchG). Unschädlich ist, wenn der Jugendliche ohne Zeit- oder Stückvorgabe Zeitlohn erhält. Das gilt dann nicht, wenn er in einer Akkord- oder vergleichbaren Arbeitsgruppe eingesetzt wird, es sei denn, diese Beschäftigung ist zur Erreichung des Berufsausbildungsziels erforderlich oder die Berufsausbildung ist bereits abgeschlossen.

9. Ärztliche Untersuchungen. Ein Jugendlicher, der in das Berufsleben eintritt, darf 39 nur beschäftigt werden, wenn er innerhalb der letzten 14 Monate von einem Arzt untersucht worden ist (Erstuntersuchung) und dem ArbGeb eine hierüber ausgestellte Bescheinigung vorlegt (§ 32 JArbSchG). Bei Wechsel des ArbGeb muss sich der neue ArbGeb über das Vorliegen der ärztlichen Bescheinigung vergewissern. Für die Untersuchung besteht freie Arztwahl. Notwendig ist eine Ganzkörperuntersuchung, wobei die vom Arzt zu berücksichtigenden Punkte im Einzelnen gesetzlich vorgegeben sind (§ 37 JArbSchG).

Der Jugendliche muss sich darüber hinaus einer **ersten Nachuntersuchung** unterziehen 40 (§ 33 JArbSchG). Sie muss innerhalb eines Jahres nach Aufnahme der ersten Beschäftigung erfolgen. Der ArbGeb muss den Jugendlichen auf dieses Erfordernis ausdrücklich hinweisen und ggf schriftlich zur Vorlage der ärztlichen Unbedenklichkeitsbescheinigung auffordern. Es besteht ein Beschäftigungsverbot, wenn der Jugendliche nach Ablauf von 14 Monaten nach Aufnahme der ersten Beschäftigung die Nachuntersuchung nicht belegt. Ein Beschäftigungsverbot besteht auch für die Aufnahme einer neuen Tätigkeit bei Wechsel des ArbGeb. Vor der Vorlage der ärztlichen Bescheinigungen über die Erst- und Nachuntersuchung darf der Jugendliche nicht beschäftigt werden (§ 36 JArbSchG). Weitere Nachuntersuchungen sind freiwillig (§ 34 JArbSchG). Für die Dauer der ärztlichen Untersuchung ist der Beschäftigte vom ArbGeb unter Fortzahlung der Vergütung freizustellen; die Kosten der Untersuchung trägt das Land.

10. Besondere Fürsorgepflichten treffen den ArbGeb bei der Beschäftigung von Ju- 41 gendlichen im Hinblick auf die Einrichtung und Unterhaltung der Arbeitsstätte einschließlich der Maschinen, Werkzeuge und Geräte. Auf das noch mangelnde Sicherheitsbewusstsein Jugendlicher ist unter Berücksichtigung arbeitsmedizinischer Regelungen und der sonstigen gesicherten arbeitswissenschaftlichen Erkenntnisse zu achten. Über die mit der Arbeit und am Arbeitsplatz sowie im Betrieb bestehenden Gefahren für die Gesundheit und über die im Betrieb bestehenden Unfall- und Gesundheitsgefahren ist zu informieren (§ 12 JArbSchG). Gesonderte Anforderungen bestehen, wenn der ArbGeb den Jugendlichen in seine häusliche Gemeinschaft aufnimmt (§ 30 JArbSchG). Jegliche körperliche Züchtigung ist verboten. An Jugendliche unter 16 Jahren dürfen keine alkoholischen Getränke und an Jugendliche generell kein Branntwein und keine Tabakwaren gegeben werden (§ 31 JArbSchG).

B. Lohnsteuerrecht *Windsheimer*

Lohnsteuerrechtlich kann der Jugendarbeitsschutz in folgendem Zusammenhang Be- 42 deutung erlangen: s *Arbeitsvertrag* Rz 85, 86; *Ausbildungskosten* Rz 6 ff; *Ausbildungsfreibetrag* Rz 2 ff; *Ausbildungsverhältnis* Rz 86 ff; *Beschäftigungsverbot* Rz 21; *Minderjährige* Rz 32 ff; *Familiäre Mitarbeit* Rz 43 ff.

C. Sozialversicherungsrecht *Schlegel*

S *Ausbildungsverhältnis; Ausbildungskosten.* 43

Jugend- und Auszubildendenvertretung

A. Arbeitsrecht *Poeche*

Übersicht

	Rz		Rz
1. Allgemeines	1	b) Begriff Berufsbildung	3
2. Voraussetzungen	2–4	c) Bestehender Betriebsrat	4
a) Betriebsbezogene Voraussetzungen	2	3. Wahlberechtigung und Wählbarkeit	5
		4. Zahl der Jugend- und Auszubildendenvertreter	6

232 Jugend- und Auszubildendenvertretung

	Rz		Rz
5. Wahlvorschriften und Amtszeit	7	8. Sitzungen	19
6. Geschäftsführung	8–17	9. Aufgaben	20
a) § 23 Abs 1 BetrVG: Grobe Pflichtverletzung	9	10. Zusammenarbeit mit dem Betriebsrat	21–23
b) § 24 BetrVG: Erlöschen der Mitgliedschaft	10	a) Teilnahmerecht an Betriebsratssitzungen und Stimmrecht	21
c) § 25 BetrVG: Ersatzmitglieder	11	b) Aussetzung von Beschlüssen des Betriebsrats	22
d) § 25 BetrVG: Vorsitz und Stellvertretung	12	c) Angelegenheiten junger Arbeitnehmer	23
e) § 28 Abs 1 Sätze 1 und 2 BetrVG: Ausschüsse	13	11. Sprechstunden	24
f) §§ 29, 30 BetrVG: Sitzungen	14	12. Jugend- und Auszubildendenversammlung	25
g) § 31 BetrVG: Teilnahme der Gewerkschaften	15	13. Gesamt-Jugend- und Auszubildendenvertretung	26
h) § 33 Abs 1 und 2 BetrVG: Beschlüsse	16	14. Konzern-Jugend- und Auszubildendenvertretung	27
i) § 37 BetrVG: Ehrenamtliche Tätigkeit/Arbeitsversäumnis	17	15. Tarifvertragliche Interessenvertretung	28
7. Schulungs- und Bildungsveranstaltungen	18	16. Streitigkeiten	29

1 **1. Allgemeines.** Die Vorschriften über die JAV finden sich in §§ 60–73b BetrVG. Die JAV ist kein selbstständiges, neben dem BRat stehendes betriebsverfassungsrechtliches Organ. Ihre Mitwirkung vollzieht sich grds über den BRat, der die Interessen aller ArbN und damit auch die der Jugendlichen und Auszubildenden gegenüber dem ArbGeb wahrzunehmen hat (BAG 13.3.91 – 7 ABR 89/89, NZA 92, 223; aA DKK/ *Trittin* Rz 5). Daraus ergibt sich ein gegenüber den Aufgaben des BRat nur eingeschränkter Aufgaben- und Wirkungskreis der JAV. Mit der JAV wird den jüngeren ArbN eine besondere Vertretung zur Verfügung gestellt, um ihre speziellen Interessen gegenüber dem BRat und damit mittelbar auch gegenüber dem ArbGeb zur Geltung zu bringen. Grundlage der JAV im **öffentlichen Dienst** sind die §§ 57–64 BPersVG und die jeweiligen Landesgesetze.

2 **2. Voraussetzungen. a) Betriebsbezogene Voraussetzungen.** Nach § 60 Abs 1 BetrVG ist in Betrieben mit idR mindestens fünf ArbN, die das 18. Lebensjahr noch nicht vollendet haben (jugendliche ArbN) oder die zu ihrer Berufsausbildung beschäftigt sind und das 25. Lebensjahr noch nicht vollendet haben, eine JAV zu wählen. Sämtliche in der Vorschrift verwendeten Begriffe sind iSd üblichen Sprachgebrauchs des BetrVG zu verstehen. So ist die **Mindestzahl** von fünf ArbN nach denselben Grundsätzen zu ermitteln wie die Zahl der wahlberechtigten ArbN nach § 1 BetrVG (*Betriebsrat* Rz 1). Es gilt der allgemeine **Betriebsbegriff** (Näheres *Betrieb (Begriff)*). Überlässt ein Betriebsinhaber einem Dritten Einrichtungen (Lehrwerkstatt), in denen der Dritte Auszubildende beschäftigt, so werden diese Auszubildenden daher nicht Mitglied der Belegschaft des Betriebsinhabers (BAG 4.4.90 – 7 ABR 91/89, NZA 90, 315). Findet die Berufsausbildung in **mehreren Betrieben eines Unternehmens** statt, ist der ArbN dem **Stammbetrieb** zuzuordnen. Das ist derjenige, in dem die für die Ausbildung wesentlichen und den Beteiligungsrechten des BRat/der JAV unterliegenden personellen und sozialen Entscheidungen getroffen werden, in dem also das Ausbildungsverhältnis begründet worden ist, in dem über Ausbildungsplan, Lage, Dauer, Folge und Inhalt der Ausbildungsabschnitte auch für die anderen Betriebe verbindlich entschieden wird (BAG 13.3.91 – 7 ABR 89/89, NZA 92, 223; s auch *Betriebliche Berufsbildung* Rz 1). Der ArbN ist dann nicht zusätzlich in einem der anderen Betriebe, in denen er vorübergehend ausgebildet wird, wahlberechtigt. Welchem Betrieb der Auszubildende zugeordnet ist, wenn die Berufsausbildung von **mehreren Unternehmen** durchgeführt wird, ist höchstrichterlich nicht geklärt (ausführlich *Fitting* § 60 Rz 19). Regelmäßig wird davon auszugehen sein, dass es auf den **Vertragsarbeitgeber** ankommt. Nicht ausgeschlossen erscheint, bei einer auf Dauer angelegten Übertragung der Ausbildung auf einen Dritten die Regelungen zur betriebsverfassungsrechtlichen Stellung der LeihArbN heranzuziehen (§ 7 Satz 2 BetrVG) mit der Folge, dass der Auszubildende bei der Ermittlung der Mindestgröße des Betriebs unberücksichtigt bleibt, wohl aber wahlberechtigt ist (*Richardi/*

Annuß § 60 Rz 9; aA HWK/*Schrader* § 60 Rz 8; hierzu *Arbeitnehmerüberlassung/Zeitarbeit* Rz 58).

b) Begriff Berufsbildung. Der Begriff entspricht der Definition in § 5 Abs 1 BetrVG. Erfasst werden alle betrieblichen Ausbildungsgänge und nicht nur Berufsausbildungsverhältnisse iSv § 1 Abs 3 BBiG (BAG 30.10.91 – 7 ABR 11/91, NZA 92, 808). Die Berufsausbildung muss sich auf der Grundlage eines privatrechtlichen Ausbildungsvertrags im Rahmen der arbeitstechnischen Zwecksetzung des jeweiligen Ausbildungsbetriebs vollziehen. Daran fehlt es bei sog **reinen Ausbildungsbetrieben** (zB Berufsbildungswerken). Die dort zu ihrer Berufsausbildung Beschäftigten sind betriebsverfassungsrechtlich nicht in den Betrieb eingegliedert. Ihre Ausbildung ist vielmehr selbst Zweck des Betriebs (BAG 13.6.07 – 7 ABR 44/06, NZA-RR 08, 19; BAG 16.11.11 – 7 ABR 48/10, BeckRS 12, 68564; vgl auch *Rehabilitation (berufliche)* Rz 4). Statt der JAV wählen sie nach § 51 BBiG eine **besondere Interessenvertretung.** In der Praxis läuft diese Vorschrift noch leer, da die zur Regelung der Einzelheiten in § 52 BBiG vorgesehene RechtsV noch fehlt.

c) Bestehender Betriebsrat. Im Betrieb muss ein BRat gebildet sein. Das macht schon die gesetzliche Konzeption deutlich, nach der die JAV ausschließlich mit seiner Hilfe tätig werden kann. Ihr Ansprechpartner ist der BRat und nicht der ArbGeb. Bestätigt wird das durch die Wahlvorschriften. § 80 Abs 1 Nr 5 BetrVG verpflichtet den BRat, die Wahl der JAV vorzubereiten und durchzuführen. Ob eine JAV im Einzelfall erforderlich erscheint, ist unerheblich. Der BRat hat insoweit keinen Beurteilungsspielraum. Bleibt er trotz der **obligatorischen Errichtung** der JAV untätig, kommen Sanktionen nach § 23 BetrVG in Betracht *(Amtspflichtverletzung (Betriebsrat)).* Eine in einem betriebsratslosen Betrieb gleichwohl erfolgte Wahl einer JAV ist nichtig. Dagegen lässt ein **vorübergehender Wegfall** des BRat, etwa infolge einer erfolgreichen Wahlanfechtung, eine bestehende JAV unberührt. Eine Zeitspanne von sechs Monaten bis zur Neuwahl des BRat erscheint in Anlehnung an das Übergangsmandat nach § 21a BetrVG angemessen (*Betriebsrat* Rz 4). Angesichts der klaren gesetzlichen Regelung, nach der die JAV nach außen auf die Interessenwahrnehmung durch den BRat angewiesen ist, kann sie allerdings in der betriebsratslosen Zeit nur intern als Gremium arbeiten. Sie erwirbt nicht das Recht, die Interessen der jungen ArbN unmittelbar gegenüber dem ArbGeb zu vertreten (aA DKK/*Trittin* § 60 Rz 30).

3. Wahlberechtigung und Wählbarkeit. Wahlberechtigt sind alle ArbN iSv § 60 Abs 1 BetrVG (§ 61 Abs 1). Stichtag für die Altersgrenzen von 18 oder 25 Jahren ist der **Wahltag;** bei einer über mehrere Tage andauernde Wahl der letzte Tag. Das gilt auch für das Bestehen eines Ausbildungsverhältnisses. ArbN in Berufsausbildung können vor Vollendung des 25. Lebensjahres sowohl an der Wahl des BRat als auch an der Wahl der JAV teilnehmen. Der Kreis der wählbaren ArbN ist dagegen größer; er ist nicht auf Auszubildende beschränkt. **Wählbar** sind **alle Arbeitnehmer** bis zur Vollendung des 25. Lebensjahres (§ 61 Abs 2 Satz 1). Es gibt **kein Mindestalter.** Der minderjährige ArbN kann ohne Zustimmung seiner gesetzlichen Vertreter kandidieren. Stichtag für die **Höchstaltersgrenze** ist der **Tag der Bekanntmachung des Wahlergebnisses,** wie sich aus § 64 Abs 3 BetrVG ergibt. Ausgeschlossen sind ArbN, die infolge strafgerichtlicher Verurteilung ihre Wählbarkeit bei öffentlichen Wahlen verloren haben (§ 8 BetrVG). Nicht wählbar ist, wer bereits **Mitglied des Betriebsrats** ist (§ 61 Abs 2 Satz 2). Der gesetzliche Ausschluss von Doppelmandaten beruht darauf, dass JAVMitglieder unter den in § 67 BetrVG bestimmten Voraussetzungen berechtigt sind, bei Beschlüssen des BRat (mit-)zustimmen. Die Eigenschaft als **Ersatzmitglied** des BRat steht einer Kandidatur zur JAV nicht entgegen. Anderes gilt, wenn der junge ArbN endgültig in den BRat nachgerückt ist. Streitig ist, ob das passive Wahlrecht dann entfällt, wenn der junge ArbN als Ersatzmitglied des BRat für ein vorübergehend verhindertes BRatMitglied tätig geworden ist. Der Streit geht auf die gesetzlichen Regelung zurück, nach der das Amt in der JAV mit dem Verlust der Wählbarkeit erlischt (§ 65 Abs 1 iVm § 24 Nr 4 BetrVG). Das BAG nimmt an, ein Mitglied der JAV verliere sein Amt bereits dann, wenn es für ein zeitweilig verhindertes BRatMitglied (einmalig) hinzugezogen werde und an der Sitzung des BRat teilnehme. Das Amt in der JAV soll mangels einer gesetzlichen Regelung nach Sitzungsende nicht wieder aufleben (BAG 21.8.79 – 6 AZR 789/77, BB 80, 314; *Fitting* § 61 Rz 14; ErfK/*Koch* § 61 BetrVG Rz 1: aA mit beachtlichen Gründen DKK/*Trittin* § 61 Rz 16; *Richardi*/*Annuß* § 61 Rz 11). Eine Änderung der Rspr ist kaum zu

232 Jugend- und Auszubildendenvertretung

erwarten. Der ArbN muss sich daher zwischen BRat und JAV entscheiden. Will er sich sein Amt in der JAV erhalten, kann er sich im Fall seiner Heranziehung als Ersatzmitglied des BRat für verhindert erklären oder sein Amt als BRat niederlegen (vgl LAG Hess 6.9.01 – 12 TaBV 47/01, LAGReport 02, 133).

6 **4. Zahl der Jugend- und Auszubildendenvertreter.** Die Größe der JAV richtet sich nach der Zahl der ArbN iSv § 60 Abs 1 BetrVG (§ 62 Abs 1 BetrVG) und wird vom Wahlvorstand nach den allgemein geltenden Grundsätzen festgelegt. Die Staffel reicht von einer Person (fünf bis 20 ArbN) bis 15 Personen (mehr als 1000 ArbN). Sind nicht genügend Wahlbewerber vorhanden, gilt die nächst niedrige Beschäftigtenzahl (§ 11 BetrVG). Bei einer vorzeitigen Wahl ist darauf abzustellen, wieviel jugendliche ArbN und Auszubildende zur Zeit des für diese Wahl erlassenen Wahlausschreibens regelmäßig beschäftigt sind (BAG 22.11.84 – 6 ABR 9/84, NZA 85, 715). Die Wahl einer irrtümlich zu hohen Zahl von Vertretern macht die Wahl nicht nichtig. Wird die Wahl nicht angefochten, bleibt es bei der vom Wahlvorstand festgelegten Zahl. der gewählten Vertreter (BAG 14.1.72 – 1 ABR 6/71, DB 72, 686). Nach § 62 Abs 2 BetrVG soll sich die JAV möglichst aus Vertretern der verschiedenen Beschäftigungsarten und Ausbildungsberufen zusammensetzen. Hierauf ist bereits bei der Erstellung der Wahlvorschläge zu achten (§ 38 WO). Verstöße sind angesichts der Ausgestaltung der Vorschrift als Sollvorschrift unschädlich. § 62 Abs 3 BetrVG sichert die **Geschlechterrepräsentanz** für eine JAV mit mindestens drei Mitgliedern. Ist unter den Beschäftigten ein Geschlecht in der Minderheit, muss es mindestens entsprechend diesem zahlenmäßigen Verhältnis in der JAV vertreten sein. Ist das nicht der Fall, ist die Wahl wegen eines wesentlichen Verstoßes gegen Wahlvorschriften nach § 19 BetrVG anfechtbar.

7 **5. Wahlvorschriften und Amtszeit.** Die regelmäßigen Wahlen finden nach § 64 Abs 1 BetrVG zeitversetzt zu den Wahlen zum BRat alle zwei Jahre in der Zeit vom 1. Oktober bis 30. November statt. Für Wahlen außerhalb dieser Zeit sind die für den BRat geltenden Bestimmungen entsprechend anzuwenden (*Betriebsrat* Rz 2). **Wahlvorschriften** enthält § 63 BetrVG. Danach wird die JAV in geheimer und unmittelbarer Wahl gewählt. Der Wahlvorstand ist vom **Betriebsrat** zu bestellen. Kommt er dieser Pflicht nicht bis spätestens sechs Wochen vor Ablauf der Amtszeit der JAV nach, kann die JAV die Bestellung des Wahlvorstands durch das ArbG beantragen. Im Übrigen gelten auch hier weitgehend die für den BRat maßgeblichen Bestimmungen entsprechend. Das gilt auch für die **Wahlanfechtung** (vgl BAG 22.11.84 – 6 ABR 9/84, NZA 85, 715). Die **Amtszeit** beträgt **zwei Jahre.** Sie **beginnt** mit der Bekanntgabe des Wahlergebnisses (§ 60 Abs 2 BetrVG). Besteht bereits eine JAV, verschiebt sich der Beginn auf das Ende von deren Amtszeit, also spätestens auf den 30. November des regulären Wahljahres. Sie **endet grundsätzlich** mit Ablauf der **Amtszeit der JAV.** Nach § 64 Abs 3 BetrVG verliert ein Mitglied der JAV, das im Laufe der Amtszeit das 25. Lebensjahr vollendet, seine Mitgliedschaft nicht. Seine Amtszeit endet erst mit dem regulären Ablauf der Amtszeit der JAV. Zum Ende der Amtszeit wegen Verlustes der Wählbarkeit gelten die Ausführungen in Rz 5.

8 **6. Geschäftsführung.** Nach § 65 Abs 1 BetrVG sind weitgehend die für den BRat geltenden Bestimmungen entsprechend anzuwenden. „Entsprechende Anwendung" bedeutet hier eine Auslegung der Vorschriften, bei der die speziell der JAV zugewiesenen Aufgaben berücksichtigt werden (BAG 20.11.73 – 1 AZR 331/73, BB 74, 416). Im Einzelnen sind genannt:

9 **a) § 23 Abs 1 BetrVG: Grobe Pflichtverletzung.** Diese kann zur gerichtlichen Auflösung der JAV und Ausschluss aus der JAV bei grober Verletzung der Amtspflichten führen. Die Voraussetzungen entsprechen denen des BRat (*Amtspflichtverletzung (Betriebsrat)* Rz 5). Antragsberechtigt sind der ArbGeb, eine im Betrieb vertretene Gewerkschaft sowie ein Viertel der nach § 61 BetrVG Wahlberechtigten. Den Ausschluss eines Mitgliedes kann auch die JAV beantragen. Der BRat ist wegen seiner allgemeinen Überwachungspflicht (§ 80 Abs 1 BetrVG) stets antragsberechtigt (*Fitting* § 65 Rz 4; aA DKK/*Trittin* § 65 Rz 3). Nicht genannt ist § 23 Abs 2 BetrVG. Das ArbG setzt daher im Fall der Auflösung der JAV keinen Wahlvorstand für die Neuwahl ein. Deren Organisation ist Sache des BRat nach § 63 BetrVG.

10 **b) § 24 BetrVG: Erlöschen der Mitgliedschaft.** Die Beendigungstatbestände entsprechen denen des BRat: Ablauf der Amtszeit, Niederlegung des Amtes, Beendigung des

Jugend- und Auszubildendenvertretung 232

Arbeits- oder Ausbildungsverhältnisses, Verlust der Wählbarkeit (mit Ausnahme: Vollendung des 25. Lebensjahres), Amtsenthebung oder Auflösung der JAV, Feststellung der Nichtwählbarkeit.

c) § 25 BetrVG: Ersatzmitglieder. Bei Ausscheiden eines Mitglieds der JAV rückt ein Ersatzmitglied nach. War die JAV nach den Grundsätzen der Verhältniswahl gewählt, ist das der nächste nicht gewählte Listenbewerber. Bei Mehrheitswahl rückt der Kandidat mit der höchsten Stimmenzahl nach. Hat das Ersatzmitglied nach der Wahl aber vor Amtsantritt das 25. Lebensjahr vollendet, kommt ein Nachrücken nicht mehr in Betracht. Die Vollendung des 25. Lebensjahres ist nur dann unschädlich, wenn sie nach Amtsantritt eintritt (LAG Düsseldorf 13.10.92 – 8 TaBV 119/92, NZA 93, 474 (Ls); *Richardi/Annuß* § 65 Rz 8; aA DKK/*Trittin* § 65 Rz 7). 11

d) § 26 BetrVG: Vorsitz und Stellvertretung. Die JAV wählt aus ihrer Mitte einen Vorsitzenden und dessen Stellvertreter. Der Vorsitzende oder im Fall seiner Verhinderung der Stellvertreter vertreten die JAV im Rahmen der gefassten Beschlüsse und sind empfangszuständig für die der JAV gegenüber abzugebenden Erklärungen. Damit ist kein Recht zur Außenvertretung verbunden. Ansprechpartner der JAV ist der BRat und nicht der ArbGeb. 12

e) § 28 Abs 1 Sätze 1 und 2 BetrVG: Ausschüsse. In Betrieben mit mehr als 100 ArbN iSv § 60 Abs 1 BetrVG kann die JAV Ausschüsse bilden und ihnen bestimmte Aufgaben übertragen, allerdings nicht zur selbstständigen abschließenden Erledigung. Auf § 28 Abs 1 Satz 3 und Abs 2 BetrVG ist nicht verwiesen. Das gilt auch für § 27 BetrVG. Die JAV kann daher **keinen Betriebsausschuss** bilden. 13

f) §§ 29, 30 BetrVG: Sitzungen. Die JAV ist berechtigt, **eigene Sitzungen** abzuhalten. Hierüber ist der BRat lediglich zu verständigen; sein Einverständnis ist nicht erforderlich (§ 65 Abs 2 BetrVG). Die Sitzungen sind vom Vorsitzenden einzuberufen; sie finden grds während der Arbeitszeit statt und sind nicht öffentlich. 14

g) § 31 BetrVG: Teilnahme der Gewerkschaften. Insoweit ist zu unterscheiden: Beschließt die JAV mehrheitlich, einen Beauftragten der Gewerkschaft zur Sitzung heranzuziehen, so genügt es, wenn die Gewerkschaft im Betriebsrat vertreten ist. Beantragt dagegen ein Viertel der Mitglieder der JAV die Hinzuziehung, ist wegen der gebotenen „entsprechenden" Anwendung des § 31 BetrVG zu verlangen, dass die Gewerkschaft in der JAV vertreten ist. Das Teilnahmerecht einer nur im BRat und nicht auch in der JAV vertretenen Gewerkschaft kann sich außerdem aus einem entsprechenden Heranziehungsbeschluss des BRat ergeben (ausführlich *Fitting* § 65 Rz 9). 15

h) § 33 Abs 1 und 2 BetrVG: Beschlüsse. Die Beschlüsse der JAV werden, soweit gesetzlich nichts anderes bestimmt ist, mit der Mehrheit der Stimmen der anwesenden Mitglieder gefasst. Bei Stimmengleichheit ist der Antrag abgelehnt. Beschlussfähig ist die JAV, wenn mindestens die Hälfte ihrer Mitglieder an der Beschlussfassung teilnimmt. Stellvertretung durch Ersatzmitglieder ist zulässig. **Absolute Mehrheit** ist erforderlich bei Beschlüssen über ihren Rücktritt (§ 64 iVm § 13 Abs 2 Nr 3 BetrVG), Erlass der Geschäftsordnung (§ 36 BetrVG), Beauftragung der GesJAV nach § 73 Abs 2 BetrVG); Antrag auf Aussetzung eines Beschlusses des BRat nach § 66 iVm § 35 BetrVG). Die gesetzlich gebotene „entsprechende" Anwendung der Vorschriften über die Beschlüsse erweitert die Rechte der JAV nicht. § 34 Sitzungsniederschriften sind zu fertigen: Die JAV soll sich ferner im Interesse der Transparenz nach Maßgabe des § 36 eine schriftliche **Geschäftsordnung** geben. 16

i) § 37 BetrVG: Ehrenamtliche Tätigkeit/Arbeitsversäumnis. Die Mitglieder der JAV führen ihr Amt unentgeltlich als Ehrenamt (Abs 1). Sie haben Anspruch auf bezahlte Arbeitsbefreiung, soweit dies zur Aufgabenerfüllung erforderlich ist (Abs 2). Werden sie aus betriebsbedingten Gründen außerhalb der Arbeitszeit tätig, können sie Freizeitausgleich beanspruchen. Die außerhalb der Arbeitszeit erbrachte Tätigkeit ist keine „Beschäftigung" des ArbN iSd JugArbSchG, so dass dessen Bestimmungen nicht anzuwenden sind. Der Ausgleich sollte vorrangig durch Freistellung erfolgen. Ist das aus betrieblichen Gründen nicht möglich, ist die Mehrarbeit in der üblichen Weise zu vergüten (Abs 3). Ferner gelten das Benachteiligungsverbot und die Verdienstsicherung der Abs 4 und 5 (vgl hierzu *Betriebsratsfreistellung* Rz 35). 17

7. Schulungs- und Bildungsveranstaltungen. Die Mitglieder der JAV haben Anspruch auf Teilnahme an **Schulungs- und Bildungsveranstaltungen**. Diese müssen Kenntnisse 18

232 Jugend- und Auszubildendenvertretung

vermitteln, die nach § 37 Abs 6 BetrVG für die Arbeit in der JAV erforderlich oder nach Abs 7 als geeignet anerkannt sind (Näheres *Betriebsratsschulung*). Bei der Anwendung des Abs 6 ist der im Verhältnis zum BRat eingeschränkte Aufgaben- und Wirkungskreis der JAV zu berücksichtigen. Andererseits verfügen die jungen ArbN aufgrund ihres Alters regelmäßig über einen geringeren Erfahrungsschatz. Dieser Umstand kann einen im Verhältnis zu einem BRatMitglied erhöhten Schulungsbedarf bedingen (*Fitting* § 65 Rz 14 ff; aA *Richardi/Annuß* § 65 Rz 41). Ob eine Schulung **erforderlich** ist, bestimmt sich zunächst nach den Aufgaben der JAV. Zwanglos anzuerkennen sind Schulungen über die **Aufgaben der JAV**, Pflichten und Rechte der Mitglieder (BAG 10.5.74 – 1 ABR 60/73, BB 74, 1205). Das gilt auch hinsichtlich der Vermittlung von Grundkenntnissen des BetrVG, insbesondere bei einem erstmals zur JAV gewählten ArbN. Dagegen hält das BAG Kenntnisse des **BBiG** wegen dessen vorwiegend arbeitsvertraglicher Ausrichtung und des **JugArbSchG** wegen seiner „Lesbarkeit" und des möglichen Eigenstudiums nicht „in diesem Umfang" für erforderlich (BAG 10.5.74 – 1 ABR 57/73, BB 74, 255). Das erscheint mit der allgemeinen Überwachungsaufgabe der JAV nach § 70 BetrVG nicht vereinbar (*Fitting* § 65 Rz 15; DKK/ *Trittin* § 65 Rz 22). Ob **allgemeine Kenntnisse des Arbeitsrechts** erforderlich sind oder ob der junge ArbN insoweit auf eine Schulung iSv Abs 7 angewiesen ist, ist streitig (*Fitting* § 65 Rz 15 mwN). Die Behandlung eines Sachbereichs, der nach § 87 BetrVG mitbestimmungspflichtig ist, macht die Schulung allein noch nicht erforderlich. Im Mittelpunkt müssen spezifisch junge ArbN betreffende Fragen stehen (BAG 10.6.75 – 1 ABR 139/73, BB 75, 1112 zum Thema Gesundheitsschutz). Die Teilnahme des nicht endgültig nachgerückten Ersatzmitglieds einer einköpfigen JAV ist im Regelfall nicht erforderlich (BAG 10.5.74 – 1 ABR 47/73, BB 74, 1206). Anderes kommt in Betracht, wenn das Ersatzmitglied häufig und für längere Zeit den Jugend- und Auszubildendenvertreter vertreten muss.

Formelle Voraussetzung einer rechtswirksamen Entsendung zu einer Schulungsveranstaltung ist ein Beschluss des BRat (BAG 15.1.92 – 7 ABR 23/90, NZA 93, 189 mwN). Er und nicht der GBRat ist auch dann zuständig, wenn der Teilnehmer Mitglied der GesamtJAV ist (BAG 20.11.73 – 1 AZR 331/73, BB 74, 416). An der Beschlussfassung des BRat ist die JAV nach § 67 Abs 2 BetrVG mit vollem Stimmrecht zu beteiligen (*Fitting* § 65 Rz 17). **Kosten und Sachaufwand** trägt der ArbGeb (§ 40 BetrVG). Das gilt nicht für Anwaltskosten, die einem ArbN im Zusammenhang mit der Durchsetzung eines Weiterbeschäftigungsanspruchs nach § 78a BetrVG entstehen (BAG 5.4.2000 – 7 ABR 6/99, BB 2000, 2280). Auch darf der BRat neben der Mandatierung eines ihn vertretenden Rechtsanwalts nicht noch die Mandatierung eines die JAV vertretenden weiteren Rechtsanwalts in einem solchen Verfahren für erforderlich halten (BAG 18.1.12 – 7 ABR 83/10, NZA 12, 683). Im Übrigen gelten die allgemein für den BRat geltenden Vorschriften (hierzu *Betriebsratskosten*). Es besteht ferner das **Umlageverbot des § 41 BetrVG**.

19 **8. Sitzungen.** Nach der ausdrücklichen Regelung in § 65 Abs 2 BetrVG kann die JAV nach Verständigung des BRat **Sitzungen** abhalten. Der BRat ist nur zu informieren; seine Zustimmung ist nicht erforderlich. Für die Sitzungen gilt § 29 BetrVG entsprechend. Der BRatVorsitzende oder ein beauftragtes Mitglied können an den Sitzungen teilnehmen.

20 **9. Aufgaben.** Die JAV soll die besonderen Belange der von ihr vertretenen ArbN wahrnehmen (§ 60 Abs 2 BetrVG). Die ihr hierzu übertragenen allgemeinen Aufgaben sind in § 70 Abs 1 BetrVG aufgelistet. Die Vorschrift lehnt sich an die in § 80 BetrVG umschriebenen allgemeinen Aufgaben des BRat an. Die JAV kann Maßnahmen, die den ArbN des § 60 Abs 1 BetrVG dienen, beim BRat **beantragen**. Ausdrücklich genannt werden Fragen der Berufsausbildung und der Übernahme der Auszubildenden in ein Arbeitsverhältnis (Nr 1) sowie Maßnahmen zur Durchsetzung der tatsächlichen Gleichstellung von Mann und Frau entsprechend § 80 Abs 1 Nr 2a und 2b (Nr 1a). Hierzu kann zB die Durchführung einer Fragebogenaktion unter den Jugendlichen und Auszubildenden gehören, soweit sich die Fragebogen im Rahmen der gesetzlichen Aufgaben der JAV und des BRat halten und Betriebsablauf und Betriebsfrieden nicht gestört werden (BAG 8.2.77 – 1 ABR 82/74, BB 77, 642). Zu den Aufgaben gehört außerdem die **Überwachung** der Einhaltung geltender Gesetze, Verordnungen, UVV, Tarifverträge und Betriebsvereinbarungen (Nr 2). Das Überwachungsrecht beschränkt sich nicht auf den typischen *Jugendarbeitsschutz*. Einbezogen sind auch alle anderen Vorschriften, soweit sie ebenfalls dem Schutz Jugendlicher und Auszubil-

dender dienen. Das macht die JAV aber nicht zu einem eigenständigen Kontrollorgan. Vielmehr ist sie auf die Mitwirkung des BRat angewiesen und hat deshalb die Zustimmung des BRat einholen, wenn sie Arbeitsplätze der von ihr vertretenen ArbN aufsuchen will. Hierzu hat die JAV den BRat zu unterrichten, in welcher Weise das Überwachungsrecht ausgeübt werden soll. Das Überwachungsrecht ist nicht davon abhängig, dass im Einzelfall der konkrete Verdacht besteht, der ArbGeb halte die maßgeblichen Schutzbestimmungen nicht ein (BAG 21.1.82 – 6 ABR 17/79, BB 82, 1236). Des Weiteren geht es um die Entgegennahme von **Anregungen** und, falls sie berechtigt erscheinen, darum, beim BRat auf deren Erledigung hinzuwirken (Nr 3). Dazu gehört auch die Bearbeitung von **Beschwerden**. Die Betroffen sind über den Stand und das Ergebnis der Verhandlungen zu informieren. Schließlich hat die JAV die Integration ausländischer ArbN im Betrieb zu fördern und entsprechende Maßnahmen zu beantragen (Nr 4).

10. Zusammenarbeit mit dem Betriebsrat. a) Teilnahmerecht an Betriebsratssitzungen und Stimmrecht. Zur Durchführung der ihr obliegenden Aufgaben begründet das BetrVG abgestufte Rechte der JAV gegenüber dem BRat. So hat sie nach § 67 Abs 1 Satz 1 BetrVG ein **Teilnahmerecht** an allen Sitzungen des BRat, zu denen sie einen von ihr bestimmten Vertreter (Mitglied der JAV/kein nicht nachgerücktes Ersatzmitglied) entsenden kann. Richtigerweise gilt das auch dann, wenn der BRat bestimmten Aufgaben nicht selbst behandelt, sondern diese einem Ausschuss vorbereitend oder zur selbstständigen Erledigung übertragen sind, soweit die Beschlüsse die Belange der jungen ArbN betreffen (*Richardi/Annuß* § 67 Rz 18; *Fitting* § 67 Rz 6, 18). Behandelt der BRat Angelegenheiten, die **besonders** die von der JAV repräsentierten ArbN betreffen, so können alle Mitglieder der JAV an der Sitzung (bei diesem Tagesordnungspunkt) teilnehmen (Satz 2). Das behandelte Thema muss sich gerade auf die ArbN in ihrer Eigenschaft als Jugendliche und Auszubildende beziehen, also altersspezifisch sein oder durch die Ausbildungssituation gekennzeichnet (Berufsschulferien und Urlaubsplan; Kündigung und Schulungsteilnahme eines Mitglieds der JAV Fragen der betrieblichen Bildung; Arbeitsschutz in der Lehrwerkstatt; Bestellung eines Ausbildungsleiters uÄ). Einzelheiten sind streitig. Die teilnehmenden Mitglieder der JAV haben **Stimmrecht,** soweit die zu fassenden Beschlüsse des BRat **überwiegend** junge ArbN betreffen (Abs 2). Das Stimmrecht setzt das besondere Teilnahmerecht voraus. Der Begriff „überwiegend" ist quantitativ zu verstehen. Maßgeblich ist, ob der vom BRat zu fassende Beschluss mehrheitlich junge ArbN betrifft. Das gilt auch für personelle Einzelmaßnahmen. Bei Kündigung oder Beschluss über Schulungsteilnahme ist die gesamte JAV teilnahme- und stimmberechtigt.

b) Aussetzung von Beschlüssen des Betriebsrats. Dringt die JAV mit ihren Vorstellungen beim BRat nicht durch, so kann sie dessen anders lautende Beschlussfassung im Ergebnis nicht verhindern. Sie kann nur einen **Zeitaufschub** erreichen. Hält sie mehrheitlich einen Beschluss des BRat als eine erhebliche Beeinträchtigung wichtiger Interessen der von repräsentierten ArbN, so ist auf ihren Antrag der Beschluss auf die Dauer von einer Woche auszusetzen, damit in dieser Frist eine Verständigung, ggf. mit Hilfe der im Betrieb vertretenen Gewerkschaft versucht werden kann § 66 BetrVG. Wird der Beschluss bestätigt, so kann der Antrag auf Aussetzung nicht wiederholt werden. Das gilt auch dann, wenn der erste Beschluss nur unerheblich geändert wird.

c) Angelegenheiten junger Arbeitnehmer. Auf **Antrag der JAV** hat der BRat ferner Angelegenheiten, die besonders die jungen ArbN betreffen, auf die nächste Tagesordnung zu setzen (§ 67 Abs 3 BetrVG). Die Angelegenheit muss vorher von der JAV „beraten" worden sein. Das Verhältnis JAV – BRat ist keine „Einbahnstraße". Der BRat, der sich einer solchen besonderen Angelegenheit annehmen will, soll sie der JAV zuleiten. Nach § 70 Abs 2 BetrVG hat der BRat außerdem stets, also nicht nur in Fällen besonderer/überwiegender Betroffenheit, auf Verlangen der JAV die zur Durchführung der Aufgaben erforderlichen Unterlagen zur Verfügung zu stellen und sie auch im Übrigen rechtzeitig und umfassend zu unterrichten.

11. Sprechstunden. Eigene Sprechstunden während der Arbeitszeit kann die JAV nur in Betrieben einrichten, die idR mehr als **fünfzig Jugendliche/Auszubildende** beschäftigen. Entscheidet sich die JAV für die Einführung von Sprechstunden, sind Zeit und Ort vom BRat mit dem ArbGeb zu vereinbaren (§ 69 BetrVG). Kommt eine Einigung nicht zustande, entscheidet die Einigungsstelle. An den Sprechstunden kann der BRatVorsitzende oder ein beauftragtes BRatMitglied beratend teilnehmen. Führt die JAV keine eigenen Sprechstunden durch, kann ein Mitglied der JAV an den Sprechstunden des BRat beratend teilnehmen, soweit Angelegenheiten der von ihr repräsentierten ArbNGruppe angesprochen sind (§ 39 Abs 2 BetrVG). Konkret heißt das, dass das Mitglied der JAV den Raum verlassen muss, wenn die Belange anderer ArbN erörtert werden.

25 **12. Jugend- und Auszubildendenversammlung.** Das Gesetz stellt den Jugendlichen und Auszubildenden mit der Jugend- und Auszubildendenversammlung ein eigenes Forum zur Verfügung, um die sie betreffenden Angelegenheiten unter sich besprechen zu können. Sie kann im Einvernehmen mit dem BRat vor oder nach jeder Betriebsversammlung durchgeführt werden. **Voraussetzung** sind ein Beschluss der JAV und die Zustimmung des BRat zur Durchführung der Jugend- und Auszubildendenversammlung, zu deren zeitlicher Lage und zu den zu behandelnden Themen. Soll die Versammlung zu einem anderen Zeitpunkt einberufen werden, bedarf es insoweit auch der Zustimmung des ArbGeb (§ 71 BetrVG). In jedem Fall ist der ArbGeb zur Versammlung unter Mitteilung der Tagesordnung einzuladen. Er ist berechtigt, in den Versammlungen das Wort zu ergreifen. Ein **Teilnahmerecht** hat außerdem der BRat, das vom Vorsitzenden oder einem beauftragten Mitglied wahrgenommen werden kann. Im Übrigen gelten für die **Durchführung** der Versammlung die für Betriebsversammlungen geltenden Bestimmungen entsprechend: Zeitpunkt und Verdienstausfall (§ 44), Themenwahl (§ 45) und Teilnahmerecht der Verbände (§ 46). Hierzu *Betriebsversammlung.*

26 **13. Gesamt-Jugend- und Auszubildendenvertretung.** Sie entspricht auf Unternehmensebene dem GBRat und ist zu errichten, wenn in dem Unternehmen mehrere JAV bestehen. Außerdem muss ein GBRat errichtet sein. Das Verhältnis JAV zur GesamtJAV entspricht dem Verhältnis BRat zu GBRat; das gilt auch hinsichtlich der Zuständigkeiten. Jede JAV entsendet ein Mitglied; außerdem ist mindestens ein Ersatzmitglied zu bestellen und die Reihenfolge des Nachrückens zu bestimmen. Ein der BRäteVersammlung entsprechendes Gremium besteht nicht. Die GesamtJAV kann **Sitzungen** abhalten. Hierzu bedarf es keiner Zustimmung des GBRat; dieser ist lediglich vorher zu verständigen. An den Sitzungen kann der Vorsitzende des GBRat oder ein beauftragtes Mitglied teilnehmen (§ 73 Abs 1 BetrVG). Im Übrigen verweist § 73 Abs 2 BetrVG im Wesentlichen auf die für die JAV geltenden Normen. Über die Teilnahme eines Mitglieds der GesamtJAV an einer **Schulungsmaßnahme** hat der BRat der im Betrieb gewählten JAV zu bestimmen und nicht der GBRat, JAV oder GesamtJAV (BAG 10.6.75 – 1 ABR 140/73, BB 75, 1344).

27 **14. Konzern-Jugend- und Auszubildendenvertretung.** Deren Errichtung ist ebenso wie die des KBRat fakultativ und kommt rechtlich unter denselben Voraussetzungen wie die Errichtung des KBRat in Betracht (Näheres *Konzernbetriebsrat*). Erforderlich ist ein Beschluss einer einzelnen GesamtJAV und die Zustimmung der GesamtJAV der Konzernunternehmen, in denen insgesamt mindestens 75% der ArbN des § 60 Abs 1 BetrVG beschäftigt sind. Besteht in einem Konzernunternehmen nur eine JAV, so nimmt diese die Aufgaben einer GesamtJAV nach den für die KonzernJAV geltenden Vorschriften wahr (§ 73a Abs 1 BetrVG). Jede GesamtJAV **entsendet** eines ihrer Mitglieder und bestellt mindestens ein Ersatzmitglied. Das **Stimmgewicht** richtet sich grds nach der Zahl der Mitglieder des entsendenden GesamtJAV. Abweichende Regelungen durch Tarifvertrag sind zulässig. Organisation und Geschäftsführung richten sich im Übrigen im Wesentlichen nach den für die JAV geltenden Bestimmungen (§ 73b).

28 **15. Tarifvertragliche Interessenvertretung.** Den Tarifvertragsparteien steht es frei, in einem Tarifvertrag über die Mitbestimmung in einem reinen Ausbildungsbetrieb die Zuständigkeiten und Beteiligungsrechte der Auszubildendenvertretung abweichend vom BetrVG zu regeln. Eine solche Interessentenvertretung außerbetrieblicher Auszubildender iSv § 51 BBiG ist im arbeitsgerichtlichen Beschlussverfahren beteiligungsfähig (BAG 24.8.04 – 1 ABR 28/03, NZA 05, 371 zu § 18 Abs 2 BBiG aF).

29 **16. Streitigkeiten** sind im **Beschlussverfahren** auszutragen (§§ 2a, 80ff ArbGG). Das gilt nach § 2a Abs 1 Nr 3c ArbGG auch für die besondere Interessenvertretung des § 51 BBiG. **Örtlich zuständig** ist das ArbG, in dessen Bezirk der Betrieb liegt, um dessen JAV es geht, in Fragen der GesamtJAV das für den Unternehmenssitz und der KonzernJAV das für

den Sitz des herrschenden Unternehmens zuständige ArbG (§ 82 ArbGG). Die **JAV** ist **beteiligungsfähige Stelle** iSv § 10 ArbGG, obgleich sie kein eigenständiges betriebsverfassungsrechtliches Organ ist (BAG 13.3.91 – 7 ABR 89/89, NZA 92, 223). Zur Einleitung eines Verfahrens oder Bevollmächtigung eines Prozessvertreters benötigt sie deswegen jedoch die Zustimmung des BRat (BAG 20.2.86 – 6 ABR 25/85, NZA 87, 105). **Beteiligte** sind des Weiteren nach allgemeinen Grundsätzen die Organe und Stellen, deren betriebsverfassungsrechtliche Rechtsstellung durch das Verfahren unmittelbar berührt ist. Dazu gehört grds der BRat des Betriebes, in dem eine JAV besteht oder errichtet werden soll (BAG 13.3.91 – 7 ABR 89/89, NZA 92, 223). Bei Streit über **Schulungskosten** ist der betroffene ArbN an dem vom BRat eingeleiteten Verfahren zu beteiligen (BAG 10.6.75 – 1 ABR 140/73, BB 75, 1344). Im **Urteilsverfahren** sind die individualrechtlichen Ansprüche zu verfolgen: Freizeitausgleich, Entgelt nach § 37 BetrVG (Näheres *Betriebsratsschulung* Rz 32, 33), Weiterbeschäftigungsanspruch nach § 78a BetrVG (Näheres *Ausbildungsverhältnis* Rz 84, 85).

B. Lohnsteuerrecht *Seidel*

Die Stellung eines ArbN als Jugend- und Auszubildendenvertreter hat keine unmittelbare 36 lohnsteuerrechtliche Bedeutung. Hinsichtlich der lohnsteuerlichen Bedeutung der Stellung als Auszubildender s *Ausbildungsfreibetrag* Rz 2 ff, *Ausbildungskosten* Rz 6 ff. Soweit der Jugend- und Auszubildendenvertreter von der Arbeit freizustellen ist s *Freistellung von der Arbeit* Rz 33, *Betriebsratsfreistellung* Rz 38 ff, *Betriebsratsschulung* Rz 34 sowie *Weiterbeschäftigungsanspruch* Rz 24, 25.

C. Sozialversicherungsrecht *Schlegel*

Soweit ArbN als Jugend- und Auszubildendenvertreter von der Arbeit freigestellt werden, 41 gelten hinsichtlich der Beitragspflicht die für BRatMitglieder geltenden Regelungen (dazu *Betriebsratsfreistellung* Rz 42).

Kinderfreibetrag

A. Arbeitsrecht
Griese

Beim Kinderfreibetrag handelt es sich um einen einkommensteuerrechtlichen Begriff, der arbeitsrechtlich keine unmittelbare Bedeutung hat. Wegen arbeitsrechtlicher Fragen vgl *Bruttolohnvereinbarung*, *Nettolohnvereinbarung*, *Kindergeld* und *Kindervergünstigungen*. 1

B. Lohnsteuerrecht
Thomas

Übersicht

	Rz		Rz
1. Familienleistungsausgleich	2, 3	b) Altersgrenzen	9–15
2. Entlastungsumfang	4–6	c) Begünstigungsalternativen	16–23
3. Voraussetzungen des Kindergesamt- freibetrages	7–29	d) Begünstigungsausschluss	24–29
		4. Übertragung	30–32
a) Kindschaftsverhältnis	8		

1. Familienleistungsausgleich. Die verfassungsrechtlich gebotene Steuerentlastung von Eltern mit Kindern erfolgt während des laufenden Jahres grds über das Kindergeld. Die auf der LStKarte eingetragene Zahl der Kinderfreibeträge (§ 39 Abs 4 Nr 2 iVm § 38b Abs 2 EStG) ist regelmäßig nur noch für die Bemessung der Zuschlagsteuern (KiSt, SolZ) von Bedeutung. Allerdings können für Kinder, für die kein Anspruch auf Kindergeld besteht (zB bei unbeschränkt stpfl Ausländern ohne Aufenthaltsberechtigung oder -erlaubnis mit Kindern bzw bei unbeschränkt Stpfl mit Kindern im Ausland) nach § 39a Abs 1 Nr 6 EStG für jedes zu berücksichtigende Kind die Freibeträge nach § 32 Abs 6 EStG eingetragen werden. Darüber hinaus wird ein Kinderfreibetrag beim LStAbzug nicht berücksichtigt (BFH 26.7.07 – VI R 48/03, BStBl II 07, 845 = DStR 07, 1522). 2

Im Rahmen der EStVeranlagung findet vAw eine **Günstigerprüfung** statt. Ergibt diese, dass die Entlastung durch die Freibeträge nach § 32 Abs 6 EStG höher ist als das Kindergeld, werden diese Freibeträge vom Einkommen abgezogen (§ 2 Abs 5 Satz 1 EStG); andernfalls bleibt es beim Kindergeld. Die Vergleichsrechnung ist für jedes Kind einzeln, beginnend beim ältesten, gesondert durchzuführen (BFH 28.4.10 – III R 86/07, BStBl II 11, 259 = DStRE 10, 1303; BFH 19.4.12 – III R 50/08, BFH/NV 12, 1429: auch bei außerordentlichen Einkünften). Sind die Freibeträge günstiger, ist der tariflichen ESt der Anspruch auf Kindergeld hinzuzurechnen (§ 2 Abs 6 Satz 3, § 31 Satz 4 EStG), was wirtschaftlich – bei steuerlicher Entlastung um den Kinderfreibetrag – auf eine Rückzahlung des Kindergeldes an das FA hinausläuft. Da das zustehende und nicht das gezahlte Kindergeld gegengerechnet wird, kommt es auch nicht darauf an, ob jemand bzw wer tatsächlich Kindergeld erhalten hat (BFH 20.12.12 – III R 29/12, BFH/NV 13, 723; BFH 15.3.12 – III R 82/09 DStR 12, 1022 sogar ein zu Unrecht rechtskräftig abgelehntes Kindergeld entfaltet für die Veranlagung keine Bindung). Selbst wenn ein Elternteil bei der Berechnung seiner Unterhaltsverpflichtung auf das Anrechnen des hälftigen Kindergeldes verzichtet, wird dieses in die Vergleichsberechnung einbezogen (BFH 16.3.04 – VIII R 86/98, DStRE 04, 945 mit Anm *Bergkemper* FR 04, 959). Die Zurechnung des halben Kindergeldes ist auch in sog Mangelfällen verfassungskonform, in denen nach § 1612b Abs 5 EStG unterhaltsrechtlich eine Anrechnung unterbleibt (BVerfG 13.10.09 – 2 BvL 3/05, DStR 10, 98). Ebenfalls verfassungskonform ist, dass der betreuende Elternteil bezogenes Kindergeld beim Kindesunterhalt berücksichtigen muss (BVerfG 9.4.03 – 1 BvL 1/01, 1 BvR 1749/01, FR 03, 1035 mit Anm *Greite*). Hinzugerechnet wird bis zur Höhe des inländischen auch im Ausland gezahltes Kindergeld, wenn es dem inländischen vergleichbar ist (vgl *Kindergeld* Rz 11; BFH 13.8.02 – VIII R 53/01, BStBl II 02, 867; vgl aber zur Vereinbarkeit mit EURecht BFH 30.10.08 – III R 92/07, BFH/NV 09, 456). In Monaten, in denen kein Kindergeld, aber ein Kinderfreibetrag zusteht, ist dieser ohne Gegenrechnung anzusetzen. Die Günstigerprüfung ist monats- und nicht jahresbezogen (BFH 16.12.02 – VIII R 65/99, BStBl II 03, 593 mit Anm *Moritz* NWB/F 3 S 12523; *Greite* FR 03, 312; *Ruban* HFR 03, 373). Besteht nur zu einem 3

240 Kinderfreibetrag

Teil des Kj unbeschränkte Steuerpflicht, sind auch nur für diese Monate Kinderfreibeträge zu gewähren (BFH 14.10.03 – VIII R 111/01, BFH/NV 04, 331). Wird eine Person nach § 1 Abs 3 EStG als unbeschränkt stpfl behandelt, besteht ein Anspruch auf Kindergeld nur für die Monate, in denen er inländische Einkünfte erzielt (BFH 18.4.13 – VI R 70/11, BFH/NV 13, 1554). Soweit eine steuerliche Entlastung der Eltern verfassungsrechtlich nicht geboten ist, zB weil sie gar keine Steuern zahlen, verbleibt ihnen das Kindergeld als Familienförderung (§ 31 Satz 2 EStG). Wird die Freistellung des Existenzminimums durch das Kindergeld bewirkt, kann nicht deshalb zusätzlich ein Freibetrag beansprucht werden, weil der andere Elternteil seiner Unterhaltsverpflichtung nicht nachgekommen ist (BFH 16.8.05 – III B 32/05, BFH/NV 05, 2188).

4 **2. Entlastungsumfang.** Für jedes bei einem StPfl zu berücksichtigende Kind wird ein Freibetrag von 2184 € für das sächliche Existenzminimum (Kinderfreibetrag) sowie ein Freibetrag von 1320 € für den Betreuungs- und Erziehungs- oder Ausbildungsbedarf (Betreuungsfreibetrag) abgezogen (§ 32 Abs 6 Satz 1 EStG). Dieser Gesamtfreibetrag (3504 €) wird bei zusammen veranlagten Eltern, wenn das Kind zu beiden in einem Kindschaftsverhältnis steht, zusammengeführt (7008 €). Das Gleiche gilt nach § 32 Abs 6 Satz 3 EStG, wenn der andere Elternteil verstorben (dazu BFH 27.2.06 – III B 26/05, BFH/NV 06, 1089) oder nicht unbeschränkt einkommensteuerpflichtig ist oder der Stpfl allein das Kind angenommen hat oder das Kind nur zu ihm in einem Pflegschaftsverhältnis steht (§ 32 Abs 6 Satz 4 EStG) oder der Wohnsitz, bzw. der gewöhnliche Aufenthalt des anderen Elternteils nicht zu ermitteln ist (EStR 181 Abs 1 Nr 1) oder der Vater des Kindes amtlich nicht feststellbar ist (EStR 181 Abs 1 Nr 2) oder die Mutter den Behörden den Namen des Vaters nicht bekannt gibt (OFD Hannover 12.8.97, DB 97, 2198).

Obwohl das Kindergeld ursprünglich nur zur Abgeltung des sächlichen Existenzminimums gedacht war, wird die Vergleichsberechnung (Günstigerprüfung) bei zusammen veranlagten Eltern mit dem Gesamtfreibetrag vorgenommen. Bei anderen Eltern erfolgt die Vergleichberechnung für jeden Elternteil gesondert und der Kindergeldanspruch wird (unabhängig davon wer tatsächlich Kindergeld erhalten hat) „im Umfang des Kinderfreibetrags", also idR (Ausnahme die Verdoppelungen nach § 32 Abs 6 Satz 3 EStG) jeweils zur Hälfte berücksichtigt. Da der Kinderfreibetrag und der Betreuungsfreibetrag getrennt übertragen werden können, wird beim übertragenen Kinderfreibetrag das gesamte Kindergeld zugeordnet, während es beim übertragenen Betreuungsfreibetrag bei der hälftigen Zurechnung bleibt.

5 Unabhängig vom Gesamtkinderfreibetrag kann nach § 33a Abs 2 EStG bei einem auswärts untergebrachten volljährigen Kind noch ein gesonderter Ausbildungsfreibetrag zu gewähren sein (vgl *Ausbildungsfreibetrag* Rz 2 ff). Zum Entlastungsbetrag für Alleinerziehende nach § 24b EStG und zu berufsbedingten Betreuungskosten nach § 10 Abs 1 Nr 5 EStG vgl *Kindervergünstigungen* Rz 10 ff. Im Übrigen können Aufwendungen eines Elternteils für Besuche seiner beim anderen Elternteil lebenden Kinder nicht als außergewöhnliche Belastung abgezogen werden (BFH 27.9.07 – III R 28/05, BStBl II 08, 287 = DStR 07, 2256).

6 Der Gesamtfreibetrag des § 32 Abs 6 Satz 1 EStG ermäßigt sich für jeden Monat, in dem die Abzugsvoraussetzungen nicht – also auch nicht an einem einzigen Tag – vorliegen, um ein Zwölftel (§ 32 Abs 6 Satz 5 EStG). Für Kinder, die nicht nach § 1 Abs 1 oder 2 EStG unbeschränkt Estpflichtig sind, also regelmäßig solche mit Wohnsitz im Ausland, wird der Freibetrag nach den Verhältnissen des Wohnsitzstaates ermäßigt (§ 32 Abs 6 Satz 4 EStG; Einzelheiten BMF 27.2.96 BStBl I 96, 115; die Ermäßigung ist verfassungskonform, BFH 18.12.96 – III B 71/95, BFH/NV 97, 398).

7 **3. Voraussetzungen des Kindergesamtfreibetrages.** Es muss ein Kindschaftsverhältnis (§ 32 Abs 1 und 2 EStG) bestehen und das Kind muss entweder das 18. Lebensjahr noch nicht vollendet haben (§ 32 Abs 3 EStG) oder vor Vollendung des 21. Lebensjahres arbeitslos sein (§ 32 Abs 4 Nr 1 EStG) oder vor Vollendung des 25. Lebensjahres eine der besonderen Begünstigungsvoraussetzungen des § 32 Abs 4 Nr 2 EStG erfüllen oder wegen einer vor Vollendung des 25. Lebensjahres eingetretenen Behinderung außerstande sein, sich selbst zu unterhalten (§ 32 Abs 2 Nr 3 EStG).

8 **a) Kindschaftsverhältnis.** Berücksichtigt werden Kinder nach Lebendgeburt (im Zweifel ist das Geburtenregister maßgebend; keine Begünstigung für das noch ungeborene Kind, FG Hess 28.4.99 – 2 K 2872/98, EFG 99, 781),

— die **im ersten Grad** mit dem Stpfl **verwandt** sind (§ 32 Abs 1 Nr 1 EStG). Das sind eheliche Kinder einschließlich angenommener Kinder (Adoptivkinder), für ehelich erklärte Kinder und nichteheliche Kinder. Die Annahme eines Kindes richtet sich nach §§ 1741 ff BGB, die eheliche Erklärung von Kindern nach §§ 1719 ff BGB. Das bedeutet, dass die dort vorgesehenen Formalien, insbesondere der Beschluss des Vormundschaftsgerichts auf entsprechenden Antrag hin, eingehalten sein müssen. Die zivilrechtlich wirksame Vaterschaftsanerkennung durch den leiblichen Vater führt bei ihm rückwirkend zu steuerlichen Entlastungen (BFH 28.7.05 – III R 68/04, BStBl II 08, 350 = DStRE 06, 180 mit Anm *Greite* FR 06, 240, *Grube* HFR 06, 279). Dagegen kann der Scheinvater, der die Vaterschaft erfolgreich angefochten hat und deshalb kindbedingte Ermäßigungen rückwirkend verliert, nicht deshalb einen Billigkeitserlass beanspruchen, weil er zivilrechtliche Regressansprüche gegen den leiblichen Vater nicht durchsetzen kann (BFH 14.6.05 – IX B 192/03, BFH/NV 05, 1490).

— **Pflegekinder** (§ 32 Abs 1 Nr 2 EStG). Das sind Kinder, mit denen der Stpfl durch ein familienähnliches, auf längere Dauer berechnetes Band verbunden ist, sofern er sie nicht zu Erwerbszwecken (BFH 2.4.09 – III R 92/06, DStRE 09, 1104: Zahlungen eines als Betreiber einer betreuten Wohnform nach § 34 SGB VII anerkannten Trägervereins an eine Pflegeperson) in seinen Haushalt aufgenommen hat und das Obhuts- und Pflegeverhältnis zu den Eltern nicht mehr besteht (vgl auch BfF 15.1.04 BStBl I 04, 142; BFH 20.7.06 – III R 44/05, BFH/NV 07, 17 bei fast volljährigem Kind; BFH 31.8.06 – III B 46/06, BFH/NV 07, 25 zum volljährigen behinderten Bruder; BFH 25.4.12 – III B 176/11, BFH/NV 12, 1304 kein nur vorübergehend unterbrochener Kontakt). Haushaltsaufnahme liegt nicht vor, wenn nicht die Pflegeperson das Pflegekind, sondern Letzteres die Pflegeperson in seinen Haushalt aufgenommen hat (BFH 22.12.11 – III R 70/09, BFH/NV 12, 1446). Besteht bei einem Adoptivkind das Kindschaftsverhältnis zu den leiblichen Eltern weiter, geht das Adoptivverhältnis vor. Ebenso gehen Pflegeeltern den leiblichen oder Adoptiveltern vor (§ 32 Abs 2 EStG). Bei Unterbringung eines geistig Behinderten in einer Pflegeanstalt begründen Besuchs- und Urlaubszeiten kein Pflegekindschaftsverhältnis (FG Münster 15.1.96, EFG 96, 922). Kinderhauskinder sind keine Pflegekinder (BFH 23.9.98 – XI R 9/98, BFH/NV 99, 600 und XI R 11/98, BStBl II 99, 133); zur Abzweigung des Kindergeldes an den Jugendhilfeträger, wenn die Mutter mit dem Kind in einem Mutter-Kind-Heim lebt vgl BFH 25.5.04 – VIII R 21/03, BFH/NV 05, 171.

Bei Stiefkindern, wenn sie keine Pflegekinder sind, besteht ein steuerliches Kindschaftsverhältnis grds nur zu den leiblichen Eltern (BFH 30.5.06 – III B 122/05, BFH/NV 06, 1842; zum Kind der Partnerin einer eingetragenen Lebenspartnerschaft vgl BFH 8.8.13 – VI R 76/12, Beck RS 2013, 96274). Zu einem Volljährigen kann ein Pflegekindschaftsverhältnis nur bei Vorliegen besonderer Umstände (zB Hilflosigkeit oder Behinderung) begründet werden (BFH 5.10.04 – VIII R 69/02, BFH/NV 05, 524; BFH 21.4.05 – III R 53/02, BFH/NV 05, 1547; BFH 9.2.12 – III R 15/09, DStRE 12, 794).

— Auch **Auslandskinder,** das sind nicht nach § 1 Abs 1 oder § 1 Abs 2 EStG unbeschränkt einkommensteuerpflichtige Kinder (vgl hierzu BFH 27.4.95, BFH/NV 95, 967), können zu berücksichtigen sein (vgl aber Rz 6).

b) Altersgrenzen. aa) 18. Lebensjahr. Minderjährige Kinder können bis zu dem Monat, in dem sie ihr 18. Lebensjahr vollenden, ohne weitere Voraussetzungen berücksichtigt werden (§ 32 Abs 3 EStG). Die Altersberechnung richtet sich nach § 187 Abs 2, § 188 Abs 2 BGB. Danach vollendet ein am 1.5.96 geborenes Kind am Vortag seines 18. Geburtstages, also mit Ablauf des 30.4.14 sein 18. Lebensjahr und kann deshalb bis April 14 ohne weiteres und ab Mai 14 nur bei Vorliegen der Gewährungsvoraussetzungen des § 32 Abs 4 EStG Berücksichtigung finden.

bb) 21. Lebensjahr. Volljährige Kinder werden bei Arbeitslosigkeit iS des SGB III (vgl DAFamEStG 63.3.1) bis zur Vollendung des 21. Lebensjahres (§ 32 Abs 4 Nr 1 EStG) anerkannt. Der Begünstigungszeitraum verlängert sich um Zeiten, in denen das Kind Wehr-, Zivildienst uÄ (§ 32 Abs 5 EStG) geleistet hat (vgl Rz 11). Arbeitslosigkeit setzt Arbeitsbereitschaft voraus, die bei Verletzung von Meldepflichten regelmäßig zu verneinen ist (BFH 15.7.03 – VIII R 56/00, BStBl II 04, 104 = DStRE 04, 80 mit Anm *Greite* FR 04, 230). Die Meldung als arbeitsuchend wirkt grundsätzlich nur für drei Monate (BFH 19.6.08 – III R

240 Kinderfreibetrag

68/05, DStRE 08, 1189; BFH 25.9.08 – III R 91/07, DStRE 09, 274), während Eigenbemühungen und Verfügbarkeit nicht mehr nachgewiesen werden müssen (BFH 20.11.08 – III R 10/06, BFH/NV 09, 567). Teilt ein arbeitslos gewordenes Kind dies der für den Bezug von Leistungen nach dem SGB II zuständigen Stelle mit, liegt darin gleichzeitig die Meldung als Arbeitsuchender (BFH 26.7.12 – VI R 98/10, DStRE 12, 1513). Das gilt aber nicht bereits, wenn ein Kind, das seinerseits ein Kleinkind allein erzieht und dem deshalb eine Arbeitsaufnahme nicht zumutbar ist, Leistungen nach dem SGB II bezieht (BFH 27.12.11 – III B 187/10, BFH/NV 12, 1104). Bei einem in den Niederlanden wohnhaften Kind reicht die Meldung bei einem privaten Arbeitsvermittler nicht aus (BFH 1.7.03 – VIII R 54/02, BFH/NV 03, 1562).

11 cc) 25. Lebensjahr. Ein Kind wird bis zur Vollendung des 25. Lebensjahres bei Berufsausbildung, bei bestimmten Übergangszeiten, bei Ausbildungswilligkeit und bei bestimmten Freiwilligendiensten (§ 32 Abs 4 Nr 2a–d EStG) berücksichtigt, es sei denn es geht nach einer Erstausbildung einer schädlichen Erwerbstätigkeit nach (§ 32 Abs 4 Sätze 2 und 3 EStG); zu Einzelheiten vgl Rz 24 ff. Im Falle der Berufsausbildung und anzuerkennender Übergangszeiten verlängert sich der Begünstigungszeitraum über das 25. Lebensjahr hinaus um Wehr- oder Zivildienst – sowie gleichgestellte Zeiten (§ 32 Abs 5 EStG). Die Zeit des Wehrdienstes als solche führt aber nicht zu Kinderfreibeträgen (BFH 28.1.09 – III B 183/08, BFH/NV 09, 911; kein Gleichheitsverstoß BFH 17.2.10 – III B 64/09, BFH/NV 10, 883). Jedoch wird die Probezeit beim freiwilligen Wehrdienst als Ausbildungsphase berücksichtigt. Der Verlängerungszeitraum bei Zivildienst entspricht auch dann der Dienstzeit, wenn im ersten Monat des Dienstes noch Kindergeld bezogen wurde, weil der Dienst nicht am Monatsersten begann (BFH 20.5.10 – III R 4/10, DStRE 10, 861), oder weil während des Zivildienstes noch eine Ausbildung absolviert wurde (BFH 5.9.13 – XI R 12/12, DStR 13, 2387).

12 dd) Behinderte Kinder werden über das 25. Lebensjahr hinaus berücksichtigt, wenn die Behinderung vor Vollendung des 25. Lebensjahres eingetreten ist und sie außerstande sind, sich selbst zu unterhalten (§ 32 Abs 4 Nr 3 EStG; BMF 22.11.10, BStBl I 10, 1346 = DStR 10, 2405). Eine nach Vollendung des 25. Lebensjahres in der Verlängerungszeit des § 32 Abs 5 EStG eingetretene Behinderung – etwa infolge eines Unfalls – reicht nicht aus (BFH 2.6.05 – III R 86/03, BStBl II 05, 756 = DStRE 05, 1200, zweifelnd *Greite* FR 05, 1256).

13 (1) Ursächlichkeit der Behinderung. Die Ursächlichkeit der Behinderung für die Unfähigkeit zum Selbstunterhalt kann grds (vgl aber zur lebenslänglichen Freiheitsstrafe eines behinderten Kindes BFH 25.2.09 – III B 47/08, BFH/NV 09, 929) angenommen werden, wenn der Grad der Behinderung mindestens 50 vH beträgt und besondere Umstände hinzutreten, aufgrund derer eine Erwerbstätigkeit unter den üblichen Bedingungen des Arbeitsmarktes ausgeschlossen erscheint (BFH 26.7.01 – VI R 56/98, BStBl II 01, 832 mit Anm *Kanzler* FR 02, 47; BFH 14.12.01 – VI B 178/01, BStBl II 02, 486, DStR 02, 850; zum Nachweis der Behinderung BFH 23.2.12 – V R 39/11, BFH/NV 12, 1584; BFH 28.5.13 – XI R 44/11, BFH/NV 13, 1409; zur Verwertbarkeit eines sozialgerichtlichen Gutachtens BFH 29.6.12 – III S 35/11 (PKH), BFH/NV 12, 1596). Ob die Unfähigkeit zum Selbstunterhalt auf der Behinderung oder anderer Umstände (zB fehlenden Arbeitsangeboten) beruht, bedarf einer Einzelfallwürdigung, wobei erforderlich ist, dass die Mitursächlichkeit der Behinderung erheblich ist (BFH 28.5.09 – III R 16/07, BFH/NV 09, 1639; BFH 22.10.09 – III R 50/07, DStRE 10, 401; BFH 15.3.12 – III R 29/09, DStRE 12, 988 bei Gehörlosem mit Niedriglohn; BFH 9.2.12 – III R 47/08, BFH/NV 12, 939 seelische Behinderung eines Studenten; BFH 22.12.11 – III R 46/08, BFH/NV 12, 730 Indizwirkung eines Gutachtens über die Fähigkeit, Tätigkeiten des allgemeinen Arbeitsmarkts nachzukommen).

14 (2) Unfähigkeit zum Selbstunterhalt. Diese liegt vor, wenn das Kind nicht in der Lage ist, seinen gesamten notwendigen Lebensbedarf zu decken. Der notwendige Lebensbedarf setzt sich aus dem **allgemeinen Lebensbedarf** in Höhe des jeweiligen Existenzminimums (vgl § 32a Abs 1 Nr 1 EStG) und dem individuellen **behinderungsbedingten Mehrbedarf** (vgl dazu DAFamEStG 63.3.6.3.2, BStBl I 2000, 669) zusammen. Letzterer kann entweder in Höhe des jeweiligen Behinderten-Pauschbetrages (§ 33b Abs 3 EStG zwischen 310 und 3700 €), beim blinden Kind in Höhe des tatsächlich gewährten Blindengeldes (BFH 31.8.06 – III R 71/05, DStRE 07, 147) oder in tatsächlich nachgewiesener Höhe angesetzt

Kinderfreibetrag 240

werden, wobei ein pauschalierter Mehrbedarf mit einem erhaltenen Pflegegeld verrechnet wird (BFH 24.8.04 – VIII R 50/03, BFH/NV 04, 1719; Aufgabe von BFH 15.10.99 – VI R 183/97, BStBl II 2000, 72, DStRE 2000, 83 mit Anm *MIT*). Dabei werden von den Eltern übernommene Leistungen mit den Kosten bewertet, die bei Inanspruchnahme fremder Dienstleister anfielen (BFH 24.8.04 – VIII R 59/01, DStRE 04, 1411). Bei einem vollstationär untergebrachten Kind, dessen Unterbringung durch Eingliederungshilfe oder Versicherungsleistungen finanziert wird, wird als Bezug nur der Wert der Verpflegung mit Sachbezugswerten erfasst (BFH 15.10.99 – VI R 40/98, BStBl II 2000, 75; BFH 9.2.12 – III R 53/10, DStRE 12, 736), während der Wohnwert der Heimunterbringung regelmäßig nicht anzusetzen ist (BFH 24.5.2000 – VI R 89/99, BStBl II 2000, 580); zum behinderungsbedingten Mehrbedarf bei teilstationärer Unterbringung vgl BFH 24.8.04 – VIII R 90/03 (BFH/NV 05, 332). Bei Unterbringung mittels Eingliederungshilfe kann behinderungsbedingter Mehraufwand nicht noch daneben in Höhe der Behinderten-Pauschbeträge nach § 33b EStG abgezogen werden (BFH 15.10.99 – VI R 182/98, BStBl II 2000, 79, DStRE 2000, 80 mit Anm *MIT*). Lebt das behinderte Kind im elterlichen Haushalt, gehört die dem Kind vom Sozialhilfeträger gewährte Hilfe zum Lebensunterhalt jedenfalls dann zu den anrechenbaren Bezügen, wenn kein Regress bei den Eltern möglich ist (BFH 26.11.03 – VIII R 32/02, BStBl II 04, 588 = DStRE 04, 506). Übersteigen die Einkünfte des behinderten Kindes aus seinem Ausbildungsdienstverhältnis nach Abzug des behinderungsbedingten Mehrbedarfs den Jahresgrenzbetrag nicht, kann eine Berücksichtigung des Kindes nicht mit der Begründung versagt werden, die Art der Behinderung stehe einer normalen Berufsausbildung nicht im Wege (BFH 22.2.01 – VI B 307/00, BFH/NV 01, 781). Das eigene Vermögen eines behinderten Kindes steht der Gewährung des Kinderfreibetrages nicht entgegen (BFH 19.8.02 – VIII R 51/01, DStRE 02, 1506 und VIII R 17/02, DStRE 02, 1503; zu zwangsläufigen Aufwendungen für ein behindertes Kind mit Vermögen, für das kein Kinderfreibetrag/Kindergeld zusteht BFH 11.2.10 – VI R 61/08, DStRE 10, 794).

Bei der Prüfung ob das behinderte Kind zum Selbstunterhalt fähig ist, wird auf das **Monats- 15 prinzip** abgestellt (BFH 4.11.03 – VIII R 43/02, DStRE 04, 312 zur nachgezahlten Waisenrente). Dabei ist nach dem sog normativen Abflussprinzip ein nicht monatlich anfallender, aber vorhersehbarer Mehrbedarf mit einer Durchschnittsbelastung anzusetzen (BFH 24.8.04 – VIII R 59/01, DStRE 04, 1411). Sonderzuwendungen werden ab dem Zuflussmonat auf einen angemessenen Zeitraum aufgeteilt (BFH 24.8.04 – VIII R 83/02, BFH/NV 04, 1717; BFH 17.11.04 – VIII R 18/02, BFH/NV 05, 691). Erhält ein behindertes Kind mit Rücksicht auf die Beteiligung des Kindsvaters an der ArbGeb-GmbH einen überhöhten Lohn, kann der Überhöhungsbetrag verdeckte Gewinnausschüttung sein, der sich dann beim Kind als unentgeltliche Zuwendung darstellt (BFH 14.12.04 – VIII R 59/02, BFH/NV 05, 1090).

c) Begünstigungsalternativen. Erfüllt das Kind eine der Voraussetzungen des § 32 **16** Abs 4 Nr 2a–d EStG (dazu folgende Rz 17 ff), kommt ein Kinderfreibetrag in Betracht, wenn das Kind nach einer Erstausbildung keiner schädlichen Erwerbstätigkeit nachgeht (vgl Rz 24 ff).

aa) Berufsausbildung (§ 32 Abs 4 Nr 2a EStG) ist die Ausbildung zu einem künftigen **17** Beruf. In Berufsausbildung befindet sich, wer sein Berufsziel noch nicht erreicht hat, sich aber ernstlich darauf vorbereitet (auch Vorbereitung auf Wiederholungsprüfung BFH 2.4.09 – III R 85/08, DStR 09, 1581; Vorbereitung eines Nichtschülers auf das Abitur BFH 18.3.09 – III R 26/06, DStRE 09, 1105). Der Vorbereitung auf ein Berufsziel dienen alle Maßnahmen, bei denen es sich um den Erwerb von Kenntnissen, Fähigkeiten und Erfahrungen handelt, die als Grundlagen für die Ausübung des angestrebten Berufs geeignet sind. Die Ausbildungsmaßnahme muss nicht in einer Ausbildungs- oder Studienordnung vorgeschrieben sein. Das Berufsziel ist nicht schon dann erreicht, wenn das Kind die Mindestvoraussetzungen für die Ausübung des von ihm gewählten Berufs erfüllt hat. Auch braucht Zeit und Arbeitskraft des Kindes durch die Ausbildungsmaßnahme nicht überwiegend in Anspruch genommen zu sein (BFH 28.4.10 – III R 93/09, DStRE 10, 929 zehn Wochenstunden Unterricht bei Schulpflicht). Bei einer Zweitausbildung – im gleichen oder einem anderen Beruf – im Rahmen eines Dienstverhältnisses entscheidet, ob dieses der Erlangung der angestrebten Qualifikation dient und damit der Ausbildungscharakter im Vordergrund steht (BFH 24.2.10 – III R 3/08, BFH/NV 10, 1262). Krankheitsbedingte Einschränkungen bei einer Prüfungsvorbereitung schließen eine Ausbildung nicht aus (BFH 24.9.09 –

240 Kinderfreibetrag

III R 70/07, BFH/NV 10, 617). Im Übrigen gilt für typische Ausbildungsfälle Folgendes (DAFamEStG 63.3.2 BStBl I 2000, 658 ff):

18 **Sprachaufenthalte im Ausland,** zB im Rahmen eines Au-pair-Verhältnisses, können als Berufsausbildung anerkannt werden, wenn sie von einem theoretisch-systematischen Sprachunterricht von durchschnittlich mindestens zehn Wochenstunden begleitet werden. Bei weniger Wochenstunden können einzelne Monate als Berufsausbildung zu werten sein, wenn sie durch intensiven Unterricht geprägt werden (zB Blockunterricht oder Lehrgänge). Entsprechendes gilt für Auslandsaufenthalte, die wegen außergewöhnlicher Vor- und Nachbearbeitung einen zusätzlichen Zeitaufwand erfordern (zB fachlich orientierter Sprachunterricht, Vorträge des Kindes in der Fremdsprache) oder wenn der Fremdsprachenunterricht von einer Ausbildungs- oder Prüfungsordnung zwingend vorausgesetzt wird bzw zur Vorbereitung auf einen Fremdsprachentest dient, der Zulassungsvoraussetzung für eine weitere Ausbildung darstellt (BFH 15.3.12 – III R 58/08, DStRE 12, 875). Es ist nicht erforderlich, dass Zeit und Arbeitskraft des Kindes überwiegend in Anspruch genommen werden (BFH 9.6.99 – VI R 33/98, BStBl II 99, 701, DStR 99, 1482; BFH 22.5.02 – VIII R 74/01, BStBl II 02, 695, DStRE 02, 1125). Eine Berufstätigkeit im Ausland ist einem systematischen Sprachunterricht nicht gleichzustellen, auch wenn sie Sprachkenntisse fördert (BFH 15.7.03 – VIII R 79/99, BStBl II 03, 843).

Zur Berufsausbildung gehört auch der zeitlich begrenzte Besuch von Allgemeinwissen vermittelnden Schulen wie Grund-, Haupt- und Oberschulen sowie von Fach- und Hochschulen im Ausland (zB im Rahmen von Schüleraustauschprogrammen oder eines **akademischen Jahres** an einem amerikanischen College). Es kommt nicht darauf an, ob die Ausbildungsmaßnahme für den angestrebten Beruf unverzichtbare Voraussetzung ist oder auf ein deutsches Studium angerechnet wird (BFH 6.9.99 – VI R 34/98, BStBl II 99, 705).

Das **Anwaltspraktikum eines Jurastudenten** ist Berufsausbildung, weil dadurch Kenntnisse, Fähigkeiten und Erfahrungen vermittelt werden, die als Grundlagen für die Ausübung des angestrebten Berufs geeignet sind; ebenso zum juristischen Vorbereitungsdienst (BFH 13.7.04 – VIII R 20/02, BFH/NV 05, 36). Dies gilt unabhängig davon, ob das Praktikum nach der maßgeblichen Ausbildungs- oder Studienordnung vorgeschrieben ist. Es ist unschädlich, wenn das Kind für das Praktikum von einem Studium beurlaubt wird (BFH 9.6.99 – VI R 16/99, BStBl II 99, 713; 14.1.2000 – VI R 11/99, BStBl II 2000, 199, DStR 2000, 381 mit Anm *MIT;* zum **Offiziersanwärter** vgl BFH 16.4.02 – VIII R 58/01, BStBl II 02, 523, DStR 02, 1260). Bei einem **Zeitsoldaten** mit Bindung für 12 Jahre kann – jedenfalls zu Beginn der Verpflichtungszeit – eine Ausbildung anzunehmen sein (hier: zum Telekommunikationselektroniker BFH 15.7.03 – VIII R 19/02, DStRE 04, 81; zum Kraftfahrer der Fahrerlaubnis CE BFH 10.5.12 – VI R 72/11, DStRE 12, 1116).

19 Eine **Volontärtätigkeit,** die ein ausbildungswilliges Kind vor Annahme einer voll bezahlten Beschäftigung gegen geringe Entlohnung absolviert, ist als Berufsausbildung anzuerkennen, wenn das Volontariat der Erlangung der angestrebten beruflichen Qualifikation dient und somit der Ausbildungscharakter im Vordergrund steht (BFH 9.2.12 – III R 78/09, BFH/NV 12, 940 Freiwilligendienst mit Sprachvermittlung). Es darf sich dagegen nicht lediglich um ein gering bezahltes Arbeitsverhältnis handeln (BFH 9.6.99 – VI R 50/98, BStBl II 99, 706; BFH 26.8.10 – III R 88/08, BFH/NV 11, 26).

Die Vorbereitung auf das **Doktorexamen (Promotion)** ist regelmäßig Berufsausbildung, wenn sie im Anschluss an das Studium ernsthaft und nachhaltig durchgeführt wird. Die Anerkennung ist nicht auf Fälle beschränkt, in denen die Promotion das Studium anstelle eines Diplom- oder Staatsexamens bzw der Magisterprüfung abschließen soll oder sie in einer Studienordnung als alleiniger Abschluss vorgesehen ist (BFH 9.6.99 – VI R 92/98, BStBl II 99, 708; BFH 16.3.04 – VIII R 65/03, BFH/NV 04, 1522).

20 Die Berufsausbildung **beginnt** nicht bereits mit der Bewerbung um einen Ausbildungsplatz, sondern erst mit dem Antritt der Ausbildungsstelle, zB Semesterbeginn (FG München 11.5.99 – 16 K 5546/98, EFG 99, 847), nicht dagegen schon auch die bloße Immatrikulation bei Vollzeiterwerbstätigkeit (BFH 23.11.01 – VI R 77/99, BStBl II 02, 484, DStR 02, 301 mit Anm *MIT* sowie *HJK* FR 02, 633). Auch eine wegen der Geburt eines Kindes beurlaubte Studentin befindet sich in Berufsausbildung, wenn sie tatsächlich studiert (BFH 16.4.02 – VIII R 89/01, BFH/NV 02, 1150), dagegen nicht bei unterbrochenem Studium (BFH 13.7.04 – VIII R 23/02, BStBl II 04, 999; BFH 26.4.13 – III S 34/12 (PKH), BFH/

NV 13, 1231: Kind unterbricht Ausbildung wegen der Betreuung eines eigenen Kindes), jedenfalls wenn nach den hochschulrechtlichen Bestimmungen der Besuch von Lehrveranstaltungen und der Erwerb von Leistungsnachweisen untersagt ist. Dagegen erfüllt ein von der Prüfungsordnung vorgesehenes Praktikum trotz Beurlaubung vom Studium den Ausbildungsbegriff (BFH 5.10.04 – VIII R 77/02, BFH/NV 05, 525; zur Unterbrechung bei Untersuchungshaft BFH 20.7.06 – III R 69/04, BFH/NV 06, 2067 bzw bei Haft BFH 23.1.13 – XI R 50/10, DStRE 13, 786). Die Ausbildung **endet** spätestens mit der Bekanntgabe des Prüfungsergebnisses (BFH 26.4.11 – III B 191/10, BFH/NV 11, 1139; zu Nachweisanforderungen bei Qualifizierungsmaßnahmen nach abgeschlossenem Studium BFH 24.2.10 – III R 80/08, BFH/NV 10, 1431).

bb) Übergangszeiten (§ 32 Abs 4 Nr 2b EStG). Begünstigt ist eine Übergangszeit von höchstens vier Monaten zwischen zwei Ausbildungsabschnitten und zwischen einem Ausbildungsabschnitt und dem Wehr-, Zivil- oder gleichgestellten Dienst (zB freiwilliger Wehrdienst). Bei Überschreiten der Viermonatsfrist entfällt der Kindergeldanspruch nicht nur für die Zeit der Überschreitung, sondern für die gesamte Übergangszeit. Die gesetzliche Ausgestaltung der Übergangszeit ist weder lückenhaft (also nicht analog auf andere Lebensverhältnisse des Kindes übertragbar) noch verfassungswidrig (BFH 22.12.11 – III R 41/07, DStR 12, 785 mit Anm *Wd*, kritisch *Greite* FR 12, 645; BFH 22.12.11 – III R 5/07, DStRE 12, 677; BFH 9.2.12 – III R 68/10, DStRE 12, 675). Folglich kann sich ein Kind nicht darauf verlassen, innerhalb 4 Monaten nach Ausbildungsende einberufen zu werden. Notfalls muss ein kurzzeitiger Ausbildungsgang (zB Praktikum) aufgenommen oder sich darum bemüht werden (§ 32 Abs 4 Nr 2a und c EStG) bzw – vor Vollendung des 21. Lebensjahres – eine Meldung als Arbeitsuchender erfolgen (§ 32 Abs 4 Nr 1 EStG). Die Zeit zwischen einer Ausbildung und dem Beginn eines Beschäftigungsverbotes nach § 3 Abs 2 MuSchG steht dem nicht gleich (BFH 18.5.04 – VIII B 242/03, BFH/NV 04, 1403). Die Übergangszeit ist nicht taggenau zu berechnen, sondern umfasst vier volle Kalendermonate, sodass der vorangegangene bzw folgende Ausbildungsabschnitt im Verlaufe des Vormonats geendet bzw des Folgemonats begonnen haben kann (BFH 15.7.03 – VIII R 105/01, BStBl II 03, 847). Eine Übergangszeit von mehr als vier Monaten ist auch nicht begünstigt, wenn sie zwischen einem Ausbildungsabschnitt und einem freiwilligen sozialen Jahr liegt (BFH 15.7.03 – VIII R 78/95, BStBl II 03, 841) oder wenn der Einberufungsbescheid vor Ablauf der 4 Monate zugegangen ist (BFH 7.9.05 – III B 30/05, BFH/NV 06, 50, sofern das Kind nicht vorher arbeitslos gemeldet war BFH 24.8.05 – VIII R 101/03, BFH/NV 05, 198; zur Ausbildungsunterbrechung durch den Wehrdienst BFH 25.1.07 – III R 23/06, DStR 07, 798 und durch Untersuchungshaft BFH 20.7.06 – III R 69/04, DStRE 07, 149).

cc) Ausbildungswilliges Kind (§ 32 Abs 4 Nr 2c EStG). Begünstigt ist ein Kind, das eine Berufsausbildung mangels Ausbildungsplatz nicht beginnen oder fortsetzen kann; ggfalls auch bei Vollzeiterwerbstätigkeit (BFH 7.4.11 – III R 50/10, BFH/NV 11, 1329; BFH 28.5.13 – XI R 38/11, BFH/NV 13, 1774; vgl aber zur Vollerwerbstätigkeit nach Abschluss einer Erstausbildung Rz 26 sowie BFH 28.2.13 – III R 9/12, DStRE 13, 1295 mit Anm *Wd*). Dies setzt voraus, dass der Wille des Kindes, zum frühestmöglichen Zeitpunkt eine Berufsausbildung aufzunehmen besteht, weshalb der Ausbildungsplatz im Erfolgsfall auch angetreten werden können muss (BFH 15.7.03 – VIII R 79/99, BStBl II 03, 843). Dagegen ist unschädlich, wenn der Ausbildungsplatz bereits zugesagt ist, aber aus organisatorischen Gründen erst später angetreten werden kann (BFH 15.7.03 – VIII R 77/00, BStBl II 03, 845; BFH 23.2.06 – III R 8/05, III R 46/05, DStRE 06, 789). Im Übrigen müssen sich die Bemühungen um einen Ausbildungsplatz nachweisen lassen (DAFamEStG 63.3.4; BFH 3.3.11 – III R 58/09, BFH/NV 11, 1127; die diesbezügliche Würdigung des FG ist nur eingeschränkt überprüfbar, BFH 30.11.09 – III B 251/08, BFH/NV 10, 859; die Bemühung um einen Studienplatz kann durch die Bewerbung bei der ZVS nachgewiesen werden, BFH 26.11.09 – III R 84/07, BFH/NV 10, 853, zur Ausbildungswilligkeit bei Untersuchungshaft BFH 20.12.01 – VI B 123/99, BFH/NV 02, 492). Eine unverbindliche Aussicht auf einen Ausbildungsplatz genügt nicht (BFH 21.1.10 – III R 17/07, BFH/NV 10, 1423). Die Meldung bei der Ausbildungsvermittlung der Agentur für Arbeit erbringt den Nachweis ernsthafter Bemühung, wirkt jedoch nur drei Monate (BFH 19.6.08 – III R 66/05, DStRE 08, 1326; BFH 22.9.11 – III R 30/08, DStRE 12, 85). Die Berücksichtigungsfähigkeit ergibt sich nicht bereits daraus, dass ein Ausbildungsplatz mangels der erforderlichen Beschäfti-

240 Kinderfreibetrag

gungsgenehmigung nicht erlangt werden kann (BFH 6.7.04 – VIII B 59/04, BFH/NV 04, 1531), bzw wenn die objektiven Anforderungen an den Ausbildungsplatz nicht erfüllt werden (BFH 15.7.03 – VIII R 71/99, BFH/NV 04, 473; zu ausländerrechtlichen Hindernissen BFH 7.4.11 – III R 24/08, DStRE 11, 889).

23   **dd) Freiwilligendienste** (§ 32 Abs 4 Nr 2d EStG). Die danach begünstigten Dienste sind abschließend geregelt und können nicht im Wege der Analogie auf nicht erfasste Trägerorganisationen übertragen werden (BFH 9.2.12 – III R 78/09, BFH/NV 12, 940 auch zur Abgrenzung gegenüber einer Ausbildung). Zu den Voraussetzungen im Einzelnen vgl DAFamEStG 63.3.5; zum Bundesfreiwilligendienst nach Aussetzung der Wehrpflicht BMF 24.6.11, BStBl I 11, 579; OFD Münster 19.8.11, DStR 11, 1713 sowie *Freiwilligendienste* Rz 12 f.

24   **d) Begünstigungsausschluss.** Vor 2012 stand ein Kinderfreibetrag trotz Vorliegens der Anspruchsvoraussetzungen des § 32 Abs 4 Nr 1 und 2 EStG nicht zu, wenn die um den Ausbildungsmehraufwand gekürzten Einkünfte und Bezüge des Kindes den – ggf anteiligen – Jahresgrenzbetrag überschritten (dazu im Einzelnen Personalbuch 2012 Kinderfreibetrag Rz 19–25). Jetzt hängt der Kinderfreibetrag grundsätzlich (vgl aber bei Behinderten Rz 14) nicht mehr von den Einkünften und Bezügen des Kindes ab. Jedoch ist er trotz erfüllter Voraussetzungen der Nr 2 (nicht Nr 1, bei der das Kind ohnehin in keinem Beschäftigungsverhältnis stehen darf) des § 32 Abs 4 Satz 1 EStG zu versagen, wenn das Kind nach einer Erstausbildung einer schädlichen Erwerbstätigkeit nachgeht. Dabei ist nicht wie bei der Einkünfte- und Bezügegrenze auf das Kj, sondern auf den jeweiligen Monat abzustellen. Die eigenen Einkünfte und Bezüge dürften auch bei einem verheirateten Kind (FG Münster 30.11.12 – 4 K 1569/12 Kg; FG Köln 16.7.13 – 9 K 935/13; SachsFG 13.6.13 – 2 K 458/13 Kg) bzw bei dem von einem Lebensgefährten unterstützten Kind (FG BlnBdg 7.3.13 – 10 K 10353/08) keine Rolle spielen (vgl auch BFH 14.2.13 – III S 8/12 (PKH), BFH/NV 13, 922).

25   **aa) Erstausbildung** ist eine abgeschlossene erstmalige Berufsausbildung oder ein abgeschlossenes Erststudium. Die diesbezügliche Regelung in § 32 Abs 4 Satz 2 EStG steht im Kontext mit § 4 Abs 9, § 9 Abs 6 und § 12 Nr 5 EStG, welche die Erstausbildungen mit Ausnahme des Ausbildungsdienstverhältnisses nicht der Erwerbssphäre zuordnen, sondern nur beim Kind einen Sonderausgabenabzug (§ 10 Abs 1 Nr 7 EStG) bzw bei den Eltern Entlastungen im Rahmen des Familienlastenausgleichs zulassen. Die Verwaltung sieht in Übereinstimmung mit der Gesetzesbegründung (BT-Drs 17/5125, 41) als „Erstausbildung" nur solche Ausbildungen an, die in einem öffentlich-rechtlich geordneten Ausbildungsgang mit Prüfungsabschluss erfolgen oder in einer diesen Anforderungen vergleichbaren privaten Ausbildung (BMF 7.12.11 BStBl I 11, 1243 = DStR 11, 2462 mit umfangreichen Beispielen). Nach der neueren Rspr zu § 12 Nr 5 EStG (BFH 27.10.11 – VI R 52/10, DStR 11, 2454) ist zweifelhaft oder der BFH dem folgen wird. Jedenfalls wird eine sechsmonatige Ausbildung zur Flugbegleiterin als Erstausbildung angesehen, weshalb die anschließende Ausbildung zur Flugzeugführerin als Zweitausbildung keinen Abzugsbeschränkungen unterliegt (BFH 28.2.13 – VI R 6/12, DStR 13, 1225). Ungeachtet dessen dürfte der Begriff der Erstausbildung nicht mit dem der Berufsausbildung in § 32 Abs 4 Nr 2a EStG übereinstimmen, der auch Kurzausbildungen wie Lehrgänge, Praktikas (vgl BFH 22.11.12 – V R 60/10, BFH/NV 13, 531), Volontariate usw genügen lässt (vgl Rz 17 ff). Es werden also alle Ausbildungsmaßnahmen vor einer abgeschlossenen Erstausbildung ohne weitere Voraussetzungen berücksichtigt. Auch bei abgebrochenen Ausbildungs- oder Studiengängen liegt eine Erstausbildung nicht vor, ebenso wenig wie bei vorausgegangener – auch langjähriger – Berufstätigkeit ohne Ausbildungscharakter.

26   **bb) Schädliche Erwerbstätigkeit.** Nach Abschluss einer Erstausbildung darf das Kind grundsätzlich keiner Erwerbstätigkeit nachgehen. Unschädlich ist jedoch eine Erwerbstätigkeit bis zu 20 Stunden regelmäßiger wöchentlicher Arbeitszeit, ein Ausbildungsdienstverhältnis und ein geringfügiges Beschäftigungsverhältnis (dazu *Geringfügige Beschäftigung* Rz 33, 36 ff). Erwerbstätigkeit ist eine auf die Erzielung von Einkünften gerichtete Beschäftigung, die den Einsatz der persönlichen Arbeitskraft erfordert, also auch land- und forstwirtschaftliche, gewerbliche oder selbständige bzw nicht selbständige Tätigkeit, nicht jedoch das Erzielen von Einkünften aus bloßer Beteiligung bzw aus Vermögensverwaltung oder bei bloßer Aufwandsentschädigung im Rahmen eines Freiwilligendienstes.

27   Kennzeichnend für ein Ausbildungsdienstverhältnis ist, dass die Ausbildungsmaßnahme selbst Gegenstand des Dienstverhältnisses ist. Ein Ausbildungsdienstverhältnis kann auch sei-

nerseits eine Erstausbildung bewirken. Folgt es einer solchen nach, steht der Unschädlichkeit nicht entgegen, wenn es sich – wie zB bei Referendariaten – um vergleichsweise gut bezahlte Arbeit handelt, die Einkünfte weit über dem Existenzminimum zur Folge haben kann. Dagegen wird eine eigenverantwortete Ausbildung noch nicht dadurch zum Ausbildungsdienstverhältnis, dass sie durch ein Stipendium mitfinanziert oder durch Mittel eines früheren, derzeitigen oder späteren ArbGeb gefördert wird. Unschädlich ist auch eine neben dem Ausbildungsdienstverhältnis ausgeübte geringfügige Beschäftigung (vgl *Reimer* FR 11, 929 zum Referendar und sog Drittelassistenten). Dagegen darf neben einer Erwerbstätigkeit bei geringfügiger Beschäftigung insgesamt die 20-Stunden-Grenze nicht überschritten werden.

cc) Verfassungskonformität. Der weitgehende Verzicht auf die Berücksichtigung der eigenen Leistungsfähigkeit des Kindes verfehlt das eigentliche Ziel des Familienleistungsausgleichs, die Eltern des Kindes deswegen zu entlasten, weil das Kind selbst sein Existenzminimum nicht gewährleisten kann. Diesem Ziel wird weder die Differenzierung nach Erwerbs- und anderen Einkünften gerecht, noch die innerhalb der Erwerbseinkünfte geregelte 20-Stundengrenze, die – weil schwer zu kontrollieren – verwaltungsaufwändig ist und die, ebenso wie der Begriff des Ausbildungsdienstverhältnisses, nichts Abschließendes über die Leistungsfähigkeit des Kindes aussagt. Beispielsweise übersteigen die Entgelte aus manchen Referendariaten übliche Ausbildungsvergütungen und erst Recht Entgelte aus prekären Vollerwerbstätigkeiten ganz erheblich. Entsprechendes gilt für die in sich komplizierte geringfügige Beschäftigung, zumal sie neben der Erwerbstätigkeit und dem Ausbildungsdienstverhältnis anzuwenden ist. Zudem entstehen Ungleichbehandlungen zwischen behinderten und nicht behinderten Kindern.

Dass die bisherige Ausschlussregelung übermäßig kompliziert war, rechtfertigt eine Vereinfachung, aber keine sachwidrige und gegen das Gebot der Folgerichtigkeit verstoßende Regelung. Es mag angehen, im Rahmen des Kindergeldes, bei dem Doppelberücksichtigungen anderweit (vgl § 65, § 64 Abs 1 EStG) ausgeschlossen werden und das seinem Gesetzeszweck nach Fördercharakter haben kann (§ 31 Satz 2 EStG), auf die Berücksichtigung von Einkünften und Bezügen des Kindes zu verzichten. Dagegen besteht keine Veranlassung, insbes vermögenden Eltern, die ein Familiensplitting ohne Verlust von Kinderfreibeträgen gestalten können (Vorschläge bei *Königer/Ziegler* FR 11, 937) Mitnahmeeffekte auf Kosten der Allgemeinheit zu ermöglichen. Dies gilt umso mehr, als eine einfache und sachgerechte Alternative zur Verfügung steht. So könnte der erst im Rahmen der Günstigerprüfung zu gewährende Kinderfreibetrag in § 31 EStG unter ersatzloser Streichung von § 32 Abs 4 Sätze 2 und 3 EStG davon abhängig gemacht werden, dass das Kind im betreffenden Kj Einkünfte – aus welchen Quellen auch immer – nicht über dem Grundfreibetrag erzielt hat, wobei aus Gründen eines einfachen Gesetzesvollzugs auf das Einbeziehen von Bezügen verzichtet werden könnte. Demgegenüber bestehen bei der derzeitigen Regelung erhebliche Bedenken an ihrer Verfassungskonformität (*Felix* NJW 12, 22; *Kanzler* NWB 11, 525; *Reiß* FR 11, 462; *Reimer* FR 11, 929; *Scharfenberg/Marbes* DB 11, 2282). Der Vorschlag, Bedenken im Wege verfassungskonformer Auslegung dadurch auszuräumen, dass unter „Erwerbstätigkeit" (vgl Rz 26) auch andere Einkünfte subsumiert werden, als solche mit persönlichem Arbeitseinsatz (so *Krömker* in HHR JK 2012 § 32 EStG Anm J 11-6), dürfte angesichts des eindeutigen Gesetzeswortlauts nicht in Betracht kommen, zumal die zugelassenen Ausnahmen sich ebenfalls auf Tätigkeiten und nicht bloß auf Einkünfte beziehen. Hätte der Gesetzgeber alle Einkünfte einbeziehen wollen, brauchte er nur die Bezüge auszuschließen. Da die Regelung vor dem BVerfG nicht Bestand haben könnte, sollten Eltern, die durch die derzeitige Ausschlussregelung benachteiligt werden, die EStVeranlagung bzw den Kindergeldbescheid offen halten.

4. Übertragung (§ 32 Abs 6 Sätze 7 und 8 EStG; BMF 28.6.13 DStR 13, 1384). Steht bei einem unbeschränkt stpfl Elternpaar, bei dem die Voraussetzungen des § 26 Abs 1 Satz 1 EStG nicht vorliegen (Eltern eines nichtehelichen Kindes, getrennt lebende oder geschiedene Ehegatten), jedem nur sein (halber) Kinderfreibetrag zu (sog Halbteilungsgrundsatz; BFH 25.7.97 – VI R 107/96, BStBl II 98, 329; BFH 25.7.97 – VI R 113/95, BStBl II 98, 433; BFH 25.7.97 – VI R 129/95, BStBl II 98, 435), so kann ein Elternteil den Kinderfreibetrag des anderen Elternteils auf sich übertragen lassen, wenn nur er, nicht jedoch der andere Elternteil, seiner Unterhaltspflicht gegenüber dem Kind für das Kj im Wesentlichen nachkommt. In diesem Falle ist bei der Günstigerprüfung (§ 31 Satz 4 EStG) dem vollen Kinderfreibetrag auch das volle Kindergeld gegenüberzustellen (BFH 16.3.04 – VIII R 88/98, DStRE 04, 947 mit Anm *Paus* DStZ 04, 875). Anders als bisher (BFH 25.7.97 – VI R 107/96, BStBl II 98, 329) kommt ab 2012 eine Übertragung des Kinderfreibetrages auch in Betracht, wenn ein Elternteil die Unterhaltsleistung erzwungenermaßen allein erbringt, weil der andere mangels Leistungsfähigkeit nicht unterhaltspflichtig ist (*Scharfenberg/Marbes* DB 11, 2282, 2285). Im Übrigen ist der Kinderfreibetrag nicht zu übertragen, wenn der Unterhaltsverpflichtete zu mindestens 75 vH seiner Unterhaltsverpflichtung nachkommt (BFH 12.4.2000 – VI R 148/97, DStRE 2000, 977 mit Anm *MIT*), auch wenn bezogen auf den Unterhaltsbedarf des Kindes der Unterhaltsbeitrag verhältnismäßig geringfügig ist (BFH 25.7.97 – VI R 113/95, BStBl II 98, 433; *Grube* DStR 97, 810; *Müller/Traxel* BB 97, 442; BFH 27.10.04 – VIII R 11/04, BFH/NV 05, 343). Das Bestehen einer konkreten Unterhaltsverpflichtung ergibt sich aus einem zivilrechtlichen Urt, einem sonstigen Titel, aus Vereinbarungen oder Vergleichen; ggf hat das FA das Bestehen einer Unterhaltsverpflichtung nach der **Düsseldorfer Tabelle** und deren Erfüllung festzustellen (OFD Frankfurt 4.4.96, FR 96, 534).

31 Ist im Gerichtsverfahren streitig ob der Kinderfreibetrag vom anderen Elternteil zu übertragen ist, liegt kein Fall einer notwendigen **Beiladung** vor (Änderung der Rspr: BFH 4.7.01 – VI B 301/98, BStBl II 01, 729, DStR 01, 1842 mit Anm *MIT*; *Greite* KFR/F 2 FGO § 60, 1/01, S 427; *Kanzler* FR 01, 1074; *Pust* HFR 01, 1084; BFH 26.8.03 – VIII R 91/98, BFH/NV 04, 324). Das FA kann aber widerstreitende Steuerfestsetzungen (Doppelgewährung des übertragenen Freibetrags) dadurch vermeiden, dass es nach § 174 Abs 5 Satz 2 AO 1977 eine Beiladung des anderen Elternteils beantragt, der zu folgen ist (BFH 31.1.06 – III B 18/05, BFH/NV 06, 1046). Dann erwächst die Entscheidung, dass der Freibetrag zu übertragen sei, auch dem anderen Elternteil gegenüber in Rechtskraft. Dagegen ist notwendig beizuladen, wenn ein Elternteil nicht in seinem, sondern im Veranlagungsverfahren des anderen Elternteils sich gegen die Übertragung des Kinderfreibetrages wendet (BFH 11.5.05 – VI R 38/02, DStRE 05, 920). Zur Beiladung beim Kindergeld s *Kindergeld* Rz 5.

Der Kinderfreibetrag kann auch auf einen **Stiefeltern-** oder einen **Großelternteil** übertragen werden, wenn sie das Kind in ihren Haushalt aufgenommen haben; dies kann auch mit Zustimmung des berechtigten Elternteils geschehen, die nur für künftige Kj widerrufen werden kann (§ 32 Abs 6 Satz 7 EStG).

32 Bei minderjährigen Kindern getrennt lebender Eltern kann der dem Elternteil, in dessen Wohnung das Kind nicht gemeldet ist, zustehende Freibetrag für den Betreuungs- und Erziehungs- oder Ausbildungsbedarf (Betreuungsfreibetrag) – unabhängig vom Kinderfreibetrag für das sächliche Existenzminimum – auf Antrag auf den anderen Elternteil übertragen werden. Ist das Kind bei keinem Elternteil oder bei beiden gemeldet, scheidet eine Übertragung aus. Während es bisher nur auf den Antrag des Elternteils ankam, bei dem das Kind mit Hauptwohnsitz gemeldet ist (zur Verfassungskonformität dieser Regelung BFH 27.10.11 – III R 42/07, DStRE 12, 680 mit Anm *Görke* BFH/PR 12, 189, kritisch *Greite* FR 12, 684), kann ab 2012 der den Betreuungsfreibetrag abgebende Elternteil widersprechen, wenn er Kinderbetreuungskosten trägt oder das Kind regelmäßig in einem nicht unwesentlichen Umfang betreut (§ 32 Abs 6 Satz 9 EStG).

C. Sozialversicherungsrecht *Ruppelt*

36 Kinderfreibetrag ist ein einkommensteuerrechtlicher Begriff, dem im SozVRecht keine Bedeutung zukommt.

Kindergeld

A. Arbeitsrecht *Griese*

1 Seit Oktober 1998 sind die ArbGeb grds von der Pflicht zur Kindergeldauszahlung entlastet (Art 1 Nr 7 StEntlG 1999). Lediglich bei ArbN des öffentlichen Dienstes zahlt der öffentliche ArbGeb das Kindergeld gem § 72 EStG aus.

Die **Pfändbarkeit von Kindergeldansprüchen** ist durch § 54 Abs 5 SGB I mit gutem 2
Grund stark eingeschränkt: Sie ist nur zulässig, wenn wegen der Unterhaltsansprüche eines
Kindes, das bei der Festsetzung der Kindergeldleistungen berücksichtigt worden ist, gepfändet werden soll. Eine Zusammenrechnung mit Arbeitseinkommen ist nach § 850e Nr 2a
Satz 5 ZPO nur unter denselben Voraussetzungen zulässig. Liegt keine Pfändung wegen
einer Unterhaltsforderung vor, ist eine **Zusammenrechnung unzulässig.** Es dürfen also
nicht Arbeitseinkommen und Kindergeld zusammengerechnet und daraus der unpfändbare
Betrag bestimmt werden. Vielmehr ist der unpfändbare Teil allein aus dem Arbeitseinkommen zu ermitteln, zusätzlich verbleibt dem ArbN das **nicht pfändbare Kindergeld.**
Genauso ist zu verfahren, wenn der ArbGeb selbst für die Auszahlung des Kindergeldes
zuständig ist, wie sich aus § 76 EStG ergibt. Eine gegenteilige Verfahrensweise würde auch
dem Zusammenrechnungsverbot des § 850e Nr 2a Satz 5 ZPO widersprechen. Da der
Kindergeldanspruch nicht abtretbar ist (BSG 8.12.93, NJW 94, 2310), erfasst eine **Entgeltabtretung** eines ArbN, der von seinem ArbGeb das Kindergeld ausgezahlt erhält, **nicht den
Kindergeldanspruch.**

B. Lohnsteuerrecht
Thomas

1. Rechtscharakter. Das Kindergeld ist als Steuervergütung ausgestaltet (§ 31 Satz 3 4
EStG). Demgemäß sind Verfahrensfragen nach der AO und nicht nach dem SGB X zu beurteilen (BFH 6.3.13 – III B 113/12, BFH/NV 13, 976) und es ist der Rechtsweg zu den
Finanzgerichten gegeben (§ 33 FGO). Ist der ArbGeb aber gleichzeitig Familienkasse und
rechnet er mit einem nicht bestehenden Kindergeld-Rückforderungsanspruch auf, betrifft
die Klage auf vollständigen Lohn weiterhin eine arbeitsrechtliche Streitigkeit (BFH
12.5.2000 – VI R 100/99, DStRE 2000, 1031). Ist die Entlastung durch Kinderfreibeträge
höher, wird das Kindergeld der ESt hinzugerechnet **(Günstigerprüfung** vgl *Kinderfreibetrag*
Rz 3).

2. Anspruchsberechtigung. a) Erhebungs- und Festsetzungsverfahren. Beim Kin- 5
dergeld wird wie bei der ESt zwischen Festsetzungs- und Erhebungsverfahren unterschieden.
Anspruchsberechtigter ist derjenige, für den das Kindergeld durch die Familienkasse festgesetzt wird (regelmäßig ein Elternteil). Ausnahmsweise erfolgt die Auszahlung des Kindergeldes aber nach § 74 EStG an Dritte (zB an das Kind selbst, BFH 26.1.01 – VI B 310/00,
BFH/NV 01, 896; BFH 16.4.02 – VIII R 50/01, BStBl II 02, 575, an den Gewährer von
Unterhalt oder an einen Sozialleistungsträger BFH 14.5.02 – VIII R 88/01, BFH/NV 02,
1156; BFH 17.2.04 – VIII R 58/03, BFH/NV 04, 1447; ggf ist das Kindergeld gar nicht
oder nur teilweise überzuleiten, wenn dem Kindergeldberechtigten noch Aufwendungen für
das Kind erwachsen, BFH 18.4.13 – V R 48/11, DStRE 13, 1108; BFH 27.10.04 – VIII R
65/04, BFH/NV 05, 538 bzw wenn er zu einem eigenen Kostenbeitrag herangezogen wird,
BFH 17.11.04 – VIII R 30/04, BFH/NV 05, 692; BFH 9.2.09 – III R 37/07, DStRE 09,
662; zum Erstattungsanspruch nach § 104 SGB X vgl BFH 28.4.10 – III R 43/08, DStRE
10, 1369; BFH 13.6.13 – V S 29/12 (PKH), BFH/NV 13, 1414; zur Anrechnung des
Kindergeldes auf die Sozialhilfe vgl BFH 15.3.02 – VIII B 175/01, BFH/NV 02, 1304). Der
Sozialhilfeträger hat aber keinen Anspruch, nachträglich festgesetztes Kindergeld wegen der
dem Kind erbrachten Sozialleistungen erstattet zu bekommen (BFH 17.4.08 – III R 33/05,
DStRE 08, 1258; BFH 19.6.08 – III R 89/07, BFH/NV 08, 1995). Die Überleitungsberechtigten können die Festsetzung des Kindergeldes zugunsten des Anspruchsberechtigten
selbst beantragen (§ 67 EStG) und gerichtlich durchsetzen (BFH 12.1.01 – VI R 181/97,
BStBl II 01, 443, DStR 01, 618 mit Anm *MIT*). Der Kindergeldberechtigte ist zu diesem
Verfahren dann notwendig beizuladen (BFH 12.1.01 – VI R 49/98, BStBl II 01, 246; zur
Beiladung des Sozialhilfeträgers bei Klage gegen einen Abrechnungsbescheid BFH 16.1.07 –
III R 33/05, BFH/NV 07, 720). Dagegen ist nicht notwendig beizuladen, wenn ein eigener
– und nicht ein fremder – Kindergeldanspruch verfolgt wird, selbst wenn dies zum Verlust
des Kindergeldes beim anderen Elternteil führen kann (BFH 16.4.02 – VIII B 171/01,
BStBl II 02, 578). Ist die Festsetzung zu Unrecht erfolgt und wird sie deswegen rückwirkend
aufgehoben, erfolgt die Rückforderung beim Kindergeldberechtigten, auch wenn auf seine
Anweisung das Kindergeld einem Dritten, zB dem Kind, ausgezahlt wurde (BFH 28.1.10 –
III B 112/08, BFH/NV 10, 836; anders bei Überleitung nach § 74 EStG BFH 24.8.01 –

241 Kindergeld

VI R 83/99, BFH/NV 01, 1635). Ist gewährtes Kindergeld wegen Änderung der Verhältnisse rückwirkend aufzuheben, kann es regelmäßig auch dann zurückgefordert werden, wenn es weitergezahlt wurde, obwohl erkennbar war, dass es nicht zustand (BFH 21.2.08 – III B 103/07, BFH/NV 08, 972). Etwas anderes gilt nur, wenn die Familienkasse in Art einer konkludenten Zusage zu erkennen gegeben hat, sie werde den Kindergeldempfänger nicht mehr in Anspruch nehmen (BFH 14.10.03 – VIII R 56/01, DStRE 04, 88).

6   **b) Anspruchsvoraussetzungen.** Anspruchsberechtigt (§ 62 EStG) sind Deutsche – für Ausländer gelten Einschränkungen – die im Inland einen Wohnsitz oder gewöhnlichen Aufenthalt haben oder nach § 1 Abs 2 EStG unbeschränkt Estpfl sind (insbesondere deutsche Auslandsbeamte) oder nach § 1 Abs 3 EStG aufgrund eines Antrags an das zuständige FA (nicht an die Familienkasse) als unbeschränkt Estpfl behandelt werden (BFH 24.5.12 – III R 14/10, DStR 12, 1385). Im Kindergeldverfahren bindet die im EStVerfahren erfolgte Behandlung als unbeschränkt estpfl nach § 1 Abs 3 EStG, nicht aber die nach § 1 Abs 1 EStG (BFH 25.4.13 – III B 111/12, BFH/NV 13, 1244). Des Weiteren muss auch das Kind regelmäßig (Ausnahmen s unten) einen inländischen Wohnsitz haben (sog **doppeltes Wohnsitzprinzip**). Die Wohnsitzanforderungen beim Kind sind verfassungs- und EUkonform (BFH 26.2.02 – VIII R 85/98, BFH/NV 02, 912; BFH 4.7.13 – III B 24/13, BFH/NV 13, 1568). Ein sechsjähriges Kind, das die ganze Grundschule bei den Großeltern im Ausland besucht, hat in der elterlichen Wohnung im Inland bei bloßen Ferienbesuchen keinen Wohnsitz (BFH 23.11.2000 – VI R 165/99, BStBl II 01, 279, DStR 01, 525; BFH 30 6. 04 – VIII B 132/04, BFH/NV 04, 1639). Besitzen ins Ausland versetzte Eltern noch einen inländischen Wohnsitz, muss dieser nicht auch Wohnsitz ihrer minderjährigen Kinder sein (BFH 15.5.09 – III B 209/08, BFH/NV 09, 1630). Bei einem mehrjährigen Auslandsstudium des Kindes behält es seinen inländischen Wohnsitz bei den Eltern nur bei, wenn es ihn in den ausbildungsfreien Zeiten auch nutzt (BFH 23.11.2000 – VI R 107/99, BStBl II 01, 294; BFH 28.4.10 – III R 52/09, BFH/NV 10, 1542, maßgebend sind die Zeiten während (nicht vor oder nach) des Auslandsaufenthalts). Der inländische Wohnsitz ist beim Auslandsstudium des Kindes nicht allein deshalb zu verneinen, weil das Kind nach Abschluss des Studiums möglicherweise im Ausland berufstätig wird (BFH 26.6.13 – III B 5/13, BFH/NV 13, 1386). Eine Mutter, die mit ihren Kindern im Ausland lebt, hat keinen inländischen Wohnsitz, wenn sie eine ihr von Angehörigen zur jederzeitigen Nutzung vorgehaltene eingerichtete Wohnung nur besuchsweise zweimal im Jahr 2 bis 3 Wochen nutzt (BFH 12.1.01 – VI R 64/98, DStRE 01, 641; BFH 17.5.13 – III B 121/12, BFH/NV 13, 1381; zum Wohnsitz bei Entführung ins Ausland BFH 19.3.02 – VIII R 62/00, DStRE 02, 1006; BFH 4.7.12 – III B 174/11, BFH/NV 12, 1599). Im Übrigen reicht es, wenn Kinder ihren Wohnsitz in einem EU-Staat oder EWR-Staat haben (s hierzu *Ausländer* Rz 39) oder im Haushalt eines nach § 1 Abs 2 EStG (s *Auslandstätigkeit* Rz 60) unbeschränkt Stpfl leben (§ 63 Abs 1 Satz 3 EStG). Begünstigende Sonderregelungen gelten insoweit für die Schweiz, Türkei, Marokko, Tunesien und die Nachfolgestaaten von Jugoslawien (*Nolde* FR 95, 846; BMF 18.12.95, DB 96, 14 Rz 8; OFD Bln 17.3.97, FR 97, 501; zur Türkei vgl FG Brem 22.1.98, EFG 98, 1069; FG Münster 28.4.98, EFG 98, 1208; BFH 10.8.98 – VI B 21/98, DStR 99, 584 = BFH/NV 99, 285; FG NdS 27.1.99 – VI 9/96 S, EFG 99, 441; FG Brem 3.2.99 – 498091 K 1, EFG 99, 570; FG Brem 28.1.99 – 498133 K 1, EFG 99, 847; FG Brem 17.12.98 – 498051 K 1, EFG 99, 566; zu Jugoslawien vgl BFH 19.6.02 – VIII B 147/01, BFH/NV 02, 1535; BFH 8.10.01 – VI B 138/01, BStBl II 02, 480, DStRE 02, 761). Wird im Ausland eine dem Kindergeld vergleichbare Leistung bezahlt (vgl die Übersicht BfF 30.6.98, BStBl I 98, 888), ist die Zahlung von Kindergeld im Inland ausgeschlossen (§ 65 Abs 1 Nr 2 EStG; s unten Rz 11).

7   Hat das Kind eines im Inland ansässigen **Ausländers** seinen Wohnsitz oder gewöhnlichen Aufenthalt im Inland, einem EU- oder EWR-Staat, besteht Kindergeldberechtigung, wenn ein Aufenthaltstitel vorliegt mit mindestens dreijährigen ununterbrochenem geduldeten Aufenthalt (BFH 24.5.12 – III R 20/10, BeckRS 2012, 96303). Als Aufenthaltstitel reicht auch, wenn ein Botschaftsbediensteter einen sog gelben Ausweis ausgestellt bekommt und als im Inland ständig ansässig behandelt wird (BFH 25.7.07 – III R 55/02, BStBl II 08, 758 = DStRE 08, 91; eine sog Grenzübertrittsbescheinigung reicht nicht BFH 31.7.09 – III B 152/08, BFH/NV 09, 1811). Bei einer Aufenthaltserlaubnis nach § 34 Abs 3 AufenthG muss eine Erwerbstätigkeit ausdrücklich erlaubt sein (BFH 26.8.10 – III R 47/09, DStRE 10, 1506). Das

Kindergeld 241

Erfordernis der Integration in den deutschen Arbeitsmarkt ist verfassungskonform (BFH 28.4.10 – III R 1/08, DStRE 10, 1056). Dagegen besteht kein Kindergeldanspruch für nur geduldetete Ausländer (BFH 15.3.07 – III R 93/03, DStRE 07, 839; BFH 14.6.13 – III B 119/12, BFH/NV 13, 1417) bzw bei rückwirkend aberkannter Aufenthaltsbefugnis (BFH 15.3.12 – III R 87/03, BFH/NV 12, 1603). Das gilt auch für Flüchtlinge nach der Genfer Konvention mit Aufnahmezusage, solange kein Aufenthaltstitel verschafft wird (BFH 25.10.07 – III R 90/03, DStRE 08, 281; zu Staatenlosen BFH 22.11.07 – III R 60/99, DStRE 08, 686) und bei unrechtmäßig ausgestellten deutschen Ausweispapieren (BFH 17.4.08 – III R 16/05, DStRE 08, 998). Zur Kindergeldberechtigung eines zur vorübergehenden Dienstleistung ins Inland entsandten ausländischen ArbN vgl BFH 30.10.02 – VIII R 67/99, BStBl II 03, 265 (zum türkischen Staatsbürger nach einem Aufenthalt von sechs Monaten BFH 17.6.10 – III R 42/09, DStRE 10, 1402). Zum Kindergeld nach dem Sozial-Abkommen mit Jugoslawien – BFH 30.7.09 – III R 22/07, BFH/NV 09, 1983 sowie BFH 21.2.08 – III R 79/03, DStRE 08, 814 zur geringfügigen Beschäftigung und BFH 27.10.11 – III R 14/08, DStRE 12, 283 mit Anm *Görke* BFH/PR 12, 91 zum Bezug von Arbeitslosengeld. Ein nach deutschem Recht bestehender Kindergeldanspruch kann durch Gemeinschaftsrecht ausgeschlossen sein. Das ist aber nicht schon der Fall, wenn der Anspruchsberechtigte nicht den deutschen Rechtsvorschriften, sondern nur den Vorschriften eines anderen Mitgliedstaats der EU unterliegt (BFH 16.5.13 – III R 8/11, DStR 13, 1879). Zu Geltung und Reichweite dieses Auschlusses vgl BFH 5.7.12 – III R 76/10, DStRE 12, 119; EuGH 12.6.12 – C-611/10, C-612/10, DStRE 12, 999 mit Anm *Wendl* DStR 12, 1894; BFH 19.4.12 – III R 97/09, DStRE 12, 1122; BFH 15.3.12 – III R 52/08, DStRE 12, 1181; BFH 22.12.11 – III R 32/05, DStRE 12, 619 mit Anm *Görke* BFH/PR 12, 195, *Greite* FR 12, 423; BFH 4.8.11 – III R 55/08, DStRE 11, 1517 mit Anm *Görke* BFH/PR 12, 52; *Reimer/Weimar* ISR 12, 37.

3. Kind-Begriff. Kindergeld wird für Kinder iSd § 32 Abs 1 EStG bezahlt (§ 63 Abs 1 **8** Satz 1 Nr 1 EStG). Da der Kindbegriff des Kindergeldes weiter ist als der des Kinderfreibetrags (§ 63 Abs 1 Satz 1 Nr 2 und Nr 3 EStG) werden auch vom Berechtigten in seinen Haushalt aufgenommene Kinder seines Ehegatten (§ 63 Abs 1 Satz 1 Nr 2 EStG) berücksichtigt, also die **Stiefkinder** (auch wenn der Berechtigte nicht die wesentlichen Kosten des Haushalts trägt; BFH 27.8.98 – VI B 236/97, BFH/NV 99, 177), sowie vom Berechtigten in seinen Haushalt aufgenommene **Enkel** (§ 63 Abs 1 Satz 1 Nr 3 EStG), nicht aber Kinder des nichtehelichen Lebensgefährten.

4. Begünstigungsvoraussetzungen. Da § 32 Abs 3 bis 5 EStG in § 63 Abs 2 Satz 2 **9** EStG für entsprechend anwendbar erklärt wird, gelten beim Kindergeld hinsichtlich der Altersgrenzen, der Begünstigungsalternativen und des Begünstigungsausschlusses wegen eigener Einkünfte und Bezüge des Kindes dieselben Voraussetzungen wie beim Kinderfreibetrag. Es wird deshalb auf die dortigen Ausführungen verwiesen (*Kinderfreibetrag* Rz 9–26).

5. Anspruchskonkurrenz. Erfüllen mehrere Anspruchsberechtigte die Voraussetzungen **10** für das Kindergeld eines Kindes, wird für jedes Kind nur **einem Berechtigten** Kindergeld gezahlt (§ 64 Abs 1 EStG). Bei mehreren Berechtigten wird das Kindergeld demjenigen gezahlt, der das Kind in seinen Haushalt aufgenommen hat (sog **Obhutsprinzip;** § 64 Abs 2 Satz 1 EStG). Dies gilt auch dann, wenn die Berechtigten etwas anderes vereinbart haben (BFH 14.5.02 – VIII R 64/00, DStRE 02, 1501; BFH 1.7.03 – VIII R 94/01, BFH/NV 04, 25). Auch ein volljähriges studierendes Kind mit auswärtiger Unterkunft kann noch im elterlichen Haushalt aufgenommen sein (BFH 18.2.08 – III B 69/07, BFH/NV 08, 948; BFH 16.4.08 – III B 36/07, BFH/NV 08, 1326). Zieht ein Kind freiwillig zum anderen Elternteil nicht nur vorläufig um, kann von einer dortigen Haushaltsaufnahme auch ausgegangen werden, wenn der Elternteil nicht sorgeberechtigt ist (BFH 25.6.09 – III R 2/07, DStRE 09, 1245). Ist das Kind in den Haushalt beider Elternteile aufgenommen, wird es dem Elternteil zugeordnet, in dessen Haushalt es sich überwiegend aufhält und in dem es seinen Lebensmittelpunkt hat (BFH 14.12.04 – VIII R 106/03, DStRE 05, 446; BFH 18.4.13 – V R 41/11, DStRE 13, 1171). Bei gleichwertiger Haushaltsaufnahme, entscheidet die Bestimmung durch die Berechtigten, bis sie widerrufen wird (BFH 23.3.05 – III R 91-/03, DStR 05, 962 mit Anm *Greite* FR 05, 903; *Steinhauff* KFR F 3 EStG § 64, 1/05 S 347). Lebt das Kind in einem selbstständigen Haushalt, ist maßgebend, welcher Elternteil die höhere Unterhaltsrente leistet. Bei der Vergleichsberechnung bleibt das Kindergeld als Finan-

241 Kindergeld

zierungsbestandteil des Unterhalts außer Ansatz (BFH 2.6.05 – III R 66/04, DStRE 05, 1336 mit Anm *Greite* FR 05, 1260). Zulässig ist aber die Kürzung der Unterhaltsverpflichtung iH des halben Kindergeldes (§ 1612b Abs 1 BGB; BFH 18.12.98 – VI B 215/98, DStR 99, 230). § 64 Abs 2 Satz 1 EStG verstößt weder gegen Art 3 Abs 1 GG noch gegen europäisches Recht (BFH 10.11.98 – VI B 125/98, BStBl II 99, 137; BFH 19.8.03 – VIII R 60/99, BFH/NV 04, 320). Auf den melderechtlichen Wohnsitz des Kindes kommt es nicht an.

Beispiel: Nach Scheidung der Ehegatten lebt das Kind bei der Mutter. Ihr steht der Kindergeldanspruch zu. Sie muss sich auf ihren Regelbedarf ggf die Hälfte des Kindergeldes anrechnen lassen (vgl *Kinderfreibetrag* Rz 3). Auch eine Übertragung des Kinderfreibetrags entfällt in diesem Fall, da mit der Haushaltsaufnahme des Kindes die Unterhaltspflicht erfüllt wird.

Stellt die Familienkasse nachträglich fest, dass einem Elternteil zu Unrecht Kindergeld gewährt worden ist, weil – etwa nach einer Trennung der Eltern – das Kind zum Haushalt des anderen Elternteils (vorrangig Berechtigter) gehört, hebt es die Festsetzung ab dem Haushaltswechsel auf und fordert das dann ohne rechtlichen Grund (§ 37 Abs 2 AO 1977) gezahlte Kindergeld zurück (BFH 18.12.98 – VI B 215/98, BStBl II 99, 231; BFH 15.6.04 – VIII R 93/03, BFH/NV 05, 153). Die Familienkasse verzichtet auf Rückforderungsansprüche, wenn der vorrangig Berechtigte eine Erklärung nach DAFamEStG 64.4 Abs 4 abgibt, nach der er für die Vergangenheit seinen Kindergeldanspruch durch die Zahlungen an den nachrangig Berechtigten als erfüllt ansieht. Gibt er eine solche Erklärung nicht ab, handelt die Familienkasse regelmäßig nicht ermessungsfehlerhaft, wenn sie trotz Weiterleitung von Kindergeld im Rahmen laufender Unterhaltsgewährung auf einer Rückforderung besteht (BFH 9.4.01 – VI B 271/00, BFH/NV 01, 1254; BFH 31.3.05 – III B 189/04, BFH/NV 05, 1305 und bei Auszahlung an einen Dritten BFH 27.5.05 – III B 197/04, BFH/NV 05, 1486). Zum Haushaltswechsel bei noch nicht endgültiger Trennung der Eltern vgl BFH 20.6.01 – VI R 224/98, DStR 01, 1525 und BFH 5.4.01 – VI B 175/00, BFH/NV 01, 1253.

Ist ein Kind in den gemeinsamen Haushalt von Eltern, einem Elternteil und dessen Ehegatten (also Stiefkind), Pflegeeltern oder Großeltern aufgenommen worden, so bestimmen diese untereinander den Berechtigten, allerdings ohne Rückwirkung (FG SchlHol 31.3.99 – III 1493/98, EFG 99, 786). Wird eine Bestimmung nicht getroffen, so bestimmt das Vormundschaftsgericht auf Antrag eines Berechtigten. Den Antrag kann stellen, wer ein berechtigtes Interesse an der Zahlung des Kindesgeldes hat. Lebt ein Kind im gemeinsamen Haushalt von Eltern und Großeltern, so wird das Kindergeld vorrangig einem Elternteil gezahlt; es wird an einen Großelternteil gezahlt, wenn der Elternteil gegenüber der zuständigen Stelle auf seinen Vorrang schriftlich verzichtet hat (§ 64 Abs 2 Sätze 2–5 EStG). Zur Anspruchskonkurrenz während eines Monats s unten Rz 16.

Ist das Kind nicht in den Haushalt eines Berechtigten aufgenommen, zB bei Heimunterbringung, so kommt es auf die Zahlung der ggf höheren Unterhaltsrente an, bei gleich hohen Unterhaltsrenten oder wenn kein Berechtigter Unterhalt zahlt auf die Bestimmung durch die Berechtigten; ohne Bestimmung kommt das Antragsverfahren beim Vormundschaftsgericht zur Anwendung (§ 64 Abs 3 EStG), wobei ein vorheriges Bestimmungsrecht der Elternteile einzuhalten ist (BfF 19.7.99 – St I 4 – S 2280 – 51/99, BStBl I 98, 688).

11 **6. Anspruchsausschluss** (§ 65 EStG). Kindergeld wird nicht gezahlt, wenn ein dem Kindergeld entsprechender Anspruch besteht, nämlich bei (Einzelheiten OFD Cottbus 26.6.97, FR 97, 651)
- Kinderzulagen aus der gesetzlichen UV (§ 583 RVO; auslaufend; vgl *Schmidt/Weber-Grellet* EStG § 65 Rz 2) oder Kinderzuschüsse aus den gesetzlichen RV (§ 270 SGB VI; FG RhPf 28.5.98 – 5 K 1191/98, EFG 99, 481),
- Leistungen für Kinder, die im Ausland gewährt werden und dem Kindergeld oder den genannten Kinderzulagen/-zuschüssen vergleichbar sind (vgl die Liste der vergleichbaren Leistungen BfF 30.6.98 – St I 4 – S 2280 – 46/98, BStBl I 98, 888; Kinderzulage nach schweizerischem Recht BFH 27.10.04 – VIII R 68/99, BFH/NV 05, 535 und BFH 30.6.05 – III B 9/05, BFH/NV 05, 2007; zum Differenz-Kindergeld bei Grenzgängern BFH 24.3.06 – III R 41/05, DStRE 06, 923; BFH 11.7.13 – VI R 68/11, BeckRS 2013, 96368; Kinderrente in den USA BFH 27.10.04 – VIII R 104/01, BFH/NV 05, 341). Innerhalb der EU ist über die Verordnung (EWG) Nr 1408/71 über die Anwendung der

Kindergeld 241

Systeme der sozialen Sicherheit geregelt, die Rechtsvorschriften welchen Mitgliedstaates maßgebend sind und dem folgend, welches Land dem Kindergeld vergleichbare Familienleistungen zu erbringen hat. Dies schließt grds Doppelgewährungen aus (zu österreichischen Leistungen BFH 13.8.02 – VIII R 53/01, DStRE 02, 1513; zu niederländischen Leistungen BFH 13.8.02 – VIII R 54/00, BFH/NV 02, 1581; BFH 17.4.08 – III R 36/05, DStRE 08, 1133 zum griechischen Inlandslehrer BFH 13.8.02 – VIII R 61/00, BFH/NV 02, 1584 und zur abgeordneten griechischen Beamtin BFH 13.8.02 – VIII R 97/01, BFH/NV 02, 1588). Das „child tax credit" in den USA entspricht dem Kindergeld nicht (BfF 31.3.99 – St I 4 – S 2280 – 22/99, BStBl I 99, 452),

– Leistungen für Kinder, die von einer zwischenstaatlichen oder überstaatlichen Einrichtung gewährt werden und dem Kindergeld vergleichbar sind. Hiervon sind insbesondere EU- und NATO-Beschäftigte betroffen.

Die genannten Leistungen stehen dem Kindergeld gleich, soweit es bei der ESt auf das Kindergeld ankommt (§ 65 Abs 1 Satz 2 EStG). Ist in den Fällen der Kinderzulagen/-zuschüsse aus der gesetzlichen UV/RV der Bruttobetrag dieser Leistungen niedriger als das Kindergeld, wird die Differenz an Kindergeld bezahlt, wenn sie mindestens 5 € beträgt (§ 65 Abs 2 EStG; sog **Teilkindergeld**). In den obigen Fällen Auslandskindergeld und supranationales Kindergeld ist ein Ausgleich nicht erforderlich (BVerfG 8.6.04 – 2 BvL 5/00, HFR 04, 1139).

7. Auszahlung des Kindergeldes. a) Antrag. Das Kindergeld ist bei der örtlich zuständigen Familienkasse (s unten Rz 17) schriftlich zu beantragen. Den Antrag kann außer dem Berechtigten auch stellen, wer ein berechtigtes Interesse an der Leistung hat (§ 67 EStG), zB der Unterhaltsverpflichtete zwecks Anrechnung des Kindergeldes auf seine Unterhaltsverpflichtung (§ 1615g BGB). Vollendet ein Kind das 18. Lebensjahr, so wird es nur dann – mit Rückwirkung – weiter berücksichtigt, wenn der Berechtigte der zuständigen Familienkasse, ohne dass diese auf den Wegfall des Kindergeldanspruchs hinweisen musste (§ 70 Abs 1 Satz 2 Nr 3 EStG) schriftlich nachweist, dass die Voraussetzungen des § 32 Abs 4 oder 5 EStG vorliegen (FG Düsseldorf 26.3.98, EFG 98, 1017). Für den Kindergeldanspruch gilt die Festsetzungsverjährung nach §§ 169 ff AO. Werden kindergelderhebliche Änderungen der Verhältnisse entgegen § 68 Abs 1 Satz 1 EStG nicht mitgeteilt, tritt damit nicht eine Hemmung der Verjährung ein (BFH 18.5.06 – III R 80/04, BFH/NV 06, 2323). Danach muss der Anspruch spätestens 4 Jahre (§ 169 Abs 2 Nr 2 AO 1977) nach Ablauf des Kj, in dem das Kindergeld entstanden ist (§ 170 Abs 1 AO 1977) geltend gemacht (§ 171 Abs 3 AO 1977) werden. Kindergeldnachzahlungen werden nicht verzinst (BFH 20.4.06 – III R 64/04, BStBl II 07, 240 = DStRE 06, 1092; zu Prozesszinsen BFH 25.1.07 – III R 85/06, BStBl II 07, 598 = DStRE 07, 858.

b) Monatszahlung. Das Kindergeld wird monatlich gezahlt (§ 71 EStG). Es beträgt für das erste und zweite Kind 184 € (vor 2010: 164 €) für das dritte Kind 190 € (vor 2010: 170 €) und für jedes weitere Kind 215 € (vor 2010: 195 €; § 66 Abs 1 EStG). Für die Zählreihenfolge (erstes, zweites usw Kind) kommt es auf die Anspruchsberechtigung (s oben Rz 5) vor der Anspruchskonkurrenz (s oben Rz 10) an (sog **Zählkinder**). Der Zählkindvorteil eines Stiefkindes setzt dessen Haushaltsaufnahme voraus (BFH 2.3.09 – III B 4/07, BFH/NV 09, 1109). Beim Streitwert bleiben mittelbare Auswirkungen auf Zählkinder, die nicht selbst Gegenstand des Verfahrens sind, außer Betracht (BFH 20.10.05 – III S 20/05, BFH/NV 06, 200).

c) Dauer der Zahlung. Das Kindergeld wird vom Beginn des Monats an gezahlt, in dem die Anspruchsvoraussetzungen erfüllt sind, bis zum Ende des Monats, in dem die Anspruchsvoraussetzungen wegfallen (§ 66 Abs 2 EStG).

Beispiel: Das über 18 Jahre alte Kind beginnt am 30. 9. eine Ausbildung, die es am 2. 2. abbricht. Kindergeld von September bis Februar.

Ergibt sich im Laufe oder nach Ablauf des Kj, dass der Jahresgrenzbetrag des § 32 Abs 4 Satz 2 EStG überschritten wird, kann die Kindergeldfestsetzung rückwirkend aufgehoben werden (BFH 26.7.01 – VI R 83/98, BFH/NV 01, 633; 26.7.01 – VI R 55/00, BFH/NV 01, 1631). Der Rückforderung zuviel gezahlten Kindergeldes stehen Vertrauensgesichtspunkte regelmäßig nicht entgegen (BFH 26.7.01 – VI R 163/00, BFH/NV 02, 248; 14.10.03 – VII R 56/01, DStRE 04, 88; s auch Rz 17).

241 Kindergeld

16 **d) Anspruchskonkurrenz während eines Monats.**

Beispiel: Das Kind wechselt während des Monats seine Haushaltszugehörigkeit zwischen den Elternteilen. Nach dem Wortlaut des § 66 Abs 2 EStG steht für diesen Monat beiden Elternteilen das Kindergeld zu. Dies widerspricht § 64 Abs 1 EStG, wonach nur einem Berechtigten das Kindergeld gezahlt wird (s oben Rz 12). Dieser Grundsatz geht vor. Aus Praktikabilität wirkt sich der Wechsel ab dem Folgemonat aus (FG Münster 13.7.99 – 13 K 2785/97 Kg, EFG 99, 1238; Az BFH VI R 144/99).

17 **8. Zahlungsverpflichteter.** Die **Familienkasse** setzt das Kindergeld durch Bescheid fest und zahlt es aus (§ 70 Abs 1 Satz 1 EStG). Eines Bescheides bedarf es nicht, soweit dem Antrag entsprochen wird oder der Berechtigte anzeigt, dass die Voraussetzungen für die Berücksichtigung eines Kindes nicht mehr erfüllt sind oder das Kind das 18. Lebensjahr vollendet und der Berechtigte nicht anzeigt, dass die Voraussetzungen zur Weitergewährung des Kindergeldes vorliegen (§ 70 Abs 1 Satz 2 EStG). Stellt sich nachträglich die Rechtswidrigkeit einer Kindergeldfestsetzung heraus, kann – im Rahmen der Festsetzungsverjährung – eine Änderung nach § 70 Abs 2 und 3 EStG oder nach den Vorschriften der AO erfolgen, da beide nebeneinander anwendbar sind (BFH 25.7.01 – VI R 18/99, BStBl II 02, 81; BFH 14.5.02 – VIII R 67/01, BFH/NV 02, 1294). Da der Kindergeldbescheid ein teilbarer Verwaltungsakt ist, kann eine Änderung auch dergestalt in Etappen vorgenommen werden, dass das Kindergeld zunächst für die Zukunft eingestellt und später eine Aufhebung für die Vergangenheit durchgeführt wird (BFH 26.7.01 – VI R 163/00, BStBl II 02, 174 mit Anm *Kanzler* FR 02, 225, *Greite* KFR/F 3 EStG § 70, 3/02, S 117). Der Rückforderung danach ohne Rechtsgrund gezahlten Kindergeldes (§ 37 Abs 2 AO) kann nicht der Einwand weggefallener Bereicherung entgegengehalten werden (BFH 13.3.2000 – VI B 286/99, BFH/NV 2000, 1088). Der Rückforderung zu Unrecht gezahlten Kindergeldes steht Treu und Glauben nicht schon deswegen entgegen, dass die Familienkasse in Kenntnis der Umstände, die zu einem Wegfall des Kindergeldes führen, zunächst noch Leistungen erbringt (BFH 14.10.03 – VIII R 56/01, BStBl II 04, 123 mit Anm *Greite* FR 04, 295; BFH 28.5.04 – VIII B 63/04, BFH/NV 04, 1526; BFH 22.1.04 – VIII B 289/03, BFH/NV 04, 759).

18 **9. Rechtsbehelf.** Gegen Kindergeldbescheide ist der Einspruch bei der Familienkasse (§ 367 Abs 1 Satz 1 AO) gegeben. Eine Kostenerstattung nach § 77 EStG setzt einen erfolgreichen Einspruch des Bevollmächtigten voraus (BFH 25.8.09 – III B 245/08, BFH/NV 09, 1989). Die Klage ist beim FG zu erheben. Zur Klage zwischen Familienkasse und Sozialleistungsträger auf Abzweigung bzw Rückübertragung von Kindergeld BFH 26.1.06 – III R 89/03 (BStBl II 06, 544). Zum einstweiligen Rechtsschutz bei nachträglich aufgehobenem und beim erstmals abgelehnten Kindergeld (BFH 31.7.02 – VIII B 142/00, DStRE 02, 1413 mit Anm *Greite* FR 02, 1320; BFH 14.10.03 – VIII S 15/03, DStRE 04, 53).

C. Sozialversicherungsrecht *Voelzke*

21 **1. Allgemeines.** Der Anwendungsbereich des BKGG (in der Fassung der Bekanntmachung vom 28.1.09, BGBl I 09, 142, zuletzt geändert durch das Gesetz vom 26.6.13, BGBl I 13, 1809) war bereits durch das JStG 1996 vom 11.10.95 (BGBl I 95, 1250) mWv 1.1.96 ganz erheblich eingeschränkt worden. Infolge des durch die Neuregelung geschaffenen einheitlichen steuerrechtlichen Familienlastenausgleichs findet das BKGG als sozialrechtliches Leistungsgesetz idR nur noch Anwendung, wenn ein Steuerschuldverhältnis nicht möglich ist, weil der Anspruchsberechtigte im Inland weder einen Wohnsitz oder gewöhnlichen Aufenthalt noch irgendwelche Einkünfte hat (vgl ausführlich zum sozialrechtlichen Kindergeldanspruch des neuen Familienlastenausgleichs *Vial/Schwetz* SGb 97, 245). Der **Vorrang** des steuerrechtlichen Familienlastenausgleichs wird zudem durch § 2 Abs 4 BKGG in der Weise hergestellt, dass Kinder, für die einer anderen Person nach dem EStG Kindergeld oder ein Kinderfreibetrag zusteht, nicht berücksichtigt werden. Zugleich hat das Jahressteuergesetz die Anspruchsvoraussetzungen des Kindergeldes nach dem EStG und dem BKGG weitgehend harmonisiert. Eine alternative Sozialleistung für den Niedriglohnarbeitsmarkt ist der Kinderzuschlag nach § 6a BKGG (s unten Rz 33).

22 **2. Zuständigkeit und Verfahrensrecht.** Zur Leistung des nach dem BKGG zu gewährenden Kindergeldes ist die BA unter der Bezeichnung Familienkasse verpflichtet (§ 7

Kindergeld 241

BKGG). Das Kindergeld ist nach § 9 Abs 1 BKGG bei der zuständigen **Familienkasse schriftlich** zu beantragen. Außer vom Berechtigten kann der **Antrag** auch von demjenigen gestellt werden, der ein berechtigtes Interesse an der Leistung des Kindergeldes hat. Durch das 1. SGB III-ÄndG ist die frühere Sechsmonatsfrist für rückwirkende Kindergeldzahlung entfallen. Das sozialrechtliche Kindergeld kann im Rahmen der vierjährigen Verjährungsfrist des § 45 SGB I nachgezahlt werden. Das Verwaltungsverfahren richtet sich, soweit das BKGG keine Sonderregelungen enthält (zB §§ 11, 12 BKGG), nach den Vorschriften des SGB X. Gegen ablehnende Bescheide kann nach Durchführung des Widerspruchsverfahrens Klage beim SG erhoben werden (§ 15 BKGG).

3. **Leistungsvoraussetzungen.** Kindergeld steht auch nach der Neufassung des BKGG grds nur demjenigen zu, der als Anspruchsberechtigter zu einem Kind iSd §§ 1, 2 BKGG in einem Zählkindschaftsverhältnis steht. Nur ausnahmsweise kann unter den Voraussetzungen des § 1 Abs 2 BKGG dem **Kind für sich selbst** ein Anspruch zustehen. Ein solcher Anspruch steht dem Kind ua zu, wenn es Vollwaise ist oder den Aufenthalt der Eltern nicht kennt. Die Nichtkenntnis beurteilt sich nach subjektiven Maßstäben (BSG 8.4.92 – 10 RKg 12/91, SozR 3–5870 § 1 Nr 1). Die Kindergeldzahlung für Kinder wurde zur Vermeidung sozialer Härten im BKGG belassen, da ihnen steuerrechtlich neben dem Grundfreibetrag nicht zusätzlich ein Kinderfreibetrag oder ein Steuererstattungsbetrag gewährt wird (BT-Drs 13/1558 S 163). 23

a) **Anspruchsberechtigte.** In Abgrenzung zu dem nach dem EStG zu zahlendem Kindergeld erhalten Kindergeld nach dem BKGG nur Berechtigte, die nicht nach § 1 EStG unbeschränkt stpfl sind oder als unbeschränkt stpfl behandelt werden. Positiv erfordert § 1 Abs 1 Nr 1 BKGG, dass der Berechtigte in einem Versicherungspflichtverhältnis **zur Bundesagentur für Arbeit** als Beschäftigter steht oder eine nach § 28 Nr 1 SGB III versicherungsfreie Beschäftigung als ArbN ausübt (vgl *Arbeitslosenversicherungspflicht* Rz 33). Hintergrund für die Anknüpfung an die Versicherungspflicht ist, dass eine Einbeziehung von ArbN erforderlich ist, die nach den Vorschriften der VO 883/2004 und den deutschen Bestimmungen über soziale Sicherheit unterliegen und denen deshalb nach der Rspr des EuGH (Urt vom 6.7.90 – C-117/89, SozR 3–6050 Art 76 Nr 1) Kindergeld nach deutschem Recht zu gewähren ist. Eine versicherungspflichtige Beschäftigung ohne inländische Einkommensteuerpflicht kann auch nach zwischenstaatlichem Recht begründet werden. Eine derartige Konstellation tritt insbesondere auf, wenn deutsche ArbN bei Niederlassungen oder Tochterfirmen deutscher Unternehmen zeitlich begrenzt beschäftigt werden und ihren Wohnsitz im Ausland nehmen (BT-Drs 13/1558 S 163). Schließlich können auch Grenzgänger aufgrund von **Doppelbesteuerungsabkommen** in Deutschland nicht stpfl sein, jedoch der Beitragspflicht zur BA unterliegen. Der beitragspflichtigen Beschäftigung gleichgestellt sind die Tätigkeit als Entwicklungshelfer mit Anspruch auf Unterhaltsleistung sowie die Zuweisung eines Beamten an eine Einrichtung außerhalb Deutschlands. 24

Für sich im **Inland aufhaltende Ausländer,** die nicht freizügigkeitsberechtigt sind, folgt aus § 1 Abs 3 BKGG (idF des Gesetzes vom 13.12.06, BGBl I 06, 2915), ob ein Anspruch auf Kindergeld besteht (s hierzu *Gutmann* InfAuslR 07, 309; *Werner* InfAuslR 07, 112). 25

b) **Zählkindschaft** bedeutet, dass das Kind beim Anspruchsberechtigten berücksichtigt wird. Das JStG 1996 hat eine **Harmonisierung** des bisher unterschiedlichen Kindbegriffes des EStG und des BKGG vorgenommen. Berücksichtigt werden neben Kindern iSd Bürgerlichen Rechts nach § 2 Abs 1 BKGG vom Berechtigten in seinen Haushalt aufgenommene Kinder seines Ehegatten, **Pflegekinder** und vom Berechtigten in seinen Haushalt aufgenommene **Enkel.** Enkelkinder werden nur noch berücksichtigt, wenn sie in den Haushalt der Großeltern aufgenommen werden, während die Unterhaltszahlung der Großeltern keinen Kindergeldanspruch mehr auslöst. Die Möglichkeit der Berücksichtigung von **Geschwistern** als Zählkinder ist entfallen. 26

c) **Das Territorialitätsprinzip** des § 2 Abs 5 BKGG besagt, dass Kinder, die weder einen Wohnsitz noch einen gewöhnlichen Aufenthalt in Deutschland haben, grds nicht berücksichtigt werden. Ausnahmen vom Territorialitätsprinzip können sich durch das EG-Recht (vgl § 19 BKGG) und durch zwischenstaatliche Vereinbarungen ergeben. 27

d) **Altersgrenzen.** Mit Wirkung vom 1.1.96 ist die Altersgrenze für Kinder, für die in jedem Fall Kindergeld zu gewähren ist, von 16 Jahren auf **18 Jahre** erhöht worden. Eine 28

241 Kindergeld

Berücksichtigung von Kindern nach Vollendung des 18. Lebensjahres erfolgt bei entsprechender Anzeige an die Familienkasse nach § 2 Abs 2 und 3 BKGG bis zur Vollendung des 25. Lebensjahres, wenn sie für einen Beruf ausgebildet werden, sich in einer Übergangszeit zwischen zwei Berufsausbildungsabschnitten von höchstens vier Monaten befinden, eine Berufsausbildung mangels Ausbildungsplatz nicht beginnen oder fortsetzen können oder bei Leistung eines sozialen/ökologischen Jahres. Kinder, die als Arbeitslose in Deutschland der Arbeitsvermittlung zur Verfügung stehen, werden bis zur Vollendung des 21. Lebensjahres berücksichtigt. Nach Abschluss einer erstmaligen Berufsausbildung wird ein Kind, das das 25. Lebensjahr noch nicht vollendet hat, nur berücksichtigt, wenn es keiner Erwerbstätigkeit nachgeht. Unschädlich sind eine Erwerbstätigkeit mit bis zu 20 Stunden regelmäßiger wöchentlicher Arbeitszeit, ein Ausbildungsdienstverhältnis oder ein geringfügiges Beschäftigungsverhältnis (§ 2 Abs 2 Satz 2 und 3 BKGG).

29 Weitere Voraussetzung der Berücksichtigung von Kindern in einer **Berufsausbildung** nach § 2 Abs 2 Satz 1 Nr 2 BKGG ist nach der Rspr des BSG, dass durch die Ausbildung die Arbeitskraft zumindest überwiegend in Anspruch genommen wird. Dieses Erfordernis ist bei Jugendlichen, die das 18. Lebensjahr vollendet haben, erfüllt, wenn eine zeitliche Beanspruchung von mehr als 28 Stunden vorliegt (BSG 23.8.89 – 10 RKg 5/86, SozR 5870 § 2 Nr 64). Kennzeichen für eine Berufsausbildung nach § 2 Abs 2 Satz 1 Nr 1 BKGG ist es insbesondere, dass die Bildungsmaßnahme die Ausübung des zukünftigen Berufs ermöglicht, ein planmäßig ausgestaltetes Ausbildungsverhältnis vorliegt und die Dauer der Ausbildung nicht allein im Belieben der Beteiligten steht (vgl den Überblick über die Rspr bei BSG 22.11.94 – 10 RKg 17/92, BB 95, 627). Auch Maßnahmen mit Ausbildungscharakter, die zwingende Voraussetzung für die eigentliche Ausbildung sind, werden als Berufsausbildung anerkannt (zur Teilnahme an einem Sprachkurs als Zulassungsvoraussetzung für das Studium s BSG 22.6.94 – 10 RKg 30/93, SozR 3–5870 § 2 Nr 26).

30 **4. Leistungen** können trotz des Bestehens eines Zählkindschaftsverhältnisses nur dann beansprucht werden, wenn zusätzlich eine Bezugsberechtigung nach der Rangfolgenregelung des § 3 Abs 2–3 BKGG besteht und der Anspruch nicht wegen eines Anspruchs auf kindergeldähnliche Leistungen nach § 4 BKGG ausgeschlossen ist.

31 **a) Zählkinder** sind, soweit mehrere Personen die Anspruchsberechtigung erfüllen, bei denjenigen Berechtigten zu berücksichtigen, die durch die gesetzliche Rangfolgenregelung, durch rechtsgeschäftliche oder vormundschaftsgerichtliche Bestimmung begünstigt werden. Für jedes Kind wird nur einer Person Kindergeld gewährt. Für das Zusammentreffen mehrerer Ansprüche treffen § 3 Abs 2, 3 BKGG und § 64 Abs 2, 3 EStG übereinstimmende Regelungen.

32 **b) Leistungshöhe.** Das Kindergeld beträgt nach § 6 Abs 1 BKGG für erste und zweite Kinder jeweils 184 €, für dritte Kinder 190 € und für das vierte und jedes weitere Kind jeweils 215 €. Die bisher zweimonatige Auszahlung ist auf monatliche Zahlung umgestellt worden (§ 11 Abs 1 BKGG).

33 **5. Kinderzuschlag.** Das Vierte Gesetz für moderne Dienstleistungen am Arbeitsmarkt hat einen sog Kinderzuschlag (§ 6a BKGG) eingeführt, der bewirken soll, dass Bedarfsgemeinschaften, die an sich ihren Bedarf selber decken können, nicht allein wegen der Unterhaltsleistungen für Kinder Arbeitslosengeld II oder Sozialgeld in Anspruch nehmen müssen (BT-Drs 15/1516 S 83). Der Kindergeldzuschlag wird nur für Kinder gezahlt, für die auch ein Anspruch auf Kindergeld nach dem EStG oder dem BKGG besteht (zu Einzelheiten s *Hauck/Noftz/Valgolio* SGB II, § 6a BKGG Rz 54 ff). Im Hinblick darauf, dass die Bedarfsgemeinschaft durch das SGB II-ÄndG vom 24.3.06 (BGBl I 06, 558) auf Kinder ausgeweitet worden ist, die das 25. Lebensjahr noch nicht vollendet haben, wurde auch beim Kinderzuschlag der Kreis der Berechtigten um unverheiratete Kinder bis zur Vollendung des 25. Lebensjahrs erweitert. § 6a BKGG wurde durch Gesetz vom 24.9.08 (BGBl I, 1854) ua in der Weise geändert, dass nunmehr für die Gewährung feste Mindesteinkommensgrenzen von 900 € (Alleinstehende 600 €) gelten. Außerdem wurde die Abschmelzrate für Einkommen aus Erwerbstätigkeit gemindert.

Anspruch auf Leistungen für **Bildung und Teilhabe** haben Kindergeldberechtigte unter den in § 6b BKGG genannten Voraussetzungen.

Kindervergünstigungen

A. Arbeitsrecht
Griese

Der ArbGeb kann Kindervergünstigungen sowohl in Form einer **Sozialzulage** als auch in Form von **Sachleistungen**, etwa durch das Betreiben eines Betriebskindergartens (s *Betriebskindergarten* Rz 1), erbringen. Eine Zahlung bedarf einer individual- oder kollektivrechtlichen Grundlage. Bei der Gewährung von Sozialzulagen ist der ArbGeb an den Gleichbehandlungs- und den Gleichberechtigungsgrundsatz gebunden (vgl BAG 3.4.03 – 6 AZR 633/01, NJW 03, 3651). Auch die **Tarifvertragsparteien** sind hieran gebunden. Die Tarifvertragsparteien des **Öffentlichen Dienstes** haben dadurch bei Überleitung der Arbeitsverhältnisse auf den TVöD gegen den Gleichheitsgrundsatz und gegen Art 6 GG verstoßen, dass sie ArbN, die sich 2005 in Elternzeit befanden, von der auf die Kinderzulage des öffentlichen Dienstes bezogenen Besitzstandszulage ausnehmen wollten (BAG 18.12.08 – 6 AZR 287/07, NZA 09, 391). § 29 Abschn B Abs 3 BAT-O benachteiligte eingetragene Lebenspartner gleichheitswidrig und war deshalb **gem Art 3 Abs 1 GG** unwirksam, soweit diese Bestimmung ArbN, die Kinder ihres eingetragenen Lebenspartners in ihren Haushalt aufgenommen hatten, den Anspruch auf den kinderbezogenen Entgeltbestandteil im Ortszuschlag verwehrte, während verheiratete ArbN, die das Kind ihres Ehepartners aufnahmen, den Zuschlag erhielten (BAG 18.3.10 – 6 AZR 156/09). 1

Beispiel für die Sozialzulage für Kinder ist die tarifvertraglich vorgesehene Staffelung des **Ortszuschlages** nach der Kinderzahl (zur Verrechnung mit einem tariflichen Anspruch auf eine kinderbezogene persönliche Zulage bei der Deutschen Bahn s BAG 24.2.2000 – 6 AZR 660/98, NZA 01, 733). Eine als Sozialzulage gewährte Kindervergünstigung ist Teil der Arbeitsvergütung. Eine tarifliche Sozialzulage kann neben einem übertariflichen Gehalt beansprucht werden, wenn nicht eindeutig etwas anderes vereinbart ist (BAG 19.12.58, AP Nr 1 zu § 4 TVG Sozialzulagen). Auch **Teilzeitbeschäftigte,** insbesondere geringfügig Beschäftigte können aufgrund des Gleichbehandlungsgrundsatzes von einer Sozialzulage nicht ausgenommen werden, wobei eine Quotelung im Verhältnis der Teilzeit- zur Vollzeitbeschäftigung nur bei entsprechender ausdrücklicher Quotelungsregelung in der Anspruchsgrundlage in Betracht kommt, weil Sozialzulagen grds **keinen Bezug zur Art und zum zeitlichen Umfang der abzuleistenden Arbeit haben** (BAG 7.10.92 – 10 AZR 51/91, BB 93, 652). Kinderzuschläge unterliegen tariflichen *Ausschlussfristen* (BAG 13.12.07 – 6 AZR 222/07, NZA 08, 478). 2

Der ArbN ist verpflichtet, eine **Änderung der Verhältnisse,** die die Kindervergünstigung entfallen lässt, mitzuteilen. Er muss eine zu Unrecht bezogene Kinderzulage zurückzahlen und kann sich bei unterlassener Meldung wegen § 819 Abs 1 BGB nicht auf den Wegfall der Bereicherung nach § 818 Abs 3 BGB berufen. Dabei ist der ArbGeb nicht verpflichtet, von sich aus im jährlichen Abstand nachzufragen, ob sich die Daten für eine Bezugsberechtigung geändert haben (BAG 16.11.89 – 6 AZR 114/88, NZA 90, 504 [LS]; s *Entgeltrückzahlung* Rz 10). 3

Als Teil der betrieblichen Lohngestaltung sind Kinderzulagen **mitbestimmungspflichtig** im Rahmen des § 87 Abs 1 Nr 10 BetrVG (BAG 22.10.81, AP Nr 10 zu § 76 BetrVG 72 für die Ermäßigung des Elternbeitrages für den Kindergarten). 4

B. Lohnsteuerrecht
Windsheimer

Übersicht

	Rz		Rz
A. Allgemeines	5, 6	V. Kinderbetreuung durch den Arbeitgeber	11
B. Kindervergünstigungen bis zur Vollendung des 18. Lebensjahres	7–37	VI. Kinderbetreuungskosten	12–27
I. Mutterschaftsgeld	7	1. Allgemeines	12
II. Kindergeld	8	2. Abzugsvoraussetzungen	13–17
III. Elterngeld und Betreuungsgeld	9	a) Aufwendungen für Dienstleistungen zur Betreuung	13
IV. Entlastungsbetrag für Alleinerziehende (§ 24b EStG ab 2004)	10	b) Kindbegriff	14

242 Kindervergünstigungen

	Rz		Rz
c) Haushaltszugehörigkeit	15	VIII. Unterhaltszahlungen	33
d) Altersgrenze	16	IX. Sonstige kindbedingte Steuervergünstigungen	34–37
e) Abgrenzung	17		
3. Abzugsregelung	18–22	1. Minderung der zumutbaren Belastung	34
a) Normalfall	18		
b) Kürzungen	19	2. Behindertenpauschbetrag	35
c) Jahresbetrag	20	3. Trümmerfrauengeld	36
d) Aufteilung	21	4. Ausbildungs- und Erziehungsbeihilfe	37
e) Nachweis	22		
4. Haushaltsnahe Beschäftigung	23	C. Kindervergünstigungen nach Vollendung des 18. Lebensjahres	38–41
5. Familienleistungsausgleich	24		
6. Exkurs: Besteuerung der Pflegeperson	25–27	I. Familienleistungsausgleich	38
		II. Ausbildungsfreibetrag	39
a) Tagespflege	25	III. Schulgeld	40
b) Vollzeitpflege	26	IV. Sonstige Vergünstigungen	41
c) Erziehungsgemeinschaft	27	D. Vergünstigungen nach Vollendung des 21. Lebensjahres	42
VII. Schulgeld	28–32		
1. Inländische Schulen	28	E. Vergünstigungen nach Vollendung des 25. Lebensjahres	43
2. Ausländische Schulen	29		
3. Abzugsbetrag	30	F. Sonstige Vergünstigungen	44
4. Gemeinnützigkeit	31	G. Leistungen des Arbeitgebers	45
5. kein Verfassungsrang	32		

5   A. Allgemeines. Neben den Steuerentlastungen durch den Familienleistungsausgleich (§ 31 EStG; s *Kindergeld* Rz 4 ff, *Kinderfreibetrag* Rz 2 ff) gewährt der Gesetzgeber grds den Eltern des Kindes kindbedingte Steuerermäßigungen ohne systematische Gesamtkonzeption unter unterschiedlichen Voraussetzungen in unterschiedlicher Höhe (s *Elterngeld* Rz 6 ff und das ab 1.8.2013 eingeführte Betreuungsgeld). Dem Kind selbst steht keine entsprechende Kindervergünstigung zu. Es ist auch staatlicherseits nicht gewährleistet, dass die Kindervergünstigungen tatsächlich dem Kind zugute kommen. Bei der LStBerechnung während des laufenden Jahres werden die kindbedingten Steuerermäßigungen teils vAw aufgrund der ELStAM, teils auf Antrag (*Lohnsteuerermäßigung* Rz 3 ff) gewährt. Bei gewährter LStErmäßigung wird nach Ablauf des Jahres vom FA vAw eine Veranlagung durchgeführt (§ 46 Abs 2 Nr 4, 4a EStG; s *Antragsveranlagung* Rz 13). Hängt die Gewährung einer kindbedingten Sozialleistung von der Höhe des zu versteuernden Einkommens ab, kann auch eine Steuerfestsetzung mit 0 DM angefochten werden (BFH 20.12.94 – IX R 80/92, BStBl II 95, 537). Die folgende Darstellung der Steuerermäßigungsgründe folgt dem Lebensalter des Kindes. Hierbei ist vielfach zu differenzieren, ob das Kind in intakter Ehe bei seinen leiblichen Eltern oder außerhalb dieser herkömmlichen Sozialstruktur lebt. Die einzelnen Steuerermäßigungen schließen sich grds nicht gegenseitig aus, sondern können nebeneinander zum Zug kommen, soweit deren Voraussetzungen im Einzelnen vorliegen und sich nicht Gegenteiliges aus der jeweiligen Vorschrift ergibt.

6
**Übersicht
über die Änderungen nach dem 1.1.2006**

	Rechtsgrundlage	Geltung
Kinderbetreuungskosten	§ 33c EStG	bis 31.12.2005
"	§§ 4 f, 10 Abs 1 Nr 8 EStG	2006 bis 2008
"	§ 9c EStG	bis 31.12.2011
"	§ 10 Abs 1 Nr 5 EStG	**ab 1.1.2012**
Erziehungsgeld	§ 3 Nr 67 EStG	bis 31.12.2006
Elterngeld	§ 3 Nr 67 EStG	ab 1.1.2007
Betreuungsgeld	§ 3 Nr 11 EStG	**ab 1.8.2013**
Schulbedarf	§ 28a SGB XII	ab 1.1.2009
Kindergeld Einmalbetrag in 2009	§ 66 Abs 1 Satz 2 EStG	ab 1.1.2009

B. Kindervergünstigungen bis zur Vollendung des 18. Lebensjahres. I. Mutter- 7
schaftsgeld (s *Mutterschaftsgeld* Rz 3). Die Geburtsbeihilfe (§ 3 Nr 15 EStG) ist ab 2006 weggefallen; hierzu s Vorauflagen.

II. Kindergeld und **Kinderfreibetrag** s *Kindergeld* Rz 4 ff, *Kinderfreibetrag* Rz 2 ff. 8

III. Elterngeld und Betreuungsgeld. An die Stelle des **Erziehungsgeldes** (§ 3 Nr 67 9
EStG) ist ab 1.1.2007 das **Elterngeld** (§ 3 Nr 67 EStG) getreten. Einzelheiten s *Elterngeld*
Rz 6. Das ab 1.8.2013 eingeführte **Betreuungsgeld** führt nicht zu steuerpflichtigen Einkünften iSd § 2 Abs 2 EStG. Die Steuerfreiheit ergibt sich auch aus § 3 Nr 11 EStG.

IV. Entlastungsbetrag für Alleinerziehende (§ 24b EStG ab 2004). Der Entlastungs- 10
betrag für Alleinerziehende iHv 1308 € pro Jahr wird als Abzugsbetrag von der Summe der Einkünfte bei der jährlichen Veranlagung berücksichtigt. Er ist für jeden vollen Kalendermonat, in dem seine Voraussetzungen nicht vorgelegen haben, um $^{1}/_{12}$ = 109 € zu kürzen (§ 24b Abs 3 EStG). Er wird außerhalb des Familienleistungsausgleichs (§ 31 EStG) als Einmalbetrag gewährt, also auch bei mehreren Kindern. Im LStAbzugsverfahren wird der Entlastungsbetrag durch die Steuerklasse II berücksichtigt (§ 24b iVm § 38b Abs 1 Satz 2 Nr 2 EStG). Er kann nicht auf den anderen Elternteil übertragen werden. Bei Verwitweten, die nicht in Steuerklasse II gehören, ist eine Berücksichtigung im Rahmen von ElStAM möglich (§ 39a Abs 1 Nr 8 EStG).
Voraussetzung für den Entlastungsbetrag für Alleinerziehende ist, dass
– der Stpfl alleinstehend ist (§ 24b Abs 2 Satz 1 EStG); das ist er, wenn die Voraussetzungen des Splitting-Verfahrens nicht vorliegen (§ 26 Abs 1 EStG; BFH 28.1.05 – III B 97/04, BFH/NV 05, 1050) oder der Stpfl verwitwet ist,
– zu seinem Haushalt mindestens ein Kind gehört, für das ihm der Kinderfreibetrag oder das Kindergeld zusteht (s *Kinderfreibetrag* Rz 2 ff; *Kindergeld* Rz 4 ff). Bei Zugehörigkeit zu mehreren Haushalten wird der Entlastungsbetrag nicht aufgeteilt. Vielmehr besteht ein gemeinsames Bestimmungsrecht der beiden Elternteile; ohne ein solches ist die Auszahlung des Kindergeldes entscheidend (BFH 28.4.10 – III R 79/08, BFH/NV 10, 1716),
– der Stpfl keine Haushaltsgemeinschaft mit einer anderen volljährigen Person bildet. Diese Voraussetzung verstößt nicht gegen Art 3 Abs 1 GG (BFH 25.10.07 – III R 104/06, BFH/NV 08, 545). Es verstößt auch nicht gegen Art 3 Abs 1 und Art 6 Abs 1 GG, dass § 24b EStG zusammenveranlagten Ehegatten nicht gewährt wird (BVerfG 22.5.09 – 2 BvR 310/07, NJW 09, 3019). Auch bei Haushaltsgemeinschaft mit dem volljährigen Kind entfällt der Entlastungsbetrag (BFH 28.6.12 – III R 26/10, DStR 12, 2003). Ausführlich zu den Voraussetzungen OFD Magdeburg 26.7.10 – S 2365 – 30 – St 226. Zu ausgesuchten Problemfällen unter Einbeziehung der aktuellen Rspr des BFH *Mandla* DStR 2011, 1642.

V. Kinderbetreuung durch den Arbeitgeber (§ 3 Nr 33 EStG). **Leistungen des** 11
Arbeitgebers zur Unterbringung und Betreuung von nicht schulpflichtigen Kindern der ArbN in Kindergärten oder vergleichbaren Einrichtungen sind steuerfrei, wenn sie zusätzlich zum ohnehin geschuldeten Arbeitslohn erbracht werden (§ 3 Nr 33 EStG). Darunter fallen auch arbeitsrechtlich geschuldete Leistungen (R 3.33 Abs 5 LStR). Einzelheiten hierzu s *Betriebskindergarten* Rz 2 ff. Gebühren für Vorschulunterricht können nicht steuerfrei ersetzt werden (BMF 2.12.98 – IV B 6 – S 2342 – 29/98 II, DB 99, 121). Zu Leistungen des ArbGeb im Übrigen s unten Rz 45.

VI. Kinderbetreuungskosten. 1. Allgemeines. Ab 2012 ist an die Stelle von § 9c 12
EStG (bis 2011) § 10 Abs 1 Nr 5 EStG getreten. Danach sind Kinderbetreuungskosten ohne Unterscheidung, ob sie aus beruflichen oder privaten Gründen anfallen, im bisherigen Umfang als Sonderausgaben und nicht mehr zT wie Werbungskosten/Betriebsausgaben abziehbar. Auf die persönlichen Anspruchsvoraussetzungen bei den Eltern (Erwerbstätigkeit, Krankheit, Behinderung) kommt es nicht mehr an. Zur steuerlichen Berücksichtigung von Kinderbetreuungskosten ab 2012 s BMF 14.3.12 – IV C 4 – S 2221/07/0012:012, BStBl I 12, 307 u BMF 19.1.07 – IV C 4 – S 2221 – 2/07, BStBl I 2007, 184. Zu § 9c EStG s Personalbuch 2011.

2. Abzugsvoraussetzungen (§ 10 Abs 1 Nr 5 EStG). a) Aufwendungen für 13
Dienstleistungen zur Betreuung. Kinderbetreuungskosten sind alle vereinbarten und

242 Kindervergünstigungen

gezahlten Aufwendungen in Geld oder Geldeswert (Wohnung, Kost, Waren) einschließlich Fahrtkostenersatz, die Eltern(teile) für die behütende oder beaufsichtigende Betreuung, dh die persönliche Fürsorge ihrer Kinder auf sich nehmen. Berücksichtigt werden zB Aufwendungen für eine Tagesmutter, für eine Kinderpflegerin, für die Unterbringung in einem Kindergarten, einem Kinderhort oder einer Kinderkrippe, für eine Au-pair-Kraft und für die Beaufsichtigung des Kindes bei der Erledigung der häuslichen Schulaufgaben. Die Betreuungsperson kann auch ein(e) Angehörige(r) sein, zB die Großmutter oder volljährige Geschwister. Der Betreuungsvertrag muss dem Fremdvergleich standhalten (OFD Koblenz 25.5.09 – S 2144d A – St 323, NWB 09, 772; s auch *Familiäre Mitarbeit* Rz 29 ff), zu Fahrtkostenersatz an Angehörige als Betreuungskosten s FG BaWü 9.5.12 – 4 K 3278/11, BeckRS 2012, 95426. Nicht unter Kinderbetreuungskosten fallen Aufwendungen für Unterricht (zB Schulgeld, Nachhilfe-, Fremdsprachenunterricht; zur Abgrenzung Kinderbetreuungskosten und Unterrichtsaufwendungen s BFH 19.4.12 – III R 29/11, DStRE 12, 1356), für Vermittlung besonderer Fähigkeiten (zB Musikunterricht, Computerkurs) sowie für sportliche und andere Freizeitbetätigungen (zB Sportverein, Musikschule, Reitunterricht) (§ 10 Abs 1 Nr 5 Satz 2 EStG) sowie eigene Fahrtkosten zur Betreuungseinrichtung.

14   b) **Kindbegriff.** Die Betreuungskosten müssen für ein **Kind iSd § 32 Abs 1 EStG** aufgewendet werden (s *Kinderfreibetrag* Rz 8).

15   c) **Haushaltszugehörigkeit.** Das Kind muss **zum Haushalt** des StPfl gehören (s *Kindergeld* Rz 10).

16   d) **Altersgrenze.** Die Betreuungskosten sind abzugsfähig bei Kindern, die das **14. Lebensjahr** noch nicht vollendet haben oder wegen einer vor Vollendung des 25. Lebensjahres eingetretenen körperlichen, geistigen oder seelischen Behinderung außerstande sind, sich selbst zu unterhalten (s *Kinderfreibetrag* Rz 14).

17   e) **Abgrenzung.** Die Steuerermäßigung greift nicht ein, wenn die Eltern beschränkt stpfl sind (§ 50 Abs 1 Satz 3, 4 EStG; s hierzu *EU-Recht* Rz 28; *Diskriminierung* Rz 144; *Arbeitnehmerentsendung* Rz 18). Aufwendungen eines Elternteils für Besuche seiner bei dem anderen Elternteil lebenden Kinder sind nicht als außergewöhnliche Belastung abziehbar (BFH 27.9.07 – III R 28/05, BStBl II 08, 287; s unten Rz 34).

18   **3. Abzugsregelung. a) Normalfall.** Abzugsfähig sind $^2/_3$ der im Kalenderjahr geleisteten Aufwendungen, höchstens 4000 € je Kind. Das restliche $^1/_3$ ist nicht nach § 35a EStG abzugsfähig (s unten Rz 23), evtl aber nach § 33 EStG. Die Begrenzung auf $^2/_3$ der Aufwendungen ist verfassungsgemäß (BFH 9.2.12 – III R 67/09, DStRE 12, 904). Bei **Au-pair-Kräften** sind 50% der Gesamtaufwendungen abzugsfähig, wenn der Umfang der Betreuungsleistung nicht nachgewiesen wird und leichte Hausarbeiten anfallen. Die anderen 50% können ggf über § 35a EStG geltend gemacht werden. Als Sonderausgaben mindern die Betreuungskosten nicht mehr wie Werbungskosten oder Betriebsausgaben die Einkünfte. Da außersteuerliche Rechtsnormen, zB Kindergartengebühren, oftmals an die Höhe der Einkünfte anknüpfen, würden sich dadurch steigende Belastungen ergeben. Um dies zu vermeiden, regelt der ebenfalls neu eingefügte § 2 Abs 5a Satz 2 EStG, dass die Kinderbetreuungskosten bei diesen außersteuerlichen Rechtsnormen zu berücksichtigen sind.

19   b) **Kürzungen.** Ist das zu betreuende Kind nicht unbeschränkt einkommensteuerpflichtig, ist der Höchstbetrag zu kürzen, soweit es nach den Verhältnissen im Wohnstaat des Kindes notwendig und angemessen ist (§ 10 Abs 1 Nr 5 Satz 3 EStG). Die für die einzelnen Staaten in Betracht kommenden Kürzungen ergeben sich aus der Ländergruppeneinteilung, die durch BMF-Schreiben bekannt gemacht wird, zuletzt für 2014 BMF 18.11.13 – IV C 4 – S 2285/07/0005, BStBl I 13, 1462.

20   c) **Jahresbetrag.** Der Abzugsbetrag ist als Jahresbetrag zu verstehen, weil eine gegenteilige gesetzliche Beschränkung nicht existiert. Das heißt: Eine zeitanteilige Kürzung des Abzugsbetrag für den Zeitraum im Jahr, in dem die Voraussetzungen für den Abzug nicht vorliegen, kommt nicht in Betracht.

21   d) **Aufteilung.** Bei Zusammenleben der Elternteile kommt es nicht darauf an, wer die Aufwendungen getragen hat. Bei Einzelveranlagung werden, wenn die Eltern keine andere Aufteilung beantragen, die Aufwendungen dem Elternteil zugerechnet, der die Aufwendungen wirtschaftlich getragen hat (§ 26a Abs 2 Satz 1 EStG). Bei nicht verheirateten Eltern ist entscheidend, wer die Aufwendugen getragen hat und zu wessen Haushalt das Kind gehört.

e) Nachweis. Voraussetzung für den Abzugsbetrag ist, dass der StPfl auf Anforderung des 22 FA die Aufwendungen durch Vorlage einer Rechnung und die Zahlung auf das Konto des Erbringers der Betreuungsleistung nachweisen kann (§ 10 Abs 1 Nr 5 Satz 4 EStG). Hierdurch soll dem Missbrauch vorgebeugt und Schwarzarbeit bekämpft werden.

Einer Rechnung stehen gleich
- bei einem sozialversicherungspflichtigen Beschäftigungsverhältnis oder einem Minijob der zwischen dem ArbGeb und ArbN abgeschlossene schriftliche (Arbeits-)Vertrag,
- bei Au-pair-Verhältnissen ein Au-pair-Vertrag, aus dem ersichtlich ist, dass ein Anteil der Gesamtaufwendungen auf die Kinderbetreuung entfällt,
- bei der Betreuung in einem Kindergarten oder Hort der Bescheid des öffentlichen oder privaten Trägers über die zu zahlenden Gebühren,
- eine Quittung, zB über Nebenkosten zur Betreuung, wenn die Quittung genaue Angaben über die Art und Höhe der Nebenkosten enthält. Ansonsten sind Nebenkosten nur zu berücksichtigen, wenn sie in den Vertrag oder die Rechnung aufgenommen worden sind.

4. Kinderbetreuung bei haushaltsnaher Beschäftigung (§ 35a Abs 1 EStG). Zu den 23 Voraussetzungen nach § 35a Abs 1 EStG s *Hauswirtschaftliches Beschäftigungsverhältnis* Rz 7 ff. Sind die Aufwendungen nach § 10 Abs 1 Nr 5 EStG abzugsfähig, greift § 35a Abs 1 EStG nicht ein; § 35a Abs 5 Satz 1, 2. Alt EStG (BMF 15.2.10 – IV C 4 – S 2296 – b/07/003, BStBl I 10, 140, Tz 30).

Beispiel: Im Rahmen eines geringfügigen Beschäftigungsverhältnisses nach § 8a SGB IV betreut eine Tagesmutter den dreijährigen Sohn berufstätiger Eltern in deren Haushalt. Die Aufwendungen hierfür betragen jährlich 4800 €.
Abzugsbetrag nach § 10 Abs 1 Nr 5 EStG: $^2/_3$ von 4800 € 3200 €

Ein Abzugsbetrag nach § 35a Abs 1 EStG entfällt.

Der Anwendungsbereich des § 35a Abs 1 für Kinderbetreuungskosten ist somit sehr eng. Soweit § 10 Abs 1 Nr 5 EStG nicht eingreift (zB wegen des Alters des Kindes), kommt § 35a Abs 1, 2 EStG in Betracht.

Nach BMF 15.2.10 – IV C 4 – S 2296 – b/07/003, BStBl I 10, 140 kommt § 35a Abs 1 EStG nur zur Anwendung hinsichtlich der zumutbaren Belastung nach § 33 Abs 3 EStG (s unten Rz 34).

5. Verhältnis zum Familienleistungsausgleich (§ 32 Abs 6 EStG). Der Kinderfrei- 24 betrag (ab 2010 2184 €, bei Zusammenveranlagung 4368 €) sowie der Freibetrag für den Betreuungs- und Erziehungs- und Ausbildungsbedarf des Kindes (1320 €/2640 €) werden kumulativ zu den Kinderbetreuungskosten gewährt (s *Kinderfreibetrag* Rz 2 ff; *Ausbildungsfreibetrag* Rz 2 ff).

Literaturhinweise zu Kinderbetreuungskosten: *Jachmann/Liebl* DStR 10, 2009; *Gunsenheimer* NWB 10, 2638.

6. Exkurs: Besteuerung der Pflegeperson. Bis 2008 s 17. Aufl. Ab 2009 gilt: **a) Ta-** 25 **gespflege (§ 23 SGB VIII). aa) Freiberufliche Tätigkeit**, dh Steuerpflicht unabhängig davon, ob aus öffentlichen Mitteln oder privat bezahlt. Erfolgt die Betreuung in Räumen der Pflegeperson oder in anderen geeigneten Räumen, wird man von **freiberuflicher Tätigkeit** (§ 18 Abs 1 Nr 1 EStG – erzieherische Tätigkeit –) ausgehen können. Den Einnahmen sind die tätigkeitsbezogenen Ausgaben gegenüber zu stellen (§ 4 Abs 3 EStG). Die Verwaltung gewährt einen Betriebsausgabenpauschbetrag von 300 € pro Kind und Monat bei einer Betreuungszeit von 40 Std pro Woche. Bei kürzerer Betreuung ist die Pauschale anteilig zu kürzen. **bb) Nichtselbständige Arbeit.** Betreut die Tagespflegeperson ein Kind nach den Weisungen des Personenberechtigten in dessen Haushalt, wird die Tätigkeit als **nichtselbständige Arbeit** zu qualifizieren sein (§ 19 Abs 1 Nr 1 EStG). Eine Abzugspauschale oder ein Freibetrag oder eine Steuerbefreiung bis zu einem Bagatellbetrag sind nicht vorgesehen. Auch kommunale Mittel als Beihilfe zur Deckung der Aufwendungen sind nicht steuerfrei, auch nicht, wenn die Beihilfe unmittelbar an die Betreuungsperson gezahlt wird (BMF 20.5.09 – IV C 6 – S 2246/07/10002, BStBl I 09, 642). Den Personenberechtigten treffen also die ArbGebPflichten. **cc) Unentgeltliche Tätigkeit.** Bei unentgeltlicher Tätigkeit oder reinem Aufwendungsersatz (zB Fahrtkosten) ist die Tätigkeit steuerlich irrelevant,

242 Kindervergünstigungen

ebenso bei Auslagenersatz (§ 3 Nr 50 EStG; FG Saarl 9.7.09 – 1 K 1312/04, EFG 10, 29; s hierzu BFH 20.4.10 – VI R 44/09, BStBl II 10, 691).

26 **b) Vollzeitpflege.** (§ 33 SGB VIII). Geldleistungen für die Betreuung von Kindern in Vollzeitpflege gem § 33 SGB VIII sind **steuerfrei** (§ 3 Nr 11 EStG). Erst wenn mehr als sechs Kinder im Haushalt der Pflegeperson aufgenommen werden, dh Kinderbetreuung im eigenen Haushalt des StPfl des Erwerbs wegen betrieben wird (§ 34 SGB VIII), ist von einer **steuerpflichtigen** Erwerbstätigkeit auszugehen (§ 18 Abs 1 Nr 1 EStG; BMF 21.4.11 – IV C 3 – S 2342/07/0001:126, BStBl I 2011, 487). Zur EStrechtlichen Behandlung der Sach- und Unterhaltskostenpauschale s BMF 27.11.12 – IV C 3 – S 2342/07/0001:126, DStR 12, 2538.

Zu a) und b): Pflegepersonen erhalten vom Träger der Jugendhilfe eine teilweise oder vollständige Erstattung ihrer Sozialaufwendungen, und zwar der Aufwendungen für UV, Alterssicherung sowie Kranken- und PflegeV (§ 23 Abs 2 Satz 1 Nr 3 und 4 SGB VIII und § 39 Abs 4 Satz 2 SGB VIII). Diese Erstattungen sind ab 2009 steuerfrei (§ 3 Nr 9 EStG). Sie entsprechen dem steuerfreien ArbGebAnteil an den Aufwendungen zur SozV (§ 3 Nr 62 EStG; BMF 17.12.08 – IV C 3 – S 2342/07/0001, BStBl I 09, 15). Wegen der Steuerfreiheit ist der Sonderausgabenabzug insoweit auf 1500 € beschränkt (§ 10 Abs 4 Satz 2 EStG). Zur USt OFD Rheinland 16.6.09 – Kurzinfo ESt Nr 41/09.

Literaturhinweis: 642; *Benzler* DStR 09, 954; *Gragert* NWB 11, 2120.

27 **c) Erziehungsgemeinschaft.** Dienen Räume in einem selbst bewohnten Eigenheim auch der (entgeltlichen) Betreuung und Erziehung von in den Haushalt aufgenommenen fremden Kindern, so kann AfA für Gemeinschaftsräume und gemeinschaftlich genutzte Einrichtungsgegenstände nach der Anzahl der Nutzer geltend gemacht werden. § 12 Nr 1 Satz 2 EStG steht dem nicht entgegen (BFH 25.6.09 – IX R 49/08, BStBl II 10, 122).

28 **VII. Schulgeld** (§ 10 Abs 1 Nr 9 EStG). **1. Inländische Schulen.** Eltern können 30 % des Entgelts, das sie für den Besuch ihrer Kinder, für die sie einen Kinderfreibetrag oder Kindergeld erhalten (s *Kinderfreibetrag* Rz 2 ff; *Kindergeld* Rz 4 ff), in einer **Privatschule** aufwenden, als Sonderausgaben geltend machen, ab 2008 höchstens 5000 €. Gegenüber der bisherigen Rechtslage ist ab 2008 für die Abzugsfähigkeit des Schulgeldes entscheidend, dass die Schule zu einem von dem zuständigen inländischen Ministerium eines Landes, von der Kultusministerkonferenz der Länder oder von einer inländischen Zeugnisanerkennungsstelle anerkannten oder als gleichwertig anerkannten allgemein bildenden oder berufsbildenden Schul-, Jahrgangs- oder Berufsabschluss führt oder auf diesen vorbereitet (§ 10 Abs 1 Nr 9 Satz 3 EStG) und von einer Kultusbehörde als einer staatlichen Schule gleichwertig anerkannt ist (§ 10 Abs 1 Nr 9 Satz 2 EStG). Darunter fallen auch private Grundschulen ab Beginn der öffentlich-rechtlichen Schulpflicht, Volkshochschulen und andere Einrichtungen, die zum Erwerb des Hauptschul- oder Realschulabschlusses, des Abiturs oder der Fachhochschulreife führen. Nicht begünstigt sind Besuche von Nachhilfeeinrichtungen, Musikschulen, Sportvereinen, Feriensprachkursen. Hochschulen einschließlich der Fachhochschulen fallen nicht unter § 10 Abs 1 Nr 9 EStG, so dass **Studiengebühren** nicht abgezogen werden können (BMF 9.3.2009 – IV C 4 – S 2221/07/0007, DStR 2009, 585), auch nicht als außergewöhnliche Belastung (BFH 17.12.09 – VI R 63/08, BStBl II 10, 341). Begünstigt sind auch die „**Europäischen Schulen**" im Inland und inländische fremdsprachliche Privatschulen (BFH 5.4.06 – XI R 1/04, BStBl II 06, 682); zu Zahlungen an die „Ausschüsse für italienische Schulbetreuung" s BMF 8.3.95, FR 95, 487). Nicht begünstigt sind einerseits die wissenschaftliche Hochschule für Unternehmensführung in Koblenz (BFH 29.4.09 – X R 30/08, BFH/NV 09, 1623), andererseits die Aufwendungen für ein noch nicht schulpflichtiges Kind (BFH 16.11.05 – XI R 79/03, BStBl II 06, 377).

29 **2. Ausländische Schulen.** § 10 Abs 1 Nr 9 EStG gilt auch für Schulen im EU/EWR-Ausland (§ 10 Abs 1 Nr 9 Satz 2 EStG; BFH 21.10.08 – X R 15/08, BFH/NV 09, 559), auch für die Jahre 2008 und früher, wenn die Steuerfestsetzungen noch nicht bestandskräftig sind (§ 52 Abs 24b Satz 2 EStG), nicht aber für die Schweiz (BFH 9.5.12 – X R 3/11, DStRE 12, 1051). Entgelte an **Deutsche Schulen im Ausland** bleiben unabhängig von ihrer Belegenheit als Sonderausgaben abziehbar (§ 10 Abs 1 Nr 9 Satz 4 EStG). Entgelte an andere Schulen außerhalb des EU-/EWR-Raums können weiterhin nicht als Sonderausgaben geltend gemacht werden (BFH 13.6.13 – X B 232/12, BeckRS 13, 95635).

3. Abzugsbetrag. Nicht abzugsfähig ist das Entgelt für Beherbergung, Betreuung und Verpflegung. Abzugsfähig ist also nur das „reine" **Schulgeld,** das ggf aus den übrigen Kosten herauszurechnen ist. Schulgeld ist der eingeforderte Betrag zu den Kosten des normalen Schulbetriebs, worunter Aufwendungen für Schulbücher, kostenpflichtige Kurse und Klavierunterricht nicht fallen (BFH 14.12.04 – XI R 32/03, BStBl II 05, 518). Die Beherbergungs-, Betreuungs- und Verpflegungskosten können ggf nach § 33a Abs 2 EStG geltend gemacht werden, nicht aber als außergewöhnliche Belastung nach § 33 EStG (BFH 17.4.97, BStBl II 97, 752; s *Ausbildungsfreibetrag* Rz 2 ff) und nicht nach § 35a EStG (§ 35a Abs 5 EStG). Aufwendungen für einen Internatsaufenthalt können aber außergewöhnliche Belastung sein, wenn die Internatsunterbringung wegen Hochbegabung zugleich krankheitsbedingt ist (BFH 12.5.11 – VI R 37/10, DStR 2011, 1504). Aufwendungen für den Schulweg des Kindes sind weder Betriebsausgaben/Werbungskosten noch außergewöhnliche Belastung. Sie sind durch den Familienleistungsausgleich abgegolten (FG Rh-Pf 22.6.11 – 2 K 1885/10; s auch *Kinderfreibetrag* Rz 4). Der Stpfl, der den Abzug geltend macht, muss die Voraussetzungen für den Schulgeldabzug nachweisen oder glaubhaft machen. Hierzu muss er eine Schulbestätigung vorlegen, aus der sich die Art der Schule einschließlich Genehmigung, Erlaubnis bzw Anerkennung und die Höhe des Schulgelds ergeben. 30 % dieses Betrags sind ab 2008 mit dem Höchstbetrag von 5000 € als Sonderausgaben abziehbar (§ 52 Abs 24b Satz 1 EStG). Der Höchstbetrag wird für jedes Kind, bei dem die Voraussetzungen vorliegen, je Elternpaar nur einmal gewährt (§ 10 Abs 1 Nr 9 letzter Satz EStG). Die Höchstgrenzen übersteigende Beträge sind weder als Werbungskosten noch als außergewöhnliche Belastung noch als Sonderausgaben abzugsfähig (BFH 27.9.07 – III R 28/05, DStR 07, 2256). Die 30 %-Begrenzung ist nicht verfassungswidrig (FG SchlH 8.6.07 – 3 K 10074/03, BeckRS 2007, 26023527). Soweit die Eltern freiwillige Mehrzahlungen für genehmigte bzw anerkannte Schulen in freier Trägerschaft erbringen, sind diese als **Spenden** abzugsfähig (s hierzu BMF 4.1.92, BStBl I 92, 266; BFH 28.2.02 – XI B 143/01, BFH/NV 02, 1143). Die freiwilligen Mehrzahlungen dürfen aber wiederum nicht Beherbergung, Betreuung und Verpflegung betreffen, auch nicht in der Weise, dass das nach § 10 Abs 1 Nr 9 abziehbare Schulgeld ganz niedrig angesetzt ist (BFH 12.8.99 – XI R 65/98, BStBl II 2000, 65). Die Aufwendungen für das Schulgeld können als Freibetrag im Rahmen von ELStAM berücksichtigt werden (§ 39a Abs 1 Nr 2 EStG; s *Lohnsteuerermäßigung* Rz 7).

4. Gemeinnützigkeit. Vereine zur Betreuung von Schülern in Grund- und Sonderschulen vor und nach dem Unterricht können gemeinnützig sein, Zuwendungen ohne Gegenleistungen sind somit Spenden, Betreuungskosten nicht (BFH 14.10.08 – X B 252/07, BFH/NV 09, 23) vorbehaltlich der EU-Regelungen (s oben 2.).

5. Kein Verfassungsrang. Eine gesetzgeberische Verpflichtung, den Besuch von Privatschulen steuerlich zu begünstigen, besteht nicht (BFH 14.10.08 – X B 252/07, BFH/NV 09, 23). Dies verstößt nicht gegen Europarecht (FG Düsseldorf 11.4.08 – 18 K 375/06, EFG 08, 1199).

Literaturhinweis: *Schaffhausen/Plenker* DStR 09, 1123; *Korte* EFG 10, 1314.

VIII. Unterhaltszahlungen (§ 33a Abs 1 EStG) an Kinder können geltend gemacht werden, wenn kein Anspruch auf Familienleistungsausgleich besteht. Dies ist verfassungsgemäß (BFH 28.5.09 – III B 30/08, BFH/NV 09, 1637); s auch *Kinderfreibetrag* Rz 2 ff). Eine konkrete zivilrechtliche Unterhaltsverpflichtung ist nicht erforderlich (BFH 18.5.06 – III 26/05, DStRE 06, 1264). Der abziehbare Höchstbetrag beträgt ab 2010 8004 €. Dieser Höchstbetrag wird um den Betrag gekürzt, um den die Einkünfte und Bezüge des Kindes 624 € pro Jahr übersteigen sowie um die Beträge, die die unterhaltene Person als Ausbildungsbeihilfe aus öffentlichen Mitteln und von Fördereinrichtungen aus öffentlichen Mitteln erhält. Einzelheiten zu Unterhaltszahlungen BMF 7.6.10 – IV C 4 – S 2285/07/0006:001, BStBl I 10, 582, und Unterhaltszahlungen ins Ausland BMF 7.6.10, gleiches Az, BStBl I 10, 588; zu letzterem s auch *Ausländer* Rz 49. Zur Anrechnung des Kindergelds auf die Unterhaltszahlungen an den geschiedenen Ehegatten (BVerfG 13.10.09 – 2 BvL 3/05, BeckRS 2009, 40443; zur Frage der Verfassungsmäßigkeit, wenn sich Unterhaltszahlungen an Kinder

242 Kindervergünstigungen

nicht steuermindernd auswirken und der Anspruch auf Kindergeld nicht mit der Barunterhaltspflicht verrechnet werden kann (BFH 31.7.09 – III S 54/08, BFH/NV 09, 1812). Darlehensgewährung ist keine Unterhaltszahlung iSv § 33a EStG (BFH 19.5.09 – VI B 113/08, BFH/NV 09, 1631).

34 **IX. Sonstige kindbedingte Steuervergünstigungen. 1. Minderung der zumutbaren Belastung** (§ 33 Abs 3 EStG). Bei **außergewöhnlichen Belastungen** (s *Sonderausgaben* Rz 3) können die Aufwendungen nicht in vollem Umfang abgezogen werden, vielmehr nur gekürzt um die zumutbare Eigenbelastung, die sich aus einem gesetzlich vorgegebenen vH-Satz zwischen 1 % und 7 %, abhängig von der Höhe des Gesamtbetrags der Einkünfte, errechnet. Außergewöhnliche Belastungen sind bspw Krankheitskosten, hierzu notwendige Fahrtkosten (BFH 3.12.98 – III R 5/98, BStBl II 99, 227), Kosten bei Sterbefällen, soweit sie den Wert des Nachlasses übersteigen, Kosten der Wiederbeschaffung von Hausrat und Kleidung, die durch ein unabwendbares Ereignis (zB Brand, Hochwasser) verloren wurden, die Kosten der **Ehescheidung** sowie in bestimmten Fällen Aufwendungen für die Kinderbetreuung, nicht aber für die Pflege des Eltern-Kind-Verhältnisses nach Wegfall des § 33a Abs 1a EStG (BFH 27.9.07 – III R 28/05, BStBl II 08, 287). Sind Kinder zu berücksichtigen, für die der Stpfl einen Kinderfreibetrag bzw Kindergeld erhält, so mindert sich die zumutbare Belastung entsprechend.

> **Beispiel:** Aufwendungen einer außergewöhnlichen Belastung, zB durch Versicherung nicht gedeckte Krankheitskosten, 12 000 €; Gesamtbetrag der Einkünfte 60 000 €; zwei Kinder, für die ein Kinderfreibetrag bzw Kindergeld gewährt wird. Die zumutbare Belastung beträgt 4 % aus 60 000 € = 2400 €; abziehbar daher 12 000 ./. 2400 = 9600 €. Ohne Kinder würde die zumutbare Belastung bei einem Alleinstehenden 7 % betragen. Der Prozentsatz, der die zumutbare Belastung festlegt, ergibt sich aus § 33 Abs 3 EStG.

Der Ansatz einer zumutbaren Belastung ist verfassungsgemäß (BVerfG 14.3.97 – 2 BvR 861/92, Inf 97, 543). Der abziehbare Betrag der außergewöhnlichen Belastung kann für das laufende Jahr auf Antrag als Freibetrag im Rahmen von ELStAM berücksichtigt werden (§ 39a Abs 1 Nr 3 EStG).

35 **2. Behindertenpauschbetrag** (§ 33b Abs 5 EStG). Ist ein Kind, für das der Stpfl einen Kinderfreibetrag bzw Kindergeld erhält, behindert, so dass dem Kind der Behindertenpauschbetrag zusteht (§ 33b Abs 1, 2 EStG) oder steht dem Kind ein **Hinterbliebenenpauschbetrag zu** (§ 33b Abs 4 EStG), so wird der Pauschbetrag auf Antrag auf den Stpfl **übertragen,** wenn ihn das Kind nicht in Anspruch nimmt, zB weil es mangels eigenen Einkommens nicht veranlagt wird. Ggf ist der zu übertragende Pauschbetrag unter den Eltern aufzuteilen, bzw kann von einem Elternteil auf den anderen übertragen werden. Es gelten insoweit die gleichen Regelungen wie beim Ausbildungsfreibetrag (§ 33b Abs 5 Satz 2 EStG; s *Ausbildungsfreibetrag* Rz 11). Eine andere Aufteilung ist zulässig (§ 33b Abs 5 Satz 3 EStG; FG Nds 12.5.09 – 10 K 160/06, DStRE 09, 1303). Die Übertragung setzt die unbeschränkte Steuerpflicht des Kindes (§ 1 Abs 1 oder Abs 3 EStG ab 1996) voraus (BFH 2.6.05 – III R 15/04, BStBl II 05, 828). Der Nachweis der Behinderung eines in einem EU/EWR-Mitgliedsstaat ansässigen behinderten Kindes ist durch das zuständige Auslandsversorgungsamt zu führen (BMF 8.8.97, DB 97, 1950). Neben dem übertragenen Behinderten-Pauschbetrag (§ 33b Abs 5 EStG) kann der Stpfl Aufwendungen für sein behindertes Kind gemäß § 33 EStG zusätzlich abziehen (BFH 11.2.10 – VI R 61/08, BStBl II 10, 621). Der Pauschbetrag ist verfassungsgemäß (BFH 8.8.97, BFH/NV 98, 441; 14.10.97 – III R 95/96, BFH/NV 98, 1072).

Der Abzugsbetrag kann für das laufende Jahr auf Antrag im Rahmen der ELStAM berücksichtigt werden (§§ 39 Abs 4 Nr 3, 39a Abs 1 Nr 4 EStG).

36 **3. Trümmerfrauengeld.** Leistungen der Rentenversicherung für Kindererziehung an Mütter der Geburtsjahrgänge vor 1921 nach den §§ 294 bis 299 SGB VI und der Kindererziehungszuschlag nach öffentlich-rechtlichen Versorgungsgesetzen (sog Trümmerfrauengeld) sind steuerfrei (§ 3 Nr 67 EStG).

37 **4. Ausbildungs- und Erziehungsbeihilfe** (§ 3 Nr 11 EStG). Bezüge aus **öffentlichen** Mitteln oder aus Mitteln einer öffentlichen Stiftung, die ua als Beihilfe zu dem Zweck

Kindervergünstigungen 242

gewährt werden, die Erziehung oder Ausbildung unmittelbar zu fördern, sind steuerfrei. S hierzu *Berufsausbildungsförderung* Rz 5.

C. Kindervergünstigungen nach Vollendung des 18. Lebensjahres. I. Familien- **38** **leistungsausgleich** s *Kinderfreibetrag* Rz 9 ff.

II. Ausbildungsfreibetrag (§ 33a Abs 2 EStG) s *Ausbildungsfreibetrag* Rz 2 ff. **39**

III. Schulgeld (§ 10 Abs 1 Nr 9 EStG). Auch die Gewährung des Abzugsbetrags für **40** Schulgeld hängt vom Anspruch auf Gewährung des Kinderfreibetrags bzw des Kindesgeldes ab. Liegen die Voraussetzungen für den Schulgeldabzug über das 18. Lebensjahr hinaus vor und liegen zugleich die Voraussetzungen für den Kinderfreibetrag bzw für das Kindergeld vor, ist der Schulgeldabzug weiterhin möglich.

IV. Sonstige Vergünstigungen. Die Minderung der zumutbaren Belastung (§ 33 Abs 3 **41** EStG), der Behindertenpauschbetrag (§ 33b EStG) hängen vom Anspruch auf Gewährung des Kinderfreibetrags bzw des Kindergeldes ab. Wird Kinderfreibetrag oder Kindergeld für Kinder über 18 Jahre gewährt, so sind bei Vorliegen der jeweiligen einzelnen Voraussetzungen auch die hier aufgezeigten sonstigen kindbedingten Steuervergünstigungen möglich. Die jeweils abziehbaren Beträge können für das laufende Jahr auf Antrag im Rahmen von ELStAM berücksichtigt werden (§ 39a Abs 1 EStG; s *Lohnsteuerermäßigung* Rz 3).

D. Vergünstigungen nach Vollendung des 21. Lebensjahres (§ 32 Abs 4 und 5 **42** Nr 1–3, § 63 Abs 1 Satz 2 EStG). Grundwehrdienst, Zivildienst, freiwilliger, diese Dienste ersetzender Wehrdienst von nicht mehr als 3 Jahren oder von diesen Diensten befreiende Tätigkeit als Entwicklungshelfer verlängern im Fall des § 32 Abs 4 Nr 1 EStG (s *Kinderfreibetrag* Rz 10) den Anspruch auf Kinderfreibetrag bzw Kindergeld. Für die vom Kinderfreibetrag oder vom Kindergeld abhängigen Abzugsbeträge (s oben Rz 38 ff) gilt Entsprechendes.

E. Vergünstigungen nach Vollendung des 25. Lebensjahres (§ 32 Abs 5, § 63 Abs 1 **43** Satz 2 EStG; zur Übergangsregelung nach Herabsetzung vom 27. auf das 25. Lebensjahres ab 2007 s § 52 Abs 40 EStG). Die Dienste gem § 32 Abs 5 Nr 1–3 EStG (s oben Rz 42) verlängern im Fall der Berufsausbildung (§ 32 Abs 4 Nr 2a EStG; s *Kinderfreibetrag* Rz 11) und in der Übergangszeit von 4 Monaten (§ 32 Abs 4 Nr 2b EStG) den Kinderfreibetrag und das Kindergeld entsprechend über das 25. Lebensjahr hinaus. Für die vom Kinderfreibetrag oder vom Kindergeld abhängigen Abzugsbeträge (s oben Rz 38) gilt Entsprechendes. Für körperlich, geistig oder seelisch **behinderte** Kinder, die außerstande sind, sich selbst zu unterhalten (§ 32 Abs 4 Satz 1 Nr 3 EStG; s *Kinderfreibetrag* Rz 12) gibt es hinsichtlich Kinderfreibetrag/Kindergeld keine Altersbegrenzung, wenn die Behinderung vor Vollendung des 25. Lebensjahres eingetreten ist (§ 32 Abs 4 Satz 1 Nr 3 EStG) oder vor dem 1.1.07 und vor Vollendung des 27. Lebensjahres (§ 52 Abs 40 Satz 7, 2. Halbsatz EStG). Im Übrigen kommt eine Steuerermäßigung nach § 33a Abs 1 EStG in Betracht; s oben Rz 33. Die Berücksichtigung der Kinderbetreuungskosten (§ 10 Abs 1 Nr 5 ESt) gilt auch für Kinder, die wegen einer vor dem 1.1.07 in der Zeit ab Vollendung des 25. Lebensjahres und vor Vollendung des 27. Lebensjahres eingetretenen körperlichen, geistigen oder seelischen Behinderung außerstande sind, sich selbst zu unterhalten (§ 52 Abs 24a EStG).

F. Sonstige Vergünstigungen. Die Minderung der zumutbaren Belastung (§ 33 Abs 3 **44** EStG), der Behindertenpauschbetrag (§ 33b Abs 5 EStG) hängen vom Anspruch auf Gewährung des Kinderfreibetrages ab.

G. Leistungen des Arbeitgebers. Zu § 3 Nr 33 EStG s oben Rz 11. Ersetzt der **45** ArbGeb dem ArbN kindbedingte Aufwendungen, zB Kinderbetreuungskosten, Internatsunterbringung oÄ, zB aus sozialen Gründen oder um seinem Betrieb den ArbN zu erhalten, so stellen die ersetzten Leistungen stpfl Arbeitslohn dar, soweit sie nicht von Gesetzes wegen steuerfrei gestellt sind (*Schmidt/Drenseck* § 33 Rz 12). Eine Verrechnung zwischen steuerpflichtigen Einnahmen und entsprechendem Aufwand ist steuerlich insoweit unzulässig. Das Gleiche gilt bei direkter Leistung des ArbGeb an den Gläubiger der kindesbedingten Aufwendungen (abgekürzter Zahlungsweg). Die Abzugsfähigkeit der Aufwendungen beim ArbN wird durch die zu versteuernde Einnahme nicht berührt (BFH 14.3.75, BStBl II 75, 632).

C. Sozialversicherungsrecht

Voelzke

46 **1. Allgemeines.** Für das Sozialrecht räumt § 6 SGB I ein soziales Recht auf **Minderung des Familienaufwandes** ein. Hierbei handelt es sich primär um einen Kinderlastenausgleich (vgl *Schlegel/Voelzke/Weselski* SGB I, § 6 Rz 8), der vorrangig durch das *Kindergeld* und das *Elterngeld* gewährleistet wird. Neben diesen als Ausgleich der erhöhten Einkommensbelastung durch Minderung des kindbedingten Aufwandes konzipierten Leistungen enthält das Sozialleistungsrecht einen umfangreichen Katalog von Maßnahmen, die jeweils mit der Versorgung und Betreuung von Kindern verknüpft sind. Verfassungsrechtlich wird der Staat durch Art 6 Abs 1 GG verpflichtet, Ehe und Familie zu schützen und zu fördern; eine Verpflichtung, jede die Familie treffende Belastung auszugleichen, besteht hingegen nicht (zur Korrektur des Gesetzgebers *Schirvani* NZS 09, 224). Vielmehr ist dem Gesetzgeber grds Gestaltungsfreiheit eingeräumt, in welchem Umfang und in welcher Weise ein Ausgleich vorzunehmen ist (BVerfG 7.7.92, NZS 92, 25). Eine einheitliche Definition des Kindbegriffs ist für das Sozialrecht nicht geschaffen worden; regelmäßig wird allerdings der Kindbegriff des Bürgerlichen Rechts um zusätzliche Personengruppen erweitert (vgl §§ 56 Abs 2 SGB I; 2 BKGG; 10 Abs 4 SGB V).

47 Im Sozialleistungsrecht wird ein Kinderlastenausgleich im Wesentlichen durch Berücksichtigung bei der Höhe der Lohnersatzleistungen, versicherungsrechtliche Vorkehrungen zur Anerkennung von Erziehungs- und Betreuungsleistungen, Erleichterungen beim Zugang zu den Versicherungsleistungen und Berücksichtigung des durch die Kinder entstehenden Mehraufwands verwirklicht. Kommt ein Leistungsberechtigter seiner gesetzlichen Unterhaltspflicht nicht nach, so können laufende Geldleistungen, die der Sicherung des Lebensunterhalts zu dienen bestimmt sind, an den Ehegatten oder die Kinder des Leistungsberechtigten, die keinen eigenen Leistungsanspruch haben, ausgezahlt werden (sog Abzweigung nach § 48 SGB I; zur Berechnung des Selbstbehalts nach Düsseldorfer bzw Berliner Tabelle s BSG 29.8.02 – B 11 AL 95/01 R, FamRZ 03, 1386 mit Anm *Fischer*). Wird die Bewilligung der Leistung nachträglich aufgehoben, so hat der Leistungsberechtigte auch diejenigen Beträge zu erstatten, die durch Abzweigung an Dritte ausbezahlt wurden (BSG 28.6.91 – 11 RAr 47/90, SozR 3–1300 § 50 Nr 10).

48 **2. Krankenversicherung.** Zur Sicherstellung der wirtschaftlichen Versorgung während der Schwangerschaft und Mutterschaft gewährt die gesetzliche KV das Mutterschaftsgeld (s *Mutterschaftsgeld* Rz 6 ff) als Lohnersatzleistung. Zusätzlich werden die im Zusammenhang hiermit entstehenden Kosten im Rahmen der Vorschriften über die Leistungen bei Schwangerschaft und Mutterschaft getragen (s *Mutterschaftshilfe* Rz 3 ff). Den Familienangehörigen (Ehegatten und Kindern) des Versicherten wird bei Erfüllung der in § 10 SGB V genannten Voraussetzungen der Zugang zur gesetzlichen KV eröffnet. Allein das Wahrnehmen von auf Kapitalbeteiligungen beruhenden gesellschaftsrechtlichen Pflichten führt nicht zum Ausschluss von der Familienversicherung (BSG 29.2.12 – B 12 KR 4/10 R, SozR 4–2500 § 10 Nr 10, Näheres *Familienversicherung* Rz 5 ff).

49 Versicherten steht ein Anspruch auf **Kinderpflegekrankengeld** nach Maßgabe des § 45 SGB V zu, wenn es nach ärztlichem Zeugnis erforderlich ist, dass sie zur Beaufsichtigung, Betreuung oder Pflege ihres erkrankten Kindes der Arbeit fernbleiben (hierzu *Brose* NZA 11, 719). Der Anspruch auf bezahlte Freistellung gegenüber dem ArbGeb ist vorrangig. Erfüllt ist das Merkmal „Fernbleiben von der Arbeit" auch dann, wenn der Versicherte seine Arbeit zu Hause ausüben kann, jedoch Umfang und Intensität der erforderlichen Beaufsichtigung, Betreuung oder Pflege des Kindes eine Arbeitstätigkeit in den eigenen Räumen objektiv nicht zulässt (*Schlegel/Voelzke/Meyerhoff* SGB V, § 45 Rz 28). Das Kind darf das zwölfte Lebensjahr noch nicht vollendet haben und muss im Haushalt des Versicherten leben, ohne dass die Betreuung durch eine andere im Haushalt lebende Person möglich ist. Der Anspruch besteht je Betreuungsfall für höchstens 10, bei Alleinerziehenden für höchstens 20 Arbeitstage; er ist insgesamt auf 25 (50) Arbeitstage je Kj begrenzt. Das längere Krankengeld für Alleinerziehende können Personen beanspruchen, die faktisch alleinstehend sind, auch wenn das gemeinsame Sorgerecht beibehalten wurde (BSG 26.6.07 – B 1 KR 33/06 R, BeckRS 07, 46370). Tage, an denen der ArbN nur stundenweise zur Kinderbetreuung von der Arbeit fernbleibt und hierfür Verdienstausfall vom ArbGeb erhält, werden nicht auf die Bezugsdauer angerechnet. Das Satzungsrecht der gesetzlichen Krankenkassen kann vorsehen, dass der

Anspruch auf Kinderpflegekrankengeld für freiwillige Mitglieder ausgeschlossen ist oder erst zu einem späteren Zeitpunkt entsteht (BSG 31.1.95 – 1 RK 11/94, NZS 95, 363).

3. Rentenversicherung. Die Erziehung eines eigenen Kindes oder eines Kindes des 50 Versicherten wirkt beim Tod des versicherten Ehegatten anspruchsbegründend für die große **Witwen- oder Witwerrente** (§ 46 Abs 2 SGB VI) und die **Erziehungsrente** (§ 47 SGB VI). Gegenüber dem Kind wird der Wegfall des Unterhaltsanspruches durch die Gewährung einer Halb- oder Vollwaisenrente ausgeglichen (§ 48 SGB VI).

Kindererziehungszeiten sind als Versicherungszeiten den Zeiten einer Erwerbstätigkeit 51 gleichgestellt (§ 56 SGB VI; s zur Verfassungsmäßigkeit der Stichtagsregelungen BVerfG 7.7.92, NZS 92, 25). Für Geburten ab 1.1.92 können die ersten 36 Lebensmonate eines Kindes als Kindererziehungszeiten angerechnet werden (zur Berücksichtigung von Kindererziehungszeiten für vor dem 1.1.92 geborene Kinder s §§ 249, 249a SGB VI und für Kinder von vor dem 1.1.21 geborenen Müttern §§ 294, 294a SGB VI). Die Zeiten können zwischen den Eltern geteilt werden. Sie wirken anspruchsbegründend und anspruchserhöhend. Die Anrechnung von Kindererziehungszeiten setzt voraus, dass der Begünstigte das Kind tatsächlich erzieht (zur Einschränkung des Wahlrechts bei Inanspruchnahme von Erziehungsurlaub durch ein Elternteil s BSG 28.2.91 – 4 RA 76/90, SozR 3–2200 § 1227a Nr 7; s aber auch BSG 16.12.97 – 4 RA 60/97, SozR 3–2600 § 56 Nr 10).

Voraussetzung einer Anrechnung von Kindererziehungszeiten ist idR die Erziehung im 52 **Inland**; zu den Ausnahmen bei Sachverhalten mit Auslandsberührung s § 56 Abs 3 SGB VI und *Igl/Fuchsloch* SGb 93, 393; *Költzsch* DAngVers 95, 105; zur Berücksichtigung von Zeiten der Kindererziehung im EU-Ausland s Entscheidung des Vorstands der DRV Bund, RVaktuell 2007, 448. Kindererziehungszeiten sind auch bei einer Kindererziehung im Ausland zu berücksichtigen, wenn zwischen dem Ehegatten des Erziehenden und dem inländischen ArbGeb ein Rumpfarbeitsverhältnis fortbesteht, dessen Hauptpflichten nach der Beendigung der Tätigkeit im Ausland wiederaufleben (BSG 17.11.92 – 4 RA 15/91, SozR 3–2600 § 56 Nr 4; 10.11.98 – B 4 RA 39/98, NZS 99, 399). Hingegen ist eine Pflichtbeitragszeit wegen Kindererziehung nicht vorzumerken, soweit eine Einbindung des Erziehenden in das inländische Arbeits- und Erwerbsleben nicht gegeben ist, selbst wenn der Ehegatte in der BRD versicherungspflichtig beschäftigt ist (BSG 25.1.94 – 4 RA 3/93, SozR 3–2600 § 56 Nr 6). Eine Vormerkung von Pflichtbeitragszeiten wegen Kindererziehung kommt bei einer Auslandserziehung auch nicht in Betracht, wenn der Ehemann aufgrund zeitlich befristeter Arbeitsverträge mit einem ausländischen Träger an einer ausländischen Schule beschäftigt ist und er von seinem Dienstherrn Arbeitsmarkturlaub erhalten hat (BSG 23.10.03 – B 4 RA 15/03 R, SozR 4–2600 § 56 Nr 1).

Das BVerfG (Urt vom 23.3.96, DB 96, 1418) hatte die Regelung des § 70 Abs 2 SGB VI 53 aF über die **Entgeltpunkte** bei Kindererziehungszeiten insoweit beanstandet, als sich diese bei anderweitiger Entrichtung von RV-Beiträgen gar nicht oder nur in geringem Umfang auswirken. Es hatte den Gesetzgeber verpflichtet, den verfassungswidrigen Zustand bis zum 30.6.98 zu beseitigen. Diesem Gesetzesauftrag wurde mit einer Neufassung des § 70 Abs 2 SGB VI durch das RRG 1999 vom 16.12.97 (BGBl I 97, 2998) mWv 1.7.98 entsprochen (s im Einzelnen *Schulin* Bd 4/*Kreikebohm/von Koch/Krauß* § 30 Rz 90–90e). Der für die Bewertung zeitgleich zurückgelegter Kindererziehungszeiten und sonstiger Beitragszeiten geltende Höchstwert der Beitragsbemessungsgrenze ist nicht verfassungswidrig (BSG 18.5.06 – B 4 RA 36/05 R, NZS 07, 261). Besondere Anforderungen hat das BVerfG auch für die satzungsrechtliche Ausgestaltung von Zeiten des Mutterschutzes und der Kindererziehung bei Mitgliedern von berufsständischen Versorgungswerken aufgestellt (BVerfG 5.4.05 – 1 BvR 774/02, NJW 05, 2443). Weitere Zeiten der Kindererziehung bis zu Vollendung des 10. Lebensjahres des Kindes wirken in der RV als Berücksichtigungszeiten anspruchserhöhend.

4. Unfallversicherung. Ist der Tod eines Versicherten durch einen Arbeitsunfall verursacht, so besteht idR längstens bis zur Vollendung des 27. Lebensjahres Anspruch auf **Waisenrente** (§ 67 SGB VII). Die Erziehung eines waisenrentenberechtigten Kindes wirkt auf die Witwen- oder Witwerrente anspruchserhöhend (§ 65 Abs 2 SGB VII).

Voelzke

242 Kindervergünstigungen

55 **5. Arbeitsförderung.** Zur **Begründung von Leistungsansprüchen** dienen Zeiten der Kindererziehung nach Maßgabe des § 26 Abs 2a SGB III. Die Versicherungspflicht beginnt hiernach frühestens mit der Geburt des Kindes und endet mit dessen drittem Geburtstag.

56 Im Leistungsrecht der ArblV wird, soweit beim Empfänger einer Lohnersatzleistung oder bei dessen Ehegatten ein Kind zu berücksichtigen ist, der **Leistungssatz** des Nettoarbeitsentgelts erhöht (zB gem § 149 Nr 1 SGB III). Verfassungsrechtlich ist es nicht zu beanstanden, wenn für Arbeitslose mit mehreren Kindern keine höheren Leistungssätze vorgesehen sind (BSG 27.6.96 – 11 RAr 77/75, SozR 3–4100 § 111 Nr 14). Entsprechend der für das Krankengeld geltenden Regelung des § 45 SGB V (s Rz 30) ist das AlGeld bei einer nach ärztlichem Zeugnis erforderlichen Beaufsichtigung, Betreuung oder Pflege eines erkrankten Kindes in den zeitlichen Grenzen des § 146 Abs 2 SGB III fortzuzahlen. Zur Erleichterung der Rückkehr in das Erwerbsleben nach Kinderbetreuungs- und Kindererziehungszeiten sind in den Vorschriften des SGB III (wenige) Regelungen enthalten, die Berufsrückkehrer (§ 20 SGB III) begünstigen (s den Überblick bei *Hauck/Noftz/Timme* § 20 SGB III Rz 3).

57 Entstehen wegen der Teilnahme an nach dem SGB III geförderten Bildungsmaßnahmen Kosten für die **Betreuung aufsichtsbedürftiger Kinder**, so können diese (teilweise) übernommen werden (Ausbildung: § 68 Abs 3 Satz 2 SGB III; Weiterbildung: § 83 SGB III). Durch die Maßnahme entstehende Kinderbetreuungskosten können iHv 130 € monatlich übernommen werden. Eine Härte liegt vor, wenn für die Kinderbetreuung besonders hohe Aufwendungen entstehen, weil eine Unterbringung in einem Kindergarten, bei Nachbarn oder Verwandten nicht möglich ist. Der erforderliche Ursachenzusammenhang zwischen den Kinderbetreuungskosten und der Teilnahme an der Maßnahme ist bereits dann gegeben, wenn der Teilnehmer die Betreuung nicht selbst oder durch einen Dritten sicherstellen kann (BSG 16.9.98 – B 11 AZ 19/98 R, SozSich 99, 223).

58 **6. Pflegeversicherung.** In der sozialen PflegeV hat das Beitragskinderurteil des BVerfG vom 3.4.01 – 1 BvR 1629/94 (NJW 01, 1712; zu den Auswirkungen dieser Entscheidung auf die RV s *Rust* VSSR 04, 75) das Augenmerk auf die **Beitragsgestaltung** in der SozV gelenkt. In dieser Entscheidung hatte das BVerfG ausgesprochen, dass es mit Art 3 Abs 1 iVm Art 6 Abs 1 GG nicht zu vereinbaren ist, dass Mitglieder der sozialen PflegeV, die Kinder betreuen und erziehen und damit einen generativen Beitrag zur Funktionsfähigkeit eines umlagefinanzierten SozVSystems leisten, mit einem gleich hohen PflegeVBeitrag wie Mitglieder ohne Kinder belastet werden.

Dem Gesetzgeber war vom BVerfG eine Übergangsfrist bis zum 31.12.04 zur Umsetzung der Entscheidung in der PflegeV gesetzt worden. Mit dem Kinder-Berücksichtigungsgesetz vom 15.12.04 (BGBl I 04, 3448) hat der Gesetzgeber ab 1.1.05 den Beitragssatz für alle Mitglieder der Pflegekassen, die das 23. Lebensjahr vollendet haben, um **0,25 Beitragssatzpunkte** erhöht (§ 25 SGB XI). Ausgenommen hiervon sind nur einzelne Personengruppen (zB Eltern, kinderlose Mitglieder, die vor dem 1.1.40 geboren sind usw). Den Beitragszuschlag für Kinderlose trägt nach § 55 Abs 3 SGB XI das Mitglied allein (Näheres: *Pflegeversicherungsbeiträge*).

59 **7. Betreuungsgeld.** Ziel dieser zum 1.8.13 eingeführten Sozialleistung ist es, eine Anerkennungs- und Unterstützungsleistung für Eltern mit Kleinkindern zu schaffen und damit die **Wahlfreiheit** von Müttern und Vätern bei der Kinderbetreuung zu verbessern (BT-Drs 17/9917 S 7). Das Gesetz zur Einführung des Betreuungsgeldes (BGBl I 13, 254) hat die neue Sozialleistung als Teil des BEEG geregelt. Gegen das Betreuungsgeld werden verfassungsrechtliche Bedenken erhoben (*Ewer* NJW 12, 2251; *Rixen* DVBl 12, 1393; *Brosius-Gersdorf* NJW 13, 2316).

60 Anspruch auf Betreuungsgeld haben Eltern, die ein nach dem 1.8.12 geborenes Kind im Alter von 15 bis 36 Lebensmonaten haben und für dieses Kind **keine öffentlich geförderte Betreuungseinrichtung** in Anspruch nehmen. Da die Betreuung des Kindes nicht durch die Eltern selbst erfolgen muss, ist unerheblich, ob und in welchem Umfang die Eltern erwerbstätig sind. Auch über 30 Wochenstunden erwerbstätige Personen können ihr Kind selbst betreuen und erziehen (BT-Drs. 17/9917 S 9).

61 Das Betreuungsgeld beträgt zunächst 100 € monatlich, ab dem 1.8.14 wird es in Höhe von **150 € monatlich** gezahlt (§ 4b BEEG). Es kann grds ab dem 15. bis zur Vollendung des 36. Lebensmonats bezogen werden. Die Bezugszeit schließt damit an die 14-monatige

Rahmenbezugszeit des Elterngelds an. Dies gilt auch dann, wenn auf die zwei Partnermonate verzichtet wird. Eine Mindestbezugszeit besteht beim Betreuungsgeld nicht.

Das Betreuungsgeld ist nach § 7 Abs 1 S 1 BEEG **schriftlich zu beantragen.** Eine rückwirkende Zahlung ist auf drei Monate vor Beginn des Monats, in dem der Antrag auf Betreuungsgeld eingegangen ist, begrenzt. Erfüllen beide Eltern die Anspruchsvoraussetzungen für das Betreuungsgeld, hat jeder einen eigenen Antrag zu stellen und anzugeben, für wie viele und welche Lebensmonate Betreuungsgeld beansprucht wird. Bei fehlender Einigung kommt das Verfahren nach § 5 Abs 2 BEEG zur Anwendung. 62

8. Übrige Leistungsbereiche. Dem Familienlastenausgleich dient auch die **Ausbildungsförderung** nach dem BAföG. Die Leistungen der Kinder- und Jugendhilfe sind im SGB VIII zusammengefasst (Schrifttum: *Hauck/Noftz* Kinder- und Jugendhilfe – SGB VIII [Kommentar]). Zur **Jugendhilfe** im weiteren Sinne sind die Leistungen nach dem Unterhaltsvorschussgesetz zu zählen, das für alleinstehende Elternteile Unterhaltsvorschüsse und Unterhaltsausfalleistungen vorsieht (Schrifttum: *Scholz* Unterhaltsvorschussgesetz [Kommentar]). **Subsidiäre Leistungen,** die die Betreuung und Erziehung von Kindern begünstigen und die besondere Belastung Unterhaltsverpflichteter ausgleichen, enthalten die Vorschriften des WoGG und der Sozialhilfe nach dem SGB XII. 63

Kirchenarbeitsrecht

A. Arbeitsrecht *Kania*

1. Allgemeines. Für die bei den Kirchen beschäftigten ArbN gilt das allgemeine Arbeitsrecht, soweit sich nicht aus der **verfassungsrechtlichen Sonderstellung** der Kirchen etwas anderes ergibt. Diese Sonderstellung gilt nicht nur für die Kirchen selbst, sondern auch für die karitativen und erzieherischen Einrichtungen, mit deren Hilfe die Kirchen ihre erzieherischen und sozialen Aufgaben erfüllen (BVerfG 11.10.77, NJW 78, 581; BAG 25.4.78, DB 78, 2175). Näheres zum Begriff Kirche s *Tendenzbetrieb* Rz 2 ff. 1

Grundlage der **Sonderstellung** ist insbes Art 137 Weimarer Reichsverfassung, der über Art 140 GG Bestandteil des GG ist. Danach ordnet und verwaltet jede Religionsgesellschaft ihre Angelegenheiten selbstständig innerhalb der Schranken des für alle geltenden Gesetzes. Zu den eigenen Angelegenheiten der Kirchen zählt auch die Regelung der Dienstverhältnisse. Dabei steht es den Kirchen frei, ob sie sich der Gestaltungsformen des Privatrechts bedienen; wählen sie aber die privatrechtliche Gestaltung, so ergibt sich als Folge dieser Rechtswahl, dass das staatliche Recht, insbes also das Arbeitsrecht, auf diese Beschäftigungsverhältnisse Anwendung findet. 2

Andererseits hebt die Einbeziehung der kirchlichen Arbeitsverhältnisse in das staatliche Arbeitsrecht deren Zugehörigkeit zu den eigenen Angelegenheiten nicht auf. Deshalb können die Kirchen der Gestaltung des kirchlichen Dienstes auch dann, wenn sie ihn auf der Grundlage von Arbeitsverträgen regeln, das besondere **Leitbild einer christlichen Dienstgemeinschaft** aller ihrer Mitarbeiter zugrunde legen (BVerfG 4.6.85, DB 85, 2103). 3

2. Loyalitätspflichten und Kündigungsschutz. a) Grundsatz. Um dieses Leitbild einer christlichen Dienstgemeinschaft verwirklichen zu können, sind die Kirchen berechtigt, ihren ArbN besondere **Loyalitätspflichten** aufzuerlegen. Das AGG steht dem nicht entgegen, sondern lässt diese Loyalitätspflichten ausdrücklich unberührt (§ 9 AGG; Näheres s *Diskriminierung* Rz 80–82). Die Kirchen sind befugt, ihren ArbN die Beachtung jedenfalls der tragenden Grundsätze der kirchlichen Glaubens- und Sittenlehre aufzuerlegen; sie können verlangen, dass ihre ArbN nicht gegen die fundamentalen Verpflichtungen verstoßen, die sich aus der Zugehörigkeit zur Kirche ergeben und die jedem Kirchenmitglied obliegen. Das BAG vertrat in seiner früheren Rspr die Auffassung, dass eine Loyalitätspflicht nicht ohne weiteres mit jedem Arbeitsverhältnis zu einer kirchlichen Einrichtung verbunden sei, sondern von der Nähe der Tätigkeit zu spezifisch kirchlichen Aufgaben und der damit verbundenen Gefahr für die Glaubwürdigkeit der Kirche abhänge (BAG 14.10.80, DB 81, 1290; 21.10.82, DB 83, 2778). 4

243 Kirchenarbeitsrecht

5 Dieser Auffassung hat das **Bundesverfassungsgericht** mit seiner Entscheidung vom 4.6.85 (DB 85, 2103) eine Absage erteilt. Nach Meinung des BVerfG richtet sich die Frage, welche kirchlichen Grundverpflichtungen als Gegenstand des Arbeitsverhältnisses bedeutsam sein können, nur **nach den von der verfassten Kirche anerkannten Maßstäben.** Es bleibt danach grds den verfassten Kirchen überlassen, verbindlich zu bestimmen, was „die Glaubwürdigkeit der Kirche und ihrer Verkündigung erfordert", was „spezifisch kirchliche Aufgaben" sind, was „Nähe" zu ihnen bedeutet, welches die „wesentlichen Grundsätze der Glaubens- und Sittenlehre" sind und was als – ggf schwerer – Verstoß gegen diese anzusehen ist (BVerfG 4.6.85 – 2 BvR 1703/83, 2 BvR 1718/83, 2 BvR 856/84, DB 85, 2103).

6 Für die **katholische Kirche** gilt seit dem 1.1.94 die „Grundordnung des kirchlichen Dienstes im Rahmen kirchlicher Arbeitsverhältnisse" (GrO – abgedruckt NJW 94, 1394; vgl dazu *Dütz* NJW 94, 1369; *Richardi* NZA 94, 19; *Klimpe-Auerbach* ArbuR 95, 170 ff). Dieses Kirchengesetz stellt anknüpfend an den Beschluss des BVerfG vom 4.6.85 Maßstäbe der verfassten Kirche für die Bewertung kirchenspezifischer **Loyalitätsobliegenheiten im Arbeitsverhältnis** auf. Art 4 GrO nimmt hierbei eine Abstufung vor: Nichtkatholische ArbN haben die „Wahrheiten und Werte des Evangeliums" zu achten. Katholische ArbN haben die „Grundsätze der katholischen Glaubens- und Sittenlehre" anzuerkennen und zu beachten. Von leitenden ArbN wird ein „persönliches Lebenszeugnis" iSd Grundsätze der katholischen Glaubens- und Sittenlehre erwartet. Für die Kündigung aus kirchenspezifischen Gründen gelten nach Art 5 Abs 2 GrO als schwerwiegende Loyalitätsverstöße insbes der Kirchenaustritt, öffentliches Eintreten gegen tragende Grundsätze der katholischen Kirche (zB hinsichtlich der Abtreibung), schwerwiegende persönliche sittliche Verfehlungen und der Abschluss einer nach Kirchenrecht ungültigen Ehe.

7 **b) Kündigungsrechtliche Konsequenzen.** Nach der Entscheidung des BVerfG vom 4.6.85 haben die ArbG im Streitfall die vorgegebenen kirchlichen Maßstäbe für die Bewertung vertraglicher Loyalitätspflichten zugrundezulegen. Eine eigene Bewertung des Loyalitätsverstoßes ist den ArbG abgeschnitten. Steht danach eine Verletzung von Loyalitätspflichten fest, so ist erst die weitere Frage, ob sie eine Kündigung des kirchlichen Arbeitsverhältnisses sachlich rechtfertigt, nach den kündigungsschutzrechtlichen Vorschriften der §§ 1 KSchG, 626 BGB zu beantworten. Diese Vorschriften unterliegen als für alle geltendes Gesetz iSd Art 137 Abs 3 Weimarer Reichsverfassung umfassender arbeitsgerichtlicher Anwendungskompetenz (BVerfG 4.6.85, DB 85, 2103). Bei deren Anwendung sind neben dem Selbstbestimmungsrecht der Kirchen kollidierende Grundrechtspositionen der ArbN, etwa die Gewissensfreiheit, zu berücksichtigen (BVerfG 7.3.02 – 1 BvR 1962/01, NZA 02, 609). Bedeutsam ist in diesem Zusammenhang die Entscheidung des Europäischen Gerichtshofs für Menschenrechte (EGMR) im Fall eines wegen Ehebruchs und Bigamie aus der katholischen Kirche entlassenen Chorleiters: Die deutschen ArbG hätten gegen Art 8 EMRK verstoßen, da sie zu Unrecht die Aufhebung der Kündigung abgelehnt und damit sein Recht auf Achtung des Privat- und Familienlebens nicht ausreichend geschützt hätten (EGMR 23.9.10 – 1620/03, NZA 11, 280). Künftig bedeutet das für die ArbG, dass sie die Grund- und Freiheitsrechte der EMRK als Bestandteil der Rechtsordnung beachten müssen (ausführlich *Plum* NZA 11, 1194). Ein **absoluter Kündigungsgrund** wird damit den Kirchen nicht eingeräumt (*Dütz* NJW 90, 2025); die Unwirksamkeit einer Kündigung kann sich auch aus der Möglichkeit einer Abmahnung oder der Weiterbeschäftigung auf einem anderen Arbeitsplatz ergeben (*Stahlhacke/Preis/Vossen* Rz 645).

8 Die **katholische Kirche** hat diesen Anforderungen in Art 5 GrO weitgehend Rechnung getragen. Danach ist grds vor Ausspruch einer Kündigung wegen eines Verstoßes gegen Loyalitätsobliegenheiten zu prüfen, ob eine Abmahnung, ein formeller Verweis oder eine andere Maßnahme (zB Versetzung, Änderungskündigung) geeignet sind, dem Obliegenheitsverstoß zu begegnen. Auch bei den in Art 5 Abs 2 GrO aufgeführten schwerwiegenden Loyalitätsverstößen wird anerkannt, dass im Einzelfall eine Kündigung gleichwohl unangemessen sein kann. Bedenklich erscheint Art 5 Abs 5 GrO, der eine Weiterbeschäftigungsmöglichkeit bei Kirchenaustritt oder Wiederverheiratung unter besonderen Umständen generell ausschließt. Mit dieser Regelung kann den ArbG nicht die Möglichkeit abgeschnitten werden, auch bei diesen Loyalitätsverstößen im Einzelfall zu prüfen, ob die Kündigung sachlich gerechtfertigt ist. Zu beachten ist, dass nach § 5 Abs 1 GrO vor Ausspruch einer

Kündigung ein „klärendes Gespräch" zu führen ist; aufgrund dieser Selbstbindung ist eine ohne „Gespräch" erfolgende Kündigung regelmäßig unverhältnismäßig und deshalb sozialwidrig (BAG 16.9.99 – 2 AZR 712/98, NZA 2000, 208).

c) Einzelfälle. Die nachfolgend aufgezählten Einzelfälle aus der Rspr sind nur bedingt **9** verallgemeinerungsfähig, da sich die Kündigungsvoraussetzungen zweimal, zunächst durch das Urt des BVerfG vom 4.6.85 und für die katholische Kirche durch die Verabschiedung der GrO, verändert haben. Zudem sind die konkreten Umstände des Einzelfalles zu beachten. Nach BAG rechtfertigt die zweite Ehe des Chefarztes eines katholischen Krankenhauses nicht in jedem Fall die ordentliche Kündigung (BAG 8.9.11 – 2 AZR 543/10, NZA 12, 443); bejaht noch bei der Heirat einer im Kirchendienst beschäftigten katholischen Lehrerin mit einem geschiedenen Mann: BAG 18.11.86, AP Nr 35 zu Art 140 GG). Ebenfalls wurde die **Wirksamkeit der Kündigung** bejaht bei dem Kirchenaustritt eines Arztes in einem katholischen Krankenhaus (BAG 12.12.84, NZA 86, Beilage 1, 32), der Entziehung der missio canonica einer kirchlichen Lehrkraft (BAG 25.5.88, AP Nr 36 zu Art 140 GG), der Heirat einer Schulbusfahrerin mit einem geschiedenen Mann (LAG NdS 9.3.89, NJW 90, 534), bei Ehebruch eines leitenden Angestellten der Mormonenkirche (BAG 24.4.97, NZA 98, 145), bei Kirchenaustritt eines Sozialpädagogen in einer Einrichtung des Caritasverbandes (BAG 25.4.13 – 2 AZR 579/12, BeckRS 2013, 69173), und bei aktiver Werbung für eine andere Glaubensgemeinschaft durch eine Kindergärtnerin in einem evangelischen Kindergarten (BAG 21.2.01 – 2 AZR 139/00, NZA 01, 1136). Für **unwirksam** erklärt wurde die Kündigung eines Buchhalters wegen Kirchenaustritts (BAG 23.3.84, NZA 84, 287), die Kündigung eines Arztes wegen einer Stellungnahme für den legalen Schwangerschaftsabbruch (BAG 21.10.82, DB 83, 2778) und die fristlose Kündigung eines Chefarztes in einem katholischen Krankenhaus wegen Durchführung homologer Insemination (BAG 7.10.93, NZA 94, 443). Keinen Kündigungsgrund dürfte auch in der katholischen Kirche Homosexualität darstellen, da im neuen Katechismus der katholischen Kirche ausgeführt ist, dass man sich hüten solle, „sie (die Homosexuellen) in irgendeiner Weise zurückzusetzen" (vgl LAG BaWü 24.6.93, NZA 94, 416).

3. Gestaltung der Arbeitsvertragsbedingungen. Nach dem früher vertretenen **„ers-** **10** **ten Weg"** konnte der Inhalt der Arbeitsverhältnisse der kirchlichen Angestellten einseitig durch den kirchlichen Gesetzgeber oder durch kirchliche Leitungsorgane festgesetzt werden. Heute wird ein Recht der kirchlichen Mitarbeiter, die sie betreffenden Angelegenheiten aktiv mitzugestalten, allgemein anerkannt. Die nordelbische evangelisch-lutherische Kirche hat sich entschieden, die Mitgestaltung der Arbeitsbedingungen durch ihre ArbN durch Tarifverträge zu regeln (sog **„Zweiter Weg"**). Ansonsten wird das Tarifvertragssystem als nicht geeignet abgelehnt. Dies wurde insbes damit begründet, dass Arbeitskämpfe im kirchlichen Bereich generell unzulässig seien (vgl *Grethlein* NZA 86, Beilage 1, 18) und verschiedene Gewerkschaftszugehörigkeiten und das Günstigkeitsprinzip kein einheitliches Lohngefüge gewährleisten (*Richardi* Arbeitsrecht in der Kirche, S 180). Die katholische Kirche und die evangelische Kirche mit Ausnahme der nordelbischen Kirche praktizieren deshalb ein eigenständiges System der Mitarbeiterbeteiligung bei der Gestaltung der Arbeitsbedingungen (sog **„Dritter Weg"**). Bei diesem Regelungsmodell steht die paritätische und partnerschaftliche Konfliktlösung im Vordergrund. Das bedeutet nicht, dass gewerkschaftliche Betätigung in der Kirche generell unzulässig ist. Nachdem lange Zeit umstritten war, ob Streikmaßnahmen im kirchlichen Bereich zulässig sind, hat das BAG jetzt entschieden, dass der Arbeitskampf nur dann und insoweit ausgeschlossen ist, als das praktizierte Regelungsmodell die koalitionsmäßige Betätigung der Gewerkschaften gewährleistet, die Regelung für den Dienstgeber verbindlich ist und als Mindesarbeitsbedingung garantiert wird (BAG 20.11.12 – 1 AZR 179/11, NZA 13, 448 und 1 AZR 611/11, NZA 13, 437). Das Zugangsrecht externer Gewerkschaften hatte das BVerfG zunächst eingeschränkt (BVerfG 17.2.81 – 2 BvR 384/78, NJW 81, 1829). Anerkannt ist aber inzwischen die Mitgliederwerbung im üblichen (verhältnismäßigen) Rahmen (LAG Köln 19.2.99 – 11 Sa 962/98, NZA-RR 99, 655).

Die evangelischen Landeskirchen haben Kirchengesetze über das Verfahren zur Rege- **11** lung der Arbeitsverhältnisse der Mitarbeiter im kirchlichen Dienst erlassen. Aufgrund dieser Gesetze sind **paritätisch besetzte Arbeitsrechtliche Kommissionen** gebildet, die Arbeitsvertragsrichtlinien erlassen. Für den Konfliktsfall werden Schlichtungsausschüsse gebil-

243 Kirchenarbeitsrecht

det, die sich aus Vertretern der ArbN- und ArbGebSeite und einem unparteiischen Vorsitzenden zusammensetzen. Das **diakonische Werk** der evangelischen Kirche hat durch Satzung sichergestellt, dass das Arbeitsrechtssystem des „Dritten Wegs" auch in ihrem Bereich gilt.

12 In der katholischen Kirche sind aufgrund der Kirchenautonomie für die Diözesen regionale Kommissionen zur Ordnung des Arbeitsvertragsrechts (**RegionalKODA**) geschaffen worden. Für die Bistümer und den deutschen Caritasverband besteht eine Kommission für den überdiözesanen Bereich (**ZentralKODA**). Wie in der evangelischen Kirche sind die KODA paritätisch besetzt; für den Konfliktfall besteht ein Vermittlungsausschuss mit einem neutralen Vorsitz. Die Ordnung für die ZentralKODA ist zum 1.1.99 novelliert worden (dazu *Richardi* NZA 98, 1305).

13 **Die Rechtswirkung der von den Kommissionen geschaffenen Arbeitsvertragsrichtlinien** ist umstritten. Teilweise wird den Arbeitsvertragsrichtlinien unmittelbare, normative Wirkung beigemessen (*Grethlein* NZA 86, Beilage 1, 23; *Richardi* Arbeitsrecht in der Kirche, S 147 ff); vom BAG und der überwiegenden Auffassung in der Literatur werden sie als vertragliche Einheitsregelungen angesehen, welche nur durch einzelvertragliche Bezugnahme Wirksamkeit erlangen (BAG 20.3.02 – 4 AZR 101/01, NZA 02, 1402; LAG Hamm 21.1.77, BB 77, 748; *Dietz* RdA 79, 79; *Schlaich* JZ 80, 209). Dieser Unterschied zu „echten" Tarifverträgen hat erhebliche Konsequenzen: Bei einem **Betriebsübergang** kommt eine Anwendung von § 613a Abs 1 Satz 2–4 BGB nicht in Betracht mit der Folge, dass beim Veräußerer geltende Arbeitsvertragsrichtlinien nicht durch beim Erwerber geltende Tarifverträge abgelöst wurden (BAG 20.3.02 – 4 AZR 101/01, NZA 02, 1402). Bei der **Befristung von Arbeitsverträgen** werden Arbeitsvertragsrichtlinien ebenfalls nicht Tarifverträgen gleichgestellt, so dass eine Verlängerung der Höchstdauer einer sachgrundlosen Befristung entsprechend § 14 Abs 2 Satz 3 TzBfG nicht möglich ist (BAG 25.3.09 – 7 AZR 710/07, NZA 09, 1417). Nach neueren Entscheidungen des 6. Senates des BAG unterliegen die beim Abschluss des Arbeitsvertrages in Bezug genommenen kirchlich-diakonischen Arbeitsvertragsregelungen der **AGB-Kontrolle** gem §§ 305 ff BGB (BAG 22.7.10 – 6 AZR 847/07 und 6 AZR 170/08, BB 11, 1869); insoweit grenzt sich der 6. Senat von der bisherigen Rspr des 3. und 4. Senats ab, wonach der Maßstab der §§ 317 ff BGB zur Anwendung kommt (BAG 19.8.08 – 3 AZR 383/06, NZA 09, 1275; 10.12.08 – 4 AZR 801/07, NZA-RR 10, 7; BAG 18.11.09 – 4 AZR 493/08, EZA § 61 BGB 2002 Kirchliche Arbeitnehmer Nr 13). Allerdings sei die Prüfungskompetenz der Gerichte nach § 310 BGB eingeschränkt, wenn die in Bezug genommenen Arbeitsvertragsregelungen durch das Verfahren des Dritten Weges mit einer paritätisch besetzten Arbeitsrechtlichen Kommission (ohne Letztentscheidungsrecht der Synode oder des Bischofs) zustandegekommen sind; hierdurch werde gewährleistet, dass die ArbGebSeite nicht einseitig ihre Interessen durchsetze. Diese Arbeitsvertragsregelungen böten eine materielle Richtigkeitsgewähr und seien grds wie TV nur daraufhin zu überprüfen, ob sie gegen die Verfassung, gegen anderes höherrangiges zwingendes Recht oder die guten Sitten verstoßen. Indem das BAG die kirchlich-diakonischen Arbeitsvertragsregelungen hinsichtlich des Prüfungsmaßstabs den Tarifverträgen gleichstellt, erweitert es die Möglichkeit der Kommissionen, individuelle Vereinbarungen zu grundlegenden arbeitsrechtlichen Regelungsinhalten zu treffen.

14 **4. Mitarbeitervertretung.** Die Vorschriften über das staatliche Mitbestimmungs-, Betriebsverfassungs- und Personalvertretungsrecht nehmen ausdrücklich die Religionsgemeinschaften und ihre karitativen und erzieherischen Einrichtungen von ihrem Geltungsbereich aus (vgl §§ 118 Abs 2 BetrVG, 112 BPersVG, 1 Abs 4 Satz 2 MitbestG, 81 Abs 2 BetrVG 52). Diese Sonderstellung der Kirchen steht nicht zur Disposition des Gesetzgebers, da die Bestimmung der Kirchen über Mitwirkungsrechte betrieblicher Vertretungen zu den geschützten eigenen Angelegenheiten iSd Art 137 Weimarer Reichsverfassung zählt (BVerfG 11.10.77, BVerfGE 46, 73, 94). Andererseits wäre die völlige Aussparung von Beteiligungsrechten der ArbN in der Kirche mit einer sozialstaatlichen Arbeitsrechtsordnung nicht zu vereinbaren. Deshalb haben die Kirchen ein **eigenständiges Mitarbeitervertretungsrecht** geschaffen. Für die evangelische Kirche maßgebend ist das Kirchengesetz über die Mitarbeitervertretungen bei den Dienststellen der EKD (Evangelischen Kirche in Deutschland) vom 6.11.92 (Mitarbeitervertretungsgesetz – MVG. Für die diakonischen Einrichtungen gilt die

Ordnung für die Mitarbeitervertretungen in diakonischen Einrichtungen (Mitarbeitervertretungsordnung – MVO). Für die katholische Kirche gilt die Rahmenordnung für eine Mitarbeitervertretungsordnung vom 25.11.85 (MAVO).

Beteiligungsrechte bestehen für allgemeine Aufgaben, in sozialen und personellen Angelegenheiten, wobei die Mitwirkungsrechte in der katholischen Kirche schwächer ausgestaltet sind. Soweit die Beteiligung einer Mitarbeitervertretung erforderlich ist, ist eine **ohne Beteiligung vorgenommene Maßnahme gegenüber dem Arbeitnehmer unwirksam;** dieser kann den Verstoß im arbeitsgerichtlichen Verfahren geltend machen (BAG 10.12.92, NZA 93, 593; 7.10.93, NZA 94, 443; 26.7.95, NZA 95, 1197). Für mitarbeitervertretungsrechtliche Ansprüche der Betriebspartner untereinander sowie für die Geltendmachung von aus dem Mitarbeitervertretungsamt folgenden Rechten einzelner ArbN sind die ArbG unzuständig (LAG RhPf 6.12.01 – 4 Sa 1070/01, NZA-RR 02, 383). 15

B. Lohnsteuerrecht
Seidel

1. Arbeitnehmer. Hauptberufliche Kirchenbedienstete sind ArbN und beziehen Einkünfte aus nichtselbstständiger Arbeit (Arbeitslohn). **Geistliche** sind regelmäßig ArbN der Religionsgesellschaften. Wird Religionsunterricht an den Schulen im Rahmen der Dienstaufgaben der Kirche erteilt, zB bei Verträgen der Kirchen mit den Schulaufsichtsbehörden, liegt Nichtselbstständigkeit im Rahmen der Haupttätigkeit vor, ansonsten gelten die Regeln der nebenberuflichen Lehrtätigkeit (s *Nebentätigkeit* Rz 21). **Ordensangehörige** sind keine ArbN des Ordens. Bei einer Dienstleistung für Dritte kommt es darauf an, ob Rechte und Pflichten zwischen dem Dritten und dem Ordensangehörigen – dann ArbN des Dritten – oder zwischen dem Orden und dem Dritten begründet werden, dann ist der Ordensangehörige weder ArbN des Dritten noch des Ordens. 16

Für **nebenberuflich** tätige Kirchenmitarbeiter, die nichtselbstständig oder selbstständig tätig sein können, gelten die üblichen Abgrenzungskriterien. Nebenberufliche Kirchenmusiker sind idR selbstständig tätig und somit keine ArbN. Dagegen sind sog Kirchenrendanten (Kirchenpfleger, Kirchenrechner), denen die Kassenverwaltung und Rechnungsführung der Kirchengemeinde obliegt, idR ArbN, können im Ausnahmefall aber auch selbstständig sein (DStR 82, 654). Ist aufgrund der innerkirchlichen Organisation einem Kirchen(verwaltungs)amt für bestimmte Kirchengemeinden die Besoldung sowie die Abrechnung der Steuerabzüge für (nichtselbstständige) nebenberufliche Kirchenmusiker übertragen, hat es die lohnsteuerlichen ArbGebPflichten zu erfüllen (BFH 29.3.85, BFH/NV 86, 492; s auch *Arbeitgeber* Rz 19). 17

2. Steuerfreie Einnahmen. Kirchenbedienstete der öffentlich-rechtlichen Religionsgemeinschaften leisten öffentlichen Dienst und erhalten Bezüge aus öffentlichen Kassen (LStH 3.11: Öffentliche Kassen). Für sie sind daher die für öffentliche Bedienstete geltenden Regelungen über steuerfreie Beihilfen (s *Beihilfeleistungen* Rz 9–16) sowie über die aus öffentlichen Kassen gezahlten Reisekosten- und Umzugskostenvergütungen, Trennungsgelder und Verpflegungsmehraufwendungen anzuwenden (§ 3 Nr 13 EStG; LStR 3.13; s hierzu *Aufwandsentschädigung* Rz 5 ff; *Doppelte Haushaltsführung* Rz 26–28; *Umzugskosten* Rz 13–15). 18

Aufwandsentschädigungen an nebenberuflich im Dienst oder Auftrag einer öffentlich-rechtlichen Religionsgemeinschaft oder einer Einrichtung, die unmittelbar der Förderung gemeinnütziger, mildtätiger oder kirchlicher Zwecke dient, zur Förderung dieser Zwecke Tätige sind bis zu 2400 €/Kj steuerfrei (§ 3 Nr 26 EStG; LStR 3.26). Sonstige, nicht unter § 3 Nr 26 EStG fallende Tätigkeiten sind bis zu 720 €/Kj steuerfrei (§ 3 Nr 26a EStG; Näheres s *Aufwandsentschädigung* Rz 12 ff und *Nebentätigkeit* Rz 22). Zur Steuerfreiheit der Einnahmen aus ehrenamtlicher Tätigkeit s *Ehrenamtliche Tätigkeit* Rz 23. 19

C. Sozialversicherungsrecht
Schlegel

1. Allgemeines. Soweit Kirchen oder Religionsgemeinschaften andere gegen Entgelt als ArbN beschäftigen, unterliegen diese Personen den allgemeinen Regeln der SozV und ArblV. Nur für bestimmte Angehörige der Kirchen und Religionsgemeinschaften sind Spezialvorschriften vorgesehen, die den Kreis der Versicherungspflichtigen teils gegenüber den allge- 20

243 Kirchenarbeitsrecht

meinen Vorschriften erweitern (vgl § 1 Satz 1 Nr 4 SGB VI), teils einengen, indem sie eine Versicherungsfreiheit für diese Personen anordnen (§§ 6 Abs 1 Nr 4 SGB V; 5 Abs 1 Nr 3 SGB VI).

21 **2. Versicherungspflicht und -freiheit in der Kranken- und Arbeitslosenversicherung. a) Versicherungsfreiheit für Geistliche.** In der KV sind Geistliche der als öffentlich-rechtliche Körperschaften anerkannten Religionsgesellschaften versicherungsfrei, wenn sie nach beamtenrechtlichen Vorschriften oder Grundsätzen bei Krankheit Anspruch auf Fortzahlung der Bezüge und auf Beihilfe haben (§ 6 Abs 1 Nr 4 SGB V). Entsprechendes gilt für die ArblV gem § 27 Abs 1 Nr 2 SGB III.

22 **b) Versicherungsfreiheit für satzungsmäßige Mitglieder geistlicher Genossenschaften etc.** Neben den Geistlichen sind in der KV gem § 6 Abs 1 Nr 7 SGB V und in der Arbl gem § 27 Abs 1 Nr 4 SGB III versicherungsfrei: die satzungsmäßigen Mitglieder geistlicher Genossenschaften, Diakonissen und ähnliche Personen, wenn sie sich aus überwiegend religiösen oder sittlichen Beweggründen mit Krankenpflege, Unterricht oder anderen gemeinnützigen Tätigkeiten beschäftigen und nicht mehr als freien Unterhalt oder ein geringes Entgelt beziehen, das nur zur Beschaffung der unmittelbaren Lebensbedürfnisse an Wohnung, Verpflegung, Kleidung und dergleichen ausreicht (§ 6 Abs 1 Nr 7 SGB V; Einzelheiten s KassKomm/*Peters* § 6 SGB V Rz 32; *Tillmanns* SGb 99, 450 f). Die Tätigkeit muss nicht unmittelbar in den genannten Bereichen (Krankenpflege, Unterricht etc) erfolgen; es reicht aus, wenn die Tätigkeit in einem Bereich der Gemeinschaft (zB in der Verwaltung) verrichtet wird, der wiederum die Arbeiten in der Krankenpflege, im Unterricht etc begleitet und unterstützt. Jedenfalls muss eine Beschäftigung ausgeübt werden, die geeignet ist, den Tatbestand einer versicherungspflichtigen Beschäftigung zu erfüllen; nur in diesem Fall besteht überhaupt ein Bedürfnis, Versicherungsfreiheit anzuordnen. Die Vorschrift des § 6 Abs 1 Nr 7 SGB V geht davon aus, dass diese Genossenschaften für das Risiko der Krankheit ihrer Mitglieder selbst Vorsorge getroffen haben, zB weil sie selbst Krankenhäuser oder Pflegedienste unterhalten.

23 Die **Beschränkung auf satzungsmäßige Mitglieder** bedingt, dass Personen, die noch nicht endgültig in die geistliche Genossenschaft aufgenommen sind, wie zB Postulanten (erste Vorbereitungszeit zur Einführung in das Ordensleben) und Novizen (Zeit der Vorbereitung auf die erste Profess durch Teilnahme am Ordensleben), nicht versicherungsfrei sind, wenn sie eine Tätigkeit oder Beschäftigung ausüben, die an sich der Versicherungspflicht unterliegt. Dies ist zB der Fall, wenn im Rahmen der Ordensgemeinschaft gemeinnützige Tätigkeiten ausgeübt werden oder eine entsprechende Ausbildung erfolgt. Sie unterliegen in diesen Fällen der Versicherungspflicht, mit der Folge, dass für sie auch KVBeiträge zu entrichten sind. Dasselbe gilt, wenn ein Mitglied geistlicher Genossenschaften bei einem Dritten (zB Land in Gestalt von Gestellungsverträgen) gegen tarifliche Bezahlung beschäftigt ist, das Arbeitsentgelt aber der Religionsgemeinschaft (ggf aufgrund einer Abtretung) zukommt; auch hier handelt es sich um ein gewöhnliches Beschäftigungsverhältnis (vgl BSG 20.9.60 – 7 RAr 53/59, BSGE 13, 76). Fehlt es hieran und widmen sich die Angehörigen eines Ordens ausschließlich dem Gebet und dem Gottesdienst, liegt schon keine versicherungspflichtige Beschäftigung vor, so dass es auch keines Tatbestandes der Versicherungsfreiheit bedarf (vgl BSG 17.12.96 – 12 RK 2/96, SozR 3–2500 § 6 Nr 14).

24 **c) Versicherungspflicht für sonstige gegen Entgelt Beschäftigte der Religionsgemeinschaften.** Die Beschränkung des § 6 Abs 1 Nrn 4 und 7 SGB V nur auf bestimmte Geistliche und Mitglieder geistlicher Genossenschaften etc verdeutlicht, dass sonstige Beschäftigte von Religionsgemeinschaften der Versicherungspflicht in der KV unterliegen, wenn sie gegen Entgelt beschäftigt sind, wenn ihnen also für ihre Dienste in und für die Gemeinschaft ein Entgelt gewährt wird, und – wenn auch in gelockerter Form – Weisungsgebundenheit vorliegt. Zwar sind auch andere als die öffentlich-rechtlichen Religionsgemeinschaften berechtigt, ihre Angelegenheiten innerhalb der für alle geltenden Gesetze selbstständig zu regeln, was auch die Befugnis einschließt, selbstständig darüber zu befinden, ob und in welcher Weise geistliche Ämter innerhalb ihrer Gemeinschaft bestehen sollen. Jedoch ist die Auffassung der Religionsgemeinschaft über die Folgen einer ihr selbst gegebenen Ordnung in der der SozV für die Träger der SozV und die Gerichte nicht bindend. So sind etwa auch die dem Prediger einer freien evangelischen Kirche laufend gewährten

Kirchenarbeitsrecht 243

Bezüge Entgelt iSd SozV, selbst wenn die Gemeinde ihre Aufwendungen allein aus Spenden ihrer Mitglieder bestreitet und die Höhe der Bezüge des Predigers nach Unterhaltsgesichtspunkten bemessen ist (BSG 29.3.62 – RK 74/57, SozR Nr 30 zu § 165 RVO). Da der Wortlaut der Vorschrift nur von Geistlichen spricht, kommt eine Anwendung der Vorschrift auf andere Beschäftigte der öffentlich-rechtlichen Religionsgemeinschaften, die dieselbe Versorgungszusage haben (zB Geschäftsführer), nicht in Betracht; zu prüfen ist in solchen Fällen, ob diese Personen die Voraussetzungen des § 6 Abs 1 Nr 2 SGB V erfüllen.

d) Dienstleistungen (Arbeit) für die Gemeinschaft ohne Gewährung von Entgelt 25
führen dagegen nicht zu einer Versicherungspflicht in der KV; eine dem § 1 Satz 1 Nr 4 SGB VI entsprechende Vorschrift (s oben Rz 24) ist in der KV nicht vorgesehen.

3. Rentenversicherung. a) Versicherungspflicht. § 1 Satz 1 Nr 4 SGB VI enthält 26
eine ausdrückliche Vorschrift über die Versicherungspflicht der Mitglieder geistlicher Genossenschaften, Diakonissen und Angehörige ähnlicher Gemeinschaften während ihres Dienstes für die Gemeinschaft und während der Zeit ihrer außerschulischen Ausbildung. Die Versicherungspflicht knüpft allein an das Mitgliedschaftsverhältnis dieser Personen zur Gemeinschaft an. Nicht erforderlich ist, dass es sich bereits um eine satzungsmäßige Mitgliedschaft handelt, so dass auch Novizinnen und Postulanten erfasst werden. Es kommt nicht darauf an, ob diese Personen Arbeit verrichten müssen oder ein Entgelt erhalten; die genannte Versicherungspflicht besteht selbst dann, wenn von der Gemeinschaft allein kultische, karitative oder religiöse Handlungen verlangt werden (vgl hierzu BSG 17.12.96 – 12 RK 2/96, SozR 3–2500 § 6 Nr 14).

Das genannte Mitgliedschaftsverhältnis ist nicht gleichbedeutend mit einem Beschäfti- 27
gungsverhältnis als ArbN. Liegt letzteres vor, richtet sich die Versicherungspflicht nicht nach Nr 4 des § 1 Satz 1 SGB VI, sondern nach dessen Nr 1. Dies hat insbesondere Auswirkungen auf die Beitragstragung und Beitragszahlung. Liegt ein gewöhnliches Beschäftigungsverhältnis vor, so richten sich die Beiträge nach dem gewährten Arbeitsentgelt (§ 162 Nr 1 SGB VI) und sind, sofern nicht die Geringverdienstgrenze unterschritten wird, von der Gemeinschaft und vom ArbN je zur Hälfte zu tragen (§ 168 Abs 1 Nr 1 SGB VI; zur Geringverdienstgrenze s *Geringfügige Beschäftigung* Rz 61 ff).

Liegt dagegen eine Versicherungspflicht in der RV nach § 1 Satz 1 Nr 4 SGB VI vor, dann 28
wird – wenn überhaupt – regelmäßig ein nur sehr geringes Entgelt oder Taschengeld gewährt werden. Dieses ist zunächst als **Beitragsbemessungsgrundlage** heranzuziehen. Zur Begründung nennenswerter Rentenanwartschaften werden jedoch darüber hinaus ggf weitere beitragspflichtige Einnahmen dieser Personen in bestimmter Mindesthöhe fingiert, sofern ihnen nach Beendigung ihrer Ausbildung eine Anwartschaft auf die in der Gemeinschaft übliche Versorgung nicht gewährleistet oder für die die Gewährleistung nicht gesichert ist. Fingiert werden in diesen Fällen beitragspflichtige Einnahmen iHv 40 vH der Bezugsgröße (§ 162 Nr 4 SGB VI); zu tragen sind die Beiträge von der Genossenschaft allein, wenn das Entgelt 40 vH der monatlichen Bezugsgröße nicht übersteigt (§ 168 Abs 1 Nr 4 SGB VI).

b) Versicherungsfreiheit. In der RV sind versicherungsfrei die **satzungsmäßigen Mit-** 29
glieder geistlicher Genossenschaften, Diakonissen und Angehörigen ähnlicher Gemeinschaften, wenn ihnen nach den Regeln der Gemeinschaft Anwartschaft auf die in der Gemeinschaft übliche Versorgung bei verminderter Erwerbsfähigkeit und im Alter gewährleistet ist und die Erfüllung der Gewährleistung gesichert ist (§ 5 Abs 1 Nr 3 SGB VI). Dieser Personenkreis der Versicherungsfreien deckt sich weitgehend mit demjenigen der nach § 1 Nr 4 SGB VI Versicherungspflichtigen.

Nicht von der Versicherungsfreiheit erfasst sind die (noch) nicht satzungsmäßigen Mit- 30
glieder. Bei diesen verbleibt es bei der Regelung nach § 1 Nr 4 SGB VI, selbst wenn das Statut der religiösen Genossenschaft ausnahmsweise auch für sie schon eine Anwartschaft auf Versorgung gewährleisten sollte. Versicherungsfreiheit setzt voraus, dass die in der Gemeinschaft übliche Versorgung gewährleistet ist (vgl BSG 17.12.96 – 12 RK 2/96, SozR 3–2500 § 6 Nr 14). Diese muss nicht dem beamtenrechtlichen Versorgungsniveau entsprechen, sie muss aber zumindest die Lebensführung im Alter und bei Invalidität in einem solchen Maße sicherstellen, dass keine Sozialhilfebedürftigkeit oder ein Angewiesensein auf Angehörige eintritt (vgl KassKomm/*Funk* § 5 SGB VI Rz 47–51).

31 c) Nachversicherung. Eine Nachversicherung findet ua bei Personen statt, die als satzungsmäßige Mitglieder geistlicher Genossenschaften, Diakonissen oder Angehörige ähnlicher Gemeinschaften versicherungsfrei waren oder von der Versicherungspflicht befreit worden sind, wenn sie ohne Anspruch oder Anwartschaft aus der „Beschäftigung"/Genossenschaft ausgeschieden sind oder ihren Anspruch auf Versorgung verloren haben und Gründe für einen Aufschub der Beitragszahlung (§ 184 Abs 2 SGB VI) nicht gegeben sind. Nachversicherungszeitraum ist die Zeit, während der aufgrund der Mitgliedschaft in der Genossenschaft etc Versicherungsfreiheit bestand (§ 8 Abs 2 SGB VI). Zur Berechnung der Nachversicherungsbeiträge vgl §§ 181 ff SGB VI.

32 4. Unfallversicherung. a) Versicherungsfreiheit in der UV besteht nach § 4 Abs 1 Nr 3 SGB VII für die Mitglieder geistlicher Genossenschaften, Diakonissen, Schwestern des Deutschen Roten Kreuzes und Angehörige ähnlicher Gemeinschaften, die sich aus überwiegend religiösen oder sittlichen Beweggründen mit Krankenpflege, Unterricht oder anderen gemeinnützigen Tätigkeiten beschäftigen, wenn ihnen nach den Regeln ihrer Gemeinschaft lebenslange Versorgung gewährleistet ist. Diese Versicherungsfreiheit beschränkt sich nicht auf Unfälle, die sich gerade im Zusammenhang mit der gemeinnützigen Betätigung etc innerhalb und für die Gemeinschaft ereignet haben (BSG 11.6.90 – 2 RU 51/89, SozR 3–2200 § 541 Nr 1).

33 b) Versicherungspflicht besteht für die in § 4 Abs 1 Nr 3 SGB VII genannten Personen dann, wenn ihnen eine lebenslange Versorgung nicht gewährleistet ist. **Versicherungsschutz** besteht für diese Personen insoweit, als sie bei einer – nicht allein kultischen oder religiösen – Betätigung für die Gemeinschaft einen Unfall erleiden, der einem Arbeitsunfall vergleichbar ist.

34 5. Pflegeversicherung. Für die PflegeV gilt der Grundsatz, dass der Versicherung in der KV Versicherungspflicht in der PflegeV folgt (vgl § 20 Abs 1 SGB XI).

Kirchenlohnsteuer

A. Arbeitsrecht *Griese*

1 1. Allgemeines. Art 140 GG, der ua die Weitergeltung des Art 137 Abs 6 der Weimarer Reichsverfassung anordnet, gibt den Religionsgesellschaften, die Körperschaften des öffentlichen Rechts sind, das Recht, nach Maßgabe steuerlicher Vorschriften der Länder KiSt zu erheben. Die Scientology-Unternehmung ist keine Kirche in diesem Sinne, auch wenn sie sich so bezeichnet (BAG 22.3.95 – 5 AZB 21/94, NZA 95, 823). Basierend auf der Ermächtigung des Grundsatzes existieren in allen Bundesländern KiStGesetze. Diese sehen als wichtigste Form die **Kirchenlohnsteuer** vor. Die KiLSt wird ebenso wie die LSt als Abzug vom Arbeitslohn durch den ArbGeb erhoben und abgeführt. Die KiLSt ist eine **Zuschlagsteuer** iSd § 51a EStG, so dass die Vorschriften über den LStAbzug (§§ 38 ff EStG) entsprechend anzuwenden sind.

2 Arbeitsrechtlich bedeutet dies insbesondere, dass der ArbGeb Kraft seiner **Fürsorgepflicht** den KiLStAbzug vom Entgelt richtig zu berechnen und vollständig abzuführen hat (vgl BAG 11.10.89 – 5 AZR 585/88, NZA 90, 309). In Zweifelsfällen besteht die Möglichkeit, eine Auskunft des FA einzuholen. Dies ist zur Vermeidung von Schadensersatzrisiken (§ 280 BGB) anzuraten. Die Belastung des ArbGeb mit der Pflicht zur Berechnung und Abführung der KiLSt ist verfassungsgemäß (BVerfG 17.2.77 – 1 BvR 33/76, NJW 77, 1282). Die Abzugsverpflichtung ändert nichts daran, dass der ArbN Steuerschuldner bleibt. Bei fehlerhafter Zuviel- oder Zuwenigabführung gelten die für den LStAbzug geltenden Grundsätze (s *Bruttolohnvereinbarung* Rz 4, 9 ff; *Lohnabzugsverfahren* Rz 3 ff).

3 2. Kirchenlohnsteuer in besonderen Fällen. Bei der *Nettolohnvereinbarung* (s dort) übernimmt der ArbGeb im arbeitsrechtlichen Innenverhältnis sämtliche Steuern und Sozialabgaben. Demzufolge muss er auch die KiLSt übernehmen. Eine Erhöhung der KiLSt belastet in diesem Fall den ArbGeb, eine Senkung kommt nicht dem ArbN zugute; Gleiches gilt für den Kirchenein- und austritt.

Bei der **Lohnsteuerpauschalierung** ist im Außenverhältnis zum FA allein der ArbGeb der Steuerschuldner. Dies gilt auch für die KiLSt, so dass der ArbGeb auf die pauschalierte LSt auch KiLSt zu zahlen hat. Dem ArbGeb ist allerdings die Möglichkeit einzuräumen, nachzuweisen, dass bestimmte ArbN nicht Mitglied einer Kirche sind und insoweit keine (pauschalierte) KiLSt anfällt (BFH 7.12.94 – I R 24/93, ArbuR 95, 200).

3. Kirchgeld. Von der KiLSt zu unterscheiden ist das Kirchgeld. Das Kirchgeld ist in einigen Bundesländern (zB Hamburg, NRW) durch landesrechtliche Regelungen zugelassen. Es wird direkt beim Kirchenmitglied erhoben und zielt auf die Konstellation ab, in der bei Ehepaaren der einkommenslose Ehepartner Mitglied einer Kirche ist, während der über Einkommen verfügende Ehepartner kein Mitglied einer Kirche ist. In dieser Konstellation fällt für keinen der Ehepartner KiLSt an (beim einen Ehepartner mangels Einkommen, beim anderen mangels Mitgliedschaft). Hier geben einige Bundesländer den Kirchen die Ermächtigung, vom einkommenslosen Ehegatten, der Mitglied der Kirche ist, ein Kirchgeld ausgehend vom Familieneinkommen zu erheben. Die Einräumung einer solchen Ermächtigung ist verfassungsrechtlich nicht zu beanstanden (BVerfG 23.10.86 – 2 BvL 78/84, NJW 87, 943).

4. Muster. S Online-Musterformulare „*M33.7 Erklärung gegenüber dem Betriebsstättenfinanzamt zur Religionszugehörigkeit für die Erhebung der pauschalen Einkommensteuer nach § 37b Abs 4 EStG*" u „*M33.8 Erklärung gegenüber dem Betriebsstättenfinanzamt zur Religionszugehörigkeit für die Erhebung der pauschalen Lohnsteuer*".

B. Lohnsteuerrecht   *Windsheimer*

Übersicht

	Rz		Rz
1. Rechtsgrundlagen	6	c) Methodenwahl	20
2. Kirchenlohnsteuer-Schuldverhältnis	7, 8	d) Abwälzung der pauschalen Lohnsteuer	21
3. Erhebung der Kirchenlohnsteuer	9–16		
a) Zugehörigkeit lt Lohnsteuerkarte	9	e) Wegfall der pauschalen Kirchenlohnsteuer	22
b) Einbehaltung, Anmeldung, Abführung	10	5. Anrufungsauskunft	23
c) Bemessungsgrundlage	11–13	6. Haftung des Arbeitgebers	24
d) Höhe	14, 15	7. Anwendung der AO	25
e) Besonderheiten bei Ehegatten	16	8. Lohnsteuerjahresausgleich	26
4. Kirchenlohnsteuer bei Lohnsteuerpauschalierung	17–22	9. Kircheneinkommensteuer	27
a) Vereinfachtes Verfahren	18	10. Muster	28
b) Nachweisverfahren	19	11. Ausblick	29

1. Rechtsgrundlagen. Zur verfassungsrechtlichen Grundlage s oben Rz 1. Die KiSt-Gesetze der Länder s www.beck-online.de. Dass die KiSt durch landesrechtliche Regelungen erhoben wird und der Bürger kein Mitspracherecht über die Verwendung der KiSt hat, ist verfassungsgemäß (BFH 5.2.03 – I B 51/02, BFH/NV 03, 1092). KiStBescheide verstoßen auch nicht gegen EU-Recht (BFH 15.7.08 – I B 202/07, BeckRS 2008, 25013750). Die Verwaltung der KiSt obliegt den FA mit Ausnahme Bayerns, wo es eigene KiStÄmter gibt.

Die KiLSt ist – wie die LSt im Verhältnis zur ESt (§ 38 Abs 1 Satz 1, § 36 Abs 2 Satz 2 Nr 2 EStG; s *Antragsveranlagung* Rz 2) – eine Erhebungsform der KirchenESt. Sie bewirkt eine Vorauszahlung auf die KirchenESt und wird bei der Veranlagung zur KirchenESt angerechnet (s unten Rz 27). Daneben gibt es nach Maßgabe der landesrechtlichen Vorschriften eine Kirchengrundsteuer und das **Kirchgeld** (s oben Rz 4), die unabhängig von einem Arbeitsverhältnis erhoben werden (zur Bemessungsgrundlage beim Kirchgeld BFH 22.1.02 – I B 18/01, BFH/NV 02, 674; FG Nürnberg 15.6.09 – 6 V 1769/08, BeckRS 09, 26028005; s auch unten Rz 16 aE). Die Erhebung des Kirchgeldes verstößt nicht gegen das GG (BFH 19.10.05 – I R 76/04, BB 06, 90), auch wenn das Kirchgeld erst während des Jahres rückwirkend auf den Jahresbeginn erstmals eingeführt wird (OVG Nds 11.6.08 – 13 LC 583/04, BeckRS 2008, 37605). Unabhängig davon ist die gezahlte KiSt als **Sonderausgabe** abzugsfähig (§ 10 Abs 1 Nr 4 EStG; s *Sonderausgaben* Rz 15).

244 Kirchenlohnsteuer

Literaturhinweis zur Kirchenlohnsteuer: *Anke/Zacharias* DÖV 03, 140; zur Kirchensteuer: *Homburg* DStR 09, 2179; zum Kirchgeld: *Heidenreich* NWB F 12, 1495.

7 **2. Kirchenlohnsteuer-Schuldverhältnis.** KiStpflichtig sind die natürlichen Personen, die (1) Angehörige einer nach Landesrecht bestimmten KiStberechtigten Körperschaft sind und (2) ihren Wohnsitz oder gewöhnlichen Aufenthalt (§§ 8, 9 AO) im Geltungsbereich des jeweiligen KiStGesetzes haben. Im Ausland wohnende ArbN, zB Grenzgänger, sind im Inland nicht KiStpflichtig, ebenso nicht juristische Personen und Personengesellschaften. Im Inland wohnende Ausländer können sich nicht darauf berufen, sie gehörten in ihrem Heimatstaat der Kirche an (FG Münster 25.11.11 – 4 K 597/10 Ki). KiStberechtigt sind in allen Bundesländern die römisch katholische Kirche und die evangelisch lutherische Kirche. Daneben sind in einzelnen Ländern andere Religionsgesellschaften KiStberechtigt, zB ua die evangelisch-reformierte Kirche, die Altkatholische Kirche, die jüdisch-israelitische Glaubensgemeinschaft, die freireligiösen Landesgemeinden Baden, Mainz und Pfalz (vgl VG Potsdam 14.7.08 – 12 K 2660/04, BeckRS 2008, 39220). In den Landesgesetzen nicht genannte kirchliche Glaubensgemeinschaften und Gruppierungen (zB Islam, Scientology, Freikirchen) sind nicht kirchensteuerberechtigt (VG Berlin 16.4.07 – 27 A 6.07, zu früherer DDR-Anerkennung). Abgaben an diese sind keine KiSt, auch Zahlungen an ausländische Religionsgesellschaften nicht (BFH 4.6.75 – I R 250/73, BStBl II 75, 708 unter 5). Sie können allenfalls als Spende (§ 10b EStG; s *Entgeltverzicht* Rz 11) Berücksichtigung finden (s *Sonderausgaben* Rz 15). Ist eine Religionsgemeinschaft mindestens in einem Land als Körperschaft des öffentlichen Rechts anerkannt, sind Beiträge bis zur Höhe der KiSt als Sonderausgabe abzuziehen (BFH 10.10.01 – XI R 52/00, BStBl II 02, 201), zB Zeugen Jehovas (FM BaWü 6.3.07 – 3 – S 222.1/142, ESt-Kartei BaWü § 10 EStG Fach 3 Nr 1.2; R 10.7 EStR).

8 Die KiStPflicht hängt von der Glaubenszugehörigkeit ab, die sich nach innerkirchlichem Recht bestimmt. Sie wird begründet mit dem Eintritt in die Kirche, meist mit der Taufe oder einer entsprechenden Willenserklärung gegenüber der jeweiligen Kirchengemeinde (BFH 28.1.04 – I R 63/02, BFH/NV 04, 814). Behauptete mangelnde demokratische Verfassung der Kirche oder unterprivilegierte Stellung der Frau kann die KiStPflicht nicht verhindern (BFH 29.10.03 – I B 8/03, BFH/NV 04, 372, ebenso nicht, dass die Kirche dem Stpfl gegenüber keine seelsorgerischen oder sonstigen Leistungen erbracht hat (BFH 15.5.2007 – I B 147/06, BFH/NV 07, 1710). Sie **beginnt** idR mit dem ersten Tag des Monats, der auf den Eintritt folgt. Die Abhängigkeit der KiStPflicht von Taufe und Wohnsitz ist verfassungsgemäß (BFH 6.10.93 – I R 28/93, BStBl II 94, 253). Für die Kirchenzugehörigkeit können bei Zuzug aus dem Ausland Angaben gegenüber staatlichen bzw gemeindlichen Meldebehörden bindend sein (BFH 18.1.95 – I R 89/94, BStBl II 95, 475). Eine Religionszugehörigkeit aufgrund Übertritts von einer Religionsgemeinschaft zu einer anderen (sog Konversion) setzt eine ausdrückliche Bitte um Aufnahme voraus (BFH 3.8.05 – I R 85/03, BFH/NV 06, 209). Glaubenszugehörigkeit gegen den erklärten Willen des Betroffenen begründet keine KiStPflicht (BFH 24.3.99 – I R 124/97, BStBl II 99, 499). Die KiStPflicht **endet** mit dem Tod zum Ende des Sterbemonats oder mit dem **Kirchenaustritt,** der landesgesetzlich unterschiedlich geregelt ist (s zB FinMin NRW 10.4.95, DB 95, 1539; BFH 26.10.95 – I B 49/95, BFH/NV 96, 436; VG Cottbus 18.3.09 – 1 K 1277/07, BeckRS 2009, 35712), meist durch Erklärung gegenüber dem Standesamt oder gegenüber dem Amtsgericht, mit Wirkung zum Ende des Austrittsmonats (in BaWü, Bay, NdS, RhPf, Saarl) oder des Folgemonats (andere Bundesländer). Eine darüber hinausgehende Besteuerung ist verfassungswidrig (BVerfG 8.2.77 – 1 BvR 199/74, NJW 77, 1279, 1281 = BStBl II 77, 451). Andererseits gilt eine Zwölftelungsregelung. Das bedeutet, dass bis zum Kirchenaustritt für jeden Monat der Kirchenzugehörigkeit KiLSt anfällt, unabhängig von der Höhe des Gehalts.

Beispiel: Kirchenaustritt im Januar, keine Einkünfte; Beginn der Berufstätigkeit im Februar: nach der Zwölftelungsregelung fällt Kirchen-LSt iHv $^1/_{12}$ aus der fiktiven Jahressteuerschuld an (sog verdeckte Nachbesteuerung; BFH 15.10.97 – I R 33/97, BStBl II 98, 126).

Die Zwölftelungsregelung gilt auch bei Abfindungen.

Beispiel: Kirchenaustritt im September, Abfindungszahlung im Oktober: $^9/_{12}$ der festgesetzten ESt sind Bemessungsgrundlage für die KiSt (FG Köln 16.2.05 – 11 K 2/04, DStRE 06, 339).

Kirchenlohnsteuer 244

Ein Kirchenaustritt, der bei weiterer Zugehörigkeit zur Kirche nur die Kirchensteuerpflicht beseitigen will, ist unwirksam (VGH BaWü 4.5.10 – 1 S 1953/09, DÖV 10, 948). Gebührenerhebung anlässlich Kirchenaustritt ist zulässig (BVerfG 2.7.08 – 1 BvR 3006/07, NJW 08, 2978).

Bei **Wegzug** aus dem Geltungsbereich eines LandesKiStGesetzes endet die KiStPflicht insoweit, wird aber bei Zuzug in den Geltungsbereich eines anderen LandesKiStGesetzes neu begründet. Bei Wegzug ins Ausland endet die inländische KiStPflicht (BFH 17.5.95 – I R 8/94, BStBl II 96, 2). Ein Kirchenaustritt **zu DDR-Zeiten** kann wirksam sein, auch wenn er nicht gegenüber der damals hierfür zuständigen Behörde erklärt worden ist (FG Thür 16.8.2000 – III 333/99/V, BB 2000, 1981; aA VG Cottbus 18.3.09 – 1 K 1277/07).

3. Erhebung der Kirchenlohnsteuer. a) Die **Zugehörigkeit** eines ArbN zu einer KiStberechtigten Kirche ergibt sich bis 2011 aus der Eintragung auf der **Lohnsteuerkarte** (s *Lohnsteuerabzugsmerkmale* Rz 14) ab 2013 gemäß ELStAM. Die Eintragung der Religionszugehörigkeit auf der LStKarte durch die Gemeinde, nunmehr ELStAM (§ 39e Abs 2 Nr 1 EStG), ist verfassungsgemäß (BFH 4.7.75 – VI R 173/72, BStBl II 75, 839; BVerfG 23.10.78 – 1 BvR 439/75, BVerfGE 49, 375), ebenso die Eintragung der Nichtzugehörigkeit zu einer Religionsgemeinschaft (BFH 31.7.02 – VI B 25/02, BeckRS 2002, 25000857; BVerfG 25.5.01 – 1 BvR 2253/00, HFR 01, 907; EuGH für Menschenrechte 17.2.11 – 12884/03, DÖV 11, 408). Die Kenntnis des ArbGeb über die Nicht-/Zugehörigkeit des ArbN zu einer Religionsgemeinschaft ist verfassungsgemäß (BayVerfGH 12.10.10 – Vf 19 – VII – 09, BeckRS 2010, 55191). Die eingetragene Religionsgemeinschaft ist im Lohnkonto aufzuzeichnen (R 41.1 Abs 4 Satz 1 LStR). Ist die Eintragung auf der LStK bzw bei ELStAM unzutreffend (zB eingetragen „ev", tatsächlich konfessionslos), hat das FA bzw Kirchensteueramt auf Antrag des Stpfl über dessen KiStPflicht gem § 155 Abs 1 Satz 3 AO (Freistellungsbescheid) zu entscheiden (BFH 16.3.94 – I R 91/93, BFH/NV 95, 67). Die Feststellungslast zu einer Religionszugehörigkeit trägt die jeweilige Kirchengemeinde (FG Köln 6.2.02 – 11 K 3900/99, EFG 02, 859).

b) Zur **Einbehaltung, Anmeldung und Abführung** der KiLSt ist der ArbGeb entsprechend dem LStAbzug nach den lohnsteuerrechtlichen Vorschriften verpflichtet (s *Lohnsteueranmeldung* Rz 2 ff; vgl die Spalten 6, 7,14 der elektronischen LStBescheinigung für 2014, s *Lohnsteueranmeldung* Rz 30). Es gelten die für die LSt einschlägigen Vorschriften (§ 51a Abs 1 EStG). Zuständig für die Entgegennahme der Anmeldung und der KiLSt ist das BetriebsstättenFA, das auch für die LSt zuständig ist (s *Lohnsteueranmeldung* Rz 2 ff). Kirchlichen Behörden steht in diesem Zusammenhang vorbehaltlich Stundung, Erlass (s hierzu unten Rz 27) keine Befugnis zu. Die Verpflichtung des ArbGeb zur Mitwirkung bei der Erhebung der KiLSt ist verfassungsgemäß (BVerfG 27.8.87 – 1 BvR 472/85, HFR 88, 583 = BVerfGE 44, 103; aA *Felix* BB 95, 1929).

c) Bemessungsgrundlage der KiLSt für den einzelnen ArbN ist dessen LSt (§ 51a Abs 2a 1. Hs EStG). Hierbei ist zu differenzieren zwischen laufendem Arbeitslohn und sonstigem Bezug.

aa) Für den **laufenden Arbeitslohn** (s *Lohnsteuerberechnung* Rz 2 ff) fließen in die Bemessungsgrundlage der KiLSt ua die Kinderfreibeträge gem § 32 Abs 6 EStG steuermindernd ein (§ 51a Abs 2a Satz 1, 2. Hs EStG), genauso wie beim SolZ (s *Solidaritätszuschlag* Rz 5). Die Bemessungsgrundlage nach Abzug der Kinderfreibeträge ist für die KiLSt in den LSt-Tabellen eigens ausgewiesen.

Beispiel: Lt LStTabelle 2012: St-Klasse IV, Kinderfreibetrag 1, Kirchensteuer 9% aus (Bruttolohn monatlich 2002 €).

Der ArbGeb ist hinsichtlich der KiStPflicht und hinsichtlich der Kinderfreibeträge an die LStKarte bzw an die ELStAM gebunden (s *Lohnsteuerabzugsmerkmale* Rz 20). Veränderungen (Kircheneintritt, -austritt, Kinder) sind bezogen auf die ArbGebPflichten erst relevant, wenn sie auf eines Antrags beim FA bei ELStAM eingetragen sind (s *Lohnsteuerabzugsmerkmale* Rz 20). Beim LStEinbehalt lt Steuerklasse VI (s *Lohnsteuerklassen* Rz 11) hat der ArbGeb die KiStPflicht des ArbN zu klären. Der ArbN hat hierbei mitzuwirken (s auch unten Rz 19). Zur Behandlung der KiSt bei **Nettolohnvereinbarung** s *Nettolohnvereinbarung* Rz 17; zur Haftung s unten Rz 24.

244 Kirchenlohnsteuer

13   **bb) Sonstige Bezüge.** Bei sonstigen Bezügen ist Bemessungsgrundlage für die KiLSt die LSt ohne Berücksichtigung der Kinderfreibeträge (s *Sonstige Bezüge* Rz 2 ff). Gehaltsnachzahlungen, Abfindungen oder anderen Einmalzahlungen (s *Einmalzahlungen* Rz 31 ff) können nach dem Ende der KiStPflicht, zB bei Kirchenaustritt, wegen der Zwölftelungsregelung (s oben Rz 8) noch kirchensteuerpflichtig sein (BFH 15.10.97 – I R 33/97, BStBl II 98, 126).

14   **d) Höhe.** Den Kirchen ist die Festsetzung des Hebesatzes der KiSt vorbehalten, wie bei der Gewerbesteuer und bei der Grundsteuer den Gemeinden; s die Übersicht Rz 15). Für die Höhe des Steuersatzes ist die Betriebsstätte des ArbGeb, nicht der Wohnsitz oder gewöhnliche Aufenthalt des ArbN, entscheidend. Ein eventueller Ausgleich bei unterschiedlichen KiStSätzen zwischen Betriebsstätte des ArbGeb und Wohnsitz des ArbN erfolgt durch die KiStVeranlagung (s unten Rz 27). Einige Landesgesetze lassen auf Antrag den KiStSatz des Wohnsitzes des ArbN zu. Fehlerhafter oder Nicht-Einbehalt rechtfertigt nach Aufdeckung des Fehlers nicht den **Erlass** der KiSt (BFH 26.6.02 – I B 10/01, BFH/NV 02, 1496), auch nicht eine Empfehlung der Kirchenleitung (BFH 1.7.09 – I R 81/08, DStR 09, 2095. Im Einzelfall wird Erlass gewährt, zB wegen Progressionswirkung bei einer Abfindung).

15   **Höhe der Kirchensteuer ab 2009** (Fundstellen für die einzelnen Länder im BStBl I 12, zB 178, 179, 180, 181, 182, 261, 1014)

Bundesland	Fundstelle, BStBl I	KiStSatz	Mindeststeuer jährlich	PauschStSatz
Baden-Württemberg	11, 533	8 %	3,60 €	6 %
Bayern	09, 366	8 %	–	7 %
Berlin	99, 275	9 %	–	5 %
Brandenburg	11, 602	9 %	–	5 %
Bremen	11, 211	9 %	–	7 %
Hamburg	09, 1302	9 %	3,60 €	4 %
Hessen	04, 592	9 %	1,80 €	7 %
Mecklenburg-Vorpommern	99, 693	9 %	–	5 %
Niedersachsen	11, 298	9 %	3,60 €	6 %
Nordrhein-Westfalen	11, 209	9 %	–	7 %
Rheinland-Pfalz	11, 210	9 %	–	7 %
Saarland	77, 437	9 %	–	7 %
Sachsen	11, 212	9 %	3,60 €	5 %
Sachsen-Anhalt	99, 1137	9 %	3,60 €	5 %
Schleswig-Holstein	09, 849	9 %	3,60 €	6 %
Thüringen	09, 675	9 %	3,60 €	5 %

16   **e) Besonderheiten bei Ehegatten.** In einigen Bundesländern bemisst sich die KiSt ausschließlich nach der LSt des ArbN, unabhängig von anderen Kriterien (zB Religionszugehörigkeit, Berufstätigkeit des anderen Ehegatten). In den anderen Bundesländern gilt dies nur, wenn beide Ehegatten derselben Religionsgemeinschaft angehören oder nur der ArbN-Ehegatte einer Religionsgemeinschaft angehört. Bei **konfessionsverschiedenen** Ehen, also bei Zugehörigkeit zu je einer KiStberechtigten Glaubensgemeinschaft (zB ein Ehegatte röm kath, der andere ev), gilt in diesen Bundesländern der sog **Halbteilungsgrundsatz**: die KiSt fällt in voller Höhe an, wird aber unabhängig von der Höhe der jeweiligen Einkünfte der Ehegatten auf jede der beiden Religionsgemeinschaften je zur Hälfte aufgeteilt (BFH 12.6.97 – I R 44/96, BStBl II 98, 207). Dies ist verfassungsgemäß (BFH 15.3.95 – I R 85/94, BStBl II 95, 547). Soweit nicht der Halbteilungsgrundsatz gilt, sondern das Prinzip der Individualbesteuerung (zB Art 9 Abs 1 Nr 2 BayKiStG), ist auch dies verfassungsrechtlich unbedenklich (FG München 13.3.97, EFG 97, 1043). Bei **glaubensverschiedenen** Ehen, dh wenn nur ein Ehegatte einer KiStberechtigten Kirche angehört (zB ein Ehegatte röm kath, der andere islamisch oder konfessionslos), wird die KiSt für den kirchenangehörigen ArbN in voller Höhe, für den nicht kirchenangehörigen Ehegatten nicht erhoben. Auch dies ist verfassungsgemäß (BFH 8.4.97 – I R 68/96, BStBl II 97, 545).

Zulässig ist auch die Heranziehung der Besteuerungsgrundlagen des nicht einer Kirche angehörigen Ehegatten zu KiStZwecken, indem das gemeinsame Einkommen der Ehegatten herangezogen wird, solange der andere Ehegatte einer Kirche angehört (BVerfG 28.10.10 – 2 BvR 591/06 ua, BeckRS 2010, 55656; sog besonderes Kirchgeld; BFH 29.1.10 – I B 98/09, BFH/NV 10, 1123). In solchen Fällen ist für KiSt-Zwecke auch eine fiktive getrennte Veranlagung zulässig (FinMin Bln 8.7.09 – III B – S 2448 – 2/08, BeckVerw 23303; OVG Lüneburg 19.10.09 – 13 LA 182/08, BeckRS 2009, 41313). Das FA darf zwecks Festsetzung der KiSt die Besteuerungsgrundlagen des konfessionslosen Ehegatten dem KiStAmt mitteilen (FG München 19.4.07 – 9 V 175/07, Beck RS 200726023023). Berechnung für das **Jahr des Kirchenaustritts** eines der Ehegatten BFH 15.12.99 – I R 114/98, BFH/NV 2000, 1243; kritisch *Braun* DStZ 04, 122). Bei der Verhältnisberechnung der Einkünfte der Ehegatten bleiben Lohnersatzleistungen außer Betracht (FG München 30.11.99 – 13 K 2977/99, EFG 2000, 394).

Zur **Bescheinigung** der KiLSt nach ELStAM s *Lohnsteuerbescheinigung* Rz 11 ff.

Zum **Kirchgeld** als Ausgleich für nicht zu erhebende KiSt s oben Rz 5, 6. Freiwillige Beiträge an eine Freikirche sind auf das Kirchgeld anzurechnen (BFH 16.5.07 – I R 38/06, BFH/NV 07, 2027).

4. Kirchenlohnsteuer bei Lohnsteuerpauschalierung. In den Fällen von §§ 40, 40a, 40b EStG (s *Lohnsteuerpauschalierung* Rz 5 ff) sowie ab 2007 § 37b EStG (s *Sachbezug* Rz 3 ff; *Lohnsteuerpauschalierung* Rz 60) ist ebenfalls KiLSt zu erheben, allerdings nur von ArbN, die einer KiStberechtigten Glaubensgemeinschaft angehören (BFH 7.12.94 – I R 24/93, BStBl II 95, 507). Der ArbGeb hat hierzu ab 1.1.2000 zwei Möglichkeiten: entweder vereinfachtes Verfahren oder Nachweisverfahren (Anhang 21b I und II LStR, Länderlass vom 23.10.12, BStBl. I 12, 1083). **17**

a) **Vereinfachtes Verfahren.** Der ArbGeb hat für sämtliche ArbN, für die die LSt pauschaliert wird, die KiLSt ohne Nachprüfung der jeweiligen Kirchenzugehörigkeit zu erheben, meist mit einem ermäßigten Steuersatz, der in den einzelnen Bundesländern verschieden ist (zB 5 % oder 6 %; s oben Rz 15). Durch den ermäßigten Steuersatz soll dem Umstand Rechnung getragen werden, dass nicht alle ArbN kirchenangehörig sind. Zur Aufteilung auf die evangelische und katholische Kirche zB OFD Frankfurt 28.2.11 – S 2444 A – 2 – St 212. **18**

b) **Nachweisverfahren.** Der ArbGeb lässt sich von den einzelnen ArbN, deren LSt pauschaliert wird, die Nichtzugehörigkeit zu einer KiStberechtigten Glaubensgemeinschaft nachweisen, grds durch ELStAM, in den Fällen des § 40a EStG (s *Lohnsteuerpauschalierung* Rz 40) durch eine zum Lohnkonto zu nehmende Erklärung gem dem Vordruck Anhang 21b LStR (§ 4 Abs 2 Nr 8 Satz 5 LStDV; s unten Rz 28). Für diese ArbN ist keine pauschale KiLSt zu entrichten, für die kirchenangehörigen ArbN die KiSt nach dem allgemeinen KiStSatz (8 % bzw 9 %; s oben Rz 15). Wird die Höhe des auf den einzelnen ArbN entfallenden Arbeitslohns nicht ermittelt (s *Lohnsteuerpauschalierung* Rz 13 ff), kann der ArbGeb aus Vereinfachungsgründen die gesamte pauschale LSt im Verhältnis der KiStpflichtigen zu den nicht KiStpflichtigen ArbN aufteilen. Der auf die KiStpflichtigen ArbN entfallende Anteil ist Bemessungsgrundlage für die Anwendung des allgemeinen KiStSatzes. **19**

Beispiel: Gesamte pauschale LSt 1000 €; KiStpflichtige ArbN 20, nicht KiStpflichtige ArbN 5; KiStSatz 8%: Bemessungsgrundlage $^4/_5$ von 1000 € = 800 €; pauschale KiLSt 64 €.

Bei der LStPauschalierung nach § 40a Abs 2 EStG (Minijobs bis 450 €, s *Geringfügige Beschäftigung* Rz 21) sind in den 2% LSt KiSt und SolZ enthalten, auch dann, wenn der ArbN kein Kirchenmitglied ist. Damit entfällt für Mini-Jobber (§ 40a Abs 2 EStG) die Prüfung der Kirchenzugehörigkeit (s oben Rz 17).

c) **Methodenwahl.** Zwischen vereinfachten Verfahren und Nachweisverfahren kann der ArbGeb für jeden LStAnmeldungszeitraum wählen. Die unterschiedliche Methodenwahl gilt auch für die jeweils angewandte Pauschalierungsvorschrift und für den jeweiligen Pauschalierungstatbestand. **20**

d) **Abwälzung der pauschalen Lohnsteuer.** (*Lohnsteuerpauschalierung* Rz 29). Die Abwälzung erstreckt sich auch auf die pauschale KiLSt (BMF 10.1.2000 – IV C 5 – S 2330 – 2/00, BStBl I 2000, 138 unter 1b). **21**

244 Kirchenlohnsteuer

22 **e) Wegfall der pauschalen Kirchenlohnsteuer.** Bei LStPauschalierung mit 5% (§ 40a Abs 3 EStG; s *Aushilfskräfte* Rz 24) entfällt in einigen Bundesländern (zB Hess, NRW, Saarl) die pauschale KiLSt.

23 **5.** Die **Anrufungsauskunft** beim FA umfasst auch KiStFragen (s *Anrufungsauskunft* Rz 4 ff).

24 **6. Haftung des Arbeitgebers.** Diese gilt gem § 42d EStG (s *Lohnsteuerhaftung* Rz 2 ff) auch für die KiLSt. Dies ist verfassungsgemäß (BVerfG 17.2.77 – 1 BvR 33/76, NJW 77, 1282), auch wenn der ArbGeb keiner Kirche angehört (BVerfG 27.8.87 – 1 BvR 472/85, HFR 88, 583 = BVerfGE 44, 103). Der Rechtsweg für Haftung wegen Kirchensteuer richtet sich nach der Zuständigkeit für KiStAngelegenheiten (s unten Rz 25). Zur Haftung nach § 69 AO bei sog Abdeckrechnungen FG Nds 17.4.08 – 11 K 425/06, EFG 08, 1683.

25 **7. Anwendung der AO.** Für das laufende Verfahren der KiLSt gegenüber dem FA einschließlich Beitreibung (s *Vergleich* Rz 17; *Lohnsteuerabführung* Rz 2 ff) gelten die einschlägigen AO-Vorschriften, wobei nach den landesgesetzlichen Regelungen einige Vorschriften ausgenommen sein können, zB Zinsen, Säumniszuschläge, Straf- und Bußgelder (zB Art 18 Abs 2 BayKiStG; § 8 Abs 2 HbgKiStG). Das bedeutet, dass die Hinterziehung oder leichtfertige Verkürzung von KiLSt nicht mit Strafe oder Geldbuße bedroht ist und daher bei Hinterziehung oder Verkürzung der LSt nicht straferschwerend berücksichtigt werden darf (BGH 17.4.08 – 5 StR 547/07, BeckRS 2008, 07999), außer der Landesgesetzgeber hat die AO-Vorschriften insoweit für anwendbar erklärt. Nach § 226 Abs 4 AO gilt für die **Aufrechnung** in Durchbrechung des Gegenseitigkeitsprinzips (Ertragshoheit) die KiSt mit anderen Steuerarten als aufrechenbar (BFH 26.7.05 – VII R 59/04, BFH/NV 06, 5).

Für **Rechtsbehelfe** betr die KiLSt, zB Bemessungsgrundlage, Berücksichtigung von Kinderfreibeträgen, Steuerklasse, sind die FA zuständig. Soweit der EStBescheid für die KiSt bindend ist (zB Kinderfreibetrag) ist der EStBescheid anzufechten. Wendet sich der Rechtsbehelf gegen die fiktive ESt (§ 51a Abs 2 Satz 2 EStG), zB Hinzurechnung der steuerfreien Beträge nach § 3 Nr 40 EStG, ist die für die KiSt zuständige Behörde Anfechtungsgegner (BFH 28.11.07 – I R 99/06, BFH/NV 08, 842; BVerwG 20.8.08 – 9 C 9.07, BeckRS 2008, 39712); FinMin Bln 8.7.09 – III B – S 2440 – 1/2008, BeckVerw 231326. Für **gerichtliche** Rechtsstreitigkeiten sind länderunterschiedlich die Verwaltungsgerichte (§ 40 VwGO) oder die FG (§ 33 Abs 1 Nr 4 FGO) zuständig (s die Übersicht in *Gräber* FGO § 33 Rz 43, 44). Ggf kommt eine Verweisung gem § 17a GVG in Betracht (FG Bln 6.3.07 – 5 B 5545/04 B, EFG 07, 1349). Innerkirchliches Recht, also der Status der „Maronitischen" Kirche, ist nicht revisibel (BFH 10.6.08 – I B 211/07, BFH/NV 08, 1697). Zur Zahlung von Gerichtsgebühren VG Hannover 30.5.08 – 2 A 813/07, BeckRS 2008, 37678.

26 **8.** Beim **Lohnsteuerjahresausgleich** (s *Lohnsteuerjahresausgleich* Rz 2 ff) hat der ArbGeb auch die KiLSt auszugleichen. Dabei ist der KiStSatz des Ortes der Betriebsstätte entscheidend.

27 **9. Kircheneinkommensteuer.** Findet eine Veranlagung des ArbN zur ESt statt (s *Antragsveranlagung* Rz 2 ff), wird auch eine Veranlagung zur KirchenESt durchgeführt. Zuständig hierfür sind die FA, in Bay eigene KiStÄmter. Bei Streit über Grundlagen der KiSt, zB Kirchenaustritt, ist stets die Kirchenbehörde Anfechtungsgegner (FG Köln 15.1.03 – 11 K 7329/99, EFG 03, 791). Die ESt ist Maßstabsteuer für die KiSt als sog **Zuschlagsteuer** (§ 51a EStG; s oben Rz 25). Die Bescheide stehen im Verhältnis Grundlagenbescheid (§ 171 Abs 10 AO) zu Folgebescheid (§ 175 Abs 1 Nr 1 AO; BFH 1.7.09 – I R 81/08, DStR 09, 2095 zum Ansatz von Veräußerungsgewinn; zur Hinzurechnung von steuerfreien Einkünften nach § 3 Nr 40 EStG zur Bemessungsgrundlage der KiSt BFH 1.7.09 – I R 76/08, DStR 09, 1901). Auf die EStSchuld lt EStBescheid unter Berücksichtigung von Kinderfreibeträgen wird der KiStSatz (8% oder 9%) angewendet. In einigen Bundesländern ist die KiSt der Höhe nach begrenzt (sog **Kappung**; zu Rechtsstreitigkeiten bei der Kappung der KiSt FG Köln 19.3.03 – 11 K 916/01, EFG 03, 1453). Die Begrenzung wirkt auch anlässlich **Kirchenaustritt** (FG Köln 12.4.2000 – 11 K 1375/95, EFG 2000, 1092). Von der festgesetzten KiSt werden die einbehaltene KiLSt und die Vorauszahlungen auf die KirchenESt abgesetzt. Der verbleibende Differenzbetrag wird je nach Abrechnungsergebnis geschuldet oder erstattet. Bei Streit über die Anrechnung von KiSt kann ein Abrechnungsbescheid, der auf § 218 Abs 2 AO, bei Änderung auf § 130 Abs 2 Nr 4 AO fußt, ergehen (BFH 22.1.03 –

I B 16/02, BFH/NV 03, 789). Aufgrund der KiStVeranlagung können auch Vorauszahlungen für künftige Zeiträume festgesetzt werden. Im Übrigen gelten die AO-Vorschriften, wobei für Stundung, Erlass und Rechtsbehelfe eigene Kirchenbehörden zuständig sein können. Die Kirchenverwaltungen sind im Einzelfall auf Antrag bereit, Steuernachlässe zu gewähren, um Kirchenaustritten vorzubeugen. Ein Erlass von KiSt kommt nach Kirchenaustritt nicht in Betracht (BVerwG 21.5.03 – 9 C 12/02, BFH/NV 03, Beilage 4, 245). Zum Abzug der KiSt bei der ESt als **Sonderausgabe** s *Sonderausgaben* Rz 15. Zur Haftung des Steuerberaters für KiStZahlungen seines Mandanten BGH 18.5.06 – IX ZR 53/05, DStR 06, 2278.

Ab 2009 wird auf die **Abgeltungssteuer** auch KiSt erhoben (§ 32d, § 51a, § 52a EStG). Die Kirchensteuer auf die Abgeltungssteuer wird durch ein automatisiertes Abzugsverfahren erhoben, indem das BZSt den Banken die Kirchenzugehörigkeit des StPfl auf Anfrage der Bank mitteilt (§ 51a, § 52a Abs 18 EStG).

10. Muster. S Online-Musterformular „*M33.7 Erklärung gegenüber dem Betriebsstättenfinanzamt zu Religionszugehörigkeit – pauschale Einkommensteuer*" (Anhang 21b II LStR) zu Rz 19.   28

Diese und jede weitere Erklärung über den Beitritt zu einer hebeberechtigten Religionsgemeinschaft sind vom ArbGeb zum Lohnkonto zu nehmen.

11. Ausblick. Durch die EStAbsenkungen der letzten Jahre, die vermehrten Kirchenaustritte und die hohe Arbeitslosenzahl beklagen die steuerberechtigten Kirchen massive Steuerausfälle. Überlegungen zur Neuorientierung der Bemessungsgrundlage (*Menck* FR 2000, 171; *Drüen/Rüping* StuW 04, 178) sind bisher im Ansatz stecken geblieben.   29

C. Sozialversicherungsrecht *Voelzke*

1. Beitragsrecht. Für die Erhebung und Bemessung der SozVBeiträge (s *Sozialversicherungsbeiträge* Rz 21 ff) ist ohne Bedeutung, ob der ArbGeb wegen der Zugehörigkeit zu einer steuererhebungsberechtigten Kirche zur Einbehaltung der KiSt verpflichtet ist. Der für versicherungspflichtige ArbN während eines Beschäftigungsverhältnisses zu zahlende Gesamt-SozVBeitrag richtet sich nach dem jeweiligen Bruttoarbeitsentgelt, ist also für Mitglieder einer Kirche wie für Nichtmitglieder gleich hoch.   30

2. Leistungsrecht. Grundlage der Berechnung von Leistungen der ArblV ist ein **pauschaliertes Nettoentgelt** (Leistungsentgelt), das sich aus dem um die gewöhnlich anfallenden gesetzlichen Abzüge verminderten Bruttoarbeitsentgelt ergibt. Es werden zur Ermittlung des Leistungssatzes also nicht die individuellen Abzüge des ArbN zugrunde gelegt, sondern in einem pauschalierten Verfahren berücksichtigt.   31

Die pauschalierten Abzüge für das AlGeld sind unmittelbar § 153 SGB III zu entnehmen. Hierzu gehört die KiSt nicht mehr. Die zuvor geltende Regelung, die die KiSt als Abzug berücksichtigt hatte, verstieß nicht gegen die Verfassung (BVerfG 15.4.05 – 1 BvR 952/04, SozR 4–4300 § 136 Nr 1).   32

Kleinbetrieb

A. Arbeitsrecht *Kania*

1. Allgemeines. Kleinbetriebe genießen in zweierlei Hinsicht eine arbeitsrechtliche **Sonderstellung:** Gem § 1 BetrVG ist in Kleinbetrieben kein BRat zu wählen; gem § 23 Abs 1 Satz 2 KSchG gelten die Vorschriften des ersten Abschn des KSchG nicht. Diese Privilegierung kommt einem erheblichen Teil des Handwerks, der kleineren Ladengeschäfte, der bäuerlichen Betriebe und der Betriebe von Angehörigen der freien Berufe zugute. § 23 Abs 1 KSchG ist in jüngster Zeit mehrfach grundlegend neu gefasst worden: Zunächst wurde der Schwellenwert für die Anwendbarkeit des allgemeinen Kündigungsschutzes im Rahmen des Arbeitsrechtlichen Beschäftigungsförderungsgesetzes zum 1.10.96 von sechs auf elf ArbN angehoben. Zum 1.1.99 wurde die Zahl zehn in § 23 Abs 1 KSchG wieder durch die Zahl fünf ersetzt, weil das Ziel, mit der Heraufsetzung des Schwellenwertes Anreiz zu Neueinstellungen zu geben, nicht erreicht worden sei (BT-Drs 14/15 S 1 ff und 34 ff). Im Rahmen des   1

245 Kleinbetrieb

Gesetzes zu Reformen am Arbeitsplatz ist zum 1.1.04 eine „5-Plus-5-Regelung" eingeführt worden, die nach dem Beginn des Arbeitsverhältnisses differenziert (dazu unten Rz 6).

2 **2. Kleinbetrieb im Sinne des § 23 Absatz 1 KSchG. a) Betriebsgröße.** Gem § 23 Abs 1 Satz 2 KSchG gelten die Vorschriften des ersten Abschn des KSchG nicht für Betriebe und Verwaltungen, in denen idR fünf bzw zehn (s unten Rz 7f) oder weniger ArbN ausschließlich der zu ihrer Berufsausbildung Beschäftigten beschäftigt werden. Der Gesetzgeber hat damit auf die **Größe des Betriebs und nicht des Unternehmens** abgestellt mit der Folge, dass nach dem Wortlaut auch Kleinbetriebe in Großunternehmen (etwa Filialen einer Handelskette) aus dem allgemeinen Kündigungsschutz herausfallen. Das BVerfG (27.1.98 – 1 BvL 15/87, DB 98, 826) hat 1998 zur Verfassungsmäßigkeit der Kleinbetriebsklausel Stellung genommen. Das Gericht hält die kündigungsrechtliche Schlechterstellung der ArbN in Kleinbetrieben grds für mit Art 3 Abs 1 GG vereinbar. Die Herausnahme der Kleinbetriebe aus dem allgemeinen Kündigungsschutz sei im Hinblick auf die Berufsausübungsfreiheit der ArbGeb gem Art 12 ff GG durch die enge persönliche Zusammenarbeit und die geringe verwaltungsmäßige und wirtschaftliche Belastbarkeit im Kleinbetrieb gerechtfertigt. Diese Rechtfertigung greife allerdings nicht für „Teile größerer Unternehmen". Deren Herausnahme aus dem KSchG sei verfassungswidrig. Deshalb sei § 23 KSchG „auf die Einheiten zu beschränken, für deren Schutz die Kleinbetriebsklausel allein bestimmt ist" (BVerfG 27.1.98 – 1 BvL 15/87, DB 98, 826, 829). Aus diesen Vorgaben des BVerfG wurde in der Literatur vielfach geschlossen, dass der Begriff „Betrieb" schlicht iSv „Unternehmen" zu verstehen sei (vgl zum Streitstand ErfK/*Kiel* § 23 KSchG Rz 3). Das BAG (28.10.2010, 2 AZR 392/08, BB 11, 1339) hält dagegen im Grundsatz am Betriebsbegriff fest. Ein „Berechnungsdurchgriff" auf andere betriebliche Einheiten komme nur in Betracht, wenn angesichts der vom ArbGeb konkret geschaffenen Organisation die gesetzgeberischen Erwägungen für die Privilegierung des Kleinbetriebs bei verständiger Betrachtung ins Leere gehen. Damit dürfte ein Berechnungsdurchgriff allenfalls bei größeren Filialunternehmen in Betracht kommen (vgl ErfK/*Kiel* § 23 KSchG Rz 3a mwN).

3 Offen war nach der Entscheidung des BVerfG auch, ob rechtlich selbstständige Kleinunternehmen, die zu einem **Konzern** gehören, in den Anwendungsbereich des allgemeinen Kündigungsschutzes einzubeziehen sind. Betrachtet man die oben unter Rz 2 dargelegte verfassungsrechtliche Rechtfertigung der Kleinbetriebsklausel durch das BVerfG, spräche einiges dafür, den Begriff „Betrieb" in § 23 Abs 1 KSchG sogar iSv „Konzern" zu verstehen (so *Bepler* ArbuR 97, 54, 58; *Kittner* NZA 98, 731, 732; aA *Gragert/Kreutzfeldt* NZA 98, 567, 569). Das BAG hat aber insoweit frühzeitig klargestellt, dass es de lege lata keine Rechtsgrundlage für einen Konzerndurchgriff bei der Berechnung des Schwellenwertes sieht, weil dies den Wortlaut von § 23 KSchG überstrapazieren würde (BAG 12.11.98 – 2 AZR 459/97, NZA 99, 590; 29.4.99 – 2 AZR 352/98, DB 99, 1710; aA LAG Düsseldorf 3.4.01 – 6 Sa 114/01, NZA-RR 01, 476 für eine Konzernholding). Unabhängig davon macht der Versuch einer Flucht aus dem Kündigungsschutz durch Abspaltung von Kleinunternehmen aus einem Großunternehmen regelmäßig wenig Sinn, da durch § 323 Abs 1 UmwG garantiert wird, dass sich bei einer **Spaltung oder Teilübertragung** nach dem UmwG die kündigungsrechtliche Stellung der ArbN für die Dauer von zwei Jahren nicht verschlechtert. Die Vorschrift gilt aber nicht analog für (Teil-)Betriebsübergänge im Wege der Einzelrechtsnachfolge. Führt ein (Teil-)Betriebsübergang zu einem Übergang von Arbeitsverhältnissen in Kleinbetriebe, wird der allgemeine Kündigungsschutz auch nicht nach § 613a Abs 1 Satz 1 BGB übernommen, da diese Vorschrift nur vertragliche und nicht gesetzliche Rechte des ArbN erfasst (BAG 15.2.07 – 8 AZR 397/06, NZA 07, 739).

4 Weitere Voraussetzung für die Anwendbarkeit des 1. Abschn des KSchG ist, dass der jeweilige Betrieb **in Deutschland** gelegen ist (BAG 12.1.08 – 2 AZR 902/06, NZA 08, 872). Dies gilt auch dann, wenn eine ausländische Arbeitsstätte mit einer deutschen einen Gemeinschaftsbetrieb bildet, jedenfalls wenn die Arbeitsverhältnisse der im Ausland beschäftigten ArbN nicht dem deutschen Recht unterliegen (BAG 26.3.09 – 2 AZR 883/07, DB 09, 1409; kritisch *Straube* DB 09, 1406).

5 **b) Arbeitnehmer.** Zur Bestimmung der Beschäftigtenzahl sind grds – ausgehend von der allgemeinen Begriffsbestimmung (s *Arbeitnehmer (Begriff)* Rz 1) – alle ArbN mitzuzählen, die ein wirksam begründetes Arbeitsverhältnis mit dem ArbGeb haben (BAG 16.2.83, DB 83,

Kleinbetrieb 245

1444). Hierzu zählen auch leitende Angestellte iSd § 14 Abs 2 KSchG; das Gesetz schränkt nur ihren Kündigungsschutz ein, verneint aber nicht ihre ArbNEigenschaft (KR/*Weigand* § 23 KSchG Rz 41). LeihAN sind zu berücksichtigen, wenn ihr Einsatz auf einem „in der Regel" (dazu Rz 9) vorhandenen Personalbedarf beruhen (BAG 24.1.13 – 2 AZR 140/12, NZA 13, 726). Streitig ist die Behandlung ruhender Arbeitsverhältnisse (offen gelassen in BAG 31.1.91, BB 91, 1047). Grds sind sie mitzuzählen, es sei denn, für sie ist eine Ersatzkraft eingestellt (APS/*Moll* § 23 KSchG Rz 29c). Mitzuzählen sind nur ArbN, die in Deutschland beschäftigt sind (BAG 3.6.2004 – 2 AZR 386/03, NZA 04, 1380; BAG 17.1.08 – 2 AZR 902/06, NZA 08, 872). Nicht mitzuzählen sind nach § 23 Abs 1 Satz 2 KSchG die „zu ihrer Berufsausbildung Beschäftigten". Erfasst werden davon in erster Linie Auszubildende, aber auch Umschüler (BAG 7.9.83, AP Nr 3 zu § 23 KSchG 69). Anlernlinge, Praktikanten und Volontäre sind dann nicht mitzurechnen, wenn diese in erster Linie berufliche Kenntnisse, Fertigkeiten und Erfahrungen erwerben sollen, ohne dass die Arbeitsleistung im Vordergrund steht (APS/*Moll* § 23 KSchG Rz 27).

Teilzeitbeschäftigte sind nach § 23 Abs 1 Satz 3 KSchG mit einer regelmäßigen wöchentlichen Arbeitszeit von nicht mehr als 20 Stunden mit 0,5 und nicht mehr als 30 Stunden mit 0,75 zu berücksichtigen. **6**

Die Einstellung von Arbeitnehmern nach dem 31.12.2003 führt bei Betrieben mit 10 oder weniger ArbN nicht zu einem Hereinwachsen in den allgemeinen Kündigungsschutz. Gem § 23 Abs 1 Satz 3 KSchG nF gilt der allgemeine Kündigungsschutz in Betrieben und Verwaltungen, in denen in der Regel 10 oder weniger ArbN ausschließlich der zu ihrer Berufsbildung Beschäftigten beschäftigt werden, nicht für ArbN, deren Arbeitsverhältnis nach dem 31.12.03 begonnen hat. Diese ArbN sind bei der Feststellung der Zahl der beschäftigten ArbN bis zur Beschäftigung von idR 10 ArbN nicht zu berücksichtigen. Es handelt sich bei dieser „5-Plus-5-Lösung", die im Rahmen des Gesetzes zu Reformen am Arbeitsmarkt eingeführt wurde, um einen erst im Vermittlungsausschuss erzielten Kompromiss, der die ursprünglich geplante Nichtberücksichtigung befristeter Arbeitsverhältnisse ablöst. Da auch hinsichtlich der nach dem 31.12.03 eingestellten ArbN teilzeitbeschäftigte ArbN anteilig berücksichtigt werden, ist theoretisch ein kündigungsrechtlicher Kleinbetrieb mit „10-Plus-10" ArbN möglich. **7**

In **Betrieben mit zwischen 5 und 10 Arbeitnehmern** führt diese Vorschrift dazu, dass nur vor dem 31.12.03 eingestellte ArbN den allgemeinen Kündigungsschutz genießen. Diese Stichtagsregelung ist verfassungsgemäß (BAG 27.11.08 – 2 AZR 790/07, NZA 09, 484). Dies bedeutet etwa bei betriebsbedingten Kündigungen, dass eine Sozialauswahl zwischen nach dem 31.12.03 und vorher eingestellten ArbN nicht vorzunehmen ist. Es gilt das Prinzip „last in, first out" (*Preis* DB 04, 78). Sinkt ein Kleinbetrieb durch Entlassung von AltArbN auf unter 5 ArbN und steigt die Zahl der Beschäftigten später durch Neueinstellungen auf über 5 ArbN, genießt kein ArbN Kündigungsschutz. Die Neuregelung kennt insofern keinen Besitzstandsschutz (BAG 21.9.06 – 2 AZR 840/05, NZA 07, 438). Dies ändert sich erst, wenn in dem Betrieb die rechnerische Quote von 10,25 ArbN erreicht wird. Bei **Neueinstellungen** und Entlassungen bis zur Erreichung des neuen Schwellenwertes ist exakt zu prüfen, wie sich die Anzahl der Alt- und NeuArbN entwickelt (instruktiv die Beispiele bei *Bauer/Krieger* DB 04/651). **8**

c) „**In der Regel**". § 23 Abs 1 Satz 2 KSchG setzt voraus, dass im Betrieb idR mehr als fünf ArbN ausschließlich der zu ihrer Berufsausbildung Beschäftigten beschäftigt werden. Maßgebend ist danach die Zahl, die bei regelmäßiger Auslastung des Betriebs in ihm beschäftigt werden. Nicht zu berücksichtigen ist, wenn im Betrieb für kurze Zeit mit einer geringeren Zahl gearbeitet wird oder wenn wegen eines vorübergehenden Bedarfs weitere ArbN eingestellt werden (*Stahlhacke/Preis/Vossen* Rz 606a). Bei der Feststellung der regelmäßigen Beschäftigtenzahl bedarf es zur Ermittlung der für den Betrieb im Allgemeinen kennzeichnenden Beschäftigtenzahl – bezogen auf den Kündigungszeitpunkt – eines Rückblicks auf die bisherige personelle Situation und einer Einschätzung der zukünftigen Entwicklung (BAG 31.1.91, AuA 92, 224; LAG RhPf 16.2.96, NZA 97, 315). Als Vergleichszeitraum ist grds auf zwölf Monate abzustellen (LAG Hamm 3.4.97, DB 97, 881). Geht es um einen „in der Regel" vorhandenen Personalbedarf, sind auch LeihAN mitzuzählen (BAG 24.1.13 – 2 AZR 140/12, NZA 13, 726). Schwierig ist die Einschätzung, wenn der entscheidende sechste ArbN gekündigt wurde und dieser Kündigungsschutzklage erhebt. **9**

245 Kleinbetrieb

Nach Auffassung des BAG soll der gekündigte ArbN selbst dann mit zu berücksichtigen sein, wenn Kündigungsgrund die unternehmerische Entscheidung ist, den betreffenden Arbeitsplatz nicht mehr neu zu besetzen (BAG 22.1.04 – 2 AZR 237/03, NZA 04, 479).

10   d) **Rechtsfolgen.** Hat der Betrieb fünf bzw zehn oder weniger ArbN, so finden die Vorschriften des ersten Abschn des KSchG keine Anwendung. Insbesondere hat also der ArbN keinen **Kündigungsschutz** gem § 1 KSchG, so dass der ArbGeb – in den Grenzen von §§ 134, 138 BGB – ohne Grund kündigen kann. Das BVerfG (27.1.98 – 1 BvL 15/87, DB 98, 926) betont allerdings die besondere Bedeutung des Grundrechts aus Art 12 GG in Kleinbetrieben, so dass hier Raum für einen „Kündigungsschutz zweiter Klasse" über die Generalklauseln des BGB besteht (ausführlich *Kündigungsschutz* Rz 1 ff).

Soweit der erste Abschn des KSchG keine Anwendung findet, musste früher auch die **Klagefrist** des § 4 KSchG nicht eingehalten werden; dies gilt seit dem 1.1.04 nicht mehr, da §§ 4 ff KSchG so neugefasst wurden, dass sie auch in Kleinbetrieben Anwendung finden und zugleich in § 23 KSchG ausdrücklich ausgenommen wurden. **Sonderkündigungsschutz** für besonders sozialschutzbedürftige ArbN (zB § 85 SGB IX, § 9 MuSchG, § 18 BErzGG) gilt auch für ArbN in Kleinbetrieben. Da nur der erste Abschn des KSchG in Kleinbetrieben unanwendbar ist, bleibt der Kündigungsschutz im Rahmen der Betriebsverfassung gem §§ 15, 16 KSchG bestehen. Zu einer Anwendbarkeit dieser Normen in Kleinbetrieben kann es kommen, weil die Voraussetzungen von § 1 BetrVG und § 23 KSchG nicht deckungsgleich sind (dazu unten Rz 10 ff). Benachteiligt werden ArbN in Kleinbetrieben dadurch, dass die im Vergleich zu § 615 S 2 BGB günstigere Anrechnungsvorschrift des § 11 keine Anwendung findet. Diese Benachteiligung ist aber aufgrund der typischerweise geringeren finanziellen Wirtschaftskraft von Kleinbetrieben nicht gleichheitswidrig (BVerfG 24.6.10 – 1 BvL 5/10, NZA 10, 1004).

11   e) **Darlegungs- und Beweislast.** Die Darlegungs- und Beweislast dafür, dass idR mehr als fünf bzw zehn ArbN in dem Betrieb beschäftigt werden, trifft im Ausgangspunkt den ArbN (BAG 26.6.08 – 2 AZR 264/07, DB 08, 2311; kritisch *Berkowsky* DB 09, 1126). Die Anforderungen an die Darlegungspflicht des ArbN dürfen jedoch im Hinblick auf Art 12 GG nicht überzogen werden, da dieser oft nur ungenaue Informationen über die betrieblichen Strukturen haben wird. Dies führt letztlich zu einer abgestuften Darlegungs- und Beweislast: Der ArbN genügt danach seiner Darlegungslast, wenn er aus seiner Sicht die entsprechende ArbNZahl schlüssig darlegt. Bei fehlender eigener Kenntnismöglichkeit reicht schon die bloße Behauptung, der ArbGeb beschäftige mehr als 10 ArbN. Der ArbGeb hat dann im Einzelnen die Umstände darzutun, aus denen sich ergibt, warum die Grenzen des § 23 Abs 1 Satz 2 KSchG gleichwohl nicht erreicht werden (BAG 24.2.05 – 2 AZR 373/03, NZA 05, 764; BAG 26.6.08 – 2 AZR 264/07, DB 08, 2311).

12   **3. Kleinbetrieb im Sinne des § 1 BetrVG. a) Voraussetzungen.** Die Voraussetzungen für die Annahme eines Kleinbetriebs iSd Betriebsverfassungsrechts weichen von denen des Kündigungsrechts ab. Ein BRat ist gem § 1 BetrVG zu wählen „in Betrieben mit idR mindestens **fünf ständigen wahlberechtigten ArbN**, von denen drei wählbar sind". Eine BRatWahl ist danach bereits in Betrieben mit fünf ArbN möglich, während der erste Abschn des KSchG nach § 23 Abs 1 KSchG in Betrieben mit mehr als fünf ArbN anwendbar ist. Eine weitere Lockerung gegenüber den Anforderungen des KSchG enthält § 1 BetrVG insofern, als keine dem § 23 Abs 1 Satz 3 KSchG vergleichbare Regelung besteht, so dass im Prinzip **auch geringfügig beschäftigte Teilzeitarbeitnehmer** voll mitzurechnen sind (*DKK/Trümner* § 5 Rz 31; *Fitting* § 5 Rz 90 ff). Seit 2009 werden gem § 5 Abs 1 S 3 BetrVG auch Beamte, die privaten Betrieben zugewiesen werden, erfasst (Näheres ErfK/*Koch* § 5 BetrVG Rz 3a).

13   Allerdings sind **leitende Angestellte** nicht mitzuzählen, weil das Gesetz auf sie weitgehend keine Anwendung findet. Zudem verlangt § 1 BetrVG insoweit über die Anforderungen des § 23 KSchG hinausgehend, dass es sich bei den ArbN um **ständige Arbeitnehmer** handeln muss. Ein ArbN ist dann ständig beschäftigt, wenn er nicht nur für eine von vornherein begrenzte Zeit in den Betrieb eingegliedert ist (*Fitting* § 1 Rz 276; *Richardi/Richardi* § 1 Rz 110). Dabei ist nicht darauf abzustellen, ob der ArbN schon längere Zeit im Betrieb beschäftigt ist, denn es kommt letztlich allein darauf an, ob der Arbeitsplatz auf Dauer besetzt werden soll. Deshalb kann auch ein neu Eingestellter ständiger ArbN sein (*Fitting* § 1 Rz 276).

Kleinbetrieb 245

Die Anforderungen an die Dauer dürfen nicht überspannt werden und sind an der Betriebsüblichkeit auszurichten. Deshalb können auch **befristet Angestellte** ständige ArbN sein, wenn es sich um einen nicht unerheblichen Zeitraum handelt und solche Beschäftigungen im Betrieb üblich sind (BAG 12.10.76, AP Nr 1 zu § 8 BetrVG). Schließlich stellt § 1 BetrVG insofern eine zusätzliche Anforderung auf, als es sich bei der maßgeblichen Zahl von fünf ArbN um **wahlberechtigte Arbeitnehmer,** dh um solche, die das 18. Lebensjahr vollendet haben (§ 7 BetrVG), handeln muss. Von diesen müssen **drei wählbar** iSd § 8 BetrVG sein, dh idR mindestens sechs Monate dem Betrieb angehören. LeihArbN gelten wenn sie länger als drei Monate im Entleiherbetrieb eingesetzt werden (sollen), als wahlberechtigte ArbN im Entleiherbetrieb (§ 7 Satz 2 BetrVG). Zur Berücksichtigung von LeihAN bei der Bestimmung der BRGröße vgl BAG 13.3.13 – 7 ABR 69/11, NZA 13, 789. 14

b) Rechtsfolgen. Aus § 1 BetrVG folgt lediglich, dass in Kleinbetrieben iS dieser Vorschrift kein BRat gewählt werden kann; § 1 BetrVG erklärt hingegen nicht das gesamte BetrVG für unanwendbar. Deshalb stehen die **Mitwirkungs- und Beschwerderechte** gem §§ 81 ff BetrVG den einzelnen ArbN auch in Kleinbetrieben ohne BRat zu (*Fitting* § 1 Rz 290). Kleinbetriebe in Unternehmen, die über mehrere Niederlassungen verfügen, werden gem § 4 Abs 2 BetrVG dem Hauptbetrieb zugeordnet. 15

B. Lohnsteuerrecht *Seidel*

Der Kleinbetrieb hat im LStRecht insoweit Bedeutung, als der ArbGeb nicht zum LStJahresausgleich verpflichtet ist, wenn er am 31. 12. eines Jahres weniger als 10 ArbN beschäftigt (§ 42b Abs 1 Satz 2 EStG). Dies ändert aber nichts an seiner Berechtigung hierzu (Näheres s *Lohnsteuerjahresausgleich* Rz 3 ff). Ferner kann die LStAußenprüfung bei bis zu fünf ArbN im Rahmen der normalen Außenprüfung erfolgen (s *Lohnsteueraußenprüfung* Rz 2). Zur Beschäftigung von Teilzeitkräften s *Teilzeitbeschäftigung* Rz 114 ff, *Aushilfskräfte* Rz 22 ff und *Geringfügige Beschäftigung* Rz 20 ff. Soweit der ArbGeb im Rahmen der Entgeltfortzahlung an den ArbN erbrachte Leistungen sowie ArbGebAnteile als Betriebsausgaben abgezogen hat, hat er die Erstattungsbeträge (s unten Rz 17, 23) als Betriebseinnahmen zu behandeln. Die Umlage (s unten Rz 24) ist Betriebsausgabe beim ArbGeb. 16

C. Sozialversicherungsrecht *Ruppelt*

I. Kleinbetrieb und Ausgleichsverfahren. 1. Allgemeines. Kleinbetrieb iSd SozVRechts ist ein Betrieb, der am Ausgleichsverfahren der Entgeltfortzahlung im Krankheitsfall (U 1) nach dem **Aufwendungsausgleichsgesetz** (AAG) vom 22.12.05 (BGBl I 05, 3686) teilnimmt. Die Krankenkassen mit Ausnahme der landwirtschaftlichen Krankenkassen erstatten dem ArbGeb nach Maßgabe des AAG die Aufwendungen für die Entgeltfortzahlung im Krankheitsfall und die Mutterschaftsaufwendungen. 17

2. Das Aufwendungsausgleichsgesetz bezieht hinsichtlich der Mutterschaftsaufwendungen alle ArbGeb ohne Größenbeschränkung der Betriebe in das Ausgleichsverfahren (U 2) ein. Am Ausgleichsverfahren der Entgeltfortzahlung im Krankheitsfall (U 1) nehmen alle ArbGeb teil, die **regelmäßig nicht mehr als 30 ArbN** beschäftigen. Auch die Entgeltfortzahlung im **Krankheitsfall der Angestellten** ist versichert, und die Ersatz- und Betriebskrankenkassen (nicht jedoch die landwirtschaftlichen Krankenkassen) sind in das Ausgleichsverfahren einbezogen. Ausnahmen von der Anwendbarkeit des AAG (im Wesentlichen für öffentlich-rechtlich organisierte ArbGeb) sind in § 11 AAG geregelt. 18

3. Feststellungsverfahren. Am Umlageverfahren U 1 nach dem AAG nehmen nur ArbGeb teil, die idR nicht mehr als 30 ArbN (ausschließlich Auszubildender) beschäftigen. Ein ArbGeb wird somit nur dann nicht zur Umlage U 1 herangezogen, wenn er idR 30 oder mehr ArbN beschäftigt. Er kann dann aber auch keine Ausgleichszahlungen verlangen und muss die Mittel für die Entgeltfortzahlung im Krankheitsfall selbst aufbringen. Nach § 3 Abs 1 AAG hat die zuständige Krankenkasse jeweils zu **Beginn des Kalenderjahres** festzustellen, welche ArbGeb an dem Ausgleichsverfahren U 1 teilnehmen. Weil idR für einen ArbGeb mehrere Kassen zuständig sind (zur Zuständigkeit s Rz 22), haben die Spitzenverbände der Krankenkassen vereinbart, dass eine solche förmliche Feststellung grds nicht erfolgt, vielmehr der ArbGeb selbst feststellt, ob er aufgrund der Zahl seiner Beschäftigten 19

245 Kleinbetrieb

am Umlageverfahren U 1 teilnimmt. Die Teilnahme im Kj dokumentiert der ArbGeb durch den Nachweis der Umlagebeiträge für den Monat Januar.

20 **4. Zahl der Beschäftigten.** Ein ArbGeb beschäftigt nach § 3 Abs 1 Satz 2 AAG idR nicht mehr als 30 ArbN, wenn er im vorausgegangenen Kj für einen Zeitraum von mindestens acht Kalendermonaten nicht mehr als 30 ArbN beschäftigt hat. Nach dem Gemeinsamen Rundschreiben der Spitzenverbände der Krankenkassen zum AAG vom 21.12.05 brauchen diese acht Kalendermonate nicht zusammenhängend verlaufen, und entscheidend ist die Zahl der am Ersten des Kalendermonats beschäftigten ArbN. Wenn der Betrieb nicht während des ganzen, der Feststellung vorausgegangenen Kj bestanden hat, nimmt der ArbGeb am Ausgleichsverfahren teil, wenn er während des Zeitraums des Bestehen des Betriebes in der überwiegenden Zahl der Kalendermonate nicht mehr als 30 ArbN beschäftigt hat. Bei Errichtung eines Betriebes im Laufe eines Kj nimmt der ArbGeb in diesem Jahr am Ausgleichsverfahren teil, wenn nach Art des Betriebes anzunehmen ist, dass während der überwiegenden Zahl der noch verbleibenden Monate dieses Kj nicht mehr als 30 ArbN beschäftigt werden. Die nach den genannten Grundsätzen getroffene Feststellung zu Beginn des Kj bleibt für diese Kj auch dann maßgebend, wenn die tatsächlichen Verhältnisse sich im Kj ändern.

21 Bei der **Berechnung des Schwellenwertes** werden ArbN in vollem Umfang berücksichtigt, die wöchentlich regelmäßig 30 Stunden oder mehr arbeiten. Teilzeitbeschäftigte werden bei der Frage, ob der genannte Schwellenwert von 20 ArbN überschritten wird, nur anteilig hinzugerechnet:
- ArbN mit einer Wochenarbeitszeit von regelmäßig mehr als 20 aber nicht mehr als 30 Stunden werden mit 0,75,
- ArbN mit einer Wochenarbeitszeit von regelmäßig mehr als 10 aber nicht mehr als 20 Stunden werden mit 0,5 und
- ArbN mit einer Wochenarbeitszeit von regelmäßig nicht mehr als 10 Stunden werden mit 0,25 berücksichtigt.

Auszubildende und Schwerbehinderte bleiben bei der Berechnung des Schwellenwertes unberücksichtigt (zur Umlagepflicht für diesen Personenkreis s Rz 24).

Außer Ansatz bleiben Beschäftigte in der Freistellungsphase der **Altersteilzeit bzw Elternzeit.** Eine GmbH mit weniger als 30 ArbN ist auch dann umlagepflichtig, wenn ihre einzige Gesellschafterin – eine weitere GmbH – einen wesentlich höheren Personalbestand hat (BSG 30.10.02 – B 1 KR 19/01 R, SozR 3–2400 § 28p Nr 1 zum LFZG). Hat ein ArbGeb **mehrere unselbstständige Betriebe**, so sind die Beschäftigten der Neben- und Zweigbetriebe zu den Beschäftigten des Hauptbetriebes hinzuzuzählen. Das gilt nicht für selbstständige Betriebe einer Trägergesellschaft.

22 **5. Zuständige Ausgleichskasse** (U 1 und U 2) ist nach § 2 Abs 1 Satz 1 AAG die Krankenkasse, bei der der jeweilige ArbN versichert ist. Diese Zuständigkeit gilt sowohl für das Feststellungs- als auch für das Erstattungsverfahren. Für geringfügig Beschäftigte ist immer die Deutsche Rentenversicherung Knappschaft-Bahn-See zuständig. Ist der ArbN bei keiner gesetzlichen KV versichert, so ist die Krankenkasse zuständig, bei der er zuletzt versichert war. Besteht eine solche Kasse nicht, entscheidet der ArbGeb bei welcher Kasse die Entgeltfortzahlungsversicherung durchgeführt werden soll. § 175 Abs 3 Satz 2 SGB V gilt entsprechend. Die Krankenkassen können durch Satzungsänderung die Durchführung des U 1- und U 2-Verfahrens auf eine andere Krankenasse oder einen Landes- oder Bundesverband übertragen. Der Einzug der Umlage obliegt weiterhin der übertragenden Krankenkasse (§ 8 Abs 2 AAG).

23 **6. Erstattungsfähig zu 80 vH** (U 1) sind nach § 1 Abs 1 AAG das vom ArbGeb nach § 3 und § 9 Abs 1 EFZG weitergezahlte Entgelt im Krankheitsfall und die darauf entfallenden ArgGebAnteile zur Kranken-, Renten- und Pflegeversicherung und zur BA. Darüber hinaus sind zu 80 vH erstattungsfähig der ArbGebAnteil zu einem berufständischen Versorgungswerk nach Maßgabe des § 172 Abs 2 SBG VI und die Beitragszuschüsse nach § 257 SGB V (freiwillige Mitglieder der gesetzlichen KV) und § 61 SGB XI (freiwillige Mitglieder der gesetzlichen KV und Privatversicherte). **In vollem Umfang werden erstattet** (U 2) der nach § 14 Abs 1 MuSchG gezahlte Zuschuss zum Mutterschaftsgeld und das nach § 11 MuSchG bei Beschäftigungsverboten gezahlte Arbeitsentgelt sowie zu 100 vH die auf dieses

Arbeitsentgelt entfallenden Beitragsanteile und -zuschüsse zu den einzelnen Zweigen der SozV entsprechend der Regelung zu U 1 (vgl *Mutterschutz* Rz 55). Entgeltfortzahlung bei Freistellung des ArbN wegen Erkrankung dessen Kindes ist nicht erstattungsfähig. Nach § 9 Abs 2 Nr 1 AAG kann **die Satzung** der Krankenkasse anstelle der gesetzlich vorgesehenen Erstattung von 80 vH bei der Entgeltfortzahlungsversicherung (U 1) **geringere Werte** vorsehen, was sich auf die Höhe des Umlagesatzes auswirkt (BSG 27.10.09 – B 1 KR 12/09 R, SozR 4–1500 § 183 Nr 9 Rz 11). Die Kürzung des ArbGebzuschusses zum Mutterschaftsgeld (U 2) ist durch Satzung allerdings nicht möglich (BSG 13.12.11 – B 1 KR 7/11 R, NZA-RR 12, 429).

7. Umlage. Die Mittel zur Durchführung des Ausgleichs werden kostendeckend nach dem vermutlich entstehenden Bedarf durch eine Umlage der am Ausgleichsverfahren beteiligten ArbGeb aufgebracht. Die **zuständige Ausgleichskasse** verwaltet die Mittel als Sondervermögen, die nur für die gesetzlich zugelassenen Zwecke (einschließlich der Verwaltungskosten) verwendet werden dürfen (§ 8 Abs 1 AAG). Der auf den einzelnen ArbGeb entfallende Anteil richtet sich nach dem von der Krankenkasse festzusetzenden Prozentsatz (Umlagesatz) der Arbeitsentgelte, nach dem die Beiträge zur gesetzlichen RV bemessen werden. Hierbei sind auch Auszubildende und Schwerbehinderte zu berücksichtigen. Nicht Versicherungspflichtige werden so behandelt, als ob sie versicherungspflichtig wären, dh es ist das Arbeitsentgelt maßgebend, das für die Berechnung der RVBeiträge heranzuziehen wäre, wenn Versicherungspflicht bestünde. Die Umlagen U 1 und U 2 sind im Datensatz (Beitragsnachweis) nach § 28b Abs 2 Satz 1 SGB IV den Einzugstellen zu übermitteln (vgl *Sozialversicherungsbeiträge* Rz 49). **Einmalzahlungen** werden bei der Berechnung der Umlage nicht berücksichtigt, da sie auch bei der Erstattung unberücksichtigt bleiben. Besteht kein Anspruch auf Entgeltfortzahlung (bei einem auf nicht mehr als vier Wochen befristeten Beschäftigungsverhältnis nach § 3 Abs 3 EFZG), werden auf diese Entgelte ebenfalls keine Umlagebeiträge gezahlt. 24

II. Unfallversicherung. Unfallverhütungsvorschriften, die den Anschluss von **kleineren Betrieben** an den arbeitsmedizinischen und sicherheitstechnischen Dienst einer Berufsgenossenschaft vorschreiben, stehen mit höherrangigem Recht in Einklang (BSG 2.11.99 – B 2 U 25/98 R, NZS 2000, 254; s *Betriebsbeauftragte* Rz 29). 25

Kontrolle des Arbeitnehmers

A. Arbeitsrecht *Kreitner*

1. Bedeutung. In jedem Arbeitsverhältnis besteht für den ArbGeb ein Interesse daran, die bei ihm beschäftigten ArbN in verschiedener Hinsicht zu kontrollieren. Größte Bedeutung haben dabei in der Praxis die Kontrolle der Arbeitsleistung, des sonstigen betrieblichen Verhaltens im weitesten Sinne sowie die Kontrolle zur Vermeidung von Vermögensdelikten. Dabei steht in letzter Zeit die Überwachung durch Videokameras uÄ im Vordergrund (vgl dazu BAG 21.6.12 – 2 AZR 153/11, NZA 12, 1025; 26.8.08 – 1 ABR 16/07, NZA 08, 1187; *Bergwitz* NZA 12, 353; *Joussen* NZA 11 Beilage 1, 35; *Bauer/Schansker* NJW 12, 3537; *Byers/Pracka* BB 13, 760). 1

2. Rechtsgrundlage. Wegen der oftmals erheblichen Beeinträchtigung des Persönlichkeitsrechts der ArbN scheidet eine einseitige Einführung der unterschiedlichsten Kontrollmaßnahmen durch den ArbGeb regelmäßig aus. Dies gilt im Grundsatz auch für den Einsatz von Detektiven, es sei denn, es liegt ein dringender Verdacht einer strafbaren Handlung oder einer schweren Vertragsverletzung vor (*Bopp/Molkenbur* BB 95, 514). Derartige Maßnahmen können nur entweder einvernehmlich im Arbeitsvertrag geregelt werden oder bedürfen ansonsten einer Betriebsvereinbarung oder eines Tarifvertrages als Rechtsgrundlage. Widerrechtlich durchgeführte Kontrollmaßnahmen können den ArbN je nach der Schwere des Persönlichkeitsrechtsverstoßes nach vorheriger Abmahnung des ArbGeb zur fristlosen Kündigung berechtigten (LAG BaWü 10.10.91, BB 91, 415 [LS]; LAG Hamm 18.6.91, BB 91, 2017). 2

246 Kontrolle des Arbeitnehmers

3 **3. Zulässigkeitsgrenzen** für Kontrollmaßnahmen des ArbGeb existieren im Wesentlichen in zweifacher Hinsicht. Auf der **individualrechtlichen Ebene** des Einzelarbeitsvertrages stellt der verfassungsrechtlich gewährleistete Schutzbereich des allgemeinen Persönlichkeitsrechts des Art 2 Abs 1 GG die maßgebende Schranke dar. Bei einer Kollision des allgemeinen Persönlichkeitsrechts mit schutzwürdigen Interessen des ArbGeb ist eine umfassende Güterabwägung unter Berücksichtigung der Einzelfallumstände durchzuführen. Dabei bestimmt sich das zulässige Maß einer Beschränkung des allgemeinen Persönlichkeitsrechts nach dem Grundsatz der Verhältnismäßigkeit. Der Eingriff muss geeignet, erforderlich und angemessen sein, um den erstrebten Zweck zu erreichen (grundlegend BAG 26.8.08 – 1 ABR 16/07, NZA 08, 1187; 29.6.04 – 1 ABR 21/03, NZA 04, 1278; 14.12.04 – 1 ABR 34/03, AP Nr 42 zu § 87 BetrVG 1972 Überwachung: dauerhafte, offene Videoüberwachung im Briefverteilzentrum der Deutschen Post AG; 21.6.12 – 2 AZR 153/11, NZA 12, 1025; 27.3.03 – 2 AZR 51/02, NZA 03, 1193: heimliche Videoüberwachung eines ArbN bei konkretem Tatverdacht; LAG SchlHol 29.8.13 – 5 TaBV 6/13, NZA-RR 13, 577: Videoüberwachung durch Standbilder, die alle 30 Sekunden „überschrieben" werden; BAG 12.1.88, DB 88, 1552: Weitergabe von Fahrtenschreiberaufzeichnungen im öffentlichen Dienst an den Bundesrechnungshof; *Barlage-Melber* SAE 13, 71; *Dzida/Grau* NZA 10, 1201). Eine auf bloßen „Generalverdacht" gestützte Überwachung ist daher regelmäßig unzulässig (LAG Köln 29.9.06 – 4 Sa 772/06). Sollen ArbN in öffentlich zugänglichen Räumen beobachtet werden, ist § 6b Abs 2 BDSG zu beachten. Allerdings bleibt auch nach dieser Vorschrift eine heimliche Überwachung dann zulässig, wenn dies erforderlich ist und keine überwiegenden schutzwürdigen Interessen des Betroffenen ersichtlich sind (BAG 21.6.12 – 2 AZR 153/11, NZA 12, 1025; zustimmend *Bergwitz* NZA 12, 1205; kritisch *Bayreuther* DB 12, 2222). Um mit der Kontrolle/Überwachung der ArbN Vertragsverstöße beweisen zu können, muss der ArbGeb diese allgemeinen Zulässigkeitsgrenzen beachten, da ansonsten ein Beweisverwertungsverbot drohen kann (*Grimm/Schiefer* RdA 09, 329; speziell zur ArbNKontrolle in Call-Centern *Jordan/Bissels/Löw* BB 09, 2626; speziell zur häuslichen Telearbeit *Wiese* RdA 09, 344; zur Online-Überwachungsentscheidung des BVerfG vom 27.2.08 – 1 BvR 370/07, NJW 08, 822 zuletzt *Wedde* ArbuR 09, 373). Denn der gebotene Schutz des ArbN vor einer unzulässigen Informationsgewinnung durch heimliche Videoüberwachung kann es erfordern, so gewonnene Erkenntnisse unberücksichtigt zu lassen, wenn durch die gerichtliche Entscheidung der Verstoß perpetuiert würde (BAG 16.12.10 – 2 AZR 485/08, NZA 11, 571). Letztlich hängt also die Entscheidung über die Verwertbarkeit nicht von dem Verstoß bei der Kenntniserlangung, sondern von den Auswirkungen der Verwertung ab (BAG 21.6.12 – 2 AZR 153/11, NZA 12, 1025; kritisch *Bayreuther* DB 12, 2222).

In **kollektivrechtlicher Hinsicht** sind die Mitbestimmungsrechte des BRat nach § 87 BetrVG vom ArbGeb zu beachten. Dennoch bleibt auch mitbestimmungswidrig erlangte Information für den ArbGeb in einem späteren gerichtlichen Verfahren verwertbar, da das Zivilprozessrecht kein dahingehendes Verwertungsverbot kennt. Letzteres kann nur dann in Betracht kommen, wenn durch die Verwertung von rechtswidrig erlangter Information oder Beweismitteln ein erneuter bzw sich perpetuierender erheblicher Eingriff in rechtlich geschützte Positionen der anderen Prozesspartei stattfinden würde (grundlegend BAG 13.12.07 – 2 AZR 537/06, NZA 08, 1008; *Lunk* NZA 09, 457; s auch Internet-/Telefonnutzung Rz 29 f; zum früheren Meinungsstand Personalbuch 2008 Rz 3). Zu Recht hat daher das LAG Hamm die Einzelverbindungsnachweise eines Diensthandys, das der ArbN vertragswidrig für Privatgespräche genutzt hatte, im Prozess als Beweismittel zugelassen (LAG Hamm 28.11.08 – 10 Sa 1921/07, NZA-RR 09, 476). Gänzlich unproblematisch ist die Verwertung ohnehin immer dann, wenn der BRat der Verwendung dieses Beweismittels nachträglich zustimmt (BAG 27.3.03 – 2 AZR 51/02, NZA 03, 1193; aA *Bayreuther* NZA 05, 1038).

4 **4. Mitbestimmungsrechte des Betriebsrates** können bei der Kontrolle von ArbN in mehrfacher Hinsicht eingreifen.

5 **a) § 87 Absatz 1 Nummer 1 BetrVG.** Nach dieser Vorschrift hat der BRat ein erzwingbares Mitbestimmungsrecht bei Maßnahmen, die die Ordnung des Betriebes und das Verhalten der ArbN im Betrieb betreffen. Das BAG unterscheidet dabei zwischen mitbestimmungspflichtigen Maßnahmen, die auf das **Ordnungsverhalten** der ArbN abzielen und

anderen sog **arbeitsnotwendigen Maßnahmen** des ArbGeb, die das Arbeitsverhalten der ArbN betreffen und nicht der Mitbestimmungspflicht unterliegen sollen (BAG 23.10.84, DB 85, 495; 10.3.98 – 1 AZR 658/97, NZA 98, 1242; 27.1.04 – 1 ABR 7/03, NZA 04, 556).

Diese Unterscheidung ist im Schrifttum auf Kritik gestoßen. Dabei wird der Rspr insbes vorgeworfen, sie mache eine klare Grenzziehung in der Praxis unmöglich (*DKK/Klebe* § 87 Rz 43 ff; *Fitting* § 87 Rz 66). Zwar ist das Problem der Praktikabilität der BAG-Rspr nicht von der Hand zu weisen. Dennoch sollte letztlich an der höchstrichterlichen Rspr festgehalten werden, denn sie stellt zur Bestimmung und Eingrenzung des Mitbestimmungstatbestandes zutreffend auf Sinn und Zweck der Vorschrift ab. § 87 Abs 1 Nr 1 BetrVG regelt insbesondere in Abgrenzung zu Nr 6 der Vorschrift Ordnungsfragen des Betriebes. Soweit dort auch das Verhalten der ArbN angesprochen ist, muss dieses immer in Zusammenhang mit der betrieblichen Ordnung gesehen werden. Dies gilt selbst dann, wenn man mit den kritischen Stimmen im Schrifttum in § 87 Abs 1 Nr 1 BetrVG zwei Mitbestimmungstatbestände sieht. Unter dem Begriff des „Verhaltens der ArbN im Betrieb" ist nicht das Leistungsverhalten, sondern allein das Ordnungsverhalten der ArbN zu verstehen. Dies hat das BAG für die Frage des Detektiveinsatzes zur Leistungskontrolle der ArbN und für sog Ehrlichkeitskontrollen nochmals bestätigt und insoweit ein Mitbestimmungsrecht nach § 87 Abs 1 Nr 1 BetrVG verneint (BAG 26.3.91, BB 91, 1566; 18.11.99 – 2 AZR 743/98, NZA 2000, 418). Ist die Kontrolle der Leistung des ArbN im Streit, kommt demgegenüber das Mitbestimmungsrecht des § 87 Abs 1 Nr 6 BetrVG in Betracht (BAG 28.11.89, DB 90, 743). 6

Das Mitbestimmungsrecht umfasst auch Verhalten der ArbN **außerhalb der Betriebsstätte** (zB Außendienstmitarbeiter, Kraftfahrer, Monteure). Daher ist das mitbestimmungspflichtige Ordnungsverhalten auch betroffen, wenn der ArbGeb seine ArbN anweist, sich nach den im Kundenbetrieb bestehenden Regelungen zu verhalten (BAG 27.1.04 – 1 ABR 7/03, NZA 04, 556). 7

Gänzlich **mitbestimmungsfrei** sind konkrete Einzelanweisungen des ArbGeb, die sich auf die arbeitsvertragliche Tätigkeit des ArbN beziehen (BAG 8.8.89, DB 90, 893). Gleiches gilt, wenn der ArbGeb bei Kontrollmaßnahmen lediglich behördliche Anordnungen vollzieht (BAG 11.12.12 – 1 ABR 78/11, NZA 13, 913: Videoüberwachung in öffentlicher Spielbank; 26.5.88, DB 88, 2055: Torkontrolle in Wiederaufbereitungsanlage für Kernbrennstoffe; BAG 9.7.91, NZA 92, 126: Sicherheitsüberprüfung in Kernforschungsanlage; die hiergegen gerichtete Verfassungsbeschwerde hat das BVerfG nicht zur Entscheidung angenommen, BVerfG 22.8.94, NZA 95, 129). 8

Zur Frage der Mitbestimmung gem § 87 Abs 1 Nr 1 BetrVG existiert eine umfangreiche **Einzelfallrechtsprechung**. Nachfolgend werden ohne Anspruch auf Vollständigkeit wesentliche Entscheidungen aufgeführt: 9

Alkoholverbot (BAG 23.9.86, DB 87, 337), Anwesenheitslisten (BAG 18.7.78, ArbuR 78, 278), Arbeitskleidung (BAG 8.8.89, DB 90, 893; Näheres s *Arbeitskleidung* Rz 5), Formulare für Arztbesuch (LAG Düsseldorf 27.4.81, DB 81, 1677), Anordnung genereller ärztlicher Eignungsuntersuchungen bei Krankheit (ArbG Offenbach 20.6.90, DB 91, 554), Betriebsausweise (BAG 16.12.86, DB 87, 791), Mitnahmeverbot von Bargeld an den Arbeitsplatz (LAG Hess 15.1.04 – 5 TaBV 49/03, NZA-RR 04, 411), Mitnahmeverbot von Fotohandys (*Hunold* NZA 04, 1206), Regelungen zur Eigentumssicherung der ArbN (BAG 1.7.65, BB 65, 1147), Verwaltung und Belegung von Betriebsparkplatz (BAG 16.3.66, DB 66, 1056; aber Frage der Einrichtung des Parkplatzes ist mitbestimmungsfrei: LAG BaWü 4.11.86, NZA 87, 428 (LS)), Radiohören im Betrieb (BAG 14.1.86, DB 86, 1025), Rauchverbot (LAG München 30.10.85, NZA 86, 577, LAG München 27.11.90, NZA 91, 521 (LS)), Telefonnutzung für private Zwecke (s unten Rz 17), Taschenkontrolle (BAG 13.12.07 – 2 AZR 537/06, NZA 08, 1008), Torkontrolle (BAG 26.5.88, DB 88, 2055; *Joussen* NZA 10, 254 bezgl § 32 BDSG), Verhalten am Arbeitsplatz (Stehen im Geschäftslokal: ArbG Köln 13.7.89, AiB 90, 73), Schaltertests bei Bankunternehmen zur Überprüfung der Beratungsqualität (BAG 18.4.2000 – 1 ABR 22/99, NZA 2000, 1176), Behandlung von Werbegeschenken (LAG Köln 20.6.84, DB 84, 2202).

b) § 87 Absatz 1 Nummer 2 BetrVG. Diese Vorschrift regelt das Mitbestimmungsrecht des BRat bei der Festlegung von Beginn und Ende der täglichen Arbeitszeit sowie der Verteilung der Arbeitszeit auf einzelne Wochentage (Näheres: *Arbeitszeit* Rz 36). Vom Mitbestimmungsrecht umfasst sind dabei auch die Kontrollmaßnahmen bezüglich der jeweiligen Arbeitszeitregelungen (BAG 18.4.89, DB 89, 1978). 10

246   Kontrolle des Arbeitnehmers

11   **c) § 87 Absatz 1 Nummer 6 BetrVG** macht die Einführung und Anwendung von technischen Einrichtungen, die dazu bestimmt sind, das Verhalten oder die Leistung der ArbN zu überwachen, von der Mitwirkung des BRat abhängig. Im Vorfeld der Planung hat der BRat zudem einen Anspruch auf umfassende Unterrichtung durch den ArbGeb gem § 80 Abs 2 BetrVG (BAG 4.6.87, DB 88, 50). Bei unternehmenseinheitlichen Überwachungsmöglichkeiten ist der GBRat zuständig (BAG 11.11.98 – 7 ABR 47/97, NZA 99, 947). Verarbeitet ein Konzernunternehmen individualisierbare Verhaltens- und Leistungsdaten von ArbN, die in anderen Konzernunternehmen beschäftigt werden, ist der KBRat nach § 58 Abs 1 Satz 1 Halbs 1 BetrVG zuständig (BAG 25.9.12 – 1 ABR 45/11, NZA 13, 275; ähnlich LAG BlnBbg 31.7.13 – 17 TaBV 222/13, BeckRS 2013, 71644 – nicht rkr, Az beim BAG 1 ABR 68/13).

12   Anders als im Regelfall des § 87 Abs 1 BetrVG hat der BRat nach der zutreffenden Rspr des BAG im Rahmen des § 87 Abs 1 Nr 6 BetrVG **kein Initiativrecht,** dh, er kann weder die Einführung noch die Abschaffung einer einmal eingeführten Kontrolleinrichtung verlangen (BAG 4.3.86, DB 86, 1395; 28.11.89, DB 90, 743). Die gegenteilige Ansicht (vgl *DKK/Klebe* § 87 Rz 135) ist abzulehnen, denn sie lässt die Abwehrfunktion des Mitbestimmungsrechts nach § 87 Abs 1 Nr 6 BetrVG unberücksichtigt, die einem Initiativrecht des BRat nach Sinn und Zweck des Mitbestimmungsrechts entgegensteht.

13   **Überwachung und Kontrolle** des ArbN ist jeder Vorgang, durch den Informationen über das Verhalten oder die Leistung des ArbN erhoben, aufgezeichnet oder ausgewertet werden (BAG 14.9.84 – 1 ABR 23/82, NZA 85, 28). Grds bedarf es dabei zum Eingreifen des Mitbestimmungstatbestands der Überwachung einzelner ArbN (aA *Burkert/Schirge* AiB 99, 435). Ausnahmsweise genügt bereits die Überwachung einer ArbNGruppe, wenn es sich um eine kleine überschaubare Gruppe handelt, die für ihr gemeinsames Arbeitsergebnis verantwortlich gemacht wird. Entscheidend ist, dass der Überwachungsdruck auf die einzelnen Gruppenmitglieder weitergeleitet wird. Insoweit genügen bereits soziale Anpassungszwänge, die sich infolge Art und Größe der Gruppe sowie Art der ausgeübten Tätigkeit ergeben können (BAG 26.7.94, DB 95, 147 mit kritischer Anm von *Hunold*). Diese Überwachung muss mit Hilfe einer **technischen Einrichtung** erfolgen. Eine rein „manuelle" Überwachung ist nicht gem § 87 Abs 1 Nr 6 BetrVG mitbestimmungspflichtig. Dementsprechend ist eine Arbeitszeitmessung durch manuelle Betätigung einer Stoppuhr nicht mitbestimmungsrelevant (BAG 8.11.94, DB 95, 783). Allerdings reicht es aus, wenn lediglich ein Teil des gesamten Überwachungsvorgangs (also nur die Datenerfassung bzw die Datenauswertung) mit Hilfe einer technischen Einrichtung durchgeführt wird (BAG 14.9.84, DB 84, 2513; 23.4.85, DB 85, 1897; aA *Gebhard/Umnuß* NZA 95, 103). Das BAG hat sogar bei einer Kundenbefragung, die von einem Meinungsforschungsinstitut im Auftrag des ArbGeb durchgeführt worden war, ein Mitbestimmungsrecht nach § 87 Abs 1 Nr 6 BetrVG in Erwägung gezogen (BAG 28.1.92, DB 92, 1634). Zum Bereich der maschinellen Datenauswertung gehören auch die sog automatisierten Personalinformationssysteme (Näheres s *Personalinformationssystem* Rz 6). Fällt eine Angelegenheit in die Zuständigkeit des GBRat, so ist dieser umfassend zuständig und nicht lediglich auf die Vereinbarung einer Rahmenregelung beschränkt (BAG 14.11.06 – 1 ABR 4/06, NZA 07, 399).

14   Unerheblich für die Mitbestimmungspflichtigkeit sind sowohl der **Überwachungszeitraum** (BAG 10.7.79, DB 79, 2427) als auch der Umstand, dass der einzelne ArbN die Einrichtung ausschalten kann, denn bereits die Ein- und Ausschaltzeitpunkte sind relevante Daten iSd § 87 Abs 1 Nr 6 BetrVG (BAG 14.5.74, DB 74, 1868).

15   Schließlich muss die technische Einrichtung **zur Überwachung bestimmt** sein. Dies ist nach der ständigen Rspr des BAG bereits dann der Fall, wenn sie objektiv geeignet ist, Verhalten und Leistung der ArbN zu überwachen (BAG 27.1.04 – 1 ABR 7/03, NZA 04, 556; 14.11.06 – 1 ABR 4/06, NZA 07, 399; enger *Diller* BB 09, 438; zuletzt verneint für die Nutzung von Google Maps von LAG Hbg 2.5.12 – H 6 TaBV 103/11, BeckRS 2012, 71635 – nicht rkr, Az beim BAG: 1 ABR 43/12). Eine Kontrollabsicht des ArbGeb ist nicht erforderlich.

16   Ähnlich wie bei § 87 Abs 1 Nr 1 BetrVG besteht auch zu Nr 6 der Vorschrift eine umfangreiche **Einzelfallrechtsprechung,** aus der die wichtigsten Beispielsfälle aufgelistet werden sollen:

Betriebsdatenerfassung (BAG 14.9.84, DB 84, 2513), Verarbeitung von Gesundheitsdaten beim BEM (BAG 13.3.12 – 1 ABR 78/10, NZA 12, 748), Bildschirmarbeitsplätze (BAG 6.12.83, DB 84, 775), biometrische Zugangskontrolle (BAG 27.1.04 – 1 ABR 7/03, NZA 04, 556), Bürokommunikationssysteme (vgl *Fitting* § 87 Rz 246 sowie *DKK/Klebe* § 87 Rz 164 jeweils mwN), einheitliches elektronisches Datenverarbeitungssystem (BAG 14.11.06 – 1 ABR 4/06, NZA 07, 399), E-Mails (*Balke/Müller* DB 97, 326; *Hilber/Frik* RdA 02, 89), Fahrtenschreiber (BAG 10.7.79, DB 79, 2427; 12.1.88, DB 88, 1552), Einbau von GPS-Geräten in Kfz (ArbG Kaiserslautern 27.8.08 – 1 BVGa 5/08), Einsatz von sog Fleetboards in Lkw (ArbG Dortmund 12.3.13 – 2 BV 196/12, NZA-RR 13, 473), Fernseh-, Film- und Videoanlage (BAG 10.7.79, DB 79, 2427; BVerwG 31.8.88, NJW 89, 848; LAG BaWü 14.4.88, AiB 88, 281), Überwachung des dienstlichen Verhaltens von ArbN durch Videokamera (BAG 27.3.03 – 2 AZR 51/02, NZA 03, 1193; 29.6.04 – 1 ABR 21/03, NZA 04, 1278; 26.8.08 – 1 ABR 16/07, NZA 08, 1187), heimliche Videoüberwachung am Arbeitsplatz (ArbG Hbg 20.2.04 – 17 Ca 426/03, NZA-RR 05, 520), Videoüberwachung in einem Warenumschlagspunkt eines Luftfrachtunternehmens (LAG Köln 19.1.05 – 7 TaBV 53/04), Überwachung des Betriebsparkplatzes durch Videokamera (ArbG Köln 10.8.94 – 13 BV 141/94), Videoüberwachung in Spielbank (LAG RhPf 15.6.12 – 9 TaBV 1/12, BeckRS 2012, 71659), Kienzle-Schreiber (BAG 18.2.86, DB 86, 1178), Ermittlung des Produktivitätsgrads einer Arbeitsgruppe mittels besonderer EDV-Software „ARWIS" (BAG 26.7.94, DB 94, 1573), Personalinformationssysteme (BAG 11.3.86, DB 86, 1469), Produktograph (BAG 9.9.75, DB 75, 2233), Spiegel und Einwegscheiben (*Fitting* § 87 Rz 244 mit allgemeinen Bedenken hinsichtlich Zulässigkeit), Stempel-, Stechuhren und Zeitstempler (LAG Düsseldorf/Köln 21.11.78, DB 79, 459; LAG Bln 9.1.84, DB 84, 2098), Telefondatenerfassung (BAG 27.5.86, DB 86, 2080), unternehmenseinheitliche Telefonvermittlungsanlage (BAG 11.11.98 – 7 ABR 47/97, NZA 99, 947).

d) § 87 Absatz 1 Nummer 11 BetrVG. Dort ist die Mitbestimmung des BRat bei leistungsbezogenen Entgelten geregelt. Auch in diesem Zusammenhang kann bei der Ergebnisermittlung eine Kontrolle einzelner ArbN erfolgen (Näheres s *Entgeltzahlungsformen* Rz 10 ff). **17**

5. Kosten. Grds trägt der ArbGeb die Kosten von Kontroll- und Überwachungsmaßnahmen als sog Vorsorgekosten. Der ArbN ist nur dann ersatzpflichtig, wenn er die Überwachungsmaßnahme durch einen konkreten Verdacht veranlasst hat und er durch die Maßnahme einer vorsätzlichen Vertragsverletzung überführt wird (LAG RhPf 18.9.08 – 2 Sa 315/08, BeckRS 2009, 53358; ArbG Düsseldorf 5.11.03 – 10 Ca 8003/03, NZA-RR 04, 345). Es gelten die gleichen Grundsätze wie für den Ersatz von Detektivkosten (vgl BAG 17.9.98 – 8 AZR 5/97, NZA 98, 1334). **18**

B. Lohnsteuerrecht *Seidel*

Die Kontrolle des ArbN hat lohnsteuerrechtlich keine Bedeutung. **19**

C. Sozialversicherungsrecht *Voelzke*

Sozialversicherungsrechtlich hat die Kontrolle des ArbN keine Bedeutung. **20**

Konzernarbeitsverhältnis

A. Arbeitsrecht *Röller*

1. Konzern (Begriff). Ein eigener arbeitsrechtlicher Konzernbegriff besteht nicht. In arbeitsrechtlichen Gesetzen wird deshalb auf § 18 Abs 1 AktG Bezug genommen, zB in §§ 8 Abs 1 Satz 2, 54 Abs 1 BetrVG; 5 MitbestG; 76 Abs 4 BetrVG 1952. Gem § 18 Abs 1 Satz 1 AktG bilden ein herrschendes und ein oder mehrere abhängige (§ 17 Abs 1 AktG) Unternehmen unter der einheitlichen Leitung des herrschenden Unternehmens zusammengefasst einen Konzern, den sog Unterordnungskonzern. Ein Gleichordnungskonzern liegt demgegenüber nach § 18 Abs 2 AktG vor, wenn rechtlich selbstständige Unternehmen, ohne dass das eine Unternehmen von dem anderen abhängig ist, unter einheitlicher Leitung zusammengefasst sind. Beim Unterordnungskonzern erfolgt je nachdem, auf welcher Rechtsgrundlage die ausgeübte einheitliche Leitungsmacht beruht, eine Untergliederung zwischen Vertragskonzern (Beherrschungs- oder Gewinnabführungsvertrag), Eingliederungskonzern (§§ 319, 320, 323 AktG) und faktischem Konzern (tatsächlich beherrschender Einfluss; *MünchArbR/Joost* § 227 Rz 20 ff). In Abhängigkeit vom Ausmaß der tatsächlich ausgeübten **1**

247 Konzernarbeitsverhältnis

Leitungsmacht durch das herrschende Unternehmen wird zwischen einfachem und qualifiziertem faktischem Konzern unterschieden. Von einem faktischen Konzern spricht man, wenn die einheitliche Leitung nicht durch Beherrschungsvertrag oder Eingliederung gesichert ist. Instrumente der Beherrschung können sein Stimmrechte, Stimmbindungsverträge oder das Recht, Personen in die Führungsorgane des beherrschten Unternehmens zu entsenden. Ein qualifizierter faktischer Konzern liegt vor, wenn das herrschende Konzernunternehmen die Geschäfte des abhängigen Unternehmens dauernd und umfassend selbst führt (BAG 6.10.92, DB 93, 791; 15.1.91, DB 91, 1472; kritisch zur Rechtsfigur des qualifiziert faktischen Konzerns unter Hinweis auf BGH 17.9.01 – II ZR 178/99, NJW 01, 3622; *Altmeppen* NJW 02, 321).

2 **2. Konzernarbeitsverhältnis (Begriff).** Der Konzern ist als Verbindung rechtlich selbstständiger Unternehmen kein Rechtssubjekt und scheidet als ArbGeb aus (ErfK/*Preis* § 611 BGB Rz 198; MünchArbR/*Richardi* § 23 Rz 1). Der Arbeitsvertrag wird deshalb idR im Verhältnis Konzernunternehmen – ArbN geschlossen. Möglich ist auch, dass nebeneinander mehrere Arbeitsverhältnisse mit Konzernunternehmen begründet werden, die miteinander verknüpft sind, bspw durch Verbindung eines ruhenden Stammarbeitsverhältnisses mit dem Einstellungsunternehmen und einem zweiten Arbeitsverhältnis mit einem anderen Konzernunternehmen (BAG 6.8.85 – 3 AZR 185/83; LAG HH 21.5.08 – 5 Sa 82/07, BeckRS 2008, 56425; *Lange* NZA 12, 1121) oder mittels Abschluss auflösend bedingter Arbeitsverhältnisse (*Windbichler* S 70 ff; MünchArbR/*Richardi* § 23 Rz 9).

Von einem Konzernarbeitsverhältnis wird gesprochen, wenn der ArbN nach dem Arbeitsvertrag mit einem Konzernunternehmen entweder von vornherein für den Konzernbereich eingestellt worden ist oder er sich arbeitsvertraglich mit einem unternehmensübergreifenden, konzernweiten Entsendungs- und Versetzungsvorbehalt einverstanden erklärt hat. Voraussetzung ist weiter, dass seinem ArbGeb aufgrund einer Abstimmung mit dem herrschenden und den übrigen abhängigen Unternehmen ein bestimmender Einfluss auf die Verschaffung eines Arbeitsplatzes in einem anderen Konzernunternehmen eingeräumt und die Entscheidung über das Zustandekommen eines Arbeitsvertrages nicht grds dem Konzernunternehmen vorbehalten ist, das ggf über einen freien Arbeitsplatz verfügt (vgl BAG 23.3.06 – 2 AZR 162/05, NZA 07, 30; 27.11.91, DB 92, 1247; *Rid* NZA 11, 1121; *Lingemann/von Steinau-Steinrück* DB 99, 2161). Zur Aufspaltung von ArbGebFunktionen bei einer Matrixorganisation s *Bauer/Herzberg* NZA 11, 713.

3 **3. Arbeitsleistung. a) Allgemeines.** Gem § 613 Satz 2 BGB ist der Anspruch auf die Dienste nicht übertragbar, so dass Gläubiger des Anspruchs grds nur das Konzernunternehmen ist, mit welchem der ArbN einen Arbeitsvertrag geschlossen hat. Die Konzernobergesellschaft hat aufgrund ihrer Konzernleitungsmacht kein Weisungsrecht gegenüber den ArbN konzernabhängiger Unternehmen (MünchArbR/*Richardi* § 23 Rz 24).

4 **b) Konzernweite Entsendungs- und Versetzungsvorbehalte.** Sollen ArbN innerhalb eines Konzerns über die Unternehmensgrenzen hinweg tätig werden, so kommen in erster Linie Entsendung (Abordnung) oder Versetzung in Betracht. Unter Entsendung wird dabei die **konzerninterne Arbeitnehmerüberlassung** verstanden. Sie ist nur dann erlaubnisfrei, wenn der ArbN nicht zum Zweck der Überlassung eingestellt und beschäftigt wird (§ 1 Abs 3 Nr 2 AÜG). S *Arbeitnehmerüberlassung/Zeitarbeit* Rz 16. Unter (dauerhafter) **Versetzung** versteht man den Wechsel des ArbGeb innerhalb des Konzerns (*Windbichler* Arbeitsrecht im Konzern, 1989, S 95; ausführlich *Maschmann* RdA 96, 24). Dabei kann sich der ArbGebWechsel durch Fortsetzung des ursprünglichen Arbeitsverhältnisses unter Auswechslung der ArbGebPartei oder durch Beendigung des alten und Begründung eines neuen Arbeitsverhältnisses (*Windbichler* Arbeitsrecht im Konzern, 1989, S 95) vollziehen, ggf verbunden mit einer Rückkehr- oder Wiedereinstellungsklausel beim alten ArbGeb (vgl *Rüthers/Bakker* ZfA 90, 282) und/oder dem Ruhen des Arbeitsverhältnisses beim versetzenden Unternehmen.

5 Ein arbeitsvertraglich vereinbarter Konzernvorbehalt enthält die Einwilligung des ArbN, als LeihArbN bei einem anderen Konzernunternehmen eingesetzt zu werden bzw an einem späteren ArbGebWechsel mitzuwirken. Fraglich ist, ob eine solche Klausel einer **AGB-Kontrolle** nach §§ 305 ff BGB standhält. Nach § 309 Nr 10 BGB sind Klauseln, die einen Wechsel des Vertragspartners ermöglichen, unwirksam. Dieses Klauselverbot soll wegen

arbeitsrechtlicher Besonderheiten nicht anwendbar sein (ErfK/*Preis* §§ 305–310 BGB Rz 86; HWK/*Gotthardt* § 309 BGB Rz 13; *Schaub/Linck* § 45 Rz 59; aA PdSR/*Henssler* § 310 BGB Rz 19). Folgt man dieser Rechtsauffassung, ist die Wirksamkeit von Konzernversetzungsklauseln gem §§ 305c, 307 BGB zu überprüfen. Eine unangemessene Benachteiligung iSv § 307 BGB liegt mE dann vor, wenn der ArbGeb sich das Recht vorbehalten hat, den ArbN auch ins Ausland zu versetzen, da mit einer Auslandstätigkeit idR erhebliche Belastungen verbunden sind (s hierzu auch LAG Hamm 11.12.08 – 11 Sa 517/08, BeckRS 2009, 53973). Die meisten Konzernversetzungsklauseln dürften im Übrigen einer Transparenzkontrolle nicht standhalten. Für die betroffenen ArbN ist idR nicht erkennbar, in welchen Betrieb bzw welches Unternehmen der ArbGeb ihn versetzen, unter welchen Voraussetzungen dieser von dem Versetzungsvorbehalt Gebrauch machen kann, in welcher Frist er der Anweisung Folge leisten muss und welche materiellen Arbeitsbedingungen für ihn bei dem anderen Konzernunternehmen gelten sollen. Diese Umstände müssen in einer Konzernversetzungsklausel in einer für den ArbN verständlichen Weise geregelt sein. Ist dies nicht der Fall, sind Konzernversetzungsklauseln mE unwirksam (so auch *Däubler/Dorndorf/Bonin/Deinert* § 307 BGB Rz 193a).

4. Haftung. a) Arbeitsentgelt und sonstige finanzielle Forderungen des Arbeitnehmers. Der ArbN hat einen Anspruch auf Arbeitsentgelt nur gegen das Unternehmen, mit dem er einen Arbeitsvertrag geschlossen hat. Eine darüber hinausgehende Gesamthaftung im Konzern besteht nicht (BAG 31.7.02 – 14 AZR 420/01, NZA 03, 213). Eine unmittelbare Haftung der Gesellschafter einer juristischen Person kommt nur ausnahmsweise in Betracht bei einem sog existenzvernichtenden Eingriff in das Vermögen der Gesellschaft. Bei einem solchen kann sich die Obergesellschaft nicht auf die Haftungsbegrenzung des § 13 Abs 2 GmbHG berufen. Die Ausfallhaftung ist auf die Erhaltung des Stammkapitals der GmbH und die Gewährleistung ihres Bestandes beschränkt. Die Gesellschafter müssen bei einem Zugriff auf das Vermögen bei der Vereitelung von Geschäftschancen auf die Belange der GmbH angemessen Rücksicht nehmen. An einer solchen Rücksichtnahme fehlt es, wenn die GmbH infolge des Eingriffs nicht mehr ihre Verbindlichkeiten erfüllen kann (BGH 28.4.08 – II ZR 264/06, NJW 08, 2437; 16.7.07 – II ZR 3/04, NJW 07, 2689). Die Gerichte für Arbeitssachen sind zuständig, wenn ein ArbN arbeitsvertragliche Ansprüche gegenüber der Konzernobergesellschaft seiner ArbGeb als Mitschuldnerin geltend machen will (§ 3 ArbGG; BAG 15.3.2000 – 5 AZB 70/99, NZA 2000, 671). 6

b) Betriebliche Altersversorgung. Gem § 16 BetrAVG hat der ArbGeb alle 3 Jahre eine Anpassung der laufenden Leistungen der betrieblichen Altersversorgung zu prüfen und hierüber nach billigem Ermessen zu entscheiden. ArbGeb ist regelmäßig nur das Unternehmen, mit dem der ArbN seinen Arbeitsvertrag abgeschlossen hat. Auch im Betriebsrentenrecht findet das **Trennungsprinzip für juristische Personen** Anwendung (BAG 10.2.09 – 3 AZR 727/09, DB 09, 2554). Ist das arbeitgebende Konzernunternehmen als Versorgungsschuldner aufgrund seiner wirtschaftlichen Lage nicht im Stande, die Anpassungsraten aus den Erträgen und dem Wertzuwachs zu bestreiten, kann es deshalb nur ausnahmsweise auf die wirtschaftliche Lage des herrschenden Unternehmens ankommen (BAG 15.1.13 – 3 AZR 638/10, BeckRS 2013, 68638). Einzelheiten s *Betriebliche Altersversorgung* Rz 58; *Cisch/Kruip* NZA 10, 540. 7

5. Gleichbehandlung im Konzern. Der arbeitsrechtliche Gleichbehandlungsgrundsatz gilt nicht für alle ArbN eines Konzerns, weil die in einem Konzern zusammengeschlossenen Firmen ihre rechtliche Selbstständigkeit behalten und auch wirtschaftlich mehr oder weniger weitgehend selbstständig bleiben (BAG 19.11.92 – 10 AZR 290/91, DB 93, 843; LAG SchlHol 20.4.04 – 5 Sa 8/04). Bei Sozialleistungen kann die unternehmensübergreifende Anwendung des Gleichbehandlungsgrundsatzes in Betracht kommen, wenn vom herrschenden Unternehmen ausgehend bestimmte Leistungen üblicherweise konzerneinheitlich erbracht werden und auf den Fortbestand dieser Übung ein schützenswertes Vertrauen für die ArbN der Konzernunternehmen entstanden ist (BAG 4.10.94, DB 95, 528). 8

6. Kündigungsschutz. Der Kündigungsschutz nach dem KSchG ist nicht konzernbezogen (BAG 18.10.12 – 6 AZR 41/11, NZA 13, 1007; 23.4.08 – 2 AZR 1110/06, NZA 08, 939; 23.3.06 – 2 AZR 162/05, NZA 07, 30). Der ArbGeb muss deshalb vor Ausspruch einer betriebsbedingten Kündigung nicht versuchen, den ArbN in einem anderen Betrieb 9

247 Konzernarbeitsverhältnis

eines anderen Unternehmens weiterzubeschäftigen. Eine konzernweite Weiterbeschäftigungspflicht besteht nur ausnahmsweise. Voraussetzung hierfür ist, dass ein anderes als das kündigende Konzernunternehmen sich ausdrücklich zur Übernahme des ArbN bereit erklärt, der ArbGeb im Rahmen des Arbeitsvertrages oder einer sonstigen vertraglichen Absprache sich verpflichtet hat, zunächst eine Unterbringung des ArbN in einem anderen Unternehmens- oder Konzernbetrieb zu versuchen, bevor er dem ArbN aus betriebsbedingten Gründen kündigt bzw eine solche Verpflichtung auf Grund konzernweit geltender kollektivrechtlicher Regelungen besteht (BAG 10.5.07 – 2 AZR 626/05, NZA 07, 1278). Weitere Voraussetzung ist ein bestimmender Einfluss des vertragsschließenden Unternehmens auf die Versetzung (BAG 18.10.12). Es spielt keine Rolle, ob die Möglichkeit der Einflussnahme auf Grund eindeutiger rechtlicher Regelungen (zB auf Grund eines Beherrschungsvertrages) oder eher nur faktisch besteht (BAG 23.4.08; 21.2.02 – 2 AZR 556/00, NZA 02, 1416). Der ArbN einer Konzernholding genießt, soweit kein Gemeinschaftsbetrieb zwischen der Holding und den Tochtergesellschaften besteht, nur dann Kündigungsschutz, wenn die Holding ihrerseits dem KSchG unterliegt (BAG 13.6.02 – 2 AZR 327/01, DB 02, 2171).

Pflichtverletzungen, die ein ArbN im Rahmen eines auf einer Entsendung zu einer anderen Konzerngesellschaft beruhenden Vertragsverhältnisses begangen hat, können auf das ruhende Stammarbeitsverhältnis durchschlagen und den Ausspruch einer Kündigung rechtfertigen. Voraussetzung ist, dass auch das ruhende Arbeitsverhältnis konkret und erheblich beeinträchtigt ist (BAG 27.11.08 – 2 AZR 193/07, NZA 09, 671; LAG Köln 28.3.01 – 8 Sa 405/00, NZA-RR 02, 85).

10 **7. Betriebsverfassung.** Zur Bildung des Konzernbetriebsrats und zu dessen Zuständigkeiten s *Konzernbetriebsrat*. Zum Gesetz über Europäische BRäte s *Europäischer Betriebsrat; Fischer* AuR 02, 7; *Ruoff* BB 97, 2478; *Engels/Müller* DB 96, 981; *Wienke* EuroAS 96, 115.

11 **8. Mitbestimmung.** An der Wahl der Aufsichtsratsmitglieder der ArbN des herrschenden Unternehmens eines Konzern nehmen auch die ArbN der übrigen Konzernunternehmen teil.

12 Nach § 5 Abs 1 MitBestG, § 2 DrittelbG gelten für die Anwendung des MitbestG und das DrittelbG auf das herrschende Unternehmen alle ArbN der einzelnen Konzernunternehmen als ArbN des herrschenden Unternehmens. Wird hierdurch die erforderliche ArbNZahl von zweitausend bzw fünfhundert überschritten, greift das MitbestG bzw das DrittelbG auch dann für das herrschende Unternehmen, wenn dies keine eigenen ArbN beschäftigt. Bei der Feststellung, ob es sich um ein herrschendes Unternehmen im Konzern handelt, kann auf die Regelungen der §§ 17 Abs 1 und 18 Abs 1 AktG zurückgegriffen werden. Die Konzernvermutung des § 18 Abs 1 Satz 3 AktG gilt auch im Rahmen des § 2 Abs 1 DrittelbG.

B. Lohnsteuerrecht
Seidel

21 Steuerrechtlich ist von Bedeutung, wer die lohnsteuerlichen ArbGebPflichten zu erfüllen hat (s *Lohnsteuerabführung* Rz 2 ff) und wer ggf als ArbGeb für die LSt haftet (s *Lohnsteuerhaftung* Rz 4–28). ArbGeb ist im Konzern das jeweilige anstellende Konzernunternehmen (**Organgesellschaft**). Nur diesem ist der ArbN arbeitsvertraglich verbunden mit den sich daraus ergebenden Weisungsrechten. Rechtsansprüche hat der ArbN grds auch nur gegenüber diesem Unternehmen.

22 Die Obergesellschaft (**Organträger**) wird selbst dann nicht ArbGeb, wenn sie dem ArbN etwas zuwendet (zB verbilligte Aktienüberlassung, BFH 21.2.86 – VI R 9/80, BStBl II 86, 768; s zur Frage der Mitarbeiterbeteiligung im Konzern auch *Mitarbeiterbeteiligung* Rz 25, 31 und *Aktienoptionen* Rz 13). Lohnsteuerabführungspflichtig bleibt insoweit die Organgesellschaft (Lohnzahlung durch Dritte, s *Lohnabzugsverfahren* Rz 14 und *HMW*/Arbeitslohn Rz 155/2). Der Rabattfreibetrag (§ 8 Abs 3 Satz 2 EStG) steht ArbN der Organgesellschaft für Zuwendungen des Organträgers auch bei Verrechnung mit dem ArbGeb (Organgesellschaft) nicht zu (BFH 15.1.93, BStBl II 93, 356; s auch *Sachbezug* Rz 30). Die LStAnmeldungen der Organgesellschaft beim zuständigen BetriebsstättenFA müssen die LSt für die leitenden Angestellten unabhängig davon enthalten, ob die Organgesellschaft die Lohnabrechnungen für diese Personen von der Muttergesellschaft vornehmen lässt (OFD Hannover 18.8.93, DStR 93, 1628).

Wird der ArbN für ein anderes Konzernunternehmen tätig, ändert dies an der ArbGeb- 23
Stellung der Organgesellschaft nichts. In Ausnahmefällen können allerdings jeweils Dienstverhältnisse mit mehreren Konzernunternehmen bestehen (*HMW*/Arbeitgeber Rz 10; s auch *Crezelius* DStJG 9, 101 sowie *Mehrfachbeschäftigung* Rz 8 ff). Liegt keine erlaubnisfreie ArbNÜberlassung vor (s oben Rz 4 und unten Rz 28), vgl zur steuerlichen Behandlung *Arbeitnehmerüberlassung/Zeitarbeit* Rz 11 ff, 71 ff (zur Haftung bei ArbNÜberlassung im Konzern s auch BFH 24.3.99 – I R 64/98, BStBl II 2000, 41 und *Arbeitnehmerentsendung* Rz 18). Bei einer Umsetzung von ArbN im Konzern stellen im Zusammenhang damit gezahlte Entschädigungen keine Abfindung (*Abfindung* Rz 41) dar, wenn die Versetzung als Fortsetzung des bisherigen Dienstverhältnisses anzusehen ist (FG Hbg 27.5.93, EFG 94, 86; s auch Personalbuch 2006 Abfindung Rz 44).

C. Sozialversicherungsrecht *Voelzke*

Die Beschäftigung bei einem Konzernunternehmen wirft die Frage auf, wer die beitrags- 26
und melderechtlichen **Arbeitgeberpflichten** zu erfüllen hat. ArbGeb ist im SozVRecht derjenige, zu dem der Beschäftigte in einem persönlichen Abhängigkeitsverhältnis steht (s *Arbeitgeber* Rz 26). Kennzeichnend für die ArbGebEigenschaft ist nach der Rspr des BSG die Tragung des Unternehmerrisikos und die Verpflichtung zur Zahlung des Arbeitsentgelts, während die tatsächlichen Einflussmöglichkeiten im Interesse der Rechtssicherheit und Rechtsklarheit im Regelfall zurücktreten (BSG 26.1.78 – 2 RU 90/77, DB 78, 1359).

Unproblematisch sind diejenigen Fälle, bei denen auf Dauer ein Beschäftigungsverhältnis 27
mit einer Konzerngesellschaft begründet wird; in diesen Fällen wird die **Beschäftigungsgesellschaft** und nicht der Konzern zur Erfüllung der sozialversicherungsrechtlichen ArbGebPflichten herangezogen (zu den Besonderheiten bei einer Mehrfachbeschäftigung s *Mehrfachbeschäftigung* Rz 12–20). Bei ArbN, die innerhalb der zum Konzern gehörenden Gesellschaften flexibel eingesetzt werden, muss nach der tatsächlichen Ausgestaltung des jeweiligen Beschäftigungsverhältnisses unterschieden werden. Wird der ArbN von einer Konzerngesellschaft eingestellt und lediglich zur Erledigung bestimmter Aufgaben zu anderen Gesellschaften abgeordnet, ohne dass die wesentlichen ArbGebPflichten einschließlich der Verpflichtung zur Zahlung des Arbeitsentgelts auf diese Gesellschaften übergehen, so ist davon auszugehen, dass die ArbGebPflichten bei der Einstellungsgesellschaft verbleiben (vgl aber auch *Schlegel/Voelzke/Werner* SGB IV, § 28e Rz 40, der darauf abstellt, welchem Betrieb das Arbeitsergebnis wirtschaftlich zugute kommt).

Gehen hingegen nach der Einstellung bei einer Konzernobergesellschaft die wesentlichen 28
Verpflichtungen aus dem Arbeitsverhältnis auf eine andere Gesellschaft über und schließt der ArbN mit diesem Konzernunternehmen einen Arbeitsvertrag, so gehen mE aus den vom BSG betonten Gründen der Rechtssicherheit die sozialversicherungsrechtlichen ArbGebPflichten idR auch dann auf dieses Unternehmen über, wenn zusätzlich noch arbeitsvertragliche Beziehungen zur Konzernobergesellschaft bestehen bleiben. Werden schließlich innerhalb des Konzerns durch eine Personalführungsgesellschaft wiederholt und planmäßig ArbN bei den einzelnen Konzernunternehmen eingesetzt, so liegt keine erlaubnisfreie ArbNÜberlassung mit der Folge vor, dass die Personalführungsgesellschaft als Verleiher gem § 28e Abs 1 SGB IV den GesamtSozVBeitrag zu zahlen hat und der Entleiher gem § 28e Abs 2 SGB IV wie ein selbstschuldnerischer Bürge haftet, soweit er mit dem Verleiher eine Vergütung für die Überlassung des ArbN vereinbart hat (Näheres: *Arbeitnehmerüberlassung/Zeitarbeit* Rz 95).

Keine Besonderheiten hinsichtlich der Versicherungspflicht ergeben sich, wenn ausländi- 29
sche ArbN im Rahmen einer konzerninternen **Entsendung** im Inland beschäftigt werden. Handelt es sich bei der inländischen Tochtergesellschaft um eine juristische Person, ist der ArbN in den Betrieb der Gesellschaft eingegliedert und zahlt die Tochtergesellschaft das Arbeitsentgelt, so liegt kein Fall der Einstrahlung ausländischen Rechts (§ 5 SGB IV; s *Ausländer* Rz 67–70) vor. Es wird ein Beschäftigungsverhältnis im Inland begründet, das der deutschen SozVPflicht unterliegt (BSG 7.11.96 – 12 RK 79/94, SozR 3-2400 § 5 Nr 2).

Konzernbetriebsrat

A. Arbeitsrecht *Poeche*

Übersicht

	Rz		Rz
1. Allgemeines	1, 2	a) Originäre Zuständigkeit	14–16
2. Voraussetzungen	3–10	b) Zuständigkeit kraft Auftrags	17
a) Unterordnungskonzern	3–7	c) Verhandlungspartner	18
b) Gemeinschaftsunternehmen	8	6. Besondere Zuständigkeiten	19
c) Konzern im Konzern	9	7. Unternehmen ohne Gesamtbetriebsrat und Betriebe ohne Betriebsrat	20
d) Quorum	10		
3. Zusammensetzung, Stimmengewicht	11	8. Geschäftsordnung	21–23
4. Dauer der Mitgliedschaft	12	9. Streitigkeiten	24
5. Allgemeine Zuständigkeit	13–18		

1 **1. Allgemeines.** Im Interesse einer möglichst umfassenden Berücksichtigung der ArbN an den sie betreffenden Entscheidungsprozessen auf allen Leitungsebenen wird ihnen auf Konzernebene die Errichtung eines KBRat ermöglicht. Er repräsentiert die Konzernbelegschaft und tritt als selbstständiges Organ der Betriebsverfassung neben BRat und GBRat (BAG 12.11.97 – 7 ABR 78/96, NZA 98, 497). Mit seiner Beteiligung an den die einzelnen Unternehmen bindenden Entscheidungen auf Konzernebene soll sichergestellt werden, dass Mitbestimmungsrechte der BRäte und der GBRäte nicht durch Verlagerung betrieblicher oder unternehmerischer Entscheidungsmacht auf die Konzernebene unterlaufen und damit gegenstandslos werden (BAG 22.11.95 – 7 ABR 9/95, NZA 96, 706). Voraussetzungen und Reichweite der betriebsverfassungsrechtlichen Mitbestimmung werden durch die Errichtung eines KBRat nicht erweitert (BAG 21.10.80 – 6 ABR 41/78, BB 81, 1461). Im Gegensatz zur Bildung und Errichtung von BRat und GBRat ist die Errichtung des KBRat **fakultativ** (§ 54 Abs 1 Satz 1). Damit wird den ArbNVertretungen ermöglicht, flexibel auf Strukturänderungen zu reagieren.

2 **Die maßgeblichen Bestimmungen** finden sich in §§ 54–59 BetrVG. Sie sind grds zwingend und weder durch Tarifvertrag noch durch Betriebsvereinbarung abdingbar (BAG 11.11.98 – 4 ABR 40/97, NZA 99, 1056 zum GBRat). Zulässig sind andere Vertretungsstrukturen nach § 3 Abs 1 Nr 2 und 3 BetrVG. Ob diese für alle Konzerne, also auch den Gleichordnungskonzern, vereinbart werden können, ist streitig (vgl *Friese* RdA 03, 92 mwN). Der KBRat ist wie der GBRat eine Dauereinrichtung (BAG 9.2.11 – 7 ABR 11/10, NZA 11, 866), dessen Mitglieder kein imperatives Mandat haben. Im Rahmen seiner Zuständigkeit hat der KBRat dieselben Rechte und Pflichten wie GBRat und BRat; er ist diesen Gremien weder untergeordnet noch übergeordnet (BAG 20.12.95 – 7 ABR 8/95, NZA 96, 945). Unbedenklich ist, wenn er sich außerdem um Koordination der Tätigkeiten der GBRäte bemüht (ErfK/*Koch* § 58 BetrVG Rz 1 mwN).

3 **2. Voraussetzungen. a) Unterordnungskonzern.** Nach § 54 Abs 1 Satz 1 BetrVG kann für einen Konzern (§ 18 Abs 1 AktG) durch Beschlüsse der einzelnen GBRäte ein KBRat errichtet werden. Nach der Verweisung auf § 18 Abs 1 AktG muss ein **Unterordnungskonzern** bestehen. Bei einem Gleichordnungskonzern, bei dem rechtlich selbstständige Unternehmen unter einheitlicher Leitung zusammengefasst sind ohne dass ein Unternehmen von einem anderen abhängig ist, wie er gesetzlich in § 18 Abs 2 AktG definiert ist, kommt die Errichtung eines KBRat nicht in Betracht (BAG 22.11.95 – 7 AB 9/95, NZA 96, 706). Dagegen wird der Unterordnungskonzern (ein verbundenes Unternehmen iSv § 15 AktG) in § 18 Abs 1 AktG wie folgt definiert:

„*Sind ein herrschendes und ein oder mehrere abhängige Unternehmen unter der einheitlichen Leitung des herrschenden Unternehmens zusammengefasst, so bilden sie einen Konzern; die einzelnen Unternehmen sind Konzernunternehmen. Unternehmen, zwischen denen ein Beherrschungsvertrag (§ 291) besteht oder von denen das eine in das andere eingegliedert ist (§ 391), sind als unter einheitlicher Leitung zusammengefasst anzusehen. Von einem abhängigen Unternehmen wird vermutet, dass es mit dem herrschenden Unternehmen einen Konzern bildet.*"

Konzernbetriebsrat 248

Das herrschende Unternehmen wird vielfach als Konzernspitze bezeichnet. Handelt es 4
sich um eine Gesellschaft, wird auch der Begriff „Konzernobergesellschaft" verwendet.
Üblich ist auch die Gegenüberstellung von „Mutter" – „Tochter". Die Verweisung auf das
AktG besagt nicht, dass an dem Konzern eine AG beteiligt sein müsste. Die Definitionen in
§§ 15 ff AktG sind vielmehr **rechtsformneutral** (BAG 5.5.88 – 2 AZR 795/87, NZA 89,
18). Konzernunternehmen und -spitze können daher alle natürlichen und juristischen Personen des privaten Rechts sein, Gesellschaften des HGB und des BGB sowie Vereine. Die
Bildung mehrerer nebeneinander bestehender KBRäte ist gesetzlich ebenso wenig vorgesehen wie die Errichtung für einen Teil des Konzerns (kein SpartenKBRat; BAG 9.2.11 –
7 ABR 11/10, NZA 11, 866). Für den Anwendungsbereich des § 54 BetrVG kommt es
nicht darauf an, ob das herrschende Unternehmen einen eigenen Betrieb hat und selbst
ArbN beschäftigt oder ob dort ein BRat oder GBRat existiert, solange dem Konzern
mindestens zwei Unternehmen angehören, bei denen ein Einzel- oder GBRat gebildet ist.
Ob ein KBR auch durch den konzernweit einzigen GBR oder BR iSd § 54 Abs 2 BetrVG
errichtet werden kann, ist str (hierzu *Wollwert* NZA 11, 437). Auch eine natürliche Person
kann herrschendes Unternehmen sein. Hierfür gelten keine Besonderheiten. **Körperschaften des öffentlichen Rechts** sind Unternehmen im konzernrechtlichen Sinn, wenn sie in
privater Rechtsform organisierte Unternehmen beherrschen (sog gemischt öffentlich-privatrechtlicher Unterordnungskonzern). Für ein solches Unternehmen kann ein KBRat gebildet
werden, obwohl das BetrVG auf den öffentlichen Dienst keine Anwendung findet (§ 130
BetrVG). Der Bereichsausnahme ist dadurch Rechnung zu tragen, dass das dem Personalvertretungsrecht unterfallende Untenehmen nicht in die Errichtung des KBRat einbezogen
wird (BAG 27.10.10 – 7 ABR 85/09, NZA 11, 524).

Für die Frage, ob ein **Abhängigkeitsverhältnis** iSd Konzernrechts besteht, sind die 5
Vermutungsregelungen des § 17 AktG anzuwenden:
*„(1) Abhängige Unternehmen sind rechtlich selbstständige Unternehmen, auf die ein anderes
Unternehmen (herrschendes Unternehmen) unmittelbar oder mittelbar einen beherrschenden Einfluss
ausüben kann. (2) Von einem in Mehrheitsbesitz stehenden Unternehmen wird vermutet, dass es von
dem an ihm mit Mehrheit beteiligten Unternehmen abhängig ist."*

Danach kommt es für den Begriff „abhängiges Unternehmen" nicht darauf an, dass die 6
Leitungsmacht tatsächlich wahrgenommen wird. Es genügt, wenn dem herrschenden Unternehmen möglich ist, unmittelbar oder mittelbar einen beherrschenden Einfluss auf die
Geschäfts- und Unternehmenspolitik der abhängigen Unternehmen auszuüben. Das gilt
auch für eine natürliche Person als Konzernspitze ohne eigenes Unternehmen, wenn sie sich
unternehmerisch in anderen Gesellschaften betätigt (BAG 22.11.95 – 7 ABR 9/95, NZA 96,
706). Regelmäßig wird diese Möglichkeit über das Gesellschaftsrecht vermittelt. Ob die
Abhängigkeit ausnahmsweise auch anders begründet werden kann, hat das BAG offen
gelassen (BAG 9.2.11 – 7 ABR 11/10, NZA 11, 866).

Die Konzernunternehmen müssen außerdem unter **einheitlicher Leitung** des herr- 7
schenden Unternehmens **zusammengefasst** sein. Grundlage der Leitungsmacht können
rechtliche Beziehungen sein (Beherrschungsvertrag nach § 291 AktG; Eingliederung nach
§ 319 AktG; Mehrheitsbesitz), ausreichend ist aber auch eine über sonstige Umstände
vermittelte **faktische Leitung**. Sie kann sich aus Mehrheitsbeteiligungen, Stimmrechten
oder Stimmbindungen, Personenidentität der entscheidungsbefugten Personen oder sonstigen schuldrechtlichen Vereinbarungen ergeben (*Fitting* § 54 Rz 26). Die Leitungsmacht
muss **tatsächlich ausgeübt** werden (BAG 22.11.95 – 7 ABR 9/95, NZA 96, 706). Auf
welcher tatsächlichen oder rechtlichen Grundlage die abhängigen Unternehmen geleitet
werden, ist gleichwohl wegen der unterschiedlichen gesetzlichen Vermutungsregelungen
von Bedeutung (vgl BAG 22.11.95 – 7 ABR 9/95, NZA 96, 706). So ist das Bestehen eines
Unterordnungskonzerns nach §§ 291, 319 AktG unwiderleglich. Für die Widerlegung der
Konzernvermutung bei Mehrheitsbesitz (§ 18 Abs 1 Satz 3 AktG) gelten strenge Anforderungen (BAG 22.11.95 – 7 ABR 9/95, NZA 96, 706). Gegenstand der Leitung können alle
Felder der unternehmerischen/betrieblichen Betätigung sein wie Produktion, Finanzen,
Personal usw (BAG 16.8.95 – 7 ABR 57/94, NZA 96, 274; 22.11.95 – 7 ABR 9/95, NZA
96, 706). Ein KBRat kann nur errichtet werden, wenn das herrschende Unternehmen
seinen Sitz im Inland hat oder über eine im Inland ansässige Teilkonzernspitze verfügt (vgl
BAG 14.2.07 – 7 ABR 26/06, NZA 07, 999).

248 Konzernbetriebsrat

8 **b) Gemeinschaftsunternehmen.** Ein Gemeinschaftsunternehmen liegt vor, wenn an einem Unternehmen zwei oder mehrere Unternehmen beteiligt sind. Wird es von mehreren Unternehmen gemeinsam beherrscht, bildet das Gemeinschaftsunternehmen jeweils im Verhältnis zum herrschenden Unternehmen einen Konzern (mehrfache Konzernzugehörigkeit – „Mehrmütterkonzern") mit der Folge, dass für das jeweilige Konzernverhältnis bei jedem der herrschenden Unternehmen jeweils ein KBRat zu bilden ist (BAG 30.10.86 – 6 ABR 19/85, ZIP 87, 1407). Das BAG ist der Gegenauffassung, nach der ein KBRat einheitlich bei der das Gemeinschaftsunternehmen leitenden Stelle (BGB-Gesellschaft) zu bilden sei, nicht gefolgt (BAG 13.10.04 – 7 ABR 56/03, NZA 05, 647). Zur Begründung hat es im Wesentlichen auf den Gleichlauf des BetrVG mit dem Konzernrecht, die Schutzfunktion des § 54 BetrVG und die Regelung in § 47 Abs 9 BetrVG abgestellt, nach der der BRat Vertreter in den GBRat jedes der beteiligten Unternehmen entsendet.

9 **c) Konzern im Konzern.** Das BAG und ein Teil des Schrifttums anerkennen die Möglichkeit einer solchen Konzernbildung (BAG 21.10.80 – 6 ABR 41/78, BB 81, 1461; *Fitting* § 54 Rz 32 f; ErfK/*Koch* § 54 BetrVG Rz 7; GK–BetrVG/*Kreutz* § 54 Rz 48). Er liegt vor, wenn in einem mehrstufigen vertikal gegliederten Konzern das herrschende Unternehmen („Mutter") von seiner Leitungsmacht nur teilweise Gebrauch macht und seinem Tochterunternehmen wesentliche Leitungsaufgaben zur eigenständigen Ausübung gegenüber den dem Tochterunternehmen nachgeordneten Unternehmen („Enkeln") belässt. In einem solchen Fall kann auf der Ebene der Tochter ein KBRat errichtet werden. Das ergibt sich aus dem Zweck der Beteiligung der ArbN auf der „dritten" Ebene. Bei einer Errichtung eines KBRat nur bei der „Mutter" liefen die Mitbestimmungsrechte mangels dort zu treffender Entscheidungen weitgehend leer (aA *Richardi/Annuß* § 54 Rz 10 ff).

10 **d) Quorum.** Die Errichtung eines KBRat erfordert die Zustimmung der GBRäte der Konzernunternehmen, in denen insgesamt mehr als 50 vH der ArbN der Konzernunternehmen beschäftigt sind. Die Mindestzahl bezieht sich auf die Gesamtzahl aller ArbN der zum Konzern gehörigen Unternehmen. Ob dort GBRäte bestehen oder nicht, ist hierfür unerheblich (BAG 11.8.93 – 7 ABR 34/92, DB 94, 480). Auf die Errichtung des KBRat sind die Vorschriften über die **Wahlanfechtung** nicht anzuwenden (BAG 15.8.78 – 6 ABR 56/77, BB 79, 987).

11 **3. Zusammensetzung, Stimmengewicht.** In den KBRat entsendet jeder GBRat zwei seiner Mitglieder. Die Geschlechter sollen angemessen berücksichtigt werden. Für jedes Mitglied ist mindestens ein Ersatzmitglied zu bestellen und die Reihenfolge des Nachrückens festzulegen (§ 55 BetrVG). Jedem Mitglied stehen die Stimmen der Mitglieder des entsendenden GBRat je zur Hälfte zu. Durch Tarifvertrag oder Betriebsvereinbarung kann die Mitgliederzahl des KBRat abweichend geregelt werden. Im Übrigen gelten die für den GBRat maßgeblichen Vorschriften des § 47 Abs 5–9 BetrVG entsprechend (*Gesamtbetriebsrat* Rz 10).

12 **4. Dauer der Mitgliedschaft.** Sie beginnt mit der „Wahl" durch den entsendenden GBRat und endet mit Erlöschen der Mitgliedschaft im GBRat, durch Amtsniederlegung oder durch Abberufung durch den GBRat (§ 57 BetrVG). Das Mitglied kann ferner durch gerichtliche Entscheidung (§§ 48, 23; 23 Abs 1 BetrVG) wegen grober Pflichtverletzung aus dem KBRat ausgeschlossen werden (§ 56 BetrVG). Insoweit gilt nichts anderes als für die Mitglieder des GBRat (*Gesamtbetriebsrat* Rz 11). Das Amt erlischt mit dem **Wegfall** des Konzerns (BAG 23.8.06 – 7 ABR 51/05, NZA 07, 768).

13 **5. Allgemeine Zuständigkeit.** In § 58 BetrVG wird zwischen den **originären Aufgaben** und den **Aufgaben kraft Auftrags** unterschieden. Nach Abs 1 ist der KBRat zuständig für Angelegenheiten, die den Konzern oder mehrere Konzernunternehmen betreffen und die nicht durch die einzelnen GBRäte geregelt werden können; weitere Aufgaben können nach Abs 2 vom GBRat delegiert werden. Die Vorschrift ist bewusst der Kollisionsnorm des § 50 BetrVG nachgebildet, so dass auf die zur Abgrenzung der Zuständigkeit des GBRat und BRat entwickelten Grundsätze zurückgegriffen werden kann (*Gesamtbetriebsrat* Rz 12 ff). Hier wie dort schließen sich die Zuständigkeit des GBRat/BRat und die des KBRat/GBRat aus (BAG 12.11.97 – 7 ABR 78/96, NZA 98, 497). Der **Durchführungsanspruch** (dazu *Betriebsvereinbarung* Rz 20) steht bei originärer Konzernbetriebsvereinbarung ausschließlich dem KBRat (BAG 18.5.10 – 1 ABR 6/09, NZA 10, 1433) zu.

Dadurch entsteht keine Schutzlücke. Führt der ArbGeb die Konzernbetriebsvereinbarung nicht durch, steht dem örtlichen BRat das Verfahren nach § 23 Abs 3 BetrVG zur Verfügung.

a) Originäre Zuständigkeit. Der KBRat ist zuständig, wenn nach den Verhältnissen des jeweiligen Konzerns, seinen Unternehmen und Betrieben das Ziel der geplanten Regelung nur durch eine konzerneinheitliche Regelung erreicht werden kann. Allein die Zweckmäßigkeit einer einheitlichen Regelung, Kostengesichtspunkte oder das Koordinierungsinteresse der Konzernleitung genügen nicht. Ebenso wenig reicht aus, dass die Initiative zu einer regelungsbedürftigen Angelegenheit von der Konzernleitung ausgeht. Die originäre Zuständigkeit des KBRat kann sich auch aus der „subjektiven Unmöglichkeit" unternehmensbezogener Regelungen ergeben, etwa wenn der ArbGeb den der Mitbestimmung unterfallenden Regelungsgegenstand mitbestimmungsfrei so vorgeben kann, dass eine Regelung nur unternehmensübergreifend möglich ist. Dies ist nicht der Fall, wenn bereits die Maßnahme als solche der Mitwirkung des BRat unterliegt (vgl BAG 19.6.07 – 1 AZR 454/06, NZA 07, 1184). 14

In **sozialen Angelegenheiten** ist die Zuständigkeit des KBRat ua für Regelungen über die Errichtung und Verwaltung von Sozialeinrichtungen gegeben, deren Wirkung sich auf den Konzern erstreckt (BAG 21.6.79 – 3 ABR 3/78, BB 79, 1718; 14.12.93 – 3 AZR 618/93, NZA 94, 554). Anderes gilt, wenn ArbN eines konzernzugehörigen Unternehmens nicht nur einer Konzernversorgungsordnung unterfallen, sondern zusätzliche Leistungen erhalten sollen (BAG 19.3.81 – 3 ABR 38/80, BB 81, 1952). Regelungen über die Kontoführungsgebühr (§ 87 Abs 1 Nr 4 BetrVG) sind weitgehend von den betrieblichen Verhältnissen und den regionalen Besonderheiten abhängig, begründen daher keine originäre Zuständigkeit des KBRat (BAG 12.11.97 – 7 ABR 78/96, NZA 98, 497). Dagegen betrifft der konzernweite Austausch von Mitarbeiterdaten alle Konzernunternehmen und verlangt nach einer einheitlichen Regelung (BAG 20.12.95 – 7 ABR 8/95, NZA 96, 945). Gleiches gilt, wenn ein konzernangehöriges Tochterunternehmen die Nutzung eines Personalverwaltungssystems, mit dem Daten der ArbN im Konzern gesammelt, aufgezeichnet, ausgewertet und miteinander verknüpft werden können, zentral wahrnimmt (BAG 25.9.12 – 1 ABR 45/11, NZA 13, 275). Der KBR ist nach LAG Bln-Bbg (31.7.13 – 17 TaBV 222/13, BeckRS 2013, 71644) auch dann originär nach §§ 87 Abs 1 Nr 6, 58 Abs 1 BetrVG zuständig, wenn die ArbGeb als Konzernobergesellschaft Überwachungseinrichtungen installieren will und Beschäftigte mehrerer Konzernunternehmen bei dem vorgesehenen Betriebsablauf von den Einrichtungen erfasst werden können. Ebenso ist für die Umsetzung einer konzerneinheitlichen „Unternehmensphilosophie" durch Einführung sog Grundsätze der Unternehmensethik der KBR aus §§ 87 Abs 1 Nr 1, 58 Abs 1 BetrVG zuständig (BAG 17.5.11 – 1 ABR 121/09, BeckRS 2011, 75154). Regelungen der **allgemeinen Personalpolitik** können die Zuständigkeit des KBRat begründen (ausführlich *Richardi/Annuß* § 58 Rz 11). Bei **personellen Einzelmaßnahmen** ist das schwer vorstellbar. Auch eine unternehmensübergreifende Versetzung begründet lediglich Beteiligungsrechte der örtlichen BRäte (*Gesamtbetriebsrat* Rz 16; *Versetzung* Rz 24). Zur Frage, welches BRatsgremium im Rahmen von § 17 KSchG bei Massenentlassungen zu beteiligen ist: *Dzida/Hohenstatt* NZA 12, 27. 15

Bei **wirtschaftlichen Angelegenheiten** ist eine originäre Zuständigkeit nicht ausgeschlossen. Sie kommt in Betracht, wenn eine geplante Betriebsänderung Betriebe verschiedener Konzernunternehmen betrifft wie etwa die unternehmensübergreifende Zusammenlegung von Betrieben oder Betriebsteilen (*Richardi/Annuß* § 58 Rz 15). Regelmäßig sind allerdings BRat oder GBRat zuständig (*Fitting* § 58 Rz 15). Oft wird es sinnvoll sein, in einem **Interessenausgleich oder Sozialplan** unternehmensübergreifende Regelungen zu treffen. Das kann über die Delegation von Aufgaben nach §§ 58 Abs 2, 50 Abs 2 BetrVG erreicht werden. Eine unternehmensübergreifende **Versetzungspflicht** kann jedoch nicht über die Einigungsstelle erzwungen werden (BAG 17.9.91 – 1 ABR 23/91, NZA 92, 227). Einen **Wirtschaftsausschuss** kann der KBRat nicht errichten (BAG 23.8.89 – 7 ABR 39/88, NZA 90, 841). Er ist auf das Unternehmen als Rechtsträger bezogen. Der KBRat kann jedoch in Konzernunternehmen mit mehr als 100 ArbN einen Ausschuss errichten, der sich der Angelegenheit annehmen soll, wie sie auf Unternehmensebene dem Wirtschaftsausschuss obliegen (*Fitting* § 58 Rz 18 mwN; aA *HSWG* § 58 Rz 15). 16

248 Konzernbetriebsrat

17 **b) Zuständigkeit kraft Auftrags.** Für die nach § 58 Abs 2 BetrVG vom GBRat oder nach § 54 Abs 2 BetrVG vom EinzelBRat auf den KBRat delegierten Aufgaben gilt hinsichtlich der formellen Voraussetzungen und der sonstig anzuwendenden Grundsätze nichts anderes als für die Delegation von Aufgaben des BRat auf den GBRat; hierzu *Gesamtbetriebsrat* Rz 18. Der kraft Auftrags zur Vertretung des BRat ermächtigte GBRat kann seinerseits den KBRat mit der Wahrnehmung dieser Aufgabe betrauen. Eine unmittelbare Beauftragung des KBRat durch einen örtlichen BRat kommt nur in Betracht, wenn es in einem Unternehmen keinen von den Betriebsräten errichteten GBRat gibt (vgl BAG 19.6.07 – 1 AZR 454/06, NZA 2007, 1184).

18 **c) Verhandlungspartner.** Verhandlungs- und Vertragspartner des KBRat ist im Rahmen seiner originären Zuständigkeit das herrschende Unternehmen, das durch sein jeweiliges Leitungsorgan handelt und zum Abschluss von Konzernbetriebsvereinbarungen befugt ist (BAG 12.11.97 – 7 ABR 78/96, NZA 98, 497). Streitig ist der „Gegenspieler" bei den kraft Auftrags wahrgenommenen Aufgaben. Teils wird angenommen, der KBRat könne zwischen der Konzernleitung und dem Konzernunternehmen wählen, zu dem der delegierende GBRat gehört (*DKK/Trittin* § 58 Rz 51); teils soll es stets die Konzernleitung sein (*GK–BetrVG/Kreutz* § 58 BetrVG Rz 47). Richtigerweise hat sich der KBRat an die jeweilige Unternehmensleitung zu wenden. Die Beauftragung des KBRat durch den GBRat lässt die betriebsverfassungsrechtliche Verankerung der Beteiligungsrechte unberührt. Sie bewirkt lediglich den Übergang der Verhandlungskompetenz auf den KBRat (BAG 12.11.97 – 7 ABR 78/96, NZA 98, 497).

19 **6. Besondere Zuständigkeiten.** Diese ergeben sich für **mitbestimmte Unternehmen** nach dem MitbestG für die Mitwirkung bei der Bestellung des Hauptwahlvorstandes für die Wahl der Aufsichtsratsmitglieder der ArbN des herrschenden Unternehmens, bei der Entgegennahme eines Antrags auf Abberufung eines Aufsichtsratsmitglieds und die Anfechtung der Wahl von Aufsichtsratsmitgliedern. Einzelheiten sind dem betriebsverfassungsrechtlichen Schrifttum zu entnehmen (*Fitting* § 58 Rz 21 ff; GK-BetrVG/*Kreutz* § 58 Rz 31; *Richardi/Annuß* § 58 Rz 17; *DKK/Trittin* § 58 Rz 45). Nach § 6 Abs 3 BetrVG kann der KBRat außerdem unter den dort näher bezeichneten Voraussetzungen den **Wahlvorstand** zur Wahl des BRat bestellen.

20 **7. Unternehmen ohne Gesamtbetriebsrat und Betriebe ohne Betriebsrat.** Nach § 58 Abs 1 Satz 2 und 3 BetrVG erstreckt sich die Zuständigkeit des KBRat auch auf Unternehmen ohne GBRat und Betriebe ohne BRat. Vorausgesetzt sind jeweils Unternehmen/Betriebe, die an sich fähig sind, einen GBRat oder BRat zu errichten, in denen aber keine entsprechenden ArbNVertretungen bestehen (so nunmehr das LAG Düsseldorf 3.11.11 – 5 TaBV 50/11, BeckRS 2011, 79289 nrkr; krit Görg ArbRAktuell 12, 23). Die Zuständigkeit beschränkt sich auf die Aufgaben, die dem KBRat originär zugewiesen sind. Damit wird erreicht, dass die im Konzern beschäftigten ArbN gleich behandelt werden (vgl *Gesamtbetriebsrat* Rz 23). Diese Gleichstellung ist erst durch das BetrVG-ReformG mW zum 28. Juli 2001 eingeführt worden. Ältere Konzernbetriebsvereinbarungen, die mangels Vertretungskompetenz des beteiligten KBRat nicht für alle konzernangehörigen Unternehmen galten, erstrecken sich gleichwohl auf die bisher nicht betroffenen ArbN, jedenfalls dann, wenn die Regelung unterschiedslos für alle im Konzern beschäftigten ArbN gelten soll.

21 **8. Geschäftsordnung.** § 59 Abs 1 BetrVG ordnet die entsprechende Anwendung der für den BRat geltenden Vorschriften entsprechend der für den GBRat maßgeblichen Vorschriften an (*Gesamtbetriebsrat* Rz 24). Zusätzlich ist entsprechend anzuwenden § 51 Abs 1 Satz 2 BetrVG. Der KBRat hat danach einen KBRatsausschuss zu bilden, wenn er mehr als acht Mitglieder hat. Im Übrigen gelten die für den GBRat anzuwendenden Bestimmungen entsprechend (*Gesamtbetriebsrat* Rz 25). Ferner ist verwiesen auf die Regelungen zur Beschlussfähigkeit, Beschlussfassung und die allgemein für die Rechte und Pflichten des BRat geltenden Bestimmungen; § 51 Abs 3–5 BetrVG (hierzu: *Gesamtbetriebsrat* Rz 27).

22 Die **Konstituierung** des KBRat ist Aufgabe des GBRat des herrschenden Unternehmens. Besteht dort kein GBRat, hat der GBRat des nach der Zahl der wahlberechtigten ArbN größten Konzernunternehmens zur Wahl des Vorsitzenden des KBRat und des stellvertretenden Vorsitzenden einzuladen (§ 59 Abs 2 BetrVG).

Eine nach § 97 Abs 2 SGB IX gebildete **Konzernschwerbehindertenvertretung** (Näheres *Schwerbehindertenvertretung*) kann an allen Sitzungen des KBRat beratend teilnehmen (§ 59a BetrVG). Zur Errichtung einer Konzern-Jugend- und Auszubildendenvertretung s *Jugend- und Auszubildendenvertretung*. 23

9. Streitigkeiten. Streitigkeiten sind im Beschlussverfahren nach §§ 2a, 80 ff ArbGG durchzuführen. Geht es um die Errichtung eines KBRat, sind **beteiligungsfähig und antragsbefugt** die Personen, die sich dem KBRat als Gesprächspartner zur Verfügung stellen sollen, die Unternehmen, die konzernabhängig sein sollen sowie der KBRat und alle in den Konzernunternehmen gebildeten GBRäte und BRäte (BAG 13.10.04 – 7 ABR 56/03, NZA 05, 647). Örtlich zuständig ist das für den Sitz des herrschenden Unternehmens zuständige ArbG. Im Übrigen gilt nichts anderes als für den *Gesamtbetriebsrat* Rz 29 ff. 24

B. Lohnsteuerrecht *Windsheimer*

S *Betriebsrat* Rz 61. 26

C. Sozialversicherungsrecht *Voelzke*

Zur sozialversicherungsrechtlichen Bedeutung der Tätigkeit von BRatMitgliedern s *Betriebsrat* Rz 71 ff. 31

Krankenbehandlung

A. Arbeitsrecht *Poeche*

1. Allgemeines. Im Recht der KV bezeichnet der Begriff Krankenbehandlung den Leistungskatalog, den das Mitglied zulasten der KV beanspruchen kann. Seine Reichweite ist idR für das Arbeitsverhältnis ebenso wenig von Interesse wie Ansprüche, die sich aus dem Rechtsverhältnis zwischen dem ArbN als Patient und dem behandelnden Arzt ergeben. Hiervon sind jedoch zwei Ausnahmen zu machen: Krankenbehandlung durch den Betriebsarzt und Auslandsbeschäftigung des ArbN. 1

2. Betriebsärztliche Krankenbehandlung. Zu den Aufgaben des Betriebsarztes gehört regelmäßig **nicht** die Behandlung der ArbN iS einer zielgerichteten Therapie, auch nicht aus Anlass von Arbeitsunfällen. Allerdings besteht auch kein Verbot (Näheres zum Aufgabenkatalog: *Betriebsarzt* Rz 6–11). In der Praxis kommt es gelegentlich vor, dass Betriebsärzte mit kassenärztlicher Zulassung im Einvernehmen mit dem ArbGeb auch die Behandlung von ArbN übernehmen. Das ist nicht unbedenklich. Denn gem § 3 Abs 3 ASiG gehört es **ausdrücklich nicht** zu den betriebsärztlichen Aufgaben, Krankmeldungen der Beschäftigten auf ihre Berechtigung hin zu untersuchen. Eine Krankenbehandlung setzt hingegen denknotwendig voraus, dass Arbeitsunfähigkeit festgestellt werden kann. Der Betriebsarzt kann daher bei Behandlung der ArbN in einen Interessenkonflikt geraten, der nach der Anlage des Gesetzes gerade vermieden werden soll. 2

Die Erweiterung der Aufgaben des Betriebsarztes bedarf jedenfalls der **Mitbestimmung des Betriebsrats** (s *Betriebsarzt* Rz 18). Eine Verpflichtung der ArbN, den Betriebsarzt zur Behandlung heranzuziehen, besteht nicht. Das Rechtsverhältnis Arzt-ArbN/Patient unterscheidet sich nicht von dem sonstigen Patientenvertrag. Da sich die Behandlung durch den Betriebsarzt nur als Angebot des ArbGeb an die ArbN verstehen lässt, die Dienste des Arztes in Anspruch zu nehmen, steht er einem sonstigen ArbGeb eines behandelnden Arztes gleich mit der Folge, dass Haftungsprivilegien bei ärztlichen Fehlern nicht in Betracht kommen (s *Arbeitgeberhaftung* Rz 4–14). 3

3. Auslandstätigkeit. Mitglieder der gesetzlichen KV verlieren für die Dauer eines Auslandsaufenthalts, soweit nicht anderweitige Abkommen bestehen (s *Auslandstätigkeit* Rz 73 ff und unten Rz 15 f), ihren Versicherungsschutz; die Mitgliedschaft ruht (§ 16 Abs 1 Nr 1 SGB V). Beruht der Auslandsaufenthalt auf dem Arbeitsverhältnis und wird der ArbN dort beschäftigt, erwirbt er im Krankheitsfall einen **zwingenden Anspruch** gegen den ArbGeb auf die Leistungen, wie er sie im Inland von der KV beanspruchen kann (§ 17 Abs 1 4

249 Krankenbehandlung

SGB V); dh – der ArbGeb muss grds **vorleisten**, indem er dem ArbN die Krankenbehandlung unmittelbar verschafft. Zweckmäßig und auch üblich ist der Abschluss eines Rahmenvertrages mit einem ortsansässigen Krankenhaus/Arzt. Soweit nicht berechtigte Zweifel an deren ärztlicher Fachkompetenz vom ArbN geltend gemacht werden können, ist er gehalten, ihren Dienst in Anspruch zu nehmen. Wenn die örtlichen Verhältnisse eine unmittelbare Beschaffung der Krankenbehandlung nicht zulassen, ist dem ArbN wegen der ihm entstehenden Kosten **Vorschuss** zu gewähren und alsdann abzurechnen. In diesen vom ArbGeb zu gewährenden Versicherungsschutz sind auch begleitende oder besuchende Familienangehörige des ArbN eingeschlossen, soweit sie familienversichert sind. Der **Arbeitgeber** hat gegen die KV einen **Erstattungsanspruch**. Er beschränkt sich in der Höhe auf die Kosten, wie sie im Inland von der KV zu tragen wären. Das Risiko höherer Behandlungskosten im Ausland verbleibt also beim ArbGeb; eine Abwälzung auf den ArbN ist unzulässig. Anders liegt es bei **zwischenstaatlichen Abkommen,** die den Versicherungsschutz des ArbN gewährleisten. Eine Einstandspflicht des ArbGeb entfällt. Er haftet dann auch nicht wegen Verletzung seiner Fürsorgepflicht. Vielmehr ist es Sache des ArbN, sich bei seiner Krankenkasse über den Umfang seines Versicherungsschutzes zu informieren (LAG Hess 4.9.95 – 16 Sa 215/95, NZA 96, 482).

B. Lohnsteuerrecht *Seidel*

5   **1. Inlandsbeschäftigung.** KVLeistungen sind als Geld- oder Sachleistungen nach § 3 Nr 1a EStG steuerfrei (s auch ABC bei *Steuerfreie Einnahmen* Rz 20: Krankenversicherungsleistungen). Erhält der ArbN keinen Ersatz der Krankheitskosten, kann er die ihm verbleibenden Krankheitskosten, soweit sie nicht als Werbungskosten abzugsfähig sind (s *Berufskrankheit* Rz 7–10), nach Abzug der zumutbaren Eigenbelastung (1–7% des Gesamtbetrags der Einkünfte) als außergewöhnliche Belastung bei der EStVeranlagung ansetzen (§ 33 EStG; s *Schmidt/Loschelder* § 33 Rz 35: Krankheitskosten mit Beispielen). Dies gilt entgegen der bisherigen Rspr nicht für Trinkgelder an das Krankenhauspersonal (BFH 30.10.03 – III R 32/01, BStBl II 04, 270). Der Nachweis der Notwendigkeit, Zwangsläufigkeit und Angemessenheit der Krankheitskosten kann neben einer Verordnung durch den Arzt oder Heilpraktiker auch durch die Erstattungsmitteilung der privaten Krankenkasse den Beihilfebescheid der Behörde erbracht werden (EStR 33.4 Abs 1). Zur betriebsärztlichen Krankenbehandlung s *Betriebsarzt* Rz 22 und zur Steuerfreiheit von Maßnahmen zur betrieblichen Gesundheitsförderung nach § 3 Nr 34 EStG s *Gesundheitsvorsorge* Rz 19.

6   **2. Auslandsbeschäftigung.** Die folgenden Ausführungen haben nur dann Bedeutung, wenn der ArbN bei einem inländischen ArbGeb beschäftigt ist, er trotz seiner Auslandstätigkeit weiterhin dem Besteuerungsrecht der BRD unterliegt (s *Auslandstätigkeit* Rz 35 ff) und der ArbGeb gem § 17 SGB V die dem ArbN bzw Familienversicherten zustehenden Leistungen wegen Krankheit begleicht (s unten Rz 17).

7   Zuschüsse, die der ArbGeb im Krankheitsfall leistet, gehören zwar grds zum stpfl Arbeitslohn (§ 2 Abs 2 Nr 5 LStDV; s auch *Gesundheitsvorsorge* Rz 17). Soweit jedoch der ArbGeb diese Aufwendungen im Wege der Leistungsaushilfe begleicht und von der Krankenkasse die erstattungsfähigen Aufwendungen ersetzt erhält, liegen mE hier für den ArbN steuerfreie KVLeistungen vor (§ 3 Nr 1a EStG), da es sich insoweit letztlich nicht um Leistungen des ArbGeb handelt. Der ggf verbleibende Betrag, der von der Krankenkasse nicht ersetzt wird, stellt für den ArbN jedoch stpfl Arbeitslohn dar, der allerdings gem LStR 3.11 steuerfrei sein kann, wenn die entsprechenden Voraussetzungen vorliegen (s *Beihilfeleistungen* Rz 7: Notstandsbeihilfen). Für den ArbGeb liegen bei der Zahlung der Krankheitskosten des ArbN Betriebsausgaben vor, die jedoch um den Erstattungsbetrag der Krankenkasse zu mindern sind.

C. Sozialversicherungsrecht *Ruppelt*

8   **1. Grundsätze. a) Leistungskatalog.** Anspruch auf Krankenbehandlung haben nach § 27 SGB V Versicherte der gesetzlichen KV, wenn sie notwendig ist, um eine Krankheit zu erkennen, zu heilen, ihre Verschlimmerung zu verhüten oder Krankheitsbeschwerden zu

Krankenbehandlung 249

lindern. Die Krankenbehandlung umfasst ärztliche Behandlung (§ 28 Abs 1 SGB V), zahnärztliche Behandlung einschließlich der (bezuschussten) Versorgung mit Zahnersatz, Zahnkronen und Suprakonstruktionen (§ 28 Abs 2 SGB V), psychotherapeutische Behandlung durch zugelassene Psychotherapeuten (§ 28 Abs 3 SGB V), Versorgung mit Arznei-, Verband-, Heil- und Hilfsmitteln (§§ 31–36 SGB V), häusliche Krankenpflege und Haushaltshilfe (§§ 37–38 SGB V), Krankenhausbehandlung (§ 39 SGB V) und medizinische bzw ergänzende Leistungen zur Reha sowie Belastungserprobung und Arbeitstherapie (§§ 40–43 SGB V). Die Leistungen bei Schwangerschaft und Mutterschaft ergeben sich aus den §§ 24c bis 24i SGB V. Im Rahmen der Hilfsmittelversorgung bemisst sich der geschuldete Behinderungsausgleich danach, ob eine Leistung des unmittelbaren oder des mittelbaren Behinderungsausgleichs beansprucht wird. Ein Hilfsmittel des unmittelbaren Behinderungsausgleichs ermöglicht, ersetzt oder erleichtert die Ausübung der beeinträchtigten Körperfunktion (Hörgerät, Prothese usw). Für diesen unmittelbaren Behinderungsausgleich gilt das Gebot eines möglichst weitgehenden Ausgleichs des Funktionsdefizits, und zwar unter Berücksichtigung **des aktuellen Stands des medizinischen und technischen Fortschritts.** Beschränkt sind die Leistungspflichten, wenn die Wiederherstellung der beeinträchtigten Körperfunktion nicht oder nicht ausreichend möglich ist und deshalb Hilfsmittel zum Ausgleich von direkten und indirekten Folgen der Behinderung benötigt werden (zB Lesegeräte, Rollstühle usw). Für diesen mittelbaren Behinderungsausgleich sind die Krankenkassen nur im Rahmen eines Basisausgleichs der Behinderungsfolgen leistungspflichtig (BSG 16.9.04 – B 3 KR 20/04 R, BSGE 93, 183 zum C-leg mit Anm *Klückmann* jurisPR-SozR 16/05; 25.6.09 – B 3 KR 2/08 R, SozR 4–2500 § 33 Nr 24 zur Badeprothese; 17.12.09 – B 3 KR 20/08 R, *Breithaupt* 2010, 914 zum digitalen Hörgerät; 7.10.10 – B 3 KR 5/10 R, SozR 4–2500 § 33 Nr 32 zum Therapiedreirad; 7.10.10 – B 3 KR 13/09 R, BSGE 107, 44 zur Treppensteighilfe; BSG 21.3.13 – B 3 KR 3/12 R, NZA 13, 701 zur Sportprothese).

b) Sachleistung und Kostenerstattung. Krankenbehandlung wird grds als **Sachleistung** gewährt, dh, die Krankenkassen stellen die Krankenbehandlung den Versicherten durch Leistungserbringer grds als Sach- bzw Dienstleistung zur Verfügung (§ 2 Abs 2 Satz 1 SGB V). Die Versicherten können nach Maßgabe des § 13 Abs 2 SGB V anstatt der Sachleistung **Kostenerstattung** wählen. Eine Beschränkung der Kostenerstattung auf die Bereiche der ärztlichen Versorgung, der zahnärztlichen Versorgung, der stationären Versorgung oder auf veranlasste Leistungen (zB Arzneimittel, Heilmittel, Hilfsmittel usw) ist möglich. Die Option zugunsten der Kostenerstattung kann auf diese Leistungsbereiche – nicht dagegen auf einzelne Leistungen – beschränkt werden. Der Versicherte muss die Kasse vor Inanspruchnahme der Leistung über seine Wahl in Kenntnis setzen. Der Leistungserbringer (zB Arzt) muss den Versicherten vor Inanspruchnahme der Leistung darüber informieren, dass er die von der Kasse nicht übernommenen Kosten selbst zu tragen hat. Ist Kostenerstattung gewählt, können **nach vorheriger Genehmigung** der Krankenkasse auch nicht zugelassene Leistungserbringer (zB Privatärzte) in Anspruch genommen werden, wenn sie zu den grds an der kassenärztlichen Versorgung teilnehmenden Berufsgruppen (Ärzte, Zahnärzte und Psychotherapeuten) gehören. Die Genehmigung darf nur erteilt werden, wenn eine zumindest gleichwertige Qualität der Versorgung wie bei zugelassenen Leistungserbringern gewährleistet ist. Die Inanspruchnahme etwa von Heilpraktikern auf Kosten der Krankenkassen bleibt weiterhin ausgeschlossen. Die Versicherten sind an ihre Wahl der Kostenerstattung mindestens ein Kalendervierteljahr gebunden. 9

Durch die Wahl der Kostenerstattung wird der **Leistungsanspruch** nicht verändert. Der Erstattungsanspruch besteht daher nur für Leistungen der gesetzlichen KV in der der Sachleistung entsprechenden Höhe (BSG 8.9.09 – B 1 KR 1/09 R, BSGE 104, 160). 10

c) Zahnersatz. Dieser ist Bestandteil der Versorgung der gesetzlichen KV. Für Zahnersatz wird ein „befundbezogener Festzuschuss" in Höhe zwischen 50 u 80 vH der Kosten der „Regelversorgung" nach Maßgabe von § 55 Abs 1 SGB V gezahlt. Der vH-Satz hängt von „eigenen Bemühungen zur Gesunderhaltung der Zähne" iSv § 55 SGB V ab. Der Versicherte kann dann frei entscheiden, für welche anerkannte Behandlungsmethode er sich entscheidet, die Höhe des Zuschusses ändert sich nicht. Versicherte mit geringem Einkommen haben nach Maßgabe des § 55 Abs 2 u 3 SGB V Anspruch auf zusätzliche Beträge (vgl *Zenga* Festzuschuss-System für Zahnersatz ab 1.1.05, Kompass 05, Nr 5/6, 7). 11

249 Krankenbehandlung

12 **d) Systemversagen.** Kostenerstattung für **selbstbeschaffte Krankenbehandlung** außerhalb der gewählten Kostenerstattung kommt in Ausnahmefällen in Betracht, wenn eine Krankenkasse eine unaufschiebbare Leistung nicht rechtzeitig erbringen konnte oder eine Leistung zu Unrecht abgelehnt hat (§ 13 Abs 3 SGB V). Es handelt sich um einen verschuldensunabhängigen Schadensersatzanspruch wegen Nichterfüllung eines Dienst- oder Sachleistungsanspruchs aufgrund Systemsversagens einschließlich **rechtswidriger Leistungsablehnung** (BSG 10.5.95 – 1 RK 18/94, NZS 95, 457). Der Kostenerstattungsanspruch setzt außer in Notfällen den Leistungsantrag bei der Krankenkasse **vor Behandlungsbeginn** voraus, weil der Leistungsträger nur so in die Lage versetzt wird, dem Versicherten eine Behandlungsalternative als Sachleistung anbieten zu können (BSG 16.12.08 – B 1 KR 2/08 R, SozR 4–2500 § 13 Nr 20). Kostenerstattung kommt grds nur für Behandlungen nach den anerkannten Grundsätzen und Methoden der medizinischen Wissenschaft in Betracht (BSG 3.7.12 – B 1 KR 25/11 R, NZS 13, 175 m Anm *Gaßner*).

13 **2. Ärztliche und zahnärztliche Behandlung** umfasst die Tätigkeit des Arztes, die zur Verhütung, Früherkennung und Behandlung von Krankheiten nach den Regeln der **ärztlichen Kunst** ausreichend und zweckmäßig ist (§ 28 Abs 1 und 2 SGB V). Eine Tätigkeit nach den Regeln der ärztlichen Kunst liegt nur dann vor, wenn diese den anerkannten Grundsätzen und Methoden der medizinischen Wissenschaft entspricht. Fitnesstraining im Fitnessstudio gehört dazu nicht (LSG München 27.10.09 – L 5 KR 347/09, BeckRS 2010, 66625).

14 **Neue Untersuchungs- und Behandlungsmethoden** oder sog **Alternativmethoden** hat die gesetzliche KV nur dann zur Verfügung zu stellen, wenn sie durch den Gemeinsamen Bundesausschuss der Krankenkassen und der Kassenärztlichen Vereinigungen als Kassenleistung anerkannt sind (BSG 16.9.97 – 1 RK 28/95, NZS 98, 331). Ein Behandlungserfolg im Einzelfall genügt nicht (BSG 5.7.95 – 1 RK 6/95, BSGE 76, 194). Auch bei schweren Krankheiten kommt ein Heilversuch mit noch nicht ausreichend gesicherten Therapieverfahren zulasten der gesetzlichen KV grds nicht in Betracht (BSG 28.3.2000 – B 1 KR 11/98 R, NZS 01, 259). Bei **lebensbedrohenden Erkrankungen** ohne schulmedizinische Behandlungsalternative sind nach der Rspr des BVerfG Ausnahmen von diesem Grundsatz geboten (BVerfG 6.12.05 – 1 BvR 347/98, NJW 06, 891; BVerfG 7.4.08 – 1 BvR 550/08, NJW 08, 2700; BVerfG 26.2.13 – 1 BvR 2045/12, NJW 13, 1664, Verweis auf palliative Standardtherapie unzureichend). Der Gesetzgeber ist dem Auftrag des BVerfG durch § 2 Abs 1a SGB V nachgekommen. Danach können Versicherte mit einer **lebensbedrohlichen oder regelmäßig tödlichen Erkrankung** oder mit einer zumindest wertungsmäßig vergleichbaren Erkrankung, für die eine allgemein anerkannte, dem medizinischen Standard entsprechende Leistung nicht zur Verfügung steht, auch eine nicht dem allgemein anerkannten Stand der medizinischen Erkenntnisse entsprechende Leistung beanspruchen, wenn eine nicht ganz entfernt liegende Aussicht auf Heilung oder auf eine spürbare positive Einwirkung auf den Krankheitsverlauf besteht.

15 **3. Krankenbehandlung im Ausland. a) Notfallbehandlungen bei vorübergehendem Auslandsaufenthalt.** Zu unterscheiden sind Akutbehandlungen innerhalb der **EU und des Europäischen Wirtschaftsraums** (Island, Liechtenstein, Norwegen und auf Grund Abkommenrechts: Schweiz) und Behandlungen im **übrigen Ausland**. Im übrigen Ausland dürfen Krankenkassen Leistungen grds nicht erbringen. Ausnahmen gelten nach Maßgabe des § 18 SGB V nur für Versicherte, die wegen einer Vorerkrankung oder ihres Lebensalters einen privaten Versicherungsschutz für die Dauer einer Auslandsreise bis zu sechs Wochen nicht erhalten können. Voraussetzung ist allerdings die Feststellung dieser Umstände vor Beginn der Behandlung bzw vor Reiseantritt durch die Krankenkasse. Gesetzlich Krankenversicherte (Pflicht- und Freiwillige Mitglieder, Familienversicherte), die während eines vorübergehenden Auslandsaufenthaltes (zB Urlaubsreise) medizinische Versorgung benötigen (Akutfall), können innerhalb der EU und des Europäischen Wirtschaftsraumes die dortige Gesundheitsversorgung **nach den Regeln des Gastlandes** (BSG 11.9.12 – B 1 KR 21/11 R, NZS 13, 264) im Wege der **Sachleistungsaushilfe** im medizinisch notwendigen Umfang in Anspruch nehmen. Die Kosten werden grds mit der deutschen Krankenkasse abgerechnet. Gleiches gilt für eine Reihe von Nicht-EU-Staaten auf Grund von Abkommenrechts (Türkei, Tunesien, Kroatien, Bosnien und Herzegowina, Mazedonien, Montenegro, Serbien). Ist es trotz Vorlage der Europäischen Krankenversicherungskarte (EHIC) oder eines Urlaubskrankenscheins im Ausland nicht möglich, kostenfrei Sachleistungen in Anspruch zu nehmen, obwohl hierauf nach supra- oder zwischenstaatlichem Recht ein Anspruch bestünde, erfolgt eine Erstattung der entstandenen Kosten durch die deutsche Krankenkasse grds nach den Gebührensätzen der gesetzlichen KV des Gastlandes. Um Selbstbehalte zu vermeiden, empfiehlt sich für Mitglieder der gesetzlichen KV der Abschluss einer Reise-Zusatzkrankenversicherung (BSG 24.5.07 – B 1 KR 18/06 R, BeckRS 07, 46393).

b) Gezielte Inanspruchnahme ausländischer Leistungserbringer. Innerhalb der **EU und des Europäischen Wirtschaftsraumes** gilt § 13 Abs 4 u 5 SGB V. Die Regelungen entsprechen der am 25.10.13 in Kraft getretenen Richtlinie 2011/24 EU vom 9.3.11 über die Ausübung der Patientenrechte in der grenzüberschreitenden Gesundheitsversorgung. Danach haben Versicherte (mit Ausnahme der sog **Residenten**) einen **Anspruch auf Kostenerstattung** für die medizinische Behandlung durch Leistungserbringer im EU-Ausland (BSG 13.7.04 – B 1 KR 11/04 R, NZS 05, 421; *Fuchs* Das neue Recht der Auslandsbehandlung, NZS 04, 225). Das gilt auch für Versicherte, die nicht für die Kostenerstattung im Inland opiert haben (s oben Rz 9). Der Kostenerstattungsanspruch tritt an die Stelle des Sachleistungsanspruchs. Dem Versicherten muss also der Krankenbehandlungsanspruch nach dem SGB V zustehen. Es dürfen nur solche Leistungserbringer in Anspruch genommen werden, die im jeweiligen nationalen System der KV des Aufenthaltsstaates zur Versorgung der Versicherten zugelassen sind. Der Anspruch auf Erstattung besteht höchstens in Höhe der Vergütung, die die Krankenkasse bei Erbringung als Sachleistung im Inland zu tragen hätte. Ausnahmen kommen bei Notfallbehandlungen im Ausland in Betracht (BSG 24.5.07 – B 1 KR 18/06 R, NZS 08, 368). Durch Satzung sind ausreichende Abschläge vom Erstattungsbetrag für Verwaltungskosten und fehlende Wirtschaftlichkeitsprüfungen vorzusehen sowie vorgesehene Zuzahlungen in Abzug zu bringen. Dies führt dazu, dass EU-Auslandsbehandlungen nicht ohne deutliche **Eigenbeteiligung** der Versicherten möglich sind (BSG 17.2.10 – B 1 KR 14/09 R, SozR–2500 § 13 Nr 24). Sog **Residenten,** das sind idR Rentner und Grenzgänger, die ihren Wohnsitz nicht in dem Mitgliedstaat haben, nach dessen Vorschriften sie Rente beziehen bzw Anspruch auf Versicherungsleistungen erwerben, sind beim ausländischen KV-Träger einzuschreiben und erhalten ausschließlich von diesem Sachleistungen im Wege der Leistungsaushilfe. Ist die Behandlung nur im EU-Ausland (einschließlich Europäischer Wirtschaftsraum und Schweiz) möglich, kann die Krankenkasse die vollen Kosten erstatten (§ 13 Abs 4 Satz 6 SGB V). Im Unterschied zu sonstigen Leistungen können **Krankenhausleistungen** im EU-Ausland zu Lasten der Krankenkassen nur nach vorheriger Genehmigung der Kasse in Anspruch genommen werden (§ 13 Abs 5 SGB V: LSG BaWü 4.12.12 – L 11 KR 1806/12, BeckRS 67908). Das Genehmigungserfordernis gilt nicht bei unvorhergesehenen Erkrankungen und Notfallbehandlungen im EU-Ausland (BSG 30.6.09 – B 1 KR 22/08 R, BeckRS 2009, 73390 Rz 35). Vgl *Becker/Walser* Stationäre und ambulante Krankenhausleistungen im grenzüberschreitenden Dienstleistungsverkehr – von Entgrenzungen und neuen Grenzen in der EU, NZS 05, 449.

c) Entsendung. Versicherte, die **außerhalb der EU** und des Europäischen Wirtschaftsraums in einem Land **beschäftigt** sind, für das kein SozVAbkommen gilt, **und** die im Rahmen eines in der Bundesrepublik bestehenden Beschäftigungsverhältnisses ins Ausland **entsandt** worden sind und während dieser Beschäftigung erkranken, erhalten die ihnen zustehenden Leistungen wegen Krankheit von ihrem ArbGeb. Dies gilt auch für die **Familienversicherten** (s *Familienversicherung* Rz 5 ff), soweit sie das Mitglied für die Zeit dieser Beschäftigung begleiten oder besuchen (§ 17 Abs 1 SGB V). Die Krankenkasse hat dem ArbGeb für diese Leistungsaushilfe die entstandenen Kosten bis zu der Höhe zu erstatten, in der sie ihr im Inland entstanden wären (Abs 2). Da der ArbGeb durch die Leistungserbringer im Ausland uU mit höheren als den erstattungsfähigen Kosten belastet wird, trägt er insoweit das Risiko der Erkrankung seiner ArbN. Ein Rückgriff auf den ArbN kommt nicht in Betracht (vgl KassKomm/*Peters* § 17 SGB V Rz 9; *Nowak/Bollin* Leistungspflicht des Arbeitgebers bei privat krankenversicherten Arbeitnehmern im Ausland, NZS 10, 668). Siehe auch *Auslandstätigkeit* Rz 147 ff, *EU-Recht* Rz 50.

4. Zuzahlungen. § 61 SGB V sieht eine Zuzahlung iHv 10 vH bei allen Leistungen vor, jedoch nicht weniger als 5 € und nicht mehr als 10 € pro Leistung. Diese Zuzahlung hat der

250 Krankengeld

Versicherte zu tragen. Sie fällt an bei Arzneimitteln (§ 31 Abs 3 Satz 1 SGB V), empfängnisregelnden Mitteln (§ 24a Abs 2 SGB V), Hilfsmitteln (§ 33 Abs 2 Satz 5 SGB V), bei der Haushaltshilfe (§ 38 Abs 5 SGB V), der Soziotherapie (§ 37a Abs 3 SGB V) und den Fahrkosten (§ 60 Abs 1 SGB V). Bei Krankenhausaufenthalt ist eine Zuzahlung von 10 € pro Kalendertag für maximal 28 Tage im Jahr zu leisten. Bei stationären Vorsorge- und Rehabilitationsleistungen beträgt die Zuzahlung ebenfalls 10 € pro Kalendertag. Die Begrenzung auf maximal 28 Tage pro Jahr gilt in diesem Fall nur bei Anschlussheilbehandlung. Kinder bleiben grds von Zuzahlungen befreit. Es gilt insgesamt eine Belastungsobergrenze von 2 % des Bruttoeinkommens. Einzelheiten der Belastungsgrenze sind in § 62 SGB V geregelt. Sonderregelungen hinsichtlich Zuzahlungen und Fahrtkosten gelten für chronisch Kranke. Die sog **„Praxisgebühr"** in Höhe von 10 € pro Arztbesuch ist seit 2013 entfallen.

19   **5. Ausgeschlossene Leistungen. Sterilisation, Fahrtkosten, Sehhilfen und Brillen** sowie **nicht verschreibungspflichtige Arzneimittel** sind nicht mehr Leistungen der gesetzlichen KV. Ausnahmen gelten für bestimmte Personengruppen (medizinisch notwendige Sterilisation, Brillen für Kinder und Jugendliche und schwer sehbehinderte Versicherte, Arzneimittel für Kinder, Fahrtkosten bei zwingenden medizinischen Gründen). Der Ausschluss nicht verschreibungspflichtiger Arzneimittel aus dem Leistungsumfang der gesetzlichen KV verstößt auch für chronisch Kranke nicht gegen höherrangiges Recht (BVerfG 12.12.12 – 1 BvR 69/09, NJW 13, 1220).

20   **6. Wahltarife.** § 53 SGB V eröffnet den Krankenkassen umfangreiche Rechte zur Tarifgestaltung einschließlich der Möglichkeit, Prämienzahlungen für Versicherte vorzusehen, die im Kalenderjahr Leistungen nicht in Anspruch genommen haben. Durch die Wahl entsprechender Tarife können entweder die Beiträge gesenkt oder die Leistungsansprüche vergrößert werden. Die Regelungen gelten für **Pflichtversicherte und freiwillig Versicherte** gleichermaßen. S *Krankenversicherungsbeiträge* Rz 35.

Krankengeld

A. Arbeitsrecht   *Griese*

1   Der ArbN erhält im Falle der Arbeitsunfähigkeit zunächst die Entgeltfortzahlung vom ArbGeb. Dauert die **Erkrankung länger als sechs Wochen,** endet der gesetzliche Entgeltfortzahlungsanspruch (§ 3 EFZG). Für den Zeitraum danach kann der ArbN seinen sozialversicherungsrechtlichen Anspruch auf Krankengeld (zum Begriff und den Voraussetzungen s unten Rz 11 ff) gem § 44 SGB V gegen die Krankenkasse realisieren. Wenn die Entgeltfortzahlung durch den ArbGeb von vornherein nicht geschuldet wird, weil zB der ArbN die Arbeitsunfähigkeit durch grobes eigenes Verschulden (§ 3 Abs 1 EFZG) verursacht hat, besteht der Krankengeldanspruch vom ersten Tag der Erkrankung an.

2   Für den Zeitraum der Entgeltfortzahlung durch den ArbGeb ordnet § 49 Abs 1 Nr 1 SGB V das Ruhen des an sich bestehenden Krankengeldanspruchs an. Kommt der ArbGeb seiner Entgeltfortzahlungsverpflichtung nicht nach, muss die Krankenkasse Krankengeld auch für die ersten Tage und Wochen der Erkrankung erbringen. In Höhe der erbrachten Krankengeldleistung geht der **Entgeltfortzahlungsanspruch** des ArbN kraft **gesetzlichen Forderungsübergangs nach § 115 Abs 1 SGB X** auf die Krankenkasse über. Die Krankenkasse wird damit Inhaberin der Entgeltfortzahlungsansprüche und kann diese aus eigenem Recht gegen den ArbGeb geltend machen und notfalls **arbeitsgerichtlich durchsetzen.** *Einmalzahlungen* gehen zeitanteilig bezogen auf die Zeiträume des Sozialleistungsbezugs über (entsprechend § 47 Abs 2 Satz 6 SGB V; LAG Köln 10.5.10 – 5 Sa 7/10, BeckRS 2010, 70866).

3   Nach der Zahlung durch die Krankenkasse und dem damit verbundenen gesetzlichen Forderungsübergang kann der ArbGeb wegen § 407 BGB Entgeltfortzahlungsansprüche mit **befreiender Wirkung** an den ArbN nur erbringen, wenn er **keine Kenntnis von der Krankengeldzahlung** hat. Die Kenntnis des ArbGeb führt regelmäßig die Krankenkasse durch Übersendung einer Forderungsübergangsanzeige herbei. Diese muss der ArbGeb beachten, insbesondere bei einer nachträglichen Vergleichsverhandlung mit dem ArbN.

Die **Bezugsdauer** für die Entgeltfortzahlung im Krankheitsfall kann kollektiv- und 4
einzelvertraglich über die gesetzlich vorgesehene Frist von sechs Wochen hinaus **verlängert
werden**. Verschiedene Tarifverträge sehen vor, dass gestaffelt nach Betriebszugehörigkeit der
ArbGeb im Falle der Erkrankung auch für einen Zeitraum über sechs Wochen hinaus
Entgeltfortzahlungsansprüche zu erbringen hat. Ebenso kann durch einzelvertragliche Abrede der Entgeltfortzahlungszeitraum um eine bestimmte Frist verlängert werden. Dies führt
dazu, dass der Krankengeldanspruch gegen die Krankenkasse für diesen Verlängerungszeitraum ruht und erst realisiert werden kann, wenn die Erkrankung über den Verlängerungszeitraum hinaus andauert.

Die in einem Vergleich verabredete unwiderrufliche Freistellung unter Fortzahlung der 5
Vergütung beinhaltet nicht die Verlängerung der Entgeltfortzahlungsdauer (BAG 29.9.04 –
5 AZR 99/04, NZA 05, 104).

B. Lohnsteuerrecht *Thomas*

1. Lohnfortzahlung im Krankheitsfall. Die vom ArbGeb aufgrund des sechs Wochen 6
umfassenden gesetzlichen Entgeltfortzahlungsanspruchs erbrachten Leistungen begründen
Arbeitslohn, der nach den allgemeinen Vorschriften dem LStAbzug zu unterwerfen ist
(s *Entgeltfortzahlung* Rz 48). Das gilt auch für freiwillige Zusatzleistungen, die der ArbGeb
neben dem Krankengeld als *Krankengeldzuschuss* gewährt (vgl BFH 14.3.75, BStBl II 75, 632;
vgl auch BFH 20.7.10 – IX R 23/09, DStR 10, 1934, Zuzahlungen zum Kurzarbeitergeld).
Der fortgezahlte Arbeitslohn ist dem Lohnzahlungszeitraum zuzurechnen, in welchem der
Lohnzufluss erfolgt, auch wenn er ggf zurückgezahlt werden muss (BFH 4.5.06 – VI R 19/
03, BStBl II 06, 832 = DStRE 06, 909). Die Steuerfreiheit für Sonntags-, Feiertags- oder
Nachtarbeitszuschläge (s *Sonn- und Feiertagsarbeit* Rz 26; *Nachtarbeit* Rz 13) greift nicht ein,
da sie nur für tatsächlich geleistete Arbeit (§ 3b Abs 1 EStG; vgl BFH 23.10.92, BStBl II 93,
314) gewährt wird. Dagegen wirkt die Begünstigung nach dem Auslandstätigkeitserlass
(Anhang 22 LStR) bei Erkrankung während der Auslandstätigkeit fort (*HMW*/Lohnfortzahlung im Krankheitsfall, S 754). Gleiches gilt für Arbeitslohn, der aufgrund eines DBA
steuerfrei ist (FG Düsseldorf 3.6.05 – 8 K 3649/02 E, EFG 05, 1360 zur Entgeltfortzahlung
im Krankheitsfalle bei einem Grenzpendler).

2. Krankenversicherungsleistungen. a) Arbeitslohn. Dieser ist regelmäßig zu verneinen, wenn der ArbN aufgrund eigener Ansprüche gegenüber einer Versicherung Zahlungen 7
erhält. Derartige Versicherungsleistungen sind weder Entschädigungen für entgehenden
Arbeitslohn noch für die Nichtausübung einer Tätigkeit (vgl § 2 Abs 2 Nr 4 LStDV und
§ 24 Nr 1 EStG, dazu *Weber-Grellet* DStR 93, 261 mwN), sondern Zahlungen aufgrund
eigener Vorsorge. Sie beruhen auf einem anderen Rechtsgrund als dem Dienstverhältnis
und werden deshalb nicht „für eine Beschäftigung" (§ 19 Abs 1 Nr 1 EStG) gewährt (aA
Lang DStJG, Bd 9, 73 zum AlGeld sowie FG BaWü 12.12.2000 – 2 K 164/00, EFG 05,
851). Krankentagegelder einer Betriebskrankenkasse werden auch nicht dadurch zum
Arbeitslohn, dass die Auszahlung über den ArbGeb erfolgt (BFH 26.5.98 – VI R 9/96,
BStBl II 98, 581; BFH 15.11.07 – VI R 30/04, BFH/NV 08, 550). Allerdings sind, wenn
bei eigener Versicherung des ArbN der ArbGeb die Beiträge trägt, in der Beitragsübernahme
Lohnzahlungen zu sehen (*Krankenversicherungsbeiträge* Rz 3). Diese teilen jedoch nicht das
steuerrechtliche Schicksal späterer Versicherungsleistungen. Demnach stellt das auf sozialversicherungsrechtlicher Grundlage gezahlte Krankengeld keinen Arbeitslohn dar, sondern
eine sonstige Leistung (§ 22 Nr 1 EStG), die aber nach § 3 Nr 1a EStG befreit ist. Die
Bestimmung des § 32b EStG beinhaltet insofern einen doppelten Systembruch (vgl *Thomas*
KFR F 6 § 19, 2/91, 72), als sie das gesamte Krankengeld und nicht nur den Ertragsanteil
(und somit nicht steuerbare Einnahmen) dem Progressionsvorbehalt (dazu unten Rz 10)
unterwirft (§ 32b Abs 1 Nr 1b EStG), andererseits aber eine Kürzung um den ArbNPauschbetrag zulässt (§ 32b Abs 2 Nr 1 EStG), soweit er noch nicht ausgeschöpft ist.

b) Steuerbefreiung. Nach § 3 Nr 1a EStG sind Leistungen aus einer KV steuerfrei. Das 8
gilt für alle Arten von KV, also auch für privatrechtlich organisierte, da anders als bei der in
derselben Bestimmung genannten UV eine Einschränkung nicht enthalten ist. Auch Leistungen einer ausländischen KV sind befreit (BFH 26.5.98 – VI R 9/96, BStBl II 98, 581).
Demnach sind nicht nur auf sozialversicherungsrechtlicher Grundlage gezahlte Krankengel-

250   Krankengeld

der, sondern auch Leistungen aus einer privaten Tagegeldversicherung befreit. Etwas anderes ergibt sich auch nicht aus dem Urt des BFH vom 13.4.76 (BStBl II 76, 694), weil im dortigen Fall der ArbN keinen eigenen Anspruch gegen die Versicherung besaß, das Tagegeld vielmehr der internen Finanzierung von Krankengeldzuschüssen des ArbGeb diente. Demgegenüber wird Steuerfreiheit nach § 3 Nr 1c EStG für das „Taggeld" einer Schweizer Invalidenversicherung verneint (BFH 7.2.05 – IX B 239/02, BFH/NV 05, 1052).

9   **c) Forderungsübergang.** Kommt der ArbGeb seiner Verpflichtung zur Lohnfortzahlung nicht nach und wird deshalb sogleich sozialversicherungsrechtliches Krankengeld gezahlt, geht in dieser Höhe der Lohnfortzahlungsanspruch des ArbN auf den Leistungsträger über (§ 115 Abs 1 SGB X). Muss der ArbGeb – etwa aufgrund einer erfolgreichen Kündigungsschutzklage – Nachzahlungen leisten und erfolgen diese wegen des gesetzlichen Forderungsübergangs teilweise direkt an die Agentur für Arbeit, liegt auch darin ein Lohnzufluss (Lohnzahlung an Dritte, BFH 16.3.93, BStBl II 93, 507; vgl auch *Crezelius* DStJG, Bd 9, 105; *Giloy* BB 86, 566), der dem LStAbzug unterliegt (BAG 17.4.85, StRK EStG 1975 § 19 Abs 1 Nr 1 R 22 zum KAUG). Wegen der damit wirtschaftlich rückgängig gemachten Krankengeldzahlung greift in deren Höhe der negative Progressionsvorbehalt ein, der mit einer Steuerermäßigung nach § 34 Abs 1 EStG zusammenfällt, weil die Nachzahlung eine Vergütung für mehrjährige Tätigkeiten (§ 34 Abs 2 Nr 4 EStG) darstellt. Diese beiden Steuerermäßigungen sind nach der sog integrativen Methode nebeneinander zu gewähren (BFH 15.11.07 – VI R 66/03, BStBl II 08, 375 = DStR 08, 241; *Eggesiecker/Ellerbeck* DStR 07, 1281; *Paetsch* HFR 08, 336).

10   **d) Progressionsvorbehalt.** Das gem § 3 Nr 1a EStG steuerfreie Krankengeld unterliegt gem § 32b Abs 1 Nr 1b EStG dem Progressionsvorbehalt, dh es geht nicht in die Bemessungsgrundlage des zu versteuernden Einkommens ein, ist aber für die Berechnung des Steuersatzes hinzuzurechnen (Berechungsbeispiel H 32b EStR „Allgemeines"). Leistungen der gesetzlichen Krankenkasse für eine Ersatzkraft im Rahmen der Haushaltshilfe an nahe Angehörige unterliegen nicht dem Progressionsvorbehalt (BFH 17.6.05 – VI R 109/00, BStBl II 06, 17 = DStRE 05, 1201). Das aus einer Schweizer Krankenversicherung nach § 3 Nr 1a EStG steuerfrei geleistete Geburtengeld unterliegt nicht dem Progressionsvorbehalt, weil es weder Krankengeld noch Mutterschaftsgeld iSv § 32b Nr 1b EStG ist (BFH 29.4.09 – X R 31/08, BFH/NV 09, 1625). Die durch den Progressionsvorbehalt zu erfassenden Lohnersatzleistungen können nicht um die im selben Jahr geleisteten Beiträge zur KV gekürzt werden (FG Bln 16.2.95, EFG 95, 674; ebenso bei ausländischen Einkünften FG Köln 26.5.09 – 1 K 3199/07, EFG 10, 415 = DStRE 10, 609). Muss der ArbN Lohnersatzleistungen zurückzahlen, wirkt sich dies auf den Progressionsvorbehalt des Zuflussjahres nur aus, wenn die Rückzahlung noch im nämlichen Jahr erfolgt (BFH 12.10.95, BStBl II 96, 201 = DStR 96, 461 mit Anm *sch*). Sonst sind sie mit den Lohnersatzleistungen des Rückzahlungsjahres zu verrechnen. Übersteigen sie diese, führt das zu einem negativen Progressionsvorbehalt, also einer Steuersatzermäßigung. Gezahltes Krankengeld unterliegt nicht dem Progressionsvorbehalt, wenn der Anspruch auf Krankengeld wegen rückwirkender Gewährung einer Sozialrente wegfällt und der Krankenkasse ein Erstattungsanspruch gegen den RVTräger zusteht (BFH 10.7.02 – X R 46/01, BStBl II 03, 391). Durch die Erfüllungsfiktion des § 107 SGB X tritt ein Austausch des sozialversicherungsrechtlichen Rechtsgrundes ein mit der Folge, dass der Rentenanspruch des Berechtigten als erfüllt gilt. Das Krankengeld gilt insofern als Rente (Besteuerung mit dem Ertragsanteil). Nur hinsichtlich eines nicht erstatteten Anteils bleibt es bei der Behandlung als Krankengeld (Steuerfreiheit mit Progressionsvorbehalt). Der Progressionsvorbehalt bei Lohnersatzleistungen ist nicht verfassungswidrig (vgl BVerfG 24.4.95, BB 95, 1624; 3.5.95, BStBl II 95, 758 mit kritischer Anm *MIT* DStR 95, 933). Das gilt auch für Krankengeld, das ein freiwillig in der gesetzlichen KV versicherter Selbstständiger bezieht (BFH 26.11.08 – X R 53/06, BStBl II 09, 376). Dem Progressionsvorbehalt unterliegen nur das Krankengeld, nicht aber andere, ebenfalls in § 3 Nr 1a EStG steuerbefreite Leistungen aus der KV (zB für Heilmaßnahmen). Einzubeziehen sein dürften allerdings auch durch private Versicherungen dem ArbN aufgrund eigenen Anspruchs gezahlte Krankentagegelder, wenn es sich um dem sozialversicherungsrechtlichen Krankengeld vergleichbare Leistungen handelt.

Krankengeld 250

C. Sozialversicherungsrecht *Ruppelt*

1. Allgemeines. Gesetzlich krankenversicherte **Beschäftigte** haben Anspruch auf Krankengeld, wenn sie durch Krankheit **arbeitsunfähig** (s *Arbeitsunfähigkeit* Rz 17 ff) sind oder auf Kosten der gesetzlichen KV stationär behandelt werden (§ 44 Abs 1 Satz 1 SGB V). Das Krankengeld soll den nach Ende des **Entgeltfortzahlungsanspruchs** entstehenden Verlust des Arbeitsentgelts ausgleichen (Lohnersatzfunktion). Daher haben versicherte Personen, die keiner versicherungspflichtigen Beschäftigung nachgehen oder die infolge der Arbeitsunfähigkeit idR keinen Einnahmeausfall hinzunehmen haben, nach Maßgabe von § 44 Abs 1 Satz 2 SGB V keinen Anspruch auf Krankengeld. 11

2. Anspruchsvoraussetzungen. a) Arbeitsunfähigkeit. Nicht eine Krankheit, sondern erst die darauf beruhende AU (*Arbeitsunfähigkeit* Rz 17) begründet Ansprüche auf Krankengeld nach § 44 Abs 1 SGB V. Gleiches gilt, wenn die AU auf einem nicht rechtswidrigen Schwangerschaftsabbruch (s *Schwangerschaftsabbruch* Rz 9 ff) oder einer durch Krankheit erforderlichen Sterilisation beruht. Auch Spender von Organen und Geweben nach § 27 Abs 1a SGB V haben Anspruch auf Krankengeld, wenn eine im Rahmen des TransplantationsG erfolgte Organspende **an gesetzlich Krankenversicherte** sie arbeitsunfähig macht (§ 44a Satz 1 SGB V). Dieser Krankengeldanspruch steht auch gesetzlich nicht krankenversicherten Personen zu (Satz 5). 12

Näheres zur Arbeitsunfähigkeit bestimmen die für alle ArbN geltenden **Arbeitsunfähigkeitsrichtlinien** (s *Arbeitsunfähigkeit* Rz 2), die für die Kassenärzte gem § 81 Abs 3 Nr 2 SGB V verbindlich sind. Danach gilt als arbeitsunfähig, wer aufgrund von Krankheit seine **ausgeübte Tätigkeit nicht mehr oder nur unter der Gefahr der Verschlimmerung der Erkrankung ausführen kann.** AU liegt auch dann vor, wenn aufgrund eines bestimmten Krankheitszustandes, der für sich allein noch keine AU bedingt, absehbar ist, dass aus der Ausübung der Tätigkeit gesundheitlich abträgliche Folgen erwachsen, die eine AU unmittelbar hervorrufen. Somit kann die Frage der AU im Grunde nur dann zuverlässig beantwortet werden, wenn der bescheinigende Arzt berufskundliche Kenntnisse besitzt. 13

Ein Versicherter ist arbeitsunfähig, wenn er durch Krankheit daran gehindert ist, seine arbeitsvertraglich geschuldete, zuletzt ausgeübte Arbeit zu verrichten (BSG 8.11.05 – B 1 KR 18/04 R, SozR 4–2500 § 44 Nr 7 Rz 12). Hat der Versicherte im Beurteilungszeitpunkt einen Arbeitsplatz inne, kommt es darauf an, ob er die dort an ihn gestellten gesundheitlichen Anforderungen noch erfüllen kann. Verliert er den Arbeitsplatz **nach Eintritt der Arbeitsunfähigkeit,** bleibt die frühere Tätigkeit als Bezugspunkt erhalten; allerdings sind dann nicht mehr die konkreten Verhältnisse am früheren Arbeitsplatz maßgebend, sondern es ist nunmehr abstrakt auf die Art der zuletzt ausgeübten Beschäftigung abzustellen. Der Versicherte darf dann auf gleich oder ähnlich geartete Tätigkeiten „verwiesen" werden, wobei aber der Kreis möglicher Verweisungstätigkeiten entsprechend der Funktion des Krankengeldes eng zu ziehen ist (BSG 8.2.2000 – B 1 KR 11/99 R, NZS 2000, 611; 14.2.01 – B 1 KR 30/00 R, SozR 3–2500 § 44 Nr 9; 19.9.02 – B 1 KR 11/02 R, NZA 03, 907). 14

Dabei müssen die Art der Verrichtung, die körperlichen und geistigen Anforderungen, die notwendigen Kenntnisse und Fertigkeiten und auch die **Entlohnung** im Wesentlichen mit der früheren Tätigkeit übereinstimmen. Unerheblich ist, ob der Versicherte mit seinem Restleistungsvermögen der Arbeitsvermittlung zur Verfügung steht. Die AU entfällt nämlich nicht dadurch, dass sich der Versicherte in Anbetracht seiner gesundheitlichen Beeinträchtigung für eine berufliche Neuorientierung öffnet.

Nur wenn der Versicherte **bei Eintritt der Arbeitsunfähigkeit** bereits arbeitslos ist, beurteilt sich die AU nach den Tätigkeiten, für die der Versicherte der Arbeitsvermittlung zur Verfügung steht. Das sind nach § 140 Abs 1 SGB III grds alle seiner gesundheitlichen Leistungsfähigkeit entsprechenden Beschäftigungen. Auf die Verhältnisse an seinem früheren Arbeitsplatz kommt es nicht mehr an (BSG 19.9.02 – B 1 KR 11/02 R, NZA 03, 907). Das gilt grds ab dem ersten Tag der Arbeitslosigkeit. Maßstab für die Beurteilung der krankheitsbedingten AU eines Versicherten in der KV der Arbeitslosen sind **auch in den ersten sechs Monaten** der Arbeitslosigkeit alle Beschäftigungen, die ihm arblvrechtlich zumutbar sind (BSG 4.4.06 – B 1 KR 21/05 R, NZS 07, 150). Dies sind grds alle Arbeiten auf dem allgemeinen Arbeitsmarkt. 15

250 Krankengeld

16 **b) Stationäre Behandlung oder Erkrankung eines Kindes.** Versicherte haben nach § 44 Abs 1 Halbsatz 2 SGB V auch dann Anspruch auf Krankengeld, wenn sie auf Kosten der Krankenkasse **stationär** in einem Krankenhaus, einer Vorsorge- oder Rehabilitationseinrichtung behandelt werden. Gleiches gilt, wenn es nach ärztlichem Zeugnis erforderlich ist, dass Versicherte zur Betreuung ihres **erkrankten und versicherten Kindes** der Arbeit fernbleiben (es gelten Alters- und Zeitgrenzen nach näherer Bestimmung des § 45 SGB V).

17 **c) Versicherung mit Anspruch auf Krankengeld.** Anspruch auf Krankengeld haben nur pflicht- und freiwillig Versicherte, die zum Zeitpunkt der Anspruchsentstehung mit Krankengeldberechtigung versichert sind. Wegen der Entgeltersatzfunktion der Leistung kann das Krankengeld grds nur beansprucht werden, wenn damit Arbeitsentgelt oder Arbeitseinkommen (§§ 14, 15 SGB IV) zu ersetzen ist. Dies ist in erster Linie bei versicherungspflichtigen Beschäftigten nach § 5 Abs 1 Nr 1 SGB V sowie Versicherten, die Lohnersatzleistungen (AlGeld I, Kurzarbeitergeld) beziehen, der Fall (§§ 5 Abs 1 Nr 2 iVm 47b Abs 1 SGB V).

18 **Keinen Anspruch auf Krankengeld** haben die in § 44 Abs 2 Satz 1 und in § 50 Abs 1 Satz 1 SGB V aufgeführten Versicherten. Dies sind:
- Bezieher von AlGeld II (§ 5 Abs 1 Nr 2a SGB V) – weil diese Leistung bei Krankheit weitergezahlt wird;
- Versicherte, die in Einrichtungen der Jugendhilfe für eine Erwerbstätigkeit befähigt werden sollen (§ 5 Abs 1 Nr 5 SGB V);
- Teilnehmer an Leistungen zur Teilhabe am Arbeitsleben (§ 5 Abs 1 Nr 6 SGB V), soweit sie keinen Anspruch auf Übergangsgeld haben;
- Studenten (§ 5 Abs 1 Nr 9 SGB V);
- Praktikanten und zur Berufsausbildung Beschäftigte ohne Anspruch auf Arbeitsentgelt (§ 5 Abs 1 Nr 10);
- Auffangversicherte nach § 5 Abs 1 Nr 13 SGB V, soweit sie nicht über der Geringfügigkeitsgrenze beschäftigt sind;
- hauptberuflich selbstständig Erwerbstätige (es sei denn, sie haben eine Wahlerklärung nach § 44 Abs 2 Nr 2 SGB V abgegeben);
- Versicherte nach § 5 Abs 1 Nr 1 SGB V, die bei AU nicht mindestens für sechs Wochen Anspruch auf Entgeltfortzahlung haben;
- Rentenbezieher iSv § 44 Abs 2 Satz 1 Nr 4 und § 50 Abs 1 Satz 1 SGB V;
- Bezieher von Verletztengeld (§ 11 Abs 5 SGB V);
- Familienversicherte (§ 10 SGB V).

19 Seit 2009 sind versicherungspflichtig Beschäftigte, die bei AU nicht für **mindestens sechs Wochen Anspruch auf Fortzahlung des Arbeitsentgelts** oder auf Zahlung einer die VersPflicht begründenden Sozialleistung haben, grundsätzlich vom Krankengeld ausgeschlossen (§ 44 Abs 2 Satz 1 Nr 3 SGB V). Der Anspruch auf Fortzahlung des Arbeitsentgelts kann nicht nur auf Grund des EFZG, sondern auch auf Basis eines Tarifvertrags, einer Betriebsvereinbarung oder anderer vertraglicher Zusagen beruhen. Da der Anspruch auf Entgeltfortzahlung nach § 3 Abs 3 EFZG erst nach einer vierwöchigen Wartezeit entsteht und deshalb der sechswöchige Entgeltfortzahlungsanspruch erst dann voll ausgeschöpft werden kann, wenn das ArbVerh für insgesamt 10 Wochen besteht, werden von Abs 2 S 1 Nr 3 insbesondere Personen erfasst, die wegen der Dauer ihrer Beschäftigung von vornherein keinen Anspruch auf Entgeltfortzahlung (von mindestens 6 Wochen) erwerben können. Dazu gehören vor allem die unständig Beschäftigten (§ 27 Abs 3 Nr 1 SGB III) und Personen, deren Beschäftigung im Voraus auf weniger als 10 Wochen befristet ist.

20 **d) Freiwillige Mitgliedschaft.** Sie schließt den Anspruch nicht grundsätzlich aus (§ 44 Abs 2 Nr 2 SGB V). Nach § 53 Abs 6 SGB V haben die Krankenkassen in ihren Satzungen für hauptberuflich selbstständig Erwerbstätige (freiwillig Versicherte) und nach dem KSVG Versicherte (s *Künstlersozialversicherung* Rz 15) Tarife anzubieten, die einen Anspruch auf Krankengeld vom ersten Tag der AU an oder zu einem späteren Zeitpunkt entstehen lassen. Hierfür sind Prämienzuzahlungen vorzusehen.

21 **e) Unfallversicherung.** Beruht die AU auf einem **Arbeitsunfall**, besteht kein Anspruch auf Leistungen der gesetzlichen KV und somit auch nicht auf Zahlung von Krankengeld (§ 11 Abs 4 SGB V). Dies gilt auch dann, wenn das Verletztengeld (s *Unfallversicherung*

Rz 41) die Höhe des Krankengeldes nicht erreicht, was nur bei freiwillig oder kraft Satzung in der gesetzlichen UV versicherten Unternehmern der Fall sein kann, die eine Versicherungssumme unterhalb des Betrages gewählt haben, der in der gesetzlichen KV zur Beitragsbemessung herangezogen wird (BSG 25.6.02 – B 1 KR 13/01 R, NZS 03, 479).

3. Beginn und Ende des Krankengeldanspruchs. a) Leistungsdauer. Der Anspruch 22 auf Krankengeld entsteht grds von dem Tag an, der auf den Tag der ärztlichen Feststellung der AU folgt (§ 46 Satz 1 Nr 2 SGB V). Regelmäßig hat der Beschäftigte dann jedoch Anspruch auf Entgeltfortzahlung, so dass der Anspruch auf Krankengeld ruht. Abweichendes bestimmt § 46 Satz 1 Nr 1 SGB V (stationäre Behandlung) und § 47b Abs 1 Satz 2 SGB V (AlGeldbezieher). Krankengeld wird nach dem Wortlaut von § 48 Abs 1 SGB V zwar ohne zeitliche Begrenzung gewährt. Das gilt allerdings nur für Versicherte, die mit zeitlichen Unterbrechungen an unterschiedlichen Gesundheitsstörungen leiden. Bei AU wegen derselben Krankheit wird Krankengeld für **höchstens 78 Wochen** innerhalb von **drei Jahren** gezahlt. Tritt während der ArU eine weitere Krankheit hinzu, verlängert sich dadurch die Leistungsdauer nach § 48 Abs 1 Halbsatz 2 SGB V nicht (BSG 8.11.05 – B 1 KR 27/04 R, SozR 4–2500 § 48 Nr 3).

Hinzugetretene Krankheit ist eine solche, die sich allein betrachtet ebenfalls AU 23 verursachen würde. Eine Krankheit tritt nicht hinzu, wenn die AU beendet ist und am Tag danach die andere Krankheit AU verursacht (Beginn einer neuen Blockfrist). Das gilt auch dann, wenn inzwischen die Arbeit nicht wieder aufgenommen worden ist. Der erstmalige Eintritt der AU setzt für die **verursachende Krankheit** eine Kette aufeinander folgender Dreijahreszeiträume (Blockfristen) in Gang, innerhalb derer nach Maßgabe des § 48 Abs 2 SGB V jeweils bis zu 78 Wochen Krankengeld bezogen werden kann. Handelt es sich um eine im Vergleich zur ersten AU verursachenden Erkrankung **neue Krankheit,** beginnt die Kette der Blockfristen von Neuem. Die Anrechnung auf die Höchstbezugsdauer ist nicht davon abhängig, dass die Leistungszeiten zusammenhängend verlaufen. Entscheidend ist lediglich, dass die AU jeweils durch dieselbe Krankheit verursacht wird, da durch die Regelung die finanzielle Entlastung der KV für chronische Leiden herbeigeführt werden soll, welche zu dauerhafter AU und damit potentiell zum Versicherungsfall der verminderten Erwerbsfähigkeit der gesetzlichen RV führen. Die Vorschrift hat den **Zweck** sicherzustellen, dass die Höchstbezugsdauer von 78 Wochen auch bei unterschiedlichen und wechselnden Krankheitsbildern nicht überschritten wird. Ihre **Rechtswirkung** liegt darin, dass die schon bestehende und die hinzutretende in der laufenden Blockfrist als einheitliche Krankheit behandelt wird.

b) Dieselbe Krankheit. § 48 Abs 2 SGB V schränkt das Wiederaufleben des Kranken- 24 geldanspruchs wegen derselben Krankheit innerhalb einer weiteren Blockfrist erheblich ein. Nach Erschöpfung des Krankengeldanspruchs in einem früheren Dreijahreszeitraum entsteht ein neuer Anspruch auf Krankengeld wegen derselben Krankheit nur dann, wenn der Versicherte **mindestens sechs Monate** lang nicht wegen dieser Krankheit arbeitsunfähig und entweder **erwerbstätig war oder der Arbeitsvermittlung zur Verfügung stand** (BSG 7.12.04 – B 1 KR 10/03 R, NZA 05, 572). Ferner muss der Versicherte bei Eintritt der erneuten AU mit Anspruch auf Krankengeld versichert sein. Nach Ablauf des Bezugszeitraums des Krankengelds **(Aussteuerung)** und fortbestehender AU kommen Leistungen nach dem SGB III in Betracht. Die Arbeitslosmeldung setzt die Beendigung des Arbeitsverhältnisses nicht voraus (s *Arbeitslosengeld* Rz 17).

4. Ruhen des Krankengeldes. Die Ruhenstatbestände des § 49 Abs 1 SGB V führen 25 zum vollständigen oder teilweisen **Ruhen** des Anspruchs. Das hat zur Folge, dass das Stammrecht auf die Leistung zwar bestehen bleibt, aber der Anspruch nicht erfüllt und die Leistung nicht ausgezahlt werden darf. Da das Stammrecht fortbesteht, wird der ruhende Anspruch als **Bezugszeit** angerechnet und vermindert dadurch die Höchstbezugsdauer des Krankengeldes (§ 48 Abs 3 SGB V). Der Anspruch auf Krankengeld ruht, wenn und soweit der Versicherte beitragspflichtiges Arbeitsentgelt erhält, also auch bei Entgeltfortzahlung im Krankheitsfall. Das gilt jedoch nicht für einmalig gezahltes Arbeitsentgelt (§ 49 Abs 1 Nr 1 HS 2 SGB V) und Urlaubsabgeltungen (BSG 30.5.06 – B 1 KR 26/05 R, SozR 4–2500 § 49 Nr 4). Entscheidend ist der **tatsächliche Bezug** der Leistung, nicht der Anspruch auf die Lohn- oder Gehaltsfortzahlung. Leistet der ArbGeb die Lohn- oder Gehaltsfortzahlung im Krankheitsfall nicht, besteht unter den geschilderten gesetzlichen Voraussetzungen ein ungekürzter Anspruch auf Krankengeld. Das Krankengeld ruht auch beim tatsächlichen Bezug von Lohnersatzleistungen iSv § 49 Abs 1 Nr 3–4 SGB V (Versorgungskrankengeld, Übergangsgeld, Kurzarbeitergeld, Mutterschaftsgeld, AlGeld I) und solange die AU der Krankenkasse nicht gemeldet wird; dies gilt nicht, wenn die Meldung innerhalb einer Woche nach Beginn der AU erfolgt (Nr 5). Der Anspruch ruht nach Maßgabe von § 49 Abs 1 Nr 2 SGB V grds auch während der *Elternzeit*.

26 **5. Kürzung des Krankengeldes.** Nach § 50 Abs 1 Satz 1 SGB V endet der Anspruch auf Krankengeld mit dem Bezug einer **(Voll-)Rente** aus der gesetzlichen RV iSv Abs 1 Satz 1 oder dem Bezug von Versorgungsbezügen. Der Krankengeldanspruch **entfällt** mit **Beginn der Rentenleistung** rückwirkend. Maßgeblich ist nicht der Auszahlungszeitpunkt, sondern der Zeitpunkt, ab dem die Rente materiell bewilligt wurde. Wird dem Versicherten nach Beginn der AU Rente oder eine vergleichbare Leistung zuerkannt, ist das Krankengeld um den Zahlbetrag der für den gleichen Zeitraum gewährten Rente zu kürzen (§ 50 Abs 2 SGB V). **Übersteigt** das Krankengeld die rückwirkend gewährte Rentenleistung, verbleibt der überschießende Betrag beim Versicherten (§ 50 Abs 1 Sätze 2 und 3 SGB V). Nach Zubilligung der Rente hat dieser jedoch keinen Anspruch auf Auszahlung des Spitzbetrages, auch dann nicht, wenn das Krankengeld zu Unrecht nicht ausgezahlt worden ist (BSG 8.3.90 – 3 RK 9/89, SozR 3–2200 § 183 Nr 1). Nach Beginn der (Voll-)Rentengewährung entsteht ein neuer Krankengeldanspruch nicht, auch dann nicht, wenn der (Voll-)Rentner ein neues Beschäftigungsverhältnis eingeht. Anderes gilt, wenn eine **Rentenleistung** bezogen wird, der nur eine **Teilsicherungsfunktion** zukommt. Neben diesen Teilsicherungsleistungen nach § 50 Abs 2 Nr 1–5 SGB V wird das Krankengeld um den Zahlbetrag der Leistung gekürzt, wenn die Zuerkennung der Leistung **nach dem Beginn** der AU oder der stationären Behandlung erfolgt ist. Bei Zuerkennung der Rentenleistung **vor Beginn** der AU oder der stationären Behandlung erfolgt **keine Kürzung.** Dies sind vor allem die Fallgestaltungen, in denen der Rentner neben dem Bezug einer (Teil-)Rente ein neues Beschäftigungsverhältnis eingegangen ist.

27 **6. Höhe des Krankengeldes. a) Arbeitsentgelt und Arbeitseinkommen.** Das Krankengeld beträgt nach § 47 Abs 1 Satz 1 SGB V 70 vH des erzielten regelmäßigen Arbeitsentgelts und Arbeitseinkommens, soweit es der Beitragsberechnung unterliegt **(Regelentgelt).** Es darf nach 90 vH des entgangenen Nettoarbeitsentgelts nicht übersteigen. Zur Ermittlung des Nettoarbeitsentgelts bei Tätigkeit im Inland und Wohnsitz in Frankreich SG Saarbrücken 15.2.13 – S 1 KR 190/12, NZS 13, 460. Die Leistungsbegrenzung des Abs 1 Satz 2 gilt nicht, soweit das Krankengeld bei Selbstständigen aus dem Arbeitseinkommen errechnet wird. Eine dem Nettoarbeitsentgelt entsprechende Größe besteht nämlich beim Arbeitseinkommen (§ 15 SGB IV) nicht. **Arbeitsentgelt** sind die laufenden oder einmaligen Einnahmen aus einer Beschäftigung. **Beschäftigung** ist die nichtselbstständige Arbeit, insbesondere in einem Arbeitsverhältnis. **Einmalig** im Bemessungszeitraum gezahltes Arbeitsentgelt wird nach § 47 Abs 2 Satz 6 SGB V auf der Basis eines Bemessungszeitraums von zwölf Monaten mit einem täglichen Durchschnittswert ermittelt und zu dem Arbeitsentgelt hinzugezählt. Bei Berücksichtigung von Einmalzahlungen darf das kalendertägliche Krankengeld das kalendertägliche Nettoarbeitsentgelt nicht übersteigen (BSG 21.2.06 – B 1 KR 11/05 R, SozR 4–2500 § 47 Nr 3). **Mehrarbeit- und Überstundenvergütung** sind nur zu berücksichtigen, wenn sie regelmäßig, dh über einen Zeitraum von wenigstens drei Monaten, gezahlt worden sind. Bei **Mehrfachbeschäftigten** sind grundsätzlich die Arbeitsentgelte aus allen Beschäftigungsverhältnissen zu berücksichtigen. **Arbeitseinkommen** ist nach § 15 Abs 1 S 1 SGB IV der nach den allgemeinen Gewinnermittlungsvorschriften des Einkommensteuerrechts ermittelte Gewinn aus einer selbstständigen Tätigkeit.

28 **b) Bemessungszeitraum und Zuflussprinzip.** Erzielt werden müssen die Einnahmen im Bemessungszeitraum. Dieser ergibt sich für Beschäftigte aus § 47 Abs 2 SGB V. Danach ist für die Berechnung des Regelentgelts das vom Versicherten im letzten vor Beginn der AU abgerechneten **Entgeltabrechnungszeitraum**, mindestens das während der letzten abgerechneten **vier Wochen** erzielte Entgelt, zugrunde zu legen (Abs 2 Satz 1). Bei **Selbstständigen** ist grundsätzlich das letzte Kj vor dem Eintritt der AU maßgeblich. Fehlt es bei Beginn der AU an der Feststellung des steuerlichen Gewinns im letzten Kj, ist das Einkommen vAw zu ermitteln (BSG 6.11.08 – B 1 KR 8/08 R, NZA 09, 304). Erzielt sind Einnahmen, wenn sie dem Vers im Bemessungszeitraum **tatsächlich zugeflossen** sind. Erhöhungen oder Absenkungen des Entgelts, die erst nach Beginn der AU eintreten, führen deshalb grds nicht zu einer Änderung der Höhe des Krankengeldes. Dies gilt auch für im Bemessungszeitraum nicht realisierte Entgeltansprüche und spätere rückwirkende Lohnerhöhungen. Vorauszahlungen des Entgelts, soweit sie auf einen vor dem Eintritt der AU noch nicht abgelaufenen Abrechnungszeitraum geleistet werden, werden grds nicht berücksichtigt. Zu Ausnahmen zur Vermeidung von Äquivalenzabweichungen vgl BSG 30.5.06 – B 1KR 19/05 R, NZS 07, 204. Das Regelentgelt wird bis zur Höhe des Betrages der kalendertäglichen **Beitragsbemessungsgrenze** (s *Beitragsbemessungsgrenzen* Rz 16) berücksichtigt (§ 47 Abs 6 SGB V).

c) **Regelentgelt der Arbeitnehmer.** § 47 Abs 2 SGB V unterscheidet zwischen Beschäftigten (pflicht- und freiwillig Versicherte), deren Arbeitsentgelt nach Monaten bemessen wird, und solchen, deren Abrechnung auf Stundenbasis erfolgt. § 47 Abs 2 Satz 1 und 2 SGB V gelten für ArbN, deren Entgelt sich einer **Stundenzahl** zuordnen lässt. Das im Bemessungszeitraum erzielte Arbeitsentgelt ist durch die Zahl der Stunden (einschließlich Überstunden und bezahlte Freistunden) zu teilen, für die es gezahlt wurde. Dieser Wert wird mit der Zahl der regelmäßigen wöchentlichen Arbeitsstunden vervielfacht, die sich aus der arbeitsvertraglichen Verpflichtung des Beschäftigten ergibt, und ist – um das **kalendertägliche Regelentgelt** zu erhalten – durch sieben zu teilen. **29**

Ist das Arbeitsentgelt nach **Monaten** bemessen, gilt der dreißigste Teil des im letzten vor Beginn der AU abgerechneten Kalendermonats als kalendertägliches **Regelentgelt** (§ 47 Abs 2 Satz 3). Kann bei Beginn der AU nicht auf einen abgerechneten **Entgeltzeitraum** zurückgegriffen werden oder umfasst der abgerechnete Zeitraum wegen der Kürze der Beschäftigungsdauer noch nicht 4 Wochen, ist das von Beginn der Beschäftigung bis zum Eintritt der AU erzielte Arbeitsentgelt bzw der kürzere tatsächliche Abrechnungszeitraum heranzuziehen und der Krankengeldanspruch nach einer vorrangig die individuellen Verhältnisse berücksichtigenden Schätzung zu bemessen. Dabei ist maßgebend, welches Entgelt der Versicherte für den vollständigen Abrechnungszeitraum erwarten konnte (BSG 30.5.06 – B 1 KR 19/05 R, NZS 07, 204 Rz 32). **30**

d) **Regelentgelt bei flexibler Arbeitszeit.** § 47 Abs 2 Sätze 4 und 5 SGB V verhalten sich zur Berechnung des Regelentgelts für Fälle, in denen flexible Arbeitszeiten gelten. Dabei handelt es sich um **Arbeitszeitkontenmodelle,** bei denen Zeiten der tatsächlichen Beschäftigung und der Freistellung von der Arbeit aufeinander folgen. Zur Berechnung des Regelentgelts ist das im Bemessungszeitraum der Beitragsberechnung zu Grunde liegende (§ 23b Abs 2 SGB IV) und um einmalig gezahltes Arbeitsentgelt verminderte Arbeitsentgelt heranzuziehen. Maßgeblich ist das in den Zeiten der tatsächlichen Arbeitsleistung und den Zeiten der Freistellung **jeweils fällige Arbeitsentgelt**. Regelmäßige wöchentliche Arbeitszeit ist auch in der Freistellungsphase die Arbeitszeit, die **dem gezahlten Arbeitsentgelt entspricht.** Die dem gezahlten Arbeitsentgelt entsprechende Arbeitszeit ergibt sich aus den zu Grunde liegenden Vereinbarungen und den Lohn- oder Gehaltsabrechnungen der Zeiträume, in denen tatsächlich gearbeitet wurde. **31**

e) **Nichtkontinuierliche Arbeitsverrichtung und -vergütung.** Bei Job-Sharing oder anderen flexible Arbeitsformen ermächtigt § 47 Abs 3 SGB V die Krankenkassen zwecks Sicherstellung der Entgeltersatzfunktion des Krankengeldes zum Erlass von Satzungsbestimmungen, da damit der Vielfalt der Fallgestaltungen besser als mit einer starren gesetzlichen Regelung entsprochen werden kann. Sonderregelungen zur Berechnung des Krankengeldes sind in § 47 Abs 4 SGB V für Seeleute und NichtArbN getroffen. **32**

f) **Regelentgelt hauptberuflich Selbstständiger.** Freiwillig versicherte hauptberuflich Selbstständige, die nach § 44 Abs 2 Satz 1 Nr 2 SGB V das gesetzliche Krankengeld wählen oder einen entsprechenden Wahltarif abschließen, sind krankengeldberechtigt. Für diese gilt als **Regelentgelt** der kalendertägliche Betrag, der zuletzt vor Beginn der AU für die **Beitragsbemessung** nach § 240 SGB V aus Arbeitseinkommen maßgebend war (s *Krankenversicherungsbeiträge* Rz 18). Bestehen konkrete Anhaltspunkte für eine offensichtliche Diskrepanz zwischen Beitragsbemessungsgrundlage und tatsächlichem Einkommen, so muss das erzielte Arbeitseinkommen konkret nach steuerrechtlichen Grundsätzen im letzten abgeschlossenen Kj vor Eintritt der AU ermittelt werden (BSG 6.11.08 – B 1 KR 28/07 R, SozR 4–2500 § 47 Nr 10; 6.11.2008 – B 1 KR 8/08 R, NZA 09, 304). Einkünfte aus **Kapital-** **33**

251 Krankengeldzuschuss

vermögen, Vermietung und Verpachtung gehören nicht zum Arbeitseinkommen (BSG 7.12.04 – 1 KR 17/04 R, NZA 05, 250). Da die konkrete Ermittlung des Regelentgelts dem Steuerrecht folgt, mindern Steuervergünstigungen grds das maßgebende Einkommen. Der Ausschluss des Krankengelds für hauptberuflich selbstständig Erwerbstätige **ohne positive Einkünfte** verstößt nicht gegen Verfassungsrecht (BSG Urt v 7.12.2004 – B 1 KR 17/04 R, NZA 2005, 920).

34 **g) Arbeitslose.** Bezieher von AlGeld I und AlGeld bei beruflicher Weiterbildung erhalten Krankengeld in Höhe der zuletzt bezogenen Leistung (§ 47b Abs 1 SGB V). Sonderregelungen gelten für Bezieher von **Kurzarbeitergeld** (§ 47b Abs 3 ff SGB V).

Krankengeldzuschuss

A. Arbeitsrecht *Griese*

1 Statt einer verlängerten Entgeltfortzahlungsdauer kann sich der ArbGeb durch einzelvertragliche oder kollektivrechtliche Regelung verpflichten, nach Ablauf des Entgeltfortzahlungszeitraumes einen **Zuschuss** zu dem von der Krankenkasse gewährten Krankengeld zu leisten. Dies kann den Zweck verfolgen, dem ArbN auch nach Ablauf des Entgeltfortzahlungszeitraums sein bisheriges Einkommen zu erhalten. Solche Zuschüsse sind idR auf der **Basis des Bruttokrankengeldes** zu berechnen, es sei denn, in der Rechtsgrundlage (zB Tarifvertrag) ist etwas anderes bestimmt (BAG 13.2.02 – 5 AZR 604/00, NZA 03, 49). Ist der Krankengeldzuschuss in einer Betriebsvereinbarung geregelt, kann eine **nachfolgende Betriebsvereinbarung die Bezugsbedingungen verschlechtern** (BAG 15.11.00 – 5 AZR 310/99, NZA 01, 900). Zur Auslegung einer tariflich festgelegten Mindestbetriebszugehörigkeit für einen Krankengeldzuschuss s BAG 12.12.01 – 5 AZR 238/00, ArbuR 02, 156.

Wird vertraglich ein Zuschuss als „Nettoausgleich" vereinbart, der die Differenz zwischen Krankengeld und Nettovergütung ausgleichen soll, richtet sich die Berechnung nach den Verhältnissen im Anspruchsmonat. Eine Änderung der LStKlasse kann zur Verminderung oder zum Wegfall der Zuschusszahlung führen (BAG 18.8.04 – 5 AZR 518/03, NZA 05, 240 LS).

B. Lohnsteuerrecht *Thomas*

2 Erbringt der ArbGeb neben dem sozialversicherungsrechtlichen *Krankengeld* (s dort) freiwillige Zusatzleistungen, liegt insofern Arbeitslohn vor, der nach den allgemeinen Vorschriften dem LStAbzug zu unterwerfen ist. Zu Fallgestaltungen, bei denen der Krankengeldzuschuss mittels einer Versicherung finanziert wird, wird auf die Ausführungen zum Stichwort *Krankenversicherungsbeiträge* Rz 7 verwiesen.

Leistet der ArbGeb nicht einen laufenden Zuschuss zum Krankengeld oder zur Krankenversicherung, sondern unterstützt er den ArbN von Fall zu Fall in Krankheits- oder Unglücksfällen, sieht die Verwaltung in R 3.11 Abs 2 LStR Steuerbefreiungen vor (Einzelheiten bei *Beihilfeleistungen* Rz 7). Die Rechtsgrundlage hierfür ist zweifelhaft, soweit die Unterstützung nicht mit öffentlichen Mitteln bewirkt wird (vgl K/S § 3 Rz B 11/35 und B 52/1); zur Finanzierung durch zweckfremd eingesetzte öffentliche Mittel vgl BFH 18.5.04 – VI R 128/99, DStRE 04, 1321. Dementsprechend vorsichtig formuliert der BFH (Urt 1.12.95, BStBl II 96, 239 mit Anm *von Bornhaupt* BB 96, 884), dass Beihilfeleistungen als nach § 3 Nr 11 EStG steuerfrei „angesehen" werden. Im Übrigen dürfte die unterschiedliche Regelung für privat- und öffentlichrechtliche Beihilfen verfassungsrechtlich bedenklich sein (vgl BFH 21.10.94, BStBl II 95, 142 mit Anm *Bergkemper* FR 95, 104 sowie BVerfG 11.11.98 – 2 BvL 10/95, BStBl II 99, 502). Übernimmt der ArbGeb Krankheitskosten des ArbN (drastisches Beispiel bei *RZ* FR 97, 707), wendet er zwar grds Arbeitslohn zu (vgl aber BFH 30.5.01 – VI R 177/99, BStBl II 01, 671); die Mittelverwendung stellt aber beim ArbN eine außergewöhnliche Belastung (§ 33 EStG) dar, die beim LStAbzug durch Eintragung eines Freibetrags (§ 39a Abs 1 Nr 3 EStG) berücksichtigt werden kann.

C. Sozialversicherungsrecht
Ruppelt

Der Anspruch auf *Krankengeld* ruht, wenn und soweit der Versicherte beitragspflichtiges 3
Arbeitsentgelt oder Arbeitseinkommen erhält (s *Krankengeld* Rz 25). Zuschüsse des ArbGeb zum Krankengeld, Verletztengeld, Übergangsgeld oder Krankentagegeld auf tarifvertraglicher und sonstiger Grundlage sind von dieser Anrechnung ausgenommen, soweit sie zusammen mit dem Krankengeld das **Nettoarbeitsentgelt** nicht um mehr als 50 € übersteigen (§ 23c Abs 1 Satz 1 SGB IV). Daher ist der Zuschuss regelmäßig auf diese Höhe begrenzt.

Als Zuschuss gelten alle Leistungen des ArbGeb, die dieser dem ArbN während des Bezugs 4
des Krankengeldes gewährt; auf die Bezeichnung der Zuschussleistungen kommt es nicht an (etwa Sachbezüge, Firmenrabatte, Telefonzuschuss usw). Wird das Nettoarbeitsentgelt zuzüglich der Bagatellgrenze von 50 € überschritten, handelt es sich bei dem hinausgehenden Betrag um anrechenbares Arbeitsentgelt (§ 49 Abs 1 Nr 1 Hs 1 SGB V). Dies gilt nicht für einmalig gezahltes Arbeitsentgelt (Hs 2) und Urlaubsabgeltungen. Werden während des Krankengeldbezugs vermögenswirksame Leistungen gewährt, ruht das Krankengeld in Höhe dieser Leistungen.

Zur Berechnung des Nettoarbeitsentgelts ist bei freiwilligen Mitgliedern der gesetzlichen 5
KV oder bei privat Versicherten der um den Beitragszuschuss für Beschäftigte verminderte Beitrag des Versicherten zur Kranken- und Pflegeversicherung abzuziehen (§ 23c Abs 1 Satz 2 SGB IV). Zu den **Beitragszuschüssen** des ArbGeb nach § 257 SGB V s *Krankenversicherungsbeiträge* Rz 44 ff.

Krankenversicherungsbeiträge

A. Arbeitsrecht
Griese

Der ArbGeb ist verpflichtet, die KVBeiträge, die prozentual an die Höhe des Entgelts 1
gekoppelt sind, als Teil des GesamtSozVBeitrages richtig zu berechnen und abzuführen (BAG 30.4.08 – 5 AZR 725/07, NZA 08, 884). Der ArbNAnteil des KVBeitrages ist von der Bruttovergütung abzuziehen (Näheres: *Lohnabzugsverfahren* Rz 25) und zusammen mit dem ArbGebAnteil abzuführen.

Bei Vereinbarung einer **Nettovergütung** (s *Nettolohnvereinbarung* Rz 1 ff) muss der ArbGeb auch den ArbNAnteil übernehmen und profitiert dabei von einer Absenkung der KVBeiträge, muss andererseits aber steigende KVBeiträge ausgleichen, etwa den zusätzlichen KVBeitrag für ArbN iHv 0,9 % gem § 241a SGB V.

Für die **richtige Berechnung und Abführung der KVBeiträge** haftet der ArbGeb 2
dem ArbN ebenso wie bei den Beiträgen zu den übrigen SozVZweigen (Näheres: *Sozialversicherungsbeiträge* Rz 3–13 und *Beitragsbemessungsgrenzen* Rz 2). Fehler hierbei können zu Rückabwicklungsansprüchen (s *Bruttolohnvereinbarung* Rz 5) und zu **Schadensersatzansprüchen nach § 280 BGB** führen. Nach § 28g Satz 2 SGB IV kann der Beitragsanteil des ArbN nur in engen zeitlichen Grenzen und **nur durch Abzug vom Arbeitsentgelt** geltend gemacht werden. Eine separate zB klageweise Geltendmachung ist daher nicht möglich. Nach § 28g Satz 3 SGB IV darf ein unterbliebener Beitragsabzug **nur bei den drei nächsten Lohn- und Gehaltszahlungen nachgeholt werden**, danach nur dann, wenn den ArbGeb an dem ganz oder teilweise unterbliebenen Beitragsabzug kein Verschulden trifft (BAG 30.4.08 – 5 AZR 725/07, NZA 08, 884).

Ruht das Arbeitsverhältnis, entfällt die Beitragspflicht entsprechend § 7 Abs 3 Satz 1 SGB IV (s *Ruhen des Arbeitsverhältnisses* Rz 24 ff). Führt das Ruhen später zu Nachteilen in der SozV, etwa Versperrung der Möglichkeit, in die Pflichtversicherung zurückzukehren wegen Überschreitung der $^9/_{10}$-Regelung (s *Krankenversicherungspflicht* Rz 18), muss der ArbGeb diese als *Aufwendungsersatz* gem § 670 BGB übernehmen, wenn das Ruhen im ArbGebInteresse vereinbart wurde, etwa um den ArbN im Ausland bei einer Konzerntochter beschäftigen zu können.

Zur *Befreiung von der Versicherungspflicht* s dort.

B. Lohnsteuerrecht

3   1. Pflichtversicherung. Versicherungsbeiträge, die erbracht werden, um das Krankheitsrisiko des ArbN abzusichern, gehören als Maßnahmen der persönlichen Vorsorge zum Bereich seiner Einkommensverwendung. Übernimmt der ArbGeb derartige Beiträge, wendet er auch dann Arbeitslohn zu, wenn er gleichzeitig eigenbetriebliche Interessen verfolgt (BFH 11.3.10 – VI R 7/08, DStRE 10, 789 zur Kur). Bei gemischt veranlassten Aufwendungen der Lebensführung, die mit dem Grundfreibetrag abgegolten und im Übrigen kraft Gesetzes nur dem Abzug als Sonderausgaben (vgl BFH 17.6.10 – X B 218/09, BFH/NV 10, 1633) oder außergewöhnliche Belastung zugewiesen sind, scheidet eine Aufteilung aus (BFH 21.9.09 – GrS 1/06, BStBl II 10, 637 = DStR 10, 101; BMF 6.7.10 BStBl I 10, 614 = DStR 10, 1522 unter Rz 4). Das gilt auch hinsichtlich der ArbGebBeiträge zur gesetzlichen KV (vgl BFH 30.8.07 – IV R 14/06, DStR 07, 1902), die aber nach § 3 Nr 62 EStG steuerbefreit sind, sofern es sich auch sozialversicherungsrechtlich um einen ArbN handelt (zum Vorstandsmitglied einer AG BMF 22.2.96, DStR 96, 748; FM BaWü 8.8.97 DB 97, 1745 = DStR 97, 1405, OFD Erfurt 5.3.96 DStR 96, 1286; *Scharfenberg* DStR 98, 1623; zum GmbH-Geschäftsführer BFH 10.10.02 – VI R 95/99, DStR 02, 2034; FG SachsAnh 1.6.01 – 1 K 105/98, EFG 01, 1486; FG BaWü 13.12.2000 – 5 K 22/99, EFG 01, 553; FG Saarl 19.11.82, EFG 83, 340; FG RhPf 26.2.87, EFG 87, 494; *Rößler* DB 87, 1866; FG BaWü 8.9.94, EFG 95, 194; FG BaWü 20.9.96, EFG 97, 393 zum Kommanditisten BFH 8.4.92, BStBl II 92, 812). Die Steuerbefreiung des § 3 Nr 62 EStG bezieht sich nicht auf den ArbNAnteil zur gesetzlichen SozV, da dieser Ausgaben des ArbN und nicht des ArbGeb betrifft. Dass sie auf (in- oder ausländische) Pflichtversicherungen beschränkt ist, ist nicht euwidrig (BFH 28.5.09 – VI R 27/06, DStR 09, 1845). Dagegen ist euwidrig, wenn steuerliche Vergünstigungen auf Beiträge an inländische Versicherungen gewährt, aber an Versicherungen in anderen Mitgliedstaaten versagt werden (EuGH 23.4.09 – C 544/07, DStRE 09, 1189). Ob ein hälftig an seinem ArbGeb, einer GmbH, beteiligter ArbN, der mit Rücksicht auf familiäre Beziehungen seine Arbeit im Wesentlichen weisungsfrei ausüben kann, sozialrechtlich ArbN ist, mit der Folge der Steuerbefreiung des § 3 Nr 62 EStG, ist entgegen BFH 2.12.05 – VI R 16/3, DStR 06, 365 zweifelhaft (*Schlegel* in FS Küttner, 31 ff, 45; FG SachsAnh 30.7.08 – 2 K 1957/03, EFG 09, 231).

4   Teilweise wird allerdings angenommen, dass Arbeitslohn bei solchen Leistungen des ArbGeb ausscheide, zu denen er **kraft öffentlichen Rechts** verpflichtet ist (*Schmidt/Krüger* § 19 Rz 27; *Offerhaus* BB 90, 2018; dazu *Arbeitsentgelt* Rz 62). Danach hätte die Vorschrift des § 3 Nr 62 EStG nur deklaratorisch Wirkung (so in einem obiter dictum BFH 6.6.02 – VI R 178/97, BStBl II 03, 34, zweifelhaft). Zu ArbGebZuschüssen zu Personal- und Sachkosten einer Betriebskrankenkasse vgl *Schmidt* BB 96, 1100. Ebenfalls Arbeitslohn ist anzunehmen, wenn ArbGeb und ArbN einvernehmlich die SozVBeiträge hinterzogen haben und der ArbGeb nachträglich hinsichtlich des ArbGeb- und des ArbNAnteils in Anspruch genommen wird (BFH 13.9.07 – VI R 54/03, BStBl II 08, 58 = DStR 07, 2058; der ArbGebAnteil bleibt steuerfrei; vgl auch BGH 13.5.92, DB 92, 1788, zu Recht Aufgabe von BGH 24.9.86, DStR 87, 164; zur Nichtigkeit einer Schwarzlohnvereinbarung BAG 26.2.03 – 5 AZR 690/01, HFR 03, 1210; BAG 17.3.10 – 5 AZR 301/09, BFH/NV 10, 1775).

5   Zweifelhaft ist, ob Gleiches gilt, wenn der Abzug von SozVBeiträgen nur **irrtümlich unterblieben** ist und im Falle der Nachforderung der ArbGeb beim ArbN hinsichtlich des ArbNAnteils wegen der zwischenzeitlichen gesetzlichen Lastenverschiebung (§ 28g SGB IV) nicht mehr Rückgriff nehmen kann (s *Sozialversicherungsbeiträge* Rz 19 und *Verzicht* Rz 14 ff). Wenn der ArbGeb nur auf eine vermeintliche sozialversicherungsrechtliche Verpflichtung zahlt und auf eine Rückgewähr verzichtet wird angenommen, dass die Tatbestandswirkung der Entscheidung der Einzugsstelle grds auch steuerlich bindet (BFH 21.1.10 – VI R 52/08, BStBl II 10, 703 = DStR 10, 974; anders FG Köln 20.8.08 – 12 K 1173/04, EFG 09, 117 zur rückwirkenden Entlassung aus der SozVPflicht und einem späteren 27.5.09 – X R 34/06, BFH/NV 09, 1826 zum Rentenbescheid). Die Befreiungsvoraussetzung des § 3 Nr 62 Satz 1 EStG, dass der ArbGeb zu Zukunftssicherungsleistungen „verpflichtet" sein muss, wird also gelesen als „verpflichtet behandelt wird". Die Befreiung nach § 3 Nr 62 Satz 1 Alternative 3 EStG greift auch ein, wenn ein nicht tarifvertraglich gebundener ArbGeb aufgrund Allgemeinverbindlicherklärung gem § 5 TVG verpflichtet ist, Zukunftssicherungsleistungen zu erbringen (BFH 13.9.07 – VI R 16/06, BStBl II 08, 394 = DStR 07, 2008). Dies hat wegen der Auswirkung auf die nachgelagerte Besteuerung zu einer Änderung des § 3 Nr 62 Satz 1 EStG geführt, in der geregelt wird, dass die Befreiungen nach § 3 Nr 56 und 63 EStG insofern Vorrang haben. Auf vom ArbGeb getragene KVBeiträge greift die Sachbezugsfreigrenze des § 8 Abs 2 Satz 11 EStG nicht ein, unabhängig davon ob Barlohn (BFH 26.11.02 – VI R 161/01, BStBl II 03, 331) oder Sachlohn (BFH 26.11.02 – VI R 68/01, BStBl II 03, 492 mit Anm *MIT* DStR 03, 729) vorliegt (BMF 10.10.13 DStR 13, 2223).

Da die Übernahme der ArbNBeiträge zur KV durch den ArbGeb als Arbeitslohn anzusehen ist, handelt es sich aus der Sicht des ArbN um **Beiträge aus versteuertem Einkommen,** also um steuerlich eigene Beiträge, weshalb sie beim ArbN gem § 10 Abs 1 Nr 2a EStG als Sonderausgaben zu berücksichtigen sind. Bei den steuerfreien ArbGebBeiträgen ist der Sonderausgabenabzug durch § 10 Abs 2 Nr 1 EStG ausgeschlossen. Gleiches gilt für Zuschüsse des Trägers der gesetzlichen RV zu den Aufwendungen eines Rentners für seine KV, die nach § 3 Nr 14 EStG steuerfrei sind (FG Bln 22.5.92, EFG 92, 661). 6

2. Freiwillige Versicherung. Übernimmt der ArbGeb die Beiträge zu einer privaten KV des ArbN oder leistet er Zuschüsse hierzu, wendet er Arbeitslohn zu (BFH 21.12.90, DB 91, 1657; BFH 1.12.95, BStBl II 96, 239; BFH 16.4.99 – VI R 66/97, BStBl II 2000, 408; BFH 18.7.07 – VI B 125/06, DStRE 07, 1356; zu Unrecht aA BFH 5.9.06 – VI R 38/04, BStBl II 07, 181 = DStRE 06, 1381; mittelbar aufgegeben durch BFH 7.5.09 – VI R 5/08, DStRE 09, 901 und VI R 37/08, DStRE 09, 903; zur GruppenKV zugunsten polnischer Saisonarbeiter BFH 14.4.11 – VI R 24/10, DStR 11, 1221). Ebenfalls nicht steuerbefreiter Arbeitslohn liegt vor, soweit eine AOK ihren beihilfeberechtigten DO-Angestellten anstelle von Beihilfeleistungen Rabatte auf ihre Beiträge zur freiwilligen gesetzlichen KV einräumt (BFH 1.12.95 – VI R 76/91, BStBl II 96, 239 = DStR 96, 377; BFH 28.10.04 – VI B 176/03, nv). Beihilfen an nicht beamtete Versorgungsempfänger können Versorgungsbezüge sein, weshalb der für diese vorgesehene Werbungskosten-Pauschbetrag (102 €) und nicht der ArbN-Pauschbetrag (1000 €) zum Zuge kommt (BFH 6.2.13 – VI R 28/11, DStRE 13, 983). Zu den freiwilligen, also nicht steuerbefreiten Beiträgen gehören auch solche, die nicht auf gesetzlicher, sondern tarifvertraglicher Grundlage beruhen (FG Bln 5.5.98, EFG 98, 1570). Übernimmt der inländische ArbGeb freiwillig Beiträge seines ausländischen ArbN zu dessen ausländischer SozV, die dort Pflichtbeiträge wären, greift die Befreiung ebenfalls nicht ein (BFH 18.5.04 – VI R 11/01, DStRE 04, 866). Hat der ArbN nach § 257 Abs 2a Satz 1 SGB V einen Anspruch auf einen ArbGebZuschuss zu einer ausländischen KV, ist dieser steuerfrei, wenn nachgewiesen wird, dass der Versicherungsschutz den gesetzlichen Mindestanforderungen genügt (BFH 22.7.08 – VI R 56/05, BStBl II 08, 894 = DStR 08, 1825). Das Nachweiserfordernis verstößt weder gegen Art 3 Abs 1 GG noch gegen EU-Recht. Arbeitslohn liegt auch vor, wenn der ArbGeb als Versicherungsnehmer Beiträge auf eine GruppenKV zahlt, bei der die ArbN im Krankheitsfall einen **eigenen Rechtsanspruch** gegenüber der Versicherung besitzen (BFH 27.4.73, BStBl II 73, 588). Spätere Leistungen der KV sind dann kein Arbeitslohn, weil die Beiträge ihrerseits bereits als Arbeitslohn zu qualifizieren waren und steuerlich als eigene des ArbN anzusehen sind. 7

Besteht dagegen **kein unmittelbarer Anspruch des Arbeitnehmers** gegen die Versicherung, sondern dient diese nur zur internen Finanzierung eines dem ArbN zugesagten Zuschusses im Krankheitsfall, ist noch nicht die Beitragsleistung Arbeitslohn, sondern erst der später gezahlte Zuschuss. Wird aber die zur Finanzierung abgeschlossene Rückdeckungsversicherung an den ArbN abgetreten, ist Lohnzufluss anzunehmen (BFH 9.10.02 – VI R 112/99, BStBl II 02, 884 mit Anm *MIT* DStR 02, 2167). Ebenso wie beim Unternehmer selbst (BFH 22.3.94, BFH/NV 94, 782; 7.10.82, BStBl II 83, 101 zu einer Krankentagegeldversicherung; BFH 19.5.09 – VIII B 6/07, DStRE 10, 168; BFH 18.8.09 – X R 21/07, DStRE 10, 1 zur Praxisausfallversicherung mit Anm *Alvermann//Potsch* DStR 10, 91) wird dadurch im Ergebnis bewirkt, dass Krankheitskosten bei Einschaltung einer privaten Versicherung grds aus versteuertem Einkommen zu finanzieren sind und nur als Sonderausgaben bzw außergewöhnliche Belastung berücksichtigt werden können. 8

Ob dabei zwischen Beiträgen zu einer **Krankentagegeldversicherung** und solchen zu einer **Krankenhaustagegeldversicherung** unterschieden werden muss (vgl BFH 22.10.71, BStBl II 72, 177; 22.5.69, BStBl II 69, 489) ist zweifelhaft. Regelmäßig wird es sich in 9

252 Krankenversicherungsbeiträge

beiden Fällen nicht um eine Schadenversicherung, sondern um eine Summenversicherung handeln (BGH 19.12.73, VersR 74, 184), die Lohnersatzfunktion hat.

C. Sozialversicherungsrecht
Schlegel

Übersicht

	Rz		Rz
1. Hauptfinanzierungsmittel, Faktoren der Beitragsberechnung	10	b) Ermäßigter Beitragssatz	25, 26
2. Bemessungsgrundlage	11–19	c) Kassenindividueller Zusatzbeitrag	27, 28
a) Beitragspflichtige Einnahmen versicherungspflichtig Beschäftigter	12–14	d) Abgrenzung Beitragssatz – Beitragsgestaltung durch Wahltarife	29–31
b) Beitragspflichtige Einnahmen von Künstlern und Publizisten	15	4. Beitragszahlung und Beitragstragung	32–37
c) Beitragspflichtige Einnahmen freiwilliger Mitglieder	16–18	a) Beitragszahlung aus dem Arbeitsentgelt	32–36
d) Beitragspflichtige Einnahmen sonstiger Personengruppen	19	b) Beitragszahlung aus Versorgungsbezügen	37
3. Beitragssätze	20–31	5. Beitragszuschüsse	38–41
a) Allgemeiner Beitragssatz	21–24	6. Beitragsfreiheit	42
		7. Anhang: Aktuell geltende Werte/Beitragssätze	43

10 **1. Hauptfinanzierungsmittel** der KV sind die KVBeiträge. Diese sind so zu bemessen, dass sie zusammen mit den sonstigen Einnahmen die im Haushaltsplan vorgesehenen Ausgaben und die Auffüllung der Rücklage decken. Ergibt sich während des Haushaltsjahres, dass die Betriebsmittel einschließlich eines Darlehens die Ausgaben nicht decken, sind die Beiträge zu erhöhen; ergibt sich ein Überschuss der Einnahmen über die Ausgaben und das gesetzliche Betriebsmittel- und Rücklagesoll, sind sie zu ermäßigen (§ 220 SGB V). **Faktoren der Beitragsberechnung** sind der – durch autonomes Satzungsrecht der Krankenkasse oder der bisweilen gesetzlich festgesetzte – Beitragssatz und die beitragspflichtigen Einnahmen (Bemessungsgrundlage), die ebenso bis zur Beitragsbemessungsgrenze (s *Beitragsbemessungsgrenzen;* vgl *Jahresarbeitsentgelt* zu den seit 1.1.03 unterschiedlich hohen Versicherungspflichtgrenzen) Beiträge zu berechnen sind (vgl § 223 Abs 3 SGB V).

11 **2. Bemessungsgrundlage,** auf die der Beitragssatz anzuwenden ist, sind die beitragspflichtigen Einnahmen der Krankenkassenmitglieder nach Maßgabe der §§ 226 bis 240 SGB V (vgl § 223 Abs 2 Satz 1 SGB V). Dabei gilt für in der KV **pflichtversicherte Personen** (Ausn: § 5 Abs 1 Nr 13 SGB V – Versicherte) jeweils ein **numerus clausus der beitragspflichtigen Einnahmearten,** dh es sind nur ganz bestimmte Einkünfte der Beitragsbemessung zugrunde zu legen (vgl zB § 226 Abs 1 SGB V für versicherungspflichtig Beschäftigte; § 237 SGB V für versicherungspflichtige Rentner). Demgegenüber finden bei **freiwilligen Mitgliedern und Pflichtversicherten nach § 5 Abs 1 Nr 13 SGB V sämtliche Einnahmen,** die für die Leistungsfähigkeit des Mitglieds von Bedeutung sind, Eingang in die Beitragsbemessungsgrundlage. Dies kann zu ganz erheblichen Unterschieden in der Beitragsbelastung insbesondere für Rentner führen (zur Unvereinbarkeit der KV der Rentner mit dem GG vgl BVerfG 15.3.2000 – 1 BvL 16/96, NZS 2000, 450 = SozR 3–2500 § 5 Nr 42). Zur pauschalen Beitragspflicht des ArbGeb bei **geringfügiger Beschäftigung** nach § 249b SGB V s *Geringfügige Beschäftigung* Rz 58 ff.

12 **a) Beitragspflichtige Einnahmen versicherungspflichtig Beschäftigter** sind gem § 226 Abs 1 SGB V (nur) das **Arbeitsentgelt** aus der versicherungspflichtigen Beschäftigung, der Zahlbetrag einer ggf zusätzlich bezogenen **Rente aus der gesetzlichen Rentenversicherung** (§ 228 SGB V) oder vergleichbare Einnahmen (**Versorgungsbezüge,** § 229 SGB V) und das **Arbeitseinkommen** iSd § 15 SGB IV. Was als Arbeitsentgelt anzusehen ist, regelt § 14 SGB IV (s *Arbeitsentgelt*). Arbeitseinkommen ist gem § 15 SGB IV der nach steuerrechtlichen Vorschriften ermittelte Gewinn aus einer selbständigen Tätigkeit iSd EStG, wobei Einkommen als Arbeitseinkommen zu werten ist, wenn es als solches nach dem Einkommensteuerrecht zu bewerten ist. Versorgungsbezüge sind ua Bezüge aus einem öffentlich-rechtlichen Dienstverhältnis, aber auch Renten aus einer betrieblichen Altersversorgung (§ 229 Abs 1 Satz 1 Nr 5 SGB V; Einzelheiten s *Betriebliche Altersversorgung*). Heranzuziehen sind diese Einkunftsquellen insgesamt nur bis zur jeweils geltenden Beitragsbemes-

Krankenversicherungsbeiträge

sungsgrenze, wobei aus Versorgungsbezügen und Arbeitseinkommen nur dann Beiträge zu entrichten sind, wenn die Beitragsbemessungsgrenze nicht bereits durch das daneben erzielte Arbeitsentgelt erreicht wird (vgl §§ 230, 223 Abs 3 SGB V; zu aktuellen Werten s *Beitragsbemessungsgrenzen* Rz 5 ff). Der Zahlbetrag der Rente wird zunächst unabhängig von einem etwaigen Überschreiten der Beitragsbemessungsgrenze ebenfalls bis zur Beitragsbemessungsgrenze zur Beitragszahlung herangezogen (sog Beitragsentrichtung gem § 230 SGB V bis zur doppelten Beitragsbemessungsgrenze). Die Beiträge werden aber gem § 231 Abs 2 SGB V auf Antrag des Kassenmitglieds wieder erstattet, soweit sie auf Beiträge entfallen, um die Rente zusammen mit den übrigen Einnahmen die Beitragsbemessungsgrenze überschritten hat.

Beiträge aus Versorgungsbezügen und Arbeitseinkommen sind außerdem nur dann zu entrichten, wenn die Gesamteinkünfte hieraus die **Bagatellgrenze** von $1/20$ der monatlichen Bezugsgröße nach § 18 SGB IV übersteigen (§ 226 Abs 2 SGB V; zum Beitragssatz vgl § 248 SGB V und dessen Verfassungsmäßigkeit vgl BSG 24.8.05 – B 12 KR 29/04 R). Aus Arbeitseinkommen sind Beiträge nur zu entrichten, wenn der Versicherungspflichtige daneben noch Einkünfte aus Renten der gesetzlichen RV oder Versorgungsbezüge hat, nicht aber, wenn nur Arbeitsentgelt aus einer beitragspflichtigen Beschäftigung und Arbeitseinkommen iSd § 15 SGB IV zusammentreffen (vgl § 226 Abs 1 Nr 4 SGB V); zu den Gründen hierfür vgl KassKomm/*Peters* § 226 SGB V Rz 12. **13**

Beiträge aus dem Arbeitsentgelt iSd § 14 SGB IV sind in voraussichtlicher Höhe der Beitragsschuld spätestens am drittletzten Bankarbeitstag des Monats fällig, in dem die Beschäftigung ausgeübt worden ist; ein verbleibender Beitragsrest wird zum drittletzten Bankarbeitstag des Folgemonats fällig (vgl § 23 Abs 1 SGB IV). Die Beitragspflicht erstreckt sich auch auf einmalig gezahltes Arbeitsentgelt, dh auf Weihnachts- und Urlaubsgeld sowie zusätzliche Monatsgehälter etc (§ 23a SGB IV; zu Begriff und beitragsrechtlicher Zuordnung s *Einmalzahlungen* Rz 8 ff). Unständig Beschäftigte, bei denen ein rascher Wechsel zwischen Zeiten mit und ohne Beschäftigung sowie ein häufiger ArbGebWechsel typisch sind, haben Beiträge nicht nach der täglichen Beitragsbemessungsgrenze zu entrichten (§ 232 SGB V; Einzelheiten s *Aushilfskräfte*). **14**

b) Beitragspflichtige Einnahmen von Künstlern und Publizisten. Künstler und Publizisten, die nach dem KSVG versicherungspflichtig sind (vgl *Künstlersozialversicherung*), zahlen gem § 234 SGB V Beiträge aus ihrem voraussichtlichen Jahresarbeitseinkommen (§ 12 KSVG; s *Jahresarbeitsentgelt* Rz 6), dh aus ihrem Arbeitseinkommen aus der selbstständigen Tätigkeit als Publizist oder Künstler, wozu auch Vergütungen für die Verwertung und Nutzung urheberrechtlich geschützter Werke und Leistungen gehören (§ 234 Abs 1 Satz 4 SGB V). Mindestens jedoch zahlen sie pro Tag Beiträge aus einem Betrag, der dem 180. Teil der monatlichen Bezugsgröße des § 18 SGB IV entspricht. Die Obergrenze wird auch hier durch die allgemeine Beitragsbemessungsgrenze der gesetzlichen KV bestimmt (§ 223 Abs 3 SGB V). Hat der Künstler/Publizist noch sonstige, nicht aus künstlerischer/publizistischer Tätigkeit stammende Einnahmen iSv Arbeitsentgelt, Arbeitseinkommen, Renten oder Versorgungsbezügen (§ 226 Abs 1 Nr 1–4 SGB V), werden diese ebenfalls zur Beitragszahlung herangezogen (§ 234 Abs 2 SGB V). **Zahlungsschuldner** der Beiträge für Künstler ist die Künstlersozialkasse (vgl §§ 252, 251 Abs 3 SGB V), die auch die Beitragslast trägt (§ 251 Abs 3 SGB V), sich jedoch bei den Künstlern/Publizisten und abgabepflichtigen Unternehmen nach Maßgabe des KSVG schadlos halten kann. Nach § 7 KSVG können sich Künstler bei Überschreiten der Beitragsbemessungsgrenze von der Versicherungspflicht nach § 5 Abs 1 Nr 4 SGB V befreien lassen. **15**

c) Beitragspflichtige Einnahmen freiwilliger Mitglieder der Krankenkassen sind durch die Kassensatzung zu regeln, wobei sicherzustellen ist, dass die Beitragsbelastung die gesamte wirtschaftliche Leistungsfähigkeit des freiwilligen Mitglieds berücksichtigt (§ 240 Abs 1 SGB V; zu der Bestimmtheitsanforderung an die Satzung vgl BSG 17.5.01 – B 12 KR 31/00 R, SozR 2500 § 240 Nr 38). Bei den freiwilligen Mitgliedern handelt es sich nicht um eine homogene Gruppe, vielmehr können hierzu Selbstständige, Kinder, Hausfrauen sowie ArbN, die wegen Überschreitens der JAEGrenze (s *Beitragsbemessungsgrenzen* Rz 5 ff; *Jahresarbeitsentgelt* Rz 6 ff) nicht mehr pflichtversichert sind, sowie sonstige Personengruppen gehören. Ebenso vielfältig sind die Einnahmequellen der freiwilligen Mitglieder, die als Bemessungsgrundlage in Betracht kommen. Die für freiwillige Mitglieder maßgeblichen **16**

252 Krankenversicherungsbeiträge

und nachfolgend dargestellten Regelungen des Beitragsrechts gelten gem § 227 SGB V entsprechend für die **nach der Auffangregelung des § 5 Abs 1 Nr 13 SGB V Pflichtversicherten**; das sind Personen, die keinen anderweitigen Anspruch auf Absicherung im Krankheitsfall haben und zuletzt gesetzlich krankenversichert waren oder die bisher nicht gesetzlich oder privat versichert waren.

17 **Mindesteinnahmen** iHv kalendertäglich $^1/_{90}$ der monatlichen Bezugsgröße iSd § 18 SGB IV werden für alle freiwilligen Mitglieder unterstellt, damit auch bei der freiwilligen Versicherung ein angemessener Mindestbeitrag zu zahlen ist (vgl § 240 Abs 4 Satz 1 SGB V). Die Regelung ist verfassungskonform (vgl BSG 23.6.94 – 12 RK 82/92, SozR 3–2500 § 240 Nr 17).

18 **Sondervorschriften für hauptberuflich selbstständig Erwerbstätige.** Nach § 240 Abs 4 Satz 2 SGB V sind der Beitragsbemessung für alle freiwillig versicherten hauptberuflich selbstständigen Erwerbstätigen für jeden Tag $^1/_{30}$ (entspricht Höchstbeitrag), bei Nachweis geringerer Einnahmen mindestens $^1/_{40}$ der monatlichen Beitragsbemessungsgrenze (**mindestens der 40. Teil der monatlichen Beitragsbemessungsgrenze**) je Kalendertag zugrunde zu legen. Der Spitzenverband Bund der Krankenkassen kann weitere Beitragsreduzierungen (bis zu $^1/_{60}$ der monatlichen Bezugsgröße/Tag) zulassen. Für diesen Nachweis kommt zB die Vorlage des neuesten EStBescheides in Betracht, ergänzt ggf durch eine vom Wirtschaftsprüfer oder Steuerberater aufgestellte Gewinn- und Verlustrechnung (vgl BSG 9.2.93 – 12 RK 69/92, SozR 3–2500 § 240 Nr 14). Bei hauptberuflich selbstständig erwerbstätigen freiwillig Versicherten ist die Beitragsfestsetzung durch **einstweiligen Verwaltungsakt** zulässig, wenn diese mit Beginn der freiwilligen Mitgliedschaft ihre selbstständige Tätigkeit aufgenommen haben und deshalb der Nachweis über ihre Einnahmen für die endgültige Beitragsfestsetzung noch nicht erbracht werden kann (BSG 22.3.06 – B 12 KR 14/05 R, SozR 4–2500 § 240 Nr 5; zur Berechnung des Krankengeldes bei hauptberuflich Selbstständigen vgl BSG 14.12.06 – B 1 KR 11/06 R). Für freiwillig versicherte Schüler einer Fachschule oder Berufsfachschule und Studenten gilt als Beitragsbemessungsgrenze der BAföG-Satz (§ 240 Abs 1, § 236 SGB V).

Mit dem GKV-Wettbewerbsstärkungsgesetz vom 26.3.07 (BGBl I 07 S 378) wurde mit Wirkung ab 1.4.2007 angeordnete, dass jeder, der weder gesetzlich noch privat krankenversichert ist, künftig über einen solchen Schutz in der privaten oder der gesetzlichen KV verfügen muss. Demgemäß wurde in § 5 Abs 1 Nr 13 SGB V ein entsprechender **Auffangtatbestand für eine Versicherungspflicht nicht anderweitig Versicherter** eingeführt. Diese Vorschrift ordnet die Versicherungspflicht für Personen an, die selbst in der GKV-Versicherte waren oder einen GKV-Schutz über Angehörige hatten. Die Versicherung tritt bei Vorliegen ihrer Voraussetzungen kraft Gesetzes ein, ohne des es einer hierfür konstitutiven Meldung oder Feststellung bedarf. In der privaten KV wurde ebenfalls eine **Pflicht zur privaten KV-Versicherung** sowie ein (günstiger) Basistarif für diese Personengruppe eingeführt (zur Systemzuweisung GKV oder PKV vgl BSG 21.1.11 – B 12 KR 11/09 R Rz 16 ff.,

Sowohl die in der GKV als auch die in der privaten KV versicherten Personen sind verpflichtet, für diesen KV-Schutz Beiträge zu zahlen. Tun sie dies nicht, wäre es konsequent, sie aus der Versicherung auszuschließen. Dies aber würde dem Ziel einer umfassenden Versicherung aller in Deutschland lebenden Menschen zuwiderlaufen. Es ist daher ausgeschlossen, den Versicherungsschutz säumiger Versicherte zu beenden. Um dennoch das Beitragsaufkommen und damit die Solidargemeinschaft zu sichern, war in der GKV zunächst angeordnet, dass die in der GKV freiwillig Versicherten und die bisher nicht Versicherten, nunmehr aber nach § 5 Abs 1 Nr 13 SGB V Pflichtversicherten, erhöhte **Säumniszuschläge in Höhe von 5 % für jeden angefangenen Monat** der Säumnis zu zahlen haben (§ 24 Abs 1 s SGB IV). Diese erhöhe 5 %-ige Säumniszuschlag wurde auch für freiwillige Mitglieder angeordnet, § 24 **Abs 1a SGB IV** aber ab 1.8.13 wieder abgeschafft;; zur Übergangsregelung vgl § 265a SGB V (zum Ganzen *Schlegel* jurisPR SozR 16/203 Anm 1). Erfolgt die **Anzeige rückständiger Beiträge erst nach Stichtag des 31.12.2013**, soll die Krankenkasse die für die Zeit seit dem Eintritt der Versicherungspflicht nachzuzahlenden Beiträge „angemessen ermäßigen"; darauf entfallende „Säumniszuschläge nach § 24 SGB IV sind vollständig" zu erlassen. Für **Betragsrückstände** der nach § 5 Abs 1 Nr 13 SGB V Versicherten heißt das, dass die Krankenkassen nicht kraft allg Ermessens entscheidet, wie dies nach § 76 SGB IV der Fall wäre; vielmehr stellt § 256a Abs 1 SGB V eine Sonderregelung zu § 76 SGB IV dar, nach der die Krankenkasse regelmäßig von dem Instrument des Erlasses Gebrauch machen soll (so Gesundheitsausschuss BT-Drs 17/13947 S 38 zu Nr 2d – § 256a SGB IV). Dies liege – so der Gesundheitsausschuss – im Interesse der Versicherte und auch für die Krankenkassen würde die Beitreibung einen unverhältnismäßigen Aufwand erfordern. Auf **Säumniszuschläge** soll bei den nach § 5 Abs 1 Nr 13 SGB V Versicherten vollständig verzichtet werden. § 256a Abs 1 SGB V ist mE verfassungskonform dahin auszulegen und teleologisch zu reduzieren, dass es jedenfalls für die ab 1.1.2014 entstehenden Beitragsrückstände auch für die nach § 5 Abs 1 Nr 13 SGB V versicherten Personen bei dem 1%-igen Säumniszuschlag bleibt, der allenfalls nach § 76 SGB IV erlassen oder gestundet werden kann. Bestätigt wird dies durch § 256 Abs 3 SGB V: Danach hat die Krankenkasse für Mitglieder nach § 5 Abs 1 Nr 13 (und zusätzlich für freiwillige Mitglieder) für die Zeit bis zur Aufhebung des § 24 Abs 1a SGB V noch nicht gezahlte Säumniszuschläge auf 1 % zu reduzieren.

d) Beitragspflichtige Einnahmen sonstiger Personengruppen regelten ua § 233 SGB V für Seeleute, § 235 SGB V für Rehabilitanden, Jugendliche und Behinderte in Einrichtungen, § 236 SGB V für Studenten und Praktikanten, § 237 SGB V für versicherungspflichtige Rentner, § 239 SGB V für Rentenantragsteller. **19**

3. Beitragssätze. Der Beitragssatz wurde bis Ende 2008 von jeder Kasse selbst durch Satzung festgesetzt. Seit 1.1.09 setzt die Bundesregierung den Beitragssatz durch VO bundeseinheitlich fest. Begrifflich gilt Folgendes: Es wird differenziert zwischen dem paritätisch finanzierten allgemeinen und dem paritätisch ermäßigten Beitragssatz. Erhöht man diese jeweils um 0,9 Beitragssatzpunkte, erhält man den allgemeinen Beitragssatz (dazu a) und den ermäßigten Beitragssatz (dazu b). Hiervon zu unterscheiden sind der kassenindividuelle Zusatzbeitrag bei Krankenkassen, die mit der Mittelzuweisung aus dem Gesundheitsfond nicht zurechtkommen (dazu c) und Beitragsgestaltungen durch Wahltarife nach § 53 SGB V. **20**

a) Allgemeiner Beitragssatz. Den allgemeinen Beitragssatz erhält man, wenn man den paritätisch finanzierten allgemeinen Beitragssatz um 0,9 Beitragssatzpunkte erhöht (vgl § 1 GKV-BSV vom 29.10.08, BGBl I 08, 2109). Dh, der zum 1.7.05 eingeführte zusätzliche KVBeitrag des früheren § 241a Abs 1 SGB V geht seit 1.1.09 in den allgemeinen Beitragssatz ein, nimmt aber nicht an der paritätischen Finanzierung teil (zu den Gründen vgl Personalbuch 2008, *Krankenversicherungsbeiträge* Rz 27). Der **allgemeine Beitragssatz** setzt sich also aus einem paritätisch finanzierten Beitragssatz-Anteil und einem nur vom Mitglied zu tragenden Beitragssatzanteil von 0,9 zusammen. Der allgemeine Beitragssatz gilt für Mitglieder, soweit nicht das Gesetz besondere Beitragssätze vorsieht, und für die Bemessung der **Beiträge aus Renten** der gesetzlichen RV (vgl § 247 SGB V). **21**
Der **allgemeine Beitragssatz** beträgt ab 1.1.2009:
Paritätisch finanzierter allg Beitragssatz 14,6 vH + 0,9 vH = **15,5 vH**
(vgl § 1 GKV-BSV vom 29.10.08, BGBl I 08, 2109).

Bei Versicherungspflichtigen gilt für die Bemessung der **Beiträge aus Versorgungsbezügen** und aus **Arbeitseinkommen** im Grundsatz ebenfalls der allgemeine Beitragssatz. Soweit es sich bei den Versorgungsbezügen um Renten oder Landabgaberenten nach dem Gesetz der Alterssicherung für Landwirte handelt, sind Besonderheiten zu beachten (vgl § 248 Satz 2 SGB V). **22**

Für die nach dem allgemeinen Beitragssatz abhängig Beschäftigter zu entrichtenden Beiträge bleibt es beim **Quellenabzugsverfahren**. Der ArbGeb zahlt die aus dem Arbeitsentgelt zu entrichtenden KVBeiträge als Teil des GesamtSozVBeitrags weiterhin an die Einzugsstelle. Die Krankenkassen müssen diese Beiträge im Normalfall weder festsetzen noch einziehen. Sie müssen sich die Beiträge nicht mittels eines eigenen Behördenapparates „holen", sondern die Beiträge werden ihnen insoweit – um es salopp auszudrücken – von den ArbGeb „gebracht". Sie haben es zurzeit noch mit einer Vielzahl von Kassen zu tun, wobei die Beitragssätze von Kasse zu Kasse unterschiedlich sein können. **23**

Die ArbGeb haben seit 1.1.11 die Option, die Beiträge nicht mehr an die einzelnen Kassen, sondern zentral an eine so genannte beauftragte Stelle zu zahlen und auch dieser gegenüber die Meldungen zu erstatten sowie den Beitragsnachweis bei dieser zentralen Stelle einzureichen (§ 28f Abs 4 SGB IV, Art 46 Abs 12 GKV-WSG). **24**

b) Ermäßigter Beitragssatz. Der **ermäßigte Beitragssatz** (vgl § 243 SGB V iVm § 2 GKV-BSV vom 29.10.08, BGBl I 08, 2109) beträgt ab 1.1.2009: **25**

252 Krankenversicherungsbeiträge

Paritätisch finanzierter allg Beitragssatz 14,0 vH + 0,9 vH = **14,9 vH** (vgl § 2 GKV-BSV vom 29.10.08, BGBl I 08, 2109).

26 Der ermäßigte Beitragssatz gilt für Mitglieder, die **keinen Anspruch auf Krankengeld** haben (§ 243 SGB V, Ausnahme: Beitragsbemessung nach § 240 Abs 4a SGB V) sowie für Bezieher von **Arbeitslosengeld II** (Grundsicherung für Arbeitsuchende, vgl § 246 SGB V).

27 **c) Kassenindividueller Zusatzbeitrag.** Die Kassen haben seit 1.1.09 die Pflicht, einen kassenindividuellen Zusatzbeitrag zu erheben, wenn sie ihren Finanzbedarf nicht aus den Mittelzuweisungen durch den Gesundheitsfonds decken können (vgl § 242 SGB V).

28 Dieser Beitrag ist vom Mitglied unmittelbar an die Kasse zu zahlen (§ 251 Abs 6 SGB V). Anders als für die Beiträge aus dem Arbeitsentgelt oder aus der Rente findet hinsichtlich des Zusatzbeitrages kein Quellenabzug statt (vgl § 252 SGB V, dazu BT-Drs 16/3100 S 474 zu Nr 171 – § 252, Buchst b). Vielmehr muss der Versicherte diesen Beitrag selbst an die Kasse zahlen.

29 **d) Abgrenzung Beitragssatz – Beitragsgestaltung durch Wahltarife.** § 53 SGB V lässt seit 1.4.07 sog Wahltarife zu. Diese sehen teilweise eine Prämienzahlung der Kasse an den Versicherten vor, teilweise hat der Versicherte zusätzliche Prämien zu zahlen.

30 Bei der Prämienzahlung durch die Kasse handelt es sich insoweit um eine Art Beitragsrückerstattung. Die Versicherten können Wahltarife auch kombinieren. Die Prämienzahlung darf bis zu 20 % der vom Versicherten im Kj getragenen Beiträge, jedoch nicht mehr als 600 € betragen. Handelt es sich um eine Kasse, die Zusatzbeiträge nach § 242 SGB V erhebt, kann die Prämienzahlung bis zu 30 vH der vom Versicherten im Kj getragenen Beiträge, jedoch nicht mehr als 900 € betragen (vgl § 53 Abs 8 SGB V).

31 Andererseits gibt es Wahltarife, die zB die Wettbewerbsfähigkeit der GKV mit der PKV steigern sollen. So kann ein Wahltarif „Kostenerstattung" gewählt werden, der es dem Versicherten erlaubt, von seiner Kasse für ärztliche Behandlung den 2,5 GoÄ-Satz erstattet zu erhalten. In diesem Fall muss die Satzung für Mehraufwendungen der Kasse zusätzliche Prämienzahlungen des Versicherten vorsehen.

32 **4. Beitragszahlung und Beitragstragung. a) Beitragszahlung aus dem Arbeitsentgelt.** Die Beiträge sind im **Grundsatz** von demjenigen zu zahlen, der die Beiträge auch zu tragen hat (vgl § 252 SGB V). Für die Beitragszahlung aus dem Arbeitsentgelt gelten indessen folgende Besonderheiten. Hier sind im Grundsatz drei Beschäftigungsgruppen zu unterscheiden und zwar geringfügig Beschäftigte, Pflichtversicherte mit einem Arbeitsentgelt zwischen 450,01 € und 850 € („neue" Gleitzone, „alte" Gleitzone: 400,01 € und 800 €; vgl dazu Minijob) sowie Pflichtversicherte mit einem Arbeitsentgelt von mehr als 850 €.

33 Für **geringfügig Beschäftigte** sind keine Pflichtbeiträge iSe GesamtSozVBeitrages zu zahlen. Allerdings hat der ArbGeb für seine in der gesetzlichen KV (familienversicherten oder freiwillig versicherten) geringfügig beschäftigten ArbN **Pauschalbeiträge in Höhe von 13 vH** an die Bundesknappschaft als zentrale Beitragseinzugsstelle zu zahlen (vgl § 249b SGB V, § 28i Satz 4 SGB IV; *Geringfügige Beschäftigung* Rz 51 ff; zur Verfassungsmäßigkeit vgl BSG 25.1.06 – B 12 KR 27/04 R, SozR 4–2500 § 249 Nr 2).

34 Für sog **Minijobs in der Gleitzone** (dazu § 20 Abs 2 SGB IV) sind für **Arbeitsentgelte** zwar Pflichtbeiträge zu zahlen, jedoch ist insoweit der Grundsatz hälftiger Beitragstragung aufgehoben; vielmehr wächst der ArbN erst „langsam in die hälftige Beitragstragung" hinein. Die Beiträge sind als GesamtSozVBeitrag an die Einzugsstelle, dh für den ArbN jeweils zuständige Krankenkasse zu zahlen (vgl §§ 28d, 28e SGB IV). Für die technische Berechnung der Beiträge bestimmt § 2 Abs 2 BVV Folgendes: In den Fällen der Gleitzone wird der vom ArbGeb zu zahlende Beitrag durch Anwendung des halben Beitragssatzes auf die beitragspflichtige Einnahme und anschließender Verdoppelung des gerundeten Ergebnisses berechnet. Der vom ArbGeb zu tragende Beitragsanteil wird durch Anwendung des halben Beitragssatzes auf das der Beschäftigung zugrunde liegende Arbeitsentgelt berechnet und gerundet. Der Abzug des ArbGebAnteils von dem nach Satz 1 errechneten Beitrag ergibt den Beitragsanteil der Beschäftigten. – Bei Mehrfachbeschäftigung und einem „Gesamtarbeitsentgelt" innerhalb der Gleitzone gilt § 2 Abs 2 Satz 3 BVV.

35 Für ArbN mit einem **Arbeitsentgelt von mehr als 850 €** gilt Folgendes: Der ArbGeb trägt gem § 249 Abs 1 SGB V die Hälfte der Beiträge des ArbN aus dem Arbeitsentgelt nach dem um 0,9 % verminderten allgemeinen Beitragssatz; im Übrigen trägt der ArbN die

Krankenversicherungsbeiträge

Beiträge. Das bedeutet: ArbG und ArbN teilen sich den nach 14,9 % berechneten Beitrag; den nach zusätzlichen 0,9 % berechneten Beitrag trägt der ArbN alleine. Zahlungsschuldner ist allein der ArbGeb. Er zahlt den Beitrag zur KV als GesamtSozVBeitrag an die zuständige Beitragseinzugsstelle (vgl §§ 28d, 28e und 28i SGB IV, vgl auch *Sozialversicherungsbeiträge, Lohnabzugsverfahren, Lohnlisten*).

Der ArbGeb trägt die Beiträge allein für die zu ihrer Ausbildung Beschäftigten, wenn **36** deren Arbeitsentgelt **(Ausbildungsvergütung) in Monat 325 €** nicht übersteigt (vgl § 20 Abs 3 SGB IV). Gleiches gilt unabhängig von der Höhe des Entgelts für die Teilnehmer an einem freiwilligen sozialen oder ökologischen Jahr oder des Bundesfreiwilligendienstes (vgl § 20 Abs 3 SGB IV); dazu BSG 15.7.09 – B 12 KR 14/08 R, SozR 4–2500 § 7 Nr 1.

b) Beitragszahlung aus Versorgungsbezügen einschließlich Betriebsrenten. Zu **37** den Versorgungsbezügen gehören nach § 229 Abs 1 Satz 1 Nr 5 SGB V auch Renten aus einer betrieblichen Altersversorgung einschließlich der Zusatzversorgung des öffentlichen Dienstes. Für versicherungspflichtige Krankenkassenmitglieder, die neben ihren Versorgungsbezügen (zB betriebliche Altersrenten) auch eine Rente aus der gesetzlichen RV beziehen, haben die Zahlstellen der Versorgungsbezüge die aus den Versorgungsbezügen zu entrichtenden Beiträge (vgl §§ 229, 226 Abs 1 Nr 3, 248 Abs 1 SGB V) einzubehalten und an die zuständige Krankenkasse zu zahlen (§ 256 Abs 1 Satz 1 SGB V). Hiervon kann sich eine Zahlstelle der Versorgungsbezüge befreien lassen, wenn sie regelmäßig an weniger als 30 beitragspflichtige Mitglieder Versorgungsbezüge zahlen muss (§ 256 Abs 4 SGB V). Die Grenzen zulässiger Typisierung sind überschritten und die Beitragserhebung daher verfassungswidrig, wenn und soweit auch diejenigen Kapitalleistungen der Beitragspflicht unterworfen werden, die auf Beiträgen beruhen, die ein ArbN nach Beendigung seiner Erwerbstätigkeit auf den Lebensversicherungsvertrag unter Einrücken in die Stellung des Versicherungsnehmers eingezahlt hat. Denn mit der Vertragsübernahme durch den ArbN ist der Kapitallebensversicherungsvertrag vollständig aus dem **betrieblichen Bezug** gelöst worden und unterscheidet sich hinsichtlich der dann noch erfolgenden Einzahlungen nicht mehr von anderen privaten Lebensversicherungen. Dass die Verträge ursprünglich vom ArbGeb des Bezugsberechtigten abgeschlossen wurden und damit dem Regelwerk des Betriebsrentenrechts unterlagen, reicht nicht aus, die Leistungen insoweit als Versorgungsbezüge zu qualifizieren. Auf die Einzahlungen des Bezugsberechtigten auf einen von ihm als Versicherungsnehmer fortgeführten Kapitallebensversicherungsvertrag finden hinsichtlich der von ihm nach Vertragsübernahme eingezahlten Beiträge keine Bestimmungen des Betriebsrentenrechts mehr Anwendung. Bei der Auszahlung einer Lebensversicherung ist daher der auf privater Vorsorge beruhende Anteil des Zahlbetrags getrennt auszuweisen (vgl BVerfG Kammerbeschl vom 28.9.10 – 1 BvR 1660/08).

Wird dem Antrag stattgegeben, hat das Mitglied die Beiträge selbst an die Krankenkasse zu zahlen (§ 256 Abs 4 SGB V). § 256 SGB V gilt nur für pflichtversicherte Krankenkassenmitglieder, die zusätzlich zu den Versorgungsbezügen eine Rente aus der gesetzlichen RV beziehen; wird eine solche Rente nicht bezogen oder ist der Empfänger der Versorgungsbezüge nur freiwilliges Mitglied der Krankenkasse, ist die Zahlstelle nicht zur Beitragszahlung verpflichtet; dieser Personenkreis hat die Beiträge selbst an die Krankenkasse zu zahlen (§ 252 SGB V).

5. Beitragszuschüsse hat der ArbGeb gem § 257 SGB V an ArbN zu zahlen, die nur **38** wegen Überschreitens der JAEGrenze (s *Beitragsbemessungsgrenzen; Jahresarbeitsentgelt*) versicherungsfrei sind (§ 6 Abs 1 Nr 1 SGB V) und sich in der gesetzlichen KV freiwillig oder privat versichern. Der Zuschuss ist nur dann zu gewähren, wenn gerade „wegen Überschreitens der Jahresarbeitsentgeltgrenze" Versicherungsfreiheit besteht. Andere Gründe der Versicherungsfreiheit lösen den Beitragszuschuss nicht aus. So hat zB, wer als hauptberuflich Selbstständiger in einer abhängigen Nebenbeschäftigung nach § 5 Abs 5 SGB V nicht der Versicherungspflicht in der KV unterliegt (versicherungsfrei ist), keinen Anspruch auf Beitragszuschuss durch seinen ArbGeb nach § 257 SGB V in der Nebenbeschäftigung (vgl BSG 10.3.94 – 12 RK 12/93, SozR 3–2500 § 257 Nr 2); Gleiches gilt für einen ehemaligen – nach § 6 Abs 3 SGB V versicherungsfreien – Berufssoldaten, der mit Anspruch auf Ruhegehalt und Beihilfe eine Beschäftigung aufnimmt, mit der er ein Entgelt über der JAEGrenze erzielt (BSG 10.3.94 – 12 RK 37/93, SozR 3–2500 § 257 Nr 3).

Der Beitragszuschuss ist in Höhe der Hälfte des Beitrages zu zahlen, der für einen **39** versicherungspflichtigen Beschäftigten bei der Krankenkasse, bei der die Mitgliedschaft

252 Krankenversicherungsbeiträge

tatsächlich besteht, zu zahlen wäre; höchstens ist jedoch ein Beitrag zu zahlen in Höhe der Hälfte des Beitrages, den das Mitglied tatsächlich zahlt. Ein Anspruch in Höhe der Hälfte des Beitrages, der sich bei Anwendung des durchschnittlichen allgemeinen Beitragssatzes aller Krankenkassen ergibt, ist für diejenigen Personen vorgesehen, die wegen Überschreitens der JAEGrenze versicherungsfrei sind und die sich bei einem privaten KV-Unternehmen versichert haben sowie für deren Angehörige, die bei Versicherungspflicht des Beschäftigten nach § 10 SGB V versichert wären und Vertragsleistungen beanspruchen können, die der Art nach den Leistungen der gesetzlichen KV entsprechen (§ 257 Abs 2 SGB V).

40 Die Beitragszuschussregelung gilt nur für die KV, nicht für die RV; selbst wenn sich ein Beschäftigter in der RV wegen Absicherung durch Lebensversicherungen von der Versicherungspflicht befreien ließ, hat er keinen Anspruch gegen den ArbGeb auf einen dem § 257 SGB V entsprechenden Zuschuss (BSG 22.5.85 – 1 RS 1/84 – USK 8546).

41 Auf den Beitragszuschuss nach § 257 SGB V kann grds nicht verzichtet werden, da der Zuschuss nicht nur eine Gleichstellung des versicherungsfreien mit einem pflichtversicherten Beschäftigten erreichen soll, sondern auch das Ziel verfolgt, den ArbN in die Lage zu versetzen, seine Beiträge an die private oder gesetzliche Krankenkasse pflichtgemäß und pünktlich zu zahlen; für einen Verzicht bedarf es deshalb eines wichtigen, im Einzelfall jeweils darzulegenden Grundes (BSG 25.9.81 – 12 RK 58/80, SozR 2200 § 405 Nr 10). Ansprüche auf Beitragszuschüsse nach § 227 SGB V sind ggf bei den Gerichten der Sozialgerichtsbarkeit einzuklagen, nicht bei den ArbG (Gemeinsamer Senat der obersten Gerichtshöfe des Bundes 4.6.74 – GmS-OGB 2/73, SozR 1500 § 51 Nr 2).

42 **6. Beitragsfreiheit** trotz fortbestehenden KVSchutzes besteht gem § 224 SGB V für Mitglieder, solange sie Anspruch auf Krankengeld und Mutterschaftsgeld haben oder solange sie Erziehungsgeld beziehen. Die Beitragsfreiheit gilt aber nur für diese Leistungen; bezieht das Mitglied neben Krankengeld, Mutterschaftsgeld oder Erziehungsgeld noch andere Leistungen, müssen für diese anderen Leistungen nach den allgemeinen Vorschriften Beiträge entrichtet werden (BSG 24.11.92 – 12 RK 8/92 SozR 3–2500 § 224 Nr 2). § 224 SGB V gilt für Pflichtmitglieder und freiwillige Mitglieder gleichermaßen.

43 **7. Anhang: Aktuell geltende Werte/Beitragssätze.**

BL = Bundesländer		2014 in €		2013 in €	
		alte BL	neue BL	alte BL	neue BL
a) **Bezugsgröße** iSd § 18 SGB IV	monatlich	2.765	2.345	2695	2275
	jährlich	33.180	28.140	32 340	27 300
b) **Beitragsbemessungsgrenze**	jährlich	48.600	48.6000	47 250	47 250
c) **Jahresarbeitsentgeltgrenze** (Versicherungspflichtgrenze)					
aa) Bestandsfälle (§ 6 Abs 7 SGB V)	jährlich	48.600	48.600	47 250	47 250
bb) Neuregelung (§ 6 Abs 6 SGB V)	jährlich	53.550	53.550	52 200	52 200
d) **Geringfügigkeitsgrenze**					
(§ 8 Abs 1 Satz 1 SGB IV) seit 1.1.13	monatlich			450	450
(§ 8 Abs 1 SGB IV) 1.4.03 bis 31.12.12	monatlich	450	450	400	400
e) **Gleitzone neu (§ 20 Abs 2 SGB IV)** ab 1.1.13	monatlich			450,01 bis 850	450,01 bis 850
Gleitzone alt (§ 20 Abs 2 SGB IV, § 226 Abs 4 SGB V) bis 31.12.12	monatlich	450,01 bis 850,00	450,01 bis 850,01	400,01 bis 800,00	400,01 bis 800,00
f) **Allgemeiner Beitragssatz** Paritätisch finanzierter allg Beitragssatz 14,6 vH + 0,9 vH = Mitglieder bezogener Beitragsanteil		15,5 vH	15,5 vH	15,5 vH	15,5 vH

Krankenversicherungspflicht

A. Arbeitsrecht
Griese

Die KVPflicht hat arbeitsrechtlich die Auswirkung, dass der ArbGeb den KVBeitrag 1 errechnen, den ArbNAnteil vom Bruttoentgelt abziehen und als Teil des GesamtSozVBeitrages abführen muss (Näheres: *Sozialversicherungsbeiträge* Rz 1 ff, *Bruttolohnvereinbarung* Rz 4 ff und *Beitragsbemessungsgrenzen* Rz 1). Zur **Befreiung von der Versicherungspflicht** s dort.

B. Lohnsteuerrecht
Windsheimer

Für das LStRecht kann die Entscheidung des zuständigen SozVTrägers über die SozV- 2 Pflicht von Beschäftigungsverhältnissen bindend sein für die Frage, ob ein ArbGebZuschuss zur Kranken-, Renten- und Arbeitslosenversicherung steuerfrei (§ 3 Nr 62 EStG) ist oder als stpfl Lohn zu erfassen ist (BFH 6.6.02 – VI R 178/97, BStBl II 03, 34; sog **Tatbestandswirkung;** s auch *Pflegeversicherungsbeiträge* Rz 7). Die Steuerfreiheit des § 3 Nr 62 EStG greift nicht ein bei einer privaten KV eines EU-Staates (BFH 22.7.08 – VI R 56/05, BStBl II 08, 894). Zur steuerlichen Behandlung der KVBeiträge s *Krankenversicherungsbeiträge* Rz 3 ff und *Sonderausgaben* Rz 4, 5. Zu den Eintragungen auf der elektronischen Lohnsteuerbescheinigung s *Lohnsteuerbescheinigung* Rz 22.

C. Sozialversicherungsrecht
Ruppelt

Übersicht

	Rz		Rz
I. Allgemeines	3, 4	g) Studenten	15
II. Versicherungspflichtige	5–20	h) Praktikanten	16
1. Arbeitnehmer	5–7	i) Rentner	17–19
2. Sonstige Personen	8–20	j) Auffangversicherungspflicht nach dem GKV-Wettbewerbsstärkungsgesetz	20
a) Leistungsempfänger nach dem SGB II und SGB III	9		
b) Landwirte	10	III. Ausnahmen von der Versicherungspflicht kraft Gesetzes	21–25
c) Künstler und Publizisten	11		
d) Jugendhilfe	12	IV. Befreiung von der Versicherungspflicht	26
e) Teilnehmer an berufsfördernden Maßnahmen zur Rehabilitation	13	V. Versicherungspflicht und private KV	27
f) Behinderte	14		

I. Allgemeines. Die Versicherungspflicht in der gesetzlichen KV folgt wie die Versiche- 3 rungspflicht in der gesetzlichen RV und die Beitragspflicht zur ArblV dem **Enumerationsprinzip.** Sie hat ihren Ausgang bei den gegen Entgelt beschäftigten Arbeitern genommen. Wie in den anderen Versicherungszweigen wurde die Versicherungspflicht zur gesetzlichen KV auf weitere Personenkreise ausgedehnt, wobei diese Ausdehnung nicht in jedem Fall für alle Versicherungszweige übereinstimmend vorgenommen worden ist. Eine einheitliche SozVPflicht besteht daher nicht, vielmehr ist grds für jeden Versicherungszweig gesondert zu prüfen, ob Versicherungspflicht vorliegt (vgl *Arbeitslosenversicherungspflicht* Rz 3 ff; *Rentenversicherungspflicht* Rz 3 ff; *Pflegeversicherungspflicht* Rz 3). Die Versicherungspflicht in der KV ist abschließend in § 5 SGB V geregelt. Ausnahmen und Sonderregelungen finden sich ausschließlich in den §§ 6–9 SGB V.

Der KVTräger als **Einzugsstelle** der GesamtSozVBeiträge ist zuständig für die **Feststel-** 4 **lung der Versicherungs- und Beitragspflicht** zur KV, PflegeV, RV und ArblV (§ 28h Abs 2 SGB IV). Abweichendes gilt für das Anfrageverfahren nach § 7a SGB IV (s *Scheinselbstständigkeit* Rz 15), im Rahmen einer Betriebsprüfung (§ 28p Abs 1 Satz 5 SGB IV) und bei geringfügigen Beschäftigungen (§ 28i Satz 5 SGB IV). Der Beitragsanspruch entsteht kraft Gesetzes, so dass es eines Feststellungsbescheides nicht bedarf (vgl *Sozialversicherungsbeiträge* Rz 22).

253 Krankenversicherungspflicht

5 II. **Versicherungspflichtige. 1. Arbeitnehmer** unterliegen der Versicherungspflicht, sofern sie gegen Arbeitsentgelt beschäftigt sind (§ 5 Abs 1 Nr 1 SGB V). Dazu gehören auch gegen Entgelt beschäftigte Praktikanten und zu ihrer Berufsausbildung Beschäftigte (§ 7 Abs 2 SGB IV). Soweit diesen kein Entgelt gezahlt wird, besteht Versicherungspflicht nach § 5 Abs 1 Nr 10 SGB V (s unten Rz 16). Auch bei einem Entgelt unterhalb der Geringfügigkeitsgrenze (siehe *Geringfügige Beschäftigung* Rz 25 ff) besteht bei diesem Personenkreis Versicherungspflicht (BSG 15.7.09 – B 12 KR 14/08 R, SozR 4–2500 § 7 Nr 1). Bei **flexiblen Arbeitszeitmodellen** liegt eine Beschäftigung gegen Arbeitsentgelt auch in den Zeiten der Freistellung vor (§ 7 Abs 1a SGB IV). Ein versicherungspflichtiges Beschäftigungsverhältnis kann daher auch mit einer Zeit der Freistellung beginnen. Insoweit wird allerdings regelmäßig zu prüfen sein, ob die Begründung des Beschäftigungsverhältnisses nur der Schaffung von KVSchutz diente.

Krankenversicherungsfreiheit abhängig Beschäftigter wegen eines Entgelts über der Jahresentgeltgrenze. Beschäftigte, deren regelmäßiges JAE die JAEGrenze (s *Jahresarbeitsentgelt* Rz 11, *Beitragsbemessungsgrenzen* Rz 22) übersteigt, sind nach § 6 Abs 1 Nr 1 SGB V versicherungsfrei. Gleiches gilt für Versicherungspflichtige, deren Entgelt (regelmäßig durch Gehaltserhöhung) die JAEGrenze übersteigt mit **Ablauf des Kalenderjahres,** in dem sie überschritten wird, wenn das Entgelt auch die JAEGrenze des nächsten Kalenderjahres übersteigt (§ 6 Abs 4 SGB V). Eine **besondere JAEGrenze** gilt nach § 6 Abs 7 SGB V für Beschäftigte, die am 31.12.02 wegen Überschreitens der an diesem Tag geltenden JAEGrenze versicherungsfrei und privat krankenversichert waren. Mit Ablauf des Überschreitensjahres tritt Versicherungsfreiheit unabhängig von Kündigungs- oder Bindungsfristen ein (s *Krankenversicherungsträger* Rz 8 f). Allerdings wird die Versicherung als freiwillige Versicherung in der gesetzlichen KV fortgeführt, wenn der Versicherte nicht nach § 190 Abs 3 SGB V den Austritt erklärt, um sich in der privaten KV zu versichern. Ein Verzicht auf jede Versicherung ist nicht möglich. Tritt der ausgetretene Versicherte einer privaten KV nicht bei, greift die Auffangversicherungspflicht in der privaten KV nach § 193 Abs 3 VVG. Variable Arbeitsentgeltbestandteile, deren Höhe von einer Steigerung des Unternehmensumsatzes abhängig sind (Tantiemen) stellen kein regelmäßiges Arbeitsentgelt iSd § 6 Abs 1 Nr 1 SGB V dar (LSG BaWü 16.10.12 – L 11 KR 5514/11, BeckRS 2013, 65110).

Nicht versicherungspflichtig sind **hauptberuflich Selbstständige oder Beamte,** auch wenn sie daneben eine an sich versicherungspflichtige Beschäftigung ausüben (§§ 5 Abs 5, 6 Abs 3 SGB V). Übt zB ein versicherungsfreier Soldat eine an sich versicherungspflichtige Nebenbeschäftigung aus, entsteht keine Versicherungspflicht in der gesetzlichen KV. Mit dieser Regelung soll die Einbeziehung nicht schutzbedürftiger Personengruppen in die gesetzliche KV vermieden werden. Das Gleiche gilt grds für Personen, die nach **Vollendung des 55. Lebensjahres** versicherungspflichtig werden und in den letzten fünf Jahren vor Eintritt der Versicherungspflicht nicht gesetzlich versichert waren (s unten Rz 24). Zur Versicherungsfreiheit **geringfügig Beschäftigter** nach § 7 SGB V vgl *Geringfügige Beschäftigung* Rz 25 ff.

6 Die Mitgliedschaft versicherungspflichtig Beschäftigter **beginnt** mit dem Tage des Eintritts in das Beschäftigungsverhältnis (§ 186 Abs 1 Nr 1 SGB V). Das ist idR der Tag, an dem die Arbeit tatsächlich aufgenommen wird, bzw der Tag, an dem der Beschäftigungsbeginn vertraglich vorgesehen ist. Der Mitgliedschaft in der KV steht also eine Vereinbarung nach § 7 Abs 1a SGB IV nicht entgegen, wonach das Beschäftigungsverhältnis mit der Zeit einer Freistellung beginnt. Gleiches gilt, wenn der ArbN zum Zeitpunkt der vorgesehenen Arbeitsaufnahme arbeitsunfähig ist, soweit Anspruch auf Entgeltfortzahlung besteht (KassKomm/ Peters § 186 SGB V, Rz 10). Durch die Vereinbarung eines **Scheinarbeitsverhältnisses** kann eine Mitgliedschaft in der gesetzlichen KV nicht begründet werden (LSG SachsAnh 19.5.11 – L 10 KR 52/07, BeckRS 2011, 74145). Die Mitgliedschaft **endet** für versicherungspflichtig Beschäftigte mit Ablauf des Tages, an dem das Beschäftigungsverhältnis endet (§ 190 Abs 2 SGB V). Eine Beschäftigung gegen Arbeitsentgelt gilt als fortbestehend, solange das Beschäftigungsverhältnis ohne Anspruch auf Arbeitsentgelt fortdauert, jedoch nicht länger als einen Monat (§ 7 Abs 3 SGB IV; vgl *Urlaub, unbezahlter* Rz 10). In diesem Zeitraum bleibt die Versicherungspflicht bestehen. Nach Maßgabe von § 7 Abs 1a SGB V bleibt das Beschäftigungsverhältnis bei **flexiblen Arbeitszeitregelungen** auch in Zeiten der Freistellung von der Arbeitsleistung bestehen. Daher bleibt es in diesen Zeiten auch bei der

Krankenversicherungspflicht 253

KV-Pflicht über die Monatsfrist hinaus (*Rolfs/Witschen* Beschäftigung und Freistellung bei flexibler Arbeitszeit – der neue § 7 Abs 1a Satz 2 SGB V, NZS 12, 241). Die Mitgliedschaft Versicherungspflichtiger bleibt trotz Beendigung des Beschäftigungsverhältnisses **erhalten,** wenn die Voraussetzungen des § 192 SGB V vorliegen (Bezug von Krankengeld, Elterngeld, Kurzarbeitergeld; Inanspruchnahme von Elternzeit; während rechtmäßigen Arbeitskampfmaßnahmen und während der Inanspruchnahme von Rehabilitationsleistungen).

Die Versicherungspflicht gilt für alle Personen, die im **Bundesgebiet** beschäftigt sind, die 7 Staatsangehörigkeit ist nicht entscheidend (§ 3 SGB IV). Vgl aber § 6 Abs 1 Nr 1a SGB V zu nicht-deutschen Besatzungsmitgliedern deutscher Seeschiffe. Zur Ausstrahlung des Versicherungsschutzes vgl § 4 SGB IV (s *Auslandstätigkeit* Rz 115). Regelungen des inter- oder supranationalen Rechts (EU-Recht, SozVAbkommen) sind vorrangig. Die nach früherem Recht bestehende KVPflicht bestimmter kleinerer Gruppen von Selbstständigen ist entfallen, soweit sie nicht als selbstständige Künstler oder Publizisten versicherungspflichtig sind (vgl *Künstlersozialversicherung* Rz 1 ff). **Vorstände einer AG** ohne qualifizierte Anteilsmehrheit an der AG sind regelmäßig abhängig beschäftigt und unterliegen damit grds der KVPflicht, soweit die JAEGrenze nicht überschritten wird (LSG BlnBbg 7.8.13 – L 9 KR 269/11, DStR 13, 2779). Bei **Prostituierten** steht das eingeschränkte Weisungsrecht im Rahmen einer abhängigen Tätigkeit der Annahme einer Beschäftigung iSd SozVRechts nicht entgegen (§ 3 ProstG). Vgl *Leube* Prostitution als sozialversicherungsrechtliche Beschäftigung, SozVers 02, 85.

2. Sonstige Personen unterliegen der Versicherungspflicht, soweit sie in § 5 Abs 1 8 Nr 2–13 SGB V aufgeführt sind. Es handelt sich insbesondere um:

a) Leistungsempfänger nach dem SGB II und SGB III. aa) Bezieher von Arbeits- 9 **losengeld.** Dies gilt nach § 5 Abs 1 Nr 2 SGB V auch dann, wenn das AlGeld nur deshalb nicht bezogen wird, weil der Anspruch ab Beginn des zweiten Monats bis zur zwölften Woche einer Sperrzeit (§ 159 SGB III) oder ab Beginn des zweiten Monats wegen einer Urlaubsabgeltung (§ 157 Abs 2 SGB III) ruht. Im Umkehrschluss bedeutet dies, dass andere Ruhenstatbestände die KVPflicht entfallen lassen. KVPflicht bleibt bestehen, wenn die Entscheidung, die zum Bezug der Leistung nach dem SGB III geführt hat, später aufgehoben wird. Bei Beziehern von Kurzarbeitergeld (§§ 95 ff SGB III) bleibt die Pflichtmitgliedschaft erhalten (§ 192 Abs 1 Nr 4 SGB V).

bb) Bezieher von Arbeitslosengeld II, soweit sie nicht familienversichert sind oder nur darlehensweise Leistungen bzw Leistungen nach § 23 Abs 3 Satz 1 SGB II beziehen. Nach § 5 Abs 5a SGB V unterliegen Bezieher von ALG II nicht der Versicherungspflicht, wenn sie unmittelbar vor dem Leistungsbezug privat krankenversichert waren oder weder gesetzlich noch privat krankenversichert waren und als hauptberuflich selbstständig Erwerbstätige oder als versicherungsfreie Personen zu dem Personenkreis gehören, der grundsätzlich der privaten KV zuzuordnen ist. Diese Regelung korrespondiert mit der Verpflichtung der privaten Krankenversicherer, diesem Personenkreis einen Basistarif im Umfang des Leistungsangebots der gesetzlichen KV anzubieten (LSG Bln-Bbg 6.12.12 – L 9 KR 469/12 B ER, BeckRS 2013, 65476). **Sozialhilfeempfänger** nach dem SGB XII sind **nicht** gesetzlich krankenversichert. Soweit sie nicht freiwillig weiterversichert sind, erhalten sie Krankenhilfe nach § 48 SGB XII. Diese entspricht im Wesentlichen den Leistungen nach dem SGB V. Die Betroffenen erhalten von der Krankenkasse eine Versicherten- bzw Gesundheitskarte. Weitere mitgliedschaftliche Rechte entstehen nicht. Der Sozialhilfeträger erstattet der Krankenkasse die Kosten der Krankenbehandlung.

b) Landwirte, ihre mitarbeitenden Familienangehörigen und Altenteiler nach näherer 10 Bestimmung des Zweiten Gesetzes über die Krankenversicherung der Landwirte 1989.

c) Künstler und Publizisten nach näherer Bestimmung des KSVG (vgl *Künstlersozial-* 11 *versicherung* Rz 22 ff).

d) Jugendhilfe. Personen, die in Einrichtungen der Jugendhilfe für eine Erwerbstätigkeit 12 befähigt werden sollen. Entgeltlichkeit ist nicht erforderlich.

e) Teilnehmer an berufsfördernden Maßnahmen zur Teilhabe am Arbeitsleben 13 sowie Teilnehmer an Berufsfindungsmaßnahmen oder Maßnahmen der Arbeitserprobung. Das gilt nicht für Maßnahmen nach dem BVG. Die Teilnahme an einer medizinischen RehaMaßnahme (vgl *Kur*) begründet keine Versicherungspflicht, eine bereits bestehende Mitgliedschaft bleibt jedoch erhalten (§ 192 Abs 1 Nr 3 SGB V).

253 Krankenversicherungspflicht

14 **f) Behinderte,** die in anerkannten Werkstätten für Behinderte oder in nach dem Blindenwarenvertriebsgesetz anerkannten Blindenwerkstätten oder für diese Einrichtungen in Heimarbeit tätig sind, oder die in Anstalten, Heimen oder gleichartigen Einrichtungen in gewisser Regelmäßigkeit eine Leistung erbringen, die einem Fünftel der Leistung eines voll erwerbsfähigen Beschäftigten in gleichartiger Beschäftigung entspricht; hierzu zählen auch Dienstleistungen für den Träger der Einrichtung. Soweit der Behinderte in einer **anerkannten** Behinderten- oder Blindenwerkstätte tätig ist, kommt es auf die Erzielung von Entgelt oder die wirtschaftliche Verwertbarkeit der Arbeitsleistung nicht an.

15 **g) Studenten** an staatlichen oder staatlich anerkannten Hochschulen, wenn sie eingeschrieben sind und die Fachstudienzeit von 14 Semestern bzw die Altersgrenze von 30 Jahren nicht überschreiten und nicht familienversichert sind (§ 5 Abs 1 Nr 9 SGB V). Studenten nach Abschluss des vierzehnten Fachsemesters oder nach Vollendung des 30. Lebensjahres sind nur versicherungspflichtig, wenn die Art der Ausbildung oder familiäre sowie persönliche Gründe, insbesondere der Erwerb der Zugangsvoraussetzungen in einer Ausbildungsstätte des Zweiten Bildungsweges, die Überschreitung der Altersgrenze oder eine längere Fachstudienzeit rechtfertigen (vgl BSG 30.9.92 – 12 RK 8/91, SozR 3–2500 § 5 Nr 4; 23.3.93 – 12 RK 45/92, SozR 3–2500 § 5 Nr 10; 30.6.93 – 12 RK 6/93, SozR 3–2500 § 5 Nr 13; LSG Saarl 21.11.12 – L 2 KR 31/12, BeckRS 2012, 76036; *Kastorz* Krankenversicherung im Studium, NZS 12, 161). Zur Versicherungsfreiheit einer (Teilzeit-)Beschäftigung eines Studenten s unten Rz 21. Studenten können sich zum Abschluss einer privaten KV von der Versicherungspflicht in der gesetzlichen KV befreien lassen (s Rz 28). Das Promotionsstudium gehört nicht zur wissenschaftlichen Ausbildung iSd SGB V und begründet keine Versicherungspflicht in der KV der Studenten nach § 5 Abs 1 Nr 9 SGB V.

16 **h) Praktikanten,** die eine in Studien- oder Prüfungsordnungen vorgeschriebene berufspraktische Tätigkeit ohne Arbeitsentgelt verrichten (vgl im Einzelnen § 5 Abs 1 Nr 10 SGB V). Dies gilt auch für zu ihrer Berufsausbildung ohne Arbeitsentgelt Beschäftigte. Auch Teilnehmer an praxisintegrierten dualen Studiengängen sind für die gesamte Dauer des Studienganges in der KV, PflegeV, RV und der ArblV versicherungspflichtig. Die Teilnehmer sind durch das 4. Gesetz zur Änderung des SGB IV vom 22.12.2011 (BGBl I 2011, 3057) den zur Berufsausbildung Beschäftigten gleichgestellt worden und damit in allen Zweigen der SozV versicherungspflichtig. Die entgegenstehende Rspr des BSG (1.9.09 – B 12 R 4-/08 R, BSGE 105, 56) ist damit gegenstandslos.

17 **i) Rentner.** Die KVPflicht und die Möglichkeit des freiwilligen Beitritts der Rentner zur gesetzlichen KV ist seit Einführung der KVdR im Jahre 1956 hinsichtlich der gesetzlichen Voraussetzungen und der Beitragserhebung vielfach abgeändert worden (vgl den Überblick in KassKomm/*Peters* § 5 SGB V Rz 116 ff).

18 Erklärtes Gesetzesziel war es, die Pflichtversicherung in der KVdR nur solchen Rentnern zu öffnen, die auch während ihres Erwerbslebens in erheblichem zeitlichen Umfang krankenversicherungspflichtig gewesen sind. Dies ist nur der Fall, wenn der Neurentner seit der erstmaligen Aufnahme einer Erwerbstätigkeit bis zur Stellung des Rentenantrags **mindestens neun Zehntel** der zweiten Hälfte dieses Zeitraums **Mitglied der gesetzlichen Krankenversicherung** oder familienversichert war. Mitglied der gesetzlichen KV ist auch das freiwillige Mitglied (§ 5 Abs 1 Nr 11 SGB V). Die Problematik ist durch die Einführung der Auffangversicherungspflicht entschärft (s Rz 20). Die KVdR wird nur wirksam, wenn keine anderweitige Versicherungspflicht besteht und keine hauptberufliche selbständige Erwerbstätigkeit ausgeübt wird.

19 Wegen der zahlreichen Rechtsänderungen gibt es für **Alt- und Übergangsrentner** besitzwahrende Sonderregelungen hinsichtlich der Erfüllung der Vorversicherungszeit (s insoweit KassKomm/*Peters* § 5 SGB V Rz 116 ff). Dies gilt allerdings nicht für die Möglichkeit des freiwilligen Beitritts. Versicherte Rentenantragsteller ohne ausreichende Vorversicherungszeit zur Pflichtversicherung in der KVdR können den freiwilligen Beitritt nach § 9 Abs 2 SGB V nur innerhalb von **drei Monaten** nach Beendigung der Mitgliedschaft erklären, soweit sie die Voraussetzungen im Übrigen erfüllen. **Rentenantragsteller** sind nach Maßgabe des § 189 SGB V versichert. Zur KV der Bezieher von Grundsicherung im Alter s *Neumann* Die Absicherung gegen Krankheit bei Grundsicherung im Alter, NZS 12, 897.

20 **j) Auffangversicherungspflicht.** § 5 Abs 1 Nr 13 SGB V idF des GKV-Wettbewerbsstärkungsgesetz vom 26.3.07 (BGBl I 07, 378) sieht in Abwendung vom tradierten Grundsatz

Krankenversicherungspflicht 253

der Anbindung der Versicherungspflicht an ein Beschäftigungsverhältnis eine allgemeine Auffangversicherungspflicht für alle Personen vor, die zuletzt gesetzlich krankenversichert waren oder bisher weder gesetzlich noch privat krankenversichert waren und zu dem Personenkreis gehören, der seinem Status nach der gesetzlichen KV zuzuordnen ist. Damit und mit der Verpflichtung der privaten Krankenversicherer, ohne Risikoprüfung (§ 178 Abs 1 Satz 2 VVG) einen Basistarif im Umfang des Leistungsangebots der gesetzlichen KV anzubieten, soll das politische Ziel der **Absicherung nahezu der gesamten Bevölkerung** im Krankheitsfall erreicht werden. Nach § 193 Abs 3 VVG besteht eine Verpflichtung zum Abschluss einer privaten KV, wenn eine Pflicht oder freiwillige Mitgliedschaft in der gesetzlichen KV nicht besteht. Die Einhaltung dieser Pflicht ist überhaupt nicht oder nur mit unverhältnismäßig großem Aufwand zu kontrollieren. **Ohne Anspruch auf anderweitige Absicherung im Krankheitsfall** sind insbesondere die nicht gesetzlich oder privat krankenversicherten Personen, die keinen Anspruch auf Hilfe bei Krankheit nach § 40 SGB VIII, § 48 SGB XII, § 264 SGB V, auf Gesundheitsfürsorge nach dem StVollzG oder auf sonstige Gesundheitsfürsorge haben, die nicht beihilfeberechtigt sind, keinem Sondersystem wie der freien Heilfürsorge angehören und auch keinen Anspruch auf Krankenbehandlung nach dem BVG, dem BEG oder vergleichbaren gesetzlichen Regelungen haben (BSG 27.1.10 – B 12 KR 2/09 R, NZS 10, 627; LSG NRW 15.3.11 – L 20 SO 7/11 B ER, BeckRS 2011, 70153). Für Leistungsberechtigte nach dem Asylbewerberleistungsgesetz besteht ein anderweitiger Anspruch auf Absicherung im Krankheitsfall nach § 4 AsylbLG. Beihilfeberechtigte Personen, die über keine ergänzende Krankheitskostenvollversicherung über den von der Beihilfe nicht übernommenen Kostenanteil verfügen, werden als Personen ohne Absicherung im Krankheitsfall angesehen. Sie fallen unter die Versicherungspflicht nach Absatz 1 Nr 13, sofern sie zuletzt gesetzlich krankenversichert waren. **Ausländer** für die aufgrund über- und zwischenstaatlichen Rechts ein Anspruch auf Sachleistungen besteht, verfügen ebenfalls über eine anderweitige Absicherung im Krankheitsfall. Die Versicherungspflicht nach § 5 Abs 1 Nr 13 SGB V gilt auch für **Nicht-EU-Ausländer,** wenn sie eine Niederlassungserlaubnis oder eine Aufenthaltserlaubnis mit einer Befristung auf mehr als zwölf Monate besitzen (§ 5 Abs 11 Satz 1 SGB V). Satz 2 regelt für nichterwerbstätige Angehörige der EU, des Europäischen Wirtschaftsraums und der Schweiz mit Wohnort in Deutschland, dass die Versicherungspflicht nach § 5 Abs 1 Nr 13 SGB V entfällt, solange sie nach dem Recht der EU oder nach dem Personenfreizügigkeitsabkommen der EU mit der Schweiz über einen KVSchutz verfügen müssen. Ebenfalls in die **Versicherungspflicht der gesetzlichen Krankenversicherung** einbezogen werden Personen, die nicht zuletzt gesetzlich oder privat krankenversichert gewesen sind, wenn sie zu dem Personenkreis gehören, der seinem **Status** nach der gesetzlichen KV zuzuordnen ist. Dies gilt daher insbesondere nicht für Beamte, beamtenähnlich abgesicherte Personen sowie für hauptberuflich selbständig Erwerbstätige, die nach § 5 Abs 5 bzw § 6 Abs 1 SGB V keinen Zugang zur Versicherungspflicht in der gesetzlichen KV haben. Diese Personen werden der privaten KV zugeordnet. Bei Auslandsrückkehrern, insbesondere solchen im Rentenalter, richtet sich die Zuordnung zur privaten oder zur gesetzlichen KV nach dem Status, den sie aufgrund ihrer zuletzt ausgeübten Berufstätigkeit im Ausland gehabt haben. Nach § 250 Abs 3 SGB V tragen Versicherungspflichtige nach § 5 Abs 1 Nr 13 SGB V ihre **Beiträge** mit Ausnahme der aus Arbeitsentgelt und aus Renten der gesetzlichen RV zu tragenden Beiträge allein. Die beitragspflichtigen Einnahmen richten sich wie bei den freiwillig Versicherten nach §§ 227, 240 SGB V. Zu Beiträgen aus Arbeitsentgelt und aus gesetzlichen Renten zahlt der ArbGeb bzw der RV-Träger die Hälfte, nicht jedoch für die 0,9 Beitragspunkte und einen etwaigen kassenindividuellen Zusatzbeitrag nach § 242 SGB V (§§ 249, 249a SGB V). Vgl *Krankenversicherungsbeiträge* Rz 16 ff, 20 ff. Hinsichtlich **Beitragsrückständen** und Säumniszuschlägen gelten für Auffangversicherte nach § 5 Abs 1 Nr 13 SGB V Sonderregelungen nach § 256a SGB V (s *Krankenversicherungsbeiträge* Rz 16 ff).

III. Ausnahmen von der Versicherungspflicht kraft Gesetzes sind in §§ 6, 7 SGB V geregelt. Nach § 6 Abs 1 Nr 1 SGB V sind versicherungsfrei **Beschäftigte,** deren regelmäßiges JAE die JAEGrenze übersteigt und in drei aufeinanderfolgenden Jahren überstiegen hat (siehe Rz 5 und *Jahresarbeitsentgelt* Rz 11 ff). Bei Vereinbarung von Nettoarbeitsentgelt besteht Versicherungspflicht in der gesetzlichen KV so lange, wie das entsprechende Brutto-

253 Krankenversicherungspflicht

arbeitsentgelt nach Abzug des ArbNAnteils am KVBeitrag die Versicherungspflichtgrenze nicht übersteigt (BSG 19.12.95 – 12 RK 39/94, NJW 97, 822). Versicherungsfrei sind nach § 7 SGB V **geringfügig Beschäftigte,** soweit sie nicht im Rahmen betrieblicher Berufsbildung oder in einem Freiwilligendienst nach dem JFDG oder dem BFDG (s *Freiwilligendienste* Rz 16) tätig sind (s *Geringfügige Beschäftigung* Rz 25 ff). Ferner sind versicherungsfrei **Beamte und Pensionäre sowie gleichgestellte Personengruppen,** wenn sie nach beamtenrechtlichen Vorschriften oder Grundsätzen bei Krankheit Anspruch auf Fortzahlung der Bezüge und auf Beihilfe oder Heilfürsorge haben (§ 6 Abs 1 Nr 2, 4, 5 und 6 SGB V).

22 Gleiches gilt für Personen, die während der Dauer ihres Studiums als **ordentliche Studierende** einer Hochschule oder einer fachlichen Ausbildung dienenden Schule als **Werkstudenten gegen Arbeitsentgelt** beschäftigt sind (§ 6 Abs 1 Nr 3 SGB V). Diese sind in dieser Beschäftigung versicherungsfrei, da sie regelmäßig bereits nach § 5 Abs 1 Nr 9 SGB V krankenversichert sind (Rz 15). Voraussetzung ist, dass Zeit und Arbeitskraft des Studenten überwiegend nicht durch die Beschäftigung, sondern durch das Studium in Anspruch genommen werden. Dies ist während der Vorlesungszeit regelmäßig nur dann der Fall, wenn die Beschäftigung nicht mehr als 20 Stunden in der Woche ausgeübt wird. Überschreitet die Beschäftigung diesen zeitlichen Rahmen, liegt eine krankenversicherungspflichtige Beschäftigung vor. Während der Semesterferien kann eine vollschichtige Beschäftigung dem Studium untergeordnet sein. Entscheidend sind die Umstände des Einzelfalles (BSG 29.9.92 – 12 RK 31/91, SozR 3–2200 § 172 Nr 2; 23.9.99 – B 12 KR 1/99 R, NZS 2000, 298; 11.11.03 – B 12 KR 24/03 R, SGB 04, 440; *Kostorz* Krankenversicherung im Studium, NZS 12, 161).

23 Die Studentenbeschäftigung unterliegt der **Rentenversicherungspflicht** nach allgemeinen Regeln, soweit es sich nicht um eine *Geringfügige Beschäftigung* handelt (vgl *Rentenversicherungsfreiheit* Rz 3 ff). Die Studentenbeschäftigung ist daher nur noch in der KV, PflegeV und ArbIV versicherungsfrei. In der gesetzlichen UV besteht Versicherungsschutz für die Studierenden sowohl während der Aus- und Fortbildung an der Hochschule, als auch für Tätigkeiten als Beschäftigte.

24 Versicherungsfrei kraft Gesetzes sind darüber hinaus **satzungsmäßige Mitglieder geistlicher Genossenschaften** unter den Voraussetzungen des § 6 Abs 1 Nr 7 SGB V (BSG 17.12.96 – 12 RK 2/96, SGb 97, 164) und **Bedienstete der EU,** die nach dem für sie geltenden Krankenfürsorgesystem der EU bei Krankheit geschützt sind (§ 6 Abs 1 Nr 8 SGB V). Nicht satzungsmäßige Mitglieder geistlicher Genossenschaften oder ähnlicher religiöser Gemeinschaften, die für den Dienst in einer solchen Einrichtung außerschulisch ausgebildet werden, gelten als zu ihrer Berufsausbildung Beschäftigte und sind nach § 5 Abs 1 Nr 1 SGB V pflichtversichert (§ 5 Abs 4a Satz 2 SGB V).

25 **Personen, die nach Vollendung des 55. Lebensjahres** versicherungspflichtig werden, sind nach § 6 Abs 3a SGB V versicherungsfrei, wenn sie in den letzten fünf Jahren vor Eintritt der Versicherungspflicht nicht gesetzlich versichert waren. Weitere Voraussetzung der Versicherungsfreiheit ist, dass mindestens für die Hälfte der fünf Jahre Versicherungsfreiheit (auch durch Befreiung) bestand oder hauptberuflich eine selbstständige Erwerbstätigkeit ausgeübt worden ist, wobei Ehe oder Lebenspartnerschaft mit einer solchen Person gleichsteht. Damit soll verhindert werden, dass ältere ArbN ohne Vorversicherungszeit durch Aufnahme einer versicherungspflichtigen Beschäftigung oder Veränderung des Arbeitsentgelts den Versicherungsschutz der gesetzlichen KV erlangen. Allerdings gilt die genannte Regelung nach § 6 Abs 3a Satz 4 SGB V nicht für Personen nach Vollendung des 55. Lebensjahres, die nach § 5 Abs 1 Nr 13 SGB V (Auffangversicherungspflicht) versicherungspflichtig werden (Rz 20).

26 **IV. Befreiung von der Versicherungspflicht** auf Antrag ist möglich, wenn einer der Tatbestände des § 8 Abs 1 SGB V erfüllt ist. Die Befreiungstatbestände überlassen es den an sich Versicherungspflichtigen, ob sie die Versicherungspflicht vermeiden wollen. S im Einzelnen *Befreiung von der Versicherungspflicht* Rz 3 ff.

27 **V. Versicherungspflicht und private Krankenversicherung.** Wer versicherungspflichtig wird und bei einem privaten KV-Unternehmen versichert ist, kann den Versicherungsvertrag mWv Eintritt der Versicherungspflicht an kündigen. Dies gilt auch bei Eintritt einer *Familienversicherung* nach § 10 SGB V. Rückkehrmöglichkeiten beim Scheitern der Versicherungspflicht sind in § 5 Abs 10 SGB V geregelt.

Die **Rückkehr eines in der privaten KV versicherten Beschäftigten in die gesetz-** 28
liche KV ist nur in Ausnahmefällen und grds nur bis zur Vollendung des 55. Lebensjahres
möglich. Voraussetzung ist, dass das Entgelt für mindestens ein Jahr unter der JAEGrenze (s
Jahresarbeitsentgelt Rz 7) liegt. Nach 12 Monaten Pflichtmitgliedschaft kann die Versicherung
in der gesetzlichen KV als freiwillige Versicherung fortgeführt werden, wenn das Entgelt die
JAEGrenze wieder übersteigt.

Krankenversicherungsträger

A. Arbeitsrecht *Griese*

1. Wahlrecht des Arbeitnehmers. Die jeweils zuständige bzw vom ArbN ausgewählte 1
Krankenkasse ist Trägerin der KV des ArbN.

In § 173 SGB V ist die Wahlmöglichkeit der versicherungspflichtigen ArbN zwischen 2
verschiedenen KVTrägern (zB Ortskrankenkasse des Wohn- oder Beschäftigungsortes,
Ersatzkasse, Betriebs- oder Innungskrankenkasse, gesetzliche Krankenkasse des Ehe- oder
Lebenspartners) geregelt. Das Wahlrecht muss nach § 175 Abs 3 SGB V binnen zwei
Wochen nach Eintritt der Versicherungspflicht ausgeübt werden.

2. Keine Dispositivität des Wahlrechts. Das Recht der ArbN, unter mehreren KV- 3
Trägern die gewünschte Krankenkasse auszuwählen, kann durch **vertragliche Vereinbarung nicht ausgeschlossen** werden. Das Wahlrecht ist durch Gesetz festgelegt worden
und nicht dispositiv. Es ist durch öffentlich-rechtliche Rechtsvorschrift abgesichert. Als
Gesetzesrecht geht es privatrechtlichen Vereinbarungen im Rang vor. Der ArbGeb kann also
mit ArbN **nicht wirksam vereinbaren,** dass diese die Mitgliedschaft in einer bestimmten
Ersatzkasse oder in der Betriebskrankenkasse des ArbGeb wählen.

Würde dieses Wahlrecht durch vertragliche Vereinbarungen zwischen ArbN und ArbGeb 4
begrenzt, läge eine privatrechtliche Vereinbarung vor, die zum Nachteil des Sozialleistungsberechtigten von den Vorschriften des SGB abweichen würde. Eine solche Vereinbarung ist
nach **§ 32 SGB I nichtig.**

B. Lohnsteuerrecht *Windsheimer*

Für das LStRecht hat die Wahl des KVTrägers keine Bedeutung. 5

C. Sozialversicherungsrecht *Ruppelt*

1. Die gesetzliche Krankenversicherung wird getragen von den Pflichtkrankenkassen 6
mit gesetzlicher Zuständigkeit (Allgemeine Ortskrankenkassen §§ 143 ff SGB V, Betriebskrankenkassen §§ 147 ff SGB V und Innungskrankenkassen §§ 157 ff SGB V), den Ersatzkassen
(§§ 168 ff SGB V) und den sonstigen berufsständischen Krankenkassen (Landwirtschaftliche
Krankenkassen § 166 SGB V, Krankenversicherung der Deutschen Rentenversicherung
Knappschaft-Bahn-See § 167 SGB V). Die KVTräger sind rechtsfähige Körperschaften des
öffentlichen Rechts (§ 4 Abs 1 SGB V). Sie sind organisatorisch und finanziell selbstständig
und gleichen Ausgaben und Einnahmen in eigener Verantwortung aus (§§ 220 ff SGB V).
Einschließlich der Familienangehörigen sind ca. 70 Millionen Personen in der gesetzlichen KV
versichert (2010).

2. Wahlrecht. Nach § 173 Abs 2 SGB V können die Versicherungspflichtigen und Ver- 7
sicherungsberechtigten nach näherer Bestimmung durch § 173 Abs 2 Satz 2 bis Abs 7
SGB V als Krankenkasse wählen
– die Ortskrankenkasse des Beschäftigungs- oder Wohnorts,
– jede Ersatzkasse, deren Zuständigkeit sich nach der Satzung auf den Beschäftigungs- oder
Wohnort des Versicherten erstreckt,
– die Betriebs- oder Innungskrankenkasse, wenn sie in dem Betrieb beschäftigt sind, für den
die Betriebs- oder Innungskrankenkasse besteht, oder die Satzung der Betriebs- oder
Innungskrankenkasse die Mitgliedschaft betriebs- oder innungsfremder Versicherter vorsieht,

– die Deutsche Rentenversicherung Knappschaft-Bahn-See (allerdings können die knappschaftlichen Mehrleistungen nicht von den nach dem 31.3.07 beitretenden Mitgliedern in Anspruch genommen werden – § 173 Abs 2a SGB V),
– die Krankenkasse, bei der vor Beginn der Versicherungspflicht oder Versicherungsberechtigung zuletzt eine Mitgliedschaft oder eine *Familienversicherung* bestanden hat,
– die Krankenkasse, bei der der Ehegatte oder Lebenspartner versichert ist.

8 **3. Ausübung des Wahlrechts und Kündigung. a) Bindungsfristen.** Die Ausübung des Wahlrechts ist gegenüber der gewählten Krankenkasse zu erklären. Das Wahlrecht kann wirksam nur binnen zwei Wochen nach Eintritt der Versicherungspflicht ausgeübt werden. Wählt der Versicherungspflichtige keine Krankenkasse wirksam, so wird eine Mitgliedschaft bei der Krankenkasse begründet, bei der der Versicherte zuletzt gesetzlich krankenversichert war, auch wenn die Mitgliedschaft bei dieser Krankenkasse nicht unmittelbar vorausging (BSG 21.12.11 – B 12 KR 21/10 R, Soz R 4–2500 § 175 Nr 3). Ein Ablehnungsrecht der Kasse besteht nicht (§ 175 Abs 1 Satz 1 SGB V). Die Kasse darf die Wahl nicht durch falsche oder unvollständige Beratung verhindern oder erschweren (§ 175 Abs 1 Satz 2 iVm Abs 2a SGB V). Das gilt auch für Versicherungspflichtige nach § 5 Abs 1 Nr 13 SGB V (bisher Nichtversicherte). Versicherungspflichtige (§ 5 SGB V) und Versicherungsberechtigte (§ 9 SGB V) sind an die Wahl der Krankenkasse für die Dauer von **18 Monate** gebunden (§ 175 Abs 2 Satz 2 SGB V). Werden Wahltarife nach § 53 Abs 1 bis 6 SGB V in Anspruch genommen gelten nach § 53 Abs 8 SGB V **besondere Bindungsfristen,** die auch für freiwillige Mitglieder gelten (LSG Sachs 10.8.11 – L 1KR 44/10, BeckRS 2011, 77825). Die Frist beträgt ein Jahr bei den Wahltarifen für die Beitragsrückerstattung (§ 53 Abs 2 SGB V), die Kostenerstattung (§ 53 Abs 4 SGB V) sowie für Arzneimittel der besonderen Therapierichtungen (§ 53 Abs 5 SGB V). Sie beträgt drei Jahre für den Wahltarif über einen Selbstbehalt (§ 53 Abs 1 SGB V) und zum Krankengeld (§ 53 Abs 6 SGB V). Für die besonderen Versorgungsformen (§ 53 Abs 3 SGB V) gibt es keine Mindestbindungsfrist. Die Mindestbindungsfristen gelten grds auch bei einem beabsichtigten Wechsel eines **freiwillig** gesetzlich Versicherten in die private KV (Hess LSG 28.6.12 – L 1 KR 231/10, BeckRS 2012, 71318; s auch *Krankenversicherungspflicht* Rz 5).

9 **b) Kündigung.** Bestehen keine Bindungsfristen, ist eine Kündigung der Mitgliedschaft zum Ablauf des übernächsten Kalendermonats möglich, gerechnet von dem Monat, in dem das Mitglied die Kündigung erklärt (Kündigungsfrist). Wird die Kündigung im Januar erklärt, kann somit zum 1. April ein Kassenwechsel erfolgen. Die Kündigung wird wirksam, wenn das Mitglied innerhalb der Kündigungsfrist eine Mitgliedschaft bei einer anderen Krankenkasse durch eine Mitgliedsbescheinigung oder das Bestehen einer anderen Absicherung im Krankheitsfall nachweist (§ 175 Abs. 4 Satz 4 SGB V).

10 **c) Sonderkündigungsrecht.** Trotz laufender Bindungsfristen (wegen Neueintritts oder Inanspruchnahme von Wahltarifen) ist die Kündigung der Mitgliedschaft zum Ablauf des übernächsten Kalendermonats möglich, wenn die Krankenkasse einen Zusatzbeitrag erhebt, diesen erhöht oder eine Prämienzahlung (Wahltarif) verringert (§§ 175 Abs 4 Satz 5, 53 Abs 8 Satz 2 Halbsatz 2 SGB V). Ausgenommen von diesem Sonderkündigungsrecht ist allein der Wahltarif für Krankengeld. Außerdem haben die Satzungen der Krankenkassen für alle Wahltarife ein Sonderkündigungsrecht für besondere Härtefälle vorzusehen. Die **Kündigung** kann nur **bis zur erstmaligen Fälligkeit** des Zusatzbeitrages oder des erhöhten Zusatzbeitrags bzw der Prämienverringerung erfolgen. Spätestens einen Monat vor Fälligkeit hat die Kasse ihre Mitglieder auf das Sonderkündigungsrecht nach § 175 Abs 4 Satz 5 SGB V hinzuweisen. Der Hinweis muss klar und verständlich sein (SG Berlin 25.8.11 – S 73 KR 1635/10, Die Beiträge Beilage 2011, 239). Kommt die Kasse dieser Hinweispflicht nicht nach, verschiebt sich nach § 175 Abs 4 Satz 7 SGB V für das Mitglied die Erhebung oder Erhöhung des Zusatzbeitrags und die Frist für die Ausübung des Sonderkündigungsrechts um den entsprechenden Zeitraum.

11 **d) Beendigung der Mitgliedschaft kraft Gesetzes.** Ende eine Pflichtmitgliedschaft in der gesetzlichen KV kraft Gesetzes (zB aufgrund des Überschreitens der JAEGrenze), endet damit auch die Teilnahme am Wahltarif, wenn aufgrund der eingetretenen Versicherungsfreiheit der Austritt aus der gesetzlichen KV zugunsten einer anderweitigen Absicherung im Krankheitsfall außerhalb der gesetzlichen KV erklärt wird. Werden die Voraussetzungen für eine Familienversicherung bei einer anderen gesetzlichen Krankenkasse erfüllt, sind die Mindestbindungsfristen der Wahltarife ebenfalls nicht zu beachten (§ 175 Abs 4 Satz 8 SGB V).

e) Mitgliedsbescheinigung. Wird dem ArbGeb nicht spätestens zwei Wochen nach **Eintritt der Versicherungspflicht** eine Mitgliedsbescheinigung der gewählten Krankenkasse vorgelegt, hat der ArbGeb den Versicherungspflichtigen ab Eintritt der Versicherungspflicht bei der Krankenkasse anzumelden, bei der zuletzt eine Versicherungspflicht bestand. Bestand keine Versicherungspflicht, hat die Anmeldung bei einer nach § 173 wählbaren Krankenkasse zu erfolgen. Der Versicherte ist hierüber zu unterrichten (§ 175 Abs 3 Satz 2 SGB V). Ansonsten gilt § 175 Abs 3 Satz 3 SGB V. Zur Wechselmöglichkeit in die private KV bei Überschreiten der Jahresarbeitsentgeltgrenze s *Krankenversicherungspflicht* Rz 5. Die Mitgliedsbescheinigung nach § 175 Abs 2 Satz 1 SGB V dokumentiert nur die Ausübung des Wahlrechts, sie stellt keinen Verwaltungsakt über die Versicherungspflicht dar (BSG 27.6.12 – B 12 KR 11/10 R, SozR 4–2500 § 174 Nr 4). 12

4. Pflegekassen. Träger der sozialen PflegeV sind die Pflegekassen; deren Aufgaben werden ebenfalls von den Krankenkassen wahrgenommen (§ 1 Abs 3 SGB XI). Bei jeder Krankenkasse ist deshalb eine Pflegekasse errichtet, die den Status einer rechtsfähigen Körperschaft des öffentlichen Rechts besitzt. Organe der Pflegekassen sind die Organe der jeweiligen Krankenkasse. ArbGeb (Dienstherr) der für die Pflegekasse tätigen ArbN ist die Krankenkasse (§ 46 Abs 2 SGB XI). 13

Krankheit (Arbeitnehmer)

A. Arbeitsrecht
Griese

Die Krankheit des ArbN hat im Arbeitsverhältnis in mehrfacher Hinsicht Bedeutung. Soweit die Krankheit zur **Arbeitsunfähigkeit** führt, hat der ArbN Anspruch auf **Entgeltfortzahlung** im Krankheitsfall nach Maßgabe der gesetzlichen Bestimmungen des EFZG (Näheres s *Entgeltfortzahlung, Arbeitsunfähigkeit* u *Arbeitsunfähigkeitsbescheinigung*). 1

Häufige oder **längerfristige** Arbeitsunfähigkeitszeiten können nach den von der Rspr entwickelten Kriterien im Einzelfall eine Kündigung rechtfertigen (Näheres s *Kündigung, personenbedingte*). Zur Berufskrankheit s dort. 2

Die Krankheit eines ArbN kann Berufs- oder Erwerbsunfähigkeit zur Folge haben (s *Erwerbsminderung*). Der ArbGeb ist verpflichtet, den Arbeitsplatz so einzurichten, dass die Gesundheit der ArbN nicht geschädigt wird (§ 618 BGB; Näheres: *Arbeitssicherheit/Arbeitsschutz; Arbeitsstätte; Arbeitsstoffe, gefährliche; Betriebsarzt*). 3

B. Lohnsteuerrecht
Thomas

Krankheitskosten können ausnahmsweise Werbungskosten sein, wenn sie Folge einer *Berufskrankheit* (s dort) sind. Im Übrigen können sie als außergewöhnliche Belastung (§ 33 EStG) berücksichtigt werden und berechtigen zum Eintrag eines Freibetrages auf der LSt-Karte (s *Lohnsteuerermäßigung* Rz 4, 7). Das gilt auch für einen nach dem GdB gem § 33b EStG zustehenden Pauschbetrag, der im Regelfall bereits bei der Ausstellung der LStKarte durch die Gemeinde eingetragen wird. Die Übernahme von Krankheitskosten durch den ArbGeb führt grds zu Arbeitslohn (s *Beihilfeleistungen; Krankenversicherungsbeiträge* Rz 3 ff), der im Umfang des § 3 Nr 34 EStG steuerfrei ist (s *Betriebliche Gesundheitsförderung* Rz 19 f). Versicherungsleistungen auf Krankheitskosten sind regelmäßig steuerfrei (§ 3 Nr 1a EStG). 4

C. Sozialversicherungsrecht
Ruppelt

1. Begriff. Krankheit iSd gesetzlichen KV ist ein regelwidriger körperlicher oder geistiger Zustand, der entweder Behandlungsbedürftigkeit oder *Arbeitsunfähigkeit* oder beides zur Folge hat. Ein **regelwidriger Körper- oder Geisteszustand** liegt nur vor, wenn es sich um eine erhebliche Abweichung von normalen körperlichen und geistigen Funktionen handelt; Störungen geringfügiger Art, die keine funktionellen Auswirkungen haben und lediglich von einem Idealbild des Wohlbefindens abweichen, reichen nicht aus (BSG 19.10.04 – B 1 5

256 Kündigung, allgemein

KR 28/02 R, SozR 4–2500 § 27 Nr 2). Kosmetisch als unbefriedigend empfundene Zustände stellen daher keine Regelwidrigkeit in diesem Sinne dar, es sei denn, sie sind mit erheblichen funktionellen Auswirkungen verbunden (etwa Zahnstellungsanomalie mit Auswirkung auf das Beiß- und Artikulationsvermögen, übergroße weibliche Brust mit Auswirkung auf den Haltungsapparat).

6 Obwohl es sich beim altersbedingten Nachlassen der Kräfte im Grunde um keine Regelwidrigkeit handelt, erfüllt die **Altersgebrechlichkeit** den Krankheitsbegriff der gesetzlichen KV nach allgemeiner Meinung jedenfalls dann, wenn Behandlungsmöglichkeiten zur Verfügung stehen, um die Folgen dieser Gebrechlichkeit zu lindern. **Behandlungsbedürftigkeit** liegt vor, wenn durch den regelwidrigen Gesundheitszustand die körperlichen und geistigen Funktionen so eingeschränkt sind, dass ihre Wiederherstellung ärztlicher oder psychotherapeutischer Hilfe bedarf und die Gesundheitsstörung einer solchen Behandlung zugänglich ist. Letzteres ist auch dann gegeben, wenn lediglich die Beschwerden gelindert werden können (BSG 25.8.09 – B 3 KR 25/08 R, SozR 4–2500 § 37 Nr 10, Rz 15). Führt die Gesundheitsstörung zur *Arbeitsunfähigkeit,* liegt eine Krankheit iSd gesetzlichen KV vor, ohne dass es auf die Behandlungsbedürftigkeit ankommt. Vgl auch BSG 10.4.01 – B 1 KR 39/99 B, BeckRS 2001, 30413377 (Adipositas); 25.9.2000 – B 1 KR 5/99 R, NZS 2000, 319 (chronisches Müdigkeitssyndrom); 22.4.09 – B 3 KR 11/07 R, NZS 10, 2010 (Krankheitsverhütung). Ein zwecks Behebung oder Linderung einer psychischen Störung vorgenommener operativer Eingriff in einen für sich genommen nicht behandlungsbedürftigen Körperzustand begründet grds keine Leistungspflicht der Krankenkasse (BSG 9.6.98 – B 1 KR 18/96 R, NZS 99, 242; 28.9.10 – B 1 KR 5/10 R, NJW 11, 1899; 11.9.12 – B 1 KR 9/12 R, WzS 13, 25).

7 **2. Versicherungsfall.** Die wesentlichen Leistungspflichten der gesetzlichen KV werden durch den Versicherungsfall der Krankheit ausgelöst. Damit bestimmt der Krankheitsbegriff das durch die gesetzliche KV abgedeckte Versicherungsrisiko. Dazu gehört auch der konkrete Krankheitsverdacht, so dass auch die erforderlichen **Diagnoseleistungen** zum Leistungsumfang gehören (BSG 22.1.81 – 8/8a RK 17/79, SozR 2200 § 187 Nr 9). Der Versicherungsfall muss während der Mitgliedschaft des Versicherten eingetreten sein. Der Leistungsanspruch erlischt grds mit dem Ende der Mitgliedschaft (§ 19 Abs 1 Hs 1 SGB V). Für versicherungspflichtige und familienversicherte Mitglieder ist eine Übergangszeit von einem Monat vorgesehen (§ 19 Abs 2 und 3 SGB V). Vgl auch *Krankenbehandlung* Rz 8 ff; *Arbeitsunfähigkeit* Rz 17 ff.

Kündigung, allgemein

A. Arbeitsrecht
Eisemann

Übersicht

	Rz		Rz
1. Grundlagen	1–26	g) Zugang	50–57
a) Begriff	2	h) Umdeutung	58–60
b) Arten	3–8	3. Beseitigung	61–67
c) Abgrenzung	9–16	a) Widerruf	62
d) Einschränkung und Erweiterung	17–26	b) Rücknahme	63–66
2. Kündigungserklärung	27–60	c) Anfechtung	67
a) Form	28–32	4. Gerichtliche Auseinandersetzung	68–80
b) Ort und Zeit	33	a) Kündigung während des Prozesses	68, 69
c) Inhalt	34–38	b) Umdeutung	70
d) Klarheit	39, 40	c) Nachschieben von Kündigungsgründen	71–80
e) Kündigungsberechtigung	41, 42	5. Muster	81
f) Vertretung	43–49		

1 **1. Grundlagen.** Arbeitsverhältnisse können durch einverständliche Auflösung mit einem Aufhebungsvertrag, mit Zeitablauf, nach Zweckerreichung oder durch Ausspruch einer Kündigung enden. Die große Mehrzahl der Arbeitsverhältnisse wird durch eine Kündigung aufgelöst.

Kündigung, allgemein 256

a) **Begriff.** Unter der Kündigung versteht man eine einseitig empfangsbedürftige Willens- 2
erklärung, die das Arbeitsverhältnis unmittelbar für die Zukunft sofort oder nach Ablauf einer
Kündigungsfrist beenden soll, ohne dass noch irgendein Akt der Mitwirkung des Gekündigten – wie zB die „Annahme der Kündigung" – erforderlich ist. Vom Zeitpunkt seiner
Beendigung an entstehen im Arbeitsverhältnis keine Ansprüche und Leistungspflichten mehr.
Es bleibt aber für die Vergangenheit bestehen und ist Rechtsgrundlage für alle bis zu seiner
Beendigung entstandenen, aber noch nicht erfüllten Ansprüche.

b) **Arten.** Mit der **ordentlichen Kündigung** löst man das Beschäftigungsverhältnis frist- 3
gerecht auf. Der ArbN ist bei der fristgerechten Kündigung von gesetzlichen und tariflichen
Beschränkungen frei. Er braucht keinen „Kündigungsgrund", um das Arbeitsverhältnis zu
beenden. Dagegen ist für den ArbGeb die Möglichkeit, das Arbeitsverhältnis einseitig fristgerecht zu beenden, vielfach eingeschränkt. Im Geltungsbereich des KSchG ist eine Kündigung nur wirksam, wenn sie sozial gerechtfertigt ist. Darüber hinaus sind einzelne Gruppen
von ArbN – wie Schwerbehinderte, Schwangere und junge Mütter, Mandatsträger – noch
gesondert und verstärkt geschützt. Von den gesetzlich geregelten Kündigungsfristen können
Tarifverträge nach § 622 Abs 4 BGB abweichen. Im Einzelarbeitsvertrag können längere
und für die in § 622 Abs 3 und 5 BGB genannten Fälle kürzere Fristen vereinbart werden
(Einzelheiten *Kündigungsfristen* Rz 4 ff).

Die **außerordentliche Kündigung** führt nach § 626 Abs 1 BGB regelmäßig als „frist- 4
lose" Kündigung zur sofortigen Beendigung des Arbeitsverhältnisses. Die außerordentliche
Kündigung kann jedoch auch mit einer sozialen Auslauffrist ausgesprochen werden. Diese
braucht den gesetzlichen, tariflichen oder im Arbeitsvertrag vereinbarten Kündigungsfristen
nicht zu entsprechen. Eine außerordentliche Kündigung verlangt – auch wegen der damit
meist verbundenen sozialrechtlichen Folgen – einen „wichtigen Grund" für die sofortige
Beendigung des Arbeitsverhältnisses. Sie kann nur wirksam ausgesprochen werden, wenn
Tatsachen vorliegen, aufgrund derer dem Kündigenden unter Berücksichtigung aller Umstände des Einzelfalles und unter Abwägung der Interessen beider Vertragsteile die Fortsetzung des Arbeitsverhältnisses bis zum Ablauf der Kündigungsfrist oder bis zum Zeitpunkt
seiner vereinbarten Beendigung nicht zugemutet werden kann. Dieser Beschränkung in der
Möglichkeit, ein Arbeitsverhältnis sofort einseitig zu beenden, unterliegen ArbGeb und
ArbN (Einzelheiten *Kündigung, außerordentliche*).

Mit der **Änderungskündigung** versucht man, eine Veränderung der Arbeitsbedingungen 5
zu seinen Gunsten zu erzwingen. Man kündigt das Beschäftigungsverhältnis und bietet
zugleich für die Zeit nach Ablauf der Kündigungsfrist ein neues Arbeitsverhältnis zu veränderten Bedingungen an. Auch die Änderungskündigung durch den ArbN ist zulässig. Für
das Arbeitsleben ist jedoch fast ausschließlich die ArbGebseitige Änderungskündigung von
Bedeutung. Sie bringt für den ArbN einen erheblichen Vorteil. Er kann das Angebot der
Arbeit unter veränderten Arbeitsbedingungen unter dem Vorbehalt annehmen, dass sich diese
Änderung als sozial gerechtfertigt erweist. Im Prozess wendet er sich dann nur noch gegen
diese Veränderung; verliert er den Prozess, behält er nach § 2 KSchG seinen Arbeitsplatz,
allerdings zu den neuen Bedingungen. Das Prozessrisiko ist auf die Änderung der Arbeitsbedingungen beschränkt. Er muss nicht den Verlust seines Arbeitsplatzes befürchten, wenn er
sich gegen eine Änderungskündigung gerichtlich zu Wehr setzt. Die Änderungskündigung
unterliegt grds den Kündigungsbeschränkungen der Beendigungskündigung. Der Maßstab
für ihre Wirksamkeit ist jedoch ein anderer (Einzelheiten *Änderungskündigung*).

Mit der **Teilkündigung** sollen gegen den Willen der anderen Vertragspartei einzelne 6
Bestimmungen aus dem Arbeitsvertrag herausgenommen werden und der Rest bestehen
bleiben (BAG 22.1.97 – 5 AZR 658/95, NZA 97, 711). Sie ist unzulässig und daher
unwirksam. Grund: Das Verhältnis von Leistung und Gegenleistung wird so verändert (BAG
23.3.11 – 10 AZR 562/09, NZA 11, 1036). Beispiel: Die Kündigung eines über den
gesetzlichen Anspruch von 24 Werktagen hinausgehenden vereinbarten Mehrurlaubs würde
dazu führen, dass der ArbN bei höherer Leistung unverändert dieselbe Vergütung erhielte.
Ausnahmsweise können Teilkündigungen zulässig sein, wenn dem Vertragspartner das Recht
hierzu eingeräumt wurde und damit der zwingende Kündigungsschutz nicht umgangen wird
(BAG 23.3.11 – 10 AZR 562/09, NZA 11, 1036). Enthält der Arbeitsvertrag einen wirksam
vereinbarten Widerrufsvorbehalt, können Teilkündigungen als Widerruf ausgelegt werden
(BAG 14.11.90 – 5 AZR 509/89, NZA 91, 377).

256 Kündigung, allgemein

7   Von einer **Druckkündigung** sprechen wir, wenn Dritte dem ArbGeb Nachteile androhen, falls er nicht einen bestimmten ArbN entlässt. Sie wird – je nach Fallgestaltung – von dem ArbG alternativ als betriebs-, verhaltens- oder personenbedingte Kündigung geprüft (vgl BAG 31.1.96 – 2 AZR 158/95, NZA 96, 581). Ist das Verlangen objektiv gerechtfertigt, kann eine personen- oder verhaltensbedingte Kündigung begründet sein. Fehlt die objektive Rechtfertigung der Drohung **(echte Druckkündigung)**, muss sich der ArbGeb erst einmal schützend vor den ArbN stellen und alles ihm Zumutbare tun, um Dritte von ihrer Drohung abzubringen. Nur falls er damit keinen Erfolg hat, kann im Einzelfall die Druckkündigung gerechtfertigt sein, um schwere Schäden vom Betrieb abzuwenden (BAG 18.7.13 – 6 AZR 420/12, NZA 14, 109).

8   **Vorsorglich** ausgesprochene Kündigungen sind zulässig (BAG 27.1.11 – 2 ABR 114/09, NZA-RR 11, 348), **bedingte Kündigungen** sind grds unwirksam (BAG 15.3.01 – 2 AZR 705/99, NZA 01, 1070). Bei der vorsorglichen Kündigung wird gekündigt, man behält sich aber vor, die Kündigung unter Umständen wieder zurückzunehmen. Bei der bedingten Kündigung macht man die Wirksamkeit oder Unwirksamkeit der Kündigung von dem Eintritt eines bestimmten Umstandes abhängig. Soweit es sich dabei um Umstände handelt, durch die der Kündigungsgegner in Unsicherheit über die Wirksamkeit der Kündigung oder den Lauf der Kündigungsfrist gesetzt wird, ist die Kündigung unwirksam. Unwirksam ist daher eine Kündigung, die gegenstandslos sein soll, falls ein bestimmter Auftrag erteilt wird (BAG 15.3.01 – 2 AZR 705/99, NZA 01, 1070). Zulässig ist eine Bedingung, deren Eintritt allein von einer Entscheidung des Vertragspartners abhängt, zB die Kündigung durch den ArbN, wenn ihm nicht eine Lohnerhöhung gewährt wird, oder die Kündigung durch den ArbGeb, falls sich der ArbN nicht mit einer Verschlechterung der Arbeitsbedingungen einverstanden erklärt. Sie stellen – bei Einhaltung der vorgeschriebenen Form – nur eine Änderungskündigung dar (s *Änderungskündigung* Rz 9 ff). Die „vorsorglich" neben einer fristlosen Kündigung erklärte fristgerechte Kündigung erfolgt unter der Rechtsbedingung, dass die außerordentliche Kündigung sich als unwirksam erweist, und ist daher zulässig (BAG 12.10.54 – 2 AZR 36/53 AP KSchG § 3 Nr 5).

Mit einer **Wiederholungskündigung** haben wir es zu tun, wenn eine nachfolgende Kündigung auf dieselben Gründe gestützt wird, die schon einer vorangegangenen Kündigung zugrunde lagen und materiell geprüft wurden. Ist in einem Kündigungsschutzprozess festgestellt worden, dass die vorangegangene Kündigung mit diesen materiellrechtlichen Gründen nicht rechtfertigt werden kann, ist auch die nachfolgende Kündigung ohne weiteres unwirksam. Sie muss aber ebenso rechtzeitig angegriffen werden, um nicht nach § 7 KSchG als wirksam zu gelten (BAG 12.2.04 – 2 AZR 307/03 – AP KSchG 1969 § 1 Nr 75). Hat sich zwischenzeitlich der Kündigungssachverhalt wesentlich geändert, darf der ArbGeb erneut kündigen (BAG 20.12.12 – 2 AZR 867/11, NZA 13, 1003) Keine unzulässige Wiederholungskündigung liegt vor, wenn ein ArbGeb eine außerordentliche Kündigung mit Auslauffrist auf denselben Sachverhalt stützt, der schon einer außerordentlichen Kündigung ohne Auslauffrist zugrunde lag, die für unwirksam erklärt wurde, weil die Auslauffrist fehlte (BAG 26.11.09 – 2 AZR 272/08, NZA 10, 628). Hier hat das Gericht im Vorprozess zu den materiellen Kündigungsgründen nicht entschieden. Sie sind damit nicht präjudiziert.

9   **c) Abgrenzung.** Von einem vorbehaltenen **Widerruf** sprechen wir, wenn das Recht zur einseitigen Änderung von einzelnen Vertragsbedingungen im Arbeitsvertrag vereinbart ist. Derartige Vereinbarungen unterliegen der Inhaltskontrolle nach den §§ 305 ff BGB. Für den ArbN unzumutbar und damit unwirksam ist etwa eine Vereinbarung, wonach „übertarifliche Lohnbestandteile jederzeit unbeschränkt zu widerrufen" sind (BAG 12.1.05 – 5 AZR 364/04, NZA 05, 465). Ihre Unwirksamkeit kann sich auch aus § 307 Abs 1 Satz 2 BGB ergeben, wenn die Formulierungen nicht transparent sind (s *Arbeitsvertrag* Rz 42). Da der Widerruf nur Teile des Arbeitsvertrages ergreift, bleibt dieser als Ganzes stets erhalten.

10 Durch den **Rücktritt** vom Vertrag werden beide Parteien nach § 346 Abs 1 BGB verpflichtet, sich die empfangenen Leistungen zurück zu gewähren. Gesetzliche und vereinbarte Rücktrittsregeln werden im Arbeitsverhältnis durch das Kündigungsrecht verdrängt (*Stahlhacke/Preis/Vossen* Rz 150). Sie sind auch das Arbeitsverhältnis nicht anwendbar. So führt zB die durch Krankheit bedingte Unmöglichkeit der Arbeitsleistung nicht zu einem Recht des ArbGeb, vom Arbeitsvertrag zurückzutreten (LAG Hamm 31.1.90, DB 90, 943). Sie kann allenfalls eine Kündigung begründen. Der „Rücktritt" vom Arbeitsvertrag lässt sich meist als Kündigung auslegen oder in eine Kündigung umdeuten.

Ein **Wegfall der Geschäftsgrundlage** führt im Arbeitsverhältnis – wie § 313 Abs 3 Satz 2 BGB zeigt – regelmäßig nur zu einem Recht, die Arbeitsbedingungen – notfalls durch Kündigung – den geänderten Verhältnissen anzupassen (*Stahlhacke/Preis/Vossen* Rz 60). Diese Anpassung geschieht durch Ausübung des Weisungsrechts, soweit hierfür nicht der Arbeitsvertrag abgeändert werden muss. Zur Vertragsänderung wegen des Wegfalls der Geschäftsgrundlage steht die Änderungskündigung zur Verfügung. Im Einzelfall kann es treuwidrig sein, sich auf das Fehlen einer Kündigung zu berufen (BAG 24.8.95 – 8 AZR 134/94, NZA 96, 29). **11**

Bei einer **Suspendierung** ruhen die Rechte und Pflichten im Arbeitsverhältnis ganz oder teilweise, ohne dass der Vertrag beendet wird. Sie kann **vereinbart** werden. Der Wegfall der Vergütungspflicht ergibt sich jedoch nicht „automatisch", wie zB die bezahlte Freistellung zur Arbeitssuche nach § 629 BGB zeigt. Er muss gesondert vereinbart werden (zB beim unbezahlten Urlaub). **12**

Eine bezahlte Freistellung in Form der „Suspendierung" von der Arbeit ist angesichts des allgemeinen Beschäftigungsanspruchs des ArbN im bestehenden ungekündigten Arbeitsverhältnis rechtlich grundsätzlich nicht möglich (BAG 21.9.1993 – 9 AZR 335/91). Wurde gleichzeitig die Lohnzahlung eingestellt, ist die einseitige Suspendierung eine Vertragsänderung, die nach § 305 BGB nur mit Zustimmung des ArbN zulässig ist (BAG 4.6.64 – 2 AZR 310/63, AP BGB § 626 Verdacht strafbarer Handlungen Nr 13). In dem seltenen Ausnahmefall, dass bei Weiterarbeit Leib, Leben, Freiheit, Gesundheit, andere Persönlichkeitsrechte oder das Eigentum des ArbGeb unmittelbar und nachhaltig gefährdet sind, soll die einseitige Suspendierung ohne Vergütung möglich sein (s *Beschäftigungsanspruch* Rz 7 ff; *Freistellung von der Arbeit* Rz 13–15). **13**

Die **Anfechtung** und die **Nichtigkeit** von Arbeitsverträgen (vgl hierzu *Arbeitsvertrag* Rz 65 ff) wirken – anders als im Gesetz vorgesehen – nicht von Anfang an. Während § 142 BGB festsetzt, dass ein angefochtener Vertrag von Anfang an als nichtig anzusehen ist und die §§ 134, 138 BGB die anfängliche Nichtigkeit von gesetzes- und sittenwidrigen Rechtsgeschäften auch ohne vorangegangene Erklärung vorsehen, gilt für das Arbeitsverhältnis, dass nichtige und angefochtene Arbeitsverhältnisse erst von dem Moment an unwirksam sind, in welchem die Anfechtungserklärung beim Vertragspartner eingeht, bzw in dem man sich ihm gegenüber auf die Nichtigkeit des Arbeitsvertrages beruft (BAG 18.4.68 – 2 AZR 145/67, AP HGB § 63 Nr 32). So erreicht man, dass erbrachte Arbeitsleistung, die sich nicht mehr rückabwickeln lässt, bezahlt werden muss. Hat der ArbN im noch nicht angefochtenen Arbeitsverhältnis keine Arbeitsleistung erbracht, weil das Arbeitsverhältnis außer Funktion gesetzt wurde (BAG 29.8.84 – 7 AZR 34/83, NZA 85, 58) oder der ArbN arbeitsunfähig war (BAG 3.12.98 – 2 AZR 754/97, NZA 99, 584), wirkt die Anfechtung deshalb auch zurück. **14**

Der wesentliche Unterschied der Anfechtung und Nichtigkeit von Arbeitsverträgen zu ihrer Kündigung besteht darin, dass Anfechtungs- und Nichtigkeitsgründe schon beim Abschluss des Arbeitsvertrages vorliegen müssen. Kündigungsgründe entstehen meist später. Die Anfechtung schützt die Willensfreiheit, Kündigungsschutzvorschriften den Arbeitsplatz. Wegen dieser unterschiedlichen Stoßrichtung können die kündigungsrechtlichen Vorschriften auch nicht analog auf die Anfechtung und Nichtigkeit von Arbeitsverträgen angewandt werden. **15**

Der **Tod** des ArbN beendet das Arbeitsverhältnis. Dies folgt aus § 613 Satz 1 BGB, wonach der ArbN seine Leistung in Person erbringen muss. Der Tod des ArbGeb berührt das Arbeitsverhältnis grds nicht. Sind Arbeitsleistungen ganz oder überwiegend für die Person des ArbGeb zu leisten, begründet sein Tod jedenfalls ein Kündigungsrecht der Erben des ArbGeb. **16**

d) Einschränkung und Erweiterung. Das Recht des ArbGeb zur **fristgerechten Kündigung** kann im Tarifvertrag, in Betriebsvereinbarungen oder im Einzelarbeitsvertrag beschränkt werden. Dies folgt schon aus § 15 Abs 3 TzBfG, der den Abschluss befristeter Arbeitsverträge zulässt, welche ohne besondere Vereinbarung das Recht zur ordentlichen Kündigung ausschließen (BAG 4.7.01 – 2 AZR 88/00, NZA 02, 288). Die Parteien sollen nicht gezwungen werden, den Ausschluss der ordentlichen Kündigung allein über den Abschluss eines langfristig befristeten Arbeitsvertrages zu versuchen. **17**

Das Kündigungsrecht des ArbGeb kann beschränkt werden, indem man im **Arbeitsvertrag** den Geltungsbereich des KSchG – anders als es § 23 KSchG vorsieht – auf Arbeits- **18**

256 Kündigung, allgemein

verhältnisse in kleinen Betrieben mit nicht mehr als 10 ArbN ausdehnt, Kündigungsschutz – anders als es § 1 KSchG vorsieht – auch schon bei einer Betriebszugehörigkeit von weniger als 6 Monaten vereinbart, die Anwendung der materiellen Regelungen des KSchG auf Vertragsverhältnisse vereinbart, die nicht unter dieses Gesetz fallen (Organmitglieder – BGH 10.5.10 – II ZR 70/09, NZA 10, 889) oder die ordentliche Kündigung für einzelne Fälle ausschließt, in denen sie sonst nach § 1 KSchG sozial gerechtfertigt wäre – etwa durch den Ausschluss krankheitsbedingter Kündigungen. An sich nicht anrechnungsfähige frühere Beschäftigungszeiten bei demselben ArbGeb oder einem anderen Unternehmen können bei der Dauer der Betriebszugehörigkeit nach § 1 Abs 3 S 1 KSchG durch vertragliche Vereinbarung berücksichtigt werden. Dies darf jedoch nicht rechtsmißbräuchlich sein und nur die Umgehung der Sozialauswahl bezwecken. Für eine Berücksichtigung der vertraglich vereinbarten Betriebszugehörigkeitszeiten muss ein sachlicher Grund vorliegen (BAG 2.6.05 – 2 AZR 480/04, NZA 06, 207).

19 Sagt der ArbGeb eine **„Lebens- oder Dauerstellung"** zu kann hierin die Vereinbarung liegen, das Kündigungsschutzgesetz schon vom ersten Tag an ohne Rücksicht auf die Dauer der Betriebszugehörigkeit anwenden zu wollen. Dies wird besonders dann gelten, wenn der ArbN von dem ArbGeb aus einem Dauerarbeitsverhältnis herausgeholt wurde. Die **Befristung** eines Arbeitsvertrages schließt für seine Dauer die ordentliche Kündigung nach § 15 Abs 3 TzBfG regelmäßig aus. Diese ist nur möglich, wenn ihre Zulässigkeit ausdrücklich vereinbart wird oder der entsprechende Wille der Vertragspartner aus den Umständen bei Abschluss des befristeten Arbeitsvertrages eindeutig erkennbar ist (BAG 4.8.11 – 6 AZR 436/10; DB 11, 2552; BAG 4.7.01 – 2 AZR 88/00, NZA 02, 288).

20 Auch **faktische Kündigungsbeschränkungen** für den ArbN über die Vereinbarung von Rückzahlungsklauseln, die ihn verpflichten, bei Kündigung vor einem bestimmten Zeitpunkt erhaltene Gratifikationen, Umzugskosten, Ausbildungskosten uÄ zurückzuzahlen, sind unwirksam, wenn sie den ArbN unangemessen lange an den Betrieb binden (Einzelheiten s *Rückzahlungsklausel* Rz 6 ff).

21 **Tarifverträge** können ebenfalls das Recht auf ordentliche Kündigung durch den ArbGeb beschränken. Dabei gelten tarifliche Beschränkungen betriebsbedingter Kündigungen im Zweifel unabhängig davon, ob der ArbN den allgemeinen Kündigungsschutz nach dem KSchG genießt (BAG 13.6.96 – 2 AZR 547/95, NZA 96, 1168). Oft üblich sind heute die sog Rationalisierungsschutzabkommen. Sie sehen Kündigungsverbote und Beschäftigungspflichten auf einem anderen Arbeitsplatz desselben Betriebs, Unternehmens oder Konzerns – gelegentlich nach erforderlichen Umschulungen oder Fortbildungen – und in Einzelfällen die Pflicht des ArbGeb vor, sich um einen Arbeitsplatz bei Drittunternehmen zu bemühen. In einigen Tarifverträgen wird das Kündigungsrecht des ArbGeb nach langjähriger Betriebszugehörigkeit und/oder Erreichen eines bestimmten Alters weitgehend ausgeschlossen. Dies kann unwirksam sein, wenn es im konkreten Fall zu einer grob fehlerhaften Sozialauswahl führen würde (BAG 5.6.2008 – 2 AZR 907/06; NZA 08, 1120 s hierzu *Unkündbarkeit*).

22 **Betriebsvereinbarungen** können Kündigungsbeschränkungen auferlegen, soweit nicht tarifliche Regelungen bestehen oder üblich sind (§ 77 Abs 3 BetrVG). So kann man in Betriebsvereinbarungen Kündigungsfristen verlängern oder die Mitbestimmung bei Kündigung verstärken (§ 102 Abs 6 BetrVG). Man kann Richtlinien vereinbaren, nach denen bei der sozialen Auswahl aus Anlass einer betriebsbedingten Kündigung verfahren werden soll (§ 95 BetrVG). Auch durch Betriebsvereinbarungen kann das Recht auf ordentliche Kündigung für den ArbGeb generell oder für bestimmte Fälle ausgeschlossen werden. Und endlich können die Betriebspartner für den Fall der Kündigung durch den ArbGeb Abfindungen vereinbaren und so faktisch Kündigungen erschweren.

23 Das Recht zur **außerordentlichen Kündigung** lässt sich grds (zu Ausnahmen BAG 25.10.01 – 2 AZR 216/00, NZA 02, 1000) nicht wirksam ausschließen, erschweren oder einschränken (BAG 19.12.74, AP BGB § 620 Bedingung Nr. 3; s *Kündigung, außerordentliche* Rz 11–13).

24 Die **arbeitsvertragliche Erweiterung des Kündigungsrechts** zum Nachteil der **Arbeitnehmer** ist unwirksam, da er auf den Kündigungsschutz im Voraus nicht verzichten kann (BAG 6.6.58, AP Nr 18 zu § 44 Truppenvertrag). Dies gilt auch für die außerordentliche Kündigung durch den ArbGeb, man würde sonst die zwingenden Vorschriften über die gesetzlichen Mindestkündigungsfristen umgehen (BAG 14.12.79 – 7 AZR 1042/77, AP

BGB § 626 Nr 71). Im Tarifvertrag können jedoch so genannte „entfristete Kündigungen" vereinbart werden (BAG 19.1.73 – 2 AZR 103/72, AP BGB § 626 Ausschlussfrist Nr 5), dh man kann dort festlegen, in welchen Fällen eine sozial gerechtfertigte ordentliche Kündigung ohne oder mit abgekürzten Kündigungsfristen ausgesprochen werden kann.

Der **tarifliche** oder **betriebsverfassungsrechtliche Verzicht** auf Kündigungsschutz 25 scheitert am Rangprinzip. Deshalb sind zB Vereinbarungen in Sozialplänen unwirksam, in denen die Zahlung der dort festgelegten Abfindungen davon abhängig gemacht wird, dass keine Kündigungsschutzklage erhoben wird oder eine schon eingereichte Klage zurückgenommen wird (BAG 31.5.05 – 1 AZR 254/04, NZA 05, 997). Ebenso wenig können in Tarifverträgen wirksam „absolute Kündigungsgründe" vereinbart werden, bei deren Vorliegen die Kündigung stets gerechtfertigt sein soll, oder auf andere Weise das Kündigungsrecht zu Gunsten des ArbGeb erweiternde Regelungen getroffen werden.

Einzelvertragliche Vereinbarungen, die das Kündigungsrecht des ArbN zum Nachteil 26 des **Arbeitgebers** erweitern, sind zulässig. Der ArbGeb braucht hier keinen besonderen Schutz. Da der ArbN stets ohne Grund fristgerecht kündigen kann, geht es bei diesen Vereinbarungen um die Möglichkeit, sein Recht zur außerordentlichen Kündigung zu erleichtern. In Tarifverträgen wäre eine solche Vereinbarung wohl problematisch.

2. Kündigungserklärung. Bei der Kündigung handelt es sich um eine **einseitige,** 27 **empfangsbedürftige Willenserklärung.** Derartige Erklärungen werden nach § 130 BGB mit ihrem Zugang wirksam. Der Adressat muss sie nur wahrnehmen, nicht annehmen. Auch die Kündigung ist damit ohne Annahme durch den Gekündigten wirksam.

a) Form. Jede Kündigung bedarf zu ihrer Wirksamkeit nach **§ 623 BGB** der **Schrift-** 28 **form.** Die nicht in der gebotenen Form ausgesprochene Kündigung ist unheilbar nichtig (BAG 25.11.76 – 2 AZR 751/75, AP BBiG § 15 Nr 4). Die gesetzliche Schriftform schafft Rechtssicherheit und schützt vor Übereilung. Rechtsstreite, bei denen die Feststellung im Mittelpunkt steht, ob eine Kündigung ausgesprochen wurde, wird es in Zukunft kaum noch geben. Auch die Frage, welche Erklärung als Kündigung zu verstehen ist, tritt in den Hintergrund. Schriftliche Äußerungen sind wohl präziser. Und endlich wird es die Gerichte nicht mehr beschäftigen, wann eine erkennbar im Zorn abgegebene spontane Erklärung ein Arbeitsverhältnis auflösen kann.

Das Schriftformerfordernis betrifft **jede Art von Kündigung:** die ArbGebseitige, die 29 Eigenkündigung durch den ArbN, die ordentliche, die außerordentliche und die Änderungskündigung (BAG 16.9.04 – 2 AZR 628/03, NZA 05, 635; BAG 12.3.09 – 2 AZR 894/07, NZA 09, 840). Auch die Nichtfortsetzungserklärung nach § 12 KSchG ist als Ausübung eines Sonderkündigungsrechts nur schriftlich möglich (ErfK/*Müller-Glöge* § 623 BGB Rz 3). Die Anfechtung eines Arbeitsvertrages ist nach wie vor ebenso formlos möglich) wie der Widerruf einzelner Arbeitsbedingungen und der Widerspruch nach § 625 BGB (ErfK/ *Müller-Glöge* § 623 BGB Rz 3).

Aus dem Wortlaut von § 623 BGB folgt, dass Schriftform nur für die Kündigung von 30 **Arbeitsverhältnissen,** nicht für die von freien Dienstnehmern oder ArbNähnlichen Personen, vorgesehen ist (ErfK/*Müller-Glöge* § 623 BGB Rz 2). Die Vorschrift ist **zwingend.** Die Schriftform kann weder durch Vertrag noch durch Betriebsvereinbarung oder Tarifvertrag abbedungen werden (ErfK/*Müller-Glöge* § 623 BGB Rz 10). Diese Regelungen können strengere konstitutive Formvorschriften – wie zB einen Begründungszwang – vorsehen, die dann zusätzlich gelten (BAG 25.10.12 – 2 AZR 845/11). ArbGeb und ArbN können sich weder konkludent noch mündlich oder schriftlich darauf einigen, dass eine mündlich ausgesprochene Kündigung wirksam sein soll (ErfK/*Müller-Glöge* § 623 BGB Rz 10). Auch die schriftliche „Bestätigung" einer vorher mündlich ausgesprochenen Kündigung heilt nicht im Nachhinein die fehlende Schriftform. Eine Bestätigung wirkt nicht zurück. Die formunwirksame Kündigung muss nachgeholt werden (Erfk/*Müller-Glöge* § 623 BGB Rz 14). In der schriftlichen „Bestätigung" einer formunwirksamen Kündigung kann aber der Ausspruch einer neuen Kündigung liegen, wie § 141 BGB zeigt.

Die **Schriftform** wird nach § 126 Abs 1 BGB durch die von einem Kündigungsberech- 31 tigten abgefasste und eigenhändig unterschriebene Kündigung gewahrt. Hierzu muss der Namenszug nicht lesbar sein. Es genügt ein Schriftzug, der die Identität des Unterschreibenden ausreichend kennzeichnet. Eine Paraphe genügt nicht (BAG 24.1.08 – 6 AZR 519/07,

256 Kündigung, allgemein

NZA 08, 521). Wird die Kündigung durch einen Vertreter unterschrieben, muss dies in der Kündigung durch einen das Vertretungsverhältnis anzeigenden Zusatz hinreichend deutlich zum Ausdruck kommen. Hierzu reicht es idR aus, wenn die Unterschrift des Vertreters fälschlich mit dem Zusatz „i. A." statt „i. V." versehen ist (BAG 13.12.07 – 6 AZR 145/07, NZA 08, 403). Sind in dem Kündigungsschreiben einer Gesellschaft bürgerlichen Rechts (GbR) alle Gesellschafter sowohl im Briefkopf als auch maschinenschriftlich in der Unterschriftszeile aufgeführt, reicht es daher zur Wahrung der Schriftform nicht aus, wenn lediglich ein Teil der GbR-Gesellschafter ohne weiteren Vertretungszusatz das Kündigungsschreiben handschriftlich unterzeichnet (BAG 21.4.05 – 2 AZR 162/04, NZA 05, 865). Auch generell gilt ja, dass für die Einhaltung der Schriftform alle Erklärenden die schriftliche Willenserklärung unterzeichnen (BGH 5.11.03 – XII ZR 134/02, NJW 04, 1103). Die elektronische Form einer Kündigung ersetzt nach § 623 nicht die Schriftform. § 127 BGB ist auch dann nicht anwendbar, wenn die Schriftform der Kündigung zusätzlich einzelvertraglich vereinbart wurde. Dies bedeutet, dass weder die telegraphische Übermittlung (BGH 27.5.57 – VII ZR 223/56, NJW 57, 1275) bzw das Übersenden eines Telefax (BAG 13.2.08 – 2 AZR 864/08, NZA 08, 1055) oder einer e-mail (*Preis/Gotthardt* NZA 2000, 348) der gesetzlichen Schriftform genügt. Die Schriftform wahrt aber nach § 126 Abs 3 BGB eine notarielle Beurkundung der Kündigung; der – auch in einem schriftlichen Verfahren nach § 278 Abs 6 ZPO geschlossene oder durch Beschluss festgestellte (BAG 23.11.06 – 6 AZR 394/06, NZA 07, 466) – Prozessvergleich über die Wirksamkeit einer Kündigung wahrt sie nach § 127a BGB. Die im Prozess zu Protokoll erklärte Kündigung wahrt nicht die Schriftform, § 127a BGB gilt nur für den gerichtlichen Vergleich (APS/*Preis* BGB § 623 Rz 25).

32 Eine **Durchbrechung der Formnichtigkeit** mit der Folge der Wirksamkeit einer nur mündlich ausgesprochenen Kündigung ist nur ganz ausnahmsweise möglich. Sonst würden die gesetzlichen Formvorschriften ausgehöhlt (BAG 16.9.04 – 2 AZR 659/03, NZA 05, 162). Die Kenntnis des Formverstoßes auf beiden Seiten schließt die Berufung auf § 242 BGB ebenso aus (BGH 21.3.69 – V ZR 87/67, NJW 69, 1167) wie die beiderseitige Unkenntnis von § 623 BGB (vgl BAG 22.8.79 – 4 AZR 896/77, AP BAT § 4 Nr 6). In Ausnahmefällen kann die Berufung auf die Unwirksamkeit einer Kündigung wegen fehlender Schriftform eine **unzulässige Rechtsausübung** darstellen. Dies setzt voraus, dass die Formunwirksamkeit der Kündigung nicht nur zu einem harten, sondern für den Betroffenen zu einem für ihn untragbaren Ergebnis führen würde – Existenzvernichtung, Arglist, schwere Treuepflichtverletzungen (BAG 16.5.72 – 5 AZR 459/71, DB 72, 1492; BGH 10.10.86 – V ZR 247/85, NJW 87, 1069). Die vergebliche Bitte des ArbN, ihn zu kündigen reicht für ein Durchbrechen der Formnichtigkeit selbst dann nicht aus, wenn er daraufhin mit der Erklärung den Betrieb verlässt, er habe keine Lust mehr (BAG 16.9.04 – 2 AZR 659/03, NZA 05, 162). Die Schriftform ist gewahrt, wenn dem ArbN das Kündigungsschreiben übergeben wird, er auf dem Original seinen Empfang quittiert, es zurückgibt und dann eine Ablichtung erhält (BAG 4.11.04 – 2 AZR 17/04, NZA 05, 513).

33 **b) Ort und Zeit.** Die Kündigung kann grds zu jeder Zeit an jedem Ort wirksam erklärt werden. Sie darf im zeitlichen Zusammenhang mit einer Fehlgeburt (BAG 12.7.90 – 2 AZR 39/90, NZA 91, 63) oder dem Tod naher Angehöriger bzw Lebensgefährten (BAG 5.4.01 – 2 AZR 185/00, NZA 01, 890), an gesetzlichen Feiertagen, Sonntagen und auch am 24.12. zugehen (BAG 14.11.84 – 7 AZR 174/83, NZA 86, 97). Im Einzelfall kann dies anders sein. Die am unpassenden Ort – zB auf gesellschaftlichen Veranstaltungen – ausgesprochene Kündigung kann ebenso unwirksam sein, wie die zur Unzeit erklärte Kündigung. Dabei führt allein der Kündigungszeitpunkt nicht zur Unwirksamkeit. Wählt der Kündigende aber absichtlich oder aufgrund gedankenloser Missachtung der persönlichen Belange des Kündigungsempfängers einen besonders beeinträchtigenden Zugangszeitpunkt, kann dies zur Unwirksamkeit der Kündigung führen, wenn der Gekündigte sich dagegen innerhalb einer vom Einzelfall abhängigen Überlegungsfrist zur Wehr setzt (BAG 5.4.01 – 2 AZR 185/00, NZA 01, 890). So kann eine Kündigung allein deshalb unwirksam sein, weil sie am Tage eines Arbeitsunfalls im Krankenhaus zugestellt wurde (LAG Brem 29.10.85 – 4 Sa 151/85, BB 86, 393).

34 **c) Inhalt.** Die Kündigung muss erkennen lassen, zu welchem **Zeitpunkt** das Arbeitsverhältnis beendet sein soll. Dabei müssen keine Daten genannt werden. Es genügt, wenn

sich der letzte Tag des Beschäftigungsverhältnisses für den Betroffenen aus der Kündigungserklärung und den Umständen ermitteln lässt (ErfK/*Müller-Glöge* BGB § 620 Rz 20; APS/ *Greiner* BGB § 623 Rz 20).

Eine **Begründung** der Kündigung ist für ihre Wirksamkeit nach dem Gesetz – soweit es 35 nicht ausdrücklich wie in § § 22 Abs 3 BBiG etwas anderes vorsieht. Eine Begründungspflicht kann jedoch im Arbeitsvertrag, in Betriebsvereinbarungen oder Tarifverträgen vereinbart werden. In diesem Fall muss der Kündigungsgrund im Kündigungsschreiben genau bezeichnet werden. Es reichen weder Schlagworte (BAG 10.2.99 – 2 AZR 848/98, NZA 99, 604) noch die Bezugnahme auf ein inhaltlich nicht näher umschriebenes Gespräch aus (BAG 10.2.99 – 2 AZR 176/98, NZA 99, 602).

Nach § 626 Abs 2 Satz 3 BGB muss auf Verlangen der **Kündigungsgrund** unverzüglich 36 schriftlich **mitgeteilt** werden, wenn außerordentlich gekündigt wurde. Nach § 1 Abs 3 Satz 1 KSchG muss der ArbGeb dem Gekündigten auf Verlangen die Gründe angeben, die zu der getroffenen sozialen Auswahl geführt haben. Für andere Kündigungen folgt die Pflicht des ArbGeb, dem ArbN die Kündigungsgründe mitzuteilen, aus einer vertraglichen Nebenpflicht (*Stahlhacke/Preis/Vossen* Rz 91). Kommt er dem nicht nach, ist deshalb die Kündigung nicht unwirksam. Er ist aber zu Schadensersatz verpflichtet (*Stahlhacke/Preis/Vossen* Rz 92, 540). Der Schaden kann zB in den Kosten eines unnötigen Kündigungsschutzprozesses liegen.

Wo es einen **Betriebsrat** gibt, muss der ArbGeb der Kündigung eine Abschrift der 37 Stellungnahme des BRat beifügen, wenn dieser der Kündigung widersprochen hat (§ 102 Abs 4 BetrVG). Tut er das nicht, bleibt die Kündigung dennoch wirksam. Sinn der Vorschrift ist es nur, den ArbN in die Lage zu versetzen, seine Aussichten im Kündigungsschutzprozess besser beurteilen zu können. Es kommen aber Schadensersatzansprüche des ArbN in Betracht, der von einer Klage abgesehen hätte (*Fitting* BetrVG § 102 Rz 100).

Im **Berufsbildungsverhältnis**, bei Umschulung und Fortbildung ist nach Ablauf der 38 Probezeit die Kündigung nach § 22 Abs 3 BBiG schriftlich zu begründen, sonst ist sie unwirksam. Die schriftliche Mitteilung der Kündigungsgründe ist damit **Wirksamkeitsvoraussetzung** für die Kündigung. Dabei sind die Kündigungsgründe im Einzelnen so darzulegen, dass der Empfänger erkennen kann, um welche Vorwürfe es sich handelt. Schlagwortartige Werturteile reichen hierfür nicht aus (BAG 25.11.76 – 2 AZR 751/75, AP BBiG § 15 Nr 4). Enthält die Begründung der Kündigung allgemein gehaltene Hinweise auf frühere Verwarnungen oder Abmahnungen, reicht dies nur dann aus, wenn sie für den Kündigungsempfänger klarstellen, welche Vorwürfe ihm gemacht werden (BAG 25.8.77 – 3 AZR 705/75, AP BMT-G II § 54 Nr 1).

d) **Klarheit.** Kündigungserklärungen müssen **klar und eindeutig, bestimmt und** 39 **unmissverständlich** sein, damit sie das Arbeitsverhältnis auflösen (BAG 20.6.13 – 6 AZR 805/11). Die Kündigung stellt einen erheblichen Eingriff in die Beziehung zwischen ArbGeb und ArbN dar. Dieser Eingriff geschieht einseitig. Wer der Kündigung ausgesetzt ist, kann weder ihren Zeitpunkt noch den Inhalt bestimmen. Er muss aber wissen, woran er ist. Unklarheiten gehen damit zu Lasten des Kündigenden. Dabei braucht das Wort „Kündigung" nicht zu fallen. Es muss sich aber zumindest aus dem Gesamtzusammenhang zweifelsfrei ergeben, dass eine Beendigung des Arbeitsverhältnisses gewollt ist und wann das Beschäftigungsverhältnis aufgelöst sein soll, fristlos oder fristgerecht (BAG 20.9.06 – 6 AZR 82/06, NZA 07, 377).

Der Kündigung fehlt die erforderliche **Klarheit** jedenfalls dann, wenn in ihr **mehrere** 40 **Termine** für die Beendigung des Arbeitsverhältnisses aufgeführt sind und für den Betroffenen nicht erkennbar ist, welcher Termin gelten soll (BAG 21.10.81 – 2 AZR 407/79 – nv). Wird ein Kündigungsschreiben **mehrfach erstellt**, um den Zugang auf unterschiedlichen Wegen sicherzustellen, ist im Zweifel nur eine Kündigung gewollt (BAG 6.9.07 – 2 AZR 264/06, NZA 08, 636). Für die Bestimmtheit und damit für die Wirksamkeit einer Kündigung genügt regelmäßig die Angabe des Kündigungstermins oder der Kündigungsfrist. Die Erklärung, man kündige **„zum nächstmöglichen Zeitpunkt"**, reicht aus, wenn sie mit einem Hinweis auf die für die Dauer der Kündigungsfrist maßgebliche Regelung verbunden wird (BAG 20.6.13 – 6 AZR 805/11). Ist die für die Kündigung angegebene Frist zu kurz bemessen, wird sie deshalb nicht zwangsläufig unwirksam. Im Regelfall wird man sie dahin auslegen können, dass der ArbGeb mit der zutreffenden Frist kündigen wollte. Sie löst daher

256 Kündigung, allgemein

das Arbeitsverhältnis zum nächstmöglichen Termin auf (BAG 15.12.05 – 2 AZR 148/05, NZA 06, 791; ausdrücklich offen gelassen jetzt in BAG 15.5.13 – 5 AZR 130/12). Jedenfalls kann eine vom Arbeitgeber mit fehlerhafter Kündigungsfrist zu einem bestimmten Datum erklärte Kündigung mit dem Zusatz „fristgemäß zum" als solche zum richtigen Kündigungszeitpunkt ausgelegt werden, wenn es dem Arbeitgeber, für den Arbeitnehmer erkennbar, wesentlich um die Einhaltung der maßgeblichen Kündigungsfrist ging und sich das in das Kündigungsschreiben aufgenommene Datum lediglich als das Ergebnis einer fehlerhaften Berechnung der zutreffenden Kündigungsfrist erweist (BAG 15.5.13 – 5 AZR 130/12, NZA 13, 1076). Lässt sich die Kündigung nicht in eine zum zutreffdnen Termin ausgesprochene auslegen, wird sie in den überwiegenden Fällen jedenfalls nach § 140 BGB entsprechend umgedeutet werden können, weil ein ArbGeb den ArbN eher mit der längeren Frist „loswerden" als auf Dauer beschäftigen möchte (Einzelheiten *Eisemann* NZA 11, 601). Kündigt der ArbGeb außerordentlich mit sozialer Auslauffrist, muss er dies deutlich machen (BAG 13.1.82 – 7 AZR 757/79, AP BGB § 620 Kündigungserklärung Nr 2).

41 e) **Kündigungsberechtigung.** An einer Kündigung sind im Normalfall ArbGeb und ArbN beteiligt. Sie können ihr Kündigungsrecht nicht auf Dritte übertragen, nur seinen Ausspruch. Im **Gruppenarbeitsverhältnis** können sich Besonderheiten ergeben. Haben sich mehrere ArbN aus eigener Initiative zusammengeschlossen – sog **Eigengruppe** – und als Gruppe ihre Arbeitsleistung angeboten (Musikkapelle, Hausmeisterehepaar), kann dem einzelnen Mitglied der Gruppe grds nur gekündigt werden, wenn dies besonders vereinbart ist oder durch das Ausscheiden des Einzelnen die Leistung der Übrigen weder vereitelt noch wesentlich erschwert wird (BAG 21.10.71 – 2 AZR 17/71, AP BGB § 611 Gruppenarbeitsverhältnis Nr 1).

42 Auf der anderen Seite muss sich die Gruppe Kündigungsgründe in der Person oder dem Verhalten einzelner Mitglieder anrechnen lassen. Eine Kapelle kann daher gekündigt werden, weil ein Mitglied schlecht spielt und damit die Gesamtleistung minderwertig ist (BAG 9.2.60 – 2 AZR 585/57, AP BGB § 626 Nr 39). Auch das einzelne Gruppenmitglied kann nicht kündigen. Bleibt es schlicht der Arbeit fern, kann dies im Einzelfall die Kündigung der Gruppe rechtfertigen. Für Arbeitsgruppen, die aufgrund des Direktionsrechts des ArbGeb entstehen – sog **Betriebsgruppe** – besteht keine Besonderheiten.

43 f) **Vertretung.** Bei der Kündigung können sich **beide Seiten** vertreten lassen, der Kündigende nach § 164 Abs 1 BGB beim Ausspruch, der Gekündigte nach § 164 Abs 3 BGB beim Empfang der Kündigung (BAG 29.10.92, DB 93, 541). Nur die ordentliche Kündigung von Offizieren und Angestellten auf Seehandelsschiffen muss nach § 63 Abs 2 SeemG der Reeder selbst aussprechen. Die Kündigungsbefugnis kann vertraglich allein dem ArbGeb vorbehalten werden (BAG 9.10.75, DB 76, 441). Kündigt ein Bevollmächtigter für den ArbGeb, ist diesem die Kündigung nach § 164 Abs 1 Satz 2 BGB auch dann zuzurechnen, wenn auf das Vertretungsverhältnis bei Ausspruch der Kündigung nicht ausdrücklich hingewiesen wurde (BAG 31.1.96, DB 96, 1042).

44 Die **Vollmacht** wird nach § 167 BGB formlos durch Erklärung gegenüber dem Bevollmächtigten oder dem Dritten erteilt, dem gegenüber die Vertretung stattfinden soll. Die Vollmacht kann speziell sein. Oft wird sie Teil einer umfassenden Vollmacht sein, zB der Prokura, Handlungsvollmacht, Generalvollmacht. Der **Personalleiter** besitzt regelmäßig Vollmacht zur Kündigung (BAG 29.10.92 – 2 AZR 460/92, NZA 93, 307). Der **Prozessbevollmächtigte** besitzt sie nur dann, wenn seine Vollmacht über die Prozessvollmacht nach § 80 ZPO hinausgeht (BAG 10.8.77 – 5 AZR 394/76 AP ZPO § 81 Nr 2).

45 ArbN können gegenüber dem **Personalbüro** kündigen. Besteht **Gesamtvertretung**, kann jeder Gesamtvertreter allein die Kündigung entgegennehmen (BAG 12.2.75 – 5 AZR 79/74 AP BetrVG 1972 § 78 Nr 1). Die Kündigung gegenüber einem **Nichtberechtigten** ist stets unwirksam. Ihre Entgegennahme kann auch nicht nachträglich genehmigt werden.

46 Die Kündigung durch einen **Vertreter ohne Vertretungsmacht** ist nach § 180 Satz 1 BGB unwirksam. Hat der Kündigende eine Vollmacht behauptet und der Gekündigte die Kündigung nicht beanstandet oder war er mit dem Handeln ohne Vertretungsmacht einverstanden, kann der Vertretende die Kündigung nach §§ 180 Satz 2, 177 BGB nachträglich genehmigen. Sie wird damit von Anfang an wirksam (BAG 6.9.12 – 2 AZR 858/11, NZA 13, 524). Die Genehmigung kann nach § 182 Abs 2 BGB mündlich erfolgen und nach § 177 Abs 1 BGB gegenüber dem Vertreter oder dem gekündigten ArbN erteilt werden.

Fordert dieser den ArbGeb zur Erklärung über die Genehmigung auf, kann diese nach § 177 Abs 2 BGB nur ihm gegenüber erfolgen und die zuvor dem Vertreter erteilte Genehmigung wird unwirksam. Ein vom Insolvenzgericht nach § 21 Abs 2 Nr 2, 2. Altern InsO angeordneter Zustimmungsvorbehalt, wonach Verfügungen des Schuldners über Gegenstände seines Vermögens nur noch mit Zustimmung des vorläufigen Insolvenzverwalters wirksam sind, erfasst auch die Kündigung von Arbeitsverhältnissen (BAG 10.10.02 – 2 AZR 532/01, NZA 03, 909).

Legt der **bevollmächtigte Vertreter** mit der Kündigung nicht eine schriftliche Vollmacht **47** oder nur eine Vollmacht in beglaubigter Abschrift vor und weist der Gekündigte aus diesem Grund die Kündigung unverzüglich zurück, ist sie nach § 174 Satz 1 BGB unwirksam (BAG 12.1.06 – 2 AZR 179/05, NZA 06, 980). Dieselbe Rechtsfolge tritt ein, wenn ein ArbGeb als Gemeinschuldner bei Ausspruch einer Kündigung die nach § 21 Abs 2 Nr 2, 2. Altern. InsO erforderliche Zustimmung des Insolvenzverwalters nicht in schriftlicher Form vorlegt und der ArbN die Kündigung deshalb nach den §§ 182 Abs 3, 111 Satz 2 BGB zurückweist (BAG 10.10.02 – 2 AZR 532/01, NZA 03, 909). Beruht die Vertretungsmacht auf gesetzlicher Grundlage oder handelt es sich um eine organschaftliche Vertretung, ist eine Zurückweisung nicht möglich (BAG 20.9.06 – 6 AZR 82/06, NZA 07, 377). Für die **Zurückweisung** der Kündigung steht dem Gekündigten eine **angemessene Zeit** der Überlegung zur Verfügung. Er kann auch erst den Rat eines Rechtsanwalts einholen (BAG 20.9.06 – 6 AZR 82/06, NZA 07, 377). Die Dauer der Überlegungsfrist hängt vom Einzelfall ab (BAG 11.7.91 – 2 AZR 107/91, NZA 92, 449). Eine Woche wird idR nicht zu viel sein (BAG 8.12.11 – 6 AZR 354/10, NZA 12, 495), drei Wochen sind zu lang (BAG 11.3.99 – 2 AZR 427/98, NZA 99, 818). Die Zurückweisung muss erkennen lassen, dass sie gerade wegen der fehlenden Vollmachtsurkunde erfolgt; sie ist auch möglich bei der internen Ermächtigung eines **Gesamtvertreters** durch den anderen (BAG 18.12.80 – 2 AZR 980/78, NJW 81, 2374). Die Zurückweisung kann ihrerseits als empfangsbedürftige Willenserklärung nach § 174 BGB zurückgewiesen werden, wenn sie von einem Vertreter angesprochen wird, der eine Vollmacht nicht vorgelegt hat.

Sind nach den Vorschriften einer **Gemeindeordnung** Kündigungsschreiben von bestimmten Personen zu unterschreiben und mit einem Dienstsiegel zu versehen, kann der **48** ArbN die Kündigung zurückweisen, wenn das Siegel fehlt, das der Vollmachtsurkunde gleichstehen soll (BAG 29.6.88 – 7 AZR 180/87 AP BGB § 174 Nr 6). Der sog **besondere Vertreter** eines rechtsfähigen Vereins nach § 30 BGB braucht bei einer Kündigung keine Vollmacht vorzulegen; § 174 BGB ist nicht anwendbar.

Die **Zurückweisung** ist nach § 174 Satz 2 BGB bzw §§ 182 Abs 3, 111 Satz 3 BGB **49** **ausgeschlossen,** wenn der Vertretene den Gekündigten von der Vollmacht in Kenntnis gesetzt hat. Dies ist nach § 174 Satz 2 BGB der Fall, wenn ein **Personalleiter** die Kündigung ausspricht (BAG 18.5.94 – 2 AZR 920/93, NZA 95, 24), auch wenn seine Vollmacht im Innenverhältnis eingeschränkt ist (BAG 29.10.92 – 2 AZR 460/92, NZA 93, 307) oder ein **Insolvenzverwalter** den Betrieb fortführt (BAG 22.1.98 – 2 AZR 267/97, NZA 98, 699). Hat ein Vertreter des Personalleiters (BAG 20.8.97 – 2 AZR 518/96, NZA 97, 1343) oder ein **Sachbearbeiter** (BAG 29.6.89 – 2 AZR 482/88, NZA 90, 63) gekündigt, ist die Zurückweisung nur ausgeschlossen, wenn seine Befugnis zur Kündigung allgemein bekannt ist. Für ein in Kenntnis setzen reicht die bloße Mitteilung im Arbeitsvertrag, dass der jeweilige Inhaber einer bestimmten Funktion kündigen dürfe, nicht aus. Erforderlich ist vielmehr ein zusätzliches Handeln des Vollmachtgebers, aufgrund dessen es dem Empfänger der Kündigungserklärung möglich ist, der ihm genannten Funktion, mit der das Kündigungsrecht verbunden ist, die Person des jeweiligen Stelleninhabers zuzuordnen (BAG 14.4.11 – 6 AZR 727/09, NZA 11, 683). Wird die Kündigung von einem **Prokuristen** ausgesprochen, dessen Prokura ins Handelsregister eingetragen und nach § 10 Abs 1 HGB bekannt gemacht wurde, kann die Kündigung ebenso wenig nach § 174 Satz 2 BGB zurückgewiesen werden. Auch sie gilt als dem Gekündigten bekanntgegeben (BAG 11.7.91 – 2 AZR 107/91, NZA 92, 449). Dass die Person des Vertreters wegen Unleserlichkeit der Unterschrift und fehlender Angabe des Namens in leserlicher Form nicht erkennbar ist, steht dem Ausschluss Zurückweisung nach § 174 Satz 2 BGB nicht entgegen (BAG 20.9.06 – 6 AZR 82/06, NZA 07, 377). Die Mitteilung der Vertretungsmacht durch den Vertreter selbst – etwa durch den Unterschriftszusatz „i. V." – reicht nicht aus (BAG 12.1.06 – 2 AZR 179/05, NZA 06, 980).

50 **g) Zugang.** Der **Zeitpunkt,** in dem eine Kündigung zugeht, ist entscheidend für den Beginn der Kündigungsfrist.

51 Die einem **Anwesenden** ausgehändigte schriftliche Kündigung geht ihm mit der Übergabe zu, unabhängig davon, ob und wann er sie liest (BAG 16.2.83 – 7 AZR 134/81, AP BGB § 123 Nr 22). Probleme im Zusammenhang mit dem Zugang mündlich erklärter Kündigungen spielen in Zukunft praktisch keine Rolle mehr, weil die Schriftform der Kündigung nach § 623 BGB Wirksamkeitsvoraussetzung ist (s oben Rz 28 ff).

52 Die einem **Abwesenden** erklärte Kündigung wird nach § 130 Abs 1 BGB mit ihrem Zugang wirksam. Sie geht zu, wenn sie so in den Machtbereich des ArbN gelangt ist, dass dieser unter gewöhnlichen Umständen unter Berücksichtigung der Verkehrsauffassung von ihrem Inhalt Kenntnis nehmen kann (BAG 9.6.11 – 6 AZR 687/09, NZA 11, 847; BAG 2.3.89 – 2 AZR 275/88, NZA 89, 635). Dabei ist allein entscheidend, wann der Empfänger von der Kündigung Kenntnis nehmen konnte, nicht, wann er Kenntnis genommen hat (BAG 11.11.92 – 2 AZR 328/92, NZA 93, 259). Damit bewirkt der Einwurf des Kündigungsschreibens in den **Briefkasten** den Zugang, wenn und sobald mit der Leerung zu rechnen ist. Ein nach der üblichen Postzustellzeit in den Briefkasten eingeworfenes Schreiben geht daher erst am nächsten Tag zu, falls mit einer Leerung am selben Tag nicht mehr zu rechnen ist (BAG 8.12.83 – 2 AZR 387/82, NZA 84, 31). Mit der einfachen Erklärung, eine in den Hausbriefkasten gelangte Kündigung habe ihn dennoch nicht erreicht, kann der ArbN ihren Zugang nicht bestreiten (BAG 28.5.09 – 2 AZR 732/08, NZA 09, 1229). Bei Angabe einer **postlagernden** oder **Postfachanschrift** geht die Kündigung zu, sobald die Post sie zum Abholen bereit hält oder in das Postfach einlegt und üblicherweise noch mit dem Abholen gerechnet werden kann (BAG 24.10.85 – 2 AZR 521/84, NJW 86, 1373). Ein ArbN, der aus dem Verfahren vor dem Integrationsamt weiß, dass ihm eine fristlose Kündigung zugehen wird, kann sich jedoch nach Treu und Glauben nicht auf den verspäteten Zugang des Kündigungsschreibens berufen, wenn er dies nicht oder nicht zeitnah bei der Postdienststelle abgeholt hat, obwohl ihm ein Benachrichtigungsschreiben der Post zugegangen ist (BAG 7.11.02 – 2 AZR 475/01, NZA 03, 719) oder dem ArbGeb eine falsche Anschrift angegeben hat, nachdem er von der Kündigungsabsicht des ArbGeb erfahren hat (BAG 22.9.05 – 2 AZR 366/04).

53 Ein während der **Abwesenheit** des ArbN von seiner **Heimatanschrift** (zB während des Urlaubs, eines Krankenhausaufenthaltes, einer Haft) zugestelltes Kündigungsschreiben geht bereits mit der Zustellung zu, nicht erst, wenn der ArbN hiervon Kenntnis erlangt (BAG 2.3.89 – 2 AZR 275/88, NZA 89, 635). Konnte der Adressat eine schriftliche Kündigung wegen **Sprachunkenntnis** oder **Analphabetismus** nicht verstehen, geht sie ihm erst nach einer angemessenen Zeitspanne zu, die zur Übersetzung benötigt wird (LAG Hamm 5.1.79, EzA § 130 BGB Nr 9; aA LAG Köln 24.3.88, NJW 88, 1870).

54 Bei **grundloser Ablehnung** der Annahme des Kündigungsschreibens muss sich der Empfänger nach Treu und Glauben so behandeln lassen, als sei ihm das Kündigungsschreiben zum Zeitpunkt der Ablehnung zugegangen, wenn er im Rahmen vertraglicher Beziehungen mit rechtserheblichen Mitteilungen rechnen konnte (BAG 7.11.02 – 2 AZR 475/01, NZA 03, 719). Eine grundlose Annahmeverweigerung liegt nicht vor, wenn ein Brief nicht oder nur unzureichend frankiert ist und deshalb Nachporto verlangt wird.

55 Wird die Kündigung einem sog **Empfangsboten** ausgehändigt, geht sie in diesem Zeitpunkt dem wahren Adressaten zu. Bei Empfangsboten handelt es sich um Personen, die nach der Verkehrsauffassung als ermächtigt anzusehen sind, den Empfänger bei der Entgegennahme zu vertreten. Es ist nicht erforderlich, dass dieser Person eine besondere Vollmacht oder Ermächtigung erteilt worden ist. Abzustellen ist auf die Verkehrssitte (BAG 11.11.92 – 2 AZR 328/92, NZA 93, 259). Wird das Kündigungsschreiben einer Person übergeben, die mit dem ArbN in einer Wohnung lebt und die aufgrund ihrer Reife und Fähigkeiten geeignet erscheint, das Schreiben an den ArbN weiterzuleiten (Familienangehörige, Lebensgefährten), ist diese nach der Verkehrsanschauung als Empfangsbote des ArbN anzusehen (BAG 9.6.11 – 6 AZR 687/09, NZA 11, 847). Dasselbe gilt für **Vermieter und Hausangestellte** (BAG 13.10.76, DB 77, 546). Handelt es sich um den Ehegatten, kann ihm das für den Partner bestimmte Kündigungsschreiben auch an seinem Arbeitsplatz übergeben werden (BAG 9.6.11 – 6 AZR 687/09, NZA 11, 847). Lehnt ein als Empfangsbote anzusehender Familienangehöriger die Annahme des Kündigungsschreibens ab, muss der

ArbN die Kündigung nur dann als zugegangen gegen sich gelten lassen, wenn er auf die Annahmeverweigerung etwa durch vorherige Absprachen mit dem Angehörigen Einfluss genommen hat (BAG 11.11.92 – 2 AZR 328/92, NZA 93, 259). Wird eine Kündigung (auch) mit der allgemeinen Feststellungsklage nach § 256 ZPO angegriffen, soll der **Prozessbevollmächtigte** des Klägers ermächtigt sein, nachfolgende Kündigungen entgegenzunehmen (BAG 21.1.88 – 2 AZR 581/86, NZA 88, 651).

Das **Einwurf-Einschreiben** geht wie ein einfacher Brief zu (LAG Köln 22.11.10 – 5 Sa 900/10, NZA-RR 11, 244). Ein **Übergabe-Einschreiben** geht nicht in dem Zeitpunkt zu, in welchem der Benachrichtigungsschein hinterlassen wird, sondern erst, wenn das Einschreiben abgeholt wird, selbst wenn dies nicht unverzüglich, aber noch innerhalb der mitgeteilten Aufbewahrungsfrist, geschieht (BAG 25.4.96 – 2 AZR 13/95, NZA 96, 1227). Holt der Empfänger ein Einschreiben trotz Kenntnis des Benachrichtigungsschreibens nicht ab, obwohl er weiß oder damit rechnen muss, dass ein Kündigungsschreiben an ihn unterwegs ist, muss er sich so behandeln lassen, als sei ihm das Schreiben zugegangen (BAG 7.11.02 – 2 AZR 475/01, NZA 03, 719). 56

Bei der **Zustellung** von Kündigungsschreiben nach den Vorschriften der ZPO geht die Kündigung nach § 132 BGB mit der Benachrichtigung über den Zustellungsversuch, nicht erst mit dem Abholen des Kündigungsschreibens auf der Post zu (BAG 30.6.83 – 2 AZR 10/82, AP SchwbG § 12 Nr 11). 57

h) Umdeutung. Die unwirksame Kündigung kann nach § 140 BGB umgedeutet werden. Maßgebend ist auf den hypothetischen Willen der Parteien abzustellen. So kann die **außerordentliche Kündigung** in eine ordentliche Kündigung umgedeutet werden, wenn dies – für den Empfänger erkennbar – dem mutmaßlichen Willen des Kündigenden entspricht. Der unbedingte Wille, ein Arbeitsverhältnis beenden zu wollen, folgt dabei schon aus dem Umstand, dass außerordentlich gekündigt wurde. Besondere Umstände können im Einzelfall den Schluss zulassen, dass nur eine ordentliche Kündigung gewollt war (BAG 12.5.10 – 2 AZR 845/08, NZA 10, 1348) (s *Kündigung, außerordentliche* Rz 74–76). Die Umdeutung ist nur möglich, wenn die Kündigung als ordentliche wirksam wäre und ihrerseits nicht gegen andere gesetzliche Vorschriften verstößt. Im Geltungsbereich des Kündigungsschutzgesetzes muss sie also sozial gerechtfertigt sein. Wurde der **Betriebsrat** nur zur außerordentlichen Kündigung angehört, hilft die Umdeutung nicht weiter. Denn die fristgerechte Kündigung ist jedenfalls nach § 102 Abs 1 BetrVG unwirksam, es sei denn, der BRat hat der außerordentlichen Kündigung ausdrücklich und ohne Vorbehalt zugestimmt (BAG 23.10.08 – 2 AZR 388/07 AP BGB § 626 Nr 217). Auch die Umdeutung einer außerordentlichen fristlosen Kündigung in eine außerordentliche Kündigung mit sozialer Auslauffrist ist möglich (BAG 25.3.04 – 2 AZR 153/03, AP BGB § 138 Nr 60), setzt aber eine Beteiligung des Betriebs- bzw Personalrats nach den für die ordentliche Kündigung geltenden Bestimmungen voraus (BAG 18.10.2000 – 2 AZR 627/99, NZA 01, 219). 58

Die Umdeutung der außerordentlichen oder ordentlichen Kündigung in ein Angebot auf Abschluss eines **Aufhebungsvertrages** ist praktisch ohne Bedeutung seit § 623 BGB die Schriftform der Kündigung verlangt. Meist wird die Einheitlichkeit der Urkunde fehlen (s *Aufhebungsvertrag* Rz 11). 59

Die Umdeutung der **ordentlichen Kündigung** in eine außerordentliche oder in eine Anfechtung des Arbeitsvertrags ist nicht möglich, weil damit die Kündigungsfrist entfällt und das „Ersatzgeschäft" über das Ursprüngliche hinausgeht (BAG 14.10.75 – 2 AZR 365/74, NJW 76, 592). Ihrer Umdeutung in eine außerordentliche Kündigung mit Auslauffrist steht das BAG zu Recht skeptisch gegenüber (BAG 25.3.04 – 2 AZR 153/03 AP BGB § 138 Nr 60); sie setzt jedenfalls voraus, dass ein wichtiger Grund für eine außerordentliche Beendigung des Arbeitsverhältnisses iSv § 626 BGB vorliegt (BAG 22.4.10 – 2 AZR 80/09, NZA-RR 11, 75). 60

3. Beseitigung. Die Wirkung einer Kündigung lässt sich durch **Vereinbarung** mit dem Gekündigten wieder rückgängig machen. Diese Vereinbarung ist formlos wirksam. Sie muss nicht auf den Neubeginn des Arbeitsverhältnisses gerichtet sein. Man kann auch vereinbaren, das Arbeitsverhältnis fortzusetzen, als ob es nie gekündigt wurde (BAG 29.3.06 – 3 AZR 69/05, NZA 06, 693). 61

256   Kündigung, allgemein

62   **a) Widerruf.** Eine Kündigung kann nach § 130 Abs 1 Satz 2 BGB noch bis zu ihrem Zugang widerrufen werden. Dabei kommt es – wie bei der Kündigung selbst – auf den Zugang und nicht auf den Zeitpunkt der Kenntnisnahme an. Geht erst die Kündigung zu und dann der Widerruf, ist die Kündigung wirksam, auch wenn der Empfänger zuerst den Widerruf zur Kenntnis nimmt. Geht erst der Widerruf zu und dann die Kündigung, wird das Arbeitsverhältnis auch dann nicht aufgelöst, wenn der Empfänger zuerst die Kündigung liest (Allgemein BGH 30.10.74 – IV ZR 172/73, NJW 75, 382).

63   **b) Rücknahme.** Die mit ihrem Zugang wirksame Kündigung kann nicht mehr einseitig zurückgenommen werden (BAG 29.3.06 – 3 AZR 69/05, NZA 06, 693). Eine schriftlich ohne jedes Drängen des ArbGeb abgegebene Kündigungserklärung spricht regelmäßig für eine ernsthafte und endgültige Lösungsabsicht des ArbN aus dem Arbeitsvertrag. Die Geltendmachung der Unwirksamkeit einer schriftlich erklärten Eigenkündigung ist daher regelmäßig treuwidrig (BAG 12.3.09 – 2 AZR 894/07, NZA 09, 840). Dasselbe gilt für die vom ArbGeb ausgesprochene Kündigung. Mit Ablauf der Klagefrist des § 4 KSchG wird die arbeitgeberseitige Kündigung nach § 7 KSchG wirksam. Man kann dem Gekündigten nicht die Möglichkeit nehmen, auf diese Weise die wirksame Beendigung des Arbeitsverhältnisses herbeizuführen.

64   Den bei unwirksamer Kündigung bestehenden **Annahmeverzug** (s *Annahmeverzug* Rz 6) soll der ArbGeb nur beenden können, indem er den ArbN zusammen mit der Rücknahme der Kündigung zur Weiterarbeit auffordert oder Arbeit zuweist (BAG 19.1.99 – 9 AZR 679/97, NZA 99, 925). Dies ist bei Rücknahme einer Kündigung **vor** Klageerhebung problematisch und wohl etwas lebensfremd. So wenig man vom gerade gekündigten ArbN verlangen kann, seine Arbeitskraft anzubieten, um den Lohnanspruch zu erhalten, so wenig kann man vom ArbGeb erwarten, dass er den ArbN nach Rücknahme der Kündigung ausdrücklich zur Weiterarbeit auffordert, um den Annahmeverzug zu beenden. Der ArbGeb gerät schon mit der Kündigung nach § 296 BGB in Verzug, weil er damit seine Mitwirkung am Vollzug des Arbeitsverhältnisses verweigert (BAG 18.9.08 – 2 AZR 1060/06, NZA 99, 925). Der durch Ausspruch der Kündigung herbeigeführte Verzug muss daher auch durch ihre einfache Rücknahme beendet werden können. Ihre Rücknahme ist zwar kündigungsrechtlich ohne Bedeutung. Mit dieser Erklärung bringt der ArbGeb jedoch für den ArbN zweifelsfrei zum Ausdruck, dass er in Zukunft seine Mitwirkungspflichten erfüllen und ihm bei Angebot der Arbeitskraft tatsächlich Arbeit zuweisen wird.

65   In der Rücknahme der Kündigung liegt das **Angebot**, das Arbeitsverhältnis einvernehmlich fortzusetzen. Das Angebot kann ausdrücklich oder stillschweigend angenommen werden, zB durch Weiterarbeit bzw Wiederaufnahme der Arbeit. Erklärt der ArbN die Hauptsache für erledigt oder eine Klagerücknahme, nachdem der ArbGeb seine Kündigung im Kündigungsschutzprozess zurückgenommen hat, nimmt er damit den Antrag des ArbGeb zur Fortsetzung des Arbeitsverhältnisses an. Die vereinbarte Rücknahme einer Kündigung verlängert das Arbeitsverhältnis. Der Lohn für die Vergangenheit muss nachgezahlt werden, auch wenn das Arbeitsverhältnis zwischenzeitlich durch Ablauf der Kündigungsfrist „beendet" war. Diese Rückwirkung kann durch eindeutige Vereinbarung ausgeschlossen werden. Die Pflicht zur Vergütung für die Zwischenzeit hängt dann davon ab, ob die Kündigung berechtigt war oder nicht. Vereinbaren die Parteien die Wiederaufnahme des Arbeitsverhältnisses und wollen sie es für die Zwischenzeit bei der Kündigung belassen, entfallen in jedem Fall Lohnansprüche für die Vergangenheit.

66   In der **Kündigungsschutzklage** liegt nicht die Zustimmung zu einer Rücknahme der Kündigung (BAG 16.3.00 – 2 AZR 75/99, NZA 00, 1332). Ist dem ArbN die Fortsetzung des Arbeitsverhältnisses nicht zumutbar, kann er daher auch nach Rücknahme der Kündigung den Auflösungsantrag nach § 9 KSchG stellen (BAG 19.8.82 – 2 AZR 230/80, NJW 83, 1628) bzw den schon gestellten Antrag aufrechterhalten (BAG 29.1.81 – 2 AZR 1055/78, NJW 82, 1118).

67   **c) Anfechtung.** Die Kündigung kann wie jede Willenserklärung angefochten werden. Der ArbN kann seine Kündigung nach § 123 BGB anfechten, wenn er rechtswidrig durch **Drohung** oder **Täuschung** zur Eigenkündigung veranlasst wurde, zB weil ihm der ArbGeb ohne berechtigten Anlass mit einer Kündigung gedroht hat (BAG 16.1.92 – 2 AZR 412/91, NZA 92, 1023). **Schwerbehinderte** und werdende bzw junge **Mütter** können ihre Eigenkündigung nicht nach § 119 BGB mit der Begründung anfechten, dass sie von der Schwan-

Kündigung, allgemein 256

gerschaft bzw ihrer Behinderung nichts wussten oder sich über die mutterschutzrechtlichen Folgen irrten (BAG 6.2.92 – 2 AZR 408/91, NZA 92, 790). Hier gelten die zur Anfechtung des Aufhebungsvertrages entwickelten Grundsätze (s *Aufhebungsvertrag* Rz 22–24).

4. Gerichtliche Auseinandersetzung. a) Kündigung während des Prozesses. Wird 68 während des Kündigungsschutzprozesses erneut gekündigt, muss die Kündigung auch gesondert angegriffen werden. Man kann dies unter bestimmten Voraussetzungen für alle nachfolgenden Kündigungen mit einem allgemeinen Feststellungsantrag tun (Einzelheiten s *Kündigungsschutz* Rz 96–98).

Die **Prozessvollmacht** nach § 80 ZPO berechtigt den Rechtsanwalt nicht, im Prozess 69 erneut für seinen Mandanten zu kündigen (BAG 10.8.77 – 5 AZR 394/76 AP ZPO § 81 Nr 2). Sie ermächtigt nach § 81 ZPO nur zur Vornahme „materiell-rechtlicher Prozesshandlungen", die sich auf den Gegenstand des Rechtsstreits – das ist die schon ausgesprochene Kündigung – beziehen. Wer einem ArbN im Prozess durch einen Anwalt kündigen lassen will, muss diesen daher besonders bevollmächtigen. Im Kündigungsschutzprozess ist der Anwalt durch die einfache Prozessvollmacht ebenso wenig bevollmächtigt, eine Kündigung für seinen Mandanten wirksam entgegenzunehmen. Sie geht diesem daher erst zu, wenn sie ihm übermittelt wurde. Wird im Prozess der allgemeine Feststellungsantrag (s *Kündigungsschutz* Rz 96–98) gestellt, soll die Prozessvollmacht jedoch auf ArbNSeite zur Entgegennahme aller Kündigungen, auf ArbGebSeite zum Ausspruch weiterer Kündigungen im Prozessverlauf ermächtigen, die den mit dem Feststellungsanspruch verbundenen weiteren Streitgegenstand betreffen (BAG 21.1.88 – 2 AZR 581/86, NZA 88, 651). Für den Ablauf von Fristen kommt es jetzt nicht mehr darauf an, ob und wann die Kündigung dem Mandanten tatsächlich zugegangen ist.

b) Umdeutung. Die Umdeutung einer Kündigung im Prozess verlangt weder einen 70 besonderen Antrag des Kündigenden, noch muss er sich ausdrücklich auf die Umdeutung berufen. Das Gericht muss von sich aus prüfen, ob aufgrund der feststehenden Tatsachen eine Umdeutung in Betracht kommt, weil aus dem Sachvortrag auf einen entsprechenden Willen geschlossen werden kann (BAG 15.11.01 – 2 AZR 310/00, NJW 02, 2972). Das Gericht darf jedoch von sich aus nicht Tatsachen ermitteln, die für eine Umdeutung sprechen (BAG 15.11.01 – 2 AZR 310/00, NJW 02, 2972). Im Regelfall wird es aus dem Umstand, dass außerordentlich gekündigt wurde, schließen dürfen, dass auch eine fristgerechte Beendigung des Arbeitsverhältnisses gewollt war (BAG 23.10.08 – 2 AZR 388/07 AP BGB § 626 Nr 217).

c) Nachschieben von Kündigungsgründen. Nicht selten erfährt der ArbGeb **nach** 71 **Ausspruch** einer Kündigung **weitere Tatsachen,** die sie begründen können. In einigen Fällen liefert der ArbN nach Ausspruch der Kündigung neue „Kündigungsgründe". Manchmal halten ArbGeb bei Ausspruch der Kündigung Sachverhalte zurück, um den Mitarbeiter nicht bloßzustellen. Nicht in jedem Fall wird dem BRat stets alles mitgeteilt, was eine Kündigung begründen könnte oder nach dem Willen des ArbGeb begründen soll. Sachverhalte aus der Zeit vor Ausspruch der Kündigung, die erst danach auftauchen, konnten dem BRat bei seiner Anhörung nicht mitgeteilt werden. Können die anfangs zur Begründung der Kündigung herangezogenen Tatsachen nach Auffassung des Arbeitsrichters die Kündigung nicht rechtfertigen, wird der ArbGeb auf die später bekannt gewordenen oder von ihm zurückgehaltenen Sachverhalte zurückgreifen wollen. **Prozessrechtlich** können ihn daran nur die Vorschriften über die Zurückweisung verspäteten Vorbringens – §§ 61a und 67 ArbGG – hindern.

Beschränkungen für dieses Nachschieben von Kündigungsgründen ergeben sich vor 72 allem aus der Systematik des Kündigungsrechts, der Art der Kündigung und mitbestimmungsrechtlichen Vorschriften. So spielt es grds keine Rolle, ob und welche **vor Zugang der Kündigung entstandenen Gründe** dem ArbN bei Ausspruch der Kündigung mitgeteilt wurden (BAG 6.9.07 – 2 AZR 264/06, NZA 08, 637). Sachverhalte aus der Zeit vor Ausspruch einer Kündigung können kündigungsrechtlich beim Streit um die Wirksamkeit einer ordentlichen Kündigung grds nachgeschoben werden, unabhängig davon, ob sie dem Kündigenden bei Zugang der Kündigung bekannt waren oder nicht (BAG 6.9.07 – 2 AZR 264/06, NZA 08, 637; BAG 4.6.97 – 2 AZR 362/96, NZA 97, 1158).

Kündigungsgrund ist nicht die subjektive Vorstellung des Kündigenden, sondern der 73 objektive Sachverhalt. Mehrere Kündigungsgründe ergeben doch nur ein Kündigungsrecht.

256 Kündigung, allgemein

Ist die Begründung der Kündigung aber **Wirksamkeitsvoraussetzung** – wie zB nach § 22 Abs 3 BBiG im Berufsausbildungsverhältnis –, können Gründe nicht nachgeschoben werden, die der Kündigung sozialtypisch ein völlig anderes Gewicht geben (BAG 25.11.76 – 2 AZR 751/75 AP BBiG § 15 Nr 4). Man würde sonst die Begründungspflicht unterlaufen.

74 Mit Gründen, die erst **nach** ihrem **Zugang entstanden** sind, lässt sich eine Kündigung nicht rechtfertigen. Für ihre Wirksamkeit kommt es auf den Zeitpunkt des Ausspruchs an (BAG 10.6.10 – 2 AZR 541/09, NZA 10, 1227). Nachträglich eingetretene Umstände können aber die Tatsachen, welche zur Kündigung geführt haben, aufhellen oder ihnen ein größeres Gewicht als Kündigungsgrund verleihen. Es geht dann nicht mehr um „neue Kündigungsgründe", sondern um die Verwertung später gewonnener Erkenntnisse, die eine bessere Würdigung der „alten Kündigungsgründe" ermöglichen (BAG 28.7.09 – 3 AZN 224/09, NZA 09, 859). Zwischen den neuen Vorgängen und den alten Gründen muss eine so enge Beziehung bestehen, dass sie nicht außer Acht gelassen werden können, ohne einen einheitlichen Lebensvorgang zu zerreißen, und es darf eine ursprünglich unbegründete Kündigung durch die Berücksichtigung späteren Verhaltens zu einer begründeten Kündigung werden. So kann grundsätzlich auch das Verhalten des Gekündigten im Prozess herangezogen werden, um die Kündigungsgründe in einem neuen Licht erscheinen zu lassen (BAG 10.6.10 – 2 AZR 541/09, NZA 10, 1227).

75 Bei der **außerordentlichen Kündigung** bildet die **Ausschlussfrist** des § 626 Abs 2 BGB eine Grenze für das Nachschieben von Kündigungsgründen. Gründe, die dem Kündigenden länger als 2 Wochen **vor Ausspruch** der Kündigung **bekannt** waren, können grds nicht mehr nachgeschoben werden, weil sie „verfristet" sind. Sie können aber unterstützend zur Begründung der Kündigung herangezogen werden, wenn sie mit den in der Ausschlussfrist bekannt gewordenen Vorgängen in einem so engen sachlichen Zusammenhang stehen, dass sie nur ein weiteres Glied in der Kette von Ereignissen bilden, die zur Kündigung geführt haben (BAG 10.4.75 – 2 AZR 113/74 AP BGB § 626 Ausschlussfrist Nr 7). Dabei reichen gleichartige Verfehlungen aus, wenn sich ihnen die generell fehlende Bereitschaft zur Erfüllung der arbeitsvertraglichen Verpflichtungen entnehmen lässt – zB Verspätung, unentschuldigtes Fehlen (BAG 10.12.92 – 2 ABR 32/92, NZA 93, 501).

76 **Voraussetzung** ist aber stets, dass die nicht verfristeten Gründe für sich die außerordentliche Kündigung begründen konnten. Verleihen erst die nachgeschobenen Gründe einem Sachverhalt das Gewicht eines „wichtigen Grundes", können sie zur Rechtfertigung der außerordentlichen Kündigung nicht mehr herangezogen werden (BAG 10.6.10 – 2 AZR 541/09, NZA 10, 1227).

77 **Vor der außerordentlichen Kündigung entstandene Gründe,** die dem Kündigenden **nach Ablauf der Ausschlussfrist bekannt** werden oder erst bei Ausspruch der außerordentlichen Kündigung bekannt waren, können nachgeschoben werden. Denn einmal soll der Gekündigte keinen Vorteil daraus ziehen, dass er kündigungsrelevante Tatbestände erfolgreich verschleiert hat, zum anderen hat der bereits gekündigte ArbN kein schutzwertes Interesse mehr daran, weitere Gründe für seine Kündigung innerhalb der Ausschlussfrist zu erfahren (BAG 4.6.97 – 2 AZR 362/96, NZA 97, 1158).

78 Hat bei der Kündigung von **Schwangeren,** jungen Müttern oder **Schwerbehinderten** die zuständige Behörde die nach den §§ 9 MuSchG, 18 BErzGG und 85, 91 SGB IX erforderliche Zustimmung erteilt, kann der ArbGeb im Prozess mutterschutz- und schwerbehindertenrechtlich unbeschränkt Kündigungsgründe nachschieben. Es wäre reiner Formalismus, die Behörde erneut zu beteiligen, nachdem sie schon zugestimmt hat, obwohl ihr nicht alle Kündigungsgründe mitgeteilt wurden.

79 Im **mitbestimmten Betrieb** ergeben sich weitere Beschränkungen für das Nachschieben von Kündigungsgründen. Hier können Gründe nicht nachgeschoben werden, die dem ArbGeb schon **bei Kündigung bekannt waren** und die er dem BRat nicht mitgeteilt hat. Mit seiner Anhörung wird dem BRat Gelegenheit gegeben, vor Ausspruch der Kündigung auf den ArbGeb zu Gunsten des betroffenen ArbN einzuwirken. Dem widerspricht es, wenn ArbGeb im Prozess „am BRat vorbei" auf Sachverhalte zurückgreift, die ihren Kündigungsentschluss beeinflusst haben, dem BRat aber nicht mitgeteilt wurden. Dies gilt selbst dann, wenn der BRat der Kündigung zugestimmt hat (BAG 26.9.91 – 2 AZR 132/91, NZA 92, 1073). Tatsachen, die der ArbGeb dem BRat erst auf dessen Nachfrage hin mitgeteilt hat, sind im Prozess verwertbar, wenn der ArbGeb vor Ausspruch der Kündigung nochmals die

Kündigung, allgemein 256

Frist des § 102 Abs 2 BetrVG bzw die abschließende Stellungnahme des BRat abgewartet hat (BAG 6.2.97 – 2 AZR 265/96, NZA 97, 656).

Dieses Verwertungsverbot bezieht sich auf selbstständige neue Kündigungsgründe und auf 80 alle Tatsachen, die den Sachverhalt erst zu einem kündigungsrechtlich relevanten Grund machen. Wer zB dem BRat bei der Anhörung zu einer verhaltensbedingten Kündigung die erforderliche Abmahnung nicht mitgeteilt hat, kann sich daher auf diese Abmahnung im Prozess nicht mehr stützen. Soweit es sich um Tatsachen handelt, die – ohne den Kündigungssachverhalt wesentlich zu verändern – nur der Erläuterung und Konkretisierung der dem BRat mitgeteilten Kündigungsgründe dienen, besteht kein Verwertungsverbot (BAG 18.12.80 – 2 AZR 1006/78, NJW 81, 2316).

Kündigungsgründe, die bei **Ausspruch der Kündigung** schon **entstanden** waren und dem ArbGeb erst **später bekannt** wurden, kann er nur nachschieben, wenn er den BRat vorher erneut hierzu beteiligt hat (BAG 28.2.90 – 2 AZR 401/89, NZA 90, 727). So erspart man dem ArbGeb die erneute Kündigung, was vor dem Hintergrund längerer Kündigungsfristen von großer Bedeutung sein kann. Dies ist jedenfalls für Kündigungen problematisch, die auf Tatsachen gestützt werden, die der ArbN nicht zu vertreten hat. Das BAG begründet seine Entscheidung mit der Prozessökonomie und dem Gedanken, dass so die Rechte des BRat auch gewahrt bleiben. Es übersieht, dass das Interesse des Gekündigten, den Arbeitsplatz länger zu behalten, zumindest ebenso schützenswert ist. **Nach** der **Kündigung entstandene** Kündigungsgründe können ohne erneute Beteiligung des BRat nicht nachgeschoben werden.

5. Muster. S Online-Musterformulare „*M1.2 Hinweis nach § 1a KSchG*", „*M1.3 Auf-* 81 *lösungsantrag nach den §§ 9, 10 KSchG*" u „*M31.3 Kündigung, ordentliche*".

B. Lohnsteuerrecht *Seidel*

Zur Versteuerung von Abfindungen bei Kündigung s *Abfindung* Rz 41 ff. Mit dem Aus- 82 scheiden des ArbN endet das Arbeitsverhältnis auch im lohnsteuerrechtlichen Sinn mit allen für den ArbGeb entstehenden Pflichten, wie zB das Erstellen der LStBescheinigung (s *Lohnsteuerbescheinigung* Rz 2 ff). Da mit dem Ende des Dienstverhältnisses die Abrufberechtigung für die ELStAM des ArbN endet, hat der ArbGeb dem BZSt den Tag der Beendigung des Dienstverhältnisses unverzüglich durch Datenfernübertragung mitzuteilen (§ 39e Abs 4 Satz 5 EStG; s auch *Lohnsteuerabzugsmerkmale* Rz 21 ff). Wird dem gekündigten ArbN noch nachträglich Lohn nachgezahlt, ist dieser idR als sonstiger Bezug (s *Sonstige Bezüge* Rz 2 und *Entgeltnachzahlung* Rz 6 ff) zu versteuern.

C. Sozialversicherungsrecht *Schlegel*

1. Sozialversicherungsrechtliches Beschäftigungsverhältnis. Das Beschäftigungsver- 83 hältnis (vgl § 7 Abs 1 SGB IV) endet im Grundsatz mit der Beendigung des Arbeitsverhältnisses. Mit dem Ende der versicherungspflichtigen Beschäftigung endet idR auch der **Versicherungsschutz.**

Besteht bei Beendigung des Arbeitsverhältnisses ein Anspruch auf AlGeld, Krankengeld 84 etc, begründet uU der Bezug dieser Sozialleistungen die Versicherungspflicht in den einzelnen Zweigen der SozV (vgl zB § 5 Abs 1 Nr 2 SGB V für die KV; § 20 Abs 1 Nr 2 SGB XI für die PflegeV; § 3 Satz 1 Nr 3 für die RV und § 26 Abs 2 SGB III für die ArblV). Ist Letzteres nicht der Fall, ist zu prüfen, ob der ArbN in der KV und RV den Versicherungsschutz als freiwilliges Mitglied fortsetzen kann (vgl § 9 SGB V; § 7 SGB VI).

2. Sozialrechtliche Einwirkungen auf das Kündigungsrecht. a) Erreichen der 85 **Regelaltersgrenze.** Nach § 41 Satz 1 SGB VI gibt das Erreichen der Anspruchsvoraussetzungen für eine Altersrente dem ArbGeb nicht das Recht, das Arbeitsverhältnis zu kündigen, und nach Satz 2 darf bei einer Kündigung aus dringenden betrieblichen Erfordernissen jedenfalls der Anspruch auf Rente wegen Alters vor Vollendung des 65. Lebensjahres bei der sozialen Auswahl nicht berücksichtigt werden. § 41 Satz 3 SGB VI verbietet zudem zum Schutz des ArbN Vereinbarungen, die die Beendigung des Arbeitsverhältnisses eines ArbN ohne Kündigung zu einem Zeitpunkt vorsehen, in dem der ArbN vor Vollendung des 65. Lebensjahres eine Altersrente beantragen kann. Werden solche Vereinbarungen gleichwohl geschlossen, gilt die Vereinbarung gegenüber dem ArbN als auf die Vollendung des 65. Lebensjahres abgeschlossen, es sei denn, dass die Vereinbarung innerhalb der letzten drei Jahre vor diesem Zeitpunkt abgeschlossen oder von dem ArbN bestätigt worden ist.

86 **b) Altersteilzeitrecht.** Die Regelung des § 41 Satz 3 SGB VI gilt nicht im **Altersteilzeitrecht** (zu diesem Rechtsinstitut vgl *Altersteilzeit*). § 8 Abs 3 AltTZG 1996 schließt § 41 Satz 3 SGB VI hinsichtlich einer Vereinbarung aus, die eine Beendigung des Arbeitsverhältnisses zu dem Zeitpunkt vorsieht, in dem der ArbN Anspruch auf Rente nach Altersteilzeitarbeit hat. Dh, dass nach **§ 8 Abs 3 AltTZG** eine Vereinbarung zwischen ArbN und ArbGeb über die Altersteilzeit zulässig ist, die die **Beendigung des Arbeitsverhältnisses ohne Kündigung zu einem bestimmten Zeitpunkt** vorsieht, in dem der ArbN Anspruch auf eine Rente nach Altersteilzeitarbeit hat.

87 Die Möglichkeit des ArbN zur Inanspruchnahme von **Altersteilzeittätigkeit** stellt **keinen Kündigungsgrund** iSd § 1 Abs 2 Satz 1 KSchG dar (vgl § 8 Abs 1 Satz 1 AltTZG). Außerdem ist es nicht zulässig, die genannte Möglichkeit zum Nachteil des ArbN bei der **sozialen Auswahl** nach § 1 Abs 3 Satz 1 KSchG zu berücksichtigen (vgl § 8 Abs 1 Satz 2 AltTZG).

88 **3. Arbeitslosenversicherung. a) Eingliederungszuschuss.** ArbGeb können zur Eingliederung von ArbN mit Vermittlungserschwernissen Eingliederungszuschüsse erhalten (§§ 88 ff SGB III). Diese Zuschüsse sind idR zurückzuzahlen, wenn das Arbeitsverhältnis während des Förderungszeitraumes oder einer Nachbeschäftigungszeit beendet wird. Der Zuschuss muss nicht zurückgezahlt werden, wenn der ArbGeb zu einer verhaltensbedingten Kündigung oder einer betriebsbedingten Kündigung berechtigt war (vgl § 92 Abs 2 SGB III).

89 **b) Sperrzeit.** Im Bereich der ArblV kann die Frage, wer eine Kündigung ausgesprochen hat, wem die Beendigung des Arbeitsverhältnisses letztlich zuzurechnen ist und wer sie zu verantworten hat, Auswirkungen auf den Eintritt einer **Sperrzeit** haben (s *Sperrzeit* Rz 20 ff).

90 **4. Krankenversicherung.** Zur Kündigung einer freiwilligen Mitgliedschaft in der KV vgl § 191 Nr 4 SGB V. Zur Erforderlichkeit zwecks Anerkennung einer **Berufskrankheit**, die gefährdende Tätigkeit zu unterlassen, vgl § 9 Abs 2 Satz 4 SGB VII (BSG 30.10.07 – B 2 U 12/06 R).

Kündigung, außerordentliche

A. Arbeitsrecht
Eisemann

Übersicht

	Rz		Rz
1. Grundlagen	1–16	e) Außerdienstliches Verhalten	40–42
a) Form	2–5	f) Abmahnung	43
b) Zeitpunkt	6–10	4. Fallgruppen	44–73
c) Einschränkung	11–13	5. Umdeutung	74–77
d) Erweiterung	14–16	a) Ordentliche Kündigung	75, 76
2. Ausschlussfrist	17–29	b) Aufhebungsvertrag	77
a) Beginn	19–23	6. Haftung	78–87
b) Ende	24, 25	a) Grund	79–82
c) Verlängerung	26–29	b) Höhe	83–87
3. Der wichtige Grund	30–43	7. Gerichtliche Auseinandersetzung	88–93
a) Interessenabwägung	32, 33	a) Dreiwochenfrist	88
b) Eignung	34	b) Beweislast	89–92
c) Verhältnismäßigkeit	35–37	c) Umdeutung	93
d) Art der Kündigungsgründe	38, 39	8. Muster	94

1 **1. Grundlagen.** Wer das Beschäftigungsverhältnis einseitig auflösen will, ohne Kündigungsfristen einzuhalten, braucht einen sog „wichtigen Grund". Es müssen nach § 626 Abs 1 BGB „Tatsachen vorliegen, aufgrund derer dem Kündigenden unter Berücksichtigung aller Umstände des Einzelfalles und unter Abwägung der Interessen beider Vertragsteile die Fortset-

zung des Dienstverhältnisses bis zum Ablauf der Kündigungsfrist oder bis zur vereinbarten Beendigung des Dienstverhältnisses nicht zugemutet werden kann" (sog „außerordentliche Kündigung"). Dies gilt sowohl für die Kündigung durch den ArbGeb wie für die durch den ArbN; es gelten dieselben Maßstäbe (BAG 12.3.09 – 2 AZR 894/07, NZA 09, 840). So kann zB ein ArbN wegen Lohnrückständen erst außerordentlich kündigen, nachdem er den ArbGeb vergeblich abgemahnt hat (BAG 17.1.02 – 2 AZR 494/00, NZA 03, 816).

a) Form. Alle außerordentlichen Kündigungen bedürfen nach § 623 BGB zu ihrer Wirksamkeit der **Schriftform** (s *Kündigung, allgemein* Rz 28 ff). Diese Vorschrift kann weder im Arbeitsvertrag noch in einer Betriebsvereinbarung oder mit einem Tarifvertrag abbedungen werden. 2

Die außerordentliche Kündigung eines Arbeitsverhältnisses braucht **nicht ausdrücklich** erklärt zu werden. Der Vertragspartner muss ihr aber eindeutig und zweifelsfrei entnehmen können, dass das Arbeitsverhältnis nicht fortgesetzt und die Beschäftigung sofort endgültig eingestellt werden soll (BAG 13.1.82 – 7 AZR 757/79, NJW 83, 303). Dies kann sich aus dem Kündigungsschreiben selbst, der beigefügten Begründung oder aus sonstigen Umständen ergeben. So kann es ausreichen, wenn der ArbN im Zusammenhang mit der von ihm übergebenen Kündigung verlangt, dass sofort seine Arbeitspapiere fertiggemacht und herausgegeben werden, oder sich weigert, noch einmal im Betrieb zu erscheinen oder seine persönliche Habe zusammenpackt und sich von den Kollegen verabschiedet. Ebenso wird die Aufforderung des ArbGeb, sofort den Betrieb zu verlassen, sich sofort die Papiere zu holen, der Ausspruch eines Hausverbots oder die Aufforderung, unverzüglich alle Werkzeuge, Gerätschaften und Arbeitsmittel zurückzugeben, die der ArbGeb dem ArbN zur Verfügung gestellt hat, auf den Ausspruch einer außerordentlichen Kündigung schließen lassen, soweit sich dies nicht schon aus dem Kündigungsschreiben selbst ergibt. 3

Eine **Begründung** der außerordentlichen Kündigung gegenüber dem Vertragspartner ist für ihre Wirksamkeit grds nicht erforderlich (BAG 17.8.72 – 2 AZR 415/71 AP BGB § 626 Nr 65). Ebenso wenig muss der ArbGeb dem Gekündigten zum Zugang der Kündigung ihn belastende Zeugen gegenüberstellen (BAG 18.9.97 – 2 AZR 36/97, NZA 98, 95). Dieser kann aber nach § 626 Abs 2 BGB verlangen, dass ihm die Gründe für die Kündigung schriftlich mitgeteilt werden. Wer dieser Aufforderung nicht nachkommt, macht sich schadenersatzpflichtig. Dies bedeutet nicht, dass er die Kündigung zurücknehmen müsste. Er muss nur den Gekündigten so stellen, als hätte dieser die Kündigungsgründe rechtzeitig erfahren. Der Schaden kann zB in den Kosten eines unnötigen Kündigungsschutzprozesses liegen. Dies betrifft wegen § 12a ArbGG nicht die Kosten des eigenen Anwalts in erster Instanz (BAG 3.4.92 – 8 AZR 288/91, NZA 92, 1101). 4

Auch hier gilt für das **Berufsausbildungsverhältnis** etwas anderes. Die nach Ablauf der Probezeit ausgesprochene Kündigung muss nach § 22 Abs 3 BBiG begründet werden. Fehlt die Begründung, ist die Kündigung allein deshalb unwirksam. 5

b) Zeitpunkt. Die außerordentliche Kündigung beendet das Arbeitsverhältnis mit ihrem Zugang. Eine **rückwirkende Beendigung** von Arbeitsverhältnissen durch außerordentliche Kündigung ist nicht möglich. Dies gilt selbst dann, wenn der Kündigungsgrund schon einige Zeit zurückliegt (*Stahlhacke/Preis/Vossen* Rz 527). Der wichtige Grund beendet das Arbeitsverhältnis niemals „von sich aus". Der Ausspruch einer Kündigung hat nicht nur deklaratorische, sondern konstitutive Bedeutung. Die rückwirkende außerordentliche Kündigung ist jedoch nicht unwirksam. Sie beendet das Arbeitsverhältnis mit ihrem Zugang. 6

Soziale Auslauffristen verzögern die Wirkung einer außerordentlichen Kündigung. Die sog „fristlose" Kündigung ist nur der Regelfall der außerordentlichen Kündigung. Beide sind nicht immer identisch. Wer berechtigt ist, das Arbeitsverhältnis aus wichtigem Grund fristlos zu beenden, kann auch eine außerordentliche Kündigung mit „sozialer Auslauffrist" aussprechen. Er kann mit anderen Worten den wichtigen Grund zum Anlass nehmen, bestehende Kündigungsfristen zu verkürzen. 7

Zulässig ist auch die außerordentliche Kündigung, wenn die soziale Auslauffrist der gesetzlichen, tariflichen oder vereinbarten Kündigungsfrist entspricht. Hiervon wird zB der ArbGeb Gebrauch machen wollen, dem die ordentliche Kündigung durch Tarifvertrag oder Einzelarbeitsvertrag untersagt ist Auch in diesen Fällen braucht der ArbGeb einen „wichtigen Grund". Das Verbot ordentlicher Kündigung führt nicht zur schlichten Verkürzung gesetzlicher Kündigungsfristen. Es soll Kündigungen erschweren. Kündigungen von „Unkünd- 8

257 Kündigung, außerordentliche

baren" sind nicht schon wirksam, wenn sie „sozial gerechtfertigt" sind. Die Weiterbeschäftigung muss vielmehr „unzumutbar" sein (s *Unkündbarkeit* Rz 10 ff).

9 Die „soziale Auslauffrist" kann wirksam auch aus **eigennützigen Motiven** gewährt werden. Für den ArbGeb kann es darauf ankommen, erst einmal eine Ersatzkraft zu beschaffen oder Resturlaub zu gewähren, um über die Auslauffrist das Prozessrisiko zu begrenzen. Wer als ArbN außerordentlich mit Auslauffrist kündigt, kann so erreichen, dass er sich aus dem Arbeitsverhältnis heraus bei Dritten bewerben oder eine kurze Zeit bis zur Aufnahme einer neuen Arbeit überbrücken kann.

10 Eine **Verpflichtung** des ArbGeb zur außerordentlichen Kündigung mit Auslauffrist besteht nicht. Dies ist idR anders, soweit es um die außerordentliche Kündigung eines tariflich oder aus anderen Gründen ordentlich nicht (mehr) kündbaren ArbN geht (BAG 24.1.13 – 2 AZR 453/11, NZA 13, 959). Wenn der ArbGeb mit einer sozialen Auslauffrist kündigt, die der gesetzlichen oder tariflichen Kündigungsfrist entspricht, muss er durch einen geeigneten **Hinweis** klarstellen, dass er von seinem Recht auf außerordentliche Kündigung Gebrauch macht. Ohne diese Klarstellung kann der Gekündigte von einer ordentlichen Kündigung ausgehen. Wo diese tarif- oder einzelvertraglich untersagt ist, ist die Kündigung dann unwirksam (BAG 12.9.74 – 2 AZR 535/73 AP TV AL II § 44 Nr 1).

11 **c) Einschränkung.** Der **Verzicht** oder eine **Beschränkung** des Rechts auf außerordentliche Kündigung ist im Arbeitsvertrag nicht möglich. Das Recht zur außerordentlichen Kündigung ist für beide Vertragspartner zwingendes Recht und damit unabdingbar (BAG 15.3.91 – 2 AZR 516/90, NZA 92, 452). Auch durch Tarifvertrag oder Betriebsvereinbarung kann die Möglichkeit der außerordentlichen Kündigung nicht von vornherein ausgeschlossen werden (BAG 24.6.04 – 2 AZR 215/03 AP BGB § 613a Nr 278).

12 Die außerordentliche Kündigung kann ebenso wenig durch Vereinbarung **erschwert** werden. Vertragliche Regelungen, wonach der Kündigende auch bei berechtigter außerordentlicher Kündigung eine Abfindung (ArbGeb) oder eine Vertragsstrafe (ArbN) zahlen soll, sind ebenso unwirksam (BAG 8.8.63, DB 63, 1543) wie die Vereinbarung, wonach der ArbN zusätzliches Urlaubsgeld oder Gratifikationen zurückzahlen soll, der selbst berechtigterweise fristlos gekündigt hat.

13 Das Recht auf außerordentliche Kündigung lässt sich zumeist auch nicht in der Weise **beschränken,** dass man bestimmte Kündigungsgründe abschließend vereinbart. Ob derartige Klauseln im Einzelvertrag oder Tarifvertrag die Möglichkeit, sich fristlos einseitig zu lösen, nehmen können, hängt davon ab, ob sie die Kündigungsmöglichkeit unzumutbar erschweren (vgl BAG 25.10.01 – 2 AZR 216/00, NZA 02, 1000). Im Einzelnen ist hier noch manches ungeklärt.

14 **d) Erweiterung.** Eine **Erweiterung** des Rechts auf außerordentliche Kündigung ist nicht möglich. Im Arbeitsvertrag können nicht wirksam Tatbestände vereinbart werden, die stets eine außerordentliche Kündigung rechtfertigen sollen. Die Vereinbarung des Rechts zur fristlosen Kündigung bei Fehlbeständen in einer vom ArbN zu verwaltenden Kasse ist daher ebenso unwirksam (BAG 22.11.73 – 2 AZR 580/72 AP BGB § 626 Nr 67) wie die Abrede, das Beschäftigungsverhältnis sei ohne weiteres beendet, wenn der ArbN nicht pünktlich aus dem Urlaub zurückkehrt (BAG 19.12.74 – 2 AZR 565/73, NJW 75, 1531).

15 Auch **Tarifvertragsparteien** können im Regelungsbereich des § 626 BGB nicht abweichend vom Gesetz bestimmen, was ein „wichtiger Grund" sein soll. Sie sind aber nach § 622 Abs 4 BGB nicht an die gesetzlichen Kündigungsfristen gebunden und daher berechtigt, sog „entfristete Kündigungen" zu vereinbaren. Sie können mit anderen Worten festlegen, in welchen Fällen eine sozial gerechtfertigte fristgerechte Kündigung ohne oder mit abgekürzten Kündigungsfristen ausgesprochen werden kann (BAG 4.6.87 – 2 AZR 416/86, NZA 88, 52).

16 Soweit man in Tarifverträgen von der Möglichkeit Gebrauch macht, „entfristete Kündigungen" zu vereinbaren, müssen die dort vereinbarten „minderen Gründe" nach hM für beide Vertragsteile gelten. Sonst sind diese Regelungen nach § 622 Abs 6 BGB unwirksam, weil sie – wenn auch versteckt – gegen das Verbot verstoßen, für ArbNseitige Kündigungen längere Fristen zu vereinbaren, als sie für die Kündigung durch den ArbGeb gelten.

17 **2. Ausschlussfrist.** Nach § 626 Abs 2 BGB kann die außerordentliche Kündigung nur innerhalb einer **Frist von zwei Wochen** erfolgen, nachdem der Kündigende von den für

die Kündigung maßgebenden Tatsachen Kenntnis erlangt hat. Dies gilt auch für die Kündigung durch den ArbN. So stellt man sicher, dass derjenige, der den Grund für die fristlose Kündigung geliefert hat, alsbald weiß, ob sie ausgesprochen wird und nicht befürchten muss, dass der ArbGeb sie „hortet" (BAG 1.2.07 – 2 AZR 333/06, NZA 07, 744). § 626 Abs 2 BGB ist ein gesetzlich konkretisierter Verwirkungstatbestand (BAG 2.2.06 – 2 AZR 57/05, NZA-RR 06, 440). Nach Ablauf der Frist wird unwiderlegbar vermutet, dass die Weiterbeschäftigung des Vertragspartners nicht mehr unzumutbar ist. Das Kündigungsrecht ist dann „verfristet" und die außerordentliche Kündigung unwirksam. Die Ausschlussfrist gilt allein im Regelungsbereich des § 626 BGB und zB nicht für die außerordentliche Kündigung eines Handelsvertreters nach § 89a HGB (BGH 3.7.86, BB 86, 2015).

Die **Änderung** oder das **Abbedingen** der Ausschlussfrist ist weder durch Vereinbarung **18** noch in einem Tarifvertrag oder einer Betriebsvereinbarung möglich. Bei § 626 Abs 2 BGB handelt es sich um zwingendes Recht (BAG 12.2.73 – 2 AZR 116/72 AP BGB § 626 Ausschlussfrist Nr 6). Die Ausschlussfrist gilt nicht, soweit in Tarifverträgen für bestimmte Tatbestände die Möglichkeit der ordentlichen Kündigung ohne Einhalten einer Kündigungsfrist vereinbart wurde – sog „entfristete" Kündigung (BAG 25.3.76, DB 76, 1066). Freilich darf dies nicht zu einer Umgehung des § 626 Abs 2 BGB führen. Gegen die Versäumung der Frist gibt es **keine Wiedereinsetzung** in den vorigen Stand, weil es sich um eine materielle Frist handelt (BAG 28.10.71 – 2 AZR 32/71, NJW 72, 463). Nach Ablauf der Ausschlussfrist kann mit denselben Gründen nur noch fristgerecht gekündigt werden. Beim Nachschieben nachträglich bekannt gewordener Gründe für eine außerordentliche Kündigung ist die Ausschlussfrist ohne Bedeutung (BAG 4.6.97 – 2 AZR 362/96, NZA 97, 1158; s *Kündigung, allgemein* Rz 77).

a) **Beginn.** Die **Ausschlussfrist beginnt,** sobald der zur Kündigung Berechtigte so **19** zuverlässige und vollständige Kenntnis vom Kündigungssachverhalt hat, dass ihm eine Entscheidung darüber, ob die Fortsetzung des Arbeitsverhältnisses für ihn zumutbar ist, möglich ist (BAG 12.11.12 – 2 AZR 732/11, NZA 13, 665). Grobfahrlässige Unkenntnis ist ohne Bedeutung. Sie setzt die Ausschlussfrist nicht in Lauf (BAG 23.10.08 – 2 AZR 388/07 AP BGB § 626 Nr 217). Zu den maßgeblichen Tatsachen gehören sowohl die für als auch die gegen eine Kündigung sprechenden Umstände (BAG 1.2.07 – AZR 333/06, NZA 07, 744; BAG 2.2.06 – 2 AZR 57/05 NZA-RR 06, 440). Für den Lauf der Frist genügt nicht allein die Kenntnis des ArbGeb des konkreten Anlasses, dh des „Vorfalls", der einen wichtigen Grund für eine außerordentliche Kündigung darstellen kann. Hat der ArbGeb Anhaltspunkte für einen Sachverhalt, der zu einer außerordentlichen Kündigung berechtigen könnte, kann er Ermittlungen anstellen und zB den Betroffenen anhören (BAG 1.2.07 – 2 AZR 333/06 NZA 07, 744), zur Anhörung bei einer *Verdachtskündigung* s dort Rz 10). Außerdem darf der ArbGeb vorab Beweismittel beschaffen und sichern, ohne dass die Ausschlussfrist läuft (BAG 1.2.07 – 2 AZR 333/06 NZA 07, 744; BAG 2.2.06 – 2 AZR 57/05 NZA-RR 06, 440). Die erforderlichen Ermittlungen müssen zügig und mit der gebotenen Eile erfolgen (BAG 1.2.07 – 2 AZR 333/06, NZA 07, 744). Bei der Anhörung des Kündigungsgegners gilt zB als Regelfrist eine Woche (BAG 31.3.93 – 2 AZR 492/92, NZA 94, 409). Sind die Ermittlungen abgeschlossen und hat der ArbGeb hinreichende Kenntnisse vom Kündigungssachverhalt und den erforderlichen Beweismitteln, beginnt der Lauf der Ausschlussfrist. Dabei spielt es keine Rolle, ob die Ermittlungsmaßnahmen etwas zur Aufklärung des Sachverhalts beigetragen haben oder überflüssig waren. Allerdings besteht für weitere Ermittlungen kein Anlass, wenn der Sachverhalt bereits geklärt ist oder der Gekündigte ihn sogar zugestanden hat (BAG 1.2.07 – 2 AZR 333/06, NZA 07, 744; BAG 5.12.02 – 2 AZR 478/00, NZA 03, 1055).

Bei **Dauertatbeständen** (ständige Unpünktlichkeit oder ständiges unerlaubtes Fehlen am **20** Arbeitsplatz) und bei Pflichtverletzungen, die zu einem Gesamtverhalten zusammengefasst werden können, beginnt die Ausschlussfrist mit dem letzten Vorfall, der ein Glied in der Kette von Ereignissen bildet, die zum Anlass für die außerordentliche Kündigung genommen werden (BGH 20.6.05 – II ZR 18/03, NZA 05, 1415). Nimmt der ArbN eigenmächtig Urlaub, beginnt die Ausschlussfrist daher erst mit seiner Rückkehr aus dem Urlaub (BAG 25.2.83 – 2 AZR 298/81 AP BGB § 626 Ausschlussfrist Nr 14) fehlt er unentschuldigt, beginnt die Ausschlussfrist erst mit dem Ende der Fehlzeit (BAG 22.1.98 – 2 ABR 19/97, NZA 98, 708). Für die außerordentliche krankheitsbedingte Kündigung reicht es aus, dass die dauernde Unfähigkeit, die vertraglichen Dienste zu erbringen, bis in die letzten zwei Wochen vor Ausspruch der Kündigung angehalten hat (BAG 21.3.96 – 2 AZR 455/95, NZA 96, 871). Ein Dauertatbestand, der zur Hemmung des Ablaufs der Ausschlussfrist führt, liegt nicht vor, wenn ein abgeschlossenes Verhalten des ArbN zur endgültigen Zerstörung der Vertrauensgrundlage geführt hat. Ob ein solcher Vertrauensverlust vorliegt, ist Folge des Verhaltens des ArbN, an das allein die Ausschlussfrist anknüpft. Die Frist beginnt daher mit Kenntnis dieses Verhaltens (BAG 17.8.72 – 2 AZR 359/71 AP BGB § 626 Ausschlussfrist Nr 4). Bei **strafbaren Handlungen** kann der ArbGeb den Ausgang des Strafverfahrens abwarten, ohne dass die Ausschlussfrist läuft, wenn eigene Ermittlungen nicht die für eine Kündigung erforderlichen sicheren Kenntnisse verschafft haben (BAG 5.6.08 – 2 AZR 234/07, NZA-RR 08, 630). Dies gilt grds nicht, wenn der ArbN den Vorfall zugegeben hat, es sei denn, es kommt nicht auf die Klärung des Sachverhaltes, sondern auf die Wertung seines Verhaltens an (BAG 11.3.76 – 2 AZR 29/75 AP BGB § 626 Ausschlussfrist Nr 9). Hemmt das Strafverfahren die Ausschlussfrist, kann der ArbGeb im Verlauf dieses Verfahrens nur kündigen, wenn es hierfür einen sachlichen Grund gibt. Dies ist der Fall, wenn er neue Tatsachen erfahren oder neue Beweismittle erlangt hat und glaubt, nunmehr ausreichende Erkenntnisse für eine Kündigung zu haben (BAG 22.11.12 – 2 AZR 732/11, NZA 13, 665). Wartet der ArbGeb den Ausgang des Strafverfahrens ab, wird die Ausschlussfrist gewahrt, wenn die Kündigung binnen zwei Wochen seit Kenntnis von der Verurteilung zugeht (BAG 18.11.99 – 2 AZR 852/98, NZA 2000, 381). Bei der außerordentlichen **betriebsbedingten Kündigung** beginnt die Ausschlussfrist, sobald feststeht, welche bestimmten ArbN nicht mehr auf ihrem bisherigen Arbeitsplatz weiterbeschäftigt werden können (BAG 25.3.76 – 2 AZR 127/75 AP BGB § 626 Ausschlussfrist Nr 10).

21   Die Kenntnis des **Kündigungsberechtigten** ist ausschlaggebend für den Beginn der Ausschlussfrist (BAG 6.7.72 – 2 AZR 386/71 AP BGB § 626 Ausschlussfrist Nr 3). Das ist bei Betrieben, die von natürlichen Personen betrieben werden, der Inhaber. Bei OHG und KG hat grds jeder Gesellschafter und jeder Komplementär Einzelvertretungsmacht (§§ 125 Abs 1, 161 Abs 1 HGB). Hier genügt daher für den Lauf der Ausschlussfrist die Kenntnis einer der Personen. Bei Gesamtvertretung – zB beim rechtsfähigen Verein nach § 26 Abs 2 BGB, bei der GmbH nach § 35 Abs 2 GmbHG, bei der Aktiengesellschaft nach § 78 Abs 2 AktG – kann die außerordentliche Kündigung – soweit die Satzung nicht etwas anderes bestimmt – nur aufgrund eines von allen gesetzlichen Vertretern gefassten Beschlusses ausgesprochen werden. Dennoch genügt es für den Beginn der Ausschlussfrist, dass einer von mehreren Gesamtvertretern die Kündigungsgründe kennt (BAG 20.9.84 – 2 AZR 73/83 AP BGB § 28 Nr 1; aA für den kündigungsberechtigten Aufsichtsrat einer AG BGH 19.5.80 – II ZR 169/79, NJW 81, 166).

22   Ist die **Gesellschafterversammlung** für den Ausspruch einer Kündigung zuständig, beginnt die Ausschlussfrist bei Kenntnis aller Gesellschafter (BGH 17.3.80 – II ZR 178/79, NJW 80, 2411). Ist im **öffentlichen Dienst** der Gemeinderat oder ein nach den Vorschriften der Gemeindeordnung eingerichteter Ausschuss für Personalangelegenheiten kündigungsberechtigt, ist die Ausschlussfrist gewahrt, wenn die fristlose Kündigung eines ArbN der Gemeinde in der nächsten ordentlichen Sitzung beschlossen wird, nachdem der Erste Bürgermeister bzw der jeweilige Chef der Verwaltung vom Kündigungssachverhalt Kenntnis erlangt hat (BAG 18.5.94 – 2 AZR 930/93, NZA 94, 1086).

23   **Kündigungsberechtigt** und damit für den Beginn der Ausschlussfrist entscheidend sind weiter der Prokurist nach § 48 HGB (BAG 9.10.75 – 2 AZR 332/74 AP BGB § 626 Ausschlussfrist Nr 8), der nach § 54 HGB Handlungsbevollmächtigte und alle Mitarbeiter, denen der ArbGeb das Recht zur Kündigung nach den Regeln der Stellvertretung übertragen hat. Ihre Kenntnis setzt daher ebenso den Lauf der Ausschlussfrist in Gang (BAG 23.10.08 – 2 AZR 388/07 AP BGB § 626 Nr 217). Endlich genügt für den Fristbeginn die Kenntnis von Mitarbeitern, die eine herausgehobene Position und Funktion im Betrieb haben und tatsächlich sowie rechtlich in der Lage sind, einen Sachverhalt – der Anhaltspunkte für eine außerordentliche Kündigung bietet – so umfassend klären zu können, dass mit ihrer Meldung der Kündigungsberechtigte ohne weitere Erhebungen und Ermittlungen seine (Kündigungs-) Entscheidung treffen kann. Zusätzlich muss die verspätet erlangte Kenntnis des Kündigungsberechtigten in diesen Fällen auf einer unsachgemäßen Organisation des Betriebs oder der Verwaltung beruhen, obwohl eine andere betriebliche Organisa-

Kündigung, außerordentliche

tion sachgemäß und zumutbar gewesen wäre. Beide Voraussetzungen – ähnlich selbständige Stellung und schuldhafter Organisationsmangel – müssen kumulativ vorliegen (BAG 23.10.08 – 2 AZR 388/07 AP BGB § 626 Nr 217). Die ohne Vollmacht erklärte außerordentliche Kündigung kann vom Vertretenen mit rückwirkender Kraft nach § 184 BGB nur innerhalb der Ausschlussfrist genehmigt werden (BAG 26.3.86 – 7 AZR 585/84, DB 86, 2292).

b) Ende. Das Ende der Ausschlussfrist wird nach allgemeinen Vorschriften erreicht. So **24** wird der Tag, an dem der Kündigungsberechtigte Kenntnis von den maßgeblichen Tatsachen erhält, nach § 187 Abs 1 BGB nicht mitgerechnet. Die Frist beginnt also erst am Tag nach der Kenntniserlangung und endet nach § 188 Abs 2 Satz 1 Hs 1 BGB mit dem Ablauf des Tages der zweiten Woche, der durch seine Benennung dem Tag entspricht, an dem der Kündigungsberechtigte Kenntnis erhalten hat. Läuft die Ausschlussfrist an einem Samstag, Sonntag oder gesetzlichen Feiertag ab, tritt nach § 193 BGB an die Stelle dieses Tages der nächste Werktag. Beispiel: Kenntnis am Freitag, den 1. März – Fristende Freitag, den 15. März; Kenntnis Samstag, den 2. März – Fristende Montag, den 18. März.

Die Kündigung ist **„erfolgt",** wenn sie dem Kündigungsempfänger zugeht (BAG **25** 9.3.78 – 2 AZR 529/76, NJW 78, 2168). Es reicht daher nicht aus, wenn die Kündigung innerhalb der Ausschlussfrist den Machtbereich des Kündigenden verlassen hat. Das normale Beförderungsrisiko trägt damit der Kündigende. Dazu gehört auch die Verzögerung der Zustellung eines Kündigungsbriefes über die üblichen Zustellungszeiten der Post hinaus (BAG 7.2.73 – 5 AZR 324/72, NJW 73, 918). Holt der Empfänger die mit einem Einschreiben versandte Kündigung bewusst nicht unverzüglich auf der Post ab, kann er sich im Einzelfall nicht auf den dadurch hervorgerufenen Ablauf der Ausschlussfrist berufen (BAG 25.4.96 – 2 AZR 13/95, NZA 96, 1227). Ungewöhnliche Verzögerungen, denen der Kündigende machtlos gegenübersteht, hemmen den Ablauf der Ausschlussfrist (zB Streik im Postdienst). Im Übrigen gilt alles, was allgemein zum Zugang einer Kündigung gilt (s *Kündigung, allgemein* Rz 50–57).

c) Verlängerung. Eine Verlängerung der Ausschlussfrist ist nach Treu und Glauben **26** möglich. Trotz Ablauf dieser Frist kann es im Einzelfall rechtsmissbräuchlich sein, sich darauf zu berufen. Sie gilt dann trotz Fristablauf als eingehalten (BAG 28.10.71 – 2 AZR 32/71, NJW 72, 463). Dies ist zB so, wenn die Parteien in zeitlich fest begrenzten **Verhandlungen** nach Möglichkeiten suchen, das Beschäftigungsverhältnis auf andere Weise als durch außerordentliche Kündigung zu beenden und diese Verhandlungen ursächlich für das Versäumen der Frist sind. Voraussetzung ist jedoch, dass die Verhandlungen auf Wunsch oder mit Einverständnis des Gekündigten über den Ablauf der Ausschlussfrist hinaus fortgesetzt wurden oder ihm eine über den Ablauf der Ausschlussfrist hinausreichende Bedenkzeit eingeräumt wurde. Allerdings ist die Berufung auf den Ablauf der Ausschlussfrist in diesem Fall nur dann missbräuchlich, wenn der Kündigungsberechtigte die außerordentliche Kündigung unverzüglich nach Scheitern der Verhandlung ausgesprochen hat (BGH 5.6.75, EzA § 626 BGB nF Nr 36). Unverzüglich handelt nach § 121 Abs 1 BGB nur, wer ohne schuldhaftes Zögern die Kündigung ausspricht. In der Praxis bedeutet dies, dass die außerordentliche Kündigung am Tage nach dem Scheitern der Verhandlung ausgesprochen werden muss.

Gehen **unverschuldete Verhinderungen,** die Ausschlussfrist einzuhalten, allein auf die **27** Sphäre des Kündigenden zurück (Krankheit, Geschäftsreise), rechtfertigen sie nur dann den Einwand des Rechtsmissbrauchs gegenüber der Berufung auf den Fristablauf, wenn sie so kurzfristig oder unerwartet waren, dass es nicht möglich war oder auch überflüssig erscheinen durfte, für eine Vertretung zu sorgen (BAG 9.10.75 – 2 AZR 332/74 AP BGB § 626 Ausschlussfrist Nr 8).

Soweit der **Betriebsrat** vor Ausspruch einer fristlosen Kündigung anzuhören ist, verlängert **28** sich die Frist des § 626 Abs 2 BGB nicht. Der ArbGeb muss also spätestens bis zum zehnten Tag nach Kenntnis der für die Kündigung maßgebenden Tatsachen den BRat nach § 102 BetrVG anhören. Nur so kann er bei Schweigen des BRat noch am letzten Tag der Ausschlussfrist die Kündigung zugehen lassen, ohne die Dreitagesfrist des § 102 Abs 2 BetrVG zu verletzen. Entsprechendes gilt für die Beteiligung des BRat bei der geplanten fristlosen Kündigung eines BRatMitglieds nach § 103 BetrVG (BAG 18.8.77 – 2 ABR 19/77, NJW 78, 109). Verweigert der BRat in diesem Fall seine Zustimmung, muss der ArbGeb, um die Ausschlussfrist zu wahren, innerhalb von zwei Wochen nach Kenntnis der für die

257 Kündigung, außerordentliche

Kündigung maßgeblichen Tatsachen das Zustimmungsersetzungsverfahren beim ArbG einleiten. Erst mit seinem rechtmäßigen Abschluss kann wirksam gekündigt werden (BAG 9.7.98 – 2 AZR 142/98, NZA 98, 1273). Ist die Zustimmung des BRat rechtskräftig ersetzt, beginnt die Frist des § 626 Abs 2 BGB nicht erneut zu laufen. Der ArbGeb muss jetzt die Kündigung unverzüglich aussprechen (BAG 25.1.79 – 2 AZR 983/77 AP BetrVG 1972 § 103 Nr 12). Ein vor der Zustimmungsverweigerung des BRat gestellter Ersetzungsantrag wahrt die Ausschlussfrist nicht. Er wird auch nicht dadurch zulässig, dass nachträglich die Zustimmung des BRat zur beabsichtigten Kündigung beantragt wird (BAG 24.10.96 – 2 AZR 3/96, NZA 97, 371).

29 Bei der fristlosen Kündigung von ArbN, die dem **Mutterschutz** unterliegen, oder von **Schwerbehinderten** sind die erforderlichen Anträge bei den Behörden (§ 9 Abs 3 MuSchG; § 18 Abs 1 BEEG; § 91 Abs 2 SGB IX) binnen zwei Wochen nach Kenntnis der für die Kündigung maßgeblichen Tatsachen zu stellen. Wird die Kündigung für zulässig erklärt bzw die Zustimmung zur Kündigung erteilt, muss der ArbGeb bei schwerbehinderten Menschen nach § 91 Abs 5 SGB IX, im Übrigen nach der Rspr unverzüglich kündigen (BAG 1.2.07 – 2 AZR 333/06, NZA 07, 744), wenn ihn diese Erklärung nach Ablauf der 2-Wochen-Frist erreicht. Unverzüglich bedeutet nicht „sofort". Ein Zuwarten kann durch die Umstände des Einzelfalles geboten sein. Dies kann sich aus einem verständigen Abwägen der beiderseitigen Interessen im konkreten Fall ergeben (BAG 1.2.07 – 2 AZR 333/06, NZA 07, 744). Für diese Verpflichtung reicht schon die sichere Kenntnis von der Zustimmung des Integrationsamtes aus, die der ArbGeb hat, wenn ihm die Entscheidung vorab mündlich mitgeteilt wird. Der Bescheid muss nicht schon zugestellt sein (BAG 21.4.05 – 2 AZR 255/04, NZA 05, 991). Geht der Bescheid dem ArbGeb vor Ablauf der 2-Wochen-Frist des § 626 Abs 2 BGB zu, kann er die ursprüngliche Ausschlussfrist voll ausschöpfen (BAG 15.11.01 – 2 AZR 380/00, NZA 02, 970). Dasselbe gilt, wenn das Integrationsamt mitteilt, dass die Kündigung nicht der Zustimmung bedarf – sog „Negativattest" (BAG 27.5.83 – 7 AZR 482/81 AP SchwbG § 12 Nr 12). Wird das Kündigungsschreiben vor Zustellung des Zustimmungsbescheids abgesandt, schadet dies nicht, wenn es dem Schwerbehinderten erst nach der Zustellung des Bescheids zugeht (BAG 15.5.97 – 2 AZR 43/96, NZA 98, 33) oder das Integrationsamt seine Entscheidung schon (fern-)mündlich mitgeteilt hat (BAG 12.8.99 – 2 AZR 748/98, NZA 99, 1267). Durch die Zustimmung des Integrationsamtes steht nicht zugleich fest, dass die Ausschlussfrist des § 626 Abs 2 BGB gewahrt ist. Die Gerichte für Arbeitssachen prüfen diese Frist selbstständig (BAG 1.2.07 – 2 AZR 333/06 NZA 07, 744; BAG 2.3.06 – 2 AZR 46/05, NZA 06, 1211). Entscheidet das Integrationsamt nicht binnen zwei Wochen, gilt seine Zustimmung nach § 91 Abs 3 SGB IX als erteilt.

30 **3. Der wichtige Grund.** Der für die außerordentliche Kündigung erforderliche „wichtige Grund" ist – auch für die Kündigung sog „unkündbarer" ArbN (BAG 27.4.06 – 2 AZR 386/05, NZA 06, 977) – gegeben, wenn Tatsachen vorliegen, aufgrund derer dem Kündigenden unter Berücksichtigung aller Umstände des Einzelfalles und unter Abwägung der Interessen beider Vertragsteile nicht zugemutet werden kann, das Arbeitsverhältnis bis zum Ablauf der Kündigungsfrist – bei „Unkündbaren" bis zum Ablauf der „fiktiven" Kündigungsfrist (BAG 27.4.06 – 2 AZR 386/05, NZA 06, 977) – oder bis zur vereinbarten Beendigung fortzusetzen, selbst wenn dies ihm für einen bestimmten aber kürzeren Zeitraum (BAG 13.4.2000 – 2 AZR 259/99, NZA 01, 277) zuzumuten ist. Dabei kann es sich auch um vor Beginn des Arbeitsverhältnisses liegende, dem ArbGeb bei der Einstellung nicht bekannte Umstände oder Ereignisse handeln (BAG 5.4.01 – 2 AZR 159/00, NZA 01, 954). Der vorsätzliche Verstoß gegen Vertragspflichten kann eine außerordentliche Kündigung auch rechtfertigen, wenn der damit einhergehende wirtschaftliche Schaden gering ist (BAG 10.6.10 – 2 AZR 541/09, NZA 10, 1227). Selbst die erhebliche Verletzung vertraglicher Nebenpflichten – wie die Rücksichtnahmepflicht des § 241 Abs 2 BGB – kann im Einzelfall ein wichtiger Grund zur außerordentlichen Kündigung sein (BAG 19.7.12 – 2 AZR 989/11, NZA 13, 143 BAG 2.3.06 – 2 AZR 53/05, NZA-RR 06, 636). Die „Berücksichtigung aller Umstände des Einzelfalles" und die „Abwägung der Interessen beider Vertragsteile" stellen klar, dass es selbst im Zusammenhang mit strafbaren Handlungen **keine unbedingten (absoluten) Kündigungsgründe** gibt (BAG 10.6.10 – 2 AZR 541/09, NZA 10, 1227). Entscheidend ist stets der Einzelfall.

So kann ein und derselbe Verstoß gegen die Pflichten aus dem Arbeitsvertrag wegen unterschiedlicher sozialer Daten bei dem einen Mitarbeiter die außerordentliche Kündigung begründen, beim anderen nicht. Andersherum: Wer jung, auf dem Arbeitsmarkt leicht vermittelbar und noch nicht lange beschäftigt ist, muss eher mit einer fristlosen Kündigung rechnen als der langjährig beschäftigte ältere Familienvater. Wenn wir von einem „wichtigen Grund" reden, sprechen wir daher stets nur davon, ob ein bestimmtes Verhalten „an sich geeignet ist", eine außerordentliche Kündigung zu begründen – sog **objektiver Kündigungsgrund.** 31

a) Interessenabwägung. Die Interessenabwägung im Einzelfall entscheidet bei Vorlage der wichtigen Gründe in einem zweiten Schritt über die Wirksamkeit der außerordentlichen Kündigung (BAG 26.3.09 – 2 AZR 953/07, DB 09, 1772). Es muss festgelegt werden, ob der Wunsch des Kündigenden an einer möglichst schnellen Beendigung des Arbeitsverhältnisses im Einzelfall höher zu bewerten ist als der seines Vertragspartners, zumindest für die Dauer der Kündigungsfrist beschäftigt zu bleiben. Eine außerordentliche Kündigung kommt daher nur in Betracht, wenn dem ArbGeb sämtliche milderen Reaktionsmöglichkeiten unzumutbar sind. Zu den milderen Reaktionen gehören insbesondere die ordentliche Kündigung oder eine Abmahnung, wenn sie schon geeignet sind, den auch mit der außerordentlichen Kündigung verfolgten Zweck – Vermeidung des Risikos künftiger Störungen – zu erreichen (BAG 24.3.11 – 2 AZR 282/10, NZA 11, 1029; 10.6.10 – 2 AZR 541/09, NZA 10, 1227). Die bei dieser Abwägung zu berücksichtigenden Umstände lassen sich nicht abschließend für alle Fälle festlegen (BAG 10.6.10 – 2 AZR 541/09, NZA 10, 1227). In erster Linie kommt es darauf an, wie lange das Arbeitsverhältnis ohne Beanstandung bestanden hat, selbst wenn es im konkreten Fall um ein Vermögensdelikt geht (BAG 10.6.10 – 2 AZR 541/09, NZA 10, 1227). Daneben ist eine mögliche Wiederholungsgefahr, der Umfang des entstandenen Schadens und eine besondere Verwerflichkeit der Tat in Betracht zu ziehen (BAG 16.12.04 – 2 ABR 70/04 AP BGB § 626 Nr 191). Zu berücksichtigen ist ebenso der Grad des Verschuldens. Hierfür und für die Möglichkeit einer Wiederherstellung des Vertrauens macht es objektiv einen Unterschied, ob es sich bei einer Pflichtverletzung um ein Verhalten handelt, das insgesamt auf Heimlichkeit angelegt ist, oder nicht (BAG 21.6.12 – 2 AZR 153/11, NZA 12, 1025). Auch Unterhaltspflichten und der Familienstand können je nach Lage des Falles Bedeutung gewinnen (BAG 26.3.09 – 2 AZR 953/07, NZA-RR 10, 516). Sie sind jedenfalls nicht von vornherein von der Berücksichtigung ausgeschlossen, wenn sie auch im Einzelfall in den Hintergrund treten und im Extremfall von der Berücksichtigung ausgeschlossen sein können (BAG 27.4.06 – 2 AZR 415/05, NZA 06, 1033). Daneben können zu Lasten des ArbN nach Zugang der Kündigung aufgetretene gleichartige Pflichtverstöße herangezogen werden, wenn sie dem Kündigungsgrund ein größeres Gewicht verleihen und ihn in einem neuen Licht erscheinen lassen (BAG 10.6.10 – 2 AZR 541/09, NZA 10, 1227). Dazu müssen zwischen den neuen Vorgängen und den alten Gründen so enge innere Beziehungen bestehen, dass jene nicht außer Acht gelassen werden können, ohne dass ein einheitlicher Lebensvorgang zerrissen würde. Es darf aber nicht etwa eine ursprünglich unbegründete Kündigung durch die Berücksichtigung späteren Verhaltens rückwirkend zu einer begründeten werden. Grundsätzlich kann unter diesen Voraussetzungen selbst späteres (Prozess-)Verhalten in die Interessenabwägung einbezogen werden (BAG 10.6.10 – 2 AZR 541/09, NZA 10, 1227). 32

Für die Ergebnisse dieser Interessenabwägung gibt es bestenfalls „Erfahrungswerte". Entscheidend ist letzten Endes die Beurteilung durch den Richter. Wo er als Tatrichter die für die Interessenabwägung wesentlichen Gesichtspunkte gesehen und widerspruchslos berücksichtigt hat, ist auch das BAG an seine Wertungen gebunden. Sie sind nur „beschränkt revisibel". Im Folgenden geht es allein um die Frage, welche Tatbestände **„an sich geeignet sind",** eine außerordentliche Kündigung zu begründen – es geht um den sog **objektiven Kündigungsgrund.** Hier kann man auf eine gewachsene Rspr zurückgreifen. Insoweit – aber auch nur insoweit – ist eine Prognose in Kündigungsschutzprozessen möglich und eine Darstellung sinnvoll. 33

b) Eignung. Bei der **generellen Eignung** eines Tatbestandes, die außerordentliche Kündigung zu begründen, geht es nicht darum, ob dem ArbGeb zuzumuten ist, den Mitarbeiter auf Dauer weiterzubeschäftigen. Es geht allein darum, ob es für ihn **unzumutbar** ist, den Gekündigten **für die Dauer der Kündigungsfrist** bzw bis zum Ablauf einer 34 vereinbarten Befristung des Arbeitsverhältnisses **zu beschäftigen.** Daraus folgt zweierlei. Bei kurzen Kündigungsfristen wird die Weiterbeschäftigung eher zuzumuten sein als bei längeren; wer außerordentlich kündigt, muss einen strengeren Maßstab anlegen als bei der ordentlichen Kündigung. Was eine fristlose Kündigung begründet, reicht zwar stets für die ordentliche Kündigung. Umgekehrt kann eine außerordentliche Kündigung nicht rechtfertigen, was „als soziale Rechtfertigung" der ordentlichen Kündigung gerade hinreicht.

35   **c) Verhältnismäßigkeit.** Die außerordentliche Kündigung ist nur wirksam, wenn sie die **unausweichlich letzte Maßnahme** für den Kündigenden darstellt. Alle anderen geeigneten Mittel, wie Abmahnung, Versetzung, Änderungskündigung, ordentliche Kündigung müssen erschöpft oder dem Kündigenden nicht mehr zuzumuten sein. Sie müssen daher selbst bei Straftaten gegen das Eigentum zumindest geprüft werden (BAG 10.6.10 – 2 AZR 541/09, NZA 10, 1227). Geeignet sind dabei nur solche Maßnahmen, von denen der ArbGeb annehmen darf, dass sie die Benachteiligung für die Zukunft abstellen, dh eine Wiederholung ausschließen (BAG 9.6.11 – 2 AZR 323/10, NZA 11, 1342). Im Verhalten des ArbN liegende arbeitsplatzunabhängige Kündigungsgründe können bei einer Beschäftigung auf einem anderen Arbeitsplatz fortwirken. Hier scheidet die Versetzung als milderes Mittel aus (BAG 26.11.09 – 2 AZR 272/08, NZA 10, 628). Auf eine Freistellung des ArbN unter Fortzahlung der Bezüge zur Vermeidung einer außerordentlichen Kündigung kann man den ArbGeb jedoch nicht verweisen (BAG 11.3.99 – 2 AZR 507/98, NZA 99, 587). Vor einer außerordentlichen Kündigung gegenüber einem tariflich „unkündbaren" ArbN aus betrieblichen Gründen, muss der ArbGeb auch dann alle zumutbaren, eine Weiterbeschäftigung ermöglichenden Mittel ausschöpfen, wenn der ArbN einen Übergang seines Arbeitsverhältnisses auf einen Betriebserwerber widersprochen hat (BAG 17.9.98 – 2 AZR 419/97, NZA 99, 258).

36   Eine außerordentliche Kündigung lässt sich nur auf Sachverhalte stützen, die sich **konkret** nachteilig auf das Arbeitsverhältnis auswirken (BAG 17.3.88 – 2 AZR 576/87, NZA 89, 261). Da selbst die fristlose Kündigung für die Vergangenheit nichts mehr regeln kann, kommt es für ihre Begründung allein auf die Auswirkungen kündigungsbegründender Ereignisse in der Zukunft an. Selbst schwerwiegende Vorfälle sind unerheblich, wenn sie das Arbeitsverhältnis in Zukunft nicht mehr belasten (BAG 9.3.95 – 2 AZR 497/94, NZA 95, 777). Die fristlose Kündigung dient nicht der Vergeltung. Sie dient dem Interesse des Kündigenden, möglichst schnell aus einer für ihn auf Dauer unzumutbaren Situation herauszukommen. So ist es auch Sache des Kündigenden, im Rahmen des für ihn Zumutbaren dafür zu sorgen, dass künftige Belastungen vermieden werden.

37   Wo noch Urlaubsansprüche bestehen, die es ermöglichen, den ArbN für die Dauer der Kündigungsfrist in Urlaub zu schicken, ist daher die außerordentliche Kündigung nicht selten von vornherein problematisch.

38   **d) Art der Kündigungsgründe.** Die außerordentliche Kündigung kann schon durch Gründe bedingt sein, die allein in der **Person** des Gekündigten liegen (BAG 26.11.09 – 2 AZR 272/08, NZA 10, 628 – Dauernde Unmöglichkeit; BAG 5.6.08 – 2 AZR 984/06 AP BGB § 626 Nr 212 – Verlust der Fahrerlaubnis). Ein Verschulden ist dann nicht erforderlich. Allein deshalb ist in diesem Fall ein **besonders strenger Maßstab** anzulegen. Meist ist die Beschäftigung während der Kündigungsfrist zumutbar und damit die außerordentliche Kündigung unwirksam. Handelt es sich um einen ordentlich nicht kündbaren ArbN, kann eine Kündigung mit sozialer Auslauffrist in Frage kommen (BAG 26.11.09 – 2 AZR 272/08, NZA 10, 628 – Entzug der Zugangsermächtigung zu Verschlusssachen).

Die außerordentliche Kündigung aus **verhaltensbedingten Gründen** setzt grds voraus, dass der Gekündigte **rechtswidrig und schuldhaft** seine vertraglichen oder nebenvertraglichen (BAG 19.7.12 – 2 AZR 989/11, NZA 13, 143) Pflichten verletzt hat. Im Einzelfall kann ein Fehlverhalten des ArbN die betriebliche Ordnung derart nachhaltig stören, dass der ArbGeb selbst dann außerordentlich kündigen darf, wenn dem ArbN sein Verhalten wegen fehlender Verantwortlichkeit für sein Tun nicht vorwerfbar ist (BAG 21.1.99 – 2 AZR 665/98, NZA 99, 863). Werden Straftatbestände verwirklicht, kann der Verbotsirrtum dazu führen, dass ein Verschulden fehlt (BAG 14.2.96 – 2 AZR 274/95, NZA 96, 873). Die Rechtswidrigkeit kann zB fehlen, wenn der ArbN seine Arbeitskraft zurückhält weil noch Vergütungsansprüche offen sind (BAG 9.5.96 – 2 AZR 387/95, NZA 96, 1085), wenn er Streikarbeit verweigert (BAG 25.7.57 – 1 AZR 194/56 AP BGB § 615 Betriebsrisiko Nr 15), oder sich ein Drucker weigert, an der Herstellung einer Zeitung mitzuwirken, die den Nazismus verherrlicht (BAG 29.1.60 – 1 AZR 200/58, NJW 60, 1734). Die Arbeitsverweigerung ist ua nicht verschuldet, wenn der ArbN aufgrund eines unverschuldeten Rechtsirrtums angenommen hat, er brauche die ihm zugewiesene Arbeit nicht zu verrichten (BAG 12.4.73 – 2 AZR 291/72 AP BGB § 611 Direktionsrecht Nr 24).

Die außerordentliche Kündigung aus **betriebsbedingten Gründen** ist nur ausnahms- **39** weise zulässig. Zu dem vom ArbG zu tragenden Unternehmerrisiko gehört auch die Einhaltung der ordentlichen Kündigungsfrist. Soweit eine außerordentliche betriebsbedingte Kündigung zulässig ist, muss sie der ArbGeb daher mit einer sozialen Auslauffrist aussprechen, die der Kündigungsfrist entspricht (BAG 24.1.13 – 2 AZR 453/11, NZA 13, 959). Sie kommt in Betracht, wenn der Arbeitgeber den Arbeitnehmer trotz Wegfalls der Beschäftigungsmöglichkeit noch für erhebliche Zeit vergüten müsste, ohne dass dem eine entsprechende Arbeitsleistung gegenüberstünde (BAG 24.1.13 – 2 AZR 453/11, NZA 13, 959). Unter diesen Voraussetzungen kann sich ein wichtiger Grund für eine außerordentliche Kündigung – wie ein dringendes betriebliches Erfordernis iSv § 1 Abs 2 KSchG – jedoch auch aus dem Wegfall der Beschäftigungsmöglichkeit aufgrund innerbetrieblicher Maßnahmen ergeben. So soll der Arbeitgeber regelmäßig auch dann nicht von einer Fremdvergabe von Tätigkeiten absehen müssen, wenn dadurch einem ordentlich nicht mehr kündbaren Arbeitsverhältnis die Grundlage entzogen wird (BAG 22.11.12 – 2 AZR 673/11, NZA 13, 730). Ein wichtiger Grund liegt jedoch nicht bereits in einer schlechten wirtschaftlichen Lage oder der (drohenden) Insolvenz des Arbeitgebers als solcher. Das wirtschaftliche Risiko trägt der Arbeitgeber (BAG 24.1.13 – 2 AZR 453/11, NZA 13, 959). Bei der Prüfung der Möglichkeit zur Weiterbeschäftigung ist zunächst die tarifliche Ausgestaltung des Sonderkündigungsschutzes als solche zu berücksichtigen. Stellt schon die tarifliche Regelung selbst dem Arbeitgeber bestimmte Reaktionsmöglichkeiten zur Verfügung wie zB eine ordentliche Änderungskündigung, um sich bei dringenden betrieblichen Gründen aus einem unzumutbar gewordenen vertraglichen Zustand zu lösen, so hat er zunächst von diesen Gebrauch zu machen. Erst wenn feststeht, dass auch sie versagen, kann eine außerordentliche Kündigung – mit Auslauffrist – gegenüber einem ordentlich unkündbaren Arbeitnehmer in Betracht kommen (BAG 22.11.12 – 2 AZR 673/11, NZA 13, 730). In jedem Fall mussder ArbGeb alle zumutbaren, eine Weiterbeschäftigung ermöglichenden Mittel ausgeschöpft haben (BAG 18.3.10 – 2 AZR 337/08, NZA-RR 11, 18), selbst wenn der ArbN dem Übergang seines Arbeitsverhältnisses auf einen Betriebserwerber widersprochen hat (BAG 9.3.07 – 8 AZR 538/06, NZA 07, 1278), Dazu gehört auch die Weiterbeschäftigung im Konzern unter geänderten angemessenen Vertragsbedingungen, wenn der ArbGeb tariflich verpflichtet ist, den ArbN bei Wegfall seines Arbeitsplatzes auf einem anderen freien Arbeitsplatz im Konzern zu beschäftigen (BAG 10.5.07 – 2 AZR 626/05, NZA 07, 1278; Einzelheiten s *Unkündbarkeit* Rz 7 ff). Die Regelungen zur Namensliste in § 1 Abs 5 KSchG sind auf die außerordentliche betriebsbedingte Kündigung nicht anwendbar (BAG 28.5.09 – 2 AZR 844/07, NZA 09, 954).

e) Außerdienstliches Verhalten kann grds nur dann die außerordentliche Kündigung **40** rechtfertigen, wenn es sich im Arbeitsverhältnis konkret nachteilig auswirkt (BAG 27.11.08 – 2 AZR 98/07, NZA 09, 604). Dies gilt auch für Straftaten. Richten sie sich nicht gegen den ArbGeb und belasten sie nicht das Arbeitsverhältnis, weil sie weder ernsthafte Zweifel an der Zuverlässigkeit noch an der Eignung des ArbN für die von ihm zu verrichtende Tätigkeit begründen, können sie eine außerordentliche Kündigung nicht rechtfertigen (BAG 10.9.09 – 2 AZR 257/08, NZA 10, 220). Entscheidend ist nicht die strafrechtliche Wertung, sondern allein, ob dem Kündigenden nach dem gesamten Sachverhalt die Fortsetzung des Arbeitsverhältnisses selbst für die Dauer der Kündigungsfrist unzumutbar ist (BAG 21.1.77 – 2 ABR 77/76 AP BetrVG 1972 § 103 Nr 7). Unter diesen Voraussetzungen sind neben den Straftaten, die sich gegen den ArbGeb richten (s Rz 67), grds nur „einschlägige Delikte" geeignet, die außerordentliche Kündigung zu rechtfertigen. So können Diebstahl oder Unterschlagung die Weiterbeschäftigung eines Buchhalters, Kassierers, Geldboten, Sittlichkeitsdelikte die Beschäftigung von Lehrern, Erziehern oder Jugendpflegern unzumutbar machen (ErfK/*Müller-Glöge* BGB § 626 Rz 85).

Mit der Ablösung durch den TVöD sind für den **öffentlichen Dienst** die früher im BAT **41** und MTArb vorgesehenen besonderen Anforderungen an das außerdienstliche Verhalten der ArbN von den Tarifvertragsparteien aufgehoben worden. Seither gelten für die nicht ho-

257 Kündigung, außerordentliche

heitlich tätigen Angestellten des öffentlichen Dienstes keine weitergehenden vertraglichen Nebenpflichten als für die Beschäftigten der Privatwirtschaft (BAG 10.9.09 – 2 AZR 257/08, NZA 10, 220). Damit ist die außerordentliche Kündigung wegen außerdienstlichen Verhaltens nicht ausgeschlossen. Sie wird weiterhin nach allgemeinen Grundsätzen möglich sein, etwa bei außerdienstlichem Verbreiten ausländerfeindlicher Pamphlete (BAG 14.2.96 – 2 AZR 274/95, NZA 96, 873), Begehen einer schweren Straftat (BAG 8.6.2000 – 2 AZR 638/99 NZA 2000, 1282) oder von Straftaten, die geeignet sind, das Ansehen der Behörde in der Öffentlichkeit zu beeinträchtigen (Steuerhinterziehung eines Angestellten der Finanzverwaltung – BAG 21.6.01 – 2 AZR 325/00, NZA 02, 1030).

Vor allem in sog **Tendenzbetrieben**, insbesondere im kirchlichen Dienst bzw in Einrichtungen kirchlicher Trägerschaft kann das außerdienstliche Verhalten häufiger mit den Pflichten des Arbeitsverhältnisses unvereinbar sein. So dürfen sich im kirchlichen Bereich ArbN als „religiöse Funktionsträger" auch außerdienstlich nicht gegen die Glaubenslehre ihrer Konfessionen wenden, in deren Dienst sie stehen (BAG 21.2.01 – 2 AZR 139/00, NZA 01, 1136). Dabei ist es Sache der Kirche und der ihr zugeordneten karitativen Einrichtungen, ihre Maßstäbe für die Bewertung vertraglicher Loyalitätspflichten festzulegen (BAG 25.4.13 – 2 AZR 579/12). Sie befindet auch verbindlich darüber, was die Glaubwürdigkeit der Kirche und ihrer Verkündung erfordert und was als Verstoß gegen diese anzusehen ist. Sie bestimmt endlich darüber, wer „religiöser Funktionsträger" ist, sowie ob und wie die Loyalitätspflichten je nach „Nähe" zur Verkündung abzustufen sind. Sache der Arbeitsrichter ist es dann, nach den einschlägigen arbeitsrechtlichen Vorschriften im Einzelfall festzulegen, ob die schwere Verletzung kirchlicher Loyalitätspflicht die Kündigung des Arbeitsverhältnisses rechtfertigt. Dabei haben sie das Selbstverständnis und die Gestaltungsfreiheit der Kirche (Art 137 Abs 3 Satz 1 Weimarer Reichsverfassung, Art 140 GG) und den Schutz des einzelnen vor Arbeitsplatzverlust in jedem Einzelfall gegeneinander abzuwägen (BVerfG 4.6.85 – 2 BvR 1703/83, AP GG Art 140 Nr 24; BAG 8.9.11 – 2 AZR 543/10, NZA 12, 443).

42 Der Austritt eines im verkündigungsnahen Bereich eingesetzten Mitarbeiters einer ihrer Einrichtungen aus der katholischen Kirche kann die – ggf. außerordentliche – Kündigung des Arbeitsverhältnisses rechtfertigen (BAG 25.4.13 – 2 AZR 579/12). Die außerordentliche Kündigung der Mitarbeiterin eines evangelischen Kindergartens kann wirksam sein, wenn sie in der Öffentlichkeit werbend für eine andere Glaubensgemeinschaft auftritt und deren von den Glaubenssätzen der evangelischen Kirche erheblich abweichende Lehre verbreitet (BAG 21.2.01 – 2 AZR 139/00, NZA 01, 1136). Im Regelfall werden jedoch selbst schwere Verstöße im Tendenzbereich nur die ordentliche Kündigung rechtfertigen. So hat das BAG die ordentliche Kündigung von Leiterinnen katholischer Kindergärten für wirksam gehalten, die in weltlicher Ehe einen geschiedenen Mann (BAG 25.4.78, DB 78, 2175) bzw einen nicht laisierten katholischen Priester heirateten (BAG 4.3.80 – 1 AZR 125/78, BB 80, 1102) oder nach Scheidung zu Lebzeiten des ersten Mannes standesamtlich eine neue Ehe eingingen (BAG 14.10.80, DB 81, 1290). Dagegen konnte die Wiederverheiratung eines katholischen Chefarztes in einem katholischen Krankenhaus seine ordentliche Kündigung ua deshalb nicht rechtfertigen, weil der ArbGeb in der Praxis auf ein durchgehend und ausnahmslos der katholischen Glaubens- und Sittenlehre verpflichtetes Lebenszeugnis seiner leitenden Mitarbeiter verzichtet hatte (BAG 8.9.11 – 2 AZR 543/10, NZA 12, 443). Das gleiche Gericht hat es als kündigungsrelevant angesehen, wenn in einem katholischen Krankenhaus beschäftigte Assistenzärzte in Zeitungsaufrufen für die Straflosigkeit der Abtreibung auftreten (BAG 21.10.82, DB 83, 2778) oder Chefärzte mit ihrem Behandlungsmethoden gegen tragende Grundsätze des geltenden Kirchenrechts verstoßen (BAG 7.10.93 – 2 AZR 226/93, NZA 94, 443).

43 **f) Abmahnung.** Bei einer außerordentlichen Kündigung ist eine Abmahnung entbehrlich, wenn eine Verhaltensänderung in Zukunft selbst nach Abmahnung nicht zu erwarten ist oder wenn es sich um eine so schwere Pflichtverletzung handelt, dass ihre Hinnahme durch den ArbGeb offensichtlich – auch für den ArbN erkennbar – ausgeschlossen ist. Diese Grundsätze gelten selbst bei Störungen im Vertrauensbereich durch Straftaten gegen das Vermögen oder Eigentum des ArbGeb (BAG 10.6.10 – 2 AZR 541/09, NZA 10, 1227) oder bei sexueller Belästigung (BAG 9.6.11 – 2 AZR 323/10, NZA 11, 1342). Auch hier muss stets geprüft werden, ob nicht objektiv die Prognose gerechtfertigt ist, der ArbN werde sich nach einer Abmahnung künftig wieder vertragstreu verhalten (BAG 19.4.12 – 2 AZR 258/11, NZA-RR 12, 567; 9.6.11 – 2 AZR 323/10, NZA 11, 1342). Fehlt eine notwen-

Kündigung, außerordentliche 257

dige Abmahnung, ist allein deshalb die außerordentliche Kündigung unwirksam (wegen der Einzelheiten s *Abmahnung* Rz 9–23). Die personen- oder betriebsbedingte außerordentliche Kündigung erfordert keine vorherige Abmahnung.

4. Fallgruppen. Hält man sich vor Augen, dass die Zumutbarkeit der Weiterbeschäftigung je nach Lage des Falles ua von der Länge der Kündigungsfrist bestimmt wird und in jedem Einzelfall eine Interessenabwägung stattfinden muss, lassen sich eine Reihe von typischen Sachverhalten aufzählen, die idR „an sich geeignet sind" einen wichtigen Grund für die außerordentliche Kündigung abzugeben. 44

Der **Arbeitnehmer** wird idR außerordentlich kündigen können, wenn der ArbGeb das zugunsten des ArbN bestehende Arbeitsschutzrecht – etwa die Vorschriften der Arbeitszeitordnung – erheblich missachtet (BAG 28.10.71, DB 72, 489), den ArbN zu Unrecht einer Unredlichkeit verdächtigt oder längere Zeit den Lohn nicht zahlt (BAG 24.2.64, DB 64, 664). Für die fristlose Kündigung durch ArbGeb gilt ohne Anspruch auf Vollständigkeit Folgendes: 45

Änderungskündigung. Die außerordentliche *Änderungskündigung* (s dort Rz 16) setzt jedenfalls voraus, dass die Änderungen der Arbeitsbedingungen unabweisbar notwendig ist und die neuen Arbeitsbedingungen für den ArbN zumutbar sind (BAG 1.3.07 – 2 AZR 580/05, NZA 07, 1445). Sie spielt vor allem gegenüber unkündbaren ArbN eine Rolle (s *Unkündbarkeit* Rz 12). 46

Alkohol. Die durch Alkohol bedingte dauernde Unfähigkeit des ArbN, seiner Pflicht nachzukommen, kann eine außerordentliche Kündigung rechtfertigen (BAG 14.11.84, DB 85, 2003), solange es sich nicht um eine Abhängigkeit im medizinischen Sinne handelt. Die Wirksamkeit der Kündigung richtet sich dann nach den Grundsätzen der krankheitsbedingten Kündigung (BAG 9.4.87, DB 87, 2156; 16.9.99 – 2 AZR 123/99, NZA 2000, 141; s *Kündigung, personenbedingte* Rz 32–35). 47

Bei Berufskraftfahrern kann Trunkenheit am Steuer während des Dienstes und der Entzug der Fahrerlaubnis wegen Trunkenheit während einer Privatfahrt einen wichtigen Grund darstellen (BAG 30.5.78, DB 78, 1790).

Arbeitsbummelei. Wiederholte Unpünktlichkeit des ArbN kann eine fristlose Kündigung begründen, wenn sie den Grad und die Auswirkung einer beharrlichen Verweigerung der Arbeitspflichten erreicht. Kommt es in diesem Fall daneben zu einer konkreten Störung des betrieblichen Friedens oder des Arbeitsablaufes, ist dies im Rahmen der Interessenabwägung mit zu berücksichtigen (BAG 17.8.88, DB 89, 329). 48

Arbeitsverweigerung. Soweit der ArbN zur Arbeitsleistung verpflichtet ist, kann die beharrliche Weigerung, seine vertraglichen Pflichten zu erfüllen, einen wichtigen Grund darstellen (BAG 21.11.96 – 2 AZR 357/95, NZA 97, 487). Hierzu genügen nicht Saumseligkeit oder Vergesslichkeit. Beharrlich verweigert seine Arbeit nur, wer bewusst oder nachhaltig nicht leisten will, wer sich berechtigten Anordnungen widersetzt (BAG 21.11.96 – 2 AZR 357/95, NZA 97, 487). Dies kann sich aus ständiger Wiederholung eines Verhaltens ergeben. 49

Die Arbeitsverweigerung berechtigt nicht zur fristlosen Kündigung, wenn der ArbN unverschuldet angenommen hat, er sei zu der geforderten Leistung nicht verpflichtet (BAG 20.7.57, DB 57, 922) oder berechtigterweise seine Arbeitskraft wegen offener Vergütungsansprüche (BAG 9.5.96, DB 96, 2337) oder aus anderen Gründen – zB wegen einer Gefahrstoffbelastung des Arbeitsplatzes (BAG 19.2.97 – 5 AZR 982/94, NZA 97, 821) – zurückgehalten hat. Die fehlende Zustimmung des BRat zur (Wieder-)Einstellung eines ArbN kann für diesen grds nur dann ein Leistungsverweigerungsrecht begründen, wenn der BRat sich auf die Verletzung seines Mitbestimmungsrechts beruft und die Aufhebung der Einstellung verlangt (BAG 5.4.01 – 2 AZR 580/99, NZA 01, 893). 50

Außerdienstliches Verhalten. Erst wenn sich das außerdienstliche Verhalten auf konkret innerdienstlich auswirkt kann es zu einem Grund für eine außerordentliche Kündigung werden (BAG 27.11.08 – 2 AZR 98/07, NZA 09, 604). Freilich wird es nur selten die sofortige Beendigung eines Arbeitsverhältnisses rechtfertigen können. Dies soll sowohl für den wiederholten Besuch einer Spielbank durch den Leiter einer Bankfiliale (LAG Hamm 14.1.98 – 3 Sa 1087/97 LAGE BGB § 626 Nr 119) wie für anzügliche sexistische Bemerkungen eines Lehrers gegenüber sog. benachteiligten Jugendlichen anlässlich privater Treffen gelten (BAG 27.11.08 – 2 AZR 98/07, NZA 09, 604). 51

Eisemann 1661

257 Kündigung, außerordentliche

52 **Beleidigung.** Arbeitnehmer dürfen zwar auch unternehmensöffentlich Kritik am Arbeitgeber, ihren Vorgesetzten und den betrieblichen Verhältnissen üben und sich dabei auch überspitzt äußern. In grobem Maße unsachliche Angriffe, die zur Untergrabung der Position eines Vorgesetzten führen können, muss der Arbeitgeber aber nicht hinnehmen. Grobe Beleidigungen des Arbeitgebers oder seiner Vertreter und Repräsentanten oder von Arbeitskollegen, die nach Form und Inhalt eine erhebliche Ehrverletzung für den Betroffenen bedeuten, können eine außerordentliche Kündigung rechtfertigen. Entsprechendes gilt, wenn der Arbeitnehmer bewusst unwahre Tatsachenbehauptungen über seinen Arbeitgeber oder Vorgesetzte bzw. Kollegen aufstellt, insbesondere wenn die Erklärungen den Tatbestand der üblen Nachrede erfüllen (BAG 27.9.12 – 2 AZR 646/11, NZA 13, 808; BAG 10.12.09 – 2 AZR 534/08, NZA 10, 698). Dabei müssen Beleidigungen im Einzelfall – etwa bei einer psychischen Störung – nicht einmal verschuldet sein (BAG 21.1.99 – 2 AZR 665/98, NZA 99, 863). Wie sonst auch, kommt es in diesen Fällen für die Wirksamkeit der außerordentlichen Kündigung nicht auf die strafrechtliche Bewertung, sondern allein darauf an, ob dem ArbGeb nach dem gesamten Sachverhalt zuzumuten ist, das Arbeitsverhältnis bis zum Ablauf der Kündigungsfrist fortzusetzen. Geschieht dies alles in einem vertraulichen Gespräch unter Arbeitskollegen, darf der ArbN regelmäßig darauf vertrauen, dass deren Inhalt nicht nach außen getragen wird. Hebt ein ArbN die Vertraulichkeit auf, geht dies nicht zu Lasten des anderen. Seine außerordentliche Kündigung wäre unwirksam (BAG 10.12.09 – 2 AZR 543/08, NZA 10, 698). Auch extreme ausländerfeindliche Äußerungen können im Einzelfall als Beleidigung eine fristlose Kündigung tragen (BAG 1.7.99 – 2 AZR 676/98, NZA 99, 1270).

53 **Betriebsfrieden.** Außerordentliche Kündigungen wegen der Störung des Betriebsfriedens setzen voraus, dass der Betriebsfrieden nicht nur potentiell oder abstrakt gefährdet, sondern konkret gestört ist. Eine solche konkrete Störung fehlt, wenn sich zwar der ArbGeb oder seine Vertreter gestört fühlen, nicht aber andere ArbN. Dies gilt außerhalb des öffentlichen Dienstes auch für radikale, provozierende politische Meinungsäußerungen oder die Betätigung in einer verfassungsfeindlichen Partei. So kann auch das Tragen einer auffälligen Plakette im Betrieb während der Arbeitszeit, durch die eine parteipolitische Meinung bewusst auf provozierende Weise sichtbar ausgedrückt wird, nur dann einen wichtigen Grund abgeben, wenn hierdurch der Betriebsfrieden oder der betriebliche Ablauf konkret gestört werden (BAG 9.12.82, DB 83, 2578). In diesen Fällen kann sich der ArbN nicht auf Art 5 GG – das Recht der freien Meinungsäußerung – berufen, weil es durch die Grundregeln des Arbeitsverhältnisses beschränkt ist (BAG 11.8.82, DB 82, 2705; s *Meinungsfreiheit* Rz 5). Die zum „Whistelblowing" entwickelten Grundsätze (s *Kündigung, verhaltensbedingte* Rz 21 und *Whistleblowing* Rz 1 ff) sind auch auf den Bereich der innerbetrieblichen „Anzeigen" anzuwenden. Auch unterhalb der Schwelle eines strafbaren Verhaltens muss ein Arbeitnehmer bei der Mitteilung vermeintlicher Missstände im Betrieb angemessen auf Persönlichkeitsrechte seiner Arbeitskollegen und Vorgesetzten Rücksicht nehmen. Das folgt schon aus dem berechtigten Interesse des Arbeitgebers an der Wahrung des Betriebsfriedens (BAG 27.9.12 – 2 AZR 646/11, NZA 13, 808). Stellt ein ArbN einer Kollegin unter bewusster Missachtung ihres entgegenstehenden Willens im Betrieb oder im Zusammenhang mit der geschuldeten Tätigkeit beharrlich nach, ist dies an sich als wichtiger Grund für eine außerordentliche Kündigung iSv § 626 Abs 1 BGB geeignet. Dabei kommt es nicht entscheidend auf die strafrechtliche Würdigung an, sondern auf die mit diesem Verhalten verbundene Störung des Betriebsfriedens – Stalking (BAG 19.4.12 – 2 AZR 258/11, NZA-RR 12, 567).

54 **Fähigkeiten.** IdR kann der ArbGeb nicht außerordentlich kündigen, weil dem ArbN die erwarteten Fähigkeiten, Kenntnisse oder Erfahrungen fehlen bzw erforderliche Leistungen nicht erbracht werden. Nur wenn das Missverhältnis zwischen Stellung und Leistung so auffällig ist, dass die Angaben bei der Bewerbung als „Hochstapelei" erscheinen, kann wegen fehlender Eignung im Einzelfall auch einmal fristlos gekündigt werden. Der ArbGeb muss eben bei der Stellenbesetzung stets mit einer Selbstüberschätzung des Bewerbers rechnen (LAG Bln 21.7.60 – 4 Sa 56/60, BB 60, 1167). Etwas anderes kann gelten, wenn sich der Bewerber mit bewusst falschen Angaben zu seiner Berufsausbildung eine Stellung erschleicht, der er, für ihn bei der Bewerbung erkennbar, nicht gewachsen ist.

Bei einem gehobenen Angestellten mit besonderer Verantwortung kann auch eine einmalige fahrlässig schlechte Erfüllung seiner vertraglichen Verpflichtungen als wichtiger

Grund ausreichen, wenn dies Verhalten geeignet war, einen besonders schweren Schaden herbeizuführen und der ArbGeb alles getan hat, diese Situation zu vermeiden (BAG 14.10.65 – 2 AZR 466/64 AP BetrVG § 66 Nr 27).

EDV-Nutzung. Selbst eine fehlende betriebliche Regelung führt nicht dazu, dass die 55 private Nutzung der EDV erlaubt ist. Auch ihre Duldung rechtfertigt allenfalls eine Gebrauch von einigen Minuten am Tag während der Arbeitszeit. Ein wichtiger Grund zur außerordentlichen Kündigung kann vorliegen, wenn der Arbeitnehmer das Internet während der Arbeitszeit zu privaten Zwecken in erheblichem zeitlichen Umfang („ausschweifend") nutzt und damit seine arbeitsvertraglichen Pflichten verletzt (BAG 7.7.05 – 2 AZR 581/04, NZA 06, 98). Selbst der Verstoß gegen ein ausdrückliches Verbot jeglicher privater Nutzung des dienstlichen Internetanschlusses sowie das Herunterladen von pornografischem Bildmaterial schaffen jedoch keinen absoluten Kündigungsgrund. Auch bei einem solchen Sachverhalt ist die Verhältnismäßigkeit einer Kündigung anhand aller relevanten Umstände des Einzelfalls und unter Abwägung der Interessen beider Vertragsteile zu prüfen (BAG 19.4.12 – 2 AZR 186/11, NZA 13, 27). Die unerlaubte Speicherung unternehmensbezogener Daten auf einer privaten Festplatte ohne Sicherung gegen unbefugten Zugriff und die zusätzliche Speicherung privater Daten auf einem Firmen-Laptop verstoßen gegen die Rücksichtnahmepflicht aus § 241 Abs 2 BGB. Eine Abmahnung als milderes Mittel soll jedoch nicht entbehrlich sein, wenn der ArbN die fraglichen Daten nicht unterdrücken oder dem ArbGeb vorenthalten will (BAG 24.3.11 – 2 AZR 282/10, NZA 11, 1029).

Haft. Untersuchungs- und Strafhaft können im Einzelfall einen wichtigen Grund abgeben. 56 Dabei kommt es entscheidend auf die Dauer der Haft an (BAG 24.3.11 – 2 AZR 790/09, NZA 11, 1084) und darauf, ob für den ArbGeb zumutbare Überbrückungsmöglichkeiten bestehen (BAG 25.11.10 – 2 AZR 984/08, NZA 11, 686). Eine Untersuchungshaft von drei Monaten kann eine Kündigung nicht, eine von sieben Monaten Dauer soll sie rechtfertigen (BAG 25.11.10 – 2 AZR 984/08, NZA 11, 686). Selbst eine Freiheitsstrafe von mehr als zwei Jahren mit der Ungewissheit, ob nach Ablauf der Kündigungsfrist zeitnah ein offener Vollzug möglich ist, wird in der Regel nur für eine ordentliche Kündigung ausreichen (BAG 24.3.11 – 2 AZR 790/09, NZA 11, 1084; 25.11.10 – 2 AZR 984/08, NZA 11, 686). Im Einzelfall kann der ArbGeb aufgrund seiner Fürsorgepflicht gehalten sein, daran mitzuwirken, dass der ArbN einen Freigängerstatus erhält; vorausgesetzt, der ArbN hat ihm über die Umstände der Straftat, das Strafverfahren sowie der Haft nicht getäuscht und Störungen des Arbeitsverhältnisses sind nicht zu befürchten (BAG 24.3.11 – 2 AZR 790/09, NZA 11, 1084; 9.3.95 – 2 AZR 497/94, NZA 95, 777). Bei Untersuchungshaft wird der ArbGeb idR den ersten Haftprüfungstermin abwarten müssen. Dies ist zumutbar (vgl BAG 10.6.65 – 2 AZR 339/64, NJW 66, 565). Denn er ist nach den §§ 323, 325 BGB von der Lohnzahlungspflicht für die Dauer der Untersuchungshaft befreit. Auf der anderen Seite soll es für die Wirksamkeit der Kündigung nicht darauf ankommen, ob der ArbN im anschließenden Strafverfahren freigesprochen wird, weil der Kündigungsgrund in der Unmöglichkeit besteht, seine arbeitsvertraglichen Pflichten zu erfüllen (LAG Bln 1.12.86, AP Nr 94 zu § 626 BGB).

Krankheit. Im Allgemeinen stellt weder die langandauernde noch die häufige kurze 57 Erkrankung des ArbN einen wichtigen Grund dar. Etwas anderes kann gelten, wenn er einem besonderen gesetzlichen oder tarifvertraglichen Schutz unterliegt, der nur eine außerordentliche Kündigung zulässt – für sog Unkündbare (BAG 16.9.99 – 2 AZR 123/99, NZA 2000, 141), für BRatMitglieder (BAG 18.2.93 – 2 AZR 526/92, NZA 94, 74) – oder der ArbN überhaupt nicht mehr in der Lage ist, die vertraglich geschuldete Leistung zu erbringen (BAG 12.7.95 – 2 AZR 762/94, NZA 95, 1100). Dabei ist zu beachten, dass das BAG schon bei der ordentlichen krankheitsbedingten Kündigung einen strengen Maßstab anlegt. Noch viel mehr gilt dies bei einer außerordentlichen Kündigung aus Anlass einer Erkrankung. Der ArbGeb muss daher prüfen, ob der krankheitsbedingten Minderung der Leistungsfähigkeit durch organisatorische Maßnahmen – zB Umverteilung der Aufgaben, Umgestaltung des Arbeitsplatzes (BAG 12.7.95 – 2 AZR 762/94, NZA 95, 1100), Umsetzung auf einen freien „leidensgerechten" Arbeitsplatz im Betrieb oder Unternehmen (BAG 10.6.10 – 2 AZR 1020/08, NZA 10, 1234) oder dadurch begegnet werden kann, indem er durch Ausüben seines Direktionsrechts einen leidensgerechten Arbeitsplatz „schafft", auf dem der Erkrankte eingesetzt werden kann (BAG 12.7.07 – 2 AZR 716/06, NZA 08, 173). Im Übrigen können außerordentliche Kündigungen aus Krankheitsgründen nur mit einer sozialen Auslauffrist ausgesprochen werden (BAG 5.2.98 – 2 AZR 227/97, NZA 98, 771; s *Unkündbarkeit* Rz 14 f).

Meist geht es bei der fristlosen Kündigung im Zusammenhang mit Erkrankungen des ArbN um die Verletzung vertraglicher **Nebenpflichten**. So kann die wiederholte und abgemahnte Verletzung der nach § 5 EFZG bestehenden Pflicht, seine Krankheit unverzüglich anzuzeigen und die Arbeitsunfähigkeitsbescheinigung vor Ablauf des auf die ersten drei Kalendertage der Erkrankung nachfolgenden Arbeitstags vorzulegen, im Einzelfall die außerordentliche Kündigung begründen, wenn sie eine „beharrliche" Pflichtverletzung darstellt (BAG 15.1.86 – 7 AZR 128/83, NZA 87, 93). Wer als **leitender Angestellter** unterlässt, vor Beginn seiner Erkrankung noch mögliche Anweisungen zu erteilen, die erforderlich sind, um schwere Schäden abzuwenden, kann im Einzelfall auch deshalb fristlos seinen Arbeitsplatz verlieren (BAG 30.1.76 – 2 AZR 518/74 AP BGB § 626 Krankheit Nr 2).

58 Wer mit Krankheit **droht,** um einen Urlaub zu erzwingen, eine Versetzung oder die Zuweisung unangenehmer Arbeit zu verhindern, kann außerordentlich gekündigt werden. Dies gilt auch, wenn er im Anschluss daran tatsächlich erkrankt. Denn der Vorwurf liegt in der unzulässigen Ausübung von Druck auf den ArbGeb (BAG 12.3.09 – 2 AZR 251/07, NZA 09, 779). War der ArbN im Zeitpunkt der Ankündigung eines künftigen, krankheitsbedingten Fehlens aber bereits objektiv erkrankt und durfte er davon ausgehen, auch am Tag des begehrten Urlaubs (weiterhin) wegen Krankheit arbeitsunfähig zu sein, kann nicht mehr angenommen werden, sein fehlender Arbeitswille und nicht die bestehende Arbeitsunfähigkeit sei Grund für das spätere Fehlen am Arbeitsplatz (BAG 12.3.09 – 2 AZR 251/07, NZA 09, 779).

59 Das Vertrauen in die Redlichkeit eines ArbN kann auch zerstört werden, wenn er bei bescheinigter Arbeitsunfähigkeit den Heilungserfolg durch gesundheitswidriges Verhalten gefährdet. Dies kann nicht nur durch Arbeit bei einem anderen ArbGeb, sondern auch durch Freizeitaktivitäten geschehen, welche mit der Arbeitsunfähigkeit nur schwer in Einklang zu bringen sind (BAG 2.3.06 – 2 AZR 53/05, NZA-RR 06, 636). Je nach Art der Erkrankung können daher nächtliche Barbesuche, Besuche von Kinos oder Sportstätten (BAG 26.8.93 – 2 AZR 154/93, NZA 94, 63) eine außerordentliche Kündigung rechtfertigen. Geht der ArbN während er krankgeschrieben ist einer anderweitigen Tätigkeit nach, kann dies ein Hinweis darauf sein, dass er seine Krankheit nur vorgespiegelt hat. Es kann in diesem Fall auch eine pflichtwidrige Verzögerung der Heilung vorliegen (BAG 3.4.08 – 2 AZR 965/06, NZA 08, 807).

60 Wer eine Krankheit **vortäuscht** oder sich eine Arbeitsunfähigkeitsbescheinigung erschleicht, kann im Regelfall fristlos gekündigt werden (BAG 26.8.93 – 2 AZR 154/93, NZA 94, 63). Hier kann selbst ein entsprechender dringender Verdacht ausreichen (BAG 21.3.96 – 2 AZR 543/95, NZA 96, 1030).

61 **Manko.** Die außerordentliche Kündigung wegen eines Waren- oder Geldmankos ist nicht allein deshalb wirksam, weil es sich um ein erhebliches Manko handelt. Sie kann allenfalls dann wirksam sein, wenn der ArbN das Manko verschuldet hat (BAG 22.11.73 – 2 AZR 580/72 AP BGB § 626 Nr 67).

62 **Nebentätigkeiten.** Die nicht erlaubte *Nebentätigkeit* (s dort Rz 3 ff) kann einen wichtigen Grund für außerordentliche Kündigungen darstellen, wenn die offensichtlich nicht genehmigungsfähige Nebentätigkeit von ArbN fortgesetzt ausgeübt wird (BAG 18.9.08 – 2 AZR 827/06, NZA-RR 09, 393), der ArbN seinem ArbGeb in dessen Handelsgewerbe Konkurrenz macht (BAG 19.4.07 – 2 AZR 180/06, NZA-RR 07, 571), sich wegen der Nebentätigkeit seine vertraglich geschuldeten Arbeitsleistungen erheblich verschlechtert oder die Nebentätigkeit sich mit dem Ansehen des öffentlichen Dienstes nicht vereinbaren lässt (BAG 21.1.82 – 2 AZR 761/79 – nv).

63 **Offenbarungspflicht.** Macht ein für eine leitende Vertrauensstellung vorgesehener ArbN im Einstellungsgespräch falsche Angaben über sein zuletzt bezogenes Gehalt, kann er im Einzelfall fristlos entlassen werden, wenn diese Angaben erkennbar für die Beurteilung seiner Eignung von Bedeutung sind oder er selbst unter Hinweis auf seine angeblich bezogene Vergütung erhöhte Bezahlung verlangt und erhalten hat (BAG 19.5.83 – 2 AZR 171/81 AP BGB § 123 Nr 25). Eine außerordentliche Kündigung kann auch mit einer Verletzung der arbeitsvertraglichen Pflicht zur Rücksichtnahme auf schutzwürdige Interessen des ArbGeb begründet werden, wenn etwa der ArbN eine von ihm bemerkte, laufende offenkundige

Kündigung, außerordentliche 257

Lohnüberzahlung gegenüber dem ArbGeb nicht anzeigt (BAG 28.8.08 – 2 AZR 15/07, NZA 09, 193).

Personaleinkauf. Die bewusste Zuwiderhandlung des Arbeitnehmers gegen Regelungen 64 zur Inanspruchnahme eines Sachbezugs mit dem Ziel, anstelle von Waren oder Dienstleistungen aus dem Sortiment des Arbeitgebers Bargeld zu erhalten, kann an sich geeignet sein, einen wichtigen Grund zur außerordentlichen Kündigung iSd § 626 Abs 1 BGB zu begründen (BAG 23.6.09 – 2 AZR 103/08, NZA 09, 1198).

Schmiergelder. Wer Schmiergelder nimmt, muss selbst dann mit seiner fristlosen Kündi- 65 gung rechnen, wenn er sich nicht dazu bewegen lässt, gegen seine vertraglichen Pflichten zu verstoßen (BAG 21.6.01 – 2 AZR 30/00, NZA 02, 232). Die Entgegennahme branchenüblicher Gelegenheitsgeschenke oder Trinkgelder ist dagegen zulässig, soweit es sich um geringwertige Aufmerksamkeiten handelt (BAG 15.11.01 – 2 AZR 605/00 AP BGB § 626 Nr 175). Wer als ArbN Dritte besticht, verwendet das Geld des ArbGeb pflichtwidrig. Dies kann eine außerordentliche Kündigung rechtfertigen, auch wenn sein Verhalten keinen Straftatbestand erfüllt. Durfte er annehmen, er handle nicht pflichtwidrig, ist seine Pflichtverletzung nicht schuldhaft. Die Kündigung ist dann unwirksam (BAG 21.6.12 – 2 AZR 694/11, NZA 13, 199).

Sittliche Verfehlungen. Eine sexuelle Belästigung kann die außerordentliche Kündigung 66 rechtfertigen. Vorsatz ist nicht erforderlich, wenn die Belästigung eintritt. Sie tritt unabhängig davon ein, ob die betroffene Person ihre ablehnende Einstellung zu der fraglichen Verhaltensweise aktive verdeutlicht (BAG 9.6.11 – 2 AZR 323/10, NZA 11, 1342). Auch ein schwerwiegender Verstoß eines ArbN gegen seine vertragliche Nebenpflicht, die Privatsphäre und den deutlichen Wunsch einer Arbeitskollegin zu respektieren, nicht-dienstliche Kontaktaufnahmen mit ihr zu unterlassen, kann die außerordentliche Kündigung des Arbeitsverhältnisses rechtfertigen – Stalking (BAG 19.4.2012 – 2 AZR 258/11, NZA-RR 12, 567).

Straftaten. Versuchte und vollendete Eigentumsdelikte zum Nachteil des ArbGeb sind 67 grundsätzlich geeignet, einen wichtigen Grund für eine außerordentliche Kündigung abzugeben (BAG 1.2.07 – 2 AZR 333/06, NZA 07, 744). Unabhängig von der Höhe des Schadens bricht der ArbN durch die Eigentumsverletzung jedenfalls in erheblicher Weise das Vertrauen des ArbGeb (BAG 10.6.10 – 2 AZR 541/09, NZA 10, 1227; BAG 11.12.03 – 2 AZR 36/03, NZA 04, 486). Dasselbe muss für andere Straftaten gegenüber dem ArbGeb gelten, die nur geringe Werte betreffen – Unterschlagung, unerlaubtes Telefonieren oder Fotokopieren auf Kosten des ArbGeb. Auch die nicht erlaubte intensive zeitliche Nutzung des Internet kann ein wichtiger Grund zur fristlosen Kündigung des Arbeitsverhältnisses sein (BAG 7.7.05 – 2 AZR 581/04, NZA 06, 98). Der Missbrauch von Kontrolleinrichtungen (Stechuhren, elektronische Zugangssysteme) kann – unabhängig von der strafrechtlichen Würdigung (BAG 12.8.99 – 2 AZR 832/98, NZA 2000, 27) – jedenfalls dann einen wichtigen Grund darstellen, wenn die dort aufgezeichneten Daten die Grundlage für die Bezahlung abgeben (BAG 21.4.05 – 2 AZR 255/04, NZA 05, 991). Schon der einmalige Spesenbetrug kann bei einem ArbN in besonderer Vertrauensstellung einen wichtigen Grund darstellen, selbst wenn es sich nur um einen geringfügigen Betrag handelt (BAG 6.9.07 – 2 AZR 264/06, NZA 08, 636). Auch die Bereitschaft zur Falschaussage im Prozess gegen seinen ArbGeb (BAG 16.10.86 – 2 ABR 71/85 AP BGB § 626 Nr 95) oder Buchungsmanipulationen der Regionalleiterin einer Sparkasse (BAG 5.4.01 – 2 AZR 159/00, NZA 01, 954) können die fristlose Kündigung rechtfertigen.

Tätlichkeiten. Tätlichkeiten unter ArbN können auch eine außerordentliche Kündigung 68 rechtfertigen. Eine Abmahnung ist grundsätzlich nicht erforderlich. Die Versetzung auf einen anderen Arbeitsplatz ist für den ArbGeb regelmäßig unzumutbar (BAG 6.10.05 – 2 AZR 280/04, NZA 06, 431).

Urlaub. Wer als ArbN gegen den Willen des ArbGeb eigenmächtig seinen Urlaub antritt, 69 kann damit einen wichtigen Grund zur außerordentlichen Kündigung liefern (BAG 16.3.00 – 2 AZR 75/99, NZA 00, 1332). Das unbefugte Überschreiten des Urlaubendes kann jedenfalls dann eine fristlose Kündigung rechtfertigen, wenn es auf eine Beharrlichkeit des ArbN schließen lässt (Buchung des Rückfluges auf ein nach dem Urlaubende liegendes Datum) oder auf uneinsichtiger Haltung des ArbN beruht (LAG Düsseldorf 29.4.81 – 22 Sa 82/81 LAGE BGB § 626 Nr 12). Dies gilt auch, wenn der ArbN während des Urlaubs erkrankt und nur eigenmächtig die nach § 9 BUrlG verbliebenen Urlaubstage anhängt.

70 **Verdacht.** Nicht nur die erwiesene Straftat, auch der Verdacht, eine strafbare Handlung oder erhebliche Pflichtverletzungen gegenüber dem ArbGeb begangen zu haben, kann ein wichtiger Grund für eine außerordentliche Kündigung sein (BAG 1.2.07 – 2 AZR 333/06, NZA 07, 744). Reichen Straftat oder Pflichtverletzung als solche nicht aus, eine fristlose Kündigung zu rechtfertigen, kann auf sie auch nicht eine außerordentliche Verdachtskündigung gestützt werden (Einzelheiten s *Verdachtskündigung* Rz 9).

71 **Verschwiegenheit.** Je nach Lage des Einzelfalles kann der Verstoß gegen die Pflicht zur Verschwiegenheit auch eine außerordentliche Kündigung rechtfertigen (BAG 25.4.91 – 2 AZR 624/90, NZA 92, 212). Die Pflicht zur Verschwiegenheit folgt aus der Pflicht des ArbN, auf die geschäftlichen Interessen des ArbGeb Rücksicht zu nehmen. Sie umfasst neben den Betriebs- und Geschäftsgeheimnissen (hierzu BAG 16.3.82 – 3 AZR 83/79, NJW 83, 134) persönliche Umstände oder Verhaltensweisen des ArbGeb und Umstände, die von ihm ausdrücklich als vertraulich bezeichnet werden (s *Verschwiegenheitspflicht* Rz 2–6). Eine Kündigung kann gerechtfertigt sein, wenn ein ArbN bei Behörden bzw mit einer Strafanzeige wissentlich oder leichtfertig falsche Angaben macht (BVerfG 2.7.01 – 1 BvR 2049/00, NZA 01, 888). Eine Strafanzeige ist nicht berechtigt, wenn der ArbN weiß, dass der erhobene Vorwurf nicht zutrifft oder dies jedenfalls erkennen muss. Trotz wahrer Angaben kann eine Kündigung gerechtfertigt sein, wenn die Anzeige nur die unverhältnismäßige Reaktion auf ein Verhalten des ArbGeb darstellt (BAG 7.12.06 – 2 AZR 400/05, NZA 07, 502).

72 **Vollmachtsmissbrauch.** Ein Angestellter darf trotz uneingeschränkter Vollmacht keine Anschaffungen zu seinem persönlichen Nutzen vornehmen, ohne seine fristlose Kündigung zu riskieren (BAG 26.11.64 – 2 AZR 211/63 AP BGB § 626 Nr 53). Überträgt der ArbGeb einem Angestellten uneingeschränkt die Führung des Betriebes und lässt er ihn jahrelang schalten und walten, ohne jemals seine Maßnahmen zu beanstanden, so kann er ihn wegen nachträglich aufgedeckter Verfehlungen nicht mehr außerordentlich kündigen, wenn er vorher von der Möglichkeit, den Angestellten zu überwachen, keinerlei Gebrauch gemacht hat und auf die Verfehlungen erst in dem Zeitpunkt reagiert, in dem der bisher gewinnbringende Betrieb anfängt, mit Verlust zu arbeiten (BAG 20.8.64 – 2 AZR 183/82 AP HGB § 70 Nr 7).

73 **Wettbewerb.** Während der Dauer des Beschäftigungsverhältnisses darf der ArbN seinem ArbGeb keinen Wettbewerb machen, auch wenn dies im Arbeitsvertrag nicht ausdrücklich verboten ist (BAG 26.6.08 – 2 AZR 190/07, NZA 08, 1415). Dies gilt selbst dann, wenn der ArbGeb eine außerordentliche Kündigung ausgesprochen hat, deren Wirksamkeit der ArbN bestreitet (BAG 25.4.91 – 2 AZR 624/90, NZA 92, 212). Wer Mitarbeiter abwirbt und dabei zum Vertragsbruch verleitet (Nichteinhalten der Kündigungsfrist), zusammen mit einem Dritten ein Konkurrenzunternehmen aufbaut und dabei Kenntnisse verwendet, die ihm im Betrieb seines ArbGeb zugänglich waren, bei Kunden seines ArbGeb für eigene Zwecke wirbt oder einem vertragsbrüchigen Arbeitskollegen bei Konkurrenztätigkeit hilft, muss daher mit einer außerordentlichen Kündigung rechnen (BAG 26.6.08 – 2 AZR 190/07, NZA 08, 1415).

74 **5. Umdeutung.** Ist ein Rechtsgeschäft wie die außerordentliche Kündigung nichtig oder aus anderen Gründen unwirksam und entspricht es den Erfordernissen eines anderen Rechtsgeschäftes, gilt dies, wenn anzunehmen ist, dass seine Geltung bei Kenntnis der Unwirksamkeit des ursprünglichen Rechtsgeschäfts gewollt sein würde, so § 140 BGB.

75 **a) Ordentliche Kündigung.** Daraus hat man den Grundsatz hergeleitet, dass sich eine außerordentliche Kündigung in eine ordentliche Kündigung umdeuten lässt. Voraussetzung hierfür ist, dass die Umdeutung nach den gegebenen Umständen dem mutmaßlichen Willen des Kündigenden entsprach und dies für den Gekündigten erkennbar war (BAG 15.11.01 – 2 AZR 310/00, NJW 02, 2972). Im Regelfall wird man aus dem Umstand, dass außerordentlich gekündigt wurde, schließen dürfen, dass auch eine fristgerechte Beendigung des Arbeitsverhältnisses gewollt war (BAG 23.10.08 – 2 AZR 388/07 AP BGB § 626 Nr 217). Entscheidend ist dafür nicht der spätere Wille, die fristlose Kündigung auch als fristgerechte aufrechtzuerhalten, sondern allein, ob dieser Wille schon bei Ausspruch der Kündigung vorhanden und für den Gekündigten zu diesem Zeitpunkt erkennbar war. Allein deshalb empfiehlt es sich, die fristlose Kündigung zu begründen oder doch zumindest auf andere Weise zum Ausdruck zu bringen, dass man sich auf jeden Fall vom Vertrag lösen will.

Kündigung, außerordentliche 257

Wurde der **Betriebsrat** nur zur fristlosen Kündigung angehört, hilft die Umdeutung im **76** Prozess nicht weiter. Denn die fristgerechte Kündigung ist jedenfalls nach § 102 BetrVG bzw den entsprechenden Vorschriften der Personalvertretungsgesetze unwirksam, weil die ordnungsgemäße Anhörung fehlt, es sei denn, der BRat oder PersRat haben ausdrücklich und ohne Vorbehalt der außerordentlichen Kündigung zugestimmt (BAG 23.10.08 – 2 AZR 388/09 AP BGB § 626 Nr 217). Auch die Umdeutung einer außerordentlichen fristlosen Kündigung in eine außerordentliche Kündigung mit sozialer Auslauffrist setzt grds eine Beteiligung des Betriebs- bzw Personalrats nach den für die ordentliche Kündigung geltenden Bestimmungen voraus (BAG 18.10.2000 – 2 AZR 627/99, NZA 01, 219).

b) Aufhebungsvertrag. In der Vergangenheit wurde diskutiert, unter welchen Voraus- **77** setzungen sich eine außerordentliche Kündigung in ein Angebot auf Abschluss eines Aufhebungsvertrages umdeuten ließ und wie dieses Angebot angenommen werden konnte. Mit Inkrafttreten des § 623 BGB stellt sich diese Frage nicht mehr. Danach erfordert der Aufhebungsvertrag zu seiner Wirksamkeit, dass er schriftlich abgeschlossen wird. Selbst die schriftliche Annahme eines in einer schriftlichen außerordentlichen Kündigung liegenden Angebotes auf Abschluss eines Aufhebungsvertrages beendet nicht das Arbeitsverhältnis. Es fehlt an der erforderlichen Einheitlichkeit der Urkunde (s *Aufhebungsvertrag* Rz 11).

6. Haftung. Mit der wirksamen außerordentlichen fristlosen Kündigung sind alle Ansprü- **78** che aus der Zeit nach ihrem Zugang abgeschnitten. So kann es geschehen, dass derjenige, der aus guten Gründen ein Arbeitsverhältnis außerordentlich ohne Einhaltung der Kündigungsfrist beendet, diese Ausübung seines Rechts mit Vermögenseinbußen – etwa der ArbN mit den Restlohnansprüchen für die Kündigungsfrist oder der ArbGeb mit einem Verdienstausfall – bezahlen muss. Hier hat der Gesetzgeber für den Fall geholfen, dass das vertragswidrige Verhalten der anderen Partei zur Auflösung des Arbeitsverhältnisses führt.

a) Grund. Nach **§ 628 Absatz 2 BGB** ist zum Schadensersatz verpflichtet, wer durch **79** sein vertragswidriges schuldhaftes Verhalten die Kündigung des Arbeitsverhältnisses veranlasst hat (BAG 17.1.02 – 2 AZR 494/00, NZA 03, 816). Je nach Lage des Falles kann diese Ersatzpflicht den ArbGeb oder den ArbN treffen. Die Ersatzpflicht setzt nur ein, wenn zwei Voraussetzungen erfüllt sind: Das Arbeitsverhältnis muss wegen des Verhaltens der anderen Vertragspartei beendet worden sein und dies Verhalten muss vorsätzlich oder fahrlässig gewesen sein. Fehlt eine dieser Voraussetzungen, entsteht der Ersatzanspruch nicht. In seinem Anwendungsbereich regelt § 628 Abs 2 BGB die Rechtsfolgen abschließend. Schadensersatz nach anderen Vorschriften kann nicht verlangt werden (BAG 22.4.04 – 8 AZR 269/03 AP BGB § 628 Nr 18).

Sinn der Vorschrift ist zu verhindern, dass derjenige über Lohnverlust (ArbN) oder Ver- **80** mögenseinbußen (ArbGeb) „zubuttert", der berechtigterweise von seinem Kündigungsrecht Gebrauch macht. Er soll so gestellt werden, als wäre das Arbeitsverhältnis – jedenfalls bis zum Ablauf der Frist für eine ordentliche Kündigung – fortgeführt worden (BAG 17.1.02 – 2 AZR 494/00, NZA 03, 816). Nach ihrem Wortlaut greift diese Bestimmung nur bei fristloser Kündigung ein. In der Gerichtspraxis wird sie auch bei ordentlicher Kündigung oder nach einem Abschluss von Aufhebungsverträgen angewandt (BAG 10.5.71 – 3 AZR 126/70, NJW 71, 2092). Entscheidend ist damit nicht die Form der Vertragsbeendigung, sondern allein ihr Anlass (BAG 8.8.02 – 8 AZR 574/01, NZA 02, 1323).

Zwei Dinge bleiben aber zu beachten: Das für den Schadensersatz erforderliche „**Auf-** **81** **lösungsverschulden**" des Vertragspartners muss immer das Gewicht eines wichtigen Grundes iSd § 626 BGB haben. Nur der kann Schadensersatz nach § 628 Abs 2 BGB fordern, wer auch wirksam fristlos hätte kündigen können (BAG 8.8.02 – 8 AZR 574/01, NZA 02, 1323). Wer diese krasse Form der Reaktion auf vertragswidriges Verhalten nicht wählt, muss sich seine Schadensersatzansprüche im Übrigen ausdrücklich vorbehalten, will er sie nicht verlieren. Tut er das nicht, muss der Vertragspartner davon ausgehen, dass Rechte aus seinem schuldhaften vertragswidrigen Verhalten nicht mehr hergeleitet werden (BAG 10.5.71 – 3 AZR 126/70, NJW 71, 2092). Die Schadensersatzpflicht entfällt, wenn beide Vertragspartner ein Recht zur außerordentlichen Kündigung hatten, unabhängig davon, ob die Kündigungsgründe miteinander zusammenhängen und ob beide gekündigt haben (BGH 29.11.65 – VII ZR 202/63, NJW 66, 347; BAG 12.5.66 – 2 AZR 308/65, NJW 66, 1835).

257 Kündigung, außerordentliche

82 Ist die in § 20 BBiG vorgeschriebene Probezeit abgelaufen und wird das Ausbildungsverhältnis durch berechtigte Kündigung oder Aufhebungsvertrag aufgelöst, können Ausbilder oder Auszubildende nach **§ 23 BBiG** Schadensersatz verlangen, wenn der andere den Grund zur Auflösung zu vertreten hat. Dies gilt dann nicht, wenn die Auflösung darauf beruht, dass der Auszubildende die Berufsausbildung aufgibt oder sich für einen anderen Beruf ausbilden lassen will (§§ 23 Abs 1 Satz 2, 22 Abs 2 Nr 2 BBiG). Nach Ablauf von drei Monaten erlischt der Anspruch (§ 23 Abs 2 BBiG).

83 **b) Höhe.** Für die Berechnung des Schadens ist das **Erfüllungsinteresse** maßgeblich. Der **Schaden des Arbeitnehmers** liegt in erster Linie in seinem Lohnverlust. Dieser Anspruch ist im **unbefristeten Arbeitsverhältnis** zeitlich auf den Zeitraum der fiktiven Kündigungsfrist begrenzt (BAG 8.8.02 – 8 AZR 574/01, NZA 02, 1323). Die Beschränkung auf den „Verfrühungsschaden" berücksichtigt, dass jede Partei eines Arbeitsvertrages mit einer ordentlichen Kündigung des anderen immer rechnen muss. Der zum Schadensersatz wegen Auflösungsverschuldens Verpflichtete ist daher so zu behandeln, als wenn er seinerseits gekündigt hat. Diese auf den reinen „Verfrühungsschaden" reduzierte Schadensersatzpflicht berücksichtigt allerdings nicht hinreichend, dass der ArbN – veranlasst durch das vertragswidrige Verhalten des ArbGeb – auf den durch die Kündigungsschutzbestimmungen vermittelten Bestandsschutz verzichtet. Ihn trifft insoweit neben der für die Dauer der Kündigung entfallenen Vergütung ein weiterer wirtschaftlicher Verlust, für den er einen angemessenen Ausgleich verlangen kann. Zu dem Ersatz des zeitlich begrenzten Vergütungsausfalls kann daher eine dem Verlust des Bestandsschutzes ausgleichende angemessene Entschädigung entsprechend §§ 9, 10 KSchG treten (BAG 22.4.04 – 8 AZR 269/03 AP BGB § 628 Nr 18). Bei Sonderkündigungsschutz nach § 85, 91 SGB IX, § 9 MuSchG oder § 15 KSchG wird es notwendig sein, dies im Rahmen von § 10 KSchG noch einmal besonders zu berücksichtigen (ErfK/*Müller-Glöge* BGB § 628 Rz 31).

84 Handelt es sich um ein **befristetes Arbeitsverhältnis,** ist für die Höhe des „Verfrühungsschadens" entscheidend, ob es ordentlich gekündigt werden kann, was nach § 15 Abs 3 TzBfG ausdrücklich vereinbart werden muss. Ist dies vereinbart worden, endet der Bezugszeitraum für Schadensersatzansprüche des ArbN wie im unbefristeten Arbeitsverhältnis mit Ablauf der Frist für die ordentliche Kündigung. Sieht der befristete Arbeitsvertrag die Möglichkeit einer ordentlichen Kündigung nicht vor, kann der ArbN, der selbst berechtigt gekündigt hat, als Ersatz den Lohn für die vereinbarte Dauer des befristeten Arbeitsverhältnisses verlangen (ErfK/*Müller-Glöge* BGB § 628 Rz 23). Es entfällt jedoch der mit dem Verlust des Bestandsschutzes begründete an § 10 KSchG ausgerichtete Schadensersatz.

85 Soweit der ArbGeb für die Dauer der fiktiven Kündigungsfrist die Vergütungsansprüche des ArbN erfüllen muss, kann dieser den Schaden nach der **Bruttolohnmethode** berechnen (BAG 8.8.02 – 8 AZR 574/01, NZA 02, 1323). Er muss sich nach den Grundsätzen der **Vorteilsausgleichung** das anrechnen lassen, was er durch die Beendigung des Arbeitsverhältnisses erspart, zB Fahrtkosten zur Arbeitsstätte. Weiter ist nach § 254 Abs 2 Satz 1 BGB zu berücksichtigen, was er durch eine anderweitige Tätigkeit während der fiktiven Kündigungsfrist verdient oder schuldhaft nicht erwirbt. Böswilligkeit ist dabei – anders als nach § 615 Satz 2 BGB – nicht erforderlich (BGH 14.11.66 – VII ZR 112/64, NJW 67, 248).

86 Hat der **Arbeitgeber** seinerseits berechtigt gekündigt oder einen Aufhebungsvertrag abgeschlossen, weil ihm die Weiterbeschäftigung des ArbN für die Dauer der Kündigungsfrist unzumutbar war oder hat der ArbN eine unwirksame fristlose Kündigung ausgesprochen, ist es mit dem Schadensersatzanspruch des ArbGeb nach § 628 Abs 2 BGB nicht weit her. Da er gegen eine fristgerechte Kündigung des ArbN nicht geschützt ist, „endet" jeder Schadensersatzanspruch mit der Kündigungsfrist. Er kann nur Schäden geltend machen, die bis zu diesem Zeitpunkt begründet sind. Im Übrigen kann er nur dann Schadenersatz verlangen, wenn die durch den Vertragsbruch des ArbN entstandenen Kosten bei vertragstreuem Verhalten vermeidbar gewesen wären (BAG 26.3.81 – 3 AZR 485/78, NJW 81, 2430). Nicht ersetzt werden können daher Löhne, die einem ArbN gezahlt werden, welcher die Arbeit des Vertragsbrüchigen ehemaligen Kollegen „zum gleichen Preis" erledigt.

87 Als ersatzfähige Aufwendungen kommen vor allem notwendige Aufwendungen in Betracht. Das ist einmal die Differenz zwischen dem Entgelt des Vertragsbrüchigen und dem höheren Verdienst seines Nachfolgers oder der neu eingestellten Ersatzkraft. Zum anderen

Kündigung, außerordentliche

sind es die Überstundenzuschläge, wenn die ausgefallene Arbeitskraft durch die übrigen Mitarbeiter ersetzt wird (ErfK/*Müller-Glöge* BGB § 628 Rz 34). Inseratskosten für die Anwerbung eines Nachfolgers sind nur zu ersetzen, wenn sie bei fristgerechter Auflösung eines Beschäftigungsverhältnisses nicht entstanden wären (BAG 26.3.81 – 3 AZR 485/78, NJW 81, 2430). Und endlich kann der ArbGeb entgangenen Gewinn verlangen, wenn sich durch das vorzeitige Ausscheiden des Mitarbeiters Verdiensteinbußen ergeben (BAG 27.1.72 – 2 AZR 172/71, NJW 72, 1437).

7. Gerichtliche Auseinandersetzung. a) Dreiwochenfrist. Wer außerordentlich gekündigt wurde, muss grds nach § 4 KSchG innerhalb von drei Wochen nach Zugang der Kündigung klagen. Wird diese Frist versäumt, gilt die außerordentliche Kündigung als wirksam (§§ 13, 7 Abs 1 KSchG). Hat der Kläger die Fristversäumnis nicht verschuldet, kann die Klage nachträglich zugelassen werden (§ 5 KSchG). Der Antrag auf nachträgliche Zulassung ist binnen zwei Wochen nach Kenntnis der Verspätung oder Behebung des Hindernisses zu stellen, sonst wird er unzulässig und abgewiesen – § 5 Abs 3 KSchG (Einzelheiten s *Kündigungsschutz* Rz 104–115 und 122–143). **88**

b) Beweislast. Wer eine außerordentliche Kündigung ausgesprochen hat, muss im Prozess alle Tatsachen darlegen und beweisen, die als **wichtiger Grund** für die sofortige Beendigung des Vertrages geeignet sind. Dies gilt auch für das **Fehlen von Rechtfertigungsgründen**, die der Gekündigte behauptet (BAG 6.9.07 – 2 AZR 264/06, NZA 08, 636). Wo der Gekündigte im Einzelnen Tatsachen darlegt, aus denen folgt, warum sein Verhalten berechtigt war, muss der Kündigende daher nachweisen, dass dieser Vortrag unwahr ist. Wer wegen unentschuldigter Fehlzeiten kündigt, muss nach entsprechendem Vortrag des ArbN nachweisen, dass dieser zB weder krank war, noch Urlaub hatte oder unzulässigerweise zur Mehrarbeit aufgefordert war, die er auch durch schlichte Abwesenheit verweigern darf. Wer wegen einer Beleidigung kündigt, muss nach entsprechendem Vortrag des Vertragspartners nachweisen, dass er ihn seinerseits vorher weder gereizt noch selbst beleidigt hatte. Liegen gewichtige, objektive Anhaltspunkte für eine erhebliche aktive Beteiligung des ArbN an einer **tätlichen Auseinandersetzung** vor, darf sich der ArbGeb, der keine eigene Sachkenntnis hat, zunächst hierauf stützen. Unter einer solchen Voraussetzung ist es dem unmittelbar an dem Konflikt beteiligten ArbN regelmäßig zumutbar, sich im Kündigungsrechtsstreit im Rahmen einer sekundären Vortragslast so weit wie möglich zum Anlass und zum Verlauf der tätlichen Auseinandersetzung zu erklären und ggf seine Behauptung, er sei lediglich das Opfer der Auseinandersetzung geworden bzw habe sich in Notwehr verteidigt, zu substantiieren. Die Beweislast bleibt beim ArbGeb (BAG 18.9.08 – 2 AZR 1039/06, DB 09, 964). Wird ein ArbN durch **verdeckte Videoüberwachung** einer Straftat überführt und bestreitet er dennoch die Tat, kann das auf diese Weise gewonnene Beweismaterial im Prozess nicht ohne Weiteres verwertet werden. Dies ist nur dann der Fall, wenn der konkrete Verdacht einer strafbaren Handlung oder einer anderen schweren Verfehlung zu Lasten des ArbGeb bestand, es keine Möglichkeit zur Aufklärung durch weniger einschneidende Maßnahmen (mehr) gab und die Videoüberwachung insgesamt nicht unverhältnismäßig war (BAG 21.6.12 – 2 AZR 153/11, NZA 12, 1025). **89**

Die **Einhaltung der Ausschlussfrist** des § 626 Abs 2 BGB muss der Kündigende im Prozess darlegen und beweisen (BAG 1.2.07 – 2 AZR 333/06, NZA 07, 744). Diese Darlegungspflicht ist nicht bereits erfüllt, wenn der Kündigende lediglich allgemein vorträgt, er kenne die Kündigungsgründe nicht länger als zwei Wochen vor Ausspruch der Kündigung. Er muss vielmehr die Umstände schildern, aus denen sich ergibt, wann und wodurch er von den maßgebenden Tatsachen erfahren hat und wie es zur Aufdeckung des Kündigungsgrundes gekommen ist (BAG 1.2.07 – 2 AZR 333/06, NZA 07, 744). **90**

Hat der Kündigungsberechtigte noch Ermittlungen durchgeführt, muss er weiter darlegen, welche Tatsachenbehauptungen unklar und daher ermittlungsbedürftig waren und welche weiteren Ermittlungen er zur Klärung der – sei es auch nur aus damaliger Sicht – noch vorhandenen Zweifel angestellt hat (BAG 1.2.07 – 2 AZR 333/06, NZA 07, 744). Tut er das nicht, kann die Kündigung ohne Beweisaufnahme als unwirksam angesehen werden. **91**

Soweit es um die **Hemmung** dieser Frist geht, sind genaue Angaben erforderlich, weshalb noch weitere Ermittlungen notwendig waren und welche Nachforschungen angestellt wurden (BAG 31.7.75 – 2 AZR 233/74 – nv). Der Gekündigte kann sich insoweit darauf **92** beschränken, diese Behauptungen mit Nichtwissen zu bestreiten. Der Kündigende muss dann die erforderlichen Nachweise führen.

93 **c) Umdeutung.** Im Kündigungsschutzprozess darf das Gericht nicht von sich aus ermitteln, ob es neben dem Sachvortrag der Parteien Sachverhalte gibt, welche Anlass für eine Umdeutung sein könnten (BAG 15.11.01 – 2 AZR 310/00, NJW 02, 2972). Wer außerordentlich gekündigt hat, muss Tatsachen vortragen, aus denen sich ergibt, dass für den Vertragspartner erkennbar bei Ausspruch der außerordentlichen Kündigung auch eine ordentliche gewollt war. Sie können sich aus dem Kündigungsschreiben selbst oder den Umständen bei seinem Abschluss ergeben. Im Regelfall wird man freilich schon aus dem Ausspruch einer außerordentlichen Kündigung schließen dürfen, dass auch eine fristgerechte Beendigung des Arbeitsverhältnisses dem Willen des Kündigenden entsprach. Es ist dann Sache des Gekündigten, Tatsachen vorzutragen, aus denen man entnehmen kann, dass ausnahmsweise nur eine außerordentliche Kündigung gewollt war (BAG 12.5.10 – 2 AZR 845/08, NZA 10, 1348). Reichen die vorgetragenen Tatsachen für eine Umdeutung aus, muss man sich im Prozess weder ausdrücklich auf die Umdeutung berufen, noch ist ein entsprechender Antrag erforderlich (BAG 15.11.01 – 2 AZR 310/00, NJW 02, 2972). Es ist jedoch Aufgabe des Gerichts, in diesem Fall im Rahmen seiner Hinweispflicht nach § 139 ZPO darauf aufmerksam zu machen, dass es die Umdeutung in Erwägung zieht, damit der Kläger ggf seinen Antrag entsprechend ändern kann.

94 **8. Muster.** S Online-Musterformulare „*M31.1 Außerordentliche Kündigung, allgemein*" u „*M31.2 Außerordentliche Kündigung mit sozialer Auslauffrist*".

B. Lohnsteuerrecht
Seidel

95 Für das LStRecht hat der Begriff der außerordentlichen Kündigung keine Bedeutung (s aber auch *Kündigung, allgemein* Rz 82). Zur lohnsteuerlichen Behandlung von Schadensersatzleistungen des ArbGeb oder des ArbN (s oben Rz 81, 84 ff) s *Arbeitgeberhaftung* Rz 19, 20 und *Arbeitnehmerhaftung* Rz 27, 28.

C. Sozialversicherungsrecht
Schlegel

96 **Sperrzeit.** Ist der ArbGeb berechtigt, das Arbeitsverhältnis aus besonderen, in der Sphäre des ArbN liegenden Gründen fristlos zu kündigen, wird die BA im Falle nachfolgender Arbeitslosigkeit regelmäßig prüfen, ob das AlGeld wegen der Verwirklichung des Tatbestands einer Sperrzeit zeitweise ruht (Einzelheiten s *Sperrzeit* Rz 6 ff).

Kündigung, betriebsbedingte

A. Arbeitsrecht
Eisemann

Übersicht

	Rz		Rz
1. Betriebliche Erfordernisse	1–25	a) Abkehrwille	45
a) Ursachen	2–5	b) Abordnung	46, 47
b) Unternehmerentscheidung	6–10	c) Austauschkündigung	48
c) Dringlichkeit	11–19	d) Betriebsänderung	49
d) Absolute Unwirksamkeitsgründe	20	e) Betriebsstilllegung	50
e) Beurteilungszeitpunkt	21–23	f) Betriebsübergang	51, 52
f) Interessenabwägung	24, 25	g) Kurzarbeit	53, 54
2. Soziale Auswahl	26–44	h) Öffentlicher Dienst	55, 56
a) Personenkreis	28–33	i) Rationalisierung	57
b) Kriterien	34–36	4. Darlegungs- und Beweislast	58–67
c) Beurteilungsspielraum	37	a) Unternehmerentscheidung und Betriebsbedingtheit	59–63
d) Betriebliche Interessen	38–41		
e) Auswahlrichtlinien	42–44	b) Soziale Auswahl	64–67
3. Einzelfälle	45–57		

1 **1. Betriebliche Erfordernisse.** Nach § 1 Abs 2 KSchG ist eine Kündigung ua sozial gerechtfertigt, wenn sie durch **dringende betriebliche Erfordernisse** bedingt ist, die einer

Weiterbeschäftigung des ArbN in diesem Betrieb entgegenstehen. Im KSchG ist der Begriff der „dringenden betrieblichen Erfordernisse" nicht definiert. Bei der betriebsbedingten Kündigung geht es darum, dass der ArbGeb einen Arbeitsplatz nicht mehr zur Verfügung stellen kann, weil er seinen Betrieb nicht mehr so fortführen kann oder will wie bisher.

a) Ursachen. Betriebliche Erfordernisse, die zur Kündigung führen, können sich aus inner- oder außerbetrieblichen Umständen ergeben. Zu den **innerbetrieblichen Umständen** gehören die Umstellung oder Einschränkung bzw Einstellung der Produktion, die Entscheidung für „lean production" und ganz allgemeine Rationalisierungsmaßnahmen, welche sich in einer Organisationsänderung, Vergabe von Arbeiten an Fremdfirmen oder in der Anschaffung neuer Maschinen niederschlagen können. Es muss sich um eine organisatorische Maßnahme handeln, bei deren Umsetzung das Bedürfnis für die Weiterbeschäftigung eines oder mehreren ArbN entfällt (BAG 18.10.06 – 2 AZR 676/05, NZA 07, 798). Zu den **außerbetrieblichen Umständen** zählen der Auftragsrückgang wegen gesamtwirtschaftlicher Rezession oder branchen- bzw betriebsspezifischer Ursachen und die Drittmittelkürzungen (BAG 18.10.06 – 2 AZR 676/05, NZA 07, 798). 2

Die Unterscheidung zwischen inner- und außerbetrieblichen Umständen gibt für die Prüfung der sozialen Rechtfertigung einer betriebsbedingten Kündigung wenig her. Für alle gemeinsam gilt jedenfalls, dass bei der betriebsbedingten Kündigung nur Ursachen herangezogen werden dürfen, die einen **konkreten Bezug zum Betrieb** haben. Arbeitsmarkt-, beschäftigungs- oder sozialpolitische Faktoren sind nicht zu berücksichtigen. So lässt sich zB eine betriebsbedingte Kündigung nicht damit begründen, man habe statt der gekündigten ArbN aus sozialpolitischen Gründen Arbeitslose beschäftigen wollen (BAG 13.3.87 – 7 AZR 724/85, NZA 87, 629). 3

Die **Betriebsbezogenheit** bedeutet auch, dass sich die Überprüfung der betriebsbedingten Kündigung nicht auf die Verhältnisse eines **Betriebsteils** beschränken lässt. Das Bedürfnis, eine unselbstständige Betriebsabteilung wegen hoher Kostenbelastung zu sanieren bzw der Wegfall von Arbeitsplätzen in einer **Betriebsabteilung** reichen für sich nicht aus, solange noch eine Möglichkeit besteht, den Gekündigten im Betrieb oder Unternehmen (BAG 24.6.04 – 2 AZR 326/03, NZA 04, 1268) auf einem freien Arbeitsplatz zu beschäftigen. 4

Neben dem Betriebsbezug ist erforderlich, dass sich die hinter der Kündigung stehenden Ursachen konkret auf die Einsatzmöglichkeit des gekündigten ArbN auswirken. Sie müssen **arbeitsplatzbezogen** sein. Es muss dabei kein bestimmter Arbeitsplatz entfallen sein. Voraussetzung ist aber, dass die Organisationsentscheidung des ArbGeb ursächlich dafür ist, dass der gekündigte ArbN nicht weiter beschäftigt werden kann. Dafür reicht aus, dass ein Überhang an Arbeitskräften entstanden ist, durch den unmittelbar oder mittelbar das Bedürfnis zur Weiterbeschäftigung eines oder mehrerer ArbN entfällt. (BAG 16.12.04 – 2 AZR 66/04, NZA 05, 761). Kündigt zB ein Bauunternehmer, weil eine Reihe von Baustellen ausgelaufen und Folgeaufträge nicht vorhanden sind, von zehn bei ihm beschäftigten Maurern drei Maurer, können diese sich nicht darauf berufen, dass sie auf keiner der ausgelaufenen Baustellen beschäftigt waren. Entscheidend und ausreichend ist allein, ob das Bedürfnis für die Beschäftigung von mehr als sieben Maurern entfallen ist. 5

b) Unternehmerentscheidung. Der Wegfall von Arbeitsplätzen aus inner- oder außerbetrieblichen Gründen geschieht nicht von selbst. Ihm geht eine **unternehmerische Entscheidung** voraus. Damit ist nicht die Kündigung selbst angesprochen. Es geht um die technischen oder organisatorischen Maßnahmen, welche der ArbGeb beschließt und die letztlich über ihre Umsetzung zum Arbeitsplatzverlust führen. Diese Entscheidung trifft der ArbGeb. Sie begründet ein dringendes betriebliches Erfordernis iSd § 1 Abs 2 KSchG, wenn sie sich konkret auf die Einsatzmöglichkeit des gekündigten ArbN auswirkt (BAG 18.10.06 – 2 AZR 676/05, NZA-RR 06, 672). Auf die gesellschaftsrechtliche Wirksamkeit eines entsprechenden Beschlusses kommt es grds nicht an (BAG 25.3.04 – 2 AZR 295/03, NZA 04, 1064). Bei einer juristischen Person bzw einer KG muss daher das zuständige Organ entscheiden (BAG 11.3.98 – 2 AZR 414/97, NZA 98, 879). Das die internen gesellschaftsrechtlichen Bindungen überschreitende Handeln eines unzuständigen Organs der Gesellschaft schlägt nur dann auf die Wirksamkeit der Kündigung durch, wenn die Rechtsordnung dies zum Schutz der ArbN vorsieht (BAG 5.4.01 – 2 AZR 696/99, NZA 01, 949). 6

Kündigung, betriebsbedingte

7 So ist die **Vergabe** von bisher im Betrieb durchgeführten Arbeiten an ein anderes Unternehmen (BAG 16.12.04 – 2 AZR 66/04, NZA 05, 761) oder die Entlassung von ArbN, um sie durch freie Mitarbeiter zu ersetzen (BAG 13.3.08 – 2 AZR 1037/06, NZA 08, 878) als eine die Arbeitsgerichte grds bindende Organisationsentscheidung des ArbGeb anzuerkennen, die zum Wegfall von Arbeitsplätzen führen und ein dringendes betriebliches Erfordernis für eine betriebsbedingte Kündigung darstellen kann. Das Gesetz zwingt den ArbGeb nicht, seinen Bedarf an Leistungen ausschließlich durch Arbeitsverträge zu decken. Er kann auf jeden rechtlich zulässigen Vertragstyp zurückgreifen, muss aber dann auch damit verbundene nachteilige rechtliche Folgen – wie ein fehlendes Weisungsrecht – in Kauf nehmen (BAG 13.3.08 – 2 AZR 1037/06, NZA 08, 878). Ebenso ist der Entschluss des ArbGeb, ab sofort keine neuen Aufträge mehr anzunehmen, allen ArbN zum nächstmöglichen Kündigungstermin zu kündigen, zum Abarbeiten der vorhandenen Aufträge eigene ArbN nur noch während der jeweiligen Kündigungsfrist einzusetzen und so den Betrieb schnellstmöglich **stillzulegen,** als unternehmerische Entscheidung grds geeignet, die entsprechenden Kündigungen sozial zu rechtfertigen (BAG 18.1.01 – 2 AZR 514/99, NZA 01, 719). Zum Entscheidungsspielraum des ArbGeb gehört daneben die Befugnis, die Zahl der Arbeitskräfte zu bestimmen, mit denen eine Arbeitsaufgabe – zukünftig – erledigt werden soll. Der ArbGeb kann grds sowohl das Arbeitsvolumen (Menge der zu erledigenden Arbeit) als auch das diesem zugeordnete **Arbeitskraftvolumen** (ArbN-Stunden) und damit auch das Verhältnis dieser beiden Größen zueinander festlegen (BAG 23.11.04 – 2 AZR 38/04, NZA 05, 1225). Er bestimmt auch das **Anforderungsprofil** für die Arbeitsplätze und damit, welche Qualifikationen er jeweils für erforderlich hält (BAG 18.3.10 – 2 AZR 337/08, NZA-RR 11, 18) und er darf **Hierarchieebenen** streichen und damit die Anzahl der Beschäftigungsverhältnisse verringern (BAG 16.12.10 – 2 AZR 770/09, NZA 11, 505). Selbst eine betriebsbedingte Kündigung, die im zeitlichen Zusammenhang mit einem Betriebsübergang vom Betriebsveräußerer nach einem verbindlichen Konzept oder Sanierungsplan des Betriebserwerbers ausgesprochen wird, kann wirksam sein, wenn dieser Plan nur schon bei Zugang der Kündigung greifbare Formen angenommen hat, weil es keinen Sinn machen soll, ein Arbeitsverhältnis „künstlich" zu verlängern, bis der Erwerber nach dem Betriebsübergang selbst die Kündigung erklärt (BAG 20.9.06 – 6 AZR 249/05, NZA 07, 387). Derartige Unternehmerentscheidungen dürfen allein darauf untersucht werden, ob sie **offensichtlich unsachlich** oder **willkürlich** sind (BAG 16.12.04 – 2 AZR 66/04, NZA 05, 761; BAG 26.9.02 – 2 AZR 636/01, NZA 03, 549). Diese Kontrolle zielt weder darauf ab, dem ArbGeb organisatorische Vorgaben zu machen, noch darf sie dazu dienen, die Stichhaltigkeit der Erwägungen zu prüfen, die den ArbGeb gerade zu dem von ihm gewählten Konzept geführt haben. Es geht in diesem Zusammenhang allein um die Verhinderung von Missbrauch. Die Unternehmerentscheidung kann missbräuchlich sein, wo sog „quantitative Besetzungsklauseln" in Tarifverträge zB festlegen, dass Fachkräften jeweils Hilfskräfte beizustellen sind und diese Mitarbeit die Fachkräfte vor physischen oder psychischen Überlastungen schützt (BAG 17.6.99 – 2 AZR 456/98, NZA 99, 1157). Hier ist der ArbGeb gehindert, ausschließlich die Hilfskräfte zu entlassen. Offenbar unsachlich kann eine Unternehmerentscheidung sein, die unmittelbar oder mittelbar gegen Gesetze verstößt oder deren Umgehung dient oder die sich nur unter Verstoß gegen Gesetzes- oder Tarifrecht realisieren lässt (BAG 23.4.08 – 2 AZR 1110/06, NZA 08, 939). Die damit verletzte Norm muss jedoch zumindest auch dem arbeitsrechtlichen Bestands- oder Inhaltsschutz dienen (BAG 7.10.04 – 2 AZR 122/04, NZA 05, 352).

8 Daneben sind die Vorschriften des KSchG stets vor dem Hintergrund der **Grundrechte** auszulegen und anzuwenden. Nun schützt **Art 12 GG** nicht nur die unternehmerische Freiheit. Er gewährt auch einen **Mindestbestandschutz** für den ArbN (BVerfG 21.2.95 – 1 BvR 1397/93, NZA 95, 619). Dieser Schutz strahlt auf die Auslegung und Anwendung der Vorschriften des KSchG aus (BAG 26.9.02 – 2 AZR 636/01, NZA 03, 549). So stellt die Entscheidung eines Unternehmers, einen Betriebsteil durch eine noch zu gründende, finanziell, wirtschaftlich und organisatorisch in sein Unternehmen voll eingegliederte Organgesellschaft mit von dieser neu einzustellenden ArbN weiter betreiben zu lassen, kein dringendes betriebliches Erfordernis dar, den in diesem Betriebsteil Beschäftigten zu kündigen, weil *ihre Beschäftigungsmöglichkeiten* nicht weggefallen sind (BAG 26.9.02 – 2 AZR 636/01, NZA 03, 549). Auch die Absicht des ArbGeb, zum Absenken von Lohnkosten statt der

Kündigung, betriebsbedingte 258

eigenen ArbN Leiharbeitnehmer zu beschäftigen (BAG 12.3.09 – 2 AZR 418/07, NZA 09, 1023) oder sich durch Beschäftigung von ArbN nach ausländischem Recht von den Bindungen des deutschen Arbeitsrechts zu lösen (BAG 26.9.96 – 2 AZR 200/96, NZA 97, 202), rechtfertigt keine betriebsbedingten Kündigungen, weil der ArbGeb in beiden Fällen sein Weisungsrecht behält und es sich damit um eine unzulässige Austauschkündigung handelt. Nur innerhalb dieser verfassungsrechtlichen Grenzen ist kündigungsrechtlich grds freigegeben, in welcher Weise der ArbGeb sich wirtschaftlich betätigen will (BAG 26.9.02 – 2 AZR 636/01, NZA 03, 549), ob, wie viel und was er wo produzieren will, welche Finanzierungs-, Absatz- und Einkaufspolitik er betreibt und welche Fabrikations- und Arbeitsmethoden er anwendet. Ob der ArbGeb bei Auftragsrückgang mit einer verstärkten Werbung, mit Reduzierung der Produktion oder Herabsetzen der Preise reagiert, entscheidet er aber nach wie vor grds allein und nicht der Arbeitsrichter im Kündigungsschutzprozess. Ein ArbN kann daher nicht mit dem Hinweis gegen eine betriebsbedingte Kündigung vorgehen, die organisatorischen Maßnahmen des ArbGeb würden sich nicht rechnen. Ebenso wenig darf das Gericht prüfen, ob die mit der Unternehmerentscheidung angestrebten Vorteile in einem „vernünftigen Verhältnis" zu den Nachteilen stehen, welche die ArbN durch die Kündigung erleiden (BAG 30.4.87 – 2 AZR 184/86, NZA 87, 776).

Diese Freiheit der Unternehmerentscheidung ist Grund dafür, dass die Arbeitsgerichte den 9 ArbGeb nicht verpflichten können, vor Ausspruch einiger betriebsbedingter Kündigungen die Normalarbeitszeit aller ArbN auf Dauer zu verkürzen (LAG Hamm 15.12.82, DB 83, 506) oder bei einer Rationalisierung ohne Rücksicht auf eine einschlägige Organisationsentscheidung in jeden Fall anstelle mehrerer Änderungskündigungen eine geringere Zahl von Beendigungskündigungen auszusprechen (BAG 19.5.93 – 2 AZR 584/92, NZA 93, 1075). Auch die Entscheidung des ArbGeb, bestimmte Tätigkeiten von ArbN mit besonderer Qualifikation ausführen zu lassen, ist zu respektieren, solange hierfür ein betrieblicher Anlass besteht und sie nicht offenbar unsachlich ist (BAG 18.3.10 – 2 AZR 337/08, NZA-RR 11, 18). Und endlich liegt es im unternehmerischen Ermessen, ob der ArbGeb bei einem Wegfall von Beschäftigungsmöglichkeiten nur einen Teil der überzähligen ArbN entlässt und die übrigen zB als Personalreserve behält (BAG 7.5.98 – 2 AZR 55/98, NZA 98, 1110).

Vom Gericht **voll nachzuprüfen** ist dagegen, ob die vom ArbGeb vorgegebenen inner- 10 oder außerbetrieblichen Gründe, wie zB Umsatzrückgang oder die Änderung der Organisation eines Betriebes, **tatsächlich vorliegen** und sich so auswirken, dass für die weitere Beschäftigung des gekündigten ArbN kein Bedürfnis mehr besteht (BAG 17.6.99 – 2 AZR 522/98, NZA 99, 1095). Die betrieblichen Erfordernisse müssen die Kündigung **bedingen.** Daher stellt die Stilllegung eines Betriebes kein dringendes betriebliches Erfordernis dar einen ArbN zu kündigen, mit dem Block-Altersteilzeit vereinbart ist und der sich bereits in der Freistellungsphase befindet (BAG 5.12.02 – 2 AZR 571/01, NZA 03, 789). Das ArbG muss auch prüfen, ob schon bei Ausspruch der Kündigung feststand, dass bei Ablauf der Kündigungsfrist die Beschäftigungsmöglichkeit für den gekündigten ArbN fehlt (BAG 15.6.89 – 2 AZR 600/88, NZA 90, 65; s Rz 21). Sie kann vorhanden sein, wenn sich aus dem Vortrag des ArbGeb ergibt, dass er sich selbst binden wollte, Personal nur insoweit abzubauen, wie zB der von ihm dem Personalabbau zugrunde gelegte Umsatzrückgang es erforderte (BAG 11.9.86 – 2 AZR 564/85, BB 87, 1882).

c) **Dringlichkeit.** Für eine betriebsbedingte Kündigung reichen betriebliche Erforder- 11 nisse allein nicht aus. Sie müssen nach § 1 Abs 2 KSchG „**dringend**" sein. Mit diesem Tatbestandsmerkmal wird der Grundsatz der **Verhältnismäßigkeit** konkretisiert (BAG 29.3.90 – 2 AZR 369/89, NZA 91, 181). Betriebliche Erfordernisse sind dringend, wenn für den ArbGeb eine **Zwangslage** bestand (BAG 18.1.90 – 2 AZR 183/89, NZA 90, 734), welche die Kündigung **unvermeidbar** machte (BAG 17.6.99 – 2 AZR 522/98, NZA 99, 1095). Die betriebsbedingte Kündigung muss **notwendige Folge** der betrieblichen Erfordernisse sein (BAG 9.5.96 – 2 AZR 438/95, NZA 96, 1145). Damit greift man letztlich auch in die Freiheit der Unternehmerentscheidung ein. Die von ihm vorgegebenen Ziele soll er weiter verfolgen. Ihre Umsetzung muss jedoch sozial verträglich sein.

Nach dem Grundsatz der **Verhältnismäßigkeit** ist eine ordentliche Beendigungskündi- 12 gung ausgeschlossen, wenn die Möglichkeit besteht, den ArbN auf einem anderen freien **Arbeitsplatz** ggf auch zu geänderten (schlechteren) Arbeitsbedingungen **weiterzubeschäftigen.** Eine Weiterbeschäftigung hat auch dann vorrangig zu erfolgen, wenn sie erst nach

Eisemann

258 Kündigung, betriebsbedingte

einer Einarbeitung des ArbN auf einer freien Stelle, ggf nach einer dem ArbN anzubietenden zumutbaren Umschulungs- oder Fortbildungsmaßnahme möglich ist (BAG 5.6.08 – 2 AZR 107/07; BAG 21.4.05 – 2 AZR 132/04, NZA 05, 1289). **Vergleichbar** ist ein Arbeitsplatz, auf den der ArbGeb den ArbN aufgrund seines Weisungsrechts **ohne Änderung** seines **Arbeitsvertrages** weiterbeschäftigen kann (BAG 23.11.04 – 2 AZR 38/04, NZA 05, 986; BAG 29.3.90 – 2 AZR 369/89, NZA 91, 181). Die trotz Versetzungsmöglichkeit ausgesprochene Kündigung ist unwirksam, unabhängig davon, ob der BRat aus diesem Grunde widersprochen hat (BAG 23.11.04 – 2 AZR 38/04, NZA 05, 986; BAG 17.5.84, DB 85, 1190). Fehlt eine Versetzungsmöglichkeit, ist die Kündigung nicht schon deshalb unwirksam, weil der ArbGeb dies nicht geprüft hat. Die objektive Lage entscheidet.

13   **Frei** sind die zum Zeitpunkt der Kündigung unbesetzten Arbeitsplätze. Kann der ArbGeb bei Ausspruch der Kündigung mit ausreichender Sicherheit vorhersehen, dass der Arbeitsplatz bis zum Ablauf der Kündigungsfrist zur Verfügung stehen wird, ist dieser Arbeitsplatz ebenfalls als frei anzusehen (BAG 29.3.90 – 2 AZR 369/89, NZA 91, 181). Wurde ein freier Arbeitsplatz zeitnah vor dem Zugang der Kündigung besetzt, so ist es dem ArbGeb nach dem **Rechtsgedanken des § 162 BGB** verwehrt, sich auf den Wegfall von Beschäftigungsmöglichkeiten im Kündigungszeitpunkt zu berufen, wenn er diesen Wegfall treuwidrig herbeigeführt hat. Eine treuwidrige Vereitelung der Weiterbeschäftigungsmöglichkeit kann dem ArbGeb aber nur dann vorgehalten werden, wenn sich ihm die Möglichkeit der Weiterbeschäftigung aufdrängen musste (BAG 5.6.08 – 2 AZR 107/07, NZA 08, 1180). Bei einem Teilbetriebsübergang muss der ArbGeb einem davon betroffenen ArbN die Weiterbeschäftigung auf einem freien vom Übergang nicht betroffenen Arbeitsplatz anbieten, sobald er damit rechnen muss, der ArbN werde dem Übergang seines Arbeitsverhältnisses widersprechen (BAG 15.8.02 – 2 AZR 195/01, NZA 03, 430). Wird ein vergleichbarer Arbeitsplatz erst nach Ablauf der Kündigungsfrist frei, kommt es darauf an, ob dem ArbGeb die zeitliche Überbrückung – zB durch Gewähren von Resturlaub oder für die Dauer der üblichen Einarbeitung – zumutbar ist (BAG 15.12.94 – 2 AZR 327/94, NZA 95, 521). Auf die normale **Personalfluktuation** allein kann der ArbGeb dagegen nicht verwiesen werden (BAG 15.12.94 – 2 AZR 327/94, NZA 95, 521), es sei denn, er kündigt einem sog „unkündbaren" ArbN betriebsbedingt außerordentlich (BAG 17.9.98 – 2 AZR 419/97, NZA 99, 258). Er ist jedoch nicht verpflichtet, einen **neuen Arbeitsplatz** zu schaffen, um die Kündigung zu vermeiden (BAG 3.2.77 – 2 AZR 476/75, NJW 75, 1846). Werden **Leiharbeitnehmer** lediglich zur Abdeckung von „Auftragsspitzen" eingesetzt, liegt keine alternative Beschäftigungsmöglichkeit iSv § 1 Abs 2 S 2 KSchG vor. Der ArbGeb kann dann typischerweise nicht davon ausgehen, dass er für die Auftragsabwicklung dauerhaft Personal benötige. An einem „freien" Arbeitsplatz fehlt es in der Regel außerdem, soweit der ArbGeb LeihArbN als „Personalreserve" zur Abdeckung von Vertretungsbedarf beschäftigt. Das gilt unabhängig von der Vorhersehbarkeit der Vertretungszeiten. Beschäftigt der ArbGeb LeihArbN dagegen, um mit ihnen ein nicht schwankendes, ständig vorhandenes (Sockel-)Arbeitsvolumen abzudecken, kann von einer alternativen Beschäftigungsmöglichkeit iSv § 1 Abs 2 S 2 KSchG auszugehen sein, die vorrangig für sonst zur Kündigung anstehende StammArbN genutzt werden muss (BAG 15.12.2011 – 2 AZR 42/10, NZA 12, 1044).

14   Die **Versetzungsmöglichkeit** ist nicht nur innerhalb des Betriebes, sondern nach § 1 Abs 2 Satz 2 Ziff 1b KSchG **im ganzen Unternehmen** zu prüfen. Das KSchG ist hier unternehmensbezogen (BAG 21.9.2000 – 2 AZR 385/99, NZA 01, 535). Stehen in den anderen Betrieben des Unternehmens nicht genügend freie Arbeitsplätze zur Verfügung und lassen sich daher nicht alle betriebsbedingten Kündigungen vermeiden, sind auch bei einer auf das einfache Weisungsrecht des Arbeitgebers gestützten Versetzung bei der Auswahl der weiterbeschäftigten ArbN die sozialen Belange aller vergleichbaren vom Verlust des Arbeitsplatzes bedrohten ArbN zumindest **nach billigem Ermessen** (§ 315 BGB) zu berücksichtigen (BAG 21.9.2000 – 2 AZR 385/99, NZA 01, 535), soweit man nicht auch hier wie bei der Besetzung freier Arbeitsplätze im Betrieb (BAG 10.11.94, DB 95, 1285) eine **soziale Auswahl** für erforderlich hält (in dieser Richtung jetzt BAG 22.9.05 – 2 AZR 544/04, NZA 06, 558). Ist für die Versetzung eine Änderungskündigung erforderlich, folgt das Gebot der sozialen Auswahl schon aus dem Gesetz (BAG 24.5.12 – 2 AZR 163/11, NZA-RR 13, 74). Im **Gemeinschaftsbetrieb** mehrerer Unternehmen (s *Betrieb (Begriff)* Rz 12 ff) kommt es zu arbeitgeberübergreifendem Kündigungsschutz. Die Möglichkeit der Weiterbeschäfti-

Kündigung, betriebsbedingte 258

gung auf einem freien Arbeitsplatz ist ohne Rücksicht auf die fehlende ArbGebStellung der übrigen am Gemeinschaftsbetrieb beteiligten ArbGeb im gesamten Betrieb zu prüfen (BAG 22.3.01 – 8 AZR 565/00, NZA 02, 1349). Die Verpflichtung des ArbGeb zur Weiterbeschäftigung des ArbN bezieht sich grundsätzlich nicht auf freie Arbeitsplätze in einem im **Ausland** gelegenen Betrieb des ArbGeb (BAG 29.8.13 – 2 AZR 809/12). Das KSchG ist **nicht konzernbezogen.** Der ArbGeb ist vor Ausspruch einer betriebsbedingten Kündigung grds nicht verpflichtet, den ArbN in einem anderen Betrieb eines anderen Unternehmens unterzubringen. Ausnahmsweise kann jedoch auch eine **konzernbezogene Weiterbeschäftigungspflicht** bestehen, zB dann, wenn sich ein anderes Konzernunternehmen ausdrücklich zur Übernahme des ArbN bereiterklärt hat sowie vor allem dann, wenn sich eine solche Verpflichtung unmittelbar aus dem Arbeitsvertrag oder einer sonstigen vertraglichen Absprache oder der in der Vergangenheit geübten Praxis ergibt (BAG 18.10.12 – 6 AZR 41/11, NZA 13, 1007). Weitere Voraussetzung einer derartigen unternehmensübergreifenden Weiterbeschäftigungspflicht ist ein bestimmender Einfluss des Beschäftigungsbetriebs bzw. des vertragsschließenden Unternehmens auf die „Versetzung". Die Entscheidung darüber darf grds nicht dem zur Übernahme bereiten Unternehmen vorbehalten worden sein (BAG 23.4.08 – 2 AZR 1110/06, NZA 08, 939; BAG 23.3.06 – 2 AZR 162/05, NZA 07, 30). Dabei spielt es keine Rolle, ob die Möglichkeit der Einflussnahme auf Grund eindeutiger rechtlicher Regelungen (zB auf Grund eines Beherrschungsvertrags) oder eher nur faktisch besteht (BAG 23.4.08 – 2 AZR 1110/06, NZA 08, 939).

Die Verpflichtung zur **Weiterbeschäftigung** auf einem freien Arbeitsplatz trifft nach § 1 **15** Abs 2 Satz 3 KSchG den ArbGeb auch, wenn sie erst **nach zumutbarer Fortbildung oder Umschulung** möglich ist (BAG 23.4.08 – 2 AZR 1110/06, NZA 08, 939). Die Zumutbarkeit bezieht sich auf den ArbGeb. Die Umschulung und Fortbildung sind nicht zumutbar, wenn sie angesichts der Dauer der Beschäftigung nicht in vertretbarer Zeit – zB innerhalb der betriebsüblichen Probezeit – mit vertretbarem Aufwand möglich sind (APS/*Kiel* KSchG § 1 Rz 619 ff). Sie setzen voraus, dass der ArbN umschulungsfähig und -willig ist (LAG Düsseldorf 17.10.72, DB 73, 2307). Er muss der geplanten Umschulung zustimmen (APS/*Kiel* KSchG § 1 Rz 622).

Die **Umschulung** soll nach § 1 Abs 4 BBiG zu einer anderen beruflichen Tätigkeit **16** befähigen. **Fortbildungsmaßnahmen** dienen nach § 1 Abs 3 BBiG dem Zweck, die beruflichen Kenntnisse und Fähigkeiten zu erhalten, zu erweitern, der technischen Entwicklung anzupassen oder beruflich aufzusteigen. Übernimmt man diese Definition der Fortbildung aus dem BBiG, würde dies bedeuten, dass der ArbGeb zur Vermeidung von Kündigungen auch einen beruflichen Aufstieg nach Fortbildung anbieten muss. Dies ist grds nicht so (BAG 7.2.91, NZA 91, 806). Die Pflicht zur Umschulung schließt jedoch auch kündigungsrechtlich die **Schulung für eine andere Tätigkeit** ein (BAG 7.2.91, NZA 91, 806). Eine Pflicht zur Fortbildung und Umschulung besteht im Übrigen nur, wenn bei Ausspruch der Kündigung ein entsprechender anderer **Arbeitsplatz frei** ist oder doch mit hinreichender Sicherheit voraussehbar ist, dass nach Abschluss der Maßnahme eine Beschäftigungsmöglichkeit mit der neu erworbenen Qualifikation besteht (BAG 7.2.91, NZA 91, 806).

Der ArbGeb muss grds keine **„Beförderungsstellen"** anbieten, um die Kündigung zu **17** vermeiden (BAG 23.11.04 – 2 AZR 38/04, NZA 05, 986; BAG 29.3.90, DB 91, 173). Bleibt die Tätigkeit aber im Wesentlichen erhalten und wird die Stelle nur in eine Beförderungsstelle „umgewidmet", ist eine betriebsbedingte Kündigung ausgeschlossen, wenn der betroffene ArbN die Tätigkeiten nach wie vor ausüben kann (BAG 18.10.00 – 2 AZR 465/99, NZA 01, 437). Verlagert der ArbGeb Beschäftigungsmöglichkeiten in einen anderen Betrieb des Unternehmens, behalten die ArbN Bestandschutz, selbst wenn die Arbeit höher vergütet wird, sofern sie nur dieselbe oder zumindest ganz überwiegend gleich geblieben ist (BAG 5.10.95, DB 96, 281).

Zu den vor und statt der Kündigung zu treffenden Maßnahmen gehört auch die Beschäf- **18** tigung auf einem freien Arbeitsplatz zu **geänderten (schlechteren) Arbeitsbedingungen** – sog **Vorrang der Änderungskündigung** (BAG 21.4.05 – 2 AZR 132/04, NZA 05, 1289). Der ArbGeb muss danach statt der geplanten Beendigungskündigung von sich aus dem ArbN eine beiden Parteien zumutbare Weiterbeschäftigung auf einem freien Arbeitsplatz zu geänderten Bedingungen anbieten. Dies Angebot kann allenfalls in Extremfällen – zB offen-

Eisemann

258 Kündigung, betriebsbedingte

sichtlich völlig unterwertige Beschäftigung – unterbleiben (BAG 5.6.08 – 2 AZR 107/07, NZA 08, 1180). Der ArbGeb kann das Angebot mit der Kündigung verbinden und **ohne vorherige Verhandlung** eine Änderungskündigung aussprechen (BAG 21.4.05 – 2 AZR 132/04, NZA 05, 1289). Nimmt der ArbN das Angebot an, ist der Vertrag einverständlich abgeändert und die Kündigung vermieden. Lehnt der ArbN das Angebot vorbehaltlos und endgültig ab, kann der ArbGeb das Beschäftigungsverhältnis durch Kündigung beenden (BAG 21.4.05 – 2 AZR 132/04, NZA 05, 1289) – Einzelheiten unter *Änderungskündigung* Rz 5).

19 Auch die **Arbeitsstreckung** (zB durch Abbau von Überstunden) gehört zu den Maßnahmen, die der ArbGeb vor Ausspruch betriebsbedingter Kündigungen ergreifen muss (BAG 17.10.80, DB 81, 747). Dies setzt jedoch voraus, dass der Abbau von Überstunden Einfluss auf die Erhaltung des von der betriebsbedingten Kündigung bedrohten Arbeitsplatzes hat oder nach Umorganisation der Arbeitsabläufe haben kann. Gilt im Betrieb eine Jahresarbeitszeitregelung, muss der ArbGeb bei schlechter Auftragslage die Guthabenstunden aller ArbN abbauen, bevor er einzelnen ArbN betriebsbedingt kündigen kann (BAG 8.11.07 – 2 AZR 418/06, NZA 08, 848). Die **Verkürzung der regelmäßigen Arbeitszeit** aller ArbN zur Vermeidung der betriebsbedingten Kündigung weniger gehört nicht zu den vom ArbGeb zu erwartenden Maßnahmen der Arbeitsstreckung (LAG Hamm 15.12.82, DB 83, 506). Zur Einführung von **Kurzarbeit** sind die Meinungen geteilt (s unten Rz 53–54).

20 **d) Absolute Unwirksamkeitsgründe.** Die betriebsbedingte Kündigung ist **in jedem Fall unwirksam**, wenn BRat oder Personalrat aus einem der in § 1 Abs 2 Sätze 2 und 3 KSchG genannten Gründe form- und fristgerecht zu Recht widersprochen haben. Eine Interessenabwägung – zugunsten des ArbGeb – findet nicht statt (BAG 13.9.73, DB 73, 2534; s *Kündigungsschutz* Rz 74–79).

21 **e) Beurteilungszeitpunkt.** Auch bei der betriebsbedingten Kündigung kommt es für die Beurteilung ihrer sozialen Rechtfertigung auf den **Zeitpunkt** an, in dem sie dem ArbN **zugeht** (BAG 18.1.01 – 2 AZR 514/99, NZA 01, 719). Grds muss zu diesem Zeitpunkt der Kündigungsgrund Wegfall der Beschäftigungsmöglichkeit vorliegen. Der ArbGeb muss jedoch mit der Kündigung nicht warten, bis die Beschäftigungsmöglichkeiten weggefallen sind. Eine betriebsbedingte Kündigung ist vielmehr schon möglich, wenn bei ihrem Ausspruch aufgrund einer vernünftigen betriebswirtschaftlichen Prognose davon auszugehen ist, dass am Ende der Kündigungsfrist keine Beschäftigungsmöglichkeit mehr besteht (BAG 16.2.12 – 8 AZR 693/10, NZA 12, 999; 15.12.11 – 2 AZR 42/10, NZA 12, 1044). Die der Prognose zugrunde liegende Entscheidung muss jedoch schon gefallen sein (BAG 13.2.08 – 2 AZR 543/06, NZA 08, 821). Solange der ArbGeb einen Stilllegungsbeschluss nur erwägt oder plant, ihn aber noch nicht gefasst hat, kann er daher nicht wegen Betriebsschließung kündigen (BAG 15.7.04 – 2 AZR 376/03, NZA 05, 523). Dabei lässt der tatsächliche Eintritt der prognostizierten Entwicklung Rückschlüsse auf die Ernsthaftigkeit und Plausibilität der Prognose zu. In diesem Sinne kann auch die **Entwicklung nach der Kündigung** bei der Beurteilung ihrer sozialen Rechtfertigung berücksichtigt werden (BAG 27.11.03 – 2 AZR 48/03, NZA 04, 477). Werden nach Einstellung der Produktion die Arbeitsverhältnisse der Beschäftigten gekündigt, so handelt es sich idR auch um eine **Stilllegung,** wenn im Kündigungszeitpunkt davon auszugehen ist, dass eine eventuelle Wiederaufnahme der Produktion erst nach einem längeren, wirtschaftlich nicht unerheblichen Zeitraum erfolgen kann, dessen Überbrückung mit weiteren Vergütungszahlungen dem ArbG nicht zugemutet werden kann (BAG 21.6.01 – 2 AZR 137/00, NZA 02, 212).

22 Ist bei Ausspruch der Kündigung unklar, ob bei Ablauf der Kündigungsfrist die Beschäftigungsmöglichkeit tatsächlich weggefallen sein wird, darf noch nicht gekündigt werden. Eine betriebsbedingte Kündigung ist daher unwirksam, wenn der ArbGeb zum Zeitpunkt der Kündigung ernsthaft über eine Weiterveräußerung der Geschäftsanteile (BAG 10.10.96 – 2 AZR 477/95, NZA 97, 251) oder des Betriebes bzw eines Betriebsteils (BAG 13.2.08 – 2 AZR 543/06, NZA 08, 821) verhandelt. Betriebsveräußerung und Betriebsstilllegung schließen sich systematisch aus. Eine vom ArbGeb mit einer Stilllegungsabsicht begründete Kündigung ist nur dann sozial gerechtfertigt, wenn sich die geplante Maßnahme objektiv als Betriebsstilllegung und nicht als Betriebsveräußerung darstellt, weil etwa die für die Fortführung des Betriebes wesentlichen Gegenstände einem Dritten überlassen werden sollten, der Veräußerer diesen Vorgang aber rechtlich unzutreffend als Betriebsstilllegung wertet. Die

Kündigung, betriebsbedingte 258

Fortsetzung der betrieblichen Tätigkeit durch einen Betriebserwerber begründet eine tatsächliche Vermutung gegen eine ernsthafte Absicht, den Betrieb stillzulegen. Es ist dann Sache des ArbGeb, durch näheren Sachvortrag diese Vermutung zu widerlegen (BAG 16.2.12 – 8 AZR 693/10, NZA 12, 999). Eine Beschäftigungsmöglichkeit besteht ebenso, wenn sich ein Reinigungsunternehmen, dessen noch laufender Reinigungsauftrag bisher nicht verlängert worden ist, an der Neuausschreibung dieses Auftrags beteiligt und seine Neuvergabe bei Ausspruch der Kündigung noch offen ist (BAG 12.4.02 – 2 AZR 256/01, NZA 02, 1205). Hat sich der ArbGeb an der Ausschreibung nicht beteiligt, fehlt die Beschäftigungsmöglichkeit auch dann, wenn er den Auftrag später aufgrund geänderter Sachlage wieder erhält (BAG 15.7.04 – 2 AZR 376/03, NZA 05, 523).

Ändern sich die Verhältnisse **nach Zugang** der Kündigung, fallen die betrieblichen Gründe nachträglich – zB durch neue Aufträge – weg, muss der ArbGeb dem in zumutbaren Maß Rechnung tragen. Die Kündigung wird hierdurch nicht unwirksam. Als vertragliche Nebenpflicht aus dem noch bestehenden Arbeitsverhältnis kann sich aber ein Anspruch auf **unbefristete Wiedereinstellung** bzw Fortführung des Arbeitsverhältnisses ergeben, wenn sich zwischen dem Ausspruch der Kündigung und dem Ablauf der Kündigungsfrist unvorhergesehen eine Weiterbeschäftigungsmöglichkeit auf dem alten, einem zwischenzeitlich freigewordenen oder neu geschaffenen vergleichbaren Arbeitsplatz ergibt. Ein Wiedereinstellungsanspruch kommt jedoch grds nicht in Betracht, wenn die Beschäftigungsmöglichkeit erst nach Ablauf der Kündigungsfrist entsteht (BAG 6.8.97 – 7 AZR 557/97, NZA 98, 254; 28.6.00 – 7 AZR 904/98, NZA 00, 1097). Dem Wiedereinstellungsanspruch können **berechtigte Interessen des Arbeitgebers** entgegenstehen (zB wenn der Arbeitsplatz schon wieder besetzt ist), soweit der ArbGeb mit dieser Neubesetzung nicht den Wiedereinstellungsanspruch treuwidrig vereitelt hat (BAG 28.6.00 – 7 AZR 904/98, NZA 00, 1097). Auch ein **Abfindungsvergleich** kann dem Wiedereinstellungsanspruch entgegenstehen, wenn die Abfindung einen angemessenen wirtschaftlichen Ausgleich für den Verlust des sozialen Besitzstandes darstellt (BAG 28.6.2000 – 7 AZR 904/98, NZA 2000, 1097). Dies gilt nicht, wenn der Abfindungsvergleich nach § 779 BGB unwirksam ist oder nach den Grundsätzen des Wegfalls der Geschäftsgrundlage beseitigt wird. Der Vergleich ist nicht schon nach § 779 BGB unwirksam, weil sich die Beschäftigungsmöglichkeit erst nach seinem Abschluss ergibt. Er entfällt nach den Grundsätzen des Wegfalls der Geschäftsgrundlage nur dann, wenn ein Festhalten an ihm für eine Partei unzumutbar ist (BAG 28.6.00 – 7 AZR 904/98, NZA 00, 1097). Sind mehrere ArbN gekündigt worden, kommen für die Wiedereinstellung nur diejenigen in Frage, welche dem ArbGeb gegenüber ihren Willen zur Wiedereinstellung deutlich gemacht haben. Ist die Zahl der Gekündigten größer als die Zahl der neuen Beschäftigungsmöglichkeiten, muss der ArbGeb unter ihnen anhand sozialer Gesichtspunkte und betrieblicher Belange eine den §§ 242, 315 BGB entsprechende **Auswahl** zu treffen. Eine strenge Auswahl nach § 1 Abs 3 KSchG findet nicht statt. Ein Abfindungsvergleich kann bei dieser Auswahl vom ArbGeb berücksichtigt werden (BAG 28.6.00 – 7 AZR 904/98, NZA 00, 1097).

f) Interessenabwägung. Wie bei der personen- und verhaltensbedingten Kündigung findet auch bei der betriebsbedingten Kündigung eine **Interessenabwägung** statt (BAG 30.4.87 – 2 AZR 184/86, NZA 87, 776). Es gelten aber eine Reihe von **Besonderheiten**, die sich letzten Endes darauf zurückführen lassen, dass man nicht „durch die Hintertür" der Interessenabwägung doch zu einer Überprüfung der Unternehmerentscheidung auf ihre Zweckmäßigkeit kommen will. Bei der betriebsbedingten Kündigung wird daher von der Rspr – anders als sonst – nicht überprüft, ob die zu erwartenden Vorteile des ArbGeb zu den Nachteilen, die sich für den ArbN ergeben, in einem vernünftigen Verhältnis stehen (BAG 30.4.87 – 2 AZR 184/86, NZA 87, 776). Der ArbGeb muss nach einer betriebsbedingten Kündigung daher nicht befürchten, das ArbG werde trotz Vorliegen eines objektiven Kündigungsgrundes die Kündigung wegen der besonderen sozialen Lage des ArbN für unwirksam erklären.

Ist eine ordentliche Kündigung „an sich" betriebsbedingt, soll sich die Interessenabwägung **nur** noch **in seltenen Fällen zugunsten des Arbeitnehmers** auswirken (BAG 16.6.05 – 6 AZR 476/04, DB 05, 2303). Eine zumeist nur vorübergehende Weiterbeschäftigung ist dem ArbGeb etwa zuzumuten, wenn der ArbN aufgrund schwerwiegender persönlicher Umstände besonders schutzbedürftig ist (BAG 30.4.87 – 2 AZR 184/86, NZA 87, 776). Die

23

24

25

Eisemann 1677

258 Kündigung, betriebsbedingte

Kündigung während der Arbeitsphase der Altersteilzeit im Blockmodell scheitert nicht an der Interessenabwägung (BAG 16.6.05 – 6 AZR 476/04, DB 05, 2303).

26   **2. Soziale Auswahl.** Auch wenn dringende betriebliche Gründe für eine Kündigung vorliegen, ist sie nach **§ 1 Absatz 3 Satz 1 KSchG** sozialwidrig, wenn der ArbGeb bei der Auswahl der zu entlassenden ArbN die **Dauer der Betriebszugehörigkeit,** das **Lebensalter,** die **Unterhaltspflichten** und die **Schwerbehinderung** nicht oder nicht ausreichend berücksichtigt hat. Hier geht es nicht um die Frage, **ob** gekündigt werden kann, sondern nur noch darum, **wem** gekündigt werden darf. Fehler bei der Sozialauswahl können sich rächen. Wurden mehrere ArbN aus dringenden betrieblichen Gründen zum selben Zeitpunkt gekündigt, ein vergleichbarer ArbN aber nicht, der erheblich weniger hart von der Kündigung betroffen worden wäre, kann sich auf den Auswahlfehler berufen, wer ohne ihn nicht hätte gekündigt werden können, weil er zu dem Kreis der ArbN mit den Sozialdaten gehört, die ihn im konkreten Fall vor einer Kündigung schützen (BAG 9.11.06 – 2 AZR 812/05, NZA 07, 549). Die Anzahl der Fehler begrenzt so die Anzahl der „Nachrücker". Die soziale Auswahl findet auch bei **Massenkündigungen** (BAG 5.12.01 – 2 AZR 697/01, NZA 03, 849), bei einer **etappenweisen Betriebsstilllegung** und in der **Insolvenz** statt (BAG 16.9.82 – 2 AZR 271/80, NJW 83, 1341). Sie ist nach § 2 Satz 1 KSchG auch bei betriebsbedingten **Änderungskündigungen** zu beachten (BAG 18.1.07 – 2 AZR 796/05, NZA 08, 1208). Entschließt sich der ArbGeb, ab sofort keine neuen Aufträge mehr anzunehmen, *allen* ArbN zum nächstmöglichen Termin zu kündigen und den Betrieb schnellstmöglich stillzulegen, findet eine soziale Auswahl nicht statt (BAG 18.1.01 – 2 AZR 239/00, AiB 02, 318).

27   Die **Prüfung der Sozialauswahl** erfolgt in **drei Schritten.** Zunächst ist der **Kreis von vergleichbaren Arbeitnehmern** zu ermitteln, welche für eine Sozialauswahl in Betracht kommen. Dann ist die **Auswahlentscheidung** nach den in **§ 1 Abs 3 Satz 1 KSchG** genannten sozialen Gesichtspunkten zu treffen. Zuletzt ist zu prüfen, ob einzelne ArbN nach § 1 Abs 3 Satz 2 KSchG in die soziale Auswahl **nicht einzubeziehen** sind, weil ihre weitere Beschäftigung im berechtigten betrieblichen Interesse liegt.

28   **a) Personenkreis.** ArbN, deren **Kündigung das Gesetz verbietet,** nehmen an der sozialen Auswahl **nicht** teil (BAG 17.11.05 – 6 AZR 118/05, NZA 06, 370). Dazu gehören alle ArbN, soweit sie dem **Sonderkündigungsschutz** unterliegen, Schwerbehinderte (§§ 85 ff SGB IX), Schwangere und junge Mütter (§§ 9 MuSchG, 18 BEEG), betriebsverfassungsrechtliche Funktionsträger (BAG 21.4.05 – 2 AZR 241/04, NZA 05, 1307). Soweit ihre Kündigung die vorherige Zustimmung einer staatlichen Stelle voraussetzt, nehmen sie **nach erteilter Zustimmung** an der sozialen Auswahl teil (APS/*Kiel* KSchG § 1 Rz 701), falls die Zustimmung vor dem Zeitpunkt erteilt wird, in dem die soziale Auswahl vorgenommen und dabei der Kreis der in die soziale Auswahl einzubeziehenden ArbN festgelegt wird. Dieser Kreis von ArbN ist nach den Verhältnissen im Zeitpunkt der beabsichtigten Kündigung zu bilden. ArbN, denen gegenüber eine ordentliche Kündigung zu diesem Zeitpunkt aufgrund von Vorschriften des Sonderkündigungsschutzes ausgeschlossen ist, sind in diesen Personenkreis nicht einzubeziehen. Dies soll selbst dann gelten, wenn im Zeitpunkt der beabsichtigten Kündigung der Sonderkündigungsschutz voraussichtlich alsbald auslaufen wird und aufgrund der kürzeren Kündigungsfrist das Arbeitsverhältnis des besonders geschützten ArbN zu demselben Termin beendet werden könnte, zu dem auch das Arbeitsverhältnis des konkurrierenden, sozial schwächeren ArbN gekündigt werden kann (BAG 21.4.05 – 2 AZR 241/04, NZA 05, 1307). Zum auswahlrelevanten Kreis zählen ebenso wenig ArbN, deren Kündigung wirksam durch **Tarifvertrag** ausgeschlossen ist. Man kann den ArbGeb nicht auf die Kündigung eines sozial stärkeren ArbN verweisen, den er nicht kündigen darf. Die Grenze liegt dort, wo die dadurch bewirkte Verkleinerung des Auswahlpools zu einer grob fehlerhaften Auswahl führen würde (BAG 5.6.08 – 2 AZR 907/06, NZA 08, 1120). Tarifliche Unkündbarkeitsregelungen werden bei einer Kündigung durch den Insolvenzverwalter verdrängt (BAG 19.1.00 – 4 AZR 70/99, NZA 00, 658). Entsprechenden Vereinbarungen im **Einzelarbeitsvertrag** setzen nicht allein die Grundsätze zum Rechtsmissbrauch und zum Umgehungsverbot Grenzen (LAG Bbg 29.10.98 – 3 Sa 229/98, NZA-RR 99, 360). Sie sind nur wirksam, wenn es hierfür sachliche Gründe gibt, die der ArbGeb im Prozess darlegen und beweisen muss (BAG 2.6.05 – 2 AZR 480/04, NZA 06,

207). ArbN **ohne Kündigungsschutz** sind ebenso von der sozialen Auswahl ausgenommen (BAG 18.10.00 – 2 AZR 494/99, NZA 01, 321). Sie müssen zuerst gekündigt werden. Dazu gehören nach § 1 Abs 1 KSchG alle noch nicht länger als sechs Monate Beschäftigten.

Leitende Angestellte nehmen an der sozialen Auswahl teil. ArbN **im ruhenden Arbeitsverhältnis,** für die kein gesetzliches Kündigungsverbot besteht, sind in die Sozialauswahl einzubeziehen, soweit ein dringendes betriebliches Bedürfnis für ihre Kündigung besteht. Während dieser Zeit ist das Arbeitsverhältnis nicht unterbrochen und ihre Betriebszugehörigkeit besteht weiter fort (ErfK/*Oetker* KSchG § 1 Rz 314; BAG 26.2.87 – 2 AZR 177/86, NZA 87, 775) 29

Die Pflicht zur sozialen Auswahl ist **betriebsbezogen** (BAG 2.6.05 – 2 AZR 158/04, NZA 05, 1175). Einzubeziehen sind alle vergleichbaren ArbN des Betriebes, nicht nur der betroffenen Betriebsabteilung (BAG 31.5.07 – 2 AZR 276/06, NZA 08, 33). Fällt zB in einem Reinigungsbetrieb mit zahlreichen Beschäftigten in verschiedenen Objekten ein Reinigungsobjekt durch Nichtverlängerung des Auftrags weg, genügt der ArbGeb seiner Pflicht zur Sozialauswahl regelmäßig nicht, wenn er die dort Beschäftigten kündigt, ohne zu prüfen, ob in den anderen Reinigungsobjekten vergleichbare ArbN beschäftigt sind (BAG 17.1.02 – 2 AZR 15/01, NZA 02, 759). Bei einer **Teilbetriebsstilllegung** ist eine auf den gesamten Betrieb bezogene Sozialauswahl durchzuführen. Allein die räumliche Entfernung von Betriebsteilen steht einer betriebsbezogenen Sozialauswahl nicht entgegen. Handelt es sich nach § 23 KSchG um einen Betrieb kommt es auch nicht darauf an, ob einzelne Betriebsteile betriebsverfassungsrechtlich selbstständig sind (BAG 3.6.04 – 2 AZR 577/03, NZA 05, 175). Dies gilt selbst dann, wenn der eine Betriebsteil stillgelegt und der andere danach auf einen Betriebserwerber übergehen soll (BAG 28.10.04 – 8 AZR 391/03, NZA 05, 285). § 613a BGB gewährt keinen absoluten Bestandsschutz bei **Betriebsübergang.** Das Recht zur Kündigung aus anderen Gründen bleibt schon nach dem Wortlaut des Gesetzes erhalten. Eine solche Kündigung kann aber auch als Folge einer betriebsbezogenen sozialen Auswahl gerechtfertigt sein (BAG 31.5.07 – 2 AZR 276/06, NZA 08, 33). Bei einer betriebsbedingten Kündigung durch den Verleiher sind bei einer **Arbeitnehmerüberlassung** in die Sozialauswahl grundsätzlich auch die ArbN einzubeziehen, die anderen Unternehmen zur Arbeitsleistung auf vergleichbaren Arbeitsplätzen überlassen sind (BAG 20.6.13 – 2 AZR 271/12, NZA 13, 837). Grds nicht einzubeziehen sind ArbN aus anderen Betrieben des Unternehmens oder aus anderen **Unternehmen** eines Konzerns. Dies gilt auch, wenn sich der ArbGeb ein betriebsübergreifendes Versetzungsrecht vorbehalten hat (BAG 2.6.05 – 2 AZR 158/04, NZA 05, 1175). Unterhalten mehrere Unternehmen einen **Gemeinschaftsbetrieb,** findet die Sozialauswahl jedoch in diesem Betrieb „unternehmensübergreifend" ohne Rücksicht auf die Zugehörigkeit der ArbN zu dem einen oder anderen Unternehmen statt (BAG 27.11.03 – 2 AZR 48/03, NZA 04, 477). **Widerspricht** ein ArbN dem Übergang seines Arbeitsverhältnisses auf einen Betriebs(teil)übernehmer – **§ 613a BGB** –, kann er sich wie sonst auch auf eine fehlerhafte Sozialauswahl bei seiner nachfolgenden betriebsbedingten Kündigung berufen, unabhängig davon, dass er damit verhindert hat, dass sein Arbeitsverhältnis grds unverändert auf den Betriebserwerber übergeht (BAG 31.5.07 – 2 AZR 276/06, NZA 08, 33). Er drängt damit den ArbN aus dem Betrieb, der zwar sozial weniger schutzwürdig ist, aber vom Teilbetriebsübergang nicht betroffen war. Dessen Arbeitsverhältnis geht nicht etwa „ersatzweise" auf den Betriebserwerber über. 30

Die Sozialauswahl bezieht sich auf **vergleichbare Arbeitnehmer.** Vergleichbar sind ArbN, die **austauschbar** sind (BAG 10.6.10 – 2 AZR 420/09, NZA 10, 1352). Zur Austauschbarkeit gehört einmal, dass der betroffene ArbN auf den Arbeitsplatz des sozial Stärkeren **ohne Änderung des Arbeitsvertrages** allein durch eine Weisung des ArbGeb versetzt werden kann. Dabei ergibt sich eine vertraglich bindende, die Austauschbarkeit nehmende nachträgliche Beschränkung des Einsatzortes noch nicht allein aus dem Umstand, dass der ArbN jahrelang immer am gleichen Arbeitsort eingesetzt wurde (BAG 3.6.04 – 2 AZR 577/03, NZA 05, 175). Kann aber ein ArbN nach dem Arbeitsvertrag nur innerhalb eines bestimmten Arbeitsbereiches versetzt werden, dann ist bei Wegfall dieses Arbeitsbereiches keine soziale Auswahl unter Einbeziehung der vom Tätigkeitsfeld vergleichbaren ArbN anderer Arbeitsbereiche vorzunehmen (BAG 17.2.00 – 2 AZR 142/99, NZA 00, 822). Die Vergleichbarkeit kann nicht dadurch herbeigeführt werden, dass der Arbeitsvertrag eines von einem betrieblichen Ereignis betroffenen ArbN erst anlässlich dieses Ereignisses einvernehm- 31

258 Kündigung, betriebsbedingte

lich oder im Wege der Änderungskündigung entsprechend abgeändert wird (BAG 18.10.06 – 2 AZR 676/05, NZA 07, 798). Die **einseitige Austauschbarkeit** reicht, eine wechselseitige Austauschbarkeit ist nicht erforderlich. Es geht darum, ob der unmittelbar kündigungsbedrohte ArbN den fortbestehenden Arbeitsplatz desjenigen ArbN übernehmen kann, der sozial weniger schützenswert ist und dessen Arbeitsverhältnis nicht gekündigt werden soll (BAG 15.12.11 – 2 AZR 42/10, NZA 12, 1044; 18.10.06 – 2 AZR 676/05, NZA 07, 798). Wer als sozial schwächerer ArbN im Betrieb bleibt, muss die Tätigkeit desjenigen ausüben können, der den Betrieb verlässt, nicht auch umgekehrt. Es kann nicht darauf ankommen, ob der sozial Stärkere auch die Tätigkeit desjenigen hätte ausüben können, an den er „seinen Arbeitsplatz" nach Durchführen der sozialen Auswahl verliert. Denn dazu hat er keine Gelegenheit mehr. Wer in den Kreis der von einer sozialen Auswahl betroffenen ArbN einzubeziehen ist, richtet sich darüber hinaus nach **arbeitsplatzbezogenen Merkmalen** und damit nach der ausgeübten Tätigkeit (BAG 5.6.08 – 2 AZR 907/06, NZA 08, 1120; BAG 18.10.06 – 2 AZR 676/05, NZA 07, 798). Man muss prüfen, ob der ArbN, dessen Arbeitsplatz weggefallen ist, alsbald die Funktion eines anderen ArbN wahrnehmen kann. Dies setzt nicht die Identität der Arbeitsplätze voraus. Es reicht aus, wenn der ArbN aufgrund seiner bisherigen Aufgaben im Betrieb und angesichts seiner beruflichen Qualifikation die **andersartige, aber gleichwertige Tätigkeit** einer Kollegin/eines Kollegen ausüben kann (BAG 18.10.06 – 2 AZR 676/05, NZA 07, 798; BAG 23.11.04 – 2 AZR 38/04, NZA 05, 1225), auch wenn er sich dort erst noch einarbeiten muss (BAG 18.10.06 – 2 AZR 676/05, NZA 07, 798; BAG 5.6.08 – 2 AZR 907/06, NZA 08, 1120). Eine Austauschbarkeit ist erst ausgeschlossen, wenn die betriebliche Spezialisierung und die aktuellen besonderen Umstände einen solchen Grad erreicht haben, dass ein Einsatz der zu kündigenden ArbN auf dem Arbeitsplatz des „Spezialisten" auch nach einer angemessenen Einarbeitungsfrist nicht möglich ist (BAG 5.6.08 – 2 AZR 907/06, NZA 08, 1120). Dafür können drei Monate zu lang sein (BAG 5.5.94 – 2 AZR 917/93, NZA 94, 1023).

32   Die **tarifliche Eingruppierung** kann für die Frage, ob ArbN austauschbar sind, in engen Grenzen herangezogen werden. Bei ausgesprochenen Hilfstätigkeiten kommt der identischen Eingruppierung ein ausreichender Indizwert zu (BAG 15.6.89 – 2 AZR 580/88, NZA 90, 226). Im öffentlichen Dienst ist die **Vergütungsgruppe** für die Vergleichsgruppenbildung entscheidend (BAG 10.6.10 – 2 AZR 420/09, NZA 10, 1352). Handelt es sich nicht um einen Fall des Bewährungsaufstiegs, so sind grds nur die ArbN derselben Vergütungsgruppe miteinander vergleichbar (BAG 23.11.04 – 2 AZR 38/04, NZA 05, 986). Dabei soll es auf die „im Arbeitsvertrag genannte Vergütungsgruppe" ankommen. Damit würde ihr bei der Sozialauswahl ein deutlich höherer Stellenwert zugemessen als im Streit um die Eingruppierung. Richtig verstanden kann es daher nicht auf die im Arbeitsvertrag genannte Vergütungsgruppe ankommen, sondern allein auf die Vergütungsgruppe, deren Voraussetzungen die vom Betroffenen auszuübende Tätigkeit entspricht. Ein ArbN könnte sonst auf dem Umweg über die Sozialauswahl ohne Änderungskündigung rückgruppiert werden. Aktueller **Kenntnisstand** (PC- und CAD-Techniken) und betriebliche Spezialisierung können der Austauschbarkeit entgegenstehen (BAG 5.5.94 – 2 AZR 917/93, NZA 94, 1033) soweit der betroffene Mitarbeiter nicht schon nach § 1 Abs 3 Satz 2 KSchG nicht in die soziale Auswahl einzubeziehen ist. Vollzeitmitarbeiter sind mit **Teilzeitbeschäftigten** nur dann generell nicht vergleichbar, wenn der ArbGeb eine Organisationsentscheidung getroffen hat, aufgrund derer für bestimmte Arbeiten Vollzeitkräfte vorgesehen sind und diese Entscheidung weder offenbar unsachlich oder unvernünftig noch willkürlich ist (BAG 3.12.98 – 2 AZR 341/98, NZA 99, 431). Dies gilt auch für die soziale Auswahl von Teilzeitkräften mit unterschiedlichen Arbeitszeiten. Hat der ArbGeb bestimmten Tätigkeiten bestimmte Arbeitszeiten zugeordnet, stellt dies eine grds hinzunehmende unternehmerische Entscheidung dar. ArbN, die aufgrund solcher Organisationsentscheidungen unterschiedliche Arbeitszeiten aufweisen, die nur durch Änderungskündigung angepasst werden können, sind nicht miteinander vergleichbar (BAG 15.7.04 – 2 AZR 376/03, NZA 05, 523). Die Streichung einer Halbtagsstelle im öffentlichen Dienst sagt für sich nichts dazu aus, ob nicht nur eine Überkapazität abgebaut werden soll, der auch mit der Änderungskündigung einer sozial weniger schutzbedürftigen Vollzeitkraft Rechnung getragen werden könnte (BAG 12.8.99 – 2 AZR 12/99, NZA 2000, 30).

Der Vergleich vollzieht sich allein **auf derselben Ebene der Betriebshierarchie** – sog **33 horizontale Vergleichbarkeit** (BAG 24.5.05 – 8 AZR 398/04, NZA 05, 1302). Ein Vergleich zwischen ArbN unterschiedlicher Hierarchieebenen findet – anders als bei der Besetzung freie Stellen (s oben Rz 17) – nicht statt – sog **vertikale Vergleichbarkeit** (BAG 17.9.98 – 2 AZR 725/97, NZA 98, 1332). ArbN sind nicht austauschbar, wenn sie nur nach einer Änderungskündigung oder einverständlichen Änderung ihres Arbeitsvertrages anderweitig beschäftigt werden können. Der **Arbeitnehmer** kann **nicht von sich** aus den Kreis der ArbN **erweitern,** welche in die soziale Auswahl einzubeziehen sind. Seiner Erklärung, er sei auch bereit, zu schlechteren – von ihm näher bezeichneten – Arbeitsbedingungen zu arbeiten, „reißt" die dort Beschäftigten nicht in die soziale Auswahl „hinein". Es würden sonst ArbN den Arbeitsplatz verlieren, die von der Maßnahme des ArbGeb nicht betroffen sind (BAG 17.9.98 – 2 AZR 725/97, NZA 98, 1332). Der ArbGeb muss daher auch nicht den minderwertigeren Arbeitsplatz eines ArbN mit schlechteren sozialen Daten anbieten, um einen ArbN vor Kündigung zu schützen (BAG 7.2.85 – 2 AZR 91/84, NZA 86, 260). Der „Vorrang der Änderungskündigung" (s Rz 17–18) betrifft ausschließlich freie Arbeitsplätze.

b) Kriterien: Das Gesetz enthält in § 1 Abs 3 KSchG einen **abschließend gemeinten** **34 Katalog** der bei einer sozialen Auswahl heranzuziehenden Kriterien. **Keines der vier Auswahlkriterien** – Dauer der Betriebszugehörigkeit. Lebensalter, Unterhaltspflichten und Schwerbehinderung – hat **herausragende Bedeutung.** Da der ArbGeb gesetzlich nur zu einer „ausreichenden" Sozialauswahl verpflichtet ist, steht ihm (auch) bei der Gewichtung der Auswahlkriterien ein Wertungsspielraum zu (BAG 2.6.05 – 2 AZR 480/04, NZA 06, 207). Damit steht die Betriebszugehörigkeit berechtigterweise nicht mehr im Mittelpunkt. Die soziale Auswahl kann auch in erster Linie an Unterhaltspflichten festmachen (Zum alten Recht BAG 2.12.99 – 2 AZR 757/98, NZA 2000, 531). Nicht anrechnungsfähige **Vorbeschäftigungszeiten** bei demselben oder einem anderen ArbGeb können aufgrund einer Vereinbarung zwischen ArbGeb und ArbN angerechnet werden, soweit diese nicht rechtsmissbräuchlich nur der Umgehung der sozialen Auswahl dient und hierfür ein sachlicher Grund vorliegt, der bei einer Vereinbarung im arbeitsgerichtlichen Vergleich ohne weiteres anzunehmen sein soll (BAG 2.6.05 – 2 AZR 480/04, NZA 06, 207).

Nach den **§§ 1, 2 Abs 1 Nr 2 AGG** sind Benachteiligungen wegen des **Lebensalters** bei **35** der Beendigung eines Arbeitsverhältnisses unzulässig. § 2 Abs 4 AGG soll nun den Weg beschreiben, auf dem die Diskriminierungsverbote des AGG in das bisherige System des Kündigungsschutzrechts eingebaut sind: Verstöße gegen die Diskriminierungsverbote des AGG sind für den Bereich des KSchG im Zusammenhang mit der Frage zu erörtern, ob die Kündigung sozial ungerechtfertigt ist oder nicht (BAG 12.3.09 – 2 AZR 418/07, NZA 09, 1032). Das Lebensalter darf nach wie vor bei der sozialen Auswahl berücksichtigt werden. So will man ältere ArbN, die wegen ihres Alters typischerweise schlechtere Chancen auf dem Arbeitsmarkt haben, etwas besser schützen. Dass die Arbeitsmarktchancen auf diese Weise typisierend und nicht rein individuell berücksichtigt werden, ist letztlich unvermeidbar (BAG 15.12.11 – 2 AZR 42/10, NZA 12, 1044; BAG 18.3.10 – 2 AZR 468/08, NZA 10, 1059). Im Übrigen darf nicht übersehen werden, dass das Lebensalter im Rahmen der sozialen Auswahl nicht alleine steht. Daneben stehen zumindest gleichberechtigt die übrigen Kriterien. Dies schützt den ArbN vor einer Überbewertung des Lebensalters, was auch bisher schon bei der Sozialauswahl unzulässig war (BAG 12.3.09 – 2 AZR 418/07, NZA 09, 1023).

Dem ArbGeb bei Zugang der Kündigung **unbekannte Sozialdaten** können ihm im **36** Prozess nur entgegengehalten werden, wenn er sie hätte kennen müssen (ErfK/*Oetker* § 1 KSchG Rz 306). Die Dauer der Betriebszugehörigkeit und das Lebensalter kann er aus der Personalakte entnehmen. Unterhaltspflichten ergeben sich nicht zuverlässig aus den Lohnsteuer-Unterlagen. Unterhaltsansprüche getrennt lebender oder geschiedener Ehepartner sind nicht erkennbar. Bisher geht das BAG (noch) davon aus, der ArbGeb dürfe sich auf diese Angaben verlassen, solange er keinen Anlass für die Annahme hat, sie könnten nicht zutreffen (BAG 17.1.08 – 2 AZR 405/06, NZA-RR 08, 571). Die Materialien des Gesetzes (BT-Drucks 15/204 S 11) sprechen dafür, dass der ArbGeb sich bei den ArbN erkundigen muss (ErfK/*Oetker* KSchG § 1 Rz 306; APS/*Kiel* KSchG § 1 Rz 374). Ob dies auch für die Betriebsparteien vor der Vereinbarung eines Interessenausgleichs mit Namensliste oder einer Auswahlrichtlinie gilt, hat das BAG offen gelassen (BAG 15.12.11 – 2 AZR 42/10, NZA 12, 1044). In der Insolvenz soll eine Nachfrage wegen der Besonderheiten dieses Verfahrens

258 Kündigung, betriebsbedingte

jedenfalls nicht erforderlich sein, soweit es um die Anzahl der unterhaltsberechtigten Kinder geht (BAG 26.6.12 – 6 AZR 682/10, NZA 12, 1090).

37 **c) Beurteilungsspielraum.** Da ein **allgemein verbindlicher Bewertungsmaßstab** dafür fehlt, wie die einzelnen Sozialdaten miteinander in ein Verhältnis zu setzen sind, gibt es bei jeder Sozialauswahl Lösungen, die noch „tragfähig", möglicherweise aber nicht „richtig" sind. Dem trägt das KSchG Rechnung. Nach § 1 Abs 3 Satz 1 KSchG ist eine betriebsbedingte Kündigung wirksam, bei welcher der ArbG soziale Gesichtspunkte nur **„ausreichend"** berücksichtigt hat. Dem entspricht es, dem ArbGeb bei der sozialen Auswahl einen **Beurteilungsspielraum** einzuräumen (BAG 20.6.13 – 2 AZR 271/12, NZA 13, 837; BAG 5.6.08 – 2 AZR 907/06, NZA 08, 1120). Die **Innengrenzen** ergeben sich aus den Wertungen in § 1 KSchG. Soziale Gesichtspunkte sind ausreichend berücksichtigt, wenn die Auswahlentscheidung jedenfalls vertretbar erscheint. Das Gericht darf nicht seine Vorstellungen von der „richtigen Sozialauswahl" an die Stelle der Entscheidung des ArbGeb setzen. Der ArbGeb darf bei der Sozialauswahl in gewissem Umfang „per Hand steuern". Nur der **deutlich schutzwürdigere ArbN** kann mit Erfolg die soziale Auswahl angreifen (BAG 20.6.13 – 2 AZR 271/12, NZA 13, 837; BAG 5.12.02 – 2 AZR 549/01, NZA 03, 791).

38 **d) Betriebliche Interessen.** Nach **§ 1 Abs 3 Satz 2 KSchG** sind ArbN **nicht in die soziale Auswahl einzubeziehen,** deren Weiterbeschäftigung, insbesondere wegen ihrer Kenntnisse, Fähigkeiten und Leistungen oder zur Sicherung einer ausgewogenen Personalstruktur des Betriebes **im berechtigten betrieblichen Interesse** liegt. Damit räumt das Gesetz betriebswirtschaftlichen Überlegungen unter bestimmten Voraussetzungen den Vorrang vor sozialen Gesichtspunkten ein. Anders als für die Betriebsbedingtheit in § 1 Abs 2 Satz 1 KSchG reichen bereits berechtigte betriebliche Interessen aus, um ArbN aus der Sozialauswahl herauszunehmen. Sie müssen nicht „dringend" sein. Das ist ein **weniger strenger Maßstab.** Der ArbGeb darf sich damit nicht erst dann über die soziale Auswahl hinwegsetzen, wenn er sich sonst in einer Zwangslage befinden würde. Es muss aber noch eine soziale Auswahl bleiben. Reine Nützlichkeitserwägungen reichen nicht aus. Die Weiterbeschäftigung eines bestimmten ArbN muss im Interesse eines geordneten betrieblichen Ablaufs erforderlich sein (BAG 7.12.06 – 2 AZR 748/05, NZA-RR 07, 460). Nimmt der ArbGeb aus betrieblichen Gründen den ganz überwiegenden Teil der Belegschaft aus der Sozialauswahl heraus (BAG 5.12.02 – 2 AZR 697/01, NZA 03, 849), spricht eine tatsächliche Vermutung dafür, dass sie im Ergebnis sozialwidrig ist.

39 Nach wie vor bleibt die Herausnahme von ArbN aus der Sozialauswahl die **Ausnahme,** die Auswahl nach sozialen Kriterien die Regel (BAG 5.6.08 – 2 AZR 907/06, NZA 08, 1120). Das betriebliche Interesse muss „berechtigt" sein. Das Interesse des sozial schwächeren ArbN ist gegen das betriebliche Interesse an der Herausnahme des „Leistungsträgers" abzuwägen. Je schwerer das soziale Interesse wiegt, desto gewichtiger müssen die Gründe für die Ausklammerung des Leistungsträgers sein (BAG 5.6.08 – 2 AZR 907/06, NZA 08, 1120). ArbN können sich ihrerseits nicht darauf berufen, ihre Weiterbeschäftigung läge im berechtigten betrieblichen Interesse. Anders ist dies nur, wenn der ArbGeb diese Interessen nach objektiven Kriterien bestimmt und für andere ArbN geltend gemacht hat. Hat er sie einmal benannt, kann er nicht mehr einseitig entscheiden, welche ArbN nach den von ihm bestimmten Kriterien aus der sozialen Ausfall fallen. Können sich dann mehr ArbN auf diese Kriterien berufen, als noch beschäftigt werden können, findet wiederum zwischen ihnen eine soziale Auswahl statt.

40 **Kenntnisse** beziehen sich auf Fakten, die der ArbN durch seine Ausbildung, den beruflichen Werdegang oder sonst wie erlangt hat und die sich auf den konkreten Einsatzbereich im Betrieb beziehen. **Fähigkeiten** betreffen die Eignung des ArbN, die vertraglich geschuldeten Arbeiten auszuführen. Mit **Leistung** bezeichnet man die qualitative und quantitative Umsetzung von Kenntnissen und Fähigkeiten (APS/*Kiel* KSchG § 1 Rz 750 ff). Eine Gewichtung findet nicht statt. Die in Satz 2 genannten Beispiele sind **nicht abschließend,** wie das Wort „insbesondere" zeigt. So können auch wichtige Kundenkontakte im Einzelfall zur Herausnahme aus der Sozialauswahl führen. Stets ist zu beachten, dass nur die Vorteile des Leistungsträgers ins Gewicht fallen, nicht die Nachteile des sozial schutzwürdigeren ArbN. Der Hinweis auf die höhere Krankheitsquote des sozial Schutzwürdigeren kann die Ausklammerung des Leitungsträgers daher nicht begründen (BAG 31.5.07 – 2 AZR 306/06, NZA 07, 1362).

Soweit der ArbGeb zur **Sicherung einer ausgewogenen Personalstruktur** ArbN von **41** der Sozialauswahl ausnehmen darf, geht es nicht darum, über betriebsbedingte Kündigungen eine solche Struktur erstmals herzustellen. Anders als § 125 Abs 1 Nr 2 InsO spricht das KSchG nicht davon, dass sie „erhalten oder geschaffen" wird. Die Möglichkeit einer Korrektur der Personalstruktur lässt sich für die Insolvenz mit den dort erkennbar gesteigerten Bedürfnissen des ArbGeb begründen. Außerhalb der Insolvenz dürfen betriebsbedingte Kündigungen nicht dazu benutzt werden, personalpolitische Versäumnisse bei Einstellung und Versetzung zu korrigieren. Bei der Sicherung der „Personalstruktur" geht es in erster Linie trotz der begrifflichen Erweiterung darum, der Überalterung einer Belegschaft bei einer Vielzahl von Kündigungen vorzubeugen (BAG 9.11.06 – 2 AZR 509/05, AP BGB § 311a Nr 1). Dies ist auch europarechtlich nicht zu beanstanden (BAG 15.12.11 – 2 AZR 42/10, NZA 12, 1044). Die Gerichte müssen jedoch prüfen, ob die Altersgruppenbildung im konkreten Fall nach § 10 AGG gerechtfertigt ist (BAG 19.12.13 – 6 AZR 790/12). Die soziale Auswahl erfolgt nur noch innerhalb der vom ArbGeb gebildeten Altersgruppen. Die konkrete Altersgruppenbildung muss zur Sicherung der bestehenden Altersstruktur geeignet sein. Sind mehrere Gruppen vergleichbarer ArbN von den Entlassungen betroffen, muss auch innerhalb der jeweiligen Vergleichsguppe eine proportionale Berücksichtigung der Altersgruppen an den Entlassungen möglich sein. Die betriebsweite Sicherung der bestehenden Altersstruktur muss die Folge der proportionalen Beteiligung der Altersgruppen an den Entlassungen innerhalb der einzelnen Vergleichsgruppen sein. Erreicht die Anzahl der Entlassungen innerhalb einer Gruppe vergleichbarer ArbN im Verhältnis zur Anzahl aller ArbN des Betriebs den Schwellenwert des § 17 KSchG, ist ein berechtigtes betriebliches Interesse an der Beibehaltung der Altersstruktur – wiederlegbar – indiziert (BAG 22.3.12 – 2 AZR 167/11, NZA 12, 1040).

e) Auswahlrichtlinien. Haben BRat und ArbGeb **Auswahlrichtlinien** nach § 95 **42** BetrVG vereinbart oder ist in einem Tarifvertrag bzw einer entsprechenden Richtlinie in einem Personalvertretungsgesetz „festgelegt, wie die sozialen Gesichtspunkte nach Abs 3 Satz 1 im Verhältnis zueinander zu bewerten sind, so kann die Bewertung" – nach **§ 1 Abs 4 KSchG** – „nur auf grobe Fehlerhaftigkeit überprüft werden". Gemeint ist die soziale Auswahl im engeren Sinn, wie der Hinweis auf § 1 Abs 3 Satz 1 KSchG und die „sozialen Gesichtspunkte" klarstellt. Es geht daher nicht um die Erweiterung des Prüfungsmaßstabes bei der Festlegung des Kreises der vergleichbaren ArbN oder die Herausnahme aus der sozialen Auswahl nach § 1 Abs 3 Satz 2 KSchG (BAG 5.6.08 – 2 AZR 907/06, NZA 08, 1120).

Das Gesetz privilegiert die Auswahlrichtlinie selbst, an Hand derer die Auswahl im **43** konkreten Fall vorgenommen wird. Soziale Gesichtspunkte sind ausreichend berücksichtigt, wenn der ArbGeb einer Auswahlrichtlinie folgt, die selbst nicht grob fehlerhaft ist. Sie ist grob fehlerhaft, wenn die Kriterien der Sozialauswahl (Dauer der Betriebszugehörigkeit, Lebensalter, Unterhaltspflichten und Schwerbehinderung) völlig unausgewogen berücksichtigt sind, weil einzelne Sozialdaten überhaupt nicht, eindeutig unzureichend oder mit eindeutig überhöhter Bedeutung herangezogen wurden (BAG 5.6.08 – 2 AZR 907/06, NZA 08, 1120). Dabei lässt es der eng gefasste Beurteilungsspielraum der Betriebspartner zu, bei der Gewichtung der sozialen Kriterien das Schwergewicht auf die Unterhaltspflichten der betroffenen ArbN zu legen (BAG 2.12.99 – 2 AZR 757/98, NZA 00, 531). Erweist sich die Auswahlrichtlinie als grob fehlerhaft, muss die konkrete Auswahlentscheidung nicht sozialwidrig sein. Sie kann im Einzelfall doch den Voraussetzungen nach § 1 Abs 3 KSchG entsprechen. Die Regelung in § 1 Abs 4 KSchG gilt ebenso für den **Interessenausgleich,** der Auswahlrichtlinien enthält (s *Interessenausgleich* Rz 6). Dass er in der Vorschrift nicht ausdrücklich genannt wird, hat keine praktische Bedeutung. Der Gesetzgeber wollte bereits 1996 die Stellung der Betriebspartner stärken. Er wollte sie mit der Neufassung 2003 nicht wieder schwächen.

Vom ArbGeb **einseitig erstellte Punktsysteme** zur Gewichtung der Sozialdaten müssen **44** nach § 1 Abs 3 Satz 1 KSchG in der seit dem 1. Januar 2004 geltenden Fassung keine individuelle Abschlussprüfung mehr vorsehen (BAG 9.11.06 – 2 AZR 812/05, NZA 07, 549). Diese Punktesysteme nehmen nicht an der Privilegierung des § 1 Abs 4 KSchG teil. Der Beurteilungsspielraum des ArbGeb (s Rz 37) lässt sich jedoch auch im Punktesystem einfangen. Die Regelung kann dem ArbGeb bei der konkreten Sozialauswahl die Möglichkeit einräumen, im Einzelfall von dem Ergebnis der Punktewertung in einem beschriebenen

Rahmen abzuweichen, soweit dies nicht zu einer deutlichen Abweichung kommt, die den Rahmen des Beurteilungsspielraums sprengt. Sind die zu kündigenden ArbN im Interessenausgleich in einer mit dem BRat erstellten **Namensliste** konkret bezeichnet, wird die soziale Auswahl **nach § 1 Abs 5 KSchG** im weiteren Sinne, also nicht nur die Bewertung der sozialen Daten, sondern auch die Bildung der auswahlrelevanten Gruppen sowie die Herausnahme von „Leistungsträgern" aus der Auswahl (BAG 21.2.02 – 2 AZR 581/00, NZA 02, 1360) nur noch auf grobe Fehlerhaftigkeit überprüft (Einzelheiten *Interessenausgleich* Rz 7).

45   **3. Einzelfälle. a) Abkehrwille.** Erklärt ein ArbN, dass er demnächst kündigen wolle, kann dies eine betriebsbedingte Kündigung rechtfertigen, wenn er einen **Spezial- oder Mangelberuf** ausübt und der ArbGeb die Möglichkeit hat, kurzfristig einen Ersatzkraft einzustellen (BAG 22.10.64 – 2 AZR 515/63 AP KSchG § 1 Betriebsbedingte Kündigung Nr 16). Im Zweifel muss der ArbGeb vor der Kündigung mit dem ArbN sprechen, um festzustellen, ob ein ernster Abkehrwille vorliegt (LAG München 29.11.74, DB 75, 1129).

46   **b) Abordnung.** Hat sich in einem **Konzern** die Muttergesellschaft **verpflichtet,** einen zu einem Tochterunternehmen **abgeordneten Arbeitnehmer** nach seiner Rückkehr wieder in ihrem Betrieb zu beschäftigen, kann sie ihn bei Beendigung seiner Abordnung nicht mit der Begründung kündigen, sein Arbeitsplatz sei zwischenzeitlich besetzt und ein anderer stehe nicht zur Verfügung (BAG 28.11.68 – 2 AZR 76/68 AP KSchG § 1 Betriebsbedingte Kündigung Nr 19). Anders wenn ein ArbN in einem Konzernunternehmen – ohne versetzt oder abgeordnet zu werden – bestimmten fachlichen Weisungen – durch ein anderes Konzernunternehmen unterstellt wird (BAG 27.11.91 – 2 AZR 255/91, NZA 92, 644).

47   Ist der ArbN gleichzeitig bei **verschiedenen Konzernunternehmen** beschäftigt, kann das Arbeitsverhältnis nur von allen Konzernunternehmen gleichzeitig gekündigt werden. Auch eine betriebsbedingte Kündigung kommt idR nur in Betracht, wenn ihre Voraussetzungen im Verhältnis zu jedem der Beteiligten gegeben sind (BAG 27.3.81 – 7 AZR 523/78, NJW 84, 1703). Die Kündigung ist auch nicht gerechtfertigt, wenn die Konzerntochter einen ArbN betriebsbedingt kündigen will und die Konzernmutter bereit ist, ihn zu übernehmen (BAG 23.4.08 – 2 AZR 1110/06, NZA 08, 939; s Rz 14).

48   **c) Austauschkündigung.** Der ArbGeb ist nicht berechtigt, einem ArbN allein mit der Begründung zu kündigen, er müsse diesen Arbeitsplatz für einen anderen frei machen. Betriebsbedingte Kündigungen zum Austausch von ArbN gegen **ausgeliehene Arbeitnehmer,** die zur Senkung der Lohnkosten nach ausländischem Recht beschäftigt werden sollen, sind daher unwirksam (BAG 26.9.96 – 2 AZR 200/96, NZA 97, 202). Ebenso wenig kann eine **Fremdvergabe** der bisher von ArbN des Betriebes ausgeführten Arbeiten an Dritte eine Kündigung rechtfertigen, wenn diese Arbeiten nicht zur selbstständigen Durchführung übertragen werden. Unterliegen die für diese Arbeiten vom Dritten eingesetzten ArbN dem Direktionsrecht des kündigenden ArbGeb, führt diese Gestaltung nicht zum Wegfall der bisherigen betrieblichen Arbeitsplätze; es handelt sich vielmehr um unzulässige Austauschkündigungen (BAG 16.12.04 – 2 AZR 66/04, NZA 05, 761 – „Team-Dispatcher"; BAG 12.3.09 – 2 AZR 418/07, NZA 09, 1023 – „Leiharbeitnehmer"). Der sozialpolitisch motivierte Austausch nebenberuflich tätiger teilzeitbeschäftigter ArbN gegen Arbeitslose stellt kein betriebsbedingtes Bedürfnis für eine Kündigung dar (BAG 13.3.87, DB 87, 1443).

49   **d) Betriebsänderung.** Für eine beschlossene und tatsächlich durchgeführte **Betriebsänderung** spricht die Vermutung, dass sie aus sachlichen Gründen erfolgt ist (BAG 24.10.79, DB 80, 1400). Bei der **Zusammenlegung von Arbeitsgebieten** handelt es sich ebenso um eine hinzunehmende Organisationsentscheidung (BAG 1.7.76, DB 76, 2213), wie bei dem Wegfall einer Leitungsebene und deren Ersatz durch ein Kollegialgremium auf niedrigerer Funktionsstufe (BAG 27.9.01 – 2 AZR 176/00, NZA 02, 1277). Die **Umwandlung** von **Teilzeitarbeitsplätzen** in Vollzeitarbeitsplätze kann betriebsbedingt sein, wenn sie auf einem nachvollziehbaren unternehmerischen Konzept der Arbeitszeitgestaltung beruht (BAG 12.8.99. – 2 AZR 12/99, NZA 00, 30).

50   **e) Betriebsstilllegung.** Die Stilllegung des ganzen Betriebs, eines Betriebsteils oder einer Abteilung rechtfertigen idR eine betriebsbedingte Kündigung (BAG 14.8.07 – 8 AZR 1043/06, NZA 07, 1431) auch gegenüber einem ArbN in der Arbeitsphase (BAG 16.6.05 – 6 AZR 476/04, NZA 06, 270), nicht aber in der Freistellungsphase (BAG 5.12.02 – 2 AZR 571/01, NZA 03, 789) der Altersteilzeit. Unter einer Stilllegung versteht man die Auflösung

der zwischen ArbGeb und ArbN bestehenden Betriebs- und Produktionsgemeinschaft. Der ArbGeb muss hierzu seine bisherige wirtschaftliche Betätigung in der ernstlichen Absicht einstellen, den Betriebszweck dauernd oder für eine ihrer Dauer nach unbestimmte, wirtschaftlich nicht unerhebliche Zeitspanne nicht weiter zu verfolgen (BAG 14.8.07 – 8 AZR 1043/06, NZA 07, 1431). Er darf dabei die Kündigungen nicht erst nach Durchführung der Stilllegung, sondern auch schon wegen einer beabsichtigten Stilllegung aussprechen, sobald sie greifbare Formen angenommen hat. Davon kann man ausgehen, wenn bei Ausspruch der Kündigung aufgrund einer vernünftigen, betriebswirtschaftlichen Betrachtung zu erwarten ist, bei Ablauf der Kündigungsfrist sei mit einiger Sicherheit die Beschäftigungsmöglichkeit weggefallen (BAG 14.8.07 – 8 AZR 1043/06, NZA 07, 1431). Der fehlt zB wenn zum Kündigungszeitpunkt noch über eine Weiterveräußerung des Betriebes verhandelt wird (BAG 10.10.96 – 2 AZR 477/95, NZA 97, 251) oder aus anderen Gründen unklar ist, ob bei Ablauf der Kündigungsfrist die Beschäftigungsmöglichkeiten weggefallen sein werden (BAG 12.4.02 – 2 AZR 256/01, NZA 02, 1205). Die bloße **Betriebsunterbrechung** für eine zeitlich unerheblich vorübergehende Dauer reicht nicht aus, wenn bei Zugang der Kündigung der Zeitpunkt der Wiederaufnahme des Betriebes bereits feststeht (BAG 27.9.84, DB 85, 1399). Werden die Arbeitsverhältnisse der Beschäftigten jedoch nach Einstellung der Produktion gekündigt, so handelt es sich idR auch um eine Stilllegung, wenn im Kündigungszeitpunkt davon auszugehen ist, dass eine eventuelle Wiederaufnahme der Produktion erst nach einem längeren, wirtschaftlich nicht unerheblichen Zeitraum erfolgen kann, dessen Überbrückung mit weiteren Vergütungszahlungen dem ArbGeb nicht zugemutet werden kann (BAG 21.6.01 – 2 AZR 137/00, NZA 02, 212). Bei einer **witterungsbedingten Arbeitsunterbrechung** kommt es für die Wirksamkeit der betriebsbedingten Kündigung darauf an, ob im Zeitpunkt der Kündigung bereits absehbar war, wann der Arbeitsplatz nach Ablauf der Kündigungsfrist wieder zur Verfügung steht und ob die Überbrückung dieser Zeitdauer für den ArbGeb zumutbar ist (BAG 7.3.96, DB 96, 1523). Bei einer **etappenweisen Betriebsstilllegung** kann schrittweise gekündigt werden. Dabei müssen unter vergleichbaren ArbN die sozial stärksten zuerst gekündigt werden. Dies gilt auch, wenn in der letzten Stufe nur noch Abwicklungsarbeiten zu verrichten sind (BAG 16.9.82, DB 83, 504). Ist wegen der Stilllegung des gesamten Betriebes nach der für den BRat erkennbaren Auffassung des ArbGeb eine Sozialauswahl nicht vorzunehmen, braucht der ArbGeb den BRat nach **§ 102 BetrVG** über Familienstand und Unterhaltspflichten der zu kündigenden ArbN nicht unterrichten. Diese Mitteilung ist überflüssig, weil der BRat seinen Widerspruch nicht auf einen Mangel der sozialen Auswahl stützen kann (BAG 13.5.04 – 2 AZR 329/03).

f) Betriebsübergang. Die Kündigung wegen eines Betriebsüberganges ist nach § 613a Abs 4 Satz 1 BGB unwirksam (s *Betriebsübergang* Rz 68–71). Betriebsbedingte Kündigungen bleiben aber grds nach § 613a Abs 4 Satz 2 BGB möglich. Ist bei Zugang einer betriebsbedingten Kündigung eine Betriebsstilllegung endgültig geplant und eingeleitet, wird die ursprünglich sozial gerechtfertigte Kündigung nicht dadurch unwirksam, dass es später doch zu einer Betriebsveräußerung kommt (BAG 3.9.98 – 8 AZR 306/97, NZA 99, 147). 51

Für eine Kündigung, die einen Betrieb „**verkaufsfähig**" machen soll, gelten die allgemeinen Voraussetzungen (BAG 20.9.06 – 6 AZR 249/05, NZA 07, 387). Der Kündigungsgrund ergibt sich nicht schon daraus, dass einem Interessenten der Arbeitsplatz des gekündigten ArbN „zu teuer" ist (BAG 20.3.03 – 8 AZR 97/02, NZA 03, 1027). Auf der anderen Seite darf der Betriebsinhaber vor der Veräußerung des Betriebes jedenfalls sein *eigenes* Sanierungskonzept verwirklichen. Er muss nicht beabsichtigen, den Betrieb selbst fortzuführen (BAG 18.7.96 – 8 AZR 127/94, NZA 97, 148). Auch die Kündigung des Betriebsveräußerers aufgrund des **Erwerbskonzepts** soll jedenfalls dann nicht gegen § 613a Abs 4 BGB verstoßen, wenn ein verbindliches Konzept oder ein Sanierungsplan des Erwerbers vorliegt, dessen Durchführung im Zeitpunkt des Zugangs der Kündigung bereits greifbare Formen angenommen hat. Dabei soll es für die Wirksamkeit der betriebsbedingten Kündigung – jedenfalls in der Insolvenz – nicht darauf ankommen, ob das Konzept auch beim Veräußerer hätte durchgeführt werden können (BAG 20.9.06 – 6 AZR 249/05, NZA 07, 387; BAG 20.3.03 – 8 AZR 97/02, NZA 03, 1027). Ob dies auch außerhalb einer Insolvenz gilt, bleibt offen (Einzelheiten s *Betriebsübergang* Rz 76). Widerspricht der ArbN dem Übergang seines Arbeitsverhältnisses auf einen Betriebsübernehmer, spielen die Gründe für den Widerspruch des ArbN gegen den Übergang seines Arbeitsverhältnisses keine Rolle. Es 52 findet eine soziale Auswahl zwischen allen vergleichbaren ArbN des Betriebes statt, die – wie sonst auch – allein auf die im Gesetz genannten sozialen Daten abstellt (BAG 31.5.07 – 2 AZR 276/06, NZA 2008, 33). **Nach Übergang** der Arbeitsverhältnisse kann der Erwerber betriebsbedingte Kündigungen aussprechen, darf dabei aber nach § 613a Abs 4 BGB nicht den Betriebsübergang zum Anlass für die Kündigung nehmen.

53   g) **Kurzarbeit.** Ob der gekündigte ArbN sich auch darauf berufen kann, seine Kündigung habe durch **Kurzarbeit** vermieden werden können (sog **„Vorrang der Kurzarbeit"**), ist jetzt weitgehend geklärt. Ein nur vorübergehender Arbeitsmangel kann eine betriebsbedingte Kündigung nicht rechtfertigen. Ein dringendes betriebliches Erfordernis zur Beendigung eines Arbeitsverhältnisses iSd § 1 Abs 2 KSchG besteht nicht, wenn außer- oder innerbetriebliche Umstände nicht zu einer dauerhaften Reduzierung des Arbeitskräftebedarfs im Betrieb führen. Der ArbGeb hat die Tatsachen näher darzulegen, aus denen sich ergeben soll, dass zukünftig auf Dauer mit einem reduzierten Arbeitsvolumen und Beschäftigungsbedarf zu rechnen ist. Er hat den dauerhaften Rückgang des Arbeitsvolumens nachvollziehbar darzustellen, indem er die einschlägigen Daten aus repräsentativen Referenzperioden miteinander vergleicht. Wird Kurzarbeit geleistet, so spricht dies dafür, dass die Betriebsparteien nur von einem vorübergehenden Arbeitsmangel und nicht von einem dauerhaft gesunkenen Beschäftigungsbedarf ausgehen. Dieses aus der Kurzarbeit folgende Indiz kann der ArbGeb durch konkreten Sachvortrag entkräften (BAG 23.2.12 – 2 AZR 548/10, NZA 12, 852).

54   Entfällt die Beschäftigungsmöglichkeit für einzelne von der Kurzarbeit betroffene ArbN aufgrund später eingetretener weiterer Umstände oder veränderter wirtschaftlicher und/oder organisatorischer Rahmenbedingungen auf Dauer, so kann trotz der Kurzarbeit ein dringendes betriebliches Erfordernis für eine Kündigung bestehen. Haben die Betriebsparteien durch die Einführung von Kurzarbeit den Umfang der vertraglich geschuldeten Arbeitszeit auf ein Niveau abgesenkt, das den Ausspruch betriebsbedingter Kündigungen gerade überflüssig macht, so kann ein dringendes betriebliches Kündigungserfordernis regelmäßig erst dann angenommen werden, wenn der ArbGeb die Möglichkeit zur Arbeitszeitreduzierung voll ausgeschöpft hat und gleichwohl noch ein Beschäftigungsüberhang besteht (BAG 23.2.12 – 2 AZR 548/10, NZA 12, 852).

55   h) **Öffentlicher Dienst.** Die zur betriebsbedingten Kündigung entwickelten Grundsätze gelten auch im öffentlichen Dienst. Ein allgemeiner Beschluss, Personalkosten zu senken, reicht nicht aus (BAG 23.11.04. – 2 AZR 38/04, NZA 05, 986). Werden aber im **Haushaltsplan** bestimmte, nach sachlichen Merkmalen bezeichnete Stellen für Betriebe oder Verwaltungen des öffentlichen Rechts gestrichen (BAG 22.5.03 – 2 AZR 326/02, NZA 04, 343; BAG 7.10.04 – 2 AZR 122/04, NZA 05, 352), oder im Zusammenhang mit **allgemeinen Sparmaßnahmen** organisatorische oder technische Veränderungen durchgeführt, die bestimmte Arbeitsplätze wegfallen lassen, liegt darin grds ein betriebliches Erfordernis nach § 1 Abs 2 KSchG (BAG 23.11.04 – 2 AZR 38/04, NZA 05, 1225). Der sog **„kw-Vermerk"** rechtfertigt die Kündigung nicht, wenn keine bestimmte oder bestimmbare Frist für den Wegfall der Stelle angegeben ist (BAG 26.9.78 – 4 AZR 84/77 AP KSchG 1969 § 1 Nr 4) oder damit die innerbetriebliche Entscheidung für den Wegfall der konkreten Stelle noch nicht abschließend getroffen wurde (BAG 18.11.99 – 2 AZR 77/99, NZA 2000, 484). Ein **ministerieller Erlass** allein kann keine betriebsbedingte Kündigung rechtfertigen (BAG 29.5.85 – 7 AZR 248/84 – nv).

56   Der Entzug von **Drittmitteln** stellt für sich allein noch keinen Kündigungsgrund dar (BAG 20.2.86 – 2 AZR 212/85, NZA 86, 823). Der Drittmittelempfänger muss entscheiden, ob er den subventionierten Bereich fortführen will. Stellt er ihn ein oder schränkt er den geförderten Aufgabenbereich ein, kann er betriebsbedingt kündigen (BAG 30.10.87 – 7 AZR 138/87 – nv). Entscheidet er sich für die Fortführung unter gleichzeitiger Einstellung eines anderen Bereichs, fallen **dort** die Beschäftigungsmöglichkeiten weg.

57   i) **Rationalisierung.** Der Zwang des ArbGeb – aber auch schon sein Wunsch – Kosten zu sparen und das Betriebsergebnis zu verbessern, können notwendige **Rationalisierungsmaßnahmen** auslösen, die ihrerseits betriebsbedingte Kündigungen rechtfertigen (BAG 30.4.87 – 2 AZR 184/86, NZA 87, 776). Dabei kann es sich um eine technische Rationalisierung (BAG 18.7.96 – 8 AZR 127/94, NZA 97, 148 – EDV-Einführung) oder um eine organisatorische Rationalisierung handeln (BAG 19.5.93 – 2 AZR 584/92, NZA 93, 1057 – Änderung der Arbeitsabläufe; BAG 27.9.01 – 2 AZR 176/00, NZA 02, 1277 – Neuordnung

von Hierarchieebenen; BAG 24.4.97 – 2 AZR 352/96, NZA 97, 1047 – Arbeitsverdichtung; BAG 18.10.06 – 2 AZR 434/05, NZA 07, 552 – Dauerhafte Personalreduzierung; BAG 13.3.08 – 2 AZR 1037/06, NZA 08, 878 – Vergabe an freie Mitarbeiter). Gestaltet der ArbGeb einen Arbeitsplatz so um, dass dieser zu einer Beförderungsstelle wird, entfällt damit nicht ohne Weiteres der Beschäftigungsbedarf. Bleibt die Tätigkeit im Wesentlichen bestehen, liegen allein aufgrund einer Umwidmung dieser Stelle in eine Beförderungsstelle keine dringenden betrieblichen Erfordernisse zur Kündigung vor, weil die abzudeckende Arbeitskapazität dieselbe bleibt (BAG 18.3.10 – 2 AZR 337/08, NZA-RR 11, 18; BAG 10.7.08 – 2 AZR 1111/06, NZA 09, 312).

4. Darlegungs- und Beweislast. Im Kündigungsschutzprozess muss der ArbGeb im Geltungsbereich des KSchG nach § 1 Abs 2 Satz 4 KSchG die Tatsachen darlegen und beweisen, die seine Kündigung bedingen. Damit sind alle Umstände gemeint, welche eine Kündigung sozial gerechtfertigt erscheinen lassen. Er muss mit anderen Worten die Kündigungsgründe vortragen und beweisen. **58**

a) Unternehmerentscheidung und Betriebsbedingtheit. Für eine beschlossene und tatsächlich durchgeführte unternehmerische **Organisationsentscheidung** spricht die Vermutung, dass sie aus sachlichen Gründen erfolgt ist und kein Rechtsmissbrauch vorlag (BAG 21.9.06 – 2 AZR 607/05, NZA 07, 431). Deshalb muss der **Arbeitnehmer** im Kündigungsschutzprozess grundsätzlich die Umstände darlegen und beweisen, aus denen sich ergeben soll, dass die getroffene innerbetriebliche Strukturmaßnahme offensichtlich unsachlich, unvernünftig oder willkürlich ist (BAG 23.4.08 – 2 AZR 1110/06, NZA 08, 939). Zur **Betriebsbedingtheit** muss der **Arbeitgeber** im Einzelnen vortragen, welche außer- oder innerbetrieblichen Faktoren zur Kündigung geführt haben. Schlagworte wie „aus Rationalisierungsgründen" oder „wegen schlechter Auftragslage" reichen nicht aus. Es gelten die **Grundsätze der abgestuften Darlegungslast.** Zunächst muss der ArbGeb darlegen, dass und wie die von ihm beschlossene Maßnahme durchgeführt werden soll bzw durchgeführt wurde. Dabei muss er die organisatorische Durchführbarkeit und den dauerhaften Verfall von Beschäftigungsmöglichkeiten deutlich machen. Der ArbGeb muss im Einzelnen anhand von gerichtlich überprüfbaren Tatsachen vortragen, wie sich zB das von ihm geschilderte **Rationalisierungskonzept** auf die Beschäftigungsmöglichkeit der ArbN auswirkt, welche gekündigt wurden. Die autonome, gestaltende Unternehmensentscheidung muss sich in greifbaren betrieblichen und damit objektivierbaren Formen niederschlagen. Je näher dabei die eigentliche Organisationsentscheidung an den Kündigungsentschluss rückt, umso mehr muss der ArbGeb durch Tatsachenvortrag verdeutlichen, dass ein Beschäftigungsbedürfnis für den ArbN entfallen ist (BAG 23.11.04 – 2 AZR 38/04, NZA 05, 1225). Dazu muss er konkret Arbeitsabläufe schildern. Er muss deutlich machen, wie die gleiche oder verminderte Arbeitsmenge nach seinen Vorstellungen in Zukunft von wem bewältigt werden soll. So soll eine rechtswidrige Überforderung oder Benachteiligung des im Betrieb verbleibenden Personals durch zusätzliche Überstunden oder Erhöhung der regelmäßigen Arbeitszeit verhindert werden. Hat der ArbGeb eine **Hierarchieebene** gestrichen, muss er konkret erläutern, in welchem Umfang und aufgrund welcher Maßnahmen die bisher von dem betroffenen ArbN ausgeübten Tätigkeiten entfallen. Er muss die Auswirkungen seiner Vorgaben auf die zukünftige Arbeitsmenge anhand schlüssiger Prognosen darstellen und angeben, wie die anfallenden Arbeiten vom verbliebenen Personal erledigt werden können (BAG 24.5.12 – 2 AZR 124/11, NZA 12, 1223; 16.12.10 – 2 AZR 770/09, NZA 11, 505). Beruft sich der ArbGeb bei der Umgestaltung eines Arbeitsplatzes zur Rechtfertigung einer betriebsbedingten Kündigung ua auf eine **Neubestimmung des Anforderungsprofils,** muss er darlegen, dass hierfür ein betrieblicher Anlass besteht. Die Entscheidung zur Stellenprofilierung muss dann im Zusammenhang mit einer organisatorischen Maßnahme stehen, die nach ihrer Durchführung angesichts eines veränderten Beschäftigungsbedarfs auch die Anforderungen an den Inhaber des Arbeitsplatzes erfasst (BAG 10.7.08 – 2 AZR 1111/06, NZA 09, 312). **59**

Im Streit um die **Dringlichkeit** der Kündigung gilt eine abgestufte Darlegungslast. Zunächst reicht die pauschale Behauptung des ArbN aus, mit bestimmten, von ihm bezeichneten Maßnahmen – zB Überstundenabbau – hätte seine Kündigung vermieden werden können. Der ArbGeb muss dann darlegen und notfalls beweisen, dass diese Maßnahmen nicht zur Verfügung standen, ungeeignet oder nicht erforderlich bzw unzumutbar waren **60**

258 Kündigung, betriebsbedingte

(BAG 24.3.83, DB 83, 1822). Im Fall des § 1 Abs 5 KSchG – Namensliste – trifft den ArbN grundsätzlich auch insoweit die Darlegungs- und Beweislast (BAG 7.5.98 – 2 AZR 536/97, NZA 98, 933 Einzelheiten Rz 63). § 1 Abs 5 KSchG ist auf die außerordentliche betriebsbedingte Kündigung nicht anzuwenden (BAG 28.5.09 – 2 AZR 844/07, NZA 09, 954).

61 Im Streit um die mögliche **Weiterbeschäftigung** auf einem freien Arbeitsplatz trifft den ArbGeb die Darlegungs- und Beweislast, dass die Kündigung wegen des Wegfalls des bisherigen Arbeitsplatzes durch dringende betriebliche Erfordernisse bedingt ist, weil eine anderweitige Beschäftigung im Betrieb oder einem anderen Betrieb des Unternehmens nicht möglich oder zumutbar ist (BAG 15.8.02 – 2 AZR 195/01, NZA 03, 430). Dabei hängt der Umfang der Darlegungspflicht des ArbGeb von der Einlassung des ArbN ab.

62 Bestreitet der ArbN nur, dass sein Arbeitsplatz weggefallen ist, braucht sich der ArbGeb nicht konkret zu der Frage äußern, ob es die Möglichkeit der Weiterbeschäftigung auf einen anderen Arbeitsplatz gab. Es ist Sache des ArbN, erst einmal näher darzustellen, wie er sich seine Weiterbeschäftigung vorstellt, falls der bisherige Arbeitsplatz weggefallen sein sollte (BAG 15.8.02 – 2 AZR 195/01, NZA 03, 430). Dabei muss er nicht konkret freie Arbeitsplätze benennen. Es genügt die Mitteilung, welche Art der Beschäftigung gemeint ist (BAG 15.8.02 – 2 AZR 195/01, NZA 03, 430). Jetzt muss der ArbGeb im Einzelnen darlegen und notfalls beweisen, dass ein anderer freier Arbeitsplatz nicht vorhanden ist, oder aus welchen Gründen eine Umsetzung nicht möglich war und der ArbN deshalb nicht so weiter beschäftigt werden konnte, wie er sich das vorstellt (BAG 27.9.84, DB 85, 1186). Beruft sich der ArbN auf einen konzernweiten Kündigungsschutz (s Rz 14), muss er konkret aufzeigen, aus welchen vertraglichen Regelungen bzw aus welcher geübten Praxis sich die konzernweite Weiterbeschäftigungspflicht ableitet und wie wer sich seine anderweitige Beschäftigung vorstellt, bevor der ArbGeb wiederum substantiiert Stellung nehmen muss (BAG 18.10.12 – 6 AZR 41/11, NZA 13, 1007).

63 Kommt es bei einer **Betriebsänderung** zu einem **Interessenausgleich,** in welchem die ArbN **namentlich** bezeichnet sind, denen gekündigt werden soll, wird nach **§ 1 Abs 5 KSchG** vermutet, dass sie durch dringende betriebliche Erfordernisse bedingt sind. Diese Vermutung erstreckt sich nicht nur auf den Wegfall der Beschäftigungsmöglichkeiten, sondern auch darauf, dass eine Weiterbeschäftigung des ArbN zu veränderten Bedingungen im Beschäftigungsbetrieb nicht möglich ist. Sie erstreckt sich auch auf das Fehlen anderweitiger Beschäftigungsmöglichkeiten in einem anderen Betrieb des Unternehmens, wenn sich die Betriebspartner bei der Verhandlung des Interessenausgleichs damit befasst haben, wovon nach Auffassung des BAG auch ohne ausdrückliche Erwähnung regelmäßig auszugehen ist (BAG 6.9.07 – 2 AZR 715/06, NZA 08, 633; 27.9.12 – 2 AZR 516/11, NZA 13, 559; BAG 20.9.12 – 6 AZR 253/11, NZA 13, 797). Der ArbGeb braucht im Prozess erst einmal nur die Voraussetzungen für eine Betriebsänderung, deren Kausalität für die Kündigung und den wirksamen Abschluss eines Interessenausgleichs mit Namensliste darzulegen, in welcher der klagende ArbN benannt ist (BAG 3.4.08 – 2 AZR 879/06, NZA 08, 1060). Diese Vermutung des § 1 Abs 5 KSchG kann vom ArbN widerlegt werden. Handelt es sich um Geschehnisse aus dem Bereich des ArbGeb, so mindert sich die Darlegungslast des ArbN durch eine sich aus § 138 Abs 1 und 2 ZPO ergebende Mitwirkungspflicht des ArbGeb nach den Grundsätzen der **sekundären Behauptungslast** (BAG 27.9.12. – 2 AZR 516/11, NZA 13, 559). Nach Auffassung des BAG muss der ArbN zumindest greifbare Anhaltspunkte benennen und unter Beweis stellen, aus denen sich die Unrichtigkeit der vermuteten Tatsachen ergeben soll. Hierzu muss er die ihm zur Verfügung stehenden Informationsmöglichkeiten – etwa auch eine Nachfrage beim Betriebsrat – ausschöpfen. Der ArbGeb braucht dann die Betriebsbedingtheit der Kündigung nicht umfassend begründen. Er muss die Betriebsänderung aber soweit verdeutlichen, dass der ArbN nun seiner Darlegungslast – auch nach weiteren Nachforschungen – nachkommen kann (BAG 27.9.12 – 2 AZR 516/11, NZA 13, 559). Kommt es in der **Insolvenz** zu einer **Betriebsveräußerung,** erstreckt sich die Vermutung der Betriebsbedingtheit nach § 128 Abs 2 InsO auch darauf, dass die Kündigung nicht wegen des Betriebsüberganges erfolgte. Wird die Betriebsänderung erst nach einer Veräußerung des Betriebes in der Insolvenz durchgeführt, wird die Betriebsbedingtheit der Kündigungen nach § 128 Abs 1 InsO ebenso vermutet.

64 b) **Soziale Auswahl.** Nach § 1 Abs 3 Satz 3 KSchG hat der **Arbeitnehmer** die Tatsachen zu beweisen, welche die Kündigung als sozial ungerechtfertigt erscheinen lassen, weil soziale

Gesichtspunkte nicht oder nicht ausreichend berücksichtigt wurden. Der ArbN trägt die Darlegungs- und Beweislast für die mangelhafte soziale Auswahl (BAG 24.5.05 – 8 AZR 398/04, NZA 05, 1302). Damit ist er oft überfordert, weil er die Sozialdaten seiner Kollegen nicht kennt. Man hilft ihm mit den in § 1 Abs 3 Satz 1 Hs 2 KSchG enthaltenen **Auskunftsanspruch.** Danach hat der ArbGeb auf Verlangen des ArbN die Gründe anzugeben, die zur getroffenen sozialen Auswahl geführt haben. Man transponiert diesen materiell-rechtlichen Anspruch in den Kündigungsschutzprozess hinein und kommt so zu einer **abgestuften Darlegungslast** (BAG 31.5.07 – 2 AZR 276/06, NZA 08, 33; BAG 24.5.05 – 8 AZR 398/04, NZA 05, 1302). Kennt der ArbN die Namen und Sozialdaten vergleichbarer ArbN, muss er die Namen der seiner Auffassung nach weniger schutzwürdigeren Kollegen und ihre Sozialdaten benennen. Das Gericht darf nicht „von Amts wegen" die soziale Auswahl treffen. Sie könnte auf einen ArbN fallen, den der Gekündigte gerade nicht verdrängen will.

Weiß der ArbN nicht, welche Kollegen mit ihm vergleichbar sind und kennt ihre Sozialdaten nicht, darf er zunächst pauschal die soziale Auswahl beanstanden und muss nun zugleich vom ArbGeb im Prozess Mitteilung der Gründe verlangen, welche ihn zur sozialen Auswahl veranlasst haben. Dabei reicht auch aus, wenn er sich auf den Hinweis beschränkt, ihm sei wegen Unkenntnis eine Darlegung zur sozialen Auswahl nicht möglich. Der ArbG muss nun – auch nach Vereinbarung eines Interessenausgleichs mit Namensliste (BAG 27.9.12 – 2 AZR 516/11, NZA 13, 559) – die Gründe für die getroffene Auswahl einschließlich der Gründe für die Herausnahme von Leistungsträgern darlegen, die ihn (subjektiv) zu der von ihm getroffenen Auswahl veranlasst haben. Kommt der ArbGeb der ihm hinsichtlich seiner subjektiven Auswahlüberlegungen obliegenden Darlegungslast vollständig nach, so hat der ArbN wieder die volle Darlegungs- und Beweislast für eine objektiv fehlerhafte Auswahlentscheidung. Der ArbN muss Kollegen benennen, die weniger schutzwürdig sind und vor ihm hätten gekündigt werden müssen (BAG 31.5.07 – 2 AZR 276/06, NZA 08, 33; BAG 24.5.05 – 8 AZR 398/04, NZA 05, 1302). Gibt der Arbeitgeber keine oder keine vollständige Auskunft, so kann der Arbeitnehmer beim Fehlen eigener Kenntnis seiner Substantiierungspflicht, die Namen sozial stärkerer Arbeitnehmer zu nennen, nicht genügen. In diesen Fällen ist sein Vortrag, es seien sozial stärkere Arbeitnehmer als er vorhanden, schlüssig und ausreichend (BAG 27.9.12 – 2 AZR 516/11, NZA 13, 559). Hat der ArbGeb keine soziale Auswahl vorgenommen, spricht eine von ihm auszuräumende Vermutung dafür, dass die Auswahl auch im Ergebnis fehlerhaft ist. Der ArbGeb muss dann darlegen, weshalb bei durchgeführter Sozialauswahl dasselbe Ergebnis herausgekommen wäre (BAG 3.4.08 – 2 AZR 879/06, NZA 08, 1060). Die nach § 1 Abs 3 Satz 2 KSchG erforderlichen Voraussetzungen einer **Altersgruppenbildung** müssen vom ArbGeb dargelegt werden. Er muss erklären, welche konkreten Nachteile sich ergeben hätten, wenn die Sozialauswahl ohne diese Gruppenbildung vorgenommen worden wäre (BAG 18.3.10 – 2 AZR 468/08, NZA 10, 1059).

Der ArbGeb muss auf Aufforderung des ArbN im Prozess nur seine **subjektiven Überlegungen** mitteilen, die er zur sozialen Auswahl angestellt hat. Ergibt sich schon aus diesen Angaben des ArbGeb, dass das Auswahlverfahren objektiv nicht den gesetzlichen Anforderungen entsprochen hat (Verkennung des auswahlrelevanten Personenkreises), braucht der ArbN zunächst nichts weiter darzulegen. Vielmehr spricht eine vom ArbGeb auszuräumende tatsächliche Vermutung dafür, dass auch die Auswahlentscheidung objektiv fehlerhaft und damit die Kündigung sozialwidrig ist (BAG 31.5.07 – 2 AZR 276/06; BAG 24.5.05 – 8 AZR 398/04, NZA 05, 1302). Das Gericht darf erst einmal davon ausgehen, dass soziale Gesichtspunkte nicht ausreichend berücksichtigt wurden und die Kündigung für unwirksam halten (BAG 15.6.89 – 2 AZR 580/88, NZA 90, 226). Für die Sozialauswahl ist jedoch allein entscheidend, ob sie im Ergebnis zutreffend war. Es kommt nicht darauf an, ob der Weg zu dem vom ArbGeb gefundenen Ergebnis fehlerhaft war. Der ArbGeb kann daher im Prozess die Sozialauswahl ohne die vor Ausspruch der Kündigung gemachten Fehler „wiederholen". Er kann seinerseits näher darlegen, dass trotz des gesetzeswidrigen Auswahlverfahrens gleichwohl der gekündigte ArbN nach dem Maßstab des § 1 Abs 3 KSchG nicht fehlerhaft ausgewählt war (BAG 31.5.07 – 2 AZR 276/06; BAG 24.5.05 – 8 AZR 398/04, NZA 05, 1302). Dasselbe gilt, wenn das von den Betriebsparteien beim Erstellen einer dem Interessenausgleich beigefügten Namensliste gewählte Auswahlverfahren fehlerhaft war (BAG 10.6.10 – 2 AZR 420/09, NZA 10, 1352). Die Darlegungs- und Beweislast für die Zulässigkeit der Herausnahme von **Leistungsträgern** aus der sozialen Auswahl nach **§ 1 Abs 3 Satz 2 KSchG** liegt beim ArbGeb (BAG 5.6.08 – 2 AZR 907/06, NZA 08, 1120).

67 Ist in einem **Tarifvertrag**, einer **Betriebsvereinbarung** nach § 95 BetrVG oder in einer entsprechenden **Richtlinie** nach einem Personalvertretungsgesetz festgelegt, wie die sozialen Gesichtspunkte im Verhältnis zueinander zu bewerten sind, darf diese Bewertung der sozialen Auswahl im engeren Sinn (s oben Rz 43) nach § 1 Abs 4 KSchG allein auf grobe Fehlerhaftigkeit überprüft werden. Kann dies das ArbG nicht feststellen, reduziert sich seine Nachprüfung der sozialen Auswahl im Prozess darauf, ob der ArbGeb sich an das Bewertungsschema gehalten hat. Die soziale Auswahl ist damit weitgehend abgesichert. Werden die zu kündigenden ArbN in einem **Interessenausgleich** namentlich bezeichnet, wird die gesamte Sozialauswahl vom ArbG nur noch auf grobe Fehlerhaftigkeit überprüft, vorausgesetzt, die Sachlage hat sich nach dem Zustandekommen des Interessenausgleichs nicht wesentlich geändert (Einzelheiten *Interessenausgleich* Rz 7). Erweist sich das von den Betriebsparteien beim Erstellen der Namensliste gewählte Auswahlverfahren als fehlerhaft, ist dies allein für die Wirksamkeit der Kündigung nicht entscheidend. Es kommt auch jetzt nur darauf an, ob das Ergebnis der sozialen Auswahl grob fehlerhaft ist, nicht aber, ob das gewählte Auswahlverfahren beanstandungsfrei ist. Ein mangelhaftes Auswahlverfahren kann zu einem richtigen – nicht grob fehlerhaften – Auswahlergebnis führen. Im Kündigungsschutzverfahren darf der ArbN sich daher nicht darauf beschränken, die Fehlerhaftigkeit des Auswahlverfahrens zu rügen. Er muss ihr konkretes Ergebnis in Frage stellen, indem er geltend macht, dass ein bestimmter mit ihm vergleichbarer ArbN in einem solchen Ausmaß weniger sozial schutzwürdig ist, dass es grob fehlerhaft war, dem Kläger und nicht diesem zu kündigen (BAG 10.6.10 – 2 AZR 420/09, NZA 10, 1352).

B. Lohnsteuerrecht
Seidel

68 S die Ausführungen zu *Kündigung, allgemein* Rz 82.

C. Sozialversicherungsrecht
Schlegel

69 **Sperrzeit**. Ein ArbN kann sich auf einen – die Sperrzeit wegen Arbeitsaufgabe ausschließenden – wichtigen Grund für die Lösung des Beschäftigungsverhältnisses durch **Aufhebungsvertrag** berufen, wenn ihm ansonsten eine rechtmäßige ArbGebKündigung aus nicht verhaltensbedingten Gründen zum gleichen Zeitpunkt droht (BSG 12.7.06 – B 11a AL 47/05 R). Schließt ein ArbN angesichts einer drohenden betriebsbedingten Kündigung einen **Aufhebungsvertrag mit Abfindung**, die sich im Rahmen des § 1a KSchG hält, steht ihm ein wichtiger Grund zur Seite, der eine Sperrzeit ausschließt. Dies gilt auch für einen ordentlich unkündbaren ArbN, wenn ihm eine außerordentliche betriebsbedingte Kündigung droht (BSG 2.5.12 – B 11 AL 6/11 R, Rz 31). Eine Prüfung der Rechtmäßigkeit der drohenden ArbGebKündigung ist nicht erforderlich, sofern die Grenzen des § 1a Abs 2 KSchG eingehalten sind und keine Anhaltspunkte für eine Gesetzesumgehung vorliegen (zB offenkundige Rechtswidrigkeit der beabsichtigten Kündigung, vgl BSG 2.5.12 – B 11 AL 6/11 R). Anhaltspunkte für einen „Freikauf" liegen nach der Rspr des BSG vor, wenn die Abfindungssumme die Grenzen des § 1a KSchG deutlich überschreiten (vgl BSG 2.5.12 – B 11 AL 6/11 R, Rz 27).

70 Vgl auch die Ausführungen zu *Kündigung, allgemein* Rz 83 ff.

Kündigung, personenbedingte

A. Arbeitsrecht
Eisemann

Übersicht

	Rz		Rz
1. Grundlagen	1–6	a) Lang andauernde Krankheit	14–18
a) Verhältnismäßigkeit	3–5	b) Häufige Kurzzeiterkrankungen	19–27
b) Interessenabwägung	6	c) Krankheitsbedingte Leistungsminderung	28–30
2. Krankheit	7–30		

Kündigung, personenbedingte

	Rz		Rz
3. Einzelfälle	31–44	e) Ehrenämter	41
a) Alkohol	32–36	f) Haft	42
b) Alter	37	g) Unmöglichkeit	43
c) Beschäftigungsverbot	38	h) Wehrdienst	44
d) Eignung und Leistungen	39, 40	4. Darlegungs- und Beweislast	45–47

1. Grundlagen. Nach § 1 Abs 2 KSchG ist eine Kündigung ua sozial ungerechtfertigt, **1** welche nicht durch Gründe bedingt ist, die in der **Person** des ArbN liegen. Die personenbedingte Kündigung stellt keine Sanktion für vergangene Vertragsstörungen dar. Sie ist zukunftsbezogen und gibt dem ArbGeb die Möglichkeit, zu erwartenden betrieblichen Beeinträchtigungen zuvorzukommen (BAG 12.4.02 – 2 AZR 148/01, NZA 02, 1081). Das Gesetz enthält keine Definition des personenbedingten Grundes für eine Kündigung. Die Rspr versteht als Gründe in der Person des ArbN solche Umstände, die auf einer in der **Sphäre des Arbeitnehmers** liegenden „Störquelle" beruhen (BAG 24.2.05 – 2 AZR 211/04, NZA 05, 759). Man meint damit Umstände, die **persönliche Eigenschaften und Fähigkeiten** des ArbN betreffen (BAG 23.5.13 – 2 AZR 120/12, NZA 13, 1211). Führen diese Umstände zu einer schweren und dauerhaften Störung des Austauschverhältnisses, können sie eine Kündigung begründen, wenn es keine andere Beschäftigungsmöglichkeit für den ArbN gibt (BAG 24.2.05 – 2 AZR 211/04, NZA 05, 759). Allein der Umstand, dass ein ArbN von den Sozialversicherungsträgern nicht mehr als sozialversicherungsfrei angesehen wird, kann daher keine personenbedingte Kündigung begründen (BAG 18.1.07 – 2 AZR 731/05, NZA 07, 680).

Die personenbedingte Kündigung setzt voraus, dass der ArbN seine **Fähigkeiten** oder **2** seine **Eignung** verloren hat, die geschuldete Arbeitsleistung ganz oder zum Teil zu erbringen (BAG 28.2.90 – 2 AZR 401/89, NZA 90, 727). Auf ein Verschulden kommt es dabei nicht an (BAG 24.2.05 – 2 AZR 211/04, NZA 05, 759). Deshalb erfordert die personenbedingte Kündigung **keine Abmahnung.** Soweit sich der Verlust von Fähigkeiten und Eignung auf ein Verschulden des ArbN in seiner persönlichen Lebensführung zurückführen lässt, handelt es sich nicht um vertragsbezogenes Verhalten, welches deshalb nicht abgemahnt werden kann. Mahnt der (öffentliche) ArbGeb dennoch ab – weil etwa der ArbN aktiv für eine verfassungsfeindliche Partei eintritt – hat er damit wie bei einer verhaltensbedingten Kündigung auf das Kündigungsrecht verzichtet, solange es nicht zu einem erneuten Verstoß kommt (BAG 12.5.11 – 2 AZR 479/09, NZA-RR 12, 43).

a) Verhältnismäßigkeit. Gerade bei der personenbedingten Kündigung ist der ArbGeb **3** verpflichtet, jede mögliche zumutbare und **geeignete Maßnahme** zu ergreifen, die im Rahmen der betrieblichen Interessen die Kündigung vermeiden hilft (BAG 12.7.07 – 2 AZR 716/06, NZA 08, 173). Die **Widerspruchstatbestände** des § 1 Abs 2 Satz 2 Nrn 1b, 2b und Satz 3 KSchG sind dabei auch in die Überlegung einzubeziehen, wenn der BRat der Kündigung aus diesen Gründen nicht widersprochen hat (BAG 24.11.05 – 2 AZR 514/04, NZA 06, 665).

Vor Ausspruch der Kündigung muss daher stets geprüft werden, ob der ArbN auf einem **4** anderen gleichwertigen oder schlechteren **freien Arbeitsplatz** des Betriebes oder Unternehmens – im öffentlichen Dienst in derselben Dienststelle oder in einer anderen Dienststelle desselben Verwaltungszweigs – **weiter beschäftigt** werden kann, auf dem sich die eingetretene Vertragsstörung nicht mehr, zumindest nicht mehr in erheblicher Weise auswirkt (BAG 20.6.13 – 2 AZR 583/12, NZA 13, 1345). Hat der ArbGeb diese Prüfung versäumt, ist die Kündigung jedoch nur unwirksam, wenn die Möglichkeit der Weiterbeschäftigung tatsächlich bestand. Die objektive Lage ist entscheidend. Der ArbGeb muss weiter prüfen, ob eine Möglichkeit zur Weiterbeschäftigung nach zumutbaren **Umschulungs- oder Fortbildungsmaßnahmen** besteht. Und endlich muss der ArbGeb versuchen, den ArbN zu **geänderten Arbeitsbedingungen** – ggf auf einem Arbeitsplatz mit geringeren Anforderungen und verminderter Bezahlung – zu beschäftigen. Damit ist erst einmal der Einsatz auf einem freien Arbeitsplatz angesprochen. Der ArbGeb muss, um eine Beendigungskündigung zu vermeiden, den ArbN – wenn dies sein Weisungsrecht zulässt – auf diesen Arbeitsplatz versetzen und andernfalls eine Änderungskündigung aussprechen (s *Änderungskündigung* Rz 5, 6, 19). Ist ein ArbN krankheitsbedingt auf Dauer nicht mehr in der Lage, die

259 Kündigung, personenbedingte

geschuldete Arbeit auf seinem bisherigen Arbeitsplatz zu erbringen oder ist seine Leistungsfähigkeit krankheitsbedingt gemindert, muss der ArbGeb auch über die einfache Besetzung freier Arbeitsplätze hinausgehen, um die Kündigung zu vermeiden. Er ist verpflichtet, leidensgerechte **Arbeitsplätze frei zu machen** oder **zu schaffen,** soweit das im Rahmen des Direktionsrechts möglich ist (BAG 12.7.07 – 2 AZR 716/06, NZA 08, 173). Dazu gehört neben der Änderung von Arbeitsabläufen und dem Umverteilen von Aufgaben auch die Versetzung anderer Mitarbeiter (BAG 29.1.97 – 2 AZR 9/96, NZA 97, 709). Der ArbGeb ist jedoch weder verpflichtet, einen Arbeitsplatz „freizukündigen" noch muss er das Zustimmungsersetzungsverfahren einleiten, wenn der BRat seine Zustimmung zu einer Versetzung verweigert, mit der für den erkrankten Mitarbeiter ein leidensgerechter Arbeitsplatz freigemacht werden soll (BAG 29.1.97 – 2 AZR 9/96, NZA 97, 709). Auf der anderen Seite kann eine Kündigung gerechtfertigt sein, wenn eine rechtlich nicht zu beanstandende betriebliche Organisationsänderung dazu führt, dass ein in seiner Gesundheit beeinträchtigter ArbN nur noch in einer Weise beschäftigt werden kann, die sein Leiden verschlimmert, soweit er nicht auf der gesundheitsbeeinträchtigenden Beschäftigung besteht, sondern diese ablehnt (BAG 6.11.97 – 2 AZR 94/97, NZA 98, 143).

5   Vor jeder personenbedingten Kündigung – unabhängig davon, ob der ArbN behindert ist – ist der ArbGeb zusätzlich verpflichtet, das in **§ 84 Abs 2 SGB IX** geschilderte **betriebliche Eingliederungsmanagement** durchzuführen (BAG 12.7.07 – 2 AZR 716/06, NZA 08, 173). Die Durchführung eines betrieblichen Eingliederungsmanagements nach § 84 Abs 2 SGB IX ist nicht Wirksamkeitsvoraussetzung für die Kündigung wegen Krankheit (BAG 12.7.07 – 2 AZR 716/06, NZA 08, 173). Freilich erhöht sich die Darlegungslast im Kündigungsschutzprozess, wenn eine betriebliche Eingliederungsmaßnahme nicht oder nicht ordnungsgemäß durchgeführt wurde (Einzelheiten s Rz 47 und *Betriebliches Eingliederungsmanagement*)

6   **b) Interessenabwägung.** Die personenbedingte Kündigung kann wirksam werden, obwohl der Arbeitsplatz noch vorhanden ist und der ArbN nicht gegen seine vertraglichen Pflichten verstoßen hat. Bei der Interessenabwägung geht es in diesem Zusammenhang darum, ob die betriebliche Beeinträchtigung auf Grund der Besonderheiten des Einzelfalles vom ArbGeb billigerweise noch hinzunehmen ist oder ihn überfordert (BAG 10.11.05 – 2 AZR 44/05, NZA 06, 655). Dabei sind – wie sonst auch – ua die familiären Verhältnisse des ArbN, insbesondere seine Unterhaltspflichten, in die Abwägung einzubeziehen (BAG 20.1.00 – 2 AZR 378/99, NZA 00, 768). Im Ganzen ist ein **besonders strenger Maßstab** anzulegen (BAG 12.3.68, DB 68, 1273). Dies gilt vor allem, wenn sich aus der Art der Kündigungsgründe ein erhöhtes soziales Schutzbedürfnis des ArbN ergibt, wie zB bei Krankheit, Betriebsunfall oder krankheits- bzw altersbedingter Leistungsschwäche.

7   **2. Krankheit.** Das KSchG kennt die **Kündigung wegen Krankheit** als einen der Hauptanwendungsfälle der personenbedingten Kündigung. Die Kündigung wegen Krankheit wird – wenn auch in engen Grenzen – für zulässig gehalten und ist europarechtlich nicht zu beanstanden (EuGH 11.7.06 – C-13/05 Sonia Chacón Navas ./. Eurest Colectividades SA, NZA 06, 839). Sie kann während einer Krankheit ausgesprochen werden.

Unter **Krankheit** ist ein regelwidriger körperlicher oder geistiger Zustand zu verstehen, der eine Heilbehandlung notwendig macht (BAG 5.4.76 – 5 AZR 397/75 AP LohnFG § 1 Nr 40). Neben **körperlichen Erkrankungen** können damit auch **Suchtkrankheiten** und **seelische Erkrankungen** eine Kündigung rechtfertigen. ArbN sind **arbeitsunfähig**, wenn sie aufgrund einer Erkrankung nicht ihre volle vertraglich vereinbarte Arbeitsleistung erbringen können (BAG 13.6.06 – 9 AZR 229/05, NZA 07, 91). Man unterscheidet **drei Grundtypen** der Kündigung wegen Krankheit: die Kündigung wegen langandauernder Krankheit, die Kündigung wegen häufiger Kurzerkrankungen und die Kündigung wegen krankheitsbedingter Leistungsminderung.

8   Die richterliche Prüfung krankheitsbedingter Kündigungen erfolgt in **drei Stufen** (BAG 24.11.05 – 2 AZR 514/04, NZA 06, 665; 12.4.02 – 2 AZR 148/01, NZA 02, 1081):

(a) Zunächst ist eine **negative Prognose** hinsichtlich des voraussichtlichen Gesundheitszustandes erforderlich.

(b) Die bisherigen und nach der Prognose zu erwartenden Auswirkungen des Gesundheitszustandes des ArbN müssen zu einer **erheblichen Beeinträchtigung der betrieb-**

lichen Interessen führen; sie können durch Störungen im Betriebsablauf oder wirtschaftliche Belastungen hervorgerufen werden.

(c) In der dritten Stufe, bei der **Interessenabwägung,** ist dann zu prüfen, ob die erheblichen betrieblichen Beeinträchtigungen zu einer billigerweise nicht hinzunehmenden Belastung des ArbGeb führen.

In der Zukunftsprognose zeigt sich die **Zukunftsbezogenheit** gerade der krankheitsbedingten Kündigung. Sie stellt keine Sanktion für die Fehlzeiten in der Vergangenheit dar, sondern gibt dem ArbGeb die Möglichkeit, sich vor weiteren krankheitsbedingten Belastungen zu schützen (BAG 12.4.02 – 2 AZR 148/01, NZA 02, 1081). Ist der ArbN wieder gesund oder ist in absehbarer Zeit mit der Wiederherstellung seiner Gesundheit zu rechnen, kann daher nicht krankheitsbedingt gekündigt werden. 9

Die objektiven Verhältnisse im **Zeitpunkt des Zugangs** der krankheitsbedingten Kündigung sind maßgebliche Beurteilungsgrundlage für die zukünftige Entwicklung und damit für ihre soziale Rechtfertigung. Die **spätere** tatsächliche **Entwicklung** kann nicht mehr zur Bestätigung oder Korrektur herangezogen werden (BAG 12.4.02 – 2 AZR 148/01, NZA 02, 1081). Auch seine Wiedereinstellung kann der wirksam gekündigte ArbN jedenfalls dann nicht verlangen, wenn die nachträgliche überraschende Besserung seines Gesundheitszustandes erst nach Ablauf der Kündigungsfrist eingetreten ist (BAG 27.6.01 – 7 AZR 662/99, NZA 01, 1135). Der ArbGeb muss vor Ausspruch der Kündigung keine **Nachforschungen** über den Gesundheitszustand des ArbN anstellen. Für die Wirksamkeit der Kündigung kommt es nicht auf seinen Kenntnisstand, sondern auf den objektiven Zustand bei Zugang der Kündigung an (BAG 25.11.82 – 2 AZR 140/81, NJW 83, 2897). Der ArbN muss auf der anderen Seite keine **Auskunft** erteilen; weder von sich aus (BAG 25.11.82 – 2 AZR 140/81, NJW 83, 2897), noch auf Anfrage des ArbGeb (LAG Bln 27.11.89, DB 90, 1621). 10

Als **erhebliche Beeinträchtigung der betrieblichen Interessen** kommen Betriebsablaufstörungen in Form von Störungen des Arbeitsablaufs, Produktionsausfall, Verlust von Kundenaufträgen, nichtbeschaffbarem Ersatzpersonal (BAG 2.11.83 – 7 AZR 272/82 AP KSchG 1969 § 1 Krankheit Nr 12), als wirtschaftliche Belastungen außerordentliche hohe mehr als sechs Wochen pro Jahr übersteigende Entgeltfortzahlungskosten in Betracht (BAG 10.11.05 – 2 AZR 44/05, NZA 06, 655; BAG 8.11.07 – 2 AZR 292/06, NZA 08, 593). Dabei ist bei der Prüfung, wie sich krankheitsbedingte Fehlzeiten des ArbN auf den Betriebsablauf auswirken, nicht auf die Zahl der ArbN des Betriebes insgesamt, sondern auf die Gruppe der ArbN abzustellen, die gleiche Tätigkeiten verrichten wie der Gekündigte (BAG 10.3.77 – 2 AZR 79/76, NJW 77, 2132). Dem gekündigten ArbN hilft daher nicht der Hinweis, er sei nur ein „kleines Rad im Getriebe". 11

Der **Interessenabwägung** kommt bei der krankheitsbedingten Kündigung besonderes Gewicht zu. Hier ist zu prüfen, ob die durch Krankheit verursachten Belastungen betrieblicher Interessen aufgrund der Besonderheiten des Einzelfalles vom ArbGeb noch hinzunehmen sind oder ein solches Ausmaß erreicht haben, dass sie ihm nicht mehr zugemutet werden können (BAG BAG 12.4.02 – 2 AZR 148/01, NZA 02, 1081). 12

Dabei ist neben anderen Umständen zu berücksichtigen, ob die Erkrankungen auf **betriebliche Ursachen** zurückzuführen sind, ob und wie lange das Arbeitsverhältnis zwischen den Parteien zunächst **ungestört verlaufen** ist, ob der ArbGeb eine **Personalreserve** vorhält und etwa neben Betriebsablaufstörungen auch noch hohe **Entgeltfortzahlungskosten** aufzuwenden hatte. Ferner sind die **sozialen Daten** wie Alter, Familienstand und die Unterhaltspflichten sowie ggf eine Schwerbehinderung des ArbN zu berücksichtigen (BAG 10.11.05 – 2 AZR 44/05, NZA 06, 655). 13

a) **Lang andauernde Krankheit.** Die Kündigung wegen einer langandauernden Krankheit ist nur zulässig, wenn die Arbeitsunfähigkeit bei **Zugang der Kündigung noch andauert,** eine **negative Prognose** hinsichtlich der voraussichtlichen Dauer der Arbeitsunfähigkeit vorliegt, eine darauf beruhende **erhebliche Beeinträchtigung betrieblicher Interessen** festzustellen ist und eine **Interessenabwägung** ergibt, dass die betrieblichen Beeinträchtigungen zu einer billigerweise nicht mehr hinzunehmenden Belastung des ArbGeb führen (BAG 12.4.02 – 2 AZR 148/01, NZA 02, 1081). Feste Maßstäbe dafür, welche Krankheitszeiten eine negative Prognose ermöglichen, lassen sich nicht angeben. Dies hängt ua auch von der Dauer des Arbeitsverhältnisses im Zeitpunkt der Kündigung ab. Die Rspr weigert sich jedenfalls (zu Recht), allgemein gültige Daten zu nennen. Eine **Mindestgröße** 14

259 Kündigung, personenbedingte

gibt das EFZG vor. Fehlzeiten von nicht mehr als 6 Wochen stellen in keinem Fall eine langandauernde Erkrankung dar.

15   Allein mit dem Hinweis auf **gesetzliche Lohnfortzahlungskosten** kann der ArbGeb bei langandauernden Krankheiten eine für ihn unerträgliche wirtschaftliche Belastung kaum jemals darlegen. Im Unterschied zu dem Fall häufiger Kurzerkrankungen (unterschiedlicher Art) ist das Lohnfortzahlungsrisiko wegen der Begrenzung des Anspruchzeitraums auf 6 Wochen meist auf ein zumutbares Maß beschränkt. Zusätzliche wirtschaftliche Belastungen können sich daraus ergeben, dass sich die anfallenden **Urlaubsansprüche** kumulieren (dazu BAG 4.5.10 – 9 AZR 183/09, NZA 10, 1011; s *Urlaubsanspruch* Rz 13 ff). Auf den Rechtsgrund der wirtschaftlichen Belastung des ArbGeb kann es nicht ankommen. Freilich entspricht die Belastung bei einem Urlaubsanspruch von sechs Wochen (30 Tagen) im Jahr dem Mindestanspruch auf Entgeltfortzahlung nach § 3 Abs 1 Satz 1 EFZG, der allein eine erhebliche Beeinträchtigung betrieblicher Interessen nicht begründen kann (BAG 10.11.05 – 2 AZR 44/05, NZA 06, 655).

16   Meist lässt sich die Kündigung wegen langandauernder Krankheit in der zweiten Prüfungsstufe allenfalls mit erheblichen betrieblichen Ablaufstörungen begründen. Nach dem Grundsatz der **Verhältnismäßigkeit** kommt sie als letztes Mittel erst dann in Betracht, wenn dem ArbGeb nicht mehr zuzumuten ist, die Kündigung durch **Überbrückungsmaßnahmen** zu vermeiden. Er muss prüfen, ob sich negative betriebliche Auswirkungen durch Einstellung von Hilfskräften, Mehrarbeit, Versetzungen oder befristete Einstellungen zur Vertretung des erkrankten ArbN vermeiden lassen. Dabei hat der ArbGeb bei einem langjährig beschäftigten ArbN einen längeren Zeitraum für geeignete und zumutbare Überbrückungsmaßnahmen hinzunehmen als bei einem nur kurzfristig tätigen ArbN (BAG 22.2.80 – 7 AZR 295/78, NJW 81, 298). Letzten Endes kann auch verlangt werden, dass der ArbGeb eine Aushilfskraft auf unbestimmte Zeit einstellt (BAG 25.11.82 – 2 AZR 140/81, NJW 83, 2897).

17   Wegen der oft gerade bei Langzeiterkrankten eher möglichen Überbrückungsmaßnahmen und der in der Regel fehlenden Möglichkeit, die erhebliche Beeinträchtigung betrieblicher Interessen mit den besonderen wirtschaftlichen Belastungen oder erheblichen Betriebsablaufstörungen zu begründen, sind Langzeiterkrankte gegen Kündigung gut geschützt, wenn man diese Voraussetzungen ernst nimmt. Ist der ArbN bereits längere Zeit – im entschiedenen Fall 18 Monate – arbeitsunfähig erkrankt und ist im Zeitpunkt der Kündigung die **Wiederherstellung** der Arbeitsfähigkeit noch **völlig ungewiss,** soll aber allein schon diese Ungewissheit zu einer erheblichen Beeinträchtigung der betrieblichen Belange führen, weil der ArbGeb auf unabsehbare Zeit gehindert ist, sein Direktionsrecht auszuüben (BAG 21.5.92 – 2 AZR 399/91, NZA 93, 497). Die Ungewissheit der Wiederherstellung der Arbeitsfähigkeit soll darüber hinaus einer krankheitsbedingten dauernden Leistungsunfähigkeit gleich stehen, wenn in den nächsten **24 Monaten** nach Ausspruch der Kündigung mit einer anderen Prognose nicht gerechnet werden kann mit der Folge, dass im Prozess erhebliche betriebliche Ablaufstörungen vAw unterstellt werden und nicht mehr nachgewiesen werden müssen (BAG 19.4.07 – 2 AZR 239/06, NZA 07, 1041). So wäre der ArbGeb auch nicht an einer personenbedingten Kündigung eines ArbN gehindert, dessen Arbeitsverhältnis für die Zeit des Bezugs einer befristeten Erwerbsunfähigkeitsrente ruht (BAG 3.12.98 – 2 AZR 773/97, NZA 99, 440).

18   Die Krankheit von ArbN ist stets damit verbunden, dass Direktionsrechte nicht ausgeübt werden können. Der Verzicht auf konkrete erhebliche betriebliche Auswirkungen einer langandauernden Krankheit lässt sich nicht allein mit ihrem bei Ausspruch der Kündigung unabsehbaren Ende begründen. Dies widerspricht dem Grundsatz der Verhältnismäßigkeit. Dies gilt jedenfalls, wenn eine Vertretungsmöglichkeit gerade auch für die Fälle vom ArbGeb geschaffen wurde und zur Verfügung steht, in denen die Prognose zwar für mehr als 24 Monate negativ, insgesamt aber noch ungewiss ist (vgl BAG 19.4.07 – 2 AZR 239/06, NZA 07, 1041). Wie auch immer, die Interessenabwägung im Einzelfall kann helfen, Härtefälle abzufangen.

19   **b) Häufige Kurzzeiterkrankungen.** Die Kündigung wegen häufiger Kurzzeiterkrankungen steht im Mittelpunkt der Gerichtspraxis. Kurzzeiterkrankungen wirken sich auf den Betrieb erheblich belastender aus. Hierauf gestützte Kündigungen setzen eine **Wiederholungsgefahr** voraus. Auch in Zukunft muss mit weiteren erheblichen krankheitsbedingten Ausfällen zu rechnen sein (BAG 24.11.05 – 2 AZR 514/04, NZA 06, 665).

Kündigung, personenbedingte

Bei der erforderlichen **Zukunftsprognose** können häufige Kurzzeiterkrankungen in der Vergangenheit für einen entsprechenden Krankheitsverlauf in der Zukunft sprechen. Es gibt jedoch keinen gesicherten Erfahrungssatz, dass häufige Erkrankungen in der Vergangenheit sich in Zukunft wiederholen werden. Es kommt darauf an, dass darüber hinaus objektive Tatsachen vorliegen, welche die Besorgnis weiterer Erkrankungen rechtfertigen (BAG 10.11.05 – 2 AZR 44/05, NZA 06, 655). Dies kann sich zB aus der **Art der Erkrankungen** in der Vergangenheit ergeben. Lassen sich die Erkrankungen auf ein einheitliches, im Zeitpunkt der Kündigung noch nicht ausgeheiltes Grundleiden zurückführen, ist die Zukunftsprognose negativ. Haben die Erkrankungen der Vergangenheit jeweils eigene Ursachen, kommt es darauf an, ob sie „prognosefähig" sind (BAG 10.12.09 – 2 AZR 400/08, NZA 10, 398). Fehlzeiten, die nach Art der Erkrankung keine Aussagekraft für eine Wiederholungsgefahr haben, wie zB ausgeheilte Knochenbrüche, Zerrungen oder ähnliche Erkrankungen, können für die Zukunftsprognose nicht herangezogen werden (BAG 14.1.93 – 2 AZR 343/92, NZA 94, 309). Für die negative Gesundheitsprognose dürfen dagegen frühere prognosefähige Erkrankungen herangezogen werden, die bereits vergeblich eine vorangegangene Kündigung rechtfertigen sollten (BAG 10.11.05 – 2 AZR 44/05, NZA 06, 655). 20

Bei den **Fehlzeiten in der Vergangenheit** hält die Rspr Fehlzeitenquoten von sechs Wochen im Durchschnitt der letzten drei Jahre für unerheblich (BAG 24.11.05 – 2 AZR 514/04, NZA 06, 665; BAG 8.11.07 – 2 AZR 292/06, NZA 08, 593). Im Einzelfall soll dies wegen besonderer „krankheitsbedingter" Betriebsablaufstörungen anders sein (BAG 6.9.89 – 2 AZR 224/89, NZA 90, 435). In der Praxis der Instanzgerichte wird der „kritische Wert" wohl erst bei einer Fehlquote von 25 % erreicht (LAG Hamm 15.12.81, DB 82, 283 – 25 %; LAG Düsseldorf 19.3.80, DB 80, 1078 – 30 %; LAG Düsseldorf 21.10.82, DB 83, 723 – 40 % und LAG Hamm 17.2.81, DB 81, 1193 – 43 %). Sieht ein **Tarifvertrag** die Verpflichtung des ArbGeb vor, ArbN im Krankheitsfall über den gesetzlichen Sechs-Wochen-Zeitraum hinaus einen Zuschuss zum Krankengeld zu zahlen, kann allein daraus nicht geschlossen werden, auch sechs Wochen im Jahr überschreitende krankheitsbedingte Ausfallzeiten seien grds nicht geeignet, eine ordentliche Kündigung zu rechtfertigen (BAG 6.9.89 – 2 AZR 224/89, NZA 90, 434). 21

Die für den Zeitpunkt des Zugangs der Kündigung festgestellte negative Zukunftsprognose lässt sich nicht mehr mit der weiteren Entwicklung des Gesundheitszustandes korrigieren. Dies gilt nicht nur, wenn der ArbN selbst nach Ausspruch der Kündigung einen **neuen Kausalverlauf** in Gang setzt, weil er sich nun einer längst fälligen Operation unterwirft (BAG 9.4.87 – 2 AZR 210/86, NZA 87, 811) oder seine bisher ungesunde Lebensführung ändert (BAG 6.9.89 – 2 AZR 118/89, NZA 90, 305). Auf die gesundheitliche Entwicklung nach Zugang der Kündigung kommt es generell nicht an. Maßgebliche Beurteilungsgrundlage für die Zukunftsprognose ist allein der objektive Gesundheitszustand bei Zugang der Kündigung (BAG 12.4.02 – 2 AZR 148/01, NZA 02, 1081). Ob ein Wiedereinstellungsanspruch entsteht, falls die Besorgnis weiterer Kurzerkrankungen noch innerhalb der Kündigungsfrist völlig ausgeräumt ist, hat das BAG offen gelassen (BAG 17.6.99 – 2 AZR 639/98, NZA 99, 1328). 22

Außergewöhnlich hohe **Lohnfortzahlungskosten** werden bei der Kündigung wegen häufiger Kurzerkrankungen als für den ArbGeb unzumutbare wirtschaftliche Beeinträchtigung anerkannt, soweit sie mindestens sechs Wochen im Jahr ausmachen (BAG 8.11.07 – 2 AZR 292/06, NZA 08, 593). Es geht dabei nicht um die in der Vergangenheit angefallenen Kosten, sondern um die **für die Zukunft** zu erwartende Belastung. Daher sind nicht Kosten für **einmalige Erkrankungen** einzubeziehen, deren Wiederholung in der Zukunft nicht erwartet werden kann (BAG 6.9.89 – 2 AZR 19/89, NZA 90, 307). 23

Bei der Frage, welche Lohnfortzahlungskosten für den ArbGeb noch **zumutbar** sind, ist nicht auf die Kosten des Betriebes oder der Abteilung, sondern allein auf die des betroffenen Arbeitsverhältnisses abzustellen (BAG 6.9.89, DB 90, 429). Eine **Personalreserve** ist bei der Beurteilung der Zumutbarkeit der Belastung des ArbGeb mit erheblichen Lohnfortzahlungskosten zu seinen Gunsten zu berücksichtigen (BAG 29.7.93 – 2 AZR 155/93, NZA 94, 67). Die Kosten der Lohnfortzahlung und der Personalreserve „addieren" sich damit gewissermaßen zulasten des ArbN. 24

Die ausschließliche Begründung einer erheblichen Störung betrieblicher Belange mit Lohnfortzahlungskosten war lange Zeit umstritten. Das BAG macht das nicht mit (BAG 25

259 Kündigung, personenbedingte

29.7.93 – 2 AZR 155/93, NZA 94, 67). Dem kritischen Hinweis der Literatur (*Preis* DB 88, 1444) auf das Maßregelungsverbot des § 612a BGB hält das BAG (16.2.89 – 2 AZR 299/88, NZA 89, 923) entgegen, dass der ArbGeb mit der Kündigung wegen unzumutbar hoher Kosten der Lohnfortzahlung nicht unzulässigerweise auf die Geltendmachung des Lohnfortzahlungsanspruchs, sondern allein auf unerträgliche wirtschaftliche Folgen einer Krankheit des ArbN reagiert.

26   Bei den **Überbrückungsmaßnahmen** zur Verhinderung betrieblicher Ablaufstörungen ist der ArbGeb bei Kurzzeiterkrankungen im Wesentlichen auf **kurzzeitig greifende Maßnahmen** angewiesen. Befristete Beschäftigung von Aushilfskräften wird kaum jemals, ihre unbefristete Beschäftigung nicht in Frage kommen (BAG 16.2.89 – 2 AZR 299/88, NZA 89, 923). **Mehrarbeit, Versetzung** und **Arbeitsverlagerung** sind nach wie vor zu prüfen. Helfen Überbrückungsmaßnahmen nicht weiter, ist die krankheitsbedingte Kündigung nur wirksam, wenn das Fehlen des ArbN **erhebliche** Betriebsablaufstörungen verursacht (BAG 6.9.89 – 2 AZR 19/89, NZA 90, 307).

27   Bei der **Interessenabwägung** kommt es darauf an, ob die durch die Krankheit des ArbN verursachten Beeinträchtigungen vom ArbGeb billigerweise nicht mehr hingenommen werden müssen. Dabei ist ua zu berücksichtigen, ob die Krankheiten auf **betrieblichen Ursachen** beruhen, ob und wie lange das Arbeitsverhältnis zunächst **ungestört verlaufen** ist, ob der ArbGeb eine **Personalreserve** vorhält und ob es neben Betriebsablaufstörungen **zusätzlich** zu hohen wirtschaftlichen Belastungen des ArbGeb gekommen ist (BAG 10.11.05 – 2 AZR 44/05, NZA 06, 655). Kommen besondere **Anlagen** des ArbN als auslösender Faktor für eine betrieblich verursachte Erkrankung hinzu, verliert der Arbeitsplatz als Krankheitsursache im Rahmen der Interessenabwägung seine Bedeutung (BAG 5.7.90 – 2 AZR 154/90, NZA 91, 185).

28   c) **Krankheitsbedingte Leistungsminderung.** Bei der Leistungsminderung geht es nicht darum, dass ein ArbN außerstande ist, alle Tätigkeiten auszuüben, zu denen er vertraglich verpflichtet ist. Dieser ArbN ist arbeitsunfähig. Es gibt arbeitsrechtlich keine teilweise Arbeitsfähigkeit (BAG 13.6.06 – 9 AZR 229/05, NZA 07, 91). Seine Kündigung beurteilt sich nach den zur langandauernden Krankheit oder zur krankheitsbedingten dauernden Unmöglichkeit entwickelten Grundsätzen. Mit der krankheitsbedingten Leistungsminderung sind vielmehr Fälle angesprochen, in denen der ArbN alle Tätigkeiten ausüben, dabei aber qualitativ oder quantitativ nicht (mehr) die volle Leistung erbringen kann (BAG 26.9.91 – 2 AZR 132/91, NZA 92, 1073). Den altersbedingten Leistungsabfall muss der ArbGeb grundsätzlich hinnehmen (BAG 16.3.61 – 2 AZR 539/59 AP KSchG § 1 Verhaltensbedingte Kündigung Nr 2). Die durch Krankheit hervorgerufene Minderung der Leistungsfähigkeit ist dagegen grds geeignet, eine Kündigung zu rechtfertigen, wenn sie zu einer **erheblichen Beeinträchtigung** der betrieblichen Interessen führt (BAG 12.7.95 – 2 AZR 762/94, NZA 95, 1100).

29   Die zur Kündigung wegen häufiger Kurzerkrankungen entwickelten Grundsätze lassen sich nicht uneingeschränkt übertragen. Die erheblichen Beeinträchtigungen betrieblicher Interessen können sich nicht aus der Belastung mit Lohnfortzahlungskosten ergeben, weil der ArbN am Arbeitsplatz anwesend ist. Sie liegen darin, dass der Zahlung des vollen Zeitlohnes keine nach betriebswirtschaftlichen Grundsätzen **adäquate Arbeitsleistung** gegenübersteht. Da die Beeinträchtigung betrieblicher Interessen erheblich sein muss, genügt hierfür nicht jede geringfügige Minderleistung (BAG 26.9.91 – 2 AZR 132/91, NZA 92, 1073). Es kommt darauf an, ob die Arbeitsleistung die berechtigten Erwartungen des ArbGeb von der Gleichwertigkeit der beiderseitigen Leistungen in einem Maße unterschreitet, dass ihm ein festhalten an dem (unveränderten) Arbeitsvertrag unzumutbar wird (BAG 11.12.03 – 2 AZR 667/02, NZA 04, 784). Eine Minderleistung von 35% hat das BAG ausreichen lassen, um die Kündigung eines schwerbehinderten ArbN zu rechtfertigen (BAG 26.9.91 – 2 AZR 132/91, NZA 92, 1073). Steht das Ende der krankheitsbedingten Leistungsminderung nach ärztlicher Erkenntnis unmittelbar bevor, oder ist die volle Leistungsfähigkeit bereits wieder hergestellt, ist die Kündigung ausgeschlossen.

Bei krankheitsbedingter **dauernder Leistungsunfähigkeit** liegen die erheblichen betrieblichen Beeinträchtigungen nach Auffassung des BAG auf der Hand, weil der ArbGeb auf unabsehbare Zeit gehindert ist, sein Direktionsrecht auszuüben und der Einsatz des ArbN sich nicht mehr ordnungsgemäß planen lässt. Es kommt nicht mehr darauf an, ob eine

Vertretung des ArbN möglich ist, weil dies nicht sinnvoll erscheint (BAG 19.4.07 – 2 AZR 239/06, NZA 07, 1041).

Auch bei krankheitsbedingter Leistungsunfähigkeit und Leistungsminderung muss wie bei jeder Kündigung nach § 1 Abs 2 KSchG vor Ausspruch der Kündigung die Möglichkeit der **Weiterbeschäftigung** an einem anderen Arbeitsplatz und/oder unter anderen Arbeitsbedingungen im Betrieb oder Unternehmen auch nach Fortbildung oder Umschulung geprüft werden. Bei einer **Leistungsminderung** ist für die **Interessenabwägung** wie bei jeder krankheitsbedingten Kündigung ein besonders strenger Maßstab anzulegen. Anders bei der auf Krankheit beruhenden dauernden **Leistungsunfähigkeit**. Weil das Arbeitsverhältnis nur noch als leere Hülse besteht – der ArbN arbeitet auf Dauer nicht mehr, der ArbGeb muss daher auf Dauer keine Vergütung zahlen – bestehen keine schutzwürdigen Interessen mehr, es weiter aufrechtzuerhalten. Nur bei einer besonderen Schutzwürdigkeit des ArbN (zB Behinderung) soll er noch die Fortsetzung des Arbeitsverhältnisses verlangen können (BAG 18.1.07 – 2 AZR 759/05 nv). 30

3. Einzelfälle. Neben der Krankheit gibt es eine Reihe weiterer Kündigungsgründe, die an der Eignung und Fähigkeit des ArbN festmachen, die geschuldete Arbeitsleistung zu erbringen. 31

a) Alkohol. Alkoholmissbrauch kann sich im Arbeitsverhältnis auswirken und damit zum Kündigungsgrund werden. Schlechtleistungen und Fehlzeiten, welche auf Alkoholmissbrauch zurückzuführen sind, können verhaltensbedingte oder krankheitsbedingte Kündigungen rechtfertigen. Kann gewohnheitsmäßiger und übermäßiger Alkoholgenuss trotz besserer Einsicht nicht aufgegeben oder reduziert werden und besteht eine **psychische** und **physische Abhängigkeit** vom Alkohol, handelt es sich auch arbeitsrechtlich um eine **Krankheit.** Es kommt nur eine **personenbedingte Kündigung** in Betracht. Sie ist nach den zur krankheitsbedingten Kündigung entwickelten Grundsätzen zu beurteilen (BAG 20.12.12 – 2 AZR 32/11, NZA-RR 13, 627). Eine verhaltensbedingte Kündigung scheidet aus, weil es keinen Erfahrungssatz gibt, wonach der ArbN eine krankhafte Alkoholabhängigkeit idR selbst verschuldet hat (BAG 9.4.87 – 2 AZR 210/86, NZA 87, 811). Die Feststellung einer Alkoholabhängigkeit ist nicht einfach. Der ArbN ist nicht verpflichtet, im laufenden Arbeitsverhältnis routinemäßigen Blutuntersuchungen zur Klärung einer Abhängigkeit zuzustimmen, soweit dies nicht gesetzlich vorgeschrieben ist (BAG 12.8.99 – 2 AZR 55/99, NZA 99, 1209). 32

Ist zum Zeitpunkt der Kündigung die Prognose gerechtfertigt, der Arbeitnehmer biete aufgrund einer Alkoholsucht dauerhaft nicht die Gewähr, in der Lage zu sein, die vertraglich geschuldete Tätigkeit ordnungsgemäß zu erbringen, kann eine ordentliche Kündigung des Arbeitsverhältnisses gerechtfertigt sein (BAG 20.12.12 – 2 AZR 32/11, NZA-RR 13, 627). An diese **Zukunftsprognose** sind weniger strenge Anforderungen zu stellen. Es gibt einen Erfahrungssatz, wonach ein Alkoholabhängiger ohne fremde Hilfe in absehbarer Zeit nicht geheilt wird. Ist der ArbN im Zeitpunkt der Kündigung nicht **therapiebereit,** kann daher davon ausgegangen werden, dass sich sein Zustand in absehbarer Zeit nicht ändern wird. Verheimlicht der ArbN seine Sucht trotz entsprechender Gespräche über Fehlzeiten und Betriebsstörungen, ist der Schluss gerechtfertigt, dass er bis zur Kündigung nicht therapiebereit war (BAG 17.6.99 – 2 AZR 639/98, NZA 99, 1328). Eine von ihm nach Ausspruch der Kündigung durchgeführte Therapie und ihr Ergebnis können daher nicht zur Korrektur der Prognose herangezogen werden (BAG 9.4.87 – 2 AZR 210/86, NZA 87, 811). Aus der Dauer der zu erwartenden krankheitsbedingten Fehlzeiten des Arbeitnehmers muss sich nicht eine Beeinträchtigung der betrieblichen Interessen ergeben. Sie kann bei einem Therapeuten in einer Suchtklinik darin bestehen, dass wegen der auch künftig nicht auszuschließenden Alkoholauffälligkeiten während der Arbeitszeit eine sachgerechte Behandlung der Patienten nicht gewährleistet ist (BAG 20.12.12. – 2 AZR 32/11, NZA-RR 13, 627). 33

Bei langjährig beschäftigten Mitarbeitern muss der ArbGeb die Sucht in einem Personalgespräch vor Ausspruch der Kündigung ansprechen und die Alternative Therapie oder Kündigung eröffnen (BAG 17.6.99 – 2 AZR 639/98, NZA 99, 1328). Im Rahmen der **Interessenabwägung** ist zu bewerten, wenn die Abhängigkeit vom ArbN verschuldet war. Davon geht das BAG aus, wenn der ArbN nach einer zunächst erfolgreichen Therapie wieder rückfällig geworden ist (BAG 11.11.87 – 5 AZR 497/6, NZA 88, 197). Medizinisch ist dies 34

259 Kündigung, personenbedingte

wohl fragwürdig; arbeitsrechtlich lässt sich dasselbe Ergebnis bei der Interessenabwägung auch ohne den Schuldvorwurf erreichen.

35 Unterzieht sich der ArbN einer Therapie, muss der ArbGeb ihren **Erfolg** abwarten. Liegen zwingende betriebliche Gründe vor, soll er den Arbeitsplatz zwischenzeitlich neu besetzen dürfen, wenn etwa die Einstellung von Aushilfskräften nicht möglich ist (LAG Hamm 2.5.86, LAGE § 1 KSchG Personenbedingte Kündigung Nr 4). Kehrt der abhängige ArbN geheilt zurück, kann dies eine betriebsbedingte Kündigung erforderlich machen. Im Rahmen der sozialen Auswahl ist dann zu klären, wer von beiden seinen Arbeitsplatz verliert.

36 **Außerdienstlicher Alkoholkonsum,** welcher zum Entzug einer für die Arbeit benötigten Fahrerlaubnis führt, kann eine personenbedingte Kündigung begründen (BAG 30.5.78 – 2 AZR 630/76, NJW 79, 332).

37 **b) Alter.** Das Lebensalter stellt für sich **keinen personenbedingten Kündigungsgrund** dar. Auch die Vollendung des 65. Lebensjahres rechtfertigt eine Kündigung nicht. Der Kündigungsschutz wird individuell gewährt (BAG 20.11.87 – 2 AZR 284/86, NZA 88, 617). Die wirtschaftliche Absicherung durch eine Altersrente kann nach § 41 Satz 1 SGB VI ebenso wenig die personenbedingte Kündigung eines Arbeitsverhältnisses begründen.

38 **c) Beschäftigungsverbot.** Eine personenbedingte Kündigung kann gerechtfertigt sein, wenn ein **Beschäftigungsverbot** oder **Beschäftigungshindernis** besteht (BAG 24.2.05 – 2 AZR 211/04, NZA 05, 759). Ausländer, die aus Staaten stammen, welche nicht der EG angehören, benötigen grds eine Arbeitserlaubnis (s *Ausländer* Rz 2–5 und 52–61). Fehlt sie, wird das Arbeitsverhältnis damit nicht nichtig. Das Arbeitsverhältnis kann jedoch grds durch **personenbedingte Kündigung** beendet werden (BAG 7.2.90 – 2 AZR 359/89, NZA 91, 341). Ist damit zu rechnen, dass in absehbarer Zeit die Arbeitserlaubnis erteilt wird, kommt es für die Wirksamkeit der Kündigung darauf an, ob der **Arbeitsplatz** ohne erhebliche betriebliche Beeinträchtigungen für den ArbN **freigehalten** werden kann (BAG 7.2.90 – 2 AZR 359/89, NZA 91, 341). Bemüht sich der ArbN nicht rechtzeitig um die Arbeitserlaubnis, kann dies eine Kündigung begründen. Fehlt einem ArbN zur Ausübung seines Berufs die erforderliche Erlaubnis (zB für Ärzte nach §§ 2, 10 Bundesärzteordnung), gelten die gleichen Grundsätze. Bei Kraftfahrern kann der Verlust der **Fahrerlaubnis** (BAG 5.6.08 – 2 AZR 984/06 AP BGB § 626 Nr 12), bei Piloten der Verlust der **Fluglizenz** (BAG 31.1.96, DB 96, 1629) zu einer personenbedingten Kündigung führen, es sei denn, im Zeitpunkt der Kündigung war in absehbarer Zeit mit der Erneuerung der Erlaubnis zu rechnen (BAG 7.12.2000 – 2 AZR 459/99, NZA 01, 1304). Der Verlust einer nur **betrieblichen Fahrberechtigung** kann in seinen kündigungsrechtlichen Folgen nicht dem Verlust einer behördlichen Erlaubnis gleichgestellt werden. Der ArbGeb hätte es sonst in der Hand, sich durch selbst gestellte Regeln Kündigungsgründe zu schaffen (BAG 5.6.08 – 2 AZR 984/06 AP BGB § 626 Nr 12). Eine ordentliche Kündigung kann auch gerechtfertigt sein, wenn der ArbGeb zwar mit der Beschäftigung eines ArbN nicht gegen ein Beschäftigungsverbot verstößt, aber aus Gründen in der Sphäre des ArbN ein **Beschäftigungshindernis** besteht. Beschäftigt der ArbG einen ArbN nur sonntags, weil dieser an allen anderen Wochentagen in einem anderen Arbeitsverhältnis tätig ist und kann er daher den in § 11 Abs 3 ArbzG vorgesehenen Ersatzruhetag nicht gewähren, kann dies eine personenbedingte Kündigung rechtfertigen (BAG 24.2.05 – 2 AZR 211/04, NZA 05, 759).

39 **d) Eignung und Leistungen.** Die **fehlende Eignung** für die vertraglich geschuldete Arbeitsleistung kann eine Kündigung ebenso begründen wie unverschuldete mangelhafte Leistungen. Hauptanwendungsfälle sind die **mangelnde fachliche Qualifikation, Nichtbestehen von Prüfungen, mangelhafte Kenntnisse.** Da es bei der personenbedingten Kündigung wegen fehlender Eignung oder mangelhafter Leistung nicht auf ein Verschulden ankommt, ist eine **Abmahnung** vor Ausspruch der Kündigung **nicht erforderlich.** Ist ein ArbN nicht in der Lage, in deutscher Sprache abgefasste Arbeitsanweisungen zu lesen, kann eine personenbedingte Kündigung gerechtfertigt sein. Dies stellt keine nach § 3 Abs 2 AGG verbotene Benachteiligung wegen seiner ethnischen Herkunft dar, soweit die Kenntnis der deutschen Schriftsprache für die Tätigkeit erforderlich ist (BAG 28.1.10 – 2 AZR 764/08, NZA 10, 625). Auch bei einem sog „unkündbaren" ArbN kann seine fehlende Eignung (autoritärer Führungsstil, mangelnde Fähigkeit zur Menschenführung) im Einzelfall eine – sogar außerordentliche – Druckkündigung rechtfertigen (BAG 31.1.96 – 2 AZR 158/95, NZA 96, 581). Eine personenbedingte Kündigung wegen Leistungsmängeln setzt voraus, dass bei einem über längere Zeit erheblich leistungsschwachen ArbN auch für die Zukunft mit einer schweren Störung des Vertragsgleichgewichts zu rechnen ist (BAG 11.12.03 – 2 AZR 667/02, NZA 04, 784 – Leistungsminderung von 50–60%).

Im öffentlichen Dienst kann sich ein Einigungsmangel aus begründeten Zweifeln an der **Verfassungstreue** des ArbN ergeben. Diese ist Bestandteil des Begriffs „Eignung" in Art 33 Abs 2 GG. Mitgliedschaft und aktives Eintreten des ArbN für eine verfassungsfeindliche Organisation können entsprechende Zweifel erwecken. Entscheidend ist, inwieweit die außerdienstlichen politischen Aktivitäten in die Dienststelle hineinwirken und entweder die allgemeine Aufgabenstellung des öffentlichen ArbGeb oder das konkrete Aufgabengebiet des ArbN berühren. Das Maß der einem ArbN des öffentlichen Dienstes obliegenden Treuepflicht ergibt sich aus seiner Stellung und dem Aufgabenkreis, der ihm laut Arbeitsvertrag übertragen ist. Er schuldet (nur) diejenige politische Loyalität, die für die funktionsgerechte Amtsausübung unverzichtbar ist. Je nach Stellung und Aufgabenkreis kann er die Verfassung schon dadurch „wahren", dass er die freiheitliche demokratische Grundordnung jedenfalls nicht aktiv bekämpft (BAG 12.5.11 – 2 AZR 479/09, NZA-RR 12, 43). Allerdings dürfen auch Beschäftigte, die keiner „gesteigerten", beamtenähnlichen Loyalitätspflicht unterliegen, nicht darauf ausgehen, den Staat oder die Verfassung und deren Organe zu beseitigen, zu beschimpfen oder verächtlich zu machen. Entfaltet ein ArbN – und sei es nur außerdienstlich – Aktivitäten dieser Art, kann dies ein Grund für eine Kündigung durch seinen ArbGeb auch dann sein, wenn das Verhalten nicht strafbar ist (BAG 6.9.12 – 2 AZR 372/11). 40

Beruft sich der ArbN gegenüber einer Arbeitsanweisung des ArbGeb auf einen ihr entgegenstehenden, ernsthaften inneren **Glaubenskonflikt,** kann das Beharren des ArbGeb auf Vertragserfüllung ermessensfehlerhaft iSv § 106 Satz 1 GewO iVm Art 4 Abs 1 GG sein. In diesem Fall stellt zwar die Weigerung des ArbN, der Weisung nachzukommen, keine vorwerfbare Pflichtverletzung dar, kann aber geeignet sein, eine Kündigung des Arbeitsverhältnisses aus Gründen in der Person des ArbN zu rechtfertigen, wenn es dem ArbGeb nicht ohne größere Schwierigkeiten möglich ist, den ArbN anderweit sinnvoll einzusetzen (BAG 24.2.11 – 2 AZR 636/09, NZA 11, 1087).

e) **Ehrenämter.** Die Übernahme von **Ehrenämtern** stellt keinen Kündigungsgrund dar. Auch die mit der Wahrnehmung des Amtes verbundenen Ausfallzeiten berechtigen nicht zu einer personenbedingten Kündigung. Die Kündigung von **ehrenamtlichen Richtern** der Arbeits- und Sozialgerichtsbarkeit ist nach den §§ 26 Abs 1 ArbGG, 20 SGG unwirksam, wenn sie *wegen* der Übernahme oder Ausübung des Amtes erfolgt (ErfK/*Koch* ArbGG § 26 Rz 1). In Bbg sind ehrenamtliche Richter nach Art 112 Abs 1 der Landesverfassung *während* ihrer Amtszeit gegen ordentliche Kündigung geschützt. **Politische Mandatsträger** sind nach Art 48 Abs 2 GG und entsprechenden Bundes- sowie Landesgesetzen besonders gegen Kündigung geschützt. 41

f) **Haft.** Voraussetzung einer personenbedingten Kündigung wegen haftbedingter Arbeitsverhinderung ist, dass der ArbN aller Voraussicht nach für eine verhältnismäßig erhebliche Zeit nicht in der Lage sein wird seine arbeitsvertraglichen Verpflichtungen zu erfüllen. Ist die Verurteilung noch nicht rechtskräftig muss der ArbGeb vor Ausspruch der Kündigung alle zumutbaren Anstrengungen zur Aufklärung des Sachverhalts unternehmen, insbesondere dem ArbN Gelegenheit zur Stellungnahme geben (BAG 23.5.2013 – 2 AZR 120/12, NZA 13, 1211). Die haftbdingte Nichterfüllung der Arbeitspflicht muss sich nachteilig auf das Arbeitsverhältnis auswirken. Da der ArbGeb in diesem Fall von der Lohnzahlungspflicht befreit ist (§ 616 Abs 1, § 275 Abs 1, § 326 Abs 1 BGB), hängt es von der Dauer der Haft sowie Art und Ausmaß der betrieblichen Auswirkungen ab, ob die Inhaftierung geeignet ist einen Grund zur Kündigung abzugeben. Das ist sie nicht, wenn es dem ArbGeb zuzumuten ist, für die Zeit des haftbedingten Arbeitsausfalls Überbrückungsmaßnahmen zu ergreifen und dem ArbN den Arbeitsplatz bis zur Rückkehr aus der Haft frei zu halten (BAG 23.5.2013 – 2 AZR 120/12, NZA 13, 1211). Aus § 241 Abs 2 BGB kann sich eine Verpflichtung des ArbGeb ergeben, dabei mitzuwirken, dass der ArbN einen Freigängerstatus erlangt, wenn dies für den ArbGeb nicht risikobehaftet ist. Die Pflicht des ArbGeb, den ArbN in seinem Resozialisierungsbemühen zu unterstützen, geht jedoch nicht so weit, diesem auf die vage Aussicht hin, in ferner Zukunft eine Vollzugslockerung zu erreichen, den Arbeitsplatz bis zu einer Klärung, ggf länger als zwei Jahre lang freizuhalten (BAG 24.3.11 – 2 AZR 790/09, NZA 11, 1084). Ist zum Kündigungszeitpunkt mit einer mehr- 42 jährigen haftbedingten Abwesenheit des ArbN zu rechnen, kann dem ArbGeb regelmäßig nicht zugemutet werden lediglich vorläufige Maßnahmen zu ergreifen und auf eine dauerhafte Neubesetzung des Arbeitsplatzes zu verzichten (BAG 23.5.2013 – 2 AZR 120/12, NZA 13, 1211). Ähnliches gilt für die **Untersuchungshaft** (BAG 22.9.94 – 2 AZR 719/93, NZA 95, 119). Im Regelfall wird der ArbGeb hier den ersten Haftprüfungstermin abwarten und bei langjährig Beschäftigten länger zuwarten müssen (BAG 10.6.65 – 2 AZR 339/64, NJW 66, 565). **Strafbares außerdienstliches Verhalten** kann dazu führen, dass einem ArbN – abhängig von seiner Funktion und der Art des Delikts („einschlägige Straftat") – die Eignung seiner Aufgaben fehlt. Ist der ArbN im öffentlichen Dienst mit hoheitlichen Aufgaben betraut, kann eine Kündigung schon gerechtfertigt sein, wenn der unmittelbare Bezug zum Arbeitsverhältnis fehlt (BAG 20.6.13 – 2 AZR 583/12, NZA 13, 1345).

43 g) **Unmöglichkeit.** Ist ein ArbN infolge Krankheit **auf Dauer** unfähig, die vertraglich geschuldete Leistung zu erbringen, kann dies eine personenbedingte Kündigung rechtfertigen. Die für eine krankheitsbedingte Kündigung erforderlichen **erheblichen Beeinträchtigungen** betrieblicher Belange werden von der Rspr nicht mehr gefordert (BAG 19.4.07 – 2 AZR 239/06, NZA 07, 1041). Sie sollen, ohne dass dies der ArbGeb näher darlegen muss, **auf der Hand liegen.** Vom Fehlen einer betrieblichen Beeinträchtigung könne man nur reden, wenn die Arbeitsleistung für den ArbGeb keinen Wert habe. Einen solch ungewöhnlichen Ausnahmetatbestand, der voraussetzen würde, der ArbGeb beschäftige überflüssige ArbN, müsse der ArbN vortragen (BAG 28.2.90 – 2 AZR 401/89, NZA 90, 727). Mit dieser Begründung könnte ein ArbN unmittelbar nach einem schweren Unfall gekündigt werden, ohne vorher auch nur einen Tag wegen Krankheit gefehlt zu haben. Der Verzicht auf die konkreten betrieblichen Auswirkungen lässt sich nicht allein mit der Dauerschädigung des ArbN begründen. Jedenfalls wird man im Rahmen der Interessenabwägung bei unerträglichen Härten helfen können.

44 h) **Wehrdienst.** Wehrdienst leistende ArbN sind nach § 2 ArbPlSchG von ihrer Einberufung bis zur Beendigung des Grundwehrdienstes und während einer Wehrübung gegen Kündigung geschützt. Bei betriebsbedingten Kündigungen darf der Wehrdienst bei der sozialen Auswahl nicht berücksichtigt werden. Durch die Neufassung des **WPflG** ist dieser Schutz nicht gegenstandslos geworden. Die Wehrpflicht wurde nur ausgesetzt, nicht aufgehoben. Im Übrigen können Frauen und Männer nach § 54 WPflG einen freiwilligen Wehrdienst leisten. Dabei gelten die ersten sechs Monate als Grundwehrdienst. Der Sonderkündigungsschutz ist insoweit weiterhin anwendbar (APS/*Dörner/Linck* ArbPlSchG § 2 Rz 2). Geschützt sind nach § 16 Abs 6 ArbPlSchG auch Ausländer, die in Deutschland arbeiten und sich hier rechtmäßig aufhalten und von ihrem Heimatstaat zur Erfüllung ihrer dort bestehenden Wehrpflicht herangezogen werden, soweit es sich dabei um eine Vertragspartei der Europäische Sozialcharta vom 18.10.1961 handelt (APS/*Dörner/Linck* ArbPlSchG § 2 Rz 4).

45 4. **Darlegungs- und Beweislast.** Bei der personenbedingten Kündigung wegen **Minderleistung** muss der ArbGeb im Prozess die Tatsachen darlegen, aus denen ersichtlich ist, dass die Leistung des ArbN deutlich hinter denen vergleichbarer ArbN zurückbleibt und damit die Durchschnittsleistung erheblich unterschreitet. Der ArbN muss nun erklären, warum er mit seiner deutlich unterdurchschnittlichen Leistung dennoch seine persönliche Leistungsfähigkeit ausschöpft. Nur so kann er verhindern, dass es im weiteren Prozessverlauf um eine verhaltensbedingte Kündigung geht, bei der das Maß einer die Kündigung rechtfertigenden Minderleistung deutlich geringer sein darf (BAG 11.12.03 – 2 AZR 667/02, NZA 04, 784). Bei der **krankheitsbedingten Kündigung** muss der ArbGeb Tatsachen und Beweise darlegen, aus denen sich die schlechte **Zukunftsprognose** und die erheblichen **Beeinträchtigungen** betrieblicher Interessen ergeben (BAG 12.4.02 – 2 AZR 148/01, NZA 02, 1081). Begründet er die Kündigung **mit häufigen Kurzerkrankungen,** muss er darlegen, aufgrund welcher objektiver Tatsachen auch in Zukunft mit wiederholten Erkrankungen des ArbN zu rechnen ist. Dem kann er gerecht werden, indem er die Dauer und Häufigkeit der Erkrankung in der Vergangenheit – soweit ihm bekannt – auch die Art der Erkrankung vorträgt (BAG 6.9.89, DB 90, 429; BAG 12.4.02 – 2 AZR 148/01, NZA 02, 1081). Es ist dann Sache des ArbN, Umstände darzulegen, aus denen sich ergibt, dass die Zukunftsprognose gut ist. Er kann zB die Art der Erkrankung vortragen. Ist ihm dies nicht möglich, genügt es, wenn er vorträgt, dass die behandelnden Ärzte die künftige gesundheitliche Entwicklung ihm gegenüber positiv beurteilt haben und sie von der Schweigepflicht entbindet (BAG 12.4.02 – 2 AZR 148/01, NZA 02, 1081).

Trägt der ArbN selbst konkrete Umstände zu seinen Erkrankungen und deren Ausheilung vor, müssen sie imstande sein, die **Indizwirkung** der bisher vorliegenden Fehlzeiten zu erschüttern. Sind Art und Dauer der „Vorerkrankungen" unstreitig, muss der Richter nach § 286 ZPO über die Zukunftsprognose entscheiden. Fehlt ihm das Fachwissen, erhebt er – nach § 144 ZPO auch ohne Beweisantritt – Beweis durch Einholen eines Sachverständigengutachtens (BAG 6.4.89 – 2 AZR 19/89, NZA 90, 307). An die Darlegungslast des ArbGeb zu den eingetretenen und weiterhin zu erwartenden **betrieblichen Beeinträchtigungen** sind wegen seiner Sachnähe **strenge Anforderungen** zu stellen (BAG 15.8.84 – 7 AZR 536/82, NZA 85, 357). Insbesondere muss er im Einzelnen seine Bemühungen darlegen, den Ausfall des erkrankten ArbN zu überbrücken. 46

Bestreitet der ArbGeb im Prozess pauschal die Möglichkeit der Weiterbeschäftigung des ArbN auf einem freien Arbeitsplatz, muss der ArbN konkret darlegen, wie er sich seine weitere Beschäftigung vorstellt und warum an den anderen Arbeitsplätzen der personenbedingte Kündigungsgrund für den ArbGeb so wenig ins Gewicht fällt, dass ihm die Weiterbeschäftigung des ArbN zumutbar ist (BAG 12.7.07 – 2 AZR 716/06, NZA 08, 173; BAG 26.5.77 – 2 AZR 201/76 AP BetrVG 1972 § Nr 14). Hat der ArbGeb ein **betriebliches Eingliederungsmanagement** nach § 84 Abs 2 SGB IX gesetzeswidrig nicht oder nicht ordnungsgemäß durchgeführt oder stützt er sich darauf, das BEM hätte kein für den ArbN positives Ergebnis bringen können und sei daher nicht erforderlich gewesen, kann er sich nicht mehr nur pauschal darauf berufen, ihm seien keine alternativen der Erkrankung angemessenen Einsatzmöglichkeiten für den gekündigten ArbN bekannt. Er muss jetzt umfassend und konkret vortragen, warum der ArbN auf seinem bisherigen Arbeitsplatz nicht mehr eingesetzt werden kann, eine leidensgerechte Anpassung dieses Arbeitsplatzes ausgeschlossen ist oder warum der ArbN nicht auf einem (alternativen) anderen Arbeitsplatz bei geänderter Tätigkeit eingesetzt werden kann). Erst danach ist es Sache des ArbN, sich hierauf substantiiert einzulassen und darzulegen, wie er sich selbst eine leidensgerechte Beschäftigung vorstellt (BAG 24.3.11 – 2 AZR 170/10, NZA 11, 992). Hat das ordnungsgemäß durchgeführte betriebliche Eingliederungsmanagement zu einem negativen Ergebnis geführt, genügt der ArbGeb seiner Darlegungslast mit dem Hinweis, andere Beschäftigungsmöglichkeiten bestünden nicht. Der ArbN kann nun erklären, dass es trotz dieses Ergebnisses weitere Alternativen gibt, welche zwar im BEM erwähnt aber nicht behandelt wurden oder sich erst nach seinem Abschluss ergeben haben. Hat das betriebliche Eingliederungsmanagement zu einem positiven Ergebnis geführt, ist der ArbGeb verpflichtet, es umzusetzen. Kündigt er dennoch, muss er darlegen, warum die Maßnahme undurchführbar war oder selbst bei ihrer Umsetzung nicht zu einer Reduzierung der Ausfallzeiten geführt hätte (BAG 10.12.09 – 2 AZR 400/08, NZA 10, 398). 47

B. Lohnsteuerrecht *Seidel*

S die Ausführungen zu *Kündigung, allgemein* Rz 82. 48

C. Sozialversicherungsrecht *Schlegel*

S die Ausführungen zu *Kündigung, allgemein* Rz 83 ff; *Kündigung, außerordentliche* Rz 96 ff; *Sperrzeit* Rz 6 ff. 49

Kündigung, verhaltensbedingte

A. Arbeitsrecht *Eisemann*

Übersicht

	Rz		Rz
1. Voraussetzungen	1–17	c) Interessenabwägung	11, 12
a) Objektiver Grund	4, 5	d) Ultima ratio	13, 14
b) Prognose	6–10	e) Darlegungs- und Beweislast	15–17

260 Kündigung, verhaltensbedingte

	Rz		Rz
2. Fallgruppen	18–44	i) Internetnutzung	31
a) Abwerbung	19	j) Konkurrenz- und Nebentätigkeit	32
b) Alkohol	20	k) Lohnpfändung	33
c) Anzeigen	21	l) Pflichtverletzungen bei Krankheit	34–37
d) Arbeitsverweigerung	22–24	m) Schlecht- und Minderleistung	38
e) Außerdienstliches Verhalten	25–27	n) Urlaub	39
f) Betriebsfrieden	28	o) Verdacht	40
g) Beleidigung	29	p) Vertrauensmissbrauch, Straftaten	41–44
h) Druck	30		

1 **1. Voraussetzungen.** Nach § 1 Abs 2 Satz 1 KSchG kann eine Kündigung ua sozial gerechtfertigt sein, wenn sie durch das **Verhalten** des ArbN bedingt ist. Sein Verhalten muss man ihm vorwerfen können. Eine Pflichtverletzung ist vorwerfbar, wenn der ArbN seine ihr zugrunde liegende Handlungsweise steuern konnte. Ein Verhalten ist steuerbar, wenn es vom Willen des ArbN beeinflusst werden kann (BAG 3.11.11 – 2 AZR 748/10, NZA 12, 607). Auch für eine verhaltensbedingte Kündigung gilt das **Prognoseprinzip.** Ihr Zweck liegt nicht in der Sanktion für eine Vertragspflichtverletzung. Sie soll weitere Vertragspflichtverletzungen für die Zukunft vermeiden, die sich belastend auswirken. Die vergebliche Abmahnung objektiviert dabei die Prognose, sie indiziert die Wiederholungsgefahr (BAG 26.11.09 – 2 AZR 751/08, NZA 10, 823; BAG 12.1.06 – 2 AZR 21/05, NZA 06, 917).

2 Eine Kündigung aus Gründen im Verhalten des ArbN ist gerechtfertigt, wenn das dem ArbN vorgeworfene Verhalten eine **Vertragspflicht verletzt,** das Arbeitsverhältnis dadurch **konkret beeinträchtigt** wird, **keine** zumutbare Möglichkeit **anderweitiger Beschäftigung** besteht und die Lösung des Arbeitsverhältnisses bei **Abwägen der Interessen** beider Parteien billigenswert und angemessen erscheint. Entscheidend ist, ob das Fehlverhalten des ArbN im Einzelfall geeignet ist, einen ruhig und verständig urteilenden ArbGeb zur Kündigung zu bestimmen (BAG 10.9.09 – 2 AZR 257/08, NZA 10, 125; 31.5.07 – 2 AZR 200/06, NZA 07, 922).

3 Als **Kündigungsgründe** kommen in Betracht: **Leistungsstörungen** (Schlechtleistung, unentschuldigtes Fehlen und sonstige Verstöße gegen die Arbeitspflicht), **Störungen der betrieblichen Ordnung** (Beleidigung von Arbeitskollegen, Verstöße gegen Verhaltenspflichten wie Rauch- und Alkoholverbot), **Störungen im Vertrauensbereich** (unerlaubte Handlungen, insbes Straftaten), **Verletzung von Nebenpflichten** (verspätete Krankmeldung, Nichtvorlegen von Arbeitsunfähigkeitsbescheinigungen). Unter bestimmten Voraussetzungen können auch der Verdacht vertragswidrigen Verhaltens, der von dritter Seite ausgehende Druck, den ArbN zu entlassen, und außerdienstliches Verhalten die Kündigung rechtfertigen.

4 **a) Objektiver Grund.** Wie bei der fristlosen Kündigung ist zunächst zu prüfen, ob das Verhalten des ArbN „an sich geeignet" ist, eine ordentliche Kündigung zu rechtfertigen (BAG 10.6.10 – 2 AZR 541/09, NZA 10, 1227). Bei **rechtswidrigen** und **schuldhaften Verstößen** gegen die Haupt- und Nebenpflichten aus dem Arbeitsvertrag ist das der Fall (BAG 21.5.92 – 2 AZR 10/92, NZA 93, 115). Dabei ist ohne Bedeutung, ob die Vertragsverletzung zu einer Störung des Betriebsfriedens oder der Arbeitsordnung geführt hat. Mögliche Auswirkungen des Verhaltens auf den Betriebsablauf oder auf den Betriebsfrieden sind im Rahmen der **Interessenabwägung** zu berücksichtigen (BAG 27.2.97 – 2 AZR 302/96, NZA 97, 761).

5 **Vorsatz** ist nicht erforderlich. Auch fahrlässige Vertragsverletzungen können zu einer verhaltensbedingten Kündigung führen. Selbst **unverschuldete Pflichtwidrigkeiten** können die ordentliche verhaltensbedingte Kündigung rechtfertigen, wenn etwa die betriebliche Ordnung so nachhaltig gestört wird, dass dem ArbGeb die Fortdauer dieses Zustands selbst dann nicht zumutbar ist, wenn dem ArbN seine Pflichtverstöße – etwa wegen psychischer Störungen – nicht vorgeworfen werden können (BAG 21.1.99 – 2 AZR 665/98, NZA 99, 863). Befindet sich der ArbN in einem Rechtsirrtum, handelt er auf eigene Gefahr, wenn er trotz Aufklärung durch den ArbGeb sein Verhalten fortsetzt (BAG 29.11.83 – 1 AZR 469/82 AP BGB § 626 Nr 78).

6 **b) Prognose. Verhaltensbedingte Leistungsstörungen** (zB verspätete Krankmeldung, unentschuldigtes Fehlen, Schlechtleistung) sind nur dann kündigungsrelevant, wenn auch

künftige Vertragsverstöße zu befürchten sind. Auch die verhaltensbedingte Kündigung ist **zukunftsbezogen.** Mit ihr soll nicht die Vergangenheit bewältigt, sondern das Risiko weiterer Vertragsverletzungen ausgeschlossen werden (BAG 12.1.06 – 2 AZR 21/05, NZA 06, 917 und 2 AZR 179/05, NZA 06, 980). Entscheidend ist daher, ob eine **Wiederholungsgefahr** besteht oder ob das vergangene Ereignis sich auch künftig weiter belastend auswirkt (BAG 10.9.09 – 2 AZR 257/08, NZA 10, 220).

Die verhaltensbedingte Kündigung ist lediglich das (letzte) Mittel für den ArbGeb, um Vertragsverletzungen abzustellen, welche seine Interessen beeinträchtigen. Zuvor muss er alle anderen ihm zumutbaren Maßnahmen zur **Vermeidung der Kündigung** ergriffen haben (BAG 12.1.06 – 2 AZR 179/05, NZA 06, 980). Beruht die Vertragspflichtverletzung auf einem steuerbaren Verhalten des ArbN, ist grundsätzlich davon auszugehen, dass sein künftiges Verhalten schon durch eine Abmahnung positiv beeinflusst werden kann (BAG 24.3.11 – 2 AZR 282/10, NZA 11, 1029). Etwas anders wird ein ruhig und verständig urteilender ArbGeb idR erst annehmen, wenn er den ArbN schon wegen Vertragsverletzungen **abgemahnt** hatte und es erneut zu einem vertragswidrigen Verhalten gekommen ist (BAG 26.11.09 – 2 AZR 751/08, NZA 10, 823). Eine **unwirksame Kündigung** erfüllt die Funktion einer Abmahnung, wenn der Kündigungssachverhalt als solcher feststeht und die Kündigung aus formalen Gründen, etwa wegen fehlender Abmahnung oder fehlender Anhörung des BRat oder für sozialwidrig gehalten wurde, weil die Vertragsverstöße für eine Kündigung nicht ausreichen (BAG 19.2.09 – 2 AZR 603/07, NZA 09, 894). 7

Die Abmahnung muss **vergeblich** sein, bevor gekündigt werden darf. Der ArbGeb, welcher eine Abmahnung ausspricht, gibt damit zu erkennen, dass er das bisherige Verhalten nicht zum Anlass für eine Kündigung nimmt, sondern dem ArbN „Gelegenheit zur Besserung" geben will (BAG 26.11.09 – 2 AZR 751/08, NZA 10, 823). Erst wenn der ArbN erneut gegen seine arbeitsvertraglichen Pflichten verstößt, kann der ArbGeb wegen dieses Pflichtverstoßes die Kündigung aussprechen und zu ihrer Begründung die abgemahnten Vorfälle heranziehen. In einer Abmahnung liegt daher zugleich der **Verzicht** auf eine Kündigung, solange es nicht zu einem erneuten Vertragsverstoß kommt (BAG 26.11.09 – 2 AZR 751/08, NZA 10, 823). Dies gilt selbst während der Wartezeit des § 1 Abs 1 KSchG im ungeschützten Arbeitsverhältnis (BAG 13.12.07 – 6 AZR 145/07, NZA 08, 403). Treten weitere Gründe zu den abgemahnten hinzu oder werden sie erst nach Ausspruch der Abmahnung bekannt, sind sie vom Kündigungsverzicht nicht erfasst. Der ArbGeb kann sie zur Begründung einer Kündigung heranziehen und dabei auf die schon abgemahnten Gründe unterstützend zurückgreifen (BAG 26.11.09 – 2 AZR 751/08, NZA 10, 823). 8

Eine **Abmahnung** ist **nicht erforderlich,** wenn eine Änderung des Verhaltens in Zukunft selbst nach Abmahnung nicht zu erwarten ist oder es sich um eine so schwere Pflichtverletzung handelt, dass eine Hinnahme durch den ArbGeb offensichtlich – auch für den ArbN erkennbar – ausgeschlossen ist (BAG 9.6.11 – 2 AZR 381/10, NZA 11, 1027; 10.6.10 – 2 AZR 541/09, NZA 10, 1227 Einzelheiten *Abmahnung* Rz 8–23). 9

Selbst bei Störungen im Vertrauensbereich durch Straftaten gegen das Vermögen oder Eigentum des ArbGeb kann eine Abmahnung erforderlich sein. Jedenfalls muss auch in diesen Fällen stets geprüft werden, ob nicht objektiv die Prognose gerechtfertigt ist, der ArbN werde sich nach einer Abmahnung künftig wieder vertragstreu verhalten (BAG 9.6.11 – 2 AZR 381/10, NZA 11, 1027; BAG 10.6.10 – 2 AZR 541/09, NZA 10, 1227; Einzelheiten s *Abmahnung* Rz 14). 10

c) **Interessenabwägung.** Unabhängig davon, wie schwerwiegend ein Pflichtverstoß ist, bleibt stets zu prüfen, ob unter Berücksichtigung der **Gesamtumstände des Einzelfalles** das Interesse des ArbGeb an der Beendigung des Arbeitsverhältnisses das des ArbN an seiner Fortsetzung überwiegt (BAG 24.6.04 – 2 AZR 63/03, NZA 05, 158). Hier sind die **Sozialdaten** des ArbN heranzuziehen (Betriebszugehörigkeit, Alter, Unterhaltspflichten, Schwerbehinderung). Dabei können die Unterhaltspflichten bei der Interessenabwägung in den Hintergrund treten und im Extremfall völlig vernachlässigt werden, wenn der ArbN gewichtige Pflichten aus dem Arbeitsverhältnis trotz Abmahnung wiederholt vorsätzlich vernachlässigt hat (BAG 27.2.97 – 2 AZR 302/96, NZA 97, 761). 11

Das Vorliegen betrieblicher Störungen (Störungen des Betriebsablaufs oder des Betriebsfriedens) allein ohne Feststellung einer verschuldeten arbeitsvertraglichen Pflichtverletzung reicht grundsätzlich für eine verhaltensbedingte Kündigung nicht aus (BAG 24.6.04 – 12

260 Kündigung, verhaltensbedingte

2 AZR 63/03, NZA 05, 158). Die betriebliche Störung ist andererseits auch **nicht unabdingbare Voraussetzung** für die soziale Rechtfertigung der verhaltensbedingten Kündigung. Es wirkt sich lediglich im Rahmen der Interessenabwägung zulasten des ArbN aus, wenn sein Verhalten negative betriebliche Auswirkungen hatte (BAG 24.6.04 – 2 AZR 63/03, NZA 05, 158). Dabei genügt nicht schon die abstrakte oder konkrete **Gefährdung** des Betriebsablaufs oder des Betriebsfriedens. Zulasten des ArbN können bei der Interessenabwägung nur konkrete **Störungen** herangezogen werden (BAG 17.1.91 – 2 AZR 375/90, NZA 91, 557). Wird ein ArbN von einem Strafgericht rechtskräftig verurteilt und ist wegen der Auswirkung der Verurteilung auf Kollegen, Kunden oder den ArbGeb selbst ein regulärer Einsatz des ArbN auf unabsehbare Zeit unmöglich, liegt bereits in dieser Störung eine Beeinträchtigung erheblicher betrieblicher Interessen, ohne dass dazu weitere Umstände hinzutreten müssten (BAG 8.6.2000 – 2 ABR 1/00, NZA 01, 91).

13 **d) Ultima ratio.** Nach dem **Verhältnismäßigkeitsgrundsatz** kommt eine Kündigung nur in Betracht, wenn sie nicht durch andere **mildere Maßnahmen** vermeidbar ist (BAG 10.6.10 – 2 AZR 541/09, NZA 10, 1227). Deshalb muss der ArbGeb auch prüfen, ob nicht eine **Versetzung** auf einen anderen Arbeitsplatz oder eine **Weiterbeschäftigung** zu geänderten (ggf auch schlechteren) Bedingungen in Frage kommt (BAG 24.6.04 – 2 AZR 63/03, NZA 05, 158; s *Kündigungsschutz* Rz 70, 71). Dies setzt allerdings voraus, dass sich das Fehlverhalten auf den neuen Arbeitsplatz nicht mehr auswirkt. Sinnvoll kann zB sein, einen ArbN zu versetzen, weil er mit einem anderen ständig in Streit gerät; weniger sinnvoll ist eine Versetzung, wenn ein ArbN ständig zu spät kommt.

14 Der ArbGeb ist nicht verpflichtet, als milderes Mittel neben einer Abmahnung eventuell in einer Arbeitsordnung vorgesehene **kollektivrechtliche Maßnahmen** wie mündliche Verwarnung, Verweis oder Betriebsbußen zu ergreifen (BAG 17.1.91 – 2 AZR 375/90, NZA 91, 557).

15 **e) Darlegungs- und Beweislast.** Der ArbGeb hat die **Darlegungs- und Beweislast** für den **Kündigungsgrund** und damit auch für die **Rechtswidrigkeit** des Vertragsverstoßes und ein eventuelles **Verschulden** des ArbN (BAG 21.5.92 – 2 AZR 10/92, NZA 93, 115). Er muss jedoch nicht von sich aus jeden erdenklichen Rechtfertigungs- oder Entschuldigungsgrund vorsorglich ausschließen. Vielmehr kann er sich nach dem **Grundsatz der abgestuften Darlegungs- und Beweislast** zunächst darauf beschränken, den objektiven Tatbestand der Pflichtverletzung darzulegen. Dabei darf er auch heimliche Videoaufnahmen heranziehen, wenn der konkrete Verdacht einer strafbaren Handlung besteht, weniger einschneidende Mittel zur Aufklärung des Verdachts ausgeschöpft sind, die verdeckte Videoüberwachung praktisch das einzig verbleibende Mittel darstellt und insgesamt nicht unverhältnismäßig ist (BAG 21.6.12 – 2 AZR 153/11, NZA 12, 1025).

16 Will der **Arbeitnehmer** demgegenüber einen **Rechtfertigungs-** oder **Entschuldigungsgrund** geltend machen, so muss er diesen substantiiert vortragen (BAG 21.5.92 – 2 AZR 10/92, NZA 93, 115). Beruft sich zB ein ArbN, welcher der Arbeit fern geblieben ist und keine Arbeitsunfähigkeitsbescheinigung beigebracht hat, darauf, er sei arbeitsunfähig gewesen, hat er deshalb im Einzelnen darzulegen, woran er erkrankt war und weshalb er nicht arbeiten konnte (BAG 6.9.89 – 2 AZR 118/89, NZA 90, 305). Will zB eine Arbeitnehmerin ein Leistungsverweigerungsrecht wegen Pflichtenkollision bzw wegen einer Unzumutbarkeit der Arbeitsleistung geltend machen mit der Begründung, sie habe ihr Kleinkind betreuen müssen, muss sie darlegen, dass sie sich in einer unverschuldeten Zwangslage befunden hat. Dazu gehört der ins Einzelne gehende Vortrag, dass sie rechtzeitig ausreichende Anstrengungen unternommen hat, eine Betreuungsperson zu finden und ggf, weshalb ihrem Ehemann die Betreuung nicht möglich war (BAG 21.5.92 – 2 AZR 10/92, NZA 93, 115). Ist der ArbN seiner Darlegungspflicht nachgekommen, so hat der **ArbGeb** nun seinerseits die **Umstände,** welche die **Rechtfertigungs- und Entschuldigungsgründe ausschließen** sollen, im Einzelnen vorzutragen und unter Beweis zu stellen. Gelingt der Beweis nicht, geht dies zulasten des ArbGeb.

17 Für die Kündigung wegen **verschuldeter Minderleistung** gilt **im Prozess** Folgendes: Kennt der ArbGeb lediglich die objektiv messbaren Arbeitsergebnisse, so genügt er im Kündigungsschutzprozess seiner Darlegungslast, wenn er Tatsachen vorträgt, aus denen ersichtlich ist, dass die Leistungen des ArbN deutlich hinter denen vergleichbarer ArbN zurückbleiben, also die Durchschnittsleistung erheblich unterschreiten. Alsdann ist es Sache

Kündigung, verhaltensbedingte 260

des ArbN, hierauf zu entgegnen, zB darzulegen, warum er mit seiner deutlich unterdurchschnittlichen Leistung dennoch seine persönliche Leistungsfähigkeit ausschöpft (BAG 17.1.08 – 2 AZR 536/06, NZA 08, 693). Beruft er sich auf krankheitsbedingte Gründe, kann es erforderlich sein, dass er im Einzelnen darlegt, woran er erkrankt war und weshalb er seine Pflichten nicht ordnungsgemäß erfüllen konnte, und die behandelnden Ärzte ggf von der Schweigepflicht befreit (BAG 3.11.11 – 2 AZR 748/10, NZA 12, 607). Trägt der ArbN derartige Umstände nicht vor, gilt das schlüssige Vorbringen des ArbGeb als zugestanden. Es ist dann davon auszugehen, dass der ArbN seine Leistungsfähigkeit nicht ausschöpft (BAG 11.12.03 – 2 AZR 667/02, NZA 04, 784).

2. Fallgruppen. Da die soziale Rechtfertigung einer verhaltensbedingten Kündigung 18 stets auch von der Interessenabwägung im Einzelfall abhängt, lassen sich lediglich beispielhaft Fallgestaltungen aufzeigen, die nur „grundsätzlich geeignet" sind, eine Kündigung zu begründen.

a) Abwerbung. Art 12 GG garantiert die **Berufsfreiheit.** Die Vorbereitung für einen 19 Stellenwechsel oder eine eigene Existenzgründung können daher nicht als rechtswidriger Verstoß gegen die Treuepflicht des ArbN gewertet werden. Eine Kündigung kann deshalb nicht darauf gestützt werden, dass ArbN anderen Mitarbeitern von den geplanten beruflichen Veränderungen erzählen. Selbst die Aufforderung an Kollegen, auch den Arbeitsplatz zu wechseln, rechtfertigt für sich allein noch keine Kündigung. Es müssen besondere Umstände hinzutreten, welche die Abwerbung als **rechts- oder sittenwidrig** erscheinen lassen (BAG 22.11.65 – 3 AZR 130/65 AP BGB § 611 Abwerbung Nr 1). Dies kann für die Abwerbung von Spezialkräften gelten, auf die der ArbGeb angewiesen ist, oder für die Abwerbung unter gleichzeitiger Aufforderung, den Arbeitsvertrag zu brechen (LAG Bln 6.12.62, DB 63, 871; LAG Düsseldorf 15.10.69, DB 69, 2353).

b) Alkohol. Wiederholte Verstöße gegen ein betriebliches **Alkoholverbot** können nach 20 vorheriger Abmahnung die Kündigung rechtfertigen (BAG 22.7.82 – 2 AZR 30/81, NJW 83, 700). Ist der ArbN jedoch **alkoholkrank,** kommt eine Kündigung nur als krankheitsbedingte Kündigung in Betracht (BAG 20.12.12 – 2 AZR 32/11, NZA-RR 13, 627; s *Kündigung, personenbedingte* Rz 32–35). Lässt es der ArbGeb trotz eines betrieblichen Alkoholverbotes zu, dass in der Mittagspause in der Kantine alkoholische Getränke verkauft werden, so ist dies im Rahmen der Interessenabwägung zugunsten des ArbN zu berücksichtigen (LAG Köln 29.6.87, LAGE § 1 KSchG verhaltensbedingte Kündigung Nr 14). Bei ArbN, von denen im Fall der Trunkenheit wegen der Art der von ihnen verrichteten Tätigkeit besondere Gefahren für andere ausgehen – zB Berufskraftfahrer, Bagger-, Kranführer uÄ –, wird ein strengerer Maßstab angelegt. Hier soll uU schon der einmalige Verstoß gegen das Alkoholverbot die Kündigung rechtfertigen (LAG Hamm 13.9.74, DB 74, 2164; 22.12.77, DB 78, 750). Zur Feststellung ihrer Alkoholisierung sind ArbN weder verpflichtet, an einer Atemalkoholanalyse mitzuwirken, noch können sie zu einer Untersuchung ihres Blutalkoholwerts gezwungen werden (BAG 26.1.95 – 2 AZR 649/94, NZA 95, 517). Im Prozess ist der ArbGeb auf Indizien angewiesen (Alkoholfahne, schwankender Gang etc). Aufgrund seiner Fürsorgepflicht muss er – soweit entsprechende Gerätschaften vorhanden sind – den ArbN bei Anzeichen einer Alkoholisierung Gelegenheit geben, durch entsprechende Tests den Vorwurf auszuräumen (BAG 26.1.95 – 2 AZR 649/94, NZA 95, 517).

c) Anzeigen. Ob eine Kündigung wegen „**Whistleblowing**" gegen das Recht der 21 freien Meinungsäußerung nach Art 10 EMRK verstößt, lässt sich erst nach einer Abwägung zwischen dem Recht der freien Meinungsäußerung, dem öffentlichen Interesse an der Information und dem Interesse des ArbGeb, seinen Ruf zu schützen, entscheiden (EGMR 21.7.11 – 28274/08, NZA 11, 1269). Eine verhaltensbedingte Kündigung kann gerechtfertigt sein, wenn der ArbN in einer Anzeige bei Behörden oder einer **Strafanzeige** gegen den ArbGeb wissentlich oder leichtfertig falsche Angaben gemacht hat (BVerfG 2.7.01 – 1 BvR 2049/00, NZA 01, 888). Die Berechtigung des ArbN, gegen seinen ArbGeb eine Strafanzeige zu erstatten, kann nicht davon abhängig gemacht werden, dass bereits feststeht, dass dieser eine Straftat begangen hat, oder dies später festgestellt wird. Die Strafanzeige ist erst dann nicht mehr berechtigt, wenn der ArbN schon bei Erstatten der Anzeige weiß, der erhobene Vorwurf nicht zutrifft, oder dies jedenfalls erkennen kann (BAG 7.12.06 – 2 AZR 400/05, NZA 07, 502; BAG 3.7.03 – 2 AZR 235/02, NZA 04, 427). Trotz wahrer

260   Kündigung, verhaltensbedingte

Angaben kann die Kündigung gerechtfertigt sein, wenn sich die Anzeige als eine unverhältnismäßige Reaktion auf ein Verhalten des ArbGeb darstellt (BAG 7.12.06 – 2 AZR 400/05, NZA 07, 502; BAG 3.7.03 – 2 AZR 235/02, NZA 04, 427; Einzelheiten s *Whistleblowing* Rz 1 ff).

22   **d) Arbeitsverweigerung.** ArbN müssen tun, was sie sollen, und das so gut sie es können. Wer sich **trotz Abmahnung** weigert, seine Leistungspflicht auszuschöpfen oder eine vertraglich geschuldete Arbeit zu erledigen, verstößt rechtswidrig, schuldhaft und **in beharrlicher Weise** gegen seine Arbeitspflichten. In diesen Fällen ist regelmäßig eine ordentliche Kündigung gerechtfertigt (BAG 27.2.97 – 2 AZR 302/96, NZA 97, 761; BAG 11.12.03 – 2 AZR 667/02, NZA 04, 784). Im Einzelfall können **Glaubensgründe** (BAG 24.2.11 – 2 AZR 636/09, NZA 11, 1087) oder ein unvermeidbarer **Gewissenskonflikt** (BAG 20.12.84 – 2 AZR 436/83, NZA 86, 21) dazu führen, dass eine hiermit begründete Arbeitsverweigerung berechtigt und eine hierauf gestützte Kündigung unwirksam ist. Dasselbe gilt, wenn dem ArbN ein Leistungsverweigerungsrecht – etwa aufgrund einer **Pflichtenkollision** – zusteht oder die Arbeitsleistung subjektiv unmöglich ist (BAG 22.12.82 – 2 AZR 282/82, NJW 83, 2782: Leistungsverweigerungsrecht des türkischen ArbN, der zum verkürzten Wehrdienst in sein Heimatland einberufen wird; BAG 21.5.92 – 2 AZR 10/92, NZA 93, 115 (offen gelassen): Zwangslage einer ArbN, die keine Betreuungsperson für ihr Kind findet).

23   Der ArbN verletzt seine Arbeitspflicht nicht, wenn er **unzulässige Arbeit** – zB gesetzlich unzulässige Mehrarbeit (LAG Düsseldorf 21.1.64, DB 64, 628) oder direkte Streikarbeit (BAG 25.7.57 – 1 AZR 194/56 AP BGB § 615 Betriebsrisiko Nr 3) – ablehnt oder aus anderen Gründen – zB wegen unzulässiger Gefahrstoffbelastung der Arbeitsräume (BAG 19.2.97 – 5 AZR 982/94, NZA 97, 821) – seine Arbeitskraft zurückhält. Er verletzt seine Arbeitspflichten auch nicht, wenn er seine Arbeitskraft zurückhält, weil der ArbGeb seine Würde verletzt und ein von Einschüchterungen, Anfeindungen, Erniedrigungen, Entwürdigungen oder Beleidigungen gekennzeichnetes Umfeld geschaffen hat oder nicht verhindert, dass Mitarbeiter dieses Umfeld schaffen – **Mobbing** (BAG 13.3.08 – 2 AZR 88/07, AP KSchG 1969 § 1 Nr 87).

24   **Wiederholtes unentschuldigtes Fehlen** nach Abmahnung ist an sich geeignet, eine verhaltensbedingte Kündigung zu rechtfertigen (BAG 17.1.91 – 2 AZR 375/90, NZA 91, 1906). Entsprechendes gilt für **Verspätungen** und **unbefugtes Verlassen** des Arbeitsplatzes (BAG 16.9.04 – 2 AZR 406/03, NZA 05, 459; LAG Düsseldorf 16.3.78, DB 78, 1698).

25   **e) Außerdienstliches Verhalten** kann die Kündigung rechtfertigen, wenn dadurch berechtigte Interessen des ArbGeb beeinträchtigt werden, wenn es negative Auswirkungen auf den Betrieb oder einen Bezug zum Arbeitsverhältnis hat (BAG 10.9.09 – 2 AZR 257/08, NZA 10, 220). Das ist etwa der Fall, wenn einem Berufskraftfahrer wegen Trunkenheit bei einer Privatfahrt die Fahrerlaubnis entzogen wird (BAG 30.5.78 – 2 AZR 630/76, NJW 79, 332) oder ein Angestellter der Finanzverwaltung selbst Steuerhinterziehung begeht (LAG Düsseldorf 20.5.80, EzA § 626 BGB nF Nr 72). Entsprechendes gilt für sittliche Verfehlungen, insbesondere Sittlichkeitsdelikte von pädagogischen Mitarbeitern wie Lehrern und Erziehern.

26   Ob das Arbeitsverhältnis durch den in der Freizeit begangenen **Ladendiebstahl** einer ArbN bei der Konzernschwester ihres ArbGeb deshalb konkret beeinträchtigt wird, weil ihr für Wareneinkäufe in dem bestohlenen Unternehmen ein Personalrabatt eingeräumt war, erscheint zweifelhaft (so aber BAG 20.9.84 – 2 AZR 633/82, NZA 85, 286). Andererseits soll das Fordern und Kassieren einer „**Vermittlungsprovision**" durch einen gewerblichen ArbN für die Einstellung eines ArbN das Arbeitsverhältnis nicht konkret berühren (BAG 24.9.87 – 2 AZR 26/87, NJW 88, 2261).

27   Die **politische Betätigung** eines ArbN im außerdienstlichen Bereich rechtfertigt grds eine verhaltensbedingte Kündigung nur dann, wenn dadurch das Arbeitsverhältnis im Leistungsbereich, im Bereich der Verbundenheit der im Betrieb beschäftigten ArbN, im Vertrauensbereich oder im betrieblichen Aufgabenbereich **konkret beeinträchtigt** wird (BAG 6.6.84 – 7 AZR 456/82, NJW 85, 507). Nur die subjektive Besorgnis, ein angestellter Lehrer könne seine Schüler jederzeit indoktrinieren, reicht für eine verhaltensbedingte Kündigung nicht aus (BAG 28.9.89 – 2 AZR 317/86, NJW 90, 1196). Verstößt der ArbN **des öffentlichen Dienstes** im außerdienstlichen Bereich (etwa durch Verbreiten ausländerfeind-

licher Pamphlete) gegen seine Pflicht, sich durch sein gesamtes Verhalten zur freiheitlich demokratischen Grundordnung zu bekennen, soll die verhaltensbedingte Kündigung auch ohne konkrete Beeinträchtigung des Arbeitsverhältnisses wirksam sein (BAG 14.2.96 – 2 AZR 274/95, NZA 96, 873). Beschäftigte, die keiner „gesteigerten", beamtenähnlichen Loyalitätspflicht unterliegen, dürfen nicht darauf ausgehen, den Staat oder die Verfassung und deren Organe zu beseitigen, zu beschimpfen oder verächtlich zu machen. Entfaltet ein ArbN – und sei es nur außerdienstlich – Aktivitäten dieser Art, kann dies ein Grund für eine Kündigung durch seinen ArbGeb auch dann sein, wenn das Verhalten nicht strafbar ist (BAG 6.9.12 – 2 AZR 372/11). Begeht er eine schwere Straftat, kann er gekündigt werden, ohne dass eine konkret messbare Ansehensschädigung des öffentlichen ArbGeb nachgewiesen werden muss (BAG 8.6.2000 – 2 AZR 638/99, NZA 2000, 1282). Nach Ablösung des BAT durch den TVöD gelten jedoch für die nicht hoheitlich tätigen Angestellten des öffentlichen Dienstes keine weitergehenden vertraglichen Nebenpflichten als für die Beschäftigten der Privatwirtschaft (BAG 10.9.09 – 2 AZR 257/08, NZA 10, 220). Im **Tendenzbetrieb** – insbesondere in kirchlichen Einrichtungen – kann außerdienstliches Verhalten eher eine Kündigung rechtfertigen (Einzelheiten s *Kündigung, außerordentliche* Rz 41, 42).

f) Betriebsfrieden. Mit einer Störung des Betriebsfriedens kann eine verhaltensbedingte Kündigung nur begründet werden, wenn das den ArbN vorgeworfene Verhalten zu einer **konkreten Beeinträchtigung** des Betriebfriedens geführt hat (BAG 15.12.77 – 3 AZR 184/76, NJW 78, 1874). Das gilt sowohl für **politische Meinungsäußerungen** (Tragen von Plaketten mit politischen Aussagen: BAG 9.12.82 – 2 AZR 620/80, NJW 84, 1142; s *Kündigung, außerordentliche* Rz 51–52) als auch für **Streitigkeiten** unter Kollegen (LAG Düsseldorf 26.8.80, DB 80, 2345). 28

g) Beleidigung. Nicht jede kritische, provokante oder überzogene Äußerung ist eine Beleidigung und nicht jede Beleidigung rechtfertigt die Kündigung (BAG 23.2.10 – 2 AZR 554/08, NZA 10, 1123). Insbes darf der ArbN die Zustände im Betrieb in **sachlicher Form** kritisieren (BAG 10.12.09 – 2 AZR 534/08, NZA 10, 698). Nur **bewusst ehrverletzende Äußerungen,** die konkrete nachteilige betriebliche Auswirkungen haben, kommen für eine Kündigung in Betracht. So verletzen grobe Beleidigungen des ArbGeb oder seines Vertreters bzw von Kollegen oder BRatMitgliedern, die nach Form und Inhalt eine erhebliche Ehrverletzung für den Betroffenen darstellen, die vertraglichen Nebenpflichten zur Rücksichtnahme und können grds – auch ohne Abmahnung – eine verhaltensbedingte Kündigung rechtfertigen (BAG 24.6.04 – 2 AZR 63/03, NZA 05, 158). Stets spielt aber der **„betriebsübliche" Umgangston** ebenso eine Rolle wie der **Bildungsgrad** der betroffenen ArbN. Daneben ist zu berücksichtigen, ob der ArbN zu seiner Äußerung **provoziert** worden ist (BAG 19.12.58 – 2 AZR 390/58, NJW 59, 1149). Ehrverletzende Äußerungen, die in der sicheren Erwartung gemacht werden, dass sie über den Kreis der Gesprächsteilnehmer nicht hinausdringen, sollen für eine Kündigung nicht ausreichen (BAG 30.11.72 – 2 AZR 79/72, BB 73, 428). Ausländerfeindliches Verhalten und rassistische Äußerungen können als Beleidigung auch ohne Abmahnung eine Kündigung begründen (BAG 1.7.99 – 2 AZR 676/98, NZA 99, 1270). Da der ArbGeb verpflichtet ist, seine ArbN vor einer Verletzung ihrer Persönlichkeitsrechte zu schützen (BAG 12.9.06 – 9 AZR 271/06, NZA 07, 269), muss er sie auch vor einer fortwährenden Belästigung durch Vorgesetzte oder andere ArbN bewahren. Dies kann beim **Mobbing** zu einer Kündigung derjenigen führen, welche die Würde des betroffenen ArbN verletzt und ein Umfeld geschaffen haben, welches von Einschüchterungen, Anfeindungen, Erniedrigungen, Entwürdigungen oder Beleidigungen gekennzeichnet ist (BAG 25.10.07 – 8 AZR 593/06, NZA 08, 215; s *Mobbing* Rz 2). 29

h) Druck. Von einer **Druckkündigung** sprechen wir, wenn Dritte – ArbN oder Kunden – vom ArbGeb unter Androhung von Nachteilen, wie Streik oder Abbruch der Geschäftsbeziehungen, verlangen, dass er bestimmte ArbN entlässt (vgl BAG 10.12.92 – 2 AZR 271/92, NZA 93, 593). Gibt es hierfür personen- oder verhaltensbedingte Gründe nach § 1 Abs 2 KSchG, steht es im Ermessen des ArbGeb, ob er dem Verlangen Dritter nachgibt. Allein der ausgeübte Druck macht diese Kündigung nicht unwirksam. 30

Fehlt ein Grund für die Kündigung von ArbN, deren Entlassung Dritte verlangen, muss sich der ArbGeb schützend vor die Mitarbeiter stellen. Er muss versuchen, den oder die Dritten von ihrem Verlangen abzubringen. Gelingt ihm dies nicht, darf er ausnahmsweise betriebsbedingt kündigen, wenn sonst seine Existenz vernichtet oder er zumindest wirt-

260 Kündigung, verhaltensbedingte

schaftlich schwer geschädigt würde. Voraussetzung ist, dass allein diese Kündigung in Betracht kommt, um Schäden abzuwenden (BAG 18.7.13 – 6 AZR 420/12, NZA 14, 109). Entsprechende Grundsätze gelten für **Leiharbeitsverhältnisse,** wenn Kündigungsgründe vom Entleiher an den Verleiher herangetragen werden (LAG Düsseldorf 7.3.57, DB 57, 460).

31   i) **Internetnutzung.** Bei der vom ArbGeb nicht erlaubten privaten Nutzung des Internet kommen nach der Rspr (BAG 31.5.07 – 2 AZR 200/06, NZA 07, 922; BAG 27.4.06 – 2 AZR 386/05, NZA 06, 977) als kündigungsrelevante Verletzungen arbeitsvertraglicher Pflichten in Betracht: a) Das Herunterladen einer erheblichen Menge von Daten aus dem Internet auf betriebliche Datensysteme („unbefugter download"), insbesondere wenn damit einerseits die Gefahr möglicher Vireninfizierung oder anderer Störungen des Betriebssystems verbunden sein können oder andererseits von solchen Daten, bei deren Rückverfolgung es zu möglichen Rufschädigungen des ArbGeb kommen kann, weil beispielsweise strafbare oder pornographische Darstellungen heruntergeladen werden; b) Die private Nutzung des vom ArbGeb zur Verfügung gestellten Internetanschlusses als solche, weil durch sie dem ArbGeb möglicherweise – zusätzliche – Kosten entstehen können und der ArbN jedenfalls Betriebsmittel – unberechtigterweise – in Anspruch genommen hat; c) Die private Nutzung des vom ArbGeb zur Verfügung gestellten Internets während der Arbeitszeit, weil der ArbN während des Surfens im Internet zu privaten Zwecken seine arbeitsvertraglich geschuldete Arbeitsleistung nicht erbringt und dadurch seine Arbeitspflicht verletzt. Lädt der ArbN eine Anonymisierungssoftware herunter und installiert sie, stellt dies eine eigenmächtige Veränderung von technischen Arbeitsmitteln des ArbGeb dar, mit welcher der ArbN seine Pflichten erheblich verletzt. Eine hiermit begründete Kündigung erfordert keine vorherige Abmahnung (BAG 12.1.06 – 2 AZR 179/05, NZA 06, 980).

32   j) **Konkurrenz- und Nebentätigkeit.** Der ArbN darf – im Einzelfall selbst während einer Arbeitsunfähigkeit – **Nebenbeschäftigungen** nachgehen, solange die Interessen seines ArbGeb dadurch nicht konkret beeinträchtigt werden (BAG 13.11.79 – 6 AZR 934/77, NJW 80, 1917; Einzelheiten s *Nebentätigkeit* Rz 7–14). Dies folgt aus seinem Recht zur freien Berufsausübung (BAG 18.1.96 – 6 AZR 314/95, NZA 97, 41). Eine Vertragsklausel, die dem ArbN jede nicht genehmigte Tätigkeit verbietet, ist daher dahin auszulegen, dass nur solche Nebentätigkeiten verboten sind, an deren Unterlassung der ArbGeb ein berechtigtes Interesse hat. Auch die Ausübung einer (nicht genehmigten) Nebentätigkeit kann eine Kündigung nur dann rechtfertigen, wenn die vertraglich geschuldete Leistung durch die Nebentätigkeit beeinträchtigt wird (BAG 26.8.76, DB 77, 544). Allein durch den Abschluss eines Arbeitsvertrages mit einem weiteren ArbGeb verletzt der ArbN keine vertraglichen Pflichten (BAG 5.11.09 – 2 AZR 609/08, NZA 10, 277).

Grundsätzlich ist jede Art von **Konkurrenztätigkeit** dem ArbN auch ohne entsprechende vertragliche Vereinbarung während des Bestandes des Arbeitsverhältnisses untersagt, soweit sie zu einer Gefährdung oder Beeinträchtigung der Interessen des ArbGeb führt (BAG 24.3.10 – 10 AZR 66/09, NZA 10, 693). Verbotener Wettbewerb liegt vor, wenn der ArbN für Dritte im Marktbereich des ArbGeb tätig ist. Die bloße **Vorbereitung** einer Konkurrenztätigkeit reicht jedoch für eine Kündigung nicht aus (BAG 30.5.78 – 2 AZR 598/76, NJW 79, 335). Bloße untergeordnete Hilfstätigkeit für einen Wettbewerber sind wohl nicht vertragswidrig (BAG 24.3.10 – 10 AZR 66/09, NZA 10, 693).

33   k) **Lohnpfändung.** Das Vorliegen mehrerer **Lohnpfändungen** oder **Lohnabtretungen** rechtfertigt die Kündigung grds nicht (BAG 15.10.92 – 2 AZR 188/92 EzA KSchG § 1 Verhaltensbedingte Kündigung Nr 45). Verursachen zahlreiche Lohnpfändungen und Lohnabtretungen jedoch einen derartigen Arbeitsaufwand des ArbGeb, dass dies bei objektiver Beurteilung zu wesentlichen Störungen im Arbeitsablauf (etwa in der Lohnbuchhaltung oder in der Rechtsabteilung) oder in der betrieblichen Organisation führt, soll dies anders sein. Dabei soll nicht einmal eine Abmahnung erforderlich sein, weil der ArbN bei der Gestaltung seiner Privatsphäre nicht durch arbeitsvertragliche Pflichten gebunden ist, so dass das außerdienstliche Verhalten insoweit keiner Abmahnung zugänglich ist (BAG 6.4.81 – 7 AZR 264/79, NJW 82, 1062). Jedenfalls würde eine Abmahnung in diesen Fällen meist ins Leere gehen, weil der ArbN seinen Gläubigern keine verbindlichen Weisungen hinsichtlich der Einleitung, des Zeitpunkts oder der Art und Weise ihrer Vollstreckungsmaßnahmen erteilen kann. Die nicht durch eine Notlage verursachte Verschuldung eines in einer Vertrauensstellung beschäftigten ArbN kann jedenfalls dann einen Kündigungsgrund darstellen, wenn

sie in relativ kurzer Zeit zu häufigen Lohnpfändungen führt und sich aus der Art und der Höhe der Schulden ergibt, dass der ArbN voraussichtlich noch längere Zeit in ungeordneten wirtschaftlichen Verhältnissen leben werde (BAG 15.10.92 – 2 AZR 188/92 EzA KSchG § 1 Verhaltensbedingte Kündigung Nr 45).

l) Pflichtverletzungen bei Krankheit. Der ArbN ist nach § 5 EFZG im Krankheitsfall 34 verpflichtet, **ohne schuldhaftes Zögern** dem ArbGeb formlos mitzuteilen, dass und wie lange er voraussichtlich erkrankt sein wird – **Anzeigepflicht.** Vor Ablauf des auf die ersten drei Kalendertage der Arbeitsunfähigkeit folgenden Arbeitstages muss er dem ArbGeb dann die Arbeitsunfähigkeitsbescheinigung zusenden – **Nachweispflicht.** Entsprechendes gilt für **Folgeerkrankungen.**

Die wiederholte **Verletzung der Anzeigepflicht** trotz vorheriger Abmahnung kann eine 35 ordentliche Kündigung rechtfertigen, insbes dann, wenn Vertragsverletzungen zu konkreten Störungen im Betrieb (zB Störung des Arbeitsablaufs oder der Arbeitsorganisation) geführt hat. In aller Regel ist hier jedoch schuldhaftes Verhalten des ArbN erforderlich (BAG 16.8.91 – 2 AZR 604/90, NZA 93, 17). Die **Verletzung der Nachweispflicht** kann ebenso eine ordentliche Kündigung rechtfertigen (BAG 15.1.86 – 7 AZR 128/83, NZA 87, 93). Grundsätzlich sind hierfür in beiden Fällen mehrfache Verstöße erforderlich.

Während der Arbeitsunfähigkeit ist der ArbN verpflichtet, sich so zu verhalten, dass er 36 möglichst bald wieder gesund und der Heilungsprozess nicht verzögert wird. So kann der Verstoß gegen eine tarif- oder einzelvertraglich geregelte Pflicht des Arbeitnehmers, bei gegebener Veranlassung auf Wunsch des Arbeitgebers an einer ärztlichen Untersuchung zur Feststellung der Arbeitsunfähigkeit mitzuwirken, je nach den Umständen geeignet sein, eine Kündigung zu rechtfertigen (BAG 27.9.12 – 2 AZR 811/11, NZA 13, 527). Und eine ordentliche Kündigung kann gerechtfertigt sein, wenn der ArbN während der Arbeitsunfähigkeit einer **Nebenbeschäftigung** nachgeht, die sein Gesundwerden hinauszögert (BAG 13.11.79 – 6 AZR 934/77, NJW 80, 1917).

Sowohl das **Vortäuschen der Arbeitsunfähigkeit** (BAG 26.8.93 – 2 AZR 154/93, 37 NZA 94, 63) als auch der **dringende Verdacht,** der ArbN täusche die Arbeitsunfähigkeit vor (LAG Bln 3.6.69, BB 70, 579), können neben der außerordentlichen auch eine ordentliche Kündigung rechtfertigen. Droht der ArbN mit einer Erkrankung, falls der ArbGeb eine rechtmäßig erteilte Weisung aufrechterhält, kann dies eine ordentliche oder auch außerordentliche Kündigung ohne vorherige Abmahnung rechtfertigen (BAG 12.3.09 – 2 AZR 251/07, NZA 09, 779; Einzelheiten s *Kündigung, außerordentliche* Rz 59).

m) Schlecht- und Minderleistung. Der ArbN muss unter angemessener Ausschöpfung 38 seiner **persönlichen Leistungsfähigkeit** arbeiten (BAG 17.1.08 – 2 AZR 536/06, NZA 08, 693). Er muss nicht durchschnittliche Produktionsergebnisse erzielen (BAG 27.11.08 – 2 AZR 675/07, NZA 09, 842). Die Leistungspflicht ist nicht starr, sondern dynamisch. Daraus folgt nicht, dass er selbst seine Leistungspflicht willkürlich bestimmen kann. Er muss tun, was er soll, und zwar so gut, wie er kann (BAG 11.12.03 – 2 AZR 667/02, NZA 04, 784). Eine Kündigung kann daher nicht allein damit begründet werden, ein ArbN arbeite verglichen mit anderen schlechter oder am schlechtesten. Denn einer von mehreren ArbN bringt immer die schlechteste Arbeitsleistung, ohne dass daraus zwingend geschlossen werden könnte, er arbeite nicht zufriedenstellend (BAG 22.7.82 – 2 AZR 30/81, NJW 82, 700). Im Rahmen der Interessenabwägung wird darüber hinaus immer zu berücksichtigen sein, wie erheblich die Schlechtleistung ist und auf welchen Ursachen sie beruht. Allerdings kann die längerfristig deutliche Überschreitung einer durchschnittlichen Fehlerquote je nach tatsächlicher Fehlerzahl, Art, Schwere und Folgen der fehlerhaften Arbeitsleistung ein Anhaltspunkt dafür sein, dass der ArbN vorwerfbar seine vertraglichen Pflichten verletzt (BAG 27.11.08 – 2 AZR 675/07, NZA 09, 842). Legt der ArbGeb dies im Prozess dar, muss der ArbN erläutern, warum er trotz erheblich unterdurchschnittlicher Leistungen seine Leistungsfähigkeit ausschöpft. Beruft er sich auf krankheitsbedingte Gründe, muss der ArbN substantiiert darlegen, woran er erkrankt war, warum er deshalb die Pflichten nicht ordnungsgemäß erfüllen konnte und ggf die behandelnden Ärzte von der Schweigepflicht befreien (BAG 3.11.11 – 2 AZR 748/10, NZA 12, 607). Trägt er derartige Umstände nicht vor, gilt das schlüssige Vorbringen des ArbGeb als zugestanden (§ 138 Abs 3 ZPO). Es ist dann davon auszugehen, dass der ArbN seine Leistungsfähigkeit nicht ausschöpft, was eine verhaltensbedingte Kündigung rechtfertigen würde (BAG 17.1.08 – 2 AZR 536/06, NZA 08, 693).

260 Kündigung, verhaltensbedingte

39 **n) Urlaub.** Der ArbN, welcher **eigenmächtig „Urlaub"** nimmt oder den bewilligten **Urlaubszeitraum überschreitet,** fehlt unentschuldigt und verletzt damit seine Hauptpflicht aus dem Arbeitsvertrag. Grds kann ein solches Verhalten eine ordentliche Kündigung rechtfertigen (BAG 20.1.94 – 2 AZR 521/93, NZA 94, 548). Die Umstände des Einzelfalles sind entscheidend. So kann zB eine unaufschiebbare unerlaubte Pilgerreise nach Mekka eine deshalb ausgesprochene Kündigung als überzogen erscheinen lassen (LAG Hamm 30.5.90, LAGE § 1 KSchG *Verhaltensbedingte Kündigung Nr 29*).

40 **o) Verdacht** s *Verdachtskündigung.*

41 **p) Vertrauensmissbrauch, Straftaten.** Handlungen des ArbN, die das für ein Arbeitsverhältnis vorausgesetzte und notwendige **Vertrauen** des ArbGeb **in seine Redlichkeit** erschüttern und nachhaltig belasten, wiegen besonders schwer. IdR ist bei solchen Handlungen jedenfalls dann **keine Abmahnung** erforderlich, wenn der ArbN schuldhaft gehandelt hat (BAG 10.2.99 – 2 ABR 31/98, NZA 99, 708).

42 Hierzu gehören gegen das **Eigentum** und das **Vermögen** des ArbGeb gerichtete **unerlaubte Handlungen,** ohne dass es auf die strafrechtliche Wertung ankäme. Wer **Geschäfts-** oder **Betriebsgeheimnisse** verrät, seine **Vollmachten** überschreitet und **Schmiergelder** – hierzu zählen nicht die üblichen Werbegeschenke – entgegennimmt, beeinträchtigt das Vertrauensverhältnis und riskiert damit seine Kündigung (s *Kündigung, außerordentliche* Rz 44 ff). Selbst **außerdienstlich begangene Straftaten** können als Verstoß gegen die in § 241 Abs 2 BGB enthaltene Pflicht zur Rücksichtnahme eine Kündigung rechtfertigen, wenn sie einen Bezug zu den arbeitsvertraglichen Verpflichtungen oder zur Tätigkeit des ArbN haben und dadurch berechtigte Interessen des ArbGeb oder anderer ArbN verletzt werden – „einschlägige Straftaten" (BAG 20.6.13 – 2 AZR 583/12, NZA 13, 1345).

43 Beim **Diebstahl** oder der **Unterschlagung** von im Eigentum des ArbGeb stehenden Sachen kommt es auf den Wert nicht entscheidend an (BAG 10.6.10 – 2 AZR 541/09, NZA 10, 1227). Dies gilt auch nach einer längeren Beschäftigungsdauer (BAG 21.6.12 – 2 AZR 153/11, NZA 12, 1025; BAG 10.6.10 – 2 AZR 541/09, NZA 10, 1227). Für den Grad des Verschuldens und die Möglichkeit, das Vertrauen wieder herzustellen, macht es einen Unterschied, ob die Pflichtverletzung insgesamt auf Heimlichkeit angelegt ist (BAG 21.6.12 – 2 AZR 153/11, NZA 12, 1025). Dabei dürfen zur Aufklärung des Tatbestandes selbst heimliche Videoaufnahmen herangezogen werden, wenn der konkrete Verdacht einer strafbaren Handlung besteht, weniger einschneidende Mittel zur Aufklärung des Verdachts ausgeschöpft sind, die verdeckte Videoüberwachung praktisch das einzig verbleibende Mittel darstellt und insgesamt nicht unverhältnismäßig ist (BAG 21.6.12 – 2 AZR 153/11, NZA 12, 1025). Der vorsätzliche Verstoß gegen die Verpflichtung, die abgeleistete Arbeitszeit korrekt zu dokumentieren (BAG 9.6.11 – 2 AZR 381/10, NZA 11, 1027), die Abgabe von falschen **Besuchsberichten,** falsche Angaben auf **Spesenabrechnungen** uÄ rechtfertigen regelmäßig eine ordentliche Kündigung (BAG 2.6.60 – 2 AZR 91/58 AP BGB § 626 Nr 42; 22.11.62 – 2 AZR 42/62 AP BGB § 626 Nr 49; LAG Düsseldorf 27.7.66, DB 66, 1571; 18.4.67, DB 67, 1096; 21.9.76, DB 77, 501; LAG Hamm 20.2.86, DB 86, 1338).

44 Selbst bei Straftaten gegen den ArbGeb kann im Einzelfall die gebotene **Interessenabwägung** zugunsten des ArbN ausgehen und eine Kündigung unwirksam erscheinen lassen: Dabei kann es auch von erheblicher Bedeutung sein, ob der ArbN bereits geraume Zeit beschäftigt war, ohne vergleichbare Pflichtverletzungen begangen zu haben. Eine für lange Jahre ungestörte Vertrauensbeziehung zweier Vertragspartner wird nicht notwendig schon durch eine erstmalige Vertrauensenttäuschung vollständig und unwiederbringlich zerstört. Entscheidend ist ein objektiver Maßstab (BAG 10.6.10 – 2 AZR 541/09, NZA 10, 1227).

B. Lohnsteuerrecht *Seidel*

45 S die Ausführungen bei *Kündigung, allgemein* Rz 82.

C. Sozialversicherungsrecht *Schlegel*

46 S die Ausführungen zu *Kündigung, allgemein* Rz 83 ff, *Kündigung, außerordentliche* Rz 99 und *Sperrzeit* Rz 6 ff.

Kündigung, vor Dienstantritt

A. Arbeitsrecht
Eisemann

1. Recht zur Kündigung. Haben die Arbeitsvertragsparteien ein Arbeitsverhältnis geschlossen und dessen Beginn auf einen späteren Zeitpunkt festgelegt, kann grds jede der Vertragsparteien das Arbeitsverhältnis vor vertraglich vereinbartem Dienstbeginn wieder kündigen (BAG 25.3.04 – 2 AZR 324/03, NZA 04, 1089). Dies gilt sowohl für die außerordentliche als auch für die ordentliche Kündigung, weil die Bindung der Vertragsparteien vor Vollzug des Arbeitsverhältnisses nicht stärker ist als danach. 1

Eine Kündigung vor Dienstbeginn unterliegt den gleichen Bedingungen wie jede andere Kündigung. Auch die Kündigung vor Dienstantritt muss nach § 623 BGB schriftlich erfolgen; **das Schriftformerfordernis ist konstitutiv** (s *Kündigung, allgemein* Rz 28–32). Die Nichteinhaltung der Schriftform führt zur Unwirksamkeit der Kündigung, eine Heilung ist nicht möglich; die Kündigung muss ggf wiederholt werden. Bei ArbGebSeitiger Kündigung ist der **besondere Kündigungsschutz** des § 9 MuSchG zu beachten (aA APS/*Linck* BGB § 622 Rn 75). Der Mutterschutz ist zwar nach § 1 Nr 1 MuSchG nur auf Frauen anwendbar, „die in einem Arbeitsverhältnis stehen" und das Arbeitsverhältnis entsteht regelmäßig erst zu dem im Arbeitsvertrag bezeichneten Zeitpunkt, welcher meist der der Arbeitsaufnahme ist. Mit der gewählten Formulierung wollte der Gesetzgeber aber nicht den Kündigungsschutz von unter dieses Gesetz fallenden Frauen gegenüber dem der Elternzeitberechtigten verkürzen. Er hat nur sichergestellt, dass auch ein fehlerhafter Arbeitsvertrag den Frauen nicht den Schutz nimmt (vgl BAG 19.12.66 – 3 AZR 355/66, NJW 67, 1102). Der besondere Schutz für Schwerbehinderte greift nach § 90 SGB IX erst nach einem mehr als 6-monatigen Bestehen des Arbeitsverhältnisses ein. Eine **Anhörung des BRats** nach § 102 BetrVG ist nicht erforderlich (aA LAG Frankfurt 31.5.85, DB 85, 2689). Der Gekündigte ist bei Zugang der Kündigung noch nicht in den Betrieb eingegliedert (vgl hierzu BAG 21.3.96 – 2 AZR 559/95, NZA 96, 974) und der BRat daher für ihn nicht zuständig. Da sich die Zusammensetzung der Belegschaft bei Zugang der Kündigung noch nicht verändert hat, sind auch kollektive Interessen nicht berührt, die der BRat wahrnehmen müsste (APS/*Koch* BetrVG § 102 Rz 30). Für eine außerordentliche Kündigung muss ein wichtiger Grund iSd § 626 BGB vorliegen (s *Kündigung, außerordentliche* Rz 30 ff). Ein solcher liegt für den ArbN nicht allein darin, dass er eine besser dotierte Stelle gefunden hat (BAG 1.10.70 – 2 AZR 542/69 AP BGB § 626 Nr 59). 2

Bei einer ordentlichen Kündigung vor Dienstantritt müssen die gesetzlichen oder vereinbarten **Kündigungsfristen** eingehalten werden. Wie sonst auch läuft die Frist ab Zugang der Kündigung (BAG 9.2.06 – 6 AZR 283/05, NZA 06, 1207; BAG 25.3.04 – 2 AZR 324/03, NZA 04, 1089). Abweichende Vereinbarungen der Parteien sind jedoch möglich. So kann vereinbart werden, dass die Kündigungsfrist erst am geplanten Tag der Arbeitsaufnahme beginnt, der dann bei der Kündigungsfrist nach § 187 Abs 2 BGB mitzurechnen ist (BAG 2.11.78 – 2 AZR 74/77, NJW 80, 1015). Dies kann ausdrücklich geschehen oder sich aus den Umständen ergeben. Das Ergebnis der Vertragsauslegung muss aber eindeutig sein. Sonst beginnt die Kündigungsfrist mit dem Zugang der Kündigung (BAG 9.2.06 – 6 AZR 283/05, NZA 06, 1207; BAG 25.3.04 – 2 AZR 324/03, NZA 04, 1089). 3

Endet die Kündigungsfrist vor Dienstbeginn, wird das Arbeitsverhältnis überhaupt nicht in Vollzug gesetzt. Läuft die Kündigungsfrist erst nach Dienstbeginn ab, ist das Arbeitsverhältnis bis zum Ablauf der Kündigungsfrist durchzuführen. 4

2. Ausschluss des Kündigungsrechts. Das Recht zur **außerordentlichen Kündigung** kann nicht abbedungen werden (BAG 19.12.74, DB 75, 890; s *Kündigung, außerordentliche* Rz 11–13), auch nicht für die Kündigung vor Dienstantritt (Schaub/*Linck* § 123 Rz 70). Das Recht zur **ordentlichen Kündigung** kann hingegen vertraglich beschränkt oder abbedungen werden. So ist es möglich, zu vereinbaren, dass auch die ordentliche Kündigung vor Dienstantritt ausgeschlossen wird (BAG 25.3.04 – 2 AZR 324/03, NZA 04, 1089). Geschieht dies in einem Formulararbeitsvertrag, wird der ArbN hierdurch nicht nach § 307 Abs 1 BGB unangemessen benachteiligt (Schaub/*Linck* § 123 Rz 71). 5

262 Kündigungsfristen

6 Der Ausschluss einer Kündigung vor Dienstantritt ergibt sich nicht aus Erfahrungsregeln (BAG 9.2.06 – 6 AZR 283/05, NZA 06, 1207). Er muss sich bei der Auslegung des Vertrages ergeben. Dabei ist nicht davon auszugehen, dass die Parteien grundsätzlich und im Zweifel ein Interesse an einer zumindest vorübergehenden Durchführung des Arbeitsvertrages haben und deshalb die Kündigungsfrist, wenn keine Anhaltspunkte für einen abweichenden Parteiwillen bestehen, erst zum Zeitpunkt der vereinbarten Arbeitsaufnahme beginnen soll (BAG 25.3.04 – 2 AZR 324/03, NZA 04, 1089). Er kann sich aber **aus den Umständen** bei Vertragsschluss ergeben und muss nicht ausdrücklich erfolgen. Hierfür reicht nicht aus, dass der ArbN einen anderen Arbeitsplatz aufgegeben oder den neuen Arbeitsvertrag wegen des höheren Verdienstes abgeschlossen hat. Es reicht aber, wenn er aus einem sicheren Arbeitsverhältnis abgeworben wurde (ErfK/*Müller-Glöge* BGB § 620 Rz 69) oder wenn die Parteien eine Vertragsstrafe für den Fall der Nichtaufnahme der Arbeit vereinbart haben (BAG 25.3.04 – 2 AZR 324/03, NZA 04, 1089).

7 **3. Rechtsfolgen der Kündigung vor Dienstantritt.** Soweit die Kündigung vor Dienstantritt nicht ausgeschlossen ist, dürfen ArbGeb und ArbN von der Kündigungsmöglichkeit Gebrauch machen, ohne vertragsbrüchig oder schadensersatzpflichtig zu werden. Endet die Kündigungsfrist nach Dienstbeginn, muss der ArbN vom Dienstbeginn bis zum Ende der Kündigungsfrist seine Arbeitsleistung erbringen. Verweigert er dies oder kündigt er und verweigert die Arbeitsaufnahme, obwohl die Kündigung vor Dienstantritt vertraglich ausgeschlossen war, verhält er sich vertragsbrüchig und kann zum Schadensersatz verpflichtet sein (s *Vertragsbruch* Rz 7 ff).

Kann der ArbGeb vor Dienstantritt nicht wirksam kündigen oder endet die Kündigungsfrist bei zulässiger Kündigung erst nach Dienstantritt, muss der ArbGeb den ArbN beschäftigen und bezahlen. Nimmt er das Arbeitsangebot des ArbN für die Dauer des Arbeitsverhältnisses nicht an, schuldet er die Vergütung aus Annahmeverzug (s *Annahmeverzug* Rz 1 ff).

B. Lohnsteuerrecht *Seidel*

11 Zur steuerlichen Behandlung von Schadensersatzleistungen des ArbN s *Arbeitnehmerhaftung* Rz 27, 28; *Vertragsbruch* Rz 15, 17. Zu den lohnsteuerlichen Auswirkungen bei Annahmeverzug s *Annahmeverzug* Rz 25, 26.

C. Sozialversicherungsrecht *Schlegel*

16 Wird einem ArbN noch vor dem erstmaligen Dienstantritt gekündigt und er von der Arbeit freigestellt, ihm aber das Arbeitsentgelt bis zum Wirksamwerden der Kündigung gezahlt, besteht in der KV, RV, PflegeV und ArblV auch ohne tatsächliche Arbeitsleistung **Versicherungs- und Beitragspflicht** sowie entsprechender Versicherungsschutz (BSG 18.9.73 – 12 RK 15/72, SozR Nr 73 zu § 165 RVO den Schutz; zur Freistellung allgemein vgl *Schlegel* NZA 05, 972 ff; *Annahmeverzug* Rz 27 ff).

Kündigungsfristen

A. Arbeitsrecht *Eisemann*

Übersicht

	Rz		Rz
1. Überblick	1–10	a) Verweisung	22
a) Allgemeine Fristen	2–5	b) Differenzierung	23–27
b) Besondere Fristen	6–10	4. Fristenberechnung	28–31
2. Arbeitsvertrag	11–20	a) Grundkündigungsfrist	28
a) Probezeit	16–18	b) Verlängerte Kündigungsfrist	29
b) Aushilfsarbeitsverhältnisse	19	c) Kündigung während der Probezeit	30
c) Kleinunternehmen	20	d) Kündigung vor Dienstantritt	31
3. Tarifvertrag	21–27	5. Übergangsvorschriften	32

Kündigungsfristen 262

1. Überblick. Die gesetzlichen allgemeinen Kündigungsfristen für ArbN ergeben sich aus § 622 BGB. Für Dienstverhältnisse, die keine Arbeitsverhältnisse sind – etwa für Vorstände und in der Regel auch für Geschäftsführer – sind die Kündigungsfristen in § 621 BGB geregelt. Auf die Kündigung von arbeitnehmerähnlichen Personen sind die Fristen des § 622 BGB weder unmittelbar, noch mittelbar anzuwenden (BAG 8.5.07 – 9 AZR 777/06 AP BGB § 611 Arbeitnehmerähnlichkeit Nr 15).

a) Allgemeine Fristen. Für die Kündigung von Arbeitsverhältnissen gelten folgende Fristen:

Kündigungsfrist während der Probezeit (bis 6 Monate)	2 Wochen
Grundkündigungsfrist	4 Wochen zum 15. des Monats oder zum Monatsende

Verlängerte Fristen (für ArbGebKündigungen):

Betriebszugehörigkeit (Jahre)	Kündigungsfrist (Monate zum Monatsende)
2	1
5	2
8	3
10	4
12	5
15	6
20	7

Die verlängerten Kündigungsfristen gelten nach § 622 Abs 2 BGB nur für die Kündigung durch den **Arbeitgeber**. Für arbeitnehmerseitige Kündigungen gilt nach der gesetzlichen Regelung die Grundkündigungsfrist. Sie kann durch Vereinbarung verlängert werden (s Rz 5, 12 ff). Bei der Berechnung der Beschäftigungsdauer ist ein Berufsausbildungsverhältnis, aus dem der Auszubildende in ein Arbeitsverhältnis übernommen wurde, zu berücksichtigten (BAG 2.12.99 – 2 AZR 139/99, NZA 00, 720). Betriebliches Praktika, die der beruflichen Fortbildung (§ 46 BBiG) dienen, sind nur zu berücksichtigen, wenn sie im Rahmen eines Arbeitsverhältnisses abgeleistet worden sind (BAG 18.11.99 – 2 AZR 89/99, NZA 00, 529). **§ 622 Abs 2 S 2 BGB** benachteiligt ArbN, die schon vor der Vollendung des 25. Lebensjahres beschäftigt wurden. Diese Bestimmung ist im Hinblick auf das Verbot der Altersdiskriminierung in seiner Konkretisierung durch die Richtlinie EGRL 78/2000 unionsrechtswidrig (EuGH 19.1.10 – C 555/07 „Kücükdeveci", NZA 10, 85). Aufgrund des Anwendungsvorrangs des Unionsrechts ist § 622 Abs 2 S 2 BGB damit unanwendbar (BAG 30.9.10 – 2 AZR 456/09, NZA 10, 1409). Soweit Tarifverträge oder Arbeitsverträge entsprechende Regelungen enthalten, sind sie wegen Verstoßes gegen das durch § 7 Abs 1, § 1 AGG konkretisierte Verbot der Altersdiskriminierung nach § 7 Abs 2 AGG unwirksam (BAG 29.9.11 – 2 AZR 177/10, NZA 12, 754). Die Unanwendbarkeit dieser Regelungen führt zu einer „Anpassung nach oben". Auch die Beschäftigungszeiten vor Vollendung des 25. Lebensjahres sind bei der Berechnung der Kündigungsfristen heranzuziehen (BAG 29.9.11 – 2 AZR 177/10, NZA 12, 754).

Nach **§ 622 Absatz 4 BGB** dürfen durch **Tarifvertrag** die Grundkündigungsfrist, die verlängerte Frist und die Frist während der Probezeit abgekürzt werden. Die durch Tarifvertrag gekürzten Fristen gelten auch zwischen nicht tarifgebundenen ArbGeb und ArbN, wenn ihre Anwendung zwischen ihnen einzelvertraglich vereinbart ist (s Rz 21 ff).

Nach **§ 622 Absatz 5 BGB** kann **einzelvertraglich** eine kürzere als die Grundkündigungsfrist nur vereinbart werden, wenn der ArbN vorübergehend zur Aushilfe eingestellt ist und das Arbeitsverhältnis nicht über die Dauer von drei Monaten hinaus fortgesetzt wird. ArbGeb mit idR nicht mehr als zwanzig ArbN **ausschließlich** der zu ihrer Berufsausbildung Beschäftigten dürfen einzelvertraglich ebenso die gesetzliche Grundkündigungsfrist unterschreiten. Sie muss hier jedoch mindestens vier Wochen betragen. Bei der Feststellung der Zahl der Beschäftigten sind nach dem Gesetz nur ArbN zu berücksichtigen, deren regelmäßige Arbeitszeit wöchentlich zehn Stunden oder monatlich fünfundvierzig Stunden übersteigt.

Eisemann

5   **Längere Fristen** können stets vereinbart werden. Nach **§ 622 Absatz 6 BGB** dürfen jedoch für die Kündigung des Arbeitsverhältnisses durch den ArbN keine längeren Fristen vereinbart werden als für die Kündigung durch den ArbGeb (s unten Rz 12). Sie verstoßen auch dann nicht gegen das Günstigkeitsprinzip, wenn die einschlägigen tarifvertraglichen Kündigungsfristen vom Gesetz abweichen (BAG 29.8.01 – 4 AZR 337/00, NZA 02, 1346).

6   **b) Besondere Fristen.** Für einzelne Arbeitsverhältnisse gelten nach wie vor besondere Kündigungsfristen, soweit sie nicht durch die gesetzliche Neuregelung gegenstandslos geworden sind. So ist die für **Schwerbehinderte** geltende Kündigungsfrist des **§ 86 SGB IX** – vier Wochen – im Geltungsbereich des § 622 BGB weitgehend gegenstandslos. Denn auch schon zum alten Recht war anerkannt, dass diese Frist längere gesetzliche Fristen unberührt lässt. Da es sich bei der Kündigungsfrist für Schwerbehinderte um eine **Mindestkündigungsfrist ohne Öffnungsklausel** handelt, gilt sie auch dann, wenn im Tarifvertrag die gesetzliche Kündigungsfrist unter die des § 86 SGB IX gekürzt wurde. Auch durch Betriebsvereinbarung oder Einzelarbeitsvertrag kann sie nicht wirksam unterschritten werden.

7   Das Sonderkündigungsrecht des **Elternzeitberechtigten** nach § 19 BEEG mit der darin enthaltenen Frist von drei Monaten zum Ende des Erziehungsurlaubs steht bei wechselnder Elternzeit nach § 15 Abs 3 BEEG beiden Eltern zu. Ausüben darf es nur der Elternteil, der den letzten Abschnitt der Elternzeit wahrnimmt (ErfK/*Gallner* BEEG § 19 Rz 2, 3). Von diesem Kündigungsrecht können nur ArbN Gebrauch machen, die alle Anforderungen des Anspruchs auf Elternzeit erfüllen und daher nicht in den Fällen des § 18 Abs 2 Nr 2 BEEG (ErfK/*Gallner* BEEG § 19 Rz 2). Die Kündigungsfrist muss zwingend eingehalten werden, wie das Wort „nur" zeigt, und die Kündigung muss genau zu dem Tag erfolgen, an dem die Elternzeit endet (ErfK/*Gallner* BEEG § 19 Rz 1, 2). Für ihre Berechnung gelten die §§ 187 Abs 1, 188 Abs 2 BGB. Von der Kündigungsfrist kann weder einzelvertraglich, noch durch Tarifvertrag oder Betriebsvereinbarung abgewichen werden (ErfK/*Gallner* BEEG § 19 Rz 2, 4).

8   Von diesem Sonderkündigungsrecht kann der ArbN auch aus Gründen Gebrauch machen, die nicht im Zusammenhang mit der Erziehung und Betreuung eines Kindes stehen. Endet der Erziehungsurlaub vorzeitig (zB durch Tod des Kindes), nachdem der Berechtigte schon zum ursprünglichen Ende des Urlaubs gekündigt hat, bleibt eine mindestens drei Monate zuvor ausgesprochene Kündigung wirksam. War die Kündigung weniger als drei Monate vor dem vorzeitigen Ende des Erziehungsurlaubs zugegangen, beendet sie das Arbeitsverhältnis mit Ablauf der Kündigungsfrist. War die Kündigung noch nicht erklärt, entfällt das Sonderkündigungsrecht (APS/*Rolfs* BEEG § 19 Rz 8). Hält sich der ArbN nicht an die Kündigungsfrist, wird das Arbeitsverhältnis nicht zum Ende des Erziehungsurlaubs, sondern erst zum nächstmöglichen – gesetzlichen, tariflichen oder einzelvertraglich vereinbarten – Termin beendet (ErfK/*Gallner* BEEG § 19 Rz 3). Möchte der ArbN vor oder nach Ende des Erziehungsurlaubs ausscheiden, muss er sich an die für ihn maßgeblichen Kündigungsfristen halten.

9   **Schwangere** und **Wöchnerinnen** können ihr Arbeitsverhältnis nach § 10 Abs 1 MuSchG während der Schutzfrist nach der Entbindung und während der Schwangerschaft ohne Einhaltung einer Frist zum Ende der Schutzfrist (§ 6 Abs 1 MuSchG) kündigen. Die Kündigung muss dem ArbGeb spätestens am letzten Tag der Schutzfrist zugehen.

10 Bei **Insolvenz** kann das Arbeitsverhältnis nach **§ 113 InsO** von beiden Seiten mit einer Kündigungsfrist von 3 Monaten zum Monatsende aufgelöst werden, falls nicht eine kürzere Frist gilt, die dann vorgeht (BAG 6.7.2000 – 2 AZR 695/99, NZA 01, 23). Die verkürzte Kündigungsfrist des § 113 Satz 2 InsO kann nur der Insolvenzverwalter nach Eröffnung des Insolvenzverfahrens für sich in Anspruch nehmen. Eine analoge Anwendung auf den vorläufigen Insolvenzverwalter nach § 22 Abs 1 InsO ist nicht möglich, weil dieses Gesetz insoweit keine planwidrige Regelungslücke enthält (BAG 20.1.05 – 2 AZR 134/04, NZA 06, 1352). Er darf aber auch dann mit der Kündigungsfrist des § 113 InsO kündigen, wenn er zuvor als vorläufiger Insolvenzverwalter unter Einhaltung der ordentlichen Kündigungsfrist zu einem späteren Zeitpunkt gekündigt hat (BAG 22.5.03 – 2 AZR 255/02, NZA 03, 1086).

Ist **einzelvertraglich** eine längere Kündigungsfrist als die gesetzliche vereinbart, ist bis zur Höchstfrist des § 113 InsO die einzelvertraglich vereinbarte Frist maßgeblich (BAG 3.12.98 – 2 AZR 425/98, NZA 99, 425). § 113 Abs 1 Satz 2 InsO verdrängt auch längere **tarifliche** Kündigungsfristen (BAG 16.6.99 – 4 AZR 191/98, NZA 99, 1331). Dies folgt schon aus dem Wortlaut. Tarifliche Kündigungsfristen sind daher nur anzuwenden, soweit sie kürzer sind. Auch der tarifliche Ausschluss der ordentlichen Kündigung wird bei einer Kündigung durch den Insolvenzverwalter durch die in § 113 Abs 1 Satz 2 InsO vorgegebene Höchstfrist verdrängt. Die Unkündbarkeitsklauseln sind damit in der Insolvenz bedeutungslos (BAG 19.1.2000 – 4 AZR 70/99, NZA 2000, 658).

2. Arbeitsvertrag. Bei der Grundkündigungsfrist und der verlängerten Kündigungsfrist 11 des § 622 BGB handelt es sich um grds durch Einzelarbeitsvertrag nicht verkürzbare **Mindestkündigungsfristen.** Ausnahmen sind im Gesetz ausdrücklich geregelt. Ebenso wenig dürfen zusätzliche Kündigungstermine vereinbart werden. Bei einem Verstoß gegen diese Bestimmungen tritt die gesetzliche Regelung an die Stelle der vereinbarten. Mangels anderer Anhaltspunkte ist die einzelvertragliche Vereinbarung von Kündigungsfrist und Kündigungstermin regelmäßig als Einheit zu betrachten. Für den Günstigkeitsvergleich zwischen vertraglicher und gesetzlicher Regelung ist daher ein Gesamtvergleich vorzunehmen (BAG 4.7.01 – 2 AZR 469/00, NZA 02, 380).

Längere Kündigungsfristen können nach **§ 622 Abs 5 Satz 2 BGB** vereinbart wer- 12 den. Sie gelten auch, wenn einer der Parteien ihre Einhaltung nur schwer erträglich erscheint. Sie kann nicht wirksam „aus minder wichtigem Grund" auf die gesetzliche Kündigungsfrist zurückgreifen (BAG 7.3.02 – 2 AZR 173/01, NZA 02, 963). Kündigungstermine könne abbedungen werden. Für die Verlängerung der Kündigungsfristen des ArbN legt § 622 Abs 6 BGB fest, dass die von ihm einzuhaltende Kündigungsfrist nicht länger sein darf als die für die ArbNSeitige Kündigung. Sog **Gleichbehandlungsabreden,** wonach die nur für den ArbGeb geltenden längeren Kündigungsfristen des § 622 Abs 2 BGB auch für die ArbNSeitige Kündigung gelten sollen, sind zulässig.

Eine **absolute Höchstgrenze** für die ArbNSeitige Kündigungsfrist folgt aus **§ 624 BGB.** 13 Die Bindungsdauer an den Arbeitsvertrag darf für den ArbN nicht länger als 5 Jahre und 6 Monate betragen. Eine **relative Höchstgrenze** für die vom ArbN einzuhaltende Kündigungsfrist ergibt sich aus Art 12 GG und § 138 BGB. Ist sie so lang, dass sie im Einzelfall das Grundrecht auf freie Wahl des Arbeitsplatzes verletzt oder stellt sie eine sittenwidrige Beschränkung der beruflichen und wirtschaftlichen Bewegungsfreiheit dar, muss der ArbN sich nicht an diese vereinbarte Kündigungsfrist halten. Die Rspr lässt jedenfalls einjährige Kündigungsfristen zum Ablauf von jeweils fünf Jahren Vertragsdauer zu (BAG 19.12.91 – 2 AZR 363/91, NZA 92, 543). Nicht in jedem Fall wird man von der Zulässigkeit derartiger Vertragsgestaltungen ausgehen können. Entscheidend ist ua die Üblichkeit dieser Vereinbarungen für die auszuübende Tätigkeit.

Für die Kündigung durch den ArbN darf nach **§ 622 Abs 6 BGB** keine längere Frist 14 vereinbart werden als für die Kündigung durch den ArbGeb. Geschieht dies doch, soll auch für den ArbGeb die längere Kündigungsfrist gelten (BAG 2.6.05 – 2 AZR 296/04, NZA 05, 1176). Warum eine unwirksam vereinbarte Frist „doppelt" gelten soll, ist nicht verständlich. Der durch sie an der schnelleren Kündigung gehinderte ArbN hat davon nichts. Das Gesetz verbietet nach seinem Wortlaut die Vereinbarung längerer Kündigungsfristen für ArbN, nicht die Vereinbarung kürzerer Fristen für ArbGeb. Die doppelte Geltung der unwirksamen längeren Frist lässt sich so nur gegen den Wortlaut des Gesetzes begründen. Auch der Hinweis auf § 89 Abs 2 Satz 2 HGB hilft nicht weiter. Die „beiderseitige" Parität des HGB lässt sich mit der an der abhängigen Beschäftigung ausgerichteten „einseitigen" Parität des § 622 Abs 6 BGB nicht gleichsetzen. Die Interessenlage ist nicht zwingend dieselbe. Meist wird dem ArbN daran gelegen sein, eher aus dem Arbeitsverhältnis herauszukommen. Sonst könnte er sich an die vereinbarte (unwirksame) Frist halten. Man brauchte ihm nicht zu „helfen".

Wird ein befristetes Arbeitsverhältnis nach **§ 625 BGB** auf unbestimmte Zeit fortgesetzt, 15 gelten die gesetzlichen Kündigungsfristen. Die vereinbarten Kündigungsfristen gelten weiter, soweit das den Parteiwillen entspricht. Dies kann auch konkludent vereinbart sein (BAG 11.8.88 – 2 AZR 53/88, NZA 89, 595). Die (verkürzten) tariflichen Kündigungsfristen können nach § 622 Abs 4 Satz 2 BGB im Geltungsbereich des entsprechenden Tarifvertrags einzelvertraglich von Nichttarifgebundenen vereinbart werden.

a) Probezeit. Die verkürzte Kündigungsfrist des **§ 622 Abs 3 BGB** gilt nicht auto- 16 matisch, sondern nur, wenn eine Probezeit **vereinbart** wurde. Eine zusätzliche Vereinbarung der kürzeren Kündigungsfrist von zwei Wochen ist dann jedoch nicht erforderlich. Die arbeitsvertragliche Vereinbarung einer kürzeren als der verkürzten Kündigungsfrist ist unwirksam. An ihre Stelle tritt die Kündigungsfrist des § 622 Abs 3 BGB. Die abgekürzte Kündigungsfrist gilt für alle Kündigungen, die innerhalb der Probezeit **zugehen**. Sie müssen nicht so ausgesprochen werden, dass sie noch innerhalb der Probezeit wirksam werden. Ein Kündigungstermin muss nicht eingehalten werden (BAG 13.12.07 – 6 AZR 145/07, NZA 08, 403). Für die Anwendung von § 622 Abs 3 BGB ist unerheblich, ob die Dauer der vereinbarten Probezeit einer **Angemessenheitskontrolle** standhält, soweit sie sechs Monate nicht übersteigt. Der ArbN kann sich daher nicht darauf berufen, dass die Dauer der vereinbarten Probezeit im konkreten Fall – etwa wegen der von ihm auszuübenden Tätigkeit oder wegen Vorbeschäftigungszeiten – unsinnig sei (BAG 24.1.08 – 6 AZR 519/07, NZA 08, 521). Wird eine längere Probezeit vereinbart, gilt nach Ablauf von sechs Monaten die allgemeine Grundkündigungsfrist.

17   **Tatsächliche Unterbrechungen** der Beschäftigung in der Probezeit (Krankheit, Urlaub) wirken sich auf ihre rechtliche Dauer selbst dann nicht aus, wenn sie längere Zeit andauern (BAG 16.3.89 – 2 AZR 407/88, NZA 89, 884 zum KSchG). **Rechtliche Unterbrechungen** des Arbeitsverhältnisses in der Probezeit sind nicht anders zu behandeln als die Unterbrechungen in der Wartezeit nach § 1 Abs 1 KSchG. Sie haben auf die Berechnung des Ablaufs der Probezeit keinen Einfluss, wenn zwischen mehreren Arbeitsverhältnissen ein enger sachlicher Zusammenhang besteht (Einzelheiten s *Kündigungsschutz* Rz 57–65). Die in § 86 SGB IX enthaltene Kündigungsfrist weicht von § 622 Abs 3 BGB nicht ab. Sie gilt nach § 90 Abs 1 Nr 1 SGB IX erst, wenn das Arbeitsverhältnis ohne Unterbrechung sechs Monate bestanden hat

18   Das **Berufsausbildungsverhältnis** kann während der Probezeit nach § 22 Abs 1 BBiG ohne Einhaltung einer Frist gekündigt werden. Die Probezeit im Ausbildungsverhältnis kann auch im Anschluss an ein Arbeitsverhältnis vereinbart werden (BAG 16.12.04 – 6 AZR 127/04, NZA 05, 578).

19   **b) Aushilfsarbeitsverhältnisse.** Mit einem Aushilfsarbeitsverhältnis soll der vorübergehende Bedarf an Arbeitskräften abgedeckt werden. Dies muss sich aus dem Arbeitsvertrag ergeben (BAG 22.5.86 – 2 AZR 392/85, NZA 87, 60). Es kann befristet oder unbefristet abgeschlossen werden. Im befristeten Aushilfsarbeitsverhältnis muss nach § 15 Abs 3 TzBfG die Möglichkeit ordentlich zu kündigen vereinbart werden. Die einzelvertragliche Verkürzung der Grundkündigungsfrist im Aushilfsarbeitsverhältnis nach **§ 622 Abs 5 Nr 1 BGB** ist unbegrenzt möglich, soweit es nicht über drei Monate hinaus fortgesetzt wird. Es kann auch die „fristlose ordentliche Kündigung" vereinbart werden (BAG 22.5.86 – 2 AZR 392/85, NZA 87, 60). Die verkürzte Kündigungsfrist kann bis zum letzten Tag genutzt werden. Entscheidend ist der Zugang der Kündigung, nicht das Ende der Kündigungsfrist (ErfK/*Müller-Glöge* BGB § 622 Rz 16). Wird das Aushilfsarbeitsverhältnis über die Dauer von drei Monaten hinaus fortgesetzt, gelten statt der verkürzten Fristen die gesetzlichen Kündigungsfristen. Die verkürzte Kündigungsfrist „kann vereinbart werden". Haben die Parteien eines Aushilfsarbeitsverhältnisses über die Kündigungsfrist keine ausdrückliche Vereinbarung getroffen, bleibt es daher bei der gesetzlichen Regelfrist, auch wenn der Arbeitsvertrag eine Aushilfsklausel enthält. Auch dispositive Gesetzesvorschriften haben im Arbeitsrecht regelmäßig eine Schutzfunktion.

20   **c) Kleinunternehmen.** Für die Sonderregelung zur Verkürzung der Grundkündigungsfrist in Kleinunternehmen nach **§ 622 Abs 5 Nr 2 BGB** ist die Zahl der von einem **Arbeitgeber** Beschäftigten entscheidend, nicht der im Betrieb Beschäftigten. So kann es geschehen, dass ein ArbGeb zwar „frei" kündigen kann, weil er in dem betroffenen Betrieb nicht mehr als 10 ArbN regelmäßig beschäftigt, aber gehindert ist, mit diesen ArbN kürzere Kündigungsfristen zu vereinbaren, weil er in einem anderen Betrieb weitere ArbN beschäftigt, die nach § 622 Abs 5 Ziff 2 BGB hinzuzuzählen sind. **Teilzeitbeschäftigte** sind mit einer regelmäßigen wöchentlichen Arbeitszeit von nicht mehr als 20 Stunden mit 0,5 und nicht mehr als 30 Stunden mit 0,75 zu berücksichtigen. Entscheidend ist die vereinbarte Stundenzahl, soweit nicht etwas anderes gelebt wird (ErfK/*Müller-Glöge* BGB § 622 Rz 18). Die Kündigungsfrist muss mindestens vier Wochen betragen, der Kündigungstermin kann frei vereinbart werden. Besteht das Arbeitsverhältnis länger als zwei Jahre, gelten wieder die verlängerten Kündigungsfristen des Abs 2 (ErfK/*Müller-Glöge* BGB § 622 Rz 18).

3. Tarifvertrag. Nach **§ 622 Absatz 4 BGB** sind Grundkündigungsfrist, verlängerte 21 Kündigungsfrist und die Kündigungsfrist während der vereinbarten Probezeit **tarifoffen.** Sie können durch Tarifvertrag verkürzt oder verlängert werden. Dabei sind die Tarifvertragsparteien nicht verpflichtet, für ArbN mit längerer Beschäftigungsdauer verlängerte Kündigungsfristen vorzusehen (BAG 23.4.08 – 2 AZR 21/07, NZA 08, 960). Die Tarifvertragsparteien können auch andere Kündigungstermine vereinbaren oder die Voraussetzungen abändern, unter denen verlängerte Kündigungsfristen entstehen. Sie sind jedoch an das Benachteiligungsverbot des § 622 Abs 6 BGB gebunden. Auch Tarifvertragsparteien dürfen für ArbN keine längeren Kündigungsfristen vereinbaren als für die ArbGeb.

a) Verweisung. Verweist ein Tarifvertrag aus der Zeit vor dem Oktober 1993 auf die 22 „**gesetzliche Regelung**", sind in seinem Geltungsbereich die ab 15.10.93 geltenden Vorschriften anzuwenden. Dasselbe gilt, wenn die einschlägigen gesetzlichen Vorschriften nur wörtlich oder inhaltlich übernommen wurden (BAG 4.3.93 – 2 AZR 355/92, NZA 93, 995; Angestellte und Arbeiter Metall- und Elektroindustrie Berlin und Brandenburg; Arbeiter Metall- und Elektroindustrie Sachsen; Arbeiter und Angestellte Metall- und Elektroindustrie Thüringen – BAG 5.10.95 – 2 AZR 1028/94, NZA 96, 539). Im Einzelfall kann die Auslegung des Tarifvertrages ergeben, dass eine eigenständige Regelung gewollt war. Dies wird man annehmen können, wenn der Tarifvertrag auf gesetzliche Regelungen Bezug nimmt, die sonst nicht gelten würden oder wenn im Tarifvertrag vom Gesetz abweichende Regelungen getroffen wurden. Dann gilt auch nach dem 15.10.93 der Tarifvertrag und nicht die gesetzliche Neuregelung.

b) Differenzierung. § 622 Abs 4 BGB eröffnet die Möglichkeit, branchenspezifisch von 23 den gesetzlichen Regelungen abzuweichen. Tarifliche Regelungen enthalten eine Richtigkeitsgewähr, sie müssen nicht die gerechteste oder zweckmäßigste Lösung enthalten. Eine Differenzierung nach ArbNGruppen ist in diesem Umfang zulässig. Unterschiedliche Regelungen für Arbeiter und Angestellte dürfen jedoch nicht an deren Status festmachen. Denkbar ist, dass dieser Unterscheidung im konkreten Fall ein Lebenssachverhalt zugrunde liegt, der eine Differenzierung zulässt (BAG 16.2.10 – 3 AZR 216/09, NZA 10, 701).

Das **Bundesverfassungsgericht** hat offen gelassen, ob und inwieweit Tarifverträgen, die 24 entsprechende Differenzierungen enthalten, durch die Verfassung Beschränkungen auferlegt werden und zugleich darauf hingewiesen, dass Tarifverträge jeweils nur einen bestimmten Ausschnitt aus dem Gesamtspektrum der Arbeitnehmerschaft betreffen (BVerfG 30.5.90 – 1 BvL 2/83, NZA 90, 721). Es hat aber Argumente gewichtet und Richtlinien aufgestellt, an denen sich auch die Tarifvertragsparteien messen lassen müssen. Was dem Gesetzgeber nicht erlaubt ist, kann den Tarifvertragsparteien nicht gestattet sein. Auch sie sind an Art 3 GG gebunden (vgl BAG 16.9.93 – 2 AZR 697/92, NZA 94, 221).

Danach stellt die Unterscheidung zwischen Kopf- (Angestellte) und Handarbeit (Arbeiter) 25 keinen sachlichen Grund für eine Differenzierung bei den Kündigungsfristen dar. Dasselbe gilt für die Kriterien „Gruppenmentalität der Angestellten", „Überzeugung der beteiligten Kreise von der Notwendigkeit der Unterscheidung", die „längere vorberufliche Ausbildung" der Angestellten oder für den durch kürzere Kündigungsfristen bei Arbeitern „erzielbaren Leistungsansporn". Die Notwendigkeit, im produktiven Bereich schneller Personal entlassen zu müssen, soll dagegen grds geeignet sein, unterschiedliche Kündigungsfristen zu rechtfertigen. Dies Flexibilitätsargument trifft – so das BVerfG – jedoch allein für betriebsbedingte Kündigungen zu. Sie machen auch bei schlechter Konjunkturlage weniger als die Hälfte, bei normaler Konjunkturlage etwas mehr als ein Drittel der Kündigungen aus (BVerfG 30.5.90 – 1 BvL 2/83, NZA 90, 721).

Für das BAG ist eine **Differenzierung unschädlich,** wenn eine verhältnismäßig kleine 26 Gruppe von ArbN nicht intensiv benachteiligt wird (BAG 2.4.92 – 2 AZR 516/91, NZA 92, 886), wenn Angestellte aus gruppenspezifischen Gründen bei der Stellensuche besondere Schwierigkeiten haben (BAG 23.1.92 – 2 AZR 389/91, NZA 92, 742), wenn bei Arbeitern in den ersten sechs Monaten der Beschäftigung eine stärkere Fluktuation festzustellen ist (BAG 2.4.92 – 2 AZR 516/91, NZA 92, 886) oder wenn witterungsbedingte bzw produkt-, mode- und saisonbedingte Schwankungen im produktiven Bereich vorliegen (BAG 6.11.97 – 2 AZR 707/96 nv). Dies lässt sich nur schwer halten. Vor dem Hintergrund der Rspr des BVerfG sind tarifvertragliche Unterscheidungen zwischen den Kündigungsfristen

Eisemann

262 Kündigungsfristen

von Angestellten und Arbeitern grds problematisch, soweit sie auch für verhaltens- und personenbedingte Kündigungen gelten sollen.

27 Ist die tarifliche Kündigungsfrist **verfassungswidrig,** gelten die gesetzlichen Kündigungsfristen (BAG 10.3.94 – 2 AZR 323/84, NZA 94, 799). Im Ganzen wird man hoffen können, dass sich die einheitlichen Kündigungsfristen für Angestellte und Arbeiter in den Tarifverträgen auf breiter Front durchsetzen werden. Das BAG hat jedenfalls deutlich gemacht, dass sich die Rspr zu den bei Inkrafttreten des neuen § 622 BGB geltenden Tarifverträgen nicht ohne weiteres auf Tarifverträge erstrecken lässt, die nach diesem Zeitpunkt abgeschlossen wurden und werden (BAG 10.3.94 – 2 AZR 605/93, NZA 94, 1045).

28 **4. Fristenberechnung.** Für die Berechnung der Kündigungsfristen gelten die **§§ 187 ff BGB.** Der Tag, an dem die Kündigung zugeht, ist nicht in die Berechnung der Frist einzubeziehen. Daraus folgen als späteste Daten für den Zugang einer Kündigung:
  a) Bei **Grundkündigungsfrist** (§ 622 Abs 1 BGB)

und Kündigung zum 15. des Folgemonats:
– in Monaten mit 31 Tagen der 18.
– in Monaten mit 30 Tagen der 17.
– im Februar der 15.
– im Schaltjahr der 16. Februar

und Kündigung zum Monatsende:
– in Monaten mit 31 Tagen der 3.
– in Monaten mit 30 Tagen der 2.
– zum 28. Februar der 31. Januar
– zum 29. Februar der 1. Februar.

29 b) Bei **verlängerter Kündigungsfrist** (§ 622 Abs 2 BGB) gilt jeweils der Letzte des Monats, der dem Beginn der ein- bis siebenmonatigen Kündigungsfrist vorausgeht. Wer einen seit 15 Jahren beschäftigten ArbN zum 30.6. kündigen will, muss ihm daher die Kündigung spätestens am 31.12. des Vorjahres zustellen.

30 c) Bei einer **Kündigung während der Probezeit** (§ 622 Abs 3 BGB) gilt jeweils der 15. Tag vor dem angestrebten letzten Tag des Arbeitsverhältnisses, wobei es ausreicht, wenn sie in der Probezeit zugeht.

Ist der jeweils letzte Tag vor Beginn der Kündigungsfrist ein **Samstag, Sonntag oder Feiertag,** kann die Kündigung nicht etwa noch am folgenden Werktag erklärt werden (BAG 13.10.76 – 5 AZR 638/75 AP BGB § 130 Nr 9). § 193 BGB ist unanwendbar (BGH 17.2.05, NJW 05, 1354). Auf der anderen Seite kann der Betroffene eine Kündigung nicht deshalb zurückweisen, weil sie am letzten Tag vor Beginn der Kündigungsfrist an einem Sonntag oder Feiertag zugeht. Die Kündigungsfrist verkürzt sich auch nicht, wenn dem ArbN eine Kündigung erst kurz nach Mitternacht zugeht, weil er in einer Nachtschicht arbeitet, die vom letztmöglichen Tag bis in den nächsten hineinreicht (BAG 15.7.69 – 2 AZR 367/68 AP BGB § 130 Nr 6).

Die **vorzeitige Kündigung** ist zulässig. Der ArbGeb muss mit dem Zugang der Kündigung nicht bis zum letzten Tag warten. Hierin liegt idR ein Verzicht auf die – im Einzelfall noch mögliche – Kündigung zu einem früheren Zeitpunkt. Der gesetzlich vorgesehene Kündigungstermin – „zum 15." bzw „zum Ende eines Kalendermonats" – steht nicht zur Disposition der Arbeitsvertragsparteien. Eine Kündigung kann daher nicht zu einem anderen Termin ausgesprochen werden. Dies gilt auch dann, wenn der ArbGeb mit längerer als der gesetzlichen Frist kündigt und das Arbeitsverhältnis zu einem früheren Termin hätte kündigen können (BAG 12.7.07 – 2 AZR 492/05, NZA 08, 476). Kann ein Arbeitsverhältnis ordentlich nur zum Schluss eines **Kalendervierteljahres** ausgesprochen werden, ist eine zum „1. April" ausgesprochene Kündigung idR dahin auszulegen, dass sie das Arbeitsverhältnis zum 31. März beenden soll (BAG 25.9.02 – 10 AZR 7/02).

31 d) Bei der **Kündigung vor Dienstantritt** ist die Kündigungsfrist ausnahmsweise anders zu berechnen, wenn sie nach dem Inhalt des Arbeitsvertrages erst mit dem Zeitpunkt des Dienstantritts beginnen soll (s *Kündigung, vor Dienstantritt* Rz 3). Fällt so der Tag des Dienstantritts mit dem Beginn der Kündigungsfrist zusammen, wird er bei der Berechnung der Frist nach § 187 Abs 2 BGB mitgerechnet (BAG 2.11.78 – 2 AZR 74/77, NJW 80, 1015). Das Arbeitsverhältnis endet in diesem Fall bei gesetzlicher Kündigungsfrist und vereinbarter Probezeit am 14. Tag nach dem vorgesehenen Dienstantritt, nicht erst am 15. Tag.

32 **5. Übergangsvorschriften.** Soweit in **Arbeitsverträgen** nur auf gesetzliche Regelungen Bezug genommen wird, ist meist das jeweils geltende Recht gemeint. Übergangsprobleme stellen sich nicht. Soweit in Altverträgen (konstitutiv) längere Kündigungsfristen als die jetzt geltenden vereinbart wurden, sind die vertraglichen Fristen weiterhin anzuwenden.

B. Lohnsteuerrecht *Seidel*

S die Ausführungen zu *Kündigung, allgemein* Rz 82. **33**

C. Sozialversicherungsrecht *Schlegel*

S die Ausführungen zu *Kündigung, allgemein* Rz 83 ff; *Sperrzeit* Rz 6 ff; *Kündigung, außer-* **34** *ordentliche* Rz 96 ff; zum Ruhen des Anspruchs auf AlGeld bei Zahlung einer Abfindung und Nichteinhaltung von Kündigungsfristen § 158 SGB III. (Einzelheiten unter *Abfindung* Rz 73 ff.).

Kündigungsschutz

A. Arbeitsrecht *Eisemann*

Übersicht

	Rz		Rz
I. Einführung	1, 2	3. Sozialwidrigkeit	66–81
II. Allgemeine Unwirksamkeitsgründe	3–41	a) Begriff	67–69
1. Grundrechtsverletzungen	4–20	b) Voraussetzungen	70, 71
a) Gleichbehandlungsgrundsatz	5–13	c) Interessenabwägung	72
b) Glaubensfreiheit	14	d) Absolute Gründe	73–79
c) Freie Meinungsäußerung	15	e) Beurteilungszeitpunkt	80, 81
d) Ehe und Familie	16	4. Kündigungsschutzprozess	82–121
e) Koalitionsfreiheit	17, 18	a) Parteien	84–89
f) Freie Wahl des Arbeitsplatzes	19	b) Zuständiges Gericht	90–93
g) Abgeordnetenmandat	20	c) Klageart	94–98
2. Sittenwidrigkeit	21–23	d) Klageerhebung	99–103
3. Treuwidrigkeit	24–31	e) Klagefrist	104–115
4. Diskriminierungsverbot	32–34	f) Verlängerte Anrufungsfrist	116–118
5. Maßregelungsverbot	35–39	g) Darlegungs- und Beweislast	119–121
6. Betriebsübergang	40	5. Nachträgliche Zulassung	122–142
7. Andere Kündigungsverbote	41	a) Zulässigkeit	123–132
III. Allgemeiner Kündigungsschutz	42–144	b) Begründetheit	133–142
1. Geltungsbereich	43–56	6. Sonderkündigungsrecht	143
a) Persönlicher Geltungsbereich	44–48	7. Kündigungsschutzverfahren bei Insolvenz	144
b) Betrieblicher Geltungsbereich	49–55	IV. Besonderer Kündigungsschutz	145–147
c) Gegenständlicher Geltungsbereich	56	V. Muster	148
2. Wartezeit	57–65		

I. Einführung. Wer einen Vertrag freiwillig abschließt, soll ihn auch wieder frei lösen **1** können. Dieser Grundsatz gilt für fast alle auf Dauer angelegten Verträge zwischen Privatpersonen. Vor überraschender Beendigung schützt man sich, indem man Kündigungsfristen vereinbart. Von Anfang an gehörten **Vertragsfreiheit** und **freie Kündbarkeit** zusammen. Ausnahmen macht das Gesetz aus sozialen Erwägungen zB beim Mietvertrag und im Arbeitsverhältnis. So soll verhindert werden, dass Familien das Dach über dem Kopf und ArbN ihre Existenzgrundlage verlieren, ohne dass hierfür ein **hinreichender Grund** vorhanden ist. Was unter einem „hinreichenden Grund" zu verstehen und wann die Kündigung von Arbeitsverhältnissen nicht möglich ist, ergibt sich aus dem GG, dem BGB, dem KSchG und einer Reihe von spezialgesetzlichen Regelungen, mit denen einzelne Personengruppen besonders gegen Kündigungen geschützt werden.

Der „**allgemeine Kündigungsschutz**" betrifft den Schutz aller ArbN nach dem KSchG, **2** vom „**besonderen Kündigungsschutz**" sprechen wir, wenn der darüber hinausgehende Schutz einzelner Gruppen gekennzeichnet werden soll. Daneben ergeben sich für die Kündigung von Arbeitsverhältnissen eine Reihe von **allgemeinen Unwirksamkeitsgründen** aus anderen gesetzlichen Regelungen.

263 Kündigungsschutz

3 **II. Allgemeine Unwirksamkeitsgründe.** Das Kündigungsrecht ist durch eine Anzahl gesetzlicher Bestimmungen beschränkt, die sich weder im KSchG, noch in den Bestimmungen zum besonderen Kündigungsschutz befinden.

4 **1. Grundrechtsverletzungen.** Verfassungsrechtliche Regeln wenden sich in erster Linie als Auftrag und Schranken an den Gesetzgeber bei der Regelung des Kündigungsrechts. Die Rspr geht daneben von einer zumindest **mittelbaren** umfassenden **Drittwirkung** der Grundrechte aus. Danach richten sich einige Verfassungsnormen nicht nur an den Staat, sie verpflichten ebenso Private in ihren Rechtsbeziehungen (BAG 28.9.72 – 2 AZR 469/71, NJW 73, 77). ArbN sind gegen Kündigungen auch durch zivilrechtliche Generalklauseln wie die §§ 138 oder 242 BGB geschützt, bei deren Anwendung der objektive Gehalt der Grundrechte und damit auch der des Art 12 Abs 1 GG berücksichtigt werden müssen (BVerfG 27.1.98 – 1 BvL 15/87, NZA 98, 470). So können auch Kündigungen grundgesetzwidrig und damit unwirksam sein. Die Kündigung verletzt ein Grundrecht, wenn sie gerade und allein wegen solcher Umstände erklärt wird, die vom Schutzbereich einer Grundrechtsnorm erfasst werden. Daneben schränken die Grundrechte die Kündigungsmöglichkeit ein, weil Kündigungsvorschriften vor ihrem Hintergrund zu interpretieren sind (BAG 26.9.02 – 2 AZR 636/01, NZA 03, 549).

5 a) **Gleichbehandlungsgrundsatz.** Nach **Artikel 3 Absatz 1 GG** sind alle Menschen vor dem Gesetz gleich. Sie sind gleichberechtigt, dürfen als einzelne nicht benachteiligt werden und sind gleich zu behandeln. Alles dies beruht auf dem Gedanken, dass Gleiches gleich und Ungleiches entsprechend seiner Eigenart ungleich zu behandeln ist.

6 Im Kündigungsrecht spielt der Gleichbehandlungsgrundsatz keine zentrale Rolle. Er soll sich nicht unmittelbar auf den Bestandsschutz von Arbeitsverhältnissen erstrecken (BAG 28.4.82 – 7 AZR 1139/79, NJW 1982, 2687) und nur bei der Erfüllung von Ansprüchen, nicht bei der Ausübung von Gestaltungsrechten gelten. Er ist aber im Rahmen von § 1 KSchG und § 626 BGB bei der Anwendung der hierin enthaltenden Generalklauseln mittelbar zu berücksichtigen (BVerfG 23.4.86 – 2 BvR 487/80, NJW 87, 827).

7 Die **Reichweite** des Gleichbehandlungsgrundsatzes wird vor allem bei der **herausgreifenden Kündigung** diskutiert. Das Herausgreifen einzelner bei gleichem und zeitgleichem Kündigungssachverhalt kann die Kündigung des Herausgegriffenen nicht rechtfertigen, wenn es hierfür keinen sachlichen Grund gibt, den der ArbGeb darlegen muss (ErfK/*Oetker* KSchG § 1 Rz 90). „Einfallstor" für die mittelbare Geltung von Grundrechten sind die jeweiligen kündigungsrechtlichen Vorschriften. Ein **willkürliches Herausgreifen** Einzelner wird damit im **Ergebnis nicht zugelassen.** Die Umstände des **Einzelfalles** sind letztlich entscheidend.

8 So kann die Kündigung Einzelner wegen ihrer Teilnahme an einem wilden Streik gerechtfertigt sein, weil eine schnelle Entscheidung notwendig war und die Betroffenen sich besonders hartnäckig geweigert hatten, ihre Arbeit wieder aufzunehmen (BAG 21.10.69 – 1 AZR 93/68, NJW 70, 486). Auf der anderen Seite dürfen keine sachfremden oder gesetzeswidrigen Erwägungen zur Differenzierung führen. Die ausschließliche Kündigung von BRatMitgliedern nach einem Prämienbetrug auch anderer ArbN ist daher unwirksam (BAG 22.2.79 – 2 AZR 115/78, DB 79, 1659).

9 Fehlt ein Grund für das Herausgreifen Einzelner, wird man bei der **außerordentlichen Kündigung** davon ausgehen dürfen, dass auch die Weiterbeschäftigung der Gekündigten vor dem Hintergrund des Art 3 GG **zumutbar** ist. Bei der **ordentlichen Kündigung** wird man den Gleichbehandlungsgrundsatz bei der **Interessenabwägung** zu berücksichtigen haben (BAG 28.4.82 – 7 AZR 1139/79, NJW 82, 2687).

10 Für die Praxis empfiehlt sich die Formel, dass sachliche Erwägungen jedenfalls berücksichtigt werden dürfen. So bleibt ein **Ermessensspielraum** erhalten, der dem ArbGeb einerseits willkürliches Handeln verbietet, andererseits seine Handlungsfreiheit nicht nach den strengen Grundsätzen des Kündigungsrechts einschränkt. Dies ermöglicht ihm zB bei gleichem Vertragsverstoß einzelnen ArbN nicht zu kündigen, die wegen ihrer Sozialdaten von der Kündigung besonders hart betroffen wären, ohne dass sich die Gekündigten hierauf berufen können. Es ermöglicht ihm auf der anderen Seite, einzelne ArbN nach sachgerechten Kriterien zu kündigen, wie zB der nur geringen Dauer eines Beschäftigungsverhältnisses.

Kündigungsschutz 263

Werden **Betriebsratsmitglieder** von einer Massenkündigung ausgenommen, liegt hierin 11
kein Verstoß gegen den Gleichbehandlungsgrundsatz oder das Begünstigungsverbot des § 78
BetrVG. Ihr besonderer Schutz durch § 15 KSchG geht vor, weil sich nur so die Amtsausübung sichern lässt (BAG 29.1.81 – 2 AZR 778/78, NJW 82, 252).

Mittelbar schlägt der Gleichbehandlungsgrundsatz durch, wenn die Behandlung vergleich- 12
barer Kündigungssachverhalte durch den ArbGeb zu einer **Selbstbindung** führt (BAG
14.10.65 – 2 AZR 466/64 AP BetrVG § 66 Nr 27). Hat der ArbGeb früher in vergleichbaren Fällen von einer Kündigung abgesehen, kann dies bei der Prüfung berücksichtigt
werden, ob eine Kündigung sozial gerechtfertigt ist oder die Weiterbeschäftigung für den
ArbGeb zumutbar erscheint.

Eine Kündigung kann nichtig sein, weil sie das Gebot verletzt, niemanden wegen seiner 13
politischen Überzeugung ungleich zu behandeln und gerade nur wegen dieser politischen
Haltung ausgesprochen wurde (BAG 28.9.72, DB 72, 2356). Voraussetzung für die Kündigung wegen der Mitgliedschaft in einer **verfassungsfeindlichen Organisation** ist der
konkrete Bezug zum Arbeitsverhältnis. Die Tatsache der Mitgliedschaft allein reicht nicht aus.
Aktives Eintreten für eine verfassungsfeindliche Partei kann dagegen im öffentlichen Dienst
eine Kündigung rechtfertigen (BAG 12.5.11 – 2 AZR 479/09, ArbuR 11, 270).

b) **Glaubensfreiheit.** Die in **Artikel 4 Absätze 1 und 2 GG** garantierte **Freiheit des** 14
Glaubens und der **ungestörten Religionsausübung** kann einer Kündigung entgegenstehen. Sie ist jedenfalls unwirksam, wenn sie allein und ausschließlich auf die Zugehörigkeit
zu einer bestimmten Religionsgemeinschaft gestützt wird. Der Konflikt zwischen arbeitsvertraglichen Pflichten und grundgesetzlicher Garantie ist im Übrigen mit einer **Interessenabwägung** zu lösen. So kann das Tragen roter Kleidung und der Mala im Regelfall die
Kündigung von Mitgliedern der Bhagwan-Bewegung nicht rechtfertigen (LAG Düsseldorf
22.3.84, DB 85, 391). Auch das Tragen eines islamischen Kopftuchs rechtfertigt regelmäßig
nicht die ordentliche Kündigung einer Verkäuferin in einem Kaufhaus (BAG 10.10.02 –
2 AZR 472/01, NZA 03, 483). Bei der Weigerung mohammedanischer ArbN, an bestimmten Tagen zu arbeiten, oder ihrer Forderung, zu bestimmten Zeiten während der Arbeitszeit
Gebete zu verrichten, wird es auch darauf ankommen, dass sich das Arbeitsverhältnis nach
deutschem Recht richtet und dass die Arbeitsbedingungen bei Abschluss des Arbeitsvertrages
bekannt waren (LAG Düsseldorf DB 63, 522; zu Einzelheiten s *Diskriminierung* Rz 50–52,
93–96 und *Gewissensfreiheit* Rz 3–8), vor allem aber darauf, ob eine alternative Beschäftigungsmöglichkeit besteht (BAG 24.2.11 – 2 AZR 636/09, NZA 11, 1087).

c) **Freie Meinungsäußerung.** Das in **Artikel 5 GG** geschützte **Recht der freien** 15
Meinungsäußerung gilt auch und gerade im Arbeitsverhältnis (BVerfG 28.4.76, DB 76,
1485). Es wird durch die Grundregeln des Arbeitsrechts – wie die **Rücksichts- und**
Loyalitätspflichten – eingeschränkt (BAG 10.12.09 – 2 AZR 534/08, NZA 10, 698) und
rechtfertigt daher nicht jede freie Meinungsäußerung am Arbeitsplatz. Die Kündigung setzt
jedoch stets eine **konkrete Störung** der betrieblichen Abläufe voraus (BAG 9.12.82, DB 83,
2578; Einzelheiten s *Meinungsfreiheit* Rz 4–8).

d) **Ehe und Familie.** Der in **Artikel 6 GG** enthaltene Schutz von Ehe und Familie kann 16
mit der in Art 140 GG, 137 Abs 3 WRV garantierten Kirchenautonomie kollidieren. So
kann die kirchenrechtliche Unauflöslichkeit der Ehe im *Tendenzbetrieb* zu einer Kündigung
führen, wenn ein geschiedener ArbN erneut heiratet (BAG 14.10.80, DB 81, 1290), ein
ArbN in erster Ehe eine geschiedene Frau heiratet (BAG 31.10.84, BB 85, 1603) oder ein
Verheirateter die Ehe bricht (BAG 24.4.97 – 2 AZR 268/96, NZA 98, 145). Die Zölibatspflicht kann dazu führen, dass die Leiterin eines katholischen Kindergartens gekündigt wird,
wenn sie einen nicht laisierten Priester heiratet (BAG 25.4.78, DB 78, 2175, Einzelheiten
Kirchenarbeitsrecht Rz 4–9). Diese Kündigungen können jedoch daran scheitern, dass der
ArbGeb in der Praxis sonst auf ein durchgehendes und ausnahmslos der jeweiligen Lehre
verpflichtetes Lebenszeugnis seiner leitenden ArbN verzichtet (BAG 8.8.11 – 2 AZR 543/
10). Aus Art 6 GG folgt jedoch auch, dass eine weibliche Mitarbeiterin die Arbeit jedenfalls
dann nicht unter Berufung auf den Schutz der Familie mit der Begründung verweigern kann,
sie müsse für ihr unbeaufsichtigtes Kind sorgen, wenn sie sich nicht ausreichend um eine
Beaufsichtigung bemüht hat (BAG 21.5.92, DB 92, 2446).

e) Die **Koalitionsfreiheit** des **Artikel 9 Absatz 3 GG** schützt den ArbN unmittelbar 17
gegen alle Kündigungen, die dieses Grundrecht verletzen. Kündigungen wegen der **Zuge-**

hörigkeit zu einer Gewerkschaft oder wegen des Beitritts zu einer Gewerkschaft sind nach § 134 BGB ebenso nichtig (BAG 5.3.87 – 2 AZR 187/86 – nv) wie die wegen eines Austritts aus der Gewerkschaft ausgesprochene Kündigung. Mit einer (Änderungs-)Kündigung verstößt der ArbGeb nicht nur gegen die Koalitionsfreiheit, wenn er damit den ArbN zwingen will, aus einer Gewerkschaft auszutreten und in eine andere einzutreten. Er darf ArbN auch nicht über eine Änderungskündigung veranlassen, sich einer Tarifvereinbarung zu unterwerfen, welche von einer ihnen fremden Gewerkschaft abgeschlossen wurde und von ihrer eigenen Organisation abgelehnt wird (BAG 15.12.57, DB 57, 484).

18   Die Teilnahme an einem rechtmäßigen (Warn-)Streik kann die Kündigung nicht begründen (BAG 17.12.76, DB 77, 824). Dasselbe gilt grds für alle anderen **koalitionsmäßigen Betätigungen.** Auch die Gewerkschaftswerbung im Betrieb gehört daher zu den grundrechtlich geschützten Tätigkeiten (BVerfG 30.11.65, DB 66, 229). Der Betriebsablauf darf jedoch nicht gestört werden. Die Verteilung von Werbematerial muss daher in den Arbeitspausen geschehen (BAG 26.1.82, DB 82, 1327).

19   f) **Freie Wahl des Arbeitsplatzes.** Die in **Artikel 12 Absatz 1 Satz 1 GG** geschützte freie Wahl des Arbeitsplatzes garantiert neben der freien Wahl des Berufes das Recht jedes Einzelnen, eine konkrete Beschäftigung einzugehen, beizubehalten oder aufzugeben (BVerfG 24.4.91, DB 91, 1021). Sie schließt jedoch nicht aus, dass ArbN nach den gesetzlichen Bestimmungen gekündigt werden dürfen. Entstehende Härten werden mit dem **Sozialstaatsprinzip** ausgeglichen, das durch den allgemeinen und besonderen Kündigungsschutz konkretisiert wird (BAG 23.9.76, DB 77, 213). Dabei strahlt der Mindestbestandsschutz in das KSchG **hinein.** Seine Vorschriften sind vor dem Hintergrund des Art 12 Abs 1 GG auszulegen und anzuwenden. Dies kann die unternehmerische Freiheit einschränken und zB zur Unwirksamkeit betriebsbedingter Kündigungen führen (BAG 26.9.02 – 2 AZR 636/01, NZA 03, 549; Einzelheiten *Kündigung, betriebsbedingte* Rz 8). Auch **außerhalb** des Anwendungsbereichs des KSchG sind ArbN gegen Kündigungen geschützt, die sich als sittenwidrig erweisen oder gegen Treu und Glauben verstoßen. Bei der Anwendung dieser Generalklauseln ist Art 12 GG zu berücksichtigen (BVerfG 21.6.06 – 1 BvR 1659/04, NZA 06, 913). Er verpflichtet den ArbGeb insbesondere außerhalb des Anwendungsbereichs des KSchG zu einem gewissen Maß an sozialer Rücksichtnahme, wenn unter mehreren ArbN eine Auswahl zu treffen ist (BVerfG 27.1.98 – 1 BvL 15/87, NZA 98, 470). Er darf das Vertrauen eines langjährig beschäftigten ArbN in den Fortbestand seines Arbeitsverhältnisses nicht unberücksichtigt lassen (BAG 28.10.10 – 2 AZR 392/08, BeckRS 2010, 65094). Bestehen aber berechtigte betriebliche, persönliche oder sonstige Interessen des ArbGeb, gerade den sozial schutzwürdigeren ArbN zu kündigen, ist dessen Grundrechtsschutz umso schwächer, je stärker die ebenfalls grundgesetzlich geschützte Position des ArbGeb betroffen ist (BAG 28.10.10 – 2 AZR 392/08, BeckRS 2010, 65094; BAG 21.2.01 – 2 AZR 15/00, NZA 01, 833). Macht der ArbN geltend, der ArbGeb habe bei seiner Auswahlentscheidung das danach gebotene Mindestmaß an sozialer Rücksichtnahme außer Acht gelassen, muss sich aus seinem Vorbringen auch ergeben, dass er mit den nicht gekündigten ArbN auf den ersten Blick vergleichbar ist (BAG 6.2.03 – 2 AZR 672/01, NZA 03, 717).

20   g) **Abgeordnetenmandat.** Nach **Artikel 48 Absatz 2 GG** darf niemand gehindert werden, das Amt eines Abgeordneten anzunehmen oder auszuüben. Jede Kündigung aus Anlass der **Abgeordnetentätigkeit** ist daher nach § 134 BGB unwirksam (BAG 30.6.94, DB 95, 231). Dieser Grundsatz hat sich in einer Reihe von Bundes- und Landesgesetzen niedergeschlagen. Er gilt – unabhängig von der landesgesetzlichen Regelung im Einzelnen – auch für Volksvertreter auf kommunaler und Kreisebene. In einigen Bundesländern – wie zB in Brandenburg – ist daneben die ordentliche Kündigung „während" der Ausübung des Abgeordnetenmandats untersagt. Darauf, ob aus Anlass der Amtsausübung gekündigt wird, kommt es nicht an (BVerfG 11.4.2000 – 2 BvL 2/00 nv).

21   2. **Sittenwidrigkeit.** Kündigungen, welche gegen die guten Sitten verstoßen, sind nach **§ 138 BGB** nichtig. Die **Sittenwidrigkeit** einer Kündigung geht über ihre **Sozialwidrigkeit** weit hinaus. Wird gekündigt, weil ein ArbN unbequem geworden ist, mag dies sozialwidrig sein. Es ist aber noch nicht sittenwidrig (BAG 25.6.64, DB 64, 1066). Wer nicht unter den Geltungsbereich des Kündigungsschutzgesetzes fällt, weil er zB noch keine sechs

Kündigungsschutz 263

Monate beschäftigt ist, kann sich daher nicht auf § 138 BGB berufen, wenn er krankheitsbedingt gekündigt wird (BAG 16.2.89, DB 89, 2382).

Sittenwidrig ist eine Kündigung nur dann, wenn sie auf einem **verwerflichen Motiv** des 22 Kündigenden beruht, wie insbesondere Rachsucht oder Vergeltung oder wenn sie aus anderen Gründen dem **Anstandsgefühl aller billig und gerecht Denkenden** widerspricht (BAG 19.7.73, DB 73, 2307). Danach ist jedenfalls eine Kündigung sittenwidrig, die wegen einer **Krankheit** ausgesprochen wurde, die der ArbGeb selbst vorsätzlich herbeigeführt hat (BAG 8.6.72, DB 72, 2070), die ausgesprochen wurde, weil eine ArbNin unsittliche oder **anstößige Zumutungen** abgelehnt hat oder sich ein ArbN geweigert hat, **Beihilfe zu strafbaren Handlungen** des ArbGeb zu leisten (ArbG Göttingen 9.3.61, DB 61, 1296).

Sittenwidrig kann eine Kündigung sein, wenn der ArbGeb aus sittenwidrigen Motiven 23 eine **Versetzung** in der sicheren Annahme ausgesprochen hat, dass der ArbN ihr nicht Folge leisten und damit einen Grund zur fristlosen Kündigung bieten werde (BAG 23.11.61, DB 62, 243). Erhebt ein ArbN **Kündigungsschutzklage,** ist die allein deshalb ausgesprochene außerordentliche Kündigung sittenwidrig.

3. Treuwidrigkeit. Verstößt eine Kündigung gegen **Treu und Glauben,** ist sie nach 24 **§ 242 BGB** unwirksam. Dieser Schutz vor Kündigung durch eine mit dem objektiven Gehalt der Grundrechte näher bezeichnete zivilrechtliche Generalklausel gilt nicht nur im Kleinbetrieb, sondern auch für Kündigungen eines Arbeitsverhältnisses in der sechsmonatigen Wartezeit des § 1 Abs 1 KSchG (BVerfG 21.6.06 – 1 BvR 1659/04, NZA 06, 913). Mit dieser Formel lässt sich jedoch der Geltungsbereich des KSchG auf ungeschützte Arbeitsverhältnisse ausdehnen (BAG 21.2.01 – 2 AZR 579/99, NZA 01, 951). Umstände, die im Rahmen des § 1 KSchG zu würdigen wären und eine Kündigung als „nur" sozial ungerechtfertigt erscheinen ließen, kommen als Verstöße gegen Treu und Glauben nicht in Betracht (BAG 25.4.01 – 5 AZR 360/99, NZA 02, 87). Der durch Treu und Glauben vermittelte Schutz darf nicht dazu führen, dass dem Kleinunternehmen praktisch die im KSchG vorgesehenen Maßstäbe der Sozialwidrigkeit auferlegt werden (BVerfG 27.1.98 – 1 BvL 15/87, NZA 98, 470). Das **Kündigungsschutzgesetz konkretisiert** für seinen Anwendungsbereich den **Grundsatz von Treu und Glauben** (BAG 25.4.01 – 5 AZR 360/99; 23.6.94, DB 94, 2190). Dieser Grundsatz steht damit über dem KSchG, er ersetzt es nicht. Nur soweit er nicht im Kündigungsschutzgesetz aufgeht, spielt er für das Kündigungsrecht noch eine Rolle. So kann auch bei einer Kündigung im Kleinbetrieb die vom ArbGeb getroffene Auswahl auf einen Treueverstoß geprüft werden. Der ArbGeb muss ein durch langjährige Mitarbeit erdienstes Vertrauen berücksichtigen und einseitige, einzelne ArbN belastende Auswahlentscheidungen nach vernünftigen, sachlichen Gesichtspunkten treffen (BAG 21.2.01 – 2 AZR 15/00, NZA 01, 833). Hat der ArbGeb keine spezifischen eigenen Interessen, einem bestimmten ArbN zu kündigen bzw anderen vergleichbaren ArbN nicht zu kündigen, und entlässt er gleichwohl den ArbN mit der bei weitem längsten Betriebszugehörigkeit, dem höchsten Alter und den meisten Unterhaltspflichten, so spricht alles dafür, dass der ArbGeb bei seiner Entscheidung das verfassungsrechtlich gebotene Mindestmaß an sozialer Rücksichtnahme außer acht gelassen hat (BAG 6.2.03 – 2 AZR 672/01, NZA 03, 717).

Sowohl die **Kündigungserklärung** als auch ihre **Begründung** können gegen § 242 25 BGB verstoßen. Eine Kündigung kann treuwidrig sein, wenn sie in **ungehöriger Weise** erklärt wird (BAG 23.6.94, DB 94, 2190) – etwa auf einer Betriebsversammlung (BAG 23.9.76 – 2 AZR 309/75, DB 77, 213), durch Anschlag am schwarzen Brett, in beleidigender Weise oder am Tag eines schweren Arbeitsunfalls unmittelbar vor der damit erforderlichen Operation (LAG Brem 29.10.85, BB 86, 393). Grds kann eine Kündigung auch kurze Zeit vor Ablauf der **Wartefrist** erklärt werden. Sie kann aber gegen Treu und Glauben verstoßen, wenn sie allein deshalb erklärt wird, um dem ArbN den Kündigungsschutz zu nehmen (BAG 28.9.78, DB 79, 1135). Eine Kündigung lässt sich bei guter Leistung – auch außerhalb des Anwendungsbereichs des KSchG – nicht allein auf die Gestaltung des privaten Lebensbereiches (Homosexualität) stützen (BAG 23.6.94, DB 94, 2190).

Der Verstoß gegen Treu und Glauben kann im **widersprüchlichen Verhalten** des 26 ArbGeb liegen (BAG 25.4.01 – 5 AZR 360/99, NZA 02, 87). Wer kurz vorher die Kündigung des ArbN zurückgewiesen hat, kann nicht kurze Zeit später ohne besonderen

263 Kündigungsschutz

Anlass selbst kündigen (BAG 8.6.72, DB 72, 2070). Kündigt der ArbN selbst fristgerecht und erklärt ihm der ArbGeb aus diesem Grund, einen bestimmten Sachverhalt nicht zum Anlass einer Kündigung nehmen zu wollen, kann er eine nachfolgende außerordentliche Kündigung nicht auf diesen Sachverhalt stützen (LAG BaWü 12.4.67, DB 67, 999). Spricht der ArbGeb eine ordentliche Kündigung aus, kann er eine nachfolgende außerordentliche Kündigung nicht mehr allein mit demselben Sachverhalt begründen (LAG BaWü 2.3.88, BB 89, 151).

27 Kündigt der ArbGeb einem noch ungeschützten ArbN wegen des Verdachts einer Straftat und teilt er ihm weder die Verdachtsquelle noch nähere Einzelheiten mit, wird dem ArbN unmöglich gemacht, sich gegen den möglicherweise unberechtigten Vorwurf zu wehren. Die Kündigung ist treuwidrig und deshalb unwirksam (BAG 2.11.83, DB 84, 407). Die ordentliche Kündigung eines ungeschützten ArbN ist auch gerechtfertigt, wenn sich die Umstände, auf denen ein angeblicher Vertrauensverlust beruht, nicht verifizieren lassen (BAG 25.4.01 – 5 AZR 360/99, NZA 02, 87). Im Bereich des **öffentlichen Dienstes** verstößt eine vor Ablauf der Wartezeit erklärte Kündigung gegen Treu und Glauben, wenn der ArbN zum Zeitpunkt der Kündigung aufgrund des Art 33 Abs 2 GG einen Einstellungsanspruch gehabt hätte (BAG 1.7.99 – 2 AZR 926/98, AP BGB § Kündigung Nr 10).

28 Ob der das gesamte Kündigungsrecht beherrschende **Grundsatz der Verhältnismäßigkeit** auch außerhalb des Anwendungsbereichs des KSchG gilt, ist nicht endgültig geklärt (dazu *Preis* NZA 97, 1256). Die Sozialwidrigkeit einer Kündigung kann sich auch daraus ergeben, dass der ArbGeb nicht davon Gebrauch gemacht hat, sie durch mögliche, angemessene und geeignete andere Maßnahmen abzuwenden. Die Anwendung dieses Grundsatzes auf ungeschützte Arbeitsverhältnisse lässt sich jedenfalls nicht allein mit dem Hinweis auf den fehlenden Kündigungsschutz verneinen.

29 Die §§ 134 und 242 BGB zeigen, dass Arbeitsverhältnisse nicht nur im Geltungsbereich des KSchG allgemein geschützt sind. Die gegen Treu und Glauben verstoßende Kündigung ist außerhalb des Geltungsbereichs des Kündigungsschutzgesetzes nicht unwirksam, weil „Kündigungsgründe" fehlen. Sie ist unwirksam, wenn die Umstände bei Ausspruch der Kündigung eine einseitige Auflösung des Arbeitsverhältnisses treuwidrig erscheinen lassen.

30 Der Grundsatz der Verhältnismäßigkeit beherrscht nicht nur das KSchG, sondern lässt es auch zu, außerhalb des Geltungsbereichs dieses Gesetzes Verhaltenspflichten des ArbGeb anzunehmen, die ihn hindern, zur Kündigung zu greifen, wenn andere geeignete und ohne weiteres zumutbare Möglichkeiten gegeben sind, um sie zu vermeiden. Dies bedeutet nicht, dass auch im ungeschützten Arbeitsverhältnis abgemahnt werden muss (BAG 21.2.01 – 2 AZR 579/99, NZA 01, 951). Zumindest in den Grenzen des Übermaßverbots sollte aber der ArbGeb an der freien Kündbarkeit auch außerhalb des KSchG gehindert sein.

31 Wo eine Kündigung in sozial unerträglicher Weise erheblich gegen die Fürsorgepflicht verstößt und grob treuwidrig oder willkürlich (BAG 23.9.76 – 2 AZR 309/75, DB 77, 213) erscheint, weil sie einen ArbN wegen seiner dem ArbGeb bekannten sozialen Umstände besonders hart trifft und sich ohne erheblichen Aufwand im Rahmen der betrieblichen Möglichkeiten, zB durch Zuweisung eines anderen freien Arbeitsplatzes, leicht vermeiden lässt, kann sie nach § 242 BGB auch im ungeschützten Arbeitsverhältnis nicht wirksam sein. Freilich wird sich dies auf wenige krasse Ausnahmefälle beschränken.

32 **4. Diskriminierungsverbot.** Nach den **§§ 1, 2 Abs 1 Nr 2 AGG** sind Benachteiligungen ua bei der **Entlassung** von ArbN aus Gründen der Rasse oder wegen der ethnischen Herkunft, des Geschlechts, der Religion oder der Weltanschauung, einer Behinderung, des Alters oder der sexuellen Identität unzulässig. Nach **§ 2 Abs 4 AGG** gelten für Kündigungen ausschließlich die Bestimmungen zum allgemeinen und zum besonderen Kündigungsrecht. Mit dieser Vorschrift wollte man klarstellen, dass es mit dem AGG keinen doppelten Kündigungsschutz gibt (BT-Drs 16/2022). Dieses Gesetz soll nicht die „Positivliste" des KSchG um eine „Negativliste" des AGG ergänzen. § 2 Abs 4 AGG beschreibt auch keine Bereichsausnahme, sondern verzahnt das Gesetz mit den anderen Rechtsgebieten (BAG 6.11.08 – 2 AZR 523/07, NZA 09, 361).

33 Die **ausschließlich aus diskriminierenden Gründen** ausgesprochene Kündigung ist im Geltungsbereich des KSchG unwirksam, weil die Diskriminierung eine Kündigung nicht sozial rechtfertigen kann (BAG 6.11.08 – 2 AZR 523/07, NZA 09, 361). Die diskriminie-

Kündigungsschutz

rende Kündigung eines ArbN, dessen Arbeitsverhältnis nicht in den Geltungsbereich des KSchG fällt, weil er in einem Kleinbetrieb oder noch keine sechs Monate beschäftigt wird, kann nach den § 138 BGB iVm § 1 AGG unwirksam sein (vgl BVerfG 21.6.06 – 1 BvR 1659/04, NZA 06, 913; BAG 22.5.03 – 2 AZR 426/02, AP KSchG 1969 § 1 Wartezeit Nr 18). Ein ArbN, der an einer symptomlosen HIV-Infektion erkrankt ist, ist iSd AGG behindert. Kündigt der ArbGeb das Arbeitsverhältnis eines solchen ArbN in der gesetzlichen Wartezeit des § 1 KSchG wegen der HIV-Infektion ist die Kündigung im Regelfall diskriminierend und damit unwirksam, wenn der ArbGeb durch angemessene Vorkehrungen den Einsatz des ArbN trotz seiner Behinderung ermöglichen kann (BAG 19.12.13 – 6 AZR 190/12).

Die nach den § 626 BGB oder § 1 KSchG wirksame Kündigung wird nicht allein dadurch unwirksam, dass sie eine Person trifft, die nach § 1 AGG geschützt ist. Sie wird nicht gegenüber anderen benachteiligt. Treffen Gründe, welche eine außerordentliche oder eine ordentliche Kündigung rechtfertigen können mit diskriminierenden Motiven des ArbGeb zusammen – „**Motivbündel**", hilft der einfache Hinweis auf § 2 Abs 4 AGG nicht weiter. Die Wirksamkeit der Kündigung soll sich zwar allein nach den Bestimmungen des allgemeinen und besonderen Kündigungsschutzes richten. Nur gehören zum allgemeinen Kündigungsschutz auch die §§ 138 und 242 BGB (BT-Drs 16/2000). Ihre Anwendung kann in diesem Fall zu dem doppelten Kündigungsschutz führen, den der Gesetzgeber gerade mit dem Einbau des § 2 Abs 4 AGG vermeiden wollte. Eine zusätzliche Erschwerung der Kündigung über die bestehenden Bestimmungen hinaus war nicht gewollt. Die Diskriminierungsverbote sind nur bei der Prüfung der Sozialwidrigkeit zu beachten (BAG 6.11.08 – 2 AZR 523/07, NZA 09, 361). Der Vorrang der sozialen Rechtfertigung gilt jedenfalls nicht, wenn die Diskriminierung Anlass für eine Kündigung war, die sonst nicht ausgesprochen worden wäre und damit erkennbar ihr maßgebliches Motiv abgegeben hat (vgl BVerfG 21.6.06 – 1 BvR 1659/04, NZA 06, 913). Freilich lässt sich dies kaum jemals nachweisen. Damit ist nichts über die Möglichkeit gesagt, trotz wirksamer Kündigung Schadensersatz wegen Diskriminierung verlangen zu können (hierzu *Diller/Krieger/Arnold* NZA 06, 887).

5. Maßregelungsverbot. § 612a BGB untersagt dem ArbGeb, einen ArbN zu benachteiligen, weil er in zulässiger Weise seine Rechte ausübt. Benachteiligende Maßnahmen sind nach § 134 BGB nichtig. Sie sind allerdings nur unwirksam, wenn der **tragende Beweggrund** für die Kündigung die zulässige Rechtsausübung durch den ArbN ist (BAG 2.4.87, DB 87, 2525). Kündigt der ArbGeb zB, weil ein ArbN **tarifgerechte Bezahlung** verlangt hat, ist diese Kündigung deshalb nach den §§ 612a, 134 BGB unwirksam (LAG Hamm 18.12.87, DB 88, 917). Kündigt ein ArbGeb, nachdem der ArbN einen Antrag auf **Gewährung von Vorruhestandsgeld** gestellt hat, um den Eintritt des Vorruhestandes zu verhindern, gilt dasselbe (BAG 2.4.87, DB 87, 2525).

Eine unzulässige Maßregelung kann darin liegen, dass eine Kündigung wegen des **aktiven gewerkschaftlichen Einsatzes** im Betrieb ausgesprochen wird (LAG Hamm 18.12.87, LAGE § 612a BGB Nr 1). Die Kündigung wegen der Teilnahme an einem **rechtmäßigen Streik** ist auch wegen des Verstoßes gegen das Maßregelungsverbot unwirksam (zum alten Recht BAG 17.12.76, DB 77, 824). Ist tragender Beweggrund für die fristlose Kündigung des ArbGeb eine **vorausgegangene ordentliche Kündigung** des ArbN, ist die ArbGeb-Kündigung nach §§ 612a, 134 BGB unwirksam (LAG Nbg 7.10.88, LAGE § 612a BGB Nr 2). Kündigt der ArbGeb, weil der ArbN versucht, ein **Weiterbeschäftigungsurteil** zu vollstrecken, verstößt diese Kündigung ebenso gegen das Maßregelungsverbot (LAG Düsseldorf 13.12.88, DB 89, 685).

Schikaniert der ArbGeb nach verlorenem Kündigungsschutzprozess den ArbN mit **unsinnigen Arbeitsanweisungen,** ist die auf die Arbeitsverweigerung gestützte Kündigung des ArbGeb nach den §§ 612a, 134 BGB unwirksam, weil die Arbeitsvertragsverletzungen bewusst provoziert wurden, um erneut kündigen zu können (LAG SchlHol 25.7.89, LAGE § 612a BGB Nr 4).

Das Maßregelungsverbot schützt den ArbN, der in **zulässiger Weise** seine Rechte ausübt. Wer bei der Wahrnehmung seiner Rechte gegen seine **arbeitsvertraglichen Pflichten** verstößt, muss sich die mit diesem Verstoß begründete Reaktion des ArbGeb gefallen lassen.

263 Kündigungsschutz

Die Wahrnehmung seiner Rechte gibt dem ArbN keinen Rechtfertigungsgrund für die Verletzung seiner Pflichten aus dem Arbeitsverhältnis.

39 Das Maßregelungsverbot soll die Selbstbestimmung der ArbN stärken. Es greift daher jedenfalls auch ein, wenn der ArbN nur **vermeintliche Ansprüche** geltend macht, die ihm in Wahrheit nicht zustehen. Die Vorschrift würde sonst gerade in den wichtigen Anwendungsbereichen – beim Streit um das Bestehen von Ansprüchen – weitgehend leerlaufen. Die Grenze bildet – wie sonst auch – der Rechtsmissbrauch. Von § 612a BGB wird nicht der Fall einer **Rechtsausübung vor Begründung des Arbeitsverhältnisses** erfasst, welche erst im späteren Arbeitsverhältnis zu Nachteilen führt. Die Unwirksamkeit der Anfechtung des Arbeitsvertrages, nachdem der ArbN bei der Einstellung eine unzulässige Frage mit einer Lüge beantwortet hat, folgt daher nicht schon aus § 612a BGB (BAG 15.11.2012 – 6 AZR 339/11, NZA 13, 429).

40 **6. Betriebsübergang.** § 613a Absatz 4 BGB verbietet jede Kündigung wegen des Überganges eines Betriebes oder Betriebsteiles. Damit wird ein umfassender Schutz der Arbeitsplätze bei Betriebsübergang gewährleistet und sichergestellt, dass der in § 613a BGB angeordnete Inhaltsschutz nicht unterlaufen wird. Auf das Kündigungsverbot als selbstständigen Unwirksamkeitsgrund können sich alle ArbN berufen ohne Rücksicht darauf, ob sie unter das KSchG fallen (BAG 31.1.85, DB 85, 1842). Die Verletzung der Unterrichtungspflicht nach § 613a Abs 5 BGB begründet kein Kündigungsverbot (BAG 24.5.05 – 8 AZR 398/04). Die Kündigung aus anderen Gründen bleibt nach § 613a Abs 4 Satz 2 BGB möglich (Einzelheiten s *Betriebsübergang* Rz 68–92).

41 **7. Andere Kündigungsverbote.** Das Gesetz kennt eine Reihe weiterer Kündigungsverbote. Eine Kündigung, die anlässlich einer Betätigung für die **Betriebsratswahl** oder im Zusammenhang mit ihr ausgesprochen wird, um ArbN wegen ihres Einsatzes bei der BRat-Wahl zu maßregeln oder ihre Wahl zu verhindern, ist nach § 20 Abs 1 BetrVG unwirksam. Die Kündigung von **ehrenamtlichen Richtern** der Arbeits- oder Sozialgerichtsbarkeit ist nach §§ 26 Abs 1 ArbGG, 20 SGG unwirksam, wenn sie gerade wegen der Übernahme oder Ausübung dieses Amtes erfolgt. Die fehlende oder nicht ordnungsgemäße **Anhörung des Betriebsrates** führt nach § 102 Abs 1 BetrVG zur Unwirksamkeit der Kündigung (s *Mitbestimmung, personelle Angelegenheiten* Rz 14). Die Wirksamkeit einer Kündigung in der sechsmonatigen Wartezeit des § 1 Abs 1 KSchG hängt nicht davon ab, ob der ArbGeb zuvor ein Präventionsverfahren und/oder ein **betriebliches Eingliederungsmanagement** nach § 84 Abs 1 und 2 SGB IX durchgeführt hat (BAG 28.6.07 – 6 AZR 750/06, NZA 07, 1049).

42 **III. Allgemeiner Kündigungsschutz.** Der allgemeine Kündigungsschutz ermöglicht die gerichtliche Überprüfung einer ordentlichen Kündigung auf ihre **soziale Rechtfertigung** und gewährleistet in bestimmten Grenzen einen Bestandsschutz für die dem Geltungsbereich des KSchG unterfallenden Arbeitsverhältnisse. Bei diesem Gesetz handelt es sich um **zwingendes Recht**. Es kann weder in Tarifverträgen noch in einer Betriebsvereinbarung oder im Arbeitsvertrag zulasten der ArbN abbedungen werden. Grundsätzlich kann der ArbN sich zwar *nach Zugang einer ArbGebKündigung* auch vor Ablauf der Klagefrist des § 4 Satz 1 KSchG verpflichten, keine Kündigungsschutzklage zu erheben, weil er von Gesetzes wegen nicht zur Klage gezwungen ist. Dabei handelt es sich in der Sache aber um einen Aufhebungsvertrag, der deshalb zu seiner Wirksamkeit nach § 623 BGB der Schriftform bedarf (BAG 19.4.07 – 2 AZR 208/06, NZA 07, 1227). Auch dieser konkrete Verzicht auf die Klage ist als unangemessene Benachteiligung nach § 307 Abs 1 Satz 1 BGB unwirksam, wenn er ohne Gegenleistung in einem vom ArbGeb verwandten Formular im unmittelbaren Anschluss an die ArbGebKündigung erfolgt (BAG 6.9.07 – 2 AZR 722/06, NZA 08, 219).

43 **1. Geltungsbereich.** Der allgemeine Kündigungsschutz gilt nicht für alle Arbeitsverhältnisse. Er ist an bestimmte Voraussetzungen geknüpft.

44 **a) Persönlicher Geltungsbereich.** Das KSchG gilt für **Arbeitnehmer** unabhängig von der Dauer der regelmäßigen Arbeitszeit (BAG 9.6.83, DB 83, 2473). ArbN ist, wer aufgrund eines privatrechtlichen Vertrages im Dienst eines anderen zur Arbeitsleistung verpflichtet und dabei von diesem anderen persönlich und wirtschaftlich abhängig ist. Dazu zählt nicht, wer als ArbNÄhnliche Person lediglich wirtschaftlich abhängig ist. Ausgenommen sind damit etwa Heimarbeiter, Handelsvertreter, freie Mitarbeiter. Dabei kommt es jedoch nicht darauf

Kündigungsschutz

an, welche Bezeichnung die Parteien zur Bestimmung ihres Rechtsverhältnisses wählen – das hat lediglich indizielle Bedeutung –, sondern darauf, ob das Rechtsverhältnis rechtlich (objektiv) als Arbeitsverhältnis zu qualifizieren ist (BAG 13.1.83, DB 83, 2042; Einzelheiten s *Arbeitnehmer (Begriff)* Rz 1–11).

Auf **Geschäftsführer, Betriebsleiter** und ähnliche **leitende Angestellte,** die zur selbst- **45** ständigen Einstellung *oder* Entlassung von ArbN berechtigt sind, können nach § 14 Abs 2 KSchG die §§ 1 bis 2 und 4 bis 14 KSchG angewandt werden (zum Begriff des Betriebsleiters BAG 25.11.93, DB 94, 1931). Sie haben daher den gleichen Kündigungsschutz wie jeder andere ArbN. Anders als sonst braucht der ArbGeb jedoch seinen **Auflösungsantrag** nach § 9 Abs 1 Satz 2 KSchG bei ihnen nicht zu begründen. Er kann sich damit bei unwirksamer Kündigung de facto „freikaufen". Die Sonderregelung erklärt sich aus der besonderen Vertrauensstellung dieses Personenkreises (s *Leitende Angestellte* Rz 14–19).

Der kündigungsrechtliche **Begriff des leitenden Angestellten** deckt sich nicht mit dem **46** in anderen Gesetzen. Er ist dort meist weiter gefasst (Einzelheiten s *Leitende Angestellte* Rz 17–19). Für die nicht unter § 14 Abs 2 KSchG fallenden leitenden Angestellten nach § 5 Abs 3 BetrVG, § 3 Abs 3 Nr 2 MitbestG gilt daher der allgemeine Kündigungsschutz unbegrenzt. Auch der vom ArbGeb gestellte Auflösungsantrag muss begründet sein.

Nach § 14 Abs 1 KSchG gelten die §§ 1–13 KSchG nicht für **Mitglieder der Organe** **47** **juristischer Personen** – AG, KG aA, GmbH, GmbH & Co KG –, die zur gesetzlichen Vertretung der juristischen Personen berufen sind und in Betrieben einer **Personengesamtheit** – GbR, OHG – nicht für die durch Gesetz, Satzung oder Gesellschaftsvertrag zur Vertretung der Personengesamtheit berufenen Personen. Die Ausnahmeregelung bezieht sich nur auf die **unmittelbaren Organvertreter** (BAG 15.4.82, DB 83, 1442; aA *Zimmer/Rupp* GmbHR 06, 572). Sie gilt auch für nicht beamtete organschaftliche Vertreter juristischer Personen des öffentlichen Rechts (BAG 17.1.02 – 2 AZR 719/00, NZA 02, 854). Soweit zwischen dem Organvertreter und der juristischen Person/Personengesamtheit (auch) ein Arbeitsverhältnis besteht, kann das KSchG anzuwenden sein (BAG 27.6.85, DB 86, 2132).

Hat ein Arbeitsverhältnis bei Bestellung zum Organvertreter bestanden und wird er nach **48** seiner Abberufung entlassen, ist im Zweifel anzunehmen, dass das Arbeitsverhältnis bei der Bestellung zum Organvertreter nur suspendiert und nicht endgültig beendet wurde. Das KSchG ist dann anzuwenden. Das gilt auch, wenn die Kündigung auf Vorgänge während der organschaftlichen Vertretung gestützt wird (BAG 5.5.77, DB 78, 353). Wird mit der Beendigung des Organschaftsverhältnisses zugleich die Kündigung verbunden, ist das KSchG nicht anwendbar (BGH 27.10.86, BB 87, 218).

b) Betrieblicher Geltungsbereich. Aus dem Kündigungsschutz nach den §§ 1–14 **49** KSchG waren nach § 23 Abs 1 Satz 1 KSchG aF alle Betriebe und Verwaltungen herausgenommen, in denen idR fünf oder weniger ArbN ausschließlich der zu ihrer Berufsausbildung Beschäftigten tätig sind. Für die nach dem 31.12.03 zugegangenen Kündigungen gilt die neue Fassung der Vorschrift. Der **allgemeine Kündigungsschutz** ist **zweigeteilt.** ArbN, die am 31.12.03 in einem Betrieb mit mehr als fünf regelmäßig Beschäftigten tätig waren, bleiben kündigungsgeschützt. Dabei profitieren von der Besitzstandsregel alle ArbN, deren Arbeitsverhältnis vor dem 31.12.03 begonnen hat ohne Rücksicht darauf, ob sie am Stichtag schon die Wartefrist von 6 Monaten erfüllt hatten (BAG 23.10.08 – 2 AZR 131/07, AP KSchG 1969 § 23 Nr 43), solange im Betrieb insgesamt mehr als fünf „Alt-Arbeitnehmer" beschäftigt werden (BAG 23.5.13 – 2 AZR 54/12, NZA 13, 1197). § 23 KSchG beschreibt den betrieblichen, nicht den persönlichen Geltungsbereich des Gesetzes. Für alle anderen gilt der neue Schwellenwert. Sie haben Kündigungsschutz nur, wenn der Betrieb mehr als 10 ArbN mit Ausnahme der zu ihrer Berufsausbildung Beschäftigten aufweist. Beispiel: Beschäftigte ein ArbGeb am 31.12.03 sechs ArbN, behalten alle sechs den Kündigungsschutz. Beschäftigt er nach dem Stichtag idR weitere drei Vollzeitbeschäftigte, erwerben diese keinen Kündigungsschutz. Wird jetzt das Arbeitsverhältnis eines der „AltArbN" beendet, verlieren diese ihren Kündigungsschutz (BAG 23.5.13 – 2 AZR 54/12, NZA 13, 1197). Stellt der ArbGeb danach einen weiteren ArbN ein, ändert sich hieran nichts. Ersatzeinstellungen für ausgeschiedene „AltArbN" reichen für eine Anwendung des § 23 Abs 1 Satz 2 KSchG nicht aus (BAG 27.11.08 – 2 AZR 790/07, NZA 09, 484; BAG 21.9.06 – 2 AZR 840/05, NZA 07, 438). Wächst die Zahl der idR Beschäftigten danach auf über zehn, haben alle Kündigungsschutz. Sinkt die Zahl danach auf regelmäßig zehn oder weniger

Beschäftigte, verlieren alle ihren Kündigungsschutz. Was mit dem **Beginn des Arbeitsverhältnisses** gemeint ist, erschließt sich nicht unmittelbar aus dem Gesetzestext. Ein Arbeitsverhältnis hat nach dem 31.12.03 „begonnen", wenn es danach aufgenommen werden sollte. Unerheblich ist, wann der Arbeitsvertrag abgeschlossen wurde. Haben sich die Parteien im November 2003 darauf geeinigt, dass das Arbeitsverhältnis am 1. Januar beginnen soll, gilt die neue Regel (HWK/*Quecke* § 23 KSchG Rz 10). Auf den Zeitpunkt der tatsächlichen Arbeitsaufnahme kann es nicht ankommen (aA *Bader* NZA 04, 65). Sonst würde unter die neue Regel auch ein ArbN fallen, dessen Arbeitsverhältnis am 1.12.03 begonnen hat und der erst nach längerer Krankheit erstmals im Januar 2004 die Arbeit aufnehmen konnte. Eine rechtliche Unterbrechung des Arbeitsverhältnisses nach dem 31.12.2003 ist unschädlich, wenn sie verhältnismäßig kurz ist und beide Arbeitsverhältnisse in einem engen sachlichen Zusammenhang stehen. Dies gilt selbst dann, wenn die Unterbrechung mit einem Wechsel des Arbeitgebers verbunden ist, solange nur die Identität des „virtuellen Altbetriebes" und die Zugehörigkeit des ArbN zu diesem Betrieb gewahrt wird – Betriebsübergang oder gemeinsame Führung des Betriebes durch den neuen und den alten Vertragsarbeitgeber (BAG 23.5.13 – 2 AZR 54/12, NZA 13, 1197). Die Befreiung der Kleinbetriebe verstößt weder gegen Europarecht (EuGH 30.11.93, DB 94, 50) noch gegen Verfassungsgrundsätze (BVerfG 12.3.09 – 1 BvR 1250/08; BVerfG 27.1.98 – 1 BvL 15/87, NZA 98, 470). Die Voraussetzungen für das Überschreiten des Schwellenwertes müssen im Inland erfüllt werden (BAG 17.1.08 – 2 AZR 902/06, NZA 08, 872). Bei der Berechnung des Schwellenwerts ist der gekündigte ArbN auch dann zu berücksichtigen, wenn Kündigungsgrund die unternehmerische Entscheidung ist, den betreffenden Arbeitsplatz nicht mehr neu zu besetzen (BAG 22.1.04 – 2 AZR 237/03, NZA 04, 1818). Bei der vollständigen Betriebsstilllegung gäbe es sonst keinen Kündigungsschutz. Bei einem **Betriebsübergang** geht der beim Betriebsveräußerer wegen der Zahl der dort Beschäftigten bestehende Kündigungsschutz nicht nach § 613a mit dem Arbeitsverhältnis auf den Betriebserwerber über, wenn in dessen Betrieb die Voraussetzungen des § 23 Abs 1 KSchG nach dem Übergang der Arbeitsverhältnisse nicht vorliegen (BAG 15.2.07 – 8 AZR 397/06, NZA 07, 739).

50   Ein **Betrieb** ist die organisatorische Einheit, innerhalb derer ein ArbGeb allein oder mit seinen ArbN mit Hilfe von materiellen und immateriellen Mitteln bestimmte arbeitstechnische Zwecke fortgesetzt verfolgt, die sich nicht mit der Befriedung des Eigenbedarfs erschöpfen (BAG 28.10.10 – 2 AZR 392/08; BAG 7.5.08 – 7 ABR 15/07, NZA 09, 328; s *Betrieb (Begriff)* Rz 3–5). Im Bereich der öffentlichen Verwaltung entspricht der Begriff der **Dienststelle** dem Betriebsbegriff. Das sind nach § 6 BPersVG die einzelnen Behörden, Betriebe der öffentlichen Verwaltung und Gerichte. Geht es jedoch um nachgeordnete Dienststellen einer größeren öffentlichen Verwaltung, so sind die Anwendung der KSchG auf diese abzustellen. Entscheidend ist dann die Zahl der ArbN dieser organisatorischen Einheit, nicht die der einzelnen Dienststelle (BAG 23.4.98 – 2 AZR 489/97, NZA 98, 995).

51   Mehrere (rechtlich selbstständige) Unternehmen können einen Betrieb iSv § 23 KSchG bilden, wenn sie im Rahmen einer **gemeinsamen Arbeitsorganisation** unter einer **einheitlichen Leitung** identische oder verschiedene arbeitstechnische Zwecke verfolgen (BAG 16.2.06 – 8 AZR 211/05, NZA 06, 592; s *Betrieb* Rz 12 ff). Die in diesem **Gemeinschaftsbetrieb** beschäftigten ArbN beider Unternehmen sind dann zusammenzurechnen (BAG 9.10.97 – 2 AZR 64/97, NZA 98, 141). Die hierfür erforderliche **Vereinbarung** über die einheitliche Leitung eines gemeinsamen Betriebes kann auch **stillschweigend** durch schlüssiges Verhalten zustande kommen (BAG 16.2.06 – 8 AZR 211/05, NZA 06, 592). Ein gemeinsamer Betrieb zwischen einer Konzernholding und einer Tochtergesellschaft liegt jedoch nicht bereits dann vor, wenn die Holding aufgrund ihrer konzernrechtlichen Leitungsmacht gegenüber den zuständigen Organen der Tochtergesellschaft in bestimmten Bereichen Anordnungen treffen kann (BAG 13.6.02 – 2 AZR 327/01, NZA 02, 1147; BAG 29.4.99 – 2 AZR 352/98, NZA 99, 932). Wird jedoch der Kern der ArbGebFunktionen von einem einheitlichen Leitungsapparat wahrgenommen, kann der Schluss auf das Vorliegen einer stillschweigenden Führungsvereinbarung gezogen werden (BAG 18.1.90, DB 91, 500). ArbGeb bleibt auch in einem solchen Fall das Unternehmen, mit dem der Arbeitsvertrag geschlossen worden ist (BAG 13.6.85, DB 86, 1287). Bei einer betriebsbedingten Kündigung kommt es jedoch zu arbeitgeberübergreifendem Kündigungsschutz. Die Möglichkeit der Weiterbeschäftigung auf einem freien Arbeitsplatz ist ohne Rücksicht auf die fehlende

ArbGebStellung der übrigen am Gemeinschaftsbetrieb beteiligten ArbGeb im gesamten Betrieb zu prüfen (BAG 22.3.01 – 8 AZR 565/00, NZA 02, 1349) und auch die Sozialauswahl findet dort arbeitgeberübergreifend statt (BAG 27.11.03 – 2 AZR 48/03, NZA 04, 477).

Übersteigt die Gesamtzahl der Beschäftigten in einem **Unternehmen** den Schwellenwert, 52 kann das KSchG auch auf ArbN anzuwenden sein, die in einem Kleinbetrieb dieses Unternehmens mit fünf bzw zehn oder weniger ArbN beschäftigt sind (BVerfG 27.1.98 – 1 BvL 15/87, NZA 98, 470). Dieser „Berechnungsdurchgriff" auf andere betriebliche Einheiten soll jedoch nur in Betracht kommen, wenn angesichts der vom ArbGeb geschaffenen konkreten Organisation die Erwägungen des Gesetzgebers für die Privilegierung des Kleinbetriebs bei verständiger Betrachtung ins Leere gehen und die allein an der Zahl der Beschäftigten orientierte Bestimmung des Betriebsbegriffs unweigerlich zu einer sachwidrigen Ungleichbehandlung betroffener ArbN führen würde. Entscheidend ist eine „wertende Gesamtbetrachtung". So kann **gegen** die Anwendung des KSchG sprechen, dass der Kleinbetrieb vor Ort von einem ArbN geführt wird, dem der ArbGeb in personellen und sozialen Angelegenheiten einen gewissen Entscheidungsspielraum eingeräumt hat (BAG 28.10.10 – 2 AZR 392/08), und **für** die Anwendung des Gesetzes soll sprechen, dass diese Entscheidungen im Hauptbetrieb des Unternehmens getroffen werden (BAG 15.3.01 – 2 AZR 151/00, NZA 01, 831) bzw dass Verkaufsstellen eines Einzelhandelsunternehmens zentral gelenkt werden (BAG 26.8.71 – 2 AZR 233/70, DB 71, 2319).

Bei der Feststellung der **Mindestgröße** zählen nach § 23 Abs 2 Satz 2 KSchG nicht 53 Personen, die zu ihrer **Berufsausbildung** beschäftigt werden. Das sind Auszubildende und Umschüler. Anlernlinge sind ArbN, nicht Auszubildende. **Teilzeitbeschäftigte** sind nach § 23 Abs 1 Satz 3 KSchG bei einer regelmäßigen wöchentlichen Arbeitszeit von nicht mehr als 20 Stunden mit 0,5 und nicht mehr als 30 Stunden mit 0,75 zu berücksichtigen. Mit dieser Differenzierung werden Frauen nicht unzulässig diskriminiert (EuGH 30.11.93, DB 94, 50). Im Betrieb beschäftigte **Leiharbeitnehmer** sind zu berücksichtigen, wenn ihr Einsatz auf einem „in der Regel" vorhandenen Personalbedarf beruht (BAG 24.1.13 – 2 AZR 140/12, NZA 13, 726).

Bei der Feststellung der Zahl der regelmäßig beschäftigten ArbN kommt es auf die 54 **normale Zahl der Beschäftigten** bei **regelmäßiger Auslastung** des Betriebes zum **Zeitpunkt der unternehmerischen Entscheidung** an, auf die Beschäftigungslage, die im Allgemeinen für den Betrieb kennzeichnend ist, nicht darauf, wie viele ArbN gerade in diesem Zeitpunkt zufällig beschäftigt werden. Diese regelmäßige Beschäftigtenzahl lässt sich nur mit Hilfe eines **Rückblicks** auf die bisherige Personalstärke und einer **Einschätzung der künftigen Entwicklung** feststellen (BAG 24.1.13 – 2 AZR 140/12, NZA 13, 726). Dabei ist – um Missbräuche zu verhindern und willkürliche Ergebnisse zu vermeiden – entscheidend, ob ein Personalabbau auf einer einheitlichen unternehmerischen Planung beruht. Maßgebend ist die unternehmerische Entscheidung, aus der sich ergibt, wie viele ArbN insgesamt – möglicherweise in Stufen – entlassen werden sollen (BAG 8.10.09 – 2 AZR 654/08, NZA 10, 360). So sind die gekündigten ArbN bei der Feststellung der regelmäßig Beschäftigten zu berücksichtigen, wenn Kündigungsgrund die unternehmerische Entscheidung ist, den Arbeitsplatz nicht mehr neu zu besetzen. Denn diese Entscheidung führt nur dazu, dass *künftig* eine andere Zahl von ArbN regelmäßig beschäftigt wird (BAG 8.10.09 – 2 AZR 654/08, NZA 10, 360; BAG 22.1.04 – 2 AZR 237/03; NZA 04, 479).

Bei der Berechnung der Betriebsgröße sind auch im Betrieb beschäftigte **Leiharbeitneh-** 55 **mer** zu berücksichtigen, wenn ihr Einsatz auf einem „in der Regel" vorhandenen Personalbedarf beruht. Dies folgt aus Zweck und Sinn der gesetzlichen Regelung (BAG 24.1.13 – 2 AZR 140/12). Nicht mitgezählt werden **Aushilfen,** die zur **Vertretung** von Stammpersonal (wegen Urlaub, Krankheit, Schwangerschaft uÄ) oder wegen eines **vorübergehenden erhöhten Bedarfs** eingestellt worden sind. Umgekehrt ist unerheblich, wenn wegen eines kurzfristigen Auftragsrückgangs vorübergehend mit einer geringeren ArbNZahl gearbeitet wird. In **Saisonbetrieben** kommt es auf die Zahl der in der Saison Beschäftigten an. Ruht ein Arbeitsverhältnis – etwa wegen Mutterschutzes oder Erziehungsurlaubs –, so wird dadurch die Beschäftigtenzahl jedenfalls dann nicht verändert, wenn der Betrieb vor und nach dem Ruhenszeitraum unverändert mit der gleichen Beschäftigtenzahl ausgestattet ist (BAG 13.1.91, DB 92, 48).

263 Kündigungsschutz

56 **c) Gegenständlicher Geltungsbereich.** Der allgemeine Kündigungsschutz nach § 1 KSchG gilt für **ordentliche Arbeitgeberkündigungen,** nicht – auch nicht entsprechend – für andere Beendigungstatbestände wie etwa Kündigungen des ArbN, Anfechtung, Befristung von Arbeitsverhältnissen. Er gilt unabhängig davon, ob die Kündigung (bereits) aus anderen Gründen unwirksam ist. Der ArbN kann wählen, ob er im Prozess nur die Sozialwidrigkeit der Kündigung oder daneben andere Unwirksamkeitsgründe (zB fehlende oder nicht ordnungsgemäße Anhörung des BRat, Sonderkündigungsschutz nach MuSchG und SchwbG) geltend machen will.

57 **2. Wartezeit.** Der allgemeine Kündigungsschutz beginnt erst nach Ablauf einer **Wartezeit**. Das Arbeitsverhältnis muss nach § 1 Abs 1 KSchG zum Zeitpunkt des Zugangs der Kündigung mit demselben Betrieb oder Unternehmen **länger als 6 Monate** bestanden haben. **Tatsächliche Unterbrechungen** – wie Krankheit und Urlaub – sind unerheblich, entscheidend ist nur der rechtliche Bestand des Arbeitsverhältnisses (BAG 16.3.89, DB 89, 2282).

58 Auch **rechtliche Unterbrechungen** haben auf die Berechnung der Wartezeit keinen Einfluss, wenn zwischen mehreren Arbeitsverhältnissen ein **enger sachlicher Zusammenhang** besteht. Für die Frage, ob ein enger sachlicher Zusammenhang besteht, ist auf Anlass und Dauer der Unterbrechung und auf die Art der Weiterbeschäftigung abzustellen (BAG 28.8.08 – 2 AZR 101/07; BAG 20.8.98 – 2 AZR 76/98, NZA 99, 481 und 2 AZR 83/98, NZA 99, 314). Wird das ursprünglich begründete Arbeitsverhältnis rechtlich beendet, schließt sich daran aber ein weiteres Arbeitsverhältnis mit demselben ArbGeb ohne zeitliche Unterbrechung an, ist die Wartezeit nicht unterbrochen (BAG 6.12.76, DB 77, 213). Zeiten eines vorangegangenen **Ausbildungsverhältnisses** sind deshalb ebenso auf die Wartezeit anzurechnen (BAG 6.12.76, DB 77, 213) wie ein vorausgegangenes **befristetes Arbeitsverhältnis** (BAG 12.2.81, DB 81, 2498). Ein **betriebliches Praktikum**, das der beruflichen Fortbildung dient, ist nur anzurechnen, wenn es im Rahmen eines Arbeitsverhältnisses abgeleistet wurde (BAG 18.11.99 – 2 AZR 89/99, NZA 2000, 529).

59 Mit dem Abschluss eines **Geschäftsführer-Dienstvertrags** wird im Zweifel ein bis dahin bestehendes Arbeitsverhältnis konkludent aufgehoben (BAG 15.3.11 – 10 AZB 32/10, NZA 11, 874). Wird dieser Geschäftsführer nach Beendigung der Geschäftsführerstellung in einem Arbeitsverhältnis mit vergleichbarer Aufgabenstellung weiterbeschäftigt, lässt dies mangels abweichender Vereinbarungen regelmäßig auf den Parteiwillen schließen, die Beschäftigungszeit als Geschäftsführer auf das neu begründete Arbeitsverhältnis anzurechnen (BAG 24.11.05 – 2 AZR 614/04, NZA 06, 366).

60 Liegt eine zeitliche und rechtliche Unterbrechung vor, kommt es entscheidend auch auf die **Dauer der Unterbrechung** an (BAG 18.1.79, DB 79, 1754). Kurze Unterbrechungen von wenigen Tagen sind idR unschädlich. Allein mit einer bestimmten Dauer der Unterbrechung lässt sich ein enger Zusammenhang mit dem früheren Arbeitsverhältnis idR nicht verneinen. Je länger die zeitliche Unterbrechung währt, umso gewichtiger müssen aber die für einen sachlichen Zusammenhang sprechenden Umstände sein (BAG 20.8.98 – 2 AZR 83/98, NZA 99, 314). Zeiten eines früheren Arbeitsverhältnisses sind daher auf die Wartezeit anzurechnen, wenn es lediglich deshalb rechtlich unterbrochen wird, weil sich der ArbGeb bei einem ArbN dazu entschlossen hat, das Arbeitsverhältnis während der Zeit nicht fortzuführen, in der keine Arbeit anfällt (BAG 19.6.07 – 2 AZR 94/06, NZA 07, 1103 – Lehrer während der Schulferien und andererseits BAG 28.8.08 – 2 AZR 101/07, AP KSchG 1969 § 1 Nr 88).

61 Maßgebend ist die **Zugehörigkeit zum Unternehmen**, so dass die Wartezeit auch dann erfüllt ist, wenn der ArbN ununterbrochen in mehreren Betrieben desselben Unternehmens beschäftigt worden ist. Wird der ArbN nach rechtlicher Beendigung des ursprünglichen Arbeitsverhältnisses mit zeitlicher Unterbrechung für einen anderen Betrieb desselben Unternehmens eingestellt, so ist auch in diesem Fall darauf abzustellen, ob zwischen diesen Arbeitsverhältnissen ein enger sachlicher Zusammenhang besteht. Das KSchG ist dagegen **nicht konzernbezogen** (BAG 22.5.86, DB 86, 2547). Die bei einem anderen rechtlich selbstständigen Konzernunternehmen zurückgelegte Zeit ist deshalb nicht auf die Wartezeit anzurechnen.

62 Bei einem **Betriebsübergang** nach § 613a BGB ist die beim Veräußerer zurückgelegte Beschäftigungszeit bei der Berechnung der Wartezeit für eine Kündigung durch den Erwerber zu berücksichtigen (BAG 5.2.04 – 8 AZR 639/02, NZA 04, 845). Bei einer **Gesamtrechtsnachfolge** wie zB einer Verschmelzung sind die Zeiten des Arbeitsverhältnisses mit dem früheren ArbGeb auf die Wartezeit wie auf die Betriebszugehörigkeit ebenso anrechenbar wie bei der Aufspaltung oder Abspaltung eines Unternehmens (vgl BAG 8.2.83 – 3 AZR 229/81, DB 84, 301; ErfK/*Oetker* KSchG § 1 Rz 48).

Die Parteien können **Anrechnungsvereinbarungen** treffen. Sie können die Wartezeit 63 verkürzen, jedoch nicht verlängern. Wenn die Parteien einzelvertraglich die **Probezeit** über die Dauer von sechs Monaten hinaus verlängern, so hat das daher auf den Beginn des Kündigungsschutzes nach dem KSchG keinen Einfluss.

Die Anrechnung von „**Vordienstzeiten**" ist grundsätzlich nicht zu Lasten Dritter 64 möglich. Eine Vereinbarung, wonach die in einem dritten Betrieb oder im selben Betrieb vor längerer rechtlicher Unterbrechung zurückgelegten Zeiten auf die Betriebszugehörigkeit im jetzigen Arbeitsverhältnis anzurechnen sind, wirkt sich daher nur im Rahmen der sozialen Auswahl zulasten anderer ArbN aus, wenn sie nicht rechtsmissbräuchlich ist und sachliche Gründe dafür sprechen (BAG 2.6.05 – 2 AZR 480/04, NZA 06, 207; zur Anrechnung in der ehemaligen DDR vereinbarter Betriebszugehörigkeitszeiten BAG 1.4.93, DB 93, 1194). Anrechnungsregelungen in **Tarifverträgen** beziehen sich meist nur auf die Berechnung verlängerter Kündigungsfristen oder Anwartschaften für betriebliche Ruhegelder. Sollen sie sich auch auf die Wartezeit des § 1 Abs 1 KSchG beziehen, muss dies im Tarifvertrag **deutlich** zum Ausdruck kommen (BAG 28.2.90, DB 90, 2609). Eine tarifliche Regelung, welche vorsieht, dass vor einem bestimmten Stichtag zurückgelegte Zeiten geringfügiger Beschäftigung nicht als Beschäftigungszeiten gelten, verstößt gegen das Benachteiligungsverbot des § 4 Abs 1 TzBfG und ist deshalb unwirksam (BAG 25.4.07 – 6 AZR 746/06, NZA 07, 881). Im Übrigen sind tarifliche Anrechnungsbestimmungen unanwendbar, falls bei einer betriebsbedingten Kündigung im Rahmen der sozialen Auswahl die durch die Anrechnung von Vordienstzeiten bewirkte Verkleinerung des Auswahlpools zu einer grob fehlerhaften Auswahl führen würde (BAG 5.6.08 – 2 AZR 907/06, NZA 08, 1120).

Grds ist der ArbGeb während der ersten sechs Monate des Arbeitsverhältnisses nicht durch 65 das KSchG an dem Ausspruch einer ordentlichen Kündigung gehindert. Eine kurz vor Ablauf der Wartezeit ausgesprochene Kündigung kann jedoch wegen eines Verstoßes gegen Treu und Glauben nach den §§ 242, 134 BGB unwirksam sein, wenn sie allein deshalb erklärt wird, um dem ArbN den Kündigungsschutz zu nehmen (BAG 28.9.78, DB 79, 1135).

3. Sozialwidrigkeit. Im Geltungsbereich des KSchG ist eine ordentliche Kündigung 66 nach § 1 Abs 1 KSchG unwirksam, wenn sie nicht **sozial gerechtfertigt** ist.

a) Begriff. Bei dem Begriff der sozialen Rechtfertigung handelt es sich um einen **unbe-** 67 **stimmten Rechtsbegriff,** der in § 1 Abs 2 und 3 KSchG erläutert wird. Danach ist eine Kündigung sozial ungerechtfertigt, wenn sie nicht durch Gründe, die in der **Person** oder im **Verhalten** des ArbN liegen oder durch **dringende betriebliche Erfordernisse** bedingt ist (Einzelheiten s *Kündigung, personenbedingte* Rz 6–30; *Kündigung, verhaltensbedingte* Rz 4–14; *Kündigung, betriebsbedingte* Rz 2–44).

Auch bei § 1 KSchG gibt es keine **absoluten Kündigungsgründe** (BAG 20.5.88, DB 68 89, 985). Es wird mit anderen Worten kein Sachverhalt anerkannt, der ausnahmslos und immer eine Kündigung rechtfertigt.

Von der Rspr in der Vergangenheit entwickelte allgemeine **Billigkeitsklauseln** helfen bei 69 der Frage nach der Wirksamkeit einer Kündigung nicht weiter. Die Formel, eine Kündigung sei dann sozial gerechtfertigt, wenn bei verständiger Würdigung in Abwägung der Interessen der Vertragsparteien die Kündigung als billigenswert und angemessen erscheint (BAG 13.3.87, DB 87, 1495), bewegt sich im Ungefähren. Sie liefert keine nachvollziehbaren **Bewertungskriterien** und kann letzten Endes jedes gewünschte Ergebnis rechtfertigen. Sinnvoller ist es, anhand der einzelnen Fallgruppen Bewertungskriterien herauszuarbeiten und **Grundprinzipien** im Auge zu behalten.

b) Voraussetzungen. Zu diesen **Grundprinzipien** des Kündigungsrechts gehört der 70 **Grundsatz der Verhältnismäßigkeit.** Nach diesem das gesamte Kündigungsrecht beherrschenden **ultima-ratio-Prinzip** kommt die Kündigung stets nur als **letztes Mittel** in

263 Kündigungsschutz

Betracht (BAG 10.6.10 – 2 AZR 541/09, NZA 10, 1227). Der ArbGeb muss deshalb versuchen, sie durch andere mögliche und geeignete Maßnahmen zu vermeiden.

71 Insbesondere muss er nach § 1 Abs 2 KSchG prüfen, ob eine **Weiterbeschäftigungsmöglichkeit** an einem anderen freien Arbeitsplatz, ggf zu schlechteren Bedingungen, besteht. Soweit der Arbeitsvertrag nicht geändert werden muss, kann der neue Arbeitsplatz durch Weisung zugewiesen werden. Soweit eine Änderung des Arbeitsvertrages erforderlich ist, kann der ArbGeb dem ArbN die geänderten Arbeitsbedingungen anbieten. Der ArbN kann das Angebot vorbehaltlos annehmen und damit einverständlich den Arbeitsvertrag ändern. Nimmt er es nicht an, darf der ArbGeb nur eine Änderungskündigung aussprechen, die der ArbN ua nach Maßgabe der §§ 2 und 4 KSchG auf ihre soziale Rechtfertigung überprüfen lassen kann. Lehnt der ArbN das Angebot endgültig und vorbehaltlos ab, kann der ArbGeb eine Beendigungskündigung aussprechen, ohne dass der ArbN ihn im Kündigungsschutzprozess auf die Möglichkeit der Weiterbeschäftigung zu geänderten Bedingungen verweisen kann – sog Vorrang der Änderungskündigung (BAG 21.4.05 – 2 AZR 132/04, NZA 05, 1289; s *Änderungskündigung* Rz 5).

72 **c) Interessenabwägung.** Grundsätzlich ist bei jeder Kündigung – um dem Einzelfall gerecht zu werden – im Rahmen einer umfassenden **Interessenabwägung** festzustellen, ob unter Berücksichtigung aller wesentlichen Umstände das Interesse des ArbGeb an der Beendigung des Arbeitsverhältnisses das des ArbN an seiner Fortsetzung überwiegt (BAG 10.9.09 – 2 AZR 257/08, NZA 10, 220 – verhaltensbedingte Kündigung; BAG 10.12.09 – 2 AZR 400/08, NZA 10, 389 – personenbedingte Kündigung). Welche Umstände jeweils gegeneinander abzuwägen sind, richtet sich ua nach der Art des Kündigungsgrundes. Für die **betriebsbedingte Kündigung** hat die Rspr (BAG 16.6.05 – 6 AZR 476/04, NZA 06, 270) diesen Grundsatz dahin eingeschränkt, bei einer „an sich" betriebsbedingten Kündigung könne sich die umfassende Interessenabwägung nur in seltenen Ausnahmefällen zugunsten des ArbN auswirken.

73 **d) Absolute Gründe.** Die Kündigung ist nach § 1 Abs 2 Satz 2 und 3 KSchG **auf jeden Fall** sozial ungerechtfertigt, wenn in Betrieben des privaten Rechts
– die Kündigung gegen eine Auswahlrichtlinie nach § 95 BetrVG verstößt oder
– der ArbN an einem anderen Arbeitsplatz in demselben Betrieb oder Unternehmen weiterbeschäftigt werden kann oder
– eine Weiterbeschäftigung nach zumutbaren Umschulungs- oder Fortbildungsmaßnahmen oder unter geänderten Arbeitsbedingungen möglich ist und der ArbN sein Einverständnis hiermit erklärt,

und der BRat der Kündigung innerhalb der Wochenfrist des § 102 Abs 2 Satz 1 BetrVG berechtigterweise aus einem dieser Gründe ordnungsgemäß widerspricht. Entsprechendes gilt für die Kündigung in den Betrieben und Verwaltungen des öffentlichen Rechts im Falle des Widerspruchs des Personalrates. Die Sozialwidrigkeit der Kündigung steht damit fest. Eine Interessenabwägung findet nicht mehr statt (BAG 13.9.73, DB 73, 2534).

74 Darin liegt eine deutliche mit dem Widerspruch des BRat begleitete **Verbesserung des Kündigungsschutzes.** Die im KSchG enthaltene Widerspruchsmöglichkeit des BRat entspricht inhaltlich seinen Reaktionsmöglichkeiten nach § 102 Abs 3 Nr 2–5 BetrVG. Die in Ziff 1 dieser Vorschrift vorgesehene Rüge der mangelhaften **sozialen Auswahl** ist im KSchG nicht aufgegriffen worden. Begründet der BRat seinen Widerspruch nach dem BetrVG mit dem Vortrag, soziale Gesichtspunkte seien bei der Auswahl der zu kündigenden ArbN nicht ausreichend berücksichtigt worden, stellt dies daher keinen absoluten Grund für die Sozialwidrigkeit der Kündigung dar.

75 **Auswahlrichtlinien** sind Betriebsvereinbarungen, die in ihrem Geltungsbereich zwar unmittelbar und zwingend auf die Arbeitsverhältnisse wirken, die aber dem Gesetz nicht vorgehen. Bisher konnten sie den Kündigungsschutz nicht einschränken. Seit der Neufassung von § 1 Abs 4 KSchG ist dies anders. Eine Kündigung kann zwar unwirksam sein, weil sie gegen eine Auswahlrichtlinie verstößt. Die in der Richtlinie enthaltenen Regeln zur sozialen Auswahl können von ArbG im Prozess jedoch nur noch auf grobe Fehlerhaftigkeit hin überprüft werden. Dies kann dazu führen, dass eine Kündigung gegen die in § 1 Abs 3 KSchG enthaltenen Grundsätze der sozialen Auswahl verstößt, aber wirksam bleibt, weil sie den hiervon abweichenden in Auswahlrichtlinien enthaltenen Grundsätzen entspricht, die ihrerseits jedenfalls nicht grob fehlerhaft sind (s *Kündigung, betriebsbedingte* Rz 42–44).

Die **Versetzungsmöglichkeit** muss sich auf einen vorhandenen anderen **freien Arbeitsplatz** im Betrieb oder Unternehmen (nicht im Konzern) beziehen. Die Weiterbeschäftigung auf dem anderen Arbeitsplatz muss den Parteien zumutbar sein. 76

Die **Weiterbeschäftigung** nach zumutbaren Umschulungs- oder Fortbildungsmaßnahmen setzt voraus, dass jedenfalls nach der Umschulung oder Fortbildung ein **freier Arbeitsplatz** vorhanden ist, auf dem der umgeschulte ArbN beschäftigt werden kann. Die Zumutbarkeit bezieht sich auf den ArbGeb und auf den ArbN. 77

Ein zulässiger und begründeter **Widerspruch** des Betriebs- oder Personalrates löst im Falle der ordentlichen Kündigung einen **vorläufigen Weiterbeschäftigungsanspruchs** des ArbN nach § 102 Abs 3 Nr 2–5 BetrVG bzw § 79 Abs 1 Nr 2–5 BPersVG aus, wenn der ArbN fristgerecht Kündigungsschutzklage erhoben hat. 78

Die Widerspruchstatbestände sind bei der Beurteilung der sozialen Rechtfertigung einer Kündigung auch zu berücksichtigen, wenn kein oder kein ordnungsgemäßer Widerspruch des Betriebs- oder Personalrats vorliegt (BAG 25.4.02 – 2 AZR 260/01, NZA 03, 605). Sie wirken jedoch nicht mehr als absolute Gründe für die fehlende soziale Rechtfertigung einer Kündigung. 79

e) **Beurteilungszeitpunkt.** Für die Beurteilung der sozialen Rechtfertigung einer Kündigung kommt es – abgesehen von der Verdachtskündigung (s *Verdachtskündigung* Rz 13) – grds auf die Umstände zum **Zeitpunkt des Zugangs der Kündigung** an (BAG 10.6.10 – 2 AZR 541/09, NZA 10, 1227; 18.1.01 – 2 AZR 514/99, NZA 01, 719). Auf danach eingetretene Umstände kann grundsätzlich nur eine neue Kündigung gestützt werden. Unerheblich ist auch, ob nach dem Zugang der Kündigung ein Kündigungsgrund wegfällt. Soweit bei krankheitsbedingter Kündigung die spätere Entwicklung der Krankheit bis zur letzten mündlichen Verhandlung vor dem LAG herangezogen werden durfte (BAG 10.11.83, DB 84, 832), hat das BAG diese Rspr aufgegeben (BAG 29.4.99 – 2 AZR 431/98, NZA 99, 978). 80

Da mit der Kündigung das Arbeitsverhältnis für die Zukunft aufgelöst wird, ist **jeder Kündigungsgrund zukunftsbezogen.** Die Kündigung ist nach § 1 Abs 2 KSchG wirksam, wenn die geltend gemachten Kündigungsgründe einer Weiterbeschäftigung des ArbN entgegenstehen. Die Kündigung dient mit anderen Worten nicht der Vergangenheitsbewältigung. Entscheidend ist allein, ob die weitere Tätigkeit vor dem Hintergrund des KSchG interessengerecht erscheint. Die Entscheidung über die Wirksamkeit einer Kündigung bedarf deshalb stets einer **Prognose.** Erst die negative Prognose führt dann zur Wirksamkeit der Kündigung. Dies gilt für **alle Kündigungsgründe,** sowohl für die verhaltensbedingte (BAG 10.6.10 – 2 AZR 541/09, NZA 10, 1227), als auch für die personenbedingte (BAG 12.4.02 – 2 AZR 148/01, NZA 02, 1081) und für die betriebsbedingte Kündigung (BAG 15.7.04 – 2 AZR 376/03, NZA 05, 523). 81

4. **Kündigungsschutzprozess.** Die Kündigung eines Arbeitsverhältnisses ist nur „schwebend unwirksam". Sie löst das Arbeitsverhältnis erst einmal auf und wird nach § 7 KSchG wirksam, wenn der ArbN nicht rechtzeitig Klage erhebt, mit der er ihre Unwirksamkeit feststellen lässt. Im Streit um ihre Wirksamkeit muss der ArbN sich daher in den Betrieb „zurückklagen", der ArbGeb muss ihn nicht „herausklagen". Eine Ausnahme von diesem Grundsatz enthält § 126 InsO für die „Kündigungsklage" des Insolvenzverwalters. Wo der BRat ordnungsgemäß widersprochen hat, kann der ArbN den Prozess freilich von Anfang an von seinem Arbeitsplatz aus führen, solange das ArbG den ArbGeb auf seinen Antrag hin nicht von der mit dem Widerspruch des BRat entstandenen **betriebsverfassungsrechtlichen Pflicht zur Weiterbeschäftigung** entbunden hat (Einzelheiten s *Weiterbeschäftigungsanspruch* Rz 3–10). 82

Hat der ArbN mit der Klage zugleich seine **allgemeine Weiterbeschäftigung** beantragt, muss ihn der ArbGeb jedenfalls im Regelfall für die Dauer des weiteren Prozesses auch ohne Widerspruch des BRat beschäftigen, wenn ArbG oder LAG die Kündigung für unwirksam gehalten haben (Einzelheiten s *Weiterbeschäftigungsanspruch* Rz 11–23). 83

a) **Parteien.** Die Entscheidung, gegen eine Kündigung vorzugehen, steht dem **Arbeitnehmer** als **höchstpersönliches Recht** zu. Dritte können sich auf die Sozialwidrigkeit einer Kündigung nicht berufen. Da das Arbeitsverhältnis mit dem **Tod des Arbeitnehmers** endet, kann ein Erbe keine Kündigungsschutzklage erheben oder fortsetzen, wenn der ArbN 84

263 Kündigungsschutz

vor Ablauf der Kündigungsfrist stirbt. Stirbt der ArbN nach Ablauf der Kündigungsfrist und nachdem er Klage erhoben hat oder während der Dreiwochenfrist zur Klageerhebung, sollen seine Erben den Prozess führen bzw fortführen können (LAG Hamm 19.9.86, NZA 87, 669).

85 Dies ist nicht für alle Fälle einzusehen. Lohnansprüche, die sie noch realisieren könnten, weil sie vom Ausgang des Rechtsstreits abhängen, dürften meist daran scheitern, dass der Annahmeverzug des ArbGeb mit dem Tod des ArbN endet. So kann es nur um den seltenen Fall gehen, dass für einen ArbN Verzugslohnansprüche für die Zeit ab Zugang der Kündigung (fristlose Kündigung) bzw nach Ablauf einer kurzen Kündigungsfrist bis zu seinem Tod entstanden sind. Auch die **Krankenkasse,** die dem ArbN Krankengeld gewährt, kann trotz Forderungsübergang nach § 115 Abs 1 SGB X keine Kündigungsschutzklage erheben (LAG Düsseldorf 18.8.70, BB 71, 131). Das BAG hat dies für einen Fall anders entschieden, in dem das KSchG keine Anwendung fand (29.11.78, DB 79, 796). Gegen eine solche „aufgedrängte" Kündigungsschutzklage bestehen Bedenken. Der ArbN kann gute Gründe haben, nicht zu klagen.

86 Die Kündigungsschutzklage muss sich gegen den **Arbeitgeber** richten. Er ist der Arbeitsvertragspartner. Nur die Kündigungsschutzklage gegen den richtigen ArbGeb wahrt die Klagefrist des § 4 KSchG. Wird der Falsche verklagt, wird die Kündigung unter den Voraussetzungen des § 7 KSchG von Anfang an wirksam. Wird der richtige ArbGeb im Wege der subjektiven Klagehäufung nur hilfsweise verklagt, reicht dies jedoch aus (BAG 31.3.93, DB 94, 435).

87 Bei **Personengesellschaften** ist die Gesellschaft zu verklagen (vgl §§ 124 Abs 1, 161 Abs 2 HGB). Bei **juristischen Personen** – GmbH, AG, Genossenschaften, eV – sind diese zu verklagen. Bei der eingetragenen **Partnergesellschaft** und der **Gesellschaft bürgerlichen Rechts** richtet sich die Klage gegen die Gesellschaft (BAG 1.3.07 – 2 AZR 525/05, NZA 07, 1013), bei der **Erbengemeinschaft** gegen alle Erben. Im **mittelbaren Arbeitsverhältnis** ist der Mittelsmann zu verklagen (BAG 21.2.90, DB 90, 1416).

88 Bei einem **Betriebsübergang** muss die Klage gegen den alten ArbGeb gerichtet sein, wenn dieser gekündigt hat und der Betrieb vor Zugang der Kündigung übergegangen ist (BAG 31.1.08 – 8 AZR 10/07; BAG 18.3.99 – 8 AZR 306/98, NZA 99, 706). Sie richtet sich auch sonst gegen den, der gekündigt hat (BAG 27.9.84, DB 85, 1399). Gegen den neuen ArbGeb muss – ggf im Wege der subjektiven Klagehäufung – auf Beschäftigung oder Feststellung geklagt werden, dass ein Arbeitsverhältnis besteht (BAG 4.3.93 – 2 AZR 507/92, NZA 94, 260). Gibt der **Insolvenzverwalter** eine vom Schuldner nach Eröffnung des Insolvenzverfahrens ausgeübte selbständige Tätigkeit nach § 35 Abs 2 InsO aus der Insolvenzmasse frei, ist der Schuldner und nicht mehr der Insolvenzverwalter im Kündigungsschutzprozess für ein zu diesem Zeitpunkt schon begründetes Arbeitsverhältnis passiv legitimiert (BAG 21.11.2013 – 6 AZR 979/11).

89 Ist eine Parteibezeichnung **nicht eindeutig**, ist die Partei durch Auslegung zu ermitteln. Selbst bei äußerlich eindeutiger, aber offenkundig unrichtiger Bezeichnung ist grundsätzlich derjenige als Partei angesprochen, der erkennbar betroffen sein soll (BAG 18.10.12 – 6 AZR 41/11, NZA 13, 1007). Die **unrichtige Bezeichnung** einer Partei kann später – auch nach Ablauf der Klagefrist – berichtigt werden, wenn ihre Identität gewahrt bleibt. Dies gilt jedenfalls stets, wenn aus dem der Klage beigefügten Kündigungsschreiben oder Arbeitsvertrag die zutreffende Bezeichnung des Beklagten ersichtlich ist und kann in diesem Fall selbst dann gelten, wenn die Parteiidentität nicht gewahrt ist (BAG 1.3.07 – 2 AZR 525/05, NZA 07, 1013; BAG 15.3.01 – 2 AZR 141/00, NZA 01, 1267). Eine Klage gegen die Schuldnerin macht einen nach deutschem Recht bestellten Insolvenzverwalter nicht zur Partei und kann die Klagefrist des § 4 Satz 1 KSchG nicht wahren. Ergibt sich aber aus den Umständen – etwa einem der Klageschrift beigefügten Kündigungsschreiben – dass die Kündigung vom Insolvenzverwalter ausgesprochen wurde, kann das Rubrum „berichtigt" werden (BAG 18.10.12 – 6 AZR 41/11, NZA 13, 1007). Ist eine Parteiidentität in den übrigen Fällen nicht gegeben und die Klagefrist abgelaufen, hilft dem ArbN grds nur noch die nachträgliche Zulassung seiner verspätet gegen den richtigen ArbGeb erhobenen Klage.

90 **b) Zuständiges Gericht.** Für Klagen über das Bestehen oder Nichtbestehen eines Arbeitsverhältnisses ist nach § 2 Abs 1 Ziff 3b ArbGG der **Rechtsweg** zu den Gerichten für Arbeitssachen eröffnet. Dabei ist für das Kündigungsschutzverfahren die arbeitsgerichtliche

Kündigungsschutz 263

Zuständigkeit schon gegeben, wenn sich der Kläger gegen die ordentliche Kündigung des Rechtsverhältnisses wendet, das er selbst für ein Arbeitsverhältnis, die Beklagte dagegen für ein freies Dienstverhältnis hält, und der Kläger Unwirksamkeitsgründe geltend macht, die seine ArbNStellung voraussetzen . Die bloße Rechtsansicht des Klägers begründet in diesen Fällen schon die Zuständigkeit der ArbG (BAG 26.10.12 – 10 AZB 60/12, NZA 13, 54). Hat das ArbG den Rechtsweg zu den Gerichten für Arbeitssachen stillschweigend durch den Erlass eines Urteils bejaht, ist das LAG nach § 65 ArbGG gehindert, die Frage des Rechtswegs zu prüfen (BAG 9.7.96, DB 96, 2236).

Die Kündigungsschutzklage muss beim örtlich zuständigen ArbG erhoben werden. Die **örtliche Zuständigkeit** richtet sich nach den §§ 12–37 ZPO, die über § 46 Abs 2 ArbGG auf das ArbGVerfahren anzuwenden sind. Der **Gerichtsstand natürlicher Personen** richtet sich nach ihrem Wohnsitz – §§ 12, 13 ZPO. Der ArbN muss vor dem ArbG am Wohnsitz des ArbGeb klagen. Der allgemeine Gerichtsstand **juristischer Personen** wird durch ihren Sitz bestimmt (§ 17 ZPO). 91

Neben diesen allgemeinen Gerichtsständen kennt das Gesetz eine Reihe besonderer Gerichtsstände. Der **Gerichtsstand der Niederlassung** ist angesprochen, wenn der Arbeitsvertrag von der Niederlassung abgeschlossen wurde (§ 21 ZPO). Der ArbGeb kann auch am **Gerichtsstand des Erfüllungsortes** (§ 29 Abs 1 ZPO) verklagt werden. Erfüllungsort ist für alle Leistungen aus dem Arbeitsverhältnis der Ort, an dem der ArbN vertragsgemäß seine Arbeitsleistung zu erbringen hat. Ist der ArbN für den Betrieb eingestellt und wird er vom Betriebssitz aus immer wieder an verschiedene auswärtige Orte entsandt (zB Kraftfahrer von Speditionsunternehmen, Montagearbeiter), so ist der Sitz des Betriebes Erfüllungsort, weil dort der Schwerpunkt der Dienstleistung liegt. 92

Ist dem ArbN ein fester räumlicher Bezirk zugewiesen, den er nicht vom Betriebssitz, sondern von seinem Wohnsitz aus bearbeitet, liegt der Schwerpunkt der Dienstleistung am Wohnsitz, so dass dieser Erfüllungsort ist (BAG 12.6.86, DB 87, 1742). Sind mehrere Gerichtsstände örtlich zuständig, kann der ArbN wählen, an welchem dieser Gerichtsstände er klagen will (§ 35 ZPO). Die einmal getroffene Wahl ist endgültig. 93

c) **Klageart.** Die Kündigungsschutzklage ist nach § 4 Satz 1 KSchG im Geltungsbereich dieses Gesetzes auf die Feststellung zu richten, dass das Arbeitsverhältnis durch die (zu bezeichnende) Kündigung nicht aufgelöst worden ist. Wehrt man sich gegen eine Änderungskündigung, ist nach erklärtem Vorbehalt zweckmäßigerweise den Antrag aus § 4 Satz 2 KSchG zu stellen (s **Änderungskündigung** Rz 37). **Streitgegenstand** ist für die Kündigungsschutzklage die Frage, ob ein bei Zugang der Kündigung bestehendes Arbeitsverhältnis zu dem beabsichtigten Termin aufgelöst ist (BAG 28.5.09 – 2 AZR 282/08, NZA 09, 966). 94

Der ArbN hat im Kündigungsschutzprozess **alle Unwirksamkeitsgründe** geltend zu machen; bei rechtskräftiger Abweisung der Kündigungsschutzklage steht die Beendigung des Arbeitsverhältnisses fest. Der ArbN kann nicht in einem weiteren Prozess geltend machen, die Kündigung sei aber aus anderen Gründen, die er im Vorprozess nicht angeführt hat, unwirksam (BAG 12.6.86 – 2 AZR 426/85, NZA 87, 273). Wenn der Klage rechtskräftig stattgegeben wurde, steht umgekehrt fest, dass das Arbeitsverhältnis nicht durch diese Kündigung beendet wurde. Gleichzeitig ist bindend festgestellt, dass zum Zeitpunkt des Zugangs der Kündigung ein Arbeitsverhältnis bestanden hat (BAG 28.5.09 – 2 AZR 282/08, NZA 09, 966). Der ArbGeb kann sich nicht mehr darauf berufen, das Arbeitsverhältnis sei zu einem früheren Zeitpunkt oder aus anderen Gründen zum selben Zeitpunkt beendet gewesen oder habe nie bestanden. Die Parteien sollen aber auch den Streitgegenstand der Kündigungsschutzklage und damit der Umfang der Rechtskraft eines ihr stattgebenden Urteils auf die (streitige) Auflösung des Arbeitsverhältnisses durch die konkret angegriffene Kündigung beschränken können. So soll für die „Ausklammerung" der Rechtsfolgen einer eigenständigen, zeitlich früher wirkenden Kündigung aus dem Streitgegenstand der Klage, die sich gegen eine später zugegangene Kündigung richtet, der Umstand sprechen, dass dieselbe Kammer des Arbeitsgerichts am selben Tag über beide Kündigungen entschieden hat. In einem solchen Fall soll dann regelmäßig sowohl für die Parteien als auch für das Gericht klar sein, dass die Wirkungen der früheren Kündigung nicht zugleich Gegenstand des Rechtsstreits über die später wirkende Kündigung sein sollten (BAG 22.11.12 – 2 AZR 732/11, NZA 13, 665). Eine Kündigung kann nicht erfolgreich auf Gründe gestützt werden, die der Arbeitgeber schon zur Begründung einer vorhergehenden Kündigung vorgebracht 95

Eisemann 1735

hat und die in dem früheren Kündigungsschutzprozess mit dem Ergebnis materiell geprüft worden sind, dass sie die Kündigung nicht tragen – sog **Wiederholungskündigung**. Mit einer Wiederholung dieser Gründe zur Stützung einer späteren Kündigung ist der Arbeitgeber dann ausgeschlossen. Eine Präklusionswirkung in diesem Sinne entfaltet die Entscheidung über die frühere Kündigung allerdings nur bei identischem Kündigungssachverhalt. Hat sich dieser wesentlich geändert, darf der Arbeitgeber ein weiteres Mal kündigen. Das gilt auch bei einem sog Dauertatbestand. Die Präklusionswirkung tritt ferner dann nicht ein, wenn die frühere Kündigung bereits aus formellen Gründen, also etwa wegen der nicht ordnungsgemäßen Beteiligung der Mitarbeitervertretung für unwirksam erklärt worden ist (BAG 20.12.12 – 2 AZR 867/11, NZA 13, 1003).

96 Mehrere Kündigungen können nacheinander ausgesprochen werden. Dies kann auch während oder in einem schon anhängigen Kündigungsschutzprozess geschehen. Jede einzelne Kündigung muss vom ArbN gerichtlich angegriffen werden, wenn er vermeiden will, dass die spätere sozialwidrige Kündigung nach den §§ 4, 7 KSchG wirksam wird. Mit der Kündigungsschutzklage wird im Bereich des KSchG nur jeweils eine mit der Klage genau bezeichnete Kündigung angegriffen. Dies kann zu unbefriedigenden Ergebnissen führen, weil es die Möglichkeit eröffnet, durch **„Dauerkündigungen"** letztlich nur wegen einer Unaufmerksamkeit des ArbN ein Arbeitsverhältnis wirksam auflösen zu können. Man hat dem ArbN geholfen, indem man ihm gestattete, neben der Kündigungsschutzklage mit dem Antrag „festzustellen, dass das Arbeitsverhältnis nicht durch die Kündigung vom ... aufgelöst wurde", eine **allgemeine Feststellungsklage** mit dem Antrag zu erheben „festzustellen, dass das Arbeitsverhältnis über den ... hinaus fortbesteht" (BAG 21.1.88, DB 88, 1758 – Schleppnetztheorie). Streitgegenstand wird damit der Bestand des Arbeitsverhältnisses am Tage der letzten mündlichen Verhandlung in der Tatsacheninstanz.

97 Hiervon ist das BAG zum Teil abgerückt. Danach geht der allgemeine Feststellungsantrag dahin, bis zum Zeitpunkt der letzten mündlichen Verhandlung in der Tatsacheninstanz bestehe das Avis fort (BAG 12.5.05 – 2 AZR 426/04, NZA 05, 1259). Für einen weitergehenden Antrag fehlt idR das Rechtsschutzinteresse (BAG 13.3.97 – 2 AZR 512/96, NZA 97, 844). Ein besonderes Feststellungsinteresse für den allgemeinen Antrag nach § 256 ZPO setzt voraus, dass der ArbN durch Tatsachenvortrag weitere streitige Beendigungstatbestände in den Prozess einführt oder wenigstens deren **Möglichkeit** darstellt (BAG 13.3.97 – 2 AZR 512/96, NZA 97, 844). Die *abstrakte Möglichkeit* zwischenzeitlicher Beendigung des Arbeitsverhältnisses durch andere Beendigungstatbestände reicht für die Zulässigkeit des allgemeinen Feststellungsantrags nicht aus (BAG 27.1.94 – 2 AZR 484/93, NZA 94, 812). Kommt es zu weiteren Beendigungstatbeständen, kann sich der ArbN nach dem Rechtsgedanken des § 6 KSchG ohne Einhaltung der 3-Wochen-Frist des § 4 KSchG bis zur letzten mündlichen Verhandlung in der Tatsacheninstanz dagegen wenden (BAG 13.3.97 – 2 AZR 512/96, NZA 97, 844). Erfasst die zulässige allgemeine Feststellungsklage eine später ausgesprochene Kündigung, deren Möglichkeit der ArbN angezeigt hat, muss der ArbGeb diesen Beendigungstatbestand in den Prozess einbringen, weil er sich sonst nach rechtskräftiger antragsgemäßer allgemeiner Feststellung hierauf nicht mehr berufen kann (BAG 27.1.94 – 2 AZR 484/93, NZA 94, 812). Der ArbN muss seine Klage teilweise umstellen und auch insoweit den Antrag nach § 4 KSchG stellen. Die erneute Kündigung wird dann vom allgemeinen Feststellungsantrag nicht mehr erfasst (BAG 13.3.97 – 2 AZR 512/96, NZA 97, 844).

98 Soweit eine Kündigung nach § 623 BGB mangels **Schriftform** unwirksam ist oder nur geltend gemacht wird, dass der ArbGeb die **Kündigungsfrist** nicht eingehalten hat, braucht der ArbN nicht den Kündigungsschutzantrag nach § 4 KSchG zu stellen. Er kann die Kündigung mit einer allgemeinen Feststellungsklage nach § 256 ZPO angreifen oder direkt auf **Leistung** des Lohnes für die Zeit nach Ablauf der Kündigungsfrist oder Zugang der fristlosen Kündigung klagen. In diesem Prozess wird dann als Vorfrage über die Wirksamkeit der Kündigung mit entschieden.

99 d) **Klageerhebung.** Die Kündigungsschutzklage kann durch **Klageschrift** beim ArbG eingereicht werden. Sie kann auch **mündlich zu Protokoll der Geschäftsstelle** des ArbG erhoben werden. Die telegrafische Klage wahrt die Frist (BAG 10.5.62, DB 62, 1016).

100 Die Anforderungen an eine **ordnungsgemäße Klage** ergeben sich aus § 253 Abs 2 ZPO. Die Klageschrift muss die **Bezeichnung der Parteien** und des **Gericht** enthalten. Man

muss ihr den **Klagegegenstand** entnehmen können, dh worum gestritten wird und warum geklagt wird. Und endlich muss sie einen **Antrag** enthalten. Die ArbG stellen keine allzu strengen Anforderungen an die Kündigungsschutzklage. Für eine Kündigungsschutzklage genügt es, dass aus ihr ersichtlich ist gegen wen sie sich richtet, wo der Kläger tätig war und vor allem, dass er eine Kündigung nicht als berechtigt anerkennen will. Damit ist auch die Klagefrist des § 4 KSchG gewahrt. Die Darlegung aller klagebegründenden Tatsachen, wie die Erfüllung der kündigungsschutzrechtlichen Voraussetzungen nach den §§ 1 Abs 1 und § 23 Abs 1 KSchG, gehören nicht zur Zulässigkeit der Kündigungsschutzklage, sondern zur Schlüssigkeit des Sachvortrags; ihr Fehlen führt demnach nicht zur Unzulässigkeit der Kündigungsschutzklage. Sie ist aber unbegründet (BAG 18.7.13 – 6 AZR 420/12, NZA 14, 109). Ein Prozesskostenhilfeantrag, dem nur der Entwurf einer Klageschrift beigefügt ist, reicht jedenfalls dann nicht aus, wenn die Klage erkennbar ausschließlich für den Fall erhoben werden soll, dass Prozesskostenhilfe gewährt wird. Geht es um die Wiedereinstellung, weil sich bis zum Ablauf der Kündigungsfrist vom ArbGeb bei Ausspruch der Kündigung nicht vorhergesehen eine neue Beschäftigungsmöglichkeit aufgetan hat, kann Verurteilung zur rückwirkenden Wiedereinstellung – nach Ablauf der Kündigungsfrist – beantragt werden (BAG 9.11.06 – 2 AZR 509/05, AP BGB § 311a Nr 1).

Die Kündigungsschutzklage muss – wie jede Klage – vom Kläger oder seinem Prozess- **101** bevollmächtigten – unterzeichnet sein. Fehlt die **Unterschrift,** handelt es sich in der Sache nur um einen Klageentwurf, der grds die Klagefrist nicht wahrt (BAG 26.1.76, DB 76, 1116). Vom ArbG werden dann keine Maßnahmen eingeleitet, zB nicht terminiert. Übersieht der Richter die fehlende Unterschrift und wird ihr Fehlen vom Prozessgegner nicht gerügt, obwohl das Fehlen der Unterschrift im Verfahren festgestellt wird, gilt dieser Mangel nach der ersten rügelosen mündlichen Verhandlung nach § 295 ZPO als geheilt. Aus dem Klageentwurf wird dann eine fristgerecht erhobene Kündigungsschutzklage (BAG 26.6.86, DB 86, 2292).

Bei **Massenklagen** soll in Ausnahmefällen eine faksimilierte Unterschrift (Matrize) ge- **102** nügen, wenn nur einzelne Klagen im Original unterschrieben sind (BAG 14.2.78, DB 78, 1501). Eine durch Telefax (Telekopie) eingereichte Klage reicht nach § 130 Nr 6 ZPO aus, wenn die Originalunterschrift (BAG 14.1.86 – 1 ABR 86/83 AP ZPO § 553 Nr 11), nicht wenn nur der Faksimile-Stempel wiedergegeben ist (BAG 5.8.09 – 10 AZR 692/08, NZA 09, 1165). Eine Klage ist in Schriftform eingereicht, sobald dem Gericht ein Ausdruck der als Anhang einer elektronischen Nachricht übermittelten, die vollständige Klagebegründung enthaltenden Bilddatei (hier: PDF-Datei) vorliegt, welche durch Einscannen eines vom Prozessbevollmächtigten unterzeichneten Schriftsatzes hergestellt wurde (BGH 15.7.08 – X ZB 8/08, NJW 08, 2649). Ein einfaches **Auskunftsbegehren** reicht als Klage nicht aus. Es lässt erkennen, dass der Wille, gegen die Kündigung vorzugehen, derzeit noch fehlt.

Die Klage muss nach § 184 GVG in **deutscher Sprache** abgefasst sein. Auf eine in einer **103** Fremdsprache verfasste Klage brauchen die Gerichte nicht zu reagieren (BAG 17.2.82, DB 82, 1329). Sie wird weder zugestellt, noch muss das Gericht eine Übersetzung veranlassen. Dabei ist unerheblich, ob der Absender sie übersetzen lassen kann. Wird dadurch eine Frist versäumt, kann die nachträgliche Zulassung der Klage weiterhelfen. In welcher **Form** die Klage erhoben wird, ist weitgehend unerheblich. Man kann die Kündigungsschutzklage auch als **Widerklage**, nicht aber als **Hilfsantrag** erheben (ErfK/Kiel KSchG § 4 Rz 11). Selbst mit dem **Antrag auf Abweisung** einer vom ArbGeb erhobenen Klage auf Feststellung der Wirksamkeit einer von ihm ausgesprochenen Kündigung wird eine Kündigungsschutzklage des ArbN anhängig gemacht (BAG 21.12.67, DB 68, 404; aA ErfK/Kiel KSchG § 4 Rz 12).

e) **Klagefrist.** Jede Kündigungsschutzklage muss nach § 4 KSchG innerhalb von **drei** **104** **Wochen** nach ihrem Zugang beim ArbG eingegangen sein, sonst ist sie nach § 7 KSchG wirksam. Dies gilt auch im Streit um die Wirksamkeit einer Kündigung, die gegen § 15 Abs 3 TzBfG verstößt (BAG 22.7.10 – 6 AZR 480/09, NZA 10, 1142). Ausgenommen ist der Fall, dass die Kündigung mangels Schriftform nach § 623 BGB unwirksam ist, wie der Wortlaut von § 4 Satz 1 KSchG zeigt – „nach Zugang der *schriftlichen Kündigung*" (BAG 28.6.07 – 6 AZR 873/06, NZA 07, 972). Ausgenommen sind auch alle Fälle, in denen eine wirksame **Kündigungserklärung** fehlt, wie bei der Kündigung durch einen Geschäftsunfähigen (§§ 104, 105 BGB) oder bei fehlender Kündigungsberechtigung – zB nicht ordnungsgemäße Vertretung oder Kündigung durch den Falschen (BAG 26.3.09 – 2 AZR

263 Kündigungsschutz

403/07, NZA 09, 1146). Der Gesetzgeber wollte die Folge des § 7 KSchG nur bei wirksamer Kündigungserklärung eintreten lassen. Sie darf nicht eintreten, wenn dem ArbGeb eine Kündigungserklärung nicht zugerechnet werden kann. Bei Ausspruch einer formwirksamen Kündigung durch einen Vertreter ohne Vertretungsmacht beginnt die Klagefrist erst mit Zugang der Genehmigung des ArbGeb beim ArbN (BAG 6.9.12 – 2 AZR 858/11, NZA 13, 524). Im Fall des **§ 174 BGB** wird eine wirksame Kündigungserklärung nur deshalb zurückgewiesen, weil die vorhandene Vollmacht dem Kündigungsschreiben nicht beigefügt wurde. Hier läuft daher die Klagefrist. Die Klagefrist läuft nicht im isolierten Streit um die Einhaltung der **Kündigungsfrist.** Hier streitet man nicht um die Wirksamkeit der Kündigung, sondern allein darum, wann sie das Arbeitsverhältnis auflöst (BAG 22.7.10 – 6 AZR 480/09, NZA 10, 1142; BAG 9.2.06 – 6 AZR 283/05, NZA 06, 1207). Dies soll anders sein, wenn sich die mit zu kurzer Frist ausgesprochene Kündigung nicht als eine Kündigung mit der rechtlich gebotenen Frist auslegen lässt (BAG 15.5.13 – 5 AZR 130/12, NZA 13, 1076; BAG 1.9.10 – 5 AZR 700/09, NZA 10, 1409). So wird übersehen, dass auch die nach § 140 BGB umzudeutende Kündigung von Anfang an wirksam ist und allein der Kläger den Streitgegenstand bestimmt – Unwirksamkeit der Kündigung oder Einhaltung der Kündigungsfrist (*Eisemann* NZA 11, 601). Dies alles gilt für ordentliche und außerordentliche Kündigungen unabhängig davon, ob das KSchG anzuwenden ist – dh auch im **Kleinbetrieb** und vor Ablauf der **Wartezeit** (BAG 28.6.07 – 6 AZR 873/06, NZA 07, 972; BAG 9.2.06 – 6 AZR 283/05, NZA 06, 1207) – und mit den genannten Ausnahmen für **alle Unwirksamkeitsgründe** – also auch für die fehlende Anhörung des BRates. Bei der Klagefrist handelt es sich um eine **prozessuale Ausschlussfrist.** Wird sie versäumt, ist die Klage als unbegründet, nicht als unzulässig, abzuweisen, weil die Kündigung nach Ablauf der Klagefrist nach § 7 KSchG als von Anfang an wirksam gilt (BAG 24.6.04 – 2 AZR 461/03, NZA 04, 1330). Die prozessuale Frist wirkt sich materiellrechtlich aus; deshalb die Abweisung als unbegründet.

105 Die Klagefrist gilt nach § 13 Abs 1 Satz 2 KSchG auch für die **außerordentliche Kündigung** und nach § 4 Satz 2 KSchG für die **Änderungskündigung.** Sie gilt auch für die ordentliche (BAG 9.2.06 – 6 AZR 283/05, NZA 06, 1207) und außerordentliche Kündigung (BAG 28.6.07 – 6 AZR 873/06, NZA 07, 972) während der sechsmonatigen Wartefrist des § 1 Abs 1 KSchG. Sie gilt ebenso für die Kündigung von **Berufsausbildungsverhältnissen,** soweit nicht nach § 111 Abs 2 Satz 5 ArbGG eine Verhandlung vor einem zur Beilegung von Streitigkeiten aus einem **Berufsausbildungsverhältnis** gebildeten Ausschuss stattfinden muss (BAG 26.1.99 – 2 AZR 134/98, NZA 99, 934).

106 Die **Dreiwochenfrist** ist gewahrt, wenn die Klage bei einem örtlich unzuständigen ArbG oder – auch nach Inkrafttreten des § 17a GVG – bei einem Amtsgericht oder einem Gericht eines anderen falschen Gerichtszweiges erhoben und von dort an das örtliche ArbG **verwiesen** wird, gleichgültig, wann die Verweisung erfolgt (BAG 31.3.93 – 2 AZR 467/92, NZA 94, 237; *Schaub* § 138 Rz 21). Auch die **formlose Abgabe** vom örtlich unzuständigen ArbG an das örtlich zuständige reicht aus, wenn nur die Klage alsbald zugestellt wird (BAG 16.4.59 – 2 AZR 227/58, BB 59, 815).

107 Die Klagefrist ist auch gewahrt, wenn der Kläger die Kündigungsschutzklage innerhalb der Frist bewusst beim örtlich unzuständigen ArbG einreicht und darum bittet, sie weiterzuleiten (BAG 15.9.77 – 2 AZR 333/76 – nv). Das Gericht muss dann förmlich an das örtlich zuständige ArbG verweisen. Etwas anderes gilt, wenn die Klage vom Urkundsbeamten der Geschäftsstelle/Rechtspfleger auf der **Rechtsantragsstelle des unzuständigen Gerichts** im Wege der Rechtshilfe **für das zuständige Gericht** aufgenommen und weitergeleitet wird. Trifft die Klage erst nach Ablauf der Dreiwochenfrist beim zuständigen Gericht ein, ist die Klagefrist versäumt.

108 Bei der **Berechnung** der Klagefrist ist nach § 187 Abs 1 BGB der Tag, an dem die Kündigung zugegangen ist, nicht mitzuzählen. Nach § 188 Abs 2 BGB endet die Frist 3 Wochen später an demselben, an dem die Kündigung zugegangen ist. Ist dies ein Samstag, Sonntag oder gesetzlicher Feiertag, tritt an seine Stelle der nächste Werktag (§ 193 Abs 2 BGB).

109 Zur Wahrung der Klagefrist reicht es aus, dass die Klage innerhalb der Dreiwochenfrist beim ArbG eingegangen ist, wenn die **Zustellung** der Klageschrift an den ArbGeb **demnächst** erfolgt – **§ 167 ZPO.** Demnächst bedeutet, dass in einer nach den Umständen

Kündigungsschutz 263

angemessenen Frist ohne besondere von der Partei oder ihrem Vertreter zu vertretende Verzögerung zugestellt werden kann (BAG 13.7.72, DB 72, 2108). Eine auf Nachlässigkeit des Klägers zurückzuführende Verzögerung der Zustellung von zwei Wochen ist geringfügig. Die Klage ist dann noch demnächst zugestellt (BAG 8.4.76, DB 76, 1534).

Die Klageschrift geht beim ArbG auch rechtzeitig ein, wenn sie am letzten Tag der Frist **110** nach Dienstschluss nicht in den **Nachtbriefkasten,** sondern in den **einfachen Briefkasten** geworfen wird (BAG 22.2.80, DB 80, 1446). Der Einwurf in den Nachtbriefkasten dient allein der Beweiserleichterung. Da bei in den einfachen Briefkasten eingeworfenen Klagen bei Gericht nach den Vorschriften der Aktenordnung ihr Eingang am nächsten Tag beurkundet wird, muss der Kläger im Prozess darlegen und ggf mit den üblichen Beweismitteln nachweisen (BAG 22.2.80, DB 80, 1446), wie und wann die Klage in den Normalbriefkasten gelangt ist.

Soweit die Kündigung der **Zustimmung einer Behörde** bedarf – zB nach § 9 MuSchG, **111** § 18 BErzGG, § 85 SGB IX – beginnt die Klagefrist nach **§ 4 Satz 4 KSchG** erst bei Bekanntgabe der Entscheidung der Behörde an den ArbN. Bis zum Zugang der Entscheidung darf sich der ArbN grds darauf verlassen, dass die Kündigung wegen fehlender Zustimmung unwirksam ist. Er kann dies daher nahezu unbegrenzt solange geltend machen, bis die Kündigungsschutzklage verwirkt ist. Kündigt der ArbGeb in Kenntnis der Schwangerschaft oder Schwerbehinderung, ohne die zuständigen Behörden zu beteiligen, läuft die Klagefrist ebenfalls nicht (BAG 13.2.08 – 2 AZR 864/06, NZA 08, 1055; BAG 19.2.09 – 2 AZR 286/07, NZA 09, 980). Etwas anderes gilt, wenn der ArbGeb nicht weiß, dass ein behördliches Verfahren einzuschalten war – etwa weil eine der ArbN bekannte Schwangerschaft nicht mitgeteilt wurde. Führt diese erst durch nachträgliche Mitteilung die Unwirksamkeit der Kündigung herbei gilt § 4 Satz 1 KSchG. Ihr ist bewusst, dass kein Zustimmungsverfahren läuft. Sie muss daher die Klage auch innerhalb der 3-Wochen-Frist erheben (BAG 19.2.09 – 2 AZR 286/07, NZA 09, 980).

Von einer **Prozessverwirkung** spricht man, wenn die Klageerhebung treuwidrig er- **112** scheint und vom Gegner deshalb eine Einlassung auf diese Klage nicht erwartet werden kann. Die Klage ist dann abzuweisen. Im Streit um die Wirksamkeit einer Kündigung kann das Klagerecht verwirken, wenn der ArbN erst längere Zeit nach Zugang der Kündigung Klage erhebt **(Zeitmoment)** und dadurch ein Vertrauenstatbestand beim ArbGeb geschaffen wird, er werde nicht mehr gerichtlich belangt **(Umstandsmoment).** Die Gerichte müssten dabei das Zeitmoment und das Umstandsmoment ohne kausalen Bezug zueinander prüfen (BAG 2.12.99 – 8 AZR 890/98, NZA 2000, 540).

Der Vertrauensschutz des ArbGeb muss das Interesse des ArbN an einer sachlichen Über- **113** prüfung seiner Klage derart überwiegen, dass ihm die Einlassung auf die spät erhobene Klage nicht mehr zuzumuten ist (BAG 20.5.88, DB 88, 2156). Dabei gibt es **keine starren Höchstfristen.** Alles hängt vom **Einzelfall** ab, weil es sich bei der Prozessverwirkung um einen Fall der unzulässigen Rechtsausübung handelt. Die Unzumutbarkeit für den ArbGeb, sich der Klage zu stellen, folgt nicht allein aus dem Zeitablauf (BAG 20.5.88, DB 88, 2156). Der Weg zu den Gerichten darf nicht in unzumutbarer Weise erschwert werden, die durch Sachgründe nicht mehr zu rechtfertigen sind (BVerfG 26.1.72, BVerfGE 32, 305).

Die **Instanzgerichte** lassen recht kurze Zeiträume für das Zeitmoment genügen (drei **114** Monate: LAG BaWü, DB 58, 1468; vier Monate: LAG Düsseldorf 30.5.68, DB 69, 1155). Das **BAG** geht davon aus, dass selbst 11 Monate nach Zugang der Kündigung grds einem Kläger noch zugebilligt werden kann, gegen eine Kündigung gerichtlich vorzugehen (BAG 20.5.88, DB 88, 2156). Immerhin hat es eine Kündigungsschutzklage für verwirkt angesehen, bei welcher der Kläger drei Jahre lang nichts unternommen hatte (BAG 8.9.55, DB 55, 995) und geht davon aus, dass der ArbGeb jedenfalls idR damit rechnen kann, das Kündigungsschutzklage nicht eingereicht werden kann, wenn die Kündigung mehr als ein Jahr zurückliegt (BAG 2.12.99 – 8 AZR 890/98, NZA 2000, 540).

Die Prozessverwirkung dient nicht der Arbeitserleichterung des Richters. Mit ihr soll **115** verhindert werden, dass in einem Prozess materiellrechtliche Entscheidungen ergehen, der vom Beklagten letzten Endes nicht mehr sachgerecht geführt werden kann. Aus diesem Grunde setzt die Prozessverwirkung voraus, dass der Beklagte sich darauf eingerichtet hat, nicht mehr gerichtlich belangt zu werden (BAG 20.5.88, DB 88, 2156). Eine Kündigungsschutzklage kann daher verwirken, wenn dem ArbGeb die Prozessführung nur mit einem für ihn jetzt unzumutbaren Aufwand möglich ist, weil zB Beweismittel nicht greifbar sind oder Sachverhalte sich nur mit erheblichem Aufwand rekonstruieren lassen. In der Praxis dürfte die Prozessverwirkung – richtig angewandt – daher kaum eine Rolle spielen.

116 **f) Verlängerte Anrufungsfrist.** Hat der ArbN rechtzeitig Kündigungsschutzklage erhoben, kann er sich bis zum Schluss der mündlichen Verhandlung vor dem ArbG nach § 6 S 1 KSchG zur Begründung der Unwirksamkeit der Kündigung auf innerhalb der Klagefrist nicht geltend gemachte Gründe berufen. Darauf „soll" ihn das Gericht nach § 6 S 2 KSchG hinweisen. Angesichts des § 139 ZPO ist dies jedenfalls bei einem weder anwaltlich noch durch die Gewerkschaft vertretenen ArbN als „muss" zu lesen (BAG 18.1.12 – 6 AZR 497/10, NZA 12, 817). Die prozessleitende Anordnung nach § 61a Abs 4 ArbGG erfüllt diese Hinweispflicht nicht (BAG 25.10.12 – 2 AZR 845/11, NZA 13, 900). Das ArbG genügt der Hinweispflicht, wenn es den ArbN in der Ladung zum Gütetermin darauf hinweist, „dass nur bis zum Schluss der mündlichen Verhandlung in der 1. Instanz auf weitere Unwirksamkeitsgründe geltend gemacht werden können (§ 6 KSchG)". Hinweise des ArbG auf konkrete Unwirksamkeitsgründe sind unter dem Gesichtspunkt des § 6 Satz 2 KSchG auch dann nicht geboten, wenn im Laufe des erstinstanzlichen Verfahrens deutlich wird, dass Unwirksamkeitsgründe in Betracht kommen, auf die sich der ArbN bisher nicht berufen hat. Die Pflicht zu derartigen unaufgeforderten Hinweisen kann sich allerdings aus der in § 139 ZPO geregelten materiellen Prozessleitungspflicht des Gerichts ergeben (BAG 18.1.12 – 6 AZR 407/10, NZA 12, 817). Neue Unwirksamkeitsgründe könne in zweiter Instanz nur noch vorgebracht werden, wenn der Hinweis nach § 6 S 1 KSchG unterblieben ist. Der Kläger ist durch § 6 KSchG jedoch nicht gehindert, einzelne Unwirksamkeitsgründe wie die fehlerhafte Anhörung des Betriebsrats im Berufungsverfahren fallen zu lassen (BAG 24.5.12 – 2 AZR 206/11, NZA 13, 137). Weist das ArbG in der Urteilsbegründung darauf hin, dass der Kläger andere Unwirksamkeitsgründe nicht geltend gemacht habe, muss er sie jetzt in zweiter Instanz vortragen und auf den Verstoß des ArbG gegen § 6 Satz 2 KSchG hinweisen (BAG 8.11.07 – 2 AZR 314/06, NZA 08, 936). Das LAG muss dann in der Sache entscheiden und darf den Rechtsstreit nicht zurückverweisen. § 6 KSchG betrifft zwar nur den Sachvortrag in erster Instanz. Entscheidend ist aber, dass der Kläger noch in zweiter Instanz in der Sache vortragen kann, § 68 ArbGG die Zurückweisung wegen Fehlern im Verfahren verbietet und auch § 61a ArbGG den Richter verpflichtet, gerade den Kündigungsschutzprozess besonders zu beschleunigen (BAG 4.5.11 – 7 AZR 252/10, NZA 11, 1178).

117 Mit der Anwendung von § 6 KSchG wollte der Gesetzgeber erreichen, dass die Unwirksamkeit einer Kündigung nicht nur durch eine Feststellungsklage innerhalb von drei Wochen nach Zugang der Kündigungserklärung geltend gemacht wird, sondern die Klagefrist auch dadurch gewahrt werden kann, dass der ArbN innerhalb der dreiwöchigen Frist auf anderem Wege geltend macht, eine wirksame Kündigung liege nicht vor. § 6 KSchG ist daher entsprechend anzuwenden, wenn der ArbN innerhalb der Dreiwochenfrist **Lohnklage** erhoben hat, die sich auf die Zeit nach dem Zugang der außerordentlichen Kündigung oder im Fall der ordentlichen Kündigung auf die Zeit nach Ablauf der Kündigungsfrist bezieht (BAG 23.4.08 – 2 AZR 699/06, NZA-RR 08, 466). Die Regelung greift auch, wenn der ArbN im Wege der Leistungsklage seine **Weiterbeschäftigung** für einen Zeitraum nach Zugang der außerordentlichen Kündigung innerhalb von drei Wochen gerichtlich geltend gemacht hat (BAG 23.4.08 – 2 AZR 699/08, NZA-RR 08, 466). Hat sich der ArbN innerhalb der Klagefrist nach einer **Änderungskündigung** nur mit dem Antrag nach § 2 KSchG gegen die Änderung seiner Arbeitsbedingungen gewehrt, kann er sich noch bis zum Schluss der mündlichen Verhandlung erster Instanz mit dem Antrag nach § 1 Abs 2 und 3 KSchG gegen die Beendigung seines Arbeitsverhältnisses wenden, wenn sich herausstellt, dass er den Vorbehalt nicht rechtzeitig erklärt hat (BAG 23.3.83, DB 83, 1716). Auch bei einer **Umdeutung** der außerordentlichen Kündigung in eine ordentliche Kündigung kann der ArbN seinen Antrag entsprechend erweitern (BAG 30.11.61, DB 62, 411), es sei denn, er hatte sich schon mit der fristgerechten Kündigung einverstanden erklärt (BAG 13.8.87, DB 88, 813).

118 Geht es dem ArbN nur um die Einhaltung der **Kündigungsfrist** und beantragt er daher „Festzustellen, dass das Arbeitsverhältnis durch die Kündigung vom ... nicht vor dem ... aufgelöst ist", streiten die Parteien nicht um die Wirksamkeit der Kündigung. Der ArbN will

Eisemann

Kündigungsschutz

nicht wissen, ob sein Arbeitsverhältnis beendet ist, sondern nur wann. Es geht nur noch um die Abwicklung eines nach Ansicht beider Parteien beendeten Arbeitsverhältnisses. Der Kläger macht nicht geltend, „dass eine rechtswirksame Kündigung nicht vorliege". Stellt sich im Verlauf des Rechtsstreits heraus, dass die Kündigung unwirksam ist, kann er daher nach Ablauf der Klagefrist nicht mehr unter Berufung auf § 6 KSchG gegen die Beendigung seines Arbeitsverhältnisses vorgehen (ErfK/*Kiel* KSchG § 6 Rz 4; aA *Stahlhacke/Vossen* Rz 1932).

g) Darlegungs- und Beweislast. Die Darlegungs- und Beweislast für die tatsächlichen **119 Voraussetzungen des Kündigungsschutzes** nach dem KSchG trägt nach der Rspr des BAG der **Arbeitnehmer**. Er muss erst einmal darlegen, dass er sich zum Zeitpunkt der Kündigung in einem **Arbeitsverhältnis** zu dem befunden hat, der die Kündigung ausgesprochen hat (BAG 26.6.08 – 6 AZN 648/07, NZA 08, 1145; BAG 28.11.07 – 5 AZR 952/06, NZA-RR 08, 344). Es ist seine Sache vorzutragen und notfalls zu beweisen, dass er **länger als sechs Monate** in demselben Betrieb oder Unternehmen beschäftigt war – § 1 Abs 1 KSchG. Der ArbN genügt seiner Darlegungslast zur Wartezeit, wenn er vorträgt, dass das Arbeitsverhältnis bis zum Zugang der Kündigung länger als sechs Monate bestanden hat. Die für den ArbN schädlichen **Unterbrechungen** der Wartezeit muss der ArbGeb darlegen und beweisen (BAG 16.3.89 – 2 AZR 407/88, NZA 89, 884). Der ArbN soll ebenfalls darlegen und beweisen, dass er in einem Betrieb tätig war, in dem mehr als fünf bzw zehn ArbN regelmäßig beschäftigt werden – § 23 Abs 1 KSchG (BAG 26.6.08 – 2 AZR 264/07; BAG 23.3.84 – 7 AZR 515/82, NZA 84, 88). Gegen diese Aufteilung der Darlegungslast zum **betrieblichen Geltungsbereich** des Gesetzes spricht der Wortlaut des § 23 Abs 1 Satz 2 KSchG. Danach gelten die Vorschriften des ersten Abschnitts nicht für Betriebe mit fünf bzw zehn oder weniger ArbN. Nach den allgemeinen Regeln müsste daher der ArbGeb die Tatsachen darlegen, aus denen die Nichtgeltung des Gesetzes folgt, nicht der ArbN die Tatsachen, welche für seine Geltung sprechen. Das BAG belässt es zwar bei der grundsätzlichen Darlegungslast des ArbN. Dies soll jedoch nur für den ArbN gelten, der die erforderlichen Tatsachen kennt. Fehlt ihm die Kenntnis oder die Kenntnismöglichkeit, kann er sich auf die Behauptung beschränken, der **Schwellenwert** sei überschritten. Es ist dann Sache des ArbGeb, sich vollständig über die Anzahl der bei ihm beschäftigten ArbN unter Benennung der ihm zur Verfügung stehenden Beweismittel zu erklären. Zu den Beweismitteln können Vertragsunterlagen, Auszüge aus der Lohnbuchhaltung, Zeugen usw gehören. Hierzu muss daraufhin der ArbN Stellung nehmen und Beweis antreten. Hat der ArbN keine eigenen Kenntnisse über die vom ArbGeb behaupteten Tatsachen, kann er sich auf die sich aus dem Vorbringen des ArbGeb ergebenden Beweismittel stützen und die ihm bekannten Anhaltspunkte dafür vortragen, dass entgegen den Angaben des ArbGeb der Schwellenwert doch erreicht ist. Lediglich im Falle der Unergiebigkeit der daraufhin vom Gericht erhobenen Beweise (non liquet) trifft den ArbN die **objektive Beweislast** (BAG 26.6.08 – 2 AZR 264/07). Damit bleibt das BAG inkonsequent. § 23 Abs 1 Satz 2 KSchG enthält keine Anspruchsvoraussetzung für die Prüfung der sozialen Rechtfertigung einer Kündigung. Die Vorschrift enthält einen Einwendungstatbestand. Hierzu gehört dann auch, dass der ArbGeb, wenn er sich auf diese Einwendung stützen will, ihre tatsächlichen Voraussetzungen darlegen und beweisen muss. Dies gilt umso mehr, weil er auf Grund seiner Sachnähe keine Schwierigkeiten haben dürfte, dem nachzukommen.

Außerhalb des Geltungsbereichs des KSchG muss der **Arbeitnehmer** die Tatsachen **120** darlegen und beweisen, aus denen sich die Unwirksamkeit seiner Kündigung ergibt (BAG 7.11.68, DB 68, 2287). Ihnen helfen dabei die Grundsätze zur abgestuften Darlegungslast (BVerfG 27.1.98 – 1 BvL 15/89, NZA 98, 470). **Im Geltungsbereich** des KSchG muss der **Arbeitgeber** nach § 1 Abs 2 Satz 4 KSchG die Tatsachen darlegen und beweisen, welche die Kündigung bedingen. Dazu gehören alle Umstände, welche eine Kündigung sozial gerechtfertigt erscheinen lassen. Der ArbGeb muss mit anderen Worten die Kündigungsgründe vortragen. Dabei reichen weder Schlagworte noch Werturteile aus. Er muss vielmehr im Einzelnen vortragen und beweisen, auf welche Tatsachen er die Kündigung stützt. Dazu gehört auch die ordnungsgemäße **Anhörung des Betriebsrates,** die das ArbG nicht von Amts wegen prüft. Eine Darlegung des ArbGeb setzt aber voraus, dass der ArbN die fehlende oder fehlerhafte Anhörung des BRates im Prozess gerügt hat. Beruft sich der ArbN auf eine anderweitige Beschäftigungsmöglichkeit und bestreitet der ArbGeb das Vorhandensein eines freien Arbeitsplatzes, muss der ArbN aufzeigen, wie er sich eine anderweitige Beschäftigung vorstellt (BAG 20.1.94, DB 94, 1627). Abweichend hiervon sieht § 1 Abs 5 KSchG in der seit dem 1.1.04 geltenden Fassung vor, dass der ArbN unter den dort genannten Voraussetzungen darlegen und beweisen muss, dass eine Kündigung nicht betriebsbedingt war (s *Kündigung, betriebsbedingte* Rz 60).

121 Die Beweislast des ArbGeb erstreckt sich auf das **Fehlen von Rechtfertigungsgründen,** welche die Kündigung des ArbN ausschließen könnten (BAG 6.9.07 – 2 AZR 264/06; 17.6.03 – 2 AZR 123/02, NZA 04, 564). Fehler bei der **sozialen Auswahl** anlässlich einer betriebsbedingten Kündigung muss wiederum der **Arbeitnehmer** nachweisen. Der Umfang wechselseitiger Darlegungs- und Beweislast ist jedoch – § 138 ZPO folgend – abgestuft (s im Einzelnen *Kündigung, betriebsbedingte* Rz 63–65). Entscheidend ist stets, wie substantiiert ein Vortrag ist und inwieweit der Gegner sich auf ihn einlässt. Im Übrigen richtet sich der Umfang der Darlegungs- und Beweislast maßgeblich nach der Art des Kündigungsgrundes.

122 **5. Nachträgliche Zulassung.** Mit der kurzen **Klagefrist** der §§ 4, 13 Abs 1 KSchG soll möglichst schnell der Rechtsfrieden hergestellt werden. Damit aus dieser Regelung keine unbilligen Härten entstehen, sieht § 5 KSchG vor, dass verspätete Klagen **nachträglich zugelassen** werden können.

123 **a) Zulässigkeit.** Nach § 5 Abs 2 Satz 1 KSchG ist der **Antrag auf nachträgliche Zulassung** mit der Klage zu verbinden. Ist die Klage schon eingereicht, ist im Antrag auf sie Bezug zu nehmen. In der Verspätung allein liegt kein Antrag auf nachträgliche Zulassung (BAG 19.2.09 – 2 AZR 286/07, NZA 09, 980). Die **formellen Voraussetzungen** für einen Antrag werden von den ArbG jedoch nicht überspannt. Es muss nur aus der Eingabe in irgendeiner Form der Wille deutlich werden, das Gericht solle die Klage trotz Verspätung noch zulassen (BAG 19.2.09 – 2 AZR 286/07, NZA 09, 980). Auch die stillschweigende Antragstellung reicht daher aus (BAG 9.2.61, BB 61, 531), etwa wenn ein Kläger die Verspätung der Klage erklärt. Der Antrag kann **vorsorglich** für den Fall gestellt werden, dass die Klagefrist versäumt wurde.

124 Der Antrag muss nach § 5 Abs 2 Satz 2 KSchG die Angabe der die nachträgliche Zulassung begründenden **Tatsachen** und der **Mittel für deren Glaubhaftmachung** enthalten. Der ArbN muss im Einzelnen darlegen, aus welchen Gründen er an der rechtzeitigen Klageerhebung gehindert war und weshalb ihn an der verspäteten Klageerhebung kein Verschulden trifft. Dazu genügt nicht ein pauschaler Vortrag, es dürfen aber auch keine unzumutbaren Anforderungen gestellt werden. Er kann sich zB nicht allein darauf stützen, ein vom ArbGeb in den Hausbriefkasten geworfenes Kündigungsschreiben sei weder von ihm noch von seiner Ehefrau dort vorgefunden worden. Er muss vielmehr erklären, wer in dem in Frage kommenden Zeitraum den Briefkasten geleert hat, welche anderen Postsendungen sich darin befanden und was mit ihnen geschehen ist. Bei urlaubsbedingter Abwesenheit muss er darlegen, in welchem Zeitraum er sich im Urlaub befand, wann er zurückkehrte und wann er das Kündigungsschreiben vorgefunden hat. Er kann die Begründung grds bis zum Ablauf der Zweiwochenfrist des § 5 Abs 3 Satz 1 KSchG nachholen.

125 Nach dem **Ablauf der Frist** vorgebrachte Gründe und Mittel der Glaubhaftmachung sind nicht zu berücksichtigen. Anders nur, wenn sie sich lediglich als **Konkretisierung** der bereits fristgerecht vorgetragenen Gründe und angegebenen Mittel der Glaubhaftmachung darstellen (LAG Nürnberg 6.11.95 LAGE KSchG § 5 Nr 71). Als Mittel der Glaubhaftmachung kommen insbesondere die eidesstattliche Versicherung, aber auch Zeugen, Urkunden, amtliche Auskünfte und die anwaltliche Versicherung in Betracht. Innerhalb der Zwei-Wochen-Frist ist nur die Bezeichnung der Mittel der Glaubhaftmachung erforderlich. Die Glaubhaftmachung selbst kann nachgeholt werden (ErfK/*Kiel* KSchG § 5 Rz 24).

126 Fristgerecht benannte **Zeugen** müssen nicht von der Partei gestellt werden, das Gericht hat sie vielmehr zu laden. Nach § 294 Abs 2 ZPO ist zur Glaubhaftmachung von Tatsachen eine Beweisaufnahme, die nicht sofort erfolgen kann, zwar unstatthaft. Nicht präsente Beweisantritte sind im Anwendungsbereich des § 294 ZPO aber dann zulässig und vom Gericht zu beachten, wenn eine Terminbestimmung vAw erforderlich ist und das Gericht vorbereitende Anordnungen treffen kann (*Zöller/Greger* § 294 Rz 3).

Kündigungsschutz

Im Verfahren auf nachträgliche Zulassung bedarf es der **Glaubhaftmachung unstreitiger** 127 **Tatsachen** ebenso wenig, wie es im Zivilprozess eines Beweises unstreitigen Vortrags bedarf. Auch bei der Glaubhaftmachung nach § 294 ZPO handelt es sich um eine – wenn auch mindere – Beweisführung. Sie setzt daher – wie sonst auch – einen bestrittenen Sachvortrag voraus. Bleibt der Vortrag unbestritten, gilt er nach § 138 Abs 3 ZPO als zugestanden und muss nach § 288 Abs 1 ZPO nicht mehr bewiesen werden. Darüber hinaus bestimmt § 5 KSchG lediglich, dass der Antrag die Angabe der Mittel der Glaubhaftmachung enthalten muss, nicht auch – wie etwa § 920 Abs 2 ZPO für Arrestanspruch und Arrestgrund –, dass die den Antrag begründenden Tatsachen glaubhaft gemacht werden müssen. Da die Entscheidung über die nachträgliche Zulassung aufgrund mündlicher Verhandlung ergeht und dem Gegner der Antrag immer zugestellt wird, so dass er Stellung nehmen kann, gibt es keinen zwingenden Grund, vom ArbN eine Glaubhaftmachung von Tatsachen zu verlangen, die nicht bestritten sind und unbestritten bleiben.

Im Ergebnis ist die fehlende oder unzureichende Angabe der Mittel der Glaubhaftmachung innerhalb der Antragsfrist damit unschädlich, wenn der ArbGeb den betreffenden 128 Vortrag des ArbN nicht bestreitet (LAG Nürnberg 4.12.06 – 7 Ta 207/06, NZA-RR 07, 194). Liegt allerdings ein erhebliches Bestreiten vor, kann er die Glaubhaftmachung nicht nachholen, wenn er die Mittel der Glaubhaftmachung nicht oder nur unzureichend fristgerecht bezeichnet hat. Sein Antrag muss als unbegründet zurückgewiesen werden.

Der Antrag ist beim **zuständigen Arbeitsgericht** einzureichen. Er kann inklusive Be- 129 gründung und Glaubhaftmachung auch zu Protokoll in der mündlichen Verhandlung gestellt werden (LAG Nürnberg 5.1.04 – 9 Ta 162/03, NZA-RR 04, 631). Wird er bei einem örtlich unzuständigen ArbG eingereicht und an das örtlich zuständige verwiesen, wahrt er die Frist (ErfK/*Kiel* KSchG § 5 Rz 23). Der bei einem Gericht einer anderen Gerichtsbarkeit eingereichte Antrag soll die Frist nur wahren, wenn er nach § 48 ArbGG, §§ 17 ff GVG innerhalb der Frist an das ArbG verweisen wird (ErfK/*Kiel* KSchG § 5 Rz 23). Wird er an das richtige Gericht adressiert bei einem nicht zum Rechtsweg gehörenden Gericht eingereicht – AG statt ArbG –, darf der Kläger darauf vertrauen, dass das unzuständige Gericht die Sache – sofern die Zeit ausreicht – an das zuständige Gericht weiterleitet (LAG Hess 30.5.96 LAGE KSchG § 5 Nr 82).

Der Antrag ist **doppelt fristgebunden.** Er kann nach § 5 Abs 3 Satz 1 KSchG **innerhalb** 130 **von zwei Wochen** nach Behebung des Hindernisses gestellt werden, das einer rechtzeitigen Klageerhebung entgegenstand. Nach **Ablauf von sechs Monaten** nach Ende der versäumten Klagefrist kann der Zulassungsantrag nach § 5 Abs 3 Satz 2 KSchG nicht mehr gestellt werden. Diese Regelung ist verfassungsgemäß (BAG 28.1.10 – 2 AZR 985/08, NZA 10, 1373). Wird eine dieser Fristen versäumt, findet eine **Wiedereinsetzung** in den vorigen Stand nicht statt. Es handelt sich nicht um Notfristen nach § 233 ZPO, sondern um prozessuale Ausschlussfristen (BAG 28.1.10 – 2 AZR 985/08, NZA 10, 1373).

Die **Zwei-Wochen-Frist** des § 5 Abs 3 Satz 2 KSchG beginnt mit der Behebung des 131 Hindernisses. Was ein **Hindernis** bedeutet, kann man § 5 Abs 1 KSchG entnehmen. Die Antragsfrist beginnt mit Kenntnis vom Wegfall des Hindernisses für die Klageerhebung bzw sobald der Antragsteller bei Aufbieten ihm zumutbarer Sorgfalt hätte erkennen können, dass das Hindernis weggefallen ist. Sie beginnt, wenn die Partei weiß oder bei gehöriger Sorgfalt erkennen kann, dass die Klage verspätet ist (LAG Hamm 29.11.83, EzA § 5 KSchG Nr 18; ErfK/*Kiel* KSchG § 5 Rz 26). Dabei kann ihr auch mangelnde Kenntnis von dem Verfahren der nachträglichen Zulassung zugute kommen (LAG Hamm 27.11.86, LAGE § 5 KSchG Nr 26).

Die **Fristberechnung** erfolgt nach allgemeinen Regeln. Nach § 187 Abs 1 BGB wird 132 der Tag, an dem das Hindernis behoben ist, nicht mitgerechnet. Nach § 193 BGB verlängert sich die Frist bis zum nächsten Werktag, wenn der letzte Tag der Frist auf einen Samstag, Sonntag oder allgemeinen Feiertag fällt. Beispiel: Kenntnis von der Verspätung der Klage am Samstag, den 10.7.; Fristende Montag, den 26.7. Die Berechnung der Sechsmonatsfrist geschieht entsprechend. Zugang der Kündigung am Montag, den 12.4.; Ablauf der Dreiwochenfrist am Montag, den 3.5.; Ablauf der Sechsmonatsfrist am Mittwoch, den 3.11.

b) Begründetheit. Den ArbN darf an der Fristversäumnis kein **Verschulden** treffen. 133 Damit schadet ihm auch leichte Fahrlässigkeit. Persönliche Umstände sind zu berücksichtigen, wie zB die Gewandtheit in rechtlichen Angelegenheiten oder fehlende Sprachkenntnisse.

134 Das Verschulden des von ihm mandatierten **Prozessbevollmächtigten** ist dem ArbN nach § 85 Abs 2 ZPO zuzurechnen (BAG 19.2.09 – 2 AZR 286/07, NZA 09, 980). Er muss aber nicht generell für Fehler in dessen Machtbereich einstehen (BAG 24.11.11 – 2 AZR 614/10, NZA 12, 413). Der Anwalt darf sich auf das Funktionieren der von ihm eingesetzten technischen Einrichtungen verlassen und auf Mängel in der Organisation seiner Kanzlei kommt es nicht an, wenn er eine klare und präzise Anweisung für den konkreten Fall erteilt, deren Befolgung die Fristwahrung sichergestellt hätte (BAG 7.7.11 – 2 AZR 38/10, NZA 12, 637). Auf einen vorhersehbaren krankheitsbedingten Ausfall muss er sich durch konkrete Maßnahmen vorbereiten. Wird er unvorhergesehen krank, muss er das unternehmen, was ihm dann möglich und zumutbar ist. Ein Verschulden liegt nur dann nicht vor, wenn die Erkrankung den Prozessbevollmächtigten überrascht und Maßnahmen zur Fristwahrung nicht mehr zumutbar sind (BAG 20.8.13 – 3 AZR 302/13). Dies alles gilt auch bei einer Vertretung durch eine Gewerkschaft, die ihrerseits den Klageauftrag an die DGB-Rechtsschutz GmbH weitergibt (BAG 28.5.09 – 2 AZR 548/08, NZA 09, 1052). Sieht man in der **Klagefrist** des § 4 KSchG eine prozessuale Frist, ist die Zurechnung des Vertreterverschuldens selbstverständlich. Sieht man in der Klagefrist eine materiellrechtliche Ausschlussfrist, folgt die Anrechnung des Anwaltsverschuldens aus dem Gedanken, dass sie jedenfalls durch Vornahme einer Prozesshandlung – der Klageerhebung – gewahrt wird.

135 Berät der Anwalt lediglich **außergerichtlich**, ist § 85 Abs 2 ZPO nicht anwendbar (LAG Frankfurt 15.11.88, LAGE § 5 KSchG Nr 41). Für das Verschulden von **Büropersonal** seines Prozessvertreters steht der Kläger nur ein, wenn den Vertreter ein Verschulden **bei der Auswahl oder Überwachung** des Personals trifft (BAG 9.1.90, DB 90, 1044).

136 Der Irrtum über die **Erfolgsaussichten** einer Klage oder schwebende Vergleichsverhandlungen mit dem ArbGeb rechtfertigen die nachträgliche Zulassung nicht, es sei denn, der ArbGeb hat den ArbN über die Erfolgsaussichten seiner Klage getäuscht oder arglistig von der Klageerhebung abgehalten (BAG 19.2.09 – 2 AZR 286/07, NZA 09, 980). Die **falsche Auskunft** einer „zuverlässigen" Stelle führt zur nachträglichen Zulassung, die der unzuverlässigen Stelle nicht. Zuverlässige Stellen sind **Rechtsanwälte** (LAG BaWü 11.2.74, BB 74, 323), Rechtsberatungsstellen der **Gewerkschaft** (LAG Köln 13.9.82, LAGE § 5 KSchG Nr 16), die **Rechtsantragstelle** des ArbG (LAG Köln 28.11.85, LAGE § 5 KSchG Nr 21), der **Arbeitsrichter** in der Sitzung (LAG Hamm 31.1.79, LAGE § 5 KSchG Nr 5). Als unzuverlässige Stellen werden angesehen **Betriebsräte** (LAG RhPf 10.9.84, NZA 85, 430), die **Geschäftsstelle** eines ArbG (LAG Köln 28.11.85, LAGE § 5 KSchG Nr 21; aA LAG Kiel 8.7.60, BB 60, 826) und **einfache Angestellte** der Gewerkschaft (LAG Bbg 22.10.96 – 6 Ta 113/96 – nv).

137 Die bloße **Unkenntnis** der Klagefrist begründet nicht die nachträgliche Zulassung. Selbst der **ausländische** ArbN ist gehalten, sich über die Grundzüge des Arbeitsrechts spätestens nach Zugang der Kündigung alsbald bei einer geeigneten Stelle zu informieren (LAG Hbg 20.11.84, DB 85, 876).

138 **Krankheit** rechtfertigt die nachträgliche Zulassung grds nicht. Die nachträgliche Zulassung kommt nur in Betracht, wenn der ArbN objektiv daran gehindert war, seine Rechte – etwa durch Ehegatten, Freunde, Verwandte, telefonischen Auftrag an einen Rechtsanwalt oder Übersenden einer schriftlichen Klage – wahrzunehmen (LAG Hamm 31.1.90, LAGE § 5 KSchG Nr 45; 12.9.85, NZA 85, 739).

139 **Abwesenheit** des ArbN von seiner Wohnung wegen Urlaub, Krankenhausaufenthalt oder Haft rechtfertigt die nachträgliche Zulassung, wenn ihm dadurch die Klageerhebung objektiv unmöglich wurde (LAG K 9.2.04 NZA-RR 05, 215). Kehrt er jedoch eine Woche vor Ablauf der Klagefrist zurück, muss er die Klage in der verbleibenden Restfrist erheben (LAG Hamm 5.8.81, DB 81, 1938). Erkrankt der ArbN während einer urlaubsbedingten Ortsabwesenheit und kehrt er deshalb nicht zum mit dem ArbGeb vereinbarten Urlaubsende rechtzeitig an seinen Wohnort zurück, soll er verpflichtet sein, dem ArbGeb entsprechend § 5 Abs 2 Satz 1 EFZG seine Urlaubsadresse mitzuteilen, damit er dort erreichbar ist. Nur wenn ihm dies nicht möglich ist, soll eine verspätete Klageerhebung unverschuldet sein (LAG Hbg 11.11.05 LAGE KSchG § 5 Nr 111; aA LAG Hbg 30.6.05, NZA-RR 07, 521). Damit wird der Rechtsgedanke des § 5 Abs 2 EFZG verkannt bzw überdehnt. Gelangt ein Kündi-

Kündigungsschutz

gungsschreiben in den **Hausbriefkasten** eines ArbN, kann er eine nachträgliche Klagezulassung nicht allein darauf stützen, dieses Schreiben sei aus ungeklärten Gründen nicht zu seiner Kenntnis gelangt (BAG 28.5.09 – 2 AZR 732/08, NZA 09, 1229).

Auf die amtlichen **Postlaufzeiten** darf sich der ArbN verlassen (BVerfG 4.12.79, AP ZPO § 233 Nr 74 zur Wiedereinsetzung). Er darf dabei die Klagefrist ausnutzen, muss die Klage aber so rechtzeitig zur Post geben, dass bei gewöhnlicher Beförderungsdauer mit dem rechtzeitigen Eingang bei Gericht zu rechnen ist (BAG 19.4.90, DB 91, 176 zur Wiedereinsetzung). **140**

Die Klage ist nach **§ 5 Abs 1 Satz 2 KSchG** nachträglich zuzulassen, wenn eine Frau aus einem von ihr nicht zu vertretenden Grund erst nach Ablauf der Klagefrist von ihrer **Schwangerschaft** erfährt. Die Glaubhaftmachung durch ärztliches Attest reicht aus. Ob sie tatsächlich schwanger war, ist erst im Hauptsacheverfahren zu prüfen (LAG D 10.2.05 – NZA-RR 05, 382). Erfährt sie kurz vor Ablauf der Klagefrist von ihrer Schwangerschaft und erhebt sie wenige Tage später Kündigungsschutzklage mit einem Zulassungsantrag, ist dem stattzugeben. Man muss ihr einige Tage Überlegungsfrist einräumen, um sich angesichts der neuen Situation darüber klar zu werden, ob sie sich gegen die Kündigung zur Wehr setzen will (LAG SH 13.5.08, NZA-RR 09, 132). **141**

Nach **§ 5 Abs 4 KSchG nF** entscheidet das ArbG in einem einheitlichen **Verbundverfahren** – über die nachträgliche Zulassung und die Wirksamkeit der Kündigung **in der Regel durch Endurteil.** Es darf die Verhandlung jedoch auch zunächst auf die Entscheidung über den Antrag auf nachträgliche Zulassung **beschränken.** In diesem Fall entscheidet es nach § 5 Abs 4 Satz 3 ArbGG nF durch **Zwischenurteil,** gegen das **Berufung** eingelegt werden kann. Damit ist jetzt auch bei der isolierten Entscheidung über die nachträgliche Zulassung die **Revision** an das BAG unter den allgemeinen Voraussetzungen des § 72 ArbGG gegeben. Dies wird die Einheit der Rechtsprechung zur nachträglichen Zulassung fördern. **142**

Bisher wurde nicht einheitlich beantwortet, wie weit die **Bindungswirkung** des ablehnenden Beschlusses zur nachträglichen Zulassung reichte. Jedenfalls setzt die einheitliche Entscheidung durch **Endurteil** voraus, dass zugleich Feststellungen zum Zeitpunkt des Zugangs der Kündigung und der rechtzeitigen Klageerhebung getroffen werden. Entscheidet das ArbG durch **Zwischenurteil,** gilt dasselbe (BAG 28.5.09 – 2 AZR 732/08, NZA 09, 1229). Es hat keinen Sinn, einen Streit über eine nachträgliche Klagezulassung über drei Instanzen zu führen, ohne dass dessen Basis – ob überhaupt die Klage verspätet erhoben wurde – geklärt ist.

6. Sonderkündigungsrecht. Hat der ArbN während des Kündigungsschutzprozesses ein neues Arbeitsverhältnis begonnen, steht nach gewonnenem Prozess endgültig fest, dass er sich seit Abschluss dieses Arbeitsvertrages mit dem neuen ArbGeb in zwei Arbeitsverhältnissen befindet. **§ 12 KSchG** hilft ihm mit einem Sonderkündigungsrecht, diesen Konflikt aufzulösen. Er kann binnen einer Woche nach Rechtskraft des Urteils die Fortsetzung des bis dahin unstrittenen Arbeitsverhältnisses durch schriftliche Erklärung gegenüber seinem alten ArbGeb verweigern. Es reicht nach § 12 Abs 1 Satz 2 KSchG aus, wenn diese Erklärung innerhalb der Wochenfrist zur Post gegeben wird. Mit Zugang dieser Erklärung erlischt dieses Arbeitsverhältnis. Der neue Arbeitsvertrag muss jedoch nach Zugang der Kündigung und vor Rechtskraft des Urteils im Kündigungsschutzprozess abgeschlossen worden sein. Geht der ArbN das neue Arbeitsverhältnis erst danach ein, kann er nur unter Einhaltung der Kündigungsfristen das alte Arbeitsverhältnis kündigen. Dieses Sonderkündigungsrecht steht dem ArbN jedoch nicht zu, wenn er während des Kündigungsschutzprozesses eine selbständige Tätigkeit aufgenommen hat (BAG 25.10.07 – 6 AZR 662/06, NZA 08, 1074). Entschließt sich der ArbN, nach gewonnenem Kündigungsschutzprozess das alte Arbeitsverhältnis fortzusetzen, kann er das neue nur ordentlich kündigen. Für die Dauer der Kündigungsfrist muss er dieses Arbeitsverhältnis erfüllen. Er kann in das alte Arbeitsverhältnis so erst nach Ablauf der Kündigungsfrist zurückkehren. Das berechtigt diesen ArbGeb wiederum nicht, nun wegen „Arbeitsverweigerung" zu kündigen (ErfK/*Kiel* KSchG § 12 Rz 8). **143**

7. Kündigungsschutzverfahren bei Insolvenz. In Betrieben ohne BRat oder dort, wo ein Interessenausgleich binnen drei Wochen nicht zustande kommt, kann der Insolvenzverwalter nach § 126 InsO vor dem ArbG die Feststellung beantragen, dass die Kündigung **144**

263 Kündigungsschutz

der Arbeitsverhältnisse bestimmter, im Antrag bezeichneter ArbN durch dringende betriebliche Erfordernisse bedingt und sozial gerechtfertigt ist unabhängig davon, ob die Kündigungen vor oder nach Einleitung des Verfahrens erfolgt sind (BAG 29.6.2000 – 8 ABR 44/99, NZA 2000, 1180). Für dieses Verfahren gelten die Bestimmungen über das **Beschlussverfahren** entsprechend. Gegen den Beschluss der ArbG findet eine Beschwerde an das LAG nicht statt; die Rechtsbeschwerde an das BAG findet nach § 122 Abs 3 InsO nur statt, wenn sie zugelassen wird; eine Nichtzulassungsbeschwerde ist nicht vorgesehen (BAG 14.8.01 – 2 ABN 20/01, AP ArbGG 1979 § 72a Divergenz Nr 44). Beteiligt sind neben dem Insolvenzverwalter nach § 126 Abs 2 InsO der BRat und die im Antrag bezeichneten ArbN, soweit sie nicht mit der Kündigung einverstanden sind. Die in diesem Verfahren ergehende Entscheidung ist für den vom ArbN angestrengten Kündigungsschutzprozess nach § 127 Abs 1 InsO bindend. Auf Antrag des Insolvenzverwalters ist der Kündigungsschutzprozess nach § 127 Abs 2 InsO bis zur rechtskräftigen Entscheidung des Beschlussverfahrens auszusetzen. Die gebündelte Kündigungsklage des Insolvenzverwalters geht so dem individuellen Kündigungsschutzprozess vor.

145 **IV. Besonderer Kündigungsschutz.** Beim allgemeinen Kündigungsschutz geht es um die Sozialwidrigkeit einer ausgesprochenen Kündigung. Der besondere Kündigungsschutz setzt vor der Kündigungserklärung ein. Sie kann nicht wirksam erklärt werden, solange nicht bestimmte Voraussetzungen vorliegen. **Schwangere** und **junge Mütter** können nach § 9 MuSchG bis zum Ablauf von vier Monaten nach der Entbindung grds nicht wirksam gekündigt werden, wenn dem ArbGeb zum Zeitpunkt der Kündigung die Schwangerschaft bekannt war oder nach Zugang der Kündigung rechtzeitig bekannt gemacht wurde (Einzelheiten s *Mutterschutz* Rz 37–43). Wird **Elternzeit** verlangt, darf der ArbG das Arbeitsverhältnis nach § 18 Abs 1 BErzGG ab diesem Zeitpunkt bis zu ihrem Ende nur mit Zustimmung der für den Arbeitsschutz zuständigen obersten Landesbehörde ordentlich kündigen (Einzelheiten s *Elternzeit* Rz 51). Soll eine Schwangere während der Elternzeit gekündigt werden, müssen die Zulässigkeitserklärungen nach § 18 Abs 1 BErzGG und nach § 9 Abs 1 MuSchG vorliegen (BAG 31.3.93 – 2 AZR 595/92, NZA 93, 646). Die Kündigung von länger als sechs Monaten beschäftigten **Schwerbehinderten** und ihnen Gleichgestellten bedarf nach den §§ 85, 90 Abs 1, 91 SGB IX der vorherigen Zustimmung des Integrationsamtes (Einzelheiten *Behinderte* Rz 40–69).

146 Die außerordentliche Kündigung von **Mitgliedern des Betriebsrates,** der JAV, der Bordvertretung, des SeeBRat, des Wahlvorstandes sowie von Wahlbewerbern bedarf nach § 103 Abs 1 BetrVG der vorherigen Zustimmung des BRat. Verweigert der BRat seine Zustimmung, kann sie nach § 103 Abs 2 BetrVG vom ArbG auf Antrag des ArbGeb ersetzt und damit erst der Weg zum Ausspruch der Kündigung freigemacht werden. Im **Ersetzungsverfahren** geht es in der Sache darum, ob die geplante außerordentliche Kündigung durch einen wichtigen Grund iSv § 626 Abs 1 BGB gerechtfertigt sein wird (zum wichtigen Grund s *Kündigung, außerordentliche* Rz 23–43).

147 Eine **ordentliche Kündigung** gegenüber den Mitgliedern dieser Personengruppe ist nach § 15 Abs 1 bis 3a KSchG grds unwirksam. Dieser besondere Kündigungsschutz endet für Mitglieder des BRat, des Seebetriebsrats und der JAV ein Jahr, für Mitglieder einer Bordvertretung sechs Monate nach Beendigung ihrer Amtszeit, für Mitglieder des Wahlvorstandes und Wahlbewerber sechs Monate nach Bekanntgabe des Wahlergebnisses. Wird ein Betrieb stillgelegt, werden ihnen gegenüber ausgesprochene Kündigungen nach § 15 Abs 4 KSchG frühestens zum Zeitpunkt der Stilllegung wirksam (BAG 6.11.59 – 1 AZR 329/58, AP KSchG § Nr 15), es sei denn, dass ihre Kündigung zu einem früheren Zeitpunkt durch zwingende betriebliche Erfordernisse bedingt ist, zB weil sie auf keinem anderen freien oder besetzten Arbeitsplatz mehr beschäftigt werden können. Freigestellte BRatMitglieder sollen daher nicht vorzeitig gekündigt werden dürfen (ErfK/*Kiel* KSchG § 15 Rz 38). Wird nur eine Betriebsabteilung stillgelegt, in der dieser Personengruppe zuzurechnende ArbN beschäftigt werden, sind sie nach § 15 Abs 5 KSchG auch dann in eine andere Betriebsabteilung zu übernehmen, wenn hierfür ein dort Beschäftigter gekündigt werden muss (BAG 2.3.06 – 2 AZR 83/05, NZA 06, 988).

ArbN die zu einer Betriebsversammlung für die Wahl des Wahlvorstandes eingeladen oder die Wahl des Wahlvorstandes beantragt haben, können nach § 15 Abs 3a KSchG vom Zeitpunkt der Einladung bzw Antragstellung an bis zur Bekanntgabe des Wahlergebnisses und für den Fall, dass eine ArbNVertretung nicht gewählt wird, insgesamt drei Monate nicht ordentlich gekündigt werden.

Wurde in freiwilliger Betriebsvereinbarung die Kündigung vom ArbN nach **§ 102 Absatz 6 BetrVG** von der Zustimmung des BRat abhängig gemacht, ist jede Kündigung unwirksam, die ohne diese Zustimmung ausgesprochen wird. Über die Berechtigung der Nichterteilung einer Zustimmung entscheidet hier die Einigungsstelle. Dabei kann der ArbGeb seine Mitteilung zu den Kündigungsgründen auch noch im Verfahren vor der Einigungsstelle vervollständigen (BAG 7.12.2000 – 2 AZR 391/99, NZA 01, 495).

V. Muster. S Online-Musterformulare *„M31.4 Kündigungsschutzklage", „M31.6 Änderungskündigung, allgemein"* u *„M31.7 Klage gegen eine Änderungskündigung nach Vorbehalt"*. **148**

B. Lohnsteuerrecht *Seidel*

S die Ausführungen zu *Kündigung, allgemein* Rz 82. Zur steuerlichen Behandlung von Rechtsanwaltskosten im Zusammenhang mit einem Kündigungsschutzprozess s *Rechtsanwaltskosten* Rz 22. **149**

C. Sozialversicherungsrecht *Schlegel*

1. Versicherungsschutz während Kündigungsschutzklage. Die **Versicherungspflicht** besteht fort, wenn das Beschäftigungsverhältnis nach Klage der ArbN durch ArbG-Urteil oder Vergleich über das Ende des letzten Arbeitstages hinaus verlängert wird, und zwar solange, wie die bisherige Vergütung weitergezahlt wird. Dies gilt auch, wenn nicht die volle Vergütung, sondern nur ein Teilbetrag gezahlt wird. In diesem Fall ist das dem ArbN noch zustehende Entgelt für die Zeit zwischen tatsächlicher Beendigung der Arbeitsleistung und dem durch das ArbG festgesetzten Ende des Beschäftigungsverhältnisses gleichmäßig aufzuteilen. Die Versicherungspflicht **endet** allerdings mit dem letzten Arbeitstag, wenn der Zeitpunkt der Beendigung des Arbeitsverhältnisses nicht durch das ArbG festgelegt wurde. Einzelheiten s *Freistellung von der Arbeit* Rz 36 ff. **150**

2. Private Pflegeversicherung. Hier sind Kündigungs- und Rücktrittsrechte der privaten Versicherungsunternehmen ausgeschlossen, solange Kontrahierungszwang besteht (§ 110 Abs 4 SGB XI; zum Kontrahierungszwang vgl § 110 Abs 1 Nr 1, Abs 3 Nr 1 SGB XI). **151**

3. Ruhen des Arbeitslosengeldes. Nach § 158 SGB III ruht der Anspruch auf AlGeld, wenn der ArbN wegen Beendigung des Arbeitsverhältnisses eine Abfindung oder Entlassungsentschädigung für die Zeit nach Beendigung des Beschäftigungsverhältnisses erhält und das Arbeitsverhältnis ohne Einhaltung der ordentlichen Kündigungsfrist oder fiktiver Fristen (vgl § 158 Abs 1 Satz 3 und 4 SGB III) beendet worden ist. Einzelheiten dazu *Abfindung* Rz 73 ff. **152**

Künstlersozialversicherung

A. Arbeitsrecht *Röller*

1. Allgemeines. Selbstständige Künstler und **Publizisten** befinden sich größtenteils in einer wirtschaftlichen und sozialen Situation, die mit der von ArbN vergleichbar ist. Sie sind auf die Mitwirkung von Vermarktern oder Verwertern angewiesen, damit ihre Werke oder Leistungen dem Endabnehmer zugängig gemacht werden können. Deshalb sind selbstständige Künstler und Publizisten aufgrund des KSVG vom 27.7.81 (BGBl I 81, 705) als Pflichtversicherte in den Schutz der gesetzlichen Kranken- und Rentenversicherung sowie PflegeV einbezogen. Voraussetzung für die Einbeziehung ist, dass die selbstständigen Künstler und Publizisten aus einer erwerbsmäßigen und nicht nur vorübergehend ausgeübten Tätigkeit ein Mindesteinkommen erzielen, nicht mehr als einen ArbN beschäftigen und nicht anderweitig von der Versicherungspflicht befreit sind. Ausgenommen sind nebenberufliche Künstler, die ihr überwiegendes Einkommen aus einer anderweitigen Haupttätigkeit bezie- **1**

hen. **Künstler** ist, wer Musik, darstellende oder bildende Kunst schafft oder lehrt; **Publizist** ist, wer als Schriftsteller, Journalist oder in anderer Weise publizistisch tätig ist oder Publizistik lehrt.

2 Die Finanzierung der SozVBeiträge ist derjenigen der ArbN nachgebildet. Die selbstständigen Künstler und Publizisten zahlen wie ArbN nur den hälftigen Beitrag. Der „Arbeitgeberanteil" wird über die **Künstlersozialabgabe** von den Verwertern sowie durch einen Bundeszuschuss aufgebracht. Bemessungsgrundlage sind die Entgelte für künstlerische oder publizistische Werke oder Leistungen, die im Laufe eines Kj an selbstständige Künstler oder Publizisten unmittelbar oder mittelbar über Rechnung an Dritte gezahlt wurden, sofern dieser nicht selbst zur Künstlersozialabgabe verpflichtet ist. Im Jahr 2014 beträgt der Vomhundertsatz der Künstlersozialabgabe 5,2 (BGBl I 13, 3618).

3 **2. Verbot der Abwälzung der Künstlersozialabgabe.** Die Belastung der Künstler und Publizisten mit der Künstlersozialabgabe ist gem § 36a Satz 2 KSVG iVm § 32 SGB I unzulässig. Entgegenstehende privatrechtliche Vereinbarungen sind nichtig (*Finke/Brachmann/Nordhausen* KSVG § 24 Rz 3; *Sölter* BB 90, Beilage 22, 18).

B. Lohnsteuerrecht *Seidel*

6 Die Beiträge der Künstlersozialkasse für selbstständige Künstler und Publizisten an einen Träger der SozV oder den Versicherten sind **steuerfrei** (§ 3 Nr 57 EStG). Die vom Versicherten zu zahlende Beitragshälfte kann von diesem als Sonderausgabe bei der EStVeranlagung abgezogen werden. Für sonstige Vorsorgeaufwendungen gilt für Personen, für die steuerfreie Leistungen nach § 3 Nr 57 EStG erbracht werden, der niedrigere Höchstbetrag von 1900 € (§ 10 Abs 4 Satz 2 EStG; s auch *Sonderausgaben* Rz 10).

7 Die Künstlersozialabgabe (s oben Rz 2 und unten Rz 26–28) stellt beim abgabepflichtigen Unternehmen eine Betriebsausgabe dar. Die Leistungen des SozVTrägers im Rahmen der KV sind als Leistungen aus einer KV steuerfrei (§ 3 Nr 1a EStG; s auch ABC bei *Steuerfreie Einnahmen* Rz 20 Krankenversicherungsleistungen). Steuerfrei sind auch Sachleistungen und Kinderzuschüsse aus der RV (§ 3 Nr 1b EStG; s auch ABC bei *Steuerfreie Einnahmen* Rz 21 Rentenversicherungsleistungen). Zur Besteuerung der Rente aus der Künstlersozialversicherung s *Altersrente* Rz 8 ff. Zur Steuerfreiheit der Pflegeversicherungsleistungen s *Pflegeversicherungsleistungen* Rz 2.

C. Sozialversicherungsrecht *Ruppelt*

11 **1. Allgemeines.** Selbstständige Künstler und Publizisten sind grds in der RV, der gesetzlichen KV und in der sozialen PflegeV pflichtversichert, wenn sie die künstlerische oder publizistische Tätigkeit erwerbsmäßig und nicht nur vorübergehend ausüben und im Zusammenhang mit ihrer künstlerischen oder publizistischen Tätigkeit nicht mehr als einen ArbN beschäftigen (s Rz 12). Im Interesse der sozialen Sicherung dieser Personengruppe hat der Gesetzgeber die im Grundsatz systemwidrige Einbeziehung Selbstständiger in die Versicherungspflicht in Kauf genommen. Die KünstlerSozV wird bundeseinheitlich von der Künstlersozialkasse in Wilhelmshaven durchgeführt.

12 **2. Versicherte.** Künstler iSd Gesetzes ist, wer Musik, darstellende oder bildende Kunst schafft, ausübt oder lehrt; Publizist ist, wer als Schriftsteller, Journalist oder in ähnlicher Weise publizistisch tätig ist oder Publizistik lehrt (§ 2 KSVG). Eine präzise Umschreibung des Personenkreises bietet das Gesetz nicht. Es ist von einem **weiten Begriff** der künstlerischen bzw publizistischen Tätigkeit auszugehen (BSG 1.10.09 – B 3 KS 3/08 R, BSGE 104, 258 Rz 11). Eine kunsthandwerkliche Betätigung ohne künstlerische Anerkennung in Fachkreisen reicht jedoch nicht aus (BSG 10.3.11 – B 3 KS 4/10 R, SozR 4-5425 § 2 Nr 19). Ggf bedarf es einer Entscheidung der Künstlersozialkasse im Einzelfall. Weitere Voraussetzungen sind, dass die Tätigkeit **selbstständig, erwerbsmäßig, nicht nur vorübergehend und überwiegend im Inland** ausgeübt wird (§ 1 Nr 1 KSVG). Die selbstständige künstlerische Tätigkeit ist insbesondere durch das eigene Unternehmerrisiko und die freie Verfügungsmöglichkeit über Arbeitskraft und -zeit gekennzeichnet (vgl insoweit zum Hotelmusiker LSG RhPf 13.9.01 – L 5 KR 130/00, SozVers 02, 219). Erwerbsmäßigkeit der künstlerischen oder publizistischen Tätigkeit liegt nur vor, wenn die Tätigkeit zur Erzielung von Einnahmen ausgeübt wird. Eine Betätigung im Rahmen der Liebhaberei genügt nicht (LSG BaWü 5.8.08 – L 11 KR 1559/08, BeckRS 2008, 56023). Wird die künstlerische oder publizistische Tätigkeit im Rahmen eines **Beschäftigungsverhältnisses** ausgeübt, ist die Zuständigkeit der Künstlersozialkasse nicht gegeben. Gleiches gilt, wenn der Künstler/Publizist in Zusammenhang mit seiner künstlerischen bzw publizistischen Tätigkeit mehr als einen ArbN beschäftigt, es sei denn, die Beschäftigung (eines weiteren ArbN) erfolgt zur Berufsausbildung oder ist geringfügig iSv § 8 SGB IV (§ 1 Nr 2 KSVG).

Einzelfälle: Keine Versicherungspflicht in der KSVG mangels künstlerischer Tätigkeit: 13 kunsthistorische Vortragstätigkeit (BSG 24.6.98 – B 3 KR 10/97 R, SGb 98, 471); Catcher (BSG 26.11.98 – B 3 KR 12/97 R, SozR 3–5425 § 2 Nr 9); Gemäldefotograf (BSG 24.6.98 – B 3 KR 11/97 R, SozR 3–5425 § 25 Nr 11); Textilrestaurator (BSG 25.9.01 – B 3 KR 18/00 R, NZS 02, 323); japanische Teemeisterin (BSG 12.5.05 – B 3 KR 13/04 R, SozR 4–5425 § 2 Nr 3); Tangolehrer (BSG 7.12.06 – B 3 KR 11/06 R, SozR 4–5425 § 2 Nr 10); Tätowierer (BSG 28.2.07 – B 3 KS 2/07 R, NZS 07, 594; Profisportler bei der Mitwirkung in Werbefilmen (BSG 24.1.08 – B 3 KS 1/07 R, Die Beiträge Beilage 08, 378; Tanz/Bewegungslehrer für Kinder (BSG 1.10.09 – B 3 KS 3/08 R, BSGE 104, 258); Modedesignerin (BSG 21.6.12 – B 3 KS 1/11 R, DStR 12, 2089). **Versicherungspflicht** in der KSVG: Regieassistent (BSG 28.1.99 – B 3 KR 2/98 R, BB 99, 1662); Hotelmusiker (LSG RhPf 13.9.01 – L 5 KR 130/00, SGb 01, 756); Technischer Redakteur von Bedienungsanleitungen (BSG 30.1.01 – B 3 KR 7/00 R, SozR 3–5425 § 2 Nr 12); Tiermodellbauer (BSG 30.1.01 – B 3 KR 11/00 R, SozR 3–5425 § 2 Nr 13); Industriedesigner (BSG 30.1.01 – B 3 KR 1/00 R, SGb 02, 111); Werbefotograf (BSG 25.11.10 – B 3 KS 1/10 R, SozR 4–5425 § 2 Nr 18); Webdesigner (BSG 7.7.05 – B 3 KR 37/04 R, SozR 4–5425 § 2 Nr 5); Visagistin (BSG 12.5.05 – B 3 KR 39/04 R, Die Beiträge Beilage 06, 19; Trauerredner (BSG 23.3.06 – B 3 KR 9/05 R, Die Beiträge Beilage 06, 218); Kalligraf (BSG 15.11.07 – B 3 KS 3/07, Die Beiträge Beilage 08, 315); Werbefinanzierter Online-Journalist (BSG 21.7.11 – B 3 KS 5/10 R, SozR 4–5425 § 1 Nr 2); vgl auch *Fahl*, Reichweite der Künstlersozialversicherung – Das Internet und die Künstlersozialabgabe, NZS 09, 84.

3. Versicherungsfreiheit in der Künstlersozialversicherung. a) Geringfügiges Einkommen. Keine Versicherungspflicht nach KSVG besteht, wenn mit der künstlerischen und publizistischen Tätigkeit voraussichtlich nur ein jährliches Arbeitseinkommen erzielt wird, das 3900 € nicht übersteigt (§ 3 Abs 1 KSVG). Dies gilt allerdings nicht bis zum Ablauf von drei Jahren nach erstmaliger Aufnahme der Tätigkeit (Abs 2). In dieser Zeit sind selbstständige Künstler und Publizisten auch dann versicherungspflichtig, wenn sie aus ihrer Tätigkeit geringere Einnahmen haben. Die Drei-Jahres-Frist kann sich nach Maßgabe von § 3 Abs 2 Satz 2 KSVG verlängern. Die Versicherungspflicht bleibt bestehen, solange das Arbeitseinkommen aus selbständiger künstlerischer oder publizistischer Tätigkeit nicht mehr als zweimal innerhalb von sechs Kalenderjahren die Grenze von 3900 € nicht übersteigt (§ 3 Abs 3 KSVG). 14

b) Nachrangigkeit. Ist der selbstständige Künstler oder Publizist bereits anderweitig 15 renten- und/oder krankenversichert, kann Versicherungsfreiheit nach dem KSVG in der RV und/oder in der KV bestehen. Dies kann dazu führen, dass nur in der **Rentenversicherung** oder nur in der **Krankenversicherung** Versicherungsfreiheit nach dem KSVG vorliegt. Versicherungspflicht und Versicherungsfreiheit in der **sozialen Pflegeversicherung** folgt grds den entsprechenden Regeln der KV (s aber Rz 19). Unter welchen Voraussetzungen der Künstler oder Publizist nicht nach dem KSVG zu versichern ist, ergibt sich im Einzelnen aus § 4 KSVG (RV) und § 5 KSVG (KV). Die Voraussetzungen für den KVSchutz als Rentner in der KVdR ergeben sich aus § 5 Abs 1 Nr 11a SGB V. Der Zugang zur KVdR ist für Künstler und Publizisten im Vergleich zu sonstigen Rentenbeziehern erleichtert. Seit dem 1.1.09 haben hauptberuflich selbständig Erwerbstätige keinen Anspruch auf *Krankengeld* (§ 44 Abs 2 Nr 2 SGB V). Dies gilt auch für hauptberuflich selbstständige Künstler. Allerdings haben die Krankenkassen den Künstlern Wahltarife anzubieten, welche einen Anspruch auf Krankengeld enthalten (§ 53 Abs 6 SGB V). S auch *Krankengeld* Rz 13.

c) Befreiung von der Krankenversicherungspflicht auf Antrag. Von der KV nach 16 dem KSVG können sich Künstler und Publizisten bei erstmaliger Aufnahme ihrer Tätigkeit **befreien** lassen, wenn sie bei einem Unternehmen der privaten KV versichert sind und die

264 Künstlersozialversicherung

Leistungen denjenigen der gesetzlichen KV entsprechen. Der Antrag ist spätestens drei Monate nach Feststellung der Versicherungspflicht bei der Künstlersozialkasse zu stellen (§ 6 Abs 1 Satz 3 KSVG). Diese Befreiung kann nur bis zum Ablauf von drei Jahren nach erstmaliger Aufnahme der künstlerischen und publizistischen Tätigkeit auf Antrag rückgängig gemacht werden (Abs 2).

17 Künstler und Publizisten, deren Arbeitseinkommen in den abgelaufenen drei Kj insgesamt über der Summe der JAEGrenze nach § 6 Abs 6 SGB V (s *Beitragsbemessungsgrenzen* Rz 5 ff) für diese Jahre gelegen hat, können ebenfalls auf Antrag von der KVPflicht nach dem KSVG **befreit** werden. Der Antrag muss bis zum 31. 3. des auf den Dreijahreszeitraum folgenden Jahres gestellt werden. Die Befreiung kann nicht widerrufen werden (§ 7 KSVG). Ist eine Befreiung von der KVPflicht erfolgt, erhalten selbstständige Künstler und Publizisten auf Antrag einen Beitragszuschuss zur freiwilligen gesetzlichen bzw privaten KV nach Maßgabe von § 10 KSVG.

18 **d) Krankenversicherungsfreiheit kraft Gesetzes.** Von der KV und der PflegeV nach dem KSVG ausgeschlossen sind die Personengruppen, die in § 5 Abs 1 Nr 1–8 KSVG genannt sind. Hierzu gehört insbesondere, wer nach dem Erreichen der Regelaltersgrenze der RV (s *Altersgrenze* Rz 26 ff) eine künstlerische oder publizistische Tätigkeit aufnimmt oder wer eine solche Tätigkeit während eines ordentlichen (hauptsächlich betriebenen) Studiums ausübt. Gleiches gilt für Personen nach Vollendung des 55. Lebensjahres, die nach § 5 Abs 1 Nr 4 KSVG iVm § 6 Abs 3a SGB V versicherungsfrei sind.

19 **4. Pflegeversicherung.** Pflegeversichert nach dem KSVG ist, wer nach diesem Gesetz krankenversichert ist. Dabei geht die Versicherungspflicht nach dem KSVG der nach dem SGB XI vor. Bei Versicherungsfreiheit nach dem KSVG (auch bei Befreiung auf Antrag) in der KV kann Versicherungspflicht in der sozialen PflegeV nach dem SGB XI gegeben sein. In diesem Fall besteht ein Anspruch auf Beitragszuschuss zur sozialen PflegeV. Wer nach § 7 KSVG von der Versicherungspflicht in der KV und daher auch von der Versicherungspflicht in der sozialen PflegeV befreit ist, hat Anspruch auf Beitragszuschuss zu einer privaten PflegeV (§ 10a KSVG).

20 **5. Beginn und Ende der Versicherung.** Die Versicherungspflicht beginnt mit dem Tage, an dem die Meldung nach § 11 KSVG bei der Künstlersozialkasse eingeht und die Voraussetzungen der Versicherungspflicht erfüllt sind. Kommt der Versicherungspflichtige seiner Meldepflicht nicht nach, beginnt die Versicherung durch Bescheid der Künstlersozialkasse, mit dem Versicherungspflicht festgestellt wird. Die Versicherungspflicht endet mit Aufgabe der selbstständigen Tätigkeit, dem Eintritt von Versicherungsfreiheit oder einer vorrangigen Pflichtversicherung.

21 **6. Beiträge.** Die Mittel für die Versicherung nach dem KSVG werden durch Beitragsanteile der Versicherten zur einen Hälfte, durch die Künstlersozialabgabe und durch einen Zuschuss des Bundes zur anderen Hälfte aufgebracht (§ 14 KSVG). Der Versicherte hat grds die Hälfte der Beiträge selbst zu tragen und den Beitragsanteil für den Kalendermonat jeweils bis zum Fünften des folgenden Monats an die Künstlersozialkasse zu zahlen (§§ 15 ff KSVG).

22 **a) Krankenversicherung.** Ist der Versicherte mit Beitragsanteilen für zwei Monate für die KV und die PflegeV im **Rückstand,** hat ihn die Künstlersozialkasse zu mahnen. Ist der Rückstand zwei Wochen nach Zugang der Mahnung noch höher als der Beitragsanteil für einen Monat, stellt die Künstlersozialkasse das Ruhen der Leistungen fest. Das Ruhen kann frühestens nach Ablauf von zwei Wochen nach Mahnung ausgesprochen werden (LSG RhPf 15.3.12 – 2 5 KR 62/12 B ER, BeckRS 2012, 69127). Während des Ruhens werden Leistungen nicht gewährt. Das Ruhen endet nach vollständiger Begleichung der Rückstände (§ 16 Abs 2 KSVG). Die Höhe der Beiträge ergibt sich aus dem Beitragssatz und der Höhe des JAE aus selbstständiger künstlerischer und publizistischer Tätigkeit.

23 Der Beitragsanteil des Versicherten beträgt die Hälfte des allgemeinen Beitragssatzes (2014: 15,5 %) zuzüglich 0,45 % Beitragssatzpunkte gesetzlicher Zusatzbeitrag (vgl *Krankenversicherungsbeiträge* Rz 27). Bei einem zu erwartenden JAE von 10 000 € beträgt der Jahresbeitrag zur KV somit 820 € (8,82 % von 10 000). Der Beitragsbemessung pro Kalendertag wird der 360. Teil des voraussichtlichen Arbeitseinkommens (§ 12 Abs 1 Satz 1 KSVG), mindestens jedoch der 180. Teil der monatlichen Bezugsgröße nach § 18 SGB IV zugrunde gelegt (§ 234 Abs 1 SGB V). Die KVBeiträge sind von der Künstlersozialkasse an die jeweilige

Krankenkasse abzuführen. Das voraussichtliche JAE hat der Versicherte selbst im Voraus zu schätzen. Zum Überprüfungsverfahren s Rz 29.

b) Rentenversicherung. Der Beitragsanteil des Versicherten beträgt nach § 15 KSVG die Hälfte des Beitragssatzes der gesetzlichen RV (§§ 157 ff SGB VI). Der Beitragssatz in der gesetzlichen RV beträgt 2014 18,9 Prozentpunkte. Auf den Versicherten entfallen somit 9,45 Prozentpunkte. Die beitragspflichtigen Einnahmen sind das voraussichtliche JAE (§ 165 Abs 1 Satz 1 Nr 3 SGB VI).

c) Pflegeversicherung. Der Versicherte hat nach § 16a Abs 1 KSVG an die Künstlersozialkasse als Beitragsanteil zur sozialen PflegeV für den Kalendermonat die Hälfte des sich aus den §§ 55 und 57 Abs 1 Satz 1 SGB XI ergebenden Beitrags zu zahlen (ggf zuzüglich des Sonderbeitrags bei Kinderlosigkeit, also 2014 die Hälfte von 2,05 bzw 2,30 Prozentpunkten, s *Pflegeversicherungsbeiträge* Rz 12). § 16 Abs 2 KSVG gilt bei Beitragsrückstand entsprechend (Rz 22).

7. Künstlersozialabgabe. Vermarkter, die Werke oder Leistungen selbständiger Künstler und Publizisten iSd KSVG verwerten (also solchen Künstlern/Publizisten Aufträge erteilen) haben eine Abgabe zu entrichten, welche neben den Beiträgen der Versicherten und einem Bundeszuschuss der Finanzierung der Künstlersozialversicherung dient. Neben den originären Kunstvermarktern wie Verlage, Galerien, Kunsthandel, Theater usw (§ 24 Abs 1 Satz 1 KSVG) gehören dazu auch Unternehmer, die für Zwecke ihres eigenen Unternehmens Werbung oder Öffentlichkeitsarbeit betreiben und dabei nicht nur gelegentlich Aufträge an selbständige Künstler oder Publizisten erteilen (Abs 1 Satz 2). Werden solche Aufträge (zB zur Herstellung einer Werbebroschüre) nicht an selbständige Künstler/Publizisten, sondern an eine juristische Person erteilt (zB an eine in Form einer KG betriebenen Werbeagentur), unterliegen die Honorarzahlungen an diese KG nicht der Abgabepflicht (BSG 12.8.10 – B 3 KS 2/09 R, BSGE 106, 276; LSG BaWü 9.11.12 – L 4 R 2556/10, BeckRS 2013, 65949 zur OHG, Revision am BSG anhängig, Az B 3 KS 3/13 R). Ev. ist die Werbeagentur ihrerseits zur Abgabe verpflichtet, wenn sie sich zur Auftragserledigung selbständiger (nicht bei ihr angestellter) Künstler/Publizisten bedient. Abgabenpflichtig sind ferner Unternehmer, die nicht nur gelegentlich Aufträge an selbständige Künstler oder Publizisten erteilen, um deren Werke oder Leistungen für Zwecke ihres Unternehmens zu nutzen, wenn im Zusammenhang mit dieser Nutzung Einnahmen erzielt werden sollen (Abs 2 Satz 1). Dazu gehören etwa Promotions- und Werbeveranstaltungen mit Musikprogramm oder sonstigen künstlerischen Darbietungen. Eine nicht nur **gelegentliche Erteilung** von Aufträgen in diesem Sinne liegt vor, wenn im Kj mehr als drei Veranstaltungen durchgeführt werden (Abs 2 Satz 2). Auch hinsichtlich der sonstigen Vermarktung küntlerischer oder publizistischer Werke reichen **gelegentliche Aufträge** zur Begründung der Abgabepflicht nicht aus. Eine feste Auftragsgrenze wie bei den Veranstaltungen gibt es nicht. Jedenfalls muss mehr als ein Auftrag erteilt werden (BSG 12.11.03 – B 3 KR 8/03 R, Die Beiträge, Beilage 03, 246). Handelt es sich um regelmäßig wiederkehrende Aufträge, etwa die professionelle Herstellung von Fotografien des Vorstands für den jährlichen Geschäftsbericht, wird von einer gelegentlichen Auftragsvergabe schon nicht mehr ausgegangen werden können. Auf Gewinnerzielungsabsicht kommt es nicht an. Gemeinnützigkeit steht der Abgabepflicht nicht entgegen. Abgabepflicht besteht auch für **Vermittlungskonzertdirektionen,** die selbst keine Konzerte veranstalten (BSG 20.4.94 – 3/12 RK 31/92, SozR 3–5425 § 24 Nr 4) und für **Kunstvereine,** die durch Ausstellungen den Verkauf künstlerische Werke fördern (BSG 20.4.94 – 3/12 RK 33/92, SozR 3–5425 § 24 Nr 5; 31.8.2000 – B 3 KR 27/99 R, SozR 3–5425 § 24 Nr 19). **Karnevals- oder Faschingsgesellschaften** unterliegen der Abgabepflicht, wenn sie im Kj mehr als drei Karnevals- oder Faschingsveranstaltungen mit Büttenrednern, Musikern usw veranstalten (§ 24 Abs 2 Satz 2 KSVG). Für die Honorare von Chorleitern und Dirigenten in Musikvereinen ist keine Künstlersozialabgabe zu entrichten (§ 24 Abs 2 Satz 3 KSVG), wenn der Zweck des Musikvereins nicht überwiegend auf das öffentliche Auftreten des Orchesters oder Chors gerichtet ist (BSG 20.11.08 – B 3 KS 5/07 R, Die Beiträge Beilage 09, 102 Rz 22). Da Kunst iS des KSVG keine besondere Gestaltungshöhe voraussetzt, unterliegen die Honorare für Juroren in TV-Castingshows der Abgabepflicht (BSG 1.10.09 – B 3 KS 4/08 R, BSGE 104, 265). Die **Höhe der Abgabe** wird jährlich für das Folgejahr durch RechtsVO (KünstlersozialabgabeVO) festgesetzt und beträgt

264 Künstlersozialversicherung

2014 für die vier Bereiche (Wort, Bildende Kunst, Musik und darstellende Kunst) einheitlich 5,2 vH. **Bemessungsgrundlage** für die Künstlersozialabgabe sind die Entgelte für selbstständige künstlerische oder publizistische Werke oder Leistungen, vermindert um die Umsatzsteuer, die die zur Abgabe Verpflichteten zur Nutzung dieser Werke oder Leistungen aufgewendet haben. Der Abgabepflicht unterliegen auch Vergütungen, die an Autoren für die Teilnahme an Werbeveranstaltungen für ihr Buch gezahlt werden (BSG 11.4.02 – B 3 KR 46/01 R, NZA 02, 1140). Honorare an Schulbuchautoren sind ebenso abgabepflichtig (BSG 11.4.02 – B 3 KR 46/01 R; NZS 03, 216) wie Honorare, die ein nach dem KSVG abgabepflichtiges Unternehmen für die Erstellung von Werbematerial an eine Werbeagentur zahlt (BSG 24.7.03 – B 3 KR 37/02 R, NJW 04, 628). Eine in der Form einer GmbH betriebene Werbeagentur hat für einen überwiegend künstlerisch oder publizistisch tätigen Gesellschafter-Geschäftsführer die Künstlersozialabgabe abzuführen (BSG 15.1.09 – B 3 KS 5/08 B, BeckRS 2009, 52455; *Boss*, Medienberufe aus arbeits- und sozialversicherungsrechtlicher Sicht, NZS 10, 483). Entgelte und Vergütungen, die ins **Ausland** gezahlt werden, unterliegen der Abgabepflicht, wenn die Verwertung der künstlerischen Leistung im Inland erfolgt (Beispiel: Vergütungen eines inländischen Verlages an ausländische Künstler oder Publizisten für im Inland veröffentlichte Werke: BSG 20.7.94 – 3/12 RK 63/92, SozR 3–5425 § 25 Nr 5). Dies gilt nicht, wenn die Verwertung der künstlerischen oder publizistischen Leistung eines Ausländers durch das inländische Verwertungsunternehmen ausschließlich im Ausland erfolgt (Beispiel: von einer inländischen Gastspieldirektion organisierte Aufführung des russischen Nationalballetts in Italien: BSG 18.9.08 – B 3 KS 4/07 R, BSGE 101, 245).

27 **Für die Abgabepflicht ist unerheblich,** ob der selbständige Künstler oder Publizist, dessen Werke verwertet werden, nach dem KSVG der Versicherungspflicht unterliegt (§ 25 Abs 1 KSVG). Ausgenommen von der Abgabepflicht sind die Entgelte, die für urheberrechtliche Nutzungsrechte, sonstige Rechte des Urhebers oder Leistungsschutzrechte an Verwertungsgesellschaften gezahlt werden und steuerfreie Aufwandsentschädigungen sowie die in § 3 Nr 26 EStG genannten steuerfreien Einnahmen.

28 **8. Meldepflicht.** Der zur Künstlersozialabgabe verpflichtete **Unternehmer** hat bis 31.3. des Folgejahres die Summe der sich nach § 25 KSVG ergebenden Beträge zu **melden,** die Abgabe zu berechnen und diese an die Künstlersozialkasse zu zahlen (s Rz 11). Die Meldung kann über www.kuenstlersozialkasse.de elektronisch erfolgen. Kommt der zur Abgabe Verpflichtete der Meldepflicht nicht ordnungsgemäß nach, nimmt die Künstlersozialkasse eine Schätzung vor (§ 27 Abs 1 KSVG). Innerhalb von 10 Tagen nach Ablauf jeden Kalendermonats ist eine Vorauszahlung zu entrichten, die sich nach dem vH-Satz für das laufende Jahr und einem Zwölftel der Bemessungsgrundlage für das vorausgegangene Kj bemisst (Abs 2 und 3). Der **versicherte Künstler oder Publizist** hat seine voraussichtlichen Einnahmen für das Folgejahr bis zum 1. 12. zu melden (§ 12 Abs 1 Satz 1 KSVG).

29 **9. Überprüfungsverfahren. a) Gesetzliche Grundlage.** Durch das KSVGÄndG 3 vom 12.6.07 (BGBl I 07, 1034) wurden stärkere Kontroll- und Überprüfungsmöglichkeiten sowohl hinsichtlich der Angaben der Versicherten zu den Voraussetzungen der Versicherungspflicht und zum voraussichtlichen Einkommen als auch hinsichtlich der Angaben der Unternehmen zur Abgabepflicht und Höhe der Abgabe eingeführt.

30 **b) Prüfung der Versicherten.** Nach näherer Bestimmung durch § 13 KSVG kann die Künstlersozialkasse vom Versicherten umfassende Angaben zu Art und Umfang seiner künstlerischen oder publizistischen Tätigkeit sowie zur Höhe des daraus erzielten Einkommens verlangen. Die Erhebung dieser Angaben erfolgt durch eine wechselnde jährliche Stichprobe (§ 13 Satz 4 KSVG). Von der Stichprobe werden jährlich mindestens 5 Prozent aller bei der Künstlersozialkasse Versicherten erfasst. Geprüft wird, ob angemessene Einkommensmeldungen abgegeben und das Mindestarbeitseinkommen in Höhe von 3900 Euro jährlich erreicht wurde. Dabei werden die tatsächlichen Arbeitseinkommen der letzten vier Jahre sowie mögliche Einkünfte aus nicht-künstlerischer bzw. nicht-publizistischer Tätigkeit unter Vorlage der entsprechenden Einkommensteuerbescheide oder Gewinn- und Verlustrechnungen erhoben. Verweigert ein Versicherter seine Mitwirkung an der Befragung oder wird durch die Prüfung ein Missbrauch festgestellt, kann dies nach einem Anhörungsverfahren zum

Ausschluss aus der Künstlersozialversicherung oder zu einer Beitragsanpassung für die Zukunft führen.

c) Prüfung der Unternehmen. Zur vollständigen Erfassung der Abgabepflichtigen ist den Prüfdiensten der RV, welche die Arbeitgeberprüfung bereits für die RV, die Krankenkassen und die BA vornehmen, nach § 28p Abs 1a SGB IV die Aufgabe übertragen, die Unternehmen auf ihre Künstlersozialabgabepflicht hin zu überprüfen. **31**

d) Bußgeldvorschriften. Die Bestimmungen über Bußgelder bei Ordnungswidrigkeiten nach dem KSVG sind für abgabepflichtige Verwerter den Bestimmungen für die allgemeine Sozialversicherung angepasst. Die Verletzung der Melde- oder Aufzeichnungspflichten kann nach Maßgabe von § 36 Abs 3 KSVG mit einer Geldbuße bis 50 000 Euro belegt werden. **32**

Kur

A. Arbeitsrecht *Poeche*

1. Allgemeines. Das Recht der Kur- und Heilverfahren ist durch das zum 1.6.94 in Kraft getretene EFZG bundeseinheitlich und für alle ArbNGruppen zusammenfassend geregelt worden (zum Geltungsbereich des EFZG s *Entgeltfortzahlung* Rz 1) und mit der Verwendung der Begriffe „Maßnahmen der medizinischen Vorsorge oder Rehabilitation" sprachlich dem Sozialrecht angepasst worden. Materiell-rechtlich hat sich durch diese Anpassung nichts geändert. In Zweifelsfällen kann daher auf die zu § 7 LFZG ergangene Rspr und veröffentlichte Literatur zurückgegriffen werden. **1**

2. Anspruchsvoraussetzungen. Anspruch auf Entgeltfortzahlung für bis zu sechs Wochen besteht, wenn der ArbN an einer Maßnahme der medizinischen Vorsorge oder Reha teilnimmt und deshalb an seiner Arbeit verhindert ist (§ 9 Abs 1 iVm § 3 EFZG). Welche medizinischen Maßnahmen den Anspruch auslösen, bestimmt sich nach den Kategorien des SozVRecht (s unten Rz 17, 21). Maßnahmen der beruflichen Rehabilitation werden vom EFZG nicht erfasst. Da nicht alle ArbN Mitglied der gesetzlichen KV oder in der gesetzlichen RV versichert sind, wird zwischen diesen ArbNGruppen differenziert. **2**

a) Pflichtversicherte Arbeitnehmer. Die Kur muss von einem Träger der SozV, also der KV, RV, einer Verwaltungsbehörde der Kriegsopferversorgung oder einem sonstigen Träger von Sozialleistungen **bewilligt** worden sein. Sie muss darüber hinaus **stationär** in einer Einrichtung der medizinischen Vorsorge oder Reha durchgeführt werden. Damit soll sichergestellt werden, dass der ArbN während der Maßnahme nicht nur die verordneten ärztlichen und sonstigen medizinischen Leistungen in Anspruch nimmt, sondern sich auch in seiner privaten Lebensführung auf seine Gesundheit konzentriert (zB Beachtung der Hausordnung, Einhaltung einer Diät). Zeiten einer ambulanten Kur oder eines sog Kurlaubs, bei denen Unterkunft und Verpflegung frei gewählt werden können, sind nicht zu vergüten (BAG 19.1.2000 – 5 AZR 685/98, NZA 2000, 773). **3**

b) Nichtpflichtversicherte Arbeitnehmer. Da für diese ArbN eine Bewilligung durch einen SozVTräger ausscheidet, genügt die **ärztliche Verordnung** einer medizinischen Vorsorge- oder RehaMaßnahme. Es bleibt bei der **stationären Unterbringung,** wobei jede Einrichtung gewählt werden kann, die mit den vom SozVTräger anerkannten Einrichtungen vergleichbar ist. Vergleichbarkeit liegt vor, wenn gewährleistet ist, dass der Aufenthalt in der Einrichtung den gesundheitlichen Erfordernissen entsprechend gestaltet wird. **4**

3. Anspruchsumfang. Der Entgeltanspruch entspricht in Dauer und Höhe sowie den weiteren Anspruchsvoraussetzungen dem Anspruch auf Entgeltfortzahlung im Krankheitsfall (§ 9 Abs 1 iVm §§ 3, 4, 6–8 EFZG). Die Krankheit, derentwegen die Vorsorge- oder RehaMaßnahme gewährt wird, darf also nicht verschuldet sein. Zeiten der Arbeitsunfähigkeit und der Kur, die auf derselben Krankheit beruhen, gelten als **Fortsetzungserkrankung** (Näheres *Entgeltfortzahlung* Rz 19). Die Kur muss die **alleinige Ursache** für den Arbeitsausfall sein (Näheres *Entgeltfortzahlung* Rz 3). Die **Beendigung des Arbeitsverhältnisses** lässt den Entgeltfortzahlungsanspruch des ArbN unberührt, wenn der ArbGeb aus Anlass der Vorsorge-/RehaMaßnahme kündigt oder der ArbN aus einem vom ArbGeb zu vertretenden **5**

Grund, der zur fristlosen Beendigung berechtigt, seinerseits das Arbeitsverhältnis beendet (Näheres *Entgeltfortzahlung* Rz 17).

6   4. Anzeige- und Nachweispflichten. Der ArbN ist verpflichtet, dem ArbGeb den Zeitpunkt des Antritts der Maßnahme, die voraussichtliche Dauer und eine etwaige Verlängerung unverzüglich, also ohne schuldhaftes Zögern iSv § 121 BGB, mitzuteilen. Dem ArbGeb ist ferner die Bescheinigung über die Bewilligung der Maßnahme durch den SozVTräger oder die ärztliche Bescheinigung über ihre Erforderlichkeit vorzulegen (§ 9 Abs 2 EFZG). Er hat ein vorläufiges **Leistungsverweigerungsrecht,** solange ihm die erforderlichen Nachweise nicht vorliegen (§ 9 iVm § 7 EFZG), das mit deren Vorlage rückwirkend erlischt (Näheres *Entgeltfortzahlung* Rz 21). Für den Beweiswert der ärztlichen Bescheinigung und seine Erschütterung kann auf die zum Attest im Krankheitsfall entwickelten Grundsätze zurückgegriffen werden (Näheres *Arbeitsunfähigkeitsbescheinigung* Rz 5 ff). Ähnliches gilt bei Zweifeln an der stationären Unterbringung des ArbN während der Kur, wobei es regelmäßig ausreichen wird, wenn der ArbN eine entsprechende Bescheinigung der Einrichtung vorlegt. Entzieht er sich den ärztlichen Anordnungen, der Kur- oder Hausordnung und gestaltet er seinen Aufenthalt wie einen beliebigen Erholungsurlaub, besteht wegen der notwendigen stationären Unterbringung kein Anspruch (vgl BAG 14.11.79 – 5 AZR 930/77, DB 80, 551, das für die alte Rechtslage einen möglichen Rechtsmissbrauch des ArbN annahm).

Der ArbN kann sich **schadensersatzpflichtig** machen, wenn er seine Mitteilungs- und Nachweispflicht schuldhaft verletzt, so, wenn wegen des unerwarteten Ausfalls des ArbN Arbeiten nicht rechtzeitig abgeschlossen werden, oder zB das vom ArbN sonst geführte Fahrzeug stillsteht. Kein Schaden im Rechtssinn ist die vom ArbGeb während der Kur zu gewährende Entgeltfortzahlung (BAG 27.3.91 – 5 AZR 58/90, DB 91, 2144).

7   5. Schonzeit. In Anpassung an das Sozialrecht, das eine ärztlich verordnete Schonzeit nicht mehr kennt, fehlt auch eine arbeitsrechtliche Regelung. Um dem ArbN nach der Heilmaßnahme noch für einen gewissen Zeitraum Erholung zu ermöglichen, wird der ArbGeb verpflichtet, dem ArbN auf sein Verlangen für die sich an die Maßnahme anschließende Zeit **Erholungsurlaub** zu gewähren (§ 7 Abs 1 Satz 2 BUrlG). Die Regelung ist zwingend; der ArbGeb kann dem ArbN weder Urlaubswünsche anderer ArbN noch dringende betriebliche Belange iSv § 7 Abs 2 BUrlG entgegenhalten.

8   6. Sonstiges. Im Einzelfall kann sich eine Pflicht des ArbN ergeben, den ArbGeb bei Einstellungsverhandlungen ungefragt über ein unmittelbar bevorstehendes Heilverfahren zu unterrichten. Das ist bejaht worden, wenn es sich um ein zweckgebundenes, befristetes Arbeitsverhältnis handelt (LAG Bln 18.4.78 – 3 Sa 115/77, BB 79, 1145 [LS]).

9   7. Erholungsurlaub. Nach § 10 BUrlG dürfen Kurzeiten auf den Erholungsurlaub nicht angerechnet werden. Dies gilt auch für Kurzeiten, die außerhalb des Entgeltfortzahlungszeitraums liegen (ErfK/*Gallner* § 10 BUrlG Rz 11).

B. Lohnsteuerrecht *Thomas*

12   1. Aufwendungen des Arbeitnehmers für Heilkuren gehören grds in den Bereich der Einkommensverwendung. Sie können als außergewöhnliche Belastung (§ 33 EStG) berücksichtigt werden, wenn es sich um unmittelbare Krankheitskosten handelt, wobei besondere Nachweiserfordernisse zu beachten sind (BFH 11.12.87, BStBl II 88, 275; 30.6.95, BStBl II 95, 614; 8.7.94, BFH/NV 95, 24). Nicht zu den Krankheitskosten in diesem Sinne sind Aufwendungen für eine Bade- oder Erholungskur zu zählen, die lediglich der allgemeinen Gesundheitsvorsorge bzw der Erhaltung der Arbeitskraft dienen (BFH 14.2.80, BStBl II 80, 295).

13   Ausnahmsweise können Kurkosten im Bereich der Einkunftserzielung berücksichtigt werden, also Werbungskosten sein, wenn sie zur Heilung bzw Linderung einer oder der Vorbeugung gegen eine typische *Berufskrankheit* aufgewendet werden. Auch hier steht dem Werbungskostenabzug entgegen, dass – ohne bereits eingetretene oder drohende Berufskrankheit – eine bloß dem allgemeinen Gesundheitszustand dienende vorbeugende Maßnahme durchgeführt wird (vgl BFH 17.7.81, BStBl II 81, 711). Ein hinreichender **beruflicher Bezug** wird bei einer solchen Kur auch nicht dadurch hergestellt, dass wegen der Art des ausgeübten Berufs eine besondere Fitness erforderlich ist (BFH 17.7.92, DStR 92, 1396 zur Kur eines Berufspiloten). Demgegenüber soll die Übernahme von Massagekosten bei Bildschirmarbeit unter bestimmten Voraussetzungen im eigenbetrieblichen Interesse des Arb-Geb liegen können (BFH 30.5.01 – VI R 177/99, BStBl II 01, 671).

2. Aufwendungen des Arbeitgebers, mit welchen Krankheitskosten des ArbN finanziert werden, stellen grds Arbeitslohn dar und zwar sowohl bei Verschaffung von KVSchutz (s *Krankenversicherungsbeiträge* Rz 3 ff), als auch bei der Übernahme von Krankheitskosten als solcher, wobei einzelne Leistungen steuerbefreit sind (vgl § 3 Nr 4d, 5, 11 und 62 EStG). 14

Auch die Übernahme von Kurkosten des ArbN durch den ArbGeb führt zu Arbeitslohn (BFH 11.3.10 – VI R 7/08, DStRE 10, 789 Kur eines Fluglotsen, die auch beruflichen Zwecken dient), und es kommt dabei nicht darauf an, ob die Kur der allgemeinen Gesundheitsvorsorge oder der Behebung bzw Linderung einer Krankheit dient. 15

Wegen der Fälle, bei denen die Aufwendungen des ArbGeb in diesem Bereich ausnahmsweise im ganz überwiegend eigenbetrieblichen Interesse des ArbGeb (s *Arbeitsentgelt* Rz 48) erbracht werden und deshalb keinen Arbeitslohn darstellen, wird auf die Ausführungen unter dem Stichwort *Betriebliche Gesundheitsförderung* Rz 15 ff verwiesen. 16

C. Sozialversicherungsrecht *Voelzke*

1. Allgemeines. a) Leistungsrecht. Unter dem Begriff der Kur werden im SozVRecht herkömmlich Leistungen gefasst, die zum Sachbereich der **Leistungen zur medizinischen Rehabilitation** gehören (vgl § 5 Nr 1 SGB IX; vgl zum Begriff der medizinischen Reha *Luthe* SGb 07, 454; *Bieritz-Harder* in *Deinert/Neumann/*HB SGB IX § 10 Rz 27 ff). Die Leistungsgewährung untersteht damit vergleichbaren Zielen und Grundsätzen, wie sie auch für die Leistungen zur Teilhabe am Arbeitsleben gelten (s *Rehabilitation (berufliche)* Rz 20 ff). Die gemeinsamen Grundsätze des Rehabilitationsrechts sind im SGB IX zusammengefasst. Das Gesetz betont die Selbstbestimmung und gleichberechtigte Teilhabe am Leben in der Gemeinschaft der behinderten Menschen oder von Behinderung bedrohten Menschen. Zwar sieht das Gesetz ua eine Koordinierung der Leistungen (§ 10 SGB IX) sowie eine Zusammenarbeit der Rehabilitationsträger (§ 12 SGB IX) vor, jedoch ist es bei der unübersichtlichen Zuständigkeitsverteilung geblieben. Zum Leistungskatalog der KV gehören auch die **Vorsorgekuren** zur Krankheitsverhütung, bei Gefährdung der gesundheitlichen Entwicklung eines Kindes oder zur Vermeidung von Pflegebedürftigkeit (§§ 23, 24 SGB V; s *Gesundheitsvorsorge* Rz 27). In Abgrenzung zur Krankenhausbehandlung handelt es sich bei Kuren um eine komplexe Leistung mit einer Kombination verschiedenartiger medizinischer und pflegerischer Maßnahmen. Kennzeichnend für die Kur ist zudem der Einsatz ortsgebundener Mittel in Bade- oder Kurorten. 17

b) Arbeitsentgelt. Beitragsrechtlich ergeben sich gegenüber der Behandlung im LSt-Recht (s oben) keine Besonderheiten. Damit unterfallen Zuwendungen des ArbGeb zu den Kurkosten idR dem der Beitragspflicht unterliegenden Arbeitsentgelt. Etwas anderes gilt hier nur, wenn die Kuren im ganz überwiegenden betrieblichen Interesse zur Wiederherstellung oder Erhaltung der Arbeitsfähigkeit durchgeführt werden. 18

2. Zuständigkeiten für die Leistungserbringung ergeben sich im gegliederten System der sozialen Sicherung für die Träger der KV, RV und UV, des sozialen Entschädigungsrechts und des Sozialhilferechts. Zur Klärung von Zuständigkeitsfragen sieht § 14 SGB IX das Verfahren der Zuständigkeitsklärung vor. Danach muss der Träger innerhalb von zwei Wochen nach Eingang des Antrags seine Zuständigkeit feststellen; verneint er sie, muss er den Antrag unverzüglich dem nach seiner Auffassung zuständigen Rehabilitationsträger zuleiten (s zum Verfahren der Zuständigkeitsklärung, Weiterleitung und Selbstbeschaffung *Castendiek* in *Deinert/Neumann/*HB SGB IX § 8 Rz 48 ff). Die Zuständigkeit des UVTrägers ist lediglich im Rahmen der Heilbehandlung wegen der Folgen eines Arbeitsunfalls gegeben. Die Zuständigkeit der Träger der RV wird nach den §§ 9 ff SGB VI begründet, wenn die persönlichen und versicherungsrechtlichen Voraussetzungen hierfür erfüllt sind. Zu den persönlichen Voraussetzungen gehört, dass beim Versicherten eine erhebliche Gefährdung oder Minderung der Erwerbsfähigkeit vorliegt und eine hinreichende Erfolgsaussicht besteht (§ 10 SGB VI). Medizinische Leistungen zur Reha können nicht gewährt werden, wenn 19 lediglich das Leistungsvermögen in einer Werkstatt für Behinderte erhalten oder wiederhergestellt werden soll (BSG 23.2.2000 – B 5 RJ 8/99 R, SozR 3–2600 § 10 Nr 2).

20   In Erweiterung der allgemeinen Regelungen über die versicherungsrechtlichen Voraussetzungen für Leistungen zur Reha (vgl *Rehabilitation (berufliche)* Rz 21 ff) können medizinische RehaLeistungen in der RV nach § 11 Abs 2 SGB VI an Versicherte gewährt werden, wenn sie in den letzten zwei Jahren vor der Antragstellung sechs Kalendermonate mit **Pflichtbeiträgen** für eine versicherte Beschäftigung oder Tätigkeit haben (Nr 1), innerhalb von zwei Jahren nach Beendigung einer Ausbildung eine versicherungspflichtige Beschäftigung oder Tätigkeit aufgenommen und bis zum Antrag ausgeübt haben (Arbeitsunfähigkeit und Arbeitslosigkeit nach Aufnahme der Beschäftigung sind unschädlich, Nr 2) oder bei Erfüllung der allgemeinen Wartezeit vor fünf Jahren und bereits eingetretener bzw absehbarer Verminderung der Erwerbsfähigkeit (Nr 3). Vom RVTräger sind RehaMaßnahmen nur dann zu erbringen, wenn sich die Prognose stellen lässt, die Erwerbsfähigkeit des Versicherten lasse sich herstellen oder bessern (BSG 27.2.91 – 5 RJ 51/90, NZA 92, 90). Ausgeschlossen sind Leistungen zur Reha nach § 12 Abs 1 Nr 4a SGB VI für Versicherte, die eine Leistung beziehen, die regelmäßig bis zum Beginn einer Rente wegen Alters gezahlt wird. Dieser Ausschlusstatbestand für „Vorruheständler" findet nach Auffassung der RV-Träger auch auf den Bezug von betrieblichen Versorgungsleistungen, die auf die Altersrente hinführen, Anwendung (vgl auch *Schlegel/Voelzke/Luthe* SGB VI § 12 Rz 50). Die Zuständigkeit der Krankenkassen ist in den verbleibenden Fällen gegeben, also insbesondere bei Fehlen der versicherungsrechtlichen Voraussetzungen für die Zuständigkeit der RVTräger bzw bei Versicherten, die keine Erwerbstätigkeit ausüben.

21   **3. Weitere Voraussetzungen.** Die Leistungsgewährung erfordert idR das Vorliegen einer Krankheit, für die Maßnahmen der ambulanten Krankenbehandlung nicht ausreichend sind. Erforderlich ist ein Antrag auf Reha sowie die Zustimmung des Betroffenen zu der konkret bevorstehenden RehaMaßnahme (vgl BSG 23.4.92 – 13/5 RJ 12/90, SozR 3–2200 § 1236 Nr 3). Die Erbringung der Leistungen steht im Ermessen der SozVTräger. Die Ermessensbestätigung erstreckt sich allerdings im Regelfall nur auf das „Wie" und nicht auf das „Ob" der Leistungsgewährung (BSG 15.11.83 – 1 RA 33/83, SozR 2200 § 1236 Nr 43 zur Auswahl der RehaEinrichtung).

22   § 18 SGB IX erlaubt nur noch die Erbringung von Sachleistungen (nicht von Dienstleistungen) im **Ausland,** wenn dies bei zumindest gleicher Qualität und Wirksamkeit wirtschaftlicher ist. Damit gilt im Grundsatz, dass Leistungen zur Teilhabe im Inland zu erbringen sind (vgl BT-Drs 14/5074 zu § 18 SGB IX). Außerhalb der EU, des EWR und der Schweiz kommen Leistungen der medizinischen Rehabilitation nur unter der Voraussetzung eines qualitativen oder quantitativen Versorgungsdefizits in Betracht (BSG 6.3.12 – B 1 KR 17/11 R, SozR 4–2500 § 18 Nr 7). Fraglich ist im Übrigen, ob diese Beschränkung des freien Dienstleistungsverkehrs im Bereich der medizinischen Behandlungsmaßnahmen nicht dem Gemeinschaftsrecht widerspricht (vgl *Schlegel/Voelzke/O'Sullivan* SGB IX § 18 Rz 13).

23   Grds dürfen RehaKuren in der KV und RV nicht vor **Ablauf von vier Jahren** nach Durchführung einer solchen oder ähnlichen Leistung erbracht werden, deren Kosten aufgrund von öffentlich-rechtlichen Vorschriften getragen oder bezuschusst worden sind (§ 40 Abs 3 SGB V; § 12 Abs 2 SGB VI). Eine Ausnahme hiervon gilt nur, wenn eine vorzeitige Leistung aus dringenden Gründen erforderlich ist. Dies kann angenommen werden, wenn die Leistungserbringung unaufschiebbar ist, weil ansonsten erhebliche gesundheitliche Schäden oder Nachteile zu befürchten sind.

24   **4. Leistungsumfang.** Während sich der Leistungskatalog der KV in erster Linie auf ambulante Vorsorgeleistungen in anerkannten Kurorten oder stationäre Kuren zur Vorsorge und zur Reha erstreckt (§§ 23, 24, 40, 41 SGB V), erbringen die RV- und UVTräger stationäre Kuren zur Reha (§ 15 SGB VI; § 33 SGB VII). Die **ambulanten Kuren** erfassen lediglich die medizinischen Leistungen; der Versicherte muss sich Unterkunft und Verpflegung selbst beschaffen. Auch bei den ambulanten Leistungen handelt es sich um Komplexmaßnahmen, bei denen die im Einzelfall erforderlichen therapeutischen Interventionen auf Grund eines ärztlichen Behandlungsplanes zu einem Gesamtkonzept zusammengefasst werden (zu Einzelheiten *Schlegel/Voelzke/Waßer* SGB V, § 40 Rz 47). Die **stationären Kuren** umfassen die Behandlung mit Unterkunft und Verpflegung in einer RehaEinrichtung. Die

Behandlung darf nur in solchen RehaEinrichtungen erfolgen, die von einem RVTräger selbst betrieben werden oder zu denen der Versicherungsträger in vertraglichen Beziehungen steht. Während medizinische Leistungen zur Reha iSd RVRechts auch ohne Mitwirkung eines Arztes vorliegen können (BSG 15.11.89 – 5 RJ 1/89, SozR 2200 § 1237 Nr 22 zum Aufenthalt eines Suchtkranken in einem sozialtherapeutischen Übergangsheim), wird die Leistungspflicht der Krankenkasse für die Behandlung in einer Kur- oder Spezialeinrichtung nur begründet, wenn sie unter ärztlicher Aufsicht und Verantwortung steht (BSG 27.11.90 – 3 RK 1789, SozR 3–2200 § 184a Nr 1). Auch in der gesetzlichen KV wird eine stationäre Rehabilitation mit Unterkunft und Verpflegung nach § 40 Abs 2 SGB V erbracht, wenn ambulante Rehabilitationsleistungen nicht ausreichen. Dies ist insbesondere der Fall, wenn Art oder Ausmaß der Schädigungen, eine stark ausgeprägte Multimorbidität oder die Notwendigkeit der Herausnahme aus dem sozialen Umfeld eine stationäre Maßnahme erforderlich machen (*Schlegel/Voelzke/Waßer* SGB V, § 40 Rz 52).

5. Zuzahlung. Versicherte in der KV und RV, die das 18. Lebensjahr vollendet haben, haben bei stationärer Behandlung eine sog Zuzahlung von 10 € je Kalendertag zu leisten (§ 40 Abs 5 SGB V, § 32 SGB VI). Die Zuzahlung ist für jeden angefangenen Behandlungstag, also auch für den Aufnahme- und den Entlassungstag, zu entrichten (BSB 19.2.02 – B 1 KR 32/00 R, SozR 3–2500 § 40 Nr 4). Ist die stationäre Heilbehandlung der Krankenhauspflege vergleichbar oder schließt sie sich an diese ergänzend an, so ist die Zuzahlung längstens für 14 Tage zu erbringen. Die Vergleichbarkeit mit der Krankenhauspflege ist gegeben, wenn die ärztlichen Leistungen im Vordergrund stehen (BSG 11.12.90 – 1 RA 3/89, SozR 3–2200 § 1243 Nr 1). Zuzahlungen, die der Versicherte innerhalb des letzten Kj bereits geleistet hat, sind anzurechnen. Liegen die vorgenannten Voraussetzungen nicht vor, so ist die Zuzahlung zeitlich unbegrenzt zu leisten. Zuzahlungen sind während eines Kalenderjahres nur bis zur Belastungsgrenze des § 62 SGB V zu leisten. Bei der Berechnung der Belastungsgrenze sind nur die tatsächlich erzielten Bruttoeinnahmen zum Lebensunterhalt, nicht jedoch Vermögensumschichtungen oder fiktive Einnahmen zu berücksichtigen (BSG 19.9.07 – B 1 KR 1/07 R, BeckRS 2007, 47886). Die Zuzahlung steht nach der ausdrücklichen Regelung in § 32 Abs 5 SGB VI der Annahme einer vollen Übernahme für die Leistungen zur Teilhabe iS arbeitsrechtlicher Vorschriften nicht entgegen. 25

6. Ergänzende Leistungen. Bei stationären Kuren besteht nach Ablauf der Verpflichtung des ArbGeb zur Entgeltfortzahlung (s oben) gegen den RVTräger ein Anspruch auf Übergangsgeld (s *Übergangsgeld/Überbrückungsgeld* Rz 16 ff), gegen die Krankenkasse ein Anspruch auf Krankengeld (s *Krankengeld* Rz 11 ff) und gegen den UVTräger ein Anspruch auf Verletztengeld (§§ 45 ff SGB VII) als Lohnersatzleistung. Außerdem können als ergänzende Leistungen ua Haushaltshilfe und Reisekosten erbracht werden (vgl §§ 53, 54 SGB IX). Haushaltshilfe kommt bei allen Kurarten als Leistung in Betracht, wenn der Versicherte außerhalb des Haushalts untergebracht ist und ihm deshalb die Weiterführung des Haushalts nicht möglich ist, eine andere im Haushalt lebende Person den Haushalt nicht weiterführen kann und im Haushalt ein Kind lebt, das das zwölfte Lebensjahr noch nicht vollendet hat oder behindert und auf Hilfe angewiesen ist. 26

7. Unfallversicherung. Die Teilnahme an medizinischen RehaLeistungen gehört in der UV, auch bei einer betrieblichen Kostenbeteiligung oder bei einem Aufenthalt in betrieblichen Heimen, grds zum unversicherten persönlichen Lebensbereich. Einen inneren Zusammenhang zwischen der Kurmaßnahme und der versicherten Tätigkeit bejaht die Rspr nur, wenn die Tätigkeit in dem Unternehmen mit einer besonderen Gefährdung verbunden ist und aus der besonderen Gestaltung des Kurablaufs eindeutig erkennbar ist, dass ihre Durchführung wesentlich in Wahrnehmung betrieblicher Belange erfolgt und das Interesse des Versicherten an seiner Gesundheit nur Nebenzweck ist (BSG 17.10.90 – 2 Ru 13/90, NZA 91, 406). Versicherungsschutz ist allerdings nach § 2 Abs 1 Nr 15 Buchst a SGB VII gegeben, wenn von einem Träger der gesetzlichen KV, der gesetzlichen RV oder einer landwirtschaftlichen Alterskasse stationäre Behandlung gewährt wird. Werden Personen auf Kosten eines der genannten Versicherungsträger stationär behandelt, so erfasst der Versicherungsschutz Handlungen, die sie vornehmen, um die Behandlung zu erhalten oder an ihrer Durchführung mitzuwirken, soweit sie sich dabei im Rahmen der ärztlichen Anordnung halten (BSG 27.4.10 – B 2 U 11/09 R, BeckRS 2010, 71396). Eine entsprechende 27

Anwendung dieser Regelung bei einer anderen Kostenträgerschaft oder bei einer bloßen Bezuschussung durch die genannten Kostenträger ist zu verneinen (BSG 22.3.83 – 2 Ru 12/82, SozR 2200 § 539 Nr 89). Es besteht trotz Bewilligung einer stationären RehaMaßnahme durch die RVTräger kein UVSchutz, soweit der Beschäftigte sich vor Beginn der Maßnahme dafür benötigte ärztliche Unterlagen beschafft (BSG 7.11.2000 – B 2 U 35/99 R, SozR 3–2200 § 539 Nr 53).

Kurzarbeit

A. Arbeitsrecht *Kreitner*

1. Begriff. Unter Kurzarbeit wird allgemein eine vorübergehende Verkürzung der betriebsüblichen normalen Arbeitszeit verstanden. Hat die Kurzarbeit eine vorübergehende Einstellung der Arbeit zur Folge, wird von sog Kurzarbeit Null gesprochen. Die Kurzarbeit muss sich nicht auf den gesamten Betrieb erstrecken, sondern kann auch nur bestimmte organisatorisch abgrenzbare Teile eines Betriebs betreffen. Sinn und Zweck der Kurzarbeit ist die vorübergehende wirtschaftliche Entlastung des Betriebs durch Senkung der Personalkosten unter gleichzeitiger Erhaltung der Arbeitsplätze (aus dem aktuellen Schrifttum *Köhler* DB 13, 232; *Grimm/Linden* ArbRB 13, 86; *Cohnen/Röger* BB 09, 46; *Bauer/Günther* BB 09, 662; *Dendorfer/Krebs* DB 09, 902).

2. Rechtsgrundlage. Der ArbGeb ist nicht zur einseitigen Einführung von Kurzarbeit berechtigt. Vielmehr bedarf er hierzu einer besonderen rechtlichen Grundlage.

Im Regelfall existieren **tarifliche** Ermächtigungsnormen, die unter bestimmten näher definierten Voraussetzungen die Einführung von Kurzarbeit ermöglichen (aA *Heinze* RdA 98, 14: nur arbeitsvertragliche und gesetzliche Ermächtigung zulässig). Die Tarifverträge enthalten oftmals bestimmte Ankündigungsfristen bezüglich der Anordnung von Kurzarbeit (vgl hierzu eingehend *Säcker/Oetker* ZfA 91, 131). Eine diese Fristen missachtende Betriebsvereinbarung ist unwirksam (BAG 12.10.94, DB 95, 734). Zur Auslegung der tariflichen Kurzarbeiterregelung im Baugewerbe zuletzt BAG 25.1.12 – 5 AZR 671/10, BeckRS 2012, 68091; 22.4.09 – 5 AZR 310/08, NZA 09, 913.

Ist eine tarifliche Regelung nicht vorhanden oder findet der Tarifvertrag im Unternehmen keine Anwendung, kommt als Rechtsgrundlage für die Einführung von Kurzarbeit eine **Betriebsvereinbarung** in Betracht, da sie gem § 77 Abs 4 BetrVG unmittelbar und zwingend auf die Arbeitsverhältnisse einwirkt (LAG Hess 17.9.12 – 16 Sa 1741/11, BeckRS 2012, 75509; aA *Waltermann* NZA 93, 679; zur inhaltlichen Ausgestaltung einer solchen Betriebsvereinbarung LAG Hamm 1.8.12 – 5 Sa 27/12, NZA-RR 13, 244; LAG Sachs 31.7.02 – 2 Sa 910/01, NZA-RR 03, 366; LAG MeVo 20.7.06 – 1 Sa 34/06). Von daher empfiehlt sich der Abschluss einer formlosen **Regelungsabrede** zwischen ArbGeb und BRat nicht. Auf diese Weise wird zwar das Mitbestimmungsrecht des BRat gem § 87 Abs 1 Nr 3 BetrVG (dazu unten Rz 7) gewahrt, wegen der fehlenden normativen Wirkung scheidet sie jedoch als Rechtsgrundlage für eine individualrechtliche Umsetzung der Kurzarbeit aus. Will der ArbGeb unter Berufung auf eine solche Regelungsabrede im Betrieb Kurzarbeit einführen, bedarf es daher zur wirksamen Änderung der Arbeitsverträge jeweils einer vertraglichen Vereinbarung oder einer Änderungskündigung (BAG 14.2.91 – 2 AZR 415/90, NZA 91, 607).

Schließlich kann auch eine **einzelvertragliche** Vereinbarung den ArbGeb zur Einführung von Kurzarbeit berechtigen. Derartige einzelvertragliche Regelungen können entweder aus konkretem Anlass oder bereits bei Abschluss des Arbeitsvertrages getroffen werden (zB LAG BlnBbg 9.7.10 – 13 Sa 650/10, BeckRS 2010, 72692; *Schaub/Linck* § 47 Rz 7; *Säcker/Oetker* ZfA 91, 131). Sie unterliegen der AGB-Kontrolle und sind nach § 307 BGB unwirksam, wenn sie keine Ankündigungsfrist vorsehen oder inhaltlich zB im Hinblick auf Umfang und Ausmaß der Kurzarbeit, Festlegung des betroffenen Personenkreises etc unbestimmt sind (LAG BlnBbg 7.10.10 – 2 Sa 1230/10, NZA-RR 11, 65; 19.1.11 – 17 Sa 2153/10, BeckRS 2011, 69844). Die einzelvertragliche Vereinbarung kann auch in konkludenter Form dergestalt geschehen, dass die ArbN entsprechend der Weisung des ArbGeb tatsächlich Kurzarbeit leisten (LAG Düsseldorf 14.10.94, DB 95, 682).

Einen Sonderfall der **gesetzlichen** Ermächtigung stellt § 19 KSchG im Fall der beabsichtigten Massenentlassung dar (s unten Rz 18). 6

3. Durchführung. a) Mitbestimmung des Betriebsrats. Hat sich der ArbGeb, gestützt auf eine entsprechende Rechtsgrundlage, zur Durchführung der Kurzarbeit entschlossen, so kann er diese gleichwohl nicht einseitig anordnen. Er bedarf hierzu vielmehr der Mitbestimmung des BRat, der gem § 87 Abs 1 Nr 3 BetrVG ua bei der Anordnung von Kurzarbeit ein erzwingbares Mitbestimmungsrecht hat (BAG 29.11.78, DB 79, 995). 7

Nach der Rspr des BAG steht dem BRat nach dieser Vorschrift sogar ein sog **Initiativrecht** zu, dh er kann von sich aus die Einführung von Kurzarbeit anregen und ggf eine Entscheidung der Einigungsstelle über diese Frage herbeiführen (BAG 4.3.86 – 1 ABR 15/84, NZA 86, 432; aA *Otto* NZA 92, 97; *Bischof* NZA 95, 1021; *Uhl/Polloczek* BB 10, 2173). 8

Ein Mitbestimmungsrecht besteht daher konsequenterweise auch dann, wenn der ArbGeb frühzeitig die Kurzarbeit einstellen und zur betriebsüblichen Arbeitszeit zurückkehren will (*Fitting* § 87 Rz 151; aA BAG 21.11.78, DB 79, 655; 11.7.90, DB 91, 392). 9

Der BRat ist allerdings nicht berechtigt, seine Zustimmung zur Einführung von Kurzarbeit von der Gewährung von Kurzarbeitergeld durch die Agentur für Arbeit abhängig zu machen, da ein Mitbestimmungsrecht über Entgeltfragen nach § 87 Abs 1 Nr 3 BetrVG nicht besteht (LAG Köln 14.6.89, NZA 89, 939; aA *Meinhold* BB 88, 623). 10

b) Betriebsratsloser Betrieb. Existiert kein BRat, kann die Kurzarbeit ohne Rücksicht auf Mitbestimmungsrechte des BRat eingeführt werden (BAG 25.11.81, DB 82, 909). Allerdings bedarf es auch in diesen Fällen der einzelvertraglichen Umsetzung (Änderungskündigung). 11

c) Leitende Angestellte. Sollen auch sie von der Einführung der Kurzarbeit erfasst werden, kann dies entweder durch die Vereinbarung einer verbindlichen Richtlinie iSd § 28 Abs 2 SprAuG zwischen ArbGeb und Sprecherausschuss erfolgen oder durch den Abschluss eines sog trilateralen Normenvertrages zwischen ArbGeb, BRat und Sprecherausschuss (vgl *Säcker/Oetker* ZfA 91, 131). Im Übrigen bleibt nur die Möglichkeit von individualarbeitsvertraglichen Vereinbarungen. 12

4. Rechtsfolgen. Kurzarbeit führt zu einer (teilweisen) Suspendierung der Hauptpflichten aus dem Arbeitsverhältnis. Der ArbN wird von der Verpflichtung zur Arbeitsleistung befreit, verliert aber gleichzeitig auch seinen Vergütungsanspruch. Als Ausgleich erhält er einen Anspruch auf Kurzarbeitergeld (s dazu unten Rz 29 ff). In dieser Höhe behält er auch seinen Lohnanspruch gegen den ArbGeb (BAG 25.1.12 – 5 AZR 671/10, BeckRS 2012, 68091). Das ist immer dann von Bedeutung, wenn ein Anspruch auf Kurzarbeitergeld nicht besteht oder widerrufen wird (BAG 22.4.09 – 5 AZR 310/08, NZA 09, 913). Soweit die BA dabei die vorrangige Einbringung noch nicht vorhandener Resturlaubsansprüche verlangt, ist individuell die Geltung des Gleichbehandlungsgrundsatzes fraglich (s auch unten Rz 34). 13

Ob der ArbN für die Dauer der „Kurzarbeit Null" Urlaubsansprüche erwirbt, ist bislang ungeklärt (vgl *Bayreuther* DB 12, 2748). Jedenfalls ist eine dies ausschließende Sozialplanregelung europarechtlich unbedenklich (EuGH 8.11.12 – C-229/11 – Heimann, NZA 12, 1273). Fällt die Kurzarbeit in den bereits gewährten Erholungsurlaub eines ArbN, ist der ArbGeb zur Nachgewährung des Urlaubs verpflichtet (BAG 16.12.08 – 9 AZR 164/08, NZA 09, 689 mit Anm *Walker* SAE 10, 70; kritisch *Groeger* ArbRB 10, 119). Das gilt nur dann nicht, wenn entweder über arbeitsvertragliche Kurzarbeitsklauseln die Kurzarbeit während des Urlaubs aufgehoben ist oder die Arbeitsverhältnisse bei einer qua Betriebsvereinbarung durchgeführten Kurzarbeit aus dem Geltungsbereich der Betriebsvereinbarung ausgenommen sind (*Bauer/Kern* NZA 09, 925). Teilweise sehen tarifliche Vorschriften Zuschusszahlungen des ArbGeb zum Kurzarbeitergeld vor (vgl BAG 10.11.93 – 4 AZR 642/92, NZA 94, 467; 24.11.93 – 4 AZR 329/93 und 4 AZR 241/93, NZA 94, 468 und 470; 21.6.2000 – 4 AZR 403/99, NZA 01, 666). Die Tarifregelung im Baugewerbe begründet sogar einen eigenständigen und endgültigen Anspruch des ArbN auf die Vergütung in Höhe des Kurzarbeitergelds (BAG 22.4.09 – 5 AZR 310/08, NZA 09, 913). Sämtliche Nebenpflichten aus dem Arbeitsverhältnis bleiben demgegenüber unverändert in Kraft. 14

Gewährt der ArbGeb vermögenswirksame Leistungen aufgrund einer tarifvertraglichen Verpflichtung, so kann je nach Ausgestaltung des Tarifvertrages während des Kurzarbeitszeitraums auch dieser Anspruch suspendiert sein (BAG 15.11.90, DB 91, 811). Gleiches gilt 15

266 Kurzarbeit

für tarifliches Urlaubsentgelt (BAG 2.6.87, NZA 89, 768) oder eine tarifliche Jahressonderzahlung (BAG 10.5.95, BB 95, 2378).

16 **5. Kurzarbeit und Kündigung.** Aufgrund der mit der Einführung von Kurzarbeit verbundenen kurzfristigen finanziellen Entlastung des ArbGeb dient sie als arbeitsmarktpolitisches Instrument auch dem Erhalt von Arbeitsplätzen. Es wird daher im Schrifttum die Meinung vertreten, dass vor Ausspruch betriebsbedingter Kündigungen der ArbGeb regelmäßig zunächst mit Hilfe von Kurzarbeit versuchen müsse, die Arbeitsplätze langfristig zu erhalten (*Meinhold* BB 88, 623). Demgegenüber ist nach der Rspr des BAG eine arbeitsgerichtliche Überprüfung, ob die betriebsbedingte Kündigung durch die Anordnung von Kurzarbeit hätte vermieden werden können, nicht möglich (BAG 11.9.86, BB 87, 1882; LAG SchlHol 29.9.88, DB 89, 1193; differenzierend APS/*Kiel* § 1 KSchG Rz 573 ff).

17 Unstreitig ist der ArbGeb auch **während eines Kurzarbeitszeitraums** zum Ausspruch von Kündigungen berechtigt. Dies gilt sowohl für personen- und verhaltensbedingte Kündigungen als auch für solche aus betriebsbedingten Gründen. Stellt der ArbGeb während der Kurzarbeitsphase fest, dass entgegen seiner früheren Einschätzung doch ein Umstand vorliegt, der zu einem dauerhaften Arbeitsausfall führt, kann er nach ordnungsgemäßer Anhörung des BRat eine betriebsbedingte Kündigung aussprechen (BAG 26.6.97, DB 97, 2079). Es müssen dabei über die zur Legitimation der Kurzarbeit „verbrauchten" Gründe hinaus weitergehende Umstände vorliegen, die ein dringendes betriebliches Erfordernis iSd § 1 Abs 2 KSchG begründen (BAG 23.2.12 – 2 AZR 548/10, NZA 12, 852; LAG RhPf 5.2.10 – 6 Sa 489/09, BeckRS 2010, 68141; *Rolf/Riechwald* BB 10, 1597). Tarifverträge sehen in solchen Fällen zT eine Fortzahlung der ungekürzten Vergütung in der Kündigungsfrist vor (BAG 19.11.96 – 3 AZR 494/95, NZA 97, 892).

18 **6. Kurzarbeit bei beabsichtigter Massenentlassung.** Liegen die gesetzlichen Voraussetzungen einer Massenentlassung iSd § 17 KSchG vor (Näheres s *Massenentlassung* Rz 8 ff) und ist der ArbGeb außerstande, die ArbN bis zum Ablauf der Sperrfrist des § 18 KSchG voll zu beschäftigen, kann gem § 19 KSchG Kurzarbeit durch die Landesagentur für Arbeit zugelassen werden. Diese Zulassung ersetzt dann die ansonsten erforderliche Rechtsgrundlage. Nach der Zulassung bedarf es jedoch auch hier einer entsprechenden Anordnung der Kurzarbeit durch den ArbGeb. Die Zahlung von Kurzarbeitergeld kann nach der gesetzlichen Regelung frühestens nach Ablauf der ordentlichen Kündigungsfrist einsetzen.

19 Ihre **Grenzen** findet die Zulassungsbefugnis der Landesagentur für Arbeit gem § 19 Abs 3 KSchG in tariflichen Regelungen. Sind dort Einführung und Ausmaß möglicher Kurzarbeitszeiträume näher geregelt, so ist auch die Landesagentur für Arbeit hieran gebunden. Betriebsvereinbarungen entfalten demgegenüber keine vergleichbare Sperrwirkung, da der Gesetzgeber in § 19 Abs 3 KSchG ausdrücklich nur Tarifverträge erwähnt (KR/*Rost* § 19 Rz 29).

20 Das Mitbestimmungsrecht des BRat gem § 87 Abs 1 Nr 3 BetrVG gilt auch im Fall des § 19 KSchG uneingeschränkt. Dieser hat auch hier sowohl hinsichtlich der Einführung als auch der näheren Ausgestaltung der Kurzarbeit mitzubestimmen (*Fitting* § 87 Rz 149).

21 **7. Kurzarbeit und Arbeitskampf.** Stellt ein unmittelbar im Arbeitskampf befindlicher ArbGeb ArbN von der Verpflichtung zur Arbeitsleistung frei, so handelt es sich hierbei um eine Aussperrung, die als originäres Kampfmittel des ArbGeb von dem Rechtsinstitut der Kurzarbeit zu unterscheiden ist (Näheres s *Arbeitskampf (Vergütung)* Rz 10 ff).

22 Besondere rechtliche Probleme ergeben sich bei sog **arbeitskampfbedingter Kurzarbeit in Drittbetrieben.** Derartige Drittbetriebe, die nur mittelbar von einem „fremden" Arbeitskampf betroffen sind (zB Zulieferer), erleiden durch den Arbeitskampf Produktionseinbußen, auf die der ArbGeb mit der Anordnung von Kurzarbeit reagieren kann.

23 Nach der Rspr des BAG ist in solchen Fällen hinsichtlich der Mitbestimmungsrechte des BRat zu differenzieren (BAG 22.12.80, DB 81, 321 und 327). Um Auswirkungen auf die Kampfparität zu vermeiden, soll das „Ob" der Kurzarbeit mitbestimmungsfrei bleiben und lediglich das „Wie", also die näheren Modalitäten der Kurzarbeitsdurchführung, der Mitbestimmung des BRat unterliegen (Näheres zum Begriff der Kampfparität s *Arbeitskampf (Vergütung)* Rz 11). Diese Rspr ist im Schrifttum auf Kritik gestoßen (vgl *Lieb* NZA 90, 377; *Mayer* BB 90, 2482; *Trittin* DB 90, 322). Dabei wird zT der gänzliche Ausschluss von Mitbestimmungsrechten befürwortet (*SW* § 87 Rz 81 mwN). Von anderer Seite wird unter

Betonung der erforderlichen Trennung von BRatAmt und Gewerkschaftstätigkeit jegliche Einschränkung von Mitbestimmungsrechten bei solchen mittelbar streikbetroffenen Betrieben abgelehnt (*Fitting* § 87 Rz 174 ff mwN).

Folgt man der Rspr des BAG, so bedarf der BRat einer gerichtlichen Überprüfungsmöglichkeit bezüglich des arbeitskampfbedingten Ausschlusses seiner Mitbestimmungsrechte. Insoweit verweist das BAG den BRat ausdrücklich auf die Beantragung einer einstweiligen Verfügung im Beschlussverfahren (BAG 22.12.80, DB 81, 321 und 327). 24

Schließlich besteht bei arbeitskampfbedingter Kurzarbeit im vorgenannten Sinn die Besonderheit, dass tarifvertragliche Ankündigungsfristen bezüglich der Anordnung von Kurzarbeit nicht eingehalten werden müssen. Dies ergibt eine an Sinn und Zweck orientierte Auslegung der Tarifverträge (LAG NdS 14.8.87, NZA 88, 408). 25

8. Neue Bundesländer. Im Bereich der Berufsausbildung gelten in den neuen Bundesländern hinsichtlich der Anordnung von Kurzarbeit Besonderheiten. Gem Art 4 Abs 2 des Gesetzes über die Inkraftsetzung des BBiG vom 19.7.90 sind die Betriebe verpflichtet, die Kapazitäten der praktischen Ausbildung zweckentsprechend mindestens bis zum Zeitpunkt der Erfüllung abgeschlossener Lehrverträge aufrechtzuerhalten. Diese Regelung geht als speziellere Bestimmung einer ansonsten möglichen Anordnung von Kurzarbeit vor (LAG Bln 22.2.91, DB 91, 814). Zu § 15 Abs 5 BAT-O hat das BAG dessen Unwirksamkeit wegen Verstoß gegen kündigungsrechtliche Bestimmungen des EV festgestellt und eine einseitig auf das Direktionsrecht des ArbGeb gestützte Einführung von Kurzarbeit abgelehnt (BAG 27.1.94, DB 95, 279). 26

B. Lohnsteuerrecht *Seidel*

Das Kurzarbeitergeld ist steuerfrei (§ 3 Nr 2 EStG). Es unterliegt jedoch dem Progressionsvorbehalt (§ 32b Abs 1 Nr 1a EStG). Das bedeutet, dass die (restlichen) stpfl Einkünfte des ArbN bei seiner EStVeranlagung, die dann vAw durchzuführen ist (§ 46 Abs 2 Nr 1 EStG; s auch *Antragsveranlagung* Rz 7 ff), dem Steuersatz unterworfen werden, der sich ergibt, wenn das Kurzarbeitergeld dem zu versteuernden Einkommen hinzuzurechnen wäre (Näheres s *Lohnersatzleistungen* Rz 16, 17). Der ArbGeb hat daher das an den ArbN gezahlte Kurzarbeitergeld in der LStBescheinigung zu bescheinigen (§ 41b Abs 1 Nr 5 EStG; s auch *Lohnsteuerbescheinigung* Rz 11). Zur lohnsteuerlichen Behandlung von Zuzahlungen des ArbGeb zum Kurzarbeitergeld s *Arbeitslosengeld* Rz 10. 27

C. Sozialversicherungsrecht *Voelzke*

Übersicht

	Rz		Rz
I. Allgemeines	28	3. Einkommensanrechnung	55
II. Voraussetzungen	29–41	V. Arbeitgeberpflichten	56–62
1. Erheblicher Arbeitsausfall	30–36	1. Anzeige	57
2. Betriebliche Voraussetzungen	37	2. Antrag	58
3. Persönliche Voraussetzungen	38–41	3. Nachweispflicht	59
III. Sonderformen	42–49	4. Errechnungs- und Auszahlungspflicht	60, 61
1. Transferkurzarbeitergeld	42		
2. Heimarbeiter	43	5. Anzeigepflicht bei Arbeitskämpfen	62
3. Saison-Kurzarbeitergeld	44–49		
IV. Dauer und Höhe der Leistung	50–55	VI. Versicherungspflicht und beitragspflichtige Einnahmen	63–65
1. Bezugszeit	50–52		
2. Bemessung	53, 54		

I. Allgemeines. Hauptzweck des von der BA zu gewährenden Kurzarbeitergeldes (§§ 95 ff SGB III) ist es, den ArbN bei vorübergehendem Arbeitsausfall die Arbeitsplätze und dem Betrieb die eingearbeiteten ArbN zu erhalten. Damit dient das Kurzarbeitergeld der Stabilisierung der Arbeitsverhältnisse und des Betriebes (BSG 27.4.89 – 11/7 RAr 127/87, NZA 89, 901) und der Eintritt von Arbeitslosigkeit bei **vorübergehenden** Arbeitsausfällen wird vermieden. Diese Ziele treten wegen des Vorrangs der Vermittlung in Arbeit zurück, wenn auf dem Arbeitsmarkt ein erheblicher Mangel an Arbeitskräften besteht und die Lage 28 auf dem Arbeitsmarkt eine Vermittlung der ArbN in andere Arbeitsverhältnisse erfordert (vgl § 98 Abs 4 SGB III).

Die Vorschriften über das Kurzarbeitergeld (§§ 95 ff SGB III) regeln nur die Voraussetzungen, unter denen die Agentur für Arbeit Kurzarbeitergeld zahlt. Die **arbeitsrechtliche Zulässigkeit** der Einführung von Kurzarbeit (s oben Rz 2 ff) wird insoweit vorausgesetzt.

29 **II. Voraussetzungen.** Anspruch auf Kurzarbeitergeld haben ArbN nach § 95 Satz 1 SGB III, wenn (1) ein erheblicher Arbeitsausfall mit Entgeltausfall vorliegt, (2) die betrieblichen Voraussetzungen erfüllt sind, (3) die persönlichen Voraussetzungen erfüllt sind und (4) der Arbeitsausfall der Agentur für Arbeit angezeigt worden ist.

30 **1. Erheblicher Arbeitsausfall.** Zu den Anforderungen, die an einen erheblichen Arbeitsausfall zu stellen sind, gehört, dass der Arbeitsausfall auf bestimmte, gesetzlich anerkannte Ursachen zurückzuführen ist. Hiernach muss der Arbeitsausfall auf **wirtschaftlichen Ursachen** oder auf einem **unabwendbaren Ereignis** beruhen (§ 96 Abs 1 Satz 1 Nr 1 SGB III). Als wirtschaftliche Ursache bezeichnet § 96 Abs 2 SGB III ausdrücklich auch die Veränderung betrieblicher Strukturen, die durch die allgemeine wirtschaftliche Entwicklung bedingt ist. Kommt ein Produkt aufgrund allgemeiner gesellschaftlicher Entwicklung aus der Mode, so liegt in dem Akzeptanzverlust kein wirtschaftlicher Grund iSd Gesetzes (BSG 15.12.05 – B 7a AL 10/05 R, SozR 4-4300 § 170 Nr 1). Als Regelfall des unabwendbaren Ereignisses gilt, dass der Arbeitsausfall auf ungewöhnlichen, dem üblichen Witterungsverlauf nicht entsprechenden Witterungsgründen beruht. Der Annahme eines unabwendbaren Ereignisses steht es nicht entgegen, wenn ein Arbeitsausfall durch behördlich oder behördlich anerkannte Maßnahmen (zB Ein- oder Ausfuhrverbote) verursacht wird, die der ArbGeb nicht zu vertreten hat (§ 96 Abs 3 SGB III). Kein Anspruch auf Kurzarbeitergeld besteht für einen LeihArbN, wenn er aufgrund von arbeitskampfbedingten Maßnahmen nicht im Betrieb des Entleihers untergebracht werden kann (BSG 21.7.09 – B 7 AL 3/08 R, SozR 3-4300 § 170 Nr 2; kritisch zum Ausschluss der Zeitarbeit *Böhm* NZS 07, 404). Der Gesetzgeber hat mit einer Ergänzung des § 96 Abs 1 Nr 4 SGB III, wonach der Entgeltausfall 100 Prozent betragen kann, klargestellt, dass „Kurzarbeit Null" als zulässige Gestaltung angesehen werden soll, die sinnvoll und gewollt ist (BT-Drs 17/6277 S 86).

31 Die Gewährung von Kurzarbeitergeld erfordert, dass lediglich ein **vorübergehender Arbeitsausfall** vorliegt (§ 96 Abs 1 Satz 1 Nr 2 SGB III). Diese Voraussetzung ist erfüllt, wenn mit einer gewissen Wahrscheinlichkeit voraussehbar ist, dass in absehbarer Zeit, die die Bezugsfristen jedenfalls nicht deutlich überschreiten darf, mit dem Übergang zur Vollarbeit zu rechnen ist (BSG 17.5.83 – 7 RAr 13/82, SozR 4100 § 63 Nr 2). Ein vorübergehender Arbeitsausfall kann auch bei einer Betriebspause oder Betriebsunterbrechung angenommen werden, wenn der vorübergehende Charakter dieser Maßnahme offenkundig ist und die ernsthafte Absicht besteht, die Betriebstätigkeit mit der bisherigen Belegschaft wieder aufzunehmen, nicht hingegen, wenn Vorkehrungen hierfür nicht getroffen wurden (BSG 25.4.90 – 7 RAr 94/87, NZA 90, 913). Das Ziel des Kurzarbeitergeldes, den ArbN die Arbeitsplätze und dem Betrieb die eingearbeiteten ArbN zu erhalten, steht der Gewährung dieser Leistung auch dann entgegen, wenn die **endgültige Stilllegung** eines Betriebes beabsichtigt ist, selbst wenn die Erhaltung der Arbeitsplätze in einem anderen Betrieb desselben Unternehmens in Aussicht steht (BSG 25.4.91 – 11 RAr 21/89, NZA 91, 952).

32 Nach § 96 Abs 1 Satz 1 Nr 3 SGB III darf der Arbeitsausfall nicht vermeidbar sein. An die **Vermeidbarkeit** des Arbeitsausfalls werden erhebliche Anforderungen gestellt. Die Grundregel des § 96 Abs 4 Satz 1 SGB III besagt hierzu, dass der ArbGeb in einem Betrieb alle zumutbaren Vorkehrungen getroffen haben muss, um den Eintritt des Arbeitsausfalls zu verhindern. Zur Verhinderung von Missbräuchen und Mitnahmeeffekten ist erforderlich, dass ArbGeb, Betriebsvertretung und ArbN nicht nur Anstrengungen unternehmen, den Arbeitsausfall einzuschränken, sondern auch, ihn bereits abzuwenden (BSG 29.10.97 – 7 RAr 48/96, NZS 98, 393).

33 Der Zahlung von Kurzarbeitergeld steht es entgegen, wenn der Arbeitsausfall überwiegend **branchenüblich,** betriebsüblich oder saisonbedingt ist oder ausschließlich auf betriebsorganisatorischen Gründen beruht (§ 96 Abs 4 Satz 2 Nr 1 SGB III). Beruht der Arbeitsausfall zugleich auf leistungsgünstigen und leistungshindernden Ursachen, so ist die überwiegende Ursache ausschlaggebend. Die Betriebsüblichkeit des Arbeitsausfalls, die den Anspruch auf

Kurzarbeitergeld ausschließt, kann nicht schon deshalb verneint werden, weil es sich um ein einmaliges Ereignis handelt (so zur Bindung an einen einzigen Auftraggeber und an ein Projekt BSG 18.5.95 – 7 RAr 28/94, SozR 3–4100 § 64 Nr 2).

Der Arbeitsausfall gilt ebenfalls als vermeidbar, wenn er bei Gewährung von **Erholungs-** **34** **urlaub** ganz oder teilweise verhindert werden kann (§ 96 Abs 4 Satz 2 Nr 2 SGB III). Hierbei soll allerdings im Rahmen einer Interessenabwägung berücksichtigt werden, ob vorrangige Urlaubswünsche der ArbN der Urlaubsgewährung entgegenstehen (*Hauck/Noftz/ Petzold* SGB III, § 96 Rz 26).

Nach § 96 Abs 4 Satz 2 Nr 3 SGB III gilt der Arbeitsausfall als vermeidbar, wenn er bei **35** Nutzung von im Betrieb zulässigen **Arbeitszeitschwankungen** ganz oder teilweise vermieden werden kann (zu verfassungsrechtlichen Bedenken s *Däubler* SozSich 96, 420). § 96 Abs 4 Satz 2 Nr 3 SGB III soll dem Umstand Rechnung tragen, dass aufgrund neuerer Tarifverträge viele Betriebe in die Lage versetzt werden, durch die Anpassung der Arbeitszeiten an die Auftragslage kurzfristig auf eine bessere oder schlechtere Auslastung ihrer Kapazitäten reagieren zu können (BT-Drs 13/4941 S 184). Nicht verpflichtet sind die ArbN zur Auflösung ihrer **Arbeitszeitguthaben** in den in § 96 Abs 4 Satz 3 SGB III genannten Fällen: vertraglich ausschließlich zur Überbrückung von Arbeitsausfällen außerhalb der Schlechtwetterzeit bestimmt und überschreitet 50 Stunden nicht (Nr 1); ist ausschließlich für eine vorzeitige Freistellung eines ArbN vor einer altersbedingten Beendigung des Arbeitsverhältnisses oder, bei Regelung in einem Tarifvertrag oder aufgrund eines Tarifvertrages in einer Betriebsvereinbarung, zum Zwecke der Qualifizierung bestimmt (Nr 2); ist zur Vermeidung der Inanspruchnahme von Saison-Kurzarbeitergeld angespart worden und übersteigt den Umfang von 150 Stunden nicht (Nr 3); übersteigt den Umfang von zehn Prozent der ohne Mehrarbeit geschuldeten Jahresarbeitszeit eines ArbN (Nr 4); hat länger als ein Jahr unverändert bestanden (Nr 5). Begünstigt werden nach § 96 Abs 4 Satz 4 SGB III Betriebe, in denen in einem bestimmten Umfang Arbeitszeitguthaben für Arbeitszeitschwankungen eingesetzt werden. Werden in einem Betrieb, in dem eine Vereinbarung über Arbeitszeitschwankungen gilt, mindestens 10 Prozent der ohne Mehrarbeit geschuldeten Jahresarbeitszeit für einen unterschiedlichen Arbeitsanfall tatsächlich eingesetzt, so gilt ein Arbeitsausfall, der im Rahmen dieser Arbeitszeitschwankungen nicht mehr ausgeglichen werden kann, als nicht vermeidbar.

Der Arbeitsausfall muss den in § 96 Abs 1 Nr 4 SGB III näher beschriebenen **Mindest-** **36** **umfang** aufweisen. Dieser Mindestumfang ist erreicht, wenn im jeweiligen Kalendermonat für mindestens ein Drittel der in dem Betrieb oder der Betriebsabteilung tatsächlich beschäftigten ArbN (ohne zur Berufsausbildung beschäftigte Personen und Personen iSd § 98 Abs 2 SGB III) jeweils mehr als zehn vH des monatlichen Bruttoentgelts ausfällt (s hierzu BSG 17.2.81 – 7 RAr 4/80, SozR 4100 § 64 Nr 5).

2. Betriebliche Voraussetzungen. Kurzarbeitergeld wird in Betrieben ohne Rücksicht **37** auf ihre Größe und Rechtsform gewährt, wenn zumindest ein ArbN beschäftigt wird (vgl § 97 Satz 1 SGB III). Eine besondere erwerbs- oder produktionswirtschaftliche Zweckrichtung des Betriebes ist nicht erforderlich (so zu einem gewerkschaftlichen Schul- und Erholungsheim BSG 30.5.78 – 7/12 RAr 100/76, SozR 4100 § 63 Nr 1). Als Betrieb gilt nach § 97 Satz 2 SGB III auch eine Betriebsabteilung. Dies ermöglicht die Gewährung von Kurzarbeitergeld in Teilen eines Betriebes. Der erhebliche Arbeitsausfall braucht dann nur in einer Betriebsabteilung (zB der Abteilung Verwaltung, vgl BSG 21.1.87 – 7 RAr 76/85, DB 87, 1544) gegeben sein.

3. Persönliche Voraussetzungen. Zu ihnen gehört, dass der ArbN nach Beginn des **38** Arbeitsausfalls eine versicherungspflichtige **Beschäftigung** fortsetzt oder aus zwingenden Gründen aufnimmt oder im Anschluss an die Beendigung eines Berufsausbildungsverhältnisses aufnimmt (§ 98 Abs 1 Nr 1 SGB III). Eine ungekündigte Fortsetzung des Beschäftigungsverhältnisses ist auch dann anzunehmen, wenn eine den Ausfallzeitraum berührende Kündigung im Rahmen eines Kündigungsschutzprozesses durch Urt oder durch Vergleich für unwirksam erklärt wird (BSG 8.6.89 – 7 RAr 15/87, SozR 4100 § 65 Nr 7).

An den persönlichen Voraussetzungen fehlt es nach § 98 Abs 1 Nr 2 SGB III, wenn das **39** Arbeitsverhältnis **gekündigt** oder durch einen Aufhebungsvertrag aufgelöst ist. Die frühere Ermessensregelung, nach der Kurzarbeitergeld auch bei gekündigten Arbeitsverhältnissen gezahlt werden konnte, solange der ArbN keine andere angemessene Arbeit aufnehmen konnte, hat das SGB III nicht fortgeführt. Es fehlt auch dann an der Voraussetzung des nicht gekündigten Arbeitsverhältnisses, wenn der ArbN das Arbeitsverhältnis gekündigt hat (BSG 21.11.02 – B 11 AZ 17/02 R, SozR 3–4300 § 172 Nr 1). Die persönlichen Voraussetzungen sind nach § 98 Abs 2 SGB III (idF des Job-AQTIV-Gesetzes) erfüllt, wenn der ArbN während des Bezugs von Kurzarbeitergeld arbeitsunfähig wird, solange Anspruch auf Fortzahlung des Arbeitsentgelts im Krankheitsfalle besteht oder ohne den Arbeitsausfall bestehen würde.

40 Vom Anspruch auf Kurzarbeitergeld **ausgeschlossen** sind die in § 98 Abs 3 und 4 SGB III genannten ArbN. Ausgeschlossen sind nach Abs 3 der Vorschrift: Teilnehmer an einer beruflichen Weiterbildungsmaßnahme mit Bezug von AlGeld oder Übergangsgeld, wenn diese Leistung nicht für eine neben der Beschäftigung durchgeführte Teilzeitmaßnahme gezahlt wird (Nr 1); ArbN während der Zeit, in der sie Krankengeld beziehen (Nr 2).

41 Ferner sind ArbN vom Kurzarbeitergeldbezug ausgeschlossen, wenn und solange sie bei einer **Vermittlung** nicht in der von der Agentur für Arbeit verlangten und gebotenen Weise mitwirken (§ 98 Abs 4 SGB III). Obwohl der Zweck des Kurzarbeitergeldes in erster Linie in der Aufrechterhaltung des bisherigen Beschäftigungsverhältnisses liegt, sollen ArbN und Betriebe an Vermittlungshandlungen der Agentur für Arbeit mitwirken. Bei der Beurteilung der Zumutbarkeit einer angebotenen Beschäftigung ist eine Abwägung zwischen dem Bestandsinteresse vor ArbN und ArbGeb an der Aufrechterhaltung des bestehenden Arbeitsverhältnisses und den Erfordernissen der Arbeitsvermittlung zu treffen (*Hauck/Noftz/Petzold* SGB III, § 98 Rz 24). Nimmt oder tritt der ArbN trotz Rechtsfolgenbelehrung eine ihm von der Agentur für Arbeit angebotene zumutbare Beschäftigung nicht an, ohne hierfür einen wichtigen Grund zu haben, so finden die Regelungen über die *Sperrzeit* (s dort) entsprechende Anwendung.

42 **III. Sonderformen. 1. Transferkurzarbeitergeld.** Das Dritte Gesetz für moderne Dienstleistungen am Arbeitsmarkt hatte die bisherigen Instrumente zur Unterstützung betrieblicher Restrukturierungsprozesse ersetzt. Das frühere **Kurzarbeitergeld in einer betriebsorganisatorisch eigenständigen Einheit** wird durch das Instrument Transferkurzarbeitergeld (§ 111 SGB III, bis zum 31.3.11 § 216b SGB III) fortgeführt (vgl zu dieser Regelung auch *Gaul/Bonanni/Otto* DB 03, 2387; Näheres: *Beschäftigungsgesellschaft*). Das Transferkurzarbeitergeld soll „die aktivierenden Elemente des alten Instruments stärken und gleichzeitig die bislang bestehenden Fehlanreize zum Missbrauch des Instruments" abschaffen (BT-Drs 15/1515 S 92). Die Zeit der Zugehörigkeit zu einer Transfergesellschaft ist als Zeit einer versicherungspflichtigen Beschäftigung anzusehen (BSG 4.7.12 – B 11 AL 9/11 R, SozR 4–4300 § 131 Nr 5).

43 **2. Heimarbeiter** haben nach näherer Maßgabe des § 103 SGB III Anspruch auf Kurzarbeitergeld, wenn sie ihren Lebensunterhalt ausschließlich oder weit überwiegend aus dem Beschäftigungsverhältnis als Heimarbeiter beziehen.

44 **3. Saison-Kurzarbeitergeld.** Das Gesetz zur Förderung der ganzjährigen Beschäftigung vom 24.4.06 (BGBl I 06, 926) hat das sog **Saison-Kurzarbeitergeld** als neue Leistung in das SGB III eingefügt (*Kossens* AuA 06, 292; *Stang/Asshoff* SozSich 06, 152; *Bieback* SGb 07, 197). Damit sind zugleich die Regelungen zum früheren Winterausfallgeld entfallen (s hierzu die 13. Auflage des Personalbuchs Stichwort Winterausfallgeld). Das Saison-Kurzarbeitergeld wird von der BA finanziert, während die ergänzenden Leistungen über eine Umlage der ArbGeb und der ArbN aufgebracht werden. Das Saison-Kurzarbeitergeld wird zunächst nur in Betrieben des Baugewerbes gewährt.

45 Das Saison-Kurzarbeitergeld wird nach Maßgabe des § 101 SGB III in der **Schlechtwetterzeit** vom 1. 12. bis zum 31. 3. gewährt. Vorausgesetzt wird nach § 101 Abs 1 SGB III, dass der ArbN in einem Betrieb des Baugewerbes beschäftigt wird oder einem Wirtschaftszweig angehört, der von saisonbedingtem Arbeitsausfall betroffen ist, der Arbeitsausfall erheblich ist, die betrieblichen Voraussetzungen des § 97 SGB III sowie die persönlichen Voraussetzungen des § 98 SGB III erfüllt sind und der Arbeitsausfall der Bundesagentur nach § 99 SGB III angezeigt ist. Gegenüber dem Kurzarbeitergeld bestehen ua insofern erleichterte Zugangsbedingungen, als der Nachweis nicht erforderlich ist, dass im jeweiligen Kalendermonat mindestens ein Drittel der im Betrieb beschäftigten ArbN von einem Entgeltausfall von jeweils mehr als zehn Prozent ihres monatlichen Bruttoentgelts betroffen sind. Arbeitszeitguthaben müssen nach Maßgabe des § 101 Abs 5 Satz 3 SGB III nicht zu Lasten der BA aufgehoben werden.

Ein **Betrieb des Baugewerbes** ist nach § 101 Abs 2 SGB III ein Betrieb, der gewerblich überwiegend Bauleistungen erbringt. Nicht hierzu rechnen Betriebe, die überwiegend Bauvorrichtungen, Baumaschinen, Baugeräte oder sonstige Baubetriebsmittel ohne Personal Betrieben des Baugewerbes gewerblich zur Verfügung stellen oder überwiegend Baustoffe oder Bauteile für den Markt herstellen, sowie Betriebe, die Betonladegeräte gewerblich zur Verfügung stellen. Einzelheiten regelt § 1 der Baubetriebe-Verordnung. **46**

Das Saison-Kurzarbeitergeld wird von der BA in Höhe des Kurzarbeitergeldes gezahlt. Während der Zahlung von Saison-Kurzarbeitergeld besteht für die ArbN ein **Pflichtversicherungsverhältnis**. Nach § 24 Abs 3 SGB III besteht auch Versicherungspflicht in der ArblV. Der Bezug von Saison-Kurzarbeitergeld kann also zur Erlangung eines Anspruchs auf AlGeld beitragen. Die ArbGeb müssen SozVBeiträge auf der Grundlage eines auf 80 vH abgesenkten Entgelts abführen. **47**

Die **ergänzenden Leistungen** sind in § 102 SGB III geregelt. Nach dieser Vorschrift haben die betroffenen ArbN Anspruch auf Zuschuss-Wintergeld und Mehraufwands-Wintergeld (Näheres: *Wintergeld*). Außerdem haben ArbGeb nach Maßgabe des § 102 Abs 4 SGB III Anspruch auf Erstattung der von ihnen allein zu tragenden Beiträge zur SozV. Voraussetzung für die Gewährung dieser Leistungen ist die Einführung einer Umlage in dem betreffenden Wirtschaftszweig. Die ergänzenden Leistungen werden aufgrund der in § 102 Abs 5 SGB III getroffenen Regelung nur für ArbN gezahlt, deren Arbeitsverhältnis in der Schlechtwetterzeit nicht aus witterungsbedingten Gründen gekündigt werden kann. **48**

Das Umlageverfahren ist durch die **Winterbeschäftigungs-Verordnung** vom 26.4.06 (BGBl I 06, 1086, zuletzt geändert durch VO vom 24.6.13, BGBl I 13, 1681) für gewerbliche ArbN von Betrieben des Baugewerbes, des Gerüstbauerhandwerks, des Dachdeckerhandwerks und des Garten- und Landschaftsbaus eingeführt worden. Die ArbN in den Bereichen Gerüstbau erhalten nur Leistungen nach § 101 Abs 2 und 3 SGB III (also keine Beitragserstattung). Die Umlagehöhe und die Verteilung der Anteile ergeben sich für die einzelnen Gewerbezweige jeweils aus § 3 der Verordnung. Die Höhe der Umlage beträgt für das Bauhauptgewerbe 2 Prozent der Bruttolohnsumme, wobei auf die ArbGeb 1,2 Prozent und auf die ArbN 0,8 Prozent entfallen. **49**

IV. Dauer und Höhe der Leistung. 1. Bezugszeit. Das Kurzarbeitergeld wird für den Arbeitsausfall während der Bezugsfrist geleistet (§ 104 SGB III). Es wird frühestens von dem Kalendermonat an geleistet, in dem die Anzeige über den Arbeitsausfall bei der Agentur für Arbeit eingegangen ist. Lediglich bei einem unabwendbaren Ereignis wird Kurzarbeitergeld vom ersten Tage dieses Ereignisses an gewährt, wenn die Anzeige unverzüglich erstattet worden ist (§ 99 Abs 2 SGB III). Die **Anzeige** als materiellrechtliche Voraussetzung für den Anspruch kann nicht bei einem unzuständigen Leistungsträger iSd § 16 SGB I eingereicht werden. Sie lässt auch eine Wiedereinsetzung in den vorigen Stand oder eine Heilung durch den sozialrechtlichen Herstellungsanspruch (vgl *Fürsorgepflicht* Rz 33) nicht zu (BSG 14.2.89 – 7 RAr 18/87, NZA 89, 613). **50**

Die gesetzliche **Bezugsfrist** für das Kurzarbeitergeld beträgt sechs Monate (§ 104 Abs 1 SGB III). Die Regelbezugsfrist bezieht sich nicht auf den Anspruch des einzelnen ArbN, sondern auf den Betrieb oder die Betriebsabteilung. Arbeitstage, für die kein Kurzarbeitergeld zu zahlen ist, verlängern die Bezugsfrist nur, wenn sie eine zusammenhängende Zeit von mindestens einem Monat betragen. Sind seit dem letzten Tage des Bezuges von Kurzarbeitergeld mindestens drei Monate verstrichen, so beginnt nach § 104 Abs 3 SGB III der Lauf einer neuen Bezugsfrist. **51**

Die Regelbezugsfrist kann gem § 109 SGB III durch VO des BMA **verlängert** werden. Die VO vom 7.12.12 (BGBl I 12, 2570) idF der VO vom 31.10.13 (BGBl I 13, 3905) bestimmt, dass die Bezugsdauer bei ArbN, deren Anspruch auf Kurzarbeitergeld bis zum 31.12.14 entstanden ist, auf längstens zwölf Monate verlängert wird. **52**

2. Bemessung. Die Höhe des Kurzarbeitergelds orientiert sich an der Höhe des Al-Geldes. Nach § 105 SGB III beträgt das Kurzarbeitergeld bei einem erhöhten Leistungssatz **53**

nach den Vorschriften über das *Arbeitslosengeld* (s dort) 67 Prozent und bei den übrigen ArbN 60 Prozent der **Nettoentgeltdifferenz**.

54 Die Nettoentgeltdifferenz errechnet sich nach Maßgabe des § 106 SGB III aus dem Unterschiedsbetrag zwischen dem pauschalierten Nettoentgelt aus dem „Sollentgelt" und dem pauschalierten Nettoentgelt aus dem „Istentgelt". Als **Sollentgelt** gilt das Bruttoarbeitsentgelt, das der ArbN ohne den Arbeitsausfall und vermindert um Entgelt für Mehrarbeit in dem Anspruchszeitraum erzielt hätte. **Istentgelt** ist das Bruttoarbeitsentgelt, das der ArbN in dem Anspruchszeitraum tatsächlich erzielt hat. Bei der Ermittlung von Sollentgelt und Istentgelt ist nach § 106 Abs 1 Satz 4 SGB III einmalig gezahltes Arbeitsentgelt nicht zu berücksichtigen. Das Kurzarbeiterentgelt gleicht nur den aus dem erheblichen Arbeitsausfall iSd § 96 SGB III resultierenden Entgeltausfall teilweise aus. Entgeltausfälle aus anderen Gründen (zB unbezahlter Urlaub) werden in der Weise neutralisiert, dass das Istentgelt um das ohne den Arbeitsausfall erzielte Arbeitsentgelt erhöht wird. Zur Vereinfachung des vom ArbGeb durchzuführenden Auszahlungsverfahrens sind Sollentgelt und Istentgelt auf den nächsten durch 20 teilbaren €-Betrag zu runden. Die für die Berechnung des Kurzarbeitergeldes maßgeblichen pauschalierten monatlichen Nettoarbeitsentgelte werden jeweils für ein Kalenderjahr durch VO festgelegt. Für das Jahr 2013 richteten sich die Werte nach der VO vom 7.3.13 (BGBl I 13, 450).

55 **3. Einkommensanrechnung.** Arbeitsentgelt, das vom ArbGeb unter Anrechnung des Kurzarbeitergeldes und aufstockend zu diesem gezahlt wird, führt nach § 106 Abs 2 Satz 2 SGB III nicht zu einer Minderung des Kurzarbeitergelds. Ebenfalls unberücksichtigt bleibt Arbeitsentgelt aus einer weiteren Beschäftigung, die bereits vor Eintritt des Arbeitsausfalls in gleichem Umfang ausgeübt wurde. Hingegen führt das Einkommen aus einer Beschäftigung bzw selbstständigen Tätigkeit, die während des Bezugs von Kurzarbeitergeld aufgenommen wird, zu einer Erhöhung des Istentgelts. Das Arbeitsentgelt wird folglich **in voller Höhe** angerechnet. Es wird dabei nicht danach unterschieden, ob die Beschäftigung bzw Tätigkeit geringfügig oder mehr als geringfügig ist (§ 106 Abs 3 SGB III).

56 **V. Arbeitgeberpflichten.** Obwohl der ArbN Inhaber des Anspruchs auf Kurzarbeitergeld ist, wird die Realisierung des Anspruchs dem ArbGeb überlassen. Bescheide der BA über die Gewährung von Kurzarbeitergeld können nur vom ArbGeb oder der Betriebsvertretung, nicht aber von dem betroffenen ArbN angefochten werden (BSG 25.5.05 – B 11a/11 AL 15/04 R, NZS 06, 378; nachgehend BVerfG 6.9.07 – 1 BvR 2203/05, SozR 4-4300 § 323 Nr 2). Die kostenlose Indienstnahme des ArbGeb ist nicht verfassungswidrig, denn sie wird ihm im Hinblick auf seine Fürsorgepflichten aus dem Arbeitsverhältnis auferlegt (BSG 23.6.76 – 12/7 RAr 80/74, SozR 4100 § 72 Nr 4). Das vom ArbGeb bei der Gewährung des Kurzarbeitergeldes einzuhaltende Verfahren ist zweistufig aufgebaut.

57 **1. Anzeige.** Der vom ArbGeb schriftlich zu erstattenden Anzeige, die zugleich **materiell-rechtliche Anspruchsvoraussetzung** ist, ist eine Stellungnahme der Betriebsvertretung beizufügen (§ 99 SGB III). Das Fehlen der Stellungnahme berührt allerdings die Wirksamkeit der Anzeige nicht. Die Anzeige kann auch von der Betriebsvertretung erstattet werden. Die Anzeige ist bei der Agentur für Arbeit zu erstatten, in dessen Bezirk der Betrieb oder die Betriebsabteilung liegt. Hierbei sind das Vorliegen eines erheblichen Arbeitsausfalls und die betrieblichen Voraussetzungen für das Kurzarbeitergeld glaubhaft zu machen. Zweckmäßigerweise sind für die Anzeige und für den späteren Antrag die von der BA herausgegebenen Vordrucke zu verwenden. Eine für den Gesamtbetrieb erstattete Anzeige ersetzt nicht die Anzeige für eine Betriebsabteilung, da insoweit weitergehende Angaben erforderlich sind (BSG 21.1.87 – 7 RAr 76/85, DB 87, 1544). Über das Vorliegen der genannten Voraussetzungen hat die Agentur für Arbeit unverzüglich einen schriftlichen Bescheid zu erteilen, der im Rahmen der Bestandskraft von Verwaltungsakten verbindlich ist.

58 **2. Antrag.** Der Antrag auf Kurzarbeitergeld ist **schriftlich** bei der **Agentur für Arbeit** zu stellen, in dessen Bezirk die für den Betrieb zuständige Lohnstelle liegt (§§ 323 Abs 2, 327 Abs 3 SGB III). Antragsberechtigt sind nur die Anzeigeberechtigten, nicht hingegen die anspruchsberechtigten ArbN. Dementsprechend können Bescheide über die Gewährung von Kurzarbeitergeld nur vom ArbGeb oder von der Betriebsvertretung, nicht aber von einem betroffenen ArbN mit Widerspruch und Klage angefochten werden (BSG 25. 5 05 – B 11a/11 Al 15/04 R, SozR 4-4300 § 323 Nr 1). Im Antrag sind die Namen, Anschriften

und SozVNummern der ArbN mitzuteilen, für die Kurzarbeitergeld beantragt wird. Der Antrag ist innerhalb einer Ausschlussfrist von drei Monaten zu stellen (§ 325 Abs 3 SGB III). Die Frist beginnt mit dem Ablauf des Kalendermonats, in dem die Tage der Kurzarbeit liegen. Reicht der maßgebliche Kurzarbeitszeitraum über mehr als ein Kalendermonatsende hinaus, so beginnt die Frist einheitlich erst mit dem Ablauf des letzten Kalendermonats, für den Kurzarbeitergeld beantragt wird (BSG 19.2.86 – 7 RAr 47/84, NZA 86, 652). Hierdurch wird dem ArbGeb ein Wahlrecht eingeräumt, so dass der Gewährungszeitraum auf die gesamte Zeitdauer der Regelbezugsfrist ausgedehnt werden kann.

3. Nachweispflicht. Der ArbGeb hat der Agentur für Arbeit die Voraussetzungen für die Gewährung des Kurzarbeitergeldes nachzuweisen (§ 320 Abs 1 SGB III). Diese Nachweispflicht trifft den ArbGeb auch, wenn die Betriebsvertretung die Anzeige erstattet und den Antrag gestellt hatte. **59**

4. Errechnungs- und Auszahlungspflicht. Die Indienstnahme des ArbGeb umfasst auch die **Errechnung und Auszahlung** des Kurzarbeitergeldes. Die gesetzliche Verpflichtung zur kostenlosen Auszahlung des Kurzarbeitergeldes erstreckt sich nur auf die dem ArbGeb zur Verfügung gestellten Beträge (*Hauck/Noftz/Voelzke* SGB III, § 320 Rz 20). Bei der Errechnung des Kurzarbeitergeldes hat der ArbGeb die maßgebliche Leistungsgruppe nach der Eintragung der LStKlassen auf der LStKarte zu berücksichtigen. Dies gilt entsprechend für den erhöhten Leistungssatz von 67 vH bei eingetragenem Kinderfreibetrag. Der erhöhte Leistungssatz kann auch berücksichtigt werden, wenn dies durch eine Bescheinigung der Agentur für Arbeit nachgewiesen wird. **60**

Der ArbGeb ist der BA bei fahrlässiger Verletzung der sich aus § 320 Abs 1 Satz 2 und 3 und Abs 3 SGB III ergebenden Verpflichtungen, insbesondere bei Nichtbeachtung der im Merkblatt der BA enthaltenen Hinweise, zum Ersatz des Schadens verpflichtet. Der Anspruch auf Ersatz des in der unberechtigten Gewährung von Kurzarbeitergeld bestehenden Schadens ist in § 108 Abs 3 SGB III abschließend geregelt (BSG 25.6.98 – B 7 AL 126/95 R, SozR 3–4100 § 71 Nr 2).

Das Kurzarbeitergeld wird **nachträglich** für den Zeitraum **ausgezahlt**, für den es beantragt wurde. Es besteht keine Verpflichtung des ArbGeb, das Kurzarbeitergeld vorzustrecken; er ist jedoch zur unverzüglichen Weiterleitung an die ArbN verpflichtet. Die BA gewährt unter bestimmten Voraussetzungen Abschlagszahlungen auf das zu gewährende Kurzarbeitergeld. Da der ArbGeb das Kurzarbeitergeld an die ArbN auszahlt, ohne Schuldner des Anspruches zu sein, sieht § 108 Abs 2 SGB III vor, dass für die Zwangsvollstreckung in den Kurzarbeitergeldanspruch der ArbGeb als Drittschuldner gilt. Die Abtretung oder Verpfändung ist nur wirksam, wenn der Gläubiger sie dem ArbGeb anzeigt. **61**

5. Anzeigepflicht bei Arbeitskämpfen. Eine Anzeigepflicht des ArbGeb wird ausgelöst, wenn in einem seiner Betriebe ein Arbeitskampf stattfindet (§ 320 Abs 5 SGB III). Die Anzeige muss **unverzüglich** erstattet werden. Erfüllt der ArbGeb seine Anzeigepflicht nach § 320 Abs 5 SGB III nicht, nicht richtig, nicht vollständig oder nicht rechtzeitig, so stellt sein Verhalten eine Ordnungswidrigkeit dar (§ 404 Abs 2 Nr 25 SGB III). Mittelbare Folgen eines Arbeitskampfes unterliegen, auch wenn sie Auswirkungen auf den Betrieb des ArbGeb haben, nicht der Anzeigepflicht. **62**

Behauptet der ArbGeb, der Arbeitsausfall sei **Folge eines Arbeitskampfes,** so hat er die Anforderungen des § 100 Abs 2 SGB III zu erfüllen. Macht der ArbGeb geltend, dass der Arbeitsausfall eine Folge eines Arbeitskampfes sei, so hat er dies darzulegen und glaubhaft zu machen. Hierzu hat er eine Stellungnahme der Betriebsvertretung beizufügen (zum Ruhen des Anspruchs nach § 160 SGB III s *Arbeitskampf (Vergütung)* Rz 36 ff).

VI. Versicherungspflicht und beitragspflichtige Einnahmen. Während des Bezuges von Kurzarbeitergeld besteht das versicherungspflichtige Beschäftigungsverhältnis in allen Zweigen der SozV fort. Es liegt auch dann keine Versicherungsfreiheit wegen Geringfügigkeit der Beschäftigung vor, wenn durch die Kurzarbeit das Arbeitsentgelt unterhalb der Geringfügigkeitsgrenzen liegt. **63**

Für den Beitrag zur BA gilt keine Sondervorschrift. Die Beiträge zur BA bestimmen sich nur nach dem erzielten Arbeitsentgelt.

Zuschüsse des ArbGeb zum Kurzarbeitergeld gehören nach § 1 Abs 1 Nr 8 SvEV, soweit sie zusammen mit dem Kurzarbeitergeld 80 vH des Unterschiedsbetrags zwischen dem Sollentgelt und dem Istentgelt nicht übersteigen, nicht zum beitragspflichtigen Arbeitsentgelt mit der Folge, dass sie bei der Berechnung der Beiträge und Leistungen in der SozV außer Betracht bleiben. Die Vorschrift dient insbesondere der Verwaltungsvereinfachung, da bisher die Zuschüsse auf das fiktive Arbeitsentgelt angerechnet wurden (vgl *Figge* DB 95, 2420). Durch die Herausnahme aus dem Arbeitsentgeltbegriff ergeben sich geringfügige Auswirkungen auf die Beitragstragung durch die ArbGeb, da der ArbGeb die Beiträge für das fiktive Arbeitsentgelt alleine trägt, das sich nach der bisherigen Praxis um die Zuschüsse vermindert. Außerdem unterliegen die Zuschüsse infolge der Neuregelung nicht mehr der Beitragspflicht zur BA.

64 In der gesetzlichen **Kranken-, Renten- und sozialen Pflegeversicherung** unterliegen das tatsächlich erzielte Arbeitsentgelt und das Kurzarbeitergeld der Beitragspflicht. Das neben den Leistungen bezogene Arbeitsentgelt ist nach den allgemeinen Bestimmungen beitragspflichtig. Für das tatsächlich erzielte Arbeitsentgelt gilt auch die Regelung, dass Beiträge von ArbN und ArbGeb zur Hälfte getragen werden. Die nach allgemeinen Grundsätzen errechneten Beiträge werden um einen nach einem fiktiven Entgelt berechneten Beitrag ergänzt. Als fiktive Einnahmen gelten 80 vH des Arbeitsentgelts, das während des Arbeitsausfalls erzielt worden wäre (Unterschiedsbetrag zwischen Sollentgelt und Istentgelt). Soweit die tatsächlichen zusammen mit den fiktiven Einnahmen die *Beitragsbemessungsgrenzen* überschreiten, ist lediglich das tatsächlich erzielte Arbeitsentgelt in voller Höhe zu berücksichtigen, das fiktive Entgelt bis zur Beitragsbemessungsgrenze. Die Beitragsanteile, die auf Ausfallstunden entfallen, trägt der **Arbeitgeber allein.** In die Versicherungsnachweise ist nicht mehr der sog Vollohn einzutragen, sondern es ist das Arbeitsentgelt anzugeben, aus dem die Beiträge errechnet werden.

Beispiel für die Berechnung des SozV-Entgelts in der KV, RV und sozialen PflegeV:

Soll-Stunden   164 Stunden
(wären ohne Arbeitsausfall geleistet worden)
Ist-Stunden   128 Stunden
(tatsächlich geleistete Arbeitsstunden)
Stundenlohn   20 €
Berechnung des SozV-Entgelts:
Sollentgelt (20 € × 164 Stunden) = 3280 €
Istentgelt (20 € × 128 Stunden) = 2560 €
Unterschiedsbetrag = 720 €
davon 80 %   = 576 €
+ Istentgelt   = 2560 €
SozV-Entgelt   **= 3136 €**

65 Der für freiwillig in der gesetzlichen KV und sozialen PflegeV oder für Privatversicherte vom ArbGeb zu zahlende **Beitragszuschuss** erhöht sich beim Bezug von Kurzarbeitergeld nach Maßgabe des § 257 SGB V.

Lebensgemeinschaft (nichteheliche)

A. Arbeitsrecht *Poeche*

1. Einführung. Unter einer nichtehelichen Lebensgemeinschaft wurde bisher das gemeinsame Leben, Wohnen und Wirtschaften zweier nicht miteinander verheirateter Personen verschiedenen Geschlechts auf unbestimmte Zeit verstanden. Seit gleichgeschlechtliche Personen die Möglichkeit haben, ihre Lebensgemeinschaft als Partnerschaft eintragen zu lassen, greift diese Definition zu kurz. Sie sind dann grds wie Ehegatten zu behandeln (s *Lebenspartnerschaft*). Gegenläufig sind homosexuelle Paare ohne staatliche Anerkennung ihrer Partnerschaft ebenso zu behandeln wie nicht miteinander verheiratete heterosexuelle Paare. In beiden Fällen geht es um die rechtliche Behandlung einer übereinstimmend auf Dauer angelegten häuslichen Gemeinschaft, die nicht auf staatliche Anerkennung gerichtet ist. Schwierigkeiten treten bei einer Trennung auf. Es geht dann idR um den Ausgleich der bisher erbrachten Leistungen. 1

2. Arbeitsvertragsrecht. a) Entgelt. Soweit zwischen den Partnern der Lebensgemeinschaft ein regulärer Arbeitsvertrag iSv § 611 BGB vereinbart ist, bestehen für die sich daraus ergebenden Rechte keine Besonderheiten (zB LAG RhPf 22.1.82 – 6 Sa 688/81, DB 82, 2719: Arzt/medizinische Assistentin). Fehlt es an einer ausdrücklichen Regelung, sind die wechselseitig erbrachten Leistungen grds nicht auszugleichen. Die alltägliche Haushaltsführung oder die Betreuung des Partners werden regelmäßig nicht nur gegen Vergütung erbracht (§ 612 BGB). Für eine Entgeltlichkeit bedarf es besonderer Anhaltspunkte (LAG Köln 14.3.08 – 4 Sa 1585/07, BeckRS 2008, 55736). Wird eine Vergütung erst nach einem Zerwürfnis verlangt, spricht dies für Unentgeltlichkeit der erbrachten Dienste (ArbG Passau 30.11.89 – 4 Ca 514/89, DB 90, 844). Das gilt auch, wenn der Partner ohne eigenständige, hinreichend konkrete vertragliche Grundlage im Betrieb des anderen arbeitet (vgl LAG RhPf 10.8.05 – 7 Ta 132/05, BeckRS 2006, 40348). Entgeltansprüche aus dem Gesichtspunkt der sog **fehlgeschlagenen Vergütungserwartung** sind denkbar, wenn eine Vergütung für die Zukunft, etwa durch erbrechtliche Zuwendungen oder sonstige Übertragung von Vermögen oder Vermögensteilen, in Aussicht gestellt wird. Eine einseitige Vergütungserwartung genügt nicht (LAG Köln 17.6.99 – 10 Sa 69/99, MDR 99, 1331; s *Arbeitsentgelt* Rz 12). Zur Bemessung der angemessenen Vergütung iSv § 850h ZPO LAG SachsAnh 25.11.99 – 6 Sa 207/99, NJW 2000, 503 (Näheres *Pfändung* Rz 29). Ein nicht arbeitsrechtlicher Anspruch auf Ausgleich gemeinschaftsbezogener Zuwendungen kommt ausnahmsweise nach den Vorschriften der ungerechtfertigten Bereicherung oder wegen des Wegfalls der Geschäftsgrundlage in Betracht, wenn dem Partner auf Dauer ein erheblicher Vermögenswert zugewandt worden ist (BGH 9.7.08 – XII ZR 39/06, NJW 08, 3282; 9.7.08 – XII ZR 179/05, NJW 08, 3277). 2

b) Betriebliche Altersversorgung. Ein Anspruch des hinterbliebenen Partners einer nichtehelichen Lebensgemeinschaft besteht dann, wenn die Versorgungsordnung ihn in den Kreis der anspruchsberechtigten Personen ausdrücklich einbezieht (LAG Hamm 17.12.91 – 6 Sa 1212/91, DB 92, 535). Steht dem versorgungsberechtigten ArbN ein Bestimmungsrecht bei seiner Hinterbliebenenversorgung zu, kann er auch seinen Partner der nichtehelichen Lebensgemeinschaft begünstigen. Werden dadurch Ansprüche eines noch lebenden Ehegatten beeinträchtigt, soll die Begünstigung wegen Verstoßes gegen die guten Sitten uU nichtig sein (BAG 16.8.83 – 3 AZR 34/81, DB 84, 887 = EzA § 1 Nr 1 Hinterbliebenenversorgung mit Anm *Blomeyer*). 3

c) Tarifvertrag. Tarifliche Bestimmungen, die Leistungen nur für verheiratete/verpartnerte ArbN vorsehen, sind regelmäßig wegen der im Einzelfall vom ArbGeb schwer kontrollierbaren tatsächlich gelebten Gemeinschaft rechtswirksam. So hält es sich im Rahmen des den Tarifvertragsparteien zustehenden Gestaltungsspielraums, wenn der ArbN bezahlte Arbeitsfreistellung aus Anlass der Niederkunft der Kindesmutter nur dann hat, wenn er mit dieser verheiratet ist. Das gilt auch unter Berücksichtigung des verwandtschaftlichen Verhältnisses des ArbN zu dem Neugeborenen (§ 1589 Abs 1 Satz 1 BGB) und dem grundgesetzlichen Schutz des familiären Zusammenlebens mit Mutter und Kind nach Art 6 Abs 1 und 2 4

270 Lebensgemeinschaft (nichteheliche)

GG (BAG 18.1.01 – 6 AZR 492/99, NZA 02, 47; BVerwG 19.6.97 – 2 C 28/96, NJW 97, 3184). Die gegen die Entscheidung des BVerwG erhobene Verfassungsbeschwerde ist nicht angenommen worden (BVerfG 1.4.98 – 2 BvR 1478/97, FamRZ 98, 894).

Zu beachten ist, dass **steuerrechtliche Begriffe** in einem Tarifvertrag idR so auszulegen sind, wie sie zur Zeit der Anwendung der Tarifnorm (und nicht zZt des Abschlusses des Tarifvertrags) nach Maßgabe der Rspr des BFH zu verstehen sind (sog dynamische Verweisung). Das BAG hat deshalb den Anspruch eines ArbN, Partner einer nichtehelichen Lebensgemeinschaft, auf erhöhte Verpflegungspauschale wegen doppelter Haushaltsführung im Anschluss an die Auslegung des BFH bejaht (BAG 30.3.2000 – 6 AZR 636/98, ZTR 01, 73). Zur Rspr des BFH s unten Rz 15.

5   d) **Betriebsvereinbarungen,** die zB bei der zeitlichen Lage des Erholungsurlaubs auf die Erwerbstätigkeit des Partners Rücksicht nehmen, brauchen staatlich nicht dokumentierte Partnerschaften nicht gleich zu behandeln.

e) Im Bereich von **Elternzeit** (s *Elternzeit* Rz 3) kommt es demgegenüber ausschließlich auf den gemeinsamen Haushalt mit dem Kind und die Stellung als Mutter und Vater an.

6   **3. Prozesskostenhilfe.** Bei der (nicht eingetragenen) nichtehelichen Lebensgemeinschaft kann das gemeinsame Wirtschaften in Form der Kostenentlastung bei gemeinschaftlicher Haushaltsführung berücksichtigt werden (BAG 5.4.06 – 3 AZB 61/04, NZA 06, 694 unter Bezugnahme auf BAG 2.12.04 – 3 AZB 14/04).

B. Lohnsteuerrecht *Thomas*

11   **1. Begriff.** Neben den institutionalisierten Gemeinschaften Ehe und eingetragene Lebenspartnerschaft (zu dieser vgl *Lebenspartnerschaft*) existieren weitere Formen gemeinschaftlichen, also durch gemeinsames Wohnen und Wirtschaften gekennzeichneten Lebens. Derartige Gemeinschaften können aus zwei oder mehr Personen, gleichen oder unterschiedlichen Geschlechts, mit oder ohne sexuellen Bezug, mit oder ohne verwandtschaftliche Nähe, auf unterschiedliche Dauer angelegt und mit unterschiedlicher Intensität des Wirtschaftens aus einem Topf bestehen. Dem entsprechend sind die Rechtsfolgen für die unterschiedlichen Gemeinschaftsformen (von der Wohngemeinschaft unter Studenten über das Zusammenleben erwachsener Geschwister bis zur Gemeinschaft nicht verheirateter Eltern mit ihren gemeinsamen Kindern) nicht einheitlich.

12   **2. Keine Ehegattenbesteuerung.** Anders als die og Lebenspartnerschaft sind andere Lebensgemeinschaften nicht von Verfassungs wegen mit der Ehe gleich zu behandeln, weil bei den sonstigen Lebensgemeinschaften keine gesetzliche Erwerbsgemeinschaft und teilweise auch keine Unterhaltsverpflichtung besteht. Deswegen ist weder eine erbschaftssteuerliche Gleichbehandlung von Ehegatten und Geschwistern geboten (BFH 24.3.13 – II R 65/11, DStR 13, 1128; vgl aber *Selder* DStR 13, 1064 unter 5.), noch hat ein verwitweter Alleinerziehender mit Kindern Anspruch auf Anwendung des Splittingverfahrens (BFH 27.5.13 – III B 2/13, BFH/NV 13, 1406 = Beck RS 2013, 95503; *Haupt/Becker* DStR 13, 734). Wegen der hiergegen zwischenzeitlich eingelegten Verfassungsbeschwerde (Az 2 BvR 1519/13) sollten Betroffene allerdings ihren Bescheid offen halten.

13   **3. Unterhaltsleistungen. a) Kinder.** Leistungen an ein zur Lebensgemeinschaft gehörendes Kind sind wegen dessen Unterhaltsanspruchs zwar zwangsläufig. Sie können aber als außergewöhnliche Belastung nur berücksichtigt werden, wenn niemand für dieses Kind Kindergeld oder einen Kinderfreibetrag beanspruchen kann und das Kind kein oder nur geringes Vermögen besitzt (§ 33a Abs 1 Satz 4 EStG). Maßgebend ist, ob ein Anspruch auf Kindergeld/Kinderfreibetrag objektiv besteht und nicht, ob Kindergeld bzw ein Kinderfreibetrag tatsächlich gewährt wurde. Unbeachtlich ist auch, wem das Kindergeld bzw der Kinderfreibetrag zusteht oder ob ein nicht zustehender Kinderfreibetrag von jemandem zu Unrecht in Anspruch genommen wurde (BFH 19.5.04 – III R 30/02, BStBl II 04, 943).

14   **b) Partner.** Leistungen an andere Personen einer Lebensgemeinschaft sind grundsätzlich nur als außergewöhnliche Belastung zu berücksichtigen, wenn ein gesetzlicher Unterhaltsanspruch besteht (§ 33a Abs 1 Satz 1 EStG). Ein solcher fehlt bspw bei entfernteren Verwandten wie Geschwister, Onkel, Tante, Neffen und Nichten, selbst wenn der Empfänger nach den Maßstäben seines Wohnsitzstaates unterhaltsberechtigt wäre (BFH 4.7.02 – III R 8/

01, BStBl II 02, 760; BFH 27.7.11 – VI R 13/10, BStBl II 11, 965). Ein Unterhaltsanspruch kann sich für die Mutter eines nichtehelichen Kindes vorübergehend (sechs Wochen vor bis acht Wochen nach der Geburt) sowie anschließend bei Betreuung des Kindes aus § 1615l BGB ergeben. Beim Kinderbetreuungsunterhalt ist festzustellen, ob wegen der Pflege und Betreuung des Kindes eine Erwerbstätigkeit nicht erwartet werden kann (BFH 19.5.04 – III R 30/02, BStBl II 04, 943).

Personen mit Unterhaltsanspruch gleichgestellt werden solche, denen öffentliche Mittel versagt werden, weil sie in einer sozialrechtlichen Bedarfs- und Haushaltsgemeinschaft (vgl dazu Rz 23) leben (sog **Gleichstellungsklausel**, § 33a Abs 1 Satz 3 EStG). Denn durch die Mittelkürzung entsteht ein der gesetzlichen Unterhaltspflicht vergleichbarer Zwang, den Unterhalt des Partners sicher zu stellen. Hinsichtlich der Höhe des Abzugsbetrages kann davon ausgegangen werden, dass das verfügbare Nettoeinkommen gleichmäßig nach Köpfen verteilt werden wird. Gehört der Haushaltsgemeinschaft ein unterhaltsberechtigtes Kind an, sind Unterhaltsleistungen an den mittellosen Lebenspartner unter Berücksichtigung des Kindesunterhalts, aber ohne sog Opfergrenze als außergewöhnliche Belastung abziehbar (BFH 17.12.09 – VI R 64/08, BStBl II 10, 343 = DStR 10, 312 mit Anm *Bergkemper* FR 10, 439; Berechnungsbeispiele beim BMF 7.6.10 BStBl I 10, 582 Tz 12). Opfergrenze besagt ausgehend von § 1603 BGB, dass nur disponibles, für den Selbstunterhalt nicht benötigtes Einkommen für Fremdunterhalt geopfert werden muss. **15**

C. Sozialversicherungsrecht *Voelzke*

1. Allgemeines. Die Hauptbedeutung der eheähnlichen Gemeinschaft liegt im Recht der sozialen Sicherung in ihrer Gleichstellung mit Ehegatten im Rahmen der **Bedürftigkeitsprüfung** bei der Gewährung von Sozialleistungen (§§ 7 Abs 3 Nr 3b SGB II; 20 SGB XII; 6 Abs 3 Satz 2 BErzGG; 18 Abs 2 Nr 2 Wohngeldgesetz; vgl ausführlich *Debus* SGb 06, 82). Hingegen sind eheähnlichen Gemeinschaften die Ehegatten oder Angehörigen durch sozialrechtliche Vorschriften eröffneten Vergünstigungen weder durch den Gesetzgeber noch durch eine Einbeziehung im Wege der Analogie eingeräumt worden. Das Lebenspartnerschaftsgesetz (idF des Gesetzes vom 16.2.01, BGBl I 01, 266) hat lediglich für gleichgeschlechtliche Gemeinschaften eine gesetzliche Grundlage geschaffen (vgl zur Stellung der Lebenspartnerschaft im Sozialrecht s *Lebenspartnerschaft*). Ohne ausdrückliche gesetzliche Anerkennung hat es das BSG bisher abgelehnt, die Partnerin einer eheähnlichen Lebensgemeinschaft einer Witwe bei der Hinterbliebenenrente in der RV gleichzustellen (BSG 30.3.94 – 4 RA 18/93, NJW 95, 3270; vgl auch *Ruland* NJW 95, 3234). Im KVRecht hat es für den Partner einer eheähnlichen Gemeinschaft einen Anspruch auf Familienhilfe (s *Familienversicherung* Rz 5 ff) verneint (BSG 10.5.90 – 12/3 RK 23/88, SozR 3–2200 § 205 Nr 1; anders für den Partner einer eingetragenen Gemeinschaft jetzt § 10 SGB V). Auch das BVerfG hat keinen Gleichheitsverstoß darin gesehen, dass der Gesetzgeber Ehen und nichteheliche Lebensgemeinschaften in Bezug auf den Ausschluss von Kindern aus der Familienversicherung unterschiedlich behandelt (BVerfG 12.2.03 – 1 BvR 624/01, SozR 4–2500 § 10 Nr 1). Kein Anspruch auf *Kindergeld* wird für den Partner einer nichtehelichen Lebensgemeinschaft begründet, der mit der Lebensgefährtin und deren Kindern in einem gemeinsamen Haushalt wohnt. Dieser ist auch nicht Pflegevater iSd BKGG (BSG 6.8.92 – 10 RKG 7/91, NZS 93, 227). Eine andere Beurteilung ergibt sich allerdings im Rahmen des Sperrzeittatbestandes (§ 159 SGB III); insoweit erkennt die Rspr unter bestimmten Voraussetzungen einen wichtigen Grund beim Zuzug zu einem Partner einer eheähnlichen Gemeinschaft an. **21**

2. Arbeitslosengeld II. Leistungen der Grundsicherung für Arbeitsuchende stehen nicht nur dem erwerbsfähigen Leistungsberechtigten zu, sondern es erhalten auch Personen, die mit ihm in einer **Bedarfsgemeinschaft** leben, Leistungen nach dem SGB II. Eine abschließende Aufzählung der Mitglieder einer Bedarfsgemeinschaft enthält § 7 Abs 3 SGB II. Danach ist als Mitglied der Bedarfsgemeinschaft auch der Partner anzusehen, der mit dem erwerbsfähigen Hilfebedürftigen in eheähnlicher Gemeinschaft lebt (§ 7 Abs 3 Nr 3b SGB II). **22**

Die Abgrenzung des betroffenen Personenkreises vollzieht sich nach den vom BVerfG zu den Vorläuferregelungen entwickelten Grundsätzen (*Hauck/Noftz/Valgolio* SGB II, § 7 Rz 196; *Schlegel/Voelzke/Hackethal* SGB II, § 7 Rz 54). Während die frühere Rspr an die äußeren **23**

270 Lebensgemeinschaft (nichteheliche)

Merkmale einer Wohn- und Wirtschaftsgemeinschaft anknüpfte (BSG 24.3.88 – 7 RAr 81/86, SozR 4100 § 138 Nr 17), legt das BVerfG den Begriff der eheähnlichen Lebensgemeinschaft iS einer **Verantwortungs- und Einstehensgemeinschaft** aus. Die Voraussetzungen für die Berücksichtigung von Einkommen oder Vermögen des nichtehelichen Partners sind nur erfüllt, wenn die Bindungen der Partner so eng sind, dass von ihnen ein gegenseitiges Einstehen in den Not- und Wechselfällen des Lebens erwartet werden kann. Zur Feststellung können nach der Entscheidung des BVerfG als Hilfstatsachen ua die lange Dauer des Zusammenlebens, die Versorgung von Kindern und Angehörigen im gemeinsamen Haushalt und die Befugnis, über Einkommen und Vermögensgegenstände des Partners zu verfügen, herangezogen werden. Für das Bestehen einer eheähnlichen Lebensgemeinschaft trifft den Träger der Grundsicherung die Beweislast (zur Zulässigkeit einer Wohnungsbesichtigung s LSG Halle 22.4.05 – L 2 B 9/05 AS ER, mit Anm *Berlit* juris PR – SozR 26/2005 Nr 2). Allerdings existiert nach § 7 Abs 3a SGB II eine Vermutungsregelung für das Bestehen einer eheähnlichen Lebensgemeinschaft, die daran anknüpft, dass die Partner länger als ein Jahr zusammenleben, mit einem gemeinsamen Kind zusammenleben, Kinder oder Angehörige im Haushalt versorgen oder befugt sind, über Einkommen oder Vermögen des anderen zu verfügen. Die aufgeführten Kriterien für die Anwendung der Vermutungsregelung sind abschließend (*Schlegel/Voelzke/Hackethal* SGB II, § 7 Rz 56). Die Vermutungsregelung bezieht sich nur auf die subjektive Seite der Einstehens- und Verantwortungsgemeinschaft (BSG 23.8.12 – B 4 AS 34/12 R, NJW 13, 957). Zur Bedarfsgemeinschaft zählen reine Wohngemeinschaften oder Untermietverhältnisse nicht.

24 **3. Sperrzeit.** Löst der ArbN das Beschäftigungsverhältnis und führt er dadurch vorsätzlich oder grob fahrlässig die Arbeitslosigkeit herbei, so führt dies gem § 159 Abs 1 Satz 2 Nr 1 SGB III zum Eintritt einer Sperrzeit (s *Sperrzeit* Rz 6 ff) und zu einer Minderung das AlGeld-Anspruches gem § 148 SGB III, wenn ihm für sein Verhalten kein wichtiger Grund zur Seite steht. Zu den persönlichen Umständen, die bei einer ordentlichen Kündigung ausnahmsweise die Annahme eines wichtigen Grundes rechtfertigen können, ist die Eheschließung und der **Zuzug zum Ehegatten** zu rechnen, wenn ein Arbeitsloser seine bisherige Arbeitsstelle nicht von der gemeinsamen Wohnung aus zumutbar erreichen kann (BSG 20.4.77 – 7 RAr 112/75, SozR 4100 § 119 Nr 2).

25 Im Gegensatz hierzu hatte es das BSG in seiner früheren, allerdings stark umstrittenen Rspr ausnahmslos abgelehnt, die Herstellung einer eheähnlichen Lebensgemeinschaft als **wichtigen Grund** iSd Sperrzeittatbestandes anzuerkennen (vgl zB noch BSG 25.10.88 – 7 RAr 37/87, SozR 4100 § 119 Nr 33). Hierzu hat der 7. Senat des BSG mit Urt vom 17.10.02 – B 7 AL 96/00 (SozR 3–4100 § 119 Nr 26; vgl hierzu KassHB SGB III/*Voelzke* § 12 Rz 367; *Urmersbach* NZS 04, 414) entschieden, dass allein der Zuzug zum nichtehelichen Lebenspartner zur Fortsetzung einer bereits bestehenden eheähnlichen Lebensgemeinschaft einen wichtigen Grund iSd Sperrzeittatbestandes bilden kann. Der Partner kann sich allerdings nur dann auf einen wichtigen Grund berufen, wenn zum Zeitpunkt der Lösung des Beschäftigungsverhältnisses eine Verantwortungs- und Einstehensgemeinschaft vorliegt. Dem ArbN wird zudem ein wichtiger Grund nur zugebilligt, wenn er vor der Lösung seines Beschäftigungsverhältnisses durch eine Arbeitssuche am neuen Wohnort dokumentiert hat, dass von einer Ernsthaftigkeit der Partnerschaft ausgegangen werden kann. Unabhängig von den Voraussetzungen für die Anerkennung eines wichtigen Grundes bei einer Lösung des Beschäftigungsverhältnisses zur Aufrechterhaltung einer eheähnlichen Lebensgemeinschaft tritt keine Sperrzeit ein, wenn eine Frau ihren Arbeitsplatz aufgibt, um zu ihrem künftigen Ehemann zu ziehen und der Umzug zum Wohl ihres Kindes auf den Schuljahreswechsel vorgezogen wird (BSG 17.11.05 – B 11a/11 AL 49/04 R, SozR 4–4300 § 144 Nr 10). Nicht auf einen wichtigen Grund iSd § 159 Abs 1 Nr 1 SGB III kann sich derjenige berufen, der durch die Lösung des Beschäftigungsverhältnisses und den Zuzug die Lebensgemeinschaft erstmals begründen will (BSG 5.11.98 – B 11 AL 5/98 R, SozR 3–4100 § 119 Nr 16). Hingegen ist die Begründung einer Erziehungsgemeinschaft mit dem eheähnlichen Partner durch einen wichtigen Grund gedeckt (BSG 17.10.07 – B 11a/7a AL 52/06 R, SozR 4–4300 § 144 Nr 16).

Lebenspartnerschaft

A. Arbeitsrecht *Poeche*

1. Einführung. Seit Inkrafttreten des Gesetzes über die Eingetragene Lebenspartnerschaft (Lebenspartnerschaftsgesetz – LPartG) am 1.8.2001 (BGBl I 2001, 266) können gleichgeschlechtliche Paare eine sog Eingetragene Lebenspartnerschaft begründen. Die Lebenspartner gelten danach als Familienangehörige (§ 11 Abs 1 LPartG) und sind einander zum Unterhalt verpflichtet (§ 5 LPartG). Die Einführung der Eingetragenen Lebenspartnerschaft ist auch arbeitsrechtlich in vielerlei Hinsicht von Bedeutung (s hierzu *Powietzka* BB 02, 146). 1

2. Allgemeines. Wie bei Eheleuten oder Partnern einer *nichtehelichen Lebensgemeinschaft* können Arbeitsleistungen von Lebenspartnern entweder auf familienrechtlicher oder auf der Grundlage eines Arbeitsverhältnisses erbracht werden (s hierzu *Lebensgemeinschaft (nichteheliche)* Rz 2). Das Bestehen einer eingetragenen Lebenspartnerschaft ist im Rahmen der **Sozialauswahl nach § 1 Abs 3 KSchG** zu berücksichtigen, da das LPartG eine Unterhaltspflicht der Lebenspartner füreinander begründet. Die Begründung oder das Bestehen einer Lebenspartnerschaft selbst ist kein Kündigungsgrund iSd KSchG. Eine andere Betrachtung ist bei Kirchenbediensteten wegen des kirchlichen Selbstbestimmungsrechts angezeigt (vgl hierzu *Powietzka* BB 02, 146). Die Partner einer Eingetragenen Lebenspartnerschaft können unter den Voraussetzungen des § 15 Abs 1 Nr 1b) BEEG **Elternzeit** beanspruchen. 2

3. Gleichstellung mit der Ehe. a) Ausgangslage. Die Partner einer eingetragenen Lebenspartnerschaft sind wie Ehegatten zu behandeln, wenn ihre Situation nach nationalem Recht vergleichbar ist (EuGH 1.4.08 – C 267/06 [Maruko], NZA 08, 459; EuGH 10.5.11 – C-147/08 [Römer], NZA 11, 557 zur Zusatzversorgung im öffentlichen Dienst). Hiervon ist jedenfalls seit dem 1.1.05 für die **betriebliche Altersversorgung** auszugehen, nachdem zu diesem Stichtag im Recht der Lebenspartnerschaft der Versorgungsausgleich eingeführt und die Hinterbliebenen einer Lebenspartnerschaft den Hinterbliebenen einer Ehe gleichgestellt wurden (Gesetz zur Überarbeitung des Lebenspartnerschaftsrechts v 15.12.04, BGBl I 04, 3396). Der Hinterbliebene einer eingetragenen Lebenspartnerschaft kann deshalb nicht von der Hinterbliebenenversorgung ausgeschlossen werden (BAG 11.12.12 – 3 AZR 684/10, NZA-RR 13, 308; BAG 14.1.09 – 3 AZR 20/07, NZA 09, 489; zustimmend auch BGH 7.7.10 – IV ZR 267/04, BeckRS 2010, 18935; vgl BVerfG 7.7.09 – 1 BvR 1164/07, DB 09, 2441). Kein Anspruch besteht für Zeiten vor dem Stichtag (insoweit aA *Bruns* NZA 09, 596). 3

b) Familienbezogene Leistungen. Das BAG führt seine Rspr zur Gleichbehandlung der eingetragenen Lebenspartnerschaft mit der Ehe konsequent fort. Es hat die fehlende Gleichbehandlung hinsichtlich des **familienbezogenen Ortszuschlags** im BAT (der TVöD enthält keine entsprechende Regelung) wegen der zum 1.1.01 eingeführten Lebenspartnerschaft beanstandet, den BAT als ungewollt lückenhaft beurteilt, auf Zahlung erkannt (BAG 29.4.04 – 6 AZR 101/03, NZA 05, 57) und nur für die kirchlichen Arbeitsvertragsregelungen eine Lückenschließung abgelehnt (BAG 26.10.06 – 6 AZR 307/06, NZA 07, 1179). Derselbe Senat hat nicht angepasstem Tarifrecht im Hinblick auf Art 3 Abs 1 GG die Wirksamkeit versagt und ebenfalls auf Zahlung erkannt (BAG 18.3.10 – 6 AZR 156/09 NZA 10, 824 für den kinderbezogenen Ortszuschlag nach BAT-O; ähnlich BAG 18.3.10 – 6 AZR 434/07, NZA-RR 10, 664 für den ehegattenbezogenen Auslandszuschlag nach TVöD-BT-V). Das BVerfG hat nunmehr auch den Ausschluss der eingetragenen Lebenspartnerschaft vom beamtenrechtlichen Familienzuschlag für unvereinbar mit dem Gleichheitssatz erklärt (BVerfG 19.6.12 – 2 BvR 1397/09, BeckRS 2012, 54203). 4

4. Prozesskostenhilfe. Gem § 115 Abs 1 Satz 1 ZPO hat die Prozesskostenhilfe beantragende Partei ihr Vermögen einzusetzen. Hierzu gehört in arbeitsrechtlichen Bestandsschutzstreitigkeiten auch der sich aus § 1360a Abs 4 BGB ergebende Anspruch auf einen Prozesskostenvorschuss gegen den Ehegatten, der damit der Bewilligung entgegenstehen kann. Da § 5 LPartG die entsprechende Geltung des § 1360a BGB vorsieht, gilt dies auch für den in einer eingetragenen Lebenspartnerschaft lebenden Antragsteller (so wohl BAG 5.4.06 – 5

271 Lebenspartnerschaft

3 AZB 61/04, NZA 06, 694). Für den eingetragenen Lebenspartner ist nach § 115 Abs 1 S 3 Nr 2 ZPO ein Freibetrag zu berücksichtigen (LAG RhPf 19.8.11 – 6 Ta 148/11, BeckRS 2011, 76432).

B. Lohnsteuerrecht
Thomas

10 **1. Begriff.** Unter Lebenspartnerschaft wird folgend nur die eingetragene Lebensgemeinschaft nach dem LPartG verstanden; zu anderen Gemeinschaftsformen vgl *Lebensgemeinschaft (nichteheliche)* Rz 11 ff.

11 **2. Gleichbehandlung mit der Ehe.** Bei dem 2001 eingeführten und 2005 modifizierten Institut der Lebenspartnerschaft erfolgte eine weitgehende bürgerlich-rechtliche Gleichstellung mit der Ehe, während die von Anfang an betriebene steuerliche Angleichung unterblieb. Dies nahm die FinanzRspr so hin (vgl im Einzelnen zuletzt Personalbuch 2013 *Lebensgemeinschaft (nichteheliche)* Rz 12), während das BVerfG darin einen Gleichheitsverstoß sah (zuletzt BVerfG 7.5.13 – 2 BvR 909/06, 2 BvR 1981/06, 2 BvR 288/07, DStR 13, 1228; kritisch *Greite* FR 13, 724). Dem folgend ist zwischenzeitlich eine gesetzliche Gleichbehandlung von Ehegatten und Lebenspartnern erfolgt (§ 2 Abs 8 EStG; BMF 31.7.13 DStR 13, 1733), die rückwirkend für alle verfahrensrechtlich offenen Fälle eingreift. Entsprechendes gilt für die Anlage vermögenswirksamer Leistungen.

12 **3. Sondervereinbarungen.** Wie Ehegatten steht es auch Lebenspartnern frei, Leistungen zu Erwerbseinkünften des Partners entweder im Rahmen familiärer Mitarbeit oder statt dessen auf Grund gesonderter Vereinbarungen (zB Miet-Darlehens- oder Arbeitsverhältnis) zu erbringen, sofern diese einem Fremdvergleich stand halten (dazu *Familiäre Mitarbeit* Rz 29 ff).

Werden trotz fehlender arbeitsrechtlicher Vereinbarungen Entgelte nach den Grundsätzen fehlgeschlagener Vergütungserwartungen entrichtet, handelt es sich nicht um Arbeitslohn, sondern um Einnahmen im Rahmen des § 22 Nr 3 EStG (BFH 8.5.08 – VI R 50/05, BStBl II 08, 868 = DStR 08, 1425). Leistungen, die Einkommensverwendungen der Partnerschaft betreffen, sind steuerlich nicht begünstigt (vgl *Hauswirtschaftliches Beschäftigungsverhältnis* Rz 12; Vereinbarungen über die Nutzung der gemeinsamen Wohnung BFH 30.1.96 – IX R 100/93, BStBl II 96, 359; BFH 16.11.01 – IX B 55/01, BFH/NV 02, 345).

C. Sozialversicherungsrecht
Voelzke

15 **1. Allgemeines.** Das LPartG hat für die rechtliche Begründung gleichgeschlechtlicher Gemeinschaften eine gesetzliche Grundlage geschaffen. Die rechtliche Verankerung der Lebenspartnerschaft hat im Sozialrecht zahlreiche Folgeänderungen bewirkt (vgl zur Stellung der Lebenspartnerschaft im Sozialrecht *Moritz* ZFSH/SGB 01, 451; zur Bedeutung in der UV *Dahm* BG 03, 114). Diese sind grundsätzlich von einer prinzipiellen **Annäherung** der Rechtsstellung von Lebenspartnern und Ehegatten geprägt, die etwa die Anerkennung von Lebenspartnern als mögliche Sonderrechtsnachfolger iSd § 56 SGB I umfasst.

16 **2. Stellung in der Sozialversicherung.** In der KV und PflegeV erstreckt sich die beitragsfreie **Familienversicherung** (Näheres: *Familienversicherung*) auch auf den nicht selbst versicherten Lebenspartner (§ 10 Abs 1 SGB V). Über diesen Weg werden auch Kinder des Lebenspartners eines Mitglieds in die beitragsfreie Familienversicherung einbezogen (*Schlegel/Voelzke/Felix* SGB V § 10 Rz 18). Auch in der RV werden Lebenspartner seit dem 1.1.05 den Ehegatten weitgehend gleichgestellt. Insbesondere ist Ihnen der Zugang zur Hinterbliebenenversorgung durch Gleichstellung mit Ehegatten eröffnet (§ 46 Abs 4 SGB VI). Ferner können in der UV eingetragene Lebenspartner seit dem 1.1.05 die in diesem Versicherungszweig vorgesehenen Hinterbliebenenleistungen beanspruchen.

17 **3. Berücksichtigung von Einkommen und Vermögen.** Die Gleichstellung der Lebenspartnerschaft bei der Inanspruchnahme sozialer Rechte führt auf der anderen Seite dazu, dass das **Einkommen und das Vermögen** von Lebenspartnern auch bei der Berechnung bedürftigkeitsabhängiger Sozialleistungen in Ansatz zu bringen ist. Dies hat etwa bei Ansprüchen auf AlGeld II (Näheres: *Arbeitslosengeld II*) zur Folge, dass Lebenspartner als Mitglieder der Bedarfsgemeinschaft an der horizontalen Einkommensanrechnung teilnehmen (§ 7 Abs 3 SGB II).

Leistungsbestimmung

A. Arbeitsrecht

Kreitner

Übersicht

	Rz		Rz
1. Begriff	1–4	f) Belegschaftsaktien	19
2. Zulässigkeit	5–8	g) Gehaltserhöhung	20
3. Umfang und Grenzen	9, 10	h) Organisationsänderung	21
4. Ausübung	11–14	i) Prämien	22
5. Rechtsprechungs-ABC	15–26	j) Tätigkeit	23
a) Altersgrenze	16	k) Urlaub	24
b) Altersteilzeit	16	l) Vorruhestand	25
c) Altersversorgung	17	m) Zulagen	26
d) Arbeitszeit	18	6. Leistungsbestimmung durch Dritte	27
e) Beihilfeleistungen	18		

1. Begriff. Wie in jeder vertraglichen Beziehung, so bedarf es auch im Rahmen eines Arbeitsverhältnisses der Festlegung der beiderseitigen Leistungspflichten durch die Vertragspartner. Dabei besteht für die vertragsschließenden Parteien die Möglichkeit, gewisse Leistungspflichten nur rahmenmäßig zu bestimmen und die konkrete Ausfüllung im Einzelfall einer Partei zu überlassen. Demgemäß existiert in vielen Arbeitsverhältnissen ein Leistungsbestimmungsrecht des ArbGeb hinsichtlich einzelner Modalitäten der vom ArbN zu erbringenden Arbeitsleistung. ArbNseitige Leistungsbestimmungsrechte haben in der Praxis keine Bedeutung. Ein Recht zur einseitigen Leistungsbestimmung besteht nicht, wenn die Leistungsbestimmung der Vereinbarung beider Vertragspartner bedarf (BAG 12.12.07 – 10 AZR 97/07, NZA 08, 409: Zielvereinbarung). 1

Außerhalb des Arbeitsvertrages kann ein solches Leistungsbestimmungsrecht auch in Betriebsvereinbarungen oder Tarifverträgen vereinbart werden und gleichermaßen für die arbeitsvertraglichen Beziehungen Bedeutung erlangen. 2

Wichtigster Unterfall eines Leistungsbestimmungsrechts ist das sog Weisungsrecht des ArbGeb, mit dessen Hilfe der ArbGeb je nach Ausgestaltung des einzelnen Arbeitsvertrages Zeit, Ort, Inhalt sowie Art und Weise der zu erbringenden Arbeitsleistung näher festlegen kann (BAG 7.12.2000 – 6 AZR 444/99, NZA-RR 01, 780; *Hunold* NZA-RR 01, 337; näheres s *Weisungsrecht* Rz 2 ff). 3

Daneben wird jedoch eine Vielzahl spezieller Einzelfragen üblicherweise durch Leistungsbestimmungsrechte geregelt. Anzuführen sind etwa der Bereich der Versorgungszusagen, Prämienleistungen, Urlaubsgewährung und Arbeitszeitregelungen (dazu im Einzelnen unten Rz 15 ff). Meist wird das Leistungsbestimmungsrecht dabei im Wege eines Widerrufsrechts hinsichtlich bisher freiwillig gewährter Leistungen ausgeübt. 4

2. Zulässigkeit. Für die Beurteilung der Zulässigkeit solcher einseitigen Leistungsbestimmungsrechte des ArbGeb ist zwischen den unterschiedlichen Rechtsgrundlagen zu differenzieren. 5

Ein **arbeitsvertraglich** vereinbartes Leistungsbestimmungsrecht stößt dort an Zulässigkeitsgrenzen, wo in den Kernbereich des Arbeitsverhältnisses eingegriffen wird. Daher hat das BAG in einer Vereinbarung, wonach der ArbGeb bei arbeitszeitabhängiger Vergütung der ArbN berechtigt war, die zunächst festgelegte Arbeitszeit einseitig nach Bedarf zu kürzen, eine objektive Umgehung zwingender Kündigungsschutzbestimmungen gesehen und diese Vereinbarung gem § 134 BGB für nichtig erachtet (BAG 12.12.84, DB 85, 1240; LAG Bbg 24.10.96 – 3 Sa 393/96, NZA-RR 97, 127; LAG Düsseldorf 30.8.02 – 9 Sa 709/02, NZA-RR 03, 407). Das Gleiche gilt für eine Vertragsbestimmung, wonach der ArbGeb berechtigt ist, den ArbN nach Erreichen eines bestimmten Alters vorzeitig zu pensionieren (LAG Hess 20.9.99 – 16 Sa 2617/98, NZA-RR 2000, 413). 6

In Fomulararbeitsverträgen sind darüber hinaus die Bestimmungen der **§§ 307 ff BGB** zu beachten (vgl zuletzt *Bayreuther* ZIP 07, 2009; *Preis* NZA 04, 1014; *Zundel* NJW 06, 1237).

272   Leistungsbestimmung

Einseitige Leistungsbestimmungsrechte, die dem Verwender das Recht einräumen, die Hauptleistungspflichten einzuschränken, unterliegen einer Inhaltskontrolle (BAG 7.12.05 – 5 AZR 535/04, NZA 06, 423; 30.7.08 – 10 AZR 606/07, NZA 08, 1173). Dabei ist § 308 Abs 1 Nr 4 BGB auf arbeitsvertragliche **Versetzungsklauseln** nicht anwendbar, da sie nicht die Leistung des Verwenders, sondern die Gegenleistung betreffen (BAG 11.4.06 – 9 AZR 557/05, NJW 06, 3303). Ist die Vertragsklausel materiell der Regelung des § 106 Satz 1 GewO nachgebildet, scheidet auch eine unangemessene Benachteiligung nach § 307 Abs 1 Satz 2 BGB aus (BAG 13.4.10 – 9 AZR 36/09, BeckRS 2010, 72775). Im Übrigen verlangt § 307 Abs 1 Satz 2 BGB nicht die Benennung konkreter Versetzungsgründe (BAG 13.4.10, BeckRS 2010, 72775; zustimmend *Hohenstatt/Schramm* NJW 06, 3308). Andererseits kann eine **Arbeitszeitklausel,** die das Wirtschaftsrisiko einseitig auf den ArbN verlagert, eine unangemessene Benachteiligung iSv § 307 Abs 1 Satz 1 BGB darstellen (BAG 7.12.05 – 5 AZR 535/04, NZA 06, 423). Die vertragliche Erweiterung des Bestimmungsrechts zur Arbeitszeit auf der Grundlage einer sog Koalitionsvereinbarung tariffähiger Parteien ist demgegenüber regelmäßig nicht nach § 307 Abs 1 Satz 1 BGB zu beanstanden (BAG 14.8.07 – 9 AZR 58/07, NZA-RR 08, 129). Wegen weiterer Klauseln s *Änderungsvorbehalte* Rz 4 ff und *Arbeitsvertrag* Rz 38 ff.

7   Wird in einer **Betriebsvereinbarung** dem ArbGeb zur näheren Ausgestaltung seiner dort vereinbarten Leistungspflicht ein Leistungsbestimmungsrecht eingeräumt, so ergeben sich nach der Rspr des BAG keine Besonderheiten, da nach ständiger Rspr Betriebsvereinbarungen ohnehin einer arbeitsgerichtlichen Billigkeitskontrolle unterliegen (MüKo/*Gottwald* § 315 Rz 81).

8   Probleme kann allerdings die Ermittlung der Zulässigkeitsgrenzen eines **tariflichen** Leistungsbestimmungsrechts des ArbGeb aufwerfen. Soweit im Schrifttum der og Kernbereichstheorie des BAG nicht gefolgt wird, ergeben sich Bedenken hinsichtlich Überprüfungsmöglichkeit und -maßstab, da eine Zweckmäßigkeits- oder Billigkeitskontrolle von Tarifverträgen wegen der verfassungsrechtlich geschützten Tarifautonomie nicht zulässig wäre (BAG 12.12.90, DB 91, 865). Auch eine Inhaltskontrolle nach §§ 305 ff BGB scheidet aus (BAG 8.5.08 – 6 AZR 359/07, NZA-RR 08, 665). So wird bspw unter Berufung auf das Übermaßverbot eine verfassungsorientierte Angemessenheitskontrolle der Tarifverträge befürwortet (*Plüm* DB 92, 735). Demgegenüber geht die Rspr auch insoweit von den oben dargestellten allgemeinen Zulässigkeitsgrenzen aus.

9   **3. Umfang und Grenzen** des Leistungsbestimmungsrechts des ArbGeb sind von der Rechtsnatur der zugrunde liegenden Vereinbarung unabhängig. Die Ausfüllung des Leistungsbestimmungsrechts richtet sich zunächst ausschließlich nach dem **Inhalt der jeweiligen Rechtsgrundlage.** Diese kann innerhalb der oben dargestellten Zulässigkeitsgrenzen die verschiedensten Kriterien zur Ausübung des Leistungsbestimmungsrechts aufstellen.

10   Ergeben sich aus der Vereinbarung selbst keine Anhaltspunkte, greift die **Auslegungsregel des § 315 Abs 1 BGB** ein, wonach im Zweifel das Leistungsbestimmungsrecht nach „billigem Ermessen" auszuüben ist. Dies verlangt nach der Rspr eine Abwägung der wechselseitigen Interessen nach den verfassungsrechtlichen und gesetzlichen Wertentscheidungen sowie den allgemeinen Wertungsgrundsätzen wie bspw der Verhältnismäßigkeit, Angemessenheit, Verkehrssitte und Zumutbarkeit (BAG 13.6.12 – 10 AZR 296/11, NZA 12, 1154). Es müssen umfassend sämtliche Umstände des Einzelfalles abgewogen werden und dabei zB den Vorteilen aus der Regelung auf ArbGebSeite die Vermögens- und Einkommensverhältnisse des ArbN sowie dessen soziale Lebensverhältnisse und Unterhaltsverpflichtungen gegenübergestellt werden (BAG 25.10.89, NZA 90, 561; 26.6.01 – 9 AZR 244/00, NZA 02, 44; 13.3.03 – 6 AZR 557/01, NZA 04, 735).

11   **4. Ausübung.** Als Gestaltungsrecht wird das Leistungsbestimmungsrecht durch Erklärung gegenüber dem anderen Vertragspartner ausgeübt. Mit Zugang der Erklärung ist diese grds unwiderruflich und hat anspruchsbegründende Wirkung (BAG 19.1.95, NZA 96, 391). Dies hindert jedoch nicht eine spätere erneute Anpassung der Leistung durch eine weitere Ausübung des Leistungsbestimmungsrechts, denn es ist ja gerade Sinn und Zweck des Leistungsbestimmungsrechts die vertraglichen Leistungen dauerhaft flexibel zu gestalten. Ändern sich die tatsächlichen oder rechtlichen Voraussetzungen der ursprünglich der Billigkeit entsprechenden Leistungsbestimmung oder ist ein bestimmter zeitlicher Turnus fest-

gelegt, kann das Leistungsbestimmungsrecht erneut ausgeübt werden (BAG 8.5.03 – 6 AZR 43/02, AP Nr 82 zu § 315 BGB). Die bloße Einstellung einer bisher gewährten Leistung mit der Begründung, es bestehe keine Leistungsverpflichtung des ArbGeb, stellt jedoch keine erneute Ausübung des Leistungsbestimmungsrechts dar, da in diesem Fall jegliche Ermessensausübung fehlt (BAG 19.1.95, NZA 96, 391).

Übt der ArbGeb das Leistungsbestimmungsrecht entgegen seinem ausdrücklichen Inhalt **12** aus, bzw beachtet er die Grenzen billigen Ermessens iSd § 315 Abs 1 BGB nicht, so ändert dies zunächst nichts an der Verbindlichkeit der Leistungsbestimmung für den ArbGeb. Er bleibt an seine Erklärung gebunden. Soweit sich allerdings der ArbN auf die Unbilligkeit der Leistungsbestimmung beruft, bleibt sie für den ArbN unverbindlich und wird gem § 315 Abs 3 BGB durch eine **gerichtliche Bestimmung** ersetzt. Die Unbilligkeit muss der ArbN ggf beim ArbG klageweise geltend machen. Fristen gelten dabei nicht, insbesondere muss nicht die Klagefrist des § 4 KSchG eingehalten werden. Jedoch kann eine Verwirkung des Rechts zur Geltendmachung eintreten (zu kurz *Soergel/Wolf* § 315 Rz 46: 1 Monat; Näheres s *Verwirkung* Rz 2). Nach Auffassung des BAG ist der ArbN aber an die Weisung solange vorläufig gebunden, bis ein rechtskräftiges Urteil nach § 315 Abs 3 Satz 2 BGB vorliegt (BAG 22.2.12 – 5 AZR 249/11, NZA 12, 858; zu Recht kritisch *Boemke* NZA 13, 6).

Darlegungs- und ggf **beweispflichtig** für das Bestehen eines Leistungsbestimmungs- **13** rechts ist regelmäßig derjenige, der ein solches für sich in Anspruch nimmt und Leistungen geltend macht (*Palandt/Heinrichs* § 315 Rz 19). Ist die Existenz eines solchen Leistungsbestimmungsrechts außer Streit, muss jedoch derjenige, der die Leistung bestimmt hat (also regelmäßig der ArbGeb) darlegen und beweisen, dass die Leistungsbestimmung den gesetzlichen Anforderungen der Billigkeit entspricht (BAG 13.3.07 – 9 AZR 433/06, AP Nr 26 zu § 307 BGB).

Soweit mit Hilfe des Leistungsbestimmungsrechts generelle Änderungen der Arbeitsbe- **14** dingungen für alle ArbN oder für bestimmte ArbNGruppen erfolgen sollen, sind die **Mitbestimmungsrechte des Betriebsrats** (insbesondere § 87 BetrVG) zu beachten. Dies gilt nur dann nicht, wenn Rechtsgrundlage des Leistungsbestimmungsrechts eine Betriebsvereinbarung ist und die Betriebspartner die Ausfüllung der Betriebsvereinbarung bewusst dem ArbGeb überlassen haben.

5. Rechtsprechungs-ABC. Ohne Anspruch auf Vollständigkeit geben nachstehende **15** Beispiele einen anschaulichen Überblick über die Bandbreite ArbGebSeitiger Leistungsbestimmungsrechte.

a) Altersgrenze (BAG 6.3.86, AP Nr 1 zu § 620 BGB Altersgrenze: Verlängerungsmög- **16** lichkeit der Beschäftigung für Cockpit-Personal über die tarifliche Altersgrenze hinaus; LAG Hess 20.9.99 – 16 Sa 2617/98, NZA-RR 2000, 413; vorzeitige einseitige Pensionierung durch ArbGeb nach Erreichen des 50. Lebensjahres kraft arbeitsvertraglicher Vereinbarung; Näheres s *Altersgrenze*).

b) Altersteilzeit (ArbG Flensburg 24.7.03 – 3 Ca 1597b/02, NZA-RR 04, 140: Auswahl zwischen Block- und Teilzeitmodell).

c) Altersversorgung (BAG 2.2.88, DB 88, 1273: Änderung der Versorgungsordnung; **17** 9.4.91, DB 91, 2040: Abbau planwidriger Überversorgung; 28.4.92, NZA 93, 69: LAG NdS 23.2.2000 – 3 Sa 1249/99, NZA-RR 01, 272; BAG 28.5.13 – 3 AZR 125/11, NZA-RR 13, 598: Anpassung gem § 16 BetrAVG; BAG 25.4.95, NZA 96, 427: Ruhegeldgewährung durch ArbGeb „in Ausnahmefällen"; LAG Hamm 27.11.90, DB 91, 815: Änderung der Leistungsordnung; LAG Hamm 13.8.96, BB 96, 2412: Verpflichtung des ArbGeb zur Beantragung einer Kapitalabfindung statt einer Altersrente auf Wunsch des ArbN; BAG 2.2.00 – 3 AZR 39/99, NZA 01, 541; Verweisung auf Beamtenversorgungrecht; Näheres s *Betriebliche Altersversorgung*).

d) Arbeitszeit (BAG 12.12.84, DB 85, 1240: einseitige Änderung zunächst festgelegter **18** Arbeitszeit nach Bedarf; 23.9.04 – 6 AZR 567/03, NZA 05, 359: Verteilung des Nachtdienstes in einer Pflegeeinrichtung; LAG Hess 10.10.12 – 2 Sa 1269/11, BeckRS 2013, 67419: Schichtänderung – Herausnahme eines ArbN aus dem ausschließlichen Wochenenddienst; LAG Düsseldorf 17.9.04 – 18 Sa 224/04, LAGE § 315 BGB 2002 Nr 1: Unwirksamkeit einer sog Bandbreitenwirkung; LAG Bln 7.3.03 – 13 Sa 72/03, NZA-RR 04, 92: einseitige Absenkung der Arbeitszeit aufgrund einer tariflichen Bestimmungsklausel; BAG

272 Leistungsbestimmung

14.8.07 – 9 AZR 58/07, NZA-RR 08, 129; 18.3.08 – 9 AZR 72/07: Erweiterung des Bestimmungsrechts zur Arbeitszeit durch sog Koalitionsvereinbarung tariffähiger Parteien; LAG NdS 26.7.01 – 7 Sa 1813/00, NZA-RR 02, 118: Spätdienst; LAG RhPf 15.5.01 – 5 Sa 271/01, NZA-RR 02, 120: Umstellung des Schichtsystems; BAG 12.3.92, AP Nr 1 zu § 4 BeschFG 1985: Festlegung der Arbeitszeit teilzeitbeschäftigter ArbN entsprechend dem Arbeitsanfall; LAG RhPf 7.4.11 – 5 Sa 637/10, BeckRS 2011, 74684; LAG Bbg 24.10.96 – 3 Sa 393/96, NZA-RR 97, 127: keine verbindliche Festlegung der durchschnittlichen monatlichen Arbeitszeit; LAG Köln 27.3.12 – 12 Sa 987/11, BeckRS 2012, 69615: Lage der Arbeitszeit/Berücksichtigung von Kinderbetreuungszeiten; BAG 25.10.89, NZA 90, 561: Bereitschaftsdienst im Krankenhaus; BAG 12.12.90, DB 91, 865: tarifliche Bestimmung, wonach der ArbGeb bei Auslandstätigkeiten Überschreitungen der 40-Stunden-Woche einseitig festsetzen kann; BAG 19.5.92, NZA 92, 978: Mittagspausenregelung bei Umsetzung der tariflichen Arbeitszeitverkürzung; BAG 7.12.2000 – 6 AZR 444/99, NZA 01, 780: Anweisung zur täglichen Arbeitsaufnahme am Betriebshof; BAG 23.6.92, NZA 93, 89: Betriebsvereinbarung über Beginn und Ende der täglichen Arbeitszeit; BAG 17.1.95, DB 95, 1413: Gewährung von Freizeitausgleich ohne angemessene Ankündigungsfrist; ArbG Hbg 4.12.95 – 21 Ca 290/95, NZA-RR 96, 365: Berücksichtigung persönlicher Belange des ArbN; BAG 5.9.02 – 9 AZR 202/01: Wahlrecht des ArbGeb gem § 6 Abs 5 ArbZG bezüglich Ausgleich für Nachtarbeit; LAG MeVo 22.8.06 – 3 Sa 513/05: Pflichtstundenerhöhung für Lehrer; BAG 14.3.07 – 5 AZR 630/06, NZA 08, 45: Verweis auf Arbeitszeit der Beamten für angestellte Erzieherin; BAG 15.9.09 – 9 AZR 757/08, NZA 09, 1333: Sonn- und Feiertagsarbeit).

e) Beihilfeleistungen in entsprechender Anwendung von § 40 BAT (BAG 8.5.03 – 6 AZR 43/02, AP Nr 82 zu § 315 BGB).

19 **f) Belegschaftsaktien** (BAG 28.11.89, NZA 90, 559: Festsetzung der Gewinnanteile).

20 **g) Gehaltserhöhung** (BAG 4.9.85, DB 86, 1627: Gehaltserhöhung der außertariflichen Angestellten in jeweiliger Anlehnung an tarifliche Entwicklung begründet weder eine betriebliche Übung noch Verpflichtung nach § 315 BGB; BAG 26.11.86, AP Nr 15 zu § 1 TVG Tarifverträge: Rundfunk: Zuerkennung von Fakultativstufen in tariflicher Vergütung unter Berücksichtigung von Haushaltslage und Grundsatz sparsamer Mittelbewirtschaftung; LAG BlnBbg 23.3.12 – 6 Sa 40/12, NZA-RR 12, 346: arbeitsvertraglicher Überprüfungs- und Erhöhungsanspruch).

21 **h) Organisationsänderung** (BAG 10.12.92 – 2 AZR 269/92, NZA 93, 552; 13.3.03 – 6 AZR 557/01, NZA 04, 735: Vertragsanpassung und Änderung des Aufgabengebiets eines Chefarztes).

22 **i) Prämien** (BAG 14.11.12 – 10 AZR 783/11, NZA 13, 1150: Regelung einer Tantieme; BAG 29.8.12 – 10 AZR 385/11, NZA 13, 148: kein Abweichen von der Zielvereinbarung durch anderweitige Leistungsbestimmung; BAG 15.5.13 – 10 AZR 679/12, BeckRS 2013, 71104; 20.3.13 – 10 AZR 8/12, NZA 13, 970; 20.3.13 – 10 AZR 636/11, BeckRS 2013, 69564: Reduzierung von Leistungsbonus auf Null; BAG 12.10.11 – 10 AZR 649/10, NZA 12, 464: Bonuszahlungsregelung in Betriebsvereinbarung mit Bonusvolumen in Abhängigkeit vom Geschäftsergebnis; BAG 26.2.92, BB 93, 360: Anrechnung von Prämienlohnerhöhung auf übertarifliche Leistungen; BAG 12.12.07 – 10 AZR 97/07, NZA 08, 409: nicht zustande gekommene Zielvereinbarung; LAG BaWü 14.1.13 – 1 Sa 27/12, NZA-RR 13, 118: Streichung eines Bonus wegen drastischen Gewinneinbruchs; LAG Hamm 23.2.01 – 15 Sa 1572/00, NZA-RR 01, 525: Tantieme; LAG Düsseldorf 28.7.06 – 17 Sa 465/06: Tantieme bei unterlassener Zielvorgabe; LAG Düsseldorf 5.6.03 – 11 Sa 292/03, LAGE § 315 BGB Nr 13: Leistungsprämie; ArbG Düsseldorf 13.8.03 – 10 Ca 10348/02, DB 04, 1103: Zielperformanceprämie).

23 **j) Tätigkeit** (BAG 10.7.13 – 10 AZR 915/12, NZA 13, 1142: Versetzung; BAG 20.12.84, NZA 86, 21 und BAG 24.5.89, DB 89, 2538: Berücksichtigung von Gewissenskonflikt des ArbN bei Tätigkeitszuweisung; ArbG München 11.9.85, DB 86, 1291 [LS]: Tarifliche Regelung bezüglich Zuweisung jeder zumutbaren Tätigkeit; BAG 22.4.98 – 5 AZR 478/97, DB 98, 1920: Zuweisung einer Ersatztätigkeit an schwangere Flugbegleiterin; BAG 27.2.02 – 9 AZR 562/00, NZA 02, 1099; Freistellung bei tariflicher Altersteilzeit; BAG 11.4.06 – 9 AZR 557/05, NJW 06, 3303: Redakteur an Tageszeitung; BAG 26.9.12 – 10 AZR 311/11, NZA-RR 13, 403; 13.6.12 – 10 AZR 296/11, NZA 12, 1154: Zuweisung eines anderen Tätigkeitsorts; BAG 17.1.06 – 9 AZR 226/05, AP Nr 6 zu § 24 BAT-O: vorübergehende Zuweisung höherwertiger Tätigkeiten aufgrund tariflicher Regelung; BAG 18.4.12 – 10 AZR 134/11, NZA 12, 927: vorübergehende Übertragung höherwertiger Tätigkeit, die bei einem anderen ArbGeb zu verrichten ist; LAG Hamm 26.1.06 – 15 Sa 1905/05: weltweiter Baustelleneinsatz).

k) Urlaub (BAG 12.1.89, DB 89, 1425: Gewährung tariflichen Sonderurlaubs; BAG 1.10.91, NZA 92, 1078: Festlegung der Urlaubsart; BAG 26.5.92, NZA 93, 67: Kürzung übertariflichen Urlaubs; LAG RhPf 3.3.86 LAGE Nr 2 zu § 315 BGB: Widerruf übertariflichen Urlaubs). **24**

l) Vorruhestand (BAG 28.2.89, BB 89, 1127 [LS]: Ablehnung eines Antrags auf Abschluss eines Vorruhestandsvertrags nach tariflicher Regelung). **25**

m) Zulagen (BAG 7.1.71, DB 71, 392: Kürzung einer „jederzeit widerruflichen" Leistungszulage; BAG 22.2.12 – 5 AZR 229/11 (F), BeckRS 2012, 69834: tarifliche Leistungszulage mit eigenem Beurteilungsschema; LAG Köln 25.5.12 – 10 Sa 48/11, BeckRS 2012, 73147: Leistungsbonus; BAG 28.9.77, DB 78, 212: tariflicher Kinderzuschlag; BAG 15.1.87, DB 87, 2315: Essenmarkenzuschuss; BAG 13.5.87, DB 88, 183: Widerruf von Leistungszulage; BAG 25.4.07 – 5 AZR 627/06, NZA 07, 853: Leistungszulage mit Freiwilligkeitsvorbehalt; BAG 17. 10, 1990, DB 91, 974 [LS]: Schreibdienst im öffentlichen Dienst; BAG GS 3.12.91, NZA 92, 749 sowie BAG 22.9.92, BB 93, 135: Anrechnung von Tariflohnerhöhung auf eine übertarifliche Zulage; BAG 19.1.95, NZA 96, 391: tarifliche Funktionszulage in „angemessener" Höhe; BAG 17.4.96, DB 96, 2630: Kürzung einer Sonderzuwendung im kirchlichen Dienst). **26**

6. Leistungsbestimmung durch Dritte. Aufgrund des Grundsatzes der Vertragsfreiheit können die Parteien auch einem oder mehreren Dritten das Recht zur Leistungsbestimmung einräumen (vgl BAG 17.4.96, DB 96, 2630). Für diesen Fall gelten gem § 317 BGB die zuvor genannten Grundsätze entsprechend. Nach der Rspr des BAG ist allerdings bei der arbeitsvertraglich vereinbarten Übertragung des Leistungsbestimmungsrechts auf einen Zusammenschluss von ArbGeb unmittelbar § 315 BGB anzuwenden (BAG 2.2.88, DB 88, 1273; 26.8.97 – 3 AZR 213/96, NZA 98, 605; 9.11.99 – 3 AZR 432/98, NZA 01, 221 betr Bochumer Verband zum Zweck der Koordinierung der Bedingungen der betrieblichen Altersversorgung). Einen Sonderfall stellt insoweit das Leistungsbestimmungsrecht des Einigungsstellenvorsitzenden hinsichtlich der Festlegung des Honorars dar (Näheres s *Einigungsstelle* Rz 32). **27**

B. Lohnsteuerrecht *Seidel*

Für das LStRecht hat der Begriff der Leistungsbestimmung keine Bedeutung. Zur Bedeutung des Weisungsrechts (s oben Rz 3) s *Arbeitnehmer (Begriff)* Rz 32. **28**

C. Sozialversicherungsrecht *Voelzke*

Beim Leistungsbestimmungsrecht handelt es sich um einen rein arbeitsrechtlichen Begriff, der für das SozVRecht keine Bedeutung hat. **29**

Leistungsorientierte Vergütung

A. Arbeitsrecht *Griese*

1. Allgemeines. Kennzeichen der leistungsorientierten Vergütungselemente ist, dass die Vergütung in Abhängigkeit von der erbrachten Leistung bemessen wird (zur Abgrenzung BAG 15.5.01 – 1 ABR 39/00, NZA 01, 1154). Wichtige leistungsorientierte Vergütungsformen sind die Akkordvergütung, leistungsbezogene Zulagen und Prämien (s *Entgeltzuschläge* Rz 2), Provisionen (s *Provision*), Boni und Leistungsprämien und durch **Zielvereinbarungen** (s dort) erreichbare Zahlungen. **1**

a) Akkordlohn. Bezugspunkt für die Vergütung ist hierbei die vom ArbN erbrachte Arbeitsmenge, die zB nach Stückzahl, Gewicht, Maß, Fläche oder Strecke gemessen wird, wobei der Arbeitsmengeneinheit ein Geldbetrag **(Geldakkord)** oder eine feste Vorgabezeit **2**

273 Leistungsorientierte Vergütung

als Verrechnungsfaktor (**Zeitakkord**) zugeordnet wird. Der Akkordlohn kommt auch in der Form des **Gruppenakkords** vor, der an die Leistung einer ArbNGruppe angeknüpft wird.

In der jeweiligen Rechtsgrundlage für den Akkordlohn sind häufig **Mindestentgeltgarantien** aufgenommen, die gewährleisten, dass das Einkommen der ArbN bei unterdurchschnittlicher Leistung nicht unter die dort festgelegte Mindestvergütung absinkt (BAG 28.6.61, AP Nr 15 zu § 611 BGB Akkordlohn). Kommt es zu Minderleistungen der ArbN, weil der ArbGeb die Voraussetzungen für eine ordnungsgemäße Arbeitsleistung nicht schafft, zB notwendiges Arbeitsgerät nicht zur Verfügung stellt, behält der ArbN gem § 615 Satz 1 BGB seinen vollen Vergütungsanspruch (*Erman/Hanau* § 611 Rz 439).

3   **b) Prämienentgelt.** Eine leistungsbezogene Vergütungsform ist weiterhin der Prämienlohn. Diesbezüglich wird die Leistung des ArbN oder einzelne Aspekte hiervon gemessen und zu einer Bezugsleistung (Normalleistung) ins Verhältnis gesetzt (BAG 15.5.01 – 1 ABR 39/00, NZA 01, 1154). Die Zielrichtung des Prämienlohns kann sehr unterschiedlich sein: Er kann zB zur Erhöhung der Menge oder der Qualität der Arbeit, zur besseren Nutzung der betrieblichen Anlagen oder Materialien oder zur Belohnung von Rohstoff-, Energie- oder Zeitersparnis eingesetzt werden (*Erman/Hanau* § 611 Rz 444). Stets ist eine Vereinbarung dafür erforderlich (BAG 12.5.04 – 4 AZR 59/03, ArbuR 04, 230).

c) Tantieme. Auch die Tantieme kann eine leistungsorientierte Vergütung sein. Es ist nicht unangemessen benachteiligend im Sinne von § 307 Abs 1 BGB, die Zahlung einer Abschlussvergütung an AT-Mitarbeiter von der Zahlung einer Dividende an die Aktionäre abhängig zu machen (BAG 18.1.12 – 10 AZR 670/10).

4   **2. Grenzen der leistungsorientierten Vergütung.** Die Vergütung wird sich idR entsprechend der rechtlichen Anspruchsgrundlage(n) aus der Kombination von zeit- und leistungsbezogenen Vergütungsanteilen zusammensetzen. Da der ArbGeb das Wirtschaftsrisiko wegen § 615 Satz 3 BGB nicht auf den ArbN abwälzen darf, ergeben sich hieraus Grenzen für das Verhältnis zwischen zeit- und leistungsbezogenen Vergütungsbestandteilen (s *Provision* Rz 3 und BAG 20.6.89 – 3 AZR 504/87, NZA 89, 843). Eine nur auf leistungsorientierten Elementen beruhende Vergütung **ohne angemessenes Mindestentgelt hält der Inhaltskontrolle des § 307 Abs 2 Nr 1 BGB** nicht stand, weil damit von wesentlichen Grundgedanken der gesetzlichen Regelung abgewichen wird. Denn der Arbeitsvertrag ist kein Werkvertrag, so dass der ArbN nicht für den Arbeitserfolg einzustehen hat. Zudem trägt wegen § 615 Satz 3 BGB der ArbGeb das Wirtschaftsrisiko. Die Inhaltskontrolle greift trotz § 307 Abs 3 BGB ein, weil der ArbGeb über die Festlegung von Soll- und Leistungsvorgaben einseitige Bestimmungsmöglichkeiten hat. Bei einseitiger Leistungsbestimmungsmöglichkeit kommt die Inhaltskontrolle nach §§ 307 ff BGB ebenfalls zur Anwendung (BAG 12.1.05 – 5 AZR 364/04, NZA 05, 465). Eine Vergütungsregelung, die im Wesentlichen aus Aktienoptionen besteht, ist unzulässig (LAG Düsseldorf 30.10.08 – 5 Sa 977/08, NZG 09, 280).

Ferner darf nicht der gesetzliche Schutz gegen Änderungskündigungen umgangen werden. Unter diesem Gesichtspunkt ist es gerade noch zulässig, wenn zB eine Provisionszusage befristet wird, die neben das Tarifgehalt tritt und lediglich 15% der Gesamtvergütung ausmacht (BAG 21.4.93 – 7 AZR 297/92, DB 94, 2400). In Anlehnung an die Rspr (BAG 12.1.05 – 5 AZR 364/04, NZA 05, 465) zum vereinbarten Widerrufsrecht für Zulagen kann als Obergrenze der leistungsbezogenen Entgeltbestandteile ein Anteil von 25% der Vergütung herangezogen werden.

Besteht die Vergütung nach der zugrunde liegenden Rechtsgrundlage aus einem Fixanteil und einer erfolgsorientierten variablen Vergütung, ist der ArbGeb nicht verpflichtet, die Arbeit so zu organisieren, dass ein maximales variables Entgelt erzielt wird (BAG 16.2.12 – 8 AZR 98/11). Sieht ein TV zur Ausfüllung einer Leistungszulage eine Betriebs- oder Dienstvereinbarung vor, kann erst nach deren Zustandekommen der leistungsorientierte Entgeltbestandteil beansprucht werden (BAG 16.5.12 – 10 AZR 202/11).

5   **3. Schutz besonderer Arbeitnehmergruppen.** Für besonders schutzbedürftige ArbNGruppen ist sowohl der Akkord- als auch das temposteigernde Prämienentgelt unzulässig, so für Jugendliche nach § 23 Abs 1 JArbSchG, für Schwangere nach § 4 Abs 3 MuSchG und für das Fahrpersonal nach Art 10 EU-VO Nr 561/2006 EG (s *Fahrtätigkeit* Rz 8, bis 2007 § 3 Fahrpersonalgesetz).

4. Leistungsorientierte Vergütung bei Urlaub und Krankheit.
Leistungsorientierte Vergütungsbestandteile sind Bestandteil der Urlaubsvergütung. § 11 Abs 1 BUrlG bestimmt, dass das Urlaubsentgelt sich aus dem durchschnittlichen Arbeitsverdienst der letzten 13 Wochen vor Urlaubsantritt errechnet, so dass der erzielte Durchschnitt der leistungsorientierten Vergütungsbestandteile während des Urlaubs fortzuzahlen ist. **6**

Die Entgeltfortzahlung im Krankheitsfall erstreckt sich ebenfalls auf leistungsorientierte Vergütungselemente. Dabei ist von dem in dem Erkrankungszeitraum erzielbaren Durchschnittsverdienst auszugehen (§ 4 Abs 1a Satz 2 EFZG; zur Akkordgruppe s BAG 26.2.03 – 5 AZR 162/02, NZA 03, 992). Auch laufende Leistungsprämien oder Leistungszulagen müssen während der Arbeitsunfähigkeit fortgezahlt werden (zu Anwesenheitsprämien s *Anwesenheitsprämie* Rz 6). Bei Berufsfußballspielern gehören dazu auch Prämien für jeden gewonnenen Meisterschaftspunkt (BAG 6.12.95 – 5 AZR 237/94, NJW 96, 2388; s aber auch BAG 19.1.00 – 5 AZR 637/98, NZA 2000, 771). **7**

5. Mitbestimmung des Betriebsrats.
Für **leistungsbezogene Vergütungsbestandteile** ist das Mitbestimmungsrecht in § 87 Abs 1 Nr 11 BetrVG erweitert. Danach muss der BRat an der Festsetzung der Akkord- und Prämiensätze und vergleichbarer leistungsbezogener Entgelte einschließlich der Geldfaktoren beteiligt werden. Der Grund für diese erweiterte Mitbestimmung ist, dass leistungsbezogene Entgelte, ausgehend von ihrer Zielsetzung, zu hohen Leistungen zu motivieren, mit besonderen Belastungen für die ArbN verbunden sind und eine Leistungsbeurteilung von nicht immer objektivierbaren Leistungskriterien abhängt und idR nicht mit mathematischer Genauigkeit erfolgen kann. Anders als bei der Mitbestimmung nach § 87 Abs 1 Nr 10 BetrVG gewinnt der BRat bei leistungsbezogenen Entgelten nach § 87 Abs 1 Nr 11 BetrVG unmittelbaren Einfluss auf die der Leistungsvergütung zugrunde liegenden Geldfaktoren und damit auf die konkrete Vergütungshöhe. Die Beachtung der Mitbestimmung ist Wirksamkeitsvoraussetzung für Änderungen zu Lasten der ArbN (BAG 11.6.02 – 1 AZR 390/01, NZA 03, 571). Die Verletzung des Mitbestimmungsrechts nach § 87 Abs 1 Nr 10 BetrVG kann deshalb dazu führen, dass die vorher geltenden Entlohnungsgrundsätze in Kraft bleiben (BAG 22.6.10 – 1 AZR 853/08, NZA 10, 1243). **8**

B. Lohnsteuerrecht
Seidel

Bei der Besteuerung der leistungsorientierten Vergütung ist zwischen laufendem Arbeitslohn und einmaligen Lohnzahlungen zu unterscheiden. Bis auf den Akkordlohn (s oben Rz 2), der der Besteuerung als laufender Arbeitslohn unterliegt (s *Lohnsteuerberechnung* Rz 4), wird es sich meist um einmalige Lohnzahlungen handeln, zB Boni, Provisionen, Prämien, Gratifikationen. Hierzu wird auf die Stichwörter *Einmalzahlungen* Rz 31 ff und *Sonstige Bezüge* Rz 2 ff sowie *Anwesenheitsprämie* Rz 18, *Arbeitsentgelt* Rz 46 (Prämien), *Entgeltzuschläge* Rz 13, *Provision* Rz 31 ff und *Zielvereinbarung* Rz 26 (Boni) verwiesen. Hinsichtlich der Weiterzahlung leistungsorientierter Vergütung bei Urlaub und Krankheit (s oben Rz 6, 7) s *Urlaubsentgelt* Rz 19 und *Entgeltfortzahlung* Rz 41, 42). Zur Fälligkeit einer Tantieme s BFH 3.2.11 – VI R 66/09, DStR 11, 805, zum Zufluss s *Lohnzufluss* Rz 12. **11**

C. Sozialversicherungsrecht
Schlegel

Arbeitsentgelt im Sinne des § 14 SGB IV sind auch Zuwendungen, die der ArbGeb aus bestimmten Anlässen zusätzlich zur normalen Vergütung zahlt und die im Hinblick auf ihre Zweckbestimmung arbeitsrechtlich als Gratifikation oder ähnlich bezeichnet werden (s oben Rz 1, 2). Spezielle, auf den arbeitsrechtlichen Begriff der Gratifikation zugeschnittene Vorschriften sehen die SozV und die ArblV nicht vor. **16**

Beitragsrechtliche Besonderheiten bestehen nur insoweit, als leistungsorientierte Arbeitsentgelte in aller Regel als einmalige Zahlungen gewährt werden und deshalb nach den Regeln des § 23a SGB IV für Einmalzahlungen behandelt werden (Einzelheiten s *Einmalzahlung*). **17**

Dies ist insbesondere für das Weihnachtsgeld von Bedeutung; dieses wird wie auch Gratifikationen nicht für die Arbeit in einen einzelnen Lohnabrechnungszeitraum (zB Auszahlungsmonat Dezember), sondern für die Arbeit des gesamten Jahres und im Hinblick auch **18**

274 Leistungsverweigerungsrecht

auf künftige Fortsetzung der Arbeit gezahlt (vgl BSG 11.12.87 – 12 RK 22/86, SozR 2200 § 385 Nr 18; BT-Drs 10/335 S 67 zu § 385 RVO).

19 Wird ein leistungsbezogenes, vom Erreichen für das Geschäftsjahr vereinbarter Ziele abhängiges sog **variables Entgelt** während des Geschäftsjahrs in gleich hohen Abschlagszahlungen und nach Ablauf des Geschäftsjahrs in einer Endzahlung erbracht, handelt es sich insgesamt um Einmalzahlungen (BSG 3.6.09 – B 12 R 12/07 R).

Leistungsverweigerungsrecht

A. Arbeitsrecht
Kreitner

1 **1. Begriff.** Gem § 614 BGB ist der ArbN grds vorleistungspflichtig. Die vertraglich vereinbarte Vergütung ist erst nach geleisteter Arbeit fällig. In Durchbrechung dieses Grundsatzes sind jedoch vielgestaltige Sachverhaltskonstellationen denkbar, in denen der ArbN ausnahmsweise nicht zur Erbringung seiner Arbeitsleistung verpflichtet ist. In vielen Fällen handelt es sich dabei um ein Leistungsverweigerungsrecht des ArbN.

2 Dabei ist zunächst zwischen Leistungsverweigerungsrecht einerseits und Zurückbehaltungsrecht andererseits zu unterscheiden. Während das Zurückbehaltungsrecht (Näheres s *Zurückbehaltungsrecht* Rz 1) dazu dient, den ArbGeb zur Erfüllung der ihm obliegenden Pflichten zu veranlassen (zB ausstehende Vergütungsansprüche des ArbN), greift das Leistungsverweigerungsrecht ein, wenn die Arbeitspflicht mit einer anderen, eigenen Pflicht des ArbN in Kollision gerät (BAG 22.12.82, DB 83, 1602). Im Schrifttum werden diese beiden Begriffe vielfach zu unrecht synonym verwandt.

3 **2. Einzelfälle.** Das Leistungsverweigerungsrecht des ArbN lässt sich nach seinem Inhalt in mehrere Kategorien unterteilen.

a) Verstoß des Arbeitgebers gegen Schutzgesetze. Missachtet der ArbGeb arbeitsrechtliche Schutzgesetze wie zB § 618 BGB, § 12 AGG oder handelt er der ArbGebSeitigen Fürsorgepflicht (s *Fürsorgepflicht*) zuwider, so steht dem ArbN ein Leistungsverweigerungsrecht zu (BAG 14.5.13 – 1 AZR 44/12, NZA 13, 1160). Das Gleiche gilt etwa, wenn der ArbGeb den ArbN trotz eines bestehenden gesetzlichen Beschäftigungsverbots (s *Beschäftigungsverbot* Rz 4) zur Arbeitsleistung auffordert sowie allgemein bei unzulässigen Weisungen des ArbGeb, die durch das ArbGebSeitige Direktionsrecht nicht gedeckt sind (BAG 25.10.89, AP Nr 36 zu § 611 BGB Direktionsrecht; Näheres s *Weisungsrecht* Rz 6 ff).

4 Diese Fälle begründen jedoch bei genauerer Betrachtung für den betroffenen ArbN kein Leistungsverweigerungsrecht, da es bereits an einer originären Leistungsverpflichtung des ArbN fehlt. Der Verstoß des ArbGeb gegen die vorgenannten gesetzlichen Vorschriften führt gem § 134 BGB zur Nichtigkeit der konkreten Weisung des ArbGeb und lässt damit die Arbeitspflicht des ArbN entfallen. Für ein einredeweise geltend zu machendes Leistungsverweigerungsrecht besteht daher kein Raum.

5 **b) Verstoß des Arbeitgebers gegen das BetrVG.** Für betriebsverfassungsrechtliche Verstöße des ArbGeb – also zB Missachtung zwingender Mitbestimmungsrechte des BRat – gilt das zuvor Gesagte jedenfalls dann entsprechend, wenn man mit der Rspr des BAG im Bereich der sozialen Angelegenheiten von der Theorie der Wirksamkeitsvoraussetzung (s *Mitbestimmung, soziale Angelegenheiten* Rz 20) ausgeht. Auch hier führt die Missachtung betriebsverfassungsrechtlicher Mitbestimmungsrechte des BRat zur Unwirksamkeit der jeweiligen Maßnahme, so dass es eines Leistungsverweigerungsrechts des ArbN nicht mehr bedarf. Fehlt im Bereich der personellen Mitbestimmung die Zustimmung des BRat zu der Einstellung eines ArbN und leitet der BRat ein Verfahren nach § 101 BetrVG ein, kann der ArbGeb eine Beschäftigung des ArbN nicht durchsetzen, so dass diesem im Gegenzug ein Leistungsverweigerungsrecht zusteht (BAG 5.4.01 – 2 AZR 580/99, NZA 01, 893). Ein entsprechendes Leistungsverweigerungsrecht besteht auch im Fall der mitbestimmungswidrig durchgeführten Versetzung (LAG MeVo 6.5.04 – 1 Sa 240/03, BeckRS 2004, 17678).

6 **c) Unzumutbarkeit der Arbeitsleistung.** Unter diesem Oberbegriff werden die eigentlichen Fälle des Leistungsverweigerungsrechts verstanden. Die dabei jeweils im konkreten Einzelfall in der Person des ArbN auftretende Pflichtenkollision kann nach Abwägung der

Interessenlage gem § 275 Abs 3 BGB ein Leistungsverweigerungsrecht begründen. In der Rspr sind soweit ersichtlich bislang folgende Sachverhalte entschieden worden:

aa) Familiäre Gründe sind als erhebliche, ein Leistungsverweigerungsrecht begründende 7 Umstände von der Rspr anerkannt. Hierzu zählen zB die Pflege eines erkrankten Kindes (BAG 19.4.78, DB 78, 1595; ArbG Mannheim 7.2.91, BB 91, 978; *Sowka* RdA 93, 34), ein Sterbefall im engsten Familienkreis oder die Hochzeit des ArbN (BAG 14.2.62, DB 62, 575; 27.4.83, DB 83, 2201). Das BAG hat allerdings am Beispielfall der Sorge für ein erkranktes Kind darauf hingewiesen, dass es in einem solchen Konfliktfall zunächst Aufgabe des ArbN ist, alles nur Mögliche zu tun, um die Zwangslage abzuwenden. Erst nach vergeblichem Ausschöpfen dieser Alternativen kommt das Leistungsverweigerungsrecht zum Tragen (BAG 21.5.92, NZA 93, 115). Zu den näheren Einzelheiten s *Arbeitsverhinderung* Rz 3.

Nach § 2 Abs 1 **Pflegezeitgesetz** haben Beschäftigte iSd Gesetzes das Recht, bis zu zehn 8 Tage der Arbeit fernzubleiben, wenn dies erforderlich ist, um für einen pflegebedürftigen nahen Angehörigen in einer akut aufgetretenen Pflegesituation eine bedarfsgerechte Pflege zu organisieren oder eine pflegerische Versorgung in dieser Zeit sicherzustellen. Als Beschäftigte iSd Gesetzes gelten gem § 7 Abs 1 PflegeZG neben ArbN auch Auszubildende sowie arbeitnehmerähnliche Personen. Zu den nahen Angehörigen gehören nach § 7 Abs 3 PflegeZG die Großeltern, Eltern und Schwiegereltern, die Ehegatten, Lebenspartner, Partner einer eheähnlichen Gemeinschaft und die Geschwister sowie die Kinder, Adoptiv- oder Pflegekinder des Ehegatten oder Lebenspartners sowie Schwieger- und Enkelkinder. Nach § 7 Abs 4 PflegeZG liegt Pflegebedürftigkeit iSd Gesetzes bereits vor, wenn die Voraussetzungen für die Pflegestufe I nach § 15 SGB XI zwar noch nicht festgestellt, aber voraussichtlich erfüllt sind. § 2 Abs 2 Satz 1 PflegeZG normiert eine Pflicht zur unverzüglichen Mitteilung der Arbeitsverhinderung und deren voraussichtlicher Dauer. Der ArbGeb kann die Vorlage einer ärztlichen Bescheinigung über die Pflegebedürftigkeit des Angehörigen verlangen. Art und Ursache der Pflegebedürftigkeit muss der Beschäftigte jedoch nicht offenbaren. Hinsichtlich der Vergütungspflicht für die Dauer des ausgeübten Leistungsverweigerungsrechts verweist § 2 Abs 3 PflegeZG auf die allgemeinen gesetzlichen Vorschriften. Hier wird in aller Regel § 616 BGB einschlägig sein (aus dem Schrifttum zum PflegeZG *Preis/Nehring* NZA 08, 729; *Müller* BB 08, 1058).

bb) Glaubens- und Gewissensgründe. Die Leistungsverweigerung aus Glaubens- und 9 Gewissensgründen stellt den Bereich dar, der in der Vergangenheit Rspr und Schrifttum am intensivsten beschäftigt hat (grundlegend *Konzen/Rupp* Gewissenskonflikte im Arbeitsverhältnis, 1990; *Leuze* RdA 93, 16; zuletzt *Hunold* DB 11, 1580). Es geht dabei um die Auswirkungen des Grundrechts aus Art 4 GG auf das Arbeitsverhältnis (Näheres s *Gewissensfreiheit* Rz 1–6).

Nach der Rspr des BAG kommt der **Gewissensfreiheit** des Einzelnen erhebliche Bedeutung zu. So hat das Gericht bspw die Bedenken eines Kriegsdienstverweigerers, an der drucktechnischen Erstellung eines kriegsverherrlichenden Buches mitzuwirken, für erheblich erachtet (BAG 20.12.84, DB 85, 2689). Gleiches gilt für die Weigerung zweier Ärzte in der Forschungsabteilung eines Pharmunternehmens, an der Erforschung einer Substanz mitzuarbeiten, die im Falle eines Nuklearkriegs zur Unterdrückung der Symptome atomarer Verstrahlung bei Soldaten eingesetzt werden sollte (BAG 24.5.89, DB 89, 2538). Das ArbG Köln hat einer Verkaufssachbearbeiterin in einem Stahl- und Metallhandelsunternehmen unter Berufung auf ihre jüdische Abstammung und ihre engen Beziehungen zum Staat Israel ein Leistungsverweigerungsrecht hinsichtlich der Bearbeitung von Aufträgen für den Irak zugebilligt (ArbG Köln 18.4.89, NZA 91, 276). Ebenfalls ein Leistungsverweigerungsrecht bejaht hat das ArbG Hbg im Fall eines ArbN in einem Restaurant, der angewiesen worden war, statt seines Turbans die zur Dienstkleidung gehörende Papierfaltmütze zu tragen (ArbG Hbg 3.1.96, ArbuR 96, 243).

Die Reichweite der **Glaubensfreiheit** ist in letzter Zeit am Beispiel des islamischen Kopf- 10 tuchs von der Rspr entschieden worden. Zwar ging es dabei jeweils um die Einstellung bzw Kündigung eines ArbN. Jedoch gelten die dort gefundenen Wertmaßstäbe für die Ausgestaltung des Leistungsverweigerungsrechts im bestehenden Arbeitsverhältnis gleichermaßen. Das BAG hat die personen- und verhaltensbedingte Kündigung einer Verkäuferin in einem Kaufhaus für unwirksam erklärt, da das Kopftuch die Verkäuferin nicht an der Ausübung ihrer Tätigkeit hinderte und erhebliche betriebliche Störungen oder wirtschaftliche Einbußen

274 Leistungsverweigerungsrecht

seitens des ArbGeb nicht vorgetragen waren (BAG 10.10.02 – 2 AZR 472/01, NZA 03, 483; bestätigt durch BVerfG 30.7.03 – 1 BvR 792/03, NZA 03, 959; ebenso ArbG Bln 28.3.12 – 55 Ca 2426/12, NZA-RR 12, 627 zur Bewerbung einer Auszubildenden als Zahnarzthelferin; vgl auch *Preis/Greiner* RdA 03, 244; *Hoevels* NZA 03, 701; *Bachmann* SAE 03, 336). Demgegenüber hat zuvor das BVerwG die Einstellung einer Lehrerin im Beamtenverhältnis auf Probe wegen der fehlenden Bereitschaft auf das Kopftuch im Unterricht zu verzichten abgelehnt (BVerwG 4.7.02 – 2 C 21/01, NJW 02, 3344). Die unterschiedliche Wertung beruht auf den Besonderheiten des öffentlichen Dienstrechts. Das BVerfG hat für das Verbot des Kopftuchtragens an öffentlichen Schulen eine gesetzliche Grundlage verlangt (BVerfG 24.9.03 – 2 BvR 1436/02, NJW 03, 3111), die mittlerweile zT in den geänderten Landesschulgesetzen enthalten ist (BVerwG 24.6.04 – 2 C 45/03, NJW 04, 3581: betr BaWü). In mehreren neueren arbeitsgerichtlichen Entscheidungen wird das Kopftuchverbot für wirksam erachtet (BAG 20.8.09 – 2 AZR 499/08, NZA 10, 227: Baskenmütze als Kopftuchsurrogat; 10.12.09 – 2 AZR 55/09, NZA-RR 10, 382: Unterrichtung allein muslimischer Schüler; ArbG Wuppertal 29.7.08 – 4 Ca 1077/08, BeckRS 2008, 56839; ArbG Herne 7.3.07 – 4 Ca 3415/06, BeckRS 2007, 46844). Ebenfalls unter einem Glaubenskonflikt stand ein als Ladenhilfe im Einzelhandel arbeitender muslimischer ArbN, der sich weigerte, alkoholische Getränke ein- und auszuräumen (vgl BAG 24.2.11 – 2 AZR 639/09, NZA 11, 1087; *Richardi* SAE 12, 7). In jedem Fall ist aber der ArbN aufgrund seiner arbeitsvertraglichen *Treuepflicht* gehalten, den entstehenden Gewissenskonflikt unverzüglich seinem ArbGeb mitzuteilen soweit er sich auf ein Leistungsverweigerungsrecht berufen will (*Rüfner* RdA 92, 1).

11 cc) **Einberufung zum ausländischen Wehrdienst** (vgl *Wehrdienst* Rz 3).

12 dd) **Unzumutbare Arbeitsbedingungen.** In seltenen Fällen kann sich ein Leistungsverweigerungsrecht des ArbN aufgrund unzumutbarer, insbesondere persönlichkeitsrechts- oder ehrverletzender Arbeitsbedingungen ergeben.

13 Derartige Arbeitsbedingungen können unmittelbar durch den **Arbeitgeber** verursacht sein. Das ArbG Wiesbaden hat das Bestehen eines Leistungsverweigerungsrechts wegen toxikologischer Schädigung durch den Arbeitsplatz bei einem Sozialarbeiter in einer Kinderklinik angenommen, der wegen aufgetretener gesundheitlicher Beschwerden, die vermutlich auf ein verwendetes Holzschutzmittel zurückzuführen waren, die Arbeitsleistung verweigert hatte (ArbG Wiesbaden 1.6.89, NZA 90, 275; vgl auch BAG 8.5.96, DB 96, 2446: kein Leistungsverweigerungsrecht in einem ähnlichen Fall wegen fehlenden Nachweises einer Gesundheitsbeeinträchtigung). Gleiches gilt im Grundsatz auch für asbestbelastete Arbeitsplätze (BAG 19.2.97, BB 97, 1364; vgl auch *Molkentin* NZA 97, 849).

Bei erhöhten Raumtemperaturen am Arbeitsplatz aufgrund außergewöhnlich sommerlicher Witterungsbedingungen greift ein Leistungsverweigerungsrecht ebenfalls erst bei unmittelbar drohenden Gesundheitsbeeinträchtigungen ein (*Rieble/Jochums* BB 03, 1897).

14 Aber auch **andere Arbeitnehmer** kommen als Verursacher solcher Arbeitsbedingungen in Betracht. Ein Leistungsverweigerungsrecht kann etwa in Fällen wiederholter ehrverletzender oder beleidigender Äußerungen, Tätlichkeiten oder sonstiger erheblicher Störungen des Betriebsfriedens gegeben sein. § 14 AGG gewährt den betroffenen ArbN ein ausdrückliches Leistungsverweigerungsrecht für den Fall, dass der ArbGeb keine oder offensichtlich ungeeignete Maßnahmen zur Unterbindung der Belästigung ergreift. Allerdings handelt es sich hierbei, wie im Fall des ArbGebSeitigen Verstoßes gegen Schutzgesetze, streng genommen nicht um Leistungsverweigerungsrechte des ArbN, da es nicht primär um eine Pflichtenkollision des ArbN geht. Vielmehr kommt der ArbGeb seiner arbeitsvertraglichen Fürsorgepflicht nicht in ausreichendem Maße nach, so dass richtigerweise von einem *Zurückbehaltungsrecht* des ArbN auszugehen ist (Näheres s *Diskriminierung* Rz 65 ff).

15 ee) **Arbeitnehmerüberlassung.** Nach § 11 Abs 5 AÜG ist ein LeihArbN nicht verpflichtet, bei einem Entleiher tätig zu sein, der durch einen Arbeitskampf unmittelbar betroffen ist und kann seine Arbeitsleistung dort verweigern. Das gilt aber ausdrücklich nur für den Einsatz beim bestreikten Entleiher. Keine Sonderregeln gelten, wenn der Verleiher sich im Arbeitskampf befindet (LAG BaWü 31.7.13 – 4 Sa 18/13, BeckRS 2013, 71078) – nicht rkr: Az beim BAG: 1 AZR 792/13).

ff) **Sonstige Arbeitsverhinderungen.** Zu den sonstigen Arbeitsverhinderungen, die den ArbN von seiner arbeitsvertraglichen Leistungspflicht entbinden vgl *Arbeitsverhinderung* Rz 2–9, *Arbeitspflicht* Rz 6–9 sowie *Beschäftigungsverbot* Rz 9–16.

3. Kollektive Ausübung von Leistungsverweigerungsrechten. Befinden sich mehrere ArbN in einer vergleichbaren Pflichtenkollision, so können sie das betreffende Leistungsverweigerungsrecht gemeinsam ausüben. Allein durch die gemeinsame Ausübung verändert sich der materielle Gehalt eines individuellen Leistungsverweigerungsrechts nicht. Allerdings ist die kollektive Ausübung von berechtigten Leistungsverweigerungsrechten abzugrenzen vom rechtswidrigen **Arbeitskampf.** Erbringen die ArbN gemeinschaftlich ihre vertraglich geschuldete Tätigkeit nicht, um auf diese Weise Druck iS eines Arbeitskampfes auf den ArbGeb auszuüben, ist dies unzulässig. Dabei ist die Abgrenzung dergestalt vorzunehmen, dass eine kollektive Ausübung des Leistungsverweigerungsrechts zum Zweck der Durchsetzung bestehender Rechte zulässig, zum Zweck der Begründung (Erkämpfung) neuer Rechte als rechtswidrige Arbeitskampfmaßnahme unzulässig ist. 16

4. Rechtsfolgen. a) Berechtigte Leistungsverweigerung. Der ArbN verliert grds auch bei der berechtigten Geltendmachung eines Leistungsverweigerungsrechts seinen vertraglichen Vergütungsanspruch. Dies ergibt sich aus § 326 Abs 1 BGB (*Kohte* NZA 89, 161). Etwas anderes gilt nur dann, wenn entweder lediglich ein vorübergehendes Leistungshindernis iSd § 611 BGB besteht oder der ArbGeb im weitesten Sinne die Pflichtkollision zu vertreten hat. Letzteres ist zB der Fall, wenn er für unzumutbare Arbeitsbedingungen verantwortlich ist, gegen Schutzgesetze verstoßen oder im Fall von familiären oder Gewissensgründen keine anderweitigen Einsatzmöglichkeiten des ArbN geprüft hat (*Söllner* ArbuR 85, 323). Derartige Beschäftigungsalternativen muss der ArbGeb entweder soweit möglich im Wege des Weisungsrechts oder ansonsten mittels einer *Änderungskündigung* dem ArbN anbieten. Ist die Pflichtkollision dauerhaft und führt sie zu einem fortwährenden Leistungshindernis, das anderweitig nicht zu beheben ist, kommt schließlich eine personenbedingte Kündigung des ArbN in Betracht (*Henssler* AcP 190, 538). 17

b) Unberechtigte Leistungsverweigerung. Eine unberechtigte Verweigerung der Arbeitsleistung hat für den ArbN immer den Wegfall seines Vergütungsanspruchs zur Folge. Ferner kommen bei einer schuldhaften Pflichtverletzung Schadensersatzansprüche des ArbGeb in Betracht. Schließlich besteht in gravierenden Fällen ein Recht zur verhaltensbedingten Kündigung des Arbeitsverhältnisses (BAG 21.5.92, NZA 93, 115). 18

5. Leistungsverweigerungsrecht des Arbeitgebers. Ein zeitweiliges, gesetzliches Leistungsverweigerungsrecht des ArbGeb bezogen auf seine Pflicht zur Vergütungszahlung normiert § 7 EFZG im Bereich der Entgeltfortzahlung im Krankheitsfall. Es endet spätestens in dem Zeitpunkt, in dem der ArbN die Arbeitsunfähigkeitsbescheinigung vorlegt (LAG Köln 1.6.12 – 4 Sa 115/12, BeckRS 2012, 73130). Das Gleiche gilt im Rahmen des Annahmeverzuges bei unterbliebener Auskunft des ArbN über anderweitigen Verdienst (LAG RhPf 17.8.12 – 9 Sa 165/12, BeckRS 2012, 74682). 19

B. Lohnsteuerrecht

Thomas

Für das LStRecht hat das Leistungsverweigerungsrecht keine unmittelbare Bedeutung, da sich die LStPflicht allein aus der tatsächlichen Lohnzahlung (Zufluss) des ArbGeb ergibt und bloße Ansprüche gegen den ArbGeb noch nicht den Zufluss von Arbeitslohn begründen (BFH 20.6.01 – VI R 105/99, BStBl II 01, 689). 20

C. Sozialversicherungsrecht

Schlegel

1. Auswirkungen der Leistungsverweigerung auf die Versicherungspflicht. Die Versicherungspflicht von ArbN setzt in der KV, PflegeV, ArblV und RV grds voraus, dass der ArbN gegen Arbeitsentgelt beschäftigt ist (§ 5 Abs 1 Nr 1 SGB V; § 20 Abs 1 Nr 1 SGB XI; § 25 Abs 1 SGB III und § 1 Satz 1 Nr 1 SGB VI). Beschäftigung in diesem Sinne setzt im Grundsatz die **tatsächliche Arbeitsleistung** voraus (vgl jedoch zum Fortbestehen der Versicherungspflicht während einer Freistellung bei Fortzahlung des Arbeitsentgelts *Schlegel* NZA 05, 972 ff). Verweigert der ArbN die Erfüllung seiner Arbeitspflicht zu Recht oder zu Unrecht, fehlt es an tatsächlicher Beschäftigung. 21

Gerät der ArbGeb trotz der Leistungsverweigerung in **Annahmeverzug,** weil der ArbN zwar zu Recht die konkret verlangte Arbeit verweigert, er eine andere von ihm geschuldete aber weiterhin anbietet, behält der ArbN seinen Entgeltanspruch. In diesen Fällen geht die 22

275 Leitende Angestellte

Rspr für die Dauer des Arbeitsverhältnisses vom Fortbestand eines zur Versicherungspflicht führenden Beschäftigungsverhältnisses aus (Einzelheiten hierzu vgl *Annahmeverzug*). Beiträge sind aus dem vom ArbGeb geschuldeten Arbeitsentgelt zu zahlen.

23   **2. Fiktion entgeltlicher Beschäftigung.** Verliert der ArbN durch die Ausübung eines Leistungsverweigerungsrechts den Anspruch auf Arbeitsentgelt (vgl oben Rz 18 f), gilt die Beschäftigung gegen Arbeitsentgelt für längstens einen Monat als fortbestehend, solange das Beschäftigungsverhältnis auch ohne Anspruch auf Arbeitsentgelt fortdauert (§ 7 Abs 3 SGB IV). Solange die Fiktion entgeltlicher Beschäftigung gegen Entgelt gilt, besteht in der KV, PflegeV, ArblV und RV trotz fehlender Beschäftigung Versicherungspflicht und damit dem Grunde nach auch Versicherungsschutz. Beiträge sind in dem betreffenden Kalendermonat allerdings nur aus dem Betrag zu erheben, der dem ArbN als Arbeitsentgelt tatsächlich zusteht.

24   Unter welchen **Voraussetzungen** und wie lange diese Fiktion gilt, ist gesetzlich nicht geregelt. Erforderlich ist jedenfalls, dass beide Vertragsparteien den **Willen zur Fortsetzung des Arbeits- bzw Beschäftigungsverhältnisses** haben. Klassische Fälle des § 7 Abs 3 SGB IV sind zB unbezahlter Urlaub, zulässiger Streik und zulässige Aussperrung. Die Fiktion des § 7 Abs 3 SGB IV ist ausgeschlossen, sobald feststeht, dass es hieran fehlt. Dies ist bei der Leistungsverweigerung zB der Fall, wenn der ArbN oder der ArbGeb mit sofortiger Wirkung gekündigt haben, die Ausübung des Leistungsverweigerungsrechts also nicht nur vorübergehend ist. Gleiches gilt, wenn feststeht, dass der Wegfall tatsächlicher Arbeitsleistung aus sonstigen Gründen von Dauer sein wird und eine Wiederaufnahme der Arbeit ausgeschlossen ist.

25   Auch wenn das Arbeitsverhältnis mangels Kündigung oder Aufhebungsvertrag fortbesteht, endet die Fiktion einer Beschäftigung gegen Entgelt spätestens einen **Monat** nach Wegfall der tatsächlichen Arbeitsleistung (hier: Beginn der Leistungsverweigerung).

Leitende Angestellte

A. Arbeitsrecht *Kania*

1   **I. Allgemein arbeitsrechtlicher Begriff. 1. Abgrenzung.** Leitende Angestellte unterscheiden sich dadurch von den übrigen ArbN, dass sie für das Unternehmen oder einen Betrieb des Unternehmens als dessen Teilorganisation unter eigener Verantwortung typische Unternehmerfunktionen mit einem eigenen erheblichen Entscheidungsspielraum wahrnehmen (*Schaub/Vogelsang* § 13 Rz 2). Von Organmitgliedern unterscheiden sie sich dadurch, dass bei diesen nach hM die ArbNEigenschaft verneint wird (Näheres s *Geschäftsführer* Rz 17 ff). Zwar gibt es **keine allgemeingültige Legaldefinition**, besondere Bedeutung für die **Abgrenzung zu anderen ArbN** haben aber vor allem die Tatbestandsgruppen des § 5 Abs 3 Satz 2 BetrVG, durch den der leitende Angestellte eine Zuordnung zur ArbGebSeite erfährt. Diese stützt sich vor allem auf zwei Gesichtspunkte: Die **Wahrnehmung unternehmerischer (Teil-) Aufgaben**, die für Bestand und Entwicklung des Unternehmens bedeutsam sind und ein **eigener Entscheidungsspielraum** (vgl § 5 Abs 3 Nr 3). § 1 Abs 1 SprAuG verweist auf diese Abgrenzung ebenso wie § 3 Abs 1 Satz 1 MitbestG.

2   **2. Besonderheiten.** Aus der exponierten Stellung der leitenden Angestellten und ihrer besonderen Nähe zum ArbGeb ergeben sich für diese **erhöhte Treuepflichten** (BAG 26.11.64, DB 65, 519; 14.10.70, DB 71, 52; 12.5.58, DB 58, 1015). Aus diesem erhöhten Vertrauensverhältnis zum ArbGeb folgt, dass an personen- oder verhaltensbedingte Gründe für eine ordentliche **Kündigung** bzw an den wichtigen Grund für eine außerordentliche Kündigung nur geringe Anforderungen zu stellen sind (BAG 22.11.62, DB 63, 1055; LAG Nbg 5.9.90, DB 90, 2330). Die Grundsätze der privilegierten **Arbeitnehmerhaftung** (dazu *Arbeitnehmerhaftung* Rz 11 ff) dürften grds auch für leitende Angestellte gelten, allerdings dann nicht zu einer Haftungsmilderung führen, wenn der Schaden bei einer für die Position charakteristischen Tätigkeit verursacht wurde (vgl zum Streitstand ErfK/*Preis* § 619a BGB Rz 19). Bei unternehmerischen Entscheidungen entfällt aber eine Haftung gegenüber dem

ArbGeb entsprechend § 93 Abs 1 Satz 2 AktG bei Einhaltung der Vorgaben der „Business Judgement Rule" (*Bürkle/Fecker* NZA 07, 589).

Die **Vergütung** der leitenden Angestellten wird im Regelfall frei ausgehandelt, da mit 3 wenigen Ausnahmen für leitende Angestellte keine Tarifverträge bestehen (Näheres s *AT-Angestellte*). Keine Anwendung findet das Arbeitszeitgesetz (§ 18 Abs 1 Nr 1 ArbZG; s Rz 20). Schließlich enthalten zahlreiche arbeitsrechtliche Gesetze **Sondervorschriften** für leitende Angestellte (vgl §§ 14, 17 Abs 3 KSchG (s unten Rz 15 ff); §§ 1 ff SprAuG; § 3 MitbestG: Bildung einer eigenen Gruppe für Beteiligung der ArbN im Aufsichtsrat). Diese Vorschriften gebrauchen jedoch keinen einheitlichen Begriff des leitenden Angestellten, sondern differenzieren in den Einzelheiten je nach der Zielsetzung der Norm.

II. Leitende Angestellte im Sinne des § 5 Abs 3 BetrVG. 1. Allgemeines. Gem § 5 4 Abs 3 BetrVG findet das Gesetz auf leitende Angestellte keine Anwendung, soweit nicht – wie in §§ 105, 107, 108 BetrVG – ausdrücklich etwas anderes bestimmt ist. Die **Ausnahme aus dem Geltungsbereich des BetrVG** bezweckt, einen unüberbrückbaren Interessengegensatz zu vermeiden. Der leitende Angestellte, der auf der einen Seite unternehmensbezogene Leitungsaufgaben mit eigenem erheblichen Entscheidungsspielraum wahrnimmt und in einer Interessenpolarität zur übrigen ArbNschaft steht, kann nicht gleichzeitig den BRat wählen oder gar zum BRat gewählt werden (BAG 23.1.86, DB 86, 1131; *Fitting* § 5 Rz 340 ff). Repräsentiert werden die leitenden Angestellten durch die sog Sprecherausschüsse, die im Gegensatz zu den BRat mit deutlich geringeren Kompetenzen ausgestattet sind (s SprAuG).

§ 5 Abs 3 BetrVG enthält **zwingendes Recht;** leitender Angestellter kann deshalb nur 5 sein, wer die in § 5 Abs 3 Satz 2 BetrVG genannten Aufgaben und Funktionen tatsächlich wahrnimmt (BAG 5.3.74, DB 74, 1239; 19.8.75, DB 75, 2231). Zum leitenden Angestellten kann man nicht befördert werden.

Der Status als leitender Angestellter kann im arbeitsgerichtlichen **Beschlussverfahren** 6 geklärt werden, wobei sowohl ArbGeb und BRat als auch der betroffene ArbN antragsbefugt sind (BAG 23.1.86, DB 86, 1983). Für die Zuordnung der leitenden Angestellten bei Wahlen zum BRat bzw Sprecherausschuss ist durch § **18a BetrVG** ein besonderes Verfahren geschaffen worden. Durch eine Zuordnung im Rahmen des Verfahrens nach § 18a BetrVG wird der Rechtsweg nicht ausgeschlossen (§ 18a Abs 5 BetrVG).

2. Voraussetzungen des § 5 Absatz 3 BetrVG. a) Gemeinsame Merkmale. Leiten- 7 der Angestellter ist, wer **nach Arbeitsvertrag und Stellung im Unternehmen oder im Betrieb** eines der in § 5 Abs 3 Satz 2 Nr 1–3 genannten Merkmale erfüllt. Eine genau umfasste Aufgabenbeschreibung im Arbeitsvertrag wird nicht verlangt. Es reicht aus, wenn die Ausübung leitender Funktionen mündlich vereinbart ist oder jedenfalls mit Billigung des ArbGeb ausgeübt wird. Umgekehrt genügt allein die ausdrückliche Vereinbarung im Arbeitsvertrag nicht. Entscheidend ist, dass die **tatsächlichen Verhältnisse** mit den arbeitsvertraglichen Grundlagen übereinstimmen, der ArbN also auch tatsächlich Aufgaben und Befugnisse ausübt, die seinen Status als leitenden Angestellten begründen können (BAG 11.3.82, DB 82, 1990; *Fitting* § 5 Rz 362).

b) Einstellungs- und Entlassungsbefugnis. Gem § 5 Abs 3 Satz 2 Nr 1 BetrVG ist 8 leitender Angestellter, wer nach Arbeitsvertrag und Stellung im Unternehmen oder im Betrieb zur selbstständigen Einstellung und Entlassung von im Betrieb oder in der Betriebsabteilung beschäftigten ArbN berechtigt ist. Zur selbstständigen Entscheidung ist der ArbN nur dann berechtigt, wenn er nicht an die Zustimmung übergeordneter Stellen gebunden ist oder nur gemeinsam mit Dritten entscheiden darf. Die bloße Bindung an ein Budget oder einen Stellenplan steht aber der Einstufung als leitender Angestellter ebenso wenig entgegen wie der Umstand, dass Einstellung oder Entlassung zu Kontrollzwecken der Unterschrift eines Dritten bedürfen (BAG 16.4.02 – 1 ABR 23/01, NZA 03, 56). Die Personalkompetenz muss auch im **Innenverhältnis** zum ArbGeb bestehen (BAG 10.10.07 – 7 ABR 61/06, DB 08, 509). Weiter muss sich die Berechtigung – anders als bei § 14 KSchG (s unten Rz 19) – auf Einstellung **und** Entlassung beziehen. Nicht ausreichend ist, wenn sich diese Befugnis nur auf eine geringe Zahl von ArbN erstreckt. § 5 Abs 3 Satz 2 Nr 1 BetrVG soll kein Auffangtatbestand sein und ist daher vor dem Hintergrund der in Nr 3 umschriebenen Leitungsfunktionen auszulegen (*MünchArbR/Richardi* § 19 Rz 28). Auch wenn der Wortlaut eine Einschränkung nicht vorsieht, muss sich die Befugnis nach Sinn und Zweck der

275 Leitende Angestellte

Vorschrift grds auf einen **erheblichen Teil der Arbeitnehmer** beziehen, mindestens auf eine ArbNGruppe, Angestellte oder Arbeiter, auf den Betrieb oder einen Betriebsteil (*Fitting* § 5 Rz 369). Beschränkt sich die Personalkompetenz auf eine kleinere ArbNGruppe, muss es sich hierbei um einen für das Unternehmen qualitativ bedeutsamen Personenkreis handeln. Das sind solche ArbN, die entweder hochqualifizierte Tätigkeit mit entsprechenden Entscheidungsspielräumen ausüben oder einen für das Unternehmen herausgehobenen Geschäftsbereich betreuen (BAG 10.10.07 – 7 ABR 61/06, DB 08, 509).

9   c) **Generalvollmacht und Prokura.** Gem § 5 Abs 3 Satz 2 Nr 2 BetrVG ist leitender Angestellter, wer Generalvollmacht oder Prokura hat und die Prokura **auch im Verhältnis zum Arbeitgeber nicht unbedeutend** ist. Mit dem zweiten Halbsatz wird deutlich gemacht, dass Titularprokuristen auch nach Nr 2 keine leitenden Angestellten sind (*Richardi* § 5 Rz 205; GK-BetrVG/*Raab* § 5 Rz 117). Andererseits stehen die **gesetzlichen Beschränkungen** der Prokura in Form der Gesamtprokura (§ 48 Abs 2 HGB) oder der Niederlassungsprokura (§ 50 Abs 3 HGB) der Einordnung als leitender Angestellter iSd Nr 2 nicht entgegen. Im Übrigen hat die zum 1.1.89 eingeführte Neufassung von Nr 2 die Anforderungen der damaligen Rspr des BAG zu Nr 2 aF entschärft. Danach sollten Prokuristen nur dann leitende Angestellte gem Nr 2 sein, wenn sie ihre Vertretungsmacht auch im Innenverhältnis uneingeschränkt ausüben durften (BAG 27.4.88, BB 88, 2030). Nach der Neufassung der Vorschrift genügt es, wenn die Aufgaben, die dem Prokuristen übertragen sind, nicht von untergeordneter Bedeutung sind. Dies ist nach Auffassung des BAG (11.1.95 – 7 ABR 33/94, NZA 95, 747) nur dann der Fall, wenn die Aufgaben den in Nr 3 umschriebenen Leitungsfunktionen entsprechen.

10   d) **Sonstige Angestellte.** Nr 3 formuliert als Grundtatbestand abstrakt funktionsbezogene Merkmale und ergänzt damit die konkret-beispielhaften Fälle in Nr 1 und 2 (Münch-ArbR/*Richardi* § 19 Rz 25). Leitender Angestellter nach Nr 3 ist, wer sonstige Aufgaben wahrnimmt, die für den Bestand und die Entwicklung des Unternehmens oder eines Betriebs von Bedeutung sind. Es muss sich hierbei um **unternehmerische Leitungsaufgaben** handeln, also solche, die für die Verwirklichung der unternehmerischen Zielsetzung bedeutsam sind (BAG 11.1.95 – 7 ABR 33/94, NZA 95, 747). Dies können Aufgaben wirtschaftlicher, kaufmännischer, technischer, organisatorischer, personeller oder wissenschaftlicher Art sein (*Fitting* § 5 Rz 386). Entscheidend ist, dass der Angestellte unternehmerische Teilaufgaben in nicht unbedeutendem Umfang wahrnimmt (BAG 23.1.86, NZA 86, 484). Die Erfüllung dieser Aufgaben muss besondere Erfahrungen und Kenntnisse voraussetzen. Diese Kenntnisse können auch durch eine längere praktische Tätigkeit erlangt werden; eine besondere Ausbildung ist nicht erforderlich (BAG 9.12.75, DB 76, 631).

11   Der leitende Angestellte muss einen **eigenen erheblichen Entscheidungsspielraum** haben; die Entscheidung muss er im Wesentlichen frei von Weisungen treffen oder sie maßgeblich beeinflussen. Dabei darf es sich grds nicht um die Wahrnehmung bloßer sog **Stabsfunktionen** handeln, da der unternehmerische Einfluss im Gegensatz zu sog „Linienfunktionen" auf das Innenverhältnis zum Unternehmer beschränkt ist. Jedoch ist es nicht erforderlich, dass die anfallenden Entscheidungen selbst getroffen werden. Es reicht aus, wenn in einer Position Entscheidungen so vorbereitet werden, dass die Entscheidungsträger an den Vorschlägen nicht vorbeigehen können (BT-Drs 11/2503 S 30; BAG 11.1.95 – 7 ABR 33/94, NZA 95, 747). Ausdrücklich stellt § 5 Abs 3 Satz 2 Nr 3 Hs 2 BetrVG klar, dass der notwendigen Entscheidungsfreiheit Vorgaben aufgrund von Rechtsvorschriften, Plänen oder Richtlinien sowie bei Zusammenarbeit mit anderen leitenden Angestellten nicht entgegenstehen. Es kommt auf den Einzelfall an.

12   An der notwendigen Entscheidungsfreiheit fehlt es dann, wenn durch Pläne oder Richtlinien die Entscheidungen derart vorprogrammiert sind, dass die Tätigkeit des Angestellten nur noch ausführenden Charakter hat (BAG 23.3.76, AP Nr 14 zu § 5 BetrVG 1972). Schließlich setzt Nr 3 voraus, dass die Aufgaben von dem leitenden Angestellten **regelmäßig** wahrgenommen werden. Die Aufgaben dürfen ihm demnach nicht nur vorübergehend, etwa zur Vertretung, übertragen sein (BAG 23.1.86, DB 86, 1983). Die Gesamttätigkeit des leitenden Angestellten muss durch die Aufgaben geprägt sein. Ob ein Chefarzt nach diesen Maßstäben leitender Angestellter ist, hängt von den Umständen des Einzelfalls ab. Allein die Stellung als solche reicht nicht, weil ärztliche Entscheidungen in erster Linie die Heilbehandlung betreffen (BAG 5.5.10 – 7 ABR 97/08, NZA 10, 955).

e) Entscheidungshilfe des § 5 Absatz 4 BetrVG. Die Regelung knüpft an formale, 13
schnell feststellbare Merkmale an und soll **in Zweifelsfällen** die Anwendung des funktionsbezogenen Abs 3 Nr 3 erleichtern (BT-Drs 11/2503 S 30, 31). Danach ist leitender Angestellter nach Abs 3 Nr 3 im Zweifel, wer 1) aus Anlass der letzten Wahl des BRat, des Sprecherausschusses oder von Aufsichtsratsmitgliedern der ArbN oder durch rechtskräftige gerichtliche Entscheidung den leitenden Angestellten zugeordnet worden ist oder 2) einer Leitungsebene angehört, auf der in dem Unternehmen überwiegend leitende Angestellte vertreten sind, oder 3) ein regelmäßiges JAE erhält, das für leitende Angestellte in dem Unternehmen üblich ist, oder 4), falls auch bei der Anwendung der Nr 3 noch Zweifel bleiben, ein regelmäßiges JAE erhält, das das Dreifache der Bezugsgröße nach § 18 SGB IV überschreitet. Eine Heranziehung des Abs 4 kommt nur in Frage, wenn **nach Ausschöpfung aller Erkenntnismöglichkeiten** und unter Anwendung aller Auslegungsregeln das Auslegungsergebnis noch immer zweifelhaft ist (*Fitting* § 5 Rz 409). Nur in diesen Grenzfällen dient Abs 4 als Orientierungshilfe.

3. Zuordnungsverfahren. Über den Status als leitender Angestellter kann im **Beschlussverfahren** nach §§ 2a, 80 ff ArbGG vor den ArbG entschieden werden (die Zuordnung selbst bildet dann den Streitgegenstand – sog Statusverfahren) oder inzident als **Vorfrage** in anderen gerichtlichen Verfahren, zB im Kündigungsschutzverfahren (s unten Rz 14 ff). Für die bei der **Durchführung der BRatWahl** oder Wahl zum Sprecherausschuss anstehende Abgrenzung der leitenden Angestellten von den wahlberechtigten ArbN hat der Gesetzgeber in **§ 18a BetrVG** ein besonderes Zuordnungsverfahren geschaffen, das eine einfache und schnelle Klärung ermöglicht. Soweit zwischen den dort genannten Gremien kein Einvernehmen über die Zuordnung besteht, kann ein einzuschaltender Vermittler letztlich selbst eine Entscheidung treffen. Die Zuordnung nach § 18a BetrVG hat aber nur für die anstehenden Wahlen Bedeutung und entfaltet keine darüber hinausgehenden Rechtswirkungen für andere Bereiche, etwa für die Beteiligung des BRat bei personellen Einzelmaßnahmen, für die Anhörung nach § 102 BetrVG oder im Kündigungsschutzverfahren; dort kann jederzeit und in jedem gerichtlichen Verfahren anders entschieden werden. 14

III. Leitender Angestellter im Sinne der §§ 14 Absatz 2, 17 Absatz 5 KSchG. 15
1. Allgemeines. Leitende Angestellte iSd KSchG unterstehen im Grunde – anders als Organmitglieder (§ 14 Abs 1 KSchG) – den Vorschriften des allgemeinen Kündigungsschutzes. Gem § 14 Abs 2 KSchG bestehen indes zwei Ausnahmen: Einmal haben leitende Angestellte nicht die Möglichkeit, gegen die Kündigung gem § 3 KSchG **Einspruch beim Betriebsrat** einzulegen; ansonsten würde das fehlende Anhörungsrecht des BRat (infolge der Unanwendbarkeit des § 102 BetrVG) unterlaufen. Praktisch wesentlich bedeutender ist, dass in Abweichung von § 9 Abs 1 KSchG der **Antrag des ArbGeb** auf **gerichtliche Auflösung des Arbeitsverhältnisses** keiner Begründung bedarf; damit genießt deren Arbeitsverhältnis auch bei Sozialwidrigkeit der Kündigung keinen Bestandsschutz, sondern bloßen Abfindungsschutz.

Mit dieser erheblichen Einschränkung des Kündigungsschutzes leitender Angestellter trägt 16
der Gesetzgeber dem Umstand Rechnung, dass zwischen ArbGeb und leitenden Angestellten ein besonderes **Vertrauensverhältnis** bestehen muss, um eine erfolgreiche Zusammenarbeit zu gewährleisten. Hat der ArbGeb keinen Auflösungsgrund oder sieht er davon ab, seine Gründe für den Auflösungsantrag zu nennen, wird das Gericht idR den Abfindungshöchstbetrag als angemessen zusprechen. Daher ist dem ArbGeb zu raten, möglichst gute Gründe für den Auflösungsantrag vorzutragen, um die nach § 10 KSchG vom ArbG festzusetzende Abfindung in Maßen zu halten.

Gem **§ 17 Absatz 5 Nummer 3 KSchG** sind die leitenden Angestellten vom Sonderkündigungsschutz bei Massenentlassungen ausgenommen. Folgerichtig dürfen sie auch bei der Berechnung der für die Anzeigepflicht maßgeblichen GesamtArbNZahl des Betriebes nicht berücksichtigt werden.

2. Voraussetzungen des § 14 Absatz 2 KSchG. Der Begriff des leitenden Angestellten 17
iSd § 14 Abs 2 KSchG **deckt sich nicht** mit dem nach **§ 5 Abs 3 BetrVG**. Teilweise ist der Anwendungsbereich der Vorschrift enger als im Betriebsverfassungsrecht, weil für die Einordnung als leitender Angestellter eine Stellung gefordert wird, die der eines Geschäftsführers

275 Leitende Angestellte

oder Betriebsleiters zumindest ähnlich ist; auf der anderen Seite ist er weiter, weil anders als bei § 5 Abs 3 BetrVG eine Berechtigung zur Einstellung *oder* Entlassung genügt. Für diesen – wenn auch praktisch wenig bedeutsamen Fall –, dass der Angestellte zwar leitender Angestellter iSv § 14 Abs 2 KSchG ist, aber nicht solcher iSv § 5 Abs 3 BetrVG, soll nach hM § 3 KSchG im Wege der teleologischen Reduktion Anwendung finden (APS/*Biebl* § 14 Rz 28 mwN). Denn der § 102 BetrVG wie auch das BetrVG insgesamt sind in diesem Fall nicht ausgeschlossen, so dass keine Gefahr der Umgehung besteht (vgl oben Rz 14).

18 Die Bezeichnung **Geschäftsführer** wird nicht im gesellschaftsrechtlichen Sinne gebraucht. Auf den GmbH-Geschäftsführer iSd § 35 GmbHG findet der allgemeine Kündigungsschutz gem § 14 Abs 1 KSchG keine Anwendung. Geschäftsführer iSd § 14 Abs 2 KSchG sind Personen, die ggf neben einem Geschäftsführer nach § 35 GmbHG unternehmerische Führungsaufgaben wahrnehmen, zB im kaufmännischen, organisatorischen, personellen oder wissenschaftlichen Bereich (KR/*Rost* § 14 KSchG Rz 27; *von Hoyningen-Huene/Link* § 14 Rz 20). Die Einordnung als **Betriebsleiter** setzt voraus, dass innerhalb des Unternehmens eigenverantwortlich ein Betrieb geführt wird und dabei bedeutungsvolle unternehmerische Teilaufgaben wahrgenommen werden, ein erheblicher Entscheidungsspielraum besteht sowie die Vorgesetztenstellung und das damit verbundene Weisungsrecht gegenüber den im Betrieb beschäftigten ArbN ausgeübt wird; allein die Beaufsichtigung genügt nicht (BAG 25.11.93 – 2 AZR 517/93; NZA 94, 837; KR/*Rost* § 14 KSchG Rz 27). Der Leitung eines Betriebes ist die Leitung eines Betriebsteils gleichzustellen, soweit in diesem eine nicht geringe Anzahl von ArbN beschäftigt ist. Die nach § 14 Abs 2 KSchG erforderliche Ähnlichkeit **sonstiger leitender Angestellter** mit den ausdrücklich genannten Geschäftsführern und Betriebsleitern ist bei solchen Angestellten anzunehmen, die gegenüber einer nicht geringen Anzahl von ArbN eine Vorgesetztenstellung innehaben, ArbGeb-Funktionen ausüben und innerhalb des Unternehmens oder Betriebes Führungsaufgaben wahrnehmen (*von Hoyningen-Huene/Link* § 14 Rz 23).

19 Weitere Voraussetzung des § 14 Abs 2 KSchG ist, dass Geschäftsführer, Betriebsleiter oder ähnliche leitende Angestellte **zur selbstständigen Einstellung oder Entlassung** von ArbN berechtigt sind. Insoweit sind die Voraussetzungen weniger eng als im Betriebsverfassungsrecht, denn § 5 Abs 3 Satz 2 Nr 1 BetrVG verlangt die Berechtigung zur Einstellung und Entlassung zugleich. Allerdings muss die Personalkompetenz im Rahmen des § 14 Abs 2 KSchG wie bei § 5 Abs 3 BetrVG eine bedeutende Anzahl von ArbN erfassen; ein nur eng umgrenzter Personenkreis genügt nicht (BAG 24.3.11 – 2 AZR 674/09, NZA-RR 12, 243). Deren Zahl kann geringer sein, wenn es sich um einen „qualitativ bedeutsamen Personenkreis" handelt, zB um ArbN, die ihrerseits wieder Einstellungs- oder Entlassungsbefugnis gegenüber nachgeordneten ArbN haben (BAG 27.9.01 – 2 AZR 176/00, NZA 02, 1277). Für das Vorliegen von Einstellungs- oder Entlassungsbefugnis genügt weder allein das interne Dürfen noch allein das externe Können; rechtliche Befugnis im Außenverhältnis und interne Berechtigung müssen kumulativ vorliegen (BAG 27.9.01 – 2 AZR 176/00, NZA 02, 1277; 18.11.99 – 2 AZR 903/98, NZA 2000, 427). Von einer Berechtigung zur „selbstständigen" Einstellung oder Entlassung kann nicht gesprochen werden, wenn die personelle Maßnahme von der Zustimmung einer anderen Person abhängig ist (LAG NdS 8.1.04 – 7 Sa 219/03, NZA-RR 04, 524). Zudem muss die Personalkompetenz einen wesentlichen Teil der Tätigkeit des Angestellten ausmachen und somit seine Tätigkeit prägen (BAG 18.10.2000 – 2 AZR 465/99, NZA 01, 437).

20 **IV. Leitender Angestellter im Sinne des § 18 Absatz 1 Nr 1 ArbZG.** Das am 1.7.94 in Kraft getretene ArbZG findet keine Anwendung auf leitende Angestellte. Im Gegensatz zu seinem Vorläufer § 1 Abs 2 AZO verzichtet § 18 Abs 1 Nr 1 ArbZG auf eine eigene Definition des leitenden Angestellten und **verweist auf § 5 Abs 3 BetrVG**. Kraft Gesetzes gleichgestellt sind Chefärzte. Nach der Gesetzesbegründung soll die Angleichung der Rechtssicherheit und Rechtsklarheit dienen (BT-Drs 12/5888 S 32). Gegenüber dem früheren Recht beinhaltet die Neufassung sowohl eine Einschränkung als auch eine Erweiterung: Für Generalbevollmächtigte und Prokuristen sind die Voraussetzungen jetzt nach § 5 Abs 3 Nr 2 BetrVG enger, für sonstige leitende Angestellte weiter, da § 5 Abs 3 BetrVG entgegen § 1 Abs 2 AZO nicht verlangt, dass der leitende Angestellte Vorgesetzter von mindestens zwanzig ArbN sein muss. Ein Anspruch auf Überstundenvergütung besteht nur, wenn dies besonders vereinbart ist oder mit den Bezügen nur eine bestimmte Normalleistung abgegolten werden sollte (BAG 16.1.65, DB 65, 1918; 17.11.66, DB 67, 126).

V. Leitender Angestellter im Sinne des § 22 Absatz 1 Nummer 2 ArbGG. Gem 21 § 22 Abs 2 ArbGG können Geschäftsführer, Betriebsleiter oder Personalleiter, soweit sie zur Einstellung von ArbN in dem Betrieb berechtigt sind, oder Personen, denen Prokura oder Generalvollmacht erteilt ist, ehrenamtliche Richter aus Kreisen der ArbGeb beim ArbG sein. Der von § 22 Abs 2 Nr 2 ArbGG erfasste Personenkreis dürfte im Wesentlichen deckungsgleich mit den leitenden Angestellten iSd § 5 Abs 3 BetrVG sein (*Grunsky* ArbGG § 22 Rz 7). Vollständige Übereinstimmung besteht indes nicht. So kann insbes der Titularprokurist, der nicht leitender Angestellter iSd § 5 Abs 3 Nr 2 BetrVG ist, als ehrenamtlicher Richter aus Kreisen der ArbGeb fungieren (*Grunsky* ArbGG § 22 Rz 7).

VI. Leitender Angestellter im Sinne der §§ 1 SprAuG, 3 MitbestG. Der Begriff des 22 leitenden Angestellten im MitbestG und im SprAuG ist identisch mit dem betriebsverfassungsrechtlichen Begriff des leitenden Angestellten, da ausdrücklich auf § 5 Abs 3 BetrVG verwiesen wird (vgl § 3 Abs 3 Nr 2 MitbestG; § 1 Abs 1 SprAuG).

VII. Muster. S Online-Musterformular *„M9.8 Leitende Angestellte, Arbeitsvertrag".* 23

B. Lohnsteuerrecht *Seidel*

Der leitende Angestellte ist steuerrechtlich ArbN. Es ergeben sich gegenüber anderen 24 ArbN keine lohnsteuerrechtlichen Besonderheiten. Dies gilt auch, wenn er zu dem in § 14 KSchG genannten, nicht begünstigten Personenkreis gehört (BFH 20.12.61, BStBl III 62, 71). Zur ArbNEigenschaft von Geschäftsführern s *Geschäftsführer* Rz 35, 36. Zu Sonderregelungen im Rahmen von DBA s *Auslandstätigkeit* Rz 60, *Grenzgänger* Rz 23). Bei der Besetzung der ehrenamtlichen Richter an den FG spielt der Status des leitenden Angestellten keine Rolle (s auch *Arbeitgeber* Rz 19).

C. Sozialversicherungsrecht *Voelzke*

1. Beitrags- und Leistungsrecht. Leitende Angestellte, sofern sie nicht aufgrund eige- 25 ner Kapitalbeteiligung das Unternehmen entscheidend beeinflussen oder als Organmitglieder juristischer Personen versicherungsfrei sind (Näheres: *Arbeitnehmer (Begriff)*), gehören zu den abhängig Beschäftigten in der SozV. Keine Bedeutung für das SozVRecht hat die Regelung des § 5 Abs 1 Satz 3 ArbGG, wonach ua die gesetzlichen Vertreter einer juristischen Person nicht als deren ArbN gelten (*Schlegel/Voelzke/Segebrecht* SGB IV § 7 Abs 1 Rz 120). Hinsichtlich der Versicherungspflicht in der KV bestehen keine Besonderheiten, da die Versicherungspflichtgrenze seit dem 1.1.89 einheitlich für Arbeiter und Angestellte gilt (§ 6 Abs 1 Nr 1 SGB V); allerdings wird für leitende Angestellte idR wegen des Überschreitens der maßgeblichen Grenze für das JAE (s *Jahresarbeitsentgelt* Rz 11) Versicherungsfreiheit in der KV bestehen.

Im Rahmen der Anspruchsvoraussetzungen zur Erlangung einer übergangsweise weiter zu 26 gewährenden Rente wegen teilweiser Erwerbsminderung bei Berufsunfähigkeit (§ 240 SGB VI) sind die leitenden Angestellten bei der Prüfung der Verweisung der obersten Gruppe der Angestelltenberufe zuzuordnen, wenn ihre berufliche Stellung auf einem **Hochschulstudium** oder einer vergleichbaren Qualifikation beruht und sie ein Arbeitsentgelt oberhalb, an oder in der Nähe unterhalb der Beitragsbemessungsgrenze erzielen (BSG 22.2.90 – 4 RA 16/89, NZA 90, 582). Eine eigene Gruppe der leitenden Angestellten mit einem Gehalt oberhalb der Beitragsbemessungsgrenze ist innerhalb des Mehrstufenschemas nicht gebildet worden, da der versicherungsrechtliche Schutz insoweit begrenzt ist. In der UV und ArblV hat die Zugehörigkeit zur Gruppe der leitenden Angestellten keine praktischen Auswirkungen.

2. Ehrenamtliche Richter/Entsendung in Selbstverwaltungsorgane. Besondere 27 ArbNGruppen werden bei der Besetzung der Richterbank der Sozialgerichtsbarkeit (ehrenamtliche Richter) und bei der Entsendung in Selbstverwaltungsorgane der Leistungsträger nicht der Seite der ArbN, sondern der Seite der ArbGeb zugerechnet (§ 16 Abs 4 Nr 4 SGG).

Lohnabzugsverfahren

A. Arbeitsrecht
Griese

1 S *Bruttolohnvereinbarung* Rz 5–16 und *Sozialversicherungsbeiträge* Rz 2.

B. Lohnsteuerrecht
Seidel

2 **1. Allgemeines.** Das Abzugsverfahren im LStRecht besteht aus der Ermittlung, Festsetzung und Erhebung der LSt sowie des SolZ und ggf der KiSt bei der jeweiligen Lohnauszahlung. Es ist das Vorauszahlungsverfahren des ArbN und wird im Steuerrecht regelmäßig als LStAbzugsverfahren bezeichnet (§§ 38 ff EStG). Dazu gehört auch die Steuernachforderung durch das FA während des laufenden Abzugsjahres (s *Lohnsteuernachforderung* Rz 2–16). Es endet mit der Erstellung der LStBescheinigung (s *Lohnsteuerbescheinigung* Rz 11 ff) durch den ArbGeb, ggf nach vorher durchgeführtem LStJahresausgleich (s *Lohnsteuerjahresausgleich* Rz 2 ff). S auch die Informationen des Bayerischen Landesamts für Steuern anlässlich der letztmaligen Ausstellung einer Papierlohnsteuerkarte für 2010 unter www.finanzamt.bayern.de/Informationen/Steuerinfos/Weitere_Themen/Lohnsteuerabzug_und_Lohnsteuerermaessigung.

3 Der ArbGeb ist dabei als Dritter in das Besteuerungsverfahren einbezogen, indem er die Besteuerungsgrundlagen ermitteln sowie die Steuer berechnen, einbehalten und abführen muss. Da er hierbei sowohl für das FA als auch für den ArbN tätig wird, muss er für Fehler gegenüber dem FA einstehen (s *Lohnsteuerhaftung* Rz 4–28) bzw kann sich dem ArbN gegenüber schadensersatzpflichtig machen (BAG 17.3.60, DB 60, 642; s auch BFH 20.9.96, BStBl II 97, 144 und *Arbeitgeberhaftung* Rz 19). Während die Rechtsbeziehungen zum FA öffentlich-rechtlicher Natur sind, unterliegen seine Rechtsbeziehungen zum ArbN dem Zivil- bzw Arbeitsrecht. Hat der Insolvenzverwalter den Geschäftsbetrieb freigegeben, ist der Betriebsinhaber (Schuldner) weiterhin zum LStAbzug verpflichtet (FG Nds 8.3.07 – 11 K 565/06, EFG 07, 1272). Die im Abzugsverfahren erhobene LSt betrifft die Einkünfte aus nichtselbstständiger Arbeit (s *Arbeitsentgelt* Rz 30 ff) und stellt lediglich die auf eine Einkunftsart entfallende Vorauszahlung auf die mit Ablauf des Kj entstehende ESt des ArbN dar (s *Schmidt/Krüger* § 38 Rz 1). Auch wenn der Stpfl ausschließlich dem LStAbzug unterliegende Einkünfte aus nichtselbstständiger Arbeit erzielt, ist daneben die Festsetzung von EStVorauszahlungen zulässig (BFH 20.12.04 – VI R 182/97, BStBl II 05, 358). Zur wirtschaftlichen Belastung des ArbGeb durch das LStAbzugsverfahren, zu dessen Verfassungsmäßigkeit und Alternativen s *Hendel* Schrift des Instituts Finanzen und Steuern Nr 359, 1997 und *Seer* FR 04, 1037 grds zum LStAbzugsverfahren.

4 **2. Steuerschuldner** der LSt ist der ArbN (§ 38 Abs 2 Satz 1 EStG), auch bei einer Nettolohnvereinbarung (s *Nettolohnvereinbarung* Rz 14). Wird der Arbeitslohn jedoch pauschal besteuert (§§ 37b, 40–40b EStG; s *Lohnsteuerpauschalierung* Rz 5 ff), ist der ArbGeb Schuldner der von ihm zu übernehmenden LSt (§ 40 Abs 3 EStG).

5 **3. Entstehung der Lohnsteuer** (§ 38 Abs 2 Satz 2 EStG). Die LSt entsteht in dem Zeitpunkt, in dem der Arbeitslohn dem ArbN zufließt (s *Lohnzufluss* Rz 2 ff, auch bzgl Zufluss von Sachbezügen und Entstehung der LSt bei der LStPauschalierung; s auch *Lohnsteuerpauschalierung* Rz 7). Zu unterscheiden von der Entstehung der LSt ist deren Abführung (s *Lohnsteuerabführung* Rz 2 ff).

6 **4. Inländischer Arbeitgeber** (§ 38 Abs 1 Nr 1 EStG). Zum Abzug und zur Einbehaltung der LSt ist grds nur der inländische ArbGeb verpflichtet, dh der ArbGeb muss im Inland seinen Wohnsitz, seinen gewöhnlichen Aufenthalt, seine Geschäftsleitung, seinen Sitz, eine Betriebsstätte oder einen ständigen Vertreter iSd §§ 8–13 AO haben (s aber auch Rz 12; zu den Voraussetzungen eines ständigen Vertreters s FG NdS 28.5.03 – 11 K 335/99, EFG 03, 1626). Unter den beiden letzten Voraussetzungen kann auch ein im Ausland ansässiger ArbGeb inländischer ArbGeb iSd § 38 Abs 1 Nr 1 EStG sein (LStH 38.3).

7 **a) Wohnsitz** hat jemand dort, wo er eine Wohnung unter Umständen innehat, die darauf schließen lassen, dass er die Wohnung beibehalten und benutzen wird (§ 8 AO). Dieser

steuerrechtliche Wohnsitzbegriff unterscheidet sich vom zivilrechtlichen Wohnsitz (§§ 7, 8 BGB) dadurch, dass er auf die tatsächliche Gestaltung und nicht auf subjektive Momente abstellt (BFH 23.11.88, BStBl II 89, 182).

b) Gewöhnlichen Aufenthalt hat jemand dort, wo er sich unter Umständen aufhält, die erkennen lassen, dass er an diesem Ort nicht nur vorübergehend verweilt. Dabei gilt ein von Beginn an zeitlich zusammenhängender Aufenthalt von mehr als sechs Monaten stets als gewöhnlicher Aufenthalt (§ 9 AO). Auch hier kommt es nur auf äußere Merkmale und nicht einen entsprechenden Willen der betreffenden Person an. Diese Vorschrift kann ebenso wie § 8 AO (Wohnsitz) nur für Einzelunternehmer oder für die Beschäftigung von ArbN im Haushalt relevant werden (s *K/S* § 38 Rz B 24). 8

c) Geschäftsleitung ist der Mittelpunkt der geschäftlichen Oberleitung (§ 10 AO), dh, wo der für die Geschäftsführung maßgebliche Wille gebildet wird (*T/K* § 10 AO Rz 1). Diese Vorschrift kann sowohl auf Einzelunternehmer als auch auf juristische Personen und Personengesellschaften angewendet werden (*K/S* aaO). 9

d) Sitz einer Körperschaft, Personenvereinigung oder einer Vermögensmasse ist der Ort, der durch Gesetz, Gesellschaftsvertrag, Satzung, Stiftungsgeschäft oder dgl bestimmt ist (§ 11 AO). Diese Vorschrift betrifft nur juristische Personen und Personenverbände (*K/S* § 38 Rz B 24). 10

e) Betriebsstätte s *Betriebsstätte* Rz 3.

f) Ständiger Vertreter ist eine Person, die nachhaltig die Geschäfte eines Unternehmers besorgt und dabei dessen Sachweisungen unterliegt. Dies ist insbesondere eine Person, die für ein Unternehmen nachhaltig Verträge schließt oder vermittelt oder Aufträge einholt oder einen Bestand von Gütern oder Waren unterhält und davon Auslieferungen vornimmt (§ 13 AO). Vertreter kann dabei jede natürliche oder juristische Person sein (*T/K* § 13 AO Rz 2). Ständiger Vertreter kann insbesondere auch eine Person sein, die eine Filiale leitet oder die Aufsicht über einen Bautrupp ausübt (LStR 38.3 Abs 3). Diese Vorschrift kann sowohl auf Einzelunternehmer als auch auf juristische Personen und Personenverbände angewendet werden (*K/S* § 38 Rz B 24). 11

5. In den Fällen der **internationalen Arbeitnehmerentsendung** ist seit 2004 inländischer ArbGeb auch das in Deutschland ansässige aufnehmende Unternehmen, das den Arbeitslohn wirtschaftlich trägt (LStR 19.1 Satz 4; LStH 19.1; s auch FG Saarland 25.7.13 1 V 1184/13, EFG 13, 1706). Hierfür ist es nicht erforderlich, dass das deutsche Unternehmen den Arbeitslohn im eigenen Namen und für eigene Rechnung auszahlt (§ 38 Abs 1 Satz 2 EStG; s zur Neuregelung auch *Schmidt* IStR 04, 372). Durch diese Neuregelung kann auch ein deutsches Unternehmen, das lediglich wirtschaftlicher ArbGeb iSd DBA, nicht aber arbeitsrechtlicher ArbGeb ist, zum LStAbzug verpflichtet sein. Die Voraussetzung des wirtschaftlichen Tragens ist insbesondere auch dann erfüllt, wenn die von dem anderen Unternehmen gezahlte Arbeitsvergütung dem deutschen Unternehmen weiterbelastet wird. Die LSt entsteht dabei bereits im Zeitpunkt der Arbeitslohnzahlung an den ArbN, wenn das inländische Unternehmen aufgrund der Vereinbarung mit dem ausländischen Unternehmen mit einer Weiterbelastung rechnen kann; in diesem Zeitpunkt ist die LSt vom inländischen Unternehmen zu erheben (LStR 38.3 Abs 5). 12

6. Ausländische Verleiher (§ 38 Abs 1 Nr 2 EStG). Neben dem inländischen ArbGeb sind auch ausländische Verleiher verpflichtet, LSt einzubehalten und abzuführen, wenn sie ArbGeb im Inland gewerbsmäßig verliehener ArbN sind und nicht schon als inländische ArbGeb anzusehen sind (s auch LStR 38.3 Abs 1 Satz 2). Dies hängt mit der Haftung des Entleihers zusammen (§ 42d Abs 6–8 EStG; s hierzu *Arbeitnehmerüberlassung/Zeitarbeit* Rz 74–76). 13

7. Lohnzahlung durch Dritte. a) Lohnsteuerabzugspflicht Arbeitgeber. Nach § 38 Abs 1 Satz 3 EStG unterliegt der LSt auch der im Rahmen des Dienstverhältnisses von einem Dritten gewährte Arbeitslohn, wenn der ArbGeb weiß oder erkennen kann, dass derartige Vergütungen erbracht werden; dies ist insbesondere anzunehmen, wenn ArbGeb und Dritter verbundene Unternehmen iSd § 15 AktG sind. Str ist jedoch, ob eine eigene Ermittlungspflicht des ArbGeb hinsichtlich der Drittlöhne besteht (BFH 28.6.07 – VI R 45/02, DStRE 07, 1297: nein). Das FG München sieht allerdings eine Ermittlungspflicht des ArbGeb für den Fall, dass sich ihm ein Sachverhalt aufdrängt, im Streitfall die Gewährung sozialer 14

276 Lohnabzugsverfahren

Leistungen in Form von verbilligten Tarifen eines im selben Konzern tätigen Versicherungsunterehmens, worauf der ArbN im Arbeitsvertrag vom ArbGeb hingewiesen wurde (FG München 28.10.11 – 8 K 3176/08, EFG 12, 456; Rev Az BFH VI R 62/11). Aber die dem ArbGeb bei der Lohnzahlung durch Dritte auferlegte LStAbzugspflicht erfordert, dass dieser seine ArbN auf ihre gesetzliche Verpflichtung hinweist, ihm am Ende des jeweiligen Lohnzahlungszeitraums die von einem Dritten gewährten Bezüge anzugeben (§ 38 Abs 4 Satz 3 EStG). Ein schriftlicher Hinweis, der als Beleg zum Lohnkonto genommen werden kann, empfiehlt sich.

15 Kommt der ArbN seiner Angabepflicht nicht nach und kann der ArbGeb bei der gebotenen Sorgfalt aus seiner Mitwirkung an der Lohnzahlung des Dritten oder aus der Unternehmensverbundenheit mit dem Dritten erkennen, dass der ArbN zu Unrecht keine Angaben macht oder seine Angaben unzutreffend sind, hat der ArbGeb die ihm bekannten Tatsachen dem BetriebsstättenFA unverzüglich anzuzeigen (§ 38 Abs 4 Satz 3 EStG; LStR 38.4 Abs 2 Satz 2–5; vgl dazu *Hofmann/Schubert* BB 04, 1477; *Lishaut* FR 04, 203; *Gersch* FR 04, 938 und *Penkert* DB 04, 894 sowie *Drüen* zu verfassungsrechtlichen Bedenken FR 04, 1134). Zur Problematik bei Rabattgewährung durch Dritte s *Eismann* DStR 04, 1585.

16 **b) Lohnsteuerabzugspflicht Dritter.** Neu hinzu gekommen ist die Regelung in § 38 Abs 3a EStG, wenn aufgrund **tarifvertraglicher Regelungen Arbeitslohn von Dritten gezahlt wird,** zB durch die Sozialkassen des Baugewerbes. Der Dritte hat dann bei der Auszahlung von Barlohn (nicht bei Sachleistungen) die ArbGebPflichten zu erfüllen (§ 38 Abs 3a Satz 1 EStG). Der Dritte kann die LSt für einen sonstigen Bezug bis zu einer nur auf ihn bezogenen Jahresarbeitslohngrenze (s *Jahresarbeitsentgelt* Rz 3) von 10 000 € unabhängig von den ELStAM mit 20% ermitteln (§ 39c Abs 3 EStG). Er meldet die LSt bei seinem BetriebsstättenFA an. Es handelt sich dabei nicht um eine pauschale LSt (s *Lohnsteuerpauschalierung* Rz 5). Schuldner der LSt bleibt der ArbN. Die so ermittelte LSt ist zu bescheinigen und bei der Veranlagung auf die ESt anzurechnen. Der Dritte hat daher dem ArbN eine besondere LStBescheinigung (s *Lohnsteuerbescheinigung* Rz 26 f) auszustellen und die einbehaltene LSt zu bescheinigen. Die Regelung gilt auch für beschränkt stpfl ArbN.

17 **c) Übertragung lohnsteuerlicher Pflichten.** Darüber hinaus können Dritte mit Wohnsitz, Geschäftsleitung oder Sitz im Inland die ArbGebPflichten im eigenen Namen erfüllen, wenn sie sich hierzu **gegenüber dem Arbeitgeber verpflichtet haben,** die Steuererhebung nicht beeinträchtigt wird und das BetriebsstättenFA auf schriftlichen Antrag des Dritten im Einvernehmen mit dem BetriebsstättenFA des ArbGeb zustimmt. Die Zustimmung hängt davon ab, dass der Dritte für den gesamten Arbeitslohn die LStAbzugsverpflichtung übernimmt (LStR 38.5). Voraussetzung ist weiter, dass der Dritte den Lohn auszahlt oder er nur ArbGebPflichten für von ihm vermittelte ArbN übernimmt (§ 38 Abs 3a Satz 2 und 3 EStG). Der ArbGeb ist dann von seinen Pflichten insoweit befreit. Der Dritte tritt hinsichtlich der das LStVerfahren betreffenden Vorschriften an die Stelle des ArbGeb. Er hat sich für den Datenabruf der ELStAM zu authentifizieren und zusätzlich seine Wirtschafts-Identifikationsnummer mitzuteilen (§ 39e Abs 4 Satz 6; s auch *Lohnsteuerabzugsmerkmale* Rz 20). Stehen ArbN in mehreren Dienstverhältnissen, kann der Dritte die Arbeitslöhne für die LStErmittlung und die LStBescheinigung zusammenrechnen, die dem ArbN im selben Lohnzahlungszeitraum zufließen (§ 38 Abs 3a Satz 7 EStG). Damit wurde eine gesetzliche Grundlage für die teilweise schon bestehende Praxis bei zusammengefassten Lohnabrechnungen von Mehrfacharbeitsverhältnissen im Konzernverbund oder bei zentralen Abrechnungsstellen der Kirchen oder ArbN von Wohneigentümergemeinschaften uÄ geschaffen (BMF 27.1.04 – IV C 5 – S 2000 – 2/04, BStBl I 04, 173).

18 **d) Haftung Dritter.** Nach § 42d Abs 9 EStG haftet neben dem ArbGeb auch der Dritte bei beiden Fallgestaltungen (s oben Rz 16, 17) gesamtschuldnerisch (s hierzu *Lohnsteuerhaftung* Rz 12). Eine Inanspruchnahme des ArbGeb unterbleibt, wenn beim ArbN selbst eine Nachforderung unzulässig ist, weil der Mindestbetrag nach § 42d Abs 5 EStG (10 €) nicht überschritten wird (LStR 42d.3). Für die Haftungsinanspruchnahme ist ebenso wie für die LStAußenprüfung – die auch beim ArbGeb zulässig ist – das BetriebsstättenFA des Dritten zuständig (§§ 42d Abs 9 Satz 8, 42 f Abs 3 EStG).

19 **8. Lohnsteuereinbehaltung.** Nach § 38 Abs 3 Satz 1 EStG hat der ArbGeb bei jeder Lohnzahlung die LSt für Rechnung des ArbN vom Arbeitslohn einzubehalten. Der ArbGeb errechnet maschinell nach dem Programmablaufplan (ausnahmsweise manuell) unter Zugrundelegung der *Lohnsteuertabellen* Rz 2 ff und der *Lohnsteuerabzugsmerkmale* Rz 8 ff die auf den stpfl Arbeitslohn entfallende LSt und zahlt den um die LSt und den SolZ (ggf auch KiSt) gekürzten Arbeitslohn an den ArbN aus. Reichen die Mittel des ArbGeb zur Zahlung des vollen Lohns (einschließlich LSt, SolZ und KiSt) nicht aus, so hat der ArbGeb die LSt, den SolZ (ggf KiSt) aus dem zur Verfügung stehenden niedrigeren Betrag zu errechnen und einzubehalten (*Schmidt/Krüger* § 38 Rz 14). Eine Lohnzahlung ist erfolgt, wenn dem ArbN der Arbeitslohn zugeflossen ist (s *Lohnzufluss* Rz 2 ff). Leistet der ArbGeb lediglich Abschlagszahlungen, so kann er die Einbehaltung der LSt bis zur Lohnabrechnung hinausschieben (§ 39b Abs 5 EStG; s auch *Lohnsteuerberechnung* Rz 6). Zur elektronischen Ermittlung der LStAbzugsmerkmale ab 2013 (§§ 39, 39e EStG) s *Lohnsteuerabzugsmerkmale* Rz 8 ff.

Wenn Beiträge zur SozV im Rahmen des Haushaltsscheckverfahrens (s *Hauswirtschaftliches Beschäftigungsverhältnis* Rz 37 ff) entrichtet werden, ist die einheitliche Pauschsteuer zu entrichten (s *Geringfügige Beschäftigung* Rz 21). **20**

Bei einer **Nettolohnvereinbarung** (s *Nettolohnvereinbarung* Rz 10 ff) ist der Bruttolohn mit der Auszahlung vorschriftsmäßig gekürzt (BFH 8.11.85, BStBl II 86, 186). Liegt eine Pfändung des Arbeitslohns vor, hat der ArbGeb auch die auf den pfändbaren Teil des Arbeitslohns entfallende LSt einzubehalten (s auch *Pfändung* Rz 38–42). Wird Lohn an **nicht mehr beschäftigte Arbeitnehmer** bezahlt, muss der ArbGeb den ArbN um Mitteilung der zum Zwecke des Abrufs der ELStAM erforderlichen Angaben auffordern (§ 39e Abs 4 EStG; s *Lohnsteuerabzugsmerkmale* Rz 19) oder den LStAbzug ohne ELStAM durchführen (§ 39c EStG; s auch *Sonstige Bezüge* Rz 11 und *Lohnsteuerberechnung* Rz 15–17). **21**

Von der Einbehaltungspflicht ist der ArbGeb grds nur dann befreit, wenn ihm eine **Freistellungsbescheinigung** des BetriebsstättenFA vorliegt. Diese wird bis 2014 auf Antrag des ArbN oder des ArbGeb erteilt, wenn der von einem inländischen ArbGeb gezahlte Arbeitslohn nach einem DBA von der LSt freigestellt ist. Ab 2015 soll die Mitteilung im Rahmen der ELStAM abrufbar sein (§§ 39 Abs 4 Nr 5, 52 Abs 50g und 51b EStG iVm § 39b Abs 6 EStG idF v 31.12.10; s auch *Betriebsstätte* Rz 3). Ist die Steuerbefreiung nach einem DBA aber nicht antragsabhängig, so kann der ArbGeb auch ohne Freistellungsbescheinigung vom LStAbzug absehen (BFH 10.5.89, BStBl II 89, 755). Er setzt sich allerdings dem Haftungsrisiko (s *Lohnsteuerhaftung* Rz 4–28) aus, wenn die Voraussetzungen für eine Steuerfreiheit der Auslandsbezüge nicht vorliegen. Daher sollte er auch in diesen Fällen eine Freistellungsbescheinigung beantragen (LStR 39b.10). Die Bescheinigung ist als Beleg zum *Lohnkonto* Rz 2 ff zu nehmen (§ 39b Abs 6 Satz 2 EStG). Die im LStAbzugsverfahren erteilte Freistellungsbescheinigung hat allerdings keine Bindungswirkung für das EStVeranlagungsverfahren des ArbN (FG Köln 22.3.01 – 7 K 1709/99, EFG 01, 974). Bei der Veranlagung des ArbN wird die Freistellung nur gewährt, wenn dieser nachweist, dass der Staat, dem das Besteuerungsrecht zusteht, hierauf verzichtet hat oder dass die von diesem Staat auf die Einkünfte festgesetzten Steuern entrichtet worden sind. Ggf kann der Steuerbescheid nachträglich geändert werden (§ 50d Abs 8 EStG; s auch *Auslandstätigkeit* Rz 45 und Merkblatt BMF zur Freistellung ausländischer Einkünfte gem § 50d Abs 8 EStG vom 21.7.05 – IV B 1 – S 2411 – 2/05, BStBl I 05, 821). **22**

Besteht kein DBA, in das Einkünfte aus nichtselbstständiger Arbeit einbezogen sind, so kann eine Freistellungsbescheinigung nach dem sog Auslandstätigkeitserlass beantragt werden (BMF 31.10.83, BStBl I 83, 470: Anhang 7 LStR; s auch *Auslandstätigkeit* Rz 57, 58). Auch bei im Ausland ansässigen, aber im Inland tätigen ArbN eines ausländischen Verleihers – wenn ein Besteuerungsrecht wegen eines Aufenthalts von weniger als 183 Tagen im Inland der BRD nicht zusteht – könnte der ausländische Verleiher von einer LStEinbehaltung nur absehen, wenn eine Freistellungsbescheinigung vorliegt (*Schmidt/Krüger* § 38 Rz 4). Materiell ist sie jedoch nicht Voraussetzung für das Unterlassen des LStAbzugs (s *de Woerth* IStR 03, 538). Zur vorübergehenden Auslandstätigkeit von ArbN im Ausland ansässiger ArbGeb mit inländischer Betriebsstätte s *Betriebsstätte* Rz 10. Zur Möglichkeit der Besteuerung im Rahmen der erweiterten unbeschränkten Stpfl s *Grenzgänger* Rz 16 ff. **23**

Die Pflicht zur Einbehaltung der LSt kann mit Zwangsmitteln durchgesetzt werden (§§ 328 ff AO). Bei unzutreffender Einbehaltung der LSt kann der ArbGeb gem § 42d Abs 1 Nr 1 EStG in Haftung genommen werden (s *Lohnsteuerhaftung* Rz 8–10). Auch der ArbN kann mit Nachforderungsbescheid in Anspruch genommen werden (§ 42d Abs 3 Satz 4 **24**

276 Lohnabzugsverfahren

Nr 1 EStG; s auch *Lohnsteuernachforderung* Rz 3 ff). Die Verletzung der Einbehaltungspflicht kann eine LStGefährdung iSd § 380 AO darstellen (Ordnungswidrigkeit). Billigkeitsmaßnahmen hinsichtlich der Einbehaltungspflicht kommen für den ArbGeb nicht in Betracht, da es sich nicht um seine Mittel handelt (*Schmidt/Krüger* § 38 Rz 20).

25 Besteht zwischen dem ArbN und dem ArbGeb **Streit über die Berechtigung oder die Höhe** des LStAbzugs, kann durch eine gemeinsam beim FA eingeholte Anrufungsauskunft eine für das Lohnabzugsverfahren verbindliche Auskunft des FA erreicht werden (s hierzu *Anrufungsauskunft* Rz 11). Außerdem kann der ArbN die Berechtigung und die Höhe des LStAbzugs im Rahmen der EStVeranlagung (s *Antragsveranlagung* Rz 2 ff) nach Ablauf des Kj vom FA und den EStBescheid von ablehnender Einspruchsentscheidung ggf im Klagewege vom FG prüfen lassen. Die ArbG haben lediglich im Rahmen einer Gehaltsklage über die Höhe des LStAbzugs als Vorfrage zu entscheiden. Zur Anfechtung bzw Änderung der LStAnmeldung s *Lohnsteueranmeldung* Rz 14, 15. Zur vom ArbGeb unterlassenen LStAbführung s *Lohnsteuerabführung* Rz 2, 8, 9.

26 **9. Fehlende Barmittel.** Werden zB neben dem Barlohn hohe Sachbezüge (s *Sachbezug* Rz 3 ff) gewährt, kann die einzubehaltende LSt höher sein als der Barlohn. Dieser Fall kann auch eintreten, wenn der nach Leistung von Abschlagszahlungen noch ausstehende Barlohn sehr gering ist (vgl § 39b Abs 5 EStG). Reicht in diesen Fällen der vom ArbGeb geschuldete Barlohn zur Deckung der LSt nicht aus, hat der ArbGeb zunächst die Barmittel (stpfl und steuerfreie Bezüge) für den LStAbzug zurückzubehalten. Nötigenfalls ist der ArbN verpflichtet, dem ArbGeb den Fehlbetrag zur Verfügung zu stellen (§ 38 Abs 4 Satz 1 EStG). Entzieht sich der ArbN dieser Verpflichtung, so kann der ArbGeb durch eine Anzeige an das FA seine Haftung vermeiden (s auch *Anzeigepflichten Arbeitgeber* Rz 8 und BFH 9.10.02 – VI R 112/99, BStBl II 02, 884). Nach Auffassung von *Eisgruber* (DStR 03, 141) fehlt hier jedoch eine gesetzliche Grundlage für die Haftung des ArbGeb aufgrund einer unterlassenen Anzeige. Das FA fordert die LSt dann vom ArbN nach (§ 38 Abs 4 Satz 4 EStG).

C. Sozialversicherungsrecht *Schlegel*

31 **1. Beitragsschuldner des Grundsozialversicherungsbeitrags** ist der ArbGeb (§ 28e Abs 1 SGB IV); er hat die Beiträge in der gesetzlichen KV, PflegeV, ArblV oder RV für die kraft Gesetzes versicherten Beschäftigten oder Hausgewerbetreibenden als GesamtSozVBeitrag an die Beitragseinzugsstelle zu zahlen (zum Begriff des GesamtSozVBeitrags vgl § 28d SGB IV). Wer die Beiträge zu tragen hat, wer also letztlich mit den Beiträgen belastet wird, ist nicht in § 28e Abs 1 SGB IV, sondern in der KV, RV, PflegeV und ArblV geregelt.

32 **2. Beitragstragungslast.** Die gegen Entgelt beschäftigten ArbN tragen die nach dem Arbeitsentgelt zu bemessenden Beiträge in der gesetzl KV, PflegeV, ArblV und RV regelmäßig zur Hälfte; die andere Hälfte trägt der ArbGeb (§ 249 Abs 1 SGB V, zu Modifikationen bei der paritätischen Finanzierung in der KV vgl *Krankenversicherungsbeiträge*; § 58 Abs 1 SGB XI; § 168 Abs 1 Nr 1 SGB VI; § 346 Abs 1 SGB III).

33 **3. Beitragsabzug.** Soweit der ArbN die Beiträge aus dem Arbeitsentgelt selbst zu tragen hat, besteht für den ArbGeb, der auch den Beitragsanteil des ArbN an die Beitragseinzugsstelle abführen (zahlen) muss, ein Anspruch auf diesen Teil des GesamtSozVBeitrag (§ 28g Satz 1 SGB IV). Diesen Anspruch kann der ArbGeb nur durch Abzug vom Arbeitsentgelt geltend machen. Ein unterbliebener Abzug darf im Regelfall nur bei den drei nächsten Lohn- und Gehaltszahlungen nachgeholt werden; das **Nachholen eines unterlassenen Beitragsabzugs** ist danach nur dann zulässig, wenn der Abzug ohne Verschulden des ArbGeb unterblieben ist (§ 28g Sätze 2 und 3 SGB IV). Ist der Beschäftigte seinen Pflichten nach § 28o Abs 1 Satz 1 SGB IV (Auskunfts- und Vorlagepflichten) vorsätzlich oder grob fahrlässig nicht nachgekommen, gelten § 28g Sätze 2 und 3 SGB IV nicht (vgl § 28g Satz 4 SGB IV), dh, dass der ArbGeb seinen Anspruch gegen den ArbN auf den ArbNanteil in jeder ihm geeignet erscheinenden Weise geltend machen kann (zB durch Klage, Zugriff auf sonstiges Vermögen des ArbN nach Maßgabe des Rechtswegs der Zivilgerichte). Im **Außenverhältnis zur Einzugsstelle** ist für die versicherungspflichtig Beschäftigten immer der ArbGeb für die gesamten Beiträge zahlungspflichtig. Das **Innenverhältnis zum Arbeitnehmer** regelt § 28g SGB IV, indem es dem ArbGeb einen Anspruch gegen den ArbN auf die

von diesem zu tragenden Beitragsanteile einräumt. § 28g Sätze 2 und 3 SGB IV verpflichtet den ArbN insoweit, den Beitragsabzug bei der Lohn- und Gehaltszahlung zu dulden. Zum Ganzen vgl *Schlegel/Voelzke* SGB II, § 28g.

4. Grenzen des Beitragsabzugs bestehen in zeitlicher und quantitativer Hinsicht. 34
a) Zeitlich begrenzt ist die Nachholung des unterbliebenen Beitragsabzugs in den Fällen, in denen den ArbGeb hierfür ein Verschulden trifft. Befindet er sich hinsichtlich der Pflicht zur Beitragszahlung für einen ArbN in einem Rechtsirrtum, ist dies als schuldhaftes Verhalten zu werten und der Beitragsabzug nur in den nächsten drei Lohn- oder Gehaltszahlungen zulässig. Holt er den Beitragsabzug in dieser Zeit nicht nach, kann er seinen Anspruch gegen den ArbN jedenfalls nicht mehr im Wege des Beitragsabzugs realisieren und muss letztlich auch dessen Beitragsanteile selbst aufbringen, wenn der ArbN nicht zur Zahlung bewegt werden kann. Unbegrenzt zulässig ist der Beitragsabzug, wenn den ArbGeb hieran kein Verschulden trifft, was nach der Gesetzesbegründung immer dann der Fall sein soll, wenn der ArbGeb von der zuständigen Einzugsstelle unrichtig beraten wurde (BT-Drs 11/2221 S 24, zu § 28g). Allerdings verjähren die Ansprüche des ArbGeb gegen den ArbN auf die ArbN-Anteile am GesamtSozVBeitrag analog § 25 Abs 1 Satz 1 SGB IV in vier Jahren (vgl BSG 25.10.90 – 12 RK 27/89, SozR 3–2400 § 25 Nr 2).

Keine zeitliche Begrenzung besteht trotz schuldhaften Unterlassens des Beitragsabzugs 35
durch den ArbGeb dann, wenn der Beschäftigte seinen Auskunfts- und Vorlagepflichten nach § 28o Abs 1 Satz 1 SGB IV (s *Meldepflichten Arbeitnehmer* Rz 7) vorsätzlich oder grob fahrlässig nicht nachgekommen ist (§ 28g Satz 4 SGB IV). Von einem solchen **Verschulden des Arbeitnehmers** ist jedenfalls dann auszugehen, wenn der ArbN gegenüber seinem ArbGeb Angaben und Mitteilungen unterlässt, bei denen jedermann weiß, dass sie für den ArbGeb bedeutsam sind. Hierzu ist insbesondere die Pflicht zur Anzeige geringfügiger Beschäftigungen zu rechnen, die neben anderen geringfügigen Beschäftigungen ausgeübt werden.

Der ArbGeb darf den Lohnabzug darüber hinaus **ohne zeitliche Beschränkung** vor- 36
nehmen, wenn den ArbN die **alleinige Beitragstragungspflicht** bzgl des GesamtSozVBeitrages trifft oder solange der Beschäftigte nur **Sachbezüge** erhält (vgl § 28g Satz 3 SGB IV).

Nach **Beendigung des Beschäftigungsverhältnisses** ist der Beitragsabzug nicht mehr 37
möglich. Nach den Motiven (BT-Drs 11/2221 S 24, zu § 28g) hat dann der ArbGeb den vollen Beitrag zu zahlen. Allerdings wird man einen Beitragsabzug noch zulassen müssen, wenn der ArbN auch nach Beendigung des Beschäftigungsverhältnisses noch Ausgleichs- oder Restzahlungsansprüche gegen den ArbGeb hat. Nach **Verjährung** der Beitragsansprüche (§ 25 SGB IV) ist ein Beitragsabzug durch den ArbGeb ausgeschlossen (BSG 25.10.90 – 12 RK 27/89, SozR 3–2400 § 25 Nr 2).

b) Aufrechnung. Rechtstechnisch handelt es sich beim Beitragsabzug vom Lohn und 38
Gehalt um eine Aufrechnung gem § 387 Satz 1 BGB (BT-Drs 11/2221 S 24, zu § 28g; BSG 25.10.90 – 12 RK 27/89 –, SozR 3–2400 § 25 Nr 2). Aus diesem Grund müssen beim (nachträglichen) Beitragsabzug auch die Grenzen des § 394 Satz 1 BGB (**Pfändungsfreigrenzen**) eingehalten werden (s *Pfändung* Rz 52). Zulässig ist die Verteilung des nachzuholenden Beitragsabzugs auf mehrere Lohn- und Gehaltszahlungen, sofern die zeitlichen Grenzen des § 28g Satz 2 SGB IV nicht überschritten werden.

5. Sachbezüge, die dem ArbN gewährt werden und die Teil des Arbeitsentgelts sind, 39
lassen einen Beitragsabzug nicht zu, da es in diesem Fall an der Gleichartigkeit der Forderungen, die eine Aufrechnung voraussetzt, fehlt. Der Gesetzgeber ging davon aus, dass Fälle, in denen Arbeitsentgelt ganz oder überwiegend aus Sachbezügen besteht, nicht mehr vorkommen. Sollten sie gleichwohl noch ausnahmsweise vorkommen, müsse der Anspruch des ArbGeb gegen den ArbN auf den vom ArbN zu tragenden Anteil arbeitsrechtlich gelöst werden (BT-Drs 11/2221 S 24, zu § 28g). Entsprechendes gelte bei Entgelten, die nicht vom ArbGeb, sondern von Dritten gezahlt werden. § 28g Satz 4 IV stellt klar, dass ein Beitragsabzug nicht in Betracht kommt, wenn der ArbN „nur" Sachbezüge erhält; in diesen Fällen, die in der Praxis äußerst selten vorkommen dürften, hat der ArbN den Beitrag aus den Sachbezügen selbst zu zahlen. Erhält der ArbN auch Barlohn, sind die aus den Sachbezügen von ArbN zu tragenden SozVBeiträge vom ArgGeb im Lohnabzugsverfahren einzubehalten. Zum Ganzen auch *Schlegel/Voelzke* SGB II, § 28g Rz 31 f.

277 Lohnersatzleistungen

40 **6. Rechtsweg.** Besteht zwischen ArbGeb und ArbN Streit darüber, ob und ggf in welcher Höhe ein zulässiger Beitragsabzug erfolgen darf, ist nach der Rspr des BSG jedenfalls **während der Zeit des Bestehens eines versicherungs- und beitragspflichtigen Beschäftigungsverhältnisses** der Rechtsweg zu den Gerichten der Sozialgerichtsbarkeit (§ 51 SGG) eröffnet, weil das Beitragsverfahren, zu dem auch die Zulässigkeit des Lohnabzuges gehört, dem verfahrensrechtlichen Teil des öffentlich-sozialversicherungsrechtlichen Versicherungsverhältnisses zuzurechnen ist; insbesondere ist die Pflicht des ArbN zur Duldung des Beitragsabzugs vom Lohn/Gehalt nicht eine das Arbeitsverhältnis, sondern des öffentlich-rechtliche Beitragseinzugsverfahren betreffende Regelung (BSG 7.6.79 – 12 RK 13/78, SozR 2200 § 394 Nr 1; 25.10.90 – 12 RK 27/89, SozR 3–2400 § 25 Nr 2).

41 Zulässige Klageart ist die Feststellungsklage (§ 55 SGG), die hinsichtlich einer vom ArbN gegen den ArbGeb zulässig zu erhebenden zivilrechtlichen (arbeitsrechtlichen) Leistungsklage (auf höheren Nettolohn etc) nicht zurücktritt. Der Grundsatz der Subsidiarität der Feststellungsklage gegenüber einer möglichen Leistungsklage (fehlendes Rechtsschutzbedürfnis für den hinter dem Leistungstenor zurückbleibenden Feststellungstenor) greift hier nicht ein (BSG 25.10.90 – 12 RK 27/89, SozR 3–2400 § 25 Nr 2 mwN). Die Rspr des BAG, wonach für die Zeit **nach Beendigung des Beschäftigungsverhältnisses** ein auf § 670 BGB gestützter Ersatzanspruch des ArbGeb vor die Gerichte der Arbeitsgerichtsbarkeit gehört, zieht das BSG nicht in Zweifel (BSG 7.6.79 – 12 RK 13/78, SozR 2200 § 394 Nr 1).

42 **7. Zahlungsfiktion in der Rentenversicherung.** Führt der ArbGeb keine Gesamt-SozVBeiträge ab, gilt der Beitrag in der RV gleichwohl zugunsten des ArbN als gezahlt, wenn der ArbN glaubhaft macht, dass der auf ihn entfallende Beitragsanteil vom Arbeitsentgelt abgezogen worden ist (§ 203 Abs 2 SGB VI).

Lohnersatzleistungen

A. Arbeitsrecht *Griese*

1 Lohnersatzleistungen bezeichnen als Oberbegriff diejenigen monetären Kompensationsleistungen, die Entgeltersatzfunktion haben. Arbeitsrechtlich gehören hierzu die *Entgeltfortzahlung* im Krankheitsfall und der Zuschuss des ArbGeb zum Mutterschaftsgeld (s *Mutterschaftsgeld* Rz 1 ff). Als Lohnersatzleistungen der SozV sind ua zu nennen das *Krankengeld*, das *Mutterschaftsgeld*, das *Elterngeld*, das *Verletztengeld* bei *Arbeits- und Wegeunfällen*, das *Übergangsgeld*, das *Arbeitslosengeld*, das *Kurzarbeitergeld* sowie das Insolvenzgeld nach § 165 SGB III (s *Insolvenz des Arbeitgebers* Rz 42 ff).

2 Allen Lohnersatzleistungen gemeinsam ist, dass sie den **Ausfall des Arbeitsverdienstes** in bestimmten sozialen Situationen ganz oder teilweise **kompensieren** sollen. Damit soll insbesondere eine **Existenznot** des ArbN in belastenden sozialen Situationen (Krankheit, Arbeitsunfall, Arbeitslosigkeit, Insolvenz des ArbGeb) verhindert und eine zumindest teilweise Aufrechterhaltung des Lebensstandards gesichert werden. Sagt der ArbGeb zu, als Lohnersatzleistung Übergangsleistungen „steuerfrei" zu erbringen, verpflichtet er sich damit noch nicht, die steuerliche Belastung, die durch den Progressionsvorbehalt zusätzlich entsteht, zu übernehmen (BAG 29.7.03 – 9 AZR 100/02, NZA 03, 1276).

3 Zu sozialversicherungsrechtlichen Lohnersatzleistungen kann der ArbGeb auf einzel- oder kollektivvertraglicher Grundlage **Zuschüsse** leisten (s *Arbeitgeberzuschuss* Rz 1 ff). Dabei muss er, soweit der Zuschuss nicht auf Tarifvertrag beruht, das **Mitbestimmungsrecht** des BRat bei der betrieblichen Lohngestaltung nach § 87 Abs 1 Nr 10 BetrVG berücksichtigen.

4 Charakteristisch für Lohnersatzleistungen ist ferner, dass sie nicht neben dem Arbeitsverdienst gezahlt werden. Erbringt ein SozVTräger Lohnersatzleistungen (zB AlGeld, Krankengeld), obgleich der ArbGeb für diesen Zeitraum Vergütung schuldet, geht der Vergütungsanspruch gem **§ 115 SGB X** iHd Lohnersatzleistung auf den SozVTräger über (s auch *Erstattungsanspruch der Agentur für Arbeit*). Nach Gewährung der Lohnersatzleistung und dem daraus folgenden gesetzlichen Forderungsübergang kann der ArbGeb, sobald er hiervon Kenntnis hat, die Vergütung nicht mehr mit befreiender Wirkung an den ArbN leisten.

B. Lohnsteuerrecht
Windsheimer

1. Begriff. Mit Lohnersatzleistungen sind die anstelle von Lohnzahlungen gewährten Sozialleistungen gemeint (s oben Rz 1). Diese Leistungen sind **steuerfrei** (§ 3 Nr 2 EStG). Steuerliche Auswirkung über den Progressionsvorbehalt (s hierzu unten Rz 16, 17) haben die in § 32b Abs 1 Nr 1 EStG aufgeführten Leistungen (s Rz 6–9). Betroffen hiervon sind unbeschränkt Stpfl einerseits, auch solche nach §§ 1 Abs 3 und 1a EStG (s *Ausländer* Rz 38, 39), und beschränkt Stpfl, auf die § 50 Abs 2 Satz 2 Nr 4 EStG Anwendung findet, andererseits, also Staatsangehörige eines Mitgliedsstaates der EU oder des EWR (Island, Liechtenstein, Norwegen; nicht die Schweiz), die im Inland nichtselbstständige Einkünfte bzw Lohnersatzleistungen beziehen (s *Ausländer* Rz 42). Die **Höhe** der einzelnen Lohnersatzleistung kann von der auf der LStKarte eingetragenen bzw ab 2013 lt ELStAM geltenden LStKlasse abhängen (s *Lohnsteuerklassen* Rz 11 ff). Zur Frage der Zusammenveranlagung, wenn der im EU-Ausland ansässige Ehegatte Lohnersatzleistungen bezieht s *Ausländer* Rz 39.

2. Einzelfälle. Folgende Leistungen unterliegen dem Progressionsvorbehalt (vgl § 32b Abs 1 Nr 1):
a) AlGeld (BFH 2.10.08 – VI B 96/07, BFH/NV 09, 166), TeilAlGeld, AlHilfe, Zuschuss zum Arbeitsentgelt, Kurzarbeitergeld, Insolvenzgeld (BFH 5.3.09 – VI R 78/06, BFH/NV 09, 1110), auch das von einer Bank vorfinanzierte Insolvenzgeld (BFH 1.3.12 – VI R 4/11, BeckRS 2012, 95176) auch das einem Dritten nach § 188 Abs 1 SGB III zustehende Insolvenzgeld, Übergangsgeld, Altersübergangsgeld, Altersübergangsgeld-Ausgleichsbetrag, Unterhaltsgeld als Zuschuss, Eingliederungshilfe nach dem SGB III oder dem AFG, das aus dem Europäischen Sozialfonds finanzierte Unterhaltsgeld, Leistungen nach § 10 SGB III, die dem Lebensunterhalt dienen,
b) Krankengeld (BFH 26.11.08 – X R 53/06, DStR 09, 471), Mutterschaftsgeld, nicht aber ausländisches (BFH 29.4.09 – X R 31/08, BFH/NV 09, 1625), Verletztengeld, Übergangsgeld oder vergleichbare Lohnersatzleistungen nach SGB V, SGB VI oder SGB VII (s hierzu BFH 17.6.05 – VI R 109/00, BStBl II 06, 17: Haushaltshilfe gem § 38 Abs 4 Satz 2 SGB V unterliegt nicht dem Progressionsvorbehalt; ähnliche Leistungen s OFD RhPf 30.3.06 – S 2295 – 17 – St 2, FR 06, 482), dem Gesetz über die KV der Landwirte, dem Zweiten Gesetz über die KV der Landwirte,
c) Mutterschaftsgeld, Zuschuss zum Mutterschaftsgeld, die Sonderunterstützungen nach dem MuSchG sowie dem Zuschuss während der Mutterschutzfristen,
d) AlBeihilfe oder AlHilfe nach dem Soldatenversorgungsgesetz,
e) Entschädigungen für Verdienstausfall nach dem IfSG,
f) Versorgungskrankengeld oder Übergangsgeld nach dem BVG,
g) Aufstockungsbeträge nach dem AltTZG (§ 3 Nr 28 EStG) oder Zuschläge aufgrund des § 6 Abs 2 Bundesbesoldungsgesetz,
h) Verdienstausfallentschädigung nach dem Unterhaltssicherungsgesetz,
i) Vorruhestandsgeld, weggefallen seit 2008,
j) Elterngeld nach dem BEEG, auch betr. den Sockelbetrag (BFH 21.9.09 – VI B 31/09, DStR 09, 2139).

Nicht dem Progressionsvorbehalt unterliegen die Leistungen nach der Berufskrankheiten-VO (s *Berufskrankheit* Rz 6), die Mutterschaftshilfe (s *Mutterschaftshilfe* Rz 2), das Geburtengeld einer schweizerischen Krankenversicherung (BFH 29.4.09 – X R 31/08, BFH/NV 09, 1625), das Wintergeld (s *Wintergeld* Rz 4), der Gründungszuschuss nach §§ 93, 94 SGB III (BFH 2.10.08 – VI B 96/07, BFH/NV 09, 166) sowie Leistungen der gesetzlichen KV im Rahmen der Haushaltshilfe nach § 38 SGB V (BFH 17.6.05 – VI R 109/00, BFH BStBl II 06, 17; hierzu OFD Frankfurt 11.5.06 – S 2295 A – 6 – St 216, DB 06, 530).

3. Übergang des Lohnanspruchs. Werden bei Fortbestehen und Nichterfüllung des Lohnanspruchs Lohnersatzleistungen an den ArbN gewährt, geht der Lohnanspruch gesetzlich auf den Träger der Sozialleistung bis zur Höhe der erbrachten Sozialleistung über (zB beim AlGeld § 115 Abs 1 SGB X). Der auf den Träger der Sozialleistung übergegangene Anspruch unterliegt bei Zahlung durch den ArbGeb der LSt (BFH 16.3.93, BStBl II 93, 507; BFH 22.7.93, BStBl II 93, 775). Zum Besteuerungsverfahren in diesem Fall *Erstattungsanspruch der Agentur für Arbeit* Rz 11.

277 Lohnersatzleistungen

12 **Erfüllt der Arbeitgeber nachträglich** den Lohnanspruch gegenüber dem ArbN, zB Lohnnachzahlung nach Streit vor dem ArbG, hat dieser die Lohnersatzleistung dem Träger der Sozialleistung zurückzugewähren (so zB beim AlGeld § 157 Abs 3, § 332 SGB III). Die nachträgliche Lohnzahlung gegenüber dem ArbN einschließlich der aufgrund des Forderungsübergangs nach § 115 SGB X an die BA gezahlte Lohnnachzahlung führt beim ArbN zu Lohnzufluss (BFH 15.11.07 – VI R 66/03, BStBl II 08, 375; s unten Rz 17).

13 **4. Rückzahlungen** von Lohnersatzleistungen sind mit im gleichen Jahr bezogenen Lohnersatzleistungen zu verrechnen. Hierbei kann sich auch ein negativer Betrag ergeben, nämlich wenn die Rückzahlungen höher sind als die im selben Jahr empfangenen Beträge oder wenn den zurückgezahlten keine empfangenen Beträge gegenüberstehen. Dieser Betrag ist beim Progressionsvorbehalt mitzuberücksichtigen **(negativer Progressionsvorbehalt).** Zurückgezahlte Beträge sind dem Kj zuzurechnen, in dem sie tatsächlich abgeflossen sind (BFH 12.10.95 – I R 153/94, BStBl II 96, 201). Der ArbN hat für diesen Fall den Zeitpunkt des tatsächlichen Abflusses anhand von Unterlagen, zB Aufhebungs-/Erstattungsbescheide oder Zahlungsbelege, nachzuweisen oder glaubhaft zu machen. Aus Vereinfachungsgründen sind zurückgezahlte Beträge dem Kj zuzurechnen, in dem der Rückforderungsbescheid ausgestellt worden ist.

14 **5. Bescheinigung.** Die Träger der og Sozialleistungen haben die Daten über die im Kj gewährten Leistungen sowie die Dauer des Leistungszeitraums für jeden Empfänger bis zum 28. Februar des Folgejahres nach amtlich vorgeschriebenem Datensatz durch amtlich bestimmte Datenfernübertragung zu übermitteln, soweit die Leistungen nicht auf der Lohnsteuerbescheinigung (§ 41b Abs 1 Satz 2 Nr 5 EStG) auszuweisen sind; § 41b Abs 2 und § 22a Abs 2 EStG gelten entsprechend (§ 32b Abs 3 EStG; Einzelheiten zur Bescheinigungspflicht nach § 32b Abs 3 EStG (BMF 22.2.2011 – IV C 5 – S 2295/11/10001, BStBl I 2011, 214; zur rückwirkenden Verrechnung zwischen Trägern der Sozialleistungen BMF 16.7.13, DStR 13, 1549). Der Empfänger der Leistungen ist entsprechend zu informieren und auf die steuerliche Behandlung dieser Leistungen und seine Steuererklärungspflicht hinzuweisen. In den Fällen des § 188 Abs 1 SGB III ist Empfänger des an Dritte ausgezahlten Insolvenzgeldes der ArbN, der seinen Arbeitsentgeltanspruch übertragen hat (§ 32b Abs 3 EStG). Zur Anwendung s § 52 Abs 43a EStG.

15 **6. Lohnkonto.** Bei Zahlung von Lohnersatzleistungen hat der ArbGeb im Lohnkonto den Großbuchstaben U – U steht für Unterbrechung – zu vermerken (sog U-Kennzeichnung), wenn der Anspruch auf Arbeitslohn für mindestens fünf aufeinanderfolgende Tage im Wesentlichen weggefallen ist (§ 41 Abs 1 Satz 5 EStG), zB wenn Krankengeldzuschuss gezahlt wird (R 41.2 LStR). In der LStBescheinigung ist ua die Anzahl der vermerkten Großbuchstaben U zu bescheinigen (§ 41b Abs 1 Satz 2 Nr 2 EStG). Dadurch soll dem FA der Bezug von Lohnersatzleistungen zwecks Anwendung des Progressionsvorbehalts erkennbar werden. Der ArbGeb hat darüber hinausgehend das Kurzarbeitergeld, das Schlechtwettergeld, das Winterausfallgeld, den Zuschuss zum Mutterschaftsgeld nach dem MuSchG, den Zuschuss nach § 4a der MutterschutzVO, die Entschädigungen für Verdienstausfall nach dem IfSG sowie Aufstockungsbeträge nach dem AltTZG in das Lohnkonto einzutragen (vgl § 41 Abs 1 Satz 4 EStG und § 4 Abs 2 Nr 4 LStDV) und in der LStBescheinigung zu bescheinigen (§ 41b Abs 1 Nr 5 EStG).

16 **7. Einkommensteuerveranlagung.** Nach Ablauf des Jahres findet eine Veranlagung vAw zur ESt statt, wenn die Summe der Einkünfte und Leistungen, die dem **Progressionsvorbehalt** unterliegen, mehr als 410 € beträgt (§ 46 Abs 2 Nr 1 EStG). Hierbei handelt es sich um die og Rz 6–9 Lohnersatzleistungen (zu Ausnahmen OFD Bln 16.3.01 – St 179 – S 2295 – 1/01, DB 01, 1392). Die Lohnersatzleistungen sind mit den Beträgen anzusetzen, die als Leistungsbeträge nach den einschlägigen Leistungsgesetzen festgestellt werden. Kürzungen dieser Leistungsbeträge, die sich im Fall der Abtretung oder durch den Abzug von Versichertenanteilen an den Beiträgen zur RV, ArblV und ggf zu KV ergeben, bleiben unberücksichtigt (BFH 5.3.09 – VI R 78/06, BFH/NV 09, 1110). Zum Ansatz des ArbNPauschbetrags s unten Rz 18, 19. Die Lohnersatzleistungen sind im Jahr des Bezugs (§ 11 Abs 1 EStG) dem zu versteuernden Einkommen in voller Höhe hinzuzurechnen (§ 32b Abs 2 Nr 1 EStG, auch bei außerordentlichen Einkünften nach § 34 Abs 1 Sätze 2–4 EStG, zB bei Vergütung für mehrjährige Tätigkeit (BFH 22.9.09 – IX R 93/07, DStR 09, 2657; s *Außer-*

ordentliche Einkünfte Rz 17). Aus diesem Betrag wird der Steuersatz genommen und auf das zu versteuernde Einkommen ohne Lohnersatzleistung angewendet.

Beispiel:
zu versteuerndes Einkommen 20 000 €
Arbeitslosengeld 10 000 €
Steuersatz aus 30 000 € wird auf das zu versteuernde Einkommen 20 000 € angewendet.

Hierdurch kann es zur Steuerfestsetzung kommen, auch wenn das zu versteuernde Einkommen unterhalb des Grundfreibetrags liegt. Dies ist verfassungsgemäß (BFH 29.7.05 – VI B 199/04, BFH/NV 05, 2002). Zur Steuerermäßigung bei **Zusammenballung** von Lohnersatzleistungen, zB Nachzahlung von AlGeld oder Insolvenzgeld s *Außerordentliche Einkünfte* Rz 11. Der ArbGeb darf bei Bezug von Lohnersatzleistungen den LStJahresausgleich nicht durchführen (§ 42b Abs 1 Nr 4, 4a EStG).

8. Steuersatzberechnung. Der Steuersatz bei Bezug von Lohnersatzleistungen errechnet sich wie folgt (sog **Progressionsvorbehalt**). 17

Beispiele:

	A	B
Fall (vgl R 32b EStR)		
zu versteuerndes Einkommen (§ 2 Abs 5 EStG)	20 000 €	20 000 €
Fall A AlGeld	5000 €	
oder		
Fall B zurückgezahltes AlGeld		1500 €
Für die Berechnung des Steuersatzes maßgebendes zu versteuerndes Einkommen	25 000 €	18 500 €
Steuer nach Splittingtarif 2012	1626 €	376 €
durchschnittlicher Steuersatz (bezogen auf 25 000 € bzw 18 500 €)	6,5040 %	2,0324 %
Die Anwendung des durchschnittlichen Steuersatzes auf das zvE ergibt als Steuer	1300 €	406 €

Ein Verlustabzug (§ 10d EStG) ist bei der Ermittlung des besonderen Steuersatzes nach § 32b Abs 1 EStG nicht zu berücksichtigen.

Treffen außerordentliche Einkünfte nach § 34 Abs 1 EStG mit Lohnersatzleistungen in einem Kj zusammen, zB Arbeitslohnzahlung für mehrere Jahre und AlGeld, so sind die Progressionseinkünfte steuersatzerhöhend zu berücksichtigen. Ist hierbei das verbleibende zu versteuernde Einkommen (§ 34 Abs 1 Satz 2 EStG) wegen anderer Einkünfte negativ, so sind die Progressionseinkünfte nur insoweit zu berücksichtigen, als sich nach Verrechnung mit dem negativen verbleibenden zu versteuernden Einkommen ein positiver Differenzbetrag ergibt (BFH 22.9.09 – IX R 93/07, BStBl II 10, 1032). Beispiele hierzu H 34.2 EStR, insbes Beispiel 4 (BFH 1.4.09 – IX R 87/07, BFH/NV 09, 1787; Problemfall hierzu, wenn sich wegen der negativen Einkünfte keine Zusammenballung positiver Einkünfte ergibt BFH 9.3.11 – IX R 9/10, BFH/NV 11, 1320). Treffen außerordentliche Einkünfte nach § 34 Abs 1 EStG mit der Rückzahlung von Lohnersatzleistungen in einem Kj zusammen, zB Arbeitslohnnachzahlung und Rückzahlung des AlGeldes, ist die Steuer mit der geringeren Steuerbelastung festzusetzen gegenüber einer Steuerfestsetzung, die sich ausschließlich aus dem negativen Progressionsvorbehalt ergäbe (BFH 17.1.08 – VI R 44/07, BStBl II 11, 21). Literatur hierzu mit Beispielsfällen *Bergkemper* FR 08, 431; *Paetsch* HFR 08, 336; *Heidenreich* NWB F 6, 4967.

9. Arbeitnehmerpauschbetrag. Soweit der ArbNPauschbetrag (§ 9a Satz 1 EStG) bei den Einkünften des ArbN aus nichtselbstständiger Arbeit nicht zum Ansatz kommt, zB weil der ArbN im Besteuerungsjahr keine Einkünfte aus nichtselbstständiger Arbeit bezogen hat, ist der Pauschbetrag von der Summe der bezogenen Leistungen abzuziehen (§ 32b Abs 2 Nr 1 EStG). 18

Beispiel:
Zu versteuerndes Einkommen 40 000 €
AlGeld 10 000 €
ArbNPauschbetrag 1000 €
Für die Berechnung des Steuersatzes maßgebendes zu versteuerndes Einkommen 49 000 €

277 Lohnersatzleistungen

19 Der ArbNPauschbetrag ist auch abzuziehen, wenn die Lohnersatzleistungen – wären sie stpfl – zu anderen Einkünften als denen aus nichtselbstständiger Arbeit gehörten (so die Gesetzesbegründung; kritisch zu letzterem *Schmidt/Heinicke* § 32b Rz 25). Negative Einkünfte aus nichtselbstständiger Arbeit, zB Fortbildungskosten bei Arbeitslosigkeit (s *Fortbildungskosten* Rz 25) gehen dem ArbN Pauschbetrag vor (FG Thür 26.7.95, EFG 95, 1012; *Heuermann* DStR 95, 1662).

Beispiel:
Negative Einkünfte aus nichtselbstständiger Arbeit	3000 €
AlGeld	24 000 €
Für die Berechnung des Steuersatzes maßgebend	21 000 €

Zum ArbNPauschbetrag bei inländischen Lohnersatzleistungen und ausländischem Arbeitslohn OFD Hannover 17.8.06 – S 2295 – 47 – St 0211, FR 06, 899.

20 **10. Rückwirkender Wegfall von Lohnersatzleistungen** (R 32b Abs 4 EStR). Fällt wegen der rückwirkenden Zubilligung einer Rente der Anspruch auf Krankengeld oder einer Leistung nach dem SGB III oder dem AFG rückwirkend ganz oder teilweise weg, ist dies steuerlich wie folgt zu behandeln:

1. Soweit der Krankenkasse ein Erstattungsanspruch nach § 103 SGB X gegenüber dem RVTräger zusteht, ist das bisher gezahlte Krankengeld als Rentenzahlung anzusehen und als Leibrente der Besteuerung zu unterwerfen. Das Krankengeld unterliegt insoweit nicht dem Progressionsvorbehalt nach § 32b EStG.
2. Gezahlte und die Rentenleistung übersteigende Krankengeldbeträge iSv § 50 Abs 1 Satz 2 SGB V sind als Krankengeld nach § 3 Nr 1 Buchst a EStG steuerfrei; § 32b EStG ist anzuwenden. Entsprechendes gilt für das Krankengeld, das vom Empfänger infolge rückwirkender Zubilligung einer Rente aus einer ausländischen gesetzlichen RV nach § 50 Abs 1 Satz 3 SGB V an die Krankenkasse zurückzuzahlen ist.
3. Soweit die nachträgliche Feststellung des Rentenanspruchs auf Zeiträume zurückwirkt, für die Steuerbescheide bereits ergangen sind, sind diese Steuerbescheide nach § 175 Abs 1 Satz 1 Nr 2 AO zu ändern.

Bei anderen Leistungen ist entsprechend zu verfahren.

21 **11. Nichtbeschäftigungszeiten.** Wegen der zwingenden Anwendung des Progressionsvorbehalts hat das FA Zeiten der Nichtbeschäftigung des ArbN zu überprüfen. Der ArbN hat hierbei, wenn er kein AlGeld bezogen hat, den Ablehnungsbescheid der Agentur für Arbeit vorzulegen; hat der ArbN keinen Antrag auf AlGeld gestellt, so kann dies durch die Vorlage der vom ArbGeb nach § 133 AFG bzw § 312 SGB III ausgestellten Arbeitsbescheinigung im Original belegt werden. Kann ein ArbN weder durch geeignete Unterlagen nachweisen, noch in sonstiger Form glaubhaft machen, dass er keine Lohnersatzleistungen erhalten hat, kann das FA bei der für den ArbN zuständigen Agentur für Arbeit eine Bescheinigung darüber anfordern (sog **Negativbescheinigung;** R 32b Abs 5 EStR).

C. Sozialversicherungsrecht *Schlegel*

22 **I. Sozialrechtliche Lohnersatzleistungen. 1. Allgemeines.** Sozialrechtliche Lohnersatzleistungen stellen sich aus der Sicht des Berechtigten (ArbN/Versicherten) als Anspruch gegen bestimmte Leistungsträger dar. Anspruchsvoraussetzungen und Umfang der Ansprüche sind in den einzelnen Spezialgesetzen des SGB geregelt; insoweit wird das Nähere in den Einzelstichworten *Krankengeld, Arbeitslosengeld, Arbeitslosengeld II, Mutterschaftsgeld, Insolvenz des Arbeitgebers, Kurzarbeit* und *Kur* erläutert.

23 **2. Allgemeine Regeln für sämtliche Sozialleistungen.** Der dritte Abschnitt des SGB I regelt allgemeine, für alle Sozialleistungen geltende Grundsätze: Entstehungszeitpunkt (§ 40 SGB I: Erfüllung des gesetzlichen Tatbestandes bzw bei Ermessensleistungen Zeitpunkt der Bekanntgabe der Ermessensentscheidung), Fälligkeit (§ 41 SGB I: Fälligkeit tritt mit Entstehen des Anspruchs ein), Vorschüsse auf dem Grunde nach unstreitige Ansprüche (§ 42 SGB I: Vorschussgewährung steht im Ermessen des Leistungsträgers), vorläufige Leistungsgewährung bei Streit mehrerer Leistungsträger über Zuständigkeit (§ 43 SGB I), Verzinsung (§ 44 SGB I: Beginn der Verzinsung nach Ablauf eines Kalendermonats nach Eintritt der Fälligkeit, frühestens sechs Monate nach Eingang des vollständigen Leistungsantrags beim

Lohnersatzleistungen

zuständigen Leistungsträgers bzw beim Fehlen eines Antrages nach Ablauf eines Kalendermonats nach Bekanntgabe der Entscheidung über die Leistung), Verjährung (§ 45 SGB I: vier Jahre nach Ablauf des Kj, in dem die Ansprüche entstanden sind; s *Verjährung* Rz 46 ff), Verzicht (§ 46 SGB I: möglich durch schriftliche Erklärung gegenüber dem Leistungsträger; Einzelheiten s *Verzicht* Rz 25 ff), kostenfreie Auszahlung von Geldleistungen (§ 47 SGB I), Auszahlung an Dritte bei Verletzung der Unterhaltspflicht durch den Anspruchsinhaber (§ 48 SGB I), Auszahlung bei Unterbringung des Anspruchsberechtigten (§§ 49, 50 SGB I), Aufrechnung durch und gegen den Leistungsberechtigten (§ 51 SGB I; s *Aufrechnung* Rz 29 ff), Verrechnung (§ 52 SGB I; s *Aufrechnung* Rz 34 ff), Übertragung, Pfändung und Verpfändung (§§ 53–55 SGB I; s *Pfändung* Rz 47 ff), Sonderrechtsnachfolge und Vererbung von Sozialleistungsansprüchen (§§ 56–58 SGB I).

3. Mitwirkungspflichten des Leistungsberechtigten. Nach den §§ 60 ff SGB I muss, 24 wer Sozialleistungen beantragt oder erhält, alle Tatsachen angeben, die für die Leistung erheblich sind; er muss weiter Änderungen in den Verhältnissen, die für die Leistung erheblich sind oder über die im Zusammenhang mit der Leistung Erklärungen abgegeben worden sind, unverzüglich mitteilen und Beweismittel bezeichnen sowie auf Verlangen des zuständigen Leistungsträgers Beweisurkunden vorlegen oder ihrer Vorlage zustimmen; dasselbe gilt für denjenigen, der Leistungen zu erstatten hat (§ 60 SGB I).

Wer Sozialleistungen beantragt hat, soll auf Verlangen des zuständigen Leistungsträgers zu 25 einer mündlichen Erörterung des Antrags oder zur Vornahme anderer, für die Entscheidung über die Leistung notwendige Maßnahmen persönlich erscheinen (§ 61 SGB I), sich **Untersuchungen ärztlicher und psychologischer Art** unterziehen (§ 62 SGB I), sich unter bestimmten Voraussetzungen einer Heilbehandlung unterziehen, wenn zu erwarten ist, dass hierdurch eine Besserung des Gesundheitszustandes herbeigeführt oder eine Verschlechterung verhindert wird (§ 63 SGB I). Wer wegen Minderung der Erwerbsfähigkeit oder wegen Arbeitslosigkeit Sozialleistungen beantragt oder erhält, soll auf Verlangen des zuständigen Leistungsträgers auch an berufsfördernden Maßnahmen teilnehmen, wenn bei angemessener Berücksichtigung seiner beruflichen Neigung und seiner Leistung zu erwarten ist, dass seine Erwerbs- oder Vermittlungsfähigkeit auf Dauer gefördert oder erhalten werden kann (§ 64 SGB I). Zu den Grenzen der Mitwirkungspflicht s § 65 SGB I, zu den Folgen fehlender Mitwirkung § 66 SGB I.

4. Versicherungs- und Beitragspflicht bei Bezug von Lohnersatzleistungen. Ob 26 der Bezug einer Lohnersatzleistung zur Versicherungs- und Beitragspflicht in den einzelnen Zweigen der SozV und ArblV führt, lässt sich nicht für sämtliche Sozialleistungen/Lohnersatzleistungen sagen. Anders als in früheren Jahren lässt sich jedoch eine Tendenz feststellen, dass der Gesetzgeber beim Bezug von Lohnersatzleistungen mehr und mehr dazu übergeht, diese versicherungs- und beitragsrechtlich wie den Bezug von Arbeitsentgelt zu behandeln, mithin Versicherungs- und Beitragspflicht mit entsprechenden Zahlungspflichten anzunehmen.

a) Krankenversicherung. Hier besteht Versicherungs- und Beitragspflicht für Leistungs- 27 empfänger nach dem SGB III nach dessen näherer Bestimmung (§ 5 Abs 1 Nr 2 SGB V), für Teilnehmer an berufsfördernden Maßnahmen zur Rehabilitation sowie zur Berufsfindung oder Arbeitserprobung (§ 5 Abs 1 Nr 6 SGB V), für bestimmte Rentner und Rentenantragsteller (§ 5 Abs 1 Nrn 11 und 12 SGB V), für Bezieher von Vorruhestandsgeld (§ 5 Abs 3 SGB V). Für Bezieher von Krankengeld, Mutterschaftsgeld und Erziehungsgeld wird die Mitgliedschaft – im Grundsatz ohne Beitragszahlung – aufrecht erhalten (§§ 224, 192 SGB V; zu Besonderheiten beim Erziehungsgeld s § 224 Abs 1 Satz 2 SGB V). Eine Aufrechterhaltung der Mitgliedschaft erfolgt auch für Bezieher von Verletztengeld, Versorgungskrankengeld oder Übergangsgeld während einer medizinischen oder beruflichen Reha-Maßnahme, jedoch sind insoweit Beiträge zu zahlen (vgl § 192 Abs 1 Nr 3, § 235 Abs 1 und 2 SGB V).

b) Arbeitslosenversicherung. Versicherungspflichtig sind hier ua Personen, die von 28 einem Leistungsträger Kranken-, Versorgungskrankengeld, Verletztengeld oder die von einem Träger der medizinischen Rehabilitation Übergangsgeld beziehen (vgl § 26 Abs 2 SGB III).

29 **c) Gesetzliche Rentenversicherung.** Hier besteht Versicherungs- und Beitragspflicht für Bezieher von Kurzarbeiter- und Winterausfallgeld, für die Bezieher von Krankengeld, Versorgungskrankengeld, Übergangsgeld, Unterhaltsgeld, AlGeld, AlHilfe, wenn diese Personen im letzten Jahr vor Beginn der Leistung zuletzt versicherungspflichtig waren (§ 3 Nr 3 SGB VI). Bezieher von Vorruhestandsgeld sind ebenfalls versichert und beitragspflichtig, wenn sie unmittelbar vor Beginn der Leistungen versicherungspflichtig waren (§ 3 Nr 4 SGB VI). Zur Beitragstragung und -zahlung s §§ 166, 170 Abs 1 Nrn 2–5 und § 170 Abs 2 SGB VI).

30 **5. Beitragsfreiheit für Zuschüsse des Arbeitgebers zu Lohnersatzleistungen.** Zuschüsse des ArbGeb zum Krankengeld, Verletztengeld, Übergangsgeld oder Krankentagegeld und sonstige Einnahmen aus einer Beschäftigung, die für die Zeit des Bezuges von Krankengeld, Krankentagegeld, Versorgungskrankengeld, Verletztengeld, Übergangsgeld oder Mutterschaftsgeld oder während einer Elternzeit weiter erzielt werden, gelten nach § 23c SGB IV nicht als beitragspflichtiges Arbeitsentgelt, soweit die Einnahmen (Zuschüsse des ArbGeb etc) zusammen mit den genannten Sozialleistungen das Nettoarbeitsentgelt um mehr als 50 € übersteigen (vgl § 23c Abs 1 SGB IV). Zur Berechnung des Nettoarbeitsentgelts ist bei freiwilligen Mitgliedern der gesetzlichen KV oder einem privaten KVU Versicherten auch der um den Beitragszuschuss für Beschäftigte verminderte Beitrag des Versicherten zur KV und PflegeV abzuziehen. Mit der Festsetzung einer **Bagatellgrenze von 50 €** über dem Nettoarbeitsentgelt werden die ArbGeb seit 1.1.08 bei der verwaltungstechnischen Abwicklung der Abrechnung entlastet. In den Fällen, in denen zB durch Tarifverträge vereinbart ist, durch einen Krankengeldzuschuss auf 100 Prozent des vorherigen Nettoentgeltes aufzustocken, führt die Fortzahlung von Kleinstbeträgen wie zB der laufenden Erstattung von Kontoführungsgebühren oder der Zuschüsse zu vermögenswirksamen Leistungen nicht mehr zu einer Beitragspflicht. Die damit verbundenen Melde- und Nachweispflichten werden durch diese Bagatellgrenze vermieden.

31 **II. Sozialrechtliche Behandlung der Lohnfortzahlung.** Lohnfortzahlung durch den ArbGeb wird in der SozV und ArblV beitragsrechtlich und leistungsrechtlich wie reguläres Arbeitsentgelt behandelt.

Lohnkonto

A. Arbeitsrecht
Griese

1 Das Lohnkonto betrifft nur die **Nachweispflichten des ArbGeb gegenüber dem FA** und hat für die arbeitsrechtlichen Beziehungen zwischen den Arbeitsvertragsparteien keine unmittelbare Bedeutung.

B. Lohnsteuerrecht
Seidel

2 **1. Allgemeines.** Der ArbGeb hat am Ort der Betriebsstätte (s *Betriebsstätte* Rz 4 ff) für jeden ArbN und jedes Kj ein Lohnkonto zu führen (§ 41 Abs 1 Satz 1 EStG), in das die abgerufenen ELStAM (§ 39e Abs 4 Satz 2 und Abs 5 Satz 2 EStG) sowie die für den LStAbzug erforderlichen Merkmale aus der vom FA ausgestellten Bescheinigung für den LStAbzug (§§ 39 Abs 3, 39e Abs 7 und 8, 41 Abs 1 Satz 2 EStG; s auch *Lohnsteuerabzugsmerkmale* Rz 20) zu übernehmen sind. Es ist nicht zu verwechseln mit dem Lohn- bzw Gehaltskonto als Sachkonto der Finanzbuchhaltung (*HMW*/Lohnkonto Rz 2). Die Lohnkonten sollen dem FA insbesondere bei der LStAußenprüfung (s *Lohnsteueraußenprüfung* Rz 2 ff) die Prüfung ermöglichen, ob die LSt vom ArbGeb zutreffend ermittelt worden ist. Hat der ArbGeb mehrere Betriebsstätten (s *Betriebsstätte* Rz 6), so darf er für jeden ArbN insgesamt nur ein Lohnkonto in einer Betriebsstätte führen (*HMW*/Lohnkonto Rz 5). Ab 2004 hat auch ein **Dritter** ein Lohnkonto zu führen, wenn er tarifvertragliche Lohnansprüche zu erfüllen hat (§ 38 Abs 3a Satz 1 EStG) oder ArbGebPflichten übernommen hat (§ 38 Abs 3a Satz 2 EStG). Im letzteren Fall ist der ArbGeb anzugeben und auch der Arbeitslohn einzutragen, der vom ArbGeb selbst gezahlt wird. Bei Zusammenrechnung des Arbeitslohns aus mehreren

Dienstverhältnissen ist der Arbeitslohn jeweils gesondert aufzuzeichnen (§ 4 Abs 4 LStDV; s hierzu *Lohnabzugsverfahren* Rz 16, 17).

2. Inhalt. Die Ausgestaltung des Lohnkontos steht – auch bei maschineller Lohnabrechnung – im Ermessen des ArbGeb (Bücher, Karteien oÄ). Soweit der ArbGeb das Lohnkonto auf digitalen Unterlagen gespeichert hat, hat das BMF Grundsätze zum Datenzugriff und zur Prüfbarkeit digitaler Unterlagen aufgestellt, die einen Datenzugriff bei steuerlichen Außenprüfungen ermöglichen sollen (vgl BMF 16.7.01 – IV D 2 – S 0316 – 136/01, BStBl I 01, 415; s auch BMF 29.6.11 – IV C 5 – S 2386/07/0005; Dok 2011/0501455, BStBl I 11, 675 zur Digitalen LohnSchnittstelle sowie *Lohnsteueraußenprüfung* Rz 9).

a) Mindestinhalt (§ 4 Abs 1 LStDV). Vorname, Familienname, Geburtstag, Wohnort, Wohnung, die in einer vom FA ausgestellten Bescheinigung für den LStAbzug (s Rz 1) eingetragenen allgemeinen Besteuerungsmerkmale (s *Lohnsteuerabzugsmerkmale* Rz 10 ff). **Ändern** sich im Laufe des Jahres diese Angaben, so ist auch der Zeitpunkt der Änderung einzutragen (§ 4 Abs 1 Nr 1 Satz 2 LStDV). Auch der in einer vom FA ausgestellten Bescheinigung für den LStAbzug (s Rz 1) eingetragene Jahresfrei- oder -hinzurechnungsbetrag (§ 39a Abs 1 Nr 7 EStG; s auch *Lohnsteuerermäßigung* Rz 10) bzw der entsprechende Monats-, Wochen oder Tagesbetrag und der Zeitraum, für den die Eintragungen gelten, sind aufzuzeichnen (§ 4 Abs 1 Nr 2 LStDV). Bei einem ArbN, der eine Freistellungsbescheinigung vorgelegt hat (§ 39b Abs 6 EStG in der am 31.12.2010 geltenden Fassung; Freistellung aufgrund eines DBA; s auch *Lohnabzugsverfahren* Rz 22, *Auslandstätigkeit* Rz 45 und *Grenzgänger* Rz 9), ist ein Hinweis auf die Bescheinigung, der Zeitraum, für den die Bescheinigung gilt, das ausstellende FA und der Tag der Ausstellung zu vermerken (§ 4 Abs 1 Nr 3 LStDV). Nachdem seit 2005 bestimmte Versorgungsbezüge Bemessungsgrundlage für den Versorgungsfreibetrag und den Zuschlag zum Versorgungsfreibetrag sind (§ 19 Abs 2 EStG; s *Altersgrenze* Rz 19, 20), sind diese einschließlich ihres Beginns im Lohnkonto aufzuzeichnen (§ 4 Abs 1 Nr 4 LStDV).

b) Fortlaufend einzutragen ist der gezahlte Arbeitslohn ohne jeden Abzug, jedoch getrennt nach Barlohn und Sachbezügen. Die Sachbezüge sind einzeln zu bezeichnen sowie der Abgabetag bzw -zeitraum, der Abgabeort und das evtl Entgelt zu vermerken. Als Wert ist der – ggf um das Entgelt verminderte – Wert gem § 8 Abs 2 bzw Abs 3 EStG einzutragen (s hierzu *Sachbezug* Rz 11 ff). Aufzuzeichnen sind ferner der Tag der Lohnzahlung (s *Lohnzufluss* Rz 2 ff), der Lohnzahlungszeitraum sowie die einbehaltene oder übernommene LSt (§ 41 Abs 1 Satz 3 EStG; § 4 Abs 2 Nr 1 und 3 LStDV). Hat der ArbGeb die LSt von einem sonstigen Bezug im ersten Dienstverhältnis berechnet, ohne den Arbeitslohn aus früheren Dienstverhältnissen des Kj zu berücksichtigen (s *Sonstige Bezüge* Rz 5 ff), ist dies durch Eintragung des Großbuchstabens S zu vermerken (§ 41 Abs 1 Satz 6 EStG). Ist während der Dauer des Dienstverhältnisses der Anspruch auf Arbeitslohn für mindestens fünf aufeinanderfolgende Arbeitstage im Wesentlichen weggefallen (zB wenn nur vermögenswirksame Leistungen oder Krankengeldzuschüsse gezahlt werden), so ist dies – zur Prüfung der Anwendung des Progressionsvorbehalts bei steuerfreien Lohnersatzleistungen (s *Lohnersatzleistungen* Rz 16, 17) – jeweils durch Eintragung des Großbuchstabens U zu vermerken (§ 41 Abs 1 Satz 5 EStG), es sei denn, der ArbGeb zahlt für diesen Zeitraum selbst steuerfreie Lohnersatzleistungen aus (Kurzarbeitergeld einschließlich Saisonkurzarbeitergeld, Zuschuss zum Mutterschaftsgeld nach dem MuschG, Zuschuss nach § 4a MutterschutzVO oder einer entsprechenden Landesregelung, Entschädigung für Verdienstausfall nach dem Infektionsschutzgesetz (vormals BSeuchG) sowie Aufstockungsbeträge nach dem AltTZG; s auch LStR 41.2). Diese steuerfreien Lohnersatzleistungen sind aber bei jeder Auszahlung selbst im Lohnkonto einzutragen (§ 41 Abs 1 Satz 5 EStG).

c) Gesondert aufzunehmen sind steuerfreie Bezüge nach §§ 3, 3b EStG (s *Beihilfeleistungen* Rz 7, *Steuerfreie Einnahmen* Rz 5 ff und *Sonn- und Feiertagsarbeit* Rz 17 ff) mit Ausnahme der Vorteile iSd § 3 Nr 45 EStG (s *Internet-/Telefonnutzung* Rz 32) sowie der Trinkgelder. Für andere nach § 3 EStG steuerfreie Bezüge kann das BetriebsstättenFA dies in Fällen von geringerer Bedeutung zulassen oder die Nachprüfung auf andere Weise sichergestellt ist (§ 4 Abs 2 Nr 4 Satz 2 LStDV). Ferner sind im Lohnkonto bei jeder Lohnabrechnung folgende Bezüge einzutragen (§ 4 Abs 2 Nr 5, 6 LStDV): Bezüge, die nach einem DBA oder unter Progressionsvorbehalt nach § 34c Abs 5 EStG von der LSt freigestellt sind

278 Lohnkonto

(s *Auslandstätigkeit* Rz 42–68); Bezüge für mehrjährige Tätigkeit bzw Entschädigungen als Ersatz für entgangene oder entgehende Einnahmen oder für die Aufgabe oder Nichtausübung einer Tätigkeit (§ 34 Abs 1, Abs 2 Nr 4 und Nr 2 iVm § 24 Nr 1a und b EStG; s auch *Außerordentliche Einkünfte* Rz 4–19) und die davon einbehaltene LSt (§ 39b Abs 3 Satz 9 EStG; s auch *Sonstige Bezüge* Rz 10).

Zur Aufzeichnungspflicht bei der Gewährung von Unterstützungsleistungen in Form von Geldbeträgen bzw. Zinsvorteilen oder -zuschüssen durch ArbGeb an hochwassergeschädigte ArbN und Arbeitslohnspenden s *Steuerfreie Einnahmen* Rz 25 Unterstützungsleistungen.

7 **d) Personalrabatte** sind grds stpfl Arbeitslohn und im Lohnkonto auch hinsichtlich des Rabattfreibetrages von 1080 € aufzuzeichnen (§ 4 Abs 2 Nr 3 Satz 3 LStDV). Das BetriebsstättenFA soll aber für solche ArbN eine Nichtaufzeichnung zulassen, für die durch betriebliche Überwachungsmaßnahmen gewährleistet ist, dass der Freibetrag nicht überschritten wird (§ 4 Abs 3 Satz 2 LStDV; s auch *Sachbezug* Rz 38).

8 **e) Sammelstelle aller Vorgänge** sollte das Lohnkonto aber über die Mindestanforderungen hinaus für alle lohnsteuerlich bedeutsamen Vorgänge sein, zB Verrechnung überzahlter LSt, Ausfertigung entsprechender Bescheinigungen für das FA oder bei einer Zahlung von Abfindung Vermerke über die Gründe hierfür. Zur Aufzeichnung vermögenswirksamer Leistungen s *Vermögenswirksame Leistungen* Rz 39, 40. Nach § 42b Abs 4 Satz 1 EStG hat der ArbGeb im Lohnkonto auch den Inhalt etwaiger LStBescheinigungen aus vorangegangenen Dienstverhältnissen im Kj einzutragen, um bei der Durchführung des LStJahresausgleichs (s *Lohnsteuerjahresausgleich* Rz 2 ff) die LSt zutreffend ermitteln zu können.

9 **f) Nacherhebung.** Fordert das FA für ein noch nicht abgeschlossenes Kj Steuerbeträge nach oder berechnet der ArbGeb von sich aus Steuerbeträge nach, so hat er den nachversteuerten Arbeitslohn und die nachgeforderten oder nachträglich einbehaltenen Steuerbeträge im Lohnkonto des Kj nachzuweisen, in dem die nicht versteuerten Bezüge dem ArbN zugeflossen sind. Ist dieses Kj bereits abgeschlossen, wird das Lohnkonto des Zuflussjahres nicht mehr geändert. Übernimmt der ArbGeb aber die LSt, KiSt, den SolZ und ggf den ArbNAnteil am SozVBeitrag, sind diese Beträge und die darauf entfallende LSt im Lohnkonto des Kj der Zahlung aufzunehmen (*HMW*/Lohnkonto Rz 49, 50; s auch *Lohnsteuerhaftung* Rz 69, 70). Die vom ArbGeb bei Abschluss des Lohnkontos im LStJahresausgleich erstattete LSt ist für das Ausgleichsjahr gesondert einzutragen (§ 42b Abs 4 Satz 2 EStG). In der LStBescheinigung ist jedoch nur der sich nach der Verrechnung ergebende Betrag als erhobene LSt einzutragen (§ 42b Abs 4 Satz 3 EStG; s auch *Lohnsteuerjahresausgleich* Rz 12).

10 **3. Sonstiges. Abzuschließen** hat der ArbGeb das Lohnkonto bei Beendigung des Dienstverhältnisses oder am Ende des Kj (§ 41b Abs 1 EStG; s auch *Lohnsteuerbescheinigung* Rz 2). **Aufzubewahren** sind die Lohnkonten bis zum Ablauf des 6. Kj, das auf die zuletzt eingetragene Lohnzahlung folgt (§ 41 Abs 1 Satz 10 EStG). Ab 2013 brauchen daher Lohnkonten des Jahres 2006 nicht mehr aufbewahrt werden. Allerdings gilt die Frist nicht für Abrechnungsunterlagen, die ein ArbGeb als Unternehmer nach anderen Vorschriften mit seinen Geschäftsbüchern länger als 6 Jahre aufbewahren muss (§ 147 Abs 3 AO), zB wenn das Lohnkonto als Buch im Buchführungswerk des ArbGeb geführt wird (*T/K* § 147 AO Rz 48; s auch OFD Hannover 18.2.2000 – S 2375 – 22 StH 212; S 2375 – 8 – StO 216, DB 2000, 697). Mit dem Steuerhinterziehungsbekämpfungsgesetz (BStBl I 09, 826) wurde in § 147a AO eine Aufbewahrungspflicht für Unterlagen und Aufzeichnungen von 6 Jahren bei den Überschusseinkünften eingeführt, sofern die Summe der positiven Überschusseinkünfte (also ohne Saldierung mit negativen Einkünften) mehr als 500 000 €/Jahr beträgt.

11 **4. Sammellohnkonto.** Die nach den §§ 37b, 40–40b EStG der **Pauschalierung** unterworfenen Bezüge sind ebenfalls im Lohnkonto des einzelnen ArbN aufzuzeichnen (§ 4 Abs 2 Nr 8 LStDV). Lassen sich bei der Pauschalierung nach § 40 Abs 1 Nr 2 EStG (Nacherhebung in einer größeren Zahl von Fällen) sowie nach § 40 Abs 2 EStG (verbilligte oder unentgeltliche Mahlzeiten im Betrieb bzw Zuschüsse hierzu, Betriebsveranstaltungen, Erholungsbeihilfen) die auf den einzelnen ArbN entfallenden Beträge nicht leicht ermitteln, kann ein Sammellohnkonto benutzt werden (zum Inhalt s § 4 Abs 2 Nr 8 Satz 3 LStDV). Erhebt ein ArbGeb von pauschal besteuerten Bezügen keine KiSt, weil der ArbN keiner Religions-

gemeinschaft angehört, für die KiSt vom FA erhoben wird, so hat der ArbGeb die Unterlage hierüber als Beleg zum Sammellohnkonto zu nehmen (s LStR 41.1 Abs 4, auch zur Art des Nachweises sowie *Kirchenlohnsteuer* Rz 17–20).

Für **Pauschalierungen** nach § 40 Abs 1 Nr 1 und § 40b EStG (sonstige Bezüge oder Nacherhebung in einer größeren Zahl von Fällen; bestimmte Zukunftssicherungsleistungen) kann die OFD bzw die vorgesetzte Behörde gem § 4 Abs 3 Satz 1 LStDV Ausnahmen von der Aufzeichnung im Lohnkonto zulassen, wenn die Möglichkeit der Nachprüfung in anderer Weise sichergestellt ist. Dies ist nur dann gegeben, wenn die Zahlung der Bezüge und die Art ihrer Aufzeichnung im Lohnkonto vermerkt wird (LStR 41.1 Abs 2). Zu den diesbezüglichen Aufzeichnungen bei pauschal versteuertem Arbeitslohn s *Teilzeitbeschäftigung* Rz 118. 12

C. Sozialversicherungsrecht *Schlegel*

1. Führung eines Lohnkontos. a) Rechtsgrundlage. Die Pflicht zur Führung eines Lohnkontos – jetzt von **Entgeltunterlagen** – ergibt sich aus § 28 f Abs 1 SGB IV; danach hat der ArbGeb für jeden Beschäftigten Entgeltunterlagen in deutscher Sprache, getrennt nach Kj, zu führen. Die Entgeltunterlagen sind mindestens bis zum Ablauf des auf die letzte ArbGebPrüfung (vgl *Außenprüfung*) folgenden Kj aufzubewahren (§ 28 f Abs 1 SGB IV). Die nähere Ausgestaltung der Entgeltunterlagen, insbesondere die Minderanforderungen an den Inhalt und die Form der Entgeltunterlagen – des Lohnkontos – sind in der aufgrund § 28n Nr 7 SGB IV erlassenen, BeitragsverfahrensVO (BVV) hier geregelt, welche die frühere BeitragsüberwachungsVO (BÜVO) abgelöst hat. Eine Ausnahme besteht nur für Beschäftigte in privaten Haushalten; für diese sind keine Lohnunterlagen zu führen (vgl § 28 f Abs 1 Satz 2 SGB IV). 13

b) Sozialversicherungsrechtlicher Zweck. Der ArbGeb berechnet die für seine abhängig beschäftigten ArbN zu zahlenden GesamtSozVBeiträge in aller Regel selbst und zahlt die Beiträge für sämtliche Beschäftigte an die Beitragseinzugsstelle in einer Summe. Aus dieser Zahlung und dem sog Beitragsnachweis (s *Sozialversicherungsbeiträge* Rz 36 ff) kann die Beitragseinzugsstelle nicht erkennen, für welchen ArbN Beiträge in welcher Höhe und in welchem Zeitraum entrichtet wurden. Sie kann auch nicht erkennen, ob die Beiträge zutreffend und vollständig berechnet sind. Um zu gewährleisten, dass die GesamtSozVBeiträge dennoch vollständig und richtig berechnet und abgeführt werden, finden regelmäßige Außenprüfungen statt (s *Außenprüfung* Rz 11 ff). Dabei werden die Lohnunterlagen des ArbGeb überprüft, aus denen sich dann für jeden einzelnen ArbN die Einzeltatsachen der Versicherungs- und Beitragspflicht in den einzelnen Beschäftigungszeiträumen ergeben. Zusammen mit den Lohnlisten (s *Lohnlisten* Rz 20–22) ist es dann möglich, die Richtigkeit und Vollständigkeit der Beitragsnachweise jedenfalls stichprobenweise zu überprüfen (vgl § 11 BVV). 14

2. Mindestangaben im Lohnkonto/Entgeltunterlagen. Die Lohnunterlagen (Entgelt- und Beitragsunterlagen) müssen für jeden Beschäftigten getrennt geführt werden und dabei gewisse Mindestanforderungen erfüllen, die in §§ 8, 9 BVV beschrieben sind: Neben den Personalien (Familien- und Geburtsname, Vorname, Geburtsdatum, Anschrift) sind zB anzugeben: Beginn und Ende der Beschäftigung; Wertguthaben bei flexibler Arbeitszeitgestaltung, Beschäftigungsart; die für die Versicherungsfreiheit oder die Befreiung von der Versicherungspflicht maßgebenden Tatsachen; das Arbeitsentgelt iSd § 14 SGB IV, seine Zusammensetzung und zeitliche Zuordnung; das beitragspflichtige Arbeitsentgelt bis zur Beitragsbemessungsgrenze der RV, seine Zusammensetzung und zeitliche Zuordnung; den Beitragsgruppenschlüssel; die Beitragseinzugsstelle für den GesamtSozVBeitrag; den vom Beschäftigten zu tragenden Anteil am GesamtSozVBeitrag, nach Beitragsgruppen getrennt; die für die Erstattung von Meldungen erforderlichen Daten, soweit sie in den bisherigen Daten nicht enthalten sind, bei Ausländern aus Staaten außerhalb der EU die Arbeitsgenehmigung und schließlich bei einer Entsendung die Eigenart und die zeitliche Begrenzung der Beschäftigung. Wurde Kurzarbeiter- oder Winterausfallgeld gezahlt, ist dies ebenso zu vermerken, wie das ausgefallene meldepflichtige Arbeitsentgelt (§ 8 BVV). 15

Sofern Stornierungen oder Berichtigungen stattgefunden haben, sind diese besonders kenntlich zu machen (§ 9 Satz 3 BVV). **Anlagen zu den Lohnunterlagen** sind diejenigen 16

279 Lohnkostenzuschuss

Unterlagen, aus denen sich die Versicherungsfreiheit oder die Befreiung von der Versicherungspflicht ergibt (Befreiungsbescheid); desgleichen Unterlagen, aus denen sich bei einer Entsendung die Eigenart und zeitliche Begrenzung der Beschäftigung ergibt. Anlagen sind außerdem die Belege über bereits erstattete Meldungen für den betreffenden ArbN, Erklärungen des ArbN über den Verzicht auf die Versicherungsfreiheit in der RV (vgl § 5 Abs 2 SGB VI), die Niederschrift nach dem NachwG, Kopien eines Antrages oder Bescheides im Antragsverfahren nach § 7a Abs 1 und 2 SGB IV, Aufzeichnungen über Wertguthaben; s auch *Meldepflichten Arbeitgeber* Rz 3 ff; *Außenprüfung* Rz 11 ff.

17 **3. Gestaltung des Lohnkontos.** Eine gesetzliche Vorschrift, wie das Lohn- und Gehaltskonto formal auszusehen hat, gibt es nicht; werden die oben genannten inhaltlichen Anforderungen erfüllt, steht die äußere Gestaltung des Lohnkontos im Übrigen im Ermessen des ArbGeb.

18 **4. Allgemeine Anforderungen an die Lohnunterlagen.** Die Entgeltunterlagen sind so zu führen, dass sie einem sachverständigen Dritten innerhalb angemessener Zeit einen Überblick über die Lohn- und Gehaltsabrechnung des ArbGeb vermitteln können. Die Angaben sind vollständig, richtig, in zeitlicher Folge und geordnet vorzunehmen (§ 10 Abs 1 BVV).

19 **5. Besonderheiten für Arbeitnehmer des Baugewerbes.** Nach § 28 f Abs 1a SGB IV sind Bauunternehmer gleichsam zu einer „baustellenspezifischen" Führung der Lohnunterlagen verpflichtet. Bei der Ausführung eines Dienst- oder Werkvertrages im Baugewerbe hat der Unternehmer die Lohnunterlagen und die Beitragsabrechnung so zu gestalten, dass eine Zuordnung der ArbN, des Arbeitsentgelts und des darauf entfallenden GesamtSozVBeitrages zu dem jeweiligen Dienst- oder Werkvertrag möglich ist. Dies gilt auch für die Beiträge zur gesetzlichen KV (vgl BSG 27.5.08 – B 2 U 11/07 R).

20 **6. Bußgeldvorschrift.** Ordnungswidrig handelt, wer entgegen § 28 f SGB IV Lohnunterlagen nicht führt oder nicht für die vorgeschriebene Dauer aufbewahrt (§ 111 Abs 1 Nrn 3 und 3a SGB IV).

21 **7. Summenbescheid.** Hat der ArbGeb die Aufzeichnungspflichten nicht ordnungsgemäß erfüllt und kann dadurch die Versicherungs- und Beitragspflicht oder die Beitragshöhe nicht festgestellt werden, kann der Träger der RV in seiner Eigenschaft als Prüfbehörde (vgl *Außenprüfung*) den Beitrag von der Summe der vom ArbGeb gezahlten Arbeitsentgelte geltend machen (§ 27 f Abs 2 S 1 SGB IV). Es ergeht dann ein sog **Summenbescheid** (zu dessen Voraussetzungen im Einzelnen BSG 7.2.02 – B 12 KR 12/01 B, SozR 3–2400 § 28 f Nr 3). Dies gilt nicht, wenn ohne unverhältnismäßigen Aufwand festgestellt werden kann, dass eine Beitragspflicht überhaupt nicht entstanden ist oder ohne unverhältnismäßigen Aufwand bestimmten Beschäftigten zugeordnet werden können. Im zuletzt genannten Fall ist, soweit möglich, eine personenbezogene Feststellung der Beitragspflicht und Beitragshöhe vorzunehmen. Steht die Höhe der Arbeitsentgelte fest, ist der Beitrag hieraus zu errechnen. Zu einer **Schätzung der Arbeitsentgelte** ist der Träger der RV befugt, wenn die konkrete Höhe nicht oder nur mit unverhältnismäßigem Aufwand festgestellt werden kann (§ 28 f Abs 2 Satz 3 SGB IV). Im Ganzen auch *Schlegel/Voelzke* SGB IV, § 28 f Rz 39 ff.

Lohnkostenzuschuss

A. Arbeitsrecht
Kania

1 **1. Begriff.** Insbes gem §§ 88 ff SGB III können ArbGeb Zuschüsse zu den Arbeitsentgelten zum Ausgleich von Minderleistungen förderungsbedürftiger ArbN erhalten. Näheres zu Zweck, Inhalt und Förderungsumfang der verschiedenen gesetzlichen Regelungen s Rz 8 ff.

2 **2. Vertragsgestaltung. a) Rechtsnatur.** Der im Hinblick auf eine Förderung nach §§ 88 ff SGB III zustandegekommene Vertrag zwischen Arbeitslosen und ArbGeb ist ein normaler Arbeitsvertrag. Es handelt sich um ein vollwertiges Arbeitsverhältnis, in dem dem ArbN alle Rechte zustehen, auf die nach Gesetz, Tarifvertrag oder Betriebsvereinbarung

Anspruch besteht. Ob ein befristeter oder unbefristeter Arbeitsvertrag abgeschlossen wird, kann allenfalls für den Erhalt von Fördermitteln von Bedeutung sein, nicht aber für die Wirksamkeit des Vertrages. Da Zuschüsse gem §§ 88 ff SGB III der Förderung von Dauerarbeitsplätzen dienen, setzt die Zuschussgewährung grds den Abschluss eines unbefristeten, jedenfalls aber eines längerfristig befristeten Arbeitsvertrages voraus (Näheres unten Rz 27, 28). Die Gewährung von Lohnkostenzuschüssen stellt im Hinblick auf diesen Zweck der Leistung keinen sachlichen Grund zur Befristung eines Arbeitsvertrages dar (vgl BAG 11.12.91, DB 92, 2635 zum Einarbeitungszuschuss). Keine arbeitsrechtlichen Besonderheiten gelten auch für die Beendigung des Arbeitsvertrages; soweit der Arbeitsvertrag nicht aufgrund einer Befristung automatisch ausläuft, kann er durch ordentliche oder außerordentliche Kündigung sowie durch einen Aufhebungsvertrag beendet werden. Zu beachten ist allerdings, dass gem § 92 Abs 2 SGB III ggf eine Rückzahlung des Zuschusses verlangt werden kann (Näheres dazu unten Rz 23 ff).

b) Koppelung an die Zuschussgewährung. Will der ArbGeb den Abschluss des Arbeitsvertrages mit dem Arbeitslosen an die Gewährung eines Zuschusses koppeln, ist zu unterscheiden: Unbedenklich ist es, die Gewährung des Lohnkostenzuschusses als aufschiebende Bedingung zu vereinbaren und auf diese Weise den Beginn des Arbeitsverhältnisses von einem entsprechenden Bewilligungsbescheid der BA abhängig zu machen. Dagegen ist es nicht möglich, den ArbN zunächst mit der Arbeit beginnen zu lassen und zu vereinbaren, dass das Arbeitsverhältnis rückwirkend außer Kraft tritt, wenn ein Lohnkostenzuschuss verweigert wird. Eine solche Vereinbarung wäre wegen Verstoßes gegen § 622 BGB und andere Normen des zwingenden Kündigungsschutzes nichtig.

Möglich ist es dagegen, das Arbeitsverhältnis unter die auflösende Bedingung der Verweigerung des Lohnkostenzuschusses zu stellen. Für die auflösende Bedingung gilt gem § 21 TzBfG die Vorschrift des § 14 Abs 1 TzBfG entsprechend, so dass auch für die auflösende Bedingung ein sachlicher Grund erforderlich ist. Als sachlicher Grund iS dieser Vorschrift ist auch die Verweigerung der Zuschussgewährung einzustufen. Gem §§ 21, 15 Abs 2 TzBfG ist dem ArbN die bevorstehende Beendigung des Arbeitsverhältnisses mindestens zwei Wochen vorher schriftlich mitzuteilen.

B. Lohnsteuerrecht
Thomas

Der dem ArbGeb als Finanzierungshilfe für Lohnzahlungen gewährte Zuschuss führt bei diesem zu **Betriebseinnahmen,** die nicht nach § 3 Nr 2 EStG steuerbefreit sind (BFH 9.10.96, BStBl II 97, 125; BFH 26.6.02 – IV R 39/01, BStBl II 02, 697; ebenso zur Wagnisprämie nach § 10 SGB III FG Sachs 5.6.01 – 2 K 1999/00, EFG 01, 1484). Dem stehen bei Lohnzahlungen dann in deren Höhe Betriebsausgaben gegenüber. Ebenfalls Betriebsausgaben liegen bei Rückzahlungen des Zuschusses vor.

Der dem jeweiligen ArbN gezahlte **Arbeitslohn** unterliegt dem LStAbzug nach den allgemeinen Regeln. Dabei spielt keine Rolle, ob ein Zuschuss gezahlt wurde wegen Einarbeitung, erschwerter Vermittlung, fortgeschrittenen Alters des ArbN oder weil ein Berufsrückkehrer betroffen ist. Ebenfalls nicht von Bedeutung ist, ob der tatsächlich gezahlte Lohn ortsüblich oder leistungsgerecht ist. Zum Arbeitslohn gehört auch ein aufgrund von § 7 Abs 1 des Soldatenversorgungsgesetzes gezahlter Einarbeitungszuschuss (R 19.3 Abs 1 Nr 3 LStR). Zur Steuerbefreiung von Bezügen für Wehrdienst, Zivildienst und Freiwilligendienst Leistenden nach § 3 Nr 5 EStG vgl SenFinBln 2.9.13 DB 13, 2182.

Die mit Eingliederungszuschüssen finanzierten Löhne sind nicht nach § 3 Nr 2 EStG steuerfrei, weil diese Vorschrift nur Leistungen zur Arbeitsförderung erfasst, die direkt dem ArbN gewährt werden. Eine **Steuerbefreiung** kann auch nicht aus dem Gesichtspunkt der weitergeleiteten Subvention abgeleitet werden. Denn eine Leistung ist nicht schon deswegen – ohne ausdrückliche gesetzliche Vorschrift – steuerbefreit, weil sie aus öffentlichen Kassen stammt (BFH 18.5.04 – VI R 128/99, DStRE 04, 1321; BFH 15.12.95, BStBl II 96, 169, 171; vgl aber BFH 25.5.92, BStBl II 93, 45). Da die Löhne nicht ganz oder teilweise steuerbefreit sind, sind umgekehrt beruflich veranlasste Aufwendungen des ArbN nicht gem § 3c EStG teilweise vom Werbungskostenabzug ausgeschlossen.

279 Lohnkostenzuschuss

C. Sozialversicherungsrecht
Voelzke

Übersicht

	Rz		Rz
I. Überblick	11	a) Bemessungsgrundlage	19
II. Förderung nach dem SGB III	12–27	b) Förderungshöhe	20
1. Leistungszweck	12	c) Förderungsdauer	21
2. Anspruchsvoraussetzungen	13–15	5. Verfahren	22
a) Allgemeiner Eingliederungszuschuss	14	6. Rückzahlung	23–27
		III. Förderung nach dem SGB II	28–33
b) Behinderte und schwerbehinderte Menschen	15	a) Allgemeiner Eingliederungszuschuss	28
3. Förderungsausschluss	16, 17	b) Beschäftigungsförderung für Langzeitarbeitslose	29–33
4. Förderungsumfang	18–21		

11 **I. Überblick.** An ArbGeb zu zahlende Lohnkostenzuschüsse zählen im Arbeitsförderungsrecht zu den Instrumentarien, denen eine beschäftigungswirksame Zielrichtung beigemessen wird. Die Vorschriften über die Eingliederungszuschüsse (§§ 88 ff SGB III) fassen die früheren Instrumente des AFG mit ähnlicher Zweckrichtung (Einarbeitungszuschuss, Eingliederungsbeihilfe, Eingliederungshilfe, Lohnkostenzuschüsse für ältere ArbN, Sonderprogramm der Bundesregierung „Beschäftigungshilfen für Langzeitarbeitslose") hinsichtlich ihrer Voraussetzungen zusammen und sehen eine Angleichung hinsichtlich des Leistungsumfangs vor. Eine weitere Neustrukturierung und Vereinheitlichung ist durch das Gesetz zur Verbesserung der Eingliederungschancen vom 20.12.11 (BGBl I 11, 2854) erfolgt. Dieses Gesetz hat den Eingliederungszuschüssen einen neuen Regelungsstandard innerhalb des SGB III zugewiesen.

Lohnkostenzuschüsse, die auf die berufliche Eingliederung behinderter Menschen abzielen, stellt das Rehabilitationsrecht bereit (§ 34 SGB IX; s *Rehabilitation (berufliche)* Rz 39; *Löschau* RVaktuell 09, 234).

12 **II. Förderung nach dem SGB III. 1. Leistungszweck.** Die Gewährung der Eingliederungszuschüsse erfolgt, wie § 88 SGB III als Grundsatz hervorhebt, zur Eingliederung von ArbN mit **Vermittlungshemmnissen.** Das Vorliegen einer Minderleistung im Förderungszeitraum gehört nach der Klarstellung durch die ab 1.4.12 geltende Fassung ebenfalls zu den Voraussetzungen des Eingliederungszuschusses. Ein Beurteilungsspielraum kann der BA bei der Feststellung dieser Voraussetzung nach allgemeinen Grundsätzen nicht zugebilligt werden (*Hauck/Noftz/Voelzke* SGB III, § 88 Rz 27). Liegen die Voraussetzungen für einen Eingliederungszuschuss vor, so hat die AA Ermessen auszuüben. Hierbei sind ArbGebInteressen und arbeitsmarktliche Interessen gegeneinander abzuwägen (BSG 6.5.08 – B 7/7a AL 16/07 R).

13 **2. Anspruchsvoraussetzungen.** Das geltende Recht unterscheidet nur noch den (allgemeinen) Eingliederungszuschuss nach §§ 88, 89 SGB III und den Eingliederungszuschuss für behinderte und schwerbehinderte Menschen nach § 90 SGB III. Übergangsweise enthält § 131 SGB eine Regelung für ArbN, die das 50. Lebensjahr vollendet haben. Für den genannten Personenkreis kann die Förderdauer bis zu 36 Monate betragen, wenn die Förderung bis zum 31.12.14 begonnen hat.

14 **a) Allgemeiner Eingliederungszuschuss.** Der Eingliederungszuschuss nach § 88 SGB III kann für alle ArbN gewährt werden, deren Vermittlung wegen in **ihrer Person liegender Umstände** erschwert ist. Ein Eingliederungszuschuss kann nur zum Ausgleich von Minderleistungen gewährt werden. Der Gesetzgeber hat bewusst auf die Bildung bestimmter Fallgruppen verzichtet und die Förderung am konkreten Einzelfall orientiert (BT-Drs 15/1515 S 93). Gleichwohl wird man in Anlehnung an das frühere Recht auch künftig anknüpfend an typische Vermittlungshemmnisse bestimmten Gruppen von förderungsbedürftigen ArbN bilden können (vgl *Hauck/Noftz/Voelzke* SGB III, § 88 Rz 22). Die BA ist berechtigt, die Bewilligung von Lohnkostenzuschüssen davon abhängig zu machen, dass die Interessen der ArbGeb nicht gegenüber arbeitsmarktlichen Interessen überwiegen (BSG 6.5.08 – B 7/7a AL 16/07 R, NZA-RR 09, 39).

15 **b) Behinderte und schwerbehinderte Menschen.** § 90 stellt klar, dass schwerbehinderte und sonstige behinderte Menschen Personen mit Vermittlungshemmnissen sind. Die

Unterscheidung zum allgemeinen Eingliederungszuschuss ist von Bedeutung, weil für den betroffenen Personenkreis eine höhere und längere Förderung erfolgen kann. Für den Begriff des **behinderten Menschen** ist maßgebend, ob deren Aussichten, am Arbeitsleben teilzuhaben oder weiter teilzuhaben, wegen Art oder Schwere ihrer Behinderung nicht nur vorübergehend wesentlich gemindert sind und sie deshalb Hilfen zur Teilhabe am Arbeitsleben benötigen (vgl § 19 SGB III). Abzustellen ist also nicht auf den nach § 69 SGB IX festgestellten Grad der Behinderung, sondern auf das Maß der konkreten Beeinträchtigung im Arbeitsleben (*Hauck/Noftz/Timme* SGB III, § 19 Rz 13). Auf die Feststellung der Behinderung nach dem SchwbG kommt es nicht an. Die ausdrückliche Nennung der Schwerbehinderten verdeutlicht, dass bei diesem Personenkreis allein wegen der Schwere der Beeinträchtigung regelmäßig eine Förderungsbedürftigkeit unterstellt werden kann.

3. Förderungsausschluss. Eine Förderung ist ausgeschlossen, wenn zu vermuten ist, dass der ArbGeb die **Beendigung eines** (anderen) **Beschäftigungsverhältnisses** veranlasst hat, um einen Eingliederungszuschuss zu erhalten (§ 92 Abs 1 Nr 1 SGB III). Nach der Gesetzesbegründung sollte die Vermutungsregelung dem Umstand Rechnung tragen, dass die Arbeitsverwaltung nur in seltenen Fällen den Beweis erbringen kann, dass ein ArbGeb die Beendigung eines Beschäftigungsverhältnisses veranlasst hat, um einen Eingliederungszuschuss zu erhalten. Deshalb soll eine Förderung schon ausgeschlossen sein, wenn „hinreichende Anhaltspunkte eine Vermutung in diese Richtung zulassen" (BT-Drs 13/4941 S 193). Auch mit dieser Maßgabe kommt der Vorschrift keine große praktische Bedeutung zu, da allein die Beendigung des Arbeitsverhältnisses mit einem anderen ArbN noch keinen „hinreichenden Anhaltspunkt" für die von der Vorschrift vorausgesetzte Willensrichtung des ArbGeb bietet. 16

Größere praktische Bedeutung kommt dem weiteren Ausschlussgrund zu, wonach die Förderung ausgeschlossen ist, wenn die Einstellung bei einem **früheren Arbeitgeber** erfolgt, bei dem der ArbN während der letzten vier Jahre vor Förderungsbeginn mehr als drei Monate versicherungspflichtig beschäftigt war (§ 92 Abs 1 Nr 2 SGB III). Da die Gesetzesbegründung darauf abstellt, dass eine Minderleistung bzw der Einarbeitungsaufwand bei den aufgeführten ArbN nicht gegeben sei (BT-Drs 13/4941 S 193), sollten solche Vorbeschäftigungen bei demselben ArbGeb unberücksichtigt bleiben, die weniger qualifiziert als die Einarbeitung waren (zB als Urlaubsvertretung oder studentische Hilfskraft; so zum Einarbeitungszuschuss BSG 7.11.90 – 9b/7 RAr 122/89, SozR 3–4100 § 49 Nr 2; aA *Brandts* in *Brand* SGB III, § 92 Rz 8). Die befristete Beschäftigung besonders betroffener schwerbehinderter Menschen steht einer Förderung nach ausdrücklicher Regelung nicht entgegen. 17

4. Förderungsumfang. Die Förderung erfolgt durch Erbringung eines Lohnkostenzuschusses, der auf der Grundlage des regelmäßig gezahlten Arbeitsentgelts zu Beginn der Maßnahme sowie des pauschalierten Anteils des ArbGeb am GesamtSozVBeitrag errechnet wird. 18

a) Bemessungsgrundlage. Berücksichtigungsfähig sind nach § 91 Abs 1 SGB III die vom ArbGeb **regelmäßig gezahlten Arbeitsentgelte,** soweit sie die tariflichen Arbeitsentgelte oder, wenn eine tarifliche Regelung nicht besteht, die für vergleichbare Tätigkeiten ortsüblichen Arbeitsentgelte nicht übersteigen. Die absolute Obergrenze bildet hierbei die Beitragsbemessungsgrenze in der Arbeitsförderung, die der Beitragsbemessungsgrenze in der RV entspricht (§ 341 Abs 4 SGB III; zu den aktuellen Werten vgl *Rentenversicherungsbeiträge* Rz 29 Anhang). Das tarifliche Entgelt begrenzt das berücksichtigungsfähige Arbeitsentgelt auch dann, wenn der betreffende Betrieb nicht tarifgebunden ist. Nicht berücksichtigungsfähig ist nach § 91 Abs 1 Satz 2 SGB III Arbeitsentgelt, das einmalig gezahlt wird (zum Begriff s *Einmalzahlungen*). Maßgebend ist das zu Beginn der Förderung zu berücksichtigende Arbeitsentgelt. Lohnerhöhungen während der Förderungsdauer sind auch dann unbeachtlich, wenn sie auf tariflichen Vereinbarungen beruhen. Eine Anpassung der Zuschüsse erfolgt nur, wenn sich das berücksichtigungsfähige Arbeitsentgelt verringert (§ 91 Abs 2 SGB III). Zusätzlich zum berücksichtigungsfähigen Arbeitsentgelt wird auch der hierauf entfallende pauschalierte Anteil des ArbGeb am **Gesamtsozialversicherungsbeitrag** in die Bemessungsgrundlage einbezogen. 19

b) Förderungshöhe. Die maximale Förderungshöhe beträgt beim allgemeinen Eingliederungszuschuss 50 % des berücksichtigungsfähigen Arbeitsentgelts. Für behinderte und schwerbehinderte Menschen können bis zu 70 % des Arbeitsentgelts übernommen werden. 20

279 Lohnkostenzuschuss

Nach 12 bzw 24 Monaten der Förderung tritt eine **Minderung** des Zuschusses wegen zunehmender Leistungsfähigkeit ein (§ 90 Abs 4 SGB III).

21 **c) Förderungsdauer.** Die Regelförderungsdauer beträgt beim allgemeinen Eingliederungszuschuss 12 Monate, beim Eingliederungszuschuss für behinderte Menschen 24 Monate und für besonders betroffene schwerbehinderte Menschen kann die Förderdauer bis zu 60 Monaten, nach Vollendung des 55. Lebensjahrs sogar bis zu 96 Monate betragen (§ 90 SGB III). Übergangsweise beträgt die Förderdauer für ArbN, die das 50. Lebensjahr vollendet haben, bis zu 36 Monate, wenn die Förderung bis zum 31.12.14 begonnen hat (§ 131 SGB III).

22 **5. Verfahren.** Das Verwaltungsverfahren wird durch einen **Antrag** des ArbGeb eingeleitet. Die Entscheidung über die Gewährung des Eingliederungszuschusses liegt im Ermessen der Agentur für Arbeit (vgl *Hauck/Noftz/Voelzke* SGB III, § 88 Rz 34). Der Antrag auf Eingliederungszuschüsse ist rechtzeitig gestellt, wenn er vor Beginn des Arbeitsverhältnisses gestellt ist (BSG 6.4.06 – B 7a AL 20/05 R, SozR 4–4300 § 324 Nr 2). Die Zuschüsse können aus Gründen der Verwaltungsvereinfachung zu Beginn der Maßnahme in monatlichen Festbeträgen festgelegt werden.

23 **6. Rückzahlung.** Zur Sicherung des mit dem Eingliederungszuschuss verfolgten Zweckes enthält § 92 Abs 2 SGB III einen speziellen Rückzahlungstatbestand, der durch das 2. SGB III-ÄndG neu gefasst wurde (zur Verfassungsmäßigkeit des Rückforderungstatbestandes s BSG 2.6.04 – B 7 AL 56/03 R, SozR 4–4300 § 223 Nr 1). Dieser beruht auf dem Grundgedanken, dass der ArbGeb den Lohnkostenzuschuss dann zurückzahlen muss, wenn das Förderungsziel der dauerhaften Eingliederung in den Arbeitsmarkt nicht erreicht wird, weil der ArbGeb seiner Verpflichtung, den ArbN über den **Förderungszeitraum** hinaus einschließlich der **Weiterbeschäftigungszeit** zu beschäftigen, nicht nachkommt (vgl BT-Drs 13/4941 S 193). Die Voraussetzungen des Rückzahlungsanspruchs der Agentur für Arbeit sind nach Satz 1 der Vorschrift erfüllt, wenn das Beschäftigungsverhältnis bereits während des Förderungszeitraums oder innerhalb eines Zeitraums nach Ende des Förderungszeitraums, der der Förderungsdauer entspricht, beendet wird. Der dem Beschäftigungsverhältnis nachgelagerte Zeitraum (Weiterbeschäftigungszeit) wird allerdings auf längstens zwölf Monate begrenzt.

24 Der Rückzahlungsanspruch ist nach § 92 Abs 2 Satz 2 SGB III ausgeschlossen, wenn der ArbGeb berechtigt war, das Arbeitsverhältnis aus Gründen, die in der Person oder dem **Verhalten** des ArbN liegen (Nr 1), oder aus **dringenden betrieblichen Erfordernissen,** die einer Weiterbeschäftigung in diesem Betrieb entgegenstehen, zu kündigen (Nr 2). Entscheidend für diesen Ausschlusstatbestand ist allein die Berechtigung des ArbGeb zur Kündigung, während die tatsächliche Beendigung des Arbeitsverhältnisses auch auf andere Weise erfolgen kann.

25 Der Rückzahlungsanspruch ist ferner nicht gegeben, wenn die Beendigung des Arbeitsverhältnisses auf das **Bestreben des Arbeitnehmers** hin erfolgt, ohne dass der ArbGeb den Grund hierfür zu vertreten hat (Nr 3). Die Voraussetzungen dieses Ausschlussgrundes liegen vor, wenn der ArbN die wesentliche Ursache für die Beendigung des Arbeitsverhältnisses setzt, ohne dass es auf die Form der Beendigung ankäme. Der ArbGeb kann sich nicht auf diesen Ausschlussgrund berufen, wenn er seinerseits gegen arbeitsvertraglichen Pflichten verstößt. Da die Regelung des § 92 Abs 2 Satz 2 Nr 3 SGB III auf die Beweggründe des ArbN abstellt, sollten, soweit das Arbeitsverhältnis durch einen *Aufhebungsvertrag* beendet wird, die zur Beendigung des Arbeitsverhältnisses führenden Umstände glaubhaft dokumentiert werden.

26 Schließlich ist der Rückzahlungsanspruch ausgeschlossen, wenn der ArbN zum Zeitpunkt der Beendigung des Arbeitsverhältnisses das Mindestalter für den Bezug der gesetzlichen **Altersrente** (Näheres: *Altersgrenze*) erreicht hat (Nr 4). Ob das Mindestalter erreicht ist, ist nach den jeweiligen Verhältnissen des einzelnen ArbN zu beurteilen. Ein Rückzahlungsanspruch scheidet auch aus, wenn der Eingliederungszuschuss für die Einstellung eines besonders betroffenen schwerbehinderten Menschen geleistet wird (Nr 5).

27 Nach § 92 Abs 2 Satz 3 SGB III ist die Rückzahlung auf die **Hälfte des Förderungsbetrages,** höchstens aber den in den letzten zwölf Monaten vor der Beendigung des Be-

schäftigungsverhältnisses gewährten Förderungsbetrag begrenzt. Zusätzlich sind ungeförderte Nachbeschäftigungszeiten anteilig in Ansatz zu bringen (§ 92 Abs 2 Satz 4 SGB III).

III. Förderung nach dem SGB II. a) Allgemeiner Eingliederungszuschuss. Die in den §§ 88 ff SGB III genannten Eingliederungszuschüsse kann der ArbGeb nach § 16 Abs 1 Satz 2 Nr 5 SGB II auch erhalten, wenn er einen Leistungsbezieher nach dem SGB II einstellt (vgl zu den Leistungen an ArbGeb nach dem SGB II *Hauck/Noftz/Voelzke* SGB II, § 16 Rz 257–351). 28

b) Beschäftigungsförderung für Langzeitarbeitslose. Mit den in § 16e SGB II geregelten Leistungen zur Förderung von Arbeitsverhältnissen soll die Einstellung von arbeitsmarktfernen und deutlich leistungsgeminderten ArbN angeregt werden. Es sollen Personen, für die ansonsten nur eine Zuweisung in eine Arbeitsgelegenheit in Betracht käme, durch eine **umfangreiche** Förderung eine Beschäftigung in einem Arbeitsverhältnis ermöglicht werden (*Hauck/Noftz/Voelzke* SGB II, § 16e Rz 16). 29

Die **Voraussetzungen** für die Förderung nach § 16e Abs 3 SGB II sind erfüllt, wenn der ArbN seit mindestens einem Jahr arbeitslos ist, er für einen Zeitraum von mindestens sechs Monaten verstärkte vermittlerische Unterstützung nach § 16 Abs 1 Satz 1 SGB III unter Einbeziehung der übrigen Eingliederungsleistungen erhalten hat, eine Erwerbstätigkeit auf dem allgemeinen Arbeitsmarkt für die Dauer der Zuweisung ohne die Förderung voraussichtlich nicht möglich ist und innerhalb von fünf Jahren höchstens für 24 Monate ArbGebzuschüsse erbracht werden. 30

Der ArbGeb muss mit dem erwerbsfähigen Hilfebedürftigen ein (befristetes) **Arbeitsverhältnis** begründen. Dem ArbGeb räumt die Vorschrift ein außerordentliches Kündigungsrecht ein, soweit die Förderung vorzeitig aufgehoben wird. 31

Die Förderung ist nach § 16e Abs 5 SGB II **ausgeschlossen,** wenn zu vermuten ist, dass die Beendigung eines anderen Arbeitsverhältnisses veranlasst hat, um einen Beschäftigungszuschuss zu erhalten. Eine Förderung ist auch ausgeschlossen, wenn eine bisher für das Beschäftigungsverhältnis erbrachte anderweitige Förderung ohne besonderen Grund nicht mehr in Anspruch genommen wird. 32

Die Höhe des Beschäftigungszuschusses kann bis zu **75 % des berücksichtigungsfähigen Arbeitsentgelts** betragen (§ 16e Abs 2 SGB II). Berücksichtigungsfähig ist das zu zahlende Arbeitsentgelt und der pauschalierte Anteil der ArbGeb am GesamtSozVBeitrag abzüglich des Beitrags zur Arbeitsförderung. Nicht berücksichtigungsfähig ist einmalig gezahltes Arbeitsentgelt.

Nach § 16e Abs 3 Nr 4 SGB II dürfen innerhalb eines Zeitraums von fünf Jahren ab Beginn des ersten Arbeitsverhältnisses für einen Leistungsberechtigten höchstens für einen Zeitraum von 24 Monaten auf der Grundlage des § 16e Zuschüsse erbracht werden. Zuschüsse an unterschiedliche ArbGeb sind zusammenzurechnen. Hierdurch soll verhindert werden, dass Leistungsberechtigte dauerhaft in geförderten Arbeitsverhältnissen eingesetzt werden.

Die geförderten ArbN sind zwar grundsätzlich in allen Zweigen der SozV **pflichtversichert.** In der ArblV sind sie jedoch nach § 27 Abs 3 Nr 5 SGB III versicherungsfrei, damit Fehlanreize vermieden werden (BT-Drucks 16/5715 S 10). 33

Der ArbGeb muss beim zuständigen SGB II-Träger einen **Antrag** auf die Leistungen der Beschäftigungsförderung stellen (§ 37 SGB II). Leistungen können frühestens ab dem Tag der Antragstellung gewährt werden.

Lohnlisten

A. Arbeitsrecht *Kreitner*

1. Allgemeines. Im Rahmen einer ordnungsgemäßen Personalverwaltung verfügt der ArbGeb regelmäßig über Aufzeichnungen, in denen die Lohn- bzw Gehaltszahlungen an die ArbN aufgeführt werden. Hierbei kann es sich um schriftliche Listen oder lediglich um computermäßig gespeicherte Daten handeln, wobei die Datenerfassung wiederum durch den ArbGeb selbst oder außerhalb des Betriebes durch Dritte erfolgen kann. Hinsichtlich dieser Lohnzusammenstellungen ergeben sich rechtliche Probleme im Schnittbereich von 1

280 Lohnlisten

individuellem und kollektivem Arbeitsrecht einerseits sowie datenschutz- und persönlichkeitsrechtlichen Erwägungen andererseits.

2 **2. Einblicksrecht des Betriebsrats.** Um dem BRat die Durchführung seiner Aufgaben nach dem BetrVG zu ermöglichen, hat er ua gem § 80 Abs 2 Satz 1 BetrVG einen umfassenden Unterrichtungsanspruch gegenüber dem ArbGeb. Zusätzlich gewährt § 80 Abs 2 Satz 2 BetrVG als spezielle Ausgestaltung dieses Anspruchs ein Einblicksrecht bestimmter betriebsverfassungsrechtlicher Organe in Bruttolohn-/-gehaltslisten des ArbGeb (vgl BAG 10.10.06 – 1 ABR 68/05, NZA 07, 100). Hierdurch wird der allgemeine Auskunftsanspruch nicht verdrängt (BAG 30.9.08 – 1 ABR 54/07, NZA 09, 502). Zur personalvertretungsrechtlichen Mitbestimmung im öffentlichen Dienst s BVerwG 22.4.98 – 6 P 4/97, NZA-RR 99, 274 sowie VG Köln 10.2.10 – 34 K 4552/09.PVL (Bühne).

3 **a) Berechtigte.** Gem § 80 Abs 2 Satz 2 BetrVG kommt das Recht zur Einsichtnahme in ArbGebSeitig geführte Lohnlisten dem Betriebsausschuss (§ 27 BetrVG) oder einem nach § 28 BetrVG gebildeten Ausschuss zu. Bei einer wörtlichen Anwendung des § 80 Abs 2 Satz 2 BetrVG wäre damit das Einblicksrecht auf Betriebe mit mehr als 200 ArbN beschränkt, da nur in diesen Betrieben ein Betriebsausschuss gebildet werden kann (vgl §§ 9, 27 Abs 1 BetrVG). Hiermit würde jedoch der Normzweck des § 80 BetrVG, der eine umfassende Unterrichtung des BRat unabhängig von der Betriebsgröße sicherstellen soll, in kleineren Betrieben vereitelt. In solchen Kleinbetrieben ohne Betriebsausschuss steht daher nach der zutreffenden Rspr des BAG das Einblicksrecht den in § 27 Abs 2 BetrVG genannten Personen zu: dem BRatVorsitzenden oder einem anderen insoweit legitimierten BRat-Mitglied (BAG 10.2.87, DB 87, 1152; zustimmend *Fitting* § 80 Rz 71; *DKK/Buschmann* § 80 Rz 103; aA HSWGNR/*Nicolai* § 80 Rz 66: kein Einsichtsrecht in Kleinbetrieben). In Kleinstbetrieben steht das Recht aus § 80 Abs 2 Satz 2 BetrVG dem Betriebsobmann zu.

4 **b) Anspruchsvoraussetzungen.** Entgegen dem Normwortlaut („in diesem Rahmen") bedarf es nach der Rspr des BAG bei der Geltendmachung des Einblicksrechts gem § 80 Abs 2 Satz 2 BetrVG keiner besonderen Darlegung des BRat, welche konkreten betriebsverfassungsrechtlichen Aufgaben durch die Einsichtnahme wahrgenommen werden sollen (BAG 30.6.81, DB 81, 2386; 10.2.87, DB 87, 1152). Dem ist beizupflichten, da mit Hilfe des Einblicksrechts gem § 80 Abs 2 Satz 2 BetrVG dem BRat gerade die Möglichkeit gegeben werden soll, die Einhaltung der Mitbestimmungsrechte seitens des ArbGeb zu überprüfen (ebenso *DKK/Buschmann* § 80 Rz 107; aA *Hohn* DB 90, 1187; enger auch *Rath-Glawatz* DB 83, 1543). Etwas anderes gilt nur dann, wenn ein Mitbestimmungsrecht des BRat offensichtlich nicht in Betracht kommt (BAG 26.1.88, NZA 88, 620). Es muss lediglich eine gewisse Wahrscheinlichkeit für das Bestehen von BRatAufgaben gegeben sein (BAG 27.6.89, NZA 89, 929). Allein mit einem solchen Normverständnis kann der Normzweck des § 80 BetrVG verwirklicht werden. Allerdings erhält damit § 80 BetrVG den Charakter eines eigenständigen Anspruchs (kritisch GK-BetrVG/*Weber* § 80 Rz 87).

5 Das Einblicksrecht besteht **unabhängig vom Einverständnis der** betroffenen **Arbeitnehmer.** Ebenso wie das gegenteilige Interesse des ArbGeb muss auch das Interesse des einzelnen ArbN am Schutz seiner Individualsphäre hinter dem berechtigten Interesse des BRat an der Wahrnehmung seiner betriebsverfassungsrechtlichen Aufgaben zurückstehen (BAG 30.6.81, DB 81, 2386; 20.12.88, DB 89, 1032; LAG Düsseldorf 27.6.89, DB 90, 1190). Die Individualinteressen der ArbN werden zudem in doppelter Hinsicht berücksichtigt. Zum einen besteht ein Einblicksrecht nur in **Bruttolohn/Gehaltslisten** (allgemeine Ansicht BAG 18.9.73, DB 74, 143; GK-BetrVG/*Weber* § 80 Rz 100). Persönliche Daten der ArbN, die aus den **Nettolohn/Gehaltslisten** ersichtlich sind, bleiben damit geheim. Zum anderen unterliegen die Erkenntnisse des BRat nach §§ 75 Abs 2 und 79 BetrVG der Verschwiegenheitspflicht.

6 Nicht eingeschränkt wird das Einblicksrecht durch **datenschutzrechtliche Vorschriften,** da insoweit § 80 Abs 2 Satz 2 BetrVG als Spezialregelung vorgeht (BAG 12.8.09 – 7 ABR 15/08, NZA 09, 1218; LAG NdS 18.4.12 – 16 TaBV 39/11, BeckRS 2012, 71070 – nicht rkr, Az beim BAG: 1 ABR 54/12; vgl auch *Datenschutz* Rz 24).

7 **c) Umfang des Einblicksrechts.** Die Einsichtnahme gem § 80 Abs 2 Satz 2 BetrVG erfolgt in die Bruttolohn-/Gehaltslisten und umfasst jedenfalls übertarifliche Zulagen (BAG 12.2.80, DB 80, 1699) und freiwillige Prämien (BAG 17.3.83, DB 83, 1607). Darüber hinaus unterliegen nach der Rspr des BAG auch alle sonstigen Zahlungen (wie zB Gratifikationen) der Einsichtnahme des Betriebsausschusses bzw der entsprechenden Personen unabhängig davon, ob sie kollektiven Charakter haben oder individuell vereinbart wurden (BAG 28.5.74, DB 74, 1868; 10.2.87, DB 87, 1152; ebenso LAG SchlHol 18.4.07 – 6 TaBV 41/06, BeckRS 07, 44711; LAG Hamm 26.10.01 – 10 TaVB 44/01, NZA-RR 02, 302: Poolzahlungen an Krankenhausärzte, die aus Chefarztliquidationen stammen; LAG Nbg 22.1.02 – 6 TaBV 19/01, NZA-RR 02, 247: Gewährung von Aktienoptionen). Diese Rspr wird zu Unrecht im Schrifttum kritisiert (vgl etwa *SW* § 80 Rz 17), da der BRat erst nach einer umfassenden Unterrichtung in der Lage ist, die Reichweite seiner Mitbestimmungsrechte im konkreten Fall zu erkennen. Die tatsächliche Information muss daher uU über den letztlich mitbestimmten Bereich hinausgehen.

Die Einsichtnahme kann der BRat gem § 80 Abs 2 Satz 2 BetrVG „jederzeit" verlangen. **8** Dies bedeutet jedoch nicht, dass eine Voranmeldung bzw terminliche Absprache mit dem ArbGeb regelmäßig unterbleiben könnte, denn durch die Einfügung des Worts „jederzeit" in den Gesetzestext sollte lediglich klargestellt werden, dass der BRat zur Geltendmachung des Einblicksrechts keine konkreten Verdachtsmomente vorbringen muss (*Fitting* § 80 Rz 68). Auch ist das Einblicksrecht nicht auf die im Zeitpunkt der Einsichtnahme betriebsangehörigen ArbN beschränkt, denn Sinn und Zweck des § 80 Abs 2 BetrVG können in Einzelfällen auch einen Vergleich mit ausgeschiedenen ArbN erforderlich machen (vgl ArbG Aachen 23.6.93 – 2 BV 13/93: häufige Personalfluktuation bei Zeitungszustellern).

Unter **Listen** iSd § 80 Abs 2 Satz 2 BetrVG ist auch die Erfassung in Datenverarbeitungs- **9** systemen zu verstehen (BAG 17.3.83, DB 83, 1607). Der ArbGeb muss in solchen Fällen eine entsprechende Liste ausdrucken (LAG SchlHol 18.4.07 – 6 TaBV 41/06, BeckRS 07, 44711). Dies gilt unabhängig davon, ob die Datenverarbeitung außerhalb des Betriebes erfolgt (BAG 17.3.87, DB 87, 1491). Ein korrespondierendes Recht des BRat zur computermäßigen Speicherung der Lohnlisten ist aus § 80 Abs 2 BetrVG nicht herzuleiten (*Kort* RdA 92, 376). Anders als im Fall der computermäßigen Erfassung der Lohndaten und dem bloßen Ausdruck dieser Daten besteht allerdings keine Pflicht des ArbGeb derartige Listen zu erstellen, wenn diese in seiner Lohnbuchhaltung nicht vorhanden sind (BAG 30.9.08 – 1 ABR 54/07, NZA 09, 502). Das gilt gleichermaßen für eine Aufbereitung der Lohndaten nach den Benachteiligungsmerkmalen des § 1 AGG (*Kleinebrink* FA Arbeitsrecht 06, 295). Erfolgt die Auflistung der Vergütungen der einzelnen ArbN beim ArbGeb in **verschlüsselter Form,** so sind diese Angaben den einblicknehmenden Personen zu erläutern. Nur eine jedermann verständliche Auflistung erfüllt die Anforderungen des § 80 Abs 2 Satz 2 BetrVG.

Das Recht aus § 80 Abs 2 Satz 2 BetrVG ist ausdrücklich **begrenzt auf die Möglichkeit** **10** **zur Einsichtnahme.** Das einblicknehmende BRatMitglied bzw die Mitglieder des Betriebsausschusses sind dabei befugt, Notizen zu machen (BAG 15.6.76, DB 76, 1773; *Pramann* DB 83, 1922). Demgegenüber dürfen nach der Rspr Kopien ebenso wenig angefertigt werden wie vollständige Abschriften der Listen (BAG 3.12.81, DB 82, 653; LAG Frankfurt 19.10.89, DB 90, 2376; weitergehend LAG Hbg 7.8.96, ArbuR 97, 39). Auch ist der ArbGeb danach nicht verpflichtet, die Listen bzw Kopien herauszugeben. Dieses sehr enge Normverständnis ist nicht mehr zeitgemäß. Insbes im Hinblick auf die weitestgehend elektronisch vorgehaltenen Vergütungslisten umfasst § 80 Abs 2 Satz 2 BetrVG auch ein Einblicksrecht in diese Dateien. Das Verbot, eine solche Datei auszudrucken, erscheint praxisfern.

Verweigern kann der ArbGeb eine Einblicknahme ausnahmsweise dann, wenn dem Ver- **11** langen des BRat der Einwand des **Rechtsmissbrauchs** entgegensteht. Das BAG hat dies zB bejaht für den Fall, dass der BRat entgegen dem ausdrücklichen Hinweis des ArbGeb gegen die Geheimhaltungsbedürftigkeit der Information verstoßen hat und sich weigert, eine entsprechende Unterlassungserklärung für die Zukunft abzugeben (BAG 14.5.87, DB 88, 2569).

Ein **Anwesenheitsrecht des Arbeitgebers** bei der Einsichtnahme durch den Betriebs- **12** ausschuss bzw die ansonsten zuständigen Personen **besteht nicht,** da es insoweit an einer entsprechenden Rechtsgrundlage fehlt (im Ergebnis ebenso LAG Köln 12.5.92, LAGE Nr 8 zu § 80 BetrVG 1972). Die gegenteilige Ansicht von *Leßmann* (NZA 92, 832), der aus dem Wortlaut des § 80 Abs 2 Satz 2 BetrVG und der oa Beschränkung auf die tatsächliche Einsichtnahme ein Anwesenheitsrecht des ArbGeb iS eines Überwachungsrechts herleiten

280 Lohnlisten

will, überzeugt nicht. Mit Beschluss vom 16.8.95 (NZA 96, 330) hat das BAG klargestellt, dass eine Überwachung des BRat in diesem Zusammenhang nicht zulässig ist. Andererseits hat der BRat jedoch auch keinen Anspruch auf alleinige Anwesenheit in dem Raum, in dem die Einsichtnahme erfolgt. In diesem Raum arbeitende Personen dürfen dort auch während der Einsichtnahme weiterarbeiten. Ergibt sich für die Einsichtnehmenden das Bedürfnis einer ungestörten Besprechung, so ist zur Vermeidung von Betriebsablaufstörungen eine kurze Unterbrechung der Einsichtnahme zur Beratung in einem anderen Raum zumutbar (*Leege* BB 96, 479; insoweit kritisch *Grimberg* AiB 96, 381).

13   **d) Sonderfälle. aa) Leitende Angestellte.** Das Einblicksrecht des § 80 Abs 2 Satz 2 BetrVG umfasst nicht die Bruttogehälter der leitenden Angestellten iSd § 5 Abs 3 BetrVG, da der BRat insoweit keine Vertretungskompetenz besitzt (BAG 10.6.74, DB 75, 60). Dies gilt auch dann, wenn das Einblicksbegehren des BRat damit begründet wird, der Status des betreffenden ArbN als leitender Angestellter solle überprüft werden.

14   **bb) AT-Angestellte.** Demgegenüber erfährt das Einblicksrecht des § 80 Abs 2 Satz 2 BetrVG hinsichtlich des Personenkreises der AT-Angestellten keine Einschränkungen (BAG 10.2.87, DB 87, 1152). So hat das BAG zB entschieden, das der BRat auch Auskunft über die Grundsätze für individuelle Versorgungszusagen für AT-Angestellte verlangen kann (BAG 19.3.81, DB 81, 2181).

15   **cc) Tendenzbetriebe.** Nach der Rspr des BAG steht die Tendenzeigenschaft eines Unternehmens dem Einblicksrecht nach § 80 Abs 2 Satz 2 BetrVG nicht entgegen (BAG 30.4.74, DB 74, 1776; 22.5.79, DB 79, 2183; 30.6.81, DB 81, 2386).

16   **e) Prozessuales.** Die Durchsetzung des Anspruchs auf Einblicknahme in die Lohn-/Gehaltslisten gem § 80 Abs 2 Satz 2 BetrVG erfolgt im arbeitsgerichtlichen Beschlussverfahren gem § 2a Abs 1 Nr 1 ArbGG. Sie ist nicht auf Fälle eines groben Verstoßes iSd § 23 Abs 3 BetrVG beschränkt (BAG 17.5.83, DB 83, 1986). Die Vollstreckung des Einblicksrechts nach erfolgreich durchgeführtem Beschlussverfahren richtet sich nach § 888 ZPO.

17   **3. Einblicksrecht des Sprecherausschusses.** Die allgemeine Unterrichtungspflicht des ArbGeb gegenüber dem Sprecherausschuss ist in § 25 Abs 2 SprAuG normiert. Über diesen allgemeinen Unterrichtungsanspruch hinaus enthält diese Vorschrift **keine Regelung** bezüglich des Einblicksrechts in Bruttogehaltslisten der leitenden Angestellten. Ob gleichwohl ein Einblicksrecht besteht, ist umstritten (vgl *Oetker* ZfA 90, 43). Teilweise wird dies bejaht mit der Begründung, das Einblicksrecht stelle lediglich einen Sonderfall des allgemeinen Unterrichtungsanspruchs dar und bedürfe daher keiner besonderen Normierung (*Hromadka* § 25 Rz 32; *Löwisch* SprAuG § 25 Rz 18). Die gegenteilige Meinung stützt sich auf das formale Argument, die Regelung des § 80 Abs 2 Satz 2 BetrVG sei vom Gesetzgeber bewusst nicht in das SprAuG übernommen worden (*Wlotzke* DB 89, 173; *Röder* NZA 89, Beil 4 S 2). Gerichtliche Entscheidungen zu dieser Frage liegen soweit ersichtlich nicht vor. Im Ergebnis dürfte mehr für die letztere Ansicht sprechen, denn gerade in dem bei leitenden Angestellten besonders sensiblen Bereich der Gehaltslisten ist davon auszugehen, dass der Gesetzgeber eine ausdrückliche Einblicksregelung getroffen hätte.

18   **4. Einsichtsrecht des Arbeitnehmers.** Ein Recht des einzelnen ArbN auf Einblick in allgemeine Bruttolohn-/Gehaltslisten besteht nicht. Jeder ArbN hat lediglich gem § 83 Abs 1 BetrVG ein Recht auf Einsichtnahme in seine beim ArbGeb geführte Personalakte sowie gem § 34 BDSG einen Auskunftsanspruch bezüglich gespeicherter persönlicher Daten (Näheres s *Datenschutz* Rz 16).

B. Lohnsteuerrecht   *Seidel*

19   Die Lohnlisten haben für das LStRecht keine Bedeutung. Maßgeblich ist das Lohnkonto (s *Lohnkonto* Rz 2 ff).

C. Sozialversicherungsrecht   *Schlegel*

20   **1. Beitragsrechtlicher Zweck von Lohnlisten. a) Kontrollbedürfnis.** Der ArbGeb berechnet die für seine abhängig beschäftigten ArbN zu zahlenden GesamtSozVBeiträge in aller Regel selbst und zahlt die Beiträge für sämtliche Beschäftigte an die Beitragseinzugsstelle in einer Summe. Aus dieser Zahlung und dem sog Beitragsnachweis (vgl auch *Sozialversiche-*

rungsbeiträge Rz 36 ff) kann die Beitragseinzugsstelle nicht erkennen, für welchen ArbN Beiträge in welcher Höhe und in welchem Zeitraum entrichtet wurden. Sie kann auch nicht erkennen, ob die Beiträge zutreffend und vollständig berechnet sind. Um zu gewährleisten, dass die GesamtSozVBeiträge dennoch vollständig und richtig berechnet und abgeführt werden, finden regelmäßige Außenprüfungen statt (s *Außenprüfung*). Dabei werden die Lohnunterlagen des ArbGeb überprüft, aus denen sich dann für jeden einzelnen ArbN die Einzeltatsachen der Versicherungs- und Beitragspflicht in den einzelnen Beschäftigungszeiträumen ergeben (s *Lohnkonto* Rz 13–16; *Aufzeichnungspflichten* Rz 9 ff).

b) Betragsabrechnung. Nach § 8 BeitragsverfahrensVO (BVV) hat der ArbGeb alle Beschäftigten mit den nachfolgend unter Rz 22 skizzierten Daten für jeden Abrechnungszeitraum listenmäßig und nach Einzugsstellen getrennt zu erfassen. Diese in § 8 BVV als Betragsabrechnung bezeichneten Listen sollen eine Überprüfung der Lohn- und Gehaltsliste auf Vollständigkeit sowie der Eintragung im Beitragsnachweis ermöglichen. 21

2. Mindestangaben in den Lohnlisten. Entsprechend der Sortierfolge der Lohnunterlagen (s *Lohnkonto* Rz 14 ff) sind gem § 8 BVV in die Lohnlisten nach Einzugsstellen getrennt folgende Angaben aufzunehmen: Familien- und Vornamen; beitragspflichtiges Arbeitsentgelt bis zur Beitragsbemessungsgrenze in der RV; Beitragsgruppenschlüssel; SozVTage; GesamtSozVBeitrag, getrennt nach Beitragsgruppen; gezahltes Kurzarbeiter- oder Winterausfallgeld und die hierauf entfallenden beitragspflichtigen Einnahmen und Beiträge zur KV, PflegeV und RV. Die Beiträge sind nach Beitragsgruppen getrennt zu summieren, um den **Abgleich mit dem Beitragsnachweis für den entsprechenden Lohn- und Gehaltsabrechnungszeitraum** zu ermöglichen. Anschließend ist die Gesamtsumme der Beiträge zu bilden. Berichtigungen und Stornierungen sind besonders kenntlich zu machen. 22

3. Allgemeine Anforderungen an die Entgeltunterlagen. Die Entgeltunterlagen sind gem § 10 BVV so zu führen, dass sie einem sachverständigen Dritten innerhalb angemessener Zeit einen Überblick über die Lohn- und Gehaltsabrechnung des ArbGeb vermitteln können. Die Angaben sind vollständig, richtig, in zeitlicher Folge und geordnet vorzunehmen. Zu besonderen Anforderungen an das Lohnkonto von Beschäftigten im Baugewerbe vgl § 28 f Abs 1a SGB IV (vgl *Lohnkonto* Rz 19). 23

Lohnsteuerabführung

A. Arbeitsrecht
Griese

Der ArbGeb ist verpflichtet, die abzuführende LSt richtig zu berechnen und abzuführen. Er kann sich dabei auf eine vom FA erteilte (Anrufungs-)Auskunft verlassen (BAG 11.10.89 – 5 AZR 585/88, NZA 90, 309). Schuldhafte, auch leicht fahrlässige Pflichtverstöße führen zum Schadensersatzanspruch des ArbN gem § 286 BGB, mit denen dieser zB gegen spätere Nachforderungsansprüche des ArbGeb aufrechnen kann (BAG 16.6.04 – 5 AZR 521/03, NZA 04, 1274). Zu den arbeitsrechtlichen Aspekten im Einzelnen s *Bruttolohnvereinbarung* Rz 4 ff u *Nettolohnvereinbarung* Rz 6 ff. 1

B. Lohnsteuerrecht
Seidel

1. Allgemeines. Der ArbGeb hat spätestens am 10. Tag nach Ablauf eines jeden LStAnmeldungszeitraums die Summe der einzubehaltenden und zu übernehmenden LSt dem BetriebsstättenFA anzumelden (§ 41a Abs 1 Nr 1 EStG; s *Lohnsteueranmeldung* Rz 2 ff) und die im LStAnmeldungszeitraum insgesamt einbehaltene und übernommene LSt an das BetriebsstättenFA abzuführen (§ 41a Abs 1 Nr 2 EStG). Dies gilt auch für die KiSt und den SolZ (§ 51a Abs 1 EStG; s auch *Lohnsteueranmeldung* Rz 4). Die Abführung der LSt gehört zur arbeitsrechtlichen Fürsorgepflicht des ArbGeb (s *Fürsorgepflicht* Rz 14). Der ArbN kann den Anspruch gegen den ArbGeb auf Abführung der einbehaltenen LSt nur vor dem ArbG und nicht vor dem FG verfolgen. Es besteht kein abgabenrechtlicher Anspruch des ArbN gegen den ArbGeb auf LStAbführung (BFH 29.6.93, BStBl II 93, 760). Das EStG begnügt sich mit der Möglichkeit der Mitteilung des ArbN an das FA, wenn dieser positive Kenntnis von der Nichtanmeldung der einbehaltenen LStBeträge hat. Der ArbN kann damit seine 2

281   Lohnsteuerabführung

Inanspruchnahme vermeiden (§ 42d Abs 3 Nr 2 EStG; s auch FG München 30.6.92, EFG 92, 756 sowie *Anzeigepflichten Arbeitnehmer* Rz 15 und *Lohnsteuerhaftung* Rz 19). Zum Streit zwischen ArbGeb und ArbN über die Berechtigung und Höhe der LStEinbehaltung s *Lohnabzugsverfahren* Rz 25 sowie *Lohnsteuerbescheinigung* Rz 29.

3   **2. Fälligkeit.** Der Fälligkeitszeitpunkt der abzuführenden LSt ergibt sich aus § 41a Abs 1 EStG. Bei nicht rechtzeitiger Abführung der LSt sind Säumniszuschläge verwirkt (s *Säumniszuschlag* Rz 2–13, auch zum Zeitpunkt der Zahlung). Allerdings tritt die Säumnis nicht ein, bevor die LSt angemeldet worden ist (§ 240 Abs 1 Satz 3 AO). Zu diesem Zeitpunkt beginnt auch die dreitägige Schonfrist für die Zahlung zu laufen (§ 240 Abs 3 AO). Setzt das FA die LSt abweichend von der Anmeldung oder generell wegen Nichtabgabe der LStAnmeldung fest, so wird im Allgemeinen eine Zahlungsfrist von einer Woche gewährt (*HMW*/Abführung der LSt Rz 2). Für durch Haftungsbescheid (s *Lohnsteuerhaftung* Rz 48–62) oder Nachforderungs- bzw Pauschalierungsbescheid (s *Lohnsteuernachforderung* Rz 15) angeforderte Steuerbeträge ist eine Zahlungsfrist von einem Monat zu setzen (LStR 42d.1 Abs 7). Von der Fälligkeit zu unterscheiden ist der Zeitpunkt der Entstehung der LSt (s *Lohnzufluss* Rz 2 für die einzubehaltende LSt und *Lohnsteuerpauschalierung* Rz 7 für die zu übernehmende LSt).

4   **3. Abführung.** IdR wird der **Arbeitgeber** den angemeldeten LStBetrag abführen. Nachdem aber die ein**zu**behaltende LSt und die **zu** übernehmende LSt anzumelden, jedoch die einbehaltene und übernommene LSt abzuführen ist (s § 41a Abs 1 Nr 1 und 2 EStG), kann das FA eine fehlerhafte LStAnmeldung auf den richtigen Betrag der einzubehaltenden und zu übernehmenden LSt festsetzen (s *Lohnsteueranmeldung* Rz 7). Der ArbGeb hat die tatsächlich einbehaltene und übernommene LSt abzuführen, unabhängig davon, ob sie zutreffend ist oder nicht (s *HMW*/Abführung der Lohnsteuer Rz 5). Zwar hat der ArbGeb die LSt für Rechnung des ArbN von dessen Arbeitslohn einzubehalten (s *Lohnabzugsverfahren* Rz 19), die Abführung beruht auf einer eigenständigen Verpflichtung des ArbGeb, der dadurch jedoch nicht zum Steuerschuldner der LSt wird. Schuldner der LSt ist der ArbGeb nur, soweit er Arbeitslohn pauschal besteuert und die LSt übernimmt (s *Lohnsteuerpauschalierung* Rz 5).

5   Diese einheitlich abzuführende (einbehaltene und übernommene) LSt wird als **Entrichtungs(steuer)schuld** oder **Anmeldungssteuerschuld** bezeichnet (s *Schmidt/Krüger* § 41a Rz 6; *Thomas* DStR 92, 837; *HMW*/Lohnsteueranmeldung Rz 27 ff; s auch *Lohnsteueranmeldung* Rz 9). Führt der ArbGeb mehr LSt ab, als das FA festgesetzt hat, so ist er insoweit erstattungsberechtigt, als es sich um eine Steuerschuld des ArbN gehandelt hat; denn diese ist bereits erloschen, soweit vom ArbGeb die LSt einbehalten wird (s aber FG Hbg 15.6.11 – 3 K 135/10, EFG 11, 1790 zur Anrechnung aufgrund fehlenden Zuflusses zu Unrecht abgeführter LSt beim ArbN; Rev Az BFH VII R 42/11). Deshalb darf der ArbGeb den an das FA abzuführenden Betrag nicht erneut vom Arbeitslohn einbehalten, wenn er zB wegen Verlusts des einbehaltenen Geldes die LSt mehrfach entrichten muss.

6   Auch darf bei **Insolvenz** des ArbGeb das FA die einbehaltene LSt nicht nochmals vom ArbN verlangen (s *HMW*/Abführung der Lohnsteuer Rz 5; s auch Rz 8 für Auswirkungen bei der ESt-Veranlagung des ArbN). Die Zahlung der an das FA abzuführenden Abgaben, die auf die an die ArbN ausgezahlten Löhne entfallen, führt nicht zu einer Gläubigerbenachteiligung (BFH 21.12.98 – VII B 175/98, BFH/NV 99, 745; aA BGH 22.1.04 – IX ZR 39/03, NJW 04, 1444; s aber auch *Lohnsteuerhaftung* Rz 34).

Die oberste FinBeh eines Landes kann bestimmen, dass die LSt nicht dem Betriebsstätten-FA, sondern einer anderen öffentlichen Kasse anzumelden und an diese abzuführen ist (§ 41a Abs 3 Satz 1 EStG).

7   **4. Seeschifffahrt.** Nach § 41a Abs 4 EStG dürfen ArbGeb (s BFH 13.7.11 – VI R 84/10, DStR 11, 1945: der zum LStEinbehalt Verpflichtete ist regelmäßig der Vertragspartner des ArbN aus dem Dienstvertrag), die eigene oder gecharterte Handelsschiffe betreiben, seit 1.1.99 vom Gesamtbetrag der anzumeldenden und abzuführenden LSt 40 % der LSt abziehen und einbehalten, der auf Besatzungsmitglieder entfällt, die in einem zusammenhängenden Arbeitsverhältnis mehr als 183 Tage auf solchen Schiffen beschäftigt sind. Voraussetzung ist weiter, dass die Handelsschiffe in einem inländischen Seeschiffsregister eingetragen sind, die deutsche Flagge führen und zur Beförderung von Personen oder Gütern im Verkehr mit oder zwischen ausländischen Häfen, innerhalb eines ausländischen Hafens oder zwischen einem ausländi-

Lohnsteuerabzugsmerkmale 282

schen Hafen und der Hohen See betrieben werden. Dies gilt auch für Seeschiffe, die im Wirtschaftsjahr überwiegend außerhalb der deutschen Hoheitsgewässer zum Schleppen, Bergen oder zur Aufsuchung von Bodenschätzen oder zur Vermessung von Energielagerstätten unter dem Meeresboden eingesetzt werden. Soweit die LSt nach der Steuerklasse V oder VI (s *Lohnsteuerklassen* Rz 10, 11) zu ermitteln ist, bemisst sich der Abzugsbetrag nach der LSt der Steuerklasse I. Zur Kritik an dieser Vorschrift s *Schmidt/Krüger* § 41a Rz 10.

5. Unregelmäßigkeiten. S zunächst *Lohnsteueranmeldung* Rz 6, 7 und wegen verspäteter 8 Zahlung oben Rz 3. Wenn dem FA die Abführung der LSt nicht gesichert erscheint, kann es anordnen, dass die LSt abweichend vom normalen LStAnmeldungszeitraum (s *Lohnsteueranmeldung* Rz 5) anzumelden und abzuführen ist (§ 41a Abs 3 EStG). Bei Nichtabführung angemeldeter oder festgesetzter LSt wird gegen den ArbGeb das Vollstreckungsverfahren eingeleitet. Der ArbGeb haftet für einbehaltene, aber nicht angemeldete LSt; weiß das der ArbN, so kann auch er in Anspruch genommen werden, wenn er dies nicht unverzüglich dem FA mitteilt (§ 42d Abs 3 Nr 2 EStG; s auch *Lohnsteuerhaftung* Rz 19, 20). Bei der ESt-Veranlagung des ArbN können jedoch LSt-Abzugsbeträge, die vom ArbGeb zwar in der Steuerbescheinigung ausgewiesen aber nicht abgeführt, beim ArbN jedoch im Rahmen der ESt-Veranlagung erfasst wurden, angerechnet werden (FG Münster 24.4.12 – 6 K 1498/11 AO, DB 12, 2495; Rev Az BFH VII R 28/12).

Schon bei nicht rechtzeitiger Anmeldung und Abführung einbehaltener LSt kann 9 LStHinterziehung (§ 370 Abs 1 und 4 AO), bei nicht rechtzeitiger Abführung allein jedoch nur Steuergefährdung (§ 380 AO), eine **Ordnungswidrigkeit,** vorliegen. Die Strafbarkeit der Steuerhinterziehung kann durch eine rechtzeitige Selbstanzeige vermieden werden (§ 371 AO). Hier kann schon eine nachträgliche Abgabe der Anmeldung und Zahlung dieser Beträge ausreichen.

C. Sozialversicherungsrecht *Ruppelt*

Die LStAbführung betrifft nur das Verhältnis zwischen ArbGeb und FA und hat für das 10 SozVRecht keine Bedeutung.

Lohnsteuerabzugsmerkmale

A. Arbeitsrecht *Poeche*

1. Allgemeines. Die bisher auf der vorderen Seite der LStKarte angegebenen Merkmale 1 (Familienstand, Steuerklasse, Kinder, Freibeträge, Religionszugehörigkeit) werden von der Finanzverwaltung in einer Datenbank erfasst und ab 1.1.13 dem ArbGeb ausschließlich zum elektronischen Abruf bereitgestellt (ELStAM). Arbeitsrechtlich ist die Umstellung des Verfahrens ohne weitere Bedeutung. Der ArbGeb bleibt öffentlich-rechtlich grds verpflichtet, anhand der mitgeteilten ArbNMerkmale das Lohnabzugsverfahren durchzuführen (zum Rechtscharakter BAG 30.4.08 – 5 AZR 725/07, NZA 08, 884). Zur ausnahmsweise arbeitsrechtlich zulässigen Nichtberücksichtigung s *Lohnsteuerklasse* Rz 3 sowie zum Rechtsweg bei Streitigkeiten über die Berechtigung des Lohneinbehalts und/oder die inhaltliche Richtigkeit der ArbGebBescheinigung *Lohnsteuerbescheinigung* Rz 2.

2. Arbeitsrechtliche Relevanz der abgerufenen Lohnsteuerabzugsmerkmale. So- 2 weit es für die Durchführung des Arbeitsverhältnisses auf die persönlichen Daten des ArbN ankommt, können die vom FA elektronisch übermittelten Daten regelmäßig nicht ungeprüft übernommen werden. Sie vermitteln nicht notwendig ein zuverlässiges Bild über die tatsächliche Situation. Das gilt etwa für den Familienstand und die Zahl der unterhaltsberechtigten Angehörigen bei der Berechnung des **pfändbaren Einkommens** (s *Pfändung* Rz 20). Nach Auffassung des BAG spricht viel dafür, dass es bei der Bewertung von Unterhaltspflichten im Rahmen der **sozialen Auswahl** (§ 1 Abs 3 KSchG) ebenfalls auf die objektiven Verhältnisse ankommt; gleichwohl soll eine auf die steuerrechtlich dokumentierte Kinderzahl abstellende Auswahl nicht grob fehlerhaft sein (BAG 17.1.08 – 2 AZR 405/06, NZA-RR 08, 571; s auch *Kündigung, betriebsbedingte* Rz 36; aA LAG RhPf 12.7.06 – 10 Sa 121/06, NZA-RR 07, 247, das eine Erkundigungspflicht des ArbGeb annimmt). Bei der einem Interessen-

282 Lohnsteuerabzugsmerkmale

ausgleich mit Namensliste nach § 125 InsO zugrunde liegenden Sozialauswahl kann sich die Berücksichtigung von Unterhaltspflichten gegenüber Kindern daher auf diejenigen beschränken, die aus der LStKarte entnommen werden können (BAG 28.6.12 – 6 AZR 682/10, BeckRS 2012, 72740). Bei der Anhörung des BRat zu einer Kündigung nach § 102 BetrVG genügt die Angabe der mittels ELSTAM bekannten Daten (zB Kinderzahl), vorausgesetzt, der ArbGeb legt offen, dass seine Kenntnis auf den Angaben der Finanzverwaltung beruht (BAG 24.11.05 – 2 AZR 514/04, NZA 06, 665). Keine Bedenken hat die Rspr, wenn ein **Sozialplan** Kinder lediglich bei Dokumentation in der LStKarte/ELSTAM berücksichtigt (BAG 12.3.97 – 10 AZR 648/96, NZA 97, 1058 sowie zu ELStAM LAG BaWü 21.2.13 – 11 Sa 130/12, BeckRS 13, 68155 nrkr). Soweit der Sozialplan keine Vorlagefrist enthält, muss der Nachweis nach der modifizierenden Rspr des LAG Hamm spätestens bei Fälligkeit der Sozialplanleistung vorliegen (LAG Hamm 15.3.06 – 18 Sa 124/06, NZA-RR 06, 572).

B. Lohnsteuerrecht
Seidel

8 **1. Allgemeines.** Die Einführung der **E**lektronischen **L**ohn**St**euer**A**bzugs**M**erkmale mit § 39e EStG des JStG 2008 vom 20.12.07 (BGBl I 07, 3150) und die endgültige Anpassung der lohnsteuerlichen Regelungen mit dem Gesetz zur Umsetzung der Beitreibungsrichtlinie sowie zur Änderung steuerlicher Vorschriften (BGBl I 11, 2592) ersetzen die bisherige LStKarte endgültig durch ein elektronisches Verfahren, nachdem dem FA bereits mit der elektronischen LStBescheinigung (§ 41b EStG; s *Lohnsteuerbescheinigung* Rz 2 ff) seit 2005 die Rückseite der früheren LStKarte elektronisch übermittelt wird (ElsterLohn I), wodurch eine Rücksendung der LStKarte an den ArbN entbehrlich wurde. Mit dem Verfahren ElsterLohn II werden nun die bisherigen, oftmals über Jahre unverändert bleibenden Angaben auf der Vorderseite der LStKarte (Steuerklasse, Zahl der Kinder, Religionszugehörigkeit sowie etwaige Freibeträge) zum elektronischen Abruf durch den ArbGeb bereitgestellt, mit dem Ziel, die Kommunikation zwischen Bürger, ArbGeb und FA individuell, papierlos und sicher auf elektronischem Weg zu ermöglichen und so das gesamte LStAbzugsverfahren durch Verzicht auf die jährliche Neuausstellung von LStKarten und deren Übermittlung an die ArbN und von diesen an die ArbGeb, die Vermeidung umständlicher Wege bei Änderung der LStAbzugsmerkmale, für die bisher zT die Gemeinden zuständig waren, und den Wegfall der Notwendigkeit der Ausstellung kostenpflichtiger Ersatz-LStKarten bei Verlust zu vereinfachen (s auch Personalbuch 2009). Zentrales Ordnungsmerkmal ist die steuerliche Identifikationsnummer (§ 139b AO), die seit 2008 allen Bürgerinnen und Bürgern zugeteilt wird und lebenslang gilt (s aber Rz 26).

9 **2. Einführungszeitraum.** Als **Starttermin** wurde der 1.11.12 festgelegt. **Einführungszeitraum** (s § 52b Abs 5 Sätze 1 und 2 EStG) ist das Jahr 2013, dh der **ArbGeb muss** die ELStAM grds spätestens für den letzten im Kj 13 endenden Lohnzahlungszeitraum **abrufen und anwenden.** Ein Abruf mit Wirkung 2014 ist verspätet. Eine erneute Anwendung der LStAbzugsmerkmale aus der LStKarte 2010 oder den Ersatzbescheinigungen ist nach erfolgreichem Abruf nicht mehr möglich (§ 52b Abs 5a Sätze 1 und 2 EStG). Zu den Einzelheiten dazu, zum Verfahren der Authentifizierung und für den – auch stufenweise zu verschiedenen Zeitpunkten möglichen – Übergang vom Papierverfahren zum elektronischen Verfahren im Jahr 2013 s im Einzelnen BMF 25.7.13 IV C 5 – S 2363/13/10003; Dok 2013/0634146, BStBl I 13, 943 und Personalbuch 2013 *Lohnsteuerabzugsmerkmale* Rz 9.).

10 **3. Regelverfahren. a) Allgemeines.** Wie bisher bei der LStKarte werden die ELStAM nur auf Veranlassung des ArbN gebildet (§ 39 Abs 1 Satz 1 EStG). Dies kann im Hinblick auf ein zukünftiges Dienstverhältnis durch einen konkreten Antrag des ArbN an das FA auf Mitteilung der dann erstmals zu bildenden ELStAM geschehen (Antrag unter www.formulare-bfinv.de/Steuerformulare/Lohnsteuer/Anträge zu den elektronischen LStAbzugsmerkmalen) oder, was regelmäßig der Fall sein wird, durch Mitteilung der Identifikationsnummer (§ 139b AO) und des Geburtsdatums an den ArbGeb (s Rz 19) zur An- bzw Abfrage der ELStAM und deren Nutzung für Zwecke des LStAbzugs während des Dienstverhältnisses (s Rz 21). Nimmt der ArbGeb nicht am elektronischen Verfahren teil, ist ausnahmsweise ein Ersatzverfahren in Papierform vorgesehen (Rz 25). Bei **mehreren Dienstverhältnissen** hat die Bildung von ELStAM für jedes Dienstverhältnis zu erfolgen (§ 39e Abs 3 Satz 2 EStG;

s auch § 39e Abs 4 Nr 2 EStG, Rz 19 und 21 und *Mehrfachbeschäftigung* Rz 8 ff). Dies gilt auch, wenn ein Pensionär mit Versorgungsbezügen iSd § 19 Abs 1 Nr 2 EStG noch in einem Dienstverhältnis zu einem anderen ArbGeb steht. Im Falle einer Teilzeitbeschäftigung kann die Bildung von ELStAM bei Pauschalierung der LSt mE unterbleiben (s aber *Teilzeitbeschäftigung* Rz 115). Ab dem 1.11.12 ist der LStAbzug grundsätzlich nach den ELStAM durchzuführen (Regelverfahren). Zur Durchführung im Einzelnen vgl BMF 7.8.13 IV C 5 – S 2363/13/10003; Dok 2013/0755076, BStBl I 13, 951).

b) Lohnsteuerabzugsmerkmale sind (vgl BMF 7.8.13 Dok 2013/0755076, BStBl I 13, 951 Rz 7 **11**

– die **Steuerklasse** (§ 38b Abs 1 EStG) und der **Faktor** (§ 39 f EStG s *Lohnsteuerklassen* Rz 10 ff, 16), § 39 Abs 4 Nr 1 EStG,
– die Zahl der **Kinderfreibeträge** bei den Steuerklassen I bis IV (§ 38b Abs 2 EStG, und BMF 7.8.13 Dok 2013/0755076, BStBl I 13, 951, Rz 27 ff; s *Lohnsteuerklassen* Rz 12–15), § 39 Abs 4 Nr 2 EStG. Die bisherigen Regelungen des § 39 Abs 3 Satz 1 Nr 2, Abs 3a Sätze 2 und 3 sowie Abs 3b Satz 3 EStG wurden in den § 38b Abs 2 und 3 EStG überführt. Eine **automatische Bildung** des Merkmals erfolgt nur für unbeschränkt einkommensteuerpflichtige leibliche oder Adoptivkinder (§ 1 Abs 1 EStG, für Auslandskinder s Rz 15) des ArbN, die das 18. Lebensjahr noch nicht vollendet haben (§ 32 Abs 1 Nr 1 und Abs 3 EStG). **Kinder ab 18 Jahren** und **Pflegekinder** werden nur auf **Antrag** des ArbN berücksichtigt (Antrag unter www.formulare-bfinv.de/Steuerformulare/Lohnsteuer/Antrag auf LStErmäßigung 2014). Die Freibeträge haben nur Auswirkungen auf den SolZ und die Kirchensteuer (s *Lohnsteuerermäßigung* Rz 9). Gleiches dürfte für nicht in der Wohnung des ArbN gemeldete Kinder gelten (bisherige Regelung in LStR 39.2 Abs 6), da der Meldebehörde diesbezüglich keine Daten vorliegen und eine Meldung daher wohl nicht erfolgt (s auch Rz 17). Ein Antrag ist auch im Falle der Übertragung des Freibetrags nach § 32 Abs 6 Sätze 6 und 7 EStG erforderlich. Die Freibeträge können allerdings für **mehrere Jahre** gelten, wenn nach den tatsächlichen Verhältnissen zu erwarten ist, dass die Voraussetzungen bestehen bleiben. Für jedes zu berücksichtigende Kind ist der Zähler 0,5 zu bescheinigen. Der Zähler 1 gilt dann, wenn das Kind bei verheirateten ArbN in Steuerklasse III oder IV zu beiden Ehegatten in einem steuerlichen Kindschaftsverhältnis steht (die Kinder des Ehegatten sind zu berücksichtigen), der andere Elternteil vor Beginn des Kj verstorben ist oder der ArbN bzw sein nicht dauernd getrennt lebender Ehegatte das Kind allein angenommen hat (s auch *Kinderfreibetrag* Rz 7 ff),
– der **Frei- bzw Hinzurechnungsbetrag** nach § 39a EStG (§ 39 Abs 4 Nr 3 EStG, **12** s unten Rz 13 aE und 15 sowie *Lohnsteuerermäßigung* Rz 3 ff, 10),
– auf Antrag des Stpfl die Höhe der **Beiträge** für eine private **Kranken- und Pfle-** **13** **gepflichtversicherung**, für die Dauer von zwölf Monaten über die Jahresgrenze hinweg (§ 39 Abs 4 Nr 4 EStG; s auch *Lohnsteuertabellen* Rz 13 ff),
– die Mitteilung über die **Steuerfreistellung des Arbeitslohns nach** einem **DBA** auf Antrag des ArbN oder des ArbGeb (§ 39 Abs 4 Nr 5 EStG, s auch Rz 15)
– die für den Kirchensteuerabzug erforderlichen Merkmale (§ 39e Abs 3 Satz 1 EStG).

Damit ein für die Zeiträume vor dem 1.1.13 gebildeter Faktor oder Freibetrag nach der Umstellung berücksichtigt werden kann, muss dieser beim FA **neu beantragt** werden (BMF 25.7.13 Dok 2013/0634146, BStBl I 13, 943 Tz V 1; s auch *Lohnsteuerermäßigung* Rz 5). Entsprechendes gilt für die Steuerklasse II bei volljährigen Kindern.

Der Abruf der Merkmale nach § 39 Abs 4 Nrn 4 und 5 EStG wird voraussichtlich erst **ab 2015** zur Verfügung stehen. Der genaue Zeitpunkt wird durch BMF-Schreiben mitgeteilt (§ 52 Abs 50g, 51b und 50h EStG). Bis dahin verbleibt es im Rahmen der Vorsorgepauschale bei der Mitteilung an den ArbGeb durch entsprechende Beitragsrechnungen (s *Lohnsteuertabellen* Rz 14 f). Für die Mitteilung zur Freistellung des Arbeitslohns nach DBA ist bis dahin das Betriebsstätten-FA zuständig (§ 39b Abs 6 EStG iVm § 52 Abs 51b EStG). Entsprechendes gilt für die Möglichkeit, einen Frei- bzw Hinzurechnungsbetrag für die Dauer von zwei Kj zu bilden und die evtl bestehende Mitteilungspflicht des ArbN (§§ 39a Abs 1 Sätze 3–5; 52 Abs 50h EStG; s auch BMF 7.8.13 Dok 2013/0755076, BStBl I 13, 951 Rz 124 und unten Rz 19).

c) Zuständigkeit. Das **BZSt** bildet die ELStAM nach § 39 Abs 4 Nrn 1 und 2 EStG **14** (Rz 10 f) automatisiert und speichert sie unter Angabe der **Identifikationsnummer** bzw

282   Lohnsteuerabzugsmerkmale

dem vorläufigen Bearbeitungsmerkmal (§ 139b Abs 6 Satz 2 AO). Zu den nach §§ 139b Abs 3 und 139c AO genannten Daten ([Wirtschafts]-Identifikationsnummer, Vorname und Familienname, frühere sowie Ordens- und Künstlernamen, Titel, Tag und Ort der Geburt, Geschlecht, aktuelle bzw letzte bekannte Anschrift, zuständige FinBeh, Übermittlungssperren nach dem MelderechtsrahmenG bzw den MeldeG der Länder, Sterbetag) werden noch folgende Daten gespeichert:
– die rechtliche Zugehörigkeit zu einer steuererhebenden **Religionsgemeinschaft** sowie das Datum des Ein- bzw Austritts (§ 39e Abs 2 Satz 1 Nr 1 EStG),
– der melderechtlichen **Familienstand** sowie der Tag der Begründung bzw Auflösung des Familienstands, bei Verheirateten die Identifikationsnummer des Ehegatten (§ 39e Abs 2 Satz 1 Nr 2 EStG),
– **Kinder** mit Identifikationsnummer (§ 39e Abs 2 Satz 1 Nr 3 EStG).

Die **Speicherung** der Daten nach § 39e Abs 2 Satz 1 EStG erfolgt auf der Grundlage der für die FinVerw **bindenden Mitteilung** (§ 39 Abs 1 Satz 3 EStG) durch die Meldebehörden, hinsichtlich der Kinder jedoch nur, wenn das Kind mit Hauptwohnsitz bzw alleinigem Wohnsitz im Zuständigkeitsbereich der Meldebehörde gemeldet ist und das 18. Lebensjahr noch nicht vollendet hat (§ 39e Abs 2 Sätze 2 und 3 EStG). Die Speicherung der Daten ist **verfassungsgemäß** (BFH 18.1.12 – II R 49/10, BStBl II 12, 168; vgl auch BMF 22.7.13 IV A 3 – S 0625/13/10002; Dok 2013/0620203). Änderungen sollen tagesaktuell mitgeteilt und in der Datenbank des BZSt gespeichert werden, so zB bei **Änderung des Familienstands** durch Eheschließung im Kj. Nach Mitteilung des neuen Familienstands und des Datums der Eheschließung ändert die FinVerw die Steuerklasse der Verheirateten programmgesteuert. Sind die Stpfl zum Zeitpunkt der Eheschließung in unterschiedlichen Gemeinden mit ihrem Wohnsitz gemeldet, erfolgt dies erst nach Speicherung des Familienstandes „verheiratet" in der Datenbank des BZSt für beide Ehegatten. Dabei ist für den ArbN die Steuerklasse III zu bilden, wenn der Ehegatte keinen Arbeitslohn bezieht, ansonsten für beide Ehegatten die Steuerklasse IV (§ 39e Abs 3 EStG).

15   Das Wohnsitz-**Finanzamt** – bzw das Betriebsstätten-FA in den Fällen der Mitteilung des nach DBA steuerfreien Arbeitslohns (s Rz 13), für nach § 1 Abs 2 EStG unbeschränkt EStpfl, nach § 1 Abs 3 EStG als unbeschränkt EStpfl zu Behandelnde sowie beschränkt EStpfl – ist für die **antragsgebundene Bildung** sowie die **Änderung** von ELStAM zuständig (§ 39 Abs 2 EStG) und bestimmt deren Geltungsdauer (§ 39 Abs 1 Satz 2 EStG). Gleichzeitig sperrt es den ArbGeb-Abruf für den in der Bescheinigung angegebenen Zeitraum **(Vollsperrung),** was dazu führt, dass der ArbGeb bis zur Korrektur der fehlerhaften Daten keine Änderungslisten mehr erhält (BMF 7.8.13 Dok 2013/0755076, BStBl I 13, 951 Rz 13, 35 sowie unten Rz 18, 20). Dazu gehören:
– die nur für die Dauer eines Kj geltende (§ 39a Abs 1 Satz 2 EStG, s *Lohnsteuerermäßigung* Rz 12) Feststellung eines Frei- bzw Hinzurechnungsbetrags nach § 39a Abs 1 Satz 3 EStG, wie zB den ArbN-Pauschbetrag (§ 9a EStG) übersteigende Werbungskosten, Freibeträge für **Kinder über 18 Jahre** und Kinder mit **Wohnsitz im Ausland**, die nicht nach § 39e Abs 1 Satz 1 EStG automatisiert zu bilden sind. Die **Antragsfrist** für eine Änderung im laufenden Kj bis 30. 11. ist zu beachten (§ 39a Abs 2 Sätze 2 und 3 EStG; s *Lohnsteuerermäßigung* Rz 3 f, auch zur Verteilung der Freibeträge; Antrag unter www.formulare-bfinv.de/Steuerformulare/Lohnsteuer/ → 5/10 (vereinfachter) Antrag auf LStErmäßigung 2013; s auch Rz 12 f und BMF 7.8.13 Dok 2013/0755076, BStBl I 13, 951 Rz 124),
– die **Pauschbeträge für Behinderte und Hinterbliebene** (§ 33b EStG), dessen Geltung jedoch **nicht auf** die Dauer eines **Kj beschränkt** ist (§ 39a Abs 1 Satz 2 EStG).
– die Anwendung einer **ungünstigeren Steuerklasse**, etwa weil der ArbN dem ArbGeb zB eine Eheschließung nicht mitteilen möchte, oder einer **geringeren Anzahl von Kinderfreibeträgen** (§ 38b Abs 3 EStG) in Abweichung zu den automatisiert gebildeten ELStAM (Antrag unter www.formulare-bfinv.de/Steuerformulare/Lohnsteuer/ → 25 Anträge zu den ELStAM; BMF 7.8.13 Dok 2013/0755076, BStBl I 13, 951 Rz 83–85 und unten Rz 17).

Trotz der grds Bindung des FA an die übermittelten Daten der Meldebehörden kann es in begründeten Einzelfällen bei voraussichtlicher Fehlerhaftigkeit der Meldedaten eine Prüfung durch die Meldebehörden anstoßen und ggf von den automatisiert gespeicherten Daten abweichende ELStAM bilden, um eine materielle Falschbesteuerung aufgrund fehlender oder unzutreffender Datenübermittlung zu verhindern. Die vom FA nachzuweisende Fehlerhaftigkeit kann sich etwa aus einem substantiierten Vortrag des ArbN ergeben (§ 39 Abs 1 Satz 3 EStG, BT-Drs 17/6263 S 49 f).

d) Bekanntgabe. Die Bildung und Änderung der ELStAM sind dem ArbGeb und dem **16** ArbN nach § 119 und § 39e Abs 6 EStG bekannt zu geben (§ 39 Abs 1 Sätze 5 und 6 EStG). Einer Rechtsbehelfsbelehrung bedarf es jedoch nicht, es sei denn, einem Antrag des ArbN auf Bildung bzw Änderung der ELStAM (s Rz 9, 17) wird nicht (in vollem) Umfang entsprochen oder der ArbN hat die Erteilung eines Bescheids beantragt (§ 39 Abs 1 Satz 7 und 8 EStG). Die ELStAM gelten dem ArbGeb gegenüber mit Aushändigung/elektronischer Bereitstellung der üblichen Lohnabrechnung mit den darin ausgewiesenen ELStAM (s § 39e Abs 6 Satz 2 EStG) durch den ArbGeb oder nach beantragter (Antrag unter www.formulare-bfinv.de/Steuerformulare/Lohnsteuer/ → 25 Anträge zu den ELStAM) Mitteilung/elektronischer Bereitstellung durch das FA als bekannt gegeben (§ 39e Abs 6 Sätze 3 und 4 EStG; s auch BMF 7.8.13 Dok 2013/0755076, BStBl I 13, 951 Rz 109 ff). Zu den Rechtsbehelfen s Rz 25.

4. Arbeitnehmer. Die **Antragsrechte** des ArbN bei der Bildung/Änderung der ELS- **17** tAM aus Rz 15 werden ergänzt durch § 39 Abs 6 Satz 1 EStG für den Fall der Änderung der Steuerklasse oder der Zahl der Kinderfreibeträge zu seinen Gunsten. Aufgrund der automatischen Mitteilungen der Meldebehörden bei geändertem Familienstand (s Rz 14) werden diese Merkmale idR automatisch geändert. Ein gesonderter Antrag ist daher nicht erforderlich. Wird ein Antrag gestellt, gilt die Änderung mit Wirkung vom ersten Tag des Monats, in dem die Voraussetzungen für die Änderung erstmals vorlagen. Ehegatten, die beide ArbN sind, können – unabhängig vom Fall der Eheschließung im Kj (§ 39e Abs 3 Satz 3 EStG) oder dem Antrag auf ungünstigere ELStAM (§ 38b Abs 3 EStG und BMF 7.8.13 Dok 2013/0755076, BStBl I 13, 951 Tz III 6, Rz 75–85) – die Änderung der Steuerklasse allerdings nur einmal im Kj beantragen. Die Änderung ist vom FA in diesem Fall mit Wirkung vom Beginn des auf die Antragstellung folgenden Kalendermonats vorzunehmen (§ 39 Abs 6 Sätze 2–5 EStG). In jedem Fall ist für eine Änderung nach § 39 Abs 6 EStG im laufenden Kj die **Antragsfrist bis 30. 11.** zu beachten (§ 39 Abs 6 Satz 6 EStG).

Aufgrund der automatisierten Mitteilungen der Meldebehörden (§ 39e Abs 2 Satz 2 **18** EStG) erfordert grundsätzlich auch eine Änderung dieser Merkmale zu Ungunsten des ArbN keinen Antrag des ArbN. Aus diesem Grund ist § 153 Abs 2 AO grds nicht anzuwenden (§ 39 Abs 1 Satz 9, Abs 5 Satz 3 EStG). Anders ist es hingegen bei Entfallen der Voraussetzungen der Steuerklasse II (Berücksichtigung des Entlastungsbetrags für Alleinerziehende nach § 24b EStG; s *Lohnsteuerklassen* Rz 7). Hier besteht eine **Antragspflicht** nach § 39 Abs 5 Sätze 1 und 2 EStG (s auch BMF 7.8.13 Dok 2013/0755076, BStBl I 13, 951 Tz III 5, Rz 68 ff). Kommt der ArbN seiner Verpflichtung nicht nach, ändert das FA vAw. Auch den **Wechsel** von der unbeschränkten **zur beschränkten Einkommensteuerpflicht** hat der ArbN dem FA unverzüglich (§ 121 Abs 1 Satz 1 BGB: ohne schuldhaftes Zögern) mitzuteilen. Das Wohnsitz-FA veranlasst dann eine Sperrung des ELStAM-Abrufs ab dem Eintritt der beschränkten Stpfl. Auf Antrag wird beim Betriebsstätten-FA eine Bescheinigung für den LSt-Abzug ausgestellt und der ArbN in die StKl I eingereiht 7.8.13 Dok 2013/0755076, BStBl I 13, 951 Rz 73). Die dem ArbN bekannt zu gebende Änderung erfolgt vom Zeitpunkt des Eintritts der beschränkten ESt-Pflicht (§ 39 Abs 7 EStG). Gleiches gilt wenn dem ArbN im Rahmen der erstmaligen Bildung der ELStAM bekannt wird, dass die gebildeten ELStAM zu seinen Gunsten von den tatsächlichen Verhältnissen abweichen (§ 39e Abs 6 Satz 5 EStG und oben Rz 15). Unterbleiben die Mitteilungen bzw Änderungen fordert das FA zu wenig erhobene LSt vom ArbN nach, sofern diese 10 € übersteigt (§ 39 Abs 5 Satz 5 und Abs 7 Satz 3 EStG).

Jedem seiner **Arbeitgeber** hat der ArbN bei Eintritt in das Dienstverhältnis zum Zweck **19** des Abrufs der ELStAM seine Identifikationsnummer und den Tag der Geburt **mitzuteilen** sowie, ob es sich um das erste oder ein weiteres Dienstverhältnis handelt und in welcher Höhe ein nach § 39a Abs 1 Satz 1 Nr 7 EStG festgestellter Freibetrag abgerufen werden soll (§ 39e Abs 4 Satz 1 Nrn 1–3 EStG, s auch Rz 9 und BMF 7.8.13 Dok 2013/0755076, BStBl I 13, 951 Tz III 4 und 5 Rz 64–69). Geschieht dies nicht, erfolgt der Einbehalt der LSt ohne ELStAM (§ 39c EStG; s *Lohnsteuerberechnung* Rz 15).

282 Lohnsteuerabzugsmerkmale

Gegenüber dem **Finanzamt** hat er ab dem vom BMF bestimmten Zeitpunkt der zweijährigen Geltung der Freibeträge (s Rz 13 aE) eine Anzeigepflicht für den Fall, dass sich die Verhältnisse zu seinen Ungunsten ändern (§ 39a Abs. 1 Satz 5 EStG und BMF 7.8.13 Dok 2013/0755076, BStBl I 13, 951, Rz 70 ff).

20 **5. Arbeitgeber.** Er hat bei Beginn des Dienstverhältnisses die **ELStAM** für den ArbN beim BZSt **elektronisch abzurufen** und sie **ins Lohnkonto des ArbN zu übernehmen** (§ 41 Abs 1 Satz 2 EStG; s *Lohnkonto* Rz 3 ff und oben Rz 15). Für den Abruf muss er unter Angabe seiner Wirtschafts-Identifikationsnummer bzw der Steuernummer der Betriebsstätte (s *Betriebsstätte* Rz 2 ff) oder des Betriebsteils, in dem der für den LStAbzug maßgebliche Arbeitslohn (s *Lohnabzugsverfahren* Rz 2 ff, *Lohnsteuerberechnung* Rz 2 ff) ermittelt wird (s § 39e Abs 9 EStG) das für die **Authentifizierung** erforderliche elektronische Zertifikat einmalig im ElsterOnline-Portal (www.elsteronline.de) beantragen und die Angaben des ArbN nach § 39e Abs 4 Satz 1 (Rz 19) mitteilen (§ 39e Abs 4 Satz 3). Abruffähig sind nur Personen bzw Unternehmen, für die aufgrund der Erfassung als ArbGeb bei der FinVerw ein sog ArbGebSignal gespeichert ist, mit dem zugleich die Verpflichtung verknüpft ist, ArbGeb-Pflichten zu erfüllen. So ist sichergestellt, dass ein Abruf der ELStAM nur von Personen und Unternehmen erfolgt, die bereits durch Übersendung elektronischer LStAnmeldungen (s *Lohnsteueranmeldung* Rz 3) und LStBescheinigungen bzw der jeweils entsprechenden Ersatzverfahren (s *Lohnsteuerbescheinigung* Rz 11 und oben Rz 8) bei der FinVerw als ArbGeb auftreten und als solche registriert sind (s auch Rz 23). Bei **Beauftragung eines Dritten** mit der Durchführung des LStAbzugs (s *Lohnabzugsverfahren* Rz 16 ff) hat sich der Dritte unter Angabe seiner Wirtschafts-Identifikationsnummer bzw der Ersatzmerkmale nach § 39e Abs 9 EStG zu authentifizieren. Legt der ArbN eine Bescheinigung des FA zur Korrektur des LSt-Abzugs zurückliegender Lohnzahlungszeiträume vor, ist eine Änderung des LSt-Abzugs (s *Lohnsteuerberechnung* Rz 24) nach § 41c Abs 1 Satz 1 Nr 1 EStG möglich (§ 39e Abs 4 Sätze 2–6 und BMF 7.8.13 Dok 2013/0755076, BStBl I 13, 951 Tz III 2, Rz 39–52).

21 Die **Anwendung der abgerufenen ELStAM** hat für die Durchführung des LStAbzugs des ArbN zu erfolgen, bis das BZSt geänderte ELStAM bereitstellt oder der ArbGeb dem BZSt den Tag der **Beendigung des Dienstverhältnisses** mitteilt, was unverzüglich (s Rz 18) zu geschehen hat (§ 39e Abs 5 Satz 1 Nrn 1 und 2; Abs 4 Satz 5 EStG; BMF 7.8.13 Dok 2013/0755076, BStBl I 13, 951 Tz III 2, Tz III 2 Rzn 53–58 auch zu Lohnzahlungen nach Beendigung des Dienstverhältnisses sowie Tz III 3, Rz 59–63 zum **Arbeitgeberwechsel**). Um die korrekte Anwendung der ELStAM sicherzustellen, verpflichtet § 39e Abs 5 Satz 3 EStG den ArbGeb grds, die vom BZSt bereitgestellten Mitteilungen und ELStAM monatlich abzurufen. Zur Vermeidung von unnötigem Verwaltungsaufwand insbesondere bei kleineren ArbGeb, bei denen sich die ELStAM der ArbN aller Voraussicht nach nicht monatlich ändern, plant die FinVerw für die ArbGeb einen von diesen über das ElsterOnline-Portal zu beantragenden **Mitteilungsservice** per E-Mail, so dass der jeweilige ArbGeb die neuen bzw geänderten ELStAM nach entsprechendem Hinweis gezielt abrufen kann. Die für ein **weiteres Dienstverhältnis** gültigen ELStAM werden grundsätzlich rückwirkend ab dessen Beginn gebildet (BMF 7.8.13 Dok 2013/0755076, BStBl I 13, 951 Rz 66 und oben Rz 19). Bei Zahlung **verschiedenartiger Bezüge** durch denselben ArbGeb handelt es sich um ein einheitliches Dienstverhältnis, sodass die LSt für alle Bezüge nach denselben ELStAM zu erheben ist (BMF 7.8.13 Dok 2013/0755076, BStBl I 13, 951 Rz 104–106). Für Fragen des **LSt-Jahresausgleichs** s BMF 7.8.13 Dok 2013/0755076, BStBl I 13, 951 Rz 123, zur **Korrektur des Lohnsteuerabzugs** 7.8.13 Dok 2013/0755076, BStBl I 13, 951 Rz 131, zur Durchführung des LStAbzugs ohne ELStAM 7.8.13 Dok 2013/0755076, BStBl I 13, 951 Tz III 8, Rz 93–103 und *Lohnsteuerberechnung* Rz 18 f.

22 Für die zeitnahe **Information des Arbeitnehmers** über die dem LStAbzug zugrunde gelegten ELStAM hat der ArbGeb diese in der Lohnabrechnung auszuweisen und dem ArbN je nach betrieblicher Übung als Ausdruck oder elektronisch bereitzustellen (§ 39e Abs 5 Satz 2 EStG).

23 **6. Schutzvorschriften.** Aus Datenschutzgründen besteht für den **Arbeitnehmer** die Möglichkeit, diejenigen ArbGeb zu benennen, die zum Abruf der ELStAM berechtigt (**Positivliste**) bzw nicht berechtigt sein sollen (**Negativliste**), wofür der jeweilige ArbGeb – geschützt durch entsprechende Anwendung des § 39 Abs 8 und 9 EStG (s Rz 24) – dem

ArbN seine Wirtschafts-Identifikationsnummer oder die Ersatzmerkmale (§ 39e Abs 9 EStG; s Rz 20) mitzuteilen hat, oder die Bildung/Bereitstellung der **ELStAM allgemein sperren oder freischalten** zu lassen und die entsprechende Liste bzw Sperrung oder Freischaltung dem FA elektronisch (voraussichtlich im ElsterOnline-Portal) oder (derzeit ausschließlich) mit amtlichem Vordruck zu übermitteln. Er kann beim Wohnsitz-FA (s Rz 15) zudem einen Antrag auf **Auskunft** über die für ihn gebildeten ELStAM und die durch den ArbGeb in den letzten 24 Monaten erfolgten Abrufe stellen (§ 39e Abs 6 Sätze 4 und 6 Nrn 1 und 2, Satz 7 EStG; Antrag unter www.formulare-bfinv.de/Steuerformulare/Lohnsteuer/Anträge zu den ELStAM). Der ArbN kann seine ELStAM mit Start des neuen Verfahrens nach einer kostenfreien Registrierung mit der Identifikationsnummer (s Rz 14) auch über www.elster-online.de/eportal einsehen Dem ArbGeb wird dann im Fall eines versuchten Abrufs der ELStAM des ArbN die Sperrung mitgeteilt und er hat die LSt nach Steuerklasse VI zu ermitteln (§§ 39e Abs 6 Satz 8, 39c EStG, s auch *Lohnsteuerklassen* Rz 11; *Lohnsteuerberechnung* Rz 15 und BMF 7.8.13 Dok 2013/0755076, BStBl I 13, 951 Tz III 6, Rz 75–82).

Der **Arbeitgeber** bzw der von ihm beauftragte Dritte darf seinerseits die ELStAM nur für die Einbehaltung der LSt und Kirchensteuer verwenden und sie ohne Zustimmung des ArbN nur offenbaren, soweit dies gesetzlich zugelassen ist. Ein vorsätzlicher oder leichtfertiger Verstoß kann als Ordnungswidrigkeit mit einer Geldbuße von bis zu 10 000 € geahndet werden (§§ 39 Abs 8 und 9, 39e Abs 4 Satz 7 EStG). Zivilrechtlich können der ArbGeb oder seine Hilfspersonen aus einer Verletzung der Pflichten aus dem Arbeitsvertrag schadensersatzpflichtig sein (§ 823 Abs 2 BGB iVm § 39 Abs 8 EStG, s *Schmidt/Krüger* § 39b Rz 1, aA *KSM* § 39b A 9 ff). S auch BMF 7.8.13 Dok 2013/0755076, BStBl I 13, 951, Tz III 10, Rz 107 f. 24

7. Rechtsbehelfe. Die Bildung der ELStAM ist eine gesonderte Feststellung von Besteuerungsgrundlagen iSv § 179 Abs 1 AO unter dem Vorbehalt der Nachprüfung (§ 164 AO; § 39 Abs 1 Sätze 4 EStG; BMF 7.8.13 Dok 2013/0755076, BStBl I 13, 951 Rz 109). Zur Rechtsbehelfsbelehrung s Rz 16. Der dagegen mögliche **Einspruch** ist gegen das FA des ArbN zu richten, da dieses für die Berichtigung/Änderung der ELStAM zuständig ist. Nach erfolglosem Einspruch kann **Anfechtungsklage** erhoben, **vorläufiger Rechtsschutz** im Wege der Aussetzung der Vollziehung erreicht werden (s BFH 11.5.73 – VI B 116/72, BStBl II 1973, 667 und BFH 29.4.92 – VI B 152/91, BStBl II 1992, 752, jeweils zu Eintragungen auf der LStKarte im LStErmäßigungsverfahren). 25

8. Ausnahmen. a) Nicht meldepflichtige Personen. Für erweitert unbeschränkt steuerpflichtige (§ 1 Abs 2 EStG) und als unbeschränkt steuerpflichtig zu behandelnde (§ 1 Abs 3 EStG) bzw **beschränkt steuerpflichtige Arbeitnehmer** kann – aufgrund der derzeit mangels Meldepflicht fehlenden Daten der Meldebehörde – eine Identifikationsnummer voraussichtlich erst ab 2014 im Rahmen eines eigenständigen automatisierten Verfahrens zugeteilt werden. Ist diesen Personen zB aufgrund eines früheren Wohnsitzes im Inland auch keine Identifikationsnummer zugeteilt, stellt das BetriebstättenFA für sie bis dahin auf ihren oder den in ihrem Namen vom ArbGeb gestellten **Antrag** eine **Abzugsbescheinigung** aus (§ 39 Abs 3 Sätze 1 und 3 EStG; www.formulare-bfinv.de/Steuerformulare/Lohnsteuer/ → Anträge 45 und 50). Das FA hat dem Antrag grundsätzlich stattzugeben (BT-Drs 17/6263 S 57). Weitere ELStAM, wie zB die Zahl der Kinderfreibeträge oder ein Freibetrag nach § 39a EStG, werden jedoch nur auf Antrag des ArbN gebildet und geändert. Die **Antragsfrist** ist einzuhalten (s Rz 15, 17 sowie *Lohnsteuerermäßigung* Rz 3 f, auch zur Verteilung der Freibeträge). Gleiches gilt für **im Ausland lebende**, nach § 1 Abs 1 EStG **unbeschränkt steuerpflichtige Arbeitnehmer**, denen keine Identifikationsnummer zugeteilt wurde, wobei hier das WohnsitzFA die Bescheinigung ausstellt, die für ein Kj gilt und jeweils die Verpflichtung und Berechtigung des ArbGeb zum Abruf der ELStAM ersetzt. 26

Der ArbN hat dem **Arbeitgeber** die Bescheinigung vor Beginn des Kj oder bei Eintritt in das Dienstverhältnis für den LStAbzug **vorzulegen**. Sie kann, da sie nicht arbeitgeberbezogen ausgestellt wird, bei einem **Arbeitsplatzwechsel** dem weiteren ArbGeb vorgelegt werden. Legt der beschränkt stpfl ArbN die Bescheinigung schuldhaft nicht vor, hat der ArbGeb auch hier die LSt nach der Steuerklasse VI zu ermitteln. Die Durchführung des LStAbzugs entspricht der Durchführung bei unbeschränkt stpfl ArbN (§ 39e Abs 8, 39b Abs 1 Satz 4, § 39c EStG; s *Lohnabzugsverfahren* Rz 2 ff und *Lohnsteuerberechnung* Rz 18 ff; s auch Rz 20, 23). An die Stelle der Identifikationsnummer tritt die bisher zur Übermittlung 27

283 Lohnsteueranmeldung

der elektronischen Lohnsteuerbescheinigung benötigte **eTin** (§§ 39 Abs 3 Satz 2, 39e Abs 8 Satz 3, 41b Abs 2 Satz 1 und 2 EStG; s auch *Lohnsteuerbescheinigung* Rz 11 ff). In diese Bescheinigung können verschiedene Freibeträge eingetragen werden. Näheres hierzu s *Lohnsteuerberechnung* Rz 21, 22. Der **Arbeitgeber** hat die Bescheinigung unter der Strafbewehrung des § 39 Abs 8 EStG (s Rz 24) zum Lohnkonto (s *Lohnkonto* Rz 2 ff) zu nehmen und während des Dienstverhältnisses, längstens bis zum Ablauf des jeweiligen Kj, aufzubewahren (§§ 39 Abs 3 Satz 4, 39e Abs 8 Satz 6, 41 Abs 1 Satz 2 EStG; s auch BMF 7.8.13 Dok 2013/0755076, BStBl I 13, 951 Tz III 7, Rz 86–92).

28   **b) Härtefallregelung.** Einem ArbGeb ohne maschinelle Lohnberechnung, der ausschließlich ArbN im Rahmen einer geringfügigen Beschäftigung (s *Geringfügige Beschäftigung* Rz 20 ff) in seinem Privathaushalt iSd § 8a SGB IV (durch privaten Haushalt begründet und sonst gewöhnlich durch Mitglieder desselben erledigt) beschäftigt, ist auf – jährlich nach amtlich vorgeschriebenem Vordruck unter Angabe der Identifikationsnummer sowie des Geburtstages des ArbN zu stellenden – **Antrag** vom Abrufverfahren freizustellen. Im Übrigen liegt die Entscheidung im Ermessen des BetriebsstättenFA. Die vom FA für ein Kj übermittelte **arbeitgeberbezogene Bescheinigung für den LStAbzug** sowie entsprechende Änderungsmitteilungen sind dem LStAbzug zugrunde zu legen (s Rz 21), dem ArbN bekannt zu geben (s Rz 16), zum Lohnkonto (s *Lohnkonto* Rz 2 ff) zu nehmen und bis zum Ablauf des Kj aufzubewahren. Der ArbGeb hat dem BetriebsstättenFA den Tag der Beendigung des Dienstverhältnisses unverzüglich (s Rz 18) mitzuteilen (§§ 39e Abs 7, 41 Abs 1 Satz 2 EStG; s auch BMF 7.8.13 Dok 2013/0755076, BStBl I 13, 951, Tz V, Rz 113–122).

C. Sozialversicherungsrecht *Voelzke*

39   Das SGB III hat die Regelung des § 150b AFG, nach der bei Bezug bestimmter Leistungen die LStKarte zu hinterlegen war, nicht fortgeführt. Zur Maßgeblichkeit der auf der LStKarte eingetragenen LStKlasse bei der Berechnung von Entgeltersatzleistungen s *Lohnsteuerklassen* Rz 20 ff.

Lohnsteueranmeldung

A. Arbeitsrecht *Griese*

1   Die LStAnmeldung betrifft nur das Verhältnis zwischen ArbGeb und FA. Sie hat für die Beziehungen zwischen den Arbeitsvertragsparteien keine unmittelbare Bedeutung.

B. Lohnsteuerrecht *Seidel*

2   **1. Allgemeines.** Der ArbGeb hat nach Ablauf eines jeden LStAnmeldungszeitraums für jede lohnsteuerrechtliche Betriebsstätte (s *Betriebsstätte* Rz 4–9) dem jeweiligen BetriebsstättenFA **eine** LStAnmeldung über die im Anmeldungszeitraum einzubehaltende und zu übernehmende LSt einzureichen (§ 41a Abs 1 Nr 1 EStG, s auch LStR 41a.1 Abs 2 Satz 2; zu den zentralen – nach Sitzländern gegliederten – FAZuständigkeiten bei Unternehmen, die Bauleistungen iSd § 48 Abs 1 EStG erbringen – s *Schwarzarbeit* Rz 9 – s § 20a Abs 1 Satz 2 iVm § 21 Abs 1 Satz 2 AO iVm § 1 Abs 1 UStZuStVO, Anhang 32 II LStR). Er ist davon befreit, wenn er mitteilt, dass er im LStAnmeldungszeitraum keine LSt einzubehalten oder zu übernehmen hat, weil der Arbeitslohn nicht steuerbelastet ist. Dies gilt auch, wenn der ArbGeb nur ArbN beschäftigt, für die er lediglich die Pauschsteuer nach § 40a Abs 2 EStG (s *Geringfügige Beschäftigung* Rz 21) an die Deutsche Rentenversicherung Knappschaft-Bahn-See entrichtet (LStR 41a.1 Abs 1). Unerheblich ist, ob der ArbGeb die LSt pünktlich abführen kann oder nicht (*HMW*/Lohnsteueranmeldung Rz 1). Die Verpflichtung zur Abgabe entfällt erst, wenn der ArbGeb ArbN, für die er LSt einzubehalten oder zu übernehmen hat (s *Lohnabzugsverfahren* Rz 19 ff und *Lohnsteuerpauschalierung* Rz 5), nicht mehr beschäftigt und dies dem FA mitteilt (§ 41a Abs 1 Satz 4 EStG). Die LStAnmeldung kann ab dem 1.1.13 nur noch mit Authentifizierung übermittelt werden. Erforderlich ist dazu ein elektronisches Zertifikat, das über www.elsteronline.de → Öffentlicher Bereich → Registrierung angefordert werden kann.

Lohnsteueranmeldung 283

2. Form. Die LStAnmeldung ist nach amtlich vorgeschriebenem Datensatz auf **elektronischem** Weg nach Maßgabe der SteuerdatenübermittlungsVO (BGBl I 03, 139; BStBl I 03, 162, geändert BGBl I 06, 3380; BStBl I 07, 94 iVm BMF 15.1.07 – IV C 6 – O 2250 – 138/06, BStBl I 07, 95, Anhang 13 LStR) zu übermitteln (§ 41a Abs 1 Satz 2 EStG). Zur Vermeidung unbilliger Härten kann auf schriftlichen Antrag auf die elektronische Übermittlung verzichtet werden. Ein **Härtefall** kann vorliegen, wenn und solange es dem ArbGeb nicht zumutbar ist, die technischen Voraussetzungen für die Übermittlung nach der SteuerdatenübermittlungsVO einzurichten (BMF 29.11.04 – IV A 6 – S 7280 – 37/04; IV C 5 – S 2377 – 24/04, BStBl I 04, 1135; s auch die aufgrund einer Abstimmung auf Bundesebene ergangene Verfügung der OFD Chemnitz vom 4.7.05 – O 2000 – 56/13 – St 11, DStR 05, 1365). Dann ist der amtlich vorgeschriebene Vordruck vom ArbGeb oder einer vertretungsberechtigten Person zu **unterschreiben** (§§ 41a Abs 1 Satz 3, 51 Abs 4 Nr 1d EStG). Für das **Muster** der LStAnmeldung für 2014 s BMF 22.8.13 – IV C 5 – S 2533/13/10006; Dok 2013/0771963, BStBl I 13, 997. 3

Zur Erleichterung der automatischen Erstellung bei maschineller Lohnabrechnung kann die zuständige OFD (in Bayern: Landesamt für Steuern) die Verwendung anderer Vordrucke genehmigen, wenn der selbst erstellte Vordruck in Aufbau, Abmessung, Papierqualität und in der drucktechnischen Ausgestaltung den amtlichen Vordrucken entspricht. Im Hinblick auf die bestehenden technischen Möglichkeiten, die amtlichen Vordrucke mit Software nachzubilden, werden keine Muster mehr versandt. Ein Hinweis auf die amtlichen Vordrucke reicht künftig aus (BMF 5.12.01 – IV D 4 – O 2258 – 7/01; IV D 4 – O 2298 – 16/01, BStBl I 01, 981 mwN). Zur Zulassung von Vordrucken, die von den amtlichen abweichen s BMF 11.5.04 – IV D 4 – O 2258 – 5/04; IV D 4 – O 2298 – 5/04, BStBl I 04, 475. Zur elektronischen Übermittlung von Steuererklärungsdaten s unter www.elster.de/Arbeitgeber. § 87a AO lässt zu, die Erklärungen mit einer elektronischen Signatur nach den Signaturgesetz zu versehen (s hierzu SteuerdatenübermittlungsVO, BGBl I 06, 3380; BStBl I 07, 94 iVm BMF 15.1.07 – IV C 6 – O 2250 – 138/06, BStBl I 07, 94, beide Anhang 13 LStR).

3. Inhalt. Anzumelden sind ab 2007 – jeweils getrennt – die Summen der einzubehaltenden (dazu zählt auch die bei einer *Nettolohnvereinbarung* Rz 10 ff anfallende) LSt und die bei einer Pauschalierung nach §§ 40, 40a Abs 2a, 40b EStG zu übernehmenden LSt (§ 40 Abs 3 EStG; s auch *Lohnsteuerpauschalierung* Rz 5). Da die pauschale LSt für Sachprämien iSd § 3 Nr 38 EStG gem § 37a Abs 4 EStG als LSt gilt, ist auch diese anzumelden (Näheres s *Lohnsteuerpauschalierung* Rz 59), ebenso wie die pauschale LSt nach § 39c Abs 3 EStG (s *Lohnabzugsverfahren* Rz 16). Die **pauschale Lohnsteuer** nach § 37b EStG (s *Lohnsteuerpauschalierung* Rz 60) ist getrennt von der übrigen pauschalen LSt in Zeile 19 einzutragen. Entscheidend ist bei der einzubehaltenden und bei der zu übernehmenden LSt der Lohnzufluss (s *Lohnzufluss* Rz 2). Kommt der ArbGeb dieser Verpflichtung nicht in vollem Umfang nach, kann das FA die LSt **anderweitig festsetzen.** Der Umfang der einzubehaltenden LSt entspricht dem Betrag, für den eine Haftung des ArbGeb nach § 42d Abs 1 Nr 1 EStG in Betracht kommt (s *Lohnsteuerhaftung* Rz 8–10). Anzumelden sind ferner die KiSt, die Arbeitskammerbeiträge (Brem und Saarl) sowie die Angestelltenkammerbeiträge (Brem; s auch Senator für Finanzen Brem 21.12.06, BStBl I 07, 98). Daneben hat der ArbGeb die im LStJahresausgleich (s *Lohnsteuerjahresausgleich* Rz 2 ff) erstattete LSt sowie den SolZ (s *Solidaritätszuschlag* Rz 3 ff) anzugeben (s *HMW*/Lohnsteueranmeldung Rz 4). Zur Kürzung der anzumeldenden und abzuführenden LSt durch ArbGeb, die bestimmte Seeschiffe betreiben s *Lohnsteuerabführung* Rz 7. 4

4. Anmeldungszeitraum. a) Die LStAnmeldung ist spätestens am 10. Tag nach Ablauf des LStAnmeldungszeitraums abzugeben. LStAnmeldungszeitraum ist je nach Höhe der abzuführenden LSt der **Kalendermonat,** wenn die abzuführende LSt im Vorjahr mehr als 4000 € betragen, das **Kalendervierteljahr,** wenn sie mehr als 1000 € betragen und das **Kalenderjahr,** wenn sie nicht mehr als 1000 € betragen hat (§ 41a Abs 2 Satz 2 EStG). Kürzungen durch der LSt entnommenes Kindergeld (§ 72 Abs 7 EStG) sind dabei nicht zu berücksichtigen (LStR 41a.1 Abs 3). Hat die Betriebsstätte nicht während des gesamten vorangegangenen Kj bestanden, ist die auf einen Jahresbetrag umgerechnete, für den ersten Kalendermonat nach Betriebsstätteneröffnung abzuführende LSt maßgebend (§ 41a Abs 2 Satz 4 EStG). Das BetriebsstättenFA kann einen abweichenden Zeitpunkt anordnen, wenn die Abführung der LSt nicht gesichert erscheint (§ 41a Abs 3 Satz 2 EStG). 5

283 Lohnsteueranmeldung

6 **b) Überwachung.** Das BetriebsstättenFA hat den rechtzeitigen Eingang der LStAnmeldung zu überwachen. Bei nicht rechtzeitigem Eingang kann es einen Verspätungszuschlag festsetzen (§ 152 AO) oder die Abgabe mit Zwangsmitteln durchsetzen (§§ 328 ff AO; LStR 41a.1 Abs 4 Sätze 1 und 2). Eine Schonfrist gibt es nicht (AEAO zu § 152 AO, BMF 2.1.08 – IV A 4 – S 0062/07/0001; Dok 2007/0605275, BStBl I 08, 27 Tz 5). Gegen die Festsetzung des Verspätungszuschlags ist der Einspruch gegeben. Zur Anmeldung und Abführung der LSt an ein unzuständiges FA s FinMin NdS 30.7.97, DB 97, 1690.

7 Bei **Nichtabgabe** kann das FA die LSt auch im Schätzungswege ermitteln und den ArbGeb durch Steuerbescheid in Anspruch nehmen (§§ 162, 167 Abs 1 AO). Die Möglichkeit, einen Haftungsbescheid zu erlassen, steht dem nicht entgegen (BFH 7.7.04 – VI R 171/00, BStBl II 04, 1087 sowie VI R 168/01, BFH/NV 05, 357). Für pauschale LSt gilt dies, wenn der ArbGeb mit dem Pauschalierungsverfahren einverstanden ist (LStR 41a.1 Abs 4 Sätze 3 und 4). Die unterlassene, unzutreffende oder verspätete LStAnmeldung führt zu einer LStVerkürzung. Bei vorsätzlicher Begehung liegt gem § 370 AO **Steuerhinterziehung,** bei Leichtfertigkeit die Ordnungswidrigkeit des § 378 AO vor. Durch rechtzeitige Selbstanzeige (§ 371 AO) kann die Strafbarkeit (§ 370 AO) vermieden werden, wobei eine Selbstanzeige bereits in der Abgabe einer nachträglichen (berichtigten) Anmeldung (mit einem höheren Betrag) liegen kann.

8 **5. Wirkung.** Die LStAnmeldung ist eine Steuererklärung iSd § 150 Abs 1 AO, in der der ArbGeb die Steuer selbst zu berechnen hat. Weicht das FA von der LStAnmeldung nicht ab, entfällt eine besondere Festsetzung. Die Anmeldung steht kraft gesetzlicher Fiktion einer Steuerfestsetzung unter dem Vorbehalt der Nachprüfung gleich (§ 168 Satz 1 iVm § 164 AO). Will das FA von der Steuererklärung abweichen, setzt es den abweichenden Steuerbetrag durch besonderen Steuerbescheid fest (§ 167 Abs 1 Satz 1 AO). Dies gilt auch soweit es sich um LSt handelt, die der ArbGeb für den ArbN einbehalten hat (§ 38 Abs 3 Satz 1 EStG) und für die er lediglich gem § 42d EStG haftet, da gem § 167 Abs 1 AO ein Steuerbescheid zu erstellen ist, wenn keine LStAnmeldung abgegeben wird, ohne dass zwischen einer Steuer- und Haftungsschuld des ArbGeb unterschieden wird. Bei einem nur **ergänzenden Bescheid** kann das nicht anders sein (s auch oben Rz 7).

9 *Krüger* bezeichnet die vom ArbGeb aufgrund der LStAnmeldung abzuführende LSt als Entrichtungs(steuer)schuld. Andere sprechen von Anmeldungssteuerschuld (zB *HMW/* Lohnsteueranmeldung Rz 27). Bei sachverhaltsbezogenen Nachforderungen nach einer LStAußenprüfung (s *Lohnsteueraußenprüfung* Rz 14 ff) hängt der Rechtscharakter des gegenüber dem ArbGeb zu erlassenden Bescheides aber davon ab, ob eine einzubehaltende (Haftungsbescheid; s *Lohnsteuerhaftung* Rz 48–62) oder eine zu übernehmende (Pauschalierungs- bzw Nachforderungsbescheid; s *Lohnsteuerpauschalierung* Rz 6) LSt festgesetzt wird (s *Schmidt/Krüger* § 41a Rz 6; *Thomas* DStR 92, 837; *HMW*/Lohnsteueranmeldung Rz 32). Führt die LStAnmeldung zu einer Erstattung, hängt die Wirkung als Vorbehaltsfestsetzung von der Zustimmung des FA ab (§ 168 Satz 2 AO). Diese erfolgt nicht ausdrücklich, sondern wird dem ArbGeb meist erst durch die Gutschrift oder Auszahlung des Erstattungsbetrages bekannt. Das schriftliche Anerkenntnis der Zahlungsverpflichtung nach einer LStAußenprüfung steht einer LStAnmeldung gleich (§ 167 Abs 1 AO).

10 **6. Änderungen der Lohnsteueranmeldung. a)** Da die LStAnmeldung unter dem Vorbehalt der Nachprüfung steht (§§ 168 Satz 1, 164 Abs 1 AO), kann sie jederzeit innerhalb der Festsetzungsfrist (§§ 169 ff AO; BFH 13.11.12 VI R 38/11, BStBl II 13, 929 und BMF 7.11.13 IV C 5 – S 2378/0-07; Dok 2013/0991881, BStBl I 13, 1474 auch für vom ArbN veruntreute Beträge; s auch *Verjährung* Rz 33 ff) geändert werden, solange der Vorbehalt der Nachprüfung besteht. Dies geschieht zB durch Einreichung einer **berichtigten Anmeldung,** sofern diese einen höheren Steuerbetrag ausweist. Bei einer Herabsetzung ist die formlose Zustimmung des FA erforderlich (§ 168 AO). Das FA kann diese bis zur abschließenden Prüfung des Steuerfalles hinausschieben (§ 164 Abs 2 AO). Eine Berichtigung der LStAnmeldung ist ungeachtet des § 41c Abs 3 EStG (s Rz 11) möglich, denn bei der in der Anmeldung festgesetzten Entrichtungssteuerschuld des ArbGeb handelt es sich um einen Sollbetrag und nicht um einen durch den tatsächlichen LStAbzug bestimmten Istbetrag (BFH 30.10.08 – VI R 10/05, BStBl II 09, 354). Nur der tatsächlich erfolgte LStAbzug kann nach Ausschreibung der LStBescheinigung nicht mehr geändert werden.

b) Eine faktische Korrektur kann der ArbGeb durch eine **Änderung des Steuerabzugs** **11** **nach § 41c EStG** erreichen. Hiernach ist der ArbGeb auch im Fall rückwirkender Gesetzesänderungen berechtigt, bei der jeweils nachfolgenden Lohnzahlung bisher beim ArbN zu viel erhobene LSt zu erstatten oder nicht erhobene LSt nachträglich einzubehalten, wenn er die bisherige unvorschriftsmäßige Einbehaltung der LSt erkennt (§ 41c Abs 1 Nr 2 EStG). Gleiches gilt, wenn ihm ELStAM zum Abruf zur Verfügung gestellt werden oder ihm der ArbN eine Bescheinigung für den LStAbzug mit Eintragungen vorlegt, die auf einen Zeitpunkt vor Abruf der ELStAM bzw Vorlage der Bescheinigung zurückwirken (§ 41c Abs 1 Nr 1 EStG; s auch *Lohnsteuerabzugsmerkmale* Rz 8, 20 f, 26 ff und *Anzeigepflichten Arbeitgeber* Rz 9). § 41 Abs 1 Satz 2 EStG verpflichtet den ArbGeb zur nachträglichen Einbehaltung bzw Erstattung, wenn ihm dies wirtschaftlich möglich ist. Zur nachträglichen Einbehaltung bei Unterschreitung der **Pfändungsfreigrenzen** s LStR 41c.1 Abs 4 Satz 3. Die mit dem Gesetz zur Sicherung von – Beschäftigung und Stabilität in Deutschland (BGBl I 09, 416) eingeführte Regelung soll sicherstellen, dass die mit dem gleichen Gesetz eingeführten Steuerentlastungen den ArbN flächendeckend und zeitnah zugutekommen. Nach Ablauf des Kj oder nach Beendigung des Dienstverhältnisses vor Ablauf des Kj ist die Änderung des LStAbzugs nur bis zur Übermittlung oder Ausschreibung der LStBescheinigung (s *Lohnsteuerbescheinigung* Rz 2 ff) zulässig (§ 41c Abs 3 EStG). Die Änderung muss dort berücksichtigt werden. Für **beschränkt Stpfl** s LStR 41c.1 Abs 8, zur Nachforderung s auch LStR 41c.3.

c) Keine Änderung. Ist der Vorbehalt der Nachprüfung aufgehoben und eine Änderung **12** auch nicht mehr nach § 41c Abs 3 EStG möglich (s Rz 11), kann der ArbN eine Berichtigung der LStBescheinigung nicht mehr verlangen. Hingegen kann der ArbN, für dessen Rechnung zu viel LSt einbehalten worden ist, diese zurückerhalten. Das geschieht entweder durch einen Erstattungsanspruch nach § 37 Abs 2 AO oder durch Verrechnung im Rahmen seiner EStVeranlagung (s *Antragsveranlagung* Rz 3 ff; LStR 41c.1 Abs 5 Satz 3). Dies gilt auch, wenn der ArbGeb nach Beendigung der unbeschränkten Stpfl zu Unrecht LSt einbehalten und abgeführt hat (BFH 23.5.2000 – VII R 3/00, BStBl II 2000, 581; s auch BFH 17.6.09 – VI R 46/07, BStBl II 10, 72 zum Ansatz als Arbeitslohn).

d) Als **partielle Änderung** der zeitraumbezogenen LStAnmeldung sieht *Thomas* sach- **13** verhaltsbezogene Nachholungen durch Haftungs- oder Pauschalierungs- bzw Nachforderungsbescheid, zB nach einer LStAußenprüfung an (*Thomas* DStR 92, 837). Zum Erlass dieser Bescheide, nachdem im Anschluss an eine LStAußenprüfung der Vorbehalt der Nachprüfung für die den Prüfungszeitraum betreffenden LStAnmeldungen aufgehoben worden ist, s *Lohnsteuerhaftung* Rz 58–61 und *Lohnsteuerpauschalierung* Rz 11.

7. Rechtsbehelfe. Da die LStAnmeldung die Wirkung einer Steuerfestsetzung entfaltet, **14** ist der Einspruch gegeben (§ 348 AO). Der **Arbeitgeber** kann auch gegen die Festsetzung aufgrund der selbst angemeldeten Steuer Einspruch einlegen, zB um eine Rechtsfrage klären zu lassen. Die Rechtsbehelfsfrist beginnt mit dem Tag des Eingangs der LStAnmeldung beim FA, wenn diese nicht zu einer Erstattung führt, ansonsten mit der Bekanntgabe der Zustimmung, idR mit der Auszahlung des Erstattungsbetrages. Einer Rechtsbehelfsbelehrung bedarf es hier nicht, trotzdem verlängert sich die Rechtsbehelfsfrist nicht auf ein Jahr, da ein schriftlicher Verwaltungsakt nicht vorliegt (BFH 25.6.98 – VI B 104/97, BStBl II 98, 649). Formell handelt es sich bei der Anmeldung anderer Abzugssteuern (SolZ, KiSt) um rechtlich gesonderte Steuererklärungen und darauf beruhende Festsetzungen (Verwaltungsakte), die zur Vereinfachung zusammengefasst sind. Diese können daher ggf einzeln angegriffen werden. Der ArbGeb sollte bei einem Einspruch gegen die LStAnmeldung klarstellen, ob er die LStAnmeldung insgesamt oder nur einzelne Festsetzungen anfechten will. Eine Ausnahme besteht, wenn der LSt-Abzug nach § 41c Abs 3 EStG nicht mehr geändert werden kann und vom ArbGeb zu Unrecht angemeldete und abgeführte LSt-Beträge beim ArbN als Arbeitslohn zu erfassen sind. Da in diesem Fall nur der ArbN erstattungsberechtigt ist, kann der ArbGeb die LSt-Anmeldung insoweit nicht anfechten (BFH 17.6.09 – VI R 46/07, BStBl II 10, 72).

Strittig ist, ob der **Arbeitnehmer** ein Anfechtungsrecht hat. ME ist dies abzulehnen, da **15** die Anmeldung keine rechtlichen Wirkungen gegenüber dem ArbN hat, sondern nur wirtschaftliche. Sie ist keine Rechtsgrundlage für die Einbehaltung der Steuer (s FG BaWü 14.10.91, EFG 92, 110; *K/S* § 41a A 21; *Giloy* BB 83, 2104; s auch *H/M/W* Lohnsteuer-

284 Lohnsteueraußenprüfung

anmeldung Rz 18/5; aA *Schmidt/Krüger* § 41a Rz 5 mwN und BFH, zuletzt 21.10.09 – I R 70/08, IStR 10, 63, sowie 20.7.05 – VI R 165/01, BStBl II 05, 890 mit Kritik hieran *MIT* DStR 05, 1491; FG Nds 10.7.08 – 11 K 335/06, EFG 08, 1970; s hierzu auch LStH 41a.1 und *Heuermann* DStR 98, 959, der im Falle der Anfechtung durch den ArbN eine notwendige Beiladung des ArbGeb im FG-Verfahren für erforderlich hält (s auch *Heuermann/Wagner* Teil G Rz 169a und FG München 27.4.01 – 8 K 3699/98, EFG 02, 629). Zur Erledigung der Anfechtungsklage des ArbN nach Ergehen des ESt-Bescheides s FG Hbg 16.10.01 – VI 108/00 (EFG 02, 343, insoweit bestätigt durch BFH 20.7.05 – VI R 165/01, BFH/NV 05, 1939). Der ArbN kann evtl zuviel erhobene LSt im Wege der Antragsveranlagung (s *Antragsveranlagung* Rz 2–6) vom FA zurückerhalten oder, sofern der Vorbehalt der Nachprüfung noch besteht, eine Änderung der Anmeldung (§ 164 Abs 2 AO) begehren (BFH 21.10.09 – I R 70/08, IStR 10, 63; s auch *Giloy* BB 93, 1410 und oben Rz 12). Zu den Möglichkeiten des ArbN, wenn der ArbGeb seiner Ansicht nach zuviel LSt einbehält, s *Lohnabzugsverfahren* Rz 25.

C. Sozialversicherungsrecht *Ruppelt*

16 Die LStAnmeldung hat für das SozVRecht keine Bedeutung.

Lohnsteueraußenprüfung

A. Arbeitsrecht *Kreitner*

1 S *Außenprüfung* Rz 1–7.

B. Lohnsteuerrecht *Seidel*

2 **1. Allgemeines.** Zur Überwachung der ordnungsgemäßen Einbehaltung (§ 38 Abs 3 EStG; s auch *Lohnabzugsverfahren* Rz 19 ff) und Abführung (§ 41a Abs 1 Nr 2 EStG; s auch *Lohnsteuerabführung* Rz 2 ff) der LSt kann das BetriebsstättenFA nach seinem Ermessen (§ 5 AO) eine LStAußenprüfung durchführen (§ 42 f Abs 1 EStG) oder ein anderes FA damit beauftragen (§ 195 Sätze 2 und 3 AO). Die Prüfung erstreckt sich darauf, ob sämtliche ArbN, auch die nicht ständig beschäftigten, erfasst wurden, alle zum Arbeitslohn gehörenden Einnahmen, gleichgültig in welcher Form, dem Steuerabzug unterworfen wurden und bei der Berechnung der LSt von der richtigen Lohnhöhe ausgegangen wurde (LStR 42 f Abs 3 Satz 1). Sie ist eine Außenprüfung iSd §§ 193 ff AO und kann als abgekürzte Außenprüfung auf die wesentlichen Besteuerungsgrundlagen beschränkt werden (§ 203 Abs 1 AO). Die §§ 5–12 BpO sind mit Ausnahme des § 5 Abs 4 Satz 2 (Anmeldefristen) anwendbar (§ 1 Abs 2 BpO). Bei kleineren Betrieben (bis fünf ArbN) kann die LStAußenprüfung auch im Rahmen einer Betriebsprüfung durchgeführt werden. Auf Verlangen des ArbGeb können die Außenprüfungen und die Prüfungen durch den Träger der RV zur gleichen Zeit gekoppelt werden (§ 42 f Abs 4 EStG; s auch unten Rz 20). Ein Rechtsanspruch hierauf besteht nicht.

3 **2. Prüfungsanordnung.** In der schriftlichen Prüfungsanordnung (§ 196 AO), die dem Stpfl angemessene Zeit vor der Prüfung bekanntzugeben ist (§ 197 Abs 1 AO), sind die Rechtsgrundlagen (a), der sachliche Umfang (b) sowie der Prüfungszeitraum (c) anzugeben.

4 **a) Prüfungsanordnung.** Nach § 193 Abs 1 AO ist bei Stpfl, die einen **gewerblichen**, einen **land- und forstwirtschaftlichen Betrieb** unterhalten oder **freiberuflich** tätig sind, eine Außenprüfung ohne besondere Begründung zulässig. Dies gilt auch für Stpfl, die **verpflichtet** sind, **für Rechnung eines anderen Steuern einzubehalten und abzuführen** (§ 193 Abs 2 Nr 1 AO), insbesondere also für ArbGeb. Steht nicht fest, ob der potenzielle Stpfl unternehmerisch oder als ArbGeb tätig ist, kommt eine Prüfung nach § 193 Abs 2 Nr 2 AO zur **Aufklärung der für die Besteuerung erheblichen Sachverhalte** in Betracht. Hier ist neben der Angabe der Rechtsgrundlage eine Begründung in der Prüfungsanordnung erforderlich (BFH 13.3.87, BStBl II 87, 664). Zur LStAußenprüfung, wenn ein Dritter ArbGebPflichten erfüllt (§ 42 f Abs 3 EStG), s *Lohnabzugsverfahren* Rz 14 ff.

b) Prüfungsumfang. Dieser erstreckt sich regelmäßig auf die LSt, auch soweit die 5
Pauschalierung nach § 37b EStG betroffen ist (s § 37b Abs 4 EStG, *Lohnsteuerpauschalierung*
Rz 60), die KiSt, den SolZ und den Steuerabzug für **beschränkt Stpfl** (§ 50a EStG; s auch
Ausländer Rz 42). Daneben können auch die Arbeitskammerbeiträge (Brem und Saarl) sowie
die Einbehaltung der Kapitalertragsteuer (§ 50b EStG) geprüft werden. Mitgeprüft wird
regelmäßig auch die ArbGeb- und die ArbNEigenschaft. Die LStAußenprüfung richtet sich
nur gegen den ArbGeb, das Rechtsverhältnis des FA zum ArbN wird hierdurch nicht
berührt, so dass sich der ArbN nicht auf Vertrauensschutz berufen kann (BFH 28.6.06 –
XI R 58/05, BFH/NV 06, 2180).

c) Prüfungszeitraum. Das FA kann grds den Prüfungszeitraum nach seinem **Ermessen** 6
bestimmen (BFH 4.11.87, BStBl II 88, 113). § 4 Abs 3 BpO (dreijähriger Prüfungszeitraum)
gilt hier nicht (s oben Rz 2). Ein Prüfungszeitraum von mehr als 3 Jahren ist daher nicht
ermessensfehlerhaft (Thür FG 22.5.97, EFG 98, 984). Da die LStAnmeldungen als Steuerfestsetzungen unter dem Vorbehalt der Nachprüfung gelten (§ 168 AO; s auch *Lohnsteueranmeldung* Rz 8), kann grds der gesamte noch nicht verjährte Zeitraum geprüft werden
(§ 169 Abs 2 Nr 2 AO; s auch *Verjährung* Rz 38, 39). Aufgrund verwaltungsinterner Anweisungen kann jedoch in einzelnen Bundesländern eine **Selbstbindung** der Verwaltung
bestehen (s zB Erlass des FinMin NRW 13.4.81, BB 81, 958, der im Normalfall eine Prüfung
der drei zurückliegenden Kj vorsieht).

d) Rechtsbehelfe. Die mit einer Rechtsbehelfsbelehrung zu versehende Prüfungsanord- 7
nung ist mit dem Einspruch anfechtbar. Eine Aussetzung der Vollziehung (§ 361 AO) ist
möglich. Ein **Verwertungsverbot** besteht nur bei einer für rechtswidrig erklärten Prüfungsanordnung (BFH 30.11.87, BStBl II 88, 183). Das Anfechtungsrecht wird nicht durch eine
widerspruchslose Einlassung auf die Prüfung verwirkt (BFH 7.11.85, BStBl II 86, 435). Die
Festlegung des Prüfungsbeginns (§ 197 Abs 1 AO) und des Prüfungsorts gehören nicht
zum notwendigen Inhalt der Prüfungsanordnung (vgl § 196 AO). Sie stellen eigene, anfechtbare
Verwaltungsakte dar (BFH 4.2.88, BStBl II 88, 413 bzgl Beginn; BFH 25.1.89, BStBl II
89, 483 bzgl Ort). Ein Antrag auf Aussetzung der Vollziehung ist immer an das FA zu richten,
das die Prüfungsanordnung erlassen hat, unabhängig davon, ob die Anordnung vom beauf-
tragenden oder beauftragten FA erlassen worden ist (BFH 17.7.08 – VI B 40/08, BFH/NV
08, 1874). Da die Bestimmungen des Prüfers keinen Verwaltungsakt darstellen, ist hiergegen
kein Rechtsbehelf gegeben (BFH 15.5.09 – IV B 3/09, BFH/NV 09, 1401). Einwendungen
können nur gegen die im Anschluss an die Prüfung ergehenden Änderungsbescheide geltend
gemacht werden.

3. Prüfungsort. Als Ort der Prüfung kommt regelmäßig der Betrieb, ausnahmsweise das 8
FA (§ 200 Abs 2 AO) oder die Kanzlei des Steuerberaters in Betracht (BFH 30.11.88,
BStBl II 89, 265), denn der Stpfl hat die erforderlichen Unterlagen grds in seinen Geschäftsräumen vorzulegen und dem Prüfer einen geeigneten Arbeitsplatz zur Verfügung zu stellen
(§ 42 f Abs 2 EStG iVm § 200 Abs 2 AO; s aber § 6 BpO). Die Entscheidung des FA über
den Prüfungsort stellt eine **Ermessensentscheidung** dar (BFH 28.11.06 – VI B 33/06,
BFH/NV 07, 646). Der Prüfer hat sich zu Beginn der Prüfung unverzüglich auszuweisen
(§ 198 AO).

4. Mitwirkung. a) Arbeitgeber. Der ArbGeb ist zur Mitwirkung bei der Feststellung 9
der Sachverhalte, die für die Besteuerung erheblich sein können, verpflichtet. Dazu gehört
insbesondere die Vorlage von Aufzeichnungen, Büchern, Geschäftspapieren und anderen
Urkunden, einschließlich der hierzu erforderlichen Erläuterungen (§ 42 f Abs 2 Satz 1 EStG
iVm § 200 Abs 1 AO). Im LStPrüfungsverfahren werden dies insbesondere die Lohn- und
Geschäftsbücher, die Aufzeichnungen nach § 4 LStDV (s *Lohnkonto* Rz 3 ff), Anstellungsverträge und Verträge sein, die geldwerte Vorteile (s *Arbeitsentgelt* Rz 36 ff) enthalten können,
zB Miet- und Kaufverträge mit den ArbN. Auf Bild- und Datenträgern aufbewahrte
Unterlagen sind ganz oder teilweise auszudrucken oder ohne Hilfsmittel lesbare Repro-
duktionen vorzulegen (§ 147 Abs 5 AO). Der Prüfer kann Einsicht in die gespeicherten
Daten nehmen und das Datenverarbeitungssystem zur Prüfung der Unterlagen benutzen oder
eine maschinelle Auswertung und Zurverfügungstellung der gespeicherten Aufzeichnungen
und Unterlagen auf einem maschinell lesbaren **Datenträger** verlangen (§ 147 Abs 6 AO; im
Einzelnen s hierzu BMF-Schreiben über „Grundsätze zum Datenzugriff und zur Prüfbarkeit

284 Lohnsteueraußenprüfung

digitaler Unterlagen (GDPdU)" vom 16.7.01 – IV D2 – S 0316 – 136/01, BStBl I 01, 415 und BMF 29.6.11 – IV C 5 – S 2386/07/0005; Dok 2011/0501455, BStBl I 11, 675 zur Anwendung eines einheitlichen Standarddatensatzes als Schnittstelle für die LStAußenprüfung, sog Digitale LohnSchnittstelle – DLS; s auch *Aufzeichnungspflichten* Rz 7 sowie *Höreth/ Schiegl* DB 01, 2509; Personal-Profi 02, 36, und *Schaumburg* DStR 02, 829). Die Befugnisse nach § 147 Abs 6 AO stehen den Finanzbehörden nur in Bezug auf Unterlagen zu, die der Stpfl nach § 147 Abs 1 AO aufzubewahren hat (BFH 24.6.09 – VIII R 80/06, DStR 09, 2006). Zu den dem Datenzugriff unterliegenden Unterlagen s ausführlich BFH 26.9.07 – I B 53, 54/07, BStBl II 08, 415 sowie FG Münster 16.5.08 – 6 K 879/07, EFG 08, 1592. Auf Antrag kann das FA bewilligen, dass die elektronischen Bücher und **Aufzeichnungen in einem EU- oder EWR-Staat** geführt und aufbewahrt werden. Allerdings muss der Zugriff in vollem Umfang möglich sein (s hierzu § 146 Abs 2a, 2b AO).

10 b) **Arbeitnehmer.** Dieser soll zur Mitwirkung erst dann angehalten werden, wenn dies erforderlich ist (s auch *Auskunftspflichten Arbeitnehmer* Rz 37, 39). Ungeachtet dessen ist der ArbN verpflichtet, dem Prüfer Auskunft über Art und Höhe seiner Einnahmen zu geben und die etwa in seinem Besitz befindliche Bescheinigung über den LStAbzug sowie Belege über bereits entrichtete LSt vorzulegen. Dies gilt auch für Personen, bei denen es strittig ist, ob sie ArbN des ArbGeb sind oder waren (§ 42 f Abs 2 Sätze 2 und 3 EStG).

11 **5. Schlussbesprechung.** Eine Schlussbesprechung, auf die der ArbGeb auch verzichten kann, findet statt, wenn sich Änderungen der Besteuerungsgrundlagen ergeben haben (§ 201 Abs 1 AO). Dies gilt nicht im Fall der abgekürzten Außenprüfung (s oben Rz 2). Hier genügt ein Hinweis vor Abschluss der Prüfung, inwieweit von den Steuererklärungen oder Steuerfestsetzungen (zB LStAnmeldung, § 168 AO) abgewichen werden soll (§ 203 Abs 2 AO). Eine Teilnahme des ArbN kommt – auch wenn es um seine Steuerschuld geht – nur mit Willen des ArbGeb in Betracht. Besteht die Möglichkeit der Einleitung eines Straf- oder Bußgeldverfahrens, ist der ArbGeb spätestens in der Schlussbesprechung darauf hinzuweisen (§ 201 Abs 2 AO). Ergibt sich für den Prüfer bereits während der Prüfung der Verdacht einer **Steuerstraftat oder Steuerordnungswidrigkeit,** muss das Straf- oder Ordnungswidrigkeitenverfahren schon vorher eröffnet werden (*T/K* § 201 AO Rz 16), mit der Folge, dass die Mitwirkung des ArbGeb nicht mehr erzwungen werden kann (§ 393 Abs 1 AO). **Vereinbarungen** in der Schlussbesprechung binden die Beteiligten grds nicht, da ein Vergleich über Steuerforderungen nicht möglich ist (*HMW*/Außenprüfung Rz 59). Bindend ist jedoch eine tatsächliche Verständigung über einen schwierig zu ermittelnden Sachverhalt (BFH 5.10.90, BStBl II 91, 45; Näheres s *Vergleich* Rz 14–16).

12 **6. Prüfungsbericht.** Dieser ist nach Abschluss der Außenprüfung – abgesehen von der abgekürzten Außenprüfung – schriftlich zu erstellen. Er hat die für die Besteuerung erheblichen Prüfungsfeststellungen in tatsächlicher und rechtlicher Hinsicht sowie die Änderung der Besteuerungsgrundlagen darzustellen. Ergeben sich keine Änderungen, genügt eine schriftliche Mitteilung hierüber (§ 202 Abs 1 AO). Ein **Rechtsbehelf** gegen den Prüfungsbericht ist **nicht möglich** (BFH 17.7.85, BStBl II 86, 21), auch wenn der Bericht auf Antrag des ArbGeb vor der Auswertung zur Stellungnahme übersandt wird (§ 202 Abs 2 AO). Erst der aufgrund des Berichts ergehende Haftungs- (s *Lohnsteuerhaftung* Rz 48–62) und/oder Nachforderungs- bzw Pauschalierungsbescheid (s *Lohnsteuerpauschalierung* Rz 6) des FA ist anfechtbar.

13 **7. Rechtsfolgen.** a) **Ablaufhemmung** für die Festsetzungsverjährung tritt mit dem Beginn der Außenprüfung ein (§ 171 Abs 4 AO; BFH 18.7.91, BStBl II 91, 824; s auch *Verjährung* Rz 38, 39). Als **Prüfungsbeginn** ist bereits das Aktenstudium des Prüfers nach Erlass der Prüfungsanordnung anzusehen (BFH 7.8.80, BStBl II 81, 409) oder auch die Auswertung der Daten bei einer Datenträgerüberlassung sowie ein Auskunfts- und Vorlageersuchen des FA, mit dem unter Hinweis auf die Außenprüfung um Beantwortung verschiedener Fragen und Vorlage bestimmter Unterlagen gebeten wird. Das Aktenstudium vor Erlass der Prüfungsanordnung reicht hingegen nicht (BFH 8.7.09 – XI R 64/07, BStBl II 10, 4; s auch AEAO zu § 198 AO, BMF 22.12.09 – IV A 4 – S 0062 – 08/10007 – 071; Dok 2009/0849356, BStBl I 10, 9 Tz 1). Die Ablaufhemmung tritt auch für den Zeitraum ein, in dem die Prüfung auf Antrag des Stpfl hinausgeschoben wird (§§ 197 Abs 2 und 171 Abs 4 Satz 1 AO). Sie gilt nicht für den EStAnspruch des FA gegenüber dem ArbN (BFH

15.12.89, BStBl II 90, 526). Ihr Umfang bestimmt sich nach der Prüfungsanordnung. Mit dem Erscheinen des Prüfers wird die Abgabe einer wirksamen, zur Straffreiheit führenden **Selbstanzeige** ausgeschlossen (§ 371 Abs 2 AO).

    b) **Nachzuerhebende Steuern** aufgrund der Prüfung kann das FA vom ArbGeb oder ArbN nachfordern. Der **Arbeitgeber** erhält, soweit Pauschsteuerbeträge nach §§ 40–40b EStG nachgefordert werden (hier ist nur eine Nachforderung beim ArbGeb möglich), als Steuerschuldner einen Nachforderungs- bzw Pauschalierungsbescheid (s auch *Lohnsteuernachforderung* Rz 15 und *Lohnsteuerpauschalierung* Rz 6), im Übrigen einen Haftungsbescheid gem § 42d Abs 1–3, 9 EStG iVm § 191 AO (s auch *Lohnsteuerhaftung* Rz 47 ff). Von den Bescheiden kann abgesehen werden, wenn der ArbGeb seine Zahlungsverpflichtung schriftlich anerkennt (§ 42d Abs 4 Satz 1 Nr 2 und Satz 2 EStG). Das schriftliche **Anerkenntnis** steht einer LStAnmeldung gleich (§ 167 Abs 1 AO) und löst deren Wirkungen aus (s *Lohnsteueranmeldung* Rz 8, 9 und *Lohnsteuerhaftung* Rz 49). Zur Haftung eines Dritten bei Lohnabzug durch Dritte s *Lohnabzugsverfahren* Rz 14.   14

    Regelmäßig wird mit dem Erlass des Nachforderungs- bzw Pauschalierungs- und/oder Haftungsbescheids gegenüber dem ArbGeb auch der Vorbehalt der Nachprüfung der LStAnmeldungen (s *Lohnsteueranmeldung* Rz 8, 9) im Prüfungszeitraum aufgehoben. Der **Arbeitnehmer,** der mit Ausnahme der Pauschalierung der LSt, Steuerschuldner ist, wird mit Nachforderungsbescheid oder durch Änderung des EStBescheids in Anspruch genommen (*Schmidt/Krüger* § 42d Rz 18, 23; s auch *Lohnsteuernachforderung* Rz 14, 15, *Lohnsteuerhaftung* Rz 19–22).   15

    c) **Änderungssperre.** Grds können Steuerbescheide, denen das Ergebnis einer Außenprüfung zugrunde liegt, nicht mehr geändert werden, es sei denn, es liegt eine Steuerhinterziehung oder eine leichtfertige Steuerverkürzung vor (§ 173 Abs 2 AO); dies gilt auch für eine Mitteilung nach § 202 Abs 1 Satz 3 AO (keine Änderung von Besteuerungsgrundlagen). Nach der Rspr des BFH gilt dies auch für nach einer LStAußenprüfung ergangene Bescheide (BFH 15.5.92, BStBl II 93, 829 und 840; *Thomas* DStR 92, 1468). Der **Umfang** der Änderungssperre ergibt sich aus dem der Prüfung zugrunde liegenden Zeitraum lt Prüfungsanordnung. Um aber bei einer vorrangigen Inanspruchnahme des ArbN (s *Lohnsteuerhaftung* Rz 19–23) die Möglichkeit offenzuhalten, den ArbGeb bei Erfolglosigkeit der Inanspruchnahme des ArbN in Anspruch zu nehmen, sind die FA angewiesen, in derartigen Fällen den Haftungsbescheid über die gesamte nachzuzahlende LSt zu erlassen, das Leistungsgebot (s *Lohnsteuerhaftung* Rz 48 f) nur auf den zunächst vom ArbGeb geforderten Betrag zu beschränken und den Widerruf des Leistungsgebots für den Fall vorzubehalten, dass die Steuererhebung beim ArbN nicht möglich ist (FinMin NRW 30.5.96, DStR 96, 1007; s aber auch FinMin NdS 1.8.97, DB 97, 2002; BB 97, 2152; BFH 17.2.95, BStBl II 95, 555). Die Änderungssperre aufgrund der LStAußenprüfung steht der Änderung eines unter dem Vorbehalt der Nachprüfung ergangenen EStBescheides nicht entgegen, selbst wenn derselbe Sachverhalt zuvor schon Gegenstand der Prüfung war, nach der der Vorbehalt der Nachprüfung der LStAnmeldungen aufgehoben wurde. LStAußenprüfungen beziehen sich nur auf die lohnsteuerrechtliche Beurteilung des dort geprüften Sachverhalts und entfalten **keine Bindungswirkung** für ein nachfolgendes Veranlagungsverfahren (BFH 14.7.04 – I R 57/03, DStR 04, 1691).   16

    Kommt das FA seiner Verpflichtung, nach dem Ende der LStAußenprüfung den Vorbehalt der Nachprüfung aufzuheben, versehentlich nicht nach, zB weil der Prüfer meint, es sei nichts veranlasst, da die Prüfung ergebnislos geblieben ist, empfiehlt es sich für den ArbGeb aus den dargestellten Gründen, die Aufhebung des Vorbehalts oder zumindest eine schriftliche Mitteilung gem § 202 Abs 1 Satz 3 AO über die Ergebnislosigkeit der Außenprüfung zu verlangen (s *Thomas* DStR 92, 1468).

    d) **Keine Bindung für die Zukunft** ergibt sich regelmäßig aus der LStAußenprüfung für das FA (zB aus der Nichtbeanstandung einer Handhabung oder aufgrund einer Auskunft durch den Prüfer) oder aus dem Prüfungsbericht (s aber *Lohnsteuerhaftung* Rz 23). Bindend sind idR nur die Anrufungsauskunft gem § 42e EStG (s *Anrufungsauskunft* Rz 5 ff), die verbindliche Zusage nach § 89 Abs 2 AO (s *Anrufungsauskunft* Rz 5) oder die verbindliche Zusage nach einer Außenprüfung (§§ 204 ff AO). Treu und Glauben stehen grds der Anordnung einer Außenprüfung für einen geprüften Zeitraum nicht entgegen (BFH 24.1.89, BStBl II 89, 440). Dies gilt auch unter Berücksichtigung der Änderungssperre des   17

284 Lohnsteueraußenprüfung

§ 173 Abs 2 AO. Generell zur Bindung des FA nach Treu und Glauben s BFH 13.12.90, BStBl II 90, 274; s auch *Vergleich* Rz 14–16.

e) Zu **Mitteilungen** des FA an die Träger der SozV und umgekehrt s unten Rz 21, 22.

18   **8. Lohnsteuer-Nachschau.** Mit der geplanten Einführung des § 42g EStG soll die Rechtsgrundlage für gemeinsame Prüfungen von Zoll- und FinVerw geschaffen und so die Beteiligung von LStAußenprüfern an Einsätzen der Zollverwaltung im Rahmen der Bekämpfung von Schwarzarbeit erleichtert werden. Die Zollverwaltung nimmt diese Aufgabe seit 2004 gemäß §§ 2 Abs 1 Satz 2 und 6 Abs 3 Satz 1 Nr 4 SchwarzarbeitG wahr. Im Rahmen der LStAußenprüfung kann die Schwarzarbeit nicht wirksam bekämpft werden, da die Prüfung nach § 197 AO rechtzeitig vor Prüfungsbeginn durch Prüfungsanordnung angekündigt werden muss (s Rz 3) und damit den Stpfl Zeit bleibt, entsprechende Vorkehrungen zu treffen. Die LStNachschau findet dagegen **ohne vorherige Ankündigung** und außerhalb einer LSt-Außenprüfung während der üblichen Geschäfts- und Arbeitszeiten mit entsprechenden Zutrittsrechten der Prüfer statt (§ 42g Abs 2 EStG). Die FA sind auch außerhalb einer Kontrolle der Zollbehörden zur Durchführung einer LStNachschau berechtigt. Es bestehen seitens des Stpfl dieselben Mitwirkungspflichten wie bei der LStAußenprüfung (§ 42g Abs 3 EStG; s auch Rz 9). Es handelt sich jedoch um **keine Prüfung iSd §§ 193 ff AO**, weshalb sie weder den Ablauf der Festsetzungsfrist (§ 171 IV AO) hemmt noch zu einer Änderungssperre nach § 173 II AO führt (so auch *Schmidt/Krüger* § 42g Rz 1). Gleichwohl kann, falls die getroffenen Feststellungen dazu Anlass geben, zu einer LStAußenprüfung nach § 42 f EStG übergegangen werden (§ 42g Abs 4 EStG). Zudem bezweckt § 42g EStG die Feststellung der zutreffenden gesetzlichen Besteuerungsgrundlagen. Sie ist damit eine Prüfung iSv § 371 II Nr 1c AO mit der Folge, dass mit Erscheinen des Prüfers aufgrund der Sperrwirkung der Vorschrift eine **Selbstanzeige** ausgeschlossen ist (BT-Drs 17/14821, S 19 f).

19   **9. Muster.** S Online-Musterformulare *„M33 Lohnsteuer: Anträge und Rechtsbehelfe".*

C. Sozialversicherungsrecht   *Schlegel*

20   **1. Prüfberichte der Finanzbehörden.** Finden beim ArbGeb Außenprüfungen nach Maßgabe des § 28p SGB IV iVm den Vorschriften der Beitragsverfahrensordnung (BVV) statt (s *Außenprüfung* Rz 11 ff), sind dem prüfenden SVTräger vom ArbGeb unaufgefordert die Bescheide und Prüfberichte der Finanzbehörden vorzulegen (vgl § 10 Abs 2 BVV). Die Prüfer sind verpflichtet, diese Unterlagen einzusehen und eine versicherungs- und beitragsrechtliche Auswertung vorzunehmen. Das Ergebnis ist im Prüfbericht festzuhalten, § 7 Abs 3, 4 BVV). Legt der ArbGeb Bescheide und Prüfberichte der Finanzbehörde nicht oder nur unvollständig vor und gibt es Gründe für die Annahme, dass er Unterlagen über die letzte Prüfung der Finanzbehörde zurückhält, sollte der Versicherungsträger eine Auskunft nach § 31 Abs 2 AO einholen. Diesen Prüfberichten kommt indessen **für die Träger der Sozialversicherung keine Bindungswirkung** zu. Die Vorlage dient mE in erster Linie Kontrollzwecken, ob der ArbGeb ein und dieselbe Person nicht, je nachdem ob es sich um steuer- oder sozialversicherungsrechtliche Fragen handelt, einmal als abhängig beschäftigten ArbN, ein anderes Mal als freien Mitarbeiter etc behandelt. Oft kann durch den Einblick in diese Prüfberichte auch entschieden werden, ob die Mitarbeit eines Familienangehörigen tatsächlich zur Versicherungspflicht führt oder ob rein familiäre Mitarbeit ohne den Charakter eines Beschäftigungsverhältnisses vorliegt; insoweit ist der Umstand, dass für die betreffende Person LSt entrichtet wurde, ein wichtiges Indiz (s *Familiäre Mitarbeit* Rz 46).

21   **2. Offenbarungsbefugnisse und -pflichten im Zusammenhang mit Außenprüfungen. a) Offenbarungsbefugnisse der Träger der Sozialversicherung gegenüber den Finanzbehörden.** Diese sieht § 71 Abs 1 Satz 1 Nr 3 SGB X „**zur Sicherung des Steueraufkommens** nach den §§ 93, 97, 105, 111 Abs 1 und 5 und § 116 AO" vor. Diese Vorschrift wird ergänzt durch § 116 AO, wonach ua die Behörden des Bundes und der Länder, zu denen auch die Träger der SozV gehören (zum Behördenbegriff vgl § 1 Abs 2 SGB X), verpflichtet sind, dem FA diejenigen Tatsachen mitzuteilen, die sie dienstlich (zB bei einer Außenprüfung) erfahren haben und die den **Verdacht einer Steuerstraftat** begründen.

b) Offenbarungsbefugnisse der Finanzbehörden gegenüber den Trägern der Sozialversicherung. Die FÄmter sind gem § 31 Abs 2 AO berechtigt, die durch das Steuergeheimnis (§ 30 AO) geschützten Verhältnisse des Betroffenen der Künstlersozialkasse und den Trägern der SozV zum Zwecke der Festsetzung von Beiträgen mitzuteilen. Auf entsprechendes Ersuchen sind sie zu diesen Mitteilungen und Auskünften auch verpflichtet. Anders als bei § 31 Abs 1 AO gilt diese Offenbarungsbefugnis auch dann, wenn die Beitragsfestsetzung nicht an die Besteuerungsgrundlagen, Steuermessbeträge oder Steuerbeträge anknüpft. Der Umstand, dass sich die Prüfbehörde (Deutsche Rentenversicherung Bund) bei ihrer Außenprüfung die Prüfbescheide der Finanzbehörden vorlegen lassen muss, beseitigt die Offenbarungsbefugnis und -pflicht der FÄmter nicht, denn nach § 10 Abs 2 BVV bleibt § 31 Abs 2 AO unberührt. Stellen die nach dem Schwarzarbeitsbekämpfungsgesetz (SchwarzArbG) zuständigen **Zollbehörden** Verstöße gegen das SGB IV oder SGB VII fest, unterrichten sie die hierfür zuständigen Stellen (zB Einzugsstellen, vgl § 7 SchwarzArbG). 22

Lohnsteuerberechnung

A. Arbeitsrecht
Griese

Den ArbGeb trifft die Pflicht, die LSt richtig zu berechnen und abzuführen. Fahrlässigkeiten hierbei, auch leichte, führen zu Schadensersatzansprüchen nach § 280 BGB (BAG 16.6.04 – 5 AZR 521/03, NZA 04, 1274). Vgl *Bruttolohnvereinbarung* Rz 4 ff, *Lohnabzugsverfahren* Rz 1 ff und unten Rz 11 u *Nettolohnvereinbarung* Rz 6. 1

B. Lohnsteuerrecht
Seidel

Übersicht

	Rz		Rz
1. Allgemeines	2	f) Lohnabrechnungszeitraum	16
2. Höhe der Lohnsteuer	3–6	g) Freistellungsbescheinigung	17
a) Jahresarbeitslohn	3	h) Lohnsteuerabzug ohne ELStAM (§ 39c EStG)	18–20
b) Laufender Arbeitslohn	4		
c) Sonstiger Bezug	5	4. Besonderheiten bei beschränkt einkommensteuerpflichtigen Arbeitnehmern	21
d) Lohnzahlungszeitraum	6		
3. Lohnsteuerabzug	7–20	5. Änderungen des Lohnsteuerabzugs	22–25
a) Unbeschränkte Einkommensteuerpflicht	7, 8	a) Fehlende Mitteilung der Identifikationsnummer und des Geburtstages	22
b) Beschränkte Einkommensteuerpflicht	9–11		
c) Laufender Arbeitslohn	12–14	b) Nachträgliche Einbehaltung oder Erstattung	23, 24
d) Sonstige Bezüge	15		
e) Nettolohnvereinbarung	15	c) Anzeigepflichten	25

1. Allgemeines. Da die LSt eine besondere Erhebungsform der ESt darstellt und die ESt eine Jahressteuer ist, hat der Gesetzgeber geregelt, wie die ESt bei jeder Lohnzahlung einzubehalten ist (s *Lohnabzugsverfahren* Rz 2 ff). Dies macht auch Regelungen zur Bemessungsgrundlage und zur Höhe der Steuer erforderlich, die in § 38a EStG enthalten sind. Die Berechnung der LSt als gegen den ArbN gerichteten Anspruch enthalten die §§ 39b und c EStG nach Streichung des bisherigen § 39d EStG durch das Gesetz zur Umsetzung der Beitreibungsrichtlinie sowie zur Änderung steuerlicher Vorschriften (BGBl I 11, 2592) einheitlich für unbeschränkt und beschränkt einkommensteuerpflichtige ArbN (s § 38b Abs 1 Satz 1 Nr 1 EStG). Gleiches gilt – wie schon bisher – für die verfahrensrechtlichen Vorschriften über die LStErmäßigung (s *Lohnsteuerermäßigung* Rz 3 ff). Bei der Ermittlung der LSt werden die Besteuerungsgrundlagen des Einzelfalles durch die Einreihung der ArbN in Steuerklassen (s § 38b Abs 1 EStG; *Lohnsteuerklassen* Rz 4 ff), Berücksichtigung von Kinderfreibeträgen (§ 38b Abs 2 EStG), Feststellung von Freibeträgen (§ 39a EStG, s *Lohnsteuerermäßigung* Rz 3 ff) sowie Bereitstellung von ELStAM oder der Ausstellung von entsprechenden Bescheinigungen für den LStAbzug (§§ 39, 39e EStG, s *Lohnsteuerabzugsmerkmale* Rz 8, 2

285 Lohnsteuerberechnung

10 ff, 26 f) unter die Anwendung der Tarifformel (früher LStTabellen) sowie des § 39b Abs 2 und 3 EStG (Näheres s *Lohnsteuertabellen* Rz 2 ff) berücksichtigt (§ 38a Abs 4 EStG). Die Berechnung der vom ArbGeb zu übernehmenden pauschalen LSt enthalten die §§ 40–40b EStG (s hierzu *Lohnsteuerpauschalierung* Rz 5 ff und bzgl § 40a Abs 2 und 2a EStG *Geringfügige Beschäftigung* Rz 20 ff). Zur Pauschalierung und Berechnung der ESt in bestimmten Fällen s *Lohnsteuerpauschalierung* Rz 59, 60.

3 **2. Höhe der Lohnsteuer. a) Jahresarbeitslohn.** Die JahresLSt bemisst sich nach dem Arbeitslohn, den der ArbN im Kj bezieht (Jahresarbeitslohn; s *Jahresarbeitsentgelt* Rz 3). Sie wird nach diesem so bemessen, dass sie der ESt entspricht, die der ArbN schuldet, wenn er ausschließlich Einkünfte aus nichtselbstständiger Arbeit hat (§ 38a Abs 1 Satz 1 und Abs 2 EStG). Die bei jeder Lohnzahlung abgezogenen Beträge stellen daher Vorauszahlungen auf die JahresLSt dar.

4 **b) Laufender Arbeitslohn** (s unten Rz 12–14). Von diesem wird die LSt jeweils mit dem auf den Lohnzahlungszeitraum entfallenden **Teilbetrag** erhoben, der sich bei Umrechnung des laufenden Arbeitslohns auf einen Jahresarbeitslohn ergibt (§ 38a Abs 3 Satz 1 EStG). Daher kommt es bei schwankendem Arbeitslohn oder arbeitslosen Zeiten zu LSt-Überzahlungen (s auch *Lohnsteuerjahresausgleich* Rz 2 ff). Eine Durchbrechung des Zuflussprinzips (s *Lohnzufluss* Rz 2) enthält § 38a Abs 1 Satz 2 EStG. Danach gilt laufender Arbeitslohn als in dem Kj bezogen, in dem der Lohnzahlungszeitraum endet. Wird zB Arbeitslohn für den Lohnzahlungszeitraum Januar schon am 28. 12. des Vorjahres gezahlt, gilt er erst im folgenden Kj als bezogen (*Schmidt/Krüger* § 38a Rz 2).

5 **c) Sonstiger Bezug** (s *Sonstige Bezüge* Rz 2). Hier wird die LSt mit dem Betrag erhoben, der zusammen mit der LSt für den laufenden Arbeitslohn des Kj und für etwa im Kj bereits bezogene sonstige Bezüge die JahresLSt ergibt (zur Berechnung s *Sonstige Bezüge* Rz 4–9).

6 **d) Lohnzahlungszeitraum** ist der Zeitraum, für den der laufende Arbeitslohn gezahlt wird (zB Tag, Woche, Monat). Dieser ergibt sich aus dem Arbeitsvertrag, dem Tarifvertrag oder einer Betriebsvereinbarung. Findet für diesen Zeitraum auch die Abrechnung statt, sind Lohnzahlungszeitraum und Lohnabrechnungszeitraum identisch (s unten Rz 13). Sie fallen auseinander, wenn der ArbGeb zB nur wöchentliche Abschlagszahlungen in ungefährer Höhe leistet und die Lohnabrechnung für einen Lohnabrechnungszeitraum (zB Monat) vorgenommen wird. Dieser darf allerdings fünf Wochen nicht übersteigen und die Lohnabrechnung muss innerhalb von drei Wochen nach dessen Ablauf erfolgen (§ 39b Abs 5 EStG; s auch *Schmidt/Krüger* § 38a Rz 3). In diesen Fällen tritt für die Durchbrechung des Zuflussprinzips nach § 38a Abs 1 Satz 2 EStG an die Stelle des Lohnzahlungszeitraums der Lohnabrechnungszeitraum (s Rz 16). Zum Lohnzahlungszeitraum bei Aufnahme oder Beendigung der Tätigkeit im Inland während eines laufenden Monats durch ausländische ArbN s BFH 10.3.04 – VI R 27/99, BFH/NV 04, 1239.

7 **3. Lohnsteuerabzug. a) Unbeschränkt einkommensteuerpflichtig** sind ArbN, die im Inland einen Wohnsitz oder ihren gewöhnlichen Aufenthalt haben (§ 1 Abs 1 Satz 1 EStG). Einen **Wohnsitz** hat jemand dort, wo er eine Wohnung unter Umständen innehat, die darauf schließen lassen, dass er die Wohnung beibehalten und benutzen wird (§ 8 AO; s auch *Lohnabzugsverfahren* Rz 7 und *Schmidt/Heinicke* § 1 Rz 20). Es ist nicht erforderlich, dass der Spfl auch den Mittelpunkt der Lebensinteressen am Wohnsitz hat (BFH 22.8.07 – III R 89/06, BFH/NV 08, 351). Den **gewöhnlichen Aufenthalt** hat jemand dort, wo er sich unter Umständen aufhält, die erkennen lassen, dass er an diesem Ort nicht nur vorübergehend verweilt. Als gewöhnlicher Aufenthalt ist stets und von Beginn an ein zeitlich zusammenhängender Aufenthalt von mehr als sechs Monaten anzusehen (§ 9 AO; s auch *Lohnabzugsverfahren* Rz 8 und *Schmidt/Heinicke* § 1 Rz 27).

8 Unter die **erweiterte unbeschränkte Einkommensteuerpflicht** fallen deutsche Staatsangehörige, die im Inland weder einen Wohnsitz noch ihren gewöhnlichen Aufenthalt haben, aber von einer inländischen öffentlichen Kasse Arbeitslohn beziehen. Unter bestimmten Voraussetzungen gilt das auch für ihre zu ihrem Haushalt gehörenden Angehörigen (§ 1 Abs 2 EStG; s im Einzelnen *Schmidt/Heinicke* § 1 Rz 35 ff, soweit es sich um den Personenkreis des § 1 Abs 2 EStG handelt). Liegen bei dem Ehegatten die Voraussetzungen des § 1 Abs 2 EStG nicht vor, kann dieser unter den Voraussetzungen des § 1 Abs 3 EStG als unbeschränkt stpfl behandelt werden (§ 1a Abs 2 Satz 1 EStG) und die familienbezogenen

Entlastungen des § 1a Abs 1 Nr 2–4 EStG in Anspruch nehmen (vgl auch *Grenzgänger* Rz 17). Unter bestimmten Voraussetzungen werden auf Antrag auch Personen, die keinen Wohnsitz oder gewöhnlichen Aufenthalt im Inland, aber inländische Einkünfte haben, als **unbeschränkt steuerpflichtig behandelt** (§ 1 Abs 3 EStG; s hierzu *Grenzgänger* Rz 16 und *Ausländer* Rz 38, 39, auch zu den Sonderregelungen gem § 1a EStG bei EU- und EWR-Staatsangehörigen). Zu einer Billigkeitsregelung bei Rückversetzung ins Inland und kurzfristigem Verbleib des Ehegatten im Ausland s BMF 8.10.96, BStBl I 96, 1191.

b) Beschränkt einkommensteuerpflichtig sind ArbN, die im Inland weder einen **9** Wohnsitz noch ihren gewöhnlichen Aufenthalt haben, nicht zu den erweitert unbeschränkt einkommenstpfl sowie nicht zu den als unbeschränkt stpfl zu behandelnden ArbN gehören und inländische Einkünfte iSd § 49 EStG haben (§ 1 Abs 4 EStG). **Inländische Einkünfte** aus nichtselbstständiger Arbeit liegen vor, wenn die Tätigkeit im Inland ausgeübt oder verwertet wird oder verwertet worden ist oder wenn der Arbeitslohn aus einer inländischen öffentlichen Kasse mit Rücksicht auf ein gegenwärtiges oder früheres Dienstverhältnis gewährt wird, ohne dass ein Zahlungsanspruch gegenüber der inländischen öffentlichen Kasse bestehen muss, oder bei einer Vergütung für eine Tätigkeit als Geschäftsführer, Prokurist oder Vorstandsmitglied einer Gesellschaft mit Geschäftsleitung im Inland oder als Entschädigung iSd § 24 Nr 1 EStG (s *Außerordentliche Einkünfte* Rz 5 ff) für die Auflösung eines Dienstverhältnisses gezahlt werden, soweit die für die zuvor ausgeübte Tätigkeit bezogenen Einkünfte der inländischen Besteuerung unterlegen haben oder bei einer Tätigkeit an Bord eines im internationalen Verkehr eingesetzten Luftfahrzeugs, das von einem Unternehmen mit Geschäftsleitung im Inland betrieben wird (§ 49 Abs 1 Nr 4a–e EStG). Die nichtselbstständige Arbeit wird im Inland ausgeübt, wenn der ArbN hier persönlich tätig wird. Sie wird im Inland verwertet, wenn der ArbN das Ergebnis seiner außerhalb des Geltungsbereichs des EStG ausgeübten Tätigkeit im Inland seinem ArbGeb zuführt, zB bei Forschungstätigkeit im Ausland und Übergabe eines Forschungsberichts an den inländischen ArbGeb (s auch LStR 39d. Abs 1; BFH 12.11.86, BStBl II 87, 377, 379, 381, 383 und BFH/NV 87, 761). Keine Besteuerung der Einkünfte aus der Verwertung im Inland der im Ausland ausgeübten Tätigkeit erfolgt unter den Voraussetzungen des LStR 2011 39d. Abs 2 (Näheres s dort). Hier muss dem ArbGeb eine Freistellungsbescheinigung des Betriebsstätten FA vorgelegt werden (§ 39b Abs 6 iVm § 52 Abs 51b EStG, voraussichtlich ab 2014 wird dies bei den ELStAM nach § 39 Abs 4 Nr 5 EStG berücksichtigt, so dass ab diesem Zeitpunkt die Vorlage einer Freistellungsbescheinigung entfällt; s auch *Lohnabzugsverfahren* Rz 22 ff). Zur Änderung des LStAbzugs s LStR 41c.1 Abs 8.

Bezüge von beschränkt einkommenstpfl **Künstlern, Berufssportlern, Schriftstellern,** **10** **Journalisten und Bildberichterstattern** unterliegen dem normalen LStAbzug, wenn diese im Rahmen eines Dienstverhältnisses tätig werden **und** die Bezüge von einem **inländischen** ArbGeb (s *Lohnabzugsverfahren* Rz 6 ff) gezahlt werden (s LStR 2011 39d Abs 3 Satz 1). Dieser kann allerdings die LSt für gastspielverpflichtete **Künstler** bei Theatern oder für freie Mitarbeiter für Funk und Fernsehen oder Mitarbeiter in der Film- und Fernsehproduktion, die nichtselbstständig tätig (vgl BMF 5.10.90, BStBl I 90, 638) und für höchstens sechs Monate beschäftigt sind, pauschal mit 20 % der gesamten Einnahmen erheben, wenn der Künstler die LSt trägt. Übernimmt der ArbGeb die LSt und den SolZ, beträgt die LSt 25,35 %, übernimmt er nur den SolZ, beträgt die LSt 20,22 %. Die LSt ist nach den Regelvorschriften zu erheben, wenn der ArbN dies verlangt. Die Beträge gelten für Einnahmen ab 30. Juni 2013 zugeflossene Beträge (ausführlich zur Besteuerung der beschränkt stpfl Künstler s BMF 31.7.02 – IV C 5 – S 2369 – 5/02, BStBl I 02, 707, zuletzt geändert durch BMF 28.3.13 IV C 5 – S 2332/09/10002, BStBl I 13, 443; s auch *Ausländer* Rz 45). Zur Steuerfreistellung ausländischer Künstler und Sportler bei Vorliegen eines besonderen öffentlichen Interesses nach § 50 Abs 4 EStG s *Holthaus* IWB 09, 157, F 3, 1531. Zum Steuerabzug von Einkünften beschränkt stpfl Fotomodelle s OFD Karlsruhe 5.8.09 – S 2303/041 – St 111/St 142, DStR 09, 1808.

Die **Sondervorschriften** der §§ 50a Abs 1 Nr 1 und 2 sowie Abs 2 EStG (Steuerabzug **11** 15 % bei künstlerischen, sportlichen, artistischen, unterhaltenden oä Darbietungen) sowie 50d EStG gelten, wenn die Vergütungen nicht von einem inländischen ArbGeb gezahlt werden (LStR 2011 39d Abs 3 Satz 2). Auf die Vergütungen für technische Produktionsleistungen und technische Hilfe durch Dritte ist keine Künstlerabzugsteuer (§ 50a Abs 1

285 Lohnsteuerberechnung

Nr 4 EStG aF; § 50a Abs 1 Nr 1 EStG) zu erheben (FG München 30.3.09 – 7 K 3826/05, EFG 09, 1119). Die inländische Verwertung von Auslandsdarbietungen unterliegt zwar der inländischen EStPflicht (s Rz 18), führt jedoch ab 2009 nicht mehr zum Steuerabzug nach § 50a EStG (zur Neuregelung des Steuerabzugs nach § 50a EStG durch das JStG 09 s auch OFD Karlsruhe 14.1.09 – S 2303/48 – St 111/St 142, DStR 09, 484). Es besteht für Darietungen eine Freigrenze von 250 € pro Darbietung und Person (§ 50a Abs 2 Satz 3 iVm Abs 1 Nr 1 EStG). Nicht zur Bemessungsgrundlage gehören Reisekosten, die besonders gewährt werden, nur insoweit als sie bei Fahrt- und Übernachtungsauslagen die tatsächlichen Kosten und bei Verpflegungsmehraufwendungen die Pauschbeträge nach § 4 Abs 5 Satz 1 Nr 5 EStG übersteigen (§ 50a Abs 2 Satz 2 EStG). Der Schuldner der Vergütung kann von den Einnahmen mit ihnen in unmittelbarem wirtschaftlichen Zusammenhang stehende Werbungskosten abziehen, wenn sie ihm vom Stpfl in einer vom FA nachprüfbaren Form nachgewiesen oder vom Vergütungsschuldner übernommen werden. Der beschränkt Stpfl muss hierzu aber Staatsangehöriger eines EU- oder EWR-Staates sein und auch seinen Wohnsitz oder gewöhnlichen Aufenthalt in einem dieser Staaten haben (§ 50a Abs 3 Satz 1 und 2 EStG). Nach § 50a Abs 5 EStG haftet der Schuldner der Vergütung für die Einbehaltung und Abführung der Steuer, und zwar bei Vorliegen der Voraussetzungen auch dann, wenn die Voraussetzungen für Erteilung einer Freistellungsbescheinigung vorliegen, diese aber noch nicht erteilt ist (FG Bln-Bdbg 4.4.12 – 12 V 12204/11, EFG 12, 1352). Auf Verlangen hat der Schuldner der Vergütung dem Steuerschuldner nach amtlich vorgeschriebenem Muster Namen und Anschrift, Art der Tätigkeit und Höhe der Vergütung, den Zahlungstag, den Betrag der einbehaltenen und abgeführten Steuer sowie das FA, an das die Steuer abgeführt worden ist, zu bescheinigen. Zum Steuererlass für beschränkt stpfl Sportler im Zusammenhang mit inländischen Spielen der europäischen Vereinswettbewerbe von Mannschaftssportarten s BMF 20.3.08 – IV C 8 – S 2303/07/0009, BStBl I 08, 538.

12 **c) Laufender Arbeitslohn** ist der Arbeitslohn, der dem ArbN regelmäßig fortlaufend zufließt, zB Monatsgehälter, Wochen- oder Tageslöhne, Mehrarbeitsvergütungen, Zuschläge und Zulagen, geldwerte Vorteile aus der ständigen Überlassung von Dienstwagen zur privaten Nutzung, Nachzahlungen und Vorauszahlungen, wenn diese sich ausschließlich auf Lohnzahlungszeiträume beziehen, die im Kj der Zahlung enden bzw innerhalb von 3 Wochen nach Ablauf des Kj gezahlt werden (LStR 39b.2 Abs 1 Nr 6 und 7; s auch *Entgeltnachzahlung* Rz 6, 7). Für die Ermittlung und Einbehaltung der LSt hat der ArbGeb die Höhe des laufenden stpfl Arbeitslohns im Lohnzahlungszeitraum – bei Lohnzahlungen in einer ausländischen Währung ggf durch Umrechnung (BFH 3.12.09 – VI R 4/08, BFH/NV 10, 727) – festzustellen und auf einen Jahresarbeitslohn **hochzurechnen**. Der Arbeitslohn eines monatlichen Lohnzahlungszeitraums ist mit 12, der eines wöchentlichen mit $360/7$ und der eines täglichen mit 360 zu vervielfältigen. Davon sind ggf ein Versorgungsfreibetrag (§ 19 Abs 2 EStG; s auch *Altersgrenze* Rz 19) und Altersentlastungsbetrag (§ 24a EStG; s auch *Altersentlastungsbetrag* Rz 6 ff) sowie etwaige auf der LStKarte eingetragene Freibeträge (s *Lohnsteuerermäßigung* Rz 5 ff) abzuziehen und ein etwaiger Hinzurechnungsbetrag hinzuzurechnen (§ 39b Abs 2 EStG; s auch *Lohnsteuerermäßigung* Rz 10).

13 Für den so ermittelten zu versteuernden Jahresbetrag ist die LSt aus der für den Lohnzahlungszeitraum maßgebenden LStTabelle unter entsprechender Teilung des Jahresbetrages ($1/12$; $7/360$ oder $1/360$) zu entnehmen bzw maschinell aufgrund des amtlichen Programmablaufplans festzustellen (s *Lohnsteuertabellen* Rz 2 ff). Die Berücksichtigung der Vorsorgepauschale erfolgt ab 1.1.10 nur noch im Rahmen des LStAbzugsverfahrens nach § 32b Abs 2 Nr 3 EStG durch Ansatz entsprechender Teilbeträge für die gesetzliche RV, KV und PflegeV bei den versicherungspflichtigen ArbN bzw die private KV und PflegeV bei den von der Versicherungspflicht Befreiten, zB Gesellschafter-Geschäftsführer, Beamte, ArbN mit Einkommen über der BMG (s *Lohnsteuertabellen* Rz 8 ff). Bei der Ermittlung der LSt ist die in den ELStAM gespeicherte Steuerklasse maßgebend (s *Lohnsteuerabzugsmerkmale* Rz 10). Die sich danach ergebende LSt ist vom Arbeitslohn abzuziehen.

14 Das BetriebsstättenFA kann allgemein oder auf Antrag des ArbGeb ein Verfahren zulassen, durch das die LSt unter den Voraussetzungen des § 42b Abs 1 EStG (**permanenter Lohnsteuerjahresausgleich**, s *Lohnsteuerjahresausgleich* Rz 14, 15) nach dem voraussichtlichen Jahresarbeitslohn ermittelt wird, wenn gewährleistet ist, dass die zutreffende JahresLSt nicht unterschritten wird (§ 39b Abs 2 Satz 12 EStG). Bei maschineller Lohnabrechnung wird die

Lohnsteuerberechnung 285

LSt maschinell ermittelt. Hierzu hat der BMF einen Programmablaufplan zu veröffentlichen § 39b Abs 8 EStG (Programmablaufplan für 2014: BMF 3.12.13 – IV C 5 – S 2361/13/10002; Dok 2013/1110146, BStBl I 13, 1536); s auch Download im Internet unter www.bundesfinanzministerium.de/Allgemeines/BMF-Schreiben). Unter der Internetadresse des BMF, Link „Service", ist ein interaktiver Steuerrechner zur LStErmittlung zu finden.

d) Sonstige Bezüge. S *Sonstige Bezüge* Rz 2–12; zur Vorsorgepauschale s *Lohnsteuertabellen* Rz 20. 15

e) Nettolohnvereinbarung. S *Nettolohnvereinbarung* Rz 10–19.

f) Lohnabrechnungszeitraum. Wenn der ArbGeb für den Lohnzahlungszeitraum lediglich Abschlagszahlungen leistet (s oben Rz 6) und eine Lohnabrechnung für einen längeren Zeitraum vornimmt (Lohnabrechnungszeitraum), kann er den Lohnabrechnungszeitraum als Lohnzahlungszeitraum behandeln und die LSt abweichend von § 38 Abs 3 EStG (Einbehaltung bei Lohnzahlung) erst bei der Lohnabrechnung einbehalten, wenn der Lohnabrechnungszeitraum nicht mehr als fünf Wochen beträgt und die Lohnabrechnung innerhalb von drei Wochen nach Ablauf des Lohnabrechnungszeitraums erfolgt. Das BetriebsstättenFA kann anordnen, dass die LSt von den Abschlagszahlungen einzubehalten ist, wenn die Erhebung der LSt sonst nicht gesichert erscheint. Wenn wegen einer besonderen Entlohnungsart weder ein Lohnzahlungs- noch ein Lohnabrechnungszeitraum festgestellt werden kann, gilt als Lohnzahlungszeitraum die Summe der tatsächlichen Arbeitstage oder Arbeitswochen (§ 39b Abs 5 EStG). 16

g) Freistellungsbescheinigung wegen DBA (§ 39b Abs 6 iVm § 52 Abs 51b EStG, voraussichtlich ab 2015 § 39 Abs 4 Nr 5 EStG, s *Lohnsteuerabzugsmerkmale* Rz 13): s hierzu *Lohnabzugsverfahren* Rz 22, 23 sowie *Auslandstätigkeit* Rz 42 ff. 17

h) Lohnsteuerabzug ohne ELStAM (§ 39c EStG). Solange der ArbN dem ArbGeb schuldhaft die ihm zugeteilte Identifikationsnummer und seinen Geburtstag zum Zweck des Abrufs der ELStAM (§ 39e Abs 4 Satz 1 EStG; s *Lohnsteuerabzugsmerkmale* Rz 19) oder das BZSt die Mitteilung der ELStAM wegen (gezielter) Sperrung durch den ArbN oder Antrag des ArbN, für ihn keine ELStAM mehr zu bilden, verweigert (s § 39e Abs 6 Sätze 6 und 7; *Lohnsteuerabzugsmerkmale* Rz 23), hat der ArbGeb die LSt nach der Steuerklasse VI zu ermitteln (s *Lohnsteuerklassen* Rz 11). Hat der ArbN die fehlende Mitteilung der ihm zuzuteilenden Identifikationsnummer zB aufgrund von Verzögerungen bei der Vergabe der Nummer nicht zu vertreten oder kann der ArbGeb die ELStAM wegen technischer Störungen nicht abrufen, hat der ArbGeb für die LStBerechnung die voraussichtlichen LStAbzugsmerkmale iSd § 38b EStG und nicht die LStKlasse VI längstens für die Dauer von drei Monaten zugrunde zu legen (§ 39c Abs 1 Sätze 1 und 2 EStG). Sobald der ArbN die erforderlichen Daten mitgeteilt hat, hat der ArbGeb die ELStAM abzurufen und den durchgeführten LStAbzug zu prüfen und unter Anwendung von § 41c EStG (s *Lohnsteueranmeldung* Rz 10 ff) ggf durch Ausgleich der zu viel oder zu wenig einbehaltenen LSt in der nächsten Lohnabrechnung zu korrigieren (§ 39c Abs 1 Sätze 4 und 5 EStG). Ist abzusehen, dass die Erteilung der Identifikationsnummer länger als drei Monate dauern wird, hat das FA ersatzweise eine Bescheinigung für den LStAbzug in Papierform zu erstellen (vgl §§ 39 Abs 3 EStG, 39e Abs 8 EStG), die der ArbN dann innerhalb der **Drei-Monats-Frist** dem ArbGeb vorzulegen hat. 18

Bei **Überschreiten** der Drei-Monats-Frist ist der LStAbzug **rückwirkend** für die ersten drei Monate nach Steuerklasse VI vorzunehmen. Die Gesetzesbegründung geht allerdings davon aus, dass im Falle der nicht (vollständigen) bzw verzögerten Abrufbarkeit der ELStAM durch den ArbGeb aufgrund technischer Probleme im Rahmen der Einführung der ELStAM der Drei-Monats-Zeitraum durch Verwaltungsanweisung großzügig verlängert wird (BT-Drs 17/6263 S 54). Dies ist jedoch nicht geschehen, s BMF 11.10.12 – IV C 5 – S 2363/07/0002–03; Dok 2012/0929862, BeckVerw 268151 und www.bundesfinanzministerium.de Tz III 8). 19

Bei **erweitert unbeschränkt einkommensteuerpflichtigen** und auf Antrag **als unbeschränkt steuerpflichtig zu behandelnden Arbeitnehmern** (s oben Rz 8) ist die LSt nach Steuerklasse VI zu ermitteln, wenn der Antrag auf Ausstellung einer Bescheinigung für den LStAbzug beim BetriebsstättenFA nach §§ 39 Abs 3 Satz 1, 39e Abs 8 EStG weder vom ArbN noch in ihrem Namen vom ArbGeb gestellt wurde (s *Lohnsteuerabzugsmerkmale* Rz 26). Nur auf Antrag des ArbN erteilt das BetriebsstättenFA eine Bescheinigung über die Zahl der 20

285 Lohnsteuerberechnung

Kinderfreibeträge und einen etwa in Betracht kommenden Frei- oder Hinzurechnungsbetrag nach § 39a EStG (§ 39c Abs 3 EStG; zu den eintragungsfähigen Freibeträgen und dem Hinzurechnungsbetrag s *Lohnsteuerermäßigung* Rz 5 ff). Anstelle der Drei-Monats-Frist tritt bei diesen ArbN eine **Sechs-Wochen-Frist** ab Eintritt in das Dienstverhältnis oder nach Beginn des Kj. Für die auf Antrag als unbeschränkt stpfl zu behandelnden ArbN ist eine Pflichtveranlagung durchzuführen (§ 46 Abs 2 Nr 7b EStG; s *Antragsveranlagung* Rz 15).

21 **4. Besonderheiten bei beschränkt einkommensteuerpflichtigen Arbeitnehmern.** Nach § 50 Abs 2 EStG gilt die ESt durch den Steuerabzug als abgegolten, wenn nicht nachträglich festgestellt wird, dass die Voraussetzungen der unbeschränkten Stpfl iSd § 1 Abs 2 oder 3 oder § 1a EStG (s oben Rz 8) nicht vorgelegen haben (§ 50 Abs 2 Nr 2 EStG; s auch BFH 23.9.08 – I R 65/07, BStBl II 09, 666; Verfassungsbeschwerde nicht zur Entscheidung angenommen: BVerfG 23.7.09 – 2 BvR 1464/09) oder der ArbN eine EStVeranlagung beantragt (§ 50 Abs 2 Nr 4b EStG) bzw als ELStAM ein Freibetrag nach § 39a Abs 4 (die Pauschbeträge übersteigende Werbungskosten und/oder Sonderausgaben oder ein Frei- bzw Hinzurechnungsbetrag nach § 39a Abs 1 Nr 7 EStG) gebildet worden ist (§ 50 Abs 2 Nr 4a EStG) s auch *Ausländer* Rz 45) bzw beschränkt stpfl ArbN, die keinen inländischen ArbGeb haben und bei denen der Steuerabzug nach § 50a Abs 1 Nr 1 oder 2 EStG vorgenommen wurde, eine EStVeranlagung beantragen (§ 50 Abs 2 Nr 5 EStG; s hierzu auch oben Rz 10). Bei beschränkt stpfl ArbN ist der zu versteuernde Jahresbetrag (§ 39b Abs 2 Satz 5 EStG) nur um den die Einkünfte abzüglich der auf die Zeit der Erzielung der Einnahmen nach § 49 Abs 1 Nr 4 EStG entfallenden Aufwendungen nach § 50 Abs 1 Satz 4 EStG (abziehbare Werbungskosten und Vorsorgeaufwendungen) übersteigenden Teil des Grundfreibetrags zu erhöhen (§ 50 Abs 1 Satz 2 EStG) wie bei anderen beschränkt Stpfl. Soweit ein **Dritter** ArbGebPflichten nach § 38 Abs 3a Satz 1 EStG zu erfüllen hat (s *Lohnabzugsverfahren* Rz 16), kann er auch bei beschränkt Stpfl die LSt für einen **sonstigen Bezug** mit 20 % unabhängig von den ELStAM des ArbN ermitteln, wenn der Jahresarbeitslohn zzgl des sonstigen Bezugs 10 000 € nicht übersteigt (§ 39c Abs 3 EStG).

22 **5. Änderungen des Lohnsteuerabzugs. a)** Zu den Änderungen wegen **fehlender Mitteilung der Identifikationsnummer und des Geburtstages** (§ 39c Abs 1 EStG) oder der Bescheinigung für den LStAbzug (§ 39c Abs 2 EStG) s oben Rz 15–17.

23 **b) Nachträgliche Einbehaltung oder Erstattung.** Der ArbGeb ist berechtigt, bei der jeweils nächstfolgenden Lohnzahlung bisher erhobene LSt zu erstatten oder nicht erhobene LSt nachträglich einzubehalten, wenn ihm ELStAM zum Abruf bereitgestellt werden bzw der ArbN eine Bescheinigung über den LStAbzug mit Eintragungen vorlegt, die auf einen davor liegenden Zeitpunkt zurückwirken, oder der ArbGeb erkennt, dass er die LSt bisher nicht vorschriftsmäßig einbehalten hat (§ 41c Abs 1 EStG). Dies gilt aber nur, soweit die LSt von ihm einbehalten worden ist oder einzubehalten war bzw bei Nettolöhnen von ihm zu übernehmen ist (LStR 41c.1 Abs 2).

24 Die **Änderung des LStAbzugs** wegen Rückwirkung der Eintragungen gilt auch in Fällen der erstmaligen Abrufbarkeit von ELStAM nach Vornahme des LStAbzugs ohne ELStAM (vgl auch LStR 2011 41c.1 Abs 3). Bei nachträglicher Einbehaltung ist eine Verteilung auf mehrere nachfolgende Lohnzahlungen unzulässig. Reicht der Barlohn nicht aus, ist die nachträgliche Einbehaltung zu unterlassen und dem FA eine entsprechende Anzeige zu erstatten. Die zu erstattende LSt ist dem Betrag zu entnehmen, den der ArbGeb für seine ArbN insgesamt an LSt einbehalten oder übernommen hat. Wenn die zu erstattende LSt aus dem abzuführenden Betrag nicht gedeckt werden kann, ersetzt das FA den Fehlbetrag. Hierbei genügt die Kenntlichmachung in der LStAnmeldung. Macht der ArbGeb von seiner Berechtigung zur LStErstattung keinen Gebrauch, kann der ArbN beim FA die Erstattung beantragen (§ 41c Abs 2 EStG; LStR 41c.1 Abs 5 Satz 3). Die Änderung des LStAbzugs ist **nur bis zur Übermittlung oder Ausschreibung der LStBescheinigung** (s *Lohnsteuerbescheinigung* Rz 11 ff) zulässig. Nach Ablauf des Kj richtet sich die nachträgliche Einbehaltung oder Erstattung nach dem Jahresarbeitslohn und der Jahreslohnsteuer. Eine Erstattung durch den ArbGeb ist dabei aber nur im Wege des LStJahresausgleichs (s *Lohnsteuerjahresausgleich* Rz 3–6) zulässig (§ 41c Abs 3 EStG). Die nachträglich einbehaltene LSt ist zusammen mit der übrigen einbehaltenen LSt des abgelaufenen Kj in einer Summe in der LStBescheinigung anzugeben (LStR 41c.1 Abs 6 Satz 4). Vom ArbGeb zu Unrecht angemeldete und abgeführte LSt (zB wegen Nichtauszahlung des Lohnes) sind beim ArbN als Arbeitslohn jedenfalls dann steuerlich zu erfassen, wenn der LStAbzug nach § 41c Abs 3 EStG nicht mehr geändert werden kann (BFH 17.6.09 – VI R 46/07, DStR 09, 2043). Bei **beschränkt stpfl ArbN** ist nach Ablauf des Kj eine Änderung des LStAbzugs nur für die Lohnzahlungszeiträume vorzunehmen, auf die sich die Änderungen beziehen. Änderungen mit Erstattung sind hier nur vom FA durchzuführen (LStR 41c.1 Abs 8).

c) Anzeigepflichten. Macht der **Arbeitgeber** von seiner Berechtigung zur nachträglichen Einbehaltung der LSt keinen Gebrauch oder kann er die LSt nicht nachträglich einbehalten, weil der ArbN von dem ArbGeb keinen Lohn mehr bezieht oder der ArbGeb bereits eine LStBescheinigung ausgeschrieben hat, hat er dies dem BetriebsstättenFA zur Nachforderung der zu wenig einbehaltenen LSt vom ArbN – unabhängig von der Höhe der LSt – **unverzüglich** anzuzeigen (§ 41c Abs 4 EStG). In der schriftlichen Anzeige sind der Name, die Anschrift des ArbN und alle auf der LStKarte eingetragenen Besteuerungsmerkmale sowie der Anzeigegrund und die für die Berechnung der LStNachforderung erforderlichen Mitteilungen über Höhe und Art des Arbeitslohns, zB Auszug aus dem Lohnkonto anzugeben (LStR 41c.2 Abs 2). Durch die Anzeige kann der ArbGeb seine Haftungsinanspruchnahme ausschließen (§ 42d Abs 2 Nr 1 EStG; s auch *Lohnsteuerhaftung* Rz 15). Wenn der nachzufordernde Betrag 10 € übersteigt, hat das BetriebsstättenFA die zu wenig erhobene LSt vom ArbN nachzufordern (§ 41c Abs 4 Satz 2 EStG; s auch *Lohnsteuernachforderung* Rz 3 ff). Die Anzeigepflicht besteht jedoch unabhängig von diesem Mindestbetrag (LStR 41c.2 Abs 1 Satz 4). Wenn es zweckmäßig erscheint, zB weil der ArbN zu veranlagen ist, kann das BetriebsstättenFA die Anzeige an das WohnsitzFA des ArbN weiterleiten (LStR 41c.2 Abs 3).

C. Sozialversicherungsrecht *Schlegel*

Da die Beiträge zu den SozVTrägern auf eigenen Rechtsgrundlagen beruhen, hat die LStBerechnung für das SozVRecht nur dann und insoweit Bedeutung, als Lohnnachleistungen auf das zuletzt erzielte Nettoarbeitsentgelt bzw eine vergleichbare pauschalierte Bemessungsgrundlage abstellen (§ 47 Abs 1 SGB V). Besonderheiten gelten jedoch bei der *Lohnsteuerpauschalierung*.

Lohnsteuerbescheinigung

A. Arbeitsrecht *Poeche*

1. Ausgangslage. Spätestens im Februar des Folgejahres oder bei Beendigung des Arbeitsverhältnisses ist dem ArbN nach § 41b Abs 1 S 3 EStG vom ArbGeb ein Ausdruck der aus dem Lohnkonto übernommenen und dem FA übermittelten Daten auszuhändigen oder elektronisch bereitzustellen. Anhand der LStBescheinigung kann der ArbN kontrollieren, ob die arbeitsvertragsbezogenen Daten (Beginn und Ende des Arbeitsverhältnisses sowie die Höhe des Bruttoentgelts und tatsächlich gezahlten Entgelts) richtig sind. Weiter ergibt sich, welche *Lohnsteuerabzugsmerkmale* der ArbGeb zugrunde gelegt und welche Leistungen er dem LStAbzug unterworfen hat. Ungeachtet der Verankerung der LStBescheinigung im Steuerrecht besteht Einigkeit, dass die LStBescheinigung zu den *Arbeitspapieren* gehört, deren Herausgabe der ArbN beanspruchen kann. Für eine hierauf gerichtete Klage ist das ArbG nach § 2 Abs 1 Nr 3c ArbGG zuständig.

2. Streit über die Ausfüllungspflicht und die Richtigkeit von Eintragungen. a) Rechtsweg. Streit besteht über die Zuständigkeit des ArbG oder des FG, wenn es um die Verpflichtung des ArbGeb zur Ausfüllung der LStBescheinigung als solcher und die inhaltliche Richtigkeit der Daten geht. Das BAG nimmt eine Zuständigkeit des FG an (BAG 11.6.03 – 5 AZB 1/03, NZA 03, 877). Dabei geht es von einer arbeitsvertraglichen Nebenpflicht des ArbGeb aus, die LStBescheinigung „richtig" auszufüllen. Deren Inhalt werde aber durch die Regelungen des EStG ausgestaltet. Eine konkrete arbeitsrechtliche Vorschrift, die bestimme, wie eine LStBescheinigung auszusehen habe, gebe es nicht. Prägend sei damit das Steuerrecht. Für den Rechtsweg zum ArbG fehle es an dem Merkmal „bürgerliche" Rechtsstreitigkeit. Der BFH sieht das anders (BFH 13.12.07 – VI R 57/04, DStRE 08, 616; 4.9.08 – VI B 108/07, BeckRS 2008, 25014321). Wie das BAG geht er davon aus, maßgebend sei, ob der zur Klagebegründung vorgetragene Sachverhalt für die aus ihm hergeleitete Rechtsfolge von Rechtssätzen des Arbeitsrechts oder des öffentlichen Rechts geprägt werde. Im Gegensatz zum BAG nimmt der BFH an, die Zuständigkeit des ArbG sei dann gegeben, wenn es bei dem Rechtsstreit „im Kern" um arbeitsrechtliche Fragen gehe. Dazu gehören nach seiner Auffassung der Streit, ob und für welchen Zeitraum ein Arbeitsverhältnis bestanden hat, welche arbeitsrechtlichen Ansprüche – insbesondere Barlohnansprüche – bestehen/bestanden haben und damit letztlich um Entgelt gestritten wird (so auch FG München 9.7.04 – 1 K 1234/04, BeckRS 2004, 26016294). Obwohl es sowohl in dem vom BAG entschiedenen Rechtsstreit als auch in dem des BFH vom 4.9.08 ausschließlich um das nach Auffassung des ArbN fehlerhaft bescheinigte Enddatum des Arbeitsverhältnisses ging, hat der BFH sich nicht in Widerspruch zum BAG gesehen und von einer Anfrage, ob das BAG an seiner Auffassung festhält, abgesehen. Das BAG hatte, soweit ersichtlich, bisher keine Gelegenheit, sich mit der Argumentation des BFH auseinander zu setzen. Auch in seiner Entscheidung vom 7.5.13 (– 10 AZB 8/13, BeckRS 13, 69228) konnte es offen lassen, ob es sich dessen Auffassung anschließt. Es hat aber ausdrücklich darauf hingewiesen, dass die FG jedenfalls dann zuständig sind, wenn es im Kern um einen abgabenrechtlichen Streit geht. Im Ergebnis ist dem BFH zuzustimmen. Der Finanzrechtsweg ist ausschließlich für öffentlich-rechtliche Rechtsstreitigkeiten eröffnet. Das Einkommensteuerrecht bestimmt das Ob und Wie der Steuerpflicht von ArbGebLeistungen; die Eintragungen müssen die tatsächlichen Verhältnisse widerspiegeln. Dadurch werden aber keine öffentlich-rechtlichen Pflichten des ArbGeb gegenüber dem ArbN begründet; solche bestehen – abgesehen von der Aushändigungspflicht – ausschließlich gegenüber dem Fiskus. Ansprüche des ArbN gegen den ArbGeb auf Ausfüllung und Berichtigung können daher allein auf dem „Lebenssachverhalt" Arbeitsverhältnis beruhen und mangels ausdrücklicher Vorschriften aus arbeitsvertraglicher Nebenpflicht iSv § 241 Abs 2 BGB hergeleitet werden. Inhalt und Reichweite der Rücksichtnahmepflichten (*Fürsorgepflicht*) sind als bürgerlich-rechtliche Fragen vom ArbG zu beurteilen (vgl FG Sachs 18.5.05 – 5 K 612/05, BeckRS 2005, 26020909). Das ArbG ist dementsprechend stets zuständig, wenn es um die **objektive (tatsächliche) Richtigkeit** der Eintragungen geht, vorausgesetzt, die Entscheidung des ArbG bindet die Finanzverwaltung nicht hinsichtlich der Beurteilung steuerrechtlicher Tatbestände (ErfK/*Koch* ArbGG § 2 Rz 22). S auch Rz 29.

3   **b) Beispiele für die Zuständigkeit des ArbG:** Bescheinigt wird ein Bruttolohn, ArbN behauptet eine Nettolohnvereinbarung; der vom ArbGeb bescheinigte Bruttolohn ist nur teilweise ausgezahlt worden; dem ArbN ist tatsächlich sehr viel mehr gezahlt worden als ausgewiesen; die LStBescheinigung ist nicht deckungsgleich mit dem Lohnkonto; gestritten wird um die Übernahme der Pauschalsteuer oder der Umsatzsteuer im Innenverhältnis (BAG 20.5.08 – 9 AZR 406/07, NZA-RR 09, 168).

4   **c) Praxishinweis.** Ein Rechtsstreit des ArbN gegen den ArbGeb auf Ausfüllung oder Berichtigung lohnt sich regelmäßig nicht. Er bildet allenfalls einen Ausschnitt aus dem Streitkomplex. Streiten die Parteien darüber, ob zwischen ihnen überhaupt ein Arbeitsverhältnis bestanden hat, bietet sich der sog Statusprozess an. Bei Streit über die Übernahme der LSt durch den ArbGeb sollte auf Zahlung des vermeintlich fehlenden Entgelts geklagt werden, bei Streit über das Beendigungsdatum auf Annahmeverzugslohn. Im Übrigen dient die LStBescheinigung lediglich dem Nachweis gegenüber dem FA. Falscheintragungen, die sich zu Lasten des ArbN auswirken, können dort geklärt werden. Das BAG hat in seiner Entscheidung vom 7.5.13 (– 10 AZB 8/13, BeckRS 13, 69228) dementsprechend auch darauf hingewiesen, dass eine Klage auf Berichtigung der LStBescheinigung unzulässig sein dürfte.

5   **3. Schadensersatz.** Da der ArbN die LStBescheinigung – anders als die LStKarte – einem neuen ArbGeb nicht vorlegen muss, stellt sich nicht mehr die Frage nach einem Ersatzanspruch wegen verspäteter oder unterlassener Herausgabe des Arbeitspapiers. Ersatzansprüche kommen dagegen in Betracht, wenn der ArbGeb bei der Errechnung und Abführung der LSt schuldhaft Nebenpflichten verletzt, dadurch einen Schaden des ArbN verursacht und dem ArbN kein Mitverschulden zur Last gelegt werden kann (BAG 30.4.08 – 5 AZR 725/07, NZA 08, 884; s auch *Anrufungsauskunft* Rz 2).

4. Vollstreckung. Ein Titel auf Erteilung einer LStBescheinigung wird nach § 888 ZPO **6** durch Festsetzung eines Zwangsgeldes, ersatzweise Zwangshaft, vollstreckt (LAG Bln-Bbg 4.4.11 – 17 Ta 429/11, BeckRS 2011, 71012). Wird allein die Herausgabe geschuldet, so handelt es sich um eine vertretbare Handlung, die nach § 883 ZPO zu vollstrecken ist (LAG Nürnberg 9.6.11 – 7 Ta 15/11, BeckRS 2011, 73470).

B. Lohnsteuerrecht *Seidel*

1. Elektronische Lohnsteuerbescheinigung. a) Der ArbGeb hat bei Abschluss des **11** Lohnkontos, dh bei Beendigung des Dienstverhältnisses oder am Ende des Kj, aufgrund der Eintragungen im Lohnkonto eine LStBescheinigung auf elektronischem Weg nach Maßgabe der SteuerdatenübermittlungsVO (s *Lohnsteueranmeldung* Rz 3) zu übermitteln (§ 41b Abs 1 EStG). Eine Ausnahme gilt nur noch für ArbGeb ohne maschinelle Lohnabrechnung, die ausschließlich ArbN im Rahmen einer geringfügigen Beschäftigung im Privathaushalt beschäftigen (s *Hauswirtschaftliches Beschäftigungsverhältnis* Rz 10 ff). Dieser hat eine LStBescheinigung nach amtlich vorgeschriebenem Muster auszustellen (§ 41b Abs 3 Satz 1 EStG). Dies muss aber auch für ArbGeb gelten, die keinen Zugang zum Internet haben (s auch § 39e Abs 7 EStG, s *Lohnsteuerabzugsmerkmale* Rz 28, *HMW* Lohnsteuerbescheinigung Rz 4). Zur Ausstellung besonderer LStBescheinigungen s unten Rz 16. Für Teilzeitbeschäftigte (s *Teilzeitbeschäftigung* Rz 114 ff), deren Bezüge pauschal besteuert worden sind, sind keine LStBescheinigungen zu übermitteln (s auch Rz 17). Dies gilt auch, wenn ein ArbN nur pauschal besteuerte Bezüge nach §§ 40 bis 40b EStG (s *Lohnsteuerpauschalierung* Rz 13–39, 40–57; *Geringfügige Beschäftigung* Rz 22) erhalten hat (§ 41b Abs 2 EStG). Eine LStBescheinigung ist allerdings dann erforderlich, wenn der ArbN ausschließlich nach DBA steuerfreie Bezüge erhalten hat. Eine LStBescheinigung hat der ArbGeb auch für die ArbN zu erstellen, für die er den LStAbzug als Dritter vornimmt (s *Lohnabzugsverfahren* Rz 14 ff und unten Rz 15).

b) Die LStBescheinigung ist bis spätestens 28. 2. des Folgejahres, nach amtlich vor- **12** geschriebenem Datensatz zu übermitteln (§ 41b Abs 1 Satz 2 EStG). Die Datensatzbeschreibung sowie das entsprechende Vordruckmuster werden im BStBl I bekannt gemacht (LStR 41b. Abs 1; Abs 1; **2014:** BMF 28.8.13 – IV C 5 – S 2378/13/10002; Dok 2013/0272073, BStBl I 13, 1132). Ist der ArbGeb nicht zur elektronischen Übermittlung verpflichtet, hat er nach Ablauf des Kj oder falls das Dienstverhältnis vor diesem Zeitpunkt endet, auf der Rückseite der vom FA ausgestellten Bescheinigung für den LStAbzug (§§ 39 Abs 3, 39e Abs 7 oder 8 EStG; s *Lohnsteuerabzugsmerkmale* Rz 26 ff), die einen entsprechenden Vordruck enthalten soll (BT-Drs 17/6263 S 58), eine LStBescheinigung auszustellen und dem ArbN unabhängig von einer EStVeranlagung auszuhändigen (§ 41b Abs 1 Satz 4–6 EStG; LStR 41b. Abs 2). Zur Berechnung eines sonstigen Bezugs in diesen Fällen s *Sonstige Bezüge* Rz 6. Nach Übermittlung der elektronischen LStBescheinigung ist eine Änderung des LStAbzugs nicht mehr möglich. Eine bloße **Korrektur** eines zunächst unrichtig übermittelten Datensatzes ist jedoch unbeschadet der Anzeigepflicht nach § 41c Abs 4 Satz 1 Nr 2 EStG zulässig (LStR 41c.1 Abs 7), zB bei Nachzahlungen nach Beendigung des Dienstverhältnisses im selben Kj für Lohnzahlungszeiträume bis zur Beendigung des Dienstverhältnisses (vgl LStR 39b.5 Abs 4). Bei der erneuten Übermittlung muss das vorher verwendete Ordnungsmerkmal (zB eTIN) unverändert beibehalten werden.

c) Für die Datenübermittlung hat der ArbGeb **ab 2010** die **Identifikationsnummer** des **13** ArbN (§ 139b EStG) zu verwenden (§ 41b Abs 2 Sätze 3 und 4 EStG; BMF 9.11.09 – IV C 5 – S 2378/09/10004; Dok 2009/0724054, BStBl I 09, 1313), die der nach der Steuerdaten-Übermittlungsverordnung (BGBl I 03, 139, zuletzt geändert am 8.1.09, BGBl I 09, 31) authentifizierte ArbGeb zur Verfahrensvereinfachung beim BZSt erheben kann (§ 41b Abs 2 Sätze 5–8 EStG). Die Speicherung der Daten ist **verfassungsgemäß** (BFH 18.1.12 – II R 49/10, BStBl II 12, 168; vgl auch BMF 22.7.13 IV A 3 – S 0625/13/10002; Dok 2013/0620203). Für die voraussichtlich bis 2014 weiterhin erforderliche Verwendung der bisherige **eTin** in den Fällen der Ausstellung einer Bescheinigung für den LStAbzug durch das FA mangels zugeteilter Identifikationsnummer (§§ 39 Abs 3, 39e Abs 8 EStG) s *Lohnsteuerabzugsmerkmale* Rz 27.

d) Die Einführung der elektronischen LStBescheinigung ermöglicht auch die Abgabe **14** einer vereinfachten EStErklärung (s *Antragsveranlagung* Rz 3). Das FA kann die Lohndaten

286 Lohnsteuerbescheinigung

des ArbN bundesweit aufgrund der eTin bzw Steueridentifikationsnummer automatisch für die Durchführung der EStVeranlagung beisteuern. Die übermittelten Daten werden den Einkünften aus nichtselbstständiger Arbeit zugeordnet. Der ArbN erhält einen Ausdruck der elektronischen LStBescheinigung (s unten Rz 19) oder den Hinweis auf eine Abrufmöglichkeit. Er braucht der EStErklärung keinen Ausdruck der LStBescheinigung beifügen. Die Angabe der eTin bzw später der Identifikationsnummer genügt.

15 2. **Inhalt. a)** Anzugeben sind der **Name,** Vorname, das Geburtsdatum und die **Anschrift** des ArbN (bzw dessen eTin oder Steueridentifikationsnummer) sowie die abgerufenen ELStAM oder die auf der entsprechenden Bescheinigung für den LStAbzug eingetragenen LStAbzugsmerkmale und die Bezeichnung sowie die Nummer des FA, an das die LSt abgeführt wurde, außerdem die **Steuernummer** des **ArbGeb** bzw der lohnsteuerlichen Betriebsstätte (§ 41b Abs 1 Nr 1 EStG; letzte Zeile des Musters). Ebenso ist bei Lohnzahlungen durch **Dritte** deren Steuernummer anzugeben.

16 b) **Dauer** des Dienstverhältnisses im Kj (Muster Nr 1) sowie **Anzahl** der im Lohnkonto vermerkten Großbuchstaben U (Muster Nr 2; § 41 Abs 1 Satz 6 EStG: jeweils Fortfall des Anspruchs auf Arbeitslohn an mindestens fünf aufeinander folgenden Arbeitstagen; § 41b Abs 1 Nr 2 EStG; s auch *Lohnkonto* Rz 5).

17 c) **Bruttoarbeitslohn** (Muster Nr 3), wobei der Gesamtbetrag einschließlich des Werts der Sachbezüge (s *Sachbezug* Rz 11 ff) für das Kj anzugeben ist. Dazu gehören neben dem laufenden Arbeitslohn für im Kj endende Lohnzahlungszeiträume (s *Lohnzufluss* Rz 5), den im Kj zugeflossenen sonstigen Bezügen (s *Sonstige Bezüge* Rz 2) und den Versorgungsbezügen, die zusätzlich unter Nr 8 einzutragen sind (s auch Rz 24), auch stpfl Entschädigungen und Arbeitslohn für mehrere Kj, die **nicht ermäßigt besteuert** wurden. Sie sind unter Nr 19 nochmals gesondert aufzuführen. Wurden diese **ermäßigt besteuert,** sind sie nur unter Nr 9 (Versorgungsbezüge) bzw Nr 10 einzutragen, die LSt, KiSt und SolZ hierzu unter Nr 11–13. Netto gezahlter Arbeitslohn ist mit dem umgerechneten Bruttobetrag anzusetzen (s *Nettolohnvereinbarung* Rz 15). Zusätzlich ist der Großbuchstabe S (Muster Nr 2) anzugeben, wenn die LSt von einem **sonstigen Bezug** im ersten Dienstverhältnis berechnet wurde und dabei der Arbeitslohn aus früheren Dienstverhältnissen des Kj außer Betracht geblieben ist (§ 41b Abs 1 Nr 3 EStG; s auch *Sonstige Bezüge* Rz 5). **Freibeträge** für Versorgungsbezüge (§ 19 Abs 2 EStG), der Altersentlastungsbetrag (§ 24a EStG) dürfen **nicht** gekürzt, andere Freibeträge nicht abgezogen und Hinzurechnungsbeträge nicht hinzugerechnet werden. Gleiches gilt für **Steuerfreie Einnahmen** (vgl dort Rz 5 ff). Ein Ansatz darf hier nicht erfolgen. Hat der ArbGeb stpfl – auch ermäßigt besteuerten – Arbeitslohn **zurückgefordert**, ist bei fortbestehendem Dienstverhältnis nur der gekürzte stpfl Bruttoarbeitslohn zu bescheinigen.

Zum Ansatz von Unterstützungsleistungen in Form von Geldbeträgen bzw Zinsvorteilen oder –zuschüssen durch ArbGeb an hochwassergeschädigte ArbN und Arbeitslohnspenden s *Steuerfreie Einnahmen* Rz 25 Unterstützungsleistungen.

18 d) Der ArbGeb hat die vom bescheinigten Bruttoarbeitslohn einbehaltene **Lohnsteuer, KiSt** sowie den **SolZ** getrennt anzugeben (Muster Nr 4–6; § 41b Abs 1 Nr 4 EStG). Der bisherige Vermerk des Großbuchstabens B bei der gekürzten Vorsorgepauschale ist aufgrund der Verschiebung der gesetzlichen Regelung zur Vorsorgepauschale von § 10c EStG zu § 39b Abs 2 Satz 5 Nr 3 und Abs 4 EStG und dem Wegfall der Unterscheidung zwischen ungekürzter und gekürzter Vorsorgepauschale entfallen (Aufhebung von § 41 Abs 1 Satz 4 EStG; s auch *Lohnsteuertabellen* Rz 18). Die beim LStJahresausgleich erstatteten Beträge sind mit den einbehaltenen Beträgen zu verrechnen. Als erhobene LSt ist in der LStBescheinigung der sich nach Verrechnung der erhobenen mit der erstatteten LSt ergebende Betrag zu bescheinigen. Die KiSt ist stets unter Nr 6 oder 13 zu bescheinigen. Bei konfessionsverschiedenen Ehen ist der auf den Ehegatten entfallende Teil der KiSt unter Nr 7 oder 14 anzugeben. Da in den Ländern Bayern, Bremen und Niedersachsen eine Halbteilung der KiSt nicht in Betracht kommt, ist die in diesen Ländern einbehaltene KiSt stets unter Nr 6 und 13 einzutragen.

19 e) Die Summe der ausgezahlten Beträge aus **Kurzarbeitergeld, Zuschuss zum Mutterschaftsgeld, Verdienstausfallentschädigung nach dem Infektionsschutzgesetz** sowie aus den nach § 3 Nr 28 EStG steuerfreien **Aufstockungsbeträgen** oder **Zuschlägen** (Muster Nr 15; § 41b Abs 1 Nr 5 EStG). Bei einer Rückforderung von Kurzarbeitergeld hat der ArbGeb die gekürzten Beträge zu bescheinigen und mit einem Minuszeichen zu versehen, falls sich nach Verrechnung ein negativer Betrag ergibt.

f) Die auf die Entfernungspauschale anzurechnenden **steuerfreien** sowie die **pauschal** besteuerten ArbGebLeistungen für **Fahrten zwischen Wohnung und Arbeitsstätte** (Muster Nr 17 und 18; § 41b Abs 1 Nr 6, 7 EStG).

g) Ab 2014 den Großbuchstaben M für die dem ArbN während einer beruflichen Tätigkeit außerhalb seiner Wohnung und ersten Tätigkeitsstätte vom ArbGeb oder auf dessen Veranlassung von einem Dritten zur Verfügung gestellten **Mahlzeiten** (§ 41b Abs 1 Nr 8 EStG). S auch *Essenszuschuss* Rz 19 u BMF 30.9.13 IV C 5 – S 2353/13/10004; Dok 2013, 0862915, BStBl I 13, 1279 Tz 3d.

h) Der Großbuchstabe F (= Fahrkarte; Muster Nr 2) ist bei steuerfreier **Sammelbeförderung** nach § 3 Nr 32 EStG anzugeben (§ 41b Abs 1 Nr 9 EStG).

i) Steuerfreie **Verpflegungszuschüsse** bei Auswärtstätigkeit (Dienstreisen, Einsatzwechsel- und Fahrtätigkeit) und steuerfreie Vergütungen bei doppelter Haushaltsführung nach § 3 Nr 13 und 16 EStG (Muster Nr 20 und 21; § 41b Abs 1 Nr 10 EStG). Hat das Betriebsstätten-FA für die steuerfreie Vergütung für Verpflegung eine andere Aufzeichnung als im Lohnkonto zugelassen (§ 4 Abs 2 Nr 4 Satz 2 LStDV), müssen diese Beträge nicht zwingend bescheinigt werden. Der **Ansatz** erfolgt mit dem Sachbezugswert bei einer üblichen Verköstigung (LStR 8.1 Abs 8 Nr 2). Bei Bewertung mit dem tatsächlichen Wert ist der steuerfreie Anteil zu bescheinigen, falls der Verpflegungspauschbetrag noch nicht ausgeschöpft ist. Wird die Gewährung von Mahlzeiten aufgrund eines Einbehalts durch den ArbGeb nicht als Arbeitslohn besteuert, ist der ungekürzte steuerfreie Verpflegungszuschuss, sonst der tatsächlich ausgezahlte zu bescheinigen (vgl BMF 27.9.11 – IV C 5 – S 2353/09/1004; Dok 2011/0760630, BStBl I 11, 976).

j) Beiträge zu den gesetzlichen RV und an berufsständische Versorgungseinrichtungen (auch die umlagefinanzierte **Hüttenknappschaftliche Zusatzversicherung** im Saarland), getrennt nach ArbGeb- und ArbNAnteil (Muster Nr 22 und 23; § 41b Abs 1 Nr 11) mit **Ausnahme** der ArbGeb-Beiträge für Beschäftigte nach § 172 Abs 1 SGB VI (weiterbeschäftigte Rentner), Beiträge im Zusammenhang mit nach § 32 Nr 2 EStG steuerfreiem Kurzarbeitergeld (s *Kurzarbeit* Rz 27) und steuerfreie Beiträge zur gesetzlichen RV iSv § 3 Nr 28 EStG (*Altersteilzeit* s dort Rz 28). Gleiches gilt für Beiträge an inländische Versicherungsunternehmen zur **Alterssicherung,** sofern darin zumindest teilweise ein ArbNAnteil enthalten ist. Bei RVBeiträgen bei **geringfügiger Beschäftigung** (s *Geringfügige Beschäftigung* Rz 20 ff) ist der ArbGebAnteil auch dann abziehbar, wenn der ArbN auf die RVFreiheit nicht verzichtet hat. Werden **Globalbeiträge an ausländische Sozialversicherungsträger** gezahlt, ist der auf die RV entfallende Teilbetrag zu bescheinigen (s dazu BMF 29.10.12 – IV C 3 – S 2221/09/10013:001; Dok 2012/0953221, DStR 12, 2233).

k) Nach § 3 Nr 62 EStG **steuerfreie** ArbGebZuschüsse zur **freiwilligen Kranken- und Pflegeversicherung** (Muster Nr 24; § 41b Abs 1 Nr 12 EStG). Bezieht der ArbN Kurzarbeitergeld, sind die gesamten Zuschüsse zu bescheinigen.

l) Die auf den stpfl Arbeitslohn entfallenden **ArbNBeiträge** zur inländischen **gesetzlichen KV**, zur inländischen **sozialen PflegeV** und zur **ArblV** bzw bei den nicht Versicherungspflichtigen die im LStAbzugsverfahren tatsächlich berücksichtigten Teilbeträge **zur privaten Basis-KV** und **PflegeV** (Muster Nr 25–28; § 41b Abs 1 Nr 13–15 EStG; § 39b Abs 2 Satz 5 Nr 3 Buchst d EStG s auch *Lohnsteuertabelle Rz 13 ff*). Dies gilt auch für Versorgungsbezüge bei Pflichtversicherten nur, wenn der ArbGeb die Beiträge an die Krankenkasse abführt (sog **Firmenzahler**). Wurde – ggf auch in einzelnen Lohnabrechnungszeiträumen – die Mindestvorsorgepauschale berücksichtigt, ist diese zu bescheinigen (zB bei Berücksichtigung für zwei Monate $^2/_{12}$ der Pauschale). Auch bei geringfügig Beschäftigten, bei denen die LSt nach den LStAbzugsmerkmalen des ArbN erhoben wird, sowie bei Praktikanten, Schülern und Studenten, ist, wenn kein ArbNAnteil zu entrichten ist, die Mindestvorsorgepauschale zu bescheinigen und bei negativem Betrag mit einem Minuszeichen zu versehen. Beiträge an **ausländische SozVTräger** sind **nicht** zu bescheinigen (BMF 26.11.13 – IV C 5 – S 2367/09/10001; Dok 2003/1078676, BStBl I 13, 1400 Tz 6.3; s auch *Lohnsteuertabellen* 8 ff. Zu beachten ist, dass bei den Nrn 22–27 keine Beiträge bescheinigt werden, die auf steuerfreien Arbeitslohn entfallen, unabhängig davon, ob sich die Steuerfreiheit aus § 3 Nr 62 EStG oder einer anderen Vorschrift ergibt (zB DBA, Auslands-

286 Lohnsteuerbescheinigung

tätigkeitserlass; s *Auslandstätigkeit* Rz 42 ff). Unter den Nrn 22–27 sind jedoch die bei einem sozialversicherungspflichtigen ArbN erhobenen Beiträge von **pauschal versteuertem Arbeitslohn** zu bescheinigen, soweit sie nicht auf steuerfreien Lohn entfallen. Die auf steuerfreien Arbeitslohn entfallenden Zuschüsse und Beiträge für freiwillig Versicherte sind hingegen unter Nr 24–26 zu bescheinigen. Ist in einem Lohnzahlungszeitraum **sowohl steuerfreier als auch steuerpflichtiger Arbeitslohn** bezogen worden, ist nur der Anteil der SozVBeiträge zu bescheinigen, der sich nach dem Verhältnis des stpfl Arbeitslohns zum gesamten Arbeitslohn des Lohnzahlungszeitraums ergibt. Stpfl Anteile, die nicht der SozV-Pflicht unterliegen, sind nicht in die Verhältnisrechnung einzubeziehen (s im Übrigen BMF 28.8.13 – IV C 5 – S 2378/13/10 002; Dok 2013/0272073, BStBl I 13, 1132 Tz 13 f; s auch *HMW*/Lohnsteuerbelege Rz 4).

Wird bei **geringfügig Beschäftigten** die LSt nach den ELStAM erhoben und ist kein ArbN-Anteil für die KV zu entrichten, ist unter Nr 28 die Mindestvorsorgepauschale anzusetzen.

24 m) Die **Bemessungsgrundlage für den Versorgungsfreibetrag** und den Zuschlag zum Versorgungsfreibetrag (§ 19 Abs 2 EStG – das Zwölffache des Versorgungsbezugs für den ersten vollen Monat zuzüglich voraussichtlicher Sonderzahlungen einschließlich gewährter weiterer Zuwendungen, wie stpfl Fahrtkostenzuschüsse, Freifahrtberechtigungen, Kontoführungsgebühren) sowie der Beginn des Versorgungsbezugs sind entsprechend den Aufzeichnungen im Lohnkonto (s *Lohnkonto* Rz 4) ebenfalls in die LStBescheinigung (Muster Nr 29 und 30) zu übernehmen. Unter Muster Nr 31 ist nur bei **unterjähriger Zahlung** von laufenden Versorgungsbezügen der erste und letzte Monat (zB 02–12), für den Versorgungsbezüge gezahlt werden, einzutragen. Soweit die maßgebenden Versorgungsbeginne in unterschiedliche Kj fallen, sind die Angaben zu Nr 29, 30 und ggf 31 für jeden Versorgungsbezug getrennt zu bescheinigen. Bei Versorgungsbezügen, die einen **sonstigen Bezug** darstellen (Sterbegelder, Kapitalauszahlungen/Abfindungen von Versorgungsbezügen und als sonstige Bezüge zu behandelnde Nachzahlungen von Versorgungsbezügen, die unter Nr 3 und 8 des Musters enthalten sind), sind unter Nr 32 gesondert zu bescheinigen. Fällt bei **mehreren Versorgungsbezügen** – auch bei Zahlung als sonstiger Bezug – der maßgebende Beginn in dasselbe Kj, können die zusammengerechneten Bemessungsgrundlagen in Nr 29 in einem Betrag bescheinigt werden. Die Nrn 8, 9 (s Rz 17) sowie 30 und 32 können dann ebenfalls zusammengefasst werden. Bei unterschiedlichen Versorgungsbeginnen ist getrennt zu bescheinigen.

25 Das an Angehörige des öffentlichen Dienstes ausgezahlte **Kindergeld** ist bei Auszahlung mit den Bezügen oder dem Arbeitsentgelt unter Nr 33 zu bescheinigen.

26 **3. Manuelle Lohnsteuerbescheinigung.** Bestimmte ArbGeb ohne maschinelle Lohnabrechnung (s oben Rz 2) erstellen die LStBescheinigung nach amtlich vorgeschriebenem Muster. Bei der manuellen LStBescheinigung hat der ArbGeb dem ArbN die LStBescheinigung unabhängig von einer EStVeranlagung desselben auszuhändigen; im Übrigen hat der ArbGeb die LStBescheinigung dem BetriebsstättenFA einzureichen (§ 41b Abs 3 EStG; s unten Rz 16). Für die Ausschreibung der LStBescheinigungen gelten die oben unter Rz 6–14 dargestellten Anweisungen sowie weiterhin die Anordnungen in LStR 2005 R 135 und 136. Wegen des Inhalts der LStBescheinigung s oben Rz 6 ff. Zum Ausfüllen der manuellen LStBescheinigung gelten die vorstehenden Ausführungen entsprechend.

27 **4. Besondere Lohnsteuerbescheinigung.** Hat das BetriebsstättenFA des ArbGeb zugelassen, dass dieser nicht am Abrufverfahren teilnimmt (§ 39e Abs 7 EStG), hat er eine besondere LStBescheinigung nach amtlich vorgeschriebenem Muster zu erteilen (s BMF 22.8.11 – IV C 5 – S 2378/11/10 002, BStBl I 11, 813, 820). Die besondere LStBescheinigung kann aber auch elektronisch übermittelt werden. Inhaltlich entspricht die besondere LStBescheinigung den im Rahmen der elektronischen Übermittlung anzugebenden Daten bzw der manuellen LStBescheinigung. Soweit der Vordruck der besonderen LStBescheinigung die Angaben zu den Versorgungsbezügen (Muster Nr 29 bis 32 der elektronischen LStBescheinigung) nicht enthält, sind sie in den nicht benötigten Feldern des Vordrucks einzutragen. Die Ausstellung einer besonderen LStBescheinigung kommt in den Fällen der Ausstellung einer Bescheinigung für den LStAbzug durch das FA in Betracht, also **a)** für ArbN, bei denen die Einbehaltung der LSt ohne ELStAM erfolgt ist (§ 39c Abs 1 EStG;

Lohnsteuerbescheinigung

s auch *Lohnsteuerabzugsmerkmale* Rz 19 und *Lohnsteuerberechnung* Rz 15), **b)** für die im Ausland wohnhaften Bediensteten iSd §§ 1 Abs 2, 1a Abs 2 EStG (s *Lohnsteuerberechnung* Rz 8, *Lohnsteuerabzugsmerkmale* Rz 26 f), **c)** für ArbN, die nach § 1 Abs 3 EStG als unbeschränkt einkommenstpfl gelten (s *Lohnsteuerberechnung* Rz 8, *Lohnsteuerabzugsmerkmale* Rz 26 f), **d)** geringfügig Beschäftigte iSv § 8a SGB IV (§ 39e Abs 7 EStG).

Für **Teilzeitbeschäftigte,** deren Arbeitslohn nach § 40a EStG pauschal besteuert worden ist, sowie für ArbN, die nur nach §§ 40 oder 40b EStG pauschal besteuerte Bezüge erhalten haben, sind keine LStBescheinigungen auszustellen (§ 41b Abs 4 EStG). Auch dem **beschränkt** stpfl ArbN ist bei Beendigung des Dienstverhältnisses oder am Ende des Kj eine LStBescheinigung zu erteilen (§ 39d Abs 3 Satz 5 EStG). Dies gilt auch, wenn die LSt bei beschränkt stpfl Künstlern pauschaliert wurde (BMF 31.7.02 – IV C 5 – S 2369 – 5/02, BStBl I 02, 707 Tz 3.3; s auch *Lohnsteuerberechnung* Rz 19). Der Vordruck für die besondere LStBescheinigung wird dem ArbGeb auf Anforderung kostenlos vom FA zur Verfügung gestellt (s auch oben Rz 15). **28**

5. Durchsetzung der Arbeitgeberpflichten. Das FA kann die Pflichteintragungen und die Übermittlung bzw Einsendung der LStBescheinigungen mit Zwangsmitteln durchsetzen (§§ 328 ff AO; regelmäßig Zwangsgeld). Dies kann der ArbN auch beim FA anregen (Beck-PersHB/Bd I Arbeitspapiere IV 2). Wird aufgrund unrichtiger Angaben ESt (bzw LSt) verkürzt, haftet der ArbGeb nach § 42d Abs 1 Nr 3 EStG (s *Lohnsteuerhaftung* Rz 11). Der ArbN hat einen vor dem ArbG verfolgbaren Anspruch auf Herausgabe, Erteilung, Ergänzung und Berichtigung der LStBescheinigung) bzw Herausgabe eines Abdrucks der elektronischen LStBescheinigung oder einen Hinweis auf die Abrufmöglichkeit, denn hierfür ist der ArbGeb zuständig. Die FG sind entgegen der Auffassung des BAG (11.6.03 – 5 AZB 1/03, NJW 03, 2629) nicht zuständig, es sei denn, es ist strittig, ob bei der Lohnabrechnung berücksichtigte LSAbzugsbeträge in der LStBescheinigung auszuweisen sind (BFH 13.12.07 – VI R 57/04, BStBl II 08, 434; s auch *von Bornhaupt* BB 08, 935; *Schmidt/Krüger* § 41b Rz 2 und FG Rhld-Pf 23.9.02 – 1 K 1626/02, EFG 03, 52; FG Hbg 30.6.03 – II 110/03, EFG 03, 1639). ME übersieht das BAG, das eine öffentlich-rechtliche Verpflichtung nur zwischen dem ArbGeb und dem FA besteht; geht der ArbN gegen seinen ArbGeb vor, ist dieser Beklagter. Damit handelt es sich um einen Rechtsstreit zwischen dem ArbN und dem ArbGeb und nicht zwischen dem ArbGeb und dem FA (s auch FG Münster 14.12.11 – 10 K 81/11, BeckRS 2012, 94332; FG München 20.7.07 – 1 K 1376/07, EFG 07, 1707 und FG Nds 1.8.08 – 11 K 239/08, EFG 08, 1987). Bei negativem Kompetenzkonflikt FG/ArbG s BFH 30.6.05 – VI S 7/05, BFH/NV 05, 1849 sowie 14.10.05 – VI S 17/05 NV, DStRE 06, 440. Nach Abschluss des LStAbzugs bzw der Übermittlung der LStBescheinigung kann der ArbN jedoch eine Berichtigung der LStBescheinigung nicht mehr verlangen (BFH 19.10.01 – IV R 36/96, BFH/NV 02, 340), eine bloße Korrektur eines zunächst unrichtig übermittelten Datensatzes bleibt zulässig (LStR 41c.1 Abs 7; s auch *Lohnsteuerberechnung* Rz 25 sowie *Lohnsteuerjahresausgleich* Rz 11). Zum Schadensersatz des ArbN bei fehlerhafter Bescheinigung s *Arbeitgeberhaftung* Rz 19. **29**

6. Muster. Nachdem die Erstellung einer manuellen LStBescheinigung nunmehr die Ausnahme darstellt, da idR eine elektronische LStBescheinigung nach amtlich vorgeschriebenem Datensatz zu erfolgen hat (s oben Rz 3), wird das **Muster** des Ausdrucks der elektronischen LStBescheinigung abgedruckt. Das Muster der besonderen LStBescheinigung ist in BStBl I 13, 1138 abgedruckt. **30**

Lohnsteuerbescheinigung

Ausdruck der elektronischen Lohnsteuerbescheinigung für 2014
Nachstehende Daten wurden maschinell an die Finanzverwaltung übertragen.

		EUR	Ct
1.	Dauer des Dienstverhältnisses	vom - bis	
2.	Zeiträume ohne Anspruch auf Arbeitslohn	Anzahl „U"	
	Großbuchstaben (S, M, F)		
3.	Bruttoarbeitslohn einschl. Sachbezüge ohne 9. und 10.		
4.	Einbehaltene Lohnsteuer von 3.		
5.	Einbehaltener Solidaritätszuschlag von 3.		
6.	Einbehaltene Kirchensteuer des Arbeitnehmers von 3.		
7.	Einbehaltene Kirchensteuer des Ehegatten von 3. (nur bei konfessionsverschiedener Ehe)		
8.	In 3. enthaltene Versorgungsbezüge		
9.	Ermäßigt besteuerte Versorgungsbezüge für mehrere Kalenderjahre		
10.	Ermäßigt besteuerter Arbeitslohn für mehrere Kalenderjahre (ohne 9.) und ermäßigt besteuerte Entschädigungen		
11.	Einbehaltene Lohnsteuer von 9. und 10.		
12.	Einbehaltener Solidaritätszuschlag von 9. und 10.		
13.	Einbehaltene Kirchensteuer des Arbeitnehmers von 9. und 10.		
14.	Einbehaltene Kirchensteuer des Ehegatten von 9. und 10. (nur bei konfessionsverschiedener Ehe)		
15.	Kurzarbeitergeld, Zuschuss zum Mutterschaftsgeld, Verdienstausfallentschädigung (Infektionsschutzgesetz), Aufstockungsbetrag und Alterstellzeitzuschlag		
16. Steuerfreier Arbeitslohn nach	a) Doppelbesteuerungsabkommen		
	b) Auslandstätigkeitserlass		
17.	Steuerfreie Arbeitgeberleistungen für Fahrten zwischen Wohnung und erster Tätigkeitsstätte		
18.	Pauschalbesteuerte Arbeitgeberleistungen für Fahrten zwischen Wohnung und Tätigkeitsstätte		
19.	Steuerpflichtige Entschädigungen und Arbeitslohn für mehrere Kalenderjahre, die nicht ermäßigt besteuert wurden - in 3. enthalten		
20.	Steuerfreie Verpflegungszuschüsse bei Auswärtstätigkeit		
21.	Steuerfreie Arbeitgeberleistungen bei doppelter Haushaltsführung		
22. Arbeitgeberanteil	a) zur gesetzlichen Rentenversicherung		
	b) an berufsständische Versorgungseinrichtungen		
23. Arbeitnehmeranteil	a) zur gesetzlichen Rentenversicherung		
	b) an berufsständische Versorgungseinrichtungen		
24. Steuerfreie Arbeitgeberzuschüsse	a) zur gesetzlichen Krankenversicherung		
	b) zur privaten Krankenversicherung		
	c) zur gesetzlichen Pflegeversicherung		
25.	Arbeitnehmerbeiträge zur gesetzlichen Krankenversicherung		
26.	Arbeitnehmerbeiträge zur sozialen Pflegeversicherung		
27.	Arbeitnehmerbeiträge zur Arbeitslosenversicherung		
28.	Beiträge zur privaten Kranken- und Pflege-Pflichtversicherung oder Mindestvorsorgepauschale		
29.	Bemessungsgrundlage für den Versorgungsfreibetrag zu 8.		
30.	Maßgebendes Kalenderjahr des Versorgungsbeginns zu 8. und/oder 9.		
31.	Zu 8. bei unterjähriger Zahlung: Erster und letzter Monat, für den Versorgungsbezüge gezahlt wurden		
32.	Sterbegeld, Kapitalauszahlungen/Abfindungen und Nachzahlungen von Versorgungsbezügen - in 3. und 8. enthalten		
33.	Ausgezahltes Kindergeld		–
	Finanzamt, an das die Lohnsteuer abgeführt wurde (Name und vierstellige Nr.)		

Datum:

eTIN:

Identifikationsnummer:

Personalnummer:

Geburtsdatum:

Transferticket:

Dem Lohnsteuerabzug wurden zugrunde gelegt:

Steuerklasse/Faktor	gültig ab

Zahl der Kinderfreibeträge	gültig ab

Steuerfreier Jahresbetrag	gültig ab

Jahreshinzurechnungsbetrag	gültig ab

Kirchensteuermerkmale	gültig ab

Anschrift und Steuernummer des Arbeitgebers:

C. Sozialversicherungsrecht *Schlegel*

31 Für das SozVRecht hat die LStBescheinigung keine Bedeutung. Vgl im Übrigen *Verdienstbescheinigung* Rz 8 ff.

Lohnsteuerermäßigung

A. Arbeitsrecht
Poeche

Regelmäßig ist es für den ArbGeb ohne Interesse, welche steuerlichen Merkmale der ArbN auf der LStKarte hat eintragen lassen. Veränderungen im Lauf eines Kj wegen Eheschließung und Wahl der LStKlassen, Minderung oder Erhöhung der Kinder- oder sonstiger **Freibeträge** lassen seine Pflicht zur Zahlung des Bruttoarbeitsentgelts unberührt. Anderes gilt, wenn er zu einer **Nettozahlung** verpflichtet ist. Der ArbN hat es dann in der Hand, durch Änderung der steuerlichen Tatbestände die Belastung des ArbGeb zu erhöhen (Näheres: *Altersteilzeit* Rz 12, *Lohnsteuerklassen* Rz 2; *Nettolohnvereinbarung* Rz 7). 1

B. Lohnsteuerrecht
Seidel

1. Allgemeines. Im LStErmäßigungsverfahren können auf Antrag des ArbN als ELStAM (§§ 39 Abs 1, 4 Nr 3, 39e EStG; s *Lohnsteuerabzugsmerkmale* Rz 12 f, 15) bestimmte, in § 39a Abs 1 Nr 1–8 EStG genannte Freibeträge bzw ein Hinzurechnungsbetrag gebildet werden, die der ArbGeb bei der LStBerechnung (s *Lohnsteuerberechnung* Rz 9) zu beachten hat. Bei erweitert unbeschränkt stpfl ArbN und bei als unbeschränkt stpfl zu behandelnden ArbN sind die Vorschriften über das LStErmäßigungsverfahren für die Eintragung auf deren Bescheinigungen nach §§ 39 Abs 2 und 3 EStG entsprechend anzuwenden (s *Lohnsteuerberechnung* Rz 17). Auf die Bestätigung der ausländischen Steuerbehörde (s *Ausländer* Rz 38) kann im Ermäßigungsverfahren verzichtet werden, wenn bereits für eines der beiden vorangegangenen Jahre eine Bestätigung vorliegt und sich die Verhältnisse nicht geändert haben (BMF 25.11.99 – IV C 1 – S 2102 – 31/99, BStBl I 99, 990). Für beschränkt stpfl ArbN vgl *Lohnsteuerberechnung* Rz 2, 7 ff. Der ArbN kann damit bereits eine frühzeitige Berücksichtigung seiner steuerlich abzugsfähigen Aufwendungen bei der jeweiligen Lohnauszahlung erreichen. Stattdessen kann er aber auch seine Aufwendungen erst nach Ablauf des Kj im Rahmen der EStVeranlagung bzw Antragsveranlagung (s *Antragsveranlagung* Rz 2 ff) geltend machen. Ein Interesse des ArbGeb an der Bildung von Freibeträgen als ELStAM des ArbN dürfte wohl nur dann bestehen, wenn das für ihn von finanzieller Bedeutung ist, zB bei Nettolohnvereinbarungen (s *Nettolohnvereinbarung* Rz 10 ff) und bei einer Pauschalierung nach § 40 Abs 1 EStG (s *Lohnsteuerpauschalierung* Rz 14–27). 3

Da es sich oft um Ausgaben handelt, die erst künftig entstehen, genügt hier eine entsprechende **Glaubhaftmachung** (s auch LStR 39a.1 Abs 1). Liegen mehrere Ermäßigungsgründe vor, so ist die Summe der Beträge als ELStAM zu bilden (§ 39a Abs 1 Satz 1 EStG). Der ermittelte Jahresfreibetrag wird auf Monatsfreibeträge, erforderlichenfalls auch auf Wochen- und Tagesfreibeträge aufgeteilt (§ 39a Abs 2 Satz 6 EStG). Bei einer Eintragung während des laufenden Kj wird er gleichmäßig auf die noch verbleibenden Monate aufgeteilt (s auch LStR 39a.1 Abs 10). Eine rückwirkende Eintragung ist, außer bei Antragstellung bis 31. 1. des Kj nicht möglich (§ 39a Abs 2 Satz 6 EStG). Ob dies im Hinblick auf die Möglichkeit der rückwirkenden Minderung von EStVorauszahlungen (§ 37 Abs 3 Satz 3 – vor 1996 Satz 4 – EStG) verfassungsgemäß ist, ist zweifelhaft (FG München 1.12.94, DStR 95, 1142). Zur rückwirkenden Änderung s unten Rz 13. 4

2. Freibeträge können a) automatisiert gebildet werden, b) von einer bestimmten Mindestgrenze abhängen (beschränkt eintragungsfähige Aufwendungen) oder c) nicht (unbeschränkt eintragungsfähige Aufwendungen). Sie **gelten** mit Ausnahmen des Pauschbetrags für Behinderte oder Hinterbliebene für ein Kj (§ 38b Abs 1 Satz 2 EStG). S auch die Informationen der OFD Koblenz für 2012 vom 21.9.11 unter www.fin-rlp.de/start/presse/pressemeldungen/archiv/index.html und FinMin Sachsen unter www.steuern.sachsen.de unter Lohnsteuer. Das neue Verfahren startet zum 1.1.13. Mit der Umstellung müssen die in der Übergangszeit automatisch übertragenen Freibeträge mit Ausnahme der Pauschbeträge für Behinderte und Hinterbliebene **erneut beantragt** werden (s Rz 12 sowie www.bundesfinanzministerium.de/Themen/Steuern/Steuerarten/Lohnsteuer/BMF_ Schreiben, OFD Rheinland 20.9.12 – Kurzinfo ESt 28/2012 und *Lohnsteuerabzugsmerkmale* Rz 8 ff, 13). 5

287 Lohnsteuerermäßigung

6 **a) Automatisiert** als ELStAM gebildet werden die Kinderfreibeträge für Kinder unter 18 Jahren (§§ 39 Abs 4 Nr 2, 39e Abs 1 Satz 1 EStG; *Lohnsteuerabzugsmerkmale* Rz 11). Zur Bildung von Kinderfreibeträgen für Kinder über 18 Jahre und Auslandskinder s (*Lohnsteuerabzugsmerkmale* Rz 11, 15) wird im Regelfall bereits bei der Bildung der ELStAM der Freibetrag für Körperbehinderte berücksichtigt (§ 39a Abs 1 Satz 1 Nr 4, Satz 2 EStG; s auch *Behinderte* Rz 71–75). Ist dies nicht der Fall, kann die Eintragung nachträglich beim FA beantragt werden (LStR 2011 39a.1 Abs 2). Ein Antrag ist auch für die erstmalige Bildung der ELStAM erforderlich (vgl §§ 39 Abs 1, 39e Abs 1 EStG; s *Lohnsteuerabzugsmerkmale* Rz 15). **Ab 2014** wird die Summe der nach § 39a Abs 1 Satz 1 Nrn 1–3 und 5–8 EStG ermittelten Beträge für einen Zeitraum von zwei Jahren berücksichtigt. Eine Änderung kann vom ArbN innerhalb dieses Zeitraums beantragt werden, wenn sich die Verhältnisse zu seinen Gunsten ändern. Bei einer Änderung zu seinen Ungunsten hat er dies dem zuständigen FA anzuzeigen (§ 39a Abs 1 Sätze 3–6 EStG idF ab 1.1.2013).

7 **b) Die Mindestgrenze von insgesamt 600 €** für Eintragungen gilt für folgende Aufwendungen des ArbN (§ 39a Abs 2 Satz 4 EStG):
– **Werbungskosten** (s *Werbungskosten* Rz 2 ff) bei den Einkünften aus nichtselbstständiger Arbeit, soweit sie den ArbNPauschbetrag gem § 9a Nr 1a EStG iHv 1000 € oder bei Versorgungsbezügen den Pauschbetrag von 102 € (§ 9a Nr 1b EStG) übersteigen (§ 39a Abs 1 Nr 1 EStG); dazu gehören als werbungskostenähnliche Aufwendungen auch **negative Einnahmen** aufgrund einer *Entgeltrückzahlung* (s dort Rz 17 ff; vgl auch *Schmidt/Krüger*, § 39a Rz 3);
– bestimmte **Sonderausgaben** (s *Sonderausgaben* Rz 2 ff) iSd §§ 10 Abs 1, 10b EStG, soweit sie die Sonderausgabenpauschbeträge (36 € bzw 72 € bei Ehegatten) übersteigen (§ 39a Abs 1 Nr 2 EStG), mit **Ausnahme** von Versicherungsbeiträgen (§ 10 Abs 1 Nr 2 und Nr 3 EStG), da bei der Ermittlung der LSt (s *Lohnsteuertabellen* Rz 2 ff) bereits die **Vorsorgepauschale** für diese Aufwendungen berücksichtigt wird (s auch BFH 9.12.09 – X R 28/07, BStBl II 10, 348; Verfassungsbeschwerde eingelegt Az BVerfG 2 BvR 323/10);
– **außergewöhnliche Belastungen** nach § 33 EStG, soweit die zumutbare Eigenbelastung (§ 33 Abs 3 EStG) überstiegen wird (vgl hierzu LStR 39a.1 Abs 6 und 7), sowie außergewöhnliche Belastungen nach §§ 33a und 33b Abs 6 EStG (§ 39a Abs 1 Nr 3 EStG) Zur Gewährung von Freibeträgen für die Anschaffung existenziell notwendiger Gegenstände im Rahmen der Beseitigung von Hochwasserschäden s *Steuerfreie Einnahmen* Rz 25 Unterstützungsleistungen.;
– der Entlastungsbetrag für **Alleinerziehende** (§ 24b EStG) bei Verwitweten, die nicht in Steuerklasse II gehören (s *Kindervergünstigungen* Rz 10 und *Lohnsteuerklassen* Rz 7; § 39a Abs 1 Nr 8 EStG); Kinderbetreuungskosten bestimmen sich ab 1.1.12 nach § 10 Abs 1 Nr 5 EStG (s *Kindervergünstigungen* Rz 12 ff) iVm § 39a Abs 1 Nr 2 EStG.
Nicht als Freibetrag eingetragen werden dürfen steuerfreie Aufwandsentschädigungen (s *Aufwandsentschädigung* Rz 4, 5).
Die genannten Aufwendungen müssen insgesamt die 600 €-Grenze übersteigen, um als Freibetrag eingetragen werden zu können. Zur Berechnung der einzelnen Aufwendungen im Rahmen der Feststellung der Antragsgrenze s LStR 39a.1 Abs 4. Bei Aufwendungen von Ehegatten ist die Summe der für beide Ehegatten in Betracht kommenden Beträge zugrunde zu legen, wobei die 600 €-Grenze aber nicht zu verdoppeln ist (LStR 39a.1 Abs 4 Nr 6). Beantragt der ArbN nach der Eintragung eines Freibetrags später die Berücksichtigung weiterer Aufwendungen, so spielt die Mindestgrenze für die neuen Beträge keine Rolle (LStR 39a.1 Abs 4 Nr 7).

8 **c) Ohne Mindestgrenze** können die Pauschbeträge für **Behinderte und Hinterbliebene** nach § 33b Abs 1–5 EStG (LStR 39a.1 Abs 5; s oben Rz 6) sowie die nachfolgend unter d) und f) dargestellten Beträge (Rz 9, 10) als Freibetrag eingetragen werden, außerdem für **beschränkt Steuerpflichtige** die Freibeträge nach § 39a Abs 5 EStG, dh die jeweiligen Freibeträge übersteigenden Werbungskosten und Sonderausgaben sowie ein Frei- bzw Hinzurechnungsbetrag für ein zweites oder weiteres Dienstverhältnis (s Rz 10).

9 **d)** Ferner können die Beträge eingetragen werden, die auch bei der **Festsetzung von EStVorauszahlungen** berücksichtigt werden können (§ 39a Abs 1 Nr 5 EStG; s auch LStR 39a.2):
– Verlustvorträge nach § 10d Abs 2 EStG;

Lohnsteuerermäßigung 287

- bestimmte, wie Sonderausgaben abziehbare Beträge im Rahmen des selbstgenutzten Wohnungseigentums (§§ 10e, 10f, 10g, 10h, 10i, § 15b BerlFG) sowie die Beträge nach § 7 Fördergebietsgesetz (§ 39a Abs 1 Nr 5a EStG);
- die negative Summe der Einkünfte aus Land- und Forstwirtschaft, Gewerbebetrieb, selbstständiger Arbeit, Vermietung und Verpachtung und sonstiger Einkünfte iSd § 22 EStG sowie die negativen Einkünfte aus Kapitalvermögen (§ 39a Abs 1 Nr 5b EStG), nicht aber Werbungskosten bei den Einkünften aus Kapitalvermögen allein, auch wenn dies zu einer Ungleichbehandlung gegenüber nicht dem LStAbzug unterliegenden Stpfl führt (BFH 21.11.97 – VI R 93/95, BStBl II 98, 208);
- der vierfache Betrag der Steuerermäßigung nach § 34f EStG (in § 39a Abs 1 Nr 5c EStG noch aufgeführt, aber ohne aktuelle Bedeutung, da mit § 10e EStG ausgelaufen);
- das Vierfache der Steuerermäßigung bei haushaltsnahen Beschäftigungsverhältnissen nach § 35a EStG (s hierzu *Hauswirtschaftliches Beschäftigungsverhältnis* Rz 10 ff).

Ein Freibetrag wegen negativer Einkünfte aus Vermietung und Verpachtung kann aber noch nicht im Jahr der Anschaffung oder Fertigstellung des Gebäudes eingetragen werden.

Hinweis. Die ab 1996 anstelle der §§ 10e und 34f EStG tretende Eigenheim- sowie Kinderzulage (§ 9 EigZulG) wird jährlich am 15. 3. ausgezahlt (§ 13 EigZulG), eine Bildung als ELStAM scheidet daher aus.

e) Kinder- und Betreuungsfreibeträge (zu Kinderbetreuungskosten s oben Rz 7) können eingetragen werden, wenn **kein** Anspruch auf Kindergeld besteht (§ 39a Abs 1 Nr 6 Satz 1 EStG; s *Kindergeld* Rz 6, 7), ansonsten aber die Voraussetzungen des § 32 Abs 1–4 EStG erfüllt sind (s hierzu *Kinderfreibetrag* Rz 7 ff). Soweit für diese Kinder nach § 38b Abs 2 Kinderfreibeträge als ELStAM berücksichtigt sind (s Rz 6), ist die Zahl der Kinderfreibeträge dann ggf entsprechend zu vermindern, um eine doppelte Berücksichtigung beim Solidaritätszuschlag zu vermeiden (*Schmidt/Krüger* § 39a Rz 6); die Pflicht, den nach Satz 1 der Vorschrift ermittelten Freibetrag in diesem Fall ändern zu lassen, trifft den ArbN (§ 39a Abs 1 Nr 6 Sätze 2 und 3 EStG).

f) Hinzurechnungsbetrag. Für ein zweites oder weiteres Dienstverhältnis kann ein Freibetrag bis zur Höhe des auf volle Euro abgerundeten zu versteuernden Jahresbetrages, bis zu dem nach der LStKlasse des ArbN für das erste Dienstverhältnis LSt nicht zu erheben ist, ermittelt werden, wenn der Jahresarbeitslohn aus dem ersten Dienstverhältnis den maßgebenden zu versteuernden Jahresbetrag nicht erreicht und iHd Freibetrags zugleich für das erste Dienstverhältnis ein dem Arbeitslohn hinzuzurechnender Betrag (Hinzurechnungsbetrag) ermittelt wird. Bei Eintragung auch eines anderen Freibetrages nach § 39a Abs 1 Nr 1–6 und 8 EStG (s oben Rz 7–9) ist nur der diesen Freibetrag übersteigende Betrag als Hinzurechnungsbetrag einzutragen; ist der Freibetrag höher, ist nur der den Hinzurechnungsbetrag übersteigende Freibetrag zu berücksichtigen (§ 39a Abs 1 Nr 7 EStG). Der Jahreshinzurechnungsbetrag ist wie die Freibeträge auf einen Monats- und ggf Wochenhinzurechnungsbetrag **aufzuteilen** (§ 39a Abs 2 Satz 9 EStG). Da der LStAbzug bei der für das zweite und weitere Dienstverhältnisse geltenden Steuerklasse VI sofort beginnt (s auch *Lohnsteuerklassen* Rz 11), kann der ArbN über dieses Verfahren erreichen, dass sich bereits im LStAbzugsverfahren der volle – steuerfreie – Eingangsbetrag insgesamt auswirkt, wenn sein Arbeitslohn im ersten Dienstverhältnis den Eingangsbetrag nicht erreicht. Der ArbN kann einen entsprechenden **Antrag** mit amtlichem Vordruck bei seinem WohnsitzFA stellen (Antrag unter www.formulare-bfinv.de/Steuern/Steuerformulare/Lohnsteuer/Antrag auf LStErmäßigung 2014). Höchstmöglicher Freibetrag, dh es fällt keine LSt an bei einem Lohn bis: LStTabelle A 2013 – maschinelle Ermittlung – Steuerklasse I/IV 11 015 €, Steuerklasse II 12 599 €, Steuerklasse III 20 807 €, Steuerklasse V 1223 €.

3. Für **Ehegatten,** die beide unbeschränkt stpfl sind (s *Lohnsteuerberechnung* Rz 7 ff) und nicht dauernd getrennt leben, ist die Summe der in Betracht kommenden Freibeträge zu ermitteln; lediglich die Werbungskosten müssen gesondert angesetzt werden (§ 39a Abs 3 Satz 1 EStG; LStR 39a.3). Dies hat auch zur Folge, dass der Freibetrag für Werbungskosten nur bei dem Ehegatten eingetragen werden kann, dem die Aufwendungen zuzurechnen sind. Hinsichtlich der restlichen Freibeträge können die Ehegatten übereinstimmend eine andere als die vorgesehene hälftige Aufteilung beantragen (§ 39a Abs 3 Satz 3 EStG; LStR 39a.3 Abs 5). Der Hinzurechnungsbetrag darf bei der Aufteilung nicht berücksichtigt werden.

287 Lohnsteuerermäßigung

12 **4. Antragsverfahren.** Zuständig ist das FA, in dessen Bezirk der ArbN im Zeitpunkt der Antragstellung seinen **Wohnsitz** oder gewöhnlichen Aufenthalt hat. Bei Ehegatten mit mehrfachem Wohnsitz ist der Wohnsitz maßgebend, an dem sich die Familie vorwiegend aufhält (§ 19 Abs 1 AO). Liegt ein solcher nicht vor, ist das FA zuständig, in dessen Bezirk sich das Vermögen des ArbN befindet; fehlt es hieran – im Inland – ist das FA zuständig, in dessen Bezirk die Tätigkeit vorwiegend ausgeübt wird (§ 19 Abs 2 AO). Der Antrag kann nur nach amtlich vorgeschriebenem Vordruck ab dem 1. 10. des Vorjahres, für das der Freibetrag gelten soll, bis zum 30. 11. des Kj gestellt werden, in dem der Freibetrag gilt (§ 39a Abs 2 Sätze 2 und 3 EStG). Das FA kann auf nähere Angaben verzichten, wenn höchstens der im Vorjahr ermittelte Freibetrag beantragt wird und der ArbN versichert, dass sich die maßgebenden Verhältnisse nicht wesentlich geändert haben (vereinfachter Antrag, § 39a Abs 2 Satz 5 EStG). Entspricht das FA dem Antrag in vollem Umfang, bildet es die ELStAM, die dem ArbN bekannt zu geben sind. Eine Rechtsbehelfsbelehrung ist nur dann erforderlich, wenn dem Antrag nicht oder nicht in vollem Umfang entsprochen wird (§ 39 Abs 1 Sätze 5–8 EStG; s auch *Lohnsteuerabzugsmerkmale* Rz 16). Dies gilt entsprechend für die an die Stelle der ELStAM tretenden Bescheinigungen erweitert unbeschränkt stpfl bzw als unbeschränkt stpfl zu behandelnden ArbN (s oben Rz 3 und *Lohnsteuerabzugsmerkmale* 26 ff). Allerdings ist hier das BetriebsstättenFA des ArbGeb für die Eintragung zuständig.

13 **5. Rechtsbehelfe.** Die Ermittlung eines Freibetrags oder eines Hinzurechnungsbetrags ist die gesonderte Feststellung einer Besteuerungsgrundlage iSd § 179 Abs 1 AO, die unter dem Vorbehalt der Nachprüfung steht (§ 39 Abs 1 Satz EStG). Sie ist daher jederzeit änderbar. Eine rückwirkende Änderung (mE auch Erhöhung) eines bereits eingetragenen Freibetrags ist daher zulässig (s *Littmann/Barein* § 39a Rz 43; *Schmidt/Drenseck* § 39a Rz 12; vgl aber Rz 4 zur erstmaligen rückwirkenden Eintragung). Eine rechtliche **Bindungswirkung** der Entscheidungen des FA im Ermäßigungsverfahren für das Veranlagungsverfahren der ArbN (s auch *Antragsveranlagung* Rz 2 ff) besteht **nicht** (BFH 29.5.79, BStBl II 79, 650). Der ArbN kann die (teilweise) ablehnende Entscheidung des FA mit dem Einspruch angreifen und auch die Eintragung des Freibetrags im Wege des vorläufigen Rechtsschutzes durch Aussetzung der Vollziehung beantragen (BFH 29.4.92, BStBl II 92, 752).

14 Bei einer ablehnenden Einspruchsentscheidung kann er Klage zum FG erheben. Ergeht während des Klageverfahrens der EStBescheid, wird dieser nicht zum Gegenstand des Klageverfahrens wegen der Eintragung eines Freibetrags für dasselbe Kj (FG Nds 26.8.08 – 12 K 307/06, EFG 08, 1989). Bei einer Ablehnung des Antrags auf Aussetzung der Vollziehung kann er beim FG einen entsprechenden Antrag stellen, evtl auch erst nach erfolglosem Einspruch. Spätestens nach Ablauf des 28. 2. des Folgejahres kann sich die Bildung der ELStAM nicht mehr auswirken, da der ArbGeb spätestens bis dahin die LStBescheinigung übermitteln muss (§ 41b Abs 1 Satz 2 EStG). Danach darf er – auch wenn ihm § 42b Abs 3 EStG dies bis März des Folgejahres gestattet – keinen LStJahresausgleich mehr durchführen. Im Rechtsbehelfsverfahren entfällt damit das Rechtsschutzbedürfnis, da der ArbN seine Rechte nunmehr im Veranlagungsverfahren geltend machen kann. Nach der Rspr des BFH kann der ArbN aber im Wege der Fortsetzungsfeststellungsklage (§ 100 Abs 1 Satz 4 FGO) die Feststellung der Rechtswidrigkeit der Ablehnung beantragen, wenn er ein berechtigtes Interesse hieran hat (s *Schmidt/Drenseck* § 39a Rz 12 mwN). Dies gilt allerdings nicht für den Antrag auf Aussetzung der Vollziehung. Dieser erledigt sich mit dem Abschluss des LStAbzugs (s *K/S* § 39a Rz A 25).

15 **6. Nachfordern** kann das WohnsitzFA die zu wenig einbehaltene LSt vom ArbN, wenn ein **Freibetrag unzutreffend** eingetragen ist und die Nachforderung 10 € übersteigt (§ 39a Abs 5 EStG). Der ArbN hat jedoch keine Anzeigepflicht, wenn sich die Voraussetzungen für die Eintragung des Freibetrags nachträglich ändern (§ 39 Abs 1 Satz 9, Abs 5 EStG iVm § 153 Abs 2 AO; s auch *Lohnsteuerabzugsmerkmale* Rz 18 und *Lohnsteuernachforderung* Rz 7). Anders jedoch, wenn der ArbN bereits bei der Eintragung unrichtige oder unvollständige Angaben gemacht hat (§ 153 Abs 1 AO). Ist bereits ein EStBescheid ergangen, so kann eine Nachforderung – ohne Rücksicht auf die Bagatellgrenze von 10 € – nur durch eine Änderung des EStBescheids erfolgen (s *Lohnsteuernachforderung* Rz 16).

C. Sozialversicherungsrecht *Schlegel*

Auf die SozV hat das LStErmäßigungsverfahren keine Auswirkungen. **16**

Lohnsteuerhaftung

A. Arbeitsrecht *Griese*

Arbeitsrechtlich wesentlich ist, dass sich ArbGeb und ArbN im Außenverhältnis zum FA **1** im **Gesamtschuldverhältnis** befinden, während der **ArbN im Innenverhältnis** allein für die LSt haftet. Deshalb kann der ArbGeb, soweit des FA berechtigte Lohnsteuernachforderungen erhebt und der ArbGeb diese erfüllt, im Wege des internen Gesamtschuldnerausgleichs deren Erstattung vom ArbN verlangen.

Schon leicht fahrlässige Fehler des ArbGeb bei der Berechnung und Abführung der Lohnsteuer führen zu **Schadensersatzansprüchen des ArbN gegen den ArbGeb gem § 280 BGB** und können gegen Lohnsteuernachforderungen des ArbGeb aufgerechnet werden (BAG 30.4.08 – 5 AZR 725/07; BAG 16.6.04 – 5 AZR 521/03). Die Detailfragen sind im lohnsteuerrechtlichen Beitrag behandelt (vgl insbesondere unten Rz 17–26). Vgl außerdem *Bruttolohnvereinbarung* Rz 9 ff, *Nettolohnvereinbarung* Rz 1–9 und *Fürsorgepflicht* Rz 14.

B. Lohnsteuerrecht *Seidel*

Übersicht

	Rz		Rz
I. Allgemeines	2, 3	III. Haftung anderer Personen	29–46
II. Haftung des Arbeitgebers	4–28	1. Grundsätzliches	29
1. Einführung	4–7	2. Vertreter, Vermögensverwalter und Verfügungsberechtigte (§§ 69, 34, 35 AO)	30–41
2. Haftungstatbestände	8–13		
a) Einzubehaltende und abzuführende Lohnsteuer	8, 9	a) Steuerliche Pflichten	32–34
b) Unrichtige Erstattung im Lohnsteuerjahresausgleich	10	b) Verschulden	35–37
		c) Kausalzusammenhang	38–40
c) Verkürzung der Einkommensteuer (Lohnsteuer) aufgrund fehlerhafter Angaben	11	d) Ermessen	41
		3. Steuerhinterzieher (§ 71 AO)	42
		4. Betriebsübernehmer (§ 75 AO)	43
d) Übernahme Lohnsteuer durch Dritte	12	5. Gesamtrechtsnachfolger (§ 45 AO)	44
e) Verschuldungsunabhängigkeit	13	6. Datenverarbeitungsunternehmen	45
3. Haftungsausschluss	14, 15	7. Privatrechtliche Haftung	46
4. Inanspruchnahme Arbeitnehmer oder Arbeitgeber	16–28	IV. Verfahren	47–68
		1. Haftungsbescheid	48–62
a) Allgemeines	16, 17	a) Form	48, 49
b) Arbeitnehmer während des Kalenderjahres	18, 19	b) Inhalt	50–57
		c) Änderungen	58–61
c) Arbeitnehmer nach Ablauf des Kalenderjahres	20, 21	d) Zeitliche Grenzen	62
		2. Rechtsbehelfe	63–68
d) Arbeitgeber (Entschließungsermessen)	22–24	a) Anfechtungsberechtigte	63, 64
		b) Einwendungen	65, 66
e) Arbeitgeber (Auswahlermessen)	25–28	c) Sonstiges	67, 68
		V. Rückgriff	69, 70

I. Allgemeines. Die LSt ist eine Steuerschuld des ArbN (§ 38 Abs 2 Satz 1 EStG). Der **2** ArbGeb wird nur dann Steuerschuldner, wenn die LSt pauschaliert wird und er die LSt übernimmt (§ 40 Abs 3 EStG; s *Lohnsteuerpauschalierung* Rz 5). Da Haftung im Steuerrecht das Einstehenmüssen für eine fremde Schuld bedeutet, folgt daraus, dass der Steuerschuldner keinen steuergesetzlichen Haftungstatbestand erfüllen kann (s *T/K* vor § 69 AO Rz 10, 11; s aber unten Rz 31). Dies führt im Rahmen der LSt dazu, dass der ArbN nicht Haftungsschuldner sein kann, da er im Regelfall der Steuerschuldner ist. Soweit der ArbGeb Steuerschuldner ist (bei der LStPauschalierung), fehlt es an Haftungstatbeständen für den ArbN.

288 Lohnsteuerhaftung

Der ArbGeb kann folglich als Haftungsschuldner für Steuerschulden des ArbN in Anspruch genommen werden. Dies gilt auch bei Vorliegen einer Nettolohnvereinbarung (s *Nettolohnvereinbarung* Rz 14) und bei Lohnzahlung durch Dritte, soweit der ArbGeb zur Einbehaltung der LSt verpflichtet ist; aber ebenso dann, wenn der Dritte die LSt zu übernehmen hat (LStR 42d.1 Abs 1; s hierzu aber auch *Lohnabzugsverfahren* Rz 14 ff und unten Rz 8, 12). Als Steuerschuldner bei der pauschalierten LSt ist der ArbGeb vom FA mit Steuerbescheid (Nachforderungs- bzw Pauschalierungssteuerbescheid; s *Lohnsteuerpauschalierung* Rz 6 ff) in Anspruch zu nehmen. Neben dem ArbGeb kommen noch andere Personen für die LStHaftung in Betracht (s unten Rz 12, 29–46 und *Lohnabzugsverfahren* Rz 18). Zur Haftung für die LSt gehört auch die Haftung für die darauf entfallende KiSt, die in den KiStGesetzen der Länder nach identischen Haftungsgrundsätzen geregelt ist sowie die Haftung für den SolZ (§ 3 Abs 1 Nr 3, Abs 4 SolZG, § 51a Abs 1 EStG; s dazu auch FG Bln-Brandenburg vom 9.3.11 – 9 K 9141/09, EFG 11, 1680).

3 Die Haftung des Verleihers oder Entleihers von Arbeitskräften ist unter dem Stichwort **Arbeitnehmerüberlassung** behandelt (§ 42d Abs 6–8 EStG).

4 **II. Haftung des Arbeitgebers. 1. Einführung.** Aus der Verpflichtung des ArbGeb, die LSt einzubehalten und abzuführen (§§ 38 Abs 3, 41a Abs 1 Nr 2 EStG; s auch *Lohnabzugsverfahren* Rz 19 ff und *Lohnsteuerabführung* Rz 2 ff), ergibt sich seine Haftung, wenn er dieser Pflicht nicht oder nicht vollständig nachkommt. Diese öffentlich-rechtliche Pflicht kann nicht durch privatrechtliche (arbeitsrechtliche) Vereinbarungen ausgeschlossen werden, zB dass ArbGeb und ArbN vereinbaren, der ArbN solle selbst die LSt berechnen und abführen (s *HMW*/Haftung für Lohnsteuer Rz 12/1). Zur Haftung eines Dritten, der ArbGebPflichten übernommen hat, s unten Rz 12. Der Haftungsanspruch entsteht unabhängig vom Erlass des Haftungsbescheides mit der Verwirklichung des Haftungstatbestandes (BFH 15.10.96, BStBl II 97, 171). Neben der Haftungsvorschrift des § 42d EStG für die LSt finden sich für den ArbGeb noch Haftungsvorschriften in § 15 Abs 3 5. VermBG (Arbeitnehmersparzulage), § 3 Abs 2 Bergmannsprämiengesetz (Bergmannsprämie, letztmals 2007: 2,50 €) und in den KiStGesetzen der Länder. Mit der Haftung wird die Einziehung nicht einbehaltener LSt erleichtert, da sich das FA sonst an eine Vielzahl von ArbN halten müsste. Die Haftung des ArbGeb ist akzessorisch, dh dass das Vorliegen einer Steuerschuld des ArbN Voraussetzung für die Haftung ist. Dabei ist während des laufenden Kj die im LStAbzugsverfahren einzubehaltende LSt maßgebend, da es sich insoweit um eine Steuervorauszahlung handelt.

5 Nach Ablauf des Kj bestimmt sich der Haftungsumfang nach der JahresLStSchuld (BFH 26.7.74, BStBl II 74, 756; s auch BFH 10.10.06 – VII B 30/06, BFH/NV 07, 204). Das ist die LSt, die sich nach den ELStAM für die Jahresarbeitslohn ergibt. Der ArbGeb kann dagegen nicht einwenden, dass Werbungskosten oder Sonderausgaben des ArbN noch nicht berücksichtigt sind (s *HMW*/Haftung für Lohnsteuer Rz 22 ff mwN). Eine Gegenmeinung will den Haftungsumfang nach Ablauf des Kj auf die endgültige Steuerschuld des ArbN beschränken, so dass hier alle steuerlich zu berücksichtigenden Aufwendungen des ArbN abzuziehen wären, wobei der ArbGeb hierfür die Feststellungslast zu tragen hätte. Dies wird damit begründet, dass es sich bei dem LStAbzugsverfahren eigentlich um ein Vorauszahlungsverfahren handele und es auch verfassungsrechtlich bedenklich sei, den ArbGeb für eine Steuerschuld haften zu lassen, die in dieser Höhe gar nicht endgültig bestehe (s *Schmidt/Krüger* § 42d Rz 2 mwN). Das FG BaWü (14.5.97, EFG 97, 1193) sieht es im Rahmen der Ermessensausübung (s unten Rz 23 ff) als gerechtfertigt an, die Werbungskosten zu berücksichtigen, wenn der ArbGeb die Steuernachholung dem ArbN nicht weiterbelastet (s unten Rz 69).

6 Der Meinung des BFH und der sich ihm anschließenden Autoren ist zu folgen (s *HMW*/Haftung für Lohnsteuer Rz 22 ff mwN). § 42d Abs 1 EStG spricht eindeutig von der einzubehaltenden und abzuführenden LSt. Damit gibt der Gesetzgeber zu erkennen, dass die Haftung die Beträge des LStAbzugsverfahrens betrifft. Soweit Aufwendungen des ArbN nicht als Freibeträge ermittelt und als ELStAM gebildet sind, müssen sie hier unberücksichtigt bleiben (s *Lohnsteuerermäßigung* Rz 3 und *Lohnsteuerabzugsmerkmale* Rz 10 ff) und haben keinen Einfluss auf die LStSchuld des ArbN im LStAbzugsverfahren. Dies muss im Rahmen der Akzessorietät auch für die Haftung des ArbGeb gelten (s auch Begründung bei *HMW/*

Haftung für Lohnsteuer Rz 24, 25 und *Thomas* DStR 95, 273). Bei beschränkt stpfl ArbN s *Lohnsteuerberechnung* Rz 18 ff.

Die **Bagatellgrenze** des § 42d Abs 5 EStG, die eine Geltendmachung der Steuernachforderung oder Haftungsforderung ausschließt, wenn diese insgesamt 10 € nicht übersteigt, gilt für ArbGeb und ArbN (auch bei einer Änderung der EStVeranlagung). Nach hM ist dabei sowohl beim ArbN als auch beim ArbGeb auf den Gesamtbetrag der Nachforderung abzustellen. Nach aA ist beim ArbGeb auf die auf jeden einzelnen ArbN entfallende LSt abzustellen (zB *Gast-de Haan* DStJG 9, 162). Dem steht mE der Gesetzeswortlaut entgegen („insgesamt"). 7

2. **Haftungstatbestände. a) Der Arbeitgeber haftet für die Lohnsteuer, die er einzubehalten und abzuführen hat** (§ 42d Abs 1 Nr 1 EStG). Er muss dafür einstehen, dass die LSt vorschriftsmäßig vom stpfl Arbeitslohn einbehalten (s *Lohnabzugsverfahren* Rz 19) und fristgerecht abgeführt wird und zwar auch im Rahmen des Steuerabzugs nach § 50a Abs 5 EStG (s dazu *Lohnsteuerberechnung* Rz 11). Dies gilt idR auch bei Lohnzahlungen durch Dritte (s *Lohnabzugsverfahren* Rz 14–18, dort auch zu Ausnahmen). Der ArbGeb hat die LSt vorschriftsmäßig einbehalten, wenn er sie entsprechend den abgerufenen ELStAM (s *Lohnsteuerabzugsmerkmale* Rz 10 ff) – auch wenn diese unzutreffend sind (BFH 26.7.74, BStBl II 74, 756) – berechnet und für den sich ergebenden Betrag die LSt ermittelt (s *Lohnsteuertabellen* Rz 2 ff) hat. Die LSt ist nicht vorschriftsmäßig einbehalten, wenn der ArbGeb stpfl Arbeitslohn fälschlich steuerfrei belassen oder eine zu hohe LSt im LStJahresausgleich erstattet hat. Im letzten Fall liegt zugleich der Haftungstatbestand des § 42d Abs 1 Nr 2 EStG vor (s unten Rz 10). Der ArbGeb haftet nicht für LSt, die ein **früherer Arbeitgeber** hätte einbehalten müssen (*HMW*/Haftung für Lohnsteuer Rz 38). 8

Strittig ist die Auswirkung einer **unrichtigen Anrufungsauskunft** oder einer **unrichtigen verbindlichen Zusage** (§§ 204 ff AO). Während *Drenseck* und andere auch hier eine vorschriftsmäßige Einbehaltung sehen und daher schon das Vorliegen des Haftungstatbestandes verneinen (*Schmidt/Krüger* § 42d Rz 3), ist mE der Auffassung von *HMW* zu folgen, der eine vorschriftsmäßige Einbehaltung nur dann annimmt, wenn die LSt in der gesetzlichen Höhe erhoben wird. Nach dieser Lösung kann aber der ArbGeb aus Ermessensgründen nicht mehr in Haftung genommen werden (s unten Rz 24; *HMW*/Haftung für Lohnsteuer Rz 36). Dies hat Auswirkungen auf die **Nachforderungsmöglichkeit beim Arbeitnehmer.** Folgt man der ersten Lösung, so kann die zu wenig einbehaltene LSt auch nicht vom ArbN verlangt werden, da sie vorschriftsmäßig einbehalten worden ist (§ 42d Abs 3 Satz 4 Nr 1 EStG; s unten Rz 19). Auch aus diesem Grunde ist mE die Lösung von *HMW* vorzuziehen. Eine Haftung des ArbGeb bei Lohnzahlungen durch Dritte, soweit eine Verpflichtung des ArbGeb zum LStAbzug besteht, kommt jedoch nur soweit in Betracht, als der ArbN ihm den von Dritten gezahlten Lohn vollständig und richtig angezeigt hat oder der ArbGeb seiner Verpflichtung zur Anzeige an das BetriebsstättenFA bei Nichtangabe oder unzutreffenden Angaben nicht nachgekommen ist (s *Lohnabzugsverfahren* Rz 14; *HMW*/Haftung für Lohnsteuer Rz 44, 45). Zur Haftung des ArbGeb bzw Dritten bei Lohnzahlung durch Dritte s unten Rz 12 und *Lohnabzugsverfahren* Rz 18. 9

Die **Nichtabführung** einbehaltener LSt erfüllt stets den Haftungstatbestand.

b) **Die unrichtige Erstattung** der LSt im LStJahresausgleich (s *Lohnsteuerjahresausgleich* Rz 13) führt ebenfalls zu einer Haftung des ArbGeb (§ 42d Abs 1 Nr 2 EStG). Da auch hier die LSt im Ergebnis nicht richtig einbehalten worden ist, weil der LStJahresausgleich durch den ArbGeb der letzte Akt des LStAbzugsverfahrens ist, hat die Vorschrift nur klarstellende Bedeutung. Dieser Tatbestand könnte auch unter § 42d Abs 1 Nr 1 EStG subsumiert werden (*Schmidt/Krüger* § 42d Rz 4). 10

c) **Verkürzung der Einkommensteuer (Lohnsteuer) aufgrund fehlerhafter Angaben** im Lohnkonto (s *Lohnkonto* Rz 4 ff) und in der LStBescheinigung (s *Lohnsteuerbescheinigung* Rz 6 ff) löst auch eine Haftung des ArbGeb aus (§ 42d Abs 1 Nr 3 EStG). Dieser Haftungstatbestand dehnt die Haftung des ArbGeb über das LStAbzugsverfahren auf das Veranlagungsverfahren (s *Antragsveranlagung* Rz 2 ff) des ArbN aus. Er beruht darauf, dass infolge unrichtiger Angaben bei den genannten Bescheinigungen dem ArbN zu viel Steuer erstattet oder von ihm zu wenig Steuer erhoben wird, zB weil der ArbGeb einen zu niedrigen Arbeitslohn bescheinigt oder Kurzarbeitergeld (s *Kurzarbeit* Rz 27) nicht einge- 11

288 Lohnsteuerhaftung

tragen hat. Eine Inanspruchnahme kann aber möglicherweise ermessensfehlerhaft sein (s unten Rz 22 ff), wenn das FA den Fehler hätte erkennen können (*HMW*/Haftung für Lohnsteuer Rz 52). Im Übrigen beschränkt sich die Haftung bei einer fehlerhaft ausgestellten LStBescheinigung auf die LSt, die sich bei der EStVeranlagung des ArbN ausgewirkt hat (LStH 42d.1: Allgemeines zur Arbeitgeberhaftung).

12   **d) Haftung für die Lohnsteuer, die ein Dritter** nach § 38 Abs 3a EStG **zu übernehmen hat** (s *Lohnabzugsverfahren* Rz 17, 18). Nach § 42d Abs 1 Nr 4 und Abs 9 EStG haftet der ArbGeb gesamtschuldnerisch neben dem Dritten, der die ArbGebPflichten trägt. Weiterer Gesamtschuldner ist der ArbN als Steuerschuldner. Die Auswahl zwischen den Gesamtschuldnern hat das FA nach pflichtgemäßem Ermessen zu treffen (LStR 42d.1 Abs 3; s auch unten Rz 26–28, 41). In den Fällen des § 38a Abs 3a Satz 2 EStG (Übernahme der ArbGebPflichten mit Zustimmung des FA) beschränkt sich die Haftung des Dritten auf die LSt, die für die Zeit zu erheben ist, für die er sich gegenüber dem ArbGeb zur Übernahme verpflichtet hat. Die Beendigung der Verpflichtung hat der Dritte seinem FA anzuzeigen. Bei Zusammenrechnung der Arbeitslöhne aus mehreren Dienstverhältnissen (s *Lohnabzugsverfahren* Rz 17) ist als Haftungsschuld der Betrag zu ermitteln, um den die LSt, die für den gesamten Arbeitslohn des Lohnzahlungszeitraums zu berechnen und einzubehalten ist, die insgesamt tatsächlich einbehaltene LSt übersteigt. Bei mehreren ArbGeb ist die Haftungsschuld anteilig nach dem Verhältnis der Arbeitslöhne aufzuteilen. Zuständig für die Geltendmachung der Steuer- und Haftungsschuld ist das BetriebsstättenFA des Dritten.

13   **e) Verschuldensunabhängigkeit.** Die Haftungstatbestände setzen nach hM und der Rspr kein Verschulden des ArbGeb voraus. Der Verschuldensgrad kann aber im Rahmen der Ermessensausübung Bedeutung erhalten. Nach aA haftet der ArbGeb nur bei vorsätzlicher oder grob fahrlässiger Verletzung seiner lohnsteuerlichen Pflichten, da die Pflichtverletzung durch den ArbGeb Voraussetzung der Haftung sei und diese schuldhaftes Verhalten beinhalte. Der hM ist zu folgen, da der Gesetzgeber im – auch nach der Mindermeinung (zB *Gast-de Haan* DStJG 9, 152, 153) – vergleichbaren Fall des § 69 AO (s unten Rz 30 ff) im Gegensatz zu § 42d Abs 1 EStG ausdrücklich das Verschulden normiert hat und auch in anderen Fällen der Quellenbesteuerung diese Einschränkung nicht zur Tatbestandsvoraussetzung gemacht hat. Dafür spricht auch der Ausschluss der sonst bei Haftungsfällen zu beachtenden Subsidiarität des Haftungsanspruchs bei der LStHaftung des ArbGeb, § 219 Satz 2 AO (s hierzu *HMW*/Haftung für Lohnsteuer Rz 13; *Schmidt/Krüger* § 42d Rz 7, jeweils mwN; s unten Rz 25–28).

14   **3. Haftungsausschluss.** § 42d Abs 2 EStG schließt eine Haftung des ArbGeb in bestimmten Fällen aus (vgl auch *Mösbauer* FR 95, 173). Eine Inanspruchnahme kommt hier selbst dann nicht in Betracht, wenn die LSt beim ArbN nicht nacherhoben werden kann (s *Lohnsteuernachforderung* Rz 3–15; *HMW*/Haftung für Lohnsteuer Rz 55). So haftet der ArbGeb nicht für zu wenig einbehaltene LSt, wenn der ArbN seine ELStAM nicht nach § 39 Abs 5 EStG (s *Anzeigepflichten Arbeitnehmer* Rz 12) oder einen Freibetrag nicht nach § 39a Abs 1 Satz 1 Nr 6 Satz 3, Abs 5 EStG (s *Lohnsteuerermäßigung* Rz 15 und *Lohnsteuerabzugsmerkmale* Rz 18) hat ändern lassen. Eigentlich ist in diesen Fällen schon der Haftungstatbestand nicht erfüllt. Der Haftungsausschluss setzt stets eine Korrekturberichtigung iSd § 41c Abs 1 EStG voraus. Daran fehlt es, wenn eine LStAnmeldung von einem Angestellten des ArbGeb vorsätzlich fehlerhaft abgegeben worden war und dem ArbGeb zuzurechnen ist (§ 41c Abs 1 Nr 2 EStG; BFH 21.4.10 – VI R 29/08, DStR 10, 1427).

15   Ein echter Haftungsausschluss liegt bei den beiden weiteren genannten Alternativen vor. Danach ist eine Haftung des ArbGeb ausgeschlossen, wenn er seiner Anzeigepflicht nach § 38 Abs 4 EStG (s *Lohnabzugsverfahren* Rz 26) oder nach § 41c Abs 4 EStG (s *Lohnsteuerberechnung* Rz 26) nachkommt (s auch BFH 9.10.02 – VI R 112/99, BStBl II 02, 884). Dabei tritt die haftungsbefreiende Wirkung der Anzeige nach § 41c Abs 4 EStG nur ein, wenn die nicht vorschriftsmäßige Einbehaltung der LSt vom ArbGeb erkannt worden ist (LStH 42d.1: Allgemeines zur Arbeitgeberhaftung). Sie scheidet aus, wenn der ArbGeb erst aufgrund von Hinweisen oder Feststellungen im Rahmen der LStAußenprüfung die fehlerhafte Behandlung anzeigt.

16   **4. Inanspruchnahme des Arbeitnehmers oder des Arbeitgebers. a) Allgemeines.** Soweit die Haftung des ArbGeb reicht, sind der ArbGeb und der ArbN **Gesamtschuldner.**

Das BetriebsstättenFA kann die Steuer- oder Haftungsschuld nach pflichtgemäßem Ermessen gegenüber jedem Gesamtschuldner geltend machen (§ 42d Abs 3 Sätze 1 und 2 EStG). Dabei ist zwischen dem Entschließungsermessen (ob jemand in Anspruch genommen werden soll) und dem Auswahlermessen (wer von mehreren Personen in Anspruch genommen werden soll) zu unterscheiden. Das FA muss die Wahl, an welchen Gesamtschuldner es sich halten will, nach pflichtgemäßem Ermessen unter Beachtung der durch Recht und Billigkeit gezogenen Grenzen und unter verständiger Abwägung der Interessen aller Beteiligten treffen. Die Grundsätze von Recht und Billigkeit verlangen keine vorrangige Inanspruchnahme des ArbN als Steuerschuldner (LStH 42d.1: Ausübung des Ermessens; s auch unten Rz 25–28).

Um eine Ermessensentscheidung gegenüber dem ArbN (Auswahlermessen) handelt es sich aber nur, wenn der ArbN vor Durchführung der EStVeranlagung in Anspruch genommen werden soll (BFH 17.5.85, BStBl II 85, 660). Soll der ArbGeb als Haftungsschuldner in Anspruch genommen werden, liegt stets eine Ermessensentscheidung vor (s unten Rz 23–28). Da Gesamtschuldnerschaft vorliegt, wirkt die Erfüllung durch einen Gesamtschuldner auch für andere Gesamtschuldner (§ 44 Abs 2 AO). Inwieweit der ArbGeb als Haftungsschuldner beim ArbN **Regress** nehmen kann, richtet sich nach zivil-(arbeits-)rechtlichen Grundsätzen (s unten Rz 69, 70). **17**

b) Inanspruchnahme des Arbeitnehmers während des laufenden Kalenderjahres **18**
erfolgt durch einen LStNachforderungsbescheid (s *Lohnsteuernachforderung* Rz 14, 15). Dabei kann der ArbN im Rahmen der Gesamtschuldnerschaft aber nur in Anspruch genommen werden, wenn
– der ArbGeb die LSt vom Arbeitslohn nicht vorschriftsmäßig einbehalten hat oder
– der ArbN weiß, dass der ArbGeb die LSt nicht vorschriftsmäßig angemeldet hat und dies nicht unverzüglich dem FA mitgeteilt hat (§ 42d Abs 3 Satz 4 Nr 1 und 2 EStG; s auch *Anzeigepflichten Arbeitnehmer* Rz 16).

Der Inanspruchnahme des ArbN steht eine dem ArbGeb erteilte unrichtige Anrufungsauskunft nicht entgegen, da diese das FA nur gegenüber dem ArbGeb bindet (BFH 28.8.91, BStBl II 92, 107; s auch *Anrufungsauskunft* Rz 4 ff und oben Rz 9). Eine Inanspruchnahme des ArbN scheidet jedoch aus, wenn der ArbGeb die LSt zwar einbehalten, aber nicht beim FA angemeldet hat und der ArbN dies nicht weiß. Dies gilt auch, wenn dem ArbN lediglich bekannt ist, dass der ArbGeb die LSt nicht an das FA abgeführt hat (*Schmidt/Krüger* § 42d Rz 19; s auch *Lohnsteuerabführung* Rz 8). Auch im Fall einer Nettolohnvereinbarung (s *Nettolohnvereinbarung* Rz 10 ff) hat der ArbGeb aus der Sicht des ArbN den Bruttoarbeitslohn mit der Auszahlung des Nettolohns vorschriftsmäßig gekürzt. Daher kann der ArbN auch hier nur in Anspruch genommen werden, wenn er positive Kenntnis hat, dass der ArbGeb die LSt nicht angemeldet hat (BFH 8.11.85, BStBl II 86, 186). Zur Inanspruchnahme des ArbN, wenn dieser im Wege der Zwangsvollstreckung durch den Gerichtsvollzieher den Bruttoarbeitslohn beim ArbGeb beitreiben lässt; s *Bruttolohnvereinbarung* Rz 20, 21. **19**

c) Inanspruchnahme des Arbeitnehmers nach Ablauf des Kalenderjahres richtet **20**
sich danach, ob bereits eine EStVeranlagung (s *Antragsveranlagung* Rz 2 ff) durchgeführt worden ist oder nicht. Ist bereits eine EStVeranlagung für den ArbN durchgeführt worden, so können LStNachforderungen nur im Rahmen einer Änderung des EStBescheides durch das WohnsitzFA geltend gemacht werden, wenn die Änderung des Bescheides verfahrensrechtlich zulässig ist (zB aufgrund neuer Tatsachen; § 173 Abs 1 Nr 1 AO; BFH 13.1.89, BStBl II 89, 447). Es bedarf keiner Ermessensentscheidung (BFH 27.5.08 – VIII B 127/07, BFH/NV 08, 1664). Der Stpfl erleidet durch die Heranziehung zur gesetzlich geschuldeten Steuer keinen Vermögensschaden (BFH 13.1.11 – VI R 61/09, DStR 11, 521).

Liegt noch kein EStBescheid vor bzw kommt eine Veranlagung zur ESt weder vAw noch **21**
auf Antrag in Betracht, so kann bis zum Ablauf der Festsetzungsfrist (s *Verjährung* Rz 33–39) ein LStNachforderungsbescheid ergehen. Da dann eine Jahressteuerfestsetzung erfolgt, kann der ArbN steuermindernde Merkmale (zB Werbungskosten) geltend machen. Allerdings darf dies nicht zur Erstattung einbehaltener Steuern führen. Er kann damit nur die Nachforderung zu Fall bringen (*Schmidt/Krüger* § 42d Rz 22). Auch die vom ArbGeb im LStJahresausgleich zu Unrecht erstattete Steuer kann vom ArbN nachgefordert werden, da sie im Ergebnis nicht vorschriftsmäßig einbehalten worden ist (s oben Rz 11).

d) Inanspruchnahme des Arbeitgebers (Entschließungsermessen). An die von den **22**
FG voll überprüfbaren Rechtsentscheidungen der Erfüllung des Haftungstatbestandes und

288 Lohnsteuerhaftung

des Nichtvorliegens eines Haftungsausschlusses schließt sich die von den FG nur auf Ermessenfehler hin überprüfbare Entscheidung des FA an (§ 102 FGO), ob der ArbGeb überhaupt in Anspruch genommen werden soll. Eine Inanspruchnahme des ArbGeb kann insbesondere dann ermessensfehlerhaft sein, wenn die Ursachen für die fehlerhafte Einbehaltung der LSt in der Sphäre des FA liegen (*Schmidt/Krüger* § 42d Rz 26; s auch *Mösbauer* FR 95, 727). So kann die Inanspruchnahme zB unbillig sein, wenn der ArbGeb eine bestimmte Methode der Steuerberechnung angewendet und das FA hiervon Kenntnis erlangt und nicht beanstandet hat oder wenn der ArbGeb durch Prüfung und Erörterung der Rechtsfrage durch das FA in einer unrichtigen Rechtsauslegung bestärkt wurde oder der ArbGeb einem **entschuldbaren Rechtsirrtum** unterlegen ist, weil das FA eine unklare oder falsche Auskunft gegeben hat oder weil der Irrtum durch Handlungen des LStPrüfers veranlasst worden ist (BFH 24.1.92, BStBl II 92, 696) oder weil er den Angaben in einem Manteltarifvertrag über die Steuerfreiheit vertraut hat oder weil er den LStAbzug entsprechend einer Verwaltungsanweisung durchgeführt hat, auch wenn er diese nicht gekannt hat; dies gilt aber nicht, wenn ihm bekannt war, dass das BetriebsstättenFA eine andere Auffassung vertritt (LStH 42d.1: Ausübung des Ermessens und BFH 6.12.96, BStBl II 97, 413).

23   Auch bei einem **entschuldbaren Tatsachenirrtum** des ArbGeb kann seine Haftungsinanspruchnahme unbillig sein (*Schmidt/Krüger* § 42d Rz 26); ebenso bei einer unrichtigen Anrufungsauskunft (s aber auch oben Rz 9). IdR ermessensfehlerfrei ist die Inanspruchnahme des ArbGeb, wenn die Einbehaltung der LSt in einem rechtlich einfach und eindeutig liegenden Fall nur deshalb unterblieben ist, weil sich der ArbGeb über seine Verpflichtungen nicht hinreichend unterrichtet hat.

24   Vom ArbGeb kann zwar kein umfassendes steuerrechtliches Wissen verlangt werden. Andererseits hat er aber die Möglichkeit der **Anrufungsauskunft.** Gerade auch in schwierigen Fällen kann der Verzicht auf die Anrufungsauskunft vorwerfbar sein (BFH 18.8.05 – VI R 32/03, BStBl II 06, 30). Es liegt regelmäßig kein beachtlicher entschuldbarer Rechtsirrtum vor (BFH 29.5.08 – VI R 11/07, DStR 08, 1526). Im Einzelfall kann eine betragsmäßige Beschränkung des Haftungsanspruchs bei entsprechender Anwendung des § 254 BGB (**Mitverschulden**) geboten sein, wobei dem FA aber nicht vorgehalten werden kann, es habe über einen längeren Zeitraum von seinen Befugnissen zur Überwachung des LStAbzugs und zur Beitreibung der LStAbzugsbeträge keinen Gebrauch gemacht (*Schmidt/Krüger* § 42d Rz 28 mwN; s auch BFH 30.8.05 – VII R 61/04, DStRE 06, 376). Die Inanspruchnahme des ArbGeb ist regelmäßig gerechtfertigt, wenn er einbehaltene LStAbzugsbeträge nicht an das FA abführt.

25   e) **Inanspruchnahme des Arbeitgebers (Auswahlermessen).** Kommt nach den vorstehend dargelegten Grundsätzen eine Inanspruchnahme des ArbGeb in Betracht, so ist vom FA weiter zu prüfen, ob nicht zunächst der ArbN als Steuerschuldner in Anspruch zu nehmen ist. Ein allgemeiner Grundsatz, dass vorrangig der Steuerschuldner in Anspruch zu nehmen ist, besteht hier nicht. Entscheidend sind die Umstände des Einzelfalls. Das Auswahlermessen der FinBeh im Rahmen des **§ 50a EStG** (s *Lohnsteuerberechnung* Rz 11) muss auch dann jedenfalls in Grundzügen begründet werden, wenn der Vergütungsschuldner im Ausland ansässig ist und sich seine Inanspruchnahme schwieriger gestaltet als die des Vergütungsschuldners (FG Bln-Bdgb 4.4.12 – 12 V 12204/11, EFG 12, 1352).

26   Eine Inanspruchnahme des **ArbGeb** ist regelmäßig **ermessensfehlerfrei,** wenn der Steuerabzug bewusst oder leichtfertig versäumt worden ist (*Schmidt/Krüger* § 42d Rz 31), wenn sie der Vereinfachung dient, weil gleiche oder ähnliche Berechnungsfehler bei einer größeren Zahl von ArbN gemacht worden sind (regelmäßig bei mehr als 40 ArbN), wenn das FA aufgrund einer fehlerhaften Unterlassung des ArbGeb aus tatsächlichen Gründen nicht in der Lage ist, die ArbN als Steuerschuldner heranzuziehen, wenn die individuelle Ermittlung der LSt schwierig ist und der ArbGeb bereit ist, die LSt der ArbN endgültig zu tragen oder wenn im Falle einer Nettolohnvereinbarung der ArbN nicht weiß, dass der ArbGeb die LSt nicht angemeldet hat (LStH 42d.1: Ausübung des Ermessens). Nach § 42d Abs 3 Satz 3 EStG kann auch dann in Anspruch genommen werden, wenn der ArbN zu veranlagen ist. Trotzdem kann eine vorrangige Inanspruchnahme des ArbGeb vor dem **ArbN** unzulässig sein, wenn die LSt ebenso einfach und schnell vom ArbN nacherhoben werden kann, weil er zB ohnehin zu veranlagen ist, insbesondere wenn er inzwischen aus dem Betrieb ausgeschieden ist (LStH 42d.1: Ausübung des Ermessens). Der ArbGeb, der

Lohnsteuerhaftung **288**

sich auf die Veranlagung des ArbN beruft, muss aber von sich aus die erforderlichen Angaben machen (BFH 29.11.78, BStBl II 79, 182).

Eine vorrangige Inanspruchnahme des ArbN kommt auch in Betracht, wenn dieser im Betrieb des ArbGeb selbst für den LStAbzug verantwortlich war oder wenn damit gerechnet werden kann, dass die Einkünfte des ArbN unter der stpfl Grenze liegen, vorausgesetzt, die Nachforderung betrifft nur einen oder wenige langfristig beschäftigte, mit Anschrift bekannte ArbN und das Verhalten des ArbGeb war nicht grob fahrlässig oder wenn zweifelhaft ist, ob der Stpfl überhaupt ArbN ist. Ist die ESt beim ArbN später nicht hereinzuholen, so kann der ArbGeb immer noch als Haftender in Anspruch genommen werden. Möglicherweise kann dies aber ermessensfehlerhaft sein, wenn das FA schuldhaft versäumt hatte, den ArbN vorrangig in Anspruch zu nehmen (*Schmidt/Krüger* § 42d Rz 32 mwN). Allerdings ist die Inanspruchnahme des ArbGeb idR ermessensfehlerhaft, wenn die Steuer beim ArbN deshalb nicht nachgefordert werden kann, weil seine Veranlagung zur ESt bereits bestandskräftig ist und die für eine Änderung nach § 173 Abs 1 Nr 1 AO erforderlichen Voraussetzungen nicht vorliegen (s oben Rz 20; BFH 9.10.92, BStBl II 93, 169). Nach einer LStAußenprüfung ist bei der nachträglichen Inanspruchnahme des ArbGeb die Änderungssperre zu beachten (s *Lohnsteueraußenprüfung* Rz 16 sowie unten Rz 58, 59 und BFH 17.2.95, BStBl II 95, 555). **27**

Das FA hat im Rahmen des Auswahlermessens auch zu prüfen, ob noch andere Personen evtl gesamtschuldnerisch nach anderen Haftungsvorschriften (s unten Rz 29 ff) für dieselben Steuern haften und ggf in Anspruch zu nehmen sind (BFH 9.8.02 – VI R 41/96, BStBl II 03, 160). Ersetzt das FA während des Klageverfahrens den Haftungsbescheid durch einen anderen Haftungsbescheid, in dem erstmals Ermessenserwägungen dargestellt sind, sind im weiteren Verfahren die nunmehr angestellten Ermessenserwägungen zu berücksichtigen (BFH 16.12.08 – I R 29/08, BStBl II 09, 539). **28**

III. Haftung anderer Personen. 1. Grundsätzliches. Außer dem ArbGeb können auch andere Personen für die richtige Einbehaltung und Abführung der LSt gesamtschuldnerisch haften. Dafür kommen neben dem Dritten, der die ArbGebPflichten übernommen hat (s oben Rz 12) in Betracht: gesetzliche Vertreter natürlicher und juristischer Personen (zB Eltern, GmbH-Geschäftsführer, auch – ehrenamtliche – Vereinsvorsitzende: BFH 20.1.98 – VII R 80/97, BFH/NV 98, 874; BFH 23.6.98 – VII R 4/98, DStR 98, 1423; BFH 13.3.03 – VII R 46/02, BStBl II 03, 566; s zu Vereinsvorständen auch *Werner* Inf 04, 20), Geschäftsführer nicht rechtsfähiger Personenvereinigungen (OHG, KG, GbR) und Vermögensmassen (zB nichtrechtsfähige Stiftungen), Vermögensverwalter (Insolvenzverwalter, Zwangsverwalter, Liquidatoren, Testamentsvollstrecker) – §§ 69, 34 AO –, Verfügungsberechtigte (§§ 69, 35 AO; s hierzu BFH 16.3.95, BStBl II 95, 859 sowie FG Hess. 10.10.05 – 3 V 3913/04, DStRE 06, 683: Prokurist; BFH 11.12.07 – VII B 172/07, BFH/NV 08, 748: faktischer Geschäftsführer eines Einzelunternehmens; zur Haftung des Insolvenzverwalters s *Mösbauer* DStZ 2000, 443), Steuerhinterzieher (§ 71 AO), Betriebsübernehmer (§ 75 AO), Gesamtrechtsnachfolger (§ 45 AO) sowie Daten verarbeitende Unternehmer (§ 9 SteueranmeldungsdatenträgerVO). **29**

2. Vertreter, Vermögensverwalter und Verfügungsberechtigte haften nach § 69 AO iVm §§ 34 bzw 35 AO, wenn sie die ihnen auferlegten Pflichten vorsätzlich oder grob fahrlässig verletzen und die Steueransprüche dadurch nicht oder nicht rechtzeitig festgesetzt oder erfüllt werden oder soweit infolgedessen Steuervergütungen oder Steuererstattungen ohne rechtlichen Grund gezahlt werden. Daraus ergeben sich fünf Tatbestandsmöglichkeiten, nämlich die Nichtfestsetzung, die nicht rechtzeitige Festsetzung, die Nichterfüllung, die nicht rechtzeitige Erfüllung eines Steueranspruchs sowie die Zahlung einer Steuervergütung oder Steuererstattung ohne rechtlichen Grund. **30**

Die Haftung umfasst auch den infolge der Pflichtverletzung zu zahlenden Säumniszuschlag (§ 69 Satz 2 AO; s *Säumniszuschlag* Rz 2) und Verspätungszuschlag (BFH 26.7.88, BStBl II 88, 859; s auch BFH 1.8.2000 – VII R 110/99, BStBl II 01, 271 bzgl anteiliger Tilgung Verspätungszuschlag; so auch FG Bln-Bbg 9.3.11 – 9 K 9141/09, EFG 11, 1690); Geschäftsführer einer GmbH oder KG sind aber nicht Schuldner der Hinterziehungszinsen (BFH 27.9.91, BStBl II 92, 163). Die Vertreter können auch für die auf ihren eigenen Arbeitslohn entfallende LSt als Haftende herangezogen werden (auch wenn die persönliche EStSchuld 0 € beträgt, FG Hbg 23.5.02 – II 314/01, DStRE 02, 1338), obwohl sie eigentlich Steuer- **31**

288 Lohnsteuerhaftung

schuldner sind und sich die Eigenschaft einer Person als Haftungs- und als Steuerschuldner regelmäßig ausschließt (BFH 15.4.87, BStBl II 88, 167). In der Praxis werden von der Vertreterhaftung vornehmlich GmbH-Geschäftsführer (s *Geschäftsführer* Rz 37) betroffen, so dass sich die Bezeichnung „Geschäftsführerhaftung" eingebürgert hat (s *Beermann* FR 92, 262 nach BFH 22.7.97 – I B 44/97, BFH/NV 98, 11 zur Haftung des Mitgeschäftsführers bei Nichtausübung der Geschäftsführung). Da die Geschäftsführerhaftung von der Sperrwirkung des § 93 InsO nicht erfasst wird, kann sie auch nach Eröffnung des Insolvenzverfahrens vom FA mit Haftungsbescheid geltend gemacht werden (BFH 11.3.08 – VII B 214/06, BFH/NV 08, 1291). Allerdings kann die Haftungsinanspruchnahme nach erfolgreicher Anfechtung der Haftungsschuld durch den Insolvenzverwalter nicht mehr erfolgen, es sei denn, der Fälligkeitszeitpunkt der abgeführten LSt liegt vor dem Beginn der Anfechtungsfrist (BFH 11.11.08 – VII R 19/08, BStBl II 09, 342; s Rz 38).

32 **a) Steuerliche Pflichten.** Die Haftung beruht darauf, dass der in den §§ 34 und 35 AO bezeichnete Personenkreis die steuerlichen Pflichten der von ihm Vertretenen kraft Gesetzes persönlich zu erfüllen hat (zu den Pflichten des Verfügungsberechtigten – § 35 AO – s auch *Gmach* DStZ 01, 341 und *Beckmann* DB 07, 994). Das bedeutet, dass der Vertreter auch die dem ArbGeb obliegenden Pflichten bei der LStErhebung wahrzunehmen hat, wie die LStEinbehaltung (s *Lohnabzugsverfahren* Rz 19 ff), die Abgabe der LStAnmeldung (s *Lohnsteueranmeldung* Rz 2) und die LStAbführung (s *Lohnsteuerabführung* Rz 2) bis spätestens zum 10. des Folgemonats. Er kann diese Pflichten wegen ihrer öffentlich-rechtlichen Natur nicht privatrechtlich mit befreiender Wirkung anderen Personen übertragen; er darf aber zu deren Erledigung Mitarbeiter heranziehen, muss diese dann aber entsprechend überwachen (BFH 5.3.85, BFH/NV 86, 61). Unerheblich ist, ob der Vertreter (Geschäftsführer) die nötige Sachkunde besitzt, sich im Unternehmen durchsetzen kann oder nur Strohmann ist. Zur Begründung der Pflichten genügt seine nominelle Bestellung. Ist er zur Wahrnehmung der Pflichten nicht in der Lage, muss er notfalls zurücktreten. Für die von diesem Zeitpunkt an entstehende LSt haftet er dann nicht mehr. Allerdings kann das FA die vor dem Erlöschen der Vertretung entstandene Haftung auch danach noch geltend machen (§ 36 AO). Zur Haftung des Geschäftsführers für **Schwarzlohnzahlungen** der GmbH s FG Köln 24.10.12 – 15 K 66/12, EFG 13, 654.

33 Sind **mehrere Vertretungsberechtigte** vorhanden, obliegen die steuerlichen Pflichten jedem von ihnen uneingeschränkt. Eine Begrenzung durch eine eindeutige und intern verbindliche, schriftlich fixierte Verteilung der Pflichten (zB im Gesellschaftsvertrag, durch förmlichen Gesellschafterbeschluss oder in der Geschäftsordnung) ist möglich (BFH 31.10.05 – VII B 57/05, BFH/NV 06, 246). Besteht aber Anlass an der ordnungsgemäßen Erfüllung der Pflichten durch den intern zuständigen Geschäftsführer (Vertreter) zu zweifeln oder gibt die wirtschaftliche Lage Anlass zur Überprüfung, gilt wieder der Grundsatz der **Gesamtverantwortung** (BFH 26.4.84, BStBl II 84, 776; 22.7.97 – I B 44/97, BFH NV 98, 11 zur Haftung des Mitgeschäftsführers bei Nichtausübung der Geschäftsführung; BFH 4.5.98 – I B 116/96, BFH/NV 98, 1460; BFH 6.7.05 – VII B 296/04, BFH/NV 05, 1753 bei Liquiditätskrise; zur Inanspruchnahme des nominellen und des faktischen Geschäftsführers s BFH 19.5.09 – VII B 207/08, BeckRS 2009, 25015407, zur Inanspruchnahme des sog Titular-Geschäftsführers s BFH 12.5.09 – VII B 266/08, BFH/NV 09, 1589).

34 Die Pflicht zur Einbehaltung der LSt bei jeder Lohnzahlung und zur termingerechten Abführung besteht **unabhängig von der wirtschaftlichen Lage.** Erforderlichenfalls dürfen nach der Rspr des BFH aus den verfügbaren Mitteln an die ArbN nur Teilzahlungen geleistet werden, so dass die darauf entfallende LSt (aus den verfügbaren Mitteln) noch einbehalten und abgeführt werden kann. Stehen dem ArbGeb nur Mittel in Höhe der Nettolöhne zur Verfügung und zahlt er diese aus, ohne sie um die darauf entfallende LSt zu kürzen, liegt darin eine Pflichtverletzung, weil damit der Grundsatz der gleichrangigen Befriedigung des FA und des ArbN verletzt wird (BFH 26.7.88, BStBl II 88, 859). Da der ArbN Anspruch auf den Bruttolohn hat und die LSt bei jeder Lohnzahlung des ArbGeb für Rechnung des ArbN einzubehalten ist, handelt es sich für den ArbGeb wirtschaftlich um fremde Geldmittel, die er treuhänderisch für den ArbN und Steuerfiskus erhebt. Eine Verwendung zu anderen Zwecken als der Abführung an das FA (zB Fortbestand des Betriebes und seiner Arbeitsplätze) ist unzulässig (BFH 12.7.88, BFH/NV 88, 764). Auch wenn der Gesellschaftergeschäftsführer die Löhne aus eigenen Mitteln bezahlt hat, haftet er für die nicht abge-

führte LSt (BFH 22.11.05 – VII R 21/05, BStBl II 06, 397). Der BGH sieht in der LStAbführung eine **Gläubigerbenachteiligung** im Insolvenzverfahren (22.1.04 – IX ZR 39/03, BFH/NV Beilage 04, 329). Folgt man dem BGH, scheidet eine Haftung des Vertreters hier aus. Der BFH lässt die Haftung eines GmbH-Geschäftsführers nicht dadurch entfallen, dass der Steuerausfall unter Annahme einer hypothetischen, auf § 130 InsO gestützten Anfechtung gedachter Steuerzahlungen durch den Insolvenzverwalter ebenfalls entstanden wäre. Funktion und Schutzzweck des in § 69 AO normierten Haftungstatbestandes schließen die Berücksichtigung hypothetischer Kausalverläufe aus (BFH 5.6.07 – VII R 65/05, BStBl II 08, 273; 23.4.07 – VII B 92/06, BStBl II 09, 622; s auch *Heeg* DStR 07, 2134). Zu einer evtl Haftungsbeschränkung im Hinblick auf § 64 Abs 2 GmbHG s BFH 27.2.07 – VII R 67/05 (BStBl II 09, 348) und *Sontheimer* DStR 04, 1005.

b) Verschulden. Die Haftung nach § 69 AO setzt eine vorsätzliche oder grob fahrlässige Verletzung der den Vertretern auferlegten Pflichten voraus (s hierzu *Pump/Leibner* BB 05, 2495 sowie *Mösbauer* DStZ 06, 148). Dabei ist die Frage des Verschuldens bei der **Abführung** einbehaltener LSt wegen der treuhänderischen Stellung des ArbGeb streng zu beurteilen. Leichte Fahrlässigkeit reicht aus (BFH 20.4.82, BStBl II 82, 521; BFH 21.12.98 – VII B 175/98, BFH/NV 99, 745). Die Nichtentrichtung der LSt zum gesetzlichen Fälligkeitszeitpunkt indiziert die Schuldhaftigkeit (BFH 20.10.05 – VII B 17/05, BFH/NV 06, 241). Dabei wird der Geschäftsführer nicht allein durch den Antrag auf Eröffnung des Insolvenzverfahrens von der Haftung befreit, wenn noch liquide Mittel vorhanden sind. Er muss die Zahlungen bis zur Bestellung eines Insolvenzverwalters bzw Eröffnung des Insolvenzverfahrens leisten (BFH 23.9.08 – VII R 27/07, BStBl II 09, 129). Allerdings liegt keine schuldhafte Pflichtverletzung vor, wenn der Geschäftsführer einer in Insolvenz geratenen GmbH nach Kenntniserlangung von der durch den vorläufigen Insolvenzverwalter veranlassten Stornierung mehrerer Überweisungsaufträge nicht innerhalb von 2 Tagen rechtliche Schritte gegen die Bank oder den vorläufigen Insolvenzverwalter einleitet. Eine umfassende Kontrolle der Tätigkeit des Insolvenzverwalters kann nicht verlangt werden (BFH 3.12.04 – VII B 178/04, BFH/NV 05, 661; s auch BFH 5.6.07 – VII R 19/06, DStRE 08, 44: Kontensperrung durch vorläufigen Insolvenzverwalter). Gleiches gilt für den Fall der Rücklastschrift fristgerecht angemeldeter und eingezogener LStBeträge aufgrund des Widerrufs der Lastschrift durch den vorläufigen **Insolvenzverwalter** (FG Münster 2.7.09 – 10 K 1549/08 – L, EFG 09, 1616 – NZB BFH VII B 190/09). Bei der **Einbehaltung** der LSt muss das Verschulden des Vertreters dagegen erheblich sein (BFH 21.5.85, BFH/NV 86, 126). Damit räumt der BFH den ArbGeb und dessen Vertretern ein, dass die Anforderungen an deren Kenntnisse in der komplizierten Materie des LStRechts nicht überspitzt werden dürfen. Infolge dieser Differenzierung erscheinen aber für den Regelfall Pflichtverletzungen im Zusammenhang mit der Entrichtung der LSt ebenso grob schuldhaft wie die Verletzung der Pflicht, durch Kürzung der Löhne für die termingerechte Abführung der LSt zu sorgen (17.1.89, BFH/NV 89, 424; s auch *Beermann* FR 92, 262). Der Tatbestand der Pflichtverletzung und des Verschuldens des Geschäftsführers richtet sich auch in den Fällen der **Lohnsteuerpauschalierung** nach dem Zeitpunkt, in dem die LSt anzumelden und abzuführen gewesen wäre (BFH 6.5.94, BStBl II 94, 715; OFD Erfurt 26.2.96, DB 96, 755; FR 96, 330; s auch *Lohnsteuerpauschalierung* Rz 7). Zur Frage des Mitverschuldens des FA s oben Rz 24 sowie BFH 2.10.86 – VII R 28/83, BFH/NV 87, 349 und BFH 30.8.05 – VII R 61/04, BFH/NV 06, 232).

Eine **vorsätzliche Pflichtverletzung** liegt vor, wenn der Vertreter (Geschäftsführer) die LSt nicht termingerecht abführt, weil er hofft oder darauf vertraut, er werde die Steuerrückstände später ausgleichen können (BFH 4.9.90, BFH/NV 91, 427 und 6.7.05 – VII B 296/04, BFH/NV 05, 1753). Dies gilt auch, wenn er öffentliche Mittel erwartet (BFH 1.2.2000 – VII B 256/99, BFH/NV 2000, 939). Hat er Steuerbeträge einbehalten, so liegt es auf der Hand, dass er sie dem FA auch nicht nur vorübergehend vorenthalten und für andere betriebliche Zwecke verwenden darf. Eine entgegenstehende steuerliche Beratung durch einen Rechtsanwalt oder Steuerberater ändert hieran idR nichts (BFH 21.5.85, BFH/NV 86, 126; s auch FG Köln 15.3.08 – 13 V 931/06, EFG 08, 1758: laufendes Aussetzungsverfahren). Allerdings kann dem Vertreter als Haftungsschuldner ein Verschulden des steuerlichen Beraters bei der Fertigung von Steuererklärungen (mE auch LStAnmeldungen) bzw eines Erfüllungsgehilfen nicht zugerechnet werden, es sei denn, ihn trifft ein Auswahl- oder Überwachungsverschulden (BFH 30.8.94, BStBl II 95, 278 und 30.6.95, BFH/NV 96, 2).

288 Lohnsteuerhaftung

Eine Haftung scheidet aus, wenn zZ der Fälligkeit der LSt der Geschäftsführer rechtlich nicht mehr in der Lage ist, einbehaltene LSt abzuführen, weil zB zwischen Lohnauszahlung und Fälligkeit der LSt ein allgemeines Veräußerungsverbot erlassen wurde (BFH 17.11.92, BStBl II 93, 471). Ein evtl Irrtum über seine steuerlichen Pflichten stellt einen unbeachtlichen, da vermeidbaren Verbotsirrtum dar; denn von einem Geschäftsführer wird erwartet, dass er sich über seine steuerlichen Pflichten informiert (BFH 12.7.88, BFH/NV 88, 764 und 20.10.05 – VII B 17/05, BFH/NV 06, 241).

37 Dies gilt auch, wenn er meint, dass schon ein Stundungsantrag von der termingerechten Abführung befreit. Die Erfolgsaussichten des Antrags sind unerheblich (BFH 17.9.87, BFH/NV 88, 7), so dass er auch haftet, wenn die **Stundung** nachträglich gewährt wird. Nur eine vor dem Zahlungstermin gewährte Stundung kann den für die Zahlung Verantwortlichen entlasten (BFH 20.4.82, BStBl II 82, 521). Die Stundung des Haftungsanspruchs gegen den ArbGeb ist ausgeschlossen, soweit er die LSt einbehalten hat (§ 222 Satz 4 AO). Hat der Geschäftsführer bei Verfügbarkeit über Mittel lediglich iHd Nettolöhne versäumt, diese um die darauf entfallende LSt zu kürzen, kann er sich nicht darauf berufen, dass ihm mehrere Kalendermonate stets nur Zahlungsmittel iHd ausgezahlten Nettolöhne zur Verfügung standen. Da er mehrere Monate Nettolöhne immer wieder ungekürzt auszahlte, hätte er über ausreichende Mittel verfügt, um jeweils die rückständige LSt für die vorangegangenen Monate in voller Höhe zu entrichten (BFH 12.7.88, BFH/NV 88, 764).

38 **c) Kausalzusammenhang** muss zwischen der Pflichtverletzung und dem eingetretenen Steuerausfall bestehen (BFH 5.3.91, BStBl II 91, 678). Der Haftungsschuldner kann nur für solche Steuerbeträge in Anspruch genommen werden, für die bei einem pflichtgemäßen Verhalten seinerseits ein Ausfall nicht eingetreten wäre. Daher kommt eine Haftungsbeschränkung auf die Beträge, die der Geschäftsführer bei einer Kürzung der Nettolöhne um die darauf entfallende LSt hätte einbehalten müssen, dann in Betracht, wenn es sich bei den ausgezahlten Nettolöhnen um die letzten Barmittel gehandelt hat (zB kurz vor Insolvenzeröffnung) und danach keinerlei Zahlungen mehr geleistet werden, denn bei einem pflichtgemäßen Verhalten hätte er nur LSt in dieser Höhe einbehalten müssen (BFH 26.7.88, BStBl II 88, 859). Nach BFH 11.11.08 – VII R 19/08 (BStBl II 09, 342) unterbricht die erfolgreiche Insolvenzanfechtung einer erst nach Fälligkeit abgeführten LSt den Kausalverlauf zwischen Pflichtverletzung und Schadenseintritt jedenfalls dann nicht, wenn der Fälligkeitszeitpunkt vor dem Beginn der Anfechtungsfrist lag. Zu beachten ist hier auch, dass Umstände, die die Verursachung eines Steuerausfalls durch schuldhafte haftungsbegründende Pflichtverletzung nicht berühren, für die Entstehung des Haftungsanspruchs ohne Bedeutung sind. So darf sich der Geschäftsführer nicht auf günstigere Entwicklungen der Finanzlage des Unternehmens verlassen, die, selbst wenn sie eintreten, die Verursachung des Steuerausfalls durch **schuldhafte Pflichtverletzung** nicht verhindern (s *Beermann* FR 92, 262).

39 Auch darf der Geschäftsführer von der Abführung der LSt am Fälligkeitstag nicht im Vertrauen auf eine Kreditzusage der Bank absehen, bei der er die für die LStZahlung erforderlichen Gelder erst nach dem Fälligkeitstag erhalten würde. Denn der Steuerausfall tritt schon bei nicht termingerechter Abführung ein (BFH 12.7.88, BFH/NV 88, 764). Er darf auch nicht auf den Erfolg eines Stundungsgesuchs (s oben Rz 37) oder auf eine Aufrechnungslage (BFH 24.3.04 – VII B 317/03, BFH/NV 04, 1069) vertrauen.

40 Anders aber, wenn er fest mit einer **termingerechten Verrechnung oder Aufrechnung** durch das FA rechnen kann (BFH 29.7.86, BFH/NV 87, 74). Unerheblich ist auch, wenn die für die Nichtabführung maßgebliche schlechte Finanzlage erst innerhalb der dreitägigen Schonfrist nach § 240 Abs 3 AO eintritt (s *Säumniszuschlag* Rz 11), die der Geschäftsführer ausnutzen wollte (BFH 11.12.90, BStBl II 91, 282). Verweigert der vorläufige Insolvenzverwalter die Zustimmung zur Abführung der LSt, scheidet eine Inanspruchnahme des Geschäftsführers insoweit aus (FG SchlHol 25.5.04 – 5 V 85/04, EFG 04, 1345). Grds trifft das FA die Feststellungslast hinsichtlich der in den Rz 32–40 dargestellten Voraussetzungen. Der Haftungsschuldner kann idR alle Einwendungen gegen die der Haftung zugrunde liegende (Steuer-)Schuld geltend machen. Behauptet der Geschäftsführer aber, die LStAnmeldung sei unrichtig, so hat er die Feststellungslast hierfür (BFH 12.7.88, BFH/NV 89, 7). Er kann allerdings eine unzutreffende LStAnmeldung einwenden, wenn die GmbH die Vermögensverwaltungsbefugnis durch Insolvenzeröffnung verloren und bis zum Ablauf der Festsetzungsfrist nicht wiedererlangt hat (FG NdS 24.3.98, EFG 98, 979); auch kann ihm die

Lohnsteuerhaftung 288

Bestandskraft nicht entgegengehalten werden, wenn er während der gesamten Dauer der Rechtsbehelfsfrist keine Vertretungsmacht hatte (BFH 24.8.04 – VII R 50/03, BStBl II 05, 127). Ansonsten muss der Geschäftsführer als gesetzlicher Vertreter der GmbH eine unanfechtbare LStAnmeldung gegen sich gelten lassen, da er regelmäßig in der Lage gewesen wäre, diese anzufechten (§ 166 AO; s auch BFH 20.1.98 – VII R 80/97, BFH/NV 98, 814, rkr; s aber FG NdS 28.11.02 – 11 K 504/00, EFG 03, 746 und *Beckmann* DB 07, 994; keine Drittwirkung wegen LStAnmeldung als Steuerfestsetzung unter Vorbehalt der Nachprüfung). Die Bindungswirkung scheidet daher aus, wenn der Geschäftsführer im Zeitpunkt der Steuerfestsetzung bereits abberufen war (BFH 4.2.03 – VI B 70/02, DStRE 03, 687).

d) **Ermessen** (s auch oben Rz 22–28 sowie unten Rz 50–57). Sind mehrere Geschäftsführer bestellt, sind erkennbare Ermessenserwägungen des FA erforderlich, warum welcher Geschäftsführer in Anspruch genommen worden ist (BFH 11.11.86, BFH/NV 87, 361). Das Auswahlermessen muss nicht Personen einbeziehen, die ernsthaft nicht als Haftungsschuldner in Betracht kommen (BFH 18.7.08 – VII B 184/07, BeckRS 2008, 25013891; BFH/NV 08, 1805). Eine Begründung des Auswahlermessens ist nicht erforderlich, wenn dem Haftungsschuldner bei seiner Inanspruchnahme bekannt ist, dass von 2 in Betracht kommenden Haftungsschuldnern der andere gleichartig und gleichzeitig in Anspruch genommen wurde (BFH 1.3.99 – VII B 292/98, BFH/NV 99, 1182). Ist das FA bei der Ermessensausübung von einem falschen Sachverhalt ausgegangen, so ist das Auswahlermessen fehlerhaft ausgeübt (BFH 11.3.86, BFH/NV 87, 137). Die Inanspruchnahme des für die Steuerangelegenheiten zuständigen Geschäftsführers ist auch dann nicht ausgeschlossen, wenn ausnahmsweise der intern nicht für die Steuerangelegenheiten zuständige Geschäftsführer in Anspruch genommen werden kann (BFH 2.10.86, BFH/NV 87, 349). Allein nicht ausreichend für die Ausübung des Auswahlermessens ist der Umstand, dass ein Geschäftsführer die Alleinvertretungsbefugnis besaß, während der andere nur gemeinsam mit einem anderen vertreten konnte (BFH 30.6.95, BFH/NV 96, 3). Bei zwei Geschäftsführern stellt die langfristige Krankheit eines Geschäftsführers keinen Grund dar, diesen nicht in Anspruch zu nehmen (FG Köln 4.9.03 – 3 K 7676/00, EFG 04, 154). Die Ermessenserwägungen, ob der Geschäftsführer oder die ArbN heranzuziehen sind, entsprechen denen, ob der ArbGeb oder der ArbN in Anspruch genommen werden soll (s oben Rz 22–28). Bei vorsätzlicher Pflichtverletzung wird man von einer Vorprägung der Ermessensentscheidung mit der Folge, dass die Ermessenserwägungen nicht ausdrücklich angestellt und dargestellt werden müssen, ausgehen können (BFH 26.2.91, BFH/NV 91, 504; s auch FG München 1.4.04 – 14 K 1710/01, EFG 04, 1267 betr Steuerstraftäter; offen gelassen BFH 8.11.88, BStBl II 89, 219). Dies gilt auch hinsichtlich des Auswahlermessens bei mehreren als Gesamtschuldner in Betracht kommenden Haftungsschuldnern (BFH 22.5.05 – VII B 213/04, BFH/NV 05, 1217). Der Vorwurf schuldhafter Pflichtverletzung reicht aber nicht aus (BFH 29.9.87, BStBl II 88, 176). Bei einer vorsätzlich begangenen Steuerstraftat ist das Auswahlermessen hingegen vorgeprägt. Es bedarf insoweit keiner Begründung für die Ermessensausübung. Dies gilt auch dann, wenn sich mehrere Haftungsschuldner einer Steuerhinterziehung schuldig gemacht haben und grds gleichrangig nebeneinander stehen (BFH 12.2.09 – VI R 40/07, BStBl II 09, 478). Die **Höhe** des Haftungsbetrages darf nicht vom Verschulden oder von persönlichen Verhältnissen, zB Vermögen, Zahlungsfähigkeit des Geschäftsführers abhängig gemacht werden; die Entscheidung darüber steht nicht im Ermessen des FA (s BFH 12.12.96 – VII R 53/96, BFH/NV 97, 386; *Beermann* DStR 94, 805 unter 7; s aber FG Düsseldorf 3.3.98, EFG 98, 1038).

3. **Steuerhinterzieher** und Teilnehmer an einer solchen Tat haften nach § 71 AO für die verkürzten Steuern sowie für die Hinterziehungszinsen (§ 235 AO). Neben dem ArbGeb können bei der LSt auch andere Personen, die das LStVerfahren beeinflussen, betroffen sein, zB Lohnbuchhalter, Steuerberater (*HMW*/Haftung für Lohnsteuer Rz 178).

4. **Betriebsübernehmer,** denen der ArbGeb sein Unternehmen oder einen in der Gliederung gesondert geführten Betrieb im Ganzen übereignet, haften nicht nur für die vom Betriebsvorgänger nicht abgeführte LSt, sondern auch für die zu wenig einbehaltene LSt. Die LSt muss seit dem Beginn des letzten vor der Übereignung liegenden Kj entstanden sein (s *Lohnabzugsverfahren* Rz 5) und bis zum Ablauf eines Jahres nach der Betriebsanmeldung beim FA durch den Erwerber angemeldet oder festgesetzt werden. Die Haftung ist nach

288 Lohnsteuerhaftung

§ 219 Satz 2 AO subsidiär und beschränkt sich auf den Bestand des übernommenen Vermögens (§ 75 AO; s auch *Schmidt/Krüger* § 42d Rz 37; ausführlich s *Brune* NWB Fach 2, 5805). Sie entfällt bei einem Erwerb aus einer Konkursmasse, Liquidationsmasse, beim gerichtlichen Vergleichsverfahren oder Erwerben im Vollstreckungsverfahren (*HMW*/Haftung für Lohnsteuer Rz 179; s auch *Betriebsübergang* Rz 108).

44 **5. Gesamtrechtsnachfolger** (zB Erben) treten in die Rechtsposition des Rechtsvorgängers ein und übernehmen dessen Haftungsschuld in der bestehenden Ausgestaltung. Bei Steuerschulden des Vorgängers werden auch sie selbst Steuerschuldner (§ 45 AO).

45 **6. Haftung eines Daten verarbeitenden Unternehmens** nach § 9 Steueranmeldungsdatenträgerverordnung tritt subsidiär ein, wenn und soweit durch unrichtige Verarbeitung oder Übermittlung unrichtige oder unvollständige Daten auf Datenträgern enthalten sind und dadurch Steuern verkürzt oder zu Unrecht steuerliche Vorteile erlangt werden. Dabei muss die unrichtige Verarbeitung oder Übermittlung auf grober Fahrlässigkeit des Daten verarbeitenden Unternehmens oder dessen Erfüllungsgehilfen beruhen (*HMW*/Haftung für Lohnsteuer Rz 184).

46 **7. Privatrechtliche Vorschriften** können ebenfalls zu einer Haftung für fremde Steuerschulden führen. So haften insbesondere Erwerber eines Handelsgeschäfts (§ 25 HGB) unter bestimmten Voraussetzungen (s hierzu *Betriebsübergang* Rz 109, 110). Für Steuerschulden einer GbR haften grds deren Gesellschafter persönlich (§§ 421, 427 BGB; zur ArbGebEigenschaft s *Arbeitgeber* Rz 22, 23).

47 **IV. Verfahren.** Wer kraft Gesetzes für eine Steuer haftet, wird idR durch einen Haftungsbescheid in Anspruch genommen (§ 191 Abs 1 AO). Ein Nachforderungs- bzw Pauschalierungsbescheid ist zu erlassen, wenn pauschale LSt, bei der der ArbGeb Steuerschuldner ist, nacherhoben wird (s auch *Lohnsteuerpauschalierung* Rz 5 ff; *Lohnsteuernachforderung* Rz 16). Wird der ArbN in Anspruch genommen, kommt ein Nachforderungsbescheid, eine erstmalige EStVeranlagung oder eine Änderung der EStVeranlagung in Betracht (s oben Rz 18–21). Für die LStHaftung ist grds das BetriebsstättenFA zuständig, bei Dritten s oben Rz 12. Für die Nachforderung beim ArbN soll im Allgemeinen das WohnsitzFA zuständig sein (*HMW*/Haftung für Lohnsteuer Rz 189). *Drenseck* hält dies – mE zutreffend – nur bei einer Nachforderung nach Ablauf des Kj für richtig (*Schmidt/Krüger* § 42d Rz 17; s oben Rz 21, 22). Bei beschränkt stpfl ArbN (s *Lohnsteuerberechnung* Rz 18, 19) ist immer das BetriebsstättenFA zuständig (BFH 20.6.90, BStBl II 92, 43). Dies gilt auch für erweitert unbeschränkt stpfl und als unbeschränkt stpfl zu behandelnde ArbN (vgl zum Personenkreis *Lohnsteuerberechnung* Rz 17). Nach § 27 AO kann die Finanzverwaltung aber auch eine Zuständigkeitsvereinbarung treffen.

48 **1. Haftungsbescheid. a) Form.** Der Haftungsbescheid ist schriftlich zu erteilen (§ 191 Abs 1 Satz 2 AO) und muss klar erkennen lassen, dass der Adressat als Haftungsschuldner herangezogen wird (BFH 11.10.89, BFH/NV 91, 497; s auch *Lohnsteuernachforderung* Rz 16). Das Fehlen der erforderlichen Unterschrift (§ 119 Abs 1 und 2 AO) macht den Haftungsbescheid nicht rechtswidrig (BFH 18.7.85, BStBl II 86, 169). Außerdem muss er das Leistungsgebot und eine Rechtsbehelfsbelehrung beinhalten. Eines Haftungsbescheids und eines Leistungsgebots bedarf es aber nicht, soweit der ArbGeb die einbehaltene LSt (zutreffend) angemeldet hat (§ 42d Abs 4 Nr 1 EStG), da die Anmeldung bereits als Steuerfestsetzung gilt (§ 168 AO; s auch *Lohnsteueranmeldung* Rz 8, 9).

49 Der Haftungsbescheid lässt die LStAnmeldung unberührt (LStR 42d.1 Abs 5 Satz 4; s aber unten Rz 58, 59). IdR erfolgt im Anschluss an eine LStAußenprüfung auch die Aufhebung des Vorbehalts der Nachprüfung hinsichtlich des geprüften Zeitraums. Dies stellt formell einen eigenen Verwaltungsakt (Steuerbescheid) dar, auch wenn dies auf demselben Formular erfolgt, auf dem auch der Haftungs- und/oder ein Nachforderungsbescheid enthalten ist (zur getrennten Darstellung s *Lohnsteuernachforderung* Rz 16). Eines Haftungsbescheids und eines Leistungsgebots bedarf es ferner nicht, soweit der ArbGeb oder der die LSt übernehmende Dritte (s oben Rz 12) nach einer LStAußenprüfung seine Zahlungsverpflichtung schriftlich anerkennt (§ 42d Abs 4 Nr 2 EStG). Das schriftliche Anerkenntnis der Zahlungsverpflichtung nach einer (LSt-)Außenprüfung steht der LStAnmeldung gleich (§ 167 Abs 1 AO). Damit entfällt das Erfordernis eines Haftungsbescheids, wenn der ArbGeb seiner Zahlungsverpflichtung nicht nachkommt.

b) Inhalt. Die aufgrund verschiedener Sachverhalte entstandenen Haftungsschulden füh- 50
ren zu verschiedenen Haftungsfällen, die nicht voneinander abhängen und nur organisatorisch zusammengefasst sind (**Sammelhaftungsbescheid,** BFH 4.7.86, BStBl II 86, 921). Dies gilt auch, soweit der ArbGeb für die Steuerschulden mehrerer ArbN in Anspruch genommen wird (*Schmidt/Krüger* § 42d Rz 46).

Der Haftungsbescheid muss inhaltlich hinreichend bestimmt sein (§ 119 Abs 1 AO). Dazu 51
gehört der gesonderte Ausweis der einzelnen Haftungsschuld (LSt, SolZ, evangelische KiSt, römisch-katholische KiSt) und grds auch die **Aufgliederung** auf die einzelnen ArbN (BFH 28.11.90, BFH/NV 91, 600). Dies ist nur ausnahmsweise dann nicht erforderlich, wenn die Aufgliederung objektiv unmöglich oder für das FA unzumutbar ist, zB wenn sich bei vielen ArbN meist nur kleine Nachforderungsbeträge aufgrund von im Wesentlichen gleichen Sachverhalten ergeben (BFH 20.5.80, BStBl II 80, 669). Eine Aufteilung auf einzelne ArbN ist auch dann nicht erforderlich, wenn der ArbGeb von vornherein **keinen Regress** bei seinen ArbN nehmen will (BFH 7.12.84, BStBl II 85, 170), aber auch bei einer Nettolohnvereinbarung oder wenn das FA aufgrund einer fehlerhaften Unterlassung des ArbGeb (zB mangelnde Aufzeichnungen) die Namen der einzelnen ArbN, die einen stpfl Vorteil erlangt haben und den von diesen jeweils erlangten Vorteil nicht feststellen kann (BFH 7.12.84, BStBl II 85, 164). Die Bekanntgabe der Namen im Klageverfahren macht den Haftungsbescheid nicht nachträglich inhaltlich unbestimmt (BFH 8.11.85, BStBl II 86, 274). Nach der Rspr führt das Fehlen der Angabe des Steuerschuldners (hier ArbN) nicht zur Nichtigkeit des Bescheides; dies ist eine Frage der materiellen Rechtmäßigkeit (BFH 3.12.96, BStBl II 97, 306 mwN).

Eine **Aufteilung** der LStBeträge nach Monaten ist, zumindest nach Ablauf des Kj nicht 52
erforderlich (BFH 18.7.85, BStBl II 86, 152). Eine Aufteilung nach Jahren ist zur inhaltlichen Bestimmtheit ebenfalls nicht erforderlich (BFH 8.3.88, BStBl II 88, 480). Den Kritikern (s zB *von Bornhaupt* BB 90, Beilage zu Heft 1) ist entgegenzuhalten, dass dies eine Frage der Begründung des Bescheides darstellt, da dieser sachverhalts- und nicht zeitraumbezogen ist (BFH 30.8.88, BStBl II 89, 193; s aber unten Rz 58, 59). Es muss daher aber der Sachkomplex bezeichnet werden bzgl dessen der ArbGeb die LSt fehlerhaft einbehalten und abgeführt haben soll (*Schmidt/Krüger* § 42d Rz 47).

Für die **inhaltliche Bestimmtheit** ist es ausreichend, wenn auf einen zuvor oder gleich- 53
zeitig mit dem Bescheid übersandten Prüfungsbericht Bezug genommen wird, sofern sich daraus die konkreten Sachverhalte, die zur Haftung geführt haben, zweifelsfrei ergeben und dem Haftungsschuldner die Prüfung von Grund und Höhe der Haftungsschuld ermöglicht wird (BFH 27.8.09 – V B 75/08, BFH/NV 09, 1964). Fehlt die erforderliche Aufgliederung des Haftungsbetrages, so ist der Bescheid deswegen aber nicht nichtig, sondern allenfalls rechtswidrig und anfechtbar (BFH 22.11.88, BStBl II 89, 220).

Aus dem Begründungsgebot des § 121 AO ergibt sich auch, dass das FA – spätestens in der 54
Einspruchsentscheidung – die für die Ermessensausübung (s oben Rz 22–28) **maßgeblichen Gründe** darstellen muss (BFH 29.5.90, BStBl II 90, 1008). Es genügt nicht, dass die Ermessenserwägungen sonst aus den Akten ersichtlich sind. Floskelhafte Feststellungen über Billigkeit und Zweckmäßigkeit reichen nicht aus (BFH 18.9.81, BStBl II 81, 801). Die für die Ermessensentscheidung maßgebenden Gründe müssen nicht angegeben werden, wenn dem ArbGeb die Gründe für seine Haftungsinanspruchnahme schon bekannt sind (§ 121 Abs 2 Nr 2 AO). Ist die einbehaltene LSt nicht abgeführt worden, so ist die Inanspruchnahme des ArbGeb (oder anderer Personen) regelmäßig gerechtfertigt. Hier kann davon ausgegangen werden, dass das FA von seinem Ermessen stillschweigend sachgerecht Gebrauch gemacht hat (*Schmidt/Krüger* § 42d Rz 48). Eine Inanspruchnahme des ArbN wird in diesen Fällen regelmäßig ausgeschlossen sein (s oben Rz 19, 20). Aber auch hier kann die Ermessensentscheidung nach den allgemeinen Grundsätzen überprüft werden (BFH 3.6.82, BStBl II 82, 710).

Von einer Darstellung der **Ermessensgründe** kann auch **abgesehen** werden, wenn der 55
ArbGeb leichtfertig oder vorsätzlich den LStAbzug unterlassen hat (*Schmidt/Krüger* § 42d Rz 48; bei Geschäftsführerhaftung s aber oben Rz 41) oder den Haftungsbescheid selbst beantragt oder zum Ausdruck gebracht hat, dass er bei seinen ArbN keinen Regress nehmen will (BFH 29.3.85, BFH/NV 86, 492) oder der Steuerschuldner (ArbN) im Ausland ansässig ist (BFH 8.11.2000 – I B 59/00, BFH/NV 01, 448). Sind die erforderlichen Ermessenserwägungen aus dem Haftungsbescheid oder der Einspruchsentscheidung nicht erkennbar, so

288 Lohnsteuerhaftung

ist der Haftungsbescheid aufzuheben, es sei denn, dem Betroffenen war die Auffassung des FA ohne weiteres erkennbar (BFH 20.7.88, BStBl II 89, 99). Das FA kann jedoch seine Ermessenserwägungen bis zum Abschluss des Verfahrens beim FG ergänzen (§ 126 Abs 2 AO; § 102 Satz 2 FGO, s hierzu BFH 11.3.04 – VII R 52/02, BStBl II 04, 579). Die Entscheidung, den Haftenden in Anspruch zu nehmen (Entschließungsermessen) braucht idR nicht begründet werden, wenn weder außergewöhnliche Umstände vorgetragen wurden noch ersichtlich sind und eine anderweitige Realisierung des Steueranspruchs nicht möglich ist (BFH 13.6.97 – VII R 96/96, BFH/NV 98, 4).

56 Die Ermessenserwägungen hat das FA auch dann darzustellen, wenn es einen von mehreren GmbH-Geschäftsführern mit Haftungsbescheid in Anspruch nimmt (s oben Rz 41). Das Steuergeheimnis steht hier nicht entgegen (*HMW*/Haftung für Lohnsteuer Rz 207). Eine ordnungsgemäße Ermessensentscheidung erfordert auch eine einwandfreie und **vollständige Sachverhaltsaufklärung,** denn eine fehlerfreie Ermessensentscheidung kann nur dann vorliegen, wenn das FA vom zutreffenden Sachverhalt ausgegangen ist (BFH 4.10.88, BFH/NV 89, 274).

57 Grds kann das FA im Haftungsverfahren – anders als im Pauschalierungsverfahren (s *Lohnsteuerpauschalierung* Rz 21–25) – keinen Durchschnittssteuersatz anwenden, sondern es muss die **individuelle Steuer des einzelnen Arbeitnehmers** ermitteln (BFH 6.12.96, BStBl II 97, 331; s auch BFH 29.5.08 – VI R 11/07, BStBl I 08, 933). Dies gilt auch bei einer Vielzahl von ArbN (BFH 17.3.94, BStBl II 94, 536). Als Unterfall der Schätzung hat der BFH den Durchschnittssteuersatz dann für zulässig gehalten, wenn die Ermittlung der individuellen Steuer infolge Fehlverhaltens des ArbGeb nicht möglich (BFH 7.12.84, BStBl II 85, 164) oder schwierig ist und der ArbGeb gegen die Höhe des **durchschnittlichen Steuersatzes** keine Einwendungen erhebt und von vornherein nicht beabsichtigt, bei seinen ArbN Regress zu nehmen (BFH 7.12.84, BStBl II 85, 170). Schwierig ist die Ermittlung der individuellen Steuer zB, wenn das FA Nachforschungen über die persönlichen Besteuerungsmerkmale der einzelnen ArbN anstellen müsste (BFH 12.6.86, BStBl II 86, 681). Zum Nachforderungs- bzw Pauschalierungsbescheid s *Lohnsteuerpauschalierung* Rz 6 und zur getrennten Festsetzung von Haftungsschuld und Pauschalierungsschuld sowie zur Umdeutung s *Lohnsteuernachforderung* Rz 16.

58 **c) Änderungen** von Haftungsbescheiden richten sich nach §§ 130 ff AO, nicht dagegen nach §§ 172 ff AO, die für Steuerbescheide gelten. Da Haftungsbescheide sachverhaltsbezogen sind, steht dem Erlass eines **weiteren Haftungsbescheides** für den gleichen Zeitraum mit einem anderen Sachverhalt der vorhergehende Bescheid nicht entgegen (s BFH 30.8.88, BStBl II 89, 193; s auch FG Brem 21.5.08 – 2 K 74/07(1), EFG 08, 1622). Der gleiche Sachverhalt darf bei unveränderter Sach- und Rechtslage – ungeachtet der Korrekturvorschriften – nicht durch einen ergänzenden Haftungsbescheid erneut geregelt werden, wenn der ursprgl Haftungsbescheid bereits bestandskräftig ist (BFH 25.5.04 – VI R 29/02, BStBl II 05, 3). Der BFH hat allerdings entschieden, dass ein späterer Haftungsbescheid in den Regelungsgehalt vorher ergangener (endgültiger) LStAnmeldungen eingreift und damit in Prüfungsfolgebescheide, weshalb nach einer LStAußenprüfung prinzipiell die Änderungssperre des § 173 Abs 2 AO eingreift (zuletzt BFH 7.2.08 – VI R 83/04, BStBl II 09, 703). Dies ergibt sich daraus, dass die LStAnmeldungen nach § 168 Satz 1 AO einer Steuerfestsetzung unter dem Vorbehalt der Nachprüfung gleichstehen. Die LStAnmeldung wirkt daher kraft Gesetzes wie ein Steuerbescheid.

59 Nach einer Außenprüfung ist der Vorbehalt der Nachprüfung aufzuheben (§ 164 Abs 3 Satz 3 AO). Diese **Aufhebung** erfolgt wiederum durch Steuerbescheid, denn nach § 164 Abs 3 Satz 2 AO steht sie einer Steuerfestsetzung ohne Vorbehalt der Nachprüfung gleich. Ergeht nun nachträglich ein Haftungsbescheid, der einen zu Unrecht nicht erfassten Sachverhalt regelt, so liegt darin eine Berichtigung der (endgültigen) LStAnmeldung, denn diese hat alle Sachverhalte zu erfassen, die in jeweiligen Anmeldungszeitraum zu einem Lohnzufluss geführt haben (BFH 15.5.92, BStBl II 93, 840). Da es bei späteren Änderungen auf den zu ändernden Bescheid ankommt und dieser (Aufhebung des Vorbehalts der Nachprüfung der LStAnmeldungen) als Steuerbescheid anzusehen ist, ergibt sich hieraus die direkte Anwendung der Änderungssperre des § 173 Abs 2 AO (s auch *Thomas* DStR 92, 837; LStR 42d.1 Abs 6). Zum Verfahren der Haftungsinanspruchnahme des ArbGeb nach ergebnisloser Inanspruchnahme des ArbN s *Lohnsteueraußenprüfung* Rz 16.

Lohnsteuerhaftung 288

Hinzuweisen ist aber darauf, dass die LStAnmeldung, solange der Vorbehalt der Nach- **60** prüfung nicht aufgehoben worden ist, gem §§ 168 Satz 1, 164 Abs 2 AO jederzeit geändert werden kann. Dies ist regelmäßig bis zum Abschluss der LStAußenprüfung der Fall (s auch *Lohnsteueranmeldung* Rz 10), wenn nicht vorher die Festsetzungsfrist abgelaufen ist (s *Verjährung* Rz 33 ff). Kommt das FA seiner Verpflichtung, nach dem Ende der LStAußenprüfung den Vorbehalt aufzuheben, versehentlich nicht nach, zB weil der Außenprüfer meint, es sei nichts veranlasst, da die Prüfung ergebnislos geblieben ist, empfiehlt es sich für den ArbGeb aus den dargestellten Gründen, die Aufhebung des Vorbehalts oder zumindest eine schriftliche Mitteilung gem § 202 Abs 1 Satz 3 AO über die Ergebnislosigkeit der Außenprüfung zu verlangen (*Thomas* DStR 92, 1468; s auch BFH 2.10.03 – IV R 36/01, BFH/NV 04, 307).

Ein **herabsetzender Änderungsbescheid** bedeutet eine Teilrücknahme, die den ur- **61** sprünglichen Haftungsbescheid in dem von der Teilrücknahme nicht betroffenen Umfang nicht berührt (BFH 28.1.82, BStBl II 82, 292). Die ersatzlose Aufhebung kann ggf als Freistellung von der Haftung ausgelegt werden, so dass das FA am Erlass eines erneuten Haftungsbescheides gehindert ist (BFH 25.7.86, BStBl II 86, 779). Dies gilt nicht, wenn das FA einen Haftungsbescheid erkennbar wegen dessen angeblicher Nichtigkeit aufgehoben hatte (BFH 11.7.86, BStBl II 86, 775) oder wenn in dem Aufhebungsbescheid zugleich der neue Haftungsbescheid enthalten ist (BFH 22.1.85, BStBl II 85, 562). Zu den Auswirkungen der Teilrücknahme auf das Leistungsgebot s BFH 8.2.08 – VII B 156/07, BFH/NV 08, 967. Zur Festsetzungsverjährung bei finanzgerichtlich angefochtenen Bescheiden, wenn diese vom FA aufgehoben werden s unten Rz 62.

d) Zeitliche Grenzen. Der Haftungsanspruch kann frühestens mit dem LStAnspruch **62** entstehen (s hierzu *Lohnabzugsverfahren* Rz 5). Ein Haftungsbescheid kann nicht mehr ergehen, wenn der Anspruch gegen den Steuerschuldner wegen Ablaufs der Festsetzungsfrist oder wegen Zahlungsverjährung erloschen ist (s *Verjährung* Rz 33 ff). Diese aus der Akzessorietät der Haftung sich ergebende Einschränkung gilt nicht, wenn der Haftungsschuldner eine Steuerhinterziehung begangen hat (§ 191 Abs 5 AO). Ansonsten gelten die Vorschriften über die Festsetzungsfrist für Haftungsbescheide entsprechend (§§ 169, 171 AO). Die Festsetzungsfrist beträgt grds 4 Jahre bzw bis zu 5 Jahren bei leichtfertiger Steuerverkürzung und bis zu 10 Jahren bei Steuerhinterziehung des Haftenden. Allerdings sind die verlängerten Festsetzungsfristen des § 191 Abs 3 Satz 2 AO nur anzuwenden, wenn der Haftungsbescheid auf §§ 70, 71 AO gestützt wird, nicht jedoch, wenn er lediglich auf § 69 AO beruht (BFH 22.4.08 – VII R 21/07, BStBl II 08, 735). Die Festsetzungsfrist für die Haftung beginnt mit Ablauf des Kj, in dem der Haftungstatbestand verwirklicht wurde (fehlende Einbehaltung und/oder Abführung der LSt). Dabei ist die LStAnmeldung und nicht die EStErklärung der ArbN maßgebend (BFH 6.3.08 – VI R 5/05, BStBl II 08, 597). Hebt die FinBeh während eines finanzgerichtlichen Verfahrens den Haftungsbescheid unter gleichzeitigem Erlass eines neuen Haftungsbescheids auf, ist der neue Haftungsbescheid noch innerhalb der nach § 171 Abs 3a AO gehemmten Festsetzungsfrist ergangen (BFH 5.10.04 – VII R 18/03, BStBl II 05, 323). Anders ist dies jedoch, wenn die FinBeh den gerichtlich angefochtenen Haftungsbescheid aufhebt, ohne gleichzeitig einen neuen Haftungsbescheid zu erlassen. Dann hat sie die Festsetzungsfrist zu beachten, denn die Hemmungsvorschrift des § 171 Abs 3a AO gilt nur bei gerichtlicher Kassation des Bescheids, eine analoge Anwendung bei Aufhebung durch die FinBeh kommt nicht in Betracht (BFH 5.10.04 – VII R 77/03, BStBl II 05, 122). Die für die Haftung maßgebende Festsetzungsfrist ist unabhängig von der Festsetzungsfrist, die für den Steuerschuldner (den ArbN) hinsichtlich seiner Festsetzung gilt. Zur Ablaufhemmung der Verjährung gegenüber dem ArbN bei einer LStAußenprüfung beim ArbGeb s *Lohnsteueraußenprüfung* Rz 13.

2. Rechtsbehelfe. a) Anfechtungsberechtigt ist jeweils der Adressat des Bescheides, **63** also der ArbN bzgl des an ihn gerichteten Nachforderungsbescheides und der ArbGeb bzw der Dritte im Falle seiner Haftung (s oben Rz 12) bzgl des an ihn gerichteten Haftungs- oder Nachforderungs- bzw Pauschalierungsbescheides innerhalb eines Monats nach der Bekanntgabe des Bescheides. Nach erfolglosem Einspruch (§ 347 Abs 1 Nr 1 AO) kann Klage zum FG erhoben werden. Die hM – einschließlich Rspr und Finanzverwaltung – gesteht darüber hinaus dem ArbN ein eigenes Anfechtungsrecht hinsichtlich des an den ArbGeb gerichteten Haftungsbescheides zu, wenn der ArbN persönlich für die nachgeforderte Steuer in Anspruch genommen werden kann; der ArbGeb ist zu diesem Verfahren hinzuzuziehen bzw notwendig beizuladen (§§ 360 Abs 3 AO; 60 Abs 3 FGO; s LStH 42d.1: Rechtsbehelf gegen den Haftungsbescheid; BFH 29.6.73, BStBl II 73, 780).

64 Dabei dürfte für den ArbN die **Rechtsbehelfsfrist** von einem Jahr gelten (§ 356 Abs 2 AO; FG Münster 26.2.97, EFG 97, 783). Dies ist bisher ungeklärt (s hierzu und zur Gegenmeinung *Schmidt/Krüger* § 42d Rz 58 sowie *HMW*/Haftung für Lohnsteuer Rz 239 und *Giloy* BB 93, 1410). Das Anfechtungsrecht des ArbN gilt aber nicht, wenn vom ArbGeb pauschale LSt durch Nachforderungs- bzw Pauschalierungsbescheid gefordert wird, da der ArbN hierdurch nicht beschwert sein kann (§ 350 AO); es handelt sich um eine Steuerschuld des ArbGeb.

65 **b) Einwenden gegen den Haftungsbescheid** kann der ArbGeb, er hafte nicht, weil kein Arbeitsverhältnis vorliege oder der LStAbzug zutreffend erfolgt sei oder seine Inanspruchnahme ermessensfehlerhaft sei. Die Rüge im finanzgerichtlichen Verfahren, das FG habe die Frage der Rechtmäßigkeit des Auwahlermessens rechtsfehlerhaft nicht geprüft, richtet sich gegen die Richtigkeit der finanzgerichtlichen Entscheidung und ist kein absoluter Revisionsgrund (BFH 24.2.10 – VI B 132/09, BFH/NV 10, 1828). Ermäßigungsgründe, die sich nicht aus den ELStAM ergeben und die in der Person des ArbN liegen (zB höhere Werbungskosten oder Sonderausgaben), kann der ArbGeb mE in entsprechender Anwendung der Auffassung der Finanzverwaltung und der Rspr des BFH zum bisherigen LStKartenprinzip nicht geltend machen. Dies gilt auch für den ArbN, wenn man ihm ein Anfechtungsrecht bzgl des Haftungsbescheids an den ArbGeb zugesteht (s oben Rz 63, 64; s auch BFH 26.7.74, BStBl II 74, 756 und *HMW*/Haftung für Lohnsteuer Rz 237).

66 Eine Ausnahme von diesem Grundsatz hat der BFH nur gemacht, wenn der ArbGeb und der ArbN **entschuldbar** über die Zugehörigkeit von Bezügen zum Arbeitslohn und somit über die Notwendigkeit der Eintragung damit zusammenhängender Werbungskosten geirrt haben (BFH 5.11.71, BStBl II 72, 137). Der Gegenmeinung, die dem ArbGeb die Geltendmachung aller dem ArbN zustehenden Einwendungen zulassen will (*Schmidt/Krüger* § 42d Rz 60), ist nicht zu folgen (s oben Rz 5, 6). Zu den Einwendungen des ArbN im gegen ihn gerichteten Nachforderungsverfahren s oben Rz 18–21.

67 **c) Sonstiges.** Wird bei einem Haftungsbescheid, der mehrere Haftungskomplexe enthält (Sammelhaftungsbescheid), nur ein bestimmter Sachverhalt angefochten, so erwachsen die Übrigen in Bestandskraft (BFH 4.7.86, BStBl II 86, 921). Üblicherweise ist mit dem Ergehen des Haftungsbescheides zugleich auch die Zahlungsinanspruchnahme (§ 219 AO) verbunden. Dabei ist zu beachten, dass die Haftungsinanspruchnahme und die Zahlungsinanspruchnahme zwei verschiedene Verwaltungsakte darstellen, die jeweils mit Einspruch anzufechten sind. Dabei können gegen die Zahlungsinanspruchnahme nur diesbezügliche Einwendungen (zB Zahlungsfrist – grds 1 Monat –), nicht aber Einwendungen gegen die Haftung als solche geltend gemacht werden. Letztere sind im Einspruchsverfahren gegen den Haftungsbescheid vorzubringen. Zum Entstehen von Säumniszuschlägen auf die Haftungsschuld s *Säumniszuschlag* Rz 4. Zahlungen auf die Steuerschuld oder der Eintritt der Zahlungsverjährung nach Ergehen der Einspruchsentscheidung führen nicht zur Rechtswidrigkeit des angefochtenen Haftungsbescheids (BFH 16.6.05 – VII B 295/04, BFH/NV 05, 1748).

68 Bei Rechtsstreitigkeiten über Haftungsbescheide sind **keine Prozesszinsen** zu zahlen (BFH 25.7.89, BStBl II 89, 821). Erstattungsberechtigt hinsichtlich der an das FA abgeführten LSt ist der, auf dessen Rechnung die Zahlung bewirkt worden ist (§ 37 Abs 2 AO) und nicht derjenige, der gezahlt hat. Das bedeutet, dass der ArbN als Steuerschuldner – sofern nicht der ArbGeb wegen der Pauschalierung Steuerschuldner ist (s oben Rz 2) – für die von seinem Lohn einbehaltenen LStAbzugsbeträge erstattungsberechtigt ist. Dies gilt auch bei einer Nettolohnvereinbarung (s *Nettolohnvereinbarung* Rz 14). Dem ArbGeb als Entrichtungsverpflichteten steht nur ausnahmsweise der Erstattungsanspruch zu, wenn er versehentlich LSt abgeführt hat, zB weil der ArbN nicht mehr beschäftigt war oder der ArbGeb kein Gehalt bezahlt hat oder die LSt doppelt abgeführt hat oder sich bereit erklärt hat, die LSt ohne Belastung des ArbN bis zur gerichtlichen Klärung abzuführen (*Schmidt/Krüger* § 42d Rz 62).

69 **V. Rückgriff.** Da den ArbN als Steuerschuldner die LStLast trifft, steht dem ArbGeb, wenn er als Haftender in Anspruch genommen wird, zivilrechtlich ein Rückgriffsanspruch

zu (BAG 9.12.76 – AZR 371/75, BStBl II 77, 581; s aber *Nettolohnvereinbarung* Rz 10 ff). Ggf bestehen hierfür aber tarifliche Ausschlussfristen, deren Lauf mit der Fälligkeit des Rückgriffsanspruchs beginnt. Dieser wird frühestens mit der Zustellung des Haftungsbescheides, bei offensichtlich unrichtigem LStAbzug evtl schon früher fällig. Die Pflichtverletzung des ArbGeb kann den Rückgriffsanspruch ebenso ausschließen, wie ein vom FA in Anspruch genommener ArbN evtl **Schadensersatzansprüche** gegen den ArbGeb geltend machen kann, denn der ArbGeb ist aufgrund der arbeitsrechtlichen Fürsorgepflicht (s *Fürsorgepflicht* Rz 1 ff) verpflichtet, die LSt richtig zu berechnen (s hierzu *HMW*/Haftung für Lohnsteuer Rz 253). Verzichtet der ArbGeb auf die Geltendmachung des Ausgleichsanspruchs, der mit der Zahlung des ArbGeb entsteht, so wird dem ArbN erst in diesem Zeitpunkt ein Vorteil zugewendet (BFH 29.10.93, BStBl II 94, 197 und 5.3.07 – VI B 41/06, BFH/NV 07, 1122; LStH 19.3: Beispiele: Lohnsteuerbeträge). Das hat zur Folge, dass entgegen BFH 7.12.84, BStBl II 85, 164 auch bei einem schon vor Erlass des Haftungsbescheides ausgesprochenen Verzicht von einem Brutto- und nicht von dem höheren Nettosteuersatz (Steuer auf die Steuer) auszugehen ist. Der im Verzicht liegende geldwerte Vorteil ist dann mit einem weiteren Haftungsbescheid der LSt zu unterwerfen (BFH 29.10.93, aaO; s auch *Schmidt/Krüger* § 39b Rz 14).

Strittig ist die Frage, ob Arbeitslohn bzgl der vom ArbGeb zu tragenden LSt auch dann **70** vorliegt, wenn der ArbGeb keinen Regress mehr nehmen kann, sei es, dass die Ausschlussfrist eines Tarifvertrages verstrichen ist, sei es, dass er unfreiwillig hierauf verzichtet. Nach hM ist es unerheblich, aus welchen Gründen der ArbN einen geldwerten Vorteil erhält (FG München 18.5.90, EFG 90, 621; *K/S* § 42d Rz A 20; so wohl auch BFH 29.10.93, BStBl II 94, 197 unter II 1c 2. Absatz). Ist die mangelnde Rückgriffsmöglichkeit aber unverschuldet, kann die Inanspruchnahme des ArbGeb im Einzelfall jedoch unbillig sein (*K/S* § 42d Rz A 20). Die Gegenmeinung verneint Arbeitslohn, da es an einer Zuwendung des ArbGeb fehle (ausführlich s *HHR* § 42d Rz 27; differenzierend *HMW*/Übernahme der Lohnsteuer durch den Arbeitgeber Rz 2, 3). Folgt man der hM, gilt das unter Rz 69 zum Brutto- und Nettosteuersatz Ausgeführte entsprechend.

C. Sozialversicherungsrecht *Schlegel*

Für das SozVRecht hat die LStHaftung keine Bedeutung. Zur Haftung für SozVBeiträge **71** s *Sozialversicherungsbeiträge* Rz 36 ff; *Arbeitgeberhaftung*.

Lohnsteuerjahresausgleich

A. Arbeitsrecht *Griese*

S *Bruttolohnvereinbarung* Rz 5–16 u *Antragsveranlagung*. **1**

B. Lohnsteuerrecht *Seidel*

1. Allgemeines. Das beim FA auf Antrag des ArbN durchzuführende LStJahresausgleichs- **2** verfahren wurde vom Gesetzgeber mit StÄndGesetz 1992 vom 25.2.92 (BGBl I 92, 297) durch die sog Antragsveranlagung (s *Antragsveranlagung* Rz 2 ff) ab dem Ausgleichsjahr 1992 ersetzt (§ 46 Abs 2 Nr 8 EStG). Die folgende Darstellung bezieht sich daher nur auf den LStJahresausgleich durch den ArbGeb (§ 42b EStG). Dieser ist der letzte Akt des LStAbzugsverfahrens (s *Lohnabzugsverfahren* Rz 2 ff) und erfolgt ohne Antrag des ArbN. Damit soll der ArbN möglichst frühzeitig die zu viel erhobene LSt, die infolge schwankenden Arbeitslohns oder Änderungen der ELStAM während des Kj entstanden ist, zurückerhalten (*Schmidt/Krüger* § 42b Rz 1; s *Lohnsteuerabzugsmerkmale* Rz 14 f, 21).

2. Voraussetzungen. Der ArbGeb darf den LStJahresausgleich nur für unbeschränkt **3** estpflichtige ArbN (s *Lohnsteuerberechnung* Rz 7 f) durchführen; dagegen nicht für als unbeschränkt stpfl zu behandelnde ArbN (s *Lohnsteuerberechnung* Rz 8, 20). Bei weniger als **zehn Arbeitnehmern** ist der ArbGeb berechtigt, bei mindestens zehn ArbN ist er verpflichtet, seinen ArbN, die während des Kj (Ausgleichsjahr) ständig in einem Dienstverhältnis gestanden haben, die für das Ausgleichsjahr einbehaltene LSt insoweit zu erstatten, als sie die auf

289 Lohnsteuerjahresausgleich

den Jahresarbeitslohn entfallende LSt übersteigt (§ 42b Abs 1 Sätze 1 und 2 EStG). Dabei sind auch **Teilzeitbeschäftigte,** von deren Lohn keine LSt einzubehalten war, weil dieser pauschal besteuert wurde (s *Teilzeitbeschäftigung* Rz 115), mitzuzählen (s *Schmidt/Krüger* § 42b Rz 2).

4 Außerdem muss der betreffende ArbN während des gesamten Ausgleichsjahres **im Dienst desselben Arbeitgebers** gestanden haben. Die bisherige Regelung des § 42b Abs 1 Satz 3 EStG wurde aufgehoben, da dem ArbGeb im neuen Verfahren der ELStAM nur die Abzugsmerkmale des aktuellen Dienstverhältnisses bekannt sind und er nicht mehr, wie beim alten Verfahren, die Abzugsmerkmale, die ein anderer ArbGeb in einem Dienstverhältnis dem LStAbzug zugrunde gelegt hat, anhand der weitergegebenen LStKarte erkennen und die Ausschlussfälle des § 42b Abs 1 Satz 4 EStG zweifelsfrei feststellen kann (s BT-Drs 17/6263 S 58). Verzichtet der ArbN auf die Vorlage eines Ausdrucks der elektronischen LStBescheinigungen (s *Lohnsteuerbescheinigung* Rz 12), ist ein betrieblicher LStJahresausgleich nicht zulässig.

5 Beginnt oder endet die unbeschränkte Steuerpflicht **im Laufe des Kalenderjahres,** darf der ArbGeb den LStJahresausgleich **nicht durchführen.** Ferner darf der ArbGeb den LStJahresausgleich nicht durchführen, wenn **a)** der **Arbeitnehmer dies beantragt** oder **b)** der ArbN für das Ausgleichsjahr oder einen Teil davon nach den **Steuerklassen V oder VI** zu besteuern war oder **c)** der ArbN für einen Teil des Ausgleichsjahres nach der **Steuerklasse II, III oder IV** zu besteuern war oder **d)** das Faktorverfahren angewandt wurde oder **e)** bei der LStBerechnung ein **Freibetrag** oder **Hinzurechnungsbetrag** (§ 39a Abs 1 EStG; s auch *Lohnsteuerermäßigung* Rz 3 ff) zu berücksichtigen war oder **f)** der ArbN im Ausgleichsjahr **Kurzarbeitergeld,** einen Zuschuss zum Mutterschaftsgeld nach dem MuschG oder nach § 4a MutterschutzVO oder einer entsprechenden Landesregelung, eine Verdienstausfallentschädigung nach dem Infektionsschutzgesetz oder nach § 3 Nr 28 EStG steuerfreie Aufstockungsbeträge oder Zuschläge (s *Altersteilzeit* Rz 27) oder **g)** die Anzahl der im Lohnkonto oder in der LStBescheinigung eingetragenen **Großbuchstaben U** (s *Lohnkonto* Rz 5) mindestens eins beträgt oder **h)** für den ArbN im Ausgleichsjahr im Rahmen der **Vorsorgepauschale** jeweils nur zeitweise Beträge für die RV, KV oder PflegeV (§ 39b Abs 2 Satz 5 Nr 3 Buchst a–d EStG) oder der Beitragszuschlag für Kinderlose nach § 55 Abs 3 SGB XI (§ 39b Abs 2 Satz 5 Nr 3 Buchst c EStG) nicht berücksichtigt wurden (s *Lohnsteuertabellen* Rz 8 ff) oder **i)** der ArbN im Ausgleichsjahr ausländische Einkünfte aus nichtselbstständiger Arbeit bezogen hat, die nach einem DBA oder – unter Progressionsvorbehalt – nach § 34c Abs 5 EStG (zB Auslandstätigkeitserlass) von der LSt freigestellt waren (§ 42b Abs 1 Satz 4 Nr 1–6 EStG; s auch *Auslandstätigkeit* Rz 37–58).

6 Auch wenn der ArbN zeitweise in keinem Dienstverhältnis gestanden oder zeitweise aus einem Dienstverhältnis pauschal nach § 40a EStG (s *Teilzeitbeschäftigung* Rz 114) besteuerten Arbeitslohn bezogen hat, darf der LStJahresausgleich nicht vorgenommen werden.

7 **3. Durchführung** (§ 42b Abs 2 EStG). **a) Jahresarbeitslohn.** Der ArbGeb hat diesen nach den Eintragungen im Lohnkonto (s *Lohnkonto* Rz 3–9) festzustellen. Zum Jahresarbeitslohn gehören der laufende Arbeitslohn, Bar- und Sachbezüge sowie sonstige Bezüge (s *Sonstige Bezüge* Rz 2). Bei einer Nettolohnvereinbarung sind die entsprechenden Bruttobezüge anzusetzen (s *Nettolohnvereinbarung* Rz 17, 18). Außer Ansatz bleiben pauschal besteuerte Bezüge (§ 40 Abs 3 Satz 3 EStG; s auch *Lohnsteuerpauschalierung* Rz 13–58).

8 Auf **Antrag des Arbeitnehmers** können auch ermäßigt besteuerte Entschädigungen iSd § 34 Abs 1 und 2 Nr 2 EStG (Entschädigungen für entgangene oder entgehende Einnahmen, § 24 Abs 1 Nr 1a EStG bzw für die Aufgabe oder Nichtausübung einer Tätigkeit, § 24 Abs 1 Nr 1b EStG; s auch *Außerordentliche Einkünfte* Rz 4–16) und Bezüge iSd § 34 Abs 2 Nr 4 EStG (Gehaltsnachzahlung für mehrere Jahre; s auch *Außerordentliche Einkünfte* Rz 17–21, *Entgeltnachzahlung* Rz 9) einbezogen werden. Diese gehören dann zum Jahresarbeitslohn, dh, dass die Tarifermäßigung dann wieder rückgängig gemacht wird. Vom Jahresarbeitslohn sind der etwa in Betracht kommende Versorgungsfreibetrag und Zuschlag zum Versorgungsfreibetrag (§ 19 Abs 2 EStG; s auch *Altersgrenze* Rz 19) und ggf der Altersentlastungsbetrag (s *Altersentlastungsbetrag* Rz 6 ff).

9 Für den sich ergebenden Betrag ist nach Maßgabe der Steuerklasse, die zu diesem Zeitpunkt als ELStAM abgerufen oder auf der Bescheinigung für den LStAbzug bzw einer etwaigen Mitteilungen über Änderungen zuletzt eingetragen wurde (s *Lohnsteuerabzugsmerkmale* Rz 20, 26), die JahresLSt zu ermitteln (§ 42b Abs 2 Satz 4 EStG; s *Lohnsteuertabellen* Rz 2 ff). Die diesen Betrag übersteigenden, bisher erhobenen Abzugsbeträge einschließlich KiSt und SolZ sind dem ArbN zu erstatten. Bleiben die ermäßigt besteuerten Entschädigungen bzw Bezüge iSd § 34 Abs 2 Nr 4 EStG (s oben Rz 8) außer Ansatz, ist bei der Ermittlung der insgesamt erhobenen LSt die dafür einbehaltene LSt auszuscheiden. Auch die pauschal erhobene LSt bleibt außer Ansatz (§ 40 Abs 3 Satz 3 EStG).

Der ArbGeb darf ohne Einwilligung des ArbN gegen dessen Erstattungsanspruch **nicht** mit einer gegen ihn gerichteten Forderung **aufrechnen,** da der Fiskus Schuldner des Erstattungsanspruchs ist.

b) Zeitpunkt. Der LStJahresausgleich darf frühestens bei der Lohnabrechnung für den letzten im Ausgleichsjahr endenden Lohnzahlungszeitraum, spätestens bei der Lohnabrechnung für den letzten, im März des Folgejahres endenden Lohnzahlungszeitraum durchgeführt werden. Hat der ArbGeb jedoch bereits zum 28. 2. die elektronische LStBescheinigung übermittelt (s *Lohnsteuerbescheinigung* Rz 12), darf er keinen LStJahresausgleich mehr durchführen. Die zu erstattende LSt ist dem Betrag zu entnehmen, den der ArbGeb für seine ArbN für den Lohnzahlungszeitraum insgesamt erhoben hat (§ 42b Abs 3 EStG). Reicht der Betrag nicht aus, wird der Fehlbetrag dem ArbGeb auf Antrag vom BetriebsstättenFA ersetzt (§ 42b Abs 3 Satz 3 EStG iVm § 41c Abs 2 Satz 2 EStG). Stellt der ArbGeb fest, dass die JahresLSt die im Ausgleichsjahr insgesamt einbehaltene LSt übersteigt, ist der Differenzbetrag die für den letzten Lohnzahlungszeitraum einzubehaltende LSt, wenn der ArbGeb den LStJahresausgleich bei der Ermittlung der LSt für den letzten im Ausgleichsjahr endenden Lohnzahlungszeitraum zusammenfasst (LStR 42b Abs 3). Bei späterer Durchführung kann des FA, wenn der ArbGeb feststellt, dass er zu wenig LSt einbehalten hat, von der Nacherhebung absehen, wenn der ArbGeb dies dem FA anzeigt (§ 41c Abs 4 EStG; s auch *Lohnsteuerberechnung* Rz 25).

c) Aufzeichnungen. Der ArbGeb hat im Lohnkonto die für das Ausgleichsjahr erstattete LSt gesondert einzutragen (s auch *Lohnkonto* Rz 9). In der LStBescheinigung hat er anstelle der erstatteten LSt den sich nach Verrechnung der erhobenen LSt mit der erstatteten LSt ergebenden Betrag als erhobene LSt einzutragen (§ 42b Abs 4 EStG). Bei Übersteigen der erstatteten Beträge ist als einbehaltener Betrag der übersteigende Betrag in Rot oder mit einem deutlichen Minuszeichen versehen, zu bescheinigen (s auch *Lohnsteuerbescheinigung* Rz 18). Im Lohnkonto und in der LStBescheinigung des dem Ausgleichsjahr folgenden Jahres ist die LSt, die auf den Arbeitslohn für die in diesem Folgejahr **endenden** Lohnzahlungszeiträume entfällt, vor Abzug der für das Ausgleichsjahr erstatteten oder aufgerechneten Beträge anzugeben (*HMW*/Lohnsteuerjahresausgleich Rz 50).

d) Sonstiges. Der ArbGeb haftet für die LSt, die er beim LStJahresausgleich zu Unrecht erstattet hat. Erkennt er, dass ihm Fehler beim LStJahresausgleich unterlaufen sind und hat er die LStBescheinigung bereits elektronisch übermittelt (s oben Rz 11), kann er diese nicht korrigieren. Seine Haftung kann er aber vermeiden, wenn er dem BetriebsstättenFA den Fehler anzeigt (§ 41c EStG; s auch *Lohnsteuerberechnung* Rz 25). Zur Überprüfung, wenn zwischen ArbGeb und ArbN strittig ist, ob die LSt zutreffend berechnet wurde, s *Lohnabzugsverfahren* Rz 25.

4. Permanenter Lohnsteuerjahresausgleich. a) Voraussetzungen. Liegen die Voraussetzungen für einen LStJahresausgleich durch den ArbGeb vor (s auch LStR 39b.8 Satz 2), darf die LSt schon für die einzelnen Lohnzahlungszeiträume nach dem voraussichtlichen Jahresarbeitslohn ermittelt werden (§ 39b Abs 2 Satz 12 EStG). Auf die Steuerklasse des ArbN kommt es nicht an (LStR 39b.8 Satz 3). Sind die Voraussetzungen erfüllt, gilt die Genehmigung des BetriebsstättenFA grds als erteilt, wenn sie nicht im Einzelfall widerrufen wird (LStR 39b.8 Satz 4).

b) Durchführung. Nach jedem Lohnzahlungszeitraum wird der laufende Arbeitslohn der vorangegangenen Lohnzahlungszeiträume auf einen Jahresbetrag hochgerechnet (zB Löhne Januar bis April × 3), die JahresLSt entsprechend den gebildeten ELStAM berechnet und der auf die abgelaufenen Lohnzahlungszeiträume entfallende LStJahresteilbetrag ermittelt. Von diesem Teilbetrag wird sodann die von dem laufenden Arbeitslohn der abgelaufenen Lohnzahlungszeiträume schon erhobene LSt abgezogen. Der Restbetrag ist die für den letzten Lohnzahlungszeitraum einzubehaltende LSt (*HMW*/Lohnsteuerjahresausgleich Rz 55). Nicht einzubeziehen sind sonstige Bezüge. Diese sind entsprechend der unter dem Stichwort Sonstige Bezüge dargestellten Berechnung (s *Sonstige Bezüge* Rz 4–9) zu ermitteln. Vom Jahresbetrag sind ggf die Freibeträge für Versorgungsbezüge (§ 19 Abs 2 EStG) und der Altersentlastungsbetrag (s *Altersentlastungsbetrag* Rz 6 ff) abzuziehen (Näheres s auch LStR 39b.8; s auch oben Rz 7 ff).

C. Sozialversicherungsrecht *Schlegel*

16   Ein dem LStJahresausgleich bzw der *Antragsveranlagung* (s Rz 2) entsprechendes Rechtsinstitut ist der SozV fremd. Während Ungleichgewichte in der laufenden Einkommensbesteuerung im Rahmen des LSt-Jahresausgleichs durch Steuerrückzahlungen kompensiert werden können und das Arbeitsförderungsrecht die nachträgliche leistungserhöhende Berücksichtigung von steuerlichen Änderungen zumindest bei einem LStKlassenwechsel vorsieht (vgl § 137 Abs 4 SGB III, dazu BSG 1.4.04 – B 7 AL 52/03 R, SozR 4–4300 § 137 Nr 1), weichen in der KV die Berechnungsgrundsätze für das Krankengeld von den Regelungen in den anderen Rechtsgebieten ab: Das Krankengeld ist aber ohne Rücksicht auf den LSt-Jahresausgleich aus dem im Bemessungszeitraum zugeflossenen Arbeitsentgelt zu berechnen, auch wenn sich dieses später aufgrund des LStJahresausgleichs noch ändert (vgl EuGH-Vorlage des BSG vom 5.7.05 – B 1 KR 7/04 R).

Lohnsteuerklassen

A. Arbeitsrecht *Poeche*

1   **1. Allgemeines.** Zur Vereinfachung des Steuerabzugsverfahrens (s *Lohnabzugsverfahren*) werden ArbN in eine der gem § 38b EStG zur Verfügung stehenden Steuerklassen I–VI eingeteilt. Die LStKlasse ist maßgebend für die Höhe der nach der *Lohnsteuertabelle* vom ArbGeb an das FA abzuführenden LSt. Zur Haftung des ArbGeb gegenüber dem FA bei fehlerhafter LStBerechnung s *Lohnsteuerhaftung* Rz 25 ff, zum Innenverhältnis gegenüber dem ArbN (Schadensersatz) *Anrufungsauskunft* Rz 2, *Bruttolohnvereinbarung* Rz 10.

2   **2. Änderungen** der LStKlasse, zB nach Eheschließung oder Scheidung, wirken sich regelmäßig auf die vom ArbGeb geschuldete Vergütung nicht aus, da ganz überwiegend Bruttolohnvereinbarungen getroffen werden. Anders ist es bei einer sog originären **Nettolohnvereinbarung.** Hier schuldet der ArbGeb dem ArbN einen festen Nettolohn, von dem aus er die abzuführende LSt hochrechnet (Näheres s *Nettolohnvereinbarung* Rz 8). Der Wechsel des ArbN in eine ungünstigere Steuerklasse steigert damit unmittelbar die finanzielle Belastung des ArbGeb, gegenläufig kommt ihm eine Minderung der Steuerquote zugute (wegen der steuerrechtlichen Möglichkeiten des ArbGeb, nachträgliche Änderungen der LStKlassen zu berücksichtigen, s *Lohnsteuerberechnung* Rz 23).

3   **3. Rechtsmissbrauch.** Der ArbGeb ist ausnahmsweise im Verhältnis zum ArbN nicht verpflichtet, einer von ihm geschuldeten Leistung die vom ArbN gewählte LStKlasse zugrunde zu legen. Anwendungsbereich der sog missbräuchlichen Steuerklassenwahl ist bspw der **Zuschuss zum Mutterschaftsgeld** nach § 14 Abs 1 MuSchG (dazu *Mutterschutz* Rz 37). Wählt die verheiratete ArbN eine Steuerklasse, die den unterschiedlichen tatsächlichen Einkommensverhältnissen der Ehegatten nicht entspricht (zB Wahl der Steuerklassen III/V statt IV/IV), kann der ArbGeb den Zuschuss auf der Grundlage der LStKlasse IV berechnen und nicht nach Maßgabe der LStKlasse V, die seine Nettoleistung deutlich erhöhen würde. Das gilt sowohl für einen Wechsel der Steuerklasse im laufenden Kj als auch für die erstmalige Wahl (BAG 22.10.86 – 5 AZR 733/85, DB 87, 944; 18.9.91 – 5 AZR 581/90, DB 92, 787). Regelmäßig ist der Frau nicht der Einwand verschlossen, alternativ sei dann die LStKlasse IV heranzuziehen. Auch bei einem sehr viel höheren Einkommen der Frau ist die gleichberechtigte Wahl der Steuerklassen IV/IV nicht zu beanstanden (vgl LAG Köln 9.7.86 – 7 Sa 127/85, LAGE Nr 3 zu § 14 MuSchG). Dem entspricht die Rspr des BAG zum Aufstockungsbetrag während der Altersteilzeit oder im Vorruhestand. Es ist nicht rechtsmissbräuchlich, wenn der Ehemann ein deutlich höheres Einkommen als die

Ehefrau hat und die Ehegatten erstmals im zeitlichen Zusammenhang mit dem Wechsel der Ehefrau in Altersteilzeit von der Kombination III/V beide die Steuerklasse IV wählen (BAG 13.6.06 – 9 AZR 423/05, DB 06, 2470; vgl auch BAG 9.9.03 – 9 AZR 605/02, NZA 04, 496). Eine sachlich nicht begründete Wahl einer ungünstigen LStKlasse ist auch im allgemeinen Zivilrecht unbeachtlich (vgl BGH 3.7.08 – IX ZB 65/07, NZI 08, 624). Im Hinblick darauf, dass der Steuerklassenwechsel während der Schwangerschaft neuerdings regelmäßig der **Erhöhung des Elterngeldes** während der sich dem Mutterschutz anschließenden Elternzeit dienen soll und das BSG (25.6.09 – B 10 EG 3/08 R, NJW 10, 1485) dies in sozialrechtlicher Hinsicht nicht als rechtsmissbräuchlich gewertet hat, plädiert *Croissant* (NZA 13, 713) mit guten Gründen für ein Überdenken der Rspr des BAG zum Rechtsmissbrauch beim Steuerklassenwechsel während der Schwangerschaft.

Die Frage nach einer rechtsmissbräuchlichen Wahl der LStKlasse kann sich auch im Zusammenhang mit einer **Drittschuldnerklage** stellen (Näheres *Pfändung* Rz 29, 36). So muss sich der Schuldner (ArbN), der vor einer Pfändung seiner Entgeltansprüche eine ungünstigere Steuerklasse in Gläubigerbenachteiligungsabsicht gewählt hat, bei der Berechnung des pfändungsfreien Betrags im Jahr der Pfändung so behandeln lassen, als sei sein Arbeitseinkommen nach der für den pfändenden Gläubiger günstigeren Steuerklasse zu versteuern. Erfolgt die Wahl nach der Pfändung, so gilt dies ohne das Erfordernis der Gläubigerbenachteiligungsabsicht schon dann, wenn für die Wahl objektiv kein sachlich rechtfertigender Grund gegeben ist (BAG 23.4.08 – 10 AZR 168/07, NZA 08, 986 unter ausdrücklichem Anschluss an BGH 4.10.05 – VII ZB 26/05, NJW-RR 06, 569). **4**

B. Lohnsteuerrecht
Seidel

1. Grundsätzliches. Der ArbGeb hat den LStAbzug (s *Lohnabzugsverfahren* Rz 2 ff) nach Maßgabe der abgerufenen ELStAM vorzunehmen (§§ 38 Abs 3, 38a Abs 4 EStG). Als ELStAM wird automatisiert die Steuerklasse gebildet (§§ 38b, 39 Abs 4 Nr 1 EStG, s *Lohnsteuerabzugsmerkmale* Rz 10, 14). Zusammen mit der Höhe des stpfl Arbeitslohns kann der ArbGeb die Höhe der LSt ermitteln (s *Lohnsteuertabellen* Rz 2 ff). Zur Berücksichtigung ermittelter Freibeträge sowie eines etwaigen Hinzurechnungsbetrages s *Lohnsteuerberechnung* Rz 12, 13. Auf **Antrag des Arbeitnehmers** kann eine für ihn ungünstigere Steuerklasse und eine geringere Zahl von Kinderfreibeträgen eingetragen werden (§ 38b Abs 3 Satz 1 EStG). Treten beim ArbN im Laufe des Kj die Voraussetzungen für eine günstigere Steuerklasse oder höhere Zahl der Kinderfreibeträge ein, kann der ArbN die Änderung der **Eintragung** beantragen (§ 39 Abs 6 Satz 1 EStG). Für Änderungen der ELStAM ist das WohnsitzFA zuständig. Nur die Verwaltung von Meldedaten verbleibt bei den Gemeinden (§ 39e Abs 2 Satz 2 EStG; s auch *Lohnsteuerabzugsmerkmale* Rz 15). **Ehegatten,** die beide in einem Dienstverhältnis stehen, können im Laufe des Kj einmal, spätestens bis zum 30. 11., beim FA einmalig die Änderung der Steuerklasse in eine andere in Betracht kommende beantragen (III, IV, V; § 39 Abs 65 Sätze 2–5 EStG; s auch oben Rz 3 und unten Rz 14 ff; Anträge unter www.formulare-bfinv.de/Steuerformulare/Lohnsteuer/→ 20 Antrag auf Steuerklassenwechsel). Ein mehrfacher Wechsel ist nach FG Düsseldorf (7.4.03 – 7 K 3301/02, EFG 03, 1104) möglich, wenn ein Ehegatte arbeitslos ist. Die Bildung des Merkmals Steuerklasse ist eine gesonderte Feststellung von Besteuerungsgrundlagen nach § 179 Abs 1 AO, die unter dem Vorbehalt der Nachprüfung steht (§ 39 Abs 1 Satz 4 EStG). **10**

2. Die einzelnen Steuerklassen. a) Allgemeines. Für die Durchführung des LStAbzugs bei unbeschränkt wie bei beschränkt stpfl ArbN (s *Lohnsteuerberechnung* Rz 2, 7 ff) sind sechs LStKlassen gebildet (§ 38b EStG). Je nach Einordnung werden beim LStAbzug bestimmte Frei- und Pauschbeträge berücksichtigt sowie ggf die Anwendung des Splittingverfahrens geregelt (s *Lohnsteuertabellen* Rz 2 ff). Für beschränkt stpfl ArbN s unten Rz 12 und 19. Besonderheiten gelten für ArbN aus EU- oder EWR-Mitgliedsstaaten (s unten Rz 16). **11**

b) Steuerklasse I (§ 38b Abs 1 Satz 1 Nr 1 EStG). **Unbeschänkt steuerpflichtige ledige Arbeitnehmer,** die nicht in Steuerklasse II gehören; **geschiedene und verwitwete Arbeitnehmer,** die nicht in Steuerklasse II oder III gehören sowie **verheiratete Arbeitnehmer,** die nicht in Steuerklasse III oder IV gehören, weil deren Ehegatte nicht unbeschränkt stpfl ist (also im Ausland ansässig ist), oder die von ihrem Ehegatten dauernd **12**

290 Lohnsteuerklassen

getrennt leben (s EStR 26 Abs 1 und EStH 26: Getrenntleben) sowie **beschränkt steuerpflichtige Arbeitnehmer.**

13 c) **Steuerklasse II** (§ 38b Nr 2 EStG). Die in Steuerklasse I genannten **Arbeitnehmer,** wenn bei ihnen der Entlastungsbetrag für Alleinerziehende (§ 24b EStG) zu berücksichtigen ist (s *Kindervergünstigungen* Rz 9). Entfallen während des Kj dessen Voraussetzungen, ist der ArbN verpflichtet, die Eintragung der Steuerklasse umgehend ändern zu lassen (§ 39 Abs 4 Satz 1 EStG).

14 d) **Steuerklasse III** (§ 38b Nr 3 EStG). **Verheiratete Arbeitnehmer,** die beide unbeschränkt stpfl sind (§ 1 Abs 1 und 2 EStG) und nicht dauernd getrennt leben. Der Ehegatte darf entweder keinen Arbeitslohn beziehen oder muss auf Antrag beider Ehegatten in Steuerklasse V eingereiht werden. Dies gilt auch, wenn ein Ehegatte im Laufe des Kj stirbt oder ins Ausland verzieht; **verwitwete Arbeitnehmer,** wenn sie und der verstorbene Ehegatte im Zeitpunkt des Todes unbeschränkt stpfl waren und nicht dauernd getrennt lebten. Dies gilt aber nur für das dem Todesjahr folgende Kj (sog Witwensplitting). Danach gehören sie in Steuerklasse I oder – wenn ihnen ein Entlastungsbetrag für Alleinerziehende zusteht – in Steuerklasse II; der Entlastungsbetrag für Alleinerziehende ist durch die Ermittlung eines Freibetrags zu berücksichtigen, wenn der verwitwete ArbN noch in Steuerklasse III einzureihen ist (§ 39a Abs 1 Nr 8 EStG); für das **Auflösungsjahr** ArbN, deren **Ehe** im Jahr, für das die Steuerkarte gilt, durch **Scheidung** oder **Aufhebung aufgelöst** wurde, wenn beide Ehegatten im Auflösungsjahr unbeschränkt stpfl waren und nicht dauernd getrennt gelebt haben. Außerdem muss der andere Ehegatte in diesem Jahr wieder geheiratet haben, von seinem neuen Ehegatten nicht dauernd getrennt leben und er sowie sein neuer Ehegatte müssen unbeschränkt stpfl sein; **im Heiratsjahr** besteht keine Pflicht, die Steuerklassen ändern zu lassen. So ist zB die Besteuerung wie Unverheiratete günstiger, wenn beide Ehegatten berufstätig sind und mindestens einer in Steuerklasse II gehört; **im Scheidungsjahr** bzw im **Jahr des Beginns des dauernd Getrenntlebens** gelten die Ehegatten noch als verheiratet und bleiben beide in Steuerklasse IV oder III und V. Selbstverständlich können sie aber bis 30. 11. einen Steuerklassenwechsel beantragen. Eine Änderung nach Abschluss des LStAbzugs ist nicht mehr möglich (BFH 14.6.07 – VI B 16/07, BFH/NV 07, 1649). Nach den Beschlüssen des BVerfG 7.5.13 – 2 BvR 909/06; 2 BvR 1981/06; 2 BvR 288/07, DStR 13, 1228 müssen Ehegatten und eingetragene Lebenspartnerschaften für die Anwendung des Ehegattensplittings gleichbehandelt werden. Der BT hat die Beschlüsse des BVerfG mit der rückwirkenden einkommensteuerlichen Gleichstellung von Ehen und eingetragenen Lebenspartnerschaften umgesetzt (§ 2 Abs 8 EStG BStBl I 13, 808). Damit haben auch die Partner einer eingetragenen Lebenspartnerschaft Anspruch auf die Eintragung der Steuerklasse III.

Zum Antrag auf Zusammenveranlagung vgl OFD Münster vom 6.3.12 – akt Kurzinfo ESt 48/2003 (s auch *Antragsveranlagung* Rz 6).

15 e) **Steuerklasse IV** (§ 38b Nr 4 EStG). **Verheiratete Arbeitnehmer,** wenn beide Ehegatten unbeschränkt stpfl sind (§ 1 Abs 1 und 2 EStG), nicht dauernd getrennt leben und der Ehegatte des ArbN ebenfalls Arbeitslohn bezieht. Das gilt nicht, wenn für einen Ehegatten die Steuerklasse V gebildet wurde. Erhält ein Ehegatte nur pauschal besteuerte Bezüge, kann der andere Ehegatte Steuerklasse III erhalten, wenn für den Ehegatten, der nur pauschal besteuerte Bezüge erhält, keine ELStAM gebildet wurden (*Lohnsteuerabzugsmerkmale* Rz 9). Steuerklasse IV kommt auch in Betracht, wenn einem oder beiden Ehegatten Bezüge aus einem **früheren Dienstverhältnis** oder als **Rechtsnachfolger** eines verstorbenen ArbN zufließen. Die Steuerklasse IV wird im laufenden Kj bei Tod, Scheidung oder dauernder Trennung nicht vAw geändert. Ein Wechsel zu III/V ist möglich (s Rz 10 und *HMW/ Steuerklassen* Rz 21). Von der Wahl der Steuerklassen bei arbeitenden Ehegatten hängt es ab, ob es nach Ablauf des Kj zu LStNachzahlungen oder LStErstattungen kommt. Bei Steuerklassen IV/IV wird unterstellt, dass beide gleichviel verdienen. Hier kann es zu Überzahlungen kommen, wenn die Arbeitslöhne unterschiedlich hoch sind. Zur Wahl der günstigsten Steuerklasse bei ArbNEhegatten (IV/IV oder III/V) wird vom BMF ein Merkblatt veröffentlicht (für 2014 BeckVerw 279345; Berechnungsprogramme können auf den Internetseiten der einzelnen Länderfinanzverwaltungen abgerufen werden). Für entsprechende Änderungen ist das WohnsitzFA zuständig (s Rz 10) Zur Höhe des AlGeldes in Zusammenhang mit der Steuerklassenwahl s unten Rz 15 ff. Da es ab 2005 beim **Arbeitslosengeld II**

auf das Nettoeinkommen der Bedarfsgemeinschaft ankommt, ist zu prüfen, ob der erwerbstätige Partner Steuerklasse V eintragen lässt, da dann das AlGeld II höher ist, denn sein Nettoeinkommen ist nun geringer als es bei Steuerklasse III wäre. Beim Einkommen anzurechnen ist aber eine spätere Steuererstattung, wenn der erwerbslose Partner noch Leistungsbezieher ist. Auch beim **Elterngeld** beeinflusst die Steuerklassenwahl dessen Höhe (s *Elterngeld* Rz 6), so dass verheirateten Frauen, die Elterngeld beziehen wollen, jedenfalls die Steuerklasse IV statt V zu empfehlen ist. Bei der Wahl der Steuerklasse III (Ehemann V) könnte dies möglicherweise als rechtsmissbräuchlich angesehen werden. Auch im Rahmen der Altersteilzeit kann ein Steuerklassenwechsel rechtsmissbräuchlich sein (BAG 13.6.06 – 9 AZR 423/05, NZA 07, 275; s auch *Altersteilzeit* Rz 12).

Zu d) und e) Für die Steuerklassen III und IV gelten von dem Personenkreis der § 1 Abs 3 und § 1a EStG (s *Grenzgänger* Rz 16, 17) nur die EU- und EWR-Staatsangehörigen als unbeschränkt stpfl, deren Ehegatten ihren Wohnsitz auch in einem dieser Staaten haben (§ 38b Abs 1 Satz 3 EStG). Außerdem müssen die Voraussetzungen der §§ 1 Abs 3 bzw 1a EStG erfüllt sein.

f) Steuerklasse V (§ 38b Nr 5 EStG). **Verheiratete Arbeitnehmer,** die unbeschränkt **16** stpfl sind und nicht dauernd getrennt leben, wenn der Ehegatte des ArbN auf Antrag beider Ehegatten in Steuerklasse III eingereiht ist. Die den Ehegatten zustehenden tariflichen Freibeträge und Kinderfreibeträge wirken sich nur bei dem Ehegatten mit der Steuerklasse III aus. Bei dem Ehegatten mit der Steuerklasse V werden daher Kinder nicht eingetragen. Zu EStVorauszahlungen s OFD Magdeburg 25.1.11 – S 2297–17–St 213, BeckVerw 246803.

Zu d)–f) Um einen möglichst zutreffenden LStEinbehalt zu ermöglichen und die Höhe **17** der LSt bei Steuerklasse V abzumildern, wird ab **2010** für Ehegatten das Faktorverfahren eingeführt (§ 39 f EStG). Auf Antrag beider Ehegatten hat das Finanzamt anstelle der LStKlassen III/V jeweils die Steuerklasse IV mit einem Faktor zur Ermittlung der LSt einzutragen, wenn der Faktor kleiner als 1 ist. Bei dem Faktor Y:X steht Y für die voraussichtliche ESt für beide Ehegatten nach dem Splittingverfahren unter Berücksichtigung der in § 39b Abs 2 EStG genannten Abzugsbeträge (s *Lohnsteuerberechnung* Rz 9, 10). X ist die Summe der voraussichtlichen LSt bei Steuerklasse IV für jeden Ehegatten. Arbeitslöhne aus zweiten und weiteren Dienstverhältnissen (Steuerklasse VI) sind nicht zu berücksichtigen. Für die Einbehaltung der LSt vom Arbeitslohn sind die Steuerklasse IV und der Faktor anzuwenden. Im Programmablaufplan für die maschinelle Berechnung der LSt (s *Lohnsteuerberechnung* Rz 11) ist das Faktorverfahren zu berücksichtigen. Zur Wahl der Steuerklassen unter Einbeziehung des Faktorverfahrens s *Sell/Sommer* DStR 08, 1953 und *Beyer-Petz/Ende* DStR 09, 2583. Das BMF hat unter www.bundesfinanzministerium.de > Bürgerinnen und Bürger > Arbeit und Steuererklärung einen Online-Rechner für das Faktorverfahren zur Verfügung gestellt. Zur Wahl im Rahmen von LStErmäßigungsanträgen s auch OFD Karlsruhe 6.10.09 – S 236.5/17 – St 144, NWB DoklD RAAAD-29995.

g) Steuerklasse VI (§ 38b Nr 6 EStG). Sie gilt für **Arbeitnehmer,** die während des Kj **18** nebeneinander Arbeitslohn von mehreren ArbGeb beziehen, für die Einbehaltung der LSt aus dem zweiten und ggf **weiteren Dienstverhältnis.** Steuerklasse VI hat der ArbGeb auch von sich aus zu berücksichtigen, wenn der ArbN **schuldhaft die Lohnsteuerkarte nicht vorlegt** (§ 39c Abs 1 EStG; s auch *Lohnsteuerberechnung* Rz 15). Bei Steuerklasse VI werden weder tarifliche Freibeträge noch der ArbN- und Sonderausgabenpauschbetrag berücksichtigt, weil diese sich entweder bereits bei der ersten Steuerkarte oder bei der Steuerkarte des Ehegatten in voller Höhe auswirken (s *HMW*/Steuerklassen Rz 27).

3. Besonderheiten bei beschränkt steuerpflichtigen Arbeitnehmern. Für die **19** Durchführung des LStAbzugs gelten mit Aufhebung des § 39d Abs 1 EStG und teilweiser Überführung der Regelungen in die Vorschrift des § 38b EStG durch das Gesetz zur Umsetzung der Beitreibungsrichtlinie sowie zur Änderung steuerlicher Vorschriften (BGBl I 11, 2592) nunmehr im Wesentlichen dieselben Grundsätze wie bei unbeschränkt stpfl ArbN (s *Lohnsteuerberechnung* Rz 2, 7 ff und *Lohnsteuerermäßigung* Rz 8). Die Einkünfte aus nichtselbständiger Arbeit unterliegen dann idR der beschränkten EStPflicht, wenn ein ArbN im Inland weder seinen Wohnsitz noch seinen gewöhnlichen Aufenthalt hat, aber seine Tätigkeit im Inland ausübt oder diese im Inland verwertet wird oder worden ist sowie Einkünfte, die aus inländischen öffentlichen Kassen einschließlich der Kassen der Deutschen Bundes-

290 Lohnsteuerklassen

bahn und der Deutschen Bundesbank mit Rücksicht auf ein gegenwärtiges oder früheres Dienstverhältnis gewährt werden (§ 49 Abs 1 Nr 4 EStG; s zur beschränkten Steuerpflicht auch *Lohnsteuerberechnung* Rz 9–11, 21 und *Ausländer* Rz 42). Keine beschränkte Steuerpflicht besteht aber trotz fehlendem inländischen Wohnsitz in den Fällen der erweiterten unbeschränkten Steuerpflicht oder als unbeschränkt stpfl zu behandelnden ArbN (s *Grenzgänger* Rz 16, 17; *Lohnsteuerberechnung* Rz 8, 20 und oben Rz 15). Für beschränkt stpfl ArbN tritt allerdings bis zur Erteilung einer Identifikationsnummer und der daran anschließenden Bildung von ELStAM – voraussichtlich ab dem Jahr 2014 – an die Stelle der ELStAM eine auf Antrag des ArbN erteilte Bescheinigung des BetriebsstättenFA (s *Lohnsteuerabzugsmerkmale* Rz 26). Wird kein Antrag gestellt oder die Bescheinigung dem ArbGeb nicht vorgelegt, ist der LStAbzug nach Steuerklasse VI vorzunehmen (§ 39c Abs 2 EStG; s *Lohnsteuerberechnung* Rz 18 ff).

C. Sozialversicherungsrecht *Voelzke*

20 **1. Allgemeines.** Für das Beitragsrecht in der SozV kommt der auf der LStKarte eingetragenen LStKlasse keine Bedeutung zu. Mittelbare Auswirkungen hat die Eintragung der LStKlasse auf die Höhe bestimmter Lohnersatzleistungen in der SozV.

21 **2. Krankengeld.** Das Krankengeld (§§ 44 ff SGB V) beträgt 70 vH des **Regelentgelts** (Näheres: *Krankengeld* Rz 27 ff). Es darf gem § 47 Abs 1 Satz 2 SGB V 90 vH des Nettoarbeitsentgelts nicht übersteigen. Für die Berechnung des Nettoarbeitsentgelts gilt der Grundsatz der Maßgeblichkeit der LStKarte. Freibeträge, die nicht auf der LStKarte eingetragen sind, sind nicht zu berücksichtigen (*Schlegel/Voelzke/Bohlken* SGB V, § 47 Rz 114). Damit beeinflussen die auf der LStKarte des ArbN eingetragene LStKlasse, die Kinderfreibeträge und LStFreibeträge das maßgebliche Nettoarbeitsentgelt. In Anlehnung an die Berechnung des Krankengeldes erfolgt die Berechnung der während medizinischer RehaLeistungen und der während der Dauer von Leistungen zur Teilhabe am Arbeitsleben zu gewährenden Lohnersatzleistungen, so dass sich auch hier die eingetragene LStKlasse auf die Leistungshöhe auswirken kann.

22 **3. Arbeitslosengeld.** Unmittelbar wirkt sich die LStKlasse auf in der ArbIV gewährte Lohnersatzleistungen aus. Nach § 153 Abs 1 SGB III wird zur Errechnung des Leistungsentgelts die LSt nach der LStTabelle in Abzug gebracht, die sich nach dem vom BMF aufgrund des § 51 Abs 4 Nr 1a EStG bekannt gegebenen Programmablaufplan bei Berücksichtigung der Vorsorgepauschale nach § 39b Abs 2 Satz 5 Nr 3 in dem Jahr, in dem der Anspruch entstanden ist, ergibt. Entscheidend ist grds die Steuerklasse, die auf der LStKarte zu Beginn des Kj eingetragen war, in dem der Anspruch entstanden ist. Bei mehreren Beschäftigungen im Bemessungszeitraum, die nebeneinander ausgeübt werden, bestimmt diejenige LStKlasse die Leistungsgruppe, die für den Arbeitslosen im Falle der Arbeitsaufnahme maßgebend wäre (BSG 21.4.93 – 11 RAr 37/92, SozR 3–4100 § 111 Nr 3).

23 **Änderungen** der LStKlasse des Arbeitslosen werden von dem Tag an berücksichtigt, an dem erstmals die Voraussetzungen für die Änderung vorlagen, bei Änderung der Steuerklassenkombination von Ehegatten von dem Tage an, an dem erstmals die Voraussetzungen für die Änderung vorlagen (§ 153 Abs 2 Satz 2 SGB III). Änderungen der LStKlasse sind der Agentur für Arbeit mitzuteilen. Die LStKlasse bleibt selbst dann maßgeblich, wenn die Eintragung zugunsten des ArbN unrichtig ist (BSG 12.7.89 – 7 RAr 58/88, SozR 4100 § 113 Nr 9).

24 Die Anlehnung an das Steuerrecht wird nur für den **gewillkürten Steuerklassenwechsel** zwischen Ehegatten durchbrochen. § 153 Abs 3 Satz 1 Nr 1 SGB III schließt die Berücksichtigung des Steuerklassenwechsels für die Fälle aus, in denen die gewählten Steuerklassen dem Verhältnis der Arbeitsentgelte beider Ehegatten offensichtlich nicht entsprechen. Die Regelung ist nicht anzuwenden, wenn eine andere LStKlasse im Hinblick auf eine erst zu erwartende Arbeitslosigkeit zur Jahreswende auf den neuen LStKarten eingetragen wird (BSG 26.9.89 – 11 RAr 63/88, SozR 4100 § 113 Nr 10); hingegen wird die Wahl einer neuen LStKlassenkombination zu Beginn eines späteren Kj wie ein LStKlassenwechsel innerhalb eines Kj behandelt und nur unter den Voraussetzungen des § 153 Abs 3 Satz 1 SGB III berücksichtigt.

Für eine Anwendung der Regelung reicht es aus, dass die neu gewählte Steuerklassen- 25
kombination zu einem **geringeren gemeinsamen Lohnsteuerabzug** führt bzw ohne die
Entgeltersatzleistung führen würde als die bisherige Kombination (BSG 4.9.01 – B 7 AL 84/
00 R, SozR 3–4300 § 137 Nr 1). Maßgeblich für die Beurteilung ist der Tag, an dem der
LStKlassenwechsel wirksam wird; die zu erwartende Einkommensentwicklung bleibt selbst
dann unberücksichtigt, wenn feststeht, dass zu einem späteren Zeitpunkt ein offensichtliches
Missverhältnis nicht mehr gegeben ist (BSG 11.2.88 – 7 RAr 4/87, SozR 4100 § 113 Nr 7).
Ist ein offensichtliches Missverhältnis zu bejahen, so sind nicht die früheren Eintragungen,
sondern die dem Verhältnis der monatlichen Arbeitslöhne tatsächlich entsprechenden Arbeitslöhne der Ehegatten zu berücksichtigen. Für die Beurteilung des geringsten gemeinsamen LStAbzuges werden in der Praxis die **Tabellen zu Steuerklassenwahl** herangezogen,
die der BMF und die obersten Finanzbehörden der Länder jährlich herausgeben.

Der Wechsel der LStKlasse ist unabhängig von dem Verhältnis der Arbeitsentgelte der 26
Ehegatten zu berücksichtigen, wenn hierdurch eine Verringerung der Leistungshöhe eintritt
(§ 153 Abs 3 Satz 1 Nr 2 SGB III). Die Regelung besagt im Ergebnis, dass ein Steuerklassenwechsel unabhängig von dem Verhältnis der monatlichen Arbeitsentgelte der Ehegatten stets
zu berücksichtigen ist, wenn der Steuerklassenwechsel sich **zuungunsten** des ArbN auswirkt.
Die hierfür vom Gesetzgeber angegebene Begründung, die Neuregelung zum Steuerklassenwechsel von Ehegatten solle stärker als das geltende Recht Manipulationen zu Lasten der
ArblV verhindern (BT-Drs 13/4941 zu § 137), überzeugt nicht, denn bereits nach früherem
Recht konnte eine günstigere Leistungsgruppe, als sie den bisherigen Einkommensverhältnissen entsprach, nicht erreicht werden. Aufgegeben wurde jedoch der zuvor den Gesetzgeber
leitende Grundsatz, dass sich das AlGeld möglichst an der „richtigen Steuerklasse" orientieren
solle (BSG 27.9.89 – 11 RAr 57/88, SozR 4100 § 113 Nr 11). Die Regelung verhindert eine
im Einzelfall wirtschaftlich sinnvolle Steuerklassenwahl, ohne dass ein sachlicher Grund
hierfür ersichtlich wäre. Das BSG hält die arbeitsförderungsrechtlichen Folgen eines LStKlassenwechsels aus verfassungsrechtlichen Gründen nur für hinnehmbar, wenn verheiratete
Arbeitslose bereits bei Antragstellung deutlich und gesondert vom Merkblatt auf die leistungsrechtlichen Gefahren und die Notwendigkeit einer Beratung hingewiesen worden sind (BSG
1.4.04 – B 7 AL 52/03 R, SozR 4–4300 § 137 Nr 1; BSG 16.3.05 – B 11a/11 AL 41/03 R,
SozR 4–4300 § 137 Nr 2). Fehlt es hieran, so billigt sie dem Arbeitslosen einen sozialrechtlichen Herstellungsanspruch (Näheres: *Fürsorgepflicht* Rz 33) zu.

Ein Ausfall von Arbeitslohn, der einen Anspruch auf eine lohnsteuerfreie **Lohnersatz-** 27
leistung begründet, bleibt bei der Beurteilung des Verhältnisses der Arbeitsentgelte der Ehegatten außer Betracht (§ 153 Abs 3 Satz 2 SGB III); in diesen Fällen ist mithin das Arbeitsentgelt zugrunde zu legen, das der ArbN zuvor erzielt hat.

4. Kurzarbeitergeld. Zur Errechnung des Kurzarbeitergeldes hat der ArbGeb ein pau- 28
schaliertes Nettoentgelt aus dem Sollentgelt und dem Istentgelt zu ermitteln (Näheres: *Kurzarbeit*). Hierzu schreibt § 106 Abs 1 Satz 6 SGB III die entsprechende Geltung der Vorschriften beim AlGeld über die Berechnung des Leistungsentgelts und über die Leistungsgruppen
vor. Abweichend davon hat der ArbGeb von den Eintragungen auf der LStKarte **in dem**
maßgebenden Antragszeitraum auszugehen. Die aktuellen Verhältnisse sind maßgebend,
damit der ArbGeb von der aufwändigen Ermittlung der leistungserheblichen LStKlasse entlastet wird.

Lohnsteuernachforderung

A. Arbeitsrecht
Griese

Von einer LStNachforderung ist zunächst nur das Verhältnis zwischen FA und ArbGeb 1
oder ArbN betroffen. **Schuldner der LSt bleibt aber gem § 38 Abs 2 EStG der ArbN.**
Wird der ArbGeb vom FA auf Nachentrichtung von zuwenig einbehaltener LSt in Anspruch
genommen, entsteht im Innenverhältnis zwischen ArbN und ArbGeb ein Ausgleichsanspruch des ArbGeb gegen den ArbN aus dem nach § 42d Abs 1 und 3 EStGB entstandenen Gesamtschuldverhältnis nach § 426 Abs 1 Satz 1 Hs 2 BGB (BAG 16.6.04 – 5 AZR
521/03, NZA 04, 1274). Diesem arbeitsrechtlichen Erstattungsanspruch des ArbGeb kann

291 Lohnsteuernachforderung

der ArbN **im Wege der Aufrechnung Schadensersatzansprüche nach § 280 BGB** entgegenhalten, wenn der ArbGeb bei der Berechnung und Abführung der LSt pflichtwidrig gehandelt hat (s *Bruttolohnvereinbarung* Rz 9 ff), etwa weil er im Vertrauen auf die Richtigkeit der vom ArbGeb vorgenommenen Berechnung die zu wenig abgeführten Beträge verbraucht hat (s *Entgeltrückzahlung* Rn 3). Zur verkehrsüblichen Sorgfalt, die der ArbGeb anzuwenden hat, gehört es, in Zweifelsfällen eine **Anrufungsauskunft** einzuholen (BAG 30.4.08 – 5 AZR 725/07).

B. Lohnsteuerrecht *Seidel*

2   **1. Allgemeines.** Eine Nachforderung liegt nach dem lohnsteuerrechtlichen Sprachgebrauch vor, wenn die LSt gegenüber dem ArbN oder dem ArbGeb, jeweils als Steuerschuldner, geltend gemacht wird. Grds ist zwar der ArbN Schuldner der LSt (§ 38 Abs 2 Satz 1 EStG), jedoch wird der ArbGeb bei der Pauschalierung der LSt Steuerschuldner (§ 40 Abs 3 Satz 2 EStG). Davon zu unterscheiden ist die Haftung des ArbGeb oder Dritter für die LSt der ArbN, bei der der ArbGeb für eine fremde Schuld einzustehen hat (Näheres hierzu s *Lohnsteuerhaftung* Rz 4–28). Zu Nachforderungen kommt es insbesondere im Rahmen von LStAußenprüfungen (s *Lohnsteueraußenprüfung* Rz 2 ff), wenn der Prüfer Fehler des ArbGeb bei der Einbehaltung oder Pauschalierung der LSt feststellt. Eine Pauschalierung kann auch erst bei der Außenprüfung vorgenommen werden (s insbesondere § 40 Abs 1 Nr 2 EStG und *Lohnsteuerpauschalierung* Rz 19, 20).

3   **2. Nachforderungen beim Arbeitnehmer** können sich neben der unzutreffenden Einbehaltung der LSt durch den ArbGeb (s unten Rz 10) auch aus einer Reihe von anderen Tatbeständen ergeben:

4   **a) Sachbezüge** (s *Sachbezug* Rz 3 ff) und Zuwendungen durch Dritte können dazu führen, dass der vom ArbGeb geschuldete Barlohn nicht ausreicht, um die auf die Sachbezüge oder die Drittlohnzahlungen entfallende LSt einzubehalten (zur Verpflichtung des ArbGeb bei einer Lohnzahlung durch Dritte die LSt einzubehalten s *Lohnabzugsverfahren* Rz 14 ff). Stellt der ArbN dem ArbGeb den fehlenden Betrag nicht zur Verfügung und ist eine Zurückbehaltung anderer Bezüge des ArbN nicht möglich, hat der ArbGeb dies dem BetriebsstättenFA anzuzeigen, das die zu wenig erhobene LSt vom ArbN nachfordert, wenn die Nachforderung bereits im Laufe des Kj erfolgt. Ansonsten ist das WohnsitzFA zuständig (§ 38 Abs 4 EStG; LStR 41c.3 Abs 2, Abs 4; s auch *Anzeigepflichten Arbeitgeber* Rz 8).

5   **b) Änderung der persönlichen Verhältnisse.** Ändern sich die persönlichen Verhältnisse des ArbN während des Kj und ist daher in den ELStAM des ArbN eine Steuerklasse (s *Lohnsteuerklassen* Rz 10 ff), ein Familienstand oder eine Zahl der Kinderfreibeträge (s *Lohnsteuerabzugsmerkmale* Rz 11) gebildet, die für den ArbN günstiger ist, hat er dies dem FA mitzuteilen und eine Änderung zu beantragen, soweit eine Änderung aufgrund der tagesaktuellen Mitteilungen der Meldebehörden nicht automatisiert erfolgt. Kommt er dem nicht nach, hat das WohnsitzFA die Eintragung vAw zu ändern. Unterbleibt dies, hat das WohnsitzFA die zu wenig erhobene LSt nachzufordern, wenn sie mehr als 10 € beträgt (§ 39 Abs 5 EStG, s *Lohnsteuerabzugsmerkmale* Rz 14, 18 und *Anzeigepflichten Arbeitnehmer* Rz 12).

6   **c) Eintritt der beschränkten Steuerpflicht** nach Bildung der ELStAM verpflichtet den ArbN, dies dem FA anzuzeigen. Unterbleibt dies, hat das BetriebsstättenFA die zu wenig erhobene LSt vom ArbN nachzufordern, wenn sie 10 € übersteigt (§ 39 Abs 7 EStG; s auch *Anzeigepflichten Arbeitnehmer* Rz 13).

7   **d) Unrichtige oder unvollständige Angaben bei Ermittlung eines Freibetrags.** Bei unrichtigen oder unvollständigen Angaben im Rahmen der Ermittlung eines Freibetrags zur Verwendung als ELStAM hat das WohnsitzFA, wenn dadurch zu wenig LSt einbehalten worden ist, den Fehlbetrag vom ArbN nachzufordern, wenn er 10 € übersteigt (§ 39a Abs 5 EStG; s auch *Lohnsteuerermäßigung* Rz 15). Dies gilt auch, wenn ein ermittelter Freibetrag rückwirkend herabgesetzt worden ist und der ArbGeb die zu wenig einbehaltene LSt nicht rückwirkend einbehalten kann. Bei **Änderungen** aus anderen als den oben unter Rz 5–7 genannten Gründen, zB des Freibetrages wegen Werbungskosten bei einer Änderung der entsprechenden Tätigkeit, braucht der ArbN aber keine Änderung der ELStAM vornehmen zu lassen (§ 39 Abs 1 Satz 9, Abs 5 EStG iVm § 153 Abs 2 AO; s aber *Antragsveranlagung* Rz 14). Für 2013 sind die Freibeträge neu zu beantragen (s *Lohnsteuerermäßigung* Rz 5).

e) Rückwirkende Änderung des Pauschbetrags für Körperbehinderte und Hinterbliebene. Erfolgt eine entsprechende Änderung des als ELStAM gebildeten Pauschbetrags (§ 33b EStG; s auch *Behinderte* Rz 71 ff) und kann die Nacherhebung der LSt vom ArbGeb wegen der Übermittlung oder Ausstellung der LStBescheinigung (s *Lohnsteuerbescheinigung* Rz 2 ff) nicht mehr vorgenommen werden, hat das WohnsitzFA die zu wenig erhobene LSt vom ArbN nachzufordern, wenn der Betrag mehr als 10 € beträgt. **8**

f) Anzeige des Arbeitgebers. Zeigt der ArbGeb dem FA an, dass er von seiner Berechtigung zur nachträglichen Einbehaltung der LSt keinen Gebrauch gemacht hat oder er sie nachträglich nicht mehr einbehalten kann (s *Lohnsteuerberechnung* Rz 25), hat das BetriebsstättenFA die zu wenig erhobene LSt vom ArbN nachzufordern, wenn der Nachforderungsbetrag 10 € übersteigt und die Nachforderung bereits im Laufe des Kj erfolgt. Ansonsten ist das WohnsitzFA zuständig (§ 41c Abs 4 Satz 2 EStG; LStR 41c.3 Abs 2, Abs 3). **9**

g) Nichtvorschriftsmäßige Einbehaltung oder Anmeldung der Lohnsteuer durch den ArbGeb bzw einem Dritten (s *Lohnabzugsverfahren* Rz 14 ff) kann zu einer Nachforderung beim ArbN führen. Hier sind der ArbN, der ArbGeb und ggf der Dritte Gesamtschuldner, wobei es im Ermessen des BetriebsstättenFA steht, wen es in Anspruch nimmt. Eine Inanspruchnahme des ArbN wegen nichtvorschriftsmäßiger Anmeldung der LSt durch den ArbGeb kommt aber nur in Betracht, wenn der ArbN dies weiß, es nicht unverzüglich dem FA mitgeteilt hat und der Nachforderungsbetrag 10 € übersteigt (Näheres s *Lohnsteuerhaftung* Rz 18). Das WohnsitzFA ist für die Nachforderung zuständig, wenn vorher die Änderung eines gegenüber dem ArbN ergangenen Steuerbescheids erforderlich ist (BFH 21.2.92, BStBl II 92, 565). **10**

h) Veranlagung zur Einkommensteuer (s *Antragsveranlagung* Rz 2 ff) bietet dem WohnsitzFA ggf die Möglichkeit zur Steuernachforderung (§§ 25, 46 EStG). Unabhängig von den tatsächlichen und rechtlichen Feststellungen im LStAbzugsverfahren ermittelt das FA hier die Einkünfte aus nichtselbstständiger Arbeit (s *Arbeitsentgelt* Rz 31), wobei stets eine Korrektur des LStAbzugs möglich ist (*HMW*/Nachforderung von Lohnsteuer Rz 35). **11**

i) Schädliche Verfügungen über Versicherungsbeiträge, wenn diese als Sonderausgaben bei der EStVeranlagung berücksichtigt worden sind, führen ebenfalls zu einer Nachforderung von LSt beim ArbN (§§ 10 Abs 5 EStG, 30 EStDV). **12**

j) Änderungen der Bescheinigung über die Steuerklasse und den Freibetrag bei beschränkt oder erweitert unbeschränkt stpfl ArbN, weil sich die Eintragungen als unrichtig erweisen (s *Lohnsteuerberechnung* Rz 8, 9, 21), können zu einer Nachforderung durch das BetriebsstättenFA führen (*HMW*/Nachforderung von Lohnsteuer Rz 15). **13**

3. Verfahren bei Nachforderung vom Arbeitnehmer. Das FA kann die LSt vom ArbN schon während des laufenden Kj, aber auch danach bis zum Ablauf der Festsetzungsfrist (s *Verjährung* Rz 33 ff) fordern. Die Kleinbetragsgrenze gilt nur in den Fällen, in denen sie vorstehend genannt ist. Für die Berechnung der LSt nach Ablauf des Kj ist im Falle der Anzeige des ArbGeb (s oben Rz 9) bei unbeschränkt stpfl ArbN die JahresLSt festzustellen und der nachzuerhebende Betrag durch Gegenüberstellung der insgesamt einbehaltenen LSt zu ermitteln (LStR 41c.3 Abs 3 iVm LStR 41c.1 Abs 6 Satz 2). Dies gilt mE auch bei den auf Antrag als unbeschränkt stpfl zu behandelnden ArbN (s *Lohnsteuerberechnung* Rz 8). Bei beschränkt stpfl ArbN ist auch nach Ablauf des Kj nur eine lohnzahlungszeitraumbezogene Änderung vorzunehmen (LStR 41c.3 Abs 3 iVm LStR 41c.1 Abs 8 Satz 1). In allen anderen Fällen ist die JahresLSt unter Berücksichtigung verschiedener Freibeträge sowie von Werbungskosten, Sonderausgaben und außergewöhnlichen Belastungen zu ermitteln (s LStR 41c.3 Abs 3 Sätze 2–4; s auch das dort dargestellte Ermittlungsschema). Auch ein Hinzurechnungsbetrag (§ 39a Abs 1 Nr 7 EStG; s auch *Lohnsteuerermäßigung* Rz 10) ist anzusetzen. **14**

Ist bereits eine EStVeranlagung für den ArbN durchgeführt worden, so können LStNachforderungen nur im Rahmen einer Änderung des EStBescheides geltend gemacht werden, wenn die Änderung des Bescheides verfahrensrechtlich zulässig ist (zB aufgrund neuer Tatsachen, § 173 Abs 1 Nr 1 AO; BFH 13.1.89, BStBl II 89, 447). Zum Verhältnis der LStAnsprüche gegen den ArbN zur (festgesetzten) ESt s *Heuermann* DB 96, 1052 und *Brunner* DB 97, 399. Die Heranziehung des ArbN für seine LStSchuld bedarf grds keiner Ermessensausübung durch das FA (BFH 17.5.85, BStBl II 85, 660). Dies gilt nicht im Rahmen der Gesamtschuldnerschaft nach § 42d Abs 3 EStG (s auch *Lohnsteuerhaftung* Rz 17 ff). Ist als

ELStAM ein Hinzurechnungsbetrag gebildet, erfolgt die Nachforderung durch erstmalige oder geänderte Veranlagung zur ESt (vgl LStR 2011 41c.3 Abs 4 Satz 3).

4. Nachforderung beim Arbeitgeber. Eine Nachforderung von LSt beim ArbGeb kommt dann in Betracht, wenn es sich um eine Steuerschuld des ArbGeb handelt. Dies trifft nur bei der Pauschalierung der LSt nach §§ 40–40b EStG bzw die als LSt geltende Pauschalierung der ESt nach § 37a EStG zu. Der ArbGeb ist dann mit Nachforderungs- bzw Pauschalierungsbescheid (Steuerbescheid) in Anspruch zu nehmen (Näheres s *Lohnsteuerpauschalierung* Rz 6–12). Ein Nachforderungsbescheid gegenüber dem ArbGeb als Entrichtungsschuldner der LSt (s *Lohnsteuerabführung* Rz 5) nach § 167 AO ist auch bei bereits ausgestellter LStBescheinigung nach §§ 155, 167 Abs 1 AO zulässig, solange der Vorbehalt der Nachprüfung (§§ 164, 168 AO) noch besteht (BFH 30.10.08 – VI R 10/05, BStBl II 09, 354; s auch BFH 30.4.09 – VI R 55/07, BStBl II 09, 726 und *Lohnsteueranmeldung* Rz 10–13). In allen anderen Fällen ist der ArbN weiterhin Steuerschuldner (§ 38 Abs 2 Satz 1 EStG). Der ArbGeb und ggf ein Dritter (s *Lohnsteuerhaftung* Rz 12 und *Lohnabzugsverfahren* Rz 18) können in diesen Fällen aber als Haftungsschuldner mit Haftungsbescheid in Anspruch genommen werden (§ 42d EStG; s *Lohnsteuerhaftung* Rz 4 ff und 48 ff). Will das FA vom ArbGeb LSt sowohl als Steuerschuldner als auch als Haftungsschuldner fordern, so kann es zwar den Haftungs- und den Steuerbescheid (Nachforderungs- bzw Pauschalierungsbescheid) miteinander verbinden, wenn die Haftungs- und die Steuerschuld erkennbar voneinander getrennt sind (BFH 16.11.84, BStBl II 85, 266). Wird im Tenor ein Gesamtbetrag ausgewiesen und ist es nach Bezeichnung und Inhalt des Bescheides unklar, ob das FA eine Haftungsschuld oder eine pauschale LStSchuld festsetzen wollte, ist der Bescheid aufzuheben (BFH 2.12.83, BStBl II 84, 362). Zur Auslegung kann aber auch ein beigefügter oder vorher bekanntgegebener Prüfungsbericht herangezogen werden (BFH 20.12.85, BFH/NV 86, 517). Eine Umdeutung eines Steuerbescheides in einen Haftungsbescheid und umgekehrt ist unzulässig (§ 128 Abs 3 AO; *Schmidt/Krüger* § 40 Rz 29 mwN).

5. Muster. S Online-Musterformulare „M33.2 Antrag auf Aussetzung des Verfahrens" u „M33.3 Antrag auf Ruhen des Verfahrens".

C. Sozialversicherungsrecht *Voelzke*

Die Nachforderung von LSt gegenüber dem ArbGeb oder ArbN hat im Leistungs- und Beitragsrecht der SozV, das jeweils an eine Bruttogröße anknüpft, keine Auswirkungen. Der LStNachforderung entspricht im **Beitragsrecht** die Geltendmachung von nicht rechtzeitig erfüllten Beitragsansprüchen nach § 28h Abs 1 Satz 3 SGB IV. Zu Beitragsnachforderungen kommt es in erster Linie im Rahmen der Maßnahmen der Beitragsüberwachung (§ 28p SGB IV; Näheres: *Außenprüfung* Rz 11 ff). Die Prüfung bei den ArbGeb ist nach dem Dritten SGB-ÄndG vom 30.6.95 (BGBl I 95, 890) von den Krankenkassen auf die RVTräger übergegangen. Der ArbGeb hat die fälligen Beitragsansprüche zu erfüllen, ohne dass diese zuvor durch Verwaltungsakt festgesetzt werden müssten.

Wird der Beitragsanspruch nicht **rechtzeitig** erfüllt, so ist die Einzugsstelle verpflichtet, gegenüber dem Beitragsschuldner einen Beitragsbescheid zu erlassen und diesen ggf durchzusetzen (§ 28h Abs 2 SGB IV; zu Ausnahmen von der grds Zuständigkeit der Einzugsstelle *Schlegel/Voelzke/Wissing* § 28h Rz 56 ff). Eine Bindung an die Entscheidung des FA über die LStNachforderung besteht hierbei nicht. Die Einzugsstelle ist auch für den Erlass des Widerspruchsbescheides zuständig.

Lohnsteuerpauschalierung

A. Arbeitsrecht *Griese*

1. Arbeitsrechtliche Auswirkungen. Die LStPauschalierung ist nach §§ 40, 40a, 40b EStG in einer Reihe von Fällen möglich und hat insbesondere Bedeutung für die Beschäftigung von Teilzeit- und Aushilfskräften und durch das Zweite Gesetz für moderne Dienstleistungen am Arbeitsmarkt vom 23.12.02 (BGBl I 02, 4621) auch für geringfügig Beschäftigte. Sie hat nur zur Folge, dass gegenüber dem FA der ArbGeb der alleinige Steuerschuldner wird, so dass der ArbN insoweit gegenüber dem FA von der Steuerpflicht befreit wird. Von diesem öffentlich-rechtlichen Steuerschuldverhältnis ist das privatrechtliche Innenverhältnis zwischen ArbGeb und ArbN zu unterscheiden. Die LStPauschalierung hat **nicht automatisch** zur Folge, dass der ArbGeb auch im Innenverhältnis zum ArbN die auf den Arbeitslohn entfallende PauschalLSt übernehmen müsste (BAG 24.6.03 – 9 AZR 302/02, NZA 03, 1145; vgl dazu unten Rz 10), wenngleich die Absicht der Pauschalierung eine solche Vertragsauslegung regelmäßig indizieren wird. Da die Festlegung, ob eine Brutto- oder Nettolohnvereinbarung gewollt ist, der **Vertragsfreiheit** unterfällt, ist es möglich, durch Arbeitsvertrag, aber auch durch Betriebsvereinbarung oder Tarifvertrag einen Anspruch des ArbN auf Pauschalversteuerung und auf Übernahme der Pauschalsteuer durch den ArbGeb vorzusehen.

Nur wenn eine *Bruttolohnvereinbarung* getroffen ist, kann die Pauschalsteuer auf den ArbN abgewälzt werden (BAG 1.2.06 – 5 AZR 628/04, DB 06, 1059). Freilich wird eine Vergütungsvereinbarung mit einem **geringfügig Beschäftigten** regelmäßig als *Nettolohnvereinbarung* auszulegen sein, soweit dies für geringfügig Beschäftigte **betriebs- oder branchenüblich** ist. Es kommt hinzu, dass angesichts der bei den geringfügig Beschäftigten überwiegend praktizierten Nettovergütung und Tragung aller Abgaben und Steuern durch den ArbGeb eine davon abweichende **Überwälzung der Pauschalsteuer auf den Arbeitnehmer in Formulararbeitsverträgen eine unzulässige überraschende Klausel gem § 305c Abs 1 BGB** sein dürfte und darüber hinaus regelmäßig an mangelnder **Transparenz gem § 307 Abs 1 Satz 2 BGB** scheitern wird. Aus diesem Grund wäre die für Geringverdiener ausnahmsweise gewollte Bruttovergütung auch in den **Arbeitsnachweis nach § 2 Nr 6 NachwG** aufzunehmen. Offenkundig ist die Tragung durch den ArbGeb, wenn die Arbeitsvertragsparteien über die LStPauschalierung hinaus eine explizite *Nettolohnvereinbarung* getroffen haben, sich also dahingehend geeinigt haben, dass der ArbGeb im Innenverhältnis Steuern und etwaige SozVBeiträge übernimmt.

Gesetzgeberisch wäre zur besseren sozialen Absicherung eine **Reform wünschenswert**, die die Lohnsteuerpauschalierung nach § 40a EStG bei geringfügig Beschäftigten vorgibt sowie die Sozialversicherungsfreiheit abschafft und das geringfügige Beschäftigungsverhältnis als **gesetzliches Nettoarbeitsverhältnis** kombiniert mit einer obligatorisch **pauschalierten Steuer- und Abgabenzahlung durch den ArbGeb** ausgestaltet (s dazu *Griese/Preis/Kruchen,* NZA 2013, 113).

2 Hat der ArbGeb im bisherigen Verlauf des Arbeitsverhältnisses die pauschale LSt übernommen (§ 40 Abs 3 EStG) und tatsächlich den ArbN hiermit nicht belastet, spricht dies für eine *Nettolohnvereinbarung*. An eine solche Nettolohnvereinbarung ist der ArbGeb gebunden, auch wenn sich Bedingungen und die Höhe der Besteuerung ändern, etwa weil der Pauschalsteuersatz angehoben oder durch gesetzliche Änderung der Übergang von der Pauschal- zur Individualbesteuerung notwendig wird. Der ArbGeb nimmt insoweit an allen Höhen und Tiefen des Steuerrechts teil und schuldet dem ArbN den unveränderten Nettolohn (s *Nettolohnvereinbarung* Rz 1 ff, 6). Deshalb kann ein ArbGeb von einem geringfügig Beschäftigten, dem er die Übernahme der pauschalen LSt zugesagt hatte, nicht aus Anlass der gesetzlichen Änderungen zum 1.4.99, wonach geringfügige Beschäftigungsverhältnisse sozialversicherungspflichtig wurden, die Zahlung der – pauschalierten – LSt verlangen (LAG Köln 25.1.01 – 10 Sa 1040/00, ArbuR 01, 352). **Bei geringfügig Beschäftigten wird die Übernahme der geringen Pauschalsteuer von 2 %** gem § 40a Abs 2 EStG durch den ArbGeb und damit **eine Nettolohnvereinbarung die Regel** sein. Soll ausnahmsweise im Innenverhältnis der ArbN weiter die Pauschalsteuer tragen, hat der ArbGeb hierfür die Beweislast. Unterbleibt der Abzug der Pauschalsteuer von der Vergütung des ArbN für drei oder mehr Lohnzahlungsperioden (idR Monate) entsteht ohnehin eine *Betriebliche Übung* dahingehend, dass der ArbGeb auch im Innenverhältnis die Pauschalsteuer trägt.

3 Bei **Sozialplanleistungen**, die der Lohnsteuerpauschalierung unterfallen, soll es einer klaren Vereinbarung dahingehend bedürfen, dass der ArbGeb im Innenverhältnis die Steuerlast zu tragen hat, andernfalls kann der ArbN mit der Pauschalsteuer belastet werden (BAG 21.7.09 – 1 AZR 167/08, NZA 09, 1213).

Steht fest, dass keine Nettolohnvereinbarung getroffen wurde, hat der ArbN allerdings **jederzeit das Recht, die Einzelbesteuerung** unter Vorlage seiner Steuerkarte zu verlangen (BAG 5.8.87 – 5 AZR 22/86, NZA 88, 157). Hiervon wird der ArbN insbesondere

292   Lohnsteuerpauschalierung

Gebrauch machen, wenn die angefallene Steuer nach den individuellen Steuermerkmalen geringer ausfällt als die pauschalierte LSt. Das wird bei den **meisten der geringfügig Beschäftigten**, insgesamt 4,8 Millionen, die ausschließlich ein geringfügiges Beschäftigungsverhältnis haben, der Fall sein, weil das Gesamteinkommen unter dem steuerlichen Existenzminimum von rund 8.000 € pro Jahr liegt und deshalb gar keine Steuerlast anfällt.

Dieses dem ArbN zustehende **Wahlrecht** kann durch eine Betriebsvereinbarung nicht ausgeschlossen werden, da es auf öffentlich-rechtlicher Rechtsvorschrift beruht und daher für die Betriebsparteien nicht zu Lasten des ArbN disponibel ist. Anders ist es nur, wenn in einer Betriebsvereinbarung zugleich eine Nettolohnvereinbarung enthalten ist, weil dann für den ArbN überhaupt keine Steuerlast entsteht.

4   **2. Arbeitsrechtliche Stellung der pauschal besteuerten Arbeitnehmer.** Hinsichtlich der arbeitsrechtlichen Rechte und Pflichten besteht **keine Differenz zum normalen Arbeitsverhältnis.** So muss auch für den pauschal besteuerten ArbN eine **Vertragsniederschrift nach § 2 NachwG** erstellt werden. Darin ist die Regelung aufzunehmen, wer die pauschalierte LSt im Innenverhältnis zu tragen hat. Unterbleibt dies, ergeben sich hierzu Beweiserleichterungen bis hin zur Beweislastumkehr zugunsten des ArbN. Für **ArbN mit pauschal besteuertem Arbeitslohn** bestehen **wie für jeden anderen ArbN Ansprüche auf** *Entgeltfortzahlung* im Krankheitsfall und an Feiertagen, auf bezahlten Erholungsurlaub und *Kündigungsschutz* (s *Geringfügige Beschäftigung* Rz 5 ff).

B. Lohnsteuerrecht   *Seidel*

Übersicht

	Rz		Rz
I. Allgemeines	5	g) Fahrten Wohnung–Arbeitsstätte (§ 40 Abs 2 Sätze 2 und 3 EStG)	38, 39
II. Verfahrensfragen	6–12	IV. Teilzeitbeschäftigte und Aushilfskräfte (§ 40a EStG)	40
III. Pauschalierung der Lohnsteuer in besonderen Fällen (§ 40 EStG)	13–39	V. Zukunftssicherungsleistungen (§ 40b EStG)	41–58
1. Pauschalierung mit variablem Steuersatz (§ 40 Abs 1 EStG)	14–27	1. Allgemeines	42, 43
a) Sonstige Bezüge (§ 40 Abs 1 Nr 1 EStG)	15–18	2. Direktversicherung	44, 45
b) Nacherhebung wegen nicht vorschriftsmäßiger Einbehaltung der Lohnsteuer (§ 40 Abs 1 Nr 2 EStG)	19, 20	3. Pensionskasse	46
		4. Berechnung (§ 40b Abs 2 EStG)	47–56
c) Ermittlung des durchschnittlichen Steuersatzes	21–25	a) Bemessungsgrundlage	47, 48
		b) Durchschnittssatzberechnung	49–52
d) Zulassungsverfahren	26, 27	c) Vervielfältigung der Pauschalierungsgrenze	53–55
2. Pauschalierung mit festem Steuersatz (§ 40 Abs 2 EStG)	28–39	d) Sonderzahlungen (§ 40b Abs 4 EStG)	56
a) Gemeinsame Voraussetzungen	28, 29	5. Unfallversicherungsbeiträge (§ 40b Abs 3 EStG)	57
b) Mahlzeiten (§ 40 Abs 2 Nrn 1 und 1a EStG)	30–32	6. Sonstige Zukunftssicherungsleistungen	58
c) Betriebsveranstaltungen (§ 40 Abs 2 Nr 2 EStG)	33	VI. Pauschalierung der Einkommensteuer durch Dritte (§ 37a EStG)	59
d) Erholungsbeihilfen (§ 40 Abs 2 Nr 3 EStG)	34, 35	VII. Pauschalierung von Sachzuwendungen (§ 37b EStG)	60
e) Verpflegungsmehraufwendungen (§ 40 Abs 2 Nr 4 EStG)	36	VIII. Kirchensteuer und Solidaritätszuschlag	61, 62
f) Überlassung von Datenverarbeitungsgeräten (§ 40 Abs 2 Nr 5 EStG)	37	IX. Pauschalbesteuerung bei Lohnsteuernachforderungen	63–66
		X. Muster	67

5   **I. Allgemeines.** Der ArbGeb hat die LSt im Regelfall anhand der gespeicherten ELStAM bzw entsprechend der vom BetriebsstättenFA ausgestellten Bescheinigung zum LStAbzug zu ermitteln (§§ 39e Abs 4, 5 und 8 EStG; s *Lohnsteuerabzugsmerkmale* Rz 10 ff, 26 und *Lohnsteuertabellen* Rz 2 ff) und durch Abzug vom Arbeitslohn einzubehalten und abzuführen (s auch *Lohnabzugsverfahren* Rz 19 ff und *Lohnsteuerabführung* Rz 2 ff). Die LSt belastet damit den ArbN. Er ist der Steuerschuldner (§ 38 Abs 2 EStG). In verschiedenen gesetzlich geregelten Fällen (§§ 40, 40a Abs 1, 2a, 3, 40b EStG) kann eine pauschale Besteuerung des Arbeitslohns mit festen oder variablen Steuersätzen erfolgen. Zur „einheitlichen Pauschsteuer" nach § 40a Abs 2 EStG s aber ausschließlich *Geringfügige Beschäftigung* Rz 21, 23. Die **Pauschalbesteuerung** ist davon abhängig, dass der ArbGeb die pauschale LSt, KiSt sowie den SolZ (s *Solidaritätszuschlag* Rz 3 ff) übernimmt (§§ 40 Abs 3, 40a Abs 5, 40b Abs 5 EStG). Die Steuern sind dann vom ArbGeb zu tragen (§ 40 Abs 3 Satz 1 EStG), eine Einbehaltung vom Arbeitslohn erfolgt hierbei nicht. **Steuerschuldner** ist hier **nur der Arbeitgeber** (§ 40 Abs 3 Satz 2 EStG). Dies hat zur Folge, dass der pauschal besteuerte Arbeitslohn bei der EStVeranlagung des ArbN (s *Antragsveranlagung* Rz 2 ff) nicht anzusetzen ist (§ 40 Abs 3 Satz 3 EStG), aber auch, dass die pauschale LSt nicht auf die ESt angerechnet werden kann (§ 40 Abs 3 Satz 4 EStG). Allerdings liegt in der Übernahme der LSt durch den ArbGeb ein geldwerter Vorteil für den ArbN, der zur Anwendung eines Nettosteuersatzes (Steuer auf die Steuer) auf die Bemessungsgrundlage führt (§ 40 Abs 1 Satz 2 EStG). Auswirkungen hat dies aber nur bei der Pauschalierung mit variablen Steuersätzen (§ 40 Abs 1 EStG; s unten Rz 14 ff). Der pauschal besteuerte Arbeitslohn ist grds im Lohnkonto aufzuzeichnen. Nur wenn die auf den einzelnen ArbN entfallenden Beträge sich nicht ohne weiteres ermitteln lassen (zB in den Fällen des § 40 EStG, s unten Rz 13–39), sind sie in einem Sammellohnkonto aufzuzeichnen (§ 41 EStG iVm § 4 Abs 2 Nr 8 LStDV). Der Inhalt des Sammellohnkontos ergibt sich aus § 4 Abs 2 Nr 8 LStDV (s auch *Lohnkonto* Rz 11). Zur arbeitsrechtlich zulässigen Überwälzung der pauschalen LSt auf den ArbN s unten Rz 12, 29. Als LSt gelten auch die 1997 eingeführte pauschale ESt gem § 37a EStG (s unten Rz 59) sowie die 2007 eingeführte pauschale ESt gem § 37b EStG (s unten Rz 60). Dagegen handelt es sich bei der ab 2004 eingeführten LSt, die ein **Dritter** für einen **sonstigen Bezug** mit 20 % bei einem Jahresarbeitslohn bis höchstens 10 000 € unabhängig von den ELStAM ermitteln kann (§ 39c Abs 3 EStG; s hierzu *Lohnabzugsverfahren* Rz 16), nicht um eine LStPauschalierung im hier dargestellten Sinn. Sowohl der Arbeitslohn als auch die LSt sind hier bei der EStVeranlagung des ArbN zu berücksichtigen. Zur Rückzahlung pauschal besteuerbarer Leistungen s LStR 40b.1 Abs 13 und *Entgeltrückzahlung* Rz 18.

II. Verfahrensfragen. Verfahrensmäßig ist das Pauschalierungsverfahren ein Besteuerungsverfahren eigener Art. Ursprünglich entsteht die LSt in individualisierter Form als Anspruch aus dem Steuerschuldverhältnis gegenüber dem ArbN. Sie wird erst dadurch zu einer Steuerschuld des ArbGeb, dass dieser einen Antrag auf Pauschalierung beim FA stellt, soweit dies erforderlich ist (§ 40 Abs 1 EStG; s unten Rz 14 ff) und/oder die pauschale LSt übernimmt (§ 40 Abs 3 EStG). Nur wenn alle Voraussetzungen erfüllt sind, bewirkt die Übernahme durch den ArbGeb die **Befreiung des Arbeitnehmers von der Steuerschuld** (BFH 30.11.89, BStBl II 90, 993). Vom Zeitpunkt der Übernahme der pauschalen LSt kann nur noch der ArbGeb, nicht mehr der ArbN für die LSt herangezogen werden. Die pauschale (übernommene) LSt ist vom ArbGeb in der LStAnmeldung wie die einbehaltene LSt anzumelden und abzuführen (s *Lohnsteueranmeldung* Rz 4). Die nachzufordernde pauschale LSt (zB nach einer LStAußenprüfung) ist vom FA mit **Pauschalierungs- oder Nachforderungsbescheid** (Steuerbescheid) geltend zu machen. 6

Als **Entstehungszeitpunkt** der pauschalen LSt ist nach der Rspr des BFH (6.5.94, BStBl II 94, 715) auf die Verwirklichung des Tatbestandes beim ArbN abzustellen, den Zufluss des Lohnes. Die Ausübung des Wahlrechts durch den ArbGeb (Antrag und Übernahme) bewirkt lediglich, dass die dem Grunde nach bereits entstandene Entrichtungsschuld abweichend berechnet wird. Daraus ergibt sich, dass für den Beginn der Verjährung (s *Verjährung* Rz 35) auf den Zufluss des Arbeitslohnes abzustellen ist (BFH 6.5.94, BStBl II 94, 715). 7

Der ArbGeb kann bis zur Übermittlung oder Ausstellung der LStBescheinigung, solange die LStFestsetzung durch die Anmeldung noch änderbar ist, die Übernahme der LSt hinsichtlich bisher normal versteuerter Löhne auch noch **nachträglich erklären** (*HMW/Pauschalierung der LSt* Rz 14). Ist für die Pauschalierung kein Antrag erforderlich (s unten Rz 28–57), kann der ArbGeb, solange die LStAnmeldung noch unter dem Vorbehalt der Nachprüfung steht und die Festsetzungsfrist nicht abgelaufen ist, die Wahl der Besteuerungs- 8

292 Lohnsteuerpauschalierung

art ändern und von der Pauschalierung zur Lohn-Regelbesteuerung übergehen, sofern kein Gestaltungsmissbrauch vorliegt (BFH 26.11.03 – VI R 10/99, BStBl II 04, 195). Wenn für die Pauschalierung kein Antrag beim FA erforderlich ist (§§ 40 Abs 2, 40a EStG), kann der ArbGeb auch nach Ablauf des Kj die Pauschalversteuerung rückgängig machen und zur Regelbesteuerung übergehen (BFH 26.11.03 – VI R 10/99, BStBl II 04, 195). Zur arbeitsrechtlichen Problematik bei einem Wechsel von der Pauschalbesteuerung zum LStAbzugsverfahren s BAG 24.6.03 – 9 AZR 302/02, BFH/NV, Beilage 04, 196.

9 Der Antrag auf Pauschalierung ist grundsätzlich unwiderruflich, sobald ein daraufhin ergangener Pauschalierungsbescheid wirksam wird. In Ausnahmefällen ist eine **Rücknahme** noch im Einspruchsverfahren möglich, wenn sich der ArbGeb zB über die Bedeutung des Pauschalierungsantrages (Übernahme der LStSchuld) nicht im Klaren war (BFH 5.3.93, BStBl II 93, 692; s auch BFH 21.9.90, BStBl II 91, 262). Liegen die Voraussetzungen für eine Pauschalierung nicht vor, ist der Übernahmeerklärung die Grundlage entzogen und der ArbGeb nicht Schuldner der LSt geworden (*HMW*/Pauschalierung der LSt Rz 13).

10 Wird der Pauschalierungsbescheid gegenüber dem ArbGeb **im Rechtsbehelfsverfahren aufgehoben,** kann der dort berücksichtigte Arbeitslohn bei der EStVeranlagung des ArbN (s *Antragsveranlagung* Rz 2 ff) erfasst werden (BFH 18.1.91, BStBl II 91, 309), die pauschale LSt ist nicht auf die EStSchuld des ArbN anzurechnen (BFH 20.3.06 – VII B 230/05, BFH/NV 06, 1292). Für die Höhe der pauschalen Steuerschuld kommt es nicht auf den Zeitpunkt der Übernahme der pauschalen LSt an. Der für pauschaliert besteuerte Löhne nach den Verhältnissen des Zuflussjahres ermittelte Durchschnittssteuersatz ist auf einen Nettosteuersatz hochzurechnen (BFH 26.8.88, BStBl II 89, 304; LStR 40.1 Abs 3 Satz 9 iVm Beispiel LStH 40.1; s auch unten Rz 21–25). Das ändert aber nichts daran, dass die Steuerschuldnerschaft des ArbGeb erst durch den Pauschalierungs- bzw Nachforderungsbescheid entsteht. Davon zu unterscheiden ist aber der Entstehungszeitpunkt der pauschalen LSt als solcher (s oben Rz 7). Es handelt sich daher um eine Steuer des Jahres, in dem der Arbeitslohn zugeflossen ist.

11 Da die Festsetzung pauschalierter LSt sachverhalts- und arbeitnehmerbezogen ist, steht dem Erlass eines **weiteren Pauschalierungs- bzw Nachforderungsbescheides** wegen eines anderen Sachverhalts ein früher ergangener Steuerbescheid regelmäßig nicht entgegen. Wenn aber im Anschluss an eine LStAußenprüfung der Vorbehalt der Nachprüfung für die den Prüfungszeitraum betreffenden LStAnmeldungen aufgehoben worden ist, kann wegen der dadurch herbeigeführten Änderungssperre des § 173 Abs 2 AO dem ArbGeb gegenüber später kein den Prüfungszeitraum betreffender Nachforderungs- bzw Pauschalierungsbescheid mehr ergehen, es sei denn es liegt eine Steuerhinterziehung oder leichtfertige Steuerverkürzung vor (BFH 15.5.92, BStBl II 93, 829; s auch *Lohnsteueraußenprüfung* Rz 16, 17).

12 Steuerrechtlich ist die Pauschalbesteuerung ohne Zustimmung des ArbN zulässig (BFH 15.12.89, BStBl II 90, 344). **Arbeitsrechtlich** ist wohl eine pauschale Besteuerung gegen den Willen des ArbN nicht möglich (BAG 22.6.78, BB 79, 45). Beantragt der ArbN die Bildung von ELStAM und teilt dem ArbGeb seine Identifikationsnummer und seinen Geburtstag zum Zwecke des Abrufs der ELStAM mit (§§ 39 Abs 1 Satz 1, 39e Abs 4 EStG; s *Lohnsteuerabzugsmerkmale* Rz 9, 19), um einen Steuerabzug nach allgemeinen Grundsätzen vornehmen zu lassen, weil dies für ihn günstiger ist, muss der ArbGeb dem Rechnung tragen (s auch oben Rz 3). Auch beinhaltet die steuerrechtliche Übernahme der LSt durch den ArbGeb als Steuerschuldner nicht, dass die Überwälzung der LSt auf den ArbN arbeitsrechtlich unzulässig ist (BAG 5.8.87, DB 88, 182; s auch BAG 1.2.06 – 5 AZR 628/04, NZA 06, 682). Zur steuerlichen Auswirkung der Überwälzung auf die Bemessungsgrundlage s unten Rz 29.

13 **III. Die Pauschalierung der Lohnsteuer in besonderen Fällen** ist in § 40 EStG geregelt. Zu unterscheiden ist dabei die Pauschalierung mit variablem Steuersatz (§ 40 Abs 1 EStG) von der Pauschalierung mit festem Steuersatz (§ 40 Abs 2 EStG).

14 **1. Die Pauschalierung mit variablem Steuersatz** ist auf Antrag des ArbGeb möglich, wenn von diesem sonstige Bezüge (s *Sonstige Bezüge* Rz 2 ff) in einer größeren Zahl von Fällen gewährt werden (§ 40 Abs 1 Nr 1 EStG; s unten Rz 21 ff) oder wenn in einer größeren Zahl von Fällen LSt nachzuerheben ist, weil der ArbGeb die LSt nicht vorschriftsmäßig einbehalten hat (§ 40 Abs 1 Nr 2 EStG). Ein ohne Antrag erlassener Nachforderungs- oder Pauschalierungsbescheid ist aber nicht nichtig, sondern allenfalls rechtswidrig (BFH 7.2.02 – VI R 80/00, BStBl II 02, 438).

a) Sonstige Bezüge. Zur LStPauschalierung sonstiger Bezüge s auch *Albert* DStZ 97, **15** 513.

aa) Sonstiger Bezug. S *Sonstige Bezüge* Rz 2–12.

bb) Größere Zahl von Fällen. Diese kann ohne weitere Prüfung angenommen werden, **16** wenn gleichzeitig mindestens 20 ArbN in die Pauschalbesteuerung einbezogen werden. Unter Berücksichtigung besonderer Verhältnisse des ArbGeb und dem angestrebten Zweck einer Vereinfachung der LStBerechnung (s auch unten Rz 21 ff: Steuersatzermittlung) kann diese Voraussetzung auch bei weniger als 20 ArbN angenommen werden (LStR 40.1 Abs 1; s aber FG Münster 21.11.97, EFG 98, 822). Dabei ist insbesondere zu berücksichtigen, dass hier keine materielle Steuervergünstigung, sondern eine verfahrensmäßige Vereinfachung angestrebt wird. Als unbestimmter Rechtsbegriff unterliegt die Auslegung voll der finanzgerichtlichen Überprüfung. Dabei dürfte wohl auch der Einsatz computergestützter Lohnabrechnungen zu berücksichtigen sein (*HMW*/Pauschalierung der LSt Rz 70, 71).

cc) 1000 €-Grenze. Diese Grenze für die Pauschalbesteuerung (§ 40 Abs 1 Satz 3 EStG) **17** bezieht sich auf den Gesamtbetrag der pauschal besteuerten sonstigen Bezüge eines ArbN innerhalb eines Kj. Der übersteigende Betrag ist als sonstiger Bezug nach den allgemein hierfür geltenden Vorschriften zu besteuern (LStR 40.1 Abs 2; s *Sonstige Bezüge* Rz 3 ff). Die Pauschalierungsmöglichkeit bei den anderen ArbN wird dadurch nicht eingeschränkt, sofern noch eine „größere Zahl" gegeben ist (*Schmidt/Krüger* § 40 Rz 6). **Nicht angerechnet** auf die 1000 € werden sonstige Bezüge, die nach anderen Vorschriften versteuert worden sind, auch wenn es sich dabei um Pauschalierungen gehandelt hat (*HMW*/Pauschalierung der LSt Rz 74 und LStR 40.2 Abs 2).

Mit *HMW* (Pauschalierung der LSt Rz 75) ist davon auszugehen, dass auch die auf **18** pauschal besteuerte sonstige Bezüge entfallenden **Arbeitnehmeranteile** zur **Sozialversicherung,** die der ArbGeb übernimmt, bei der Ermittlung der Betragsgrenze anzusetzen sind, selbst wenn sie der ArbGeb aufgrund sozialversicherungsrechtlicher Bestimmungen nicht mehr auf den ArbN überwälzen kann. Nach § 2 Abs 2 Nr 3 LStDV sind die **Arbeitnehmeranteile Arbeitslohn** und können ggf auch sonstige Bezüge sein. Hat der ArbGeb irrtümlich die 1000 €-Grenze nicht beachtet, so ist nicht nur die Pauschalbesteuerung für diese ArbN rückgängig zu machen, sondern es muss ggf der Pauschsteuersatz neu berechnet werden, da ihre Verhältnisse bei dessen Ermittlung berücksichtigt wurden (s unten Rz 21 ff). Möglicherweise kann die Pauschalbesteuerung insgesamt unzulässig werden, wenn nämlich eine größere Zahl von Fällen dann nicht mehr gegeben ist (s *HMW*/Pauschalierung der LSt Rz 79).

b) Nacherhebung wegen nicht vorschriftsmäßiger Einbehaltung der Lohnsteuer **19** in einer größeren Zahl von Fällen ist nicht auf sonstige Bezüge beschränkt, sondern ist auch für laufenden Arbeitslohn (s *Lohnsteuerberechnung* Rz 9–11) zulässig. Zu einer größeren Zahl von Fällen s oben Rz 16. Die 1000 €-Grenze gilt hier nicht. Diese Pauschalierungsmöglichkeit kommt insbesondere nach einer LStAußenprüfung (s *Lohnsteueraußenprüfung* Rz 14, 15) in Betracht, wenn der Prüfer Fehler beim LStAbzug oder unzulässige Pauschalierungen nach §§ 40 Abs 1 Nr 1, 40 Abs 2, 40a Abs 1, 2a, 3 (s *Teilzeitbeschäftigung* Rz 115 ff) oder 40b (s unten Rz 41 ff) EStG entdeckt. Verfährt der ArbGeb entsprechend einer ihm vom FA erteilten fehlerhaften Anrufungsauskunft, kann ihm keine nicht vorschriftsmäßige Einbehaltung entgegengehalten werden (BFH 16.11.05 – VI R 23/02, BStBl II 06, 210).

Meist erfolgt die Pauschalierung auf Vorschlag des Prüfers, wobei sie aber **gegen den** **20** **Willen des Arbeitgebers nicht** möglich ist (s auch BFH 20.11.08 – VI R 4/06, DStR 09, 263). Dies ist insbesondere von Bedeutung, wenn der ArbGeb die LSt von dem ArbN wieder hereinholen will. Ein Regress scheidet aus, wenn die LSt pauschaliert wird, denn dann ist der ArbGeb Schuldner der LSt und nicht mehr der ArbN (§ 40 Abs 3 Satz 2 EStG). Zum Erhalt der Regressmöglichkeit ist daher eine Nacherhebung nach den allgemeinen Vorschriften zu empfehlen, bei der allenfalls eine Haftungsinanspruchnahme des ArbGeb in Betracht kommt (s *Lohnsteuerhaftung* Rz 4–28; *Schmidt/Krüger* § 40 Rz 7; zur arbeitsrechtlichen Zulässigkeit der Überwälzung der LSt auf den ArbN s oben Rz 12). Die Pauschalierung nach § 40 Abs 1 Nr 2 EStG kann der ArbGeb auch dann beantragen, wenn er selbst Fehler beim LStAbzug

292 Lohnsteuerpauschalierung

bzw der LStPauschalierung bemerkt. Er kann die pauschale LSt dann entweder mit der nächsten LStAnmeldung erklären oder vom FA mit Steuerbescheid (Pauschalierungs- bzw Nachforderungsbescheid) festsetzen lassen. Davon zu unterscheiden ist aber die Berechtigung des ArbGeb zur nachträglichen Einbehaltung der LSt gem § 41c Abs 1 Nr 2 EStG (s *Lohnsteuerberechnung* Rz 23–25), wenn er erkennt, dass er diese nicht vorschriftsmäßig einbehalten hat. Hier erfolgt die Nachberechnung nach den allgemeinen Vorschriften (s *HMW*/Pauschalierung der Lohnsteuer Rz 88).

21 **c) Der durchschnittliche Steuersatz,** der sich unter Zugrundelegung der durchschnittlichen Jahresarbeitslöhne und der durchschnittlichen JahresLSt in jeder Steuerklasse für diejenigen ArbN ergibt, denen die Bezüge gewährt werden sollen oder gewährt worden sind, ist für die Pauschalbesteuerung nach § 40 Abs 1 EStG maßgebend. Der ArbGeb hat seinem Antrag an das BetriebsstättenFA eine entsprechende Berechnung beizufügen (§ 40 Abs 1 Satz 4 EStG). Diese Verpflichtung kann der ArbGeb dadurch erfüllen, dass er
(1) den Durchschnittsbetrag der pauschal zu versteuernden Bezüge,
(2) die Zahl der betroffenen ArbN nach Steuerklassen getrennt in folgende Gruppen:
   (a) Steuerklassen I, II und IV,
   (b) Steuerklasse III und
   (c) Steuerklassen V und VI sowie
(3) die Summe der Jahresarbeitslöhne der betroffenen ArbN, gemindert um den Versorgungsfreibetrag und den Zuschlag zum Versorgungsfreibetrag (§ 19 Abs 2 EStG; s *Altersgrenze* Rz 19), den Altersentlastungsbetrag (§ 24a EStG; s *Altersentlastungsbetrag* Rz 6 ff), evtl ermittelte und als ELStAM gebildete Jahresfreibeträge (s *Lohnsteuerermäßigung* Rz 3 ff) und den Entlastungsbetrag für Alleinerziehende bei der Steuerklasse II (s *Lohnsteuerklassen* Rz 7), erhöht um den Hinzurechnungsbetrag ermittelt.

22 Aus Vereinfachungsgründen kann davon ausgegangen werden, dass die betroffenen ArbN in allen Zweigen der SozV versichert sind und keinen Beitragszuschlag für Kinderlose (§ 55 Abs 3 SGB XI) leisten; das Faktorverfahren bleibt unberücksichtigt. Zudem kann für die Ermittlungen nach (2) und (3) eine repräsentative Auswahl der betroffenen ArbN zugrunde gelegt werden. Zur Festsetzung eines Pauschsteuersatzes für das laufende Kj können für die Ermittlung nach (3) auch die Verhältnisse des Vorjahres zugrunde gelegt werden (LStR 40.1 Abs 3 Sätze 2–4). Der Durchschnittsbetrag der pauschal zu besteuernden Bezüge ist auf den nächsten durch 216 ohne Rest teilbaren Euro-Betrag aufzurunden (LStR 40.1 Abs 3 Satz 7). Zur Ermittlung des Steuersatzes (einschließlich Beispiel) vgl die vom BFH (11.3.88, BStBl II 88, 726) gebilligte Darstellung in LStR 40.1 Abs 3 sowie die folgenden **Berechnungsschemata** (nach LStH 40.1):

23 **Ermittlung der Jahresarbeitslöhne und der Steuerklassen:**

Name	Jahresarbeitslohn	Steuerklassengruppen			Freibeträge
		I, II, IV	III	V, VI	
A	20 000	×			2340
B	30 000		×		
C	35 000			×	1720
usw	...	...	...	...	...
20 ArbN	250 000	7	9	4	12 340

Der maßgebende Jahresarbeitslohn ergibt sich durch Abzug der Summe der Freibeträge vom Gesamtarbeitslohn.

24 **Berechnungsschema zur Pauschsteuersatzermittlung gem § 40 Abs 1 EStG (Tabelle 2013):**
Zahl der betroffenen Arbeitnehmer: 20
Summe der Jahresarbeitslöhne (JAL): € 250 000
1. € 250 000 JAL: 20 ArbN = Ø JAL € 12500
   davon
   St.Kl. I, II, IV   7 ArbN
   St.Kl. III   9 ArbN
   St.Kl. V, VI   4 ArbN

2. Summe der pauschal zu versteuernden   Zahl der betr ArbN: Ø-Betrag sonstiger Bezug:
   Bezüge: € 4000   20   € 200

Lohnsteuerpauschalierung

3. Lohnsteuer nach

	St.Kl. I €	St.Kl. III €	St.Kl. V €
a) Ø-JAL lt Ziff 1 € 12500	188	0	1312
b) zuzügl aufgerundeter Ø-Betrag aus Ziff 2 € 216			
c) Gesamtbetrag aus a) u b) € 12716	217	0	1337
= Differenz-LSt zwischen a) und c)	29	0	25
× Zahl der ArbN lt Ziff 1	7	0	4
= Gesamt-LSt	203	0	100
		insg € 303	

4. Bruttopauschsteuersatz:

$$\frac{\text{Gesamt-LSt lt 3)} \times 100}{\text{zu verst. Bezug lt 2)}} = \frac{30\,300}{4000} = 7{,}6\,\%$$

5. Nettopauschsteuersatz:

$$\frac{100 \times \%\ \text{aus 4)}}{100 \,./.\ \text{aus 4)}} = \frac{100 \times 7{,}6}{100 \,./.\ 7{,}6} = 8{,}2\,\%$$

Die Steuersätze sind mit einer Dezimalstelle anzusetzen (LStR 40.1 Abs 3 Satz 10). Der **25** Nettosteuersatz ist auf die Gesamtsumme der pauschal zu versteuernden Bezüge anzuwenden. Von dieser Steuer ist der SolZ (s *Solidaritätszuschlag* Rz 3 ff) zu berechnen. Die KiSt tritt mit den länderunterschiedlichen Pauschalsteuersätzen hinzu (s *Kirchenlohnsteuer* Rz 15). Die als ELStAM der ArbN gebildeten Kinderfreibeträge sind nicht zu berücksichtigen (vgl BFH 26.7.07 – VI R 48/03, BStBl II 07, 844 zu auf der LStKarte eingetragenen Kinderfreibeträgen).

d) Zulassungsverfahren. Die Pauschalbesteuerung nach § 40 Abs 1 EStG wird auf **26** Antrag des ArbGeb vom BetriebsstättenFA zugelassen. In dem Antrag ist zugleich die Willenserklärung enthalten, die pauschale LSt zu einem bestimmten Steuersatz übernehmen zu wollen (§ 40 Abs 3 EStG). Der Antrag ist materielle Voraussetzung für die pauschale LSt (s auch oben Rz 14). Ein Antrag liegt auch vor, wenn der ArbGeb bei einer LStAußenprüfung dem Prüfer sein Einverständnis zur Pauschalbesteuerung gibt (*HMW*/Pauschalierung der LSt Rz 94). Ob der ArbGeb einen Pauschalierungsantrag gestellt hat oder nur einen Regressverzicht (s *Lohnsteuerhaftung* Rz 70) erklären wollte, ist notfalls im Wege der Auslegung zu ermitteln (*Thomas* DStR 92, 896 Tz 5.2.1). Ein Antrag auf Pauschalbesteuerung mit einem niedrigeren Steuersatz kann nicht auch als ein Antrag auf Pauschalbesteuerung mit einem höheren Steuersatz umgedeutet werden, wenn zB die Voraussetzungen für den niedrigeren Steuersatz (zB Aushilfslöhne in der Land- und Forstwirtschaft: 5 %, § 40a Abs 3 EStG) nicht vorliegen (BFH 25.5.84, BStBl II 84, 569).

Da der Antrag des ArbGeb nur den Bruttosteuersatz enthält (§ 40 Abs 1 Satz 4 EStG; **27** s oben Rz 21) und der Nettosteuersatz (§ 40 Abs 1 Satz 2 EStG) vom FA ermittelt wird, umfasst der Antrag auch den entsprechenden Nettosteuersatz. Hält das FA den vom ArbGeb errechneten Bruttosteuersatz für falsch, so wird es dies im Rahmen der Antragstellung mit dem ArbGeb klären (*HMW*/Pauschalierung der LSt Rz 104). Der ArbGeb kann auch nach Anwendung des genehmigten Steuersatzes gegen die aufgrund der LStAnmeldung ergehende Steuerfestsetzung Einspruch einlegen. Zwar steht die Entscheidung über den Antrag des ArbGeb im Ermessen des FA, jedoch kann es bei Vorliegen der gesetzlichen Voraussetzungen nur in wenigen Ausnahmefällen dem Antrag die Genehmigung versagen (zB wenn feststeht, dass der ArbGeb zahlungsunfähig ist; s *HMW*/Pauschalierung der LSt Rz 100). Die Genehmigung bzw deren Verweigerung stellt einen mit dem Einspruch anfechtbaren Verwaltungsakt dar. Der ArbGeb muss von der Genehmigung jedoch keinen Gebrauch machen, sondern kann immer noch eine Besteuerung nach den allgemeinen Vorschriften vornehmen. Zu weiteren verfahrensrechtlichen Fragen s Rz 6–12 und unten Rz 63 ff.

2. Pauschalierung der Lohnsteuer mit festem Steuersatz (§ 40 Abs 2 EStG). a) Ge- 28 meinsame Voraussetzungen. Diese Pauschalierungen mit im Gesetz festgelegten Steuersätzen sind **ohne Genehmigung des Finanzamts** zulässig. Sie sind auch nicht von der Gewährung in einer größeren Zahl von Fällen abhängig. Die nach § 40 Abs 2 EStG pauschal besteuerten Bezüge sind auf die 1000 €-Grenze des § 40 Abs 1 EStG (s oben Rz 17, 18) nicht anzurechnen (LStR 40.2 Abs 2). Bemessungsgrundlage der pauschalen LSt ist der stpfl Arbeitslohn (s *Arbeitsentgelt* Rz 30 ff), der in Geld oder geldwerten Vorteilen (s *Sachbezug* Rz 3 ff) bestehen kann.

29 Lässt sich der ArbGeb – arbeitsrechtlich zulässigerweise – die pauschale LSt vom ArbN erstatten, gilt die auf den ArbN abgewälzte pauschale LSt als zugeflossener Arbeitslohn und **mindert nicht** die Bemessungsgrundlage (§ 40 Abs 3 Satz 2 EStG; s auch BMF 10.1.2000 – IV C 5 – S 2330 – 2/00, BStBl I 2000, 138). Zur Berechnung s auch die jeweils bei LStH 40.2, 40a.1 und 40b.1 zur Abwälzung der pauschalen LSt bei Fahrtkosten (unten Rz 38) und bei Direktversicherung (s unten Rz 47 ff) aufgeführten Beispiele.

30 **b) Für Mahlzeiten** beträgt der Pauschalsteuersatz 25 % auf den geldwerten Vorteil, wenn der ArbGeb arbeitstäglich Mahlzeiten im Betrieb an die ArbN unentgeltlich oder verbilligt abgibt bzw einem anderen Unternehmen, das diese Leistung erbringt, Barzuschüsse leistet. Voraussetzung ist, dass die Mahlzeiten nicht als Lohnbestandteile vereinbart sind (§ 40 Abs 2 Nr 1 EStG). Der geldwerte Vorteil ist mit dem Unterschiedsbetrag zwischen den amtlichen Sachbezugswerten (s Anhang 26 LStR – ab 2007: SvEV – und für **2014** BMF 12.11.13 – IV C 5 – S 2334/13/10002; Dok 2013/1015623, BStBl I 13, 1473; *Essenszuschuss* Rz 11) und dem niedrigeren Entgelt, das der ArbN für die Mahlzeit entrichtet, zu bewerten (LStR 40.2 Abs 1 Nr 1 iVm LStR 8.1 Abs 7 Satz 1 Nr 1–3). In den Fällen, in denen der ArbGeb unterschiedliche Mahlzeiten zu unterschiedlichen Preisen verbilligt an die ArbN abgibt, kann der geldwerte Vorteil mit dem Durchschnittswert der Pauschalbesteuerung zugrunde gelegt werden (LStR 8.1 Abs 7 Satz 1 Nr 5).

31 Bei der Ausgabe von **Essenmarken** ist der Wert der Essenmarken zugrunde zu legen. In diesen Fällen besteht kein geldwerter Vorteil, soweit das nach Verrechnung der Essenmarken zu entrichtende Entgelt einer Mahlzeit den amtlichen Sachbezugswert nicht unterschreitet (LStR 8.1 Abs 7 Satz 1 Nr 4), dh zB, dass bei einer verbleibenden Zuzahlung iHv 3 € für ein Mittagessen keine Versteuerung erfolgt. Die Pauschalierung kann auch bei **mehr als einer Mahlzeit täglich** vorgenommen werden. Keine Pauschalierung kann aber bei Barzuschüssen an die ArbN selbst erfolgen. Statt der Pauschalierung kann der ArbGeb auch den sich nach § 8 Abs 3 EStG ergebenden Wert dem normalen LStAbzug unterwerfen (s auch *Essenszuschuss* Rz 7 ff).

32 Entsprechendes gilt **ab 2014,** wenn ein **Dritter** auf Veranlassung des ArbGeb den ArbN anlässlich einer beruflichen Tätigkeit außerhalb seiner Wohnung und ersten Tätigkeitsstätte Mahlzeiten zur Verfügung stellt, die mit den Sachbezugswerten anzusetzen sind, weil zB die Mindestabwesenheitszeit bei eintägiger Auswärtstätigkeit nicht eingehalten oder vom ArbGeb nicht nachgehalten und aufgezeichnet wird (§§ 40 Abs 2 Satz 1 Nr 1a, 52 Abs 1 EStG; s auch BMF 30.9.13 IV C 5 – S 2353/13/10004; Dok 2013/0862915, BStBl I 13, 1279 Tz 3e).

33 **c) Zuwendungen anlässlich von Betriebsveranstaltungen.** Soweit diese Arbeitslohn sind, weil die Betriebsveranstaltung oder die Zuwendung nicht üblich ist (s *Betriebsveranstaltung* Rz 2 ff), kann die LSt für diesen Lohnzufluss mit 25 % pauschaliert werden (§ 40 Abs 2 Nr 2 EStG). Dabei sind nach der neuen Rechtsprechung des BFH die Kosten für den äußeren Rahmen der Betriebsveranstaltung nicht zu berücksichtigen (BFH 16.5.13 VI R 94/10, DStR 13, 2170). Die Besteuerung betrifft damit nunmehr nur noch pauschal zu besteuernde Sachzuwendungen, die insoweit allerdings keiner Betragsbegrenzung unterliegen (zB Schenkung im Wert von 1000 €). Dabei ist für die Berechnung der 110 €-Grenze der Gesamtaufwand zwar weiterhin auf teilnehmende Familienangehörige aufzuteilen. Der auf die Angehörigen entfallende Aufwand ist den ArbN jedoch bei der Berechnung, ob die Freigrenze überschritten ist, nun grundsätzlich nicht mehr zuzurechnen (BFH 16.5.13 – VI R 79/10, DStR 13, 2172). Die Pauschalierung nach dieser Vorschrift ist nicht möglich bei Barabfindungen anstelle der Teilnahme an der Betriebsveranstaltung oder bei Lohnteilen, die nur bei Gelegenheit einer Betriebsveranstaltung überreicht werden (zB Abfindungszahlungen, Jubiläums- oder Weihnachtsgeld, Tantiemen usw; s auch BFH 7.2.97, BStBl II 97, 365). Ggf ist aber eine Pauschalierung als sonstiger Bezug möglich (s oben Rz 15 ff). Die Zuwendung von Goldmünzen auf einer betrieblichen Weihnachtsfeier ist kein pauschalierungsfähiger Arbeitslohn gem § 40 Abs 2 Nr 2 EStG, wenn allein vom ArbGeb ausgewählte ArbN eine oder mehrere Münzen erhalten und darin nur eine andere Zahlungsmodalität des bisher

üblichen, freiwillig gezahlten Weihnachtsgeldes liegt (BFH 7.11.06 – VI R 58/04, BStBl II 07, 128). S dazu auch FG München 17.2.12 – 8 K 3916/08, BeckRS 2012, 96314.

d) Erholungsbeihilfen können ebenfalls mit 25 % pauschal der LSt unterworfen werden, soweit sie nicht ausnahmsweise als steuerfreie Unterstützungen anzusehen sind (§ 3 Nr 11 EStG; s auch *Beihilfeleistungen* Rz 5). Allerdings ist der pauschal zu besteuernde Betrag auf 156 € jährlich für den ArbN, 104 € jährlich für seinen Ehegatten und 52 € jährlich für jedes Kind, für das eine Kinderfreibetragszahl als ELStAM (s *Lohnsteuerabzugsmerkmale* Rz 11) gebildet ist (oder sonst nachgewiesen wird, dass die Voraussetzungen des § 32 Abs 4 EStG – s *Kinderfreibetrag* Rz 7 ff – vorliegen – *HMW*/Pauschalierung der Lohnsteuer Rz 148), beschränkt (§ 40 Abs 2 Nr 3 EStG). 34

Werden die **Höchstbeträge** überschritten, ist eine Pauschalbesteuerung nach § 40 Abs 2 Nr 3 EStG insgesamt unzulässig. Es kommt dann entweder eine normale Besteuerung als sonstiger Bezug (s *Sonstige Bezüge* Rz 4 ff) oder eine Pauschalierung gem § 40 Abs 1 Nr 1 EStG als sonstiger Bezug (s oben Rz 15–18) in Betracht. Ergibt sich bei der Gewährung einer späteren Erholungsbeihilfe, dass der Höchstbetrag zusammen mit früher gezahlten Beihilfen im Kj überschritten wird, so wird damit eine etwa für die früher gewährte Beihilfe durchgeführte Pauschalierung **nachträglich unzulässig;** der ArbGeb hat dann nachträglich die LSt entsprechend dem vorhergehenden Satz zu ermitteln. Bei der Feststellung, ob die im Kj gewährten Erholungsbeihilfen zusammen mit früher gewährten Erholungsbeihilfen die Höchstbeträge übersteigen, ist von der Höhe der Zuwendungen im Einzelfall auszugehen. Die Beihilfen müssen für die Erholung dieser Personen bestimmt sein und verwendet werden (LStR 40.2 Abs 3). Dies hat der ArbGeb sicherzustellen (§ 40 Abs 2 Nr 3 EStG).

Werden die Erholungsbeihilfen **nicht in Form von Sachleistungen** (zB verbilligte Zurverfügungstellung eines eigenen Erholungsheimes), sondern durch Barzahlung gewährt, kann die Sicherstellung der zweckentsprechenden Verwendung durch unmittelbare Zahlung zugunsten des ArbN an ein Ferienheim erfolgen oder bei Auszahlung an den ArbN selbst durch Vorlage von Rechnungen von Hotels, Pensionen usw. Hat der ArbN den Urlaub zu Hause verbracht, müsste die Versicherung des ArbN, dass er die Beihilfen für Erholungszwecke verwendet hat (zB Ausflugsfahrten, sonstige Freizeitaktivitäten), genügen; denn das Gesetz verlangt nicht, dass der ArbN in Urlaub fährt. Das Geld muss innerhalb von 3 Monaten vor oder nach der Auszahlung verwendet werden (*HMW*/Pauschalierung der Lohnsteuer Rz 150). Der **ArbGeb** muss jedoch über die Verwendung der Mittel Kenntnis haben. Dies erfordert ein Mindestmaß an Vergewisserung über den Verwendungszweck in der Weise, dass der ArbGeb entscheiden kann, ob die Mittel tatsächlich zu Erholungszwecken verwendet wurden (BFH 19.9.12 – VI R 55/11, DStR 12, 2431). S auch FG NdS 16.6.11 – 11 K 81/10, BeckRS 2011, 96218. 35

e) Verpflegungsmehraufwendungen. Vergütet der ArbGeb Verpflegungsmehraufwendungen bei Auswärtstätigkeit (§ 9 Abs 4a EStG; s *Verpflegungsmehraufwendungen* Rz 8), kann er die übersteigenden Beträge mit 25 % pauschal der LSt unterwerfen, soweit die Vergütungen 100 % der Pauschbeträge nicht übersteigen (§ 40 Abs 2 Nr 4 EStG; vgl auch *Dienstreise* Rz 57). Diese Pauschalierungsmöglichkeit gilt nicht für Verpflegungsmehraufwendungen wegen doppelter Haushaltsführung. 36

f) Überlassung von Datenverarbeitungsgeräten. Mit § 40 Abs 2 Nr 5 EStG idF ab 1.1.2013 wurde die Pauschalierungsmöglichkeit an den aktuellen Stand der Technik angepasst. Übereignet der ArbGeb unentgeltlich oder verbilligt ein Datenverarbeitungsgerät, kann er die LSt mit einem Pauschalsteuersatz von 25 % erheben. Dies gilt auch für **Zubehör** und **Internetzugang** (zB Monitor, Drucker, Scanner, Software, ISDN-Anschluss) sowie **Smartphones** und **Tablets**, nicht aber für reine Telekommunikationsgeräte, die nicht zu Datenverarbeitungsgeräten rechnen und auch nicht für den Internetzugang verwendet werden können (zB Mobiltelefon). Die Möglichkeit der Pauschalierung besteht auch, wenn der ArbGeb – zusätzlich zum Arbeitslohn – **Zuschüsse zur Internetnutzung** (zB t-online) des ArbN zahlt. Aus Vereinfachungsgründen kann der ArbGeb den vom ArbN erklärten Betrag für die laufende Internetnutzung (Gebühren, auch Flatrate) als pauschalierungsfähig ansetzen, soweit dieser 50 € nicht übersteigt und der ArbN für mindestens 3 Monate anhand seiner Rechnungen die Internetgebühren festhält. Ebenfalls aus Vereinfachungsgründen kann zugunsten des ArbN eine Anrechnung des ArbGebZuschusses auf die **Werbungskosten** bis zu 50 € unterbleiben (s LStR 40.2 Abs 5). 37

292 Lohnsteuerpauschalierung

38 g) **Fahrten zwischen Wohnung und Arbeitsstätte (ab 2014 erster Tätigkeitsstätte).** Aufwendungen hierfür kann der ArbN in bestimmtem Umfang **wie** Werbungskosten abziehen (§ 9 Abs 2 EStG; s *Fahrten zwischen Wohnung und Arbeitsstätte* Rz 4 ff). Vergütet der ArbGeb dem ArbN dessen Aufwendungen hierfür oder stellt er unentgeltlich bzw teilentgeltlich ein Kfz bereit, stellen diese Leistungen Arbeitslohn dar (LStR 19.3 Abs 3 Nr 2), die der ArbGeb pauschal mit 15% besteuern kann (§ 40 Abs 2 Sätze 2 und 3 EStG; LStR 40.2 Abs 6; s auch BMF 31.10.13 IV C 5 – S 2351/09/10002: 002; Dok 2013/0981373, BStBl I 13, 1376). Darunter fallen sowohl Barzuschüsse als auch Sachbezüge in Form der unentgeltlichen oder verbilligten Beförderung, soweit es sich nicht um steuerfreie Sammelbeförderungen nach § 3 Nr 32 EStG handelt. Vergütungen für ein Jobticket nach § 3 Nr 34 EStG aF sind ab 2004 nicht mehr steuerfrei (s auch *Arbeitnehmerbeförderung* Rz 13 ff), so dass diese auch mit 15% pauschal versteuert werden können, soweit sie den Rabattfreibetrag von 44 € übersteigen. Auch auf der Fahrt zwischen Wohnung und Arbeitsstätte entstandene Unfallkosten, die der ArbGeb dem ArbN ersetzt, können pauschaliert besteuert werden (vgl *Schmidt/Krüger* § 40 Rz 21), soweit der ArbN sie als Werbungskosten abziehen könnte (s hierzu aber *Fahrten zwischen Wohnung und Arbeitsstätte* Rz 38 und *Wegeunfall* Rz 2 ff). Eine Pauschalierung ist auch bei der Aufspaltung einer Tantieme im Wege der Barlohnumwandlung in einen Fahrtkostenzuschuss und Weihnachtsgeld möglich (BFH 1.10.09 – VI R 41/07, BStBl II 10, 487). Zur Wertermittlung bei unentgeltlicher oder verbilligter Überlassung eines Kfz durch den ArbGeb s *Dienstwagen* Rz 17 ff.

39 Die Bemessungsgrundlage ist auf den Betrag beschränkt, den der ArbN wie Werbungskosten geltend machen könnte, dh 0,30 € pro km (die Einschränkung „ab dem 21. Entfernungskilometer" ist wegen deren Verfassungswidrigkeit nicht zu beachten, BVerfG 9.12.08 – 2 BvL 1/07, 2/07, 1/08, 2/08, DStR 08, 2460), so dass der ArbGeb bei der Zuschussgewährung bei Benutzung eines Kfz auch nicht den Höchstbetrag von 4500 € beachten muss, anders bei Benutzung anderer Verkehrsmittel (§ 9 Abs 2 EStG; BMF 1.12.06 – IV C 5 – S 2351 – 60/06, BStBl I 06, 778 Tz 5). Zur Pauschalbesteuerung der Fahrten Wohnung-Arbeitsstätte nach dem Gesetz zur Fortführung der Gesetzeslage 2006 (BStBl I 09, 536) s BMF 31.8.09 – IV C 5 – S 2351/09/10 002, Dok 2009/0 534 694, BStBl I 09, 899. Über als Werbungskosten abzugsfähige Beträge hinausgehende Zuschüsse müssen normal versteuert werden. Bei Körperbehinderten mit einem Grad der Behinderung von mindestens 70 oder mindestens 50, aber eingeschränkter Bewegungsfähigkeit, können die tatsächlichen Fahrtkosten berücksichtigt werden (§§ 40 Abs 2 Satz 2, 9 Abs 2 EStG; s auch *Behinderte* Rz 78). Die pauschal besteuerten Bezüge mindern die nach § 9 Abs 2 EStG abziehbaren Werbungskosten beim ArbN (§ 40 Abs 2 Satz 5 EStG). Ersetzt der ArbGeb nur einen geringeren Betrag als den möglichen Werbungskostenabzug, so kann der ArbN den Differenzbetrag wie Werbungskosten abziehen, wenn dieser zusammen mit anderen Werbungskosten den ArbNPauschbetrag von 920 € übersteigt (§ 9a Satz 1 Nr 1a EStG).

Die Fahrtkostenzuschüsse müssen zusätzlich zu dem geschuldeten Arbeitslohn erbracht werden. Eine **Umwandlung** eines Teils **des** ohnehin geschuldeten **Arbeitslohns** in einen Fahrtkostenzuschuss führt nicht zur Pauschalierungsmöglichkeit (§ 40 Abs 2 Satz 2 EStG; s auch BFH 1.10.09 – VI R 41/07, DStR 10, 156 und FG NdS 16.6.11 – 11 K 81/10, BeckRS 2011, 96218). Die Pauschalierungsmöglichkeit gilt auch für Teilzeitbeschäftigte nach § 40a EStG und bleibt bei der Prüfung der Arbeitslohngrenzen außer Ansatz (§ 40 Abs 2 Satz 3 EStG). Zur Bescheinigungspflicht (steuerfreier sowie) pauschal besteuerter ArbGebLeistungen für Fahrten zwischen Wohnung und Arbeitsstätte s *Lohnsteuerbescheinigung* Rz 11.

40 **IV. Teilzeitbeschäftigte und Aushilfskräfte** (§ 40a EStG). Zur Pauschalbesteuerung für diesen Personenkreis s *Teilzeitbeschäftigung* Rz 115 ff, *Aushilfskräfte* Rz 23–28 und *Geringfügige Beschäftigung* Rz 22.

41 **V. Zukunftssicherungsleistungen** des ArbGeb als Zuwendungen im Rahmen einer umlagefinanzierten betrieblichen Altersversorgung an eine Pensionskasse oder als Beiträge zu einer UV des ArbN können mit 20% pauschal versteuert werden (§ 40b EStG). Die Pauschalbesteuerung der Beiträge zu einer Direktversicherung oder kapitalgedeckten betrieblichen Altersversorgung an eine Pensionskasse wurde **ab 2005** im Rahmen des Übergangs zur nachgelagerten Besteuerung der Alterseinkünfte aufgehoben. Allerdings kann für

Beiträge an eine Direktversicherung oder Zuwendungen an eine Pensionskasse (bei kapitalgedeckter Altersversorgung), die aufgrund einer vor dem 1.1.05 erteilten Versorgungszusage beruhen, weiterhin eine Pauschalierung nach § 40b Abs 1 und 2 EStG idF vor 2005 erfolgen (LStR 40b.1; s hierzu *Niermann* DB 04, 1449 Tz IV), wenn **a)** diese nicht gem § 3 Nr 63 EStG steuerfrei sind oder **b)** der ArbN gegenüber dem ArbGeb bis 30.6.05 auf die Steuerfreiheit verzichtet hat (§ 52 Abs 52a iVm Abs 6 EStG; s zu den Übergangsregelungen zur Anwendung der §§ 3 Nr 63 und 40b EStG aF BMF 20.1.09 – IV C 3 – S 2496/08/10011; IV C 5 – S 2333/07/0003, BStBl I 09, 273 Rz 245–264, hier auch zur Abgrenzung in Alt- und Neuzusagen; ausführlich zum Verzicht *Wellisch/Näth* BB 04, 2661; 05, 18). Im Übrigen s auch *Unfallversicherung* Rz 7 ff. Zu Gewinnausschüttungen betrieblicher Versorgungseinrichtungen s BMF 28.9.10 – IV C 5 – S 2373/10/10001; Dok 2010/0727227, BStBl I 10, 670; LStR 40b.1 Abs 13.

1. Allgemeines. Der ArbGeb hat die pauschale LSt zu übernehmen und kann keine Pauschalierung nach § 40 Abs 1 Nr 1 EStG (s oben Rz 15–18) vornehmen, auch wenn die Leistungen als sonstige Bezüge gewährt werden (§ 40b Abs 5 iVm § 40 Abs 3 EStG). Für die Pauschalierung ist es unerheblich, ob die Zuwendungen zusätzlich zu dem ohnehin geschuldeten Arbeitslohn oder aufgrund von Vereinbarungen mit dem ArbN durch Herabsetzung des individuell zu besteuernden Lohnes erbracht werden, so dass eine Barlohnumwandlung möglich ist, selbst wenn bei der Kürzung auch die pauschale LSt und KiSt berücksichtigt wird. Die durch die Barlohnkürzung finanzierte pauschale Steuer stellt keinen zusätzlichen Arbeitslohn dar, gehört aber zur Bemessungsgrundlage für den Restlohn; s auch oben Rz 29. Zu den Besonderheiten bei einer Barlohnumwandlung bei Leistungen an eine Pensionskasse s BFH 29.4.91, BStBl II 91, 647. Die Freigrenze des § 8 Abs 2 Satz 11 EStG (bis 2013: § 8 Abs 2 Satz 9 EStG: 44 €, s auch *Sachbezug* Rz 8–10) findet hier auch dann keine Anwendung wenn der ArbGeb Versicherungsnehmer ist und der ArbN nur die versicherte Person (BFH 26.11.02 – VI R 68/01, BStBl II 03, 492; BMF 10.10.13 IV C 5 – S 2334/13/10001; Dok 2013/0865652, DStR 13, 2223). Es kommt darauf an, dass sich der Vorgang – wirtschaftlich betrachtet – so darstellt, als hätte der ArbGeb dem ArbN die Mittel zur Verfügung gestellt und der ArbN sie zum Zweck seiner Zukunftssicherung verwendet (abgekürzter Leistungsweg; vgl auch BFH 14.4.13 – VI R 11/11, BStBl II 13, 190).

Barzuwendungen an den ArbN können nicht pauschaliert werden. Die Beiträge müssen vom ArbGeb an den Versicherer erbracht werden. Die Pauschalierung setzt auch voraus, dass die Zukunftssicherungsleistungen aus einem ersten Dienstverhältnis erbracht werden (§ 40b Abs 2 Satz 1 EStG); sie ist demnach bei ArbN der Steuerklasse VI (s *Lohnsteuerklassen* Rz 11) nicht anwendbar (BFH 12.8.96, BStBl II 97, 143). Es ist nicht Voraussetzung, dass die Zukunftssicherungsleistungen in einer größeren Zahl von Fällen erbracht werden. Die Pauschalierung ist auch im Rahmen einer Teilzeitbeschäftigung (s *Teilzeitbeschäftigung* Rz 115) zulässig, wenn es das erste Dienstverhältnis des ArbN ist (BFH 8.12.89, BStBl II 90, 398). Zur Frage der Gewinnausschüttung einer Versorgungskasse an das Trägerunternehmen s BFH 12.11.09 – VI R 20/07, DStR 10, 216.

2. Direktversicherung. Zum Begriff s *Betriebliche Altersversorgung* Rz 107–117. Soweit § 40b Abs 1 und 2 EStG idF vor 2005 bei Direktversicherungen übergangsweise noch angewendet werden kann (s oben Rz 41), wird auf die Ausführungen im Personalbuch 2004 Rz 41–45, 47–56 und LStR 40b.1 verwiesen. Allerdings entsprechen diese den ab 2005 bei Neuverträgen nur noch für umlagefinanzierte Pensionskassen geltenden Regelungen. Im Ergebnis gelten daher die in Rz 47–56 dargestellten Erläuterungen sowohl für vor dem 1.1.05 abgeschlossene Altverträge (Direktversicherung und kapitalgedeckte Pensionskasse) als auch für Neuverträge für Zuwendungen an umlagefinanzierte Pensionskassen.

§ 40b EStG findet mit Einschränkungen auch Anwendung bei einem steuerrechtlich anzuerkennenden **Ehegattenarbeitsverhältnis** (s *Familiäre Mitarbeit* Rz 30–41 und *Betriebliche Altersversorgung* Rz 109–115). Die Einschränkungen gelten nicht bei einem steuerrechtlich anzuerkennenden Arbeitsverhältnis mit erwachsenen Kindern (BFH 10.11.82, BStBl II 83, 173 und *Familiäre Mitarbeit* Rz 43–45).

3. Pensionskasse. Zum Begriff s *Betriebliche Altersversorgung* Rz 118. § 40b Abs 1 und 2 EStG idF ab 1.1.05 findet nur noch auf Zuwendungen an eine **umlagefinanzierte** Pensionskasse Anwendung (*Schmidt/Krüger*, § 40b Rz 1; s LStR Anh 2.III: BMF 20.1.09 – IV C 3

– S 2496/08/10011; IV C 5 – S 2333/07/0003, BStBl I 09, 273 Rz 243, 244, auch zur Anwendung bei fehlender Trennung der Vermögensmassen aus Umlagen und Kapitaldeckungsverfahren). Der BFH hat in seinem Urteil vom 7.5.09 – VI R 8/07 (DStR 09, 1522) den Arbeitslohncharakter von Umlagezahlungen an die VBL bejaht, wenn diese dem ArbN einen unmittelbaren und unentziehbaren Anspruch gegen die VBL verschaffen (s dazu auch BFH 7.5.09 – VI R 16/07, DStR 09, 1526; VI R 37/08, DStRE 09, 903 und VI R 5/08, DStRE 09, 901). Soweit die Vorschrift in der vorher geltenden Fassung übergangsweise noch auf Zuwendungen an eine **kapitalgedeckte** Pensionskasse Anwendung findet (s oben Rz 41), wird auf die Ausführungen im Personalbuch 2004 Rz 41–44, 46–56 und LStR 40b.1 verwiesen (s hierzu auch Rz 44). Ab 2008 sind Zuwendungen an eine Pensionskasse im Rahmen des § 3 Nr 56 EStG steuerfrei (s *Betriebliche Altersversorgung* Rz 122). Die folgenden Ausführungen betreffen ab diesem Zeitpunkt daher die den steuerfreien Teil übersteigenden Zuwendungen.

47 **4. Berechnung. a) Bemessungsgrundlage** der pauschalen LSt ist die tatsächliche Leistung für den einzelnen ArbN. Wird für mehrere ArbN pauschal eine Leistung erbracht, bei der der Teil, der auf den einzelnen ArbN entfällt, nicht festgestellt werden kann, ist dem einzelnen ArbN der Teil der Leistung zuzurechnen, der sich bei einer Aufteilung der Leistung nach der Zahl der begünstigten ArbN ergibt. Werden Leistungen des ArbGeb für die tarifvertragliche Zusatzversorgung der ArbN mit einem Prozentsatz der Bruttolohnsumme erbracht, so ist die ArbGebLeistung Bemessungsgrundlage der pauschalen LSt. Die Pauschalierung ist allgemein begrenzt auf pauschalbesteuerungsfähige Leistungen von 1752 € jährlich je ArbN (§ 40b Abs 2 Satz 1 EStG).

48 Die Pauschalierungsgrenze kann auch in den Fällen voll ausgeschöpft werden, in denen feststeht, dass dem ArbN bereits aus einem **vorangegangenen Dienstverhältnis** im selben Kj pauschal besteuerte Zukunftssicherungsleistungen zugeflossen sind. Soweit pauschalbesteuerungsfähige Leistungen den Grenzbetrag von 1752 € übersteigen, müssen sie dem normalen LStAbzug (laufender Arbeitslohn, sonstige Bezüge, Nettolohnvereinbarung) unterworfen werden.

Bei einer Pauschalbesteuerung der Beiträge nach § 40b EStG ist eine zusätzliche Förderung durch die Altersvorsorgezulage (§ 10a EStG; s auch *Altersvorsorgevermögen* Rz 6 ff) nicht möglich. Es kann jedoch eine Aufteilung der Beiträge vorgenommen werden (*Wellisch/Näth* BB 02, 1393 Tz II 1. a. bb) bbb)).

49 **b) Durchschnittssatzberechnung** kommt nach § 40b Abs 2 Satz 2 EStG in Betracht, wenn mehrere ArbN gemeinsam in einer Pensionskasse versichert sind. Dies kann eine Gruppenversicherung oder ein Rahmenvertrag sein, in dem die versicherten Personen und die versicherten Wagnisse bezeichnet sind und die Einzelheiten in Zusatzvereinbarungen geregelt sind. Direktversicherungen, die nach dem Wechsel des ArbGeb beim neuen ArbGeb als Einzelversicherungen fortgeführt werden, erfüllen diese Voraussetzungen nicht, denn mit dem Erfordernis einer gemeinsamen Versicherung wird auch bezweckt, eindeutig festzulegen, welche ArbN in die Durchschnittsbesteuerung einbezogen sind, um leicht nachprüfen zu können, ob die Pauschalierungsgrenze des § 40b Abs 2 Satz 2 EStG eingehalten wird (BFH 11.3.10 – VI R 9/08, DStR 10, 1176). Kein Rahmenvertrag in diesem Sinn liegt auch vor, wenn dort nur der Beitragseinzug und die Beitragsabrechnung geregelt sind. Bei der Durchschnittssatzberechnung bleiben steuerfreie Beiträge des ArbGeb an eine Pensionskasse (s *Betriebliche Altersversorgung* Rz 125 ff) unberücksichtigt. Dies gilt auch, wenn die Beiträge des ArbGeb bei einer Gehaltsumwandlung wegen Option des ArbN zur „Riesterrente" individuell unter Anwendung der ELStAM besteuert werden. Aufgrund der Durchschnittsberechnung können die 1752 € übersteigenden Leistungen für einzelne ArbN mit den 1752 € unterschreitenden Leistungen für andere ArbN verrechnet werden, da die Leistungen des ArbGeb zusammenzurechnen und durch die Zahl der begünstigten ArbN zu teilen sind.

50 Vorher müssen aber die Leistungen für die ArbN, für die pauschalbesteuerungsfähige Leistungen von mehr als 2148 € jährlich erbracht werden, ausgeschieden werden. Hier erfolgt die Besteuerung wie bei Leistungen an einzelne ArbN, dh der 1752 € übersteigende Betrag ist dem normalen LStAbzug zu unterwerfen. Übersteigt der Durchschnittsbetrag 1752 € nicht, so ist dieser für jeden ArbN der Pauschalbesteuerung zugrunde zu legen. Übersteigt er 1752 €, kommt er als Bemessungsgrundlage für die Pauschalbesteuerung nicht in Betracht. Es sind dann die tatsächlichen Leistungen zugrunde zu legen, soweit sie für den einzelnen ArbN 1752 € nicht übersteigen. Der übersteigende Betrag unterliegt dem normalen LStAbzug.

Ist ein ArbN gemeinsam mit anderen ArbN in mehreren Pensionskassen versichert, so ist der Durchschnittsbetrag für diese ArbN aus der Summe der Zuwendungen an mehrere Pensionskassen zu ermitteln. In diese gemeinsame Durchschnittsbildung dürfen solche Beträge nicht miteinbezogen werden, bei denen wegen der 2148 €-Grenze nur noch ein ArbN übrig bleibt; in diesen Fällen liegt keine gemeinsame Versicherung, die in eine Durchschnittssatzberechnung einzubeziehen ist, vor. Zur Feststellung der Pauschalierungsgrenze (s oben Rz 47) ist nur eine einheitliche Durchschnittssatzberechnung unter Einbeziehung sämtlicher berücksichtigungsfähiger Beiträge vorzunehmen (FG Münster 16.6.94, EFG 95, 86). **51**

Eine gemeinsame Versicherung liegt aber vor, wenn nur zwei ArbN gemeinsam versichert sind (FG NdS 22.4.80, EFG 80, 453). Werden die pauschalbesteuerungsfähigen Leistungen nicht in einem Jahresbetrag erbracht, so entfällt die Einbeziehung der auf den einzelnen ArbN entfallenden Leistung in die Durchschnittssatzberechnung von dem Zeitpunkt an, in dem sich ergibt, dass die Leistung voraussichtlich 2148 € im Kj übersteigen wird. Die LStPauschalierung auf der Grundlage des Durchschnittsbetrages entfällt generell von dem Zeitpunkt an, in dem sich ergibt, dass der Durchschnittsbetrag voraussichtlich 1752 € im Kj übersteigen wird; die Pauschalierungsgrenze von 1752 € ist jeweils insoweit zu vermindern, als sie bei der Pauschalbesteuerung von früheren Leistungen im Kj bereits ausgeschöpft worden ist. Die Pauschalierungsgrenze darf bei den laufend erbrachten Leistungen mit dem auf den jeweiligen Lohnzahlungszeitraum entfallenden Anteil berücksichtigt werden. **52**

c) Vervielfältigung der Pauschalierungsgrenze ist für Beiträge und Zuwendungen des ArbGeb möglich, die aus Anlass der **Beendigung des Dienstverhältnisses** erbracht werden. Der Grenzbetrag von 1752 € ist mit der Anzahl der Kj, in denen das Dienstverhältnis zu dem ArbGeb bestanden hat, zu vervielfältigen. Die Durchschnittsberechnung ist hier nicht anwendbar (§ 40b Abs 2 Satz 3 EStG). Steht der Zeitpunkt der Auflösung des Dienstverhältnisses fest, so ist die Vervielfältigungsregelung anwendbar, wenn die Beiträge im Zusammenhang mit der Beendigung des Dienstverhältnisses stehen. Die Beendigung richtet sich nach bürgerlichem Recht. Ein neues Dienstverhältnis mit dem bisherigen ArbGeb liegt nicht vor, wenn dieses im Wesentlichen dem bisherigen entspricht (BFH 30.10.08 – VI R 53/05, BeckRS 2008, 24003516). Die Gründe, aus denen das Dienstverhältnis beendet wird, sind unerheblich. Eine Umsetzung im Konzern ist – auch bei geänderten Bedingungen – keine endgültige Beendigung des Dienstverhältnisses (FG Hbg 27.5.93, EFG 94, 86). **53**

Die Regelung gilt also auch, wenn ein ArbN wegen Erreichens der **Altersgrenze** aus dem Dienstverhältnis ausscheidet. Sie gilt ferner, wenn im Zusammenhang mit der Beendigung des Dienstverhältnisses eine **Versorgungszusage** des ArbGeb von einer Pensionskasse zugunsten des ArbN von einem Versicherungsunternehmen übernommen wird oder wenn nach Beendigung des Dienstverhältnisses aufgrund eines Gerichtsurteils eine Nachversicherung vorzunehmen ist. **54**

Für die **Ermittlung der Beschäftigungsjahre** kann bei Versetzung eines ArbN innerhalb eines Konzerns dann von einer Gesamtbeschäftigungsdauer im Konzern ausgegangen werden, wenn die Versetzungen in der Vergangenheit auch als Fortsetzung eines einheitlichen Dienstverhältnisses angesehen wurden. Auf die vervielfältigte Pauschalierungsgrenze sind die für den einzelnen ArbN in dem Kj, in dem das Dienstverhältnis beendet wird, und in den 6 vorangegangenen Kj tatsächlich entrichteten Beiträge und Zuwendungen anzurechnen, die nach § 40b Abs 1 EStG (s oben Rz 47 ff) pauschal besteuert wurden (§ 40b Abs 2 Satz 4 EStG). Dazu gehören auch die 1752 € übersteigenden personenbezogenen Beiträge, wenn sie bei der Durchschnittsberechnung in die Bemessungsgrundlage für die Pauschsteuer einbezogen worden sind (wegen Verrechnung s oben Rz 49). Ist bei Pauschalzuweisungen ein personenbezogener Betrag nicht feststellbar, so ist als tatsächlicher Beitrag für den einzelnen ArbN der Durchschnittsbetrag der Pauschalzuweisung anzunehmen. **55**

d) Bei **Ausscheiden des Arbeitgebers** aus einer Pensionskasse ist die LSt gem § 40b Abs 4 EStG pauschal zu erheben, wenn der ArbGeb an diese **Sonderzahlungen** für die dort bestehen bleibenden Versorgungsverpflichtungen und Versorgungsanwartschaften leisten muss. Gegenwertzahlungen bei Ausscheiden eines ArbGeb aus der VBL stellen zwar nach der Rspr keinen Arbeitslohn dar (BFH 15.2.06 VI R 92/04, BStBl II 06, 528). Dies hat der **56**

292 Lohnsteuerpauschalierung

Gesetzgeber jedoch ebenso korrigiert wie die Entscheidungen des BFH vom 14.7.05 (VII R 148/98 und VI R 32/04, BFH/NV 05, 2300 und 2304: Sonderzahlungen bei Wechsel zu einer anderen umlagefinanzierten ZVK bzw anlässlich einer Systemumstellung stellen keinen Arbeitslohn dar). Der BFH sieht in der Regelung des § 40b Abs 4 EStG einen Verstoß gegen Art 3 Abs 1 GG und hat die Frage dem BVerfG vorgelegt (BFH 14.11.13 VI R 49/12, BeckRS 2014, 94163 und VI R 50/12, BeckRS 2014, 94162). Nach § 19 Abs 1 Satz 1 Nr 3 EStG werden diese Sonderzahlungen seit 23.8.06 der Besteuerung unterworfen (s im Einzelnen hierzu *Arbeitsentgelt* Rz 48 und *Betriebliche Altersversorgung* Rz 122) und sind mit 15 % zu versteuern (§ 40b Abs 4 EStG). Bei entsprechender Vereinbarung ist die Abwälzung auf die ArbN möglich. Das Ausscheiden des ArbGeb aus einer umlagefinanzierten Versorgungsanstalt führt allerdings nicht zu einer Rückerstattung der in den Vorjahren entrichteten pauschalen LSt (FG Köln 25.3.09 – 12 K 5166/04, EFG 09, 1394; die eingelegte Revision VI R 31/09 wurde zurückgenommen). Zur LSt-Pflicht von Umlagezahlungen an die VBL oder andere kommunale oder kirchliche Zusatzversorgungskassen s OFD Münster 16.6.10 – Kurzinfo ESt 024/2006, DStR 10, 1383.

57 **5. Unfallversicherungsbeiträge,** die der ArbGeb für eine freiwillige UV der ArbN aufwendet, können mit 20 % pauschal besteuert werden, wenn mehrere ArbN gemeinsam versichert werden (GruppenUV) oder wenn in einem Rahmenvertrag mit einem oder mehreren Versicherern sowohl die versicherten Personen als auch die versicherten Wagnisse bezeichnet werden und Einzelheiten in Zusatzvereinbarungen geregelt sind (LStR 40b.2 Satz 3). Der Teilbetrag, der sich bei einer Aufteilung der gesamten Beiträge durch die Zahl der begünstigten ArbN ergibt, darf 62 € im Kj nicht übersteigen (§ 40b Abs 3 EStG; s auch BMF 28.10.09 – IV C 5 – S 2332/09/10004; Dok 2009/0690175, BStBl I 09, 1275). Andernfalls unterliegt der gesamte Beitrag dem normalen LStAbzug (LStR 40b.2 Satz 1). Die Pauschalierungsmöglichkeit kann nicht dadurch herbeigeführt werden, dass einzelne besonders hoch mitversicherte ArbN herausgenommen und individuell besteuert werden; vielmehr müsste dann für diese ArbN ein gesonderter Vertrag abgeschlossen werden. Zu konzernumfassenden Gruppenunfallversicherungen s LStR 40b.2 Satz 2. Beiträge des Arb-Geb zu einer UV, mit der lediglich Unfälle seiner ArbN auf Dienstreisen, Dienstgängen oder bei einer Fahrtätigkeit abgesichert werden sollen, sind als Reisenebenkosten steuerfrei; insoweit entfällt auch ein Pauschalierungsbedarf (s auch BMF 18.2.97, BStBl I 97, 278). Mit der Streichung des § 2 Abs 2 Nr 3 Satz 1 2. Hs LStDV ab 1.1.2000 hat der Gesetzgeber der Rspr des BFH Rechnung getragen, dass diese VO-Vorschrift ohne gesetzliche Grundlage sei. Darin war bestimmt, dass Aufwendungen des ArbGeb für die Zukunftssicherung der ArbN auch dann Arbeitslohn seien, wenn auf diese Leistungen kein Rechtsanspruch des ArbN bestehe. Dies ist nach der Rspr auch der Fall, wenn die Ausübung der Rechte aus dem Gruppenversicherungsvertrag ausschließlich dem ArbGeb zusteht; es fehlt am Lohnzufluss im Zeitpunkt der Beitragsleistung des ArbGeb (BFH 27.5.93 – VI R 19/92, BStBl II 94, 246; 16.4.99 – VI R 66/97, BStBl II 2000, 408). Die Beitragszahlungen stellen daher nur dann Arbeitslohn dar, wenn der ArbN einen unmittelbaren, selbst durchsetzbaren Anspruch gegen den Versicherer erwirbt (s auch *Schmidt/Krüger* § 19 Rz 100: Unfallversicherung). Auch bei einer Gruppenunfallversicherung, die dem ArbN keinen eigenen unentziehbaren Rechtsanspruch einräumt, stellen die auf den Versicherungsschutz entfallenden Beiträge im Zeitpunkt der Auszahlung Arbeitslohn dar, der allerdings auf die Höhe der ausgezahlten Versicherungsleistungen begrenzt ist. Soweit die Beiträge das Risiko beruflicher Unfälle abdecken, erfolgt eine Saldierung mit Werbungskosten, da dieser Anteil Werbungskostenersatz darstellt. Regelmäßig kann davon ausgegangen werden, dass die Beiträge jeweils hälftig auf das Risiko privater und beruflicher Unfälle entfallen (BFH 11.12.08 – VI R 9/05, BStBl II 09, 385; s auch *Unfallrente* Rz 10, 11). Bei mehrfachen Leistungen aus der **Gruppenunfallversicherung** s BFH 11.12.08 – VI R 3/08, BFH/BV 09, 907.

58 **6. Sonstige Zukunftssicherungsleistungen,** die nicht unter § 40b EStG fallen, können nach § 40 Abs 1 Nr 1 EStG (s oben Rz 15–18) pauschal besteuert werden.

59 **VI. Pauschalierung der Einkommensteuer durch Dritte.** Seit 1997 kann das BetriebsstättenFA nach § 37a EStG auf Antrag zulassen, dass Unternehmen, die Sachprämien iSd § 3 Nr 38 EStG gewähren (sog Kundenbindungsprogramme, zB Miles & More-Programm der Lufthansa; s *Arbeitsentgelt* Rz 74 und *Thomas* DStR 97, 305), die ESt für den Teil der Prämien, der nicht steuerfrei ist (Freibetrag ab 2004: 1080 €), pauschal erheben (Kritik s *Griloy* BB 98, 717; s zur LSt- und SozVPflicht *Werner* NWB (6) 4952). Der auf die Bemessungsgrundlage (Gesamtprämien für im Inland ansässige Stpfl abzüglich der Freibeträge von jeweils 1080 €/Person; s zur Bemessungsgrundlage auch FinMin Hess 4.7.97, DB 97, 1690) anzuwendende Steuersatz beträgt seit 2004 2,25 %. Der durch das Haushaltsbegleitgesetz 2004 eingeführte Steuersatz wurde nach dem Beschluss des BVerfG v 8.12.09 – 2 BvR 758/07, NVwZ 10, 634, wonach das Gesetz formell verfassungswidrig zustande gekommen ist, durch das Gesetz vom 5.4.11 zur bestätigenden Regelung verschiedener steuerlicher und verkehrsrechtlicher Vorschriften des Haushaltsbegleitgesetzes 2004 bestätigt (BStBl I 11, 310). Da die pauschale ESt gem § 37a Abs 2 iVm § 40 Abs 3 EStG Abgeltungswirkung hat (s oben Rz 5), hat das Unternehmen den Prämienempfänger von der Steuerübernahme zu unterrichten. Die mit Wirkung für die Zukunft erteilte Genehmigung des FA kann zeitlich befristet werden und erstreckt sich auf alle im Geltungszeitraum ausgeschütteten Prämien (§ 37a Abs 3). Die pauschale ESt gilt als LSt und ist daher mit der LStAnmeldung (s *Lohnsteueranmeldung* Rz 2 ff) des Unternehmens beim BetriebsstättenFA anzumelden.

VII. Pauschalbesteuerung von Sachzuwendungen. Nach § 37b EStG kann die ESt für ausschließlich betrieblich und nicht privat- oder gesellschaftsrechtlich veranlasste Sachzuwendungen an ArbN und an Personen, die nicht in einem Dienstverhältnis zum Stpfl stehen (zB Geschäftspartner bzw dessen ArbN) vom zuwendenden Stpfl mit einem Pauschsteuersatz von 30 % erhoben werden (s zur Anwendung des § 37b EStG insbesondere BMF 29.4.08 – IV B 2 – S 2297 – b/07/001, BStBl I 08, 566 sowie *Ortmann-Babel/Gageur* BB 08, 1318 und FG Nds 31.5.12 – 11 K 507/10, BeckRS 2012, 96109; Rev Az BFH VI R 47/12). Dieser muss die Steuer übernehmen und den Empfänger davon unterrichten. Bei diesem bleiben die Sachzuwendungen außer Ansatz (§ 37b Abs 3 EStG). Die Pauschalierungsmöglichkeit ist begrenzt auf Aufwendungen iHv 10 000 € je Empfänger und Wirtschaftsjahr. Die pauschale ESt gilt als LSt und ist daher **mit der LStAnmeldung des Unternehmens** beim BetriebsstättenFA anzumelden (§ 37b Abs 4 EStG; s auch LStR 41a.1 Abs 2 Satz 2). Bemessungsgrundlage ist der tatsächliche Wert einschließlich USt, bei ArbN verbundener Unternehmen mindestens der sich nach § 8 Abs 3 EStG ergebende Wert (§ 37b Abs 1 Satz 2 EStG; s *Sachbezug* Rz 34–38). Da § 37b Abs 2 EStG keinen eigenen Einkünftetatbestand schafft, unterliegen der Pauschalierung **nur** Sachzuwendungen, die **einkommensteuerbaren und einkommensteuerpflichtigen Arbeitslohn** darstellen (BFH jeweils 16.10.13 – VI R 52/11, BeckRS 2014, 94073; VI R 57/11, BeckRS 2014, 94076 und VI R 78/12, BeckRS 2014, 94075). Die Pauschalierung für Zuwendungen an eigene ArbN kann auch dann noch gewählt werden, wenn bisher keine Zuwendungen an eigene ArbN pauschal besteuert wurden und entsprechende Sachverhalte im Rahmen einer **LStAußenprüfung**, die nach §§ 37b Abs 4 EStG, 193 Abs 2 Nr 1 AO auch auf diese Sachverhalte erstreckt werden kann (s *Lohnsteueraußenprüfung* Rz 2 ff), entdeckt werden. Im Rahmen einer geänderten LStAnmeldung (s *Lohnsteueranmeldung* Rz 10) kann auch die erstmalige Erklärung einer pauschalen LSt für Sachzuwendungen an Geschäftsfreunde vorgenommen werden. Bei eigenen ArbN gilt die Pauschalierungsmöglichkeit gem § 37b Abs 2 Satz 2 EStG in folgenden Fällen **nicht**: § 8 Abs 2 Satz 2–8 EStG (s *Sachbezug* Rz 21–26), § 8 Abs 3 EStG (s *Sachbezug* Rz 27 ff), § 3 Nr 39 EStG (s *Mitarbeiterbeteiligung* Rz 35), § 40 Abs 2 EStG (s oben Rz 28–39) und wenn eine Pauschalierung nach § 40 Abs 1 EStG (s oben Rz 14–27) erfolgt ist. Gleiches gilt für Sachzuwendungen an ArbN, die nicht der Besteuerung im Inland unterliegen (zB ArbN ausländischer Tochtergesellschaften, FG Düsseldorf 6.10.11 – 8 K 4098/10, www.fg-düsseldorf.nrw.de/presse/pressemitteilungen 9.11.11; Rev Az BFH VI R 57/11). Die nach § 37b EStG pauschal versteuerten Werte bleiben bei der Prüfung der Freigrenze nach § 8 Abs 2 Satz 9 EStG (s *Sachbezug* Rz 8) außer Ansatz (LStR 8.1 Abs 3 Satz 1). Der Stpfl kann von der Pauschalierungsmöglichkeit nur einheitlich für alle innerhalb eines Wirtschaftsjahres gewährten Sachzuwendungen Gebrauch machen (§ 37b Abs 1 Satz 1 EStG). Der ArbGeb kann die Pauschalsteuer nur insoweit abziehen, als sie eigene ArbN betrifft, ansonsten ist sie gem § 4 Abs 5 Nr 1 EStG nicht als Betriebsausgabe abzugsfähig. Die Sachzuwendung muss zusätzlich zur ohnehin vereinbarten Leistung erbracht werden. Entgeltumwandlungen sind daher nicht begünstigt. Str ist, ob der Zuwendende die Pauschalierung widerrufen kann (*Schmidt/Loschelder* § 37b Rz 13 mwN). Zu Aufmerksamkeiten an

292 Lohnsteuerpauschalierung

Kunden s OFD Frankfurt – 10.10.12 – S 2297b A – 1 – St 222, BeckVerw 265114 und *Steuerfreie Einnahmen* Rz 11.

61 **VIII. Kirchensteuer und Solidaritätszuschlag.** Aufgrund landesrechtlicher Bestimmungen wird die KiSt vom FA festgesetzt und erhoben. Der ArbGeb ist beim LStAbzug auch zur Einbehaltung und Abführung der KiSt verpflichtet. Wird die LSt pauschaliert, wird auch die KiSt pauschal erhoben. Pauschale KiSt darf nicht erhoben werden, wenn der oder die betroffenen ArbN keiner kirchensteuererhebungsberechtigten Körperschaft angehören (s auch BFH 7.12.94, BStBl II 95, 507).

62 Zum Verfahren bei der Erhebung der Kirchensteuer s *Kirchenlohnsteuer* Rz 17 ff.
Auf die pauschale LSt ist auch der SolZ (s *Solidaritätszuschlag* Rz 3 ff) zu erheben.

63 **IX. Pauschalbesteuerung bei Lohnsteuernachforderungen** (*HMW*/Pauschalierung der LSt Rz 285 ff; s auch *Lohnsteuernachforderung* Rz 16). Stellt das FA Fehler beim Steuerabzug durch den ArbGeb fest (idR bei einer LStAußenprüfung), ist die LSt entweder beim ArbN als dem Steuerschuldner oder beim ArbGeb als dem Haftungsschuldner nachzuerheben (s *Lohnsteuerhaftung* Rz 17). In den Fällen fehlgeschlagener Pauschalierung nach den §§ 40, 40a Abs 1, 2a, 3, 40b EStG, weil die entsprechenden Voraussetzungen nicht vorlagen, ist der ArbN Steuerschuldner geblieben. Der ArbGeb wird dann nicht Steuerschuldner (BFH 30.11.89, BStBl II 90, 993). Dies hat zur Folge, dass die LSt für den ArbN nachzuerheben und dem ArbGeb die pauschale LSt zu erstatten ist, sofern dies verfahrensrechtlich zulässig ist.

64 Wird der **Arbeitnehmer veranlagt** (s auch *Antragsveranlagung* Rz 2 ff), muss das FA den zu Unrecht pauschal besteuerten Arbeitslohn in die Einkunftsermittlung einbeziehen. Dabei ist es an Vorentscheidungen im LStVerfahren nicht gebunden (BFH 10.6.88, BStBl II 88, 981). Wird der ArbGeb als Haftender anstelle des ArbN in Anspruch genommen, so ist ein Haftungsbescheid zu erlassen, da wegen der fehlgeschlagenen Pauschalierung der ArbGeb nicht Steuerschuldner geworden ist. Bei der Ausübung des Auswahlermessens im Rahmen des Haftungsverfahrens ist wohl auch zu berücksichtigen, dass der fälschlich pauschal besteuerte Arbeitslohn bei der Veranlagung des ArbN außer Betracht geblieben ist (s oben Rz 5). Hinsichtlich der Anwendung eines durchschnittlichen Brutto- oder Nettosteuersatzes s *Lohnsteuerhaftung* Rz 57 und 69.

65 Der ArbGeb kann aber auch, wenn es sich um eine größere Zahl von Fällen handelt, zur Vermeidung großen Arbeitsaufwands oder aus anderen Gründen die Erhebung der LSt mit einem besonderen Nettopauschsteuersatz beantragen (§ 40 Abs 1 Nr 2 EStG; s oben Rz 19 ff). Er wird dann zum Steuerschuldner; der pauschal besteuerte Arbeitslohn und die pauschale LSt bleiben bei der Veranlagung des ArbN außer Ansatz (§ 40 Abs 3 EStG; s oben Rz 5). Die LSt, der SolZ und die KiSt sind mit Steuerbescheid gegenüber dem ArbGeb zu erheben, der als **Nachforderungs-** bzw **Pauschalierungsbescheid** bezeichnet wird (s oben Rz 6).

66 Soweit der ArbGeb die zu übernehmende LSt angemeldet hat oder nach Abschluss einer LStAußenprüfung seine Zahlungsverpflichtung schriftlich anerkennt, bedarf es keines Nachforderungs- bzw Pauschalierungsbescheides und keines Leistungsgebots (§ 42d Abs 4 Satz 2 EStG). Das Anerkenntnis steht einer LStAnmeldung gleich und löst deren Wirkungen aus (s auch *Lohnsteueranmeldung* Rz 8, 9). Die Pauschalierung der LSt tritt dann an die Stelle des Haftungsverfahrens iSd § 42d EStG (s *Lohnsteuerhaftung* Rz 4–28), bei dem es jedoch verbleibt, wenn der ArbGeb die Pauschalierung nicht beantragt. Zur Geltendmachung von Haftungs- und Steuerschulden in zusammengefassten Bescheiden s *Lohnsteuernachforderung* Rz 16. Zur inhaltlich hinreichenden Bestimmtheit eines LStPauschalierungs- bzw -Nachforderungsbescheides ist – jedenfalls bei einer Pauschalierung nach § 40 Abs 1 EStG (s oben Rz 14 ff) – weder eine Aufgliederung auf einzelne ArbN noch auf einzelne Kj erforderlich. Es genügt, wenn der **Sachverhaltskomplex** im Tenor oder in den Anlagen bezeichnet ist, auf dem die Erhebung der pauschalen LSt beruht (BFH 28.11.90, BStBl II 91, 488).

Da bei der Pauschalierung nach § 40 Abs 1 EStG ein einheitlicher Bescheid im Hinblick auf die Steuer der gesamten ArbNGruppe ergeht, bei der Pauschalierung nach §§ 40 Abs 2 (s oben Rz 28–39), 40a Abs 1, 2a, 3 (s *Teilzeitbeschäftigung* Rz 115) und § 40b (s oben Rz 41–58) EStG jedoch die pauschale LSt im Hinblick auf jeden einzelnen ArbN festgesetzt wird, sind hier wohl die zum Haftungsbescheid entwickelten Grundsätze entsprechend anzuwenden (s *Lohnsteuerhaftung* Rz 50–57; *Schmidt/Krüger* § 40 Rz 1 und 28).

X. Muster. S Online-Musterformulare „*M33.7 Erklärung gegenüber dem Betriebsstättenfinanzamt zur Religionszugehörigkeit für die Erhebung der pauschalen Einkommensteuer nach § 37b Abs 4 EStG*" u „*M33.8 Erklärung gegenüber dem Betriebsstättenfinanzamt zur Religionszugehörigkeit für die Erhebung der pauschalen Lohnsteuer nach § 40, § 40a Abs 1, 2a und 3 und § 40b EStG*". 67

C. Sozialversicherungsrecht

Voelzke

1. Allgemeines. Der Begriff des Arbeitsentgelts iSd § 14 SGB IV ist nicht an den steuerrechtlichen Begriff der Einkünfte aus nichtselbstständiger Arbeit gebunden, es sei denn, Regelungen des SozVRechts sehen dies ausdrücklich vor. Eine solche Regelung trifft § 1 Abs 1 Nr 1 SvEV, der einmalige Einnahmen, laufende Zulagen, Zuschläge, Zuschüsse oder ähnliche Einnahmen, die zusätzlich zu Löhnen und Gehältern gezahlt werden, nicht dem Arbeitsentgelt in der SozV hinzurechnet, soweit diese lohnsteuerfrei sind. Darüber hinaus besteht eine mittelbare Anbindung an das Steuerrecht auch insoweit, als bestimmte Bezüge, die vom ArbGeb pauschal versteuert werden, nicht dem Begriff des Arbeitsentgelts in der SozV unterfallen. 68

2. Voraussetzungen der Beitragsfreiheit. Beitragsfreiheit besteht nach der SvEV nicht für alle in den §§ 40–40b EStG geregelten Fällen einer pauschalen Besteuerung des Arbeitslohnes, sondern nur für die ausdrücklich aufgeführten Zuwendungen des ArbGeb (*Schlegel/Voelzke/Werner* SGB IV § 14 Rz 130). So rechnet zB Arbeitslohn, den der ArbGeb aus Anlass von Betriebsveranstaltungen zahlt und für den er die LSt pauschal erhebt (§ 40 Abs 2 Nr 2 EStG), zum Arbeitsentgelt des SozVRechts. Im Übrigen unterliegen auch pauschal versteuerte Einnahmen der Beitragspflicht in der SozV, hingegen nicht die vom ArbGeb zu tragende Pauschsteuer (s zu den pauschversteuerten laufenden Bezügen von Teilzeitbeschäftigten BSG 12.11.75 – 3/12 RK 8/74, SozR 2200 § 160 Nr 2; zur vom ArbGeb getragenen Pauschalsteuer auf den Beitragsanteil eines ArbN an dessen Direktversicherung BSG 21.8.97 – 12 RK 44/96, SozR 3–5375 § 2 Nr 1). Das BSG hat seine Rspr trotz der hiergegen geäußerten Kritik aufrechterhalten, da bei der nach § 40a EStG vom ArbGeb zu tragenden Pauschalsteuer sich der für den einzelnen ArbN ergebende mittelbare Vorteil nicht mit der Höhe der für die Teilzeitbeschäftigten und Aushilfskräfte entrichteten Pauschalsteuer deckt (BSG 13.10.93 – 2 RU 41/92, BB 94, 943; vgl auch *Köster* NZS 98, 324). Die nach § 40 Abs 1 Satz 1 Nr 2 EStG beim ArbGeb erhobene Pauschalsteuer ist ebenfalls nicht dem Arbeitsentgelt iSd § 14 SGB IV zuzurechnen (BSG 19.6.01 – B 12 KR 16/00 R, SozR 3–2400 § 14 Nr 20). 69

Die in § 1 Satz 1 Nr 2 bis 4 SvEV genannten Bezüge sind dem Arbeitsentgelt nicht zuzurechnen, soweit der ArbGeb die LSt mit einem Pauschsteuersatz erheben kann und er die LSt nicht nach den Vorschriften der §§ 39b, 39c oder 39d EStG erhebt (§ 1 Abs 1 Satz 2 SvEV). 70

a) Sonstige Bezüge nach § 40 Absatz 1 Satz 1 Nr 1 EStG (s oben Rz 15 ff) sind dem Arbeitsentgelt iSd SozV gem § 1 Abs 1 Satz 1 Nr 2 SvEV nur dann nicht hinzuzurechnen, wenn sie nicht **einmalig gezahltes Arbeitsentgelt** nach § 23a SGB IV sind und diese Bezüge pauschal versteuert werden. Der Begriff der sonstigen Sachbezüge in Abgrenzung zu Einmalzahlungen erfordert nicht, dass die sonstigen Sachbezüge regelmäßig oder wiederholt gewährt werden (zur Beitragsfreiheit von Sachzuwendungen im Rahmen eines betrieblichen Belohnungssystems BSG 31.10.12 – B 12 R 15/11 R, NZA-RR 13, 539; so jetzt auch die Spitzenverbände der SozVTräger im Besprechungsergebnis vom 21.11.13, wonach für sonstige Sachbezüge generell keine Beitragspflicht besteht). Das Zweite Gesetz für moderne Dienstleistungen am Arbeitsmarkt vom 23.12.02 (BGBl I 02, 4621) hat den Begriff der Einmalzahlungen begrenzt. Nach § 23a Abs 1 Satz 2 SGB IV gelten Zuwendungen nicht als einmalig gezahltes Arbeitsentgelt, wenn sie üblicherweise zur Abgeltung bestimmter Aufwendungen des Beschäftigten, die auch im Zusammenhang mit der Beschäftigung stehen (Nr 1), als Waren oder Dienstleistungen, die vom ArbGeb nicht überwiegend für den Bedarf seiner Beschäftigten hergestellt, vertrieben oder erbracht werden und monatlich in Anspruch genommen werden können (Nr 2), als sonstige Sachbezüge (Nr 3) oder als vermögenswirk- 71 same Leistungen (Nr 4) vom ArbGeb erbracht werden. Mit dieser Gesetzesänderung soll die Rspr des BSG korrigiert werden, wonach Beitragspflicht für Kontoführungsvergünstigungen und verbilligte Flugreisen angenommen worden war (vgl BSG 7.2.02 – B 12 KR 6/01 R, SozR 3–2400 § 14 Nr 23). Die Änderung soll bewirken, dass insbesondere kostenfreie Kontoführung, erstattete Kontoführungsgebühren, Familien- und Kinderzuschläge sowie verbilligte Flugreisen weiterhin beitragsfrei bleiben (BT-Drs 115/91 S 18). Nicht unter diesen Tatbestand der Beitragsfreiheit fällt die Nacherhebung von LSt wegen nicht vorschriftsmäßiger Einbehaltung in einer größeren Zahl von Fällen nach § 40 Abs 1 Nr 2 EStG.

72   b) **Einnahmen nach § 40 Absatz 2 EStG** (s oben Rz 28 ff) gehören, soweit sie vom ArbGeb pauschal versteuert werden, nach § 1 Abs 1 Satz 1 Nr 3 SvEV nicht zum Arbeitsentgelt iSd § 14 SGB IV. Hierbei handelt es sich um den Vermögensvorteil aus unentgeltlich oder verbilligt abgegebenen Mahlzeiten (§ 40 Abs 2 Nr 1 EStG). Die aus **Essenszuschüssen** erwachsenden Vorteile gehören hingegen zum Arbeitsentgelt, wenn der ArbGeb von der Möglichkeit der Pauschalbesteuerung keinen Gebrauch macht, es sei denn, der ArbNAnteil an den Essenskosten übersteigt den hierfür vorgesehenen Sachbezugswert (Näheres: *Sachbezug* Rz 43). Stpfl ArbGebZuwendungen anlässlich von **Betriebsveranstaltungen** (§ 40 Abs 2 Nr 2 EStG) gehören nicht zum beitragspflichtigen Arbeitsentgelt, soweit sie pauschal versteuert werden. Liegt die Betriebsveranstaltung im ganz überwiegenden betrieblichen Interesse, so folgt die Beitragsfreiheit schon aus § 1 Abs 1 Satz 1 Nr 1 SvEV. Gem § 40 Abs 2 Nr 3 EStG pauschal versteuerte **Erholungsbeihilfen** sind im Rahmen der gesetzlichen Höchstbeträge beitragsfrei. Ferner unterliegen auch vom ArbGeb nach § 40 Abs 2 Nr 4 EStG der pauschalen LSt unterworfenen Verpflegungsmehraufwendungen nicht der Beitragspflicht. Ebenfalls nicht dem beitragspflichtigen Arbeitsentgelt hinzuzurechnen sind nach Maßgabe des § 40 Abs 2 Satz 1 Nr 5 EStG pauschal versteuerte Zuwendungen in Zusammenhang mit **Personalcomputern.** Die Fahrkostenerstattung des ArbGeb und der aus der Gestellung eines Firmenwagens erwachsende Vorteil für die **Fahrten zwischen Wohnung und Arbeitsstätte** ist im Rahmen der Höchstbeträge nicht dem Arbeitsentgelt iSd § 14 SGB IV zuzurechnen (§ 40 Abs 2 Satz 2 und 3 EStG; s Rz 38–39).

73   c) **Beiträge und Zuwendungen nach § 40b EStG** (s oben Rz 41 ff) sind nach § 1 Abs 1 Satz 1 Nr 4 SvEV nicht dem Arbeitsentgelt in der SozV zuzurechnen, soweit sie zusätzlich zu Löhnen und Gehältern gewährt werden und § 2 Abs 1 Satz 2 ArEV nichts Abweichendes bestimmt (Näheres: *Betriebliche Altersversorgung*). Die Beitragsfreiheit gilt nach § 1 Abs 1 Satz 1 Nr 4a, Satz 3 und 4 SvEV auch für Zukunftssicherungsleistungen nach § 3 Nr 56 und § 40b EStG in der ab 1.1.05 geltenden Fassung.

74   d) **Sachprämien aus Kundenbindungsprogrammen** (§ 37a EStG) sind nach § 1 Abs 1 Satz 1 Nr 13 SvEV nicht dem Arbeitsentgelt der SozV hinzuzurechnen. Ausreichend für die Beitragsfreiheit ist, dass die Sachprämie vom Dritten dem Grunde nach von § 37a EStG erfasst ist (*Schlegel/Voelzke/Werner* SGB IV, § 14 Rz 141).

75   e) **Sachzuwendungen.** Ebenfalls nicht dem Arbeitsentgelt zuzurechnen sind Zuwendungen nach § 37b Abs 1 EStG, soweit die Zuwendungen an ArbN eines **Dritten** erbracht werden und diese ArbN nicht ArbN eines mit dem Zuwendenden verbundenen Unternehmens sind (§ 1 Abs 1 Satz 1 Nr 14 SvEV). Zuwendungen an die eigenen Beschäftigten sind nach den allgemeinen Regeln für Sachzuwendungen an Beschäftigte zu behandeln (Näheres: *Sachbezug*).

Lohnsteuertabellen

A. Arbeitsrecht   *Poeche*

1   Für die Beziehungen zwischen ArbGeb und ArbN haben die LStTabellen keine Bedeutung.

B. Lohnsteuerrecht   *Seidel*

2   **1. Allgemeines.** Die Höhe der einzubehaltenden LSt ergab sich bis 2000 aus den amtlichen LStTabellen (s Personalbuch 2000). Ab 2001 wurde die gesetzliche Verpflichtung,

Lohnsteuertabellen 293

LStTabellen zu erstellen (§ 38c EStG aF), aufgehoben. Die LStErmittlung erfolgt nunmehr regelmäßig **maschinell** stufenlos anhand der Tarifformel sowie § 39b Abs 2, 3 EStG. Hierzu ist aufgrund gesetzlicher Vorschrift ein **Programmablaufplan** aufzustellen und bekannt zu machen (§ 39b Abs 6 EStG; 2014 s BMF – IV C 5 – S 2361/13/10002; Dok 2013/1110146 BStBl I 13, 1536; s auch Internet www.bundesfinanzministerium.de/Publikationen/BMF-Schreiben). Ab 2004 ist ein Programmablaufplan zur Herstellung von LStTabellen mit Lohnstufen zur **manuellen** Berechnung der LSt aufzustellen (§ 51 Abs 4 Nr 1a EStG). Bei der Jahrestabelle, aus der die Monats-, Wochen- und Tagestabellen ermittelt werden, betragen die Tarifstufen dann 36 € (s BMF 23.11.06 – I A 5 – Vw 7430/04/0002; IV C 5 – S 2361 – 33/06, BStBl I 06, 719; für 2013 s BMF 19.11.12 – IV C 5 – S 2361/12/10001; Dok 2012/1053369, BStBl I 12, 1125, geändert mit BMF 20.2.13).

Zur Ermittlung der LSt wird der Arbeitslohn (s unten Rz 4) eines Lohnzahlungszeitraums 3 (s *Lohnsteuerberechnung* Rz 6) auf einen Jahresarbeitslohn hochgerechnet, der – vermindert um verschiedene Beträge – den zu versteuernden Jahresbetrag ergibt (§ 39b Abs 2 Sätze 2–6 EStG; s unten Rz 5). Hierauf wird dann die Tarifformel (§ 32a Abs 1–3, 5 EStG), je nach Steuerklasse, angewandt. Die sich ergebende JahresLSt ist mit $1/12$ (bei monatlichem Lohnzahlungszeitraum), $7/360$ (bei wöchentlichem Lohnzahlungszeitraum) und $1/360$ (bei täglichem Lohnzahlungszeitraum) vom verminderten oder erhöhten Arbeitslohn (s oben) eines Lohnzahlungszeitraums einzubehalten (§ 39b Abs 2 Sätze 8 und 11 EStG). Auf die im Handel erhältlichen LSt-Tabellen (einschließlich entsprechender PC-Programme) wird hingewiesen. Eine Übersicht über die in den jeweiligen Steuerklassen im Tarif eingebauten Frei- und Pauschbeträge findet sich bei *HMW*/Lohnsteuertarif Rz 45–50.

2. Korrektur des Arbeitslohns (§ 39b Abs 2 Satz 2 bis 4 EStG). Der Arbeitslohn eines 4 Lohnzahlungszeitraums wird anhand eines Vervielfältigers (12 bei monatlichem, $360/7$ bei einem wöchentlichen und 360 bei einem täglichen Lohnzahlungszeitraum) auf einen **Jahresarbeitslohn** hochgerechnet. Danach erfolgt eine **Minderung** ggf durch den Versorgungsfreibetrag (§ 19 Abs 2 EStG; s auch *Altersgrenze* Rz 19), einen etwaigen Altersentlastungsbetrag (§ 24a EStG; s auch *Altersentlastungsbetrag* Rz 6 ff) und einen etwaigen als ELStAM für den Lohnzahlungszeitraum mitgeteilten Freibetrag (§ 39a Abs 1 Nr 1–8 EStG; s auch *Lohnsteuerermäßigung* Rz 3 ff), der entsprechend zu vervielfältigen ist. Evtl ist eine **Erhöhung** durch einen etwaigen Hinzurechnungsbetrag vorzunehmen (§ 39a Abs 1 Nr 7 EStG; s auch *Lohnsteuerermäßigung* Rz 10).

3. Minderungen des Jahresarbeitslohns durch **Frei- und Pauschbeträge** (§ 39b 5 Abs 2 Satz 5 EStG):

a) **Arbeitnehmerpauschbetrag** iHv 920 € (§ 9a Satz 1 Nr 1a EStG) oder bei Versor- 6 gungsbezügen den Pauschbetrag iHv 102 € (§ 9a Satz 1 Nr 1b EStG) und der Zuschlag zum Versorgungsfreibetrag in den Steuerklassen I–V;

b) **Sonderausgabenpauschbetrag** (§ 10c Abs 1 EStG) iHv 36 € in den Steuerklassen I, II und IV sowie iHv 72 € in der Steuerklasse III;

c) **Vorsorgepauschale** (§ 39b Abs 2 Satz 5 Nr 3 Buchst a–d EStG) aus je einem Teilbetrag für die RV, die gesetzliche KV und die soziale PflegeV in den Steuerklassen I bis VI bzw einem Teilbetrag für die private KV und PflegeV bei den nicht Versicherungspflichtigen (s unten Rz 13) in den Steuerklassen I bis V; dabei kommt für die KV bzw PflegeV jedoch mindestens die Pauschale nach § 39b Abs 2 Satz 5 HS 3 zum Ansatz. Im Einzelnen s unten Rz 8 ff. Dies ist in den Programmablaufplan (oben Rz 2) bereits eingearbeitet.

d) **Entlastungsbetrag für Alleinerziehende** (§ 24b EStG) für die Steuerklasse II (s auch *Kindervergünstigungen* Rz 9).

e) **Kinderfreibetrag** wird nicht mehr abgezogen, da dieser im LStAbzugsverfahren regel- 7 mäßig nicht mehr berücksichtigt wird, sondern Kindergeld ausgezahlt wird. Erst bei der EStVeranlagung findet eine Günstigerprüfung statt (§ 31 EStG; s hierzu *Kinderfreibetrag* Rz 3). Allerdings ist zur Ermittlung der KiSt und des SolZ (s *Solidaritätszuschlag* Rz 3 ff) die LSt als Bemessungsgrundlage unter Berücksichtigung der Kinderfreibeträge zu ermitteln (Maßstabslohnsteuer). Insofern benötigt der ArbGeb die in den ELStAM gespeicherte Zahl der Kinderfreibeträge (s *Lohnsteuerabzugsmerkmale* Rz 11).

4. Vorsorgepauschale. a) Allgemeines. Der Ansatz erfolgt seit 2010 (zur bisherigen 8 Rechtslage s Personalbuch 2009) ausschließlich im LSt-Verfahren nach § 39b Abs 2 Satz 5

293 Lohnsteuertabellen

Nr 3 und Abs 4 EStG entsprechend der tatsächlich geleisteten Vorsorgeaufwendungen, die dem FA aufgrund der elektronischen LStBescheinigung (s *Lohnsteuerbescheinigung* Rz 2 ff, 14) und der Übermittlung der Beiträge KV und PflegeV durch die Versicherungsunternehmen mitgeteilt werden (§ 10 Abs 2 und 2a EStG s auch Rz 15 und *Sonderausgaben* Rz 3 ff). Da die neuen Regelungen in der Mehrzahl der Fälle einen höheren Abzug ermöglichen, wurde auf eine Günstigerprüfung mit dem Recht des Jahres 2004 verzichtet. Die Berücksichtigung der Vorsorgeaufwendungen werden bei gesetzlich versicherten ArbN in allen LStKlassen berücksichtigt, da auch im Fall einer **Mehrfachbeschäftigung** (StKl VI s *Lohnsteuerklassen* Rz 11) grds abziehbare Vorsorgeaufwendungen (SozVBeiträge) anfallen. Bei privat versicherten ArbN, zB Beamte oder Gesellschafter-Geschäftsführer (s *Geschäftsführer* Rz 41 f), wird dagegen in LStKlasse VI kein Teilbetrag der Vorsorgepauschale für die private KV und PflegeV berücksichtigt, da eine Mehrfachbeschäftigung nicht zu einer höheren oder zusätzlichen Beitragsleistung führt, und eine entsprechende Berücksichtigung eine ungerechtfertigte Begünstigung zur Folge hätte. Maßgebend ist der **Versicherungsstatus am Ende des Lohnzahlungszeitraums**. Bei SozVPflicht im Inland und parallel im Ausland bleiben Beiträge an **ausländische Sozialversicherungsträger** für die Berechnung der Vorsorgepauschale unberücksichtigt. Sie können bei der EStVeranlagung geltend gemacht werden. S im Einzelnen auch BMF 26.11.13 – IV C 5 – S 2367/09/10001; Dok 2013/1078676, BStBl I 13, 1400 und Bayerisches Landesamt für Steuern 20.7.10 – S 2367.2.1–3 St 32, BeckVerw 240364 sowie BMF 8.10.13 – IV C 3 – S 2221/09/10013:001; Dok 2013/0898779, BStBl I 13, 1266 BeckVerw zur Aufteilung der an ausländische SozVTräger geleisteten Globalbeiträge für die Berücksichtigung im Rahmen der Vorsorgepauschale ab 2014). Zur einkommensteuerrechtlichen Behandlung von Vorsorgeaufwendungen s BMF 13.9.10 – IV C 3 – S 2222/09/10041; IV C 5 – S 2345/08/0001; Dok 2010/0628045, BStBl I 10, 681.

9   **Bezugsgröße** für die Vorsorgepauschale ist der ohne steuerlich begünstigte Entschädigungen iSv § 24 Nr 1 EStG und nicht um die Vorsorgepauschale (§ 19 Abs 2 EStG) und den Altersentlastungsbetrag (§ 24a EStG) verminderte ermittelte steuerpflichtige **Arbeitslohn**, auf dessen Grundlage bei den pflichtversicherten ArbN, unabhängig von den tatsächlich abzuführenden Beiträgen, typisierend für jeden Teilbetrag ein fingierter ArbNAnteil berechnet wird. Regulär zu besteuernde Entschädigungen können aus Vereinfachungsgründen in die Bemessungsgrundlage einbezogen werden. Mindestens kommt jedoch die Pauschale nach § 39b Abs 2 Satz 5 Nr 3 2. und 3. Teilsatz EStG zum Ansatz (s auch Rz 16, zu sonstigen Bezügen Rz 20). Um ungerechtfertigte Vorteile zu verhindern, wurde korrespondierend ein entsprechender Pflichtveranlagungstatbestand geschaffen (s unten Rz 17). Die jeweiligen **Beitragsbemessungsgrenzen** sind zu beachten, so dass auch bei den Rentenversicherungsbeiträgen zukünftig wieder zwischen den sog Beitragsbemessungsgrenzen West bzw Ost zu unterscheiden ist. Die Regelung in BMF 31.1.08 (BStBl I 08, 390 Rn 62) ist damit überholt. Bei Zahlungen an **ausländische SozVTräger** bestimmt sich die maßgebliche Beitragsbemessungsgrenze nach dem Ort der lohnsteuerlichen Betriebsstätte (§ 41 Abs 2 EStG; s *Betriebsstätte* Rz 4) des ArbGeb (BMF 22.10.10, BStBl I 10, 1254 Tz 2). Die Vorsorgepauschale setzt sich zusammen aus je einem Teilbetrag für die:

10   **b) Rentenversicherung** (§ 39b Abs 2 Satz 5 Nr 3 Buchst a EStG) für ArbN, die in der gesetzlichen RV pflichtversichert oder von der gesetzlichen RV aufgrund einer Versicherung in einer berufsständischen Versorgungseinrichtung befreit sind (§ 6 Abs 1 Nr 1 SGB VI), es sei denn, der ArbGeb trägt nach § 20 Abs 3 Satz 1 SGB IV (ua Auszubildende mit einem Arbeitsentgelt von bis zu 325 € monatlich) den GesamtSozVBeitrag allein. Der Ansatz erfolgt **nicht** bei Zuschüssen für eine Lebensversicherung (§ 3 Nr 62 Satz 2 Buchst a EStG; s im Einzelnen BMF 22.10.10 – IV C 5 – S 2367/03/10002; Dok 2010/0801807, BStBl I 10, 1254 Tz 3 und BMF 26.1.12 – IV C 3 – S 2221/09/10013:001; Dok 2012/0061220, BStBl I 12, 169 auch zu Zahlungen an **ausländische Sozialversicherungsträger** und BMF 8.10.13 – IV C 3 – S 2221/09/10013:001; Dok 2013/0898779, BStBl I 13, 1266 zur **Aufteilung** eines einheitlichen SozVBeitrags **(Globalbeitrag)** für den **VZ 2014;** s auch BFH 18.4.12 – X R 62/09, BStBl II 12, 721 zu Zahlungen an die schweizerische Alters- und Hinterlassenschaftsversicherung). Altersvorsorgeaufwendungen werden damit nur dann berücksichtigt, wenn diese auch tatsächlich vom ArbN gezahlt werden und sind daher nicht zu berücksichtigen zB bei Beamten, Gesellschafter-Geschäftsführern und weiterbeschäftigten Rentnern. Die durch das Alterseinkünftegesetz ab 2005 eingeführte **Übergangsregelung**

des § 10c Abs 2 Satz 4 zur Berücksichtigung der Rentenversicherungsbeiträge in den **Kalenderjahren bis 2024** wurde in § 39b Abs 4 EStG übernommen. Im Jahr 2010 wird der zu berücksichtigende Betrag auf 40 % des ArbNAnteils begrenzt. Im Ergebnis werden damit im LStVerfahren 2010 70 % der RVBeiträge steuerfrei gestellt, 50 % des Gesamtbeitrags über den nach § 3 Nr 62 EStG steuerfreien ArbGebAnteil und 40 % des ArbNAnteils (20 % des Gesamtbeitrags) über die Vorsorgepauschale. Der Prozentsatz steigt parallel zum Sonderausgabenabzug der RVBeiträge jedes Kj um 4 Prozentpunkte (§ 39b Abs 4 EStG).

c) **Krankenversicherung** (§ 39b Abs 2 Satz 5 Nr 3 Buchst b EStG) bei ArbN, die in der gesetzlichen KV pflichtversichert oder freiwillig versichert sind. Der typisierte ArbNAnteil gilt auch bei in der gesetzlichen KV versicherten ArbN, die die anfallenden Beiträge in voller Höhe allein tragen müssen (zB freiwillig versicherte Beamte bzw Empfänger von Versorgungsbezügen), sofern die Zahlungen an inländische gesetzliche KVUnternehmen gezahlt werden. Bei Zahlungen an **ausländische Krankenversicherungsunternehmen** erfolgt immer der Ansatz der Mindestvorsorgepauschale (Rz 16). Aus Vereinfachungsgründen wird bei der Berechnung des Teilbetrags immer auf den einheitlichen **ermäßigten Beitragssatz** nach § 243 SGB V abgestellt. Dieser beträgt ab 1.7.09 14,3 % (§ 2 GKV-Beitragssatzverordnung). Das führt zu einem ArbNAnteil von 7,6 %, (ArbNAnteil 0,9 % und die Hälfte des paritätischen Anteils von 13,6 %). Diese Berechnung berücksichtigt, dass Beitragsteile, die auf das Krankengeld entfallen, grds nicht als Sonderausgaben abziehbar sind (s § 10 Abs 1 Nr 3 Buchst a EStG; *Sonderausgaben* Rz 3 ff). Ein Teilbetrag für die gesetzliche KV ist **nicht anzusetzen,** wenn kein ArbNAnteil zu entrichten ist, zB geringfügig Beschäftigte, Schüler, Studenten (BMF 26.11.13, BStBl I 13, 1400 Tz 4). 11

d) **Pflegeversicherung** (§ 39b Abs 2 Satz 5 Nr 3 Buchst c EStG) für ArbN, die in der sozialen PflegeV versichert sind. Maßgeblich ist der bundeseinheitliche Beitragssatz (§ 55 Abs 1 SGB XI), länderspezifische Besonderheiten (zB höherer ArbNAnteil Sachsen von zZ 1,525 % statt 1,025 %) sind jedoch ebenso zu berücksichtigen wie der **Zuschlag für kinderlose Arbeitnehmer** (§ 55 Abs 3 SGB XI, zZt 0,25 %). Bei Zahlungen an **ausländische Pflegeversicherungsunternehmen** kommt die Mindestpauschale (Rz 16) zum Ansatz. 12

e) **Private Basiskranken- und Pflegeversicherung** (§ 39b Abs 2 Satz 5 Nr 3 Buchst d EStG) bei ArbN, die nicht in der gesetzlichen KV und sozialen PflegeV versichert sind (zB Beamte, Gesellschafter-Geschäftsführer oder ArbN, mit Einkommen über den Beitragsbemessungsgrenzen liegt). Da die Beiträge in diesem Fall vom Arbeitslohn abhängen, ist ein pauschalierter Ansatz nicht möglich. Berücksichtigt werden nur die als Sonderausgaben abziehbaren privaten KV- und PflegeVBeiträge (§ 10 Abs 1 Nr 3 EStG; s *Sonderausgaben* Rz 3 ff), nicht jedoch Beiträge und Beitragsteile zur Finanzierung von Krankengeld und Zusatz- bzw Komfortleistungen (zB Chefarztbehandlung, Ein-Bett-Zimmer). Im Fall von steuerfreien **Zuschüssen des Arbeitgebers** nach § 3 Nr 62 EStG sind die Beitragsleistungen um diese zu mindern. Aus Vereinfachungsgründen kommt im Rahmen der Vorsorgepauschale nur der Kürzungsbetrag zum Ansatz, der dem ArbGebAnteil bei einem pflichtversicherten ArbN entspricht (ermäßigter Beitragssatz, ArbGebAnteil 6,7 %; s Rz 11), während bei der Veranlagung der tatsächlich geleistete Zuschuss zu berücksichtigen ist. Die Beitragsbemessungsgrenzen West bzw Ost sowie bei der PflegeV die länderspezifischen Besonderheiten (niedriger ArbGebAnteil Sachsen 0,525 %; s Rz 12) sind zu beachten. 13

Da der ArbGeb die entsprechenden Beträge nur berücksichtigen kann, wenn sie ihm bekannt sind, ist vorgesehen, dass der ArbGeb die Daten für die eigene private KV und PflegeV des ArbN einschließlich der Beiträge für mitversicherte, nicht dauernd getrennt lebende, unbeschränkt einkommensteuerpflichtige Ehegatten, Lebenspartner und Kinder aus der **ELStAM-Datenbank** (§ 39e Abs 2 Satz 1 Nr 5 EStG; s auch *Lohnsteuerabzugsmerkmale* Rz 13) abrufen und beim LStAbzug berücksichtigen kann. Dies gilt entsprechend für selbst versicherte, nicht erwerbstätige, nicht dauernd getrennt lebende, unbeschränkt einkommensteuerpflichtige Ehegatten des ArbN (zB Beamten-Ehepaar mit jeweils eigener KV und PflegeV, wenn sich ein Ehegatte in Elternzeit befindet). Eine Speicherung in der ELStAM-Datenbank erfolgt nur auf **Antrag des Steuerpflichtigen** voraussichtlich im ElsterOnline-Portal durch ein Ankreuzfeld in der EStErklärung („Ansatz der Versicherungsbeiträge beim LStAbzug") oder im Rahmen eines LStErmäßigungsantrags. Dass in der Datenbank damit die Daten des Vorjahres gespeichert werden, wird aus Vereinfachungsgründen hingenommen. Eine unterjährige Aktualisierung erfolgt nicht. Aufgrund der Tatsache, dass die Be- 14 scheinigungen der Versicherungsunternehmen (§ 10 Abs 2 EStG; s Rz 8) erst nach Ablauf des Beitragsjahres übermittelt werden, können diese Beträge über die Jahresgrenze hinweg für 12 Monate berücksichtigt werden (§ 52 Abs 51 EStG). Bei einer **Beitragssteigerung** kann der ArbN die tatsächlich geleisteten Beiträge beider EStVeranlagung geltend machen. Im Fall einer **Beitragssenkung** greift der Pflichtveranlagungstatbestand (s Rz 19). Will der ArbN nicht, dass dem ArbGeb die Beträge bekannt werden (zB wegen eines Risikozuschlags bei der KV), kann er auf den Antrag verzichten. Der ArbGeb hat dann die Mindestvorsorgepauschale zum Ansatz zu bringen (§ 39b Abs 2 Satz 5 3. Teilsatz; s Rz 16).

15   Da die ELStAM-Datenbank derzeit in Aufbau ist, können die Daten voraussichtlich erst zum 1.1.14 abgerufen werden Bis zur Verfügbarkeit der Daten können die ArbN die als Sonderausgaben abziehbaren Beiträge durch entsprechende **Beitragsrechnungen** mitteilen. Bis zum 31.3.11 mitgeteilte Beträge sind vom ArbGeb auch beim **LStAbzug 2011, 2012 und 2013** zu berücksichtigen, sofern keine neue Mitteilung seitens des ArbN erfolgt (s auch *Lohnsteuerbescheinigung* Rz 14). Bescheinigungen ausländischer Versicherungsunternehmen darf der ArbGeb allerdings **nicht** berücksichtigen. Ebenso können gesetzlich Versicherte im LStAbzugsverfahren weder für sich noch für privat versicherte Ehegatten/Lebenspartner Beiträge für eine private BasisKV bzw PflegeV ansetzen. Eine Mitteilung ist wegen der ohnehin anzusetzenden Mindestvorsorgepauschale allerdings nur erforderlich, wenn der Höchstbetrag der Pauschale (s Rz 16) überschritten wird oder der Jahresarbeitslohn in den LStKlassen I, II und IV–VI 15 834 € bzw in der LStKlasse III 25 000 € übersteigt und höher als 12 % ist. Handelt es sich bei den mitgeteilten Beträgen nicht um Jahresbeträge, sind diese entsprechend vervielfältigt auf einen **Jahresbetrag** hochzurechnen (s auch BMF 26.11.13, BStBl I 13, 1400 Tz 6 auch zu den zu berücksichtigenden Beitragsbescheinigungen).

16   f) **Mindestvorsorgepauschale** für die gesetzliche KV (Rz 11) oder die soziale PflegeV (Rz 12) bzw die private KV und PflegeV (Rz 13 ff) beträgt in Anlehnung an den möglichen Sonderausgabenabzug (§ 10 Abs 4 EStG iVm § 10 Abs 1 Nr 3 und 3a EStG; s *Sonderausgaben* Rz 3 ff) 12 % des Arbeitslohns, höchstens 1900 € in den LStKlassen I, II und IV–VI bzw höchstens 3000 € in der LStKlasse III. Sie ist anzusetzen, wenn sie höher ist als die Summe der anzusetzenden Teilbeträge bzw wenn für den entsprechenden Arbeitslohn kein ArbN-Anteil zur inländischen gesetzlichen KV und PV zu entrichten ist, zB geringfügig beschäftigte ArbN, deren Arbeitslohn nicht nach § 40a EStG pauschaliert wird. Dies kann möglicherweise zur (erstmaligen) Festsetzung von ESt-Vorauszahlungen bei den LStKlassen III und V führen (s auch OFD Koblenz, Pressemitteilung vom 26.11.10, www.fin-rlp.de/Presse/Pressemeldungen). Mangels eines gesetzlichen Ausschlusses dürfte die Pauschale auch bei privat versicherten ArbN in der LStKlasse VI zu berücksichtigen sein, obwohl hier in den Fällen der Mehrfachbeschäftigung kein zusätzlicher Beitrag anfällt (s oben Rz 8). Eine Korrektur erfolgt über die EStVeranlagung, da hier der Pflichtveranlagungstatbestand eingreift (s Rz 19). Sind die abziehbaren tatsächlich geleisteten (Rz 13 ff) oder sich aufgrund der fiktiven Berechnung (Rz 9–12) ergebenden Beträge höher als die Pauschale, werden diese Beträge angesetzt. Neben der Mindestvorsorgepauschale wird jedenfalls der Teilbetrag für die RV berücksichtigt, wenn die Voraussetzungen dafür vorliegen (s Rz 10; s auch BMF 26.11.13, BStBl I 13, 1400, 1254 Tz 7).

17   g) Ein **Lohnsteuerjahresausgleich** ist ausgeschlossen, wenn im Rahmen der Vorsorgepauschale Teilbeträge für die RV, KV oder PflegeV nur zeitweise beim LStAbzug berücksichtigt wurden, da es sonst zur Berücksichtigung von tatsächlich nicht geleisteten Abzugsbeträgen kommen könnte (§ 42b Abs 1 Satz 4 Nr 5 EStG; s *Lohnsteuerjahresausgleich* Rz 5).

18   h) **Bescheinigungs- und Aufzeichnungspflichten des Arbeitgebers** bestehen hinsichtlich der Beiträge des ArbN zur gesetzlichen KV und sozialen PflegeV, zur ArbIV sowie des berücksichtigten Teilbetrags für die private KV und PflegeV, ggf der Mindestvorsorgepauschale (§ 41b Abs 1 Satz 2 Nr 13–15 EStG; s *Lohnsteuerbescheinigung* Rz 14). Die bisher vorgesehene Bescheinigung des Großbuchstabens B entfällt wegen des Wegfalls der Unterscheidung zwischen ungekürzter und gekürzter Vorsorgepauschale ebenfalls (s *Lohnsteuerbescheinigung* Rz 9). Bei der gesetzlichen KV ist zu beachten, dass die tatsächlich gezahlten Beiträge des ArbN bescheinigt werden, da bei der Vorsorgepauschale immer der ermäßigte Beitragssatz berücksichtigt wird (s Rz 11). Bei privat Versicherten werden die gezahlten Beiträge von den **Krankenversicherungs-/Pflegeversicherungs-Unternehmen** bescheinigt. Gleiches gilt für die in der gesetzlichen KV freiwillig Versicherten, wenn diese die

Beiträge selbst entrichten (**Selbstzahler**). Die nach § 3 Nr 62 EStG steuerfreien **Arbeitgeberzuschüsse** sind wie bisher zu bescheinigen (§ 41b Abs 1 Satz 2 Nr 12 EStG; s *Lohnsteuerbescheinigung* Rz 13).

i) Pflichtveranlagung. Um ungerechtfertigte Vorteile für den Fall auszuschließen, dass den im LStAbzugsverfahren pauschal berücksichtigten Beträgen keine als Sonderausgaben abziehbaren Aufwendungen gegenüberstehen und eine EStVeranlagung auch aus sonstigen Gründen nicht vorgeschrieben ist, besteht eine Pflicht zur EStVeranlagung, wenn bei einem Stpfl die Summe der beim LStAbzug berücksichtigten Teilbeträge der Vorsorgepauschale größer ist als die bei der Veranlagung (zB wegen Beitragsrückerstattungen, Änderungen des Erstattungssatzes oder Wechsel des Versicherungstarifs) als Sonderausgaben abziehbaren Vorsorgeaufwendungen nach § 10 Abs 1 Nr 3 und 3a iVm Abs 4 EStG (§ 46 Abs 2 Nr 3 EStG; s auch *Antragsveranlagung* Rz 11). 19

j) Sonstige Bezüge für mehrjährige Tätigkeiten (§ 34 Abs 1 und 2 Nr 4 EStG; s *Außerordentliche Einkünfte* Rz 13 ff) sind in die Bemessungsgrundlage für die Vorsorgepauschale ab 2010 einzubeziehen (§ 39b Abs 3 Satz 10 EStG; s auch *Sonstige Bezüge* Rz 2 ff), nicht jedoch Entschädigungen nach § 34 Abs 2 Nr 2 EStG iVm § 24 Nr 1 EStG (§ 39b Abs 2 Satz 5 2. Teilsatz, § 52 Abs 51a EStG; s oben Rz 9; s auch *Außerordentliche Einkünfte* Rz 5 ff). Zur **Pauschalierung** nach § 40 Abs 1 EStG s *Lohnsteuerpauschalierung* Rz 15 ff, 22). 20

5. Anwendung. Der Arbeitslohn ist vom ArbGeb vor Anwendung des Programmablaufplans oder der entsprechenden Tabelle um die mitgeteilten Minderungsbeträge zu kürzen bzw um den mitgeteilten Hinzurechnungsbetrag (s oben Rz 4) zu erhöhen. Dabei hat der ArbGeb den auf den Lohnzahlungszeitraum entfallenden Anteil zu ermitteln. Für den so gekürzten Arbeitslohn ist die LSt maschinell anhand des Programmablaufplans oder manuell aus der für den betreffenden Lohnzahlungszeitraum (Jahr, Monat, Woche) geltenden Tabelle (Rz 8 ff oder Rz 12 ff) zu ermitteln. Die maßgebende Steuerklasse und die nur noch für die KiSt und den SolZ erforderliche Zahl der Kinderfreibeträge (s oben Rz 5) hat der ArbGeb aus der LStKarte zu entnehmen. Wird Lohn für Zeiträume gezahlt, für die zur manuellen Ermittlung der LSt keine Tabellen aufgestellt sind, ergibt sich die LSt aus den mit der Zahl der Kalendertage oder Wochen dieser Zeiträume vervielfachten Beträgen der Tages- oder Wochentabelle. 21

Beispiel (*HMW*/Lohnsteuertabelle Rz 2): Der am 20. 7. eingestellte ArbN erhält Lohn vom 20. 7. bis 31. 7. = 12 Kalendertage. Auf den durch 12 geteilten Arbeitslohn ist die Tagestabelle anzuwenden; der Steuerbetrag ist mit 12 zu vervielfachen.

C. Sozialversicherungsrecht *Voelzke*

Für die SozV haben die LStTabellen keine unmittelbare Bedeutung (s aber *Nettolohnvereinbarung* Rz 21). 25

Lohnzufluss

A. Arbeitsrecht *Griese*

Zur Fälligkeit von Lohn- und Gehaltsforderungen s *Vorschuss* Rz 2, *Arbeitsentgelt* Rz 10 und *Entgeltzahlungsformen* Rz 8. 1

B. Lohnsteuerrecht *Seidel*

1. Allgemeines. Die Entstehung der LSt hängt vom Zufluss des Arbeitslohns ab und ist für den ArbGeb von Bedeutung, da er bei jeder Lohnzahlung die LSt einzubehalten hat (s *Lohnabzugsverfahren* Rz 19 ff). Die LSt entsteht in dem Zeitpunkt, in dem der Arbeitslohn dem ArbN zufließt (§ 38 Abs 2 Satz 2 iVm § 11 Abs 1 Satz 1 EStG). Es kommt daher nicht darauf an, für welchen Zeitraum der Lohn gezahlt wird. Entscheidend für den Zufluss von Arbeitslohn in Geld oder geldwerten Vorteilen ist das Erlangen der wirtschaftlichen Verfügungsmacht (BFH 9.3.90, BStBl II 90, 711). Diese braucht nicht uneingeschränkt zu bestehen (*Schmidt/Krüger* § 11 Rz 15). 2

294 Lohnzufluss

3 **2. Geldbeträge** fließen idR dadurch zu, dass sie bar ausgezahlt oder einem Konto des Empfängers bei einem Kreditinstitut gutgeschrieben werden (BFH 14.2.84, BStBl II 84, 480). Bei Übergabe eines **Schecks** liegt der Zufluss bereits in der Übergabe, sofern der Empfänger sich gegenüber dem Aussteller nicht verpflichtet hat, den Scheck erst zu einem späteren Zeitpunkt einzulösen (BFH 30.10.80, BStBl II 81, 305).

4 **3. Sachbezüge** sind dem ArbN in dem Augenblick zugeflossen, in dem er sie tatsächlich in Anspruch nimmt. Denn mit der Inanspruchnahme wird die wirtschaftliche Verfügungsmacht ausgeübt (BFH 9.3.90, BStBl II 90, 711). Zu Gutscheinen s aber unten Rz 10.

5 **4. Durchbrechung.** Eine Durchbrechung des Zuflussprinzips enthält § 38a Abs 1 Satz 2 EStG. Danach gilt laufender Arbeitslohn (Arbeitslohn, der dem ArbN regelmäßig zufließt; s *Lohnsteuerberechnung* Rz 12–14) als in dem Kj bezogen, in dem der Lohnzahlungszeitraum endet. Wird zB am 28. 12. der Lohn für den Januar des Folgejahres ausbezahlt, gilt der Lohn erst im folgenden Kj als bezogen, denn der Lohnzahlungszeitraum endet erst im folgenden Kj (s auch *Lohnsteuerberechnung* Rz 4). Der Lohnzahlungszeitraum (Tages-, Wochen- oder Monatslohn) ergibt sich aus dem Tarifvertrag, der Betriebsvereinbarung oder dem Einzelarbeitsvertrag. An die Stelle des Lohnzahlungszeitraums tritt der Lohnabrechnungszeitraum, wenn der ArbGeb für den Lohnzahlungszeitraum lediglich Abschlagszahlungen leistet und eine Lohnabrechnung für einen längeren Zeitraum (Lohnabrechnungszeitraum) vornimmt (§ 38a Abs 1 Satz 2 iVm § 39b Abs 5 Satz 1 EStG), zB Abrechnung für einen Monat bei wöchentlichen Abschlagszahlungen. Voraussetzung ist, dass der Lohnabrechnungszeitraum 5 Wochen nicht übersteigt und die Lohnabrechnung innerhalb von 3 Wochen nach Ablauf des Lohnabrechnungszeitraums erfolgt (§ 39b Abs 5 Satz 2 EStG; LStR 39b.5 Abs 5; s auch *Lohnsteuerberechnung* Rz 6 und *Vorschuss* Rz 12–15). Für sonstige Bezüge (s *Sonstige Bezüge* Rz 2) kommt es dagegen immer auf den Zuflusszeitpunkt an (§ 38a Abs 1 Satz 3 EStG).

6 **5. ABC Zufluss Arbeitslohn.**

Abfindung. Eine Abfindung ist erst im Veranlagungszeitraum der tatsächlichen Auszahlung zugeflossen. Die einvernehmliche Verschiebung einer Zahlung in ein Folgejahr aus steuerlichen Gründen führt auch dann noch nicht zu einem Zufluss iSd § 11 Abs 1 Satz 1 EStG, wenn der ursprüngliche Abfindungszeitpunkt durch Betriebsvereinbarung festgelegt war. Eine Gestaltung des Zuflusses bzw Abflusses von Einnahmen bzw Ausgaben ist nur dann unangemessen iSd § 42 Abs 1 AO, wenn ein Zahlungszeitpunkt willkürlich ist und keinen Bezug zum wirtschaftlichen Hintergrund hat (FG Nds 12.2.09 – 5 K 73/06, EFG 09, 1018; Rev IX R 14/09). ArbGeb und ArbN können jedoch den Zeitpunkt des Zuflusses einer Abfindung oder eines Teilbetrags davon beim ArbN in der Weise wirksam gestalten, dass sie die ursprünglich vorgesehene Fälligkeit vor ihrem Eintritt auf einen späteren Zeitpunkt verschieben (BFH 11.11.09 – IX R 1/09, BStBl II 10, 746).

Abtretung. In der Abtretung einer Forderung an Zahlungs statt liegt ein Zufluss von Arbeitslohn, wenn dem ArbN eine bereits fällige, unbestrittene und einziehbare Forderung abgetreten wird (BFH 30.10.80, BStBl II 81, 305). Bei Abtretung zahlungshalber ist stets der Forderungseingang maßgebend.

Annahmeverweigerung durch den ArbN: Zufluss bei Hinterlegung (s aber FG München 18.3.04 – 12 K 519/03, EFG 04, 1295).

Aufrechnung. Zeitpunkt der Aufrechnung (BFH 19.4.77, BStBl II 77, 601). Im Übrigen s *Aufrechnung* Rz 15, 16.

Barzahlung. Zufluss bei Geldübergabe.

7 **Belegschaftsaktien.** Bei einem Aktienerwerb fließt dem ArbN der geldwerte Vorteil, der in der verbilligten Überlassung besteht, auch dann mit der Erlangung der wirtschaftlichen Verfügungsmacht zu, wenn er sich verpflichtet hat, die Aktien für eine bestimmte Zeit nicht zu veräußern, es sei denn, eine Verfügung ist rechtlich unmöglich (BFH 30.6.11 – VI R 37/09, BStBl II 11, 923). Zu **Aktienoptionen** s *Aktienoptionen* Rz 21 ff und unten Option (auch zu Wandelschuldverschreibungen).

Beteiligungskonten. Bei Gutschrift von Beteiligungskapital ist ein Zufluss von Arbeitslohn im Zeitpunkt der Gutschrift auch dann anzunehmen, wenn die ArbN langfristig in der Verwendung der gutgeschriebenen Beträge beschränkt sind (BFH 11.2.10 – VI R 47/08, BFH/NV 10, 1094).

Darlehen. Zugeflossener Arbeitslohn kann dem ArbGeb darlehensweise zur Verfügung gestellt werden (BFH 19.10.82, BStBl II 83, 295). Dies kann auch im Wege der Umbuchung geschehen (*Schmidt/Krüger* § 11 Rz 50 Darlehen).

Direktversicherung s *Betriebliche Altersversorgung* Rz 107 ff und unten Zukunftssicherungsleistungen.

8 **Forderung.** Verzichtet der ArbGeb gegenüber dem ArbN auf eine Forderung (zB Schadensersatz, Weiterberechnung einer LStNachholung), kann darin ein geldwerter Vorteil (s *Arbeitsentgelt* Rz 58) für

den ArbN liegen, der im Zeitpunkt des Verzichts – wenn der ArbGeb zu erkennen gibt, dass er keinen Rückgriff vornimmt – zufließt (BFH 27.3.92, BStBl II 92, 837). Bei einem gesetzlichen Übergang der Lohnforderung des ArbN auf eine andere Person, zB BA, fließt der Arbeitslohn im Zeitpunkt des Eingangs beim Zessionar zu (BFH 16.3.93, BStBl II 93, 507); s auch oben Abtretung.

Gehaltsverzicht. Kein Zufluss von Arbeitslohn (*Schmidt/Krüger* § 11 Rz 50 Verzicht und BFH 3.2.11 – VI R 4/10, DStR 11, 618 sowie *Entgeltverzicht* Rz 8 ff und unten Rz 13 Verzicht). Dies gilt auch bei Stundung der Gehaltsforderung wegen Liquiditätsschwierigkeiten (BFH 2.9.94, BFH/NV 95, 208; s aber unten Gesellschafter-Geschäftsführer) und Gehaltskürzung.

Geldwerte Vorteile. Zufluss bei tatsächlicher Inanspruchnahme (s oben Rz 4). **9**

Gesamtsozialversicherungsbeitrag. Die ArbNAnteile sind bei eigenem Rechtsanspruch des ArbN gegen die Versorgungseinrichtung als Arbeitslohn mit ihrer Abführung durch den ArbGeb zugeflossen (BFH 16.1.07 – IX R 69/04, BStBl II 07, 579).

Gesellschafter-Geschäftsführer. Stundet der beherrschende Gesellschafter-Geschäftsführer einer GmbH wegen Liquiditätsproblemen seine Gehaltsforderung, liegt ein Lohnzufluss nur dann nicht vor, wenn die GmbH iSv § 17 InsO im Zeitpunkt der Fälligkeit insolvenzreif war (FG Bln 29.4.02 – 9 K 8168/01, EFG 02, 1088). Werden aufgrund einer unzutreffenderweise angenommenen SozVPflicht Beiträge zur SozV geleistet und überlässt der ArbGeb (GmbH) dem ArbN die ArbGebAnteile zur RV, fließen diese erst im Zeitpunkt der Feststellung der Nichtversicherungspflicht zu. Die ArbGebAnteile zur KV fließen hingegen bereits in dem Kj der Beitragsleistung zu (*HMW*/Zufluss von Arbeitslohn Rz 19; s auch *Geschäftsführer* Rz 41). Zum Zufluss des werthaltigen Teils bei Verzicht auf eine Pensionszusage s *Entgeltverzicht* Rz 15.

Gewinnbeteiligung. S unten Gutschrift. **10**

Gutschein. Der Zufluss erfolgt bei einem Gutschein, der bei einem Dritten einzulösen ist, mit Hingabe des Gutscheins, weil der ArbN zu diesem Zeitpunkt einen Rechtsanspruch gegenüber dem Dritten erhält. Ist der Gutschein beim ArbGeb einzulösen, fließt Arbeitslohn erst bei Einlösung des Gutscheins zu (LStR 38.2 Abs 3; s auch *Niermann* DB 03, 2244, Tz II.5).

Gutschrift. Bei einer Gutschrift in den Büchern des Schuldners (ArbGeb) ist ein Zufluss dann anzunehmen, wenn die Gutschrift nicht nur das buchmäßige Festhalten einer Schuldverpflichtung darstellt, sondern darüber hinaus zum Ausdruck bringt, dass der Betrag dem Berechtigten von nun an zur Verfügung steht. Ist die Gutschrift im überwiegenden Interesse des ArbGeb erfolgt, weil er nicht über ausreichende Barmittel zur sofortigen Begleichung verfügt, spricht dies dafür, dass der ArbN nicht die wirtschaftliche Verfügungsmacht über die Beträge erlangt hat. Erfolgt die Gutschrift dagegen im überwiegenden Interesse des ArbN, insbesondere weil er sich durch das Stehenlassen einer Gewinnbeteiligung eine Kapitalanlage schaffen wollte, spricht dies dafür, dass er über die Beträge verfügt hat, sie ihm also zugeflossen sind. Es liegt aber kein Zufluss vor, wenn der ArbN die Gewinnbeteiligung ohne Wahlmöglichkeit 10 Jahre im Betrieb stehen lassen muss. Die Verzinsung allein bedingt keinen Zufluss. Ein Zufluss liegt aber vor, wenn der ArbN derart über gutgeschriebene Gewinnanteile verfügt, dass er sie als Darlehen stehen lässt (BFH 14.5.82, BStBl II 82, 469; s auch Rz 7 Beteiligungskonten).

Jahresnetzkarte. Sofortiger Arbeitslohnzufluss, wenn dem ArbN ein uneingeschränktes Nutzungsrecht eingeräumt wird (BFH 12.4.07 – VI R 89/04, BStBl II 07, 719).

Kaskoversicherung. Hat der ArbGeb eine Dienstreisekaskoversicherung für das seinem ArbN **11** gehörende Kfz abgeschlossen, führt die Prämienzahlung beim ArbN nicht zum Lohnzufluss (BFH 27.6.91, BStBl II 92, 365; s allerdings Nichtanwendungserlass BMF 31.3.92, BStBl I 92, 270).

Option. Bei Gewährung eines Optionsrechts im Rahmen eines Arbeitsverhältnisses kommt eine vermögenswerte Sachzuwendung erst in Betracht, wenn der Berechtigte die Option ausübt und der Kurswert der Aktien den Übernahmepreis übersteigt (BFH 21.3.75, BStBl II 75, 690; BFH 23.7.99 – VI B 116/99, BStBl II 99, 684; s auch BFH 20.6.01 – VI R 105/99, BStBl II 01, 689 und BFH 20.11.08 – VI R 25/05, BStBl II 09, 382 sowie *Aktienoptionen* Rz 21 ff). Bei **Wandelschuldverschreibungen**, die Anspruch auf Verschaffung von Aktien gewähren, erfolgt der Zufluss erst, wenn aufgrund der Ausübung des Wandlungsrechts dem ArbN das wirtschaftliche Eigentum an den Aktien verschafft wird (BFH 23.6.05 – VI R 124/99, BStBl II 05, 766).

Pauschalierung. Der mit der Pauschalierung der LSt verbundene geldwerte Vorteil (§ 40 Abs 1 **12** Satz 2 EStG) fließt dem ArbN bei Pauschalierung der sonstigen Bezüge in einer größeren Zahl von Fällen (§ 40 Abs 1 Nr 1 EStG) mit der Abgabe der LStAnmeldung und bei der Pauschalierung im Rahmen der Nacherhebung in einer größeren Zahl von Fällen (§ 40 Abs 1 Nr 2 EStG) mit der Übernahme der pauschalen LSt durch den ArbGeb zu (§ 40 Abs 1 Satz 2 EStG; s auch *Lohnsteuerpauschalierung* Rz 6 ff).

Pfändung. Die Pfändung bzw Verpfändung des Arbeitslohnes steht seinem Zufluss nicht entgegen (*Schmidt/Krüger* § 11 Rz 50 Pfändung; s auch *Pfändung* Rz 38–43).

Rückforderungsanspruch. Auch versehentliche Zahlungen bewirken trotz eines Rückforderungsanspruches einen Lohnzufluss (BFH 4.5.06 – VI R 17/03, BStBl II 06, 830; s auch unten Vorschüsse Rz 14).

294 Lohnzufluss

Sachbezüge. S oben Rz 4.

Scheck. Zufluss idR im Zeitpunkt der Übergabe.

Tantiemen. S oben Rz 10 Gutschrift (s auch BFH 3.7.64, BStBl III 65, 83). Trotz Nichtauszahlung ist eine Tantieme an den Gesellschafter-Geschäftsführer zum vertraglich festgelegten Auszahlungszeitpunkt zugeflossen, wenn sie in der jeweiligen Jahresbilanz ausgewiesen ist (FG NdS 15.10.92, EFG 93, 412). Verzichtet ein ArbN auf Tantiemeansprüche zugunsten anderer gleichwertiger ArbGebLeistungen (zB zeitlich begrenzte Pensionszusage), so kann darin die Vereinbarung eines Erfüllungssurrogats liegen mit der Konsequenz, dass es an einem Zufluss der ursprünglich vereinbarten Tantieme zum ursprünglich vereinbarten Zeitpunkt fehlt (FG RhPf 26.3.96, EFG 96, 1103). Dem alleinigen oder **beherrschenden Gesellschafter** fließt die Tantieme mit Fälligkeit, dh mit Feststellung des Jahresabschlusses zu (BFH 3.2.11 – VI R 66/09, DStR 11, 805).

Überweisung. Gutschrift auf dem Konto (s oben Rz 3).

Verlosung. Die Einräumung einer bloßen Gewinnchance bei einer Verlosung durch den ArbGeb führt noch nicht zum Zufluss von Arbeitslohn, sondern erst der Gewinn (BFH 25.11.93, BStBl II 94, 254).

13 Verzicht. Verzichtet der ArbN, zB zur wirtschaftlichen Gesundung des Betriebs, auf Teile des Arbeitslohns, ohne zu bestimmen, was mit dem Verzichtsbetrag geschehen soll, liegt in der Höhe des Verzichts kein Zufluss vor (*HMW*/Zufluss von Arbeitslohn Rz 24; s auch oben Rz 8: Gehaltsverzicht. Verzichtet der ArbN gegen Entgelt auf ein ihm vom ArbGeb eingeräumtes Aktienankaufs- oder Vorkaufsrecht, fließt ihm der geldwerte Vorteil erst zum Zeitpunkt des Verzichts und nicht schon zum Zeitpunkt der Rechtseinräumung zu (BFH 19.6.08 – VI R 4/05, DStR 08, 1632). Zum Verzicht des ArbGeb auf Geltendmachung einer Forderung gegenüber dem ArbN s oben Rz 8: Forderung. Zum Tantiemeverzicht s auch Rz 12: Tantiemen.

14 Vorschüsse. Einnahmen sind auch dann zugeflossen, wenn noch nicht feststeht, ob diese dem Empfänger verbleiben, da ein Stpfl über an ihn vorschussweise geleistete Geldbeträge auch dann wirtschaftlich verfügen kann, wenn sich später aufgrund einer endgültigen Abrechnung ergibt, dass ein Teil zurückgezahlt werden muss (BFH 29.4.82, BStBl II 82, 593). Vorschüsse auf den Arbeitslohn sind daher im Zeitpunkt der Zahlung zugeflossen. Ergibt sich bei der endgültigen Abrechnung eine Überzahlung, hebt die spätere Rückzahlung den Zufluss nicht auf, sondern ist erst zum Rückzahlungszeitpunkt zu berücksichtigen (s *Entgeltrückzahlung* Rz 17 ff und *Vorschuss* Rz 11 ff).

15 Wechsel. Bei Annahme eines Wechsels zahlungshalber liegt Zufluss erst bei der Diskontierung vor (BFH 30.10.80, BStBl II 81, 305).

Wertguthaben. Die Wertgutschrift auf dem Arbeitszeitkonto führt nicht zum Zufluss. Dieser erfolgt erst bei Auszahlung des Guthabens während der späteren Freistellungsphase (vgl Hessisches FG 19.1.12 – 1 K 250/11, EFG 12, 1243; Rev Az BFH VI R 25/12; s auch *Wertguthaben/Zeitguthaben* Rz 7).

Zinsersparnisse. Soweit diese Arbeitslohn sind (s *Arbeitgeberdarlehen* Rz 14), liegt Zufluss in dem Zeitpunkt vor, in dem üblicherweise der angemessene Zinsbetrag zu zahlen gewesen wäre (*HMW*/Zufluss von Arbeitslohn Rz 12). Bei zinslosen Darlehen kann davon ausgegangen werden, dass das Entgelt üblicherweise zusammen mit der Tilgungsrate fällig wäre (BMF 1.10.08 – IV C 5 – S 2334/07/0009, BStBl I 08, 892, Rz 18).

16 Zukunftssicherungsleistungen. Durch das Alterseinkünftegesetz (BStBl I 04, 554) erfolgte eine Neuregelung der Besteuerung der privaten und betrieblichen Altersversorgung. Dabei wird hinsichtlich der Behandlung von Altersvorsorgeaufwendungen und Altersbezügen schrittweise (bis 2040) zur nachgelagerten Besteuerung übergegangen, die Altersvorsorgebeiträge werden in der Erwerbsphase bis zu einer bestimmten Höhe steuerfrei gestellt und die darauf beruhenden Renten besteuert. Zur lohnsteuerrechtlichen Behandlung der verschiedenen Formen der betrieblichen Altersversorgung s *Betriebliche Altersversorgung* Rz 101 ff, dort auch zum Lohnzufluss Rz 122–124 und *Lohnsteuerpauschalierung* Rz 41 ff. Behält der ArbGeb einen Beitrag vom Arbeitslohn ein und führt ihn einer Versorgungsrückstellung zu, fließt dem ArbN (noch) kein Arbeitslohn zu (BFH 20.7.05 – VI R 165/01, BStBl II 05, 890). Hinsichtlich der freiwilligen Unfallversicherungen der ArbN s *Unfallversicherung* Rz 7 ff und BMF 17.7.2000 – IV C 5 – S 2332 – 67/00 (BStBl I 2000, 1203). Der ArbNAnteil zur gesetzlichen SozVersicherung fließt mit der Abführung durch den ArbGeb als Arbeitslohn zu (BFH 16.1.07 – IX R 69/04, BStBl II 07, 579). Zur privaten Altersvorsorge – sog Riesterrente – s *Altersvorsorgevermögen* Rz 6–8.

17 Zurückbehaltung. Behält der ArbGeb einen Teil des Arbeitslohnes vereinbarungsgemäß zurück, um ihn als Sicherheitsleistung zu verwenden, zB Kaution eines Bankangestellten, ist auch dieser Teil zugeflossen (*HMW*/Zufluss von Arbeitslohn Rz 11).

18 Zusage. Wenn der ArbGeb dem ArbN einseitig zusätzliche, erst in Zukunft zu erbringende Leistungen verspricht, dann liegt beim ArbN noch kein gegenwärtiger Zufluss vor (BFH 3.7.64, BStBl III 65, 83). Auch in der endgültigen Zusage einer Gewinnbeteiligung liegt noch kein Zufluss (BFH 14.5.82, BStBl II 82, 469).

C. Sozialversicherungsrecht
Schlegel

I. Versicherungspflicht- und Beitragsrecht. 1. Bedeutung der Höhe des Arbeits- 19
entgelts für die Versicherungs- und Beitragspflicht. Die Höhe des Arbeitsentgelts ist in der SozV sowohl für die Versicherungspflicht als auch die konkrete Höhe der zu zahlenden Beiträge von entscheidender Bedeutung. In der KV, PflegeV, RV und ArblV tritt für abhängig Beschäftigte Versicherungspflicht nur ein, wenn ihr Entgelt die Geringfügigkeitsgrenzen des § 8 SGB IV überschreitet bzw in der KV die JAEGrenze (§ 6 Abs 1 Nr 1 SGB V) nicht überschreitet. Außerdem ist das Arbeitsentgelt in allen Zweigen der SozV Teil der Beitragsbemessungsgrundlage. Vor allem gehört es zu den beitragspflichtigen Einnahmen der versicherungspflichtig Beschäftigten (vgl § 342 SGB III, § 226 Abs 1 S 1 Nr 1 SGB V, § 162 Nr 1 SGB VI, § 57 Abs 1 SGB XI). Damit kommt es im Versicherungs- und Beitragsrecht der SozV entscheidend darauf an, ob bei der Bestimmung des Arbeitsentgelts nur auf das Arbeitsentgelt abzustellen ist, das dem ArbN tatsächlich zufließt oder auf das der ArbN einen – wenn auch nicht in vollem Umfang erfüllten – Anspruch hat.

2. Maßgeblichkeit des Entstehungsprinzips in der Sozialversicherung für laufen- 20
des Arbeitsentgelt. a) Übersicht. Was dem Grunde nach als **Arbeitsentgelt** anzusehen und wie seine konkrete Höhe zu ermitteln ist, ergibt sich aus dem für alle Zweige der SozV geltenden § 14 Abs 1 SGB IV (vgl *Arbeitsentgelt*). Danach sind Arbeitsentgelt „alle laufenden oder einmaligen Einnahmen aus einer Beschäftigung, gleichgültig, ob ein Rechtsanspruch auf die Einnahmen besteht, unter welcher Bezeichnung oder in welcher Form sie geleistet werden und ob sie unmittelbar aus der Beschäftigung oder im Zusammenhang mit ihr erzielt werden".

Zwar könnte man allein aufgrund des **Wortlauts** dieser Legaldefinition durchaus auf den 21 Gedanken kommen, dass es für den Umfang des Arbeitsentgelts auch in der SozV wie im Steuerrecht nur auf das tatsächlich zugeflossene Entgelt ankommt, denn § 14 Abs 1 SGB IV verwendet den auch dem Steuerrecht bekannten Begriff der „Einnahmen" und spricht davon, dass diese „geleistet" oder „erzielt" werden. Aus der Entstehungsgeschichte der Vorschrift (bewusste Abkopplung des Beitragsabzugs vom Lohnsteuerabzug seit 1977), ihrem systematischen Zusammenhang mit § 22 Abs 1 Satz 1 SGB IV und dem Sicherungszweck der SozV ergibt sich jedoch, dass es in der SozV weder für die Begründung der Versicherungspflicht noch für die konkrete Beitragshöhe darauf ankommt, dass dem ArbN das ihm zustehende laufende Arbeitsentgelt tatsächlich zugeflossen ist. Für laufendes Arbeitsentgelt gilt nicht das Zuflussprinzip, sondern das Entstehungsprinzip. Dieses führt vor allem dazu, dass Beiträge auch für Arbeitsentgelt (nach-)gefordert werden kann, auf das der ArbN einen Anspruch erworben hat, das ihm aber tatsächlich nicht ausgezahlt worden ist. Demgegenüber entstehen Beiträge auf Einmalzahlungen erst, wenn die Einmalzahlungen bestimmten Entgeltabrechnungszeiträumen zugeordnet werden können, was erst der Fall ist, wenn sie gezahlt worden sind (vgl Wortlaut des § 23a Abs 1 Satz 2 SGB IV, zum Ganzen BSG 14.7.04 – B 12 KR 7/04 R, SozR 4–2500 § 22 Nr 1; 14.7.04 – B 12 KR 1/04 R, SozR 4–2400 § 22 Nr 2).

b) Frühere Geltung und Abschaffung des Zuflussprinzips in der Sozialversiche- 22
rung seit Juli 1977. Von 1944 an koppelte der Gemeinsame Erlass des Reichsministers der Finanzen und des RAM vom 10.9.44 (Amtliche Nachrichten, S 281) im Wesentlichen aus kriegsbedingten Gründen zur „Vereinfachung des Lohnabzugs" die Berechnung der SozVBeiträge grds an die Berechnung der LSt. Damit wurde, von besonders geregelten Ausnahmen abgesehen, für beide Lohnabzüge eine gemeinsame Bemessungsgrundlage geschaffen: Was der LStPflicht unterlag, war auch beitragspflichtig. Das steuerrechtliche Zuflussprinzip wurde damit an sich auch für das Beitragsrecht maßgebend und diese Regelung nach dem Krieg zunächst beibehalten.

Die konsequente Anwendung des Zuflussprinzips im Beitragsrecht hätte aber wegen der 23 Beitragsbemessungsgrenzen und des Umstandes, dass das Beitragsrecht keinen Jahresausgleich (wie den LStJahresausgleich) kennt, dazu geführt, dass ein mehr oder weniger großer Teil des Arbeitsentgelts beitragsfrei geblieben wäre; dies wiederum hätte zu erheblichen Nachteilen für die Versichertengemeinschaft und – insbesondere in der RV – auch für den Versicherten selbst geführt. Aus diesem Grunde schränkte die Rspr den Anwendungsbereich des Zuflussprinzips im Beitragsrecht unter Geltung des Gemeinsamen Erlasses von 1944 zunehmend ein (Nachweise s BSG 27.10.89 – 12 RK 9/88, BSGE 66, 34, 38).

Durch Art 2 § 21 Abs 1 Satz 2 Nr 4 iVm Satz 1 SGB IV wurde der Gemeinsame Erlass mW ab 1.7.77 aufgehoben und durch die Vorschriften des SGB IV ersetzt. Damit endete die enge Bindung des Beitragsrechts an das LStRecht. Zwar wird ausweislich des § 17 Abs 1 Satz 2 SGB IV weiterhin ein partieller Gleichlauf zwischen dem Beitragsrecht und Steuerrecht angestrebt, soweit Gründe der Praktikabilität dies erfordern und beide Rechtsgebiete ihrem Zweck nach einen Gleichlauf zulassen. So kann zB durch VO (vgl § 17 SGB IV) bestimmt werden, dass zusätzlich zu Löhnen und Gehältern gezahlte Zuwendungen, Zulagen oder Ähnliches beitragsfrei sind, soweit sie lohnsteuerfrei sind oder pauschal versteuert werden. Dies bedeutet aber nicht, dass das Zuflussprinzip nach wie vor Geltung beanspruchen könnte.

24   c) **Anspruch auf Arbeitsentgelt als maßgeblicher Anknüpfungspunkt.** Beiträge zur SozV entstehen nach **§ 22 Abs 1 Satz 1 SGB IV** sobald ihre im Gesetz oder aufgrund eines Gesetzes bestimmten Voraussetzungen vorliegen; ein Zufluss des Arbeitsentgelts ist nicht Entstehungsvoraussetzung. Voraussetzung des Beitragsanspruchs ist vielmehr die Beschäftigung gegen Arbeitsentgelt. Dabei ist darauf abzustellen, was dem ArbN kraft Gesetzes, Tarif- oder Einzelarbeitsvertrag an Arbeitsentgelt rechtlich zusteht. Darauf, ob das Arbeitsentgelt tatsächlich gezahlt wird, kommt es nicht an. Das ergibt sich bereits daraus, dass **Beitrags- und Versicherungspflicht** in einem untrennbaren Zusammenhang stehen und gleichermaßen an die Höhe des Arbeitsentgelts anknüpfen. Ob ein bestimmter ArbN in seiner Beschäftigung der Versicherungspflicht unterliegt, muss zu jedem Zeitpunkt mit hinreichender Sicherheit festgestellt werden können. Insbesondere muss hierüber bereits bei Aufnahmen der Beschäftigung Klarheit bestehen (vgl hierzu BSG 7.2.02 – B 12 KR 13/01 R, SozR 3–2400 § 14 Nr 24 zum Vorbehalt, Arbeitsentgelt nur in Höhe vom FA anerkannter Betriebsausgaben zahlen zu wollen). Diese **Rechtssicherheit** wäre nicht gegeben, wenn es zB für die Frage, ob das Arbeitsentgelt die Geringfügigkeitsgrenzen des § 8 SGB IV übersteigt oder die Grenze der Versicherungspflicht in der KV (vgl § 6 Abs 1 Nr 1 SGB V, *Jahresarbeitsentgelt* und *Beitragsbemessungsgrenzen*) überschritten wird, darauf ankäme, ob der ArbGeb das vereinbarte Arbeitsentgelt tatsächlich in voller Höhe an den ArbN auszahlt. Daher sind für die Prüfung der Versicherungsfreiheit zB bei untertariflicher Bezahlung auch die entstehenden tariflichen Einmalzahlungen ohne Rücksicht auf ihre tatsächliche Auszahlung zu berücksichtigen (BSG 14.7.04 – B 12 KR 7/04 R, SozR 4–2800 § 22 Nr 1).

25   Der **soziale Schutz** des ArbN verbietet es, allein auf das zugeflossene Arbeitsentgelt abzustellen. Der ArbGeb soll nicht dadurch über das Bestehen oder Nichtbestehen der Versicherungspflicht seiner ArbN entscheiden können, dass und in welcher Höhe er das vereinbarte Arbeitsentgelt tatsächlich auszahlt. Ebenso wenig soll er sich dadurch beitragsrechtliche Vorteile verschaffen können, dass er geschuldetes laufendes Arbeitsentgelt bei Fälligkeit nicht zahlt. Bestätigt wird dies ua durch § 175 SGB III, wonach die Beitragspflicht für nicht gezahltes Arbeitsentgelt trotz Zahlung von Insolvenzgeld fortbesteht (BSG 26.10.82 – 12 RK 8/81, BSGE 54, 136, 139; BSG 26.11.85 – 12 RK 51/83, BSGE 59, 183, 189). Im Übrigen hat der Gesetzgeber durch Neufassung des § 22 Abs 1 SGB IV ab 1.1.02 die grundsätzliche Geltung des Entstehungsprinzips bestätigt, indem er das Zuflussprinzip ausschließlich für einmalig gezahltes Arbeitsentgelt angeordnet hat.

26   **3. Konsequenzen aus der Entstehungstheorie. a) Allgemeines.** Für das Entstehen der jeweiligen Beitragsansprüche ist es nicht notwendig, dass der ArbGeb das geschuldete Arbeitsentgelt auch gezahlt hat (BSG 21.5.96 – 12 RK 64/93, SozR 3–2500 § 226 Nr 2 mit Anm *Eichenhofer* SGB 97, 132). Entscheidend ist, was dem ArbN tarifvertraglich oder kraft Individualarbeitsvertrag als Gegenleistung für seine Arbeit zusteht.

27   **b) Einzelfälle.** Hieraus ergeben sich Konsequenzen zB für folgende Fallgruppen:
aa) Bindungsfeindlichkeit von Vereinbarungen über die Höhe des Arbeitsentgelts. Das von einem ArbGeb an seinen Ehegatten gezahlte Arbeitsentgelt, aus dem Beiträge nachgewiesen und gezahlt worden sind, bleibt auch insoweit beitragspflichtig, als es vom FA später nicht in vollem Umfang als Betriebsausgaben anerkannt wird. Anders lautende Vereinbarungen der Arbeitsvertragsparteien sind sozialversicherungsrechtlich unbeachtlich, selbst

wenn Arbeitsentgelt nach einer Betriebsprüfung teilweise zurückgezahlt wurde (vgl BSG 7.2.02 – B 12 KR 13/01 R, SozR 3–2400 § 14 Nr 24).

bb) Tarifliche Ausschlussklauseln. Die Einzugsstelle kann vom ArbGeb Beiträge auch 28 auf Arbeitsentgelt fordern, das der ArbN vom ArbGeb wegen einer tariflichen Ausschlussklausel nicht mehr verlangen kann (BSG 30.8.94 – 12 RK 59/92, SozR 3–2200 § 385 Nr 5).

cc) Untertarifliche Bezahlung. Zahlt der ArbGeb weniger als dem ArbN kraft Tarif- 29 vertrages zusteht, ändert dies nichts daran, dass Grundlage der Beitragsbemessung das dem ArbN tarifvertraglich zustehende **laufende Arbeitsentgelt** ist (BSG 14.7.04 – B 12 KR 1/04 R, SozR 4–2400 § 22 Nr 2). Anders ist dies nur bei Einmalzahlungen; diese führen nur dann und insoweit zur Beitragspflicht, als sie tatsächlich ausgezahlt werden (anders soweit es um die Frage der Beurteilung der Versicherungsfreiheit geht, dazu BSG 14.7.04 – B 12 KR 1/04 R, SozR 4–2500 § 22 Nr 1). Dies gilt auch, wenn ein LeihArbN zunächst auf Grund eines AbweichungsTV ein niedrigeres Arbeitsentgelt als ein vergleichbarer StammArbN erhalten hat und sich später die **Unwirksamkeit des AbweichungsTV** herausstellt; selbst wenn der ArbN seinen Anspruch auf Zahlung des Equal-Pay-Lohnes arbeitsrechtlich wg Auschlussfristen, Verjährung etc nicht mehr realisieren kann, bleibt er Anspruch auf Nachzahlung von SVBeiträgen bestehen (zum CGZP-Beschlusses des BAG vom 14.12.10 – 1 ABR 19/10 und seinen beitragsrechtlichen Folgen vgl Schlegel NZA 2011 S 380).

dd) Zahlung geringeren als des einzelarbeitsvertraglich vereinbarten Entgelts. 30 Auch hier ist im Grundsatz davon auszugehen, dass vom vereinbarten Arbeitsentgelt auszugehen ist. Nimmt es der ArbN aber über längere Zeit bewusst hin, dass ihm nicht das volle Arbeitsentgelt ausgezahlt wird, ist zumindest daran zu denken, dass eine stillschweigende Änderung der Vertragsbedingungen stattgefunden hat.

ee) Nachträgliche Vereinbarungen der Arbeitsvertragsparteien über eine Verrin- 31 **gerung des Arbeitsentgelts** führen nicht zu einer nachträglichen Verringerung der Beitragsschuld. Dies gilt insbesondere für einen nachträglich vereinbarten **Verzicht auf Teile des Arbeitsentgelts.** Hiervon zu unterscheiden sind Fälle, in denen zB mit Rücksicht auf die finanzielle Situation des ArbGeb mit Wirkung für die Zukunft auf Teile des Arbeitsentgelts „verzichtet" wird, das Arbeitsentgelt damit rechtlich für die Zukunft kraft Vertragsänderung niedriger festgesetzt wird (vgl BSG 12.4.02 – B 14 KG 4/99, SozR 3–5870 § 2 Nr 44; *Entgeltverzicht* Rz 17 ff).

ff) Vertragsstrafen, die zu einer faktischen Reduzierung des ausgezahlten Arbeitsentgelts 32 führen, berühren weder die Höhe des Anspruchs auf Arbeitsentgelt noch den Beitragsanspruch (vgl BSG 21.5.96 – 12 RK 64/93, SozR 3–2500 § 226 Nr 2; vgl dazu auch *Vertragsstrafe*).

gg) Rückzahlungsklauseln. Ob gängige Rückzahlungsklauseln zu einer nachträglichen 33 Beitragsreduzierung führen können, ist fraglich. Das BSG hat insoweit zunächst einen Fall zu Unrecht entrichteter Beiträge iSv § 26 Abs 2 SGB IV angenommen und eine Beitragserstattung nach Eintritt der Bedingung zugelassen. Es hat aber nunmehr ausdrücklich offen gelassen, ob hieran weiterhin festzuhalten ist (vgl BSG 7.2.02 – B 12 KR 13/01 R, SozR 3–2400 § 14 Nr 24; dazu ausführlich *Rückzahlungsklausel*).

4. Lohnzufluss ohne entsprechenden Entgeltanspruch. Hat der ArbN Arbeitsentgelt 34 tatsächlich erhalten (erzielt), kommt es nach § 14 Abs 1 Satz 1 SGB IV nicht darauf an, ob ein wirksamer (arbeitsrechtlicher) Anspruch auf das gezahlte Arbeitsentgelt bestand. Insoweit löst der Zufluss des Arbeitsentgelts den Beitragsanspruch aus, es sei denn, es handele sich um eine lediglich irrtümliche Zahlung, zB aufgrund eines Bankirrtums oder eines ArbGebVersehens (zB Berechnungsfehler oder offenbare Unrichtigkeit, vgl BSG 14.7.04 – B 12 KR 1/04 R, SozR 4–2400 § 22 Nr 2; BSG 7.2.02 – B 12 KR 13/01 R, SozR 3–2400 § 14 Nr 24).

5. Entstehungs- und Zuflussprinzip. Der frühere Streit über die Geltung des Ent- 35 stehungs- oder des Zuflussprinzips (dazu Personalbuch 2003) ist durch die Urteile des BSG vom 14.7.04 (B 12 KR 1/04 R, SozR 4–2400 § 22 Nr 1 und B 12 KR 7/04 R, SozR 4–2570 § 22 Nr 1) entschieden.

6. Ausnahmsweise Geltung des Zuflussprinzips. a) Einmalzahlungen. § 22 Abs 1 36 in seiner seit 1.1.03 geltenden Fassung bestimmt, dass die Beitragsansprüche bei einmalig gezahltem Arbeitsentgelt (erst) entstehen, „sobald dieses ausgezahlt worden ist". Damit steht aber fest, dass einmalige Einnahmen nur dann beitragspflichtig sein sollen, wenn sie dem Beschäftigten tatsächlich ausgezahlt worden sind (vgl BT-Drs 15/26 S 51 zu Nr 2 – § 22). Eine **Ausnahme vom Zuflussprinzip für Einmalzahlungen** gilt nur dann, wenn das einmalig gezahlte Arbeitsentgelt wegen eines **Insolvenzereignisses** nicht ausgezahlt worden ist (§ 22 Abs 1 Satz 3 SGB IV); dann soll der Beitragsanspruch offenbar bereits mit der Fälligkeit der Einmalzahlung entstehen. Nach der Gesetzesbegründung soll das für Einmalzahlungen geltende Zuflussprinzip des § 22 Abs 1 Satz 2 SGB IV „ArbGeb und ArbN" entlasten, jedoch soll die BA, die im Insolvenzfall wirtschaftlich die Stellung des ArbGeb einnimmt, den GesamtSozVBeitrag auf Einmalzahlungen entrichten, „wenn der ArbGeb ungeachtet seiner Insolvenz die Einmalzahlung ausgezahlt hätte" (vgl BT-Drs 15/4228 S 22 zu Art 1 Nr 3).

37 **b) Arbeitsentgelt aus Arbeitszeitguthaben.** Nach § 22 Abs 2 Satz 2 SGB IV gilt das Zuflussprinzip weiter für Arbeitsleistungen, die zunächst nicht vergütet, sondern in ein Arbeitszeitguthaben geführt werden und erst später zu einer Entgeltzahlung führen. Der Gesetzgeber möchte so erreichen, dass auch bei Arbeitszeitkonten, die – ohne die Voraussetzungen eines „echten" Wertguthabens zu erfüllen – als Entgeltkonten geführt werden, Beiträge und Steuern erst bei Auszahlung als Arbeitsentgelt fällig werden (vgl BT-Drs 16/10289 S 19 zu Nr 5 – § 22 Abs 1). Zur Entstehung des Beitragsanspruchs bei „echten" Wertguthaben vgl § 23b SGB IV und *Wertguthaben*.

38 **7. Zeitliche Zuordnung von Sonderzahlungen** im Beitragsrecht. **a) Einmalig gezahltes Entgelt/„Einmalzahlung".** Für einmalig gezahltes Arbeitsentgelt, insbesondere Weihnachtsgeld, Urlaubsgeld, zusätzliche Monatsgehälter etc ordnet § 23a SGB IV an, dass einmalig gezahltes Arbeitsentgelt dem Entgeltabrechnungszeitraum zuzuordnen ist, in dem es gezahlt wird. Übersteigt das Arbeitsentgelt und die Einmalzahlung im Kalendermonat des Zuflusses jedoch die monatliche Beitragsbemessungsgrenze bzw die monatliche JAEGrenze, findet gem § 23a Abs 3 SGB IV eine Zuordnung auch zu bestimmten zurückliegenden Beitragsabrechnungszeiträumen statt; die Zuwendungen werden damit beitragsrechtlich so behandelt, als wären sie in mehreren Monatsraten erfolgt (Einzelheiten und Beispiele hierzu s *Einmalzahlung* Rz 8 ff). Erst mit der Zahlung der Einmalzahlung kann festgestellt werden, auf welche Zeiträume, in denen die Beitragsbemessungsgrenze noch nicht mit laufendem Arbeitsentgelt erreicht ist, eine Einmalzahlung verteilt und aus ihr Beiträge verlangt werden können.

39 **b) Zeitliche Zuordnung laufenden Arbeitsentgelts.** Bei der Beitragsberechnung ist laufendes Arbeitsentgelt auf die Zeit seiner Erarbeitung zu verteilen und zwar auch dann, wenn es ganz oder teilweise erst nach dem Abrechnungszeitraum gezahlt wird, in dem es erarbeitet wurde, dh eine **Nachzahlung laufenden Entgelts** vorliegt (BSG 27.10.89 – 12 RK 9/88, BSGE 66, 34, 41 ff). Wird laufendes Entgelt, wozu insbesondere auch Akkordspitzen, Zuschläge für Nacht- und Mehrarbeit, Schmutz- und Erschwerniszulagen gehören, als Nachzahlung erst nach demjenigen Entgeltabrechnungszeitraum ausbezahlt, in welchem es erarbeitet wurde, ist es auch nachträglich noch demjenigen Entgeltabrechnungszeitraum zuzurechnen, in dem die entsprechende Arbeitsleistung stattfand. Falls eine exakte Zuordnung nicht möglich ist, sollte jedenfalls eine weitgehende Annäherung hierzu angestrebt werden (BSG 15.5.84 – 12 RK 28/83, SozR 2200 § 385 Nr 9 = NZA 85, 102: Akkordspitzen). Überschreitet die Nachzahlung in einem bestimmten Entgeltabrechnungszeitraum mit demjenigen Arbeitsentgelt, das bereits früher ausbezahlt wurde, die monatliche JAE-Grenze (korrekt: Beitragsbemessungsgrenze), ist es mit dem über diese Grenze hinausgehenden Anteil beitragsfrei. Eine weitergehende Verteilung auf andere Zeitabschnitte als diejenigen, in denen das (nachgezahlte) Entgelt erarbeitet wurde, findet – anders als bei Sonderzahlungen/einmalig gezahltem Arbeitsentgelt – nicht statt.

40 **II. Leistungsrecht: Zuflusserfordernis für Leistungsbemessung.** Anders als im Beitragsrecht fand Arbeitsentgelt bei der Bemessung von Lohnersatzleistungen früher idR nur dann Berücksichtigung, wenn es vom Versicherten/ArbN tatsächlich erzielt wurde. Dies konnte zu dem rechtspolitisch wenig erfreulichen Ergebnis führen, dass Arbeitsentgelt, das der ArbN zwar erarbeitet hat, das ihm aber vom ArbGeb – aus welchen Gründen auch

immer – vorenthalten wird, zwar zur Beitragszahlung herangezogen wird, andererseits aber bei der Bemessung von Lohnersatzleistungen unberücksichtigt bleibt.

Erzielt ist das Arbeitsentgelt nach der Rspr des BSG nicht schon dann, wenn es erarbeitet **41** ist, ein einklagbarer Anspruch auf das Arbeitsentgelt besteht oder ein Anspruch auf Arbeitsentgelt durch den ArbGeb anerkannt oder dieser Anspruch anderweitig festgestellt ist. Erzielt ist Arbeitsentgelt erst dann, wenn es dem ArbN zugeflossen ist, so dass er darüber **verfügen kann** (BSG 18.4.91 – 7 RAr 52/90, SozR 3–4100 § 112 Nr 10 zum AlGeld).

Das BSG hat diese Rspr später gelockert (ua BSG 21.3.96 – 11 RAr 101/94, SozR 3–1300 **42** § 48 Nr 48). Der Gesetzgeber ist dem gefolgt und rechnet nunmehr zum Bemessungsentgelt für das AlGeld kraft der gesetzlichen Fiktion in § 151 Abs 1 Satz 2 SGB III auch Arbeitsentgelte, auf die der Arbeitslose beim Ausscheiden aus dem Beschäftigungsverhältnis Anspruch hatte, wenn sie später noch zugeflossen oder nur wegen **Zahlungsunfähigkeit** des ArbGeb nicht zugeflossen sind (dazu BSG 8.2.07 – B 7a AL 28/06 R). Für die Berechnung des **Krankengeldes** gilt Ähnliches; auch insoweit wird vorenthaltenes Arbeitsentgelt berücksichtigt, soweit es dem Versicherten für den maßgeblichen Bemessungszeitraum bei Annahmeverzug des ArbGeb zur nachträglichen Vertragserfüllung noch zugeflossen ist (BSG 16.2.85 – B 1 KR 19/03 R, SozR 4–255 § 47 Nr 2).

Zur Behandlung und zum Einfluss von Einmalzahlungen auf den Anspruch auf Leistungen **43** zur **Grundsicherung für Arbeitssuchende** vgl § 11 SGB II, § 2 Alb II–V, zu sonstigen einmaligen Einnahmen vgl BSG 30.9.2008 – B 4 AS 29/07 R (Steuererstattung) und BSG 30.9.2008 – B 4 AS 57/07 R (Zinsgutschrift).

Massenentlassung

A. Arbeitsrecht *Kreitner*

Übersicht

	Rz		Rz
1. Allgemeines	1, 2	b) Zahlenwerte	12–15
2. Anwendungsvoraussetzungen	3–7	c) Zeitpunkt	16
a) Betrieblich	3, 4	4. Mitwirkung des Betriebsrats	17–20
b) Persönlich	5	5. Anzeige an die Agentur für Arbeit	21–25
c) Verhältnis zu anderen Kündigungsschutzbestimmungen	6, 7	a) Ordnungsgemäße Anzeige	22
		b) Fehlende bzw fehlerhafte Anzeige	23–25
3. Massenentlassung	8–16	6. Sperrfrist und Freifrist	26–28
a) Entlassungsbegriff	8–11	7. Streitigkeiten	29

1. Allgemeines. Das KSchG enthält in §§ 17 ff KSchG besondere Regelungen für 1 Massenentlassungen. Diese unter arbeitsmarktpolitischen Gesichtspunkten in das Gesetz aufgenommenen Vorschriften sehen unter bestimmten Voraussetzungen eine Verpflichtung des ArbGeb zur Anzeige der beabsichtigten personellen Maßnahme bei der Agentur für Arbeit sowie eine zusätzliche Beteiligung des BRat vor. Diese nationalen Bestimmungen werden zT überlagert durch EG-Recht. Die ursprüngliche Massenentlassungsrichtlinie 75/129/EWG vom 17.2.75 (ABlEG Nr L 48 vom 22.2.75, S 29) ist nach der Änderung durch die Richtlinie 92/56/EWG vom 24.6.92 (ABlEG Nr L 245 vom 26.8.92, S 3), zuletzt durch die Richtlinie 98/59/EG vom 20.7.98 (ABlEG Nr L 225 vom 12.8.98, S 16) modifiziert worden.

Übersichtsartig lassen sich unabhängig von ihrer zeitlichen Abfolge folgende **wesentliche** 2 **Schritte** festhalten, die bei einer Massenentlassung zu durchlaufen sind: Mitwirkung des BRat gem §§ 92, 111 ff BetrVG, Beteiligung des Wirtschaftsausschusses gem § 106 BetrVG, Mitwirkung des BRat gem § 17 Abs 2 KSchG, Anzeige nebst Stellungnahme des BRat an die Agentur für Arbeit gem § 17 Abs 3 KSchG bzw Interessenausgleich mit Namensliste nach § 1 Abs 5 KSchG, weitere Stellungnahmen des BRat gegenüber der Agentur für Arbeit gem § 17 Abs 3 Satz 7 KSchG, Anhörung von ArbGeb und BRat durch die Agentur für Arbeit gem § 20 Abs 3 KSchG, Entscheidung der Agentur für Arbeit über Sperrzeitverkürzung oder -verlängerung gem § 18 Abs 1 und 2 KSchG oder Zulässigkeit von Kurzarbeit gem § 19 Abs 1 KSchG, Anhörung des BRat gem § 102 BetrVG, Ausspruch von Kündigungen und/oder Abschluss von Aufhebungsverträgen durch den ArbGeb (vgl *Sigle* FA Arbeitsrecht 13, 229; *Grau/Sittard* BB 11, 1845; *Niklas/Koehler* NZA 10, 913; *Krieger/Ludwig* NZA 10, 919 mit Zeitplan).

2. Anwendungsvoraussetzungen. a) Betrieblich. Die §§ 17 ff KSchG gelten gem 3 § 23 Abs 2 KSchG für alle Betriebe und Verwaltungen des privaten Rechts sowie für Betriebe, die von einer öffentlichen Verwaltung geführt werden, soweit sie wirtschaftliche Zwecke verfolgen (vgl BAG 24.8.06 – 8 AZR 317/05, NZA 07, 1287). Ausgenommen sind nach § 22 Abs 1 KSchG lediglich Saison- und Kampagnebetriebe, soweit es um Entlassungen geht, die durch die Eigenart des Betriebes bedingt sind.

Bezugspunkt ist nach der gesetzlichen Regelung der Betrieb, unabhängig von der jeweili- 4 gen Unternehmensform und -struktur. Es gilt der allgemeine Betriebsbegriff (*Kühn* NZA 10, 259; Näheres s *Betrieb (Begriff)* Rz 7). Dementsprechend sind die Massenentlassungsvorschriften auf selbstständige Betriebsteile iSd § 4 BetrVG gesondert anzuwenden (BAG 13.3.69, DB 69, 1298). Zum Betriebsbegriff iSd EG-Massenentlassungsrichtlinie 98/59/EG vgl EuGH 15.2.07 – C-270/05, NZA 07, 319 sowie iSd der Vorgängerrichtlinie 75/129/EWG vgl EuGH 7.12.95, NZA 96, 471 – Rockfon.

b) Persönlich. Der persönliche Anwendungsbereich erstreckt sich auf alle ArbN ein- 5 schließlich der Auszubildenden und Volontäre, unabhängig von der für den allgemeinen Kündigungsschutz erforderlichen sechsmonatigen Wartezeit. Auch Teilzeitbeschäftigte sind zu berücksichtigen (*von Hoyningen-Huene/Linck* § 17 Rz 9). **Nicht** erfasst werden Heimarbeiter und andere ArbNÄhnliche Personen wie freie Mitarbeiter und Handelsvertreter. Ebenfalls ausdrücklich ausgeschlossen sind gem § 17 Abs 5 KSchG Vorstandsmitglieder von juristischen Personen und Vertreter von Personengesellschaften sowie Geschäftsführer, Betriebsleiter und ähnliche leitende Personen, soweit diese zur selbstständigen Einstellung und Entlassung von ArbN berechtigt sind. Diese Abgrenzung entspricht der Regelung in § 14 KSchG (Näheres s *Leitende Angestellte* Rz 17–19). Sie stellt einen Verstoß gegen die EG-Richtlinie 98/59/EG dar, da diese einen Ausschluss der leitenden Angestellten nicht vorsieht. Gleichwohl bleibt § 17 Abs 5 Nr 3 KSchG weiter anwendbares nationales Recht, da die fehlende Umsetzung der EG-Richtlinie allenfalls zu Schadenersatzansprüchen gegen die Bundesrepublik Deutschland führen kann (APS/*Moll* § 17 KSchG Rz 15; Näheres s *EU-Recht* Rz 5).

6   **c) Verhältnis zu anderen Kündigungsschutzbestimmungen.** Soweit in den §§ 17 ff KSchG für Massenentlassungen besondere Regelungen getroffen sind, bleibt hiervon der allgemeine individualrechtliche Kündigungsschutz iSd §§ 1 ff KSchG unberührt (BAG 6.12.73, DB 74, 1119). Der ArbN muss daher auch bei Massenentlassungen die Dreiwochenfrist des § 4 KSchG einhalten, sofern er die Unwirksamkeit der Kündigung gerichtlich geltend machen will (LAG NdS 6.4.09 – 9 Sa 1297/08, BB 09, 1981; s auch EuGH 16.7.09 – C-12/08, BeckRS 2009, 70805 – MonoCar). Insbesondere führt die Sperrfrist des § 18 Abs 1 KSchG nicht zu einer Verlängerung der Drei-Wochen-Frist. Gerade in Massenentlassungsverfahren wirkt sich auch die RsprÄnderung des BAG im Hinblick auf die aufgegebene sog Dominotheorie im Bereich der Sozialauswahl aus (BAG 9.11.06 – 2 AZR 812/05, NZA 07, 549; Näheres s *Kündigung, betriebsbedingte* Rz 26). Schließlich können betriebliche Ablaufstörungen im Zusammenhang mit einer Massenkündigung als berechtigte betriebliche Bedürfnisse iSv § 1 Abs 3 Satz 2 KSchG einer Auswahl nach sozialen Gesichtspunkten entgegenstehen (BAG 5.12.02 – 2 AZR 697/01, NZA 03, 849).

7   Fehler des ArbGeb im Massenentlassungsverfahren gem §§ 17 ff KSchG können einen sonstigen, absoluten Unwirksamkeitsgrund iSd § 13 Abs 3 KSchG darstellen. Auch der besondere Kündigungsschutz iSd SGB IX, MuSchG, BEEG, ArbPlSchG sowie die Kündigungsschutzbestimmungen im Rahmen der Betriebsverfassung für BRatMitglieder bleiben unberührt.

8   **3. Massenentlassung. a) Entlassungsbegriff.** Unter Entlassung iSd §§ 17 ff KSchG war nach der **früheren Rechtsprechung** des BAG die tatsächliche Beendigung des Arbeitsverhältnisses zu verstehen (BAG 6.12.73 – 2 AZR 10/73, NJW 74, 1263; zuletzt BAG 18.9.03 – 2 AZR 79/02, NZA 04, 375). Dem ist der EuGH nicht gefolgt und hat auf einen Vorlagebeschluss des ArbG Bln im Jahr 2005 nicht die tatsächliche Beendigung, sondern die Kündigungserklärung als das maßgebliche Ereignis angesehen, das die Entlassung darstellt (EuGH 27.1.05 – Rs C-188/03 – Junk, NZA 05, 212). In seiner **neueren Rechtsprechung** hat sich das BAG unter ausdrücklicher Aufgabe seines früheren Rechtsstandpunkts dieser Rspr des EuGH angeschlossen (BAG 23.3.06 – 2 AZR 343/05, NZA 06, 971; 22.3.07 – 6 AZR 499/05, NZA 07, 1101; 25.4.13 – 6 AZR 49/12, BeckRS 2013, 70060). Gegenüber der früheren Rechtslage wird daher der maßgebliche Zeitpunkt für die Beurteilung der Massenentlassungspflichten des ArbGeb auf die Abgabe der Kündigungserklärung vorverlagert. Aus Gründen des Vertrauensschutzes gilt der alte Entlassungsbegriff lediglich für sog **Alt- bzw Übergangsfälle** weiter, in denen sich der ArbGeb in unverschuldeter Unkenntnis der neuen EuGH-Rspr an der früheren Rspr des BAG orientiert und die Anzeige gegenüber der Agentur für Arbeit erst nach Ausspruch der Kündigung abgegeben hatte (BAG 23.3.06 – 2 AZR 343/05, NZA 06, 971; 12.7.07 – 2 AZR 492/05, NZA 08, 476; 8.11.07 – 2 AZR 554/05, AP Nr 31 zu § 17 KSchG 1969). Für die Gewährung des Vertrauensschutzes kommt es dabei entscheidend darauf an, ob aussagekräftige Mitteilungen und Weisungen der BA dergestalt in der (Fach-)Presse veröffentlicht waren, dass deren Kenntnis von einem ArbGeb oder dem ihn beratenden Rechtsanwalt erwartet werden musste (BAG 13.7.06 – 6 AZR 198/06, NZA 07, 25; 20.9.06 – 6 AZR 249/05, NZA 07, 387; 22.3.07 – 6 AZR 499/05, NZA 07, 1101).

9   **Änderungskündigungen** werden erfasst, soweit sie tatsächlich zur Entlassung führen (BAG 10.3.82, DB 82, 1520; allgemein zu Massenänderungskündigungen *Hidalgo/Mauthner* NZA 07, 1254). Da dies im Vorhinein meist nicht prognostizierbar sein wird, empfiehlt sich bei Massenänderungskündigungen regelmäßig die Erstattung einer vorsorglichen Anzeige an die Agentur für Arbeit. Der Sonderkündigungsschutz für BRatMitglieder nach § 15 KSchG bleibt unberührt (BAG 7.10.04 – 2 AZR 81/04, NZA 05, 156).

Erweitert wird der Anwendungsbereich der §§ 17 ff KSchG durch die Regelung in § 17 Abs 1 Satz 2 KSchG. Danach sind auch alle anderen Beendigungsformen zu berücksichtigen, sofern sie **vom Arbeitgeber veranlasst** worden sind. Typische Fälle sind ArbGebSeitig veranlasste Eigenkündigungen der ArbN (BAG 6.12.73 – 2 AZR 10/73, AP Nr 1 zu § 17 KSchG 1969; *von Hoyningen-Huene/Linck* § 17 Rz 23; aA *Dzida/Hohenstatt* DB 06, 1897) und gleichermaßen veranlasste Aufhebungsverträge (BAG 13.11.96 – 10 AZR 340/96, NZA 97, 390; 11.3.99 – 2 AZR 461/98, NZA 99, 761).

Nicht unter den Anwendungsbereich der §§ 17 ff KSchG fallen gem § 17 Abs 4 KSchG fristlose Entlassungen aus wichtigem Grund gem § 626 Abs 1 BGB. Gleiches gilt für ArbNSeitige Kündigungen, Aufhebungsverträge oder andere Beendigungstatbestände, sofern nicht die Ausnahmeregelung des § 17 Abs 1 Satz 2 KSchG eingreift. Auch Entlassungen, die auf einer **Befristung** des Arbeitsverhältnisses beruhen, führen nicht zu einer Anzeigepflicht (*Opolony* NZA 99, 791). Schließlich bleiben bei einer zweckbezogenen Auslegung des Gesetzes solche Entlassungen unberücksichtigt, bei denen die ArbN in den Ruhestand oder in eine selbstständige Tätigkeit wechseln und damit den Arbeitsmarkt nicht belasten (APS/ *Moll* § 17 KSchG Rz 29).

b) Zahlenwerte. § 17 Abs 1 KSchG legt für das Eingreifen der Anzeigepflicht abhängig von der Betriebsgröße eine bestimmte Anzahl von entlassenen ArbN fest. Danach müssen in Betrieben mit idR mehr als 20 und weniger als 60 ArbN mehr als 5 ArbN, in Betrieben mit idR mindestens 60 und weniger als 500 ArbN 10 % der im Betrieb regelmäßig beschäftigten ArbN oder mehr als 25 ArbN sowie in Betrieben mit idR mindestens 500 ArbN mindestens 30 ArbN entlassen werden. Kleinbetriebe mit weniger als 20 ArbN werden nicht erfasst, auch wenn dort mehr als 5 ArbN entlassen werden (KR/*Weigand* § 17 KSchG Rz 23).

Aus der Formulierung „in der Regel" ist ersichtlich, dass es auf die Zahl der im Normalfall im konkreten Betrieb beschäftigten ArbN ankommt, also die Personalstärke, die für den Betrieb im Allgemeinen kennzeichnend ist (APS/*Moll* § 17 KSchG Rz 20). Diese sind mit Hilfe eines Rückblicks auf die bisherige Personalstärke des Betriebs sowie einer Prognoseentscheidung bezüglich der künftigen Entwicklung zu ermitteln (BAG 31.7.86, DB 87, 1591; 8.6.89, DB 90, 183; 13.4.2000 – 2 AZR 215/99, NZA 01, 144; 24.2.05 – 2 AZR 207/04, NZA 05, 766). Nur vorübergehend beschäftigte Aushilfskräfte sind nicht zu berücksichtigen (*von Hoyningen-Huene/Linck* § 17 Rz 14).

Besonderheiten gelten im Fall der Stilllegung des Betriebes. Nimmt der ArbGeb im Hinblick auf die beabsichtigte **Betriebsstilllegung** einen stufenweisen Personalabbau vor, so ist der Personalbestand zum Zeitpunkt der Beschlussfassung und nicht der spätere, im Zeitpunkt der tatsächlichen Stilllegung noch vorhandene geringere Bestand maßgeblich (BAG 8.6.89, DB 90, 183). Das gilt unverändert auch nach der neuen Rspr zum Entlassungsbegriff.

Werden die Zahlenwerte des § 17 Abs 1 KSchG überschritten, hat dies eine Anzeigepflicht bezüglich aller Kündigungen zur Folge. Es müssen also nicht nur die darüber hinaus gehenden Kündigungen angezeigt werden. Die Anzeigepflicht besteht ferner unabhängig von Neueinstellungen. Eine Saldierung ist insoweit nicht möglich (*Stahlhacke/Preis/Vossen* Rz 1576).

c) Zeitpunkt. Neben dem Überschreiten der vorgenannten Zahlenwerte gilt für die Anzeigepflicht auch eine zeitliche Beschränkung von 30 Kalendertagen. Eine Massenentlassung liegt nur dann vor, wenn entsprechend viele Kündigungen innerhalb eines Zeitraums von 30 Kalendertagen erfolgen. Nachdem nach der früheren Rspr insoweit der tatsächliche Beendigungszeitpunkt der einzelnen Arbeitsverhältnisse maßgeblich war, ist nach der neuen Rspr richtigerweise auf den Zugang der Kündigung beim ArbN abzustellen (*Dzida/Hohenstatt* DB 06, 1897; aA *Bauer/Krieger/Powietzka* BB 06, 2023: Kündigungsausspruch). Das Übermittlungsrisiko bleibt wie auch sonst beim ArbGeb.

Maßgeblich ist dabei allerdings immer das hinter der einzelnen Kündigungsentscheidung stehende unternehmerische Konzept. Sieht dieses **etappenweise** auszusprechende **Kündigungen** vor, sind die Kündigungen unabhängig von der 30-Tage-Frist als einheitliche Maßnahme anzusehen. Die Rspr des BAG im Bereich der Betriebsänderung gilt hier entsprechend (BAG 28.3.06 – 1 ABR 5/05, NZA 06, 932; Näheres s *Betriebsänderung* Rz 11; aA wohl *Lembke/Oberwinter* NZA 07, 721).

17   **4. Mitwirkung des Betriebsrats.** Gem § 17 Abs 2 Satz 2 KSchG muss der ArbGeb eine beabsichtigte anzeigepflichtige Entlassungsmaßnahme mit dem BRat beraten. Hierzu ist gem § 17 Abs 2 Satz 1 KSchG vor Ausspruch der Kündigung eine **schriftliche Unterrichtung** des BRat hinsichtlich der Entlassungsgründe, der Zahl der beabsichtigten Entlassungen, der Zahl der idR beschäftigten ArbN sowie des entlassungsrelevanten Zeitraums mindestens zwei Wochen vor der Anzeige (§ 17 Abs 3 Satz 3 KSchG) zwingend vorgeschrieben. Außerdem sind dem BRat weitere zweckdienliche Auskünfte zu erteilen (vgl BAG 30.3.04 – 1 AZR 7/03, NZA 04, 931; weitere Einzelheiten bei APS/*Moll* § 17 Rz 61 ff). Auch bei Vorliegen eines Interessenausgleichs iSd § 1 Abs 5 Satz 1 KSchG unterliegt die Unterrichtung des BRat keinen erleichterten Anforderungen (BAG 18.1.12 – 6 AZR 407/10, NZA 12, 817). Diese als sog Konsultationsverfahren bezeichnete Beteiligung des BRat erfordert auch nach der Massenentlassungsrichtlinie nur die Erteilung von Informationen und die Beratung mit dem BRat, nicht jedoch den förmlichen Abschluss von Interessenausgleichs- und Sozialplanverhandlungen (*Giesen* SAE 06, 135; *Klumpp* NZA 06, 703; *Dzida/Hohenstatt* DB 06, 1897). Eine Einigung muss mit dem BRat nicht erzielt werden (BAG 20.11.01 – 1 AZR 97/01, NZA 02, 992; 30.3.04 – 1 AZR 7/03, NZA 04, 931; 21.5.08 – 8 AZR 84/07, NZA 08, 753). Auch eine bestimmte Verhandlungsdauer ist weder europarechtlich noch nach nationalem Recht vorgeschrieben (BAG 16.5.07 – 8 AZR 693/06, NZA 07, 1296). Die nach § 17 Abs 3 Satz 2 KSchG **vom Betriebsrat zu erstattende Stellungnahme** kann durch einen Interessenausgleich mit Namensliste nach § 1 Abs 5 Satz 4 KSchG ersetzt werden. Das Gleiche gilt für einen der Anzeige beigefügten, allein durch den BRat im Original unterschriebenen Interessenausgleich, aus dem sich der Standpunkt des BRat mit hinreichender Deutlichkeit entnehmen lässt (BAG 18.1.12 – 6 AZR 407/10, NZA 12, 817). Ein Interessenausgleich ohne Namensliste genügt demgegenüber grds nicht. Da die Stellungnahme des BRat jedoch nicht in einem eigenständigen Dokument erfolgen muss, genügt eine in den Interessenausgleich integrierte Stellungnahme des BRat, sofern diese erkennen lässt, dass sie sich auf die angezeigten Kündigungen bezieht (BAG 21.3.12 – 6 AZR 596/10, NZA 12, 1058). Zuständig für das Konsultationsverfahren ist regelmäßig der örtliche BRat nicht GBRat oder KBRat (EuGH 10.9.09 – C-44/08, NZA 09, 1083; *Reinhard* RdA 07, 207; *Lembke/Oberwinter* NJW 07, 2541; kritisch *Frost* NZA 10, 144). Interessenausgleichsverhandlungen zwischen Muttergesellschaft und KBRat ersetzen daher die Konsultationspflichten des VertragsArbGeb regelmäßig nicht (LAG Düsseldorf 24.4.13 – 15 Sa 1892/12, BeckRS 2013, 70903 – nicht rkr, Az beim BAG: 2 AZR 601/13). Bei Bedenken im Einzelfall ist die vorsorgliche Beteiligung beider BRäte zu empfehlen (*Krieger/Ludwig* NZA 10, 919).

18   Die **Rechtsfolgen** einer Missachtung der Unterrichtungspflicht sind nicht gesetzlich geregelt und waren lange umstritten (Näheres s Personalbuch 2013, *Massenentlassung* Rz 18). Das BAG hat nunmehr den langjährigen Meinungsstreit beendet und grundsätzlich entschieden, dass aufgrund einer richtlinienkonformen Auslegung die im Rahmen einer Massenentlassung ausgesprochene Kündigung unwirksam ist, wenn zuvor das nach § 17 Abs 2 KSchG erforderliche Konsultationsverfahren nicht durchgeführt worden ist (BAG 21.3.13 – 2 AZR 60/12, NZA 13, 966). Hat der ArbGeb lediglich die von § 17 Abs 2 Satz 1 KSchG geforderte Schriftform nicht eingehalten, kann dies durch die spätere abschließende Stellungnahme des BRat geheilt werden (BAG 20.9.12 – 6 AZR 155/11, NZA 13, 32; *Sittard/Knoll* BB 13, 2037; *Lelley/Taterka* DB 13, 2564).

19   Neben den Beteiligungsrechten des BRat aus § 17 Abs 2 KSchG können bei Massenentlassungen je nach Art und Umfang der Maßnahme **weitere Mitwirkungsrechte des Betriebsrats** gem § 92 BetrVG *(Personalplanung)* und §§ 111 ff BetrVG (*Betriebsänderung*) sowie des Wirtschaftsausschusses gem § 106 Abs 2 BetrVG bestehen. Außerdem muss der BRat vor Ausspruch der Kündigungen gem § 102 BetrVG beteiligt werden (BAG 14.8.86, DB 87, 1050). Insoweit gelten keine geringeren Anforderungen als in sonstigen Kündigungsfällen (BAG 16.9.93, DB 94, 381; Näheres s *Mitbestimmung, personelle Angelegenheiten* Rz 14 ff). Auch eine ausführliche Unterrichtung iSv § 17 Abs 2 KSchG vermag die BRat-Anhörung nach § 102 BetrVG nicht zu ersetzen. Zwar können beide Anhörungsverfahren verbunden werden; dabei ist jedoch auf das jeweilige Beteiligungsverfahren deutlich hinzuweisen. Letzteres ergibt sich bereits aus den unterschiedlichen Stellungnahmefristen des BRat gem § 17 Abs 3 Satz 3 KSchG und § 102 Abs 2 Satz 1 BetrVG. Die letztgenannte Wochenfrist verlängert sich auch bei Massenentlassungsverfahren nicht automatisch (BAG 14.8.86, DB 87, 1050). Zu Informationspflichten gegenüber EBRat und SE-BRat zuletzt *Forst* NZA 09, 294.

Die vorstehenden Ausführungen gelten entsprechend für die Beteiligung des Sprecherausschusses nach dem SprAuG, soweit **leitende Angestellte** von den Entlassungen betroffen sind (aA APS/*Moll* § 17 Rz 57). Auch der EuGH hat zuletzt in anderem Zusammenhang bestätigt, dass einzelne ArbNGruppen durch nationale Regelungen nicht aus dem Anwendungsbereich der EG-Richtlinie ausgenommen werden dürfen (EuGH 18.1.07 – C-385/05, NZA 07, 193). 20

5. Anzeige an die Agentur für Arbeit. Beabsichtigte anzeigepflichtige Entlassungen iSd § 17 Abs 1 KSchG muss der ArbGeb vor Ausspruch der Kündigung gegenüber der Agentur für Arbeit ordnungsgemäß anzeigen. Ein im Vorhinein erklärter Verzicht des ArbN auf den Schutz der §§ 17 ff KSchG ist unwirksam (BAG 11.3.99 – 2 AZR 461/98, NZA 99, 761). Nach erfolgter Kündigung ist ein solcher Verzicht rechtlich unbedenklich. Wird die Anzeige vom Insolvenzschuldner mit Zustimmung des vorläufigen schwachen Insolvenzverwalters erstattet, entfaltet diese idR auch nach Insolvenzeröffnung für den Insolvenzverwalter weiterhin Wirkung (BAG 22.4.10 – 6 AZR 948/08, NZA 10, 1057). Zu Form und Inhalt dieser Anzeige s unten Rz 42. 21

a) Ordnungsgemäße Anzeige. Kommt der ArbGeb seiner gesetzlichen Anzeigepflicht nach, hat dies gem § 18 Abs 1 KSchG eine einmonatige Entlassungssperre zur Folge (Näheres s unten Rz 26). 22

b) Fehlende bzw fehlerhafte Anzeige. Verstöße des ArbGeb gegen seine Anzeigepflichten nach § 17 Abs 1 und 3 KSchG führten nach der **früheren Rechtsprechung** des BAG allenfalls zur Unwirksamkeit der Entlassung der betroffenen ArbN iSv § 18 Abs 1 KSchG (BAG 18.9.03 – 2 AZR 79/02, NZA 04, 375). Weder wurde die Wirksamkeit der Kündigung berührt, noch war ein Nachteilsausgleichsanspruch gesetzlich vorgesehen (BAG 30.3.04 – 1 AZR 7/03, NZA 04, 931). Dies bedarf nach der **neuen Rechtsprechung** des BAG der Überprüfung. Zwar bleibt es weiterhin bei dem grds Erfordernis, dass sich der ArbN auf die Fehlerhaftigkeit der Anzeige berufen muss (BAG 22.3.01 – 8 AZR 565/00, NZA 02, 1349; LAG MeVo 28.6.07 – 1 Sa 18/07). Das ergibt sich letztlich bereits aus der mittlerweile für alle Unwirksamkeitsgründe geltenden Klagefrist des § 4 KSchG. Geschieht dies und fehlt die Anzeige oder ist sie fehlerhaft und liegen nicht die Voraussetzungen des § 17 Abs 3 Satz 2 KSchG vor, kann die Entlassung keine Rechtswirkung entfalten und die Kündigung ist rechtsunwirksam (BAG 22.11.12 – 2 AZR 371/11, NZA 13, 845; 21.3.13 – 2 AZR 60/12, NZA 13, 966). Im Insolvenzfall ersetzt gem § 125 Abs 2 InsO ein nach § 125 Abs 1 InsO abgeschlossener Interessenausgleich die Stellungnahme des BRat nach § 17 Abs 3 Satz 2 KSchG. Das gilt auch für einen mit dem GBRat bei einer betriebsübergreifenden Betriebsänderung abgeschlossenen Interessenausgleich (vgl BAG 7.7.11 – 6 AZR 248/10, NZA 11, 1108; *Schramm/Kuhnke* NZA 11, 1071). 23

Eine Heilung fehlerhafter Massenentlassungsanzeigen durch **bestandskräftige Verwaltungsakte** der Arbeitsagenturen findet nicht statt (BAG 28.6.12 – 6 AZR 780/11, NZA 12, 1029 unter Aufgabe der früheren gegenteiligen Rspr; *Ferme* DB 12, 2162; *Sittard/Knoll* BB 13, 2037). 24

Das Fehlverhalten des ArbGeb kann **Vergütungsansprüche** des ArbN aus dem Gesichtspunkt des Annahmeverzuges gem § 615 BGB begründen. Anders als im Regelfall der unwirksamen ArbGebseitigen Kündigung (s dazu *Annahmeverzug* Rz 1) wird man hier jedoch weiterhin ein Leistungsangebot des ArbN verlangen müssen, da die og Rechtsfolgen erst durch die Ausübung des Wahlrechts seitens des ArbN ausgelöst werden (*Stahlhacke/Preis/Vossen* Rz 1588). 25

6. Sperrfrist und Freifrist. Die ordnungsgemäße Anzeige der beabsichtigten Massenentlassung gegenüber der Agentur für Arbeit setzt gem § 18 Abs 1 KSchG regelmäßig eine einmonatige **Sperrfrist** in Lauf, die von ihr auf zwei Monate verlängert werden kann (§ 18 Abs 2 KSchG). Innerhalb der Sperrfrist werden Kündigungen nur mit ausdrücklicher Zu- 26

300 Massenentlassung

stimmung der Agentur für Arbeit wirksam (aA LAG BaWü 9.7.08 – 16 Sa 1/08, BeckRS 2011, 65925). Die Zustimmung ist rückwirkend bis zum Tag der Antragstellung möglich.

27   Nach dem Wortlaut des § 18 Abs 1 KSchG und der unmissverständlichen Bezugnahme auf Entlassungen iSv § 17 KSchG muss auch im Rahmen des § 18 KSchG derselbe Entlassungsbegriff zugrunde gelegt werden (aA *Bauer/Krieger/Powietzka* BB 06, 2023; *Ramrath* SAE 07, 256). Gleichwohl ist § 18 Abs 1 KSchG nicht dahin zu verstehen, dass die ordentliche Kündigungsfrist erst nach Ablauf der Sperrfrist beginnt. Die Sperrfrist verfolgt allein den Zweck, der Agentur für Arbeit einen zeitlichen Mindesthandlungsspielraum zu gewährleisten (vgl LAG BaWü 12.3.08 – 12 Sa 54/07, BeckRS 2008, 52380). Da § 18 Abs 1 KSchG zudem auf das „Wirksamwerden" der Entlassung abstellt, muss nur dieser einmonatige Mindestzeitraum zwischen der Anzeige und der tatsächlichen Beendigung eingehalten werden (BAG 28.5.09 – 8 AZR 273/08, NZA 09, 1267). Die Kündigungserklärung kann daher problemlos während der Sperrfrist erfolgen. Sofern ausnahmsweise kürzere (tarifliche) Kündigungsfristen gelten, werden diese auf einen Monat verlängert (BAG 6.11.08 – 2 AZR 935/07, NZA 09, 1013). Die Sperrfrist führt auch nicht zu einer Verlängerung der Dreiwochenfrist des § 4 KSchG. Die Geltendmachung der Sozialwidrigkeit der Kündigung muss daher unabhängig von der laufenden Sperrfrist erfolgen.

28   An die Sperrfrist schließt sich eine 90-tägige sog **Freifrist** an. Innerhalb dieser Frist müssen die beabsichtigten Entlassungen durchgeführt werden. Auch insoweit gilt derselbe Entlassungsbegriff (s oben Rz 8; bislang offen gelassen von BAG 23.2.10 – 2 AZR 268/08, NZA 10, 944; 22.4.10 – 6 AZR 948/08, NZA 10, 1057). Der Normzweck des § 18 Abs 4 KSchG besteht darin, „Vorratsanzeigen" des ArbGeb zu verhindern. Es ist rechtlich unbedenklich, wenn bei vorheriger Anzeige ein Arbeitsverhältnis erst nach Ablauf der Freifrist endet. Eine erneute Anzeige ist nach Ablauf der Freifrist nur dann erforderlich, wenn der ArbGeb bis dahin von der Möglichkeit des Kündigungsausspruchs noch keinen Gebrauch gemacht hat (BAG 23.2.10 – 2 AZR 268/08, NZA 10, 944; vgl auch *Kerwer* SAE 09, 143; *Boeddinghaus* ArbuR 07, 374).

29   **7. Streitigkeiten.** Die öffentlich-/arbeitsrechtliche Doppelnatur der §§ 17 ff KSchG wirkt sich naturgemäß auch auf den Rechtsweg aus. Für Rechtsstreitigkeiten, die das Verhältnis zwischen ArbGeb und der Agentur für Arbeit betreffen, sind die **Sozialgerichte** zuständig (s unten Rz 43). Geht es demgegenüber um die Rechtsbeziehung zwischen ArbGeb und ArbN, insbesondere die Frage der Wirksamkeit von Entlassungen, ist der Rechtsweg zu den **Arbeitsgerichten** im Urteilsverfahren (§§ 2 Abs 1 Nr 3, 46 ff ArbGG), oder, soweit die Mitbestimmung des BRat betroffen ist, im Beschlussverfahren (§§ 2a Abs 1 Nr 1, 80 ff ArbGG) gegeben. Im arbeitsgerichtlichen Verfahren ist der ArbN lediglich darlegungs- und beweispflichtig für die tatsächlichen Voraussetzungen der Anzeigepflicht nach § 17 KSchG. Steht diese fest, trifft die Darlegungs- und Beweislast für die ordnungsgemäße Durchführung des Verfahrens als Wirksamkeitsvoraussetzung der Kündigung nach § 17 KSchG den ArbGeb (BAG 13.12.12 – 6 AZR 5/12, BeckRS 2013, 67924).

B. Lohnsteuerrecht   *Seidel*

36   Die Massenentlassung als solche ist lohnsteuerlich unerheblich. Zu den lohnsteuerlichen Folgen bei Annahmeverzug (oben Rz 25) s bei *Annahmeverzug* Rz 25, 26. Zur Kündigung s *Kündigung, allgemein* Rz 82.

C. Sozialversicherungsrecht   *Voelzke*

41   **1. Anzeigepflicht.** Die Bestimmungen über die Anzeigepflicht und Entlassungssperre bei Massenentlassungen verfolgten ursprünglich arbeitsmarktpolitische Zwecke. Die Arbeitsverwaltung sollte in die Lage versetzt werden, Massenentlassung zu verhindern oder sich rechtzeitig auf Entlassungen größeren Umfangs einzustellen (vgl aber zum Wandel des Verständnisses durch die Rspr des EuGH ErfK/*Kiel* § 17 KSchG Rz 2).

42   Eine **Verpflichtung** des ArbGeb, der Agentur für Arbeit **Entlassungen im Sinne des § 17 Abs 1 KSchG schriftlich anzuzeigen,** besteht, bevor er ArbN innerhalb von 30 Tagen entlässt (*Dzida/Hohenstatt* DB 06, 1901; zum Begriff der Entlassung auch *Reinhard* RdA 07, 207). Anzeigepflichtig ist auch der Insolvenzverwalter (BSG 5.12.78 – 7 RAr 32/78, DB 79, 1283). Die Anzeige muss nach § 17 Abs 3 Satz 4 KSchG Angaben über den Namen

des ArbGeb, den Sitz und die Art des Betriebes enthalten, ferner die Gründe für die geplanten Entlassungen, die Zahl und die Berufsgruppen der zu entlassenden und der idR beschäftigten ArbN, den Zeitraum, in dem die Entlassungen vorgenommen werden sollen und die vorgesehenen Kriterien für die Auswahl der zu entlassenden ArbN (vgl *Schiefer* DB 95, 1913; *Grünberger* NJW 95, 2812). Zusätzlich soll die Anzeige im Einvernehmen mit dem BRat Angaben über Geschlecht, Alter, Beruf und Staatsangehörigkeit der zu entlassenden ArbN enthalten. Die nach § 17 Abs 2 KSchG erforderliche Mitteilung an den BRat ist gleichzeitig auch der Agentur für Arbeit zuzuleiten. Angaben über die für die Berechnung von Abfindungen vorgesehenen Kriterien brauchen dort nicht enthalten sein. Der Anzeige ist grds eine Stellungnahme des BRat beizufügen. Der BRat ist gegenüber der Agentur für Arbeit zu weiteren Stellungnahmen berechtigt; er hat dem ArbGeb eine Abschrift der Stellungnahme zuzuleiten (§ 17 Abs 3 Satz 7 und 8 KSchG).

Die Anzeige an die Agentur für Arbeit setzt die Sperrfrist von idR einem Monat in Lauf (Näheres s oben Rz 26 ff). Die Ermessensentscheidungen des Geschäftsführers der Agentur für Arbeit bzw des bei der Agentur für Arbeit gebildeten Ausschusses (§ 20 Abs 1 KSchG) über eine Verkürzung (§ 18 Abs 1 KSchG) oder Verlängerung der Sperrfrist (§ 18 Abs 2 KSchG) sind **Verwaltungsakte,** die vom ArbGeb bei den SG angefochten werden können. Werden die Entlassungen nicht innerhalb von 90 Tagen nach dem Zeitpunkt, zu dem sie nach § 18 Abs 1 und 2 KSchG zulässig sind, durchgeführt, so bedarf es ggf einer neuen Anzeige (§ 18 Abs 4 KSchG).

Ein privatrechtsgestaltender Verwaltungsakt liegt auch vor, soweit die BA nach § 19 Abs 1 KSchG die Einführung von **Kurzarbeit** gestattet, weil der ArbGeb nicht in der Lage ist, alle ArbN während der Dauer der Sperrfrist zu beschäftigen (ErfK/*Kiel* § 19 KSchG Rz 3). Die Klage ist gegen die BA zu richten; der Ausschuss ist nicht beteiligtenfähig (BSG 21.3.78 – 7/12 RAr 6/77, SozR 7820 § 18 Nr 1). Dem ArbN und dem bei der Anzeige zu beteiligenden BRat (BSG 14.8.80 – 7 RAr 68/79, SozR 1500 § 54 Nr 44) stehen keine eigene Klagebefugnis zu.

2. Sperrzeit. Problematisch ist, ob die Mitwirkung des ArbN bei Maßnahmen des ArbGeb zum Abbau von Personal durch Zustimmung zu einer **Auflösungsvereinbarung** zum Eintritt einer Sperrzeit nach § 159 Abs 1 Satz 2 Nr 1 SGB III führt und damit den AlGeldAnspruch des ArbN belastet. Die einvernehmliche Lösung des Beschäftigungsverhältnisses erfüllt grds die Voraussetzungen des genannten Sperrzeittatbestandes (Näheres: *Sperrzeit* Rz 11). Dies gilt idR sogar dann, wenn im Rahmen eines betrieblichen Personalabbaus ein älterer ArbN ausscheidet und damit die Entlassung eines jüngeren ArbN vermeidet, da es nicht Aufgabe des ArbN ist, Arbeitsmarktpolitik zu betreiben. Zudem sind gerade ältere ArbN idR schwer zu vermitteln und stellen deshalb eine besondere Belastung für die Versichertengemeinschaft dar.

Allerdings hat das BSG unter engen Voraussetzungen Ausnahmen von den vorstehenden Grundsätzen zugelassen (vgl KassHB SGB III/*Voelzke* § 12 Rz 371). Das Vorliegen eines wichtigen Grundes wurde bei älteren ArbN bejaht, wenn bei einem größeren Betrieb in einer krisenhaften Situation der **Zwang** zu einem kurzfristig durchzuführenden **drastischen Personalabbau** besteht, um den Betrieb und damit auch die Arbeitsplätze zu erhalten, und die drohende Arbeitslosigkeit der freizusetzenden ArbN durch den örtlichen Arbeitsmarkt nicht ohne weiteres aufgefangen werden kann (BSG 17.2.81 – 7 RAr 90/79, DB 81, 1523). Zusätzlich sind Anhaltspunkte dafür erforderlich, dass der ArbN durch sein vorzeitiges Ausscheiden aus dem Betrieb einem anderen ArbN die Entlassung und damit die Arbeitslosigkeit erspart. Ein drastischer Personalabbau in diesem Sinn liegt vor, wenn innerhalb eines Jahres mindestens 25 vH der Belegschaft abgebaut wird. Die Anerkennung eines wichtigen Grundes ist bei einer Freisetzung von Mitarbeitern zu verneinen, die lediglich der Verbesserung der Altersstruktur der Belegschaft oder der Sicherstellung der Wettbewerbsfähigkeit des Unternehmens dient. Die Fortsetzung des Arbeitsverhältnisses kann in Einzelfällen auch deshalb unzumutbar sein, weil der ArbN einem **erheblichen Druck** des ArbGeb oder jüngerer, von Kündigungen bedrohter Mitarbeiter ausgesetzt wird, seinen Arbeitsplatz aufzugeben (BSG 29.11.89 – 7 RAr 86/88, NZA 90, 628).

Ferner liegt ein wichtiger Grund iSd Sperrzeittatbestandes vor, wenn einem älteren ArbN mit Rücksicht auf die Dauer seiner Betriebszugehörigkeit die Ausübung einer **unterwerti-**

gen Beschäftigung beim ArbGeb nicht zugemutet werden kann (BSG 13.8.86 – 7 RAr 1/86, NZA 87, 180). Schließlich ist ein wichtiger Grund nach der neueren Rspr des BSG zu bejahen, wenn dem ArbN eine betriebsbedingte Kündigung droht und die Höhe der **Abfindung** die in § 1a Abs 2 KSchG genannten Beträge nicht übersteigt (Näheres: *Sperrzeit* Rz 30).

48 Zu beachten ist in diesem Zusammenhang, dass Zusagen des ArbGeb über den Nichteintritt einer Sperrzeit für den Leistungsanspruch unbeachtlich sind, aber ggf einen Schadensersatzanspruch auslösen können (vgl BAG 10.3.88 – 8 AZR 420/85, BB 88, 1962). Zusagen der Agentur für Arbeit, AlGeld unmittelbar nach Eintritt der Arbeitslosigkeit zu zahlen, bedürfen zu ihrer Wirksamkeit der Schriftform (§ 34 Abs 1 SGB X). Ein **Irrtum** über das Vorliegen eines wichtigen Grundes bei drastischem Personalabbau lässt die Sperrzeit nicht entfallen, denn es ist erforderlich, dass der wichtige Grund objektiv gegeben ist. Der Irrtum des Arbeitslosen begründet eine besondere Härte, die zur Verminderung der Regeldauer einer Sperrzeit führt, nur, wenn er durch die konkrete Auskunft einer hiermit vertrauten Stelle – idR einer Dienststelle der BA – hervorgerufen oder unterstützt wird (BSG 5.6.97 – 7 RAr 22/95, SozR 3–1500 § 144 Nr 12).

Medizinischer Dienst

A. Arbeitsrecht *Poeche*

1 **1. Aufgaben des Medizinischen Dienstes.** Die Möglichkeiten, im **bestehenden Arbeitsverhältnis** eine ärztlich attestierte Arbeitsunfähigkeit des ArbN zu überprüfen, sind im Zuge der Regelung der PflegeV entscheidend verbessert worden (Art 4 PflegeVG). So wird die Krankenkasse selbst verpflichtet, jede Krankschreibung unverzüglich zu überprüfen. Sie hat eine gutachterliche Stellungnahme des Medizinischen Dienstes einzuholen, um **Zweifel an der Arbeitsunfähigkeit** zu beseitigen, s dazu unten Rz 9 ff.

2 **2. Tätigwerden des Dienstes auf Veranlassung des Arbeitgebers.** Der ArbGeb kann von der gesetzlichen KV zur Beseitigung von Zweifeln an der Arbeitsunfähigkeit eines ArbN, die nicht näher dargelegt werden müssen (s *Kühn* NZA 12, 1249) verlangen, dass diese die Arbeitsunfähigkeit ihres Mitglieds überprüft (§ 275 Abs 1a Satz 2 SGB V). Im Verhältnis zum ArbN hat der ArbGeb keine Obliegenheit, die KV einzuschalten; er kann den Beweiswert einer Arbeitsunfähigkeitsbescheinigung auch auf andere Weise erschüttern (LAG Hamm 9.4.08 – 18 Sa 1938/07, BeckRS 2008, 54151). Von der Einschaltung des Medizinischen Dienstes kann die KV absehen, wenn sich die Arbeitsunfähigkeit aus ihr vorliegenden Unterlagen eindeutig ergibt. Bei privat versicherten ArbN ist der ArbGeb auf Hausbesuche und sonstige Kontrollen beschränkt, wobei die Rechte des BRat zu beachten sind (s *Betriebsordnung* Rz 7).

3 **3. Mitteilungspflichten.** Das **Ergebnis** der ärztlichen Untersuchung – nicht die Diagnose – wird dem ArbGeb von der KV nur für die Dauer seiner Entgeltfortzahlungspflicht und auch nur dann mitgeteilt, wenn die Arbeitsunfähigkeit des ArbN abweichend vom Attest des behandelnden Arztes beurteilt wird, also generell verneint oder für eine kürzere oder längere Zeit bescheinigt wird (§ 277 Abs 2 SGB V). Der ArbGeb wird auch unterrichtet, wenn der ArbN nicht zu der angeordneten Untersuchung erscheint.

4 **4. Rechtsfolgen der Einschaltung des Medizinischen Dienstes.** Der Entgeltfortzahlungsanspruch des ArbN entfällt nicht zwangsläufig, wenn der Medizinische Dienst abweichend vom behandelnden Arzt seine Arbeitsfähigkeit feststellt. Dem ArbGeb steht weder nach § 7 EFZG noch nach § 273 BGB ein Leistungsverweigerungsrecht zu. Das Gutachten hat nicht ohne weiteres einen höheren Beweiswert als die Arbeitsunfähigkeitsbescheinigung des behandelnden Arztes (aA *Kühn* NZA 12, 1249). Deren Beweiswert ist allerdings erschüttert, so dass der ArbN seine Arbeitsunfähigkeit nunmehr **nachzuweisen** hat (Näheres s *Arbeitsunfähigkeitsbescheinigung* Rz 6 ff). Gleiches gilt, wenn der ArbN die Untersuchung ohne triftigen Grund verweigert (s *Kühn* NZA 12, 1249). Im Rechtsstreit wird die behauptete Arbeitsunfähigkeit idR nur über einen Sachverständigen geklärt werden können.

5. Sonstiges. Zur **Eingruppierung** eines Facharztes vgl BAG 24.2.99 – 4 AZR 156/98, ZTR 99, 323, eines Leiters von Beratungsstellen des Medizinischen Dienstes BAG 20.3.02 – 4 AZR 83/01, NZA 04, 287. Der bei einer gesetzlichen KV beschäftigte Arzt hat keinen Anspruch auf Erteilung einer Nebentätigkeitsgenehmigung zur Erstellung von Gutachten für eine private KV (BAG 28.2.02 – 6 AZR 33/01, ZTR 02, 429). Bei der Gestaltung seines Privatlebens unterliegt der Arzt besonderen **Rücksichtnahmepflichten** auf die Interessen des ArbGeb. Diese sind verletzt, wenn er trotz bescheinigter Arbeitsunfähigkeit Freizeitaktivitäten wahrnimmt, die mit der Arbeitsunfähigkeit schwerlich in Einklang zu bringen sind. Das BAG hat daher ausgehend von seiner Rspr zum krankheitsangepassten Verhalten (*Kündigung, verhaltensbedingte* Rz 36) die außerordentliche Kündigung eines im Medizinischen Dienst beschäftigten schwer behinderten Arztes bestätigt (eingetragenes Merkmal „G" = gehbehindert), der während einer Krankschreibung wegen Meningoenzephalitis (Hirnhautentzündung mit Auswirkungen auf die Gehirnsubstanz) in Skiurlaub fuhr, im Skikurs stürzte und sich dabei Schien- und Wadenbein brach (BAG 2.3.06 – 2 AZR 53/05, NZA-RR 06, 636).

B. Lohnsteuerrecht *Thomas*

Die Tätigkeit des medizinischen Dienstes als solche hat auf die lohnsteuerliche Beurteilung des ArbN keine Auswirkung.

C. Sozialversicherungsrecht *Ruppelt*

Der Medizinische Dienst der KV stellt den Trägern der gesetzlichen KV (s *Krankenversicherungsträger* Rz 6) den medizinischen Sachverstand zur Verfügung, den diese zur Erfüllung ihrer Aufgaben benötigen. Er ist personell und sachlich unabhängig und unterliegt keinen Weisungen der Krankenkassen. Er ist als Gemeinschaftseinrichtung der gesetzlichen Kranken- und Pflegekassen auf Länderebene organisiert und beschäftigt Ärzte aller Fachgebiete mit idR sozialmedizinischer Zusatzqualifikation. Die Krankenkassen bedienen sich des Medizinischen Dienstes zur Klärung aller Fragen, die in Zusammenhang mit ihren Aufgaben stehen (§ 275 SGB V).

Bei **Zweifeln an der Arbeitsunfähigkeit** hat der KVTräger eine gutachtliche Stellungnahme des Medizinischen Dienstes einzuholen. Zweifel an der Arbeitsunfähigkeit sind insbesondere in Fällen anzunehmen, in denen Versicherte auffällig häufig oder auffällig häufig nur für kurze Dauer arbeitsunfähig sind oder der Beginn der Arbeitsunfähigkeit häufig auf einen Arbeitstag am Beginn oder Ende einer Woche fällt oder die Arbeitsunfähigkeit von einem Arzt festgestellt worden ist, der durch die Häufigkeit der von ihm ausgestellten Bescheinigungen über Arbeitsunfähigkeit auffällig geworden ist. Die Prüfung hat unverzüglich nach Vorlage der ärztlichen Feststellung über die Arbeitsunfähigkeit zu erfolgen. Der ArbGeb kann bei Zweifeln an der Arbeitsunfähigkeit des ArbN **verlangen,** dass die Krankenkasse eine gutachtliche Stellungnahme des Medizinischen Dienstes zur Überprüfung der Arbeitsunfähigkeit einholt (§ 275 Abs 1a Satz 3 SGB V). Das gilt schon während des Entgeltfortzahlungszeitraums (s Rz 2 ff). Vgl *Arbeitsunfähigkeitsbescheinigung* Rz 22.

Im Rahmen der **Wirtschaftlichkeitsprüfung** überprüft der Medizinische Dienst bei Vertragsärzten (Kassenärzten) stichprobenartig und zeitnah Feststellungen der Arbeitsunfähigkeit.

Mehrfachbeschäftigung

A. Arbeitsrecht *Röller*

1. Begriff. Mehrfachbeschäftigung liegt vor, wenn ein ArbN ein oder mehrere zusätzliche Arbeitsverhältnisse bei anderen ArbGeb eingeht (s auch *Nebentätigkeit*). Sie ist insbes gegeben, wenn ein **geringfügig beschäftigter Arbeitnehmer** ein weiteres geringfügiges Arbeitsverhältnis aufnimmt und somit eine Doppelbeschäftigung vorliegt.

2. Zulässigkeit. Eine Doppel- oder Mehrfachbeschäftigung ist **grundsätzlich zulässig,** wie § 8 Abs 2 SGB IV zeigt. Die SozVFreiheit ist nach wie vor gegeben, wenn es sich um

302 Mehrfachbeschäftigung

eine oder mehrere geringfügige Beschäftigungen handelt und die Grenzen des § 8 Abs 1 SGB IV – ggf nach Zusammenrechnung – nicht überschritten werden (s *Geringfügige Beschäftigung* Rz 85 ff).

3 Dem geringfügig beschäftigten ArbN kann die Aufnahme einer weiteren geringfügigen Beschäftigung, die durch Zusammenrechnung zur SozVPflicht führt, durch eine vertragliche Vereinbarung nicht untersagt werden. Die Ausübung nur einer einzigen geringfügigen Beschäftigung kann auch nicht zur Geschäftsgrundlage eines Arbeitsvertrages gemacht werden (BAG 6.9.90, DB 91, 496; 18.11.88, DB 89, 848; LAG Köln 28.1.94, ArbuR 95, 158). Anders ist die Rechtslage dann zu beurteilen, wenn die zweite Beschäftigung zeitlich oder aus Gründen verbotener **Konkurrenztätigkeit** mit der ersten Beschäftigung kollidiert.

4 **3. Kündigungsschutz.** Geringfügig beschäftigte ArbN genießen wie Vollzeitbeschäftigte Kündigungsschutz. Die Aufnahme einer Doppel- oder Mehrfachbeschäftigung stellt keinen Pflichtverstoß dar, sie berechtigt den ArbGeb deshalb nicht zu Sanktionen, insbesondere nicht zur verhaltensbedingten Kündigung. Auch eine personen- oder betriebsbedingte Kündigung aus diesem Grund ist nicht möglich (BAG 6.9.90, NJW 91, 1002). Besteht kein Kündigungsschutz nach dem KSchG, verstößt eine solche Kündigung gegen § 612a BGB.

5 **4. Folgen der Mehrfachbeschäftigung.** Die Ausübung mehrerer geringfügiger Beschäftigungen kann nach § 8 SGB IV zur **Sozialversicherungspflicht** führen. Für den ArbN, der eine geringfügige Beschäftigung ausübt, besteht deshalb nach Aufnahme eines weiteren Beschäftigungsverhältnisses die Pflicht, dieses dem ArbGeb **unverzüglich anzuzeigen.** Diese Meldepflicht besteht unabhängig von einer ausdrücklichen vertraglichen Regelung.

6 Ein Verstoß gegen die Anzeigepflicht hat für den ArbGeb keine unangenehmen Konsequenzen, auch wenn durch die Aufnahme eines weiteren Beschäftigungsverhältnisses die SozVPflicht begründet wird. Nach § 8 Abs 2 Satz 3 SGB IV tritt in den Fällen der Zusammenrechnung nach Satz 2 die Versicherungspflicht nicht bereits kraft Gesetzes ein, sondern erst mit dem Tag der Bekanntgabe einer entsprechenden **Feststellung** durch die Einzugsstelle oder einen Träger der RV. Diese Feststellung ist für die Entstehung der Versicherungspflicht und damit auch der Beitragspflicht konstitutiv. Eine Ausnahme soll nach Auffassung der Spitzenverbände (NZA 03, Beil 7, S 7) allerdings für den Fall gelten, dass der ArbGeb es vorsätzlich oder grob fahrlässig unterlassen hat, den Sachverhalt für die versicherungsrechtliche Beurteilung aufzuklären. Nach Auffassung des SG Freiburg lässt § 8 Abs 2 Satz 3 SGB IV für diese Auslegung keinen Raum (SG Freiburg 13.9.07 – S 2 KN-R 6092/06, BeckRS 2007, 48869).

B. Lohnsteuerrecht *Seidel*

8 Eine Mehrfachbeschäftigung liegt vor, wenn ein ArbN aus mehreren gleichzeitigen Dienstverhältnissen Arbeitslohn bezieht. Mehrere Dienstverhältnisse liegen steuerrechtlich auch vor, wenn ein ArbN sowohl aus einem **aktiven** als auch aus einem **früheren Dienstverhältnis** (§ 19 Abs 1 Nr 2 EStG) Arbeitslohn erhält. Handelt es sich um mehrere ArbGeb, hat der ArbN jedem seiner ArbGeb bei Eintritt in das Dienstverhältnis zum Zweck des Abrufs der ELStAM mitzuteilen, ob es sich um das erste oder ein weiteres Dienstverhältnis handelt sowie ob und ggf in welcher Höhe ein festgestellter Frei- bzw Hinzurechnungsbetrag abgerufen werden soll (§§ 39e Abs 4 Nrn 2 und 3, 39a Abs 1 Nr 7 EStG; *Lohnkonto* Rz 4). Für jedes weitere Dienstverhältnis sind eigene ELStAM zu bilden (§ 39e Abs 3 Satz 2 EStG); es gilt jeweils die Steuerklasse VI (§ 38b Abs 1 Satz 2 Nr 6 EStG). Wurden für den ArbN keine ELStAM gebildet, hat er die vom WohnsitzFA auszustellende Bescheinigung für den LStAbzug vorzulegen (§ 39e Abs 8; s auch *Lohnsteuerabzugsmerkmale* Rz 27 und *Lohnsteuerklassen* Rz 211).

9 Welchem ArbGeb der ArbN mitteilt, dass es das erste bzw das zweite oder weitere Arbeitsverhältnis ist, ist Sache des ArbN. Er kann die für ihn **günstigste Lösung wählen** (*HMW/ Mehrere Dienstverhältnisse* Rz 7). Der ArbGeb hat den Altersentlastungsbetrag (§ 24a EStG; s auch *Altersentlastungsbetrag* Rz 6 ff) und den Versorgungsfreibetrag sowie den Zuschlag zum Versorgungsfreibetrag (§ 19 Abs 2 EStG) bei der LStEinbehaltung und LStAbführung auch zu berücksichtigen, wenn ihm mitgeteilt wurde, dass es sich um ein zweites oder weiteres Dienstverhältnis handelt. Für Stpfl, die nebeneinander Arbeitslohn von mehreren ArbGeb bezogen haben, ist vAw eine EStVeranlagung durchzuführen (§ 46 Abs 2 Nr 2 EStG; s auch *Antragsveranlagung* Rz 7). Ist der ArbGeb dieselbe Person, so sind die Bezüge – auch bei mehreren Dienstverhältnissen – zusammenzurechnen und einheitlich der LSt zu unterwerfen. Zur Unterscheidung, ob mehrere Dienstverhältnisse oder nur Nebenpflichten aus der Haupttätigkeit bzw eine Hilfstätigkeit vorliegen s *Arbeitnehmer (Begriff)* Rz 42, 43.

Durch die Hartz-Reform wurde ab 1.4.03 wieder die Möglichkeit geschaffen, eine **10** pauschal besteuerte geringfügige Beschäftigung (§ 40a Abs 2 und 2a EStG; s *Geringfügige Beschäftigung* Rz 21, 22) beim selben ArbGeb neben einem dem normalen LStAbzug unterworfenen Arbeitsverhältnis auszuüben. Das Verbot der Aufteilung gilt nurmehr bei Ausübung einer kurzfristigen Beschäftigung (§ 40a Abs 1 EStG; s *Aushilfskräfte* Rz 24–26) oder bei land- und forstwirtschaftlichen Aushilfskräften (§ 40a Abs 3 EStG, s *Aushilfskräfte* Rz 27–29; s hierzu § 40a Abs 4 EStG). Über die Frage, ob eine eigenständige geringfügige Beschäftigung vorliegt, hat die Minijobzentrale der Knappschaft Bahn See zu entscheiden. Diese Entscheidung bindet die FA. Ferner gilt das Aufteilungsverbot nicht, wenn es sich einerseits um Ruhestandsbezüge und andererseits um Aktivbezüge handelt. Die Aktivbezüge können bei Vorliegen der Voraussetzungen pauschal besteuert werden (BFH 27.7.90, BStBl II 90, 931).

Eine Pauschalierung kommt auch bei mehreren ArbGeb in Betracht, wenn in dem **11** jeweiligen Dienstverhältnis die Voraussetzungen hierfür vorliegen (LStR 40a.1 Abs 1 Sätze 2 und 3; s im Einzelnen *Teilzeitbeschäftigung* Rz 115 ff, *Aushilfskräfte* Rz 23 ff, *Geringfügige Beschäftigung* Rz 22 und 24). Zum Vorwegabzug bei der Berücksichtigung von Vorsorgeaufwendungen im Rahmen der Sonderausgaben, wenn nur für einen Teil des Arbeitslohns die Voraussetzungen des § 10 Abs 3 EStG (idF vor 2005) iVm § 10 Abs 4a EStG (Günstigerregelung bis 2019) erfüllt sind s *Sonderausgaben* Rz 6–11.

C. Sozialversicherungsrecht *Schlegel*

1. Versicherungspflicht. Die Versicherungspflicht eines ArbN, der in mehreren Beschäf- **12** tigungsverhältnissen steht (sog Mehrfachbeschäftigter), ist zunächst für jedes der mehreren Beschäftigungsverhältnisse je für sich gesondert zu prüfen (BSG 13.9.79 – 12 RK 26/77, BSGE 49, 38, 49). Liegt in einem der Beschäftigungsverhältnisse Versicherungsfreiheit wegen Geringfügigkeit vor, ist zu prüfen, ob sich hieran etwas durch die Zusammenrechnungsvorschrift des § 8 Abs 2 SGB IV ändert (dazu: *Geringfügige Beschäftigung* Anm C).

Die **Versicherungsfreiheit** eines Beschäftigungsverhältnisses in der RV berührt die Ver- **13** sicherungspflicht eines anderen Beschäftigungsverhältnisses grds nicht. Übt zB ein Beamter neben einer versicherungsfreien Beamtentätigkeit eine entgeltliche Beschäftigung aus, so erstreckt sich die Versicherungsfreiheit als Beamter nicht auf diese Beschäftigung (vgl § 5 Abs 1 SGB VI: Versicherungsfrei sind … Beamte etc „in dieser Beschäftigung"). Entsprechendes gilt für die Beitragspflicht zur BA. Anders dagegen in der KV; dort bestünde die Gefahr, dass man sich durch eine „relativ geringfügige", aber doch bereits versicherungspflichtige Nebenbeschäftigung einen billigen KVSchutz schafft und man sich deshalb zB als Beamter, Soldat etc nicht zusätzlich zur beamtenrechtlichen Versorgung privat absichern müsste. Die nach § 6 Abs 1 SGB V in der KV versicherungsfreien Personen (ArbN über JAEGrenze, Beamte, Geistliche, Soldaten etc) bleiben deshalb auch dann versicherungsfrei, wenn sie in einer anderen Beschäftigung an sich nach § 5 Abs 1 Nr 1, 5–12 SGB V versicherungspflichtig wären (vgl § 6 Abs 3 SGB V). Eine getrennte Beurteilung ist auch dann vorzunehmen, wenn neben einem abhängigen Beschäftigungsverhältnis zugleich eine selbstständige Tätigkeit ausgeübt wird.

2. Beitragstragung bei Mehrfachbeschäftigung. a) Ermittlung der jeweiligen Ar- **14** **beitgeber- und Arbeitnehmeranteile – altes Recht.** Steht der ArbN gleichzeitig in mehreren versicherungspflichtigen Arbeitsverhältnissen, haften die ArbGeb nur für den GesamtSozVBeitrag, der auf das bei ihnen erzielte Arbeitsentgelt entfällt.

Liegt die Summe der Arbeitsentgelte aus mehreren Beschäftigungsverhältnissen über den **15** jeweiligen Beitragsbemessungsgrenzen der KV bzw RV, sind aus sämtlichen Beschäftigungsverhältnissen Beiträge insgesamt nur einmal aus einem durch die Beitragsbemessungsgrenze limitierten Betrag zu zahlen. Dh für den ArbN ist nur einmal der Höchstbeitrag zu zahlen.

16 Die Frage, wie der Höchstbeitrag auf ArbN und die beiden bzw auf mehrere ArbGeb aufzuteilen ist, wird durch § 22 Abs 2 Satz 1 SGB IV geregelt: „Treffen beitragspflichtige Einnahmen aus mehreren Versicherungsverhältnissen zusammen und übersteigen sie die für das jeweilige Versicherungsverhältnis maßgebliche Beitragsbemessungsgrenze, so vermindern sie sich zum Zwecke der Beitragsberechnung nach dem Verhältnis ihrer Höhe so zueinander, dass sie zusammen höchstens die Beitragsbemessungsgrenze erreichen." Dies würde bedeuten, dass auch Arbeitsentgelte über der jeweiligen Beitragsbemessungsgrenze in die Verhältnisrechnung eingehen und ausgehend hiervon eine Berechnung des Verhältnisses dieser Arbeitsentgelte stattfände. Wäre zB das Arbeitsentgelt aus der ersten Beschäftigung doppelt so hoch wie aus der zweiten Beschäftigung, zahlt der ArbGeb des höheren Arbeitsentgelts zwei Drittel, der andere ArbGeb ein Drittel der insgesamt zu zahlenden ArbGebAnteile des Gesamtbeitrages, und zwar auch dann, wenn beide Arbeitsentgelte für sich genommen jeweils über der Beitragsbemessungsgrenze liegen. – So die Rechtslage bis 31.12.2011.

17 **b) Ermittlung der jeweiligen Arbeitgeber- und Arbeitnehmeranteile – neues Recht.** Seit 1.1.2012 wurde dem § 22 Abs 2 SGB IV ein Satz 2 angefügt: „Die beitragspflichtigen Einnahmen aus dem jeweiligen Versicherungsverhältnis sind vor der Verhältnisrechnung nach Satz 1 auf die maßgebliche Beitragsbemessungsgrenze zu reduzieren. Für die knappschaftliche RV und die allgemeine RV sind die Berechnungen nach Satz 1 getrennt durchzuführen."

18 Dies bedeutet, dass für die Berechnung der Anteile am Höchstbeitrag Arbeitsentgelt über der Beitragsbemessungsgrenze unberücksichtigt bleiben (zur Gesetzesbegründung vgl BT-Drs 17/6764 S 17 f zu Art 1 Nr 4). Liegen zB die Arbeitsentgelte in zwei Beschäftigungsverhältnissen jeweils über der Beitragsbemessungsgrenze, zahlen beide ArbGeb jeweils die Hälfte des ArbGebAnteils auf den Höchstbeitrag, und dies selbst dann, wenn das Arbeitsentgelt aus der ersten Beschäftigung das Arbeitsentgelt aus der zweiten Beschäftigung um ein Mehrfaches übersteigt. Die andere Hälfte des Höchstbeitrages trägt der ArbN. In der KV ist zu beachten, dass kein reine paritätische Beitragtragung" stattfindet; für die Verhältnisrechnung nach § 22 Abs 2 SGB IV spielen diese Besonderheiten des nur vom ArbN zu tragenden 0,9-prozentigen ArbNAnteils keine Rolle.

19 Liegen die Arbeitsentgelte jeweils unterhalb der jeweiligen Beitragsbemessungsgrenzen der KV- und RV findet eine Aufteilung der ArbGebAnteile nach dem Verhältnis der jeweiligen Arbeitsentgelte zueinander statt.

> **Beispiel:** Arbeitsentgelt aus der ersten Beschäftigung 2000 €, aus der zweiten Beschäftigung 1000 €: ArbGeb 1 trägt zwei Drittel, ArbGeb 2 ein Drittel des auf den nach 3000 € berechneten ArbGebAnteils am Beitrag.

20 Liegt das Arbeitsentgelt aus der ersten Beschäftigung über, das Arbeitsentgelt aus der zweiten Beschäftigung unterhalb der jeweiligen Beitragsbemessungsgrenze, wird zunächst das Arbeitsentgelt aus der ersten Beschäftigung zur Ermittlung der Anteile auf die Beitragsbemessungsgrenze begrenzt. Erst anschließend wird das Verhältnis dieses – nunmehr der Beitragsbemessungsgrenze entsprechenden – Beitrages zum Arbeitsentgelt aus der zweiten Beschäftigung ermittelt.

21 **3. Fragerecht des Arbeitgebers.** Der ArbGeb geringfügig beschäftigter ArbN ist berechtigt, seine ArbN zu fragen, ob sie bei einem anderen ArbGeb in einem Umfang beschäftigt sind, der zusammen mit der bei ihm ausgeübten Beschäftigung Versicherungspflicht und Beitragspflicht begründet, wenn er die Voraussetzungen für das Entstehen der Versicherungs- und Beitragspflicht darlegt (BSG 23.2.88 – 12 RK 43/87, DB 88, 716). Dieses Fragerecht ist die Konsequenz der Rechtsfolgen des § 8 Abs 2 SGB IV. Danach werden ua mehrere geringfügige Beschäftigungen, die nebeneinander ausgeübt werden, zusammengerechnet (s *Geringfügige Beschäftigung*). Ergibt die Zusammenrechnung, dass die Grenzwerte des § 8 Abs 1 Nr 1 oder Nr 2 SGB IV überschritten sind, tritt vom Zeitpunkt der Überschreitung an Versicherungs- und Beitragspflicht in den zusammengerechneten Beschäftigungsverhältnissen selbst dann ein, wenn der ArbN seinem ArbGeb die anderweitige Beschäftigung verschwiegen hat. Insbesondere besteht die Gefahr, dass der ArbGeb bei einer verspäteten Feststellung der Versicherungspflicht zusätzlich zu dem ArbGebAnteil den ArbNAnteil der Beiträge zu tragen hat.

Soweit er Anlass hat, den Angaben seines ArbN zu misstrauen und zur Sicherheit eine 22 genaue Ermittlung für geboten hält, kann der ArbGeb bei der Einzugsstelle beantragen, Ermittlungen einzuleiten und über die Versicherungspflicht zu entscheiden (BSG 23.2.88 – 12 RK 43/87, SozR 2100 § 8 Nr 5). Zum Recht des ArbGeb, in solchen Fällen abweichend vom Lohnabzugsverfahren vom ArbN die Zahlung von ArbNAnteilen zu verlangen, s § 28g Satz 4 SGB IV (s oben Rz 12).

4. Zuständige Krankenkasse. Ein Kompetenzkonflikt zwischen mehreren Krankenkassen, den § 178 SGB V aF regelte, kann seit Einführung des Wahlrechts der Versicherten nach §§ 173 ff SGB V nicht mehr auftreten. 23

5. Beitragszuschuss für Mehrfachbeschäftigte. Gem § 257 Abs 1 SGB V (früher: § 405 24 RVO) erhalten freiwillig in der gesetzlichen KV versicherte Beschäftigte, die nur wegen Überschreitens der JAEGrenze versicherungsfrei sind, von ihrem ArbGeb als Beitragszuschuss die Hälfte des Betrags, der für einen versicherungspflichtig Beschäftigten bei der Krankenkasse, bei der die Mitgliedschaft besteht, zu zahlen wäre, höchstens jedoch die Hälfte des Betrages, den sie tatsächlich zu zahlen haben. Bestehen innerhalb desselben Zeitraumes mehrere Beschäftigungsverhältnisse, sind die beteiligten ArbGeb **anteilig** nach dem Verhältnis der Höhe der jeweiligen Arbeitsentgelte zur Zahlung des Beitragszuschusses verpflichtet (§ 257 Abs 1 Satz 2 SGB V). Satz 2 der Vorschrift will verhindern, dass bei Mehrfachbeschäftigungen die von den beteiligten ArbGeb zu zahlenden Beitragszuschüsse in der Summe die Hälfte des vom ArbN tatsächlich zu zahlenden KVBeitrages übersteigen (vgl BR-Drs 200/88 S 227, BT-Drs 11/2237 S 227). Abs 2 der Vorschrift sieht eine entsprechende Regelung bei einer Mitgliedschaft in der privaten KV oder einer Versicherung als Landwirte für Beschäftigte vor, die nur wegen Überschreitens der JAEGrenze (§ 6 Abs 1 Nr 1 SGB V) versicherungsfrei oder die von der Versicherungspflicht befreit sind.

6. Berechnung von Lohnersatzleistungen. a) Krankengeld. Gem § 47 Abs 1 SGB V 25 beträgt das Krankengeld 70 vH des erzielten regelmäßigen Arbeitsentgelts und Arbeitseinkommens, soweit es der Beitragsberechnung unterliegt. Steht der ArbN in mehreren Beschäftigungsverhältnissen und ist er hinsichtlich dieser mehreren Beschäftigungsverhältnisse arbeitsunfähig krank, so sind bei der Berechnung des Krankengeldes grds die Arbeitsentgelte aus allen versicherungspflichtigen Beschäftigungsverhältnissen zugrunde zu legen.

b) Verletztengeld. Sind im Unfallzeitpunkt mehrere Beschäftigungsverhältnisse ausgeübt 26 worden, ist das in der UV zu zahlende Verletztengeld grds aus allen in denjenigen Beschäftigungsverhältnissen erzielten Entgelten zu berechnen, hinsichtlich derer der Verletzte arbeitsunfähig krank ist (§ 47 SGB VII). Dem Gesetz kann nicht entnommen werden, dass sich das Verletztengeld nur nach dem Arbeitsentgelt derjenigen Beschäftigung bemessen soll, bei der sich der Arbeitsunfall ereignet hat (BSG 19.8.75 – 8 RU 228/74, BSGE 40, 134, 136). Dies gilt auch, wenn neben einer oder mehreren Beschäftigungen noch eine oder mehrere selbstständige Tätigkeiten ausgeübt werden (BSG 21.3.74 – 8 RU 81/73, SozR 2200 § 560 Nr 1). Der Berechnung des Verletztengeldes ist aber das Arbeitsentgelt aus einer Beschäftigung dann nicht zugrunde zu legen, wenn und solange es aus dieser Beschäftigung trotz der auch insoweit bestehenden Arbeitsunfähigkeit weitergezahlt wird oder deshalb kein Verdienstausfall eintritt, weil der Lohn/das Gehalt fortgezahlt wird (BSG 4.12.91 – 2 RU 76/90, SozR 3–2200 § 560 Nr 1).

c) Arbeitslosengeld. Zur Möglichkeit nach zwei Teilzeitbeschäftigungen bei demselben 27 ArbGeb Anspruch auf **Teil-Arbeitslosengeld** zu erwerben vgl BSG 6.2.03 – B 7 AL 12/01 R, SozR 4–4300 § 150 Nr 1.

7. Negativabgrenzung: Einheitliches Beschäftigungsverhältnis. Ein Mehrfach- 28 beschäftigungsverhältnis liegt sozialversicherungsrechtlich dann nicht vor, wenn ein ArbN bei demselben ArbGeb gleichzeitig mehrere Beschäftigungen ausübt. Ist letzteres der Fall, so liegt sozialversicherungsrechtlich ohne Rücksicht auf die arbeitsvertragliche Gestaltung ein **einheitliches Beschäftigungsverhältnis** vor. Andernfalls wäre der Möglichkeit, durch Aufspaltung einer einheitlichen Vertragsbeziehung in eine Haupt- und eine geringfügige Nebenbeschäftigung Teile der Arbeitsleistung für den ArbN beitragsfrei und für den ArbGeb beitragsgünstiger zu stellen, Tür und Tor geöffnet (zur Abgrenzung von einer sog gemischten Tätigkeit, etwa bei Notariatsangestellten, die bei ihrem ArbGeb auch als Auflassungsbevollmächtigte fungieren, vgl BSG 3.2.94 – 12 RK 18/93, SozR 3–2400 § 14 Nr 8; s auch

303 Meinungsfreiheit

Arbeitsentgelt Rz 66; BSG 27.6.12 – B 12 KR 28/10 R: keine geringfügige Beschäftigung neben einer Hauptbeschäftigung bei demselben ArbGeb; teilweise anders offenbar BSG 6.2.03 – B 7 AL 12/01 R, SozR 4–4300 § 150 Nr 1 zum Teilarbeitslosengeld).

29   Anders ist dies, wenn der ArbN für seinen ArbGeb in anderer Vertragsbeziehungen eine von der abhängigen Beschäftigung **losgelöste selbständige (Neben-)Tätigkeit** erbringt. Eine „einheitliche Beschäftigung" liegt nach der Rspr des BSG nicht vor, wenn zwischen der Beschäftigung und der selbständigen Tätigkeit kein notwendiger Zusammenhang besteht, insbes wenn weder die selbständige Tätigkeit als solche noch die konkrete Art und Weise ihrer Ausübung vom Bestand der Beschäftigung abhängig ist (BSG 31.10.12 – B 12 R 1/11 R). Ob dies der Fall ist, muss jeweils anhand der konkreten Umstände des Einzelfalles entschieden werden. Konkret ging es bei der Entscheidung des BSG um ArbN, die für ihren ArbG (Krankenkasse) als selbständig Tätige neue Mitglieder werben und hierfür Prämien (30 DM für jedes geworbene Neumitglied) erhielten. Das BSG konnte nicht abschließend klären, ob die für die Annahme eines einheitlichen Beschäftigungsverhältnisses notwendige „Verklammerung von Beschäftigung und selbständiger Tätigkeit" vorlag. Indizien hierfür können sein: Vorwissen auf Grund der abhängigen Beschäftigung, Unterstützung durch den ArbGeb, die externen Selbständigen (Werbern) nicht zuteil wird, etc.

Meinungsfreiheit

A. Arbeitsrecht   *Eisemann*

1   Die Freiheit der Meinungsäußerung ist eine der wesentlichen Grundlagen einer demokratischen Gesellschaft. Ihre Einschränkung ist nur im Rahmen des Art 10 Abs 2 EMRK zulässig, der eng auszulegen ist (EGMR 12.9.11 – 28955/05, NZA 12, 1421). Nach **Artikel 5 Absatz 1 Satz 1 GG** hat jeder – und damit auch der ArbN – das Recht, „seine Meinung in Wort, Schrift und Bild frei zu äußern und zu verbreiten". Er wird damit nicht nur gegenüber Eingriffen des Staates geschützt. Das GG sichert auch und gerade die Meinungsfreiheit im Arbeitsverhältnis (BAG 24.11.05 – 2 AZR 584/04, NZA 06, 650; BVerfG 28.4.76, DB 76, 1485). Das Grundrecht der freien Meinungsäußerung und das in Art 3 Abs 3 GG enthaltene Verbot, jemanden wegen seiner politischen Anschauungen zu benachteiligen, stellen als verfassungsrechtliche Grundentscheidung Ordnungssätze für das soziale Leben dar, die durch wirtschaftliche Machtverhältnisse nicht tangiert werden dürfen. Rechte und Pflichten im Arbeitsverhältnis müssen vor dem Hintergrund dieser Wertentscheidung der Verfassung gesehen werden. Dabei besteht der Grundrechtsschutz unabhängig davon, ob eine Äußerung rational oder emotional, begründet oder grundlos ist und ob sie von anderen für nützlich oder schädlich, wertvoll oder wertlos gehalten wird (BAG 23.2.10 – 2 AZR 554/08, NZA 10, 1123; BAG 12.1.06 – 2 AZR 21/05, NZA 06, 917). Der Grundrechtsschutz bezieht sich ebenso auf die Form der Äußerung. Auch polemische, verletzende, schockierende oder beunruhigende Äußerungen können durch die Meinungsfreiheit geschützt sein (EGMR 12.9.11 – 28955/05, NZA 12, 1421; BVerfG 16.10.98 – 1 BvR 1685/92, NZA 99, 77; BAG 23.2.10 – 2 AZR 554/08, NZA 10, 1123).

2   Die **Freiheit** der Meinungsäußerung ist nach Art 5 Abs 2 GG ua durch die allgemeinen Gesetze und das Recht auf persönliche Ehre **begrenzt** (BVerfG 15.4.08 – 1 BvR 1793/07, NJW 08, 2424; BAG 23.2.10 – 2 AZR 554/08, NZA 10, 1123). Dies bedeutet einmal, dass die Meinungsäußerungsfreiheit durch Strafgesetze eingeschränkt ist. Beleidigung und üble Nachrede oder Volksverhetzung werden durch dieses Grundrecht nicht abgedeckt (BAG 24.11.05 – 2 AZR 584/04, NZA 06, 650; BAG 14.2.96, DB 96, 480). Zum anderen sind diese Schranken der Meinungsäußerungsfreiheit ihrerseits vor dem Hintergrund der grundlegenden Verfassungsentscheidung für die Meinungsfreiheit zu interpretieren. Es findet eine Wechselwirkung statt. Dem Grundrecht können Schranken gesetzt werden. Diese Schranken werden ihrerseits durch das Recht auf freie Meinungsäußerung bestimmt (BVerfG 28.4.70, NJW 70, 1498; BAG 12.1.06 – 2 AZR 21/05, NZA 06, 917). So soll das Recht auf freie Meinungsäußerung auch durch die anerkannten Grundsätze des Arbeitsrechts eingeschränkt sein, die wiederum vor dem Hintergrund des Grundrechts zu lesen sind. Die Rücksicht-

nahmepflichten aus § 241 Abs 2 BGB wirken in beiden Richtungen. ArbN müssen bei ihrer Meinungsäußerung die betrieblichen Belange beachten, ArbGeb muss ihre Meinungsfreiheit achten (BAG 12.1.06 – 2 AZR 21/05, NZA 06, 917). Im Einzelfall muss zwischen den Belangen der Meinungsfreiheit und den Rechtsgütern abgewogen werden, in deren Interesse das Grundrecht der Meinungsfreiheit eingeschränkt wird (BAG 21.1.06 – 2 AZR 21/05, NZA 06, 917).

Zu den **grundrechtsbegrenzenden Rechtsgrundsätzen** des Arbeitsrechts gehören die Loyalitäts- und Rücksichtspflichten (BAG 10.12.09 – 2 AZR 534/08, NZA 10, 698), wie sie in § 241 Abs 2 BGB normiert sind. Sie schränken die Meinungsäußerungsfreiheit insoweit ein, dass ArbN durch Meinungsäußerungen das Zusammenleben im Betrieb weder ernsthaft stören noch dem Zweck des Betriebes zuwiderhandeln dürfen. Eine Kritik an den allgemeinen wirtschaftlichen und sozialen Verhältnissen einerseits und dem ArbGeb und den betrieblichen Verhältnissen andererseits ist – auch wenn sie überspitzt und polemisch ausfällt – noch vom Grundrecht der freien Meinungsäußerung gedeckt (BAG 27.9.12 – 2 AZR 646/11, NZA 13, 808; BAG 12.1.06 – 2 AZR 21/05, NZA 06, 917). Er muss jedoch grob unsachliche Angriffe, welche die Position des Vorgesetzten untergraben können, ebenso wenig hinnehmen wie das bewusste Verbreiten wahrheitswidriger Behauptungen oder das Verbreiten von Gerüchten über die Geschäftsentwicklung (BAG 10.12.09 – 2 AZR 534/08, NZA 10, 698). 3

Arbeitsabläufe dürfen durch Meinungsäußerungen nicht beeinträchtigt werden (ErfK/*Dietrich* Art 5 GG Rz 33). Jeder ArbN ist nach § 611 BGB arbeitsvertraglich zur Leistung der von ihm versprochenen Dienste verpflichtet. Während der Arbeitszeit sind persönliche Gespräche – zu welchem Thema auch immer – möglich, soweit die Arbeit selbst darunter nicht leidet. Jenseits dieser Grenze müssen für solche Gespräche die Arbeitspausen genutzt werden. Dies gilt nicht nur für die eigene Arbeitspflicht. Der ArbN ist ebenso gehalten, Störungen der Arbeitsabläufe durch Gespräche bei Dritten zu vermeiden. Auf einer Betriebsversammlung darf der ArbN Kritik an allen Angelegenheiten üben, die den Betrieb berühren; sie darf sich auch auf die Geschäftsleitung erstrecken (BAG 22.10.64 – 2 AZR 479/63, DB 65, 331). Die Kritik darf jedoch nicht ehrverletzend sein oder konkret den Betriebsfrieden stören (BAG 15.1.86 – 5 AZR 460/84). 4

Politische Meinungsäußerungen sind als solche am Arbeitsplatz selbstverständlich zulässig. Der Betrieb stellt keine politische Exklave dar (ErfK/*Dietrich* Art 5 GG Rz 34). Erst wenn sie zu Störungen im Betriebsablauf führen, zB den übrigen Mitarbeitern die Erfüllung ihrer Arbeitspflichten erschweren bzw unmöglich machen, sind sie unzulässig. Dies gilt unabhängig davon, auf welche Weise die politische Meinung kundgetan wird. Auch mit Plaketten, Buttons, Stickern, Nadeln und Aufklebern kann politische Meinung im Betrieb bis zur Grenze der konkreten Störung von Betriebsabläufen und des betrieblichen Zusammenlebens kundgetan werden (BAG 9.12.82, DB 83, 2578 „Anti-Strauß-Plakette"). Allein diese Vervielfachung der Meinungsäußerung – der „Beflaggungseffekt" – bedeutet jedoch noch keine konkrete Störung des Betriebsfriedens (ErfK/*Dietrich* Art 5 GG Rz 34). Werkszeitungen unterliegen der Pressefreiheit nach Art 5 Abs 1 S 2 GG (BVerfG 8.10.96 – 1 BvR 1183/90, AP GG Art 5 Abs 1 Pressefreiheit Nr 3). 5

Im **öffentlichen Dienst** wird von den Mitarbeitern erwartet, dass sie sich in ihrer politischen Betätigung am Arbeitsplatz mäßigen und Zurückhaltung auferlegen, weil sie dem ganzen Volk und nicht einer Partei oder sonstigen politischen Gruppierung dienen. Dabei bemisst sich der Umfang der Rücksichtspflichten auch an der ausgeübten Funktion (BAG 6.2.80, DB 80, 1500). Strafbare Volksverhetzung – etwa durch Verbreitung ausländerfeindlicher Pamphlete – stellt deshalb auch dann einen erheblichen Verstoß gegen arbeitsvertragliche Verpflichtungen dar, wenn es sich um außerdienstliches Verhalten handelt (BAG 14.2.96, DB 96, 2134). Und schon das Eintreten für eine verfassungsfeindliche Partei kann die personenbedingte Kündigung eines im öffentlichen Dienst Beschäftigten ebenso begründen (BAG 12.5.11 – 2 AZR 479/09, NZA-RR 12, 43) wie das Beschimpfen oder Verächtlichmachen der Verfassung und derer Organe (BAG 6.9.12 – 2 AZR 372/11, NZA-RR 13, 441). Bei Lehrern und Erziehern kann sich eine Einschränkung ihrer Meinungsäußerungsfreiheit aus dem Erziehungsauftrag ergeben (BAG 2.3.82, DB 82, 2142 „Anti-Atomkraft-Plakette"). Sie sollen ihre natürliche Autorität als Lehrer nicht dazu benutzen, im Dienst für bestimmte politische Gruppierungen zu werben. 6

7   Auch im **Tendenzbetrieb** werden an die Rücksichtspflichten des ArbN erhöhte Anforderungen gestellt. Dazu gehören die Interessenverbände, wie Gewerkschaft und ArbGebVerbände, politische Einrichtungen und Parteien, Unternehmen mit konfessionellen, karitativen, erzieherischen, wissenschaftlichen und künstlerischen Zielen sowie die Medien. ArbN haben hier grds Äußerungen zu unterlassen, die der Tendenz zuwiderlaufen (s *Tendenzbetrieb* Rz 1 ff).

8   Politische Betätigung **im Umfeld des Arbeitsplatzes** wird kaum jemals zu konkreten Störungen des betrieblichen Ablaufes oder des Zusammenlebens im Betrieb führen. Das Verteilen von Flugblättern vor dem Betrieb im Rahmen einer Friedensinitiative wird daher als zulässig angesehen (LAG München 4.10.84, DB 85, 1539). Man wird ebenso im Regelfall davon ausgehen können, dass es zu derartigen Störungen nicht kommt, wenn Mitarbeiter ihre mit Aufklebern politischen Inhalts versehenen Privatfahrzeuge auf dem Firmenparkplatz abstellen.

9   **Gewerkschaftswerbung** im Betrieb ist durch die verfassungsrechtliche Garantie der Koalitionsfreiheit in Art 9 Abs 3 GG gedeckt (BVerfG 14.11.95 – 1 BvR 601/92 AP GG Art 9 Nr 80). Dies kann auch durch betriebsfremde Gewerkschaftsbeauftragte geschehen (BAG 28.2.06 – 1 AZR 460/04, NZA 06, 798). Sie entscheidet auch grundsätzlich darüber, auf welche Art und Weise sie für ihre Ziele Werbung betreibt (BAG 21.1.09 – 1 AZR 515/08, NZA 09, 615). Geworben werden darf durch Plakate (BAG 30.8.83 – 1 AZR 121/81 AP GG Art 9 Nr 38) oder das Verteilen einer Gewerkschaftszeitung (BVerfG 14.11.95 – 1 BvR 601/92 AP GG Art 9 Nr 80). Die tarifzuständige Gewerkschaft darf auch über betriebliche e-mail-Adressen für sich werben (BAG 20.1.09 – 1 AZR 515/08, NZA 09, 615). Die Werbung kann mit dem Grundrecht des ArbGeb auf wirtschaftliche Betätigungsfreiheit kollidieren. Ihre Grenzen werden durch eine Abwägung der beiderseits geschützten Positionen bestimmt – praktische Konkordanz. Mit ihr dürfen daher weder Betriebsabläufe noch der Betriebsfrieden konkret gestört werden (BAG 21.1.09 – 1 AZR 515/08, NZA 09, 615).

10   Wie der **Arbeitgeber** ist auch der **Betriebsrat** berechtigt, sich auf das Recht der freien Meinungsäußerung zu berufen. **Beide** müssen aber nach **§ 74 Abs 2 Satz 2 BetrVG** Betätigungen, durch die der Arbeitsablauf oder der Betriebsfrieden gestört werden, und darüber hinaus nach **§ 74 Abs 2 Satz 3 BetrVG** jede parteipolitische Betätigung unterlassen, soweit es nicht um Angelegenheiten tarifpolitischer, sozialpolitischer, umweltpolitischer und wirtschaftlicher Art geht, die den Betrieb oder seine ArbN unmittelbar betreffen.

11   **Parteipolitische Betätigungen** sind dem BRat ohne Rücksicht darauf untersagt, ob sie den Betriebsfrieden stören. **Allgemeinpolitische Äußerungen** ohne Bezug zu einer Partei sind für den BRat wie andere Meinungsäußerungen bis zur Grenze des § 74 Abs 2 Satz 2 BetrVG zulässig (BAG 17.3.10 – 7 ABR 95/08, NZA 10, 1133). So ist die **Wahlwerbung** eines BRatMitglieds für ArbNKandidaten **verschiedener Parteien** ebenso zulässig (BVerfG 28.4.76, DB 76, 1485) wie allgemeine Äußerungen, die erkennbar ein persönliches Bekenntnis darstellen (ErfK/*Dietrich* Art 5 GG Rz 43) oder die **Einladung von Politikern** als sozialpolitische Referenten zu Betriebsversammlungen, solange es nicht darum geht, dass diese in ihrem Wahlkreis im Rahmen ihrer Wahlstrategie auftreten wollen und die Veranstaltung damit der Werbung für eine bestimmte Partei dient (BAG 13.9.77 – 1 ABR 67/75, AP BetrVG 1972 § 42 Nr 1).

B. Lohnsteuerrecht *Windsheimer*

12   Für das LStRecht hat die Meinungsfreiheit keine Bedeutung (s *Gewissensfreiheit* Rz 14).

C. Sozialversicherungsrecht *Voelzke*

13   Berechtigt eine Meinungsäußerung oder parteipolitische Betätigung des ArbN den ArbGeb arbeitsrechtlich zur Kündigung des Arbeitsverhältnisses, so stellt sich für die ArbIV die Frage, ob das Verhalten des Versicherten zusätzlich mit der Verhängung einer **Sperrzeit** gem § 159 Abs 1 Satz 2 Nr 1 SGB III zu sanktionieren ist und damit der AlGeldAnspruch des ArbN belastet wird. Eine vergleichbare Problematik entsteht, wenn Gewissensentscheidungen oder religiöse Bindungen als Vertragsverletzungen zu werten sind und zu einer Beendigung des Arbeitsverhältnisses führen. Eine Sperrzeit tritt trotz Vorliegens der übrigen Voraus-

setzungen (Näheres: *Sperrzeit* Rz 8 ff) nicht ein, wenn der Arbeitslose für sein Verhalten einen wichtigen Grund anführen kann. Die Auslegung und Anwendung des unbestimmten Rechtsbegriffs wichtiger Grund muss mit dem höherrangigen Verfassungsrecht vereinbar sein (BSG 18.2.87 – 7 RAr 72/85, SozR 4100 § 119 Nr 30).

Bei der erforderlichen **Interessenabwägung** sind deshalb auf der Seite des Versicherten insbesondere dessen Grundrechte und auf der Seite der Versichertengemeinschaft aus dem Sozialstaatsprinzip abzuleitende gleichermaßen bedeutsame Gemeinschaftsgüter, insbesondere das gemeinsame Interesse an einer finanzierbaren und funktionsfähigen SozV, zu berücksichtigen (BSG 15.5.85 – 7 RAr 83/83, SozR 4100 § 119 Nr 26). Bei einer Bewertung ist einerseits auf die Intensität der Grundrechtsbeeinträchtigung und andererseits auf Zahl und Gewicht der möglichen Beeinträchtigungen der Gemeinschaftsinteressen abzustellen. 14

Ist damit die Grundrechtsposition des ArbN im Rahmen des Sperrzeittatbestandes als einer staatlichen Maßnahme stärker zu berücksichtigen, als dies im Rahmen eines Arbeitsverhältnisses möglich ist, so treten doch die Belange der Versichertengemeinschaft nicht in jedem Fall zurück. Das BSG hat das Vorliegen eines wichtigen Grundes trotz einer die **Meinungsfreiheit** (Art 5 Abs 1 GG) und das Recht zur **parteipolitischen Betätigung** (Art 21 GG) des ArbN betreffenden Fallgestaltung wegen eines vermeidbaren Verstoßes gegen die Grundregeln des Arbeitsverhältnisses verneint (zur Unterstützung einer verfassungsfeindlichen Partei BSG 15.5.85 – 7 RAr 83/83, SozR 4100 § 119 Nr 26). 15

Andererseits hat es der Freiheit der **Gewissensbetätigung** (Art 4 Abs 1 GG; s *Gewissensfreiheit* Rz 16–18) den Vorrang gegenüber den Interessen der Versichertengemeinschaft eingeräumt, wenn im Rahmen des Arbeitsverhältnisses eine andere Lösung der Konfliktlage, etwa durch eine innerbetriebliche Umsetzung, nicht möglich ist (BSG 18.2.87 – 7 RAr 72/85, SozR 4100 § 119 Nr 30 zum Einsatz eines Kriegsdienstverweigerers bei der unmittelbaren Produktion von Kriegsgerät; s aber auch BSG 23.6.82 – 7 RAr 89/81, NJW 83, 701). 16

Das Grundrecht auf ungestörte **Religionsausübung** (Art 4 Abs 2 GG) führt zur Annahme eines wichtigen Grundes, wenn der Arbeitslose bei der Annahme einer von der Agentur für Arbeit angebotenen Arbeit (§ 159 Abs 1 Satz 2 Nr 2 SGB III) gezwungen wäre, entgegen seiner religiösen Überzeugung am Sabbat zu arbeiten (BSG 10.12.80 – 7 RAr 93/79, NJW 81, 1526). 17

Meldepflichten Arbeitgeber

A. Arbeitsrecht *Poeche*

Meldepflichten des ArbGeb sind typisch für das SozVRecht im Bereich des Beitragsrechts. Der ArbGeb ist im Innenverhältnis zum ArbN verpflichtet, die bestehenden Vorschriften einzuhalten, und kann sich bei schuldhafter Unterlassung oder unrichtiger Anmeldung schadensersatzpflichtig machen. Die sich hieraus ergebenden Folgen können vor allem im Bereich der KV beträchtlich sein, wenn zB die Krankenkasse die Aufnahme des gemeldeten ArbN wegen Überschreitens der Versicherungsgrenze verweigert und dieser ohne private Absicherung ärztliche Leistungen in Anspruch nehmen muss. Allerdings kann dem ArbN ggf mitwirkendes Verschulden entgegengehalten werden mit der Folge der Minderung oder auch dem Wegfall seines Anspruchs (§ 254 BGB). Daran ist zu denken, wenn er die ihm vom ArbGeb überlassene Durchschrift der Meldung nicht auf ihre inhaltliche Richtigkeit kontrolliert. Der ArbN ist gem § 28o SGB IV verpflichtet, dem ArbGeb die zur Durchführung des Meldeverfahrens und der Beitragszahlung erforderlichen Angaben zu machen und, soweit erforderlich, Unterlagen vorzulegen. Verletzt er diese Pflicht grob fahrlässig, kann der ArbGeb die Erstattung nachentrichteter ArbNAnteile zur SozV verlangen (LAG Köln 21.2.06 – 9 Sa 1164/05; LAG Bln-Bbg 26.11.10 – 6 Sa 1814/10, BeckRS 2011, 65751). Ein Streit zwischen ArbN und ArbGeb über Schadensersatzansprüche wegen der Verletzung der Meldepflicht gehört in die Zuständigkeit der ArbG (LAG Hamm 5.8.09 – 2 Ta 198/09). Streiten die Arbeitsvertragsparteien hingegen über die Verpflichtung des ArbGeb, den ArbN für einen bestimmten Zeitraum bei der für ihn zuständigen Krankenkasse anzumelden, liegt nach der Rspr des BAG (5.10.05 – 5 AZB 27/05, NZA 05, 1429) keine bürgerlich-rechtliche Streitigkeit iSv § 2 Abs 1 Nr 3 ArbGG vor. Gleiches gilt für den Anspruch des ArbN 1

304 Meldepflichten Arbeitgeber

gegen den ArbGeb auf Abgabe einer Korrekturmeldung gegenüber der Einzugsstelle (LAG BaWü 2.2.11 – 18 Ta 2/11, BeckRS 2011, 68820). Dem ist uneingeschränkt zu folgen. Der (arbeitsvertragliche) Anspruch des ArbN gegen den ArbGeb auf Erfüllung der sozialrechtlichen Meldevorschriften bestimmt sich inhaltlich ausschließlich nach Sozialrecht. Zuständig sind daher die Sozialgerichte (s auch *Steppler/Denecke* NZA 13, 482). Zum Streit bei der Ausfüllung der steuerlichen Nachweise s *Lohnsteuerabzugsmerkmale* Rz 1.

Zur Meldepflicht bei Massenentlassungen s *Massenentlassung* Rz 21 ff sowie zu den vergleichbaren Anzeigepflichten des Arbeitgebers s *Anzeigepflichten Arbeitgeber* Rz 1–4.

Meldepflichten des ArbGeb können sich auch aus Tarifverträgen ergeben. So hat der BauArbGeb nach § 6 des Tarifvertrags über das Sozialkassenverfahren im Baugewerbe (VTV-Bau) der Urlaubs- und Lohnausgleichskasse der Bauwirtschaft monatlich Meldung über bestimmte Daten des Arbeitsverhältnisses zu machen (ähnlich § 5 VTV-Maler).

B. Lohnsteuerrecht   *Seidel*

2   Zu der vom ArbGeb gegenüber dem FA bestehenden Pflicht, bestimmte Umstände anzuzeigen, s *Anzeigepflichten Arbeitgeber* Rz 8 ff.

C. Sozialversicherungsrecht   *Schlegel*

Übersicht

	Rz		Rz
I. Meldepflichten im Beschäftigungsverhältnis	3–35	e) Familienangehörige oder geschäftsführende Gesellschafter	34
1. Rechtsgrundlagen der Meldepflichten	3–10	f) Korrektur/Stornierung von Meldungen	35
a) Materielle Meldeanlässe/Übersicht	4–6	II. Sonstige meldepflichtige Tatbestände (Anzeigepflichten)	36–48
b) Formelles Meldeverfahren	7–10	1. Unfallversicherung	36–39
2. Allgemeine Grundsätze	11–22	a) Unfallanzeige	36
a) Meldepflichtige ArbGeb	11	b) Betriebseröffnung	37
b) Zu meldende Personen	12	c) Unternehmerwechsel	38
c) Adressat der Meldungen	13	d) Unternehmensänderungen	39
d) Allgemeine Anforderungen an Meldungen	14–16	2. Arbeitsförderungsrecht (Arbeitslosenversicherung)	40–43
e) Ordnungswidrigkeiten bei Meldepflichtverletzung	17	a) Arbeitskämpfe	40, 41
f) Datenübertragungsverfahren	18–21	b) Konkursverfahren/Insolvenzverfahren	42
g) Unterrichtung des Arbeitnehmers von Meldungen	22	c) Kurzarbeit	43
3. Einzelne Meldungen	23–35	3. Rentenversicherungspflichtige Selbstständige	44
a) Regelmeldungen nach § 28a Absatz 1 SGB IV	23–27	4. Meldepflichten/Betriebsprüfung bzgl gesetzlicher Unfallversicherung	45–48
b) Sofortmeldung	28, 29	a) Zuständigkeit	47
c) Jahresmeldungen nach § 28a Abs 2 SGB IV	30	b) Meldungen	48
d) Meldung geringfügiger Beschäftigung	31–33		

3   **I. Meldepflichten im Beschäftigungsverhältnis. 1. Rechtsgrundlagen der Meldepflichten.** Die Meldepflichten des sozialversicherungsrechtlichen Beitragsrechts treffen in erster Linie den ArbGeb (zu Ausnahmen s *Meldepflichten Arbeitnehmer* Rz 7 ff). Die Meldepflichten gelten auch für **Insolvenzverwalter** und andere Meldepflichtige (vgl § 28a Abs 1 Satz 1 SGB IV; vgl BT-Drs 16/6540 zu § 281 SGB IV). Rechtsgrundlagen sind ua die §§ 28a bis 28c SGB IV. Die Meldevorschriften des SGB IV werden durch Verordnungen (DEÜV) und Verwaltungsbinnenrecht in Gestalt von gemeinsamen Grundsätzen und Richtlinien der SozVTräger ergänzt (zum Melderecht nach der DEÜV vgl BR-Drs 1052/97).

4   **a) Materielle Meldeanlässe/Übersicht.** § 28a Abs 1 und 2 SGB IV regeln in Gestalt eines formellen Gesetzes die sog Meldeanlässe. Diese Vorschriften beschreiben diejenigen Tatbestände, bei deren Vorliegen der ArbGeb gegenüber der Einzugsstelle eine Meldung abzugeben hat.

Regelmeldungen sind zu erstatten insbes bei Beginn und Ende des Beschäftigungsverhältnisses (An- und Abmeldung, Unterbrechungsmeldung etc) sowie bei der Jahresmeldung. 5

Außerdem regelt § 28a SGB IV ein besonderes Meldeverfahren für in privaten Haushalten 6
beschäftigte ArbN in Gestalt des sog **Haushaltsschecks** (vgl § 28a Abs 7 und 8; § 28b Abs 4 SGB IV; Einzelheiten: *Hauswirtschaftliches Beschäftigungsverhältnis*).

b) Formelles Meldeverfahren. § 28c SGB IV enthält eine **Verordnungsermächtigung** an das BMAS, das Nähere über das Meldeverfahren durch Rechtsverordnung zu 7 regeln. Aufgrund dieser Vorschrift ist die **Datenerfassungs- und -übermittlungsverordnung (DEÜV)** erlassen worden.

Das formelle Meldeverfahren kommt seit dem 1.1.99 **ohne Sozialversicherungsnach-** 8 **weisheft** aus (zu den Gründen hierfür vgl BT-Drs 13/8994 S 86 zu Art 2, zu Nr 2a Buchst a). Die zur Zuordnung der Meldungen erforderliche **Versicherungsnummer** wird vom RVTräger ausgestellt (vgl § 147 SGB VI).

Ergänzt wird die DEÜV durch § 28b Abs 2 SGB IV, wonach die Spitzenverbände der 9 SozVTräger in **gemeinsamen Grundsätzen** bundeseinheitlich Vordrucke, Schlüsselzahlen und den Aufbau von Datenträgern zu bestimmen haben. Diese Gemeinsamen Grundsätze bedürfen der Genehmigung des zuständigen Ministeriums, das vorher die ArbGebVerbände hierzu anzuhören hat (vgl § 28b Abs 2 Satz 2 SGB IV).

Eine weitere Regelungsebene bilden schließlich die **Richtlinien der Sozialversiche-** 10 **rungsträger** über die Benutzung der Datensätze und das Ausfüllen der Vordrucke.

2. Allgemeine Grundsätze. a) Meldepflichtig sind **Arbeitgeber** (§ 28a Abs 1 und 2 11 SGB IV; § 2 DEÜV), Personen, die wie ein ArbGeb Beiträge aufgrund gesetzlicher Grundlage zahlen sowie Leistungsträger (§ 2 Nrn 2 und 4 DEÜV).

b) Zu meldende Personen. Zu melden sind Beschäftigte, die in der KV, RV, PflegeV 12 oder ArblV versicherungspflichtig sind; Beschäftigte, für die jedenfalls Beiträge zur RV nach dem Recht der Arbeitsförderung zu entrichten sind; geringfügig Beschäftigte, LeihArbN, Bezieher von Lohnersatzleistungen sowie Wehr- und Ersatzdienstleistende (vgl § 3 DEÜV).

c) Adressat der Meldung. Annahmestelle der Meldungen ist die zuständige Einzugsstelle 13 (§ 28a Abs 1 iVm § 28h SGB IV). Die Einzugsstelle hat für die rechtzeitige Erstattung der Meldungen und dafür zu sorgen, dass diese die erforderliche Angaben vollständig und richtig enthalten und dass die Meldungen rechtzeitig an die übrigen Träger weitergeleitet werden (vgl § 28b Abs 1 SGB IV; vgl BSG 12.10.2000 – B 12 KR 2/00 R, SozR 3–2400 § 28b Nr 1 zur Überprüfungskompetenz).

d) Allgemeine Anforderungen an Meldungen. Maßgeblicher Zeitpunkt für Mel- 14 dungen sind die Verhältnisse zu der Zeit, auf die sich die Meldung bezieht (vgl § 5 Abs 1 DEÜV). **Sammelmeldungen** sind dergestalt möglich, dass Meldungen nach Maßgabe der DEÜV (dh soweit diese dies erlaubt) zusammen erstattet werden können (§ 5 Abs 2 DEÜV). Es gilt das **Annuitätsprinzip und Verbot zeitlicher Mehrfachmeldung,** dh es müssen für jedes Kj getrennte Meldungen erstattet werden; für denselben Zeitraum dürfen nicht mehrere Meldungen erfolgen (vgl § 5 Abs 3 DEÜV).

Beitragspflichtiges Arbeitsentgelt ist in **vollen Euro** zu melden (vgl § 5 Abs 4 DEÜV zur 15 Rundung).

Der ArbGeb hat, wenn für seinen Betrieb eine **Betriebsnummer** noch nicht zugeteilt ist, 16 bei der Agentur für Arbeit für den Betrieb des Beschäftigungsortes eine Betriebsnummer zu beantragen (vgl § 5 Abs 5 DEÜV). Alle persönlichen Angaben für Meldungen sind den **amtlichen Unterlagen,** die Versicherungsnummer ist dem SozVAusweis zu entnehmen (§ 5 Abs 6 DEÜV). Zur erstmaligen Aufnahme einer Beschäftigung durch Angehörige anderer EG-Staaten und bei Beschäftigung bei unbekannter Versicherungsnummer vgl § 5 Abs 7 und 8 DEÜV.

e) Ordnungswidrigkeiten bei Meldepflichtverletzung. Kommen die meldepflichti- 17 gen Personen und Stellen ihren Meldepflichten nicht oder nicht ordnungsgemäß nach, indem sie die Meldungen insbesondere nicht vollständig oder nicht rechtzeitig erstatten, erfüllt dies den Tatbestand der Schwarzarbeit für § 1 Abs 2 SchwarzArbG und ggf den Ordnungswidrigkeitentatbestand des § 111 Abs 1 SGB IV; § 41 DEÜV.

f) Datenübertragungsverfahren. Die Datenübermittlung darf seit 1.1.06 nur noch 18 durch gesicherte und verschlüsselte Datenübertragung aus systemgeprüften Programmen

304 Meldepflichten Arbeitgeber

oder mittels maschinell erstellter Ausfüllhilfen erfolgen (§ 28 Abs 1 SGB IV). Dies gilt sowohl für das **Meldeverfahren** des ArbGeb als auch für den **Beitragsnachweis** (vgl § 28 f Abs 3 SGB IV, § 1 Satz 1, §§ 16, 17 DEÜV).

19 Die Möglichkeit, Meldungen mittels Formularen oder Disketten bzw sonstige Datenträger zu erstatten, ist ausgeschlossen (vgl § 16 DEÜV). Gleiches gilt für den **Beitragsnachweis** (vgl § 26 iVm § 16 Satz 1 DEÜV).

20 Die Datenübertragung muss bestimmten **DIN-Normen** entsprechen, die in § 17 Abs 1 DEÜV näher bezeichnet sind. ArbGeb dürfen Meldungen und Beitragsnachweise seit 1.1.06 nur noch durch Datenübertragung mittels **zugelassener systemgeprüfter Programme** oder maschinell erstellter Ausfüllhilfen übermitteln (§ 18 DEÜV). Für maschinell geführte Lohn- und Gehaltsabrechnungsprogramme und maschinell erstellte Ausfüllhilfen ist – regelmäßig vom Hersteller des Programms – vor dem erstmaligen Einsatz eine Systemprüfung zu beantragen (§ 19 DEÜV), die nach entsprechender Prüfung ggf zu einer Zulassung des betreffenden Produkts führt (zur Zulassung vgl § 21 DEÜV).

21 **Adressat** des Beitragsnachweises und der Meldungen ist zwar die Beitragseinzugsstelle, jedoch sind die betreffenden Daten an die zuständige Annahmestelle zu übermitteln; das ist diejenige Stelle, die im Zulassungsbescheid des vom ArbGeb zur Datenübermittlung verwendeten Programms genannt wird (vgl § 23 iVm § 26 DEÜV).

22 g) **Unterrichtung des Arbeitnehmers von Meldungen.** Der ArbGeb hat auch weiterhin die Pflicht, dem Beschäftigten den Inhalt der Meldung schriftlich mitzuteilen (§ 28a Abs 5 SGB IV) und ihm mindestens einmal im Jahr, spätestens bis zum 30.4., für alle im Vorjahr durch Datenübertragung erstatteten Meldungen eine maschinell erstellte Bescheinigung zu übergeben. Diese muss inhaltlich getrennt alle gemeldeten Daten wiedergeben. Bei Auflösung des Arbeitsverhältnisses ist die Bescheinigung unverzüglich nach Abgabe der letzten Meldung auszustellen (vgl § 25 DEÜV).

23 **3. Einzelne Meldungen. a) Regelmeldungen nach § 28a Absatz 1 SGB IV. aa) Meldeanlass.** Gegenüber der Einzugsstelle ist für jeden in der KV, PflegeV, ArblV und RV kraft Gesetzes versicherten Beschäftigten bei ua folgenden Anlässen eine Meldung zu erstatten: Beginn und Ende der Beschäftigung, Ende der Entgeltzahlung, Änderungen der Beitragspflicht, Wechsel der Einzugsstelle, Unterbrechung der Entgeltzahlung und Beschäftigung, Auflösung des Arbeitsverhältnisses, Gewährung von einmalig gezahltem Arbeitsentgelt (soweit dieses nicht in einer Meldung aus anderem Anlass erfasst werden kann), Beginn und Ende der Berufsausbildung, Wechsel der Betriebsstätte im Beitrittsgebiet zu einer solchen im übrigen Bundesgebiet oder umgekehrt, Beginn und Ende von Altersteilzeitarbeit, nach § 23b Abs 2 und 3 SGB IV gezahltes Arbeitsentgelt, Wechsel eines Wertguthabens (§ 28a Abs 1 SGB IV).

24 **bb) Inhalt der Meldung.** Die Meldung enthält folgende allgemeine Angaben: Die Personalien (Familienname, Vorname, Geburtsdatum) inklusive Staatsangehörigkeit und Versicherungsnummer, Angaben über die Tätigkeit (verschlüsselt), die Betriebsnummer des Beschäftigungsbetriebes (wird von der Agentur für Arbeit zugeteilt), die Beitragsgruppe (verschlüsselt), die zuständige Einzugsstelle für den ArbGeb; bei der Anmeldung außerdem: Anschrift, Beginn der Beschäftigung und sonstige, für die Vergabe der Versicherungsnummer erforderliche Angaben. Außerdem ist anzugeben, ob beim Beschäftigten eine Beziehung zum ArbGeb als Ehegatte oder Lebenspartner besteht oder/und ob es sich um eine Tätigkeit als geschäftsführender Gesellschafter einer GmbH handelt. Bei der Abmeldung und der Jahresmeldung: Eine Anschriftenänderung, das beitragspflichtige Arbeitsentgelt in € und den Zeitraum, in dem das Arbeitsentgelt erzielt wurde (§ 28a Abs 3 SGB IV).

25 **cc) Gelockerte Meldefristen.** Die Anmeldung und die Abmeldung sind seit 1.1.06 mit der nächsten folgenden Lohn- und Gehaltsabrechnung, spätestens jedoch sechs Wochen nach Beginn bzw dem Ende der versicherungspflichtigen Beschäftigung abzugeben (§ 6, § 8 Abs 1 DEÜV). Die Jahresmeldung ist ebenfalls mit der nächsten folgenden Lohn- und Gehaltsabrechnung, spätestens zum 15. 4. abzugeben (§ 10 Abs 1 DEÜV). Zur Meldung von unregelmäßig gezahlten Arbeitsentgelten bei flexiblen Arbeitszeitgestaltungen vgl § 11a DEÜV.

26 **dd) Besonderheiten.** Solche bestehen für die Meldung **einmalig gezahlten Arbeitsentgelts**; vgl hierzu § 11 DEÜV. Eine An- und Abmeldung ist auch zu erstatten **bei**

Änderung der gemeldeten Beitragsgruppe, des Personengruppenschlüssels oder der Krankenkasse des ArbN, oder wenn ein Wechsel der Betriebsstätte von den alten in die neuen Bundesländer stattfindet oder umgekehrt (vgl § 12 DEÜV). Gleiches gilt bei Beginn von **Altersteilzeitarbeit** (vgl § 12 Abs 3 DEÜV).

Zur **Unterbrechungsmeldung** bei **Wegfall des Anspruchs auf Arbeitsentgelt für mindestens einen Kalendermonat** vgl § 9 DEÜV (zu Hintergrund und Einzelheiten dieser Meldung vgl § 7 Abs 3 SGB VI; *Neidert* DRV 98, S 315, 318 f). 27

b) Sofortmeldung. Seit dem 1.1.2009 gilt in bestimmten Branchen (wieder) eine Pflicht zur Sofortmeldung (§ 28a Abs 4 SGB IV, § 7 DEÜV). 28

Die ArbGeb haben den Tag des Beginns des Beschäftigungsverhältnisses spätestens bei dessen Aufnahme zu melden. Die Meldepflicht gilt in folgenden **Branchen:** Baugewerbe; Gaststätten- und Beherbergungsgewerbe; Personenbeförderungsgewerbe, Speditions-, Transport- und damit verbundene Logistikgewerbe, Schaustellergewerbe, Unternehmen der Forstwirtschaft, Gebäudereinigungsgewerbe, Unternehmen, die sich am Auf- und Abbau von Messen und Ausstellungen beteiligen, Fleischwirtschaft. Die Meldung muss elektronisch spätestens bei Beschäftigungsaufnahme gegenüber der DRVB erfolgen. Sie geht in die Betriebsprüfungsdatei und wird wieder gelöscht, sobald die normale Anmeldung erfolgt. Zugriff auf diese Meldungen haben sowohl die Kontrolleure der Schwarzarbeitsbekämpfung wie auch die Berufsgenossenschaften in Fällen von vermuteter illegaler Beschäftigung. In den genannten Branchen gilt für die ArbN bei der Erbringung von Dienst- und Werkleistungen außerdem eine Mitführungspflicht bzgl ihres Personalausweises, Passes oder Passersatze; diese Ausweise sind den Behörden der Zollverwaltung auf Verlangen vorzulegen (vgl § 2a SchwarzArbG). 29

c) Jahresmeldungen nach § 28a Abs 2 SGB IV. Der ArbGeb hat der Einzugsstelle für jeden am 31. 12. des Vorjahres Beschäftigten in der vorgeschriebenen Weise zu melden (§ 28a Abs 2 SGB IV); die Meldung muss bis zum 15. April des Folgejahres erfolgen. Arbeitsentgelt ist dabei nur insoweit zu melden, als es nicht schon gemeldet ist (vgl § 10 DEÜV). 30

d) Meldung geringfügiger Beschäftigung. Geringfügig Beschäftigte sind seit 1999 in das allgemeine Meldeverfahren der SozV für Beschäftigte integriert. Für die Meldung geringfügiger Beschäftigungsverhältnisse gelten folgende **Besonderheiten:** Für geringfügig Beschäftigte sind keine Jahresmeldungen zu erstatten. Da das Arbeitsentgelt bei geringfügiger Beschäftigung nicht beitragspflichtig ist, kann solches bei der Meldung auch nicht genannt werden (vgl § 13 DEÜV; § 28a Abs 9 SGB IV). Einer besonderen Meldung bedarf es dann, wenn sich bei einem ArbN das Arbeitsentgelt ändert und die **450 €-Grenze** dadurch entweder über- oder unterschritten wird (vgl § 28a Abs 1 Nr 18 SGB IV). Die Änderung des Arbeitsentgelts muss in Gestalt einer An- oder Abmeldung innerhalb von zwei Wochen nach der Änderung erfolgen. 31

Befreiung von der Rentenversicherungspflicht für geringfügig Beschäftigte seit 1.1.2013 nach § 6 Abs 1b SGB VI erfolgt auf schriftlichen Antrag des ArbN, den der ArbN dem ArbG (nicht dem RVTäger oder der Minijob-Zentrale) übergibt. Der ArbGeb meldet der Einzugsstelle (= Minijobzentrale, § 28i Satz 5 SGB IV, § 6 Abs 1b Satz 3 SGB VI), dass und wann ihm der Befreiungsantrag zugegangen ist (vgl § 28a Abs 1 Nr 11, Abs 8 Nr 4f SGB IV). 32

Aus Gründen der Verwaltungspraktikabilität soll auf ein förmliches Befreiungsverfahren, insbes auf Befreiungsbescheide der Minijob-Zentrale verzichtet werden **(Befreiungsfiktion).** Die Befreiung von der RVPflicht nach § 6 Abs 1b SGB VI gilt als erteilt, wenn die Minijobzentrale dem Befreiungsantrag des ArbN nicht innerhalb eines Monats nach Eingang der § 28a SGB IV-Meldung über den Eingang des Befreiungsantrages widerspricht. Ein Befreiungsbescheid, der dergestalt fingiert und bestandkräftig wird, kann nur entsprechend der §§ 44 ff SGB X zurückgenommen werden (vgl § 6 Abs 3 SGB VI). **Zeitpunkt der Befreiung** ist der Beginn des Monats, in dem der Befreiungsantrag dem ArbGeb zugegangen ist, wenn der ArbGeb den Befreiungsantrag der Einzugsstelle mit der ersten folgenden Entgeltabrechnung, spätestens innerhalb von 6 Wochen nach Zugang des Antrages, gemeldet und die Einzugsstelle dem Antrag nicht innerhalb eines Monats nach Eingang der Meldung widersprochen hat (§ 6 Abs 4 SGB VI). Erfolgt die Meldung des ArbGeb später, wirkt die Befreiung vom Beginn des auf den Ablauf der Widerspruchsfrist folgenden Monats; die 33

304 Meldepflichten Arbeitgeber

Widerspruchsfrist beträgt einen Monat und läuft ab Zugang der Meldung bei der Einzugsstelle.

34 **e) Familienangehörige oder geschäftsführende Gesellschafter.** Die Meldepflicht des ArbGeb gegenüber der Einzugsstelle nach § 28a SGB IV muss seit 1.1.05 auch die Angabe enthalten, ob der Beschäftigte zum ArbGeb in einer Beziehung als Ehegatte, Lebenspartner, Verwandter oder Verschwägerter in gerader Linie bis zum zweiten Grad steht (§ 28a Abs 3 Satz 2 SGB IV). Außerdem ist in der ArbGebMeldung für den Beschäftigten anzugeben, ob er als geschäftsführender Gesellschafter einer GmbH tätig ist (§ 28a Abs 3 Satz 2 SGB IV). Ergibt sich, dass der Beschäftigte Angehöriger des ArbGeb ist, muss die Einzugsstelle als Adressat der Meldung bei der DRVB eine Statusfeststellungsverfahren nach § 7a SGB IV beantragen allgemein zum Anlageverfahren nach § 7a SGB IV vgl *Scheinselbstständigkeit* Rz 15. Kommt die für das Anfrageverfahren zuständige DRVB im Anfrageverfahren zu dem Ergebnis, dass Versicherungspflicht vorliegt, ist die BA hieran leistungsrechtlich gebunden, solange der die Versicherungspflicht feststellende Verwaltungsakt der BfA wirksam ist. Damit will der Gesetzgeber möglichst ausschließen, dass mitarbeitende Familienangehörige oder GmbH-Geschäftsführer jahrelang Beiträge zahlen und sie im Falle der Arbeitslosigkeit dennoch kein AlGeld erhalten.

35 **f) Korrektur/Stornierung von Meldungen.** Meldungen sind nach § 14 DEÜV unverzüglich zu stornieren (und ggf neu zu melden), wenn sie nicht zu erstatten waren, bei einer unzuständigen Einzugsstelle erstattet wurde oder wenn sie unzutreffende Angaben über folgende Punkte enthalten: die Zeit der Beschäftigung, das beitragspflichtige Arbeitsentgelt, den Grund der Abgabe der Meldung, die Beitragsgruppe, den Personengruppenschlüssel, den Tätigkeitsschlüssel oder die Betriebsnummer; bei geringfügig Beschäftigten über den Beginn, das Ende oder die Art der Beschäftigung sowie die Betriebsnummer des ArbGeb.

36 **II. Sonstige meldepflichtige Tatbestände (Anzeigepflichten). 1. Unfallversicherung. a) Unfallanzeige.** Der Betriebsunternehmer hat jeden Unfall in seinem Betrieb anzuzeigen, wenn durch den Unfall ein im Betrieb Beschäftigter getötet oder so verletzt wird, dass er stirbt oder für mehr als drei Tage völlig oder teilweise arbeitsunfähig ist. Die Anzeige ist binnen drei Tagen, nachdem der Betriebsunternehmer von dem Ereignis erfahren hat, von ihm zu erstatten und die Anzeige vom BRat (Personalrat) mitzuunterzeichnen (§ 193 SGB VII). Zu Unfallanzeigen auf Seefahrzeugen vgl § 194 SGB VII. Wer als Unternehmer vorsätzlich oder fahrlässig der Pflicht zur Anzeige von Arbeitsunfällen nicht oder nicht rechtzeitig nachkommt, handelt ordnungswidrig (§ 209 Abs 1 Nr 9 SGB VII).

37 **b) Betriebseröffnung.** Wer als Unternehmer durch Eröffnung eines Unternehmens oder Aufnahme der vorbereitenden Arbeiten für das Unternehmen (kraft Gesetzes) Mitglied einer BG wird, hat binnen einer Woche der zuständigen BG folgendes anzuzeigen (vgl § 192 SGB VII): Den Gegenstand und die Art des Unternehmens, die Zahl der Versicherten, den Eröffnungstag oder den Tag der Aufnahme der vorbereitenden Handlungen für das Unternehmen. **Unterrichtungspflichten gegenüber den Arbeitnehmern bestehen** in diesem Zusammenhang insoweit, als der ArbGeb die Beschäftigten darüber zu unterrichten hat, welcher BG und Bezirksverwaltung das Unternehmen angehört, wo deren Geschäftsstellen sind und innerhalb welcher Frist Ansprüche auf Unfallentschädigung anzumelden sind.

38 **c) Unternehmerwechsel.** Der Unternehmer hat jeden Wechsel der Person, für deren Rechnung das Unternehmen geht, in der satzungsmäßig bestimmten Frist der BG zur Eintragung in das Unternehmerverzeichnis anzuzeigen. Diese Anzeigepflicht hat insbesondere haftungsrechtliche Konsequenzen; zur Zahlung der Beiträge bis zum Ablauf des Geschäftsjahres, in dem der Wechsel angezeigt wird, sind der bisherige Unternehmer und sein Nachfolger als Gesamtschuldner verpflichtet (s *Betriebsübergang* Rz 118 ff).

39 **d) Unternehmensänderungen,** die für die Zugehörigkeit zu einer BG wichtig sind, sind der BG anzuzeigen.

40 **2. Arbeitsförderungsrecht (Arbeitslosenversicherung). a) Arbeitskämpfe.** Bei Ausbruch und Beendigung eines Arbeitskampfes sind die ArbGeb verpflichtet, dem für den Betrieb zuständigen Agentur für Arbeit schriftlich Anzeige zu erstatten (§ 320 Abs 5 SGB III). Die Gewerkschaft kann, muss aber nicht eine derartige Anzeige erstatten. Die Vorschrift steht im engen Zusammenhang mit der Neutralitätspflicht der BA bei Streik und Aussperrung. Rechtsfolge der Anzeige ist, dass die BA in dem durch den Arbeitskampf unmittelbar betroffenen Bereich nur noch dann vermittelt, wenn der ArbN und der ArbGeb dies trotz eines Hinweises der BA auf den Arbeitskampf verlangen (§ 36 Abs 3 SGB III). Die Anzeige hat zudem Beweismittelfunktion hinsichtlich des Zeitpunkts, von dem an sich die BA ihrer **Neutralitätspflicht** bewusst sein musste und von dem an spätestens ein Verstoß gegen die Neutralitätspflicht vorwerfbar wird. Allerdings tritt die Neutralitätspflicht kraft Gesetzes bei Ausbruch des Arbeitskampfes ein; die Anzeige ist insofern für die Neutralitätspflicht nicht konstitutiv. Bei Ausweitung oder Einschränkung des Arbeitskampfgebietes sind die hiervon betroffenen Betriebe jeweils zur Erstattung neuer Anzeigen verpflichtet. Entsprechendes gilt für Teilstreiks einzelner Berufsgruppen und Betriebsteile innerhalb eines Betriebes.

Die Anzeigepflicht trifft **jeden** am Arbeitskampf beteiligten Unternehmer, so dass bei 41 einer Sammelanzeige jeder einzelne ArbGeb unterschreiben muss. Die Verletzung der Anzeigepflicht stellt für den ArbGeb (nicht für die Gewerkschaft) eine Ordnungswidrigkeit dar (§ 404 Abs 2 Nr 22 SGB III). Die Anzeigepflicht gilt für rechtmäßige wie rechtswidrige Arbeitskampfmaßnahmen gleichermaßen. Denn der Wortlaut der Vorschrift umfasst auch rechtswidrige Streiks und Aussperrungen. Zudem ist es nicht Aufgabe der BA, die Rechtmäßigkeit einer Arbeitskampfmaßnahme zu beurteilen.

b) Konkursverfahren/Insolvenzverfahren. Wird der Antrag auf Eröffnung des Insol- 42 venzverfahrens mangels Masse abgewiesen, hat der ArbGeb diesen Beschluss des Insolvenzgerichts dem BRat oder – falls ein BRat nicht besteht – den ArbN unverzüglich mitzuteilen (§ 165 Abs 5 SGB III). Damit sollen die ArbN in die Lage versetzt werden, ihre Ansprüche auf InsG (KAUG) rechtzeitig geltend zu machen. Hat der ArbN in Unkenntnis des Abweisungsbeschlusses weitergearbeitet, verschiebt sich der zeitliche Rahmen, für den der ArbN KAUG verlangen kann. Die Verletzung der Mitteilungspflicht/Anzeigepflicht stellt eine Ordnungswidrigkeit dar (§ 404 Abs 2 Nr 1 SGB III).

c) Kurzarbeit. Anspruchsvoraussetzung für das Kurzarbeitergeld ist ua, dass der Arbeits- 43 ausfall durch Kurzarbeit der Agentur für Arbeit vom ArbGeb schriftlich angezeigt wird (§ 99 Abs 1 SGB III). Der Anzeige, die eine öffentlich-rechtliche Willenserklärung darstellt, ist eine Stellungnahme der Betriebsvertretung beizufügen; in der Anzeige selbst sind die Voraussetzungen für das Kurzarbeitergeld glaubhaft zu machen. Die Anzeige ist materiellrechtliche Anspruchsvoraussetzung (vgl § 95 Nr 4 SGB III; zum alten Recht vgl BSG 21.1.87 – 7 RAr 76/85, SozR 4100 § 66 Nr 1 Satz 4). Einzelheiten s *Kurzarbeit.*

3. Rentenversicherungspflichtige Selbstständige. Selbstständig Tätige, die nach § 2 44 Satz 1 Nr 1 bis 3 und 9 SGB VI versicherungspflichtig sind (selbstständige Lehrer und Erzieher, Hebammen und Entbindungshelfer, Seelotsen und sog ArbNähnliche Selbstständige) sind verpflichtet, sich innerhalb von drei Monaten nach Aufnahme der selbstständigen Tätigkeit beim zuständigen RVTräger zu melden (§ 190a SGB VI).

4. Meldepflichten/Betriebsprüfung bezüglich gesetzlicher Unfallversicherung. 45 Das Meldeverfahren der UV wird seit 2009 in das allgemeine Meldeverfahren der SozV integriert. Das Verfahren sorgt dafür, dass die Rentenversicherungsträger seit 2010 die notwendigen Angaben für die Betriebsprüfung auch in Sachen UV zur Verfügung haben. Zum Ganzen vgl *Höller,* BG 2008, 402 ff.

Betriebsprüfung und Meldeverfahren bezüglich Unfallversicherung. Bis 2009 gal- 46 ten die Auskunftspflichten der Unternehmer/ArbGeb und die Vorschriften über die Betriebsprüfung nach § 28p SGB IV für den Bereich der UV nur entsprechend und nur insoweit, als sich die Auskunfts- und Vorlagepflichten der ArbGeb und die Prüfungs- und Überwachungsbefugnisse der UV-Träger auf Angaben und Unterlagen über diejenigen betrieblichen Verhältnisse erstreckten, die für die Veranlagung der Unternehmen und für die Zuordnung der Entgelte zu den Gefahrklassen erforderlich waren. Zuständig für die Prüfung waren die Träger der UV.

a) Zuständigkeit Deutsche Rentenversicherung Bund für Betriebsprüfung. Seit 47 1.1.2010 wird die unmittelbare **Zuständigkeit der Träger der Rentenversicherung** für Betriebsprüfungen auf die UV erstreckt. Die Träger der RV führen die Prüfung „im Auftrag" der Träger der UV durch (vgl § 166 Abs 2 SGB VII, Art 25 Nr 1, Art 36 des 2. BürokratieabbauG vom 7.9.07, BGBl I 07, 2246; UVMG vom 30.10.08, BGBl I 08, 2130). Die Prüfung nach § 166 SGB VII wird durch Träger der RV im Rahmen der allgemeinen Betriebsprüfung nach § 28p SGB IV durchgeführt. Allerdings bedarf es bei der Prüfung für

305   Meldepflichten Arbeitgeber

die Zwecke der UV keiner ArbN-bezogenen Kontrolle. In der UV gibt es keinen ArbN-bezogenen Beitrag, sodass sich die Prüfung nur auf die Beitragsgrundlagen der UV, dh die unfallversicherungsrechtlichen Entgelte und ggf deren zutreffende Zuordnung zu einer Gefahrtarifstelle erstreckt (vgl Summenmeldungen nach § 165 SGB VII). Die Befugnis zur Erteilung von Beitragsbescheiden und zur Beitragsnachberechnung bleibt den Trägern der UV vorbehalten (§ 28p Abs 1b SGB IV iF UVMG vom 30.10.08, BGBl I 08, 2130). Kraft Übergangsrecht werden die Prüfungen bzgl der Jahre 2005–2008 in den Jahren 2010 und 2011 weiterhin durch die Träger der UV durchgeführt (vgl § 218e Abs 4 SGB VII).

48 **b) Meldungen.** Die ArbGeb/Unternehmen melden (seit 2010) für die Zwecke der UV an die Einzugsstelle mit der **Jahresmeldung** nach § 28a Abs 3 SGB IV die in der UV beitragspflichtigen Arbeitsentgelte, die geleisteten Arbeitsstunden, UV-Mitgliedsnummer des Betriebes und die Betriebsnummer des zuständigen UV-Trägers sowie die anzuwendende Gefahrtarifstelle. Der ArbGeb hat alle Auskünfte zu erteilen, die für die Veranlagung zu Gefahrtarifstellen erforderlich sind.

Meldepflichten Arbeitnehmer

A. Arbeitsrecht
Poeche

1   **1. Gesetzliche Meldepflichten.** Meldepflichten des ArbN sind für das Arbeitsrecht eher untypisch. Bekannt sind sie im ArbNErfindungsrecht: Unverzüglich nach ihrer Fertigstellung hat der ArbN von ihm gemachte Erfindungen dem ArbGeb zu melden (§ 5 ArbNErfG; s *Arbeitnehmererfindung* Rz 12).

2   Im **Arbeitsschutz** hat der ArbN nach § 16 ArbSchG jede von ihm festgestellte unmittelbare erhebliche Gefahr für die Sicherheit und Gesundheit sowie jeden an den Schutzsystemen festgestellten Defekt zu melden. Adressat der Meldung ist der ArbGeb oder der zuständige Vorgesetzte. Informiert werden sollen auch die anderen mit dem Arbeitsschutz befassten Personen, wie Betriebsarzt, Fachkraft für Arbeitssicherheit und Sicherheitsbeauftragte. Im autonomen Arbeitsschutz verpflichten die UVV den ArbN, festgestellte sicherheitstechnische Mängel an Einrichtungen sowie an der Verpackung, Kennzeichnung und Beschaffenheit von Arbeitsstoffen oder an der Gestaltung von Arbeitsverfahren und -abläufen dem Vorgesetzten zu melden (s *Arbeitssicherheit/Arbeitsschutz* Rz 15).

3   **2. Sonstiges.** Außerhalb dieser Komplexe spielen Meldepflichten des ArbN gegenüber dem ArbGeb eine untergeordnete Rolle. Seine Verpflichtung zur Offenlegung eines Sachverhaltes, zB Produktion von Ausschuss, Sabotage uÄ, wird herkömmlich im bestehenden Arbeitsverhältnis noch mit dem synonymen Begriff **Anzeigepflichten** (s *Anzeigepflichten Arbeitnehmer* Rz 2) und bei Eingehung des Arbeitsverhältnisses mit dem der **Auskunftspflichten** (s *Auskunftspflichten Arbeitnehmer* Rz 2–29) gekennzeichnet.

4   Gelegentlich finden sich auch **Mitteilungspflichten,** so zB im Bereich des Mutterschutzes die Sollpflicht der Schwangeren zur Bekanntgabe ihrer Schwangerschaft und des mutmaßlichen Entbindungstermins (§ 5 Abs 1 MuSchG) und im Bereich des ArbNErfindungsrechts die Mitteilung einer freien Erfindung (§ 18 ArbNErfG).

5   **Mitwirkungspflichten** gegenüber dem ArbGeb begründen sich aus dessen Meldepflichten in der SozV (s unten Rz 7 ff). Ihre Verletzung kann je nach Gewicht des Einzelfalles zu Konsequenzen führen (zB Ablehnung der Arbeitsleistung, Abmahnung). Zu Haftungsfragen s *Anzeigepflichten Arbeitnehmer* Rz 6. Auf die Meldepflicht des ArbN gegenüber der **Bundesagentur** hat der ArbGeb den ArbN zwar nach § 2 Abs 2 Satz 2 Nr 3 SGB III hinzuweisen. Eine Verletzung der Hinweispflicht begründet aber keinen Schadensersatzanspruch des ArbN (BAG 29.9.05 – 8 AZR 571/04, NZA 05, 1406).

B. Lohnsteuerrecht
Seidel

6   Zu der vom ArbN gegenüber dem FA bestehenden Pflicht, bestimmte Umstände anzuzeigen, s *Anzeigepflichten Arbeitnehmer* Rz 10–17 und *Lohnsteuerabzugsmerkmale* Rz 17 f.

Zu Angaben des ArbN bei Lohnzahlungen durch Dritte gegenüber dem ArbGeb s *Lohnabzugsverfahren* Rz 14.

C. Sozialversicherungsrecht
Schlegel

1. Auskunfts- und Vorlagepflichten gegenüber dem Arbeitgeber. Nach § 280 **7**
Abs 1 SGB IV hat der Beschäftigte dem ArbGeb die zur Durchführung des Meldeverfahrens und der Beitragszahlung erforderlichen Angaben zu machen und, soweit erforderlich, Unterlagen vorzulegen (Zum Ganzen vgl *Voelzke/Schlegel* SGB IV, § 280 Rz 9 ff). Spezialgesetzlich ist die Meldepflicht für zusätzlich ausgeübte geringfügige Beschäftigungen in § 11 AltTZG geregelt. Inhaltlich sind insbesondere diejenigen Tatsachen anzuzeigen und mitzuteilen, die der ArbGeb der Einzugsstelle seinerseits gem §§ 28a ff SGB IV zu melden hat, oder die für die Beurteilung der Versicherungspflicht bedeutsam sind (persönliche Daten, Gesamteinkommen und Verdienst/Dauer einer anderen Nebenbeschäftigung).

2. Auskunfts- und Vorlagepflichten des Arbeitnehmers gegenüber der Einzugs- **8**
stelle. Nach § 280 Abs 2 SGB IV hat der Beschäftigte der Einzugsstelle auf Verlangen Auskunft über die Art und Dauer seiner Beschäftigung, die hierbei erzielten Arbeitsentgelte, seinen ArbGeb und die für die Erhebung von Beiträgen notwendigen Tatsachen zu erteilen und alle für die Prüfung der Meldung und der Beitragszahlung erforderlichen Unterlagen vorzulegen. Dies kann insbesondere der Fall sein, wenn der ArbGeb seinen Meldepflichten und der Pflicht zur Abführung des GesamtSozVBeitrages nicht nachkommt oder Zweifel an der Richtigkeit seiner Angaben bestehen.

Nach § 199 Abs 1 SGB V haben **unständig Beschäftigte** – anders als sonstige ArbN – **9**
eine **eigenständige Meldepflicht** gegenüber ihrer Krankenkasse. Sie haben der zuständigen Krankenkasse den Beginn und das Ende der berufsmäßigen Ausübung von unständigen Beschäftigungen unverzüglich zu melden. Sodann hat die Krankenkasse – ebenfalls abweichend vom Normalfall – eine konstitutive Feststellung über die Versicherungspflicht zu treffen (vgl § 186 Abs 2 SGB V; zum Begriff der unständigen Beschäftigung vgl *Aushilfskräfte* Rz 41 ff). Der ArbGeb wird dadurch jedoch nicht von seinen Meldepflichten befreit; er hat auch für unständig Beschäftigte Meldungen wie für sonstige ArbN zu erstatten.

3. Spezielle Meldevorschriften für besondere Personengruppen (zB Wehrdienstleisten- **10**
de, unständig Beschäftigte, Rentenantragsteller, Bezieher von Versorgungsbezügen, Bezieher von Erziehungsgeld etc) sind für die **Krankenversicherung** in §§ 194 ff SGB V, für die **Pflegeversicherung** in §§ 50 ff SGB XI und für die **Rentenversicherung** in §§ 190 ff SGB VI vorgesehen.

4. Leistungsrechtliche Melde-(Mitwirkungs-)Pflichten sind für alle Personen, die **11**
Sozialleistungen beanspruchen – damit auch für ArbN –, in § 60 Abs 1 SGB I geregelt. Danach hat, wer Sozialleistungen beantragt oder erhält, alle Tatsachen anzugeben, die für die Leistung erheblich sind, und auf Verlangen des zuständigen Leistungsträgers der Erteilung der erforderlichen Auskünfte durch Dritte zuzustimmen (Nr 1), Änderungen in den Verhältnissen, die für die Leistung erheblich sind oder über die im Zusammenhang mit der Leistung Erklärungen abgegeben worden sind, unverzüglich mitzuteilen (Nr 2), sowie Beweismittel zu bezeichnen und auf Verlangen des zuständigen Leistungsträgers Beweisurkunden vorzulegen oder ihrer Vorlage zuzustimmen. Die Verletzung dieser Pflichten räumt dem Leistungsträger gem § 66 Abs 1 SGB I ein **Leistungsverweigerungsrecht** hinsichtlich beantragter Sozialleistungen und ggf auch ein **Rückforderungsrecht** hinsichtlich bereits gewährter Leistungen ein. Allerdings ist der Antragsteller/Berechtigte auf diese Rechtsfolge vorher schriftlich hinzuweisen und unter Fristsetzung aufzufordern, seiner Mitwirkungs- bzw Meldepflicht nachzukommen (§ 66 Abs 3 SGB I). Rechtsdogmatisch handelt es sich bei den dem Berechtigten gem § 60 SGB I auferlegten „Pflichten" nicht um zwangsweise durchsetzbare Rechtspflichten, sondern um Obliegenheiten, bei deren Verletzung der Antragsteller/ Berechtigte ggf Rechtsnachteile zu gewärtigen hat. Zur Pflicht von Leistungsempfängern (zB Arbeitslosen, AlGeldBeziehern), den ArbGeb einer von ihm ausgeübten Nebentätigkeit zu benennen vgl BSG 2.9.04 – B 7 AL 88/03 R.

5. Meldepflichten arbeitsloser Arbeitnehmer bestehen insoweit, als sich diese wäh- **12**
rend der Zeit, für die sie Anspruch auf AlGeld geltend machen, bei der Agentur für Arbeit und gleichgestellten Stellen zu melden haben, wenn sie hierzu von der Agentur für Arbeit aufgefordert werden (vgl § 309 SGB III). Wird zB wegen Umzug eine andere Agentur für

Arbeit zuständig, hat sich der Arbeitslose von sich aus unverzüglich bei der nunmehr zuständigen Agentur für Arbeit zu melden (vgl § 310 SGB III).

Minderjährige

A. Arbeitsrecht
Röller

Übersicht

	Rz		Rz
I. Begriff	1	b) Durch den minderjährigen Arbeitnehmer	18
II. Minderjährige als Arbeitnehmer	2–20	4. Faktisches Arbeitsverhältnis mit beschränkt geschäftsfähigen Minderjährigen	19
1. Beschäftigungsverbote/-beschränkungen	2		
2. Arbeitsvertrag mit Minderjährigen	3–15	5. Minderjährige und Betriebsverfassung	20
a) Gesetzliche Vertretung	3–7	III. Minderjährige als Arbeitgeber	21–23
b) Vormundschaftsgerichtl. Genehmigung	8	1. Abschluss von Arbeitsverträgen ohne Ermächtigung	21
c) Ermächtigung gemäß § 113 BGB	9–15	2. Abschluss von Arbeitsverträgen mit Ermächtigung	22, 23
3. Kündigung des Arbeitsverhältnisses	16–18	IV. Haftung Minderjähriger	24
a) Durch den Arbeitgeber	16, 17		

1 I. Begriff. Minderjährige sind natürliche Personen, die nicht volljährig sind, also das 18. Lebensjahr noch nicht vollendet haben (§§ 2, 106 BGB). Bis zur Vollendung des 7. Lebensjahres sind Minderjährige geschäftsunfähig. Für sie handeln ihre gesetzlichen Vertreter; ihre Willenserklärungen sind nichtig (§ 105 BGB). Die bloße Bevollmächtigung eines Dritten genügt nicht. Minderjährige, die das 7. Lebensjahr vollendet haben, sind nach Maßgabe der §§ 107–113 BGB beschränkt geschäftsfähig (§ 106 BGB).

2 II. Minderjährige als Arbeitnehmer. 1. Beschäftigungsverbote und -beschränkungen. Das JArbSchG regelt für Minderjährige Beschäftigungsverbote und -beschränkungen. Einzelheiten s Jugendarbeitsschutz Rz 10 ff. Keine Anwendung findet das JArbSchG auf geringfügige Hilfeleistungen, soweit sie gelegentlich aus Gefälligkeit, aufgrund familienrechtlicher Vorschriften (s *Familiäre Mitarbeit* Rz 4), in Einrichtungen der Jugendhilfe und in Einrichtungen zur Eingliederung Behinderter erbracht werden sowie auf die Beschäftigung durch die Personensorgeberechtigten im Familienhaushalt (§ 1 Abs 2 JArbSchG).

3 2. Arbeitsvertrag mit Minderjährigen. a) Gesetzliche Vertretung durch Eltern bei Abschluss des Arbeitsvertrages. Ein Minderjähriger bedarf zum Abschluss eines Arbeitsvertrages der Einwilligung, dh der vorherigen Zustimmung (§ 183 Satz 1 BGB), des gesetzlichen Vertreters (§ 107 BGB). Schließt er den Arbeitsvertrag ohne die erforderliche Einwilligung, hängt die Wirksamkeit dieses Arbeitsvertrages nach § 108 Abs 1 BGB von der Genehmigung, dh der nachträglichen Zustimmung (§ 184 Abs 1 BGB), des gesetzlichen Vertreters ab. Bis zur Genehmigung ist der Arbeitsvertrag schwebend unwirksam.

4 Der Arbeitsvertrag wird von Anfang an wirksam, wenn der gesetzliche Vertreter diesen genehmigt. Verweigert er seine Zustimmung, wird der Vertrag endgültig unwirksam (§ 108 BGB). Die Genehmigung kann sich nur auf sämtliche Vertragsbestandteile beziehen. Genehmigt der gesetzliche Vertreter den vereinbarten Vertragsinhalt unter dem Vorbehalt einer Abänderung, ist dies ein Angebot zum Abschluss eines neuen Vertrages mit geändertem Inhalt. Der Minderjährige kann den von ihm geschlossenen Vertrag selbst genehmigen, sobald er das 18. Lebensjahr erreicht und damit unbeschränkt geschäftsfähig geworden ist (§§ 2, 108 Abs 3 BGB).

5 Der Vertragspartner des Minderjährigen kann den Schwebezustand beenden, indem er den Arbeitsvertrag wegen der Minderjährigkeit des Vertragspartners widerruft (§ 109 Abs 1 Satz 1 BGB). Mit der Erklärung des Widerrufs, die auch gegenüber dem Minderjährigen selbst erfolgen kann (§ 109 Abs 1 Satz 2 BGB), wird der Arbeitsvertrag endgültig unwirksam. Nach § 108 Abs 2 Satz 1 Hs 1 BGB kann der Vertragspartner den Vertreter des Minderjährigen zu einer Erklärung über die Genehmigung auffordern. Genehmigt dieser den Abschluss des Arbeitsvertrages nicht innerhalb von 2 Wochen seit der Aufforderung, gilt die Genehmigung als verweigert (§ 108 Abs 2 Satz 2 BGB) mit der Folge, dass der Arbeitsvertrag ebenfalls unwirksam ist.

Als gesetzliche Vertreter für den Minderjährigen treten regelmäßig die Eltern auf. Sie **6** vertreten den Minderjährigen grds **gemeinschaftlich** aufgrund ihrer elterlichen Sorgepflicht, §§ 1626 Abs 1, 1629 BGB. Jeder Elternteil kann jedoch den anderen ausdrücklich oder stillschweigend bevollmächtigen, ihn in der Vertretung des Kindes zu vertreten. Der bevollmächtigte Elternteil kann wirksam für das zu vertretende Kind Willenserklärungen abgeben, ohne in seiner Erklärung auf den anderen Elternteil, von dem er seine Vollmacht ableitet, hinweisen zu müssen. Für die Bevollmächtigung eines Elternteils gegenüber dem anderen gelten die Grundsätze der Duldungs- und Anscheinsvollmacht.

Bestehen zwischen den Eltern **Meinungsverschiedenheiten** über den Abschluss des **7** Arbeitsvertrages, müssen sie versuchen, sich zu einigen (§ 1627 Satz 2 BGB). Kommt eine Einigung nicht zustande, kann das Vormundschaftsgericht angerufen werden (§ 1628 Abs 1 BGB). Das Vormundschaftsgericht kann die Entscheidung nach § 1628 Abs 1 Satz 1 BGB einem Elternteil übertragen. Voraussetzungen dafür sind, dass die Regelung der Angelegenheit für das Kind von erheblicher Bedeutung ist, ein Elternteil die Übertragung der Entscheidung auf ein Elternteil beantragt hat und dies dem Wohle des Kindes entspricht. Bei Konflikten zwischen den Eltern einerseits und ihrem Kind andererseits kann das Vormundschaftsgericht Erklärungen der Eltern oder eines Elternteils ersetzen, wenn das Wohl des Kindes durch missbräuchliche Ausübung der elterlichen Sorge gefährdet ist (§ 1666 Abs 1 und 2 BGB).

b) Vormundschaftsgerichtliche Genehmigung. Ist gesetzlicher Vertreter des Minder- **8** jährigen ein Vormund, so bedarf der Abschluss eines Dienst- oder Arbeitsvertrages, aufgrund dessen sich der Minderjährige zu einer persönlichen Leistung für eine längere Zeit als 1 Jahr verpflichtet, der vormundschaftsgerichtlichen Genehmigung (§ 1822 Ziff 7 BGB). Für Eltern gilt dies nicht (BAG 25.4.13 – 8 AZR 453/12, BeckRS 2013, 72226; *Palandt/Götz* § 1822 Rz 23; aA *Fomferek* NJW 04, 410).

c) Ermächtigung gemäß § 113 BGB. Nach § 113 Abs 1 Satz 1 BGB kann der gesetz- **9** liche Vertreter den Minderjährigen ermächtigen, in Dienst oder Arbeit zu treten. Anders als nach § 112 BGB ist zusätzlich keine vormundschaftsgerichtliche Genehmigung erforderlich. § 113 BGB führt nicht zu einem wirksamen Arbeitsvertrag, den der Minderjährige auf Grund einer vom gesetzlichen Vertreter erteilten Ermächtigung mit diesem eingeht. Wegen der Gefahr des Interessenskonflikts ist § 181 BGB analog anwendbar (ErfK/*Preis* § 113 BGB Rz 5; MüKo/*Schmitt* § 113 Rz 12).

aa) Erklärung der Ermächtigung. Die Ermächtigung durch den gesetzlichen Vertreter **10** kann ausdrücklich oder stillschweigend erklärt werden. Sie ist konkludent erklärt, wenn die Eltern als gesetzliche Vertreter längere Zeit die ihnen bekannte Tätigkeit des Minderjährigen in einem bestimmten Betrieb oder in einer bestimmten Branche dulden und nicht einschreiten (BAG 19.4.74, EzA Nr 1 zu § 113 BGB). Ermahnen die Eltern ihr minderjähriges Kind jedoch, nicht in einem Nachtlokal zu arbeiten und können sie sich damit nicht durchsetzen, so liegt in dem Umstand, dass die Eltern „resignieren", noch keine Ermächtigung des Minderjährigen, ein Arbeitsverhältnis in einem Nachtlokal anzunehmen (BAG 19.4.74). Das Vormundschaftsgericht kann eine vom Vormund verweigerte Zustimmung gem § 113 Abs 3 BGB ersetzen, nicht aber die der Eltern (Palandt/*Ellenberger* § 113 Rz 1).

bb) Zurücknahme und Einschränkung der Ermächtigung. Eine bereits erteilte **11** Ermächtigung kann gem § 113 Abs 2 BGB von dem gesetzlichen Vertreter zurückgenommen oder – anders als nach § 112 BGB – nachträglich eingeschränkt werden. Die Rücknahme der Ermächtigung erfolgt durch formfreie, empfangsbedürftige Willenserklärung gegenüber dem Minderjährigen (BAG 19.7.74, EzA Nr 1 zu § 113 BGB). Die Rücknahme der Ermächtigung wirkt ex nunc (*Brill* BB 75, 284). Widerspricht der gesetzliche Vertreter einem vom Minderjährigen beabsichtigten Rechtsgeschäft, so liegt darin konkludent die nachträgliche Einschränkung der Ermächtigung (*Palandt/Ellenberger* § 113 Rz 5). Die Ermächtigung wird nachträglich widerrufen, wenn der gesetzliche Vertreter selbst für den Minderjährigen ein Rechtsgeschäft schließt.

12 **cc) Umfang der Ermächtigung.** Die Ermächtigung nach § 113 Abs 1 Satz 1 BGB umfasst Rechtsgeschäfte, welche die Eingehung und Aufhebung eines Dienst- oder Arbeitsverhältnisses der gestatteten Art und die Erfüllung der sich daraus ergebenden Pflichten auf der Grundlage üblicher Regelungen betreffen. Beschränkt sich die Ermächtigung auf ein bestimmtes Dienst- oder Arbeitsverhältnis, gilt die Ermächtigung nach § 113 Abs 4 BGB im Zweifel auch als allgemeine Ermächtigung zur Eingehung von Verhältnissen derselben Art. Dies ist der Fall, wenn das Arbeitsverhältnis den gleichen sozialen Gehalt hat und der Minderjährige in der gleichen Art und Weise verpflichtet wird (*Schaub* § 32 Rz 33). Von der Ermächtigung nach § 113 BGB umfasst sind auch Dienste höherer Art, wie Engagement-Verträge von Schauspielern (OLG Düsseldorf 27.4.10, OLGZ 22, 161), ebenso ein selbstständiges Handelsvertreterverhältnis (BAG 20.4.64, NJW 64, 1641). Ein Berufsausbildungsvertrag fällt ebenfalls unter § 113 BGB (BAG 22.1.08 – 9 AZR 999/06, NZA-RR 08, 565; aA Erfk/Preis § 113 BGB Rz 2, *Palandt/Ellenberger* § 113 Rz 2 mwN).

13 **(1) Erfasste Rechte und Pflichten aus Dienst- oder Arbeitsvertrag.** Der Minderjährige ist berechtigt, die Rechtsgeschäfte vorzunehmen, die mit der Eingehung, Abwicklung und Beendigung eines Arbeitsverhältnisses **üblicherweise** verbunden sind. Tarifvertragliche Gestaltungsmöglichkeiten sind idR als verkehrsüblich anzusehen (BAG 8.6.99 – 3 AZR 71/98, NZA 2000, 34). Der Minderjährige ist darüber hinaus auch berechtigt, eine Kündigungserklärung ohne Hinzuziehung der gesetzlichen Vertreter rechtswirksam auszusprechen und in Empfang zu nehmen (BAG 18.2.77, DB 77, 1194).

14 Soweit die Ermächtigung des § 113 BGB reicht, ist der Minderjährige **prozessfähig**. Der Minderjährige ist im Rahmen des § 113 BGB auch zum Abschluss von Rechtsgeschäften berechtigt, die in unmittelbarem Zusammenhang mit dem Arbeitsverhältnis stehen, wie etwa dem **Beitritt zu einer Gewerkschaft**. In diesem Fall schließt der Minderjährige zwar kein Rechtsgeschäft mit dem ArbGeb, sondern mit der Gewerkschaft als dritter Vertragspartei. Dieses Rechtsgeschäft wird jedoch von § 113 BGB umfasst, weil der Minderjährige seinen Arbeitsvertrag mit Hilfe der Gewerkschaftszugehörigkeit gegenüber tarifgebundenen ArbGeb unmittelbar gestaltet (ErfK/*Preis* § 113 BGB Rz 9).

15 **(2) Nicht erfasste Rechte und Pflichten.** Von der Ermächtigung nach § 113 BGB nicht umfasst ist dagegen die Vereinbarung eines Aufhebungsvertrages mit einer schwangeren Minderjährigen, auch wenn diese mit Ermächtigung des gesetzlichen Vertreters in Arbeit getreten ist (LAG Brem 15.10.71, DB 71, 2318). Grund dafür ist, dass die minderjährige Schwangere nicht auf die ihr im Rahmen des MuSchG zustehenden Vorteile verzichten kann, wenn sie diese vor Abschluss des Aufhebungsvertrages nicht kannte. Die Ermächtigung nach § 113 BGB umfasst weiterhin nicht die Verfügung über den Lohn (ErfK/*Preis* § 113 BGB Rz 9). Der Minderjährige kann folglich **keine Leistungsklage** gegen den ArbGeb erheben. Zur **selbstständigen** Verfügung über den Lohn wie auch zur selbstständigen Prozessführung ist deswegen eine besondere Zustimmung des gesetzlichen Vertreters nötig (ArbG Wilhelmshaven 21.3.63, ArbuR 63, 347). Strittig ist, ob der Minderjährige eine Ausgleichsquittung erteilen kann. Dies dürfte zu verneinen sein, da deren Bedeutung auch von vielen volljährigen ArbN nicht überschaut werden kann (ErfK/*Preis* § 113 BGR Rz 9; aA LAG Hamm 8.9.70, DB 71, 779).

16 **3. Kündigung des Arbeitsverhältnisses. a) Durch den Arbeitgeber.** Diese ist ausdrücklich an den gesetzlichen Vertreter zu richten. Sie muss mit dem erkennbaren Willen abgegeben werden, dass sie in den Herrschaftsbereich des Vertreters gelangt (BAG 8.12.11 – 6 AZR 354/10, NZA 12, 495).

17 Bei **Gesamtvertretung,** dh also bei gesetzlicher Vertretung des Minderjährigen durch die Eltern, genügt die Adressierung der Kündigung an und deren Zugang gegenüber einem Gesamtvertreter (BGH 14.2.74, BGHZ 62, 167, 173).

18 **b) Durch den minderjährigen Arbeitnehmer.** Die Kündigungserklärung des beschränkt geschäftsfähigen Minderjährigen ist nur wirksam, wenn die Einwilligung des gesetzlichen Vertreters vorliegt (§ 107 BGB). Eine nachträgliche Genehmigung ist nicht möglich (§ 111 BGB). Legt der minderjährige ArbN bei der Kündigung die Einwilligung des gesetzlichen Vertreters nicht in schriftlicher Form vor, kann der ArbGeb die Erklärung aus diesem Grunde unverzüglich zurückweisen. Die Zurückweisung kann entsprechend § 109 Abs 1 Satz 2 BGB auch gegenüber dem Minderjährigen erklärt werden. Dabei muss sich

ausdrücklich oder nach den Umständen ergeben, dass die Zurückweisung wegen fehlender schriftlicher Vorlage der Einwilligung erfolgt; eine auf sonstige Gründe gestützte Beanstandung reicht nicht aus (BAG 18.2.80, DB 81, 1044).

4. Faktisches Arbeitsverhältnis mit beschränkt geschäftsfähigen Minderjährigen. 19
Ist das Arbeitsverhältnis von den Parteien in Vollzug gesetzt worden und stellt sich nachträglich die Unwirksamkeit des Vertrages heraus, so besteht nur ein faktisches Arbeitsverhältnis. Es kann jederzeit durch einseitige Erklärung unmittelbar beendet werden, ohne dass die Wirksamkeitsvoraussetzungen einer außerordentlichen Kündigung vorzuliegen brauchen (s auch *Faktisches Arbeitsverhältnis* Rz 5). Für die zurückliegende Zeit behält der Minderjährige sowohl den Anspruch auf die Entlohnung als auch sämtliche gegen den ArbGeb im Falle der Gültigkeit des Arbeitsvertrages bestehenden sonstigen Ansprüche, wie zB Urlaub (BAG 19.6.59, DB 59, 1086).

5. Minderjährige und Betriebsverfassung. Minderjährige sind weder wahlberechtigt 20
(§ 7 BetrVG) noch wählbar (§§ 7, 8 BetrVG). Die Zahl der beschäftigten Minderjährigen hat keinen Einfluss auf die Mindestgröße des Betriebes. Die Mindestgröße zur Wahl eines BRat richtet sich ausschließlich nach der Anzahl der wahlberechtigten Mitarbeiter (§§ 1, 7 BetrVG). ISd BetrVG sind Minderjährige sog **jugendliche Arbeitnehmer** (§ 60 BetrVG). Sind mehr als fünf jugendliche ArbN oder zur Berufsausbildung Beschäftigte, die das **25. Lebensjahr** noch nicht vollendet haben, in einem Betrieb tätig, so können sie eine JAV wählen. Die Wahl ist von dem BRat zwingend vorzubereiten und durchzuführen, wenn die Voraussetzungen des § 60 Abs 1 BetrVG vorliegen (*DKK/Trittin* § 60 Rz 12). Nach § 63 Abs 2 Satz 1 BetrVG hat der BRat den Wahlvorstand und seinen Vorsitzenden spätestens acht Wochen vor Ablauf der Amtszeit der JAV zu bestellen.

III. Minderjährige als Arbeitgeber. 1. Abschluss von Arbeitsverträgen ohne Er- 21
mächtigung gem § 112 BGB. Schließt der Minderjährige als ArbGeb einen Arbeitsvertrag ohne die erforderliche Einwilligung ab, hängt dessen Wirksamkeit nach § 108 Abs 1 BGB von der Genehmigung des gesetzlichen Vertreters ab. Wird die Genehmigung des gesetzlichen Vertreters nicht erteilt oder der Arbeitsvertrag von einem geschäftsunfähigen Kind als ArbGeb abgeschlossen, stoßen das soziale Schutzinteresse des ArbN mit dem Schutz des Geschäftsunfähigen oder des beschränkt Geschäftsfähigen zusammen. Aufgrund des vorrangigen Schutzzwecks der §§ 104 ff BGB ist es geboten, den geschäftsunfähigen oder in seiner Geschäftsfähigkeit beschränkten ArbGeb auch bei Vollzug des Arbeitsverhältnisses keine quasivertraglichen Pflichten, so auch nicht die Lohnzahlungspflicht treffen zu lassen. Der ArbN ist auf außervertragliche Ansprüche gem §§ 812 ff BGB und §§ 823 ff BGB beschränkt (*Schaub* § 35 Rz 37; MünchArbR/*Richardi/Buchner* § 34 Rz 47; aM *Soergel/Hefermehl* Rz 14 vor § 104: „Sachgerecht, dem ArbN für die Vergangenheit einen vertraglichen Lohnanspruch zuzubilligen").

2. Abschluss von Arbeitsverträgen mit Ermächtigung gem § 112 BGB. Nach 22
§ 112 Abs 1 Satz 1 BGB kann der gesetzliche Vertreter mit Genehmigung des Vormundschaftsgerichts den Minderjährigen zum selbstständigen Betrieb eines Erwerbsgeschäftes ermächtigen. Die Ermächtigung ist eine einseitige und formfreie, an den Minderjährigen zu richtende Willenserklärung (*Palandt/Ellenberger* § 112 Rz 2). Sie kann Dritten gegenüber nicht beschränkt und nach § 112 Abs 2 BGB nur mit Genehmigung des Vormundschaftsgerichts zurückgenommen werden. Ein Erwerbsgeschäft, auf dessen Betrieb sich die Ermächtigung bezieht, ist jede erlaubte, selbstständige, berufsmäßig ausgeübte und auf Gewinn gerichtete Tätigkeit (*Scheerer* BB 71, 981, 982 mwN). Sie umfasst insbesondere den Betrieb eines Handelsgeschäftes, einer Fabrik oder Landwirtschaft, die Ausübung eines Handwerks sowie eines künstlerischen oder wissenschaftlichen Berufes. Die Eingehung eines Handelsvertreterverhältnisses fällt ebenso unter § 112 BGB (BAG 20.4.64, NJW 64, 1641; ArbG Bln 11.7.66, FamRZ 69, 159).

Die Ermächtigung bewirkt, dass der Minderjährige für solche Rechtsgeschäfte unbeschränkt geschäftsfähig ist, welche der Geschäftsbetrieb mit sich bringt. Der Minderjährige kann in den ArbGebVerband eintreten (*Löwisch/Rieble* TVG § 3 Rz 22), Arbeitsverträge abschließen, diese kündigen und Kündigungen des ArbN entgegennehmen. Von der Ermächtigung ausgenommen sind solche Rechtsgeschäfte, zu denen der gesetzliche Vertreter vormundschaftsgerichtlicher Genehmigung bedarf (§ 112 Abs 1 Satz 2 BGB).

306 Minderjährige

23 Gem § 1822 Ziff 8 BGB bedarf die Aufnahme von Geld auf den **Kredit** eines Minderjährigen der vormundschaftsgerichtlichen Genehmigung. Derartige Geschäfte sind zum selbstständigen Betrieb eines Erwerbsgeschäftes ebenfalls regelmäßig erforderlich. Die vormundschaftsgerichtliche Genehmigung ist ferner erforderlich für die Erteilung einer Prokura (§§ 1643 Abs 1, 1822 Ziff 11 BGB). Angesichts des begrenzten Anwendungsbereichs von § 112 BGB ist eine entsprechende Ermächtigung in der Praxis außergewöhnlich.

24 **IV. Haftung Minderjähriger.** Sie ist nach Maßgabe des § 1629a Abs 1 BGB beschränkt. Diese Bestimmung gilt nicht für Verbindlichkeiten aus dem selbstständigen Betrieb eines Erwerbsgeschäfts, soweit der Minderjährige hierzu nach § 112 BGB ermächtigt war (§ 1629a Abs 2 BGB). Näheres s *Glöckner* FamRZ 2000, 1397; *Löwisch* NJW 99, 1002. Bei Rechtsgeschäften zwischen Eltern und Minderjährigen kann die Haftung des Minderjährigen nach dem Gesetz zur Haftungsbeschränkung Minderjähriger (MHbeG) v 25.8.98 (BGBl I 98, 2487) beschränkt sein.

B. Lohnsteuerrecht *Windsheimer*

32 **1. Minderjähriger als Arbeitnehmer.** Die Beschäftigung von Minderjährigen unter 15 Jahren löst grds keine steuerliche Wirkung aus (s R 4.8 Abs 3 Satz 2 EStR), außer die Beschäftigung ist ausnahmsweise zulässig (s oben Rz 2). Für die zulässigen Ausnahmefälle kommt die LStPauschalierung nach § 40a Abs 2 EStG in Betracht (s *Lohnsteuerpauschalierung* Rz 40). Bei Beschäftigung von Minderjährigen ab 15 Jahre ist es steuerlich unbeachtlich, ob die Beschäftigung gesetzlich zugelassen ist und welchen gesetzlichen Beschränkungen sie unterliegt (Arbeitszeit, Beschäftigungsart, -ort, uÄ). Auf die bürgerlich-rechtliche Wirksamkeit des Arbeitsvertrags oder des Ausbildungsvertrags kommt es nicht an (§§ 40, 41 AO; s *Arbeitsvertrag* Rz 85); einschränkend bei den anderen Einkunftsarten, wenn dadurch ein steuerlicher Vorteil (Verlust) erzielt werden soll, s BFH 22.2.07 – IX R 45/06, DStR 07, 986; hierzu BMF 2.4.07 – IV B 2 – S 2144/0, DStR 07, 805.

33 Entscheidend ist die Entlohnung aufgrund **tatsächlich geleisteter Beschäftigung** bzw tatsächlich durchgeführter Ausbildung. Die Zugehörigkeit zum elterlichen Haushalt ist für das Arbeitsverhältnis und für die Durchführung der Besteuerung einschließlich der ELStAM des Kindes unerheblich. Zum voll im Betrieb der Eltern mitarbeitenden Kind s *Familiäre Mitarbeit* Rz 43. Die LSt ist nach allgemeinen Grundsätzen abzuführen (s *Lohnsteuerabführung* Rz 4–6). Der LStJahresausgleich durch den ArbGeb erfolgt dem Minderjährigen gegenüber. Zur **Ferienarbeit** von Minderjährigen s *Geringfügige Beschäftigung* Rz 20 ff; *Antragsveranlagung* Rz 2 ff.

34 Auch ist der Minderjährige antragsbefugt zur **Veranlagung** nach § 46 Abs 2 Nr 8 EStG (§ 79 Abs 1 Nr 2 AO). Der Steuerbescheid ist an den Minderjährigen zu richten. Bezieht der Minderjährige neben seinen Lohneinkünften andere Einkünfte, zB aus Vermietung und Verpachtung, die eine Veranlagung vAw erforderlich machen (§ 46 Abs 2 Nr 1 EStG), so sind die Lohneinkünfte in diese Veranlagung miteinzubeziehen (§ 25 Abs 1 EStG), deren Steuererklärung der gesetzliche Vertreter des Minderjährigen unterschreiben muss (§ 25 Abs 3 Satz 4 EStG iVm §§ 79 Abs 1 Nr 1, 34 Abs 1 AO). In diesem Fall müssen im Bescheid Minderjähriger und gesetzlicher Vertreter genannt sein, und der Bescheid muss dem gesetzlichen Vertreter postalisch übermittelt werden (AEAO zu § 122 Rz 2.2.).

35 Die steuerliche Behandlung von Arbeitsverhältnissen mit minderjährigen **Familienangehörigen** folgt den Regeln über das Ehegattenarbeitsverhältnis. Einzelheiten hierzu s R 4.8 Abs 3 EStR (s auch *Familiäre Mitarbeit* Rz 43; *Arbeitsvertrag* Rz 85 ff).

36 **2. Minderjähriger als Arbeitgeber.** Liegt eine wirksame Ermächtigung des gesetzlichen Vertreters zum selbstständigen Betrieb eines Unternehmens mit der Genehmigung des Vormundschaftsgericht vor (§ 112 BGB), so ist dies auch steuerlich zu beachten. Den Minderjährigen treffen insoweit alle ArbGebPflichten. Er ist insoweit steuerlich handlungsfähig (§ 79 Abs 1 Nr 2 AO). Auch hier gilt: Betätigt sich ein Minderjähriger als ArbGeb, ohne dazu ermächtigt zu sein, ist er dennoch steuerlich als solcher zu behandeln (s *Arbeitgeber* Rz 19 ff).

C. Sozialversicherungsrecht

Voelzke

1. Allgemeines. Die Rechtsstellung des Minderjährigen **(Handlungsfähigkeit)** im Sozialrecht wird durch § 36 SGB I geregelt. Danach kann Anträge auf Sozialleistungen stellen und verfolgen sowie Sozialleistungen entgegennehmen, wer das **15. Lebensjahr** vollendet hat (§ 36 Abs 1 Satz 1 SGB I). Diese Regelung beruht auf der Überlegung, dass Minderjährige vielfach mit der Vollendung des 15. Lebensjahres in das Erwerbsleben eintreten und die damit zusammenhängenden sozialversicherungsrechtlichen Pflichten erfüllen müssen (*Schlegel/Voelzke/Didong* SGB I, § 36 Rz 7). 37

Die Ausübung der Rechte der **gesetzlichen Vertreter** wird dadurch gewährleistet, dass der Sozialleistungsträger diese über die Antragstellung und die erbrachten Sozialleistungen unterrichten soll (§ 36 Abs 1 Satz 2 SGB I). Der gesetzliche Vertreter kann gem § 36 Abs 2 SGB I die Handlungsfähigkeit des Minderjährigen durch schriftliche Erklärung gegenüber dem Leistungsträger einschränken und ist bei Handlungen, die sich zum Nachteil des Minderjährigen auswirken können, zwingend hinzuzuziehen. § 36 SGB I wird für das Verwaltungsverfahrensrecht durch § 11 Abs 1 Nr 2 SGB X und für das gerichtliche Verfahren durch § 71 Abs 2 SGG und § 62 Abs 1 VwGO ergänzt. Diese Vorschriften räumen dem über 15 Jahre alten Minderjährigen durch die Bezugnahme auf § 36 SGB I das Recht eines selbstständigen Verfahrensbeteiligten ein, dem gegenüber Verfahrenshandlungen vorzunehmen sind. Der gesetzliche Vertreter kann lediglich als Prozessbevollmächtigter auftreten, es sei denn, er gibt eine Erklärung nach § 36 Abs 2 Satz 1 SGB I ab (*Meyer-Ladewig* § 71 Rz 5). Die Rücknahme eines Rechtsbehelfs bedarf der Zustimmung des gesetzlichen Vertreters (*Littmann* K-SGG, § 71 Rz 5). 38

Handlungen von Minderjährigen, denen § 36 SGB I keine Handlungsfähigkeit einräumt, bedürfen zu ihrer Wirksamkeit der Einwilligung des gesetzlichen Vertreters. Da § 36 SGB I die Handlungsfähigkeit im Sozialrecht nur unvollkommen regelt, nämlich für die Leistungsansprüche von Personen, die das 15. Lebensjahr vollendet haben, sind die auftretenden Regelungslücken nach hM durch eine analoge Anwendung der Vorschriften des bürgerlichen Rechts zur Geschäftsfähigkeit natürlicher Personen zu schließen. 39

2. Umfang der Handlungsfähigkeit. § 36 Abs 1 SGB I ermöglicht die Stellung aller Arten von Leistungsanträgen, nicht jedoch von Anträgen, die nicht auf eine Sozialleistung gerichtet sind (zB auf Befreiung von der Versicherungspflicht, s *Schlegel/Voelzke/Didong* SGB I, § 36 Rz 10). Eine entsprechende Anwendung des § 36 SGB I ist für Handlungen zu bejahen, die die Voraussetzungen für die Inanspruchnahme von Sozialleistungen schaffen (zB Arbeitslosmeldung, Anzeige der Arbeitsunfähigkeit) oder die auf ein für den Betroffenen ausschließlich vorteilhaftes Handeln von Leistungsträgern gerichtet sind (zB die Feststellung der Schwerbehinderteneigenschaft). Die Antragsfähigkeit umfasst auch die Geltendmachung von Ansprüchen als mitversicherterer Familienangehöriger in der KV, da es sich um einen eigenen Anspruch der Kinder und des Ehegatten handelt (§ 10 SGB V). 40

Verfahrensrechtlich ist der Minderjährige, der das 15. Lebensjahr vollendet hat, im Verwaltungsverfahren einschließlich des Widerspruchsverfahrens und im Gerichtsverfahren zur Verfolgung des Antrages berechtigt. Der Leistungsträger kann mit befreiender Wirkung an den über 15 Jahre alten Minderjährigen leisten, ohne dass es einer Einwilligung des gesetzlichen Vertreters bedürfte. Dies erstreckt sich allerdings nicht auf die Verfügungsmöglichkeit über die empfangene Sozialleistung, die sich ausschließlich nach bürgerlichem Recht richtet. Die Handlungsfähigkeit nach § 36 SGB I schließt es ein, dass dem Minderjährigen auch die Erfüllung der Mitwirkungspflichten gem §§ 60 ff SGB I obliegt. 41

Soweit allerdings die Mitwirkungspflichten des Leistungsempfängers im Rahmen der §§ 62, 63, 65 SGB I die Durchführung von Operationen erfordern, sollte entsprechend den zivilrechtlichen Grundsätzen auf die Einsichtsfähigkeit des Minderjährigen abgestellt werden (GK-SGB I/*Schellhorn* § 36 Rz 12; aA *Schlegel/Voelzke/Didong* SGB I, § 36 Rz 15, der eine Berücksichtigung im Rahmen der Ermessensentscheidung nach § 66 SGB I für ausreichend hält). Eine Versagung oder Entziehung der Leistung gem § 66 SGB I ist in allen Fällen ohne einen an den **gesetzlichen Vertreter** gerichteten Hinweis und eine entsprechende Fristsetzung nicht möglich (entsprechend § 36 Abs 2 SGB I; vgl *Hauck/Noftz/Fastabend* SGB I, § 36 Rz 16). 42

3. Unterrichtung des gesetzlichen Vertreters. Der Leistungsträger soll den gesetzlichen Vertreter über die Antragstellung und die erbrachten Sozialleistungen unterrichten (§ 36 Abs 1 Satz 2 SGB I), damit dieser seine Kontrollfunktionen wahrnehmen kann. Bei laufenden Sozialleistungen genügt eine Benachrichtigung über die erste Leistungsbewilligung. Die Unterrichtung des gesetzlichen Vertreters hat lediglich im Regelfall zu erfolgen und kann bei Vorliegen besonderer Gründe im Einzelfall unterbleiben, etwa wenn schutzwürdige Belange des Minderjährigen entgegenstehen.

4. Einschränkung der Handlungsfähigkeit. Die Handlungsfähigkeit des Minderjährigen kann gem § 36 Abs 2 Satz 1 SGB I durch **schriftliche Erklärung** des gesetzlichen Vertreters gegenüber dem Leistungsträger eingeschränkt werden. Der gesetzliche Vertreter kann die Handlungsfähigkeit umfassend (allerdings nicht abstrakt für alle denkbaren Sozialleistungen) oder nur für einzelne Handlungen ausschließen. Der Leistungsträger ist an die Erklärung des gesetzlichen Vertreters gebunden, es sei denn, sie ist rechtsmissbräuchlich.

Bei bestimmten, uU für den Minderjährigen **nachteiligen Erklärungen** bedarf der Minderjährige nach ausdrücklicher gesetzlicher Regelung in jedem Falle der Zustimmung des gesetzlichen Vertreters (§ 36 Abs 2 Satz 2 SGB I). Es handelt sich hierbei um die Rücknahme von Anträgen, den Verzicht auf Sozialleistungen (s *Verzicht* Rz 25 ff) und die Entgegennahme von Darlehen. Der Vorschuss auf Geldleistungen nach § 42 SGB I ist nach zutreffender Auffassung kein Darlehen. Der Leistungsträger kann den gesetzlichen Vertreter, soweit der Minderjährige eine der genannten Handlungen vorgenommen hat, in entsprechender Anwendung des § 108 Abs 2 BGB zur Erklärung über die Genehmigung auffordern. Bei fehlender Zustimmung bleibt die Rechtshandlung schwebend unwirksam (*Schlegel/Voelzke/Didong* SGB I, § 36 Rz 23).

Mindestentgelt

A. Arbeitsrecht   *Griese*

1. Einführung. Die Debatte um die Einführung eines Mindestlohnes ist ins Zentrum arbeitsrechtlicher und politischer Erörterungen gerückt. Dies hat seine Ursache insbes in dem Umstand, dass eine wachsende Zahl von ArbN trotz Arbeit aufgrund geringer Lohnhöhe kein ausreichendes Einkommen zum Lebensunterhalt erzielt und ergänzende Sozialtransferleistungen in Anspruch nehmen muss. So waren im Jahr 2007 in Deutschland 1,1 Millionen ArbN trotz Arbeit arm und müssen ergänzend zu ihrem Arbeitsentgelt Leistungen der Grundsicherung nach SGB II (Hartz IV; s *Arbeitslosengeld* II Rz 7 ff) in Anspruch nehmen (ArbuR 07, 345). Hier offenbart sich der Zusammenhang zum **Kombilohn** (s unten Rn 4 u *Arbeitsförderung* Rz 3). Unverkennbar ist, dass angesichts der Zunahme von tariffreien Erwerbsbereichen, in denen Löhne am Rande oder **unterhalb des Existenzminimums** gezahlt werden, die Forderung nach gesetzlichen Mindestlöhnen in Deutschland zunimmt. Die Fehlentwicklung ist vor allem durch die Kombination aus staatlichen Transferleistungen und geringfügiger Beschäftigung verbreitet und bedarf gesetzgeberischer Korrektur (*Griese/Preis/Kruchen* NZA 2013, 113).

2. Mindestlöhne in Europa und den USA. Einen gesetzlichen Mindestlohn gibt es in Deutschland bisher nicht. Demgegenüber haben die wichtigsten marktwirtschaftlich orientierten Industrienationen in Europa und die USA bereits seit Jahren, zT seit Jahrzehnten Mindestlöhne. In Großbritannien wurde der Mindestlohn 1999 eingeführt. Er lag schon 2008 bei umgerechnet 8,10 € pro Stunde kommt etwa 1,5 Millionen Erwerbstätigen zugute. In Frankreich hat der Mindestlohn seit mehr als 50 Jahren Tradition. Etwa 3,3 Millionen Franzosen erhalten den Mindestlohn von gegenwärtig mehr als 8 € pro Stunde.

In den Niederlanden gibt es seit 40 Jahren den Mindestlohn (2008: 1357 € pro Monat). Insgesamt existieren in 18 EU-Staaten Mindestlöhne (Ausführliche Übersicht über die Regelungen in den einzelnen EU-Staaten bei Thüsing, RdA 09, 218 ff). In den USA ist der Mindestlohn von 5,25 $ (s *Thüsing/Leder* NZA 04, 1310) auf 7,25 $ pro Stunde erhöht worden und findet auf rund 13 Millionen Erwerbstätige Anwendung.

3. Instrumente einer Mindestentgeltabsicherung. Wenn es auch bisher keinen einheitlichen Mindestlohn in Deutschland gibt, so existieren doch Instrumente, die partiell die Funktion einer Mindestlohnsicherung haben oder haben könnten. 3

a) Das Gesetz über die Festsetzung von Mindestarbeitsbedingungen vom 11.1.1952 erlaubte bereits die Festsetzung von Mindestlöhnen. Voraussetzung war nach § 1 Abs 2 des Gesetzes ua, dass Gewerkschaften oder ArbGebVereinigungen nicht bestanden oder nur eine Minderheit der ArbN erfassten und die Festsetzung von Mindestentgelten zur Befriedigung der notwendigen sozialen und wirtschaftlichen Bedürfnisse der ArbN erforderlich erschien.

Hiervon war aber in der gesamten Geschichte des Gesetzes bis 2009 kein Gebrauch gemacht worden. Gleiches galt für § 92a HGB, der die Festsetzung von Mindestentgelten für Einfirmenvertreter erlaubt.

Durch das Gesetz zur Änderung des Gesetzes über die Festsetzung von Mindestarbeitsbedingungen vom 22.4.09 (BGBl I 09, 818) ist das **gesetzliche Instrument der Festsetzung von Mindestarbeitsbedingungen und damit Mindestentgelten aktiviert worden.** Es erlaubt in § 1 Abs 2 MiArbG die Festsetzung von Mindestarbeitsentgelten in Wirtschaftszweigen, in denen bundesweit die an Tarifverträge gebundenen ArbGeb weniger als 50 % der unter den Geltungsbereich dieser Tarifverträge fallenden ArbN beschäftigen. Die Festsetzung der Mindestentgelte erfolgt durch RechtsVO der Bundesregierung gem § 4 Abs 3 MiArbG, die zuvor von dem für den jeweiligen Wirtschaftszweig errichteten **Fachausschuss** festgesetzt sein müssen. Eine solche Festsetzung gilt sowohl für inländische wie für aus dem Ausland entsandte ArbN und verdrängt ungünstigere Tarifbestimmungen gem § 8 MiArbG. Zentrale Bedeutung bei der Festsetzung von Mindestentgelten kommt dem **Hauptausschuss** zu. Dieser stellt gem § 3 Abs 1 MiArbG unter umfassender Berücksichtigung der sozialen und ökonomischen Auswirkungen durch Beschluss fest, ob in einem Wirtschaftszweig soziale Verwerfungen vorliegen und Mindestarbeitsentgelte festgesetzt, geändert oder aufgehoben werden sollen. Die Zusammensetzung des Hauptausschusses regelt § 2 MiArbG. Dieser ist als ständiges weisungsfreies Gremium einzurichten und besteht aus einem Vorsitzenden und sechs weiteren ständigen Mitgliedern, die von der Bundesregierung auf Vorschlag des Bundesarbeitsministeriums ernannt werden. Die seit 2009 bestehende Rechtsänderung hat bisher keine praktische Bedeutung erlangt.

b) Regelungen zur Arbeitnehmer-Entsendung. Durch das AEntG wird für die **Entsendung von Arbeitnehmern aus dem Ausland** im Bausektor das tariflich geltende Mindestentgelt auf vom Tarifvertrag nicht erfasste Arbeitsverhältnisse erstreckt (s *Arbeitnehmerentsendung*) und wirkt damit wie **ein Mindestlohn für aus dem Ausland entsandte ArbN**. Damit soll verhindert werden, dass ArbN zu Niedriglohnbedingungen ihres Herkunftslandes in wettbewerbsverzerrender Weise tätig werden. Das Gesetz beruht auf der EG-RL 96/71 vom 16.12.1996 und ist europarechtskonform (s ErfK/*Schlachter* § 1 AEntG Rz 3 f). Die darauf beruhende Erstreckung des Mindestlohnvertrages im **Baugewerbe** auf nicht tarifgebundene ArbN ist verfassungsgemäß (BVerfG 18.7.2000 – 1 BvR 948/00, ArbuR 2000, 353). Es gilt auch für LeihArbN. Durch Gesetz v 25.4.07 (BGBl I 07, 576) ist eine Erstreckung auf den Bereich der **Gebäudereinigung** vorgenommen worden, seit 1.1.08 auch auf **Briefdienstleistungen**. 4

Eine gesetzliche Erweiterung auf weitere Tarifbereiche, die durch Lohndumping betroffen sind, realisiert das Gesetz zur Neufassung des AEntG v 20.4.09 (BGBl I 09, 799), und zwar gem § 4 AEntG auf das Bewachungsgewerbe, die Bergbauspezialarbeiten auf Steinkohlebergwerken, die Wäschereidienstleistungen im Objektkundengeschäft, die Abfallwirtschaft (einschließlich Straßenreinigung und Winterdienst), die Aus- und Weiterbildungsdienstleistungen nach den SGB II und III und die Pflegedienste (siehe § 4 Nr 1–Nr 8 sowie § 10 AEntG).

Durch die Neufassung ist zugleich der **Zweck des AEntG erweitert** worden. Nach § 1 AEntG geht es nicht nur um Mindestbedingungen für aus dem Ausland entstandte ArbN, sondern auch um die Mindestarbeitsbedingungen für **regelmäßig im Inland beschäftigte** ArbN. Nach § 3 AEntG finden die Rechtsnormen eines bundesweiten Tarifvertrages Anwendung, wenn er für allgemeinverbindlich erklärt worden ist oder eine **Rechtsverordnung** nach § 7 AEntG erlassen wird. Mit solchen **Erstreckungsverordnungen** werden Mindestentgelte gem §§ 7 Abs 1, 3, 5 Nr 1, AEntG für alle Arbeitsverhältnisse eines Tarif-

307 Mindestentgelt

bereichs (inländische und ausländische ArbN) verbindlich. Voraussetzung einer Erstreckungsverordnung ist ein gemeinsamer Antrag der Tarifvertragsparteien auf Allgemeinverbindlicherklärung. Für verschiedene Bereiche (s auch ErfK/*Schlachter* § 4 AEntG Rz 2 ff) ist eine ErstreckungsVO in Kraft, so für das **Baugewerbe** (BAnz 09, 2996) und die **Abfallwirtschaft** (BAnz 09, 4573), für Gebäudereiniger (VO v 10.3.10) und für Dachdecker (VO v 15.3.10).

5   **c) Lohnuntergrenze gem § 3a AÜG.** Durch den mit Wirkung vom 30.4.11 in Kraft getretenen § 3a AÜG (BGBl I 11, 642) ist es möglich geworden, für **Zeitarbeitnehmer Lohnuntergrenzen** auf gemeinsamen Vorschlag der Tarifvertragsparteien hin festzulegen. Davon ist durch VO, die am 1.1.2012 in Kraft getreten ist, Gebrauch gemacht und für Zeitarbeitskräfte ein Mindestlohn von 7,01 € in den neuen Ländern und 7,89 € pro Stunde in den übrigen Bundesländern festgesetzt worden. Zum 1.1.2014 steigen die Mindestlöhne auf 8,50 € (West) und 7,86 € (Ost).

6   **d) Allgemeinverbindlicherklärung.** Die Tarifbindung kann bei nicht tarifgebundenen Arbeitsvertragsparteien nach § 5 TVG dadurch hergestellt werden, dass der Tarifvertrag durch den BMA bzw die entsprechenden obersten Landesbehörden für allgemeinverbindlich erklärt wird (s *Tarifvertrag*). Dies setzt nach § 5 Abs 1 Nr 1 und 2 TVG voraus, dass die tarifgebundenen ArbGeb mindestens 50 % der unter den Geltungsbereich des Tarifvertrages fallenden ArbN beschäftigen und die Allgemeinverbindlichkeitserklärung im öffentlichen Interesse geboten erscheint. Von diesen Voraussetzungen kann nach § 5 Abs 1 Satz 2 TVG abgesehen werden, wenn die Allgemeinverbindlichkeit zur Behebung eines sozialen Notstandes erforderlich erscheint.

Voraussetzung für die Allgemeinverbindlichkeit ist nach § 5 Abs 1 Satz 1 TVG das Einvernehmen mit einem paritätisch aus Vertretern der Spitzenverbände der ArbGeb und ArbN zusammengesetzten Ausschuss. In der Praxis bedeutet dies, dass eine Allgemeinverbindlichkeitserklärung nur zustande kommen kann, wenn zumindest ein Vertreter eines Spitzenverbandes der ArbGeb-Seite zustimmt (*Wiedemann/Wank*, TVG § 5 Rz 98 ff; ErfK/*Franzen* § 5 TVG Rz 23). Aufgrund dessen sind nur sehr wenige Entgelt-Tarifverträge für allgemein verbindlich erklärt worden, insbesondere im Baubereich, im Maler- und Lackiergewerbe, im Abbruch- und Abwrackgewerbe und im Dachdeckerhandwerk. Die Allgemeinverbindlichkeitserklärung hat die Wirkung, dass der Tarifvertrag auch für nichttarifgebundene ArbN und ArbGeb unmittelbar und zwingend gilt. Die Allgemeinverbindlichkeitserklärung von Tarifverträgen ist mit dem GG vereinbar (BVerfG 24.5.77, DB 77, 1510; BAG 22.9.93, DB 94, 842). Als Instrument der Mindestlohnsicherung funktioniert sie nur, wenn entsprechende Tarifverträge vorliegen.

7   **e) Lohnwucher und Sittenwidrigkeit.** Partiell übernimmt die Rspr zu Lohnwucher und sittenwidrig niedrigen Löhnen die Funktion einer Mindestlohnabsicherung, weil in diesen Fällen nach § 612 Abs 2 BGB die übliche Vergütung geschuldet wird (s *Arbeitsentgelt* Rz 20 f). Nach § 138 Abs 2 BGB liegt Lohnwucher vor, wenn Arbeitsleistung und Verdienst in einem auffallenden Missverhältnis stehen und die Vergütungsvereinbarung unter Ausnutzung einer Zwangslage, der Unerfahrenheit, des Mangels an Urteilsvermögen oder einer erheblichen Willensschwäche zustande gekommen ist. Ein besonders krasses Missverhältnis zwischen Arbeitsleistung und Entgelt kann zur Annahme des Lohnwuchers nach § 138 Abs 1 BGB führen, zB wenn weniger als zwei Drittel des Tariflohns bzw des üblichen Lohns gezahlt wird (BAG 17.4.12 – 4 AZR 792/11; BAG 23.5.01 – 5 AZR 527/99, ArbuR 01, 509 mit kritischer Anm v *Peter*). Der BGH (Urt vom 22.4.97 – 1 StR 701/96, NJW 97, 2689 mit Anm von *Reinecke* ArbuR 97, 453) hat **Strafbarkeit** des ArbGeb wegen Lohnwuchers gemäß § 302a Abs 1 Nr 3 StGB angenommen in einem Fall, in dem der ArbGeb statt des Tariflohns von DM 19,05 nur DM 12,70 pro Stunde **(66 % des Tariflohns)** entlohnte. Die ²/₃-Grenze kann durch die spätere Tarifentwicklung unterschritten werden; dies führt dazu, dass eine möglicherweise zunächst nicht zu beanstandende Vergütung durch Tarifentgelterhöhung wucherisch wird (BAG 22.4.09 – 5 AZR 436/08, ArbuR 09, 211). Andererseits wird die Vereinbarung einer Entgeltabsenkung nicht als sittenwidrig eingestuft, solange die ²/₃-Grenze eingehalten wird (BAG 17.10.12 – 5 AZR 792/11).

Eine Entgeltvereinbarung, mit der eine Ersatzschule, die aus **öffentlichen Mitteln finanziert wird,** den Lehrkräften eine Vergütung von weniger als 75 % des Verdienstes vergleichbarer Lehrkräfte im öffentlichen Dienst zubilligt, ist sittenwidrig (BAG 26.4.06 – 5 AZR

549/05, BB 06, 2088). Eine Vergütung von 375 € monatlich in einem Arbeitsverhältnis, das als sog **Praktikantenverhältnis** nach Studienabschluss deklariert wird, ist sittenwidrig (LAG BaWü 8.2.08 – 5 Sa 45/07, NZA 08, 768). Ein Stundenlohn von 5 € im Einzelhandel ist sittenwidrig (LAG Bremen 17.6.08 – 1 Sa 29/08, ArbuR 08, 357). Bereits in der Vergangenheit gab es Ansätze, dies zu kodifizieren (Gesetzentwurf des BR zur Bekämpfung des Lohndumping vom 7.6.91 (BT-Drs 12/1060), der von einem auffälligen Missverhältnis ausging, wenn die vereinbarte Vergütung um mehr als **20 % unter der tariflichen Vergütung** lag; ebenso Gesetzesantrag (BR-Drs 671/96) des Landes Bbg für ein Arbeitsvertragsgesetz (§ 40 Abs 3; s dazu *Griese* NZA 96, 803 ff, 808).

Dieses Instrument greift aber nicht, wenn es an Tarifverträgen in einem Sektor überhaupt fehlt, oder wenn die Tarifentgelte unter dem Existenzminimum liegen oder sich vergleichbare angemessene Entgelte nicht feststellen lassen (s *Bayreuther* NZA 2007, 2022). Diese Schwäche gilt in gleicher Weise für die Instrumente der Allgemeinverbindlicherklärung und des AEntG.

4. Rechtspolitische Aspekte. Ob ein flächendeckendes, **einheitliches und branchen-** 8 **nübergreifendes Mindestentgelt** eingeführt wird, ist in erster Linie eine rechtspolitische Frage. Dass ein flächendeckendes Mindestentgelt mit einem marktwirtschaftlich geprägten System ökonomisch oder rechtlich nicht vereinbar wäre, lässt sich jedenfalls angesichts der Praxis und der Erfahrungen in den übrigen europäischen Ländern und der USA nicht feststellen, denn diese zT deutlich stärker marktwirtschaftlich geprägten Länder praktizieren Mindestlohnsysteme, ohne dass dies dort zu Verwerfungen geführt hätte. Das oft gegen Mindestentgelte ins Feld geführte Argument, auf diese Weise würde – dann zu teure – Arbeit einfach unterbleiben und dadurch Arbeitsplätze verloren gehen, trägt nicht. Denn ein Mindestentgelt zB bei den Postdiensten wird nicht zu einem Entfall der Beförderungsnotwendigkeit für Postsendungen führen, sondern nur dazu, dass Postdienstleistungen ggf nicht um soviel billiger werden wie ursprünglich vorgestellt. Gerade die im Dienstleistungsbereich anzutreffenden Niedriglohnarbeitsplätze lassen sich nicht einfach streichen, durch Maschinen ersetzen oder ins Ausland verlagern (zutreffend *Waltermann*, Gutachten zum 68. Deutschen Juristentag 2010, B 93 ff).

Instrumente der Mindestlohnsicherung sind auch bisher dem deutschen Recht nicht fremd. Die meisten bisherigen Instrumente haben aber die Unzulänglichkeit, dass sie existenzsichernde Tarifverträge oder feststellbare angemessene Vergütungssätze voraussetzen. Genau diese fehlen aber in den meisten Niedriglohnbereichen. Angesichts dieser Ausgangslage wird man dem Gesetzgeber – wie das BVerfG in der Entscheidung über die Verfassungsmäßigkeit des Berliner Tariftreuegesetzes zuletzt betont hat (BVerfG 11.7.06 – 1 BvL 4/00, NJW 07, 51) auch in **verfassungsrechtlicher Hinsicht** eine **weitgehende Einschätzungsprärogative** zubilligen müssen.

Wenig hilfreich ist es, den sog. Kombilohn als Gegenmodell zu einem staatlich festgelegten Mindestentgelt weiterzuverfolgen. Denn bereits jetzt führen die Leistungen der Grundsicherung nach dem SGB II (Arbeitslosengeld II – Hartz IV) zu einem marktverzerrenden staatlich subventionierten Kombilohn. Die Entwicklung der sog. **„Aufstocker"** bestätigt die diesbezüglichen Befürchtungen; mehr als 1,4 Millionen Bezieher von Grundsicherungsleistungen nach SBG II (Hartz IV) im Jahr 2010 arbeiten, verdienen aber so wenig, dass sie staatliche Aufstockungsleistungen beziehen. Im Ergebnis werden **ArbGeb, die zu niedrige Löhne zahlen, durch staatliche Mittel subventioniert.** Die als Kombilohn wirkende soziale Grundsicherung wird von den Arbeitsvertragsparteien zur Entgeltsenkung einkalkuliert und verzerrt die Marktverhältnisse auf Kosten der Steuerzahler und nimmt den ArbN jeden Anreiz, sich um besser bezahlte Stellen und um eine weitere Qualifizierung zu bemühen (s eingehend *Waltermann* NJW 10, 801).

Die arbeitsrechtliche Abteilung des 68. Deutschen Juristentages 2010 hat aufbauend auf den Empfehlungen des Gutachters (*Waltermann*, Gutachten zum 68. Deutschen Juristentag 2010, B 94 ff) mit großer Mehrheit die Einführung eines flächendeckenden einheitlichen Mindestentgelts gefordert (Beschlüsse des 68. DJT Abteilung Arbeits- und Sozialrecht unter II. 10a–d).

Ein **einheitlicher** staatlicher **Mindestlohn,** so wie er **im Gesetzentwurf des Bundesrates vom 11.9.12** (BR-Drs 542/12) vorgeschlagen ist, vermeidet die Schwächen der auf

307 Mindestentgelt

vorhandene Tarifverträge bezogenen Instrumente und für jeden Wirtschaftsbereich unterschiedliche Lösungen; er führt zu **klarer und einfacher Rechtsanwendung**. Aus diesem Grund sind auch die als Alternative diskutierten Lohnuntergrenzen, die jeweils unterschiedlich für die einzelnen Tarifbereiche gelten sollen, keine praktikable Lösung. Sie helfen von vorneherein nicht, soweit es – was in Niedriglohnsektoren häufig ist – gar keine Tarifverträge gibt oder diese völlig unzureichend sind. Sie führen darüber hinaus zu vielfältigen gerichtlichen Streitigkeiten über die Zuordnung zum richtigen Tarifbereich. Der dagegen gerichtete Verweis auf die Tarifautonomie ist nicht überzeugend, weil **der tarifliche Handlungsspielraum grundsätzlich immer erst oberhalb der gesetzlichen Mindestregelungen gilt**, etwa bei der Dauer des bezahlten Erholungsurlaubs oder der Dauer der gesetzlichen Entgeltfortzahlung im Krankheitsfall.

9   **5. Erfüllung des Mindestentgeltanspruchs.** Soweit ein Mindestentgeltanspruch geschuldet wird, ist die **volle Bruttovergütung auf der Basis des festgelegten Mindestentgelts geschuldet. Unzulässig ist es, aus dem geschuldeten Bruttoentgelt erst ein fiktives Nettoentgelt zu errechnen und dieses mit dem tatsächlich gezahlten Nettoentgelt zu vergleichen.** Denn die Mindestentgeltforderung ist eine Bruttoforderung, die die sozialversicherungsrechtliche Absicherung in Gestalt der in ihr enthaltenen SozVBeiträge mit einschließt. Auswirkungen hat dies insbesondere auf **geringfügig Beschäftigte**, die das volle Bruttoentgelt verlangen können. Da das geringfügige Arbeitsverhältnis idR ein Nettoarbeitsverhältnis ist (s *Geringfügige Beschäftigung*), wird der ArbGeb auch keinerlei Abzüge vornehmen können.

Ein gesetzlicher oder tariflicher Mindestentgeltanspruch **wird nur durch die entsprechende Regelvergütung erfüllt.** Zusatzleistungen, die für zusätzliche Arbeitsstunden, zusätzliche Leistungen oder zusätzliche Erschwernisse oder aus anderen Gründen, zB vermögenswirksame Leistungen, erbracht werden, können auf die Erfüllung des Mindestentgelts nicht angerechnet werden (BAG Urteil vom 18.4.2012 – 4 AZR 139/10 und BAG Beschluss vom 18.4.2012 – 4 AZR 168/10). Auch Spesen, Aufwandsentschädigungen und Fahrtkostenerstattungen bleiben außer Betracht (LAG BaWü 27.8.12 – 9 Sa 187/11).

Eine Anrechnung von Sachbezügen wird sich wegen § 107 Abs 2 Satz 5 GewO nicht auf den pfändbaren Teil des Arbeiteinkommens beziehen dürfen (BAG 17.2.09 – 9 AZR 676/07, NZA 10, 99).

Soweit das Mindestentgelt nicht gezahlt und dadurch SozialVersBeiträge für den ArbN der SozV vorenthalten werden, greift die Strafbarkeit nach § 266a StGB ein (BGH 12.9.12 – 5 StR 363/12). Dabei muss bei Reinigungskräften jede am Reinigungsort erbrachte Arbeitszeit mit dem Mindestlohn vergütet werden, nicht nur die konkrete Reinigungszeit (für Toilettenreinigung BGH 12.9.12 – 5 StR 363/12).

B. Lohnsteuerrecht *Thomas*

11   Soweit der ArbN Mindestentgelte bzw Mindestarbeitsbedingungen verlangen kann, wirkt sich das für die LSt nur aus, wenn dem ArbN tatsächlich Bar- oder Sachlohn bzw geldwerte Vorteile zugeflossen sind. Denn nach dem die LSt beherrschenden Realisierungsprinzip (s *Aktienoptionen* Rz 22) sind Ansprüche nur insoweit von Belang, als sie auch erfüllt werden.

12   Zur Frage, wann vorteilhafte Arbeitsbedingungen nur übliche Begleiterscheinung der Arbeit oder geldwerte Vorteile darstellen, vgl *Sozialeinrichtungen* Rz 21 f.

C. Sozialversicherungsrecht *Schlegel*

15   Mindestarbeitsbedingungen, insbesondere Mindestentgelte (Mindestlöhne), wirken sich auf die SozV aus, wenn sie zu einem Anspruch auf eine bestimmte Vergütung führen. Rechtsgrundlage eines solchen zwingenden Anspruchs auf Arbeitsentgelt kann die Festsetzung eines Mindestarbeitsentgelts auf Grund des **MiArbG**, eines nach den Vorschriften des **Arbeitnehmerentsendegesetzes** (AEntG) durch RechtsVO für allgemein verbindlich erklärten TV oder eines nach **§ 5 TVG für allgemeinverbindlich erklärten TV** sein.

Ein Anspruch auf ein (Mindest-)Arbeitsentgelt in Höhe des Arbeitsentgelts eines vergleichbaren StammArbN ergibt sich für einen **Leiharbeitnehmer** auch dann, wenn er auf Grund eines sog Abweichungs-TV zunächst ein geringeres, vom Equal-Pay-Grundsatz (vgl

Mindestentgelt   307

§ 3 Abs 1 Nr 3 AÜG) abweichendes, niedrigeres Arbeitsengelt erzielt hat, sich aber später herausstellt, dass der TV unwirksam und mithin ungeeignet war, vom Grundsatz des Equal-Pay zu Lasten des ArbN abzuweichen.

Die sozialversicherungsrechtliche **Beitragspflicht** richtet sich in diesen Fällen hinsichtlich des **laufenden Arbeitsentgelts** nach der Höhe des Anspruchs, wie er sich aus den normativen Regelungen bzw Mindestarbeitsbedingungen ergibt, unabhängig davon, ob das Arbeitsentgelt tatsächlich in dieser Höhe ausgezahlt worden ist, und auch unabhängig davon, ob dem arbeitsrechtlichen Entgeltzahlungsanspruch eine gesetzliche oder tarifvertragliche Ausschlussfrist entgegensteht (sog **Entstehungstheorie**, dazu *Lohnzufluss* Rz 35 ff). Dh der Beitragsanspruch entsteht auch dann nach Maßgabe des dem ArbN normativ zustehenden laufenden Arbeitsentgelts, wenn dieses nicht in dieser Höhe gezahlt worden ist. Anders ist dies bei **Einmalzahlungen**, da für diese das Zuflussprinzip gilt; hier ergeben sich höhere Beitragsansprüche nur, wenn und soweit eine höhere Einmalzahlung (nach-)gezahlt wird (dazu *Lohnzufluss* Rz 35 ff). 16

Die regelmäßige **Verjährung** für den Beitragsanspruch beträgt vier Jahre, jedoch verjähren die noch nicht nach der 4-jährigen Verjährungsfrist verjährten Beitragsansprüche erst nach 30 Jahren, sofern vor Ablauf der regelmäßigen Verjährungsfrist zumindest bedingter Vorsatz eintritt, dh Kenntnis des ArbGeb davon, dass sein ArbN bei korrekter Vorgehensweise einen höheren als den tatsächlich erfüllten Anspruch auf Arbeitsentgelt gehabt hätte (BSG 30.3.2000 – B 12 KR 14/99 R, SozR 3–2400 § 25 Nr 7). 17

Um einen solchen Fall dürfte es sich zB auch bei einer **Entlohnung von Leiharbeitnehmern** handeln, die auf Grund von TVen der **CGZP** ein niedrigeres Arbeitsentgelt erhielten als StammArbN. Das BAG hat am 14.12.10 (1 ABR 19/10) entschieden, dass die Tarifgemeinschaft Christlicher Gewerkschaften für Zeitarbeit und Personalserviceagenturen (CGZP) keine Spitzenorganisation ist, die im eigenen Namen TV abschließen kann, weil sie die hierfür erforderlichen tarifrechtlichen Voraussetzungen nicht erfüllt. Das BAG-Urteil ist zwar gegenwartsbezogen ergangen, jedoch spricht viel dafür, dass die Sach- und Rechtslage bei der CGZP in der Vergangenheit nicht anders war und damit die von ihr geschlossenen TV schon früher unwirksam und damit nicht geeignet waren, vom Equal-Pay-Grundsatz abzuweichen. 18

Durch die **Öffentlichkeitsarbeit** und entsprechende Anschreiben der Sozialversicherungsträger nach Ergehen der BAG-Entscheidung noch im Jahr 2010 erhielten die Verleiher Kenntnis hiervon, so dass eine Verjährung der noch im Jahr 2006 fällig gewordenen Beiträge nicht eintreten konnte; unabhängig davon durften sie jedoch schon nach Bekanntwerden der erstinstanzlichen Entscheidung, spätestens aber nach Vorliegen der Entscheidungsgründe des LAG Berlin-Brandenburg vom 7.12.09 (23 TaBV 1016/09) nicht mehr davon ausgehen, die LeihArbN hätten nur Anspruch auf den CGZP-Tariflohn. An dessen Stelle tritt die jeweilige Vergütung der Stammbelegschaft des Unternehmens, in das der LeihArbN verliehen wurde. Ergeben sich insoweit höhere Lohnansprüche, sind die betreffenden Leiharbeitsunternehmen verpflichtet, von sich aus Beitragsdiffenzen nachzuzahlen und entsprechende Meldungen für ihre Mitarbeiter abzugeben.

Kommt es zu **Lohnnachzahlungen,** kann sich ggf auch ein höherer **Arbeitslosengeld-Anspruch** eines arbeitslos gewordenen LeihArbN ergeben. Desgleich können sich möglicherweise höhere **Rentenansprüche** ergeben. Zu beachten ist insoweit allerdings die nicht disponible Ausschlussfrist des § 44 Abs 4 SGB X für die rückwirkende Erbringung von Leistungen. 19

Beim tariflichen Mindestentgelt handelt es sich um beitragspflichtiges Arbeitsentgelt. Es gelten die allgemeinen Regeln des Beitrags- und Leistungsrechts (s *Arbeitsentgelt* Rz 80 ff). Zu den Besonderheiten bei ArbNEntsendung insbesondere im Bausektor s *Arbeitnehmerentsendung* Rz 19 f. Zahlt der ArbGeb den ggf durch Allgemeinverbindlicherklärung oder eine VO erstreckten tariflichen Mindestlohn nicht, sind trotzdem GesamtSozVersBeiträge mit der entsprechenden Arbeitsleistung entstanden und zu bezahlen. 20

Wird durch oder auf Grund eines TV im Anwendungsbereich der AÜG ein Arbeitsentgelt gezahlt, das unterhalb des Arbeitsentgelts liegt, das nach dem Grundsatz des Equal-pay zu zahlen wäre, und stellt sich später die Unwirksamkeit des TV heraus (zB weil er von einer nicht tariffähigen Gewerkschaft geschlossen wurde), sind auch nachträglich noch Beiträge zu zahlen, die angehend von einem Equal-pay-Entgelt zu berechnen sind. Tarifliche oder 21 arbeitsvertragliche Ausschlussklauseln stehen der Beitragsschuld der ArbGeb nicht entgegen; vgl auch *Mindestarbeitsbedingungen* Rz 12 f.

Minijob

A. Arbeitsrecht *Griese*

1 **1. Definition.** Als Minijobs werden sowohl *geringfügige Beschäftigungen* als auch Arbeitsverhältnisse, die sich in der Gleitzone von 450,01 € bis 850 € Monatsverdienst bewegen, bezeichnet. Kennzeichnend ist, dass die ArbN bei Minijobs gar keine SozVBeiträge (bei der geringfügigen Beschäftigung) oder gegenüber den regulären Prozentsätzen verringerte SozVBeiträge (in der **Gleitzone**) zu tragen haben.

2 **2. Arbeitsrechtliche Stellung.** Eine arbeitsrechtliche Definition für Minijobs gibt es nicht, weil sich die **arbeitsrechtliche Position** des ArbN im Minijob nicht von der im regulären Arbeitsverhältnis unterscheidet. Das Minijob-Arbeitsverhältnis ist ein **vollwertiges Arbeitsverhältnis mit allen arbeitsrechtlichen Rechten und Pflichten,** die auch im Normalarbeitsverhältnis gegeben sind. Dies wird auch durch § 2 Abs 2 iVm § 4 TzBfG untermauert, der jegliche **Diskriminierung** im Minijob-Arbeitsverhältnis **untersagt.** Die Besonderheiten liegen allein im sozialversicherungsrechtlichen Bereich.

Der ArbN im Minijob hat ebenso wie jeder andere ArbN Anspruch auf bezahlten Urlaub, Entgeltfortzahlung an Feiertagen und im Krankheitsfall, betriebsübliche Einmalzahlungen und Sozialleistungen. Er kann sich auf den **Gleichbehandlungsgrundsatz** berufen und die Aufstockung seiner Arbeitszeit nach § 9 TzBfG verlangen; Befristung und Kündigung unterliegen denselben Vorschriften und derselben Rechtskontrolle wie normale Arbeitsverhältnisse (s auch *Geringfügige Beschäftigung* Rz 3 ff). Weitere geringfügige oder nicht geringfügige Beschäftigungen können schon wegen der in **Art 12 Abs 1 GG verfassungsrechtlich geschützten Berufs- und Arbeitsplatzfreiheit** grds arbeitsvertraglich nicht ausgeschlossen werden (BAG 6.9.90 – 2 AZR 165/90, NJW 91, 1002). Eine **weitere Nebentätigkeit** kann deshalb grds **nicht untersagt werden**, auch nicht bei einem Wettbewerber, solange es sich dort um Hilfstätigkeiten ohne Wettbewerbsbezug handelt (BAG 24.3.10 – 10 AZR 66/09, NZA 10, 693).

In der Praxis werden die gesetzlichen Verpflichtungen in großem Umfang mißachtet. Nach einer im März 2013 vorgestellten Studie des RWI haben mehr als 65 Prozent der Minijobber noch nie den ihnen gesetzlich zustehenden bezahlten Urlaub genommen. 41 Prozent wird der bezahlte Urlaub generell verwehrt. Selbst die Arbeitgeber geben in der Befragung zu, gesetzlich vorgeschriebene Leistungen nicht zu gestatten. So sagen 30 Prozent von ihnen, dass sie keinen Urlaub gewähren, 40 Prozent der Arbeitgeber zahlen kein Entgelt, wenn der Arbeitstag auf einen Feiertag fällt, 39 Prozent gewähren keine Entgeltfortzahlung im Krankheitsfall. Eine gesetzgeberische Reform ist daher dringlich (s dazu *Griese/Preis/ Kruchen* NZA 2013, 113).

Bei der Berechnung der Beschäftigungszeit für eine tarifliche Unkündbarkeit müssen die Zeiten geringfügiger Beschäftigung mitgerechnet werden (BAG 25.4.07 – 6 AZR 746/06, NZA 07, 881). Die Überwälzung der ArbGebBeiträge zur SozV auf den ArbN ist nach § 32 SGB I unzulässig; dem im Minijob befindlichen ArbN steht aufgrund des Gleichbehandlungsgrundsatzes Gleichbehandlung beim Bruttolohn zu, was zu einer vom Gesetzgeber gewollten Bevorzugung beim Nettolohn führt (*Hanau* NZA 06, 809).

Wird aus einem sozialversicherungsfreien ein sozialversicherungspflichtiges Arbeitsverhältnis, ist dies **kein Kündigungsgrund;** das Interesse des ArbGeb an der **Aufrechterhaltung der Sozialversicherungsfreiheit ist kein rechtlich geschütztes Interesse** (BAG 18.1.05 – 2 AZR 731/05, NZA 07, 680). **Für ArbGeb und ArbN ist die Beschäftigung im Minijob oberhalb der Geringfügigkeitsgrenze innerhalb der Gleitzone inzwischen regelmäßig attraktiver als die geringfügige Beschäftigung**: Der ArbGeb muss dann nur die ArbGebAnteile zur SozV von ca 20 % des Entgelts übernehmen (gegenüber der Pauschale von regelmäßig 30 % des Entgelts bei der geringfügigen Beschäftigung). Die durch den ArbN zu zahlenden SozVAbgaben beginnen mit 4 % bei einem Monatsverdienst ab 401 EUR und steigen linear bis zum vollen ArbNAnteil von rund 20 % bei 800 EUR Verdienst (s Rz 6 ff).

Der ArbN erhält dadurch den Schutz aller Zweige der SozV zu reduzierten ArbN-Anteilen zur SozV.

B. Lohnsteuerrecht
Seidel

1. Geringfügige Beschäftigung. Soweit der Arbeitslohn 450 € im Monat nicht übersteigt, ist die lohnsteuerrechtliche Behandlung unter dem Stichwort *Geringfügige Beschäftigung* Rz 20 ff dargestellt. **3**

2. Gleitzone. Die für die SozVBeiträge des ArbN ab 1.4.03 eingeführte Gleitzone für Löhne zwischen 450,01 € und 850,01 € (s unten Rz 5 ff) ist steuerlich ohne eigenständige Bedeutung. Hier erfolgt weiterhin eine individuelle Besteuerung nach den ELStAM (s *Lohnabzugsverfahren* Rz 2 ff und *Lohnsteuerabzugsmerkmale* Rz 9, 28). **4**

C. Sozialversicherungsrecht
Schlegel

1. Minijobs – Gleitzone. Überblick. Zu differenzieren ist zwischen geringfügiger Beschäftigung (§ 8 SGB IV), die ein Arbeitsentgelt bis zu 450 €/Monat (bis 31.12.12: 400 €) zulässt, und sog Minijobs, die ein Arbeitsentgelt zwischen 450,01 € und 850 €/Monat umfassen (bis 31.12.12: 400,01 € und 800 €). In der Praxis wird beides oft vermengt. Arbeitsentgelte innerhalb der Gleitzone führen zur Versicherungspflicht, jedoch gelten Besonderheiten für die Berechnung des ArbNBeitrags; dieser wird bei einem Arbeitsentgelt von 450,01 € aus rund 4% des Arbeitsentgelts berechnet und steigt dann an, bis er bei einem Arbeitsentgelt von 850 € den vollen ArbNBeitrag erreicht. Der ArbGeb zahlt auch in der Gleitzone ab 450 € den vollen ArbGebBeitrag. Die rechtlichen Grundlagen der geringfügigen Beschäftigung bei Arbeitsentgelten von bis zu 450 € werden nicht unter dem Stichwort Minijob, sondern unter dem eigenen Stichwort *Geringfügige Beschäftigung* dargestellt. **5**

2. Begriff der Gleitzone. Eine Gleitzone liegt nach dem für alle Zweige der SozV geltenden § 20 Abs 2 SGB IV bei einem Beschäftigungsverhältnis vor, wenn das daraus erzielte Arbeitsentgelt **zwischen 450,01 € und 850** € im Monat liegt und die Grenze von 850 € im Monat regelmäßig nicht überschreitet; bei mehreren Beschäftigungsverhältnissen ist das insgesamt erzielte Arbeitsentgelt maßgebend (vgl § 20 Abs 2 2. Hs SGB IV). Letzteres bedeutet, dass im Ergebnis eine Zusammenrechnung stattfindet und die Gleitzonenregelung nur dann zur Anwendung kommt, wenn das Arbeitsentgelt insgesamt innerhalb der Gleitzone liegt. **6**

3. Beitragsbemessung und Tragung der Beiträge. Im Normalfall wird bei versicherungspflichtig Beschäftigten das Arbeitsentgelt aus der versicherungspflichtigen Beschäftigung zugrunde gelegt (vgl § 342 SGB III, § 226 Abs 1 Nr 1 SGB V, § 162 Nr 1 SGB VI, § 57 Abs 1 SGB XI). Bei Arbeitsentgelten, die innerhalb der Gleitzone liegen, wird der Beitragsbemessung dagegen ein Betrag zugrunde gelegt, der sich nach der Formel der § 344 Abs 4 SGB III, § 226 Abs 4 SGB V, § 163 Abs 10 SGB VI ermittelt. **7**

Die Beiträge zur **Krankenversicherung und Pflegeversicherung** werden vom ArbGeb in Höhe der Hälfte des Betrages getragen, der sich ergibt, wenn der um 0,9 % verminderte allg oder ermäßigte Beitragssatz auf das der Beschäftigung zugrunde liegende Arbeitsentgelt angewandt wird; im Übrigen vom Versicherten (§ 249 Abs 4 SGB V). **8**

In der **Rentenversicherung** und der **Arbeitslosenversicherung** wird der Beitrag vom ArbGeb ebenfalls in Höhe der Hälfte des Betrages getragen, der sich ergibt, wenn der Beitragssatz auf das der Beschäftigung zugrunde liegende Arbeitsentgelt angewendet wird; im Übrigen vom Versicherten (vgl § 346 Abs 1a SGB III, § 168 Abs 1 Nr 1d SGB VI). Der ArbGeb trägt auch in der Gleitzone im Ergebnis weder höhere noch geringere Beiträge als ohne Gleitzonenregelung. Zur Ermittlung des geringeren ArbNAnteils ist es aber erforderlich, zu ermitteln, wie hoch der ArbGebAnteil wäre, wenn die Beiträge nicht aus dem „Gleitzonen-Betrag", sondern aus dem der Beschäftigung zugrunde liegenden Arbeitsentgelt berechnet würden. **9**

Die Krankenkassen bieten auf ihren Internetseiten regelmäßig sog **Gleitzonenrechner** an. **10**

4. Ausnahmen von der Anwendung der Gleitzonenregelung. a) Verzicht auf die Gleitzonenregelung. In der **Rentenversicherung** kann der ArbN auf die Anwendung der **11**

Gleitzone durch schriftliche Erklärung gegenüber dem ArbGeb verzichten. Bei Verzicht auf die Gleitzonenregelung ist beitragspflichtige Einnahme das Arbeitsentgelt aus der versicherungspflichtigen Beschäftigung ohne Anwendung der Gleitzonenformel. Die Erklärung kann nur mW für die Zukunft und bei mehreren Beschäftigungen nur einheitlich abgegeben werden und ist für die Dauer der Beschäftigungen bindend (vgl § 163 Abs 10 SGB VI).

12 **b) Auszubildende.** Die Gleitzonenregelung gilt nur für „Arbeitnehmer" bzw „versicherungspflichtig Beschäftigte", nicht für Personen, die zB zu ihrer Berufsausbildung beschäftigt sind (§ 244 Abs 4 SGB III, § 249 Abs 4 SGB V, § 163 Abs 10 SGB VI).

Mitarbeiterbeteiligung

A. Arbeitsrecht *Röller*

1 **1. Begriff.** Mitarbeiterbeteiligung im engeren Sinne (häufig auch Vermögensbeteiligung genannt) ist die Beteiligung des ArbN am/im arbeitgebenden Unternehmen. Als Mitarbeiterbeteiligung im weiteren Sinne werden auch Erfolgsbeteiligungen wie die Gewinn-, Ertrags- oder Leistungsbeteiligung bezeichnet, die arbeitsrechtlich Lohnformen sind. Die nachfolgenden Ausführungen beziehen sich auf die Mitarbeiterbeteiligung im engeren Sinne.

2 **2. Formen der Mitarbeiterbeteiligung.** Die Beteiligung der ArbN am Kapital des arbeitgebenden Unternehmens kann in Form einer Beteiligung am Eigenkapital, am Fremdkapital oder in einer Mischform zwischen beiden erfolgen. Die **Beteiligung am Eigenkapital** ist die am weitesten reichende Form der Kapitalbeteiligung am Unternehmen, da Eigenkapital dem Unternehmen auf Dauer zur Verfügung gestellt wird; der ArbN wird voll am Gewinn und Verlust des Unternehmens beteiligt und mit vollen gesellschaftsrechtlichen Mitgliedschaftsrechten ausgestattet. Der ArbN erlangt durch die Beteiligung am Eigenkapital einen vollwertigen Gesellschafterstatus, der dem der übrigen Gesellschafter gleichgestellt ist. Durch die **Beteiligung am Fremdkapital** erlangt der ArbN im Vergleich zum Eigenkapital eine weniger weitgehende Bindung an das Unternehmen. Das Fremdkapital steht dem Unternehmen nur befristet zur Verfügung und nimmt nicht am Verlust teil und wird idR ergebnisunabhängig verzinst. Auch unter Motivationsgesichtspunkten werden mit einer Beteiligung am Fremdkapital idR keine Anreize gesetzt, da bzw bei einem festverzinslichen ArbNDarlehen der vereinbarte Zins unabhängig von der Leistung des ArbN und dem Erfolg des Unternehmens am Markt ist. Zwischen den Möglichkeiten eigen- oder fremdkapitalmäßiger Beteiligung sind **Mischformen** angesiedelt, die erhebliche Gestaltungsspielräume bezüglich Kapitalcharakter oder Mitwirkungsrechte bieten. Sie bleiben rechtlich in jedem Fall Fremdkapital.

3 Bekannteste Formen der Eigenkapitalbeteiligung sind die Ausgabe von **Belegschaftsaktien, Aktienoptionen** und **GmbH-Anteilen.** Die Fremdkapitalbeteiligung erfolgt idR durch Gewährung eines **Arbeitnehmerdarlehens** (Näheres s *Arbeitnehmerdarlehen*). Mischformen sind die Einräumung von **Genussrechten,** die **direkte stille Beteiligung** sowie die **indirekte Beteiligung.** Eine solche liegt beispielsweise vor, wenn eine Beteiligungsgesellschaft eingeschaltet wird, die die Aufgabe einer organisatorischen Zusammenfassung der Vielzahl von Beteiligungsrechten hat. Die ArbN sind dann unmittelbar nur Gesellschafter der Beteiligungsgesellschaft, die ihrerseits wieder – zB als Kommanditistin – am Unternehmen beteiligt ist. Zu den verschiedenen Beteiligungsformen s *John/Stachel* BB-Special 1.09, 17.

4 **3. Vereinbarungsformen.** Die Mitarbeiterbeteiligung erfolgt idR durch Einzelvertrag, ist jedoch auch durch Betriebsvereinbarung möglich. Soweit der ArbN die Mittel für die Beteiligung selbst aufzubringen hat, kann in einer Betriebsvereinbarung nur das Angebot zum Abschluss einer Kapitalbeteiligung ausgesprochen werden. Die zwingende Verpflichtung zur Kapitalbeteiligung würde gegenüber dem ArbN eine unzulässige Lohnverwendungsabrede darstellen, die der Regelungsbefugnis der Betriebspartner entzogen ist (MünchArbR/ *Krause* § 61 Rz 9). Rechtlich-problematisch sind Regelungen von Kapitalbeteiligungen in Tarifverträgen. Tarifverträge, in denen dem ArbGeb lediglich eine Pflicht zu Geldleistungen auferlegt wird, die der ArbN dann vermögenswirksam anlegen kann, sind rechtlich unproblematisch. Unter verfassungsrechtlichen Gesichtspunkten rechtlich bedenklich ist hingegen ein Tarifvertrag, durch den ein ArbGeb gegen seinen Willen gezwungen werden kann, seinen ArbN Beteiligungen am Unternehmen zur Verfügung zu stellen (MünchArbR/*Krause* § 61 Rz 10).

4. Abgrenzung Arbeits-, Schuld- und Gesellschaftsrecht. Ist der ArbN Aktionär, Mitgesellschafter oder Fremdkapitalgeber seines arbeitgebenden Unternehmens am Markt, dh ohne eine irgendwie geartete Verknüpfung mit seinem Arbeitsverhältnis geworden, ist für seine Beteiligung am arbeitgebenden Unternehmen je nach Beteiligungsform ausschließlich Gesellschafts- oder Schuldrecht maßgebend. Hat der ArbN eine entsprechende Stellung mit Rücksicht auf den Bestand des Arbeitsverhältnisses zu günstigeren als marktüblichen Beteiligungsbedingungen oder mit zusätzlich gewährten ArbGebMitteln erworben, gehört die Aufbringung der Mittel zum Arbeitsrecht und deren Verwendung zum allgemeinen Schuld- oder Gesellschaftsrecht (*Schaub* § 83 II 1). Es liegen dann zwei gesonderte Rechtsbeziehungen zwischen ArbN und ArbGeb vor: für das Arbeitsverhältnis ist das Arbeitsrecht maßgebend, für das Beteiligungsverhältnis allgemeines Schuld- oder Gesellschaftsrecht.

Die aus der Beteiligung des ArbN resultierenden finanziellen Vorteile, wie Gewinne und Zinsen, zählen nicht zum Arbeitsentgelt. Eine etwa mit der Gesellschafterstellung des ArbN verbundene Verlustbeteiligung ist möglich. Anders als eine entsprechende arbeitsrechtliche Vergütungsregelung verstößt sie nicht gegen die guten Sitten iSv § 138 Abs 1 BGB (BAG 10.10.90 – 5 AZR 404/89, DB 91, 659). Änderungen von Art und Höhe der Beteiligung kann der ArbGeb nur dann vornehmen, wenn sie nach dem für das Beteiligungsverhältnis maßgebenden Recht zulässig sind.

5. Haftung des Arbeitgebers. Der ArbGeb haftet dem ArbN für finanzielle Schäden nach allg Grundsätzen. In Betracht kommt ua eine Haftung nach dem WpPG und dem BörsG (s hierzu *Buchinger/Pfeiffer* NZG 06, 449; *Kollmergen/Feldhaus* BB 07, 225) sowie wegen Verletzung vorvertraglicher Pflichten. Fördert der ArbGeb den Kauf von Belegschaftsaktien, deren „Notierung an der Börse" angekündigt wird, durch die Gewährung von zweckgebendenen zinsgünstigen Darlehen, hat er die ArbN über die besonderen Risiken des Erwerbs nicht zum Börsenhandel zugelassener Aktien aufzuklären. Bei schuldhafter Verletzung seiner Aufklärungspflicht haftet er den ArbN auf Schadensersatz. Der Schadensersatzanspruch richtet sich auf Befreiung von der Verpflichtung zur Rückzahlung des Darlehens Zug um Zug gegen Rückgabe der Aktien (BAG 4.10.05 – 9 AZR 598/04, NZA 06, 545; sa BAG 21.1.10 – 6 AZR 593/07, NZA-RR 10, 646; BAG 28.9.06 – 8 AZR 568/05, BeckRS 2007, 40021).

Weder die Gesellschafter noch die Geschäftsführer einer Mitarbeiterbeteiligungsgesellschaft haften persönlich, wenn diese in Insolvenz fällt. Eine persönliche Haftung ist nur bei Vorliegen eines besonderen Haftungsgrundes gegeben, zB wenn Vertreter, Vermittler oder Sachwalter in besonderem Maße Vertrauen für sich in Anspruch genommen haben oder ein unmittelbares wirtschaftliches Interesse am Abschluss des Geschäfts hatten (BAG 24.11.05 – 8 AZR 1/05, DB 06, 956):

6. Gleichbehandlung. Bei der Einräumung von Beteiligungsmöglichkeiten ist der ArbGeb an den Gleichbehandlungsgrundsatz gebunden, denn die Möglichkeit, sich am Unternehmen zu beteiligen, ist, wenn sie nicht auch betriebsfremden Dritten zu gleichen Konditionen offen steht, eine Vergünstigung aus dem Arbeitsverhältnis. Bei Teilzeitbeschäftigten ist es zulässig, die Beteiligung entsprechend dem Verhältnis der Arbeitszeit und nach dem Verhältnis der Tage, an denen ein Anspruch auf Arbeitsentgelt besteht, zu gewähren (MünchArbR/*Krause* § 61 Rz 7).

7. Allgemeine Geschäftsbedingungen. Gem § 310 Abs 4 Satz 1 BGB finden die Bestimmungen der §§ 305–310 BGB keine Anwendung bei Verträgen auf dem Gebiet des Gesellschaftsrechts. Da die ArbN bei den gesellschaftsrechtlichen Formen der Mitarbeiterbeteiligung idR keinerlei Einfluss auf die Ausgestaltung des Vertrages haben, wird in der Literatur erwogen, die von der Rspr zum Schutz der Anleger in größeren Publikumsgesellschaften entwickelten Grundsätze heranzuziehen und Beteiligungsverträge einer Inhaltskontrolle gem § 242 BGB zu unterziehen (MünchArbR/*Krause* § 61 Rz 6; MüKo/*Basedow* § 310 Rz 80 ff).

309 Mitarbeiterbeteiligung

9 **8. Kündigung von Mitarbeiterbeteiligung und Arbeitsverhältnis. a) Kündigungsausschluss während und nach Beendigung des Arbeitsverhältnisses.** Die Unternehmen haben häufig ein großes Interesse daran, dass Mitarbeiterbeteiligungen während des bestehenden Arbeitsverhältnisses nicht gekündigt werden. Aus diesem Grunde wird die isolierte Kündigung von gesellschaftsrechtlichen Beteiligungen vielfach ausgeschlossen. Wegen des zwingenden Charakters der §§ 723 Abs 1 und 3 BGB, 133 Abs 1 und 3 HGB ist der Ausschluss des außerordentlichen Kündigungsrechtes des ArbN unzulässig (MünchArbR/ *Krause* § 61 Rz 11). Anerkannt ist jedoch die Möglichkeit, das ordentliche Kündigungsrecht für die Dauer des Bestands des Arbeitsverhältnisses auszuschließen. Eine Knebelung iSv § 138 BGB wird hierin nicht gesehen (MünchArbR/*Krause* § 61 Rz 11; *Staudinger*/*Keßler* § 724 Rz 2). Rechtlich problematisch ist jedoch der Ausschluss der ordentlichen Kündbarkeit einer Mitarbeiterbeteiligung auch für die Zeit nach Beendigung des Arbeitsverhältnisses. Der ArbN kann ein Interesse daran haben, das Kapital, das er dem Unternehmen nur mit Rücksicht auf das zugrunde liegende Arbeitsverhältnis zur Verfügung gestellt hat, baldmöglichst zurückzuerhalten. Für ihn nachteilig können deshalb Bestimmungen sein, die ihn zwängen, von ihm dem Unternehmen zur Verfügung gestelltes Kapital auf Dauer oder für einen längeren Zeitraum nach Beendigung des Arbeitsverhältnisses zu belassen. Angemessene Kündigungsfristen für die Mitarbeiterbeteiligung nach Ausscheiden des ArbN, bzw solche, die dem Unternehmen das Kapital bis zum Ende des Wirtschaftsjahres belassen, sind nicht zu beanstanden (*Preis* Grundfragen der Vertragsgestaltung, S 575; *Schimana/Frauenkron* DB 80, 445). Unterschiedlich beurteilt wird die Frage der Höchstkündigungsfrist. Teilweise wird in Anlehnung an § 624 BGB ein Kündigungsausschluss für die Dauer von 5 Jahren als zulässig erachtet (MünchArbR/*Krause* § 61 Rz 12; *Fohrmann* Der ArbN als Gesellschafter, S 71). Nach anderer Auffassung soll jedenfalls bei formularmäßigen Kündigungsausschlussklauseln die Bestimmung des § 309 Ziff 9 BGB zu berücksichtigen sein, die bei einem Vertragsverhältnis über die Erbringung von Dienst- oder Werkleistungen eine den anderen Vertragsteil länger als 2 Jahre bindende Laufzeit des Vertrages als unwirksam betrachtet (*Preis* S 575).

10 Die Übertragbarkeit von Belegschaftsaktien kann nicht beschränkt werden, da die zwingenden Vorschriften der §§ 53a–75 AktG, die das Rechtsverhältnis der Gesellschaft zu ihren Gesellschaftern regeln, eine unterschiedliche Behandlung von Belegschaftsaktien und Aktien im Eigentum von NichtArbN verbieten (MünchArbR/*Krause* § 61 Rz 11; BayOLG 24.11.88 – 3 Z 111/88, DB 89, 214).

11 **b) Kopplung der Beteiligung an den Bestand des Arbeitsverhältnisses.** In der Praxis häufig vorzufinden sind Regelungen, die die Beteiligung von ArbN an dem Unternehmen an den Fortbestand des jeweiligen Arbeitsverhältnisses koppeln. Solche Verfallklauseln sind sowohl in gesellschafts- als auch in -arbeitsrechtlicher Hinsicht bedenklich, gesellschaftsrechtlich deshalb, weil sie einem nur unter eingeschränkten Voraussetzungen möglichen „Hinauskündigungsrecht" gleichkommen könnten und arbeitsrechtlich, weil der drohende Verlust der Beteiligung bzw des Bezugsrecht eine unzulässige Kündigungserschwerung bedeuten könnte. Die hM geht dennoch davon aus, dass die Kopplung der Beteiligung an den Fortbestand des Arbeitsverhältnisses sachlich gerechtfertigt ist (BGH 19.9.05 – II ZR 342/03, II ZR 173, 04, GmbHR 05, 1558; OLG Düsseldorf 16.1.04 – 17 U 50/03, ZIP 04, 1804; OLG Celle 15.10.03 – 9 U 124/03, GmbHR 03, 1428; *Baltke/Grünberg* GmbHR 06, 225; *Habersack/Verse* ZGR 05, 451; aA OLG Frankfurt 23.6.04 – 13 U 89/03, ZIP 04, 1802). Begründet wird dies damit, dass die Mitarbeiter ihre Beteiligungen nur treuhänderisch halten und sie kein berechtigtes Interesse daran haben, auch nach ihrem Ausscheiden noch am Unternehmen beteiligt zu sein. Solche Beteiligungen sind nach Auffassung des BGH auch nur dann möglich, wenn die Anteile am Ende der Unternehmenszugehörigkeit zurückgegeben würden und dabei nicht ein Kaufpreis gezahlt wird, der die weitere Durchführung des Beteiligungsmodells verhindert.

12 **c) Abfindung für den Verlust der Beteiligung.** In Mitarbeiterbeteiligungsmodellen ist häufig vereinbart, dass bei Beendigung der Beteiligung die Abfindung nicht zum Verkehrswert, sondern zu einem deutlich darunter liegenden Betrag erfolgen soll, etwa zum Buchwert oder zu dem Betrag, den der ArbN selbst für die Beteiligung gezahlt hat. Hierdurch kann es je nach Wertentwicklung der Beteiligung zu gravierenden Unterschieden zwischen dem Verkehrswert und dem vertraglich vorgesehenen Abfindungsbetrag kommen. Abfindungsregelungen, die zu einem groben Missverhältnis zwischen dem Verkehrswert und dem vorgesehenen Abfindungsbetrag führen, sind gesellschaftsrechtlich bedenklich. Sofern das grobe Missverhältnis bereits zum Zeitpunkt der Regelung, also von Anfang an bestand, werden entsprechende Abfindungsregelungen grds als sittenwidrig und damit nichtig (§ 138 Abs 1 BGB) angesehen (BGH 9.1.89 – II ZR 83/88, NJW 89, 2685). Tritt es erst nachträglich ein, führt dies zwar nicht zur Nichtigkeit, wohl aber zu einer Anpassung der Abfindungsregelung im Wege der ergänzenden Vertragsauslegung (BGH 20.9.93 – II ZR 104/92, GmbHR 94, 800). Bei Mitarbeiterbeteiligungen wird die Rechtslage vielfach jedoch anders gesehen. Das OLG Celle (GmbHR 03, 1428) hält einen völligen Ausschluss der Abfindung für zulässig, das OLG Düsseldorf (ZIP 04, 1804) hielt eine Abfindungsbeschränkung für unbedenklich, obwohl die Abfindung um rund das 10-fache hinter dem behaupteten Verkehrswert der Geschäftsanteile zurückblieb. Begründet wurden diese Entscheidungen damit, dass nach der Satzung die ArbN in ihrer Eigenschaft als Gesellschafter nur eine treuhandähnliche Stellung innehatten und mit dem Zweck des Beteiligungsmodells, das primär auf die Teilhabe an den laufenden Gewinnen und nicht an der Vermögenssubstanz ausgerichtet war. Der BGH hat die Entscheidung des OLG Celle bestätigt (19.9.05 – II ZR 342/05). In der Literatur sind die sich abzeichnenden Sonderregeln für Abfindungsbeschränkungen im Rahmen von Mitarbeiterbeteiligungen auf unterschiedliche Reaktionen gestoßen (zustimmend: *Habersack/Verse* ZGR 05, 451; *Kowalski/Burmann* GmbHR 04, 1438; ablehnend: *Schröder* GmbHR 03, 1430).

9. Mitbestimmungsrechte. Gem § 88 Nr 3 BetrVG können Maßnahmen zur Förderung der Vermögensbildung, darunter die Beteiligung am arbeitgebenden Unternehmen im Rahmen einer freiwilligen Betriebsvereinbarung geregelt werden. Beabsichtigt der ArbGeb, Belegschaftsaktien auszugeben oder Beteiligungsverträge beispielsweise mit AT-Angestellten zu schließen, besteht hinsichtlich der Beteiligungsgrundsätze und deren Durchführung ein zwingendes Mitbestimmungsrechts des BRat aus § 87 Abs 1 Nr 10 BetrVG. Der BRat kann jedoch nicht über die Einigungsstelle die Einführung zusätzlicher Leistungen erzwingen (*Waas* BB-Special 1.09, 27; *MünchArbR/Krause* § 61 Rz 8; GK-BetrVG/*Wiese* § 87 Rz 919). Ein Mitbestimmungsrecht des BRat kann sich ferner über § 87 Abs 1 Nr 8 BetrVG ergeben, wenn die Mitarbeiterbeteiligung der ArbN durch Einschaltung einer Beteiligungsgesellschaft erfolgt. Dies gilt jedoch nur dann, wenn die Beteiligungsgesellschaft unter dem treuhänderischen zugunsten des ArbN ausgeübten Einfluss des ArbGeb steht und von diesem wenigstens teilweise finanziert wird. Da eine Sozialeinrichtung nicht vorliegt, wenn es sich um eine Selbsthilfeeinrichtung der ArbN handelt, greift § 87 Abs 1 Nr 8 BetrVG nicht ein, wenn die ArbN selbst über Form, Ausgestaltung und Verwaltung der Beteiligungsgesellschaft bestimmen können (*Waas* BB-Special 1.09, 27; *MünchArbR/Krause* § 61 Rz 8). 13

10. Staatliche Förderung. Die Mitarbeiterbeteiligung wird durch das Mitarbeiterkapitalbeteiligungsgesetz v 7.3.09 (BGBl I 09, 451) und das 5. VermBG (BGBl I 08, 2850) staatlich gefördert. Zu deren Voraussetzungen im Einzelnen s Rz 26 ff. 14

11. Gerichtszuständigkeit. Für Streitigkeiten im Zusammenhang mit Mitarbeiterbeteiligungen am arbeitgebenden Unternehmen können gem § 2 Abs 1 Nr 4a ArbGG die ArbG zuständig sein. Wird die Beteiligung im Hinblick auf das Arbeitsverhältnis gewährt, ist der Bestand des Arbeitsverhältnisses mit dem der Beteiligung verknüpft und haben die Mitarbeiter die Beteiligung zu günstigeren Konditionen als Betriebsfremde erwerben können, ist ein unmittelbarer rechtlicher und wirtschaftlicher Zusammenhang des Beteiligungsvertrages mit dem Arbeitsverhältnis zu bejahen (*MünchArbR/Krause* § 61 Rz 15). 15

B. Lohnsteuerrecht *Seidel*

Übersicht

	Rz		Rz
1. Allgemeines	21–23	4. Formen der begünstigten Vermögensbeteiligungen	29–33
a) Mitarbeiterbeteiligungen	21	a) Begriff	29
b) Vermögensbeteiligungen	22, 23	b) Mitarbeiterbeteiligungs-Sondervermögen	30–33
2. Begünstigter Personenkreis	24, 25	5. Wertermittlung	34–36
3. Allgemeine Voraussetzungen der Steuerbegünstigung	26–28	a) Allgemein	34, 35

309 Mitarbeiterbeteiligung

	Rz		Rz
b) Mitarbeiterbeteiligungs-Sondervermögen	36	7. Anwendung	38
6. Steuerfreier geldwerter Vorteil	37	8. Erträge aus Vermögensbeteiligungen	39

21 **1. Allgemeines. a) Mitarbeiterbeteiligungen** sind nur in Form der Vermögensbeteiligung steuerlich begünstigt (s unten Rz 22). Zur Besteuerung von Gewinnbeteiligungen (s oben Rz 1: Mitarbeiterbeteiligung im weiteren Sinne) s *Sonstige Bezüge* Rz 2 ff und *Lohnzufluss* Rz 10. Zur Besteuerung bei Gewährung von Aktienoptionen durch den ArbGeb s *Aktienoptionen* Rz 21 ff. Wird ein ArbN in einer Form am Unternehmen des ArbGeb beteiligt, die ihn steuerrechtlich zum **Mitunternehmer** macht, stellen seine Bezüge **keinen Arbeitslohn** (Einkünfte aus nichtselbständiger Arbeit) mehr dar, sondern Einkünfte aus Gewerbebetrieb (§ 15 Abs 1 Nr 2 EStG; s hierzu *Arbeitnehmer (Begriff)* Rz 36). Allein die Gewährung eines **Darlehens** an den ArbGeb reicht aber hierzu nicht aus (*HMW*/Vermögensbeteiligungen Rz 49; s auch *Arbeitnehmerdarlehen* Rz 8 ff sowie *Lohnzufluss* Rz 7). Beteiligungen an **Kapitalgesellschaften** (zB typische stille Beteiligung an einer GmbH oder Aktien einer AG) beeinträchtigen die ArbNEigenschaft dagegen nicht. Einnahmen hieraus gehören auch nicht zum Arbeitslohn, sondern zu den Einkünften aus Kapitalvermögen. Zur Rückveräußerung einer Mitarbeiterbeteiligung durch den ArbN an den ArbGeb s *Entgeltrückzahlung* Rz 18.

22 **b) Vermögensbeteiligungen.** Die **Vermögensbeteiligung** der ArbN wird steuerlich auf zwei Arten gefördert. Dies geschieht zum einen durch die Gewährung einer **Arbeitnehmersparzulage** nach dem 5. VermBG. Dabei wird für vom ArbGeb erbrachte vermögenswirksame Leistungen, die als Arbeitslohn lohnsteuerpflichtig sind, eine ArbNSparzulage mit 9 % bzw 20 % vom Anlagebetrag gewährt, wenn bestimmte Einkommensgrenzen nicht überschritten sind (s auch Übersicht bei BeckPersHB/Bd II StW IV: Vermögensbildungsgesetz). Die Auszahlung der Sparzulage erfolgt idR erst nach Ablauf der Sperrfrist durch das FA. Die ArbNSparzulage zählt nicht zu den stpfl Einnahmen (Näheres s *Vermögenswirksame Leistungen* Rz 25 ff).

23 Die zweite Art der Förderung, die im Folgenden dargestellt wird, betrifft die Förderung der Beteiligung von ArbN am Unternehmenskapital. Der durch das Mitarbeiterkapitalbeteiligungsgesetz eingeführte **§ 3 Nr 39 EStG** löst mit Wirkung zum 1.1.09 die bisherige Förderung gem **§ 19a EStG** ab. Die bisherigen Fördermodelle genießen jedoch **bis einschließlich 2015 Bestandsschutz,** wenn die Vermögensbeteiligung gem § 19a EStG zwischen dem 1.1.09 und dem 1.4.09 überlassen wird oder aufgrund einer am 31.3.09 bestehenden Vereinbarung ein Anspruch besteht und diese vor dem 1.1.16 überlassen wird (s auch *Schmidt/Heinicke* § 3 Mitarbeiterbeteiligung). Weitere Voraussetzung ist, dass der ArbGeb bei demselben ArbN nicht § 3 Nr 39 EStG anzuwenden hat (§ 52 Abs 35; zur Rechtslage bis 31.12.08 vgl Personalbuch 2009 und LStR 19a). Wurde vom ArbGeb vor dem 1.4.09 eine Vermögensbeteiligung überlassen, die die Voraussetzungen des bisherigen § 19a EStG erfüllt, nicht aber die des § 3 Nr 39 EStG (zB Überlassung von überbetrieblichen Anteilen oder Begünstigung von ArbNGruppen), und nach dem 31.3.09 eine Vermögensbeteiligung, die die Voraussetzungen des günstigeren § 3 Nr 39 EStG erfüllt, ist die Besteuerung durch den ArbGeb nach § 41c Abs 1 Nr 2 EStG oder nach Mitteilung des ArbGeb durch das FA zu korrigieren (§ 41c Abs 4; s auch *Lohnsteueranmeldung* Rz 11, *Lohnsteuerberechnung* Rz 24 ff). Im Rahmen des § 3 Nr 39 EStG werden bestimmte Sachzuwendungen des ArbGeb, die sonst als geldwerter Vorteil (s *Geldwerter Vorteil* Rz 8 und *Arbeitsentgelt* Rz 36 ff) voll lohnsteuerpflichtig wären, durch **Gewährung eines Freibetrages** gefördert. Einkommensgrenzen bestehen nicht. Im Gegensatz zur Förderung der vermögenswirksamen Leistungen ist die Vermögensbeteiligung noch sehr viel weniger verbreitet. Entrichtet der ArbN den Kaufpreis verbilligt überlassener Vermögensbeteiligungen mit vermögenswirksamen Leistungen, so ist bei Vorliegen der jeweiligen übrigen Voraussetzungen beider Förderungsformen eine doppelte Förderung möglich (s auch unten Rz 26 f). Durch die Verweisung in § 3 Nr 39 EStG auf das 5. VermBG ist die weitgehende Inhaltsgleichheit der Anlagen nach den beiden Rechtsvorschriften sichergestellt soweit die Vermögensbeteiligungen betroffen sind (s aber Rz 28; s *Vermögenswirksame Leistungen* Rz 26). Zur lohnsteuerlichen Behandlung der Überlassung von Vermögensbeteiligungen ab 2009 im Einzelnen s BMF 8.12.09 – IV C 5 – S 2347/09/10002; Dok 2009/0810442 (BStBl I 09, 1513).

2. Begünstigter Personenkreis sind unbeschränkt und beschränkt stpfl ArbN (s *Lohn-* 24 *steuerberechnung* Rz 7 ff, 18 ff), wobei hier – im Gegensatz zu den vermögenswirksamen Leistungen – der steuerrechtliche ArbNBegriff (s *Arbeitnehmer (Begriff)* Rz 29 ff) maßgebend ist. Der ArbN muss jedoch in einem **gegenwärtigen Dienstverhältnis** stehen. Dazu gehören auch ArbN, deren Dienstverhältnis ruht (zB während der Mutterschutzfristen, der Elternzeit oder der Wehrdienst- bzw Zivildienstzeiten) oder die sich in der Freistellungsphase einer Altersteilzeitvereinbarung befinden. Frühere ArbN gehören auch dann **nicht** zu dem begünstigten Personenkreis, wenn sie zB wegen Bezugs von Einnahmen aus einem früheren Dienstverhältnis (zB Betriebspensionäre, Bezieher von Vorruhestandsgeld) steuerrechtlich ArbN sind (§ 1 Abs 1 Satz 1 LStDV). Anders ist dies nur, wenn die Vermögensbeteiligung im Rahmen der Abwicklung des bisherigen Dienstverhältnisses noch als Arbeitslohn für die tatsächliche Arbeitsleistung überlassen wird (vgl § 3 Nr 39 Satz 2 EStG; BMF 8.12.09, BStBl I 09, 1513 Tz 1.1.1). Nicht begünstigt ist damit weiterhin auch die Überlassung einer Vermögensbeteiligung an andere Personen als den ArbN selbst (zB den Ehegatten), auch wenn dies steuerlich zu Arbeitslohn des ArbN führt (s auch *Arbeitsentgelt* Rz 76). Die Steuerfreiheit nach § 3 Nr 39 EStG kann bei einem unterjährigen ArbGebWechsel oder parallelen Arbeitsverhältnissen mehrfach in Anspruch genommen werden. Verwaltungsaufwendige Mitteilungspflichten, Überwachungen etc sind – auch wegen der Begrenzung der Steuerfreiheit auf 360 € – nicht erforderlich (s BT-Drs 13.10.08 16/10531 Begründung B zu § 3 Nr 39; BMF 8.12.09, BStBl I 09, 1513 Tz 1.1.4).

Um eine Diskriminierung einzelner Gruppen zu verhindern, verlangt die steuerliche 25 Förderung zudem, dass die unentgeltliche oder verbilligte Vermögensbeteiligung mindestens allen ArbN gleichermaßen offensteht, die im Zeitpunkt der Bekanntgabe des Angebots ein Jahr oder länger in einem gegenwärtigen Dienstverhältnis zum Unternehmen stehen (§ 3 Nr 39 Satz 2 Buchst b EStG). **Dazu gehören** auch Geringfügig Beschäftigte, Teilzeitkräfte, Auszubildende und weiterbeschäftigte Rentner (s *Rentnerbeschäftigung* Rz 4 ff), **nicht** jedoch die **Leiharbeitnehmer** (s *Arbeitnehmer (Begriff)* Rz 44 f) eines Entleihers (BMF 8.12.09, BStBl I 09, 1513 Tz 1.2). Bei einem **Konzernunternehmen** verlangt der Grundsatz der Gleichbehandlung jedoch nicht, dass die Beteiligung auch den ArbN der übrigen Konzernunternehmen gewährt werden muss (§ 3 Nr 39 Satz 3 EStG). Nach BMF 8.12.09, BStBl I 09, 1513 Tz 1.2.2 wird es nicht beanstandet, wenn ins Ausland entsandte ArbN (Expatriates) bzw ArbN, die zwischen dem Zeitpunkt des Angebots und dem der Überlassung ausscheiden, nicht einbezogen werden. Eine weitergehende arbeitsrechtliche Verpflichtung zur Gleichbehandlung (zB Gewährung an ArbN, die kürzer als ein Jahr beim Unternehmen beschäftigt sind) bleibt von der steuerlichen Regelung unberührt. Ebenso sind verbindliche Regelungen über die Verteilungsgrundsätze, also der Maßstäbe, nach denen der vorgegebene finanzielle Rahmen verteilt werden soll, für die Steuerfreiheit unschädlich (s auch BT-Drs 13.10.08 16/10531 und 21.1.09 16/11679 jeweils Begründung B zu § 3 Nr 39). Bei direkten Beteiligungen kann damit die Höhe der Beteiligung, der Gewinn-/Verlustbeteiligung, der Laufzeit/Sperrfristen, Kündigungsbedingungen, Informations- und Kontrollrechte, Verwaltung der Beteiligung frei vertraglich festgelegt werden (s BR-Drs 29.8.08 632/08 Begründung A 3.; BMF 8.12.09, BStBl I 09, 1513 Tz 1.2.).

3. Allgemeine Voraussetzungen der Steuerbegünstigung. Begünstigt ist die unent- 26 geltliche oder verbilligte Zuwendung von Sachbezügen in Form von **Vermögensbeteiligungen** durch den ArbGeb (§ 3 Nr 39 Satz 1 EStG). Da der ArbN eine Vermögensbeteiligung als Sachbezug nur erhält, soweit sie für ihn kostenlos ist, kommt eine Steuerbegünstigung für Geldleistungen des ArbGeb, mit denen der ArbN die Vermögensbeteiligung erwirbt, nicht in Betracht. Dies gilt auch, soweit vermögenswirksame Leistungen als Gegenleistung für die überlassene Vermögensbeteiligung verwendet werden (BMF 8.12.09, BStBl I 09, 1513 Tz 1.1.5; s auch Rz 35). Der Zuschuss des ArbGeb im Rahmen eines ausgelagerten Optionsmodells zur Vermögensbeteiligung an Dritte als Entgelt für die Übernahme von Kursrisiken stellt jedoch vergünstigten Sachlohn dar, wenn die Risikoübernahme des Dritten auf einer vertraglichen Vereinbarung mit dem ArbGeb beruht (BFH 13.9.07 – VI R 26/04, BStBl II 08, 204).

Eine **doppelte Förderung** nach § 3 Nr 39 EStG und dem 5. VermBG ist daher ua nur möglich, wenn eine verbilligt überlassene Vermögensbeteiligung mit vermögenswirksamen

309 Mitarbeiterbeteiligung

Leistungen erworben wird (s oben Rz 22; s auch BR-Drs 29.8.08 632/08 Begründung B zu § 2 Abs 1 Nr 1 Buchst d 5. VermBG).

27 Keine Voraussetzung der Steuerbegünstigung ist, dass der ArbGeb selbst **Rechtsinhaber** der Vermögensbeteiligung ist. So kann der geldwerte Vorteil dem ArbN auch unmittelbar von einem Dritten überlassen werden, wenn die Überlassung durch das gegenwärtige Dienstverhältnis veranlasst ist (BMF 8.12.09, BStBl I 09, 1513 Tz 1.1.3 mit Beispielen). Die Übernahme der mit der Überlassung verbundenen Depotgebühren (auch die kostenlose Depotführung durch den ArbGeb) und Nebenkosten durch den ArbGeb, zB Notariatsgebühren, Eintrittsgelder im Zusammenhang mit Geschäftsguthaben bei einer Genossenschaft, Kosten für Registereintragungen, ist kein Arbeitslohn (BMF 8.12.09, BStBl I 09, 1513 Tz 1.1.6).

28 Nach § 3 Nr 39 EStG werden nur Vorteile aus direkten Beteiligungen und Vorteile aus einer Beteiligung an einem Mitarbeiterbeteiligungs-Sondervermögen (§ 90l InvG) steuerfrei gestellt, vgl im Einzelnen die folgenden Rz. Voraussetzung für die Steuerfreiheit ist nicht mehr, dass die Vermögensbeteiligung als **freiwillige Leistung zusätzlich zum geschuldeten Arbeitslohn** überlassen (On-top-Leistung) und nicht auf bestehende oder künftige Ansprüche angerechnet wird (§ 3 Nr 39 Satz 2 EStG, der bisherige Buchst a, wurde gestrichen; s auch s auch BMF 22.5.13 – IV C 5 – S 2388/11/10001–02; Dok 2013/0461548, BStBl I 13, 728). Die bisher mögliche sog **Entgeltsumwandlung** von stpfl Arbeitslohn in steuerfreie Entgeltbestandteile in Form von Unternehmensbeteiligungen bleibt damit rückwirkend zum 2.4.09 weiterhin möglich (§ 3 Nr 39 Satz 2 EStG). Da die Mitarbeiterkapitalbeteiligung nicht in Konkurrenz zur betrieblichen Altersversorgung und der privaten Altersvorsorge treten, muss die Teilnahme an Mitarbeiterbeteiligungen auch auf Seiten der ArbN freiwillig sein (s BR-Drs 29.8.08 632/08 Begründung A 1. Buchst b). Unbeachtlich ist jedoch, wenn die zusätzliche Leistung des ArbGeb (zB Gewährung eines Bonus) von einer Eigenleistung des ArbN abhängig gemacht wird, da nach § 3 Nr 39 Satz 1 EStG auch die nur verbilligte Überlassung begünstigt ist (s auch *Schmidt/Heinicke* § 3 Mitarbeiterbeteiligung und Rz 37).

29 **4. Formen der begünstigten Vermögensbeteiligungen. a) Begriff.** Vermögensbeteiligungen sind Beteiligungen am Vermögen eines Unternehmens (Kapitalbeteiligungen) oder Darlehensforderungen gegen ein Unternehmen. Anders als bisher werden aber nur noch **Direktbeteiligungen** am Unternehmen des ArbGeb sowie die Beteiligungen an einem **Mitarbeiterbeteiligungs-Sondervermögen** begünstigt. Die steuerbegünstigten Vermögensbeteiligungen sind in § 2 Abs 1 Nr 1 Buchst a, b und d bis l und Abs 2–5 5. VermBG abschließend aufgezählt (§ 3 Nr 39 Satz 1 EStG). Im Einzelnen s BMF 9.8.04 – IV C 5 – S 2430 – 18/04, BStBl I 04, 717, idF des BMF 16.3.09 – IV C 5 – S 2430/09/10001, BStBl I 09, 501 (Anhang 30 III LStR; Personalbuch 2008 Mitarbeiterbeteiligung Rz 30–42). Zu beachten ist dabei, dass Anteile an Mitarbeiterbeteiligungs-Sondervermögen nach Abschnitt 7a InvG (s Rz 29 ff) auch dann Vermögensbeteiligungen iSd 5. VermBG sind, wenn der ArbGeb des ArbN keine freiwilligen Leistungen iSd § 3 Nr 39 Satz 2 Buchst a zum Erwerb von Anteilen gewährt (BMF aaO Abschn 4 Abs 5a; s auch Rz 30; *Vermögenswirksame Leistungen* Rz 26). Außerbetriebliche (indirekte) Beteiligungen sind damit nicht mehr begünstigt. Durch den Ausschluss des Buchst c des § 2 Abs 1 Nr 1 5. VermBG wird klargestellt, dass die dort genannten in- und ausländischen Investmentanteile nicht steuerbegünstigt überlassen werden können. Insofern liegt eine Beteiligung am Unternehmen des ArbGeb nicht vor. Dies gilt auch dann, wenn das Sondervermögen oder der ausländische Investmentfonds Vermögenswerte, insbes Aktien, beinhaltet (s BT-Drs 21.1.09 16/11679 Seite 21; BMF 8.12.09, BStBl I 09, 1513 Tz 1.1.2).

30 **b) Mitarbeiterbeteiligungs-Sondervermögen.** Der spezielle Mitarbeiterbeteiligungsfonds wurde durch den neu eingefügten 7. Abschnitt des InvG (§§ 90l–90r) geschaffen, um die Ziele der Mitarbeiterbeteiligung mit den Vorteilen der Fondsanlage zu verknüpfen. Durch eine höhere Risikomischung gegenüber der Direktanlage sollen die Risiken der Beteiligung für ArbN reduziert werden. Das Treuhandvermögen wird von einer bestimmten Sorgfaltspflichten unterliegenden Kapitalanlagegesellschaft und somit einem professionellen und lizenzierten Fondsmanager verwaltet. Der Fonds unterliegt zudem aufgrund der Regelung im InvG als Anlegerschutzgesetz der Überwachung der Bundesanstalt für Finanzdienstleistungsaufsicht, so dass das aufsichtsrechtliche Instrumentarium für Fonds anwendbar ist (zB

Mitarbeiterbeteiligung

Genehmigung und laufende Beaufsichtigung des Produkts sowie des Produktanbieters). Die Anleger sind in den Verkaufsunterlagen über die Vertragsbedingungen, insbes die mit der Anlage verbundenen Risiken und die eingeschränkten Rückgabemöglichkeiten aufzuklären (§ 90p InvG). Da der Mitarbeiterbeteiligungsfonds als Anlage für einen langfristigen Vermögensaufbau konzipiert ist, darf der Fonds nicht für eine begrenzte Dauer aufgelegt werden (§ 90q InvG). Ziel der neuen Regelung ist es zudem, durch die Möglichkeit der Investition in kleinere und mittlere Unternehmen einen Beitrag zur Mittelstandsfinanzierung zu leisten (s BT-Drs 13.10.08 16/10531 Begründung B zu §§ 90l–90r InvG). Wesentliche Inhalte des in § 90l InvG definierten Sondervermögens sind:

– Auf Rechnung des Mitarbeiterbeteiligungs-Sondervermögens dürfen als **zulässige Vermögensgegenstände** nur unverbriefte Beteiligungen einschließlich stiller Beteiligungen nach § 230 HGB an Unternehmen erworben werden, die ihren ArbN freiwillige Leistungen iSd § 3 Nr 39 Satz 2 EStG gewähren. Gleiches gilt für unverbriefte Darlehensforderungen aus Darlehen, die den Unternehmen von einem Dritten (zB Hausbank) gewährt werden. Schließlich ist der Erwerb von börsennotierten oder nichtnotierten Wertpapieren an Unternehmen zulässig, soweit diese ihren ArbN freiwillige Leistungen zum Erwerb der Anteile gewähren. Gehört das begünstigte Unternehmen zu einem Konzern iSd § 18 AktG, ist eine Anlage auch in allen anderen Unternehmen dieses Konzerns möglich, selbst wenn diese ihren ArbN keine freiwilligen Leistungen gewähren (§ 90 m Abs 1 InvG).

– Der jeweilige Fonds ist verpflichtet, nach einer Anlaufzeit von drei Jahren seit Auflage des Fonds (§ 90n InvG) mindestens 60 % des Fondsvermögens in nach § 90l Abs 1 InvG zulässige Beteiligungen zu investieren. Um dem **Grundsatz der Risikomischung** (§ 1 Satz 2 InvG) Rechnung zu tragen und eine hohe Konzentration auf ein einzelnes Unternehmen zu verhindern, dürfen maximal bis zu 20 % des Fondsvermögens bei demselben begünstigten (Konzern)Unternehmen angelegt werden (§ 90 m Abs 2 InvG). Insgesamt darf die Anlage in nichtnotierte Beteiligungen und Wertpapiere in Abgrenzung zum Private-Equity-Fonds 25 % des Werts des Sondervermögens nicht überschreiten (§ 90 m Abs 3 InvG). Die Anlagen in börsennotierte Wertpapiere, Bankguthaben, Geldmarktinstrumente, Investmentanteile und Derivate dürfen 40 % des Wertes des Sondervermögens nicht übersteigen und zu höchstens 5 % bei demselben Aussteller investiert werden (§ 90 m Abs 4 InvG). Unbeabsichtigte Über- bzw Unterschreitungen der entsprechenden **Anlagegrenzen** sind baldmöglichst zu korrigieren (§ 90 m Abs 5 InvG).

– Für die Anleger besteht die Möglichkeit, ihre Fondsanteile zum Rücknahmepreis zurückzugeben. Wegen der stark eingeschränkten Liquidität der angelegten Vermögenswerte ist die **Rücknahmeverpflichtung** der Kapitalanlagegesellschaft auf bestimmte **Rücknahmetermine** begrenzt. Die Rücknahme darf höchstens einmal halbjährlich, hat jedoch mindestens einmal jährlich unter Einhaltung einer Rückgabefrist von mindestens einem Monat und höchstens 24 Monaten zu erfolgen. In Ausnahmefällen kann die Rückgabe bis zu vier Jahre ausgesetzt werden (§ 90o Abs 2 und 3 InvG).

5. Wertermittlung. a) Allgemein. Als Wert der Vermögensbeteiligung ist gem § 3 Nr 39 Satz 4 EStG der **gemeine Wert** im Zeitpunkt der Überlassung anzusetzen. Für die Höhe des Wertes gelten die Grundsätze des BewG. Die Regelung für die Wertermittlung der in § 3 Nr 39 EStG genannten Vermögensbeteiligungen und ggf des geldwerten Vorteils geht als Spezialregelung (lex specialis) der allgemeinen Grundregel des § 8 EStG für die Wertermittlung von Sachbezügen (s *Sachbezug* Rz 11 ff) auch dann vor, wenn die Steuerbegünstigung nach § 3 Nr 39 EStG nicht greift. Veräußerungssperren mindern den Wert der Vermögensbeteiligung nicht. Die Bewertung von Aktien richtet sich nach § 11 Abs 1, Abs 2 Satz 2 BewG (im Einzelnen BMF 8.12.09, BStBl I 09, 1513 Tz 1.3). Die früheren Sonderregelungen in § 19a Abs 2 Sätze 2 bis 7 EStG wurden aus Gründen der zT schwierigen Handhabung und der daraus uU für den ArbN entstehenden Nachteile nicht in die Neuregelung übernommen (s BT-Drs 13.10.08 16/10531 Begründung B zu § 3 Nr 39 EStG).

Der **Zuflusszeitpunkt** bestimmt sich nach allgemeinen lohnsteuerlichen Regeln. Danach liegt ein Zufluss vor, wenn der ArbN über die Vermögensbeteiligung **verfügen** kann (BFH 23.6.05 – VI R 10/03, BStBl II 05, 770; s auch *Lohnzufluss* Rz 2 ff). Bei Aktien ist dies der Zeitpunkt der Einbuchung in das Depot des ArbN (BFH 20.11.08 – VI R 25/05, BStBl II 09, 382). Aus Vereinfachungsgründen kann die Wertermittlung beim einzelnen ArbN am

309 Mitarbeiterbeteiligung

Tag der Ausbuchung beim Überlassenden oder dessen Erfüllungsgehilfen erfolgen bzw kann bei allen begünstigten ArbN der durchschnittliche Wert der Beteiligung angesetzt werden, wenn das Zeitfenster der Überlassung nicht mehr als einen Monat beträgt. Ist vom ArbN aufgrund der getroffenen Vereinbarung ein höherer Kaufpreis als der Kurswert der Beteiligung zu entrichten, betrifft dies die private Vermögenssphäre und führt nicht zu negativem Arbeitslohn. Gleiches gilt für Kursrückgänge nach dem Zuflusszeitpunkt (BMF 8.12.09, BStBl I 09, 1513 Tz 1.6). Zum Zufluss bei Mitarbeiterbeteiligungsprogrammen nach französischem Recht (FCPE) s Tz 4 des BMF-Schreibens.

36 **b) Mitarbeiterbeteiligungs-Sondervermögen.** In Anlehnung an die Infrastruktur-Sondervermögen können die Vertragsbedingungen gem § 90o Abs 1 InvG vorsehen, dass die Ermittlung und Bekanntgabe des Ausgabe- und Rücknahmepreises nicht täglich, sondern nur zu bestimmten Terminen, jedoch mindestens einmal monatlich erfolgt. Wird von dieser Möglichkeit Gebrauch gemacht, ist die Ausgabe von Anteilen nur zum Termin der Anteilwertermittlung zulässig.

37 **6. Steuerfreier geldwerter Vorteil.** Der geldwerte Vorteil ergibt sich aus dem Unterschied zwischen dem Wert der Vermögensbeteiligung (s oben Rz 33 f) und dem Preis, zu dem diese dem ArbN überlassen wird. Zahlungen des ArbN sind abzusetzen (s *Schmidt/Heinicke* § 3 Mitarbeiterbeteiligung). Es kommt also weder auf den Zeitpunkt der Beschlussfassung über die Überlassung noch den Zeitpunkt des Angebots an den ArbN oder den Zeitpunkt des Abschlusses des obligatorischen Rechtsgeschäfts an. Bei einer Verbilligung ist es unerheblich, ob ein prozentualer Abschlag oder ein Preisvorteil in Form eines Fixbetrags gewährt wird (BMF 8.12.09, BStBl I 09, 1513 Tz 1.4). Die bisherige Begrenzung auf den halben Wert der Beteiligung ist weggefallen. Der steuerfreie Höchstbetrag wurde auf 360 € angehoben. Ist der steuerfreie Höchstbetrag ausgeschöpft oder liegen die Voraussetzungen für eine Steuerfreiheit nicht vor, ist der geldwerte Vorteil individuell zu versteuern. Eine **Pauschalierungsmöglichkeit** besteht weiterhin **nicht** (§ 37b Abs 2 Satz 2 EStG; s auch *Lohnsteuerpauschalierung* Rz 60). Geldwerte Vorteile aus der verbilligten Überlassung von Vermögensbeteiligungen stellen schließlich selbst keine vermögenswirksame Leistung dar (BMF 9.8.04 – IV C 5 – S 2430 – 18/04, BStBl I 04, 717, idF des BMF 16.3.09 – IV C 5 – S 2430/09/10001, BStBl I 09, 501 Abschn 2 Abs 1; *Vermögenswirksame Beteiligungen* Rz 26).

38 **7. Anwendung.** Trotz des Inkrafttretens des Mitarbeiterbeteiligungsgesetzes zum 1.4.09 gilt § 3 Nr 39 EStG aufgrund der Anwendungsregel des 52 Abs 1 EStG hinsichtlich des laufenden Arbeitslohns für alle Lohnzahlungszeiträume des Jahres 2009 und bzgl der sonstigen Bezüge für alle Zuflusszeitpunkte im Jahr 2009 (s *Sonstige Bezüge* Rz 2 ff), und damit faktisch rückwirkend zum 1.1.09. Hat ein ArbGeb zwischen dem 1.1.09 und dem 31.3.09 Vermögensbeteiligungen überlassen, die nach Inkrafttreten des Mitarbeiterbeteiligungsgesetzes steuerlich anders zu behandeln sind, hat der ArbGeb den Lohnsteuerabzug nach § 41c Abs 1 Nr 2 EStG zu ändern. Macht der ArbGeb von seiner Änderungsmöglichkeit keinen Gebrauch, kann der ArbN beim FA die Erstattung beantragen oder den höheren Steuerfreibetrag bei der Veranlagung zur ESt geltend machen (R 41c.1 Abs 5 Satz 3 LStR; s im Einzelnen BMF 8.12.09, BStBl I 09, 1513 Tz 2 und 3); s auch *Lohnsteueranmeldung* Rz 11, *Lohnsteuerberechnung* Rz 24 ff).

39 **8. Erträge aus Vermögensbeteiligungen** stellen beim ArbN regelmäßig **Einkünfte aus Kapitalvermögen** dar (§ 20 EStG), die beim Zufluss der Kapitalertragsteuer bzw dem Zinsabschlag unterliegen (s §§ 43 ff EStG). Die Einbehaltung durch den nach § 44 Abs 1 EStG zum Steuerabzug Verpflichteten kann ggf durch Erteilung eines Freistellungsauftrages des ArbN oder die Vorlage einer Nichtveranlagungsbescheinigung des WohnsitzFA vermieden werden (§ 44a Abs 2 EStG). Gewinne und Verluste aus der Veräußerung von Vermögensbeteiligungen sind idR steuerlich unbeachtlich. Schuldzinsen für Darlehen, mit denen ArbN den Erwerb von Gesellschaftsanteilen (zB Aktien) an seinem ArbGeb finanziert, gehören regelmäßig zu den Werbungskosten bei den Einkünften aus Kapitalvermögen (s auch *Werbungskosten* Rz 35 und *Geschäftsführer* Rz 43).

C. Sozialversicherungsrecht
Schlegel

Mitarbeiterbeteiligung als Arbeitsentgelt, Arbeitseinkommen oder Gesamteinkommen. Gewinnanteilen, Bonus, Provisionen und Tantiemen ist gemeinsam, dass diese Zuwendungen abhängig sind vom wirtschaftlichen Erfolg. Für ihre Behandlung in der SozV und ArblV ist maßgeblich darauf abzustellen, ob der wirtschaftliche Erfolg an eine abhängige Beschäftigung oder an eine selbstständige Tätigkeit anknüpft. 40

Eine **Mitarbeiterbeteiligung auf Provisionsbasis** ist orientiert am Arbeitsergebnis des einzelnen Beschäftigten. Um Arbeitsentgelt iSd § 14 SGB IV handelt es sich, wenn die Provision aufgrund abhängiger Arbeit verdient wird; ist dagegen persönliche Abhängigkeit zu verneinen, handelt es sich um Arbeitseinkommen aus selbstständiger Tätigkeit iSd § 15 SGB IV, dessen Höhe maßgeblich nach steuerrechtlichen Vorschriften zu ermitteln ist (vgl *Provision* Rz 36 ff). Wird dem ArbN zusätzlich zum regulären Lohn/Gehalt in Form einmaliger Einnahmen, laufenden Zulagen, von Zuschlägen oder Zuschüssen eine Vermögensbeteiligung eingeräumt, ist diese nicht dem Arbeitsentgelt zuzurechnen und damit beitragsfrei, wenn und soweit diese Vermögensbeteiligung nach Maßgabe von § 19a EStG steuerfrei ist (vgl § 1 Abs 1 Satz 1 Nr 1 SvEV). Diese Vorschrift ist für eine vor dem 1. 4 09 überlassene Vermögensbeteiligung nach Maßgabe des § 52 Abs 35 EStG weiterhin anzuwenden. Daneben besteht Beitragsfreiheit, soweit die Mitarbeiterbeteiligung nach § 3 Nr 38 EStG steuerfrei ist und zusätzlich zum Arbeitsentgelt gewährt wird; insbesondere darf die Mitarbeiterbeteiligung nicht aus einer Entgeltumwandlung stammen. 41

Mitarbeiterbeteiligungen aufgrund einer Kapitalbeteiligung führen regelmäßig nicht zu Einnahmen, die als Arbeitsentgelt iSd § 14 SGB IV oder Arbeitseinkommen iSd § 15 SGB IV angesehen werden können; die Einnahmen haben ihren Rechtsgrund hier in der Verzinsung des vom ArbN zur Verfügung gestellten Kapitals, beruhen mithin nicht auf abhängiger oder selbstständiger Tätigkeit. Derartige Gewinnanteile sind deshalb allenfalls nach § 16 SGB IV (Gesamteinkommen) zu behandeln. Dies gilt auch dann, wenn die Kapitalbeteiligung durch eine Vermögensbeteiligung des ArbN iSd § 19a Abs 1 Satz 1, Abs 3 EStG zustande gekommen ist (zur Behandlung der Vermögensbeteiligung als solcher in der SozV und ArblV). Mitarbeiterbeteiligungen wegen Zugehörigkeit zum Betrieb, die zB in Form eines Jahresbonus in Betracht kommen, und die allein daran anknüpfen, dass ein Beschäftigungsverhältnis vorgelegen hat oder vorliegt, führen zu Einnahmen des Mitarbeiters iSd § 14 SGB IV. 42

Mitbestimmung, personelle Angelegenheiten

A. Arbeitsrecht
Kreitner

Übersicht

	Rz		Rz
I. Überblick	1, 2	b) Kündigung	13–33
II. Einzelne Mitbestimmungstatbestände	3–39	c) Kündigung von Betriebsratsmitgliedern	34
1. Allgemeine personelle Angelegenheiten	4	d) Entfernung betriebsstörender Arbeitnehmer	35–38
2. Berufsbildung	5	e) Leitende Angestellte	39
3. Personelle Einzelmaßnahmen	6–39	III. Muster	40
a) Einstellung, Eingruppierung, Umgruppierung, Versetzung	6–12		

I. Überblick. Hinsichtlich der Mitbestimmung des BRat bei personellen Angelegenheiten unterscheidet das BetrVG zwischen den allgemeinen personellen Angelegenheiten (§§ 92–95 BetrVG), der Berufsbildung (§§ 96–98 BetrVG) sowie den personellen Einzelmaßnahmen (§§ 99–105 BetrVG). 1

Die **Intensität der Mitwirkungsrechte des Betriebsrats** ist dabei in den genannten Bereichen der personellen Angelegenheiten höchst unterschiedlich ausgestaltet. Sie reicht vom einfachen Unterrichtungsrecht (zB bei der Personalplanung gem § 92 BetrVG) über 2

310 Mitbestimmung, personelle Angelegenheiten

Beratungs- und Vorschlagsrechte (zB bei der Einrichtung betrieblicher Bildungsmaßnahmen gem §§ 96 ff BetrVG) sowie dem zwingenden Anhörungsrecht bei Kündigungen (mit der Folge der Unwirksamkeit der Kündigung gem § 102 Abs 1 Satz 3 BetrVG bei nicht ordnungsgemäß durchgeführter BRatAnhörung) bis hin zu erzwingbaren Mitbestimmungsrechten durch Errichtung einer Einigungsstelle (zB bei der Durchführung betrieblicher Bildungsmaßnahmen gem § 98 BetrVG, bei Personalfragebögen gem § 94 Abs 1 BetrVG, bei Auswahlrichtlinien gem § 95 BetrVG) oder durch Erzwingung eines gerichtlichen Zustimmungsersetzungsverfahrens (bei personellen Einzelmaßnahmen iSd § 99 BetrVG oder bei außerordentlichen Kündigungen von BRatMitgliedern gem § 103 BetrVG). ArbGeb und BRat sind berechtigt, im Rahmen ihrer Zuständigkeit die betriebsverfassungsrechtlichen **Beteiligungsrechte zu erweitern,** ohne auf die in § 88 BetrVG genannten Regelungsgegenstände beschränkt zu sein. Dies gilt allerdings nicht, soweit es um Eingriffe in das arbeitsgerichtliche Verfahren geht (BAG 18.8.09 – 1 ABR 49/08, NZA 10, 112). Inwieweit eine Erweiterung der Mitwirkungsrechte des BRat in personellen Angelegenheiten durch Tarifvertrag möglich ist, ist umstritten (dafür: BAG 10.2.88 – 1 ABR 70/86, NZA 88, 699; 31.1.95 – 1 ABR 35/94, NZA 95, 1059; *Fitting* § 1 Rz 249; *DKK/Kittner* § 99 Rz 31; dagegen: GK-BetrVG/*Raab* § 99 Rz 5; *Richardi* Einl Rz 136 ff). Eine materiellrechtliche **Verwirkung** von Mitbestimmungsrechten des BRat ist ausgeschlossen (BAG 28.8.07 – 1 ABR 70/06, NZA 08, 188).

3 **II. Einzelne Mitbestimmungstatbestände.** Eine ausführliche Darstellung der einzelnen Mitbestimmungstatbestände aus dem Bereich der personellen Einzelmaßnahmen des § 99 BetrVG erfolgt jeweils bei den speziellen Einzelstichworten, so dass auf die dortige Darstellung verwiesen werden kann. Die Beteiligungsrechte des BRat bei Kündigungen gem § 102 BetrVG werden hier im Zusammenhang dargestellt.

4 **1. Allgemeine personelle Angelegenheiten.** Bereits im Vorfeld personeller Einzelentscheidungen soll eine möglichst umfassende Unterrichtung des BRat über die personelle Situation des Betriebes und deren zukünftige Entwicklung sichergestellt werden. Dies bezweckt zunächst der Mitbestimmungstatbestand der Personalplanung (Näheres s *Personalplanung* Rz 4 ff). Darauf aufbauend ist der BRat auch bei weiteren allgemeinen Maßnahmen zu beteiligen. Mitbestimmungsrechte bestehen gem § 93 BetrVG bei der Ausschreibung von Arbeitsplätzen (s *Ausschreibung* Rz 7 ff), bei der Aufstellung von Personalfragebögen und Beurteilungsgrundsätzen gem § 94 BetrVG (s *Leistungsorientierte Vergütung* Rz 8) sowie bei dem Erlass von Auswahlrichtlinien iSd § 95 BetrVG (s *Personalauswahl* Rz 25).

5 **2. Berufsbildung.** Eine besondere, ausdrückliche Normierung hat der Bereich der betrieblichen Bildung im Rahmen der personellen Mitbestimmung in den §§ 96–98 BetrVG erfahren. Der BRat hat bei Einrichtung und Durchführung der betrieblichen Bildungsmaßnahmen weitreichende, aber im Einzelnen abgestufte Mitwirkungsrechte. Diese reichen vom Vorschlags- und Beratungsrecht bei der Einrichtung bis hin zu erzwingbaren Mitbestimmungsrechten bei der Durchführung der Maßnahmen und der Auswahl der teilnehmenden ArbN (Näheres: *Betriebliche Berufsbildung* Rz 8–10).

6 **3. Personelle Einzelmaßnahmen. a) Einstellung, Eingruppierung, Umgruppierung, Versetzung.** In Unternehmen mit mehr als 20 ArbN bestehen umfassende Mitbestimmungsrechte des BRat bei der Durchführung personeller Einzelmaßnahmen durch den ArbGeb. Gem § 99 Abs 1 BetrVG muss der ArbGeb vor jeder Einstellung, Eingruppierung, Umgruppierung und Versetzung die Zustimmung des BRat einholen. Dies ist formlos möglich. Entscheidend ist, dass der BRat der Mitteilung des ArbGeb entnehmen kann, dass er um Zustimmung zu einer personellen Maßnahme iSd § 99 Abs 1 Satz 1 BetrVG ersucht wird (BAG 10.11.09 – 1 ABR 64/08, NZA-RR 10, 416). Betrifft die personelle Maßnahme ein BRatMitglied, so darf dieses an der Beschlussfassung des BRat wegen Interessenkollision nicht teilnehmen. Geschieht dies dennoch, ist der Beschluss des BRat unwirksam und die Zustimmungsfiktion des § 99 Abs 3 Satz 2 BetrVG greift ein (BAG 3.8.99 – 1 ABR 30/98, NZA 2000, 440).

7 **aa) Eingruppierung und Umgruppierung.** Bei Ein- und Umgruppierungen erfolgt im Rahmen der betrieblichen Mitbestimmung lediglich eine sog Richtigkeitskontrolle durch den BRat (BAG 27.6.2000 – 1 ABR 36/99, NZA 01, 626). Der betroffene ArbN hat einen Rechtsanspruch auf richtige Eingruppierung, den er individualrechtlich unabhängig vom

BRat durchsetzen kann. Dementsprechend hat ein arbeitsgerichtliches Beschlussverfahren zwischen ArbGeb und BRat über die Ersetzung der Zustimmung des BRat zu der Eingruppierung keine präjudizielle Wirkung für den Eingruppierungsrechtsstreit des ArbN (BAG 28.1.86, DB 86, 1398). Unterlässt der ArbGeb eine betriebsverfassungsrechtlich gebotene Ein- oder Umgruppierung, so kann der BRat verlangen, dem ArbGeb die Ein- oder Umgruppierung aufzugeben und ihn sodann zur Erteilung seiner Zustimmung sowie bei deren Verweigerung zur Einleitung eines gerichtlichen Zustimmungsersetzungsverfahrens zu verpflichten (BAG 26.10.04 – 1 ABR 37/03, NZA 05, 367). Im Gemeinschaftsbetrieb besteht das Mitbestimmungsrecht ausschließlich gegenüber dem VertragsArbGeb des betroffenen ArbN (BAG 23.9.03 – 1 ABR 35/02, NZA 04, 800). Wegen der weiteren Einzelheiten s *Eingruppierung* Rz 9 bzw *Umgruppierung* Rz 7 ff.

bb) Einstellung und Versetzung. Beabsichtigt der ArbGeb die Vornahme von Einstellungen oder Versetzungen, so muss er vor Durchführung der jeweiligen Maßnahme die Zustimmung des BRat einholen. Hierzu bedarf es zunächst der rechtzeitigen und umfassenden Information des BRat über die personelle Maßnahme. Der ArbGeb hat dem BRat unter Vorlage der erforderlichen Unterlagen Auskunft über die Person der Beteiligten und die Auswirkungen der geplanten Maßnahme zu geben (BAG 18.10.88, DB 89, 530). Bei Neueinstellungen müssen die Personalien sowie die fachlichen und persönlichen Voraussetzungen aller Bewerber für den in Aussicht genommenen Arbeitsplatz mitgeteilt werden. Der ArbGeb muss in nachvollziehbarer Weise die Tatsachen darstellen, die ihn veranlasst haben, einen von mehreren Bewerbern auszuwählen. Soweit vorhanden, sind bspw schriftliche Protokolle der Vorstellungsgespräche vorzulegen (BAG 28.6.05 – 1 ABR 26/04, NZA 06, 112). Der BRat hat keinen Anspruch auf Teilnahme an einem Vorstellungsgespräch. Wird die Einstellung durch eine Unternehmensberatung vorbereitet, genügt die Information über die von der Unternehmensberatung nach einer Vorauswahl vorgeschlagenen Bewerber (BAG 18.12.90, DB 91, 969). Der Unterrichtungsanspruch erstreckt sich grds nicht auf den Inhalt des Arbeitsvertrages oder auf einzelvertragliche Vereinbarungen, denn die Unterrichtung dient nicht der Vertragskontrolle (BAG 27.10.10 – 7 ABR 36/09, NZA 11, 527). Dementsprechend ist bei einer befristeten Einstellung der ArbGeb nicht zur Mitteilung des Befristungsgrundes verpflichtet (BAG 27.10.10 – 7 ABR 69/09, NZA 11, 418). Für die Unterrichtung des BRat gelten keine besonderen Formerfordernisse. Aus Beweisgründen empfiehlt sich jedoch eine schriftliche Unterrichtung. Eine nachträgliche Einholung der Zustimmung kann der BRat vom ArbGeb nicht verlangen. Ihm bleibt nur der Aufhebungsantrag nach § 101 BetrVG (BAG 20.2.01 – 1 ABR 30/00, NZA 01, 1033). Maßgeblich für die Mitbestimmung des BRat ist dabei immer die Eingliederung in den Betrieb und nicht das Rechtsverhältnis der Person zum Betriebsinhaber (BAG 23.6.10 – 7 ABR 1/09, NZA 10, 1302). Daher stellt jeder auch noch so kurze Einsatz eines LeihArbN eine mitbestimmungspflichtige Einstellung dar (BAG 9.3.11 – 7 ABR 137/09, NZA 11, 871).

Bei der **Versetzung** eines ArbN in einen anderen Betrieb des Unternehmens sind grds beide BRäte zu beteiligen (*Schwab/Weicker* DB 12, 976). Eine Beteiligung des BRat des abgebenden Betriebs entfällt – auch im Restmandat nach § 21b BetrVG –, wenn dieser Betrieb komplett stillgelegt wird (BAG 8.12.09 – 1 ABR 41/09, NZA 10, 665). Im Übrigen entfällt ein Mitbestimmungsrecht des BRat des abgebenden Betriebes immer dann, wenn der ArbN mit der Versetzung einverstanden ist (BAG 20.9.90, NZA 91, 195). Eine Zustimmung des abgebenden BRat bindet den BRat des aufnehmenden Betriebes nicht. Er kann gleichwohl die Zustimmung verweigern mit der Folge, dass die Durchführung des gerichtlichen Zustimmungsersetzungsverfahrens erforderlich wird (BAG 22.1.91, DB 91, 2088).

§ 99 Abs 2 BetrVG stellt einen abschließenden Katalog von **Zustimmungsverweigerungsgründen** für den BRat auf (*Griese* BB 94, 458). Dies sind im Einzelnen Verstoß gegen Gesetz, Tarifvertrag, Betriebsvereinbarung und UVV sowie gegen Auswahlrichtlinien nach § 95 BetrVG, Besorgnis der ungerechtfertigten Benachteiligung anderer ArbN oder des betroffenen ArbN (vgl BAG 30.8.95 – 1 ABR 11/95, NZA 96, 496), fehlende Stellenausschreibung nach § 93 BetrVG sowie eine drohende Gefahr für den Betriebsfrieden durch den ArbN. Allein die Verletzung der Unterrichtungspflicht (s oben Rz 8) stellt noch keinen Gesetzesverstoß iSd § 99 Abs 2 BetrVG dar (BAG 10.8.93 – 1 ABR 22/93, NZA 94, 187). Eine evtl Zustimmungsverweigerung des BRat muss schriftlich binnen einer Woche unter Angabe von Gründen erfolgen. Ein Widerspruch per Telefax reicht aus (BAG 11.6.02 –

310 Mitbestimmung, personelle Angelegenheiten

1 ABR 43/01, NZA 03, 226). Auch die Einhaltung der Textform nach § 126b BGB genügt (BAG 9.12.08 – 1 ABR 79/07, NZA 09, 627; 10.3.09 – 1 ABR 93/07, NZA 09, 622). Zu beachten ist, dass nur eine vollständige Information seitens des ArbGeb die Wochenfrist in Lauf setzt (BAG 29.6.11 – 7 ABR 24/10, NZA-RR 12, 18). Dabei genügt eine Wiederholung des Gesetzeswortlauts des § 99 Abs 2 BetrVG nicht. Allerdings dürfen an die Begründungspflicht keine zu hohen Anforderungen gestellt werden. Ausreichend ist, wenn die Begründung einem gesetzlichen Widerspruchsgrund zugeordnet werden kann und dessen Geltendmachung als möglich erscheint (BAG 26.1.88, DB 88, 1167; 20.11.90, DB 91, 1474).

11   Die Wochenfrist stellt eine **Ausschlussfrist** dar, die mit dem auf die Unterrichtung des BRat folgenden Tag beginnt. Ausgelöst wird sie aber nur durch eine ordnungsgemäße Unterrichtung (BAG 5.5.10 – 7 ABR 70/08, BeckRS 2010, 72051). Die Wochenfrist kann bis zu ihrem Ablauf einvernehmlich von ArbGeb und BRat verlängert werden (BAG 6.10.10 – 7 ABR 80/09, NZA 12, 50; 16.11.04 – 1 ABR 48/03, NZA 05, 775). Eine nachträgliche Verlängerung ist nicht möglich, da nach Eintritt der gesetzlichen Fiktionswirkung des § 99 Abs 3 BetrVG die Verfügungsbefugnis der Parteien endet (LAG Bln 22.9.86, DB 87, 234). Ausgeschlossen ist auch eine Vereinbarung der Betriebspartner dahingehend, dass das Zustimmungsverfahren nach § 99 BetrVG erst endet, wenn der BRat die Zustimmung zu der beabsichtigten personellen Maßnahme erteilt oder verweigert hat, da hiermit § 99 Abs 3 BetrVG vollständig abbedungen würde (LAG Sachs 8.8.95, NZA-RR 96, 331). Hat der BRat ordnungsgemäß die Zustimmung zu der beabsichtigten Maßnahme verweigert, bedarf es gem § 99 Abs 4 BetrVG der Durchführung des arbeitsgerichtlichen Zustimmungsersetzungsverfahrens. In diesem Verfahren ist der BRat auf die geltend gemachten Verweigerungsgründe beschränkt. Ein **Nachschieben weiterer Gründe** ist unzulässig (BAG 17.11.10 – 7 ABR 120/09, NZA-RR 11, 415; 18.8.09 – 1 ABR 49/08, NZA 10, 112). Zulässig bleibt lediglich eine konkretisierende Darlegung des bereits benannten Widerspruchsgrunds (BAG 15.9.87, BB 88, 348). Weist der BRat auf erkennbare Mängel im Zustimmungsverfahren nach § 99 BetrVG nicht hin (zB fehlende Ausschreibung), so kann er dies im späteren gerichtlichen Verfahren nicht mehr einwenden (LAG Köln 22.4.04 – 5 TaBV 11/04). Der betroffene ArbN kann vom ArbGeb nicht verlangen, ein Zustimmungsersetzungsverfahren durchzuführen, um ihm die Beschäftigung zu geänderten Arbeitsbedingungen zu ermöglichen. Der ArbGeb kann ohne weiteres von der beabsichtigten Ausübung des Direktionsrechts Abstand nehmen und die Versetzung unterlassen (BAG 16.3.10 – 3 AZR 31/09, NZA 10, 1028).

12   Bei besonderer Dringlichkeit der Maßnahme besteht gem § 100 BetrVG die Möglichkeit einer **vorläufigen Durchführung** (vgl *Gillen/Vahle* BB 10, 761). Dies setzt voraus, dass der ArbGeb den BRat unverzüglich von der vorläufigen personellen Maßnahme unterrichtet und bei Widerspruch des BRat binnen drei Tagen beim ArbG die Ersetzung der Zustimmung des BRat und die Feststellung beantragt, dass die Maßnahme aus sachlichen Gründen dringend erforderlich war (§ 100 Abs 2 BetrVG). Führt der ArbGeb entgegen § 99 BetrVG eine personelle Maßnahme ohne Zustimmung des BRat durch oder hält er eine vorläufige personelle Maßnahme iSd § 100 Abs 2 BetrVG aufrecht, ohne das erforderliche arbeitsgerichtliche Verfahren durchzuführen, unterfällt er der **Sanktionierung** gem § 101 BetrVG. Der BRat kann nach dieser Vorschrift beim ArbG die Aufhebung der personellen Maßnahme unter Zwangsgeldandrohung beantragen. Eine darauf gerichtete einstweilige Verfügung ist wegen der besonderen gesetzlichen Regelung in § 101 BetrVG unzulässig (LAG Hamm 17.2.98 – 13 TaBv 14/98, NZA-RR 98, 421, aA LAG Köln 13.8.02 – 12 Ta 244/02, NZA-RR 03, 249). Daneben besteht ggf die Möglichkeit, einen Unterlassungsanspruch nach § 23 Abs 3 BetrVG geltend zu machen (BAG 6.12.94 – 1 ABR 30/94, NZA 95, 488).

13   **b) Kündigung.** Bei Kündigungen besteht kein erzwingbares Mitbestimmungsrecht des BRat. Dieser kann den Ausspruch einer Kündigung durch den ArbGeb nicht verhindern. Allerdings normiert § 102 BetrVG ein zwingendes Anhörungsverfahren. Hört der ArbGeb den BRat vor Ausspruch einer Kündigung nicht an oder ist die Anhörung unvollständig oder anderweitig fehlerhaft, hat dies gem § 102 Abs 1 Satz 3 BetrVG die Unwirksamkeit der Kündigung zur Folge (BAG 5.4.01 – 2 AZR 580/99, NZA 01, 893; 27.9.01 – 2 AZR 236/00, NZA 02, 750). Gleiches gilt, wenn der ArbGeb den falschen BRat angehört hat. Dies kann zB bei Gemeinschaftsbetrieben problematisch sein (BAG 19.11.03 – 7 AZR 11/03,

NZA 04, 435; Näheres s *Betrieb (Begriff)* Rz 11). Die ordnungsgemäße Durchführung der BRatAnhörung muss der ArbGeb im Kündigungsschutzprozess in vollem Umfang darlegen und nachweisen. Vom ArbG geprüft wird sie allerdings nur auf entsprechende Rüge des ArbN (BAG 18.11.99 – 2 AZR 852/98, NZA 2000, 381), der nach entsprechendem Sachvortrag des ArbGeb dann ein substantiiertes Bestreiten des ArbN folgen muss (BAG 16.3.2000 – 2 AZR 75/99, NZA 2000, 1332; 23.6.05 – 2 AZR 193/04, NZA 05, 1233). Eine Vereinbarung zwischen ArbGeb und BRat, wonach das Verfahren iSd § 102 BetrVG entfallen soll, ist unwirksam. § 102 BetrVG steht nicht zur Disposition der Parteien (LAG Hamm 9.9.74, DB 74, 2063). Allerdings können die Betriebspartner gem § 102 Abs 6 BetrVG durch Betriebsvereinbarung ein über das gesetzliche Anhörungsverfahren hinausgehendes Zustimmungserfordernis vereinbaren, das dann an die Stelle des Anhörungsverfahrens nach § 102 Abs 1, 2 BetrVG tritt (BAG 7.12.2000 – 2 AZR 391/99, NZA 01, 495). Einzelvertraglich ist eine solche Erweiterung des Mitbestimmungsrechts nicht möglich (BAG 23.4.09 – 6 AZR 263/08, NZA 09, 915). Eine § 102 Abs 1 Satz 3 BetrVG entsprechende Sanktion muss dabei deutlich geregelt werden (BAG 6.2.97, DB 97, 2081).

aa) Anwendungsbereich des § 102 BetrVG. Eine Anhörung des BRat ist gem § 102 Abs 1 BetrVG für **jede Kündigung** durchzuführen. Dies gilt unabhängig davon, ob der ArbGeb eine ordentliche oder außerordentliche Kündigung beabsichtigt, ob es um Probe-, Aushilfsarbeitsverhältnisse oder Teilzeitbeschäftigte geht, oder ob eine Kündigung vor Arbeitsantritt ausgesprochen werden soll. Gleiches gilt für Kündigungen in den ersten sechs Beschäftigungsmonaten (BAG 1.7.99 – 2 AZR 926/98, NZA 2000, 437; 12.9.13 – 6 AZR 121/12, BeckRS 2013, 73530) für Massenkündigungen (BAG 5.12.02 – 2 AZR 697/01, NZA 03, 849), Kündigungen durch den Konkursverwalter oder Kündigungen in Tendenzunternehmen sowie für Kündigungen, die in Vollzug einer mündlichen Aufhebungsvereinbarung mit Abwicklungsvertrag erfolgen (BAG 28.6.05 – 1 ABR 25/04, NZA 06, 48: Kündigung ist kein Scheingeschäft). Auch die Kündigung eines Heimarbeiters unterliegt der Anhörungspflicht des § 102 BetrVG. In örtlicher Hinsicht kommt es auf die Zugehörigkeit des ArbN zum jeweiligen Betrieb an, wobei die tatsächliche Eingliederung entscheidend ist (vgl LAG Köln 4.11.03 – 13 Sa 596/03, NZA-RR 04, 586: Trainee). Trifft der ArbGeb hier eine an sozialen Kriterien orientierte Auswahlentscheidung, so muss er diese Kriterien dem BRat mitteilen (BAG 7.11.95 – 9 AZR 268/94, NZA 96, 380).

Ist eine Kündigung eines schwerbehinderten ArbN mangels vorheriger Zustimmung des Integrationsamtes unwirksam, so bedarf es für die nach Zustimmung erfolgende **Wiederholungskündigung** einer erneuten Anhörung des BRat (BAG 16.9.93 – 2 AZR 267/93, NZA 94, 311). Das Gleiche gilt für die vorsorgliche Wiederholung einer zunächst durch einen Bevollmächtigten ausgesprochenen Kündigung durch den ArbGeb selbst (BAG 31.1.96 – 2 AZR 273/95, NZA 96, 649), die Wiederholung einer nach § 174 BGB zurückgewiesenen Kündigung unter nunmehriger Beifügung der Vollmacht (LAG Köln 27.1.05 – 5 (11) Sa 798/04) sowie im Fall der Wiederholung einer vor Ablauf der einwöchigen Anhörungsfrist ohne Vorliegen einer BRatStellungnahme erklärten ordentlichen Kündigung. Im letztgenannten Fall ist das ursprüngliche Anhörungsverfahren mit Ausspruch der ersten Kündigung beendet, so dass die Folgekündigung einer erneuten Anhörung bedarf (LAG Köln 25.8.95 – 13 Sa 367/95, NZA-RR 96, 373). Das Erfordernis zur erneuten Anhörung des BRat besteht auch unabhängig davon, dass die Folgekündigung auf denselben Sachverhalt gestützt wird (BAG 10.11.05 – 2 AZR 623/04, NZA 06, 491; 3.4.08 – 2 AZR 965/06, NZA 08, 807). Demgegenüber ist bei einem lediglich **fehlgeschlagenen Zustellungsversuch** eine nochmalige BRatAnhörung vor einer erneuten Zustellung entbehrlich (BAG 6.2.97 – 2 AZR 192/96; 7.5.98 – 2 AZR 285/97).

Die **Namensliste nach § 1 Absatz 5 KSchG** in der bis zum 31.12.98 geltenden Fassung ersetzte die BRatAnhörung iSv § 102 BetrVG nicht. Das ergab sich im Gegenschluss aus der ausdrücklichen gesetzlichen Regelung in § 1 Abs 5 Satz 4 KSchG aF bezüglich der BRat-Stellungnahme nach § 17 KSchG. Eine Schwächung der Mitbestimmungsrechte entsprach auch nicht der gesetzgeberischen Intention, wie die gegenläufige Tendenz zur Kollektivierung des Kündigungsschutzes verdeutlichte (wie hier *Fitting* § 102 Rz 35a; *Preis* DB 98, 1614; wohl aA *Schiefer* DB 98, 925). Dies hat das BAG bestätigt (BAG 20.5.99 – 2 AZR 148/99, NZA 99, 1038 und 2 AZR 532/98, NZA 99, 1101; 21.2.02 – 2 AZR 581/00, BeckRS 2002, 41380). Möglich blieb allerdings eine Verbindung von Interessenausgleichs-

310 Mitbestimmung, personelle Angelegenheiten

verfahren (Vereinbarung der Namensliste) und Anhörung nach § 102 BetrVG (LAG Düsseldorf 9.10.97 – 13 Sa 996/97, BeckRS 1997, 30457347). Auf diese Rspr ist nach der Wiedereinführung des § 1 Abs 5 KSchG zum 1.1.2004 uneingeschränkt zurückzugreifen (LAG RhPf 18.10.07 – 2 Sa 458/07, NZA-RR 08, 356). Sie gilt auch für den Interessenausgleich mit Namensliste iSv § 125 Abs 1 InsO (BAG 28.8.03 – 2 AZR 377/02, AP Nr 134 zu § 102 BetrVG 1972).

17 Bei **Änderungskündigungen** muss der BRat ebenfalls beteiligt werden und dabei auch über das Änderungsangebot umfassend informiert werden (BAG 12.8.10 – 2 AZR 945/09, NZA 11, 460; 27.9.01 – 2 AZR 236/00, NZA 02, 750). Da die Änderungskündigung als Beendigungskündigung wirken kann, empfiehlt es sich, den BRat gleichzeitig auch zu der möglichen Beendigungskündigung anzuhören (BAG 30.11.89, DB 90, 993). Da die Wahrnehmung des geänderten Vertragsangebots regelmäßig mit einer Umgruppierung oder Versetzung verbunden sein wird, sind zusätzlich zu § 102 BetrVG die Mitbestimmungsrechte des BRat gem § 99 BetrVG zu beachten. Es handelt sich insoweit um zwei verschiedene Anhörungsverfahren, die gleichzeitig durchgeführt und miteinander verbunden werden können (*Fitting* § 102 Rz 9). Für den BRat muss jedoch klar erkennbar sein, zu welchen Maßnahmen er angehört wird. Eine BRatAnhörung nach § 102 BetrVG gilt daher nicht automatisch auch als solche iSd § 99 BetrVG. Da nach der Rspr des BAG die ordnungsgemäße Beteiligung des BRat nach § 99 BetrVG Voraussetzung für eine wirksame tatsächliche Tätigkeitszuweisung ist, hemmt ein insoweit fehlerhaftes Anhörungsverfahren auch die Durchsetzbarkeit einer ansonsten wirksamen Änderungskündigung (Näheres s *Versetzung* Rz 29).

18 **Keiner Anhörung** des BRat nach § 102 BetrVG bedürfen diejenigen Beendigungstatbestände, die keine Kündigung darstellen, wie zB Aufhebungsvereinbarung, Beendigung durch Fristablauf, Anfechtung gem §§ 119, 123 BGB. Besonderheiten gelten bezüglich arbeitskampfbedingter Kündigungen (zB wegen wildem Streik der ArbN), da der BRat nicht in die Kampfparität eingreifen darf (BAG 14.2.78, DB 78, 1231; *Bayer* DB 92, 782; aA KR/*Etzel* § 102 Rz 26).

19 Bei **leitenden Angestellten** sieht das Gesetz in § 105 BetrVG lediglich eine Mitteilung an den BRat vor. Eine Anhörungspflicht nach § 102 BetrVG besteht nicht. Gleichwohl empfiehlt es sich, den BRat vorsorglich nach § 102 BetrVG zu beteiligen, da die rechtliche Einordnung eines ArbN als leitender Angestellter regelmäßig problematisch ist.

20 **bb) Anhörungsverfahren.** Die Anhörung durch den ArbGeb unterliegt keinem Formerfordernis (BAG 6.2.97 – 2 AZR 168/96, NZA 97, 877), aus Beweisgründen empfiehlt sich jedoch eine schriftliche Anhörung. Erfolgt die Anhörung durch einen Boten oder Vertreter des ArbGeb, kann der BRat diese nicht entsprechend § 174 Satz 1 BGB zurückweisen, wenn der Anhörung keine Vollmachtsurkunde beigefügt ist (BAG 13.12.12 – 6 AZR 348/11, NZA 13, 669). Die Zustimmung des BRat ist formlos möglich, der BRat-Widerspruch muss gem § 102 Abs 2 BetrVG schriftlich erfolgen. Anzuhören ist „der BRat". Dies geschieht durch Information des BRatVorsitzenden oder im Verhinderungsfall des Stellvertreters (§ 26 Abs 3 BetrVG), wobei die Anhörung im Betrieb während der Arbeits- bzw Dienstzeit des entsprechenden BRatMitglieds vorzunehmen ist (BAG 27.8.82, DB 83, 181). Der ArbGeb kann auch ein anderes BRatMitglied informieren. Dann wird dieses jedoch lediglich als Erklärungsbote für den ArbGeb tätig mit der Folge, dass der ArbGeb das Risiko der ordnungsgemäßen und zeitgerechten Übermittlung trägt. Insgesamt ist auf die Anhörung des **zuständigen** BRat zu achten (BAG 12.5.05 – 2 AZR 149/04, NZA 05, 1358: Kündigung eines Trainees). In größeren Betrieben kann ein Ausschuss gem § 28 BetrVG zuständig sein. Bei der Kündigung von ArbN, die einem Betriebsübergang gem § 613a BGB widersprochen haben, kann die Beteiligung des „richtigen" BRat problematisch sein (BAG 21.3.96 – 2 AZR 559/95, NZA 96, 974; Näheres s *Betriebsübergang* Rz 39). Auch bei einer angefochtenen und nach Zugang der Kündigung rechtskräftig für unwirksam erklärten BRatWahl bleibt es bei dem Anhörungserfordernis nach § 102 Abs 1 BetrVG, etwas anderes gilt nur im Fall der Nichtigkeit der BRatWahl (BAG 9.6.11 – 6 AZR 132/10, BeckRS 2011, 74719).

21 Nach Eingang der Anhörung hat der BRat bei der ordentlichen Kündigung eine Woche und bei der außerordentlichen Kündigung drei Tage Zeit zur Abgabe einer Stellungnahme. Der BRat muss diese **Frist** nicht ausschöpfen. Vor Ablauf der Fristen kann jedoch nur dann

eine Kündigung ausgesprochen werden, wenn eine abschließende Stellungnahme des BRat vorliegt. Bloße Empfangsbestätigung oder kommentarloses Zurücksenden des Anhörungsschreibens stellen keine abschließende Stellungnahme des BRat dar. Der abschließende Charakter muss sich eindeutig aus der Stellungnahme ergeben. Empfehlenswert ist daher die Verwendung von entsprechenden Formularen, bzw, wenn möglich, das Abwarten des Fristablaufs.

Die **Fristberechnung** erfolgt nach den allgemeinen Vorschriften der §§ 187 ff BGB. **22** Dabei zählen Kalendertage, nicht Werktage. Der Fristablauf beginnt jeweils mit dem ersten Tag nach Eingang der Anhörung beim BRat, dh der Tag der Unterrichtung durch den ArbGeb wird nicht mitgerechnet. Die Wochenfrist endet mit dem Ablauf desjenigen Tages der nächsten Woche, welcher durch seine Benennung dem Tag entspricht, in den das Ereignis fällt (Beispiel: Unterrichtung des BRat an einem Donnerstag; letzter Tag der Wochenfrist ist der Donnerstag der darauf folgenden Woche). Fällt der letzte Tag der Wochenfrist auf einen Samstag, Sonntag oder einen gesetzlichen Feiertag, so ist gem § 193 BGB der Ablauf des nächsten Werktags maßgeblich. Die Wartefrist endet dabei regelmäßig am letzten Tag der Frist mit Dienstschluss der Personalverwaltung. Die Einrichtung eines Nachtbriefkastens durch den ArbGeb ist nicht erforderlich (LAG Hamm 11.2.92, DB 92, 2640). Maßgeblich ist dabei grds nicht das Datum des Kündigungszugangs, sondern die Abgabe der Kündigungserklärung. Etwas anderes gilt nach Sinn und Zweck der BRatMitbestimmung nur dann, wenn der ArbGeb bei Absendung der Kündigungserklärung vor Fristablauf sicherstellt, dass er die Übergabe an den ArbN noch verhindern kann (BAG 8.4.03 – 2 AZR 515/02, NZA 03, 961; aA *Reiter* NZA 03, 954). Die Fristen stehen zur Disposition der Betriebspartner, beide können sich auf längere oder kürzere Fristen einigen. Insoweit ist jedoch immer eine Vereinbarung zwischen ArbGeb und BRat erforderlich. Auch bei Massenentlassungen bleibt es grds bei der Wochenfrist, jedoch kann uU eine Verlängerungsverweigerung des ArbGeb rechtsmissbräuchlich sein (BAG 14.8.86, DB 87, 1050). Die Fristen stellen Ausschlussfristen dar, dh eine Wiedereinsetzung ist auch bei unverschuldeter Fristversäumnis nicht möglich.

Die **ordnungsgemäße Beschlussfassung** durch den BRat fällt nicht in den Verant- **23** wortungsbereich des ArbGeb. Dieser ist nur für die korrekte Einleitung des Anhörungsverfahrens verantwortlich. Von daher hindert ein unwirksamer BRatBeschluss die Wirksamkeit der Anhörung nicht (BAG 24.6.04 – 2 AZR 461/03, NZA 04, 1330; 6.10.05 – 2 AZR 316/04, NZA 06, 990). Auch sonstige Verfahrensfehler des BRatVorsitzenden sind dem ArbGeb nicht zuzurechnen (LAG Köln 9.12.04 – 5 (7) Sa 925/04). Etwas anderes kann nach der Rspr des BAG allenfalls gelten, wenn der ArbGeb die fehlerhafte Behandlung durch den BRat selbst veranlasst hat oder erkennbar eine offensichtlich unzureichende Beschlussfassung (zB ad hoc-Zustimmung des BRatVorsitzenden ohne Einberufung einer BRatSitzung) vorliegt (BAG 15.11.95 – 2 AZR 974/94, NZA 96, 419; 16.1.03 – 2 AZR 707/01, NZA 03, 927). Bei fehlender Veranlassung ist daher jedenfalls dann von einer ordnungsgemäßen BRatAnhörung auszugehen, wenn der ArbGeb vor Ausspruch der Kündigung die einwöchige bzw dreitägige Anhörungsfrist abgewartet hat (LAG Köln 14.12.95, NZA-RR 96, 376). Nach einer im Schrifttum vertretenen Ansicht soll demgegenüber eine fehlerhafte Beschlussfassung bereits dann zur Unwirksamkeit der genannten BRatAnhörung führen, wenn der ArbGeb den Mangel kannte bzw kennen musste (*DKK/Kittner* § 102 Rz 229).

cc) Inhalt und Umfang der Anhörung. Der ArbGeb muss die Person des zu kündigen- **24** den ArbN namentlich bezeichnen („alle ArbN der Abteilung XY" genügt nicht). Dabei sind folgende **Mindestangaben zur Person** erforderlich: Alter, Betriebszugehörigkeit, Privatanschrift, Familienstand, Kinderzahl, besondere soziale Umstände wie zB Schwerbehinderung oder Schwangerschaft (BAG 15.12.94 – 2 AZR 327/94, NZA 95, 521: Alter, Betriebszugehörigkeit, evtl Sonderkündigungsschutz sind unverzichtbare Daten; BAG 15.11.95 – 2 AZR 974/94, NZA 96, 419: ungefähres Alter, langjährige Betriebszugehörigkeit kann im Einzelfall genügen; ArbG Reutlingen 31.1.95, BB 95, 677: Betriebszugehörigkeit), es sei denn, diese sind dem BRat bekannt (BAG 21.9.2000 – 2 AZR 385/99, NZA 01, 535). Dabei kann der ArbGeb mangels anderweitiger Kenntnisse von den Eintragungen in der LStKarte ausgehen, muss dies aber gegenüber dem BRat kenntlich machen (BAG 24.11.05 – 2 AZR 514/04, NZA 06, 665; 6.7.06 – 2 AZR 520/05, NZA 07, 266; 17.1.08 – 2 AZR 405/06, AP Nr 96 zu § 1 KSchG 1969 Soziale Auswahl). Bei einer Probezeitkündigung hat das BAG allerdings zuletzt die unterbliebene Mitteilung des Lebensalters und der Unterhaltspflichten als unschädlich angesehen (BAG 23.4.06 – 6 AZR 516/08, NZA 09, 959).

25 Der BRat muss der Anhörung ferner die **Kündigungsart** entnehmen können, ob nämlich eine ordentliche oder eine außerordentliche Kündigung erfolgen soll. Eine Anhörung zur außerordentlichen Kündigung beinhaltet nicht gleichzeitig die Anhörung zu einer ordentlichen Kündigung (BAG 12.8.76, DB 76, 2163). Deshalb sollte der BRat bei einer beabsichtigten außerordentlichen Kündigung regelmäßig auch zu einer hilfsweisen ordentlichen Kündigung angehört werden. Anderenfalls muss der BRat bei Scheitern der außerordentlichen Kündigung erneut wegen der ordentlichen Kündigung beteiligt werden. Die möglicherweise vorzunehmende Umdeutung der außerordentlichen Kündigung in eine hilfsweise ordentliche Kündigung geht dann wegen der fehlenden Anhörung des BRat ins Leere (einzige Ausnahme nach BAG 16.3.78, DB 78, 1454: ausdrückliche vorbehaltlose Zustimmung des BRat zu der außerordentlichen Kündigung bei identischem Kündigungssachverhalt). Bei der Verbindung von außerordentlicher und ordentlicher Kündigung sind die unterschiedlichen Stellungnahmefristen des BRat nach § 102 Abs 2 BetrVG zu beachten. Spricht der ArbGeb eine außerordentliche Kündigung mit sozialer Auslauffrist aus (bei ordentlich unkündbaren ArbN), muss diese Kündigung als solche ausdrücklich bezeichnet werden (BAG 29.8.91, NZA 92, 416). Um Wertungswidersprüche zu vermeiden, gelten bei einer solchen Kündigung die Verfahrensregelungen wie bei einer ordentlichen Kündigung (BAG 5.2.98 – 2 AZR 227/97, NZA 98, 771; 18.10.2000 – 2 AZR 627/99, NZA 01, 219).

26 Umstritten ist, ob der ArbGeb den **Endtermin** mitteilen oder die Kündigungsfrist beziffern muss. Nach einer Entscheidung des 7. Senats des BAG (29.1.86, DB 86, 2549) ist dies nicht erforderlich. Der 2. Senat des BAG hat in einer späteren Entscheidung demgegenüber eine Anhörung dann als unwirksam angesehen, wenn die Fristangabe für den Kündigungsgrund relevant ist (BAG 29.3.90, DB 90, 2124: betriebsbedingte Änderungskündigung mit Reduzierung des Weihnachtsgeldes). Andererseits reicht es jedenfalls aus, wenn der BRat über die für die Berechnung der Kündigungsfrist und des Kündigungstermins erforderliche Kenntnis verfügt. Unter diesen Voraussetzungen führt die fehlerhafte Angabe des Kündigungstermins nicht zur Unwirksamkeit der Unterrichtung (BAG 25.4.13 – 6 AZR 49/12, BeckRS 2013, 70060).

27 **dd) Mitteilung des Kündigungsgrundes.** Nach der ständigen Rspr des BAG muss der ArbGeb den Kündigungssachverhalt so genau umschreiben, dass der BRat ohne eigene Nachforschungen in die Lage versetzt wird, die Stichhaltigkeit der Kündigungsgründe zu überprüfen (BAG 17.2.2000 – 2 AZR 913/98, NZA 2000, 761; 5.12.02 – 2 AZR 697/01, NZA 03, 849). Anderenfalls ist die Kündigung unwirksam. Dementsprechend reicht bei einer Kündigung wegen Beleidigung eines Vorgesetzten die Mitteilung der Beleidigung als solche nicht aus, sondern dem BRat müssen die näheren Sachumstände mitgeteilt werden (LAG Köln, 20.12.93, NZA 95, 128: Vorlage des Schreibens, das die Beleidigung enthielt). Erfolgt die vollständige Information erst auf Nachfrage des BRat, so ist dies unschädlich (BAG 6.2.97 – 2 AZR 168/96, NZA 97, 877), hat allerdings eine Verlängerung der Äußerungsfrist für den BRat zur Folge (LAG SchlHol 15.4.97, NZA-RR 97, 483). Umstände, die der BRat von vornherein kennt, müssen nicht nochmals ausdrücklich aufgeführt werden. Vorsorglich sollte jedoch auch insoweit das Anhörungsverfahren immer umfassend durchgeführt werden, da der ArbGeb in einem späteren Kündigungsrechtsstreit die vorhandene Kenntnis des BRat nachweisen muss. Stichwortartige Umschreibungen der Kündigungsgründe wie zB „Auftragsmangel", „erheblicher Umsatzrückgang", „Rationalisierungsmaßnahmen", „Wegfall des Arbeitsplatzes", „Schlechtleistung des ArbN", „ständiges Fehlen", „häufiges Zuspätkommen" etc genügen nicht. Zu den mitteilungspflichtigen Umständen gehören auch solche Gründe, die den BRat nach § 102 Abs 3 Nr 2–5 BetrVG zum Widerspruch berechtigen können (BAG 17.2.2000 – 2 AZR 913/98, NZA 2000, 761).

28 Nach der Rspr des BAG und der hM im Schrifttum unterliegt die Anhörungspflicht einer sog **subjektiven Determinierung** (BAG 11.3.99 – 2 AZR 507/98, NZA 99, 587; 13.5.04 – 2 AZR 329/03, NZA 04, 1037; 6.7.06 – 2 AZR 520/05, NZA 07, 266; kritisch *Kraft* FS Kissel 1994, S 611; *Boecken* SAE 96, 28). Der ArbGeb muss dem BRat die Gründe mitteilen, die ihn zum Ausspruch der Kündigung veranlassen und aus seiner subjektiven Sicht den

Kündigungsentschluss tragen. Umstände, die der ArbGeb nicht für entlastend hält, braucht er dem BRat nicht mitzuteilen (BAG 27.2.97 – 2 AZR 37/96, BeckRS 1997, 30767459). Weitergehende Mitteilungspflichten bestehen jedoch dann, wenn der BRat bereits vor Einleitung des Anhörungsverfahrens Auskunft über die Weiterbeschäftigungsmöglichkeit des zu kündigenden ArbN auf einem konkreten, kürzlich frei gewordenen Arbeitsplatz verlangt hat (BAG 17.2.2000 – 2 AZR 913/98, NZA 2000, 761). Liegen darüber hinaus weitere Umstände vor, die zwar objektiv eine Kündigung rechtfertigen könnten, für den Kündigungsentschluss des ArbGeb jedoch nicht relevant waren, ändert dies an der Wirksamkeit der BRatAnhörung nichts. Allerdings ist der ArbGeb gehindert, diese weiteren Umstände später zur Begründung der Kündigung in einem evtl Rechtsstreit heranzuziehen.

Wegen dieses Grundsatzes der subjektiven Determinierung kommt es für die Wirksamkeit der Anhörung allein auf die Sicht des ArbGeb an. Teilt der ArbGeb dem BRat objektiv kündigungsrechtlich erhebliche Tatsachen nicht mit, weil er diese für unerheblich oder entbehrlich hält, ändert das an der Wirksamkeit der BRatAnhörung nichts. Dennoch führt dies mittelbar zur Unwirksamkeit der Kündigung, da es dem ArbGeb im Prozess verwehrt ist, solche Umstände zur Begründung der Kündigung heranzuziehen, die nicht Gegenstand der BRatAnhörung waren (BAG 22.9.94 – 2 AZR 31/94, NZA 95, 363; 27.9.01 – 2 AZR 236/00, NZA 02, 750; LAG SchlHol 1.9.04 – 3 Sa 210/04, NZA-RR 04, 635). Von daher ist die subjektive Determinierung für diejenigen Arbeitsverhältnisse von besonderer Bedeutung, die nicht dem KSchG unterfallen (LAG SchlHol 30.10.02 – 5 Sa 345/02, NZA-RR 03, 310).

Eine **bewusst irreführende** Sachverhaltsschilderung zB durch Verschweigen wesentlicher **29** Umstände führt demgegenüber zur Unwirksamkeit der BRatAnhörung und hat daher die Unwirksamkeit der Kündigung zur Folge (BAG 9.3.95 – 2 AZR 461/94, NZA 95, 678; LAG BaWü 24.6.97, DB 97, 1825; ArbG Bln 25.1.02 – 88 Ca 28454/01, NZA-RR 03, 85). Dies hat nichts mit dem Grundsatz der subjektiven Determinierung zu tun. Für die nicht bewusste Irreführung ist der ArbGeb darlegungs- und beweispflichtig (BAG 22.9.94 – 2 AZR 31/94, NZA 95, 363; LAG Thür 20.4.98 – 8 Sa 739/96, DB 98, 2474).

Ein solches **Nachschieben von Kündigungsgründen** im Prozess ist zwar individual- **30** rechtlich möglich (BAG 11.4.85, DB 86, 1726). Da eine Begründungspflicht bei Ausspruch der Kündigung nicht besteht, kann der ArbGeb die Kündigung im Prozess auf sämtliche Gründe stützen, die im Zeitpunkt der Kündigungserklärung vorlagen. In betriebsverfassungsrechtlicher Hinsicht gelten jedoch engere Grenzen. Tatsachen, die dem ArbGeb vor Ausspruch der Kündigung bereits bekannt waren, können nach der Rspr des BAG nicht mehr angeführt werden. Sie können lediglich zur Begründung eines späteren Auflösungsantrags des ArbGeb herangezogen werden (ErfK/*Kiel* § 9 KSchG Rz 24; *Lunk* NZA 2000, 807; aA *Kittner/Däubler/Zwanziger* § 9 KSchG Rz 23). Umstände, die zwar vor Ausspruch der Kündigung entstanden sind, dem ArbGeb jedoch erst später bekannt wurden, können in den Rechtsstreit eingeführt werden, soweit der ArbGeb während des laufenden Rechtsstreits wegen dieser Umstände die BRatAnhörung nachholt (BAG 11.4.85, DB 86, 1726). Bezüglich der **Sozialauswahl** muss der ArbGeb dem BRat unaufgefordert im Rahmen der Anhörung nach § 102 BetrVG die Gründe mitteilen, die ihn zur Auswahl gerade dieses ArbN veranlasst haben (BAG 29.3.84 – 2 AZR 429/83, NZA 84, 169). Dies gilt auch für die Sozialdaten der vergleichbaren, nicht gekündigten ArbN (BAG 26.10.95 – 2 AZR 1026/94, NZA 96, 703) sowie für die nach § 1 Abs 3 Satz 2 KSchG ausnahmsweise nicht in die Sozialauswahl einbezogenen ArbN (BAG 9.7.03 – 5 AZR 305/02, NZA 03, 1191), da insoweit erst recht ein Informationsbedürfnis des BRat besteht. Der ArbGeb darf sich dabei grds auf die Daten in den LStKarten verlassen (s oben Rz 24 sowie *Kündigung, betriebsbedingte* Rz 36). Kommt es allerdings dem ArbGeb wegen der Schwere der Kündigungsvorwürfe ersichtlich nicht auf die genauen Sozialdaten an, genügt eine ungefähre Kenntnis der Daten auf Seiten des BRat (BAG 15.11.95 – 2 AZR 974/94, NZA 96, 419: Schmiergeldannahme in Millionenhöhe eines bekanntermaßen langjährig beschäftigten, ca 50 Jahre alten ArbN; BAG 29.1.97 – 2 AZR 292/96, NZA 97, 813). Hält der ArbGeb eine Sozialauswahl für überflüssig, beeinflusst dies die Wirksamkeit der BRatAnhörung selbst bei einer objektiv erforderlichen Sozialauswahl wegen des Grundsatzes der subjektiven Determinierung nicht (BAG 27.9.01 – 2 AZR 236/00, NZA 02, 750; LAG Hess 24.1.2000 – 6 Sa 943/99, NZA-RR 01, 34; LAG Hamm 14.6.05 – 19 Sa 287/05, NZA-RR 05, 640). Daher muss der

310   Mitbestimmung, personelle Angelegenheiten

ArbGeb den BRat bei einer Betriebsstilllegung nicht über Familienstand und Unterhaltspflichten der zu kündigenden ArbN unterrichten (BAG 13.5.04 – 2 AZR 329/03, NZA 04, 1037). Hat der ArbGeb (zufällig) den sozial am wenigsten schutzwürdigen ArbN gekündigt, bleibt die Kündigung wirksam (BAG 24.2.2000 – 8 AZR 167/99, NZA 2000, 764).

31   Bei **verhaltensbedingten Kündigungen** müssen vorherige Abmahnungen dem BRat mitgeteilt und in ihren Grundzügen erläutert werden. Dies gilt auch für evtl Gegendarstellungen des ArbN (BAG 31.8.89 – 2 AZR 453/88, AP Nr 1 zu § 77 LPVG SchlHol). Hier empfiehlt es sich, diese in Kopie dem Anhörungsschreiben beizufügen. Demgegenüber ist der ArbGeb nicht verpflichtet, dem BRat sämtliches Beweismaterial (hier: Fotomappe und Videofilm) vorzulegen (BAG 26.1.95 – 2 AZR 386/94, NZA 95, 672).

32   Bei **Verdachtskündigungen** ist zu beachten, dass nach der Rspr deutlich zwischen Verdachtskündigungen und Kündigungen wegen erwiesener Straftat zu differenzieren ist. Der ArbGeb muss den BRat daher deutlich darüber in Kenntnis setzen, welche Art der Kündigung er beabsichtigt. Eine Anhörung wegen erwiesener Straftat ersetzt nicht die BRatAnhörung wegen einer Verdachtskündigung, wenn im späteren Rechtsstreit der Nachweis der Straftat nicht gelingt und der ArbGeb daher auf die Verdachtskündigung zurückgreift (BAG 3.4.86, DB 86, 2187). Es empfiehlt sich daher auch bei einer Kündigung wegen erwiesener Straftat, den BRat immer hilfsweise auch zu einer Verdachtskündigung anzuhören. Stützt der ArbGeb eine außerordentliche Tatkündigung allein auf die nicht rechtskräftige Verurteilung des ArbN im Strafverfahren ohne die schriftlichen Entscheidungsgründe zu kennen, genügt eine entsprechende Information gegenüber dem BRat den Anforderungen des § 102 BetrVG (BAG 18.11.99 – 2 AZR 852/98, NZA 2000, 381). Hat der ArbGeb den BRat lediglich zu einer beabsichtigten Verdachtskündigung angehört, schließt dies die Anerkennung einer nachgewiesenen Pflichtwidrigkeit als Kündigungsgrund dann nicht aus, wenn dem BRat alle Tatsachen mitgeteilt worden sind, die – ggf auch im Rahmen eines zulässigen Nachschiebens von Kündigungsgründen – nicht nur den Verdacht, sondern den Tatvorwurf selbst begründen (BAG 23.6.09 – 2 AZR 474/07, NZA 09, 1136).

33   Bei der **krankheitsbedingten Kündigung** muss der ArbGeb im Rahmen der BRatAnhörung die krankheitsbedingten Fehlzeiten des ArbN sowie die hierdurch entstandenen und künftig zu erwartenden betrieblichen Auswirkungen darlegen (dh Darstellung der Betriebsablaufstörungen im Einzelnen sowie der wirtschaftlichen Belastungen durch anderweitige Arbeitsvergabe oder Lohnfortzahlungskosten). Dabei müssen die Fehlzeiten im Einzelnen aufgeführt werden; eine Auflistung allein der Jahresfehlzeiten genügt nicht (*DKK/Kittner* § 102 Rz 86). Schließlich muss die voraussichtliche Krankheitsprognose nach dem derzeitigen Kenntnisstand des ArbGeb mitgeteilt werden. Nur eine derart vollständige BRatAnhörung ermöglicht die Verwertung aller kündigungsbegründenden Umstände im Prozess (LAG SchlHol 1.9.04 – 3 Sa 210/04, NZA-RR 04, 635).

34   **c) Kündigung von Betriebsratsmitgliedern.** Weiterreichend ist das Mitbestimmungsrecht des BRat bei Kündigungen von BRatMitgliedern gem § 103 BetrVG. Hier bedarf es ähnlich wie bei personellen Einzelmaßnahmen iSd § 99 BetrVG zur Wirksamkeit der Kündigung der Zustimmung des BRat. Das betroffene BRatMitglied ist von der Beratung und der Beschlussfassung ausgeschlossen und nach § 25 BetrVG rückt ein Ersatzmitglied nach. Ein unter Missachtung dieser Regelung zustandegekommener Widerspruch des BRat ist unwirksam. Dies ist bei zustimmungsverweigernden Beschlüssen im Rahmen der Mitbestimmung nach § 103 BetrVG unproblematisch. Hier greift dann mangels wirksamer Zustimmung die **Verweigerungsfiktion** des § 102 Abs 2 Satz 3 BetrVG analog. Handelt es sich demgegenüber um eine personelle Maßnahme iSv § 99 BetrVG kommt die **Zustimmungsfiktion** des § 99 Abs 4 BetrVG zum Tragen (BAG 3.8.99 – 1 ABR 30/98, NZA 2000, 440), sofern nicht die Voraussetzungen des § 103 Abs 3 BetrVG vorliegen. Ggf ist vor Ausspruch der Kündigung ein arbeitsgerichtliches Zustimmungsersetzungsverfahren unter Beteiligung des betroffenen BRatMitglieds durchzuführen (s *Kündigungsschutz* Rz 146). Zu beachten ist insoweit, dass ein vor erfolgter Zustimmungsverweigerung des BRat gestellter gerichtlicher Zustimmungsersetzungsantrag unzulässig ist und nur ein zulässiger Antrag iSv § 103 Abs 2 BetrVG die Ausschlussfrist des § 626 Abs 2 BGB wahrt (BAG 24.10.96, DB 97, 1285). Scheidet ein BRatMitglied während des Zustimmungsersetzungsverfahrens nach

§ 103 BetrVG aufgrund einer Neuwahl des BRat aus dem BRat aus, bedarf es für die außerordentliche Kündigung keiner erneuten Anhörung des BRat. Die Zustimmung des alten BRat gilt fort (BAG 8.6.2000 – 2 AZN 276/00, NZA 2000, 899).

d) Entfernung betriebsstörender Arbeitnehmer. Einen Sondertatbestand der Mitbestimmung in personellen Angelegenheiten regelt § 104 BetrVG. Nach dieser Vorschrift kann der BRat bei Vorliegen der gesetzlichen Voraussetzungen vom ArbGeb die Entfernung betriebsstörender ArbN verlangen. Diese Vorschrift gilt nach hM für sämtliche ArbN iSd BetrVG und demnach insbesondere nicht für leitende Angestellte iSd § 5 Abs 3, 4 BetrVG (*Richardi/Thüsing* § 104 Rz 12; KR/*Etzel* § 104 BetrVG Rz 4; LAG Nbg 22.1.02 – 6 TaBV 13/01, NZA-RR 02, 524: sogar bei erstmaliger Prokuraerteilung nach erstinstanzlicher Entscheidung).

Ein derartiges Entlassungs- bzw Versetzungsverlangen des BRat setzt voraus, dass der ArbN sich gesetzeswidrig verhalten oder wiederholt durch grobe Verletzung der in § 75 Abs 1 BetrVG enthaltenen Grundsätze den **Betriebsfrieden** derart ernstlich gestört hat, dass die Zusammenarbeit der Betriebspartner tatsächlich erschüttert und eine erhebliche Beunruhigung unter der Belegschaft entstanden ist (LAG Köln 15.10.93, NZA 94, 431). Dies entspricht inhaltlich dem Widerspruchsgrund des BRat iSd § 99 Abs 2 Nr 6 BetrVG. Im Einzelfall kann auch ein außerbetriebliches Verhalten (Unterschlagung, Diebstahl oÄ) ausreichen. Zu beachten ist, dass ein grober Verstoß gegen die Grundsätze des § 75 Abs 1 BetrVG erforderlich ist. Geringfügige Zuwiderhandlungen reichen nicht aus. Wegen des individuellen Sanktionscharakters der Vorschrift verlangt die hM zu Recht das Vorliegen eines schuldhaften Fehlverhaltens des ArbN (*Richardi/Thüsing* § 104 Rz 8, 9).

Bei seinem Beschluss, vom ArbGeb die Versetzung oder Entlassung eines betriebsstörenden ArbN zu verlangen muss der BRat insbesondere den Grundsatz der Verhältnismäßigkeit beachten. Ein Entlassungsbegehren ist nur als letztes Mittel zulässig. Diese Rechtmäßigkeitsprüfung des Begehrens des BRat muss der ArbGeb eigenverantwortlich in jedem Einzelfall vornehmen. Kommt der ArbGeb sodann dem Entlassungsbegehren des BRat nach, bedarf es vor Ausspruch der Kündigung keiner weiteren BRatAnhörung iSd § 102 BetrVG mehr. Das Gleiche gilt bei einem Kündigungsverlangen des BRat außerhalb des Anwendungsbereichs des § 104 BetrVG (BAG 15.5.97, DB 97, 2227). Eine BRatAnhörung zur Kündigung ist nur dann erforderlich, wenn der BRat lediglich die Versetzung des ArbN gefordert hatte. Für den betroffenen ArbN greifen dann die allgemeinen individualrechtlichen Verteidigungsmittel der Kündigungsschutzklage bzw Änderungskündigungsschutzklage ein.

Kommt der ArbGeb dem Verlangen des BRat nicht nach, kann der BRat ein arbeitsgerichtliches Beschlussverfahren gegen den ArbGeb einleiten mit dem Ziel, dem ArbGeb die Entlassung oder Versetzung des ArbN gerichtlich aufgeben zu lassen. Der betroffene ArbN ist in diesem Beschlussverfahren zu beteiligen. Gibt das ArbG dem Verlangen des BRat statt, ist der ArbGeb verpflichtet, unter Einhaltung entsprechender Kündigungsfristen die begehrte Maßnahme durchzuführen. Er kann vom BRat hierzu durch Zwangsgeld bis zu 250 € für jeden Tag der Zuwiderhandlung gezwungen werden.

e) Leitende Angestellte. Bei Einstellungen oder personellen Veränderungen von leitenden Angestellten iSd § 5 Abs 3 BetrVG besteht gem § 105 BetrVG lediglich eine Informationspflicht gegenüber dem BRat. Ein Verstoß gegen § 105 BetrVG bleibt weitgehend sanktionslos. Insbesondere scheidet eine analoge Anwendung des § 101 BetrVG aus (LAG Düsseldorf/Köln 13.5.76, DB 76, 1383; KR/*Etzel* § 105 BetrVG Rz 38). Bei nachhaltigen Verstößen kommt allenfalls eine Sanktionierung gem § 23 Abs 3 BetrVG in Betracht (HaKo-BetrVG/*Braasch* § 105 Rz 7).

Unabhängig von § 105 BetrVG sind gem § 31 SprAuG bei personellen Maßnahmen betr leitender Angestellter die Mitwirkungsrechte des **Sprecherausschusses** zu beachten.

III. Muster. S Online-Musterformulare „*M17 Betriebsratsanhörung*".

B. Lohnsteuerrecht

Seidel

Für das LStRecht hat die Mitbestimmung in personellen Angelegenheiten keine Bedeutung.

C. Sozialversicherungsrecht

42 Da die Mitbestimmung in personellen Angelegenheiten nur die Rechte zwischen BRat und ArbGeb zum Gegenstand hat, ist sie sozialversicherungsrechtlich ohne Auswirkungen.

Mitbestimmung, soziale Angelegenheiten

A. Arbeitsrecht

1 **I. Überblick.** Die Mitbestimmung des BRat in sozialen Angelegenheiten stellt den Kernbereich der betrieblichen Mitbestimmung dar. Sie ist geregelt in den §§ 87 ff BetrVG. Zu unterscheiden ist dabei zwischen der **erzwingbaren Mitbestimmung** (§ 87 BetrVG) und der **freiwilligen Mitbestimmung** (§ 88 BetrVG). Während im Bereich der erzwingbaren Mitbestimmung eine Regelung nur von ArbGeb und BRat gemeinsam getroffen werden kann und ggf gem §§ 87 Abs 2, 76 Abs 5 BetrVG die Einigungsstelle entscheidet, hindert im Regelungsbereich der freiwilligen Mitbestimmung eine fehlende Beteiligung des BRat den ArbGeb nicht an der Durchführung der Maßnahme. In § 89 BetrVG ist schließlich die Beteiligung des BRat im Bereich des Arbeits- und betrieblichen Umweltschutzes näher geregelt (Näheres s *Arbeitssicherheit/Arbeitsschutz* Rz 17 ff).

2 Allgemeine Voraussetzung einer jeden Mitbestimmung des BRat in sozialen Angelegenheiten ist das Vorliegen eines **generellen Regelungsgegenstandes.** Dies ist immer dann der Fall, wenn es um Maßnahmen des ArbGeb geht, die sich entweder auf den ganzen Betrieb bzw jedenfalls eine Gruppe von ArbN oder unabhängig von der Person des ArbN auf einen bestimmten Arbeitsplatz beziehen. Dabei ist nicht allein die Zahl der betroffenen ArbN ausschlaggebend. Vielmehr kommt es für die Einordnung einer Maßnahme als generelle, kollektive Regelung ausschließlich auf ihren Regelungsgehalt an. Werden zB in einem konkreten Einzelfall allgemeine betriebliche Grundsätze angewendet, kann gleichwohl die betriebliche Mitbestimmung zum Tragen kommen, wenn eine in § 87 BetrVG geregelte Materie berührt ist. Die Zahl der betroffenen ArbN ist lediglich ein Indiz für das Vorliegen eines kollektiven Tatbestandes (BAG 27.11.90, DB 91, 706; 29.2.2000 – 1 ABR 4/99, NZA 2000, 1066). Ausnahmsweise kann allerdings in einzelnen Mitbestimmungstatbeständen die Regelung konkreter Arbeitsverhältnisse der Mitbestimmung ausdrücklich unterworfen sein (zB § 87 Abs 1 Nr 5 BetrVG).

3 Ohne Einfluss auf die Frage der Mitbestimmungspflicht ist ein mögliches Einverständnis des betroffenen ArbN (*Zachert* DB 90, 988 insbesondere zu Arbeitszeitregelungen).

4 **II. Erzwingbare Mitbestimmung. 1. Allgemeines.** Das Mitbestimmungsrecht nach § 87 BetrVG stellt kein bloßes Vetorecht des BRat dar. Schweigen des BRat gilt daher nicht als Zustimmung. Auch ist nicht ausreichend, wenn der BRat zu erkennen gibt, er sehe kein Mitbestimmungsrecht (BAG 29.1.08 – 3 AZR 42/06, NZA-RR 08, 469).

5 **a) Vorrang von Gesetz und Tarifvertrag.** Gem § 87 Abs 1 Einleitungssatz BetrVG kann eine Mitbestimmung des BRat nur insoweit erfolgen, als die ArbGebSeitige Maßnahme nicht bereits durch Gesetz oder Tarifvertrag geregelt ist.

6 Gemeint sind hiermit sämtliche **Gesetze** im materiellen Sinne, also insbesondere auch VO. Ebenfalls mitbestimmungssperrende Wirkung haben oftmals **behördliche Anordnungen** und Genehmigungen, die aufgrund gesetzlicher Vorschriften erlassen werden. Sie schränken in vielen Fällen den Regelungsspielraum des ArbGeb dergestalt ein, dass für eine Auswahl zwischen verschiedenen Regelungsmöglichkeiten und damit für eine sinnvolle Beteiligung des BRat kein Raum bleibt (BAG 11.12.12 – 1 ABR 78/11, NZA 13, 913: öffentliche Spielbank). Betrifft die behördliche Anordnung jedoch lediglich das „Ob" der Maßnahme, so hat dies naturgemäß keinen Einfluss auf das Mitbestimmungsrecht des BRat hinsichtlich der konkreten Durchführung des Maßnahme im Betrieb (BAG 23.4.85, DB 85, 1898; 6.11.90, DB 91, 2141; 9.7.91, DB 92, 143).

Dies gilt jedoch nur für zwingende Rechtsvorschriften. Gesetze mit lediglich dispositivem Charakter, die also zB durch eine individualvertragliche Regelung abbedungen werden können, lassen aufgrund ihrer Rechtsnatur die Mitbestimmungsrechte des BRat unberührt

Mitbestimmung, personelle Angelegenheiten   311

(*Fitting* § 87 Rz 35). § 8 TzBfG begründet keinen Gesetzesvorbehalt iSd Eingangssatzes (BAG 16.3.04 – 9 AZR 323/03, NZA 04, 1048).

Ebenso wie Gesetze entwickeln auch einschlägige **Tarifverträge** Sperrfunktion für die 7
betriebliche Mitbestimmung, wobei die Reichweite der Sperrwirkung in Rspr und Schrifttum seit langem umstritten ist. Der Meinungsstreit geht dahin, ob die gesetzliche Regelung des Tarifvorbehalts in § 77 Abs 3 BetrVG und des Tarifvorrangs in § 87 Abs 1 Einleitungssatz BetrVG nebeneinander Anwendung finden (sog Zwei-Schranken-Theorie) oder im Anwendungsbereich des § 87 BetrVG dieser als spezielle Regelung vorgeht (sog Vorrangtheorie). Die letztere Ansicht hat das BAG in mehreren neueren Entscheidungen befürwortet (Näheres s *Betriebsvereinbarung* Rz 9). Eine Übersicht über den Meinungsstreit findet sich bei *Wank* RdA 91, 129.

Keine Sperrwirkung entfalten Tarifverträge, die bestimmte Materien nicht selbst regeln, 8
sondern durch **Öffnungsklauseln** die Regelungsbefugnis auf die betriebliche Ebene verlagern (BAG 24.11.87, DB 88, 811; 17.11.98 – 1 ABR 12/98, NZA 99, 662; LAG RhPf 24.10.2000 – 2 TaBV 693/00, NZA-RR 01, 369). Das Gleiche gilt für nachwirkende Tarifverträge (§ 4 Abs 5 TVG). Ebenso wie dispositive gesetzliche Vorschriften stehen auch sie einer Mitbestimmung des BRat nicht entgegen (BAG 13.7.77, DB 77, 2235; 24.2.87, DB 87, 1435).

Für **AT-Angestellte** gilt ein uneingeschränktes Mitbestimmungsrecht, da die Nichtrege- 9
lung der Arbeitsbedingungen dieses Personenkreises in Tarifverträgen keine Negativregelung darstellt, der Sperrwirkung hinsichtlich der BRatMitbestimmung zukäme (BAG 22.1.80, DB 80, 1895).

b) Eilfälle. Das Mitbestimmungsrecht des BRat in sozialen Angelegenheiten erfährt auch 10
in sog Eilfällen grds keine Einschränkungen. Anders als zB im Bereich der personellen Angelegenheiten (§ 100 BetrVG) kennt das BetrVG in sozialen Angelegenheiten keine Sonderregelung. Dementsprechend muss auch in eiligen Fällen der ArbGeb das ordnungsgemäße Mitbestimmungsverfahren der betrieblichen Mitbestimmung einhalten (BAG 19.2.91, DB 91, 2043; 17.11.98 – 1 ABR 12/98, NZA 99, 662). Eilfälle werden grds als Ergebnis einer unzureichenden Organisation des ArbGeb angesehen.

Lediglich in unvorhersehbaren Situationen (zB Naturkatastrophe, Brand oÄ) kann eine 11
vorübergehende einseitige Anordnungsbefugnis des ArbGeb unter Suspendierung der Mitbestimmungsrechte des BRat auf der Grundlage der vertrauensvollen Zusammenarbeit iSd § 2 Abs 1 BetrVG bestehen (BAG 17.11.98 – 1 ABR 12/98, NZA 99, 662; vgl auch *Worzalla* Mitbestimmung des BRat in Eil- und Notfällen, 1992, S 46 ff, 114 ff: Rechtsmissbrauch und Unzumutbarkeit; zu weit dagegen LAG SchlHol 5.12.86, DB 87, 1442: auch für „rechtlichen Notfall").

In allen anderen Fällen muss jedenfalls eine einstweilige Regelung mit dem BRat 12
getroffen werden. Kommt es dabei zu keiner Einigung, muss die **Einigungsstelle** angerufen werden. Eine arbeitsgerichtliche **einstweilige Verfügung** des ArbGeb ist entgegen einer teilweise im Schrifttum vertretenen Ansicht (*Richardi* § 87 Rz 61; *Worzalla* BB 05, 1737) nicht zulässig, da die Gerichte sonst ohne rechtliche Grundlage in die Regelungskompetenz der betrieblichen Einigungsstelle eingreifen würden. Nach dem Gesetz steht den Gerichten nur eine Rechts- und Ermessenskontrolle von Einigungsstellensprüchen, jedoch keine eigene Regelungskompetenz zu (ArbG Hbg 9.4.85, NZA 85, 404; *Schaub/Koch* § 235 Rz 13).

2. Regelungsgegenstand. a) Abschließende Regelung. Der Bereich der erzwing- 13
baren Mitbestimmung des BRat wird durch den Katalog des § 87 Abs 1 BetrVG umfassend und abschließend beschrieben (allgemeine Ansicht vgl *Fitting* § 87 Rz 61). Er kann auch durch eine Einigungsstelle gegen den Willen des BRat nicht erweitert werden (BAG 15.5.01 – 1 ABR 39/00, NZA 01, 1154).

b) Erweiterung durch Tarifvertrag. Die Beteiligungsrechte des BRat in sozialen An- 14
gelegenheiten können nach der Rspr des BAG mit Hilfe einer tariflichen Regelung erweitert werden (BAG 18.8.87 – 1 ABR 30/86, NZA 87, 779; 10.2.88 – 1 ABR 70/86, NZA 88, 699; offen gelassen von BAG 29.9.04 – 1 ABR 29/03, NZA 05, 313). Begründet wird dies im Wesentlichen mit der Regelungskompetenz des Tarifvertrags für betriebsverfassungsrechtliche Fragen gem § 1 Abs 1 TVG. Die Meinungen im Schrifttum sind geteilt (**dafür:** *Fitting*

311 Mitbestimmung, personelle Angelegenheiten

§ 1 Rz 249; GK-BetrVG/*Wiese* § 87 Rz 11; *DKK/Däubler* Einleitung Rz 79; **dagegen:** *Richardi* Einleitung Rz 147).

15   c) **Einzelne Mitbestimmungstatbestände.** Die in Ziffern 1–12 des § 87 Abs 1 BetrVG katalogartig aufgeführten Mitbestimmungstatbestände werden weitestgehend entsprechend der jeweiligen Regelungsmaterie bei den einschlägigen Stichworten erläutert, so dass im Folgenden hierauf verwiesen werden kann.

Nr 1: Fragen der Ordnung des Betriebs und des Verhaltens der ArbN (s *Betriebsordnung* Rz 2)
Nr 2: Beginn und Ende der täglichen Arbeitszeit einschließlich der Pausen sowie Verteilung der Arbeitszeit auf die einzelnen Wochentage (s *Arbeitszeit* Rz 36)
Nr 3: vorübergehende Verkürzung oder Verlängerung der betriebsüblichen Arbeitszeit (s *Arbeitszeit* Rz 36, *Überstunden* Rz 18, *Kurzarbeit* Rz 7)
Nr 4: Zeit, Ort und Art der Auszahlung der Arbeitsentgelte (s *Entgeltzahlungsformen* Rz 8)
Nr 5: Aufstellung allgemeiner Urlaubsgrundsätze und des Urlaubsplans sowie Festsetzung der zeitlichen Lage des Urlaubs für einzelne ArbN, wenn zwischen dem ArbGeb und den beteiligten ArbN kein Einverständnis erzielt wird (s *Urlaubsgewährung* Rz 41)
Nr 6: Einführung und Anwendung von technischen Einrichtungen, die dazu bestimmt sind, das Verhalten oder die Leistung der ArbN zu überwachen (s *Kontrolle des Arbeitnehmers* Rz 11, *Personalinformationssystem* Rz 5)
Nr 7: Regelungen über die Verhütung von Arbeitsunfällen und Berufskrankheiten sowie über den Gesundheitsschutz im Rahmen der gesetzlichen Vorschriften oder der UVV
Nr 8: Form, Ausgestaltung und Verwaltung von Sozialeinrichtungen, deren Wirkungsbereich auf den Betrieb, das Unternehmen oder den Konzern beschränkt ist (s *Sozialeinrichtungen* Rz 9)
Nr 9: Zuweisung und Kündigung von Wohnräumen, die den ArbN mit Rücksicht auf das Bestehen des Arbeitsverhältnisses vermietet werden, sowie die allgemeine Festlegung der Nutzungsbedingungen (s *Dienstwohnung* Rz 15)
Nr 10: Fragen der betrieblichen Lohngestaltung, insbesondere die Aufstellung von Entlohnungsgrundsätzen und die Einführung und Anwendung von neuen Entlohnungsmethoden sowie deren Änderung (s *Arbeitsentgelt* Rz 2)
Nr 11: Festsetzung der Akkord- und Prämiensätze und vergleichbarer leistungsbezogener Entgelte, einschließlich der Geldfaktoren (s *Arbeitsentgelt* Rz 2)
Nr 12: Grundsätze über das betriebliche Vorschlagswesen (s *Verbesserungsvorschläge* Rz 6)
Nr 13: Grundsätze über die Durchführung von Gruppenarbeit (s *Gruppenarbeitsverhältnis* Rz 16)

16   **3. Verfahren.** Die Einleitung des Mitbestimmungsverfahrens kann grds sowohl vom ArbGeb als auch vom BRat ausgehen. Da § 87 Abs 1 BetrVG Gegenstände der erzwingbaren Mitbestimmung regelt, kommt dem BRat konsequenterweise auch grds ein **Initiativrecht** zu. Der BRat kann von sich aus initiativ werden und den Abschluss einer Betriebsvereinbarung erzwingen (ständige Rspr BAG 14.11.74, DB 75, 647; 26.10.04 – 1 ABR 31/03 (A), NZA 05, 538).

17   **Etwas anderes** gilt nur, soweit dies aus dem Mitbestimmungsrecht selbst folgt. So hat der BRat im Rahmen des § 87 Abs 1 Nr 6 BetrVG **kein Initiativrecht** bezüglich der Einführung und Anwendung technischer Überwachungseinrichtungen (BAG 28.11.89, DB 90, 743; Näheres: *Kontrolle des Arbeitnehmers* Rz 12). Nach § 87 Abs 1 Nr 8 BetrVG besteht das Mitbestimmungsrecht bei Sozialeinrichtungen nur bezüglich deren Form, Ausgestaltung und Verwaltung, nicht jedoch hinsichtlich der Entscheidungen über das „Ob" (Näheres: *Sozialeinrichtungen* Rz 10). Ähnlich kann durch die Mitbestimmung nach § 87 Abs 1 Nr 10 BetrVG schließlich der BRat auf das „Ob" der freiwilligen Leistung des ArbGeb keinen Einfluss ausüben. Ein Mitbestimmungsrecht zur Höhe des Lohns besteht nicht (BAG 11.6.02 – 1 AZR 390/01, NZA 03, 571; 21.1.03 – 1 ABR 5/02, NZA 03, 810; 28.2.06 – 1 ABR 4/05, NZA 06, 1426). Hat sich der ArbGeb jedoch zu einer entsprechenden Zahlung entschlossen, unterliegt die nähere Ausgestaltung des Verteilungsverfahrens der Mitbestimmung.

18   Hinsichtlich der **Form** der BRatBeteiligung ist der ArbGeb zunächst frei. Er kann entweder eine Betriebsvereinbarung oder eine formlose Regelungsabrede (vgl *Betriebsvereinbarung* Rz 2) mit dem BRat abschließen. Auch eine lediglich konkludente Zustimmung des BRat genügt. Wegen der weiterreichenden normativen Wirkung der Betriebsvereinbarung kann der BRat jedoch vom ArbGeb den Abschluss einer Betriebsvereinbarung verlangen (BAG 8.8.89 – 1 ABR 62/88, NZA 90, 322; 26.10.04 – 1 ABR 31/03, NZA 05, 538). Kommt es nicht zu einer Einigung entscheidet auf Antrag einer Partei gem §§ 87 Abs 2, 76 Abs 5 BetrVG die *Einigungsstelle,* deren Spruch die Einigung der Parteien ersetzt.

Liegt schließlich eine Regelung vor (Betriebsvereinbarung, Regelungsabrede, Einigungs- 19 stellenspruch), obliegt dem ArbGeb gem § 77 Abs 1 BetrVG die **Durchführung** der Maßnahme. Wegen der fehlenden normativen Wirkung der formlosen Regelungsabrede bedarf der ArbGeb bei der Durchführung der Maßnahme in diesem Fall der Zustimmung der betroffenen ArbN soweit diese durch das arbeitgeberseitige *Weisungsrecht* (s dort Rz 1 ff) nicht mehr gedeckt ist. Durch eine Betriebsvereinbarung kann dem ArbGeb in bestimmten Einzelfällen auch ein einseitiges Handeln gestattet werden, solange hierdurch das Mitbestimmungsrecht nicht aufgeweicht und in seiner Substanz verletzt wird (BAG 1.7.03 – 1 ABR 22/02, NZA 03, 1209).

4. Rechtsfolgen bei Missachtung der Mitbestimmungsrechte. a) Wirksamkeits- 20 **voraussetzung.** Nach der ständigen Rspr des BAG ist die ordnungsgemäße Beteiligung des BRat unbedingte Voraussetzung für die Rechtswirksamkeit der Maßnahme; sog Theorie der Wirksamkeitsvoraussetzung (vgl BAG 22.6.10 – 1 AZR 853/08, NZA 10, 1243; 10.3.09 – 1 AZR 55/08, NZA 09, 684; 11.6.02 – 1 AZR 390/01, NZA 03, 571). Dies führt nicht gleichzeitig auch in jedem Fall zu einem prozessualen Verwertungsverbot. Vielmehr sind insoweit die allgemeinen Grenzen maßgebend (Näheres *s Kontrolle des Arbeitnehmers* Rz 3). Jedenfalls rechtlich unproblematisch ist die Verwertung bei nachträglicher Zustimmung des BRat im Rahmen der Anhörung nach § 102 BetrVG (BAG 27.3.03 – 2 AZR 51/02, NZA 03, 1193). Davon unabhängig ist der ArbGeb für die Vergangenheit an sein mitbestimmungswidriges Verhalten gebunden. Dies gebieten Sinn und Zweck der Mitbestimmung des BRat. Einem Berufen des ArbGeb auf sein eigenes mitbestimmungswidriges Handeln stünde zudem der Einwand des Rechtsmissbrauchs gem § 242 BGB entgegen. Durch eine spätere Zustimmung des BRat kann die Unwirksamkeit der Maßnahme nicht geheilt werden. Aufgrund der Theorie der Wirksamkeitsvoraussetzung muss vor Durchführung der Maßnahme das Mitbestimmungsverfahren durchlaufen werden. Es bedarf daher zunächst eines ordnungsgemäßen Beteiligungsverfahrens, um sodann ggf die Maßnahme erneut durchführen zu können.

b) Unterlassungsanspruch des Betriebsrats. Bei entsprechendem Gewicht („grober 21 Verstoß") kann ein mitbestimmungswidriges Verhalten des ArbGeb einen Unterlassungsanspruch des BRat gem § 23 Abs 3 BetrVG begründen. Ob darüber hinaus ein sog allgemeiner Unterlassungsanspruch des BRat besteht ist seit langem umstritten. Die überzeugenderen Argumente sprechen für die Anerkennung eines solchen allgemeinen Unterlassungsanspruchs (Näheres s *Unterlassungsanspruch* Rz 14–18). Damit korrespondiert ein entsprechender **Beseitigungsanspruch** des BRat. Mitbestimmungswidrig entstandene Zustände muss der ArbGeb auf Verlangen des BRat beseitigen (BAG 16.6.98 – 1 ABR 68/97, NZA 99, 49).

c) Feststellung des Mitbestimmungsrechts. Bestehen zwischen ArbGeb und BRat 22 Meinungsverschiedenheiten, ob eine bestimmte Maßnahme mitbestimmungspflichtig ist, können beide Parteien diese Frage in einem arbeitsgerichtlichen Beschlussverfahren im Wege eines Feststellungsantrages gerichtlich klären lassen. Die rechtskräftige Entscheidung eines solchen Verfahrens hat präjudizielle Wirkung für einen späteren Individualrechtsstreit. Ist in dem Verfahren zwischen ArbGeb und BRat festgestellt, dass ein Mitbestimmungsrecht nicht besteht, können sich ArbN gegenüber dem ArbGeb nicht mehr auf die angebliche Verletzung des Mitbestimmungsrechts berufen (BAG 10.3.98 – 1 AZR 658/97, NZA 98, 1242). Das Beschlussverfahren zur Feststellung eines Mitbestimmungsrechts kann unabhängig von einem evtl gleichzeitig gem § 98 ArbGG eingeleiteten Einigungsstellenverfahren (BAG 1.7.03 – 1 ABR 20/02, NZA 04, 620; Näheres s *Einigungsstelle* Rz 14 ff) durchgeführt werden. In materiellrechtlicher Hinsicht beeinflussen sich diese beiden Verfahren nicht. Anders als im Verhältnis zum Individualrechtsstreit haben insoweit Entscheidungen in einem Verfahren keine rechtliche Bindungswirkung für das andere Verfahren (BAG 24.11.81, DB 82, 1413; 25.4.89, DB 89, 1928; 4.7.89, DB 90, 485). Zu beachten ist, dass die konkrete Angelegenheit, über deren Mitbestimmungspflichtigkeit gestritten wird, genau bezeichnet werden muss (BAG 29.6.88, DB 89, 536; 15.1.02 – 1 ABR 13/01, NZA 02, 995). Globalanträge genügen hier nicht, da das Bestehen eines Mitbestimmungsrechts nicht allgemein, sondern für den konkreten Einzelfall entschieden werden soll (LAG Hbg 21.9.2000 – 7 TaBV 3/98, NZA-RR 01, 190).

Die materiellrechtliche Verwirkung von Mitbestimmungsrechten ist grds ausgeschlossen 23 (BAG 28.8.07 – 1 ABR 70/07, NZA 08, 188). Der BRat kann weder auf sein Mitbestimmungsrecht verzichten noch darf er es der einseitigen Regelung durch den ArbGeb überlassen. Der ArbGeb seinerseits muss grds damit rechnen, dass der BRat seine Beteiligung verlangt und diese ggf auch gerichtlich durchsetzt (LAG SchlHol 4.3.08 – 2 TaBv 42/07, NZA-RR 08, 414).

III. Freiwillige Mitbestimmung. 1. Allgemeines. Neben den in § 87 BetrVG festgeschriebenen Gegenständen der erzwingbaren Mitbestimmung gibt es in sozialen Angelegenheiten einen weiten Bereich, der der freiwilligen Mitbestimmung offensteht. Bei der freiwilligen Mitbestimmung erfolgt die Beteiligung des BRat allein aufgrund der zwischen ArbGeb und BRat insoweit getroffenen Vereinbarung. Dabei kann auch vereinbart werden, dass wie im Bereich der erzwingbaren Mitbestimmung im Nichteinigungsfall die **Einigungsstelle** entscheiden soll. Diese Unterwerfung unter den Spruch der Einigungsstelle kann bereits in der freiwilligen Betriebsvereinbarung selbst erfolgen (BAG 13.7.62, DB 62, 1473). Kraft Gesetzes ist eine Anrufung der Einigungsstelle jedoch nicht vorgesehen.

2. Regelungsgegenstand. § 88 BetrVG führt beispielhaft einige Gegenstände auf, die im Wege einer freiwilligen Betriebsvereinbarung geregelt werden können. Es sind dies die zusätzlichen Maßnahmen zur Verhütung von Arbeitsunfällen und Gesundheitsschädigungen (Nr 1), die Errichtung von Sozialeinrichtungen (Nr 2) sowie Maßnahmen zur Förderung der Vermögensbildung (Nr 3). Darüber hinaus können jedoch auch alle sonstigen sozialen Fragen durch eine freiwillige Betriebsvereinbarung geregelt werden (BAG 27.6.85, DB 86, 596; BAG GS 7.11.89, DB 90, 1724).

IV. Leitende Angestellte. Der mit § 87 BetrVG vergleichbare Mitbestimmungstatbestand des SprAuG findet sich in § 30 SprAuG. Das Gesetz räumt hier dem Sprecherausschuss ein Unterrichtungs- und Beratungsrecht hinsichtlich Änderungen der Gehaltsgestaltung und sonstiger allgemeiner Arbeitsbedingungen sowie bei der Einführung oder Änderung allgemeiner Beurteilungsgrundsätze ein. Die Mitwirkung des Sprecherausschusses ist damit vom Gegenstand her weiter als die erzwingbare Mitbestimmung des BRat nach § 87 BetrVG. Von der Intensität her ist sie jedoch schwächer, da ein volles Mitbestimmungsrecht des Sprecherausschusses nicht besteht.

Der Mitwirkung des Sprecherausschusses unterliegen ebenso wie im Bereich des § 87 BetrVG nur allgemeine ArbGebseitige Maßnahmen. Unter den Mitwirkungstatbestand der **Änderung der Gehaltsregelung** fällt daher nicht die individuelle Gehaltserhöhung eines einzelnen leitenden Angestellten (*Hromadka/Sieg* § 30 Rz 6). Gleiches gilt zB für individuelle Versorgungszusagen uÄ. Mitwirkungspflichtig ist demgegenüber das Gehaltssystem, wobei der Gehaltsbegriff im weitesten Sinn zu verstehen ist (inklusive Tantiemen, Gratifikationen etc). Dabei endet die Mitwirkung des Sprecherausschusses bei der Frage der Dotierung. Ebenso wie im Bereich des § 87 Abs 1 Nr 10 BetrVG erfolgt eine Beteiligung nur bei der Gehaltsgestaltung, nicht hinsichtlich der Höhe (*Hromadka/Sieg* § 30 Rz 14).

Der Begriff der **sonstigen allgemeinen Arbeitsbedingungen** stellt einen Auffangtatbestand der sozialen Angelegenheiten dar, der sämtliche anderen Angelegenheiten außerhalb der Gehaltsgestaltung erfasst. Das Gesetz spricht in einer etwas unklaren Formulierung von der „Änderung" der Arbeitsbedingungen. Hiermit ist auch die erstmalige Einführung gemeint (*Löwisch* SprAuG § 30 Rz 7).

B. Lohnsteuerrecht *Seidel*

Betriebsvereinbarungen nach § 87 Absatz 1 Nummer 10 BetrVG. Ob Betriebsvereinbarungen über Entlohnungsgrundsätze (zB Gratifikationen; s auch oben Rz 15) eine **Nettolohnvereinbarung** beinhalten, bestimmt sich nach den allgemeinen Grundsätzen des Vertragsrechts. IdR müssen die Parteien des Arbeitsvertrages ausdrücklich erklären, ob der ArbGeb sämtliche oder nur bestimmte Lohnabzüge trägt (*HMW*/Nettolohn Rz 3; s auch *Nettolohnvereinbarung* Rz 10–13). Enthält die Betriebsvereinbarung hierüber keine Aussagen, so ist vom Regelfall einer Bruttolohnvereinbarung (s *Bruttolohnvereinbarung* Rz 17 ff) auszugehen. Zur Besteuerung netto gewährter einmaliger Arbeitslohnzahlungen (zB Nettogratifikationen), die steuerrechtlich sonstige Bezüge (s *Sonstige Bezüge* Rz 2 ff) darstellen, s *Nettolohnvereinbarung* Rz 18.

Da die Zulässigkeit einer **Lohnsteuerpauschalierung** steuerrechtlich nicht von einer Zustimmung des ArbN abhängt (s *Lohnsteuerpauschalierung* Rz 12), ist allein nach arbeitsrechtlichen Grundsätzen zu entscheiden, ob eine Betriebsvereinbarung eine evtl arbeitsrechtlich erforderliche Zustimmung des ArbN zur LStPauschalierung durch den ArbGeb ersetzen kann (s auch *Lohnsteuerpauschalierung* Rz 3). 29

C. Sozialversicherungsrecht *Ruppelt*

Sozialversicherungsrechtliche Angelegenheiten sind nicht Gegenstand der betrieblichen Mitbestimmung nach §§ 87, 88 BetrVG. § 87 Abs 1 Nr 8 und § 88 Nr 2 BetrVG beziehen sich nur auf Sozialeinrichtungen, deren Wirkungsbereich auf den Betrieb, das Unternehmen oder den Konzern beschränkt ist. Dabei handelt es sich um Werksküchen, Kantinen, Sportplätze, Erholungsheime, Werksbibliotheken, Kindergärten usw. Eine betriebsgebundene Unterstützungskasse kann Gegenstand der sozialen Mitbestimmung sein (vgl ErfK/*Hanau*/*Kania* § 87 BetrVG Rz 71). Dies gilt jedoch nicht für Einrichtung oder Ausgestaltung einer **Betriebskrankenkasse** nach §§ 147 ff SGB V, obwohl diese Einrichtung betriebsbezogen ist. Betriebskrankenkassen sind Träger der gesetzlichen KV und unterliegen hinsichtlich Errichtung und Betrieb den Vorschriften des SGB V. So fordert § 148 Abs 2 SGB V zur Errichtung einer Betriebskrankenkasse, neben der Genehmigung durch die zuständige Aufsichtsbehörde nach § 148 Abs 1 SGB V, die Zustimmung der Mehrheit der abstimmenden im Betrieb beschäftigten volljährigen ArbN, die der Betriebskrankenkasse nach der Errichtung angehören oder angehören können. Eine Betriebsvereinbarung ist insoweit nicht ausreichend. 30

Mitbestimmung, wirtschaftliche Angelegenheiten

A. Arbeitsrecht *Kreitner*

1. Überblick. Das BetrVG geht vom Grundsatz der freien unternehmerischen Entscheidung aus und versucht eine Beteiligung des BRat weitestgehend durch Unterrichtungs- und Beratungsrechte sicherzustellen. Ferner bestehen in größeren Unternehmen originäre Unterrichtungsrechte der ArbN (§ 110 BetrVG). Eine erzwingbare Mitbestimmung des BRat erfolgt lediglich bei Sozialplänen ggf durch Errichtung einer Einigungsstelle. 1

Zur Erteilung wirtschaftlicher Informationen ist der ArbGeb in vielfacher Hinsicht verpflichtet. Gem **§ 43 Absatz 2 Satz 3 BetrVG** muss er im Rahmen einer **Betriebsversammlung** mindestens einmal im Kj ua über die wirtschaftliche Lage und Entwicklung des Betriebs berichten soweit hierdurch nicht Betriebs- oder Geschäftsgeheimnisse gefährdet werden (Näheres s *Betriebsversammlung* Rz 23). 2

Gem **§ 110 Absatz 1 BetrVG** besteht für den ArbGeb in Unternehmen mit mehr als 1000 ständig beschäftigten ArbN die Verpflichtung, mindestens einmal im Quartal einen schriftlichen Bericht über die wirtschaftliche Lage und Entwicklung des Unternehmens den ArbN zur Kenntnis zu bringen (zB durch Veröffentlichung in der Werkszeitung, am Schwarzen Brett oä). Der Bericht ist zuvor mit Wirtschaftsausschuss und BRat abzustimmen. In kleineren Unternehmen, die jedoch ständig über mehr als 20 ArbN beschäftigen, besteht gem **§ 110 Absatz 2 BetrVG** grds die gleiche Verpflichtung. Allerdings kann hier der Bericht mündlich erstattet werden und ist bei Unternehmen mit weniger als 100 ArbN mangels Existenz eines Wirtschaftsausschusses lediglich mit dem BRat abzustimmen. Der BRat selbst ist nicht nach § 110 BetrVG befugt, die ArbN über die wirtschaftliche Lage und Entwicklung des Unternehmens zu unterrichten (BAG 14.5.13 – 1 ABR 4/12, NZA 13, 1223). 3

Gem **§ 80 Absatz 2 BetrVG** trifft den ArbGeb eine umfassende Unterrichtungsverpflichtung gegenüber dem BRat (Näheres s *Auskunftspflichten Arbeitgeber* Rz 11 ff). Diese erstreckt sich auf den gesamten Aufgabenbereich des BRat und umfasst demgemäß auch die wirtschaftlichen Angelegenheiten. Dabei ist jedoch zu beachten, dass die Unterrichtungspflicht wegen des konkreten Aufgabenbezugs in § 80 Abs 2 BetrVG erst dann ausgelöst wird, wenn der ArbGeb sich zur Durchführung bestimmter Maßnahmen entschlossen hat (BAG 4

312 Mitbestimmung, wirtschaftliche Angelegenheiten

27.6.89, NZA 89, 929). Einen pauschalen, von konkreten Gegebenheiten unabhängigen Anspruch auf umfassende Informationserteilung gibt § 80 Abs 2 BetrVG dem BRat nicht. Eine analoge Anwendung des § 106 Abs 2 BetrVG auf den BRat in Unternehmen, in denen kein Wirtschaftsausschuss besteht, scheidet nach der Rspr des BAG ebenfalls aus. Auch insoweit bleibt es bei dem Unterrichtungsanspruch des § 80 Abs 2 BetrVG (BAG 5.2.91, DB 91, 1382; aA *Mayer* ArbuR 91, 14).

5 Auswirkungen auf den wirtschaftlichen Bereich hat naturgemäß auch die **Personalplanung**, hinsichtlich derer gem **§ 92 Absatz 1 BetrVG** eine umfassende Unterrichtung des BRat durch den ArbGeb erfolgen muss. Einzelheiten s *Personalplanung* Rz 7.

6 Schließlich regeln die **§§ 106 ff BetrVG** die Pflicht des ArbGeb zur Unterrichtung des Wirtschaftsausschusses (dazu unten Rz 16) sowie die §§ 111 ff BetrVG die Mitwirkung des BRat bei Betriebsänderungen (Näheres s *Betriebsänderung* Rz 1 ff, *Interessenausgleich* Rz 1 ff, *Nachteilsausgleich* Rz 1 ff und *Sozialplan* Rz 1 ff).

7 **2. Wirtschaftsausschuss. a) Errichtung.** § 106 Abs 1 Satz 1 BetrVG schreibt die Errichtung eines Wirtschaftsausschusses in Unternehmen mit idR mehr als 100 ständig beschäftigten ArbN vor. Da es insoweit nicht auf die Wahlberechtigung der ArbN ankommt, zählen sowohl Auszubildende (LAG NdS 27.11.84, BB 85, 2173) als auch leitende Angestellte (*Schaub/Koch* § 243 Rz 2; aA *Fitting* § 106 Rz 11) mit.

8 **Berechnungsgrundlage** für die Ermittlung der ArbNZahl ist das Unternehmen. Demgemäß sind die ArbN sämtlicher Betriebe eines Unternehmens zu addieren, unabhängig davon, ob sie im Einzelnen mangels BRatFähigkeit einen BRat nicht errichten konnten oder lediglich nicht gewählt haben (LAG Frankfurt 7.11.89, NZA 90, 628 [LS]). Bilden mehrere Unternehmen einen **gemeinsamen Betrieb,** ist ausnahmsweise auf den Betrieb als Berechnungsgrundlage abzustellen, so dass ein Wirtschaftsausschuss zu errichten ist, sobald der gemeinschaftliche Betrieb mehr als 100 ArbN beschäftigt. Dies gilt dann unabhängig von der Beschäftigtenzahl in den einzelnen Unternehmen (BAG 1.8.90 – 7 ABR 91/88, NZA 91, 643).

9 Da der Geltungsbereich des BetrVG auf das Gebiet Deutschlands beschränkt ist, sind ArbN in **ausländischen Betrieben** deutscher Unternehmen jedenfalls so lange nicht zu berücksichtigen, wie sie nicht von der Ausstrahlungswirkung eines inländischen Betriebes erfasst werden (Näheres: *Auslandstätigkeit* Rz 14–19). Umgekehrt greift allerdings die Verpflichtung zur Bildung eines Wirtschaftsausschusses für ausländische Unternehmen hinsichtlich ihrer in Deutschland liegenden Betriebe mit mehr als 100 ArbN ein, sofern die inländischen Betriebe dergestalt zusammengefasst sind, dass für den Wirtschaftsausschuss ein kompetenter inländischer Partner zur Verfügung steht (BAG 1.10.74, DB 75, 453; 31.10.75, DB 76, 295).

10 Auf **Konzernebene** sieht das BetrVG die Bildung eines Wirtschaftsausschusses nicht vor. Auch die analoge Anwendung des § 106 BetrVG scheidet aus (BAG 23.8.89, DB 90, 1519). Hier ist lediglich eine freiwillige Errichtung kraft Vereinbarung zwischen Konzernleitung und KBRat möglich (*Nebendahl* DB 91, 384). Auf **Tendenzbetriebe** finden die Vorschriften über den Wirtschaftsausschuss gem § 118 Abs 1 Satz 2 BetrVG keine Anwendung (Einzelheiten s *Tendenzbetrieb* Rz 14). Auf den gesetzlichen Tendenzschutz kann der ArbGeb jedoch – zB durch Tarifvertrag – verzichten (BAG 5.10.2000 – 1 ABR 14/00, NZA 01, 1325).

11 **b) Personelle Zusammensetzung/Amtszeit.** Nach § 107 BetrVG besteht der Wirtschaftsausschuss aus mindestens drei und höchstens sieben Mitgliedern. Die Mitglieder werden vom BRat mit einfacher Stimmenmehrheit gewählt. Wählbar sind sämtliche Unternehmensangehörige einschließlich der leitenden Angestellten. Zwingend vorgeschrieben ist lediglich die Mitgliedschaft eines BRatMitglieds.

12 Die **Auswahl** der Mitglieder des Wirtschaftsausschusses soll durch den BRat nach den Kriterien der fachlichen und persönlichen Eignung für dieses Amt erfolgen (§ 107 Abs 1 Satz 3 BetrVG). Das BAG setzt bei Wirtschaftsausschussmitgliedern ein wirtschaftliches Grundwissen voraus (BAG 18.7.78, DB 78, 2223; 28.4.88, NZA 89, 221). Andererseits besteht nach Ansicht des BAG kein **Freistellungsanspruch** für Bildungsveranstaltungen analog § 37 BetrVG (BAG 6.11.73, DB 74, 633). Dies ist angesichts der hohen persönlichen und fachlichen Anforderungen, die an die Mitglieder des Wirtschaftsausschusses gestellt werden, abzulehnen (für eine entsprechende Anwendung des § 37 Abs 6 BetrVG auch *Fitting* § 107 Rz 25; *Richardi/Annuß* § 107 Rz 28).

Die **Amtszeit** der Wirtschaftsausschussmitglieder ist mit derjenigen des BRat verknüpft. 13
Mit Beendigung der Amtszeit des BRat endet auch das Amt der Mitglieder des Wirtschaftsausschusses. Im Übrigen können die Mitglieder des Wirtschaftsausschusses jederzeit ohne Angabe von Gründen mit Stimmenmehrheit des BRat abberufen werden (*Fitting* § 107 Rz 15). Unabhängig von der Amtszeit des BRat endet das Amt der Mitglieder des Wirtschaftsausschusses, wenn die Belegschaftsstärke dauerhaft unter den Schwellenwert absinkt (BAG 7.4.04 – 7 ABR 41/03, NZA 05, 312).

Gem § 107 Abs 3 BetrVG können durch Mehrheitsbeschluss des BRat die Aufgaben des 14
Wirtschaftsausschusses einem **besonderen Ausschuss des Betriebsrats** übertragen werden. Die Mitgliederzahl dieses Ausschusses darf höchstens 11 Mitglieder betragen (entsprechend der Höchstzahl der Mitglieder des Betriebsausschusses gem § 27 Abs 1 BetrVG). Da der BRat gem § 107 Abs 3 Satz 3 BetrVG nochmals bis zur Höhe der Mitgliederzahl weitere sachkundige ArbN in den Ausschuss berufen kann, ist somit eine personelle Höchstbesetzung von bis zu 22 Personen möglich.

Die Mitglieder des Wirtschaftsausschusses unterliegen derselben **Verschwiegenheits-** 15
pflicht (s dort Rz 2 ff) wie BRatMitglieder analog § 79 BetrVG. Sie genießen allerdings keinen besonderen Kündigungsschutz.

c) Unterrichtungspflicht des Arbeitgebers. § 106 Abs 3 BetrVG verpflichtet den 16
ArbGeb zur rechtzeitigen und umfassenden Unterrichtung des Wirtschaftsausschusses (LAG BlnBbg 30.3.12 – 10 TaBV 2362/11, BeckRS 2012, 69525; *Stück/Wein* DB 05, 334). Diese Unterrichtung ist nach dem Gesetzeswortlaut unter **Vorlage der erforderlichen Unterlagen** und unter Darstellung der sich auf die Personalplanung ergebenden Auswirkungen vorzunehmen. Ihre Grenze findet diese umfassende Unterrichtungspflicht lediglich in der Gefährdung von Betriebs- und Geschäftsgeheimnissen. Zu den vorlagepflichtigen Unterlagen gehört bspw der jährliche Wirtschaftsprüfungsbericht jedenfalls dann, wenn ein entsprechender Einigungsstellenspruch den ArbGeb hierzu verpflichtet (BAG 8.8.89, DB 89, 2621). Das Gleiche gilt für monatliche Erfolgsrechnungen (Betriebsabrechnungsbögen) einzelner Filialen (BAG 17.9.91, NZA 92, 418) sowie eine konzernweit erstellte Auswertung sog Benchmarkdaten, die Auswirkungen auf die Personalplanung des Unternehmens haben (LAG Köln 5.10.11 – 9 TaBV 94/10, BeckRS 2012, 66873). Ein Informationsdurchgriff auf die Konzernebene kommt regelmäßig nur bei rechtsmissbräuchlichem Verhalten der Konzernunternehmen in Betracht (*Lerch/Weinbrenner* NZA 13, 355).

Umstritten ist, ob aufgrund der Verpflichtung „**zur Vorlage**" der ArbGeb dem Wirt- 17
schaftsausschuss Unterlagen dauerhaft überlassen muss. Richtigerweise wird man mit der Rspr des BAG eine Überlassung rechtzeitig vor den Sitzungen des Wirtschaftsausschusses befürworten müssen, damit eine sachgemäße Sitzungsvorbereitung gewährleistet wird. Eine kurze Einsichtnahme vor oder gar erst während der Sitzung des Wirtschaftsausschusses ist angesichts der vielfach gegebenen Komplexität der Materie nicht ausreichend (BAG 20.11.84, DB 85, 924; *Richardi/Annuß* § 106 Rz 30). Nach Sitzungsende müssen die Unterlagen wieder an den ArbGeb herausgegeben werden (BAG aaO). Kopien dürfen ohne Zustimmung des ArbGeb nicht gefertigt werden.

d) Sitzungen des Wirtschaftsausschusses sollen gem § 108 Abs 1 BetrVG einmal monat- 18
lich erfolgen. Sie sind nicht öffentlich und finden regelmäßig während der Arbeitszeit statt. Die Vorschriften des § 37 Abs 2 und 3 BetrVG hinsichtlich Arbeitsbefreiung und Vergütungserstattung finden entsprechend Anwendung. Außer den Mitgliedern des Wirtschaftsausschusses können **dritte Personen** teilnahmeberechtigt sein.

Teilnahmepflicht besteht zunächst gem § 108 Abs 2 BetrVG für den Unternehmer bzw 19
ein Mitglied des gesetzlichen Vertretungsorgans. Er kann gem § 108 Abs 2 Satz 2 BetrVG sachkundige ArbN hinzuziehen.

Eine Hinzuziehung von **Sachverständigen** ist gem §§ 108 Abs 2 Satz 3, 80 Abs 3 BetrVG 20
nur nach näherer Vereinbarung zwischen Wirtschaftsausschuss und ArbGeb möglich (Näheres: *Sachverständiger* Rz 6–8). Wegen der idR hohen fachlichen Kompetenz der Wirtschaftsausschussmitglieder wird eine Hinzuziehung von Sachverständigen nur selten erforderlich sein.

In analoger Anwendung des § 31 BetrVG ist der Wirtschaftsausschuss berechtigt, einen 21
Vertreter einer im Betrieb vertretenen **Gewerkschaft** zu den Sitzungen hinzuzuziehen (BAG 25.6.87, DB 87, 2468). Gleiches gilt analog § 29 Abs 4 Satz 2 BetrVG für einen **Verbandsvertreter aufseiten des Arbeitgebers** (BAG 18.11.80, DB 81, 1240).

312 Mitbestimmung, wirtschaftliche Angelegenheiten

22 Teilnahmeberechtigt ist weiterhin der **Vertrauensmann der Schwerbehinderten** (BAG 4.6.87, DB 87, 2467). Die Hinzuziehung eines freigestellten BRatMitglieds als Protokollführer ist nicht zulässig (BAG 17.10.90, DB 91, 1523; Näheres: *Behinderte* Rz 20).

23 **e) Aufgaben des Wirtschaftsausschusses.** Der Wirtschaftsausschuss ist ein Gremium mit Doppelfunktion. Einerseits obliegt ihm die Beratung mit dem ArbGeb, andererseits soll er den BRat/GBRat über die wirtschaftliche Situation des Unternehmens unterrichten und diesem so eine Entscheidungsgrundlage für die zu treffenden Einzelentscheidungen liefern. Der Wirtschaftsausschuss hat daher keine eigenen Mitbestimmungsrechte. Er dient der Beratung und dem Informationsaustausch.

24 In § 106 Abs 3 Nr 1–10 sowie § 108 Abs 5 BetrVG (hierzu zuletzt *Oetker* NZA 01, 689) werden in einer beispielhaften, **nicht abschließenden Aufzählung** die wichtigsten Aufgaben des Wirtschaftsausschusses vom Gesetz genannt. Wegen der Einzelheiten wird auf die Kommentierungen bei *DKK/Däubler* § 106 Rz 62 ff; GK-BetrVG/*Oetker* § 106 Rz 48 ff; *Fitting* § 106 Rz 33 ff verwiesen (vgl zuletzt BAG 9.5.95, NZA 96, 55: § 106 Abs 3 Nr 6 BetrVG gilt auch für die Stilllegung betriebsratsloser Betriebe). Insgesamt lässt sich festhalten, dass eine Beteiligung des Wirtschaftsausschusses in wirtschaftlichen Angelegenheiten immer dann vorzunehmen ist, wenn es sich um Maßnahmen handelt, die über die gewöhnliche Geschäftsführung hinausgehen (BAG 1.10.74, DB 75, 453). Ob diese Maßnahmen für die ArbN nachteilig sind, ist unerheblich (*Fitting* § 106 Rz 35; aA *SW* §§ 106–109 Rz 33).

25 Der Katalog der unterrichtungspflichtigen wirtschaftlichen Angelegenheiten in § 106 Abs 3 BetrVG ist durch das am 19.8.08 in Kraft getretene Gesetz zur Begrenzung der mit Finanzinvestitionen verbundenen Risiken (Risikobegrenzungsgesetz – BGBl I 08, 1666) um die Nr 9a ergänzt worden. Zu unterrichten ist danach auch über die Übernahme des Unternehmens, wenn hiermit der Erwerb der Kontrolle verbunden ist. Durch den ebenfalls neu eingefügten § 109a BetrVG wird diese Unterrichtungspflicht in Unternehmen, in denen kein Wirtschaftsausschuss besteht, auf den BRat ausgedehnt (vgl hierzu aus dem aktuellen Schrifttum *Schröder/Falter* NZA 08, 1097; *Simon/Dobel* BB 08, 1955; *Fleischer* ZfA 09, 787).

26 **f) Streitigkeiten.** Sämtliche Streitigkeiten betr Errichtung, Zusammensetzung und Geschäftsführung des Wirtschaftsausschusses sowie die Frage, ob es sich im konkreten Fall um eine wirtschaftliche Angelegenheit iSd § 106 Abs 2 und 3 BetrVG handelt, sind im arbeitsgerichtlichen **Beschlussverfahren** zwischen ArbGeb und BRat zu klären (vgl BAG 15.3.06 – 7 ABR 24/05, ZTR 06, 564). Gleiches gilt für die Hinzuziehung von Sachverständigen zu Sitzungen des Wirtschaftsausschusses.

27 Demgegenüber ist bei Streitigkeiten über die Erteilung der Auskunft gem § 109 BetrVG die **Einigungsstelle** zuständig, deren Entscheidung der vollen arbeitsgerichtlichen Rechtskontrolle unterliegt (BAG 11.7.2000 – 1 ABR 43/99, NZA 01, 402). Nach der Rspr ist die Einigungsstelle jedenfalls nicht offensichtlich unzuständig bezüglich der Frage, ob ein Wirtschaftsprüfungsbericht dem Wirtschaftsausschuss vorzulegen ist (LAG Bln 13.7.88, BB 89, 147 [LS]; LAG Frankfurt 19.4.88, DB 88, 1807). Andererseits ist sie nicht dazu berufen festzustellen, ob der ArbGeb in der Vergangenheit den Erfordernissen des § 106 Abs 2 BetrVG gerecht geworden ist. Sie hat allein zukunftsgewandt über ein bestimmtes Auskunftsverlangen zu entscheiden (LAG Hamm 30.4.10 – 13 TaBV 94/09, BeckRS 2010, 71900). Dabei genügt es, dass bei einem Auskunftsbegehren des Wirtschaftsausschusses ArbGeb und BRat unterschiedlicher Meinung über dessen Berechtigung sind (LAG Hess 14.2.06 – 4 TaBV 1/06).

Ansprüche der Wirtschaftsausschussmitglieder wegen Lohn- bzw Gehaltsausfall aufgrund ihrer Tätigkeit gem § 37 Abs 2 und 3 BetrVG analog sind schließlich im arbeitsgerichtlichen **Urteilsverfahren** geltend zu machen.

B. Lohnsteuerrecht
Seidel

28 Hinsichtlich der lohnsteuerlichen Behandlung der Vergütungserstattung der Mitglieder des Wirtschaftsausschusses (s oben Rz 18) sowie deren Aufwendungen gelten die Ausführungen unter dem Stichwort *Betriebsratsfreistellung* Rz 38–41 entsprechend.

C. Sozialversicherungsrecht *Ruppelt*

Im Wege der Mitbestimmung in wirtschaftlichen Angelegenheiten kann in sozialversiche- 29 rungsrechtliche Regelungen nicht eingegriffen werden.

Mittelbares Arbeitsverhältnis

A. Arbeitsrecht *Röller*

1. Begriff. Ein mittelbares Arbeitsverhältnis liegt vor, wenn ein Mittelsmann, der selbst 1 ArbN eines Dritten ist, im eigenen Namen Hilfskräfte einstellt, die mit Wissen des Dritten für diesen Arbeitsleistungen erbringen (BAG 24.6.04 – 2 AZR 215/03, ZTR 05, 157; 12.12.01 – 5 AZR 253/00, NZA 02, 787). Darin liegt eine Ausnahme von § 613 BGB, wonach der zur Dienstleistung Verpflichtete die Dienste im Zweifel selbst zu erbringen hat. Voraussetzung für die Annahme eines mittelbaren Arbeitsverhältnisses ist, dass neben dem unmittelbaren Arbeitsvertrag eine Vertragsbindung des Mittelsmannes besteht. Unmittelbarer ArbGeb kann nur eine natürliche Person sein, die ihrerseits in einem Arbeitsverhältnis zum mittelbaren ArbGeb steht. Die praktische Bedeutung dieser Konstellation ist nicht groß. Beispiele sind der in einem Arbeitsverhältnis zu einem Rundfunksender stehende Orchesterleiter, der unmittelbarer ArbGeb der einzelnen Musiker ist (BAG 22.7.82, EzAÜG Nr 116; 9.4.57, BB 57, 645) oder ein Hochschullehrer, der für ein von ihm betriebenes drittmittelfinanziertes Forschungsprojekt im eigenen Namen einen Arbeitsvertrag mit einem wissenschaftlichen Mitarbeiter abschließt (BAG 29.6.88, DB 89, 388). Die Privatisierung öffentlicher Dienstleistungen und Vergabe von Drittmitteln an juristische Personen des Privatrechts führt nicht zu einem mittelbaren Arbeitsverhältnis des Drittmittelgebers (BAG 14.4.2000 – 9 AZR 94/99, BeckRS 2000, 30784281).

2. Abgrenzung zur Arbeitnehmerüberlassung. Ist der Mittelsmann nichts anderes als 2 ein Mittler des Direktionsrechts des mittelbaren ArbGeb, liegt je nach Fallgestaltung nichtgewerbsmäßige ArbNÜberlassung, gewerbsmäßige ArbNÜberlassung oder Arbeitsvermittlung vor. Dabei kann dahingestellt bleiben, ob der Mittelsmann den mittelbaren ArbGeb ermächtigt, seinen Anspruch auf die Arbeitsleistung im eigenen Namen gegenüber seinen Mitarbeitern geltend zu machen (Ausübungsermächtigung) oder den Anspruch auf Arbeitsleistung und sein Weisungsrecht an den mittelbaren ArbGeb abtritt. In beiden Fällen handelt es sich um Grundformen einer Aufspaltung der ArbGebStellung (in einen VertragsArbGeb und einen tatsächlichen ArbGeb), die kennzeichnend für ArbNÜberlassung ist.

Fehlt es an einer maßgeblichen unternehmerischen Verantwortung des Mittelsmanns bei 3 Erfüllung von Aufgaben auf dienst- oder werkvertraglicher Basis oder im Rahmen eines eigenen Unternehmens, handelt es sich um ein scheinbares mittelbares Arbeitsverhältnis, für das die gleichen Grundsätze gelten, die für Scheindienst- und -werkverträge und zur Abgrenzung der ArbNEigenschaft von der Freien Mitarbeit entwickelt worden sind (*Arbeitnehmerüberlassung/Zeitarbeit* Rz 5, *Freie Mitarbeit* Rz 2 ff). Bei Vorliegen von illegaler gewerbsmäßiger ArbNÜberlassung kommt mittels Gesetz ein Arbeitsverhältnis zwischen den ArbN des Mittelsmanns und dem mittelbaren ArbGeb zustande.

3. Missbrauchskontrolle. Bieten sich dem ArbGeb verschiedene arbeitsvertragliche Ge- 4 staltungsformen an, die für den ArbN zu einem unterschiedlichen arbeitsrechtlichen Schutz führen, darf er nicht willkürlich die ihm günstigere auswählen. Ein sachlicher Grund muss die Wahl der Vertragsform rechtfertigen, weil sonst Schutzvorschriften umgangen werden könnten. Dieser Grundsatz ist für die Befristung von Arbeitsverträgen entwickelt worden; bei der Wahl zwischen einem mittelbaren und einem unmittelbaren Arbeitsverhältnis kann grds nichts anderes gelten (BAG 14.4.2000; 20.7.82, NJW 83, 645). Ein Missbrauch der Gestaltungsform liegt vor, wenn der Einfluss des mittelbaren ArbGeb so stark ist, dass der unmittelbare ArbGeb keine unternehmerischen Entscheidungen mehr treffen und keinen Gewinn erwirtschaften kann, sondern nur verlängerter Arm des mittelbaren ArbGeb ist (BAG 14.4.2000; 20.7.82; KR/*Griebeling* § 1 KSchG Rz 63).

4. Weisungsrecht und Haftung. Die Mittelsperson unterliegt den Weisungen des Arb- 5 Geb auch in Bezug auf den ArbN. Aufgrund des abgestuften Verhältnisses von ArbGeb,

313 Mittelbares Arbeitsverhältnis

Mittelsmann, der selbst ArbGeb und ArbN in einer Person ist, und dem ArbN ergibt sich gleichzeitig ein Weisungsrecht des ArbGeb gegenüber dem ArbN, ohne dass der Mittelsmann davon betroffen wäre (ErfK/*Preis* § 611 BGB Rz 173). Der mittelbare ArbGeb haftet subsidiär für alle Ansprüche des ArbN aus dem mit dem unmittelbaren ArbGeb bestehenden Arbeitsverhältnis. Der ArbN muss sich mit seinen Ansprüchen in erster Linie an seinen unmittelbaren ArbGeb halten und darf den mittelbaren ArbGeb nur dann in Anspruch nehmen, wenn er gegenüber dem unmittelbaren ArbGeb nicht zu seinem Recht kommen kann (BAG 22.7.82, EzAÜG Nr 116).

6 5. Beendigung des Arbeitsverhältnisses. Eine Kündigung kann nur innerhalb des jeweiligen Arbeitsvertrages ausgesprochen werden. Lediglich wenn der ArbN für den mittelbaren ArbGeb als untragbar empfunden wird, kann der mittelbare ArbGeb einen Anspruch gegen den unmittelbaren ArbGeb aus dem zwischen den Parteien geschlossenen Arbeitsvertrag auf Kündigung des ArbN haben (BAG 11.6.59, DB 59, 892). Der mittelbare ArbGeb ist gegenüber dem ArbN auch dann kündigungsbefugt, wenn er die Befugnis zur Kündigung des Arbeitsverhältnisses vom unmittelbaren ArbGeb gem § 185 Abs 1 BGB eingeräumt bekommen hat (ErfK/*Preis* § 611 BGB Rz 174). Eine Kündigungsschutzklage ist im mittelbaren Arbeitsverhältnis nur von dem gekündigten ArbN gegen den ArbGeb, mit welchem er einen Arbeitsvertrag hat, möglich. Der Klage des ArbN gegen den mittelbaren ArbGeb fehlt grds das Rechtsschutzinteresse (BAG 9.4.57, DB 57, 635). Bei missbräuchlicher Wahl eines mittelbaren Arbeitsverhältnisses kann eine KSchKlage sowohl gegen den unmittelbaren als auch den mittelbaren ArbGeb gerichtet werden (BAG 8.12.88, EzAÜG Nr 309).

7 6. Betriebsverfassung. Zu den ArbN im Betriebe des mittelbaren ArbGeb gehören gem § 5 BetrVG auch die ArbN, die nicht von dem Betriebsinhaber selbst, sondern von dem unmittelbaren ArbGeb als Zwischenperson eingestellt worden und im Betrieb des mittelbaren ArbGeb eingesetzt sind. Entscheidend ist, dass eine Bindung an die Weisungen des mittelbaren ArbGeb besteht und dass das Arbeitsergebnis dessen Betrieb zugute kommt (*Fitting* § 5 Rz 229; DKKS/*Trümner* § 5 Rz 92).

8 Liegt kein mittelbares Arbeitsverhältnis vor, sondern illegale ArbNÜberlassung, rechnet ein ArbN ohnehin zur Belegschaft des Betriebes, für den er arbeitet.

B. Lohnsteuerrecht
Seidel

21 Im Zusammenhang mit dem LStRecht ist es von Bedeutung, wen die lohnsteuerlichen ArbGebPflichten treffen (zB *Lohnsteuerabführung* Rz 2 ff) und wer ggf als ArbGeb für die LSt haftet (s *Lohnsteuerhaftung* Rz 4–28). Die steuerrechtliche ArbGebStellung ist anhand der tatsächlichen Verhältnisse zu ermitteln. Es kommt daher idR darauf an, mit wem der ArbN den Arbeitsvertrag geschlossen hat, insbesondere, wem er seine Arbeitskraft schuldet, wer ihm gegenüber weisungsbefugt ist und gegen wen er den Lohnanspruch hat (s auch *Arbeitnehmer (Begriff)* Rz 30 ff und *Arbeitgeber* Rz 19–23). Dies wird regelmäßig der unmittelbare ArbGeb sein (zB Kapellmeister, s auch ABC bei *Arbeitnehmer (Begriff)* Rz 84; *Nebentätigkeit* Rz 21: Musiker; *Gruppenarbeitsverhältnis* Rz 33–35; *Heimarbeit* Rz 50 ff).

22 Es ist steuerrechtlich unerheblich, dass dieser möglicherweise gleichzeitig selbst ArbN ist (FG NdS 4.5.82, EFG 82, 616) oder der mittelbare „ArbGeb" den Lohn auszahlt (Lohnzahlung durch Dritte, s *Lohnabzugsverfahren* Rz 14 ff; s auch *Crezelius* DStJG 9, 99). Zu Ehegattenunterarbeitsverhältnissen s *Familiäre Mitarbeit* Rz 30. Zu unterscheiden ist das mittelbare Arbeitsverhältnis vom Leiharbeitsverhältnis (s *Arbeitnehmerüberlassung/Zeitarbeit* Rz 31 ff).

C. Sozialversicherungsrecht
Voelzke

26 Wird ein ArbN durch einen Mittelsmann, der seinerseits ArbN ist, mit Wissen und Billigung des ArbGeb für diesen beschäftigt, so wird sozialversicherungsrechtlich ein Beschäftigungsverhältnis zum ArbGeb begründet (vgl BSG 4.12.58 – 3 RK 3/56, BSGE 8, 278). Erforderlich ist, dass die **Zwischenperson** die Arbeitskräfte nach dem Willen oder doch zumindest mit Wissen ihres ArbGeb eingestellt hat und dass die geleistete Arbeit dem ArbGeb wirtschaftlich zugute kommt. Ausdrücklicher Abreden zwischen den Beteiligten über das Bestehen des Beschäftigungsverhältnisses zwischen ArbGeb und mittelbar Beschäftigtem bedarf es nicht.

Die sozialversicherungsrechtlichen ArbGebPflichten sind grds nicht vom Mittelsmann, 27 sondern allein vom mittelbaren ArbGeb zu erfüllen, da im SozVRecht an die tatsächliche Beschäftigung angeknüpft wird. Erhält lediglich der Mittelsmann vom ArbGeb für die Beschäftigung Arbeitsentgelt, so wird von dem Entgelt der Zwischenperson bei der Feststellung der Versicherungspflicht des ArbN der Teil des Entgelts, der seiner Tätigkeit entspricht, als sein Entgelt angerechnet (LSG NdS 6.12.60 – L 4 Kr 48/58, *Breithaupt* 61, 497).

Kein mittelbares Beschäftigungsverhältnis wird begründet, wenn der Mittelsmann nicht 28 seinerseits ArbN des ArbGeb ist (zu Musikern eines Orchesters BSG 4.4.79 – 12 RK 37/77, USK 7961). Die Voraussetzungen eines mittelbaren Beschäftigungsverhältnisses sind auch zu verneinen, wenn jemand einen Betrieb für fremde Rechnung, aber im **eigenen Namen** führt. ArbGeb ist dann der Betriebsinhaber, der wirtschaftliche Inhaber hingegen nur, wenn er die Möglichkeit hat, unmittelbar auf das Beschäftigungsverhältnis einzuwirken (BSG 16.3.72 – 3 RK 73/68, BSGE 34, 111; vgl *Arbeitgeber* Rz 26). Die Begründung eines mittelbaren Arbeitsverhältnisses beinhaltet keine gewerbsmäßige Arbeitnehmerüberlassung (s *Arbeitnehmerüberlassung/Zeitarbeit*) und bedarf keiner Erlaubnis durch die BA, weil der Mittelsmann selbst ArbN ist und der ArbN nicht gewerbsmäßig überlassen wird. Fraglich ist, ob die Grundsätze über das mittelbare Beschäftigungsverhältnis Anwendung finden können, soweit Vereinbarungen zwischen zwei Unternehmern getroffen werden (so aber SG Hbg 20.7.95 – 23 KR 49/90, Die Beiträge 96, 56).

Mobbing

A. Arbeitsrecht *Poeche*

1. Allgemeines. Mit Beginn der 90er Jahre des letzten Jahrhunderts wurde in der 1 deutschen Arbeitsrechtswissenschaft das Problem des Mobbings (engl „über jemanden herfallen"), das bis zu diesem Zeitpunkt weniger als rechtliches begriffen wurde, angesichts seiner tatsächlichen Verbreitung auch in deutschen Betrieben und Unternehmen zunehmend aufgegriffen und versucht, es rechtlich zu erfassen (vgl *Grunewald* NZA 93, 1071; *Haller/Koch* NZA 95, 356). Nachdem das BAG sich 1997 nur mit der Erforderlichkeit einer BRats-Schulung zu diesem Thema zu befassen hatte (BAG 15.1.97 – 7 ABR 14/96, NZA 97, 781), setzt sich die Rechtsprechung seit 2001 häufiger mit den individualrechtlichen Folgen des „Mobbings", wie Schmerzensgeld- und Unterlassungsansprüchen sowie der Kündigung des „Mobbingtäters", auseinander (so zuerst LAG Thüringen 15.2.01 – 5 Sa 102/00, NZA-RR 01, 577; 10.4.01 – 5 Sa 403/00, NZA-RR 01, 347; LAG Rheinland-Pfalz 16.8.01 – 6 Sa 102/00, NZA-RR 02, 121). Seit der Entscheidung des BAG vom 16.5.07 (– 8 AZR 709/06, NZA 07, 1154) und der ihr nachfolgenden Rspr kann nun auch auf eine gefestigte höchstrichterliche Rspr zurückgegriffen werden.

2. Begriff. Mobbing ist – entgegen landläufiger Meinung – kein Rechtsbegriff und erst 2 recht keine Anspruchsgrundlage. Der Begriff stammt aus der Verhaltensforschung (vgl *Benecke* RdA 08, 357). Der Rspr und der Arbeitsrechtswissenschaft ist es in den letzten Jahren gelungen, Sachverhalte, die von einer Prozesspartei als „Mobbing" bezeichnet werden, rechtlich einzuordnen. Da Mobbing kein Rechtsbegriff ist und das Bezeichnen eines Sachverhalts als „Mobbing" allein noch keine Rechtsfolgen auslöst, bedarf es auch keiner allgemeingültigen, subsumtionsfähigen Definition. Zu beachten ist dabei auch, dass nicht alles, was als Mobbing bezeichnet wird, von rechtlicher, insbes arbeits- und schadensrechtlicher Relevanz ist (BAG 16.5.07 – 8 AZR 709/06, NZA 07, 1154). Gleichwohl wird Mobbing allgemein als das systematische Anfeinden, Schikanieren oder Diskriminieren von ArbN untereinander oder durch Vorgesetzte (BAG 15.1.97 – 7 ABR 14/96, NZA 97, 781) bezeichnet. Seit seiner Entscheidung vom 25.10.07 (– 8 AZR 593/06, NZA 08, 223, s auch BAG 22.7.10 – 8 AZR 1012/08, NZA 11, 93) geht das BAG davon aus, dass der Begriff des Mobbings im Wesentlichen dem der „Belästigung" iSd § 3 Abs 3 AGG entspricht, der allerdings einen Zusammenhang mit einem sog verpönten Merkmal iSd § 1 AGG voraussetzt (kritisch hierzu *Benecke* RdA 08, 357). Rechtlich ändert dies nichts. Der Verweis auf das AGG verdeutlicht

314 Mobbing

lediglich, was auch schon zuvor angenommen wurde: Die rechtliche Besonderheit der als Mobbing bezeichneten tatsächlichen Erscheinungen liegt darin, dass nicht eine einzelne abgrenzbare Handlung, sondern die Zusammenfassung mehrerer Einzelakte in einem Prozess zu einer Verletzung des Persönlichkeitsrechts oder der Gesundheit des betroffenen ArbN führen kann, wobei die einzelnen Teilakte jeweils für sich betrachtet rechtlich „neutral" sein können. Wesensmerkmal der als „Mobbing" bezeichneten Form der Rechtsverletzung des ArbN ist damit die systematische, sich aus vielen einzelnen Handlungen/Verhaltensweisen zusammensetzende Verletzung arbeitsrechtlicher Pflichten oder eines Rechts oder Rechtsguts iSd §§ 823 ff BGB (BAG 16.5.07 – 8 AZR 709/06, NZA 07, 1154). Demgegenüber zeichnet sich das derzeit verstärkt diskutierte sog **Straining** (engl „to strain" = „belasten, überanstrengen, strapazieren", vgl hierzu *Jansen/Hartmann* NJW 12, 1540) dadurch aus, dass bereits mit einer einzigen Handlung eine auf Dauer angelegte, konstante Folge hinsichtlich der Arbeitsbedingungen erzielt wird, die negative physische oder psychische Beeinträchtigungen nach sich zieht.

3 **3. Rechtliche Einordnung. a) Anspruchsgrundlagen.** Der von Mobbing betroffene ArbN kann gegen seinen ArbGeb und/oder gegen (vorgesetzte) Kollegen vorgehen. Voraussetzung ist in jedem Fall, dass das als Mobbing empfundene Verhalten eine Vertragspflichtverletzung und/oder eine unerlaubte Handlung darstellt. Grundlage einer vertraglichen Haftung des ArbGeb kann ein Verstoß gegen die ihm obliegende, sich aus § 241 Abs 2 BGB ergebende Fürsorgepflicht sein. Diese verpflichtet ihn, die Rechte und Rechtsgüter des ArbN, im Fall des Mobbings sind dies regelmäßig die Gesundheit und das Persönlichkeitsrecht, zu schützen (BAG 16.5.07 – 8 AZR 709/06, NZA 07, 1154). Der ArbGeb ist daraus auch verpflichtet, ArbN vor Rechts(gut)verletzungen durch Dritte zu schützen. Für das Verschulden seiner Organe haftet er gem §§ 31, 89 BGB, für das seiner Erfüllungsgehilfen gem § 278 BGB. Eine deliktische Haftung kommt wegen Unterlassung gebotenen Handelns oder wegen eigenen positiven Tuns aus § 823 Abs 1 und 2 BGB sowie § 826 BGB und schließlich als Haftung für Verrichtungsgehilfen gem § 831 BGB in Betracht. Die Frage, ob ein bestimmtes, regelmäßig prozesshaftes Verhalten des ArbGeb selbst, seiner Organe, seiner Erfüllungs- oder Verrichtungsgehilfen in das Persönlichkeitsrecht eines ArbN eingreift, ist durch eine Würdigung des Gesamtverhaltens aufgrund objektiver Betrachtungsweise zu beantworten (BAG 16.5.07 – 8 AZR 709/06, NZA 07, 1154; vgl außerdem die Übersicht bei *Stück* MDR 13, 378). Im Arbeitsleben übliche Konfliktsituationen, wie Meinungsverschiedenheiten über Sachfragen, Beurteilungen und die Bewertung von Arbeitsergebnissen, werden regelmäßig keinen Eingriff in das Persönlichkeitsrecht darstellen. Gleiches kann auch für das Direktionsrecht überschreitende Weisungen gelten, solange ihnen sachlich nachvollziehbare Erwägungen zugrunde liegen (BAG 16.5.07 – 8 AZR 709/06, NZA 07, 1154). Auch mit dem Ausspruch einer unwirksamen Kündigung verletzt der ArbGeb grundsätzlich nicht seine Fürsorge- und Rücksichtnahmepflicht (BAG 24.4.08 – 8 AZR 347/07, NZA 09, 38). Auch mehrere, in engem zeitlichen Zusammenhang ausgesprochene Abmahnungen müssen nicht zwingend Rechte des ArbN verletzen (LAG Hamm 16.7.09 – 17 Sa 619/09 BeckRS 2009, 74996; LAG Niedersachsen 9.3.10 – 13 Sa 896/09, BeckRS 2010, 74678). Etwas anderes kann für die vorsätzlich herbeigeführte Unterbeschäftigung (LAG Köln 12.7.10 – 5 Sa 890/09, BeckRS 2010, 74304) und die Bedrohung des ArbN (LAG Niedersachsen 9.11.09 – 9 Sa 1573/08, BeckRS 2010, 68027) gelten.

Gegen Vorgesetzte und Kollegen wird der betroffene ArbN idR unmittelbar nur mit Hilfe des Deliktsrechts vorgehen können.

4 **b) Kausalität und Rechtsfolgen** richten sich nach allgemeinem Recht. Vorausgesetzt wird Kausalität zwischen Verletzungshandlung und Schadenseintritt. Ausgeschlossen sind deshalb **nicht adäquat verursachte** Schäden (BAG 24.4.08 – 8 AZR 347/07, NZA 09, 38: Keine Haftung des ArbGeb für Selbstmord des ArbN, es sei denn, es bestanden objektiv erkennbare Anhaltspunkte für eine Selbstmordgefährdung). Zu ersetzen ist der **Vermögensschaden** (zB Verdienstausfall, Krankheitskosten). Hat der ArbN wegen Mobbing selbst außerordentlich gekündigt (§ 626 BGB), beschränkt sich der Ersatzanspruch auf den bis zum Ablauf der ordentlichen Kündigungsfrist entgangenen Verdienst (BAG 26.7.01 – 8 AZR 739/00, NZA 02, 325). Zum Ausgleich eines immateriellen Schadens durch Verletzung eines absoluten Rechts (Gesundheit/Persönlichkeit) kommen Ansprüche auf **Schmerzensgeld**

(§ 253 Abs 2 BGB, vgl hierzu LAG Hamm 15.3.12 – 15 Sa 1424/11, BeckRS 12, 75215) und einer angemessenen Entschädigung (§§ 823 ff BGB iVm Art 1 Abs 1 und Art 2 Abs 1 GG) in Betracht. Entgangener Verdienst kann nicht wegen der Verletzung des **Persönlichkeitsrechts** beansprucht werden (BAG 16.5.07 – 8 AZR 709/06, NZA 07, 1154). Die Höhe der geschuldeten „billigen" Entschädigung orientiert sich insbesondere am Ausmaß des Verschuldens und an Art und Intensität der Beeinträchtigung. Ob sie darüber hinaus wegen der Vergleichbarkeit mit den Tatbeständen des § 1 AGG auch durch den Bruttoverdienst beeinflusst wird, ist fraglich. Dagegen dürfte sprechen, dass ein „Gleichlauf" der Rechtsfolgen – wie schon § 15 Abs 5 AGG zeigt – nicht angestrebt werden muss. Der Betrag ist jedenfalls so zu bemessen, dass der ArbN Genugtuung erfährt. Hierbei sind auch Dauer und Verlauf des Arbeitsverhältnisses im Übrigen zu berücksichtigen. Bei der Beurteilung, ob dem ArbN eine finanzielle Entschädigung (§ 253 Abs 2 BGB) zusteht, kann auch eine bereits gezahlte besonders hohe Abfindung (11 Bruttogehälter/4 Beschäftigungsjahre) berücksichtigt werden (LAG Köln 13.1.05 – 6 Sa 1154/04, BeckRS 2005, 41189).

Weitere Ansprüche sind § 12 AGG in entsprechender Anwendung (BAG 25.10.07 – 8 AZR 593/06, NZA 08, 223) zu entnehmen: Der ArbGeb muss ggf gegen den Schädiger vorgehen und arbeitsrechtliche Maßnahmen wie Abmahnung, Umsetzung, Versetzung oder Kündigung ergreifen. Die Maßnahmen müssen ihm zumutbar sein. Daran fehlt es, wenn die beanspruchte Kündigung des Schädigers rechtsunwirksam wäre oder die vom geschädigten ArbN verlangte andere Beschäftigung nicht möglich ist (BAG 25.10.07 – 8 AZR 593/06, NZA 08, 223). Der betroffene ArbN kann berechtigt sein, seine Arbeitsleistung zu verweigern, wenn der ArbGeb seine Gesundheit oder sein Persönlichkeitsrecht verletzt und mit weiteren Verletzungen zu rechnen ist (§ 273 Abs 1 BGB). Allerdings muss er hierzu die behauptete Pflichtverletzung und „Gegenforderung" genau bezeichnen. Ein pauschales Berufen auf einen „Mobbingsachverhalt" reicht nicht aus (BAG 13.3.08 – 2 AZR 88/07, BeckRS 2008, 54095). Sofern die Mobbinghandlungen zugleich eine Belästigung iSd AGG darstellen, kommen Ansprüche § 21 AGG in Betracht.

c) Ausschlussfrist. Eine Ausschlussklausel, nach der „Ansprüche aus dem Arbeitsverhältnis" zur Vermeidung ihres Verfalls binnen einer bestimmten Frist geltend zu machen sind, gilt für alle Ansprüche, auch soweit sie auf eine Verletzung des *Persönlichkeitsrechts* gestützt werden (BAG 16.5.07 – 8 AZR 709/06, NZA 07, 1154). Sie beginnt wegen der systematischen, sich aus mehreren Handlungen zusammensetzenden Verletzungen idR erst mit dem zeitlich letzten Ereignis. § 276 Abs 3 BGB, wonach die Haftung für **Vorsatz** nicht im Voraus erlassen werden kann, steht der Anwendung nur bei eigenem vorsätzlichen Handeln des ArbGeb entgegen. Nach der Rspr des BAG sind in allgemeinen Geschäftsbedingungen geregelten Ausschlussfristen jedoch dahingehend auszulegen, dass sie nicht vertragliche oder deliktische Ansprüche wegen einer vorsätzlichen oder grob fahrlässigen Pflichtverletzung eines Erfüllungs- oder Verrichtungsgehilfen erfassen (BAG 20.6.13 – 8 AZR 280/12, BeckRS 2013, 70881).

4. Prozessuales. Im Entschädigungs- oder Kündigungsrechtsstreit genügt nicht die Behauptung einer Mobbingsituation (BAG 13.3.08 – 2 AZR 88/07, EzA-SD 08, Nr 4, 8 (LS)). **Darlegungs- und Beweislast** für die Pflichtverletzung und die unerlaubte Handlung des ArbGeb trägt der ArbN. Die beanstandeten Verhaltensweisen sind konkret darzulegen und ggf zu beweisen. Das ArbG muss beurteilen können, ob der ArbGeb sich rechtswidrig und schuldhaft verhalten hat. Das gilt insbesondere wegen der im Einzelfall schwierigen Abgrenzung zu den im Arbeitsleben üblichen Konfliktsituationen. Eine konkrete Schilderung nach zeitlicher Lage, beteiligten Personen, Anlass und Ablauf ist unerlässlich (BAG 24.4.08 – 8 AZR 347/07, NZA 09, 38; LAG Rheinland-Pfalz 30.4.09 – 11 Sa 677/08, BeckRS 2009, 69299). Der ArbN muss ausschließen, dass es an der erforderlichen Klammer (Systematik) deshalb fehlt, weil er von verschiedenen Vorgesetzten, die weder zeitlich noch sachlich zusammengewirkt haben, kritisiert oder schlecht beurteilt worden ist. Zwischen Teilakten liegende lange Zeiträume sind erläuterungsbedürftig. Darzulegen ist auch, dass und weshalb der ArbGeb mit einer seelischen Erkrankung des ArbN rechnen musste. Beweiserleichterungen greifen nicht ein (BAG 16.5.07 – 8 AZR 709/06, NZA 07, 1154; BAG 28.10.10 – 8 AZR 546/09, NZA-RR 11, 378). Allerdings spricht bei einem zeitlichen Zusammenhang zwischen Rechtsverletzung und Erkrankung ein starkes Indiz für die Kausalität. Eine **Fest-**

stellungsklage, mit der das Bestehen eines Zurückbehaltungsrechts „wegen Mobbings" geltend gemacht wird, ist idR unzulässig, weil nicht hinreichend bestimmt iSv § 253 Abs 2 Nr 2 ZPO (BAG 23.1.07 – 9 AZR 557/06, NZA 07, 1166). Zu den Anforderungen an einen **Prozesskostenhilfeantrag** LAG RhPf 19.2.04 – 2 Ta 12/04, NZA-RR 04, 232.

7 5. Betriebsverfassungsrecht. Der ArbN kann sich mit einer **Beschwerde** an den BRat wenden (Näheres zum Inhalt und Verfahren *Beschwerderecht (Arbeitnehmer)* Rz 6–11). Zu dessen originären **Aufgaben** gehört es, darüber zu wachen, dass alle ArbN nach den Grundsätzen von Recht und Billigkeit behandelt werden. Die freie Entfaltung der Persönlichkeit der ArbN ist zu schützen und zu fördern (§ 75 BetrVG). Von daher ist der BRat verpflichtet, auch ohne eine Beschwerde des Betroffenen gegen Mobbing vorzugehen; im äußersten Fall kann er von seinem Recht Gebrauch machen, die Versetzung oder Entlassung des mobbenden ArbN zu verlangen (§ 104 BetrVG; s *Mitbestimmung, personelle* Rz 35–38). Gem § 85 Abs 2 BetrVG kann der BRat wegen einer ArbNBeschwerde, die den Vorwurf des Mobbings enthält und auch rein tatsächliche Beeinträchtigungen zum Inhalt hat, angerufen werden (LAG Hamm 5.10.09 – 10 TaBV 63/09, BeckRS 2009, 74323). Eine **Schulung** zum Thema „Mobbing" kann erforderlich iSv § 37 Abs 6 BetrVG sein (BAG 15.1.97 – 7 ABR 14/96, DB 97, 1475; LAG RhPf 13.10.04 – 10 TaBV 19/04, NZA-RR 05, 376; einschränkend LAG Mecklenburg-Vorpommern 18.3.09 – 2 TaBV 18/08, BeckRS 2009, 62900). Schulungsbedarf besteht, sobald konkrete Anhaltspunkte für Mobbing-Tendenzen sichtbar werden (ArbG Kiel 27.2.97 – H 5d BV 41/96, NZA-RR 98, 212; ArbG Detmold 30.4.98 – 3 BV Ga 3/98, AiB 98, 405). Dagegen soll nach LAG Hamm (7.7.06 – 10 Sa 1283/05, NZA-RR 07, 202 ebenso LAG Hamm 15.11.12 – 13 TaBV 56/12, BeckRS 13, 66918) auf die Darlegung einer betrieblichen Konfliktsituation/eines aktuellen betriebsbezogenen Anlasses nicht verzichtet werden können. Der BRat kann nach § 87 Abs 1 Nr 1 BetrVG den Abschluss einer Betriebsvereinbarung „Schutz der ArbN vor Mobbing und sexueller Belästigung" erzwingen (LAG München 20.10.05 – 4 TaBV 61/05 mit zust Anm *Kothe/Faber* jurisPR-ArbR 31/2006 Nr 3; *Wolmerath* dbr 06, Nr 7 Seite 40; LAG Düsseldorf 22.7.04 – 5 TaBV 38/04, AiB 05, 122 mit Anm Bertzbach jurisPR-ArbR 1/05; ArbG Köln 12 BV 227/00, AiB 02, 374; *Wolmerath* AiB 02, 475; aA LAG Hbg 15.7.98 – 5 TaBV 4/98, AiB 99, 102).

8 6. Praktische Hinweise. Im betroffenen Betrieb empfehlen sich frühzeitige Personalgespräche unter Einbeziehung aller Beteiligten, eine sorgfältige Sachverhaltsaufklärung und eine deutliche Klarstellung der Haltung des ArbGeb. Zur vorbeugenden Bekämpfung: Musterbetriebsvereinbarung s *Esser/Wolmerath* AiB 97, 23; Dienstvereinbarung bei der Stadt München *Teppert-Neumann/Wolmerath* PersR 98, 355 sowie *Pauken* ArbR 13, 350. Der betroffene ArbN ist dagegen im eigenen Interesse gehalten, die aus seiner Sicht belastenden Vorfälle sorgfältig zu dokumentieren („Mobbingtagebuch"). Nur dann kann er betriebliche Abhilfe erreichen und, gelingt das nicht, in einem Rechtsstreit Ansprüche erfolgreich durchsetzen.

B. Lohnsteuerrecht *Windsheimer*

11 Aufwendungen des ArbN zur Abwendung des Mobbing sind Werbungskosten (BFH 1.3.07 – VI B 92/06, BFH/NV 07, 1172; s auch *Werbungskosten* Rz 2 ff und *Rechtsanwaltskosten* Rz 22). Zur steuerlichen Behandlung von Schadensersatzleistungen einschließlich Schmerzensgeld s *Arbeitgeberhaftung* Rz 19; *Arbeitsentgelt* Rz 45 ff. Seelische Erkrankung aufgrund Karriereknicks führt nicht zu Werbungskosten (BFH 23.1.08 – VI B 91/07, BFH/NV 08, 569). „Mobbing" des FA rechtfertigt es nicht, einen Verspätungszuschlag aufzuheben (BFH 5.6.02 – X R 40/01, BFH/NV 02, 1419).

C. Sozialversicherungsrecht *Schlegel*

16 Der Begriff des Mobbing spielt neuerdings im Bereich der UV eine gewisse Rolle. Dabei wird diskutiert, ob Mobbing als eine arbeitsbedingte Gesundheitsgefahr iSd SGB VII anzusehen ist (vgl dazu *Kaiser* BG 03, 154 ff). Für die ArblV gilt Folgendes:

Sowohl **unrechtmäßiges** als auch **nicht sozialadäquates** Verhalten des Vorgesetzten über einen langen Zeitraum hinweg (zB Mobbing) kann eine Verletzung des Persönlichkeitsrechts eines ArbN und deshalb einen **wichtigen Grund** für die Lösung eines Beschäftigungsverhältnisses darstellen. Bei Kündigung des Arbeitsverhältnisses durch den ArbN (ggf nach einem Versuch, Abhilfe zu erreichen) tritt dann keine Sperrzeit ein (BSG 21.10.03 – B 7 AL 92/02 R, SozR 4–4300 § 144 Nr 4).

Mutterschaftsgeld

A. Arbeitsrecht
Poeche

Mutterschaftsgeld erhalten in der gesetzlichen KV versicherte Frauen für die Dauer der Schutzfristen vor und nach der Entbindung (§§ 3 Abs 2, 6 Abs 1 MuSchG) nach den Vorschriften der RVO oder der KVLG (§ 13 Abs 1 MuSchG). Die Vorschrift hat nur deklaratorische Bedeutung; maßgeblich sind die sozialrechtlichen Bestimmungen (Näheres unten Rz 6 ff). Die ausdrückliche Erwähnung im MuSchG versteht sich aus dem Interesse an umfassender Information der Frauen über ihre Rechte, da nur das MuSchG, nicht RVO oder KVLG, im Betrieb auszulegen oder auszuhängen sind (§ 18 MuSchG). **Nichtversicherte Frauen** erhalten Mutterschaftsgeld in entsprechender Anwendung der RVO, wenn sie bei Beginn der Schutzfrist des § 3 Abs 2 MuSchG in einem Arbeitsverhältnis oder in Heimarbeit beschäftigt sind. Gleiches gilt für Frauen, deren Arbeitsverhältnis während ihrer Schwangerschaft oder der Schutzfrist des § 6 Abs 1 MuSchG zulässig vom ArbGeb nach Maßgabe von § 9 Abs 3 MuSchG aufgelöst worden ist (§ 13 Abs 2 MuSchG). Für **„Berufsanfängerinnen"** schließt seit 20.6.02 § 13 Abs 3 MuSchG eine Lücke. Frauen, die während der Schutzfristen des § 3 Abs 2 oder des § 6 Abs 1 MuSchG von einem Beamten- in ein Arbeitsverhältnis wechseln, erhalten von diesem Zeitpunkt an Mutterschaftsgeld. Begünstigt sind vor allem junge Frauen, die nach Absolvierung ihrer Referendarzeit im Beamtenverhältnis als Angestellte eingestellt werden. Die Vorschrift begründet insoweit einen eigenständigen **sozialrechtlichen** Anspruch.

Das **Arbeitsrecht** bestimmt die vom ArbGeb geschuldete Mitwirkung zur Darlegung der Anspruchsvoraussetzungen gegenüber den zuständigen Stellen. Seine Verletzung kann zu Schadensersatz verpflichten (vgl *Verdienstbescheinigung* Rz 4). **Finanziell** von Interesse ist der vom ArbGeb zu zahlende Zuschuss zum Mutterschaftsgeld (§ 14 Abs 1 MuSchG; s *Mutterschutz* Rz 33–36).

Auf **Elterngeld** werden das Mutterschaftsgeld (mit Ausnahme des Anspruchs nach § 13 Abs 2 MuSchG) und der vom ArbGeb gezahlte Zuschuss (§ 14 MuSchG) angerechnet.

B. Lohnsteuerrecht
Windsheimer

Steuerfrei sind (§ 3 Nr 1d EStG): Das Mutterschaftsgeld (§ 13 MuSchG), das Mutterschaftsgeld nach dem KVLG, der Zuschuss zum Mutterschaftsgeld (§ 14 MuSchG), die Sonderunterstützung für im Familienhaushalt beschäftigte Frauen sowie der Zuschuss während der Mutterschutzfristen. Der steuerfreie Zuschuss zum Mutterschaftsgeld § 14 MuSchG kann nach § 11 des 5. VermBG vermögenswirksam angelegt werden (s *Vermögenswirksame Leistungen* Rz 26). Das Geburtengeld nach Schweizer Recht ist nicht als Arbeitslohn zu erfassen, weil die Beiträge des ArbGeb als Versicherungsbeitrag bereits zu Lohn führen Es unterliegt auch nicht dem Progressionsvorbehalt (BFH 20.4.09 – X R 31/08, BFH/NV 09, 1625; s *Lohnersatzleistungen* Rz 10).

Die Zahlung von Arbeitsentgelt während der Mutterschaftsfristen (§ 11 MuSchG), soweit die steuerfreien Leistungen nach dem MuSchG noch nicht eingreifen, ist stpfl.

Beispiel: Die werdende Mutter darf nicht während der Nacht (zwischen 20.00 Uhr und 6.00 Uhr) und nicht an Sonn- und Feiertagen beschäftigt werden (§ 8 MuSchG). Sie hat jedoch einen Anspruch auf die Zahlung der Nacht-, Sonn- und Feiertagszuschläge (§ 11 MuSchG). Die Zahlung dieses Zuschlags ist dann stpfl (BFH 27.5.09 – VI B 69/08, DStRE 09, 835).

Zahlungen von Arbeitsentgelt anstelle steuerfreier Leistungen nach dem MuSchG (zB, wenn eine werdende Mutter innerhalb der Mutterschutzfrist freiwillig arbeitet; vgl § 3 Abs 2 MuSchG) oder als freiwillige Leistung des ArbGeb neben dem Mutterschaftsgeld sind stpfl.

315 Mutterschaftsgeld

5   Die steuerfreien Leistungen nach § 3 Nr 1d EStG unterliegen dem **Progressionsvorbehalt** (§ 32b Abs 1 Nrn 1b, c EStG; s *Lohnersatzleistungen* Rz 6, 10). Der ArbGeb hat den Zuschuss zum Mutterschaftsgeld (§ 14 MuSchG) und den Zuschuss während der Mutterschutzfristen in das **Lohnkonto** (§ 41 Abs 1 Satz 4 EStG) und auf der elektronischen LStBescheinigung (§ 41b Abs 1 Satz 2 Nr 5 EStG) einzutragen. Der ArbGeb darf bei Bezug derartiger steuerfreier Leistungen keinen LStJahresausgleich durchführen (§ 42b Abs 1 Satz 3 Nr 4 EStG), auch keinen permanenten LStJahresausgleich (R 39b.8 Satz 2 Nr 6 LStR; s *Lohnsteuerjahresausgleich* Rz 14), vielmehr ist eine Veranlagung vAw durchzuführen, wenn die steuerfreien Leistungen, die dem Progressionsvorbehalt unterliegen, mehr als 410 € im Kj betragen (§ 46 Abs 2 Nr 1 EStG). Zur Behandlung **ausländischer** Zahlungen, die dem Mutterschaftsgeld entsprechen s *Ausländer* Rz 39; *Lohnersatzleistungen* Rz 6.

Für künftige Leistungen nach dem MuSchG dürfen keine Rückstellungen gebildet werden (BFH 2.10.97 – IV R 82/96, BStBl II 98, 205; s aber *Mutterschutz* Rz 54).

C. Sozialversicherungsrecht   *Voelzke*

6   **1. Allgemeines.** Das Mutterschaftsgeld gehört zu den Leistungen der KV bei Eintritt der Versicherungsfälle Schwangerschaft und Mutterschaft (§§ 24c ff SGB V; s *Mutterschaftshilfe* Rz 3). Das Mutterschaftsgeld hat durch das Gesetz vom 23.10.12 (BGBl I 12, 2246) seit dem 30.10.12 in § 24i SGB V einen neuen Regelungsstandard. Inhaltliche Änderungen sind damit nicht verbunden. Das Mutterschaftsgeld wird idR für die letzten 6 Wochen vor, den Entbindungstag und die ersten 8 Wochen nach der Entbindung gezahlt. Das im Zeitraum nach der Geburt gezahlte Mutterschaftsgeld wird nach Maßgabe des § 3 Abs 1 BEEG auf das *Elterngeld* angerechnet. Anspruch auf die Mutterschaftsleistungen haben alle weiblichen Versicherten, unabhängig davon, ob sie kraft Gesetzes oder freiwillig versichert sind. Frauen, die nicht in der gesetzlichen KV versichert sind, können nach § 13 Abs 2 MuSchG Mutterschaftsgeld zulasten des Bundes durch das Bundesversicherungsamt erhalten. Da das nach § 24i SGB V zu gewährende Mutterschaftsgeld insbesondere die wirtschaftliche Versorgung berufstätiger Mütter sicherstellen soll, kommt dieser Leistung **Lohnersatzfunktion** zu (BSG 10.10.78 – 3 RK 17/77, SozR 2200 § 200a Nr 3).

7   Wegen der Begrenzung des Mutterschaftsgeldes auf höchstens 13 € kalendertäglich wird eine wirtschaftliche Absicherung allerdings idR erst durch die zusätzlichen Zahlungen des ArbGeb nach dem MuSchG erreicht. Das BVerfG hatte entschieden, dass die Regelung über den Zuschuss des ArbGeb zum Mutterschaftsgeld in ihrer damaligen Ausgestaltung einer Diskriminierung von Frauen im Erwerbsleben Vorschub leiste und deshalb die Gesetzesvorschrift des § 14 Abs 1 MuSchG für unvereinbar mit dem GG erklärt (BVerfG 18.11.03 – 1 BvR 302/96, DB 03, 2788). Der Gesetzgeber hat daraufhin das Ausgleichsverfahren durch das AAG vom 22.12.05 (BGBl I 05, 3686) neu geregelt. In das Ausgleichsverfahren sind nun alle ArbGeb ohne Rücksicht auf die Zahl der Beschäftigten einbezogen (Näheres: *Mutterschutz* Rz 56 ff). Das Mutterschaftsgeld wird nach § 16 Abs 1 Satz 2 SGB V auch bei einem Aufenthalt außerhalb des Geltungsbereichs des SGB V erbracht.

8   **2. Leistungsvoraussetzungen.** Weibliche Krankenkassenmitglieder erhalten nach § 24i SGB V Mutterschaftsgeld, wenn sie bei Arbeitsunfähigkeit Anspruch auf Krankengeld haben oder wegen der Schutzfristen des § 3 Abs 2 MuSchG oder § 6 Abs 1 MuSchG kein Arbeitsentgelt erhalten.

9   **a) Anspruchsberechtigte.** Mutterschaftsgeld steht gem § 24i Abs 1 SGB V nur weiblichen Mitgliedern einer Krankenkasse zu. Die Mitgliedschaft muss bei Beginn der Schutzfristen nach dem MuSchG oder bei Beginn des Anspruchs auf Mutterschaftsgeld noch bestehen. Es wird nur leiblichen Müttern gewährt, während **Adoptivmütter** (BSG 3.6.81 – 3 RK 74/79, SozR 2200 § 200 Nr 6) und **Väter** (BSG 19.10.83 – 3 RK 19/82, SozR 7830 § 13 Nr 5) vom Bezug des Mutterschaftsgeldes ausgeschlossen sind.

10   **b) Lohnersatz.** Mutterschaftsgeld nach § 24i SGB V wird Kassenmitgliedern gezahlt, die bei Arbeitsunfähigkeit **Anspruch auf Krankengeld** haben oder denen wegen der Schutzfristen des § 3 Abs 2 und § 6 Abs 1 MuSchG kein Arbeitsentgelt gezahlt wird. Keinen Anspruch auf Krankengeld und damit idR keinen Anspruch auf Mutterschaftsgeld haben die in § 44 Abs 1 Satz 2 SGB V genannten Versicherten, die Familienversicherten (§ 10 SGB V) und freiwillige Mitglieder einer Krankenkasse, wenn die Satzung den Anspruch auf Kranken-

Mutterschaftsgeld   315

geld ausschließt (§ 44 Abs 2 SGB V; Näheres: *Krankengeld* Rz 11 ff). Auch ohne Krankengeldanspruch haben weibliche Versicherte Anspruch auf Mutterschaftsgeld, soweit ihnen wegen der genannten Schutzfristen kein Arbeitsentgelt gezahlt wird. Von dieser Alternative werden insbesondere Mitglieder erfasst, die zum Personenkreis des § 44 Abs 1 Satz 2 SGB V gehören und zusätzlich eine geringfügige Beschäftigung ausüben.

3. Höhe des Mutterschaftsgeldes. Das Mutterschaftsgeld errechnet sich für Mitglieder, die bei Beginn der Schutzfrist in einem Arbeitsverhältnis stehen oder in Heimarbeit beschäftigt sind oder deren Arbeitsverhältnis vom ArbGeb während ihrer Schwangerschaft zulässig aufgelöst worden ist, nach dem Arbeitsentgelt der letzten drei abgerechneten Kalendermonate vor Beginn der Schutzfrist (§ 24i Abs 2 Sätze 1–6 RVO). Für die Höhe des Anspruchs kommt es auf den arbeitsrechtlichen Begriff des Arbeitsverhältnisses an (BSG 16.2.05 – B 1 KR 13/03 R, SozR 4–2200 § 200 Nr 2). Die anderen Mitglieder erhalten Mutterschaftsgeld in Höhe des Krankengeldes (§ 24i Abs 2 Satz 7 SGB V).   11

a) Personenkreis nach § 24i Abs 2 Sätze 1–6 SGB V. Das Mutterschaftsgeld in Höhe des zuletzt erzielten Verdienstes erhält neben den in einem Arbeitsverhältnis stehenden oder in Heimarbeit beschäftigten Versicherten auch der Personenkreis, dessen Arbeitsverhältnis vom ArbGeb ausnahmsweise während der Schwangerschaft zulässig aufgelöst werden konnte. Das Merkmal der Zulässigkeit der Kündigung wird von der Rspr entsprechend dem Normzweck restriktiv ausgelegt. Keine Gleichstellung mit den in einem Arbeitsverhältnis stehenden Versicherten erfolgt, wenn der ArbGeb wirksam gekündigt hat, weil die Versicherte ihm die Schwangerschaft nicht angezeigt hat (BSG 10.9.75 – 3 RK 12/74, SozR 2200 § 200 Nr 2) oder wenn der ArbGeb das befristete Arbeitsverhältnis wegen arglistiger Täuschung angefochten hat (BSG 17.9.86 – 3 RK 3/85, SozR 2200 § 200 Nr 11).   12

Der Bemessungszeitraum für die Berechnung des Mutterschaftsgeldes umfasst die **letzten drei tatsächlich abgerechneten Kalendermonate** (nicht Zeitmonate) vor Beginn der Schutzfrist nach § 3 Abs 2 MuSchG. Zu berücksichtigen ist das innerhalb des Bemessungszeitraumes erzielte Gesamtarbeitsentgelt, das um die gesetzlichen Abzüge und um einmalig gezahltes Arbeitsentgelt zu mindern ist. Außer Betracht bleiben gem § 24i Abs 2 Satz 3 SGB V auch Tage, an denen infolge von Kurzarbeit, Arbeitsausfällen oder unverschuldetem Arbeitsversäumnis kein oder ein vermindertes Arbeitsentgelt erzielt wurde.   13

Ist eine Berechnung nach den vorstehenden Grundsätzen nicht möglich (zB Beendigung der Ausbildung und Wechsel in ein reguläres Arbeitsverhältnis), so kommt es nach § 24i Abs 2 Satz 4 SGB V auf das Arbeitsentgelt an, das ein **gleichartig Beschäftigter** erzielen würde. Das Mutterschaftsgeld wird durch § 24i Abs 2 Satz 2 SGB V der Höhe nach auf **kalendertäglich 13 €** begrenzt. Den zwischen dem nach den vorstehenden Grundsätzen errechneten Nettoarbeitsentgelt und dem gesetzlichen Höchstbetrag bestehenden Unterschiedsbetrag zahlen der ArbGeb oder der Bund als Zuschuss zum Mutterschaftsgeld nach § 14 MuSchG (s *Mutterschutz* Rz 33 ff). Der Zuschuss wird nicht vom ArbGeb, sondern vom Bundesversicherungsamt zulasten des Bundes gezahlt, wenn das Arbeitsverhältnis der Frau während der Schutzfrist des § 6 Abs 1 MuSchG vom ArbGeb zulässig aufgelöst wurde (§ 14 Abs 2 MuSchG) oder wenn der ArbGeb seine Verpflichtung zur Zahlung des Zuschusses für die Zeit nach Vollendung des Insolvenzverfahrens oder nach rechtskräftiger Abweisung mangels Masse bis zur zulässigen Auflösung des Arbeitsverhältnisses wegen Zahlungsunfähigkeit nicht erfüllen kann (§ 14 Abs 3 MuSchG). Diese Vorschriften können nicht auf Gestaltungen erstreckt werden, in denen Frauen den Zuschuss des ArbGeb aus anderen Gründen nicht erhalten (BSG 7.11.2000 – B 1 SF 1/99 R, SozR 3–7830 § 14 Nr 1). Anspruch auf Mutterschaftsgeld haben nach § 13 Abs 3 MuSchG, § 24i Abs 2 Satz 4 SGB V Frauen, ab dem Zeitpunkt ab dem sie von einem Beamten- in ein Arbeitsverhältnis wechseln. Mit dieser Rechtsänderung wollte der Gesetzgeber auf die Lage von jungen Lehrerinnen und Frauen mit einer ähnlichen Laufbahn Rücksicht nehmen.   14

b) Personenkreis nach § 24; Abs 2 Satz 7 SGB V. Andere Mitglieder, die keinen Anspruch auf Mutterschaftsgeld nach § 24i Abs 2 Satz 1–5 SGB V haben, erhalten diese Leistung iHd Krankengeldes (Näheres: *Krankengeld* Rz 24–29). Hierunter fallen sowohl Mitglieder, die nicht in einem Arbeitsverhältnis stehen, als auch solche, die keinen Anspruch auf den Zuschuss nach Satz 5 haben. Die Begrenzung des § 24i Abs 2 Satz 2 SGB V gilt für   15

315 Mutterschaftsgeld

das iHd Krankengeldes gezahlte Mutterschaftsgeld nicht. Da hier kein Arbeitsverhältnis besteht, kommt ein Zuschuss des ArbGeb zum Mutterschaftsgeld nicht in Betracht.

16 **4. Dauer des Anspruches.** Das Mutterschaftsgeld wird innerhalb der Bezugsfristen des § 24i Abs 3 SGB V gewährt. Diese schließen die 6 Wochen vor der Entbindung, den Entbindungstag und 8 Wochen nach der Entbindung ein. Auszugehen ist grds vom mutmaßlichen Tag der Entbindung, der sich aus dem Zeugnis des Arztes oder der Hebamme nach § 24i Abs 3 Satz 3 SGB V ergibt. Das Zeugnis darf nicht früher als eine Woche vor Beginn der Schutzfrist nach § 3 Abs 2 MuSchG ausgestellt sein. Findet die Entbindung später statt, als in der Bescheinigung ausgewiesen, so verlängert sich gem § 24i Abs 3 Satz 6 SGB V die Bezugsfrist bis zur Entbindung. Diese Wirkung tritt nicht ein, wenn ein entsprechendes Zeugnis erst nach der Entbindung erstellt oder ein vor der Entbindung ausgestelltes Zeugnis erst nach der Entbindung vorgelegt wird (BSG 10.9.75 – 3 RK 69/74, SozR 2200 § 200 Nr 3). Versicherte, die sich zu Beginn der Schutzfristen in unbezahltem Urlaub befinden, haben Anspruch auf Mutterschaftsgeld vom Zeitpunkt der geplanten Wiederaufnahme der Arbeit an (BSG 17.2.04 – B 1 KR 7/02 R, SozR 4–2200 § 200 Nr 1).

17 Die Bezugsdauer verlängert sich bei **Früh- oder Mehrlingsgeburten** auf 12 Wochen nach der Entbindung. Eine Frühgeburt liegt nach der Verwaltungspraxis vor, wenn das Kind ein Geburtsgewicht unter 2500 Gramm hat, nicht voll ausgebildete Reifezeichen besitzt oder wegen verfrühter Beendigung der Schwangerschaft einer wesentlich erweiterten Hilfe bedarf. Die Verlängerung des Anspruchs bei einer Frühgeburt gilt auch dann, wenn das Kind tot geboren worden ist (BSG 13.5.74 – 3 RK 16/73, SozR 2200 § 200 Nr 1). Nach §§ 6, 3 Abs 2 MuSchG (idF des Zweiten Gesetzes zur Änderung des Mutterschutzrechts vom 16.6.02 (BGBl I 02, 1812)) wird in allen Fällen einer vorzeitigen Entbindung sichergestellt, dass ein „Mutterschaftsurlaub" von insgesamt 14 Wochen eingehalten wird (vgl zu dieser Neuregelung *Volbers* Wege zur Sozialversicherung 02, 161; *Tege* BB 02, 2602).

Beispiel:
mutmaßlicher Entbindungstag = 8. 2. 2013
Beginn der Schutzfrist = 28.12.2012
(§ 3 Abs 2 MuSchG)
letzter Arbeitstag = 27.12.2012
Entbindungstag = 9. 1. 2013
Verkürzung der Schutzfrist = 28.12.2012
                                8. 1. 2013
dadurch „nicht in Anspruch = 30 Tage
genommen"

Ergebnis:
Die Schutzfrist von zwölf Wochen (Ende = 3.4.08) verlängert sich um 30 Tage und endet nunmehr am 3.5.08.

18 **5. Sozialversicherung.** Während der Dauer des Anspruchs auf Mutterschaftsgeld bleibt die Mitgliedschaft in der KV **beitragsfrei** erhalten (§§ 192, 224 SGB V). In der RV sind Zeiten, in denen eine versicherungspflichtige Beschäftigung durch die Schutzfristen nach dem MuSchG unterbrochen wird, als **Anrechnungszeiten** (§ 58 SGB VI) zu berücksichtigen. Nach § 56 SGB VI gelten für Zeiten der Erziehung eines Kindes in dessen ersten 3 Lebensjahren die Pflichtbeiträge als gezahlt (Näheres: *Kindervergünstigungen* Rz 51). In der ArbIV begründet der Bezug von Mutterschaftsgeld seit dem 1.1.03 die Versicherungspflicht (§ 26 Abs 2 Nr 1 SGB III). Ergänzend ordnet § 26 Abs 2a SGB III die Versicherungspflicht für Personen an, in der sie ein Kind, das das dritte Lebensjahr noch nicht vollendet hat, erziehen und unmittelbar vor der Kindererziehung versicherungspflichtig waren oder eine laufende Entgeltersatzleistung nach dem SGB III bezogen haben. Die Versicherungspflicht nach § 26 Abs 2 SGB III ist vorrangig (§ 26 Abs 3 Satz 3 SGB III).

19 **6. Mutterschaftsgeld gemäß § 13 Absatz 2 MuSchG** erhalten Frauen, die **nicht** in der gesetzlichen KV **versichert** sind und auch keinen Anspruch auf nachgehenden Versicherungsschutz gem § 19 Abs 2 SGB V haben. Die Leistung wird durch das Bundesversicherungsamt gezahlt und ist der Höhe nach auf einen Betrag von 210 € während der gesamten Schutzfrist begrenzt (zur Verfassungsmäßigkeit s BVerfG 16.11.84 – 1 BvR 142/84, SozR

7830 § 13 Nr 6). Voraussetzung des Anspruches nach § 13 Abs 2 MuSchG ist es, dass die Berechtigte bei Beginn der Schutzfrist in einem Arbeitsverhältnis steht, in Heimarbeit beschäftigt ist oder ihr Arbeitsverhältnis während der Schwangerschaft vom ArbGeb berechtigt aufgelöst worden ist. Im Übrigen verweist § 13 Abs 2 MuSchG auf die Vorschriften des SGB V über das Mutterschaftsgeld.

7. Verfahren. Das Mutterschaftsgeld nach § 24i SGB V wird auf Antrag gewährt. Der bei der Krankenkasse zu stellende Antrag hat keine materiell-rechtliche Bedeutung, sondern leitet lediglich das Leistungsverfahren ein. Wird der Antrag erst nach der Entbindung gestellt, so ist für die Berechnung des Zeitraums der Leistungsgewährung vor der Entbindung die Angabe in dem Zeugnis über den mutmaßlichen Entbindungstag unerheblich. Entscheidend ist dann der tatsächliche Entbindungstermin. Gegen nachteilige Entscheidungen der Krankenkasse ist nach Durchführung des Widerspruchsverfahrens der Rechtsweg zu den Gerichten der Sozialgerichtsbarkeit eröffnet. 20

Mutterschaftshilfe

A. Arbeitsrecht *Poeche*

Mutterschaftshilfe nach den Vorschriften der RVO erhalten in der gesetzlichen KV versicherte Frauen (§ 15 Abs 1 MuSchG). Die Vorschrift hat nur deklaratorische Bedeutung; Grund und Umfang des sozialrechtlichen Anspruchs bestimmen sich nach §§ 195–199 RVO (s unten Rz 3 ff). Die ausdrückliche Erwähnung der Mutterschaftshilfe im MuSchG erklärt sich aus dem Ziel, die Frauen umfassend über ihre Rechte zu informieren. Nur das MuSchG ist im Betrieb auszuhängen oder auszulegen, nicht die RVO (§ 18 MuSchG). 1

B. Lohnsteuerrecht *Windsheimer*

Leistungen der Mutterschaftshilfe (s unten Rz 3) sind **steuerfrei.** Nachdem die Leistungen der Mutterschaftshilfe zusätzlich zum Mutterschaftsgeld gewährt werden, ergibt sich die Steuerfreiheit der Leistungen der Mutterschaftshilfe aus § 3 Nr 1d EStG. Die Leistungen der Mutterschaftshilfe unterliegen jedoch **nicht** dem **Progressionsvorbehalt** nach § 32b EStG, da es sich bei diesen Leistungen nicht um *Lohnersatzleistungen* (Rz 10), vielmehr um Leistungen handelt, die unabhängig von einem Arbeitsverhältnis jeder Mutter als ärztliche Versorgung zugute kommen. 2

C. Sozialversicherungsrecht *Voelzke*

1. Überblick. Als Leistungen der Mutterschaftshilfe wurden diejenigen Leistungen der gesetzlichen KV bezeichnet, die nunmehr als **Leistungen bei Schwangerschaft und Mutterschaft** für Versicherte der KV nach den §§ 24c ff SGB V gewährt werden. Mit der Neubezeichnung werden die Versicherungs- und Leistungsfälle, die nicht dem Begriff der Krankheit iSd KVRechts unterfallen, für die unterschiedlichen Ansprüche zusammengefasst. Außerhalb der gesetzlichen KV können entsprechende Leistungen bei bestehender Bedürftigkeit vom Sozialhilfeträger im Rahmen der Vorschriften über die Hilfe bei Schwangerschaft und Mutterschaft erbracht werden. 3

Der **Leistungskatalog** des § 24c SGB V umfasst ärztliche Betreuung und Hebammenhilfe (Nr 1), Versorgung mit Arznei-, Verband- und Heilmitteln (Nr 2), Entbindung (Nr 3), häusliche Pflege (Nr 4), Haushaltshilfe (Nr 5) und Mutterschaftsgeld (s *Mutterschaftsgeld* Rz 6 ff). Für die Gewährung der genannten Leistungen gelten die leistungsrechtlichen Vorschriften des SGB V. 4

2. Einzelne Leistungen. Während der Schwangerschaft, bei und nach der Entbindung hat die Versicherte nach der gegenüber der Krankenbehandlung spezielleren Vorschrift des § 24d SGB V Anspruch auf **ärztliche Betreuung** einschließlich der Untersuchungen zur Feststellung der Schwangerschaft und zur Schwangerenvorsorge sowie auf die **Hebammenhilfe.** Für den Begriff der Entbindung ist darauf abzustellen, ob eine nach Personenstandsrecht eintragungspflichtige Geburt vorliegt, ansonsten kommen die Leistungen nach den 5

317 Mutterschutz

§§ 27 ff SGB V in Betracht. Ein Rechtsanspruch auf **Arznei-, Verband- und Heilmittel** besteht für Versicherte bei Schwangerschaftsbeschwerden und im Zusammenhang mit der Entbindung. Praktisch bedeutsam ist, dass die Versicherte hierfür keine Eigenbeteiligung in Form der Zuzahlung nach §§ 31 Abs 3, 32 Abs 2 SGB V zu leisten hat.

6 Die Versicherte hat nach § 24 f SGB V Anspruch auf **ambulante oder stationäre Entbindung.**

7 Ist wegen der Schwangerschaft oder Entbindung **häusliche Pflege** erforderlich, so besteht auf die damit verbundenen Leistungen ein Rechtsanspruch nach § 24g SGB V. An der Erforderlichkeit der häuslichen Pflege fehlt es, soweit eine im Haushalt lebende Person die Versicherte pflegen kann. Die Leistungsverpflichtung der Krankenkasse besteht grds nur, wenn die Versicherte in ihrem eigenen Haushalt verbleibt und dort gepflegt wird (BSG 23.3.83 – 3 RK 66/81, SozR 2200 § 199 Nr 3).

8 Kann wegen der Schwangerschaft oder Entbindung durch die Versicherte der Haushalt nicht weitergeführt werden und steht hierfür auch eine andere im Haushalt lebende Person nicht zur Verfügung, so erhält die Versicherte **Haushaltshilfe** (§ 24h SGB V).

9 **3. Verfahren.** Die Versicherten erhalten die Leistungen bei Schwangerschaft und Mutterschaft nach den gleichen Grundsätzen wie die Leistungen der gesetzlichen KV nach dem SGB V. Grds erforderlich ist hiernach ein **Antrag,** dem allerdings nur verfahrensrechtliche Bedeutung zukommt. Die Inanspruchnahme der ärztlichen Betreuung erfolgt unmittelbar ohne vorgeschaltetes Antragsverfahren durch Aushändigung der Krankenversicherungskarte an den Arzt (§ 15 Abs 2 SGB V).

Mutterschutz

A. Arbeitsrecht

Poeche

Übersicht

	Rz		Rz
1. Allgemeines	1	8. Arbeitsplatzschutz	40–44
2. Geltungsbereich	2–4	a) Kündigungsverbot	40
a) Persönlich	2	b) Zulassung der Kündigung	41
b) Sachlich	3	c) Form und Inhalt der Kündigung	42
c) Beamtinnen	4	d) Klagefrist	43
3. Mutterschutzrechtliche Begriffe	5, 6	e) Annahmeverzug	44
a) Schwangerschaft	5	9. Beendigung des Arbeitsverhältnisses aus anderen Gründen	45–48
b) Entbindung	6		
4. Mitteilungspflichten	7–9	a) Befristung	45
a) Rechtscharakter	7	b) Faktisches Arbeitsverhältnis	46
b) Empfänger/Inhalt	8	c) Anfechtung	47
c) Offenlegung der Mitteilung	9	d) Aufhebungsvertrag/Eigenkündigung	48
5. Gesundheitsschutz	10–22		
a) Grundpflicht	10	10. Erholungsurlaub	49–52
b) Gefährdungsanalyse	11	a) Allgemeines	49
c) Beschäftigungsverbote	12–22	b) Übergangszeiträume	50
6. Umsetzungsrecht	23	c) Verhältnis zu § 17 Abs 2 BEEG	51
7. Entgeltschutz	24–39	d) Erfüllung des Urlaubsanspruchs während eines Beschäftigungsverbots?	52
a) Mutterschutzlohn	25–32		
b) Zuschuss zum Mutterschaftsgeld	33–37		
c) Elternzeit	38	11. Fehlzeiten und Mutterschutz	53
d) Erstattungsanspruch	39		

1 **1. Allgemeines.** Nach Art 6 Abs 4 GG hat jede Mutter Anspruch auf den Schutz und die Fürsorge der Gemeinschaft. Auf seiner Grundlage gewährleistet das **MuSchG** auf dem Gebiet des Arbeitsrechts während der Schwangerschaft und für einige Zeit nach der Entbindung umfassenden Schutz (BVerfG 23.4.74 – 1 BvL 19/73, NJW 74, 1461). Seine **öffentlich-rechtlichen Arbeitsschutzbestimmungen** bezwecken durch Anordnung von Beschäftigungsverboten die Abwehr von arbeitsplatzbedingten Risiken und Gefahren für Leben und Gesundheit von Mutter und Kind **(Gesundheitsschutz).** Während der Beschäftigungs-

verbote wird die Frau vor finanziellen Nachteilen geschützt (**Entgeltschutz**). Die Kosten teilen sich ArbGeb, Krankenkasse und der Bund. Der effektiven Verwirklichung von Gesundheits- und Entgeltschutz dient ein umfassendes **Kündigungsverbot (Arbeitsplatzschutz).** Die Einhaltung des MuSchG wird durch die nach Landesrecht zuständigen **Aufsichtsbehörden** gesichert, denen umfassend Auskunft zu erteilen und Zutritt zum Betrieb zu gewähren ist (§§ 19, 20 MuSchG). Verstöße des ArbGeb und der für ihn handelnden verantwortlichen Personen werden als **Ordnungswidrigkeit** und **Straftat verfolgt** (§§ 21 ff MuSchG; § 9 Abs 2 OWiG).

Soweit die Bestimmungen Gegenstand arbeitsvertraglicher Vereinbarung sein können, steht der Frau ein **arbeitsvertraglicher Anspruch** auf ihre Einhaltung zu; sie sind Schutzgesetze iSd § 823 Abs 2 BGB und begründen deshalb auch Ansprüche aus **unerlaubter Handlung.** Die Leistung verbotener Arbeit kann die Frau ohne Rechtsnachteile verweigern. Zur **Information** ist in Betrieben mit regelmäßig mehr als drei beschäftigten Frauen der **Gesetzestext auszulegen.**

2. **Geltungsbereich. a) Persönlich.** Das MuSchG gilt für **alle Frauen,** die in einem Arbeitsverhältnis stehen sowie für in Heimarbeit Beschäftigte und ihnen Gleichgestellte, soweit sie am Stück mitarbeiten (§ 1 MuSchG). Neben Arbeiterinnen und Angestellten erfasst es auch alle Frauen, die sich in einem arbeitsrechtlichen Ausbildungsverhältnis befinden sowie die Beschäftigung in einer **Beschäftigungsgesellschaft** (aA LAG BlnBbg 17.1.07 – 4 Sa 1258/06, EEK 3274; s *Beschäftigungsgesellschaft* Rz 3). Gleichgültig ist, ob das Arbeitsverhältnis zur Probe, Aushilfe, auf Dauer oder befristet, haupt- oder nebenberuflich geführt wird. Die Rechtswirksamkeit des Arbeitsvertrages ist nicht entscheidend; die Grundsätze des **faktischen Arbeitsverhältnisses** finden mit Ausnahme des Arbeitsplatzschutzes Anwendung. Keinen Schutz genießen damit ArbNÄhnliche Personen, selbstständige Gewerbetreibende und Freiberuflerinnen, Organmitglieder juristischer Personen, Familienangehörige, Frauen in karitativer oder ehrenamtlicher Tätigkeit. Das wird sich ändern müssen. Die Richtlinie 2010/41/EU v 7.7.10 (Abl L 180/1) zur Verwirklichung des Grundsatzes der Gleichbehandlung sieht ua vor, dass selbständig erwerbstätige Frauen sowie mithelfende Ehefrauen und Lebenspartnerinnen (Näheres *Familiäre Mitarbeit* Rz 5) ausreichend Mutterschutzleistungen erhalten müssen, die eine Unterbrechung ihrer Erwerbstätigkeit wegen Schwangerschaft oder Mutterschaft für mindestens 14 Wochen ermöglichen. Die Richtlinie ist bis zum 5.8.2012 umzusetzen; eine Verlängerung der Umsetzungsfrist um zwei Jahre ist möglich. Allerdings sieht die Bundesregierung nach fernmündlicher Auskunft keinen Änderungsbedarf. Ein solcher ergibt sich weiter aus der Rspr des EuGH zum ArbNBegriff der Mutterschutzrichtlinie 92/85/EWG (EuGH 20.1.11 – C-463/09, NZA 11, 143 – Danosa); im Streit war die Abberufung der Geschäftsführerin einer lettischen AG. Der Begriff sei unionsrechtlich auszulegen und erfasse daher auch Organmitglieder, die teils weisungsgebunden oder unter Aufsicht eines anderen Vertretungsorgans arbeiteten. Die Abberufung verstoße gegen die Richtlinie, wenn sie auf Gründen beruhe, die mit der Schwangerschaft zusammenhingen. Im Übrigen sei die schwangerschaftsbedingte Abberufung eine verbotene unmittelbare Diskriminierung wegen des Geschlechts. Die Entscheidung wird sich in Deutschland vor allem auf **GmbH-Fremd-Geschäftsführerinnen** auswirken (vgl *Kruse/Stenslik* NZA 13, 596). Eine schwangerschaftsbedingte Kündigung des Anstellungsvertrags ist unwirksam. Ob das auch für die nach deutschem Recht jederzeit mögliche Abberufung (§ 38 GmbHG) gilt, erscheint fraglich. In jedem Fall empfiehlt sich eine **Dokumentation** der Abberufungs-/Kündigungsgründe (vgl *Baeck/Winzer* NZG 11, 101; *Bauer* GWR 10, 586; *Junker* NZA 11, 950).

b) **Sachlich** erstreckt sich das MuSchG ausnahmslos auf alle Tätigkeitsbereiche in Privatwirtschaft und öffentlicher Verwaltung einschließlich der Privathaushalte. **Räumlich** knüpft es an den **Arbeitsort** an (Territorialitätsprinzip). Er muss im **Bundesgebiet** liegen. Staatsangehörigkeit und Wohnsitz von ArbGeb und ArbN sind unerheblich. Es gilt auch für Frauen, die bei den sog Exterritorialen (diplomatische Vertretungen) arbeiten. Liegt der Arbeitsort im **Ausland**, ist das MuSchG nur bei vorübergehender Entsendung der Frau oder Vereinbarung deutschen Arbeitsrechts anwendbar. Auch bei grds Anwendung ausländischen Rechts, sind sog **Eingriffsnormen** nach Art 34 EGBGB anzuwenden (Näheres: *Ausländer* Rz 5, 6; *Auslandstätigkeit* Rz 9, 10). Das deutsche Recht ist maßgeblich, wenn eine zwingende Vorschrift nicht nur den Schutz der Individualinteressen der ArbN bezweckt, sondern mit ihr zumindest auch öffentliche Gemeinwohlinteressen verfolgt werden. Das hat das BAG ua für den Anspruch einer in der Bundesrepublik wohnhaften und dem deutschen SozVRecht unterliegenden ArbN auf Zuschuss zum Mutterschaftsgeld nach § 14 MuSchG bejaht (BAG 12.12.01 – 5 AZR 255/00, NJW 02, 2733 m Anm *Junker* SAE 02, 258; vgl auch *Schlachter* NZA 2000, 57).

4   c) Für **Beamtinnen,** Richterinnen und Soldatinnen gelten aufgrund Bundes- und Landesrechts dem MuSchG entsprechende Regelungen. Auf Frauen, die im Rahmen eines freiwilligen sozialen oder ökologischen Jahres oder als Entwicklungshelferin tätig sind, ist das MuSchG auf Grund gesonderter Vorschriften entsprechend anzuwenden. Das gilt nach § 36 SGB IX ebenso für die in einer Einrichtung der **beruflichen Rehabilitation** Beschäftigten und nach § 138 SGB IX für die Beschäftigten in einer Werkstatt für Behinderte. Die Beschäftigungsverbote gelten auch für Frauen, die sich in einer stufenweisen Wiedereingliederung befinden (§ 28 SGB IX, § 74 SGB V).

5   **3. Mutterschutzrechtliche Begriffe. a) Schwangerschaft** ist der Zeitabschnitt von der Befruchtung der Frau bis zur Entbindung des Kindes. Der medizinisch exakte Termin der Empfängnis lässt sich nur in Ausnahmefällen zuverlässig feststellen. Aus Gründen der Rechtssicherheit ist deshalb in allen Fällen, in denen es nach dem MuSchG auf den Bestand der Schwangerschaft ankommt, von dem **voraussichtlichen Tag der Niederkunft** auszugehen. Er bestimmt sich nach dem **ärztlichen Zeugnis.** Von ihm ausgehend ist zur Ermittlung des Beginns der Schwangerschaft um 280 Tage zurückzurechnen; der voraussichtliche Entbindungstag ist nicht mitzuzählen (BAG 12.12.85 – 2 AZR 82/85, DB 86, 1579). Der ArbGeb kann allerdings, was den **Beginn** der 280-Tage-Frist betrifft, den Beweiswert der ärztlichen Bescheinigung erschüttern (BAG 7.5.98 – 2 AZR 417/97, DB 98, 1039). Bei **künstlicher Befruchtung** beginnt der Schutz des MuSchG erst, wenn die befruchteten Samenzellen in die Gebärmutter der ArbN eingesetzt worden sind (EuGH 26.2.08 – C 506/06, NZA 08, 345).

6   **b) Entbindung** iSd MuSchG ist die Trennung des lebensfähigen Kindes vom mütterlichen Organismus; der **Lebendgeburt** gleichgestellt und damit für das Eingreifen der Schutzbestimmungen relevant ist auch die Totgeburt iSd § 31 Abs 2 PStV (keine Lebensmerkmale, aber ein Mindestgewicht von 500 Gramm). Maßgeblich ist die standesamtliche Geburtsurkunde (BAG 15.12.05 – 2 AZR 462/04, NZA 06, 994 zur medizinisch-indizierten Einleitung der Geburt). Fehlgeburt oder Schwangerschaftsabbruch sind keine Entbindung iSd Gesetzes. **Frühgeburt** ist eine Entbindung, bei der das Kind ein Geburtsgewicht von weniger als 2500 Gramm hat (BAG 12.3.97 – 5 AZR 329/96, NZA 97, 764) oder wegen noch nicht voll ausgebildeter Reifezeichen oder aufgrund verfrühter Beendigung der Schwangerschaft einer wesentlich erweiterten Pflege bedarf. **Mehrlingsgeburt** ist die Entbindung von mehr als einem Kind bei einem einheitlichen Geburtsakt, auch wenn er sich über einen längeren Zeitraum erstreckt.

7   **4. Mitteilungspflichten. a) Rechtscharakter.** Obgleich erst die Kenntnis des ArbGeb ihn zu Maßnahmen des Gesundheitsschutzes veranlassen kann, wird für die Schwangere in Achtung ihrer Intimsphäre **keine Rechtspflicht** zur Mitteilung begründet. Sie **soll,** sobald ihr ihr Zustand bekannt ist, dem ArbGeb ihre Schwangerschaft und den mutmaßlichen Tag der Entbindung mitteilen (§ 5 Abs 1 MuSchG). Eine Verpflichtung zur Mitteilung kann sich aus **arbeitsvertraglicher Nebenpflicht (§ 241 BGB)** ergeben, wenn erhebliche berechtigte Interessen des ArbGeb betroffen sind. So wenn Beschäftigungsverbote eingreifen und die Frau eine Schlüsselposition innehat, die eine längere Einarbeit der Vertretung notwendig macht. Im Einzelfall können sich aus einer schuldhaft verspäteten oder völligen Unterlassung der Mitteilung Schadensersatzpflichten ergeben.

8   **b) Empfänger/Inhalt.** Die Mitteilung ist an den **Arbeitgeber** oder seinen **Vertreter** zu richten. Hier wie in allen anderen Fällen, in denen es auf die Kenntnis des ArbGeb ankommt, stehen ihm gleich die **Personen,** die er mit der Leitung des Betriebes oder besonderen Personalaufgaben betraut hat und die aus Sicht der Frau Ansprechpartner sind (Personalabteilung, Filialleitung; vgl LAG Köln 30.6.94 – 5 Sa 360/95, NZA 95, 995). Nicht ausreichend ist damit die bloße Vorgesetztenstellung, die sich auf die fachliche Arbeit beschränkt (Vorarbeiter). Unterrichtung des BRat oder von Kollegen genügen nicht. Die

Mitteilung braucht weder persönlich gemacht zu werden noch bedarf sie der Schriftform. Sie wird als **rechtsgeschäftsähnliche Handlung** mit **Zugang** wirksam (§ 130 BGB), so dass der ArbGeb sie auch dann gegen sich gelten lassen muss, wenn er sie nicht zur Kenntnis genommen oder missverstanden hat (BAG 13.4.56 – 1 AZR 390/55, SAE 56, 130: Hyperemesis gravid = Erbrechen während der Schwangerschaft). Genügend ist auch die Angabe einer voraussichtlichen oder vermuteten Schwangerschaft. Der ArbGeb kann auf seine Kosten die Vorlage eines ärztlichen Zeugnisses oder das einer Hebamme verlangen. Sobald der ArbGeb von der Schwangerschaft erfahren hat, sind die mutterschutzrechtlichen Vorschriften einzuhalten, insbesondere muss das Eingreifen etwaiger **Beschäftigungsverbote** geprüft werden.

c) **Offenlegung der Mitteilung.** Der ArbGeb hat die **Aufsichtsbehörde** unverzüglich von der Mitteilung der Schwangerschaft zu benachrichtigen (§ 5 Abs 1 Satz 3 MuSchG). Beruht die Kenntnis des ArbGeb von der Schwangerschaft nicht auf der Mitteilung, sondern hat er hiervon auf andere Weise erfahren, kann die Benachrichtigung unterbleiben. Verboten ist dem ArbGeb die **unbefugte Weitergabe** der Mitteilung an **Dritte** (§ 5 Abs 1 Satz 4 MuSchG). Sie ist also bei berechtigtem Anlass gestattet, zB wenn Beschäftigungsbeschränkungen die Information von Vorgesetzten erforderlich machen. Zulässig ist die Unterrichtung der mit dem Arbeitsschutz im Betrieb beauftragten Personen (Betriebsarzt, Sicherheitsfachkraft), wenn die der ArbN übertragene Arbeitsaufgabe oder die Umgebungseinflüsse Anlass zu gesundheitlichen Bedenken geben. Streitig ist, ob der BRat auf sein Verlangen oder auf Initiative des ArbGeb verständigt werden darf (so BAG 27.2.68 1 ABR 6/67, DB 68, 1224 zu § 58 BetrVG aF). Richtigerweise steht dem das Recht der Frau auf Schutz ihrer Persönlichkeit entgegen; sie ist vorab zu befragen (BVerwG 29.8.90 – 6 P 30/87, ZTR 91, 130). 9

5. **Gesundheitsschutz. a) Grundpflicht.** Zur Abwehr arbeitsbedingter Gefahren für Leben und Gesundheit von Mutter und Kind verpflichtet das MuSchG den ArbGeb, den Arbeitsplatz der Frau und seine Umgebung einschließlich zu benutzender Einrichtungen wie Wasch- und Toilettenräume, Kantine und Zugangswege wie auch das Arbeitsverfahren mit ihren Bedürfnissen in Einklang zu bringen (§ 2 MuSchG). Ziel ist der körpergerechte, von Immissionen möglichst freie Arbeitsplatz und die Anpassung der Tätigkeit nach Art, Lage, Tempo und Dauer. Der Umfang der vom ArbGeb zu ergreifenden Vorkehrungen zB veränderte Arbeitszeiten einschließlich der Pausen, geringere Zuteilung von Arbeit, Schutzkleidung, bestimmen sich nach den individuellen Verhältnissen der Frau und dem Stadium der Schwangerschaft. Bei Arbeiten mit ständigem Gehen und Stehen (Verkäuferinnen) sind Sitzgelegenheiten zum kurzen Ausruhen bereitzustellen; ständig sitzende Tätigkeit bedarf kurzer Arbeitsunterbrechungen. Während der Pausen und bei gesundheitlichem Erfordernis auch während der Arbeitszeit ist das Ausruhen auf einer Liege in einem geeigneten Raum zu ermöglichen. 10

b) **Gefährdungsanalyse.** Die zum 19.4.97 in Kraft getretene VO zum Schutz der Mütter am Arbeitsplatz, mit der die EG-Richtlinie Mutterschutz 92/85 EG vom 19.10.92 (ABl Nr L 348/1) ergänzend in nationales Recht umgesetzt worden ist, verpflichtet den ArbGeb zu einer **Beurteilung der Arbeitsbedingungen.** Es ist abzuschätzen, inwieweit chemische Gefahrstoffe, biologische Arbeitsstoffe, physikalische Schadfaktoren, Verfahren oder Arbeitsbedingungen nach Anlage I zur MuSchArbV Sicherheit oder Gesundheit von Schwangeren und von stillenden Müttern gefährden können. Die zu ergreifenden Schutzmaßnahmen sind an dem Ergebnis auszurichten. Alle im Betrieb als ArbN beschäftigten Frauen sowie BRat oder Personalrat sind hiervon zu unterrichten; eine formlose Information genügt (zB Aushang am Schwarzen Brett, Betriebsversammlung). Die auf die besondere Situation von Schwangerschaft und Stillzeit zugeschnittene Beurteilung ist zweckmäßigerweise mit der Beurteilung nach § 5 ArbSchG (s *Arbeitssicherheit/Arbeitsschutz* Rz 10) zu verbinden. § 3 MuSchArbV gibt die **Rangfolge der Schutzmaßnahmen** bei einer sich ergebenden Gefährdung vor: Änderung der Arbeitsbedingungen, Arbeitsplatzwechsel, Beschäftigungsverbot. 11

c) **Beschäftigungsverbote.** Das MuSchG unterscheidet zwischen individuellen und allgemeinen Beschäftigungsverboten. Individuelle Beschäftigungsverbote berücksichtigen die persönliche Konstitution der Frau, ihre Befindlichkeit, zu deren Schutz im Einzelfall ein weiteres Tätigwerden untersagt wird. Die allgemeinen Verbote knüpfen demgegenüber an 12 allgemeines Erfahrungswissen an und untersagen den Einsatz bei Arbeiten, die generell für Frauen mit mittlerer Belastbarkeit gesundheitsgefährdend sind.

13 **aa) Individuelle Beschäftigungsverbote** beruhen auf ärztlichem Zeugnis oder behördlicher Anordnung. Werdende Mütter dürfen nicht beschäftigt werden, soweit nach **ärztlichem Zeugnis** Leben oder Gesundheit von Mutter oder Kind bei einer Fortdauer der Beschäftigung gefährdet sind (§ 3 Abs 1 MuSchG). Ausnahmsweise kommt auch ein **vorläufiges** Beschäftigungsverbot in Betracht (BAG 11.11.98 – 5 AZR 49/98, NZA 99, 763). Dem ArbGeb ist aufgrund der insoweit „konstitutiven" Bescheinigung des Arztes jede Beschäftigung der ArbN untersagt (LAG BaWü 27.1.12 – 12 Sa 46/11, BeckRS 2012, 76218). Ihre Arbeitspflicht wird suspendiert. Hiervon zu unterscheiden ist die Frage, ob das Beschäftigungsverbot objektiv berechtigt ist und ob die ArbN Anspruch auf Mutterschutzlohn nach § 11 MuSchG hat (dazu unten Rz 25 ff). Solange das Beschäftigungsverbot vom Arzt nicht aufgehoben ist, darf der ArbGeb die ArbN nicht zur Arbeitsleistung heranziehen.

(1) Der **Umfang** des Beschäftigungsverbots bemisst sich nach dem **ärztlichen Zeugnis.** Dabei kommt es nicht darauf an, ob vom Arbeitsplatz als solchem Gefahren für die Schwangere ausgehen. Der Arbeitsplatz kann an sich völlig „ungefährlich" sein. Es genügt, dass die Fortsetzung der Arbeit die Gesundheit von Mutter und Kind gefährdet, ohne dass es auf die genaue Ursache der Gefährdung ankommt. Auch **arbeitsplatzbedingter psychischer Stress** kann daher ein Beschäftigungsverbot begründen (BAG 21.3.01 – 5 AZR 352/99, NZA 01, 1017). Ein Beschäftigungsverbot besteht regelmäßig dann, wenn eine in der Anlage zu § 1 BerufskrankheitsV genannte Krankheit droht. Das ist beispielhaft bei einer in einem Kindergarten tätigen Erzieherin zu bejahen, die über keine Mumps-Antikörper verfügt (BVerwG 26.4.05 – 5 CCR 11/04, NZA-RR 05, 649).

14 (2) **Darlegungs- und Beweislast.** Der ArbGeb braucht das Attest, das keine näheren Angaben zum Gesundheitszustand der Frau oder den Verlauf der Schwangerschaft zu enthalten hat (BAG 12.3.97 – 5 AZR 766/95, NZA 97, 282), nicht ohne weiteres hinzunehmen. Er kann von dem Arzt Auskunft verlangen, welche **tatsächlichen Arbeitsbedingungen** er seinem Attest zugrunde gelegt hat, um diese zu ändern und so eine Beschäftigung der ArbN zu ermöglichen. Eine Entbindung von der Schweigepflicht ist hierfür nicht erforderlich (schon LAG Brem 25.1.91 – 4 Sa 198/90, 4 Sa 290/90, BB 91, 827). Hat der ArbGeb **Zweifel** an der Richtigkeit der Bescheinigung, kann er eine **Nachuntersuchung** verlangen. Die freie Arztwahl liegt bei der Frau, die allerdings, wenn der ArbGeb den Betriebsarzt oder einen Amtsarzt benennt, für deren Ablehnung triftige Gründe anführen muss. Bleibt es beim Beschäftigungsverbot, so begründet das bloße Bestreiten des ArbGeb keine Pflicht der Schwangeren, ergänzende Angaben zu machen und ihren Arzt von der Schweigepflicht zu entbinden (BAG 12.3.97 – 5 AZR 766/95, NZA 97, 882). Die Beweislast für die Umstände, die den Beweiswert der ärztlichen Bescheinigung erschüttern sollen, trägt der ArbGeb. Die Beweislast, dass das ärztliche Verbot trotz des erschütterten Beweiswerts angezeigt war, trägt die ArbN (ausführlich BAG 13.2.02 – 5 AZR 588/00, NZA 02, 738; LAG Bbg 13.6.03 – 5 Sa 490/02, NZA-RR 05, 67). Andererseits muss die Schwangere den Beweis für den Ausspruch des Beschäftigungsverbots nicht durch eine zeitnah ausgestellte ärztliche Bescheinigung erbringen (BAG 1.10.97 – 5 AZR 685/96, NZA 98, 194). Der Beweiswert eines nicht näher begründeten Beschäftigungsverbot ist erschüttert, wenn die ArbN trotz Aufforderung des ArbGeb keine ärztliche Bescheinigung vorlegt, von welchen Arbeitsbedingungen der Arzt ausgegangen ist und welche Einschränkungen bestehen (BAG 7.11.07 – 5 AZR 883/06, ZTR 08, 279).

(3) **Wegerisiko.** Beruht die Gesundheitsgefährdung ausschließlich auf dem Weg zwischen Wohnung und Arbeitsstätte, ist nach der Rspr des BAG kein Beschäftigungsverbot zu bescheinigen (BAG 7.8.70 – 3 AZR 484/69, NJW 70, 2261). Das LAG Hess hat sich dem angeschlossen (LAG Hess 14.4.08 – 17 Sa 1855/07). Schwangere ArbN seien nicht anders (besser) zu behandeln als andere ArbN, die ebenfalls das Risiko trügen, den Arbeitsplatz aus persönlichen Gründen nicht erreichen zu können. Die Rspr ist mit dem Zweck des MuSchG kaum vereinbar. Denn die Frau wird dem Druck ausgesetzt, zur Vermeidung von Entgeltverlusten trotz Gesundheitsgefährdung weiterzuarbeiten (vgl auch BAG 20.8.02 – 9 AZR 353/01, NZA 03, 333).

15 **bb) Generelle Beschäftigungsverbote.** Ohne Rücksicht auf ihre individuellen Verhältnisse sind für Schwangere und stillende Frauen bestimmte Beschäftigungsarten verboten (§ 4

Mutterschutz 317

Abs 1 MuSchG). Das gilt für **schwere körperliche Arbeiten** (mehr als 1500 kcal-Verbrauch oder hohe statische Belastung) und solchen, bei denen sie **schädlichen Umgebungseinflüssen jeder Art** ausgesetzt sind (gesundheitsgefährdende Stoffe oder Strahlen, Staub, Gase, Dämpfe, Hitze, Kälte, Erschütterungen, Lärm). In § 4 Abs 2 MuSchG werden darüber hinaus beispielhaft einzelne Verbote konkretisiert. Weitergehende Beschäftigungsverbote und -beschränkungen ergeben sich aus §§ 4 und 5 MuSchArbV, die im Wesentlichen die mutterschutzrechtlichen Vorschriften der GefStoffV übernehmen sowie das Verbot der Arbeit in Druckluft. GefStoffV und DruckluftV sind insoweit aufgehoben worden. Die Aufsichtsbehörde kann im Einzelfall verbindlich das Eingreifen eines Beschäftigungsverbots feststellen und Verbote auch dann aussprechen, wenn bestehende Richtwerte für Schadstoffkonzentrationen nicht erreicht werden (OVG Bln 13.7.92 – 6 S 72.92, NZA 92, 1083: Arbeiten im Kassenbereich einer Tankstelle).

cc) Verbot bestimmter Lohnformen. Dem Schutz vor körperlicher Überforderung 16 dient das Verbot von **Akkord- und Fließbandarbeit** (§ 4 Abs 3 MuSchG). Untersagt sind alle Entlohnungsarten, die an die Schnelligkeit, das Arbeitstempo oder die Quantität anknüpfen (Stück- oder Geldakkord, Mengenprämien uä). Hierzu gehören auch die Schreibzulagen im öffentlichen Dienst. Nicht erfasst werden Prämien für besonders gute Qualität oder hohe Wirtschaftlichkeit (geringer Ausschuss, Materialverbrauch). Tätigkeiten mit Umsatzprovision unterliegen der Beschränkung nur, wenn die Menge die Höhe des Entgelts unmittelbar bestimmt. Bei Umsatzprovisionen im Einzelhandel steht idR der Anreiz zu qualitativer Arbeit (Kundenbetreuung) im Vordergrund (BAG 25.5.83 – 5 AZR 226/81, DB 84, 52). **Ausnahmen** können von der Aufsichtsbehörde bewilligt werden, wenn eine Gesundheitsbeeinträchtigung nicht zu befürchten ist.

dd) Arbeitszeitschutz. Werdende und stillende Mütter dürfen nicht mit **Mehrarbeit** 17 beschäftigt werden: Die höchstzulässige Arbeitszeit beschränkt sich bei Frauen mit hauswirtschaftlichen Arbeiten im Familienhaushalt und in der Landwirtschaft auf neun Stunden täglich oder 102 Stunden in der Doppelwoche und bei Frauen unter achtzehn Jahren auf acht Stunden täglich oder 80 Stunden in der Doppelwoche. Für alle anderen Frauen gilt als Mehrarbeit die über achteinhalb Stunden täglich oder 90 Stunden in der Doppelwoche hinausgehende Arbeitszeit. Sonntage werden in die Doppelwoche eingerechnet (§ 8 Abs 2 MuSchG).

Nachtarbeit in der Zeit zwischen 20.00 Uhr und 6.00 Uhr ist verboten. **Ausnahmen** 18 gelten für die ersten vier Monate der Schwangerschaft und stillende Mütter in Gast- und Schankwirtschaften und im übrigen Beherbergungswesen bis 22.00 Uhr, in der Landwirtschaft für das Melken von Vieh ab 5.00 Uhr (auch Sonn- und Feiertags und als Mehrarbeit) und für Frauen, die als Künstlerinnen bei Musikaufführungen, Theatervorstellungen und ähnlichen Aufführungen bis 23.00 Uhr mitwirken. Probenarbeit ist eingeschlossen (§ 8 Abs 3 MuSchG).

Das grds **Verbot der Sonn- und Feiertagsarbeit** (§ 8 Abs 1 MuSchG) wird für eine 19 Reihe von Tätigkeitsbereichen **durchbrochen.** Vorausgesetzt wird, dass den Frauen im Anschluss an eine Nachtruhe eine ununterbrochene Ruhezeit von 24 Stunden gewährt wird: Verkehrswesen, Gast- und Schankwirtschaften, übriges Beherbergungswesen, Krankenpflege- und Badeanstalten, Musikaufführungen, Theatervorstellungen, anderen Schaustellungen, Darbietungen und Lustbarkeiten (§ 8 Abs 4 MuSchG). Bei allen Verboten kann die **Aufsichtsbehörde** in begründeten Einzelfällen **Ausnahmen** zulassen (§ 8 Abs 6 MuSchG).

ee) Schutzfristen. Ab sechs Wochen **vor der Entbindung** darf die Frau nicht beschäf- 20 tigt werden (§ 3 Abs 2 MuSchG). Der ArbGeb muss aktiv auf die Einhaltung der Frist hinwirken und darf die Frau nur dann beschäftigen, wenn sie sich hierzu ausdrücklich (jederzeit widerruflich) bereit erklärt hat. Eine Beschäftigungspflicht wird dadurch nicht begründet (aA LAG SchlHol 15.12.05 – 2 Ta 210/05, NZA-RR 06, 178). Die Frist berechnet sich, indem von dem ärztlichen Zeugnis mutmaßlichen Entbindungstermin sechs Wochen zurückgerechnet werden (fällt der Entbindungstag auf einen Freitag, beginnt die Schutzfrist am Freitag der 6. vorhergehenden Woche). Maßgeblich ist das **zuletzt vorgelegte Zeugnis.** Ein Irrtum der Hebamme oder des Arztes ist unbeachtlich; die Frist verlängert oder verkürzt sich entsprechend (§ 5 Abs 2 MuSchG).

Nach der Entbindung beläuft sich die Schutzfrist auf acht Wochen, die sich bei Mehr- 21 lings- oder Frühgeburt auf zwölf Wochen verlängern. Frühgeburt und sonstige vorzeitige

317 Mutterschutz

Entbindungen führen zur Verlängerung um den Zeitraum, der nach § 3 Abs 2 MuSchG nicht in Anspruch genommen werden konnte (Entbindungstag Mittwoch, Ende der Schutzfrist Mittwoch der achten/zwölften Woche zuzüglich „Resttage"). Für ihre Dauer besteht ein absolutes Beschäftigungsverbot, von dem auch nicht auf Wunsch der **Mutter** abgewichen werden darf (§ 6 Abs 1 MuSchG). Beim Tod des Kindes darf die Mutter auf ihr jederzeit widerrufliches Verlangen hin auch schon vorher beschäftigt werden, wenn nach ärztlichem Zeugnis nichts dagegen spricht, allerdings nicht in den ersten beiden Wochen nach der Entbindung.

22 **ff) Stillzeiten und sonstige Beschäftigungsbeschränkungen nach der Entbindung.** Stillenden Müttern ist auf ihr Verlangen die zum Stillen erforderliche Zeit freizugeben (§ 7 Abs 1 MuSchG). Der Umfang der Freistellung bemisst sich nach den Umständen des Einzelfalls, wobei auch Vor- und Nachbereitung sowie Wegezeiten zu berücksichtigen sind. Bei der zeitlichen und organisatorischen Gestaltung der Stillzeit hat die Frau auf betriebliche Belange Rücksicht zu nehmen (BAG 3.7.85 – 5 AZR 79/84, DB 86, 129). Eine am Alter des Kindes orientierte zeitliche Höchstgrenze für das Stillen lässt sich dem Gesetz nicht entnehmen, auch nicht mit einer kulturellen Üblichkeit begründen (so richtig LAG BaWü 3.11.89 – 5 Sa 106/88, AiB 90, 266; aA *Zmarzlik/Zipperer/Viethen* MuSchG, 9. Aufl, § 7 Rz 8 ff: höchstens zwölf Monate; LAG NdS 29.10.87 – 10 Sa 379/87, NZA 88, 312 – Sonderfall, der uU nach § 242 BGB hätte gelöst werden können). Darüber hinaus gelten für stillende Mütter im Wesentlichen dieselben Beschäftigungsverbote wie für Schwangere (§ 6 Abs 3 MuSchG). Frauen, die in den ersten Monaten nach der Entbindung nach ärztlichem Zeugnis nicht voll leistungsfähig sind, dürfen nicht zu einer sie überfordernden Arbeit herangezogen werden (§ 6 Abs 2 MuSchG). Die ärztliche Bescheinigung, deren Kosten die ArbN zu tragen hat, sollte möglichst detaillierte Angaben über die unbedenklichen Arbeiten enthalten.

23 **6. Umsetzungsrecht.** Auch ohne besondere Vereinbarung iS einer Versetzungsklausel (s *Versetzung* Rz 2) ist der ArbGeb berechtigt, der ArbN, die wegen eines Beschäftigungsverbots nicht oder nur teilweise eingesetzt werden darf, im Rahmen billigen Ermessens andere zulässige Arbeitsaufgaben zuzuweisen oder die Arbeitszeit nach Dauer und Lage zu ändern. Das ist in § 3 Abs 2 MuSchArbV anerkannt. Die ArbN ist gehalten, die andere angebotene Arbeit auszuführen, wenn diese nicht nur erlaubt, sondern ihr auch objektiv und subjektiv **zumutbar** ist. Andernfalls verliert sie ihren Anspruch auf Mutterschutzlohn. Voraussetzung hierfür ist indessen, dass der ArbGeb überhaupt sein (erweitertes) Weisungsrecht ausübt. Das ist nur dann der Fall, wenn er die Ersatztätigkeit konkretisiert, mithin angibt, zu welchen Zeiten die ArbN welche Arbeitsleistung und in welchem Umfange erbringen soll (BAG 15.11.2000 – 5 AZR 365/99, NZA 01, 386). Die Zumutbarkeit bestimmt sich nach den Umständen des Einzelfalls, damit ua einem Vergleich beider Beschäftigungen und nach den persönlichen Verhältnissen der Frau (Kinderbetreuung). Für eine Flugbegleiterin soll zB bis zum sechsten Schwangerschaftsmonat auch eine auswärtige Beschäftigung in Betracht kommen (BAG 22.4.98 – 5 AZR 478/97, NZA 98, 936; 21.4.99 – 5 AZR 174/98, NZA 99, 1044). Die ArbN trifft dagegen keine gesteigerte Treuepflicht, im Interesse der finanziellen Entlastung des ArbGeb eine vermehrt belastende oder berufsfremde Arbeit zu übernehmen (LAG Bln 2.2.82 – 8 Sa 85/81, 8 Sa 87/81, DB 82, 1677). Bei Auszubildenden ist § 13 Abs 2 BBiG zu beachten, der die Übertragung ausbildungsfremder Aufgaben untersagt. Im Fall der Umsetzung gilt das Gebot zur arbeitsplatzbezogenen Gleichbehandlung. Die ArbN hat Anspruch auf die evtl höhere Gesamtvergütung, die die ArbN erhalten, die regelmäßig auf dem Arbeitsplatz beschäftigt sind, soweit sie die Anspruchsvoraussetzungen erfüllt (EuGH 1.7.10 – C-471/08, NZA 10, 1284 – Parviainen; *Junker* NZA 11, 950). Stellt sich die Umsetzung als **Versetzung im Sinne des § 99 BetrVG** dar, ist der BRat zu beteiligen.

24 **7. Entgeltschutz.** Geldnöte sollen für die Frau bei der Verwirklichung des Gesundheitsschutzes keine Rolle spielen und jeder Anreiz genommen werden, gesundheitsgefährdende Arbeiten zu übernehmen. Während der Dauer der Beschäftigungsverbote einschließlich der Schutzfristen wird sie deshalb vor finanziellen Nachteilen geschützt.

25 **a) Mutterschutzlohn.** Der ArbGeb ist verpflichtet, der Frau, die wegen eines Beschäftigungsverbots außerhalb der Schutzfristen ganz oder teilweise mit der Arbeit aussetzt, die Beschäftigung oder die Entlohnungsart wechselt, mindestens den **Durchschnittsverdienst**

der letzten dreizehn Wochen oder der letzten drei Monate **vor Eintritt der Schwangerschaft** zu gewähren (§ 11 Abs 1 MuSchG).

aa) Ursachenzusammenhang. Auszugleichen ist der **wegen** des Beschäftigungsverbots 26 ausfallende Verdienst, dh die Frau ist so zu stellen, wie sie ohne Schwangerschaft und Mutterschaft und die deshalb gegebenen Beschränkungen stehen würde. Gefordert wird ein ursächlicher Zusammenhang zwischen Lohnausfall und Beschäftigungsverbot. Unberücksichtigt bleiben mithin unentschuldigte Fehlzeiten, unbezahlter Urlaub wie auch Gründe, die bei allen ArbN zu einer Verdienstminderung führen (rechtswirksam eingeführte Kurzarbeit, rechtmäßige Aussperrung – BAG 22.10.86 – 5 AZR 550/85, DB 87, 1363 zu § 14 MuSchG). Anderes gilt im Fall des Streiks, an dem sich die Frau nicht beteiligt (BAG 15.1.91 – 1 AZR 178/90, NZA 91, 604 zu § 37 Abs 6 BetrVG).

bb) Arbeitsunfähigkeit. Schwangerschaft ist keine Krankheit, die allgemein als „regelwidriger Gesundheitszustand" umschrieben wird, sondern ein für Frauen durchaus regelgerechter Zustand, der allerdings mit gravierenden Veränderungen, die Körper und Geist umfassen, einhergeht. Krankheitsbedingte Arbeitsunfähigkeit (zum Begriff *Arbeitsunfähigkeit* Rz 1 ff) während der Schwangerschaft ist indessen keine Seltenheit. Die mit außergewöhnlichen Beschwerden verbundene Schwangerschaft wird als Krankheit beurteilt, die sich als „Grundleiden" darstellen kann mit der Folge, dass der Anspruch auf Krankenvergütung auf die Dauer von sechs Wochen beschränkt ist (BAG 12.3.97 – 5 AZR 766/95, DB 97, 1570). Der Konflikt liegt auf der Hand. Die der Arbeitsunfähigkeit zugrunde liegende Krankheit begründet zwangsläufig ein Beschäftigungsverbot iSv § 3 Abs 1 MuSchG, da eine weitere Beschäftigung Leben und Gesundheit der Mutter gefährdet. Ein Anspruch auf Entgelt über Wochen/Monate bis zum Beginn der Schutzfrist des § 3 Abs 2 MuSchG besteht gleichwohl nicht, weil das Beschäftigungsverbot nicht die **alleinige Ursache** für den Arbeitsausfall ist (BAG 13.2.02 – 5 AZR 588/00, NZA 02, 738, und 5 AZR 753/00). Liegt eine Krankheit vor, die aktuell zur Arbeitsunfähigkeit führt, ist deshalb Arbeitsunfähigkeit und kein Beschäftigungsverbot zu bescheinigen. Anderes gilt, wenn die ArbN zwar krank, aber nicht aktuell arbeitsunfähig ist und erst die fortdauernde Beschäftigung Arbeitsunfähigkeit begründet. Ist hierfür ausschließlich die Schwangerschaft ursächlich, ist das Beschäftigungsverbot vorrangig und Mutterschutzlohn zu zahlen. Dieser Anspruch ist dem Anspruch auf Entgeltfortzahlung im Krankheitsfall dann vorrangig (BAG 13.2.02 – 5 AZR 588/00, NZA 02, 739; vgl auch LAG NdS 16.3.04 – 9 Sa 517/03, MDR 04, 1008). Das hat der behandelnde Arzt zu beurteilen, der hierbei einen gewissen **Beurteilungsspielraum** hat (vgl auch BAG 9.10.02 – 5 AZR 443/01, NZA 04, 257). Im Einzelfall ergeben sich schwierige Abgrenzungsfragen, die gerichtlich nicht ohne fachärztliche Hilfe geklärt werden können. Die ArbG haben dabei auch zu beurteilen, ob der Arzt den Begriff „Beschäftigungsverbot" zutreffend verstanden hat (fachübergreifend *Schliemann/König* NZA 98, 1030). Das kann nicht ohne weiteres unterstellt werden. Als „Faustformel" kommt die Prüfung in Betracht, ob die ArbN überhaupt auf einem irgendwie gestalteten Arbeitsplatz ohne Gefährdung ihrer Gesundheit eingesetzt werden könnte. Ist das nicht der Fall, spricht das für Arbeitsunfähigkeit jedenfalls dann, wenn die von der ArbN geltend gemachten betrieblichen Umstände objektiv nicht vorliegen (vgl auch *Schlachter* Anm zu BAG AP Nr 16 MuSchG § 3 und *Gutzeit* NZA 03, 81).

cc) Berechnung. Der Mutterschutzlohn berechnet sich nach einem kombinierten Sys- 28 tem: Grundlage ist zunächst der Arbeitsverdienst der letzten dreizehn Wochen oder drei Monate vor Eintritt der Schwangerschaft. Hat das Arbeitsverhältnis über mehrere Jahre geruht, ist für die Berechnung auf den Arbeitsverdienst vor der Unterbrechung abzustellen (BAG 22.8.12 – 5 AZR 662/11, NZA 12, 1277). War die ArbN bereits bei Beschäftigungsaufnahme schwanger, gelten die ersten dreizehn Wochen/drei Monate, bei kürzerer Beschäftigungszeit diese (Bezugszeitraum/Referenzprinzip). Nach LAG Hamm (31.10.06 – 9 (1) Sa 1243/06, NZA-RR 07, 118) ist ein längerer Bezugszeitraum dann anzuwenden, wenn arbeitsvertraglich die wöchentliche Arbeitszeit im Durchschnitt eines halben Jahres zu erbringen ist. Auf diese Arbeitszeit ist dann abzustellen, wenn der Umfang des Arbeitseinsatzes allein vom ArbGeb gesteuert wird. Korrekturen ergeben sich zugunsten wie zulasten der ArbN aus der Funktion des Entgeltschutzes. Da die ArbN weder besser noch schlechter gestellt werden soll, als sie ohne Schwangerschaft und Mutterschutz gestanden hätte, greift ergänzend das Lohnausfallprinzip ein. Für eine zwischenzeitlich eingetretene dauerhafte

Entgeltminderung hat der ArbGeb zumindest Indizien vorzutragen (BAG 22.8.12 – 5 AZR 662/11, NZA 12, 1277).

29 **(1) Arbeitsverdienst.** Zum Arbeitsverdienst gehören alle regelmäßigen festen Bezüge einschließlich etwaiger Prämien und Akkord, auch wenn die Akkordarbeit während der Schwangerschaft verbotswidrig geleistet worden ist (BAG 20.12.72 – 3 AZR 60/72, DB 73, 829), **Bedienungsprozente** im Gaststättenbereich, nicht das Trinkgeld. **Sachbezüge** sind weiter zu gewähren, andernfalls umzurechnen. **Provisionen** sind anzusetzen, soweit sie im Bezugszeitraum nach § 87a Abs 4, § 87c Abs 11 HGB (aufschiebend bedingt) entstanden sind (BAG 14.12.11 – 5 AZR 439/10, NZA 12, 1900 unter Aufgabe von 28.11.84 – 5 AZR 243/83, DB 85, 765). Das gilt auch für **Zuschläge** für Mehr-, Nacht-, Sonn- und Feiertagsarbeit. Diese sowie der Grundlohn sind für den Monat zu berücksichtigen, in dem die Arbeit geleistet worden ist; der Abrechnungsmonat ist unerheblich (BAG 14.12.11 – 5 AZR 439/10, NZA 12, 1900: die in der Abrechnung ausgewiesenen Beträge sind nur dann maßgeblich, wenn sie den Wert der Arbeitsleistung im Berechnungszeitraum widerspiegeln). **Erfolgsabhängige Entgelte** sind im jeweiligen Berechnungszeitraum anteilig zu berücksichtigen (BAG 14.12.11 – 5 AZR 439/10, NZA 12, 1900, hier: Zielvereinbarung). Einzubeziehen sind ferner alle Leistungen des ArbGeb, die trotz fehlender Arbeitsleistung erbracht wurden (zB Entgeltfortzahlung bei Krankheit und Feiertagen, Urlaubsentgelt, Bildungsurlaub).

30 **(2) Einmalzahlungen** wie Urlaubsgeld, Weihnachtsgratifikation, Tantiemen, ArbNErfindervergütung oder Prämien für einen Verbesserungsvorschlag bleiben außer Betracht, da es um die Aufrechterhaltung des Durchschnittsverdienstes geht. Außer Ansatz bleibt deshalb auch echter Aufwandsersatz (Fahrtkostenerstattung, Spesen).

31 **(3) Verdiensterhöhungen,** die nach Beginn der Schwangerschaft etwa aufgrund Tarifvertrags oder tariflicher Arbeitszeitverkürzung eintreten, führen zu einer entsprechenden Aufstockung des Mutterschutzlohnes (BAG 28.2.64 – 1 AZR 307/63, DB 64, 663; 6.4.94 – 5 AZR 501/93, DB 94, 1783 für den parallelen Fall des Zuschusses zum Mutterschaftsgeld). Nach dem Lohnausfallprinzip gilt das auch, wenn sich ArbGeb und ArbN bereits vor Beginn des Beschäftigungsverbots auf eine – nunmehr verbotene – zuschlagspflichtige Nachtarbeit oder generelle Arbeitszeitanhebung verständigt hatten (BAG 8.8.90 – 5 AZR 584/89, DB 90, 2328).

32 **(4) Verdienstkürzungen** im Bezugszeitraum sind unerheblich, wenn sie auf unverschuldeten Arbeitsausfällen oder -versäumnissen beruhen (Kurzarbeit, Ablauf der Krankenvergütung, Sonderurlaub usw). Dauerhafte Verdienstkürzungen sind bei der Berechnung des Mutterschutzlohns auch dann zu berücksichtigen, wenn sie während oder nach Ablauf des Berechnungszeitraums eintreten (BAG 20.9.2000 – 5 AZR 924/98, NZA 01, 657). Maßgeblich ist insoweit das Gebot, dass Schwangerschaft/Stillzeiten weder zu einer Besserstellung der ArbN noch zu einer Schlechterstellung führen sollen. Dieser Grundsatz ist nunmehr auch ausdrücklich in § 11 Abs 2 MuSchG aufgenommen.

Der sich ergebende Gesamtverdienst ist durch die Zahl der Zeiteinheiten, für die er gezahlt worden ist, zu teilen, wobei berechtigte unbezahlte Fehlzeiten vom Divisor abzuziehen sind.

33 **b) Zuschuss zum Mutterschaftsgeld. aa) Allgemeines.** Während der Schutzfristen vor und nach der Entbindung besteht kein Entgeltanspruch, wenn die ArbN mit der Arbeit aussetzt. Ihre finanzielle Absicherung erfolgt über eine Kombination von Leistungen der SozVTräger/öffentlichen Hand und Leistungen des ArbGeb. Frauen, die Anspruch auf Mutterschaftsgeld nach §§ 200 Abs 1 Sätze 1 bis 4 und Abs 3 RVO, 29 Abs 1, 2 und 4 KVLG haben (Näheres s *Mutterschaftsgeld* Rz 6–18), erhalten von ihrem ArbGeb bei fortbestehendem Arbeitsverhältnis für die Dauer der Schutzfristen und den Entbindungstag einen Zuschuss zum Mutterschaftsgeld (§ 14 Abs 1 Satz 1 MuSchG). Anspruchsvoraussetzung ist nicht die tatsächliche Zahlung von Mutterschaftsgeld durch die Krankenkasse, sondern das Bestehen des sozialrechtlichen Anspruchs. Dieser wiederum hängt allein davon ab, dass wegen der Schutzfristen kein Entgelt gezahlt wird (BAG 25.2.04 – 5 AZR 160/03, NZA 04, 537). Bei dem **Anspruch auf Zuschuss** handelt es sich um einen **lohnähnlichen arbeitsrechtlichen Anspruch.** Für Rechtsstreitigkeiten ist deshalb das ArbG zuständig. Der Zuschuss dient dem Ausgleich der durch die Schutzfristen entstehenden finanziellen Nachteile. Die Schutzfristen müssen deshalb die **alleinige Ursache** für den Wegfall des Entgeltanspruchs sein. Das ist etwa nicht der Fall, wenn die ArbN mit dem ArbGeb unbezahlten Sonderurlaub vereinbart hatte. Der Anspruch ist aber nur bis zur vereinbarten Beendigung des Sonderurlaubs ausgeschlossen. Liegt dieser Zeitpunkt innerhalb der Schutzfristen, ist ab dann der Zuschuss zu bezahlen (BAG 25.2.04 – 5 AZR 160/03, NZA 04, 537). Ebenso wenig entfällt der Anspruch auf Zuschuss zum Mutterschaftsgeld für den gesamten Zeitraum der Schutzfristen, wenn das Arbeitsverhältnis bei Beginn der Schutzfrist des § 3 Abs 2 MuSchG wegen Elternzeit geruht hat. (BAG 22.8.12 – 5 AZR 652/11, NZA 12, 1277). Er ist nur bis zum Ende der Elternzeit ausgeschlossen. Auch im Beamtenrecht besteht grds kein Anspruch auf Besoldung während der Schutzfristen, wenn die ArbN während dieser Zeit aufgrund einer besonderen Arbeitszeitregelung ohne Entgeltanspruch nicht gearbeitet hätte (OVG NRW 30.12.04 – 6 A 40/04, BeckRS 2007, 28036). Unbeachtlich ist allerdings eine vorausgegangene und fortdauernde Arbeitsunfähigkeit ohne Entgeltanspruch, da die ArbN den Zuschuss auch dann verlangen könnte, wenn sie arbeitsfähig wäre (BAG 12.3.97 – 5 AZR 226/96, NZA 97, 763).

bb) Höhe und Berechnung. Der Zuschuss beläuft sich auf den Unterschiedsbetrag zwischen dem von der Krankenkasse bezahlten Mutterschaftsgeld und dem um die gesetzlichen Abzüge verminderten kalendertäglichen Arbeitsentgelt. Dieses berechnet sich grds nach denselben Kriterien wie der Mutterschutzlohn. **Bezugszeitraum** für die Berechnung sind die letzten dreizehn **abgerechneten Wochen** vor Beginn der Schutzfrist. **Einmalzahlungen** bleiben ebenso außer Betracht wie unverschuldete Fehlzeiten ohne Vergütungsanspruch. Ist eine Berechnung nicht möglich, ist das Entgelt einer gleichartigen Beschäftigten zugrundezulegen. Maßgebend ist das **Bruttoentgelt;** auf die Steuerpflichtigkeit kommt es nicht an (zB steuerfreie Nachtzuschläge). Vermögenswirksame Leistungen (BAG 15.8.84 – 5 AZR 47/83, DB 84, 2714), nicht aber die ArbNSparzulage, und Zuschläge jeder Art fließen in die Berechnung mit ein. Kein Arbeitsentgelt iSv § 14 Abs 1 MuSchG sind der Zuschuss zur KV nach § 257 SGB V, Leistungen des ArbGeb zu einer zusätzlichen Alters- und Hinterbliebenenversorgung. 34

cc) Sachbezüge. Besteht die vereinbarte Vergütung nicht nur in Geld, sondern auch in Naturalleistungen (Näheres s *Sachbezug*), so spricht der das Mutterschutzrecht bestimmende Gesundheitsschutz regelmäßig dafür, dass die ArbN diese Leistung auch während der Schutzfristen beanspruchen kann. Die andernfalls erforderliche Ersatzbeschaffung kann mit Mühen verbunden sein, die gerade vermieden werden sollen. Für den Sachbezug „freie Unterkunft" oder „vergünstigt überlassene Dienstwohnung" liegt eine Verpflichtung des ArbGeb zur weiteren Überlassung auf der Hand. Auch ein Dienstfahrzeug, das dem ArbN zur unbeschränkten Privatnutzung zur Verfügung gestellt worden ist, kann vom ArbGeb nicht herausverlangt werden (BAG 11.10.2000 – 5 AZR 240/99, NZA 01, 445; vgl auch BAG 14.12.10 – 9 AZR 631/09, NZA 11, 569; zum Herausgabeanspruch bei verbotener Eigenmacht des ArbGeb LAG BlnBbg 31.8.08 – 13 Ta 519/08, EZA-SD 08 Nr 11, 5). Kann der Sachbezug aus Gründen, die in der Person der AbN liegen, nicht weiter gewährt werden, ist er für die Berechnung des Arbeitsentgelts in Geld umzurechnen und bestimmt damit auch die Höhe des Zuschusses zum Mutterschaftsgeld. Dabei sind regelmäßig die für die Ermittlung der LSt maßgebenden Werte anzusetzen (vgl BAG 27.5.99 – 8 AZR 415/98, NZA 99, 1038; s auch *Dienstwagen* Rz 13). 35

dd) Referenzprinzip. Nach § 14 Abs 1 Satz 3 MuSchG sind nicht nur vorübergehende Erhöhungen des Arbeitsentgeltes zu berücksichtigen, die während der Schutzfristen wirksam werden. Dazu gehört zB ein wegen des Neugeborenen erhöhter Ortszuschlag (BAG 31.7.96 – 5 AZR 9/95, NZA 96, 1205). Nach dem Schutzziel des MuSchG bleibt auch eine Verdienstminderung außer Betracht, die auf einer anderweitigen, anrechenbaren Tätigkeit der ArbN während des Annahmeverzugs des ArbGeb vor Beginn der Schutzfrist beruht (LAG Köln 13.10.93 – 2 Sa 679/93, NZA 94, 320). Zu Lasten der Frau geht demgegenüber eine bereits vereinbarte Verkürzung der Arbeitszeit bei entsprechend gemindertem Entgelt. Derartige Verdienstkürzungen sind zu berücksichtigen (§ 14 Abs 1 Satz 5 MuSchG). 36

ee) Gesetzliche Abzüge. Dazu gehören Lohn- und Kirchensteuer und sonstige Abgaben (Solidaritätszuschlag), die ArbNAnteile zur SozV und ArblV sowie die Zuschüsse des ArbGeb zu einer gesetzlichen Ersatzversicherung nach § 6 Abs 1 Nr 1 SGB VI. Das gilt auch, wenn der ArbGeb satzungsgemäß die Beiträge mit der Bruttovergütung an die ArbN auszahlt und diese sie an die Versorgungsanstalt weiterleitet (BAG 1.6.88 – 5 AZR 464/87, DB 88, 1805). Für die Errechnung der LSt sind grds die auf der LStKarte eingetragenen **steuerlichen Merkmale** maßgebend. Anderes gilt, wenn die Frau in Absprache mit ihrem Mann eine 37

317 Mutterschutz

Steuerklasse wählt, die der tatsächlichen Verdiensthöhe widerspricht oder Freibeträge für den Bezugszeitraum einträgt, um eine höhere Nettoauszahlung zu erreichen (BAG 22.10.86 – 5 AZR 733/85, DB 87, 944; 18.9.91 – 5 AZR 581/90, DB 92, 787). Bereits früher eingetragene Freibeträge sind mithin beachtlich und steigern die Höhe des Zuschusses (s *Lohnsteuerermäßigung* Rz 1).

Steht die Frau bei **mehreren Arbeitgebern** im Arbeitsverhältnis, sind die beiden Nettoentgelte zusammenzurechnen und der sich daraus ergebende Zuschuss anteilig im Verhältnis der Nettobezüge zu zahlen. Auf die Versicherungspflichtigkeit der Beschäftigung kommt es nicht an (BAG 3.6.87 – 5 AZR 592/86, DB 88, 1018). Die **Bindung des Zuschusses** an den sozialrechtlichen Anspruch auf Mutterschaftsgeld, der von dem ArbGeb selbstständig zu überprüfen ist, bewirkt, dass für die Berechnung des Sechs-Wochen-Zeitraums ausnahmsweise nicht das errechnete, sondern das tatsächliche Entbindungsdatum entscheidend ist. Bei **vorzeitiger Geburt** ist vom tatsächlichen Entbindungsdatum ausgehend zurückzurechnen mit der Folge, dass – falls die ArbN wegen Arbeitsunfähigkeit Krankenvergütung bezogen hat – eine Neuberechnung zu erfolgen hat und sich ihr Anspruch nachträglich auf den Zuschuss beschränkt. Nach wie vor können sich **Nachzahlungsansprüche** auf den Zuschuss ergeben, wenn die ArbN bereits den Entgeltfortzahlungszeitraum von sechs Wochen überschritten hatte (BAG 12.3.97 – 5 AZR 226/96, DB 97, 1671; 7.10.87 – 5 AZR 610/86, DB 88, 234).

38   c) **Elternzeit.** Die wegen eines anderen Kindes laufende Elternzeit wird durch die neue Schwangerschaft nicht unterbrochen; der Zuschuss zum Mutterschaftsgeld ist damit während der Schutzfristen nicht zu bezahlen (§ 14 Abs 4 Satz 1 MuSchG; BAG 29.1.03 – 5 AZR 701/01, BeckRS 2003, 40744). Anderes gilt bei einer zulässig verrichteten Teilzeitarbeit (§ 14 Abs 4 Satz 2 MuSchG). Endet die Elternzeit während einer erneuten Schwangerschaft, lebt das ruhende Arbeitsverhältnis wieder auf (s *Elternzeit* Rz 46), so dass dann die Rechte der ArbN aus dem MuSchG in vollem Umfang gegeben sind. Auch ohne vorherige tatsächliche Arbeitsleistung ergeben sich daher Zahlungsansprüche, wenn die Elternzeit während der Schutzfristen vor oder nach der Entbindung endet (BAG 22.8.12 – 5 AZR 652/11, NZA 12, 1277).

39   d) **Erstattungsanspruch.** Das BVerfG hat die alleinige finanzielle Belastung des ArbGeb mit dem ArbGebZuschuss als verfassungswidrig beurteilt (BVerfG 18.11.02 – 1 BvR 302/96, NZA 04, 33); bis zum 31.12.05 war eine verfassungskonforme Regelung zu schaffen. Dem ist der Gesetzgeber durch das Gesetz über den Ausgleich der Arbeitgeberaufwendungen für Entgeltfortzahlung vom 22.12.05 (Aufwendungsausgleichsgesetz – AAG) nachgekommen (BGBl I 05, 3686). Der ArbGeb hat seit 1.1.06 Anspruch gegen die für die Frau zuständige Krankenkasse auf Erstattung des **Zuschusses**, § 1 Abs 2 Nr 1 AAG. Nach Nr 2 ist auch das bei **Beschäftigungsverboten gem** § 11 MuSchG gezahlte Arbeitsentgelt zu erstatten. Mit der Einbeziehung dieser Aufwendungen in das „U2-Verfahren" ist der Gesetzgeber zu Recht über den konkreten Auftrag des BVerfG hinausgegangen. Die Ausgestaltung des § 11 MuSchG unterlag denselben verfassungsrechtlichen Bedenken wie die des § 14 Abs 1 MuSchG. Zu den Einzelheiten des Umlageverfahrens „U2" s *Mutterschutz* Rz 56.

40   8. **Arbeitsplatzschutz. a) Kündigungsverbot.** Während der Schwangerschaft und bis zum Ablauf von vier Monaten nach der Entbindung darf das Arbeitsverhältnis nicht gekündigt werden. Für diese Zeit besteht ein Kündigungsverbot des ArbGeb. Unerheblich ist, ob der bereits abgeschlossene Arbeitsvertrag in Vollzug gesetzt worden ist (LAG Düsseldorf 30.9.92 – 11 Sa 1040/92, NZA 93, 1041). Entgegenstehende Kündigungen sind gem § 134 BGB **nichtig** (§ 9 MuSchG). Das Verbot erfasst Kündigungen jeder Art, neben der außerordentlichen und ordentlichen Beendigung auch die Änderungskündigung, Kündigung im Insolvenz- oder Vergleichsverfahren, Massenentlassungen. Der EuGH erstreckt das Kündigungsverbot auf alle Maßnahmen des ArbGeb, die auf eine mit der Schwangerschaft/Mutterschaft zusammenhängende einseitige Beendigung des Arbeitsverhältnisses durch den ArbGeb abzielen (EuGH 11.10.07 – C-460/06, NZA 07, 1271). Dass die Kündigung erst nach Ablauf der Schutzfrist abläuft, ist danach unerheblich. Voraussetzung ist das **Bestehen einer Schwangerschaft** oder eine Entbindung (s dazu oben Rz 5).

Der ArbGeb muss im Zeitpunkt der Kündigung **Kenntnis** von Schwangerschaft oder Entbindung haben oder ihm muss diese Kenntnis innerhalb von **zwei Wochen** nach Zugang der Kündigung vermittelt werden. Der Kenntnis des ArbGeb gleichgestellt wird das Wissen einer der Personen, die zum Empfängerkreis der Mitteilung nach § 5 Abs 1 MuSchG gehören (s oben Rz 8). Sie kann auch gegenüber einem Prozessbevollmächtigten des ArbGeb im Kündigungsschutzprozess erfolgen (BAG 20.5.88 – 2 AZR 739/87, DB 88, 2107). Im Fall der Betriebsübernahme (§ 613a BGB) wird das Wissen des früheren Inhabers dem des neuen gleichgestellt. **Inhalt** der Mitteilung muss das Bestehen oder vermutete Bestehen einer Schwangerschaft im Zeitpunkt der Kündigung sein (BAG 15.11.90 – 2 AZR 270/90, DB 91, 2191); die **Frist** berechnet sich nach §§ 187 Abs 1, 188 Abs 1 Hs 1, 193 BGB: Zugang der Kündigung Mittwoch; die Frist endet mit dem Mittwoch der zweiten Woche, bei Zugang der Kündigung am Wochenende am Montag der dritten Woche.

Das **Überschreiten** der Zweiwochenfrist ist ausnahmsweise unschädlich, wenn es auf einem von der Frau nicht zu vertretenden Grund beruht und die Mitteilung **unverzüglich nachgeholt** wird (§ 9 Abs 1 Satz 1 Hs 2 MuSchG). Der Gesetzestext entspricht der Entscheidung des BVerfG vom 13.11.79 (–1 BvL 24/77, 1 BvL 19/78, 1 BvL 38/79, DB 80, 402) zur verfassungskonformen Auslegung des § 9 Abs 1 MuSchG aF und der hierauf beruhenden höchstrichterlichen Rspr. Auf die dort entwickelten Grundsätze ist zurückzugreifen. **Zu vertreten** ist eine Fristversäumnis, die auf einen gröblichen Verstoß gegen das von einem verständigen Menschen im eigenen Interesse billigerweise zu erwartende Verhalten zurückzuführen ist (BAG 6.10.83 – 2 AZR 368/82, DB 84, 1044). Schuldhaft handelt daher die Frau, die trotz Kenntnis ihrer Schwangerschaft oder zwingender Anhaltspunkte nichts zur Abklärung ihres Zustandes und zur Wahrung ihrer Rechte unternimmt. Die Bestätigung ihres Arztes mit dem Datum des voraussichtlichen Geburtstermins kann sie trotz Kenntnis der Schwangerschaft abwarten (LAG Nbg 17.3.92 – 4 Sa 566/91, DB 93, 1009). Die Unkenntnis der Frau von der Schwangerschaft ist grds geeignet, ein Verschulden auszuschließen (BAG 20.5.88 – 2 AZR 739/87, DB 88, 2107). Fehldiagnosen ihres Arztes sind ihr nicht zuzurechnen. Sie hat ferner nicht einzustehen für Übermittlungsfehler, dh die unverzügliche Absendung einer schriftlichen Mitteilung mit normaler Post genügt (BAG 16.5.02 – 2 AZR 730/00, NJW 03, 308). Sie braucht sich auch Verschulden ihrer Bevollmächtigten nicht zurechnen zu lassen (BAG 27.10.83 – 2 AZR 214/82, DB 84, 1203). Ebenso ist die Fristversäumnis unverschuldet, wenn die ArbN vom Zugang der Kündigung zB wegen Krankenhausaufenthaltes oder Urlaubsabwesenheit keine Kenntnis erlangt, und sie ihre Schwangerschaft unverzüglich nach Kenntnis der Kündigung anzeigt (BAG 13.6.96 – 2 AZR 736/95, NZA 96, 1156). Das BAG billigt der Frau, die nach Zugang der Kündigung und vor Ablauf der Zweiwochenfrist von ihrer Schwangerschaft erfährt, auch noch eine gewisse Überlegungsfrist zu, wie auf die neue Kenntnis zu reagieren ist. Die Mitteilung ist dann idR innerhalb einer Woche nachzuholen (BAG 26.9.02 – 2 AZR 392/01, AP MuSchG § 9 Nr 31). **Darlegungs- und Beweislast** für alle tatsächlichen Voraussetzungen des Kündigungsschutzes nach § 9 MuSchG liegen bei der Frau. Zu den Anforderungen vgl LAG Bln 5.7.93 – 9 Sa 9/93, NZA 94, 319.

b) Zulassung der Kündigung. Auf Antrag des ArbGeb kann die nach Landesrecht für **41** den Arbeitsschutz zuständige oberste Behörde oder die von ihr bestimmte Stelle **in besonderen Fällen ausnahmsweise** die Kündigung zulassen (§ 9 Abs 3 MuSchG). Der Kündigungsgrund darf nicht mit der Situation der Frau während der Schwangerschaft oder ihrer Lage nach der Entbindung in Zusammenhang stehen. **Zuständig:** Baden-Württemberg Regierungspräsidien; Bayern Nordbayern Gewerbeaufsichtsamt Nbg und Südbayern Gewerbeaufsichtsamt München-Land; Bln Landesamt für Arbeitsschutz, Gesundheitsschutz und technische Sicherheit; Brandenburg Landesamt für Arbeitsschutz; Hbg Behörde für Soziales, Familie, Gesundheit und Verbraucherschutz ; Hess und NRW örtlich zuständiger Regierungspräsident/Bezirksregierung; Mecklenburg-Vorpommern Landesamt für Gesundheit und Soziales, Abt. Arbeitsschutz; RhPf Struktur- und Genehmigungsdirektionen; Saarl Landesamt für Umwelt und Arbeitsschutz; Sachsen Landesdirektionen, Abt. Arbeitsschutz; Sachsen-Anhalt Landesamt für Verbraucherschutz, Gewerbeaufsicht; Thüringen Thüringer Landesbetrieb für Arbeitsschutz und technischen Verbraucherschutz; Schleswig-Holstein Staatliche Arbeitsschutzbehörde bei der Unfallkasse Nord, in den anderen Bundesländern die örtlich zuständigen Gewerbeaufsichtsämter (eine aktuelle Übersicht findet sich im Internet auf der Seite www.bmfsfj.bund.de). Anträge, die an ein unzuständiges Gewerbeaufsichtsamt gerichtet werden, werden idR weitergeleitet. Der **Antrag** kann formfrei gestellt werden; er ist fristgebunden, wenn eine außerordentliche Kündigung beabsichtigt ist (zwei Wochen nach Kenntnis des Grundes, § 626 Abs 2 BGB). Gegen die Entscheidung ist der Weg zu den **Verwaltungsgerichten** eröffnet. Der Frau kann es im Einzelfall verwehrt sein, gegen die Zustimmung zulässig Klage zu erheben (OVG Münster 8.8.97 – 24 A 1966/94, NZA-RR 98, 159). **Inhaltlich** gehen die Anforderungen über den „wichtigen Grund" iSd § 626 Abs 1 BGB hinaus; besondere Umstände müssen hinzutreten (st Rspr vgl VGH München 29.2.12 – 12 C 12.64, NZA 12, 302; s auch die Zusammenstellung bei *Wiebauer* BB 13, 1784). In Betracht kommen schwerwiegende vorsätzliche Vertragsverstöße, Vermögensdelikte, tätliche Bedrohung des ArbGeb. Aus dem betrieblichen Bereich Stilllegung oder wirtschaftliche Gefährdung des ArbGeb. Teils sind für die Behörde Erlasse ergangen (s *Zmarzlik/Zipperer/Viethen* MuSchG, 7. Aufl, Anhang 13). Wegen des häufigen Zusammentreffens von Mutterschutz und Elternzeit ist zu beachten, dass die Kündigung stets sowohl nach § 9 Abs 3 MuSchG als auch nach § 18 Abs 1 BEEG zugelassen sein muss (BAG 31.3.93 – 2 AZR 595/92, DB 93, 1783; LAG BBrb 6.4.11 – 15 Sa 2454/10, BeckRS 2011, 72994).

42   c) **Form und Inhalt der Kündigung.** Die Kündigung kann nach Erteilung der Zustimmung erklärt werden; die Bestandskraft der Entscheidung braucht nicht abgewartet zu werden (BAG 17.6.03 – 2 AZR 245/02, NZA 03, 1329). Die Kündigung bedarf der **Schriftform** und muss den zulässigen Kündigungsgrund angeben.

43   d) **Klagefrist.** Die nach § 4 Satz 1 KSchG einzuhaltende Klagefrist von drei Wochen beginnt nach § 4 Satz 4 KSchG nicht bereits mit dem Zugang der Kündigung, sondern mit der Bekanntgabe der Zulässigkeitserklärung der nach Landesrecht für den Mutterschutz zuständigen Behörde. Das gilt allerdings nur, wenn der ArbGeb Kenntnis von der Schwangerschaft oder der Entbindung hatte. Ist das nicht der Fall, muss die ArbN innerhalb von drei Wochen nach Kündigungserhalt klagen (BAG 19.2.09 – 2 AZR 286/07, NZA 09, 980; Näheres *Kündigungsschutz* Rz 111). Zur vergleichbaren Rechtslage im Behindertenrecht und im Recht der Elternzeit (BAG 3.7.03 – 2 AZR 487/02, NZA 03, 1335; 13.2.08 – 2 AZR 864/06, NZA 08, 1055). Hat die ArbN von ihrer Schwangerschaft aus einem von ihr nicht zu vertretenden Grund erst nach Ablauf der Klagefrist Kenntnis erlangt, kann sie nach Maßgabe des § 5 KSchG die nachträgliche Zulassung der Klage bewirken (Näheres: *Kündigungsschutz* Rz 122). Die Regelung trägt den verfassungsrechtlich gebotenen Anforderungen an einen wirksamen Bestandsschutz der Schwangeren Rechnung.

44   e) **Annahmeverzug.** Nicht zu folgen ist der Entscheidung ArbG München 18.6.04 – 35 Ca 1822/04, NZA-RR 05, 28. Danach soll dem ArbGeb trotz unwirksamer Kündigung die Beschäftigung einer schwangeren ArbN (Metzgereiverkäuferin) dann unzumutbar sein, wenn diese nachweislich der Kasse Geld entnommen hat. Dem ArbGeb sei nicht zumutbar, die ArbN ständig zu kontrollieren. Dabei wird ua übersehen, dass das mutterschutzrechtliche Kündigungsverbot auch dem Schutz des ungeborenen Lebens dient. Er ist nicht gewährleistet, wenn der werdenden Mutter der Annahmeverzugslohn vorenthalten wird und sie sich nunmehr zur Sicherung ihrer Existenz eine andere Geldquelle erschließen muss.

45   **9. Beendigung des Arbeitsverhältnisses aus anderen Gründen.** Sie wird von dem Kündigungsverbot nicht erfasst. a) **Befristung.** Ist das Arbeitsverhältnis rechtswirksam befristet (s LAG Köln 26.5.94 – 10 Sa 244/94, NZA 95, 1105) oder auflösend bedingt abgeschlossen, endet es mit Fristablauf/Eintritt der Bedingung. Eine dem ArbGeb zZ des Vertragsschlusses bekannte Schwangerschaft hindert nicht die Befristung des Arbeitsvertrages (BAG 6.11.96 – 7 AZR 909/95, NZA 97, 1222). Die Berufung des ArbGeb auf die Beendigung kann rechtsmissbräuchlich sein, wenn eine Weiterbeschäftigung nur wegen der Schwangerschaft abgelehnt wird, vor allem bei Bewährung der Frau (BAG 16.3.89 – 2 AZR 325/88, DB 89, 1728). Eine arbeitsvertraglich oder tarifrechtlich vorgesehene Nichtverlängerungsmitteilung steht der Kündigung nicht gleich; § 9 Abs 1 MuSchG gilt nicht (BAG 23.10.91 – 7 AZR 56/91, DB 92, 2637 zu § 24 Abs 1 Normalvertrag Tanz). Das befristete **Berufsausbildungsverhältnis** wird weder durch die Schutzfristen noch die Beschäftigungsverbote verlängert; die Auszubildende kann aber gem § 8 Abs 2 BBiG bei der für die Berufsausbildung zuständigen Stelle die Verlängerung der Ausbildungszeit beantragen, wenn zu erwarten ist, dass sie andernfalls das Ausbildungsziel nicht erreicht.

46   b) **Faktisches Arbeitsverhältnis.** Das Arbeitsverhältnis kann jederzeit durch **einfache Erklärung** beendet werden, wenn der zugrunde liegende Arbeitsvertrag von vornherein

Mutterschutz 317

nichtig oder erfolgreich **angefochten** ist (s *Faktisches Arbeitsverhältnis* Rz 5). Soweit die **Nichtigkeit** des Arbeitsvertrags mit einer Schwangeren nach § 134 BGB wegen eines Beschäftigungsverbots als möglich angesehen wurde, ist diese Rspr spätestens aufgrund des EG-Rechts, insbesondere der Gleichbehandlungsrichtlinie 76/207/EWG, überholt (vgl EuGH 5.5.94 – C-421/92, NZA 94, 609; Näheres *Diskriminierung* Rz 1–5; *Gleichbehandlung* Rz 26 ff).

c) **Anfechtung.** Nachdem das BAG zu Recht erkannt hat, dass die Frage nach dem **47** Bestehen einer Schwangerschaft grds unzulässig ist, deshalb auch ohne Rechtsnachteile für die Schwangere falsch beantwortet werden darf, kommt ein Anfechtungsrecht wegen Irrtums über eine verkehrswesentliche Eigenschaft idR ebenso wenig in Betracht wie das wegen arglistiger Täuschung (§§ 119 Abs 2, 123 BGB; BAG 15.10.92 – 2 AZR 227/92, DB 93, 435). Eine Pflicht zur wahrheitsgemäßen Beantwortung hatte das BAG angenommen, wenn die ArbN auf dem vorgesehenen Arbeitsplatz wegen eines Beschäftigungsverbots nicht eingesetzt werden darf. Die vorsätzlich wahrheitswidrige Auskunft, nicht schwanger zu sein, berechtigte den ArbGeb dann zur Anfechtung wegen vorsätzlicher Täuschung (BAG 1.7.93 – 2 AZR 25/93, DB 93, 1978). Das widerspricht dem EuGH. Schwangerschaft ist kein Grund, den Abschluss eines unbefristeten Arbeitsvertrages abzulehnen, weil die ArbN für die Dauer der Schwangerschaft einem mutterschutzrechtlichen Beschäftigungsverbot unterliegt (EuGH 3.2.2000 – Rs C-207/98, NZA 2000, 255). Das BAG hat deshalb seine Rspr aufgegeben und die Frage nach einer Schwangerschaft als regelmäßig unzulässig beurteilt, wenn die Frau unbefristet eingestellt werden soll. Die ArbN ist nach zutreffender Auffassung des LAG Köln (11.10.12 – 6 Sa 641/12, NZA-RR 13, 232 mit Anm *Pallasch* NZA-RR 13, 232) aber auch dann nicht zur Offenbarung oder wahrheitsgemäßen Beantwortung der Frage nach einer Schwangerschaft verpflichtet, wenn sie befristet als Schwangerschaftsvertretung eingestellt werden soll. Eine wahrheitswidrige Antwort der Frau berechtigt daher nicht zur Kündigung (BAG 6.2.03 – 2 AZR 621/01, NZA 03, 848). S auch *Auskunftspflichten Arbeitnehmer* Rz 9, 22 und *Arbeitsvertrag* Rz 58.

d) **Aufhebungsvertrag/Eigenkündigung.** Für Aufhebungsverträge wie auch für eine **48** von der Schwangeren ausgesprochene **Eigenkündigung** gelten grds keine Besonderheiten. Ein Irrtum der Schwangeren über das Bestehen einer Schwangerschaft bei Abgabe ihrer Erklärung begründet kein Anfechtungsrecht (BAG 6.2.92 – 2 AZR 408/91, DB 92, 1478). Von einer Eigenkündigung hat der ArbGeb die Aufsichtsbehörde unverzüglich zu verständigen (§§ 9 Abs 2, 5 Abs 1 Satz 3 MuSchG). Dem Sonderrecht der Frau, das Arbeitsverhältnis jederzeit zum Ende der Schutzfrist nach der Entbindung zu kündigen, kommt in der Praxis seit Geltung des BErzGG/BEEG keine nennenswerte Bedeutung zu (§ 10 Abs 1 MuSchG). Das gilt auch für die nach § 10 Abs 2 MuSchG vorgesehene Anrechnung ihres bisherigen Arbeitsverhältnisses, wenn sie innerhalb eines Jahres wieder eingestellt wird.

10. Erholungsurlaub. a) Allgemeines. Nach § 17 Satz 1 MuSchG gelten für den **49** Anspruch auf bezahlten Erholungsurlaub und dessen Dauer die Ausfallzeiten wegen mutterschutzrechtlicher Beschäftigungsverbote als Beschäftigungszeiten. Die Regelung entspricht allgemeinem Urlaubsrecht (*Urlaubsanspruch* Rz 13). § 17 Satz 2 enthält eine vom Urlaubsrecht abweichende **Übertragungsregelung** (zu § 7 Abs 3 BUrlG *Urlaubsanspruch* Rz 18). Hat die ArbN ihren Urlaub vor Beginn der Beschäftigungsverbote nicht oder nicht vollständig erhalten, so kann sie nach Ablauf der Fristen den Resturlaub im laufenden oder im nächsten Urlaubsjahr beanspruchen. Auslösendes Moment sind nicht nur die Schutzfristen vor und nach der Entbindung (§ 3 Abs 2, § 6 Abs 1), sondern alle sonstigen individuellen oder generellen Beschäftigungsverbote.

b) **Übertragungszeiträume.** Da die Vorschrift im Wesentlichen § 17 Abs 2 BEEG **50** entspricht, ist das „laufende Urlaubsjahr" nicht das Urlaubsjahr, in dem der offene Resturlaubsanspruch entstanden ist, sondern das Urlaubsjahr, in dem die Schutzfrist des § 6 Abs 1 MuSchG endet (so wohl auch *Joussen* NZA 02, 702). Dieser Urlaub kann dann bis zum Ende des darauffolgenden Kalenderjahres beansprucht werden. Es braucht **kein weiterer Übertragungsgrund** (betriebs- oder personenbedingt iSv § 7 Abs 3 BUrlG) vorzuliegen. In Anlehnung an die Rspr zu § 17 Abs 2 BEEG (*Elternzeit* Rz 32–35) wird allerdings zu verlangen sein, dass zwischen dem „Nichterhalten" des Urlaubs und den Beschäftigungsverboten ein **ursächlicher Zusammenhang** bestehen muss. Der Urlaub wird nur aufrecht-

317 Mutterschutz

erhalten, soweit die ArbN ihn ohne Arbeitsausfall hätte nehmen können. Andernfalls würde sie besser gestellt als nicht schwangere ArbN (zutreffend *Sowka* DB 02, 1658).

> **Beispiel:** Es besteht ein Resturlaub für 2002 von 10 Arbeitstagen, der von der ArbN krankheitsbedingt nicht genommen werden kann und deshalb gesetzlich bis 31.3.02 übertragen ist. Am 25.3.03 beginnt die Schutzfrist des § 3 Abs 2 MuSchG. Aufrecht erhalten bleibt der Urlaub nur für die bis zum 31.3.03 möglichen Arbeitstage; der überschießende Teil erlischt.

51 **c) Verhältnis zu § 17 Abs 2 BEEG.** § 17 Satz 2 MuSchG enthält ausschließlich eine (zusätzliche) Übertragungsregelung für den wegen der Beschäftigungsverbote nicht erhaltenen Urlaub. Soweit der ArbN wegen der Inanspruchnahme von Elternzeit kein Urlaub gewährt werden kann, verbleibt es deshalb bei der weiträumigeren Übertragung des Urlaubs nach § 17 Abs 2 BEEG. Beispiel (nach *Sowka* DB 02, 1658): ArbN hat für 2003 Anspruch auf 30 Urlaubstage; im Januar 2003 erhält sie 20 Urlaubstage. Im Februar 2003 beginnen die Schutzfristen, anschließend geht sie nahtlos bis Oktober 2006 in Elternzeit. Der Resturlaub von 10 Tagen kann dann bis 31.12.07 beansprucht werden. Schließt sich die Elternzeit nicht nahtlos an die Schutzfrist nach der Entbindung an, sondern nimmt die ArbN zunächst ihre Tätigkeit auf, um erst später in Elternzeit zu gehen, greifen sowohl § 17 Satz 2 MuSchG als auch § 17 Abs 2 BEEG ein. Es ist dann zu prüfen, ob der nach § 17 Satz 2 MuSchG zunächst übertragene Urlaub „wegen" der Inanspruchnahme der Elternzeit nicht gewährt werden konnte. Beispiel wie oben: Die ArbN nimmt ihre Arbeit im Mai 2003 auf. Folge: Übertragung des Urlaubs von 10 Tagen bis 31.12.04 nach § 17 Satz 2 MuSchG. Sie erhält weder 2003 noch 2004 Urlaub. Nach Weihnachten 2004 geht sie in Elternzeit. Folge: Übertragung des Urlaubs aus 2003 nur hinsichtlich der möglichen Arbeitstage bis 31.12.04 nach § 17 Abs 2 BEEG; der Rest erlischt zum Jahresende. Übertragen ist zusätzlich der Urlaub 2004 (ausführlich *Friese* NZA 03, 597).

52 **d) Erfüllung des Urlaubsanspruchs während eines Beschäftigungsverbots?** § 17 Satz 2 MuSchG wird entnommen, die ArbN könne während eines Beschäftigungsverbots keinen Urlaub erhalten (*Graue* AiB 02, 589; wohl auch *Moderegger* ArbRB 02, 111). Das erscheint in dieser Allgemeinheit nicht zutreffend. Urlaub im Rechtssinne bedeutet nichts anderes als bezahlte Freistellung von der Arbeitspflicht. Ist der ArbN nicht zur Arbeit verpflichtet, kann er folgerichtig nicht freigestellt werden. Der ArbN kann sicherlich kein Urlaub für die Dauer der Schutzfristen vor und nach der Entbindung gewährt werden (vgl auch EuGH 18.3.04 – C-342/01, NZA 04, 535). Anderes gilt hinsichtlich der allgemeinen oder individuellen Beschäftigungsverbote. In diesen Fällen wird zwar die Arbeitspflicht der ArbN suspendiert. Diese Befreiung von der Arbeitspflicht ist aber „relativ"; sie gilt nur „im Umfang des Beschäftigungsverbots" (BAG 21.3.01 – 5 AZR 352/99, NZA 01, 1017). Der ArbGeb kann der ArbN aufgrund seines mutterschutzrechtlichen Umsetzungsrechts einen nicht gesundheitsgefährdenden Arbeitsplatz zuweisen. Insoweit bleibt sie zur Arbeitsleistung verpflichtet. Urlaub kann deshalb nach Maßgabe des BUrlG gewährt werden und zwar auch dann, wenn der ArbGeb sein Umsetzungsrecht aus welchen Gründen auch immer nicht ausübt (ArbG Marburg 11.1.08 – 2 Ga 1/08, PflR 08, 337; ErfK/*Schlachter* § 3 MuSchG Rz 6; *Friese* NZA 03, 597; für Betriebsurlaub *Zmarzlik/Zipperer/Viethen* MuschG, 9. Aufl, vor § 3 Rz 14). Keine Urlaubserteilung liegt allerdings in der Erklärung des ArbGeb, er stelle die ArbN frei, weil er keine anderweitige Beschäftigungsmöglichkeit habe (BAG 25.1.94 – 9 AZR 312/92, NZA 94, 652). Eine Verrechnung der Zeiten dieser Freistellung mit dem Urlaub kommt nicht in Betracht.

53 **11. Fehlzeiten und Mutterschutz.** Das gänzliche oder teilweise Aussetzen mit der Arbeit infolge Beschäftigungsverboten oder Schutzfristen darf grds nicht zu einer Benachteiligung der ArbN führen. Das BAG hatte daher zunächst angenommen, **Gratifikationen** (Jahressonderleistung) dürften nicht um Zeiten gekürzt werden, in denen die ArbN infolge der Schutzfristen mit der Arbeit ausgesetzt hatte (BAG 12.5.93 – 10 AZR 528/91, NZA 93, 1002). Diese Rspr hat es aufgegeben (BAG 12.7.95 – 10 AZR 511/94, NZA 95, 1165). Hieran wird es nach der zutreffenden Rspr des EuGH nicht festhalten können. So steht Art 119 EG-Vertrag (jetzt Art 157 AEUV) einer Regelung entgegen, die den ArbGeb unterschiedslos berechtigt, eine Gratifikation um Fehlzeiten zu kürzen. Zeiten der Beschäftigungsverbote (§ 3 Abs 2, § 6 Abs 1 MuSchG) dürfen nicht leistungsmindernd berücksichtigt werden (EuGH 21.10.99 – Rs C-333/97, NZA 99, 1325). Ob eine Kürzung wegen krankheitsbedingter Fehlzeiten für den Fall einer schwangerschaftsbedingten Arbeitsunfähigkeit vereinbart werden kann (so BAG 27.7.94 – 10 AZR 314/93, NZA 95, 233), ist danach ebenfalls zweifelhaft. Eine tarifliche Vergütungsregelung, die dazu führt, dass Mutterschutzfristen nicht in die Bemessungsgrundlage eines ergebnisbezogenen Entgelts einbezogen werden, ist unwirksam (BAG 2.8.06 – 10 AZR 425/05, NZA 06, 1411).

Wegen des besonderen Schutzauftrags des Art 6 Abs 4 GG hat das BAG eine Tarifnorm als unwirksam beurteilt, nach der die ArbN wegen der Inanspruchnahme der (vorgeburtlichen) Schutzfrist des § 3 Abs 2 MuSchG keinen Anspruch auf **Urlaubsgeld** erwirbt (BAG 20.8.02 – 9 AZR 353/01, NZA 03, 333). Dieses Ergebnis ergibt sich auch aus den Vorgaben des Unionsrechts. Nach der Rspr des EuGH (13.1.05 – CCR-356/03, EuZW 05, 150) steht die Gleichbehandlungsrichtlinie einer Bestimmung entgegen, nach der eine Frau während des teilweise vom ArbGeb bezahlten „Mutterschaftsurlaubs" (gemeint sind die Schutzfristen) deshalb keine Anwartschaften auf eine **Versicherungsrente**, die Teil eines Zusatzversorgungssystems ist, erwirbt, weil der Erwerb solcher Anwartschaft voraussetzt, dass die ArbN während des Mutterschaftsurlaubs steuerpflichtigen Arbeitslohn erhält. In Umsetzung dieser Entscheidung hat der BGH (1.6.05 – IV ZR 100/02, FamRZ 05, 1545) die Versorgungsanstalt Bund/Länder verpflichtet, Mutterschutzzeiten bei der Errechnung der Versicherungsrentenanwartschaft wie Umlagemonate zu berücksichtigen. Dem entspricht die Rspr des BVerfG: Die Schutzfristen sind zwingend auf die Wartezeit der VBL anzurechnen (BVerfG 28.4.11 – 1 BvR 1409/10, NZA 11, 857).

B. Lohnsteuerrecht
Windsheimer

S *Mutterschaftsgeld* Rz 3–5 und *Mutterschaftshilfe* Rz 2. Bei Weiterbeschäftigung nach § 3 Abs 2 MuSchG (s oben Rz 20) bleibt die Haftung nach §§ 34, 69 AO (s *Lohnsteuerhaftung* Rz 30 ff) bestehen (BFH 5.3.98 – VII B 36/97, BFH/NV 98, 1325). Zum Anspruch auf Kindergeld während der Mutterschutzfristen (BFH 24.9.09 – III R 83/08, BFH/NV 10, 619). Die Betreuung des eigenen Kindes im Rahmen der Elternzeit führt zum Wegfall des Kindergeldanspruchs, wenn eine Berufsausbildung hierdurch unterbrochen wird (BFH 31.8.10 – III B 61/10, BeckRS 2010, 25016585). Für die Verpflichtung, in Geburtsfällen eine Beihilfe zu gewähren, kann der ArbGeb eine Rückstellung bilden (BFH 30.1.02 – I R 71/00, BFH/NV 02, 1208; s aber *Mutterschaftsgeld* Rz 5 aE). Bei einer nach § 8 MuSchG zum Bodenpersonal versetzten schwangeren Stewardess sind die Schichtzulagen für Sonntags-, Feiertags- und Nachtarbeit, die aber tatsächlich nicht geleistet werden, ohne Verfassungsverstoß stpfl (BFH 27.5.09 – VI B 69/08, BStBl II 09, 730). **54**

C. Sozialversicherungsrecht
Voelzke

1. Allgemeines. S zunächst *Mutterschaftsgeld* Rz 6–24 und *Mutterschaftshilfe* Rz 3–9. Für das **Beitragsrecht** in der SozV ist von Bedeutung, dass für den Zuschuss des ArbGeb zum Mutterschaftsgeld (s Rz 33–39) keine Beiträge zu entrichten sind, da der Zuschuss nach § 1 Abs 1 Satz 1 Nr 6 SvEV nicht dem Arbeitsentgelt zuzurechnen ist. **55**

2. Ausgleichsverfahren. Ab 1.1.06 hat das Gesetz über den Ausgleich von ArbGebAufwendungen für Entgeltfortzahlung vom 22.12.05 (BGBl I 03, 3686) die Entgeltfortzahlungsversicherung neu geregelt. Davon betroffen ist auch das sog **U2-Verfahren**, das die Aufwendungen des ArbGeb für den Zuschuss zum Mutterschaftsgeld und das bei Beschäftigungsverboten gezahlte Arbeitsentgelt betrifft. Die Neuregelung ist auf die Entscheidung des BVerfG vom 18.11.03 (– 1 BvR 302/96, NZA 04, 33) zurückzuführen. Zuständig für die Durchführung des Umlageverfahrens ist jeweils die Krankenkasse, bei der der Beschäftigte Mitglied ist (zur Neuregelung des Umlageverfahrens durch das AAG *Kossens* WzS 06, 97). **56**

In das Ausgleichsverfahren der Entgeltfortzahlung bei Mutterschaft sind alle ArbGeb **unabhängig von der Zahl der Beschäftigten** einbezogen. Dies gilt auch für ArbGeb mit ausschließlich männlichen Beschäftigten. Die Mittel zur Durchführung des Ausgleichsverfahrens werden durch eine Umlage aufgebracht. Die Regelungen für das U1-Verfahren gelten hinsichtlich der Berechnung der Umlage und deren Fälligkeit entsprechend (Näheres *Kleinbetrieb*). Bei der Ermittlung der Bemessungsgrundlage bleibt einmalig gezahltes Arbeitsentgelt iSd § 23a SGB IV unberücksichtigt. Im Übrigen wird das Arbeitsentgelt nur bis zur Beitragsbemessungsgrenze in der gesetzlichen RV in Ansatz gebracht.

57 Dem ArbGeb werden auf Antrag die Aufwendungen, die er aus Anlass der Mutterschaft an Arbeitnehmerinnen gezahlt hat, zu 100 % erstattet. Im Einzelnen umfasst der **Erstattungsbetrag** nach § 1 Abs 2 AAG den vom ArbGeb nach § 14 Abs 1 MuSchG gezahlten Zuschuss zum Mutterschaftsgeld, das vom ArbGeb nach § 11 MuSchG bei Beschäftigungsverboten gezahlte Arbeitsentgelt und die auf die Arbeitsentgelte entfallenden von den ArbGeb zu tragenden Beiträge zur BA und die ArbGebAnteile an Beiträgen zur gesetzlichen KV, RV und sozialen PflegeV, den vom ArbGeb zu tragenden Beitrag zu einer berufsständischen Versorgungseinrichtung (§ 172 Abs 2 SGB VI) sowie die Beitragszuschüsse nach § 257 SGB V und § 61 SGB XI. Eine Herabsetzung des Erstattungsbetrags durch die Satzung der Krankenkasse ist nicht zulässig (BSG 13.12.11 – B 1 KR 7/11 R, NZA-RR 12, 429).

58 3. **Versicherungspflicht.** In der KV beginnt die Pflichtmitgliedschaft mit dem Zeitpunkt der beabsichtigten Arbeitsaufnahme, wenn die tatsächliche Arbeitsaufnahme nur durch ein **Beschäftigungsverbot** nach dem MuSchG verhindert wird (s im Einzelnen BSG 10.12.98 – B 12 KR 7/98 R, SozR 3–2500 § 186 Nr 7).

Nachtarbeit

A. Arbeitsrecht *Poeche*

1. Allgemeines. Das zum 1.7.94 in Kraft getretene ArbZG regelt ansatzweise die Beschäftigung von ArbN zur Nachtzeit (zum Geltungsbereich des ArbZG und den Sanktionen s *Arbeitszeit* Rz 3 ff, 27). Damit wird ua einem Auftrag des BVerfG entsprochen, das mit Urt vom 28.1.92 das ausschließlich für Arbeiterinnen bestimmte Nachtarbeitsverbot für verfassungswidrig erklärt hat (– 1 BvR 1025/82, 1 BvL 16/83, 1 BvL 10/91, DB 92, 377). Der Gesetzgeber ist verpflichtet worden, den Schutz der ArbN vor den schädlichen Folgen der Nachtarbeit neu zu regeln und dem **Gesundheits- und Familienschutz** dienende flankierende Maßnahmen vorzusehen. Als schädliche Folgen der Nachtarbeit nennt das BVerfG: Schlaflosigkeit, Appetitlosigkeit, Störung des Magen- und Darmtraktes, erhöhte Nervosität, Reizbarkeit, Herabsetzung der Leistungsfähigkeit. Zu beachten hatte der Gesetzgeber zudem die EG-Richtlinie 93/104 über bestimmte Aspekte der Arbeitszeit. Die Richtlinie wurde mit Wirkung zum 2.8.04 durch die Richtlinie 2003/88/EG ersetzt. Ausführlich zur Nachtarbeit *Lakies* ArbR Aktuell 12, 521.

Zum Nachtarbeitsverbot für Jugendliche s *Jugendarbeitsschutz* Rz 24; für Schwangere und stillende Mütter s *Mutterschutz* Rz 18.

2. Grundsätze. Das ArbZG enthält keine konkreten Vorgaben, unter welchen Voraussetzungen Nachtarbeit möglich, zulässig oder zu beschränken ist. Sie wird vielmehr generell für alle Wirtschaftszweige einschließlich den öffentlichen Dienst, Männer und Frauen, freigegeben. Inhaltlich wird nur bestimmt, dass die Arbeitszeit der NachtArbN nach den gesicherten arbeitswissenschaftlichen Erkenntnissen über die **menschengerechte Gestaltung der Arbeit** festzulegen ist (§ 6 Abs 1 ArbZG). Hierzu *Beermann* 9. Aufl 2005 Einführung und Gestaltung von Nacht- und Schichtarbeit, Herausgeber: Bundesanstalt für Arbeitsschutz und Arbeitsmedizin, abrufbar im Internet (baua). Empfehlungen ua: keine Dauernachtwachen, nicht mehr als vier Nächte hintereinander, kürzer als zehn Stunden, anschließend längere Ruhezeit. Vor diesem Hintergrund ist der ArbGeb auf Grund seines Weisungsrechts berechtigt, vorbehaltlich einer tariflichen Regelung und der Beteiligungsrechte des BRat, Dauer, Lage und Häufigkeit von Nachtschichten nach billigem Ermessen (§ 106 GewO) festzulegen (vgl BAG 11.2.98 – 5 AZR 472/97, NZA 98, 647, das allerdings noch davon ausgegangen ist, es gäbe keine gesicherten arbeitsmedizinischen Erkenntnisse, ob eine längere oder kürzere Schichtfolge den ArbN stärker belaste).

3. Begriffe. Nachtzeit ist die Zeit von 23.00 bis 6.00 Uhr. **Nachtarbeit** ist jede Arbeit, die mehr als zwei Stunden der Nachtzeit umfasst. **Nachtarbeitnehmer** sind ArbN, die aufgrund ihrer Arbeitszeitgestaltung regelmäßig wiederkehrend in Wechselschichtarbeit Nachtarbeit zu leisten haben oder Nachtarbeit an mindestens achtundvierzig Tagen im Kj erbringen (§ 2 Abs 3 bis 5 ArbZG). In **Bäckereien und Konditoreien** liegt die Nachtzeit zwischen 22.00 bis 5.00 Uhr.

4. Arbeitszeit. Die gesetzlich höchstzulässige Arbeitszeit der NachtArbN beläuft sich wie auch für andere ArbN auf acht Stunden werktäglich mit der Möglichkeit, sie auf bis zu zehn Stunden zu verlängern. Der **Ausgleich,** also die Rückführung der Arbeitszeit auf durchschnittlich acht Stunden, muss innerhalb eines Kalendermonats oder innerhalb von vier Wochen erfolgen. Es bleibt bei dem langen Ausgleichszeitraum von sechs Monaten/24 Wochen nach § 3 Satz 2 ArbZG für die Tagesarbeitszeiten der nicht in Wechselschicht arbeitenden NachtArbN des § 2 Abs 5 Nr 2 ArbZG (§ 6 Abs 2 ArbZG).

Durch **Tarifvertrag** oder bei tariflicher **Öffnungsklausel** durch Betriebsvereinbarung kann die Arbeitszeit auch über zehn Stunden werktäglich ohne Ausgleich verlängert werden, wenn in die Arbeitszeit regelmäßig und in erheblichem Umfang Arbeitsbereitschaft fällt (s *Arbeitsbereitschaft* Rz 4). Außerdem kann ein anderer Ausgleichszeitraum festgelegt werden. Gestattet wird es tariflichen Regelungen auch, den Beginn des siebenstündigen Nachtzeitraums iSd § 2 Abs 3 ArbZG auf die Zeit zwischen 22.00 und 24.00 Uhr festzulegen (§ 7 Abs 1 Nr 5 ArbZG). Damit wird ermöglicht, dass bei Betriebsschluss um 1.00 Uhr nachts –

320 Nachtarbeit

wie im Gaststättenbereich häufig anzutreffen – im Ergebnis keine Nachtarbeit im gesetzlichen Sinn anfällt, wenn ihr Beginn auf 24.00 Uhr verschoben wird. In bestimmten Bereichen bestehen weitergehende Möglichkeiten, die Nachtarbeit den spezifischen betrieblichen Bedürfnissen anzupassen; so in der Landwirtschaft und bei der Behandlung, Pflege und Betreuung von Personen. Vorausgesetzt wird eine tarifliche Regelung oder eine zugelassene Betriebsvereinbarung. Außerdem muss sichergestellt sein, dass der **Gesundheitsschutz** der ArbN durch einen entsprechenden Zeitausgleich gewährleistet wird (§ 7 Abs 2 ArbZG).

Zu den auch für die Nachtarbeit zulässigen Ausnahmen im **öffentlichen Dienst** und gleichgestellten ArbGeb, Kirchen und die öffentlich-rechtlichen Religionsgesellschaften sowie für nicht tarifgebundene Betriebe und solche ohne BRat s *Arbeitszeit* Rz 18–22.

5   **5. Belastungsausgleich. a) Grundsätze.** Der ArbGeb hat dem NachtArbN für die während der Nachtzeit geleisteten Arbeitsstunden eine **angemessene Zahl** bezahlter **freier Tage** oder einen angemessenen **Zuschlag** auf das ihm für die Nachtarbeit zustehende Bruttoarbeitsentgelt zu gewähren (§ 6 Abs 5 ArbZG), soweit keine tarifvertragliche Regelung eingreift. Beides dient dem Gesundheitsschutz. Der Freizeitausgleich verschafft dem ArbN unmittelbar ein Mehr an Erholung, der Geldzuschlag verteuert die Arbeitsstunde und soll so mittelbar den ArbGeb davon abhalten, Nachtarbeit anzuordnen. Dem ArbGeb ist gesetzlich ein **Wahlrecht** iSv § 262 BGB zwischen beiden Ausgleichsleistungen eingeräumt. Trotz der dem Gesundheitsschutz besser gerecht werdenden Gewährung zusätzlicher freier Tage besteht kein Vorrang des Freizeitausgleichs (BAG 28.6.97 – 1 ABR 16/97, NZA 98, 441). Gegenläufig beschränkt sich der Belastungsausgleich nicht allein deshalb auf den Geldzuschlag, weil zwischen der geleisteten Nachtarbeit und deren Ausgleich ein erheblicher Zeitraum verstrichen ist (BAG 5.9.02 – 9 AZR 202/01, NZA 03, 563). Klagt der ArbN im bestehenden Arbeitsverhältnis auf einen Ausgleich aus § 6 Abs 5 ArbZG, hat er eine sog Alternativklage zu erheben, also zu beantragen, den ArbGeb nach seiner Wahl zur Zahlung oder zur Gewährung freier Arbeitstage zu verurteilen (vgl BAG 12.12.12 – 5 AZR 918/11, BeckRS 2013, 68694 und BAG 1.2.06 – 5 AZR 422/04, NZA 06, 494).

6   **b) Tarifliche Ausgleichsregelung.** Die Ausgestaltung des Nachtarbeitsausgleichs ist wegen ihrer größeren Sachnähe den Tarifvertragsparteien überlassen. Der gesetzliche Anspruch ist gegenüber einem auf das Arbeitsverhältnis kraft Vereinbarung oder Tarifbindung anzuwendenden Tarifvertrag subsidiär (BAG 18.5.11 – 10 AZR 369/10, NZA 11, 581). Das gilt auch im Nachwirkungszeitraum (BAG 28.6.97 – 1 ABR 16/97, NZA 98, 441). Eine tarifliche Regelung schließt den gesetzlichen Anspruch nur aus, wenn sie eine Kompensation für die mit der Nachtarbeit verbundenen Belastungen vorsieht; die Nachtarbeit muss in irgendeiner Form „belohnt" werden. Eine tarifliche Bestimmung, nach der kein Nachtzuschlag zu zahlen ist, ist keine solche Regelung. Sie reduziert lediglich die Wahlmöglichkeit des ArbGeb auf die Gewährung von Freizeitausgleich (BAG 26.4.05 – 1 ABR 1/04, NZA 05, 884). Die Kompensation kann auch stillschweigend in allgemeinen tariflichen Arbeitsbedingungen erfolgen. Das setzt voraus, dass der Tarifvertrag selbst einen Hinweis auf den Ausgleich enthält oder sich aus der Tarifgeschichte oder aus Besonderheiten seines Geltungsbereichs hierfür Anhaltspunkte ergeben (BAG 12.12.12 – 10 AZR – 10 AZR 192/11, NZA-RR 13, 476; 18.5.11 – 10 AZR 369/10, NZA 11, 581; so schon BAG 28.6.97 – 1 ABR 16/97, NZA 98, 441). Bei der Auslegung eines Tarifvertrags ist zu berücksichtigen, dass die Tarifvertragsparteien wirksame Regelungen treffen wollen. Dieser Grundsatz kann Bedeutung gewinnen, wenn der ArbN während der Nachtschicht **Bereitschaftsdienst** leistet. Da dieser Dienst zur Arbeitszeit gehört, ist er in seiner gesamten Dauer auszugleichen und nicht nur die Zeiten, in denen der ArbN tatsächlich arbeitet (vgl BAG 28.7.10 – 5 AZR 342/09, NZA-RR 11, 28; 23.2.11 – 10 AZR 579/09, NZA 11, 1176). **Ausschlussfristen** sind zu beachten. Beschränkt sich die tarifliche Regelung auf einen Zusatzurlaub, kann dessen Abgeltung nur bei Beendigung des Arbeitsverhältnisses verlangt werden (BAG 12.12.12 – 10 AZR 192/11, NZA-RR 13, 476).

7   **c) Höhe des gesetzlich geschuldeten Ausgleichs.** Maßgebend ist zunächst, was die Arbeitsvertragsparteien ausdrücklich vereinbart haben. Eine inhaltliche Kontrolle nach §§ 305 ff BGB dürfte auch bei einem vom ArbGeb vorformulierten Arbeitsvertrag ausscheiden, da es um die Hauptpflichten der Arbeitsvertragsparteien geht. Der Belastungsausgleich kann auch stillschweigend vereinbart werden. Eine Aufstockung der Grundvergütung um den

Nachtarbeitszuschlag muss sich dann aber unmissverständlich aus dem Arbeitsvertrag ergeben. Das ist idR nur anzunehmen, wenn wegen der Entgelthöhe ausdrücklich auf die zu leistende Nachtarbeit Bezug genommen wird (BAG 27.5.03 – 9 AZR 180/02, ZTR 04, 212). Ausnahmsweise kann sich auch aus Umständen außerhalb der Vertragsurkunde ergeben, dass der Nachtzuschlag im **Grundgehalt** enthalten ist (BAG 31.8.05 – 5 AZR 545/04, NZA 06, 324). Das hat das BAG für den Fall bejaht, dass mit dem zunächst im Stundenlohn (zzgl Nachtarbeitszuschlägen) beschäftigten Rettungssanitäter ein Monatsgrundgehalt und die Zahlung von Mehrarbeit zu einem festen Stundensatz vereinbart wird und der sich aus dem Monatsgehalt ergebende Stundenlohn höher als die Mehrarbeitsvergütung ist. **Teilzeitkräfte** sind gleich zu behandeln. Ihr geringeres Arbeitszeitvolumen rechtfertigt nicht, sie von Nachtarbeitszuschlägen auszuschließen (BAG 15.12.98 – 3 AZR 239/97, NZA 99, 882). Haben die Parteien keine Regelung getroffen, ist der Nachtzuschlag vom ArbG festzusetzen. Ein Nachtzuschlag ist **angemessen,** wenn er der besonderen Belastung durch die ungünstige Arbeitszeit Rechnung trägt. Für seine Höhe ist nicht schematisch auf den einschlägigen Tarifvertrag zurückzugreifen (BAG 24.2.99 – 4 AZR 62/98, NZA 99, 995). Andernfalls würde die vom Gesetz gerade nicht vorgesehene Bindung an den Tarifvertrag hergestellt. Die tarifliche Regelung bietet lediglich eine Orientierungshilfe (BAG 5.9.02 – 9 AZR 202/01, NZA 03, 563: 30 % statt 50 % bei Dauernachtschicht). Die Bandbreite der tariflich vereinbarten Nachtarbeitszuschläge, die von 10 % bis hin zu 100 % reicht (WSI Handbuch 2000), lässt sich zudem mit der gesundheitlichen und sozialen Belastung durch Nachtarbeit allein nicht erklären. Vorbehaltlich der Besonderheiten des Einzelfalls ist im Übrigen regelmäßig ein Satz von 25 % angemessen (BAG 27.5.03 – 9 AZR 180/02, ZTR 04, 212). Ein geringerer Satz kommt in Betracht wenn Nachtarbeit nach der Natur der Arbeitsleistung unvermeidbar ist (BAG 31.8.05 – 5 AZR 545/04, NZA 06, 324: Rettungssanitäter 10 %; LAG SchlHol 20.3.04 – 2 Sa 563/03, NZA-RR 04, 488: Nachtportier 15 %). Nach der Rspr des BAG entspricht der Anspruch auf eine angemessene Zahl bezahlter freier Tage als Ausgleich für die geleistete Nachtarbeit der Höhe des angemessenen Zuschlags auf das Bruttoarbeitsentgelt (1.2.06 – 5 AZR 422/04, NZA 06, 494). Dabei hat das BAG im Wesentlichen darauf abgestellt, das gesetzlich kein Vorrang des Freizeitausgleichs besteht. Das Wahlrecht des ArbGeb zwischen Zuschlag und Freistellung mache nur Sinn, wenn sich beide Leistungen nach ihrem Wert grds entsprächen.

6. Gesundheitsschutz. NachtArbN sind berechtigt, sich vor Beginn der Beschäftigung **8** und danach in regelmäßigen Zeitabständen von nicht weniger als drei Jahren **arbeitsmedizinisch untersuchen** zu lassen. Nach Vollendung des 50. Lebensjahres steht ihnen dieses Recht in Zeitabständen von einem Jahr zu. Zur Durchführung der arbeitsmedizinischen Untersuchung s *Betriebliche Gesundheitsförderung* Rz 6). Die Kosten der Untersuchungen hat der ArbGeb zu tragen, sofern er diese nicht kostenlos durch einen Betriebsarzt oder überbetrieblichen Dienst anbietet (§ 6 Abs 3 ArbZG). Der ArbGeb ist ferner verpflichtet, den NachtArbN auf dessen Verlangen auf einen für ihn **geeigneten Tagesarbeitsplatz** umzusetzen. Voraussetzung ist, dass nach arbeitsmedizinischer Feststellung der ArbN mit hinreichender Wahrscheinlichkeit in seiner Gesundheit beeinträchtigt wird, wenn er weiterhin Nachtarbeit verrichtet.

Die **Pflicht** des ArbGeb zur **Umsetzung** entfällt nur dann, wenn aus dringenden **9** betrieblichen Erfordernissen kein geeigneter Tagesarbeitsplatz zur Verfügung gestellt werden kann. In diesem Fall hat der ArbGeb den BRat oder Personalrat zu hören, die ihm Vorschläge für einen anderweitigen Einsatz des ArbN unterbreiten können (§ 6 Abs 4a ArbZG). In Betracht kommen alle Arbeitsplätze, die der ArbN aufgrund seiner Fähigkeiten und Kenntnisse entsprechend seinen gesundheitlichen Möglichkeiten ausfüllen kann. Die Verwendung des Begriffs „Umsetzung" schließt einen Anspruch des ArbN auf Zuweisung eines höherwertigen oder anderen als den vertraglich vereinbarten Tätigkeitsbereich aus. Umsetzung als Rechtsbegriff findet sich weder im Arbeitsvertragsrecht noch im BetrVG. Allgemein wird darunter die bloße organisatorische Änderung der Lage der Arbeitszeit bei sonst gleichen Arbeitsbedingungen verstanden (Umsetzung von einer Schicht in die andere). Zum Anspruch eines NachtArbN auf eine bestimmte Verteilung der Arbeitszeit BAG 23.9.04 – 6 AZR 567/03, NZA 05, 359. Weitergehende Ansprüche des ArbN auf Freistellung von Nachtarbeit können sich aus dem **Behindertenrecht** ergeben (BAG 3.12.02 – 9 AZR 462/01, NZA 03, 1215).

320 Nachtarbeit

10 **7. Familienschutz.** Anspruch auf Umsetzung auf einen geeigneten Tagesarbeitsplatz besteht im Interesse notwendiger **Kinderbetreuung.** Vorausgesetzt wird, dass im Haushalt des ArbN ein Kind unter zwölf Jahren lebt, das nicht von einer anderen im Haushalt lebenden Person betreut werden kann (§ 6 Abs 4b ArbZG). Eine familienrechtliche Beziehung zu dem Kind wird nicht verlangt. Der ArbN kann nicht auf eine mögliche Betreuung durch außerhalb des Haushalts lebende Familienangehörige oder Dritte verwiesen werden. Arbeiten sowohl Mutter wie auch Vater in Nachtarbeit und leben sie mit dem Kind allein, können sie unter sich entscheiden, wer seine Umsetzung verlangt. Der Einsatz in Tagesarbeit kann ferner verlangt werden, wenn der ArbN einen **schwerpflegebedürftigen Angehörigen** zu versorgen hat, der nicht von einem anderen im Haushalt lebenden Angehörigen versorgt werden kann (§ 6 Abs 4c ArbZG). Für den Begriff der Schwerpflegebedürftigkeit ist wegen fehlender eigener Definition des ArbZG auf § 53 Abs 1 SGB V zurückzugreifen. Schwerpflegebedürftig ist danach, wer nach ärztlicher Feststellung wegen Krankheit oder Behinderung so hilflos ist, dass er für die gewöhnlichen und regelmäßig wiederkehrenden Verrichtungen im Ablauf des täglichen Lebens auf Dauer in sehr hohem Maße der Hilfe bedarf. Einer Umsetzungspflicht des ArbGeb können auch hier wie bei dem Gesundheitsschutz dringende betriebliche Gründe entgegenstehen.

11 **8. Weiterbildung.** Im Interesse der Chancengleichheit hebt § 6 Abs 6 ArbZG ausdrücklich hervor, dass NachtArbN den gleichen Zugang zur betrieblichen Weiterbildung und zu aufstiegsfördernden Maßnahmen haben wie die übrigen ArbN (s auch *Betriebliche Berufsbildung* Rz 6).

12 **9. Mitbestimmungsrechte des Betriebsrats** bestehen nach § 87 Abs 1 Nr 2 BetrVG (Arbeitszeit). Sie kommen – vorbehaltlich einer abschließenden tariflichen Ausgleichsregelung iSv § 6 Abs 5 ArbZG – auch nach § 87 Abs 1 Nr 10 BetrVG (betriebliche Lohngestaltung) in Betracht. Entgeltcharakter hat der für die besonderen Erschwernisse der Nachtarbeit vom ArbGeb zu gewährende angemessene Zeit-/Geldausgleich. Vor- oder Rückverlegung des Zeitrahmens der Nachtarbeit (Beginn statt 23.00 Uhr eine beliebige Zeit zwischen 22.00 und 24.00 Uhr) können nicht einseitig vom ArbGeb bestimmt werden. Gleiches gilt, wenn ein Tarifvertrag den Nachtarbeitszuschlag verbindlich regelt, und er es im Übrigen der Vereinbarung zwischen ArbGeb und BRat überlässt, die zuschlagspflichtige Zeitspanne innerhalb eines vorgegebenen zeitlichen Rahmens festzulegen (BAG 21.9.93 – 1 ABR 16/93, DB 94, 1193). Nach § 87 Abs 1 Nr 7 BetrVG hat der BRat mitzubestimmen über den **Gesundheitsschutz.** Er ist deshalb zu beteiligen bei der Entscheidung, ob und unter welchen Voraussetzungen der angemessene Ausgleich über Freizeitausgleich oder einen Entgeltzuschlag erfolgen soll. Die Zahl der zu gewährenden freien Tage oder die Höhe des zu zahlenden Zuschlags unterliegen nicht seiner Mitbestimmung. Die Angemessenheit des Ausgleichs ist eine Rechtsfrage, die der betrieblichen Regelung nicht zugänglich ist (BAG 26.8.97 – 1 ABR 16/97, NZA 98, 441; vgl auch BAG 26.4.05 – 1 ABR 1/04, NZA 05, 884). Zu beachten ist der **Tarifvorbehalt.** Das Beteiligungsrecht entfällt, wenn im Betrieb eine normativ oder aufgrund einzelvertraglicher Vereinbarung geltende tarifliche Ausgleichsregelung iSv § 6 Abs 5 ArbZG besteht (BAG 17.1.12 – 1 ABR 62/10, NZA 12, 513).

B. Lohnsteuerrecht
Seidel

13 Da, bis auf die Höhe der Zuschlagssätze, die Steuerfreiheit der Zuschläge für Nachtarbeit denselben gesetzlichen Voraussetzungen wie die Steuerfreiheit für Sonn- und Feiertagsarbeit unterliegt und teilweise auch eine Verknüpfung untereinander besteht, erfolgt die lohnsteuerrechtliche Darstellung grds unter dem Stichwort *Sonn- und Feiertagsarbeit* Rz 17 ff. Zahlt der ArbGeb regelmäßig und fortlaufend **Wechselschichtzuschläge,** gehören diese zum Grundlohn und sind auch während der begünstigten Nachtzeit nicht steuerbefreit (BFH 7.7.05 – IX R 81/98, BStBl II 05, 888).

C. Sozialversicherungsrecht
Schlegel

14 **1. Allgemeines.** Die Nachtarbeit hat sozialversicherungsrechtlich insbesondere insoweit Bedeutung, als hierfür zusätzlich zum Grundlohn Zuschläge gezahlt werden.

2. Beitragsrecht. Gem § 1 Abs 1 Nr 1 SvEV werden dem Arbeitsentgelt laufende 15 Zulagen und Zuschüsse sowie ähnliche Einnahmen nicht zugerechnet, soweit sie lohnsteuerfrei sind. Dies gilt nicht für Sonntag-, Feiertags- und Nachtarbeitszuschläge, soweit das Entgelt, auf dem sie berechnet werden, mehr als 25 € beträgt. Somit ist bei **Zuschlägen für Sonn- und Feiertagsarbeit** und **Nachtarbeit** wie folgt vorzugehen: Es ist zu prüfen, ob das Entgelt pro Stunde (Stundengrundlohn iSv § 3b EStG), für das die Zuschläge gezahlt werden, über 25 € liegt; ist dies nicht der Fall, sind die Zuschläge nicht dem Arbeitsentgelt zuzurechnen und damit auch beitragsfrei, soweit sie steuerfrei sind. Liegt das Entgelt pro Stunde (Stundengrundlohn), für das die Zuschläge gezahlt werden, über 25 €, sind nur die auf einen Grundlohn-Betrag von bis 25 € entfallenden Zuschläge, nicht jedoch die auf den Betrag von über 25 € entfallenden Zuschläge im Rahmen ihrer Steuerfreiheit auch beitragsfrei (vgl Besprechungsergebnis der Spitzenverbände vom 22.6.2006 zum HBeglG 2006). Aus den Tatbestandsmerkmalen „zusätzlich" bei § 1 Abs 1 Nr 1 SvEV und „neben dem Grundlohn gezahlt" bei § 36 Abs 1 EStG ergibt sich, dass die Beitragsfreiheit entfällt, wenn Nachtarbeit die regelmäßige Arbeitszeit des ArbN ist. Ebenso entfällt die Beitragsfreiheit, wenn für die Nachtarbeit **Freizeitausgleich** gewährt wird, da hier nur eine mittelbare Zahlung des Nachtzuschlags erfolgt. Werden Nachtzuschläge im Krankheitsfall oder bei Mutterschutz etc **fortgezahlt,** liegt mangels tatsächlicher Nachtarbeit keine Steuer- und damit keine Beitragsfreiheit vor. Was unter Nachtarbeit zu verstehen ist, bestimmt sich auch im Rahmen der §§ 14, 17 SGB IV, 1 SvEV nach § 3b Abs 2 Satz 2, Abs 3 EStG (Einzelheiten s *Sonn- und Feiertagsarbeit* Rz 32 ff). Zur beitragsrechtlichen Behandlung freigestellter BRatMitglieder s *Betriebsratsfreistellung* Rz 42–44.

3. Lohnsteuerfreiheit: Gem § 3b Nr 1 EStG besteht LStFreiheit für Zuschläge, die für 16 tatsächlich geleistete Nachtarbeit gezahlt werden, soweit diese den in § 3b Nr 1 EStG genannten vH-Satz des Grundlohns nicht übersteigen. Höhere Nachtarbeitszuschläge unterliegen der Steuer- und damit auch der Beitragspflicht zur gesetzlichen KV, RV, PflegeV und ArblV. Letzteres ist auch dann der Fall, wenn Nachtarbeitszuschläge gezahlt werden, ohne dass tatsächlich Nachtarbeit geleistet wurde.

4. Leistungsrecht. Bei der Ermittlung der für Lohnersatzleistungen maßgeblichen Be- 17 messungsgrundlage sind auch Zuschläge für Nachtarbeit zu berücksichtigen, soweit es sich um Arbeitsentgelt iSd §§ 14, 17 SGB IV, 1 SvEV handelt, dh soweit für die Zuschläge LStPflicht besteht. Sind die Nachtzuschläge dagegen nach den §§ 14, 17 SGB IV, 1 SvEV iVm § 3 EStG nicht dem Arbeitsentgelt zuzurechnen, werden sie auch bei der Berechnung der Lohnersatzleistungen nicht in die Bemessungsgrundlage eingestellt. Die Unmöglichkeit, Nachtarbeit zu leisten, kann in der RV für die Frage der **verminderten Erwerbsfähigkeit** wegen Vorliegens einer Summierung ungewöhnlicher Leistungseinschränkungen oder einer schweren spezifischen Leistungsbehinderung eine Rolle spielen (vgl dazu allg BSG 23.5.06 – B 13 RJ 38/05 R, SozR 4–2600 § 43 Nr 9 mwN).

Nachteilsausgleich

A. Arbeitsrecht *Eisemann*

1. Allgemeines. Entschließt sich der ArbGeb zu einer Betriebsänderung muss er nach 1 § 111 BetrVG den BRat hierüber unterrichten und sie mit ihm beraten (s *Interessenausgleich*). Ein endgültiger gemeinsamer Ausgleich der Interessen als Ergebnis dieser Beratung kann – anders als Sozialpläne – vom BRat nicht erzwungen werden. § 113 BetrVG sieht jedoch finanzielle Sanktionen gegen den ArbGeb vor, der nicht zumindest einen Interessenausgleich mit dem BRat versucht hat, wozu auch seine ordnungsgemäße Unterrichtung gehört. Daneben regelt diese Vorschrift, in welcher Weise ein Ausgleich für ArbN gefunden wird, die ihren Arbeitsplatz verlieren oder andere Nachteile erleiden, weil der ArbGeb ohne zwingenden Grund von einem Interessenausgleich abweicht, den er freiwillig mit dem BRat abgeschlossen hat (BAG 23.9.03 – 1 AZR 576/02, NZA 04, 440). Diesen **Nachteilsausgleich** gibt es nach § 111 Abs 1 BetrVG nur in Unternehmen mit idR mehr als 20 wahlberechtigten ArbN (BAG 19.7.83, AP Nr 23 zu § 113 BetrVG 1972). Er kann weder durch eine Vereinbarung der Betriebspartner noch durch die Arbeitsvertragsparteien ausgeschlossen werden (BAG 20.11.01 – 1 AZR 97/01, NZA 02, 992). Er sichert über einen finanziellen Ausgleich zu Gunsten der von der Betriebsänderung betroffenen ArbN das Beratungsrecht des BRats und sanktioniert zugleich betriebsverfassungsrechtliches Fehlverhalten des ArbGeb bei der Durchführung einer Betriebsänderung (BAG 20.11.01 – 1 AZR 97/01, NZA 02, 992). Der Anspruch auf Nachteilsausgleich erfasst nur solche Arbeitnehmer, deren Arbeitsverhältnis von der Betriebsänderung unmittelbar nachteilig betroffen ist. Die durch § 113 BetrVG bewirkte Sanktion erstreckt sich daher nicht auf eine Zuwiderhandlung des Unternehmers gegen die in einem Interessenausgleich enthaltenen Folgeregelungen wie die Besetzung von neu geschaffenen Arbeitsplätzen und das darauf bezogene Auswahlverfahren. BAG 22.1.13 – 1 AZR 873/11, NZA 13, 1232). Im **Tendenzbetrieb** setzt der Anspruch auf einen Nachteilsausgleich voraus, dass der Unternehmer seine Informations- und Beratungspflichten nach § 111 Satz 1 BetrVG im Blick auf das Zustandekommen eines Sozialplanes verletzt (BAG 18.11.03 – 1 AZR 637/02, NZA 04, 741). Unterlässt der Tendenzunternehmer nur den weitergehenden Versuch eines Interessenausgleichs, muss er den Nachteilsausgleich nicht fürchten (BAG 27.10.98 – 1 AZR 766/97, NZA 99, 328). Ob in diesen Betrieben das Abweichen von einem Interessenausgleich Ansprüche nach § 113 Abs 1 und 2 BetrVG auslöst, hat das BAG offen gelassen.

2   Ein **Verschulden** des ArbGeb ist für seine Verpflichtung aus § 113 BetrVG nicht erforderlich (BAG 23.9.03 – 1 AZR 576/02, NZA 04, 440). Ansprüche auf Nachteilsausgleich entstehen selbst dann, wenn der ArbGeb in entschuldbarer Unkenntnis seiner gesetzlichen Pflichten aus § 112 BetrVG handelte. Der Interessenausgleich lässt sich nicht nachholen, um den Sanktionen des § 113 BetrVG zu entgehen (BAG 14.9.76, DB 77, 309); auch ein nachfolgender Sozialplan beseitigt nicht den Anspruch auf Nachteilsausgleich (BAG 13.6.89, DB 89, 2026). Es kommt ebenso wenig darauf an, dass mit dem Versuch eines Interessenausgleichs dieselben Folgen eingetreten wären. Dies zwingt den ArbGeb in allen Fällen möglicher Betriebsänderung sorgfältig zu prüfen, ob und wie der BRat zu beteiligen ist.

3   **2. Abweichen vom Interessenausgleich.** Eine „Aufrechnung" findet bei der Abweichung von einem Interessenausgleich nicht statt. Führt der ArbGeb eine Betriebsänderung anders durch, als im Interessenausgleich festgelegt, ist er grds verpflichtet, einen Nachteilsausgleich an alle ArbN zu zahlen, die infolge der Abweichung entlassen werden. Dies gilt selbst dann, wenn dafür andere ArbN – entgegen der ursprünglichen Planung – im Betrieb verbleiben. Ob der ArbGeb einen Nachteilsausgleich auch leisten muss, wenn er den Interessenausgleich versucht hat, dieser aber nicht zustande kommt und er dann von seiner ursprünglichen Planung abweicht, ist umstritten (dafür *Matthes* DB 72, 289). Ohne Dokumentation der geplanten Betriebsänderung in einem Interessenausgleich lässt sich nicht immer feststellen, ob wir es mit einer Abweichung zu tun haben. Dies kann den ArbGeb dazu verführen, Interessenausgleichsverhandlungen scheitern zu lassen. Auf der anderen Seite kann der BRat dies schon dadurch vereiteln, indem er in einem schriftlich vereinbarten Interessenausgleich der ursprünglich geplanten Betriebsänderung zwar nicht zustimmt, sie aber schlicht „zur Kenntnis nimmt". Dem darf sich der ArbGeb nicht entziehen, ohne sich Nachteilsausgleichsansprüchen auszusetzen.

4   **Abweichungen vom Interessenausgleich** können sich auf einzelne Teile beziehen – zB Personalabbau in größerem Umfang als im Interessenausgleich beschrieben – oder auf den gesamten Interessenausgleich – Durchführung einer anderen als der vereinbarten Betriebsänderung. Die **Abweichung von einem Sozialplan** fällt nicht unter § 113 BetrVG. Entscheidend dafür, ob es sich bei der Betriebsvereinbarung, von der abgewichen wird, um einen Sozialplan oder einen Interessenausgleich handelt, ist ihr materieller Inhalt, nicht ihre Bezeichnung. Enthält eine Betriebsvereinbarung sowohl Elemente eines Sozialplanes als auch eines Interessenausgleichs, entscheidet der Inhalt der einzelnen Vorschrift, von der abgewichen wird.

5   Der ArbGeb darf aus **zwingendem Grund** von einem Interessenausgleich abweichen, ohne einen Nachteilsausgleich befürchten zu müssen. Die Gründe müssen nach Vereinbarung oder Scheitern des Interessenausgleichs eingetreten sein und dürfen nicht allein in den ursprünglichen Gründen für die Betriebsänderung liegen (BAG 17.9.74, DB 74, 2207). An die Notwendigkeit der Abweichung ist ein **strenger Maßstab** anzulegen (*Fitting* § 113

Rz 8). Vom Standpunkt eines verantwortungsbewussten ArbGeb muss es sich um Gründe handeln, die ihm keine andere Wahl lassen, als vom Interessenausgleich abzuweichen (ErfK/ Kania § 113 BetrVG Rz 4). Dabei kann es sich im Regelfall nur um unmittelbar drohende Gefahren für den Bestand des Unternehmens handeln.

Entscheidend für die Beurteilung der Notwendigkeit der Abweichung ist der **Zeitpunkt,** 6 in dem die Maßnahme durchgeführt wird (*Fitting* § 113 Rz 11). Ob mit einer Maßnahme vom Interessenausgleich abgewichen wird oder ob es sich um selbstständige Aktionen handelt, die für sich eine weitere Betriebsänderung darstellen, bei der sich die Frage nach der Mitbestimmungspflicht nach allgemeinen Grundsätzen richtet, ist nicht immer leicht festzustellen. Ohne äußeren Anlass für die weiteren Maßnahmen handelt es sich jedenfalls idR um eine Abweichung vom Interessenausgleich.

3. Unterlassener Interessenausgleich. Der ArbGeb ist nach den §§ 111, 112 Abs 2 7 BetrVG verpflichtet, die geplante Betriebsänderung mit dem BRat zu beraten und unter Wahrung eigener Interessen eine Einigung anzustreben. Unterlässt er dies, ist er nach § 113 Abs 3 BetrVG zum Nachteilsausgleich verpflichtet gegenüber den ArbN, die infolge der Betriebsänderung entlassen werden oder andere wirtschaftliche Nachteile erleiden. Diese Pflicht trifft ihn unabhängig davon, ob er den Interessenausgleich nicht, nur teilweise oder verspätet, dh nach Einleitung der Betriebsänderung, durchführt (BAG 4.12.79, DB 80, 743). Der Anspruch auf Nachteilsausgleich **entsteht,** sobald der Unternehmer die Planungsphase abgeschlossen hat (BAG 14.9.76 – 1 AZR 784/75, DB 77, 309; BAG 23.9.03 – 1 AZR 576/ 02, NZA 04, 440). Meist wird dies der Zeitpunkt sein, in dem er mit der geplanten Betriebsänderung beginnt, ohne dass er bis dahin einen Interessenausgleich mit dem BRat versucht hätte (BAG 16.5.07 – 8 AZR 693/06, NZA 07, 1296; BAG 23.9.03 – 1 AZR 576/ 02, NZA 04, 440). Besteht die geplante Betriebsänderung in der Stilllegung von Betrieben, beginnt der Unternehmer mit der Durchführung jedenfalls dann, wenn er zu diesem Zweck die bestehenden Arbeitsverhältnisse kündigt (BAG 16.5.07 – 8 AZR 693/06, NZA 07, 1296; BAG 4.12.02 – 10 AZR 16/02, NZA 03, 665). Die Planungsphase verlässt der ArbGeb auch schon, sobald er die Anhörungsverfahren nach den §§ 99 und/oder 102 BetrVG zu den geplanten personellen Maßnahmen einleitet (BAG 20.11.01 – 1 AZR 97/01, NZA 02, 992) oder sobald ein Dritter die Funktionen übernimmt, mit denen die ArbN bisher betraut waren (BAG 16.5.07 – 8 AZR 693/06, NZA 07, 1296). Der Anspruch auf Nachteilsausgleich soll noch nicht mit der bloßen Bekanntgabe einer Betriebsstilllegung entstehen, weil § 113 BetrVG keine Mitbestimmung bei unternehmerischen Entschlüssen, sondern nur bei deren Umsetzung sichern soll. Selbst die Einstellung der Produktion oder der sonstigen betrieblichen Tätigkeit und die Freistellung der Belegschaft soll den Anspruch auf Nachteilsausgleich noch nicht entstehen lassen, soweit sie umkehrbar sind (BAG 30.5.06 – 1 AZR 25/ 05, NZA 06, 736). Damit wird der Sinn des Mitbestimmungsrechts verkannt. Der BRat soll bei der Planung mitwirken, nicht erst nach abgeschlossener Planung. Das Mitbestimmungsrecht sichert gerade die Einwirkungsmöglichkeit auf die Willensbildung, es kann die Umsetzung der Planung nicht verhindern, weil es sich auf ein Beratungsrecht beschränkt. Wenn umgesetzt wird, gibt es nichts Wesentliches mehr zu beraten.

Der Anspruch **besteht** auch, wenn der BRat die Verhandlung über den Interessenausgleich vom Abschluss eines Sozialplanes abhängig gemacht hat (BAG 22.1.70, DB 71, 389) 8 oder erklärt, er wolle keine rechtlichen Schritte wegen der Unterlassung eines Interessenausgleichs unternehmen (BAG 14.9.76, DB 77, 309). Die zum Nachteilsausgleich führende Verpflichtung des Versuchs eines Interessenausgleichs besteht ebenso, wenn ein Sozialplan nach § 112a BetrVG nicht erzwungen werden kann (BAG 20.11.01 – 1 AZR 97/01, NZA 02, 992). § 113 Abs 3 BetrVG gilt grds auch für den Insolvenzverwalter (BAG 13.12.78, DB 79, 261). Etwas anderes soll gelten, wenn sich die sofortige Schließung des Betriebs als die einzig mögliche und unausweisliche Maßnahme erweist, weil zB die Insolvenzeröffnung mangels Masse abgelehnt wird (BAG 23.1.79, DB 79, 1139). Mit den §§ 121 und 122 InsO wird dem Insolvenzverwalter freilich die Betriebsänderung ohne Interessenausgleich erleichtert.

Der **Versuch eines Interessenausgleichs** bedeutet, dass der ArbGeb alle Möglichkeiten 9 ausschöpfen muss, die zu einem Interessenausgleich führen können. Dazu gehört auch, dass er die Einigungsstelle anruft, wenn es zwischen den Betriebsparteien nicht zu einer Einigung kommt. Auch dort können die Betriebsparteien nicht mehr tun, als mit Hilfe des Vorsitzenden nach § 74 Abs 1 S 2 BetrVG „mit dem ernsten Willen zur Einigung zu verhandeln" und nach § 112 Abs 3 S 1 BetrVG „der Einigungsstelle Vorschläge zur Beilegung der Meinungsverschiedenheiten über den Interessenausgleich (zu) machen". Führt dies nicht zum Konsens ist das Verfahren erledigt (BAG 26.10.04 – 1 AZR 493/03, NZA 05, 237; s *Interessenausgleich* Rz 19). Dies kann der Vorsitzende feststellen und im Protokoll festhalten. Ein förmlicher Beschluss der Einigungsstelle ist nicht erforderlich (BAG 16.8.11 – 1 AZR 44/10, NZA 12, 640).

10   **4. Ausgleich.** Besteht die ausgleichspflichtige Maßnahme in einer **Entlassung,** muss der ArbGeb eine Abfindung entsprechend § 10 KSchG zahlen. Der Begriff der Entlassung ist derselbe, wie bei der *Betriebsänderung* (s dort Rz 19 ff) und beim Sozialplan. Sie muss nicht auf einer Kündigung durch den ArbGeb beruhen. Sie kann auch in einem Aufhebungsvertrag bestehen oder auf eine vom ArbGeb veranlasste Eigenkündigung zurückzuführen sein (BAG 23.9.03 – 1 AZR 576/02, NZA 04, 440). Auch Änderungskündigungen sind erfasst, wenn der Vorbehalt nicht oder nicht fristgerecht erklärt wird (LAG BaWü 16.6.87, LAGE Nr 6 zu § 111 BetrVG 1972). Für den Anspruch aus § 113 BetrVG reicht die tatsächliche Beendigung des Arbeitsverhältnisses aus (BAG 14.12.04 – 1 AZR 504/03, NZA 05, 818). Unerheblich ist, ob die Kündigung wirksam war. Dies braucht nicht zuvor in einem Klageverfahren festgestellt zu werden (*Fitting* § 113 Rz 23). Man kann den ArbN nicht zwingen, den ArbGeb durch Erheben einer Kündigungsschutzklage vor den Folgen eines gesetzwidrigen Verhaltens zu bewahren. Wird jedoch im Kündigungsschutzverfahren die Unwirksamkeit der Kündigung festgestellt, gibt es auch keinen Nachteilsausgleich, weil der Nachteil – die Auflösung des Arbeitsverhältnisses – nicht eingetreten ist (BAG 14.12.04 – 1 AZR 504/03, NZA 05, 818).

11   Die Entlassung muss **kausal** auf dem Abweichen vom Interessenausgleich beruhen. Wer aus anderen Gründen zum selben Zeitpunkt – zB krankheitsbedingt oder verhaltensbedingt – gekündigt wird, kann einen Nachteilsausgleich nicht verlangen. Für die Kausalität spricht bei zeitlichem Zusammenhang ein Anscheinsbeweis (*Richardi/Annuß* § 113 Rz 22).

12   Über die **Höhe der Abfindung** entscheidet das ArbG nach § 287 Abs 1 ZPO nach freier Überzeugung unter Würdigung aller Umstände. Hier kann der Grad der Zuwiderhandlung eine Rolle spielen (BAG 24.8.06 – 8 AZR 317/05, NZA 07, 1287). Bei der Festsetzung können auch ideelle Nachteile berücksichtigt werden, die mit dem Verlust langjähriger Betriebszugehörigkeit verbunden sind (BAG 29.2.72, DB 72, 1118). Der Sanktionszweck des § 113 BetrVG rechtfertigt es, bei der Berechnung der Abfindung die für einen Sozialplan geltenden Kriterien – insbesondere auch § 112 Abs 5 Satz 2 Nr 2 BetrVG – nicht heranzuziehen (BAG 20.11.01 – 1 AZR 97/01, NZA 02, 992). Ein an den betroffenen ArbN gerichtetes Beschäftigungsangebot ist grds zu berücksichtigen (BAG 10.12.96 – 1 AZR 290/96, NZA 97, 787). Das Gesetz sieht Obergrenzen vor (s *Abfindung* Rz 32). Der Nachteilsausgleichsanspruch hängt ansonsten weder von der Leistungsfähigkeit noch von der Leistungsbereitschaft des ArbGeb ab (BAG 20.11.01 – 1 AZR 97/01, NZA 02, 992). Selbst die Insolvenzsituation des ArbGeb spielt keine Rolle (BAG 22.7.03 – 1 AZR 541/02, NZA 04, 93). Verbindliche Pauschalsätze sind nicht möglich.

13   Der Anspruch auf einen Nachteilsausgleich wird durch den Abschluss eines **Sozialplans** nicht beseitigt (BAG 16.5.07 – 8 AZR 693, 06, NZA 07, 1296). Auch die Höhe der Abfindungen nach § 113 BetrVG ist grds von den Leistungen aus einem Sozialplan unabhängig. Sie ist nicht auf die Höhe der Sozialplanabfindung beschränkt (BAG 16.5.07 – 8 AZR 693/06, NZA 07, 1296). Der Nachteilsausgleich sichert die Mitbestimmung. Daneben sorgt er für eine Entschädigung der ArbN, denen der ArbGeb durch die fehlende Beteiligung des BRat nicht die Chance gegeben hat, wirtschaftliche Nachteile über den Interessenausgleich gar nicht erst entstehen zu lassen oder sie schon dort abzumildern. Da auch der Sozialplan wirtschaftliche Nachteile ausgleichen bzw. abmildern soll, schließt das BAG aus dieser teilweisen Zweckidentität, dass Nachteilsausgleichsansprüche auf Sozialplanansprüche **angerechnet** werden können unabhängig davon ob der Sozialplan vor Entstehen der Nachteilsausgleichsansprüche oder danach zustande gekommen ist. Er muss jedoch vorliegen, wenn über den Nachteilsausgleichsanspruch gerichtlich entschieden wird (BAG 16.5.07 – 8 AZR 693/06, NZA 07, 1296). Offen gelassen hat es die Frage, ob dies auch gilt, wenn der ArbGeb

Nachteilsausgleich 321

seinen Konsultationspflichten aus der EG-Massenentlassungsrichtlinie – RL 98/59/EG vom 20.7.1998 – verletzt hat, die nicht die Einschaltung eines unparteiischen Dritten – sprich den Versuch des Interessenausgleichs in der Einigungsstelle – verlangt (BAG 16.5.07 – 8 AZR 693/06, NZA 07, 1296; BAG 2.11.01 – 1 AZR 97/01, NZA 02, 992). Diese Anrechnung führt dazu, dass die Sanktionswirkung des § 113 BetrVG verfehlt wird. Sie wird durch die anfallenden Sozialplanansprüche erheblich abgemildert und kann völlig entfallen, wenn diese Ansprüche den Nachteilsausgleichsanspruch übersteigen. Der ArbGeb kann sich so mit dem Abschluss eines Sozialplans, zu dem er gesetzlich verpflichtet ist, gewissermaßen von der Pflicht freikaufen, den BRat bei einer Betriebsänderung ordnungsgemäß zu beteiligen. Hält man sich vor Augen, dass so manche bei Anrufen der Einigungsstelle kostspielige Verzögerung der Durchführung einer Betriebsänderung vermieden werden kann, rechnet sich der Gesetzesverstoß für den ArbGeb, der das Mitbestimmungsverfahren nicht oder jedenfalls nicht vollständig durchführt. Im Sozialplan können jedoch Anrechnungsverbote vereinbart werden (*Fitting* § 113 Rz 33).

Andere **wirtschaftliche Nachteile** sind für den Zeitraum von bis zu 12 Monaten auszugleichen, wenn die Abweichung vom Interessenausgleich nicht in einer Entlassung, sondern zB in einer Versetzung oder Umgruppierung besteht. Es geht nach dem Gesetzeswortlaut des § 113 Abs 2 BetrVG um einen vollen Ausgleich, nicht nur um eine Milderung (ErfK/*Kania* § 113 BetrVG Rz 7). Als Nachteile kommen geringere Vergütung, höhere Fahrtkosten uä in Betracht. Immaterielle Schäden – zB die Unlust wegen früheren Beginns der Arbeitszeit – werden nicht ersetzt (*Fitting* § 113 Rz 25). Der abstrakte **Verzicht** auf mögliche zukünftige Ansprüche auf Nachteilsausgleich ist unwirksam. Auf schon entstandene Nachteilsausgleichsansprüche kann der ArbN grds wirksam verzichten (BAG 29.3.03 – 1 AZR 576/02, NZA 04, 440; s *Verzicht* Rz 8). **14**

Tarifliche Ausschlussfristen sollen Ansprüche aus § 113 BetrVG erfassen (BAG 18.12.84, DB 85, 1293; BAG 21.10.97 – 1 AZR 138/97 – nv). Die für den Lauf der Ausschlussfrist entscheidende Fälligkeit des Anspruchs tritt auch ein, solange über die Wirksamkeit der Kündigung noch gerichtlich gestritten wird (BAG 3.8.82, DB 82, 2631). Prozessual fängt man dies damit auf, dass man dem ArbN gestattet, den Antrag nach § 113 BetrVG hilfsweise im Kündigungsschutzprozess zu stellen (*Fitting* § 113 Rz 38). Der ArbN kann auf einen bereits bestehenden Nachteilsausgleichsanspruch auch ohne Zustimmung des BRates wirksam **verzichten** (BAG 23.9.03 – 1 AZR 576/02, NZA 04, 440). **15**

In der **Insolvenz** ist der Anspruch auf Nachteilsausgleich nur dann eine Masseverbindlichkeit nach § 55 Abs 1 Nr 2 InsO, wenn die Betriebsänderung nach Eröffnung des Konkursverfahrens beschlossen und durchgeführt wird. Hat der Gemeinschuldner vor Eröffnung des Insolvenzverfahrens mit der Durchführung einer Betriebsänderung ohne Versuch des Interessenausgleichs begonnen, ist der Anspruch auf Nachteilsausgleich einfache Insolvenzforderung (BAG 3.4.90, DB 90, 2275) und damit kaum noch zu realisieren. Dies gilt auch, wenn die Kündigungen in Absprache mit dem vorläufigen Insolvenzverwalter und mit dessen Zustimmung erfolgen (BAG 4.12.02 – 10 AZR 16/02, NZA 03, 665). **16**

5. Gerichtliche Auseinandersetzung. Der Anspruch auf Nachteilsausgleich wird im **Urteilsverfahren** geltend gemacht. Die Klage ist an keine gesetzliche Frist gebunden. Ein bezifferter Antrag ist für den Anspruch aus § 113 Abs 1 BetrVG nicht erforderlich (BAG 22.2.83, DB 83, 1447). Die Vorfrage, ob eine Betriebsänderung vorgelegen hat, ist in diesem Verfahren mitzuentscheiden (BAG 18.3.75, DB 75, 1322). **17**

ArbGeb und BRat können im **Beschlussverfahren** vorab klären, ob die geplante Maßnahme Beteiligungsrechte des BRat auslöst. Im Rechtsstreit über die Zahlung des Nachteilsausgleichs sind die Gerichte an die rechtskräftige Entscheidung in diesem Beschlussverfahren gebunden (BAG 10.11.87, DB 88, 609). **18**

B. Lohnsteuerrecht *Seidel*

Zur lohnsteuerlichen Behandlung von **Abfindungen** nach § 113 Abs 1 und 3 BetrVG s *Abfindung* Rz 41 ff. Zahlungen des ArbGeb an den ArbN zum **Ausgleich wirtschaftlicher Nachteile** nach § 113 Abs 2 und 3 BetrVG (zB wegen Herabsetzung des Entgelts oder Arbeitserschwernissen) sind regelmäßig stpfl Arbeitslohn. Fahrtkosten- und Umzugs- **19**

322 Nebentätigkeit

kostenersatz können jedoch unter bestimmten Voraussetzungen steuerfrei sein (§ 3 Nr 16 EStG; Näheres s *Doppelte Haushaltsführung* Rz 22 ff und *Umzugskosten* Rz 15).

20 Zu steuerlichen Vergünstigungen im Rahmen des Nachteilsausgleichs bei **Behinderten** (*Behinderte* Rz 97 ff) s *Behinderte* Rz 70 ff.

C. Sozialversicherungsrecht *Voelzke*

21 In der SozV sind Abfindungen, die als Ausgleich für den Verlust des Arbeitsplatzes gezahlt werden, unbegrenzt beitragsfrei (BSG 21.2.90 – 12 RK 20/88, DB 90, 1520). Für die nach § 113 BetrVG bei der Entlassung von ArbN zu zahlenden Abfindungen gelten daher beitragsrechtlich die allgemein für die „echte Abfindung" iSd Rspr des BSG geltenden Regeln (Näheres: *Abfindung* Rz 52 ff). Unter bestimmten Voraussetzungen gewährt die BA Zuschüsse zu Sozialplanmaßnahmen (Näheres: *Sozialplan* Rz 65 ff). Leistungsrechtlich führt die Zahlung einer Abfindung ggf zum Ruhen des Anspruchs auf *Arbeitslosengeld* nach § 158 SGB III (s *Abfindung* Rz 60 ff).

Nebentätigkeit

A. Arbeitsrecht *Röller*

1 **1. Allgemeines.** Unter Nebentätigkeit ist jede Tätigkeit zu verstehen, in der der ArbN außerhalb seines Hauptarbeitsverhältnisses seine Arbeitskraft zur Verfügung stellt. Dies kann bei demselben ArbGeb oder bei einem Dritten geschehen. Nebentätigkeit kann im Rahmen eines Dienst-, Werk- oder Arbeitsvertrags ausgeübt werden. Auch unentgeltliche oder ehrenamtliche Tätigkeit unterfällt dem arbeitsrechtlichen Begriff der Nebentätigkeit (MünchArbR/*Blomeyer* § 55 Rz 1).

2 Erfolgt die **Nebentätigkeit im Rahmen eines zweiten Arbeitsverhältnisses,** so gelten für dieses die allgemeinen arbeitsrechtlichen Bestimmungen und Grundsätze. Auch im Nebenarbeitsverhältnis hat der ArbN Anspruch auf **Lohnfortzahlung im Krankheitsfall** (BAG 21.1.60, DB 60, 441) und **bezahlten Urlaub** (BAG 19.6.59, DB 59, 1086; 15.2.65, ArbuR 66, 31), ggf auch auf **betriebliche Altersversorgung** (BAG 22.11.94, DB 95, 930). Führt ein nicht verschuldeter Betriebsunfall bei Ausübung einer Nebentätigkeit zur Arbeitsunfähigkeit, so ist auch der ArbGeb des Hauptarbeitsverhältnisses zur Entgeltfortzahlung im Krankheitsfall verpflichtet; dies gilt auch dann, wenn die Nebentätigkeit nicht genehmigt war (LAG Hamm 8.2.06 – 18 Sa 1083/05, NZA-RR 06, 406). Bei Beendigung des Nebenarbeitsverhältnisses ist der **allgemeine und besondere Kündigungsschutz** zu beachten.

3 **2. Genehmigungserfordernis, Anzeigepflicht.** Gesetzlich angeordnet ist eine **Genehmigungspflicht** für die Nebentätigkeit von Beamten (§ 42 BRRG, §§ 64 ff BBG und die vergleichbaren Vorschriften der Landesbeamtengesetze). Für die **Beschäftigten im öffentlichen Dienst** besteht die Verpflichtung, die Nebentätigkeit dem ArbGeb anzuzeigen (§ 3 Abs 3 TVöD).

4 Im Bereich der **Privatwirtschaft** ist für die Ausübung einer Nebentätigkeit keine Genehmigung durch den ArbGeb erforderlich. Der ArbN ist jedoch verpflichtet, dem ArbGeb eine **geplante Nebentätigkeit anzuzeigen,** soweit die Interessen des ArbGeb tangiert werden können (BAG 18.1.96; MünchArbR/*Reichold* § 49 Rz 5). Dies ist etwa der Fall, wenn der ArbN eine Wettbewerbstätigkeit aufnehmen will (BAG 13.3.03 – 6 AZR 585/01, NZA 03, 976; LAG Köln 22.3.13 – 4 Sa 1062/12, BeckRS 2013, 70869; LAG München 27.8.08 – 10 Sa 174/08, BeckRS 2009, 67519), ein pauschal versicherter geringfügig beschäftigter ArbN eine weitere geringfügige Beschäftigung aufnimmt und damit die Grenzen der Geringfügigkeit gem § 8 SGB IV überschritten werden (BAG 18.11.88, DB 89, 781). S *Mehrfachbeschäftigung* Rz 8 ff.

5 Ist eine bestimmte **Nebentätigkeit ausdrücklich genehmigt** worden, so stellt sich die Frage, ob die Genehmigung „zurückgenommen" werden kann, wenn sich ein nicht vorhersehbarer Konflikt mit der Haupttätigkeit einstellt. Möglich ist dies, wenn sich der ArbGeb ausdrücklich den **Widerruf vorbehalten** hat. Fehlt es an einem solchen Widerrufsvorbehalt, so ist der ArbGeb – wenn man mit der hM die Teilkündigung für unzulässig erachtet – auf

die Möglichkeit der **Änderungskündigung** angewiesen. Diese dürfte allerdings immer dann gerechtfertigt sein, wenn durch die weitere Beibehaltung der Nebentätigkeit berechtigte Interessen des ArbGeb beeinträchtigt würden.

3. Grenzen der Nebentätigkeit. Gem § 60 HGB ist es dem kaufmännischen Angestellten – ohne Einwilligung des ArbGeb – untersagt, im Rahmen einer Nebenbeschäftigung eine **Konkurrenztätigkeit** auszuüben. Für sonstige ArbN ergibt sich ein vergleichbares Wettbewerbsverbot aus der allgemeinen Treuepflicht. Offen ist, ob dies auch für Nebentätigkeiten gilt, die nur zu einer untergeordneten wirtschaftlichen Unterstützung des Wettbewerbers führen kann (BAG 24.3.10 – 10 AZR 66/09, NZA 10, 693; LAG Köln 22.3.12). Näheres s *Wettbewerb* Rz 1, 2. 6

Gem § 2 Abs 1 Satz 2 ArbZG dürfen bei der **Beschäftigung in mehreren Arbeitsverhältnissen** die einzelnen Beschäftigungen zusammen die gesetzliche Höchstgrenze der Arbeitszeit nicht überschreiten. Bei einer Überschreitung der gesetzlichen Höchstarbeitszeit ist der die Arbeitszeitgrenze übersteigende zusätzliche Arbeitsvertrag nichtig, soweit es sich nicht nur um eine gelegentliche oder geringfügige Überschreitung handelt (BAG 14.12.67, BB 68, 206; LAG Nürnberg 19.9.95, NZA 96, 882). Für trotz Nichtigkeit geleistete Arbeit hat der ArbN einen Vergütungsanspruch nach den Grundsätzen vom *Faktischen Arbeitsverhältnis* (BAG 14.12.67, BB 68, 206). Nimmt der ArbGeb vorsätzlich oder fahrlässig eine Überschreitung der nach ArbZG höchstzulässigen Arbeitszeit hin, begeht er unter den Voraussetzungen der §§ 22, 23 ArbZG eine **Straftat** oder **Ordnungswidrigkeit.** 7

§ 8 BUrlG untersagt dem ArbN, während des gesetzlichen Mindesturlaubs eine **dem Urlaubszweck widersprechende Erwerbstätigkeit** zu leisten. Verstößt der ArbN gegen das Verbot des § 8 BUrlG, so entfallen damit weder der Urlaubs- noch der Entgeltanspruch (BAG 25.2.88, DB 88, 1554; MünchArbR/*Düwell* § 78 Rz 6). Zur Ausübung einer Nebentätigkeit während eines Sonderurlaubs s BAG 3.3.03 – 6 AZR 585/01, NZA 03, 976. 8

Zur *Schwarzarbeit* s dort Rz 3, 4.

Besteht weder ein gesetzliches noch ein vertragliches Nebentätigkeitsverbot, ergeben sich gleichwohl Schranken der Ausübung von Nebentätigkeiten aus der arbeitsvertraglichen Rücksichtspflicht (MünchArbR/*Blomeyer* § 55 Rz 5). So hat der ArbN jede Nebentätigkeit zu unterlassen, die zu einer **Vernachlässigung seiner Arbeitspflicht** im Hauptarbeitsverhältnis führen würde. Dies gilt insbesondere für die Ausübung von Nebentätigkeiten während der Arbeitszeit oder einer krankheitsbedingten Abwesenheit im Hauptarbeitsverhältnis (BAG 18.1.96; BAG 26.8.93, DB 93, 2534; LAG SchlHol 19.12.06). 9

4. Vereinbarte Nebentätigkeitsverbote. Vorformulierte einzelvertragliche Regelungen unterliegen einer Rechts- und Inhaltskontrolle (§ 307 BGB). Ein Nebentätigkeitsverbot kann nur vereinbart werden, soweit der ArbGeb hieran ein **berechtigtes Interesse** hat. Ein solches besteht dann, wenn durch die Nebentätigkeit die vertraglich geschuldete Leistung beeinträchtigt wird (BAG 18.1.96 – 6 AZR 314/95, NZA 97, 41; Überblick bei *Hunold* NZA-RR 02, 505). Hierfür ist der ArbGeb darlegungs- und beweispflichtig. Ein Nebentätigkeitsverbot kann auch dergestalt vereinbart werden, dass dem ArbN verbunden mit einem grds Verbot ein Anspruch auf Erteilung einer Nebentätigkeitsgenehmigung eingeräumt wird, soweit nicht konkrete Belange des Arbeitsplatzes entgegenstehen (BAG 13.6.58, DB 58, 932). 10

Eine Vertragsklausel, die dem ArbN jede vom ArbGeb nicht genehmigte Nebentätigkeit verbietet, ist im Hinblick auf Art 12 GG verfassungskonform dahin auszulegen, dass nur solche Nebentätigkeiten verboten sind, an deren Unterlassung der ArbGeb ein berechtigtes Interesse hat (BAG 13.3.03 – 6 AZR 585/01, NZA 03, 976; 26.8.76, DB 77, 544). 11

In Tarifverträgen kann ein Nebentätigkeitsverbot nicht vereinbart werden (BAG 26.6.01 – 9 AZR 343/00, NZA 02, 98). Strittig ist die Regelungsbefugnis der Betriebsparteien in einer Betriebsvereinbarung (ablehnend *Richardi* § 77 Rz 98; *Fitting* § 77 Rz 56; aA ErfK/*Preis* § 611 BGB Rz 728, der eine Rechtskontrolle gem § 310 Abs 1, 4 BGB vornehmen will). 12

5. Sanktionen. Dem ArbN kann eine Abmahnung erteilt werden, wenn eine Vertragsklausel die Verpflichtung beinhaltet, vor Aufnahme einer Nebentätigkeit die Genehmigung des ArbGeb einzuholen (BAG 11.12.01 – 9 AZR 464/00, DB 02, 1507). Verletzt der ArbN durch die Ausübung einer Nebentätigkeit seine arbeitsvertraglichen Pflichten aus dem 13

Hauptarbeitsverhältnis in erheblichem Umfang, so kann – im Regelfall nach Abmahnung – eine **verhaltensbedingte Kündigung** gerechtfertigt sein (ErfK/*Preis* § 611 BGB Rz 728). In Betracht kommt eine Kündigung etwa bei Ausübung einer Konkurrenztätigkeit, bei Ausübung einer Nebentätigkeit während krankheitsbedingter Abwesenheit, wenn der Heilungsprozess verzögert wird (BAG 26.8.93, DB 93, 2534; 13.11.79, DB 80, 741; LAG Köln 7.1.93, DB 93, 941), bei Ausübung einer Nebentätigkeit während der Arbeitszeit (BAG 18.1.96) oder bei Überschreiten der nach ArbZG höchstzulässigen Arbeitszeit (*Hunold* NZA 95, 558 ff).

14 Eine **fristlose Kündigung** kann im Ausnahmefall gerechtfertigt sein, so bei der Ausübung von Konkurrenztätigkeit (BAG 19.4.07 – 2 AZR 180/06, NZA-RR 07, 571; LAG SchlHol 19.12.06 – 5 Sa 288/06, NZA-RR 07, 240) oder bei Missbrauch von ArbGebEigentum für die Nebentätigkeit (LAG Hamm 5.6.98 – 5 Sa 1397/97, NZA-RR 99, 126). Gegen ein **unberechtigt erteiltes Nebentätigkeitsverbot** darf der ArbN verstoßen; der ArbGeb kann auf diesen Verstoß keine Kündigung stützen.

15 Soweit der ArbN infolge der Nebentätigkeit schlechte Arbeit leistet, kommt für den ArbGeb die Geltendmachung von **Schadenersatzansprüchen** in Betracht (*Schaub* § 43 II 4).

16 **6. Rechtsschutz bei beabsichtigter Ausübung einer Nebentätigkeit.** Besteht zwischen ArbGeb und ArbN Streit darüber, ob der ArbN eine bestimmte Nebenbeschäftigung eingehen darf oder nicht, so kann er dies im Wege der **Feststellungsklage** gerichtlich klären lassen. Ein schutzwertes Interesse ergibt sich hier für den ArbN daraus, dass dieser ansonsten gezwungen wäre, arbeitsrechtliche Sanktionen im Hinblick auf die Ausübung der Nebentätigkeit abzuwarten, um dann im Rahmen eines Rechtsstreits über die Berechtigung etwa einer Abmahnung oder Kündigung die Zulässigkeit der Ausübung der Nebentätigkeit als Vorfrage klären zu lassen. Der ArbN kann ferner **Leistungsklage** auf Erteilung einer Genehmigung zur Ausübung einer bestimmten Nebentätigkeit erheben (BAG 28.2.02 – 6 AZR 357/01, DB 02, 1560).

B. Lohnsteuerrecht *Seidel*

20 **1. Allgemeines.** Ob eine Neben- oder Aushilfstätigkeit steuerrechtlich als **Arbeitnehmer** oder selbstständig ausgeübt wird, ist nach den allgemeinen Abgrenzungskriterien zu prüfen (LStH 19.2: Allgemeines). Bei Ausübung mehrerer Tätigkeiten nebeneinander ist **jede für sich** zu beurteilen. Eine Tätigkeit wird nicht als Nebentätigkeit oder nebenberuflich ausgeübt, wenn sie als Teil der Haupttätigkeit anzusehen ist (Näheres s *Arbeitnehmer (Begriff)* Rz 42, 43; s auch FG SachsAnh 16.4.02 – 4 K 10500/99, EFG 02, 958; FG Köln 22.11.94, EFG 95, 416 und BFH 20.12.2000 – XI R 32/00, BStBl II 01, 496: Sonderhonorar des ArbGeb für Beratung beim Verkauf des Betriebes).

21 **2. Einzelfälle.** So kommt es bei **Lehrtätigkeit** von Verwaltungsbeamten oder Lehrern außerhalb ihrer eigentlichen Unterrichtstätigkeit darauf an, ob die Lehrtätigkeit zu den Obliegenheiten aus dem Hauptberuf gehört, dann wird sie nichtselbstständig ausgeübt, oder ob sie als unabhängig davon anzusehen ist. Ist dies der Fall, ist nach den allgemeinen Grundsätzen die Nebentätigkeit für sich zu beurteilen. Häufig wird wegen der fehlenden Eingliederung eine selbstständige (freiberufliche) Tätigkeit vorliegen. Entscheidend sind die tatsächlichen Verhältnisse. Lediglich ein Indiz für die fehlende Eingliederung stellt das Abstellen auf nicht mehr als sechs Wochenstunden dar (LStR 19.2 Satz 3; BFH 4.10.84, BStBl II 85, 51). Bei der Ausübung durch Angehörige der freien Berufe oder Handwerksmeister dürfte idR selbstständige Tätigkeit anzunehmen sein (HHR § 19 Anm 600: Lehrtätigkeit von Angehörigen anderer Berufe). Eine **Prüfungstätigkeit** wird selbstständig ausgeübt, wenn sie nicht zu den Obliegenheiten des ArbN gehört (s auch LStH 19.2: Nebenberufliche Prüfungstätigkeit). Bei Hochschullehrern kommt es darauf an, ob es sich um eine Studienabschlussprüfung (nichtselbstständig) oder um eine sog Laufbahnprüfung (selbstständig) – zB 2. juristisches Staatsexamen, aber auch als Mitglieder eines staatlichen Ausschusses für ärztliche Prüfungen – handelt (HHR § 19 Anm 600: Prüfungstätigkeit). Auch bei **Musikern** ist das tatsächliche Gesamtbild der Verhältnisse entscheidend, weniger die vertraglichen Bezeichnungen (BFH 9.8.74, BStBl II 74, 720). Bei größeren, unabhängigen Kapellen sind die Musiker idR ArbN des Leiters, außer sie haben sich – insbesondere bei kleinen Gruppen – zu einer GbR

zusammengeschlossen, dann sind sie selbstständig tätig. Als selbstständig sind regelmäßig auch Musiker anzusehen, die nur gelegentlich (an einem Abend oder Wochenende) bei Veranstaltungen oder in Gaststätten auftreten. Sie sind jedoch ArbN des Wirts, wenn sie bei diesem regelmäßig am Wochenende spielen (BFH 10.9.76, BStBl II 77, 178). Ausführlich zur Einkünftequalifikation bei Musikern s *Wolf* FR 02, 202. **Übungsleiter** können selbstständig oder nichtselbstständig tätig sein. Ein nebenberuflicher Fußballtrainer, der nicht mehr als sechs Stunden wöchentlich tätig ist, ist idR als selbstständig anzusehen (FG Hess 9.7.93, EFG 94, 396). Zu Aufwandsentschädigungen s unten Rz 22. Bei **Vermittlungstätigkeit** von Bank- oder Versicherungsangestellten gehören die Provisionen zum Arbeitslohn aus der Haupttätigkeit – auch bei Vermittlung institutsfremder Verträge –, wenn die Vermittlung zur Haupttätigkeit gehört. Es liegt dann eine Lohnzahlung durch Dritte vor. Anders aber, wenn der Angestellte freiwillig außerhalb der Dienstzeit tätig wird, auch wenn er Verträge seines ArbGeb vermittelt (FG Nbg 6.6.78, EFG 78, 591; s aber BFH 20.5.10 – VI R 41/09, DStRE 10, 1002: zweifelhaft hinsichtlich des Verzichts von Bausparkassen gegenüber den als Vermittler tätigen ArbN der „Partnerbanken"). **Zeitungsausträger** sind idR als ArbN anzusehen, auch wenn sie das Inkassorisiko tragen und sich vertreten lassen können. Bei Werbung neuer Abonnenten kann Selbstständigkeit vorliegen. Dies ist idR keine Nebenpflicht aus dem Dienstverhältnis als Zeitungsausträger (BFH 22.11.96, BStBl II 97, 254; FG SchlHol 22.5.80, EFG 80, 497; FG Düsseldorf 22.7.80, EFG 81, 176), ggf sind das Austragen und die Werbung getrennt zu beurteilen (vgl FG NdS 17.4.96, EFG 96, 822). Austräger von kostenlosen Anzeigeblättern und Wurfsendungen sind regelmäßig ArbN (BFH 24.7.92, BStBl II 93, 155, s aber auch BFH 9.9.03 – VI B 53/03, BFH/NV 04, 42: Werbeprospektverteiler). Zur Nichtselbstständigkeit **weiterer** häufig nebenberuflich ausgeübter **Tätigkeiten,** zB Amateursportler, Buchhalter, Ehrenämter, Kassierer und Mannequins s auch ABC bei *Arbeitnehmer (Begriff)* Rz 84.

3. Lohnsteuerliche Besonderheiten. Bei nichtselbstständiger Ausübung von Nebentätigkeiten (ArbN) wird meist eine **Pauschalierung** der LSt in Betracht kommen (s *Teilzeitbeschäftigung* Rz 115 ff, *Aushilfskräfte* Rz 23 ff, *Geringfügige Beschäftigung* Rz 20 ff). Ansonsten ist dem ArbGeb für Zwecke der Bildung und des Abrufs von **ELStAM** mitzuteilen, dass es sich um ein zweites bzw weiteres Dienstverhältnis handelt (s *Mehrbeschäftigung* Rz 8 ff). 22

Aufwandsentschädigungen bleiben bei bestimmten nebenberuflich ausgeübten Tätigkeiten (unabhängig davon, ob sie selbstständig oder nichtselbstständig ausgeübt werden) bis 2400 € steuerfrei (§ 3 Nr 26 EStG; Näheres s *Aufwandsentschädigung* Rz 12 ff und OFD Frankfurt/Main 1.8.13 – S 2245 A – 2 – St 213, BeckVerw 275251 sowie BayLfSt 8.9.11, DB 11, 2169). Eine nebenberufliche Ausübung iSd § 3 Nr 26 EStG liegt vor, wenn die Tätigkeit – bezogen auf das Kj – nicht mehr als ein **Drittel der Arbeitszeit** eines vergleichbaren Vollzeiterwerbs in Anspruch nimmt (BFH 30.3.90, BStBl II 90, 854; LStR 3.26 Abs 2 Satz 1). Dabei können auch Personen, die keinen Hauptberuf im steuerrechtlichen Sinn ausüben (zB Hausfrauen, Rentner, Studenten uÄ) nebenberuflich iSd § 3 Nr 26 EStG tätig sein (LStR 3.26 Abs 2 Satz 2). Zum Steuerfreibetrag von 720 € (§ 3 Nr 26a EStG) bei nebenberuflicher Tätigkeit im **gemeinnützigen Bereich** s *Ehrenamtliche Tätigkeit* Rz 23. Der Kreis der möglichen Auftraggeber entspricht dem der Regelung des § 3 Nr 26, s *Aufwandsentschädigung* Rz 13. Zur steuerrechtlichen Behandlung von **Schadensersatzleistungen** an den ArbGeb bei Schlechtleistung s *Arbeitnehmerhaftung* Rz 27. Zu Aufwandsentschädigungen aus öffentlichen Kassen an öffentliche Dienste leistende Personen (§ 3 Nr 12 Satz 2 EStG) s LStR 3.12 Abs 2 ff und LStH 3.12.

C. Sozialversicherungsrecht   *Schlegel*

1. Versicherungs- und Beitragspflicht. Die SozV knüpft nicht an den Begriff „Nebentätigkeit" an. Gleiches gilt für die Begriffe „Aushilfskräfte", „Mehrfachbeschäftigung" etc. Die mit einer Nebentätigkeit, einer Aushilfs- oder Mehrfachbeschäftigung zusammenhängenden Probleme sind mit den Regelungen über die Beschäftigung (§ 7 Abs 1 Satz 1 SGB IV), die geringfügige Beschäftigung (§ 8 SGB IV) und die unständige Beschäftigung zu lösen. Dabei geht es regelmäßig um die Frage, ob zB bei einer Nebentätigkeit Versicherungspflicht besteht oder die Beschäftigung wegen Geringfügigkeit versicherungs- und damit auch beitragsfrei ist. 23

24 Für die versicherungsrechtliche Beurteilung einer sog Nebentätigkeit ist zwischen Beschäftigungen zu unterscheiden, die neben einer Hauptbeschäftigung ausgeübt werden (sog **echte Nebenbeschäftigung**), und einer Beschäftigung, die isoliert ausgeübt wird, also die einzige Beschäftigung oder Tätigkeit einer Person ist, die angesichts ihres Umfangs aber als „Nebentätigkeit" erscheint (sog **unechte Nebentätigkeit**). Für beide Formen der Nebentätigkeit ist für die Beurteilung ihrer Versicherungs- und Beitragspflicht zu prüfen, ob die Beschäftigung oder Tätigkeit unter einen der beiden Tatbestände des § 8 Abs 1 Nr 1 oder 2 SGB IV (Einzelheiten hierzu vgl *Geringfügige Beschäftigung*). Ist dies der Fall, ist eine unechte Nebentätigkeit versicherungs- und beitragsfrei. Liegt eine echte Nebentätigkeit vor, ist zu prüfen, ob diese mit der Hauptbeschäftigung zusammengerechnet werden muss, oder ob dies nicht der Fall ist (dazu nachfolgend). Eine dritte Kategorie bilden Beschäftigungen oder Tätigkeiten eines ArbN, die der ArbN nicht für seinen Dritten, sondern für seinen ArbGeb/Auftraggeber erbringt. Insoweit ist die Rspr des BSG zum sog **einheitlichen Beschäftigungsverhältnis** zu beachten, das einer „künstlichen Aufspaltung" einer im Großen und Ganzen einheitlichen Vertragsbeziehung und damit Manipulationsmöglichkeiten entgegenwirkt. Danach gelten alle von einem Beschäftigten bei demselben ArbGeb ausgeübten Beschäftigungen als einheitliche Beschäftigung iSv § 8 SGB IV, sodass neben einer versicherungspflichtigen (Haupt-)Beschäftigung bei demselben ArbG keine versicherungsfreie geringfügige Beschäftigung besteht (BSG 27.6.12 – B 12 KR 28/10 R). Zur Abgrenzung einer von der abhängigen Beschäftigung losgelösten zusätzlichen selbständigen Tätigkeit vgl BSG 31.10.2012 – B 12 R 1/11 R.

25 **2. Zusammenrechnung „Haupt- und Nebenbeschäftigung".** Nach § 8 Abs 2 Satz 1 SGB IV sind bei der Anwendung des § 8 Abs 1 mehrere geringfügige Beschäftigungen nach Nr 1 (Entgeltgeringfügigkeit) oder Nr 2 (Zeitgeringfügigkeit) „mit Ausnahme einer geringfügigen Beschäftigung nach Nr 1 und nicht geringfügige Beschäftigungen zusammenzurechnen". Die Vorschrift geht auf einen Vorschlag des Vermittlungsausschusses zurück; im ursprünglichen Gesetzentwurf der Regierungsparteien war sie nicht enthalten; sie ist amtlich nicht begründet worden. Die Bestimmung macht nur dann Sinn, wenn die Betonung auf „mit Ausnahme **einer** geringfügigen Beschäftigung nach Nummer 1" gelegt wird.

26 Danach gelten folgende **Regeln über die Zusammenrechnung**:
– Mehrere Beschäftigungen, die je für sich betrachtet nach § 8 Abs 1 Nr 1 entgelt-geringfügig sind, werden zusammengerechnet.
– Mehrere Beschäftigungen, die je für sich betrachtet nach § 8 Abs 1 Nr 2 zeit-geringfügig sind, werden zusammengerechnet.
– Werden neben einer nicht geringfügigen (Haupt-)Beschäftigung mehrere nach § 8 Abs 1 Nr 1 geringfügige Beschäftigungen ausgeübt, werden diese – **bis auf eine** dieser Nebenbeschäftigungen – mit der Hauptbeschäftigung zusammengerechnet.

27 Es werden **nicht zusammengerechnet**:
– Eine nicht geringfügige (Haupt-)Beschäftigung mit **nur einer (1) daneben ausgeübten** entgelt-geringfügigen Beschäftigung nach § 8 Abs 1 Nr 1 SGB IV. Dh: Sofern nur eine (1) nach § 8 Abs 1 Nr 1 SGB IV entgelt-geringfügige Beschäftigung ausgeübt wird, findet keine Zusammenrechnung statt, so dass diese Beschäftigung versicherungsfrei und damit ein Nebenverdienst von maximal 450 € „anrechnungsfrei" bzw „zusammenrechnungsfrei" bleibt.
– Eine entgelt-geringfügige Beschäftigung nach § 8 Abs 1 Nr 1 SGB IV mit einer zeitgeringfügigen Beschäftigung nach § 8 Abs 1 Nr 2 SGB IV.
– Eine oder mehrere nach § 8 Abs 1 Nr 2 SGB IV zeit-geringfügige Beschäftigungen mit einer nicht geringfügigen (Haupt-)Beschäftigung.

28 Nach § 8 Abs 2 Satz 3 SGB IV tritt in den Fällen der Zusammenrechnung nach § 8 Abs 2 Satz 1 SGB IV die Versicherungspflicht allerdings nicht bereits kraft Gesetzes sondern erst mit dem Tag der Bekanntgabe einer entsprechenden **Feststellung durch die Einzugsstelle** oder einen Träger der RV ein. Nach dem Wortlaut des § 8 Abs 2 Satz 3 SGB IV ist diese Feststellung für die Entstehung der Versicherungs- und damit auch der Beitragspflicht konstitutiv.

29 **3. Ausnahmen von der Zusammenrechnung nach § 8 Abs 2 SGB IV. a) Arbeitslosenversicherungen.** Hier werden zwar mehrere geringfügige Beschäftigungen, die in der ArblV grds versicherungsfrei sind, zusammengerechnet, nicht jedoch geringfügige mit nicht geringfügigen Beschäftigungen (vgl § 27 Abs 2 Satz 1 SGB III). Damit soll vermieden werden, dass Bagatellbeschäftigungen Ansprüche auf Entgeltersatzleistungen der Arbeitsförderung (zB Ansprüche auf AlGeld) begründen können (BT-Drs 12/280 S 12 zu Art 2 Nr 1). § 27 Abs 2 Satz 1 SGB III geht dem § 8 Abs 2 Satz 1 SGB IV als lex specialis vor, so dass auch dann keine Zusammenrechnung von entgelt-geringfügigen Beschäftigungen nach § 8 Abs 1 Nr 1 SGB IV stattfindet, wenn der ArbN neben einer nicht geringfügigen (Haupt-)Beschäftigung mehrere solcher geringfügigen (Neben-)Beschäftigungen ausübt.

b) Kranken- und Pflegeversicherung. Hier findet eine Zusammenrechnung geringfügiger Beschäftigungen mit einer nicht geringfügigen Beschäftigung (nur) statt, wenn diese, dh die nicht geringfügige (Haupt-)Beschäftigung die Versicherungspflicht begründet (vgl § 7 Satz 2 SGB V). Negativ formuliert: Eine Zusammenrechnung findet in der KV und PflegeV zB dann nicht statt, wenn die nicht geringfügige (Haupt-)Beschäftigung wegen Überschreitens der JAEGrenze (vgl § 6 Abs 1 Nr 1 SGB V) oder wegen einer vorrangigen Versorgung zB als Beamter (§ 6 Abs 1 Nr 2 SGB V) versicherungsfrei ist. 30

Zur Frage, ob **Versicherungsfreiheit wegen Überschreitens der Jahresarbeitsentgeltgrenze** vorliegt, vgl § 6 Abs 1 Nr 1 SGB V; vgl auch *Jahresarbeitsentgelt; Geringfügige Beschäftigung*). 31

c) Rentenversicherung. In der RV erfolgt eine Zusammenrechnung einer zeitgeringfügigen mit einer nicht geringfügigen (Haupt-)Beschäftigung nur, wenn diese versicherungspflichtig ist (vgl § 5 Abs 2 Satz 2 SGB VI nF). Dies ist der Fall, wenn die nicht geringfügige (Haupt-)Beschäftigung dem Grunde nach der Versicherungspflicht unterliegt und kein Tatbestand der Versicherungsfreiheit oder eine Befreiung von der Versicherungspflicht vorliegt. 32

Negativ formuliert: Es erfolgt in der RV keine Zusammenrechnung einer geringfügigen zeitgeringfügigen Beschäftigung mit einer zwar nicht geringfügigen aber versicherungsfreien Beschäftigung zB als Beamter, Richter etc (vgl § 6 SGB V; § 5 Abs 1 SGB VI) oder mit der nicht geringfügigen Beschäftigung eines hauptberuflich Selbstständigen (vgl § 5 Abs 5 SGB V). Für entgeltgeringfügige Beschäftigungen spielt die Zusammenrechnungsfrage seit 1.1.13 für die Frage der Versicherungspflicht keine Rolle mehr, weil seither in der RV auch für entgeltgeringfügige Beschäftigungen Versicherungspflicht angeordnet ist.

d) Beitragsrechtliche Konsequenzen. In beitragsrechtlicher Hinsicht gilt Folgendes: Entfällt der Tatbestand der Versicherungsfreiheit, weil eine geringfügige Beschäftigung mit einer versicherungspflichtigen Hauptbeschäftigung zusammengerechnet wird oder mehrere geringfügige Beschäftigungen zusammentreffen und hierdurch die Geringfügigkeitsgrenzen überschritten werden (vgl § 8 Abs 2 Satz 1 SGB IV), unterliegt auch die geringfügige Beschäftigung der Versicherungspflicht. Der für die KV geltende Tatbestand des § 249b SGB V, der nur versicherungsfreie oder nicht versicherungspflichtige geringfügige Beschäftigungen erfasst, ist daher nicht erfüllt. Entsprechendes gilt für die RV. Vielmehr gelten hier die allgemeinen **Grundsätze des Beitragsrechts,** dh dass Beiträge nach dem allgemeinen Beitragssatz nach dem Grundsatz hälftiger Beitragstragung zu zahlen sind. 33

4. Auswirkungen einer Nebentätigkeit auf Sozialleistungen. Solche treten insbesondere in Form von Anrechnungsvorschriften in Erscheinung. 34

a) Wegfall des Anspruchs auf Altersvoll- oder Teilrente bei Überschreiten von Hinzuverdienstgrenzen. Werden die in § 34 Abs 2 SGB VI genannten Grenzen eines zulässigen Hinzuverdienstes überschritten, so entfällt der Anspruch des Versicherten auf Vollrente bzw Teilrente. Das Überschreiten zulässiger Hinzuverdienstgrenzen stellt ein negatives Tatbestandsmerkmal für den Rentenbezug dar, so dass bei Überschreiten dieser Grenzen ggf nur die nächstniedrigere Teilrente zu gewähren ist oder bei Überschreiten der Hinzuverdienstgrenze für die niedrigste Teilrente ($^1/_3$-Rente) der Rentenanspruch gänzlich entfällt (Einzelheiten zu den Grenzen des Hinzuverdienstes s *Rentnerbeschäftigung*).

b) Rente wegen teilweiser verminderter Erwerbsminderungen. Diese schließt die Ausübung einer Nebentätigkeit nicht aus. Die Nebentätigkeit lässt den Tatbestand der verminderten Erwerbsfähigkeit aber entfallen, soweit der ArbN unter den üblichen Bedingungen des allg Arbeitsmarktes noch mindestens sechs Stunden täglich erwerbstätig sein kann (vgl § 43 Abs 1 SGB VI). 35

c) Rente wegen voller Erwerbsminderung. Diese wird durch die Ausübung einer Nebentätigkeit ausgeschlossen, sofern der ArbN unter den üblichen Bedingungen des allg 36

Arbeitsmarktes noch mehr als drei Stunden täglich erwerbstätig sein kann (vgl § 43 Abs 2 SGB VI). Zu Hinzuverdienstgrenzen vgl § 96a SGB VI und *Rentnerbeschäftigung* Anm C.

37 **d) Nebentätigkeiten von Beziehern von Hinterbliebenenrente.** In den §§ 118a bis 118e SGB IV ist geregelt, in welchem Umfang eigenes Einkommen eines Beziehers einer Hinterbliebenenrente in Betracht kommt. Diese Regelungen beruhen auf dem Grundgedanken, dass Hinterbliebenenrenten Unterhaltsfunktion haben und deshalb ganz oder teilweise ruhen, solange und soweit der Hinterbliebene über angemessenes eigenes Einkommen verfügt.

38 **e) Nebentätigkeit von Arbeitslosen.** Diese sind nach Maßgabe § 155 SGB III auf das AlGeld anzurechnen (Einzelheiten s *Anrechnung anderweitigen Einkommens* Rz 5 ff).

Nettolohnvereinbarung

A. Arbeitsrecht *Griese*

1 **1. Begriff.** Die Nettolohnvereinbarung beinhaltet, dass die Arbeitsvertragsparteien abweichend vom **Regelfall der Bruttovergütung** vereinbaren, dass der ArbGeb sämtliche Steuern und SozVBeiträge übernimmt, so dass der ArbN die zugesagte Vergütung vollständig ausgezahlt bekommt. Die Nettolohnvereinbarung birgt **erhebliche Risiken,** für den ArbG deshalb, da der ArbN die Lohnkostenbelastung durch Änderung von in seiner Sphäre liegenden individuellen Umständen beeinflussen kann, für den ArbN deshalb, weil ihm mögliche gesetzliche Steuerentlastungen verloren gehen.

2 Zu den Auswirkungen der Pauschalierung der LSt (§§ 40–40b EStG) s *Lohnsteuerpauschalierung* Rz 1.

3 **2. Voraussetzungen der Nettolohnvereinbarung.** Eine Nettolohnvereinbarung ist zulässig, sowohl durch Individualvertrag als auch durch Tarifvertrag oder Betriebsvereinbarung. Voraussetzung ist eine ausdrückliche und unmissverständliche Vereinbarung, für die der ArbN darlegungs- und beweispflichtig ist (BAG 21.7.09 – 1 AZR 167/08, NZA 09, 1213). Die Vereinbarung muss beinhalten, dass der ArbGeb zumindest im Verhältnis ArbGeb/ArbN sämtliche Beiträge zur SozV einschließlich der ArbNAnteile sowie die auf die Vergütung entfallende Steuer trägt. Ist eine entsprechende Formulierung missverständlich oder nicht zweifelsfrei oder lässt sich die Nettolohnvereinbarung nicht beweisen, ist von dem Normalfall der Bruttolohnvergütung auszugehen. Die **Formel „brutto = netto"** ist nicht eindeutig und reicht daher für eine Nettolohnvereinbarung nicht aus (LAG NdS 10.12.84, DB 85, 658). Zahlt der ArbGeb die vereinbarte Vergütung stets bar, ohne Abzüge und ohne Erteilung einer Abrechnung aus, begründet dies die Vermutung für eine Nettolohnvereinbarung (LAG Köln 1.8.97 – 11 (7)/Sa 152/97, ArbuR 98, 334; ErfK/*Preis* § 611 BGB Rz 597).

Bei **geringfügig Beschäftigten** wird eine Vergütungsvereinbarung regelmäßig als *Nettolohnvereinbarung* auszulegen sein. Angesichts der bei geringfügig Beschäftigten ganz überwiegend praktizierten Nettovergütung in diesem Sektor wäre eine davon abweichende **Überwälzung von Steuern und SozVBeiträgen auf den ArbN in Formulararbeitsverträgen eine unzulässige überraschende Klausel gem § 305c Abs 1 BGB** und würde darüber hinaus an **mangelnder Transparenz gem § 307 Abs 1 Satz 2 BGB** scheitern (s *Geringfügige Beschäftigung* Rz 13 ff). Eine gesetzgeberische Reform der geringfügigen Beschäftigung, die die Sozialversicherungsfreiheit beseitigt und geringfügige Beschäftigungsverhältnisse als **gesetzliche Nettoarbeitsverhältnisse** ausgestaltet, würde an die übliche Praxis anknüpfen und ist dringlich, um die fehlende soziale Absicherung dieser Beschäftigungsgruppe zu beseitigen (s dazu *Griese/Preis/Kruchen*, NZA 2013, 113).

Sagt ein ArbGeb einem ArbN aus Anlass eines Aufhebungsvertrages einen bestimmten Prozentsatz des Nettogehaltes als Nettomindestvergütung zu, muss er gewährleisten, dass diese Summe dem ArbN netto zugute kommt; zum Ausgleich darüber zusätzlicher steuerlicher Nachteile, die sich aus dem Progressionsvorbehalt ergeben, ist der ArbGeb aber nicht verpflichtet (BAG 8.9.98 – 9 AZR 255/97, NZA 99, 769). Möglich ist, einen **Teil der Vergütung** als Nettovergütung zuzusagen, etwa dergestalt, dass der ArbGeb einen Aufstockungsbetrag zur Erreichung des bisherigen Nettogehaltes zusagt (BAG 9.9.03 – 9 AZR

554/02, NZA 05, 483). In der Zusage, während der Altersteilzeit einen prozentualen Aufstockungsbetrag zu leisten, liegt nicht ohne weiteres die Verpflichtung, auch die steuerliche Mehrbelastung aus dem Progressionsvorbehalt zu übernehmen (BAG 25.6.02 – 9 AZR 155/01, NZA 03, 860). Hat der ArbGeb eine Nettoüberbrückungshilfe zugesagt, ist hierfür die in der Vergangenheit maßgebende Steuerklasse des ArbN zugrunde zu legen; führt ein nachträglicher Wechsel der Steuerklasse zu einer Mehrbelastung, kann der ArbGeb diese auf den ArbN abwälzen (BAG 15.11.05 – 9 AZR 530/04, DB 06, 848). Einigen sich ArbGeb und ArbN auf eine teilweise **Entgeltumwandlung** zur Altersversorgung (*Betriebliche Altersversorgung* Rz 18 ff), hat der ArbN die Wahl, dies aus dem Bruttoentgelt vorzunehmen oder bei Entgeltumwandlung aus dem Nettoentgelt zusätzlich die staatliche „Riester"-Förderung in Anspruch zu nehmen (s *Preis* Innovative Arbeitsformen, S 442). Für Betriebsrenten kann eine **Nettogesamtobergrenze** festgelegt werden (BAG 27.6.06 – 3 AZR 196/05).

Umstritten ist, ob eine **Schwarzgeldabrede**, mit der beide Arbeitsvertragsparteien *bewusst* **4** eine Hinterziehung von Steuern und Sozialabgaben vereinbaren, als Nettolohnvereinbarung verstanden werden kann, mit der Folge, dass der ArbGeb sämtliche Steuern und Sozialabgaben tragen muss, wenn die Hinterziehung von Steuern und Sozialabgaben bekannt wird und der ArbGeb von FA und Einzugsstelle in Anspruch genommen wird. Der BGH hat dies in seinem Urt vom 24.9.86 (BB 86, 2419) bejaht. Demgegenüber geht die hM (BAG 26.2.03 – 5 AZR 690/01, NZA 04, 313; BGH 13.5.92, NJW 92, 2240; BSG 22.9.88 – 12 RK 36/86, BSGE 64, 110; BFH 21.2.92, BStBl II 92, 443) davon aus, dass die Arbeitsvertragsparteien damit noch keine Nettolohnvereinbarung getroffen haben, denn der Wille der Parteien geht bei einer Schwarzgeldabrede auf Hinterziehung der Steuern und Abgaben, nicht aber auf Übernahme durch eine Partei. Eine Schwarzgeldabrede macht das Arbeitsverhältnis auch nicht nichtig (BAG 26.2.03 – 5 AZR 690/01, NZA 04, 313).

Die Einzugsstelle für die SozVBeiträge wird, wenn ihr Schwarzgeldzahlungen bekannt **5** werden, den ArbGeb als Schuldner des GesamtSozBeitrages (§ 28e SGB IV) in Anspruch nehmen. Wird der ArbGeb nachträglich in Anspruch genommen, wird eine Erstattungsforderung gegen den ArbN hinsichtlich der ArbNAnteile zur SozV an § 28g Satz 2 und 3 SGB IV scheitern, wonach der ArbNAnteil zur SozV nur durch **Gehaltsabzug** im Auszahlungsmonat oder bei den drei folgenden Lohn- und Gehaltszahlungen erfolgen darf. Nur bei fehlendem Verschulden des ArbGeb, das wegen der Schwarzgeldabrede aber gerade nicht angenommen werden kann, wäre eine spätere Geltendmachung durch **Gehaltsabzug** möglich. Ist der ArbN bereits ausgeschieden, ist eine Inanspruchnahme ohnehin unzulässig, da nach der gesetzlichen Regelung der **Abzug vom Entgelt** grds der einzig zulässige Weg ist, die ArbNAnteile zur SozV gegenüber dem ArbN geltend zu machen (BAG 14.1.88 – 8 AZR 238/85, NZA 88, 803). Die oben geschilderten Grundsätze gelten in gleicher Weise, wenn der ArbGeb nur einen Teil der Arbeitsvergütung „schwarz" zahlt. Bei **illegaler Beschäftigung,** also zB bei illegaler Ausländerbeschäftigung oder Verstoß gegen gesetzliche Beschäftigungsverbote gilt, wenn keine Steuern und Sozialabgaben entrichtet worden sind, gem § 14 Abs 2 S 2 SGB IV ein **Nettoarbeitsentgelt** als vereinbart (s LSG RhPf 29.7.09 – L 6 R 105/09, DB 09, 2443). **Die Fiktion des § 14 Abs 2 Satz 2 SGB IV ist allerdings auf das Sozialversicherungsrecht beschränkt** und hat keine unmittelbaren Wirkungen auf das Arbeitsverhältnis, so dass der ArbN nur den Bruttolohn verlangen kann (BAG 17.3.2010 – 5 AZR 301/09). Zu den strafrechtlichen Folgen der Schwarzarbeit s *Schwarzarbeit* Rz 1 ff.

3. Wirkungen der Nettolohnvereinbarung. Haben die Parteien eine Nettovergütung **6** vereinbart, wird der Nettolohn als konstante Größe geschuldet. Änderungen in den gesetzlichen Vorschriften über Besteuerung und Sozialabgaben wirken sich daher auf den dem ArbN zustehenden Nettolohn nicht aus (*Palandt/Heinrichs* § 611 Rz 51). Hieraus resultierende Entlastungen kommen dem ArbGeb zugute, etwa die Steuersenkungen durch das StEntlG 1999/2000/2002 oder die zum 1.1.05 in Kraft getretenen Änderungen, ohne dass der ArbGeb die Entlastung an den ArbN weitergeben müsste (LAG Köln 6.9.90, DB 91, 1229). Umgekehrt trägt der ArbGeb das Risiko einer Mehrbelastung durch den SolZ zur LSt und ESt oder durch Einführung zusätzlicher Sozialabgaben wie zB der PflegeVBeiträge oder der Erhöhung der SozVBeiträge.

Ändert der ArbN willkürlich und damit rechtsmissbräuchlich (BAG 9.9.03 – 9 AZR 554/ **7** 02, NZA 05, 483) die individuellen Besteuerungsgrundlagen, etwa Wechsel der LStKlasse,

323 Nettolohnvereinbarung

Verzicht auf Eintragung eines in der Vergangenheit in Anspruch genommenen Freibetrages, ohne hierfür irgendwelche sachlichen Gründe zu haben, kommt eine Anpassung nach § 313 BGB wegen Störung der Geschäftsgrundlage in Betracht. Die Änderung in die **LStKlassenkombination IV/IV ist idR nicht missbräuchlich und muss daher vom ArbGeb berücksichtigt werden** (BAG 13.6.06 – 9 AZR 423/05, BB 06, 2588).

Zur schlüssigen gerichtlichen Begründung einer Nettolohnklage gehört die für den Tag des Zuflusses geltende Darlegung der individuellen Besteuerungsmerkmale; bei Nettolohnnachzahlung sind die im Nachzahlungszeitpunkt geltenden Besteuerungsmerkmale zugrunde zu legen (BAG 26.2.03 – 5 AZR 223/02, NZA 03, 922).

Eine Entgeltforderung ist **nicht schlüssig** dargelegt, wenn in einer Entgeltaufstellung **unzulässigerweise Brutto- und Nettoforderungen miteinander verrechnet** oder gegeneinander aufgerechnet werden (LAG Köln 18.2.08 – 14 Sa 1029/07, BeckRS 2008, 52731).

B. Lohnsteuerrecht

Seidel

10 **1. Begriff.** Im Regelfall der Bruttolohnabrede hat der ArbN aus dem vereinbarten Bruttolohn die gesetzlichen Abgaben (LSt, KiSt, SolZ, ArbNAnteil SozVBeiträge) zu tragen (s *Bruttolohnvereinbarung* Rz 17). Es ist Aufgabe des ArbGeb, die gesetzlichen Abgaben für den ArbN an die Gläubiger dieser Abgaben abzuführen (s *Lohnabzugsverfahren* Rz 3). Abweichend von dem Regelfall der Bruttolohnvergütung können die Arbeitsvertragsparteien auch vereinbaren, dass das Arbeitsentgelt als Nettolohn gezahlt wird und der ArbGeb gegenüber dem ArbN verpflichtet ist, sämtliche oder bestimmte gesetzliche Abgaben zu tragen. Im Regelfall werden sich die Parteien keine Gedanken darüber machen, welcher Bruttolohn dem Nettolohn entsprechen soll. Der Nettolohn wird als konstanter Betrag geschuldet.

11 Die **Höhe der Abzugsbeträge** hängt von den Besteuerungsmerkmalen des ArbN ab. Die bei der Nettolohnvereinbarung vom ArbGeb für den ArbN zu tragenden Abzugsbeträge, die dem Nettolohn hinzugerechnet den Bruttolohn ergeben, sind Teil des Arbeitslohnes des ArbN und fließen diesem zusammen mit der Auszahlung des Nettolohns zu (BFH 6.12.91, BStBl II 92, 441).

12 Ob eine Nettolohnvereinbarung vorliegt, bestimmt sich nach den Grundsätzen des Vertragsrechts (s oben Rz 3). Hat ein Vergütungsschuldner die Steuer nicht einbehalten und abgeführt, ist hieraus ohne weiteres vom Vorliegen einer Nettolohnvereinbarung auszugehen (FG Bln-Bdbg 4.4.12 – 12 V 12204/11, EFG 12, 1352; s auch *Lohnsteuerberechnung* Rz 2 ff, 11). Die Beteiligten des Dienstverhältnisses müssen vor Beginn des LStAbzugs Vereinbarungen darüber getroffen haben, dass der ArbGeb zusätzlich die LSt, den SolZ und ggf die KiSt sowie den ArbNAnteil zur SozV tragen soll. Absprachen mit Dritten oder von diesen dem ArbGeb gegenüber geäußerte Rechtsauffassungen können eine Nettolohnvereinbarung nicht begründen. Für eine Klage des ArbN gegen den ArbGeb über das Bestehen einer Nettolohnvereinbarung ist der Finanzrechtsweg nicht gegeben (BFH 29.6.93, BStBl II 93, 760). Voraussetzung ist ferner, dass der ArbN dem ArbGeb vor Durchführung des LStAbzugs die notwendigen Mitteilungen nach §§ 39e Abs 4 EStG für den Abruf der ELStAM gemacht bzw die Bescheinigung für den LStAbzug nach § 39e Abs 8 EStG (s *Lohnsteuerabzugsmerkmale* Rz 9) ausgehändigt hat, denn er kann nur dann von einer vorschriftsmäßigen LStEinbehaltung ausgehen, wenn dem ArbGeb die hierfür erforderlichen Daten bzw die Bescheinigung vorliegen (vgl BFH 28.2.92, BStBl II 92, 733 zur LStKarte). Zu steuerlichen Fragen im Zusammenhang mit Nettolohnvereinbarungen s ausführlich OFD Düsseldorf 29.11.05 – S 2367 A – St 22/St 221 – S 2367 – 16 – St 21 – K/St 212 – K, DStZA 06, 84).

13 Die Nettolohnvereinbarung ist zu unterscheiden von der Übernahme der LSt in Pauschalierungsfällen (§ 40 Abs 3 EStG; s auch *Lohnsteuerpauschalierung* Rz 6) und der Entrichtung der Pauschsteuer durch den ArbGeb in den Fällen der geringfügigen Beschäftigung (s *Geringfügige Beschäftigung* Rz 21). Bei einer fehlgeschlagenen Pauschalierung kann keine Nettolohnvereinbarung unterstellt werden (BFH 13.10.89, BStBl II 90, 30). Die Vereinbarung schwarzer Lohnzahlungen stellt steuerrechtlich keine Nettolohnvereinbarung dar (BFH 21.2.92, BStBl II 92, 443; s auch *Schwarzarbeit* Rz 7 und oben Rz 4).

14 **2. Wirkung.** Durch eine Nettolohnvereinbarung wird das Steuerschuldverhältnis zwischen Steuergläubiger und Steuerschuldner nicht beeinflusst. Der ArbN bleibt Steuerschuld-

ner der LSt und ggf KiSt. Evtl Steuererstattungsansprüche stehen dem ArbN zu. Die Steuererstattung an den ArbN ist jedoch vom Bruttoarbeitslohn abzuziehen (BFH 30.7.09 – VI R 29/06, BStBl II 10, 148). Beruft sich der ArbN auf eine Nettolohnvereinbarung, hat er sie einwandfrei nachzuweisen, denn da der ArbGeb aus der Sicht des ArbN mit der Auszahlung des Nettolohns den Bruttoarbeitslohn vorschriftsmäßig gekürzt hat, wird der ArbN von seiner Steuerschuld befreit, so dass die einbehaltene LSt bei der EStVeranlagung (s *Antragsveranlagung* Rz 2 ff) auf die EStSchuld des ArbN anzurechnen ist. Diese Befreiungswirkung ist die Hauptrechtsfolge der Nettolohnvereinbarung (BFH 6.12.91, BStBl II 92, 441). Das gilt selbst dann, wenn die auf den Nettolohn entfallende LSt höher ist als die später festgesetzte ESt (BFH 16.8.79, BStBl II 79, 771) oder vom ArbGeb einbehaltene LSt tatsächlich nicht an das FA abgeführt worden ist (BFH 13.11.87, BFH/NV 88, 566).

Bei **Streitigkeiten über die Anrechnung** der vom ArbGeb einbehaltenen LSt hat das 15 FA mit Abrechnungsbescheid (§ 218 Abs 2 AO) und nicht im Steuerfestsetzungsverfahren zu entscheiden (BFH 26.2.82, BStBl II 82, 403). Behauptet ein ArbN im Veranlagungsverfahren eine Nettolohnvereinbarung und begehrt die Anrechnung der LSt, kann dies aber nur im Verfahren gegen den Steuerbescheid verfolgt werden, da er gleichzeitig den Ansatz eines um die LSt heraufgerechneten Lohnes begehren muss (BFH 8.11.85, BStBl II 86, 186; s auch *Schmidt/Krüger* § 39b Rz 15), denn bei der EStVeranlagung des ArbN ist der um die vom ArbGeb übernommenen und einbehaltenen Abzüge erhöhte Nettolohn (= Bruttolohn) anzusetzen.

Hat der ArbN etwaige **Erstattungsansprüche** an den ArbGeb **abgetreten,** wird dadurch 16 der anzusetzende Lohn nicht beeinflusst; wird der Erstattungsbetrag in einem späteren Jahr an den ArbGeb erstattet, wirkt dies wie eine Lohnrückzahlung (s *Entgeltrückzahlung* Rz 17 ff) und führt im Jahr der Erstattung zu wie Werbungskosten abziehbaren negativen Einnahmen aus nichtselbständiger Arbeit (*Schmidt/Krüger* § 39b Rz 12; *HMW/*Nettolohn Rz 8 und 9). Die Abtretung von LStErstattungsansprüchen ausländischer ArbN an den ausländischen Werkvertragsunternehmer ist unwirksam, da dann von einem unzulässigen geschäftsmäßigem Erwerb von Erstattungsansprüchen auszugehen ist (§ 46 Abs 4 AO). Dies gilt auch, wenn Nettolohnvereinbarungen (nach polnischem Recht) vorliegen oder die Gefahr einer Übervorteilung des ArbN nicht besteht (FG München 4.6.97, EFG 97, 1159; bestätigt durch BFH 4.2.99 – VII R 112/97, BStBl II 99, 430; *HMW/*Abtretung von Steuererstattungsansprüchen Rz 8). Auch die ESt-**Nachzahlung** durch den ArbGeb ist bei einer Nettolohnvereinbarung nicht auf einen Bruttobetrag hochzurechnen (FG Düsseldorf 3.12.13 13 K 2184/12 E, www.fg-duesseldorf.nrw.de, Revision zugelassen).

3. Berechnung. a) Laufender Arbeitslohn. Soweit der ArbGeb für die Lohnabrech- 17 nung – übergangsweise – noch kein maschinelles Verfahren anwendet, hat er aus der für die Steuerklasse des ArbN maßgebenden Spalte der LStTabelle (s aber auch *Lohnsteuertabellen* Rz 2) durch **Abtasten** den Bruttoarbeitslohn zu ermitteln, der, vermindert um die LSt, den ausgezahlten Nettobetrag ergibt (s auch BFH 30.7.09 – VI R 29/06, DStR 09, 2140). Die aus dem Bruttolohn berechnete LSt ist vom ArbGeb abzuführen. Übernimmt der ArbGeb außer der LSt auch die KiSt, den SolZ und den ArbNAnteil zur SozV, sind bei der Ermittlung des Bruttoarbeitslohnes außer der LSt auch diese Beträge einzubeziehen. Aus Vereinfachungsgründen können vor der Steuerberechnung vom hochgerechneten Nettojahresarbeitslohn ggf die Freibeträge für Versorgungsbezüge (§ 19 Abs 2 EStG; s *Altersgrenze* Rz 19) und der Altersentlastungsbetrag (§ 24a EStG; s *Altersentlastungsbetrag* Rz 6 ff) abgezogen werden (LStR 39b.9 Abs 1). Die PC-Programme zur Ermittlung der LSt bieten idR auch die Möglichkeit, aus einem vereinbarten Nettolohn den entsprechenden Bruttolohn zu berechnen. Die Übernahme von **Steuerberatungskosten** für die Erstellung von ESt-Erklärungen der ArbN durch den ArbGeb führt bei Vorliegen einer Nettolohnvereinbarung zu Arbeitslohn (BFH 21.1.10 – VI R 2/08, BStBl II 10, 639).

b) Sonstige Bezüge, die netto gezahlt werden, sind grds nach der für sonstige Bezüge 18 allgemein geltenden Berechnungsweise (s *Sonstige Bezüge* Rz 3 ff) mit folgenden Ergänzungen zu besteuern:
(1) Bei der Ermittlung des maßgebenden Jahresarbeitslohns sind die voraussichtliche Jahresarbeitslohn und frühere netto gezahlte sonstige Bezüge mit den entsprechenden Bruttobeträgen anzusetzen; dabei braucht der ArbGeb bei der Schätzung des voraussichtlichen

Seidel

323 Nettolohnvereinbarung

Jahresarbeitslohns grds nur den bei ihm erzielten Arbeitslohn zu berücksichtigen (FG Bln 5.7.04 – 8 K 8313/03, EFG 05, 234; Revisionsentscheidung hierzu BFH 13.12.07 – VI R 57/04, BStBl II 08, 434);

(2) übernimmt der ArbGeb auch die auf den sonstigen Bezug entfallende KiSt, den SolZ und ggf den ArbNAnteil am GesamtSozVBeitrag, so sind bei der Ermittlung des sonstigen Bezugs außer der LSt auch die weiteren Lohnabzugsbeträge zu berücksichtigen. Bruttobezug ist in jedem Fall der Nettobetrag zuzüglich der tatsächlich abgeführten Beträge an LSt, KiSt, SolZ und übernommenem ArbNAnteil. Der hiernach ermittelte Bruttobezug ist auch bei späterer Zahlung sonstiger Bezüge im selben Kj bei der Ermittlung des maßgebenden Jahresarbeitslohns zugrunde zu legen (LStR 39b.9 Abs 2).

19 **4. Sonstiges.** Im Lohnkonto (s *Lohnkonto* Rz 3 ff) und in der LStBescheinigung (s *Lohnsteuerbescheinigung* Rz 11) sind in allen Fällen von Nettozahlungen die Bruttoarbeitslöhne anzugeben (LStR 39b.9 Abs 3). Zur **Haftung** des ArbGeb für nicht abgeführte LSt s *Lohnsteuerhaftung* Rz 8 ff. Der ArbN kann nur in Anspruch genommen werden, wenn er positive Kenntnis davon hat, dass der ArbGeb die LSt nicht angemeldet hat und der ArbN dies nicht unverzüglich dem FA mitgeteilt hat (§ 42d Abs 3 Satz 4 Nr 2 EStG; BFH 8.11.85, BStBl II 86, 186).

C. Sozialversicherungsrecht *Schlegel*

20 **1. Nettoarbeitsentgelt.** Dieses wird als das um die gesetzlichen Abzüge verminderte Bruttoarbeitsentgelt definiert; es handelt sich nicht um einen eigenständigen sozialversicherungsrechtlichen Begriff, sondern um eine vom Bruttoarbeitsentgelt abgeleitete nicht selbstständige Berechnungsgröße. Ist ein Nettoarbeitsentgelt vereinbart, gelten als Arbeitsentgelt die Einnahmen des Beschäftigten einschließlich der darauf entfallenden Steuern, der seinem gesetzlichen Anteil entsprechenden Beiträge zur SozV und seines Beitrages zur BA (§ 14 Abs 2 SGB IV).

21 **a) Abtastverfahren („Hochrechnung").** Das sowohl im Beitrags- als auch im Leistungsrecht maßgebliche Bruttoprinzip (BSG 22.8.69 – 3 RK 78/68, BSGE 30, 61, 64; 22.9.88 – 12 RK 36/86, SozR 2100 § 14 Nr 22) erfordert, dass ein vereinbartes Nettoarbeitsentgelt stets in ein entsprechendes Bruttoarbeitsentgelt umgerechnet wird. Dies geschieht durch ein Abtastverfahren, da von den vom ArbGeb übernommenen und mit zum Arbeitsentgelt gehörenden Steuern und Beiträgen wiederum Beiträge zu entrichten sind („Beiträge von Steuern" und „Beiträge zu Beiträgen"). Entsprechendes gilt für die Entrichtung von Steuern, soweit das Steuerrecht die vom ArbGeb übernommenen Steuern und Beitragsanteile des ArbN als stpfl Arbeitsentgelt ansieht (s oben Rz 14 ff). Das „Hochrechnen" des Nettoarbeitsentgelts zum Bruttoarbeitsentgelt geschieht durch „Abtasten" anhand der LSt- und Beitragstabellen. Schon im Hinblick auf die hiermit verbundenen Schwierigkeiten sollten Nettolohnvereinbarungen tunlichst vermieden werden. Zum Ganzen *Voelzke/Schlegel* SGB IV, Rz 273 ff.

22 **b) Gesetzliche Abzüge** iSd § 14 Abs 2 S 1 SGB IV. Hierzu zählen die LSt und KiSt sowie die ArbNAnteile zur gesetzlichen KV, RV, PflegeV und ArblV. Nicht zu den gesetzlichen Abzügen gehören die ArbGebAnteile und die LSt und KiSt, wenn Pauschalbesteuerung vorliegt, da der ArbGeb hier keine Steuerschuld des ArbN, sondern eine ihm obliegende Steuerschuld erfüllt (BSG 12.11.75 – 3/12 RK 22, BB 76, 887 ff; s auch *Lohnsteuerpauschalierung* Rz 3, 4).

23 **c) „Unmögliche Nettoarbeitsentgelte".** Besondere Probleme entstehen bei der Vereinbarung eines Nettoarbeitsentgelts im Hinblick auf die **Jahresarbeitsverdienstgrenze in der KV,** bei deren Überschreiten der ArbN versicherungsfrei ist (hierzu vgl *Beitragsbemessungsgrenzen* Rz 5 ff; *Jahresarbeitsentgelt* Rz 6 ff). Bei der Nettolohnvereinbarung werden die Steuern und Beiträge allein vom ArbGeb getragen, auch soweit es sich um ArbNAnteile handelt. Da das Nettoarbeitsentgelt – bei gleichem Bruttoarbeitsentgelt – je nach Vorliegen von Versicherungsfreiheit oder Versicherungspflicht in der KV unterschiedlich hoch ist, gibt es bei gegebener Steuerklasse und feststehenden Beitragssätzen in den einzelnen Versicherungszweigen ausgehend vom Bruttoarbeitsentgelt immer einem bestimmten Bereich, der als Nettoarbeitsentgelt nicht ausgezahlt werden kann, gleichgültig in welcher Höhe ein Bruttoarbeitsentgelt vereinbart ist. Entspricht letzteres nämlich genau der Versicherungspflicht-

grenze in der KV und wird es dann um einen einzigen Euro angehoben, ist das nunmehr auszuzahlende Nettoarbeitsentgelt wegen des nicht mehr anfallenden und damit zusätzlich auszuzahlenden ArbNAnteils am KVBeitrag stets um die Hälfte des Höchstbeitrages zur KV höher als bei einem vereinbarten Bruttoarbeitsentgelt, das der Versicherungspflichtgrenze entspricht. Je nach der LStBelastung und den Beitragssätzen gibt es für jeden Beschäftigten an der Versicherungspflichtgrenze einen Bereich, der – ausgehend vom Bruttoarbeitsentgelt – als Nettoarbeitsentgelt nicht ausgezahlt werden kann.

Ein unmögliches Nettoarbeitsentgelt liegt immer dann vor, wenn die Hochrechnung bei Annahme von Versicherungspflicht in der KV ein Bruttoarbeitsentgelt über der Versicherungspflichtgrenze ergibt, dieses aber nach Abzug des ArbNAnteils am KVBeitrag unter der Versicherungspflichtgrenze liegt. Es stellt sich deshalb die Frage, ob bei einem vereinbarten unmöglichen Nettoarbeitsentgelt von **Versicherungspflicht oder Versicherungsfreiheit in der Krankenversicherung** auszugehen ist. Diese – logisch nicht zu lösende – Frage hat das BSG dahin entschieden, dass Versicherungspflicht in der KV anzunehmen ist, wenn ein unmögliches Nettoarbeitsentgelt vereinbart wurde. Für die Entscheidung, ob diese Versicherungspflicht besteht, ist deshalb aus dem Nettoarbeitsentgelt unter Berücksichtigung der Steuern sowie unter Annahme von Versicherungspflicht in der KV, PflegeV, ArblV und RV das Bruttoarbeitsentgelt festzustellen. Versicherungspflicht in der KV besteht solange, wie das auf diese Weise ermittelte Bruttoarbeitsentgelt nach Abzug des ArbNAnteils am Beitrag zur KV die Versicherungspflichtgrenze der KV nicht übersteigt (vgl BSG 19.12.95 – 12 RK 39/94, SozR 3–1500 § 6 Nr 10). 24

d) Illegale Beschäftigung, Schwarzarbeit und Schattenbeschäftigung. Sind bei illegalen Beschäftigungsverhältnissen Steuern und Beiträge zur SozV nicht gezahlt worden, gilt nach **§ 14 Abs 2 S 2 SGB IV** ein Nettoarbeitsentgelt als vereinbart. Der früheren anderslautenden Rspr des BSG (BSG 22.9.88 – 12 RK 36/86, SozR 2100 § 14 Nr 22) ist durch diese zum 1.8.02 in Kraft getretene Regelung die Grundlage entzogen worden (zur Gesetzesbegründung vgl BT-Drs 14/8221 S 14). ArbGeb und ArbN werden bei illegaler Beschäftigung damit im Ergebnis so behandelt, als hätten sie ein Nettoarbeitsentgelt vereinbart. Das tatsächlich gezahlte Entgelt muss daher wie bei der Nettolohnvereinbarung im sog **Abtastverfahren** in ein hypothetisches Bruttoarbeitsentgelt hochgerechnet werden. § 14 Abs 2 Satz 2 SGB IV ist nicht nur auf die Fälle illegaler Beschäftigung ausländischer ArbN beschränkt. Die Vorschrift ist auf **sämtliche Fälle der Schattenwirtschaft** anzuwenden, bei denen trotz Ausübung einer abhängigen Beschäftigung keine oder zu wenig SozVBeiträge gezahlt werden (vgl auch *Schwarzarb.*). Allerdings kommt § 14 Abs 2 Satz 2 SGB IV nach der Rspr des BSG nur dann zur Anwendung, wenn die objektive Verletzung zentraler ArbGebPflichten zumindest bedingt vorsätzlich erfolgt; mit dieser Einschränkung (zumindest bed Vorsatz) möchte das BSG vermeiden, dass bereits „schlichte Berechnungsfehler und bloße einfache versicherungs- und beitragsrechtliche Fehlbeurteilungen" zur Anwendung des Abtastverfahrens führen (vgl BSG 9.11.11 – B 12 R 18/09, NZA-RR 12, 539, Rz 27). 25

2. Begrenzungen der Lohnersatzleistungen. In aller Regel sind Lohnersatzleistungen der Höhe nach auf bestimmte vH-Sätze des „zuletzt" erzielten Nettoarbeitsentgelts begrenzt, vgl zB vorgesehen das Krankengeld § 47 Abs 1 Satz 2 SGB V, Übergangsgeld bei medizinischen Reha-Maßnahmen der RV (§ 21 Abs 1 SGB VI iVm § 47 SGB V) und das Verletztengeld der UV (§§ 47 SGB VII; 47 Abs 1 SGB V). 26

Nichtraucherschutz

A. Arbeitsrecht
Poeche

1. Allgemeines. Die lang anhaltende Diskussion über Recht und Pflicht des ArbGeb, im Interesse des Gesundheitsschutzes der nicht rauchenden ArbN betriebliche Rauchverbote oder -beschränkungen einzuführen, hat sich weitgehend erledigt. Der Gesetzgeber ist tätig geworden. Seit 3.10.02 hat der ArbGeb nach § 5 ArbStättV die erforderlichen Maßnahmen zu treffen, damit die nicht rauchenden Beschäftigten in Arbeitsstätten wirksam vor den Gesundheitsgefahren durch Tabakrauch geschützt sind. 1

324 Nichtraucherschutz

Das zum 1.9.07 in Kraft getretene **Bundesnichtraucherschutzgesetz** (BGBl I 07, 1595) hat den Gesundheitsschutz durch Einfügung von Satz 2 in § 5 Abs 1 ArbStättV weiter verstärkt. Der ArbGeb hat, soweit erforderlich, ein allgemeines oder auf einzelne Bereiche beschränktes Rauchverbot zu erlassen. Mit der Aufnahme des Nichtraucherschutzes in den **öffentlich-rechtlichen Arbeitsschutz** ist der medizinische Streit über die Gesundheitsgefährdung durch Passivrauchen gesetzlich entschieden. Jeder (nichtrauchende) ArbN kann vom ArbGeb nach § 618 BGB iVm § 5 ArbStättV Schutzmaßnahmen auch individualrechtlich beanspruchen (*Arbeitsstätte* Rz 8). Auf seine individuelle Disposition kommt es nicht (mehr) an. Ausführlich zum Schutz gegen „Dicke Luft im Betrieb" *Ginal/Pinetzki/Weitnauer* ArbRAktuell 12, 369.

Zu beachten ist, dass der **Geltungsbereich** des § 5 über den der ArbStättV hinaus geht. Die Vorschrift ist ausnahmslos in allen Betrieben und Verwaltungen anzuwenden, die dem ArbSchG unterfallen (*Arbeitssicherheit/Arbeitsschutz* Rz 7), damit ua auch für Markt- und Reisegewerbe, Verkehrsbetriebe usw (*Arbeitsstätte* Rz 2).

2   **2. Handlungspflichten.** Adressat des Nichtraucherschutzes ist wie stets im Arbeitsschutz der ArbGeb. Er hat den wirksamen Nichtraucherschutz zu gewährleisten und die hierfür erforderlichen Maßnahmen zu ergreifen. Trotz der anerkannt krebserzeugenden Wirkung von Passivrauchen (MAK- und BAT-Wertliste 1998 der Senatskommission der Deutschen Forschungsgemeinschaft; s auch *Arbeitsstoffe, gefährliche* Rz 11) bestehen keine Grenzwerte. Dies beruht letztlich auf der Schwierigkeit, aus der Fülle der schädlichen Inhaltsstoffe des Tabakrauchs einen aussagefähigen Leitstoff zu wählen. Im Interesse des bezweckten umfassenden Gesundheitsschutzes ist deshalb regelmäßig ohne Rücksicht auf die Konzentration von Tabakrauch ein **tabakrauchfreier Arbeitsplatz** gefordert. Das ist der vom ArbGeb zur Verfügung gestellte Ort, an dem sich der ArbN aufhalten muss, um die von ihm geschuldete Arbeit zu leisten (BAG 19.5.09 – 9 AZR 241/08, NZA 09, 775). Tabakrauch darf dort nicht sinnlich wahrnehmbar sein, also nicht zu sehen, nicht zu schmecken und nicht zu riechen (BAG 17.2.98 – 9 AZR 84/97, NZA 98, 1231). Gemeinsames Arbeiten von Rauchern und Nichtrauchern ist danach ausgeschlossen. Es sind grds getrennte Arbeitsbereiche vorzuhalten. Be- und Entlüftungsanlagen dürften idR nicht genügen. Der ArbGeb hat weitergehend den Nichtraucherschutz in der gesamten **Arbeitsstätte** zu gewährleisten. Betroffen sind damit alle Räumlichkeiten, die der ArbN im Zusammenhang mit seiner Arbeit betreten muss (*Arbeitsstätte* Rz 4), insbesondere Pausen- und Bereitschaftsräume. Ggf lässt sich ein wirksamer Nichtraucherschutz nur durch das in § 5 Abs 1 Satz 2 ArbStättV ausdrücklich genannte allgemeine Rauchverbot oder abgestufte Verbote erreichen.

3   **3. Einschränkungen des Nichtraucherschutzes, § 5 Abs 2 ArbStättV.** Der Nichtraucherschutz besteht in **Arbeitsstätten mit Publikumsverkehr** nur eingeschränkt. Schutzmaßnahmen sind hier nur insoweit zu treffen, als „die Natur des Betriebs und die Art der Beschäftigung" es zulassen. Erfasst werden etwa Verkehrsmittel, Räumlichkeiten der öffentlichen Hand, Bildungseinrichtungen, Krankenhäuser sowie die Gastronomie. Die Ausnahme setzt eine **rechtmäßige Betätigung** des ArbGeb voraus (BAG 19.5.09 – 9 AZR 241/08, NZA 09, 775 und NJW 09, 1627 mit dem Ergebnis zustimmender Anm *Ritter,* vgl auch *Raif/Böttcher* ArbuR 09, 289). Daran fehlt es, wenn für die Arbeitsstätte ein **gesetzliches Rauchverbot** besteht. Derartige Verbote enthalten das BundesnichtraucherschutzG (s Rz 1) sowie entsprechende Landesgesetze; verfassungsgemäße Bedenken gegen allgemeine Rauchverbote in Gaststätten bestehen nicht (vgl BVerfG 30.7.08 – 1 BvR 3262/07, NJW 08, 2409; 10.9.09 – 1 BvR 2054/09, DÖV 09, 1006).

4   **4. Mitbestimmungsrechte** des BRat ergeben sich nach § 87 Abs 1 Nr 1 BetrVG. Die Einführung von Rauchverboten und -beschränkungen betreffen regelmäßig Fragen der allgemeinen Ordnung und des Verhaltens der ArbN im Betrieb (BAG 19.1.99 – 1 AZR 499/98, NZA 99, 546). Angesprochen ist außerdem der Gesundheitsschutz iSv § 87 Abs 1 Nr 7 BetrVG. Aus der „offenen" Formulierung, wonach die Schutzmaßnahmen „erforderlich" sein müssen, ergibt sich ein erheblicher Regelungsspielraum. Dabei wird es, ähnlich der sonst im Arbeitsschutz verlangten Gefährdungsanalyse (*Arbeitssicherheit/Arbeitsschutz* Rz 10; *Arbeitsstoffe, gefährliche* Rz 9), darauf ankommen, zunächst die „Immissionsquellen" und das Ausmaß der Gefährdung festzustellen, um dann unter Berücksichtigung der konkreten Verhältnisse die geeigneten Schutzmaßnahmen festzulegen. Beschränkt wird das Mitbestimmungsrecht indessen durch den zwingenden Anspruch des (nicht rauchenden) ArbN auf tabakrauchfreien Arbeitsplatz. Eine Abwägung zwischen der Handlungsfreiheit der Raucher (dem Recht auf Rauchen) und dem Gesundheitsschutz der Nichtraucher kommt nach der Aufnahme des Nichtraucherschutzes in die ArbStättV kaum in Betracht (denkbare Ausnahme: ein rauchender ArbN mit einem minimalen „Zigarettenkonsum"). Für die anderen Räumlichkeiten der Arbeitsstätte ist allerdings stets der Grundsatz der Verhältnismäßigkeit zu beachten (*Düwell* AiB 02, 400). Das BAG hat eine betriebliche Regelung, die das Rauchen nur außerhalb der Betriebsräume und nur auf einem Teil des Freigeländes gestattet, als verhältnismäßig beurteilt (BAG 19.1.99 – 1 AZR 499/98, NZA 99, 546 mit Anm *Ahrens* NZA 99, 686; *Wank* EWiR 99, 489).

5. Prozessuales. Der Antrag, dem ArbN einen „tabakrauchfreien Arbeitsplatz zur Verfügung zu stellen", ist hinreichend bestimmt (BAG 17.2.98 – 9 AZR 84/97, NZA 98, 1231). Ggf kommt der Erlass einer einstweiligen Verfügung in Betracht (LAG München 27.11.90, BB 91, 624).

B. Lohnsteuerrecht *Seidel*

Lohnsteuerrechtlich hat der Nichtraucherschutz keine Bedeutung. Zur lohnsteuerlichen Behandlung von Schadensersatzleistungen wegen Verletzung der Fürsorgepflicht des ArbGeb s *Fürsorgepflicht* Rz 24.

C. Sozialversicherungsrecht *Voelzke*

1. Krankenversicherung. Für das KVRecht betont die Einweisungsvorschrift des § 1 SGB V den Grundsatz der **Eigenverantwortung** der Versicherten für ihre Gesundheit. Danach haben die Versicherten ua bereits durch eine gesundheitsbewusste Lebensführung und durch eine frühzeitige Beteiligung an gesundheitlichen Vorsorgemaßnahmen dazu beizutragen, den Eintritt von Krankheit und Behinderung zu vermeiden und ihre Folgen zu überwinden. Daneben gehört es zu den Aufgaben der Krankenkassen, auf gesunde Lebensverhältnisse hinzuwirken.

Die bis zum In-Kraft-Treten des Beitragsentlastungsgesetzes für die Krankenkassen bestehende Möglichkeit, durch Satzungsregelung Ermessensleistungen zur Verhütung von Krankheiten zu schaffen, ist weitgehend entfallen. Weiterhin können die Krankenkassen **Selbsthilfegruppen** und -kontaktstellen mit gesundheitsfördernder oder rehabilitativer Zielsetzung durch Zuschüsse fördern (§ 20c SGB V; zu den für die Selbsthilfeförderung relevanten Krankheitsbildern s *Schlegel/Voelzke/Schütze* SGB V § 20c Rz 15).

Im **Beitragsrecht** haben sich die im Zusammenhang mit der Diskussion über eine Senkung des Anteils der Gesundheitsausgaben am Bruttoinlandsprodukt erhobenen rechtspolitischen Forderungen nach einer Erhöhung der Beiträge für Raucher bisher nicht durchgesetzt. Im Beitragsrecht der KV, das vom Leistungsrecht weitgehend getrennt ist, bleiben die persönlichen Verhältnisse des Versicherten (zB Alter, Geschlecht, Risikofaktoren, Vorerkrankungen) nach dem Solidaritätsprinzip unberücksichtigt. Nach geltendem Recht sind außer in den gesetzlich ausdrücklich vorgesehen Fällen (§§ 242 ff SGB V) Differenzierungen des von den Kassen jeweils festgelegten Beitragssatzes nicht erlaubt. Eine Abstufung nach dem Versicherungsrisiko ist unzulässig (*Schulin* Bd 1/Engelhard § 54 Rz 222). Die Rspr verneint in diesem Zusammenhang einen aus dem Mitgliedschaftsverhältnis in der gesetzlichen Krankenkasse abzuleitenden Anspruch des Versicherten, gegen die seiner Auffassung nach rechtswidrige Mittelverwendung vorzugehen (BSG 24.9.86 – 8 RK 8/85, NZA 87, 182; Kass-Komm/*Peters* § 195 SGB V Rz 13 mwN).

2. Unfallversicherung. Bewirkt der Tabakrauch am Arbeitsplatz gesundheitliche Schädigungen nicht rauchender ArbN, so begründet dies keinen Anspruch auf die Leistungen der gesetzlichen UV. Die Voraussetzungen für die Anerkennung einer **Berufskrankheit** (s *Berufskrankheit* Rz 11–14) sind nur erfüllt, wenn die Krankheit durch besondere Einwirkungen verursacht ist, denen bestimmte Personengruppen durch ihre Arbeit in erheblich höherem Grad als die übrige Bevölkerung ausgesetzt sind (§ 9 Abs 1 SGB VII). Damit werden Erkrankungen vom Begriff der Berufskrankheit ausgeschlossen, die in der Bevölkerung

324 Nichtraucherschutz

allgemein verbreitet sind und nicht als besonderes berufliches Schicksal angesehen werden können (vgl BSG 26.1.78 – 2 RU 27/77, SozR 2200 § 551 Nr 10).

12 **3. Arbeitslosenversicherung.** Eine Sperrzeit wegen Arbeitsaufgabe (§ 159 Abs 1 Satz 2 Nr 1 SGB III) tritt ein, wenn der ArbN das Beschäftigungsverhältnis löst und er dadurch vorsätzlich oder grob fahrlässig die Arbeitslosigkeit herbeiführt (s *Sperrzeit* Rz 9 ff). Auf einen wichtigen Grund kann sich der ArbN nach zutreffender Auffassung berufen, soweit er am Arbeitsplatz der Einwirkung von Tabakrauch ausgesetzt war (*Hauck/Noftz/Valgolio* SGB III, § 159 Rz 190 mwN; sehr weitgehend LSG Hessen 11.10.06 – L 6 AL 24/05, NJW 07, 1837, wonach es weder auf die persönliche Disposition des ArbN noch auf die Intensität der Belastung ankommt). Allerdings ist insoweit zu fordern, dass der ArbN während des Arbeitsverhältnisses den ernsthaften Versuch unternommen hat, den gesundheitsgefährdenden Zustand auf andere Weise zu beenden.

Pauschbeträge

A. Arbeitsrecht *Griese*

1. Begriff. Arbeitsrechtlich handelt es sich bei Pauschbeträgen um die Festsetzung eines **pauschalen Aufwendungsersatzes** (s *Aufwendungsersatz* Rz 3 f) anstelle einer konkreten Berechnung der Aufwendungen. Grds ist der ArbN verpflichtet, Aufwendungen, die er im betrieblichen Interesse erbracht hat und für die er den ArbGeb auf Aufwendungsersatz in Anspruch nehmen will, oder solche, deren Übernahme der ArbGeb zugesagt hat, konkret zu berechnen, also die tatsächlich entstandenen Kosten darzulegen und nicht statt dessen Kostenpauschalen zugrunde zu legen. Die Vereinbarung von Pauschbeträgen für im Betrieb häufig vorkommende Aufwendungen erleichtert die Handhabung und Abrechnung der Aufwendungsersatzansprüche für ArbN und ArbGeb (zur Pauschalierung bei Vergütungsbestandteilen s BAG 28.1.04 – 5 AZR 530/02, NZA 04, 656).

2. Anwendungsbereiche für Pauschbeträge. Pauschbeträge finden sich in der Praxis vor allem für Aufwendungen anlässlich von Dienstreisen und *Aufwendungsersatz* für **Fahrt-, Übernachtungs- und Verpflegungsaufwendungen** (Reisekostenrichtlinien), für die **Abnutzung und Reinigung von Arbeitskleidung** (Bekleidungs- und Reinigungsrichtlinien) sowie für die Abgeltung von Verpflegungsmehraufwendungen (s *Verpflegungsmehraufwendungen* Rz 1).

Die **Höhe** der Pauschbeträge orientiert sich häufig an den steuerrechtlichen Vorgaben, muss es aber nicht. Als Pauschbeträge werden, zB bei Fahrtkostenerstattung, oft diejenigen Beträge vereinbart, die lohnsteuerfrei gewährt werden können. Eine Änderung der steuerrechtlichen Vorgaben führt nicht automatisch zu einer Anpassung der arbeitsrechtlich geschuldeten Pauschbeträge. Die Pauschbeträge beruhen auf einzelvertraglicher (Arbeitsvertrag), gesamtvertraglicher (Betriebliche Übung, Gesamtzusage) oder kollektivvertraglicher (Tarifvertrag, Betriebsvereinbarung) Rechtsgrundlage. Verweist ein Tarifvertrag zur Berechnung einer Reisekostenpauschale auf eine Reisekostenstufe des Bundesreisekostengesetzes, die später ersatzlos wegfällt, kann diese Regelungslücke nicht durch die Arbeitsgerichte geschlossen werden (BAG 20.7.2000 – 6 AZR 347/99, NZA 01, 559).

Zur **Abänderung** der Pauschbeträge bedarf es daher entsprechender vertragsrechtlicher Schritte (zB Änderungsvereinbarung, Änderungskündigung, Ausübung eines vertraglich vereinbarten Widerrufsrechts) oder neuer Kollektivvereinbarungen. Nach der Rspr des BAG ist der Erlass einer Dienstreiseordnung und des darin geregelten pauschalierten Aufwendungsersatzes idR nicht mitbestimmungspflichtig (BAG 27.10.98 – 1 ABR 3/98, NZA 99, 381).

3. Wirkung der Pauschalierungsabrede. Die Festlegung von Pauschbeträgen bewirkt, dass der ArbN einerseits die Pauschbeträge verlangen kann, **selbst wenn sein tatsächlicher Aufwand geringer** gewesen ist. So ist eine tarifvertraglich festgelegte Verpflegungspauschale für *Einsatzwechseltätigkeit* unabhängig von der Zahl und der Dauer der Einsätze zu zahlen (BAG 30.1.02 – 10 AZR 441/01, NZA 02, 815). Voraussetzung für Einsatzwechseltätigkeit ist, dass der konkrete Einsatzort tatsächlich ständig wechselt. Die Tätigkeit in einem Forstrevier an verschiedenen Stellen in einem Forstamtsbezirk ist keine Einsatzwechseltätigkeit (BAG 20.3.12 – 9 AZR 518/10).

Bei einer rechtswirksamen Pauschalierung ist es dem ArbN verwehrt, den gegenüber dem Pauschbetrag tatsächlich höheren Aufwand gegenüber dem ArbGeb geltend zu machen (BAG 21.7.93 – 4 AZR 471/92, NZA 94, 663). Insofern hat der ArbN kein Wahlrecht. Sinn des Pauschbetrages ist es gerade, unabhängig von dem konkreten Aufwand eine pauschale, alle Einzelaufwendungen abdeckende Entschädigung zu gewähren und mühsame Nachforschungen über die tatsächliche Höhe der Aufwendungen zu verhindern.

Der Pauschbetrag deckt **alle Aufwendungen** ab. So sind mit der Zahlung einer Kilometerpauschale von 0,30 €/km für die Benutzung des Privat-Pkw alle Aufwendungen für den Betrieb des Pkw abgedeckt. Hierzu gehören auch die Kosten der Haftpflichtversicherung. Erleidet der ArbN einen Unfall, kann er den **Verlust des Schadensfreiheitsrabatts**

330 Pauschbeträge

nicht vom ArbGeb verlangen, dies ist vielmehr durch die Kilometerpauschale abgegolten (BAG 30.4.92 – 8 AZR 409/91, BB 92, 2363; ErfK/*Preis* § 611 BGB Rz 557).

7   **4. Pauschbeträge ohne Pauschalierungsvereinbarung.** Sind Pauschbeträge nicht vereinbart, bleibt es bei der Pflicht des ArbN, die entstandene Aufwendung im Einzelnen und konkret zu berechnen. Nur für besonders häufig vorkommende Aufwendungen, bei denen sich ein einheitlicher, üblicher Pauschbetrag in der Praxis im Betrieb oder einer Branche herausgebildet hat, etwa für Fahrtkosten bei Benutzung des eigenen Pkw im betrieblichen Interesse, kann eine entsprechende Anwendung von § 612 Abs 2 BGB in Betracht kommen, mit der Folge, dass der ArbN auch ohne eine Pauschalierungsvereinbarung den üblichen Pauschbetrag verlangen kann. Bei entsprechender betrieblicher Praxis kann der Anspruch auf Pauschbeträge ferner aus betrieblicher Übung (s *Betriebliche Übung* Rz 1 ff) oder dem Gleichbehandlungsgrundsatz (s *Gleichbehandlung* Rz 1 ff) erwachsen.

Ein Pauschbetrag, den ein ArbN für erhaltene Aufwendungen **an den ArGeb zahlen soll**, ist wegen der insoweit vorzunehmenden **Inhaltskontrolle** (§§ 307 Abs 1 Satz 1 iVm 309 Nr 5 Buchstabe b BGB) nur dann rechtswirksam vereinbart, wenn dem ArbN die Möglichkeit eröffnet wird, nachzuweisen, dass dem ArbGeb geringere oder gar keine Ansprüche zustehen (BAG 27.7.10 – 3 AZR 777/08, NZA 10, 1237).

B. Lohnsteuerrecht
Thomas

8   **1. Arten.** Die Verwaltung bedient sich im LStRecht zahlreicher Typisierungen und Pauschalierungen, die der Vereinfachung bzw gleichmäßigen Handhabung des Gesetzesvollzugs dienen. Es können drei Arten von Pauschalierungen unterschieden werden, nämlich erstens solche, durch die Zuwendungen in typisierender Betrachtung dem steuerbaren bzw nicht steuerbaren Bereich zugeordnet werden, zweitens solche, mit denen die Höhe steuerbarer Zuwendungen bewertet wird und drittens solche, die an die Stelle nachgewiesener Aufwendungen treten.

9   **a) Typisierende Auslegung.** Zuwendungen des ArbGeb, die dem ArbN nicht in Entlohnungsabsicht, sondern zur Verfolgung eigenbetrieblicher Ziele (s *Arbeitsentgelt* Rz 48) gewährt werden, können dadurch Entlohnungscharakter erlangen, dass eine bestimmte Zuwendungshöhe überschritten wird. Um die diesbezügliche Grenze nicht der Wertvorstellung des jeweiligen Finanzbeamten zu überlassen, setzt die Verwaltung sie für einzelne, häufig vorkommende Arten von Zuwendungen einheitlich fest.

10 Beispiele für derartige Frei- bzw **Nichtbeanstandungsgrenzen** sind die 110 €-Grenze bei Betriebsveranstaltungen (s *Betriebsveranstaltung* Rz 3) und bei bestimmten Betriebsfesten (R 19.3 Abs 2 Nr 3 LStR), die 40 €-Grenze bei Aufmerksamkeiten (R 19.6 LStR; s *Bewirtungsaufwendungen* Rz 7) und die 16 €-Grenze bei Fehlgeldentschädigungen (s *Fehlgeldentschädigung* Rz 29; R 19.3 Abs 1 Nr 4 LStR). Ähnlichen Charakter haben Wertgrenzen, mit denen das Tatbestandsmerkmal einer Steuerbefreiung betragsmäßig konkretisiert wird, wie zB die 600 €-Grenze in R 3.11 Abs 2 Satz 4 LStR zum Begriff Hilfsbedürftigkeit in § 3 Nr 11 EStG (s *Beihilfeleistungen* Rz 7), und die Grenzen von R 3.12 Abs 3 LStR, innerhalb derer nach § 3 Nr 12 EStG Steuerfreiheit von Aufwandsentschädigungen (s *Aufwandsentschädigung* Rz 5) bejaht wird. Eine gesetzliche Freigrenze enthält § 8 Abs 2 Satz 11 EStG, nach dem Sachbezüge (s *Sachbezug* Rz 8, 11) bis 44 € monatlich außer Ansatz bleiben.

11 **b) Wertfestsetzende Pauschalen. aa) Gesetzliche.** Nach § 8 Abs 2 Sätze 2 und 3 EStG kann der Nutzungswert eines dem ArbN überlassenen BetriebsPkw statt mit den diesbezüglichen Kosten (§ 8 Abs 2 Satz 4 EStG) mit einem vH-Satz des Bruttolistenpreises bewertet werden (s *Dienstwagen* Rz 26 ff). Und nach § 8 Abs 2 Satz 6 EStG sind für solche Sachbezüge, deren Bemessung – ermächtigt ua durch § 17 Abs 1 SGB IV – in der SvEV geregelt ist, die dort vorgesehenen Werte auch lohnsteuerrechtlich anzusetzen. Ab 2014 ist auch die Bewertung von Mahlzeiten, die der ArbGeb auf Dienstreisen stellt, mit dem Sachbezugswert und die pauschale Bewertung von Kfz-Kosten mit 0,30 €/km gesetzlich geregelt.

bb) Verwaltungspauschalen werden für häufig vorkommende und schwer zu ermittelnde Zuwendungen in der Form von Durchschnittswerten angesetzt. Hierzu gehört die Bewertung des Vorteils der Fahrergestellung durch Zuschläge zum Nutzungswert des Pkw (R 8.1 Abs 10 LStR).

c) Werbungskostenpauschbeträge. aa) Gesetzliche Pauschalierungen enthalten § 3 **12**
Nr 26, § 4 Abs 5 Nr 5 iVm § 9 Abs 4a (Verpflegungspauschalen), § 9 Abs 1 Nr 4, § 9a
EStG und § 3 Nr 12 EStG iVm § 12 AbgG (Kostenpauschale von Bundes- und Landtagsabgeordneten, vgl dazu BVerfG 26.7.10 − 2 BvR 2227/08, 2 BvR 2228/08, DStRE 10,
1058; BFH 11.9.08 − VI R 13/06, DStR 08, 2009). Die Übungsleiterpauschale in § 3 Nr 26
EStG sieht vor, dass Einnahmen aus bestimmten − selbstständig oder nichtselbstständig
ausgeübten − nebenberuflichen Tätigkeiten bis zu 2400 € im Jahr steuerfrei bleiben (s *Aufwandsentschädigung* Rz 12 ff). Die Entfernungspauschale des § 9 Abs 1 Nr 4 EStG ersetzt den
Kostennachweis und wirken begünstigend, wenn die tatsächlichen Kosten geringer sind.

Auch der ArbNPauschbetrag und der Pauschbetrag bei Versorgungsbezügen (§ 9a Abs 1 **13**
Nr 1a und b EStG) ist eine Werbungskostenpauschale. Zur Aufteilung des ArbNPauschbetrages bei steuerpflichtigen und steuerfreien Arbeitslöhnen FG Sachs 27.2.97, DStRE 97,
789 und bei Einkünften aus selbstständiger und nichtselbstständiger Arbeit BFH 10.6.08 −
VIII R 76/05, BStBl II 08, 937 = DStR 08, 1773.

bb) Verwaltungspauschalen für Werbungskosten werden für einzelne Formen beruf- **14**
licher Betätigung bzw einzelne Arten von Aufwendungen angesetzt (Einzelpauschalierungen), aber auch für den Gesamtaufwand, der bei bestimmten Berufen anfällt. Zu den zuletzt
genannten **Gesamtpauschalierungen** zählt die Regelung, dass Lohnzuschläge, die Heimarbeitern (s *Heimarbeit* Rz 52) gewährt werden, als steuerfreier *Aufwendungsersatz* anzusehen
sind, soweit sie 10 vH des Grundlohns nicht übersteigen (R 9.13 Abs 2 LStR), sowie die in
R 3.12 Abs 3 LStR aufgestellten Grenzen, innerhalb deren eine als Aufwandsentschädigung
aus öffentlichen Kassen iSv § 3 Nr 12 Satz 2 EStG gezahlte Vergütung als steuerfrei anzusehen ist (dazu BFH 29.11.06 − VI R 3/04 DStR 07, 63 und BFH 13.10.06 − XI B 129/05,
BFH/NV 07, 43; FinMin SachsAnh 21.2.96, DStZ 96, 349: ehrenamtlich tätige Kommunalvertreter; OFD Frankfurt 13.3.96, FR 96, 532: Entschädigung für Gutachterausschüsse für
Grundstückswerte; BMF 13.3.96, DB 96, 960: ehrenamtliche Verbandstätigkeit; OFD Bln
21.2.96, FR 96, 433: Schiedsrichterspesen; OFD Hann 25.8.97, DB 97, 2097: ehrenamtliche
Mitarbeit im Luftschutzdienst, zur Rettung Schiffbrüchiger; FinMin MeVo 4.11.96, DB 97,
404: als Rettungsschwimmer). Andere vergleichbare Pauschalierungen für nebenberufliche
Lehr- und Prüfungstätigkeit, Kirchenmusiker, Film- und Fernsehschaffende, freiwillige
Werksfeuerwehr uÄ wurden nach 1990 und für Parlamentsjournalisten ab 1994 nicht mehr
weitergeführt. Gleiches gilt nach 1999 für die bisher in LStR 47 geregelten Pauschalen für
Artisten, darstellende Künstler und Journalisten. Beibehalten wurde dagegen zunächst eine
Pauschale von 30 vH der Betriebseinnahmen, höchstens jedoch 2455 €, für hauptberufliche
schriftstellerische oder journalistische Tätigkeit und von 25 vH der Betriebseinnahmen,
höchstens aber 614 € jährlich, für wissenschaftliche, künstlerische oder schriftstellerische
Nebentätigkeit (H 18.2 „Betriebsausgabenpauschale" EStR; vgl auch Reimer FR 11, 929 ff).
Die Ermächtigung in § 51 Abs 1 Nr 1c EStG eröffnet die Möglichkeit, derartige Pauschalierungen durch Rechtsverordnung zu regeln.

Einzelpauschalierungen für Werbungskosten bestehen zu Kfz-Kosten (s oben Rz 11), **15**
zu Übernachtungskosten (R 9.7 Abs 3 und R 9.11 Abs 10 Satz 7 Nr 3 LStR) und zu Telekommunikationseinrichtungen (vgl *Internet/Telefonnutzung* Rz 35), aber nicht mehr zu Kontoführungsgebühren (jetzt Aufteilung H 9.1 LStR vgl auch R 19.3 Abs 3 LStR). Früher
wurde ebenfalls nicht beanstandet, wenn für *Arbeitsmittel* (Fachliteratur, Arbeitskleidung,
Werkzeuge) 200 DM jährlich angesetzt wurden. Weitere Einzelpauschalierungen werden
nicht mehr fortgeführt zB für Instrumenten-, Saiten-, Rohr-, Blattgeld, Kleidergeld für
Orchestermitglieder (FinMin Bbg 19.5.92, DStZ 92, 512; s aber BFH 21.8.95, BStBl II 95,
906 = DStR 95, 1872), Spesenersatz für Amateur-Fußballspieler (FinMin Bbg 15.5.92, DStZ
92, 512), Wege- und Zehrgeld für Wald-, Straßen- und Wasserarbeiter (FinMin NRW
3.11.82 − LStKartei NRW Teil B § 3 Fach 4 Nr 108), sowie Futtergeld für Wachhunde
(BMF 24.4.90, FR 90, 317, dazu Anm FR 90, 471; vgl auch *Aufwendungsersatz* Rz 23 ff). Es
können jedoch regelmäßig wiederkehrende Aufwendungen in der Höhe pauschal berücksichtigt werden, in der sie für einen repräsentativen Zeitraum von 12 Monaten nachgewiesen
worden sind (R 3.50 Abs 2 Satz 2 LStR).

2. Regelungsbefugnis. Inwieweit Pauschalierungen ohne ausdrückliche gesetzliche **16**
Grundlage zulässig sind, ist zweifelhaft.

330 Pauschbeträge

17 **a) Eine typisierende Auslegung,** die die begrifflichen Grenzen eines Tatbestandsmerkmals für bestimmte Sachverhaltsgruppen einheitlich zieht, ist zulässig. Sie ist in anderen Rechtsgebieten (zB Bemessung der absoluten Fahruntüchtigkeit nach einer für alle Kfz-Führer einheitlichen Alkohol-Promille-Grenze) insbesondere im Sozialrecht (vgl *Haueisen* NJW 73, 641; *Diedrichsen* SGb 82, 91; *Reiter* SGb 87, 92) gängige Praxis. Lohnsteuerrechtlich kann bspw der Begriff „für" in § 19 Abs 1 Nr 1 EStG als Ausdruck der Absicht, Lohn zuzuwenden, für alle Zuwendungen, die aus Anlass einer *Betriebsveranstaltung* erfolgen, typisierend mit einer einheitlichen Zuwendungsobergrenze interpretiert werden (BFH 25.5.92, BStBl II 92, 655; BFH 16.11.05 – VI R 151/00, DStRE 06, 29). Dabei wird dem Umstand Rechnung getragen, dass alle ArbN den Vorteil nur gemeinsam in Anspruch nehmen können. Andererseits wird aus Gründen der einfachen Handhabung die Art der Betriebsveranstaltung vernachlässigt und die nämliche Zuwendungsgrenze ebenso auf einen ganztägigen Betriebsausflug mit Hunderten von ArbN angewendet, wie auf den Fall, dass ein Rechtsanwalt seine drei Angestellten einmal im Jahr nur zum Abendessen ausführt. Ein weiteres Beispiel für typisierende Auslegung ist die Rspr, dass Umzugskosten ohne Arbeitsplatzwechsel als beruflich veranlasst angesehen werden, wenn die Fahrzeitersparnis arbeitstäglich mindestens eine Stunde beträgt (BFH 23.5.06 – VI R 56/02, DStRE 06, 1043). Da die Typisierung im Rahmen der Rechtsauslegung erfolgt, ist sie von den Gerichten in vollem Umfang nachprüfbar, weshalb der BFH zu einer anderen Wertung und dementsprechend auch zu anderen Zuwendungsgrenzen bzw Abgrenzungskriterien kommen kann, als die Verwaltung (so zu „nicht nur gelegentlichen Fahrten" iSv § 9 Abs 1 Nr 4 Satz 7 EStG BFH 26.11.03 – VI R 152/99, BStBl II 04, 233 = DStR 04, 219 mit Anm *MIT*).

18 **b)** Bei **wertfestsetzenden Pauschalen** gilt Gleiches nur, wenn sie unmittelbar aus dem Gesetz herzuleiten sind. Soweit es sich um Durchschnittswerte handelt, die eine genauere Sachverhaltsermittlung erübrigen sollen, sind dagegen die Grundsätze zu beachten, die für Einzelpauschalierungen von Werbungskosten gelten.

19 **c) Werbungskostenpauschalierungen. aa) Gesetzliche.** Der Ansatz der Verpflegungspauschalen des § 9 Abs 4a Sätze 2 ff EStG kann in Einzelfällen ArbN übermäßig begünstigen bzw durch den Ausschluss des Einzelnachweises (§ 9 Abs 4a Satz 1 EStG) benachteiligen. Gleichwohl ist die Regelung insgesamt verfassungsrechtlich unbedenklich (*Lange* DStZ 95, 682; zweifelnd hinsichtlich des weggefallenen Einzelnachweises *Strohner/Mainzer* FR 95, 677 ff, 679). Die Entfernungspauschalen des § 9 Abs 1 Nr 4 EStG, die auch bei anderen Einkunftsarten gelten (§ 4 Abs 5 Nr 6, § 9 Abs 3 EStG), sind, nachdem die zwischenzeitliche Einschränkung durch § 9 Abs 2 EStG aF verfassungswidrig war (BVerfG 9.12.08 – BvL 1/07 ua, DStR 08, 2460), jetzt wieder mit dem GG vereinbar.

20 **bb) Gesamtpauschalierungen** des Aufwands bestimmter Berufsgruppen (s oben Rz 14) anstelle des, erst recht aber neben dem ArbNPauschbetrag(s), sind danach nicht zulässig. Die Regelung des § 9a Nr 1 EStG ist insofern abschließend (FG Saarl 9.11.83, EFG 84, 174; *Tipke/Lang* Steuerrecht, 12. Aufl, 273; *HHR* § 9a Rz 44; *K/S* § 9a Rz A 72; *Thomas* StbJB 90/91, 215; aA FG München 30.5.90, EFG 90, 635). Die Rspr hat früher (BFH 29.1.71, BStBl II 71, 459; 30.10.75, BStBl II 76, 192 und 20.3.80, BStBl II 80, 455) Gesamtpauschalierungen nicht beanstandet, distanzierte sich hiervon aber später vorsichtig (BFH 10.8.90, BStBl II 90, 1065).

21 **cc) Einzelpauschalierungen.** Den Beispielsfällen (s oben Rz 14) ist gemeinsam, dass für bestimmte Arten von häufig vorkommenden Aufwendungen nicht die bei dem betreffenden ArbN tatsächlich angefallenen Kosten ermittelt und berücksichtigt werden (zB die auf einer Dienstreise durch den individuell verwendeten Pkw angefallenen Kfz-Kosten), sondern Werte, die bei Geschäften der zu beurteilenden Art erfahrungsgemäß, gewöhnlich, häufig oder im Durchschnitt entstehen. Durch Ansatz derartiger Erfahrungswerte wird der ArbN-Pauschbetrag nicht berührt, weil sie auf ihn angerechnet werden. Problematisch ist vielmehr, inwieweit die Verfahrensbeteiligten und die Gerichte an derartige Erfahrungswerte gebunden sind. Das hängt wiederum von der Rechtsnatur der Pauschalierungen ab, wobei gleiche Ergebnisse erzielt werden müssen, wenn nicht Aufwendungen, sondern Einnahmen (Fälle s oben Rz 11) pauschalisiert werden.

22 **dd) Schätzungen.** Der BFH nimmt in ständiger Rspr (zuletzt BFH 25.5.92, BStBl II 92, 700 = DStR 92, 1130 mit Anm *MIT*; 26.7.91, BStBl II 92, 105) an, dass die Erfahrungswerte auf Schätzungen nach § 162 AO beruhen, bzw dass es sich um typisierende Regelun-

gen handle, die als vertretbare Schätzungen zu respektieren seien (vgl aber zum Unterschied von Schätzung und Pauschalierung bei Übernachtungskosten BFH 12.9.01 – VI R 72/97, BStBl II 01, 775). Dem ist entgegenzuhalten, dass Schätzungen üblicherweise (BFH 17.10.01 – I R 103/00, BStBl II 04, 171) nur Bestand haben, wenn die Tatsachen festgestellt sind, auf denen die Schätzung beruht. Auf welchen tatsächlichen Annahmen die Erfahrungssätze der Verwaltung beruhen, ist aber nicht bekannt. Im Übrigen ist es gerade nicht Ziel der Verwaltungspauschalen, den im Einzelfall verwirklichten Sachverhalten möglichst nahe zu kommen, also der Anforderungen an jede Schätzung entsprechend (BFH 6.2.91, BStBl II 91, 673) ein Ergebnis zu erzielen, das die größte Wahrscheinlichkeit der Richtigkeit für sich hat (Einzelheiten bei *Thomas* DB 94, 1389 ff; StbJb 95/96, 343 ff).

Zweck der Pauschalierung ist vielmehr, einer statistischen Wahrscheinlichkeit für Durchschnittsverhalten gerecht zu werden. Dementsprechend sind Verwaltungspauschalen keine Schätzungen im technischen Sinne, also keine Wahrscheinlichkeitsüberlegungen über die Tatsachenverwirklichung eines bestimmten ArbN. Davon geht auch die Verwaltung insofern aus, als sie die Pauschalen nur als Angebot ansieht, das der ArbN nicht anzunehmen braucht (formelle Typisierung, *K/S* § 2 Rz A 570), wenn er statt dessen den Einzelnachweis führt. Wäre die Pauschale eine vertretbare Schätzung, wäre dem ArbN der Gegenbeweis abgeschnitten (materielle Typisierung, *K/S* § 2 Rz A 571 ff). 23

ee) Bindung. Aus den obigen Ausführungen folgt, dass **der Arbeitnehmer** an Pauschalierungen der Verwaltung nicht gebunden ist. Bspw braucht er sich bei einer *Dienstreise* mit dem eigenen Pkw nicht mit dem Erfahrungssatz von 0,30 €/km zufriedenzugeben, wenn er nachweist, dass seine tatsächlichen Kosten höher waren (BFH 7.4.92, BStBl II 92, 854). Umgekehrt ist das **Finanzamt** grds (Ausnahme: offensichtlich unzutreffende Besteuerung, BFH 11.5.90, BStBl II 90, 777; 18.5.90, BStBl II 90, 909; BFH 21.10.99 – I R 68/98, HFR 2000, 517) verpflichtet, eine bestehende Pauschale auch anzuwenden, wenn im Einzelfall geringere Kosten wahrscheinlicher sind. Dies folgt aus dem Grundsatz der Selbstbindung der Verwaltung bzw des Vertrauensschutzes des ArbN, der mit dem Zweck der Pauschalierung – Arbeitserleichterung im Bereich der Sachverhaltsermittlung und Gleichmäßigkeit der Besteuerung – korrespondiert. Ein derartiger Vertrauensschutz besteht allerdings nur hinsichtlich solcher Pauschalierungen, die einer Plausibilitätsprüfung standhalten (dazu folgend). 24

ff) Gerichtliche Überprüfung. Der BFH hat schon früher für sich in Anspruch genommen, Verwaltungspauschalen überprüfen zu dürfen (BFH 24.7.62, BStBl III 62, 440; 25.10.85, BStBl II 86, 200; 8.8.86, BStBl II 86, 824; vgl auch BFH 30.9.97 – IX R 39/94, BFH/NV 98, 446 und BFH 30.11.98 – I B 60/98, BFH/NV 99, 791), von einer tatsächlichen Überprüfung aber in aller Regel mit der Begründung Abstand genommen, die Plausibilität ergebe sich bereits daraus, dass vergleichbare Regelungen im öffentlichen Dienstrecht enthalten seien. Letzteres trifft aber nicht für alle Arten von Verwaltungspauschalen zu, abgesehen davon, dass sich das Dienstrecht an Fürsorgegesichtspunkten orientiert, während für das Steuerrecht die berufliche Veranlassung maßgebend ist (vgl BFH 27.5.94, BStBl II 95, 17 zu Umzugskosten). Materielle Abweichungen hat der BFH dort vorgenommen, wo nicht die Erfahrungswerte selbst, sondern die Anwendbarkeit definierender Begriffe im Streit waren (zB Ablehnung einer durch Abschn 25 Abs 2 Satz 11 LStR 84 angenommenen fiktiven regelmäßigen Arbeitsstätte als Merkmal für Dienstreisen: BFH 3.10.85, BStBl II 86, 369, 371; 28.9.90, BStBl II 91, 363; ebenso zur Fiktion einer regelmäßigen Arbeitsstätte bei Dienstreisen über drei Monate BFH 18.5.04 – VI R 70/98, DStR 04, 1422). 25

Im Übrigen lehnt der BFH auch **Erfahrungswerte** als solche ab, wenn ihre Unrichtigkeit auf der Hand liegt (nur vierjährige Nutzungsdauer eines Pkw: BFH 26.7.91, BStBl II 92, 1000; dazu BMF 3.12.92, BStBl I 92, 734; zuletzt BFH 11.12.92, BFH/NV 93, 362; zu hohe Pauschale bei doppelter Haushaltsführung: BFH 6.10.94, BStBl II 95, 184) bzw distanziert sich vorsichtig von als „großzügig" erscheinenden Regelungen (1 vH-Methode aF zur Vorteilsbemessung bei Kfz-Gestellung: BFH 23.10.92, BStBl II 93, 195). Im Widerspruch hierzu steht die Rspr, dass die Gerichte noch nicht einmal eine eigenständige Auslegung von Verwaltungspauschalen vornehmen dürften, sondern sie so zu übernehmen hätten, wie sie von der Verwaltung nach ihrem eigenen Verständnis aufgefasst würden (BFH 11.12.87, BStBl II 88, 445 mwN; BFH 13.1.05 – V R 35/03, BStBl II 05, 460). Damit wird dem ArbN unzulässigerweise der Einwand abgeschnitten, es liege ein gleichheitswidriger Begünstigungsausschluss vor (vgl dazu bei gesetzlicher Regelung, BFH 23.8.91, BStBl II 91, 26

330 Pauschbeträge

885; aA *Völlmecke* NJW 92, 1345; *Gorski* DStZ 93, 614; weitergehend aber BFH 21.10.94, BStBl II 95, 142). Umgekehrt ist es nicht Sache der Rspr, sondern des Gesetzgebers oder der Verwaltung zu bestimmen, für welche Sachverhalte im Interesse der Verwaltungsvereinfachung pauschalierende Regelungen getroffen werden (BFH 24.8.04 – VIII R 50/03, DStRE 04, 1406 unter 2b). Deswegen ist es problematisch, wenn die Rspr pauschale Sachverhaltsannahmen vornimmt, wie das zum Arbeitszimmer (BFH 9.12.03 – VI R 150/01, DStR 04, 306), zum Computer (BFH 19.2.04 – VI R 135/01, DStR 04, 812) und zur Gruppenunfallversicherung (BFH 11.12.08 – VI R 9/05, BStBl II 09, 385 = DStR 09, 317) geschehen ist (BFH 17.5.05 – VII R 76/04, BFH/NV 05, 1713 keine Bindung des BFH an Sachverhaltsunterstellungen des FG).

27 Verwaltungspauschalen haben das Ziel, das auf Vollzug angelegte Gesetz im steuerlichen Massenverfahren dadurch zu angemessenen Kosten handhaben zu können, dass im Umfang der Typisierung auf Ermittlungen verzichtet wird. Insofern wird die Gesetzgebung ergänzt (zu Billigkeitsmaßnahmen, mit denen die Verwaltungspraxis an abweichende Rechtsauffassung von der bisherigen Verwaltungsmeinung angepasst wird BFH 16.4.04 – VIII R 33/02, BStBl II 04, 927). Nach dem Prinzip der Gewaltenteilung (Art 20 GG) darf das aber nicht dazu führen, dass Regelungen mit sehr großen finanziellen Auswirkungen am Gesetzgeber vorbei getroffen werden, insbesondere wenn mit den Regelungen nicht nur statistischen Durchschnittserwartungen genügt werden soll, sondern Politik (zB Verbandspolitik) betrieben wird (*Thomas* StbJb 95/96, 345 f). Nimmt man – aus guten Gründen – hin, dass die Exekutive als Notgesetzgeber fungiert (zum Meinungsstreit vgl Nachweise bei *Lang* DStJG 86, Bd 9, 15 ff, 77; sowie *Jaehnike* StuW 79, 293; *Martens* DStJG 82, Bd 5, 165; *Leisner* Verwaltungsvorschriften als „Nebengesetze" im Steuerrecht, 82, S 54; *Vogel* StuW 91, 254; *Gast-de Haan* in Festschrift 75 Jahre RFH-BFH, S 227; *Osterloh* JuS 90, 100; *Jachmann* StuW 94, 347; *Völlmecke* DStZ 96, 1070; grundlegend *Osterloh* Gesetzesbindung und Typisierungsspielräume bei der Anwendung der Steuergesetze, Nomos 1992), so muss dem wenigstens eine Plausibilitätskontrolle durch die Gerichte korrespondieren. Es ist kein hinreichender Grund ersichtlich, diese auf die Überprüfung der tatbestandlichen Voraussetzungen der Pauschalierung zu beschränken und eine Überprüfung der daran anknüpfenden Erfahrungswerte auszunehmen. Das setzt aber voraus, dass die Verwaltung die den Pauschalierungen zugrunde liegenden Überlegungen bzw das Tatsachenmaterial offenlegt.

C. Sozialversicherungsrecht
Schlegel

28 **1. Allgemeines.** Das Leistungs- und Beitragsrecht der SozV und ArblV knüpft an das Arbeitsentgelt als einer Bruttogröße an. Der Abzug von Werbungskostenpauschalen, wie er im Steuerrecht vorgesehen ist, scheidet deshalb von vornherein aus. Problematisch ist, inwieweit die Gewährung von Pauschbeträgen, die einen Aufwendungsersatz anstelle der konkreten Berechnung der Aufwendungen abdecken sollen (s oben Rz 1), als zusätzlich zum Lohn oder Gehalt gewährtes Arbeitsentgelt anzusehen sind. Eine Charakterisierung des pauschalen Aufwendungsersatzes als zusätzlich gewährtes Arbeitsentgelt kommt dann in Betracht, wenn der ArbN auch bei konkretem Nachweis seiner Aufwendungen keinen Ersatz verlangen könnte (zB weil er ein eigenes und kein Geschäft des ArbGeb besorgte) oder wenn die Pauschale sehr großzügig bemessen ist und die entstandenen tatsächlichen Aufwendungen deutlich übersteigt. Problematisch ist auch, ob und inwieweit die steuerrechtlichen Pauschbeträge im Bereich der SozV und ArblV unmittelbare Anwendung finden.

29 **2. Gesetzlich festgelegte Pauschbeträge.** Pauschbeträge des Steuerrechts sind in der SozV und ArblV anwendbar, wenn sozialrechtliche Vorschriften, wie zB § 16 SGB IV oder § 14 SGB IV iVm § 1 SvEV an das Steuerrecht anknüpfen. Um gesetzlich festgelegte Pauschalbeträge handelt es sich auch bei der Bewertung von Sachbezügen (s *Sachbezug*).

30 **3. Pauschbeträge der Finanzverwaltung.** Diese sind in der SozV und ArblV nur bedingt anwendbar. Unbedenklich ist ihre Anwendung bei § 15 SGB IV, der für die Ermittlung des Arbeitseinkommens unmittelbar an die steuerrechtlichen Gewinnermittlungsvorschriften anknüpft; hier ist es aus Gründen der Einheit der Rechtsordnung unabdingbar, auch den verwaltungsinternen Pauschbeträgen Beachtung beizumessen. Im Übrigen können sonstige durch das LStRecht festgelegte Pauschbeträge dann auf die SozV und ArblV übertragen werden, wenn es sich hierum um eine typisierende Auslegung oder die Festlegung von

Erfahrungswerten der Finanzverwaltung handelt, wie dies zB für die Wertermittlung des Vorteils einer Kfz-Nutzung der Fall ist. Denn ebenso wie im Steuerrecht sind auch bei der Massenverwaltung der SozV Typisierungen und Pauschalierungen zulässig in den durch Art 3 Abs 1 GG geltenden Grenzen.

Bedenklich ist die Übertragung jedoch für Pauschbeträge, die die Verwaltung allein aus Gründen der Verwaltungspraktikabilität oder des Bagatellcharakters einer Zuwendung wegen festsetzt (zB Fehlgeldentschädigung, Bewirtungsaufwendungen). Jedenfalls wäre insoweit eine gesetzliche Regelung schon aus Gründen der Rechtssicherheit wünschenswert. 31

Pause

A. Arbeitsrecht
Poeche

1. Begriff. Nach allgemeinem Sprachgebrauch liegt eine Pause vor, wenn die Arbeit unterbrochen wird (BAG 1.7.03 – 1 ABR 20/02, NZA 04, 620). Gesetzlich geregelt ist die **Ruhepause** iSv § 4 ArbZG. Sie bezweckt den Schutz des ArbN vor körperlicher und geistiger Überforderung. Der ArbGeb ist zur Gewährung von Ruhepausen verpflichtet, die dem ArbN Entspannung und Erholung bringen und die Einnahme von Mahlzeiten ermöglichen. Der öffentlich-rechtlichen Verpflichtung des ArbGeb entspricht ein arbeitsvertraglicher Anspruch des ArbN. Mit Ausnahme des Bergbaus unter Tage gehört die Ruhepause nicht zur Arbeitszeit (§ 2 Abs 1 ArbZG). 1

Betriebspausen liegen vor, wenn der ArbN aufgrund technischer oder organisatorischer Umstände, geplant oder ungeplant, an seinem Arbeitsplatz nicht weiter arbeiten kann (Einrichtung und Umrüsten von Maschinen; Störfälle). Sie gehören zur Arbeitszeit, da der ArbN jederzeit bereit sein muss, seine Arbeit wieder aufzunehmen. **Arbeitspausen** sind die im teil- oder vollmechanisierten Betrieb vorgesehenen Arbeitsunterbrechungen, die der ArbN nach seinem Ermessen einlegen kann. Ihre Regelung beruht überwiegend auf Tarifrecht. Tarifrechtlich sind außerdem (bezahlte) **Erholzeiten** von wenigen Minuten pro Arbeitsstunde bekannt, die zu **Kurzpausen** zusammenzufassen sind. **Lärm-** und **Bildschirmpausen** dienen dem Gesundheitsschutz. (Näheres *Bildschirmarbeitsplatz* Rz 6). Zum Anspruch auf **Gebetspausen** LAG Hamm 26.2.02 – 5 Sa 1582/01, AP BGB § 611 Gewissensfreiheit Nr 3; 18.1.02 – 5 Sa 1782/01, NZA 02, 675. 2

2. Ruhepause. Das zum 1.7.94 in Kraft getretene ArbZG hat die unterschiedlichen Pausenregelungen für Männer und Frauen aus Gründen der Gleichbehandlung vereinheitlicht (zum Geltungsbereich des ArbZG s *Arbeitszeit* Rz 3–6). Die Gestaltung der Pausenräume richtet sich nach der ArbStättV (s *Arbeitsstätte*). 3

a) Inhalt. Arbeitsunterbrechungen entsprechen den gesetzlichen Anforderungen an die Ruhepause, wenn der ArbN weder Arbeit zu leisten noch sich dafür bereitzuhalten hat (BAG 13.10.09 – 9 AZR 139/09, NZA-RR 10, 623). Er muss grds frei entscheiden können, wo und wie er diese Zeit verbringen will. Die Pausenregelung muss dem ArbN verbindlich gestatten, sich jeglicher Arbeitstätigkeit zu enthalten. Das nicht der Fall, wenn ein Kraftfahrer während der Be- und Entladezeiten sein Fahrzeug und das Betriebsgelände zwar verlassen darf, einem Arbeitsauftrag aber umgehend nachzukommen hat (BAG 29.10.02 – 1 AZR 603/01, NZA 03, 1212). Schädlich ist auch die Anordnung von *Bereitschaftsdienst* oder *Rufbereitschaft* (BAG 16.12.09 – 5 AZR 157/09, NZA 10, 505 zum Bereitschaftsdienst). Auf die freie Wahl des Aufenthaltsortes kommt es ausnahmsweise nicht an, wenn der ArbN den Betrieb aufgrund einer die betriebliche Abrechnungspraxis berücksichtigenden Betriebsvereinbarung nicht verlassen darf (BAG 21.8.90 – 1 AZR 567/89, DB 91, 394). 4

b) Lage und Dauer. Bei einer Arbeitszeit von mehr als sechs Stunden bis zu neun Stunden ist die Arbeit durch eine im Voraus feststehende Ruhepause von mindestens 30 Minuten, und bei einer Arbeitszeit von mehr als neun Stunden insgesamt, spätestens nach sechs Stunden, durch eine solche von 45 Minuten zu unterbrechen. Die Ruhepausen können in Zeitabschnitte von jeweils mindestens 15 Minuten aufgeteilt werden (§ 4 ArbZG). Durch Tarifvertrag oder einer aufgrund Öffnungsklausel möglichen Betriebsvereinbarung kann die Gesamtdauer der Ruhepausen in Schichtbetrieben und Verkehrsbetrieben auf **Kurzpausen** von angemessener Dauer aufgeteilt werden (§ 7 Abs 1 Nr 2 ArbZG). 5

331 Pause

Kurzpausen müssen die allgemeinen Anforderungen an eine Ruhepause erfüllen (BAG 13.10.09 – 9 AZR 139/08, NZA-RR 10, 623). Wegen der weiteren Ausnahmen im öffentlichen Dienst und gleichgestellten ArbGeb, für Kirchen und öffentlich-rechtliche Religionsgesellschaften sowie für Betriebe, in denen Menschen behandelt, versorgt oder betreut werden, s *Arbeitszeit* Rz 16–21.

6   c) **Beginn und Ende** der Ruhepause müssen **im Voraus** feststehen, dh es muss organisatorisch bestimmt sein, zu welcher Zeit oder welchen Zeiten der ArbN seine Arbeit einstellen und die Ruhepause nehmen kann und muss. Umstritten ist, wie lange im Voraus der Beginn und die Dauer der Pause feststehen müssen. Nach Auffassung des BAG ist jedenfalls erforderlich, dass der ArbN bei Beginn der Pause weiß, wie lange sie andauert (BAG 29.10.02 – 1 AZR 603/01, NZA 03, 1212). Nicht ausreichend ist, wenn der ArbGeb einer Gruppe von ArbN die einvernehmliche Regelung der Ruhepause überlässt, tatsächlich die ArbN sich nicht einigen oder sich an ihr Einvernehmen nicht halten (BAG 27.2.92 – 6 AZR 478/90, DB 92, 2247: Pflegepersonal im Krankenhaus).

Den betrieblichen Bedürfnissen kann Rechnung getragen werden: Völlige Betriebsruhe, also eine einheitliche Pause für alle ArbN, gestaffelt nach Funktionsgruppen, Abteilungen oder Arbeitsplätzen. Ausreichend ist es, wenn der Zeitrahmen inhaltlich vorgegeben wird, wie bei Gleitzeit üblich und sinnvoll (zB von 12.00 bis 14.00 Uhr; spätestens vier Stunden nach Arbeitsaufnahme). Genutzt werden können geplante Betriebspausen, wenn feststeht, dass der ArbN sich nicht zur Arbeit bereitzuhalten braucht. Die Ruhepause muss innerhalb der Arbeitszeit liegen, also angemessene Zeit nach Aufnahme und vor Ende der Arbeit.

7   d) **Festlegung** von Lage und Dauer der Ruhepause obliegt dem ArbGeb bei Beachtung des zwingenden Mitbestimmungsrechtes des BRat (s unten Rz 11). Zulässig ist, bisher als Arbeitszeit vergütete Lenkunterbrechungen unter Berücksichtigung der Mitbestimmungsrechte des BRat in Ruhepausen umzuwandeln. Die dadurch verlängerte Dienstschicht braucht nicht insgesamt als Arbeitszeit bezahlt zu werden (BAG 23.6.88 – 6 AZR 137/86, DB 89, 131). Gleiches gilt für die mitbestimmte Umwandlung einer bezahlten Mittagspause in eine unbezahlte Ruhepause, wenn der ArbGeb tariflich berechtigt ist, die Arbeitszeit der ArbN an die der Beamten anzupassen (BAG 14.8.86 – 6 AZR 18/84, NZA 87, 529). Der Grundsatz billigen Ermessens (§ 106 GewO) ist bei Ausübung des Direktionsrechtes zu beachten (Näheres *Weisungsrecht* Rz 17). Unbillig ist eine Pausenregelung, wenn der ArbGeb einseitig eine tarifliche Arbeitszeitverkürzung durch Verlängerung der Mittagspause „umsetzt" (BAG 19.5.92 – 1 AZR 418/91, NZA 92, 978).

8   e) **Bußgeld.** Der ArbGeb handelt ordnungswidrig, wenn er Ruhepausen überhaupt nicht oder nicht mit der vorgeschriebenen Mindestdauer gewährt (§ 22 Abs 1 Nr 2 ArbZG). Vorsätzliche gesundheitsgefährdende Tatbegehung begründet Strafbarkeit (§ 23 ArbZG).

9   **3. Pausenvergütung.** Das öffentliche Recht regelt allein die Verpflichtung des ArbGeb zur Gewährung von Ruhepausen. Ob der ArbN Anspruch auf Entgelt für Pausenzeiten hat und ob das vereinbarte Entgelt zB während des Urlaubs, bei Krankheit oder für den Feiertag fortzuzahlen ist, richtet sich nach dem Arbeitsvertrag. Tarifverträge sehen insbesondere für ArbN in **Mehrschichtbetrieben** vielfach die Bezahlung vor, weil sich Pausen im kontinuierlichen Betrieb regelmäßig nicht genau festlegen lassen. Die bezahlten Arbeitsunterbrechungen zur Einnahme von Mahlzeiten nach dem MTV Metallindustrie NRW 1988 steigern die Feiertagsvergütung, nicht aber die Urlaubsvergütung, weil sie keine Arbeitszeit sind (BAG 31.1.91 – 8 AZR 52/90, NZA 91, 70; vgl auch BAG 16.5.90 – 4 AZR 45/90, NZA 90, 866). In der kunststoff- und holzverarbeitenden Industrie RhPf sind die bezahlten Arbeitspausen in die Urlaubsvergütung einzubeziehen (BAG 23.1.01 – 9 AZR 104/00, BB 01, 1536 [LS]). Zur Berücksichtigung bezahlter Pausen für die Höhe einer tariflichen Verdienstsicherung s BAG 5.10.99 – 4 AZR 578/98, NZA 2000, 268. Der Anspruch auf bezahlte Pause kann sich aufgrund betrieblicher Übung ergeben; zu den Voraussetzungen s *Betriebliche Übung* Rz 4 ff.

10   **4. Prozessuales.** Die Darlegungs- und Beweislast für die Gewährung der Ruhepause obliegt dem ArbGeb (so auch LAG Köln 5.6.13 – 3 Sa 131/13, BeckRS 2013, 71733 nrkr; abgestufte Darlegungslast: LAG Köln 3.8.12 – 5 Sa 252/12, BeckRS 2012, 73554 nrkr). Besteht eine klare und verbindliche betriebliche Pausenregelung, ist es Sache des ArbN,

vorzutragen, aus welchen tatsächlichen oder rechtlichen Gründen ihm die Inanspruchnahme der Pause unmöglich war (BAG 23.9.92 – 4 AZR 562/91, DB 93, 1194).

5. Betriebsverfassung. Gem § 87 Abs 1 Nr 2 BetrVG hat der BRat mitzubestimmen bei der Einführung und Festlegung von Lage und Dauer der unbezahlten Ruhepausen iSd ArbZG einschließlich der Pausenregelung für Teilzeitbeschäftigte (BAG 13.10.87 – 1 ABR 10/86, DB 88, 341), nicht aber über Lärm- oder Bildschirmpausen (BAG 28.7.81 – 1 ABR 65/79, DB 82, 386; BAG 6.12.83 – 1 ABR 43/81, DB 84, 775). Insoweit kommen Mitbestimmungsrechte nach § 87 Abs 1 Nr 7 BetrVG (Gesundheitsschutz) in Betracht (s *Bildschirmarbeitsplatz* Rz 15–18). Bei tariflich geregelten bezahlten Kurzpausen beschränkt sich das Mitbestimmungsrecht auf die Festlegung ihrer zeitlichen Lage (BAG 1.7.03 – 1 ABR 20/02, NZA 04, 620). Der BRat hat einen **Unterlassungsanspruch**, wenn der ArbGeb anordnet, dass ArbN während mitbestimmt festgelegter Pausenzeiten arbeiten oder Arbeiten während der Pausenzeiten duldet (BAG 7.2.12 – 1 ABR 77/10, NZA-RR 12, 359 m Anm *Kern* ArbRAktuell 12, 282; zum Durchführungsanspruch des BRat *Betriebsvereinbarung* Rz 19, 20). 11

B. Lohnsteuerrecht
Thomas

Der für die Zeit der Pause weiter entrichtete Arbeitslohn unterliegt dem LStAbzug nach den allgemeinen Vorschriften. Nutzt der ArbN eine Pause zu privaten Erledigungen, sind die damit verbundenen Aufwendungen (zB Fahrtkosten) keine Werbungskosten. Das gilt auch für die mittägliche Fahrt zu einem Lokal, das der ArbN mangels einer Kantine in Arbeitsplatznähe aufsucht (BFH 18.12.92, BStBl II 93, 505 = DStR 93, 720 mit Anm *MIT* unter Aufgabe von BFH 18.12.81, BStBl II 82, 261). Ein unter Verlassen des Nachhauseweges erlittener Unfall führt nicht deswegen zu Werbungskosten, weil Lebensmittel für die betriebliche Kaffeepause eingekauft werden sollten (BFH 12.1.96, BFH/NV 96, 538). Ob solche Fahrtaufwendungen ausnahmsweise Werbungskosten sind, wenn sich der ArbN auf einer Dienstreise befindet oder auf ständig wechselnden Einsatzstellen beschäftigt ist (bejahend FG BaWü 8.4.92, EFG 92, 444), ist fraglich. 12

Wird eine länger dauernde *Dienstreise* zu Zwischenheimfahrten unterbrochen, können die diesbezüglichen Aufwendungen ungekürzt als Werbungskosten abgezogen werden (BFH 15.11.91, BStBl II 92, 266). Die Beschränkung des § 9 Abs 1 Nr 5 Satz 5 EStG auf eine Fahrt wöchentlich gilt hier nicht (*Berwanger* KFR F 6 EStG § 9, 3/92, 130). Mehr als eine Fahrt pro Tag zwischen Wohnung und gleich bleibender Tätigkeitsstätte kann nicht angesetzt werden (BFH 11.9.03 – VI B 101/03, BStBl II 03, 893). 13

C. Sozialversicherungsrecht
Ruppelt

Versicherungsschutz der gesetzlichen Unfallversicherung kann auch während Arbeitspausen (Regelpausen, betriebsbedingte Pausen usw) gegeben sein (BSG 26.10.04 – B 2 U 24/03 R, SozR 4–2700 § 8 Nr 9). Dies gilt nicht für Verrichtungen während der Arbeitspause, die mit der versicherten Tätigkeit nicht im inneren Zusammenhang stehen. Dazu gehören insbesondere die Nahrungsaufnahme (Essen und Trinken) und Einkäufe oder Besorgungen. Verletzt sich der Versicherte also etwa beim Trinken aus einer defekten Glasflasche, liegt kein Arbeitsunfall vor, es sei denn, besondere betriebliche Umstände (Staub, Hitze) hätten die Flüssigkeitszufuhr erforderlich gemacht (BSG 10.10.02 – B 2 U 6/02 R, NZS 03, 268). Verunglückt der ArbN also nicht nur während der Pause, sondern **durch eine Tätigkeit,** die er in der auf der Arbeitsstätte verbrachten Pause ausübt, steht also der Unfall im inneren Zusammenhang mit dieser Tätigkeit, so ist zu prüfen, ob diese Tätigkeit dem Betrieb dient bzw gedient hat. Ist das der Fall, besteht für diese Tätigkeit Versicherungsschutz (BSG 20.2.01 – B 2 U 6/00 R, NZA 01, 1134; BayLSG 25.10.11 – L 3 U 52/11, ArbuR 12, 163, LSG Saarl 28.8.13 – L 2 U 1/13, BeckRS 2013, 72387; *Arbeitsunfall* Rz 34). Einzelfälle bei *Schulin* Bd 2/*Krasney* § 8 Rz 62. Versichert ist der **Weg,** der zurückgelegt wird, um sich in der Pause eine Pausenverpflegung zu kaufen, in einer Gaststätte eine Mahlzeit einzunehmen oder die Kantine zu erreichen (BSG 24.6.03 – B 2 U 24/02 R, NZA 03, 1018; 27.4.10 – B 2 U 23/09 R, ArbuR 10, 274; 2.12.08 – B 2 U 17/07 R, SozR 4–2700 § 8 Nr 28 Rz 30). 14

15 Auch außerhalb der Betriebsstätte sind **Spaziergänge** dann versichert, wenn diese aufgrund erschwerter Arbeitsbedingungen der Wiederherstellung der Arbeitskraft dienlich sind (BSG 26.6.01 – B 2 U 30/00 R, NZS 02, 323).

Persönlichkeitsrecht

A. Arbeitsrecht *Kania*

1 **1. Inhalt und Grundlagen.** Das Persönlichkeitsrecht wird definiert als Recht des Einzelnen auf Achtung seiner Menschenwürde und auf Entfaltung seiner individuellen Persönlichkeit (BGH 14.2.58, BGHZ 26, 349). Anerkennung als subjektives Privatrecht wurde dem Persönlichkeitsrecht zunächst nur im Bereich des Deliktsrechts als sonstiges Recht iSd § 823 Abs 1 BGB – entwickelt auf Grundlage des Art 2 Abs 1 GG – verschafft. Spezifisch arbeitsrechtliche Bedeutung erlangte das Persönlichkeitsrecht mit der Erkenntnis, dass die **Fürsorgepflicht** als vertragliche Schutzpflicht des ArbGeb auch den Persönlichkeitsschutz als subjektives Recht des ArbN **beinhaltet** (MünchArbR/*Reichold* § 86 Rz 1). Inhalt und Umfang des Persönlichkeitsschutzes sind gesetzlich nicht näher konkretisiert.

2 Ausdrücklich erwähnt – jedoch ohne nähere Inhaltsbestimmung – wird der Persönlichkeitsschutz lediglich in **§ 75 Absatz 2 BetrVG**. Diese Regelung wendet sich zunächst nur an die Betriebspartner, wobei unklar und umstritten ist, ob sie Grundlage für ein subjektives Recht des einzelnen ArbN ist (bejahend: *DKK*/*Berg* § 75 Rz 64; verneinend: *Fitting* § 75 Rz 141; GK-BetrVG/*Kreutz* § 75 Rz 105).

3 **Ausprägungen des Persönlichkeitsschutzes** finden sich zB in §§ 81–84 und § 87 Abs 1 Nr 6 BetrVG in Gestalt besonderer Mitwirkungs- und Beschwerderechte des ArbN bzw BRat, im Schwerbehindertenrecht (SGB IX) und vor allem im BDSG. Darüber hinaus ist anerkannt, dass das Persönlichkeitsrecht – über die nur peripheren gesetzlichen Regelungen hinaus – als **Abwehrrecht** Schutz vor rechtswidrigen Eingriffen des ArbGeb in die Persönlichkeitssphäre bietet (*Wiese* ZfA 71, 279). Zu einzelnen das Persönlichkeitsrecht des ArbN tangierenden Maßnahmen (zB betriebliche Überwachungs- und Kontrollmaßnahmen, Bekleidungsvorschriften oder die Erforschung von Personaldaten) s unten. Zu Persönlichkeitsverletzungen durch sog Mobbing s *Mobbing* Rz 1 ff. Weiterhin kann das Persönlichkeitsrecht auch **Handlungspflichten** des ArbGeb, zB die Beschäftigungspflicht, begründen (Näheres s *Beschäftigungsanspruch* Rz 1 ff).

4 **Begrenzt** wird der Anspruch des ArbN auf Persönlichkeitsschutz durch schützenswerte **betriebliche Interessen** des ArbGeb oder seiner Kollegen. Ein berechtigtes ArbGebInteresse kann zB an der Wahrung der betrieblichen Ordnung, am Schutz des Unternehmenseigentums oder an der Geheimhaltung von Betriebsgeheimnissen bestehen. Dagegen kann die Verunglimpfung einer ArbN als „faulste Mitarbeiterin Deutschlands, Königin der Taschendiebe" in einem Zeitungsartikel nicht unter Berufung auf die Pressefreiheit gerechtfertigt werden (BAG 18.2.99 – 8 AZR 735/97, NZA 99, 645). Da nur die betrieblichen Interessen des ArbGeb dem Persönlichkeitsrecht des ArbN Grenzen ziehen, sind persönliche Erwartungen des ArbGeb hinsichtlich der **privaten Lebensführung** des ArbN grds nicht schutzwürdig, soweit nicht ausnahmsweise der private Lebenswandel eines ArbN die Zusammenarbeit der Mitarbeiter, den Betriebsfrieden, Kundenbeziehungen usw beeinträchtigen (BAG 23.6.94, ArbuR 95, 198 zur Kündigung wegen Homosexualität). Zur Lösung der im Einzelfall entstehenden Interessenkonflikte ist eine objektive Würdigung und Abwägung der widerstreitenden Interessen sowie der sonstigen Umstände nach den allgemeinen Grundsätzen der Verhältnismäßigkeit erforderlich (*Fitting* § 75 Rz 144). Zur Begrenzung des ArbGebFragerechts und anderer Formen der Bewerberprüfung durch das Persönlichkeitsrecht des ArbN s *Personalauswahl* Rz 10 und *Auskunftspflichten Arbeitnehmer* Rz 2 ff.

5 **2. Einzelfälle. a) Überwachungs- und Kontrollmaßnahmen.** Kontrolleinrichtungen, die ausschließlich den Arbeitsablauf überwachen, sind grds unbedenklich. Wird dagegen zugleich oder sogar überwiegend das Verhalten der ArbN kontrolliert, ist zu differenzieren. Die bloße **gelegentliche Kontrolle** des ArbN am Arbeitsplatz, zB durch Vorgesetzte, Meister oder die Erstellung von Tätigkeitsberichten, dient im Regelfall der Überprüfung der Arbeitspflichterfüllung und ist insoweit zulässig.

Die **systematische und ständige Überwachung** dagegen vor allem durch technische **6** Einrichtungen (zB Fernsehmonitore, Videokameras, Mikrophone, Zeitstempler, Spiegel oder Einwegscheiben) stellt wegen des damit verbundenen „Überwachungsdrucks" regelmäßig einen erheblichen Eingriff in die Persönlichkeitssphäre des ArbN dar (BAG 26.8.08 − 1 ABR 16/07, NZA 08, 1187). Eine solche Überwachung ist nach dem Verhältnismäßigkeitsgrundsatz individualrechtlich gerechtfertigt, wenn sie das einzig brauchbare Mittel ist, zB zur Ermittlung bei Diebstählen oder Warenverlusten in erheblichem Umfang (BAG 26.8.08 − 1 ABR 16/07, NZA 08, 1187). Zulässig ist ebenfalls die aus Sicherheitsgründen durchgeführte Überwachung von Bankschaltern oder maschinellen Arbeitsvorgängen sowie die Torüberwachung wegen der nur mittelbaren ArbNKontrolle; die bloße Gewährleistung sorgfältiger Arbeit ist dagegen kein schutzwürdiges ArbGebInteresse für eine ständige Überwachung durch technische Einrichtungen (GK-BetrVG/*Wiese* § 87 Rz 490; MünchArbR/*Reichold* § 86 Rz 8). S hierzu *Datenschutz* Rz 12.

Das **heimliche Abhören von Telefongesprächen** (Einzelheiten *Internet-/Telefonnutzung* Rz 8 ff) − gleich ob dienstlicher oder privater Natur − ist generell unzulässig. Auf **7** diese Weise erlangte Beweismittel dürfen nicht verwertet werden (BAG 29.10.97 − 5 AZR 508/96, DB 98, 371). Zulässig ist dagegen das **Mithören** eines Telefongesprächs (zB durch Zweithörer, Lautsprecher), sofern der ArbN konkret zugestimmt hat (BVerfG 19.12.91, NZA 92, 307; LAG Bln 19.2.74, DB 74, 1243; aA LAG BaWü 29.4.76, DB 77, 776). Die nicht genehmigte **Aufzeichnung privater Gespräche,** also auch von Telefongesprächen, und deren Verwertung ist unzulässig und nach § 201 Abs 1 StGB strafbar.

Erlaubt ist dagegen die automatische **Erfassung von Telefondaten** bei Dienstgesprächen **8** oder Privatgesprächen aus dienstlichem Anlass hinsichtlich Anzahl, Zeitpunkt, Dauer, Gebühreneinheiten, Zielnummer und Nummer des benutzten Apparates; unmittelbar betroffen ist nur das Arbeitsverhalten und nicht die Persönlichkeit des ArbN (MünchArbR/*Reichold* § 86 Rz 11). Bezüglich der angewählten Nummer kann jedoch ein berechtigtes Geheimhaltungsinteresse des ArbN oder Gesprächsteilnehmers bestehen, zB bei Beratungstätigkeit eines angestellten Psychologen (BAG 13.1.87, DB 87, 1153; LAG Hbg 31.1.86, DB 86, 702). Bei reinen Privatgesprächen darf die Zielnummer nur erfasst werden, wenn der ArbN dies zur Gebührenabrechnung wünscht (BAG 27.5.86 − 1 ABR 48/84, NZA 86, 643; LAG Frankfurt 27.8.81, BB 82, 2049).

Erfolgt die **Überwachung mit Hilfe von technischen Geräten,** ist das Mitbestimmungsrecht des BRat gem § 87 Abs 1 Nr 6 BetrVG zu beachten. Danach unterliegt die **9** Einführung und Anwendung von technischen Einrichtungen zur Überwachung von Verhalten oder Leistung der ArbN der erzwingbaren Mitbestimmung. In jedem Fall muss aber auch der einzelne ArbN von vornherein generell über die betreffende Maßnahme unterrichtet werden (*Wiese* ZfA 71, 287).

b) Erfassung von Personaldaten. Bereits im Rahmen der Personalauswahl wird die **10** Erhebung von ArbNDaten im Interesse des Persönlichkeitsschutzes des Bewerbers beschränkt. **Graphologische Gutachten, ärztliche Untersuchungen, psychologische Tests** usw sind nur insoweit zulässig, als der ArbGeb ein berechtigtes und schutzwürdiges Interesse an den gewünschten Bewerberdaten im Hinblick auf den zu besetzenden Arbeitsplatz hat (BAG 20.2.86, BB 86, 1852). Hierzu s *Personalauswahl* Rz 14 ff.

Der **Missbrauch von Arbeitnehmerdaten** droht zunehmend durch den Einsatz moderner Technologien. Die zur bloßen Steuerung und Unterstützung der Arbeitsabläufe ver- **11** wandten technischen Einrichtungen ermöglichen vielfach die Erfassung und Auswertung von ArbNDaten. Weiterhin treten an die Stelle manuell geführter Personalakten vermehrt elektronische **Personalinformationssysteme,** in denen ArbNDaten gespeichert und für die Personalverwaltung oder Personalplanung nutzbar gemacht werden können. Bei solchen Datensystemen besteht die Möglichkeit der Verknüpfung personen-, verhaltens- und leistungsbezogener ArbNDaten und damit die Gefahr der Erstellung eines umfassenden − über das konkrete Arbeitsverhältnis und die erlaubten Erkenntnismethoden hinausgehenden − Persönlichkeitsbildes. Zu beachten sind hier neben dem Recht des Einzelnen auf **informationelle Selbstbestimmung** − als Ausprägung des Persönlichkeitsrechts − die Anforderungen des BDSG und des § 87 Abs 1 Nr 6 BetrVG. Näheres dazu s *Personalakte* Rz 4 ff; *Personalinformationssystem* Rz 1 ff; *Datenschutz* Rz 1 ff.

332 Persönlichkeitsrecht

12 **c) Verhaltens- und Bekleidungsvorschriften.** Das Recht des Einzelnen auf freie Gestaltung des Äußeren wird insoweit beschränkt, als dies durch die Betriebsverhältnisse geboten ist (BAG 8.8.89, DB 90, 893). Der Schutz des ArbGebEigentums und die betriebliche Ordnung rechtfertigen die Aufforderung des ArbGeb, **Schutzkleidung** zu tragen und keine Schuhe zu tragen, die uU den Bodenbelag in Mitleidenschaft ziehen (MünchArbR/*Reichold* § 86 Rz 20 mwN). Der ArbN ist grds auch verpflichtet, die allgemein übliche **Dienst- oder Arbeitskleidung** zu tragen, die Aufschluss über seine Funktion (Kellner, Schaffner, Stewardess) oder seine Zugehörigkeit zu einem bestimmten Unternehmen verdeutlicht (Tankwart, Restaurantkette; vgl ArbG Frankfurt 8.8.88, AiB 89, 17). Näheres hierzu s *Arbeitskleidung* Rz 1 ff.

13 Zu der Frage, inwiefern sich aus dem Persönlichkeitsrecht ein Recht auf **Rauchen im Betrieb** bzw auf Schutz vor Rauchern im Betrieb ableiten lässt, ausführlich *Nichtraucherschutz* Rz 2 ff.

14 **3. Rechtsfolgen der Persönlichkeitsverletzung.** Bei rechtswidrigen Eingriffen in das Persönlichkeitsrecht hat der betroffene ArbN einen **Beseitigungsanspruch** analog §§ 12, 862, 1004 BGB (BAG 15.5.91 – 5 AZR 115/90, NZA 92, 43). Weiterhin kann ein **Schadensersatzanspruch** aus positiver Forderungsverletzung (§ 280 BGB) und aus § 823 Abs 1 BGB gegeben sein (MünchArbR/*Reichold* § 86 Rz 28 ff). Bei schwerwiegenden Persönlichkeitsverletzungen kann der ArbN **Schmerzensgeld** beanspruchen, soweit Art und Schwere des Eingriffs die Zuerkennung eines Schmerzensgeldes erfordern und das Persönlichkeitsrecht auf andere Weise nicht ausreichend geschützt werden kann (BAG 25.10.07 – 8 AZR 593/06, NZA 08, 223; 18.2.99 – 8 AZR 735/97, NZA 99, 645). Prozessual kann die Erlangung von Beweisen unter Verletzung des Persönlichkeitsrechts zu einem Beweisverwertungsverbot führen (LAG Hamm 24.7.01 – 11 Sa 1524/00, NZA-RR 02, 464).

B. Lohnsteuerrecht *Seidel*

15 Die dem FA bzw den Steuerprüfern im Rahmen ihrer Tätigkeit bekannt gewordenen Daten und Verhältnisse der ArbN und des ArbGeb sind durch das strafbewehrte Steuergeheimnis geschützt (§ 30 AO; § 355 StGB; Näheres hierzu s *Datenschutz* Rz 35 ff, auch zur befugten Offenbarung). Da weder der ArbGeb noch der ArbN zu dem in § 30 AO genannten Personenkreis gehören, der das Steuergeheimnis zu wahren hat, ergibt sich eine Pflicht zur Geheimhaltung der Verhältnisse eines ArbN durch den ArbGeb oder durch andere ArbN oder der Verhältnisse des ArbGeb durch die ArbN gegenüber Dritten – mit Ausnahme des FA – nur aufgrund außersteuerlicher Geheimhaltungsvorschriften (s hierzu *Betriebsgeheimnis* Rz 4 ff, 18 sowie *Verschwiegenheitspflicht* Rz 1 ff).

16 Lediglich für die gespeicherten ELStAM enthält das Steuerrecht in § 39 Abs 8 EStG eine Schutzvorschrift. Der ArbGeb darf diese Merkmale ohne Zustimmung des ArbN nur für die Einbehaltung der LSt verwenden und sie nur offenbaren, soweit dies gesetzlich zugelassen ist (s auch *Lohnsteuerabzugsmerkmale* Rz 21). Zu Auskünften des ArbGeb oder des ArbN gegenüber dem FA s *Auskunftspflichten Arbeitgeber* Rz 26 ff, *Auskunftspflichten Arbeitnehmer* Rz 36 ff und *Lohnsteueraußenprüfung* Rz 9, 10). Zum Anspruch eines Stpfl auf Benennung der Person, die ihn beim FA angezeigt hat, s BFH 19.11.02 – VII B 123/02, BFH/NV 03, 294.

C. Sozialversicherungsrecht *Schlegel*

17 **1. Persönlichkeitsschutz als Aufgabe des Sozialgesetzbuches.** § 1 SGB I nennt als Hauptziel des SGB die „Verwirklichung sozialer Gerechtigkeit und sozialer Sicherheit". Das SGB soll ua ein menschenwürdiges Dasein sichern und gleiche Voraussetzungen für die freie Entfaltung der Persönlichkeit schaffen.

18 **2. Persönlichkeitsschutz durch Schaffung ausreichender Lebensbedingungen.** Das SGB zeichnet sich dadurch aus, dass es nicht in erster Linie Abwehrrechte gegen Angriffe auf und Eingriffe in Rechte des Bürgers normiert, sondern in Form zahlreicher Sozialleistungen für die verschiedensten Bedarfsfälle die Voraussetzungen dafür schafft, dass der Einzelne ohne Existenzgefährdung leben kann und so überhaupt erst die Voraussetzungen einer freien Entfaltung seiner Persönlichkeit gelegt werden (zu Abwehrrechten s unten Rz 19–21). Das SGB ist ein breit angelegtes Programm zur Verwirklichung sozialer Rechte. Es regelt nicht den individuellen zwischenmenschlichen Konflikt, wie dies etwa beim Persönlichkeitsschutz nach den §§ 12, 823, 1004 BGB der Fall ist (Einzelheiten dieses Schutzes s oben Rz 5 ff). Vielmehr wird durch eine **soziale Umverteilung** vorhandener Mittel und durch Einrichtung sozialer Solidargemeinschaften (Versicherungsgemeinschaften) in Form von Versicherungs-, Entschädigungs-, Familienlastenausgleichs- und sonstigen staatlichen Leistungen etc ein Persönlichkeitsschutz eingerichtet. Dieser richtet sich nicht gegen die von einzelnen Personen, sondern von den allgemeinen Lebensbedingungen, Unglücksfällen, Krankheiten und sonstigen „**Wechselfällen des Lebens**" ausgehenden Einwirkungen auf das Persönlichkeitsrecht – verstanden als Möglichkeit zur freien Entfaltung der Persönlichkeit.

3. Abwehrrechte. a) § 35 SGB I und §§ 67 ff SGB X als verfassungskonforme 19 **Begrenzung des Rechts auf informationelle Selbstbestimmung.** Im Volkszählungsgesetz 1983 (NJW 84, 419 = BVerfGE 65, 1) führte das BVerfG aus, das in Art 2 Abs 1 iVm Art 1 Abs 1 GG gewährleistete allgemeine Persönlichkeitsrecht umfasse „auch die aus dem Gedanken der Selbstbestimmung folgende Befugnis des Einzelnen, grds selbst zu entscheiden, wann und innerhalb welcher Grenzen persönliche Lebenssachverhalte offenbart werden". Dieses Recht auf „informationelle Selbstbestimmung", also die Befugnis des Einzelnen, selbst über die Preisgabe und Verwendung seiner persönlichen Daten zu bestimmen, ist aber nicht schrankenlos gewährleistet. Der Einzelne hat nicht ein Recht iS einer absoluten, uneinschränkbaren Herrschaft über „seine" Daten, er ist vielmehr eine sich innerhalb der sozialen Gemeinschaft entfaltende, auf Kommunikation angewiesene Persönlichkeit. Information, auch soweit sie personenbezogen ist, stellt ein Abbild sozialer Realität dar, das nicht ausschließlich dem Betroffenen allein zugeordnet werden kann.

Das GG hat die Spannung Individuum – Gemeinschaft im Sinne der Gemeinschafts- 20 bezogenheit der Person entschieden. Grds muss daher der Einzelne Einschränkungen seines Rechts auf informationelle Selbstbestimmung im überwiegenden Allgemeininteresse hinnehmen. Diese Beschränkungen bedürfen aber nach Art 2 Abs 1 GG einer (verfassungsgemäßen) gesetzlichen Grundlage, aus der sich die Voraussetzungen und der Umfang der Beschränkungen klar und für den Bürger erkennbar ergeben und die dem rechtsstaatlichen Gebot der Normklarheit entspricht. Diese Voraussetzungen liegen für das Sozialrecht vor. Unter ausdrücklicher Bezugnahme auf §§ 30, 31 AO und § 35 SGB I iVm §§ 67–86 SGB X führte das BVerfG im genannten Volkszählungsurteil nämlich aus, dass es durchaus Bereiche gibt, in denen „der Gesetzgeber bereits verschiedenartige Maßnahmen zum Schutz der Betroffenen vorgesehen hat, die verfassungsrechtlich in die gebotene Richtung weisen".

b) Adressat. Adressat des Sozialgeheimnisses nach § 35 Abs 1 Satz SGB I sind nur die 21 Leistungsträger und ihre Arbeitsgemeinschaften: die im SGB genannten öffentlich-rechtlichen Vereinigungen, die Künstlersozialkasse, die Deutsche Post (soweit sie mit der Berechnung oder Auszahlung von Sozialleistungen betraut ist) und die aufsichts-, rechnungs- oder weisungsberechtigten Behörden. Die ArbGeb werden in § 35 SGB I nicht genannt, so dass sich deren Pflicht zur Wahrung des Persönlichkeitsschutzes nicht aus dem SGB ergibt.

c) Gegenstand. Gegenstand des Sozialgeheimnisses ist nach der Definition des § 35 22 Abs 1 Satz 1 SGB I der Anspruch des Einzelnen darauf, dass Einzelangaben über seine Sozialdaten „von den Leistungsträgern als Sozialgeheimnis gewahrt und nicht unbefugt offenbart werden". Sozialdaten sind nach § 67 Abs 1 Satz 1 SGB X Einzelangaben über persönliche und sachliche Verhältnisse einer bestimmten natürlichen Person, die einer Stelle, die Aufgaben nach dem SGB wahrnimmt, bei der Wahrnehmung dieser Aufgaben erhoben, verarbeitet oder genutzt werden. Zu den Rechtsfolgen (zB **Beweisverwertungsverbot**) bei Verstoß gegen den Schutz persönlicher Daten im Zusammenhang mit Begutachtung (zB medizinischer Sachverständigengutachten) vgl § 76 SGB X, speziell in der KV § 200 SGB VII (zum Ganzen BSG 5.2.08 – B 2 U 8/07 R).

d) Löschung und Berichtigung von Sozialdaten in Akten der Leistungsträger. Als 23 Ausfluss des Persönlichkeitsrechts sind nach § 84 Abs 1 SGB X Sozialdaten zu berichtigen, wenn sie unrichtig sind. Wird die Richtigkeit von Sozialdaten von dem Betroffenen bestritten und lässt sich weder die Richtigkeit noch die Unrichtigkeit der Daten feststellen, bewirkt dies keine Sperrung, soweit es um die Erfüllung sozialer Aufgaben geht; die ungeklärte Sachlage ist in geeigneter Weise festzuhalten. Die bestrittenen Daten dürfen nur mit einem Hinweis hierauf genutzt und übermittelt werden. Sozialdaten sind nach § 84 Abs 2 SGB X zu löschen, wenn ihre Speicherung unzulässig ist. Sie sind auch zu löschen, wenn ihre Kenntnis für die verantwortliche Stelle zur rechtmäßigen Erfüllung der in ihrer Zuständigkeit liegenden Aufgaben nicht mehr erforderlich ist und kein Grund zu der Annahme besteht, dass durch die Löschung schutzwürdige Interessen des Betroffenen beeinträchtigt werden. Über den Anspruch auf Löschung von Sozialdaten ist zunächst im Rahmen eines Verwaltungsverfahrens durch Verwaltungsakt zu entscheiden; eine isolierte Leistungsklage auf Löschung ist unzulässig (BSG 21.3.06 – B 2 U 24/04 R, SozR 4–1300 § 84 Nr 1).

Ein Versicherter hat Anspruch auf Auskunft über die für ihn aufgewandten Leistungen der KV (vgl § 305 SGB V): dieser Anspruch verdrängt andere Auskunftsansprüche, zB einen Anspruch gegen eine Kassenärztliche Vereinigung auf Auskunftserteilung über die von dieser über den Versicherten gespeicherten Sozialdaten, nicht (BSG 2.11.10 – B 1 KR 12/10 R).

Personalakte

A. Arbeitsrecht *Poeche*

1   **1. Begriff. a) Ausgangslage.** Personalplanung und -verwaltung des ArbGeb setzen idR eine systematische Anlage und Führung von Personalakten voraus. Interesse des ArbN ist, dass die in Papierform oder elektronisch gespeicherte Dokumentation des ArbGeb keine Tatsachen enthält, die für ihn ungünstig sind oder ihm nachteilig werden können.

2   **b) Personalakte im materiellen Sinn** ist eine Sammlung von Urkunden und Vorgängen, die die persönlichen und dienstlichen Verhältnisse des ArbN betreffen und in einem inneren Zusammenhang mit dem Arbeitsverhältnis stehen, wobei es auf eine äußere Zuordnung nicht ankommt (BAG 16.11.10 – 9 AZR 573/09, NZA 11, 453). Der materielle Personalaktenbegriff bestimmt demnach darüber, ob Unterlagen und Vorgänge zur Personalakte gehören. „Personalakte" ist also nicht nur das, was der ArbGeb als solche bezeichnet und führt. Begrifflich kommt es auch weder auf die betriebliche oder außerbetriebliche Stelle an, wo die Personalakte geführt wird (Personalabteilung, Produktionsbereich, Konzernverwaltung, Steuerberater), noch auf Form oder verwendetes Material (Karteikarte, Hefter, Mikrofilme, EDV). Damit fallen auch in elektronischen Datenbanken gespeicherte Personaldaten unter den materiellen Personalaktenbegriff (LAG BaWü 15.11.12 – 4 Ta 15/12, BeckRS 12, 75665).

3   **c) Personalakte im formellen Sinn** ist herkömmlich die in Aktendeckeln untergebrachte, chronologisch oder alphabethisch geordnete, ggf nach Untergruppen (Haupt- und Beiakten: Urlaub, Beihilfe, Beurteilungen) gegliederte Sammlung von *Arbeitspapieren*, wie sie einheitlich im öffentlichen Dienst, weitgehend auch in der Privatwirtschaft, angelegt wird. Derartige qualifizierte Personalakten braucht der ArbGeb nicht zu führen. Art und Weise der Dokumentation der für das Arbeitsverhältnis maßgebenden Daten, Aufmachung und Gestaltung einer Personalakte liegen in der Entscheidung des ArbGeb (vgl auch *Herfs-Röttgen* NZA 13, 478). Eine „Paginierung" (Versehen mit Seitenzahlen) kann der ArbN nicht verlangen (BAG 16.10.07 – 9 AZR 110/07, NZA 08, 368). Zur elektronischen Personalakte *Diller/Schuster*, DB 08, 928 sowie *Herfs-Röttgen* NZA 13, 478.

4   **2. Inhalt der Personalakte. a) Ausgangslage.** Der Inhalt der Personalakte bestimmt sich nach dem Zweck der Personalaktenführung. Dieser besteht darin, möglichst lückenlos über die Person des ArbN und seine dienstliche Laufbahn Aufschluss zu geben (BAG 12.9.06 – 9 AZR 271/06, NZA 07, 269; BAG 7.9.88 – 5 AZR 625/87, DB 89, 284). Inhalt der Personalakte können daher alle Unterlagen werden, die sich auf das Arbeitsverhältnis beziehen und an deren Aufnahme ArbGeb oder ArbN ein berechtigtes Interesse haben. Im Einzelfall bedarf es einer Güterabwägung (BAG 12.9.06 – 9 AZR 271/06, NZA 07, 269; BAG 6.6.84 – 5 AZR 286/81, DB 84, 2626). Betroffen sind mithin alle Schriftstücke von der Bewerbung über Abschluss des Arbeitsvertrages und Einstellung, Durchführung des Arbeitsverhältnisses bis hin zu seiner Beendigung und Abwicklung. Im Einzelnen gehören dazu etwa Bewerbungsschreiben und -unterlagen, Lebenslauf, Lichtbild, Zeugnisse und Referenzen, Personalfragebogen, Arbeitsvertrag und Ergänzungen, Führungs- und Leistungsbeurteilungen, Abmahnungen, Zeugnisse über Fortbildungsmaßnahmen, Krankheitsbescheinigungen, Urlaubsanträge und -bewilligungen, abgeschlossene Vorgänge des Werk-

schutzes, schließlich Kündigungsschreiben, Aufhebungsvertrag, Schlusszeugnis. Wird davon ausgegangen, dass die Führung einer Personalakte den Vorgaben des § 32 BDSG unterliegt (bejahend *Herfs-Röttgen* NZA 13, 478; näher hierzu *Müller* DB 11, 2604), dürfte sich nichts anderes ergeben. Danach ist die Führung von Personalakten nur insoweit zulässig, als dies für die Durchführung des Arbeitsverhältnisses erforderlich ist.

b) Einschränkungen im Interesse des Arbeitnehmers. Das Interesse des ArbN am Schutz seiner Privatsphäre (s *Datenschutz* Rz 1; *Persönlichkeitsrecht* Rz 1 ff) begrenzt den Umfang der legitim aufzunehmenden Unterlagen. Ihr Kreis deckt sich in etwa mit dem Katalog der Fragen, die dem ArbN bei seiner Bewerbung zulässigerweise gestellt werden dürfen (*Auskunftspflichten Arbeitnehmer* Rz 13; *Personalauswahl* Rz 10). Aufzeichnungen des **Betriebsarztes** sind nur aufzunehmen, soweit dem ArbGeb ein Unterrichtungsanspruch zusteht (Mitteilung des **Untersuchungsergebnisses** (s *Betriebsarzt* Rz 14). Sensible Gesundheitsdaten des ArbN dürfen in die Personalakte aufgenommen werden, müssen jedoch besonders vor unbefugter zufälliger Kenntnisnahme geschützt werden (BAG 12.9.06 – 9 AZR 271/06, NZA 07, 269). 5

c) Einschränkungen im Interesse des Arbeitgebers. Vorausgesetzt wird stets ein Bezug zum **konkreten Arbeitsverhältnis.** Kein Bestandteil der Personalakten sind betriebliche Unterlagen, in denen der ArbN nur namentlich aufgeführt wird, ohne dass damit seine persönliche Rechtsstellung betroffen ist (zB Personal-, Lohn- und Gehaltslisten, Schichtpläne). Die gemeinsame Nennung mehrerer ArbN in einem Schriftstück schließt für sich allerdings nicht aus, dass es Gegenstand der materiellen Personalakte ist. Es ist ein gewisser „offizieller" Anstrich der Schriftstücke zu verlangen, so dass Notizen, Aufzeichnungen der Vorgesetzten, Zeugnisentwürfe, die erst Grundlage einer Entscheidung werden sollen, nicht genügen. 6

Prozessakten des Arbeitgebers sind ebenso wenig der Personalakte zuzuordnen wie Unterlagen des ArbGeb über den BRat als Organ (LAG Brem 4.3.77 – 1 Sa 303/76, DB 77, 1006). 7

3. Vertraulichkeit der Personalakte. Persönlichkeitsrecht des ArbN und Fürsorge verpflichten den ArbGeb, Personalakten vor dem Zugriff Dritter zu bewahren. Das gilt auch für Betriebsangehörige. Der Kreis der zugangsberechtigten Personen ist möglichst klein zu halten und auf die für Personalentscheidungen zuständigen Mitarbeiter zu beschränken. Ein **Mitbestimmungsrecht** des BRat bei der Festlegung des Personenkreises, der Einsicht nehmen darf, besteht deshalb nicht (LAG Düsseldorf 14.11.05 – 10 TaBV 46/05, NZA-RR 2006, 81). Besonders sensible Daten wie Angaben zum körperlichen, geistigen und seelischen Zustand sind vor Einblick zu sichern. Sie müssen gesondert außerhalb der formellen Akte oder im verschlossenen Umschlag aufbewahrt werden, damit sie nicht bei der regelmäßigen Sachbearbeitung der Personalakte ohne konkreten Anlass ins Auge fallen (BAG 12.9.06 – 9 AZR 271/06, NZA 07, 269; 15.7.87 – 5 AZR 215/86, DB 87, 2571). Soweit im Schrifttum (*Kammerer* AuR 07, 189) Ausführungen des BAG zur Datenschutzrichtlinie vermisst werden, wird übersehen, dass die Richtlinie eine automatisierte Aktenführung voraussetzt. Allerdings sind auch bei einer digitalen Personalaktenführung entsprechende Vorkehrungen in der Datenverarbeitung zu treffen (vgl *Müller* DB 11, 2604). 8

Überwiegende Interessen des ArbGeb können im Einzelfall die Offenlegung der Personalakte auch Dritten gegenüber rechtfertigen (BAG 4.4.90 – 5 AZR 299/89, DB 90, 1522: Kontrolle durch zur Verschwiegenheit verpflichtete Revisoren; BAG 17.5.83 – 1 AZR 1249/79, DB 84, 139: Weiterleitung des vom ArbN in Kenntnis der Bedeutung und Funktion ausgefüllten Fragebogens zur Sicherheitsüberprüfung an das Bundesamt für Verfassungsschutz). Die Rechte des **Betriebsrats** gehen nicht weiter als die sonstiger Personen; Personalakten sind ihm weder vorzulegen noch auszuhändigen (BAG 20.12.88 – 1 ABR 63/87, NZA 89, 393; LAG Frankfurt 22.5.84 – 4 TaBV 93/83, NZA 85, 97; LAG NdS 22.1.07 – 11 Sa 614/06, NZA-RR 07, 585). Andererseits darf der ArbGeb Kontrollrechte des BRat nach § 80 Abs 2 BetrVG nicht dadurch unterlaufen, dass er Aufzeichnungen zur Personalakte eines ArbN nimmt (LAG BaWü 21.2.94 – 15 TaBV 11/93, DB 95, 51: EDV-Ausdruck über verfallene Gleitzeit). 9

Behörden hat der ArbGeb entsprechend den gesetzlichen Vorschriften Auskunft aus der Personalakte zu erteilen (zB FA, Krankenkassen). Das gilt auch für die gem § 95 Abs 1 10

333 Personalakte

Bundeshaushaltsordnung dem Bundesrechnungshof zuzuleitenden Schaublätter aus Fahrtenschreibern (BAG 12.1.88 – 1 AZR 352/86, DB 88, 1552). Andere öffentliche Institutionen können auf die Personalakte nur dann Zugriff nehmen, wenn hieran unter Beachtung des Grundsatzes der Verhältnismäßigkeit ein überwiegendes Interesse der Allgemeinheit besteht. Für den Petitionsausschuss ist das abzulehnen (OVG Münster 3.6.88 – 1 B 426/88, NJW 88, 2496). Auch das Beweiserhebungsrecht der Gerichte oder Parlamentarischen Untersuchungsausschüsse begründet keinen Anspruch auf Einsichtnahme (BVerfG 1.10.87 – 2 BvR 1178/86, NJW 88, 890). Voraussetzung für die Beiziehung von Personalakten ist das Einverständnis des betroffenen ArbN.

11   Der ArbGeb kann sich **schadensersatzpflichtig** machen, wenn er unbefugt den Inhalt der Personalakte offenbart. Ein Schmerzensgeldanspruch wegen Verletzung des Persönlichkeitsrechts ist jedoch dann nicht gegeben, wenn die Offenbarung zu keinen materiellen Schäden oder sonstigen nachteiligen Auswirkungen geführt hat und der ArbGeb den Interessen des ArbN dienen wollte (BAG 18.12.84 – 3 AZR 389/83, DB 85, 2307). Die **unerlaubte Einsichtnahme** in Personalakten eines Dritten kann auch ohne Abmahnung eine ordentliche Kündigung rechtfertigen (ArbG Marburg 27.5.94 – 2 Ca 514/93, BB 95, 259).

12   **4. Einsichtsrecht. a) Allgemeines.** ArbN können jederzeit und ohne besonderen Anlass in ihre Personalakten Einsicht nehmen. Das in §§ 83 Abs 1 BetrVG, 26 Abs 2 SprAuG ausdrücklich genannte Recht steht allen ArbN zu, auch Auszubildenden. Es handelt sich um einen nebenvertraglichen Anspruch des ArbN, der nicht auf ArbN in Betrieben mit BRat beschränkt ist. Er erfasst die Personalakte im materiellen Sinn. Die Personalakte ist dem ArbN **vollständig** vorzulegen. Schriftstücke dürfen nicht vorher entfernt und gesondert verwahrt werden. Das gilt auch dann, wenn die aufgenommene Information dem ArbGeb mit der Bitte um Vertraulichkeit erteilt worden ist, wie es gelegentlich bei der Einholung von Auskünften anlässlich von Bewerbungen der Fall ist. Der ArbGeb hat nur die Wahl zwischen Offenlegung oder Vernichtung der Unterlage. Das Einsichtsrecht schließt die Befugnis zur Fertigung von **Notizen und Abschriften** ein. Fotokopien kann der ArbN auf seine Kosten herstellen. Unzulässig soll die Erstellung eines Doppels der Personalakte sein (*Richardi/Thüsing* § 83 Rn 17; GK-BetrVG/*Franzen* § 83 Rz 24). Ein Grund für diese Beschränkung ist nicht ersichtlich. Der ArbGeb oder ein von ihm Beauftragter kann während der Einsichtnahme anwesend sein.

13   **b) Auskunftsanspruch.** Das Einsichtsrecht kann umfassend nur wahrgenommen werden, wenn dem ArbN bekannt ist, wo seine Personalunterlagen aufbewahrt werden. Deshalb sind **Hinweise** auf Bei- oder Sonderakten in der formellen Hauptakte aufzunehmen (so richtig LAG Brem 4.3.77 – 1 Sa 303/76, DB 77, 1006; *Fitting* § 83 Rz 5; aM GK-BetrVG/*Franzen* § 83 Rz 14). Kurzschrift und fremdsprachige Texte sind in **lesbare Form** zu bringen. Verwendet der ArbGeb ein **Personalinformationssystem** (s dort), braucht der ArbN sich nicht mit einem Blick auf den Bildschirm zu begnügen. Zur gezielten Abfragung seiner Daten kann er vielmehr Auskunft über die Methoden ihrer Verarbeitung verlangen; ihm ist ein **Ausdruck** auszuhändigen.

14   **c) Beteiligung Dritter.** Der ArbN kann bei der Wahrnehmung seines Einsichtsrechts ein **Betriebsratsmitglied seiner Wahl,** der Schwerbehinderte gem § 95 Abs 3 SGB IX auch ein Mitglied der Schwerbehindertenvertretung, hinzuziehen, die einer besonderen Schweigepflicht über den Inhalt der Personalakte unterliegen. Die Verletzung der Schweigepflicht ist gem § 120 Abs 2, 4 BetrVG auf Antrag strafbar. Ein Zeugnisverweigerungsrecht erwirbt das BRatMitglied nicht; der Katalog der Aussageverweigerungsrechte in den Verfahrensgesetzen ist abschließend.

15   Der ArbN kann die Einsicht einem **Bevollmächtigten** übertragen. Anders als §§ 3 Abs 5 TVöD, 13 Abs 1 BAT sieht § 83 BetrVG das nicht ausdrücklich vor, schließt diese Möglichkeit aber auch nicht aus. Da der ArbN ohnehin Abschriften aus den Akten fertigen kann, wäre es unnötiger Formalismus, die Einschaltung eines Bevollmächtigten zu versagen, der auf dem Umweg über den ArbN doch vollständige Kenntnis der Personalakten erhält (so richtig GL § 83 Rz 13; aA ArbG München 7.3.79 – 24 Ca 434/79, DB 79, 2284; GK-BetrVG/*Franzen* § 83 Rz 26). Der ArbGeb kann den Bevollmächtigten zurückweisen, wenn dies aus betrieblichen Gründen geboten ist (so auch die Regelung in § 13 Abs 1 Satz 4 BAT).

d) Modalitäten des Einsichtsrechts. Sie können durch Betriebsvereinbarung geregelt 16 werden (§ 87 Abs 1 Nr 1 BetrVG). Sonst gilt, dass der ArbN jederzeit Einsicht nehmen kann; ein besonderer Anlass braucht nicht zu bestehen. Die Einsicht ist grds während der Arbeitszeit zu gewähren, die Vergütung in dieser Zeit fortzuzahlen (§§ 39 Abs 3 BetrVG; 616 Abs 1 BGB). Zeitaufwändige Abschriften hat der ArbN außerhalb seiner Arbeitszeit zu fertigen. Das Einsichtsrecht besteht nicht nur für die **Dauer** des Arbeitsverhältnisses, sondern auch nach seiner Beendigung. Insoweit ergibt es sich aus dem Selbstbestimmungsrecht des ArbN, der überprüfen können muss, ob der Inhalt der Personalakte der Wahrheit entspricht (BAG 16.11.10 – 9 AZR 573/09, NJW 11, 1306). Ein konkretes berechtigtes Interesse hieran ist nicht notwendig,

5. Beifügung von Erklärungen zu den Personalakten. Der ArbN hat das Recht, der 17 Personalakte Erklärungen beizufügen (§ 83 Abs 2 BetrVG). Ihm wird damit die Möglichkeit eröffnet, die Personalakte so zu vervollständigen, dass sie ein möglichst objektives Bild ergibt. Er kann zu ihn betreffende Maßnahmen Stellung nehmen, insbesondere **Gegendarstellungen** zu Vorgängen, die der ArbGeb in die Personalakte eingebracht hat. Darüber hinaus kann er Aufnahme von Unterlagen verlangen, zB Zeugnis über eine während des Arbeitsverhältnisses erworbene Zusatzqualifikation. Ist der ArbN der deutschen Sprache nicht mächtig, kann der ArbGeb im Einzelfall nach Treu und Glauben verpflichtet sein, seine Erklärungen zu protokollieren und der Akte beizufügen. Die Erklärungen des ArbN müssen sich auf den sachlichen Inhalt der Personalakte richten, nicht auf die formelle Aktenführung. Vorheftung eines Inhaltsverzeichnisses oder Paginierung kann der ArbN nicht verlangen (BAG 16.10.07 – 9 AZR 110/07, NZA 08, 367). Der ArbN kann jederzeit die **Berichtigung** falscher Daten verlangen. „Falsch" ist auch die Bezeichnung als „ledig", wenn der ArbN in einer eingetragenen Lebenspartnerschaft lebt (BVerwG 4.3.04 – 1 WB 32/03, NVwZ 04, 178).

6. Entfernung von Vorgängen aus der Personalakte. Der ArbN kann die Entfernung 18 unrichtiger, ihn zu Unrecht belastender oder unzulässig aufgenommener Unterlagen aus der Personalakte verlangen. Dies gilt insbesondere im Zusammenhang mit Abmahnungen (s *Abmahnung* Rz 39 ff). Der Anspruch begründet sich aus dem allgemeinen Persönlichkeitsrecht des ArbN (s *Persönlichkeitsrecht* Rz 1). Er unterliegt keiner tariflichen Ausschlussfrist (BAG 14.12.94 – 5 AZR 137/94, DB 95, 981). Hat der ArbGeb Teile der Personalakte zu entfernen, genügt es nicht, wenn er die strittigen Passagen lediglich überklebt (LAG Köln 4.7.88 – 6 Sa 305/88, DB 89, 636). Erfolglos gebliebene **Stellenbewerber** können die Vernichtung eines Personalfragebogens verlangen (BAG 6.6.84 – 5 AZR 286/81, DB 84, 2626). Streitig ist, ob nach **Beendigung des Arbeitsverhältnisses** die Entfernung nachteiliger Schriftstücke durchgesetzt werden kann (so ArbG Münster 14.12.89 – 2 Ca 1299/89, DB 90, 1144; anders ArbG Wetzlar 16.5.89 – 1 Ca 530/88, BB 89, 1979). Das BAG verlangt objektive Anhaltspunkte für eine fortwirkende Benachteiligung des ArbN (BAG 14.9.94 – 5 AZR 632/93, DB 95, 732), was zB anzunehmen ist, wenn der öffentliche ArbGeb gesetzlich zur (befristeten) Aufbewahrung der Personalakte verpflichtet ist und nicht ausgeschlossen werden kann, dass sie als Grundlage für künftige Personalentscheidungen herangezogen wird (BAG 18.8.09 – 9 AZR 617/08, NZA 10, 115). Ob an dem Erfordernis der fortwirkenden Beeinträchtigung mit der Änderung des BDSG durch das „Gesetz zur Änderung datenschutzrechtlicher Vorschriften" vom 14.8.2009, die das BAG bereits zur Aufgabe seiner Rspr zum nachvertraglichen Einsichtsrecht veranlasst hat, festgehalten werden kann, ist fraglich (vgl LAG Bln-Bbg 18.7.11 – 10 Ta 1325/11, BeckRS 2011, 75304). Naheliegend erscheint es, dem ArbN den Anspruch zuzubilligen, solange der ArbGeb die Personalakte aufbewahrt. Wann eine **zu Recht erteilte Abmahnung** zu entfernen ist, ist eine Frage des Einzelfalls. Da die Abmahnung zum einen eine Rüge- und Dokumentationsfunktion und zum anderen eine Warnfunktion hat, genügt es nicht, wenn die Abmahnung zB wegen Zeitablaufs ihre (kündigungsrechtliche) Warnfunktion verloren hat. Vielmehr muss das gerügte Verhalten für das Arbverh in jeglicher Hinsicht bedeutungslos geworden sein. Auch die Dokumentationsfunktion, die im Hinblick auf spätere Beförderungsentscheidungen und Beurteilungen, aber auch im Rahmen der Interessenabwägung späterer Kündigungen, von Bedeutung ist, muss entfallen sein (BAG 19.7.12 – 2 AZR 782/11, BeckRS 2012, 76055; hierzu *Salamon/Rogge* NZA 13, 363).

19 **7. Anhörungspflicht.** Im öffentlichen Dienst war der ArbN nach altem Tarifrecht vor Aufnahme belastender und möglicherweise benachteiligender Vorgänge in die Personalakte zu **hören** (§ 13 Abs 2 BAT, MTArb). Der TVöD enthält – anders als der TV-L in § 3 Abs 6 – keine entsprechende Vorschrift. Daher stellt sich nun umso mehr die Frage, ob es sich hierbei um einen allgemeinen Rechtssatz handelt (so *Abmahnung* Rz 29; s auch *Brierley* öAT 13, 95). Eine vorherige Anhörung liegt jedenfalls aber im eigenen Interesse des ArbGeb, der sich dadurch oft den mit einem Rechtsstreit verbundenen wirtschaftlich unvertretbaren Aufwand ersparen kann. Insbesondere wird er zur Konkretisierung der Vorwürfe gezwungen, wie sie in der Praxis oft zu vermissen ist und zur Verurteilung des ArbGeb auf Entfernung einer Abmahnung führt.

20 **8. Verwahrungspflicht.** Mit Beendigung des Arbeitsverhältnisses sind vom ArbGeb dem ArbN die in seinem Eigentum verbliebenen Unterlagen auszuhändigen (s *Arbeitspapiere* Rz 6). Über die steuerlichen und sozialversicherungsrechtlichen Vorschriften hinaus trifft den ArbGeb keine Pflicht zur Aufbewahrung der rein arbeitsvertraglichen Unterlagen. Zweckmäßig ist es, sie zumindest für die Dauer von Ausschluss- und Verjährungsfristen aufzubewahren. Schon wegen einer etwaigen Wiederbewerbung des ArbN sollte die Frist nicht zu kurz bemessen sein.

21 **9. Streitigkeiten.** Beschwerden des ArbN über den Inhalt der Personalakte kann er dem ArbGeb unmittelbar vortragen, aber auch den BRat einschalten (§§ 84, 85 BetrVG). Kommt es zwischen den Beteiligten nicht zu einer einverständlichen Beurteilung der Beschwerde als berechtigt oder unberechtigt, ist der ArbN auf die eigenständige Rechtsverfolgung vor dem ArbG angewiesen.

22 Die **Einigungsstelle** ist nicht zuständig, da es sich bei den mit der Personalakte zusammenhängenden Fragen um **Rechtsansprüche** handelt. **Schadenersatz** schuldet der ArbGeb, wenn der ArbN infolge fehlerhafter Aktenführung materiellen Nachteil erleidet (BAG 26.7.79 – 3 AZR 1107/77, DB 79, 2429: Unterlassene Beförderung). Darlegungs- und Beweislast für die tatsächlichen Voraussetzungen des Anspruchs liegen beim ArbN. Hat sich der ArbGeb zur Entfernung eines Abmahnungsschreibens „aus der Personalakte" verpflichtet, so bezieht sich diese Formulierung regelmäßig auf die Akte, die betrieblich als solche bezeichnet wird. Ob sich der Anspruch des ArbN auch auf andere Akten (zB Prozessakten) bezieht, ist im **Erkenntnisverfahren** zu entscheiden und kann nicht Gegenstand des Vollstreckungsverfahrens sein (LAG Köln 20.3.2000 – 7 (13) Ta 384/99, ZTR 2000, 323 [LS]). „Entfernung" bedeutet allerdings vollständige körperliche Vernichtung. Die Verschiebung des zu entfernenden Vorgangs in eine andere Akte oder in einen anderen Dateiordner stellt keine „Entfernung" dar, wenn der ArbGeb den Vorgang jederzeit wieder mit der Personalakte zusammenführen kann (LAG BaWü 15.11.12 – 4 Ta 15/12, BeckRS 2012, 75665).

B. Lohnsteuerrecht *Windsheimer*

24 Dem FA steht das Recht auf **Einsichtnahme** in die Personalakte des ArbGeb zu, soweit deren Inhalt Bedeutung für die Besteuerung hat. Dies wird insbesondere bei LStAußenprüfungen zum Tragen kommen (vgl R 42 f Abs 1 LStR). Dem Recht auf Einsichtnahme entspricht das **Steuergeheimnis** (§ 30 AO; s *Datenschutz* Rz 35 ff). Das Recht auf Einsichtnahme steht unter dem Grundsatz der Verhältnismäßigkeit (vgl § 2 Abs 1 Satz 2 BpO). Das bedeutet: Sind die Besteuerungsgrundlagen auf andere Weise ermittelbar, zB aus dem Lohnkonto zu ersehen oder durch ein Erörterungsgespräch mit dem ArbGeb oder durch Auskünfte des betreffenden ArbN zu ermitteln (s *Lohnsteueraußenprüfung* Rz 10), tritt das Recht auf Einsichtnahme in die Personalakte zurück. Die Einsichtnahme in die Personalakte ist quasi das letzte Mittel, die für die LSt bedeutsamen Besteuerungsgrundlagen aufzuklären. Dazu gehört die Einsichtnahme unter Aufsicht des ArbGeb am Ort der Aufbewahrung der Personalakte und die Beschränkung der Einsicht auf die steuerlich bedeutsamen Umstände.

25 Im Streitfall hat das FA eine **schriftliche** Aufforderung zur Vorlage der Personalakte bzw der einschlägigen Unterlagen hieraus zu erlassen, die Verwaltungsakt-Charakter hat und damit rechtsbehelfsfähig (§ 347 Abs 1 Nr 1 AO) und justiziabel ist (BFH 27.6.68, BStBl II 68, 592).

26 Folgende Unterlagen aus der Personalakte können für die Lohnbesteuerung von Bedeutung sein: Anstellungsverträge, insbesondere von AT-Angestellten, Tantiemevereinbarungen,

Sondervergütungen, Erfindervergütungen, Vereinbarung über die Zukunftssicherung und Altersversorgung, Vorgänge, die Unterbrechung (zB Schwangerschaft) oder die Beendigung von Arbeitsverhältnissen betreffend, Abfindungen uÄ, Vereinbarungen über Sachbezüge und geldwerten Vorteil (Wohnung, Kfz uÄ). Zu Einzelheiten der LStAußenprüfung s *Lohnsteueraußenprüfung* Rz 2 ff.

Literaturhinweis: *Wetzel* GmbHR 04, R 121.

C. Sozialversicherungsrecht *Schlegel*

Der Begriff Personalakte ist für das SozVRecht ohne Bedeutung. 27

Personalauswahl

A. Arbeitsrecht *Kania*

Übersicht

	Rz		Rz
I. Anwerbung der Arbeitnehmer	1–3	3. Auswirkungen des Bundesdatenschutzgesetzes	19
II. Bewerberauswahl	4–21	4. Mitbestimmung des Betriebsrats	20, 21
1. Gesetzliche Beschränkungen der Auswahlfreiheit des Arbeitgebers	5–7	III. Das Anbahnungsverhältnis	22–26
2. Erkenntnismittel der Bewerberauswahl	8–18	1. Abbruch der Vertragsverhandlungen	23
a) Einstellungsgespräch und Personalfragebogen	9–13	2. Aufklärungs- und Mitteilungspflichten	24, 25
b) Testverfahren und Eignungsuntersuchungen	14–17	3. Obhuts- und Sorgfaltspflichten	26
c) Handgeschriebener Lebenslauf, Zeugnisse, sonstige Bewerbungsunterlagen	18		

I. Anwerbung der Arbeitnehmer. Personalauswahl bedeutet die Auswahl zwischen 1 mehreren Personen bei der Durchführung einer personellen Einzelmaßnahme durch den ArbGeb. Ausgangspunkt sind die Personalplanung (s *Personalplanung* Rz 1 ff) und die entsprechende Anwerbung von ArbN. Letztere kann erfolgen zB durch Einschaltung der Agenturen für Arbeit, Aufgabe von Zeitungsinseraten, innerbetriebliche Stellenausschreibung usw.

Der ArbGeb kann sich der **Arbeitsvermittlung** durch die Agentur für Arbeit bedienen, 2 indem er der Agentur für Arbeit den Auftrag zur Zuweisung von Arbeitskräften für den zu besetzenden Arbeitsplatz erteilt (§§ 35 ff SGB III), oder indem er von der Möglichkeit privater Arbeitsvermittlung Gebrauch machen. Näheres s *Arbeitsvermittlung (private)* Rz 1 ff. Sollen Arbeitskräfte durch **Zeitungsinserate** angeworben werden, so enthält das Inserat lediglich die Aufforderung zu einem Arbeitsangebot seitens der Interessenten. Stellt sich ein Bewerber daraufhin unmittelbar vor, so ist der ArbGeb zum **Ersatz der Vorstellungskosten** jedenfalls dann verpflichtet, wenn der ArbGeb die ArbN im Inserat zur persönlichen Vorstellung aufgefordert oder seine Zustimmung zur Vorstellung gegeben hat (Näheres hierzu s *Bewerbung* Rz 4–7). Vorsicht ist geboten bei übertrieben anpreisenden Stellenanzeigen, da hierin uU ein Wettbewerbsverstoß gegenüber Marktmitbewerbern liegen kann. Im Verhältnis zum Bewerber schafft die Ausschreibung oder Anzeige einen Vertrauenstatbestand, auf den sich dieser nach Abschluss des Arbeitsvertrages berufen kann, sofern im Einzelnen nicht anderes ausgehandelt wurde (*Schaub* § 25 Rz 4; LAG Hess 13.1.93, NZA 94, 884 zur unrealistischen Angabe eines „Mindesteinkommens" in einer Zeitungsanzeige).

Nach § 93 BetrVG kann der BRat vom ArbGeb verlangen, dass freiwerdende oder neu 3 geschaffene **Stellen innerhalb des Betriebes ausgeschrieben** werden. Eine Ausschreibung muss nach § 11 AGG benachteiligungsfrei sein (s hierzu *Ausschreibung* Rz 1 ff sowie *Diskriminierung* Rz 107).

II. Bewerberauswahl. Der ArbGeb ist grds frei in seiner Entscheidung, ob und mit wem 4 er einen Arbeitsvertrag schließt. Aus dem Gesichtspunkt „gestörter Vertragsparität" und dem

334 Personalauswahl

daraus folgenden besonderen Schutzbedürfnis des Bewerbers haben Gesetzgeber und Rspr die Abschlussfreiheit des ArbGeb allerdings in mehrfacher Hinsicht beschränkt.

5 **1. Gesetzliche Beschränkungen der Auswahlfreiheit des Arbeitgebers.** Bei der Auswahl unter den Arbeitsplatzbewerbern ist der ArbGeb zunächst an bestimmte gesetzliche und tarifliche **Beschäftigungsverbote** und -gebote gebunden, die aus sozialstaatlichen Gesichtspunkten den Schutz besonders benachteiligter ArbNGruppen bezwecken. Es besteht zB für den ArbGeb mit mindestens 20 Arbeitsplätzen gem § 71 SGB IX die Pflicht zur Beschäftigung von wenigstens 5 % Schwerbehinderten. Weitere Einschränkungen können sich ergeben aus MuSchG, JArbSchG, ArbPlSchG, Bundesberggesetz. Möglich sind auch Abschlussgebote und -verbote als Abschlussnormen in Tarifverträgen gem § 1 Abs 1 TVG. Näheres hierzu s *Beschäftigungsverbot* Rz 9 ff.

6 Weitere Beschränkungen bei der Personalauswahl erfährt der ArbGeb durch die **gesetzlichen Differenzierungsverbote.** Seit Inkrafttreten des AGG werden Benachteiligungen aus Gründen der Rasse, wegen der ethnischen Herkunft, des Geschlechts, der Religion oder Weltanschauung, des Alters oder der sexuellen Identität ausdrücklich untersagt (Näheres *Diskriminierung* Rz 1 ff). § 99 Abs 2 Nr 3 BetrVG verpflichtet den ArbGeb, anstelle der gewünschten unbefristeten Einstellung eines externen Bewerbers einem gleichgeeigneten befristet beschäftigten ArbN einen unbefristeten Arbeitsvertrag zu geben; ansonsten kann der BRat der Einstellung des externen Bewerbers widersprechen. Daneben besteht gem Art 9 Abs 3 Satz 1 und 2 GG ein weiteres verfassungsrechtliches Differenzierungsverbot hinsichtlich der Beurteilung eines Bewerbers nach seiner Gewerkschaftszugehörigkeit.

7 Für den **öffentlichen ArbGeb** gelten zusätzlich insbes die Differenzierungsverbote des Art 3 GG, die Pflicht zur sachgerechten Auswahl nach Art 33 Abs 2 GG sowie die **Frauenförderungsgesetze** der Länder und des Bundes.

8 **2. Erkenntnismittel der Bewerberauswahl.** Unter den in Betracht kommenden Personen muss der geeignete Bewerber ermittelt werden. Geläufige Erkenntnismittel sind hierbei Einstellungsgespräch, -fragebogen, -tests, ärztliche Untersuchungen usw.

9 **a) Einstellungsgespräch und Personalfragebogen.** Aufschluss über Person, Kenntnisse und Fertigkeiten des Bewerbers lassen sich in einem Einstellungsgespräch erhalten. Die Befragung kann aber auch durch einen sog Einstellungs- oder Personalfragebogen erfolgen. Ein Personalfragebogen ist die formularmäßig gefasste Zusammenstellung von Fragen des ArbGeb, die der Bewerber zum Zwecke seiner Einstellung ebenso formularmäßig beantworten soll. Die Verwendung eines Personalfragebogens hat den Vorteil, dass er bereits vor dem persönlichen Vorstellungsgespräch ausgefüllt werden kann, und damit Freizeitanspruch zur Stellungssuche gem § 629 BGB beim bisherigen ArbGeb und Vorstellungskosten vermieden werden können. Sein Inhalt unterliegt der erzwingbaren Mitbestimmung des BRat gem § 94 Abs 1 BetrVG.

10 **aa) Inhalt und Umfang des Arbeitgeberfragerechts.** Problematisch sind Inhalt und Umfang zulässiger Informationserhebung und -verwertung durch den ArbGeb bei der Bewerberauswahl. Das verständliche Interesse des ArbGeb, den Arbeitsplatz mit dem geeigneten Bewerber zu besetzen und daher so viel wie möglich über den Einzelnen in Erfahrung zu bringen, findet seine Grenze im **Persönlichkeitsrecht des Arbeitnehmers.** Bei der Beurteilung der Zulässigkeit einzelner Fragen bedarf es danach einer Abwägung zwischen dem Recht des ArbN auf Schutz seiner Privat- und Intimsphäre sowie dem Interesse des ArbGeb an einer Risikobeschränkung bezüglich des angestrebten Arbeitsverhältnisses (BAG in ständiger Rspr seit 5.12.57, DB 58, 282). Demnach dürfen nur insoweit Fragen gestellt werden, als im Hinblick auf die Tätigkeit und den Arbeitsplatz ein berechtigtes, billigenswertes und schutzwürdiges Interesse des ArbGeb an der Beantwortung der Frage besteht (BAG 5.10.95 – 2 AZR 923/94, NZA 96, 371). Dies ist zu bejahen, wenn die Frage in konkreter Beziehung zum angestrebten Arbeitsplatz steht, den Menschen nicht in seiner ganzen Persönlichkeit erfassen will und nicht in den Intimbereich eindringt (BAG 7.6.84, DB 84, 2706; 20.2.86, BB 86, 1852). Einzelheiten zum Umfang des ArbGebFragerechts s *Auskunftspflichten Arbeitnehmer* Rz 13 ff.

11 **bb) Auskunftspflicht des Bewerbers.** Im Rahmen der mit Aufnahme der Vertragsverhandlungen entstehenden wechselseitigen Schutz- und Sorgfaltspflichten ist der Bewerber verpflichtet, auf zulässigerweise gestellte Fragen des ArbGeb wahrheitsgemäß zu antworten

(BAG in ständiger Rspr seit 5.12.57, DB 58, 282). Die Beantwortung unzulässiger Fragen dagegen kann er nicht nur ablehnen; vielmehr darf er, da keine Antwort bekanntlich auch eine Antwort ist, solche Fragen unrichtig beantworten. Die **wahrheitswidrige Antwort** auf eine unzulässige Frage hat für ihn anerkanntermaßen keine negativen rechtlichen Konsequenzen (BAG 7.6.84, DB 84, 2706).

cc) Offenbarungspflicht des Bewerbers. Erkundigt sich der ArbGeb nicht ausdrücklich nach bestimmten risikoträchtigen Faktoren, so kann für den Bewerber gleichwohl die Verpflichtung bestehen, auch ohne entsprechende Frage bestimmte, in seiner Person liegende Umstände zu offenbaren. Dies ist nur dann der Fall, wenn der Bewerber erkennen muss, dass er aufgrund bestimmter Umstände nicht in der Lage ist, den wesentlichen Anforderungen des vorgesehenen Arbeitsplatzes gerecht zu werden (BAG 1.8.85, DB 86, 2238). Einzelheiten s *Auskunftspflichten Arbeitnehmer* Rz 4 ff. 12

dd) Rechtsfolgen von Pflichtverstößen. Für den ArbGeb ergibt sich ein Verwertungsverbot der auf rechtswidrige Fragen erlangten Antworten. Mit der Ausnutzung rechtswidrig erlangter Antworten macht sich der ArbGeb **schadensersatzpflichtig** nach § 311 Abs 2 BGB (Verschulden bei Vertragsschluss) bzw gem §§ 823, 847 BGB. Ergibt sich aus Art und Inhalt einer Frage lediglich ein Indiz für eine Diskriminierung wegen eines nach dem AGG verpönten Merkmals, drohen Schadensersatz- und Entschädigungsansprüche nach § 15 AGG (Näheres s *Diskriminierung* Rz 121 ff). Verletzt ein ArbN die ihm obliegende Wahrheitspflicht, droht neben der außerordentlichen Kündigung auch die Anfechtung des Arbeitsvertrags wegen arglistiger Täuschung (BAG 5.10.95 – 2 AZR 923/94, NZA 96, 371; Näheres s *Auskunftspflichten Arbeitnehmer* Rz 30). 13

b) Testverfahren und Eignungsuntersuchungen. Graphologische Gutachten, die ua Persönlichkeitsdaten zur Charakterstudie ermitteln sollen, dürfen nur mit Zustimmung des Bewerbers eingeholt werden (BAG 16.9.82, DB 83, 2780; ArbG München 14.4.75, DB 75, 1657). Diese kann nicht schon dann unterstellt werden, wenn ein handgeschriebener Lebenslauf eingereicht wird. Andererseits muss die Initiative in einem solchen Testverfahren nicht unbedingt vom Bewerber ausgehen (aA *Kaehler* DB 06, 277). Setzt sich der ArbGeb darüber hinweg, kann neben dem Anspruch aus Verschulden bei Vertragsschluss (§§ 311 Abs 2, 280 Abs 1 BGB) uU ein Anspruch auf Schmerzensgeld aus §§ 823, 847 BGB wegen Verletzung des Persönlichkeitsrechts gegeben sein (LAG BaWü 26.1.72, NJW 76, 310). 14

Psychologische Tests, Auswahlverfahren und Einstellungsuntersuchungen sind grds nur zulässig, wenn der Bewerber einwilligt und es sich um die Ermittlung arbeitsplatzbezogener Daten handelt (vgl *Franzen* NZA 13, 1), wobei der Grundsatz der Verhältnismäßigkeit gewahrt sein muss (*Fitting* § 75 Rz 153; ErfK/*Kania* § 75 BetrVG Rz 9). Dabei gelten keine anderen als die bereits im Rahmen des Fragerechts genannten Grundsätze. Wonach der ArbGeb selbst nicht unmittelbar fragen darf, das darf er auch nicht über Umwege, also Dritte, zB Ärzte, Psychologen, Gutachter, frühere ArbGeb, erforschen (zu Einstellungsuntersuchungen s *Einstellungsuntersuchungen* Rz 1 ff). Bedenklich sind umfassende **Background-Checks** oder Pre-Employment-Screenings, bei denen neben eigenen Recherchen des ArbGeb vom Bewerber ua Schufa-Auskünfte und die Vorlage polizeilicher Führungszeugnisse verlangt werden (vgl *Kania/Sansone* NZA 12, 360; *Thum/Szczesny* BB 07, 2405; *Hohenstatt/Stamer/Hinrichs* NZA 06, 1065). Bei der **Informationssammlung über das Internet** ist zu differenzieren: Daten, die über Suchmaschinen ohne Netzwerkmitgliedschaft des ArbGeb frei zugänglich sind, können nach § 28 Abs 1, Abs 6 BDSG unproblematisch erhoben werden. Sofern es um Informationen aus sozialen Netzwerken, für die eine Mitgliedschaft erforderlich ist, geht (zB Facebook, Xing etc), ist weiter zu unterscheiden: Möglich ist eine Sammlung von Daten in berufsorientierten Netzwerken (zB Xing, Linkedin). Die Grenze ist hier erst bei dem Zugriff auf Profile Dritter erreicht. Anders ist es bei freizeitorientierten Netzwerken wie zB Facebook. Hier stehen regelmäßig einem Zugriff auf Informationen bereits die allgemeinen Geschäftsbedingungen der Betreiber entgegen, welche die Nutzung der Netzwerke auf private Zwecke beschränken (Näheres s *Soziale Netzwerke* Rz 1 ff). 15

Die heute weit verbreiteten **Assessment-Center** oder auch **Auswahlseminare** werden als systematische Verfahren zur qualifizierten Festlegung der Leistungsfähigkeit bzw von Leistungsdefiziten definiert, bei denen gleichzeitig mehrere Kandidaten hinsichtlich der Anforderungen der zu besetzenden Stelle durch mehrere Beobachter (= Assessoren) beurteilt 16 werden (*Hunold* DB 93, 228). Auch hier gilt das zuvor Gesagte entsprechend. Im Rahmen des geplanten Beschäftigtendatenschutzgesetzes soll vorgesehen werden, dass Bewerber über Art und Umfang des Verfahrens aufzuklären sind und ihr Einverständnis mit der Weitergabe des Ergebnisses an den ArbGeb erklären müssen (vgl § 32a Entwurf BeschDSG).

17 Die in die Diskussion um die Bewerberauswahl geratene **Genomanalyse** kann mittels einer Untersuchung von Struktur und Funktion der Gene Aufschluss über gesundheitliche Risiken, körperliche oder psychische Belastbarkeit geben. Ein solches Eindringen in die Persönlichkeitssphäre – weit über das bereits oben umrissene Maß hinaus – ist schon bisher überwiegend als nicht zulässig angesehen worden (vgl *Fitting* § 94 Rz 26 mwN). Mit dem 2010 in Kraft getretenen **Gesetz über genetische Untersuchungen bei Menschen (GenDG)** ist ausdrücklich die Vornahme und Verwendung genetischer Analysen sowohl vor als auch nach Begründung eines Beschäftigungsverhältnisses grds verboten (§ 19 GenDG). Ausnahmen gelten in sehr engen Grenzen, wenn an bestimmten Arbeitsplätzen genetische Dispositionen zu schwerwiegenden Erkrankungen führen können (§ 20 Abs 2, Abs 3 GenDG). Als Rechtsfolge sieht das Gesetz ein umfassendes Benachteiligungsverbot vor und verweist ergänzend auf §§ 15, 22 AGG (vgl § 21 GenDG). Ebenso unzulässig ist die Frage nach Erkrankungen in der Familie eines Bewerbers (*Bayreuther* NZA 10, 679; siehe auch Rz 10 f). **Drogenscreenings** dürften dann zulässig sein, wenn eine Alkohol- oder Drogenabhängigkeit des Bewerbers seine Eignung für den Arbeitsplatz entfallen ließe (*Diller/Powietzka* NZA 01, 1227).

18 c) **Handgeschriebener Lebenslauf, Zeugnisse, sonstige Bewerbungsunterlagen.** Keine Bedenken bestehen, wenn der ArbGeb bei schriftlichen Bewerbungen ein Anschreiben des ArbN, ein Lichtbild, Zeugnisse sowie einen tabellarischen oder handschriftlichen Lebenslauf verlangt. Wünscht der ArbGeb einen **handgeschriebenen Lebenslauf**, so meint er damit die Vorlage eines eigenhändig geschriebenen Lebenslaufs. Bringt der Bewerber den von einem Dritten verfassten Lebenslauf bei, kann darin eine arglistige Täuschung liegen, die den ArbGeb zur Anfechtung des Arbeitsvertrages berechtigt.

19 3. **Auswirkungen des Bundesdatenschutzgesetzes.** Das BDSG enthält für private ArbGeb bisher keine Regelungen über die Datenerhebung, sondern erfasst erst die zweite Stufe des Speicherns. Bedeutung hat das BDSG, soweit vom ArbGeb personenbezogene Angaben in Dateien verarbeitet und genutzt werden. Einstellungsfragebögen oder Aufzeichnungen des Einstellungsgesprächs sind, sofern sie nicht EDV-gerechte Datenträger darstellen, keine Dateien iSd BDSG und damit nicht an diesem zu messen. Anders jedoch, wenn personenbezogene Angaben über Belegleser von einlesbaren Schriftstücken (zB lesbaren Fragebögen) ausgewertet und im automatisierten Verfahren verarbeitet werden. Das Speichern bewerberbezogener Daten ist nach BDSG im Rahmen der Zweckbestimmung des Anbahnungsverhältnisses zulässig. Der Entwurf BeschDSG sieht dagegen in erheblichem Umfang Reglementierungen der Datenerhebung vor mit der Wirkung, dass das BDSG zur maßgeblichen Rechtsgrundlage der Informationsgewinnung im Bewerbungsverfahren wird (Einzelheiten s oben Rz 10 ff).

20 4. **Mitbestimmung des Betriebsrats.** Personalplanung und -auswahl durch den ArbGeb unterliegen der Mitbestimmung des BRat nach dem BetrVG. Gem § 92 BetrVG hat der ArbGeb den BRat über die **Personalplanung** rechtzeitig und umfassend zu unterrichten. Näheres dazu s *Personalplanung* Rz 4 ff. Sollen Arbeitsplätze besetzt werden, kann der BRat vom ArbGeb gem § 93 BetrVG verlangen, dass eine innerbetriebliche **Ausschreibung** erfolgt (s hierzu *Ausschreibung* Rz 1 ff). Im Rahmen der Personalauswahl unterliegen **Personalfragebögen, Beurteilungsgrundsätze und Auswahlrichtlinien** der Zustimmung des BRat gem §§ 94, 95 BetrVG. Dieses Zustimmungserfordernis muss ferner auf alle anderen Verfahren erstreckt werden, bei denen dem Bewerber schematisierte Fragen gestellt und die Antworten schriftlich fixiert werden, zB auch auf psychologische Eignungstests und Assessment Center (*Franzen* NZA 13, 1). Die Mitbestimmung bei der Verwendung von Personalfragebögen soll gewährleisten, dass dem Bewerber nur solche Fragen gestellt werden, die mit dem in Aussicht genommenen Arbeitsplatz im Zusammenhang stehen (*Fitting* § 94 Rz 2). Ist allerdings die Frage zulässig, gibt das bloße Fehlen der Zustimmung des BRat dem ArbN nicht das Recht, die Frage wahrheitswidrig zu beantworten (BAG 2.12.99 – 2 AZR 724/98, BB 2000, 1092; ErfK/*Kania* § 94 BetrVG Rz 3; aA *DKK/Klebe* § 94 Rz 25).

Jedoch obliegt das **Initiativrecht,** ob Personalfragebögen eingeführt bzw wie sie gestaltet 21
werden, dem ArbGeb (LAG Düsseldorf 24.7.84, DB 85, 134). Nach erfolgter Personalentscheidung des ArbGeb hat der BRat keine Kontroll- und Sanktionsbefugnisse als Mittel der Rechtsdurchsetzung. Er kann lediglich unter den Voraussetzungen des § 99 BetrVG Einstellungen verhindern, nicht jedoch die Einstellung bestimmter Bewerber erzwingen. Näheres zum Verfahren der Beteiligung des BRat s *Mitbestimmung, personelle Angelegenheiten* Rz 6 ff.

III. Das Anbahnungsverhältnis. Durch die Aufnahme von Vertragsverhandlungen ent- 22
steht zwischen den Verhandlungspartnern ein **gesetzliches Schuldverhältnis** mit wechselseitigen Schutz- und Sorgfaltspflichten (*Schaub* § 26 Rz 1). Ein solches vorvertragliches Schuldverhältnis entsteht ohne Rücksicht auf ein späteres Zustandekommen des Vertrages. Bei Verletzung der Pflichten aus dem Anbahnungsverhältnis können Schadensersatzansprüche aus Verschulden bei Vertragsschluss (§§ 311 Abs 2, 280 Abs 1 BGB) erwachsen.

1. Abbruch der Vertragsverhandlungen. Erweckt der ArbGeb in dem Bewerber 23
schuldhaft das nicht gerechtfertigte Vertrauen auf ein Zustandekommen des Vertrages, indem er zB den Bewerber veranlasst, eine sichere Stelle zu kündigen, so wird er bei Abbruch der Vertragsverhandlungen schadensersatzpflichtig. Das BAG hat einem Bewerber, der infolge einer Einstellungszusage sein bisheriges Arbeitsverhältnis gekündigt hatte, einen Schadensersatzanspruch iHd Verdienstausfalls zuerkannt (BAG 15.5.74, DB 74, 2060).

2. Aufklärungs- und Mitteilungspflichten. Bei der Einstellungsverhandlung sind Be- 24
werber und ArbGeb verpflichtet, einander über Umstände aufzuklären, die jeweils für den Entschluss des anderen von erkennbarer Bedeutung sind. Zwar besteht keine Aufklärungspflicht über das allgemeine Vertragsrisiko, jedoch sind Umstände mitzuteilen, die die Vertragsdurchführung gefährden können (*Schaub* § 26 Rz 4).

Seitens des Arbeitgebers können das sein: absehbare Zahlungsschwierigkeiten hinsichtlich der Löhne und Gehälter (BAG 29.4.74, BB 75, 184); die voraussichtliche Verlegung oder Schließung des Betriebes; sämtliche Umstände, welche die Durchführung eines Berufsausbildungsverhältnisses hindern können (BAG 8.3.77, DB 77, 1322); überdurchschnittliche Anforderungen des Arbeitsplatzes (BAG 12.12.57, DB 58, 371).

Schadensersatzpflichten **seitens des Bewerbers** können entstehen, wenn dieser nicht 25
rechtzeitig mitteilt, dass er die Stelle gar nicht antreten will, wenn er auf eine zulässige Frage des ArbGeb wahrheitswidrig antwortet (s oben Rz 11) oder für das Arbeitsverhältnis wesentliche Umstände nicht offenbart (s oben Rz 12).

3. Obhuts- und Sorgfaltspflichten. Hinsichtlich der vom Bewerber eingereichten **Be-** 26
werbungsunterlagen bestehen Obhuts- und Sorgfaltspflichten (*Schaub* § 26 Rz 1). Bei Erfolglosigkeit der Bewerbung sind die eingereichten Zeugnisse, Arbeitsproben und sonstigen Unterlagen wie Lebenslauf, Lichtbild und dgl zurückzugeben. Im Übrigen besteht seitens des erfolglosen Bewerbers ein Anspruch auf Vernichtung seiner Daten und eines ihm ausgefüllten Personalfragebogens gem § 1004 BGB analog (BAG 6.6.84, DB 84, 2626). Das BAG hat damit im Anschluss an das sog Volkszählungsurteil des BVerfG entschieden, dass die dauerhafte Aufbewahrung der persönlichen Daten im Regelfall einen Eingriff in das Persönlichkeitsrecht des Bewerbers darstellt. Auch ist der ArbGeb zur Weitergabe der Bewerbungsunterlagen an Dritte nicht berechtigt, da diese idR eine Reihe von persönlichen Daten enthalten, die dem Recht des Einzelnen auf informationelle Selbstbestimmung unterliegen.

B. Lohnsteuerrecht *Windsheimer*

Lohnsteuerrechtlich ist die Personalauswahl ohne Bedeutung (s *Bewerbung* Rz 16 ff). Zur 33
steuerlichen Einordnung eines Personalberaters und -vermittlers BFH 26.6.03 – IV R 12/02, BFH/NV 04, 168.

C. Sozialversicherungsrecht *Schlegel*

Macht der ArbGeb **Einschränkungen bei Stellenangeboten für Arbeitslose gegen-** 34
über der BA, muss die BA prüfen, ob sie diese Einschränkungen berücksichtigen darf. Maßstab ist insoweit § 36 Abs 2 SGB III. Danach darf die BA, die der ArbGeb hinsichtlich Geschlecht, Alter, Gesundheitszustand oder Staatsangehörigkeit des Ausbildungsuchenden und Arbeitsuchenden vornimmt, die regelmäßig nicht die berufliche Qualifikation betreffen,

nur berücksichtigen, wenn diese Einschränkungen nach Art der auszuübenden Tätigkeit unerlässlich sind. Einschränkungen aus Gründen der Rasse oder wegen der ethnischen Herkunft, der Religion oder Weltanschauung, einer Behinderung oder der sexuellen Identität des Ausbildungssuchenden und Arbeitssuchenden dürfen nur berücksichtigt werden, soweit sie nach dem allgemeinen Gleichbehandlungsgesetz zulässig sind (Einzelheiten vgl Rixen in Eicher/Schlegel SGB III, § 36 Rz 4 ff).

Personalinformationssystem

A. Arbeitsrecht
Kreitner

1   **1. Allgemeines.** Mit ständig fortschreitender Datenverarbeitungstechnik gewinnen automatisierte Datensammlungs- und -auswertungssysteme immer größere Bedeutung in der betrieblichen Praxis. Ein Anwendungsgebiet sind die sog Personalinformationssysteme, die in den verschiedensten Ausgestaltungen der Erfassung, Speicherung und Verwertung personenbezogener Daten der ArbN dienen (zu anderen Datensammlungen s *Kontrolle des Arbeitnehmers* Rz 17).

2   Üblicherweise unterscheidet man zwischen sog administrativen und dispositiven Personalinformationssystemen. Erstere dienen dem betrieblichen Lohn- und Gehaltswesen sowie der Bearbeitung von personellen Maßnahmen wie Einstellungen, Versetzungen, Beförderungen und Entlassungen von ArbN. Letztere sind Hilfsmittel zur Planung des gegenwärtigen und künftigen Personalbedarfs (zum Begriff s *Personalplanung* Rz 3). Derartige Personalinformationssysteme sind grds zulässig; allerdings sind bei ihrem Einsatz persönlichkeits- und datenschutzrechtliche Schutzbereiche einerseits sowie die Mitbestimmungsrechte des BRat andererseits zu beachten.

3   **2. Persönlichkeitsrecht** (s zunächst dort). Da mit Hilfe von Personalinformationssystemen personenbezogene Daten erfasst und verarbeitet werden, stehen derartige Einrichtungen in einem ständigen Widerstreit mit dem verfassungsrechtlich garantierten Persönlichkeitsrecht des ArbN. In anderem Zusammenhang hat das BVerfG im sog Volkszählungsurteil ein Recht auf informationelle Selbstbestimmung aus der Verfassung hergeleitet (BVerfG 15.12.83, NJW 84, 419). Im Lichte dieser Entscheidung ist auch die Verwendung personenbezogener Daten im Arbeitsverhältnis zu sehen. Allerdings stellt das Persönlichkeitsrecht des einzelnen ArbN keine absolute Schranke dar, sondern es bedarf vielmehr jeweils einer Einzelfallabwägung anhand des Verhältnismäßigkeitsgrundsatzes. Danach wird in den meisten Fällen der Gebrauch von Personalinformationssystemen im Arbeitsverhältnis zulässig sein. Bei unverhältnismäßiger Beeinträchtigung des Persönlichkeitsrechts besteht allerdings ein Unterlassungsanspruch des einzelnen ArbN gegen den ArbGeb gem § 1004 BGB.

4   **3. Datenschutz.** Seit 1977 existiert mit dem BDSG eine gesetzliche Regelung des Schutzes personenbezogener Daten (wegen der Einzelheiten s *Datenschutz* Rz 5 ff). Daneben normiert § 83 Abs 1 BetrVG ein spezielles Auskunftsrecht des ArbN bezüglich Personaldaten (ArbG Bln 24.9.87, BB 88, 70). Zum betrieblichen Datenschutzbeauftragten vgl *Betriebsbeauftragte* Rz 26–28.

5   **4. Mitbestimmungsrechte des Betriebsrats.** Personalinformationssysteme berühren in mehrfacher Hinsicht Mitwirkungsrechte des BRat.

6   **a) Zentrales Mitbestimmungsrecht.** Die Einführung von Personalinformationssystemen unterliegt nach § 87 Abs 1 Nr 6 BetrVG der zwingenden Mitbestimmung des BRat. Dies hat das BAG in der grundlegenden sog PAISY-Entscheidung im Einzelnen ausgeführt (BAG 11.3.86, DB 86, 1469). Gerade für den Bereich der Personalinformationssysteme ist dabei zu beachten, dass nach der ständigen Rspr des BAG die Mitbestimmungspflicht bereits dann einsetzt, wenn nur ein Teilbereich der Personaldatenverarbeitung mit Hilfe einer technischen Einrichtung erfolgt. Nach Sinn und Zweck der Norm gewährt § 87 Abs 1 Nr 6 BetrVG ein umfassendes Mitbestimmungsrecht. Insbesondere besteht ein solches Mitbestimmungsrecht auch dann, wenn die Erfassung der Personaldaten auf manuellem Wege (zB eigene Aufzeichnungen des ArbN) und lediglich die Auswertung technisiert erfolgt (BAG 14.9.84, DB 84, 2513; 23.4.85, DB 85, 1897; 18.2.86, DB 86, 1178). Ebenfalls ist für das

Eingreifen des Mitbestimmungstatbestandes unerheblich, welche Daten erfasst und gespeichert werden. Wie das BAG zu Recht ausführt, können selbst durch die Verknüpfung verschiedener Statusdaten (Lebensalter, Vorbildung, beruflicher Werdegang, Stellung in betrieblicher Hierarchie) neue Informationen geschaffen werden und kann damit die Mitbestimmung des BRat ausgelöst werden (BAG 6.12.83, DB 84, 775; 18.2.86, DB 86, 1178; 11.3.86, DB 86, 1469; weiterführend zu dem insoweit kritischen Schrifttum vgl *Fitting* § 87 Rz 222). Schließlich kommt es nur auf die objektive Eignung der technischen Einrichtung zur Überwachung an (BAG 6.12.83, DB 84, 775). Dies ist bei Personalinformationssystemen regelmäßig der Fall (wegen der allgemeinen tatbestandlichen Voraussetzungen des § 87 Abs 1 Nr 6 BetrVG vgl *Kontrolle des Arbeitnehmers* Rz 11–16). Geht es um die Einführung und Nutzung einer Personalverwaltungssoftware, mittels derer ein konzernabhängiges Unternehmen Verhaltens- oder Leistungsdaten von ArbN anderer Konzernunternehmen verarbeitet, ist gem §§ 58 Abs 1 Satz 1 Halbsatz 1, 87 Abs 1 Nr 6 BetrVG der KBRat originär zuständig (BAG 25.9.12 – 1 ABR 45/11, NZA 13, 275).

b) Weitere Mitbestimmungsrechte. Nach § 90 Abs 1 Nr 2 BetrVG ist der ArbGeb 7 verpflichtet, den BRat über die Planung von technischen Anlagen rechtzeitig zu unterrichten und die Auswirkungen mit ihm zu beraten. Personalinformationssysteme zählen zu den technischen Anlagen iSd Vorschrift (*DKK/Klebe* § 90 Rz 9). Führt der ArbGeb die Datenermittlung für das Personalinformationssystem mit Hilfe von Personalfragebogen durch, so ist das Mitbestimmungsrecht des BRat gem § 94 Abs 1 BetrVG zu beachten. Gleiches gilt für die EDV-mäßige Erstellung von Eignungsprofilen, da insoweit § 94 Abs 2 BetrVG berührt ist.

c) Betriebsvereinbarung. Wegen der Bedeutung und der Komplexität der Materie ist es 8 sinnvoll, den Einsatz von Personalinformationssystemen mit Hilfe von Betriebsvereinbarungen zu regeln. Da meist eine unternehmenseinheitliche Regelung angestrebt werden dürfte, ist bei größeren Unternehmen der GBRat zuständig. Oftmals wird sich auch der Abschluss einer Rahmen-Betriebsvereinbarung zur Frage der EDV-Nutzung anbieten, die im Einzelfall jeweils der konkreten Ausfüllung durch die Betriebspartner bedarf (vgl LAG Düsseldorf 4.11.88, NZA 89, 146, das aber ein Mitbestimmungsrecht des BRat hinsichtlich einer Rahmen-Betriebsvereinbarung im konkreten Fall abgelehnt hat).

5. Personalinformationssystem für Betriebsrat. Bislang in der Rspr noch wenig 9 erörtert ist die Frage, ob und ggf in welchem Umfang der BRat selbst ein Personalinformationssystem einsetzen darf. Ein Anspruch gegen den ArbGeb auf Einrichtung eines solchen Systems besteht regelmäßig nicht (vgl zum PC-Einsatz *Betriebsratskosten* Rz 19). Jedoch dürfte der Problemkreis im Zuge der weiteren Technisierung und der damit verbundenen sinkenden Anschaffungskosten für derartige Systeme künftig aktuell werden. Das BVerwG hat den Einsatz von den Umständen des Einzelfalls abhängig gemacht (BVerwG 4.4.90, PersR 90, 329 = RdV 91, 38). Stimmt man einem Einsatz von Personalinformationssystemen für den BRat grds zu, so stellt sich die Frage der Speicherung einzelner Daten und ihrer Zulässigkeit. Diese wird man von dem Schutzbereich und Schutzzweck des jeweiligen Mitbestimmungsrechts abhängig machen müssen, aufgrund dessen die Daten erstellt wurden (wegen der insoweit bestehenden datenschutzrechtlichen Besonderheiten vgl LAG Hbg 26.11.09 – 7 TaBV 2/09, BeckRS 2010, 69776; *Gola/Wronka* NZA 91, 790; *Kort* RdA 92, 378).

B. Lohnsteuerrecht *Windsheimer*

Für das LStRecht haben Personalinformationssysteme keine unmittelbare Bedeutung. 10 Mittelbar können sie im *Lohnabzugsverfahren* Rz 2 ff, beim *Lohnkonto* Rz 2 ff, bei der *Lohnsteueranmeldung* Rz 2 ff und beim *Lohnsteuerjahresausgleich* Rz 2 ff eine Rolle spielen. S auch *Datenschutz* Rz 27 ff. Zur Einordnung eines Entwicklers eines Personalinformationssystems FG Nürnberg 6.11.02 – V 191/2000, EFG 03, 280; s auch *Arbeitnehmer (Begriff)* Rz 29 ff.

C. Sozialversicherungsrecht *Schlegel*

Im SozVRecht können Personalinformationssysteme bei der Abführung der SozVBeiträge 11 eine mittelbare Rolle spielen. Einzelheiten s *Lohnkonto*; *Lohnlisten*; *Meldepflichten Arbeitgeber*; *Persönlichkeitsrecht*.

Personalplanung

A. Arbeitsrecht

Kreitner

1. Allgemeines. Notwendige Grundlage eines jeden Unternehmenskonzeptes ist eine vorausschauende Personalplanung. Der BRat ist hieran gem § 92 BetrVG zu beteiligen. Auf diese Weise soll in einem möglichst frühen Zeitpunkt eine umfassende Unterrichtung des BRat über die personelle Situation des Betriebes und deren Entwicklung gewährleistet werden.

2. Begriff. Das BetrVG definiert den Begriff der Personalplanung nicht, sondern setzt ihn vielmehr voraus. Üblicherweise wird unter Personalplanung jede Planung verstanden, die sich auf den gegenwärtigen und künftigen Personalbedarf in quantitativer und qualitativer Hinsicht, auf deren Deckung im weitesten Sinne und auf den abstrakten Einsatz der personellen Kapazität bezieht (BAG 6.11.90, DB 91, 654). Hierzu gehören nach BAG jedenfalls die Personalbedarfsplanung, die Personaldeckungsplanung (Personalbeschaffung und -abbau), die Personalentwicklungsplanung und die Personaleinsatzplanung (BAG 23.3.10 – 1 ABR 81/08, NZA 11, 811).

3. Beteiligung des Betriebsrats. Den Schwerpunkt der Mitwirkung des BRat bei der Personalplanung bildet § 92 BetrVG. Außerdem besteht ein Informationsrecht des Wirtschaftsausschusses gem § 106 Abs 2 BetrVG, wobei sich dieses Unterrichtungsrecht sogar auf die Unternehmensplanung richtet, die der Personalplanung regelmäßig vorgelagert sein wird. Abzugrenzen ist die Personalplanung von konkreten personellen Einzelmaßnahmen (vgl BAG 27.10.10 – 7 ABR 86/09, NZA 11, 418). Werden aufgrund der Personalplanung bestimmte personelle Maßnahmen ergriffen, können zusätzlich weitere Mitbestimmungsrechte des BRat wie zB §§ 99, 102, 111 BetrVG in Betracht kommen.

a) Geltungsbereich des § 92 BetrVG. Die Vorschrift gilt grds in allen Betrieben, in den ein BRat existiert. Für sog Tendenzbetriebe (s *Tendenzbetrieb* Rz 1 ff) gelten keine besonderen Einschränkungen (BAG 6.11.90, DB 91, 654). Lediglich die Personalplanung im Bereich der leitenden Angestellten iSd § 5 Abs 3 BetrVG ist mitbestimmungsfrei; anders nur, wenn es um die Personalentwicklung bestimmter ArbN und deren Qualifizierung zum leitenden Angestellten geht (GK-BetrVG/*Raab* § 92 Rz 5).

Mitbestimmungspflichtig ist nicht nur die systematische lang-, mittel- oder kurzfristige Personalplanung, sondern auch eine rein „intuitive" Maßnahmeplanung des ArbGeb (LAG Bln 13.6.88, DB 88, 1860). Demgegenüber wird nicht von § 92 BetrVG die der Personalplanung vorhergehende wirtschaftliche, unternehmerische Planung erfasst. Insoweit besteht einzig ein mögliches Informationsrecht des Wirtschaftsausschusses gem § 106 Abs 2 BetrVG (LAG Bln 13.6.88, DB 88, 1860; aA *DKK/Klebe* § 92 Rz 34). Insbesondere ist zu beachten, dass nicht nur die Planung selbst, sondern auch die Methoden der Personalplanung dem Anwendungsbereich des § 92 BetrVG unterfallen. Dies gilt zB für automatisierte Personalinformationssysteme (wegen Einzelheiten der Mitbestimmung bei der Einführung solcher Systeme s *Personalinformationssystem* Rz 6).

b) Unterrichtungspflicht gemäß § 92 Absatz 1 Satz 1 BetrVG. Sobald die Personalüberlegungen des ArbGeb das Stadium der Planung erreichen, ist der ArbGeb gem § 92 Abs 1 Satz 1 BetrVG verpflichtet, den BRat rechtzeitig und umfassend zu unterrichten. Will der ArbGeb lediglich Möglichkeiten einer Personalerweiterung oder -reduzierung erkunden („Planspiel"), so liegt noch keine Personalplanung iSd § 92 Abs 1 BetrVG vor. Solange der ArbGeb nur theoretisch/abstrakt ermitteln will, welche Handlungsspielräume ihm zur Verfügung stehen, ist das mitwirkungsrelevante Stadium der Planung noch nicht erreicht (BAG 19.6.84, DB 84, 2305; 6.11.90, DB 91, 654).

Die Unterrichtung muss allerdings so **rechtzeitig** erfolgen, dass Vorschläge des BRat bei der Durchführung der personellen Maßnahme noch Berücksichtigung finden können. Daher ist zB eine Information des BRat über eine Betriebsstilllegung erst nach definitivem Vorstandsbeschluss verspätet und stellt einen groben Verstoß gegen § 92 BetrVG dar (ArbG Bamberg 30.11.84, NZA 85, 259).

Das Gesetz verlangt weiter die **umfassende** Unterrichtung des BRat. Dies bedeutet, dass 8
der ArbGeb den BRat über alle Tatsachen in Kenntnis setzen muss, die Grundlage seiner
jeweiligen Personalplanung sind (BAG 19.6.84, DB 84, 2305). Die Information soll dabei
„anhand von Unterlagen" erfolgen. Aus dieser Formulierung des Gesetzes wird zu Recht die
Verpflichtung des ArbGeb zur **Überlassung der Unterlagen** an den BRat hergeleitet, da
nur auf diese Weise eine effektive Wahrnehmung der Mitwirkungsrechte seitens des BRat
möglich ist (BAG 31.1.89, DB 89, 982; LAG München 6.8.86, DB 87, 281). Die Gegenansicht (LAG Sachs 9.12.11 – 3 TaBV 25/10) billigt dem BRat lediglich ein Einsichtsrecht in
die Unterlagen zu.

Das Gesetz schreibt keine regelmäßige Unterrichtung des BRat in bestimmten Zeitabständen vor. Die Unterrichtungspflicht variiert insbesondere nach Art und Größe des Unter- 9
nehmens. Sie lebt jedoch jedenfalls immer dann auf, wenn erhebliche Änderungen eines
bereits besprochenen Personalkonzepts anstehen. Betrifft die Personalplanung in einem
Unternehmen mit mehreren Betrieben das gesamte Unternehmen, so ist regelmäßig der
GBRat zu beteiligen.

c) Beratungspflicht gemäß § 92 Absatz 1 Satz 2 BetrVG. Über die nach der Per- 10
sonalplanung erforderlichen Maßnahmen hat der ArbGeb mit dem BRat zu beraten. § 92
Abs 1 Satz 2 BetrVG normiert damit eine im Verhältnis zum ersten Satz des ersten Absatzes
abgestufte Beratungspflicht dahingehend, dass hinsichtlich der Personal**bedarfs**planung lediglich eine Unterrichtungs-, jedoch keine Beratungspflicht besteht. Erst wenn es um die Frage
der Personal**deckung** geht, soll der BRat im Hinblick auf die zu erwartenden mitbestimmungspflichtigen Einzelmaßnahmen (§ 99 BetrVG) beratend eingeschaltet werden (BAG
6.11.90, DB 91, 654). Gleichwohl kann natürlich der BRat von sich aus bereits im Stadium
der Bedarfsplanung Vorschläge unterbreiten, die der ArbGeb bereits wegen der Verpflichtung
zur vertrauensvollen Zusammenarbeit nach § 2 Abs 1 BetrVG gewissenhaft prüfen muss.
Lediglich eine Verpflichtung des ArbGeb, auch insoweit selbst initiativ zu werden, besteht
nicht. Allerdings dürften sich in der Praxis die beiden Bereiche kaum trennen lassen, da eine
Beratung über Fragen der Personaldeckung ohne Behandlung des Personalbedarfs kaum
möglich sein dürfte.

Einigungszwang der Betriebspartner über die in § 92 Abs 1 Satz 2 BetrVG angeführten 11
Punkte besteht nicht. Die erzwingbare Mitbestimmung des BRat setzt vielmehr erst danach
bei der Durchführung der konkreten personellen Maßnahme ein (s *Mitbestimmung, personelle
Angelegenheiten* Rz 6–40).

d) Vorschlagsrecht gemäß § 92 Absatz 2 BetrVG. Der BRat kann gem § 92 Abs 2 12
BetrVG dem ArbGeb Vorschläge für Einführung und Durchführung einer Personalplanung
machen. Auch insoweit besteht kein erzwingbares Mitbestimmungsrecht des BRat, sondern
lediglich die Pflicht des ArbGeb zur gewissenhaften Prüfung der Vorschläge. Freiwillige
Betriebsvereinbarungen sind unbeschränkt möglich; für die Einigungsstelle gilt § 76 Abs 6
BetrVG.

4. Streitigkeiten zwischen ArbGeb und BRat sind im Wege des arbeitsgerichtlichen 13
Beschlussverfahrens gem §§ 2a, 80 ff ArbGG zu klären. Der BRat kann dabei entweder die
ordnungsgemäße Unterrichtung oder die Feststellung seiner Rechte nach § 92 BetrVG
verlangen. Ein Verstoß gegen § 92 BetrVG wird von der Norm selbst nicht sanktioniert.
Möglich ist allerdings ein Ordnungswidrigkeitenverfahren nach § 121 BetrVG (Geldbuße bis
10 000 Euro) sowie bei groben Verstößen des ArbGeb ein Verfahren nach § 23 Abs 3
BetrVG (Näheres s *Unterlassungsanspruch* Rz 1 ff).

B. Lohnsteuerrecht *Windsheimer*

Die Personalplanung ist für das LStRecht ohne Bedeutung. Ein in der Personalplanung 14
tätiger Handlungsbevollmächtigter ist kein leitender Angestellter iSd DBA (FG BaWü
22.1.08 – 11 K 450/04, EFG 08, 1009; s auch *Leitende Angestellte* Rz 24).

C. Sozialversicherungsrecht *Schlegel*

Für das SozVRecht hat die Personalplanung keine Bedeutung. 15

Pfändung

A. Arbeitsrecht

Griese

Übersicht

	Rz		Rz
1. Allgemeines	1	4. Pflichten des Arbeitgebers bei rechtswirksamer Pfändung	15–35
2. Voraussetzungen der rechtswirksamen Pfändung	2–10	a) Drittschuldnererklärung	15–17
a) Titulierter Anspruch	2	b) Abführung der pfändbaren Beträge	18–28
b) Antrag des Gläubigers	3–5	c) Lohnschiebungsverträge und verschleiertes Arbeitseinkommen	29, 30
c) Pfändung von Arbeitseinkommen	6–8	d) Mehrere Pfändungen	31, 32
d) Erlass und Zustellung des Pfändungs- und Überweisungsbeschlusses	9, 10	e) Zusammentreffen von Pfändungen und Abtretungen	33, 34
3. Rechtsbehelfe und Einwendungen	11–14	f) Hinterlegungsrecht und -pflicht	35
		5. Drittschuldnerklage	36, 37

1 **1. Allgemeines.** Die Pfändung von Lohn- und Gehaltsansprüchen ermöglicht es den Gläubigern, auf das Arbeitseinkommen der ArbN zuzugreifen. Die Pfändung bewirkt, dass der ArbGeb die Vergütung im pfändbaren Umfang nicht mehr an den ArbN selbst, sondern an dessen Gläubiger auszahlen muss. Auf der anderen Seite ermöglicht die Pfändung dem ArbN rückständige (Entgelt-)Ansprüche durch Pfändung von Forderungen des ArbGeb gegen Dritte (Kunden, Banken etc) zu vollstrecken. Die Pfändung gehört zum **Recht der Zwangsvollstreckung.** Sie ist zulässig zur Vollstreckung wegen Geldforderungen und in §§ 828 ff ZPO geregelt. Demzufolge gilt auch die Terminologie der ZPO, wonach bei Pfändung von Lohn- und Gehaltsforderungen der ArbN der Schuldner, der Betreiber der Pfändung der Gläubiger und der ArbGeb der Drittschuldner ist, während bei Pfändungen von ArbGebForderungen zugunsten des ArbN der ArbN der Gläubiger, der ArbGeb der Schuldner und zB die Kunden oder Banken des ArbGeb die Drittschuldner sind.

Eine Möglichkeit zu überprüfen, ob der ArbGeb oder der ArbN vollstreckbare Ansprüche und Pfändungen nicht erfüllt und der Pflicht zur Abgabe einer Vermögensauskunft nicht nachgekommen ist, bietet **ab 1.1.2013 das gerichtliche Schuldnerverzeichnis nach § 882c ZPO** (BGBl I 2009, 2258). Das Einsichtsrecht richtet sich nach § 882 f ZPO. Das Schuldnerverzeichnis wird gem § 882h ZPO in jedem Bundesland zentral bei einem Vollstreckungsgericht geführt.

2 **2. Voraussetzungen der rechtswirksamen Pfändung. a) Titulierter Anspruch.** Ein Antrag auf Erlass eines Pfändungs- und Überweisungsbeschlusses setzt voraus, dass der Gläubiger (zB die Bank des ArbN oder der Vermieter des ArbN) einen zur Vollstreckung geeigneten Zahlungstitel gegen den ArbN erworben hat. Dies bedeutet nach § 704 ZPO, dass ein rechtskräftiges Endurteil oder ein vorläufig vollstreckbares Urteil zugunsten des Gläubigers vorliegen muss. Ausreichend ist aber auch ein anderer der in § 794 ZPO aufgeführten Vollstreckungstitel, etwa ein Vollstreckungsbescheid, ein gerichtlicher Vergleich oder eine notarielle Urkunde gem § 794 Abs 1 Nr 5 ZPO, die einen vollstreckbaren Anspruch enthält. Der Vollstreckungstitel muss mit der **Vollstreckungsklausel versehen und dem Schuldner zugestellt worden sein (§ 750 ZPO).**

3 **b) Antrag des Gläubigers.** Die Lohn- und Gehaltspfändung setzt weiter einen Antrag des Gläubigers auf Erlass eines Pfändungs- und Überweisungsbeschlusses bei dem zuständigen Gericht voraus. Zuständig ist das Amtsgericht als Vollstreckungsgericht, die örtliche Zuständigkeit wird durch den allgemeinen Gerichtsstand des ArbN, der von seinem Wohnsitz abhängt (§§ 828 Abs 2, 13 ZPO), bestimmt. Im Antrag müssen Gläubiger und Schuldner genau mit Vor- und Zunamen, Anschrift und Beruf bezeichnet sein. Ungenauigkeiten oder Fehler können zur Unwirksamkeit des Pfändungs- und Überweisungsbeschlusses führen, so dass er für den ArbGeb unbeachtlich ist.

Ein solcher Fehler liegt vor, wenn ein falscher Name (Vor- und Zuname) oder eine falsche **4**
Adresse des Schuldners angegeben ist (BAG 12.7.62, DB 62, 1180; LAG RhPf 13.3.68,
BB 68, 709). Hingegen machen geringfügige Schreibfehler bei Namens- und Adressenangabe, etwa Vertauschung eines Buchstabens, den Pfändungs- und Überweisungsbeschluss nicht rechtsunwirksam. Abgrenzungskriterium ist, ob der Schuldner trotz der fehlerhaften Schreibweise oder Angabe sofort und ohne weiteren Ermittlungsaufwand erkennbar und ob es trotz der Ungenauigkeit zweifelsfrei feststeht, wer Drittschuldner ist (BAG 6.5.09 – 10 AZR 834/08, NZA 09, 805).

Der Pfändungsantrag muss die Forderung bezeichnen, wegen der die Vollstreckung erfolgen soll, was durch Bezugnahme auf den Vollstreckungstitel geschieht. Der Gläubiger kann **5**
den Pfändungsantrag auf einen Teilbetrag der titulierten Forderung beschränken.

c) Pfändung von Arbeitseinkommen. Im Pfändungsantrag und in dem daraufhin **6**
erlassenen Pfändungs- und Überweisungsbeschlusses muss die Forderung aufgeführt werden, in die vollstreckt werden soll. Im Rahmen der Lohn- und Gehaltspfändung richtet sich die Pfändung auf das Arbeitseinkommen des ArbN. Es reicht daher aus, wenn als Anspruchsziel die „Zahlung aller jetzigen und künftigen Bezüge an Arbeitseinkommen" (BAG 10.2.62, DB 62, 644) oder die Zahlungsansprüche aus dem Arbeitsverhältnis angegeben wird. An die Bezeichnung der gepfändeten Ansprüche können keine übermäßigen Ansprüche gestellt werden, da der Gläubiger idR die Verhältnisse des Schuldners nur oberflächlich kennt (BGH 26.1.83 – VIII ZR 258/81, NJW 83, 886).

Erfasst sind mit Arbeitseinkommen alle, auch nach der Pfändung fällig werdende (§ 832 **7**
ZPO) Vergütungsansprüche, die aus dem Arbeitsverhältnis resultieren. Hierzu gehören auch einmalige Vergütungsleistungen, *Einmalzahlungen* oder Abfindungen (BAG 12.9.79, DB 80, 358; LAG Bremen 30.8.07 – 3 Sa 75/07, BeckRS 2007, 47788), soweit nicht Pfändungsbeschränkungen eingreifen (s unten). Gem § 833 Abs 1 ZPO unterliegen auch Ansprüche aus **Beförderungen** und **Gehaltserhöhungen** einer ausgebrachten Pfändung. Ist Arbeitseinkommen gepfändet, ist davon auch ein Schadensersatzanspruch des ArbN erfasst, der an die Stelle des tarifvertraglich verfallenen Arbeitsentgeltanspruchs getreten ist (BAG 6.5.09 – 10 AZR 834/08, NZA 09, 805). Ferner ergreift eine Pfändung nicht nur Ansprüche bei rechtswirksamem Arbeitsverhältnis, sondern auch Ansprüche aus faktischem Arbeitsverhältnis (*Schaub* § 89 Rz 10). Nach § 188 Abs 2 SGB III wird auch das Insolvenzgeld von einer vorherigen Pfändung erfasst.

Voraussetzung für die Rechtswirksamkeit der Pfändung ist, dass zwischen Schuldner und **8**
Drittschuldner ein Arbeitsverhältnis (auch ein faktisches) zurzeit der Pfändung besteht. Ist zu diesem Zeitpunkt das Arbeitsverhältnis beendet und der Arbeitslohn bereits ausgezahlt, geht die Pfändung ins Leere. Ebenso verhält es sich, wenn das Arbeitsverhältnis zurzeit der Pfändung noch nicht begründet worden ist. Tritt der Schuldner nach Beendigung eines Arbeitsverhältnisses erneut in ein Arbeitsverhältnis mit dem Drittschuldner ein, bedarf es grds einer erneuten Pfändung (BAG 24.3.93, DB 93, 1625). Gem § 833 Abs 2 ZPO wird die Lohnpfändung auf ein neues mit demselben ArbGeb abgeschlossenes Arbeitsverhältnis erstreckt, wenn es innerhalb von **neun** Monaten nach Beendigung des vorangehenden Arbeitsverhältnisses begründet wird.

Nach einem **Betriebsübergang** bleiben die Pfandverstrickung und die Reihenfolge der Pfändungen erhalten; neue Pfändungs- und Überweisungsbeschlüsse gegen den Betriebserwerber sind nicht notwendig (LAG Hess 22.7.99 – 5 Sa 13/99, ArbuR 2000, 38).

d) Erlass und Zustellung des Pfändungs- und Überweisungsbeschlusses. Die Pfän- **9**
dung wird wirksam mit dem Erlass des Pfändungs- und Überweisungsbeschlusses durch das Vollstreckungsgericht und die Zustellung dieses Beschlusses. Der Gläubiger kann nach § 835 Abs 1 ZPO wählen, ob er sich die gepfändete Forderung zur Einziehung (dh erfüllungshalber), was im Zweifel gewollt ist, oder an Zahlungs Statt (dh mit Erfüllungswirkung) überweisen lässt. Mit dem Pfändungsbeschluss wird dem Drittschuldner verboten, an den Schuldner zu zahlen, gleichzeitig wird dem Schuldner verboten, über die Vergütungsforderung noch zu verfügen, insbesondere diese einzuziehen (§ 829 Abs 1 ZPO). Alle nach Zustellung des Pfändungs- und Überweisungsbeschlusses vorgenommenen Verfügungen des Schuldners über seine Vergütungsforderung, etwa Einziehung, Aufrechnung, Verzicht oder Abtretung, sind gegenüber dem Gläubiger unwirksam. Der Drittschuldner darf ab der Zustellung des Pfändungs- und Überweisungsbeschlusses nicht mehr an den Schuldner

zahlen oder diesem gegenüber mit einer Forderung aufrechnen, die erst nach der Zustellung entstanden oder fällig geworden ist.

10   Eine **ausländische** Entgeltpfändung reicht nicht, für eine diesbezügliche Wirkungserstreckung fehlt derzeit die Rechtsgrundlage (BAG 19.3.96 – 9 AZR 656/94, NZA 96, 334).

11   **3. Rechtsbehelfe und Einwendungen.** Der **Arbeitnehmer** als Schuldner kann gegen die Forderung, wegen der vollstreckt wird, regelmäßig nicht mehr vorgehen, da ein vollstreckungsfähiger Titel vorliegen muss, so dass idR die Berechtigung dieser Forderung in einem anderen gerichtlichen Verfahren bereits rechtskräftig festgestellt worden ist (s auch *Bengelsdorf* ArbuR 96, 359). Bei einem Titel, der in einem vorläufig vollstreckbaren oder nach § 323 ZPO abänderbaren Urteil besteht, oder bei Vorliegen von Gründen für eine Vollstreckungsgegenklage oder ein Wiederaufnahmeverfahren iSd §§ 578 ff ZPO ist allerdings ein Vorgehen des Schuldners gegen den Gläubiger mit dem Ziel der Aufhebung des Titels möglich.

12   Der **Drittschuldner (Arbeitgeber)** kann gegen den zu vollstreckenden Titel grds keine Einwendungen erheben, es sei denn, der Titel ist **wegen Verstoßes gegen die guten Sitten** nichtig (*Schaub* § 90 Rz 27; BAG 15.2.89 – 4 AZR 401/88, NZA 89, 821; aA: BAG 7.12.88 – 4 AZR 471/88, NZA 89, 339). Zu Unrecht will das BAG in der vorzitierten Entscheidung es dem ArbGeb nicht erlauben, sich auf die Sittenwidrigkeit eines Ratenkreditvertrages, der der Pfändung zugrunde liegt, zu berufen. Die Gründe, die bei sittenwidrigen Ratenkreditverträgen nach zutreffender Auffassung des BGH sogar die Durchbrechung der Rechtskraft aufgrund des § 826 BGB rechtfertigen (BGH 24.9.87, NJW 87, 3256; BGH 24.9.87, NJW 87, 3259), müssen es dem ArbGeb erst recht ermöglichen, sich im Verhältnis zu dem Gläubiger, der aus dem sittenwidrig erlangten Vollstreckungstitel vollstrecken will, auf die Sittenwidrigkeit zu berufen.

13   Dem Gegeneinwand des BAG, dies könne zu einer Bevormundung des ArbN führen, ist dadurch zu begegnen, dass der ArbN den ArbGeb ermächtigt, sich auf die Sittenwidrigkeit zu berufen. Das BVerfG (6.12.05 – 1 BvR 1905/02, ArbuR 06, 415) hat die analoge Anwendung des § 79 Abs 2 Satz 3 BVerfGG – Vollstreckungsabwehrklage – eröffnet.

14   Gegen den Pfändungs- und Überweisungsbeschluss können **Arbeitgeber und Arbeitnehmer Erinnerung** nach § 766 ZPO beim Vollstreckungsgericht einlegen. Hiermit können Rechtsmängel des Pfändungs- und Überweisungsbeschlusses geltend gemacht werden, insbesondere Formmängel, Zustellungsmängel und die Nichtbeachtung von Pfändungsschutzvorschriften. Gegen die gepfändete Forderung kann der **Arbeitgeber** als Drittschuldner alle **Einwendungen** vorbringen, die ihm gegen die Vergütungsforderung des ArbN ohne die Pfändung zugestanden hätten. Es kann sich also insbesondere auf Verjährungs- und Verfallfristen berufen, auf vorherige Erfüllung oder Aufrechnung.

15   **4. Pflichten des Arbeitgebers bei rechtswirksamer Pfändung. a) Drittschuldnererklärung.** Nach § 840 ZPO hat der ArbGeb auf Verlangen des Gläubigers binnen zwei Wochen nach Zustellung des Pfändungs- und Überweisungsbeschlusses eine Erklärung darüber abzugeben, ob und in welchem Umfang er die Forderung anerkennt und erfüllen will, ob und welche anderen Personen Anspruch auf die Forderung erheben und ob anderweitige Pfändungen vorliegen. Die Drittschuldnererklärung des ArbGeb führt nicht zu einem Schuldanerkenntnis im Rechtssinne, es handelt sich vielmehr um eine **Wissenserklärung,** mit der der ArbGeb entsprechende tatsächliche Auskünfte gibt (BGH 1.12.82, NJW 83, 687).

16   Hat ein ArbGeb in einer Drittschuldnererklärung die Forderung als berechtigt anerkannt, kommt dem allerdings im Rahmen der **Darlegungs- und Beweislast** ausschlaggebende Bedeutung zu, weil es dann Sache des Drittschuldners ist, darzulegen und zu beweisen, warum trotz der entgegenstehenden früheren Auskunft kein Anspruch bestehen soll (LAG Bln 13.8.90, DB 91, 1336).

17   Wird die Drittschuldnerauskunft nicht erteilt, besteht für eine **Auskunftsklage** kein Anspruch (BGH 17.4.84 – IX ZR 153/83, NJW 84, 1901); die Arbeitsgerichtsbarkeit wäre hierfür ohnehin nicht zuständig (BAG 31.10.84, DB 85, 766). Der ArbGeb kann sich aber wegen nicht erteilter Drittschuldnererklärung **schadensersatzpflichtig** machen. Der Schadensersatzanspruch setzt die Schlüssigkeit des ursprünglichen Zahlungsanspruchs voraus (*Brüne/Liebscher* BB 96, 743) und umfasst die Kosten, die der Gläubiger für die Zuziehung eines Prozessbevollmächtigten zur Eintreibung der gepfändeten Forderungen aufgewandt

hat. Voraussetzung ist, dass die Kosten nutzlos aufgewandt worden sind, weil die Drittschuldnererklärung nicht oder nicht fristgerecht abgegeben worden ist, und dass diese Kosten vermieden worden wären, wenn der ArbGeb seine Verpflichtung zur Drittschuldnererklärung ordnungsgemäß erfüllt hätte (BAG 16.5.90 – 4 AZR 56/90, NZA 91, 27). Der Schadensersatzanspruch kann nicht im Kostenfestsetzungsverfahren geltend gemacht werden (BAG 16.11.05 – 3 AZR 45/05, NJW 06, 717).

Für die **Kosten** der ordnungsgemäß erteilten Drittschuldnerauskunft kann der ArbGeb nicht den Gläubiger in Anspruch nehmen (BAG 31.10.84, DB 85, 766). Kosten der Bearbeitung von Pfändungs- und Überweisungsbeschlüssen kann der ArbGeb auch **nicht dem ArbN in Rechnung stellen**, auch durch Betriebsvereinbarung kann keine Erstattungsverpflichtung festgelegt werden (BAG 18.7.06 – 1 AZR 578/05, BB 07, 221). Im Vorhinein getroffene Vereinbarungen über eine vom ArbN zu tragende Kostenpauschale unterliegen der Billigkeitskontrolle (vgl BGH 19.10.99 – XI ZR 8/99, NJW 2000, 651; sie scheitern in der Praxis zudem daran, dass daraus resultierende Forderungen gegenüber der zeitlich früheren Pfändung nachrangig sind und deshalb erst nach vollständiger Befriedigung des Pfändungs- und Überweisungsbeschlusses realisiert werden können. Bei allem ist zu berücksichtigen, dass es sich um gesetzliche Pflichten des ArbGeb handelt. Deshalb besteht bei Einstellungen grds kein Fragerecht nach Lohn- und Gehaltspfändungen im vorangegangenen Arbeitsverhältnis (ArbG Bln 16.7.86, BB 86, 1853; aA s *Auskunftspflichten Arbeitnehmer* Rz 20).

b) Abführung der pfändbaren Beträge. Der rechtswirksame Pfändungs- und Überweisungsbeschluss verpflichtet den ArbGeb, die pfändbaren Lohn- und Vergütungsbestandteile an den Gläubiger auszuzahlen. Eine Zahlung an den ArbN hat insoweit keine Erfüllungswirkung mehr. Zahlt der ArbGeb gleichwohl an den ArbN, läuft er Gefahr, ein zweites Mal an den Gläubiger zahlen zu müssen. Nach § 836 Abs 2 ZPO darf der ArbGeb von der Richtigkeit des Pfändungs- und Überweisungsbeschlusses ausgehen, selbst wenn dieser tatsächlich zu Unrecht erlassen worden ist. 18

Dieser Gutglaubensschutz zugunsten des Drittschuldners besteht, bis der Pfändungs- und Überweisungsbeschluss aufgehoben und dies dem ArbGeb bekannt gemacht worden ist. Auf den durch § 836 Abs 2 ZPO gewährleisteten **Gutglaubensschutz** kann sich allerdings derjenige ArbGeb nicht berufen, der einen Pfändungs- und Überweisungsbeschluss nicht beachtet und keine Abführungen geleistet hat (BAG 6.2.91 – 4 AZR 419/90, NZA 91, 506). 19

aa) Ermittlung des abzuführenden Nettoeinkommens. Zur Sicherung des Existenzminimums des ArbN bestimmt § 850c ZPO, dass nur ein Teil des dem ArbN zustehenden Nettoeinkommens pfändbar ist. Der pfändbare Teil ist der als Anlage zu § 850c ZPO mit Gesetzeskraft geltenden **Pfändungstabelle** zu entnehmen, die nach Bezugszeitraum des Arbeitseinkommens und der Belastung mit Unterhaltspflichten differenziert. Bei der Berücksichtigung von aus besonderen Gründen unpfändbaren Bezügen (zB Überstundenvergütung) sind gem § 850e ZPO vom Bruttoeinkommen die unpfändbaren Beträge als Bruttobeträge und alsdann die auf den verbleibenden Betrag abzuführenden Steuern und SozVBeiträge abzuziehen (BAG 17.4.13 – 10 AZR 59/12 sog. **Nettomethode**). 20

Die vom Bundesministerium der Justiz am 25.2.05 bekannt gemachte Erhöhung der Pfändungsfreigrenzen (ohne Unterhaltspflichten 985,15 € pro Monat unpfändbar) wirkt für Arbeitseinkommen ab dem 1.7.05 (BGH 24.1.06 – VII ZB 93/05, DB 06, 623). Die im Gesetz in § 850c Abs 2a ZPO vorgesehene Dynamisierung der pfändungsfreien Beträge wirkt auch auf bereits in der Vergangenheit erlassene Pfändungs- und Überweisungsbeschlüsse ein. Zu den berücksichtigungsfähigen Unterhaltsberechtigten gehören der Ehegatte und Verwandte in gerader Linie (Kinder, Enkel, Eltern, Großeltern etc). Die Unterhaltspflicht muss auf Gesetz beruhen, eine vertragliche oder freiwillige Unterhaltspflicht reicht nicht (vgl BAG 26.11.86, DB 87, 794).

Voraussetzung ist ferner, dass der Schuldner **tatsächlich den Unterhalt auch leistet**. Der ArbGeb darf sich auf die diesbezüglichen Angaben des ArbN und die von diesem beigebrachten Nachweise verlassen, solange er nicht sichere Anhaltspunkte für die Unrichtigkeit der Angaben seines ArbN hat (BAG 26.11.86, DB 87, 794). Verfügt eine unterhaltsberechtigte Person über eigene ausreichende Einkünfte, bleibt diese nach näherer Bestimmung des Vollstreckungsgerichts ganz oder teilweise bei der Bestimmung des pfändbaren Betrages 21

337 Pfändung

außer Betracht. Dies setzt aber jeweils eine – vom Gläubiger zu beantragende – Entscheidung des Vollstreckungsgerichts nach § 850c Abs 4 ZPO voraus. Solange diese nicht ergangen ist, muss der Angehörige als voll unterhaltsberechtigt in Ansatz gebracht werden. Ein solcher Beschluss des Vollstreckungsgerichts nach § 850c Abs 4 ZPO wirkt nur für den Gläubiger, der ihn beantragt und zu dessen Gunsten er ergangen ist (BAG 20.6.84, DB 84, 2466).

22   Eine **erweiterte Pfändungsmöglichkeit** besteht nach § 850d ZPO, wenn wegen **Unterhaltsansprüchen** gepfändet wird. Der pfändende Unterhaltsgläubiger ist an die Begrenzung des § 850c ZPO nicht gebunden, vielmehr setzt das Vollstreckungsgericht im Pfändungs- und Überweisungsbeschluss den **notwendigen Selbstbehalt** fest, der regelmäßig erheblich unter den nach § 850c ZPO pfändbaren Beträgen liegt. Ein solcher Pfändungs- und Überweisungsbeschluss wird allerdings durch die Eröffnung des **Verbraucherinsolvenzverfahrens** über das Vermögen des Schuldners unwirksam (BAG 17.9.09 – 6 AZR 369/08, NZA 10, 300).

23   **bb) Unpfändbare und bedingt pfändbare Bezüge.** Nach § 850a ZPO sind bestimmte Vergütungsbestandteile unpfändbar. Hierzu gehören nach § 850a Nr 1 ZPO die Hälfte der für Mehrarbeitsstunden gezahlten Vergütung und nach § 850a Nr 2 ZPO im Rahmen des Üblichen gewährte zusätzliche Urlaubsgeld- und Jubiläumszahlungen. Dass eine Sonderzuwendung von der Dauer der Betriebszugehörigkeit abhängig gemacht wird, bedeutet noch nicht, dass darin ein unpfändbares Treuegeld läge (BAG 30.7.08 – 10 AZR 459/07, NJW 09, 167). Unpfändbar sind gem § 850a Nr 3 ZPO ferner die Ansprüche auf *Aufwendungsersatz* (Fahrt- und Reisekosten, *Verpflegungsmehraufwendungen, Umzugskosten, Bewirtungsaufwendungen* etc), Auslösungen, Schmutz-, Erschwernis- und Gefahrenzulagen und vergleichbare Ansprüche.

24   Die **Weihnachtsgratifikation** ist bis zur Hälfte des monatlichen Nettoeinkommens, maximal bis 500 €, unpfändbar (§ 850a Nr 4 ZPO). Heirats- und Geburtsbeihilfen, Erziehungsgelder, Studienbeihilfen und ähnliche Leistungen, wozu auch die Ausbildungsvergütung gehört, sowie Sterbe- und Gnadenbezüge und Blindenzulagen sind ebenfalls nicht pfändbar.

25   § 850b ZPO erklärt die dort aufgeführten **Sozialleistungen** für unpfändbar, lässt aber eine Pfändbarkeit durch Entscheidung des Vollstreckungsgerichts zu, wenn die Vollstreckung in das bewegliche Vermögen nicht zu einer vollständigen Befriedigung geführt hat und die Pfändung der Billigkeit entspricht. Bedeutung hat dies im Arbeitsverhältnis vor allem für vom ArbGeb zu zahlende Betriebsrenten. **Auf Antrag** sind nach entsprechender Entscheidung des Vollstreckungsgerichts die Zusammenrechnung von Einkommen und pfändbaren Sozialleistungen nach dem SGB vorzunehmen. Die Zusammenrechnung kommt nur dem Vollstreckungsgläubiger zugute, zu dessen Gunsten sie erwirkt worden ist (BAG 23.4.96 – 9 AZR 940/94, NZA 97, 63).

Der Pfändungsschutz für Arbeitseinkommen kann nicht durch eine Vereinbarung umgangen werden, in der dem ArbGeb die Befugnis eingeräumt wird, eine monatliche Beteiligung des ArbN an der Reinigung und Pflege der Berufskleidung mit dem monatlichen Nettoentgelt ohne Rücksicht auf Pfändungsfreigrenzen zu „verrechnen" (BAG 17.2.09 – 9 AZR 676/07).

Bei der Berechnung der pfändbaren Bezüge darf der geldwerte Vorteil eines Firmenwagens wegen § 107 Abs 2 Satz 5 GewO nicht auf den unpfändbaren Teil des Entgelts angerechnet werden (BAG 24.3.09 – 9 AZR 733/07, NZA 09, 861; BAG 17.2.09 – 9 AZR 676/07; s ferner § 850e Abs 3 Satz 2 ZPO).

26   **cc) Begrenzungen und Erweiterungen der Pfändbarkeit auf Antrag.** Sowohl der Gläubiger als auch der Schuldner haben nach der ZPO Möglichkeiten, den pfändbaren Teil des Arbeitseinkommens abweichend von dem sich aus der Pfändungstabelle ergebenden Betrag durch das Vollstreckungsgericht festsetzen zu lassen. So kann der ArbN als Schuldner aufgrund der Härteregelung in § 850f Abs 1 ZPO beantragen, den an sich pfändbaren Betrag ganz oder teilweise für unpfändbar zu erklären, wenn dies aus besonderen beruflichen oder persönlichen Gründen oder wegen des besonderen Umfangs der Unterhaltspflichten notwendig ist.

27   Eine weitere Möglichkeit bietet § 850i ZPO, wonach dem Schuldner bei einmaligen Leistungen des ArbGeb auf Antrag des ArbN soviel zu belassen ist, wie für den Unterhalt des Schuldners und seiner Familie notwendig ist. Bedeutung hat dies besonders für **Abfindun-**

Pfändung 337

gen, deren Pfändbarkeit durch die vorgenannte Vorschrift begrenzt werden kann. Eine Hinweispflicht des ArbGeb besteht nicht (BAG 13.11.91 – 4 AZR 20/91, NZA 92, 384). Keine Veränderung der pfändbaren Bezüge kann der ArbN durch einen Antrag auf Entgeltumwandlung erreichen (BAG 30.7.08 – 10 AZR 459/07, NJW 09, 167). Bereits vor der Pfändung eingegangene Verträge zur **privaten Altersvorsorge** können die Pfändungsfreigrenze gem § 851c Abs 2 ZPO erhöhen (Tavakoli, NJW 08, 3259).

Der Unterhaltsgläubiger nach § 850d ZPO hat das Recht, bezüglich Unterhaltsforderun- 28 gen über die Grenzen des § 850c ZPO hinaus bis zum vom Vollstreckungsgericht festzusetzenden **notwendigen Selbstbehalt** zu pfänden. Vollstreckt der Gläubiger wegen einer Forderung gegen den Schuldner aus vorsätzlich begangener unerlaubter Handlung, so kann das Vollstreckungsgericht die Pfändbarkeit nach § 850f Abs 2 ZPO erweitern (vgl BAG 26.1.83, BB 84, 145 [LS]).

c) Lohnschiebungsverträge und verschleiertes Arbeitseinkommen. Gegenüber 29 dem Gläubiger ist es nach § 850h Abs 1 ZPO unwirksam, wenn ArbGeb und ArbN vereinbaren, dass das Entgelt oder ein Teil desselben einem Dritten zustehen sollen. Voraussetzung dafür ist, dass zwischen beiden eine unmittelbare Vertragsbeziehung besteht (BAG 23.4.96 – 9 AZR 231/95, NZA 97, 61). Erhält ein ArbN eine im Verhältnis zum üblichen Lohn unverhältnismäßig geringe oder gar keine Vergütung, so kann verschleiertes Arbeitseinkommen nach § 850h Abs 2 ZPO vorliegen. Dabei ist auf die Umstände des Einzelfalls Rücksicht zu nehmen, insbesondere die Art der Arbeitsleistung, die Beziehungen der Vertragsparteien und die wirtschaftliche Leistungsfähigkeit des ArbGeb (BAG 22.10.08 – 10 AZR 703/07, NZA 09, 163). Der Gläubiger genügt seiner Darlegungslast im Prozess, wenn er den Umfang der Tätigkeit ausgehend von einem unstreitigen Stundensatz darlegt (BAG 3.8.05 – 10 AZR 585/04, NZA 06, 175). Bei der Berechnung des unpfändbaren Teils der fiktiven Arbeitsvergütung ist nicht die vom Schuldner gewählte Steuerklasse, sondern diejenige zugrunde zu legen, die der Schuldner sinnvollerweise gewählt hätte (BAG 23.4.08 – 10 AZR 168/07, NJW 08, 2606).

Ist von einem verschleierten Arbeitseinkommen auszugehen, fingiert das Gesetz zugunsten 30 des Gläubigers, dass die **angemessene Vergütung** geschuldet wird. Im Streitfall hat der Gläubiger darzulegen, dass und in welchem Umfang der Schuldner welche Art von Tätigkeit erbringt. Eine tatsächliche Vermutung oder ein Anscheinsbeweis dafür, dass ein Ehemann, der sonst keiner Tätigkeit nachgeht, im Kleinbetrieb seiner Ehefrau als Vollzeitkraft mitarbeitet, kann nicht angenommen werden (LAG Hamm 30.10.87, BB 88, 1754). Macht ein Gläubiger erfolgreich verschleiertes Arbeitseinkommen geltend, muss er sich gleichwohl vorrangige Pfändungen anderer Gläubiger entgegenhalten lassen (BAG 15.6.94 – 4 AZR 317/93, AP Nr 18 zu § 850h ZPO). Die Pfändung verschleierten Arbeitseinkommens wirkt nicht zurück auf Entgeltansprüche vor der Zustellung des Pfändungs- und Überweisungsbeschlusses (BAG 23.4.08 – 10 AZR 168/07, NJW 08, 2606).

d) Mehrere Pfändungen. Liegen mehrere Pfändungen vor, entscheidet das **Prioritäts-** 31 **prinzip über die Rangfolge.** Vorrangig ist der zeitlich früher zugestellte Pfändungs- und Überweisungsbeschluss zu bedienen. Da bei bestimmten Forderungen, insbesondere Unterhaltsforderungen eine erweiterte Pfändbarkeit gegeben ist, besteht für einen später pfändenden Gläubiger die Möglichkeit, in die Lohn- und Gehaltsbestandteile zu pfänden, die den übrigen Gläubigern verschlossen sind. Auf diese nachfolgende Pfändung ist die Differenz zwischen dem Normalpfändungsbereich und dem erweitert pfändbaren Vorrechtsbereich an den Unterhaltsgläubiger abzuführen, während der zeitlich früher pfändende, nicht bevorrechtigte Gläubiger den nach der Pfändungstabelle pfändbaren Betrag zu bekommen hat.

Pfänden **mehrere Unterhaltsgläubiger,** gilt zunächst wieder das **Prinzip der Priorität.** 32 Auf Antrag kann das Vollstreckungsgericht eine andere Rangfolge nach § 850d Abs 2 ZPO festlegen und hat dabei die Rangfolge der Unterhaltsansprüche zu berücksichtigen. Die Anordnung des Vollstreckungsgerichts, dass Pfändungs- und Überweisungsbeschlüsse mehrerer Unterhaltgläubiger mit rückwirkender Wirkung gleichrangig zu behandeln sind, muss der Drittschuldner für die Vergangenheit nur beachten, soweit er im Zeitpunkt der Kenntnisnahme von dieser Anordnung noch keine Zahlung geleistet hat (BAG 6.2.91 – 4 AZR 419/90, NZA 91, 506). Ansonsten greift der Gutglaubenschutz des § 836 Abs 2 ZPO ein (BAG 6.2.91, DB 91, 1528).

337 Pfändung

33 **e) Zusammentreffen von Pfändungen und Abtretungen.** Das Verhältnis von Pfändungen und Abtretungen ist durch das Prinzip der Priorität gekennzeichnet. Entscheidend ist, ob zuerst der Abtretungsvertrag geschlossen oder der Pfändungs- und Überweisungsbeschluss zugestellt wurde. Ein Pfändungs- und Überweisungsbeschluss entfaltet keine vollstreckungsrechtlichen Wirkungen, wenn die gepfändete Forderung im Zeitpunkt der Pfändung abgetreten war (BAG 17.2.93 – 4 AZR 161/92, NZA 93, 813). Die Tatsache der Bekanntgabe der Abtretung ist nur insoweit von Bedeutung, als der ArbGeb aufgrund von § 407 BGB nicht verpflichtet ist, aufgrund einer früher erfolgten Abtretung Leistungen für die Zeit vor der Offenlegung der Abtretung zu erbringen. Nach Bekanntgabe einer Abtretung, die vor Zustellung des Pfändungs- und Überweisungsbeschlusses vereinbart wurde, muss der ArbGeb allerdings den pfändbaren Teil des Arbeitseinkommens an den Zessionar auszahlen. Dies setzt eine wirksame Abtretung voraus. Scheitern kann dies an der **mangelnden Bestimmtheit der abgetretenen Forderung,** an der **Sittenwidrigkeit** einer Mithaftungsabrede (BGH 25.1.05 – XI ZR 325/03, ArbuR 05, 167) wie auch an einem **Verstoß einer Formularabtretung gegen die gesetzliche Regelung der Allgemeinen Geschäftsbedingungen** (§§ 305–310 BGB; s auch BGH 22.6.89, DB 89, 2265; 7.7.92, NJW 92, 2626; *Kohte* BB 89, 2259; s *Entgeltabtretung* Rz 5).

Tarifvertragliche Abtretungsverbote sind zu beachten (LAG Köln 27.3.06 – 14 (9) Sa 1335/05, NZA-RR 06, 365). Auch im Verhältnis zur Abtretung gilt, dass ein nachrangiger Unterhaltsgläubiger die Differenz zwischen dem Normalpfändungsbereich und dem erweitert pfändbaren Vorrechtsbereich verlangen kann.

34 Der Pfändungsschutz wird unterstützt durch § 850k ZPO. Danach können **Kontoguthaben des Schuldners bei Geldinstituten nicht gepfändet werden bzw ist deren Pfändung aufzuheben**, soweit die der Pfändung nicht unterworfenen Teile von Einkünften betroffen sind. Durch die Einführung des **Pfändungsschutzkontos** (§ 850k nF ZPO), welches auf Verlangen jede Bank für den ArbN zu führen hat, wird dieser Schutz verstärkt (*Neiseke*, jurisPR-BKR 10/2009 Anm 1), weil der ArbN trotz Kontenpfändung über die pfändungsfreien Beträge frei verfügen kann. Damit wird der Grundsatz auch bei Konten und Bankguthaben durchgesetzt, dass dem Schuldner das Existenzminimum auf jeden Fall verbleibt.

35 **f) Hinterlegungsrecht und -pflicht.** Treffen mehrere Pfändungen zusammen, läuft der Drittschuldner Gefahr, nicht an den bestrangigen Gläubiger auszuzahlen und deshalb die Leistung zweimal erbringen zu müssen. Deshalb eröffnet § 853 ZPO dem Drittschuldner die Möglichkeit, den pfändbaren Teil der Forderung zu hinterlegen. Der ArbGeb ist **verpflichtet zu hinterlegen,** wenn es ein Gläubiger (§ 804 ZPO) oder der ArbN als Schuldner (§ 804 ZPO iVm § 1281 BGB) verlangen. Da § 853 ZPO rechtswirksame Pfändungen voraussetzt, kommt die **Hinterlegung nur hinsichtlich der pfändbaren Beträge** in Betracht; die **unpfändbaren Beträge** können rechtswirksam nicht gepfändet und dürfen deshalb nicht hinterlegt, sondern **müssen unmittelbar an den ArbN ausgezahlt werden** (LG Düsseldorf 29.10.76 – 28 T 201/76). Bei Zusammentreffen von Pfändung und Abtretung oder mehreren Abtretungen benötigt der ArbGeb eine besondere Hinterlegungsbefugnis gem § 372 BGB. Diese ist gegeben, wenn sich der ArbGeb in einer nicht auf Fahrlässigkeit beruhenden Ungewissheit über die Person des Berechtigten befindet. Dazu ist erforderlich, dass eine begründete und objektiv nachvollziehbare Ungewissheit darüber besteht, wer der Berechtigte ist, so dass dem Drittschuldner nicht zugemutet werden kann, den Zweifel auf eigene Gefahr zu lösen (*Palandt/Heinrichs* § 372 Rz 6). Hinterlegungsstelle ist das Amtsgericht, in dessen Bezirk der ArbGeb seinen Betrieb hat.

36 **5. Drittschuldnerklage.** Leistet der ArbGeb trotz wirksamer Pfändung keine Zahlungen an den Gläubiger, kann dieser die abzuführenden Vergütungsteile im Wege der Drittschuldnerklage einklagen. Da es sich um Vergütungsansprüche handelt, ist das ArbG zuständig. Eine Klage kann auch auf die gepfändeten Ansprüche des Schuldners auf zukünftiges Arbeitseinkommen gestützt werden. Sie ist im Klageantrag und entsprechend im Urteilstenor zu begrenzen auf die Zeit der Beschäftigung des Schuldners und bis zur Tilgung der titulierten Forderung (BAG 23.2.83, DB 83, 1263). Der Gläubiger trägt im Rahmen der Drittschuldnerklage die Darlegungs- und Beweislast dafür, dass und in welchem Umfang der Schuldner bei dem Drittschuldner gearbeitet hat.

Pfändung 337

Im Drittschuldnerprozess kann sich der Drittschuldner, der den Pfändungs- und Überweisungsbeschluss nicht mit der Erinnerung nach § 766 ZPO angegriffen hat, nicht auf die Fehlerhaftigkeit, sondern nur auf die Nichtigkeit des Pfändungs- und Überweisungsbeschlusses berufen (BAG 15.2.89 – 4 AZR 401/88, NZA 89, 821; BGH 16.2.76, DB 76, 764). Nichtigkeit ist zB zu bejahen, wenn in einer Pfändungs- und Einziehungsverfügung ein zusätzlicher pfändbarer Betrag ohne Rechtsgrundlage festgesetzt wird (BAG 15.2.89, DB 89, 1631). 37

B. Lohnsteuerrecht *Seidel*

1. Pfändung von Arbeitslohn. a) Arbeitgeber. Die lohnsteuerliche Rechtslage ist ähnlich der bei der Lohnabtretung (s *Entgeltabtretung* Rz 13–15). Wird Arbeitslohn gepfändet, so steht dies dem Zufluss nicht entgegen, der mit der Zahlung des pfändbaren Betrages an den Pfändungsgläubiger (s auch *Lohnzufluss* Rz 12) und des pfändungsfreien Betrages an den ArbN erfolgt. 38

Bei **Hinterlegung** des pfändbaren Arbeitslohns (s oben Rz 35) fließt der Arbeitslohn mit der Hinterlegung zu (s aber *Lohnzufluss* Rz 6: Annahmeverweigerung). Der ArbGeb hat die LSt bei der Zahlung von dem gesamten stpfl Bruttolohn nach den ELStAM einzubehalten (s *Lohnsteuerabzugsmerkmale* Rz 9 ff sowie *Lohnsteuerberechnung* Rz 3–6 und *Lohnabzugsverfahren* Rz 19 ff), auch wenn im Urt oder im Vergleich eine Beschränkung auf den um die LSt gekürzten Arbeitslohn fehlt. Erhält der ArbN aufgrund einer Nettolohnklage nur den als netto bezeichneten Arbeitslohn zugesprochen, ist nur dieser der LSt zu unterwerfen (BFH 18.6.93, BStBl II 94, 182). 39

Der **Gerichtsvollzieher** beschränkt die Vollstreckung auf den um die LSt geminderten Betrag, wenn der ArbGeb eine Bescheinigung des FA, eine öffentliche Urkunde oder einen Einzahlungs- oder Überweisungsnachweis über die Einzahlung der LSt vorlegt. Um die ordnungsgemäße Einbehaltung und Abführung der LSt auch im Vollstreckungsverfahren sicherzustellen, müssen die Gerichtsvollzieher dem FA die Pfändung anzeigen (§ 775 Ziff 4 und 5 ZPO; s auch *HMW*/Pfändung von Arbeitslohn Rz 2). Die Lohnpfändung erstreckt sich nicht auf einen evtl **Steuererstattungsanspruch** des ArbN gegenüber dem FA, da dieser als öffentlich-rechtlicher Anspruch nicht zum Arbeitseinkommen gem § 850 ZPO gehört (FG Brem 10.5.93, EFG 94, 77; s auch unten Rz 45, 46), aber ggf auf einen Erstattungsanspruch aufgrund des vom ArbGeb durchzuführenden LStJahresausgleichs (s *Lohnsteuerjahresausgleich* Rz 7 ff), da dieser Erstattungsbetrag Teil des Anspruchs auf Arbeitslohn gegenüber dem ArbGeb ist (*HMW*/Pfändung des Steuererstattungsanspruchs Rz 12; s aber unten Rz 45). 40

Rechnet der ArbGeb mit Ansprüchen gegen den ArbN **auf** (s oben Rz 14), ändert dies nichts am Lohnzufluss (s hierzu *Aufrechnung* Rz 15, 16). Der ArbGeb hat sowohl den gesamten Bruttoarbeitslohn als auch die einbehaltene LSt wie üblich in der LStBescheinigung (s *Lohnsteuerbescheinigung* Rz 11 ff) anzugeben. 41

Bei der sog **Lohnschiebung** (§ 850h Abs 1 ZPO; s oben Rz 29) ergeben sich keine Besonderheiten, denn stpfl Arbeitslohn liegt auch vor, wenn das Entgelt oder Teile davon an einen Dritten gezahlt werden (s *Arbeitsentgelt* Rz 76). Ist dagegen im Rahmen der Vollstreckung gem § 850h Abs 2 ZPO von einer **Lohnverschleierung** auszugehen, handelt es sich nicht um Arbeitslohn. Hier wird lediglich im Verhältnis Gläubiger – ArbGeb für das Vollstreckungsverfahren eine angemessene Vergütung fingiert. Ein Anspruch des ArbN gegen den ArbGeb auf Lohnzahlung in üblicher Höhe entsteht hierdurch nicht (BeckPersHB/Bd I Pfändung von Lohn und Gehalt XIX 2). Der LSt unterliegt daher in diesen Fällen nur der bisher schon gezahlte „unangemessen" niedrige Arbeitslohn, jedoch nicht der fingierte Arbeitslohn. 42

b) Arbeitnehmer. Bearbeitungskosten des ArbGeb (s oben Rz 17) bzw die gezahlte Hinterlegungsgebühr, die als Zwangsvollstreckungskosten grds vom ArbN (Schuldner) zu tragen sind (§ 788 Abs 1 ZPO), stellen idR keine Werbungskosten des ArbN dar, es sei denn sie stehen im Zusammenhang mit der beruflichen Tätigkeit. Dafür reicht es mE aber nicht aus, dass der Arbeitslohn gepfändet wird, sondern das der Pfändung zugrunde liegende Rechtsverhältnis muss im Zusammenhang mit der beruflichen Tätigkeit des ArbN stehen (zB 43

337 Pfändung

Ansprüche eines früheren ArbGeb, hier liegen dann nachträgliche Werbungskosten vor; s *Werbungskosten* Rz 9).

44 **2. Pfändung von Sozialleistungen.** Soweit Sozialleistungsansprüche gepfändet werden, ist dies für den ArbGeb lohnsteuerlich ohne Bedeutung, da es sich bei diesen Leistungen nicht um Arbeitslohn handelt. Sind Sozialleistungen steuerfrei (zB AlGeld, Kurzarbeitergeld, Krankengeld ua) und unterliegen sie im Rahmen der EStVeranlagung des ArbN dem Progressionsvorbehalt (§ 32b Abs 1 Nr 1 EStG; s *Lohnersatzleistungen* Rz 5 ff), so ändert eine Pfändung hieran nichts. Werden **Sozialleistungen in Rentenform** erbracht, die nicht steuerfrei sind (steuerfrei ist zB die Rente aus der gesetzlichen UV; s *Unfallrente* Rz 8), zB die Alters- oder Hinterbliebenenrente aus der gesetzlichen RV (s *Altersrente* Rz 8 ff), ist seit 2005 an die Stelle des Ertragsanteils ein Besteuerungsanteil von 50 % getreten (aktuell 2013: 66 %), der sich bei Rentenbeginn in den Folgejahren bis 2040 auf 100 % erhöht (§ 22 Nr 1 Satz 3 EStG). Auch hier bleibt eine Pfändung ohne Auswirkung auf die steuerliche Behandlung, da sie dem Zufluss nicht entgegensteht, der mit dem Forderungseinzug bzw dem Zahlungseingang beim Pfandgläubiger erfolgt (s auch *Schmidt/Krüger* § 11 Rz 50 Pfändung). Zur Pfändung künftiger Rentenansprüche s BFH 20.8.91 – VII R 86/90, BStBl II 91, 869 (vgl auch unten Rz 54), des Anspruchs auf **Kindergeld** s § 76 EStG iVm DA-Fam EStG Nr 76.1–76.5 (BZSt 16.7.12 – St II 2 – S 2280 – DA/12/00002; Dok 2012/835823, BStBl I 12, 734 und unten Rz 55) und einer Kapitallebensversicherung mit Rentenwahlrecht s *Arbeitslosengeld II* Rz 5. Zum Pfändungsschutz des Altersvorsorgevermögens s BMF 17.11.04 – IV C 4 – S 2222 – 177/04; IV C 5 – S 2333 – 269/04, BStBl I 04, 1065 Rz 141, 142.

45 **3. Pfändung des Lohnsteuererstattungsanspruchs.** Der Erstattungsanspruch des ArbN gegenüber dem FA kann abgetreten, verpfändet und gepfändet werden (§ 46 Abs 1 AO). Als öffentlich-rechtlicher Anspruch unterliegt seine Pfändung jedoch besonderen Voraussetzungen. Während die Abtretung und die Verpfändung auch schon vor dem Entstehen des Erstattungsanspruchs zulässig sind, jedoch ua erst mit der Entstehung wirksam werden (§ 46 Abs 2–5 AO; Näheres s *T/K* § 46 AO Rz 6 ff), kann eine Pfändung des LStErstattungsanspruchs erst nach seinem Entstehen (regelmäßig mit Ablauf des entsprechenden Kj) erfolgen. Ein Pfändungs- und Überweisungsbeschluss bzw eine Pfändungs- und Einziehungsverfügung dürfen vorher nicht erlassen werden, da sie sonst nichtig sind (§ 46 Abs 6 Sätze 1 und 2 AO). Fehlt die Jahresangabe des gepfändeten Erstattungsanspruchs, ist er nicht hinreichend bestimmt und die Pfändung unwirksam (FG Münster 19.2.99 – 11 K 7566/97 AO, EFG 99, 936). Da der LStErstattungsanspruch nicht Bestandteil des Arbeitseinkommens iSd Pfändungsschutzbestimmungen der §§ 850 ff ZPO ist, kann er ohne Rücksicht auf die Pfändungsgrenzen des § 850c ZPO abgetreten, gepfändet und verpfändet werden (BFH 13.7.95, BFH/NV 96, 10 und 26.9.95, BFH/NV 96, 281 unter Hinweis auf die teilweise entgegenstehende Auffassung der ArbG).

46 Als Drittschuldner gilt bei der Pfändung die FinBeh, die über den Anspruch entscheidet (§ 46 Abs 7 AO). Mit der Zustellung an diese wird die Pfändungsverfügung wirksam (§ 829 Abs 3 ZPO). Der Pfändungsgläubiger wird durch den Pfändungs- und Überweisungsbeschluss nicht ermächtigt, den Antrag auf Veranlagung (s *Antragsveranlagung* Rz 3–5) für den Schuldner (ArbN) und ggf dessen Ehegatten/Lebenspartner zu stellen. Die den LStJahresausgleich durch das FA (s *Lohnsteuerjahresausgleich* Rz 2) betreffende Rspr kann auf die Antragsveranlagung (s *Antragsveranlagung* Rz 2–6) nicht mehr angewandt werden (BFH 18.8.98 – VII R 114/97, BStBl II 99, 84; BFH 29.2.2000 – VII R 109/98, BStBl II 2000, 573; s auch *HMW*/Pfändung des Steuererstattungsanspruchs Rz 10; aA *Burhoff* NWB (F 2) S 7203 Tz I 3b). Der Pfändungsgläubiger kann eine Klage gegen das FA auf Auszahlung der gepfändeten Steuererstattungsansprüche erst dann mit Erfolg erheben, wenn diese mit Steuerbescheid festgesetzt sind und durch einen Abrechnungsbescheid festgestellt ist, dass sie noch nicht erloschen sind (BFH 30.11.99 – VII R 97/98, BFH/NV 2000, 412).

C. Sozialversicherungsrecht *Voelzke*

47 **1. Beitragsrecht.** Auf die Verpflichtung des ArbGeb zur Zahlung des GesamtSozVBeitrages hat es keinen Einfluss, dass der Lohnanspruch von einem Dritten gepfändet wurde. Der Beitragsanspruch entsteht mit der Erbringung der Arbeit (vgl § 22 SGB IV) und bleibt bei der Berechnung des pfändbaren Einkommens unberücksichtigt. Dementsprechend bestimmt § 850e Nr 1 Satz 1 ZPO, dass bei der Berechnung des pfändbaren Arbeitseinkommens die unmittelbar aufgrund steuerrechtlicher und sozialrechtlicher Vorschriften zur Erfüllung gesetzlicher Verpflichtungen des Schuldners abzuführenden Beträge nicht mitzurechnen sind.

Der Drittschuldner (ArbGeb) hat diese vom Arbeitseinkommen abzusetzenden Beträge 48 auch ohne Anordnung im Pfändungsbeschluss zu errechnen. Den Pflichtbeiträgen sind auf den Auszahlungszeitraum entfallenden Beträge gleichgestellt, die der Schuldner nach den Vorschriften der SozV zur Weiterversicherung entrichtet oder an eine Ersatzkasse oder an ein privates Unternehmen der KV leistet, soweit sie den Rahmen des Üblichen nicht übersteigen (§ 850e Nr 1 Satz 2 ZPO). Den Maßstab für die Angemessenheit der Zahlungen an die private KV bilden die Sätze der gesetzlichen KV.

2. Pfändung von Sozialleistungen. Ansprüche auf Dienst- und Sachleistungen können 49 nicht verpfändet und nicht gepfändet werden (§§ 53 Abs 1, 54 Abs 1 SGB I). Geldleistungen unterliegen der Pfändung als staatlicher Beschlagnahme von Forderungen nach näherer Maßgabe des § 54 SGB I (vgl den Überblick über Abtretung, Pfändung und Abzweigung von Sozialleistungen bei *Günther* ZFSH/SGB 98, 272). Die Regelungen beziehen sich nur auf Sozialleistungen nach dem SGB, während der Beitragsrückerstattungsanspruch nach § 26 SGB IV ohne Einschränkungen pfändbar ist (*Schlegel/Voelzke/Pflüger* SGB I, § 54 Rz 22). Die Pfändbarkeit von Sozialleistungen hat auch Bedeutung für eine Aufrechnung oder Verrechnung, die jeweils nur bei pfändbaren Sozialleistungen zulässig sind (*Fischer* NZS 03, 196). Soweit die Pfändung von Sozialleistungen von einer Billigkeitsprüfung abhängt, soll dem Leistungsberechtigten rechtliches Gehör gewährt werden. Drittschuldner ist idR der Leistungsträger; nur bei der Pfändung des vom ArbGeb auszuzahlenden Kurzarbeitergelds gilt der ArbGeb als Drittschuldner (§ 108 Abs 2 SGB III).

Der **Rechtsweg** bei Klagen des Pfändungsgläubigers auf Auszahlung der gepfändeten 50 Sozialleistungen bestimmt sich entsprechend dem zwischen Leistungsberechtigten und Leistungsträger bestehendem Rechtsverhältnis. Zuständig für die Geltendmachung von Ansprüchen auf Leistungen der SozV oder der ArblV sind mithin die SG (§ 51 SGG; BSG 12.5.82 – 7 RAr 20/81, SozR 1200 § 54 Nr 6). Die Rückforderung von zu Unrecht an den Pfändungsgläubiger erbrachten Zahlungen kann der Versicherungsträger durch Verwaltungsakt geltend machen (*Bormann* DAngVers 01, 454). Nach der Rspr des BSG sind Pfändungen unwirksam, soweit der Pfändungsbeschluss die gepfändete Forderung nicht hinreichend genau bezeichnet (zB „sämtliche laufende Geldleistungen nach dem AFG" oder „gesamte Rentenbezüge"; BSG 12.3.86 – 5a RKn 22/84, SozR 1200 § 54 Nr 10). Eine Sonderregelung gilt gem § 171 Satz 1 SGB III für die Pfändung des Anspruches auf Insolvenzgeld, der nach Beantragung des Insolvenzgelds wie Arbeitsentgelt übertragen, gepfändet und verpfändet werden kann.

a) **Einmalige Geldleistungen** können wegen beliebiger Forderungen gepfändet werden, 51 soweit die Pfändung nach den Umständen des Falles, insbesondere nach den Einkommens- und Vermögensverhältnissen des Leistungsberechtigten, der Art des beizutreibenden Anspruches sowie der Höhe und Art der beizutreibenden Geldleistung der Billigkeit entspricht (§ 54 Abs 2 SGB I). Die Billigkeitsprüfung ist vom Vollstreckungsorgan, nicht vom Leistungsträger vorzunehmen (vgl BSG 12.6.92 – 11 RAr 139/90, SozR 3–1200 § 54 Nr 1).

b) **Laufende Geldleistungen.** Die Fassung der Vorschriften über die Pfändbarkeit von 52 laufenden Geldleistungen soll das Pfändungsverfahren von aufwändigen Einzelfallprüfungen entlasten. Unpfändbar sind nach § 54 Abs 3 SGB I:

– Elterngeld und Betreuungsgeld bis zur Höhe der nach § 10 BEEG anrechnungsfreien Beträge,
– Mutterschaftsgeld nach § 13 Abs 1 MuSchG, soweit das Mutterschaftsgeld nicht aus einer Teilzeitbeschäftigung während des Erziehungsurlaubs herrührt bis zur Höhe des Erziehungsgeldes nach § 5 Abs 1 BErzGG,
– Wohngeld, soweit nicht die Pfändung wegen Ansprüchen erfolgt, die Gegenstand der §§ 9, 10 WoGG sind,
– Geldleistungen, die dafür bestimmt sind, den durch einen Körper- oder Gesundheitsschaden bedingten Mehraufwand auszugleichen (zB Grundrente und Schwerbeschädigtenzulage nach dem BVG).

337 Pfändung

Der Inhalt eines Pfändungs- und Überweisungsbeschlusses ist vom Leistungsträger bis zur Änderung durch das Amtsgericht zu beachten. Eine Änderung der Verhältnisse lässt sich auch im Wege des sozialrechtlichen Herstellungsanspruchs nicht fingieren (BSG 15.12.99 – B 9 V 12/99 R, SozR 3–1200 § 14 Nr 28).

53 Im Übrigen können Ansprüche auf laufende Geldleistungen (zB AlGeld, Krankengeld, Renten der RV) nach § 54 Abs 4 SGB I wie **Arbeitseinkommen** gepfändet werden. Eine Billigkeitsprüfung ist ebenso nicht mehr erforderlich, wie die zusätzliche Prüfung der Frage, ob der Leistungsberechtigte nicht hilfebedürftig iSd Vorschriften des SGB XII über die Hilfe zum Lebensunterhalt wird. Zu beachten sind allerdings wegen des Verweises auf die Vorschriften über die Pfändung von Arbeitseinkommen die Pfändungsfreigrenzen des § 850c ZPO. Hierbei ist der pfändbare Teil des Krankengeldanspruches nicht nach der Tagestabelle, sondern nach der Monatstabelle zu § 850c ZPO zu bestimmen (BSG 13.5.92 – 1 RK 26/91, SozR 3–1200 § 53 Nr 5).

54 Die Pfändung umfasst nicht nur die zurzeit der Pfändung fälligen Sozialleistungen, sondern auch **künftige Ansprüche** (vgl § 832 ZPO). Der BGH hat entschieden, dass künftige Rentenansprüche auch pfändbar sind, obwohl der Schuldner das 60. Lebensjahr noch nicht vollendet hat und keine Gründe für einen vorzeitigen Rentenbeginn vorliegen (BGH 21.11.02 – IX ZB 85/02, BB 03, 585; s zur Pfändung künftiger Rentenansprüche eingehend *Schmidt* DAngVers 04, 13; zum Bestimmtheitsgebot *Diepenbrock* NZS 04, 585). Etwas anderes gilt, wenn die Versicherungsleistung auf seit der Pfändung neu erworbenen Ansprüchen beruht (Münchener Kommentar zur ZPO *Smid* § 850i Rz 43). Für den Fall, dass aufgrund der bisherigen Anwartschaft bei neu eingetretener Arbeitslosigkeit AlGeld zu zahlen ist, hat das BSG eine Erstreckung des Pfandrechts bejaht (BSG 18.3.82 – 7 RAr 14/81, SozR 1200 § 54 Nr 5). Durch die Neuregelung des § 54 Abs 4 SGB I sind die gegen eine Zulässigkeit der Pfändung zukünftiger Rentenansprüche vorgetragenen Bedenken gegenstandslos geworden (vgl *Hartmann* SozV 93, 228).

55 c) **Geldleistungen für Kinder** (Kindergeld, Kinderzuschläge und vergleichbare Rentenbestandteile) unterliegen dem besonderen Pfändungsschutz gem § 54 Abs 5 SGB I. Eine Pfändung kann lediglich wegen der gesetzlichen Unterhaltsansprüche eines Kindes, das bei der Festsetzung der Geldleistungen berücksichtigt wird, erfolgen. Pfändungsgläubiger kann jedes Kind sein, wenn es zur Zahlung der Leistung beiträgt und ihm ein gesetzlicher Unterhaltsanspruch zusteht (*Schlegel/Voelzke/Pflüger* SGB I, § 54 Rz 94). Die Höhe des pfändbaren Betrages bei der Zahlung von Kindergeld ist in § 54 Abs 5 Satz 2 SGB I festgesetzt (Münchener Kommentar zur ZPO *Smid* § 850i Rz 49 ff).

56 d) **Pfändungsschutzkonto.** Der nur noch übergangsweise subsidiär weitergeltende besondere sozialrechtliche Pfändungsschutz für Geldleistungen ist seit dem 1.1.12 entfallen, weil § 55 SGB I durch das Gesetz vom 7.7.09 (BGBl I 09, 1707) aufgehoben worden ist. Seit dem 1.1.12 besteht ein Kontopfändungsschutz für überwiesene Sozialleistungen nur noch im Rahmen des Pfändungsschutzkontos nach § 850k ZPO. § 850k Abs 2 ZPO sieht eine Erhöhung des monatlichen Freibetrags vor, wenn der Schuldner unterhaltsverpflichtet ist, Sozialleistungen oder kindbezogene Leistungen bezieht (zu den Besonderheiten des Pfändungsschutzkontos beim Bezug von Sozialleistungen *Schlegel/Voelzke/Pflüger* SGB I, § 55 Rz 56 ff).

57 **3. Pfändung von Arbeitsentgelt und Sozialleistungen.** Grds bleiben bei der Feststellung der pfändbaren bzw unpfändbaren Einkommensbeträge das Arbeitseinkommen und laufende Geldleistungen nach dem SGB selbstständig. Eine **Zusammenrechnung** kann allerdings unter den Voraussetzungen des § 850e Nr 2a ZPO erfolgen. Die Zusammenrechnung setzt voraus, dass die Sozialleistung selbst der Pfändung unterliegt (BSG 17.12.86 – 11a RA 6/86, SozR 1200 § 54 Nr 11). Die Zusammenrechnung erfolgt aufgrund einer Anordnung des Vollstreckungsgerichts auf Antrag des Gläubigers. Der unpfändbare Grundbetrag ist nach § 850e Nr 2a ZPO, soweit die Pfändung nicht wegen gesetzlicher Unterhaltsansprüche erfolgt, in erster Linie den laufenden Geldleistungen nach dem SGB zu entnehmen. Die nach altem Recht für eine Zusammenrechnung erforderliche Billigkeitsprüfung ist nicht mehr vorgesehen.

Pflegeversicherungsbeiträge

A. Arbeitsrecht
Griese

1. Tragung und Abführung der Beiträge. Durch das PflegeVG (BGBl I 94, 1014) ist 1 als weitere Säule der SozV die **Pflegeversicherung** (als SGB XI) eingeführt worden, die ambulante und stationäre Pflegeleistungen abdeckt. Die **Beiträge** tragen grds die **Arbeitnehmer**, die in der gesetzlichen Krankenkasse pflichtversichert sind und die deshalb auch der Versicherungspflicht in der PflegeV unterliegen, und ihre **Arbeitgeber** durch ihre jeweiligen Beitragsanteile. Nach der Grundsatzentscheidung des BVerfG (3.4.01 – 1 BvR 2014/95, NZS 01, 309) ist die PflegeV im Wesentlichen verfassungsgemäß, allerdings musste bei der Beitragsbemessung die **Betreuung und Erziehung von Kindern zukünftig stärker berücksichtigt werden.** Deshalb wurde eine entsprechende Beitragsdifferenzierung ab 2005 notwendig (s Rz 12 ff).

Da § 60 SGB XI hinsichtlich der Beitragsabführung und -zahlung auf §§ 253–256 SGB V 2 verweist, die ihrerseits auf §§ 28d–28n und 28r SGB IV Bezug nehmen, ergibt sich gegenüber den sonstigen SozVBeiträgen keine Besonderheit. Der ArbGeb ist sowohl gegenüber dem SozVTräger als auch gegenüber dem ArbN verpflichtet, die **Beiträge korrekt zu berechnen und abzuführen.** Einzugsstelle ist wie auch sonst die Krankenkasse (§ 60 Abs 3 SGB XI). Der ArbGeb hat den Beitragsanteil des ArbN von dessen Bruttovergütung abzuziehen und zusammen mit dem ArbGebAnteil am PflegeVBeitrag an die Krankenkasse als Teil des GesamtSozVBeitrages zu überweisen. Er ist hierbei für die richtige Ermittlung des Beitrages verantwortlich und kann den Beitragsanteil des ArbN grds **nur durch Gehaltsabzug nach § 28g SGB IV** realisieren (s *Sozialversicherungsbeiträge* Rz 1 ff; *Beitragsbemessungsgrenzen* Rz 1; *Bruttolohnvereinbarung* Rz 1). Aus Fahrlässigkeit bei Berechnung oder Abführung können **Schadensersatzansprüche des ArbN** gegen den ArbGeb aus § 280 BGB erwachsen. Ist der ArbN nicht gesetzlich pflegeversichert, schuldet der ArbGeb keinen Beitragszuschuss für die PflegeV der Kinder des ArbN (BAG 21.1.03 – 9 AZR 695/01, NZA 04, 262).

Bei einer **Nettolohnvereinbarung** führt dies zu der Konsequenz, dass der ArbGeb die 3 PflegeVBeiträge allein zu tragen hat und damit die Chancen, aber auch die Risiken, die in dem Schwanken der Höhe des GesamtSozVBeitrages liegen übernimmt.

2. Kompensation der Arbeitgeberbeiträge. Bei der Einführung der PflegeV war es 4 gesetzgeberischer Wille, die Beitragslasten, die für die ArbGeb aus der Verpflichtung zur Übernahme des hälftigen Gesamtbeitrages bei der Bruttovergütung folgen, zu kompensieren (zur Gesetzgebungsgeschichte s Personalbuch 2001, Pflegeversicherungsbeiträge Rz 4).

Das Gesetz gewordene Kompensationsmodell (s auch *Marschner* BB 94, 1996) sieht in 5 Art 1 § 58 Abs 2 PflegeVG vor, dass die Länder zum Ausgleich der Beitragslasten einen gesetzlichen landesweiten Feiertag, der stets auf einen Werktag fällt, aufheben. In den Ländern, in denen dies nicht geschah, tragen die ArbN nach § 58 Abs 3 SGB XII den **gesamten PflegeVBeitrag allein. Alle Bundesländer mit Ausnahme von Sachsen** haben daraufhin den **Buß- und Bettag** als gesetzlichen Feiertag gestrichen (s die Übersicht von *Marschner* DB 95, 1026). In **Sachsen** ist die Streichung eines Feiertages unterblieben, so dass die ArbN, die dort ihren Beschäftigungsort haben, die PflegeVBeiträge allein zu tragen haben (die Regelung ist verfassungsgemäß, BVerfG 11.6.03 – 1 BvR 190/00 und 1 BvR 191/00, ArbuR 03, 297). Unbefriedigend an der Situation ist grds, dass die Finanzierung der PflegeV durch SozVBeiträge den Faktor Arbeit nochmals verteuert hat und zusätzlichen Anreiz gibt, Arbeitskräfte einzusparen. Eine (erbschafts-) steuerfinanzierte PflegeV wäre daher vorzuziehen.

B. Lohnsteuerrecht
Windsheimer

Der **Beitragsanteil des Arbeitgebers** zur gesetzlichen PflegeV ist **steuerfrei** (§ 3 Nr 62 7 EStG). Im Übrigen gelten für Leistungen des ArbGeb die Ausführungen zu den KVBeiträgen entsprechend (s *Krankenversicherungsbeiträge* Rz 3–9; s auch R 3.62 LStR sowie BVerfG

338 Pflegeversicherungsbeiträge

13.2.08 – 2 BvL 1/06, DStR 08, 604). Steuerfrei sind auch die Leistungen zur sozialen Sicherung der Pflegepersonen gem § 44 SGB XI. ArbGebZuschüsse zur PflegeV von Vorstandsmitgliedern einer AG sind nicht steuerfrei (FG Köln 15.12.05 – 10 K 2143/04, EFG 06, 953), weil keine gesetzliche Verpflichtung des ArbGeb für die Zukunftssicherung dieser ArbN besteht. Gleiches gilt für Vorstandsmitglieder einer VVaG und eingetragenen Genossenschaft. Fremd- und nicht beherrschende **GmbH-Geschäftsführer** sind in einem abhängigen Beschäftigungsverhältnis iSv § 7 SGB IV, auch wenn sie wegen Überschreitens der JAE-Grenze versicherungsfrei oder von der Versicherungspflicht befreit sind (s *Geschäftsführer* Rz 41, 44 ff). Somit haben sie Anspruch gegen den ArbGeb auf Beitragszuschuss nach § 61 Abs 1 oder 2 SGB XI (s unten Rz 34), der steuerfrei nach § 3 Nr 62 EStG ist. Bei **beherrschenden** Gesellschafter-Geschäftsführern soll dies auch gelten, wenn der SozVTräger die SozVPflicht feststellt (sog **Tatbestandswirkung**; BFH 21.1.10 – VI R 52/08, BStBl II 10, 703; s auch *Geschäftsführer* Rz 41). Zu Zuschüssen des ArbGeb bei **Entgeltfortzahlung** im Krankheitsfall s *Entgeltfortzahlung* Rz 42. Der Beitragszuschlag für **Kinderlose** in der sozialen PflegeV iHv 0,25 % (s unten Rz 12) ist vom ArbN allein zu tragen und kann deshalb vom ArbGeb nicht steuerfrei erstattet werden (§ 55 Abs 3 iVm § 58 Abs 1 SGB X). Zu Beiträgen an einen EU-ausländischen SozVTräger s *Diskriminierung* Rz 147.

8 Der **Arbeitnehmeranteil** sowie ArbNBeiträge zu einer zusätzlichen freiwilligen PflegeV sind beim ArbN **Sonderausgaben** (§ 10 Abs 1 Nr 3 Buchst b) und Nr 3a EStG (BMF 19.8.13 – IV C 3 – S 2221/12/10010:004, BStBl I 13, 1087 Tz 94). Dies gilt ab 2010 auch für die vom StPfl im Rahmen der Unterhaltsverpflichtung getragenen eigenen Beiträge eines Kindes, für das ein Anspruch auf einen Kinderfreibetrag (s *Kinderfreibetrag* Rz 7 ff) oder auf Kindergeld (s *Kindergeld* Rz 5 ff) besteht. Der Abzug von **Beitragsvorauszahlungen** ist nach § 10 Abs 1 Nr 3 Satz 4 EStG auf das 2,5-fache des auf den laufenden Veranlagungszeitraum entfallenden Betrags beschränkt. Zur Frage, ob der ArbNAnteil zum **stpfl Lohn** gehört, s *Sozialversicherungsbeiträge* Rz 14, 17; *Arbeitsentgelt* Rz 62; *Sonderausgaben* Rz 5).

9 Zur Ausstellung der **Lohnsteuerbescheinigung** s *Lohnsteuerbescheinigung* Rz 22. Nicht einzutragen ist der ArbGeb-Anteil zur sozialen PflegeV bei pflichtversicherten ArbN (s BMF 22.8.11 – IV C 5-S 2378/11/10002, 2011/0474498, BStBl I 11, 813 u Abschn I Nr 13 Buchst b).

C. Sozialversicherungsrecht

Schlegel

Übersicht

	Rz		Rz
1. Berechnungsgrundlagen	10–17	f) Freiwillig krankenversicherte Rentner	24
a) Beitragssatz	11	g) Sondervorschriften für Künstler und Publizisten etc	25
b) Zusätzlicher 0,25 %iger Beitrag für Kinderlose	12–15	h) Sondervorschriften für bestimmte freiwillige Krankenkassenmitglieder	26
c) Beihilfe- und Heilfürsorgeberechtigte	16	3. Beitragstragung	27–33
d) Beitragsbemessungsgrenze	17	a) Beitragstragung im Beschäftigungsverhältnis	28
2. Bemessungsgrundlagen – Beitragspflichtige Einnahmen	18–26	b) Sonstige Mitglieder	29, 30
a) Regelungstechnik	18	c) Tragung und Zahlung des Beitragszuschlags	31–33
b) Krankenversicherungspflichtig Beschäftigte	19	4. Beitragszuschüsse	34, 35
c) Krankengeldbezieher	20	5. Beitragsfreiheit in der sozialen Pflegeversicherung	36
d) Landwirtschaftliche Unternehmer	21	6. Anhang. Aktuelle Werte	37
e) Freiwillige Mitglieder der Krankenkassen und Mitglieder der sozialen Pflegeversicherung, die nicht in der KV versichert sind/Selbstständige	22, 23		

10 **1. Berechnungsgrundlagen.** Faktoren der Beiträge für die soziale PflegeV sind der gesetzlich festgelegte bundesweite Beitragssatz und die Beitragsbemessungsgrundlage.

11 **a) Beitragssatz.** Der Beitragssatz beträgt seit 1.1.13 einheitlich 2,05 % (bis 31.12.12 waren es 1,95 %) (§ 55 Abs 1 SGB XI).

b) Zusätzlicher 0,25 %iger Beitrag für Kinderlose. Der Beitragszuschlag für Kinderlose ihn Höhe von 0,25 Prozentpunkten ist von allen kinderlosen Mitgliedern zu zahlen, die das 23. Lebensjahr vollendet haben (§ 25 Abs 3 Satz 1 SGB XI nF). Zuschlagsfreiheit besteht nur für 12

- Eltern iSv § 56 Abs 1 Satz 1 Nr 3 (leibliche Eltern), Stiefeltern (§ 56 Abs 3 Nr 2) und Pflegeeltern (§ 56 Abs 3 Nr 3 SGB I);
- kinderlose Mitglieder, die vor dem 1.1.1940 geboren sind (§ 25 Abs 1 Satz 7 SGB XI; dazu vgl BT-Drs 15/3671 S 6);
- Wehr- und Zivildienstleistende (§ 25 Abs 1 Satz 7 SGB XI);
- Bezieher von AlGeld II (dazu vgl BT-Drs 15/3837 S 8 zu Art 1 Nr 3 Abs 3 – neu).

Zur Gesetzgebungsgeschichte vgl Kinder-Berücksichtigungsgesetz vom 15.12.04 (BGBl I 04, 3448), BVerfG Urt vom 3.4.01 (1 BvR 1629/94, BVerfGE 103, 242). Zur Verfassungsmäßigkeit der Regelung vgl BSG 27.2.08 – B 12 P 2/07 R.

Die **Elternschaft** muss gegenüber der beitragsabführenden Stelle (ArbGeb, RVTräger usw) in geeigneter Weise nachgewiesen werden (§ 25 Abs 3 Satz 2 SGB XI). In Betracht kommen LStKarte, Nachweis der Berücksichtigung von Kindererziehungszeiten in der RV, nachgewiesene Familienversicherung iSv § 10 SGB V, Geburtsurkunden, Abstammungsurkunden usw. Einzelheiten hierzu werden noch geregelt. 13

Der **Nachweis** gilt mit Beginn des Monats der Geburt des Kindes, dh rückwirkend, wenn er innerhalb von drei Monaten nach der Geburt erbracht wird. Ansonsten wirkt der Nachweis nur zukunftsgerichtet, dh erst ab dem nächsten Monat, in dem er erbracht wird. Bis zum Nachweis gilt ein Miglied als kinderlos mit der Folge, dass bis zum Nachweis der Beitragszuschlag zu zahlen ist. Die Frage, warum jemand keine Kinder hat, soll nach der Gesetzesbegründung keine Rolle spielen. Motivforschung wird nicht betrieben (vgl BT-Drs 13/3671 S 5 zu Art 1). Eine Differenzierung nach der Kinderzahl (was insbesondere der Bundesrat verlangt hatte, vgl BT-Drs 15/4176) findet nicht statt. 14

Die Zuschlagsfreiheit wird bereits durch ein einzelnes Kind ausgelöst, und zwar bei beiden Elternteilen. Eltern, deren Kind nicht mehr lebt, gelten nicht als kinderlos. Dh, dass bereits eine Lebendgeburt die Zuschlagsfreiheit auslöst (vgl BT-Drs 15/3671 S 4). 15

c) Beihilfe- und Heilfürsorgeberechtigte. Eine Besonderheit gilt für Personen, die – trotz ihrer Versicherungspflicht in der sozialen PflegeV – nach beamtenrechtlichen Grundsätzen bei Krankheit und Pflege Anspruch auf Beihilfe oder Heilfürsorge haben (zB freiwillig krankenversicherte Beamte etc). Erforderlich ist, dass diese Personen selbst beihilfeberechtigt sind – und nicht nur ein bei der Beihilfe berücksichtigungsfähiger Angehöriger ist (vgl BSG 6.11.97 – 12 RP 4/96, SozR 3–3300 § 55 Nr 1). Sie erhalten nach § 28 Abs 2 SGB XI aus der sozialen PflegeV nur die Hälfte der jeweils zustehenden Leistungen; die andere Hälfte wird durch die Beihilfe gedeckt. Entsprechend dieser Reduzierung des Leistungsanspruchs auf die Hälfte beträgt für diese Personen der Beitragssatz auch (nur) die Hälfte des allgemeinen Beitragssatzes (vgl § 55 Abs 1 Satz 2 SGB XI). Diese Regelung ist abschließend, so dass zB versicherungspflichtige Mitglieder Beiträge aus Versorgungsbezügen (§ 229 SGB V) nach dem vollen Beitragssatz allein zu tragen haben (vgl BSG 3.9.98 – B 12 P 4/97 R, SozR 3–3300 § 55 Nr 2). 16

d) Beitragsbemessungsgrenze. Die Beitragsbemessungsgrenze für die Beiträge zur sozialen PflegeV entspricht dem in § 6 Abs 7 SGB V festgesetzten Betrag (vgl § 55 Abs 2 SGB XI). Sie entspricht damit der Beitragsbemessungsgrenze der gesetzlichen KV (vgl § 6 Abs 7, § 223 Abs 3 SGB V; vgl unten Rz 37 und *Beitragsbemessungsgrenzen* Rz 5 ff). 17

2. Bemessungsgrundlagen – Beitragspflichtige Einnahmen. a) Regelungstechnik. Das Beitragsrecht der sozialen PflegeV folgt weitestgehend den Grundsätzen der gesetzlichen KV und nimmt gesetzestechnisch auf die Vorschriften des SGB V Bezug, nämlich für Pflichtmitglieder in der KV auf die §§ 226–238 und § 244 SGB V und für freiwillige Mitglieder der Krankenkassen auf § 240 SGB V. Durch die Verweisungstechnik auf das SGB V, das seinerseits bereits ein nicht einfach zu durchschauendes System von Regeln und Ausnahmen der Beitragsbemessung und Beitragstragung kennt, wird die Regelung der Beitragsbemessung und Beitragstragung im Recht der sozialen PflegeV nahezu undurchschaubar, weil durch weitere Besonderheiten der sozialen PflegeV, das SGB XI Ausnahmen von der Bezugnahme auf Vorschriften des SGB V kennt oder die Bezugnahmen zum Teil modifiziert. Es empfiehlt 18

338 Pflegeversicherungsbeiträge

sich deshalb folgende **Vorgehensweise:** 1. Schritt: Es ist zu fragen, welche Art der Versicherung hinsichtlich der KV besteht (Pflichtversicherung oder freiwillige Versicherung). 2. Schritt: Es ist zu fragen, welche Einnahmen der betreffenden Person in der KV der Beitragsberechnung zugrunde gelegt werden. 3. Schritt: Es ist zu fragen, ob die PflegeV hiervon in den §§ 56 ff SGB XI Ausnahmen oder Modifikationen vorsieht.

19   b) **Krankenversicherungspflichtig Beschäftigte.** Arbeiter, Angestellte und gegen Entgelt beschäftigte Auszubildende, die in der KV pflichtversichert und Mitglied einer Pflegekasse sind, zahlen Beiträge zunächst aus ihrem Arbeitsentgelt, das sie in der versicherungspflichtigen Beschäftigung erzielen. Daneben unterliegen der Beitragspflicht auch der Zahlbetrag einer eventuell bezogenen Rente aus der gesetzlichen RV oder der Zahlbetrag der der Rente vergleichbaren Einnahmen (sog Versorgungsbezüge, zB Betriebsrente; vgl § 229 SGB V; zur Pflicht des Versicherten, die Beiträge nach dem vollen Beitragssatz allein zu tragen, vgl BSG 3.9.98 – B 12 P 4/97 R, SozR 3–3300 § 55 Nr 3) und das Arbeitseinkommen (dh Einkommen aus einer zusätzlich ausgeübten selbstständigen Tätigkeit; vgl § 226 SGB V iVm § 57 Abs 1 SGB XI). Die Beitragspflicht von Versorgungsbezügen oder Arbeitseinkommen der versicherungspflichtig Beschäftigten entfällt, wenn diese Einnahmen insgesamt weniger betragen als ein Zwanzigstel der monatlichen Bezugsgröße (zu dieser Bagatellgrenze vgl § 57 Abs 1 SGB XI iVm § 226 Abs 2 SGB V). Einmalig gezahltes Arbeitsentgelt (Weihnachtsgeld, Urlaubsgeld etc) wird nicht nur bis zur monatlichen Beitragsbemessungsgrenze, sondern wie in der KV bis zu der (bei demselben ArbGeb zurückgelegten) anteiligen JAEGrenze zur Beitragszahlung herangezogen (Einzelheiten hierzu s *Einmalzahlungen* Rz 8 ff).

20   c) **Krankengeldbezieher.** Für Krankengeldbezieher werden die Beiträge nach Maßgabe des § 57 Abs 2 SGB XI bestimmt. Die Krankenkasse und der Krankengeldbezieher tragen die Beiträge je zur Hälfte (§ 59 Abs 2 SGB X). Gezahlt werden die Beiträge von der Krankenkasse, wobei § 28g SGB IV entsprechend gilt, dh, dass die Krankenkasse den Beitragsanteil des Krankengeldbeziehers bei der Zahlung des Krankengeldes einbehalten darf.

21   d) **Landwirtschaftliche Unternehmer.** Die Beiträge zur sozialen PflegeV zahlen die landwirtschaftlichen Unternehmer in Form eines Zuschlages zu ihrem KVBeitrag (Einzelheiten hierzu vgl § 57 Abs 3 SGB XI).

22   e) **Freiwillige Mitglieder der Krankenkassen und Mitglieder der sozialen Pflegeversicherung, die nicht in der Krankenversicherung versichert sind/Selbstständige.** Für diesen Personenkreis ist gem § 57 Abs 4 Satz 1 SGB XI „§ 240 SGB V entsprechend anzuwenden". Dies bedeutet, dass die Pflegekassen zunächst Satzungen beschließen müssen, durch die die Beitragsbemessung geregelt wird. Dabei müssen die Pflegekassen die Mindestanforderungen des § 240 SGB V beachten. Einzelheiten dazu vgl *Krankenversicherungsbeiträge*.

23   Besonderheiten bestehen für **Selbstständige.** Bei ihnen ist im Regelfall der Beitragsbemessung pro Tag der dreißigste Teil der monatlichen Beitragsbemessungsgrenze zugrunde zu legen. Weisen sie niedrigere Einnahmen nach, ist als Bemessungsgrundlage mindestens der vierzigste Teil der monatlichen Bezugsgröße zugrunde zu legen (§ 57 Abs 4 SGB XI iVm § 240 Abs 4 SGB V; Einzelheiten vgl *Krankenversicherungsbeiträge* Rz 18 ff).

24   f) **Freiwillig krankenversicherte Rentner.** Diese zahlen ebenfalls Beiträge aus ihren Gesamteinnahmen, wobei die Rangfolge der Heranziehung ergänzend durch §§ 238a, 239 SGB V geregelt wird, dh, zunächst werden Beiträge aus dem Zahlbetrag ihrer Rente, dann aus dem Zahlbetrag eventueller Versorgungsbezüge, vom Arbeitseinkommen und zuletzt von sonstigen Einnahmen bis zur Beitragsbemessungsgrenze herangezogen (zur Verfassungsmäßigkeit ihrer Heranziehung nach der Mindesteinnahmengrenze des § 240 SGB V vgl BSG 6.11.97 – 12 RP 3/96, SozR 3–3300 § 57 Nr 1).

25   g) **Sondervorschriften für Künstler und Publizisten etc.** In der KV bestehende Spezialregelungen für die beitragspflichtigen Einnahmen der Künstler und Publizisten (dazu § 234 SGB V), von Rehabilitanden, Jugendlichen und Behinderten in Einrichtungen (dazu § 235 SGB V), der Studenten und Praktikanten (dazu § 236 SGB V) und der versicherungspflichtigen Rentner (dazu § 237 SGB V) werden durch ihre Bezugnahme an § 57 Abs 1 SGB XI unverändert übernommen, sofern diese Personen in der KV pflichtversichert sind (Einzelheiten s *Krankenversicherungsbeiträge* Rz 15 ff).

26   h) **Sondervorschriften für bestimmte freiwillige Krankenkassenmitglieder.** Für **Praktikanten** (§ 20 Abs 1 Nr 10 SGB XI), die in der KV freiwillig versichert sind und die deshalb im Recht der KV Beiträge nach Maßgabe des § 240 SGB V aus ihrer gesamten

wirtschaftlichen Leistungsfähigkeit zu zahlen haben, gilt in der PflegeV § 236 SGB V entsprechend; dh, Praktikanten zahlen Beiträge in der sozialen PflegeV, wie wenn sie in der KV pflichtversichert wären, also aus einem Dreißigstel des Betrages, der nach § 13 Abs 1 Nr 2 und Abs 2 BAföG für Stunden als Bedarfssatz festgesetzt ist (vgl § 57 Abs 4 Satz 3 SGB XI). Ebenso gilt § 240 SGB V in der sozialen PflegeV nicht für freiwillig krankenversicherte **Mitglieder geistlicher Genossenschaften, Diakonissen** und ähnliche Personen; sie zahlen in der sozialen PflegeV Beiträge nach dem Wert der ihnen gewährten Sachbezüge oder des ihnen zur Beschaffung der unmittelbaren Lebensbedürfnisse an Wohnung, Verpflegung, Kleidung und dergleichen gezahlten Entgelts (vgl § 57 Abs 4 Satz 3 SGB XI). Desgleichen gilt in der sozialen PflegeV § 240 SGB V nicht für freiwillige Mitglieder der KV, die von einem Träger der Reha Verletztengeld, Versorgungskrankengeld oder Übergangsgeld erhalten; Bemessungsgrundlage ist für sie das diesen Lohnersatzleistungen zugrunde liegende Regelentgelt (§ 57 Abs 4 Satz 4 SGB XI iVm § 235 Abs 2 SGB V).

3. Beitragstragung. Die Beitragstragung bei Versicherten, die in der gesetzlichen KV pflichtversichert und Mitglied einer Pflegekasse sind, folgt den für die KV geltenden Regeln der KV (§ 58 SGB XI). Allerdings tragen Rentner die Beiträge seit 1.4.04 allein. 27

a) Beitragstragung im Beschäftigungsverhältnis. Die Beiträge versicherungspflichtig Beschäftigter tragen ArbGeb und ArbN je zur Hälfte (Grundsatz: § 58 Abs 1 SGB XI). Zum Ausgleich der mit den ArbGebBeiträgen verbundenen Belastungen werden die Länder einen landesweiten gesetzlichen Feiertag, der stets auf einen Werktag fällt, aufheben (§ 58 Abs 2 SGB XI); geschieht dies nicht, tragen die ArbN die Beiträge zur sozialen PflegeV in Höhe von 1 vH allein, im Übrigen ArbGeb und ArbN je zur Hälfte (§ 58 Abs 3 SGB XI; zur Verfassungsmäßigkeit dieser Regelung BSG 30.9.99 – B 8 KN 1/98 PR, SozR 3–3300 § 58 Nr 1; 27.1.2000 – B 12 KR 29/98 R, SozR 3–3300 § 58 Nr 2). Der ArbGeb trägt die Beiträge zur sozialen PflegeV alleine für Personen, die im Rahmen betrieblicher Berufsbildung beschäftigt sind und nicht mehr als 325 € verdienen; ferner für Personen, die ein freiwilliges soziales oder ökologisches Jahr ableisten (§ 20 Abs 3 SGB IV). Gezahlt werden die Beiträge im Regelfall von ArbGeb. Der ArbNAnteil wird im **Lohnabzugsverfahren** einbehalten. § 60 SGB XI nimmt insoweit auf § 253 SGB V und §§ 28d bis 28n, 28r SGB IV Bezug. 28

b) Sonstige Mitglieder. Bei sonstigen Mitgliedern, die nach § 20 Abs 1 Nr 2–11 SGB XI Mitglied der Pflegekasse und Pflichtmitglied einer Krankenkasse sind, sind die Beiträge zur PflegeV ebenso zu behandeln wie die Beiträge zur KV. Der nach einer Rente zu bemessende Pflegeversicherungsbeitrag ist vom Rentenbezieher allein zu tragen (vgl § 59 Abs 1 Satz 1 SGB XI, zur Verfassungsmäßigkeit vgl BSG 29.11.06 – B 12 RJ 4/05, SozR 4–3300 § 59 Nr 1). 29

Mitglieder der sozialen PflegeV, die in der KV freiwillig krankenversichert sind, tragen ihre Beiträge insgesamt allein (§ 59 Abs 4 SGB XI); sie sind auch verpflichtet, die Beiträge selbstständig an die Krankenkasse zur Weiterleitung an die Pflegekassen zu zahlen (§ 60 Abs 1 SGB XI iVm § 252 SGB V). Zu Beitragszuschüssen für bestimmte Personenkreise vgl unten Rz 34 ff. 30

c) Tragung und Zahlung des Beitragszuschlags. Den Beitragszuschlag für Kinderlose nach § 55 Abs 3 SGB XI trägt das Mitglied (vgl § 59 Abs 5 SGB XI). Entsprechendes gilt für Beschäftigte; hierzu bestimmt § 58 Abs 1 Satz 3 SGB XI nF, dass der Beitragszuschlag für Kinderlose von den Beschäftigten zu tragen ist. Insoweit findet im Beschäftigungsverhältnis keine paritätische Beitragsfinanzierung mehr statt. 31

Der Beitragszuschlag ist im Grundsatz vom Mitglied zu zahlen (vgl § 59 Abs 3 SGB XI). Wird der „allgemeine" PflegeVBeitrag von einem Dritten gezahlt (zB vom Träger der RV bei Rentnern oder vom ArbGeb bei Beschäftigten), zahlt der Dritte auch den Beitragszuschlag. Der Dritte hat dann einen Anspruch gegen das Mitglied auf den von dem Mitglied zu zahlenden Beitragszuschlag. Dieser Anspruch kann von dem Dritten durch Abzug von der an das Mitglied zu erbringenden Geldleistung geltend gemacht werden (vgl § 60 Abs 5 SGB XI). Vorbild dieser Regelung ist das Lohnabzugsverfahren des § 28g SGB IV. Ist einer derartiger Abzug (zB von der Rente oder vom Bruttoarbeitentgelt) nicht möglich, weil der Dritte keine laufende Geldleistung an das Mitglied erbringen muss, hat das Mitglied den Beitrag selbst an die Pflegekasse zu zahlen (vgl § 60 Abs 6 SGB XI). 32

33 Auch Bezieher von AlGeld, Unterhaltsgeld, Kurzarbeitergeld und Winterausfallgeld haben den Beitragszuschlag zu tragen. Allerdings werden die Beitragszuschläge für diesen Personenkreis von der Bundesagentur für Arbeit (BA) nicht konkret-individuell ermittelt; vielmehr lässt § 60 Abs 7 SGB XI eine pauschale Abgeltung zu. Die BA kann sodann mit Zustimmung des Bundesministeriums für Wirtschaft und Arbeit bei den Leistungsbeziehern „hinsichtlich der übernommenen Beiträge Rückgriff nehmen" (so § 60 Abs 7 Satz 2 SGB XI; vgl BT-Drs 15/3837 S 9).

34 **4. Beitragszuschüsse.** Die in der sozialen PflegeV (pflichtversicherten) Beschäftigten, die in der KV freiwillig versichert sind, tragen ihre Beiträge allein und sind auch verpflichtet, die Beiträge an die Krankenkasse zur Weiterleitung an die Pflegekassen zu zahlen (vgl § 59 Abs 4 Satz 1, § 60 Abs 1 SGB XI). Diese Beschäftigten erhalten von ihrem ArbGeb einen Zuschuss zu den PflegeVBeiträgen. Dies gilt auch für Beschäftigte, die zur Erfüllung ihrer Versicherungspflicht nach den §§ 22 und 23 SGB XI eine private PflegeV abgeschlossen haben; der Zuschuss ist der Höhe nach begrenzt auf den Betrag, der als ArbNAnteil bei Versicherungspflicht in der sozialen PflegeV zu zahlen wäre, höchstens jedoch auf die Hälfte des Betrages, den der Beschäftigte tatsächlich zu zahlen hat (vgl § 61 Abs 2 SGB XI). Dagegen haben geringfügig Beschäftigte, die in der gesetzlichen KV freiwillig versichert und damit in der SozialPflegeV pflegeversichert sind, keinen Anspruch auf einen Beitragszuschuss des ArbGeb; der Anspruch nach § 61 SGB XI ist auf diejenigen Beschäftigten beschränkt, die in der KV wegen Überschreitens der JAVGrenze versicherungsfrei sind und deswegen die Versicherung freiwillig fortgeführt haben (vgl BSG 4.6.98 – B 12 P 2/97 R, SozR 3–3300 § 61 Nr 1).

35 Für Personen mit Anspruch auf Beihilfe nach beamtenrechtlichen Grundsätzen zahlt der Dienstherr keinen Beitragszuschuss zu den Kosten einer privaten PflegeV; an die Stelle des Zuschusses treten hier die Beihilfeleistungen (vgl § 61 Abs 8 SGB XI).

36 **5. Beitragsfreiheit in der sozialen Pflegeversicherung.** Beitragsfrei versichert sind in der sozialen PflegeV im wesentlichen Familienangehörige iSd § 25 SGB XI und bestimmte Rentenantragsteller (vgl § 56 Abs 2 SGB XI). Eine begrenzte Beitragsfreiheit besteht für Mitglieder für die Dauer ihres Mutterschafts- oder Erziehungsurlaubs; sie zahlen aus dem Mutterschaftsgeld und dem Erziehungsgeld keine Beiträge, wohl aber aus sonstigen beitragspflichtigen Einnahmen (vgl § 56 Abs 3 SGB XI).

37 **6. Anhang. Aktuelle Werte:**

BL = Bundesländer			2014 in €		2013	
			alte BL	neue BL	alte BL	neue BL
a)	**Bezugsgröße** iSd § 18 SGB IV	monatlich	2.765,–	2.345	2695,–	2275,–
		jährlich	33.180	28.140	32340,–	27300,–
b)	**Beitragsbemessungsgrenze**	monatlich	4.050	4.050	3937,50	3937,50
	(§ 6 Abs 7 SGB V)	jährlich	48.600	48.600	47 250,–	47250,–
c)	**Geringfügigkeitsgrenze**	monatlich	450	450	450,–	450,–
	(§ 8 Abs 1 SGB VI)					
d)	**Beitragssatz**		2.05 vH	2,05 vH	2,05 vH	2,05 vH
	Beitragszuschlag für Kinderlose		0,25 vH	0,25 vH	0,25 vH	0,25 vH

Pflegeversicherungsleistungen

A. Arbeitsrecht *Griese*

1 Die PflegeVLeistungen haben keine arbeitsrechtlichen Auswirkungen. Zur Freistellung von ArbN zur Pflege erkrankter Angehöriger und zum besonderen Kündigungsschutz s *Pflegezeit*.

B. Lohnsteuerrecht
Windsheimer

I. 1. Die **Leistungen aus der Pflegeversicherung,** also die Pflegesachleistung (§ 36 SBG XI), das Pflegegeld für selbstbeschaffte Pflegehilfe (§ 37 SGB XI) sowie die Kombination von Geldleistungen und Sachleistungen (§ 38 SGB XI), sind **steuerfrei** (§ 3 Nr 1a EStG). Entsprechende Aufwendungen der pflegebedürftigen Person können bei ihren Einkünften nicht berücksichtigt werden (§ 3c EStG).

2. Bei **privat vereinbarten** Altenteilsleistungen, die die Pflege (mit) umfassen, bezieht der pflegebedürftige Altenteiler insoweit Einkünfte aus wiederkehrenden Bezügen (§ 22 Nr 1 Satz 1 EStG). Entsprechend sind (Lohn)Aufwendungen beim Altenteilsverpflichteten als dauernde Last abziehbar (§ 10 Abs 1 Nr 1a Satz 1 EStG; BFH 3.3.04 – X R 135/98, BStBl II 04, 824), nicht als außergewöhnliche Belastung (BFH 19.6.08 – III R 34/07, BFH/NV 08, 1827). Diese Rechtsfolge gilt nur noch für vor dem 1.1.08 vereinbarte Altenteilsleistungen (§ 52 Abs 23g EStG). Zu schenkungssteuerlichen Gesichtspunkten FG RhPf 23.3.07 – 4 K 2892/04, EFG 07, 1095.

II. Exkurs. 1. Aufwendungen der pflegebedürftigen Person. a) Außergewöhnliche Belastung (§ 33 EStG). Aufwendungen der pflegebedürftigen Person, die durch die Pflegeleistungen nicht gedeckt sind (zB krankheitsbedingte Kosten im Altenwohnheim oder Vergütungen an eine Pflegeperson, die das Pflegegeld übersteigen), können als außergewöhnliche Belastung abziehbar sein (§ 33 Abs 1 EStG; BMF 15.2.10 – IV C 4 – S 2296 – b/07/0003, BStBl I 10, 140; BFH 18.12.08 – III R 12/07, BFH/NV 09, 1102). Abziehbar sind neben den Pflegekosten auch die Kosten, die auf die Unterbringung und Verpflegung entfallen, soweit es sich hierbei um gegenüber der normalen Lebensführung entstehende Mehrkosten handelt (BFH 24.2.2000 – III R 80/97, BStBl II 2000, 294). In Änderung seiner bisherigen Rspr geht der BFH auch dann von einer krankheitsbedingten Unterbringung aus, wenn noch keine ständige Pflegebedürftigkeit gegeben ist (BFH 13.10.10 – VI R 38/09, DStR 11, 65). Auch bei **Pflegestufe 0** sind die gesondert in Rechnung gestellten Pflegesätze nach § 33 Abs 1 EStG abziehbar, wenn die Unterbringung in einem Wohn- und Pflegeheim krankheitsbedingt ist (BFH 10.5.07 – III R 39/05, BStBl II 07, 764). Darunter fällt auch die Unterbringung in einem sozialtherapeutischen Pflegeheim (FG München 31.7.07 – 2 K 3041/04, EFG 07, 1684). Hat die pflegebedürftige Person ihren häuslichen Haushalt aufgelöst, sind die als außergewöhnliche Belastung abzugsfähigen Pflegekosten um die – anhand des Unterhaltshöchstbetrags nach § 33a Abs 1 EStG zulässig geschätzte – Haushaltsersparnis und um etwaige Rechnungsgutschriften und Überzahlungen des Altenpflegeheimes zu mindern (FG München 5.11.08 – 15 K 2814/07, EFG 09, 309, 345). Aufwendungen wegen Pflegebedürftigkeit sind nur insoweit als außergewöhnliche Belastungen zu berücksichtigen, als die Pflegekosten die Leistungen der PflegeV und das aus einer ergänzenden PflegekrankenV bezogene Pflege(tage)geld übersteigen (BFH 14.4.11 – VI R 8/10, DStRE 11, 889). Aufwendungen des nicht pflegebedürftigen Stpfl, der mit seinem pflegebedürftigen Ehegatten in ein Wohnstift übersiedelt, sind keine außergewöhnliche Belastung (BFH 15.4.10 – VI R 51/09, DStRE 10, 865; hierzu *Rosenke* EFG 10, 480; *Geserich* HFR 10, 825). Die Anforderungen an den Nachweis der Krankheiten wurden in § 64 EStDV neu geregelt. Die Vorschrift ist in allen Fällen, in denen die ESt noch nicht bestandskräftig festgesetzt ist, anzuwenden (§ 84 Abs 3 f EStDV).

b) Haushaltsnahe Dienstleistungen (§ 35a EStG). Soweit die Aufwendungen der pflegebedürftigen Person für ihre Pflege durch den Abzug als außergewöhnliche Belastung nicht gedeckt sind, greift subsidiär § 35a EStG ein (§ 35a Abs 5 Satz 1 EStG). Liegt als haushaltsnahe Beschäftigung ein geringfügiges Beschäftigungsverhältnis iSd § 8a SGB IV zu Grunde (§ 35a Abs 1 EStG; *Geringfügige Beschäftigung* Rz 20 ff), richtet sich die Steuerermäßigung hiernach (s *Hauswirtschaftliches Beschäftigungsverhältnis* Rz 10 ff). Liegen bei einem Beschäftigungsverhältnis, das Pflege und Betreuung zum Inhalt hat, die Voraussetzungen des § 35a Abs 1 EStG nicht vor, kommt die Steuerermäßigung nach § 35a Abs 2 Satz 2 EStG iHv 20 % der Aufwendungen, höchstens 4000 € in Betracht. Abzugsfähig sind Kosten für Pflegedienstleistungen im häuslichen Bereich oder in einem Heim, die einer Hilfe im Haushalt vergleichbar sind. Hierfür gilt: Die Feststellung und der Nachweis einer Pflegebedürftigkeit oder der Bezug von Leistungen der Pflegeversicherung sowie die Unterscheidung nach

339 Pflegeversicherungsleistungen

Pflegestufen ist ab 2009 nicht mehr erforderlich. Eine Inanspruchnahme der Steuerermäßigung nach § 35a Abs 1 oder Abs 2 EStG ist auch möglich, wenn sich der eigenständige und abgeschlossene Haushalt in einem **Heim** befindet. In diesem Fall sind die im Haushalt des Heimbewohners erbrachten und anteilig, nicht notwendig individuell, abgerechneten Dienstleistungen (zB Reinigung des Appartements, Pflege- oder Handwerkerleistungen im Appartement) begünstigt (BFH 29.1.09 – VI R 28/08, DStRE 09, 552). Ein Haushalt in einem Heim ist gegeben, wenn die Räumlichkeiten des Steuerpflichtigen von ihrer Ausstattung für eine Haushaltsführung geeignet sind (Bad, Küche, Wohn- und Schlafbereich), individuell genutzt werden können (Abschließbarkeit) und eine eigene Wirtschaftsführung des Stpfl nachgewiesen oder glaubhaft gemacht wird. Zum Haushalt können auch Gemeinschaftsflächen in einem Wohnstift zählen, so dass die Kosten des Mittagessens im Wohnstift haushaltsnahe Dienstleistungen sein können (FG BaWü 12.9.12 – 3 K 3887/11 rechtskräftig, BeckRS 12, 96543). Die Leistungen der PflegeV sind nicht anzurechnen. Die Steuerermäßigung ist haushaltsbezogen. Werden zB zwei pflegebedürftige Personen in einem Haushalt gepflegt, kann die Steuerermäßigung nur einmal in Anspruch genommen werden. Im Übrigen gelten die Ausführungen zu *Hauswirtschaftliches Beschäftigungsverhältnis* Rz 20 ff. Zur Rechtsanwendung von § 35a EStG s das ausführliche Schreiben BMF 15.2.2010 – IV C 4 – S 2296 – b/07/0003, BStBl I 10, 140 = Anh 17b EStR.

4 **2. Besteuerung der Pflegeperson. a) Pflege ohne Vergütung.** Entstehen einem StPfl durch die Pflege einer pflegebedürftigen Person Aufwendungen, die ihm nicht ersetzt werden und für die er keine Vergütung erhält, so können die Aufwendungen außergewöhnliche Belastung (§ 33 EStG) sein (BFH 19.6.08 – III R 57/05, BStBl II 09, 365). Kann die Pflegeperson von dem Gepflegten Ersatz ihrer Aufwendungen erlangen, so kann es an der Zwangsläufigkeit der Aufwendungen (§ 33 Abs 2 EStG) fehlen (BFH 2.12.04 – III R 27/02, BFH/NV 05, 1248). Erfolgt die Pflege als Gegenleistung für vom Pflegebedürftigen übernommenes Vermögen, so sind die Aufwendungen für Pflege und Unterbringung keine außergewöhnliche Belastung (BFH 12.11.96 – III R 38/95, BStBl II 97, 387). Aufwendungen für **Besuchsfahrten** können berücksichtigt werden (BFH 2.12.04 – III R 27/02, BFH/NV 05, 1248; aA FG München 4.12.06 – 1 K 374/06, BeckRS 2006, 26023801). An die Zwangsläufigkeit werden jedoch strenge Anforderungen gestellt (BFH 29.7.04 – III B 155/03, BFH/NV 04, 1646). Aufwendungen für die krankheitsbedingte Unterbringung eines Angehörigen in einem Altenpflegeheim können als Krankheitskosten eine außergewöhnliche Belastung nach § 33 EStG darstellen, wenn der Unterhaltsberechtigte nicht in der Lage ist, diese Aufwendungen selbst zu tragen. Abziehbar sind neben den Pflegekosten auch die Kosten, die auf die Unterbringung und Verpflegung entfallen, soweit es sich hierbei um gegenüber der normalen Lebensführung entstehende Mehrkosten handelt. Daneben sind typische und übliche Aufwendungen zur Bestreitung des Lebensunterhalts des Pflegebedürftigen, wie zB Aufwendungen für Ernährung, Kleidung, Wohnung, nach § 33a EStG abzugsfähig. Ebenso Aufwendungen für die altersbedingte Heimunterbringung von Angehörigen (BFH 30.6.11 – VI R 14/10, DStR 11, 1755).

Anstelle der tatsächlichen Aufwendungen steht der Pflegeperson der **Pflegepauschbetrag** iHv 924 € pro Jahr zu (§ 33b Abs 6 EStG), wenn sie für die Pflege keine Einnahmen erhält. Dazu zählt der Fall, dass die Pflegeperson das erhaltene Pflegegeld ausschließlich dazu verwendet, Aufwendungen des Pflegebedürftigen zu bestreiten (BFH 17.7.08 – III R 98/06, BFH/NV 09, 131). Zahlt die Pflegekasse Beiträge zur gesetzlichen RV der Pflegeperson und/oder auf Antrag Zuschüsse zur KV und PflegeV, soweit keine beitragsfreie Familienversicherung möglich ist (§ 44a SGB X), sowie Beiträge zur ArblV (§ 349 Abs 4a iVm § 347 Nr. 10 SGB III), so sind diese Leistungen keine Einnahmen iSv § 33b Abs 6 Satz 1 EStG (BayLfSt 20.7.10 – S 2286.1.1–1/2 St 32, DStR 10, 1843; s auch *Rentenversicherungsbeiträge* Rz 2). Der Pflegepauschbetrag kommt auch zur Anwendung, wenn anstelle Zwangsläufigkeit der Aufwendungen iSv § 33 EStG eine enge persönliche Beziehung zu der gepflegten Person besteht (BFH 29.8.96 – III R 4/95, BStBl II 97, 199). Beteiligen sich mehrere Personen an der Pflege, ist der Pauschbetrag auch dann zwischen allen Personen aufzuteilen, welche tatsächlich persönlich gepflegt haben, wenn einige nach § 33 EStG den Abzug ihrer tatsächlichen Aufwendungen beantragen oder auf eine steuerliche Geltendmachung verzichten. Der Pflegepauschbetrag ist ein Jahresbetrag. Die Aufteilung richtet sich daher nur nach der Zahl der Pflegepersonen und nicht nach den Monaten, in denen diese gepflegt haben. Eine einvernehmliche andere Aufteilung als die nach Köpfen scheidet aus (BFH 19.6.08 – III R 34/07, BFH/NV 08, 1827).

Ein Nachweis der Pflegebedürftigkeit ist nicht erforderlich. Es reicht aus, wenn Dienstleistungen zur Grundpflege (Körperpflege, Ernährung, Mobilität) oder zur Betreuung erbracht werden. Der pflegende Stpfl muss bei Inanspruchnahme des Pauschbetrags die Pflege im Inland entweder in seiner Wohnung oder in der Wohnung des Pflegebedürftigen persönlich durchführen (§ 33b Abs 6 Satz 5 EStG), wenn auch nur zeitweise, zB übers Wochenende (FG München 14.2.95, EFG 95, 722).

Sind die Aufwendungen durch die oa Steuerermäßigungen nicht gedeckt, greift im Übrigen § 35a Abs 2 Satz 2 EStG ein (s oben Rz 3).

b) Pflege gegen Vergütung. Einnahmen für Leistungen zur Grundpflege oder hauswirtschaftlichen Versorgung sind bis zur Höhe des Pflegegeldes (§ 37 SGB XI) **steuerfrei,** wenn diese Leistungen von Angehörigen des Pflegebedürftigen oder von anderen Personen, die damit eine sittliche Pflicht iSd § 33 Abs 2 EStG gegenüber dem Pflegebedürftigen erfüllen, erbracht werden. Entsprechendes gilt, wenn der Pflegebedürftige Pflegegeld aus privaten Versicherungsverträgen nach den Vorgaben des SGB XI oder eine Pauschalbeihilfe nach Beihilfevorschriften für häusliche Pflege erhält (§ 3 Nr 36 EStG).

5

Die Vergütung kann darüber hinaus nicht der Steuer unterliegen, wenn nicht der Vergütungsgedanke, sondern die Pflege im Rahmen der familiären Lebensgemeinschaft im Vordergrund steht (BFH 14.9.99 – IX R 88/95, BStBl II 99, 776). Der Pflegepauschbetrag (§ 33b Abs 6 EStG) kann hierbei aber nicht geltend gemacht werden.

Wird die Pflege alter, kranker oder behinderter Menschen im Dienst oder im Auftrag einer inländischen juristischen Person des öffentlichen Rechts oder einer gemeinnützigen Organisation **nebenberuflich** ausgeübt (*Nebentätigkeit* Rz 20 ff), ist die Vergütung bis 2400 € steuerfrei (§ 3 Nr 26 EStG; Abgrenzung zur Steuerpflicht BFH 1.6.04 – XI B 117/02, BFH/NV 04, 1405). Die nebenberufliche Pflege alter Menschen gem § 3 Nr 26 EStG umfasst neben der körperlichen Pflege auch die hauswirtschaftliche Betreuung wie etwa die Unterstützung bei häuslichen Verrichtungen und beim Einkaufen sowie die Altenhilfe gem § 71 SGB XII. Der StPfl trägt die Feststellungslast hinsichtlich der Voraussetzungen der Steuerfreiheit nach § 3 Nr 26 EStG (FG Hamburg 23.3.06 – II 317/04). Einzelheiten BayLfSt 8.7.11 – S 2121.1.1–1/27 St 32, BeckVerw 251248, ESt-Kartei HE § 3 EStG Fach 3, Karte 6.

Bei **hauptberuflicher** Tätigkeit ist die Vergütung, die die Pflegeperson für ihre Pflege erhält, sei sie vom Träger der PflegeVLeistungen oder von einer eingeschalteten Organisation bezahlt, sei sie von der gepflegten Person als weitergegebenes Pflegegeld (§ 37 SGB XI) oder darüber hinaus bezahlt, stpfl. Aufgrund der tatsächlichen Umstände der durchgeführten Pflege handelt es sich entweder um gewerbliche Einkünfte (§ 15 Abs 1 EStG; BFH 30.8.07 – XI B 1/07, BFH/NV 07, 2280), um freiberufliche Einkünfte (§ 18 Abs 1 Nr 1 EStG), um nichtselbständige Einkünfte (§ 19 Abs 1 EStG) oder um sonstige Einkünfte (§ 22 Nr 3 EStG; BFH 22.1.04 – IV R 51/01, BStBl II 04, 509; zur Abgrenzung FM SchlHol 13.4.05 – VI 308 – S 2246202; ESt-Kartei SH § 18 EStG, Karte 2.15; s *Arbeitnehmer (Begriff)* Rz 29 ff). Erbringt eine **Körperschaft** die Pflegeleistungen, liegt idR ein Zweckbetrieb (§ 66 AO) iSd Gemeinnützigkeit vor.

Zu Aufwendungen für Behinderte s *Behinderte* Rz 70 ff.

Literaturhinweis: BMF 15.2.10 – IV C 4 – S 2296 – b/07/0003, BStBl I 10, 140; *Kratzsch* Gestaltende Steuerberatung (Zeitschrift) 2010, 164.

C. Sozialversicherungsrecht *Ruppelt*

Übersicht

	Rz		Rz
1. Pflegebedürftigkeit als Leistungsvoraussetzung	6–19	d) Maßstab für den zeitlichen Umfang des Pflegebedarfs	16
a) Begriff der Pflegebedürftigkeit	7	e) Wechsel zwischen den Pflegestufen	17
b) Pflegebedarf	8–13	f) Antragsprinzip	18
c) Art der Hilfeleistung	14, 15		

339 Pflegeversicherungsleistungen

	Rz		Rz
g) Vorversicherungszeiten als Leistungsvoraussetzung	19	b) Vollstationäre Pflege	27, 28
2. Leistungen bei häuslicher Pflege	20–25	c) Teilstationäre Pflege	29
a) Häusliche Pflegehilfe	20	d) Sonstige Leistungen	30
b) Pflegegeld für selbst beschaffte Pflegehilfen	21, 22	e) Exportfähigkeit der Pflegeversicherungsleistungen	31
c) Kombinationsleistungen	23	4. Sozialversicherungsrechtliche Stellung der pflegenden Person	32–40
d) Pflegehilfsmittel und technische Hilfen	24	a) Denkbare Gestaltungsformen der Pflegetätigkeit	32
e) Betreuungsleistungen	25	b) Pflegetätigkeit in einem Arbeitsverhältnis	33–35
3. Leistungen bei stationärer Pflege	26–31	c) Nicherwerbsmäßige Pflegetätigkeit	36–40
a) Subsidiarität	26		

6   **1. Pflegebedürftigkeit als Leistungsvoraussetzung.** Die Leistungen der sozialen PflegeV zur **häuslichen Pflege** (§§ 36 ff SGB XI) umfassen insbesondere Pflegeeinsätze durch ambulante Pflegedienste und Sozialstationen als Sachleistungen und die Gewährung von Pflegegeld. Leistungen der **stationären Pflege** (§§ 43 ff SGB XI) sind die Übernahme der Pflegekosten in einer stationären Einrichtung. Anspruchsberechtigt sind Personen, die pflegebedürftig iSv § 14 SGB XI sind. Die in § 14 SGB XI geregelten Voraussetzungen gelten für die häusliche wie für die stationäre Pflege gleichermaßen (BSG 10.2.2000 – B 3 P 12/99 R, SozR 3–3300 § 43 Nr 1; 10.3.10 – B 3 P 10/08 R, NZS 11, 181). Neben häuslicher und stationärer Pflege als Hauptleistungen der PflegeV sieht § 28 Abs 1 SGB XI weitere Leistungen wie Pflegehilfsmittel, wohnumfeldverbessernde Maßnahmen, Pflegekurse, Leistungen für Pflegebedürftige in ambulant betreuten Wohngruppen, besondere Leistungen für Demenzkranke usw vor.

7   **a) Begriff der Pflegebedürftigkeit.** Pflegebedürftigkeit liegt bei Personen vor, die wegen einer körperlichen, geistigen oder seelischen Krankheit oder Behinderung für die gewöhnlichen und regelmäßig wiederkehrenden Verrichtungen im Ablauf des täglichen Lebens auf Dauer, voraussichtlich für mindestens sechs Monate, in erheblichem oder höherem Maße der Hilfe bedürfen (§ 14 Abs 1 SGB XI). Gewöhnliche und regelmäßig wiederkehrende **Verrichtungen** in diesem Sinne sind nach dem abschließenden Katalog des § 14 Abs 4 SGB XI: im Bereich der **Körperpflege** das Waschen, Duschen, Baden, die Zahnpflege, Rasieren, die Darm- und Blasenentleerung; im Bereich der **Ernährung** das mundgerechte Zubereiten oder die Aufnahme der Nahrung; im Bereich der **Mobilität** das selbstständige Aufstehen und Zu-Bett-Gehen, An- und Auskleiden, Gehen, Stehen, Treppensteigen oder das Verlassen und Wiederaufsuchen der Wohnung und im Bereich der **hauswirtschaftlichen Versorgung** das Einkaufen, Kochen, Reinigen der Wohnung, Spülen, Wechseln und Waschen der Kleidung oder das Beheizen (zur Abgrenzung von hauswirtschaftlicher Versorgung und Grundpflege vgl BSG 1.9.05 – B 3 P 5/04 R, ZfS 05, 337).

Nicht zu den einen rechtlich beachtlichen Pflegebedarf auslösenden gewöhnlichen und regelmäßig wiederkehrenden Verrichtungen gehören die Bereiche Kommunikation, Bildung, Unterhaltung, Erwerbsleben oder soziale Betreuung (vgl BSG 10.2.2000 – B 3 P 12/99 R, NZS 2000, 555; 1.9.05 – B 3 P 5/04 R, ZfS 05, 337).

8   **b) Pflegebedarf.** Krankheitsspezifische Pflegemaßnahmen, die zwar einen Bezug zu Krankheiten und Krankheitsbehandlungen haben, die aber typischerweise nicht von einem Arzt, sondern Vertretern medizinischer Hilfsberufe oder auch von Laien (zB pflegenden Angehörigen) erbracht werden können (ständige Medikamentenversorgung, Injektionen, Verbändewechsel, Spülungen, Einreibungen, Unterstützung bei Inhalationen, Katheterisierung, Dekubitusversorgung etc), sind nicht bereits als solche bei der Ermittlung des Pflegebedarfs zu berücksichtigen. **Krankheitsspezifische Pflegemaßnahmen** (sog Behandlungspflege) gehören als isolierte Behandlungspflege zum Leistungsbereich der KV. Sie sind bei der Bemessung des (zeitlichen) Pflegebedarfs nur dann zu berücksichtigen, wenn sie Bestandteile der Hilfe bei den in § 14 Abs 4 SGB XI aufgeführten Verrichtungen sind; dies sind sie insbesondere dann, wenn sie zur Aufrechterhaltung von Vitalfunktionen dienen und (nur) im zeitlichen Zusammenhang mit den sog Katalogtätigkeiten erforderlich werden (vgl hierzu BSG 12.11.03 – B 3 P 5/02 R, SozR 4–3300 § 14 Nr 3; 20.5.03 – B 1 KR 23/01 R, SozR 4–2500 § 32 Nr 1 Rz 17).

Pflegeversicherungsleistungen

Je nachdem, in welchem Umfang die betreffende Person bei den genannten Verrichtungen **9** etc der Hilfe iSv § 14 Abs 3 SGB XI, dh der Unterstützung (teilweise oder vollständige Übernahme der Verrichtung), der Beaufsichtigung oder Anleitung, bedarf, ist sie einer der nachfolgend genannten drei Pflegestufen zuzuordnen.

aa) Erheblich Pflegebedürftige (Pflegebedürftige der Pflegestufe I) sind Personen, **10** die bei der Körperpflege, der Ernährung oder der Mobilität für wenigstens zwei der Verrichtungen aus einem oder mehreren Bereichen des § 14 Abs 4 SGB XI mindestens einmal täglich der Hilfe bedürfen (BSG 14.12.2000 – B 3 P 5/00 R, NJW 01, 3431) und zusätzlich mehrfach in der Woche Hilfen bei der hauswirtschaftlichen Versorgung benötigen (§ 15 Abs 1 Nr 1 SGB XI). Der Zeitaufwand, den ein Familienangehöriger oder eine andere nicht als Pflegekraft ausgebildete Pflegeperson für die erforderlichen Leistungen der Grundpflege und hauswirtschaftlichen Versorgung benötigt, muss in der Pflegestufe I im Wochendurchschnitt täglich mindestens 90 Minuten betragen; hierbei müssen auf die Grundpflege mehr als 45 Minuten entfallen (vgl § 15 Abs 3 Nr 1 SGB XI).

bb) Schwerpflegebedürftige (Pflegebedürftige der Pflegestufe II) sind Personen, die **11** bei der Körperpflege, der Ernährung oder der Mobilität mindestens dreimal täglich zu verschiedenen Tageszeiten der Hilfe bedürfen und zusätzlich mehrfach in der Woche Hilfen bei der hauswirtschaftlichen Versorgung benötigen (§ 15 Abs 1 Nr 2 SGB XI). Der Zeitaufwand muss hier im Wochendurchschnitt täglich drei Stunden betragen, wobei auf die Grundpflege mindestens zwei Stunden entfallen müssen (vgl § 15 Abs 3 Nr 2 SGB XI).

cc) Schwerstpflegebedürftige (Pflegebedürftige der Pflegestufe III) sind Personen, **12** die bei der Körperpflege, der Ernährung oder der Mobilität rund um die Uhr, auch nachts, der Hilfe bedürfen und zusätzlich mehrfach in der Woche Hilfen bei der hauswirtschaftlichen Versorgung benötigen (§ 15 Abs 1 Nr 3 SGB XI). Pflegebedürftigkeit „täglich **rund um die Uhr,** auch nachts" setzt voraus, dass auch nachts regelmäßig Hilfe bei mindestens einer der Verrichtungen des Grundbedarfs geleistet werden muss; eine bloße ständige Rufbereitschaft reicht nicht aus (BSG 19.2.98 – B 3 P 7/97 R, SozR 3–3300 § 15 Nr 1). Vielmehr muss nachts (zwischen 22 Uhr abends und 6 Uhr morgens) objektiv ein Grundbedarf für mindestens eine der in § 14 Abs 4 SGB XI aufgeführte Verrichtung vorliegen (BSG 31.8.2000 – B 3 P 16/99 R, SGb 01, 177).

Der Zeitaufwand, den ein Familienangehöriger oder eine andere nicht als Pflegekraft ausgebildete Pflegeperson für die erforderlichen Leistungen der Grundpflege und hauswirtschaftlichen Versorgung benötigt, muss in der Pflegestufe III täglich im Wochendurchschnitt mindestens fünf Stunden betragen; hierbei müssen auf die Grundpflege mindestens vier Stunden entfallen (vgl § 15 Abs 3 Nr 3 SGB XI).

dd) Erheblicher allgemeiner Betreuungsbedarf. Nach § 45a Abs 1 SGB XI erhalten **13** Pflegebedürftige in häuslicher Pflege besondere Leistungen, wenn bei ihnen neben dem Hilfebedarf im Bereich der Grundpflege und der hauswirtschaftlichen Pflege ein erheblicher Bedarf an allgemeiner Beaufsichtigung und Betreuung gegeben ist (eine Pflegestufe muss nicht erreicht werden). Dies sind Pflegebedürftige, bei denen demenzbedingte Fähigkeitsstörungen, geistige Behinderungen oder psychische Erkrankungen vorliegen, und bei denen der Medizinische Dienst der Krankenversicherung oder die von der Pflegekasse beauftragten Gutachter als Folge der Krankheit oder Behinderung Auswirkungen auf die Aktivitäten des täglichen Lebens festgestellt hat, die dauerhaft zu einer erheblichen Einschränkung der Alltagskompetenz führen. Die Voraussetzungen für die Erheblichkeit der Einschränkung der Alltagskompetenz ergeben sich aus § 45a Abs 2 SGB XI. Die Betroffenen können zusätzliche Betreuungsleistungen in Anspruch nehmen und erhalten nach § 45b Abs 1 und 2 SGB XI zu deren Finanzierung abhängig vom Betreuungsbedarf einen monatlichen Beitrag von höchstens 100 € (Grundbetrag) bzw 200 € (erhöhter Betrag). Die Leistungen können innerhalb des jeweiligen Kj in Anspruch genommen werden; wird die Leistung in einem Kj nicht ausgeschöpft, kann der nicht verbrauchte Betrag in das folgende Kj übertragen werden (BSG 12.8.10 – B 3 P 3/09 R, NZS 11, 432).

Durch das **Pflege-Neuausrichtungsgesetz** vom 23.10.12 (BGBl I 12, 2246) wurden für Pflegebedürftige mit **erheblichen Einschränkungen der Alltagskompetenz** nach § 45a SGB XI weitere Leistungen eingeführt. Diese sollen die Lage dieser Pflegebedürftigen bereits jetzt verbessern, weil im Gesetzgebungsverfahren die urspr beabsichtigte grds Neuregelung des Pflegebedürftigkeitsbegriffs unter Einbeziehung der Demenzerkrankungen und die Einführung eines neuen Begutachtungsverfahrens gescheitert ist, und bis zu einer dauerhaften Neuregelung vorläufige Verbesserungen erforderlich sind. Nach § 123 Abs 1 SGB XI haben Versicherte, die wegen erheblich eingeschränkter Alltagskompetenz die Voraussetzungen des § 45a SGB XI erfüllen, neben den Leistungen nach § 45b SGB XI Anspruch auf zusätzliche Leistungen. Die Leistungserhöhungen beziehen sich nur auf Pflegebedürftige der **Pflegestufe 0, Pflegestufe I und Pflegestufe II in häuslicher Pflege.** Die stationäre Pflege schließt bereits bisher die soziale Betreuung mit ein (§ 82 Absatz 1 Satz 3 SGB XI) und Pflegebedürftige der Pflegestufe III erhalten schon bisher die Höchstleistungen der PflegeV. Pflegebedürftige ohne Pflegestufe mit erheblich eingeschränkter Alltagskompetenz haben Anspruch auf die Hälfte der Leistungen, die für Pflegestufe I nach den §§ 36 und 37 SGB XI vorgesehen sind (§ 123 Abs 2 SGB XI). Pflegebedürftige der Pflegestufen I und II mit erheblich eingeschränkter Alltagskompetenz erhalten erhöhte Leistungsbeträge. Der Erhöhungsbetrag beläuft sich auf ein Drittel des jeweiligen Differenzwertes zwischen dem Leistungsbetrag ihrer Pflegestufe und dem Leistungsbetrag der nächsthöheren Pflegestufe nach Maßgabe von § 123 Abs 3 und 4 SGB XI. Bei der Anwendung der Kombinationsregelung nach § 38 SGB XI sowie der Kombinationsregelungen nach § 41 Absatz 4 bis 6 SGB XI sind die erhöhten Leistungsbeträge für Pflegegeld und Pflegesachleistungen nach § 123 Abs 2 SGB XI zugrunde zu legen.

14   c) **Art der Hilfeleistung.** Bei der Ermittlung des allgemeinen Pflegebedarfs sind **aktive Hilfen** (§ 14 Abs 3 SGB XI), etwa durch körperliche Hilfe (Unterstützung, Übernahme), durch verbale Hilfe (Anleitung) oder durch Kontrolle und Beaufsichtigung zu berücksichtigen. Nicht berücksichtigungsfähig für den allgemeinen Pflegebedarf sind dagegen schlichte Anwesenheit und Ansprechbarkeit, ebenso wenig die bloße Verfügbarkeit bzw Einsatzbereitschaft einer zur Hilfeleistung bereiten Person (BSG 1.9.05 – B 3 P 5/04 R, ZfS 05, 337; 24.10.08 – B 3 P 23/08 B, BeckRS 2008, 57517).

15   Bei der Ermittlung des Bedarfs an Pflegeleistungen bleiben außerdem die durch **die Ausübung einer Erwerbstätigkeit des Pflegebedürftigen veranlassten Hilfeleistungen** außer Betracht. Das sind etwa Hilfen zum Erreichen eines behindertengerechten Arbeitsplatzes, Begleitung auf dem Weg zur Arbeit, An- und Ausziehen der Arbeitskleidung usw. Der Bedarf an allgemeiner Beaufsichtigung und Betreuung aufgrund psychischer Erkrankung ist nur im Rahmen der Leistungen nach §§ 45a, 45b, 123, 124 SGB XI zu berücksichtigen. Im Übrigen bleibt ein Bedarf an **sozialer Betreuung** unberücksichtigt. Dies gilt auch bei Unterbringung in einem Pflegeheim (BSG 1.9.05 – B 3 P 4/04 R, NZS 06, 426).

16   d) **Maßstab für den zeitlichen Umfang des Pflegebedarfs** ist diejenige Zeit, welche die Pflegeperson ausschließlich für die Abwicklung einer Hilfeleistung benötigt und während der sie keiner anderen Tätigkeit – etwa auch keiner im Bereich der allgemeinen Haushaltsführung – nachgehen kann (vgl BSG 6.8.98 – B 3 P 17/97 R, SozR 3–3300 § 14 Nr 6; HessLSG 28.9.11 – L 8 P 38/10, BeckRS 2011, 79260). Es kommt nicht auf die Zeiten an, welche die konkrete Pflegeperson für die Hilfe benötigt. Vielmehr ist der Zeitbedarf nach objektiven Kriterien zu bemessen (BSG 21.2.02 – B 3 P 12/01 R, NZS 03, 37).

17   e) **Wechsel zwischen den Pflegestufen.** Ein Wechsel in eine höhere Pflegestufe setzt voraus, dass der Anstieg des Pflegebedarfs für mindestens 6 Monate die Kriterien einer höheren Pflegestufe erfüllt (BSG 19.2.98 – B 3 P 7/97 R, SozR 3–3300 § 15 Nr 1).

18   f) **Antragsprinzip.** Leistungen werden nur auf Antrag bewilligt (BayLSG 23.1.13 – L 2 P 61/12, BeckRS 2013, 67084). Wird der Antrag später als einen Monat nach Eintritt der Pflegebedürftigkeit gestellt, werden die Leistungen vom Beginn des Monats der Antragstellung an gewährt (vgl § 33 Abs 1 SGB XI). Der Antrag ist beim Träger der PflegeV zu stellen. Das ist idR die Pflegekasse der zuständigen KV bzw das Versicherungsunternehmen der privaten PflegeV (vgl *Pflegeversicherungspflicht* Rz 6). Die Einstufung in die Pflegestufen erfolgt durch Bescheid der Pflegekassen nach Begutachtung des Versicherten durch den medizinischen Dienst der KV bzw durch die von der Pflegekasse beauftragten Gutachter. Besteht eine private Pflegepflichtversicherung, wird die Begutachtung durch Gutachter dieser Versicherung durchgeführt. Bei stationärer Pflege ist der Heimträger berechtigt, den Versicherten aufzufordern, die Zuordnung in eine höhere Pflegeklasse zu beantragen. Wird der Antrag nicht gestellt, ist der Heimträger nach § 87a Abs 2 Satz 3 SGB XI berechtigt, den Pflegesatz nach der nächsthöheren Pflegeklasse abzurechnen (BSG 1.9.05 – B 3 P 4/04 R, NZS 06, 426).

g) Vorversicherungszeiten als Leistungsvoraussetzung. Leistungen der sozialen Pflege- 19
geV können nach einer Vorversicherungszeit von zwei Jahren innerhalb der letzten zehn
Jahre in Anspruch genommen werden (§ 33 Abs 2 Nr 6 SGB XI).

2. Leistungen bei häuslicher Pflege. a) Häusliche Pflegehilfe. Die sog häusliche 20
Pflege umfasst Grundpflege und hauswirtschaftliche Versorgung durch geeignete Pflegekräfte.
Es handelt sich um eine **Sachleistung,** die von Pflegekräften der Pflegekassen, Sozialstationen
oder von Personen erbracht wird, mit denen die Pflegekassen einen Vertrag nach § 77 Abs 1
SGB XI abgeschlossen haben. Der Umfang der Hilfeleistungen ist in den einzelnen Pflege-
stufen jeweils nach Maßgabe des § 36 Abs 3 u 4 SGB XI begrenzt und beträgt in der
Pflegestufe I **450 €,** in der Pflegestufe II **1100 €** und in der Pflegestufe III **1550 €.** Diese
Beträge können nur mit den **zugelassenen Pflegekräften** abgerechnet werden und werden
nicht ausbezahlt.

b) Pflegegeld für selbst beschaffte Pflegehilfen. Nach § 37 SGB XI kann anstelle der 21
als Sachleistungen zu erbringenden häuslichen Pflegehilfe auch ein Anspruch auf Pflegegeld
geltend gemacht werden. Dieser setzt voraus, dass der Pflegebedürftige seinen Pflegebedarf
durch eine (selbst beschaffte) Pflegeperson selbst in geeigneter Weise sicherstellt (Familienangehörige, ehrenamtliche oder erwerbsmäßige Pflegekräfte).

Die Pflegegeldsätze nach § 37 Abs 1 SGB XI für Pflegebedürftige, die von selbstbeschafften 22
Pflegehilfen betreut werden, betragen **235 €** in der Pflegestufe I, **440 €** in der Pflegestufe II
und **700 €** in der Pflegstufe III. Ist eine Pflegeperson an der Pflege gehindert, übernimmt die
Pflegekasse nach Maßgabe von § 39 SGB XI die Kosten einer notwendigen Ersatzpflege für
längstens vier Wochen je Kj und bis zu max. 1550 €. Wird diese **Verhinderungspflege** durch
Pflegepersonen sichergestellt, die mit dem Pflegebedürftigen bis zum 2. Grade verwandt oder
verschwägert sind oder mit ihm in häuslicher Gemeinschaft leben, wird die Verhinderungspflege nur in Höhe des jeweiligen Pflegegeldanspruchs gewährt.

c) Kombinationsleistungen. § 38 SGB XI sieht auch eine Kombination zwischen 23
Sachleistungen der häusliche Pflege und der Inanspruchnahme von Pflegegeld vor; das
Pflegegeld wird in diesen Fällen um den vH-Satz gemindert, in dem der Pflegebedürftige
Sachleistungen in Anspruch nimmt.

d) Pflegehilfsmittel und technische Hilfen können zusätzlich zu den Pflegeleistungen 24
als Sachleistung oder dem Anspruch auf Pflegegeld beansprucht werden. Diese dienen der
Erleichterung der Pflege oder der Linderung der Beschwerden des Pflegebedürftigen oder
sollen ihm eine selbstständigere Lebensführung ermöglichen. Es handelt sich zB um Geh-
hilfen, Pflegebetten, Einlagen usw (BayLSG 7.11.12 – L 2 P 66/11, BeckRS 2013, 67085).
Nach § 40 Abs 4 SGB XI können finanzielle Zuschüsse zur Verbesserung des individuellen
Wohnumfeldes gewährt werden. Es gelten Höchstbeträge und Zuzahlungsverpflichtungen
nach Maßgabe von § 40 SGB XI.

e) Betreuungsleistungen. Bis zum Inkrafttreten eines Gesetzes, das die Leistungsgewäh- 25
rung aufgrund eines neuen Pflegebedürftigkeitsbegriffs und eines entsprechenden Begutachtungsverfahrens regelt, haben Pflegebedürftige der Pflegestufen I bis III sowie Versicherte, die
wegen erheblich eingeschränkter Alltagskompetenz die Voraussetzungen des § 45a SGB XI
erfüllen, in der sozialen und privaten PflegeV einen Anspruch auf **häusliche Betreuung**
nach Maßgabe von § 124 SGB XI idF des **Pflege-Neuausrichtungsgesetz** vom 23.10.12
(BGBl I 12, 2246). Leistungen der häuslichen Betreuung werden neben Grundpflege und
hauswirtschaftlicher Versorgung als pflegerische Betreuungsmaßnahmen erbracht. Sie umfassen Unterstützung von Aktivitäten im häuslichen Umfeld, die dem Zweck der Kommunikation und der Aufrechterhaltung sozialer Kontakte dienen, und sonstige Hilfen im häuslichen
Umfeld des Pflegebedürftigen oder seiner Familie. Es handelt sich der Art nach um einen
Sachleistungsanspruch iSv § 36 SGB XI.

3. Leistungen bei stationärer Pflege. a) Subsidiarität. Stationäre Pflegeleistungen 26
kommen nur in Betracht, wenn häusliche oder teilstationäre Pflege nicht möglich ist oder
wegen der Besonderheiten des Einzelfalles nicht in Betracht kommen (§ 43 Abs 1 SGB XI).
Entsprechendes gilt für teilstationäre Pflegeleistungen, wenn häusliche Pflege nicht in ausreichendem Umfang sichergestellt werden kann (§ 41 Abs 1 SGB XI).

b) Vollstationäre Pflege. Für vollstationäre Pflege übernehmen die Pflegekassen die 27
pflegebedingten Aufwendungen und die Aufwendungen der sozialen Betreuung (§ 43 Abs 2

und 3 SGB XI). In der Pflegestufe I werden die monatlichen Kosten iHv 1023 € und in der Pflegestufe II iHv 1279 € übernommen. In Pflegestufe III beläuft sich der Betrag auf 1550 €. **Pflegebedingte Aufwendungen** sind die Aufwendungen der Pflegeeinrichtung für die Versorgung der Pflegebedürftigen nach Art und Schwere ihrer Pflegebedürftigkeit. Die Aufwendungen für Unterkunft und Verpflegung (sog Hotelkosten) sowie Zusatzleistungen für besonderen Komfort (§ 88 SGB XI) werden nicht übernommen.

28 Kosten der **sozialen Betreuung** bei stationärer Pflege sind ebenfalls von der Pflegekasse zu übernehmen. In besonderen Härtefällen der Pflegestufe III kann nach Maßgabe des § 43 Abs 3 SGB XI der von der Kasse zu übernehmende Gesamtbetrag für die og Leistungen 1918 € betragen (zB bei Apallikern, schwerer Demenz oder im Endstadium einer Krebserkrankung). Wer vollstationäre Pflege in Anspruch nimmt, obwohl die Voraussetzungen vollstationärer Pflege nicht vorliegen, erhält einen Kostenzuschuss iHd für die jeweilige Pflegestufe vorgesehenen Gesamtwertes (§ 43 Abs 4 SGB XI).

29 **c) Teilstationäre Pflege** kommt in Betracht in Tagespflegeeinrichtungen oder Nachtpflegeeinrichtungen (§ 41 SGB XI), wenn häusliche Pflege nicht in ausreichendem Umfang sichergestellt werden kann. Wird der Höchstwert der Sachleistungen, der in den einzelnen Pflegestufen dem Höchstwert der ambulanten Pflegeleistungen entspricht (Rz 20), nicht voll ausgeschöpft, kann zusätzlich noch ein anteiliges Pflegegeld gewährt werden. In besonderen Notfällen kommt als **Kurzzeitpflege** die Pflege in einer vollstationären Einrichtung in Betracht, wenn die häusliche Pflege zeitweise nicht, noch nicht oder nicht im erforderlichen Umfang erbracht werden kann und auch teilstationäre Pflege nicht ausreicht. Die Voraussetzungen und Leistungen im Einzelnen ergeben sich aus § 42 SGB XI.

30 **d) Sonstige Leistungen.** Um die soziale Situation von Pflegepersonen zu verbessern, ist unter bestimmten Voraussetzungen die Entrichtung von RVBeiträgen und die Einbeziehung der Pflegeperson in den Schutz der gesetzlichen UV vorgesehen. Einzelheiten hierzu regelt § 44 SGB XI (vgl Rz 31 ff). Ein Anspruch auf Kurzzeitpflege in einer stationären Einrichtung bei Übergangs- oder Krisensituationen ist in § 42 SGB XI geregelt und auf vier Wochen pro Kj beschränkt. §§ 38a, 45e SGB XI sehen zusätzliche Leistungen für Pflegebedürftige in **ambulant betreuten Wohngruppen** vor.

31 **e) Exportfähigkeit der Pflegeversicherungsleistungen.** Nach § 34 Abs 1 Nr 1 SGB XI ruht der Anspruch auf Leistungen, solange sich der Versicherte nicht nur vorübergehend im Ausland aufhält. Dies gilt nicht für den Anspruch auf **Pflegegeld** (auch anteiliges Pflegegeld nach § 38 SGB XI) bei einem Aufenthalt in einem EU-Mitgliedstaat, einem Vertragsstaat des Abkommens über den EWR oder der Schweiz (§ 34 Abs 1a SGB XI). Nicht exportfähig, auch nicht in das EU-Ausland, sind die **Sachleistungen** der PflegeV. Erfolgt eine **stationäre Pflege** des Versicherten im EU-Ausland, ist die deutsche soziale PflegeV nicht leistungspflichtig, auch nicht im Wege der Kostenerstattung (EuGH 16.7.09 – C-208/07, ZESAR 09, 438; EuGH 12.7.12 – C-562/10, ZESAR 12, 491).

32 **4. Sozialversicherungsrechtliche Stellung der pflegenden Person. a) Gestaltungsformen der Pflegetätigkeit.** Pflege als Gegenstand einer Arbeitsleistung kann in einem abhängigen Beschäftigungsverhältnis zu Pflegeeinrichtungen oder zum Pflegebedürftigen selbst erbracht werden. Die Pflegearbeit kann auch von einzelnen geeigneten Pflegekräften erbracht werden, die von der Pflegekasse gem § 77 Abs 1 SGB XI zur Gewährung häuslicher Pflege und zur hauswirtschaftlichen Versorgung zugelassen worden sind; ein derartiger Vertrag kann aber nur mit solchen Einzelpersonen geschlossen werden, die mit dem Pflegebedürftigen nicht verwandt sind.

33 **b) Pflegetätigkeit in einem Arbeitsverhältnis.** Wird die Pflegetätigkeit in einem Arbeits- bzw Beschäftigungsverhältnis ausgeübt, gelten die allgemeinen Regeln der SozV, dh es ist in erster Linie zu prüfen, ob der zeitliche Aufwand und das Entgelt die Geringfügigkeitsgrenzen übersteigen (vgl § 8 SGB IV). Ist dies der Fall, liegt Versicherungs- und Beitragspflicht in sämtlichen Zweigen der SozV nach den für ArbN geltenden Bestimmungen vor.

34 Ein Arbeits- und Beschäftigungsverhältnis kann dabei zwischen der pflegenden Person – also dem ArbN – und ambulanten Pflegeeinrichtungen (sog Pflegediensten, vgl § 77 Abs 1 SGB XI), stationären Pflegeeinrichtungen (Pflegeheime; vgl § 71 Abs 2 SGB XI) oder den Pflegekassen (Anstellungsverträge § 77 Abs 2 SGB XI) bestehen.

In Betracht kommt aber auch ein den allgemeinen Regeln der SozV unterliegendes 35
Arbeits- und Beschäftigungsverhältnis zwischen dem zu Pflegenden und der pflegenden
Person. Problematisch ist in derartigen Fällen bei bestehenden Verwandtschaftsverhältnissen
die Abgrenzung zwischen Beschäftigungsverhältnis und (nicht versicherter) familiärer Mitarbeit (s *Familiäre Mitarbeit* Rz 46 ff).

c) Nichterwerbsmäßige Pflegetätigkeit. Nach der Zielsetzung des SGB XI werden 36
Pflegetätigkeiten in erster Linie von Angehörigen oder von ehrenamtlich Tätigen in der
häuslichen Umgebung des Pflegebedürftigen erbracht (vgl § 3 SGB XI).

aa) Rechtslage in der Rentenversicherung. Die pflegende Person ist in der RV nach 37
§ 3 Satz 1 Nr 1a SGB VI versichert wenn sie wenigstens 14 Stunden in der Woche nicht
erwerbsmäßig eine Pflegetätigkeit an einem oder mehreren Pflegebedürftigen ausübt (BSG
5.5.10 – B 12 R 6/09 R, BSGE 106, 126; LSG Hess 26.9.13 – L 1 KR 72/11, NZS 13,
946). Beiträge werden ausschließlich von der Pflegekasse gezahlt. Weder der nach § 3 Satz 1
Nr 1a SGB VI Versicherungspflichtige noch die zu pflegende Person muss aus dem Pflegegeld Beiträge zahlen (vgl § 44 SGB XI). Dies gilt allerdings nur dann, wenn die pflegende
Person für ihre Tätigkeit von den Pflegebedürftigen ein Arbeitsentgelt erhält, das den
Umfang des von der Pflegekasse gezahlten Pflegegeldes nicht übersteigt; sie gilt dann als
nicht erwerbsmäßig tätig (vgl § 3 Satz 2 SGB VI), selbst wenn sie ihren Lebensunterhalt
letztlich aus dem Pflegegeld bestreitet (vgl *Rentenversicherungspflicht* Rz 10).

Pflichtversicherung in der RV tritt nach § 3 Satz 3 SGB VI nicht ein, wenn die nicht 38
erwerbsmäßig tätige Pflegeperson neben der Pflegetätigkeit noch regelmäßig mehr als
30 Stunden wöchentlich beschäftigt oder tätig ist (s *Rentenversicherungspflicht* Rz 10). Nicht
erwerbsmäßig tätige Pflegepersonen, die neben der Pflegetätigkeit eine Beschäftigung im
Rahmen des Jugend- oder Bundesfreiwilligendienstes oder des freiwilligen Wehrdienstes von
mehr als 30 Stunden wöchentlich ausüben, sind nach § 3 Satz 1 Nr 1a SGB VI
versicherungspflichtig (RVaktuell 13, 80).

bb) Rechtslage in der Unfallversicherung. Für die UV besteht ebenfalls ein Spezialtat- 39
bestand der Versicherungspflicht (s *Unfallversicherung* Rz 34). Hierfür ist eine wenigstens
14-stündige Pflege in der Woche nicht erforderlich (BSG 7.9.04 – B 2 U 46/03 R, NJW 05,
1148).

cc) Rechtslage in der Kranken- und Pflegeversicherung. Für die KV und die 40
PflegeV fehlt eine dem § 3 Satz 2 SGB VI entsprechende Vorschrift. Hier ist nach den
allgemeinen Vorschriften zu entscheiden, ob eine Pflegetätigkeit in abhängiger Beschäftigung
ausgeübt wird. Hierfür ist eine wenigstens 14-stündige Pflege in der Woche nicht erforderlich.

Literaturhinweis: *Schlegel* Das Gesetz zur Neuausrichtung der Pflegeversicherung, jurisPR-SozR
3/2013 Anm 1; *Brucker/Fleer/Pick* Personen mit erheblich eingeschränkter Alltagskompetenz – Ihre
Benachteiligungen, ihre Begutachtungen, ihre Leistungen, ihre Aussichten beim neuen Pflegebegriff,
SozSich 13, 146.

Pflegeversicherungspflicht

A. Arbeitsrecht *Griese*

Die PflegeVPflicht betrifft das Verhältnis zwischen dem Versicherungspflichtigen und dem 1
Träger der PflegeV. Sie hat arbeitsrechtlich die Auswirkung, dass der ArbGeb den Beitrag zur
PflegeV fehlerfrei errechnen und als Teil des GesamtSozVBeitrages abführen muss (BAG
30.4.08 – 5 AZR 725/07, NZA 08, 884; s im Einzelnen *Pflegeversicherungsbeiträge; Sozialversicherungsbeiträge; Bruttolohnvereinbarung* und *Beitragsbemessungsgrenzen*). Zur **Befreiung von
der Versicherungspflicht** s dort.

B. Lohnsteuerrecht *Windsheimer*

Zur Tatbestandswirkung für die Frage der Steuerfreiheit oder -pflicht von ArbGeb- 2
Zuschüssen s *Krankenversicherungspflicht* Rz 2, *Pflegeversicherungsbeiträge* Rz 7. Zu Fragen der

340 Pflegeversicherungspflicht

Steuerpflicht und -freiheit bei PflegeVPflichtigen s *Pflegeversicherungsbeiträge* Rz 7 ff und *Krankenversicherungsbeiträge* Rz 3 ff.

C. Sozialversicherungsrecht
Schlegel

3 **1. Allgemeines zur Pflegeversicherung.** Die Versicherung erfasst **nahezu die gesamte Bevölkerung**; nur weniger als 1 vH der Bevölkerung wird von ihr nicht erfasst. Da jedenfalls auch im Rahmen der Sozialhilfe entsprechende Leistungen vorgesehen sind, geht es in der PflegeV in erster Linie nicht um den Schutz des Einzelnen vor den Risiken der Pflegebedürftigkeit; die erforderlichen Leistungen bekäme der Einzelne bei Bedürftigkeit zumindest nach den Vorschriften des BSGH. Vielmehr ist *Schulin* (NZS 94, 433) darin zuzustimmen, dass die Allgemeinheit davor geschützt wird, dass sie wegen Fehlens entsprechender Individualvorsorge Pflegeleistungen aus Steuermitteln finanzieren muss.

4 **Träger der sozialen Pflegeversicherung,** die im SGB XI geregelt ist, sind die **Pflegekassen;** deren Aufgaben werden von den Krankenkassen wahrgenommen (§ 1 Abs 3 SGB XI; zur Organisation der Pflegekassen § 46 SGB XI; zur Zuständigkeit der Entscheidung über Versicherungspflicht vgl BSG 6.11.97 – 12 RP 1/96, SozR 3–3300 § 20 Nr 2). Die Ausgaben der PflegeV werden durch Mittel der Mitglieder und der ArbGeb finanziert. Bemessungsgrundlage sind die beitragspflichtigen Einnahmen der Mitglieder; für versicherte Familienangehörige werden Beiträge nicht erhoben (§ 1 Abs 6 SGB XI).

5 Die Leistungen sind nicht darauf gerichtet, den gesamten Pflegebedarf sicherzustellen: Es handelt sich um **keine Vollversicherung,** vielmehr sind die vorgesehenen Leistungen der Höhe nach (pauschalierend) begrenzt (vgl *Pflegeversicherungsleistungen* Rz 5 ff).

6 **2. Abgrenzung soziale und private Pflegeversicherung.** Die PflegeV beruht auf einem dualen System, nämlich der sozialen PflegeV als Teil der SozV iSd Art 74 Abs 1 Nr 12 GG und der privaten PflegeV, die dem privaten Versicherungswesen iSd Art 74 Abs 1 Nr 11 GG zuzurechnen ist. Für beide ist der **Rechtsweg** zu den Gerichten der Sozialgerichtsbarkeit eröffnet; dies ergibt sich aus § 51 Abs 2 Satz 2 SGG, der sämtliche Angelegenheiten nach dem SGB XI, also auch Streitigkeiten aus der privaten PflegeV, dem SG zuweist (vgl BSG 8.8.96 – 3 BS 1/96, SozR 3–1500 § 51 Nr 19). Diese Rechtswegzuweisung trägt sachgerecht dem Umstand Rechnung, dass die private PflegeV in ihrer Ausgestaltung der PflegeV stark angenähert ist (vgl §§ 23 Abs 6, 110 PflegeVG). Zur Abgrenzung der Systeme und zur Bestimmung des versicherten Personenkreises knüpft das SGB XI an die organisatorische Versicherung gegen das Risiko der Krankheit an. Danach gilt folgender **Grundsatz:** Wer in der gesetzlichen KV versichert ist – gleichgültig, ob im Wege einer Pflicht- oder einer freiwilligen Versicherung –, wird hinsichtlich seines Pflegerisikos nach dem SGB XI („automatisch") in der PflegeV (pflicht-)versichert. Wer gegen Krankheit bei einem privaten Unternehmen versichert war, muss eine private PflegeV abschließen (vgl § 1 Abs 2 SGB XI; zur Zulässigkeit dieses Anknüpfungspunktes vgl BSG 6.11.97 – 12 RP 1/96, SozR 3–3300 § 20 Nr 2).

7 Innerhalb der sozialen PflegeV gibt es **keine freiwillige Versicherung;** auf dieses in der gesetzlichen KV oder in der RV, teilweise auch in der UV (vgl § 6 SGB VII) gebräuchliche Rechtsinstitut wurde beim PflegeVG verzichtet. Hier gibt es nur die alternative: Pflichtversicherung in der sozialen PflegeV oder private PflegeV bei privaten Versicherungsunternehmen.

8 Zum Beitrittsrecht vgl § 26a SGB XI.

9 **3. Versicherungspflichtige Personen. a) Pflichtmitglieder der gesetzlichen Krankenversicherung.** Wer in der gesetzlichen KV pflichtversichert ist, ist auch nach dem PflegeVG in der sozialen PflegeV pflichtversichert (§ 20 Abs 1 Satz 1 SGB XI). Dh, Versicherungspflicht besteht nach § 20 Abs 1 Satz 2 SGB XI ua für **abhängig beschäftigte Arbeitnehmer, Auszubildende,** Studenten, Praktikanten, Rentner und Rentenantragsteller, wenn die im SGB V genannten Voraussetzungen vorliegen und es sich zB bei ArbN nicht nur um eine geringfügig Beschäftigte handelt (Einzelheiten zur Versicherungspflicht in der KV s *Krankenversicherungspflicht* Rz 5 ff).

10 Über den Kreis der in der KV pflichtversicherten Personen hinaus werden in der PflegeV weiter bestimmte Personen versichert, die bisher nach speziellen Rechtsvorschriften Leistungen bei Krankheit zu beanspruchen hatten, ohne in der KV Mitglied sein zu müssen (zB

Kriegsopfer). Diese Personen werden in der PflegeV ebenfalls pflichtversichert (vgl § 21 SGB XI). Wie in der KV (§ 5 Abs 1 Nr 13 SGB V) sind in der PflegeV Personen pflichtversichert, die bisher keinen Anspruch auf Absicherung im Krankheitsfall hatten, wenn sie zuletzt in der KV versichert waren (§ 20 Abs 1 Nr 12 SGB XI). Damit hat sich die Relevanz des vom BVerfG geforderten Zugangsrechts zur PflegeV (vgl BVerfG 3.4.01 – 1 BvR 81/98, BVerfGE 103, 225) nach § 26a SGB XI verringert.

b) Freiwillige Mitglieder der gesetzlichen Krankenversicherung. Wer in der KV freiwillig versichert ist, ist in der sozialen PflegeV versicherungspflichtig (vgl § 20 Abs 3 SGB XI; zur Verfassungsmäßigkeit dieser Versicherungspflicht vgl BSG 3.9.98 – B 12 KR 23/97 R, SozR 3–3300 § 20 Nr 5). Die genannten Personen haben allerdings ein **Befreiungsrecht** von ihrer Versicherungspflicht in der PflegeV. Dies setzt einen bei den Pflegekassen (Krankenkassen) zu stellenden Befreiungsantrag und den Nachweis voraus, dass die zu befreiende Person bei einem privaten Versicherungsunternehmen gegen das Risiko der Pflegebedürftigkeit versichert ist und für sich und ihre Angehörigen, die an sich nach dem PflegeVG (mit-)versichert wären (vgl hierzu § 25 SGB XI), Leistungen beanspruchen können, die nach Art und Umfang den Leistungen nach dem SGB XI gleichwertig sind (hierzu s *Pflegeversicherungsleistungen*). Dieser Antrag ist befristet; er ist innerhalb von drei Monaten nach Beginn der Versicherungspflicht bei der Pflegekasse (dh der Krankenkasse) zu stellen; die Befreiung ist unwiderruflich (vgl § 22 Abs 2 SGB XI). 11

Für Personen, die am 1.1.95 in der gesetzlichen KV bereits freiwillig versichert waren, galt eine **Übergangsregelung;** sie konnten bis zum 30.6.95 einen Antrag auf Befreiung von der Versicherungspflicht in der sozialen PflegeV stellen (vgl Art 41 PflegeVG). Wer von der PflegeVPflicht nach dem PflegeVG befreit worden ist, muss seine private PflegeV aufrecht erhalten, solange er krankenversichert ist. 12

Eine weitere Übergangsregelung gilt für **„Altverträge"**, dh für private Versicherungsverträge zur Absicherung des Pflegerisikos, die bereits vor dem 23.6.93 abgeschlossen waren, die aber bzgl Art und Umfang der Leistungen hinter dem Standard der sozialen PflegeV zurückbleiben (vgl Art 42 PflegeVG). Diese Verträge konnten ebenfalls das Recht zur Befreiung von der PflegeVPflicht begründen, wenn bis 31.3.95 ein entsprechender Befreiungsantrag gestellt wurde. Diese Verträge mussten aber bis spätestens 31.12.95 dem Leistungsumfang der sozialen PflegeV angepasst werden. Der Versicherungsnehmer hatte aber auch die Wahl, derartige „Altverträge" mWv Eintritt seiner Versicherungspflicht in der sozialen PflegeV zu kündigen (vgl Art 42 Abs 3 PflegeVG). 13

c) Beihilfeberechtigte Personen. Bei diesen Personen, insbesondere also Richtern, Beamten, Soldaten bzw entsprechenden Versorgungsempfängern (Ruhestandsbeamten etc), ist ebenfalls danach zu differenzieren, ob sie das bisher im Falle einer Krankheit nicht durch die Beihilfe abgedeckte Risiko durch eine freiwillige (Teil-)Versicherung in der gesetzlichen KV, durch eine private Krankenversicherung oder überhaupt nicht abgedeckt haben. Im Einzelnen gilt Folgendes: Haben sich die Beihilfeberechtigten bzgl des nicht durch die Beihilfe abgedeckten Krankheitsrisikos in der gesetzlichen KV freiwillig versichert, tritt nach dem Grundsatz, dass freiwillige Mitglieder einer Krankenkasse in der sozialen PflegeV pflichtversichert sind, auch für sie Versicherungspflicht in der sozialen PflegeV ein (vgl § 20 Abs 3 SGB XI; zu den Leistungsansprüchen der Beihilfeberechtigten vgl § 28 Abs 2 SGB XI; zum halben Beitragssatz § 55 Abs 1 Satz 2 SGB XI). Sie können sich aber von dieser Versicherungspflicht nach § 22 Abs 1 Satz 1 SGB XI befreien lassen, wenn sie eine private Versicherung abschließen und nachweisen. Deren Leistungen müssen nach Art und Umfang den Leistungen nach dem PflegeVG gleichwertig sein (vgl § 22 Abs 1 Satz 3 SGB XI). 14

Wer als Beihilfeberechtigter bisher privat krankenversichert ist oder sich für das nicht durch die Beihilfe abgedeckte Krankheitsrisiko überhaupt nicht versichert hat, muss hinsichtlich des Pflegerisikos eine anteilige beihilfekonforme private Versicherung abschließen, soweit bei Pflegebedürftigkeit keine Beihilfeleistungen vorgesehen sind (§ 23 Abs 1 und 3 SGB XI; vgl BSG 12.2.04 – B 12 P 3/02 R, SozR 4–3300 § 23 Nr 1; § 23 Abs 3 SGB XI: eigenständiger Vorsorgepflicht-Tatbestand). 15

d) Beitragsfreie Versicherung von Familienangehörigen in der sozialen Pflegeversicherung. Zu den Familienangehörigen zählen gem § 25 Abs 1 SGB XI der Ehegatte und Kinder von Mitgliedern der sozialen PflegeV, wenn sie ihren Wohnsitz oder gewöhn- 16

340 Pflegeversicherungspflicht

lichen Aufenthalt in Deutschland haben und für diese Personen nicht eine vorrangige eigene Pflichtversicherung oder die Pflicht zum Abschluss eines privaten PflegeV-Vertrages besteht, wenn sie nicht hauptberuflich selbstständig erwerbstätig sind und sie kein Gesamteinkommen haben, das regelmäßig im Monat ein Siebtel der monatlichen Bezugsgröße überschreitet (Geringfügigkeitsgrenze; vgl § 25 Abs 1 SGB XI).

17 **Kinder** sind idR bis zur Vollendung des 18. Lebensjahres familienversichert, wenn sie nicht erwerbstätig sind, bis zur Vollendung des 23. Lebensjahres, oder bei Ausbildung bis zum vollendeten 25. Lebensjahr; ohne Altersgrenzen sind Kinder pflegeversichert, wenn wie wegen körperlicher, geistiger oder seelischer Behinderung außerstande sind, sich selbst zu unterhalten und dieser Zustand bereits zu einem Zeitpunkt eingetreten ist, als das Kind noch nicht 18 Jahre alt, bei Erwerbslosigkeit noch nicht 23 Jahre alt, bzw bei Ausbildung noch nicht 25 Jahre alt war (Einzelheiten vgl § 25 Abs 2 SGB XI iVm § 10 Abs 4 und 5 SGB V).

18 **Ausnahme:** Bei Mitgliedern der Pflegekassen sind Kinder nicht (mit-)versichert, wenn der mit den Kindern verwandte Ehegatte des Mitglieds (dh der andere Elternteil) von der Pflichtversicherung in der PflegeV befreit oder nach § 23 privat pflegeversichert ist und sein Gesamteinkommen (§ 16 SGB IV) sowohl höher als das Gesamteinkommen des Mitglieds als auch höher als monatlich ein Zwölftel der monatlichen Bezugsgröße ist (§ 25 Abs 3 SGB XI; zur Bezugsgröße vgl § 18 SGB IX und *Sozialversicherungsbeiträge* Rz 66 Anhang). Dann ist es Sache des anderen Ehegatten, die Kinder gegen das Risiko der Pflegebedürftigkeit zu versichern (vgl zur entsprechenden Regelung in der KV BSG 25.1.01 – B 12 KR 12/00 R, SozR 3–2500 § 10 Nr 20; zur Verfassungsmäßigkeit durch BVerfG 12.2.03 – 1 BvR 624/01, SozR 4–2500 § 10 Nr 1).

19 Familienangehörige iSd § 25 SGB XI genießen in der sozialen PflegeV **beitragsfreien Versicherungsschutz** (§ 56 Abs 1 SGB XI). In der privaten PflegeV sind nur Kinder iSd § 25 SGB XI beitragsfrei mitzuversichern (vgl § 110 Abs 1 Nr 2 Buchst f, Abs 3 Nr 6 SGB XI); für Ehegatten sind dort lediglich gewisse Prämienvergünstigungen vorgesehen (vgl § 110 SGB XI).

20 **e) Missbrauchsabwehr.** Nach § 20 Abs 4 SGB XI wird widerlegbar vermutet, dass eine zur Versicherungspflicht führende Beschäftigung oder Tätigkeit iSv § 20 Abs 1 Nrn 1, 3 oder 4 SGB XI tatsächlich nicht ausgeübt wird, wenn Personen eine dem „äußeren Anschein nach versicherungspflichtige Beschäftigung oder Tätigkeit von untergeordneter wirtschaftlicher Bedeutung aufnehmen", nachdem sie mindestens 10 Jahre nicht in der sozialen PflegeV oder gesetzlichen KV versicherungspflichtig waren. Von untergeordneter wirtschaftlicher Bedeutung ist eine Beschäftigung, welche die Geringfügigkeitsgrenzen übersteigt, für den Beschäftigten aber finanziell nicht ins Gewicht fällt, weil er seinen Lebensunterhalt anderweitig gesichert hat; die Beschäftigung und das dann erzielte Entgelt müssen evident darauf hinweisen, dass die Beschäftigung nicht mit Blick auf das Entgelt, sondern allein mit Blick auf den dadurch vermittelten Versicherungsschutz ausgeübt wird.

Einen weiteren Tatbestand zur Missbrauchsabwehr stellt § 33a SGB XI dar. Danach besteht in der PflegeV kein **Leistungsanspruch** für Personen, wenn sie sich nur deshalb nach Deutschland begeben, um hier in einer Versicherung nach § 20 Abs 1 Satz 2 Nr 12 SGB XI (**Auffang-Pflichtversicherungstatbestand** für alle Personen, die keinen anderweitigen Schutz im Falle von Pflege haben) oder einer hierauf beruhenden Familienversicherung (§ 25 SB XI) Leistungen in Anspruch zu nehmen.

21 Einen weiteren Tatbestand zur Missbrauchsabwehr stellt § 33a SGB XI dar. Danach besteht in der PflegeV kein **Leistungsanspruch** für Personen, wenn sie sich nur deshalb nach Deutschland begeben, um hier in einer Versicherung nach § 20 Abs 1 Satz 2 Nr 12 SGB XI (**Auffang-Pflichtversicherungstatbestand** für alle Personen, die keinen anderweitigen Schutz im Falle von Pflege haben) oder einer hierauf beruhenden Familienversicherung (§ 25 SGB XI) Leistungen in Anspruch zu nehmen.

Pflegezeit

A. Arbeitsrecht
Poeche

Übersicht

	Rz		Rz
1. Einführung	1	a) Voraussetzungen	18–21
2. Persönlicher Anwendungsbereich	2–4	b) Rechtsnatur/Rechtsfolge	22
a) Beschäftigte	2	c) Inanspruchnahme der Pflegezeit	23–25
b) Arbeitgeber, § 7 Abs 2	3	d) Nachweispflicht	26
c) Nahe Angehörige	4	e) Dauer der Pflegezeit	27–32
3. Sachlicher Anwendungsbereich	5, 6	f) Pflegeteilzeit	33
a) Pflegebedürftigkeit	5	6. Sonderkündigungsschutz, § 5	34–36
b) Wartezeit/Kleinunternehmensklausel	6	a) Beginn/Ende	35
		b) Zulässigkeitserklärung	36
4. Kurzzeitige Arbeitsverhinderung	7–17	7. Befristete Verträge, § 6 Abs 1 bis 3	37, 38
a) Inhalt/Rechtliche Einordnung	7	a) Einstellung einer Ersatzkraft	37
b) Voraussetzungen	8–11	b) Sonderkündigungsrecht, § 6 Abs 3	38
c) Teilzeitbeschäftigte	12		
d) Mitteilungs- und Nachweispflicht, § 2 Abs 2	13–15	8. Beschäftigtenzahl und Arbeitsplätze, § 6 Abs 4	39
e) Fortzahlung der Vergütung, § 2 Abs 3	16	9. Urlaub	40
		10. Sonstiges	41
f) Verhältnis zu anderen Rechten	17	11. Familienpflegezeit	42
5. Pflegezeit	18–35		

1. Einführung. Das zum 1.7.2008 als Art 3 des Gesetzes zur strukturellen Weiterentwicklung der Pflegeversicherung (BGBl I 874) in Kraft getretene Pflegezeitgesetz (PflegeZG) bezweckt die bessere Vereinbarkeit von Beruf und familiärer Pflege (§ 1 PflegeZG). Hintergrund ist die demographische Entwicklung, die einen steigenden Betreuungsbedarf erwarten lässt. Die sozialpolitisch vorrangig erwünschte häusliche Pflege soll gefördert werden. Das PflegeZG stellt zwei Mittel zur Verfügung: Der ArbN ist 1. berechtigt, wegen eines plötzlichen familiären Pflegefalles kurzzeitig mit der Arbeit auszusetzen (§ 2), und hat 2. Anspruch auf Pflegezeit, nämlich auf befristete (unbezahlte) **Freistellung** zur Betreuung oder Sterbebegleitung eines pflegebedürftigen nahen Angehörigen (§ 3). Die Freistellung soll den wegen der Pflege erforderlichen aber unerwünschten Ausstieg aus dem beruflichen Leben vermeiden. Die **Pflichtenkollision** zwischen Beruf und Familie wird insoweit durch die vorübergehende Freistellung von der Arbeitsleistung gelöst. Im Interesse einer effektiven Wahrnehmung der Rechte aus dem PflegeZG ist der ArbN während der Pflegezeit vor einer Kündigung geschützt (§ 5). Die Vorschriften sind unabdingbar (§ 8). Für die **Auslegung** des Gesetzes kann vielfach auf bestehende Vorschriften zurückgegriffen werden, denen das PflegeZG nachgebildet ist, insbesondere § 5 EFZG sowie §§ 15 ff BEEG.

2. Persönlicher Anwendungsbereich. a) Beschäftigte. Das sind nach der Legaldefinition des § 7 Abs 1 Nr 1 zunächst ArbN, also die auf der Grundlage eines Arbeitsvertrags Beschäftigten, sowie nach Nr 2 die zu ihrer Berufsbildung Beschäftigten. Die Formulierung knüpft an den Begriff „Berufsbildung" iSv § 1 BBiG an. Erfasst sind damit die Berufsausbildungsvorbereitung, die Berufsausbildung, die berufliche Fortbildung und die berufliche Umschulung einschließlich der sonstigen Vertragsverhältnisse iSv § 26 BBiG. Das Gesetz gilt nach Nr 3 auch für Personen, die wegen ihrer wirtschaftlichen Unselbstständigkeit als arbeitnehmerähnliche Personen anzusehen sind und die in Heimarbeit Beschäftigten und die ihnen Gleichgestellten. Ausgenommen sind öffentlichrechtliche Bedienstete. Für Beamte gilt derzeit lediglich die Beurlaubungsregelung des § 72a BBG. Die Einbeziehung der arbeitnehmerähnlichen Personen in das PflegeZG, insbesondere das alleinige Abstellen auf deren wirtschaftliche Abhängigkeit, überrascht (ausführlich *Müller* BB 08, 1058; *Preis/Nehring* NZA 08, 72). Die in Heimarbeit Beschäftigten und die ihnen Gleichgestellten werden dagegen auch in anderen Schutzgesetzen berücksichtigt, vgl § 20 BEEG.

341 Pflegezeit

3 **b) Arbeitgeber, § 7 Abs 2.** Insoweit bestehen keine Besonderheiten. ArbGeb sind natürliche und juristische Personen sowie rechtsfähige Personengesellschaften, die Personen iSd PflegeZG beschäftigen. Für die arbeitnehmerähnlichen Personen, die in Heimarbeit Beschäftigten und ihnen Gleichgestellten tritt an die Stelle des ArbGeb der Auftraggeber oder Zwischenmeister.

4 **c) Nahe Angehörige.** Der Beschäftigte muss zu dem pflegebedürftigen Menschen in personaler Beziehung stehen; es muss sich um einen „nahen Angehörigen" handeln. Dazu zählen (§ 7 Abs 3): Großeltern, Eltern, Schwiegereltern (Nr 1), Ehegatten, Lebenspartner, Partner einer eheähnlichen Gemeinschaft, Geschwister (Nr 2), Kinder, Adoptiv- oder Pflegekinder, die Kinder, Adoptiv- oder Pflegekinder des Ehegatten oder Lebenspartners, Schwiegerkinder und Enkelkinder (Nr 3). Obwohl nicht ausdrücklich erwähnt, gehören „Stiefmutter/Stiefvater/Stiefkinder" zu dem wegen der vielfältig denkbaren familiären Bindungen bewusst groß gebildeten Personenkreis: Möglichst viele Menschen sollen in den Genuss einer Pflege in häuslicher Umgebung durch eine ihnen vertraute Person kommen können. Ausgenommen sind dagegen die Kinder der Partner aus einer eheähnlichen Gemeinschaft (nicht genannt in Nr 3, während die Partner selbst in Nr 2 erwähnt werden). Der **Katalog** ist abschließend; eine tatsächliche persönliche Beziehung genügt nicht (zB Vater der Verlobten, Onkel, Tanten).

5 **3. Sachlicher Anwendungsbereich. a) Pflegebedürftigkeit.** Sachlich setzt das PflegeZG die Pflegebedürftigkeit des nahen Angehörigen voraus. Die Feststellung richtet sich nach der Stufeneinteilung gem §§ 14, 15 SGB (dazu *Pflegeversicherungsleistungen* Rz 6 ff). Das gilt uneingeschränkt für die Inanspruchnahme von Pflegezeit iSv § 3. Geht es um die kurzzeitige Verhinderung des ArbN iSv § 2 genügt es, wenn der nahe Angehörige **voraussichtlich pflegebedürftig** ist. Für die gebotene Prognose ist das Krankheitsbild/die Behinderung maßgeblich. Danach darf die Pflegebedürftigkeit nicht nur möglich, sondern muss **überwiegend wahrscheinlich** sein.

6 **b) Wartezeit/Kleinunternehmensklausel.** Die Rechte aus §§ 2 und 3 sind an keine Wartezeit gebunden. Die Regelung erscheint hinsichtlich der Inanspruchnahme von Pflegezeit wegen des einsetzenden Sonderkündigungsschutzes überzogen. Anders als § 2, der für alle Unternehmen unabhängig von der Belegschaftsstärke gilt, besteht ein Anspruch auf Pflegezeit nur, wenn der ArbGeb idR mehr als fünfzehn Beschäftigte hat (§ 3 Abs 1). Zur Ermittlung der „regelmäßigen" Anzahl vgl *Kündigungsschutz* Rz 55.

7 **4. Kurzzeitige Arbeitsverhinderung. a) Inhalt/Rechtliche Einordnung.** Nach § 2 Abs 1 haben Beschäftigte „das Recht, bis zu zehn Arbeitstagen der Arbeit fernzubleiben, wenn dies erforderlich ist, um für einen pflegebedürftigen nahen Angehörigen in einer akut aufgetretenen Pflegesituation eine bedarfsgerechte Pflege zu organisieren oder eine pflegerische Versorgung in dieser Zeit sicherzustellen." Nach dem unmissverständlichen Wortlaut des Gesetzes ist die Arbeitsbefreiung weder vom ArbN zu beantragen noch bedarf es des Einverständnisses oder einer Freistellungserklärung des ArbGeb. Liegt ein Akutfall vor, erlischt die Arbeitspflicht des ArbN kraft Gesetzes. Entgegen weit verbreiteter Meinung liegt deshalb **kein Leistungsverweigerungsrecht** vor (aA *Müller* BB 08, 1058; *Preis/Nehring* NZA 08, 729). Leistungsverweigerungsrechte (§ 275 Abs 2 und Abs 3 BGB) suspendieren die Arbeitspflicht erst, wenn sie im Wege der Einrede geltend gemacht werden (*Leistungsverweigerungsrecht* Rz 7, 10; BAG 22.12.82 – 2 AZR 282/82, DB 93, 1602). Dagegen bleibt der ArbN bei Vorliegen der materiellen Voraussetzungen auch dann berechtigt der Arbeit fern, wenn er den ArbGeb über seine „Zwangslage" nicht informiert. Näher liegt deshalb, wie im Fall krankheitsbedingter Arbeitsunfähigkeit, die Annahme einer normierten Unmöglichkeit iSv § 275 Abs 1 BGB. Die Mitteilungs- und Nachweispflichten sind keine Tatbestandsvoraussetzung (so auch *Müller* BB 08, 1058; *Preis/Nehring* NZA 08, 729). Die Rechte ähneln sich lediglich insofern, als der ArbN (zunächst) selbst beurteilen muss, ob er freie Tage in Anspruch nimmt. Er trägt das **Risiko einer Fehleinschätzung.**

8 **b) Voraussetzungen. aa) Akut aufgetretene Pflegesituation.** Die Arbeitsbefreiung setzt eine akut eingetretene Pflegesituation voraus. Ein unerwartetes Ereignis muss die sofortige familiäre Hilfe erfordern. Gegenläufig scheiden alle planbaren und vorhersehbaren Ereignisse als Grund für die Arbeitsbefreiung aus. Je nach den Umständen des Einzelfalls können auf den ersten Blick gleiche Sachverhalte unterschiedlich zu behandeln sein. In

Betracht kommen: Eintritt der Pflegebedürftigkeit als solcher; Ausfall der häuslichen Pflegeperson (Familienmitglied oder Angestellte) infolge Krankheit oder (fristloser) Kündigung, für die nicht rechtzeitig Ersatz beschafft werden kann; plötzliche Schließung der Pflegeeinrichtung (Insolvenz; behördliche Untersagungsverfügung). Auch ein längerer **Krankenhausaufenthalt** des Pflegebedürftigen kann akuten **Handlungsbedarf** begründen, wenn der Umfang des künftigen Pflegebedarfs unklar ist und deshalb die sich anschließende Unterbringung (stationäre oder häusliche Pflege) nicht abschließend organisiert werden kann.

bb) Erforderliche Hilfeleistungen des Beschäftigten. Die Arbeitsbefreiung verschafft 9 dem ArbN den benötigten Freiraum zur **Organisation** einer bedarfsgerechten Pflege. Was im Einzelnen „erforderlich" ist, um die Pflegesituation in den Griff zu bekommen, richtet sich unter Berücksichtigung der Umstände des Einzelfalls nach objektiven Merkmalen. Ein Beurteilungsspielraum des ArbN ist wegen der Vielfalt der anzustellenden Überlegungen und der Wichtigkeit der Problemlösung für den zu Pflegenden unerlässlich. Zu denken ist an: Information und Auswahl einer Pflegeeinrichtung, Anwerbung einer häuslichen Pflegekraft, Erwirkung einer Betreuungsvollmacht, Organisation des Umzugs in eine neue häusliche/stationäre Umgebung (nicht: Auflösung des bisherigen Haushalts als solche). Erforderlich kann auch die **Übernahme der Pflege** durch den ArbN selbst sein, etwa bei Ausfall der häuslichen Pflegekraft oder der Unmöglichkeit, den Angehörigen unmittelbar im Anschluss an einen Krankenhausaufenthalt stationär unterzubringen. Soweit ein **anderes Familienmitglied** an sich die anfallenden Aufgaben erledigen könnte, kann der ArbN auf ihn nur verwiesen werden, wenn der Dritte subjektiv und objektiv pflegefähig ist, mithin bereit und geeignet, die Pflege/ihre Organisation zu übernehmen. **Wünsche** des pflegebedürftigen oder voraussichtlich pflegebedürftigen nahen Angehörigen nach einer bestimmten Pflegeart oder -person sind wegen seiner unmittelbaren Betroffenheit vorrangig. Sie dürfen deshalb vom ArbN stets berücksichtigt werden.

cc) Umfang und Dauer der Arbeitsbefreiung. Die Arbeitsbefreiung beträgt „bis zu 10 zehn Arbeitstagen". Es handelt sich dabei um eine **Höchstfrist,** die nur im Rahmen des Erforderlichen ausgeschöpft werden kann. Der Wortlaut des Gesetzes „Arbeitstage" und Gründe der Praktikabilität sprechen dafür, dass sich die Arbeitsbefreiung stets auf den vollen Arbeitstag bezieht, und zwar auch dann, wenn der ArbN sich nur wenige Stunden um den Pflegefall kümmern muss.

Die Höchstfrist gilt für **jeden Akutfall.** Die Arbeitsbefreiung wegen kurzzeitiger Verhin- 11 derung kann deshalb mehrfach für den **denselben Pflegebedürftigen** in Anspruch genommen werden (*Preis/Nehring* NZA 08, 729). In der Gesetzesbegründung (BT-Drs 16/7439 Seite 91) wird zwar die Erwartung geäußert, dass eine pflegerische Versorgung iSv § 2 Abs 1 regelmäßig nur einmal je pflegebedürftigen nahen Angehörigen notwendig und das Recht regelmäßig auch nur einmal je Pflegefall ausgeübt werde. Diese Erwartung hat sich im Gesetzestext nicht niedergeschlagen. Sie ist auch wenig lebensnah (*Schwerdle* ZTR 2007, 655). Krankheit/Behinderung sind nicht statisch. Es können immer neue Situationen eintreten, die eine Neuorganisation der bisherigen Betreuung bedingen. Mit aus diesem Grund ist die Arbeitsbefreiung nicht auf das Kalenderjahr beschränkt.

c) Teilzeitbeschäftigte. In der Fünf-Tage-Woche ergibt sich je Akutfall eine ununter- 12 brochene Höchstdauer von zwei Wochen für jeden Beschäftigten. Nicht ausdrücklich geregelt ist, ob Beschäftigte, deren Arbeitszeit auf mehr oder weniger als auf fünf Arbeitstage/ Woche verteilt ist, einen entsprechend ihrer Arbeitszeit kürzeren oder längeren Freistellungsanspruch haben (vgl die Urlaubsregelung in § 125 Abs 1 SGB IX). Wäre dies zu bejahen, ergibt sich zB in der Drei-Tage-Woche eine Höchstdauer von (10 : 5 × 3) sechs Arbeitstagen, bei nicht quotaler Betrachtung eine Höchstdauer von mehr als drei Wochen. Angesichts des Schweigens des Gesetzgebers scheidet eine Verkürzung des Freistellungsanspruchs wohl aus. Dagegen erscheint für die Sechs-Tage-Woche eine Verlängerung des Anspruchs auf zwölf Tage aus Gründen der Gleichbehandlung naheliegend. Teilzeitbeschäftigte werden jedenfalls besonders darauf zu achten haben, dass sie nur für die „erforderlichen" Arbeitstage von der Arbeit befreit sind. Geht es nicht um eigene Pflegeleistungen, müssen sie regelmäßig ihre freien Tage nutzen, um die erforderlichen organisatorischen Maßnahmen zu ergreifen. Das **Risiko einer Fehleinschätzung** ist deshalb höher als das bei Vollzeitbeschäftigten.

d) Mitteilungs- und Nachweispflicht, § 2 Abs 2. Der Beschäftigte hat die Verhin- 13 derung an der Arbeitsleistung und deren voraussichtliche Dauer unverzüglich iSv § 121

341 Pflegezeit

Abs 1 BGB mitzuteilen und auf Verlangen des ArbGeb eine ärztliche Bescheinigung über die Pflegebedürftigkeit des nahen Angehörigen und die Erforderlichkeit der in „§ 2 Abs 1" genannten Maßnahmen vorzulegen. Die Mitteilung bedarf keiner Form. Sie ist regelmäßig nur dann rechtzeitig, wenn der ArbGeb am Morgen des ersten Abwesenheitstages fernmündlich, per Fax, SMS oder E-Mail verständigt wird (*Arbeitsunfähigkeit* Rz 6). Für die Rechtzeitigkeit der Mitteilung („unverzüglich") kommt es auf den Zugang beim ArbGeb oder der von ihm bestimmten Empfangspersonen an (*Arbeitsunfähigkeit* Rz 8). Eine **zusätzliche schriftliche Bestätigung** ist aus Beweisgründen empfehlenswert; der Kündigungsschutz des § 5 beginnt erst mit Zugang der Mitteilung (s Rz 37).

14   aa) **Inhalt.** Inhaltlich muss die Mitteilung den Grund der Verhinderung enthalten. Anzugeben ist der Name des pflegebedürftigen nahen Angehörigen. Außerdem ist mitzuteilen, warum die Pflegebedürftigkeit das Fernbleiben des ArbN von der Arbeit bedingt. Im Ergebnis muss die mündliche Mitteilung inhaltlich dem entsprechen, was in der auf Verlangen des ArbGeb vorzulegenden ärztlichen Bescheinigung zu stehen hat. Diese dient lediglich dem Nachweis der behaupteten Tatsachen. Die vorzulegende Bescheinigung hat den Beweiswert der ärztlichen Arbeitsunfähigkeitsbescheinigung, vorausgesetzt der bescheinigende Arzt hat sich vom Gesundheitszustand des voraussichtlich Pflegebedürftigen persönlich ein Bild gemacht (*Arbeitsunfähigkeitsbescheinigung* Rz 6). Die Kosten der Bescheinigung dürfte der ArbN zu tragen haben.

15   bb) **Rechtsfolgen einer unterlassenen, verspäteten oder unvollständigen Mitteilung.** Dem ArbGeb steht bis zur Mitteilung und bis zum Eingang einer von ihm verlangten ärztlichen Bescheinigung ein Leistungsverweigerungsrecht zu, falls er zur Entgeltfortzahlung verpflichtet ist. Im Übrigen steht das bei Fehlverhalten des ArbN bekannte arbeitsrechtliche Instrumentarium zur Verfügung: Ermahnung/Abmahnung/Kündigung. Bei letzterer ist allerdings das Kündigungsverbot des § 5 zu beachten (s Rz 36). In Betracht kommen außerdem Schadensersatzansprüche des ArbGeb nach § 280 BGB.

16   e) **Fortzahlung der Vergütung, § 2 Abs 3.** Ungeachtet der Einordnung der Arbeitsbefreiung als Fall der Unmöglichkeit iSv § 275 Abs 1 BGB oder als eine besondere Ausgestaltung der Unzumutbarkeitsregelung des § 275 Abs 3 BGB, entfällt der Anspruch auf die Arbeitsvergütung nach § 326 Abs 1 Satz 1 BGB. Vergütung kann dann nur auf Grund einer gesonderten Regelung beansprucht werden. Das PflegeZG enthält keine solche Regelung. Nach § 2 Abs 3 ist der ArbGeb zur Fortzahlung der Verfügung nur verpflichtet, soweit sich eine solche Verpflichtung aus **anderen gesetzlichen Vorschriften** oder auf Grund einer Vereinbarung ergibt. In der Gesetzesbegründung wird ua auf § 616 BGB hingewiesen. Danach entfällt der Vergütungsanspruch nicht dadurch, dass der ArbN für eine verhältnismäßig nicht erhebliche Zeit durch einen in seiner Person liegenden Grund ohne sein Verschulden an der Arbeitsleistung verhindert ist. Ob sich daraus ein Anspruch herleiten lässt, wenn der ArbN die vollen zehn Arbeitstage „am Stück" fernbleibt, ist zweifelhaft. Zum Kreis der „nahen Angehörigen" iSd § 616 Satz 1 BGB gehören außerdem idR nur Ehegatten, Eltern, Kinder, Geschwister und Lebenspartner (ErfK/*Gallner* § 3 PflegeZG Rz 4). Vgl Näheres zu den allgemeinen Voraussetzungen *Arbeitsverhinderung* Rz 2 ff, zum Begriff „verhältnismäßig nicht erhebliche Zeit" *Arbeitsverhinderung* Rz 10. Der Anspruch von **Auszubildenden** ergibt sich aus § 19 Abs 1 Nr 2a BBiG. Entgeltansprüche können sich aus Tarifvertrag (zB § 29 Abs 1c TVöD), (freiwilliger) Betriebsvereinbarung oder Einzelarbeitsvertrag ergeben.

17   f) **Verhältnis zu anderen Rechten.** Das PflegeZG schließt Rechte der Beschäftigten, die sich aus anderen Vorschriften ergeben, nicht aus. Sind die Voraussetzungen des § 2 PflegeZG nicht erfüllt, kann die in der Person des ArbN auftretende Pflichtenkollision ein Leistungsverweigerungsrecht nach § 275 Abs 3 BGB begründen (*Leistungsverweigerungsrecht* Rz 6 ff).

18   5. **Pflegezeit. a) Voraussetzungen.** Nach § 3 Abs 1 Satz 1 sind „Beschäftigte von der Arbeitsleistung vollständig oder teilweise freizustellen, wenn sie einen pflegebedürftigen nahen Angehörigen in häuslicher Umgebung pflegen (Pflegezeit)." Der Begriff „Pflegezeit" kennzeichnet, wie der bereits eingeführte Begriff „Elternzeit", den Freistellungsgrund, hier die Pflege. Das Merkmal ist erfüllt, wenn der ArbN die Betreuung und Versorgung des Pflegebedürftigen übernimmt. Die Inanspruchnahme der ambulanten Hilfsdienste der Pflegeversicherung (dazu *Pflegeversicherung* Rz 20) ist unschädlich.

Pflegezeit

aa) Häusliche Umgebung. Pflegezeit setzt keinen gemeinsamen Haushalt des Pflegen- 19
den mit dem Pflegebedürftigen voraus. Es genügt jeder beliebige Haushalt: der Haushalt des
Pflegebedürftigen, der Haushalt des pflegenden Beschäftigten, auch der Haushalt eines
Dritten, in dem der Beschäftigte seine pflegerischen Leistungen erbringt. Entsprechend der
sozialrechtlichen Abgrenzung ist die Inanspruchnahme von Pflegezeit bei stationärer Unterbringung des zu Pflegenden schon begrifflich ausgeschlossen.

bb) Pflege durch mehrere Beschäftigte. Das Gesetz schließt die gleichzeitige Inan- 20
spruchnahme von Pflegezeit durch mehrere Beschäftigte für denselben pflegebedürftigen
nahen Angehörigen nicht ausdrücklich aus. Es bestehen auch keine Anhaltspunkte, anspruchsberechtigt sei stets nur ein berufstätiges Familienmitglied. Dagegen spricht bereits,
dass die Inanspruchnahme von Pflegezeit anders als die kurzzeitige Arbeitsverhinderung iSv
§ 2 nicht unter dem Vorbehalt der Erforderlichkeit steht. Die Pflege von Pflegebedürftigen
der Pflegestufe III, vor allem in Härtefällen, kann überdies regelmäßig nicht allein geleistet
werden. Bei vielen Verrichtungen werden zwei Pflegekräfte benötigt, wie dies in stationären
Einrichtungen gewährleistet ist. Eine „Anspruchssperre" würde dem Pflegenden entgegen
der gesetzlichen Zielsetzung die Chance der häuslichen Pflege nehmen (*Müller* BB 08, 1058;
offen gelassen *Preis/Nehring* NZA 08, 729).

cc) Mehrfache Inanspruchnahme. Pflegezeit kann für jeden pflegebedürftigen nahen 21
Angehörigen in Anspruch genommen werden. Eine weitere Begrenzung sieht das PflegeZG
nicht vor. Der ArbN kann deshalb Freistellung wegen der Pflege eines anderen nahen
Angehörigen verlangen.

b) Rechtsnatur/Rechtsfolge. § 4 Abs 1 ist § 16 Abs 1 BEEG nachgebildet. Der ArbN 22
hat nach der gesetzlichen Formulierung einen „Anspruch" auf Freistellung; richtigerweise ist
ihm ein **Gestaltungsrecht** eingeräumt (BAG 15.11.11 – 9 AZR 348/10, NZA 12, 323).
Zur Durchsetzung seines Rechts ist er nicht auf gerichtliche Hilfe angewiesen. Bei Vorliegen
der gesetzlichen Voraussetzungen und form-/fristgerechter Mitteilung kann er der Arbeit
auch gegen den Willen des ArbGeb fernbleiben. Das Arbeitsverhältnis bleibt bestehen. Es
wird für die Dauer der Pflegezeit kraft Gesetzes zum Ruhen gebracht. Näheres zur Qualifizierung als „Anspruch", den Rechtsfolgen, insbesondere der betriebsverfassungsrechtlichen
Stellung des ArbN *Elternzeit* Rz 4, 5 sowie *Ruhen des Arbeitsverhältnisses* Rz 15 f.

c) Inanspruchnahme der Pflegezeit. aa) Inhalt der Erklärung. Der Beschäftigte hat 23
ein Wahlrecht, ob er vollständig oder teilweise mit der Arbeit aussetzen will. Die beabsichtigte Pflegezeit ist dem ArbGeb spätestens zehn Arbeitstage vor Beginn schriftlich anzukündigen
und gleichzeitig zu erklären, für welchen Zeitraum und in welchem Umfang die Freistellung
von der Arbeitsleistung in Anspruch genommen wird. Es handelt sich um eine einseitige,
empfangsbedürftige Willenserklärung, die mit Zugang beim ArbGeb wirksam wird und den
ArbN entsprechend bindet (vgl *Elternzeit* Rz 10 f). Anzugeben sind die konkreten Daten,
mithin Beginn und Ende der Pflegezeit.

bb) Ankündigungsfrist. Die Frist von zehn Arbeitstagen bezieht sich auf die betriebs- 24
übliche Verteilung der Arbeitszeit auf fünf Tage/Woche. Die Wochenenden bleiben bei der
Berechnung deshalb ausgespart. Die Frist beginnt mit dem Zugang beim ArbGeb (dazu Näheres
Elternzeit Rz 11). Die Ankündigungsfrist soll dem ArbGeb ermöglichen, die für die Überbrückung der Abwesenheit des ArbN erforderlichen organisatorischen Maßnahmen zu treffen
(Ersatzeinstellung; Vertretung; Arbeitsverteilung). Das wird in den zur Verfügung stehenden
zwei Wochen oft nicht möglich sein. Die kurze Zeitspanne erklärt sich jedoch aus den
Besonderheiten des mit dem PflegeZG verfolgten Ziel der besseren Vereinbarkeit von Beruf
und familiärer Hilfe. Die nahtlose persönliche Pflege durch das berufstätige Familienmitglied ist
nur möglich, wenn die Pflegezeit unmittelbar an die kurzzeitige Arbeitsverhinderung anschließt. Eine **verspätete Ankündigung** ist nicht unwirksam. Der Beginn der Pflegezeit
verschiebt sich lediglich um die fehlenden Arbeitstage (vgl *Teilzeitbeschäftigung* Rz 28).

cc) Schriftform. Die Ankündigung muss, ebenso wie die Inanspruchnahme von Eltern- 25
zeit nach § 16 Abs 1 BEEG, **schriftlich** erfolgen. Hier wie dort (*Elternzeit* Rz 14) ist
zweifelhaft, ob darunter die Form des § 126 BGB (eigenhändige Unterschrift) zu verstehen
ist (zweifelnd auch *Preis/Nehring* NZA 08, 729). Richtigerweise genügt Textform (§ 126b
BGB), nicht allerdings eine mündliche Mitteilung.

d) Nachweispflicht. Die Pflegebedürftigkeit des nahen Angehörigen ist durch Vorlage 26
einer Bescheinigung der Pflegekasse oder des Medizinischen Dienstes der KV nachzuweisen.

341 Pflegezeit

Ist der Pflegebedürftige Mitglied einer privaten PflegeV, ist ein entsprechender Nachweis zu erbringen (§ 3 Abs 2). Eine zeitliche Vorgabe zur Vorlage der Bescheinigung fehlt. Das Attest ist deshalb **sofort** mit der Inanspruchnahme vorzulegen. Der Nachweis ist aber nicht Tatbestandsvoraussetzung für eine wirksame Inanspruchnahme. Die Kosten des Nachweises trägt der ArbN.

27 **e) Dauer der Pflegezeit. aa) Regelfall.** Die Pflegezeit beträgt für jeden pflegebedürftigen nahen Angehörigen „höchstens" sechs Monate, sie kann also auch darunter liegen. Nach der Rspr des BAG geht der nicht ausgeschöpfte Zeitraum ersatzlos unter (BAG 15.11.11 – 9 AZR 348/10, NZA 12, 323). Eine spätere Inanspruchnahme restlicher Pflegetage ist danach ausgeschlossen. Offen gelassen hat das BAG, ob der ArbN die Pflegezeit von vornherein auf mehrere Zeitabschnitte verteilen kann.

28 **bb) Verlängerung der Pflegezeit.** Hat der ArbN eine kürzere Freistellung als sechs Monate beansprucht, kann die Pflegezeit mit Zustimmung des ArbGeb bis zur Höchstdauer verlängert werden (§ 4 Abs 1 Satz 2). Ein Anspruch auf Zustimmung besteht nicht. Über die Annahme des Verlängerungsantrags des ArbN kann der ArbGeb autonom nach freiem Ermessen entscheiden (aA *Schwerdle* ZTR 2007, 655: billiges Ermessen). Der bei einer Entscheidung nach billigem Ermessen über § 315 Abs 3 BGB bewirkte Kontrahierungszwang des ArbGeb lässt sich dem Gesetzestext nicht entnehmen. Er besteht auch nicht aufgrund arbeitsvertraglicher Nebenpflicht des ArbGeb (BAG 10.2.04 – 9 AZR 89/03, AP ATG § 2 Nr 6 zum Abschluss eines Altersteilzeitarbeitsvertrags; anders BAG 18.10.11 – 9 AZR 315/10, NZA 12, 262 zur Verlängerung der Elternzeit: billiges Ermessen).

29 **cc) Anspruch auf Verlängerung, § 4 Abs 1 Satz 3.** Der ArbN hat Anspruch auf Verlängerung bis zur Höchstdauer, wenn ein vorgesehener Wechsel in der Person des Pflegenden aus einem wichtigen Grund nicht erfolgen kann. Angesprochen ist der Fall, dass an sich mehrere berufstätige Familienmitglieder nacheinander die Pflege übernehmen wollten und die „aus wichtigem Grund" scheitert. Ein **wichtiger Grund** liegt vor, wenn dem Freistellungsinteresse des ArbN gegenüber dem Dispositionsinteresse des ArbGeb der Vorrang gebührt (vgl *Elternzeit* Rz 18). Zu denken ist insbesondere an Gründe, die es der präsumtiven Pflegeperson unmöglich machen, die Pflege zu übernehmen (Krankheit, Umzug an anderen Ort). Persönliche Gründe des Pflegebedürftigen, die sich ausschließlich gegen die in Aussicht genommene Person (Aversion) richten, kommen in Betracht.

30 **dd) Umsetzung des Verlängerungsanspruchs.** Der Anspruch auf Verlängerung entspricht der Regelung der Elternzeit in § 16 Abs 3 Satz 4 BEEG; Verfahren und Rechtsfolge sind gleich: Die Verlängerung ist zu verlangen. Die Tatsachen, die den wichtigen Grund ausmachen, sind mitzuteilen. Ist der ArbGeb mit der Verlängerung nicht einverstanden, ist der ArbN gleichwohl berechtigt, der Arbeit fernzubleiben (Näheres *Elternzeit* Rz 18).

31 **ee) Verkürzung der Pflegezeit, § 4 Abs 2.** Die Pflegezeit verkürzt sich in zwei Fällen: Wegfall der Pflegebedürftigkeit und Unzumutbarkeit/Unmöglichkeit der häuslichen Pflege (Satz 1). Gemeint sind die Aberkennung jeder Pflegestufe iSv §§ 14 f SGB XI. Unzumutbarkeit/Unmöglichkeit können sich aus mannigfachen Gründen ergeben. Sie können in der Person des Pflegenden oder des zu Pflegenden (Erfordernis einer stationären Unterbringung) liegen, auf äußeren Umständen beruhen (unfreiwilliger Verlust der Wohnung), der Angehörige kann versterben. Ausreichen soll nach Gesetzesbegründung, dass die pflegende Person wider Erwarten dringlich auf Erwerbseinkünfte angewiesen ist (BT-Drs 16/7439 Seite 93). Die Pflegezeit endet dann **vier Wochen** nach Eintritt der veränderten Umstände. Das Arbeitsverhältnis lebt mit den früheren Rechten und Pflichten wieder auf. Der ArbGeb ist über die **veränderten Umstände** unverzüglich zu unterrichten (Satz 2). Mit **Zustimmung** des ArbGeb kann die Pflegezeit stets abgebrochen werden (Satz 3).

32 **ff) Berufsausbildungszeiten, § 4 Abs 1 Satz 3.** Die Pflegezeit wird nicht auf Berufsbildungszeiten angerechnet. Die Vorschrift ist § 20 Abs 2 BEEG nachgebildet. Die in der Gesetzesbegründung BT-Drs 16/7439 Seite 92) anklingende Auffassung, ein auf bestimmte Zeit eingegangenes Berufsausbildungsverhältnis verlängere sich automatisch um die Ausfallzeit, hat im Gesetzestext keinen Niederschlag gefunden. Eine solche Automatik würde den Interessen der Auszubildenden nicht gerecht. Der Auszubildende muss selbst entscheiden können, ob er die „Nichtanrechnung" beansprucht. Auf Verlangen des Auszubildenden hat der Ausbildende dann den Berufsausbildungsvertrag zu verlängern. Er unterliegt insoweit einem Kontrahierungszwang.

Pflegezeit 341

f) Pflegeteilzeit. Das Gesetz ermöglicht dem ArbN, unter Inanspruchnahme von Pflegezeit mit verringerter Arbeitszeit weiterzuarbeiten. Er hat dann den *Umfang* der gewünschten Freistellung und die **Verteilung** der verbleibenden Arbeitszeit mitzuteilen (§ 3 Abs 2). Hierüber haben der ArbGeb und der Beschäftigte nach § 3 Abs 4 eine **schriftliche Vereinbarung** zu treffen. Der ArbGeb hat dabei den Wünschen des Beschäftigten zu entsprechen, sofern nicht dringende betriebliche Gründe entgegenstehen. Die Vorschrift ist dem Teilzeitanspruch während der **Elternzeit** nach § 15 Abs 7 BEEG nachgebildet (*Elternzeit* Rz 20 ff), weist aber eine deutlich geringere Regelungsdichte auf. 33

aa) Einvernehmliche Verringerung der Arbeitszeit. Kommt es zu einer Einigung der Arbeitsvertragsparteien, ist diese **schriftlich** festzuhalten. Die Vertragsurkunde muss enthalten: Die Zahl der verbleibenden Arbeitsstunden/Arbeitstage und deren zeitliche Lage sowie die vereinbarte Dauer der veränderten Arbeitsbedingungen. Eine nur mündliche Abrede ist unwirksam. Ob allerdings die Schriftform des § 126 BGB (eigenhändige Unterschrift beider Parteien) verlangt ist oder ob Textform iSv § 126b BGB ausreicht, ist ungeklärt. Ohnehin erscheint die Formvorschrift wenig durchdacht. Nach der Gesetzesbegründung wurde die Schriftform „im Interesse der Rechtssicherheit und mit Blick auf das Nachweisgesetz vorgesehen" (BT-Drs 16/7439 Seite 92). Der schriftliche Nachweis iSv § 2 NachwG ist indessen gerade nicht Wirksamkeitsvoraussetzung für den Arbeitsvertrag (Näheres *Arbeitsvertrag* Rz 50). Textform iSv § 126b BGB dürfte reichen (*Preis/Nehring* NZA 08, 729).

bb) Streitige Verringerung der Arbeitszeit. Verringerung der Arbeitszeit und deren Verteilung können aus „dringenden betrieblichen Gründen" abgelehnt werden. Der Begriff ist nicht anders zu verstehen als in § 16 BEEG; dazu *Elternzeit* Rz 25; zum Ablehnungsgrund aus „betrieblichen Gründen" iSv § 8 Abs 3 TzBfG *Teilzeitbeschäftigung* Rz 33 ff. Der ArbN kann bei Ablehnung seiner Wünsche Klage auf Annahme seines Antrags auf Verringerung/Verteilung der Arbeitszeit erheben. Die Erklärung des ArbGeb gilt mit der Rechtskraft des Urteils als abgegeben (§ 894 ZPO). In der Praxis wird es angesichts der Höchstdauer von sechs Monaten dazu nicht kommen. Der ArbN ist auf **einstweiligen Rechtsschutz** angewiesen; dazu *Elternzeit* Rz 28.

6. Sonderkündigungsschutz, § 5. Nach § 5 Abs 1 darf der ArbGeb das Beschäftigungsverhältnis von der Ankündigung bis zur Beendigung der kurzzeitigen Arbeitsverhinderung nach § 2 oder der Pflegezeit nach § 3 nicht kündigen. Eine Wartezeit ist nicht normiert. Die Kündigung kann ausnahmsweise von der zuständigen Behörde für zulässig erklärt werden (§ 5 Abs 2). Das **Kündigungsverbot mit Erlaubnisvorbehalt** soll Beschäftigte motivieren, ohne Sorge vor dem Verlust des Arbeitsplatzes die Rechte aus dem PflegeZG wahrzunehmen (BT-Drs 16/7439 Seite 93). Das anerkennenswerte Ziel vermag nicht, das Missbrauchspotenzial des Sonderkündigungsschutzes zu verschleiern (dazu *Freihube/Sasse* DB 08, 1320; *Preis/Nehring* NZA 08, 729). 34

a) Beginn/Ende. Der Sonderkündigungsschutz beginnt mit dem Zugang der (formlosen) Mitteilung des ArbN über seine kurzzeitige Arbeitsverhinderung nach § 2 Abs 2 Satz 1 oder mit Zugang der Erklärung über die Inanspruchnahme von Pflegezeit. Er endet zu dem vom ArbN mitgeteilten Datum, soweit sich die Pflegezeit nicht kraft Gesetzes oder Vereinbarung verlängert/verkürzt. 35

b) Zulässigkeitserklärung. Die Voraussetzungen, unter denen das Arbeitsverhältnis ausnahmsweise außerordentlich aus einem besonderen Grund gekündigt werden kann, entsprechen im Wesentlichen der Rechtslage bei der Elternzeit. Das gilt auch für das vom ArbGeb einzuhaltende Verfahren. Näheres deshalb unter *Elternzeit* Rz 37 f. Keinen Kündigungsschutz genießen TeilzeitArbN, die ohne Inanspruchnahme von Pflegezeit pflegebedürftige nahe Angehörige pflegen. 36

7. Befristete Verträge, § 6 Abs 1 bis 3. a) Einstellung einer Ersatzkraft. Die Vorschrift gestattet dem ArbGeb die Einstellung einer Ersatzkraft für die Dauer der kurzzeitigen Arbeitsverhinderung nach § 2 oder der Pflegezeit nach § 3 sowie für notwendige Zeiten einer Einarbeitung und erklärt die Befristung des Arbeitsverhältnisses ausdrücklich für sachlich begründet. Zeit- und Zweckbefristung sind zugelassen. Die Vorschrift entspricht § 21 Abs 1 BEEG, Näheres *Elternzeit* Rz 39. 37

b) Sonderkündigungsrecht, § 6 Abs 3. Der ArbGeb kann den befristeten Arbeitsvertrag unter Einhaltung einer Frist von **zwei Wochen** kündigen, wenn die Pflegezeit wegen 38 veränderter Umstände (Wegfall der Pflegebedürftigkeit oder Unmöglichkeit/Unzumutbarkeit weiterer häuslicher Pflege, § 4 Abs 2 Satz 1) vorzeitig endet. Das KSchG ist auf diese Kündigung nicht anzuwenden, auch nicht die Klagefrist des § 4 KSchG. Anwendbar bleibt das sonstige Kündigungsrecht, insbesondere § 102 BetrVG. Das außerordentliche Kündigungsrecht kann vertraglich, auch tarifvertraglich, abbedungen werden, Näheres *Elternzeit* Rz 40.

39 **8. Beschäftigtenzahl und Arbeitsplätze, § 6 Abs 4.** Kommt es bei der Anwendung arbeitsrechtlicher Gesetze oder Verordnungen auf die Anzahl der ArbN oder der Arbeitsplätze an, wird im Ergebnis entweder der freigestellte ArbN oder die für ihn eingestellte Ersatzkraft gezählt. Damit wird sichergestellt, dass durch die Inanspruchnahme der Pflegezeit einerseits und der vorübergehenden Besetzung des (ggf durch Ringversetzung) frei gewordenen Arbeitsplatzes keine rechtserheblichen Schwellenwerte überschritten werden (beispielhaft: § 23 KSchG, §§ 9, 99, 111 BetrVG; §§ 71 Abs 1, 73 Abs 1 SGB IX). Gegenläufig scheidet in gleicher Weise eine (vorübergehende) Unterschreitung der für den Bestand von Arbeitnehmerschutzrechten maßgeblichen Beschäftigtenzahl aus. Die Regelung entspricht inhaltlich § 21 Abs 7 BEEG (Näheres *Elternzeit* Rz 41).

40 **9. Urlaub.** Die Inanspruchnahme von Pflegezeit berechtigt den ArbGeb nicht, den Urlaub des ArbN wegen der Ausfallzeiten ganz oder teilweise zu kürzen. Ein solches Kürzungsrecht hätte ausdrücklich geregelt werden müssen (vgl beispielhaft § 17 Abs 1 BEEG, § 4 Abs 1 ArbPlSchG). Daran fehlt es.

41 **10. Sonstiges.** Die sich bei der Rückkehr des ArbN aus der Pflegezeit stellenden Fragen sind nach überschlägiger Einschätzung nach den Grundsätzen zu beantworten, die für die Elternzeit gelten. Das gilt auch für die Berücksichtigung der Abwesenheitszeit bei der Bemessung betrieblicher Leistungen wie Sonderzahlungen (siehe Rechtsprechungs-ABC *Elternzeit* Rz 44 ff). Zu beachten ist, dass nach der Rechtsprechung des EuGH das Verbot der **Diskriminierung Behinderter** nicht auf Personen beschränkt ist, die selbst behindert sind. Es untersagt auch die ungleiche Behandlung derjenigen, die einen behinderten Menschen pflegen (EuGH 17.7.08 – C-303/06 [Coleman], NZA 08, 932).

42 **11. Familienpflegezeit.** Das zum 1.1.12 in Kraft getretene Familienpflegezeitgesetz vom 7.12.11 – FPfZG (BGBl I 11, 2564) sieht vor, dass Beschäftigte iSv § 7 PflegeZG ihre wöchentliche Arbeitszeit für die Dauer von höchstens zwei Jahren auf mindestens 15 Stunden reduzieren können, um einen nahen Angehörigen iSv § 7 PflegeZG zu pflegen. Die Ausgestaltung ist dem AltersteilzG nachgebildet. Das Entgelt für die verbleibende Arbeitszeit ist vom ArbGeb um die Hälfte der Differenz zwischen dem bisherigen und dem verringerten Entgelt aufzustocken („Pflegephase"). Nach Wiederaufnahme der früheren Arbeitszeit erhält der ArbN weiterhin das verringerte Entgelt, bis der Saldo aufgebraucht ist („Nachpflegephase"). Ein *Wertguthaben* kann zum Entgeltausgleich genutzt werden. Der ArbGeb kann seine Aufwendungen durch ein zinsloses Bundesdarlehen finanzieren. Das mögliche Ausfallrisiko des ArbGeb muss vom ArbN durch eine FamilienpflegezeitV abgedeckt werden. Ein Rechtsanspruch des ArbN auf Familienpflegezeit besteht nicht, sie beruht auf einer freiwilligen Vereinbarung mit dem ArbGeb. Der ArbN genießt auch hier Sonderkündigungsschutz, § 9 Abs 3 FPfZG, wobei fraglich ist, ab wann der Schutz eingreift, ab dem Zeitpunkt der Vereinbarung der Pflegezeit oder erst mit deren tatsächlicher Inanspruchnahme (vgl *Liebscher/Kühler* ArbRAktuell 12, 392). Näheres zum FPfZG *Galtzel* NJW 12, 1175; *Göttling/Neumann* NZA 12, 229; Rundschreiben des BMI v 26.4.12.

B. Lohnsteuerrecht *Thomas*

44 Zahlt der ArbGeb während der kurzzeitigen Arbeitsverhinderung oder der Pflegezeit den Arbeitslohn weiter, obwohl er dazu nicht verpflichtet ist, unterliegt dieser Lohn auch dem LStAbzug nach den allgemeinen Grundsätzen. Erfolgt die Zahlung irrtümlich und fordert der ArbGeb die Überzahlung erfolgreich zurück, wird nicht der ursprüngliche LStAbzug rückgängig gemacht, sondern es liegen zum Zeitpunkt der Rückzahlung negative Einnahmen vor, die der ArbGeb mit Lohnzuflüssen des gleichen Anmeldungszeitraums verrechnen kann (BFH 4.5.06 – VI R 19/03, BStBl II 06, 832 = DStRE 06, 909). Besteht keine Verrechnungsmöglichkeit mehr, kann der ArbN die negativen Einnahmen bei der Veranlagung des Rückforderungsjahres geltend machen. Der aufrechterhaltene Versicherungsschutz bzw Beitragszuschüsse hierzu haben keine lohnsteuerrechtliche Auswirkung.

C. Sozialversicherungsrecht *Ruppelt*

I. Pflegezeitgesetz. Nach § 1 PflegeZG ist in einem zeitlichen Rahmen die Möglichkeit 45 gegeben, pflegebedürftige nahe Angehörige iSv § 7 Abs 3 PflegeZG in häuslicher Umgebung zu pflegen, ohne die grds an das Beschäftigungsverhältnis gebundene sozialversicherungsrechtliche Absicherung zu verlieren. Zu den Voraussetzungen im Einzelnen s oben Rz 1 ff; *Hexel/Holder* Offene Fragen des neuen Pflegezeitrechts, NZA 09, 264. Das Gesetz sieht die **kurzzeitige Arbeitsverhinderung** bis zu zehn Tage nach § 2 PflegeZG und die **Pflegezeit** (nicht im *Kleinbetrieb*) bis zu sechs Monate nach § 3 PflegeZG vor. Vorbehaltlich (tarif-)vertraglicher Regelungen besteht ein Anspruch gegen den ArbGeb auf Zahlung des Arbeitsentgelts in diesen Zeiträumen nicht. Die sozialversicherungsrechtlichen Folgen sind bei der kurzzeitigen Arbeitsverhinderung (unten Rz 46) und der Pflegezeit (unten Rz 47 ff) zu unterscheiden. Das gilt teilweise auch für die einzelnen Versicherungszweige. Zum **Familienpflegezeitgesetz** (FPfZG) s unten Rz 53.

II. Kurzzeitige Arbeitsverhinderung. Die Soziale Sicherung von ArbN setzt in der 46 Kranken-, Pflege-, Renten- und ArblV grds die abhängige Beschäftigung gegen Arbeitsentgelt (jenseits der Geringfügigkeitsgrenze) voraus (§ 5 Abs 1 Nr 1 SGB V; § 20 Abs 1 Satz 2 Nr 1 SGB XI; § 1 Satz 1 Nr 1 SGB VI; § 25 Abs 1 SGB III). Nach § 7 Abs 3 Satz 1 SGB IV gilt eine abhängige Beschäftigung gegen Arbeitsentgelt als fortbestehend, solange das Beschäftigungsverhältnis ohne Anspruch auf Arbeitsentgelt fortdauert, jedoch nicht länger als einen Monat. Diese Regelung erhält den Versicherungsschutz in der Kranken-, Pflege-, Renten- und ArblV für Beschäftigte, die der Arbeit unter den Voraussetzungen des § 2 PflegeZG kurzzeitig bis zu zehn Tage fernbleiben, weil die Arbeitsverhinderung stets innerhalb der Monatsfrist des § 7 Abs 3 Satz 1 SGB IV liegt. Auch die übrigen Voraussetzungen des § 7 Abs 3 Satz 1 SGB IV sind erfüllt: Das Arbeitsverhältnis besteht fort, lediglich die Hauptpflichten hieraus (Arbeitsleistung und Arbeitsentgelt) ruhen nach § 2 PflegeZG für maximal zehn Arbeitstage.

III. Pflegezeit. 1. Sofortiges Ende der Versicherungspflicht. Nach § 7 Abs 3 Satz 4 47 SGB IV gilt die Fiktion des § 7 Abs 3 Satz 1 SGB IV (Fortbestehen des Beschäftigungsverhältnisses ohne Anspruch auf Arbeitsentgelt bis zu einem Monat) nicht für die Inanspruchnahme von Pflegezeit iSd § 3 PflegeZG. Da bei Inanspruchnahme von Pflegezeit mit vollständiger Freistellung von der Arbeitsleistung der Anspruch auf Arbeitsentgelt ab Beginn der Freistellung grds entfällt, liegen die Voraussetzungen der Versicherungspflicht in der Kranken-, Pflege-, Renten- und ArblV ab Beginn der Freistellung nicht mehr vor. Das Gesetz billigt dem Beschäftigten in diesem Fall also nicht die einmonatige „Überlegungs- und Reaktionsfrist" des § 7 Abs 3 Satz 1 SGB IV zu. Entsprechendes gilt bei der Reduzierung der Arbeitsleistung unter die Grenze der geringfügigen Beschäftigung (s *Geringfügige Beschäftigung* Rz 27). Bleibt die Restarbeitsleistung versicherungspflichtig, tritt eine Beendigung dieser Versicherungspflicht durch die Pflegezeit nicht ein.

2. Kranken- und Pflegeversicherung. Anders als beim Bezug von Krankengeld oder 48 der Inanspruchnahme von Elternzeit usw (§ 192 Abs 1 SGB V) wird in der KV und PflegeV die Mitgliedschaft während einer Pflegezeit nicht aufrechterhalten. Der Beschäftigte kann sich beitragspflichtig freiwillig krankenversichern, falls er nicht über einen Angehörigen (zB Ehegatte) nach § 10 SGB V familienversichert ist. Die Voraussetzungen für die freiwillige Versicherung ergeben sich aus § 9 SGB V und setzen Mindestvorversicherungszeiten voraus. (Liegen die Voraussetzungen einer freiwilligen Versicherung nicht vor, kommt die Auffangversicherungspflicht nach § 5 Abs 1 Nr 13 SGB V in Betracht, s *Krankenversicherungspflicht* Rz 20.) Die Bemessung der Beiträge erfolgt nach § 240 SGB V und berücksichtigt die gesamte wirtschaftliche Leistungsfähigkeit des Mitglieds. Die freiwillige KV führt zur Versicherungspflicht in der PflegeV mit Beiträgen nach Maßgabe von § 57 Abs 4 Satz 1 SGB XI iVm § 240 SGB V. § 44a SGB XI sieht **Beitragszuschüsse** zur KV und PflegeV vor. Beschäftigte, die nach § 3 PflegeZG von der Arbeitsleistung vollständig freigestellt werden oder deren Beschäftigung durch eine Reduzierung der Arbeitsleistung zu einer geringfügigen

Beschäftigung wird, erhalten auf Antrag Beitragszuschüsse zur KV und PflegeV in Höhe der Mindestbeiträge, die von freiwilligen Mitgliedern in der KV und in der sozialen PflegeV zu entrichten sind. Die Zuschüsse dürfen die tatsächliche Höhe der Beiträge nicht übersteigen.

49   **3. Arbeitslosenversicherung.** Versicherungspflichtig sind nach § 26 Abs 2b SGB III Personen in der Zeit, in der sie wegen der Pflege eines nahen Angehörigen nach § 3 Abs 1 Satz 1 PflegeZG von der Arbeitsleistung freigestellt sind, wenn sie unmittelbar vor der Pflegezeit versicherungspflichtig waren. Gleiches gilt für Personen, die unmittelbar vor dieser Zeit eine durch die BA geförderte Beschäftigung ausgeübt haben, die ein Versicherungspflichtverhältnis oder den Bezug einer laufenden Entgeltersatzleistung nach dem SGB III unterbrochen hat. Die Beiträge von 10 vH der Bezugsgröße (§ 345 Nr 8 SGB III iVm § 18 SGB IV) werden von derjenigen Einrichtung getragen, die für die Leistungen an den Pflegebedürftigen zuständig ist, also die Pflegekasse, das PflegeVUnternehmen oder der Beihilfeträger (§ 347 Nr 10 SGB III). Bei vollständiger Aufgabe des Arbeitsverhältnisses wegen Fortsetzung der Pflege nach Ablauf der Pflegezeit iSv § 3 Abs 1 Satz 1 PflegeZG besteht nach § 28a SGB III die Möglichkeit der freiwilligen Weiterversicherung. Beschäftigte, die während der Pflegezeit kein oder bei teilweiser Freistellung nur geringes Arbeitsentgelt erzielen, sollen bei der Bemessung des AlGeld keine Nachteile erleiden, wenn sie arbeitslos werden. Um dies sicherzustellen, bleibt die Pflegezeit nach § 130 Abs 2 Satz 1 Nr 3a SGB III bei der Ermittlung des Bemessungszeitraums außer Betracht.

50   **4. Rentenversicherung.** Die Pflegezeit nach § 3 Abs 1 Satz PflegeZG erfüllt idR den Versicherungspflichttatbestand des § 3 Satz 1 Nr 1a SGB VI. Danach ist in der RV versicherungspflichtig, wer einen Pflegebedürftigen iSv § 14 SGB XI wenigstens 14 Stunden in der Woche in seiner häuslichen Umgebung pflegt. Das gilt auch, wenn die Mindeststundenzahl nur durch die Pflege mehrerer Pflegebedürftiger erreicht wird. Die Beiträge werden nach § 44 SGB XI vollständig von dem zuständigen Träger der PflegeV (idR die Pflegekasse) gezahlt. Die Versicherungspflicht tritt nicht ein, wenn die pflegende Person trotz der Pflege noch regelmäßig mehr als 30 Stunden wöchentlich abhängig beschäftigt oder selbstständig tätig ist (§ 3 Satz 3 SGB VI). Im ersteren Fall besteht regelmäßig weiter Versicherungspflicht auf Grund abhängiger Beschäftigung. S auch *Rentenversicherungspflicht* Rz 10.

51   **5. Unfallversicherung.** Der Versicherungsschutz der Pflegeperson in der UV nach § 2 Abs 1 Nr 17 SGB VII setzt voraus, dass die Pflegeperson die Voraussetzungen des § 19 SGB XI erfüllt, die Pflege also nicht erwerbsmäßig erfolgt (s *Unfallversicherung* Rz 34).

52   **6. Beschäftigungsverhältnis.** Wird die Pflege im Rahmen eines Beschäftigungsverhältnisses durchgeführt, gelten die allg. sozialversicherungsrechtlichen Regelungen (s *Hauswirtschaftliches Beschäftigungsverhältnis* Rz 31 ff).

53   **IV. Familienpflegezeitgesetz.** Das zum 1.1.12 als Art 1 des am 6.12.11 verkündeten Gesetzes zur Vereinbarkeit von Pflege und Beruf (BGBl I 11, 2564) in Kraft getretene Familienpflegezeitgesetz (FPfZG) darf nicht mit dem **Pflegezeitgesetz** verwechselt werden. Zwar ermöglicht das FPfZG die Reduzierung der Arbeitszeit zur Pflege eines nahen Angehörigen iSv § 7 PflegeZG auch für ArbN in Betrieben mit weniger als 15 Beschäftigten, allerdings besteht kein Rechtsanspruch des ArbN auf Gewährung der Familienpflegezeit. Vgl oben Rz 42; *Schlegel* Das Familienpflegezeitgesetz, jurisPR-SozR 2/2012).

Praktikant

A. Arbeitsrecht *Röller*

1   **1. Allgemeines.** Praktikant ist, wer sich für eine vorübergehende Dauer zwecks Erwerb praktischer Kenntnisse und Erfahrungen einer bestimmten betrieblichen Tätigkeit und Ausbildung, die keine systematische Berufsausbildung darstellt, im Rahmen einer Gesamtausbildung unterzieht, weil er diese für die Zulassung zum Studium oder Beruf, zu einer Prüfung oder zu anderen Zwecken benötigt. Der Ausbildungszweck steht damit im Vordergrund. Die Vergütung ist der Höhe nach deshalb auch eher eine Aufwandsentschädigung oder Beihilfe zum Lebensunterhalt (BAG 13.3.03 – 6 AZR 564/01; MünchArbR/*Natzel* § 322 Rz 205). Demgegenüber ist ArbN, wer aufgrund eines privatrechtlichen Vertrags im

Dienst eines anderen zur Leistung weisungsgebundener, fremdbestimmter Arbeit in persönlicher Abhängigkeit verpflichtet ist; s *Arbeitnehmer (Begriff)*. Zur Abgrenzung ArbN-Praktikant s BAG 13.3.03; LAG Köln 31.5.06 – 3 Sa 225/06, NZA-RR 06, 525.

2. Zur Unterscheidung des Praktikanten vom: a) Volontär. Ein solcher ist, wer zum Zwecke der Ausbildung für den ArbGeb tätig wird, ohne dass mit der Ausbildung eine vollständig abgeschlossene Fachausbildung in einem anerkannten Ausbildungsberuf beabsichtigt ist (*Knigge* AR-Blattei SD I 740 Rz 16). Die Unterscheidung ist praktisch bedeutungslos. Volontariatsverhältnisse werden von § 26 BBiG erfasst. Es gilt zwingend § 17 Abs 1 BBiG, wonach eine angemessene Vergütung zu gewähren ist. Ein Volontariat kann Berufsausbildung iSd § 14 Abs 1 Satz 2 Nr 2 TzBfG mit der Folge sein, dass ein sich unmittelbar anschließendes Arbeitsverhältnis unter den in dieser Abstimmung genannten Voraussetzungen befristet werden kann (BAG 22.6.94, DB 95, 1335). Erforderlich hierfür ist, dass eine inhaltlich geordnete Ausbildung für eine zeitlich angemessene Dauer durchlaufen wird. Das Vertragsverhältnis muss einem Berufsausbildungsverhältnis ähnlich sein (LAG Köln 23.2.2000 – 2 Sa 1248/99, AiB 01, 53 mit Anm *Schirge*). 2

b) Auszubildenden. Der Unterschied besteht im Wesentlichen nur darin, dass vom Auszubildenden eine im Einzelnen genau geregelte, möglichst vollständige Ausbildung zu einem anerkannten Lehrberuf, insbesondere im Handel, Gewerbe und Handwerk, mit abschließender Prüfung angestrebt wird (BAG 5.8.65, DB 65, 1220). Der Ausbildende ist für die Erreichung des Berufszieles mitverantwortlich und hat den Auszubildenden ggf mit Nachdruck zur Erreichung seines Berufszieles anzuhalten. Einem Praktikanten gegenüber ist der ArbGeb nur verpflichtet, ihm die Gelegenheit zu geben, selbst den gewünschten Nutzen für das berufliche Fortkommen zu ziehen, indem er ihm die betrieblichen Informationen, die personelle Einweisung, die Unterlagen und das Material gibt (*Scherer* NZA 86, 280, 281). 3

c) Werkstudenten. Diese werden regelmäßig nicht zu ihrer Berufsausbildung, sondern im Rahmen eines Arbeitsverhältnisses beschäftigt. Die **Ausbildung** steht anders als beim Praktikanten **nicht im Vordergrund,** sondern die entgeltliche Arbeitsleistung. 4

d) Schüler. Werden Schüler im Rahmen eines Berufspraktikums im Betrieb tätig, kommt weder ein Ausbildungs- noch ein Arbeitsverhältnis mit dem Betriebsinhaber zustande. Die von den Schülerpraktikanten zu verrichtende Tätigkeit ist ihrer Art nach keine weisungsgebundene Tätigkeit, die der Verwirklichung des arbeitstechnischen Zwecks des Betriebs des ArbGeb zu dienen bestimmt ist. Der Einsatz der Schülerpraktikanten dient in erster Linie der persönlichen Information über einen Teil der sozialen Wirklichkeit, um den Schülern ihre Ausbildungs- und Berufswahl zu erleichtern; der Einsatz soll zu einer kritischen Auseinandersetzung mit der Arbeits- und Berufswelt führen (BAG 8.5.90, DB 90, 2124). Bei den Betriebspraktika handelt es sich um Schulveranstaltungen, die in einem Betrieb als Unterrichtsort durchgeführt werden. Die Einzelheiten der mit der Durchführung verbundenen Pflichten und Rechtsbeziehungen ergeben sich aus dem Schulrecht und den für Betriebspraktika erlassenen Richtlinien. Gehen die Schüler einer Ferienarbeit nach, um Geld zu verdienen, kommt regelmäßig ein Arbeitsvertrag zustande. Die Hauptsache ihrer Tätigkeit liegt in der entgeltlichen Arbeitsleistung und nicht in der Ausbildung. 5

e) Fachhochschul- und Hochschulpraktikanten. Studenten, die im Rahmen ihres Studiums in Betrieben eine dem Studienziel dienende praktische Ausbildung erhalten, sind keine Auszubildenden iSd BBiG (BAG 18.11.08 – 3 AZR 192/07, NZA 09, 435; 16.10.02 – 4 AZR 429/01, BB 03, 906). § 26 BBiG sowie die §§ 10 bis 25 BBiG finden auf sie ua mit der Folge keine Anwendung, dass sie keinen Anspruch auf Urlaub, auf Arbeitsentgelt und auf Einhaltung der besonderen Kündigungsschutzbestimmungen nach dem BBiG haben. Ein Arbeitsverhältnis liegt hingegen vor, wenn die Studenten in einer privatrechtlichen Vertragsbeziehung zu dem Betriebsinhaber stehen (BAG 15.3.06 – 7 ABR 39/05, BeckRS 2008, 54162). 6

Betriebspraktikum zur beruflichen Fortbildung ist nicht auf eine Gesamt- oder Grundausbildung ausgerichtet, sondern soll es ermöglichen, bereits vorhandene berufliche Kenntnisse und Fertigkeiten zu erhalten, zu erweitern, der technischen Entwicklung anzupassen oder beruflich aufzusteigen (§ 1 Abs 4 BBiG). Die berufliche Fortbildung ist in §§ 53 ff BBiG nur ansatzweise geregelt. Einzelheiten der beruflichen Fortbildung sollen in einer Fortbildungsverordnung festgelegt werden. Auf ein derartiges Praktikum sind deshalb 7

342 Praktikant

nicht ohne weiteres die für den Arbeitsvertrag geltenden Rechtsvorschriften und Rechtsgrundsätze anzuwenden. Es ist im Einzelfall zu prüfen, ob das Praktikum im Rahmen eines Arbeitsverhältnisses abgeleistet worden ist (BAG 18.11.99 – 2 AZR 89/99, DB 2000, 772). Betriebspraktika, die nicht in einem Arbeitsverhältnis abgeleistet werden, sind bei der Berechnung des Schwellenwertes (§ 23 Abs 1 KSchG) und bei der Berechnung der Wartezeit (§ 1 Abs 1 KSchG) nicht zu berücksichtigen (BAG 22.1.04 – 2 AZR 237/03, NZA 04, 479).

8   **3. Inhalt des Praktikantenverhältnisses.** Auf das Praktikantenverhältnis finden gem § 26 BBiG die **§§ 10 bis 23 und 25 BBiG** mit der Maßgabe Anwendung, dass die gesetzliche Probezeit abgekürzt, auf die Vertragsniederschrift verzichtet und bei vorzeitiger Lösung des Vertragsverhältnisses nach Ablauf der Probezeit abweichend von § 23 Abs 1 Satz 1 BBiG Schadensersatz nicht verlangt werden kann. § 78a BetrVG ist auf Vertragsverhältnisse iSv § 26 BBiG anwendbar (BAG 1.12.04 – 7 AZR 129/04, NZA 05, 779). Tarifvertragliche Regelungen bestehen im Bereich des öffentlichen Dienstes (TVPöD); für Praktikanten des Bundes s BMI-Rundschreiben v 3.5.12.

B. Lohnsteuerrecht
Windsheimer

11   Praktikantentätigkeit (s oben Rz 1) ist grds Berufsausbildung (s *Ausbildungskosten* Rz 10) mit den entsprechenden Folgerungen hieraus (s *Ausbildungskosten* Rz 7 ff), auch für Kindergeldzwecke (s *Kinderfreibetrag* Rz 18 ff), ebenfalls die Tätigkeit als Diplomand (s *Ausbildungsverhältnis* Rz 87). Soweit keine Vergütung gezahlt wird, ist steuerlich nichts veranlasst. Gezahlte Vergütung ist, unabhängig von Ausbildungsvorschriften oÄ des beschäftigten Praktikanten, unabhängig von der Dauer der Beschäftigung, von der Art der Bezahlung und von der Höhe der Vergütung, grds **steuerpflichtiger Arbeitslohn** (s *Berufsausbildungsförderung* Rz 9), Aufwendungen können daher im Rahmen eines Ausbildungsverhältnisses Werbungskosten sein (s *Ausbildungsverhältnis* Rz 87). Bei Kostenersatz oder nicht regelmäßiger Zahlung kann steuerfreier Auslagenersatz vorliegen (s *Aufwendungsersatz* Rz 23 ff). Die Bezüge können steuerfrei sein, wenn sie aus öffentlichen Mitteln oder aus Mitteln einer öffentlichen Stiftung zu Ausbildungszwecken gewährt werden (§ 3 Nr 11 EStG). Zur Abgrenzung, unter welchen Voraussetzungen derartige Bezüge steuerfrei sind, zB ausländische Praktikanten, s *Berufsausbildungsförderung* Rz 4 ff; *Ausbildungsverhältnis* Rz 86 ff sowie *Studentenbeschäftigung* Rz 21. Zur lohnsteuerlichen Behandlung von bundesweiten Schulprojekten ua „Der Soziale Tag", „Aktion Tagwerk" s OFD Frankfurt vom 18.11.11 – S 2332 A-88-St 211, BeckVerw 239197. Im **Ausland** abgeleistete und vergütete Praktikantentätigkeit kann nach DBA im Inland steuerfrei sein (vgl Art 20 OECD-MA 2005, Art 20 Abs 2 DBA-USA). Damit im Zusammenhang stehende Aufwendungen sind dann im Inland insoweit ebenfalls nicht zu berücksichtigen (§ 3c; BFH 11.2.09 – I R 25/08, BFH/NV 09, 1318; s *Auslandstätigkeit* Rz 37 ff; *Studentenbeschäftigung* Rz 21).

C. Sozialversicherungsrecht
Schlegel

12   **1. Begriff. a) Legaldefinition.** Nach der Rspr ist es Zweck des Praktikums, dass der (ggf erst angehende) Student mit den im Beruf verwendeten Materialien, Werkzeugen und Maschinen vertraut gemacht wird, damit er den Vorlesungen mit Verständnis folgen kann (vgl BSG 17.12.80 – 12 RK 20/79, SozR 2200 § 165 Nr 53). Im geisteswissenschaftlichen Bereich geht es darum, mit den Arbeitsweisen und Methoden der Praktiker vertraut gemacht zu werden. Praktika sind abzugrenzen von abhängiger Beschäftigung, wenn die für die Bezeichnung Praktikum nur der Verschleierung eines Arbeitsverhältnisses zur Umgehung arbeits- und sozialrechtlicher Standards dient. Außerdem ist das Praktikum von versicherungspflichtiger Ausbildung abzugrenzen. Stellen sich im Rahmen eines sog praxisintegrierten dualen Studiums die berufspraktischen Phasen infolge organisatorischer und/oder curricularer Verzahnung mit der theoretischen Hochschulausbildung als Bestandteil des Studiums dar, sind die **Teilnehmer an dualen Studiengängen** in der KV und damit auch der PflegeV, der RV und der ArblV seit 1.1.2012 den Beschäftigten gleichgestellt (§ 5 Abs 4a Satz 1 SGB V, § 1 Satz 1 SGB VI, § 25 Abs 1 Satz 2 SGB III). Mit dem 4. SGB IV-ÄndG hat der Gesetzgeber insoweit auf das Urteil des BSG vom 1.12.09 – B 12 R 4/08 R reagiert und – anders als vom

BSG entschieden – Versicherungspflicht ausdrücklich angeordnet (vgl BT-Drs 17/6764 S 19 zu Art 2 Nr 2).

Nach der Legaldefinition des § 20 Abs 1 Nr 10 SGB XI sind Praktikanten Personen, die ohne Arbeitsentgelt eine in Studien- oder Prüfungsordnungen vorgeschriebene berufspraktische Tätigkeit ohne Arbeitsentgelt verrichten. Diese Legaldefinition ist enger als der **umgangssprachliche Begriff;** letzterer schließt auch Personen ein, die während ihres Praktikums ein Arbeitsentgelt erhalten oder ein nicht im Einzelnen vorgeschriebenes, sondern nur „nützliches" Praktikum ableisten. 13

b) Prüfungsschritte. Die SozV der Praktikanten ist äußerst unübersichtlich; teils ist sie der SozV der Studenten nachgebildet, teils weicht sie hiervon ab. Das Gesetz regelt den Status der Praktikanten nur punktuell und in den einzelnen Zweigen der SozV zudem nicht einheitlich. Es muss daher jeweils geklärt werden, welche allgemein für ArbN oder zu ihrer Berufsausbildung Beschäftigte geltenden Regeln anzuwenden sind, wenn Spezialvorschriften nicht greifen. Sind zB die Voraussetzungen einer speziell auf bestimmte Praktikanten abstellenden Vorschrift (§ 5 Abs 1 Nr 10 SGB V; § 20 Abs 1 Nr 10 SGB XI) nicht erfüllt, weil ein Entgelt gezahlt wird, muss geprüft werden, ob für die betreffende Person Versicherungspflicht besteht, weil es sich um eine Beschäftigung zur Berufsausbildung handelt (§ 5 Abs 1 SGB V; § 20 Abs 1 Nr 1 SGB XI; § 1 Satz 1 Nr 1 SGB VI). Dies ist regelmäßig der Fall, wenn das Praktikum vorgeschrieben ist. Fehlt es hieran, kommt Versicherungspflicht der berufspraktischen Beschäftigung nach den für ArbN allgemein geltenden Vorschriften in Betracht. 14

2. Kranken- und Pflegeversicherung. a) Allgemeines. In der KV und PflegeV ist zwischen vorgeschriebenen und nicht vorgeschriebenen Praktika sowie innerhalb dieser beiden Gruppen nochmals danach zu differenzieren, ob ein Entgelt gezahlt wird oder ob dies nicht der Fall ist. Unerheblich ist, ob es sich um ein Vor-, Zwischen- oder Nachpraktikum handelt. 15

b) Vorgeschriebenes Praktikum ohne Arbeitsentgelt. Wird ein in Prüfungs- und Ausbildungsordnungen vorgeschriebenes Praktikum abgeleistet, ohne dass der Praktikant hierfür ein Arbeitsentgelt erhält, besteht in der KV **Versicherungspflicht** nach § 5 Abs 1 Nr 10 SGB V, in der PflegeV nach § 20 Abs 1 Nr 10 SGB VI. Diese Versicherungspflicht der Praktikanten ist in der KV gegenüber einer (beitragsfreien) Familienversicherung des Praktikanten nach § 10 SGB V subsidiär (§ 5 Abs 7 SGB V); in der PflegeV fehlt eine entsprechende Subsidiaritätsklausel. § 5 Abs 1 Nr 10 SGB V wurde mit der KV der Studenten eingeführt. Die Praktikantenversicherung ist als Ergänzung hierzu zu verstehen, damit Lücken im Versicherungsschutz vermieden werden, wenn Zeiten des Studiums mit solcher berufspraktischer Tätigkeit abwechseln. Die Unterbrechung des Studiums durch ein vorgeschriebenes Praxissemester soll die Versicherungspflicht in der KV nicht beenden bzw unterbrechen. 16

Die **Beitragsbemessungsgrundlage** bei der Versicherung nach § 5 Abs 1 Nr 10 SGB V, § 20 Abs 1 Nr 10 SGB XI wird fingiert, weil ein tatsächliches Arbeitsentgelt als Anknüpfungspunkt fehlt. Nach § 236 SGB V, § 57 Abs 1 SGB XI gelten wie für Studenten in der KVdS als beitragspflichtige Einnahmen pro Tag $1/30$ des Betrages, der als monatlicher Bedarf nach § 13 Abs 1 Nr 2, Abs 2 BAföG für Studenten festgesetzt ist. Der Monatsbetrag wird also nach dem BAföG-Bedarfssatz für Studenten berechnet. Der Praktikant trägt die Beiträge allein (§ 250 Abs 1 Nr 3 SGB V; § 59 Abs 1 Satz 1 SGB XI). Es gilt auch in der KV ein einheitlicher **Beitragssatz,** der $7/10$ des allgemeinen Beitragssatzes beträgt (§ 245 Abs 1 SGB V). 17

c) Vorgeschriebenes Praktikum mit Arbeitsentgelt. Erhält der Praktikant für sein Praktikum ein Arbeitsentgelt, ist der Tatbestand der § 5 Abs 1 Nr 10 SGB V, § 20 Abs 1 Nr 10 SGB XI nicht erfüllt (anders noch vor dem 1.1.2000; vgl BSG 3.2.94 – 12 RK 78/92, SozR 3–2500 § 5 Nr 15). Ein derartiges Praktikum führt jedoch regelmäßig zur **Versicherungspflicht nach § 5 Abs 1 Nr 1 SGB V** in der KV und nach § 20 Abs 1 Nr 1 SGB XI in der PflegeV, weil der Praktikant zu seiner Berufsausbildung beschäftigt ist (vgl BT-Drs 14/1245 S 59 zu § 5 Buchst a). Ist die berufspraktische **Beschäftigung geringfügig** iSv § 8 SGB IV (vgl *Geringfügige Beschäftigung*), führt dies gleichwohl nicht zur Versicherungsfreiheit. § 7 Satz 1, 2. Hs SGB V ordnet nämlich an, dass eine Beschäftigung im 18

342 Praktikant

Rahmen betrieblicher Berufsbildung nicht versicherungsfrei ist. Auch in diesem Fall bleibt der Student während des Praxissemesters versicherungspflichtig, allerdings ist der Rechtsgrund und die beitragsrechtliche Situation eine andere.

19 Die Beiträge werden nach dem für die jeweilige Krankenkasse geltenden (§ 241 SGB V) bzw in der PflegeV nach dem einheitlichen **Beitragssatz** berechnet. **Bemessungsgrundlage** ist das tatsächlich gewährte Arbeitsentgelt des Praktikanten (§ 226 Abs 1 Nr 1 SGB V; § 57 Abs 1 SGB XI). Der ArbGeb trägt die Beiträge allein, wenn das Arbeitsentgelt im Monat 450 € nicht übersteigt (§ 249 Abs 2 Nr 1 SGB V; § 58 Abs 5 SGB XI).

20 **d) Nicht vorgeschriebenes Praktikum ohne Arbeitsentgelt.** Liegt dem Praktikum ein Vertragsverhältnis zugrunde, das in den Anwendungsbereich des BBiG fällt, gilt das als Beschäftigung iSv § 7 Abs 1 SGB IV. Abs 2 dieser Vorschrift dehnt den Begriff der Beschäftigung auf den Erwerb beruflicher Kenntnisse, Fertigkeiten oder Erfahrungen im Rahmen der betrieblichen Berufsbildung aus. Unter betrieblicher Berufsbildung ist nicht nur die Ausbildung im Rahmen eines „klassischen Lehrlingsverhältnisses", dh einem Berufsausbildungsverhältnis iSd §§ 3–18 BBiG zu verstehen. Vielmehr wird in § 7 Abs 2 SGB IV auf die Teilnahme an „betrieblicher Berufsbildung iSv § 1 Abs 5 BBiG" insgesamt Bezug genommen (vgl BT-Drs 7/4122 S 31 zu § 7 Abs 2). Nach § 1 Abs 5 BBiG liegt betriebliche Berufsbildung vor, wenn die Berufsbildung in Betrieben der Wirtschaft oder in vergleichbaren Einrichtungen außerhalb der Wirtschaft, insbesondere des öffentlichen Dienstes, der Angehörigen freier Berufe und in Haushalten durchgeführt wird. Grundlage der beruflichen Bildung können neben einem Berufsausbildungsverhältnis iSd §§ 3–18 BBiG auch andere Vertragsverhältnisse sein, deren Zweck es ist, dass die eingestellte Person berufliche Kenntnisse, Fertigkeiten oder Erfahrungen erwirbt (vgl § 19 BBiG); das BSG hat insoweit berufliche Bildung – je nach landesrechtlicher Ausgestaltung – ua auch bei bestimmten berufspraktischen Tätigkeiten im Rahmen der einstufigen Juristenausbildung bejaht (vgl BSG 6.10.88 – 1 RA 53/87 SozR 2200 § 1232 Nr 26; 21.2.90 – 12 RK 12/87, SozR 3–2940 § 2 Nr 1). Versicherungspflicht ist jedoch nur angeordnet, wenn das Praktikum gegen Entgelt durchgeführt wird, zumal andernfalls der Tatbestand den § 5 Abs 1 Nr 1 SGB V, § 20 Abs 1 Nr 1 SGB XI nicht erfüllt ist.

21 **e) Nicht vorgeschriebenes Praktikum mit Arbeitsentgelt.** § 7 Abs 1, 2. Hs SGB V belässt er auch bei geringfügigem Entgelt bei der Versicherungspflicht und schließt Versicherungsfreiheit des Praktikanten aus.

22 Übersteigt das Arbeitsentgelt die Geringfügigkeitsgrenzen, gilt der Grundsatz hälftiger Beitragstragung bzw im Rahmen der Gleitzone deren Sonderrecht (vgl § 249 Abs 4, § 226 Abs 1 SGB V iVm § 20 Abs 2 SGB IV).

23 **3. Rentenversicherung. a) Grundsatz Versicherungspflicht.** Für die RV gibt es keine § 5 Abs 1 Nr 10 SGB V und § 20 Abs 1 Nr 10 SGB XI entsprechende Vorschrift, die speziell für Praktikanten Versicherungspflicht anordnet. Es gelten daher zunächst die für ArbN und zur Berufsausbildung Beschäftigten geltenden Vorschriften. Ist das Praktikum in Studien und Prüfungsordnungen vorgeschrieben, ist der Praktikant zu seiner Berufsausbildung beschäftigt. Der Personenkreis der zur Berufsausbildung Beschäftigten ist in der RV im Grundsatz nach § 1 Satz 1 Nr 1 SGB VI versicherungspflichtig. Werden die Geringfügigkeitsgrenzen des § 8 SGB IV nicht überschritten, bleibt die Versicherungspflicht bestehen (vgl § 5 Abs 2 Satz 3 SGB VI: keine Versicherungsfreiheit bei Geringfügigkeit). Dies gilt zunächst auch für Praktikanten, jedoch gibt es insoweit die nachfolgenden Ausnahmen.

24 **b) Versicherungsfreiheit bei vorgeschriebenem Praktikum.** § 5 Abs 3 SGB VI ordnet Versicherungsfreiheit für Personen an, die während der Dauer eines Studiums als ordentliche Studierende einer Fachschule oder Hochschule ein Praktikum ableisten, das in der Studienordnung oder Prüfungsordnung vorgeschrieben ist (zur Begründung vgl BT-Drs 13/8671). Entgegen der Gesetzesbegründung kann dem Wortlaut des § 5 Abs 3 SGB VI nicht entnommen werden, dass Versicherungsfreiheit nur in solchen Fällen angeordnet werden sollte, in denen das Praktikum die Voraussetzungen betrieblicher Berufsbildung nicht erfüllt, sondern bei dem es nur um eine in Betriebe verlagerte schulische Ausbildung geht. Abgesehen davon hat das BSG in Fällen, in denen das Praktikum aufgrund landesrechtlicher Vorschriften in die Hochschul- oder Fachschulausbildung eingegliedert und deshalb als Teil des Studiums und eigene Studienveranstaltung der Fachhochschule selbst anzusehen ist, das

Praktikant 342

Vorliegen betrieblicher Berufsbildung und damit Versicherungspflicht aufgrund einer Beschäftigung zur Ausbildung iVm § 7 Abs 2 SGB IV verneint (vgl dazu SGB 3.2.94 – 12 RK 78/92, SozR 3–2500 § 5 Nr 15 S 49 mwN). Für die Anordnung von Versicherungsfreiheit besteht in solchen Fällen schon mangels Vorliegens von Versicherungspflicht kein Grund. Eigenständiger Regelungsgehalt kann dem § 5 Abs 3 SGB VI somit nur in solchen Fällen zukommen, in denen ein in Studienordnungen vorgeschriebenes Praktikum die Voraussetzungen beruflicher Bildung und somit der einschlägigen Versicherungspflichttatbestände erfüllt, letzteres ist nach der Rspr bei ausgelagerter schulischer Ausbildung gerade nicht der Fall (BSG 3.2.94 – 12 RK 78/92, SozR 3–2500 § 5 Nr 15 S 49). Dauer des Praktikums, die wöchentliche Arbeitszeit und die Höhe eines etwaigen Entgelts spielen keine Rolle. Letztlich geht es auch hierbei – wie in der KV und PflegeV – darum, Kontinuität im versicherungsrechtlichen Status von Studenten während eines Praxissemesters herzustellen: Sind diese als Student nicht versicherungspflichtig bzw versicherungsfrei, sollen sie dies auch während eines Praxissemesters bleiben.

Nach dem Wortlaut („während der Dauer des Studiums") ist davon auszugehen, dass § 5 Abs 3 Nr 1 SGB VI nur Zwischenpraktika (Praxissemester), nicht jedoch Vor- und Nachpraktika erfasst (aA *Grintsch* DRV 98, S 88, 90). **25**

c) **Nicht vorgeschriebenes, aber unbezahltes oder geringfügiges Praktikum.** Bis Juli 2004 war Versicherungsfreiheit außerdem für diejenigen Praktikanten angeordnet, die während der Dauer eines Studiums als ordentliche Studierende einer Fachschule oder Hochschule ein Praktikum ableisten, für das kein Entgelt oder nur ein Entgelt erhalten, das regelmäßig im Monat 450 € nicht überstieg (§ 5 Abs 3 Nr 2 SGB VI aF). Diese Regelung sollte studienbegleitende Praktika erfassen, die zwar nicht vorgeschrieben sind, aber zweckmäßig erscheinen. Sie sollte dazu beitragen, dass solche Praktika nicht daran scheitern, dass eine Anordnung der Versicherungspflicht für Betriebe und die öffentliche Verwaltung mit einem unverhältnismäßigem Aufwand verbunden ist (vgl BT-Drs 13/8671 S 117 zu Art 1 Nr 1a). Auch insoweit legt der Wortlaut („während der Dauer des Studiums") nahe, dass § 5 Abs 3 Nr 1 SGB VI nur Zwischenpraktika (Praxissemester), nicht jedoch Vor- und Nachpraktikum erfasst (aA *Grintsch* DRV 98, S 88, 90). **26**

Diese Regelung ist ab 1.8.04 entfallen (vgl RV-NachhaltigkeitsG vom 21.7.04, BGBl I 04, 1791). Es gelten daher die allgemeinen Regeln des § 7 Abs 2 SGB IV iVm § 1 Satz 1 Nr 1 SGB VI über die Versicherungspflicht der zu ihrer Berufsausbildung Beschäftigten. § 5 Abs 2 Satz 3 SGB IV ordnet jedoch für diesen Personenkreis selbst bei Geringfügigkeit der Beschäftigung Versicherungsfreiheit nicht an. Zur Beitragstragung vgl § 168 Abs 1 Nr 1 SGB VI. **27**

d) **Nicht vorgeschriebenes, nicht geringfügiges Zwischenpraktikum.** Hier bleibt es bei den allgemeinen Regeln der Versicherungspflicht nach § 1 Abs 1 SGB VI. RVBeiträge sind vom ArbGeb und dem Praktikanten je zur Hälfte zu zahlen. Bemessungsgrundlage ist das vereinbarte Entgelt. Die Gleitzonenregelung findet Anwendung. **28**

e) **Nicht vorgeschriebenes Vor- oder Nachpraktikum.** Diese werden von § 5 Abs 3 SGB VI nicht erfasst. **29**

f) **Vorgeschriebenes Vor- oder Nachpraktikum.** Hier findet zwar § 5 Abs 3 SGB VI keine Anwendung, wohl aber § 5 Abs 2 Satz 3 SGB VI. Bei einem vorgeschriebenen Vor- oder Nachpraktikum handelt es sich um eine Beschäftigung zur Berufsausbildung, so dass nach § 1 Satz 1 Nr 1 SGB VI iVm § 5 Abs 2 Satz 3 SGB VI Versicherungspflicht auch dann besteht, wenn die Beschäftigung geringfügig ist. Beitragsbemessungsgrundlage ist das vereinbarte Arbeitsentgelt, mindestens jedoch 1 vH der Bezugsgröße (vgl § 162 Nr 1 SGB VI). Bei Arbeitsentgelten, die im Monat 450 € nicht übersteigen, trägt der ArbGeb den Beitrag allein (vgl § 168 Abs 1 Nr 1 SGB VI). **30**

4. Arbeitslosenversicherung. a) Ausgangspunkt. Für die ArblV gibt es keine § 5 Abs 1 Nr 10 SGB V und § 20 Abs 1 Nr 10 SGB XI entsprechende Vorschrift, die speziell für Praktikanten Versicherungspflicht anordnet. Es gelten daher wie in der RV zunächst die für ArbN und zur Berufsausbildung Beschäftigten geltenden Vorschriften. Ist das Praktikum in Studien und Prüfungsordnungen **vorgeschrieben,** ist der Praktikant zu seiner Berufsausbildung beschäftigt. Der Personenkreis der zur Berufsausbildung Beschäftigten ist im Grundsatz nach § 25 Abs 1 SGB III versicherungspflichtig, und zwar selbst dann, wenn die Geringfügigkeitsgrenzen des § 8 SGB IV nicht überschritten sind (vgl § 27 Abs 2 Satz 2 **31**

Nr 1 SGB III: keine Versicherungsfreiheit bei Geringfügigkeit) oder wenn überhaupt kein Entgelt gezahlt wird. Als Bemessungsgrundlage für die Beiträge zur ArbIV sind mindestens 1 vH der Bezuggröße zugrunde zu legen (vgl § 342 SGB III). Bei einem **nicht vorgeschriebenen Vor- und Nachpraktikum** handelt es sich nicht um Beschäftigung zur Berufsausbildung. § 27 Abs 2 Satz 2 Nr 1 SGB III findet keine Anwendung, so dass es darauf ankommt, ob die Geringfügigkeitsgrenzen des § 8 SGB IV überschritten sind.

32 **b) Versicherungsfreiheit.** In der ArbIV geht es wie auch in der RV darum, Kontinuität im versicherungsrechtlichen Status von Studenten herzustellen, die während ihres Studiums eine Beschäftigung ausüben (zum sog Studentenprivileg vgl *Studentenbeschäftigung*). § 27 Abs 4 SGB III ordnet daher für Personen Versicherungsfreiheit an, die während der Dauer ihres Studiums als ordentliche Studierende einer Hochschule oder einer der fachlichen Ausbildung dienenden Schule eine Beschäftigung ausüben. Sind diese als Student nicht versicherungspflichtig bzw versicherungsfrei, sollen sie dies auch während eines Praxisseminars bleiben.

33 Dauer der Beschäftigung (des Praktikums), die wöchentliche Arbeitszeit und die Höhe eines etwaigen Entgelts spielen keine Rolle. Ebenso wenig kommt es darauf an, ob das der Beschäftigung zugrunde liegende Praktikum in der Studien- oder Prüfungsordnung vorgeschrieben ist. Das studentische Erscheinungsbild darf durch die Beschäftigung allerdings nicht verlorengehen. Dies ist bei dem Studium untergeordneten Praktika, Praktika während der Semesterferien oder bei einem vorgeschriebenen Praxisseminar unproblematisch.

34 **5. Unfallversicherung.** In der UV besteht für Praktikanten Versicherungspflicht, sei es, dass sie „wie ein ArbN" tätig werden (vgl § 2 Abs 2 SGB VII), sei es, dass man ihre Tätigkeit als solche eines Lernenden während der beruflichen Aus- und Fortbildung in Betriebsstätten ähnlichen Einrichtungen ansieht (vgl § 2 Abs 1 Nr 1 SGB VII).

Probearbeitsverhältnis

A. Arbeitsrecht *Kania*

1 **1. Allgemeines.** Das Probearbeitsverhältnis dient ArbGeb und ArbN dazu, im Rahmen einer angemessenen Zeitspanne Klarheit gewinnen zu können, ob eine dauerhafte Zusammenarbeit möglich erscheint. Gesetzlich zwingend vorgeschrieben ist eine Probezeit im Rahmen von Berufsausbildungsverhältnissen (§ 20 BBiG). Zu unterscheiden ist das Probearbeitsverhältnis vom sog **Einführungsverhältnis.** Bei diesem wird dem ArbN lediglich die Möglichkeit zum Kennenlernen eines Arbeitsplatzes eingeräumt, ohne dass er bereits eine Arbeitspflicht übernimmt (LAG Hamm 24.5.89, DB 89, 1974). Ein Probearbeitsverhältnis kann sowohl als **befristetes Arbeitsverhältnis** als auch als **vorgeschaltete Probezeit** im Rahmen eines unbefristeten Arbeitsverhältnisses vereinbart werden (zu den Unterschieden s unten Rz 4 und 7).

2 Die Einstellung eines ArbN zur Probe unterliegt der **Mitbestimmung** des BRat gem § 99 BetrVG. Allerdings steht dem BRat kein Widerspruchsrecht gem § 99 Abs 2 Nr 4 BetrVG zu, wenn ein befristetes statt eines unbefristeten Probearbeitsverhältnisses abgeschlossen wird, da die Vorschrift ansonsten zweckwidrig zu einer Benachteiligung des ArbN missbraucht würde (LAG Düsseldorf 7.11.78, BB 80, 578). Die Einstellung eines Schwerbehinderten zur Probe ist innerhalb von vier Tagen dem Integrationsamt anzuzeigen (§ 90 Abs 3 SGB IX).

3 **2. Dauer der Probezeit.** Gesetzlich vorgeschrieben ist eine bestimmte Dauer der Probezeit nur im Rahmen von Berufsausbildungsverhältnissen; sie muss mindestens einen Monat und darf höchstens vier Monate betragen (§ 20 BBiG). Häufig enthalten Tarifverträge Regelungen über die Dauer der Probezeit. Üblich sind Höchstgrenzen von einem Monat für Arbeiter und von drei Monaten für Angestellte. Auch bei der individuellen Vereinbarung sollte sich selbstverständlich die Dauer der Probezeit an den Anforderungen des jeweiligen Arbeitsplatzes orientieren. Rechtlich zwingend ist die Ausrichtung am Erprobungszweck aber nur bei der Probezeitbefristung (dazu unten Rz 7). Bei der Probezeit im unbefristeten Arbeitsverhältnis kann gem § 622 Abs 3 BGB unabhängig vom tatsächlichen Erprobungs-

bedarf eine Probezeit von längstens sechs Monaten vereinbart werden (BAG 24.1.08 – 6 AZR 519/07, BB 08, 1217). Ob sich die Probezeit durch **Unterbrechungen** der Tätigkeit verlängert, ist unter Berücksichtigung des Zwecks der Probezeit und der Art der Unterbrechung im Wege der Auslegung zu ermitteln. Kürzere krankheitsbedingte Unterbrechungen führen im Allgemeinen nicht zu einer Verlängerung der Probezeit (*Schaub* § 41 Rz 11). Eine einverständliche **Verlängerung der Probezeit** ist innerhalb der ersten sechs Monate möglich, und zwar auch dann, wenn die zunächst vereinbarte kürzere Probezeit bereits abgelaufen war (LAG RhPf 5.1.99 – 2 [4] Sa 1139/98, NZA 2000, 258). Eine Verlängerung der Probezeit über sechs Monate hinaus ändert nichts am Eingreifen des allgemeinen Kündigungsschutzes gem § 1 KSchG. Möglich soll aber bei weiterem Erprobungsbedarf der Abschluss eines Aufhebungsvertrags zu einem wenige Monate späteren Beendigungstermin mit bedingter Wiedereinstellungszusage sein (BAG 7.3.02 – 2 AZR 93/01, DB 02, 1997; dazu *Lembke* DB 02, 2643).

3. Unbefristetes Arbeitsverhältnis mit vorgeschalteter Probezeit. a) Allgemeines. 4
Soweit nicht eine eindeutige Befristungsabrede getroffen wurde, ist im Zweifel die Probezeit als Beginn eines Arbeitsverhältnisses auf unbestimmte Zeit anzusehen (BAG 29.7.58, DB 59, 147; sog „weiche Probezeit"). Während der Probezeit kann das Arbeitsverhältnis grds sowohl ordentlich als auch – bei Vorliegen der Voraussetzungen des § 626 BGB – außerordentlich gekündigt werden. Die ordentliche Kündigung ist jedoch dann ausgeschlossen, wenn die Probezeit – etwa um eine Gelegenheit zur Einarbeitung zu geben – als **Mindestvertragszeit** vereinbart ist. Eine solche untypische Abrede wird nur bei einer eindeutigen Vertragsgestaltung anzunehmen sein. Für die Kündigung eines unbefristeten Arbeitsverhältnisses mit vorgeschalteter Probezeit gilt zugunsten des ArbN der **allgemeine und besondere Kündigungsschutz.** Der allgemeine Kündigungsschutz gem § 1 KSchG greift aber ebenso wie der Kündigungsschutz für Schwerbehinderte (§ 90 Abs 1 Nr 1 SGB IX) erst nach einer Wartezeit von sechs Monaten ein. Das Kündigungsverbot gem § 9 MuSchG gilt dagegen von Anfang an. Dasselbe gilt für das allgemeine Verbot treu- oder sittenwidriger Kündigungen (BAG 23.6.94, DB 94, 2190 für Kündigung in der Probezeit wegen Homosexualität). Der BRat ist gem § 102 BetrVG vor jeder Kündigung anzuhören.

b) Ordentliche Kündigung. § 622 Abs 3 BGB trifft eine ausdrückliche gesetzliche 5
Regelung über die Kündigungsfrist während der Probezeit. Diese beträgt einheitlich für Arbeiter und Angestellte **zwei Wochen,** soweit die Probezeit die Dauer von sechs Monaten nicht übersteigt. Eine ausdrückliche Vereinbarung der kurzen Kündigungsfrist ist nicht erforderlich; sie folgt aus der Probezeitabrede (LAG Düsseldorf 20.10.95, NZA 96, 1156). Wird eine Probezeit von mehr als sechs Monaten vereinbart, gilt nach Ablauf des sechsten Monats die gesetzliche Grundkündigungsfrist gem § 622 Abs 1 BGB. **Längere Kündigungsfristen** während der Probezeit können einzelvertraglich vereinbart werden. **Kürzere** als die gesetzlichen Kündigungsfristen können gem § 622 Abs 4 BGB nur in **Tarifverträgen** geregelt werden. Dabei gibt es keine Mindestfristen, so dass in Tarifverträgen sogar die völlig entfristete Kündigungsmöglichkeit vereinbart werden kann (*Stahlhacke/Preis/Vossen* Rz 494). Für die Anwendbarkeit einer für die Probezeit geltenden verkürzten Kündigungsfrist kommt es nur darauf an, dass der **Ausspruch der Kündigung** während der Probezeit erfolgt, auch wenn der Beendigungszeitpunkt außerhalb der Probezeit liegt (BAG 21.4.66, DB 66, 985). Möglich dürfte es sogar sein, mit dem Ziel einer faktischen Verlängerung der Probezeit vor Ablauf der Sechs-Monats-Grenze mit einer Kündigungsfrist von einigen Monaten zu kündigen (*Lembke* DB 02, 2648 im Hinblick auf BAG 7.3.02 – 2 AZR 93/01, DB 02, 1997).

c) Außerordentliche Kündigung. Die außerordentliche Kündigung während der 6
Probezeit ist möglich, wenn die Voraussetzungen des § 626 BGB erfüllt sind, also ein wichtiger Grund vorliegt und die Zweiwochenfrist des § 626 Abs 2 BGB eingehalten ist. Keinen wichtigen Grund iSd § 626 Abs 1 BGB stellt grds die **fehlende Eignung** des ArbN dar, denn die Frage, ob der ArbN geeignet ist, soll ja gerade während der Probezeit geprüft werden (BAG 10.5.71, DB 71, 1820; zu Ausnahmen LAG Frankfurt 5.2.87, BB 87, 1672). Der außerordentlichen Kündigung kommt im Hinblick auf die verkürzten Kündigungsfristen für die ordentliche Kündigung nur geringe Bedeutung zu.

4. Befristetes Probearbeitsverhältnis. Der Erprobungszweck ist als **sachlicher Grund** 7
für die Rechtfertigung eines befristeten Arbeitsverhältnisses anerkannt (sog „harte Probezeit";

s § 14 Abs 1 Satz 2 Nr 5 TzBfG). Im Allgemeinen wird eine 6-monatige Probezeit in Anlehnung an § 1 Abs 1 KSchG, § 622 Abs 3 BGB für ausreichend erachtet; das Gesetz benennt aber keine Höchstfrist (s dazu Rz 3). Voraussetzung für eine wirksame Befristung ist, dass die Befristung nicht durch Gesetz, Tarifvertrag oder Betriebsvereinbarung ausgeschlossen ist und die Dauer des befristeten Arbeitsverhältnisses in einem angemessenen Verhältnis zum Erprobungszweck steht (BAG 2.6.10 – 7 AZR 85/09, NZA 10, 1293; BAG 24.1.08 – 6 AZR 519/07, BB 08, 1217; ErfK/*Müller-Glöge* § 14 TzBfG Rz 49). Für ein befristetes Probearbeitsverhältnis von 9 oder sogar 12 Monaten kann nur ausnahmsweise bei besonders anspruchsvollen Aufgaben eine sachliche Rechtfertigung vorliegen. Eine noch länger befristete „Probezeit" kann nur unter den Voraussetzungen des § 14 Abs 2 TzBfG geschlossen werden (Näheres s *Befristetes Arbeitsverhältnis* Rz 40).

8   Da **im Zweifel** von einem unbefristeten Arbeitsverhältnis mit anfänglicher Probezeit auszugehen ist, muss sich die Befristung eindeutig aus dem Vertrag ergeben (BAG 29.7.58, DB 59, 147). Die **Beweislast** für das Vorliegen eines befristeten Probearbeitsverhältnisses trägt immer derjenige, der sich auf die Befristung beruft, im Regelfall also der ArbGeb (LAG Düsseldorf 18.6.76, EzA Nr 3 zu § 611 BGB Probearbeitsverhältnis). Um diese Auslegungsprobleme zu vermeiden, sieht § 14 Abs 4 TzBfG für die Befristungsabrede die Schriftform vor.

9   Liegt eine wirksame Befristung vor, so endet das Arbeitsverhältnis **nach Ablauf der Vertragszeit,** wenn es nicht zuvor verlängert worden ist. Weder allgemeiner (§ 1 KSchG, § 102 BetrVG) noch besonderer Kündigungsschutz (§ 9 MuSchG, § 85 SGB IX) sind zu beachten. Allerdings kann die Berufung auf die Befristung rechtsmissbräuchlich sein, wenn sie allein aus sachfremden Gründen, zB wegen einer zwischenzeitlich eingetretenen Schwangerschaft, erfolgt (BAG 16.3.89, NZA 89, 719). Während der Probezeit ist, soweit nichts anderes vereinbart ist, die ordentliche Kündigung ausgeschlossen.

10   **5. Muster.** S Online-Musterformular *„M31.5 Probearbeitsverhältnis, Probezeitklausel im Arbeitsvertrag".*

B. Lohnsteuerrecht
Thomas

12   Der aufgrund eines Probearbeitsverhältnisses gezahlte Arbeitslohn unterliegt dem LStAbzug nach den allgemeinen Vorschriften, wie auch beruflich veranlasste Aufwendungen des ArbN genauso wie bei anderen Dienstverhältnissen Werbungskosten sind. Zweifelhaft ist, ob bei einem Arbeitsplatzwechsel mit geplanter Rückkehr erst nach Jahren für die Anfangszeit (die ersten 3 Monate) Dienstreisegrundsätze angewendet werden können (so aber FG BaWü 17.3.98 – 1 K 92/94, EFG 98, 1389 ohne Begründung bestätigt, BFH 19.3.03 – VI R 42/98). Jedenfalls sind für die Fahrt zur Arbeit nicht deshalb die tatsächlichen Kosten statt der Entfernungspauschale (§ 9 Abs 1 Nr 4 Satz 2 EStG) anzusetzen, weil das Arbeitsverhältnis nach Ende der Probezeit nicht fortgesetzt werden könnte.

C. Sozialversicherungsrecht
Schlegel

13   Das Probearbeitsverhältnis unterliegt in vollem Umfang den Vorschriften der SozV und ArblV. Verlangt der ArbGeb vor Abschluss eines Arbeitsvertrages ein Probestück, liegt nach der Rspr des BSG ein wichtiger Grund für die Ablehnung des Arbeitsangebotes iSv § 159 SGB III (vgl *Sperrzeit*) nicht vor, wenn die Anfertigung des Probestückes der Feststellung der Eignung des Arbeitslosen dient und das Maß des Zumutbaren nicht überschritten wird (BSG 13.3.97 – 11 RAr 25/96, SozR 3–4100 § 119 Nr 11).

Prokurist

A. Arbeitsrecht
Kania

1   **1. Begriff und Umfang der Prokura.** Die Prokura ist eine besondere handelsrechtliche Vollmacht mit gesetzlich festgelegtem Umfang. Der Prokurist handelt im Rechtsverkehr als Vertreter des Unternehmers. Seine Erklärungen wirken unmittelbar für und gegen den Vertretenen (§ 164 Abs 1 BGB). Der Prokurist zeichnet mit einem die Prokura andeutenden

Prokurist 344

Zusatz, üblicherweise mit dem Zusatz „ppa" vor seinem handgeschriebenen Namen (§ 51 HGB). Die Prokura ermächtigt den Prokuristen zu allen Arten von gerichtlichen und außergerichtlichen Geschäften und Rechtshandlungen, die der Betrieb eines Handelsgewerbes mit sich bringt. Ausgenommen ist lediglich die Veräußerung und Belastung von Grundstücken, es sei denn, dass insoweit eine besondere Befugnis erteilt ist (§ 49 HGB).

Eine **Beschränkung des Umfangs der Prokura** ist grds gegenüber Dritten unwirksam 2 (§ 50 Abs 1 HGB). Zulässig ist lediglich die Erteilung der Prokura an mehrere Personen mit der Folge, dass diese nur gemeinschaftlich vertreten können (Gesamtprokura, § 48 Abs 2 HGB) sowie die Beschränkung der Prokura auf eine Niederlassung, die unter einer anderen Firma betrieben wird (§ 50 Abs 3 HGB). Wegen ihrer Bedeutung sind Erteilung, zulässige Beschränkungen und Erlöschen der Prokura zur Eintragung in das Handelsregister anzumelden (§ 53 HGB). Die Eintragung wirkt nur deklaratorisch (*Baumbach/Hopt* § 53 HGB Rz 1). Die Prokura ist jederzeit widerruflich, nicht übertragbar und erlischt nicht durch den Tod des Inhabers des Handelsgeschäfts (§ 52 HGB).

2. Arbeitsrechtliche Stellung des Prokuristen. a) Prokurist als leitender Angestellter. 3 Der Prokurist ist leitender Angestellter iSd § 5 Abs 3 Nr 2 BetrVG, wenn „die Prokura auch im Verhältnis zum ArbGeb nicht unbedeutend ist". Die Gesetzesformulierung ist ungenau. Gemeint ist, dass die Aufgaben, die der ArbGeb einem Prokuristen überträgt, nicht unbedeutend sein dürfen. Diese Voraussetzung ist dann erfüllt, wenn Prokuristen auch im Innenverhältnis zum ArbGeb Aufgaben wahrnehmen, die den in § 5 Abs 3 Nr 3 BetrVG umschriebenen **Leitungsfunktionen** entsprechen (BAG 11.1.95 – 7 ABR 33/94, DB 95, 1333). Näheres s *Leitende Angestellte* Rz 9. **Leitende Angestellte iSd § 14 Absatz 2 KSchG** sind Prokuristen nur dann, wenn sie eine Stellung einnehmen, die der eines Geschäftsführers oder Betriebsleiters ähnlich ist, und zur selbstständigen Einstellung oder Entlassung von ArbN berechtigt sind (Näheres zu den Anforderungen des § 14 Abs 2 KSchG s *Leitende Angestellte* Rz 14 ff). Der sog **Titularprokurist** ist jedenfalls weder leitender Angestellter iSd § 5 Abs 3 BetrVG noch iSd § 14 Abs 2 KSchG (*Fitting* § 5 Rz 382; KR/ *Rost* § 14 Rz 30).

b) Kündigungsbefugnis des Prokuristen. Die Prokura umfasst alle Geschäfte, die der 4 Betrieb eines Handelsgewerbes mit sich bringt. Dazu zählt auch der Ausspruch der Kündigung von Arbeitsverhältnissen. Spricht der Prokurist in Vertretung seines ArbGeb eine Kündigung aus, so ist er nicht verpflichtet, eine auf sich lautende Vollmachtsurkunde vorzulegen. Vielmehr gilt der zu kündigende ArbN durch die Eintragung und Bekanntmachung der Prokura im Handelsregister als „von der Bevollmächtigung in Kenntnis gesetzt" iSd § 174 Satz 2 BGB. Eine Zurückweisung der Kündigung wegen fehlender Vollmachtsvorlage kommt deshalb nicht in Betracht (BAG 11.7.91, DB 92, 895; dagegen *Lux* NZA-RR 08, 393). Dies gilt selbst dann, wenn der Prokurist es entgegen § 51 HGB versäumt, seinem Namen einen die Prokura andeutenden Zusatz beizufügen, da § 51 HGB eine reine Ordnungsvorschrift ist, deren Verletzung keine unmittelbare Sanktion auslöst (BAG 11.7.91, DB 92, 895).

c) Widerruf der Prokura. Auch wenn ein ArbN laut seinem Anstellungsvertrag aus- 5 drücklich als Prokurist eingestellt ist, kann die Prokura gleichwohl **jederzeit** widerrufen werden. Ein Anspruch auf Wiedererteilung der Prokura besteht nicht (BAG 26.8.86, DB 87, 51).

Nach Auffassung des BAG sind grds die Interessen des ArbN hinreichend dadurch 6 geschützt, dass gem § 52 HGB von dem Widerruf der Prokura die vertragsrechtliche Stellung des ArbN unberührt bleiben soll. Zwar spricht das Gesetz nur verkürzt davon, dass der Anspruch auf vertragsmäßige Vergütung erhalten bleibt. Gewollt ist jedoch, dass in den Rechten und Pflichten des Arbeitsverhältnisses im Innenverhältnis keine Änderungen eintreten sollen (BAG 26.8.86, DB 87, 51). Diese Absicht des Gesetzgebers ändert indes nichts daran, dass jedenfalls dann, wenn die Stellung als Prokurist arbeitsvertraglich vereinbart ist, die Entziehung der Prokura eine einseitige Änderung der Arbeitsvertragsbedingungen darstellt, die – ohne die Vorschrift des § 52 HGB – nur im Wege der Änderungskündigung durchgesetzt werden könnte. Auch wenn der Widerruf der Prokura handelsrechtlich zulässig ist, bleibt es dabei, dass es sich hierbei um ein **arbeitsvertragswidriges Verhalten** des ArbGeb handelt, soweit nicht ausnahmsweise Rechtfertigungsgründe für eine dem Widerruf entsprechende Änderungskündigung bestehen. Verhält sich aber der ArbGeb arbeitsvertragswidrig, so hat dies zur Folge, dass der ArbN kündigen und ggf Schadensersatzansprüche geltend machen kann.

7   Der Ausspruch einer **fristlosen Kündigung** wird nur ausnahmsweise in Betracht kommen, wenn besondere Umstände, etwa eine unzumutbare Diskriminierung nach langjähriger Tätigkeit als Prokurist, einen Fortbestand des Arbeitsverhältnisses bis zum Ablauf der Kündigungsfrist unzumutbar machen (BAG 17.9.70, DB 71, 391; 26.8.86, DB 87, 51). Bestand die Prokura nur für eine im Verhältnis zur Gesamtdauer des Arbeitsverhältnisses kurze Zeitspanne, so hat der ArbN keinen Anspruch auf zeitlich unbestimmte Erwähnung der Prokura im **Arbeitszeugnis** (LAG BaWü 19.6.92, DB 93, 1040).

B. Lohnsteuerrecht
Seidel

8   Ob ein ArbN Prokurist ist, ist für die lohnsteuerrechtliche Behandlung als ArbN ohne Belang (s auch *Leitende Angestellte* Rz 24). Als Verfügungsberechtigter iSd § 35 AO fällt er jedoch unter den als Haftende in Betracht kommenden Personenkreis des § 69 AO. Für seine Haftungsinanspruchnahme gelten die unter *Lohnsteuerhaftung* Rz 30–41 dargestellten Grundsätze (s zur Haftung auch FG Hess 10.10.05 – V 3913/04, DStRE 06, 683).

C. Sozialversicherungsrecht
Voelzke

9   Die dem Prokuristen im Außenverhältnis zu Dritten eingeräumte Vertretungsmacht führt allein nicht zur Annahme einer selbstständigen Tätigkeit. Dies gilt sogar dann, wenn einem Gesellschafter durch die Prokura die Möglichkeit zur Vornahme gewöhnlicher Geschäftshandlungen eingeräumt wird (zu einem Kommanditisten: BSG 5.11.80 – 11 A 80/79, SozR 5750 Art 2 § 9a Nr 11; vgl auch BSG 1.2.96 – 2 RU 7/95, SozR 3–2200 § 723 Nr 2). Entscheidend sind die tatsächliche Dienststellung und die Ausgestaltung des Arbeitsvertrages. Auf die Ausführungen zur sozialversicherungsrechtlichen Stellung von leitenden Angestellten wird verwiesen (s *Leitende Angestellte* Rz 25–27).

Provision

A. Arbeitsrecht
Griese

Übersicht

	Rz		Rz
1. Begriff und Rechtsgrundlagen	1–4	b) Verrechnung mit Fixum und Provisionsgarantie	20
2. Anspruchsvoraussetzungen	5–17	c) Mitbestimmung des Betriebsrats	21
a) Bestand des Arbeitsverhältnisses	5–7	d) Provisionen bei Urlaub und Krankheit	22, 23
b) Geschäftsabschluss zwischen Arbeitgeber und Dritten	8–12	4. Abrechnung des Provisionsanspruchs	24–27
c) Ausführung des Geschäfts	13–17	5. Rückforderung von nicht verdienten Provisionen und Provisionsvorschüssen	28–30
3. Höhe der Provision	18–23		
a) Rechtsgrundlage	18, 19		

1   **1. Begriff und Rechtsgrundlagen.** Die Provision ist eine **erfolgsbezogene** Vergütungsform. Sie ist dadurch charakterisiert, dass eine Vergütung für die Vermittlung oder den Abschluss von Verträgen mit dem Unternehmen gezahlt wird. Für die Handelsvertreter (Näheres s *Handelsvertreter* Rz 1 ff), also für selbständige Vermittlungs- und Abschlusstätigkeit (§ 84 Abs 1 HGB), sind die Rechtsgrundlagen für die Provision in §§ 87–87c HGB enthalten, für Versicherungs- und Bausparkassenvertreter zusätzlich in § 92 HGB.

2   Arbeitet ein **Arbeitnehmer auf Provisionsbasis,** bestimmt § 65 HGB, dass die vorgenannten handelsrechtlichen Provisionsvorschriften bis auf die Vorschriften über die Bezirksvertretung (§ 87 Abs 2 HGB) und die Inkassoprovision (§ 87 Abs 4 HGB) auf Handlungsgehilfen entsprechend anwendbar sind. Von diesen im HGB geregelten Provisionen sind **Umsatzprovisionen** (s auch *Mitarbeiterbeteiligung* Rz 28) abzugrenzen, die auf den Gesamtumsatz des Unternehmens oder eines Betriebes oder Teilbetriebes bezogen sind und nicht an

die konkrete Tätigkeit und den konkreten Verkaufserfolg des einzelnen ArbN anknüpfen. Solche Umsatzbeteiligungen unterfallen nicht den handelsrechtlichen Provisionsvorschriften. Ihre Abrechnung kann daher nicht nach § 87c HGB beansprucht werden, sondern nach der allgemeinen Norm des § 259 BGB (BAG 25.6.64, DB 64, 1066 ff).

Die Tätigkeit eines ArbN auf Provisionsbasis bedarf einer individual- oder kollektivrechtlichen Grundlage. Dabei ist es im Rahmen der Vertragsfreiheit zwar zulässig, mit einem ArbN zu vereinbaren, dass dieser als Vergütung **ausschließlich Provision** und kein Fixum oder eine Provisionsgarantie erhält. Eine solche vertragliche Vereinbarung hält jedoch unter dem Gesichtspunkt der **Sittenwidrigkeit (§ 138 BGB)** der rechtlichen Nachprüfung nicht stand, wenn von vorneherein absehbar ist, dass der ArbN aus den Provisionen **keinen angemessenen Verdienst** erreichen kann (BAG 20.6.89 – 3 AZR 504/87, NZA 89, 843; LAG Bln 3.11.86 – 9 Sa 65/86, AP Nr 14 zu § 65 HGB). Seiner diesbezüglichen Darlegungs- und Beweislast kann der ArbN zB dadurch nachkommen, dass er darlegt, dass nicht nur er, sondern auch kein anderer auf Provisionsbasis beschäftigter ArbN einen angemessenen Verdienst erzielt hat. Erweist sich in einem solchen Fall die Abrede, der ArbN solle allein auf Provisionsbasis vergütet werden, als sittenwidrig und damit rechtsunwirksam, schuldet der ArbGeb nach § 612 Abs 2 BGB den üblichen (Fest-)Lohn für die vom ArbN ausgeübte Tätigkeit. 3

Besteht eine Vergütung nach der zugrunde liegenden Rechtsgrundlage aus einem Fixanteil und einer erfolgsorientierten variablen Vergütung, ist der ArbGeb nicht verpflichtet, die Arbeit so zu organisieren, dass ein maximales variables Entgelt erzielt wird (BAG 16.2.12 – 8 AZR 98/11).

Ist hingegen die Vertragsbeziehung rechtlich wirksam als **freies, selbständiges Vertragsverhältnis** vereinbart und tatsächlich praktiziert, kann eine Vergütung nur **auf Provisionsbasis ohne Garantieeinkommen** vereinbart werden, wenn das **Transparenzgebot** gem § 307 BGB eingehalten wird (BAG 9.6.10 – 5 AZR 332/09, NZA 10, 877).

Grds zulässig ist es auch, mit dem ArbN eine befristete Provisionszusage neben einem Festgehalt zu vereinbaren, oder ein Widerrufsrecht hinsichtlich der neben dem Festgehalt gezahlten Provision vorzusehen. Allerdings darf hierdurch nicht der gesetzliche Schutz gegen Änderungskündigungen umgangen werden. Unter diesem Gesichtspunkt ist es gerade noch zulässig, wenn eine Provisionszusage befristet wird, die neben das Tarifgehalt tritt und lediglich 15 % der Gesamtvergütung ausmacht (BAG 21.4.93 – 7 AZR 297/92, DB 94, 2400). Soweit eine vertragliche Widerrufsklausel in einem vom ArbGeb vorgegebenen Text oder in einem Formulararbeitsvertrag enthalten ist (§ 310 Abs 3 Nr 2 BGB, § 305 BGB), sind die engen Grenzen des § 308 Nr 4 BGB zu beachten: Danach kann ein **freies Widerrufsrecht nicht vereinbart werden**, sondern nur eins, das an vorab vertraglich festgelegte triftige Gründe geknüpft wird, nicht mehr als 25 % der Gesamtvergütung betrifft und das Tarifniveau unangetastet lässt (BAG 12.1.05 – 5 AZR 364/04, NZA 05, 465). 4

Eine arbeitsvertragliche Vereinbarung, die die Provision von einer **Jahressollvorgabe** abhängig macht und keine Regelung für die unterjährige Beschäftigung enthält (Kündigung zum Ende des ersten Halbjahres) würde eine nach § 622 Abs 6 BGB unzulässige Kündigungserschwerung zulasten des ArbN bedeuten und bedarf daher der ergänzenden Vertragsauslegung (BAG 20.8.96 – 9 AZR 471/95, NZA 96, 1151).

2. Anspruchsvoraussetzungen. a) Bestand des Arbeitsverhältnisses. Voraussetzung für den Provisionsanspruch des ArbN ist, dass zum Zeitpunkt der provisionspflichtigen Tätigkeit des ArbN ein Arbeitsverhältnis mit **Provisionszusage** besteht. § 87 Abs 1 HGB verlangt insoweit, dass das provisionspflichtige Geschäft **während des Vertragsverhältnisses** abgeschlossen sein muss. Eine Einschränkung dieser Voraussetzung ergibt sich jedoch durch die Grundsätze des Faktischen Arbeitsverhältnisses (s *Faktisches Arbeitsverhältnis* Rz 1 ff). Nichtigkeit und Anfechtbarkeit des Arbeitsvertrages können nur für die Zukunft geltend gemacht und einem Provisionsanspruch, der bei faktischer Durchführung eines rechtsunwirksamen Arbeitsverhältnisses entstanden ist, nicht entgegengesetzt werden. 5

Nach Vertragsbeendigung entsteht nach § 87 Abs 3 Nr 1 HGB ein Provisionsanspruch, wenn der ArbN das provisionspflichtige Geschäft noch während des bestehenden Arbeitsvertrages vermittelt oder so vorbereitet oder eingeleitet hat, dass der Abschluss überwiegend auf seine Tätigkeit zurückzuführen ist, wenn das Geschäft angemessene Zeit nach Beendi- 6 gung des Arbeitsverhältnisses tatsächlich zustande kommt. Diesbezüglich kann nach § 87 Abs 3 Satz 2 HGB auch eine **Provisionsteilung** in Betracht kommen, wenn die Tätigkeit des ArbN **und** seines Nachfolgers zum Vertragsabschluss geführt haben und die Teilung wegen besonderer Umstände der Billigkeit entspricht. Trotz Vertragsbeendigung besteht ferner gem § 87 Abs 3 Nr 2 HGB dann ein Provisionsanspruch, wenn der Kunde noch vor Ende des Arbeitsverhältnisses aufgrund der Tätigkeit des ArbN sein Angebot zum Vertragsabschluss abgibt.

7   Mit Vertragsbeendigung ist der rechtlich maßgebende Beendigungszeitpunkt gemeint. Der Provisionsanspruch entfällt nicht deshalb, weil er bei Vertragsbeendigung zwar entstanden, aber noch nicht fällig war. Die Vereinbarung, dass eine Umsatzprovision im Folgejahr in monatlichen gleichen Raten ausgezahlt werden soll, regelt nur die Leistungszeit und bewirkt nicht, dass der Anspruch untergeht, wenn das Arbeitsverhältnis im Folgejahr nicht mehr besteht (BAG 8.9.98 – 9 AZR 223/97, NZA 99, 420). **Unzulässig** sind vertragliche Vereinbarungen, die beinhalten, dass verdiente, aber erst nach Ende des Arbeitsverhältnisses fällig werdende Provisionen entfallen sollen (BAG 28.2.84, BB 84, 1687). Der vollständige Ausschluss von **Überhangprovisionen** hält der Inhaltskontrolle gem § 307 Abs 1 BGB nicht stand (BAG 20.2.08 – 10 AZR 125/07, NZA 08, 1124). Provisionsansprüche können nicht mit Bindungsklauseln belegt werden, die bestimmen, dass eine Fortdauer des Arbeitsverhältnisses für einen bestimmten Zeitraum Anspruchsvoraussetzung ist. Dies gilt auch für Umsatzprovisionen, denn darin läge eine unzulässige Kündigungserschwerung für den ArbN (BAG 20.8.96 – 9 AZR 471/95, NZA 96, 1151; ErfK/*Müller-Glöge* § 620 BGB Rz 103), so dass es für den Anspruch auf die Umsatzprovision genügt, wenn der ArbN bis zum Ende des Umsatzzeitraums im Arbeitsverhältnis war.

8   **b) Geschäftsabschluss zwischen Arbeitgeber und Dritten.** Da die Provision erfolgsbezogen ist, erhält der ArbN sie nur, wenn tatsächlich ein Geschäftsabschluss zwischen ArbGeb und dem Vertragspartner zustande kommt. Dies setzt einen rechtswirksamen Vertrag zwischen dem ArbGeb und dem Vertragspartner voraus (zum Fall der Vertragsanfechtung s BAG 14.3.2000 – 9 AZR 855/98, NZA 2000, 827). Der ArbGeb kann den vermittelten oder vorbereiteten Vertragsschluss zwar ablehnen, macht sich aber gegenüber dem ArbN dann iHd entgangenen Provision schadensersatzpflichtig, wenn er für die Ablehnung keine sachlichen Gründe hat (*Schaub* § 76 Rz 17). War der ArbGeb von Anfang an nicht in der Lage, diejenigen Geschäfte zu erfüllen, mit deren Akquisition er den ArbN beauftragt hat, haftet er ohne Rücksicht auf etwaiges Verschulden auf Schadensersatz (BAG 27.2.74, DB 74, 1617).

9   Immer ist Voraussetzung für den Provisionsanspruch, dass es sich um Geschäfte handelt, deren Abschluss oder Vermittlung der ArbGeb dem ArbN **übertragen** hatte. Für Geschäfte, die der ArbN außerhalb seiner dienstlichen Verpflichtungen abschließt oder vermittelt, entsteht ein Provisionsanspruch nur nach besonderer vertraglicher Vereinbarung.

10 Bei **Sukzessivlieferungsverträgen** werden die Nachlieferungen nur provisionspflichtig, wenn sie von vorneherein vereinbart werden. Bei dynamischen Versicherungen, bei denen die Versicherungssumme in regelmäßigen Abständen steigt, wenn der Versicherungsnehmer nicht widerspricht, sind die Erhöhungen, da von Beginn an vereinbart, provisionspflichtig (BAG 28.2.84, BB 84, 1687; BGH 24.4.86, BB 86, 2091).

11 Die Entstehung des Provisionsanspruchs setzt darüber hinaus voraus, dass der Geschäftsabschluss auf eine **Tätigkeit des Vertreters** zurückzuführen ist. Mitursächlichkeit reicht aus (BAG 22.1.71 – 3 AZR 42/70, BB 71, 779; LAG Köln 23.10.06, NZA-RR 07, 236). Von dem erforderlichen **Kausalzusammenhang** macht § 87 Abs 1 Satz 1 2. Alternative HGB eine Ausnahme, wenn der Kunde zuvor von dem Vertreter **neu** geworben wurde und nunmehr ohne Mitwirkung des ArbN ein **gleichartiges** Geschäft abschließt. Mit dieser Regelung wird bezweckt, dem Vertreter die Früchte der Neuwerbung von Kunden, die Folgeverträge abschließen, zukommen zu lassen. Diese abdingbare Regelung gilt wegen § 92 Abs 3 HGB nicht für Versicherungs- und Bausparkassenvertreter (BGH 24.4.86, BB 86, 2091).

12 Für Handelsvertreter, also diejenigen, die nicht als ArbN tätig werden, besteht darüber hinaus das Recht, gem § 87 Abs 2 HGB Provisionen für die im zugewiesenen Bezirk oder Kundenkreis abgeschlossenen Geschäfte verlangen zu können, obwohl sie am konkreten Geschäftsabschluss nicht mitgewirkt haben. Damit wird für Handelsvertreter der Gebiets- und Kundenschutz abgesichert. Da diese Regelung für ArbN nicht gilt, bedarf ihre Anwen-

dung der vertraglichen Vereinbarung. Die Änderung von zugewiesenen Bezirken ist im Wege des Direktionsrechts nur möglich, wenn ein entsprechender vertraglicher Vorbehalt besteht. Zudem ist die Änderung daran zu messen, ob sie den in § 2 KSchG festgelegten Kündigungsschutz gegen Änderungskündigungen umgeht.

c) **Ausführung des Geschäfts.** Der Provisionsanspruch bleibt bestehen, wenn das vom 13 Vertreter vermittelte oder abgeschlossene Geschäft tatsächlich ausgeführt wird (§ 87a Abs 1 HGB). Dazu ist erforderlich, dass der Unternehmer seine Leistung erbringt. Für Versicherungs- und Bausparkassenverträge tritt nach § 92 Abs 4 HGB die Zahlung der Beiträge an die Stelle der Vertragsausführung. Steht fest, dass der Kunde die Gegenleistung nicht erbringt, entfällt der Provisionsanspruch nach § 87a Abs 2 HGB. Der Provisionsanspruch bleibt bei Nichtausführung des Geschäfts nach § 87a Abs 3 HGB bestehen, wenn die Nichtausführung auf Gründen beruht, die der Unternehmer zu vertreten hat. So bleibt der Unternehmer zur Provisionszahlung verpflichtet, wenn er an den Dritten mangelhaft, unvollständig oder verspätet leistet und es hierdurch letztlich nicht zur Vertragsdurchführung kommt. Nicht unter die Rückzahlungsbestimmung des § 87a Abs 2 HGB fällt es, wenn das zugrunde liegende Geschäft später angefochten und rückabgewickelt wird; hier kann lediglich ein Rückgewährungsanspruch nach § 812 BGB in Betracht kommen (BAG 14.3.2000 – 9 AZR 855/98, NZA 2000, 827).

Der Provisionsanspruch des Untervertreters kann wegen Nichtausführung des Geschäfts nur dann entfallen, wenn auch der Provisionsanspruch des Hauptvertreters gegen den Unternehmer entfallen ist. Dies wiederum ist im Verhältnis zwischen Hauptvertreter und Unternehmer nach § 87a Abs 3 Satz 2 HGB zu beurteilen. Der Provisionsanspruch des Untervertreters bleibt auch dann bestehen, wenn der Hauptvertreter den eigenen Provisionsanspruch nicht ordnungsgemäß verteidigt (s OLG Schleswig 9.1.09 – 14 U 102/08, BeckRS 2009, 15934).

Wird die Vertragsausführung **unmöglich,** hat der ArbGeb Vorsatz und Fahrlässigkeit zu 14 vertreten. Zudem haftet er auch für Erfüllungsgehilfen nach § 278 BGB. Scheitert die Vertragsausführung somit an Umständen, die der ArbGeb zu verantworten hat, entsteht der Provisionsanspruch. Er entfällt hingegen, wenn die Vertragsausführung aus nicht vom ArbGeb zu vertretenden Umständen unmöglich ist. Der nicht zu vertretenden Unmöglichkeit steht es gleich, wenn die Vertragsdurchführung für den ArbGeb **unzumutbar** gem § 275 Abs 2 und 3 BGB wird. Ein Anwendungsfall hierfür ist die **Unsicherheitseinrede** (zB wegen Vermögensverschlechterung des Kunden, § 321 BGB) oder die Insolvenz des Kunden. Die Unwilligkeit des Kunden, den abgeschlossenen Vertrag durchzuführen, rechtfertigt es indessen nicht, die Vertragsdurchführung als unzumutbar anzusehen. Ebenso wie bei Nichterbringung der Gegenleistung durch den Kunden ist der ArbGeb verpflichtet, **alle zumutbaren Nachbearbeitungsmaßnahmen** zu ergreifen, um den Vertrag aufrecht zu erhalten (BAG 25.10.67, BB 68, 168; BGH 19.11.82, VersR 83, 371 = DB 83, 2135; OLG Köln 18.5.77, NJW 78, 327). Diese aus § 87a Abs 3 HGB folgende Nachbearbeitungspflicht ist **nicht abdingbar gem § 87a Absatz 5 HGB.** Dies gilt auch für Stornofälle im Versicherungs- und Bausparkassenbereich. Zu den zumutbaren Nachbearbeitungsmaßnahmen kann die Klage gegen den Kunden auf Erbringung der Gegenleistung gehören.

Eine Klage ist jedoch unzumutbar bei wirtschaftlicher Sinnlosigkeit oder wenn Aufwand 15 und mutmaßlicher Erfolg in keinem vernünftigen wirtschaftlichen Verhältnis stehen, etwa bei Massengütern des täglichen Bedarfs (BGH 21.10.71, DB 71, 2303). Bei Versicherungs- oder Bausparverträgen ist eine Prämienklage, wenn es um regelmäßig fällig werdende Kleinbeträge geht, für den Versicherer nicht zumutbar (BAG 10.3.60, BB 60, 556 LS = AP Nr 2 zu § 138 BGB). Auch im Übrigen ist zu berücksichtigen, dass der Versicherer bei Nichtzahlung der Prämie von seinen Rücktrittsrechten nach §§ 38, 39 VVG Gebrauch machen darf (OLG Frankfurt aM 29.10.76, BB 77, 1170; OLG Karlsruhe 10.7.81, VersR 82, 267; OLG Köln 27.3.75, VersR 76, 87).

In jedem Fall zumutbar sind jedoch **außergerichtliche** Bestandserhaltungsmaßnahmen. 16 Dazu gehören entsprechende, mehrmalige Mahnschreiben, die den Kunden zur Vertragserfüllung auffordern (LAG Hamm 17.9.80, VersR 81, 1054; OLG Frankfurt 10.7.80, VersR 81, 480; LG Freiburg 18.12.79, BB 80, 224). Auch eine Beauftragung des zuständigen Außendienstmitarbeiters mit einer persönlichen Kontaktaufnahme mit dem Kunden dürfte idR zumutbar sein (LAG Frankfurt 20.1.81, NJW 82, 254).

17 Um die notwendige Nachbearbeitung durchführen zu können, benötigt der provisionsberechtigte Mitarbeiter die sog **Stornogefahrmitteilung** (LAG München 27.9.90, VersR 92, 183; ErfK/*Schaub* § 87 HGB Rz 10; *Stötter* MDR 81, 269; OLG Köln 18.5.77, NJW 78, 327). Der ArbGeb soll jedoch die Wahl haben, ob er die Nachbearbeitungspflicht durch eigene Anstrengungen, durch andere Mitarbeiter oder durch den provisionsberechtigten Mitarbeiter selbst vornehmen lässt (BAG 19.11.82, VersR 83, 371; OLG Koblenz 27.3.80, VersR 80, 623). Ist der provisionsberechtigte Mitarbeiter ausgeschieden, kann er wegen der Abwerbungsgefahr für die nach seinem Ausscheiden notleidend gewordenen Verträge keine Stornogefahrmitteilungen verlangen; der ArbGeb bleibt aber auch insoweit zur ausreichenden Nachbearbeitung verpflichtet (LAG Hamm 17.9.80, VersR 81, 1054; LAG Frankfurt aM 20.1.81, NJW 82, 254). **Unterlässt** der ArbGeb **zumutbare Nachbearbeitungsmaßnahmen** und informiert auch den ArbN nicht, hat dies zur Folge, dass der Provisionsanspruch bestehen bleibt.

18 **3. Höhe der Provision. a) Rechtsgrundlage.** Die Höhe der jeweiligen Provision hängt von der jeweiligen Rechtsgrundlage ab. Provisionsregelungen können sowohl durch Einzelarbeitsvertrag, als auch durch arbeitsvertragliche Einheitsregelung, Gesamtzusage, betriebliche Übung, Betriebsvereinbarung oder Tarifvertrag gestaltet werden. Liegt keinerlei Regelung hinsichtlich der Höhe vor, gilt nach § 87b Abs 1 HGB die **übliche** Provision als vereinbart. Kann die Provision nicht berechnet werden, zB weil der ArbGeb die Arbeitsleistung des ArbN wegen Betriebsstilllegung nicht mehr angenommen hat, muss sie **geschätzt werden**. Anhaltspunkt für die Schätzung kann der vereinbarte monatliche Provisionsvorschuss sein (BAG 11.8.98 – 9 AZR 410/97, ArbuR 98, 374).

19 Die **Änderung** der vertraglich vereinbarten Provisionsregelung, erst recht die **nachträgliche** Änderung, bedarf einer Änderungsvereinbarung oder einer Änderungskündigung. Übersendet ein ArbGeb einem ArbN geänderte Provisionsbedingungen, liegt hierin ein Änderungsangebot. Von einer stillschweigenden Annahme des ArbN durch Fortsetzung der Tätigkeit kann jedoch dann nicht ausgegangen werden, wenn das Änderungsangebot in einem Formulartext ohne drucktechnische Hervorhebung oder besondere Ankündigung enthalten ist (BAG 30.7.85, DB 86, 647).

20 **b) Verrechnung mit Fixum und Provisionsgarantie.** Die Parteien können vereinbaren, dass Provisionen auf einen vom ArbGeb gezahlten Garantielohn angerechnet werden. Dies kann auch in der Weise geschehen, dass vereinbart wird, dass ein Provisionsanspruch nur entsteht, soweit die Provisionen die Summe aus Festgehalt und Reisekostenpauschale übersteigen (BAG 29.10.86, DB 87, 1257). Wird ein **monatlicher Mindestverdienst** garantiert, ist es unzulässig, Minderverdienste in einem Monat mit Verdienstspitzen in anderen Monaten zu verrechnen (BAG 22.9.75, DB 76, 392; 25.3.76, BB 76, 1028). Ist mit einem tarifgebundenen ArbN ein untertarifliches Fixum sowie Provisionszahlungen vereinbart, muss die Summe aus beiden Komponenten mindestens jeden Monat die tarifliche Mindestvergütung erreichen; allerdings kann die tarifliche Mindestvergütung nicht neben oder unabhängig von der Höhe der verdienten Provisionen verlangt werden (BAG 19.1.00 – 4 AZR 814/98, NZA 00, 1300).

21 **c) Mitbestimmung des Betriebsrats.** Soweit keine tarifliche Regelung besteht, greift das Mitbestimmungsrecht des BRat hinsichtlich der Festsetzung **leistungsbezogener Entgelte** nach § 87 Abs 1 Nr 11 BetrVG ein (*Fitting* § 87 Rz 520; aA BAG 26.7.88, NZA 89, 109), im Übrigen auch das Mitbestimmungsrecht bei der **betrieblichen Lohngestaltung** nach § 87 Abs 1 Nr 10 BetrVG (BAG 6.12.88, NZA 89, 479; 26.7.88, NZA 89, 109). Daher hat der BRat, wenn Vertriebsbeauftragte ein Einkommen erhalten, das sich aus Grundgehalt, Provision und Prämien zusammensetzt, mitzubestimmen bei der Festlegung des Verhältnisses von Festgehalt zu den variablen Einkommensbestandteilen sowie bei der Festlegung des Verhältnisses der variablen Einkommensbestandteile untereinander (BAG 6.12.88 – 1 ABR 44/87, NZA 89, 479). Bei der Einführung eines Provisionssystems, nach dem die Abschlussprovision nach Pfennigsätzen pro Artikel gezahlt werden soll und zu diesem Zweck Provisionsgruppen mit unterschiedlichen Pfennigsätzen gebildet werden, erstreckt sich die Mitbestimmung auf die Zuordnung der einzelnen Artikel zu den Provisionsgruppen (BAG 26.7.88 – 1 AZR 54/87, NZA 89, 109).

d) Provisionen bei Urlaub und Krankheit. Ist der ArbN arbeitsunfähig krank, ist für 22
den Zeitraum der Entgeltfortzahlung (s dort Rz 28 ff) der vom ArbN in der für ihn maßgebenden regelmäßigen Arbeitszeit erzielbare Provisionsdurchschnitt zugrunde zu legen (§ 4 Abs 1a Satz 2 EFZG). Die Höhe des ausgefallenen Verdienstes kann aus dem Provisionsdurchschnitt eines längeren vor der Krankheit liegenden Zeitraums ermittelt werden, notfalls muss eine Schätzung erfolgen (BAG 5.6.84, DB 85, 2695). Während der **Mutterschutzfristen nach §§ 3 Abs 2 und 6 Abs 1 MuSchG** ist der Provisionsdurchschnitt der Vergangenheit fortzuzahlen; die Mutterschutzfristen dürfen nicht aus einer Berechnungsgrundlage herausgerechnet werden, auch nicht durch tarifvertragliche Regelung (BAG 2.8.06 – 10 AZR 425/05, NZA 06, 1411).

Im Urlaub ist nach § 11 BUrlG der Provisionsdurchschnitt der **letzten abgerechneten** 23
13 Wochen vor Urlaubsantritt zu zahlen (BAG 11.4.2000 – 9 AZR 266/99, NZA 01, 153); diejenigen Provisionen, die während des Urlaubs fällig werden und abzurechnen sind, dürfen hierauf nicht angerechnet werden (BAG 5.2.70, BB 70, 581). Ansprüche auf Bezirksprovision gem § 87 Abs 2 HGB sind bei der Durchschnittsberechnung nicht zu berücksichtigen (BAG 11.4.2000 – 9 AZR 266/99, NZA 01, 153). Eine abweichende Berechnungsmethode kann nach § 13 BUrlG durch Tarifvertrag, zuungunsten der ArbN jedoch nicht durch Einzelarbeitsvertrag festgelegt werden (BAG 21.3.85, DB 85, 2153).

4. Abrechnung des Provisionsanspruchs. Der ArbN hat wie der Handelsvertreter 24
nach §§ 87c, 65 HGB Anspruch auf Abrechnung. Grds ist monatlich abzurechnen, der Abrechnungszeitraum kann durch vertragliche Vereinbarung auf drei Monate erstreckt werden (§ 87c Abs 1 Satz 1 HGB). Über die Provisionsansprüche ist, nachdem sie **entstanden sind,** unverzüglich, spätestens aber zum Ablauf des Folgemonats abzurechnen. Zu den die Abrechnung notwendig enthaltenden Angaben gehören Name oder Kennziffer des Kunden, Art und Menge der verkauften Waren oder Dienstleistungen, der Wert der Geschäfte, die Geschäftsausführung und die Höhe der Provision.

Der gesetzlich vorgeschriebene Abrechnungszeitpunkt begründet zugleich die Fälligkeit 25
der Provisionsansprüche, da nach § 87a Abs 4 HGB die **Fälligkeit** am letzten Tag des Monats eintritt, in dem abzurechnen ist. Ergänzt wird der Abrechnungsanspruch durch den **Anspruch auf einen Buchauszug** (§ 87c Abs 2 HGB) und den **Anspruch auf Auskunft** über alle für den Provisionsanspruch wesentlichen Umstände (§ 87c Abs 3 HGB). Diese Ansprüche sind nicht davon abhängig, dass der ArbN die erteilte Abrechnung beanstandet. Ein Buchauszug kann allerdings nicht mehr verlangt werden, wenn die Parteien sich bereits zuvor über die Richtigkeit der Abrechnung ausdrücklich geeinigt haben (BGH 11.7.80, DB 81, 369). Ein erweiterter Auskunftsanspruch kommt zur Geltung, wenn die Besorgnis besteht, dass der ArbGeb den ArbN bei der Zuteilung von Aufträgen benachteiligt hat (BAG 21.11.2000 – 9 AZR 665/99, NZA 01, 1093 – Auskunft über die Verteilung der Aufträge auf alle ArbN).

Das darüber hinausgehende Recht nach § 87c Abs 4 auf **Einsichtnahme in die Ge-** 26
schäftsbücher – nach Wahl des Unternehmers durch den ArbN selbst oder einen Wirtschaftsprüfer oder vereidigten Buchsachverständigen – kann nur durchgesetzt werden, wenn der Buchauszug verweigert wird oder der ArbN begründete Zweifel an der Richtigkeit und Vollständigkeit der Abrechnung darlegen kann.

Aus der **widerspruchslosen Hinnahme von Provisionsabrechnungen** kann **kein** 27
Einverständnis des ArbN mit den jeweiligen Abrechnungen hergeleitet werden; hierzu bedarf es einer ausdrücklichen Willenserklärung (BAG 23.3.82, BB 83, 195). Vertragsklauseln, die das Einverständnis des ArbN unterstellen, falls dieser nicht innerhalb einer bestimmten Frist der Abrechnung widerspricht, sind **rechtsunwirksam**, da die Ansprüche auf Buchauszug, Auskunft und Einsicht in die Geschäftsbücher gem § 87c Abs 5 HGB zwingendes Recht sind (BAG 23.3.82, BB 83, 195; BGH 20.2.64, DB 64, 583; *Stötter* DB 83, 867). Diese Unabdingbarkeit hat den Zweck, dem ArbN die ausreichende Möglichkeit zu geben, die Richtigkeit der Abrechnung im Einzelnen kontrollieren und ergänzende Provisionsansprüche durchsetzen zu können. Hierin kann durch **Saldoanerkenntnisklauseln** nicht eingegriffen werden.

5. Rückforderung von nicht verdienten Provisionen und Provisionsvorschüssen. 28
Entfällt der Provisionsanspruch, etwa wegen Stornierung des Vertrages, oder werden Pro-

visionsvorschüsse, ohne dass ein Fortzahlungsanspruch, zB Annahmeverzug, Entgeltfortzahlung, Urlaubsentgelt, besteht, nicht ins Verdienen gebracht, hat der ArbGeb einen Anspruch auf Erstattung der bereits ausgezahlten Beträge. Dies gilt auch dann, wenn der ArbGeb von der vertraglich eingeräumten Befugnis zur Anpassung der Vorschüsse an die verdienten Provisionen zunächst keinen Gebrauch gemacht hat und hierfür sachliche Gründe bestanden (BAG 20.6.89 – 3 AZR 504/87, BB 89, 2333). Kein Rückzahlungsanspruch besteht, wenn den Provisionsvorschüssen ein Scheingeschäft zugrunde liegt, etwa wenn Provisionsvorschüsse an eine 20-jährige Schülerin gezahlt werden, tatsächlich aber der Vater der Schülerin für die Versicherung tätig wird und die Vorschüsse an sich nimmt (BAG 22.9.92 – 9 AZR 385/91, NJW 93, 2767). Die Rückforderung der zuviel geleisteten Nettobeträge kann durch *Aufrechnung* unter Beachtung der Pfändungsfreigrenzen oder durch Geltendmachung eines Anspruchs auf *Entgeltrückzahlung* (s dort Rz 11) realisiert werden.

29 Den Rückzahlungsanspruch kann der ArbGeb nicht darauf stützen, dass der ArbN den übersandten Provisionsabrechnungen nicht innerhalb einer bestimmten Frist widersprochen habe, da dies kein Anerkenntnis begründet und Saldoanerkenntnis – oder sonstige Anerkenntnisklauseln – rechtsunwirksam sind (BAG 23.3.82, BB 83, 195; 16.2.73, DB 73, 1128; BGH 20.2.64, DB 64, 583; OLG Hamm 22.5.78, BB 79, 442; *Stötter* DB 83, 867). Wird ein laufendes Provisionskonto geführt, muss der ArbGeb im Streitfall, wenn kein ausdrückliches Anerkenntnis vorliegt, die der Saldoberechnung zugrundeliegenden gegenseitigen Ansprüche so substantiiert darlegen, dass dem Gericht eine vollständige rechnerische und rechtliche Überprüfung möglich ist. Dazu muss er zurückgehen auf einen Zeitpunkt, in dem der Saldo zwischen den Parteien unstreitig ist, und von da ab – bei Bestreiten des ArbN – alle eingetretenen Änderungen des Saldos (Aktiv- und Passivposten) substantiiert vortragen (BGH 28.5.91, NJW 91, 2908).

30 Sollen Provisionen aufgrund der **Stornierung** von Verträgen zurückgefordert werden, muss der ArbGeb darlegen, seine **Nachbearbeitungspflicht** erfüllt zu haben. Dazu reicht es nicht aus, lediglich pauschal die generellen Nachbearbeitungsmaßnahmen vorzutragen, erforderlich ist vielmehr der Nachweis, dass dies im konkreten Einzelfall geschehen ist (BGH 19.11.82, VersR 83, 371). Der Rückforderungsanspruch kann gem § 242 BGB entfallen, wenn der ArbGeb seine Förderungs- und Rücksichtnahmepflicht verletzt hat (LAG Hamm 3.2.09 – 14 Sa 361/08, NZA-RR 2009, 631).

Für Streitigkeiten über Provision ist, soweit ArbN betroffen sind, die Arbeitsgerichtsbarkeit zuständig. Darüber hinaus sind die Arbeitsgerichte auch für Provisionsstreitigkeiten von selbständigen **Einfirmenvertretern** nach § 92a HGB iVm § 5 Abs 3 Satz 1 ArbGG zuständig (s auch BAG 20.10.09 – 5 AZB 30/09, NZA 09, 1411).

B. Lohnsteuerrecht

Seidel

31 **1. Arbeitslohn.** Vermittlungsprovisionen, die ArbN von ihrem ArbGeb erhalten, sind grds Arbeitslohn, zB Innendienstangestellte von Versicherungen für die gelegentliche Vermittlung von Versicherungen oder Bankangestellte für die Vermittlung von Wertpapiergeschäften, wenn die Vermittlungstätigkeit im Rahmen des Dienstverhältnisses des Angestellten ausgeübt wird (s auch *Arbeitnehmer (Begriff)* Rz 42, 43 sowie *Nebentätigkeit* Rz 20 ff). Dies gilt auch für die Weiterleitung von Provisionszahlungen Dritter durch den ArbGeb an den ArbN (LStR 19.4 Abs 1). Erhält der ArbN einen als Provision bezeichneten Preisnachlass für den Abschluss eigener Verträge, der gewöhnlichen Kunden nicht eingeräumt wird, stellt der Preisnachlass stpfl Arbeitslohn dar (BFH 22.5.92, BStBl II 92, 840).

32 Hat der ArbGeb dem ArbN Schadensersatz zu zahlen (s oben Rz 8), sind die Zahlungen ebenso wie die Provision Arbeitslohn (s auch *Arbeitgeberhaftung* Rz 20). Zur steuerlichen Behandlung der Rückzahlung von Provisionen (s oben Rz 28) wird auf das Stichwort *Entgeltrückzahlung* Rz 17 ff Bezug genommen. Verzichtet der ArbGeb auf Vermittlungsprovisionen (zB Makler bei Erwerb einer Immobilie durch Angestellte), liegt iHd Verzichts Arbeitslohn des ArbN vor, wenn der Nachlass über das hinausgeht, was auch Dritten als Nachlass gewährt wird (s *Arbeitsentgelt* Rz 40, 41 und *Sachbezug* Rz 27 ff).

33 Erfolgt die Provisionszahlung nicht im Rahmen eines Dienstverhältnisses, zB bei selbstständiger Nebentätigkeit (s *Arbeitnehmer (Begriff)* Rz 42, 43 und *Nebentätigkeit* Rz 20), und gehört daher nicht zum Arbeitslohn, kann sie entweder zu den Einkünften aus Gewerbe-

betrieb (§ 15 EStG, zB selbstständiger Versicherungsvertreter, s auch *Handelsvertreter* Rz 7 ff) oder bei nur gelegentlicher Vermittlung – zB einer Wohnung oder eines Auftrags – zu den Einkünften aus sonstiger Tätigkeit gehören (§ 22 Nr 3 EStG).

2. Verfahren. Stellt die gezahlte Provision Arbeitslohn dar, hat sie der ArbGeb idR auch 34 dann dem LStAbzug zu unterwerfen, wenn sie von einem Dritten geleistet wird (Lohnzahlung durch Dritte, s hierzu *Lohnabzugsverfahren* Rz 14 ff auch hinsichtlich der Anzeigepflichten des ArbN und der Haftung des ArbGeb). Werden Provisionen nicht regelmäßig fortlaufend, sondern neben dem laufenden Arbeitslohn als einmaliger Arbeitslohn gezahlt, sind sie als sonstiger Bezug dem LStAbzug zu unterwerfen (s hierzu *Sonstige Bezüge* Rz 3 ff auch hinsichtlich einer Auszahlung erst nach dem Ende des Arbeitsverhältnisses).

C. Sozialversicherungsrecht *Schlegel*

1. Beitragsrecht. Beitragspflichtiges Arbeitsentgelt sind alle laufenden oder einmaligen 35 Einnahmen aus der Beschäftigung. Hierzu zählen auch Provisionen (BSG 24.3.83 – 10 RAr 15/81, SozR 4100 § 141b Nr 26; 20.3.84 – 10 RAr 4/83, USK 84, 277), die das BSG als Vergütung definiert, die in einem bestimmten vH-Satz des Wertes eines abgeschlossenen oder vermittelten Geschäftes gemessen wird (BSG 15.2.90 – 7 RAr 68/89, SozR 3–4100 § 112 Nr 1 Satz 6; zum Begriff der Provision allgemein s oben Rz 1–3).

Abhängige Beschäftigung und selbstständige Tätigkeit können Provisionsansprüche 36 gleichermaßen auslösen. Auch ein abhängig Beschäftigter kann neben seiner versicherungspflichtigen Beschäftigung noch eine selbstständige Tätigkeit ausüben, und dies sogar für seinen ArbGeb, indem er zB nebenher noch selbstständig für diesen werbend tätig wird (Beispiel: Zeitungsausträger). Es ist deshalb stets zu prüfen, ob ein die Provision auslösender Tatbestand Teil der Gesamttätigkeit dieser Person in ihrer Eigenschaft als abhängig beschäftigter ArbN oder als Teil einer hiervon abgrenzbaren selbstständigen Tätigkeit anzusehen ist (BSG 15.2.89 – 12 RK 34/87, SozR 2200 § 165 Nr 95, 162; BSG 29.1.81 – 12 RK 63/79, BB 81, 2074 zur Frage, ob jemand, den die Bausparkasse hauptberuflich mit der Vermittlung von Bausparverträgen betraut hat, als – selbstständiger – Handelsvertreter iSd § 184 HGB oder als – abhängig beschäftigter – Handlungsgehilfe iSd § 59 HGB Provisionen erhält; BSG 31.10.72 – 2 RU 186/69, SozR Nr 34 zu § 539: Bezirksstellenleiter staatlicher Toto- und Lottogesellschaften; BSG 12.10.79 – 12 RK 24/78, BB 91, 124: Propagandisten).

Nur wenn der Provisionsanspruch durch abhängige Beschäftigung ausgelöst wird, handelt 37 es sich um Arbeitsentgelt iSd § 14 SGB IV, ansonsten um sonstiges Arbeitseinkommen gem § 15 SGB IV aus selbstständiger Tätigkeit.

2. Zeitliche Zuordnung. Entgegen der Begründung zu § 385 RVO aF, der Vorgänger- 38 vorschrift des § 227 SGB V bzw § 23a SGB IV, wonach es sich bei Provisionen um einmalig gezahltes Arbeitsentgelt handeln soll (vgl BR-Drs 302/83, 70), handelt es sich bei den Provisionen um **laufendes Arbeitsentgelt** selbst dann, wenn die Provision nicht monatlich, sondern in größeren Zeitabständen gezahlt wird. Provisionen sind dem Lohnabrechnungszeitraum zuzurechnen, in dem der Anspruch auf die Provision als Teil des Arbeitsentgelts entstanden ist; dies wird regelmäßig der Zeitpunkt des Geschäftsabschlusses bzw der Geschäftsvermittlung sein (BSG 20.3.84 – 10 RAr 4/83, USK 84, 277; 15.5.84 – 12 RK 28/83, SozR 2200 § 385 Nr 9, 36). Je nach der vertraglichen Vereinbarung kann der Provisionsanspruch jedoch von weiteren Handlungen des ArbN abhängig sein (BSG 24.3.83 – 10 RAr 15/81, SozR 4100 § 141b Nr 26); in diesem Fall ist auch der Zeitpunkt der Beitragsentstehung hinausgeschoben (vgl § 22 SGB IV).

Bei **verspäteter Auszahlung** der Provision sind bereits abgeschlossene Beitragsberech- 39 nungen vergangener Lohnabrechnungszeiträume zu korrigieren, selbst wenn dies für ArbGeb und Versicherungsträger mit Mehrarbeit verbunden ist. Aus Praktikabilitätsgründen, die mit dem Gesetz allerdings kaum zu vereinbaren sind, lassen es die SozVTräger bei zeitversetzter, aber monatlicher Auszahlung der Provision zu, diese im Lohnabrechnungszeitraum der Auszahlung zur Beitragsberechnung heranzuziehen und bei Zahlung in größeren Zeitabständen die Provision gleichmäßig auf den Zahlungszeitraum zu verteilen. Wünschenswert wäre insoweit eine gesetzliche Regelung, die diesem (unabweisbaren) praktischen Bedürfnis Rechnung trägt.

40 **3. Berechnung der Jahresarbeitsentgeltgrenze.** Das Überschreiten der JAEGrenze führt gem § 6 Abs 1 Nr 1 SGB V in der gesetzlichen KV zur Versicherungsfreiheit (s *Jahresarbeitsentgelt* Rz 7). Hierbei sind auch schwankende Provisionen zu berücksichtigen, obwohl die Vorschrift davon spricht, dass Versicherungsfreiheit nur für Arbeiter und Angestellte besteht, „deren regelmäßiges JAE" die JAEGrenze übersteigt. Bei schwankenden Provisionen ist nach den Gesamtumständen des Einzelfalles deren Höhe für die Zukunft zu schätzen; hierbei können idR die im Vorjahr erzielten Provisionen oder die Provisionen vergleichbarer ArbN herangezogen werden (BSG 23.11.71 – 3 RK 79/68, SozR Nr 66 zu § 165).

Rechtsanwaltskosten

A. Arbeitsrecht
Kreitner

1. Allgemeines. Die anwaltlichen Gebühren richten sich nach dem RVG. Zu den Gebührenansprüchen im Einzelnen vgl *Gerold/Schmidt/van Eicken/Madert/Müller-Rabe* RVG, 21. Aufl 2013; *Mayer/Kroiß* RVG, 6. Aufl 2013. Zu Fragen der Rechtsschutzversicherung im Arbeitsrecht vgl *Küttner* NZA 96, 453. 1

2. Besonderheiten gelten im arbeitsgerichtlichen Verfahren bezüglich der Kostentragung gem § 12a ArbGG. Nach dieser Vorschrift findet eine Kostenerstattung für die obsiegende Partei im erstinstanzlichen Verfahren grds nicht statt. Erfasst sind hiervon neben den Gebühren des Prozessbevollmächtigten für die Prozessvertretung die hierdurch entstandenen Auslagen des Bevollmächtigten sowie die Tätigkeiten, die zur Vorbereitung des Rechtsstreits erforderlich waren (LAG Köln 14.7.82, ZIP 82, 1005). Dabei ist unerheblich, ob es tatsächlich zum gerichtlichen Verfahren kommt. Auch § 42 Abs 4 GKG ist zur Wertberechnung der Rechtsanwaltsgebühren heranzuziehen, wenn ein Aufhebungsvertrag geschlossen wird, ohne dass ein gerichtliches Verfahren eingeleitet wird (BAG 16.5.2000 – 9 AZR 279/99, NZA 2000, 1246 zu § 12 Abs 7 ArbGG aF). Jeder in einem arbeitsgerichtlichen Urteilsverfahren geschlossene Vergleich löst eine Terminsgebühr aus, ohne dass es darauf ankommt, ob der Vergleich in mündlicher Verhandlung protokolliert oder schriftlich nach § 278 Abs 6 ZPO festgestellt worden ist (BAG 20.6.06 – 3 AZB 78/05, NZA 06, 1060). Ausgeschlossen ist ein Kostenerstattungsanspruch auch für Privatgutachten (LAG Düsseldorf 14.5.63, AP Nr 28 zu § 91 ZPO). Bei einer Vollstreckungsgegenklage nach § 767 ZPO erfolgt ebenfalls keine Kostenerstattung (LAG Düsseldorf 9.6.05 – 16 Ta 299/05, BeckRS 2005, 41842). Ausgenommen sind gem § 12a Abs 1 Satz 3 ArbGG auch die Kosten, die durch die Anrufung eines unzuständigen Gerichts entstanden sind (BAG 1.11.04 – 3 AZB 10/04, NZA 05, 429; LAG Düseldorf 15.8.06 – 16 Ta 392/06; LAG Thür 14.8.2000 – 8 Ta 87/00, NZA-RR 01, 106). Abweichende Parteivereinbarungen hinsichtlich der Kostentragung (auch in gerichtlichen oder außergerichtlichen Vergleichen) sind zulässig (LAG Düsseldorf 27.5.04 – 16 Ta 274/04, NZA-RR 04, 550; LAG Hamm 26.2.91, NZA 92, 524 [LS]). Bei parallelen Sachverhalten kann ausnahmsweise die Erhebung einer Sammelklage geboten sein (LAG Bln 27.4.06 – 17 Ta (Kost) 6012/06, NZA-RR 06, 432). Werden durch die Beauftragung eines Rechtsanwalts Reisekosten vermieden, die der Gegner ansonsten zu erstatten hätte, so findet bis zu dieser Höhe eine Anwaltskostenerstattung ausnahmsweise statt (LAG Bln 12.5.06 – 17 Ta (Kost) 6006/06, NZA-RR 06, 538). 2

Verteidigerkosten eines Berufskraftfahrers für die gerichtliche Klärung eines Verkehrsunfalls sind vom ArbGeb regelmäßig gem § 670 BGB zu zahlen. Diese Vorschrift greift immer dann ein, wenn der Schaden dem Betätigungsbereich des ArbGeb zuzurechnen ist und der ArbN ihn nicht ausnahmsweise selbst tragen muss, weil er dafür eine besondere Vergütung erhält (BAG 16.3.95, DB 95, 1770). Eine solche Ausnahme greift im genannten Fall nicht ein. Ebensowenig ist der Kraftfahrer zum Abschluss einer Rechtsschutzversicherung verpflichtet, so dass ein Mitverschuldenseinwand iSv § 254 BGB ausscheidet (BAG 16.3.95, DB 95, 1770; vgl auch *Aufwendungsersatz* Rz 15). 3

Für die **Rechtsmittelinstanzen** gelten keine besonderen Regelungen. Es bleibt insoweit bei der Kostentragung gem §§ 91 ff ZPO. Lediglich für Verbandsvertreter ist § 12a Abs 2 ArbGG zu beachten. Im Übrigen sind von einem Verband in Ansatz gebrachte Rechtsanwaltsgebühren vom unterlegenen Prozessgegner nicht zu erstatten, da diese zu einer Gebührenerhebung nach Maßgabe des RVG nicht berechtigt sind (LAG Hamm 18.11.93, DB 94, 336 [LS]). Eine Ausnahme von § 12a ArbGG bildet lediglich der Schadenersatzanspruch des Gläubigers gegen den Drittschuldner gem § 840 Abs 2 Satz 2 ZPO (zu den Anspruchsvoraussetzungen zuletzt LAG Hamm 7.3.01 – 2 Sa 1626/00, NZA-RR 02, 15). Nach der zutreffenden Rspr des BAG umfasst dieser Anspruch auch die Rechtsanwaltskosten (BAG 16.5.90 – 4 AZR 56/90, NZA 91, 27; 16.11.05 – 3 AZB 45/05, NZA 06, 343). 4

Für die **Gebührenklage** eines Rechtsanwalts gegen seinen zahlungsunwilligen Mandanten ist der Rechtsweg zu den ordentlichen Gerichten auch dann gegeben, wenn es sich um 5

350   Rechtsanwaltskosten

Gebühren aus einem arbeitsrechtlichen Mandat handelt (BAG 28.10.97 – 9 AZB 35/97, NZA 98, 219).

6   Besonderheiten gelten auch im **arbeitsgerichtlichen Beschlussverfahren,** wo der ArbGeb gem § 40 BetrVG grds die Kosten beider Seiten tragen muss (s unten Rz 9 ff). Anders als im Urteilsverfahren sehen die ArbG hier meist von einer Festsetzung des Gegenstandswerts im Beschluss ab. Diese kann der Rechtsanwalt nach § 33 Abs 2 RVG aus eigenem Recht beim ArbG beantragen und gegen eine fehlerhafte Festsetzung binnen zwei Wochen mit der befristeten Beschwerde gem § 33 Abs 3 RVG vorgehen. Für die außergerichtlichen Kosten gibt es keinen prozessualen Kostenerstattungsanspruch. Eine Gewerkschaft kann die durch gerichtliche Durchsetzung ihres betriebsverfassungsrechtlichen Zutrittsrechts nach § 2 Abs 2 BetrVG entstehenden Kosten auch nicht als Schaden gem § 280 Abs 1 BGB ersetzt verlangen (BAG 2.10.07 – 1 ABR 59/06, NZA 08, 372).

7   Die Handhabung der **Gegenstandswertfestsetzung** im Beschlussverfahren ist in den verschiedenen LAG-Bezirken uneinheitlich. Teilweise erfolgt eine deutliche Orientierung an der gesetzlichen Auffangvorschrift des § 23 Abs 3 RVG, der einen Streitwert von 4000 € (bis zum 30.6.94: 6000 DM) anregt (LAG SchlHol 7.12.2000 – 2 Ta 127/00, NZA-RR 01, 384; LAG Hbg 4.8.92, LAGE Nr 18 zu § 8 BRAGO; LAG München 7.12.95, NZA-RR 96, 419: zu § 101 BetrVG). Andere Entscheidungen stellen auf § 23 Abs 3 RVG nur dann ab, wenn eine **nichtvermögensrechtliche Streitigkeit** vorliegt oder für eine wertmäßige Bestimmung jegliche Anhaltspunkte fehlen (LAG Düsseldorf 16.2.89, LAGE Nr 13 zu § 8 BRAGO; LAG Köln 23.9.91, LAGE Nr 16 zu § 8 BRAGO; LAG RhPf 30.3.04 – 2 Ta 69/04, NZA-RR 04, 373), wobei bei entsprechender Bedeutung der Angelegenheit auch ein Mehrfaches von 4000 € angemessen sein kann. Geht es um eine **Vielzahl gleichgelagerter Verfahren,** wird teilweise eine Ermäßigung des Streitwerts vorgenommen (LAG Brem 17.12.97 – 1 Ta 60/97, NZA-RR 98, 277; aA LAG Hamm 26.9.85 – 8 TaBV 118/85, LAGE Nr 4 zu § 8 BRAGO). Das LAG Düsseldorf hat zuletzt den Antrag eines BRat, die Kündigung von 100 ArbN und die Versetzung von 50 ArbN bis zum Abschluss des Interessenausgleichsverfahrens zu unterlassen, mit 40 000 € bewertet (rund 300 € pro ArbN und Kündigung sowie 150 € pro ArbN und Versetzung – LAG Düsseldorf 12.2.08 – 6 Ta 44/08, NZA-RR 09, 276).

8   In den letzten Jahren hat hier ein **Trendwechsel** bei der Mehrzahl der Landesarbeitsgerichte stattgefunden. Während früher bei den meisten Streitigkeiten der vermögensrechtliche Hintergrund hervorgehoben wurde, wird nunmehr regelmäßig § 23 Abs 3 RVG zugrunde gelegt. Allerdings geschieht dies nicht schematisch, sondern 4000 € werden als Ausgangswert betrachtet und in jedem Einzelfall nach Schwierigkeit und Bedeutung der Materie gewichtet. Das zeigen folgende **Beispiele aus der Instanzrechtsprechung:** Verfahren bezüglich personeller Einzelmaßnahmen nach § 99 BetrVG: LAG Brem 19.7.01 – 4 Ta 33/01, LAGE § 8 BRAGO Nr 51; LAG Bln 6.4.01 – 17 Ta 6049/01, LAGE § 8 BRAGO Nr 49; LAG Nbg 2.11.98 – 7 Ta 167/98, LAGE § 8 BRAGO Nr 39; LAG Köln 30.9.97 – 5 Ta 196/97, LAGE § 8 BRAGO Nr 36; Verfahren im Zusammenhang mit bevorstehenden Betriebsänderungen: LAG Hbg 6.1.99 – 4 Ta 9/98, LAGE § 8 BRAGO Nr 44; LAG SchlHol 24.5.2000 – 1 Ta 66/00, LAGE § 8 BRAGO Nr 45; Anfechtung eines Einigungsstellenspruchs: LAG SchlHol 6.2.02 – 2 Ta 145/01, LAGE § 8 BRAGO Nr 52; LAG Brem 17.6.98 – 4 Ta 32/98, LAGE § 8 BRAGO Nr 42; Anfechtung einer BRatWahl: LAG Köln 20.1.03 – 2 Ta 1/03, NZA-RR 03, 555; LAG Hamm 9.3.01 – 13 TaBV 7/01, LAGE § 8 BRAGO Nr 48a; LAG BaWü 4.8.98 – 3 Ta 72/98, NZA-RR 99, 47; Einsetzung einer Einigungsstelle: LAG NdS 30.4.99 – 1 Ta 71/99, LAGE § 8 BRAGO Nr 40; LAG Köln 5.8.99 – 11 (8) Ta 55/99; Feststellung der Unwirksamkeit einer Betriebsvereinbarung: LAG RhPf 16.1.09 – 1 Ta 2/09, NZA-RR 09, 332.

9   **3. Beauftragung eines Rechtsanwalts durch den Betriebsrat oder einzelne Betriebsratsmitglieder. a) Betriebsrat.** Für die Kosten eines Rechtsanwalts, den der BRat mit der Wahrnehmung seiner Interessen beauftragt hat, muss grds im Rahmen des § 40 BetrVG der ArbGeb aufkommen. Das gilt sowohl hinsichtlich der Vertretung im gerichtlichen Verfahren als auch in Bezug auf außergerichtliche Verhandlungen mit dem ArbGeb (ArbG Lübeck 21.1.99 – 1 BV 87/98, NZA-RR 99, 311). Wird der Rechtsanwalt vom BRat jedoch nur zur Beratung hinzugezogen, ist er als Sachverständiger iSv § 80 Abs 3 BetrVG tätig

Rechtsanwaltskosten 350

und es bedarf der vorherigen Vereinbarung mit dem ArbGeb (LAG BlnBbg 29.5.12 – 7 TaBV 576/12, BeckRS 2012, 72780 – nicht rkr, Az beim BAG: 7 ABR 70/12; Näheres s *Sachverständiger* Rz 6). Das gilt auch für die Heranziehung durch den für eine BRatWahl gebildeten Wahlvorstand (BAG 11.11.09 – 7 ABR 26/08, NZA 10, 353). Auch die Kosten für die Hinzuziehung eines Rechtsanwalts bei der Inanspruchnahme des Strafantragsrechts des BRat gem § 119 Abs 2 BetrVG wegen Behinderung der BRatTätigkeit sowie einer Ordnungswidrigkeitanzeige nach § 121 BetrVG wegen unvollständiger Information des Wirtschaftsausschusses hat der ArbGeb zu tragen (LAG Düsseldorf 12.8.93, NZA 94, 1052 [LS]; LAG SchlHol 14.11.2000 – 1 TaBV 22a/00, NZA-RR 01, 592). Formelle Voraussetzung ist immer ein ordnungsgemäßer BRatBeschluss vor Mandatserteilung (BAG 18.1.06 – 7 ABR 25/05; 29.4.04 – 1 ABR 30/02, NZA 04, 670; 5.4.2000 – 7 ABR 6/99, NZA 2000, 1178). Ein solcher Beschluss ist sowohl zur Verfahrenseinleitung als auch zur wirksamen Beauftragung eines Rechtsanwalts erforderlich (BAG 9.12.03 – 1 ABR 44/02, NZA 04, 747). Bei einem gerichtlichen Verfahren muss der Beschluss vor der erstinstanzlichen Entscheidung gefasst werden (BAG 18.2.03 – 1 ABR 17/02, NZA 04, 337). Entbehrlich ist dies ausnahmsweise dann, wenn ein rechtzeitiges Zusammentreffen des BRat zur Beschlussfassung über die Anwaltsbestellung aufgrund der besonderen Eilbedürftigkeit der Angelegenheit unmöglich oder unverhältnismäßig ist. In diesem Fall genügt es, wenn der BRatVorsitzende den Rechtsanwalt bestellt und der BRat diese Bestellung nachträglich billigt (LAG Köln 14.7.95, NZA-RR 96, 94). Im Übrigen ist entscheidend, dass der BRat sowohl die Führung des Rechtsstreits als auch die Hinzuziehung eines Rechtsanwalts bei vernünftiger Betrachtung für erforderlich halten durfte (BAG 20.10.99 – 7 ABR 25/98, NZA 2000, 556; 18.1.06 – 7 ABR 25/05; 18.1.12 – 7 ABR 83/10, NZA 12, 683). Bei dieser Abwägung steht dem BRat ein gewisser Beurteilungsspielraum zu (BAG 3.10.78 – 6 ABR 102/76, NJW 80, 1486). Das BAG geht regelmäßig vom Bedürfnis für die Heranziehung eines Rechtsanwalts aus, so dass nach der höchstrichterlichen Rspr die Erforderlichkeit nur dann fehlt, wenn die Rechtsverfolgung von vornherein aussichtslos ist oder die Beauftragung des Rechtsanwalts lediglich vorgenommen wird, um den ArbGeb mit zusätzlichen Kosten zu belasten, die Rechtsverfolgung also mutwillig und rechtsmissbräuchlich ist (BAG 29.7.09 – 7 ABR 95/07, NZA 09, 1223; LAG SchlHol 4.7.2000 – 3 TaBV 15/00, NZA-RR 2000, 590; LAG Nds 29.1.07 – 6 TaBV 66/05, LAGE § 40 BetrVG 2001, Nr 8). So hält das BAG zB die Beauftragung eines Rechtsanwalts mit der Durchsetzung des Anspruchs auf Zugang zum Internet regelmäßig für erforderlich (BAG 18.7.12 – 7 ABR 23/11, BeckRS 2012, 74489). Im Streitfall muss der BRat die erbrachte Beratungsleistung dezidiert darlegen, um die Erforderlichkeit zu belegen (*Hinrichs/Plitt* NZA 11, 1006). Immer notwendig ist die Beauftragung eines Rechtsanwalts in der Rechtsbeschwerdeinstanz (LAG, BAG), da insoweit eine Vertretung gesetzlich vorgeschrieben ist. Der beauftragte Rechtsanwalt kann die Anwaltsgebühren nach Abtretung des Freistellungsanspruchs aus § 40 BetrVG durch den BRat selbst gegenüber dem ArbGeb im arbeitsgerichtlichen Beschlussverfahren geltend machen (BAG 13.5.98 – 7 ABR 65/96, NZA 98, 900; 24.10.01 – 7 ABR 20/00, AP Nr 71 zu § 40 BetrVG 1972). Das gilt auch nach dem Ende der Amtszeit des BRat (BAG 24.10.01 – 7 ABR 20/00, NZA 03, 53). Kein Freistellungsanspruch besteht hinsichtlich bereits verjährter Gebührenforderungen. Ein Verzicht des BRat auf die Verjährungseinrede verstößt gegen § 2 Abs 1 BetrVG (LAG SchlHol 7.4.2000 – 3 TaBV 15/00, NZA-RR 2000, 590).

Umstritten ist, ob der BRat zunächst versuchen muss, einen **Gewerkschaftsvertreter** mit der Interessenwahrnehmung zu beauftragen, bevor er einen Rechtsanwalt mandatiert (nein: BAG 3.10.78, DB 79, 315; ja: LAG Düsseldorf 3.5.76, EzA Nr 28 zu § 40 BetrVG 1972; LAG Hamm 6.12.73, EzA Nr 5 zu § 20 BetrVG 1972). **10**

Bei der Beauftragung eines **auswärtigen Rechtsanwalts** ist entscheidend, ob der BRat bei pflichtgemäßer Berücksichtigung der objektiven Gegebenheiten und Würdigung aller Umstände die Inanspruchnahme des auswärtigen Rechtsanwalts für erforderlich halten durfte (BAG 15.11.2000 – 7 ABR 24/00). Dies ist idR der Fall, wenn es sich um eine tatsächlich und rechtlich schwierige Sache handelt, für deren Beurteilung gerade der auswärtige Rechtsanwalt aufgrund seiner speziellen Sach- und Rechtskunde besonders geeignet erscheint (BAG 2.4.87, DB 88, 187). **11**

Vereinbart der BRat mit dem Rechtsanwalt ein über den gesetzlichen Sätzen des RVG liegendes Honorar, so muss er vorher den ArbGeb unterrichten, um diesem die Möglichkeit **12**

350 Rechtsanwaltskosten

zur Überprüfung bzw Verhinderung übermäßiger Kosten zu geben (BAG 20.10.99 – 7 ABR 25/98, NZA 2000, 556). Der BRat ist nach dem Grundsatz der Verhältnismäßigkeit verpflichtet, für eine möglichst kostensparende Prozessführung zu sorgen. So muss er zB anstelle von mehreren parallel gelagerten Einzelverfahren möglichst ein Gesamtverfahren durchführen, das wegen der Streitwertprogression kostengünstiger ist (LAG Düsseldorf 9.1.89, DB 89, 1036 [LS] = LAGE Nr 25 zu § 40 BetrVG 1972). Bei einer späteren **Insolvenz** des ArbGeb sind die Ansprüche des BRat wegen vor Insolvenzeröffnung entstandener Rechtsanwaltskosten aus der Insolvenzmasse zu befriedigen (§ 38 InsO). Sie gehen bei einem nachfolgenden Betriebsübergang wegen der dort geltenden besonderen Haftungsgrundsätze (s *Betriebsübergang* Rz 94) nicht auf den Erwerber über (BAG 13.7.94, DB 95, 150). Eine Kostenfestsetzung gegen den BRat scheidet wegen dessen fehlender Rechts- und Vermögensfähigkeit grds aus (LAG Düsseldorf 13.5.98 – 7 TaBV 10/98, NZA 98, 1080).

13   **b) Betriebsratsmitglieder.** Für Rechtsanwaltskosten einzelner BRatMitglieder gelten die vorgenannten Grundsätze entsprechend. Der ArbGeb ist nach der Rspr insbesondere auch zur Tragung der Rechtsanwaltskosten in einem Ausschlussverfahren nach § 23 Abs 3 BetrVG (BAG 19.4.89, DB 90, 740) oder dem einstweiligen Verfügungsverfahren eines Wahlbewerbers, der auf diese Weise Zutritt zum Betrieb zum Zweck der Wahlwerbung erlangen will (LAG Bln 11.3.88, BB 88, 978) verpflichtet. Rechtsanwaltskosten, die dem zu kündigenden BRatMitglied in einem Zustimmungsersetzungsverfahren nach § 103 Abs 2 BetrVG entstehen, unterfallen grds nicht § 40 BetrVG, können aber in Einzelfällen gem § 78 Satz 2 BetrVG durch den ArbGeb erstattungsfähig sein (BAG 31.1.90, DB 91, 495; ArbG Hbg 24.1.97, NZA-RR 97, 386). Die gleichzeitige Vertretung von BRat und BRatMitglied durch denselben Rechtsanwalt im Zustimmungsersetzungsverfahren nach § 103 Abs 2 BetrVG stellt nach der Auffassung des BAG jedenfalls so lange keine Interessenkollision dar, wie beide Beteiligte die Zustimmungsersetzung verhindern wollen, so dass die Erstattungspflicht uneingeschränkt besteht (BAG 25.8.04 – 7 ABR 60/03, NZA 05, 168; LAG NdS 1.7.03 – 13 TaBV 6/03, NZA-RR 04, 22). Nicht erstattungsfähig sind Rechtsanwaltskosten, die einem BRatMitglied bei der Klärung individualrechtlicher Interessen entstanden sind (LAG RhPf 23.5.08 – 6 Sa 187/08, BeckRS 2008, 55040: Abmahnung). – Das Gleiche gilt für Anwaltskosten, die einem Mitglied der JAV in einem Verfahren nach § 78a Abs 4 BetrVG entstanden sind (BAG 5.4.2000 – 7 ABR 6/99, NZA 2000, 1178). Demgegenüber können zu den gem § 20 Abs 3 Satz 1 MitbestG vom ArbGeb zu tragenden Kosten der Aufsichtsratswahl auch Rechtsanwaltskosten eines ArbN aus einem Beschlussverfahren gehören (BAG 25.5.05 – 7 ABR 42/04, NZA 05, 1250). Eine vergleichsweise Regelung in einem arbeitsgerichtlichen Urteilsverfahren eines BRatMitglieds dahin, dass dieses seine Rechtsanwaltskosten selbst trägt, ist rechtlich unbedenklich (BAG 20.1.10 – 7 ABR 68/08, NZA 10, 777). Zu weiteren Einzelheiten vgl *Betriebsratskosten* Rz 15 ff.

14   **c) Sprecherausschuss.** Für den Sprecherausschuss der leitenden Angestellten gelten gem § 14 SprAuG die gleichen Grundsätze (*Hromadka* SprAuG § 14 Rz 15 ff).

15   **d) Sonstiges.** Zu den Kosten, die einer kirchlichen Mitarbeitervertretung durch die Hinzuziehung eines Rechtsanwalts entstehen können, vgl Schlichtungsausschuss der Evangelischen Landeskirche Baden 3.9.87, NZA 88, 704 sowie Schlichtungsstelle im Bistum Essen 8.1.98, NZA-RR 98, 373; zu Rechtsanwaltskosten im Vorfeld von personalvertretungsrechtlichen Streitigkeiten OVG Bautzen 16.12.97 – P 5 S 29/96, NZA-RR 99, 221, bei personalvertretungsrechtlichen Beschwerdeverfahren (OVG SachsAnh 20.4.06 – 5 L 13/05, PersV 06, 303) sowie ansonsten zum Öffentlichen Dienst *Gerauer* NZA 88, Beilage 4, 19.

16   **4. Einigungsstelle.** Eine Gebührenansprüche auslösende Tätigkeit des Rechtsanwalts kann auch im Einigungsstellenverfahren anfallen (kritisch *Kamphausen* NZA 94, 49).
      a) Beisitzer. Der Rechtsanwalt kann als Beisitzer gem § 76 Abs 2 BetrVG an einer Einigungsstelle teilnehmen. Allerdings kann der BRat einen Rechtsanwalt nur dann als Beisitzer benennen, wenn er andere Personen, die sein Vertrauen genießen und auf eine Vergütung verzichten, nicht gewinnen kann (BAG 14.12.88, DB 89, 888). Als externer Beisitzer hat der Rechtsanwalt gegen den ArbGeb gem § 76a Abs 3 BetrVG einen unmittelbaren Vergütungsanspruch. Dieser richtet sich in der Höhe nach § 76a Abs 4 BetrVG; Näheres s *Einigungsstelle* Rz 31–33. Wegen der Erstattung der Mehrwertsteuer bedarf es einer vorherigen Vereinbarung (BAG 31.7.86, DB 89, 232). Umstritten ist, ob der ArbGeb für die vom BRat

benannten Einigungsstellen-Beisitzer und die von ihm selbst gestellten Beisitzer unterschiedliche Vergütungen vereinbaren darf (dafür: *Bauer/Röder* DB 89, 226; dagegen: *Löwisch* DB 89, 224).

b) Verfahrensbevollmächtigter. Daneben kann der Rechtsanwalt als Verfahrensbevollmächtigter von ArbGeb oder BRat für das Einigungsstellenverfahren beauftragt werden. Insofern gelten die gleichen Grundsätze wie für die Vertretung bei Rechtsstreitigkeiten (vgl BAG 5.11.81, DB 82, 604; 14.2.96, DB 96, 2187; aA *Platz* ZfA 93, 373: fehlende Erforderlichkeit). Nach der Rspr des BAG ist es dabei unbeachtlich, ob der Einigungsstellenvorsitzende eine schriftliche Darlegung der Standpunkte von den Beteiligten zur Vorbereitung der Einigungsstellenverhandlung verlangt hat (BAG 21.6.89, DB 89, 2436). Aus § 76a BetrVG folgert eine Mindermeinung im Schrifttum zu Unrecht, dass jegliche anwaltliche Vertretung des BRats vor der Einigungsstelle ausgeschlossen sei (so: *Bengelsdorff* NZA 89, 497; *Eich* SAE 90, 111). Allerdings ist nach einer Entscheidung des BAG aus dem Jahr 1989 der BRat berechtigt, einem Rechtsanwalt für die Interessenwahrnehmung vor der Einigungsstelle ein Honorar iHd Vergütung eines betriebsfremden Beisitzers zuzusagen, wenn der Rechtsanwalt nur gegen eine solche Honorarzahlung zur Mandatsübernahme bereit ist (BAG 21.6.89, DB 89, 2436). Eine derartige Gleichsetzung von Interessenvertretung und Beisitzertätigkeit erscheint bedenklich. In einer Entscheidung aus dem Jahr 1996 hat das BAG für einen anderen Sachverhalt eine Verknüpfung der Gebührenregelung für Verfahrensbevollmächtigte und der Kosten als Beisitzer ausdrücklich abgelehnt. Liegen die anwaltlichen Gebühren aufgrund der Streitwerthöhe (zB bei einem Sozialplan) über dem Beisitzerhonorar, so ist der BRat aus Kostengründen weder an der Beauftragung des Verfahrensbevollmächtigten gehindert, noch gehalten, diesen ggf als Beisitzer zu benennen. Auch eine betragsmäßige Begrenzung der Rechtsanwaltsgebühren durch das Beisitzerhonorar erfolgt nicht (BAG 14.2.96, DB 96, 2187). Wegen der Probleme um die Bemessung der Vergütung der Einigungsstellenmitglieder im Hinblick auf die noch nicht erlassene RVO iSv § 76a Abs 4 BetrVG vgl *Einigungsstelle* Rz 31–33.

c) Honorardurchsetzung. Verweigert der ArbGeb die Honorarzahlung an einen unternehmensfremden Beisitzer und macht dieser seine Ansprüche im arbeitsgerichtlichen Beschlussverfahren geltend, so können hierbei entstehende Rechtsanwaltskosten ab Verzugsdatum gem § 286 Abs 1 BGB vom ArbGeb zu ersetzen sein. § 12a Abs 1 Satz 1 ArbGG schränkt einen solchen materiellrechtlichen Kostenerstattungsanspruch nicht ein. Diese Grundsätze gelten auch dann, wenn der Einigungsstellenbeisitzer selbst Rechtsanwalt ist und das Beschlussverfahren selbst führt (BAG 27.7.94, DB 95, 835).

Der **Gegenstandswert** für Einigungsstellenverfahren ist regelmäßig gem § 23 Abs 3 RVG nach billigem Ermessen zu bestimmen. Dabei ist zu berücksichtigen, welche wirtschaftliche Bedeutung der Regelungsgegenstand hat (s oben Rz 7). Ficht der ArbGeb den Spruch der Einigungsstelle über einen Sozialplan wegen des nach seiner Auffassung überhöhten Gesamtvolumens des Sozialplans an, berechnet sich der Gegenstandswert des Verfahrens nach der Differenz zwischen dem Volumen des angefochtenen und des vom ArbGeb für angemessen erachteten Sozialplans (BAG 9.11.04 – 1 ABR 11/02, NZA 05, 70). Im umgekehrten Fall des aus Sicht des BRat zu geringen Sozialplanvolumens ist eine solche Differenzbetrachtung nicht möglich, so dass die Festsetzung nach § 23 Abs 3 RVG erfolgen muss (BAG 20.7.05 – 1 ABR 23/03 (A), AP Nr 2 zu § 8 BRAGO).

5. Muster. S Online-Musterformulare „*M35 Rechtsanwaltskosten*".

B. Lohnsteuerrecht

Seidel

1. Steuerstreitigkeiten. Im Gegensatz zu den Verfahren vor dem FG besteht für Verfahren beim BFH **Vertretungszwang.** Nach § 62a FGO muss sich dort jeder Beteiligte durch einen Rechtsanwalt, Wirtschaftsprüfer, Steuerberater, Steuerbevollmächtigten, niedergelassenen europäischen Rechtsanwalt oder vereidigten Buchprüfer (§ 3 Nr 1 Steuerberatungsgesetz) vertreten lassen. Vertretungsberechtigt sind auch bestimmte Partnerschaftsgesellschaften sowie Steuerberatungs-, Wirtschaftsprüfer-, Buchprüfer- und Rechtsanwaltsgesellschaften (§ 3 Nr 2 und 3 Steuerberatungsgesetz), die durch vorstehend genannte Personen tätig werden. Allerdings können sich juristische Personen des öffentlichen Rechts (zB das beklagte Land – FA –) durch Beamte oder Angestellte mit der Befähigung zum Richteramt sowie durch Diplom-

350 Rechtsanwaltskosten

juristen vertreten lassen. Vor dem FG (nicht jedoch vor dem BFH) können auch LStHilfevereine im Rahmen ihrer Beratungsbefugnisse (§§ 4 Nr 11; 13 ff Steuerberatungsgesetz) als Bevollmächtigte auftreten. Bevollmächtigte und Beistände, die unbefugt geschäftsmäßig Hilfe in Steuersachen leisten (§ 5 Steuerberatungsgesetz), sind vom FG zurückzuweisen (§ 62 Abs 2 Satz 2 FGO). Die **Abrechnung** der Rechtsanwaltsgebühren erfolgt bei gerichtlichen Verfahren vor dem FG und dem BFH nach dem RVG; dies gilt auch für Steuerberater (§§ 1, 45 SteuerberatergebührenVO). Die Hilfeleistung in Steuersachen (Erfüllung allgemeiner Steuerpflichten, auch Einspruchsverfahren beim FA, Buchführungspflichten) wird nach der SteuerberatergebührenVO abgerechnet (§ 35 RVG). Bei Entscheidungen (Urt, Gerichtsbescheide, wenn sie als Urt wirken – § 90a Abs 3 FGO –, Beschlüsse nach § 126a FGO) ohne mündliche Verhandlung erhält der Rechtsanwalt die gleichen Gebühren wie in einem Verfahren mit mündlicher Verhandlung (s RVG Anl 1 zu § 2 Abs 2, Teil 3 Abschnitt 2, Unterabschnitt 1 Nr 3202). Berichtigt das FA jedoch den angefochtenen Bescheid während des Klageverfahrens, liegt selbst dann keine gerichtliche Entscheidung vor, wenn dies auf Anregung oder Empfehlung des Gerichts erfolgt ist, die Termingebühr entfällt. Dies gilt auch, wenn das Gericht nach der Erledigung der Hauptsache nur über den Streitwert und die Kosten entscheidet. Zu beachten ist, dass im erstinstanzlichen Verfahren vor dem FG wegen des nur 2-stufigen Gerichtsaufbaus höhere Gebührensätze gelten als in anderen erstinstanzlichen Verfahren (s RVG Anl 1 zu § 2 Abs 2, Teil 3 Abschnitt 2, Unterabschnitt 1).

21 Da im FGVerfahren regelmäßig das FA Beklagter ist, bekommt der Kläger bei (teilweisem) Obsiegen die Gebühren vom FA (teilweise) **erstattet.** Die Vereinbarung einer höheren Gebühr als die im RVG vorgesehene Vergütung ist zwar auch im FGVerfahren zulässig (§ 4 RVG), jedoch werden die höheren Beträge nicht erstattet. Werden niedrigere Gebühren vereinbart und berechnet, werden nur diese erstattet. **Unterliegt** der Kläger (teilweise), hat er Aufwendungen der FinBeh nicht zu erstatten (§ 139 Abs 2 FGO). Bei Tätigwerden der LStHilfevereine vor dem FG sind für den Kläger die Bevollmächtigtengebühren idR mit dem Mitgliedsbeitrag abgegolten, so dass das Kostenrisiko hier beim LStHilfeverein liegt. Gebühren und Auslagen des Bevollmächtigten für ein **Vorverfahren** (beim FA) sind nur dann erstattungsfähig, wenn das Gericht die Zuziehung eines Bevollmächtigten im Vorverfahren für notwendig erklärt (§ 139 Abs 3 Satz 3 FGO). Dies wird regelmäßig – auf Antrag – der Fall sein. Endet das Vorverfahren jedoch ohne nachfolgendes gerichtliches Verfahren, werden die dadurch bedingten Aufwendungen unabhängig vom Ergebnis nicht erstattet; anders ist dies aber bei erfolgreichem Einspruch gegen die Kindergeldfestsetzung der Familienkasse (§ 77 Abs 1 EStG; s *Kindergeld* Rz 18). Treten vor dem FG Bevollmächtigte oder Beistände auf, für die Gebühren und Auslagen gesetzlich nicht vorgesehen sind, können deren Aufwendungen bis zur Höhe der gesetzlichen Gebühren und Auslagen der Rechtsanwälte erstattet werden (§ 139 Abs 3 Satz 2 FGO). Zu den **Gerichtskosten** im finanzgerichtlichen Verfahren nach Änderung des GKG durch das KostRModG vom 5.5.04 (BGBl I 04, 718) s *Eberl* StuB 04, 904 sowie *Dellner* DStZ 04, 647.

22 **2. Steuerliche Berücksichtigung.** Die Rechtsanwaltskosten für Beratung und Vertretung vor dem FA, dem FG und dem BFH bei **steuerrechtlichen Streitigkeiten** können als Steuerberatungskosten nur noch als Werbungskosten oder Betriebsausgaben angesetzt werden, soweit sie beruflich oder betrieblich veranlasst sind. Die Abzugsfähigkeit als Sonderausgaben ist seit 1.1.06 mit Aufhebung des § 10 Abs 1 Nr 6 EStG entfallen (s auch BMF 21.12.07 – IV B 2 – S 2144/07/0002; Dok 2007/0586772, BStBl I 08, 256 und *Werbungskosten* Rz 33). Zu diesen Steuerberatungskosten rechnen auch Fahrt- und Unfallkosten für den Besuch beim Rechtsanwalt oder Steuerberater sowie Aufwendungen für Fachliteratur. Diese Grundsätze sind auch für Aufwendungen für alle anderen Beratungspersonen anzuwenden, selbst wenn deren Tätigkeit nach dem Steuerberatungsgesetz unzulässig sein sollte. **Rechtsanwaltskosten,** die der **Arbeitgeber** aufgrund arbeitsrechtlicher Streitigkeiten zu tragen hat, sind bei diesem als Betriebsausgaben abzugsfähig. Für den **Arbeitnehmer** sind Rechtsanwaltskosten, die auf arbeitsrechtlichen Streitigkeiten beruhen Werbungskosten (s *Werbungskosten* Rz 2 ff). Werbungskosten liegen für den ArbN auch vor, wenn ihm Rechtsanwaltskosten wegen seiner dienstlichen Tätigkeit oder zB wegen eines auf einer Dienstreise verschuldeten Unfalls entstehen. Dies gilt auch für **Strafverteidigungskosten,** wenn die dem ArbN zur Last gelegte Tat nur aus seiner beruflichen Tätigkeit erklärbar ist, außer sie ist in einem nicht nur unbedeutendem Maße privat mitveranlasst (s auch *Werbungskosten* Rz 30 sowie BFH 30.6.04 – VIII B 265/03, BFH/NV 04, 1639 und 18.10.07 – VI R 42/04, DStR 07, 2254). Im Übrigen können Kosten eines **Strafprozesses** als außergewöhnliche Belastung unter Abzug der zumutbaren Eigenbelastung (§ 33 EStG) nur bei einem Freispruch abgezogen werden, soweit hier überhaupt Kosten entstehen (*HMW*/Prozesskosten Rz 7). Keine außergewöhnliche Belastung durch Strafverteidigungskosten liegt mangels Zwangsläufigkeit bei einer Einstellung nach § 153a StPO vor, auch die Aufwendungen zur Erfüllung von Auflagen und Weisungen erfüllen die Voraussetzungen nicht (BFH 19.12.95, BStBl II 96, 197). Liegen Werbungskosten vor, sind diese allerdings nur in der Höhe abzugsfähig, in der der ArbN endgültig belastet wird (s auch *Werbungskosten* Rz 5). Entstehen dem Stpfl Aufwendungen für die Strafverteidigung des Sohnes können diese im Einzelfall uU als außergewöhnliche Belastung abzugsfähig sein (BFH 30.10.03 – III R 23/02, BStBl II 04, 267). Zu **Zivilprozesskosten** als außergewöhnliche Belastung s *Werbungskosten* Rz 30.

Trägt eine **Rechtsschutzversicherung** die Anwaltskosten, scheidet regelmäßig ein Werbungskostenabzug aus. Aufwendungen für eine Rechtsschutzversicherung sind nur insoweit als Werbungskosten abzugsfähig, als die Versicherung im Zusammenhang mit der Berufstätigkeit des ArbN abgeschlossen worden ist, zB Arbeitsrechtsschutz (zum Nachweis BDL, Pressemitteilung 6.8.12, www.bdl-online.de/Infos). Andere Rechtsschutzversicherungsbeiträge sind weder als Werbungskosten noch als Sonderausgaben abzugsfähig (s auch EStH 88: Rechtsschutzversicherung). Dies gilt insbesondere für eine Kfz-Rechtsschutzversicherung, die sich allenfalls im Rahmen der Abzugsmöglichkeit tatsächlicher Fahrtkosten als Werbungskosten auswirken kann. Bei den Fahrten Wohnung/Arbeitsstätte ist der Beitrag durch die Entfernungspauschale abgegolten (s hierzu auch *Werbungskosten* Rz 31 und *Fahrten zwischen Wohnung und Arbeitsstätte* Rz 36). **23**

C. Sozialversicherungsrecht

Schlegel

Übersicht

	Rz
1. Allgemeines zu Gerichtskosten, Pauschgebühren und Anwaltsvergütung	24
2. Pauschgebührenverfahren – § 183 SGG	25–31
a) Begünstigter Personenkreis	25, 26
b) Gerichtskostenfreiheit	27
c) Pauschgebühren zugunsten der Staatskasse	28, 29
d) Beigeladene	30
e) Übergangsrecht	31
3. Gerichtsverfahren nach GKG – § 197a SGG	32–35
a) Allgemeines	32
b) Kosten im Sinne des § 197a SGG	33

	Rz
c) Streitwert	34
d) Übergangsrecht	35
4. Kostengrundentscheidung über Tragung der außergerichtlichen Kosten/ Anwaltskosten	36–48
a) Begriff	36
b) Gerichtskostenfreies Pauschgebührenverfahren	37–43
c) GKG-Kostenverfahren	44–48
5. Anwaltliches Gebührenrecht	49–57
a) Rechtsanwaltsvergütungsgesetz	49–51
b) Wertgebühren	52
c) Rahmengebühren	53, 54
d) Abgeltung der Gebühren	55, 56
e) Einzelne Gebührentatbestände – Vergütungsverzeichnis	57

1. Allgemeines zu Gerichtskosten, Pauschgebühren und Anwaltsvergütung. Die **24** Fälle, in denen das Verfahren vor den Gerichten der Sozialgerichtsbarkeit gerichtskostenfrei ist und nur Pauschgebühren erhoben werden, sind in § 183 iVm § 184 SGG abschließend aufgezählt. In allen übrigen Fällen werden Gerichtskosten (Gebühren und Auslagen) nach dem GKG erhoben (vgl § 197a Abs 1 SGG). Diese **Unterscheidung** zwischen **gerichtskostenfreiem Pauschgebührenverfahren** (§§ 183 ff) und **GVG-Kostenverfahren** (§ 197a SGG) hat Auswirkungen auch auf die anwaltliche Vergütung, die im Grundsatz diesem Dualismus folgt (vgl § 3 RVG). Es ist daher sowohl für die Gerichtsgebühren/-kosten als auch für die Anwaltsvergütung zunächst zu klären, ob es sich um ein Pauschgebührenverfahren (dazu 2.) oder ein GVG-Kostenverfahren (dazu 3.) handelt.

350 Rechtsanwaltskosten

25 **2. Pauschgebührenverfahren – § 183 SGG. a) Begünstigter Personenkreis.** Sind am Prozess **Versicherte,** Leistungsempfänger einschl ihrer Hinterbliebenen, Behinderte oder deren Sonderrechtsnachfolger (§ 56 SGB I) **in dieser jeweiligen Eigenschaft als Kläger oder Beklagte** beteiligt, ist das SGG-Verfahren für diese Personen gerichtskostenfrei (vgl § 183 Satz 1 SGG). Ist zB ein Versicherter dagegen nur Beigeladener und gehören die übrigen Beteiligten nicht zu den in § 183 SGG genannten Personen, richtet sich die Kostenentscheidung nach § 197a SGG. Geht es im Prozess gerade darum, festzustellen, ob jemand Versicherter oder Leistungsempfänger ist, ist das Verfahren für die betreffende Person ebenfalls gerichtskostenfrei, wenn sie im Falle ihres Obsiegens zu den in § 183 Satz 1 SGG genannten Versicherten, Leistungsempfängern usw gehören würde (§ 183 Satz 3 SGG); dies ist insbesondere für Verfahren der Statusfeststellung nach § 7a IV SGB oder bei Entscheidungen über die Versicherungs- und Beitragspflicht der Einzugsstellen nach § 28p Abs 1 Satz 5 SGB IV von Bedeutung.

26 Geht es in den Verfahren vor den Gerichten der Sozialgerichtsbarkeit um Zuschüsse (zB Lohnkostenzuschüsse nach dem SGB III/Sozialsubventionen) an ArbGeb oder Träger, sind diese mE „Leistungsempfänger" iSv § 183 Satz 1 SGG, zumal das SGG in diesem Zusammenhang nur von Leistungen, nicht hingegen von Sozialleistungen spricht (aA *Meyer-Ladewig* SGG, 7. Aufl, § 183 Rz 3). Geht es im Verfahren um die Rechte Selbstständiger oder eines Unternehmers als Versicherte (zB landwirtschaftlicher Unternehmer nach § 2 Abs 1 Nr 5 SGB VII; § 2 SGB VI), gilt ebenfalls § 183 SGG.

27 **b) Gerichtskostenfreiheit.** Diese bedeutet, dass die genannten Personen im Grundsatz keine Gerichtsgebühren und Auslagen zu zahlen haben. Ausnahmen: Sie tragen die Kosten für die Anhörung eines bestimmte Arztes (§ 109 SGG), für Abschriften (§ 93 Satz 3, 120 Abs 2 Satz 1 SGG) und Missbrauchskosten (§ 192 SGG).

Hiervon zu unterscheiden ist die Frage, welche außergerichtlichen Kosten die Beteiligten selbst oder im Verhältnis zueinander zu tragen haben (zur Anwaltsvergütung unter 5.) und ob sie vom Prozessgegner die Erstattung dieser außergerichtlichen Kosten verlangen können (dazu unter 4.).

28 **c) Pauschgebühren zugunsten der Staatskasse.** Gerichtskosten werden in den Fällen des § 183 SGG nur von den am Prozess beteiligten Körperschaften und Anstalten des öffentlichen Rechts sowie den Unternehmen der privaten PflegeV in Form von Pauschgebühren erhoben (§§ 184–197 SGG). Pauschgebühren sind für jeden Rechtszug zu zahlen und betragen vor dem SG 150 €, vor dem LSG 225 € und vor dem BSG 300 € (§ 184 Abs 2 SGG). Die Pauschgebühr entsteht, sobald die Streitsache anhängig geworden ist (§ 184 Abs 1 Satz 2 SGG), also mit Einlegung von Klage, Berufung und Revision usw. Fällig wird sie, sobald die Streitsache durch Zurücknahme des Rechtsbehelfs, Vergleich, Beschluss oder Urteil erledigt ist (§ 185 SGG).

29 **Gebührenpflichtige** sind die am Prozess beteiligten Körperschaften und Anstalten des öffentlichen Rechts sowie die Unternehmen der privaten PflegeV. Die Pauschgebührenpflicht besteht **unabhängig vom Ausgang des Prozesses,** dh auch dann, wenn zB die Krankenkasse im Prozess obsiegt hat. Streitsachen sind das Klage-, Berufungs- und Revisionsverfahren, das Verfahren der Nichtzulassungsbeschwerde dann, wenn die Beschwerde verworfen, zurückgewiesen oder zurückgenommen wird. Wird die Berufung oder Revision auf Beschwerde zugelassen und eingelegt, ist das Beschwerdeverfahren als unselbstständiger Teil des Berufungs- bzw Revionsverfahrens anzusehen (Einzelheiten vgl *Hennig/Knittel* SGG § 184 Anm 4).

30 **d) Beigeladene.** Die zum Rechtsstreit Beigeladenen (zB ein ArbGeb oder ArbN oder andere SozVTräger im Streit um die Versicherungs- und Beitragspflicht) müssen keine Pauschgebühr zahlen, und zwar auch dann nicht, wenn sie das Rechtsmittel eingelegt haben; der Wortlaut des § 184 SGG nennt als pauschgebührenpflichtig nur die nicht zum Personenkreis des § 183 SGG gehörenden Kläger und Beklagten.

31 **e) Übergangsrecht.** Vgl hierzu Art 17 Abs 1 Satz 1 des 6. SGG-ÄndG vom 7.8.01 (BGBl I 01, 2144; BSG 30.8.02 – B 13 SF 1/02 S; *Hennig/Knittel* § 184 Anm 6).

32 **3. Gerichtsverfahren nach GKG – § 197a SGG. a) Allgemeines.** Gehören in einem Rechtszug weder der Kläger noch der Beklagte zu den in § 183 SGG genannten Personen, werden Kosten nach dem GKG erhoben (zu Problematik, wenn erst im Laufe des Instanzenzuges ein nach § 183 Privilegierter hinzutritt oder aus dem Prozess ausscheidet *Hennig/Knittel* SGG § 197a Anm 2). Die §§ 184–195 SGG finden keine Anwendung; die §§ 154–162 VwGO sind dagegen entsprechend anzuwenden (§ 197a Abs 1 SGG).

b) Kosten im Sinne des § 197a SGG. Kosten iSd § 197a SGG iVm § 162 VwGO sind 33 die Gerichtskosten (Gebühren und Auslagen) und die zur zweckentsprechenden Rechtsverfolgung oder Rechtsverteidigung notwendigen Aufwendungen der Beteiligten einschließlich der Kosten des Vorverfahrens. Es fallen eine Gebühr für das Verfahren im Allgemeinen (Prozessgebühr) und ggf 2,5 Gebühren für ein Endurteil an (Urteilsgebühr). Der Streitwert wird nach §§ 13–22 GKG berechnet (dazu Rz 34). Schreibauslagen und Aktenversendungspauschalen sind nach Nr 9000 und 9003 des Kostenverzeichnisses (§ 11 Abs 1 GKG) zu entrichten.

c) Streitwert. Die Gerichtskosten richten sich nach dem Streitwert (§ 11 Abs 2 Satz 1 34 GKG). Bei bezifferten Anträgen oder einem hierauf gerichteten Verwaltungsakt ist deren Höhe maßgebend (vgl § 13 Abs 1 Satz 1 GKG). Bieten Sach- und Streitstand keine hinreichenden Anhaltspunkte zur Bestimmung des Streitwertes, ist ein Regelstreitwert von 4000 € anzunehmen (vgl § 13 Abs 1 Satz 2 GKG). Bei wiederkehrenden Geldleistungen ist idR der dreifache Jahresbetrag anzusetzen (vgl § 131 Abs 3 Satz 1 GKG). Der Streitwert ist auf 2,5 Mio begrenzt (§ 13 Abs 7 GKG). Zum Streitwert im Rechtsmittelverfahren vgl §§ 14, 15 GKG.

Die Wertfestsetzung erfolgt vAw (vgl § 25 Abs 2 Satz 1 Hs 2 GKG). Zur Anfechtbarkeit der Streitwertfestsetzung vgl § 25 Abs 3 GKG.

d) Übergangsrecht. Nach Art 17 Abs 1 Satz 2 des 6. SGG-ÄndG gilt für Verfahren 35 nach § 197a SGG, die vor dem 1.1.2002 rechtshängig waren, die Vorschrift des § 183 SGG aF. Nach der Rspr des BSG gilt dies nicht nur für die Gerichtskostenfreiheit des § 183 SGG aF, sondern auch für die Kostentragungspflicht der Beteiligten untereinander: Für Streitigkeiten, die vor dem 1.1.2002 anhängig geworden sind, ergeht auch die Kostengrundentscheidung auf der Grundlage des § 193 SGG aF (vgl BSG 30.1.02 – B 6 KA 12/01 R, SozR 1500 § 116 Nr 24).

4. Kostengrundentscheidung über Tragung der außergerichtlichen Kosten/An- 36
waltskosten. a) Begriff. Das Gericht hat mit seiner Kostengrundentscheidung darüber zu befinden, ob ein Prozessbeteiligter vom Prozessgegner die Erstattung seiner außergerichtlichen Kosten ganz oder teilweise verlangen kann. Dabei ist wiederum der bereits erwähnte Dualismus der Verfahrensarten zu beachten.

b) Gerichtskostenfreies Pauschgebührenverfahren. In diesen Fällen richtet sich die 37 Kostengrundentscheidung nach §§ 192 bis 197 SGG. Bei Abschluss des Verfahrens durch Urteil oder einen gleichgestellten Beschluss ist vAw im Urteil/Beschluss zu entscheiden, ob und in welchem Umfang die Beteiligten einander Kosten zu erstatten haben (Kostengrundentscheidung, § 193 Abs 1 SGG).

Bei Erledigung der Rechtssache auf sonstige Weise (zB Rücknahme des Rechtsmittels, 38 angenommenes Anerkenntnis, Vergleich usw) wird hierüber auf Antrag durch besonderen Beschluss entschieden. Verfahren zur Erlangung einstweiligen Rechtsschutzes sind vom Hauptsacheverfahren unabhängige Verfahren und ebenfalls mit einer Kostengrundentscheidung zu versehen (weitere Einzelheiten *Hennig/Knittel* SGG § 193 Anm 2).

Die Kostengrundentscheidung trifft das Gericht nach **pflichtgemäßem Ermessen** ohne 39 Bindung an die strengen Kostenvorschriften der ZPO oder VwGO. Allerdings kann sich das Gericht an den Vorschriften der ZPO orientieren; es wird dabei in erster Linie auf den Ausgang des Rechtsstreits abstellen (Einzelheiten vgl *Hennig/Knittel* SGG § 193 Anm 2.4).

Erstattungsberechtigt sind je nach Ausgang des Rechtsstreits neben Versicherten und 40 Leistungsberechtigten auch Beigeladene, sofern es sich nicht um Behörden und die in § 184 Abs 1 SGG genannten Gebührenpflichtigen handelt. Nicht erstattungsfähig sind die „Aufwendungen der Behörden, der in § 184 Abs 1 SGG genannten Gebührenpflichten" (so § 193 Abs 4 SGG wörtlich). Daraus folgt, dass Behörden und den in § 184 Abs 1 SGG genannten Gebührenpflichtigen zwar die Kosten eines Rechtsstreits auferlegt, aber nicht zugesprochen werden können. Daher muss ein im Prozess unterliegender Versicherter dem obsiegenden Versicherungsträger keine Aufwendungen erstatten.

Nach der Rspr des BSG gilt dieser Ausschluss auch für **private Pflegeversicherungs-** 41
unternehmen (vgl BSG 8.7.02 – B 3 P 3/02 R, SozR 4–1500 § 184 Nr 1). Quasi „im

350 Rechtsanwaltskosten

Gegenzug" können sich auch private PflegeVUnternehmen vor dem BSG durch „eigenes Personal" selbst, dh ohne Einschaltung eines selbstständigen Anwalts vertreten (vgl § 166 Abs 1 SGG; zur Rechtsentwicklung BSG 28.5.03 – B 3 P 2/03 B, SozR 4–1500 § 166 Nr 1).

42 Die Kostengrundentscheidung erstreckt sich auf die zur zweckentsprechenden Rechtsverfolgung oder Rechtsverteidigung notwendigen Aufwendungen der Beteiligten (§ 193 Abs 2 SGG) und Aufwendungen für Rechtsanwälte und Rechtsbeistände (§ 193 Abs 3 SGG).

43 Kostenentscheidungen in einem Urteil oder gleichgestellten Beschlüssen (zB Gerichtsbescheid) sind mit Berufung und Revision **nicht isoliert anfechtbar** (vgl § 144 Abs 4 SGG). Abweichend von § 158 Abs 2 VwGO kann eine außerhalb der Entscheidung in der Hauptsache ergangene Kostenentscheidung jedoch mit der Beschwerde zum LSG angefochten werden (§ 177 Abs 1 SGG; vgl *Hennig/Knittel* SGG § 197a Anm 3.4).

44 c) **GKG-Kostenverfahren.** Die Kostengrundentscheidung richtet sich in den Verfahren des § 197a SGG nach den **§§ 154–162 VwGO.** Sie ergeht in sämtlichen Fällen, also auch bei Erledigung außerhalb eines Urteils, vAw (vgl § 161 Abs 1 VwGO). Haben die Beteiligten bei einem Vergleich keine Kostenregelung getroffen, fallen die Gerichtskosten jedem zur Hälfte zu Last; seine außergerichtliche Kosten trägt jeder Beteiligte selbst (§ 160 VwGO).

45 Raum für Ermessenserwägungen über die Kostentragungspflicht hat das Gericht nur in den Fällen, in denen sich die **Hauptsache erledigt** hat (vgl § 161 Abs 2 VwGO). Dies gilt auch für Erledigung durch angenommenes Anerkenntnis und eine einseitige Erledigungserklärung: letztere kommt insbesondere in Betracht, wenn der Kläger im Laufe des Prozesses durch einen Bescheid nach § 96 SGG klaglos gestellt wird. Falls die Beklagte der Erledigungserklärung nicht zustimmt, muss das Gericht entscheiden, ob sich der Rechtsstreit erledigt hat (dazu *Hennig/Knittel* SGG § 197a Anm 3.3).

46 Eine **Klagerücknahme** gilt zwar als Erledigung der Hauptsache (vgl § 102 SGG), jedoch wird § 161 Abs 2 VwGO durch § 197a Abs 1 Satz 2 SGG ausdrücklich ausgeschlossen. Für Klagerücknahmen gilt § 155 Abs 2 VwGO: danach hat derjenige die Kosten zu tragen, der einen Antrag, eine Klage, ein Rechtsmittel oder einen anderen Rechtsbehelf zurücknimmt. Im Übrigen trägt der unterliegende Teil die Kosten (§ 154 Abs 1 VwGO).

47 Die Kosten eines ohne **Erfolg** eingelegten Rechtsmittels fallen demjenigen zur Last, der das Rechtsmittel eingelegt hat (§ 154 Abs 2 VwGO). Bei sofortigem Anerkenntnis durch den Beklagten, ohne dass er Veranlassung zur Klageerhebung gegeben hat, trägt der Kläger die Kosten (vgl § 156 VwGO).

48 Einem **Beigeladenen,** der zu den in § 183 SGG privilegierten Personen gehört, können keine Kosten auferlegt werden (§ 197a Abs 2 Satz 2 SGG). Den übrigen Beigeladenen können Kosten auferlegt werden, wenn sie Anträge gestellt oder Rechtsmittel eingelegt haben (§ 154 Abs 3 VwGO) oder wenn sie nach § 75 Abs 5 SGG verurteilt worden sind (vgl § 197a Abs 2 Satz 1 SGG). Einem Beigeladenen, der zu den Personen des § 183 SGG gehört, können Aufwendungen nur unter den Voraussetzungen des § 191 SGG erstattet werden (§ 197a Abs 2 Satz 3 SGG), also dann, wenn sein persönliches Erscheinen angeordnet war. Im Übrigen können solche Beigeladene die Kosten zB eines von ihm beauftragten Rechtsanwaltes nicht ersetzt verlangen; dies ist ein Ausgleich dafür dass sie auch kein Kostenrisiko tragen. Die übrigen Beigeladenen sind von dieser Einschränkung des § 197a Abs 2 Satz 3 SGG wohl nicht betroffen (vgl *Hennig/Knittel* SGG § 197a Anm 4.3).

49 5. **Anwaltliches Gebührenrecht. a) Rechtsanwaltsvergütungsgesetz.** Die anwaltliche Vergütung (Gebühren und Auslagen) bemisst sich nach dem am 1.7.04 in Kraft getretenen Rechtsanwaltsvergütungsgesetz (RVG) vom 5.5.04 (BGBl I 04, 718); übergangsrechtlich gelten nach Maßgabe des § 60 RVG noch die Bestimmungen der durch das RVG abgelösten BRAGO.

50 Es gilt der Grundsatz, dass sich die Gebühren nach Gegenstandswert bemessen, soweit nicht das RVG etwas anderes bestimmt (§ 2 Abs 1 RVG); eine solche Ausnahme sind in bestimmten sozialgerichtlichen Verfahren die sog Betragsrahmengebühren. Die Höhe der Vergütung im Einzelnen ergibt sich aus den Tatbeständen des **Vergütungsverzeichnisses** (VV) der Anlage 1 zum RVG.

51 Die Vergütung des Anwalts folgt der oben genannten, für das sozialgerichtliche Verfahren geltenden grundlegenden Unterscheidung und differenziert zwischen Betragsrahmengebühren und Gebühren nach dem Gegenstandswert wie folgt:

Rehabilitation (berufliche) 351

- Beim **gerichtskostenfreien Pauschgebührenverfahren** (zum Begriff oben 2.) entstehen für den Anwalt **Betragsrahmengebühren** (§ 3 Abs 1 Satz 1 RVG).
- Bei **GKV-Kostenverfahren** (zum Begriff oben 3.) werden die anwaltlichen Gebühren nach dem **Gegenstandwert** berechnet, wenn der Auftraggeber nicht zu den in § 183 SGG genannten (kostenprivilegierten) Personen gehört (vgl § 3 Abs 1 Satz 2 RVG).
- Für **außergerichtliche Tätigkeit** gilt Entsprechendes (vgl § 3 Abs 2 RVG), dh es ist für außergerichtliche Anwaltstätigkeit (hypothetisch) zu prüfen, in welchem Verfahren die Angelegenheit ggf streitig zu entscheiden wäre.

b) **Wertgebühren.** Handelt es sich um eine nach Gegenstandwert abzurechnende Angelegenheit, ergib sich die Gebühr aus der Wertgebühren-Tabelle des § 13 RVG. **52**

Der **Gegenstandswert selbst** bestimmt sich im gerichtlichen Verfahren nach den für die Gerichtsgebühren geltenden Vorschriften (§ 23 Abs 1 RVG), vorliegend also nach dem GKG. Setzt das Gericht für die Gerichtsgebühren den maßgeblichen Wert fest, gilt die **gerichtliche Wertfestsetzung** auch für die Gebühren des Anwalts (vgl § 32 Abs 1 RVG); er kann daher aus eigenem Interesse die Festsetzung beantragen oder gegen eine Festsetzung Rechtsmittel einlegen (§ 23 Abs 2 RVG).

c) **Rahmengebühren.** Diese werden vom Anwalt im Einzelfall unter Berücksichtigung **53** aller Umstände (zB Umfang und Schwierigkeit, Bedeutung der Angelegenheit, Einkommens- und Vermögensverhältnisse des Auftraggebers, Haftungsrisiko) innerhalb des Gebührenrahmens nach billigem Ermessen bestimmt (§ 14 Abs 1 RVG).

In bestimmten Fällen sieht das Vergütungsverzeichnis (VV, Anlage 1 zum RVG) sog **54** **Schwellenwerte** vor, deren Überschreitung im Einzelfall der Begründung bedarf. Zur Erhöhung der Schwellengebühr, wenn der Rechtsanwalt für mehrere Auftraggeber tätig wird, vgl BSG 21.12.09 – B 14 AS 83/08 R; zur reduzierten Geschäftsgebühr für ein erfolgreiches Widerspruchsverfahren bei vorherigem Tätigwerden im Verwaltungsverfahren vgl BSK 25.2.10 – B 11 AL 24/08 R. In der anwaltlichen Praxis empfiehlt sich insoweit eine frühzeitige Dokumentation entsprechender Gesichtspunkte. Die Schwellengebühr hat die **Mittelgebühr** nicht ersetzt. Die **billige Gebühr** für das Tätigwerden eines Rechtsanwalts im sozialgerichtlichen Vorverfahren wird in einem ersten Schritt ausgehend von der Mittelgebühr bestimmt. Sie ist in einem zweiten Schritt in der Höhe des Schwellenwertes zu kappen, wenn weder der Umfang noch die Schwierigkeit der anwaltlichen Tätigkeit mehr als durchschnittlich ist (BSG 1.7.09 – B 4 AS 21/09 R, BeckRS 2009, 72728). Auf Antrag wird der „Wert der anwaltlichen Tätigkeit" durch Beschluss des Gerichts des ersten Rechtszugs festgesetzt (vgl § 33 RVG).

d) **Abgeltung der Gebühren.** Nach § 15 RVG entgelten die Gebühren die gesamte **55** Tätige des Rechtsanwalts vom Auftrag bis zur Erledigung der Angelegenheit (Abs 1). Der Rechtsanwalt kann die Gebühren in derselben Angelegenheit nur einmal fordern (Abs 2 Satz 1); hieraus folgt zugleich, dass für Angelegenheiten, die nicht dieselben Angelegenheiten sind, jeweils eine eigene Gebühr gefordert werden kann. Im gerichtlichen Verfahren kann der Anwalt die Gebühren für jeden Rechtszug fordern (§ 15 Abs 1 Satz 2 RVG).

Was „**dieselbe Angelegenheit**" ist, regelt § 16 RVG, was „**verschiedene Angelegen-** **56** **heiten**" sind, § 17 RVG. § 19 RVG benennt Tätigkeiten, die mit dem Verfahren zusammenhängen.

e) **Einzelne Gebührentatbestände – Vergütungsverzeichnis.** Das Vergütungsver- **57** zeichnis beschreibt unter den einzelnen Nummern und Erläuterungen datailliert, welche Umstände vorliegen müssen, damit der Gebührentatbestand erfüllt ist. Zu den Auslagen (Fotokopien, Portokosten) vgl Vergütungsverzeichnis 7000 ff.

Rehabilitation (berufliche)

A. Arbeitsrecht *Poeche*

Vorbemerkung. Zu den zentralen gesellschaftspolitischen Zielen gehört es, jedem die **1** **Teilhabe am Arbeitsleben** zu ermöglichen und bestehende Defizite auszugleichen. BA und SozVTräger erbringen deshalb ua Leistungen, um die Erwerbsfähigkeit behinderter oder von Behinderung bedrohter Menschen entsprechend ihrer Leistungsfähigkeit zu erhalten, zu

351 Rehabilitation (berufliche)

verbessern, herzustellen oder wiederherzustellen und ihre Teilhabe am Arbeitsleben möglichst auf Dauer zu sichern (§ 33 Abs 1 SGB IX). Arbeitsrechtliche Fragen der beruflichen Rehabilitation stellen sich im Wesentlichen in drei Fällen, nämlich bei Leistungen in Einrichtungen der beruflichen Rehabilitation, bei der Beschäftigung in Werkstätten für Behinderte und im Zusammenhang mit der stufenweisen Wiedereingliederung im bestehenden Arbeitsverhältnis. Rehabilitanden und Beschäftigte in Werkstätten für behinderte Menschen sind „Beschäftigte" iSv §§ 19c, 19d GenDG und § 3 BDSG.

2   **1. Einrichtungen der beruflichen Rehabilitation. a) Einführung.** Angesprochen sind Berufsbildungswerke, Berufsförderungswerke und vergleichbare Einrichtungen (§ 35 SGB IX). Ihre Aufgaben bestimmen sich nach der jeweiligen Satzung. Berufsbildungswerke dienen idR der beruflichen Ausbildung iSv § 1 BBiG von benachteiligten Jugendlichen und jungen Erwachsenen, die regelmäßig von der BA oder SozVTrägern gefördert werden. Von den zwingenden Vorgaben des § 28 BBiG kann unter Berücksichtigung von Art und Schwere der Behinderung abgewichen werden (§ 48 f BBiG). Die Ausbildung vollzieht sich auf der Grundlage eines privatrechtlichen Ausbildungsvertrags, auf den die arbeitsrechtlichen Grundsätze über den Persönlichkeitsschutz, die Haftungsbeschränkung sowie die gesetzlichen Vorschriften über den Arbeitsschutz, den Erholungsurlaub und die Gleichberechtigung von Männern und Frauen entsprechend anzuwenden sind (§ 36 SGB IX).

3   **b) Vergütung.** Die staatliche Finanzierung der Berufsausbildung ist bei der Feststellung des Anspruchs des Auszubildenden auf angemessene Vergütung iSv § 17 Abs 1 Satz 1 BBiG zu berücksichtigen (allgemein *Ausbildungsverhältnis* Rz 26–29). Eine Unterschreitung um deutlich mehr als 20 % des Tarifniveaus ist nicht zu beanstanden (BAG 22.1.08 – 9 AZR 999/06, NZA-RR 08, 565). Ausreichend kann sein, dass die Vergütung fühlbar zu den Lebenshaltungskosten des Auszubildenden beitragen kann (BAG 24.10.02 – 6 AZR 626/00, NZA 03, 1203: bejaht bei Zahlung von 35 % der tariflichen Ausbildungsvergütung). Erhält ein Rehabilitand in einem vollständig von der BA finanzierten Ausbildungsverhältnis keine Leistungen der BA (wegen zu hoher Einkünfte der Eltern), so kann ein Vergütungsanspruch sogar insgesamt entfallen (BAG 16.1.03 – 6 AZR 325/01, NZA-RR 03, 607; 15.11.2000 – 5 AZR 296/99, NZA 01, 1248). Die Förderung der BA kann auch eine **Ungleichbehandlung** geförderter und nicht geförderter Auszubildenden rechtfertigen. Erhält der geförderte Jugendliche ausschließlich Leistungen der BA, hat er keinen Anspruch auf Urlaubs- und Weihnachtsgeld, das die anderen Jugendlichen aufgrund Tarifvertrags erhalten (BAG 6.8.89 – 5 AZR 611/88, NZA 90, 105).

4   **c) Betriebsverfassungsrecht.** Nach § 36 SGB IX sind die Rehabilitanden nicht in den Betrieb der Einrichtung eingegliedert und keine ArbN iSv § 5 Abs 1 Satz 1 BetrVG (BAG 13.6.07 – 7 ABR 44/06, NZA-RR 08, 19). Das fehlende aktive und passive Wahlrecht zum **Betriebsrat** entspricht der bisherigen Rspr des BAG (20.3.96 – 7 ABR 46/95, NZA 97, 326), wonach Rehabilitanden deshalb keine ArbN iSd BetrVG sind, weil ihre Ausbildung nicht innerhalb des mit dem Betrieb verfolgten Zwecks erfolgt (Arbeit und Ausbildung werden im Ergebnis nur simuliert). Abweichende frühere Entscheidungen über die Wahlberechtigung sind mit der der gesetzlichen Normierung überholt. Rehabilitanden sind wegen ihrer fehlenden ArbNEigenschaft auch nicht zur **Behindertenvertretung** wählbar, wohl aber als im Betrieb beschäftigte Behinderte wahlberechtigt (BAG 27.6.01 – 7 ABR 50/99, NZA 02, 50). Die zu § 24 SchwbG ergangene Entscheidung ist auch auf den insoweit unveränderten § 94 Abs 2 SGB IX anzuwenden. In § 36 SGB IX ist überdies die Wahl einer besonderen Vertretung durch die Rehabilitanden vorgesehen. Ungeachtet dieser Vorschrift hat die in der Reha-Einrichtung gebildete *Schwerbehindertenvertretung* auch die Interessen der schwerbehinderten Rehabilitanden wahrzunehmen (BAG 16.4.03 – 7 ABR 27/02, NZA 03, 1106).

Einrichtungen der beruflichen Rehabilitation sind **Tendenzbetriebe** iSv § 118 BetrVG. Auf den sich aus der karitativen oder erzieherischen Zwecksetzung ergebenden Schutz kann der ArbGeb verzichten. In einem solchen Fall sind bei der Berechnung der für die Bildung eines Wirtschaftsausschusses erforderlichen Regelzahl die nach § 19 BSHG (Hilfe zur Arbeit) Beschäftigten zu berücksichtigen, wenn ihre Tätigkeit dem arbeitstechnischen Zweck des Betriebs dient (BAG 5.10.2000 – 1 ABR 14/00, NZA 01, 1325).

5   **2. Werkstätten für Behinderte. a) Einführung.** Werkstätten für Behinderte sollen denjenigen, die wegen Art oder Schwere ihrer Behinderung auf dem allgemeinen Arbeits-

Rehabilitation (berufliche) 351

markt nicht, noch nicht oder noch nicht wieder beschäftigt werden können, eine angemessene berufliche Bildung und eine Beschäftigung zu einem leistungsangemessenen Arbeitsentgelt anzubieten (§ 136 Abs 1 SGB IX). Die Förderung vollzieht sich auf drei Ebenen: im Eingangsverfahren, im Berufsbildungsbereich und im Arbeitsbereich (§§ 40, 41 SGB IX). Die Werkstätten stehen allen behinderten Menschen offen, von denen erwartet werden kann, dass sie im Anschluss an eine berufsbildende Maßnahme wenigstens ein Mindestmaß wirtschaftlich verwertbarer Arbeitsleistung erbringen (§ 136 Abs 2 SGB IX). Hiervon zu unterscheiden sind **Integrationsprojekte.** Das sind Integrationsunternehmen, -betriebe oder -abteilungen zur Beschäftigung schwerbehinderter Menschen auf dem allgemeinen Arbeitsmarkt (§ 132 SGB IX). Dort gelten keine arbeitsrechtlichen Besonderheiten.

b) Rechtsstellung. Ob der im Arbeitsbereich Beschäftigte ArbN ist, bestimmt sich **6** danach, ob er geschäftsfähig ist, zu einer kontinuierlichen echten Arbeitsleistung in der Lage ist und Weisungen iSd Weisungsrechts entgegennehmen kann. Er ist danach nicht ArbN, wenn die Beschäftigung nicht vorrangig dem Erwerb sondern der Betreuung dient (LAG Bln 12.3.90 – 9 TaBV 1/90, NZA 90, 788: idR kein ArbN). Liegt kein Arbeitsverhältnis vor, steht der Behinderte zu der Werkstatt in einem ArbNÄhnlichen Rechtsverhältnis, soweit sich aus dem zugrunde liegenden Sozialleistungsverhältnis nichts anderes ergibt (§ 138 SGB IX). Der Inhalt des ArbNÄhnlichen Rechtsverhältnisses ist durch einen Werkstattvertrag zwischen dem Behinderten und der Werkstatt näher zu regeln. Das KSchG findet keine Anwendung, allerdings gelten die §§ 622, 626 BGB entsprechend. Die Kündigungsmöglichkeit ist jedoch durch § 137 Abs 2 SGB IX auf die dort bestimmten Gründe (Wegfall der Werkstattfähigkeit des Beschäftigten und Aufhebung des Leistungsbescheids des Rehabilitationsträgers) beschränkt (LAG Hamm 7.2.13 – 15 Sa 994/12, BeckRS 2013, 69683).

c) Arbeitsentgelt. Nach § 138 SGB IX zahlen die Werkstätten aus ihrem Arbeitsergebnis **7** an die im Arbeitsbereich Beschäftigten ein Arbeitsentgelt, das sich aus einem Grundbetrag (in Höhe des von der BA im Ausbildungsbereich geleisteten Ausbildungsgeldes) und einem angemessenen Steigerungsbetrag zusammensetzt. Dieser Steigerungsbetrag ist nach der individuellen Arbeitsleistung des behinderten Menschen, insbesondere nach Arbeitsmenge und Arbeitsgüte, zu bemessen. Eine Staffelung schon des Grundbetrags nach der individuellen Arbeitsleistung ist unzulässig (BAG 3.3.99 – 5 AZR 162/98, NZA 99, 825 zu § 54b SchwbG).

d) Betriebsverfassungsrecht findet nach § 5 Abs 2 Nr 4 BetrVG keine Anwendung auf **8** Personen, deren Beschäftigung nicht in erster Linie ihrem Erwerb dient und die vorwiegend zu ihrer Heilung, Wiedereingewöhnung, sittlichen Besserung oder Erziehung beschäftigt werden. Betriebsverfassungsrechtliche Vorschriften kommen daher nur für die als ArbN beschäftigten Behinderten in Betracht. Teilnehmer an Maßnahmen im Eingangsverfahren und im Berufsbildungsbereich sind schon kraft Gesetzes vom Geltungsbereich ausgenommen; § 36 SGB IX ist entsprechend anzuwenden (s oben Rz 4). Alle im Arbeitsbereich beschäftigten behinderten Menschen wirken in den ihre Interessen berührenden Angelegenheiten durch **Werkstatträte** mit (§ 139 SGB IX).

Behindertenwerkstätten dienen karitativer Bestimmung und genießen **Tendenzschutz** nach § 118 Abs 1 Nr 1 BetrVG; ein Wirtschaftsausschuss ist nicht zu bilden (BAG 7.4.81 – 1 ABR 83/8, DB 81, 2623; LAG Düsseldorf 29.8.12 – 7 TaBV 4/12, ZTR 13, 54 nrkr). Für bürgerliche Rechtsstreitigkeiten zwischen Behinderten im Arbeitsbereich und den Werkstätten sowie aus dem Bereich der Werksräte ist das ArbG zuständig (§ 2 Abs 1 Nr 10, § 2a Abs 13a; LAG Hamm 7.2.13 – 15 Sa 994/12, BeckRS 2013, 69683).

3. Stufenweise Wiedereingliederung von Arbeitsunfähigen in den Erwerbspro- 9 zess. a) Allgemeines. Nach **§ 74 SGB V** soll jeder behandelnde (Kassen-)Arzt auf der Arbeitsunfähigkeitsbescheinigung vermerken, wenn der arbeitsunfähige ArbN seine bisherige Tätigkeit wieder teilweise verrichten kann und seine stufenweise Wiederaufnahme eine bessere Wiedereingliederung verspricht; Art und Umfang der möglichen Tätigkeiten sind – ggf in Abstimmung mit dem Betriebsarzt und dem Medizinischen Dienst – anzugeben. Mit der Eingliederung des Behindertenrechts in das SGB IX gilt das Modell der stufenweisen Wiedereingliederung in das Erwerbsleben über den Bereich der KV hinaus allgemein für alle SozVTräger, § 28 SGB IX (hierzu *Gagel* NZA 01, 988).

351 Rehabilitation (berufliche)

10 **b) Arbeitsrechtliche Konsequenzen.** Die ärztliche Feststellung der **Teilarbeitsfähigkeit** löst keine unmittelbaren Folgen aus. Der ArbN bleibt im Rechtssinne arbeitsunfähig, da er arbeitsvertraglich seine volle, ungeschmälerte Arbeitsleistung zu erbringen hat. Es bleibt ihm überlassen, ob er auf der Grundlage des Attestes seine Arbeitskraft teilweise verwerten will. Ebenso wenig kann der ArbGeb eine Teiltätigkeit beanspruchen noch ist er verpflichtet, dem ArbN eine solche zur Verfügung zu stellen. Zur Umsetzung der RehaMaßnahme bedarf es einer gesonderten Regelung durch die Arbeitsvertragsparteien (BAG 25.10.73 – 5 AZR 171/73, DB 74, 343; 25.6.81 – 6 AZR 861/78, DB 81, 2628; LAG Hamm 20.7.88 – 1 Sa 729/88, DB 88, 1923; LAG Bln 27.6.90 – 13 Sa 40/90, DB 91, 552). Zum Abschluss eines solchen auf Wiedereingliederung gerichteten Vertrags ist der ArbGeb grds nicht verpflichtet (so aber *Gagel* NZA 01, 988). Allerdings hat der ArbGeb, der dem ArbN krankheitsbedingt kündigen will, vorab zu versuchen, die Kündigung durch *betriebliches Eingliederungsmanagement* zu vermeiden. In Betracht kommt insoweit auch eine stufenweise Wiedereingliederung (Näheres *Kündigung, personenbedingte* Rz 5). Eine Verpflichtung zum Abschluss eines Wiedereingliederungsvertrags kann sich aus dem Behindertenrecht ergeben. Das BAG (13.6.06 – 9 AZR 229/05, NZA 07, 91) anerkennt einen besonderen schwerbehindertenrechtlichen Beschäftigungsanspruch, der sich auch auf eine stufenweise Wiedereingliederung bezieht, sofern ein aussagefähiges ärztliches Attest vorliegt (s *Behinderte* Rz 28).

11 **c) Rechtsnatur.** Die Vereinbarung über die stufenweise Wiederaufnahme der Tätigkeit ist ein Vertrag eigener Art (BAG 29.1.92 – 5 AZR 37/91, DB 92, 1478). Gegenstand ist nicht das für den Arbeitsvertrag typische Austauschverhältnis „Arbeit gegen Entgelt", sondern die berufliche Rehabilitation des ArbN, dem aus therapeutischen Gründen Gelegenheit zur Tätigkeit gegeben wird. Insbesondere wird auch kein Teilzeitarbeitsverhältnis iSv § 1 TzBfG begründet; anderes gilt ggf bei Aufnahme der Arbeit mit verkürzter Arbeitszeit nach Ablauf des Krankengeldbezugs (BAG 16.1.68 – 1 AZR 277/67, DB 68, 226). Zur Abgrenzung des Wiedereingliederungsverhältnisses zum (Teil-)Arbeitsverhältnis *Boemke* Anm zu AP SGB V § 4 Nr 3. Für den im Allgemeinen neben dem Wiedereingliederungsverhältnis fortbestehenden Arbeitsvertrag ergibt sich daraus, dass dessen Hauptleistungspflichten ruhen. Der Urlaubsanspruch des ArbN ist während dieser Zeit nicht erfüllbar, da der ArbGeb den ArbN nicht von seiner Arbeitspflicht befreien kann (BAG 19.4.94 – 9 AZR 462/92, DB 94, 1880).

12 **d) Weisungsrecht.** Der auf Rehabilitation gerichtete Zweck des Vertrags schließt eine Arbeitspflicht des ArbN iSv § 611 BGB aus. Dagegen ist der ArbGeb im Rahmen der Absprache verpflichtet, dem ArbN die zugesagte Beschäftigung zu ermöglichen (aA *von Hoyningen-Huene* NZA 92, 49). Soweit es sich mit dem Zweck der Wiedereingliederung vereinbaren lässt, bestehen die Nebenpflichten des Arbeitsvertrages fort, insbesondere die allgemeine Rücksichtnahmepflicht (§ 241 BGB), so dass dem ArbN für seine Beschäftigung auch Weisungen erteilt werden können (BAG 29.1.92 – 5 AZR 637/89, DB 92, 1478).

13 **e) Vergütung.** Ein gesetzlicher Vergütungsanspruch iSv § 612 Abs 1 BGB besteht nicht, da der ArbN mit seiner Tätigkeit nicht die arbeitsvertraglich geschuldete Leistung erbringt, seine finanzielle Sicherung von der KV gewährleistet wird und eine Vergütung nicht zu erwarten ist (BAG 29.1.92 – 5 AZR 637/89, DB 92, 1478). Im Interesse des Selbstwertgefühls des ArbN ist eine finanzielle Leistung des ArbGeb allerdings wünschenswert, bei etwa hälftiger Arbeitszeit und Verlässlichkeit des ArbN nicht unüblich. Kann der Rehabilitand krankheitsbedingt die Gelegenheit zur stufenweisen Eingliederung nicht nutzen, schuldet der ArbGeb auch bei der Gewährung eines Entgelts für die Dauer der Wiedereingliederung keine Entgeltfortzahlung im Krankheitsfall Zum möglichen Anspruch des Rehabilitanden auf Fahrtkostenerstattung für den Weg zwischen Wohnung und Arbeitsstelle s BAG 28.7.99 – 4 AZR 192/98, NZA 99, 1295.

14 **f) Beendigung.** Beendet wird die Teiltätigkeit mit Ablauf der vereinbarten Zeit (regelmäßig sechs Monate) oder völliger Arbeitsfähigkeit des ArbN. Er kann sie ferner jederzeit abbrechen, wenn er sich der Belastung nicht gewachsen fühlt. Der ArbGeb kann sich von seiner Zusage bei Vorliegen eines – gerichtlich überprüfbaren – sachlichen Grundes lösen, etwa wegen unerwarteter Schwierigkeiten im betrieblichen Ablauf durch die Teiltätigkeit (aA *Schmidt* NZA 07, 892).

15 **g) Betriebsverfassung. aa) Status.** Der kollektivrechtliche Status des zur Wiedereingliederung beschäftigten ArbN verändert sich nicht. Er bleibt passiv und aktiv wahlberech-

Rehabilitation (berufliche)

tigt. Da seine Tätigkeit auf die Rückkehr in den Beruf abzielt, wird er zum Erwerb tätig. § 5 Abs 2 Nr 4 BetrVG findet keine Anwendung (aA *von Hoyningen-Huene* NZA 92, 49).

bb) Mitbestimmungsrechte des BRat im Zusammenhang mit der Aufnahme der Teiltätigkeit nach § 87 Abs 1 Nr 2/3, § 99 BetrVG dürften nicht gegeben sein. Lage und Dauer der Tätigkeitszeit werden ebenso wie der Inhalt der Tätigkeit von den medizinischen Gegebenheiten bestimmt.

B. Lohnsteuerrecht *Seidel*

1. Werkstätten für Behinderte und Integrationsunternehmen. Die Vergütungen der in diesen Einrichtungen (s auch § 132 ff SGB IX) tätigen Behinderten sind grds Arbeitslohn, der dem LStAbzug unterliegt. Dies ist nur dann anders, wenn die Beschäftigung überwiegend der Reha und somit therapeutischen und sozialen Zwecken und weniger der Erzielung eines produktiven Arbeitsergebnisses dient; besonders, wenn lediglich die Anwesenheit belohnt und die Höhe der Vergütung durch die Arbeitsleistung nicht mitbeeinflusst wird (*HMW/Beschützende Werkstätten* Rz 1). Zu Aufwendungen der Werkstätten für Ferienmaßnahmen s FG Münster 24.11.93, EFG 94, 658. 16

2. Leistungen. a) Steuerfrei sind die Leistungen nach dem SGB III (§ 3 Nr 2 EStG), die Leistungen zur Eingliederung Behinderter nach § 29 Abs 1 SGB I und nach §§ 53 ff SGB XII – (§ 3 Nr 11 EStG; s auch *Beihilfeleistungen* Rz 9–16 und *Behinderte* Rz 80) sowie die Sachleistungen aus der RV (§ 3 Nr 1b EStG) oder die Leistungen aus der KV, der PflegeV und der gesetzlichen UV (§ 3 Nr 1a EStG). 17

b) Weitere Leistungen. Zur steuerlichen Behandlung s jeweils *Krankengeld* Rz 6–10, *Übergangsgeld/Überbrückungsgeld* Rz 8–11, *Altersrente* Rz 8 ff; zur Rente wegen teilweiser oder voller Erwerbsminderung s *Erwerbsminderung* Rz 10; s *Unfallrente* Rz 7–13; zu den Zuschüssen des ArbGeb s *Beihilfeleistungen* Rz 7 Notstandsbeihilfen. 18

c) Zuschüsse an den Arbeitgeber (regelmäßig Lohnkostenzuschüsse s unten Rz 39) sind nicht nach den oa Vorschriften steuerbefreit, da sie nicht an Empfänger gezahlt werden, zu deren Förderung sie bestimmt sind (s auch *Frotscher* EStG § 3 Rz 27–27h und *Lohnkostenzuschuss* Rz 5). Sie sind für den ArbGeb daher stpfl Betriebseinnahmen und bei ihrer Rückzahlung an den Kostenträger Betriebsausgaben. Arbeitslohn, der dem ArbN zufließt, ist auch insoweit dem LStAbzug unterworfen, als er aufgrund eines Lohnkostenzuschusses durch den ArbGeb gezahlt wird. 19

C. Sozialversicherungsrecht *Voelzke*

I. Allgemeines. Nach dem in § 1 SGB IX enthaltenen Programmsatz erhalten Behinderte oder von Behinderung bedrohte Menschen ua Leistungen zur Teilhabe, um ihre Selbstbestimmung und gleichberechtigte Teilhabe am Leben in der Gemeinschaft zu fördern, Benachteiligungen zu vermeiden oder ihnen entgegenzuwirken (zum Begriff der Rehabilitation *Luthe* SGb 07, 454; vgl zu den verfassungs- und europarechtlichen Vorgaben bei der Qualifizierung behinderter Menschen *Neumann* in *Deinert/Neumann*/HB SGB IX §§ 2 und 3; *Welti* AuR 03, 446). Zur Teilhabe werden Leistungen zur medizinischen Reha (s *Kur*), Leistungen zur Teilhabe am Arbeitsleben, unterhaltssichernde und andere ergänzende Leistungen sowie Leistungen zur Teilhabe am Leben in der Gemeinschaft erbracht (§ 5 SGB IX). Die Höhe des während der Teilnahme an RehaMaßnahmen gezahlten Übergangsgeldes wurde durch das WFG in den Bereichen der RV und Arbeitsförderung erheblich reduziert. 20

Trotz der Bedeutung, die der Gesetzgeber den RehaLeistungen beimisst (vgl den Grundsatz „Reha vor Rente", § 8 SGB IX), regelt das seit dem 1.7.01 geltende SGB IX (vgl zu den neuen Aspekten dieses Gesetzes den Überblick von *Mrozynski* SGB 04, 259) das RehaRecht nicht abschließend, sondern hat lediglich eine weitere Harmonisierung des Leistungsrechts herbeigeführt. Anspruchsgrundlagen für Leistungen zur Teilhabe am Arbeitsleben bestehen in der RV (§§ 9 ff SGB VI), in der ArblV (§§ 112 ff SGB III), in der UV (§§ 35 ff SGB VII), im sozialen Entschädigungsrecht und im Sozialhilferecht. Die Anspruchsgrundlagen des SGB III greifen nach § 16 Abs 1 SGB II auch für die Empfänger von AlGeld II (*Hauck/Noftz/Voelzke* SGB II, § 16 Rz 352–400). Das WFG hatte für den Bereich des Arbeitsförderungsrechts den bisherigen Rechtsanspruch auf berufsfördernde Leistungen zur 21

351 Rehabilitation (berufliche)

Reha in eine **Ermessensleistung** umgewandelt. Hierdurch sollen die Agenturen für Arbeit verstärkt auch arbeitsmarktpolitische Erfordernisse bei der Berufsförderung Behinderter berücksichtigen können (BT-Drs 13/4610 S 28). Hieran hat das AFRG grds festgehalten. Eine Einschränkung ergibt sich allerdings, soweit (1.) Art oder Schwere der Behinderung oder die Sicherung der Teilhabe am Arbeitsleben die Teilnahme an einer Maßnahme unerlässlich machen oder (2.) die allgemeinen Leistungen die wegen Art oder Schwere der Behinderung erforderlichen Leistungen nicht oder nicht im erforderlichen Umfang vorsehen (§ 117 Abs 1 Satz 1 SGB III; zur Abgrenzung von allgemeinen und besonderen Leistungen der Rehabilitation BSG 25.3.03 – B 7 AL 8/02 R, SozR 4–4300 § 110 Nr 1). Liegen diese Voraussetzungen vor, so besteht ein Rechtsanspruch auf Förderung.

22   **II. Zuständigkeiten.** Die im Einzelfall schwierige Abgrenzung der Zuständigkeiten der einzelnen RehaTräger erfolgt anhand der versicherungsrechtlichen Voraussetzungen für die Leistungen zur Reha. Bei unklarer Zuständigkeit sieht § 14 SGB IX ein Zuständigkeitserklärungsverfahren vor (s zur Klärung der Zuständigkeit *Castendiek* in *Deinert/Neumann*/HB SGB IX § 8 Rz 48 ff; *Zabre* SGb 05, 566). Danach muss der RehaTräger innerhalb von zwei Wochen nach Eingang eines Antrags feststellen, ob er nach dem für ihn geltenden Leistungsgesetz für die Leistung zuständig ist. Wenn die Feststellung ergibt, dass er für die Leistung nicht zuständig ist, leitet er den Antrag unverzüglich dem seiner Meinung nach zuständigen Leistungsträger zu. Ansonsten stellt er unverzüglich den erforderlichen RehaBedarf fest (§ 14 Abs 2 SGB IX) und muss Leistungen nach allen Rechtsgrundlagen erbringen, die in dieser Bedarfssituation für behinderte Menschen vorgesehen sind (BSG 21.8.08 – B 13 R 33/07 R, SozR 4–3250 § 14 Nr 7).

23   **1. Rentenversicherung.** Die Zuständigkeit der RVTräger ist nach § 11 Abs 1 SGB VI grds gegeben, wenn die **Wartezeit von fünfzehn** Jahren erfüllt ist oder eine Rente wegen verminderter Erwerbsfähigkeit bezogen wird. Obwohl nach dem Wortlaut die versicherungsrechtlichen Voraussetzungen bei Antragstellung vorliegen müssen, reicht ihre Erfüllung bei Erteilung des Bescheides aus, da RehaLeistungen nach § 115 Abs 4 Satz 1 SGB VI auch vAw erbracht werden können (so zutreffend KassKomm/*Kater* § 11 SGB VI Rz 4). Es besteht ein Nachrang gegenüber den Leistungen der UV und des sozialen Entschädigungsrechts (§ 12 Abs 1 Nr 1 SGB VI), aber ein Vorrang gegenüber den Leistungen der BA (§ 22 Abs 2 SGB III; vgl zum Verhältnis RV–ArblV BSG 21.5.80 – 7 RAr 19/79, SozR 4100 § 57 Nr 11). Unerheblich ist, ob der Versicherte nach rentenrechtlichen Kriterien auf den allgemeinen Arbeitsmarkt verweisbar ist (BSG 17.10.06 – B 5 RJ 15/05 R, SozR 4–2600 § 10 Nr 2, NZS 07, 542).

24   Trotz des Vorliegens der persönlichen und versicherungsrechtlichen Voraussetzungen besteht ein Ausschluss von den RehaLeistungen beim Bezug einer **Altersrente** von wenigstens zwei Dritteln der Vollrente, bei Anspruch auf Beamtenversorgung oder beamtenähnliche Versorgung (vgl zur Zulässigkeit dieses Ausschlussgrundes BSG 29.3.90 – 4 RA 54/89, SozR 3–2200 § 1236 Nr 1), bei Versicherungsfreiheit wegen Erreichens der Altersgrenze sowie für Versicherte im Strafvollzug (§ 12 Abs 1 Nr 2–5 SGB VI). Die RV erbringt ferner für Versicherte keine Leistungen zur Reha, die eine Leistung beziehen, die regelmäßig bis zum Beginn einer Rente wegen Alters gezahlt wird (§ 12 Abs 1 Nr 4a SGB VI idF des WFG vom 25.9.96). Zu den Leistungen in diesem Sinne gehören das Altersübergangsgeld, das AlGeld bei Vollendung des 58. Lebensjahres und bestimmte Rentenleistungen.

25   **2. Arbeitslosenversicherung.** Die Zuständigkeit der BA für berufsfördernde Maßnahmen zur Reha wird begründet, sofern, mit Ausnahme des Sozialhilfeträgers, kein anderer Reha-Träger zuständig ist und die nach dem AFG erforderlichen Voraussetzungen für eine Leistungsgewährung erfüllt sind. Die Gestellung eines Gebärdendolmetschers im ausbildungsbegleitenden Berufsschulunterricht fällt als sonstige Hilfe im Rahmen der Leistungen zur Teilhabe am Arbeitsleben in die Zuständigkeit der BA (BSG 4.6.13 – B 11 AL 8/12 R, SozR 4–3250 § 33 Nr 6). Für die Gewährung von Übergangsgeld (s *Übergangsgeld/Überbrückungsgeld* Rz 16 ff) ist grds das Vorliegen eines Versicherungspflichtverhältnisses von mindestens drei Monaten innerhalb von drei Jahren vor Beginn der Maßnahme oder ein Anspruch auf AlGeld erforderlich (§ 120 SGB III).

26   **3. Unfallversicherung.** Die Träger der gesetzlichen UV erbringen Leistungen zur Teilnahme am Arbeitsleben nur im Zusammenhang mit den Folgen des Eintritts eines Arbeitsunfalls (sog haftungsausfüllende Kausalität). Hier kann die Erforderlichkeit von Leistungen der Berufshilfe schon vor dem Eintritt in das Erwerbsleben gegeben sein.

III. Persönliche Leistungsvoraussetzungen. Leistungen zur Teilhabe am Arbeitsleben 27 können nur bewilligt werden, wenn die Erwerbsfähigkeit des Versicherten krankheits- oder behinderungsbedingt erheblich gefährdet oder gemindert ist. Es muss demzufolge ein ursächlicher Zusammenhang zwischen Behinderung und Beeinträchtigung der Erwerbsfähigkeit vorliegen. Erforderlich ist eine **medizinisch bedeutsame Abweichung** vom körperlichen oder geistigen Normalzustand (BSG 12.8.82 – 11 RA 62/81, SGb 83, 167 mit Anm *Wolber*).

Es muss zwischen der Gesundheitsstörung, der Funktionsbeeinträchtigung und der Behinderung jeweils ein **Kausalzusammenhang** bestehen (*Hauck/Noftz/Großmann* § 112 SGB III Rz 65). Eine hieraus resultierende Gefährdung der Erwerbsfähigkeit ist nicht schon bei einem möglichen Eintritt der Minderung zu bejahen, sondern nur bei der konkreten und absehbaren Gefahr einer Ausgliederung aus dem bisherigen Beruf. Deshalb reicht eine vorübergehende Erkrankung nicht aus (BSG 18.2.81 – 1 RA 93/79, SozR 2200 § 1236 Nr 31). Abzustellen ist grds auf den letzten Beruf, jedoch können Tätigkeiten der letzten Jahre einbezogen werden (BSG 31.1.80 – 11 RA 8/79, SozR 2200 § 1237a Nr 10). Ist die Fähigkeit zur Erzielung von Erwerbseinkommen im bisherigen Beruf oder am konkreten Arbeitsplatz beeinträchtigt oder gefährdet, so ist für den Leistungsanspruch unerheblich, ob andere zumutbare Tätigkeiten vorhanden sind, die der Behinderte noch verrichten kann. Bei der Prüfung der Erforderlichkeit der Leistungen sind, anders als bei den Nachteilsausgleichen nach dem SchwbG, ausschließlich berufsbedingte Umstände maßgebend (zur Kfz-Hilfe BSG 26.8.92 – 9b RAr 1/92, SozR 3–4100 § 56 Nr 8).

Weitere Leistungsvoraussetzung ist die **Erfolgsaussicht** der angestrebten beruflichen 28 RehaMaßnahme (vgl BSG 27.2.91 – 5 RJ 51/90, NZA 92, 90). Deshalb ist vorrangiges Kriterium für die Auswahl der im Einzelfall zu erbringenden Leistungen die Leistungsfähigkeit des Behinderten. Eine hinreichende Erfolgsaussicht ist nicht gegeben, wenn der Behinderte für die von ihm angestrebte Maßnahme und die beabsichtigte berufliche Tätigkeit nicht geeignet ist bzw eine Aufnahme dieser Tätigkeit im Hinblick auf den für ihn erreichbaren allgemeinen Arbeitsmarkt oder in einer Werkstatt für Behinderte nicht erwartet werden kann. Kann eine positive Prognose nicht gestellt werden, so liegt eine RehaMaßnahme bereits begrifflich nicht vor (BSG 22.9.81 – 1 RJ 12/80, SozR 2200 § 1237a Nr 19).

IV. Leistungen. Leistungen zur Teilhabe am Arbeitsleben werden grds nur auf Antrag 29 oder mit Zustimmung des Behinderten gewährt (vgl aber BSG 28.3.90 – 9b/7 RAr 92/88, NZA 90, 992). Es gilt auf dem Gebiet der Reha das **Sachleistungsprinzip**. Für eine selbstbeschaffte berufliche Maßnahme zur Reha besteht kein Anspruch auf Kostenerstattung, wenn der SozVTräger von deren Notwendigkeit erst nachträglich Kenntnis erlangt (BSG 24.2.2000 – B 2 U 12/99 R, SozR 3–2200 § 567 Nr 3). Der Begriff der berufsfördernden Leistungen ist in einem umfassenden Sinne zu verstehen. Es fallen alle Hilfen darunter, die zur Erreichung einer möglichst dauerhaften beruflichen Eingliederung erforderlich sind. Die Leistungen können einen beruflichen Aufstieg beinhalten (zB Meisterkurse, Technikerausbildung), während ein wesentlicher beruflicher Abstieg ausgeschlossen ist. Sie sind nicht auf „allgemein übliche" Maßnahmen beschränkt (zur Heilpraktikerausbildung BSG 31.7.80 – 11 RA 59/79 – § 1237a Nr 15). Unverzichtbar ist lediglich ein gewisser institutioneller und organisatorischer Rahmen, so dass für ein Selbststudium keine Förderungsleistungen erbracht werden können (BSG 26.4.89 – 7 RAr 20/88, SozR 4100 § 41 Nr 47).

Der Berechtigte ist von der Leistungsgewährung nicht dadurch ausgeschlossen, dass er 30 bereits Hilfen zur beruflichen Eingliederung erhalten hat (BSG 25.10.84 – 7 RAr 4/84, SozR 4100 § 56 Nr 17). Die Förderungsleistungen werden grds für die zur **Erreichung** des RehaZiels vorgeschriebene oder allgemein übliche Dauer erbracht. Abgeschlossen ist die berufliche Reha erst, wenn die dauerhafte Eingliederung in Beruf und Gesellschaft erreicht ist.

Bezüglich der Gewährung von berufsfördernden Leistungen steht den Leistungsträgern 31 ein **Auswahlermessen** zu. Entscheidendes Kriterium für die Ausübung des Ermessens ist das Leistungsvermögen des Behinderten. Die Leistungsfähigkeit soll möglichst voll ausgeschöpft werden, damit der Behinderte eine hohe berufliche Qualifikation erreicht und damit möglichst Arbeitslosigkeit vermieden wird. Eine „optimale" längere Förderung ist

351 Rehabilitation (berufliche)

vom RehaTräger jedoch nicht allein deshalb zu gewähren, weil dies dem Berufswunsch des Versicherten entspricht (BSG 28.1.93 – 2 RU 10/92, NZS 93, 322). Das Ermessen kann sich durch die erforderliche Berücksichtigung von Eignung und Neigung und bisheriger Tätigkeit des Behinderten verdichten.

32 **1. Versicherte. a) Erhaltung und Erlangung eines Arbeitsplatzes.** Die Leistungen zielen auf die **Sicherung** des vorhandenen oder die **Erlangung** eines neuen Arbeitsplatzes ab. Hierbei handelt es sich zB um die Gewährung von Bewerbungskosten, Fahrtkostenbeihilfe, Arbeitsausrüstungen, Reise- und Umzugskosten, Trennungsbeihilfe, Kraftfahrzeughilfe (s hierzu die für alle Leistungsträger geltende KraftfahrzeughilfeVO idF vom 23.12.03, BGBl I 03, 2848; ein Zuschuss zur Beschaffung eines Kfz kommt auch in Betracht, wenn ein solches Kfz auf den behinderten Versicherten zugelassen ist, aber vom Ehepartner tatsächlich genutzt wird: BSG 9.12.10 – B 13 R 83/09 R, SozR 4–5765 § 4 Nr 1; zum Leistungskatalog der Kraftfahrzeughilfe gehören nicht die Mietkosten eines PKW-Stellplatzes: BSG 8.2.07 – B 7a AZ 34/06 R, SozR 4–5765 § 9 Nr 1) und technische Arbeitshilfen. Einem Behinderten, der nach einer beruflichen Eingliederung die Nachteile seiner Behinderung überwunden hat, stehen Förderungsmittel für den beruflichen Aufstieg nach RehaRecht nur noch zu, sofern gerade der Aufstieg behinderungsbedingt erschwert ist (BSG 26.8.92 – 9b RAr 21/91, SozR 3–4100 § 56 Nr 7). Der Gesetzgeber hat die Bemühungen um eine Eingliederung behinderter Menschen in eine sozialversicherungspflichtige Beschäftigung durch die neue Förderungsart der sog „unterstützten Beschäftigung" (§ 38a SGB IX) verstärkt.

33 **b) Berufsvorbereitung.** Die hierfür erforderlichen Hilfen dienen der Vermittlung der für die Berufsausbildung erforderlichen Grundkenntnisse (zB eine Blindengrundausbildung, BSG 27.4.89 – 11 RAr 14/87, SozR 4100 § 56 Nr 21). Für den Leistungsumfang gelten die Grundsätze über die eigentliche Berufsbildung entsprechend. Nicht zu den Leistungen zur Berufsvorbereitung gehören Maßnahmen, die ihr Schwergewicht in der sozialen und medizinischen Betreuung bzw in der Entwicklung oder Stabilisierung der Persönlichkeit haben.

34 **c) Berufliche Bildung.** Berufliche Bildungsmaßnahmen können zur beruflichen Anpassung und Weiterbildung (§ 33 Abs 2 Nr 3 SGB IX) sowie zur beruflichen Ausbildung (§ 33 Abs 3 Nr 4 SGB IX) gefördert werden. Auf Lage und Entwicklung des Arbeitsmarktes ist bei der Auswahl der Bildungsmaßnahme Rücksicht zu nehmen, jedoch kommt diesem Kriterium wegen des Grundsatzes der **individuellen Eingliederung** des Behinderten nicht die Bedeutung zu, wie dies für die Bildungsförderung nach den §§ 81 ff SGB III anzunehmen ist. Die Bildungsmaßnahmen können auch an einer Fachhochschule, Hochschule oder ähnlichen Bildungsstätte durchgeführt werden.

35 Für die berufliche **Ausbildung** Behinderter werden im Rahmen der beruflichen Reha Förderungsleistungen auch gewährt, wenn die Ausbildung wegen Art oder Schwere der Behinderung in einer besonderen Ausbildungsstätte für Behinderte stattfindet und in einem Abschnitt, der zeitlich nicht überwiegt, schulisch durchgeführt wird. Berufliche Ausbildung ist die erste zu einem beruflichen Abschluss führende Bildungsmaßnahme (*Hauck/Noftz/Götze* § 33 SGB IX Rz 20).

36 Leistungen der beruflichen **Fortbildung und Umschulung** sollen bei ganztägigem Unterricht idR nur erbracht werden, wenn die Leistung nicht länger als zwei Jahre dauert (§ 37 Abs 2 SGB IX). Während das BSG in seiner früheren Rspr den Standpunkt eingenommen hatte, dass eine länger als zwei Jahre dauernde Weiterbildungsmaßnahme nicht gefördert werden dürfe, wenn die Eingliederung durch irgendeine kürzere Maßnahme erreicht werden kann (vgl etwa BSG 26.11.87 – 2 RU 2/86, SozR 2200 § 567 Nr 4), hat es in späteren Entscheidungen unter Hinweis auf die Bedeutung des Grundrechts der Berufsfreiheit zutreffend die Förderungspflicht auch für längere Maßnahmen angenommen, soweit für einzelne Berufe kürzere Ausbildungsgänge nicht bestehen (BSG 28.3.90 – 9b/7 RAr 92/88, NZA 90, 992; bestätigt durch BSG 3.7.91 – 9b/7 RAr 142/89, NZA 92, 333). Es besteht kein Anspruch des Behinderten auf Umschulung in einen Beruf, in dem er nur in einem Teil des Berufsfeldes einsatzfähig ist, wenn eine solche Einschränkung für andere Berufe nicht besteht (BSG 26.8.92 – 9b RAr 3/91, SozR 3–2200 § 556 Nr 2). Anders als bei der Bildungsförderung Nichtbehinderter ist die Förderung von Wiederholungsabschnitten einer Maßnahme nicht begrenzt.

37 Kann der Behinderte wegen der Teilnahme an der beruflichen Bildungsmaßnahme keine ganztägige Erwerbstätigkeit ausüben, so hat er als Unterhaltsleistung Anspruch auf *Übergangsgeld/Überbrückungsgeld* (s dort Rz 16 ff) und auf die mit der mit der Maßnahme zusammenhängenden Kosten. Besteht ein Anspruch auf Übergangsgeld nicht, so gewährt die BA **Ausbildungsgeld** (§ 122 SGB III; zum Verhältnis von Ausbildungsgeld und Übergangsgeld s BSG 8.6.89 – 7 RAr 122/88, SozR 4100 § 58 Nr 8). Das Einkommen der Eltern ist beim Ausbildungsgeld eines behinderten Menschen, der bei keinem Elternteil lebt, nicht anzurechnen (BSG 18.5.10 – B 7 AL 36/08 R, BeckRS 2010, 72794).

38 **2. Werkstätten für Behinderte.** Zu den berufsfördernden Leistungen der BA gehört auch die Förderung der Teilnahme an Maßnahmen im **Eingangsverfahren** und im **Arbeitstrainingsbereich** anerkannter Werkstätten für Behinderte (§§ 136–144 SGB IX; zur Abgrenzung zu der Leistungspflicht der Sozialhilfeträger BSG 29.6.90 – 9b/7 RAr 100/89, SozR 3–4100 § 58 Nr 1). Die Leistungen werden im Eingangsverfahren bis zur Dauer von vier Wochen und im Arbeitstrainingsbereich bis zur Dauer von zwei Jahren erbracht. Die Zwei-Jahres-Grenze schließt es nicht aus, dass eine erneute Förderung des Behinderten im Eingangsverfahren und im Arbeitstrainingsbereich einer Werkstatt erfolgt (BSG 9.9.93 – 7/9b RAr 28/92, SozR 3–4100 § 58 Nr 5). Förderungsleistungen werden für den Arbeitstrainingsbereich nur erbracht, wenn der Behinderte werkstattfähig, dh, er nicht außerordentlich pflegebedürftig und gemeinschaftsfähig ist (BSG 10.3.94 – 7 RAr 22/93, SozR 3–4100 § 58 Nr 6). Die Leistungen im **Arbeitsbereich** der Werkstatt sind in § 41 SGB IX beschrieben. Die Ausgestaltung des Arbeitsbereichs muss sich daran ausrichten, dass die Werkstatt als Wirtschaftsbetrieb am Markt teilnimmt (*Wandt* in *Neumann*/HB SGB IX § 22 Rz 30).

39 **3. Arbeitgeber** können **Zuschüsse** oder **Darlehen** erhalten, wenn hierdurch eine dauerhafte berufliche Eingliederung, eine befristete Probebeschäftigung oder eine betriebliche Ausbildung oder Umschulung ermöglicht wird (§ 34 SGB IX; vgl zu Eingliederungszuschüssen an ArbGeb *Leschau* RVaktuell 09, 234). Die Leistungen zur Teilhabe an ArbGeb können unter Bedingungen und Auflagen erbracht werden.

40 **V. Persönliches Budget.** Mit einem persönlichen Budget sollen die Leistungsberechtigten entscheiden, welche Hilfen sie von welchem Leistungserbringer in Anspruch nehmen. Die gesetzlichen Grundlagen für das Persönliche Budget finden sich in § 17 Abs 2–6 SGB IX. Auch soweit **mehrere Träger** beteiligt sind, handelt es sich um nur ein Persönliches Budget. Der Anspruch auf das Persönliche Budget richtet sich nur gegen einen Träger (BSG 11.5.11 – B 5 R 54/10 R, SozR 4–3250 § 17 Nr 1).

Grundsätzlich werden Persönliche Budgets in Geld erbracht. Nach § 17 Abs 3 Satz 1 SGB IX sollen die Leistungen idR **monatlich ausgezahlt** werden. In begründeten Fällen sind Gutscheine zu erteilen.

Auf das Persönliche Budget besteht bei Antragstellung ein **Rechtsanspruch.** Ein Leistungsberechtigter ist nach § 17 Abs 2 Satz 5 SGB IX für sechs Monate an seine Entscheidung gebunden, Leistungen in einem Persönlichen Budget zu erhalten. Bei Vorliegen eines wichtigen Grundes kann das Persönliche Budget sowohl durch den Leistungsträger als auch durch den Leistungsberechtigten gekündigt werden (*Schlegel/Voelzke/O'Sullivan* SGB IX, § 17 Rz 52).

41 **VI. Unfallversicherungsschutz.** Teilnehmer an den in § 2 Nr 15 SGB VII genannten Rehabilitationsmaßnahmen genießen Versicherungsschutz in der gesetzlichen UV. Es unterfallen nur Maßnahmen der in der Vorschrift genannten SozVTräger dem Schutzbereich der Vorschrift (*Voelzke/Schlegel/Bieresborn* SGB VII, § 2 Rz 218).

Rentenanpassung

A. Arbeitsrecht

Griese

1 Die Rentenanpassung in der SozV regelt nur die Beziehungen zwischen Rentnern und SozVTrägern. Sie hat arbeitsrechtlich keine Bedeutung. Zu arbeitsrechtlichen Ansprüchen und zur Anpassung von **Betriebsrenten** s *Betriebliche Altersversorgung* Rz 30 ff.

B. Lohnsteuerrecht

2 1. Fortführung des Rentenfreibetrags. Die (nicht stets jährliche) Anpassung der Renten aus der gesetzlichen RV gem § 65 SGB VI (s unten Rz 4) erhöht die Renteneinnahmen (s *Altersrente* Rz 13), verändert aber nicht den ursprünglichen Prozentsatz des Besteuerungsanteils der Rente bei nachgelagerter Besteuerung (§ 22 Nr 1 Satz 3a) aa) Satz 7 EStG) bzw des Ertragsanteils der Rente, die mit dem Ertragsanteil besteuert wird (§ 22 Nr 1 Satz 3a) bb) Satz 3 EStG; s *Rentenbeginn* Rz 5 ff). Das bedeutet, dass regelmäßige Rentenanpassungen nicht zu einer Erhöhung des steuerfreien Teils der Rente führen, mit der Folge, dass spätere reguläre Rentenerhöhungen uneingeschränkt der Besteuerung unterworfen werden (BFH 6.3.13 – X B 113/11, BFH/NV 13, 929). Das Gleiche gilt, wenn eine Rente aufgrund einer Wertsicherungsklausel an die gestiegenen Lebenshaltungskosten angepasst wird (R 22.4 Abs 1 Satz 3 EStR; BFH 16.12.97 – VIII R 38/94, BStBl II 98, 339), auch bei Vereinbarungen der Abänderung der Rente nach § 323 ZPO (BFH 17.12.91 – VIII R 80/87, BStBl II 93, 15). Bei **Verzicht** des Rentenberechtigten auf die Anpassung (aufgrund § 323 ZPO) liegt iHd Verzichts keine stpfl Einnahme vor (FG NdS 14.10.92, EFG 94, 209). Zu Rentennachzahlungen s *Rentenbeginn* Rz 7. Zur Umwandlung von Renten (§ 22 Nr 1 Satz 3a) aa) Satz 8 EStG) s *Erwerbsminderung* Rz 12; *Hinterbliebenenrente* Rz 14.

3 2. Neuberechnung des Rentenfreibetrags. Andererseits ist der Rentenfreibetrag neu zu ermitteln (zum Rentenfreibetrag s *Altersrente* Rz 13), wenn sich die Rentenhöhe aufgrund tatsächlicher oder rechtlicher Gründe ändert (§ 22 Nr 1 Satz 3a) aa) Satz 6 EStG, BFH 22.8.12 X R 47/09, DB 13, 96; s auch BMF 19.8.13 – IV C 3 – S 2221/12/10010 ua BStBl I 13, 1087 Tz 232 ff). Dies ist zB der Fall, wenn eine Altersrente zunächst als Teilrente in Anspruch genommen wird und erst später als Vollrente gezahlt oder wenn eine Hinterbliebenenrente aufgrund der Anrechnung eigener Einkünfte und Bezüge zeitweise gekürzt wird. Der Rentenfreibetrag der Rente wird in dem Verhältnis angepasst, in dem der veränderte Jahresbetrag der Rente zum Jahresbetrag der Rente steht, der der Ermittlung des steuerfreien Teils der Rente zugrunde liegt (§ 22 Nr 1 Satz 3a) aa) Satz 6 EStG).

Beispiel (nach *Risthaus* DB 04, 1329, 1335): A erhält ab dem 1.8.2012 eine Altersrente als Teilrente (50%) iH von 1000 € monatlich. Zum 1.7.2013 erfolgt eine Rentenanpassung auf 1050 €, zum 1.7.2014 auf 1100 €. Ab dem 1.9.2014 erhält A die volle Altersrente mit 2200 €.

Lösung: Für einen Rentenbeginn in 2012 sieht § 22 Nr 1 Satz 3 Buchst a Doppelbuchst aa EStG einen Besteuerungsanteil von 64% vor.

Folglich hat A folgende Beträge zu versteuern:

in 2012
5 × 1000 €	5000 €
× 64%	3200 €
abzüglich Werbungskosten-Pauschbetrag	102 €
zu versteuern	3098 €

in 2013
6 × 1000 €	6000 €
6 × 1050 €	6300 €
Summe	12 300 €
× 64%	7872 €
abzüglich Werbungskosten-Pauschbetrag	102 €
zu versteuern	7770 €

Für die restliche Laufzeit der (Teil-)Rente wird ein Freibetrag von 4428 € festgeschrieben (s *Altersrente* Rz 13).

in 2014
6 × 1050 €	6300 €
2 × 1100 €	2200 €
Summe	8500 €
abzüglich Freibetrag $^8/_{12}$ von 4428 €	2952 €
steuerpflichtige Teilrente	5548 €
4 × 2200 €	8800 €
abzüglich Freibetrag 2 × 4428 € × $^4/_{12}$	2952 €
steuerpflichtige Vollrente	5848 €
abzüglich Werbungskosten-Pauschbetrag	102 €
zu versteuern	11294 €

C. Sozialversicherungsrecht

Ruppelt

1. Allgemeines. Grds zum 1. Juli eines jeden Jahres werden die Renten der gesetzlichen 4
RV der Entwicklung der durchschnittlichen ArbNEinkommen angepasst, indem der bisherige **aktuelle Rentenwert** durch den neuen aktuellen Rentenwert im Verordnungswege mit Zustimmung des Bundesrates ersetzt wird (§§ 65, 69 SGB VI). Der aktuelle Rentenwert entspricht dem Monatsbetrag einer Altersrente der Arbeiter und der Angestellten, wenn für ein Kj Beiträge aufgrund des Durchschnittsentgelts gezahlt worden sind. Die Fortschreibung des aktuellen Rentenwertes richtet sich nach der **Anpassungsformel.**

Die Anpassungsformel ergibt sich aus § 68 SGB VI. Sie orientiert sich an der beitrags- 5
pflichtigen Lohn- und Gehaltssumme der ArbN und berücksichtigt das Verhältnis von Leistungsbeziehern und Beitragszahlern. Weniger Beitragszahler und geringere Löhne führen zu geringeren Rentenerhöhungen bis hin zum Ausfall der Rentenerhöhung (Nachhaltigkeitsfaktor). Dieser Faktor berücksichtigt die Entwicklung der Lebenserwartung und der Geburtenhäufigkeit sowie der Erwerbstätigkeit. Führt die Bevölkerungsentwicklung zu einem relativ höheren Rentneranteil, fallen die Anpassungen geringer aus bzw fallen ganz weg. Allein wegen der demografischen Entwicklung kann mittel- bis langfristig nicht mehr damit gerechnet werden, dass durch die Rentenanpassungen eine reale Rentenerhöhung eintritt. Durch die zusätzliche Konjunkturabhängigkeit des Faktors wirken sich auch Verschlechterungen auf dem Arbeitsmarkt anpassungsmindernd aus. § 68a SGB VI verhindert eine **Rentenkürzung,** wenn diese rechnerisch auf Grund des Nachhaltigkeitsfaktors erfolgen müsste. Allerdings werden die unterbliebenen Minderungen der aktuellen Rentenwerte mit zukünftigen positiven Rentenanpassungen verrechnet. Die Verrechnung erfolgt, indem positive Rentenanpassungen solange halbiert werden, bis der Ausgleichsbedarf abgebaut ist.

2. Grundsätze der Rentenberechnung. Die Höhe der Rente ergibt sich aus der Ver- 6
vielfältigung des **aktuellen Rentenwertes** mit dem **Rentenartfaktor,** dem **Zugangsfaktor** und den **persönlichen Entgeltpunkten.** Während sich der Rentenartfaktor nach der jeweiligen Rentenart (Altersrente, Hinterbliebenenrente usw) nach Maßgabe des § 67 SGB VI richtet, spiegeln die persönlichen Entgeltpunkte (EP) das Versicherungsleben des Versicherten wieder.

Die persönlichen EP sind die Summe aller EP, die im gesamten Versicherungsleben erzielt 7
wurden. Ihre Ermittlung ist in den §§ 70–78 SGB VI geregelt. Sonderfälle sind in den §§ 256–262 SGB VI behandelt. Für Beitragszeiten werden die EP ermittelt, indem die Beitragsbemessungsgrundlage durch das Durchschnittsentgelt für dasselbe Kj geteilt wird (vgl § 70 Abs 1 Satz 1 SGB VI). Beitragsbemessungsgrundlage ist das der Beitragsbemessung (Beitragsheranziehung) zugrunde liegende individuelle – beitragspflichtige – Einkommen des Versicherten bis zur Beitragsbemessungsgrenze. Dieses beitragspflichtige Einkommen des Versicherten eines bestimmten Kj wird dem beitragspflichtigen Einkommen aller Versicherten desselben Kj gegenübergestellt und das **Verhältnis** ermittelt. Hat ein Versicherter in einem Kj ein beitragspflichtiges Einkommen erzielt, das genau dem durchschnittlichen beitragspflichtigen Einkommen (Durchschnittseinkommen) sämtlicher Versicherter entspricht, ergibt dies 1 EP. Hat er ein höheres beitragspflichtiges Einkommen erzielt, ergibt dies einen Wert von mehr als 1 EP; hat er weniger erzielt, liegt der EP unter dem Wert von 1. Beitragsfreie und beitragsgeminderte Zeiten werden im Wege der Vergleichs- und Gesamtleistungsbewertung nach §§ 71 ff SGB VI berücksichtigt.

Der Wert der persönlichen Entgeltpunkte wird darüber hinaus maßgeblich durch den **Zu-** 8
gangsfaktor nach § 77 SGB VI beeinflusst. Der Zugangsfaktor richtet sich nach dem Alter des Versicherten bei Rentenbeginn oder für die *Hinterbliebenenrente* bei Tod des Versicherten. Dieser Faktor, mit dem die persönlichen Entgeltpunkte vervielfältigt werden, beläuft sich bei der Regelaltersrente auf den Wert 1. Für vorzeitig in Anspruch genommene Renten vermindert sich dieser Wert, bei trotz Erfüllung der Wartezeit nicht in Anspruch genommene Renten nach Erreichen der Regelaltersgrenze erhöht sich dieser Wert nach Maßgabe von § 77 Abs 2 und 3 SGB VI. Die Höhe der hinzunehmenden Abschläge auf Dauer für jeden Kalendermonat der vorzeitigen Inanspruchnahme ist bei den einzelnen Rentenarten dargestellt.

9 Im **Beitrittsgebiet** ist der aktuelle Rentenwert (Ost) maßgebend (§ 255a SGB VI). Bis zur Herstellung einheitlicher Einkommensverhältnisse im Gebiet der BRD werden persönliche Entgeltpunkte (Ost) und ein aktueller Rentenwert (Ost) für die Ermittlung des Monatsbetrags der Rente aus Zeiten außerhalb der BRD ohne das Beitrittsgebiet gebildet (§ 254b Abs 1 SGB VI). Zu den Entgeltpunkten (Ost) zählen grds alle Beitragszeiten im Beitrittsgebiet und alle Reichsgebietsbeitragszeiten vor dem 9.5.45. Es ist grds ohne Belang, wann eine Beitragszeit im Beitrittsgebiet zurückgelegt wurde. Beitragszeiten nach dem 2.10.90 im Beitrittsgebiet erhalten daher auch Entgeltpunkte (Ost). Für die abweichende Rentenhöhe im Beitrittsgebiet ist ausschließlich der aktuelle Rentenwert (Ost) maßgebend, der gem § 255b SGB VI entsprechend der Lohnentwicklung in den neuen Bundesländern festgesetzt wird. Besonderheiten ergeben sich bei überführten Leistungen aus Zusatz- und Sonderversorgungssystemen. Grundlage für die Rentenanpassung ist bei diesen Leistungen die nach der Umwertung ermittelte Rente, nicht der besitzgeschützte Rentenzahlbetrag (vgl *Bernsdorff* Eingliederung von Rentenansprüchen und -anwartschaften aus Zusatz- und Sonderversorgungssystem der DDR, VSSR 99, 57 und 79).

Rentenauskunft

A. Arbeitsrecht
Kreitner

1 **1. Allgemeines.** Ebenso wie im Bereich der gesetzlichen RV (s unten Rz 13 ff) besteht auch bei der betrieblichen Altersversorgung eine Auskunftspflicht bezüglich der Versorgungsanwartschaften des ArbN. Rechtsgrundlage dieses Auskunftsanspruchs ist sowohl die allgemeine ArbGebSeitige Fürsorgepflicht (BAG 27.6.06 – 3 AZR 85/05, NZA 07, 860; Näheres s *Fürsorgepflicht* Rz 14 ff) als auch in spezieller gesetzlicher Ausgestaltung § 4a BetrAVG.

2 **2. Normzweck.** Der ArbN ist regelmäßig an einer sinnvollen persönlichen Versorgungsplanung interessiert. Hierfür bedarf er einer Auskunft des ArbGeb über seine voraussichtliche Versorgungssituation bei altersbedingtem Ausscheiden aus dem Arbeitsverhältnis. Gleichermaßen interessant ist für den ArbN die Information über den Übertragungswert bei Anwartschaftsübertragungen nach § 4 Abs 3 BetrAVG, die nach der Gesetzesnovellierung in weiterem Umfang möglich sind (sog Portabilität; Näheres s *Betriebliche Altersversorgung* Rz 45 ff). Der Durchsetzung dieses Informationsbedürfnisses dient der spezielle gesetzliche Auskunftsanspruch. Er war früher nur für die ausgeschiedenen ArbN in § 2 Abs 6 BetrAVG aF normiert und ist seit dem 1.1.05 als eigenständige Rechtsnorm in **§ 4a BetrAVG** geregelt. Die Vorschrift ist gem § 17 Abs 3 BetrAVG tarifdispositiv. Allerdings gibt § 4a BetrAVG dem Versorgungsberechtigten keinen Anspruch auf Neuberechnung seiner Anwartschaft gegen den Versorgungsschuldner mit dem Ziel, Meinungsverschiedenheiten über den Inhalt des Versorgungsanspruchs auszuräumen. Hierfür bedarf es ggf der Klage auf Feststellung des Inhalts und der Höhe des Versorgungsanspruchs (BAG 23.8.11 – 3 AZR 669/09, NZA-RR 12, 268).

3 **3. Auskunftserteilung. a) Auskunftsberechtigter und -verpflichteter. Auskunftspflichtig** sind nach § 4a Abs 1 BetrAVG der ArbGeb und der Versorgungsträger. Nach § 4a Abs 2 BetrAVG gilt das auch für den neuen ArbGeb sowie beim Pensionsfonds, bei der Pensionskasse und der Direktversicherung für den Übertragungswert und dem daraus resultierenden späteren Versorgungsanspruch sowie für die Frage, ob eine Invaliditäts- oder Hinterbliebenenversorgung bestehen würde. Nach einem Betriebsübergang besteht der Auskunftsanspruch nach § 4a BetrAVG nur gegenüber dem Betriebserwerber (BAG 22.5.07 – 3 AZR 357/06, NZA 07, 1285). In Ausnahmefällen können sich darüber hinaus Ansprüche gegen den Betriebsveräußerer nach Treu und Glauben (§ 242 BGB) ergeben, wenn Auskünfte vom Erwerber nur unter besonderen Erschwernissen zu erlangen sind und der ArbN ein berechtigtes Interesse an der Auskunft hat (BAG 22.5.07 – 3 AZR 834/05, NZA 07, 1283). **Auskunftsberechtigt** ist nach § 4a BetrAVG nunmehr jeder ArbN, der über ein berechtigtes Auskunftsinteresse verfügt. Die nach § 2 Abs 6 BetrAVG aF früher geltende Beschränkung auf ausgeschiedene ArbN hat der Gesetzgeber bewusst aufgegeben. Daneben können weitere Auskunftsansprüche dritter Personen (zB Hinterbliebene) nach dem Grundsatz von Treu und Glauben begründet sein.

b) Auskunftsverlangen. Der ArbGeb ist nur **auf Verlangen des Arbeitnehmers** zur Auskunft verpflichtet. Außerdem bedarf der ArbN eines berechtigten Interesses, um sein Auskunftsbegehren durchsetzen zu können. An diese Tatbestandsvoraussetzung sind allerdings keine hohen Anforderungen zu stellen. Nach der Gesetzesbegründung liegt ein **berechtigtes Interesse** bereits immer dann vor, wenn ein Mitarbeiter beabsichtigt, ergänzende Eigenvorsorge zu betreiben und die Information benötigt, um seinen Versorgungsbedarf zu ermitteln. Es muss insbesondere nicht bereits eine unverfallbare Anwartschaft bestehen. Letztlich soll mit diesem Erfordernis lediglich ein missbräuchliches Verhalten der ArbN verhindert werden (*Förster/Cisch* BB 04, 2126; *Höfer* DB 04, 1426). Befürchtet ein ArbGeb übermäßigen Verwaltungsaufwand durch die Vielzahl individueller Auskunftsverlangen, kann er dem zB durch ein formalisiertes Verfahren jährlicher Kontoauszüge über den Stand der betrieblichen Altersversorgung des einzelnen ArbN entgegenwirken (*Langohr-Plato/Teslau* NZA 04, 1353). 4

c) Form der Auskunft. Die Auskunft nach § 4a Abs 1 BetrAVG ist **schriftlich** zu erteilen. 5

d) Inhalt der Auskunft. Gem § 4a Abs 1 Nr 1 BetrAVG muss der ArbGeb dem ArbN mitteilen, in welcher **Höhe** bei Erreichen der vorgesehenen Altersgrenze aus **einer unverfallbaren Anwartschaft** voraussichtlich ein Anspruch auf Altersversorgung bestehen wird. Das gilt sowohl für gesetzliche als auch jedenfalls in entsprechender Anwendung für vertragliche Unverfallbarkeit (enger *Höfer* § 4a Rz 3868.15). Kann eine unverfallbare Anwartschaft nicht erreicht werden, ist die Anfrage bereits aus diesem Grund negativ zu bescheiden. Gem § 4a Abs 1 Nr 2 BetrAVG ist ebenfalls eine Auskunft über die **Höhe des Übertragungswerts** bei einer Anwartschaftsübertragung zu erteilen. Hiermit korrespondierend hat der neue ArbGeb mitzuteilen, in welcher Höhe aus der übertragenen Anwartschaft ein Versorgungsanspruch bestehen würde. Diese gesetzliche Auskunftspflicht zum Übertragungswert gilt dabei nur für Übertragungen nach § 4 Abs 3 BetrAVG (*Höfer* Rz 3865.20 ff; *Langohr-Plato/Teslau* NZA 04, 1353). 6

Ferner erstreckt sich die Auskunft auf das **Bestehen einer Invaliditäts- oder Hinterbliebenenversorgung.** Die Bezifferung einer eventuellen Leistung verlangt das Gesetz insoweit nicht. Ob § 4a BetrAVG aufgrund seines spezialgesetzlichen Charakters die Auskunftspflicht abschließend regelt, ist streitig (dafür: *Langohr-Plato/Teslau* NZA 04, 1353; aA *Doetsch* BetrAV 03, 49).

Als **maßgeblichen Bezugspunkt** der Berechnung benennt § 4a BetrAVG die vorgesehene Altersgrenze. Damit ist die feste Altersgrenze iSv § 2 Abs 1 BetrAVG gemeint. Nach Sinn und Zweck der Vorschrift umfasst die Auskunftsverpflichtung nicht nur die isolierte Angabe eines bezifferten Betrages, sondern auch eine für den ArbN nachvollziehbare Berechnung (BAG 9.12.97 – 3 AZR 695/96, NZA 98, 1171).

Sind bei der Berechnung der Anwartschaft Renten der gesetzlichen RV zu berücksichtigen, kann der ArbGeb nach § 2 Abs 5 BetrAVG das sog **Näherungsverfahren** zugrunde legen, wenn nicht der ArbN die **individuelle Berechnung** verlangt und die hierfür erforderlichen Unterlagen zur Verfügung stellt. Andererseits kann auch der ArbN eine Berechnung nach dem Näherungsverfahren nicht gegen den Willen des ArbGeb durchsetzen, wenn dieser die individuelle Berechnung wählt (BAG 9.12.97 – 3 AZR 695/96, NZA 98, 1171).

e) Rechtsqualität der Auskunft. Die Auskunft begründet auch nach der Neuregelung in § 4a BetrAVG kein selbstständiges Schuldverhältnis und stellt daher weder ein abstraktes noch ein deklaratorisches Schuldanerkenntnis, sondern lediglich eine Wissenserklärung dar (BAG 8.11.83 – 3 AZR 511/81, AP Nr 3 zu § 2 BetrAVG; 9.12.97 – 3 AZR 695/96, NZA 98, 1171; 22.1.02 – 3 AZR 554/00, NZA 02, 1224; *Blomeyer/Rolfs/Otto* § 4a Rz 11; *Höfer* § 4a Rz 3865.31). Deshalb führt eine fehlerhafte Auskunft nicht zu einer Änderung der Versorgungsleistungen. Gleichwohl kann eine schuldhafte Falschauskunft Schadensersatzpflichten des ArbGeb begründen, wenn der ArbN im Vertrauen auf eine günstige Versorgungsauskunft eine anderweitige private Vorsorge unterlassen hat (BAG 8.11.83, DB 84, 836; 3.7.90, DB 90, 2431; 12.3.91, ZIP 91, 1446; LAG Hess 22.8.01 – 8 Sa 146/01, NZA-RR 02, 323). Erteilt der ArbGeb dem ArbN Auskünfte, so müssen sie vollständig und richtig sein 7

353 Rentenauskunft

(BAG 17.10.2000 – 3 AZR 605/99, NZA 01, 206). Oftmals wird allerdings ein kausal verursachter Schaden nur schwer nachweisbar sein. Bejaht hat das BAG zuletzt den Schadensersatzanspruch im Fall eines durch unrichtige Auskunft des ArbGeb zum Wechsel des Versorgungssystems veranlassten ArbN (BAG 21.11.2000 – 3 AZR 13/00, NZA 02, 618). Im Übrigen kann sich eine Bindung des ArbGeb im Einzelfall aus besonderen zusätzlichen Umständen ergeben (vgl BAG 17.6.03 – 3 AZR 462/02, EzA § 2 BetrAVG Nr 20; LAG Düsseldorf 27.1.09 – 17 Sa 1244/08, NZA-RR 09, 388).

8   **4. Gerichtliche Durchsetzung des Auskunftsanspruchs.** Kommt der ArbGeb oder ein sonstiger Versorgungsträger seiner gesetzlichen Auskunftsverpflichtung nicht nach, kann der ArbN nach § 260 BGB die Herausgabe sämtlicher einschlägiger Unterlagen und soweit begründete Bedenken bezüglich Vollständigkeit und Richtigkeit der Unterlagen bestehen eine diesbezügliche eidesstattliche Versicherung des ArbGeb verlangen und diesen Anspruch ggf klageweise durchsetzen (BAG 8.11.83, DB 84, 836).

9   Streiten ArbGeb und ArbN über den Inhalt der erteilten Auskunft, so kann der ArbN dies im Wege der Feststellungsklage gerichtlich klären lassen. Er muss nicht bis zum Eintritt des Versorgungsfalls warten, um dann eine entsprechende Zahlungsklage erheben zu können. Der Normzweck des § 4a BetrAVG begründet konsequenterweise ein entsprechendes Feststellungsinteresse des ArbN im Zeitpunkt des Auskunftserteilung (BAG 18.3.86, DB 86, 1930; LAG Hamm 7.3.89, ZIP 89, 1215).

B. Lohnsteuerrecht *Windsheimer*

10 Eine der Anrufungsauskunft für LStFragen (s *Anrufungsauskunft* Rz 5 ff; § 42e EStG) vergleichbare Vorschrift gibt es für die Rentenbesteuerung nicht. Die FinBeh sind nach ihrem Ermessen zur Erteilung verbindlicher Steuerauskünfte verpflichtet (§ 89 Abs 2 AO; Einzelheiten *Anrufungsauskunft* Rz 5). Die Rentenbezugsmitteilung nach § 22a EStG (s *Altersrente* Rz 14) braucht dem Stpfl nicht bekannt gegeben zu werden. Er muss hierüber nur insoweit unterrichtet werden (§ 22a Abs 3 EStG).

11 Entstehen dem Stpfl Aufwendungen im Zusammenhang mit einer Rentenauskunft (zB Porto, Schreibgebühren, Kosten für die Beibringung von Unterlagen und Nachweisen, Rechtsberatung, Prozesskosten uÄ), so stellen diese Aufwendungen **Werbungskosten** bei den „sonstigen Einkünften" (§ 22 Nr 1 Satz 3 Buchst a) EStG) dar, vor Bezug der Rente als vorweggenommene Werbungskosten. Die Aufwendungen gehören nicht zum Arbeitsverhältnis. Bei Aufwendungen bis 102 € greift der Werbungskostenpauschbetrag in Höhe von 102 € ein (§ 9a Nr 3 EStG; s auch *Altersrente* Rz 15). Ist die Rente steuerfrei (zB Renten aus der gesetzlichen UV; § 3 Nr 1a EStG), so können die Aufwendungen auch steuerlich nicht berücksichtigt werden (§ 3c EStG).

12 Zur **Tatbestandswirkung** betr SozVPflicht s *Krankenversicherungspflicht* Rz 2; *Pflegeversicherungsbeiträge* Rz 7. Eine weitergehende Bindungswirkung besteht nicht.

C. Sozialversicherungsrecht *Ruppelt*

13 **1. Gesetzliche Grundlagen.** Die Ansprüche gegen den Träger der gesetzlichen RV auf Renteninformation und Rentenauskunft sowie auf Hilfe in Angelegenheiten der Grundsicherung im Alter und bei Erwerbsminderung sind in §§ 109, 109a SGB VI geregelt.

14 **2. Grundsicherung und Erwerbsminderung.** Die RVTräger informieren und beraten Versicherte, die die Regelaltersgrenze erreicht haben oder das 18. Lebensjahr vollendet haben und dauerhaft voll erwerbsgemindert sind, über die Leistungsvoraussetzung der Grundsicherung nach den §§ 41 ff SGB XII (§ 109a Abs 1 Satz 1 SGB VI; s *Altersrente* Rz 54). Den Informationsanspruch haben die RVTräger vAw zu erfüllen, eines Auskunftsersuchens bedarf es grds nicht. Personen nach Satz 1, welche die Anspruchsvoraussetzungen einer Rente nicht erfüllen, werden allerdings nur auf Antrag beraten. Der Inhalt des Informationsanspruchs ergibt sich im Einzelnen aus § 109a Abs 1 Satz 2 ff SGB VI.

15 **3. Renteninformation und Rentenauskunft.** Versicherte, die das 27. Lebensjahr vollendet und die Wartezeit (fünf Jahre Beitragszahlung) erfüllt haben, erhalten jährlich eine schriftliche Renteninformation über den aktuellen Stand des RVKontos und über die Ansprüche, die ihnen aus der RV zustehen, einschließlich einer Hochrechnung über die Höhe

der zu erwartenden Regelaltersrente. Allerdings handelt es sich bei der hochgerechneten Altersrente nur um eine Prognose, die nicht der tatsächlichen Höhe der zukünftigen Altersrente entsprechen muss, da die Dynamisierung der aktuellen Werte auf modellhaften Annahmen beruht. Nach Vollendung des 54. Lebensjahres wird die Renteninformation alle drei Jahre durch eine ausführliche Rentenauskunft ersetzt. Besteht ein berechtigtes Interesse, kann die Rentenauskunft auch jüngeren Versicherten erteilt werden oder in kürzeren Abständen erfolgen. Der Inhalt der Renteninformation ergibt sich im Einzelnen aus § 109 Abs 3 SGB VI, der Inhalt der Rentenauskunft aus § 109 Abs 4 SGB VI. Eine Renteninformation sowie eine Rentenauskunft sind nicht verbindlich und bewirken damit auch keinen Anspruch auf die spätere Gewährung der Rente in der Höhe, wie sie in der Renteninformation/Rentenauskunft enthalten war (BayLSG 5.8.10 – L 14 R 586/09, BeckRS 2010, 73983; LSG BaWü 19.2.13 – L 13 R 4059/12, WzS 13, 347, zur Abgrenzung einer Rentenauskunft zur verbindlichen Zusage). Eine unrichtige Rentenauskunft, die den Versicherten bewogen hat, Rentenantrag zu stellen und vorzeitig aus dem Erwerbsleben auszuscheiden, kann zu Amtshaftungsansprüchen gegen den RV-Träger führen (BGH 10.7.03 – III ZR 155/02, NJW 03, 3051).

4. Versorgungsausgleich. Über die Höhe ihrer auf die Ehezeit entfallenden Rentenanwartschaften erhalten Versicherte auf Antrag Auskunft. Diese Auskunft erhält auf Antrag auch der Ehegatte oder der geschiedene Ehegatte eines Versicherten, wenn der Versicherte seine Auskunftspflicht gegenüber dem Ehegatten nicht oder nicht vollständig erfüllt hat. Eine solche Auskunft wird auch dem Versicherten mitgeteilt. Entsprechendes gilt für die Lebenspartnerschaftszeit und die aktuellen und verflossenen Lebenspartner iSd LPartG (§ 109 Abs 5 SGB VI). 16

Rentenbeginn

A. Arbeitsrecht *Kreitner*

Entgegen einer weit verbreiteten Ansicht endet das Arbeitsverhältnis nicht automatisch mit dem Erreichen einer bestimmten Altersgrenze. Es bedarf vielmehr eines besonderen Beendigungsakts, wobei nach § 41 SGB VI das bloße Vorliegen der Voraussetzungen für den Erhalt einer Altersrente nicht als Kündigungsgrund ausreicht (Näheres s *Altersgrenze* Rz 2, 3). 1

Außer der gesetzlichen Altersrente kommen weitere Rentenansprüche des ArbN in Betracht, die er im bestehenden Arbeitsverhältnis erwerben kann. Erwähnenswert sind insoweit Hinterbliebenenrente, Rente wegen Erwerbsminderung sowie Verletztenrente der gesetzlichen UV (s unten Rz 14 ff). Auch diese führen – vorbehaltlich einer anderweitigen tariflichen Regelung – nicht zu einer automatischen Beendigung des Arbeitsverhältnisses. Allerdings können die Umstände, die zum Bezug derartiger Renten geführt haben, Ursache einer erheblichen Leistungsminderung des ArbN sein. Der ArbGeb kann in solchen Fällen geeignete Maßnahmen der Vertragsanpassung (Versetzung, Änderungskündigung, einvernehmliche Vertragsänderung) oder Vertragsbeendigung (Kündigung, Aufhebungsvertrag) ergreifen. 2

B. Lohnsteuerrecht *Windsheimer*

1. Stellung des Arbeitgebers. Scheidet der ArbN mit Rentenbeginn aus dem Arbeitsverhältnis aus (s oben Rz 1), so hat der ArbGeb dem ausscheidenden ArbN eine LSt-Bescheinigung auszuhändigen (§ 41b Abs 1 Sätze 1 und 3 EStG; s *Lohnsteuerbescheinigung* Rz 2, 5). Der ArbGeb ist mit der Besteuerung aus der gesetzlichen RV nicht befasst (s aber *Betriebliche Altersversorgung* Rz 178 und *Altersgrenze* Rz 17 betr Versorgungsbezüge). Richtet der ArbGeb eine Verabschiedungsfeier aus, ist der Wert der Zuwendung bis 110 € (einschließlich Geschenk) einschließlich USt je teilnehmende Person kein Arbeitslohn (R 19.3 Abs 2 Nr 3 LStR; s auch *Betriebsveranstaltung* Rz 2 ff; *Bewirtungsaufwendungen* Rz 7). 3

Bleibt bei einer anderen Art Rente das Arbeitsverhältnis bestehen (zB Witwenrente, Unfallrente), hat die Rente keine Auswirkung auf die lohnsteuerlichen Vorgänge aus dem Arbeitsverhältnis. Zur Betriebsrente s unten Rz 5 und *Betriebliche Altersversorgung* Rz 101 ff. 4

354 Rentenbeginn

5   **2. Stellung des Rentners.** Bei der nachgelagerten Besteuerung ab 2005 (s *Altersrente* Rz 8 ff) hängt die Höhe des Besteuerungsanteils der Rente vom Jahr des Rentenbeginns ab. Ab dem Jahr 2005 beträgt der Besteuerungsanteil der Rente für Bestandsrenten und für Stpfl, die im Jahr 2005 in Rente gehen, einheitlich 50 % der Bruttorente. Dieser Besteuerungsanteil bleibt bis zum Rentenende gleich (s *Altersrente* Rz 13). Der Besteuerungsanteil steigt für Neurentner in den folgenden Jahren an (s Tabelle), bis im Jahr 2040 die nachgelagerte Besteuerung voll = zu 100 % eingreift. Bei Renten, die mit dem Ertragsanteil besteuert werden (s *Altersrente* Rz 25), hängt die Höhe der Besteuerung = Ertragsanteil vom Lebensjahr der Rentenberechtigten bei Rentenbeginn ab. Unter **Rentenbeginn** ist dabei nicht der Beginn der tatsächlichen Zahlungen, der Zeitpunkt von Nachzahlungen oder der Zeitpunkt des Rentenantrags, sondern der Zeitpunkt zu verstehen, von dem an die Rente laut Rentenbescheid bewilligt wird. Das ist der Zeitpunkt der Entstehung des Rentenanspruchs (BFH 14.11.01 – X R 90/98, BStBl II 02, 191). Die Verjährung einzelner Rentenansprüche hat auf den Rentenbeginn keinen Einfluss (BFH 30.9.80 – VIII R 13/79, BStBl II 81, 155).

6   **a) Tabelle des § 22 Nr 1 Satz 3a) aa) EStG ab 2005 (nachgelagerte Besteuerung).**

Jahr des Rentenbeginns	Besteuerungsanteil in vH
Bis 2005	50
Ab 2006	52
2007	54
2008	56
2009	58
2010	60
2011	62
2012	64
2013	66
2014	68
2015	70
2016	72
2017	74
2018	76
2019	78
2020	80
2021	81
2022	82
2023	83
2024	84
2025	85
2026	86
2027	87
2028	88
2029	89
2030	90
2031	91
2032	92
2033	93
2034	94
2035	95
2036	96
2037	97
2038	98
2039	99
2040	100

7   **Beispiel** s *Altersrente* Rz 12, 13.

Rentenbeginn 354

Zur Umwandlung von Renten s *Erwerbsminderung* Rz 12, *Hinterbliebenenrente* Rz 14 (zu § 22 Nr 1 Satz 3a) aa) Satz 8 EStG).
Rentennachzahlungen sind im Jahr des Zuflusses zu erfassen (BFH 16.4.02 – VIII R 76/01, BStBl II 02, 525). Auch der Besteuerungsanteil richtet sich nach dem Jahr des Zuflusses, wenn die Rentennachzahlung sich auf den Rentenbeginn bezieht. Dies gilt auch, wenn die Rentennachzahlung sich auf einen Zeitraum vor 2005 bezieht, in dem die niedrigeren Ertragsanteile galten. Dies ist verfassungsgemäß (BFH 13.4.11 – X R 1/10, BFH/NV 11, 1581).

Beispiel: Rentenbeginn im Jahr 2011, erstmalige Auszahlung mit Nachzahlung ab Bewilligung im Jahr 2012; Besteuerungsanteil 64 %.

Zinszahlungen im Rahmen einer Rentennachzahlung sind Zinsen nach § 20 Abs 1 Nr 7 EStG (BFH 13.11.07 – VIII R 36/05, BStBl II 08, 292). Im Übrigen werden Zinsen als Renteneinkünfte erfasst.

bb) EStG für Renten mit Ertragsanteilbesteuerung ab 2005. 8

Bei Beginn der Rente vollendetes Lebensjahr des Rentenberechtigten	Ertragsanteil in vH
0 bis 1	59
2 bis 3	58
4 bis 5	57
6 bis 8	56
9 bis 10	55
11 bis 12	54
13 bis 14	53
15 bis 16	52
17 bis 18	51
19 bis 20	50
21 bis 22	49
23 bis 24	48
25 bis 26	47
27	46
28 bis 29	45
30 bis 31	44
32	43
33 bis 34	42
35	41
36 bis 37	40
38	49
30 bis 40	38
41	37
42	36
43 bis 44	35
45	34
46 bis 47	33
48	32
49	31
50	30
51 bis 52	39
53	28
54	27
55 bis 56	26
57	25
58	24
59	23
60 bis 61	22
62	21

354 Rentenbeginn

Bei Beginn der Rente vollendetes Lebensjahr des Rentenberechtigten	Ertragsanteil in vH
63	20
64	19
65 bis 66	18
67	17
68	16
69 bis 70	15
71	14
72 bis 73	13
74	12
75	11
76 bis 77	10
78 bis 79	9
80	8
81 bis 82	7
83 bis 84	6
85 bis 87	5
88 bis 91	4
92 bis 93	3
94 bis 96	2
Ab 97	1

Zum Anwendungsbereich der Ertragsanteilsbesteuerung s *Altersrente* Rz 25 ff.

9   Zur **Witwenrente** und **Waisenrente** s *Hinterbliebenenrente* Rz 11–17. Von der Versorgungsanstalt des Bundes und der Länder (**VBL**) und vergleichbaren Zusatzversorgungseinrichtungen geleistete Versorgungsrenten und Versicherungsrenten für Versicherte und Hinterbliebene stellen grds lebenslängliche Leibrenten dar (s *Betriebliche Altersversorgung* Rz 120). Werden sie neben einer Berufs- oder Erwerbsunfähigkeitsrente gezahlt, sind sie als abgekürzte Leibrenten zu behandeln (BFH 4.10.90 – X R 60/90, BStBl II 91, 89), deren Ertragsanteil nach § 55 Abs 2 EStDV zu ermitteln ist (H 22.4 EStR; aA FG Münster 24.3.10 – 12 K 2243/08 E, EFG 10, 1129: nachgelagerte Besteuerung).

10   **3. Einkunftsart.** Mit dem Beginn des Laufs der Rente bezieht der Rentenempfänger sonstige Einkünfte (§ 22 Nr 1 Satz 3 Buchst a) EStG). Renten unterliegen nicht einem Steuerabzugsverfahren wie der Lohn der LSt. Die Rente wird brutto = netto ausbezahlt. Der einbehaltene KVBeitrag ist nicht einnahmemindernd zu berücksichtigen. Beitragszuschüsse der gesetzlichen RVTräger zur KV der Rentner sind steuerfrei (§ 3 Nr 14 EStG). Sie sind also nicht als Renteneinnahme anzusetzen. Soweit die einbehaltenen KVBeiträge die steuerfreien Beitragszuschüsse übersteigen, können sie bei den Sonderausgaben als Vorsorgeaufwendungen (§ 10 Abs 1 Nr 3 EStG) geltend gemacht werden (s *Sonderausgaben* Rz 7). Zur PflegeV s *Pflegeversicherungsbeiträge* Rz 9.

11   Durch den erstmaligen Rentenbezug kann das FA bei Vorliegen anderer Einkünfte eine Anpassung der EStVorauszahlungen vornehmen (§ 37 Abs 3 Satz 3 EStG). Renten werden in die EStVeranlagung miteinbezogen (§ 2 Abs 2 EStG; s *Altersrente* Rz 15).

12   Der Besteuerungsanteil der Rente bzw der zu versteuernde Ertragsanteil ist um die Werbungskosten in tatsächlicher Höhe zu kürzen (s *Altersrente* Rz 15). Werden keine höheren Aufwendungen nachgewiesen, so wird ein Werbungskostenpauschbetrag von 102 € abgezogen (§ 9a Nr 3 EStG; s *Rentenauskunft* Rz 11). Erreicht das zu versteuernde Einkommen nicht den Grundfreibetrag, findet eine Veranlagung nicht statt, da die ESt mit 0 € festzusetzen wäre. Unter Berücksichtigung des Grundfreibetrages (§ 32a Abs 1 Satz 2 Nr 1 EStG) und der Beiträge zur SozV (§ 10 Abs 1 Nr 2a, 3a EStG) fällt ab dem Jahr 2005 bei einer Jahresbruttorente bis ca 18 700 € keine ESt an, wenn der StPfl keine anderen Einkünfte bezieht. Bei zusammen veranlagten Ehegatten gilt in etwa der doppelte Betrag. Bei Rentenbeginn nach 2005 setzt die Steuerpflicht wegen des höheren stpfl Rentenanteils bereits bei entsprechend niedrigerer Rente ein, was durch Rentenanpassungen noch verschärft wird.

Hat der ArbN wegen andauernder Arbeitsunfähigkeit einen Rentenantrag gestellt, kann er 13
Werbungskosten aus seinem Arbeitsverhältnis (zB Arbeitszimmer, Telefon) nicht mehr geltend machen (FG RhPf 25.1.95, EFG 95, 512; s *Rentenauskunft* Rz 11). Verpflichtet er sich, nach Eintritt in den Ruhestand ein begonnenes Projekt zu Ende zu führen, so sind diesbezügliche Aufwendungen, für die er keinen Spesenersatz erhält, nachträgliche Werbungskosten bei den Einkünften aus nichtselbstständiger Arbeit (FG München 6.2.07 – 9 K 4418/04, BeckRS 07, 26023015). Aufwendungen für eine Feier anlässlich der Verabschiedung in den Ruhestand können Werbungskosten sein (BFH 11.1.07 – VI R 52/03, BStBl II 07, 317; s *Bewirtungsaufwendungen* Rz 16).

Literaturhinweis: BMF 19.8.13 – IV C 3 – S 2221/12/10010:004, IV C 5-S 2345/08/0001, BStBl I 13, 1087, Rz 217 ff; *Wagner-Jung* DStR 10, 2497.

C. Sozialversicherungsrecht *Ruppelt*

1. Rentenversicherung. a) Die Renten aus eigener Versicherung der gesetzlichen RV 14
werden von dem Kalendermonat an geleistet, zu dessen Beginn die Anspruchsvoraussetzungen für die Rente erfüllt sind, wenn die Rente bis zum Ende des dritten Kalendermonats nach Ablauf des Monats beantragt wird, in dem die Anspruchsvoraussetzungen erfüllt sind (§ 99 Abs 1 Satz 1 SGB VI).

Die gesetzlichen Anspruchsvoraussetzungen einer Rente sind **zu Beginn eines Kalen-** 15
dermonats erfüllt, wenn sie am Monatsersten um 0.00 Uhr vorliegen. Daraus folgt, dass die Voraussetzungen erst zu Beginn des folgenden Kalendermonats erfüllt sind, wenn sie im Laufe des vorangegangenen Kalendermonats eingetreten sind. Vollendet bspw ein Versicherter sein 65. Lebensjahr am 15. Januar, ist diese Anspruchsvoraussetzung erst zu Beginn des Februars erfüllt. Ein am **Monatsersten** geborener Versicherter vollendet sein 65. Lebensjahr am letzten Tag des Vormonats um 24.00 Uhr. Die Anspruchsvoraussetzung ist in diesem Falle bereits mit Beginn des Monats erfüllt, in den der Geburtstag fällt.

Neben der Erfüllung der Anspruchsvoraussetzungen ist der Beginn der Rente davon 16
abhängig, dass ein entsprechender **Rentenantrag** gestellt wird, da die Renten der gesetzlichen RV gem § 19 Satz 1 SGB IV iVm § 115 Abs 1 SGB VI grds nur auf Antrag gewährt werden. Die Antragsfrist von drei Monaten beginnt mit **Ablauf** des Kalendermonats, in dem die Anspruchsvoraussetzungen erstmalig erfüllt sind.

Wurde die letzte Anspruchsvoraussetzung (zB Erreichen der *Altersgrenze*) am 15. Januar 17
erfüllt, läuft die Antragsfrist für Rentenbeginn 1. Februar bis 30. April. Wird der Rentenantrag später gestellt, beginnt die Rente erst mit dem Ersten des Antragsmonats (§ 99 Abs 1 Satz 2 SGB VI). Voraussetzung ist jedoch, dass zu Beginn des Antragsmonats die Voraussetzungen zur Rentengewährung (noch) erfüllt sind. Ansonsten droht Anspruchsverlust.

Die **Versäumung** der Antragsfrist kann nur nach den Grundsätzen des sozialrechtlichen 18
Herstellungsanspruchs geheilt werden, wenn ein pflichtwidriges Handeln des RVTrägers ursächlich für die Säumnis war, zB weil entgegen § 115 Abs 6 SGB VI nicht auf die erforderliche Antragstellung hingewiesen worden ist (vgl BSG 6.3.03 – 4 RA 38/02 R, NZS 04, 149). Ein solcher Hinweis ist jedoch nur aufgrund eines konkreten Anlasses (Anfrage des Versicherten) oder bei erkennbar typischen Sachverhalten erforderlich. Die RVTräger weisen daher Versicherte bei Vollendung des 65. Lebensjahres, welche die Wartezeit erfüllen und eine Rente weder beziehen noch beantragt haben, im automatisierten Verfahren auf die Antragsmöglichkeit hin. Der Antrag eines Versicherten auf Leistung vorzeitiger Altersrente ist grds auf die ihm günstigste Altersrentenart gerichtet (vgl BSG 29.11.07 – B 13 R 44/07 R, NZS 08, 602).

b) Hinterbliebenenrenten werden grds ab dem Monat gewährt, zu dessen Beginn die 19
Anspruchsvoraussetzungen erfüllt sind (wenn an den Versicherten im Sterbemonat keine Rente zu leisten war, bereits ab dem Todestag). Allerdings wird eine Hinterbliebenenrente nicht für mehr als zwölf Kalendermonate vor dem Monat geleistet, in dem die Rente beantragt wird (§ 99 Abs 2 Satz 3 SGB VI).

c) Befristete Renten. Renten wegen verminderter Erwerbsfähigkeit (§ 43 SGB VI) 20
und **große Witwen- oder Witwerrente** wegen verminderter Erwerbsfähigkeit (§ 46 Abs 2 Nr 3 SGB VI) werden nach § 102 Abs 2 SGB VI grds nur befristet gewährt. Daraus folgt ein **hinausgeschobener Rentenbeginn,** da diese befristeten Renten nach § 101 Abs 1 und 2

355 Rentenversicherungsbeiträge

SGB VI nicht vor Beginn des siebten Kalendermonats nach dem Eintritt der Minderung der Erwerbsfähigkeit geleistet werden. Auf den Rentenbeginn muss daher regelmäßig ein halbes Jahr gewartet werden. Eine Ausnahme von der Befristung ist in § 102 Abs 2 Satz 4 SGB VI geregelt. Weitere Sonderregelungen gelten für Witwen- und Witwerrenten aus der Rentenanwartschaft eines vor dem 1.7.77 geschiedenen Ehegatten (§ 268 SGB VI) und bei Änderung der Rentenhöhe (§ 100 SGB VI). Der Änderungszeitpunkt der Rente nach Versorgungsausgleich ist in § 101 Abs 3 SGB VI geregelt.

21   **d) Fälligkeit und Auszahlung.** Der Auszahlungszeitpunkt der Renten ist der letzte Bankarbeitstag des Monats, **zu dessen Beginn** die Anspruchsvoraussetzungen erfüllt sind (§ 118 Abs 1 SGB VI). Dh die Renten werden am Ende des Monats gezahlt, für den sie bestimmt sind. Bei Rentenbeginn vor dem 1.4.04 verbleibt es beim früheren Auszahlungszeitpunkt zum letzten Bankarbeitstag des Monats, dem der Monat der Fälligkeit **vorausgeht** (§ 272a SGB VI).

22   **2. Unfallversicherung.** Der Verletzte erhält vom Träger der gesetzlichen UV eine Rente, wenn die rentenberechtigende MdE über die 26. Woche nach dem Arbeitsunfall hinaus andauert (§ 56 Abs 1 Satz 1 SGB VII; vgl *Unfallversicherung* Rz 46).

23   Die Verletztenrente beginnt mit dem Tag, der dem Tag folgt, an dem der Anspruch auf Verletztengeld endet oder der Versicherungsfall eingetreten ist, wenn kein Anspruch auf Verletztengeld entstanden ist (§ 72 Abs 1 SGB VII). Die Satzung des UVTrägers kann für Unternehmer einen späteren Rentenbeginn vorsehen (§ 72 Abs 3 SGB VII). Der Auszahlungszeitpunkt der Verletztenrente ist für Neurentner entsprechend der Renten aus der RV auf das Monatsende verschoben worden (§ 218c SGB VII).

Rentenversicherungsbeiträge

A. Arbeitsrecht   *Griese*

1   Der ArbGeb hat die Pflicht, den GesamtSozVBeitrag richtig zu berechnen und abzuführen. Dazu gehören auch die RVBeiträge. Für den Regelfall der Bruttovergütung bedeutet dies, dass der ArbGeb von der Bruttovergütung den ArbNAnteil des RVBeitrages abzuziehen und zusammen mit dem ArbGebAnteil abzuführen hat (Näheres: *Bruttolohnvereinbarung, Sozialversicherungsbeiträge* und *Lohnabzugsverfahren* Rz 1 ff). Bei einer Nettolohnvereinbarung muss der ArbGeb den ArbNAnteil übernehmen (s *Nettolohnvereinbarung* Rz 1 ff). Für die **richtige Berechnung und Abführung der RVBeiträge haftet der ArbGeb** auch gegenüber dem ArbN gem § 280 BGB (BAG 30.4.08 – 5 AZR 725/07; Näheres: *Sozialversicherungsbeiträge* Rz 1 ff und *Beitragsbemessungsgrenzen* Rz 1 ff).

B. Lohnsteuerrecht   *Thomas*

2   **1. Sonderausgabenabzug.** Beiträge zur RV können nicht als Werbungskosten (BFH 8.11.06 – X R 45/02, BStBl II 07, 574 = DStR 07, 147 mit Anm *Manz* HFR 06, 456; *Fischer* NWB F 3, 13895 und 14405; *Schneider/Bahr* Inf 06, 386; *Söhn* FR 06, 905; BVerfG 20.8.97 – 1 BvR 1523/88 – nv; auch nicht die Beiträge eines beurlaubten Soldaten BFH 21.9.2000 – XI B 59/00, BFH/NV 01, 434 bzw Beiträge an ein ärztliches Versorgungswerk BFH 6.3.06 – X B 5/05, BFH/NV 06, 1091; vgl auch *Intemann/Cöster* DStR 05, 1921; *Balke* FR 05, 1143), sondern nur als Sonderausgaben berücksichtigt werden (§ 10 Abs 1 Nr 2a EStG; BFH 18.11.09 – X R 6/08, DStRE 10, 75; zur Abzugserweiterung aufgrund der Entscheidung BVerfG 13.2.08 – 2 BvL 1/06, DStR 08, 604 vgl *Sonderausgaben* Rz 10). Der Abzug beschränkt sich auf eigene Aufwendungen des ArbN, also den von ihm getragenen ArbNAnteil, bzw den vom ArbGeb übernommenen ArbNAnteil, wenn die Übernahme Arbeitslohn darstellt. Denn im zuletzt genannten Fall wird der ArbNAnteil aus versteuertem Einkommen des ArbN erbracht. Die Nachentrichtung von RVBeiträgen stellt regelmäßig keine außergewöhnliche Belastung dar (FG München 1.7.98, EFG 98, 1467). Zur Frage, wann die Übernahme des ArbNAnteils durch den ArbGeb Arbeitslohn darstellt, wird auf die Ausführungen zum Stichwort *Sozialversicherungsbeiträge* Rz 19 verwiesen. Die Übernahme von RVBeiträgen einer Tochter, die ihre hilflose Mutter pflegt, durch die Pflegekasse gem

§ 94 Abs 1 Nr 3 SGB XI soll jedenfalls keine Einnahme iSv § 33b Abs 6 EStG sein und deshalb einem Pflege-Pauschbetrag nicht entgegenstehen (FG Bln 9.5.01 – 6 K 6175/00, DStRE 01, 1279).

Der Sonderausgabenabzug entfällt, wenn die Beiträge in unmittelbarem wirtschaftlichen **3** Zusammenhang mit steuerfreien Einnahmen stehen (§ 10 Abs 2 Nr 1 EStG), zB bei steuerfreien ausländischen Einnahmen (BFH 18.4.12 – X R 62/09, BFH/NV 12, 1527 auch keine Berücksichtigung beim Progressionsvorbehalt) oder der nach § 3 Nr 62 EStG steuerfreie ArbGebAnteil. Letzterer ist auf den sog Vorwegabzug anzurechnen (§ 10 Abs 3 Nr 2 EStG; zur Berechnung des Progressionsvorbehalts BFH 18.12.91, BFH/NV 92, 382; 29.4.92, BStBl II 93, 149), es sei denn, der ArbGebAnteil ist nicht steuerbefreit (BFH 30.8.07 – IV R 14/06, DStR 07, 1902 betr einen Kommanditisten).

2. Steuerbefreiung. a) Gesetzliche Pflichtbeiträge. Obwohl der ArbGeb gegenüber **4** der Einzugsstelle alleiniger Beitragsschuldner ist, sind als „Ausgaben des ArbGeb" iS von § 3 Nr 62 EStG nur der ArbGebAnteil zu verstehen, da der ArbNAnteil, vom Bruttolohn einbehalten, Ausgaben des ArbN darstellt. Hat der ArbGeb von Gesetzes wegen den ganzen Beitrag zu tragen, bspw weil das Arbeitsentgelt die Geringfügigkeitsgrenze nicht übersteigt, ist auch der ganze Beitrag befreit. Voraussetzung der Steuerbefreiung ist, dass die Beiträge auf gesetzlicher Grundlage geschuldet sind (vgl *Krankenversicherungsbeiträge* Rz 3–5). Das ist nicht der Fall bei Verpflichtungen lediglich aufgrund eines Tarifvertrages, einer Betriebsvereinbarung, eines Einzelarbeitsverhältnisses oder einer sonstigen freiwilligen Grundlage (BFH 6.11.70, BStBl II 71, 22; FG Bln 5.5.98, EFG 98, 1570 bestätigt durch BFH 14.11.2000 – VI R 149/98 nach Art 1 Nr 7 BFHEntlG ohne Mitteilung von Gründen; vgl aber FG Sachs 20.6.01 – 7 K 2353/99, DStRE 03, 1073) oder wenn der ArbGeb seiner Verpflichtung zu Beihilfeleistungen mittels einer Versicherung nachkommt (BFH 27.4.73, BStBl II 73, 588; FG Brem 1.3.85, EFG 85, 277). Eine Verpflichtung, die sich aus einer auf gesetzlicher Ermächtigung beruhenden Bestimmung (§ 3 Nr 62 Satz 1 Alternative 3 EStG) ergibt, liegt auch bei einem allgemeinverbindlich erklärten Tarifvertrag vor (BFH 13.9.07 – VI R 16/06, BStBl II 08, 394 = DStR 07, 2008). Die Bundeszuschüsse zur RV und KV aufgrund des Gesetzes zur Förderung der Einstellung der landwirtschaftlichen Erwerbstätigkeit (FELEG) gehören nicht zum Arbeitslohn (BFH 14.4.05 – VI R 134/01, BStBl II 05, 569 mit Anm *Bergkemper* HFR 05, 653; *ders* FR 05, 899; *MIT* DStRE 05, 693). Ebenso liegt kein Arbeitslohn vor, wenn Vorsorgekapital, das durch ArbGebBeiträge gebildet wurde, die Arbeitslohn darstellten, auf eine andere Versorgungseinrichtung übertragen wird und der ArbN mit der Übertragung keine Verfügung über das Versorgungskapital erlangt (BFH 13.11.12 – VI R 20/10, DStR 13, 82). Umgekehrt führen bei einem Ausländer mit Nettolohnvereinbarung erstattete ArbNAnteile zur RV zu negativen Einnahmen (FG Düsseldorf 12.9.2000 – 3 K 8148/97 E, EFG 01, 429; ebenso zu an den ArbGeb erstattete Einkommensteuer BFH 30.7.09 – VI R 29/06, DStR 09, 2140).

Die Befreiung greift auch für Beitragsteile ein, die aufgrund einer nach **ausländischem** **5** **Recht** bestehenden Verpflichtung an eine den inländischen SozVTrägern vergleichbaren Einrichtung geleistet werden, nicht aber bei freiwillig gezahlten Beiträgen (BFH 18.5.04 – VI R 11/01, BStBl II 04, 1014 = DStRE 04, 866). Eine Begrenzung der Höhe nach auf den Betrag, der hälftig in der gesetzlichen RV zu zahlen wäre, ist nicht vorzunehmen, weil sich die Steuerbefreiung aus Satz 1 und nicht Satz 2 des § 3 Nr 62 EStG ergibt (aA *K/S* § 3 Rz B 62/12).

b) Gleichgestellte Beitragsleistungen. Gem § 3 Nr 62 Sätze 2–4 EStG sind Zuschüsse **6** des ArbGeb zu bestimmten Einrichtungen für von der Versicherungspflicht in der gesetzlichen RV befreite ArbN (dazu R 3.62 Abs 3 LStR) bis zur Höhe des vergleichbaren ArbGebAnteils in der RV steuerfrei. Das gilt auch, wenn der ArbN auf Antrag des ArbGeb befreit worden ist und die Leistungen aus dem Versicherungsverhältnis auf die arbeitsvertragliche Versorgungsleistung angerechnet werden (BFH 20.5.83, BStBl II 83, 712). Nicht zu den befreiten ArbN gehören solche – wie zB Vorstandsmitglieder einer AG –, die der Versicherungspflicht nicht unterliegen (BMF 22.2.96, DStR 96, 748; BFH 9.10.92, BStBl II 93, 169; BVerfG 25.6.92, HFR 93, 35; aA *Scharfenberg* DStR 98, 1623). Ebenfalls nicht befreit sind Beiträge für einen nicht sozialpflichtigen Geschäftsführer, selbst wenn er bei früher bestehender Beitragspflicht auf eigenen Antrag befreit worden ist (BFH 10.10.02 – VI R 95/99, BStBl II 02, 886).

355 Rentenversicherungsbeiträge

C. Sozialversicherungsrecht

7 **1. Hauptfinanzierungsmittel.** RVBeiträge sind das Hauptfinanzierungsmittel der RV. Die Beiträge werden nach einem festen Vom-Hundert-Satz (Beitragssatz) von der Beitragsbemessungsgrundlage (zB dem Arbeitsentgelt) erhoben, wobei die Beitragsbemessungsgrundlage nur bis zur jeweiligen Beitragsbemessungsgrenze berücksichtigt wird (§ 157 SGB VI; s *Beitragsbemessungsgrenzen*).

8 **2. Beitragssätze** der RV werden jeweils für die Zeit vom 1.1. für das folgende Kj von der Bundesregierung mit Zustimmung des Bundesrates festgesetzt (Verordnungsermächtigung: § 160 Satz 1 Nr 1 SGB VI). Der Beitragssatz ist bundeseinheitlich. Zu dem derzeit geltenden Beitragssatz vgl Rz 29.

9 **3. Beitragsbemessungsgrundlage** sind für Versicherungspflichtige die beitragspflichtigen Einnahmen (§ 161 Abs 1 SGB VI), für freiwillig Versicherte jeder Betrag zwischen der Beitragsbemessungsgrenze und der Mindestbeitragsbemessungsgrundlage (§ 161 Abs 2 SGB VI).

a) Beitragspflichtige Einnahmen der gegen Entgelt beschäftigten Arbeitnehmer ist das Arbeitsentgelt aus der versicherungspflichtigen Beschäftigung (s *Arbeitsentgelt*); bei den zu ihrer Berufsausbildung beschäftigten Personen wird mindestens 1 vH der Bezugsgröße als beitragspflichtiges Entgelt angenommen, wenn die Ausbildungsvergütung geringer ist als dieser Betrag (§ 162 Nr 1 SGB VI; zur Bezugsgröße Rz 29).

10 **b)** Beitragspflichtige Einnahmen besonderer Personengruppen sind für
- Behinderte das Arbeitsentgelt, mindestens jedoch 80 vH der Bezugsgröße (§ 162 Nr 2 SGB VI);
- Personen, die für eine Erwerbstätigkeit befähigt werden sollen, 20 vH der Bezugsgröße (§ 162 Nr 3 SGB VI);
- Mitglieder geistlicher Genossenschaften, Diakonissen etc, die Geld- und Sachbezüge, mindestens jedoch 40 vH der Bezugsgröße, wenn diesen Personen eine Versorgung iSd § 5 Abs 1 Satz 1 Nr 3 SGB VI nicht iS einer Anwartschaft zusteht (§ 162 Nr 4 SGB VI);

11 - unständig Beschäftigte das innerhalb eines Kalendermonats erzielte Arbeitsentgelt bis zur Höhe der Beitragsbemessungsgrenze ohne Rücksicht auf die Beschäftigungsdauer (§ 163 Abs 1 SGB VI; zu dieser Besonderheit; s *Beitragsbemessungsgrenzen* Rz 11);
- Seeleute das amtlich festgesetzte Durchschnittsentgelt der einzelnen Klassen der Schiffsbesatzung und Schiffsgattung, ggf erhöht um den Wert der auf See erfolgten Beköstigung (§ 163 Abs 2 SGB VI); die Regelung für einmalig gezahltes Arbeitsentgelt findet für Seeleute keine Anwendung (§ 163 Abs 2 SGB VI);
- Wehr- und Zivildienstleistende 80 vH der Bezugsgröße; erhalten Wehr- und Zivildienstleistende eine Verdienstausfallentschädigung nach dem Unterhaltssicherungsgesetz, ist als Bemessungsgrundlage das Entgelt heranzuziehen, das dieser Leistung vor Abzug von Steuern und Beitragsanteilen zugrunde liegt (§ 166 Nr 1 SGB VI);

12 - Bezieher von Lohnersatzleistungen (nämlich: AlGeld, AlGeld II, Unterhaltsgeld, Übergangsgeld, Krankengeld, Verletztengeld, Versorgungskrankengeld) 80 vH des der Lohnersatzleistung zugrunde liegenden Arbeitsentgelts oder Arbeitseinkommens (§ 166 Nr 2 SGB VI);
- Vorruheständler das Vorruhestandsgeld (§ 166 Nr 3 SGB VI);
- Entwicklungshelfer oder im Ausland beschäftigte Deutsche zahlen Beiträge aus ihrem Arbeitsentgelt oder, wenn dies günstiger ist, Beiträge aus einem Durchschnittswert von den vor dem Auslandsaufenthalt entrichteten Beiträgen nach Maßgabe des § 166 Nr 4 SGB VI;

13 - Personen, die für Zeiten der Arbeitsunfähigkeit oder Reha ohne Anspruch auf Krankengeld versichert sind, zahlen RVBeiträge aus 80 vH des zuletzt für einen vollen Kalendermonat versicherten Arbeitsentgelts oder Arbeitseinkommens (§ 166 Nr 5 SGB VI).

14 **c) Beitragspflichtige Einnahmen selbstständig Tätiger.** Bei Selbstständigen ist zu differenzieren, ob sie in der RV pflichtversichert oder freiwillig versichert sind. Liegt ein Tatbestand der Versicherungspflicht vor, sind Bemessungsgrundlage ihre beitragspflichtigen Einnahmen (vgl § 161 Abs 1 SGB VI); ist dies nicht der Fall und ist die Versicherung eine freiwillige, zahlen die Selbstständigen – wie sonstige freiwillige Mitglieder auch – Beiträge aus einem Betrag zwischen der Mindestbemessungsgrundlage und der Beitragsbemessungs-

grenze (vgl § 161 Abs 2 SGB VI). Besondere Gruppen Selbstständiger unterliegen kraft Gesetzes der RVPflicht: Seelotsen (2 Nr 4 SGB VI), Künstler und Publizisten (nach Maßgabe des KSVG, § 2 Nr 5 SGB VI), Hausgewerbetreibende (§ 2 Nr 6 SGB VI), Küstenschiffer und Küstenfischer (§ 2 Nr 7 SGB VI), Pflegepersonen (§ 2 Nr 2 SGB VI), Hebammen und Entbindungspfleger (§ 2 Nr 3 SGB VI), Handwerker, die in der Handwerksrolle eingetragen sind (§ 2 Nr 8 SGB VI). Beitragspflichtige Einnahmen sind das Arbeitseinkommen bei Seelotsen und Hausgewerbetreibenden (§ 165 Abs 1 Nrn 2 und 4 SGB VI), bei Küstenschiffern und Küstenfischern das in der UV maßgebende beitragspflichtige Arbeitseinkommen (§ 165 Abs 1 Satz 1 Nr 5 SGB VI), bei Publizisten und Künstlern das voraussichtliche Jahreseinkommen iSd § 12 KSVG, wobei Arbeitseinkommen auch die Vergütung für die Verwertung und Nutzung urheberrechtlich geschützter Werke und Leistungen ist (§ 165 Abs 1 Nr 3 SGB VI; hiervon zu unterscheiden ist das Bemessungsentgelt der Künstlersozialabgabe, vgl hierzu *Eichenhofer* SGB 92, 385 ff; s *Künstlersozialversicherung* Rz 22 ff).

Sonstige selbstständig Tätige zahlen Beiträge aus einem Arbeitseinkommen in Höhe 15 der Bezugsgröße (sog Regelbeitrag). Bei Nachweis eines niedrigeren oder höheren Arbeitseinkommens zahlen sie Beiträge aus diesem Arbeitseinkommen, jedoch mindestens aus 450 € (§ 165 Abs 1 Nr 1 SGB VI). Zu diesem Nachweis ist der Einkommensteuerbescheid nach Maßgabe der Sätze 3–10 des § 165 Abs 1 SGB VI heranzuziehen (vgl hierzu BT-Drs 13/2590 S 26 zu Nr 22 – § 165). Auf Antrag des Versicherten ist vom laufenden Arbeitseinkommen auszugehen, wenn dieses voraussichtlich um mindestens 30 vH geringer ist als das Arbeitseinkommen aus dem letzten EStBescheid (vgl § 165 Abs 1a SGB VI). Eine **Beitragermäßigung** besteht für selbstständig Tätige außerdem insoweit, als sie abweichend von § 165 Abs 1 Satz 1 Nr 1 SGB VI bis zum Ablauf von drei Jahren nach dem Jahr der Aufnahme der selbstständigen Tätigkeit (zu diesem Zeitpunkt vgl BSG 10.12.98 – B 12 RJ 2/98 R, SozR 3-2600 § 165 Nr 1) auf Antrag Beiträge nur aus einem Arbeitseinkommen zu entrichten haben, das 50 vH der Bezugsgröße beträgt (§ 165 Abs 1 Satz 2 SGB VI).

d) Freiwillig Versicherte zahlen einen Beitrag zwischen dem Mindestbeitrag und der 16 Beitragsbemessungsgrenze (§§ 161 Abs 2, 167 SGB VI; s *Beitragsbemessungsgrenzen* Rz 7 ff). Wirksam ist die Entrichtung des freiwilligen Beitrages, wenn sie bis zum 31.3. des Jahres erfolgt, das dem Jahr folgt, für das der freiwillige Beitrag gelten soll (§ 197 Abs 2 SGB VI; zu Ausnahmen in Härtefällen s § 197 Abs 3 SGB VI).

4. Beitragstragung/Beitragszahlung. a) Allgemeines. Die §§ 168–172 SGB VI re- 17 geln, wer die Beiträge aus den beitragspflichtigen Einnahmen zu tragen hat, während die §§ 173 f SGB VI Aussagen dazu enthalten, wer die Beiträge zu zahlen, dh an die Beitragseinzugsstelle bzw an den Träger der RV zu entrichten hat. Hier gilt der durch vielfache Ausnahmen durchbrochene Grundsatz, dass derjenige, der die Beiträge zu tragen hat, auch zahlungspflichtig, also Schuldner der Beiträge ist (§ 173 SGB VI).

b) Beschäftigte. Es sind drei Beschäftigtengruppen zu unterscheiden, und zwar gering- 18 fügig Beschäftigte, Pflichtversicherte mit einem Arbeitsentgelt zwischen 450,01 € und 850 € sowie Pflichtversicherte mit einem Arbeitsentgelt von mehr als 850 €.

Für **geringfügig Beschäftigte** sind seit 1.1.13 Pflichtbeiträge zu zahlen. Einzelheiten und 19 Übergangsregelung vgl *Geringfügige Beschäftigung* Rz 58 ff.

Für sog **Minijobs in der Gleitzone** (dazu § 20 Abs 2 SGB IV) sind für **Arbeitsentgelte** 20 **zwischen 450,01 und 850 €** zwar Pflichtbeiträge zu zahlen, jedoch ist insoweit der Grundsatz hälftiger Beitragstragung aufgehoben: Um in diesem Lohnbereich Anreize zur Arbeit zu schaffen, zahlt nur der ArbGeb den regulären auf das Arbeitsentgelt entfallenden „halben Beitrag"; der ArbN zahlt weniger als die „Hälfte des Beitrags". Der ArbNAnteil wächst in der Gleitzone von einem etwa 4%igen Beitrag bei 450,01 € auf annähernd die Hälfte des regulären Beitrages bei 850 € an (vgl § 163 Abs 10 SGB V). Die Beiträge sind als GesamtSozVBeitrag an die Einzugsstelle, dh für den ArbN jeweils zuständige Krankenkasse zu zahlen (vgl §§ 28d, 28e SGB IV). Rentenwirksam wird nur das nach der Gleitzonenformel ermittelte fiktive (Bemessungs-)Arbeitsentgelt, das regelmäßig niedriger ist, als das tatsächliche Bruttoarbeitsentgelt, zumal nur aus dieser fiktiven Bemessungsgrundlage Beiträge zur RV entrichtet werden. Dem ArbN wird in diesen Fällen ein Wahlrecht eingeräumt. Abweichend von § 163 Abs 10 Satz 1 SGB VI ist beitragspflichtige Einnahme das (Brutto)-Arbeitsentgelt aus der versicherungspflichtigen Beschäftigung, wenn der ArbN dies schriftlich gegenüber

355 Rentenversicherungsbeiträge

dem ArbGeb erklärt. Die Erklärung kann nur mit Wirkung für die Zukunft und bei mehreren Gleitzonen-Beschäftigungen nur einheitlich abgegeben werden. Sie ist für die Dauer der Beschäftigungen bindend.

21   Für ArbN mit einem **Arbeitsentgelt von mehr als 850 €** gilt folgendes: ArbGeb und ArbN tragen jeweils die Hälfte des Beitrages (§ 168 Abs 1 Nr 1 SGB VI). Zahlungsschuldner ist allein der ArbGeb. Er zahlt den Beitrag zur KV als GesamtSozVBeitrag an die zuständige Beitragseinzugsstelle (vgl §§ 28d, 28e und 28i SGB IV, vgl auch *Sozialversicherungsbeiträge; Lohnabzugsverfahren; Lohnlisten*.

22   Der ArbGeb trägt den Beitrag allein für die zu ihrer Berufsausbildung Beschäftigten, sofern die Ausbildungsvergütung den Betrag von monatlich 325 € nicht übersteigt; Gleiches gilt (nicht begrenzt auf 325 €) für Beschäftigte im freiwilligen sozialen oder ökologischen Jahr oder im Bundesfreiwilligendienst. **Beitragsschuldner** ist (abweichend vom Grundsatz des § 173 SGB VI) allein der ArbGeb: Er hat die auf das Arbeitsentgelt entfallenden Beiträge im Lohnabzugsverfahren (s *Lohnabzugsverfahren* Rz 25) als GesamtSozVBeitrag nach Maßgabe der §§ 28d–28n und 28r SGB IV an die Einzugsstelle zu entrichten (§ 174 Abs 1 SGB VI; s *Sozialversicherungsbeiträge*). Hausgewerbetreibende werden – obwohl sie selbstständig tätig sind – bezüglich der Beitragsverteilung und Beitragszahlung wie die gegen Entgelt beschäftigten (pflichtversicherten) ArbN behandelt (§§ 169 Nr 3, 174 Abs 1 SGB VI).

23   c) **Sonstige Personengruppen. Behinderte und Angehörige geistiger Genossenschaften** sowie ihre ArbGeb zahlen ebenfalls die Hälfte der Beiträge, wenn das Arbeitsentgelt eine bestimmte Höhe erreicht; ist dies nicht der Fall, trägt der ArbGeb die Beiträge allein (Einzelheiten s § 168 Abs 1 Nrn 2 und 4 SGB VI). Bei Personen, die für eine Erwerbstätigkeit befähigt werden sollen, wird der Beitrag vom ArbGeb getragen (§ 168 Abs 1 Nr 3 SGB VI). Beitragsschuldner ist auch insoweit in allen Fällen der ArbGeb (Träger der Einrichtung). **Selbstständig Tätige** tragen und zahlen ihre Beiträge selbst (§§ 169 Nr 1, 173 SGB VI). Besonderheiten bestehen für Seelotsen, für die die §§ 28d ff SGB IV entsprechend anwendbar sind. Bei Künstlern und Publizisten trägt die Beiträge die Künstlersozialkasse (§ 169 Nr 2 SGB VI), die aber nur dann zahlungspflichtig ist, wenn die Künstler und Publizisten ihrerseits ihren Beitragsanteil nach dem KSVG an die Künstlersozialkasse gezahlt haben (§ 175 Abs 2 SGB VI). **Bezieher von Vorruhestandsgeld** und die zur Zahlung des Vorruhestandsgeldes Verpflichteten tragen die Beiträge je zur Hälfte (§ 170 Abs 1 Nr 3 SGB VI), wobei der Zahlungsverpflichtete (idR der frühere ArbGeb) alleiniger Beitragsschuldner ist (§ 174 Abs 2 Nr 2 SGB VI). **Entwicklungshelfer oder im Ausland beschäftigte Deutsche** sind nicht zur Tragung der Beiträge verpflichtet. Die alleinige Beitragslast trifft diejenige Stelle, die den Antrag auf die Pflichtversicherung dieser Personen gestellt hat (§§ 4 Abs 1, 170 Abs 1 Nr 4 SGB VI); zur Verteilung der Beitragslast im Innenverhältnis durch abweichende Vereinbarung vgl § 179 Abs 2 SGB VI). Diese Stelle ist auch Beitragsschuldner (§ 173 Abs 2 Nr 3 SGB VI). Relevant werden diese Vorschriften nur, wenn kein Entsendungstatbestand vorliegt, kraft dessen die allgemeinen Beitragsentrichtungsvorschriften bereits unmittelbare Anwendung finden können (s *Auslandstätigkeit* Rz 68–72).

24   **Bezieher von Kranken- oder Verletztengeld** und die Leistungsträger dieser Leistungen tragen die zu entrichtenden Beiträge je zur Hälfte, soweit sie auf die Leistung entfallen und diese Leistungen nicht in Höhe der Leistungen der BA zu zahlen sind. Im Übrigen ist allein der Leistungsträger zur Beitragstragung verpflichtet, ebenso, wenn das der Leistung zugrunde liegende monatliche Arbeitsentgelt die Geringverdienstgrenze unterschreitet (§ 170 Abs 1 Nr 2 Buchst a SGB VI). Sind die Leistungsbezieher zur Beitragstragung verpflichtet, zahlen die Leistungsträger die Beiträge an die Träger der RV, wobei für den Beitragsabzug § 28g Satz 1 SGB IV entsprechend anwendbar ist (s *Lohnabzugsverfahren* Rz 25). **Bezieher von sonstigen Lohnersatzleistungen,** nämlich von Versorgungskrankengeld, Übergangsgeld, Unterhaltsgeld, AlGeld und AlGeld II tragen insoweit keine Beiträge; die Beitragslast trifft hier allein den zuständigen Leistungsträger (§ 170 Abs 1 Nr 2 Buchst b SGB VI), wobei die Beiträge als gezahlt gelten, wenn ein Träger der RV Träger der zur Leistung berechtigenden Reha ist (§ 176 Abs 3 SGB VI). Im Übrigen wird die Beitragszahlung zwischen den Leistungsträgern und den Trägern der RV durch Vereinbarung geregelt (§ 176 Abs 2 SGB VI).

25   **5. Wirksamkeit der Beitragszahlung** setzt die rechtzeitige Zahlung der Beiträge voraus. Pflichtbeiträge (auch solche der selbstständig Tätigen) sind wirksam, wenn sie gezahlt wer-

den, solange der Anspruch auf ihre Zahlung noch nicht verjährt ist (§ 197 Abs 1 SGB VI), wobei für die Verjährung § 25 Abs 1 SGB IV gilt (s *Sozialversicherungsbeiträge* Rz 29; zur Fristenberechnung vgl § 198 SGB VI). Freiwillige Beiträge dagegen sind nur wirksam, wenn sie bis zum 31.3. des Jahres, das dem Jahr folgt, für das sie gelten sollen, gezahlt werden (§ 197 Abs 2 SGB VI; zur Fristverlängerung in Härtefällen vgl § 197 Abs 3 SGB VI). Eine Vermutung der Beitragszahlung und damit Wirksamkeit der Beitragszahlung wird dann angenommen, wenn dem Träger der RV Beschäftigungszeiten ordnungsgemäß gemeldet worden sind (§ 199 SGB VI).

Unabhängig von der tatsächlichen Beitragszahlung oder einer ordnungsgemäßen Meldung sind Beschäftigungszeiten in der RV **als Beitragszeit anzuerkennen,** wenn der Versicherte glaubhaft macht, dass er eine versicherungspflichtige Beschäftigung gegen Arbeitsentgelt ausgeübt hat und für diese Beschäftigung entsprechende Beiträge gezahlt worden sind (§ 203 Abs 1 SGB VI). Macht der Versicherte zudem glaubhaft, dass der auf ihn entfallende Beitragsanteil vom Arbeitsentgelt abgezogen worden ist, so gilt der Beitrag als gezahlt (§ 203 Abs 2 SGB VI). Glaubhaftmachung liegt vor, wenn das Vorliegen einer Tatsache (hier: Beitragsabzug) nach dem Ergebnis der Ermittlungen, die sich auf sämtliche erreichbaren Beweismittel erstrecken sollen, überwiegend wahrscheinlich ist. Es müssen mehr Anhaltspunkte für als gegen die behauptete Tatsache sprechen. 26

6. Irrtümlich geleistete Pflichtbeiträge. Diese sind nur ausnahmsweise zu erstatten. § 26 Abs 1 SGB IV sieht insoweit Folgendes vor. Sind Pflichtbeiträge zu RV für Zeiten nach dem 31.12.72 (zB trotz Fehlens der Versicherungspflicht schon dem Grunde nach oder wegen Verkennung der Bemessungsgrundlagen der Höhe nach) zu Unrecht entrichtet und nicht spätestens bei der nächsten Prüfung beim ArbGeb (§ 28p SGB IV, *Außenprüfung*) beanstandet worden, gilt § 45 Abs 2 SGB X entsprechend. Beiträge, die nicht mehr beanstandet werden dürfen, gelten als zu Recht entrichtete Pflichtbeiträge (§ 26 Abs 1 Satz 2 SGB IV). Diese Regelung dient dem **Vertrauensschutz** (vgl BT-Drs 11/2221 S 19 zu Nr 3 – § 22). Wer die Betriebsprüfung durchgeführt hat (RVTräger oder früher: Einzugsstellen), ist dabei unerheblich. Die Bezugnahme auf § 45 Abs 2 SGB X begrenzt den Vertrauensschutz allerdings auf schutzwürdige Fälle: Danach darf ein rechtswidriger begünstigender Verwaltungsakt nicht zurückgenommen werden, soweit der Begünstigte auf den Bestand des Verwaltungsaktes vertraut hat und seine Vertrauen unter Abwägung mit dem öffentlichen Interesse an der Rücknahme schutzwürdig ist. Das Vertrauen ist idR schutzwürdig, wenn der Begünstigte erbrachte Leistungen verbraucht oder eine Vermögensdisposition getroffen hat, die er nicht mehr oder nur unter unzumutbaren Bedingungen rückgängig machen kann. Auf Vertrauen kann sich der Begünstigte gem § 45 Abs 2 Satz 2 SGB X nicht berufen, soweit er den Verwaltungsakt durch arglistige Täuschung, Drohung oder Bestechung erwirkt hat (Nr 1), der Verwaltungsakt auf Angaben beruht, die der Begünstigte vorsätzlich oder grob fahrlässig in wesentlicher Beziehung unrichtig oder unvollständig gemacht hat (Nr 2) oder er die Rechtswidrigkeit des Verwaltungsaktes kannte oder infolge grober Fahrlässigkeit nicht kannte. Dh: Der Versicherte genießt mE Vertrauensschutz, wenn er auf die Wirksamkeit der für ihn entrichteten Pflichtbeiträge vertraut hat und im Hinblick hierauf von einem anderweitigen Vorsorgeplan (zB private Lebensversicherung) abgesehen hat. Insoweit hat er ebenfalls „Dispositionen" getroffen, die er nicht mehr rückgängig machen kann. Gem § 26 Abs 1 SGB IV können somit bei künftigen Betriebsprüfungen immer nur die seit der letzten **beanstandungslos gebliebenen Betriebsprüfung** entrichteten Beiträge als zu Unrecht entrichtete Beiträge beanstandet werden (zur Rechtsnatur der Beanstandung vgl BSG 13.6.85 – 7 RAr 107/83, SozR 2100 § 27 Nr 4; 25.4.91 – 12 RK 31/90, SozR 3–2400 § 27 Nr 1). 27

Flankiert wird § 26 Abs 1 SGB IV durch die **Fiktion freiwilliger Beiträge.** Beiträge, die bei einer Betriebsprüfung als zu Unrecht entrichtet beanstandet, aber nicht zurückgefordert werden, gelten gem § 202 SGB VI als freiwillige Beiträge, wenn in der betreffenden Zeit für den Versicherten das Recht zur freiwilligen Versicherung bestand. Verlangt der ArbGeb den „Arbeitgeberanteil" zurück, hat der ArbN das Recht, die an den ArbGeb erstatteten Beiträge (wieder ein-) zu zahlen. Durch § 202 SGB VI können insbesondere Versicherte, die bereits vor dem 1.1.84 eine Anwartschaft auf Renten wegen Berufs- oder Erwerbsunfähigkeit erworben hatten, ihren Versicherungsschutz aufrecht erhalten: die Fiktion des § 202 Satz 1 SGB VI gilt auch für die Anwartschaftserhaltung gem §§ 240 Abs 2, 241 Abs 2 SGB VI). 28

356 Rentenversicherungsfreiheit

29 **7. Anhang: Aktuell geltende Werte der Beitragsbemessung in der Rentenversicherung.**

			2014 in €		2013 in €	
			alte Bl	neue Bl	alte Bl	neue Bl
(1)	**Beitragsbemessungsgrenze** für alle Versicherten					
	allgemeine RV Monat	jährlich	71.400,–	60.000,–	69 600,–	58 800,–
		monatlich	5.950,–	5.000,–	5800,–	4900,–
	knappschaftliche RV	jährlich	87.600,–	73.800,–	85 200,–	72 600,–
		monatlich	7.300,–	6.150,–	7100,–	6050,–
(2)	**Bezugsgröße**	jährlich	33.180,–	28.140,–	32340,–	27300,–
		monatlich	2.345,–	2.345,–	2695,–	2275,–
(3)	**Beitragssätze**					
	allgemeine RV		18,9 vH	18,9 vH	18,9 vH	18,9 vH
	knappschaftliche RV		25,1 vH	25,1 vH	25,1 vH	25,1 vH

Zum Beitragssatz seit 1.1.10 vgl Bekanntmachung vom 6.11.09, BGBl I 09, 3705; seit 1.1.11 vgl Bekanntmachung vom 16.11.10, BStBl I 10, 1550. Zur Beitragssatzsenkung von 19,9 auf 19,6 vH bzw von 26,4 auf 26,0 vgl BeitragssatzVO 2012 vom 19.12.11, BGBl I 11, 2795. Beitragssatz seit 1.1.13 vgl BeitragssatzG vom 5.12.12, BGBl I 12, 2446. Beitragssatz ab 1.1.2014 vgl Bekanntmachung vom 19.12.13, BGBl I 4313.

Rentenversicherungsfreiheit

A. Arbeitsrecht *Griese*

1 S *Sozialversicherungsbeiträge, Befreiung von der Versicherungspflicht, Beitragsbemessungsgrenzen* und *Bruttolohnvereinbarung*.

B. Lohnsteuerrecht *Windsheimer*

2 Die RVFreiheit kann für die LSt von Bedeutung sein bei *Altersrente* Rz 8 ff; *Sozialversicherungsbeiträge* Rz 14 ff; s auch *Rentenversicherungspflicht* Rz 2.
Zur steuerlichen Behandlung von Beiträgen aufgrund freiwilliger RV s *Rentenversicherungsbeiträge* Rz 6. Zum Sonderausgabenabzug s *Sonderausgaben* Rz 7 ff.

C. Sozialversicherungsrecht *Ruppelt*

3 **1. Begriff.** Zu unterscheiden ist zwischen der **Versicherungsfreiheit kraft Gesetzes** (§ 5 SGB VI) und der **Befreiung von der Versicherungspflicht auf Antrag** (§ 6 SGB VI). Bei Versicherungsfreiheit kraft Gesetzes erfüllt der Beschäftigte zwar grds die Voraussetzungen für die RVPflicht nach §§ 1 und 2 SGB VI, ist aber dennoch von der Versicherungspflicht ausgenommen, weil er einem anderen Sicherungssystem (zB als Beamter) angehört oder aus sonstigen Gründen des Versicherungsschutzes nicht bedarf (zB als Rentner). Die **Befreiung von der Versicherungspflicht auf Antrag** kann nur erfolgen, wenn grds RVPflicht vorliegt, jedoch ein Befreiungstatbestand gegeben ist und der Versicherte die Befreiung beantragt. Die Versicherungspflicht in den verschiedenen Zweigen der SozV ist unterschiedlich geregelt. Daher folgt aus dem Umstand der Versicherungsfreiheit oder Versicherungspflicht in der RV nicht zwingend eine entsprechende Regelung in den anderen Zweigen der SozV.

4 **2. Versicherungsfreiheit kraft Gesetzes** (§ 5 SGB VI) ist die Ausnahme zur RVPflicht nach §§ 1 bis 3 SGB VI. Daher findet diese Vorschrift grds nur Anwendung, wenn dem Grunde nach eine versicherungspflichtige **Beschäftigung und/oder selbstständige Tätigkeit** ausgeübt wird. Dabei ist bei Mehrfachbeschäftigten oder bei Personen, die zugleich als ArbN und selbstständig tätig sind, für jede Tätigkeit **getrennt** zu prüfen, ob Versicherungspflicht bzw Versicherungsfreiheit gegeben ist (BSG 4.11.09 – B 12 R 7/08 R, SozR 4–2600 § 2 Nr 13).

Rentenversicherungsfreiheit

Wie die *Rentenversicherungspflicht* tritt auch die Versicherungsfreiheit kraft Gesetzes ungeachtet der Kenntnis und des Willens von ArbGeb und ArbN ein und beginnt mit dem Tag des Eintritts des sie auslösenden Tatbestandes. Entsprechendes gilt für die Beendigung der Versicherungsfreiheit. Systematische Darstellung der Freistellungstatbestände in *Schulin* Bd 3/ *Voelzke* § 17.

a) Beamte und Richter auf Lebenszeit, auf Zeit oder Probe, **Berufssoldaten und Soldaten auf Zeit** sowie **Beamte auf Widerruf im Vorbereitungsdienst** sind in dieser Beschäftigung versicherungsfrei (§ 5 Abs 1 Satz 1 Nr 1 SGB VI).

b) Sonstige Beschäftigte öffentlich-rechtlicher ArbGeb, denen nach beamten- oder kirchenrechtlichen Regelungen **Anwartschaft auf Versorgung** bei verminderter Erwerbsfähigkeit und im Alter sowie auf Hinterbliebenenversorgung zusteht, sind unter den weiteren Voraussetzungen des § 5 Abs 1 Satz 2 SGB VI in dieser Beschäftigung versicherungsfrei (§ 5 Abs 1 Satz 1 Nr 2 SGB VI). Gleiches gilt für **satzungsmäßige** Mitglieder geistlicher Genossenschaften, Diakonissen und Angehörige ähnlicher Gemeinschaften, wenn ihnen nach Maßgabe von § 5 Abs 1 Satz 1 Nr 3 SGB VI **Anwartschaft auf Versorgung** zusteht. Novizen und Postulanten sind als **nicht-satzungsmäßige** Mitglieder geistlicher Genossenschaften nicht versicherungsfrei (vgl *Rentenversicherungspflicht* Rz 6).

c) Geringfügige Beschäftigung. Bis zum 31.12.12 bestand in der RV bei entgeltgeringfügiger Beschäftigung grundsätzlich Versicherungsfreiheit mit der Möglichkeit, auf die Versicherungsfreiheit zu verzichten. Seit dem 1.1.13 ist durch das „Gesetz zu Änderungen im Bereich der geringfügigen Beschäftigung" vom 5.12.2012 (BGBl I 2012, 2474) für eine entgeltgeringfügige Beschäftigung grundsätzlich Versicherungspflicht in der **Rentenversicherung** eingeführt worden. Für die Kranken-, Pflege- und ArbIV gilt dies nicht. Versicherte können sich jedoch ohne Angabe von Gründen von dieser RVPflicht befreien lassen (§ 6 Abs 1b SGB VI). Der Gesetzentwurf bezeichnet dies als „Wechsel von Opt-in zu Opt-out". Die Befreiung ist für im Rahmen betrieblicher Berufsausbildung Beschäftigter nicht möglich (BSG 15.7.09 – B 12 KR 14/08 R, SozR 4–500 § 7 Nr 1). Vgl im Einzelnen und zu Übergangsregelungen für vor dem 1.1.13 aufgenommene Tätigkeiten *Geringfügige Beschäftigung* Rz 25 ff. Versicherungsfrei ist auch eine geringfügige nicht erwerbsmäßige **Pflegetätigkeit** (§ 5 Abs 2 Nr 3 SGB VI). Die Geringfügigkeit ist eigenständig und abweichend von der sonstigen Beschäftigung in § 5 Abs 2 Satz 4 iVm § 166 Abs 2 SGB VI in Abhängigkeit der aufgewendeten Stunden und der Pflegestufe geregelt. Zur Versicherungspflicht der nicht erwerbsmäßigen Pflege Pflegebedürftiger nach dem SGB XI über der Geringfügigkeitsgrenze s *Pflegezeit* Rz 56, *Rentenversicherungspflicht* Rz 10.

d) Studenten. Studenten sind in Beschäftigungen neben ihrem Studium nach allg Regeln rentenversicherungspflichtig. Die Regelung gilt nur für die RV. In der KV, ArbIV und PflegeV bleiben Studenten grds versicherungsfrei, wenn der Beschäftigte nach seinem Erscheinungsbild Student bleibt, also das Studium und nicht die Beschäftigung im Vordergrund steht (LSG Berlin-Brandenburg 11.6.08 – L 9 KR 1041/05, BeckRS 2008, 54655; s *Krankenversicherungspflicht* Rz 22 f; *Studentenbeschäftigung* Rz 38 ff).

Für die RVPflicht sind die Beschäftigungsverhältnisse und selbstständigen Tätigkeiten ordentlicher Studierender wie die anderer, nicht versicherungsfreier oder von der Versicherungspflicht befreiter Personen nach den §§ 1, 2 SGB VI zu beurteilen. Sofern danach die Beschäftigung oder Tätigkeit Versicherungspflicht begründet, gilt eine Ausnahme für **Praktika**. Nach Maßgabe des § 5 Abs 3 SGB VI besteht Versicherungsfreiheit in der RV für Personen, die während der Dauer eines Studiums als ordentliche Studierende einer Fachschule oder Hochschule ein (Pflicht-)Praktikum ableisten, das in ihrer Prüfungsordnung vorgeschrieben ist (s im Einzelnen *Praktikant* Rz 23 ff). Teilnehmer an dualen Studiengängen (berufsbegleitend oder berufsintegriert) unterliegen während der gesamten Dauer des Studiengangs der SozVPflicht (§ 1 Satz 5 SGB VI, vgl *Krankenversicherungspflicht* Rz 16). Sonstige Beschäftigungen von Studierenden können nach allg Regeln, etwa wegen Geringfügigkeit, versicherungsfrei sein.

e) Bezieher einer **Vollrente wegen Alters und Versorgungsempfänger** (nach beamtenrechtlichen Grundsätzen oder entsprechenden kirchenrechtlichen Regelungen oder nach den Regelungen einer berufsständischen Versorgungseinrichtung) nach Erreichen einer Altersgrenze sind unter den Voraussetzungen des § 5 Abs 4 SGB VI versicherungsfrei. Gleiches gilt für Personen, die bis zum Erreichen der Regelaltersgrenze nicht versichert waren oder nach Erreichen dieser Grenze eine Beitragserstattung aus ihrer Versicherung erhalten haben. Liegt Versicherungsfreiheit wegen der Zugehörigkeit zu diesem Personenkreis vor, hat der ArbGeb dennoch **die Hälfte des Rentenversicherungsbeitrags** zu zahlen, der zu zahlen wäre, wenn Versicherungspflicht bestünde, sofern die vom Altersrentner oder ihm gleichgestellten Personen verrichtete Beschäftigung nicht (auch) aus anderen Gründen versicherungsfrei ist (§ 172 Abs 1 SGB VI). Dies soll einem Wettbewerbsvorteil der Altersrentner gegenüber versicherungspflichtigen Beschäftigten entgegenwirken.

11 3. **Befreiung von der Versicherungspflicht auf Antrag** ist nach § 6 SGB VI für Beschäftigte oder selbstständig Tätige möglich, die zwar dem Grunde nach eine versicherungspflichtige Tätigkeit ausüben, die aber aufgrund anderweitiger Sicherung des Schutzes der gesetzlichen RV nicht bedürfen. Die Befreiung von der Versicherungspflicht erfolgt **nur auf Antrag** des Betroffenen bzw in den Fällen § 6 Abs 1 Satz 1 Nr 2 und 3 SGB VI seines ArbGeb (§ 6 Abs 2 SGB VI) durch Entscheidung des RVTrägers. Siehe im Einzelnen: *Befreiung von der Versicherungspflicht* Rz 3 ff.

12 4. **Besonderheiten im Beitrittsgebiet.** Personen, die am 31.12.91 im Beitrittsgebiet **versicherungspflichtig** waren und nicht nach §§ 1–3 SGB VI versicherungspflichtig sind, bleiben in der jeweiligen Tätigkeit oder für die Zeit des jeweiligen Leistungsbezuges versicherungspflichtig. **Selbstständige**, die am 31.12.91 im Beitrittsgebiet aufgrund eines Versicherungsvertrages von der Versicherungspflicht befreit waren, bleiben in der jeweiligen Tätigkeit von der Versicherungspflicht befreit.

13 5. **Entsendung.** Versicherungsfreiheit (in allen Zweigen der SozV) besteht in den Entsendefällen nach § 5 Abs 1 SGB IV (Ausstrahlung). Hierfür ist ein ausländisches Beschäftigungsverhältnis und eine im Voraus zeitlich begrenzte Tätigkeit im Inland erforderlich. Werden ausländische ArbN konzernintern an eine inländische Tochtergesellschaft entsandt und sind die ArbN in den inländischen Betrieb eingegliedert und erhalten von diesem ihr Gehalt, unterliegen sie grds der RVPflicht (s im Einzelnen *Auslandstätigkeit* Rz 116 ff).

Rentenversicherungspflicht

A. Arbeitsrecht
Griese

1 Die RentenVPflicht betrifft das Verhältnis zwischen dem Versicherungspflichtigen und dem Träger der RV. Sie hat arbeitsrechtlich die Auswirkung, dass der ArbGeb den Beitrag zur RV fehlerfrei errechnen und als Teil des GesamtSozVBeitrages abführen muss (BAG 30.4.08 – 5 AZR 725/07, NZA 08, 884 (s *Sozialversicherungsbeiträge, Beitragsbemessungsgrenzen* und *Bruttolohnvereinbarung*. Zur *Befreiung von der Versicherungspflicht* s dort).

B. Lohnsteuerrecht
Windsheimer

2 Zur Tatbestandswirkung für die Frage der Steuerfreiheit oder -pflicht von ArbGeb-Zuschüssen s *Krankenversicherungspflicht* Rz 2, *Pflegeversicherungsbeiträge* Rz 7; s auch *Sonderausgaben* Rz 7 ff. Aufwendungen des ArbN für das Statusfeststellungsverfahren sind Werbungskosten (BFH 6.5.10 – VI R 25/09, BStBl II 10, 851; s *Meldepflichten Arbeitgeber* Rz 34).

C. Sozialversicherungsrecht
Ruppelt

3 1. **Allgemeines.** Die Versicherungspflicht zur gesetzlichen RV ist in den §§ 1–4 SGB VI geregelt. Die Versicherungspflicht in der gesetzlichen RV folgt dem Enumerationsprinzip. Es handelt sich bei Erfüllung der gesetzlichen Voraussetzungen um eine Versicherung kraft Gesetzes mit daraus folgender Pflicht zur Beitragsentrichtung, ohne dass es auf den Willen oder die Kenntnis des Versicherungspflichtigen oder eines Dritten ankommt. Eine systematische Darstellung der RVPflicht findet sich bei *Schulin* Bd 3/*Voelzke* §§ 16, 17.

4 Als Besonderheit sieht die gesetzliche RV die **auf Antrag entstehende Versicherungspflicht** vor (§ 4 SGB VI). Darüber hinaus gibt es die Möglichkeit der **freiwilligen Versicherung** (§ 7 SGB VI). Die freiwillige Versicherung steht allen Personen offen, die nicht versicherungspflichtig sind und ihren gewöhnlichen Aufenthalt im Geltungsbereich des

Rentenversicherungspflicht

Gesetzes haben oder deutsche Staatsangehörige sind (§ 7 Abs 1 SGB VI). Nach Bewilligung oder Bezug einer Vollrente wegen Alters ist die freiwillige Versicherung nicht mehr möglich.

2. Versicherungspflicht kraft Gesetzes. a) Beschäftigte. Versicherungspflichtig sind 5 Personen, die gegen Arbeitsentgelt (§ 14 SGB IV) oder zu ihrer Berufsausbildung beschäftigt sind (§ 1 Satz 1 Nr 1 SGB VI; vgl *Schulin* Bd 3/*Voelzke* § 16 Rz 8 ff). Dies gilt auch während des Bezuges von **Kurzarbeitergeld.** Zur Versicherungspflicht **geringfügig Beschäftigter** s *Geringfügige Beschäftigung* Rz 25 ff. Der **Teilzeit-Arbeitnehmer** nach dem AltTZG ist pflichtversichert auch in den Phasen, in denen er von der Arbeitsleistung freigestellt ist. Entsprechendes gilt in der Kranken-, Pflege- und Arbeitslosenversicherung (s *Altersteilzeit* Rz 57). Zur RVPflicht der **Studenten,** die während ihres Studiums gegen Arbeitsentgelt tätig sind, s *Rentenversicherungsfreiheit* Rz 9. Neben den Beschäftigten im engeren Sinne werden von der RVPflicht auch sonstige Personen, die eine Tätigkeit ausüben, erfasst (Beschäftigte im Bundesfreiwilligendienst und im freiwilligen sozialen oder ökologischen Jahr, s *Freiwilligendienste* Rz 16). Dazu gehören auch Behinderte, soweit sie unter den in § 1 Satz 1 Nr 2 SGB VI genannten Voraussetzungen in geeigneten Einrichtungen einer Erwerbstätigkeit in gewisser Regelmäßigkeit nachgehen. S auch *Dieckmann* Der Status des Werkunternehmers als Beschäftigter im Sinne des § 7 SGB IV, NZS 13, 647.

Ebenso zählen dazu Personen, die in Einrichtungen der Jugendhilfe oder in Berufsbil- 6 dungswerken oder ähnlichen Einrichtungen für Behinderte für eine Erwerbstätigkeit befähigt werden sollen, Auszubildende, die in einer außerbetrieblichen Einrichtung im Rahmen eines Berufsausbildungsvertrages nach dem BBiG ausgebildet werden sowie Mitglieder geistlicher Gemeinschaften während ihres Dienstes für die Gemeinschaft und während ihrer außerschulischen Ausbildung (§ 1 Satz 1 Nrn 3, 3a, 4 SGB VI). Die Versicherungspflicht von Personen, die gegen Arbeitsentgelt oder zu ihrer Berufsausbildung beschäftigt sind, erstreckt sich auch auf Deutsche, die im Ausland bei einer amtlichen Vertretung des Bundes oder der Länder oder bei deren Leitern, deutschen Mitgliedern oder Bediensteten beschäftigt sind. **Mitglieder des Vorstandes einer AG** sind in dem Unternehmen (Konzern), dessen Vorstand sie angehören nicht versicherungspflichtig (§ 1 Abs 2 Satz 4 SGB VI). Die Versicherungsfreiheit ist beschäftigungsbezogen, dh Beschäftigungsverhältnisse in konzernfremden Unternehmen werden nicht erfasst. Das Vorstandsmitglied (auch stellvertretendes Mitglied) einer AG ist sowohl in dieser Tätigkeit als auch in allen sonstigen Beschäftigungen für die AG oder Konzernunternehmen rentenversicherungsfrei, auch wenn diese Beschäftigungen dem Grunde nach versicherungspflichtig wären (KassKomm/*Gürtner* § 1 SGB VI Rz 34 ff; *Müller/Schulz* Rein in den Vorstand – Raus aus der Rente? BB 08, 2010; BSG 9.11.11 – B 12 R 1/10 R, BSGE 109, 265). Eine **Private Limited Company (PLC)** nach britischem oder irischem Recht entspricht nicht einer inländischen AG. Für die RVpflicht mitarbeitender Gesellschafter einer solchen Gesellschaft gelten die Grundsätze einer GmbH nach deutschem Recht (vgl *Geschäftsführer* Rz 51; BSG 27.2.08 – B 12 KR 23/06 R, SozR 4–2600 § 1 Nr 3). Zur Versicherungspflicht einer Tätigkeit im Inland für ausländischen ArbGeb s *Rentenversicherungsfreiheit* Rz 20. Nach § 1 Satz 2 des Gesetzes zur Regelung der Rechtsverhältnisse der Prostituierten (ProstG) vom 20.12.01 (BGBl I 01, 3983) kann **Prostitution** im Rahmen eines versicherungspflichtigen Beschäftigungsverhältnisses ausgeübt werden. Nach § 3 ProstG steht das eingeschränkte Weisungsrecht im Rahmen einer solchen abhängigen Tätigkeit der Annahme einer Beschäftigung iSd des SozVRechts nicht entgegen. Die rentenversicherungsrechtliche und praktische Bedeutung dieses Gesetzes ist minimal.

b) Selbstständig Tätige unterliegen der Versicherungsspflicht in der gesetzlichen RV nur 7 dann, wenn sie in § 2 Satz 1 Nrn 1–10 SGB VI ausdrücklich aufgeführt sind (*Schulin* Bd 3/ *Voelzke* § 16 Rz 126 ff). Es handelt sich ungeachtet ihrer rechtlichen Unabhängigkeit und Eigenbestimmtheit um Gruppen von Selbstständigen, die hinsichtlich ihrer sozialen Schutzbedürftigkeit den abhängig Beschäftigten so nahe stehen, dass auch ihre Einbeziehung in das RVSystem geboten ist.

Versicherungspflichtig sind selbstständig tätige
– Lehrer und Erzieher, die im Zusammenhang mit ihrer **selbstständigen Tätigkeit** keinen 8 versicherungspflichtigen ArbN iSv § 2 Satz 2 SGB VI beschäftigen. Lehrer iSd Regelung sind alle Personen, die durch Erteilung theoretischen oder praktischen Unterrichts Allgemeinbildung oder spezielle Kenntnisse, Fähigkeiten oder Fertigkeiten vermitteln (BSG

357 Rentenversicherungspflicht

27.9.07 – B 12 R 12/06 R, Die Beiträge Beilage 08, 60 mwN). Unter diese umstrittene Regelung fallen grds alle selbstständig ausgeübten Lehrtätigkeiten oberhalb der Geringfügigkeitsgrenze (s *Geringfügige Beschäftigung* Rz 25 ff), auch wenn sie neben einer anderen (versicherungspflichtigen oder versicherungsfreien) Beschäftigung ausgeübt werden (BSG 12.10.2000 – B 12 RA 2/99 R, SozR 3–2600 § 2 Nr 5 zum Dozent und Unternehmensberater; LSG Hess 29.3.07 – L 1 KR 138/06, BeckRS 07, 44440 zur nebenberuflichen Dozententätigkeit eines Richters; BayLSG 17.3.10 – L 13 R 550/09, RV 10, 122 zum Aerobictrainer; LSG Berlin-Brandenburg 13.4.11 – L 9 KR 294/08, Die Beiträge Beilage 11, 228 zum Lehrbeauftagten an Berliner Hochschulen; BSG 25.5.11 – B 12 R 13/09 R, SozR 4–2600 § 2 Nr 14 zur Tagesmutter als selbstständige Erzieherin). Die Beschäftigung eines versicherungspflichtigen ArbN steht nicht in Zusammenhang mit der selbstständigen Tätigkeit eines Lehrers oder Erziehers, wenn die Beschäftigung zu dieser Tätigkeit keinen Bezug hat (zB Hausgehilfin ausschließlich im Haushalt). Werden mehrere ArbN geringfügig beschäftigt, werden die Entgelte zusammengerechnet. Wird danach die Geringfügigkeitsgrenze überschritten, besteht keine Versicherungspflicht des Lehrers oder Erziehers (BSG 23.11.03 – B 12 RA 5/03 R, SozR 4–2600 § 231 Nr 1).
– Pflegepersonen, die in der Kranken-, Wochen-, Säuglings- oder Kinderpflege tätig sind und im Zusammenhang mit ihrer selbstständigen Tätigkeit keinen versicherungspflichtigen ArbN iSv § 2 Satz 2 SGB VI beschäftigen. Für die Pflegeberufe typische Merkmale sind, dass sie einerseits nicht die Heilkunde als solche umfassen, andererseits eine über die bloß mechanische Hilfeleistung hinausgehende Tätigkeit als Hilfsperson eines Arztes beinhalten (vgl zum Physiotherapeuten BSG 12.1.07 – B 12 R 14/06 B, BeckRS 2007, 40674). Ein selbstständig tätiger Arzt oder Heilpraktiker unterliegt daher nicht der Versicherungspflicht. Zur Versicherungspflicht von Pflegepersonen iSd SGB XI s Rz 10 u *Pflegezeit* Rz 56.
– Hebammen und Entbindungspfleger.
– Seelotsen der Reviere iSd Gesetzes über das Seelotsenwesen.
– Künstler und Publizisten nach näherer Bestimmung des KSVG (s *Künstlersozialversicherung* Rz 11 ff).
– Hausgewerbetreibende, die in eigener Arbeitsstätte im Auftrag und für Rechnung Dritter gewerblich arbeiten, auch wenn sie Roh- oder Hilfsstoffe selbst beschaffen oder vorübergehend für eigene Rechnung tätig sind (§ 12 Abs 1 SGB IV).
– Küstenschiffer und Küstenfischer, die zur Besatzung ihres Fahrzeuges gehören oder als Küstenfischer ohne Fahrzeug fischen und regelmäßig nicht mehr als vier versicherungspflichtige ArbN iSv § 2 Satz 2 SGB VI beschäftigen.
– Gewerbetreibende, die in die **Handwerksrolle** eingetragen sind und in ihrer Person die für die Eintragung in die Handwerksrolle erforderlichen Voraussetzungen erfüllen, wobei Eintragungen aufgrund der Führung eines Handwerksbetriebes nach §§ 2–4 HandwO außer Betracht bleiben; ist eine Personengesellschaft in die Handwerksrolle eingetragen, gilt als Handwerker, wer als Gesellschafter in seiner Person die Voraussetzungen für die Eintragung in die Handwerksrolle erfüllt. Die Handwerkerversicherungspflicht beginnt und besteht nur dann und solange, wenn und wie der Handwerker seine handwerkliche Erwerbstätigkeit tatsächlich ausübt und zugleich in die Handwerksrolle eingetragen ist; sie endet bereits mit dem Wegfall nur einer dieser kumulativ zu erfüllenden Voraussetzungen. Gewerbetreibende im zulassungsfreien Handwerk unterliegen nicht der RVPflicht. Nach 18 Jahren Pflichtmitgliedschaft besteht für Gewerbetreibende in Handwerksbetrieben eine Befreiungsmöglichkeit von der RVPflicht nach § 6 Abs 1 Satz 1 Nr 4 SGB VI (vgl *Rentenversicherungsfreiheit* Rz 17; LSG BaWü 15.2.11 – L 13 R 741/10, *Breithaupt* 11, 447 mit Anm *Dankelmann* juris PR – SozR 20/2011).

9 – ArbNÄhnliche Selbstständige iSv § 2 Satz 1 Nr 9 SGB VI. Das sind Personen, die im Zusammenhang mit ihrer selbstständigen Tätigkeit regelmäßig keinen versicherungspflichtigen ArbN iSv § 2 Satz 2 SGB VI beschäftigen und auf Dauer und im Wesentlichen nur für einen Auftraggeber tätig sind. Zur Vermeidung divergierender Statusentscheidungen (Selbstständiger oder Beschäftigter) kann eine abschließende Entscheidung der BfA nach § 7a SGB IV herbeigeführt werden (vgl im Einzelnen *Scheinselbstständigkeit* Rz 16). Es wird weiterhin unterschieden zwischen **scheinselbstständig Beschäftigten** (in allen Zweigen der SozV versicherungspflichtig) und **arbeitnehmerähnlichen Selbstständigen** (nur in der RV versicherungspflichtig). ArbNÄhnliche Selbstständige sind danach selbstständig

Rentenversicherungspflicht 357

tätige Personen, die im Zusammenhang mit ihrer selbstständigen Tätigkeit regelmäßig keinen versicherungspflichtigen ArbN beschäftigen, dessen Beschäftigungsverhältnis die Geringfügigkeitsgrenze (s *Geringfügige Beschäftigung* Rz 25 ff) übersteigt, **und** die auf Dauer und im Wesentlichen nur für einen Auftraggeber tätig sind. Bei Gesellschaftern gelten als Auftraggeber die Auftraggeber der Gesellschaft. Damit steht der Versicherungsfreiheit eines Gesellschafter-Geschäftsführers nicht entgegen, dass dieser nur für die Gesellschaft tätig wird (vgl *Geschäftsführer* Rz 41 ff). Zur Versicherungspflicht eines selbstständig tätigen EDV-Beraters: BayLSG 15.10.09 – L 14 R 463/06, BeckRS 2010, 65315; zur Versicherungspflicht von Franchise-Nehmern: BSG 4.11.09 – B 12 R 3/08 R, NJW 10, 2010. Selbstständige, die keinen ArbN beschäftigen und nur für einen Auftraggeber tätig sind, können sich von der RVPflicht nach Maßgabe von § 6 Abs 1a SGB VI **befreien** lassen. Dies gilt für **Existenzgründer** für einen Zeitraum von drei Jahren, der insgesamt zweimal in Anspruch genommen werden kann und ohne Befristung für **über 58-jährige Selbstständige**, die bisher nicht versicherungspflichtig waren (§ 6 Abs 1a SGB VI). Die Befreiung wirkt vom Vorliegen der Befreiungsvoraussetzungen an, wenn sie innerhalb von drei Monaten beantragt wird, sonst vom Eingang des Antrags an. Einzelheiten des Antragsverfahrens regelt § 6 Abs 2–5 SGB VI.

c) Sonstige Versicherte (*Schulin* Bd 3/*Voelzke* § 16 Rz 162 ff). Der Versicherungspflicht **10** in der RV unterliegen nach § 3 SGB VI des Weiteren
– Personen in der Zeit, für die ihnen Kindererziehungszeiten anzurechnen sind (vgl *Kindervergünstigungen* Rz 41 ff). Für Zeiten der Erziehung eines Kindes in dessen ersten drei Lebensjahren werden Pflichtbeiträge in vollem Umfang vom Bund getragen (§ 56 Abs 1 Satz 1 SGB VI iVm § 170 Abs 1 Nr 1 SGB VI), wenn das Kind nach dem 31.12.91 geboren ist. Für davor geborene Kinder ergeben sich die Kindererziehungszeiten aus §§ 249, 249a SGB VI (vgl *Rentenversicherungsrechtliche Zeiten* Rz 17).
– Personen in der Zeit, in der sie einen Pflegebedürftigen iSd § 14 SGB XI nicht erwerbsmäßig wenigstens 14 Stunden wöchentlich in seiner häuslichen Umgebung pflegen (**nicht erwerbsmäßig tätige Pflegepersonen**), wenn der Pflegebedürftige Anspruch auf Leistungen aus der sozialen oder einer privaten PflegeV hat (§ 3 Satz 1 Nr 1a SGB VI). Das gilt auch, wenn die Mindeststundenzahl nur durch die Pflege mehrerer Pflegebedürftiger erreicht wird. Bei der Feststellung, ob die notwendige Mindeststundenzahl der Pflege erreicht ist, ist nur der notwendige Hilfebedarf im Bereich der Grundpflege und der hauswirtschaftlichen Versorgung iSv § 14 Abs 4 SGB XI zu berücksichtigen (s *Pflegeversicherungsleistungen* Rz 7). Weitergehende oder andere Pflegeleistungen können insoweit nicht berücksichtigt werden (BSG 5.5.10 – B 12 R 6/09 R, Die Beiträge Beilage 10, 292). Pflegepersonen, die für ihre Tätigkeit von den Pflegebedürftigen ein Arbeitsentgelt erhalten, welches das Pflegegeld nicht übersteigt, gelten als nicht erwerbsmäßig tätig. Voraussetzung ist, dass die Pflegeperson neben der Pflege nicht regelmäßig mehr als dreißig Stunden in der Woche erwerbstätig ist und bereits dadurch einen ausreichenden rentenrechtlichen Schutz aufbauen kann. Die **Beiträge** werden von der Pflegekasse oder dem privaten Versicherungsunternehmen aufgebracht. Die nicht erwerbsmäßig tätige Pflegeperson braucht also keine eigenen RVBeiträge zu entrichten, obwohl RVPflicht besteht. Besteht Streit über die Versicherungspflicht, entscheidet der RVTräger über die Versicherungspflicht (BSG 23.9.03 – B 12 P 2/02 R, NZS 04, 369). Die Höhe der zu erzielenden Rentenanwartschaften richtet sich nach der Pflegestufe des Pflegebedürftigen und dem zeitlichen Aufwand der Pflege. Siehe auch *Pflegezeit* Rz 56, *Pflegeversicherungsleistungen* Rz 36. Die Versicherungspflicht erwerbsmäßig tätiger Pflegepersonen richtet sich nach den allgemeinen Vorschriften.
– Wehrdienstleistende in der Zeit, in der sie mehr als drei Tage Wehrdienst leisten; das gilt **11** nach Maßgabe des § 3 Satz 4 SGB VI nicht, falls Arbeitsentgelt oder Leistungen für Selbstständige nach § 13a UnterhaltssicherungsG (weiter-)gezahlt werden (s *Wehrdienst* Rz 25). Pflichtversichert nach diesen Grundsätzen sind auch Personen, die im Rahmen einer besonderen Auslandsverwendung freiwillig Wehrdienst leisten (Verwendung aufgrund eines Übereinkommens, eines Vertrags oder einer Vereinbarung mit einer über- oder zwischenstaatlichen Einrichtung oder mit einem auswärtigen Staat auf Beschluss der Bundesregierung). Versicherungspflichtig sind auch Personen in einem Wehrdienstverhältnis besonderer Art nach § 6 des Einsatz-Weiterverwendungsgesetzes (§ 1 Satz 2 iVm § 3 Satz 1 Nr 2, 2a, Satz 4 SGB VI).

12 – Bezieher von *Krankengeld*, Verletztengeld, Versorgungskrankengeld (§§ 16 ff BVG), *Übergangsgeld* oder **AlGeld I,** wenn sie im letzten Jahr vor Beginn der Leistung zuletzt versicherungspflichtig waren. Der Zeitraum von einem Jahr verlängert sich um Anrechnungszeiten (s *Rentenversicherungsrechtliche Zeiten* Rz 4) wegen des Bezugs von AlGeld II. Maßgebend ist nicht das vor dem Leistungsbeginn liegende Kj, sondern das Datum des Vorjahres, das dem Tag des Leistungsbeginnes entspricht. Es ist ausreichend, dass der Leistungsbezieher bis zu einem beliebigen Zeitpunkt innerhalb dieses Jahres versicherungspflichtig war **und** nicht in der Zeit zwischen dem Ende der Versicherungspflicht und dem Beginn der Leistung versicherungsfrei, von der Versicherung befreit oder freiwillig versichert gewesen ist.
 – Lebendorganspender nach näherer Maßgabe von § 3 Satz 1 Nr 3a SGB VI in der Zeit, für die sie Leistungen für den Ausfall von Arbeitseinkünften im Zusammenhang mit einer Organspende nach den §§ 8 und 8a TransplantationsG erhalten.

13 Seit 1.1.11 besteht für Bezieher von **AlGeld II** keine RVPflicht mehr, dh der bisher von den Leistungsträgern für die AlGeld II-Bezieher gezahlte monatliche Betrag von 40 € an die RV entfällt mit entsprechenden Auswirkungen auf die zu erwartende Rentenhöhe (§ 3 Satz 1 Nr 3 SGB VI idF des Art 19 des HBeglG 2011 v 9.12.10, BGBl I 2010, 1885). Die Bezugszeit kann nur noch als Anrechnungszeit berücksichtigt werden (s *Rentenversicherungsrechtliche Zeiten* Rz 9).

14 **3. Versicherungspflicht auf Antrag** (Schulin Bd 3/*Voelzke* § 16 Rz 204 ff). Auf Antrag versicherungspflichtig sind nach näherer Bestimmung durch § 4 Abs 1–3 SGB VI:
 – Entwicklungshelfer iSd Entwicklungshelfer-Gesetzes, die Entwicklungsdienst oder Vorbereitungsdienst leisten.
 – Beschäftigte während einer **zeitlich begrenzten Auslandstätigkeit.** Die Begrenzung muss sich nicht aus Vertrag oder der Eigenart der Beschäftigung ergeben. Ausreichend ist, dass die Begrenzung zum Zeitpunkt der Antragstellung feststeht. Berechtigt sind Deutsche Staatsangehörige, EU-Staatsangehörige und Angehörige eines Vertragsstaates des EWR sowie Schweizer Staatsangehörige. Entsprechendes gilt nach näherer Bestimmung in § 4 Abs 1 Satz 2 SGB VI ohne zeitliche Begrenzung für Beschäftigte bei einer **deutschen Auslandsvertretung.** Die Pflichtversicherung aufgrund einer Entsendung ins Ausland nach § 1 Abs 1 Satz 1 SGB VI iVm § 4 SGB IV ist jedoch vorrangig (s *Auslandstätigkeit* Rz 102 ff).

15 – Personen, die nicht nur vorübergehend selbstständig tätig sind, wenn sie die Versicherungspflicht **innerhalb von fünf Jahren** nach Aufnahme der selbstständigen Tätigkeit oder dem Ende einer Versicherungspflicht aufgrund dieser Tätigkeit beantragen. Unter diesen Voraussetzungen ist grds jeder im Geltungsbereich des SGB selbstständig Tätige berechtigt, Versicherungspflicht in der gesetzlichen RV zu beantragen, soweit er nicht (oder nicht mehr) der gesetzlichen Versicherungspflicht nach § 2 SGB VI unterliegt und die Geringfügigkeitsgrenze (§ 8 Abs 3, § 8a SGB IV) überschreitet (BSG 27.7.11 – B 12 R 15/09 R, SozR 4–2600 § 5 Nr 6). Die Antragsfrist ist eine materielle Ausschlussfrist, die eine Wiedereinsetzung in den vorigen Stand nicht zulässt.

16 – Bezieher von Entgeltersatzleistungen (vgl oben Rz 12) und Arbeitsunfähige ohne Krankengeldanspruch, soweit sie nicht nach § 3 Satz 1 Nr 3 oder Nr 3a SGB VI versicherungspflichtig sind. Für Personen, die nur deshalb keinen Anspruch auf Krankengeld haben, weil sie nicht in der gesetzlichen KV oder in der gesetzlichen KV ohne Anspruch auf Krankengeld versichert sind, gilt dies nur für die Zeit der Arbeitsunfähigkeit oder der medizinischen Rehabilitation/Teilhabe am Arbeitsleben – längstens für 18 Monate –, wenn sie im letzten Jahr vor Beginn der Arbeitsunfähigkeit oder der Wiedereingliederungsmaßnahme versicherungspflichtig waren (§ 4 Abs 3 Nr 2 SGB VI).

Rentenversicherungsrechtliche Zeiten

A. Arbeitsrecht
Griese

1 Arbeitsrechtliche Bedeutung haben rentenversicherungsrechtliche Zeiten nicht, sie wirken sich nur sozialversicherungsrechtlich aus. Wenn **Vordienstzeiten** in anderen Arbeitsverhältnissen oder bei anderen ArbGeb auf das aktuelle Arbeitsverhältnis angerechnet werden sollen,

Rentenversicherungsrechtliche Zeiten 358

etwa um Mindestbetriebszugehörigkeiten für eine Jubiläumszahlung oder eine *Betriebliche Altersversorgung* zu erreichen, bedarf dies einer Rechtsgrundlage, zB einer arbeitsvertraglichen Vereinbarung oder eines Tarifvertrages. Bei der Berechnung von **Beschäftigungszeiten** müssen die Zeiten **geringfügiger Beschäftigung mitgezählt werden** (BAG 25.4.07 – 6 AZR 746/06).

B. Lohnsteuerrecht *Windsheimer*

Rentenversicherungsrechtliche Zeiten sowie **Anrechnungszeiten** sind keine steuergesetzlichen Begriffe, wie auch der frühere Begriff **Ausfallzeiten** nicht. Zur steuerlichen Behandlung von Leistungen, die während Anrechnungszeiten geleistet werden, s *Lohnersatzleistungen* Rz 5 ff sowie *Arbeitslosengeld* Rz 4 ff, *Arbeitslosengeld II* Rz 5 ff, *Ausbildungsverhältnis* Rz 86 ff, *Mutterschaftsgeld* Rz 3 ff, *Mutterschaftshilfe* Rz 2, *Übergangsgeld/Überbrückungsgeld* Rz 8 ff, sowie *Rentenversicherungsbeiträge* Rz 2 ff.   2

C. Sozialversicherungsrecht *Ruppelt*

1. Allgemeines. Die Höhe der Rentenleistungen aus der gesetzlichen RV hängt grds von der Beitragshöhe und der Dauer der Beitragsleistung ab (s *Rentenanpassung* Rz 6 ff). Neben den anrechnungsfähigen **Beitrags- und Beschäftigungszeiten** können bei der Rentenberechnung weitere Zeiten (grds) rentensteigernd berücksichtigt werden, in denen keine oder geminderte Beiträge entrichtet worden sind.   3

2. Anrechnungszeiten. a) Allgemeines. Anrechnungszeiten sind beitragsfreie Zeiten in der RV, die deshalb nicht (voll) mit Beiträgen belegt sind, weil besondere, **in der Person des Versicherten** liegende Umstände dies verhindert haben (Arbeitsunfähigkeit, Schwangerschaft, Arbeitslosigkeit, Schul- und Fach- oder Hochschulbesuch nach vollendetem 17. Lebensjahr, Teilnahme an einer beruflichen Bildungsmaßnahme, Zeiten einer beruflichen Bildung oder Rentenbezug).   4

Soweit für solche Zeiten **Lohnersatzleistungen** (zB Krankengeld oder AlGeld I) gezahlt werden, handelt es sich grds um **Beitragszeiten,** wenn im letzten Jahr vor Leistungsbeginn Versicherungspflicht bestand (§ 3 Satz 1 Nr 3 SGB VI).   5

Grds werden Anrechnungszeiten nur berücksichtigt, wenn durch die entsprechende Zeit eine **versicherte Tätigkeit oder Beschäftigung unterbrochen** worden ist. Davon abweichend werden Zeiten der Krankheit, der Schwangerschaft/Mutterschaft oder Arbeitslosigkeit, die in der Zeit nach Vollendung des 17., aber vor Vollendung des 25. Lebensjahrs zurückgelegt sind, als Anrechnungszeit auch dann berücksichtigt, wenn durch sie eine versicherte Beschäftigung oder selbständige Tätigkeit nicht unterbrochen worden ist (§ 58 Abs 2 Satz 1 SGB VI). Nur in diesem Lebensabschnitt kann die **Anrechnungszeit wegen Krankheit** (ohne Arbeitsunfähigkeit) nach § 58 Abs 1 Satz 1 Nr 1a SGB VI berücksichtigt werden.   6

b) Zeiten der Arbeitsunfähigkeit und der Leistungen zur Teilhabe am Arbeitsleben und der medizinischen Rehabilitation sind grds Anrechnungszeiten (§ 58 Abs 1 Satz 1 Nr 1 SGB VI), falls der Versicherte nicht wegen Bezugs von Sozialleistungen versicherungspflichtig ist (s *Rentenversicherungspflicht* Rz 12). Eine Anrechnungszeit wg Arbeitsunfähigkeit endet auch bei fortbestehendem Arbeitsverhältnis spätestens nach drei Jahren (BSG 25.2.10 – B 13 R 116/08 R, SozR 4–2600 § 58 Nr 11; LSG SachsAnh 16.1.13 – L 3 R 35/08, BeckRS 2013, 69755). Wegen des in der Vergangenheit für bestimmte Zeiträume unterschiedlichen Charakters der Arbeitsunfähigkeit- und RehaZeiten enthält § 252 SGB VI Sonder- und Übergangsregelungen zur Bewertung dieser Zeiträume. Zu den Besonderheiten für Anrechnungszeiten aus dem Beitrittsgebiet vgl § 252a SGB VI.   7

c) Zeiten der Schwangerschaft oder Mutterschaft sind Anrechnungszeiten, falls dadurch eine versicherungspflichtige Beschäftigung während der Schutzfristen des MuSchG unterbrochen worden ist und nach Vollendung des 25. Lebensjahres keine Versicherungspflicht wegen des Bezuges von Sozialleistungen bestand (§ 58 Abs 1 Satz 1 Nr 2 iVm Abs 1 Satz 3 SGB VI).   8

d) Zeiten der Arbeitslosigkeit und der bei der Arbeitsagentur gemeldeten Ausbildungssuche sind grds Anrechnungszeiten, falls der Versicherte nach Vollendung des 25. Lebensjahrs nicht wegen des Bezugs von Sozialleistungen versicherungspflichtig ist (§ 58   9

358 Rentenversicherungsrechtliche Zeiten

Abs 1 Satz 1 Nr 3 und 3a iVm Abs 1 Satz 3 SGB VI). Letzteres ist ua für Bezieher von AlGeld I grds der Fall (s *Rentenversicherungspflicht* Rz 12). Zeiten des Bezugs von AlGeld II nach dem 31.12.10 sind Anrechnungszeiten, wenn kein Ausschlusstatbestand nach § 58 Abs 1 Satz 1 Nr 6 Buchstabe a–d SGB VI vorliegt. Bei jüngeren Versicherten können gleichzeitig Anrechnungs- und Beitragszeiten berücksichtigt werden, was sich im Rahmen der Gesamtleistungsbewertung nach § 71 SGB VI grds rentensteigernd auswirkt. Zeiten der **Ausbildungssuche** nach dem 17. Lebensjahr sind Anrechnungszeiten nach Maßgabe von § 58 Abs 1 Satz 1 Nr 3a SGB VI. Wegen der zahlreichen Rechtsänderungen enthält § 252 Abs 2 SGB VI Sonder- und Übergangsbestimmungen.

10   e) **Zeiten der schulischen Ausbildung** (Schule, Fachschule, Hochschule, berufsvorbereitende Bildungsmaßnahme). Diese Zeiten werden nach dem 17. Lebensjahr für maximal acht Jahre als Anrechnungszeit berücksichtigt (§ 58 Abs 1 Nr 4 SGB VI). Für maximal drei Jahre erhalten **Zeiten der Fachschulausbildung und der Teilnahme an berufsvorbereitenden Bildungsmaßnahmen** einen eigenen (Entgeltpunkte-)Wert im Rahmen der Gesamtleistungsbewertung nach § 74 Satz 3 SGB VI und wirken rentensteigernd. Damit wird die rentenmindernde Wirkung geringer Beiträge, wie sie für Ausbildungszeiten typisch sind, gemildert. Für Zeiten einer akademischen oder Fachhochschulausbildung gibt es diese Abmilderung nicht (mehr). Es verbleibt bei der Berücksichtigung dieser Zeiten als Anrechnungszeit. Damit soll nach Darstellung der BReg die Besserstellung von Versicherten mit Hoch- oder Fachhochschulausbildung beseitigt werden, die durch bessere Verdienstmöglichkeiten höhere Rentenanwartschaften aufbauen. Die Neuregelung verstößt nicht gegen höherrangiges Recht (BSG 19.4.11 – B 13 R 27/10 R, NZS 12, 108 mit Anm *Spiolek* jurisPR–SozR 8/2012). Der Anrechnungszeittatbestand einer Hochschulausbildung ist nicht auf Ausbildungen im Inland beschränkt (LSG Nds-Brem 18.3.09 – L 2 R 195/07, BeckRS 09, 59407). Nach Erreichen des ersten möglichen Abschlusses sind weitere Ausbildungsabschnitte an einer Hochschule keine Anrechnungszeiten (LSG Nds-Brem aaO mwN). Für Ausbildungszeiten, die nicht als Anrechnungszeiten berücksichtigt werden, können freiwillige Beiträge nachgezahlt werden. Die Ausbildung muss Zeit und Arbeitskraft überwiegend beanspruchen, um als Anrechnungszeit anerkannt werden zu können. Ein Abschluss der schulischen Ausbildung ist nicht erforderlich. Eine Wartezeit zwischen versicherungspflichtigem Praktikum und nachfolgendem Fachschulbesuch ist grds keine Anrechnungszeit (LSG Nds-Brem 7.4.10 – L 2 R 647/09, BeckRS 2010, 69017).

11   f) **Rentenbezugszeiten** sind für eine folgende Rente Anrechnungszeiten, soweit während oder vor der Bezugszeit eine Zurechnungszeit (§ 59 SGB VI) berücksichtigt wurde (§ 58 Abs 1 Nr 5 SGB VI). Übergangsvorschriften in § 252 Abs 1 Nr 4, 5 SGB VI.

12   g) **Unterbrechungstatbestand.** Anrechnungszeiten wegen Arbeitsunfähigkeit (oder Rehabilitation), Schwangerschaft (oder Mutterschaft) und Arbeitslosigkeit liegen nur vor, wenn durch diese Zeiten eine versicherte Beschäftigung oder versicherte selbstständige Tätigkeit oder ein versicherter Wehrdienst **unterbrochen** worden ist. Zu den Ausnahmen bei Jugendlichen s oben Rz 6. Eine selbstständige Tätigkeit ist nur dann unterbrochen, wenn sie ohne die Mitarbeit des Versicherten nicht weiter ausgeübt werden kann (§ 58 Abs 2 SGB VI). Ein völlig nahtloser Anschluss der Anrechnungszeit an die versicherte Tätigkeit ist nicht erforderlich. Es reicht, wenn die Anrechnungszeit in dem Kalendermonat beginnt, der auf den Kalendermonat folgt, für den der letzte Beitrag gezahlt wurde.

13   h) **Begrenzte Gesamtleistungsbewertung.** Der sich aus der Gesamtleistungsbewertung ergebende Wert wird für jeden Kalendermonat mit Anrechnungszeiten wegen Krankheit und Arbeitslosigkeit nach § 263 Abs 2a SGB VI grds auf 80 vH begrenzt. Anrechnungszeiten wegen berufsvorbereitender Ausbildung (maximal 3 Jahre, s Rz 10) werden mit 75 vH des Gesamtleistungswertes, höchstens 75 vH des Durchschnittsentgelts, bewertet (§ 263 Abs 3 SGB VI). Als versicherungsrechtliche Zeiten sind Anrechnungszeiten gem § 51 Abs 3 SGB VI nur auf die **Wartezeit** von 35 Jahren anzurechnen, nicht auf die übrigen Wartezeiten.

14   **3. Berücksichtigungszeiten. a) Allgemeines.** Berücksichtigungszeiten sind rentenrechtliche **Zeiten wegen Kindererziehung** bis zum vollendeten 10. Lebensjahr des Kindes (§ 57 SGB VI). Bei gleichzeitiger Erziehung mehrerer Kinder geht die Berücksichtigungszeit

von der Geburt des ersten Kindes bis zur Vollendung des 10. Lebensjahres des zuletzt geborenen Kindes. Die Berücksichtigungszeiten wegen Kindererziehung sind von den **Kindererziehungszeiten** nach § 56 SGB VI zu unterscheiden (vgl im Einzelnen *Kindervergünstigungen* Rz 51 ff), bei denen es sich um Beitragzeiten handelt. Mit der Anrechnung von Berücksichtigungszeiten wird im Rahmen der gesetzlichen RV das gesetzgeberische Ziel des Kinderlastenausgleiches verfolgt.

b) Rechtnatur. Es handelt sich **nicht um Beitragszeiten** oder Anrechnungszeiten (beitragsfreie oder beitragsgeminderte Zeiten), sondern um Zeiten, die sich nur im Rahmen weiterer rentenrechtlicher Regelungen auswirken. So verlängern sie den Zeitraum von fünf Jahren zur Erhaltung der Anwartschaft für die Renten wegen verminderter Erwerbsfähigkeit, dh den Zeitraum, der mit Pflichtbeiträgen belegt sein muss (§ 43 Abs 4 Nr 2 SGB VI) verschiebt sich, idR zugunsten des Versicherten, in die Vergangenheit. Berücksichtigungszeiten werden auf die **Wartezeit** von 35 Jahren für die Altersrente für langjährig Versicherte nach § 36 SGB VI und für die Altersrente für Schwerbehinderte nach § 37 SGB VI (§ 51 Abs 3 SGB VI) angerechnet. Berücksichtigungszeiten werden auch auf die Wartezeit von 45 Jahren für die Altersrente für besonders langjährige Versicherte nach § 38 SGB VI angerechnet (s *Altersrente* Rz 46). Keine Anrechnung finden die Berücksichtigungszeiten bei der allgemeinen rentenrechtlichen Wartezeit von 5 Jahren (§ 50 Abs 1 SGB VI). Berücksichtigungszeiten wirken sich bei der Gesamtleistungsbewertung von beitragfreien und beitragsgeminderten Zeiten grds **rentensteigernd** aus, indem sie Lücken im Versicherungsleben schließen. Dies geschieht dadurch, das jedem Kalendermonat an Berücksichtigungszeit die Entgeltpunkte zugeordnet werden, die sich ergeben würden, wenn diese Kalendermonate Kindererziehungszeiten wären (§ 71 Abs 3 Satz 1 SGB VI).

c) Begünstigte. Die Regelung gilt auch für Adoptiv-, Pflege- oder Stiefeltern; maßgebend ist, wer das Kind überwiegend erzogen hat. Wird das Kind von beiden Elternteilen gemeinsam erzogen, kann die Berücksichtigungszeit ganz oder teilweise durch gemeinsame bindende Erklärung einem Elternteil zugeordnet werden; das gilt jedoch nicht für die Zeit, die bereits mit einer Kindererziehungszeit belegt ist (BSG 31.8.2000 – B 4 RA 28/00 R, Die Beiträge Beilage 01, 67). Zeitgleiche Kindererziehungszeiten und Kinderberücksichtigungszeiten sind aneinander gekoppelt. Anders als die Kindererziehungszeit nach § 56 SGB VI verlängert sich die Berücksichtigungszeit nicht, wenn **mehrere Kinder** gleichzeitig erzogen werden. Sie endet in allen Fällen mit der Vollendung des 10. Lebensjahres des zuletzt geborenen Kindes.

d) Für Geburten vor dem 1.1.1992 werden Kindererziehungszeiten nach Maßgabe der Regelungen der §§ 249, 249a SGB VI angerechnet. In diesen Fällen endet die Kindererziehungszeit 12 Kalendermonate nach Ablauf des Monats der Geburt. Bei **Geburten nach dem 31.12.1991** müssen die Voraussetzungen für die Anrechnung einer Kindererziehungszeit nach § 56 SGB VI auch während der Berücksichtigungszeit vorliegen.

Koalitionsvereinbarung 2013. Nach dem auf den Koalitionsabreden 2013 beruhenden Entwurf eines Gesetzes über Leistungsverbesserungen in der gesetzlichen Rentenversicherung vom 15.1.2014 sollen für vor dem 1.1.1992 geborene Kinder **24 Kalendermonate Kindererziehungszeiten** angerechnet werden. Die Leistungsverbesserung soll für Rentenzugänge ab 1.7.2014 gelten. Bestandsrentner, bei denen bisher zwölfmonatige Kindererziehungszeiten angerechnet worden sind, erhalten einen pauschalen Rentenzuschlag in Höhe eines Entgeltpunktes für jedes Kind.

e) Keine Berücksichtigungszeit erhalten Personen, die während der Erziehungszeit versicherungsfrei (zB als Beamte) oder von der Versicherungspflicht befreit sind (zB als Mitglieder einer berufsständischen Versorgungseinrichtung). Der ausgeschlossene Personenkreis ergibt sich im Einzelnen aus § 56 Abs 4 SGB VI und § 57 Satz 2 SGB VI.

4. Ersatzzeiten. a) Begriff. Ersatzzeiten sind vor dem 1.1.1992 zurückgelegte Zeiten nach vollendetem 14. Lebensjahr, in denen der Versicherte wegen Kriegsereignissen und den daraus resultierenden besonderen Umständen an der Beitragsleistung gehindert war (§ 250 Abs 1 SGB VI). Ersatzzeiten sollen die infolge des Ersatzzeittatbestandes unterbliebene Beitragsentrichtung ersetzen. Die Ersatzzeiten sind den beitragsfreien Zeiten gem § 54 Abs 4 SGB VI zugeordnet. Zeiten des Wehrdienstes bei der **Bundeswehr** oder der nach dem 8.5.45 im Beitrittsgebiet geleistete Wehrdienst aufgrund gesetzlicher Wehrpflicht sind **keine**

359 Rentnerbeschäftigung

Ersatz-, sondern Beitragzeiten. Ersatzzeiten sind ohne Vorversicherungszeit bzw Halbbelegung bei der **Rentenberechnung** und der **Wartezeiterfüllung** anrechenbar, wenn mindestens ein wirksamer Beitrag zur RV gezahlt worden ist. Die Bewertung der Ersatzzeiten erfolgt nach dem Prinzip der **Gesamtleistungsbewertung** (§ 71 Abs 1 SGB VI), dh, die beitragsfreien Zeiten erhalten grds den Durchschnittswert an Entgeltpunkten, der sich aus der Gesamtbeitragsleistung für alle Beitragszeiten im gesamten Versicherungsleben des Versicherten errechnet.

20 **b) Ersatzzeittatbestände** ergeben sich **abschließend** aus § 250 Abs 1 Nr 1–6 SGB VI. Es handelt sich im Wesentlichen um Zeiten des **militärischen oder militärähnlichen Dienstes** iSd §§ 2 und 3 BVG, der vor dem 9.5.45 aufgrund gesetzlicher Dienst- oder Wehrpflicht oder während eines Krieges geleistet worden ist, Zeiten der **Kriegsgefangenschaft** sowie Zeiten einer sich anschließenden Arbeitsunfähigkeit oder unverschuldeten Arbeitslosigkeit.

21 Ersatzzeiten sind ferner Zeiten, in denen Deutsche wegen ihrer Volks- und Staatsangehörigkeit oder in ursächlichem Zusammenhang mit den Kriegsereignissen außerhalb des alten Bundesgebiets **interniert oder verschleppt** worden sind, sowie Zeiten, in denen Nicht-Kriegsteilnehmer während oder nach Beendigung eines Krieges durch feindliche Maßnahmen an der **Rückkehr aus dem Ausland** oder aus den **ehemaligen deutschen Ostgebieten** verhindert gewesen oder dort festgehalten worden sind. Bei Verfolgten des Nationalsozialismus iSv § 1 BEG sind Zeiten des **Freiheitsentzugs und der Freiheitsbeschränkung** bis 8.5.45 sowie Zeiten einer durch Verfolgung bedingten Arbeitslosigkeit bis 31.12.46 oder eines Auslandsaufenthaltes bis 31.12.49 Ersatzzeiten.

22 Gleiches gilt für den Personenkreis des § 1 HHG für Zeiten des **Gewahrsams** nach dem 8.5.45 und vor dem 1.1.90 im Beitrittsgebiet bzw den in § 1 Abs 2 Nr 3 BVFG genannten Gebieten sowie für Zeiten des **Freiheitsentzuges im Beitrittsgebiet** nach dem 8.5.45 und vor dem 1.1.90, soweit der Versicherte rehabilitiert oder das Urteil aufgehoben worden ist (s KassKomm/*Gürtner* § 250 SGB VI Rz 93 ff). Zeiten der **Vertreibung, Umsiedlung oder Flucht** sind bei Vertriebenen und Flüchtlingen iSv §§ 1–4 BVFG als Ersatzzeiten anzurechnen. Diesem Personenkreis steht daneben eine pauschale Ersatzzeit vom 1.1.45 bis 31.12.46 zu. Wegen der Begrenzung der Ersatzzeittatbestände auf Zeiten vor dem 1.1.92 kann eine nach diesem Zeitpunkt zurückgelegte Zeit der Vertreibung nicht mehr als Ersatzzeit angerechnet werden.

23 **5. Zurechnungszeiten.** Die Zurechnungszeit (§ 59 SGB VI) ist eine betragsfreie Zeit, die bei einem Rentenbeginn vor Vollendung des 60. Lebensjahres (bei Renten wegen Erwerbsminderung) berücksichtigt wird. Entsprechendes gilt für Hinterbliebenenrenten beim Tod des Versicherten vor dem 60. Lebensjahr. Die Zurechnungszeit gewährt einen Ausgleich für eine verfrüht beendete Beitragszahlung und eine daraus resultierende geringe Rentenleistung. Der Versicherte wird so gestellt, als hätte er Beiträge nach seinem individuellen Durchschnittsverdienst entrichtet. Die Zurechnungszeit endet mit Vollendung des 60. Lebensjahres (§ 59 Abs 2 Satz 2 SGB VI).

Rentnerbeschäftigung

A. Arbeitsrecht
Griese

1 **1. Arbeitsrechtliche Position.** Das Arbeitsverhältnis mit Rentnern weist in arbeitsrechtlicher Hinsicht gegenüber dem normalen Arbeitsverhältnis grds keine Besonderheiten auf. Dies gilt sowohl, wenn es sich um ein Vollzeitarbeitsverhältnis handelt, als auch, wenn eine Teilzeitbeschäftigung bis hin zur geringfügigen Beschäftigung vorliegt. Der **geringfügig Beschäftigte hat grds dieselben arbeitsrechtlichen Ansprüche wie ein VollzeitArbN, etwa in Bezug auf Entgelt, bezahlten Urlaub, Entgeltfortzahlung im Krankheitsfall oder an Feiertagen** (Näheres: *Geringfügige Beschäftigung* Rz 5 ff). Insbesondere rechtfertigt die Tatsache, dass ein ArbN aufgrund einer früheren hauptberuflichen Tätigkeit Altersruhegeld bezieht, keine schlechtere Bezahlung (BAG 1.11.95 – 5 AZR 880/94, NZA 96, 816). Erleichterte Befristungsmöglichkeiten für ältere ArbN sah § 14 Abs 3 TzBfG vor siehe aber *Befristetes Arbeitsverhältnis* Rn 14 ff u EuGH 22.11.05 – C-144/04 Mangold, NZA 05, 1345).

Rentnerbeschäftigung 359

Handelt es sich um eine geringfügige Beschäftigung, ist diese in der Praxis regelmäßig eine Nettolohnbeschäftigung; eine Abweichung hiervon müsste individuell vertraglich geregelt werden (s *Geringfügige Beschäftigung* Rz 13 f). Eine gesetzgeberische Reform der geringfügigen Beschäftigung, die die Sozialversicherungsfreiheit beseitigt und auch geringfügige Rentnerbeschäftigungsverhältnisse als **gesetzliche Nettoarbeitsverhältnisse** ausgestaltet, würde sich daran orientieren und ist für den gesamten Bereich der geringfügigen Beschäftigung wegen der Defizite in diesem Bereich dringlich (s dazu *Griese/Preis/Kruchen* NZA Online Aufsatz 1/2013, S 4).

Eine Ausnahme von der Anwendung arbeitsrechtlicher Grundsätze wird für die Teilhabe an der betrieblichen Altersversorgung zu machen sein, da der ArbN durch seinen Rentenbezug bereits für das Alter abgesichert ist. Ansonsten ist der ArbGeb bei der Rentnerbeschäftigung an den **Gleichbehandlungsgrundsatz** gebunden. Ebenso muss der ArbGeb beschäftigte Rentner in kollektivrechtlicher Hinsicht wie alle anderen ArbN behandeln, insbesondere bestehen die Mitwirkungs- und Mitbestimmungsrechte des BRat bei Einstellung, Versetzung und Kündigung.

2. Beendigung der Rentnerbeschäftigung. Die Überschreitung der **Hinzuverdienst-** 2 **grenzen,** die für Bezieher von Altersruhegeld gelten, die das gesetzliche Rentenalter noch nicht erreicht haben, tangiert die Rechtswirksamkeit des Arbeitsverhältnisses nicht, sondern führt lediglich zum gekürzten Rentenbezug. Entsprechendes gilt, wenn Hinzuverdienstgrenzen oder Anrechnungsklauseln im Rahmen einer betrieblichen Altersversorgung Anwendung finden (s *Betriebliche Altersversorgung*). Beschäftigte Rentnerinnen und Rentner können den regulären Kündigungsschutz in Anspruch nehmen. § 41 SGB VI stellt ausdrücklich klar, dass der Rentenanspruch wegen Alters keinen Kündigungsgrund darstellt. Dem entspricht es, dass die Rspr auch ansonsten bei einem nebenberuflich tätigen ArbN die Tatsache, dass dieser wirtschaftlich durch eine Haupttätigkeit gesichert ist, nicht als personenbedingten Kündigungsgrund iSd § 1 Abs 2 KSchG ansieht (BAG 13.3.87 – 7 AZR 724/85, BB 87, 1320). Im Fall betriebsbedingter Kündigung ist eine soziale Auswahl gem den in § 1 Abs 3 KSchG aufgeführten Sozialkriterien vorzunehmen.

Löst der geringfügig beschäftigte Rentner durch eine weitere geringfügige Beschäftigung 3 eine Beitragsmehrbelastung des ArbGeb aus, berechtigt dies den ArbGeb nicht zur Kündigung (Näheres: *Mehrfachbeschäftigung* Rz 6; s ferner BAG 18.11.88 – 8 AZR 12/86, BB 89, 847; 6.9.90, NJW 91, 1002). Wird aus einem sozialversicherungsfreien ein sozialversicherungspflichtiges Arbeitsverhältnis, ist dies **kein Kündigungsgrund;** das Interesse des ArbGeb an der **Aufrechterhaltung der Sozialversicherungsfreiheit ist kein rechtlich geschütztes Interesse** (BAG 18.1.07 – 2 AZR 731/05, NZA 07, 680).

B. Lohnsteuerrecht *Seidel*

Bei der Beschäftigung von Rentnern als ArbN entstehen lohnsteuerrechtlich keine besonderen Probleme. Die Besteuerung hat grds nach den allgemeinen Vorschriften zu erfolgen. 4 Zu beachten ist, dass ggf der Altersentlastungsbetrag nach § 24a EStG bei der LStBerechnung abgezogen werden kann (§ 39b Abs 2 Satz 2 EStG; Näheres s *Altersentlastungsbetrag* Rz 10).

Soweit erwerbsgeminderte (s *Erwerbsminderung* Rz 1) Rentner beschäftigt werden, kann 5 der ArbGeb den Körperbehindertenpauschbetrag (s *Behinderte* Rz 71–75) nur berücksichtigen, wenn dieser in den ELStAM gespeichert ist (s *Lohnsteuerabzugsmerkmale* Rz 15). Meist wird bei der Rentnerbeschäftigung die Möglichkeit der **Pauschalierung** der LSt bestehen (s aber *Mitarbeiterbeteiligung* Rz 25, 37; s auch *Teilzeitbeschäftigung* Rz 115 ff, *Geringfügige Beschäftigung* Rz 20 ff). Der pauschale ArbGebBeitrag zur gesetzlichen KV und RV führt nicht zu einer Kürzung des – im Rahmen des § 10 Abs 4a EStG noch anzuwendenden – Vorwegabzugs, sofern sie nicht zugleich auch für die Zukunftssicherung des ArbN erbracht werden (BFH 31.5.06 – X R 6/06, BFH/NV 06, 2239; BFH 8.11.06 – X R 9/06, BFH/NV 07, 432; s auch Bayerisches Landesamt für Steuern 10.11.08 – S 2221.1.1–6/4 St 32/St 33, DStR 08, 2420).

Bezieht ein Rentner von demselben ArbGeb auch ein betriebliches **Altersruhegeld,** so 6 besteht hier die Möglichkeit, neben der nach den allgemeinen Vorschriften der LSt unterworfenen Betriebsrente (s *Altersgrenze* Rz 17 ff) die Bezüge aus dem aktiven Beschäftigungsverhältnis der pauschalen LSt zu unterwerfen (LStH 40a.1: Ruhegehalt neben kurzfristiger

359 Rentnerbeschäftigung

Beschäftigung; s auch *Mehrfachbeschäftigung* Rz 10). Zur Besteuerung der Leistungen nach dem AltTZG s *Altersteilzeit* Rz 27–29 und der Teilrente s *Altersrente* Rz 8 ff.

C. Sozialversicherungsrecht

Schlegel

Übersicht

	Rz		Rz
I. Allgemeines	7, 8	III. Beschäftigung des Beziehers einer Rente wegen verminderter Erwerbsfähigkeit	31–45
1. Begriff	7	1. Modell zweistufiger Erwerbsminderungsrente	31–34
2. Problemstellung	8	a) Allgemeines	31–33
II. Beschäftigung von Beziehern einer Altersrente	9–30	b) Einzelne Rentenarten	34
1. Arten von Altersrenten	9, 10	2. Hinzuverdienst bei Erwerbsminderungsrenten	35–37
2. Vollrenten und Teilrenten	11–25	a) Allgemeines	35
a) Zweck der Teilrente	12	b) Relevanter Hinzuverdienst	36
b) Hinzuverdienstrelevante Verdienste	13	c) Bagatellüberschreitungen	37
c) Hinzuverdienstgrenzen bei Vollrente	14, 15	3. Hinzuverdienstgrenzen	38–41
d) Hinzuverdienstgrenzen bei Teilrente	16, 17	a) Vollrenten und Teilrenten	38
e) Erläuterungen zur Hinzuverdienstformel	18–20	b) Hinzuverdienstformel	39
f) Dynamisierung	21	c) Einzelfaktoren	40
g) Überschreiten der Hinzuverdienstgrenzen	22–25	d) Kritik	41
3. Versicherungs- und Beitragspflicht	26–30	4. Versicherungs- und Beitragspflicht	42–45
a) Rentenversicherung	26, 27	a) Rentenversicherung	42
b) Arbeitslosenversicherung	28, 29	b) Arbeitslosenversicherung	43, 44
c) Kranken- und Pflegeversicherung	30	c) Kranken- und Pflegeversicherung	45
		IV. Beschäftigung von Beziehern einer Hinterbliebenenrente	46

7 **I. Allgemeines. 1. Begriff der Rentnerbeschäftigung.** Eine Rentnerbeschäftigung liegt vor, wenn dem beschäftigten ArbN bereits das Recht auf eine Rente aus der gesetzlichen RV zusteht und er diese bezieht. In Betracht kommen Renten wegen Alters, wegen verminderter Erwerbsfähigkeit (früher: Rente wegen Erwerbs- oder Berufsunfähigkeit) sowie Renten an Hinterbliebene.

8 **2. Problemstellung.** Bei Personen, die Altersrente oder eine Rente wegen geminderter Erwerbsfähigkeit beziehen, stellt sich die Frage, ob und in welchem Umfang für sie in einer Beschäftigung als ArbN **Versicherungs- und Beitragspflicht** besteht und wie sich die Beschäftigung auf den Rentenanspruch auswirkt, insbes bis zu welchen **Verdienstgrenzen** die Beschäftigung rentenunschädlich ist.

9 **II. Beschäftigung von Beziehern einer Altersrente. 1. Arten von Altersrenten.** Die gesetzliche RV sieht mehrere Arten von Altersrenten vor. Diese unterscheiden sich in ihren Voraussetzungen (Einzelheiten hierzu vgl *Altersrente*), aber auch hinsichtlich der Rechtsfolgen bei Zusammentreffen mit Erwerbseinkommen (zB bzgl Versicherungspflicht und Hinzuverdienstgrenzen).

10 Im Einzelnen kommen in der RV gem § 33 Abs 2 SGB VI folgende Rentenarten in Betracht:

– **Regelaltersrente** (§ 35 SGB VI). Diese setzt voraus: Erreichen der Regelaltersgrenze (stufenweise Anhebung vom 65. auf das 67. Lebensjahr); Wartezeit von 5 Jahren (§§ 50, 51 Abs 1 SGB VI).
– **Altersrente für langjährig Versicherte** (§ 36 SGB VI). Diese setzt voraus: Vollendung des 67. Lebensjahres, Wartezeit von 35 Jahren (§§ 50, 52 Abs 3 SGB VI). Vorzeitige Inanspruchnahme möglich ab Vollendung des 63. Lebensjahres.
– **Altersrente für besonders landjährig Versicherte** (§ 38 SGB VI). Diese setzt voraus: Erreichen der Altersgrenzen von 65 Jahren, Erfüllung einer Wartezeit von 45 Jahren (§ 50 Abs 5 SGB VI).
– **Altersrente für Schwerbehinderte** (§ 37 SGB VI). Diese setzt voraus: Vollendung des 65. Lebensjahres, Vorliegen der Schwerbehinderteneigenschaft iS von § 2 Abs 2 SGB IX (vgl *Behinderte*),

Wartezeit von 35 Jahren (§§ 50, 52 Abs 3 SGB VI). Vorzeitige Inanspruchnahme möglich ab Vollendung des 62. Lebensjahres.
- **Altersrente für langjährig unter Tage beschäftigte Bergleute** (§ 40 SGB VI). Diese setzt voraus: Vollendung des 62. Lebensjahres, Wartezeit von 25 Jahren (§§ 50, 51 Abs 2 SGB VI).
- **Altersrente wegen Arbeitslosigkeit oder nach Altersteilzeitarbeit** (§ 237 SGB VI). Diese setzt voraus: Geburtsjahrgang 1951 und älter, Vollendung des 60. Lebensjahres, Arbeitslosigkeit/Verrichtung von Altersteilzeitarbeit, 8 Jahre Pflichtbeitragszeit wegen Beschäftigung in den letzten 10 Jahren vor Rentenbeginn, Wartezeit von 15 Jahren und
- **Altersrente für Frauen** (§ 237a SGB VI). Diese setzt voraus: Geburtsjahrgang 1951 und älter, Vollendung des 60. Lebensjahres, 10 Jahre Pflichtbeiträge aufgrund einer Beschäftigung nach dem 40. Lebensjahr, Wartezeit von 15 Jahren.

2. Vollrenten und Teilrenten. Renten wegen Alters können als Vollrente oder als Teilrente in Anspruch genommen werden (§ 42 SGB VI).

a) Zweck der Teilrente. Durch Teilrenten soll dem Versicherten ein gleitender Übergang in den Ruhestand ermöglicht werden. Das Gesetz geht bei den Teilrenten davon aus, dass der ArbN bereits einen Teil seiner Altersrente (ein Drittel, die Hälfte oder zwei Drittel) in Anspruch nimmt und er daneben noch einer abhängigen Beschäftigung oder selbstständigen Tätigkeit nachgeht. Das Gesetz lässt dabei jedoch nur bestimmte Hinzuverdienstgrenzen zu. Es gilt folgendes **Prinzip:** Je geringer die vom Versicherten (ArbN) gewählte Teilrente ist, desto größer ist der zulässige Hinzuverdienst (vgl § 34 Abs 2 und 3 SGB VI).

b) Hinzuverdienstrelevante Verdienste des Rentners sind Arbeitsentgelte aus abhängiger Beschäftigung, Arbeitseinkommen aus selbstständiger Tätigkeit und Vorruhestandsbezüge. Übt der Rentner mehrere Beschäftigungen oder Tätigkeiten aus, werden die hierbei erzielten Arbeitsentgelte oder Arbeitseinkommen zur Ermittlung des zulässigen Hinzuverdienstes zusammengerechnet (§ 34 Abs 2 Satz 3 SGB VI). Dagegen sind die Entgelte eines Rentners, der als Pflegeperson aus einer Pflegetätigkeit einen Betrag erhält, der das Pflegegeld iSd § 37 SGB XI nicht übersteigt, nicht als rentenschädliches Arbeitsentgelt (Hinzuverdienst) anzusehen; gleiches gilt für Arbeitsentgelte, die er als Behinderter in einer Behinderteneinrichtung des § 1 Satz 1 Nr 2 SGB VI erzielt (vgl § 34 Abs 2 Satz 4 SGB VI).

c) Hinzuverdienstgrenzen bei Inanspruchnahme der Vollrente. Nimmt ein Rentner nach Erreichen der Regelaltersgrenze (künftig: 67) die Regelaltersrente in Anspruch, bestehen überhaupt keine Hinzuverdienstgrenzen; der Versicherte kann nach Erreichen der Regelaltersgrenze unbeschränkt hinzuverdienen, ohne dass sich dies auf seine Rente negativ auswirkt (vgl § 34 Abs 2 Satz 1 SGB VI).

Wird eine Rente wegen Alters als Vollrente vor Erreichen der Regelaltersgrenze in Anspruch genommen, dürfen nur 450 € hinzuverdient werden (§ 34 Abs 3 Nr 1 SGB VI).

d) Hinzuverdienstgrenzen bei Inanspruchnahme einer Teilrente. Nimmt ein Rentner die Rente wegen Alters als Teilrente in Anspruch, gibt es für die Hinzuverdienstgrenzen keine absoluten, für alle Versicherten gleich hohen Werte, vielmehr ist der zulässige Hinzuverdienst für jeden Versicherten individuell zu ermitteln.

Das Arbeitsentgelt oder Arbeitseinkommen darf nach § 34 Abs 3 SGB VI bei einer $1/3$ Rente das 0,25-fache, bei einer $1/2$ Rente das 0,19-fache und bei einer $2/3$ Rente das 0,13-fache (sog Teilrentenfaktor) der monatlichen Bezugsgröße, vervielfältigt mit der Summe der Entgeltpunkte der letzten drei Kj vor Beginn der ersten Rente wegen Alters (mindestens jedoch mit 1,5 Entgeltpunkten) nicht übersteigen. Es gilt damit folgende **Hinzuverdienst-Formel,** deren einzelne Faktoren nachfolgend erläutert werden:

Zulässiger Hinzuverdienst = Teilrentenfaktor × Bezugsgröße × Summe der Entgeltpunkte der letzten drei Kj vor Beginn der Altersrente

e) Erläuterungen zur Hinzuverdienstformel. Zur Bezugsgröße vgl § 18 SGB IV (aktueller Wert vgl *Sozialversicherungsbeiträge*).

Multiplikatoren sind einerseits die **Teilrentenfaktoren** 0,25 ($1/3$-Rente), 0,19 (50 vH-Rente) und 0,13 ($2/3$-Rente) sowie die Entgeltpunkte der letzten drei Kj vor Beginn der ersten Rente des Versicherten wegen Alters. Mindestens werden jedoch 1,5 Entgeltpunkte zugrunde gelegt, unabhängig davon, ob dieser Wert innerhalb der letzten drei Kj (insgesamt) tatsächlich erreicht wurde.

359 Rentnerbeschäftigung

20 „**Persönliche Entgeltpunkte**" als Multiplikator stellen einen unmittelbaren Bezug zum „zuletzt" erzielten Verdienst des ArbN/Versicherten und damit eine **Abhängigkeit der Hinzuverdienstgrenze von der Höhe des zuletzt erzielten Verdienstes** her. Die Zugrundelegung von mindestens 1,5 Entgeltpunkten (0,5 EP je Kj) kommt insbesondere dann in Betracht, wenn für die letzten drei Kj vor dem Rentenbeginn keine Entgeltpunkte ermittelt werden können, zB weil der Versicherte nicht beschäftigt war. Die in den letzten drei Kj vor Beginn der ersten Rente wegen Alters festgestellten Entgeltpunkte bleiben auch bei einem späteren Wechsel zwischen den Teilrentenarten maßgeblich. Sie ergeben sich, indem die Summe aller Entgeltpunkte für Beitragszeiten, beitragsfreie Zeiten und Zuschläge für beitragsgeminderte Zeiten ermittelt wird. Da § 34 Abs 3 Nr 2 SGB VI nur auf § 66 Abs 1 Nr 1–3 SGB VI Bezug nimmt, bleiben Zuschläge oder Abschläge aus einem durchgeführten Versorgungsausgleich außer Betracht. Hat ein Versicherter im letzten Kj vor Beginn der ersten Rente wegen Alters genauso viel verdient wie der Durchschnitt aller Versicherten, ergibt dies 1 Entgeltpunkt. Hat er 50 vH mehr verdient als der Durchschnitt aller Versicherten, ergibt dies 1,5 Entgeltpunkte; hat er nur halb so viel verdient, ergibt dies 0,5 Entgeltpunkte. Da der Durchschnittsverdienst aller Versicherten bei Rentenbeginn noch nicht feststeht, ist das amtlich festgesetzte vorläufige Durchschnittsentgelt maßgeblich (§ 70 Abs 1 Satz 2 SGB VI).

21 f) **Dynamisierung.** Eine Dynamisierung der Hinzuverdienstgrenzen findet insofern statt, als sich die Bezugsgröße erfahrungsgemäß jeweils zum 1.1. eines Jahres erhöht.

22 g) **Überschreiten der Hinzuverdienstgrenzen.** Die Einhaltung der Hinzuverdienstgrenzen ist negative Anspruchsvoraussetzung für den Rentenanspruch, dh bei Überschreiten der Grenze kann die Zahlung der Rente nicht beansprucht werden. Allerdings ist ein zweimaliges Überschreiten der Grenze im Kj unschädlich (§ 34 Abs 2 Satz 1 SGB VI), wenn hierbei nicht das Doppelte des an sich zulässigen Hinzuverdienstes überschritten wird.

23 Zweck dieser Regelung ist es, gewisse **Schwankungen** bei der Arbeitszeit (BSG 31.1.02 – B 13 RJ 33/01 R, SozR 3-2600 § 34 Nr 4) sowie die Zahlung von Weihnachtsgeld, Urlaubsgeld etc zu ermöglichen, ohne den Rentenanspruch zu gefährden. Sind die Hinzuverdienstgrenzen im Laufe des Rentenjahres bereits zweimal überschritten worden und wird erneut eine die Hinzuverdienstgrenze übersteigende Beschäftigung ausgeübt, entfällt der Anspruch nach § 100 Abs 3 Satz 1 SGB VI iVm § 48 Abs 1 Satz 2 Nr 3 SGB X mit Beginn des Kalendermonats, in dem die erneute Beschäftigung ausgeübt wird. Es ist dann zu prüfen, ob anstelle der Zahlung einer Vollrente, die wegen Überschreitens der Hinzuverdienstgrenze nicht mehr zulässig ist, die Gewährung der **nächst niedrigeren Teilrente** möglich ist; entsprechend ist zu verfahren, wenn sich herausstellt, dass die für eine Teilrentenart zulässige Hinzuverdienstgrenze überschritten wird; auch dann ist zu prüfen, ob die Gewährung der nächstniedrigeren Teilrente in Betracht kommt.

24 Diese Prüfung hat der RVTräger vAw vorzunehmen, es bedarf insoweit keines Antrages (§ 115 Abs 1 Satz 2 SGB VI). Ggf erfolgt dann vAw eine „**Herabstufung**" auf die nächst niedrigere Teilrente; da es sich hierbei um eine Anpassung einkommensabhängiger Leistungen an geänderte Verhältnisse handelt, bedarf es keiner vorherigen Anhörung des Beteiligten (§ 24 Abs 2 Nr 5 SGB X). Erst wenn auch die Hinzuverdienstgrenze der niedrigsten Teilrente ($1/3$-Teilrente) überschritten wird, entfällt der Rentenanspruch ganz. Es bedarf dann eines **erneuten Rentenantrages,** wenn der Versicherte wieder in den Rentenbezug gelangen will; eines Antrages bedarf es auch dann, wenn der Versicherte die Gewährung einer höheren Teilrente oder der Vollrente begehrt (§ 115 Abs 1 Satz 1 SGB VI).

25 Wird die Hinzuverdienstgrenze von einem bestimmten Zeitpunkt an für nicht absehbare Zeit dauernd überschritten, etwa weil eine deutliche Lohnerhöhung stattgefunden hat oder der Rentner einer anderen, umfangreicheren Tätigkeit nachgeht, entfällt der Rentenanspruch sofort; dasselbe gilt bei einer derartigen Zäsur in der Höhe des Entgelts; dann ist das zweimalige Überschreiten der Hinzuverdienstgrenze, die insbesondere Schwankungen bei dem Arbeitsentgelt unschädlich lassen will, nach Sinn und Zweck der Vorschrift nicht abzuwarten.

26 3. **Versicherungs- und Beitragspflicht. a) Rentenversicherung.** In der gesetzlichen RV sind Personen, die eine **Vollrente wegen Alters** beziehen, gem § 5 Abs 4 Nr 1 SGB VI **versicherungsfrei.** Dies ist insbesondere für die Regelaltersrente von Bedeutung, bei der ein Hinzuverdienst unbeschränkt zulässig ist. Obwohl keine Versicherungspflicht besteht, sind vom ArbGeb aber nach § 172 Abs 1 Nr 1 SGB VI **Arbeitgeberanteile** an den RV Träger zu zahlen, wie wenn der beschäftigte Rentner versicherungspflichtig wäre. Hierbei handelt es sich um eine nicht dem Versicherungsschutz des ArbN dienende und damit systemwidrige Vorschrift. Die Beitragspflicht des ArbGeb ist vielmehr aus arbeitsmarkt- und wettbewerbspolitischen Gründen angeordnet: Die Beschäftigung eines Rentners soll für den ArbGeb nicht billiger sein als die Beschäftigung eines jüngeren ArbN.

Handelt es sich um den Bezieher einer **Alters-Teilrente,** besteht keine Versicherungsfreiheit. Dies ergibt sich im Umkehrschluss aus § 5 Abs 4 Nr 1 SGB VI. Da das Arbeitsentgelt und Arbeitseinkommen bei einer Teilrente regelmäßig auch über 450 € liegen dürfen (andernfalls würde die Renten als Vollrente bezogen, vgl § 34 Abs 3 SGB VI), ist die Beschäftigung auch nicht wegen Geringfügigkeit versicherungsfrei. ArbGeb und ArbN (Rentner) zahlen die Beiträge aus der Beschäftigung je zur Hälfte. Es gelten die für beschäftigte ArbN auch sonst geltenden Vorschriften. 27

b) Arbeitslosenversicherung. In der ArblV besteht Versicherungsfreiheit für Personen, die die Regelaltersgrenze erreicht haben (§ 28 Nr 1 SGB III). Dies ist bei Rentnern der Fall, die eine **Regelaltersrente** beziehen. Dennoch ist auch hier der ArbGeb verpflichtet, einen **Arbeitgeberanteil** an Beiträgen zur BA zu zahlen, wie wenn der Rentner versicherungspflichtig wäre (vgl § 346 Abs 3 SGB III). 28

Bei den übrigen Altersrentnern, die die Regelaltersgrenze noch nicht erreicht haben, gelten für ihre Beschäftigung die auch sonst für ArbN geltenden Vorschriften über die Versicherungs- und Beitragspflicht. 29

c) Kranken- und Pflegeversicherung. Hier gelten die für Beschäftigte auch sonst geltenden Vorschriften. Spezielle Tatbestände für Rentner sind nicht vorgesehen. Zu beachten ist allerdings, dass auch die Rente aus der gesetzlichen RV zusätzlich zum Arbeitsentgelt der Beitragspflicht unterliegt (vgl § 226 Abs 1 Nr 2, § 228 SGB V). 30

III. Beschäftigung des Beziehers einer Rente wegen verminderter Erwerbsfähigkeit. 1. Modell zweistufiger Erwerbsminderungsrente. a) Allgemeines. Das Gesetz geht vom Modell einer zweistufigen Erwerbsminderungsrente aus. Eine **volle Erwerbsminderungsrente** („**Rente wegen voller Erwerbsminderung**", Rentenartfaktor 1,0, vgl § 67 SGB VI) wird gewährt, wenn der Versicherte mit seinem Restleistungsvermögen auf dem allgemeinen Arbeitsmarkt nur noch unter drei Stunden arbeiten kann. 31

Die **halbe Erwerbsminderungsrente** („**Rente wegen teilweiser Erwerbsminderung**", Rentenartfaktor 0,5; vgl § 67 SGB VI) wird bei einem Restleistungsvermögen auf dem allgemeinen Arbeitsmarkt von drei bis sechs Stunden gewährt. Allgemeiner Arbeitsmarkt sind alle nur denkbaren Arbeiten. Insoweit bleibt es bei der konkreten Betrachtungsweise, dh die Rente wird auch dann gewährt, wenn Versicherte mindestens drei, aber nicht mehr als sechs Stunden arbeiten können, das verbliebene Restleistungsvermögen wegen Arbeitslosigkeit aber nicht in Erwerbseinkommen umgesetzt werden kann (vgl BT-Drs 14/4230 S 23, 25 f zu Nr 10). 32

Eine Erwerbsminderungsrente wird nicht gewährt bei einem Restleistungsvermögen auf dem allgemeinen Arbeitsmarkt von sechs Stunden und mehr (vgl BT-Drs 14/4230 S 23). Dabei ist die jeweilige Arbeitsmarktlage – anders als bei einem Restleistungsvermögen von drei bis sechs Stunden – nicht zu berücksichtigen (§ 43 Abs 3, 2. Hs SGB VI). 33

b) Einzelne Rentenarten. Neben den genannten Renten bleiben kraft **Übergangsrecht** die am 31.12.2000 bestehenden Renten wegen Erwerbs- und Berufsunfähigkeit bestehen. Im Einzelnen kommen nach § 33 Abs 3 SGB VI die nachfolgend genannten Rentenarten wegen Erwerbsminderung in Betracht: 34

2. Hinzuverdienst bei Erwerbsminderungsrenten. a) Allgemeines. Zentrale Norm ist **§ 96a SGB VI.** Bis zu welchem Betrag sich der Verdienst eines Erwerbsgeminderten nicht schädlich auf seine Rente auswirkt, hängt davon ab, welche der oben genannten Renten er bezieht. Grds gilt, dass sich ein Hinzuverdienst negativ auf die Höhe des Rentenanspruchs auswirkt. Je nach Höhe des Hinzuverdienstes wird eine Rente wegen teilweiser Erwerbsminderung in voller Höhe oder in Höhe der Hälfte, eine Rente wegen voller Erwerbsminderung in Höhe von drei Vierteln, in Höhe der Hälfte oder in Höhe eines Viertels geleistet. Gleiches gilt für die bisherigen Renten wegen Erwerbs- und Berufsun- 35

359 Rentnerbeschäftigung

fähigkeit (sog Bestandsrenten). Werden die jeweils geltenden Hinzuverdienstgrenzen überschritten, wird die Rente nicht in der vollen Höhe, sondern nur als **Teilbetrag** hiervon geleistet (vgl § 96a Abs 1, Abs 2 SGB VI); es erfolgt eine **Herabstufung**. Wird auch der Betrag der niedrigsten Hinzuverdienstgrenze mehr als zweimal im Kj überschritten (dazu unten), wird die Rente nicht mehr geleistet. Das Stammrecht wird allerdings nicht beseitigt (BSG 6.3.03 – B 4 RA 35/02 R, SozR 4–2600 § 313 Nr 1).

36 **b) Relevanter Hinzuverdienst** iSv § 96a SGB VI sind das Arbeitsentgelt aus abhängiger Beschäftigung (§ 14 SGB IV) oder das Arbeitseinkommen aus selbstständiger Tätigkeit (§ 15 SGB IV). Mehrere Beschäftigungen oder selbstständige Tätigkeiten werden zusammengezählt. Nicht als Hinzuverdienst gilt das Entgelt, das eine Pflegeperson von einem Pflegebedürftigen erhält, wenn es die Grenzen des § 37 SGB XI nicht übersteigt. Gleiches gilt für das Entgelt, das ein Behinderter vom Träger einer Behinderteneinrichtung erhält (vgl § 96a Abs 1 Satz 5 SGB VI). Einmalig gezahltes Arbeitsentgelt, das nicht aus einer während des Rentenbezuges noch bestehenden Beschäftigung stammt, ist kein rentenschädlicher Hinzuverdienst; rentenschädlich soll nur ein Hinzuverdienst aus einer „Arbeit" des Versicherten sein, die neben der Rente wegen verminderter Erwerbsfähigkeit ausgeübt wird, so dass es sich um Arbeitsentgelt für eine Arbeitsleistung aus seiner nach Rentenbeginn noch bestehenden Beschäftigung handelt (vgl BSG 10.7.12 – B 13 R 85/11 R unter Rz 50 zu einer Urlaubsabgeltung).

37 **c) Bagatellüberschreitungen.** Keinen Einfluss auf die Höhe der Renten hat das **zweimalige Überschreiten der maßgeblichen Hinzuverdienstgrenzen** (dazu 3.) im Laufe eines Kj um einem Betrag bis zur Höhe des zulässigen Hinzuverdienstes (vgl § 96 Abs 1 Satz 2 SGB VI). Zulässig ist es also, dass zweimal im Kj das Doppelte der zulässigen Hinzuverdienstgrenze verdient wird. Wird der zulässige Betrag dreimal oder mehr überschritten oder übersteigt der Hinzuverdienst das Doppelte des zulässigen Grenzbetrages auch nur einmal, wird die Rente nicht mehr in der bisherigen Höhe geleistet. Es erfolgt vielmehr eine **Herabstufung** auf die nächst niedrigere Stufe.

38 **3. Hinzuverdienstgrenzen. a) Vollrenten und Teilrenten.** Rente wegen teilweiser Erwerbsminderung (§ 43 Abs 1 SGB VI) werden in Abhängigkeit von der Höhe des jeweiligen Hinzuverdienstes in voller Höhe oder in Höhe der Hälfte geleistet (§ 96a Abs 1a Nr 1 SGB VI). Entsprechendes gilt für Renten wegen voller Erwerbsminderung; auch sie werden je nach Höhe des Hinzuverdienstes in voller Höhe, in Höhe von drei Vierteln, in Höhe der Hälfte oder in Höhe eines Viertels geleistet (§ 96a Abs 1a Nr 2 SGB VI). Selbst für Renten, auf die bereits am 31.12.2000 ein Anspruch bestand, werden nach diesem Prinzip behandelt und als Vollrente, Zwei- oder Ein-Drittelrente geleistet (vgl § 313 SGB VI).

39 **b) Hinzuverdienstformel.** Es gilt auch hier die Formel (vgl § 96a, § 313 SGB VI):

$$Zulässiger\ Hinzuverdienst = Voll\text{-}/Teilrentenfaktor \times monatliche\ Bezugsgröße \times Summe\ der\ Entgeltpunkte\ der\ letzten\ 3\ Kj\ vor\ Eintritt\ der\ Erwerbsminderung$$

Zu den Begriffen monatliche Bezugsgröße und Summe der Entgeltpunkte vgl oben Rz 18 ff. Zu den Voll- und Teilrentenfaktoren vgl nachfolgend.

40 **c) Einzelfaktoren:** Im Einzelnen gelten für die einzelnen Rentenarten folgende Grenzen:

Volle Rente wegen teilweiser Erwerbsminderung (§ 43 Abs 1, § 96a Abs 2 Nr 1a SGB VI)
Zulässiger Hinzuverdienst = 0,23-fache der monatlichen Bezugsgröße × Summe der EP der letzten 3 Kj

1/2-Rente wegen teilweiser Erwerbsminderung (§ 43 Abs 1, § 96a Abs 2 Nr 1b SGB VI)
Zulässiger Hinzuverdienst = 0,28-fache der monatlichen Bezugsgröße × aktueller Rentenwert × Summe der EP der letzten 3 Kj

Volle Rente wegen voller Erwerbsminderung (§ 43 Abs 2, § 96a Abs 2 Nr 2 SGB VI)
Zulässiger Hinzuverdienst = 450 €

3/4-Rente wegen voller Erwerbsminderung (§ 43 Abs 2, § 96a Abs 2 Nr 3a SGB VI)
Zulässiger Hinzuverdienst = 0,17-fache der monatlichen Bezugsgröße × Summe der EP der letzten 3 Kj

1/2-Rente wegen voller Erwerbsminderung (§ 43 Abs 2, § 96a Abs 2 Nr 3b SGB VI)
Zulässiger Hinzuverdienst = 0,23-fache der monatlichen Bezugsgröße × Summe der EP der letzten 3 Kj

1/4-Rente wegen voller Erwerbsminderung (§ 43 Abs 2, § 96a Abs 2 Nr 3c SGB VI)
Zulässiger Hinzuverdienst = 0,28-fache der monatlichen Bezugsgröße × Summe der EP der letzten 3 Kj
Zur Rente wegen voller Erwerbsunfähigkeit und zu Vollrenten bzw Teilrenten wegen Berufsunfähigkeit vgl § 313 SGB VI.

d) Kritik. Es liegt auf der Hand, dass in jeden Einzelfall anhand des individuellen Versicherungsverlaufs unter Auswertung des jeweiligen Rentenbescheides geprüft und berechnet werden muss, welcher Hinzuverdienst zulässig ist. Dies läuft den Interessen der ArbGeb und ArbN an einfach festzustellenden Hinzuverdienstgrenzen zuwider, führt zu Rechtsunsicherheit und infolge verbreiteter Rechtsunkenntnis zwangsläufig auch dazu, dass Hinzuverdienstgrenzen unbewusst überschritten werden. Dies wiederum hat zur Folge, dass es zu Rentenüberzahlungen und der (teilweisen) Rückforderung zu viel gezahlter Rentenbeträge kommt. 41

4. Versicherungs- und Beitragspflicht. a) Rentenversicherung. In der gesetzlichen RV sind nur Personen versicherungsfrei, die eine Vollrente wegen Alters beziehen (§ 5 Abs 4 Nr 1 SGB VI). Hieraus folgt im Umkehrschluss, dass die Bezieher sonstiger Renten nicht nach § 5 Abs 4 Nr 1 SGB VI versicherungsfrei sind, sondern die allgemein für ArbN geltenden Vorschriften Anwendung finden. Danach kann Versicherungsfreiheit bestehen, wenn die Geringfügigkeitsgrenzen des § 8 SGB IV nicht überschritten sind (vgl *Geringfügige Beschäftigung*). Dies kommt von vornherein nur für die Bezieher einer Vollrente wegen voller Erwerbsminderung bzw der vollen Rente wegen Erwerbsunfähigkeit in Betracht; dort beträgt die Hinzuverdienstgrenze 450 € (vgl oben Rz 40). 42

b) Arbeitslosenversicherung. In der ArblV sind ArbN während der Zeit versicherungsfrei, für die ihnen ein Anspruch auf Rente wegen voller Erwerbsminderung aus der gesetzlichen RV zusteht (vgl § 28 Nr 3 SGB VI). Es wird nicht darauf abgestellt, ob die Rente wegen voller Erwerbsminderung in voller Höhe, oder wegen des Hinzuverdienstes (vgl § 96a Abs 2 Nr 3 SGB VI) in Höhe von $3/4$, $1/2$ oder $1/4$ der Vollrente geleistet wird. 43

Eine dem § 346 Abs 3 SGB III entsprechende Vorschrift, die den ArbGeb verpflichtet, für den versicherungsfrei beschäftigten Rentner gleichwohl den ArbGebAnteil zu zahlen, ist nicht vorgesehen. 44

c) Kranken- und Pflegeversicherung. Hier gelten die für Beschäftigte auch sonst geltenden Vorschriften. Spezielle Tatbestände für Rentner sind nicht vorgesehen. Zu beachten ist, dass auch die Rente aus der gesetzlichen RV zusätzlich zum Arbeitsentgelt der Beitragspflicht unterliegt (vgl § 226 Abs 1 Nr 2, § 228 SGB V). 45

IV. Beschäftigung von Beziehern einer Hinterbliebenenrente. Hier bestehen bzgl der vom Hinterbliebenen als ArbN ausgeübten Beschäftigung keine Besonderheiten bzgl der Versicherungs- und Beitragspflicht; allerdings ist die Rente in der KV und PflegeV zusätzlich zum Arbeitsentgelt beitragspflichtig (vgl §§ 226, 228 SGB V). Auf Witwen-, Witwerrenten sowie Waisenrenten an ein über 18 Jahre altes Kind wird eigenes Einkommen des Hinterbliebenen angerechnet (Einzelheiten vgl § 97 SGB VI). Zum Einkommen gehört ua das Arbeitsentgelt aus einer abhängigen Beschäftigung sowie das Arbeitseinkommen aus selbstständiger Tätigkeit (vgl § 18a SGB IV). Zum Umfang der Anrechnung vgl § 18b SGB IV. 46

Restmandat/Übergangsmandat

A. Arbeitsrecht *Eisemann*

1. Begriffe. Der BRat ist grds nur für die Einheit zuständig, für welche er gewählt wurde. Entstehen durch Organisationsänderungen neue betriebsratsfähige Einheiten oder fällt ein Betrieb endgültig weg, endet im Regelfall auch das Mandat des BRat. Die entstehenden Mitbestimmungslücken sollen Rest- und Übergangsmandat schließen. Dabei erfasst das Restmandat den ursprünglichen Betrieb, das Übergangsmandat die neu entstandene Einheit. Beim Wegfall einer Betriebsorganisation wird es sich oft um Tatbestände handeln, welche Mitbestimmungsrechte auslösen. Das **Restmandat** sorgt nach **§ 21b BetrVG** dafür, dass diese Mitbestimmungsrecht vom BRat noch ausgeübt werden können, obwohl sein Amt 1

360   Restmandat/Übergangsmandat

nach § 24 Ziff 4 BetrVG beendet ist. Werden Betriebe gespalten oder Betriebsteile und/oder Betriebe zusammengelegt, wird die Mitbestimmung durch das **Übergangsmandat** nach § 21a BetrVG abgesichert, auch wenn die Identität des ursprünglichen Betriebes verloren gegangen ist. Das Restmandat übt der zuvor existierende BRat gegenüber der Leitung des nicht mehr existenten Ursprungsbetriebes aus, das Übergangsmandat wird gegenüber der Leitung neu entstandener Einheiten wahrgenommen.

2 2. Restmandat. Wird ein Betrieb stillgelegt, dh die Produktionsgemeinschaft zwischen ArbGeb und ArbN auf unbestimmte Zeit aufgelöst (BAG 21.6.01 – 2 AZR 137/00, NZA 02, 212) und sind die Arbeitsverhältnisse beendet, nimmt der BRat die Interessen der betroffenen ArbN nach § 21b BetrVG weiterhin wahr. Dasselbe gilt, wenn die Restbelegschaft weniger als fünf ArbN beträgt und der Betrieb damit nicht mehr betriebsratsfähig ist (*Fitting* § 21b BetrVG Rz 9). Ein Restmandat entsteht jedoch nicht, wenn kein Betriebsrat mehr gewählt wurde und deshalb eine ArbNVertretung zu dem Zeitpunkt fehlt, an dem des Restmandat entstehen könnte (BAG 6.12.06 – 7 ABR 62/05 AP BetrVG 1972 § 21b Nr 5). Und es entsteht ebenso wenig, wenn ein Betrieb als Ganzes nach § 613a BGB auf einen Dritten übergeht oder als Ganzes an einen anderen Ort verlegt wird.

3 a) Umfang. Das Restmandat ist **inhaltlich begrenzt.** Es betrifft als nachwirkendes Mandat ausschließlich die sich im Zusammenhang mit dem Untergang eines Betriebes ergebenden Mitbestimmungsrechte (BAG 12.1.2000 – 7 ABR 61/98, NZA 2000, 669). Es entsteht nicht, wenn es nach dem Untergang eines Betriebes nichts mehr zu regeln gibt (BAG 14.8.01 – 1 ABR 52/00, NZA 02, 109). Der BRat eines stillgelegten Betriebs ist daher nicht im Rahmen seines Restmandats nach § 99 Abs 1 Satz 1, § 95 Abs 3 Satz 1 BetrVG zu beteiligen, wenn der ArbGeb einem ArbN nach der vollständigen Stilllegung des Betriebs eine Tätigkeit in einem anderen Betrieb des Unternehmens zuweist (BAG 8.12.09 – 1 ABR 41/09, NZA 10, 665). Es enthält auch **kein allgemeines Abwicklungsmandat** für alle bei seinem Entstehen noch nicht abgeschlossenen betriebsverfassungsrechtlichen Angelegenheiten. So endet mit der Betriebsstilllegung ein Einigungsstellenverfahren zur Lage der Arbeitszeit und jedes Beschlussverfahren, dessen Streitgegenstand in keinem Zusammenhang mit der Auflösung des Betriebes steht (BAG 14.8.01 – 1 ABR 52/00, NZA 02, 109). Der BRat behält jedoch das Mandat für alle Mitbestimmungsrechte, welche betriebsverfassungsrechtliche Aufgaben betreffen, die auch noch nach dem Ende des Betriebes erfüllt werden müssen unabhängig davon, ob die Rechte schon vor dem Zeitpunkt der Stilllegung geltend gemacht wurden. Dies gilt zB für die Vereinbarung oder Abänderung eines Sozialplanes selbst lange Zeit nach dem Untergang des Betriebes (BAG 5.10.00 – 1 AZR 48/00, NZA 01, 849). Zum Restmandat gehört ebenso die ordnungsgemäße Abwicklung bereits eingeleiteter Geschäfte des BRat durch sog Liquidationsbeschlüsse (BAG 24.10.01 – 7 ABR 20/00, NZA 03, 53).

4 Die **zeitliche Dauer** des Restmandats ist **unbeschränkt.** Es endet erst, wenn alle mit ihm zusammenhängenden Mitbestimmungsrecht ausgeübt sind oder kein Mitglied des BRat mehr bereit ist, es auszuüben (BAG 6.12.06 – 7 ABR 62/05 AP BetrVG 1972 § 21b Nr 5; BAG 5.10.00 – 1 ABR 48/00, NZA 01, 849) und die Ansprüche auf Kostenerstattung aus der BRatTätigkeit erfüllt sind (ErfK/*Koch* § 21b BetrVG Rz 5). Es endet nicht zu dem Zeitpunkt, an dem die Amtszeit des BRat regelmäßig ausgelaufen wäre (BAG 16.6.87 – 1 AZR 528/85, NZA 87, 858), weil die ehemaligen ArbN keine Möglichkeit haben, einen neuen BRat zu wählen.

5 b) Personelle Zusammensetzung. Das Restmandat wird von dem BRat ausgeübt, der bei Beendigung des Vollmandats im Amt war (BAG 6.12.06 – 7 ABR 62/05 AP BetrVG 1972 § 21b Nr 5; 12.1.00 – 7 ABR 61/98, NZA 2000, 669). Es wird grds vom gesamten Gremium, nicht nur von seinem Vorsitzenden wahrgenommen (BAG 14.11.78 – 6 ABR 85/75 AP KO § 59 Nr 6). Ist die Zahl der BRatMitglieder zu dem Zeitpunkt, in dem das Restmandat entsteht, bereits unter die in § 9 BetrVG vorgeschriebene Mitgliederzahl gesunken, führen die verbliebenen Mitglieder die Geschäfte nach den §§ 22, 13 Abs 2 Nr 2 BetrVG weiter. Der BRat darf nicht mit zu diesem Zeitpunkt bereits ausgeschiedenen Mitgliedern aufgefüllt werden (BAG 12.1.00 – 7 ABR 61/98, NZA 00, 669). Es besteht, solange noch mindestens ein Mitglied des BRat vorhanden und willens ist, es wahrzunehmen (BAG 12.1.00 – 7 ABR 61/98, NZA 00, 669). Scheidet ein BRatMitglied aus dem Arbeitsverhältnis aus, nachdem das Restmandat entstanden ist, wird seine Mitgliedschaft im restmandatierten BRat hierdurch ebenso wenig beendet (BAG 5.5.10 – 7 AZR 728/08, NZA 10, 1025) wie durch einen zu diesem Zeitpunkt stattfindenden Wechsel in einen anderen Betrieb (ErfK/*Koch* § 21b BetrVG Rz 4). Bei einem Restmandat handelt es sich jedoch nur um die Fortsetzung des originären Mandats. Ein bereits früher erloschenes Mandat lebt nicht wieder zur Ausübung des Restmandates auf. Sind zu dem Zeitpunkt, zu dem ein Restmandat entsteht, bereits alle BRatMitglieder aus dem Betrieb ausgeschieden, kann es daher nicht mehr wahrgenommen werden. Die ein Restmandat ausübenden Mitglieder des BRats können ihr Amt niederlegen, weil sie nicht stärker gebunden sein können als durch das origiäre Mandat (BAG 12.1.00 – 7 ABR 61/98, NZA 00, 669).

c) **Kosten.** Der ArbGeb des Ursprungsbetriebes trägt nach § 40 BetrVG auch die Kosten des Restmandats. Ist ein Mitglied des BRat schon bei einem neuen ArbGeb beschäftigt, hat dieser es zur Ausübung des Restmandates entsprechend § 37 Abs 2 BetrVG unbezahlt freizustellen; der ArbGeb des Ursprungsbetriebes muss sein Entgelt insoweit fortzahlen (*Fitting* § 21b BetrVG Rz 20; ErfK/*Koch* § 21b BetrVG Rz 5). Ist das Arbeitsverhältnis eines Mitglieds des BRat beendet, kann es keine Vergütung oder Freizeitausgleich für Zeiten verlangen, in denen es das Restmandat wahrgenommen hat (BAG 5.5.10 – 7 AZR 728/08, NZA 10, 1025). Ist das Mitglied schon bei einem anderen ArbGeb beschäftigt, muss dieser es unbezahlt freistellen und es kann vom ursprünglichen ArbGeb hierfür einen Ausgleich verlangen (ErfK/*Koch* BetrVG § 21b Rz 5; offen gelassen in BAG 5.5.10 – 7 AZR 728/08, NZA 10, 1025). 6

3. Übergangsmandat. Mit dem Übergangsmandat wird die **Zuständigkeit** des BRat nach § 21a BetrVG inhaltlich unbeschränkt aber zeitlich beschränkt **betriebsübergreifend** ausgeweitet. Die Vorschrift stellt sicher, dass bei betrieblichen Organisationsänderungen wie Ausgliederungen von Betriebsteilen, Abspaltung oder Aufspaltung eines Betriebes die hiervon betroffenen ArbN für eine Übergangsphase von sechs Monaten und bei rechtzeitiger Neuwahl des BRat auch danach nicht ihren betriebsverfassungsrechtlichen Schutz verlieren. Ein Übergangsmandat entsteht nur bei Wegfall des bisherigen BRat oder wenn ein Teil der ArbN aus seinem Zuständigkeitsbereich herausfallen. Der zuvor schon existierende Brat übt es gegenüber der Leitung neu entstandener Einheiten aus, bei denen jetzt ein Teil der Belegschaft des Ursprungsbetriebes beschäftigt wird. 7

a) **Voraussetzungen.** Das Übergangsmandat greift bei betrieblichen Organisationsänderungen, mit denen betriebsverfassungsrechtliche Strukturen so verändert werden, dass ArbN aus der Mitbestimmung herausfallen. Bei einer **Spaltung** werden entweder ein oder mehrere Teile aus einem im Übrigen fortbestehenden Betrieb ausgegliedert (Abspaltung) oder die betriebsratsfähige Einheit vollständig aufgeteilt (Aufspaltung). Die neu gebildeten Organisationseinheiten bilden ihrerseits neue Betriebe oder werden in andere Betriebe eingegliedert. Bei der **Zusammenlegung** werden Betriebe oder Betriebsteile zu einer neuen betriebsratsfähigen Organisationseinheit zusammengefasst. Entscheidend ist, dass die **einheitliche Leitung** des Betriebes **aufgehoben** wird. Der Betrieb muss seine Identität verlieren. Geht ein Betrieb als Ganzes auf einen anderen Inhaber über, entsteht daher kein Übergangsmandat (BAG 27.7.94 – 7 ABR 37/93, NZA 95, 222), weil der BRat mit allen Rechten und Pflichten im Amt bleibt. 8

Das Übergangsmandat sichert die **Kontinuität** der BRatArbeit. Es entsteht nach § 21a Abs 1 BetrVG daher nur bei der Eingliederung in einen **betriebsratslosen** Betrieb (BAG 31.5.00 – 7 ABR 78/98, NZA 00, 1350). Es entsteht unabhängig davon, ob der aufnehmende Betrieb selbst vor der Eingliederung betriebsratsfähig war; er muss es nur mit der Eingliederung werden (ErfK/*Koch* § 21a BetrVG Rz 3). Das Übergangsmandat entsteht in keinem Fall, wenn es sich bei dem gespaltenen Betrieb um einen Kleinstbetrieb handelt, für den ein Brat nicht gewählt werden kann. Hier gibt es nichts zu überbrücken (ErfK/*Koch* § 21a BetrVG Rz 3). Es entsteht unabhängig davon, ob die aus einem Betrieb mit BRat ausgegliederten Teile selbst betriebsratsfähig sind (BAG 31.5.00 – 7 ABR 78/98, NZA 00, 1350) und es entsteht nicht, wenn die neu gebildete Einheit selbst nicht betriebsratsfähig wird (ErfK/*Koch* § 21a BetrVG Rz 3). Werden Betriebe oder Betriebsteile zu einem neuen Betrieb zusammengefasst, legt § 21a Abs 2 BetrVG für eine Übergangszeit die Vertretung aller ArbN durch einen beteiligten BRat nach dem Prinzip der größten Zahl fest. Das 9

360 Restmandat/Übergangsmandat

Übergangsmandat entsteht bei einer Zusammenlegung auch für Betriebe und Betriebsteile, die bisher ohne BRat waren, wenn die neue Einheit betriebsratsfähig ist und zumindest bei einem beteiligten bzw abgebenden Betrieb ein BRat bestand (ErfK/*Koch* § 21a BetrVG Rz 4).

10 **b) Umfang.** Das Übergangsmandat ist nicht auf Übergangs- oder Abwicklungsrechte beschränkt. Es handelt sich um ein **zeitlich befristetes Vollmandat** (*Fitting* § 21a BetrVG Rz 20). Der BRat behält gegenüber dem „fremden" ArbGeb **alle Befugnisse** im organisatorischen Bereich und nimmt **alle Beteiligungsrechte** in sozialen, personellen und wirtschaftlichen Angelegenheiten wahr. Er kann Einigungsstellenverfahren betreiben und Rechtsstreite führen, Betriebsvereinbarungen abschließen und Sprechstunden abhalten. Das bedeutet zB auch, dass der Inhaber des aufnehmenden Betriebes bei der Kündigung von ArbN, die aus dem abgebenden Betrieb übernommen wurden, den BRat dieses Betriebes nach § 102 BetrVG beteiligen muss. Das Übergangsmandat ist **personell beschränkt.** Im Fall des § 21a Abs 1 BetrVG erstreckt es sich nicht auf die ArbN des betriebsratslosen aufnehmenden Betriebes und im Fall des § 21a Abs 2 BetrVG nur auf ArbN aus Betrieben mit BRat (aA ErfK/*Koch* § 21a BetrVG Rz 7; *Fitting* § 21a BetrVG Rz 23). Für die ArbN eines bisher betriebsratslosen Betriebes gibt es nichts zu überbrücken. Mit dem Übergangsmandat sollen alte Zuständigkeiten für eine Übergangszeit fortgeführt, nicht neue begründet werden.

11 Das Übergangsmandat **beginnt** mit dem Übergang der Leitungsmacht auf den neuen Betriebsinhaber (ähnlich BAG 31.5.00 – 7 ABR 78/98, NZA 00, 1350). Es **endet** nach § 21a Abs 1 Satz 3 BetrVG mit der Bekanntgabe des Wahlergebnisses der BRatWahl, die im Rahmen des Übergangsmandats nach § 21a Abs 1 Satz 2 BetrVG eingeleitet werden muss, ohne Wahl spätestens nach sechs Monaten, wenn es nicht durch Tarifvertrag oder Betriebsvereinbarung verlängert wird, § 21a Abs 1 Satz 4 BetrVG. Bei Auf- oder Abspaltung von Betriebsteilen kann neben dem Übergangsmandat ein Restmandat entstehen. Kommt es nach Entstehung des Übergangsmandates in der neu entstandenen betrieblichen Einheit zu einer sozialplanpflichtigen Betriebsänderung und wurde dort kein neuer BRat gewählt, entsteht ein Restmandat zum Übergangsmandat (ErfK/*Koch* § 21a BetrVG Rz 6). Es wird vom BRat des Übergangsmandats wahrgenommen.

12 **c) Zusammensetzung.** Für die Ausübung des Übergangsmandats ändert sich nicht die personelle Zusammensetzung des BRat. Dies gilt auch beim Wechsel von BRatMitgliedern in die neue Einheit (*Fitting* § 21a BetrVG Rz 16). Sonst ließe sich bei der Betriebsaufspaltung der Fortbestand der ArbNVertretung nicht sichern. Die in den neuen Betrieb gewechselten BRatMitglieder nehmen zusammen mit den im abgebenden Betrieb verbliebenen BRatMitgliedern das Übergangsmandat wahr, dh sie nehmen insoweit an den Sitzungen des BRat im abgebenden Betrieb mit allen Rechten und Pflichten teil. Die Zusammensetzung des BRat ändert sich aber beim Wechsel von BRatMitgliedern in die neue Einheit, soweit Mitbestimmungsrechte wahrgenommen werden, die allein die Restbelegschaft im abgebenden Betrieb betreffen (ErfK/*Koch* § 21a BetrVG Rz 7; aA *Fitting* § 21a BetrVG Rz 16). Die aus dem Betrieb ausgeschiedenen Mitglieder des BRat verlieren grds nach § 24 Abs 2 Nr 4 BetrVG ihr Mandat und gehören nicht mehr zu der vom RestBRat vertretenen Belegschaft. An ihre Stelle treten in diesem Fall nach § 25 BetrVG die Ersatzmitglieder des BRat. Anders müsste der Leiter einer neu entstandenen betrieblichen Einheit Aufwendungen für die Sitzung eines BRat tragen, der Mitbestimmungsrechte in einem fremden Betrieb für die dort Beschäftigten wahrnimmt.

13 **d) Kosten und Status.** Die im abgebenden Betrieb entstehenden Sachkosten des Übergangsmandats trägt dessen Inhaber nach § 40 BetrVG (ErfK/*Koch* § 21a BetrVG Rz 8). Er muss auch den Anspruch auf Freistellung und Entgeltfortzahlung nach § 7 Abs 2 BetrVG erfüllen (*Fitting* § 21a BetrVG Rz 27), soweit es um Mitglieder des BRat geht, die nach wie vor in seinem Betrieb beschäftigt sind. Haben BRatMitglieder als Folge der Betriebsspaltung den ArbGeb gewechselt, trägt die Sachkosten des Übergangsmandats ihr neuer ArbGeb als Inhaber des Betriebes, soweit sie bei ihm anfallen. Er ist auch zu ihrer Freistellung und Entgeltfortzahlung verpflichtet (*Fitting* § 21a BetrVG Rz 27). Beim Wechsel des ArbGeb wirken **Statusrechte** wie der (nachwirkende) Kündigungsschutz gegenüber dem neuen ArbGeb (ErfK/*Koch* § 21a BetrVG Rz 8). Wer ein Übergangsmandat wahrnimmt, muss in seiner Amtsführung weiterhin geschützt bleiben. Die übergewechselten BRatMitglieder können nicht in den GBRat des Unternehmens gewählt werden, dem der aufnehmende Betrieb angehört (ErfK/*Koch* § 21a BetrVG Rz 8). Sie vertreten nicht die gesamte Belegschaft des aufnehmenden Betriebes und das Übergangsmandat ist zeitlich begrenzt. Auch erhöht sich durch die Wahrnehmung des Übergangsmandats nicht die Anzahl der Freistellungen im abgebenden Betrieb, weil sie sich nicht an der Zahl der ArbN im aufnehmenden Betrieb ausrichtet (ErfK/*Koch* § 21a BetrVG Rz 8).

B. Lohnsteuerrecht *Seidel*

Zu lohnsteuerrechtlichen Fragen im Zusammenhang mit der Stellung als BRat *Betriebsratsfreistellung* Rz 38 ff, *Betriebsratskosten* Rz 26, *Betriebsratsschulung* Rz 34. Hinsichtlich der lohnsteuerrechtlichen Bedeutung der Betriebsänderung s *Betriebsänderung* Rz 34. **16**

C. Sozialversicherungsrecht *Schlegel*

Rest- und Übergangsmandat haben keine sozialversicherungsrechtliche Bedeutung. **21**

Rückzahlungsklausel

A. Arbeitsrecht *Poeche*

I. Begriff/Anwendungsbereich. Rückzahlungsklauseln finden sich vorwiegend für **1** Gratifikationen (*Einmalzahlungen* Rz 1, 17) für Urlaubsentgelt (s *Urlaubsentgelt* Rz 16) und für Umzugskosten (s *Umzugskosten* Rz 8 ff). Weiterer Schwerpunkt ist die hier angesprochene, vom ArbGeb voll- oder teilfinanzierte **Aus-, Fort- oder Weiterbildung** des ArbN: Der ArbN verpflichtet sich zur Rückzahlung der vom ArbGeb für die Bildungsmaßnahme gemachten Aufwendungen, wenn das Arbeitsverhältnis vor Ablauf einer im Einzelfall festgelegten Zeit endet oder wenn ein Arbeitsverhältnis trotz finanzierter Ausbildung nicht begründet wird (vgl BAG 18.11.08 – 3 AZR 192/07, NZA 09, 435). Auf die Bezeichnung der Bildungsmaßnahme durch die Arbeitsvertragsparteien kommt es nicht an (Aus-, Fort- oder Weiterbildung); die von der Rspr entwickelten Grundsätze zur Zulässigkeit und Reichweite von Rückzahlungsklauseln sind stets anzuwenden. Typische Fälle sind zB Führerscheinerwerb der verschiedenen Klassen, Meisterkurse, Technikerausbildung, Sparkassenlehrgänge, EDV-Schulungen, Facharztausbildung sowie Qualifizierung bei den medizinischen Hilfsberufen, Studiengänge im sog dualen System.

II. Rechtsgrundlage. Rückzahlungsklauseln bedürfen einer gesonderten, ausdrücklichen **2** Vereinbarung, die in einem Tarifvertrag, im Einzelarbeitsvertrag oder in einer Betriebsvereinbarung enthalten sein kann. Das Mitbestimmungsrecht des BRat bei der Durchführung betrieblicher Berufsbildung (§ 98 Abs 1 BetrVG) schließt die Kompetenz zur Regelung von Kostenfragen zwar nicht ein (Näheres zu den Beteiligungsrechten des BRat s *Betriebliche Berufsbildung* Rz 13). Freiwillige Betriebsvereinbarungen (§ 88 BetrVG) sind aber zulässig und können dann in den Grenzen der Verhältnismäßigkeit (vgl zu Ausschlussfristen BAG 12.12.06 – 1 AZR 96/06, NZA 07, 453; zu den Zulässigkeitsgrenzen für in Betriebsvereinbarungen enthaltenen Rückzahlungsklauseln vgl *Löwisch* NZA 13, 549) auch Rückzahlungsklauseln enthalten. Im Tarifrecht des öffentlichen Dienstes ist die Regelung durch Dienstvereinbarung ausdrücklich vorgesehen (zB § 5 TVöD).

Rückzahlungsklauseln können idR **formfrei** vereinbart werden. Sie sind aber wegen ihrer **3** finanziellen Folgen bei einer vom ArbN erklärten Kündigung des Arbeitsverhältnisses vom ArbGeb in die **Niederschrift** nach § 2 NachwG als wesentliche Vertragsbedingung aufzunehmen. Eine für Nebenabreden bestimmte tarifliche Schriftform ist einzuhalten (zB § 2 Abs 3 TVöD/TdL). Die Berufung des ArbN auf die Formnichtigkeit kann treuwidrig sein, wenn er trotz schriftlichen Hinweises des ArbGeb auf eine noch einzugehende Rückzahlungsverpflichtung die Ausbildung durchläuft und anschließend grundlos kündigt (BAG 16.5.72 – 5 AZR 459/71, DB 72, 1492). Die Vereinbarung sollte zeitlich vor Beginn der Weiterbildungsmaßnahme getroffen werden, da der ArbN nur so frei entscheiden kann (*Lakies* ArbRAktuell 12, 216; offen gelassen BAG 13.12.11 – 3 AZR 791/09, BeckRS 2012, 67608; ebenso wohl aber BAG 19.3.80 – 5 AZR 362/78, BeckRS 2010, 65625).

361 Rückzahlungsklausel

4   **III. Schranken. Gesetzlich** untersagt sind Rückzahlungsklauseln im **Berufsausbildungsverhältnis** und gleichgestellten Ausbildungsgängen (§ 12 Abs 2, § 26 BBiG); zur Abgrenzung BAG 18.11.08 – 3 AZR 192/07, NZA 09, 435; Näheres *Ausbildungsverhältnis* Rz 40. Das Verbot erfasst alle zum Ausbildungsberuf hinführenden Bildungsmaßnahmen. Der zur Berufsausbildung des Berufskraftfahrers gehörende Erwerb des Führerscheins der Klasse 2 kann damit nicht, auch nicht bei Abbruch der Ausbildung, kostenmäßig auf den Auszubildenden abgewälzt werden (BAG 25.4.84 – 5 AZR 386/83, DB 85, 51). Nichtig sind wegen Verstoßes gegen ein gesetzliches Verbot (§ 134 BGB) auch Vereinbarungen über Kosten von **Bildungsmaßnahmen**, die der ArbGeb zwingend zu tragen hat (zB *Betriebsarzt, Betriebsbeauftragte, Betriebsratsschulung,* Entgeltfortzahlung beim *Bildungsurlaub*). Das gilt auch für die mit der Einweisung des ArbN in seinen Arbeitsplatz nach § 81 Abs 1 BetrVG verbundenen Aufwendungen (BAG 16.1.03 – 6 AZR 384/01, EzA § 611 BGB 02 Ausbildungsbeihilfe Nr 4) und Kosten, die anfallen, weil der ArbGeb den bisherigen Arbeitsplatz umgestaltet und die Kenntnisse/Fähigkeiten des ArbN den geänderten betrieblichen Verhältnissen angepasst werden müssen (BAG 5.12.02 – 6 AZR 539/01, NZA 03, 559; 16.3.94 – 5 AZR 495/92, DB 94, 1726). Die Kosten von Weiterbildungsmaßnahmen zur Vermeidung einer Kündigung (§ 1 Abs 2 Satz 3 KSchG) treffen den ArbGeb. Weitere Verbote und inhaltliche Beschränkungen können sich aus **Tarifvertrag** und **Betriebsvereinbarung** ergeben.

5   **IV. Einzelvertragliche Rückzahlungsklauseln. 1. Inhaltskontrolle/Entwicklung. a) Vor der Schuldrechtsreform.** Das BAG hat einzelvertraglich vereinbarte Rückzahlungsklauseln stets inhaltlich überprüft. Zunächst nach Maßgabe von Art 12 GG, später nach § 242 BGB (vgl *Schmidt* NZA 04, 1002). Sie wurden als angemessen beurteilt, wenn der ArbN durch die Aus- oder Fortbildung einen beruflichen Vorteil erlangte, der in einem ausgewogenen Verhältnis zu der eingegangenen Bindung stand. Dann rechtfertigte sich der Eingriff in das Grundrecht der Berufsfreiheit des ArbN nach Art 12 Abs 1 GG, der das Recht umfasst, einen einmal gewählten Arbeitsplatz aufzugeben. Auf Seiten des ArbGeb wurde berücksichtigt, dass er die Kosten der Ausbildung regelmäßig mit dem Ziel und in der Erwartung übernimmt, die erhöhte Qualifikation des ArbN jedenfalls für eine begrenzte Zeit für sich nutzbar zu machen. Nur dann „rechnet" sich sein Aufwand. Dieses Interesse des ArbGeb hat das BAG als schützenswert anerkannt, soweit die Bindung des ArbN einem begründeten und zu billigendem Interesse des ArbGeb entsprach. Berücksichtigt hat es jeweils die Umstände des Einzelfalls zur Zeit des Vertragsschlusses nach Maßgabe des Grundsatzes der Verhältnismäßigkeit (ständige Rspr seit 62, zusammenfassend BAG 21.7.05 – 6 AZR 452/04, NZA 06, 542).

6   **b) AGB-Kontrolle.** Für die im Arbeitsleben üblicherweise verwendeten Formularverträge und „Verbraucherverträge" gilt für dort festgelegte Rückzahlungsklauseln seit 1.1.03 uneingeschränkt der Kontrollmaßstab der §§ 305ff BGB. Nach § 305c BGB werden sie nicht Inhalt des Arbeitsvertrags, wenn sie überraschend oder mehrdeutig sind. Das ist der Fall, wenn sie nach den Umständen, insbesondere nach dem äußeren Erscheinungsbild so ungewöhnlich sind, dass der ArbN mit ihnen nicht zu rechnen brauchte. Das **Überraschungsmoment** kann sich aus der Unterbringung an unerwarteter Stelle unter einer irreführenden Überschrift und ohne drucktechnische Hervorhebung ergeben (BAG 15.2.07 – 6 AZR 286/06, NZA 07, 614) oder auch aus den außervertraglich vom ArbGeb geweckten begründeten Erwartungen des ArbN (BAG 8.8.07 – 7 AZR 605/06, DB 08, 133). Die Rückzahlungspflicht muss dem Transparenzgebot des § 307 Abs 1 Satz 2 BGB genügen, so dass sich ihr Inhalt und ihre Voraussetzungen aus der vertraglichen Regelung ableiten lassen müssen. Eine Abrede, nach der sich der ArbN verpflichtet, an den für seine Aufgaben „erforderlichen" Fortbildungen teilzunehmen und die Kosten zu erstatten, genügt dem nicht. Sie ist mangels **Bestimmtheit** unwirksam (BAG 21.11.02 – 6 AZR 77/01, EzA § 611 BGB 02 Ausbildungsbeihilfe Nr 2). Dem Transparenzgebot ist außerdem nur genügt, wenn die ggf zu erstattenden Kosten dem Grunde und der Höhe nach im Rahmen des Möglichen angegeben sind. Eine exakte Bezifferung ist also nicht erforderlich, das Rückzahlungsrisiko muss jedoch abschätzbar sein. Art und Berechnungsgrundlagen der ggf zu erstattenden Kosten sind daher anzugeben (BAG 21.8.12 – 3 AZR 698/10, NZA 12, 1428). Eine Klausel, die den ArbN lediglich zur Erstattung der „entstandenen Aufwendungen für

Rückzahlungsklausel

die Weiterbildung, einschließlich der Lohnfortzahlungskosten" verpflichtet, genügt diesen Anforderungen folglich nicht (vgl BAG 6.8.13 – 9 AZR 442/12, NZA 13, 1361). Dagegen ist eine Klausel wegen Intransparenz unwirksam, wenn sie zwar der Länge nach eine zulässige Bindungsdauer vorsieht, es aber in der Hand des ArbGeb liegt, wann die „Bindungsfrist" zu laufen beginnt (LAG Nürnberg 2.11.11 – 7 Sa 138/11).

Für die **Angemessenheitskontrolle** iSv § 307 BGB kann weitgehend auf die bisherige Rspr zurückgegriffen werden (BAG 11.4.06 – 9 AZR 610/05, NZA 06, 1042; 18.3.08 – 9 AZR 186/07, NZA 08, 1004). Eine Rückzahlungsklausel ist danach stets möglich, wenn die Bildungsmaßnahme für den ArbN von geldwertem Vorteil ist und dieser Vorteil mit der Dauer der Bindung in einem angemessenen Verhältnis steht. Die gebotene **Interessenabwägung** erfolgt in zwei Stufen. Festzustellen ist, ob der Sachverhalt überhaupt eine an die Aufgabe des Arbeitsplatzes durch den ArbN geknüpfte finanzielle Belastung rechtfertigt. Wird das verneint, ist die Klausel unwirksam. Ist sie dagegen dem Grunde nach berechtigt, bleibt zu klären, ob die vereinbarten Modalitäten interessengerecht sind (vgl *Düwell/Ebeling* DB 08, 406). Hält eine Klausel einer Prüfung nach Maßgabe der §§ 305 ff BGB nicht stand, ist sie unwirksam. Dies gilt unabhängig davon, ob die Klausel im konkreten Einzelfall überhaupt mit ihren unangemessenen Voraussetzungen zur Anwendung kommt. Denn die §§ 305 ff BGB missbilligen bereits das Stellen inhaltlich unangemessener AGB, nicht erst deren Gebrauch im konkreten Einzelfall (BAG 13.12.11 – 3 AZR 791/09, NZA 12, 738). 7

2. Angemessenheitskontrolle im Einzelnen. a) Eignung der Bildungsmaßnahme. Ausbildung iSd Rspr des BAG ist jede Maßnahme zur Entwicklung von Fähigkeiten und Kenntnissen, die generell für den ArbN beruflich von Nutzen ist. Sie kann auch darin bestehen, bereits vorhandene Kenntnisse zu verbessern oder durch tatsächliche praktische Übungen zu vervollkommen. Eine systematische Wissensvermittlung muss nicht vorgesehen werden; auch ein spezieller Arbeitseinsatz des ArbN mit dem Ziel, sein Leistungsniveau zu heben, kann eine Rückzahlungsabrede tragen (BAG 30.11.94 – 5 AZR 715/93, NZA 95, 727). Eine systematische Ausbildung muss dagegen vereinbart werden, wenn das Arbeitsverhältnis wegen der Weiterbildung befristet werden soll (vgl BAG 22.4.09 – 7 AZR 96/08, NZA 09, 1099). Die in der betrieblichen Praxis verbreitete Abwälzung der Kosten für das sog TÜV-Schweißerzeugnis ist idR unwirksam (*Hoß* ArbRB 02, 216). Denn der ArbN verfügt bereits über die abverlangten Fertigkeiten; es geht um den Nachweis der öffentlich-rechtlichen Gestattung. Dieser liegt im überwiegenden Interesse des ArbGeb, der sonst auf dem Markt nicht tätig werden könnte. Da die Prüfung regelmäßig zu wiederholen ist, führte eine Anerkennung der Rückzahlungsklausel zu einer „Dauerbindung" des Schweißers an seinen ArbGeb, die mit Art 12 GG unvereinbar sein dürfte (vgl auch LAG Düsseldorf 7.11.90 – 4 Sa 1295/90, DB 91, 708). 8

b) Geldwerter Vorteil. Vorausgesetzt wird, dass dem ArbN mit der Aus- oder Weiterbildung ein verwertbarer Vorteil zufließt. Der Vorteil kann sich aus innerbetrieblichen oder unternehmensbezogenen Aufstiegsmöglichkeiten ergeben wie auch aus erhöhten Chancen am allgemeinen Arbeitsmarkt (BAG 11.4.90 – 5 AZR 308/89, DB 90, 2222; 12.12.79 – 5 AZR 1056/77, DB 80, 1704: Lehrerausbildung; 6.9.95, DB 96, 532: Fachprüfung für BAT-Bewährungsaufstieg). Dabei kann es ausreichen, wenn die Bildungsmaßnahme realistisch die Möglichkeit zum weiteren beruflichen Aufstieg eröffnet (BGH 5.6.84 – VI ZR 184/83, DB 84, 2456). Zum Erwerb allgemein verwertbarer Kenntnisse und Fertigkeiten (BAG 30.11.94 – 5 AZR 715/93, DB 95, 1283: Fremdsprachenkenntnisse; LAG Düsseldorf 23.1.89 – 4 Sa 1518/88, DB 89, 1295: Ausbildung als Kraftomnibusfahrer; LAG Köln 6.3.06 – 14 (11) Sa 1327/05, NZA-RR 06, 404: Herstellerübergreifende Ausbildung zum zertifizierten Automobilverkäufer). Kein berücksichtigungsfähiger Vorteil liegt vor, wenn die Bildungsmaßnahme nur den Zweck hat, vorhandene Kenntnisse und Fertigkeiten des ArbN aufzufrischen oder zu vertiefen, und keine weiteren Vorteile bringt (LAG Frankfurt 7.9.88 – 2 Sa 359/88, DB 89, 887: Fortbildungsseminar von drei Wochen für gelernte Bankkauffrau; LAG RhPf 23.10.81 – 6 Sa 353/81, DB 82, 991: Drei-Wochen-Lehrgang für Bankmitarbeiter ohne Ausbildung). Gleiches gilt, wenn sie lediglich der „Qualitätssicherung" dient (LAG Hessen 31.1.12 – 13 Sa 1208/11, BeckRS 2012, 70262). 9

c) Bindungsdauer. aa) Grundsätze. Die Angemessenheit der vereinbarten Bindung des ArbN an den finanzierenden ArbGeb beurteilt sich vorrangig nach der Dauer der Fort- 10

361 Rückzahlungsklausel

bildungsmaßnahme, der Höhe der ArbGeb-Aufwendungen, den Zeiten der (bezahlten) Freistellung des ArbN wie auch dem Ausmaß der ihm zufließenden Vorteile. Ein **gesetzliches Höchstmaß** ergibt sich aus § 624 BGB (5 Jahre; weitergehend § 42 Abs 2 Soldatengesetz: Doppelte Ausbildungszeit). Sie wird nur in Ausnahmefällen gerechtfertigt sein, so wenn der ArbN bei bezahlter Freistellung und voller Kostenübernahme eine besonders hohe Qualifikation, die mit überdurchschnittlichen Vorteilen verbunden ist, erwirbt (BAG 12.12.79 – 5 AZR 1056/77, DB 80, 1704: Hochschulstudium für Sozialarbeiter). Wegen der Besonderheiten der **Musterberechtigungen** zum Führen von Flugzeugen soll dagegen unabhängig von deren Art und der vom ArbGeb aufgewendeten Kosten idR nur eine Bindungsdauer von einem Jahr zulässig sein (BAG 16.3.94 – 5 AZR 495/92, DB 94, 1726), anderes aber dann gelten, wenn die Musterberechtigung Voraussetzung dafür ist, das Arbeitsverhältnis überhaupt zu begründen. Maßgeblich ist hierfür, dass der ArbN die für die Aufnahme seiner Tätigkeit erforderlichen Fähigkeiten/Kenntnisse idR „mitbringen" muss. Eine Bindung von drei Jahren kann dann „angemessen" sein (BAG 19.2.04 – 6 AZR 552/02, MDR 04, 1244).

11 Das BAG hat für Sachverhalte, in denen der ArbN für die Teilnahme an Lehrgängen/Kursen uä bezahlt freigestellt wird, eine **„Faustformel"** entwickelt. Sie ist nicht als feste rechnerische Größe zu verstehen; einzelfallbezogene Umstände, gemeint sind die Eigenarten der jeweiligen Aus- oder Fortbildung, können eine kürzere oder längere Bindungsdauer rechtfertigen (BAG 14.1.09 – 3 AZR 900/07, NZA 09, 666; vgl zB LAG MeVo 23.8.11 – 5 Sa 44/11, NZA-RR 12, 181 für den Fall, dass die Ausbildung außerhalb der Arbeitszeit stattfindet):

Fortbildung bis zu einem Monat (BAG 5.12.02 – 6 AZR 539/01, NZA 03, 559; BAG 15.9.09 – 3 AZR 173/08, NZA 10, 342)	Bindung bis zu sechs Monaten
Fortbildung von bis zwei Monaten (BAG 15.12.93 – 5 AZR 279/93, NZA 94, 835)	Bindung bis zu zwölf Monaten
Fortbildung von drei bis vier Monaten (BAG 27.7.05 – 6 AZR 452/04, NZA 06, 542)	Bindung bis 24 Monate
Fortbildung von sechs Monaten bis ein Jahr (BAG 15.12.93 – 5 AZR 279/93, DB 94, 140: Substitutin im Kaufhaus; 5.6.07 – 9 AZR 604/06, NZA-RR 2008, 107: Bankwirt)	Bindung nicht länger als drei Jahre
Fortbildung von mehr als zwei Jahren (BAG 21.7.05 – 6 AZR 452/04, NZA 06, 542: Ausbildung zur Altenpflegerin)	Bindung bis fünf Jahre

12 **bb) Abwesenheitszeiten.** Gelegentlich wird vereinbart, dass auf die Bindungsfrist nur solche Zeiten angerechnet werden, für die der ArbN „Anspruch auf Entgeltfortzahlung" hat. Höchstrichterlich ist die Zulässigkeit einer solchen Abrede nicht entschieden. Sie dürfte wegen der idR zwingenden spezialgesetzlichen Schutzvorschriften unwirksam sein. So hat eine Frau nach § 3 Abs 2 und § 6 Abs 1 MuSchG zwar keinen Anspruch auf Entgelt, sondern nach § 14 MuSchG einen zwingenden Anspruch auf Zuschuss des ArbGeb zu dem von der KV gezahlten Mutterschaftsgeld. Einkommenseinbußen werden dadurch vermieden. Damit ist eine Regelung, nach der sich die Bindungsfrist um Zeiten gesetzlicher Verhinderung verlängern soll (neben den Schutzfristen vor und nach der Entbindung, Elternzeit, Wehr- oder Zivildienst) nicht vereinbar (vgl § 6 Abs 1 ArbPlSchG; *Elternzeit* Rz 1; *Mutterschutz* Rz 52; zur Elternzeit LAG NdS 11.5.04 – 13 Sa 1765/03, BeckRS 2005, 41636).

13 **cc) Rechtsfolge einer zu langen Bindungsfrist.** Die nach bisherigem Recht vom BAG praktizierte geltungserhaltende Reduktion, also die Rückführung einer zu langen Bindung auf das vom ArbG als angemessen erkannte Maß, kommt bei Anwendung der §§ 305 ff BGB nicht in Betracht (BAG 11.4.06 – 9 AZR 610/05, NZA 06, 1042, 14.1.09 – 3 AZR 900/07, NZA 09, 666). Nicht ausgeschlossen ist allerdings eine ergänzende Vertragsauslegung, wenn es für den ArbGeb objektiv schwierig war, die zulässige Bindungsdauer zu bestimmen (BAG 14.1.09 – 3 AZR 900/07, NZA 09, 666, s hierzu krit *Ulrici* jurisPR-ArbR 09, 28 Anm 1). Der ArbGeb kann einen Erstattungsanspruch nicht auf § 812 BGB stützen,

Rückzahlungsklausel 361

weil die Übernahme der Kosten nicht ohne Rechtsgrund erfolgt ist. Dieser besteht in der – mit Ausnahme der Rückzahlungsklausel – wirksamen Fortbildungsvereinbarung. Auch ein bereicherungsrechtlicher Anspruch wegen Zweckverfehlung kommt nicht in Betracht, da es eine (unwirksame) vertragliche Abrede gibt (BAG 28.5.13 – 3 AZR 102/12, BeckRS 2013, 71140; 21.8.12 – 3 AZR 698/10, NZA 12, 1428).

d) Rückzahlungstatbestände. aa) Grundsatz. Im Rahmen der nach § 307 BGB anzustellenden Interessenabwägung ist auch der die Rückzahlungspflicht auslösende Tatbestand zu berücksichtigen. Die Verpflichtung des ArbN zur Rückzahlung entsteht idR mit der Beendigung des Arbeitsverhältnisses. Sie soll die aus Sicht des ArbGeb fehlgeschlagene Investition in die Aus- oder Fortbildung des ArbN kompensieren. Diese Interessenlage begrenzt die zulässige Vertragsgestaltung. 14

bb) Ausscheiden innerhalb der Bleibefrist. Es ist nicht zulässig, die Rückzahlungspflicht schlechthin an jedes Ausscheiden des ArbN zu knüpfen, das innerhalb der in der Klausel vorgesehenen Bleibefrist stattfindet. Vielmehr muss nach dem Grund des vorzeitigen Ausscheidens unterschieden werden. Unangemessen und damit unwirksam ist, wenn der ArbN die Rückzahlungsverpflichtung nicht durch Betriebstreue vermeiden kann (BAG 18.11.08 – 3 AZR 192/07, NZA 09, 435). Die Abrede muss deshalb danach differenzieren, in wessen **Verantwortungs- und Risikobereich** die Beendigung des Arbeitsverhältnisses fällt (BAG 11.4.06 – 9 AZR 610/05, NZA 06, 1042; BAG 13.12.11 – 3 AZR 791/09, BeckRS 2012, 67608). Der ArbN darf nicht zur Rückzahlung im Fall einer berechtigten Eigenkündigung, im Fall einer betriebsbedingten Kündigung des ArbGeb oder in sonstigen Fällen, in denen die arbeitgeberseitige Kündigung nicht auf einem vertragswidrigen Verhalten des ArbN beruht, verpflichtet sein (BAG 28.5.13 – 3 AZR 102/12, BeckRS 2013, 71140; 18.11.08 – 3 AZR 192/07, NZA 09, 435). Eine Abwälzung ist auch unzulässig, wenn der ArbGeb nicht bereit und in der Lage ist, den ArbN seiner Ausbildung entsprechend zu beschäftigen und dieser das Arbeitsverhältnis aus diesem Grund selbst kündigt (BAG 5.12.02 – 6 AZR 537/02, ZTR 03, 302).

cc) Abbruch der Aus-/Fortbildung. Bei länger andauernden Ausbildungsmaßnahmen, etwa Studiengang oder beruflicher Umschulung, muss dem ArbN nach Beginn der Ausbildung eine angemessene Überlegungsfrist ohne Kostenrisiko eingeräumt werden, ob er die Ausbildung fortsetzt oder nicht. Eine Frist von einem Jahr ist ausreichend (BAG 12.12.79 – 5 AZR 1056/77, DB 80, 1704). Etwas anderes gilt, wenn es lediglich um den Erwerb einer zusätzlichen Qualifikation innerhalb eines Berufsbildes ging und wenn es aufgrund der Umstände des Einzelfalls, die wegen § 310 Abs 3 Nr 3 BGB zu berücksichtigen sind, einer Überlegungsfrist nicht bedurfte (BAG 19.1.11 – 3 AZR 621/08, BeckRS 2011, 72734). Ob bei kürzeren Bildungsmaßnahmen der Abbruch durch den ArbN mit Rückzahlungspflichten belastet werden kann, ist problematisch (LAG Köln 8.9.94 – 10 Sa 555/94, BB 95, 411). Bedenken bestehen, an das Nichtbestehen einer Prüfung Rückzahlungspflichten zu knüpfen. Es ist das Risiko des ArbGeb, sich über die Fähigkeiten des ArbN vor Finanzierung der Ausbildung näheren Aufschluss zu verschaffen. 15

dd) Ausscheiden vor Abschluss der Aus-/Fortbildung. Eine unangemessene Benachteiligung liegt nicht vor, wenn der ArbN dem ArbGeb die Kosten der Aus- oder Fortbildung für den Fall zu erstatten hat, dass er bereits vor dem Abschluss der Ausbildung auf eigenen Wunsch oder aus seinem Verschulden aus dem Arbeitsverhältnis ausscheidet (BAG 19.1.11 – 3 AZR 621/08, BeckRS 2011, 72734).

ee) Nichteingehen eines Arbeitsverhältnisses nach Beendigung der Aus-/Fortbildung. Eine Rückzahlungsverpflichtung für den Fall, dass der Unternehmer und potentielle ArbGeb seinem Vertragspartner und potentiellem ArbN nach Abschluss der Aus-/Fortbildung keinen Arbeitsvertrag anbietet, ist unangemessen iSd § 307 Abs 1 S 1 BGB (zur Übernahme von Studiengebühren BAG 18.11.08 – 3 AZR 192/07, NZA 09, 435). Es genügt allerdings, wenn in der Rückzahlungsklausel lediglich von einem „angemessenen Angebot" die Rede ist (LAG MeVo 14.12.11 – 3 Sa 263/11, BeckRS 2012, 67940).

e) Umfang der Rückzahlungsverpflichtung. Die Höhe des vom ArbN zu erstattenden Betrags muss nach Grund und Höhe bestimmbar sein. Maßgebend ist die Vereinbarung der Parteien. Unter dem Gesichtspunkt der Angemessenheitskontrolle nach Maßgabe von § 307 BGB ergeben sich insoweit keine Besonderheiten. Ist ein bestimmter Höchstbetrag festgelegt, gilt dieser auch dann, wenn tatsächlich höhere Kosten angefallen sind. Anderseits darf der 16

ArbGeb durch die Rückzahlung des ArbN keinen Vorteil erlangen. Sein Anspruch ist deshalb begrenzt auf die durch die Ausbildung tatsächlich entstandenen Kosten (BAG 16.3.94, DB 94, 1726; 21.7.05 – 6 AZR 452/04). Hierzu gehören das für die Zeit der Freistellung gezahlte Entgelt, Zusatzversicherungsbeiträge, Schulgeld, Fahrt- und Unterbringungskosten und Kosten für Sachmittel wie Schulmaterial. Ist der ArbGeb selbst Träger der Bildungsmaßnahme, kommt eine Abwälzung der Dozentenkosten auf den einzelnen ArbN wohl nicht in Betracht. Sozialabgaben können mit Ausnahme des ArbGebAnteils zurückverlangt werden (BAG 17.11.05 – 6 AZR 160/05, NZA 06, 872). Unangemessen benachteiligend ist eine Klausel, die bei einer das Bruttomonatseinkommen um ein Vielfaches übersteigenden Rückforderungssumme keine monatliche, sondern nur eine jährliche Staffelung vorsieht (LAG Hamm 9.3.12 – 7 Sa 1500/11, BeckRS 2012, 69038, nrkr).

17 **V. Tarifvertragliche Rückzahlungsklauseln.** In einem Tarifvertrag vereinbarte Rückzahlungsklauseln unterliegen einer nur beschränkten Rechtskontrolle. Die Beteiligung der TV-Parteien spricht regelmäßig für eine angemessene Abwägung und Bewertung der Interessen, wie durch § 310 Abs 1 Satz 1 BGB bestätigt wird. Prüfmaßstab sind Verfassungsnormen, sonstiges höherrangiges Recht und gute Sitten (BAG 6.9.95 – 5 AZR 174/94, DB 96, 531 zu BAT SR 2a Nr 7). Unerheblich ist, ob der Tarifvertrag aufgrund Tarifbindung oder aufgrund einzelvertraglicher Vereinbarung anzuwenden ist. Klauseln, nach denen die Fort- oder Weiterbildung „auf Veranlassung und im Rahmen des Personalbedarfs des ArbGeb" erfolgt, setzen zunächst voraus, dass es sich um eine vergütungsrelevante Bildungsmaßnahme handelt. Das Merkmal „auf Veranlassung des ArbGeb" ist erfüllt, wenn die Fortbildung vom ArbGeb erkennbar gewollt ist. Für das weitere Merkmal „Personalbedarf" genügt, dass mit einiger Wahrscheinlichkeit innerhalb der Bindungsdauer eine Stelle zu besetzen ist, für die die Fortbildung erforderlich ist (BAG 15.3.2000 – 5 AZR 584/98, DB 2000, 2226). Das Tarifrecht des öffentlichen Dienstes enthält keine Rückzahlungsklauseln mehr. Sie werden aber auch nicht ausgeschlossen. Die Kosten einer tariflich geregelten Qualifizierungsmaßnahme einschließlich der Reisekosten trägt der ArbGeb, soweit sie nicht von Dritten übernommen werden. Ein möglicher Eigenbetrag des ArbN ist in einer **Qualifizierungsvereinbarung** zu regeln. Die Betriebsparteien, also BRat/PersRat und der ArbGeb, sind gehalten, die Grundsätze einer fairen Kostenverteilung unter Berücksichtigung des betrieblichen und indviduellen Nutzens zu regeln.

18 **VI. Kirchliche Arbeitsvertragsrichtlinien.** Anders als Tarifverträge sind kirchliche Regelungen von der Inhaltskontrolle nach §§ 305 ff BGB nicht ausgenommen. Das BAG hat gleichwohl die AVR – Caritas Richtlinien über die Rückzahlung von Weiterbildungskosten nicht inhaltlich überprüft. Hierzu hat es sich vorrangig auf die nach § 310 Abs 4 Satz 2 BGB zu berücksichtigenden Besonderheiten des Arbeitsrechts gestützt, die bei einer den Tarifvorschriften des öffentlichen Dienstes nachgebildeten Regelung eine weitergehende gerichtliche Kontrolle nicht zuließen (BAG 17.11.05 – 6 AZR 160/05, NZA 06, 872; vgl auch BAG 6.11.96 – 5 AZR 334/95, NZA 97, 663).

19 **VII. Umgehungstatbestände.** Vereinbarungen, mit denen dem ArbN die Rückzahlung gestundet wird, er aber ohne Rücksicht auf die Begründung eines Arbeitsverhältnisses oder dessen Dauer zur Kostenbeteiligung verpflichtet wird (BAG 16.10.74 – 5 AZR 575/93, DB 75, 262), sind als angemessen iSv § 307 Abs 1 BGB zu beurteilen. Anders liegt es, wenn der Rückzahlbetrag als Darlehen geschuldet wird und sich der zu erstattende Betrag bei Fortbestand des Arbeitsverhältnisses zeitanteilig bis auf Null mindert. In Wahrheit liegt dann eine Rückzahlungsklausel und kein Darlehen iSv § 488 Abs 1 BGB vor (BAG 18.3.08 – 9 AZR 186/07, NZA 08, 1004). Gleiches gilt, wenn bei Beendigung des Arbeitsverhältnisses eine Rückzahlungsklausel in eine Darlehensschuld „umgewandelt" wird (BAG 26.10.94 – 5 AZR 390/92, DB 95, 632). **Schutz vor einer vorzeitigen Beendigung** des Arbeitsverhältnisses kann im Übrigen auch auf andere Weise erreicht werden. So kann der ArbGeb mit dem ArbN beiderseitig längere Kündigungsfristen vereinbaren oder für beide Seiten das Recht zur ordentlichen Kündigung bis zur zulässigen Höchstdauer von fünf Jahren (§ 624 BGB) ausschließen. Keine Anwendung findet die Rspr daher dann, wenn der ArbN auf eigenen Wunsch vor Ablauf einer solchen vertraglichen Bindung durch Aufhebungsvertrag ausscheidet und er sich nunmehr zur Rückzahlung von Ausbildungskosten verpflichtet.

VIII. Ausschlussfristen. Der Rückzahlungsanspruch unterliegt tariflichen und/oder 20
einzelvertraglichen **Ausschlussfristen,** die für „Ansprüche aus dem Arbeitsverhältnis" gelten
(BAG 19.6.74 – 4 AZR 299/73, AP Nr 1 zu § 611 BGB Ausbildungsbeihilfe). Da der
Anspruch erst mit Beendigung des Arbeitsverhältnisses fällig wird, beginnt die Verfallfrist
auch erst zu diesem Zeitpunkt (BAG 5.7.2000 – 5 AZR 883/98, BB 2000, 2208). Handelt
es sich um eine sog zweistufige *Ausschlussfrist* und ist die gerichtliche Geltendmachung von
der Ablehnung durch die Gegenseite abhängig, soll die Frist zur gerichtlichen Geltendmachung dann mit der Fälligkeit des Anspruchs (also mit der Beendigung des Arbeitsverhältnisses) beginnen, wenn der ArbN den vom ArbGeb vorzeitig angemeldeten Anspruch noch
vor dessen Fälligkeit ablehnt (BAG 18.11.04 – 6 AZR 651/03, NZA 05, 516). Die
Verjährungsfrist beträgt 3 Jahre. Eine **Aufrechnung** des Entgeltanspruchs mit dem Rückzahlungsanspruch ist nur nach Maßgabe der § 394 BGB, § 850c ZPO zulässig (BAG
5.12.02 – 6 AZR 569/01, NZA 03, 802).

IX. Prozessuales. Zuständig für den Erstattungsanspruch des ArbGeb ist das ArbG (§ 2 21
Abs 1 Nr 3a ArbGG). Das VG ist zuständig, wenn die Ausbildung als Voraussetzung für die
Begründung eines Beamtenverhältnisses durchgeführt wird und lediglich formal ein Arbeits-
vertrag abgeschlossen wurde, um dem Auszubildenden eine höhere als die beamtenrechtliche
Anwärtervergütung gewähren zu können (BAG 10.10.90 – 5 AZR 634/89, DB 91, 872).

Darlegungs- und Beweislast für die tatsächlichen Voraussetzungen der Wirksamkeit der 22
Rückzahlungsklausel hat der ArbGeb. Das gilt auch für den beruflichen Vorteil des ArbN,
wobei es genügt, dass der ArbGeb substantiiert darlegt, dass bei Abschluss der Klausel ein
entsprechender geldwerter Vorteil überwiegend wahrscheinlich war. Ausreichend ist die
Darlegung des Erwerbs einer anerkannten Qualifikation und von innerbetrieblichen Vorteilen für den ArbN (BAG 16.3.94 – 5 AZR 339/92, DB 94, 1726 unter Minderung der
Anforderungen des Urt vom 24.7.91 – 5 AZR 430/90, AP Nr 15 zu § 611 Ausbildungsbeihilfe). Beim Erwerb allgemeiner Fertigkeiten oder Qualifikationen wie Führerschein der
verschiedenen Klassen, Meister, Techniker oÄ spricht für bessere Chancen am Arbeitsmarkt
idR eine tatsächliche Vermutung.

X. Muster. S Online-Musterformular *„M9.13 Rückzahlungsklausel in einer Fortbildungsver-* 23
einbarung".

B. Lohnsteuerrecht *Seidel*

1. Arbeitslohn. Gewährt der ArbGeb Teile des Arbeitslohns unter dem Vorbehalt der 24
Rückzahlung (zB Weihnachtsgeld), so ändert dies nichts an dem für die Lohnbesteuerung
maßgeblichen Zufluss (s *Lohnzufluss* Rz 2 ff). Zur lohnsteuerlichen Behandlung der Rückzahlung von Arbeitslohn durch den ArbN s *Entgeltrückzahlung* Rz 17 ff. Dies gilt auch für die
Rückzahlung von Zuschüssen und Beihilfen des ArbGeb zur Aus- und Fortbildung, die
regelmäßig stpfl Arbeitslohn darstellen (s *Beihilfeleistungen* Rz 4–8 und *Ausbildungsverhältnis*
Rz 86). Zur Rückzahlung diesbezüglicher ArbGebDarlehen s *Arbeitgeberdarlehen* Rz 6 ff. Hat
der ArbN neben der Rückzahlung eines Ausbildungsdarlehens auch einen Zuschlag zur
Abgeltung der Vorteile, die er im Rahmen der Ausbildung in Anspruch genommen hatte, zu
leisten, handelt es sich bei dem Zuschlag um nachträgliche Ausbildungskosten (BFH 28.2.92,
BStBl II 92, 834; s auch *Bildungsurlaub* Rz 32). Die Zahlung einer in einem Ausbildungsverhältnis begründeten Vertragsstrafe wegen Nichteinhaltung der anschließenden Tätigkeitsdauer kann zu Werbungskosten führen (BFH 22.6.06 – VI R 5/03, BStBl II, 07, 4). Diese
Entscheidung spricht dafür, dass die Entscheidung vom 28.2.92 (s oben) überholt ist.

2. Leistungen der Sozialversicherungsträger sind regelmäßig steuerfrei (§ 3 Nrn 1 25
und 2 EStG), unterliegen aber, soweit sie Lohnersatzleistungen darstellen, dem Progressionsvorbehalt (§ 32b Abs 1 Nr 1 EStG; Näheres s *Lohnersatzleistungen* Rz 17), der allerdings
nicht vom ArbGeb, sondern erst bei der EStVeranlagung (§ 46 Abs 2 Nr 1 EStG) zu berücksichtigen ist. Bei Rückzahlung von Lohnersatzleistungen, die dem Progressionsvorbehalt
unterlagen (s *Lohnersatzleistungen* Rz 6), wirkt sich dies jedoch bei der EStVeranlagung des
ArbN auf den dann zu berücksichtigenden Progressionsvorbehalt aus, wobei auch ein
negativer Progressionsvorbehalt möglich ist (s EStR 32b Abs 3; s auch *Lohnersatzleistungen*
Rz 13). Sind steuerfrei gewährte Leistungen, die nicht dem Progressionsvorbehalt unterla-

361 Rückzahlungsklausel

gen, aufgrund einer Rückzahlungsklausel zurückzuzahlen, so bleibt die Rückzahlung grds ohne steuerliche Auswirkung. Zu Rückzahlungen des ArbGeb an die Agentur für Arbeit s *Erstattungsanspruch der Agentur für Arbeit* Rz 11 ff.

C. Sozialversicherungsrecht
Schlegel

26 **1. Einfluss arbeitsrechtlicher Rückzahlungsklauseln auf das Beitragsrecht. a) Grundsatz: Keine Beitragserstattung.** Zahlt der ArbGeb dem ArbN Arbeitsentgelt und legt er dieses sowohl seinen Beitragsnachweisen und Beitragszahlungen zugrunde, darf und muss die Einzugsstelle davon ausgehen, dass der Beitragsberechnung ein vom ArbGeb in zutreffender Höhe festgestelltes Arbeitsentgelt zugrunde lag. Die Beiträge können dann im Grundsatz nicht mit der Begründung zurückgefordert werden, die Zahlung des Arbeitsentgelts habe von vornherein unter einem Vorbehalt gestanden, zB dem, dass das Arbeitsentgelts in voller Höhe vom FA auch als Betriebsausgabe anerkannt wird. Ein solcher Vorbehalt ist sozialrechtlich unbeachtlich. In der SozV kann es aus Gründen der Rechtssicherheit grds nicht hingenommen werden, dass nach Auszahlung des Arbeitsentgelts, und dessen Nachweis gegenüber der Einzugsstelle die Bestimmung über die endgültige Höhe des Arbeitsentgelts und damit die Versicherungspflicht oder die Höhe der Beiträge von ungewissen, in der Zukunft liegenden Ereignissen abhängt.

27 Das BSG hat deshalb entschieden, dass das von einem ArbGeb an seinen Ehegatten gezahlte Arbeitsentgelt, aus dem Beiträge nachgewiesen und gezahlt worden sind, auch insoweit beitragspflichtig bleibt, als es vom FA später nicht in vollem Umfang als Betriebsausgaben anerkannt wird. Denn in der SozV müssen die Versicherungsträger jedenfalls anhand von gemeldetem und gezahltem Arbeitsentgelt das versicherte Risiko zum Zeitpunkt der Beschäftigung bestimmten können. Die Frage, ob Versicherungspflicht oder Versicherungsfreiheit vorliegt oder wie hoch ein Leistungsanspruch ist, darf nicht vom ungewissen Eintritt künftiger Ereignisse abhängen. Insoweit ist die SozV sowohl zum Schutz des Beschäftigten als auch zum Schutz der Solidargemeinschaft bedingungsfeindlich (BSG 7.2.02 – B 12 RK 13/01 R, SozR 3–2400 § 14 Nr 24; 14.7.04 – B 12 KR 7/04 R, SozR 4–2400 § 22 Nr 1 zur Maßgeblichkeit der sog Feststellungstheorie trotz eventueller Rückzahlungsklauseln).

28 **b) Eventuelle Ausnahmen bei typischen Rückzahlungsklauseln.** 1967 hat das BSG entschieden, dass gezahlte Beiträge nachträglich zu erstatten sind, soweit sie auf einer zurückgezahlten **Weihnachtsgratifikation** beruhen (vgl BSG 28.2.67 – 3 RK 72/64 und 3 RK 73/63). Das Gericht hat diese Rspr bisher nicht aufgegeben; es hat jedoch im Jahre 2002 ausdrücklich offengelassen, ob an ihr festzuhalten ist und Beiträge iSd § 26 Abs 2 SGB IV ausnahmsweise dann als zu Unrecht entrichtet anzusehen und zu erstatten sind, wenn sie zunächst auch aus Arbeitsentgelt berechnet und gezahlt worden sind, das in der betrieblichen Praxis unter einer gängigen und arbeitsrechtlich zulässigen Rückzahlungsklausel gezahlt und später entsprechend der Klausel tatsächlich zurückgezahlt wurde (vgl BSG 30.8.94 – 12 RK 59/92, SozR 3–2200 § 385 Nr 5 S 15; 21.5.96 – 12 RK 64/94, SozR 3–2500 § 226 Nr 2 S 7 f; 7.2.02 – B 12 KR 13/01 R, SozR 3–2400 § 14 Nr 24).

29 Die Rechtsfrage ist somit wieder offen. Sie dürfte angesichts der oben geschilderten Zwecke der SozV aber eher zu verneinen und eine Rückzahlung von Beiträgen auch im Rahmen gängiger Rückzahlungsklauseln (zB Weihnachtsgeld) abzulehnen sein. Dennoch folgen die Spitzenverbände der SozVTräger bislang weiterhin der früheren Rspr (zum Melde- und Erstattungsverfahren insoweit vgl *Entgeltrückzahlung;* Besprechungsergebnis der Spitzenverbände vom 31.5.2000, Die Beiträge 2000, 468). Wünschenswert wäre insoweit eine ausdrückliche Klarstellung durch Gesetz.

30 **2. Zuschüsse und Beihilfen des Arbeitgebers zur Fortbildung.** Zahlt der ArbGeb seinem ArbN für und während einer Fortbildung Kostenzuschüsse oder Beihilfen, sind diese als sozialversicherungsrechtliches Arbeitsentgelt anzusehen, wenn die Fortbildung im Rahmen eines weiterbestehenden Beschäftigungsverhältnisses ausgeübt wird. Enthält der Fortbildungsvertrag eine Rückzahlungsklausel für den Fall, dass der ArbN nach Abschluss der Ausbildung nicht eine Mindestzeit in den Diensten des ArbGeb verbleibt, verliert die gezahlte Vergütung (Beihilfen, Zuschüsse) hierdurch nicht ihren Entgeltcharakter, dh die Rückzahlungsklausel steht der Annahme eines versicherungs- und beitragspflichtigen Beschäftigungsverhältnisses in der Vergangenheit nicht entgegen (BSG 12.11.75 – 3/12 RK 13/74, SozR 2200 § 165 Nr 8, 13; zur Annahme eines versicherungspflichtigen Beschäftigungsverhältnisses bei Fortbildungsmaßnahmen allgemein s *Bildungsurlaub* Rz 24–28).

3. Leistungsgewährung durch Sozialleistungsträger unter Vorbehalt der Rückzahlung kommt gem § 32 Abs 2 SGB X als Nebenbestimmung zu einem Verwaltungsakt in Betracht. Der Katalog von Nebenbestimmungen zu einem Verwaltungsakt ist in § 32 Abs 2 SGB X nicht abschließend geregelt. Abzugrenzen ist der Rückzahlungsvorbehalt von Vorschüssen nach § 42 SGB I; Vorschüsse kann der zuständige Leistungsträger zahlen, wenn ein Anspruch auf Geldleistungen dem Grunde nach besteht und zur Feststellung seiner Höhe voraussichtlich längere Zeit erforderlich ist. Die Vorschusszahlung soll einerseits den Berechtigten vor Nachteilen bewahren, die er dadurch erleidet, dass er die ihm – dem Grunde nach – zustehende Leistung zunächst nicht erhält; andererseits haben Vorschüsse auch den Zweck zu verhindern, dass sich zwei Leistungsträger mit derselben Angelegenheit befassen und später ein Ausgleich – insbesondere im Verhältnis zum Träger der Sozialhilfe – durchzuführen ist. 31

Generelle Rückzahlungsklauseln dergestalt, dass die Leistung für den Fall zurückzuzahlen ist, dass sich später herausstellt, dass die gesetzlichen Voraussetzungen des Verwaltungsaktes nicht vorlagen, sind dagegen unzulässig; diese Auslegung würde nämlich dazu führen, dass die Leistungsträger ihre Bewilligungsbescheide bereits dann mit einem Vorbehalt versehen dürften, wenn die bloße Möglichkeit einer späteren Rechts- oder Tatsachenänderung bestünde. Dies hätte weiter zur Folge, dass sich die Leistungsträger praktisch die Aufhebung jeder Leistungsbewilligung vorbehalten dürften, da jeder Sachverhalt, der einen Leistungsanspruch gegen sie begründet, sich in einer den Anspruch begründenden Weise verändern kann und hierdurch die Regelungen der §§ 45, 48 SGB X praktisch außer Kraft gesetzt würden (vgl zum Verbot vorzeitigen Verfahrensabschlusses durch Beifügung einer Nebenbestimmung BSG 28.6.90 – 4 RA 57/89, SozR 3–1300 § 32 Nr 2; BSG 11.6.87 – 7 RAr 105/85, SozR 4100 § 71 Nr 2 = NZA 88, 292 zur Rückforderung von Wintergeld aufgrund eines Vorbehalts der Rückzahlung bei nachträglicher Feststellung des Fehlens von Anspruchsvoraussetzungen). 32

Rufbereitschaft

A. Arbeitsrecht *Poeche*

1. Arbeitszeitschutz. a) Begriff. Im öffentlich-rechtlichen Arbeitszeitrecht wird zwischen Vollarbeit, Arbeitsbereitschaft, Bereitschaftsdienst und Rufbereitschaft unterschieden (s *Arbeitszeit* Rz 7). Der Gesetzgeber hat den Inhalt dieser Begriffe als bekannt vorausgesetzt und deshalb von näheren Definitionen abgesehen. Nach allgemeinem Verständnis leistet der ArbN Rufbereitschaft, gelegentlich auch als Hintergrunddienst bezeichnet, wenn er verpflichtet ist, außerhalb seiner regelmäßigen Arbeitszeit auf Abruf die Arbeit aufzunehmen. Während dieses Dienstes kann er sich grds an einem Ort seiner Wahl aufhalten. Er muss nur für seine ständige Erreichbarkeit sorgen und dem ArbGeb seinen Aufenthaltsort anzeigen. Von einer solchen „Anzeige" wird inzwischen allerdings regelmäßig abgesehen und die Verfügbarkeit des ArbN sichergestellt, indem er über „Piepser" oder „Handy" zur Arbeit abgerufen wird. 1

b) Rechtsnatur. Im Verhältnis zu den verschiedenen Formen der Bereitschaft belastet Rufbereitschaft den ArbN am geringsten. Sie ist **Ruhezeit** iSv § 5 ArbZG (s *Arbeitszeit* Rz 14). Die Ruhezeit wird mit dem **Abruf** des ArbN zur Arbeit **unterbrochen**. An das Ende des Arbeitseinsatzes muss sich die gesetzlich vorgeschriebene Ruhezeit von elf Stunden anschließen. In Krankenhäusern und anderen Einrichtungen zur Behandlung, Pflege und Betreuung von Personen können Kürzungen der Ruhezeit, die auf der tatsächlichen Arbeitsleistung während der Rufbereitschaft beruhen, dann zu anderen Zeiten ausgeglichen werden, wenn der ArbN nicht mehr als die Hälfte der Ruhezeit tatsächlich zur Arbeitsleistung in Anspruch genommen worden ist (§ 5 Abs 3 ArbZG). Die Behandlung der Rufbereitschaft als Ruhezeit ist mit der Arbeitszeit-Richtlinie 93/104/EG vereinbar (EuGH 3.10.00 – C-303/98, NZA 00, 1227). 2

362 Rufbereitschaft

3 **2. Arbeitsvertragsrecht. a) Begriff.** Der Begriff Rufbereitschaft hat arbeitsvertraglich idR keinen anderen Inhalt als im Arbeitsschutz. Unerheblich ist, ob der ArbN aufgrund des Abrufes seinen Ort wechseln muss oder ob er vom jeweiligen Aufenthaltsort aus tätig werden kann. So ist Rufbereitschaft auch gegeben, wenn der ArbN über Handy erreichbar ist und – ebenfalls fernmündlich – die erforderlichen Arbeitsschritte zu veranlassen hat (BAG 29.6.00 – 6 AZR 900/98, NZA 01, 166). § 7 Abs 4 TVöD bestimmt dementsprechend, dass Rufbereitschaft nicht dadurch ausgeschlossen wird, dass der ArbN vom ArbGeb mit einem Mobiltelefon oder einem vergleichbaren technischen Hilfsmittel ausgestattet wird. **Überstunden** leistet der zur Rufbereitschaft eingeteilte ArbN, wenn er im unmittelbaren Anschluss an sein Dienstzeitende nahtlos zur Arbeitsleistung herangezogen wird (BAG 26.11.92 – 6 AZR 455/91, DB 93, 692). Soweit in Tarifverträgen die Rufbereitschaft vom *Bereitschaftsdienst* danach abgegrenzt wird, ob der ArbGeb den Ort vorgibt, von dem aus zur Arbeit abgerufen wird, oder ob der ArbN diesen Ort selbst wählen kann, behalten diese Bestimmungen grds ihre Bedeutung. Die Entscheidung des EuGH (3.10.00 – Rs C-303/98, NZA 00, 1227) betrifft nur die richtlinienkonforme Auslegung des Bereitschaftsdienstes iSd ArbZG.

4 **b) Leistungspflicht.** Der ArbN ist zur Übernahme von Rufbereitschaft nur dann verpflichtet, wenn hierfür eine gesonderte arbeitsrechtliche Grundlage besteht. Eine solche findet sich ua regelmäßig im Tarifrecht des öffentlichen Dienstes und in anderen Arbeitsbereichen, die der kontinuierlichen Versorgung der Bevölkerung dienen. Vorbehaltlich einer anderen Regelung haben dann auch **Teilzeitbeschäftigte** Rufbereitschaft zu leisten (BAG 12.2.92 – 5 AZR 566/90, DB 92, 1632). Ein **Anspruch** auf Teilnahme am Hintergrunddienst oder auf Beibehaltung eines solchen eingeführten Dienstes besteht nicht (BAG 17.3.88 – 6 AZR 268/85, DB 88, 1855). Der ArbGeb kann idR nach seinem Ermessen entscheiden, welche(n) ArbN er zur Bereitschaft heranzieht. Der ArbN kann andererseits nicht Befreiung von der Rufbereitschaft verlangen, weil er die Arbeitsstelle infolge ungünstiger Wohn- oder Verkehrsverhältnisse nur unter erschwerten Bedingungen und hohem Zeitaufwand erreichen kann. Er hat sicherzustellen, dass er dem Zweck der Bereitschaft entsprechend bei einem Abruf seine Arbeit innerhalb einer Zeitspanne aufnimmt, die den Einsatz nicht gefährdet (BAG 20.5.10 – 6 AZR 1015/08, NZA-RR 10, 616). Ist im Tarifvertrag/AVR von einer „kurzfristigen" oder „alsbaldigen" Arbeitsaufnahme die Rede, ist der ArbGeb nicht berechtigt, die **Zeitspanne** verbindlich vorzugeben. Der ArbN muss vielmehr Gelegenheit haben, die Zeit der Rufbereitschaft nach eigenem Belieben zu gestalten; er muss sich insbesondere zu Hause aufhalten können. Eine Wegezeit vom Aufenthaltsort bis zur Arbeitsstätte von 30 Minuten ist ihm zuzubilligen (BAG 31.1.02 – 6 AZR 214/00, NZA 02, 871 (LS) = ZTR 02, 432). Der ArbN muss sich in seinem sonstigen Verhalten auf den möglichen Arbeitseinsatz einrichten (Alkoholverbot).

5 **c) Entgelt.** Rufbereitschaft ist als besondere Leistung des ArbN zu vergüten und wird idR **pauschal** abgegolten. Denn durch Arbeitsvertrag oder Tarifvertrag kann eine gesonderte Vergütungsregelung für unterschiedliche Formen der Arbeit, wie Vollarbeit, *Bereitschaftsdienst* und eben auch Rufbereitschaft, getroffen werden (BAG 12.12.12 – 5 AZR 918/11, BeckRS 2013, 68694). Tatsächliche Arbeitsleistung während der Bereitschaft ist mit dem „normalen" Entgelt zu vergüten. Eine Rufbereitschaftszulage ist als Gegenleistung für die eingeschränkte Freizeitgestaltung des ArbN regelmäßig nicht neben diesem Arbeitsentgelt für tatsächliche Arbeitsleistung zu zahlen. Wegen der unterschiedlichen Zwecke beider Leistungen muss eine „doppelte" Zahlungspflicht des ArbGeb ausdrücklich geregelt sein (BAG 20.5.10 – 6 AZR 1015/08, NZA 10, 616). **Fahrten** zwischen Wohnung und Arbeitsstelle, die wegen einer erforderlichen Arbeitsaufnahme anfallen, sind keine Fahrten aus besonderem dienstlichem Anlass iSd Reisekostenrechts im öffentlichen Dienst und damit nicht erstattungsfähig (BAG 16.2.89 – 6 AZR 289/87, DB 89, 1827). Einzelvertraglich oder durch (freiwillige) Betriebsvereinbarung kann Fahrkostenersatz vorgesehen werden. Beim Urlaubsentgelt ist die Rufbereitschaftsvergütung zu berücksichtigen (BAG 24.10.2000 – 9 AZR 634/99, NJW 01, 1813). Der Gleichbehandlungsgrundsatz ist nicht verletzt, wenn der ArbGeb einem **Chefarzt mit Liquidationsrecht** keine Bereitschaftsvergütung zahlt, die nachgeordnete Ärzte erhalten (BAG 31.5.01 – 6 AZR 171/00, NZA 02, 351 (LS) = ZTR 02, 173; ebenso LAG Hamm 15.3.13 – 18 Sa 1802/12, BeckRS 2013, 72521). Ob die für Rufbereitschaft gezahlte Vergütung bei der Bemessung einer **Betriebsrente** anzusetzen ist, richtet sich nach der jeweiligen Versorgungsordnung (BAG 19.11.02 – 3 AZR 561/01, AP BetrVAG § 1 Nr 23).

d) Aufwendungsersatz. Der ArbN, der im Rahmen seiner Rufbereitschaft bei der Fahrt von seinem Wohnort zum Arbeitsplatz mit seinem Privatfahrzeug verunglückt, hat grds Anspruch gegen seinen ArbGeb auf Ersatz des Unfallschadens, wenn er es für erforderlich halten durfte, seinen privaten Wagen für die Fahrt zur Arbeitsstätte zu benutzen, um rechtzeitig zu erscheinen (BAG 22.6.11 – 8 AZR 102/10, NZA 12, 91). Die zu einem Klinikarzt ergangene Entscheidung kann auf alle Fälle der Rufbereitschaft verallgemeinert werden. Zu beachten bleibt, dass der Ersatzanspruch nur in dem Umfang besteht, in dem der ArbGeb eine Beschädigung seiner eigenen Sachmittel hinzunehmen hätte. Einen vollen Schadensausgleich kann der ArbN daher nur beanspruchen, wenn er darlegt und ggf beweist, dass er den Unfall leicht fahrlässig verursacht hat (BAG 28.10.10 – 8 AZR 647/09, NZA 11, 406 (s *Aufwendungsersatz* Rz 10).

3. Betriebsverfassung. Mitbestimmungsrechte des BRat bestehen bei der Aufstellung des Rufbereitschaftsplans, der Festlegung der zeitlichen Lage nach § 87 Abs 1 Nr 2 BetrVG (BAG 21.12.82 – 1 ABR 14/81, DB 83, 611; nun auch BVerwG 4.9.12 – 6 P 10/11, PersR 12, 464). Die Einführung einer Rufbereitschaft außerhalb der regelmäßigen Arbeitszeit führt ebenfalls wie die Einführung eines Bereitschaftsdienstes zur vorübergehenden Verlängerung der betriebsüblichen Arbeitszeit. Der BRat hat daher nach § 87 Abs 1 Nr 3 BetrVG auch über das „Ob" der Rufbereitschaft mitzubestimmen (BAG 29.2.2000 – 1 ABR 15/99, NZA 2000, 1243). Bei der Bemessung des Entgelts für freigestellte Mitglieder des BRat/Personalrat ist ausgefallene Rufbereitschaft zu berücksichtigen (LAG Köln 21.2.2000 – 8 (13) Sa 907/99, NZA-RR 01, 222; s *Betriebsratsfreistellung* Rz 16).

B. Lohnsteuerrecht *Seidel*

Die Ausführungen unter dem Stichwort *Bereitschaftsdienst* Rz 16, 17 gelten entsprechend. Wenn für Rufbereitschaft an Sonn- oder Feiertagen Zeitzuschläge gezahlt werden, sind diese steuerfrei, soweit sie die in § 3b EStG vorgesehenen Prozentsätze, gemessen an der Rufbereitschaftsentschädigung, nicht übersteigen (BFH 27.8.02 – VI R 64/96, BStBl II 02, 883). Wird dem ArbN während der Dauer der Rufbereitschaft ein Kfz zur Verfügung gestellt, liegt hierin kein Arbeitslohn (BFH 25.5.00 – VI R 195/98, BStBl II 00, 690; s auch *Dienstwagen* Rz 18).

C. Sozialversicherungsrecht *Voelzke*

Die arbeitsrechtliche Abgrenzung der Rufbereitschaft vom Bereitschaftsdienst ist für das SozVRecht unerheblich. Die unter dem Stichwort *Bereitschaftsdienst* Rz 21 ff dargestellten Grundsätze gelten entsprechend. Das Vorliegen einer abhängigen Beschäftigung ist zu verneinen, wenn bei einer „Abrufbereitschaft" die Bezahlung nur nach den tatsächlich geleisteten Stunden gem den Sätzen des Gesetzes über die Entschädigung von Zeugen und Sachverständigen erfolgt (zur Dolmetschertätigkeit im Auftrag des Bundesgrenzschutzes: LSG Saarl 26.6.86 – L 1 K 13/83, *Breithaupt* 88, 705).

Ruhen des Arbeitsverhältnisses

A. Arbeitsrecht *Röller*

1. Begriff. Ein Ruhen des Arbeitsverhältnisses liegt vor, wenn die wechselseitigen Hauptpflichten (Arbeitsleistung und Vergütung) suspendiert sind und somit der jeweilige Gläubiger von seinem Schuldner die Erbringung der Leistungen nicht verlangen und nicht durchsetzen kann, während die Nebenpflichten fortbestehen (BAG 9.8.95 – 10 AZR 539/94, NZA 96, 154). Die Begriffe „Ruhen des Arbeitsverhältnisses", „Ruhen der Hauptpflichten des Arbeitsverhältnisses", „Suspendierung der Hauptpflichten" oder „Suspendierung des Arbeitsverhältnisses" werden synonym gebraucht (BAG 7.12.89, DB 90, 842). Das Ruhen des Arbeitsverhältnisses erfolgt kraft Gesetzes, durch Vereinbarung der Arbeitsvertragsparteien oder durch einseitige Suspendierung seitens einer Vertragspartei (BAG 7.6.90, DB 90, 1971; 26.1.89, DB 89, 2129).

363 Ruhen des Arbeitsverhältnisses

2. Ruhen kraft Gesetzes. a) §§ 1, 10 ArbPlSchG. Wird ein ArbN zum Grundwehrdienst oder zu einer Wehrübung einberufen, nimmt er an Wehrübungen aufgrund freiwilliger Verpflichtung und für Dienstleistungen nach §§ 51 Abs 1 Nr 1, 51a und 54 Abs 5 des Soldatengesetzes teil, ruht das Arbeitsverhältnis während des Grundwehrdienstes oder der Wehrübung. Das Ruhen des Lohnanspruches nach § 1 Abs 1 ArbPlSchG erfasst auch die Eigenschaft des Lohns, Berechnungsgrundlage für den Durchschnittslohn eines späteren Lohnzahlungszeitraums zu sein (BAG 27.1.94, NZA 94, 1007).

b) § 1 Eignungsübungsgesetz. Wird ein ArbN aufgrund freiwilliger Verpflichtung zu einer Übung zur Auswahl von freiwilligen Soldaten (Eignungsübung) einberufen, so ruht das Arbeitsverhältnis während der Eignungsübung bis zur Dauer von 4 Monaten.

c) § 78 ZDG. Das ArbPlSchG gilt für die Ableistung von Zivildienst entsprechend.

d) § 15 Arbeitssicherstellungsgesetz. Wird ein ArbN im Verteidigungsfalle oder Entspannungszeiten in ein Arbeitsverhältnis verpflichtet, so ruht sein bisheriges Arbeitsverhältnis während der Dauer der Verpflichtung.

e) Elternzeit. Bei dem Verlangen des/der ArbN handelt es sich zwar um eine einseitige gestaltende Willenserklärung. Die Rechtsfolge aus der Erklärung, Elternzeit in Anspruch zu nehmen, eben das Ruhen des Arbeitsverhältnisses, tritt aber kraft Gesetzes ein (BAG 15.2.94, BB 94, 1638; 8.12.93, NZA 94, 421).

3. Ruhen kraft Vereinbarung. Um den Ruhenstatbestand zu erreichen, bedarf es einer Vereinbarung der Arbeitsvertragsparteien, das Arbeitsverhältnis nicht zu kündigen, sondern unter gleichzeitiger Suspendierung der wechselseitigen Hauptpflichten fortbestehen zu lassen. Handelt es sich um eine Allgemeine Geschäftsbedingung, ist diese gem §§ 305 ff BGB auf ihre Wirksamkeit hin zu überprüfen. Keine unangemessene Benachteiligung des ArbN soll eine Regelung darstellen, die das Ruhen des Arbeitsverhältnisses einer Reinigungskraft während der Schulferien vorsieht (BAG 10.1.07 – 5 AZR 84/06, NZA 07, 384). Eine Ruhensvereinbarung kann auch konkludent geschlossen werden, zB durch übereinstimmendes Handeln der Parteien, indem der ArbN dem Arbeitsplatz fernbleibt und der ArbGeb die Arbeitsentgeltzahlungen einstellt, beide aber von der fortdauernden Zugehörigkeit des ArbN zum Betrieb des ArbGeb ausgehen (BAG 7.6.90, DB 90, 1971). Eine konkludente Ruhensvereinbarung liegt vor, wenn der ArbN bei fortbestehender Arbeitsunfähigkeit auf seinen Antrag hin nach Aussteuerung durch die Krankenkasse AlGeld nach § 145 SGB III bezieht (BAG 14.3.06 – 9 AZR 312/05, NZA 06, 1232; LAG SchlHol 21.6.12 – 5 Sa 80/12, BeckRS 2012, 72142). Allein aus einer langandauernden Arbeitsunfähigkeit und dem gleichzeitigen Bezug einer Erwerbminderungsrente kann nicht auf eine stillschweigende Ruhensvereinbarung geschlossen werden (BAG 11.10.95 – 10 AZR 985/94, NZA 96, 542). Es gibt jedoch eine Vielzahl tarifvertraglicher Regelungen, die bei Bezug einer befristeten Erwerbsminderungsrente das Ruhen des Arbeitsverhältnisses anordnen, zB § 33 Abs 2 Satz 6 TVöD.

Vereinbarungen zur Herbeiführung des Ruhenstatbestandes können unterschiedliche Gründe haben, wie zB Entsendung des ArbN zu einer Tochtergesellschaft (LAG Hamburg 21.5.08 – 5 Sa 82/07, BeckRS 2008, 56425), Bestellung zum Organmitglied der Gesellschaft oder einer Tochtergesellschaft (s *Arbeitnehmer (Begriff)* Rz 24), unbezahlter Urlaub zur Inanspruchnahme einer länger dauernden Ferienreise, einer Kur nach schwerer Krankheit oder Inanspruchnahme eines Sabbatical.

4. Ruhen kraft einseitiger Erklärung. a) Freistellung zu einer Arbeitsgemeinschaft. Für längere Einsätze bei einer ARGE können ArbN von ihrem StammArbGeb freigestellt werden (s *Arbeitsgemeinschaft (ARGE)* Rz 12–15). Mit der Arbeitsaufnahme wird zwischen dem freigestellten ArbN und der ARGE ein Arbeitsverhältnis begründet. Daneben besteht das Arbeitsverhältnis zum freistellenden ArbGeb fort, das aber während der Dauer der Freistellung ruht (BAG 26.2.87, DB 87, 2158).

b) Beteiligung des Arbeitnehmers an rechtmäßigem Streik führt zu einem Ruhen des Arbeitsverhältnisses (BAG 13.2.07 – 9 AZR 374/06, NZA 07, 573; 30.8.94, DB 95, 101). Es ist Sache des einzelnen ArbN, konkludent oder ausdrücklich gegenüber dem ArbGeb zu erklären, dass er sich am Streik beteiligt (BAG 1.3.95, DB 95, 1819; 22.3.94, DB 95, 100). Die Streikteilnahmeerklärung erfolgt idR konkludent durch Niederlegung der Arbeit im Anschluss an einen Aufruf der Gewerkschaft zum Streik. Der gewerkschaftliche

Ruhen des Arbeitsverhältnisses 363

Streikaufruf selbst bewirkt noch keine Suspendierung der einzelnen Arbeitsverhältnisse (BAG 7.12.89, DB 90, 842).

c) Suspendierende Abwehraussperrungen, jedenfalls solche, die zur Abwehr von Teil- oder Schwerpunktstreiks mit dem Ziel der Herstellung der Verhandlungsparität durch den ArbGeb dienen (BVerfG 26.6.91 – 1 BvR 779/85, DB 91, 1678; BAG 10.10.91, DB 92, 43), bewirken ebenfalls ein Ruhen des Arbeitsverhältnisses (BAG 7.12.89, DB 90, 842). Die Aussperrung durch den ArbGeb erfolgt – wie die Streikteilnahme des ArbN – durch einseitige empfangsbedürftige Willenserklärung gegenüber dem ArbN oder der Belegschaft (vgl BAG 7.12.89, DB 90, 842; 7.6.88, AP Nr 107 zu Art 9 GG Arbeitskampf). Der Aussperrungsbeschluss eines ArbGebVerbandes bewirkt noch keine Suspendierung der einzelnen Arbeitsverhältnisse. Es muss eine Teilnahmehandlung des ArbGeb hinzukommen, damit die Rechtsfolge des Ruhens eintritt. Die Erklärung muss eindeutig sein. Es darf nicht unklar bleiben, ob der ArbGeb aussperren oder lediglich auf streikbedingte Betriebsstörungen reagieren will (BAG 27.6.95, DB 96, 143 mit Anm *Rieble* SAE 96, 227). Für arbeitswillige ArbN muss hinreichend klar sein, ob und inwieweit ihre Arbeitspflicht ruht (BAG 11.7.95, DB 95, 1469). 11

d) Streikbedingte Betriebsstörung. Ein ArbGeb kann einen bestreikten Betrieb oder Betriebsteil für die Dauer des Streiks ganz stilllegen mit der Folge, dass die beiderseitigen Rechte und Pflichten aus dem Arbeitsverhältnis suspendiert werden und auch arbeitswillige ArbN ihren Lohnanspruch verlieren (BAG 11.7.95, DB 96, 223; 31.1.95, BB 96, 214; 22.3.94, DB 95, 100). Diese Folge tritt auch ein, wenn der Streik (Wellenstreik) dazu führt, dass der ArbGeb als Reaktion auf den Streik Organisationsmaßnahmen getroffen hat, die dazu führen, dass ihm die Annahme der Arbeitskraft des ArbN nach Streikende bis bspw Ablauf der Schicht nicht zumutbar ist (BAG 12.11.97, NJW 97, 1801). 12

e) Die **Rücknahme der Beamtenernennung lässt** ein vorangegangenes Arbeitsverhältnis nicht wieder aufleben (BAG 24.4.97 – 2 AZR 241/96, NZA 97, 1045). 13

5. Rechtsfolgen des Ruhens. Während des Ruhens des Arbeitsverhältnisses entfallen die arbeitsvertraglichen Hauptleistungspflichten, also die Pflicht des ArbN zur Arbeitsleistung und die Pflicht des ArbGeb zur Zahlung des Arbeitsentgeltes. Das Arbeitsverhältnis selbst besteht seinem rechtlichen Bande nach unter Aufrechterhaltung aller Nebenpflichten, wie Fürsorgepflicht und Treuepflicht, Verschwiegenheitspflichten, Unterlassungspflichten, Wettbewerbsverbot, Auskunfts-, Rechnungs- und Herausgabepflichten, Pflichten zum Schutz der Persönlichkeit des ArbN und seines Eigentums, fort (BAG 7.6.90, DB 90, 1971; 26.1.89, DB 89, 2129). Die Ruhensfolgen bei Entsendung zu in- und ausländischen konzernangehörigen Gesellschaften werden idR vertraglich näher geregelt. Die Regelungen betreffen insbesondere Aufgaben, Stellung und Vergütung des ArbN bei Rückkehr ins entsendende Unternehmen. Durch die Weiterführung einer fiktiven Vergleichsvergütung (Schattengehalt) für die Entsendedauer soll bspw sichergestellt werden, dass der ArbN an der Entwicklung der Bezüge und sonstigen Leistungen entsprechend der allgemeinen Situation beim ArbGeb teilnimmt. 14

a) Betriebszugehörigkeit wird durch ein ruhendes Arbeitsverhältnis nicht unterbrochen. War das ruhende Arbeitsverhältnis einem inzwischen auf einen Betriebserwerber übergegangenen Betriebsteil zugeordnet, so ist der Betriebserwerber mit Beendigung des Ruhenstatbestandes **alleiniger** ArbGeb (BAG 14.7.05 – 8 AZR 392/04, NZA 05, 1411). 15

b) Urlaub. Das Ruhen des Arbeitsverhältnisses hat keinen Einfluss auf die Wartezeit für die Entstehung des Urlaubsanspruchs (§ 4 BUrlG) und die Dauer des Urlaubs (ErfK/*Gallner* § 4 BUrlG Rz 4). Urlaubsansprüche entstehen nach der neueren Rspr des BAG deshalb auch dann, wenn das Arbeitsverhältnis zB während des Bezugs einer befristeten Rente wegen Erwerbsminderung ruht (BAG 18.9.12 – 9 AZR 623/10, NZA 13, 216; BAG 7.8.12 – 9 AZR 353/10, NZA 12, 1216).

c) Vergütung für Feiertage ist nicht zu leisten (BAG 31.5.88, DB 88, 1328, 2260).

d) Gratifikationen und tarifliche Sonderzahlungen sind ohne Kürzung um die Ruhenszeit zu zahlen, wenn es für den Anspruch auf den Bestand des Arbeitsverhältnisses und nicht auf die tatsächliche Arbeitsleistung ankommt. Dies ist durch Auslegung der jeweiligen Regelung zu ermitteln (BAG 11.10.95 – 10 AZR 985/94, DB 96, 1041). 16

e) Anrechnung für Höherstufung. Ist in einem Tarifvertrag das Aufrücken in eine höhere Gehaltsstufe von der Dauer zur Zugehörigkeit zu einer Vergütungsgruppe abhängig, 17 kommt es auf die mit der Höherstufung nach dem Tarifvertrag verfolgten Zwecke an (BAG 21.10.92, DB 93, 690).

18 **f) Entgeltfortzahlung im Krankheitsfall** ist für die Dauer des Ruhens nicht zu leisten (BAG 8.3.73, DB 73, 1027).

g) Kündigung/Einbeziehung in die Sozialauswahl. Ein ruhendes Arbeitsverhältnis kann grds gekündigt werden. Der ArbGeb braucht nicht solange zu warten, bis das ruhende Arbeitsverhältnis wieder auflebt (BAG 9.9.10 – 2 AZR 493/09, BeckRS 2010, 75378). Bei der Kündigung anderer ArbN sind die ArbN, deren Arbeitsverhältnis ruht, aber kündbar ist, in die Sozialauswahl miteinzubeziehen (BAG 26.2.87, DB 87, 2158; ErfK/*Oetker* § 1 KSchG Rz 314).

19 **6. Beendigung des Ruhenstatbestandes. a)** Bei **Ruhen kraft Gesetzes** lebt das Arbeitsverhältnis bei Vorliegen der im Gesetz bestimmten Voraussetzungen wieder auf, also zB mit Beendigung des Wehr- oder Zivildienstes, der Eignungsübung oder mit Aufhebung des Verpflichtungsbescheides bei Verpflichtung in ein Arbeitsverhältnis im Verteidigungsfall und in Spannungszeiten.

b) Bei **Ruhen kraft Vereinbarung** richtet sich die Beendigung des Ruhenstatbestandes nach dem zugrunde liegenden Vertrag.

20 **c)** Bei **Ruhen kraft einseitiger Erklärung** bedarf es einer einseitigen, die Suspendierung der Hauptpflichten beendigenden Erklärung. Bei einem Streik kann der ArbN erklären, er scheide aus dem Streikgeschehen aus. Das kann auch vor offizieller Kampfbeendigung der Fall sein (BAG 31.5.88, DB 88, 1328, 2260). Mit Beendigung des Streiks leben die beiderseitigen Hauptpflichten wieder auf. Die Beendigungserklärung kann auch durch öffentliche Verlautbarung seitens der Gewerkschaft in den Medien erfolgen, wenn der ArbGeb dadurch hinreichend genaue Erkenntnisse erlangt (BAG 23.10.96 – 1 AZR 269/96, NZA 97, 397). Ebenso muss der ArbGeb die Aufhebung der suspendierenden Aussperrung erklären.

B. Lohnsteuerrecht
Seidel

21 Die LSt knüpft an den tatsächlichen Bezug von Arbeitslohn an. Erhält der ArbN trotz (einvernehmlichen) Verzichts auf die Arbeitsleistung weiterhin seinen Arbeitslohn, ergeben sich für den LStAbzug keine Besonderheiten. Zur Behandlung von Gratifikationen s *Sonstige Bezüge* Rz 2 ff. Evtl im Arbeitslohn enthaltene Zuschläge für Sonn-, Feiertags- oder Nachtarbeit sind jedoch wegen Fehlens der tatsächlichen Arbeitsleistung zu den begünstigten Zeiten nicht steuerfrei (s *Sonn- und Feiertagsarbeit* Rz 29).

22 Fließt dem ArbN kein Arbeitslohn zu, ist auch lohnsteuerlich nichts veranlasst (s auch *Freistellung von der Arbeit* Rz 34 und *Arbeitsverhinderung* Rz 20). Zu den steuerlichen Auswirkungen bei Abordnung oder Freistellung zu einer ARGE s *Arbeitsgemeinschaft (ARGE)* Rz 17. Zur Aussperrung und zum Streik s *Arbeitskampf (Vergütung)* Rz 24 ff.

C. Sozialversicherungsrecht
Voelzke

23 **1. Versicherungspflicht.** Die Versicherungspflicht der unselbstständig Beschäftigten in der ArblV, KV, RV und sozialen PflegeV wird begründet, wenn Personen gegen Entgelt beschäftigt sind (§§ 25 SGB III; 5 Abs 1 Nr 1 SGB V; 1 Satz 1 Nr 1 SGB VI; 20 Abs 1 Nr 1 SGB XI). Den sozialversicherungsrechtlichen Begriff der Beschäftigung definiert § 7 Abs 1 Satz 1 SGB IV als die nichtselbstständige Arbeit, insbesondere in einem Arbeitsverhältnis. Für die Annahme eines Beschäftigungsverhältnisses reicht es nicht aus, dass ein Arbeitsvertrag besteht, jedoch einvernehmlich auf die Erbringung der Arbeitsleistung verzichtet wird, selbst wenn der ArbGeb hierfür Arbeitsentgelt zahlt (vgl zur Erhaltung der Versicherungspflicht in der SozV den Überblick bei *Marburger* BB 99, 2295).

24 Vielmehr kommt es für die Versicherungspflicht in der SozV grds auf die **tatsächliche Verrichtung** einer Arbeitsleistung an (BSG 26.3.80 – 3 RK 9/79 – USK 8062). Hierauf kann verzichtet werden, wenn durch eine vorübergehende Arbeitsbefreiung der Status als ArbN nicht geändert wird und sich der ArbN weiterhin dem Weisungsrecht des ArbGeb mit dem Willen unterstellt, die Arbeit fortzusetzen (Näheres: *Arbeitnehmer (Begriff)* Rz 56). Allerdings muss die Dauer der Unterbrechung der Arbeitsleistung absehbar sein (BSG

Ruhen des Arbeitsverhältnisses 363

31.8.76 – 12/3/12 RK 20/74, SozR 2200 § 1227 Nr 4; s aber auch BSG 18.4.91 – 7 RAr 106/90, SozR 3–4100 § 104 Nr 6). Wird das Arbeitsverhältnis beendet, so besteht das beitragsrechtliche Beschäftigungsverhältnis bis zum Ende des Arbeitsverhältnisses fort, solange der ArbN Anspruch auf Arbeitsentgelt hat (s *Schlegel* NZA 05, 927; *Arbeitnehmer (Begriff)* Rz 48; *Voelzke* in FS Küttner, 345). Das versicherungspflichtige Beschäftigungsverhältnis besteht auch bis zum Ende des Arbeitsverhältnisses fort, wenn bei fortlaufender Zahlung des Arbeitsentgelts der ArbN einvernehmlich und unwiderruflich bis zum Ende des Arbeitsverhältnisses von der Arbeitsleistung freigestellt ist (BSG 24.9.08 – B 12 KR 22/07 R, NZA-RR 09, 272). Unabhängig vom Fortbestehen des Arbeitsverhältnisses endet das Beschäftigungsverhältnis jedoch, wenn sich das Festhalten am Arbeitsverhältnis als „leere Hülse" darstellt (BSG 4.7.12 – B 11 AL 16/11 R, SozR 4–4300 § 123 Nr 6).

Da die Anknüpfung des SozVRechts an die tatsächliche Arbeitsleistung einer flexiblen Gestaltung der Lebensarbeitszeit entgegenstand, hat der Gesetzgeber mit dem Gesetz zur Absicherung flexibler Arbeitszeitregelungen vom 6.4.98 (BGBl I 98, 688) einen neuen Ansatz gewählt. Nach § 7 Abs 1a Satz 1 SGB IV besteht während der Zeiten einer Freistellung von der Arbeitsleistung eine Beschäftigung fort, wenn für Zeiten der Freistellung Arbeitsentgelt fällig wird, das mit einer vor oder nach diesen Zeiten erbrachten Arbeitsleistung erzielt wird (sog *Wertguthaben;* Näheres: *Arbeitszeitmodelle* Rz 18 ff). Für die SozV-Pflicht unschädlich ist eine bis zu dreimonatige Freistellung, wenn Arbeitsentgelt aus einer Vereinbarung zur flexiblen Gestaltung der werktäglichen oder wöchentlichen Arbeitszeit oder dem Ausgleich betrieblicher Produktions- und Arbeitszyklen fällig ist (§ 7 Abs 1a Satz 2 SGB IV idF des Gesetzes vom 22.1.11, BGBl I 11, 3057).

Unabhängig vom Fortbestehen der tatsächlichen Beschäftigung entfällt die Versicherungs- **25** pflicht in der KV, sozialen PflegeV, RV und ArblV für Zeiten, in denen auch die Verpflichtung des ArbGeb zur Zahlung des Arbeitsentgelts suspendiert ist. Hierbei hat das RRG 1999 mWv 1.1.99 eine für die genannten Zweige der SozV einheitliche Regelung hinsichtlich der Frage geschaffen, in welchem Umfang eine Unterbrechung der Arbeitsentgeltzahlung für das Fortbestehen der Versicherungs- und Beitragspflicht unschädlich ist. Im Ergebnis werden hierdurch die bisher für die übrigen Zweige der SozV bestehenden Regelungen auf die gesetzliche RV erstreckt (vgl BT-Drs 13/8011 S 68). Nach § 7 Abs 3 Satz 1 SGB IV gilt eine Beschäftigung gegen Arbeitsentgelt als fortbestehend, solange das Beschäftigungsverhältnis **ohne Anspruch auf Arbeitsentgelt** fortdauert, jedoch nicht länger als einen Monat. Entscheidend ist der Lohnanspruch und nicht die tatsächliche Arbeitsentgeltzahlung; erfüllt lediglich der ArbGeb den Lohnanspruch nicht, so besteht das Beschäftigungsverhältnis ohne die zeitlichen Grenzen des § 7 Abs 3 SGB IV fort. Steht fest oder ist unsicher, ob die Entgeltfortzahlung vor Ablauf der Monatsfrist wieder aufgenommen werden muss, so endet das Beschäftigungsverhältnis dennoch erst mit Ablauf des weiteren Monats. Zu einer Fortdauer des Beschäftigungsverhältnisses kommt es nicht, wenn eine der in § 7 Abs 3 Satz 2 SGB IV genannten Sozialleistungen bezogen wird (*Krankengeld,* Verletztengeld, Versorgungskrankengeld, *Übergangsgeld, Mutterschaftsgeld, Elterngeld*) oder eine Elternzeit (s *Elternzeit*) in Anspruch genommen wird.

a) Krankenversicherung. § 192 SGB V regelt für die gesetzliche KV insgesamt fünf **26** Fallgestaltungen, bei denen trotz einer Unterbrechung des Beschäftigungsverhältnisses die Mitgliedschaft weiterhin besteht (eingehend *Schlegel/Voelzke/Felix* SGB V, § 192 Rz 9 ff). Beibehalten wurde die krankenversicherungsrechtliche Regelung, dass die Mitgliedschaft für die Dauer eines rechtmäßigen Arbeitskampfs (unbegrenzt) erhalten bleibt (§ 192 Abs 1 Nr 1 SGB V). Ebenfalls erhalten bleibt die Mitgliedschaft bei Anspruch auf *Krankengeld, Mutterschaftsgeld* oder wenn Elternzeit (s *Elternzeit*) in Anspruch genommen wird (§ 192 Abs 1 Nr 2 SGB V), für die Dauer der Zahlung von Verletztengeld, Versorgungskrankengeld oder Übergangsgeld während einer medizinischen Maßnahme zur Rehabilitation (§ 192 Abs 1 Nr 3 SGB V) sowie während des Bezugs von Kurzarbeitergeld (s *Kurzarbeit* Rz 28 ff). Für die Dauer der **Schwangerschaft** bleibt die Mitgliedschaft, soweit das Mitglied unter Wegfall des Arbeitsentgelts beurlaubt oder das Arbeitsverhältnis ausnahmsweise zulässig aufgelöst wurde, erhalten (§ 192 Abs 2 SGB V). Besteht die Mitgliedschaft nach § 192 Abs 1 Nr 1 SGB V ohne Entgeltzahlung fort, so ist Beitragsfreiheit in dem Sinne gegeben, dass kein fiktives Arbeitsentgelt zugrunde gelegt wird (vgl BSG 10.5.90 – 12 RK 38/87, SozR 3–5085 § 4 Nr 1), während Schwangere, deren Mitgliedschaft nach § 192 Abs 2 SGB V erhalten bleibt, die Beiträge nach § 250 Abs 2 SGB V alleine tragen.

Ruhen des Arbeitsverhältnisses

27 **b) Rentenversicherung.** Beitragszeiten werden in der RV, soweit die Verpflichtung des ArbGeb zur Zahlung des Arbeitsentgelts ruht, nur in den Grenzen des § 7 Abs 3 SGB IV begründet. Unschädlich ist ferner, wenn der jeweilige **Kalendermonat** nur zum Teil mit rentenrechtlichen Zeiten belegt ist, da dieser Monat trotzdem als voller Monat angerechnet wird (§ 122 Abs 1 SGB VI). Abhängig vom Grund für das Ruhen des Arbeitsverhältnisses können diese Zeiten auch als Anrechnungszeiten (s *Rentenversicherungsrechtliche Zeiten* Rz 4 ff) zu berücksichtigen sein oder jedenfalls als Überbrückungstatbestände (s KassKomm/ *Gürtner* § 58 SGB VI Rz 75–77) längere zeitliche Lücken zwischen versicherungspflichtiger Beschäftigung und Anrechnungszeiten schließen.

28 **c) Arbeitslosenversicherung.** In der ArblV dienen Zeiten einer Beschäftigung, für die kein Arbeitsentgelt gezahlt wird, nicht zur Erfüllung der **Anwartschaftszeit**. Das Versicherungspflichtverhältnis besteht allerdings auch hier nach § 7 Abs 3 SGB IV ohne Zahlung von Arbeitsentgelt für längstens einen Monat fort. Unerheblich ist, aus welchem Grund das Arbeitsentgelt nicht zu zahlen war. Eine Ausnahme hiervon gilt für Tage, die infolge von Kurzarbeit ausfallen. Für diese Zeiten wird das Fortbestehen des Versicherungspflichtverhältnisses ohne zeitliche Begrenzung angeordnet (§ 24 Abs 3 SGB III).

29 **2. Leistungsrecht.** Ruhen die Hauptpflichten des Arbeitsverhältnisses, so stellt sich im SozVRecht die Frage, ob der ArbN während dieser Zeit Lohnersatzleistungen beanspruchen kann (hierzu *Schweiger* NZS 13, 767). Der Anspruch auf AlGeld setzt die Arbeitslosigkeit des Arbeitslosen voraus (§ 138 SGB III; Näheres s *Arbeitslosengeld* Rz 14 ff). Allgemein anerkannt ist, dass das Fortbestehen des (ruhenden) Arbeitsverhältnisses die Unterbrechung oder Beendigung eines Beschäftigungsverhältnisses nicht ausschließt (BSG 9.9.93 – 7 RAr 96/92, SozR 3–4100 § 101 Nr 4). Ob **Arbeitslosigkeit** als Anspruchsvoraussetzung für den Anspruch auf AlGeld zu bejahen ist, richtet sich nach den gesamten Umständen des Einzelfalls. Entscheidend ist, ob das leistungsrechtliche Beschäftigungsverhältnis beendet worden ist (*Voelzke* in FS Küttner 347). Den Erklärungen von ArbGeb und ArbN hierzu ist lediglich indizielle Bedeutung zuzumessen; die Erklärungen sind nicht maßgebend, wenn sie den tatsächlichen Gegebenheiten widersprechen. Als für eine Beendigung des Beschäftigungsverhältnisses sprechende Indikatoren sind neben den Erklärungen der Arbeitsvertragsparteien ua eine Arbeitslosmeldung, ein Rentenantrag, eine längere eingeschränkte gesundheitliche Leistungsfähigkeit und fehlende betriebliche Umsetzungsmöglichkeiten zu berücksichtigen (BSG 28.9.93 – 11 RAr 69/92, NZS 94, 140). Die Voraussetzungen der Anspruchsvoraussetzungen Arbeitslosigkeit und Verfügbarkeit können auch vorliegen, wenn sog Aussetzzeiten im Rahmen eines fortbestehenden Arbeitsverhältnisses auftreten (zur Bewirtschafterin einer Mensa s BSG 10.9.98 – B 7 AL 96/97 R, SozR 3–4100 § 101 Nr 9; zu einer Beamtin, der Urlaub ohne Dienstbezüge bewilligt worden ist s BSG 21.10.99 – B 11 AL 21/99 R, SozR 3–4100 § 103 Nr 21).

Sachbezug

A. Arbeitsrecht
Griese

Neben der Vergütung in Geld kann ein Teil des Vergütungsanspruchs vereinbarungsgemäß **1** durch Naturalleistungen erfüllt werden. Diesbezüglich kommen insbesondere die Gewährung von Unterkunft und Verpflegung in Betracht, aber auch die Lieferung von Heizungsmaterial und Beleuchtungsenergie sowie die Gewährung von **Belegschaftsrabatten** (s *Geldwerter Vorteil* Rz 1 ff) und die Überlassung eines Dienstwagens (s *Dienstwagen* Rz 1 ff) mit dem Recht der Privatnutzung.

Eine Anrechnung oder teilweise Ersetzung von Geldbezügen durch Sachbezüge erfordert eine vertragliche Vereinbarung und unterliegt **Begrenzungen** nach § 107 Abs 2 GewO (s *Entgeltzahlungsformen* Rz 5 ff). Insbesondere ist es dem ArbGeb nach § 107 Abs 2 Satz 2 GewO (die identische Vorgängerregelung in § 115 Abs 2 GewO war **verfassungsgemäß** nach BVerfG 24.2.92 – 1 BvR 980/88, NJW 92, 2143) **nicht erlaubt, Waren zu kreditieren.** Die Gewährung von Sachbezügen setzt gem § 107 Abs 2 Satz 1 GewO voraus, dass dies dem **Interesse des ArbN oder der Eigenart des Arbeitsverhältnisses entspricht;** in jedem Fall müssen dem ArbN nach § 107 Abs 2 Satz 5 GewO **die unpfändbaren Bezüge in bar verbleiben.**

Soweit die Gewährung von Sachbezügen zulässig ist, obliegt die Bewertung der einzelnen **2** Sachbezüge den Vertragsparteien, sowohl den Individualvertragsparteien als auch den Kollektivvertragsparteien. Liegen keine Vereinbarungen darüber vor, mit welchem Wert Sachleistungen auf die Arbeitsvergütung angerechnet werden sollen, ist nach dem Rechtsgedanken des § 612 Abs 2 BGB der **übliche Wert** der Sachleistung anzusetzen. Als **üblich können die in der SvEV aufgeführten Werte zugrunde gelegt werden.** Kann der ArbN für einen Zeitraum, in dem ihm die Vergütung fortzuzahlen ist, zB Urlaub oder Krankheit, den Naturalbezug nicht entgegennehmen, ist der **Wert abzugelten** (§ 11 Abs 1 Satz 3 BUrlG; ErfK/*Dörner* § 4 EFZG Rz 30). Für freie Unterkunft, zB Gestellung einer Wohnung (s auch *Dienstwohnung*) kann keine Barabgeltung verlangt werden; der Sachbezugsanspruch erstreckt sich andererseits regelmäßig **über den sechswöchigen Entgeltfortzahlungszeitraum hinaus** (*Schmitt* EFZG § 4 Rz 98).

Anders ist es bei der Firmenwagenüberlassung. Sie ist Teil des Arbeitsentgelts und nur solange geschuldet, wie Vergütungspflicht besteht, also nicht nach Ablauf des Entgeltfortzahlungszeitraums (BAG 14.12.10 – 9 AZR 631/09, NZA 11, 569).

Bei der **Berechnung der pfändbaren Bezüge** des ArbN darf der geldwerte Vorteil von Sachbezügen wegen § 107 Abs 2 Satz 5 GewO **nicht auf den unpfändbaren Teil des Entgelts angerechnet** werden (BAG 17.2.09 – 9 AZR 676/07; BAG 24.3.09 – 9 AZR 733/07, NZA 09, 861; s ferner § 850e Abs 3 Satz 2 ZPO).

Der vorsätzliche Verstoß gegen das durch Tarifregelung festgesetzte Verbot, statt ausgeteilter Sachleistungsgutscheine eine Barabgeltung beanspruchen zu können, kann nach erfolgloser Abmahnung eine außerordentliche Kündigung rechtfertigen (BAG 23.6.09 – 2 AZR 103/08, NZA 09, 1198).

B. Lohnsteuerrecht
Thomas

Übersicht

	Rz		Rz
I. Einnahmen	3–10	II. Bewertung	11–38
1. Arbeitslohn	3–6	1. Grundsätze	11–15
a) Zuwendungen des Arbeitgebers	4	a) Einnahmen in Geld	11
b) Zuwendungen Dritter	5, 6	b) Sachbezüge	12–15
2. Grund und Höhe	7	2. Einzelbewertung	16–20
3. Sachbezugsfreigrenze	8–10	a) Kein Korrespondenzprinzip	16
a) Freigestellte Sachbezüge	9	b) Üblicher Endpreis	17–19
b) Monatsgrenze	10	c) Abgabeort	20

	Rz		Rz
3. Pauschalbewertung	21–26	4. Sonderbewertung (Personalrabatte)	27–38
a) Betroffene Sachbezüge	21–25	a) Voraussetzungen	28–33
b) Verbindlichkeit	26	b) Bewertungsfolgen	34–38

3 I. Einnahmen. 1. Arbeitslohn sind Einnahmen (Geld oder Sachbezüge; § 8 Abs 1 EStG), die im Rahmen der Einkünfte aus nichtselbstständiger Arbeit (§ 19 EStG) zufließen. Das setzt voraus, dass die Einnahmen „für eine Beschäftigung ... gewährt" worden sind (§ 19 Abs 1 Nr 1 EStG), also Entlohnungscharakter besitzen.

4 a) Zuwendungen des Arbeitgebers an den ArbN erfüllen diese Voraussetzung regelmäßig. Etwas anderes gilt aber, wenn der Vorteil des ArbN nur notwendige Begleiterscheinung betriebsfunktionaler Zielsetzungen ist (sog eigenbetriebliches Interesse; s *Arbeitsentgelt* Rz 48), oder wenn sonst andere als Entlohnungsgründe maßgebend sind. Dementsprechend scheiden Einnahmen aus, die aufgrund privater Beziehungen erfolgen (der ArbGeb schenkt seinem bei ihm angestellten Ehegatten ein Schmuckstück) oder nur aufgrund anderer Rechtsbeziehungen (zB Kauf, Darlehen, Miete, s *Arbeitsentgelt* Rz 63).

5 b) Zuwendungen Dritter können ausnahmsweise Arbeitslohn sein, wenn sie eine zusätzliche Entlohnung der bereits dem ArbGeb gegenüber geschuldeten Arbeitsleistung darstellen (BFH 28.2.13 – VI R 58/11, DStRE 13, 908 zu Sonderzahlungen der Konzernmutter an die Belegschaft anlässlich der Veräußerung des ArbGeb an einen Dritten) oder wenn der ArbGeb den von einem Dritten gewährten Vorteil verschafft hat. Dazu reicht aber nicht aus, dass der ArbGeb den Kauf ermäßigter Produkte eines Dritten durch seine ArbN am Arbeitsplatz und die dortige Auslieferung duldet (BFH 18.10.12 – VI R 64/11, DStR 12, 2433 mit Anm *Kanzler* FR 13, 382 betr Apothekenartikel an Krankenhausmitarbeiter). Als Beispiele von Arbeitslohn bei **Preisnachlässen Dritter** (vgl dazu *Arbeitsentgelt* Rz 73) werden vom BMF 27.9.93 (BStBl I 93, 814) genannt ein vom ArbGeb verschaffter Rechtsanspruch auf Verbilligung (zB Abrede über Rabatte bei einer Hotelkette auch außerhalb von Dienstreisen, Teilnahme an Großabnehmerkontingent etwa für Pkw; zu Rabatten an ArbN von Kfz-Händlern aufgrund eines Rahmenabkommens mit einem Kfz-Hersteller vgl OFD Frankfurt 24.2.94, FR 94, 376; OFD Erfurt 18.7.94, DB 94, 1647), Übernahme von Inkassotätigkeit (s aber FG NdS 30.6.89, DStR 90, 82 verbilligte Arzneimittel an Krankenhausbeschäftigte) oder Haftung des ArbGeb für den Kaufpreis (zweifelhaft, da sich der von ArbGeb verschaffte Vorteil und der Preisnachlass nicht decken müssen; s auch FG Hess 5.3.90, EFG 90, 523, Übernahme von Finanzierungskosten), enge wirtschaftliche Beziehung des ArbGeb zum Dritten (zB Tochterunternehmen; FG NdS 27.5.04 – 11 K 766/00, EFG 04, 1287 = DStRE 04, 1325) oder Gegenseitigkeitsvereinbarung (zwei Unternehmen räumen jeweils der Belegschaft des anderen Rabatte auf ihre Produkte ein).

6 Die erforderliche qualifizierte Mitwirkung des ArbGeb an der Vorteilsverschaffung liegt nicht schon vor, wenn der Dritte seine Angebote im Betrieb bekannt machen bzw seine Waren dort veräußern darf oder wenn dem ArbN die Betriebszugehörigkeit bescheinigt wird und der Rabatt auf Vorlage des Betriebsausweises gewährt wird, ohne dass der ArbGeb mit dem Dritten ein Rabattabkommen geschlossen hat (*von Bornhaupt* BB 99, 1532). Auch Fälle des **Beziehungskaufs,** bei denen der Vorteil auf vom ArbGeb unabhängige Selbsthilfeeinrichtungen oder auf bloße Mitwirkung des Personal- oder BRat zurückgeht, führen nicht zu Arbeitslohn. Da die Frage, ob ein Vorteil als Arbeitslohn anzusehen ist, nicht nach reinen Veranlassungsgesichtspunkten (das Dienstverhältnis als Gelegenheit, Vorteile zu erlangen) entschieden werden kann (dazu umfangreich *K/S* § 8 Rz B 23–43), ist in jedem Einzelfall von Preisnachlässen Dritter eine wertende Beurteilung erforderlich, ob der Vorteil eine Entlohnung „für" Dienste (§ 19 Abs 1 Nr 1 EStG) darstellt. Zur steuerlichen Erfassung von Sachprämien aus einem **Kundenbindungsprogramm** vgl *Arbeitsentgelt* Rz 74. Zu Lohnzahlungen an Dritte, wenn der ArbGeb Rabatte an Personen gewährt, die der ArbN benennt, vgl FG NdS 3.12.98 – XI 183/96, EFG 99, 335.

7 2. Grund und Höhe stehen insofern in einer Wechselwirkung, als bei Geschäften zwischen ArbN und ArbGeb das Abweichen von marktüblichen Entgelten Arbeitslohn indizieren kann. Dabei ist nicht allein der objektive Wert maßgebend, da bei Verhandlungen wie zwischen fremden Dritten ein auf besonderem Verhandlungsgeschick beruhender Vorteil nichts mit der ArbNEigenschaft zu tun hat. Das schließt aber im Einzelfall nicht aus, ein großzügiges Entgegenkommen auf das Dienstverhältnis zurückzuführen (BFH 18.10.74, BStBl II 75, 182). Führt die Sachverhaltswürdigung aber zur Annahme von Arbeitslohn, so ist dessen Höhe objektiv zu bestimmen. Dabei bleiben persönliche Umstände des ArbN, bspw ob er vergleichbare Aufwendungen auch auf eigene Kosten auf sich genommen hätte, außer Betracht (s *Arbeitsentgelt* Rz 40). Auf den tatsächlich erzielten Vorteil kommt es aber nicht an, wo das Gesetz aus Praktikabilitätsgründen nicht an individuelle Verhältnisse anknüpft, wie bspw mit den pauschalen Werten nach der SvEV (BFH 23.8.07 – VI R 74/04, BStBl II 07, 948 = DStRE 07, 1482). Aus dem gleichen Grund bestimmt sich der als Personalrabatt nach § 8 Abs 3 EStG zu erfassende Arbeitslohn nicht danach, welcher Vorteil am Markt individuell hätte ausgehandelt werden können, sondern nach dem Unterschied zu dem um den Bewertungsabschlag gekürzten Angebotspreis (s Rz 35).

3. **Sachbezugsfreigrenze.** Sachbezüge, die nach § 8 Abs 2 Satz 1 EStG bewertet werden, brauchen nicht erfasst zu werden, wenn ihr Wert insgesamt 44 € im Kalendermonat nicht übersteigt (§ 8 Abs 2 Satz 11 EStG). Es handelt sich nicht um einen Freibetrag, sondern eine Freigrenze, weil bereits bei einem geringfügigen Überschreiten (zB 45 €) nicht nur der 44 € übersteigende, sondern der gesamte Betrag zu erfassen ist. Bestrebungen, die Freigrenze durch einen Freibetrag zu ersetzen, sind nicht Gesetz geworden. Hierzu wurde, was die Aufzeichnungserleichterungen für das Lohnkonto betrifft, § 4 Abs 3 Satz 2 LStDV angepasst. Außer Ansatz bleiben die nach § 8 Abs 2 Satz 1 EStG zu bewertenden Vorteile, die nach § 37b oder § 40 EStG pauschal versteuert werden (R 8.1 Abs 3 Satz 1 LStR). Dagegen kann die Freigrenze nicht dadurch für andere Sachbezüge erhalten werden, dass ein laufender Mietnachlass von 44 € monatlich nach der LStKarte versteuert wird. Auf Zukunftssicherungsleistungen (§ 2 Abs 2 Nr 3 LStDV) ist die Freigrenze nicht anwendbar (BFH 26.11.02 – VI R 68/01, BStBl II 03, 492 mit Anm *MIT* DStR 03, 729; R 8.1 Abs 3 Satz 4 LStR; BMF 10.10.13 DStR 13, 2223). 8

a) **Freigestellte Sachbezüge** sind nur solche, die nach § 8 Abs 2 Satz 1 EStG bewertet werden, also weder die nach § 8 Abs 2 Sätze 2ff EStG zu erfassende Kfz-Nutzung, noch Sachbezüge, für die Werte nach der SvEV oder nach § 8 Abs 2 Satz 10 EStG Durchschnittswerte gelten, noch Sachbezüge, bei denen die Personalrabattsregelung des § 8 Abs 3 EStG zum Zuge kommt, noch Sachbezüge, die nach § 19a Abs 2 Satz 2 EStG bewertet werden. Ein Sachbezug ist auch ein Zinsvorteil, den ein Dritter (Bank) gewährt und den der ArbGeb finanziert (FG Hess 5.11.03 – 11 K 3108/01, EFG 04, 1673) bzw das durch Zuschüsse des ArbGeb an eine Bank übernommene Kursrisiko (BFH 13.9.07 – VI R 26/04, BStBl II 08, 204 = DStRE 07, 141 mit Anm *Paetsch* HFR 08, 120). Bei der Sachbezugsfreigrenze handelt es sich um eine Vereinfachungsregelung, die die Erfassung geringer Vorteile wie zB die Nutzung stpfl *Sozialeinrichtungen* (s dort Rz 22) und den damit anfallenden Verwaltungsaufwand erübrigen soll. Auf Barlohnzuschüsse ist § 8 Abs 2 Satz 11 EStG nicht anwendbar (BFH 26.11.02 – VI R 161/01, BStBl II 03, 331; BFH 27.10.04 – VI R 29/02, BStBl II 05, 135 = DStRE 05, 72 mit Anm *Fissenewert* HFR 05, 110 zu Fremdwährungsentgelten; BFH 14.9.05 – VI R 37/03, DStR 05, 1933 zum ADAC-Schutzbrief). Das gilt auch bei zweckgebundenen Zuschüssen etwa für die Mitgliedschaft in einem Sportclub (BFH 27.10.04 – VI R 51/03, BStBl II 05, 137 = DStR 05, 23 mit Anm *Fissenewert* HFR 05, 111). Zu Warengutscheinen s Rz 11. 9

b) **Monatsgrenze.** Weil 44 € monatlich und nicht 528 € im Jahr frei sind, kann der in einem Monat nicht ausgeschöpfte Betrag nicht auf einen anderen Monat übertragen werden. Das kann Auswirkungen haben, wenn der ArbGeb dem ArbN nicht Monatskarten, sondern eine Jahresnetzkarte vergünstigt verschafft, weil der diesbezügliche Vorteil bereits mit dem Erwerb der Jahresnetzkarte zufließt (BFH 14.11.12 – VI R 56/11, DStR 13, 353 mit Anm *Bergkemper* FR 13, 474). Da in Fällen möglicher Überschreitung der Freigrenze wegen Zweifelns über Art, Höhe und Zeitpunkt der Bewertung ohnehin Aufzeichnungen erfolgen müssen, wird sich der beabsichtigte Vereinfachungseffekt in Grenzen halten. 10

II. **Bewertung. 1. Grundsätze. a) Einnahmen in Geld** sind mit dem Nennbetrag zu versteuern (Nominalwertprinzip, BVerfG 19.12.78, BStBl II 79, 308; BFH 9.3.11 – X B 137/10, BFH/NV 11, 979; zu Geldleistungen zusätzlich zu Nutzungsentgelten BFH 22.7.04 – VI B 189/01, BFH/NV 04, 1644). **Fremdwährungen** sind kein Sachbezug, 11

370 Sachbezug

sondern Einnahmen in Geld (R 8.1 Abs 1 Satz 6 LStR) und daher mit dem Euroreferenzkurs der Europäischen Zentralbank umzurechnen. Aus Vereinfachungsgründen kann statt des Tageskurses des Zuflusstages der Durchschnittsreferenzkurs des Zuflussmonats zu Grunde gelegt werden (BFH 3.12.09 – VI R 4/08, BStBl II 10, 699 = DStR 10, 479). Ebenfalls Bar- und nicht Sachlohn liegt vor, wenn ein bereits entstandener Anspruch auf Urlaubsgeld wahlweise durch Überlassen von Warengutscheinen erfüllt werden kann (BFH 6.3.08 – VI R 6/05, BStBl II 08, 530 = DStR 08, 861; ebenso zum Wahlrecht zwischen Weihnachtsgeld und Deputaten BFH 10.6.08 – VI B 113/07, BFH/NV 08, 1482). Ebenso liegen Einnahmen in Geld und nicht Nutzungsvorteile vor, wenn der ArbGeb selbst verdiente Provisionen an seine ArbN weitergibt (BFH 23.8.07 – VI R 44/05, BStBl II 08, 52 = DStR 07, 2107) oder wenn der ArbGeb für ein dem ArbN gehörendes Kfz die Kosten übernimmt (BFH 6.11.01 – VI R 54/00, BStBl II 02, 164, DStR 02, 210); anders aber bei Kfz-Gestellung im Wege der Barlohnumwandlung (BFH 20.8.97, BStBl II 97, 667; *Thomas* DStR 97, 1841) sowie bei einer Kfz-Gestellung, bei der der ArbGeb trotz zivilrechtlichen Eigentums der ArbN wirtschaftlicher Eigentümer des Pkw geblieben ist (BFH 26.7.01 – VI R 122/98, BStBl II 01, 844, zum „beamteneigenen" Pkw und BFH 6.11.01 – VI R 62/96, BStBl II 02, 370, DStR 02, 581 mit Anm *MIT*; *Kanzler* FR 02, 590; *Pust* HFR 02, 510 zum Kfz das auf Veranlassung des ArbGeb vom ArbN geleast wird). Zweifelhaft ist, ob beim Zweivertrags-Leasingmodell eine Nutzungsüberlassung oder ein ArbGebZuschuss vorliegt. In diesen Fällen werden über das nämliche Kfz vom ArbN und vom ArbGeb jeweils getrennte Leasingverträge abgeschlossen und die Leasingraten im Verhältnis 30 vH zu 70 vH getragen. Wirtschaftlich kann dies als Kfz-Gestellung mit Zuzahlung durch den ArbN angesehen werden (BMF 11.11.96, DStR 96, 1934). Bei einem dem ArbN auf Kosten des ArbGeb überlassenen Dienstwagen stellt die Nutzungsüberlassung wirtschaftlich auch dann einen Sachbezug dar, wenn der ArbN einen Kostenbeitrag pro privat gefahrenen km leisten muss (BFH 7.11.06 – VI R 95/04, BStBl II 07, 269 = DStR 07, 104). Dagegen dürfte beim Zinszuschuss der ArbGeb zu einem vom ArbN bei einer Bank aufgenommenen Darlehen wirtschaftlich selbst dann Barlohn anzunehmen sein, wenn der ArbGeb seinen Beitrag der Bank als eigenen schuldete (BFH 4.5.06 – VI R 67/03, DStRE 06, 1174 mit Anm *MIT*; *Bergkemper* FR 06, 1134), da das Darlehen selbst dem ArbN nur von der Bank gewährt wird. Grds bleiben verbilligt abgegebene Waren, Nutzungsmöglichkeiten oder Dienstleistungen auch dann Sachbezüge, wenn der ArbN Zuzahlungen vornimmt, zB zum Kantinenessen oder zur Kfz-Nutzung.

Entgegen der bisherigen Rspr grenzt der BFH beim **Warengutschein** Bar- vom Sachlohn nicht mehr danach ab, ob der ArbGeb selbst Vertragspartner des Leistungserbringers (zB der Tankstelle beim Tankgutschein) ist. Maßgebend ist danach vielmehr, ob der ArbN arbeitsrechtlich vom ArbGeb statt Barlohn eine Sachleistung verlangen kann, während es nicht darauf ankommt, auf welche Art und Weise der ArbGeb den Anspruch erfüllt bzw dem ArbN den zugesagten Vorteil verschafft. Danach soll Sachlohn sogar angenommen werden können, wenn der ArbGeb dem ArbN Geld mit der Auflage gibt, es in bestimmter Weise zu verwenden, wobei die betreffende Ware noch nicht einmal konkret bezeichnet werden muss (BFH 11.11.10 – VI R 26/08, BFH/NV 11, 589; BFH 11.11.10 – VI R 21/09, BStBl II 11, 383 = DStRE 11, 274; BFH 11.11.10 – VI R 27/09, BStBl II 11, 386 = DStR 11, 260; BFH 11.11.10 – VI R 40/10, BFH/NV 11, 590; BFH 11.11.10 – VI R 41/10, BStBl II 11, 389 = DStRE 11, 276). Schädlich ist aber weiterhin, wenn der ArbN wahlweise statt einer Ware eine auflagenfreie Geldleistung verlangen kann.

Die Verwaltung (H 8.1 (1–4) „Geldleistung oder Sachbezug" LStR) wendet die Entscheidungen mit der Maßgabe an, dass der „Sachbezug" dann nicht nach R 8.1 Abs 2 Satz 9 LStR mit 96% des üblichen Endpreises angesetzt werden kann, wenn keine Bewertung erforderlich ist, wie zB bei nachträglicher Kostenerstattung, bei betragsmäßig begrenztem Warengutschein oder bei zweckgebundener Geldzuwendung (OFD Münster 17.5.11, DB 11, 1250; vgl auch *Koller/Renn* DStR 11, 555; zur USt vgl EuGH 29.7.10, C-40/09, Astra Zeneca UK Ltd, DStR 10, 1632). Die RsprÄnderung begegnet Bedenken. Nach dem Realisierungsprinzip des LStRechts sind nicht Ansprüche, sondern Erfüllungshandlungen maßgebend (vgl *Aktienoptionen* Rz 22). Liegt nach dem verwirklichten Sachverhalt Barlohn vor, weil der ArbGeb den Kauf des ArbN lediglich ganz oder teilweise finanziert, kann dem nicht entgegen gehalten werden, der ArbN hätte vom ArbGeb statt dessen die Verschaffung der Ware selbst verlangen können. Das wird besonders deutlich, wenn der ArbN für 54 € tankt und mit einem Benzingutschein seines ArbGeb über 44 € und eigenen 10 € bezahlt. Die Steuer knüpft an die Sachverhaltsverwirklichung (§ 38 AO) an, während Vereinbarungen der Beteiligten über deren Behandlung unbeachtlich sind. Zweck der Sachbezugsfreigrenze des § 8 Abs 2 Satz 11 EStG ist es, bei einem geringen Vorteil Ermittlungen über dessen Wert zu erübrigen. Leistet der ArbGeb nur einen Zuschuss, bedarf es keiner derartigen Ermittlungen, weil bei Einnahmen in Geld der Nennbetrag zugrunde gelegt wird. Die Rspr zum abgekürzten Zahlungsweg besagt nur etwas darüber, ob Lohn des ArbGeb oder eines Dritten vorliegt (vgl § 38 Abs 1 Satz 3 EStG beim LStAbzug), während sie nichts dafür hergibt, entgg § 38 AO statt eines verwirklichten einen fiktiven Sachverhalt zu besteuern (aA *Schneider* FR 11, 1060, 1066).

b) Sachbezüge. aa) Bewertung nach Vorteilscharakter. Es gelten je nach der Art des 12 eingeräumten Vorteils unterschiedliche Bewertungsmethoden. Während Kantinenessen im Normalfall nach § 8 Abs 2 EStG (Anwendung von Sachbezugswerten) bewertet werden, liegen bspw bei Gewährung freier Kost an ArbN einer Gaststätte oder Fernküche (zum Krankenhaus BFH 27.8.02 – VI R 63/97, BStBl II 02, 881, DStRE 02, 1417 mit Anm *MIT*) die Voraussetzungen auch von § 8 Abs 3 EStG (Personalrabattregelung) vor, wobei die letztgenannte Regelung vorgeht, da dann die Werte „abweichend von Absatz 2" anzusetzen sind (*K/S* § 8 Rz D 8). Sofern man nicht eine unbewusste Gesetzeslücke annimmt und diese mit Vorrang der sachnäheren Bestimmung schließt, könnte man sich für den Fall, dass das Personal nicht auch im Gastraum speist, damit helfen, dass keine identischen Leistungen (vgl Bedienung, Ambiente) vorliegen und dass deshalb nur § 8 Abs 2 EStG eingreift. Jedenfalls kann der ArbGeb dieses Ergebnis dadurch erreichen, dass er den Vorteil pauschal versteuert (§ 8 Abs 3 Satz 1 iVm § 40 EStG). Die unterschiedlichen Regelungen können zur Folge haben, dass wirtschaftlich vergleichbare Sachverhalte unterschiedlich besteuert werden (vgl *Henkel* DStR 92, 165 zu Personalrabatten durch ein Reisebüro oder einen Reiseveranstalter; dazu BMF 14.9.94, BStBl I 94, 755), was sich besonders bei Rabatten im Konzern (dazu unten Rz 14) auswirkt.

bb) Bewertungsarten. Das Gesetz sieht die Einzelbewertung mit dem üblichen Endpreis 13 am Abgabeort (§ 8 Abs 2 Satz 1 EStG; dazu Rz 16 ff), die Sonderbewertung bei der Kfz-Gestellung (§ 8 Abs 2 Sätze 2 ff EStG), die Pauschalbewertung mit Sachbezugswerten (§ 8 Abs 2 Sätze 6–9 EStG; vgl Rz 23) sowie mit Durchschnittswerten (§ 8 Abs 2 Satz 10 EStG; vgl Rz 24) und die Sonderbewertung von Personalrabatten mit einer Wertfiktion (§ 8 Abs 3 EStG, „so gelten als deren Wert") vor. Daneben gelten gem § 19a Abs 2 EStG für an ArbN überlassene Vermögensbeteiligungen (s *Vermögensbeteiligung* Rz 31 ff sowie *Thomas* DStR 91, 1405) gesonderte Wertermittlungen.

cc) Preisnachlässe Dritter. (1) Maßgebende Bewertungsvorschrift ist § 8 Abs 2 Satz 1 14 EStG und nicht § 8 Abs 3 EStG, da die betreffenden Sachbezüge nicht vom ArbGeb, sondern einem Dritten stammen (BFH 20.8.97, BFH/NV 98, 163). Zwar kann § 8 Abs 3 EStG auch in Fällen zur Anwendung kommen, in denen sich der ArbGeb eines Dritten zur Vorteilsgewährung bedient. Dann muss er den Vorteil aber wirtschaftlich selber tragen (BFH 4.6.93, BStBl II 93, 687; 30.5.01 – VI R 123/00, BStBl II 02, 230, mit Anm *MIT* DStR 01 1656; *Pust* HFR 01, 1062; BFH 23.6.05 – VI R 10/03, BStBl II 05, 770 = DStRE 05, 991, Abwicklung eines Wandeldarlehens über eine Bank). Bei Preisnachlässen Dritter tragen diese den Rabatt; der ArbGeb vermittelt den Vorteil nur. Werden nach einer Umstrukturierung im Konzern bisherige Personalrabatte vom früheren ArbGeb (der Konzernmutter) weitergewährt, greift § 8 Abs 3 EStG nur ein, wenn es sich um „Vorteile aus früheren Dienstleistungen" (§ 19 Abs 1 Nr 2 EStG) handelt. Das ist nicht der Fall, wenn Voraussetzung der Rabattgewährung die Beschäftigung bei einer Konzerntochter (dem jetzigen ArbGeb) ist, weil der Rabatt dann eine zusätzliche Entlohnung für die derzeitige Beschäftigung, also eine Lohnzahlung Dritter darstellt (BFH 8.11.96, BStBl II 97, 330 = DStR 97, 573 mit Anm *MIT*; BFH 8.11.96, BFH/NV 97, 471; vgl auch FG NdS 28.1.99 – XI 641/97, DStRE 00, 1024; zweifelhaft FG Düsseldorf 28.6.00 – 14 K 447/00 E, DStRE 00, 897; aA *Schmidt* DB 96, 2202; *Gast-de Haan* DStR 97, 1114). Die Verwaltung geht bei Rabatten von dritter Seite wahlweise von dem um 4 vH gekürzten Angebotspreis oder dem Durchschnittspreis aus, der in der Mehrzahl der Fälle vom Letztverbraucher am Abgabeort gezahlt wurde (R 8.1 Abs 2 Satz 9 LStR). Der Bewertungsabschlag ist keine Übernahme aus § 8 Abs 3 EStG, wie auch die Nichtberücksichtigung des Rabattfreibetrags zeigt, sondern ein aus Gründen der Verwaltungsvereinfachung eingeräumter Unsicherheitsabschlag. Zur Änderung eines bestandskräftigen Bescheides bei unzutreffend erfassten Jahreswagenrabatt vgl BFH 20.6.01 – VI R 70/00, DStRE 01, 1017 mit Anm *Pust* HFR 01, 1043 und 25.7.01 – VI R 82/96, BFH/NV 01, 1533.

15 (2) LStAbzug. Lohnzahlungen Dritter unterliegen dem LStAbzug, wenn der ArbGeb sie kennt – zB aufgrund der Angaben, die der ArbN nach § 38 Abs 4 Satz 2 EStG machen muss – oder kennen kann, was bei verbundenen Unternehmen iSv § 15 AktG vermutet wird (§ 38 Abs 1 Satz 2 EStG).

16 **2. Einzelbewertung. a) Kein Korrespondenzprinzip** (grds *K/S* § 8 Rz B 6). Der als Arbeitslohn stpfl Vorteil deckt sich nicht notwendigerweise mit dem als Betriebsausgaben zu berücksichtigenden Aufwand des ArbGeb (BFH 9.4.97, BStBl II 97, 539; BFH 5.7.96, BStBl II 96, 545 = DStR 96, 1402 mit Anm *MIT; Thomas* DStR 96, 1680) und zwar weder der Höhe nach, noch nach dem Zeitpunkt des Abzugs (vgl *Büchele* DB 97, 2133). Bspw kann Arbeitslohn auch bei Nutzungsvorteilen des ArbN vorliegen, die beim ArbGeb nicht mit zusätzlichen Kosten verbunden sind (zB Freifahrt durch Bahnbedienstete, BFH 25.9.70, BStBl II 71, 55), wie umgekehrt der Aufwand des ArbGeb höher sein kann als der beim ArbN zu erfassende Vorteil (zB bei Sachbezugswerten, *HHR* § 8 Rz 49). So können dem ArbN vom ArbGeb überlassene wertvolle Gemälde unter den Anschaffungskosten des ArbGeb zu bewerten sein, wenn Fehlkäufe vorliegen (FG Köln 24.8.2000 – 7 K 2853/94, EFG 2000, 1247). Dass aus Vereinfachungsgründen häufig gleichwohl die Aufwendungen des ArbGeb zum Maßstab für den Vorteil des ArbN genommen werden (vgl BFH 23.10.92, BStBl II 93, 195: private Kfz-Kosten; 25.5.92, BStBl II 92, 856: Zuwendungen bei Betriebsveranstaltungen; BFH 18.8.05 – VI R 32/03, DStR 05, 1810: Incentivereise), beruht auf der Annahme, der ArbN werde den Vorteil am Markt jedenfalls nicht günstiger erlangen können (s *Arbeitsentgelt* Rz 41).

17 **b) Üblicher Endpreis. aa) Entwicklung.** Durch das Steuerreformgesetz 1990 wurde der bisher benutzte Begriff des „üblichen Mittelpreises des Verbrauchsorts" (vgl BFH 27.3.81, BStBl II 81, 577) durch den „üblichen Endpreis am Abgabeort" abgelöst. Nach der Gesetzesbegründung (BT-Drs 11/2157 S 141) sollten keine substantiellen Änderungen vorgenommen werden, sondern lediglich die Anwendbarkeit der Vorschrift verbessert werden. Auch durch die Einfügung ... „mit dem um übliche Preisnachlässe geminderten" üblichen Endpreisen ... durch das JStG 1996 sollte nur die bisherige Auslegung bestätigt werden (BT-Drs 13/901 S 132). Anstelle eines statistischen Durchschnittbetrages sollte der tatsächliche Preis anzusetzen sein, „der üblicherweise im allgemeinen Geschäftsverkehr von Letztverbrauchern gefordert wird" (vgl ähnlich zur aF BFH 22.7.88, BStBl II 88, 995, 999; zum „gemeinen Wert" nach dem BewG s BFH 7.4.89, BStBl II 89, 608; BFH 1.2.07 – VI R 72/05, BFH/NV 07, 898). Mit dem Abgabeort anstelle des Verbrauchsortes werde sichergestellt, „dass Sachbezüge aus einem Dienstverhältnis einheitlich nach den Verhältnissen an dem Ort bewertet werden können, an dem der ArbGeb diese Sachbezüge seinen ArbN verschafft" (BT-Drs 13/901 S 132).

18 **bb) Endpreis.** Nach § 1 Abs 1 Satz 1 PreisangabenVO werden als Endpreise diejenigen Preise definiert „die einschließlich Umsatzsteuer und sonstiger Preisbestandteile unabhängig von einer Rabattgewährung zu zahlen sind". Da der „um übliche Preisnachlässe geminderte" Endpreis maßgebend ist, kann das das günstigste Angebot am Markt sein (BFH 17.8.05 – IX R 10/05, BStBl II 06, 71 = DStRE 06, 132 und 4.5.06 – VI R 28/05, BStBl II 06, 781 = DStR 06, 1594). Wie sich aus der neuen Fassung des Gesetzes und dem Folgenden ergibt, sind im Bereich der Bewertung nach § 8 Abs 2 Satz 1 EStG also Preisnachlässe zu berücksichtigen. Maßgebender Zeitpunkt ist dabei, wenn Bestell- und Liefertag auseinanderfallen, der Bestelltag (R 8.1 Abs 2 Satz 8 LStR).

19 **cc) Üblichkeit** heißt entsprechend der Mehrzahl der Verkaufsfälle (R 8.1 Abs 2 Satz 2 LStR). Es wird also weder auf einem überdurchschnittlich verhandlungsgewandten, noch auf einen ganz ungeschickten Käufer abgestellt, wohl aber darauf ob bei Leistungen dieser Art es überhaupt üblich ist zu handeln. Mit der abweichenden Gesetzesformulierung war keine materielle Änderung beabsichtigt. Da der Begriff des „Mittelpreises" schon bislang nicht als Aufforderung zu statistischen Durchschnittserhebungen verstanden wurde, sondern als Schätzung des Betrages, den ein Fremder unter gewöhnlichen Verhältnissen für Güter gleicher Art im freien Verkehr aufwenden muss (BFH 22.7.88, BStBl II 88, 995, 999; BFH 17.6.05 – VI R 84/04, BStBl II 05, 795 = DStR 05, 1437 mit Anm *MIT*; *Fissenewert* HFR 05, 981 zum verbilligten Gebrauchtwagenverkauf; BFH 23.1.07 – VI B 115/06, BFH/NV 07, 889 zur Schätzung mit Hilfe üblicher Marktübersichten), dient der Begriff des üblichen Endpreises lediglich der Klarstellung. Dementsprechend ist Maßstab der durchschnittliche Endverbraucher, der als fremder Dritter gleichwertige Güter in Anspruch nimmt. Da diesem auch befristete Sonderangebote zur Verfügung stehen, mindern solche den zu erfassenden Lohn. Dagegen sind Sonderkonditionen, die nur bestimmten Marktteilnehmern, zB Großabnehmern, eingeräumt werden, nicht in die Bewertung einzubeziehen. Auch außergewöhnliche Zugeständnisse im Einzelfall bleiben wegen des Erfordernisses der Üblichkeit außer Ansatz. Preisauszeichnungen, die nicht eingehalten werden, sind – anders als in § 8 Abs 3 EStG (dazu unten), aber wie bei dem aus Gründen der steuerlichen Gleichbehandlung ebenso ausgelegten Entnahmewert (§ 6 Abs 1 Nr 4 Satz 1 EStG) – nicht beachtlich. Die unterschiedliche Auslegung von Abs 2 und Abs 3 des § 8 EStG rechtfertigt sich aus dem verschiedenen Wortlaut und den nur in Abs 3 vorgesehenen Erleichterungen (Bewertungsabschlag und Rabattfreibetrag), die bei der Entnahme ebenfalls nicht gewährt werden.

c) **Abgabeort** ist grds der Ort, an dem der Sachbezug verschafft wird. Das wirkt sich insbesondere aus, wenn die Ware oder Leistung, aus der der Vorteil resultiert, am Markt zu unterschiedlichen Preisen erhältlich ist. Bspw ist bei einer vom ArbGeb verbilligt überlassenen Wohnung neben Alter, Größe, Ausstattung usw die Lage in die Vorteilsbewertung einzubeziehen. Es liegt auf der Hand, dass als Ausgangswert des Vorteils aus einer exklusiven Großstadtwohnung nicht Preisvergleiche mit einer Wohnung auf dem Land angestellt werden können. Abweichend von dem für **§ 8 Abs 2 EStG** maßgebende Verschaffungsort ist bei der Rabattermittlung nach **§ 8 Abs 3 EStG,** jedenfalls bei genormten Produkten, unabhängig davon, wo der Vorteil jeweils verschafft wird, regelmäßig der Sitz des ArbGeb maßgebend, an dem über die Höhe des Rabattes entschieden wird. In § 8 Abs 3 EStG ist nämlich nicht der um marktübliche Rabatte geminderte örtliche Endpreis, sondern deswegen ein für alle ArbN einheitlicher Angebotspreis zugrunde zu legen, weil dem ArbGeb die Vorteilsermittlung möglichst einfach gemacht werden soll. Hiermit wäre nicht vereinbar, wenn der ArbGeb für alle Verschaffungsorte ermitteln müsste, zu welchem Endpreis die vergleichbare Ware dort fremden Letztverbrauchern im allgemeinen Geschäftsverkehr angeboten wird (BFH 5.9.06 – VI R 41/02, BStBl II 07, 309 = DStRE 06, 1369). Übereinstimmende Bewertungsergebnisse sind vielmehr nur durch einen für alle ArbN maßgebenden einheitlichen Abgabeort zu erzielen.

3. Pauschalbewertung. a) Betroffene Sachbezüge. § 8 Abs 2 Sätze 2 ff EStG lässt die Bewertung von bestimmten Sachbezügen abweichend von § 8 Abs 2 Satz 1 EStG (üblicher Marktwert) mit pauschalierten Werten zu, bei der die Besonderheiten des Einzelfalles, zB Kosten und Güte der verabreichten Mahlzeiten, außer Betracht bleiben.

aa) Kfz-Gestellung. Wegen der nach § 8 Abs 2 Sätze 2 ff EStG vorzunehmenden Pauschalbewertung eines dem ArbN vom ArbGeb überlassenen Pkw wird auf die Ausführungen zum *Dienstwagen* Rz 26 ff verwiesen.

bb) Freie Kost und Wohnung. Maßgebend sind die jährlich fortgeschriebenen Werte der SvEV (s unten Rz 40 ff). Diese Werte sind auch bei Stpfl anzusetzen, die nicht der gesetzlichen RVPflicht unterliegen (§ 8 Abs 2 Satz 7 EStG). Es handelt sich grds um Monatswerte (zu den Werten vgl Rz 44, 45) einschließlich Heizung und Beleuchtung mit Abschlägen, wenn nur Teilleistungen erbracht, und Zuschlägen, wenn Angehörige einbezogen werden. Sachbezugswerte sind auch anzusetzen, wenn sie angeblich über dem Marktwert liegen (BFH 23.8.07 – VI R 74/04, DStRE 07, 1482). Des Weiteren ist der Sachbezugswert anzuwenden, wenn dem ArbN bei einer Auswärtstätigkeit eine Mahlzeit vom ArbGeb oder auf dessen Veranlassung von einem Dritten zur Verfügung gestellt wird, sofern der Preis der Mahlzeit 60 € nicht übersteigt (§ 8 Abs 2 Satz 8 EStG; gesetzliche Korrektur von BFH 19.11.08 – VI R 80/06, BStBl II 09, 547 = DStR 09, 29). Der sonst anzusetzende Wert entfällt, wenn dem ArbN eine Verpflegungspauschale zusteht, da diese je nach gewährter Mahlzeit (Frühstück 4,80 €, Mittag- Abendessen je 9,60 €) gekürzt wird (§ 8 Abs 2 Satz 9 EStG). Barzuschüsse sind keine Sachbezüge und deshalb grds mit dem Nennbetrag zu erfassen. Bei Ausgabe von Essensmarken oder Restaurantschecks wird auch eine Barlohnumwandlung anerkannt (LStR 31 Abs 7

370 Sachbezug

Nr 4c; Einzelheiten bei *Essenszuschuss* Rz 7 ff); zu freier Kost auf Schiffen vgl *Arbeitsentgelt* Rz 48 und *Dienstreise* Rz 50.

24 **cc) Amtliche Durchschnittswerte,** die für andere Sachbezüge von einer obersten Finanzbehörde eines Landes mit Zustimmung des BMF festgesetzt werden, sind gem § 8 Abs 2 Satz 10 EStG ebenfalls für die Bewertung heranzuziehen. Allerdings erfüllen weder die LStR (BFH 4.5.06 – VI R 28/05, BStBl II 06, 781 = DStR 06, 1594) noch reine BMF-Schreiben diese Voraussetzungen und gleichbleibende Erlasse von obersten Finanzbehörden der Länder (vgl vom 3.3.10, BStBl I 10, 253 zur Beköstigung im Bereich der Seeschifffahrt und vom 26.9.12, DStR 12, 2186 zu verbilligten Flügen durch Luftfahrtunternehmen; zu Standby-Flügen *Weber* DStR 06, 1024; *Metzner/Schönfeld* DStR 06, 2012) nur, wenn sie mit Zustimmung des BMF ergeht.

25 Ebenfalls keine verbindlichen Durchschnittswerte liegen vor, wenn aus Gründen einfachen Gesetzesvollzugs anstelle des Einzelnachweises pauschalierte Kosten angesetzt werden dürfen, der Stpfl aber statt dessen seine höheren individuellen Aufwendungen nachweisen darf. Bspw steht es dem Stpfl frei, die Kfz-Kosten bei Dienstreisen mit der km-Pauschale von 0,30 € oder statt dessen mit den nachgewiesenen höheren Kosten anzusetzen (BFH 7.4.92, BStBl II 92, 854).

26 **b) Verbindlichkeit.** Während die aus Gründen der Verwaltungsvereinfachung gewährten Verwaltungspauschalen nur Wertangebote darstellen (zur Bindung bzw gerichtlichen Überprüfbarkeit s *Pauschbeträge* Rz 24 ff), ist bei den Pauschalen des § 8 Abs 2 Sätze 2 bis 10 EStG der Nachweis der Unrichtigkeit (nach oben und nach unten) nicht möglich (zu den Sachbezugswerten nach der SvEV vgl BFH 23.8.07 – VI R 74/04, DStRE 07, 1482). Sie stehen aber unter dem allgemeinen Verfassungsvorbehalt des Art 3 GG (vgl BVerfG 7.10.80, BVerfGE 55, 72, 88; 30.5.90, BVerfGE 82, 126, 146) und dürfen deshalb nicht wirklichkeitsfern festgesetzt werden. Bei Rabatten auf Leistungen aus der Produktpalette des ArbGeb (dazu unten Rz 33) sind die Durchschnittswerte des § 8 Abs 2 Satz 6 EStG deshalb nicht anwendbar, weil die Bewertung nach Abs 3 des § 8 EStG die nach Abs 2 verdrängt; vgl im Übrigen zum Verhältnis von § 8 Abs 2 zu Abs 3 EStG Rz 35.

27 **4. Sonderbewertung.** Nach § 8 Abs 3 EStG werden die Werte von bestimmten vom ArbGeb gewährten Personalrabatten „abweichend von Abs 2", also abschließend, wenn dessen Voraussetzungen vorliegen, nach besonderen Grundsätzen ermittelt.

28 **a) Voraussetzungen.** Die Preisnachlässe müssen Produkte des ArbGeb betreffen und im LStRegelabzug (nach der LStKarte) zu erfassen sein.

aa) Negativabgrenzung. (1) Keine Pauschalierung. Die besondere Bewertung für Personalrabatte greift nicht ein, wenn die betreffenden Vorteile nach § 40 EStG pauschal versteuert werden. Dies eröffnet Gestaltungsmöglichkeiten. Der ArbGeb kann Sachbezüge, die unter § 8 Abs 3 EStG fallen, zB die verbilligte Mahlzeit an ArbN im Gaststättengewerbe (s aber Rz 12) – nicht jedoch die Kantinenmahlzeit in anderen Branchen, da dort die Voraussetzungen des Abs 3 regelmäßig nicht vorliegen (aA *Schmidt/Krüger* § 40 Rz 12) –, bis zur Ausschöpfung des Rabattfreibetrages steuerfrei belassen und dann zur Pauschalierung übergehen. Zur Ausübung des Wahlrechts zwischen § 8 Abs 3 EStG und der Pauschalierung vgl R 8.2 Abs 1 Nr 4 LStR und BMF 28.4.95, BStBl I 95, 273.

29 Wird bei Aushilfskräften nach § 40a EStG pauschaliert, sind dort alle Vorteile, also auch solche aus Rabattgewährung, einzubeziehen, da der Rabattfreibetrag kein allgemeiner Steuerfreibetrag ist (s auch BFH 21.7.89, BStBl II 89, 1032 zum ArbN- und Weihnachtsfreibetrag bei Pauschalierung; aA FG Düsseldorf 4.4.01 – 9 K 8355/99 H (L), EFG 01, 1422 zur Sachbezugsfreigrenze des § 8 Abs 2 Satz 9 EStG), sondern nur im Rahmen der Vorteilsermittlung von Arbeitslohn zu berücksichtigen ist, der dem LStRegelabzug unterliegt. Werden durch die Rabattgewährung die zulässigen Pauschalierungsgrenzen überschritten, liegt eine fehlgeschlagene Pauschalierung vor, die zu Nachforderungen nach allgemeinen Grundsätzen führt.

30 (2) Keine Drittrabatte. Die Sonderbewertung des § 8 Abs 3 EStG findet nur statt, wenn der Rabatt vom ArbGeb und nicht einem Dritten stammt. Das gilt wegen des Fehlens einer Konzernklausel auch für Rabatte durch ein verbundenes Unternehmen, und zwar sowohl bei Preiszuschüssen des ArbGeb auf fremde Lieferungen (BFH 15.1.93, BStBl II 93, 356; vgl aber FinMin NdS 13.12.99, DStR 2000, 246), als auch bei vom Dritten selbst getragenen

Rabatten (FG Münster 4.2.98, EFG 98, 1126). Die Rabattbesteuerung des § 8 Abs 3 EStG kann auch nicht dadurch auf Vorteile, die ein anderes Konzernunternehmen gewährt, ausgeweitet werden, dass – entgegen sonstigen lohnsteuerrechtlichen Grundsätzen (vgl zB BFH 10.5.06 – IX R 82/98, BStBl II 06, 669 = DStR 06, 1268) – der Konzern selbst als ArbGeb angesehen wird (so aber *Birk* in FS Raupach, 423). Wird der ArbN im Rahmen einer Umstrukturierung auf eine Konzerntochter umgesetzt, können von der Konzernmutter weitergewährte Personalrabatte unter § 8 Abs 3 EStG fallen, wenn es sich um Lohn aus einem ehemaligen Dienstverhältnis handelt und nicht um Lohnzahlungen für Arbeitsleistungen an Dritte. Denn § 8 Abs 3 EStG kann auch bei Personalrabatten an Pensionäre eingreifen (BFH 4.6.93, BStBl II 93, 687, 691 oben). Dabei muss die verbilligt abgegebene Leistung zum Zeitpunkt der Rabattgewährung aber noch zur Produktpalette der Muttergesellschaft gehören, was nicht der Fall ist, wenn dieser Teil der Produktion zwischenzeitlich an eine andere Konzerntochter ausgelagert worden ist. Vereinbarungen zwischen den Beteiligten über Besitzstandswahrungen können das gesetzliche Erfordernis, dass ein Eigenprodukt des rabattgewährenden ArbGeb vorliegen muss, nicht ersetzen (BFH 8.11.96, BStBl II 97, 330 = DStR 97, 573 mit Anm *MIT*). Eine **Konzernklausel** ist bewusst nicht in das Gesetz aufgenommen worden (BT-Drs 11/2536 S 16). Damit hat der Gesetzgeber nicht gegen das Gleichbehandlungsgebot des Art 3 Abs 1 GG verstoßen (aA *Glenk* § 8 EStG Rz 131; s auch *HHR* § 8 Rz 91; *Birk* FR 90, 237; *Reuter* StVj 90, 237). Eine alle vergleichbaren Fälle einbeziehende Entlastung hätte nur ein allgemeiner Verwendungsfreibetrag für alle Sachbezüge an ArbN bewirkt, der seinerseits zu verfassungsrechtlichen Zweifeln durch die Benachteiligung des Barlohns bzw anderer Stpfl als ArbN geführt hätte. Die historisch zu erklärende Begünstigung lediglich derjenigen Rabatte, die schon bislang am häufigsten (zu Sozialleistungen s unten) gewährt wurden, lag im gesetzgeberischen Ermessen, zumal der Rabattfreibetrag in erster Linie nicht als Steuerbefreiung, sondern als Ermittlungserleichterung zu werten ist.

(3) Keine Bedarfsdeckung. § 8 Abs 3 EStG greift nicht für Rabatte des ArbGeb auf solche **31** Produkte ein, die überwiegend für den Bedarf seiner ArbN hergestellt, vertrieben oder erbracht werden (FG Hess 2.8.96, EFG 97, 229 und FG Düsseldorf 28.6.2000 – 14 K 447/00 E, DStRE 2000, 897: „Standby-Flüge", die nur eigenen Mitarbeitern angeboten werden; vgl dazu *Weber* DStR 06, 1024 und *Metzner/Schönfeld* DStR 06, 2012). Zweck der Vorschrift ist es, die Sonderbewertung auf solche Produkte zu begrenzen, die überwiegend am Markt und nicht im Belegschaftshandel abgesetzt werden. Hierfür spricht auch, dass Anknüpfungspunkt der Angebotspreis des ArbGeb am Markt oder der seines nächstgelegenen Abnehmers ist. **Überwiegend** bedeutet zu mehr als 50 vH, was bei Waren mengenmäßig, bei Dienstleistungen nach dem Umsatz zu bestimmen ist (*K/S* § 8 Rz D 7). Folge dessen ist, dass die vorteilhafte Bewertung gerade auf soziale Leistungen, wie verbilligtes Kantinenessen oder Betriebskindergärten nicht anwendbar ist. Dies begegnet ebenfalls keinen verfassungsrechtlichen Bedenken, zumal anderweit Entlastungen vorgesehen sind (niedere Sachbezugswerte: § 8 Abs 2 EStG; Steuerbefreiungen: § 3 Nr 33 EStG).

Nicht begünstigt sind Rabatte auf Produkte, mit denen der ArbGeb gar nicht oder nur **32** gelegentlich am Markt erscheint und die er nur für innerbetriebliche Zwecke vorhält (zum verbilligten ArbGebDarlehen, wenn der ArbGeb Kredite sonst nur an verbundene Unternehmen vergibt BFH 18.9.02 – VI R 134/99, BStBl II 03, 371; zum ArbGebDarlehen bei Unterhalten von Festgeldkonten BFH 9.10.02 – VI R 54/01, DStRE 03, 264; zum ArbGeb-Darlehen einer LZB BFH 9.10.02 – VI R 164/01, BStBl II 03, 373). Die Verwaltung bejaht die Anwendbarkeit des § 8 Abs 3 EStG auf Rohstoffe, Zutaten und Halbfertigprodukte, wenn diese mengenmäßig überwiegend in die Erzeugnisse des Betriebes eingehen und verneint sie bei Betriebs- und Hilfsstoffen, die mengenmäßig überwiegend nicht an fremde Dritte abgegeben werden (R 8.2 Abs 1 Nr 3 LStR; gegen diese Differenzierung *Glenk* § 8 EStG Rz 152; vgl auch *Schmidt* FR 90, 361; *HHR* § 8 Rz 91 ff). ME ist der Wortlaut „hergestellt, vertrieben oder erbracht" nicht nur auf das vorhergehende „für den Bedarf seiner ArbN", sondern auch auf davor „vom ArbGeb" zu beziehen, also darauf abzustellen, ob der ArbGeb mit dem verbilligt abgegebenen Produkt – ggf auch mittelbar über einen Händler – selbst überwiegend am Markt erscheint. Deshalb fällt die unentgeltliche Abgabe von Baumaterial nicht unter § 8 Abs 3 EStG, wenn der ArbGeb am Markt kein Baumaterial vertreibt, sondern nur ganze Gebäude. Dagegen fällt die Abgabe von Medikamenten an

Krankenhauspersonal unter § 8 Abs 3 EStG, weil ihre Abgabe an Patienten nicht in ein einheitliches Produkt Pflegeleistung eingeht (BFH 27.8.02 – VI R 63/97, BStBl II 02, 881 mit Anm *MIT* DStRE 02, 1417; anders für Medikamente, die nicht für die Patienten benötigt werden: BFH 27.8.02 – VI R 158/99, BStBl II 03, 95 und anders auch, wenn die Rabatte auf die Medikamente nicht vom ArbGeb sondern von einem Dritten eingeräumt werden: BFH 18.10.12 – VI R 64/11, DStR 12, 2433). Umgekehrt kann, wenn ein ArbGeb, der nicht Kfz-Hersteller oder Händler ist, aber aus seinem Bestand regelmäßig gebrauchte Kfz veräußerte („vertreibt"), § 8 Abs 3 EStG eingreifen, wenn die Gebrauchtwagen überwiegend an Fremde veräußert werden, aber im Einzelfall ein Gebrauchtwagen verbilligt an einen ArbN abgegeben wird (vgl auch BFH 23.1.07 – VI B 115/06, BFH/NV 07, 889 und BFH 22.2.07 – VI B 121/06, BFH/NV 07, 905). Zur Überlassung von gebrauchten Waren in anderen Fällen vgl BMF 7.8.90, DStR 90, 603; zur verbilligten Überlassung eines Pkw an einen Schwerbehinderten als Arbeitserleichterung vgl FG Hess 20.11.97, EFG 98, 465. Eine Zeitung kann zur Produktpalette des herausgebenden Verlages und auch der das Blatt herstellenden selbstständigen Druckerei gehören (BFH 28.8.02 – VI R 88/99, BStBl II 03, 154 mit Anm *MIT* DStR 03, 108; *Pust* HFR 03, 254; zur UStlichen Behandlung bei verbilligter Lieferung von Zeitungen an eigene ArbN vgl BFH 19.6.11 – XI R 8/09, DStRE 12, 46). Hersteller ist auch, wer gewichtige Beiträge zur Herstellung einer Ware erbringt, indem er sie auf eigene Kosten nach seinen Vorgaben und Plänen von einem Dritten produzieren lässt (BFH 1.10.09 – VI R 22/07, BStBl II 10, 204 = DStR 09, 2481 mit Anm *Birk/Specker*, DB 09, 2742; *Schneider* HFR 10, 117). Dies wirft, wenn der ArbGeb die Ware nicht selbst vertreibt insbesondere bei arbeitsteiliger Produktion im Konzern Abgrenzungsfragen auf, welche Konzerngesellschaften bereits oder noch nicht als Hersteller anzusehen sind. Jedenfalls ist Hersteller eines Endprodukts (zB Auto) nicht schon jeder Zulieferer einzelner Teile (zB Getriebe, Motor, Reifen, Sitze, Radio usw). Schenkt der ArbGeb seinem ArbN eine Reise, hängt die Bewertung nach § 8 Abs 2 oder 3 EStG davon ab, ob derartige Reisen zur Produktpalette des ArbGeb gehören, was nicht der Fall ist, wenn der ArbGeb nur Vermittler und nicht Veranstalter ist (BFH 7.2.97, BStBl II 97, 363). Die Verwaltung lässt den Rabattfreibetrag dann jedenfalls auf eine fiktive Vermittlungsprovision zu (H 8.2 „Berechnung des Rabatt-Freibetrages" Beispiel 2 LStR), was zweifelhaft ist, weil nicht eine Vermittlungsleistung, sondern eine Reise zu bewerten ist. Ob der ArbGeb Veranstalter ist, bestimmt sich unter Berücksichtigung von § 651a Abs 2 BGB nicht nach dem Kleingedruckten in den Reiseunterlagen, sondern danach ob beim Anwerben der Teilnehmer der Anschein erweckt wird, dass die Reiseleistungen in eigener Verantwortung erbracht werden (*Thomas* DStR 96, 1679). Werden ArbN eines Reisebüros von einem Luftfahrtunternehmen Rabatte auf Flüge eingeräumt, greift § 8 Abs 3 EStG nicht ein, weil es sich um Drittrabatte handelt (vgl Rz 14) und weil das Reisebüro nicht Veranstalter der Flüge ist (FG München 28.2.97, DStRE 97, 885, bestätigt durch BFH 20.8.97 – VI B 93/97, DStRE 97, 885; zur Bewertung der Reise und zur Freistellung einer fiktiven Vermittlungsleistung OFD Bln 17.12.96, DB 97, 450).

33 **bb) Produktpalette.** Die Bewertung des § 8 Abs 3 EStG bezieht sich auf **Waren** und **Dienstleistungen.** Zu den Waren gehören auch solche Wirtschaftsgüter, die im Wirtschaftsverkehr wie Sachen behandelt werden, zB Strom und Wärme. Dienstleistungen sind alle personellen Leistungen, die üblicherweise gegen Entgelt erbracht werden (Beförderung, Beratung, Datenverarbeitung, Kontenführung, Werbung, Versicherungsschutz, Vermittlungsleistungen, FG Köln 21.4.05 – 10 K 7434/01, EFG 05, 1231 = DStRE 05, 926). Im Anschluss an BFH 4.11.94 (BStBl II 95, 338 mit Anm *Thomas* KFR/F 6 EStG § 8, 1/95, S 143) sieht die Verwaltung als Dienstleistungen im weiteren Sinne auch bloße **Nutzungsüberlassungen** (Wohnungsüberlassung, Kfz-Gestellung, Darlehensgewährung) an. Danach fallen Rabatte unter § 8 Abs 3 EStG, wenn die betreffende Nutzungsüberlassung zum Unternehmensgegenstand des ArbGeb gehört (Wohnungs-Mietwagenunternehmen, Bank; zum Hotelgewerbe OFD Münster 18.8.95, DStR 95, 1551; OFD Düsseldorf 20.6.95, DB 95, 1442; zum Bankgewerbe BMF 20.9.94, FR 94, 757). Daraus folgt gleichzeitig, dass in diesen Fällen die zu § 8 Abs 2 EStG ergangenen Wertermittlungen der Verwaltung zu Zinsersparnissen (BMF 13.6.07 – IV C 5 – S 2334/07/0009 DStR 07, 1125) nicht zum Zuge kommen können; Ausgangsbetrag ist also auch in diesen Fällen nicht der übliche Endpreis, sondern der Angebotspreis (vgl Rz 35 ff).

b) Bewertungsfolgen. Liegen die Voraussetzungen des § 8 Abs 3 EStG vor, ist als Arbeitslohn die Differenz zwischen dem um 4 vH geminderten Angebotspreis und dem entrichteten Entgelt zu erfassen, wobei die Summe dieser Differenzbeträge bis zu 1080 € jährlich steuerfrei bleibt. Maßgebender Angebotspreis ist der des ArbGeb am Abgabeort bzw der des nächstansässigen Abnehmers.

aa) Angebotspreis. Aus dem unterschiedlichen Wortlaut von § 8 Abs 2 EStG die „um übliche Preisnachlässe geminderten" Endpreise und § 8 Abs 3 EStG Endpreise, „zu denen der ... im allgemeinen Geschäftsverkehr anbietet" folgen auch unterschiedliche Bezugsgrößen. Während bereits der Begriff des Endpreises wegen seiner Verwendung in § 1 Abs 1 PreisangabenVO auf Angebotspreise vor Rabattgewährung hinweist (s oben Rz 18), wird dies sowohl durch Verwendung des Wortlautes „anbietet" verstärkt, als auch durch die Maßgeblichkeit des „allgemeinen" Geschäftsverkehrs, also des ersten Kontakts mit dem Endverbraucher. Außerdem sieht der Ausgangsbetrag des § 8 Abs 3 EStG – anders als Abs 2 – eine Minderung um übliche Preisnachlässe gerade nicht vor, woraus folgt, dass das Angebot vor Verhandlungen, also der erste Zugang zum Markt gemeint ist. Hiervon ging bisher auch der BFH (BFH 4.6.93, BStBl II 93, 687) grds aus, allerdings unter dem Vorbehalt „sofern nicht offenkundig ist, dass nach den Gepflogenheiten im allgemeinen Geschäftsverkehr tatsächlich ein niedrigerer Preis, etwa ein Haus- oder Normalpreis gefordert und bezahlt wird". Nunmehr soll als Endpreis iSd § 8 Abs 3 EStG der am Ende von Verkaufsverhandlungen als letztes Angebot stehende Preis anzusehen sein und deshalb auch Rabatte umfassen (BFH 26.7.12 – VI R 30/09, DStR 12, 2270 und VI R 27/11, DStR 12, 2272). Danach wäre der Endpreis in § 8 Abs 3 EStG mit dem des § 8 Abs 2 EStG identisch. Darüber hinaus nimmt die Rspr an, dass zwischen der Bewertung nach Abs 2 und der nach Abs 3 des § 8 EStG ein Wahlrecht besteht (BFH 5.9.06 – VI R 41/02, BStBl II 07, 309 = DStRE 06, 1369 und BFH VI R 30/09 aaO).

Nachdem die Verwaltung zunächst von anderen Grundsätzen ausgegangen ist (vgl Personalbuch 2013 Sachbezug Rz 35), folgt sie dem BFH nunmehr in modifizierter Form (BMF 16.5.13 DStR 13, 1086 mit Anm *Plenker* DB 13, 1145): Danach hat sowohl der ArbGeb beim LStAbzug als auch der ArbN bei der Veranlagung unabhängig voneinander die Wahl zwischen beiden Bewertungen. Bei der Bewertung nach § 8 Abs 2 EStG darf der günstigste Preis am Markt, also nicht nur der des ArbGeb sondern auch der anderer Anbieter zum Vergleich herangezogen, aber kein Bewertungsabschlag von 4% und kein Rabattfreibetrag abgezogen werden. Das kann bei vorheriger anderweiter Ausschöpfung des Rabattfreibetrages die günstigste Lösung sein. Bei der Bewertung nach § 8 Abs 3 EStG können vom Angebotspreis des ArbGeb nur von diesem selbst durchschnittlich gewährte Rabatte (ohne Sonderrabatte an Großkunden) abgezogen werden, während sein günstigstes Angebot, ebenso wie günstigere Angebote anderer Marktteilnehmer nicht berücksichtigt werden.

Stellungnahme: Wie oben (Rz 13, 26) dargelegt wurde, stehen bei Sachbezügen der Regelbewertung des § 8 Abs 2 Satz 1 EStG Sonderbewertungen nach § 8 Abs 2 Sätze 2–10 und Abs 3 EStG gegenüber, die in ihrem Anwendungsbereich jeweils abschließend gelten. Wie dem Gesetzesbefehl in § 8 Abs 3 EStG, dass dort „abweichend von Abs 2" zu verfahren ist, ein Wahlrecht zwischen Abs 2 und Abs 3 entnommen werden kann, ist schwer nachzuvollziehen. Entsprechendes gilt für die angebliche inhaltliche Übereinstimmung beider Bewertungen. Während bei § 8 Abs 2 Satz 1 EStG übliche Rabatte ausdrücklich zu berücksichtigen sind („mit den um übliche Preisnachlässe geminderten üblichen Endpreisen"), fehlt in § 8 Abs 3 EStG bewusst eine derartige Regelung. Vielmehr wird aus Gründen der praktischen Handhabung von einer Preisfiktion („so gelten als deren Wert") ausgegangen, die sich am leicht feststellbaren (weil gesetzlich vorgeschriebenen) ersten Angebot an den Markt („zu denen der ArbGeb die Waren ... im allgemeinen Geschäftsverkehr anbietet") orientiert. Demgegenüber ist keine Rede davon, dass in die Vorteilsbewertung Rabatte einzubeziehen seien. Das erübrigt schwierige Feststellungen (des ArbGeb bzw der FinBeh) darüber, wie am Markt darin tatsächlich abgeschlossen wird.

Eine Typisierung, die aus Gründen einfacher Handhabung auf Angebote und nicht auf Abschlüsse abstellt, weicht von dem für das jeweilige Produkt am Markt individuell erzielbaren Preis notwendigerweise ab. Sie kann belastend aber auch begünstigend wirken, insbes in solchen Fällen, in denen – wie bspw im Lebensmitteleinzelhandel, bei Gaststätten, bei

Sachbezug

Banken und Versicherungen usw – Preise üblicherweise nicht ausgehandelt werden. Wer sich im Hinblick auf das objektive Nettoprinzips bzw zur Vermeidung von Scheinlohnbesteuerungen (vgl dazu *Thomas* DB Beilage 6 zu Heft 39/2006, 58 unter III.2.c) befugt sieht, im Wege der Rosinenpickerei nur günstige Elemente der Typisierung übernehmen zu müssen, setzt sich über die Rspr des BVerfG hinweg, nach welchen Typisierungen, die der Vereinfachung dienen, hinzunehmen sind, sofern die Typisierung als solche nicht zu beanstanden ist. Wäre sie nicht sachgerecht, kann sie nicht dadurch korrigiert werden, dass einzelne Regelungsteile ignoriert werden. Denn damit setzte man sich über die ausschließliche Verwerfungskompetenz des BVerfG hinweg.

37   **bb) Abgabeort.** Es wird auf die Ausführungen zur Einzelbewertung nach § 8 Abs 2 Satz 1 EStG (s oben Rz 20) verwiesen.

cc) Nächstansässiger Abnehmer. Bietet der ArbGeb seine Produkte nicht selbst Endverbrauchern an, tritt an dessen Stelle der Angebotspreis des dem Abgabeort nächstansässigen Abnehmers. Auch diese Regelung spricht für die Maßgeblichkeit von Preisauszeichnungen, also – wo vorhanden – von Listenpreisen, weil sich der ArbGeb hierüber am leichtesten orientieren kann und angenommen werden kann, dass dem ArbGeb umfangreiche Marktforschungsmaßnahmen und daraus für den LStAbzug resultierende Haftungsrisiken erspart bleiben sollten.

38   **dd) Rabattfreibetrag.** Der für die Summe der in einem Kj gewährten Rabatte steuerfreie Betrag von 1080 € ist neben der mit der Wertfiktion des § 8 Abs 3 EStG verfolgten einfachen Vorteilsermittlung ein Ausgleich dafür, dass – wo gehandelt werden kann – auch am Markt erzielbare Rabatte in die Besteuerung einbezogen sein können. Er kann beim LStAbzug je Dienstverhältnis berücksichtigt werden, weil das Gesetz eine Einschränkung (zB nur im ersten Dienstverhältnis oder Verpflichtung zum Ausweis in der LStKarte bei Wechsel des ArbGeb) nicht vorsieht. Da es sich nicht um einen Jahressteuerfreibetrag, sondern um eine Bewertungsbestimmung handelt, muss eine im LStAbzug erfolgte mehrfache Berücksichtigung bei der Veranlagung nicht rückgängig gemacht werden (fraglich). Das Gesetz schließt auch eine **Barlohnumwandlung** nicht aus. Allerdings ist Tatfrage, ob wirklich eine Lohnkürzung und dafür die Option auf Sachlohn durch Rabattgewährung vereinbart wurde oder ob nur im Einzelfall eine Verwendungsabsprache über Barlohn vorliegt (vgl *Thomas* DStR 97, 1841).

C. Sozialversicherungsrecht *Schlegel*

39   **1. Sachbezüge als Bestandteil des Arbeitsentgelts. a) Gegenleistung für abhängige Arbeit.** Für die Frage, ob dem Grunde nach Arbeitsentgelt vorliegt, spielt es keine Rolle, in welcher Form der ArbGeb seine Gegenleistung für die Arbeit des ArbN erbringt. Daher sind auch Sachbezüge Arbeitsentgelt, wenn ihnen die Zweckbestimmung einer Entlohnung des ArbN zu entnehmen ist. Bei Sachbezügen stellt sich dann regelmäßig die Frage, wie diese zu bewerten sind und um welchen Betrag sie den vereinbarten „Geldlohn" erhöhen.

40   **b) Sachbezugsverordnung – Bewertung geldwerter Vorteile.** Die Bewertung geldwerter Vorteile und von Sachbezügen erfolgte bis Ende 2006 nach Maßgabe der aufgrund § 17 Abs 1 Satz 1 Nr 4 SGB IV von der Bundesregierung erlassenen SachBezV (zur Begründung BR-Drs 986/94 S 7 ff). Dort wurden jeweils im Voraus für das kommende Kj der Wert für **freie Verpflegung** (§ 1 SachBezV), **freie Wohnung** (§ 4: ortsüblicher Mietpreis), **freie Unterkunft** (§ 3 SachBezV) festgelegt. Außerdem wurde der Wert sog **sonstiger Sachbezüge** geregelt (§ 6 SachBezV). Hieraus konnte der geldwerte Vorteil auch für den Fall errechnet werden, dass der ArbN Verpflegung, Unterkunft usw nicht kostenlos, sondern nur verbilligt erhält (vgl § 5 SachBezV). Aus der SachBezV ergab sich nur der Wert geldwerter Vorteile. Ob die sich aus der SachBezV ergebenden Werte tatsächlich den sonstigen Entgeltbestandteilen (zB Grundlohn etc) hinzuzurechnen und Bestandteil der Beitragsbemessungsgrundlage sind, ergab sich – abgesehen von der Regelung über Bagatellwerte (§ 6 Abs 1 S 4 SachBezV iVm § 8 Abs 2 Satz 11 EStG) – hingegen nicht aus der SachBezV, sondern aus der ArEV (BSG 7.2.02 – B 12 KR 6/01 R, SozR 3–2400 § 14 Nr 23 zu Mitarbeiterflügen). Die ArEV rechnete bestimmte steuerfreie oder vom ArbGeb pauschal versteuerte Zuwendungen nicht dem Arbeitsentgelt zu (dazu *Arbeitsentgelt*).

c) Sozialversicherungsentgeltsverordnung – SvEV. MWv 1.1.2007 wurden die Regelungen der SachbezugsVO und der ArbeitsentgeltVO in der SvEV zusammengefasst (vgl SvEV vom 21.12.06, BGBl I 06, 3385; zur Begründung vgl BR-Drs 819/06). Die bisherigen Regelungen der ArEV finden sich nunmehr im Wesentlichen in § 1 SvEV, die früheren Regelungen der SachBezVO in §§ 2, 3 SvEV. 41

2. Abgrenzung zwischen freier Wohnung und freier Unterkunft. a) Freie Wohnung. Dieser Sachbezug setzt eine in sich geschlossene Einheit von Räumen voraus, in denen ein selbstständiger Haushalt geführt werden kann. Wesentlich ist, dass eine Wasserversorgung und -entsorgung, zumindest eine einer Küche vergleichbare Kochgelegenheit sowie eine Toilette vorhanden sind. Danach stellt zB ein Einzimmerappartement mit Küchenzeile und WC als Nebenraum eine Wohnung dar, nicht dagegen ein Wohnraum bei Mitbenutzung von Bad, Toilette und Küche. 42

Eine freie Wohnung ist mit dem ortsüblichen Mietpreis, Energie, Wasser, sonstige Nebenkosten sind mit dem üblichen Abgabepreis zu bewerten (§ 3 Abs 1 Satz 1 SvEV). Ist dies mit außergewöhnlichen Schwierigkeiten verbunden, sind ab 1.1.2014 – bundesweit einheitlich – je Quadratmeter monatlich 3,88 € (bis Ende 2013: 3,80 €) anzusetzen, bei einfacher Ausstattung (ohne Sammelheizung oder ohne Dusche/Bad) 3,17 € (bis Ende 2013: 3.10 €), vgl § 2 Abs 4 Satz 2 SvEV. 43

b) Freie Unterkunft. Die einem ArbN zur Verfügung gestellte freie Unterkunft (vgl § 2 Abs 3 SvEV) ist von Art und Größe her mit dem beheizbaren Zimmer eines Untermieters vergleichbar. Als Maßstab der Bewertung ist deshalb der für ein solches Zimmer einschließlich Heizung im Durchschnitt zu zahlende Preis genommen worden. Der Wert für die Unterkunft schließt auch die bisher besonders bewertete Beleuchtung ein; er beträgt ab 1.1.2014 gem § 2 Abs 3 Satz 1 SvEV 221 € (bis Ende 2013: 216 €). Dieser Wert ermäßigt sich gem § 2 Abs 3 Satz 2 SvEV 44

bei Aufnahme des Beschäftigten in den Haushalt des ArbGeb oder bei Unterbringung in einer Gemeinschaftsunterkunft	um 15 vH,
für Jugendliche bis zur Vollendung des 18. Lebensjahres und Auszubildende	um 15 vH, und
bei der Belegung mit zwei Beschäftigten	um 40 vH,
mit drei Beschäftigten	um 50 vH,
mit mehr als drei Beschäftigten	um 60 vH.

c) Freie Verpflegung. Gem § 2 Abs 1 SvEV waren bzw sind folgende Werte festgesetzt (vgl VO vom 19.12.12, BGBl I 13, 2714; für 2014 vgl VO vom 21.10.13, BGBl I 3871): 45

	ab 1.1.2013	ab 1.1.2014
Freie Verpflegung insgesamt	224 €	229 €
Frühstück	48 €	49 €
Mittagessen	88 €	90 €
Abendessen	88 €	90 €

3. Verbilligte Verpflegung, Unterkunft oder Wohnung. Werden Verpflegung, Unterkunft oder Wohnung verbilligt als Sachbezug zur Verfügung gestellt, ist der Unterschiedsbetrag zwischen dem vereinbarten Preis und dem Wert, der sich bei freiem Bezug nach den Abs 1–4 des § 2 SvEV ergeben würde, dem Arbeitsentgelt zuzurechnen (§ 2 Abs 5 SvEV). 46

4. Sonstige Sachbezüge. a) Allgemeines. Der Wert sonstiger Sachbezüge, die nicht unter § 2 SvEV fallen, ist nach § 3 SvEV zu bestimmen. Diese Vorschrift nimmt im Wesentlichen auf Regelungen in § 8 EStG Bezug und übernimmt insoweit die für das Steuerrecht festgesetzten Werte in der SozV. Sie bestimmt den Wert insbesondere der **privaten Nutzung eines betrieblichen Kfz** (§ 3 Abs 1 Sätze 2 und 3 SvEV iVm § 8 Abs 2 Satz 2–5 EStG). Sind von der obersten Finanzbehörde eines Landes nach § 8 Abs 2 Satz 10 EStG für weitere Sachbezüge der ArbN Durchschnittswerte festgesetzt worden (**amtliche Sachbezugswerte),** sind diese auch in der SozV maßgebend (§ 6 Abs 1 Satz 2 EStG). Bei **Belegschaftsrabatten** wird danach differenziert, ob eine Pauschalbesteuerung 47

370 Sachbezug

durch den ArbGeb nach § 40 EStG stattgefunden und der ArbGeb insoweit den ArbNAnteil zur SozV übernommen hat (dann § 3 Abs 3 Satz 1 SvEV: Durchschnittsbetrag der pauschal versteuerte Waren und Dienstleistungen), oder ob dies nicht der Fall ist (dann § 3 Abs 1 Satz 3 SvEV iVm § 8 Abs 3 Satz 1 EStG: üblicher Verkaufspreis gegenüber fremden Letztverbrauchern abzüglich 4 vH).

48   **b) Bloße Verbilligung.** Werden dem ArbN Sachen und Dienstleistungen nicht kostenlos zur Verfügung gestellt, sondern erhält er nur eine **Verbilligung**, ist als Wert seines geldwerten Vorteils der Unterschiedsbetrag zwischen dem vereinbarten Preis und dem nach der SachBezV für kostenlose Waren und Dienstleistungen festgesetzten Wert anzusetzen (vgl § 3 Abs 2 SvEV). Soweit sich der Wert des geldwerten Vorteils nicht aus aufgeführten speziellen Vorschriften der SachBezV ggf iVm § 8 EStG ergibt, ist als Wert für unentgeltliche Sachbezüge/Dienstleistungen der hierfür um übliche Preisnachlässe geminderte **übliche Endpreis** am Abgabeort anzusetzen.

49   **c) Bagatell-Sachbezüge.** Sachzuwendungen bleiben völlig „außer Ansatz", sind also im Ergebnis als rechtlich nicht relevantes Arbeitsentgelt anzusehen, wenn sich nach Anrechnung des vom ArbN hierfür gezahlten Preises ein geldwerter Vorteil von nicht mehr als **44 € im Monat** ergibt (§ 3 Abs 1 Satz 4 SvEV iVm § 8 Abs 2 Satz 9 EStG).

50   **d) Amtliche Sachbezugswerte.** Sind von der obersten Finanzbehörde eines Landes nach § 8 Abs 2 Satz 10 EStG für weitere Sachbezüge der ArbN Durchschnittswerte festgesetzt worden, sind diese auch in der SozV maßgebend (§ 3 Abs 1 Satz 3 SvEV).

51   **e) Private Nutzung eines betrieblichen Kfz.** Der darin liegende geldwerte Vorteil ist je Kalendermonat mit 1 vH des inländischen Listenpreises im Zeitpunkt der Erstzulassung anzusetzen (§ 3 Abs 1 Satz 2 SvEV iVm § 8 Abs 2 Satz 2, § 6 Abs 1 Nr 4 Satz 2 EStG). Kann das Kfz auch für Fahrten zwischen Wohnung und Arbeitsstätte benutzt werden, erhöht sich der Wert um 0,03 vH des Listenpreises für jeden Entfernungskilometer (§ 8 Abs 2 Satz 3 EStG). Der ArbN kann die Pauschalierung des Nutzen eines privat nutzbaren betrieblichen Kfz vermeiden, wenn er für die gesamte Nutzungszeit ein Fahrtenbuch führt und alle Kfz-Kostenbelege für die dienstliche und die private Nutzung sammelt, so dass der private Nutzungsaufwand konkret berechnet werden kann (§ 8 Abs 2 Satz 4, § 6 Abs 1 Nr 4 Satz 2 EStG). Kann das Kfz auch für Familienheimfahrten bei doppelter Haushaltsführung benutzt werden, erhöht sich der Wert um 0,02 vH des Listenpreises für jeden Entfernungskilometer zwischen dem Ort des Hausstandes und der Beschäftigung (§ 8 Abs 2 Satz 5 EStG).

52   **f) Personalrabatte und Belegschaftsrabatte. aa) Begriff.** Personalrabatte werden in § 8 Abs 3 EStG und in § 3 Abs 3 SvEV als Waren oder Dienstleistungen beschrieben, die vom ArbGeb nicht überwiegend für den Bedarf seiner ArbN hergestellt, vertrieben oder erbracht werden. Für die Bewertung von Personalrabatten kommt es maßgeblich darauf an, ob eine Pauschalbesteuerung durch den ArbGeb stattgefunden hat oder ob dies nicht der Fall ist.

53   **bb) Individualbesteuerung/Keine Pauschalbesteuerung.** Hat keine Pauschalbesteuerung nach § 40 EStG stattgefunden, gilt als Wert der Ware oder der Dienstleistung der um das um übliche Preisnachlässe geminderte Endpreis, zu denen der ArbGeb die Werte oder Dienstleistungen fremden Letztverbrauchern im allgemeinen Geschäftsverkehr anbietet (vgl § 3 Abs 1 Satz 1 SvEV). Es ist konkret darauf abzustellen, welche Zuwendungen gerade dieser ArbN erhalten hat.

54   Derartige Personalrabatte können aus dem Anwendungsbereich des Arbeitsentgelts ausgenommen und damit beitragsfrei sein, denn in der systematisch zu § 3 EStG gehörenden Vorschrift des § 8 Abs 3 Satz 2 EStG ist die Steuerfreiheit für Leistungen iSd § 8 Abs 3 Satz 1 EStG (Personalrabatte) bis zu einem bestimmten Steuerfreibetrag angeordnet. Die Inanspruchnahme dieses Steuerfreibetrages ist lediglich dann ausgeschlossen, wenn eine Pauschalbesteuerung nach § 40 Abs 1 Satz 1 Nr 1 EStG stattgefunden hat (zum Wahlrecht zwischen Pauschalbesteuerung und Inanspruchnahme des Steuerfreibetrages vgl BSG 7.2.02 – B 12 KR 6/01 R, SozR 3–2400 § 14 Nr 23 mwN).

55   **cc) Pauschalbesteuerung** durch den ArbGeb nach § 40 Abs 1 Satz 1 Nr 1 EStG führt dazu, dass die Zuwendung an den ArbN mit dem Durchschnittsbetrag der pauschal versteuerten Waren und Dienstleistungen angesetzt wird; dh es wird ein **betriebsinterner Durchschnittswert,** der vom ArbGeb insgesamt an alle seine ArbN gewährten Personalrabatte, einer bestimmten Kategorie gebildet. Zulässig ist es auch, den Durchschnittsbetrag

des Vorjahres anzusetzen (§ 3 Abs 3 Satz 1 SvEV). Dabei kommt es nicht darauf an, in welchem Umfang der einzelne ArbN solche Waren und Dienstleistungen konkret in Anspruch genommen hat und ob er mehr oder weniger Personalrabatte als seine Kollegen erhalten hat; es wird immer der Durchschnittswert der vom ArbGeb an alle seiner ArbN gewährten Sachen und Dienstleistungen angesetzt. Dies könnte für den einzelnen ArbN dazu führen, dass er aus den mit dem Durchschnittswert angesetzten Personalrabatt höhere Beiträge zu zahlen hat, als es seinen tatsächlichen geldwerten Vorteilen entspricht. Daher lässt § 3 Abs 3 Satz 3 SvEV dieses Wertermittlungsverfahren nur zu, wenn der ArbGeb den vom Beschäftigten zu tragenden Teil des auf den Personalrabatt entfallenden GesamtSozVBeitrag übernimmt. Die vom ArbGeb übernommene ArbNAnteil ist nach § 1 Abs 1 Satz 1 Nr 7 SvEV nicht dem Arbeitsentgelt zuzurechnen und damit insgesamt beitragsfrei.

g) Auffangregelung. Soweit sich der Wert des geldwerten Vorteils nicht aus aufgeführten speziellen Vorschriften der SachBezV ggf iVm § 8 EStG ergibt, ist als Wert für unentgeltliche Sachbezüge/Dienstleistungen der hierfür um übliche Preisnachlässe geminderte Endpreis am Abgabeort anzusetzen (§ 3 Abs 1 SvEV). Bei lediglich verbilligter Abgabe an den ArbN ist die Differenz zwischen dem tatsächlich vereinbarten Preis und dem nach § 3 Abs 3 SvEV ermittelten, um Preisnachlässe verminderten üblichen Endpreis anzusetzen. 56

5. Beitragsrecht. Freie sowie verbilligte Kost und Wohnung sind als laufend gezahltes Entgelt zu behandeln und beitragsrechtlich nur in dem Abrechnungszeitraum zu berücksichtigen, in dem sie dem ArbN gewährt werden. Bei sonstigen Sachbezügen ist zu prüfen, ob sie dem ArbN für seine Arbeit in einem bestimmten Lohnabrechnungszeitraum laufend (zB Freitrunk) gewährt werden, oder ob dies nicht der Fall ist. Belegschaftsrabatte sowie sonstige kostenlose oder verbilligte Überlassung von Waren oder Dienstleistungen werden dem ArbN in aller Regel nicht für die Arbeit in einem einzelnen Entgeltabrechnungszeitraum gewährt; sie sind daher als einmalig gezahltes Arbeitsentgelt zu behandeln (s *Einmalzahlungen*). 57

Kraft ausdrücklicher Regelung sind die nach § 3 Abs 3 Satz 5 SvEV mit dem Durchschnittswert angesetzten Sachbezüge, die in einem Kj gewährt werden, insgesamt dem letzten Entgeltabrechnungszeitraum in diesem Kj zuzuordnen. Insoweit trifft § 3 Abs 3 Satz 5 SvEV auch für Einmalzahlungen eine Sonderregelung. Die März-Klausel des § 23a SGB IV kommt nicht zur Anwendung. Für Sachbezüge, die nicht einem Durchschnittswert angesetzt werden, verbleibt es bei der allgemeinen Regelung für Einmalzahlungen. 58

6. Beitragsabzugsverfahren. Gem § 28g SGB IV hat der ArbGeb gegen den Beschäftigten einen Anspruch auf den vom Beschäftigten zu tragenden Teil des GesamtSozVBeitrages, den der ArbGeb durch Abzug vom Arbeitsentgelt geltend machen kann (s *Lohnabzugsverfahren* Rz 25). Hierbei handelt es sich rechtstechnisch um eine Aufrechnung. Da Beitragsansprüche Geldschulden sind, Sachbezüge aber in aller Regel Naturalleistungen anderer Art darstellen, fehlt es an der bei der Aufrechnung erforderlichen Gleichartigkeit der sich gegenüberstehenden Forderungen. Ein Beitragsabzug kommt insoweit bei Sachbezügen rechtstechnisch nicht in Betracht. Hierzu wurde in den Gesetzesmotiven ausgeführt, dass hinsichtlich des Beitragsabzugsverfahrens davon auszugehen sei, dass es heute Fälle, in denen Arbeitsentgelt ganz oder überwiegend aus Sachbezügen besteht, nicht mehr gebe. „Sollten solche Fälle oder Fälle, in denen Entgelt von Dritten gezahlt wird, vereinzelt vorkommen, kann das ‚Wie' des Anspruchs des ArbGeb gegen den Beschäftigten auf den von diesem zu tragenden Anteil arbeitsrechtlich gelöst werden" (vgl BT-Drs 11/2221 S 24 zu § 28g SGB IV). Es ist deshalb zunächst zu prüfen, ob Sachbezüge dem ArbN im Hinblick auf die zwischen ArbN und ArbGeb getroffene Vereinbarung netto zufließen sollen. Ist das der Fall, so sind sämtliche auf den Wert der Sachbezüge entfallenden GesamtSozVBeiträge vom ArbGeb analog § 14 Abs 2 SGB IV zu tragen. Ein zunächst unterbliebener ‚Abzug' bzw Einbehalt der auf Sachbezüge zu entrichtenden GesamtSozVBeiträge kann nach § 28g Satz 4 SGB IV während eines bestehenden Beschäftigungsverhältnisses ohne zeitliche Beschränkungen vorgenommen werden. 59

Ein Indiz für derartige Vereinbarungen wird insbesondere dann vorliegen, wenn dem ArbN neben den Sachbezügen nur ein (relativ geringes) Taschengeld zustehen soll. Im Übrigen wird die Vereinbarung von Sachbezügen auch die konkludente Vereinbarung zwischen ArbGeb und ArbN enthalten, dass der ArbGeb sich hinsichtlich der vom ArbN zu 60

371 Sachverständiger

tragenden, auf die Sachbezüge entfallenden GesamtSozVBeiträge durch Lohnabzug schadlos halten darf, obwohl eine Gleichartigkeit der Leistungen, die für eine Aufrechnung an sich erforderlich wäre, nicht vorliegt. Eine Vereinbarung, dass der ArbN die hinsichtlich der Sachbezüge zu tragenden GesamtSozVBeiträge selbst an die Beitragseinzugsstelle entrichtet, dürfte im Hinblick auf die §§ 28e Abs 1, 28 m SGB IV unzulässig sein.

Sachverständiger

A. Arbeitsrecht
Kreitner

1 **1. Begriff.** § 80 Abs 3 BetrVG ermöglicht dem BRat unter bestimmten Voraussetzungen die Hinzuziehung eines Sachverständigen. Das Gleiche gilt sinngemäß nach §§ 13 Abs 4, 29 EBRG für den Europäischen BRat. In betriebsverfassungsrechtlicher Hinsicht sind unter Sachverständigen solche Personen zu verstehen, die dem BRat fehlende fachliche oder rechtliche Kenntnisse vermitteln, um auf diese Weise eine sachgemäße Zusammenarbeit zwischen ArbGeb und BRat zu gewährleisten (BAG 13.9.77, DB 77, 2452; 26.2.92 – 7 ABR 51/90, NZA 93, 86). Die besonderen Fachkenntnisse müssen dabei immer zur Beantwortung einer konkreten und aktuellen Fachfrage erforderlich sein (BAG 19.4.89, DB 89, 1774). Der Sachverständige zeichnet sich durch seine Unabhängigkeit und Vertrauenswürdigkeit aus, kann aber im Einzelfall seine Sachkunde auch an den Interessen des BRat ausgerichtet zur Verfügung stellen (BAG 16.11.05 – 7 ABR 12/05, NZA 06, 553; 26.2.92 – 7 ABR 51/90, NZA 93, 86). Auch Rechtsanwälte und Gewerkschaftsvertreter können Sachverständige iSd § 80 BetrVG sein (BAG 16.11.05 – 7 ABR 12/05, NZA 06, 553; 14.2.96 – 7 ABR 25/95, NZA 96, 892; Überblick bei *Venema* NZA 93, 252). Gleiches gilt für Aufsichtsratsmitglieder.

2 **Abzugrenzen** ist der Sachverständige im vorgenannten Sinn von sog Beratern iSv § 111 Abs 1 Satz 2 BetrVG sowie von sachkundigen ArbN, die dem BRat gem § 80 Abs 2 Satz 3 BetrVG als Auskunftspersonen zur Verfügung zu stellen sind. Einen **Berater** iSv § 111 Abs 1 Satz 2 BetrVG kann der BRat in Unternehmen mit mehr als 300 ArbN bei einer Betriebsänderung zu seiner Unterstützung hinzuziehen (Näheres s *Betriebsänderung* Rz 14). Besondere Voraussetzungen sind dabei nicht zu erfüllen. Vielmehr soll ausweislich der Gesetzesbegründung mit dieser Sonderregelung dem BRat die Möglichkeit gegeben werden, unbürokratisch externen Sachverstand zu Rate zu ziehen, um schnell und kompetent auf geplante Betriebsänderungen reagieren zu können (BT-Drs 14/5741 S 52). Insbesondere bedarf es also keiner vorherigen Vereinbarung mit dem ArbGeb (LAG RhPf 7.11.11 – 7 TaBV 23/11, BeckRS 2012, 68102). Entgegen dem Gesetzeswortlaut ist der BRat auch nicht zwingend auf die Hinzuziehung nur eines Beraters beschränkt (LAG Hamm 26.8.05 – 10 TaBV 152/04, ZIP 05, 2269; *Bauer* NZA 01, 375). Der Berater hat keinen eigenen Auskunftsanspruch gegenüber dem ArbGeb, sondern ist auf die Unterrichtung durch den BRat angewiesen (*Oetker* NZA 02, 465).

3 Keine Sachverständigen sind auch die sog **sachkundigen Arbeitnehmer.** Aus dem Normzweck folgt, dass hierzu nur die ArbN des Betriebes und nicht alle unternehmensangehörigen ArbN zählen (*Oetker* NZA 03, 1233). Richtigerweise erfasst die Vorschrift auch die leitenden Angestellten. Da es nicht um die Wahlberechtigung und die Vertretung der Belegschaft geht, hindert § 5 BetrVG ein solches Normverständnis nicht (*Richardi/Thüsing* § 80 Rz 86; aA *Oetker* NZA 03, 1233). Anders als die externen Berater sind diese dem BRat jedoch nur im Rahmen der Erforderlichkeit zur Verfügung zu stellen. Dabei ist kein strenger Maßstab anzulegen, da diese Mitarbeiter grds vorrangig zu externen Sachverständigen heranzuziehen sind und eine besondere Kostenbelastung für den ArbGeb in aller Regel nicht entsteht (BAG 16.11.05 – 7 ABR 12/05, NZA 06, 553; 26.2.92 – 7 ABR 51/90, NZA 93, 86; *Neef* NZA 01, 361). Grund für die Inanspruchnahme eines sachkundigen ArbN muss eine konkrete BRatAufgabe sein. Die Befriedigung eines allgemeinen Informationsinteresses des BRat genügt nicht (*Oetker* NZA 03, 1233). Der BRat darf einen ArbN nicht von sich aus heranziehen; es bedarf stets der Zuweisung durch den ArbGeb (*Löwisch* BB 01, 1790). Der ArbGeb soll bei der Auswahl der sachkundigen ArbN die Vorschläge des BRat berücksichtigen und darf hiervon nur bei entgegenstehenden betrieblichen Notwendigkeiten abweichen (zB Unabkömmlichkeit wegen aktueller projektbezogener Arbeiten). Soweit der sachkundige ArbN dem BRat Auskünfte erteilt, darf er nach Sinn und Zweck der Vorschrift ohne Wissen des ArbGeb inhaltlich die Grenzen der ArbGebSeitigen Auskunftspflicht nicht überschreiten (*Hanau* RdA 01, 65; *Natzel* NZA 01, 872). Im Übrigen kann er Fachwissen uneingeschränkt weitergeben. Dabei gelten bezüglich der Vertraulichkeit gem § 80 Abs 4 BetrVG die allgemeinen Bestimmungen. Gleichwohl wird oftmals nicht zu verhindern sein, dass die sachkundigen ArbN wegen ihrer Zwitterstellung in Loyalitätskonflikte geraten (*Hanau* RdA 01, 65). Daneben besteht auch weiterhin für den BRat die Möglichkeit Informationen von **sonstigen Personen** (zB Bedienstete von Betriebskrankenkassen) einzuholen, die ihm diese im Rahmen ihrer normalen beruflichen Tätigkeit ohne Gebührenansprüche erteilen.

Abzugrenzen ist der Sachverständige auch gegenüber der Tätigkeit als Einigungsstellenbeisitzer bzw als Verfahrensbevollmächtigter (s *Rechtsanwaltskosten* Rz 16 und *Betriebsratskosten* Rz 8).

2. Hinzuziehung durch den Betriebsrat. Der BRat ist nur dann berechtigt, einen Sachverständigen zu beauftragen, wenn die Voraussetzungen des § 80 Abs 3 BetrVG erfüllt sind. Dies sind im Einzelnen:

a) Bezug zu Betriebsratsaufgaben. Der Sachverständige muss dem BRat bei der Durchführung seiner Aufgaben dienen. Hierunter sind im Einzelfall konkret anstehende betriebliche Problemstellungen zu verstehen. Nicht umfasst ist die generelle, gleichsam auf Vorrat erfolgende Vermittlung von Fachkenntnissen. Für den Erwerb solcher Kenntnisse sind vielmehr BRatSchulungen durchzuführen (BAG 25.7.89, DB 90, 434). Das Gleiche gilt im Grundsatz für die Beantwortung der Frage, ob dem BRat aufgrund eines bestimmten Sachverhalts Mitbestimmungsrechte nach § 87 BetrVG zustehen und wie er diese ausüben kann (LAG BlnBbg 29.5.12 – 7 TaBV 576/12, BeckRS 2012, 72780 – nicht rkr, Az beim BAG: 7 ABR 70/12). Ebenfalls vermag bspw eine anstehende Betriebsversammlung und der Hinweis des BRat darauf, möglichst fachkundig die eventuellen Fragen der ArbN beantworten zu können, keine Hinzuziehung eines Sachverständigen zu rechtfertigen (BAG 25.7.89, DB 90, 434). Auch die Überprüfung, ob eine Tarifnorm gegen höherrangiges Recht verstößt, gehört nicht zu den Aufgaben des BRat (LAG SchlHol 19.8.08 – 5 TaBV 23/08, NZA-RR 09, 136). In jedem Fall muss die Tätigkeit losgelöst von einem konkreten rechtlichen Konfliktfall erfolgen, da ansonsten § 40 BetrVG die Kostentragung regelt (BAG 15.11.2000 – 7 ABR 24/00, EzA § 40 BetrVG 1972 Nr 92; LAG Köln 2.2.07 – 4 Ta BV 61/06, BeckRS 2007, 41716). § 80 Abs 3 BetrVG gilt entsprechend für die Hinzuziehung eines Sachverständigen durch den für eine BRatWahl gebildeten Wahlvorstand (BAG 11.11.09 – 7 ABR 26/08, NZA 10, 353).

b) Vereinbarung. Der Sachverständige darf ausschließlich nach entsprechender Vereinbarung zwischen BRat und ArbGeb tätig werden. Mindestinhalt dieser Vereinbarung ist die Einigung über den Gegenstand der Beratung, die Person des Sachverständigen sowie die voraussichtlichen Kosten (BAG 19.4.89, DB 89, 1774). Die vorherige Vereinbarung ist nach BAG (aaO) zwingende Voraussetzung. Der BRat kann daher grds nicht auf eigene Faust handeln und bei späterem Nachweis der Erforderlichkeit des Sachverständigen dessen Kosten beim ArbGeb liquidieren. Die Anwendungsbereiche der allgemeinen Kostentragungsregelung des § 40 Abs 1 BetrVG einerseits (s *Betriebsratskosten* Rz 2 ff) und der Spezialregelung für Sachverständige in § 80 Abs 3 BetrVG andererseits sind deutlich voneinander abzugrenzen (BAG 26.2.92 – 7 ABR 51/90, NZA 93, 86).

Kommt eine solche Vereinbarung nicht zustande, kann der BRat mittels eines arbeitsgerichtlichen Beschlussverfahrens die gerichtliche Ersetzung der Zustimmung des ArbGeb erreichen (BAG 19.4.89, DB 89, 1774; 26.2.92, DB 92, 2245). Bei entsprechender Eilbedürftigkeit kann dies im Einzelfall auch im Wege der einstweiligen Verfügung geschehen (LAG Hamm 22.2.08 – 10 Ta BVGa 3/08, BeckRS 08, 53298; enger LAG Köln 5.3.86, LAGE Nr 5 zu § 80 BetrVG 1972). Der Gegenstandswert des gerichtlichen Verfahrens richtet sich nach dem objektiven Wert des Sachverständigengutachtens, der von den veranschlagten Kosten des Sachverständigen abweichen kann (aA LAG Hamm 12.6.01 – 10 TaBV 50/01, NZA-RR 02, 472).

c) Erforderlichkeit. Schließlich muss die Hinzuziehung des Sachverständigen in der konkreten Situation, in der der BRat seine Aufgaben zu erfüllen hat, als erforderlich anzusehen sein (BAG 16.11.05 – 7 ABR 12/05, NZA 06, 553; LAG RhPf 15.6.12 – 9 TaBV 1/12, BeckRS 2012, 71659; LAG Hamm 8.8.08 – 10 TaBV 21/08, BeckRS 08, 57191).

9 Mit Entscheidung vom 4.6.87 (DB 88, 50) hat der 6. Senat des BAG ein Dreistufen-System aufgestellt, das der BRat regelmäßig ausschöpfen muss, bevor er einen Sachverständigen hinzuziehen kann (zuletzt bestätigt in BAG 16.11.05 – 7 ABR 12/05, NZA 06, 553; LAG Köln 18.10.06 – 2 Ta 408/06, LAGE § 80 BetrVG 2001, Nr 4). Danach muss der ArbGeb den BRat zunächst gem § 80 Abs 2 BetrVG rechtzeitig und umfassend über den zur Entscheidung anstehenden Sachverhalt unterrichten. Ist diese Information für den BRat unvollständig oder unverständlich, so muss der BRat selbst initiativ werden und beim ArbGeb um weitere Information nachsuchen. Schließlich muss sich der BRat bei weiter fortbestehendem Informationsbedürfnis die nötige Sachkunde möglichst selbst aneignen und ggf weitere ihm vom ArbGeb angebotene Möglichkeiten der Unterrichtung durch sachkundige ArbN nutzen. Es erscheint fraglich, ob dieses Schema in jedem Fall durchlaufen werden muss; so etwa wenn aufseiten des BRat begründete Bedenken bezüglich einer allzu einseitigen Information durch den ArbGeb bestehen. Der BRat ist für diese Ausnahmesituation allerdings darlegungs- und beweispflichtig.

10 Im Rahmen eines **Einigungsstellenverfahrens** ist die Hinzuziehung eines Sachverständigen erforderlich, wenn ein vernünftiger Dritter bei gewissenhafter Überlegung und verständiger und ruhiger Abwägung aller Umstände zu dem Ergebnis gelangen durfte, dass der Kostenaufwand noch verhältnismäßig war (BAG 13.11.91 – 7 ABR 70/90, NZA 92, 459).

11 **3. Kosten.** Bei ordnungsgemäßer Hinzuziehung eines Sachverständigen iSd § 80 Abs 3 BetrVG ist der ArbGeb zur Tragung der Kosten verpflichtet. § 80 Abs 3 BetrVG stellt insoweit eine abschließende Sonderregelung zu § 40 BetrVG dar (BAG 25.4.78, DB 78, 1747). Das Honorar des Sachverständigen wird in der Vereinbarung zwischen BRat und ArbGeb festgelegt. Der Sachverständige hat daher keinen eigenen betriebsverfassungsrechtlichen Vergütungsanspruch gegenüber dem ArbGeb, sondern ist auf die Geltendmachung eines entsprechenden Freistellungsanspruchs durch den BRat angewiesen (LAG Hess 12.5.97, NZA 97, 1360). Will der Sachverständige seine Vergütung selbst gegenüber dem ArbGeb geltend machen, bedarf es zuvor einer Abtretung des Freistellungsanspruchs an ihn nach entsprechendem Beschluss des BRat (BAG 13.5.98 – 7 ABR 65/96, NZA 98, 900). Im Fall der arbeitsgerichtlichen Zustimmungsersetzung ist die in der freien Wirtschaft übliche Vergütung festzusetzen. Die regelmäßig geringeren Entschädigungssätze für Gerichtssachverständige sind nicht heranzuziehen. Bei einer mangelhaften Leistung des Sachverständigen kann der ArbGeb Gewährleistungsrechte gegenüber dem Sachverständigen geltend machen. Dies gilt unabhängig davon, ob er oder einzelne BRatMitglieder unmittelbarer Vertragspartner des Sachverständigen sind (vgl im Einzelnen *Bohr* ZfA 95, 433). Kommt es im Laufe des Beratungsverhältnisses zu einer Insolvenz des ArbGeb, sind die Beratungshonorare für die bis zur Insolvenzeröffnung erbrachten Leistungen auch bei einer darüber hinausgehenden Fortsetzung der Beratungstätigkeit keine Masseverbindlichkeiten, sondern Insolvenzforderungen (BAG 9.12.09 – 7 ABR 90/07, NZA 10, 461). Für den Europäischen BRat ist die Kostentragungspflicht des ArbGeb in §§ 16 Abs 1, 30 EBRG geregelt, dort allerdings auf einen Sachverständigen begrenzt. Ein deutlich größeres Kostenrisiko trägt der BRat bei der Hinzuziehung eines Beraters nach § 111 Satz 2 BetrVG, da es hier keiner vorherigen Vereinbarung mit dem ArbGeb bedarf. Nach einer neuen Grundsatzentscheidung des BGH können BRatMitglieder, die als Vertreter des BRat mit einem Beratungsunternehmen eine Beratung iSv § 111 Satz 2 BetrVG vereinbaren, die zur Erfüllung der Aufgaben des BRat nicht erforderlich ist, gegenüber dem Beratungsunternehmen entsprechend § 179 BGB persönlich haften. Dabei geht der BGH von einer Teilrechtsfähigkeit des BRat aus und legt bei der ex ante vorzunehmenden Erforderlichkeitsbetrachtung einen großzügigen Maßstab an (BGH 25.10.12 – III ZR 266/11, NZA 12, 1382). Je nach Lage des Einzelfalls dürfte zugunsten des BRat eine Anwendung von § 179 Abs 3 BGB in Betracht kommen (vgl auch *Bergmann* NZA 13, 57; *Jaeger/Steinbrück* NZA 13, 401; *Zange* BB 13, 384; *Müller/Jahner* BB 13, 440; *Dommermuth-Alhäuser/Heup* BB 13, 1461; *Dzida* NJW 13, 433; *Hayen* ArbuR 13, 95).

B. Lohnsteuerrecht
Windsheimer

Die vom ArbGeb zu tragenden Kosten eines Sachverständigen sind Betriebsausgaben. **12** Lohnsteuerrechtlich ergeben sich keine Auswirkungen, da der Sachverständige nicht als ArbN des Betriebs tätig wird. Die Tätigkeit des Sachverständigen kann als sonstige selbstständige Tätigkeit iSv § 18 Abs 1 Nr 3 EStG einzuordnen sein (vgl BFH 29.3.61, BStBl III 61, 306).

C. Sozialversicherungsrecht
Ruppelt

Der vom BRat hinzugezogene Sachverständige übt seine Tätigkeit regelmäßig in einem **13** unabhängigen Dienstverhältnis aus. Sozialversicherungsrechtliche Beziehungen zu Unternehmen oder BRat bestehen nicht.

Säumniszuschlag

A. Arbeitsrecht
Griese

Säumniszuschläge betreffen das Verhältnis zwischen ArbGeb oder ArbN auf der einen und **1** FA oder SozVTräger auf der anderen Seite. Hat ein ArbN unter Anwendung der **Grundsätze des innerbetrieblichen Schadensausgleichs** schuldhaft die Verhängung eines Säumniszuschlags verursacht, haftet er dem ArbGeb nach den Grundsätzen und mit den Begrenzungen der ArbNHaftung (s *Arbeitnehmerhaftung* Rz 10 ff). Umgekehrt wird der ArbGeb nach **§ 280 BGB** haften, wenn er durch sein zumindest leicht fahrlässiges Verhalten einen Säumniszuschlag zulasten des ArbN auslöst (s auch *Fürsorgepflicht* Rz 14 und BAG 16.6.04 – 5 AZR 521/03, NZA 04, 1274).

B. Lohnsteuerrecht
Seidel

1. Allgemeines. Der Säumniszuschlag (§ 240 AO) ist im Steuerrecht ein Druck- und **2** Zwangsmittel eigener Art, um den Schuldner zur rechtzeitigen Erfüllung seiner Zahlungsverpflichtung anzuhalten. Er entsteht kraft Gesetzes allein durch Tatbestandsverwirklichung (§ 218 Abs 1 AO). Eine Festsetzung erfolgt nicht, so dass im Steuerrecht eine Ermessensausübung durch das FA ausscheidet (BFH 8.12.75, BStBl II 76, 262). Die Entstehung ist auch unabhängig von einer vorhergehenden Mahnung, insbesondere hat eine damit verbundene Zahlungsfrist (§ 259 AO) keinen Einfluss auf die Fälligkeit. Auch bedarf es keines Leistungsgebots, wenn die Säumniszuschläge zusammen mit der Steuer beigetrieben werden (§ 254 Abs 2 AO). Der ArbGeb kann den Säumniszuschlag zur LSt als Betriebsausgabe absetzen.

2. Tatbestandsvoraussetzungen. Nach § 240 Abs 1 Sätze 1 und 3 AO ist ein Säumnis- **3** zuschlag verwirkt, wenn festgesetzte oder angemeldete Steuern bei Fälligkeit nicht entrichtet werden.

a) Festsetzung oder Anmeldung. Eine Steuerfestsetzung erfolgt durch **Steuer-** **4** **bescheid** (§ 155 Abs 1 AO). Hierunter fallen im LStRecht hauptsächlich der LStPauschalierungs- bzw -Nachforderungsbescheid an den ArbGeb (s *Lohnsteuerpauschalierung* Rz 6 und *Lohnsteuernachforderung* Rz 15), der Nachforderungsbescheid und der EStBescheid an den ArbN (s *Lohnsteuernachforderung* Rz 2, 14 und *Antragsveranlagung* Rz 2). § 240 AO ist auch auf **Haftungsbescheide** anzuwenden. Dies trifft zB auf Haftungsbescheide gegenüber dem ArbGeb gem § 42d EStG oder dem Geschäftsführer gem §§ 34, 69 AO zu (s auch *Lohnsteuerhaftung* Rz 4–28, 30–41). Da die LSt vom ArbGeb zu festgelegten Terminen anzumelden und abzuführen ist (§ 41a EStG; s *Lohnsteueranmeldung* Rz 5 und *Lohnsteuerabführung* Rz 3) und die Anmeldung als Steuerfestsetzung unter dem Vorbehalt der Nachprüfung gilt (§ 168 AO), erfolgt hier keine Festsetzung durch das FA. Es genügt idR die Abgabe der LStAnmeldung durch den ArbGeb (s auch *Lohnsteueranmeldung* Rz 8 ff).

b) Fälligkeit. Für die Entstehung von Säumniszuschlägen kommt es neben der Festset- **5** zung oder Anmeldung der Steuer auch auf die Fälligkeit an. Soweit die Steuer festzusetzen ist, tritt die Fälligkeit nicht vor der Bekanntgabe der Festsetzung ein (§ 220 Abs 2 Satz 2 AO). Säumniszuschläge können daher frühestens am Tag nach der Bekanntgabe der Steuerfestsetzung entstehen. Regelmäßig wird bei der Steuerfestsetzung jedoch auch eine Zahlungsfrist bestimmt. Erst nach deren Ablauf tritt Fälligkeit ein, so dass Säumniszuschläge von dem auf den letzten Tag der Zahlungsfrist folgenden Tag an entstehen (*T/K* § 240 AO Rz 22). Bei der LSt, die aufgrund einer LStAnmeldung zu entrichten ist, handelt es sich dagegen um eine Fälligkeitssteuer, die der ArbGeb zu bestimmten Terminen anzumelden und abzuführen hat, zB bei monatlicher Abgabeverpflichtung bis zum 10. Tag des Folgemonats (§ 41a EStG; s auch *Lohnsteueranmeldung* Rz 5). Der Termin der Abgabe der LStAnmeldung ist dann zugleich Fälligkeitstag, dh mit der Abgabe der Anmeldung ohne gleichzeitige Abführung der entsprechenden LSt entsteht der Säumniszuschlag. Der Zeitpunkt der Abgabe der LStAnmeldung ist für den Fälligkeitstag auch dann maßgebend, wenn die LStAnmeldung verspätet abgegeben wird, denn die Fälligkeit kann nicht vor der Wirksamkeit der Steuerfestsetzung eintreten.

6 Bei nicht termingerechtem Eingang der Anmeldung kann das FA aber einen **Verspätungszuschlag** festsetzen (§ 152 AO). Wird keine Anmeldung abgegeben, setzt das FA die LSt fest und bestimmt den Fälligkeitstag. Säumniszuschläge entstehen dann bei Nichtzahlung erst ab dem dem Fälligkeitstag folgenden Tag (*HMW*/Säumniszuschlag Rz 21). Der Fälligkeitstermin kann durch Aussetzung der Vollziehung (§ 361 Abs 2 AO; § 69 Abs 2 FGO) oder durch Stundung (§ 222 AO; s aber *Zurückbehaltungsrecht* Rz 13) hinausgeschoben werden. Wird der entsprechende Antrag vor Fälligkeit gestellt, aber erst nach Fälligkeit abgelehnt, ist die ursprüngliche Fälligkeit nicht aufgehoben (BFH 17.7.85, BStBl II 86, 122). Räumt das FA in diesen Fällen entsprechend bestehender Verwaltungsanweisungen jedoch eine Nachfrist ein, tritt an die Stelle der früheren Fälligkeit die neue Zahlungsfrist, so dass erst nach deren Ablauf Säumniszuschläge verwirkt sind (s AO-Kartei § 240 Karte 3 Tz I 2 und II). Der Vollstreckungsaufschub (§ 258 AO) bewirkt dagegen kein Hinausschieben der Fälligkeit (BFH 15.3.79, BStBl II 79, 429).

7 **c) Nichtentrichtung.** Die Schuld muss zur Vermeidung von Säumniszuschlägen bis zum Fälligkeitstag entrichtet sein. Die Zahlung gilt bei Barzahlung am Tag des Eingangs, bei Hingabe oder Übersendung von Schecks jedoch 3 Tage nach dem Tag des Eingangs, bei Überweisung oder Zahlung auf ein Konto der FA, auch mit Zahlschein oder Postanweisung am Gutschriftstag und bei Vorliegen einer Einzugsermächtigung am Fälligkeitstag als entrichtet (§ 224 Abs 2 AO). Bei *Aufrechnung* Rz 17 ff gelten Forderung und Gegenforderung in dem Zeitpunkt als erloschen, in dem sie erstmals als zur Aufrechnung geeignet einander gegenübergetreten sind (§ 226 Abs 1 AO iVm § 389 BGB). Säumniszuschläge, die bis zur Fälligkeit der Schuld des Aufrechnenden entstanden sind, bleiben unberührt (§ 240 Abs 1 AO).

8 **3. Rechtsfolge. a) Höhe und Schuldner.** Der Säumniszuschlag entsteht mit Ablauf des Fälligkeitstages für jeden angefangenen Monat der Säumnis, unabhängig von einem Verschulden des Schuldners mit 1 % des abgerundeten rückständigen Steuerbetrages. Abzurunden ist auf den nächsten durch 50 € teilbaren Betrag. Schuldner der Säumniszuschläge ist der zur Entrichtung der Steuer Verpflichtete also uU auch der ArbGeb, der die LSt angemeldet, aber nicht entrichtet hat (*T/K* § 240 AO Rz 34).

9 Auch ein Haftungsschuldner kann kraft Gesetzes für die Säumniszuschläge haften; so zB der **Geschäftsführer** einer GmbH oder ein Insolvenzverwalter, der für die aufgrund seines Verschuldens (mindestens grob fahrlässig) nicht abgeführten LStBeträge der ArbN haftet. Er haftet darüber hinaus für die infolge der Pflichtverletzung zu zahlenden Säumniszuschläge (§§ 34, 69 AO; s auch *Lohnsteuerhaftung* Rz 31), wobei die Haftung **für** Säumniszuschläge von Säumniszuschlägen bei Nichtentrichtung der Haftungsschuld (s oben Rz 4) zu unterscheiden ist.

10 **b) Änderungen** der Bemessungsgrundlage durch Aufhebung oder Berichtigung des Steuerbescheides oder Änderung der LStAnmeldung lassen die bis dahin verwirkten Säumniszuschläge unberührt (§ 240 Abs 1 Satz 3 AO).

11 **c) Schonfrist.** Bei innerhalb einer Schonfrist von drei Tagen eingehenden Zahlungen wird kein Säumniszuschlag erhoben. Dies gilt nicht für Bar- und Scheckzahlungen (§ 240 Abs 3 AO). Wird allerdings bis zum Ablauf der Schonfrist keine Zahlung geleistet, hat die Schonfrist keinen Einfluss auf die Berechnung der Säumniszuschläge, dh der Säumniszeitraum beginnt mit Ablauf des Fälligkeitstages und nicht mit Ablauf der Schonfrist.

4. Erlass. Da der Säumniszuschlag kraft Gesetzes ohne Rücksicht auf ein Verschulden entsteht, kann sein Einzug aus sachlichen oder persönlichen Gründen unbillig sein und ein Erlass in Betracht kommen (§ 227 AO). Aus sachlichen Gründen ist zB ein Erlass geboten, wenn der Schuldner im Zeitpunkt der Fälligkeit überschuldet oder zahlungsunfähig iSd §§ 17–19 InsO ist (BFH 30.3.06 – V R 2/04, BStBl II 06, 612: Erlass nur zur Hälfte) oder eine entschuldbare Säumnis vorliegt (zB Versehen eines sonst pünktlichen Steuerzahlers oder Krankheit; s AEAO zu § 240 Tz 5: BMF 2.1.08 – IV A 4 – S 0062/07/0001; Dok 2007/0605275, BStBl I 08, 26). Bei erstmaligem Überschreiten der Fälligkeit (einschließlich Schonfrist) erlässt das FA im Regelfall den Zuschlag.

5. Rechtsbehelfe. Entsteht Streit über die Entstehung oder Höhe eines nicht eigens angeforderten Säumniszuschlags, ist darüber vom FA gem § 218 Abs 2 AO durch Verwaltungsakt zu entscheiden (Abrechnungsbescheid), der mit dem **Einspruch** angefochten werden kann (BFH 12.8.99 – VII R 92/98, BStBl II 99, 751). Wird der Säumniszuschlag durch Leistungsgebot angefordert, weil er ohne Steuer beigetrieben werden soll (§ 254 Abs 2 AO), ist ebenfalls der Einspruch gegeben.

C. Sozialversicherungsrecht *Schlegel*

1. Erhebungspflicht. Es besteht eine **Pflicht zur Erhebung von Säumniszuschlägen.** Für Beiträge und Beitragsvorschüsse, die der Zahlungspflichtige nicht bis zum Ablauf des Fälligkeitstages gezahlt hat, ist für jeden angefangenen Monat der Säumniszuschlag von **1 vom Hundert** des rückständigen, auf jeweils 50 € nach unten abgerundeten Betrages zu zahlen. Bei einem rückständigen Betrag unter 100 € ist der Säumniszuschlag nicht zu erheben, wenn dieser gesondert schriftlich anzufordern wäre (§ 24 Abs 1 SGB IV).

Ausnahme: Wird eine Beitragsforderung durch Bescheid mit Wirkung für die Vergangenheit festgestellt, ist ein darauf entfallender Säumniszuschlag nicht zu erheben, soweit der Beitragsschuldner glaubhaft macht, dass er unverschuldet keine Kenntnis von der Zahlungspflicht hatte (§ 24 Abs 2 Satz 1 SGB IV).

Für die Frage, ob unverschuldet keine **Kenntnis** von der Zahlungspflicht vorgelegen hat, kann mE auf die Grundsätze zurückgegriffen werden, die das BSG für das Vorliegen von Vorsätzen bei der Vorenthaltung von Beiträgen entwickelt hat. Danach liegt dann regelmäßig verschuldete Unkenntnis vor, wenn für das gesamte typische Arbeitsentgelt (zB bei Schwarzarbeit) überhaupt keine Beiträge entrichtet worden sind. Schuldhafte Unkenntnis ist außerdem anzunehmen, wenn Beiträge für verbreitete „Nebenleistungen" zum Arbeitsentgelt nicht gezahlt werden und zwischen steuerrechtlicher und beitragsrechtlicher Behandlung eine bekannte oder ohne weiteres erkennbare Übereinstimmung besteht (vgl BSG 30.2.2000 – B 12 KR 14/99 R, SozR 3–2400 § 25 Nr 7 S 35 f; zur unverschuldeten Nichtkenntnis bei einem Organisationsverschulden vgl BSG 1.7.2010 – B 13 R 67/09 R). Unverschuldet ist die Unkenntnis von der Beitragspflicht auch dann nicht, wenn die Steuerverwaltung für bestimmte Zuwendungen die Annahme eines stpfl geldwerten Vorteils angenommen hat, der in der Arbeitsentgeltverordnung nicht aus dem Begriff des Arbeitsentgelts ausgenommen wird. – Bei Unklarheiten kann vom ArbGeb zumindest verlangt werden, dass er bei der Beitragseinzugsstelle eine Festlegung über die Beitragspflicht oder Beitragsfreiheit der Vergütungsbestandteile beantragt; der Verzicht auf eine entsprechende Klärung kann vorwerfbar sein (ähnlich BSG subjektive Komponente bei illegaler Beschäftigung iSv § 14 Abs 2 Satz 2 SGB IV, Urt vom 9.11.11 – B 12 R 18/09R). Letztlich ist dies eine Frage der Beweiswürdigung nach dem Motto: „Wegsehen hilft nicht".

Zur Maßgeblichkeit der unverschuldeten Unkenntnis bzw zur Zurechnung des Wissens einzelner Mitarbeiter bei **juristischen Personen und Behörden** und zur Notwendigkeit eines Informationsaustausches innerhalb der Einrichtung vgl BSG 17.4.08 – B 13 R 123/07 R, BeckRS 2008, 54052.

a) Fälligkeit laufender Beiträge. Fällig sind laufende Beiträge zu dem im Gesetz selbst, in der Satzung der Beitragseinzugsstelle bzw den Regelungen des Spitzenverbandes Bund der Krankenkassen festgelegten Termin (§ 23 Abs 1 Satz 1 SGB IV).

Fälligkeit der Beiträge aus dem Arbeitsentgelt (also insbesondere GesamtSozVBeiträge) oder aus dem **Arbeitseinkommen.** Insoweit gilt Folgendes: Die aus dem Arbeitsentgelt oder -einkommen zu bemessenden Beiträge sind in voraussichtlicher Höhe der

373 Saisonarbeit

Beitragsschuld spätestens am **drittletzten Bankarbeitstag des Monats fällig,** in dem die Beschäftigung oder Tätigkeit, mit der das Arbeitsentgelt oder Arbeitseinkommen erzielt wird, ausgeübt worden ist oder als ausgeübt gilt; ein verbleibender Restbeitrag wird zum drittletzten Bankarbeitstag des Folgemonats fällig. Daraus folgt, dass parallel mit der Berechnung des Lohnes und Gehaltes zum Monatsende auch der GesamtSozVBeitrag in voraussichtlicher Höhe berechnet (und gezahlt) werden soll. In den Fällen, in denen es zB wegen variabler Lohnbestandteile oder durch Krankheit zwischen dem Tag der Berechnung und dem Monatsende doch noch zu Abweichungen („nach oben") kommt, ist der Restbetrag mit der nächsten Fälligkeit (also Abrechnung im Folgemonat) zu zahlen (zur Begründung vgl BT-Drs 15/5574 S 4).

20 **Sonstige Beiträge** werden spätestens am Fünfzehnten des Monats fällig, der auf den Monat folgt, für den sie zu entrichten sind.

21 **Umlagebeiträge zur UV** werden gem § 23 Abs 3 SGB IV am 15. des auf die Bekanntgabe des Beitragsbescheides folgenden Monats fällig.

22 Während einer Stundung werden Beiträge nicht fällig, so dass auch keine Säumniszuschläge erhoben werden können.

23 **b) Wochenfrist.** Gem § 26 SGB X iVm §§ 187, 188, 192, 193 BGB beginnt die Wochenfrist mit dem Tag, der auf den Tag der Fälligkeit der Beiträge folgt; mit dem Ablauf des 7. Tages ist sie verstrichen. Ob der Beitrag zu diesem Zeitpunkt entrichtet ist, hängt von der Zahlungsweise ab. Regelungen hierzu trifft die aufgrund § 28n Nr 2 SGB IV ergangene BeitragsverfahrensVO. Danach gilt bei Zahlungen des ArbGeb oder sonstiger Zahlungspflichtiger an die zuständige Einzugsstelle als **Tag der Zahlung:** Bei Barzahlung der Tag des Geldeingangs; bei Zahlung durch Scheck, bei Überweisung oder Einzahlung auf ein Konto der Einzugsstelle sowie bei Vorliegen einer Einzugsermächtigung der Tag der Wertstellung zugunsten der Einzugsstelle (bei rückwirkend vorgenommener Wertstellung der Buchungstag der Einzugsstelle; § 3 Abs 1 BeitragsverfahrensVO).

24 **2. Säumniszuschläge im Insolvenzverfahren.** Nach Eröffnung des Insolvenzverfahrens entstehende Säumniszuschläge auf die vor diesem Zeitpunkt begründete Forderungen von SozTrägern sind seit dem Inkrafttreten der InsO am 1.1.99 nicht Insolvenzforderungen, sondern wie Zinsen als nachrangige Insolvenzforderungen zu behandeln (BSG 26.1.05 – B 12 KR 23/03 R, SozR 4–2400 § 24 Nr 3). Seit 1.1.04 zahlt die BA auf Antrag der zuständigen Einzugsstelle zwar noch dem GesamtSozVBeitrag nach § 28d SGB IV, der auf Arbeitsentgelte für die letzten dem Insolvenzereignis vorausgehenden drei Monate des Arbeitsverhältnisses entfällt und bei Eintritt des Insolvenzereignisses noch nicht gezahlt worden ist (§ 175 Abs 1 Satz 1, Hs 1 SGB III); davon ausgenommen sind nach Hs 2 aaO aber Säumniszuschläge, die infolge von Pflichtverletzungen des ArbGeb zu zahlen sind sowie Zinsen für dem ArbGeb gestundete Beiträge. Säumniszuschläge, Stundungszinsen und Kosten der Zwangsvollstreckung sind nach dem Willen des Gesetzes von der Erstattung ausgeschlossen (vgl BT-Drs 15/1515 S 90, zu Nr 115; BSG 14.9.05 – B 11a/11 AL 83/04 R, SozR 4–4300 § 208 Nr 1).

Saisonarbeit

A. Arbeitsrecht
Kania

1 **1. Begriff und Vertragsgestaltung.** Hinsichtlich des Begriffs der Saisonarbeit im allgemeinen Sprachgebrauch ist in Anlehnung an § 22 KSchG zu differenzieren zwischen der Tätigkeit in Saison- und Kampagne-Betrieben. **Saisonbetriebe** sind Betriebe, in denen zwar das ganze Jahr hindurch gearbeitet wird, die aber regelmäßig zu einer bestimmten Jahreszeit verstärkt arbeiten und während dieser Zeit einen erheblich erhöhten Personalbedarf haben. Auf die Gründe, die zu den periodisch wiederkehrenden Schwankungen des Personalbedarfs führen, kommt es nicht an (KR/*Weigand* § 22 KSchG Rz 6). Beispiele für Saisonbetriebe sind etwa Badeanstalten oder Hotels und Gaststätten in Kurorten, Drahtseilbahnen zu Aussichtspunkten, Spielzeugfabriken, Hersteller von Weihnachtsartikeln usw. Demgegenüber handelt es sich bei **Kampagne-Betrieben** um Betriebe, in denen regelmäßig nur einige Monate im Jahre gearbeitet wird. Auch hier kommt es nicht darauf an, aus

welchen Gründen der Betrieb nur vorübergehend im Jahr arbeiten kann. Beispiele sind etwa Zuckerfabriken, Freibäder, Skiliftanlagen, Hotels, die nur wenige Monate im Jahr geöffnet haben, Gemüse- und Obstkonservenfabriken.

Für die **rechtliche Ausgestaltung** der Saison- und Kampagne-Arbeitsverhältnisse besteht 2 weitgehender Gestaltungsspielraum. Das Arbeitsverhältnis kann einmal **unbefristet** abgeschlossen und zum jeweiligen Saison- oder Kampagneende durch Kündigung aufgelöst werden. Zum Kündigungsschutz s unten Rz 4 ff. Zulässig ist aber auch der Abschluss eines auf die Saison bzw Kampagne **befristeten Arbeitsvertrages**. Die Befristung eines Arbeitsverhältnisses nur für die saisonalbedingte Öffnungszeit bzw die Zeit der verstärkten Tätigkeit ist regelmäßig sachlich gerechtfertigt (BAG 29.1.87, DB 87, 1742; 20.10.67, BB 68, 83; s auch *Befristetes Arbeitsverhältnis* Rz 43). Zulässig ist sowohl die kalendermäßige Befristung als auch die sog Zweckbefristung, etwa „für die Zuckerkampagne", wenn eine genaue Dauer der Saison bzw Kampagne im Voraus nicht zu übersehen ist (BAG 20.10.67, BB 68, 83; s auch **Befristetes Arbeitsverhältnis** Rz 43). Die Beschäftigung von Ausländern aus Staaten, die nicht der EU angehören, in Saisonarbeitsverhältnissen ist durch die VO zur Änderung des Arbeitserlaubnisrechts vom 30.9.96 (BGBl I 96, 1491) beschränkt worden (dazu *Marschner* NZA 97, 472).

Hat der ArbGeb ein verstärktes Interesse daran, eingearbeitete ArbN in der nächsten Saison 3 oder Kampagne wieder zu beschäftigen, so besteht die Möglichkeit, einen auf längere oder unbefristete Zeit geschlossenen Arbeitsvertrag abzuschließen, der während der Ruheperiode suspendiert bleibt. Dem verständlichen Interesse des ArbN, sicherzustellen, dass er auch im nächsten Jahr wieder beschäftigt wird, kann dadurch Rechnung getragen werden, dass ein auf die Saison oder Kampagne befristetes Arbeitsverhältnis mit einem **Wiedereinstellungsanspruch** für die nächste Arbeitsperiode verknüpft wird. Zur Rechtslage, wenn ein Wiedereinstellungsanspruch nicht ausdrücklich vereinbart ist, s *Wiedereinstellungsanspruch* Rz 2.

2. Kündigungsschutz. a) Massenentlassungen. Um Saison- und Kampagnebetrieben 4 die Möglichkeit einer raschen Anpassung an den in periodischer Wiederkehr sich verändernden Personalbedarf zu gewährleisten, sind diese gem § 22 KSchG von den Vorschriften über den Massenentlassungsschutz gem §§ 17 ff KSchG befreit. Dies gilt nicht für Betriebe des Baugewerbes, in denen die ganzjährige Beschäftigung nach dem SGB III gefördert wird (§ 22 Abs 2 KSchG). Im Übrigen führt § 22 Abs 1 KSchG nicht zu einem generellen Fortfall des Kündigungsschutzes gem §§ 17 ff KSchG, sondern nimmt auch in den von der Vorschrift erfassten Saison- und Kampagnebetrieben nur solche Entlassungen aus, die gerade durch diese **Eigenart der Betriebe** bedingt sind, also wegen Beendigung der Kampagne oder wegen des Endes der Saison erfolgen (*von Hoyningen-Huene/Link* § 22 Rz 8). Während der Saison oder Kampagne erfolgende Massenentlassungen aus sonstigen Gründen sind dagegen stets anzeigepflichtig gem § 17 KSchG (KR/*Weigand* § 22 KSchG Rz 11).

In **Mischbetrieben,** in denen nur einzelne Abteilungen Saison- oder Kampagnearbeit 5 verrichten, gilt § 22 KSchG für die saison- oder kampagneabhängigen Teile des Betriebes (*von Hoyningen-Huene/Link* § 22 Rz 9; KR/*Weigand* § 22 KSchG Rz 13). Unabhängig von § 22 KSchG finden die Vorschriften über den Massenentlassungsschutz dann keine Anwendung, wenn die Arbeitsverhältnisse zum Ende der Saison bzw Kampagne aufgrund einer wirksamen Befristung enden, da in diesem Fall keine „Entlassungen" vorliegen.

b) Allgemeiner Kündigungsschutz. § 22 KSchG erklärt lediglich den dritten Ab- 6 schnitt des KSchG für Saison- und Kampagnebetriebe für unanwendbar. Der allgemeine Kündigungsschutz gem §§ 1–14 KSchG sowie der Sonderkündigungsschutz für betriebsverfassungsrechtliche Funktionsträger gem §§ 15, 16 KSchG findet deshalb grds in Saison- und Kampagnebetrieben uneingeschränkt Anwendung. Aus der Eigenart dieser Betriebe ergeben sich jedoch gewisse **Besonderheiten.** So ist eine **betriebsbedingte Kündigung** zum Ende der Saison oder Kampagne regelmäßig sozial gerechtfertigt, falls nicht – bei einer Entlassung von nur Teilen der SaisonArbN – eine fehlerhafte Sozialauswahl vorgenommen wurde. Der ArbGeb ist nicht gehalten, die Kündigung mit einer Wiedereinstellungszusage für die nächste Saison oder Kampagne zu verknüpfen (BAG 7.11.95, DB 96, 1525). Für die Anwendung der **Kleinbetriebsklausel** des § 23 Abs 1 Satz 2 KSchG ist auf die regelmäßige Zahl der Beschäftigten während der Saison oder Kampagne abzustellen (KR/*Weigand* § 23 Rz 44 f).

373 Saisonarbeit

7 Probleme entstehen im Hinblick auf die **Sechsmonatsfrist** gem § 1 Abs 1 KSchG. Anwendbar ist das KSchG zunächst nur für solche Saison- oder Kampagnearbeiter, die während einer Saison mehr als sechs Monate beschäftigt sind. Bedenken bestehen dagegen hinsichtlich der ArbN in Saison- oder Kampagnebetrieben, die mehrere Jahre hintereinander jeweils für einen kürzeren Zeitraum als sechs Monate tätig sind. Eine Zusammenrechnung mehrerer Beschäftigungszeiten für die Berechnung der Wartefrist des § 1 Abs 1 KSchG kommt nach der Rspr des BAG bei längerfristigen Unterbrechungen von mehreren Wochen oder sogar Monaten grds nicht in Betracht (vgl APS/*Dörner* § 1 KSchG Rz 37). Ein Bedürfnis, gerade bei Saisonkräften, die den Großteil des Jahres ihren Lebensunterhalt anderweitig verdienen, von dieser Rspr abzuweichen, ist nicht zu erkennen.

8 Auch Vorschriften des **Sonderkündigungsschutzes** für besondere ArbNGruppen (zB § 9 MuSchG, § 85 SGB IX) finden grds für ArbN in Saison- und Kampagnebetrieben Anwendung. Eine Ausnahme enthält § 90 Abs 2 SGB IX. Danach gilt der Sonderkündigungsschutz für Schwerbehinderte nicht bei Entlassungen, die aus Witterungsgründen vorgenommen werden, sofern die Wiedereinstellung des Schwerbehinderten bei Wiederaufnahme der Arbeit gewährleistet ist.

B. Lohnsteuerrecht
Seidel

9 Es gilt das unter dem Stichwort *Befristetes Arbeitsverhältnis* Rz 61, 62 Dargestellte entsprechend. Bei vorübergehender Beschäftigung von ArbN, die weniger als sechs Monate (183 Tage) bei einem inländischen ArbGeb (s *Lohnabzugsverfahren* Rz 6 ff) tätig sind (zB Skiliftpersonal, Kellner uÄ) und keinen Wohnsitz im Inland haben, ist zu beachten, dass diese, da sie weder ihren Wohnsitz noch ihren gewöhnlichen Aufenthalt in der BRD haben, mit ihren inländischen Einkünften idR beschränkt stpfl sind; für bestimmte Personengruppen gelten jedoch Besonderheiten (Näheres s *Ausländer* Rz 35 ff; *Grenzgänger* Rz 3 ff sowie *Lohnsteuerberechnung* Rz 18–22, *Lohnabzugsverfahren* Rz 22, 23). Zur LStPauschalierung bei Saisonarbeitskräften in der Land- und Forstwirtschaft s *Aushilfskräfte* Rz 27–29. Eine LSt-Pauschalierung nach § 40a Abs 1 und 3 EStG (s *Aushilfskräfte* Rz 23–29) ist auch bei beschränkt stpfl ArbN möglich (LStR 40a.1 Abs 1 Satz 1). Inwieweit eine Pauschsteuer nach § 40a Abs 2 EStG oder eine Pauschalierung nach § 40a Abs 2a EStG (s *Geringfügige Beschäftigung* Rz 21, 22; s auch *Hauswirtschaftliches Beschäftigungsverhältnis* Rz 10 ff) in Betracht kommt, hängt von der sozialversicherungsrechtlichen Beurteilung als geringfügige Beschäftigung ab (s LStR 40a. 2; *Geringfügige Beschäftigung* Rz 20, 25 ff und unten Rz 11).

C. Sozialversicherungsrecht
Schlegel

10 **1. Versicherungs- und Beitragspflicht.** Für Saisonarbeiter gibt es in den einschlägigen SozVGesetzen keine Sonderregelungen über die Versicherungs- und Beitragspflicht. Vielmehr finden die allgemeinen Vorschriften über die geringfügige Beschäftigung und für unständig Beschäftigte Anwendung.

11 **a) Geringfügige Beschäftigung.** Beitrags- und Versicherungsfreiheit in der KV, PflegeV, RV und ArblV (§§ 7 Satz 1 SGB V; 5 Abs 2 Satz 1 SGB VI, § 27 Abs 2 SGB III) liegt nach § 8 Abs 1 Nr 2 SGB IV auch bei Saisonarbeitern vor, wenn die Beschäftigung innerhalb eines Kj seit ihrem Beginn auf längstens zwei Monate oder 50 Arbeitstage nach ihrer Art begrenzt zu sein pflegt, es sei denn, dass die Beschäftigung berufsmäßig ausgeübt wird und ihr Entgelt 450 € übersteigt. Wird die Saisonarbeit nicht berufsmäßig (dh nicht zur ganz überwiegenden Bestreitung des Lebensunterhaltes) ausgeübt, kommt es auf die Höhe des erzielten Entgelts nicht an, sofern die genannten zeitlichen Grenzen nicht überschritten werden (Einzelheiten sowie Beispiele zur kurzzeitigen Beschäftigung iSd § 8 Abs 1 Nr 2 SGB IV s *Geringfügige Beschäftigung*).

12 **b) Unständige Beschäftigung.** Diese liegt vor, wenn die Beschäftigung auf weniger als eine Woche entweder nach der Natur der Sache befristet zu sein pflegt oder im Voraus durch Arbeitsvertrag befristet ist (§ 163 Abs 1 Satz 2 SGB VI). Die Gesetzesmaterialien zur vergleichbaren Vorschrift in der RVO bezeichneten die unständig Beschäftigten als Personen, deren Hauptberuf die Lohnarbeit bildet, die aber ohne festes Arbeitsverhältnis bald hier, bald dort, heute mit dieser, morgen mit jener Arbeit beschäftigt sind. Werden derartige **Gelegenheitsarbeiten** berufsmäßig ausgeübt, besteht in der gesetzlichen KV und RV Versicherungs-

und Beitragspflicht, nicht dagegen in der ArblV (§ 27 Abs 3 Nr 1 SGB III). Von der (versicherungsfreien) geringfügigen Beschäftigung unterscheidet sich die (versicherungspflichtige) unständige Beschäftigung im Wesentlichen durch das Kriterium der Berufsmäßigkeit. Liegt Berufsmäßigkeit vor, findet § 8 Abs 1 Nr 2 SGB IV keine Anwendung, wenn das Arbeitsentgelt mehr als 450 € (Einzelheiten s *Aushilfskräfte*).

2. Leistungsrechtliche Besonderheiten. Sonderregelungen für Saisonarbeiter bei der Berechnung der Anwartschaftszeit für das AlGeld werden durch das Vierte Gesetz für moderne Dienstleistungen am Arbeitsmarkt beseitigt. Zum Saison-Kurzarbeitergeld vgl § 101 SGB III. 13

Scheinselbstständigkeit

A. Arbeitsrecht *Röller*

1. Begriff. Scheinselbstständigkeit ist gegeben, wenn jemand zwar nach der zugrunde liegenden Vertragsgestaltung selbstständige Dienst- oder Werkleistungen für ein fremdes Unternehmen erbringt, tatsächlich aber **nichtselbstständige** Arbeiten in einem Arbeitsverhältnis mit der damit verbundenen Folge der SozV- und LStPflicht leistet. 1

2. Arbeitsrechtliche Entsprechungen des in erster Linie auf das sozialversicherungsrechtliche Begriffspaar nichtselbstständige Arbeit/selbstständige Arbeit abstellenden Begriffs der Scheinselbstständigkeit sind die Begriffe Scheindienst- und -werkvertrag (s *Freie Mitarbeit* Rz 18). Zur Abgrenzung zwischen ArbNEigenschaft und Freier Mitarbeit sowie zu den **Rechtsfolgen** bei Scheindienst- und -werkvertrag s *Freie Mitarbeit* Rz 4 ff, 18 ff u *Werkvertrag* Rz 2 ff. 2

B. Lohnsteuerrecht *Seidel*

Ob jemand steuerrechtlich als selbstständig oder als ArbN zu behandeln ist, richtet sich nach den von der finanzgerichtlichen Rspr hierzu entwickelten **Abgrenzungsmerkmalen,** die unter dem Stichwort *Arbeitnehmer (Begriff)* Rz 29–40 dargestellt sind. Dabei kommt es auf die tatsächlichen Verhältnisse an. Die Beurteilung erfolgt für die ESt, GewSt und USt im Wesentlichen nach denselben Grundsätzen. Der jeweiligen sozial- bzw arbeitsrechtlichen Beurteilung kommt dabei zwar individuelle Bedeutung zu, eine rechtliche Bindung besteht aber nicht (BFH 20.10.10 – VIII R 34/08, BFH/NV 11, 585 und 24.1.08 – VIII B 197/06, BFH/NV 08, 1133; s auch *Arbeitnehmerähnliche Selbstständige* Rz 3 und EStR 15.1 Abs 3. 3

Die Beschäftigung eines Scheinselbstständigen kann für den als ArbGeb anzusehenden „Auftraggeber" ein finanzielles **Risiko** darstellen. Das FA kann bis zur Grenze der Festsetzungsverjährung zurück (regelmäßig 4 Jahre; s *Verjährung* Rz 33–39) den ArbGeb für die an sich einzubehaltende und abzuführende LSt in Haftung nehmen (s *Lohnsteuerhaftung* Rz 4 ff). Zu Risiken der Fehleinschätzung s auch *Eckert* DStR 97, 705 A 5. Zivilrechtliche Vereinbarungen, dass der „Auftragnehmer" für die Versteuerung des Entgelts selbst zu sorgen habe, haben keinen Einfluss auf den öffentlich-rechtlichen Anspruch des FA. Ob ein Regress des ArbGeb gegenüber dem ArbN Erfolg hat, ist in diesen Fällen meist sehr zweifelhaft (s auch *Lohnsteuerhaftung* Rz 69, 70). Um einer evtl Haftungsinanspruchnahme zu entgehen, ist daher in Zweifelsfällen die Einholung einer Anrufungsauskunft (s *Anrufungsauskunft* Rz 10) beim BetriebstättenFA anzuraten. 4

C. Sozialversicherungsrecht *Voelzke*

1. Einführung. Gegenstand der deutschen SozV ist historisch und rechtstatsächlich die soziale Absicherung der ArbN bei Eintritt der für den in den einzelnen Versicherungszweigen versicherten Risiken. Die Einbeziehung der abhängig Beschäftigten in das Zwangsversicherungssystem erfolgt durch ausdrückliche gesetzliche Anordnung der Versicherungspflicht für ArbN und für Auszubildende in den jeweiligen Versicherungszweigen. Selbstständig Tätige zählen lediglich in sehr begrenztem Umfang zum versicherten Personenkreis. Maßgebend für das Vorliegen der ArbNEigenschaft in Abgrenzung zur selbstständigen Tätigkeit ist hierbei 11

374 Scheinselbstständigkeit

der Begriff der **Beschäftigung**, den § 7 Abs 1 Satz 1 SGB IV als die nichtselbstständige Arbeit, insbesondere in einem Arbeitsverhältnis, legaldefiniert (Näheres: *Arbeitnehmer (Begriff)* Rz 51 ff). Das Vorliegen eines Beschäftigungsverhältnisses kann nach § 7a SGB IV in einem Statusfeststellungsverfahren geklärt werden.

Die fehlerhafte Einstufung einer Tätigkeit als selbstständig kann zur Nachforderung von Beiträgen im Rahmen der Verjährungsfrist des § 25 SGB IV führen (Näheres: *Verjährung* Rz 48). Handelt es sich hierbei um ein „illegales Beschäftigungsverhältnis" iS des § 14 Abs 2 Satz 2 SGB IV (hierzu BSG 4.11.11 – B 12 R 18/04 R, DStR 12, 662), erfolgt die Verbeitragung nach einem Nettoentgelt.

12   **2. Vorliegen eines Beschäftigungsverhältnisses nach § 7 Abs 1 SGB IV.** Die allgemeinen Grundsätze zur Abgrenzung von selbstständiger Tätigkeit und abhängiger Beschäftigung ergeben sich aus den von der Rspr zu § 7 Abs 1 SGB IV entwickelten Grundsätzen. Der „Scheinselbstständige" unterliegt der SozVPflicht, wenn sich seine Tätigkeit nach den tatsächlichen Gegebenheiten als abhängige Beschäftigung darstellt. Entscheidend für das Vorliegen einer Beschäftigung ist, ob sich anhand der von der Rspr des BSG entwickelten Kriterien eine persönliche Abhängigkeit von einem ArbGeb feststellen lässt (s *Arbeitnehmer (Begriff)* Rz 51 ff und *Brand* NZS 97, 552; *Reiserer* BB 98, 1258; vgl auch *Schlegel/Voelzke/Segebrecht* SGB IV, § 7 Abs 1 Rz 116 zu den Indizien für eine abhängige Beschäftigung). Maßgebend ist das **Gesamtbild** der jeweiligen Arbeitsleistung unter Berücksichtigung der Verkehrsanschauung. Bedeutsam können zwar auch die vertraglichen Vereinbarungen der Parteien sein. Weichen allerdings die Vereinbarungen von den tatsächlichen Verhältnissen ab, geben diese den Ausschlag (BSG 1.12.77 – 12/3/12 RK 39/74, SozR 2200 § 1227 Nr 8). Zu den maßgebenden tatsächlichen Verhältnissen gehört auch unabhängig von ihrer Ausübung die einem Beteiligten eingeräumte Rechtsmacht (BSG 29.8.12 – B 12 KR 25/10 R, NZS 13, 181). § 7 Abs 1 Satz 2 SGB IV enthält die Aussage, dass Anhaltspunkte für eine Beschäftigung eine Tätigkeit nach Weisungen und eine Eingliederung in die Arbeitsorganisation des Weisungsgebers sind. Es handelt sich insoweit um nicht mehr als durch ausdrückliche Nennung herausgehobene Anhaltspunkte innerhalb der weiterhin erforderlichen Gesamtbetrachtung.

13   Für die Annahme einer abhängigen Beschäftigung in Abgrenzung zur selbstständigen Tätigkeit spricht es zB, wenn der Erwerbstätige die Arbeitsleistung ausschließlich persönlich erbringt und er keine anderen ArbN beschäftigt, er über kein Eigenkapital verfügt, die Betriebsmittel wirtschaftlich von einem anderen Unternehmer gestellt werden und er ausschließlich oder doch zumindest ganz überwiegend für einen ArbGeb tätig wird (vgl zu Unterfrachtführern BSG 25.2.95 – 12 BK 98/93, Die Beiträge 95, 296; zu Propagandistinnen LSG Bln 14.8.96 – L 15 Kr 16/95, NZS 97, 31). Zu fragen ist außerdem, ob dem Erwerbstätigen überhaupt ein **Unternehmerrisiko** in dem Sinne übertragen ist, dass er unternehmerische Chancen iSv größeren Freiheiten und Verdienstmöglichkeiten nutzen kann (vgl BSG 12.12.90 – 11 RAr 73/90, SozR 3–4100 § 4 Nr 1), oder ob ihm nicht nur die mit der Ausübung der Tätigkeit zusammenhängenden Risiken aufgebürdet werden. Äußerliche Anzeichen für das Vorliegen von persönlicher Abhängigkeit sind ferner gegeben, wenn der abhängige Selbstständige weiterhin dadurch in die Betriebsorganisation des ArbGeb eingegliedert bleibt, dass ihm zB Berichtspflichten obliegen oder eine anderweitige Kontrolle seiner Tätigkeit vorgesehen ist.

14   Eine bessere Vorhersehbarkeit bei der Beurteilung der Frage, ob eine Person als scheinselbstständiger ArbN oder als ArbNähnlicher Selbstständiger einzuordnen ist, wird man von der Anwendung eines **Kriterienkatalogs** der Spitzenorganisationen der SozV erwarten können (s Rz 21). Die Spitzenverbände haben in diesem Rundschreiben unter Beachtung branchenspezifischer Besonderheiten Auslegungskriterien zusammengefasst, die typische Gestaltungen bei einzelnen Berufsgruppen berücksichtigen.

15   Zusammenfassend ist allerdings zu betonen, dass allein die **wirtschaftliche Abhängigkeit** und soziale Schutzbedürftigkeit nach geltendem Recht kein hinreichendes Merkmal für den Schluss auf eine die SozVPflicht begründende Beschäftigung sind. Das Abstellen auf die wirtschaftliche Abhängigkeit würde die Grenzziehung zwischen abhängiger Beschäftigung und selbstständiger Tätigkeit verwischen und die erforderliche Vorhersehbarkeit der Entscheidung über die Versicherungspflicht unerträglich erschweren. Das BSG hat deshalb eine

Indizfunktion der wirtschaftlichen Abhängigkeit, die auch bei selbstständigen Mitarbeitern vorliegen kann, zu Recht abgelehnt (Urt vom 25.1.79 – 3 RK 69/78, SozR 2200 § 165 Nr 34).

3. Anfrageverfahren. Das Gesetz zur Förderung der Selbstständigkeit vom 20.12.99 (BGBl I 2000, 2) hat ein besonderes Anfrageverfahren eingeführt (zum Anfrageverfahren s insbesondere *Schlegel/Voelzke/Pietrek* SGB IV, § 7a Rz 26 ff; *Reiserer/Freckmann* NJW 03, 182), durch das die Beteiligten (Auftraggeber/Auftragnehmer) eine schnelle Klärung der Statusfrage erreichen sollen (§ 7a Abs 1 SGB IV). Dieses Verfahren ist von der Aufhebung der Vermutungsregelung unberührt geblieben. Das Anfrageverfahren ermächtigt nicht zur Elementenfeststellung des Vorliegens einer abhängigen Beschäftigung (BSG 11.3.09 – B 12 R 11/07 R, SozR 4–2400 § 7a Nr 2; hierzu *Merten* SGb 10, 271; zur Einbeziehung von Folgebescheiden SG Berlin 22.4.10 – S 36 KR 2638/08). Das Verfahren kann jeweils durch Auftragnehmer oder Auftraggeber eingeleitet werden. 16

Die Meldung des ArbGeb bei der Anmeldung des ArbN muss die Angabe enthalten, ob der Beschäftigte zum ArbGeb in einer Beziehung als Ehegatte, Abkömmling oder Lebenspartner besteht (§ 28a Abs 3 Satz 2 Nr 1d SGB IV). Außerdem ist zu melden, ob er als geschäftsführender Gesellschafter einer GmbH tätig ist (§ 28a Abs 3 Nr 1e SGB IV). In diesen Fällen ist die **Einzugsstelle** verpflichtet, ein Statusfeststellungsverfahren zu beantragen (vgl *Geisler* DAngVers 04, 553). Es entscheidet in alleiniger Zuständigkeit die Deutsche Rentenversicherung Bund (DRV Bund). Der für das Verfahren entwickelte Antragsvordruck steht im Internet unter www.deutsche-rentenversicherung-bund.de (Formularcenter) zur Verfügung.

§ 7a Abs 4 SGB IV verpflichtet die DRV Bund zur vorherigen Bekanntgabe der beabsichtigten Entscheidung und zur Bezeichnung der entscheidungserheblichen Tatsachen. Hierdurch soll den Beteiligten ermöglicht werden, vor Erlass der Statusentscheidung weitere Tatsachen und neue rechtliche Gesichtspunkte vorzubringen (BT-Drs 14/1855 S 7). **Widerspruch und Klage** gegen die Entscheidung, dass eine Beschäftigung vorliegt, haben aufschiebende Wirkung. Die aufschiebende Wirkung tritt auch ein, wenn Rechtsmittel gegen Bescheide anderer Versicherungsträger eingelegt werden (BT-Drs 14/1855 S 8). 17

Bedeutsam ist, dass – soweit innerhalb eines Monats nach Aufnahme der Tätigkeit ein entsprechender Antrag gestellt wird – die Versicherungspflicht erst **mit dem Tag der Bekanntgabe der Entscheidung** eintritt, wenn der Beschäftigte zustimmt und er sich für die Zwischenzeit gegen das Risiko von Krankheit und zur Altersvorsorge entsprechend den Leistungen der gesetzlichen KV und RV ausreichend finanziell absichert (§ 7a Abs 6 SGB IV). Eine Kausalität der geforderten Altersvorsorge mit der zu beurteilenden Beschäftigung ist nach der zutreffenden Auffassung der SozVTräger nicht zu fordern. Auf diese Weise werden Beitragsnachforderungen vermieden. 18

Abweichend von § 23 SGB IV tritt bei Durchführung eines Statusfeststellungsverfahrens die **Fälligkeit** des GesamtSozVBeitrags erst mit der unanfechtbar gewordenen Entscheidung ein, dass ein Beschäftigungsverhältnis besteht (§ 7a Abs 6 Satz 2 SGB IV). Nach Auffassung der Spitzenorganisationen werden die Beiträge spätestens mit den Beiträgen der Entgeltabrechnung des Monats fällig, der auf den Monat folgt, in dem die Entscheidung unanfechtbar geworden ist. 19

4. Einzelfälle. Zur Abgrenzung von abhängiger Beschäftigung und selbstständiger Tätigkeit sind seit jeher Einzelheiten der tatsächlichen Handhabung sowie der Vertragsgestaltung bezogen auf die ausgeübten **Funktionen** herangezogen worden (s hierzu das Arbeitnehmer-ABC mit zahlreichen Nachweisen aus der Rspr im Anhang zum Stichwort *Arbeitnehmer (Begriff)*). Auch in der Literatur wird der Versuch unternommen, berufsgruppenbezogene Hinweise zur sozialversicherungsrechtlichen Stellung der betroffenen ArbN zu geben (vgl zur Anwaltschaft *Ennemann* MDR 2000, 252; zu Therapeuten *Berndt* BB 2000, 1674; zu Promotionskräften *Reichenbach* SGb 01, 412; zu virtuellen Arbeitsplätzen *Haupt/Wollenschläger* NZA 01, 289; zu nebenberuflich tätigen Lehrbeauftragten *Wissing* SGb 01, 720). Die Spitzenverbände der SozVTräger haben einen Berufsgruppenkatalog erstellt, dem Anhaltspunkte für die Abgrenzung zwischen abhängiger Beschäftigung und selbstständiger Tätigkeit sowie zur Bestimmung der Merkmale typischen unternehmerischen Handelns entnommen werden können. Bei den Auslegungs- und Abgrenzungshilfen des Kataloges handelt es sich um 20

375 Schmiergeld

Hinweise ohne Rechtsnormqualität (vgl BSG 18.12.01 – B 12 KR 8/01 R, SozR 3–2400 § 7 Nr 19). Das Rundschreiben der SozVTräger wurde zuletzt unter dem 13.4.10 aktualisiert (abrufbar unter www.deutsche-rentenversicherung.de). Es enthält: in der Anlage 1 einen Abgrenzungskatalog für im Bereich Theater, Orchester, Rundfunk- und Fernsehanbieter, Film- und Fernsehproduktionen tätige Personen; in der Anlage 2 Hinweise zur versicherungsrechtlichen Beurteilung von Handelsvertretern; in der Anlage 3 Hinweise zur versicherungsrechtlichen Beurteilung von Gesellschafter-Geschäftsführern, Fremdgeschäftsführern, mitarbeitenden Gesellschaftern einer GmbH sowie Geschäftsführern einer Familien-GmbH; in Anlage 5 einen ausführlichen Katalog von Berufsgruppen in alphabetischer Form (vgl auch das Arbeitnehmer-ABC unter *Arbeitnehmer (Begriff)* Rz 84; *Schlegel/Voelzke/Segebrecht* SGB IV, § 7 Abs 1 Rn 200).

Schmiergeld

A. Arbeitsrecht *Kania*

1 **1. Allgemeines.** Schmiergelder sind Vorteile, die ein Angestellter oder Beauftragter eines geschäftlichen Betriebs als Gegenleistung dafür fordert, sich versprechen lässt oder annimmt, dass er einen anderen bei dem Bezug von Waren oder gewerblichen Leistungen im Wettbewerb in unlauterer Weise bevorzugt (vgl § 12 Abs 2 UWG).

2 Nicht darunter fallen **kleine Geschenke** im Rahmen des Üblichen, die nicht zum Zwecke einer Bevorzugung gewährt werden (*Stahlhacke/Preis/Vossen* Rz 683). Keine Schmiergelder sind danach kleine Werbegeschenke (Feuerzeug, Kalender), übliche Weihnachts- oder Neujahrsgeschenke und *Trinkgelder* (s Trinkgeld Rz 1). Die Abgrenzung im Einzelfall ist fließend und hat nach Treu und Glauben unter Berücksichtigung der Verkehrssitte zu erfolgen (*Schaub* § 55 Rz 41).

3 Die **Schmiergeldvereinbarung** ist wegen Verstoßes gegen die guten Sitten gem § 138 BGB nichtig (BGH 14.12.72, DB 73, 323; *Soergel/Hefermehl* § 138 Rz 180 ff); folglich hat der geschmierte ArbN **keinen Anspruch auf Leistung des Schmiergelds** oder auf Erstattung verauslagter Schmiergelder (BAG 9.11.64, BB 65, 13). Die Nichtigkeit der Schmiergeldvereinbarung lässt die Wirksamkeit des Hauptvertrages grds unberührt, sofern nicht dem Hauptvertrag selbst ein Unwirksamkeitsgrund anhaftet (*Soergel/Hefermehl* § 138 Rz 183). Benachteiligten Wettbewerbern stehen aber Unterlassungs- und Ersatzansprüche gegen Bestechenden und Bestochenen zu (vgl § 13 UWG). Gem § 299 StGB (früher § 12 Abs 2, Abs 1 UWG) ist die Schmiergeldannahme genauso wie die aktive Bestechung mit Geldstrafe oder Freiheitsstrafe bis zu einem Jahr bedroht. Die Tat wird grds nur auf Antrag verfolgt, es sei denn, dass die Staatsanwaltschaft wegen besonderen öffentlichen Interesses ein Einschreiten vAw für geboten hält (§ 301 StGB).

4 **2. Kündigung wegen Schmiergeldannahme.** Die Entgegennahme von Schmiergeldern rechtfertigt regelmäßig den Ausspruch der **ordentlichen Kündigung** (BAG 17.8.72, AP Nr 65 zu § 626 BGB; *Stahlhacke/Preis/Vossen* Rz 683) und kann je nach den Umständen des Einzelfalls auch einen Grund für den Ausspruch einer **fristlosen Kündigung** darstellen (BAG 15.11.01 – 2 AZR 605/00, AP Nr 175 zu § 626 BGB; BAG 15.11.95, DB 96, 836; LAG SchlHol 6.5.96, DB 96, 1291; LAG Bln 16.5.78, BB 78, 1570; LAG Düsseldorf 12.8.80, EzA Nr 73 zu § 626 BGB nF; KR/*Griebeling* § 1 KSchG Rz 495; *Stahlhacke/Preis/Vossen* Rz 683). Dabei ist insbes von Bedeutung, in welcher Position der ArbN tätig ist (*Stahlhacke/Preis/Vossen* Rz 683). Ob der ArbGeb durch die Schmiergeldannahme einen Schaden erlitten hat, ist nicht entscheidend; es reicht vielmehr aus, dass der gewährte Vorteil allgemein die Gefahr begründet, der Annehmende werde nicht mehr allein die Interessen des ArbGeb wahrnehmen (BAG 15.11.95, DB 96, 836). Bei einem ArbN in Vertrauensstellung kann schon eine relativ geringfügige, einmalige Schmiergeldannahme eine außerordentliche Kündigung rechtfertigen (BAG 22.11.62, DB 63, 1055). Die Annahme üblicher Gelegenheitsgeschenke berechtigt nicht zur Kündigung (KR/*Etzel* § 1 KSchG Rz 495). Da durch die Annahme von Schmiergeldern der Vertrauensbereich betroffen und mit einer Wiederherstellung des Vertrauens nicht zu rechnen ist, ist eine vorherige **Abmahnung** grds nicht erforderlich (Näheres: *Abmahnung* Rz 13).

Schmiergeld

Hat ein ArbN in einem **früheren Arbeitsverhältnis** Schmiergelder entgegengenommen, ist dies allein grds irrelevant. Hält der ArbGeb das „Vorleben" seines ArbN für bedeutsam, muss er dies durch entsprechende Fragen bei der Einstellung zum Ausdruck bringen. Nur wenn ein unmittelbarer Zusammenhang mit der aktuellen Tätigkeit besteht (zB Identität der Lieferanten), kann uU eine (außer-)ordentliche Kündigung gerechtfertigt sein. In diesem Fall bestünde auch eine Pflicht, die frühere Schmiergeldannahme von sich aus im Einstellungsgespräch zu offenbaren (Näheres zu Fragerecht und Offenbarungspflicht *Auskunftspflichten Arbeitnehmer* Rz 2 ff).

3. Kündigung wegen Schmiergeldgewährung. In der Praxis ist neben der Schmiergeldannahme auch die Schmiergeldgewährung durch ArbN von erheblicher Bedeutung. Diese kann einmal aus eigenen Mitteln des ArbN erfolgen, um sich auf diese Weise höhere Provisionsansprüche beim ArbGeb zu erwerben oder um Beförderungschancen zu verbessern. Nicht selten erfolgt aber auch die Schmiergeldgewährung im Auftrag des ArbGeb oder im Zusammenspiel mit einem Vorgesetzten. Schließlich sind hier Fälle zu nennen, in denen der ArbN durch – für den ArbGeb schwer überprüfbare – Preiszugeständnisse an den Kunden schmiergeldähnliche Vergünstigungen gewährt. Die Gewährung von Schmiergeldern kann eine **ordentliche**, je nach den Umständen des Einzelfalls auch eine **fristlose Kündigung** des Arbeitsverhältnisses nach sich ziehen. Maßgeblich abzustellen ist darauf, inwiefern die Schmiergeldgewährung den **Ruf des Arbeitgebers gefährdet.** Die Gefahr der Rufgefährdung nimmt zu, wenn der ArbN in leitender Position tätig ist, da dessen Verhalten eher mit dem des ArbGeb identifiziert wird. Bei der Gewährung von Schmiergeldern durch leitende Angestellte ist deshalb – vorbehaltlich besonderer Umstände des Einzelfalls – auch bei einmaligen Vorfällen eine außerordentliche Kündigung möglich.

Auf das Vorliegen eines **finanziellen Schadens** des ArbGeb ist demgegenüber nicht entscheidend abzustellen. Ein solcher finanzieller Schaden wird meist nicht vorliegen, weil erst die Schmiergeldgewährung den Auftragsabschluss überhaupt ermöglicht hat. Wirken ArbGeb und ArbN bei der Schmiergeldgewährung zusammen, kommt eine Kündigung regelmäßig nicht in Betracht, da dies gegen das **Verbot widersprüchlichen Verhaltens** („venire contra factum proprium") verstoßen würde (ArbG München 2.10.08 – 13 Ca 17197/07, NZA-RR 09, 134 mit Besprechung *Kolbe* NZA 09, 228; *Steinkühler/Kunze* RdA 09, 367). Der ArbGeb hat kein schutzwürdiges Interesse, die bewusst riskierte Rufgefährdung durch ein „Bauernopfer" zu beseitigen.

4. Herausgabe von Schmiergeldern. Der ArbGeb hat gegen seinen ArbN einen Anspruch auf Herausgabe der empfangenen Schmiergelder. Der Anspruch folgt nicht aus §§ 675, 667 BGB (so aber BGH 7.1.63, AP Nr 2 zu § 687 BGB; *Soergel/Hefermehl* § 138 Rz 182), denn Schmiergelder werden nicht „aus der Geschäftsführung", sondern nur in Verfolgung eigener Interessen anlässlich der Geschäftsführung erlangt. Da der ArbN aber ein objektiv fremdes Geschäft als eigenes führt, besteht für den ArbGeb ein Herausgabeanspruch aus §§ 687 Abs 2, 681, 667 BGB, sofern die dem Schmiergeld entsprechende Vergünstigung bei korrektem Verhalten dem ArbGeb zugeflossen wäre (BAG 8.2.62, DB 62, 843; LAG Köln 1.9.98 – 13 [11] Sa 754/97, NZA 99, 597; *Schaub* § 55 Rz 42). Zur Sicherung der ArbGebAnsprüche kann sich die Einleitung eines Arrestverfahrens empfehlen (dazu *Straube* DB 08, 1744).

B. Lohnsteuerrecht

Thomas

1. Arbeitslohn liegt nicht bereits dann vor, wenn der ArbN durch das Dienstverhältnis in die Lage versetzt wird, gegen den Willen seines ArbGeb Einnahmen zu erzielen (BFH 13.11.12 – VI R 38/11, DStR 13, 303; aA *Lang* DStJG 86, Bd 9, 15 ff, 72). Deswegen erhält der ArbN als Empfänger von Schmier- bzw Bestechungsgeld regelmäßig keinen Arbeitslohn („Verliererprämie" eines Berufssportlers: FG Bln 25.11.77, EFG 78, 280; „Gewinnprämie", auch eines Dritten, kann Arbeitslohn sein). Er handelt insofern auch nicht weisungsgebunden, also nicht in seiner ArbNEigenschaft; umgekehrt liegen dann aber bei Herausgabe des Schmiergeldes an den ArbGeb (vgl oben Rz 8) keine Werbungskosten vor (vgl aber BFH 8.6.2000 – IV R 39/99, BStBl II 2000, 670 zum veruntreuenden Gesellschafter). Stellen die gegen den Willen des ArbGeb erzielten Einnahmen keinen Lohn dar, stehen die damit riskierten Aufwendungen auch nicht mit den Einkünften aus nichtselbständiger Arbeit in

375 Schmiergeld

Veranlassungszusammenhang. Demgegenüber soll ein solcher bereits zu vermuten sein, wenn dieser Aufwand Gegenstand eines arbeitsgerichtlichen Vergleichs ist (BFH 9.2.12 – VI R 23/10, DStR 12, 1267). Bezieht der ArbN unter Missbrauch seiner Stellung nachhaltig Einnahmen, kann er gewerblich tätig sein (BFH 3.7.91, BStBl II 91, 802); sonst kann es sich um Leistungen iSv § 22 Nr 3 EStG handeln (BFH 26.1.2000 – IX R 87/95, BStBl II 2000, 396; BFH 5.7.05 – III B 149/04, BFH/NV 05, 2023 ähnlich BGH 5.5.04 – 5 StR 139/03, BFH/NV 05, 273; BFH 20.7.07 – XI B 193/06, BFH/NV 07, 1887). Bekommt der ArbN von einem Geschäftspartner seines ArbGeb zur Vertiefung der schon bisher guten Zusammenarbeit eine Zuwendung (s oben „Gewinnprämie"), stellt diese auch dann Arbeitslohn dar, wenn der Geschäftspartner sie als Geschenk iSv § 4 Abs 5 Nr 1 EStG nicht als Betriebsausgaben abziehen darf (BFH 5.7.96, BStBl II 96, 545 mit Anm *MIT* DStR 96, 1402).

10 **2. Werbungskosten** können gegeben sein, wenn der ArbN aus eigenen beruflichen Gründen Schmiergelder entrichtet (BFH 18.5.90, BFH/NV 91, 151). Der Abzug ist aber gem § 4 Abs 5 Nr 10 iVm § 9 Abs 5 EStG ausgeschlossen, wenn die Vorteilszuwendung strafbar ist oder mit einer Geldbuße geahndet werden kann (im Einzelnen insbesondere zu Auslandssachverhalten *Randt* BB 2000, 1006; *Kiesel* DStR 2000, 949; *Stapf* DB 2000, 1092; *Dörn* DStZ 01, 736; BMF 10.10.02, NWB F 3 S 12193; *Drüen* DB 13, 1133). Ob der diesbezügliche Aufwand und die Zweckverwendung erweislich ist, ist Tatfrage. Im Zweifel muss der Empfänger benannt werden (§ 160 AO). Verfolgt der ArbN mit dem Schmiergeld betriebliche Zwecke seines ArbGeb, kann dessen Aufwendungsersatz (s *Aufwendungsersatz* Rz 31) gem § 3 Nr 50 EStG steuerfreien Auslagenersatz darstellen. Beim Empfänger liegt kein Geschenk iSv § 4 Abs 5 Nr 1 EStG (dazu BFH 21.9.93, BStBl II 94, 170; 23.6.93, BStBl II 93, 806) vor, sondern eine als Betriebsausgabe abziehbare Provision, wenn die Zuwendung gemacht wird, weil oder damit der Empfänger eine bestimmte Gegenleistung für den Betrieb erbringt (BFH 18.2.82, BStBl II 82, 394). Wird aus beruflichen Gründen Beihilfe zur Steuerhinterziehung geleistet und deswegen für den Steuerausfall gehaftet, kann der Haftungsbetrag zu Werbungskosten führen (BFH 9.12.03 – VI R 35/96, BStBl II 04, 641 = DStR 04, 910). Erwerbsaufwendungen liegen auch bei Strafverteidigungskosten vor, wenn der strafrechtliche Vorwurf, gegen den sich der ArbN zur Wehr setzt, durch sein berufliches Verhalten veranlasst ist. Das kann der Fall sein, wenn der ArbN Schmiergeld einsetzt, um den Gewinn seines ArbGeb zu steigern (BFH 18.10.07 – VI R 42/04, BStBl II 08, 223 = DStR 07, 2254). Muss ein ArbN wegen verbotener Preisabsprachen eine Geldauflage nach § 153a StPO entrichten, damit von einer Strafverfolgung abgesehen wird und übernimmt der ArbGeb diese Auflage, wendet er Arbeitslohn zu (BFH 30.10.08 – VI R 10/05, BStBl II 09, 354 = DStRE 09, 374; BFH 22.7.08 – VI R 47/06, BStBl II 09, 151 = DStR 08, 2310: Verstoß gegen das Lebensmittelgesetz). Ein damit korrespondierender Werbungskostenabzug ist nach § 12 Nr 4 EStG ausgeschlossen. Das Abzugsverbot würde aber nicht für im Strafverfahren ausgesprochene Auflagen zur Wiedergutmachung des zivilrechtlichen Schadens gelten (BFH 15.1.09 – VI R 37/06, DStR 09, 736). Zum Abzug von Prozesskosten als außergewöhnliche Belastung vgl *Bleschick* FR 13, 932.

C. Sozialversicherungsrecht *Schlegel*

11 **Kein Arbeitsentgelt im Sinne des § 14 SGB IV** sind Zuwendungen an den ArbN, die nach ihrem Zweck und Umfang darauf gerichtet sind, einen ArbN gefügig zu machen (Schmiergelder, zur Begriffsbestimmung vgl oben Rz 1, 2; *Schaub* § 53 II 7a). Schmiergelder sind nämlich nicht, was § 14 SGB IV verlangt, „unmittelbar aus der Beschäftigung oder im Zusammenhang" mit der Beschäftigung erzielt; denn hinsichtlich des Schmiergeldes nimmt der ArbN das Beschäftigungsverhältnis nur zum Anlass, sich dieses zu eigenen Zwecken und Vorteilen dienstbar zu machen. Zwar liegt ein Zusammenhang zwischen der Erzielung des Schmiergeldes und dem Beschäftigungsverhältnis in dem Sinne vor, dass das Schmiergeld ohne das Beschäftigungsverhältnis und die damit verbundene Stellung des ArbN nicht gewährt würde (conditio sine qua non). Das Schmiergeld ist jedoch **keine Gegenleistung** für die aufgrund des Arbeitsvertrages/Beschäftigungsverhältnisses zu erbringende Leistung des ArbN, sondern eine Belohnung dafür, dass der ArbN Handlungen gerade iSd Schmiergeldgebers erbringt bzw unterlässt. Es wird mithin nicht im Hinblick auf die Beziehungen ArbN/ArbGeb, sondern auf die hiervon rechtlich zu trennenden Beziehungen zwischen

ArbN und Schmiergeldgeber erbracht. Dies lässt es zu, das Schmiergeld im Rechtssinne als nicht „im Zusammenhang" mit dem Beschäftigungsverhältnis zu werten.

Schwangerschaftsabbruch

A. Arbeitsrecht
Kania

1. Urteil des Bundesverfassungsgerichts vom 28.5.1993. Mit seinem Urt vom 28.5.93 (NJW 93, 1751) hat der 2. Senat des BVerfG insbes die Bestimmungen der §§ 218a, 219 StGB idF des Schwangeren- und Familienhilfegesetzes vom 27.2.92 (BGBl I 92, 1398) für mit Art 1 Abs 1 iVm Art 2 Abs 2 Satz 1 GG unvereinbar erklärt. **Kernaussage des Urteils** ist in Anknüpfung an das erste FristenregelungsUrt vom 25.2.75 (NJW 75, 573), dass der Schwangerschaftsabbruch für die ganze Dauer der Schwangerschaft grds als **Unrecht** angesehen wird und demgemäß rechtlich verboten ist. Die Grundrechte der Frau erlaubten es dem Gesetzgeber nur in Ausnahmefällen, die sich an dem Kriterium der Unzumutbarkeit zu orientieren hätten, Indikationsfälle zu umschreiben, bei denen eine Rechtswidrigkeit des Schwangerschaftsabbruchs entfalle (BVerfG 28.5.93, NJW 93, 1751). Nicht indizierte Schwangerschaftsabbrüche im Rahmen einer **Fristenlösung** seien deshalb immer als rechtswidrig anzusehen; allerdings sei es zulässig, trotz der Rechtswidrigkeit in der Frühphase der Schwangerschaft auf eine Strafdrohung zu verzichten, wenn der Schutzpflicht des Staates für das ungeborene menschliche Leben durch ein Beratungskonzept Rechnung getragen werde (BVerfG 28.5.93, NJW 93, 1751).

Die **Umsetzung** der Vorgaben des BVerfG durch den Gesetzgeber erfolgte nach zähem Ringen um einen politischen Kompromiss grds erst durch das Schwangeren- und Familienhilfeänderungsgesetz (SFHÄndG) vom 21.8.95 (BGBl I 95, 1050 ff). Allerdings war die für das Arbeitsrecht wesentliche Frage der Entgeltfortzahlung bei rechtswidrigem, aber straffreiem Schwangerschaftsabbruch bereits durch das im Rahmen des PflegeVG vom 26.5.94 (BGBl I 94, 1014, 1065) verabschiedete einheitliche EFZG einer gesetzlichen Regelung zugeführt worden.

2. Arbeitsrechtliche Auswirkungen. a) Entgeltfortzahlung. Gem § 3 Abs 2 EFZG (zur Historie s Personalbuch 2007 Schwangerschaftsabbruch, Rz 3) ist der unverschuldeten Arbeitsunfähigkeit und dem nicht rechtswidrigen Abbruch der Schwangerschaft (unter den Voraussetzungen des § 218a Abs 2 und 3 StGB, sog medizinische und kriminologische Indikation) auch der Abbruch der Schwangerschaft innerhalb der ersten 12 Wochen nach der Empfängnis gleichgestellt, soweit der Abbruch durch einen Arzt vorgenommen wird, die schwangere Frau den Abbruch verlangt und dem Arzt durch eine Bescheinigung nachgewiesen hat, dass sie sich mindestens drei Tage vor dem Eingriff von einer anerkannten Beratungsstelle hat beraten lassen (gem § 218a Abs 1 StGB straffrei mittels Tatbestandsausschluss).

b) Pflichten des angestellten Arztes. In § 12 SFHÄndG heißt es nur, dass niemand verpflichtet ist, an einem Schwangerschaftsabbruch mitzuwirken. Die Bedeutung dieser Regelung geht aber weiter, was deutlich wird, wenn man sich die Ausführungen des BVerfG zu dieser Problematik im Urt vom 28.5.93 vor Augen hält. Danach gebietet das Schutzkonzept einer Beratungsregelung, dass dem Arzt aus einer Weigerung, Schwangerschaftsabbrüche vorzunehmen, grds keine rechtlichen und tatsächlichen Nachteile erwachsen dürfen, da er nur dann die ihm zukommende Funktion zuverlässig wahrnehmen könne. Dies gelte auch für den angestellten Arzt. Eine Kündigung seines Arbeitsverhältnisses könne nur dann ausnahmsweise in Betracht kommen, wenn der ArbGeb keine andere Möglichkeit hat, den Arzt zu beschäftigen (BVerfG 28.5.93, NJW 93, 1751). Der Senat sucht damit offenbar den Anschluss an die **Rechtsprechung des Bundesarbeitsgerichts zur Arbeitsverweigerung aus Gewissensgründen,** auch wenn das BVerfG die Grundrechtsposition der betroffenen Ärzte in Art 2 Abs 1 iVm Art 12 Abs 1 GG und nicht in Art 4 GG verankert sieht (*Stoffels* DB 93, 1718). Demzufolge muss der ArbGeb vor Ausspruch einer Kündigung zunächst versuchen, andere Ärzte mit der Durchführung von Schwangerschaftsabbrüchen zu betrauen, und dem Arzt, der sich weigert, an Schwangerschaftsabbrüchen mitzuwirken, andere Tätigkeiten zuweisen. Nur wenn dies nicht möglich ist, kommt ausnahmsweise eine personenbedingte Kündigung in Betracht (vgl zur Arbeitsverweigerung aus Gewissensgründen BAG 20.12.84, BB 85, 1853; 24.5.89, DB 89, 2538; Näheres s *Gewissensfreiheit* Rz 2 ff).

B. Lohnsteuerrecht

Seidel

5 Zur Entgeltfortzahlung durch den ArbGeb (s oben Rz 3) s *Entgeltfortzahlung* Rz 42. Erhält die ArbN im Rahmen eines Abbruchs Leistungen aus der KV (s unten Rz 9, 10, 12), sind diese steuerfrei (§ 3 Nr 1a EStG; s auch *Krankenbehandlung* Rz 5). Zur steuerlichen Behandlung von Krankengeld s *Krankengeld* Rz 8. Ggf nicht erstattete Aufwendungen bei **indikationsbedingten** Schwangerschaftsabbrüchen können als außergewöhnliche Belastungen bei der EStVeranlagung berücksichtigt werden (s *Krankenbehandlung* Rz 5; *Schmidt/Loschelder* § 33 Rz 35: Schwangerschaft).

6 Hat die ArbN die Aufwendungen für einen **rechtswidrigen,** aber straffreien Abbruch selbst zu tragen (Beratungsregelung s oben Rz 3 und unten Rz 11), können diese Kosten mE nicht als außergewöhnliche Belastung im Rahmen der EStVeranlagung der ArbN berücksichtigt werden (§ 33 EStG). Es fehlt hier wohl an der vom Gesetz geforderten – bei Krankheitskosten regelmäßig unterstellten – Zwangsläufigkeit (§ 33 Abs 2 EStG). Sind in diesen Fällen schon Zweifel daran angebracht, ob es sich um Krankheitskosten in diesem Sinne handelt, so kann rechtswidriges Tun ebenso wenig wie sittenwidriges Tun zwangsläufig sein. Dies gilt erst recht, wenn der Abbruch strafbar ist, da strafbares Tun nicht zwangsläufig ist (s *Schmidt/Loschelder* § 33 Rz 20).

C. Sozialversicherungsrecht

Ruppelt

7 **1. Allgemeines.** Der Schwangerschaftsabbruch ist in Deutschland grds strafbar (§ 218 StGB). Dies gilt allerdings in zahlreichen Fallgestaltungen für die Schwangere und/oder den Arzt nicht, wenn bestimmte Voraussetzungen erfüllt sind. Dazu gehört an erster Stelle die Teilnahme der Schwangeren an einer Beratung, die darauf ausgerichtet ist, die Schwangere durch Rat und Hilfe in ihrer Not- und Konfliktlage zum Austragen des Kindes zu ermutigen. Dabei muss die Beratung nach Inhalt, Durchführung und Organisation geeignet sein, der Schwangeren die Einsichten und Informationen zu vermitteln, deren sie für eine verantwortliche Entscheidung über die Fortsetzung oder den Abbruch der Schwangerschaft bedarf. Unabhängig vom Ergebnis der Beratung ist der Straftatbestand des § 218 StGB nicht erfüllt, dh der Schwangerschaftsabbruch bleibt **straflos,** wenn der Abbruch dann innerhalb der ersten zwölf Wochen der Schwangerschaft von einem **Arzt** vorgenommen und durch eine **Bescheinigung** der Nachweis erbracht wird, dass eine Schwangerschaftskonfliktberatung nach den gesetzlichen Vorschriften **mindestens drei Tage** vor dem Eingriff stattgefunden hat (§ 218a Abs 2 StGB).

8 **Nicht rechtswidrig** ist der Schwangerschaftsabbruch, wenn der Abbruch nach Pflichtberatung und dreitägiger Wartefrist notwendig ist, um eine Lebensgefahr oder die Gefahr einer schwerwiegenden Beeinträchtigung der körperlichen oder seelischen Gesundheit der **Schwangeren** abzuwenden. Der Abbruch ist nicht an eine Frist nach der Empfängnis gebunden (**medizinische Indikation** nach § 218a Abs 2 StGB). Nicht rechtswidrig ist der Abbruch auch dann, wenn die Schwangerschaft nach ärztlicher Erkenntnis auf einer Straftat, zB Vergewaltigung, beruht. Seit der Empfängnis dürfen nicht mehr als 12 Wochen vergangen sein (**kriminologische Indikation** nach § 218a Abs 3 StGB). Eine mutmaßliche oder gewiss zu erwartende Behinderung des **Kindes** rechtfertigt eine Abtreibung grds nicht. Allerdings kann sich diese Erwartung so auf die Gesundheit der Schwangeren auswirken, dass die Voraussetzungen einer medizinischen Indikation erfüllt sind.

9 **2. Schwangerschaftskonfliktgesetz (SchKG).** Nach § 8 SchKG haben die Länder ein ausreichendes plurales Angebot wohnortnaher Beratungsstellen sicherzustellen. Diese Beratungsstellen bedürfen besonderer staatlicher Anerkennung. Als Beratungsstellen können auch Einrichtungen freier Träger und Ärzte anerkannt werden. Die Schwangere hat nach Abschluss der Beratung Anspruch auf Ausstellung einer **Beratungsbescheinigung,** und zwar auch dann, wenn sie sich der Argumentation der Beratungsstelle nicht aufgeschlossen gezeigt hat. Die Länder haben ein ausreichendes Angebot ambulanter und stationärer Einrichtungen zur Vornahme des Abbruchs sicherzustellen (§ 13 Abs 2 SchKG).

3. Krankenversicherungsrecht. Die Leistungen der gesetzlichen KV bei Schwanger- 10
schaftsabbruch ergeben sich aus § 24b SGB V. Voraussetzung für einen Leistungsanspruch ist
die Mitgliedschaft der Schwangeren in der gesetzlichen KV zum Zeitpunkt des Abbruchs.
Der Leistungsumfang ist in § 24b SGB V geregelt und hängt von der Indikation sowie der
Rechtfertigung des Abbruchs ab. Die Sterilisation ist nur noch Kassenleistung, wenn sie in
Folge einer Krankheit erforderlich ist. Während der Schwangerschaft bleibt eine bestehende
Pflichtmitgliedschaft in der gesetzlichen KV auch dann erhalten, wenn das Beschäftigungs-
verhältnis vom ArbGeb aufgelöst worden ist (§ 192 Abs 2 SGB V).

a) Medizinische oder kriminologische Indikation. Erfolgt der Abbruch aufgrund 11
einer medizinischen oder kriminologischen Indikation iSv § 218a Abs 2 und 3 StGB, ist der
Eingriff nicht rechtswidrig (s Rz 8). In diesen Fällen gewährt die gesetzliche KV ärztliche
Behandlung, Versorgung mit Arznei-, Verband- und Heilmitteln sowie Krankenhausbehandlung zur Durchführung des Abbruchs (§ 24b Abs 2 SGB V). Wird die Versicherte durch einen solchen nicht rechtswidrigen Schwangerschaftsabbruch arbeitsunfähig, besteht Anspruch
auf Krankengeld (zum Anspruch auf Entgeltfortzahlung s oben Rz 3).

b) Beratungsregelung. Der Schwangerschaftsabbruch nach der Beratungsregelung 12
(§ 218a Abs 1 StGB) ist straflos, bleibt jedoch trotz ordnungsgemäßer Durchführung der
Beratung rechtswidrig. In diesen Fällen besteht **kein Anspruch** gegen die gesetzliche KV auf
die eigentliche ärztliche Vornahme des Abbruchs und die komplikationslose Nachbehand-
lung. Die ausgeschlossenen Leistungen ergeben sich im Einzelnen aus § 24b Abs 4 SGB V.
Auch ein Anspruch auf Krankengeld besteht grds nicht. Allerdings hat die gesetzliche KV
ärztliche Leistungen im Vorfeld des Abbruchs sowie bei komplikationsbedingten Nach-
behandlungen nach § 24b Abs 3 SGB V zu erbringen.

c) Strafbarer Schwangerschaftsabbruch. Nach einem strafbaren Schwangerschaftsab- 13
bruch hat die gesetzliche KV Leistungen nach allgemeinen Vorschriften zu erbringen, wenn
die Versicherte infolge des Abbruchs erkrankt.

4. Gesetz zur Hilfe für Frauen bei Schwangerschaftsabbrüchen in besonderen 14
Fällen (SchWHG). Grds hat die Schwangere die Kosten für einen unter den Voraussetzungen der **Beratungsregelung** nach § 218a Abs 1 StGB durchgeführten Abbruch der
Schwangerschaft selbst zu tragen. Sind ihr die Aufbringung dieser Mittel **nicht zuzumuten**
und hat sie ihren Wohnsitz oder gewöhnlichen Aufenthalt in der Bundesrepublik, so hat
die gesetzliche KV den Schwangerschaftsabbruch als **Sachleistung** zu gewähren. Dies gilt auch,
wenn die Schwangere nicht Mitglied einer Krankenkasse ist. In diesem Fall kann die
Schwangere einen KVTräger am Ort ihres Wohnsitzes oder gewöhnlichen Aufenthalts selbst
wählen.

Unzumutbar ist die Aufbringung der Mittel, wenn die verfügbaren persönlichen Ein- 15
künfte in Geld oder Geldeswert die Einkommensgrenzen des § 1 Abs 2 und 3 iVm §§ 6, 7
SchWHG nicht erreichen und der Schwangeren persönlich kein kurzfristig verwertbares
Vermögen zur Verfügung steht oder der Einsatz des Vermögens für sie eine unbillige Härte
bedeuten würde. Einkünfte und Vermögen von Unterhaltsverpflichteten (Ehemann, Eltern
usw) werden nicht angerechnet.

Die Anspruchsvoraussetzungen sind glaubhaft zu machen. Der KVTräger hat der 16
Schwangeren sodann unverzüglich eine **Bescheinigung über die Kostenübernahme**
auszustellen. Die Schwangere kann wählen, ob sie die Bescheinigung durch persönliche
Vorsprache oder schriftlich beantragt. Der Arzt rechnet die Leistungen mit der Krankenkasse
ab. Die Länder erstatten den gesetzlichen Krankenkassen die ihnen durch dieses Gesetz
entstehenden Kosten. Über Streitigkeiten in den Angelegenheiten dieses Gesetzes entscheiden die Gerichte der Sozialgerichtsbarkeit.

Schwarzarbeit

A. Arbeitsrecht
Kania

1. Begriff. Früher musste man zwischen Schwarzarbeit im engeren und weiteren Sinne 1
unterscheiden, da das Gesetz zur Bekämpfung der Schwarzarbeit unmittelbar lediglich Fälle
handwerks- und gewerberechtlicher Anzeige- und Eintragungspflichtverletzungen erfasste,

377 Schwarzarbeit

während man iwS unter Schwarzarbeit allgemein Verstöße gegen sozialversicherungs- und steuerrechtliche Melde- und Abführungspflichten versteht. Zum 1.8.04 ist das Gesetz zur Bekämpfung der Schwarzarbeit und illegalen Beschäftigung (Schwarzarbeitsbekämpfungsgesetz – SchwarzArbG) in Kraft getreten. Dieses Gesetz definiert den Bereich der erfassten Schwarzarbeit im weitesten Sinne in § 1 Abs 2 SchwarzArbG. Insbes leistet danach Schwarzarbeit, wer Dienst- oder Werkleistungen erbringt oder ausführen lässt und dabei als ArbGeb, Unternehmer oder versicherungspflichtiger Selbstständiger seine sich aufgrund der Dienst- oder Werkleistungen ergebenden sozialversicherungsrechtlichen Melde-, Beitrags- oder Aufzeichnungspflichten nicht erfüllt (§ 1 Abs 2 Nr 1 SchwarzArbG) oder als Stpfl seine sich aufgrund der Dienst- oder Werkleistungen ergebenden steuerlichen Pflichten nicht erfüllt (§ 1 Abs 2 Nr 2 SchwarzArbG).

2   **Zweck** des SchwarzArbG ist die Intensivierung der Bekämpfung der Schwarzarbeit. Dabei liegt ein ganz zentraler Punkt des Gesetzes in der Einbindung der Zollverwaltung in die Bekämpfung der Schwarzarbeit. Zu den Prüfbefugnissen im Einzelnen s Rz 34.

3   **2. Wirksamkeit des Schwarzarbeitsvertrags.** Ein beiderseitiger Verstoß gegen das SchwarzArbG führt bei Abschluss eines Dienstvertrages zur Nichtigkeit des Vertrags (BAG 24.3.04 – 5 AZR 233/03, EzA § 134 BGB 2002 Nr 2; BGH 23.9.82 – VII ZR 183/80, BGHZ 85, 39). Demgegenüber führt die Abrede in einem Arbeitsvertrag, die Arbeitsvergütung ohne Berücksichtigung von Steuern und SV-Beiträgen „schwarz" auszuzahlen, nur zur Nichtigkeit dieses Teils der Abrede (BAG 26.2.03 – 5 AZR 690/01, NZA 04, 313). Ist der Vertrag gesamtnichtig, kann der Schwarzarbeiter Vergütung nach Bereicherungsrecht verlangen, da ansonsten der Auftraggeber einseitig Nutzen aus der Vertragsnichtigkeit ziehen könnte (*Schaub/Linck* § 42 Rz 34). Die Berufung auf die Nichtigkeit des Vertrages kann unter besonderen Umständen treuwidrig mit der Folge sein, dass er wie ein wirksamer Vertrag zu behandeln ist (LAG Bln 26.11.02 – 3 Sa 1530/02, BB 03, 1569). § 14 Abs 2 Satz 2 SGB IV enthält lediglich eine sozialrechtliche Fiktion zur Berechnung der nachzufordernden GesamtSozVBeiträge und hat keine arbeitsrechtliche Wirkung (BAG 17.3.2010 – 5 AZR 301/09, NZA 10, 881).

4   **3. Kündigung und Schadensersatz.** Allein die Ausübung von Schwarzarbeit in Nebentätigkeit berechtigt den ArbGeb nicht, das Hauptarbeitsverhältnis zu kündigen. Die Möglichkeit zur ordentlichen, im Ausnahmefall auch zur fristlosen Kündigung besteht nur, wenn durch die Schwarzarbeit arbeitsvertragliche **Pflichten aus dem Hauptarbeitsverhältnis** verletzt werden, etwa bei Ausübung einer Konkurrenztätigkeit oder bei zeitlicher Kollision. Näheres zur Kündigung wegen Nebentätigkeit s *Nebentätigkeit* Rz 15.

5   Verursacht der Schwarzarbeiter bei der Schwarzarbeit **Schäden,** so ist er seinem Auftraggeber nach allgemeinen Regeln zum Schadensersatz verpflichtet. Allein die Einschaltung eines Schwarzarbeiters kann dem Auftraggeber nicht als **Mitverschulden** iSd § 254 BGB angerechnet werden. Ein Mitverschulden liegt nur dann vor, wenn es sich um besonders gefährliche Arbeiten handelt und dem Auftraggeber bewusst gewesen sein muss, dass der Schwarzarbeiter nicht über die erforderliche Kompetenz verfügt (BGH 2.10.90, DB 91, 223). **Kein Schadensersatzanspruch** besteht, wenn der Schwarzarbeitsvertrag unwirksam ist, für Schäden, die durch die unterlassene Weiterführung der Schwarzarbeit entstehen, nachdem die Schwarzarbeit entdeckt wurde. Denn es besteht keine Verpflichtung des Schwarzarbeiters, weiterhin gegen das SchwarzArbG zu verstoßen (LG Karlsruhe 9.4.75, NJW 75, 1420; *Köhler* JZ 90, 466, 470).

B. Lohnsteuerrecht *Seidel*

6   Die **Arbeitnehmereigenschaft** von Schwarzarbeitern richtet sich steuerrechtlich nach der allgemeinen Definition des § 1 LStDV (s *Arbeitnehmer (Begriff)* Rz 29 ff). Entscheidend sind die Umstände des Einzelfalles. Schwarzarbeiter sind keine ArbN des Auftraggebers, wenn sie hinsichtlich Art und Zeit der Arbeit nicht dessen Weisungen unterliegen, die Arbeit auf Hilfskräfte übertragen können und das Unternehmerrisiko mindestens zusammen mit dem Auftraggeber tragen (BFH 21.3.75, BStBl II 75, 513; *HHR* § 19 Anm 600 Schwarzarbeiter).

Schwarzarbeit

Die **Offenbarung** der an sich dem Steuergeheimnis (§ 30 AO) unterliegenden Verhältnisse der Betroffenen, des Schwarzarbeiters und des Auftraggebers, durch die FinBeh an die mit der Bekämpfung der Missstände befasste Behörde ist **zulässig,** soweit dies für die Durchführung eines Straf- oder Bußgeldverfahrens bzw eines anderen gerichtlichen oder Verwaltungsverfahrens mit dem Ziel der Bekämpfung der Schwarzarbeit erforderlich ist (§ 31a Abs 1 Satz 1 Nr 1a AO; AEAO zu § 31a Tz 2.1: BMF 30.7.09 – IV A 3 – S 0062/08/10 007; Dok 2009/0 388 994, BStBl I 09, 807). Zu den gegenseitigen Mitteilungen der FinBeh und der Finanzkontrolle Schwarzarbeit (FKS) s AEAO zu § 31a Tz 2.4, BMF 30.7.09 – IV A 3 – S 0062/08/10 007; Dok 2009/0 388 994, BStBl I 09, 807. Schwarzarbeit ist dabei jede nach § 1 SchwArbG zu ahndende Ordnungswidrigkeit (s oben Rz 1). Zur neu eingeführten **LSt-Nachschau** (§ 42g EStG) s *Lohnsteueraußenprüfung* Rz 19.

Für die **Nacherhebung** der LSt, wenn der Schwarzarbeiter steuerrechtlich als ArbN **7** anzusehen ist, hat der BFH für das Steuerrecht entschieden, dass in dem einvernehmlichen Zusammenwirken von ArbGeb und ArbN zur Hinterziehung der LSt und der SozVBeiträge keine Nettolohnvereinbarung (s *Nettolohnvereinbarung* Rz 4, 10 ff; s für die SozV unten Rz 38) gesehen werden kann (BFH 21.2.92, BStBl II 92, 443). Der Zufluss des geldwerten Vorteils kommt erst dann in Betracht, wenn bei der Steuernachholung durch das FA der ArbGeb auf die Rückforderung der LSt von dem Schwarzarbeiter verzichtet oder er die LSt aus tatsächlichen Gründen nicht mehr beim ArbN geltend machen kann (zB Unkenntnis von Namen und Adresse). Da die Beteiligten vorher gerade davon ausgehen, dass keine Abgaben geleistet werden, kann der geldwerte Vorteil dem ArbN erst dann zufließen, wenn die Abgaben nachgeholt werden, aber den ArbN nicht belasten (s BFH 13.9.07 – VI R 54/03, BStBl II 08, 58; s hierzu auch *Schmidt/Krüger* § 39b Rz 13). Zur Anwendung des Bruttosteuersatzes s *Lohnsteuerhaftung* Rz 69, 70.

Entgegen der bisherigen Rechtslage hat der Gesetzgeber mit dem Gesetz zur Intensivierung der Bekämpfung der Schwarzarbeit vom 23.7.04 (BGBl I 04, 1842) in § 50e Abs 2 EStG bestimmt, dass bei geringfügigen Beschäftigungen in **Privathaushalten** eine steuerstrafrechtliche Verfolgung nicht erfolgt, wenn der ArbGeb die LStAnmeldung und die Anmeldung der einheitlichen Pauschsteuer (§ 40a Abs 2 EStG; s *Geringfügige Beschäftigung* Rz 21) nicht oder nicht rechtzeitig durchführt. Dies gilt auch für die betreffenden ArbN. Allerdings kommt eine Ahndung als Ordnungswidrigkeit gem § 378 AO in Betracht.

Auch wenn der ArbGeb die ArbNAnteile zur SozV nach Ablauf der nächsten drei Lohn- **8** zahlungen nicht mehr nachholen darf (Beitragslastverschiebung) – dies wird regelmäßig der Fall sein –, liegt kein geldwerter Vorteil (Arbeitslohn) für den ArbN vor. Die entgegenstehende Auffassung (BFH 29.10.93, BStBl II 94, 197) hat der BFH wieder aufgegeben (BFH 13.9.07 – VI R 54/03, BStBl II 08, 58). Näheres hierzu s *Sozialversicherungsbeiträge* Rz 19.

Nach dem Gesetz zur Eindämmung der illegalen Betätigung im **Baugewerbe** wurde ab **9** 2002 zur Sicherung des Steueraufkommens ein **Steuerabzugsverfahren** eingeführt (§§ 48–48d EStG). Der vom bauauftraggebenden Unternehmer an das FA abzuführende Steuerabzug iHv 15 % der vereinbarten Gegenleistung dient ua auch der Sicherung der LStAnsprüche. Der Auftraggeber kann dann nicht mehr als Entleiher für die LSt der eingesetzten ArbN in Haftung genommen werden (§ 42d Abs 8 EStG, s auch *Arbeitnehmerüberlassung* Rz 37). Unter bestimmten Voraussetzungen kann der Auftraggeber eine **Freistellungsbescheinigung** erhalten (§ 48b EStG). Näheres hierzu s BMF 27.12.02 – IV A 5 – S 2272 – 1/02, BStBl I 02, 1399; BMF 20.9.04 – S 2272b – 11/04, BStBl I 04, 862. Auch hat das BMF ein umfangreiches Merkblatt herausgegeben, das in der Anlage auch die betroffenen Branchen aufführt. Das Merkblatt steht bei den FA und auch als Download-Angebot im Internet (www.bundesfinanzministerium.de/ > Wirtschaft und Verwaltung > Steuern > Veröffentlichungen zu den Steuerarten > Einkommensteuer > 31.12.05) in verschiedenen Sprachen zur Verfügung.

377 Schwarzarbeit

C. Sozialversicherungsrecht

Schlegel

Übersicht

	Rz		Rz
I. Allgemeines zum Schwarzarbeitsbekämpfungsgesetz	10	IV. Schwarzarbeit von Leistungsempfängern durch Verstoß gegen Mitteilungspflichten gegenüber Sozialleistungsträgern – § 1 Abs 2 Nr 2 SchwarzArbG	29–33
II. Legaldefinition der Schwarzarbeit	11, 12	1. Mitteilungspflichten	29, 30
III. Schwarzarbeit durch Verstoß gegen sozialversicherungsrechtliche Melde-, Beitrags- oder Aufzeichnungspflichten	13–28	2. Sanktionen	31–33
1. Tatbestand des § 1 Abs 2 Nr 1 SchwarzArbG	13–17	V. Zuständigkeit der Zollverwaltung	34
2. Strafrechtliche Sanktionen des § 266a Abs 2 StGB nF	18–22	VI. Aufwendungsersatz für Arbeitsunfälle bei Schwarzarbeit	35–38
3. Ordnungswidrigkeiten	23	VII. Beitragsrecht	39, 40
4. Nachbarschaftshilfe, familiäre Mithilfe, Gefälligkeiten – keine Schwarzarbeit	24–28	1. Fiktive Nettolohnvereinbarung bei Schwarzgeldabrede	39
		2. Verjährung der Beiträge	40

10 I. Allgemeines zum Schwarzarbeitsbekämpfungsgesetz. Das **Gesetz zur Intensivierung der Bekämpfung der Schwarzarbeit und damit zusammenhängender Steuerhinterziehung** vom 23.7.04 (BGBl I 04, 1842; SchwarzArbG) soll ein neues Unrechtsbewusstsein gegenüber Schwarzarbeit schaffen und durch die Bündelung von Prüfungs- und Ermittlungsrechten bei der Zollverwaltung leistungsfähige Strukturen zur Bekämpfung der gewerblichen Schwarzarbeit bilden. Die vielfältigen Formen von Schwarzarbeit werden gesetzlich definiert sowie die in verschiedenen Gesetzen enthaltenen Regelungen zur Schwarzarbeitsbekämpfung weitgehend in einem „Stammgesetz" – dem Schwarzarbeitsbekämpfungsgesetz – zusammengefasst (vgl BT-Drs 15/2948 S 1, gleichlautend BT-Drs 15/2573). Die Zuständigkeit zur Verfolgung und Bekämpfung von Schwarzarbeit wird bei den Zollbehörden konzentriert und im SchwarzArbG geregelt. Die Zollbehörden prüfen ua, ob Vorenthalten von ArbGebBeiträgen (Beitragshinterziehung, § 266a Abs 2 StGB nF) vorliegt.

11 II. Legaldefinition der Schwarzarbeit. § 1 Abs 2 SchwarzArbG definiert Schwarzarbeit, ohne selbst Rechtsfolgen anzuordnen. Danach leistet Schwarzarbeit, wer Dienst- oder Werkleistungen erbringt oder ausführen lässt und dabei
1. als ArbGeb, Unternehmer oder versicherungspflichtiger Selbstständiger seine sich aufgrund der Dienst- oder Werkleistungen ergebenden sozialversicherungsrechtlichen Melde-, Beitrags- oder Aufzeichnungspflichten nicht erfüllt,
2. als Steuerpflichtiger seine sich aufgrund der Dienst- oder Werkleistungen ergebenden steuerlichen Pflichten nicht erfüllt,
3. als Empfänger von Sozialleistungen seine sich aufgrund der Dienst- oder Werkleistungen ergebenden Mitteilungspflichten gegenüber dem Sozialleistungsträger nicht erfüllt,
4. als Erbringer von Dienst- oder Werkleistungen seiner sich daraus ergebenden Verpflichtung zur Anzeige von Beginn des selbstständigen Betriebes eines stehenden Gewerbes (§ 14 GewO) nicht nachkommt oder die erforderliche Reisegewerbekarte (§ 55 GewO) nicht erworben hat,
5. als Erbringer von Dienst- oder Werkleistungen ein zulassungspflichtiges Handwerk als stehendes Gewerbe betreibt, ohne in der Handwerksrolle eingetragen zu sein (§ 1 HandwO).

12 Gem § 1 Abs 3 SchwarzArbG findet Abs 2 keine Anwendung für nicht nachhaltig auf Gewinn gerichtete Dienst- oder Werkleistungen, die von Angehörigen, aus Gefälligkeit, im Wege der Nachbarschaftshilfe oder im Wege der Selbsthilfe bei staatlich gefördertem sozialem Wohnungsbau iSd § 26 des II. Wohnungsbaugesetzes bzw § 12 WohnraumförderungsG erbracht werden. Als nicht nachhaltig auf Gewinn gerichtet gilt dabei „eine Tätigkeit, die gegen geringes Entgelt" erbracht wird. – Aus sozialrechtlicher Sicht ist bzgl der Tatbestände des § 1 Abs 2 SchwarzArbG nachfolgend nur auf die Nr 1 (dazu III) und die Nr 2 (dazu IV) näher einzugehen.

III. Schwarzarbeit durch Verstoß gegen sozialversicherungsrechtliche Melde-, Beitrags- oder Aufzeichnungspflichten. 1. Tatbestand des § 1 Abs 2 Nr 1 SchwarzArbG. Die Behörden des Zolls prüfen, ob die sich aus einem Dienst- oder Werkvertrag ergebenden Pflichten nach § 28a SGB IV erfüllt sind. Sozialversicherungsrechtliche Melde-, Beitrags- oder Aufzeichnungspflichten richten sich in erster Linie an die ArbGeb abhängig Beschäftigter. Hinsichtlich der **Meldepflichten von Arbeitgebern** wird in der KV, PflegeV, RV und ArblV im Wesentlichen auf die Vorschriften des SGB IV Bezug genommen (vgl § 198 SGB V; § 50 Abs 1 Satz 2 SGBG XI; § 190 SGB VI). Nach § 28a SGB IV hat der ArbGeb der Einzugsstelle jeden in der KV, PflegeV, RV und ArblV kraft Gesetzes Versicherten zu melden. Meldeanlässe sind neben Beginn und Ende der Beschäftigung praktisch jede für die SozV beachtliche Änderung im Beschäftigungsverhältnis. Nach § 28a Abs 9 SGB IV erstreckt sich die Meldung auch auf versicherungsfrei geringfügig Beschäftigte; insoweit entfällt lediglich die sog Jahresmeldung nach § 28a Abs 2 SGB IV. Adressat der Meldung sind die Einzugsstellen, also die jeweilige Krankenkasse des Beschäftigten bzw bei geringfügig Beschäftigten die Deutsche Rentenversicherung Knappschaft-Bahn-See (vgl § 28i SGB IV, Einzelheiten vgl *Meldepflichten Arbeitgeber* Rz 3 ff). In einigen Wirtschaftsbranchen besteht eine Sofortmeldepflicht. Diese muss elektronisch spätestens bei Beschäftigungsaufnahme gegenüber der Deutschen Rentenversicherung Bund erfolgen. Sie geht in die Betriebsprüfungsdatei und wird wieder gelöscht, sobald die normale Anmeldung erfolgt. Zugriff auf diese Meldungen haben sowohl die Kontrolleure der Schwarzarbeitsbekämpfung wie auch die Berufsgenossenschaften in Fällen von vermuteter illegaler Beschäftigung. Die **Sofortmeldung** (§ 28a Abs 4 SGB IV) gilt für folgende **Branchen:** Baugewerbe, Gaststätten- und Beherbergungsgewerbe, Personenbeförderungsgewerbe, Speditions-, Transport- und damit verbundene Logistikgewerbe, Schaustellergewerbe, Unternehmen der Forstwirtschaft, Gebäudereinigungsgewerbe, Unternehmen, die sich am Auf- und Abbau von Messen und Ausstellungen beteiligen, Fleischwirtschaft. In den genannten Branchen gilt für die ArbN bei der Erbringung von Dienst- und Werkleistungen eine **Mitführungspflicht bzgl ihres Personalausweises,** Passes und Passersatzes; diese Ausweise sind den Behörden der Zollverwaltung auf Verlangen vorzulegen (vgl § 2a SchwarzArbG).

Die **Beitragspflicht** des ArbGeb umfasst die Pflicht zur Tragung des ArbGebAnteils und die Beitragszahlungspflicht. ArbGeb sind verpflichtet, die Beiträge ihrer Beschäftigten KV, RV, PflegeV und ArblV eigenständig zu berechnen und diese insgesamt (ArbGeb- und ArbNAnteil) als GesamtSozVBeitrag an die zuständige Einzugsstelle zu zahlen (vgl § 28d Abs 1, § 28e Abs 1 SGB IV, § 348 SGB III, § 253 SGB V, § 174 SGB VI). Sie haben nach § 28 f Abs 3 SGB IV mit jeder Beitragszahlungen einen **Beitragsnachweis** einzureichen und für jeden Beschäftigten Lohnunterlagen zu führen, in denen die versicherungs- und beitragsrelevanten Umstände und Daten dokumentiert werden; für das Baugewerbe gelten insoweit „verschärfte" **Aufzeichnungs- und Dokumentationspflichten** (vgl § 28 f Abs 1a und 2 SGB IV; zum Ganzen vgl *Lohnkonto* Rz 13 ff; *Lohnlisten* Rz 20 ff; *Sozialversicherungsbeiträge* Rz 24 ff).

Besonderheiten bestehen für die in Privathaushaushalten Beschäftigten, deren Arbeitsentgelt (§ 14 Abs 3 SGB IV) regelmäßig im Monat 450 € nicht übersteigt; für sie gilt in Form des sog **Haushaltsschecks** ein besonderes, vereinfachtes Meldeverfahren (vgl § 28a Abs 7 und 8 SGB IV, dazu *Hauswirtschaftliches Beschäftigungsverhältnis* Rz 32 f).

In der **Unfallversicherung** gilt Folgendes: Die Beiträge zur UV, die von den ArbGeb allein getragen werden, sind nicht Bestandteil des GesamtSozVBeitrags. Jedoch treffen den ArbGeb/Unternehmer auch insoweit die Pflicht, dem Träger der UV zur Berechung der Umlage Lohnnachweise vorzulegen, Aufzeichnungen zu führen (§ 165 SGB VII) und dem zuständigen UVTräger die Zahl der Versicherten mitzuteilen (§ 192 SGB VII). Allerdings wird diese Meldpflicht in § 1 SchwarzArbG nicht genannt.

Nach § 190a SGB VI bestehen Meldpflichten für die nach § 2 Abs 1 Nr 1–3 und 9 SGB VI versicherungspflichtigen Selbstständigen, dh für selbständige Lehrer und Erzieher, selbstständige Pflegepersonen, Hebammen und Entbindungspfleger sowie Selbständige, die auf Dauer und im Wesentlichen nur für einen Auftraggeber tätig sind und selbst keine ArbN beschäftigten. Diese Personengruppen haben dem Träger der RV die Aufnahme ihrer Tätigkeit innerhalb von drei Monaten anzuzeigen. Auch diese Meldpflicht wird in § 1 SchwarzArbG nicht genannt.

377 Schwarzarbeit

17 § 1 Abs 2 SchwarzArbG selbst knüpft an das Vorliegen von Schwarzarbeit keine **Rechtsfolgen**. Die Vorschrift hat in erster Linie die Funktion, durch Beschreibung einschlägiger Tatbestände ein „**neues Unrechtsbewusstsein gegenüber der Schwarzarbeit zu schaffen**" (so BT-Drs 15/2573 S 1). Konkrete Rechtsfolgen ergeben sich aus § 14 Abs 2 Satz 2 SGB IV, der bestimmt, dass bei illegaler Beschäftigung ein Nettoarbeitsentgelt als vereinbart gilt, wenn Steuern und Beiträge nicht bezahlt worden sind. Dh zur Berechnung der auch bei Schwarzarbeit zu entrichtenden Beiträge ist das (fiktive) Nettoarbeitsentgelt im Abtastverfahren in ein entsprechendes Bruttoarbeitsentgelt hochzurechnen (vgl dazu § 14 Abs 2 Satz 2 SGB IV; *Nettolohnvereinbarung* Rz 22 ff). Weitere Sanktionen bei Schwarzarbeit ergeben sich bei Hinzutreten weiterer Umstände (zB Vorenthaltung; Vorsatz, Fahrlässigkeit) aus Straftatbeständen (dazu 2.) und Ordnungswidrigkeitsvorschriften (dazu 3.).

18 2. **Strafrechtliche Sanktionen des § 266a Abs 2 StGB nF.** Während der vorsätzliche Verstoß gegen Beitragszahlungspflichten nach Maßgabe des § 266a StGB unter Strafe steht, sieht der Gesetzgeber bei bloßen vorsätzlichen, jedoch auch fahrlässigen Verstößen gegen Melde-, Aufzeichnungs- und Aufbewahrungspflichten nur Ordnungswidrigkeitstatbestände vor.

19 Die Beitragshinterziehung nach § 266a Abs 1 StGB weist im Hinblick auf den ArbNAnteil „untreueähnliche Elemente" auf. Die Politik hatte es zuletzt im Jahre 2002 abgelehnt, den Straftatbestandes auf **Arbeitgeberanteile** zu erstrecken, weil dies auf die „Strafbarkeit der Nichtzahlung einer eigenen Schuld" hinauslaufen würde (vgl BT-Drs 14/8221 S 18). Die Nichtabführung von Beiträgen des ArbGeb war daher nur in Fällen betrügerischen Handelns nach § 263 StGB strafbar. Der BGH (wistra 1992, 141) hat dabei die Strafbarkeit wegen Betruges in Fällen verneint, in denen der Angeklagte es gänzlich unterlassen hatte, die bei ihm beschäftigten ArbN anzumelden. Hieraus könne – so der BGH – noch nicht entnommen werden, dass durch das pflichtwidrige Unterlassen bei der Einzugstelle ein Irrtum erregt worden sei, denn wenn dieser eine Firma nicht bekannt sei, könne das Unterlassen der monatlichen Beitragsanmeldung bei der Einzugsstelle auch keine Fehlvorstellungen hervorrufen.

20 Der Gesetzgeber hat mit Gesetz vom 23.7.04 § 266a Abs 2 StGB die Tatbestandsmäßigkeit auch auf die „vom ArbGeb zu tragenden Beiträge zur SozV einschließlich der Arbeitsförderung" erstreckt und die genannte **Strafbarkeitslücke** geschlossen (vgl BT-Drs 15/2573 S 28 zu Art 2 zur Neufassung der Abs 2 und 3 des § 266a StGB).

21 Bei **§ 266a Abs 2 StGB** kommt es nicht darauf an, dass bei der Einzugsstelle oder einem sonstigen Träger der SozV ein Irrtum entsteht, der zu Vermögensdisposition wegen Nichtgeltendmachen einer Forderung führt. Mit § 266a Abs 2 StGB nF werden mE nicht nur die in der Gesetzesbegründung genannten Fälle erfasst, in denen der ArbGeb die Beiträge allein zu tragen hat (zB Beiträge der UV nach § 150 SGB VII oder Pauschalbeiträge nach § 249b SGB V, § 172 Abs 3 SGB VI). „Vom ArbGeb zu tragende Beiträge zur SozV einschließlich der Arbeitsförderung" liegen auch vor, soweit es um die ArbGebAnteile im „Normalarbeitsverhältnis" geht. Sachliche Gründe dafür, diese strafrechtlich anders zu behandeln als Beiträge, die der ArbGeb allein zu tragen hat, sind nicht ersichtlich und werden auch in der Gesetzesbegründung nicht genannt.

22 Von der Strafbarkeit nach § 266a StGB ausgenommen sind lediglich Fälle, in denen sich der Verstoß gegen Melde-, Beitrags- oder Aufzeichnungspflichten auf **geringfügig Beschäftigte in Privathaushalten** iSv § 8a SGB IV bezieht (vgl § 111 Abs 1 Satz 2 SGB IV, § 209 Abs 1 Satz 2 SGB VII). Zu dieser Ausnahme heißt es in der Gesetzesbegründung, angesichts des regelmäßig geringen Unrechts- und Schuldgehalts werde das Vorenthalten der niedrig angesetzten Beiträge von ArbGeb nicht in die Strafbarkeit einbezogen. Ausreichend sei eine Ahndung als Ordnungswidrigkeit (BT-Drs 15/2573 S 28 zu Art 2).

23 3. **Ordnungswidrigkeiten.** Wer seinen sozialversicherungsrechtlichen Melde-, Beitrags- oder Aufzeichnungspflichten nach § 28a SGB IV nicht nachkommt, erfüllt den objektiven Tatbestand der Schwarzarbeit iSv § 1 Abs 2 Nr 1 SchwarzArbG. Kommt der betreffende ArbGeb seinen Pflichten zur Einreichung von Lohnachweisen und seinen Aufzeichnungspflichten in der UV (§ 165 SGB VII) sowie seiner Meldpflicht bzgl der Zahl der Versicherten (§ 192 SGB VII) nicht ordnungsgemäß nach und sind ihm insoweit Vorsatz oder Fahrlässigkeit nachzuweisen, liegt eine Ordnungswidrigkeit vor (vgl § 209 SGV VII). Wer als in der

Schwarzarbeit 377

RV versicherungspflichtiger Selbstständiger seine Meldepflicht nach § 190a SGB VI nicht, nicht richtig oder nicht rechtzeitig erstattet, handelt bei Vorsatz und Leichtfertigkeit ebenfalls ordnungswidrig (§ 320 Abs 1 Nr 1 SGB VI). Gleiches gilt, wer entgegen § 28a Abs 1–3 und 9, § 28a Abs 7 seine Meldungen nicht, nicht richtig, nicht vollständig oder nicht rechtzeitig erstattet oder seine Lohnunterlagen entgegen § 28 f SGB IV nicht führt oder nicht aufbewahrt (zu Einzelheiten vgl § 111 Abs 1 SGB IV).

4. Nachbarschaftshilfe, familiäre Mithilfe, Gefälligkeiten – keine Schwarzarbeit. 24
Nach § 1 Abs 3 SchwarzArbG findet Abs 2 keine Anwendung, dh es liegt keine Schwarzarbeit vor, wenn es sich um „nicht nachhaltig auf Gewinn gerichtete Dienst- oder Werkleistungen" handelt, die 1. von Angehörigen iSd § 15 AO oder 2. aus Gefälligkeit, oder 3. im Wege der Nachbarschaftshilfe oder 4. im Wege der Selbsthilfe iSd § 36 Abs 2 und 4 des II. Wohnungsbaugesetzes oder als Selbsthilfe iSd § 12 Abs 1 Satz 2 des Wohnraumförderungsgesetzes erbracht werden. Als nicht nachhaltig auf Gewinn gerichtet gilt nach § 1 Abs 3 Satz 2 SchwarzArbG „insbesondere eine Tätigkeit, die gegen geringes Entgelt erbracht wird." Klar definiert sind die Begriffe **Angehörige iSd § 15 AO** sowie die Dienst- und Werkleistungen im Rahmen des öffentlich geförderten sozialen Wohnungsbaus.

Dunkel bleiben jedoch die Begriffe „Nachbarschaftshilfe", „Gefälligkeiten", „nicht nachhaltig auf Gewinn gerichtet" und „geringes Entgelt". Nach der Gesetzesbegründung soll **Nachbarschaftshilfe** vorliegen, wenn die Hilfeleistung von Personen erbracht wird, die zueinander in persönlicher Beziehung stehen und in gewisser räumlicher Nähe wohnen. 25

Gefälligkeiten sollen vorliegen, wenn Dienst- oder Werkleistungen aufgrund persönlichen Entgegenkommens im Rahmen gesellschaftlicher Gepflogenheiten oder in Notfällen erbracht werden (BT-Drs 15/2573 S 19 zu 1 Abs 3). Die Auslegung dieser Begriffe hängt maßgeblich davon ab, welche Folgen es hat, wenn der Tatbestand des § 1 Abs 3 SchwarzArbG erfüllt ist, insbesondere ob in allen Fällen einer Entgeltgeringfügigkeit der Tatbestand der Schwarzarbeit von vornherein ausscheidet. 26

ME enthält Abs 3 des § 1 SchwarzArbG keine echten, konstitutiven Ausnahmen zu dessen Abs 2 Nr 1, in allen Fällen, in denen Nachbarschaftshilfe oder Gefälligkeiten etc „gegen geringes Entgelts" verrichtet werden. An die Beschreibung von Schwarzarbeit in Abs 2 Nr 1 selbst werden keine Rechtsfolgen geknüpft. Diese sind vielmehr in Ordnungswidrigkeitstatbeständen bzw bei Hinzutreten einer Beitragsvorenthaltung in § 266a StGB geregelt. Systematische Gesichtspunkte legen es nahe, dass in § 1 Abs 3 SchwarzArbG mit deklaratorischer Wirkung diejenigen Fälle aufgeführt werden, in denen mangels Versicherungspflicht auch keine Melde-, Beitrags- und Nachweispflichten bestehen. Denn soweit die betreffende Tätigkeit schon nicht als abhängige Beschäftigung anzusehen ist, scheiden Melde-, Beitrags- und Nachweispflichten und damit bei Verstoß hiergegen auch Schwarzarbeit iSd § 1 Abs 2 Nr 2 SchwarzArbG aus. Insoweit hat die Vorschrift klarstellende Funktion. 27

Im Übrigen jedoch treffen den ArbGeb Melde-, Beitrags- und Aufzeichnungspflichten nicht erst dann, wenn das Arbeitsentgelt regelmäßig monatlich 450 € übersteigt, damit die **Geringfügigkeitsgrenzen des § 8 Abs 1 Nr 1 SGB IV** überschritten wird und Versicherungsfreiheit ausscheidet. Melde-, Beitrags- und Aufzeichnungspflichten bestehen auch bei geringfügiger Beschäftigung iSv §§ 8, 8a SGB IV. Insoweit sind die Beschäftigten zwar idR versicherungsfrei und der ArbGeb hat lediglich Pauschalbeiträge zur KV und RV zu zahlen (§ 249b SGB V, § 172 Abs 3 SGB VI). Jedoch liegen auch insoweit „echte" Beitrags- und Meldepflichten vor (vgl §§ 28a Abs 7 und 8 SGB IV). Dem Gesetz kann nicht entnommen werden, dass der Verstoß gegen diese Pflichten den Tatbestand der Schwarzarbeit nicht erfüllen sollte und insoweit zB eine Ordnungswidrigkeit ausscheidet. Lediglich bei geringfügiger Beschäftigung in **Privathaushalten** iSv § 8a SGB IV sah der Gesetzgeber kein Strafbedürfnis. In der Gesetzesbegründung wird jedoch ausdrücklich erwähnt, die Ordnungswidrigkeitentatbestände seien insoweit ausreichend (vgl § 111 Abs 1 Satz 2 SGB IV, § 209 Abs 1 Satz 2 SGB VII; BT-Drs 15/2573 S 28 zu Art 2). Dies wäre kaum verständlich, wenn in allen Fällen eines geringen Entgelts iSv §§ 8, 8a SGB IV der Tatbestand der Schwarzarbeit nicht mehr erfüllt wäre. 28

IV. Schwarzarbeit von Leistungsempfängern durch Verstoß gegen Mitteilungspflichten gegenüber Sozialleistungsträgern – § 1 Abs 2 Nr 2 SchwarzArbG. 1. Mitteilungspflichten. Nach § 1 Abs 2 Nr 2 SchwarzArbG leistet Schwarzarbeit auch, wer 29

Schlegel

377 Schwarzarbeit

Dienst- oder Werkleistungen erbringt und dabei als Empfänger von Sozialleistungen seinen sich aufgrund der Dienst- und Werkleistungen ergebenden Mitteilungspflichten gegenüber dem Sozialleistungsträger nicht nachkommt. Derartige Mitteilungspflichten ergeben sich insbesondere aus § 60 SGB I. Danach hat, wer Sozialleistungen beantragt oder erhält, 1. alle Tatsachen anzugeben, die für die Leistung erheblich sind, 2. Änderungen in den Verhältnissen, die für die Leistung erheblich sind oder über die im Zusammenhang mit der Leistung Erklärungen abgegeben worden sind, unverzüglich mitzuteilen und 3. Beweismittel zu bezeichnen und auf Verlangen des zuständigen Leistungsträgers Beweisurkunden vorzulegen oder ihr Vorlage zuzustimmen.

30   Zu den mitteilungsbedürftigen Tatsachen gehört für Bezieher von Lohnersatzleistungen insbesondere das Arbeitsentgelt aus einer (Neben-)Beschäftigung, da dies regelmäßig zum Ausschluss, Ruhen oder zumindest zur Minderung der beantragten oder bezogenen Sozialleistung führt (vgl dazu die Übersicht bei *Anrechnung anderweitigen Einkommens* Rz 5 ff). Da **Arbeitslose/Arbeitslosengeld-Empfänger** der BA jede Aufnahme einer Beschäftigung melden müssen, die Aufnahme von Schwarzarbeit aber regelmäßig „geheim gehalten" und der BA nicht angezeigt wird, tritt bei Schwarzarbeitern regelmäßig ein **Erlöschen der Arbeitslosmeldung** und damit ein **Verlust des Anspruchs auf Arbeitslosengeld** ein. Dabei spielt es keine Rolle, ob der Arbeitslose Schwarzarbeit in mehr als geringfügigem (vgl § 8 SGB IV, *Geringfügige Beschäftigung*), zur Versicherungs- und Beitragspflicht führenden Umfang ausübt. Die persönliche Meldung der Arbeitslosigkeit soll nämlich nicht fortwirken, wenn der Arbeitslose seinen Anzeigepflichten nicht oder nicht rechtzeitig nachkommt (BSG 13.7.06 – B 7a AL 16/05 R).

31   **2. Sanktionen.** Neben den materiell-rechtlichen Folgen, die bei einem Verstoß gegen Mitteilungspflichten regelmäßig eintreten (Aufhebung der Leistungsbewilligung und Rückforderung der Leistung, je nach den Umständen des Einzelfalles) sieht das SchwarzArbG selbst Sanktionen vor. Die bloße Verletzung der Mitteilungspflichten aus § 60 Abs 1 Nr 1 und 2 SGB I stellt eine **Ordnungswidrigkeit** dar, die mit einem Bußgeld geahndet werden kann (§ 8 Abs 1 Buchst a und b SchwarzArbG; § 404 Abs 2 Nr 26 SGB III). Eine Ordnungswidrigkeit liegt nicht vor, wenn es sich um nicht nachhaltig auf Gewinn gerichtete Dienst- oder Werkleistungen handelt, die von Angehörigen iSv § 15 AO, aus Gefälligkeit, im Wege der Nachbarschaftshilfe oder im Wege der Selbsthilfe iSd § 36 Abs 2 des II. Wohnungsbau bzw als Selbsthilfe iSd § 12 Wohnraumförderungs geleistet wird (§ 8 Abs 4 SchwarzArbG).

32   Einen **Straftatbestand** erfüllt, wer gegen seine Pflichten aus § 60 Abs 1 Satz 1 Nr 1 oder 2 SGB I verstößt und dadurch bewirkt, dass ihm eine Leistung zu Unrecht gewährt wird (§ 9 SchwarzArbG: Erschleichen von Sozialleistungen im Zusammenhang mit der Erbringung von Dienst- oder Werkleistungen). Bisher war ein entsprechendes Verhalten nur unter den Voraussetzungen des § 263 StGB strafbar, wobei vor allem der Nachweis der Bereicherungsabsicht zu praktischen Schwierigkeiten führte. Nunmehr reicht es für das **Erschleichen von Sozialleistungen** aus, dass im Zusammenhang mit der Erbringung von Dienst- oder Werkleistungen vorsätzlich Leistungen nach dem SGB rechtswidrig bezogen werden (vgl BT-Drs 15/2573 S 25 zu § 9).

33   Zum zusätzlichen zeitlichen **Ausschluss von der Teilnahme an einem Wettbewerb um Bauaufträge** vgl § 21 SchwarzArbG.

34   **V. Zuständigkeit der Zollverwaltung.** Neben der Einhaltung der Meldepflichten nach § 28a SGB IV prüfen die Zollbehörden, ob aufgrund der Dienst- und Werkleistungen Sozialleistungen nach dem SGB III, dem SGB III oder Leistungen nach dem AltersteilzeitG zu Unrecht bezogen werden (§ 2 Abs 1 Nr 2 SchwarzArbG). Dabei werden die Behörden der Zollverwaltung ua durch die SozVTräger unterstützt (§ 2 Abs 2 SchwarzArbG). Einzelheiten zu den Kompetenzen, der Datenschutz etc sind in den §§ 3 ff SchwarzArbG geregelt. Auf deren Wiedergabe wird hier verzichtet. Für das Verwaltungsverfahren der Behörden der Zollverwaltung gelten die **Vorschriften der AO** sinngemäß (§ 22 SchwarzArbG). In öffentlich-rechtlichen Streitigkeiten über Verwaltungshandeln der Zollverwaltung nach dem SchwarzArbG ist der **Finanzrechtsweg** gegeben (§ 23 SchwarzArbG); § 51 Abs 1 Nr 9 SGG wurde aufgehoben.

VI. Aufwendungsersatz für Arbeitsunfälle bei Schwarzarbeit. Im Hinblick auf die 35
allein von den ArbGeb finanzierte UV sind die ArbGeb im Grundsatz von zivilrechtlichen
Schadensersatzansprüchen freigestellt (vgl §§ 104–107 SGB VII). Die „Haftungsersetzung
durch Unfallversicherungsschutz" findet ihre Grenze allerdings bei Vorsatz und grober Fahrlässigkeit. Haben Personen, deren Haftung nach den §§ 104 bis 106 SGB VII begrenzt ist,
den Versicherungsfall vorsätzlich oder grob fahrlässig herbeigeführt, haben sie dem UVTräger
die diesem entstandenen Aufwendungen zu ersetzen (§ 110 Abs 1 SGB VII).

Mit Wirkung vom 1.8.04 ist dem § 110 SGB VI ein Absatz 1a hinzugefügt worden. 36
Danach haben ArbGeb den UVTrägern nunmehr auch die Aufwendungen zu erstatten, die
diesen infolge von Versicherungsfällen bei der Ausführung von Schwarzarbeit entstanden
sind. Die Erstattungspflicht setzt weder eine vorsätzliche noch grob fahrlässige Verursachung
des Versicherungsfalles voraus. Vielmehr tritt die Erstattungspflicht bereits dann ein, wenn
der Unternehmer Schwarzarbeit iSv § 1 SchwarzArbG geleistet und dadurch bewirkt hat,
dass Beiträge zur UV nicht, nicht in der richtige Höhe und nicht rechtzeitig entrichtet
werden. Eine nicht ordnungsgemäße Beitragsentrichtung wird vermutet, wenn der Unternehmer den verunglückten ArbN nicht nach § 28a SGB IV angemeldet hatte. Auf ein
Verschulden soll es dabei nach der Gesetzesbegründung nicht ankommen (vgl BT-Drs 15/
2573 S 32 zu Art 7 Buchst a).

Damit stehen zwar auch „Schwarzarbeiter" unter dem **Schutz der Unfallversiche-** 37
rung und erwerben Ansprüche gegen den zuständigen UVTräger, jedoch kann sich letzterer
in solchen Fällen beim ArbGeb schadlos halten. Wer als ArbGeb seinen Meldepflichten nach
§ 28a SGB IV nicht nachkommt, läuft damit Gefahr, für die Aufwendungen, die aus einem
Arbeitsunfall resultieren, selbst aufkommen zu müssen. Sind für den eingetretenen Schaden
mehrere verantwortlich, kann der UVTräger sowohl den ArbGeb nach § 110 Abs 1a
SGB VII als auch den Drittschädiger nach § 116 SGB X als Gesamtschuldner in Anspruch
nehmen (vgl dazu auch BT-Drs 15/2573 S 32 zu Art 7 Buchst a).

Mit dem 4. SGB IV-ÄndG wurde zur Umsetzung der sog **Sanktionsrichtlinie** 38
(RL 2009/52 EG vom 18.6.2009 über Mindeststandards für Sanktionen und Maßnahmen
gegen Arbeitgeber, die Drittstaatsangehörige ohne rechtmäßigen Aufenthalt beschäftigten,
ABl L 168 vom 30.6.2009, S 24) eine **singuläre Vermutungsregelung** eingeführt. Danach
wird vermutet, dass ein Beschäftigungsverhältnis für den Zeitraum von 3 Monaten bestanden
hat, wenn ein ArbGeb einen Ausländer ohne die nach § 284 Abs 1 SGB III erforderliche
Genehmigung oder ohne die nach § 4 Abs 3 AufenthG erforderliche Berechtigung zur Erwerbstätigkeit beschäftigt (vgl § 7 Abs 4, eingeführt durch Art 1 Nr 2 des 4. SGB IV-ÄndG
vom 22.12.11, BGBl I 11, 3057). In der Gesetzesbegründung wird dazu ausgeführt, die **zu
Gunsten illegal beschäftigter Ausländer wirkende Vermutung dreimonatiger Beschäftigung** führe zu einer erheblichen Erleichterung bei der Berechnung der Nachforderung von Beiträgen und vereinfache damit das Verwaltungsverfahren (vgl BT-Drs 17/6764
S 17 zu Art 1 Nr 2). Der Ausschuss für Arbeit und Soziales hat die Vermutung auf das Vorliegen einer Beschäftigung beschränkt und – anders als noch der Gesetzentwurf der BReg –
die Vermutung nicht auf Beschäftigung „gegen Arbeitsentgelt" erstreckt. Begründet wurde
dies mit (vgl BT-Drs 17/7991, zu Nummer 1 Buchstabe b, S 18). Hierbei handelt es sich
um ein **Redaktionsversehen.** Dies ergibt sich daraus, dass § 98a **Aufenthaltsgesetz** als das
arbeitsrechtliche Pendant zu § 7 Abs 4 SGB IV (BT-Drs 17/7991) im Hinblick auf das zu
zahlende Arbeitsentgelt vorgreiflich ist. Nach § 98a AufenthaltsG wird vermutet, dass der
ArbGeb, der einen Ausländer ohne aufenthaltsrechtliche Legitimation eingesetzt hat, diesen
Ausländer für drei Monate beschäftigt hat (Absatz 1) und dass er ihm dafür die **übliche
Vergütung** (in der Regel die vergleichbare tarifliche Vergütung) zahlen muss (Abs 1 Satz 1,
Abs 2). Die zu zahlende Vergütung umfasst arbeitsrechtlich Steuern und Sozialversicherungsbeiträge (Bruttoentgeltprinzip). Die in § 98a AufenthaltsG geregelten Vermutungen sind
widerlegbar (s § 292 ZPO). Nichts anderes kann für § 7 Abs 4 SGB IV gelten (vgl Begründung BT-Drs 17/6764, zu Artikel 1, zu Nummer 2, S 17).

VII. Beitragsrecht. 1. Fiktive Nettolohnvereinbarung bei Schwarzgeldabrede. 39
Werden vom ArbGeb im Einvernehmen mit dem ArbN weder Steuern noch SozVBeiträge
abgeführt („Schwarzgeldabrede") und dieser Umstand aufgedeckt, hatte der ArbGeb nach
früherer Ansicht des BSG außer dem gezahlten Lohn Beiträge nur auf Steuern (Lohn- und

378 Schwerbehindertenvertretung

Kirchensteuer) zu entrichten, soweit der ArbGeb die Steuern nachträglich endgültig übernommen hatte. Das bei einer echten Nettolohnabrede maßgebliche „Abtastverfahren" war nach der Rspr des BSG nicht anzuwenden, der Barlohn also nicht um Beitragsanteile und die Steuern des ArbN zu erhöhen und zu einem Bruttolohn hochzurechnen (vgl BSG 22.9.88 – 12 RK 36/86, SozR 2100 § 14 Nr 22; zur Kritik hieran vgl Personalbuch 2002, Schwarzarbeit Rz 15 ff). Seit 1.8.02 bestimmt **§ 14 Abs 2 Satz 2 SGB IV,** dass ein Nettoarbeitsentgelt als vereinbart gilt, wenn bei illegalen Beschäftigungsverhältnissen Steuern und Beiträge zur SozV nicht gezahlt worden sind(vgl BT-Drs 14/8221 S 14). § 14 Abs 2 Satz 2 SGB IV ist nicht nur auf die Fälle illegaler Beschäftigung ausländischer ArbN beschränkt, sondernauf **sämtliche Fälle der Schattenwirtschaft** anzuwenden, bei denen trotz Ausübung einer abhängigen Beschäftigung keine oder zu wenig SozVBeiträge gezahlt werden und die objektive Verletzung zentraler ArbGebPflichten mindestens mit bedingtem Vorsatz erfolgt; Die Voraussetzung zumindest bedingten Vorsatzes ist nach Ansicht des BSG erforderlich, um das Abtastverfahren nicht schon dann greifen zu lassen, wen die Vorenthaltung von Beiträgen auf schlichten Berechnungsfehlern und bloßer (einfacher) versicherungs- und beitragsrechtlicher Fehlbeurteilungen erfolgt (BSG 9.11.2011 – B 12 18/09 R).

40 **2. Verjährung der Beiträge.** Ansprüche auf vorsätzlich nicht entrichtete Beiträge verjähren in 30 Jahren nach Ablauf des Kj, in dem die Beiträge fällig geworden sind (§ 25 Abs 1 SGB IV). Dieser Tatbestand liegt bei Schwarzarbeit und illegaler Beschäftigung regelmäßig vor.

Schwerbehindertenvertretung

A. Arbeitsrecht *Kania*

1 **1. Wahl- und Amtszeit.** In Betrieben und Dienststellen, in denen wenigstens fünf schwerbehinderte Menschen nicht nur vorübergehend beschäftigt sind, werden eine Vertrauensperson und wenigstens ein stellvertretendes Mitglied als Schwerbehindertenvertretung gewählt (§ 94 Abs 1 Satz 1 SGB IX). Der Begriff des Betriebes und der Begriff der Dienststelle bestimmen sich grds nach dem BetrVG bzw dem Personalvertretungsrecht. Folge ist, dass auch im **Gemeinschaftsbetrieb** zweier Unternehmen eine einheitliche Schwerbehindertenvertretung zu wählen ist.

2 Die **Amtszeit** der Schwerbehindertenvertretung beträgt vier Jahre. Die regelmäßigen Wahlen finden jeweils in der Zeit vom 1.10. bis 30.11. statt. Die nächste regelmäßige Wahl findet im Jahre 2010 statt. Außerhalb der regelmäßigen Wahl finden Wahlen statt, wenn das Amt der Schwerbehindertenvertretung vorzeitig erlischt und kein Stellvertreter nachrückt, die Wahl mit Erfolg angefochten ist oder eine Schwerbehindertenvertretung noch nicht gewählt ist (§ 94 Abs 5 SGB IX). **Wahlberechtigt** sind alle in dem Betrieb oder der Dienststelle beschäftigen Schwerbehinderten; **wählbar** sind alle in dem Betrieb oder der Dienststelle nicht nur vorübergehend Beschäftigten, die am Wahltage das 18. Lebensjahr vollendet haben und dem Betrieb oder der Dienststelle seit sechs Monaten angehören mit Ausnahme der leitenden Angestellten (§ 94 Abs 2, 3 SGB IX). Die **Vertrauensperson** muss kein Schwerbehinderter sein. Die Wahl der Schwerbehindertenvertretung erfolgt in geheimer und unmittelbarer Wahl nach den Grundsätzen der Mehrheitswahl. Im Übrigen sind die Vorschriften über die Wahlanfechtung, den Wahlschutz und die Wahlkosten bei der Wahl des Betriebs- oder Personalrats entsprechend anzuwenden (§ 94 Abs 6 SGB IX).

3 **2. Aufgaben.** Die Aufgaben der Schwerbehindertenvertretung ergeben sich aus § 95 SGB IX. Danach hat die Schwerbehindertenvertretung die **Eingliederung schwerbehinderter Menschen** in den Betrieb oder die Dienststelle zu fördern, die Interessen der Schwerbehinderten in dem Betrieb oder der Dienststelle zu vertreten und ihnen beratend und helfend zur Seite zu stehen. Insbesondere hat sie über die Einhaltung der zu Gunsten schwerbehinderter Menschen geltenden Normen zu wachen, Maßnahmen, die den Schwerbehinderten dienen, bei den zuständigen Stellen zu beantragen und Anregungen und Beschwerden von Schwerbehinderten aufzugreifen (§ 95 Abs 1 SGB IX). Die Erfüllung der gesetzlichen Pflichten wird der Schwerbehindertenvertretung in erster Linie durch die Einräumung **weitgehender Teilnahmerechte** ermöglicht (§ 95 Abs 4 SGB IX). Dieses Recht auf beratende Teilnahme erstreckt sich auch auf solche Sitzungen, in denen nicht spezifisch Fragen schwerbehinderter ArbN auf der Tagesordnung stehen (LAG Hess 4.12.01, NZA-RR 02, 587, 588). Berechtigt ist die Schwerbehindertenvertretung zur Teilnahme an allen Sitzungen des Betriebs- und Personalrats, an den Sitzungen ihrer Ausschüsse (BAG 21.4.93 – 7 ABR 44/92, NZA 94, 43) sowie an den monatlichen Besprechungen zwischen ArbGeb und BRat.

In allen **Angelegenheiten,** die einen **einzelnen oder die schwerbehinderten Menschen als Gruppe** berühren, ist die Schwerbehindertenvertretung rechtzeitig und umfassend zu unterrichten und vor einer Entscheidung zu hören (§ 95 Abs 2 SGB IX). Die Unterrichtungs- und Anhörungspflicht betrifft etwa Einstellung, Versetzung oder Kündigung sowie alle sonstigen Entscheidungen, die sich auf schwerbehinderte Menschen als solche beziehen oder durch die schwerbehinderte Menschen anders als die sonstigen ArbN berührt werden (LAG München 30.8.89, DB 89, 2236). Bei der Besetzung einer Führungsposition mit einem Nichtbehinderten ist die Schwerbehindertenvertretung nur zu beteiligen, wenn die Aufgabe schwerbehinderungsspezifische Führungsanforderungen stellt (BAG 17.8.10 – 9 ABR 83/09, NZA 10, 1431). Verstößt der ArbGeb gegen die Unterrichtungs- und Anhörungspflicht, so berührt dies nicht die individualrechtliche Zulässigkeit der Maßnahme gegenüber dem schwerbehinderten Menschen (BAG 28.7.83, DB 84, 133; LAG RhPf 18.8.93, NZA 93, 1133). Als Sanktion bestimmt § 95 Abs 2 SGB IX nur, dass die unter Verletzung des Beteiligungsrechtes getroffene Maßnahme **auszusetzen** und die Beteiligung **innerhalb von sieben Tagen** nachzuholen ist. Zudem begeht der ArbGeb gem § 156 Abs 1 Nr 9 SGB IX eine Ordnungswidrigkeit, die mit einer Geldbuße bis 2500 € geahndet werden kann. Gem § 83 SGB IX ist der ArbGeb verpflichtet, mit der Schwerbehindertenvertretung sowie dem BRat eines sog **„verbindliche Integrationsvereinbarung"** abzuschließen. Die Vereinbarung soll Regelungen über die Eingliederung schwerbehinderter Menschen, insbesondere über Personalplanung, Arbeitszeitgestaltung, Arbeitsorganisation und Arbeitszeit, enthalten. Über die Einigungsstelle erzwingbar ist der Abschluss einer Integrationsvereinbarung nicht. **Rechtsstreitigkeiten** über Rechte und Pflichten der Schwerbehindertenvertretung gegenüber dem ArbGeb oder dem BRat sind im Beschlussverfahren geltend zu machen.

3. Persönliche Rechtstellung der Schwerbehindertenvertretung. Die Regelung über die persönlichen Rechte und Pflichten der Vertrauenspersonen der Schwerbehinderten in § 96 SGB IX gleicht die Rechtsstellung der Schwerbehindertenvertretung den Mitgliedern des Betriebs- oder Personalrates an. Die Schwerbehindertenvertretung führt ihr Amt unentgeltlich als **Ehrenamt**. Sie darf in der Ausübung ihres Amtes nicht behindert, wegen ihres Amtes nicht benachteiligt oder begünstigt werden und genießt insbesondere den gleichen **Kündigungs-, Versetzungs- und Abordnungsschutz** wie ein Mitglied des Betriebs- oder Personalrats. Damit gilt § 15 KSchG iVm § 103 BetrVG entsprechend, so dass die Vertrauensperson grds nur aus wichtigem Grund und nur mit Zustimmung des BRat gekündigt werden kann. Hingegen bedarf es einer Zustimmung der Schwerbehindertenvertretung weder nach dem Wortlaut noch nach dem Sinn und Zweck des § 96 SGB IX (BAG 19.7.12 – 2 AZR 989/11, NZA 13, 143). Die Vertrauensperson ist von ihrer beruflichen Tätigkeit ohne Minderung des Arbeitsentgelts oder der Dienstbezüge zu befreien, wenn und soweit es zur Durchführung ihrer Aufgaben erforderlich ist. Eine völlige Freistellung kann auf freiwilliger Basis vereinbart werden, wenn dies wegen der Fülle der zu erledigenden Aufgaben geboten ist (BAG 30.4.87 – 6 AZR 428/84, NZA 88, 172). Gem § 96 Abs 4 Satz 2 SGB IX besteht in Betrieben mit mehr als 200 schwerbehinderten Menschen ein Anspruch auf vollständige Freistellung der Vertrauenspersonen. Ein Anspruch auf Entgeltfortzahlung besteht auch für die Teilnahme an **Schulungs- und Bildungsveranstaltungen,** soweit diese Kenntnisse vermitteln, die für die Arbeit der Schwerbehindertenvertretung erforderlich sind. Für außerhalb der Arbeitszeit durchgeführte Schulungsveranstaltungen besteht nach Auffassung des BAG kein Anspruch auf bezahlten Freizeitausgleich (BAG 14.3.90 – 7 AZR 147/89, NZA 90, 698). Rechtsstreitigkeiten über Kostenerstattungsansprüche sind im arbeitsgerichtlichen Beschlussverfahren zu entscheiden (BAG 30.3.10 – 7 AZB 32/09, NZA 10, 668).

379 Solidaritätszuschlag

6 **4. Gesamt- und Konzernschwerbehindertenvertretung.** Nur wenn für mehrere Betriebe eines ArbGeb ein GBRat errichtet ist, wählen die Schwerbehindertenvertretungen der einzelnen Betriebe auch eine Gesamtschwerbehindertenvertretung. Ist eine Schwerbehindertenvertretung nur in einem der Betriebe gewählt, nimmt diese die Rechte und Pflichten der Gesamtschwerbehindertenvertretung wahr (§ 97 Abs 1 SGB IX). Die Gesamtschwerbehindertenvertretung vertritt die Interessen der schwerbehinderten Menschen in Angelegenheiten, die das Gesamtunternehmen oder mehrere Betriebe des ArbGeb betreffen und von den Schwerbehindertenvertretungen der einzelnen Betriebe nicht geregelt werden können, sowie die Interessen der schwerbehinderten Menschen, die in einem Betrieb tätig sind, für die eine Schwerbehindertenvertretung nicht gewählt ist (§ 97 Abs 6 Satz 1 SGB IX). Soweit für mehrere Unternehmen ein KBRat errichtet ist, wählen die Gesamtschwerbehindertenvertretungen eine Konzernschwerbehindertenvertretung. Hinsichtlich der Zuständigkeit gilt § 97 Abs 6 Satz 1 SGB IX entsprechend.

B. Lohnsteuerrecht *Seidel*

11 Zu lohnsteuerrechtlichen Vergünstigungen bei Vorliegen der Schwerbehinderteneigenschaft s *Behinderte* Rz 70 ff. Hinsichtlich der Sachkosten s *Betriebsratskosten* Rz 26. Zur lohnsteuerlichen Behandlung der Leistungen des ArbGeb an den ArbN in seiner Eigenschaft als Schwerbehindertenvertreter s *Betriebsrat* Rz 61 sowie *Freistellung von der Arbeit* Rz 33. Zum Werbungskostenabzug von Aufwendungen des Schwerbehindertenvertreters zur Wahrnehmung seiner Aufgaben s *Betriebsratsfreistellung* Rz 39.

C. Sozialversicherungsrecht *Schlegel*

16 Die Schwerbehindertenvertretung hat keine sozialversicherungsrechtliche Bedeutung. Zum Nachteilsausgleich für Behinderte s *Behinderte*.

Solidaritätszuschlag

A. Arbeitsrecht *Griese*

1 Die Einführung eines zusätzlichen Steuerbestandteils oder deren Abschaffung tangiert die arbeitsrechtlichen Ansprüche zwischen ArbGeb und ArbN grds nicht. Dies gilt auch für den SolZ. Denn bei den auf die Vergütung entfallenden Steuern handelt es sich um öffentlich-rechtliche Abgaben, die der ArbGeb von der arbeitsrechtlich geschuldeten Vergütung einzubehalten und an das FA abzuführen hat. Soweit der Regelfall (s dazu BAG 21.7.09 – 1 AZR 167/08, NZA 09, 1213) der **Bruttolohnvereinbarung** vorliegt, ist daher der SolZ zusätzlich zu den sonstigen auf die Vergütung entfallenden Steuern von der Vergütung abzuziehen und vermindert den Nettoverdienst des ArbN. Aus der Einführung des SolZ kann der ArbN auch keinen Anspruch auf Erhöhung der Bruttovergütung herleiten.

2 Haben die Parteien hingegen eine **Nettolohnvereinbarung** getroffen, zB **üblicherweise bei geringfügiger Beschäftigung,** muss die Nettovergütung auch nach Einführung oder Änderung des SolZ konstant bleiben. Denn mit dem Abschluss einer Nettolohnvereinbarung garantiert der ArbGeb dem ArbN ein bestimmtes Nettoeinkommen unabhängig von der konkreten steuerlichen Belastung. So wie dem ArbGeb bei der **Nettolohnvereinbarung** eine Steuersenkung zugute kommt und er keine Verpflichtung hat, diese an den ArbN weiterzugeben, so ist er andererseits bei der Nettolohnvereinbarung gehindert, eine Belastung, die durch eine Steuererhöhung eintritt, an den ArbN weiterzugeben. Die Mehrbelastung durch den SolZ hat daher bei der Nettolohnvereinbarung der ArbGeb zu tragen (ArbG Aachen 26.2.92 – 3 Ca 2567/91 – nv). Der ArbGeb muss daher Schwankungen des SolZ tragen.

B. Lohnsteuerrecht *Seidel*

3 **1. Allgemeines.** Der Zuschlag wird seit 1995 – zeitlich unbefristet – iHv 5,5 % der Bemessungsgrundlage als Ergänzungsabgabe erhoben (§§ 1 Abs 1, 4 SolZG). Stpfl sind insbesondere alle natürlichen Personen, die unbeschränkt oder beschränkt einkommenstpfl sind (§ 2 Nr 1 SolZG; s hierzu *Lohnsteuerberechnung* Rz 7, 8, 20). Die Erhebung des SolZ ist verfassungsgemäß (BFH 21.7.11 – II R 52/10, BFH/NV 11, 1616; vgl aber neue Vorlage durch FG Nds 7 K 143/08, becklink 1028230). Vom BMF wurde ein Merkblatt mit Tabellen zum SolZ im LStAbzugsverfahren ab 1995 herausgegeben (BMF 20.9.94, BStBl I 94, 757; s LStR Anhang 27 II). Für die Jahre nach 1995 sind jeweils die neuen Tabellen anzuwenden (BMF 23.11.95, BStBl I 95, 760; BMF 19.11.98 – IV C 5 – S 2450 – 2/98, BStBl I 98, 1467). Ab **2004** erfolgt eine maschinelle Berechnung anhand eines vom BMF zur Verfügung gestellten Programmablaufplans (für 2014 BMF – IV C 5 – S 2361/10/10002; Dok 2013/1110146, Anlage 1, BStBl I 13, 1536); ferner hat das BMF einen Programmablaufplan zur Erstellung von LStTabellen einschließlich der Berechnung des SolZ und der KiSt für die manuelle Berechnung aufgestellt (für 2014 BMF – IV C 5 – S 2361/10/10002; Dok 2013/1110146, Anlage 2, BStBl I 13, 1536).

2. Erhebungsverfahren bei Arbeitsverhältnissen. a) Zuschlagsteuer. Für die Festsetzung und Erhebung des SolZ sind die für die LSt geltenden Vorschriften entsprechend anzuwenden (§ 51a Abs 1 EStG). Im LStAbzugsverfahren ist die Ergänzungsabgabe vom ArbGeb daher wie die LSt einzubehalten, abzuführen und anzumelden (s *Lohnabzugsverfahren* Rz 19 ff; *Lohnsteuerabführung* Rz 2 ff und *Lohnsteueranmeldung* Rz 2 ff). Im *Lohnkonto* Rz 2 ff und in der *Lohnsteuerbescheinigung* Rz 2 ff ist er unter entsprechender Kennzeichnung einzutragen. Der ArbGeb haftet für den SolZ wie für die LSt (s *Lohnsteuerhaftung* Rz 4). Auch bei der LStPauschalierung ist der SolZ zu erheben (s auch unten Rz 5). 4

b) Höhe. Der SolZ beträgt 5,5 % der Bemessungsgrundlage. Zur Ermittlung sind von der Bemessungsgrundlage für die LSt (s *Lohnsteuertabellen* Rz 2 ff) zum Erhalt der LSt als Bemessungsgrundlage für den SolZ noch die Kinderfreibeträge und der Freibetrag für Betreuung und Erziehung oder Ausbildung (§ 32 Abs 6 EStG) abzuziehen (§ 3 Abs 1 Nr 3 SolZG iVm Abs 2a; zur Bemessungsgrundlage bei sonstigen Bezügen s *Sonstige Bezüge* Rz 8), da diese Freibeträge für die Ermittlung der LSt nicht mehr erforderlich sind (vgl *Lohnsteuertabellen* Rz 7). Das Gesetz (§ 3 Abs 4 SolZG) hat eine Nullzone (Freigrenze) vorgesehen. Der ArbGeb hat den SolZ nur einzubehalten und abzuführen, wenn die Bemessungsgrundlage bei monatlicher Lohnzahlung in Steuerklasse III mehr als 163,49 € und in den anderen Steuerklassen mehr als 81,40 € beträgt. Bei wöchentlicher Lohnzahlung liegen die Grenzen bei 38,14 € bzw 18,98 €, bei täglicher Zahlung bei 5,44 € bzw 2,74 €. Ist die vom ArbGeb zu übernehmende pauschale LSt die Bemessungsgrundlage, fehlt eine entsprechende Regelung, so dass hier der SolZ immer anhand der sich ergebenden pauschalen LSt zu ermitteln ist (BFH 1.3.02 – VI R 171/98, BStBl II 02, 440). Bei einer geringfügigen Beschäftigung gem § 40a Abs 2 EStG ist der SolZ mit dem einheitlichen Pauschsteuersatz von 2 % abgegolten (s *Geringfügige Beschäftigung* Rz 21). 5

Auch in den LStJahresausgleich durch den ArbGeb ist der SolZ einzubeziehen (§ 3 Abs 1 Nr 4 SolZG; s auch BMF 23.11.95, BStBl I 95, 760). Bemessungsgrundlage ist dann die JahresLSt, ggf nach Berücksichtigung der Freibeträge nach § 32 Abs 6 EStG (s oben Rz 5). Dabei ist der SolZ nur zu ermitteln, wenn die Bemessungsgrundlage in Steuerklasse III mehr als 1961 € und in den Steuerklassen I, II oder IV mehr als 980 € beträgt (§ 3 Abs 5 SolZG). Im Rahmen der EStVeranlagung (s *Antragsveranlagung* Rz 2 ff) kann sich durch die Regelung des § 4 Satz 2 SolZG eine Abmilderung des SolZ ergeben; denn er wird erst dann voll erhoben, wenn er bei zusammen veranlagten Ehegatten höher ist als 20 % des 1961 € und bei anderen Personen höher als 20 % des 980 € übersteigenden Teils der ESt. 6

3. Rechtsbehelfe. Der ArbGeb kann die Festsetzung des SolZ in der LStAnmeldung sowie im Haftungs- oder Nachforderungsbescheid ebenso wie den bei der EStVeranlagung festgesetzten SolZ mit dem Einspruch anfechten. Die Einsprüche wegen der Frage der Verfassungsmäßigkeit des SolZ wurden mit Allgemeinverfügung vom 22.7.08 als unbegründet zurückgewiesen (BStBl I 08, 747). Das BVerfG hat die Vorlage des FG NdS v 25.11.09 im Verfahren 7 K 143/08 (DStR 10, 854) mit Beschluss vom 8.9.10 (2 BvL 3/10, DStR 10, 1932) als unzulässig zurückgewiesen. Die Festsetzung erfolgt weiterhin vorläufig (BMF 16.5.11 – IV A 3 – S 0338/07/10010 – Dok 2011/0314156, BStBl I 11, 464). Zur Anfechtung der LStAnmeldung durch den ArbN s *Lohnsteueranmeldung* Rz 15. Wegen der Bindungswirkung der Bemessungsgrundlage kann die Festsetzung des SolZ nicht mit der 7

Begründung angegriffen werden, die Bemessungsgrundlage sei fehlerhaft ermittelt (§ 1 Abs 5 Satz 1 SolZG). In diesen Fällen ist daher die Steuerfestsetzung anzufechten. Wird diese nach oben oder nach unten geändert, ist die Festsetzung des SolZ ebenfalls entsprechend zu ändern (§ 1 Abs 5 Satz 2 SolZG).

C. Sozialversicherungsrecht *Ruppelt*

8 Beitragsrecht. Die EStBerechnung hat auf die abzuführenden SozVBeiträge grds keine Auswirkung. Daher berührt der Zuschlag auf die LSt (SolZ) das sozialversicherungsrechtliche Beitragsverhältnis nicht (vgl *Sozialversicherungsbeiträge* Rz 21 ff).

Sonderausgaben

A. Arbeitsrecht *Griese*

1 S *Aufwendungsersatz, Sozialversicherungsbeiträge, Ausbildungskosten.*

B. Lohnsteuerrecht *Windsheimer*

Übersicht

	Rz		Rz
I. Begriff	2–4	e) Kein Abzug bei Pauschalierung nach § 40b EStG	14
II. Sonderausgaben im Arbeitsverhältnis	5–17	2. Kirchensteuer	15
1. Vorsorgeaufwendungen	5–14	3. Steuerberatungskosten	16
a) Allgemeines	5	4. Berufsausbildungskosten, Schulgeld, Kinderbetreuungskosten	17
b) Neuregelungen	6		
c) Rechtslage ab 2010	7–12	III. Kostenersatz durch den Arbeitgeber	18
d) Rückzahlung von Sonderausgaben	13	IV. Lohnsteuerabzug	19, 20

2 I. Begriff. Sonderausgaben sind die in §§ 10, 10a und 10b EStG enumerativ und abschließend aufgeführten Aufwendungen aus dem **privaten** Lebensbereich des Stpfl, also außerhalb des Einkünftebereichs (§ 10 Abs 1 Einleitungssatz EStG), die im Rahmen der ESt-Veranlagung (§ 46 Abs 2 EStG; s *Antragsveranlagung* Rz 2 ff) bzw beim LStJahresausgleich (s *Lohnsteuerjahresausgleich* Rz 2 ff) in Durchbrechung des Grundsatzes der Nichtabzugsfähigkeit privater Lebenshaltungskosten (§ 12 EStG) vom Gesamtbetrag der Einkünfte (§ 2 Abs 4 EStG) steuermindernd abgezogen werden können. Die Abzugsfähigkeit aus dem Einkünftebereich geht dem Sonderausgabenabzug vor, außer der Gesetzgeber schränkt diesen Grundsatz ein (BFH 1.2.06 – X B 166/05, BStBl II 06, 420). Es gilt grds das **Abflussprinzip** (§ 11 Abs 2 EStG), dh Abzug im Jahr der Zahlung, mit Einschränkung im Bereich der Basiskranken- und gesetzlichen PflegeVbeiträge (s unten Rz 10). Ein sofortiger Abzug vorausbezahlter Beiträge ist nur in Höhe des 2,5-fachen der für diesen Veranlagungszeitraum geschuldeten Beiträge möglich (§ 10 Abs 1 Nr 3 Satz 4 EStG). Abzugsberechtigt ist der Stpfl nur dann, wenn er die begünstigten Aufwendungen nicht nur selbst entrichtet, sondern auch selbst geschuldet hat, dh wenn er tatsächlich und endgültig wirtschaftlich belastet ist. Beiträge zur Basiskranken- und gesetzlicher PflegeV für das unterhaltsberechtigte Kind werden als eigene Beiträge des Stpfl behandelt (§ 10 Abs 1 Nr 3 Satz 2 EStG).

3 Abgekürzter Zahlungsweg durch Zahlung eines Dritten ist steuerlich aber wirksam, sog **Drittaufwand.** Von Drittaufwand wird gesprochen, wenn ein Dritter Kosten trägt, die durch die Einkünfteerzielung des Stpfl veranlasst sind (BFH 26.9.06 – X R 3/05, BFH/NV 07, 323). Der Stpfl kann Aufwendungen selbst dann abziehen, wenn ein Dritter ihm den entsprechenden Betrag zuvor geschenkt hat, oder – statt ihm den Geldbetrag unmittelbar zu geben – in seinem Einvernehmen seine Schuld tilgt (BFH 7.2.08 – VI R 41/05, BFH/NV 08, 1136). Die Aufwendungen sind aber nicht nur im Fall der Abkürzung des Zahlungswegs dem Stpfl zurechenbar, sondern ebenso, wenn der Dritte im eigenen Namen für den Stpfl einen Vertrag abschließt und auf Grund dessen auch selbst die geschuldete Zahlung leistet.

Sonderausgaben 380

Dies gilt jedenfalls dann, wenn Zuwendungsgegenstand entsprechend dem abgekürzten Zahlungsweg ein Geldbetrag ist (BFH 15.1.08 – IX R 45/07, BStBl II 08, 572). Bei Dauerschuldverhältnissen kommt eine Berücksichtigung der Zahlung unter dem Gesichtspunkt der Abkürzung des Vertragswegs nach der Rspr indes nicht in Betracht (vgl zusammenfassend BFH 15.11.05 – IX R 25/03, BStBl II 06, 623; der BFH-Rspr folgend BMF 7.7.08 – IV C 1 – S 2211/07/10007, 2008/0344679, BStBl I 08, 717). Beispiele: der Vater als Versicherungsnehmer zahlt die Haftpflichtversicherung für den Pkw des Sohnes (kritisch *Schmidt/Heinicke* § 10 Rz 23, 24); der Vater zahlt die Miete bei auswärtiger Ausbildung des Kindes (§ 10 Abs 1 Nr 7 Satz 4 EStG; s auch *Arbeitszimmer* Rz 20; *Ausbildungskosten* Rz 29).

Wie Sonderausgaben werden die Abzugsbeträge nach § 10d bis § 10i EStG behandelt **4** (zu § 10f EStG BFH 20.6.07 – X R 13/06, BStBl II 07, 879). Der Verlustvortrag (§ 10d Abs 2 EStG) geht dem Sonderausgabenabzug vor (BFH 9.4.10 – IX B 191/09, BFH/NV 10, 1270). Schließlich mindern die **außergewöhnlichen Belastungen** (§§ 33 bis 33c EStG) als private Lebenshaltungskosten das Einkommen (§ 2 Abs 4 EStG). Mangels tatsächlicher Aufwendungen sieht § 10c EStG einen **Sonderausgabenpauschbetrag** iHv 36 €, bei Verheirateten iHv 72 € für Sonderausgaben nach § 9c, § 10 Abs 1 Nr 1, Nr 1a, Nr 4, 7 und 9, § 10b EStG vor. Zur Vorsorgepauschale bei den Versicherungsbeiträgen s unten Rz 12. Für die übrigen wie Sonderausgaben abzugsfähigen Beträge (§§ 10d–10i EStG) sind mit Ausnahme von § 10i Abs 1 Nr 1 EStG keine Pauschbeträge vorgesehen. **Schuldzinsen**, die im Zusammenhang mit Sonderausgaben gezahlt werden, zB fremdfinanzierte Kirchensteuernachzahlung, sind nicht in jedem Fall als Sonderausgaben abzugsfähig (BFH 14.11.01 – X R 120/98, BStBl II 02, 413 zu § 10 Abs 1 Nr 1a EStG). Die folgende Darstellung beschränkt sich auf Sonderausgaben im Zusammenhang mit einem Arbeitsverhältnis.

II. Sonderausgaben im Arbeitsverhältnis. 1. Vorsorgeaufwendungen. a) All- 5 gemein. Der aufgrund SozVRecht **pflichtversicherte** ArbN hat via ArbGeb Beiträge zur gesetzlichen KV (§§ 226 ff SGB V), zur gesetzlichen PflegeV (§§ 58 ff SGB XI), zur gesetzlichen RV (§§ 157 ff SGB VI) und an die BA (§§ 340 ff SGB III) zu entrichten, sog **Vorsorgeaufwendungen** (§ 10 Abs 2 EStG; s *Sozialversicherungsbeiträge* Rz 14 ff). Der ArbNAnteil ist begrenzt als Sonderausgabe abziehbar (§ 10 Abs 1 Nr 2 Satz 1 EStG), der ArbGebAnteil nicht, soweit dieser steuerfrei ist (§ 10 Abs 2 Satz 1 Nr 1 und Abs 3 Sätze 5, 7 EStG).

b) Neuregelungen. Die Abzugsfähigkeit der Beiträge zur Altersvorsorge wurde auf **6** Grund von BVerfG-Rspr ab 2005 neu geregelt, die der Gesundheitsvorsorge ab 2010. Zur Rechtslage bis 2009 s Personalbuch 2009, Sonderausgaben Rz 6. Zur Vorläufigkeit wegen der nur beschränkten Abzugsfähigkeit der Vorsorgeaufwendungen bis 2009 BMF 16.5.11 – IV A 3 – S 0338/07/10010, BStBl I 11, 464. Weitergeltungsanordnung durch das BVerfG ist nicht verfassungswidrig (BFH 16.11.11 – X R 15/09, DStRE 12, 533).

c) Rechtslage ab 2010. aa) Die Vorsorgeaufwendungen gliedern sich in folgende Bei- **7** träge:
– zur gesetzlichen RV (§ 10 Abs 1 Nr 2a) EStG) s *Rentenversicherungsbeiträge* Rz 2 ff
– zum Aufbau einer eigenen kapitalgedeckten Altersversorgung (§ 10 Abs 1 Nr 2b) EStG) s *Altersrente* Rz 22
– zur gesetzlichen und privaten KV (§ 10 Abs 1 Nr 3a) EStG) s *Krankenversicherungsbeiträge* Rz 3 ff
– zur gesetzlichen und privaten PflegeV (§ 10 Abs 1 Nr 3b) EStG) s *Pflegeversicherungsbeiträge* Rz 7 ff
– zu anderen Versicherungen (§ 10 Abs 1 Nr 3a EStG):
  – Arbeitslosigkeit s *Arbeitslosenversicherungsbeiträge* Rz 2 ff;
  – Unfall s *Unfallversicherung* Rz 9 ff;
  – Erwerbs-/Berufsunfähigkeit s *Erwerbsminderung* Rz 9 ff;
  – Haftpflicht;
  – Lebensversicherung auf den Todesfall (BayLfSt 27.2.09 – S 2221.1.1–12/2 St 32/33, DStR 09, 1262);
  – andere Lebensversicherungen, vor dem 31.12.2004 abgeschlossen.

bb) Einheitliche Voraussetzung für die Abzugsfähigkeit der Beiträge für die bezeichneten Versicherungen ist ua, dass sie

380 Sonderausgaben

– nicht in unmittelbarem wirtschaftlichen Zusammenhang mit steuerfreien Einnahmen stehen (§ 10 Abs 2 Nr 1 EStG); (ein solch schädlicher Zusammenhang liegt bspw vor bei aufgrund von DBA steuerfreien Einkünften wegen Auslandstätigkeit und damit zusammenhängenden Vorsorgeaufwendungen; s hierzu OFD Frankfurt 22.11.06 – S 2221 A – 78 – St 218, IStR 07, 224; BFH 18.4.12 – X R 62/09, DStR 12, 1504; oder bei nach § 3 Nr 62 EStG steuerfreien ArbGebZuschüssen zur privaten Kranken-/Pflegeversicherung; diese Zuschüsse sind nicht aufteilbar, so dass die Abzugsfähigkeit der Beiträge entsprechend den ArGebZuschüssen gekürzt wird; s hierzu FinMin SchlH 31.5.11 – VI 314 – S 2221 – 186, DStR 11, 1712),
– an Versicherungsunternehmen im Inland oder EU-Ausland mit inländischer Geschäftserlaubnis geleistet werden (§ 10 Abs 2 EStG; s die Übersicht zu ausländischen Versicherungen OFD Hannover 19.1.06 – S 2221 – 322 – StO 235/232, BeckVerw 072047). Beiträge zum Erwerb eines Basis-KVSchutzes (s unten Rz 10) sind ab 2013 auch an ein Versicherungsunternehmen oder eine andere Einrichtung außerhalb der EU und des EWR-Raums abzugsfähig (§§ 10 Abs 2 Nr 2 Satz 2, 52 Abs 1 EStG).

8   **cc) Weitere Voraussetzung** für den Abzug der Vorsorgeaufwendungen aus Basisrentenverträgen (s *Altersrente* Rz 22) und Basis-Kranken und PflegeV (§ 10 Abs 1 Satz 1 Nr 3 Buchst a und b EStG) ist die Einwilligung der Stpfl in die **Datenübermittlung** (§ 10 Abs 2 Satz 2 Nr 2 und Satz 3 und Abs 2a EStG; zur elektronischen Datenübermittlung (§ 10 Abs 2a Satz 4 EStG) BMF 18.8.11 – IV C 3 – S 2221/09/10057:003, BStBl I 11, 788. Sind die Versicherungsbeiträge in der elektronischen Lohnsteuerbescheinigung eingetragen, gilt die Einwilligung des Stpfl in die Datenübermittlung durch den Versicherungsträger an das FA als erteilt (§ 10 Abs 2a EStG). Dies gilt ab 2011 auch für Zusatzbeiträge nach § 242 SGB V (§ 10 Abs 2 Satz 3 EStG idF JStG 2010). Im Rahmen der Datenübermittlung kann ein Steuerbescheid geändert werden, soweit bestimmte Daten zu Vorsorgeaufwendungen betr kapitalgedeckte Altersvorsorge und Kranken- und PflegeV übermittelt werden (§ 10 Abs 2a Satz 8 EStG). Die Übermittlung der Daten allein ist Änderungsvoraussetzung. Weitere Voraussetzungen zur Änderung eines Bescheides brauchen nicht vorzuliegen, wobei eine Änderung bei Bagatellbeträgen (§ 156 AO, KleinbetragsVO, § 177 AO) entfällt. Vorsorgeaufwendungen für **Basisrentenverträge** bedürfen zudem der **Zertifizierung** des Anlagenvertrags (§ 10 Abs 2 Satz 2 Nr 1 EStG). Der Vertrag muss nach § 10 Abs 1 Nr 2 Buchst b EStG eine lebenslange Leibrente vorsehen. Die Ansprüche dürfen weder vererblich, übertragbar, beleihbar oder kapitalisierbar sein. Bei Basisrentenverträgen, die nach dem 31.12.2011 abgeschlossen worden sind, dürfen die sich ergebenden Altersleistungen nicht vor Vollendung des 62. Lebensjahres des Anlegers ausgezahlt werden. Ab 2014 besteht die Möglichkeit, sich ausschließlich gegen den Eintritt der Berufsunfähigkeit oder der verminderten Erwerbsfähigkeit abzusichern (§ 10 Abs 1 Nr 2 Buchst b) bb) EStG).

dd) Für **beschränkt Steuerpflichtige** (§ 1 Abs 4 EStG) sind Vorsorgeaufwendungen abziehbar, wenn sie Einkünfte iSv § 49 Abs 1 Nr 4 EStG beziehen (§ 50 Abs 1 Satz 4 EStG; s *Ausländer* Rz 42). Dies gilt nicht für Beiträge nach § 10 Abs 1 Nr 3a EStG (s oben Rz 7). Die abzugsfähigen Gesamtbeiträge (sog Globalbeiträge) an **ausländische** SozVTräger sind länderunterschiedlich nach Versicherungsarten aufzuteilen. Einzelheiten BMF 5.7.11 – IV C 3 – S 2221/09/10013:001, BStBl I 11, 711 = IStR 11, 775; ab 2014 BMF 8.10.13 – IV C 3 – S 2221/09/10013:001, DStR 13, 2277

9   **ee) Höchstbetragsregelungen.** Entsprechend der Zweiteilung der Vorsorgeaufwendungen in Altersvorsorge und Gesundheitsvorsorge (s oben Rz 5) gelten für die Abzugsfähigkeit verschiedene Höchstbeträge. Für die **Altersvorsorge:** Höchstbetrag 20 000/40 000 € alleinstehend/Zusammenveranlagung (§ 10 Abs 3 Sätze 1 und 2 EStG) Der Höchstbetrag vermindert sich bei Personen, die der gesetzlichen RV unterliegen oder die keine eigenen Leistungen zu ihrer Altersversorgung beitragen, um den %-Anteil des jährlichen RV-Beitrags (§ 10 Abs 3 Satz 3 EStG). Der sich hieraus ergebende Betrag war im Jahr 2005 iHv 60% anzusetzen (§ 10 Abs 3 Satz 4 EStG). Dieser Abzugsbetrag vermindert sich um den steuerfreien ArbGebZuschuss zur RV (§ 10 Abs 3 Satz 5 EStG). Zur Frage, ob ein Gesellschafter-Geschäftsführer einer Kapitalgesellschaft hierunter fällt, BFH 19.5.11 – X R 30/10, BeckRS 2011, 96318; BFH 20.3.13 – X R 30/11, BFH/NV 13, 1393; BFH 21.8.13 – X R 41/10, BeckRS 13, 96389.

Ab dem Jahr 2006 erhöht sich der %-Ansatz pro Jahr um je 2%, also im Jahr 2006 auf 62% usw, im Jahr 2013 auf 76% im Jahr 2014 auf 78% usw, bis der 100%-Ansatz im Jahr 2025 erreicht ist (§ 10 Abs 3 Satz 6 EStG). Gegen die beschränkte Abziehbarkeit im Überleitungsstadium – also **kein Werbungskostenabzug** – bestehen keine durchgreifenden verfassungsrechtlichen Bedenken (BFH 18.11.09 – X R 6/08, BStBl II 10, 282; X R 34/07, BStBl II 10, 414; 9.12.09 – X R 28/07, BStBl II 10, 348; *Derlien* BB 10, 552; kritisch hierzu *Stützel* DStR 10, 1545; BVerfG anhängig Az 2 BvR 289/10, 288/10, 323/10; s auch *Förster* DStR 10, 137; vorläufige Veranlagung BMF 16.5.11 – IV A 3 – S 0338/07/10010, BStBl I 11, 464).

Beispiele: A ist alleinstehender ArbN. ArbGeb- und ArbNAnteil zur gesetzlichen RV betragen je 5000 €. Höchstbetrag 20 000 €. Als Sonderausgaben abzugsfähig sind im Jahr 2014 7800 € (78% aus 10 000 €) abzüglich 5000 € ArbGebAnteil = 2800 €.

B ist verheirateter ArbN, seine Ehefrau C ist Beamtin. ArbGeb- und ArbNAnteil des B betragen je 5000 €. Der Bruttolohn von C beträgt 15 385 €. C's Beiträge zu einer privaten RV betragen im Jahr 2010 5000 €. Höchstbetrag: 40 000 € abzüglich 3000 € (= 19,5% RVAnteil aus 15 385 €) = 37 000 €. Gesamtaufwand zur Altersvorsorge für B und C = 15 000 €, hiervon 74% für 2012 = 11 100 € abzüglich 5000 € ArbGebAnteil = als Sonderausgaben abzugsfähig im Jahr 2012 6100 €.

Ob die Höchstbetragsbegrenzung wegen der nachgelagerten Besteuerung der Altersbezüge zu einer Doppelbesteuerung führt, ist nicht beim Sonderausgabenabzug, sondern erst bei der Besteuerung der Altersbezüge zu entscheiden (BFH 9.3.11 – X B 137/10, BFH/NV 11, 979).

Höchstbetrag für die übrigen Versicherungen (§ 10 Abs 4 EStG): Es gibt zwei Höchstbeträge: 1900 € und 2800 €. Der Höchstbetrag iHv 1900 € gilt für ArbN, für die der ArbGeb steuerfreie Beiträge zur KV leistet (§ 3 Nr 62 EStG), für Kindertagesmütter (§ 3 Nr 9 EStG), für Rentner, die einen Zuschuss für ihre KV erhalten (§ 3 Nr 14 EStG), für beihilfeberechtigte Beamte, Richter, Soldaten und für Gesellschafter-Geschäftsführer einer Kapitalgesellschaft mit Anspruch auf Altersversorgung (hierzu BFH 27.5.09 – X R 50/06, BFH/NV 09, 1635). Für andere StPfl, die für ihre Vorsorge in vollem Umfang selbst aufkommen müssen, also insbes für Selbstständige, gilt der Höchstbetrag iHv 2800 €. Bei den Versicherungsbeiträgen ist zu unterscheiden zwischen Kranken- und PflegeV einerseits und anderen Versicherungen andererseits. Begünstigt sind die Beiträge für die KV iHd sog **Basisversorgung** = Leistungen aus der gesetzlichen KV und PflegeV. Bei Anspruch auf Krankengeld ist der Beitrag um 4% zu kürzen, Beiträge für sog Komfortleistungen sind um 10% zu kürzen. Begünstigt sind zudem die Beiträge zu allen anderen Versicherungen. Übersteigen die Beiträge aller Versicherungen den Höchstbetrag von 1900/2800 €, ist der Höchstbetrag anzusetzen. Bleibt die Summe darunter, ist der tatsächliche Aufwand begünstigt. Übersteigen die Beiträge zur Basis-Kranken- und PflegeV den Höchstbetrag, ist der über dem Höchstbetrag liegende tatsächliche Aufwand abzusetzen. Die übrigen Versicherungen bleiben dann außer Ansatz.

Beispiele: Der ledige ArbN X zahlt folgende Versicherungsbeiträge:

gesetzliche KV (ArbNAnteil)	1800 €
Krankenzusatzversicherung	1200 €
Pflegeversicherung	560 €
Arbeitslosenversicherung	180 €
Haftpflichtversicherung	690 €
Unfallversicherung	300 €
	4730 €

Der Höchstbetrag von 1900 € ist überstiegen. Für die Basisversorgung wurden aufgewendet: 2288 € (1800 ./. 4% für Krankengeld = 1728 + 560). Dazuzurechnen sind 1080 (1200 ./. 10%). Als Sonderausgaben nach § 10 Abs 4 EStG sind somit abzugsfähig 3368 € (2288 + 1080).

Bei Zusammenveranlagung von Ehegatten ist der Höchstbetrag für jeden Ehegatten nach dessen persönlichen Verhältnissen zu bestimmen. Die Summe für die beiden Ehegatten ergibt den zu gewährenden Höchstbetrag. Für Angehörige von Beihilfeberechtigten (Ehegatten, Kinder) die über den Beihilfeanspruch des Beihilfeberechtigten abgesichert sind, gilt der ermäßigte Höchstbetrag von 1900 € (BFH 23.1.13 – X R 43/09, BStBl II 13, 608).

Soweit Höchstbetragsberechnungen von KVBeiträgen auf Grund fehlerhaften EDV-Programms in den LStBescheinigungen für 2010 fehlerhaft ausgewiesen sind, s BMF 23.2.2011, BeckVerw 255738; *Doege* DStR 2011, 448.

11 **Günstigerprüfung** (§ 10 Abs 4a EStG). Bei Stpfl mit geringem Einkommen können die Abzugsbeträge aufgrund der Neuregelung ab 2005 niedriger sein als die Abzugsbeträge bis 2004. Der Gesetzgeber hat deshalb zur Besitzstandwahrung eine Günstigerprüfung des Inhalts eingeführt, dass folgende Höchstbeträge zum Abzug kommen:

Kalenderjahr	Vorwegabzug alleinstehend	Vorwegabzug Ehegatten
2005 bis 2010	3068 €	6136 €
2011	2700 €	5400 €
2012	2400 €	4800 €
2013	2100 €	4200 €
2014	1800 €	3600 €
2015	1500 €	3000 €
2016	1200 €	2400 €
2017	900 €	1800 €
2018	600 €	1200 €
2019	300 €	600 €

12 **ff) Vorsorgepauschale.** Eine Vorsorgepauschale wird ab 2010 im Veranlagungsverfahren nicht mehr gewährt, vielmehr nur noch im Lohnsteuerabzugsverfahren (§ 39b Abs 2 Satz 5 Nr 3 und Abs 4 EStG; zur Berechnung der Vorsorgepauschale BMF 26.11.13 – IV C 5 – S 2367/13/10001, BStBl I 13, 1532). Dadurch kann es zu Steuernachzahlungen bei der Veranlagung kommen, wenn die tatsächlich geleisteten Beiträge niedriger sind als die Vorsorgepauschale. Andererseits entfällt im Lohnsteuerabzugsverfahren die Günstigerprüfung. Hierdurch ergibt sich eine höhere Lohnsteuerschuld, die erst im Veranlagungsverfahren ausgeglichen wird. In die Bemessungsgrundlage der Vorsorgepauschale dürfen Entschädigungen nach § 24 Nr 1 EStG nicht miteinbezogen werden (§ 39b Abs 2 Satz 5 Nr 3 nach Buchst d) Satz 2 EStG). Ausnahmsweise können aber regulär zu besteuernde Entschädigungen für die Berechnung der Vorsorgepauschale berücksichtigt werden (R 39b.6 Abs 5 LStÄR 2011). Dies hat den für den ArbN vorteilhaften Effekt, dass die Lohnsteuerschuld der niedrigeren ESt-Jahresschuld angeglichen wird. Einzelheiten *Lohnsteuertabellen* Rz 8 ff. Zum Umfang der Vorsorgepauschale bis 2009 BFH 27.5.09 – X R 50/06, BFH/NV 09, 1635.

Zur Behandlung des Altersentlastungsbetrags bei den Vorsorgeaufwendungen s *Altersentlastungsbetrag* Rz 12.

13 **d)** Werden Vorsorgeaufwendungen **erstattet,** ist der Erstattungsbetrag in diesem Kj von gleichartigen Aufwendungen abzuziehen, so dass nur der Differenzbetrag als Sonderausgabe abzugsfähig ist. Gleichartig sind Sonderausgaben, die jeweils innerhalb des § 10 EStG genannt sind, zB Verrechnung von erstatteten Haftpflichtprämien mit gezahlten Unfallversicherungsprämien. Bei Erstattungsüberhang (dh die Erstattung ist höher als die geleisteten Aufwendungen) erfolgt ab 2012 die Verrechnung nur im Rahmen der Aufwendungen nach § 10 Abs 1 Satz 1 Nr 2 bis Nr 3a EStG (§ 10 Abs 4b EStG; s oben Rz 7). Ein Erstattungsüberhang bei Aufwendungen nach § 10 Abs 1 Nr 3 EStG (voll absetzbare Kranken- und PflegeVBeiträge) wird bei der Ermittlung des Gesamtbetrags der Einkünfte hinzugerechnet. Dadurch soll die frühere Steuerentlastung kompensiert werden. Das gleiche gilt bei steuerfreien Zuschüssen zu Basiskranken- und gesetzlichen PflegeVBeiträgen. Damit soll das Wiederaufgreifen von Steuerfestsetzungen früherer Jahre – so die bisherige Handhabung nach § 175 Abs 1 Satz 1 Nr 2 AO – vermieden werden. Beispiel s unten Rz 15. Zur Rechtslage bis 2011 s Personalbuch 2011, Sonderausgaben Rz 3. Die Abtretung von Beitragserstattungen führt beim ArbN zu **negativen Einnahmen** (FG Düsseldorf 12.9.2000 – 3 K 8148/97, EFG 01, 429).

14 **e)** Übernimmt der ArbGeb bei Direktversicherungen und UV die **pauschale Lohnsteuer** (§ 40b EStG), entfällt beim ArbN eine entsprechende Einnahme und ein entsprechender Sonderausgabenabzug (§ 40 Abs 3 EStG). Nachdem die **gesetzliche Unfallversicherung**

mittels Umlage zugunsten der BG allein vom ArbGeb getragen wird (s *Unfallversicherung* Rz 22 ff), spielt sie bei den Sonderausgaben des ArbN keine Rolle.

Literaturhinweis zu Vorsorgeaufwendungen: BMF 19.8.13 – IV C 3 – S 2221/12/10010:004; IV C 5 – S 2345/08/0001, BStBl I 13, 1087 Rz 1–167; *Risthaus* DB 10, 137; *Wagner-Jung* DStR 10, 2497; *Myßen/Wolter* NWB 11, 280; *Liess* NWB 11, 1978; *Scheffler/Kandel* StuW 11, 236.

2. Kirchensteuer (§ 10 Abs 1 Nr 4 EStG). Die vom ArbGeb einbehaltene KiSt (s hierzu **15** *Kirchenlohnsteuer* Rz 6 ff) wird nicht wie die LSt auf die ESt des betreffenden Jahres angerechnet, sondern ist Sonderausgabe iSv § 10 Abs 1 Nr 4 EStG. Die KiSt muss tatsächlich bezahlt worden sein. KiSt, die sich im Jahr der Zahlung nicht steuermindernd auswirkt (zB kein Einkommen), ist nicht als Sonderausgabe in einem früheren Jahr abziehbar (BFH 8.10.07 – XI B 112/06, BFH/NV 08, 43), auch nicht vortragbar. **Erstattete** KiSt ist grds im Jahr der Erstattung der gezahlten KiSt entgegenzurechnen. Ein Erstattungsüberhang (s oben Rz 13) ist ab 2012 im Jahr der Erstattung dem Gesamtbetrag der Einkünfte hinzuzurechnen (§ 10 Abs 4b EStG). Dadurch soll der Vorteil aus dem früheren Sonderausgabenabzug rückgängig gemacht werden. Das Wiederaufgreifen des Jahres der ursprünglichen Verausgabung nach § 175 Abs 1 Nr 2 AO (so bisher; BFH 19.1.10 – X B 32/09, BFH/NV 10, 1250) ist damit obsolet.

Beispiel: Im Jahr 2012 gezahlten Kirchensteuern iHv 1050 € stehen Erstattungen von Kirchensteuer aus dem geänderten früheren Veranlagungsjahr 2010 in Höhe von 1200 € gegenüber. Der verbleibende Erstattungsüberhang Kirchensteuer 150 € wird dem Gesamtbetrag der Einkünfte im Bescheid für 2012 hinzugerechnet; ebenso zB Erstattung Unfallversicherung mit Aufwand Haftpflichtversicherung und bei verbleibendem Überhang Hinzurechnung zum Gesamtbetrag der Einkünfte (§ 10 Abs 4b EStG). Zuschüsse zu Beiträgen nach § 10 Abs 1 Nr 3 EStG sind wie Erstattungsüberhänge zu behandeln.

Eine Steuernachzahlung, die sich aus dem Erstattungsüberhang ergibt, kann nicht (teilweise) erlassen werden (BFH 17.4.13 – X R 6/11, BFH/NV 13, 1537). Zu Unrecht erstattete KiSt kann zurückgefordert werden (FG Köln 19.3.03 – 11 K 916/01, EFG 03, 1453). Auch Kirchenbeiträge (R 10.7 Abs 1 EStR) sind abziehbar (BFH 10.10.01 – XI R 52/00, BStBl II 02, 201). Die Höhe richtet sich nach der festgesetzten Steuer und dem KiStSatz (BFH 12.6.02 – XI R 96/97, BStBl II 03, 281). Zahlungen an nicht kirchensteuerberechtigte Religionsgemeinschaften können Spenden iSv § 10b EStG sein (s *Kirchenlohnsteuer* Rz 7). **Kirchgeld** fällt wie KiSt unter § 10 Abs 1 Nr 4 EStG. Bei Zahlung von nicht geschuldeter KiSt entfällt der Sonderausgabenabzug (BFH 22.11.74 – VI R 138/72, BStBl II 75, 350), ebenso bei Zahlung an eine ausländische Religionsgemeinschaft (BFH 4.6.75 – I R 250/73, BStBl II 75, 708), außer bei Religionsgemeinschaften in anderen EU-/EWR-Staaten, die Körperschaften des öffentlichen Rechts vergleichbar sind (Dänemark und Finnland; BMF 16.11.10 – IV C 4 – S 2221/07/0004:001, DStR 10, 2459). Zur Kirchensteuer bei Entsendungen ins Ausland *Vetter/Schreiber* IWB 11, 271.

Die **Abgeltungssteuer** (§ 32d EStG), auf die auch KiSt erhoben wird (§ 32d Abs 1 Satz 3 EStG), betrifft Kapitalerträge (§ 20 EStG), nicht aber die Lohnzahlung. Erhobene Abgeltungssteuer kann nicht als Sonderausgabe geltend gemacht werden (§ 10 Abs 1 Nr 4, 2. Hs EStG; *Arps-Aubert* DStR 11, 1548).

3. Steuerberatungskosten. Seit 2006 besteht kein Sonderausgabenabzug mehr; s *Wer-* **16** *bungskosten* Rz 33. Zur Verfassungsmäßigkeit der Abschaffung der Abzugsfähigkeit privater Steuerberaterkosten BFH 17.10.12 – VIII R 51/09, BeckRS 13, 94120. Steuerfestsetzungen erfolgen insoweit nicht mehr vorläufig (BMF 25.4.13 – IV A 3 – S 0338/07/10010, DB 13, 967). Private Steuerberatungskosten können nicht als abzugsfähige Kosten behandelt werden (BFH 18.5.11 – X B 124/10, BeckRS 2011, 96275). Zur Zuordnung zu Betriebsausgaben, Werbungskosten und Kosten der Lebensführung s OFD Frankfurt 6.5.08 – S 2227 A – 25 – St 217, BeckVerw 152097. Übernimmt der ArbGeb für den ArbN die Kosten des Steuerberaters für dessen EStErklärung, so führt dies bei einer Nettovereinbarung zu zu versteuerndem Arbeitslohn (BFH 21.1.2010 – VI R 2/08, BStBl II 2010, 639). Dies gilt auch für einen ins Inland entsandten AusländerArbN (FG Hbg 27.1.11 – 2 K 13/10, EFG 11, 1421; s *Arbeitnehmerentsendung* Rz 16).

4. Berufsausbildungskosten (§ 10 Abs 1 Nr 7 EStG) s *Ausbildungskosten* Rz 6 ff. **17**

381 Sonn- und Feiertagsarbeit

Schulgeld (§ 10 Abs 1 Nr 9 EStG) s *Kindervergünstigungen* Rz 14. Zu Studiengebühren s *Ausbildungskosten* Rz 26; *Ausbildungsverhältnis* Rz 88.

Kinderbetreuungskosten (§ 10 Abs 1 Nr 5 EStG) s *Kindervergünstigungen* Rz 12 ff.

18 **III. Kostenersatz durch den Arbeitgeber.** Übernimmt der ArbGeb Aufwendungen, die der ArbN als Sonderausgaben §§ 10, 10a, 10b EStG) oder wie Sonderausgaben (§§ 10d bis 10i EStG) geltend machen kann, zB ArbNAnteil zur gesetzlichen SozV, oder Höherversicherung, so ist die Übernahme der Aufwendungen durch den ArbGeb einerseits als lohnsteuerpflichtige Einnahme zu erfassen, da die Kostenübernahme durch das Arbeitsverhältnis veranlasst ist (BFH 21.1.10 – VI R 2/08, BStBl II 10, 639; andererseits sind die Aufwendungen beim ArbN abzugsfähige Sonderausgaben, die der Höchstbetragsbeschränkung (§ 10 Abs 3 und Abs 4 EStG; s oben Rz 9, 10) unterliegen. Es gilt das Zufluss-Abfluss-Prinzip (§ 11 EStG). Zur Überweisung eines Lohnteils als Spende durch den ArbGeb an einen begünstigten Spendenempfänger s *Entgeltverzicht* Rz 10.

19 **IV. Lohnsteuerabzug.** Hier sind Sonderausgaben wie folgt zu berücksichtigen: Die Vorsorgeaufwendungen (§ 10 Abs 1 Nr 2 und Nr 3 EStG; s oben Rz 5 ff) sind in Höhe der Vorsorgepauschale (§ 39b Abs 2 Satz 5 Nr 3 und Abs 4 EStG) in die LStTabellen eingearbeitet. Tatsächlich höhere Vorsorgeaufwendungen im LStVerfahren nicht berücksichtigungsfähig; sie können erst im Rahmen der Jahressteuerveranlagung berücksichtigt werden (s oben Rz 12).

20 Im Übrigen können die Sonderausgaben nach § 10 und § 10b als Freibetrag beim LStAbzug durch entsprechende Geltendmachung auf der LStKarte, ab 2013 bei ELStAM steuermindernd berücksichtigt werden, wenn die geltend gemachten Aufwendungen zusammen mit anderen berücksichtigungsfähigen Aufwendungen insgesamt 600 € übersteigen (§ 39a Abs 1 Nr 2 und Abs 2 Satz 4 EStG; Einzelheiten s *Lohnsteuerermäßigung* Rz 3 ff). Schließlich sind als steuermindernder Freibetrag beim LStAbzug die Abzugsbeträge nach § 10d (bisher nicht berücksichtigbar BFH 24.6.60, BStBl III 60, 414), §§ 10 f, 10g, 10h, 10i EStG und § 52 Abs 21 Sätze 4 bis 6 bzw 7 EStG, § 15b BlnFG, § 7 FördG ab Fertigstellung oder Anschaffung des begünstigten Objekts bzw der begünstigten Maßnahme zu berücksichtigen (Einzelheiten s *Lohnsteuerermäßigung* Rz 3 ff).

C. Sozialversicherungsrecht *Schlegel*

25 S *Beitragsbemessungsgrenzen* Rz 6 ff; *Ausbildungskosten* Rz 26, 27; *Aufwendungsersatz* Rz 34 ff.

Sonn- und Feiertagsarbeit

A. Arbeitsrecht *Poeche*

1 **1. Allgemeines.** Der Sonntag und die staatlich anerkannten Feiertage sind als „Tage der Arbeitsruhe und der seelischen Erhebung" grundgesetzlich geschützt (Art 140 GG iVm Art 139 Weimarer Verfassung). Das Verfassungsgebot wird durch das ArbZG in staatliches Recht umgesetzt. Zum Geltungsbereich des ArbZG s *Arbeitszeit* Rz 3 ff. Für werdende und stillende Mütter gilt daneben § 8 MuSchG (s *Mutterschutz* Rz 18). Der Arbeitszeitschutz der Jugendlichen richtet sich nach dem JugArbSchG (s *Jugendarbeitsschutz* Rz 27 ff). Für **Verkaufsstellen** sind zusätzlich die landesrechtlichen Vorschriften zu den Ladenöffnungszeiten zu beachten. Die Beschäftigung von ArbN an Sonn- und den gesetzlichen Feiertagen ist nach § 9 ArbZG grds verboten. Das grundsätzliche Verbot ist verfassungsrechtlich nicht nur unbedenklich, sondern sogar verlangt (BVerfG 9.6.04 – 1 BvR 636/02, NJW 04, 2363; 1.12.09 – 1 BvR 2857/07, NVwZ 10, 570). Gleichwohl wird es vielfach durchbrochen. Leitgedanke der Zulässigkeit von Sonn- und Feiertagsarbeit sind jeweils übergeordnete Interessen, wie zB Gefahrenabwehr, Versorgung der Bevölkerung, arbeitstechnische Erfordernisse sowie Sicherung des Standorts Deutschland.

2 **Gesetzliche Feiertage** sind aufgrund Bundesgesetzes der 3.10., bundeseinheitlich nach den landesrechtlichen Regelungen Neujahr, Karfreitag, Ostermontag, 1. Mai, Christi Himmelfahrt, Pfingstmontag, der 25. und 26. Dezember. Es kommen hinzu: Fronleichnam in

Sonn- und Feiertagsarbeit

BaWü, Bay, Hess, NRW, RhPf, Saarl, Thür (in Gebieten mit überwiegend katholischer Bevölkerung); Reformationstag in Bbg, MeVo, Sachs, SachsAnh, Thür (in Gebieten mit überwiegend evangelischer Bevölkerung); Allerheiligen in BaWü, Bay, NRW, RhPf, Saarl, Thür (in Gebieten mit überwiegend katholischer Bevölkerung); Maria Himmelfahrt in bayerischen Gemeinden mit überwiegend katholischer Bevölkerung und im Saarl; Heilige Drei Könige in BaWü, Bay und SachsAnh sowie in der Stadt Augsburg der 8. August und in Sachs Buß- und Bettag. Zu den landesgesetzlichen **Freistellungsansprüchen** der ArbN am Buß- und Bettag und anderen religiösen Feiertagen s *Marschner* DB 95, 1026.

2. Öffentliches Arbeitszeitrecht. a) Grundsätze. ArbN dürfen an Sonn- und Feiertagen in der Zeit von 0.00 bis 24.00 Uhr nicht beschäftigt werden. Von dem strikten Zeitrahmen des Verbots kann in mehrschichtigen Betrieben mit regelmäßiger Tag- oder Nachtschicht abgewichen werden: Beginn oder Ende der Sonn- und Feiertagsruhe dürfen um bis zu sechs Stunden vor- oder zurückverlegt werden, wenn der Betrieb ab Beginn der Ruhezeit für 24 Stunden völlig ruht. Zulässig ist es, entsprechend der Dauer des Fahrverbots nach § 30 Abs 3 StVO von 0.00 bis 22.00 Uhr den Beginn der 24-stündigen Sonn- und Feiertagsruhe für Kraftfahrer und Beifahrer um bis zu zwei Stunden vorzuverlegen (§ 9 Abs 1–3 ArbZG).

b) Gesetzliche Ausnahmen. Der Katalog der Durchbrechungen des grds Arbeitsverbot steht unter dem allgemeinen **Vorbehalt,** dass die Arbeiten nicht an Werktagen vorgenommen werden können (§ 10 Abs 1 ArbZG). Der ArbGeb darf den ArbN also nicht zu solchen Arbeiten heranziehen, die nach der Natur des Betriebs weder einen Aufschub noch eine Unterbrechung gestatten (zB in der Gastronomie Beschäftigung des Kochs, nicht des Buchhalters, im Theater Einsatz des Schauspielers, nicht der Personalabteilung). Nicht problematisiert hat das BAG das Sonntagstraining bei einem Fußballverein der Bundesliga (BAG 5.2.86 – 5 AZR 564/84, DB 86, 1979 mit zu Recht krit Anm *Löwisch* in AP Nr 12 zu § 339 BGB). Zu verlangen ist stets eine besondere Dringlichkeit der Arbeiten; die Präsenz des ArbN am Sonn- oder Feiertag muss notwendig sein (abgelehnt für den Einsatz von Wartungstechnikern an Flugsimulatoren: BAG 4.5.93 – 1 ABR 57/92, NZA 93, 856).

c) Katalog des § 10 Absatz 1 ArbZG: 1. In Not- und Rettungsdiensten sowie bei der Feuerwehr, 2. zur Aufrechterhaltung der öffentlichen Sicherheit und Ordnung sowie der Funktionsfähigkeit von Gerichten und Behörden und für Zwecke der Verteidigung, 3. in Krankenhäusern und anderen Einrichtungen zur Behandlung, Pflege und Betreuung von Personen, 4. in Gaststätten und anderen Einrichtungen der Bewirtung und Beherbergung sowie im Haushalt, 5. bei Musikaufführungen, Theatervorstellungen, Filmvorführungen, Schaustellungen, Darbietungen und anderen ähnlichen Veranstaltungen, 6. bei nichtgewerblichen Aktionen und Veranstaltungen der Kirchen, Religionsgesellschaften, Verbände, Vereine, Parteien und anderer ähnlichen Vereinigungen, 7. beim Sport und in Freizeit-, Erholungs- und Vergnügungseinrichtungen, beim Fremdenverkehr, in Museen und wissenschaftlichen Präsenzbibliotheken, 8. beim Rundfunk, bei der Tages- und Sportpresse, bei Nachrichtenagenturen sowie bei den der Tagesaktualität dienenden journalistischen Tätigkeiten für andere Presseerzeugnisse einschließlich des Austragens, bei der Herstellung von Satz, Filmen und Druckformen für tagesaktuelle Nachrichten und Bilder, bei tagesaktuellen Aufnahmen auf Ton- und Bildträger sowie beim Transport und Kommissionieren von Presseerzeugnissen, deren Ersterscheinungstag am Montag oder am Tag nach einem Feiertag liegt, 9. bei Messen, Ausstellungen und Märkten iSd Titels IV der GewO sowie bei Volksfesten, 10. in Verkehrsbetrieben sowie beim Transport und Kommissionieren von leicht verderblichen Waren iSd § 30 Abs 3 Nr 2 StVO, 11. in den Energie- und Wasserversorgungsbetrieben sowie in Abfall- und Abwasserentsorgungsbetrieben, 12. in der Landwirtschaft und in der Tierhaltung sowie in Einrichtungen zur Behandlung und Pflege von Tieren, 13. im Bewachungsgewerbe und bei der Bewachung von Betriebsanlagen, 14. bei der Reinigung und Instandhaltung von Betriebseinrichtungen, soweit hierdurch der regelmäßige Fortgang des eigenen oder eines fremden Betriebes bedingt ist, bei der Vorbereitung der Wiederaufnahme des vollen werktätigen Betriebes sowie bei der Aufrechterhaltung der Funktionsfähigkeit von Datennetzen und Rechnersystemen, 15. zur Verhütung des Verderbens von Naturerzeugnissen oder Rohstoffen oder des Misslingens von Arbeitsergebnissen sowie bei kontinuierlich durchzuführenden Forschungsarbeiten, 16. zur Vermeidung einer

381 Sonn- und Feiertagsarbeit

Zerstörung oder erheblichen Beschädigung der Produktionseinrichtungen (§ 10 Abs 1 ArbZG).

Erfordert die infolge der Produktionsunterbrechung nach Nr 14 zulässige Arbeit den Einsatz von mehr ArbN, als es bei durchgehender Produktion nötig wäre, kann vom Verbot der Sonn- und Feiertagsruhe generell abgewichen werden (§ 10 Abs 2 ArbZG). Erforderlich ist ein Vergleich der jeweils anfallenden Arbeitsstunden. Zu Ausnahmen wegen **außergewöhnlicher Fälle** und in **Notfällen** s *Arbeitszeit* Rz 23.

6   d) **Bäckereien und Konditoreien.** Die spezialgesetzliche Arbeitszeitregelung für Bäckereien und Konditoreien ist im Zuge der Änderungen des LadSchlG mit dem 1.11.96 außer Kraft getreten und in das ArbZG integriert worden. ArbN in Bäckereien und Konditoreien dürfen nunmehr gem § 10 Abs 3 ArbZG an Sonn- und Feiertagen bis zu drei Stunden beschäftigt werden und zwar mit der Herstellung, dem Austragen und Ausfahren von Konditorwaren und an diesem Tag zum Verkauf kommenden Bäckerwaren. Die Lage der Ladenöffnungszeit wird von der Landesregierung oder der von ihr bestimmten Stelle durch RechtsVO festgesetzt.

7   e) **Geld- und Devisenhandel.** Nach § 10 Abs 4 ArbZG dürfen ArbN zur Durchführung des Eil- und Großbetragsverfahrens sowie des Geld-, Devisen-, Wertpapier und Derivatehandels an Feiertagen, die auf einen Werktag fallen, beschäftigt werden, es sei denn, der Feiertag gilt in allen EU-Staaten.

8   f) **Erweiterung des Ausnahmekatalogs.** Mit Zustimmung des Bundesrats kann die Bundesregierung durch RechtsVO zulässige Sonn- und Feiertagsarbeit regeln. Von den bereits bestehenden RechtsVO sind die zur Eisen- und Stahlindustrie sowie die zur Papierindustrie mit iw redaktionellen Änderungen übernommen worden (Art 13, 14 ArbZRG). Der Bund hat keinen Gebrauch gemacht von der Möglichkeit, Sonn- und Feiertagsarbeit zuzulassen, wenn „die Beschäftigung von ArbN zur Befriedigung täglicher oder an diesen Tagen besonders hervortretender Bedürfnisse der Bevölkerung" erforderlich ist. Eine Reihe von Bundesländern hat diese Lücke genutzt und aufgrund der den Ländern eingeräumten Ersatzermächtigung sog BedarfsgewerbeVO erlassen (vgl *Richardi/Annuß* NZA 99, 953). Die **Aufsichtsbehörde** kann im Einzelfall die Beschäftigung von ArbN bewilligen, zB im Handel an bis zu zehn Sonn- und Feiertagen im Jahr, an denen besondere Verhältnisse einen erweiterten Geschäftsverkehr erforderlich machen, oder an einem Sonntag im Jahr zur Durchführung einer gesetzlich vorgeschriebenen Inventur (vgl § 13 Abs 1–4 ArbZG). Zur **Sicherung der Beschäftigung** hat sie Sonn- und Feiertagsarbeit zu bewilligen. Voraussetzung ist, dass der ArbGeb in seinem Betrieb die von Montag bis Samstag zulässige Betriebszeit von 144 Stunden/Woche weitgehend ausschöpft, die Betriebszeit ausländischer Konkurrenz länger ist, seine Konkurrenzfähigkeit unzumutbar beeinträchtigt ist und ohne die Genehmigung von Sonn- und Feiertagsarbeit Arbeitsplätze verloren gehen würden (§ 13 Abs 5 ArbZG, hierzu *Meyer* PuR 2013, 154).

9   g) **Ladengeschäfte und sonstige Verkaufsstände und -buden.** Das LadSchlG des Bundes ist zwischenzeitlich durch Landesgesetze über die Öffnungszeiten abgelöst worden (Übersicht Schaub/*Vogelsang* § 157 Rz 19 ff). Wie bisher das LadSchlG gestatten die Landesgesetze für bestimmte Bereiche Sonn- und Feiertagsarbeit, ua für Apotheken, Kioske für den Verkauf von Zeitungen und Zeitschriften, Tankstellen, Verkaufsstellen auf Bahnhöfen, Flug- und Fährhäfen. Die Regelungsbefugnis des Gesetzgebers wird begrenzt durch höherrangiges Recht. Das BVerfG hat die voraussetzungslose Freigabe der Öffnung von Verkaufsstellen an allen vier Adventssonntagen von 13.00 bis 20.00 Uhr im Land Bln für verfassungswidrig erklärt (BVerfG 1.12.09 – 1 BvR 2857/07, NVwZ 10, 570).

10   **3. Klagebefugnis/Feststellung der Zulässigkeit.** Die Feststellung, ob eine erlaubte Sonn- oder Feiertagsarbeit vorliegt, obliegt der Aufsichtsbehörde, die hierüber auf Antrag des ArbGeb entscheidet. ArbN, die arbeitsvertraglich zur Sonn- und Feiertagsarbeit verpflichtet sind, sind befugt, gegen eine auf Antrag des ArbGeb ergangene behördliche Feststellung der Zulässigkeit ihrer Beschäftigung vor den Verwaltungsgerichten zu klagen (BVerwG 19.9.2000 – 1 C 17/99, NZA 2000, 1232). Die Entscheidung betrifft zwar die in § 10 Abs 1 Nr 14 ArbZG geregelte Ausnahme „Misslingen von Arbeitsergebnissen", ist aber auf alle vergleichbaren Fälle zugelassener oder von der Aufsichtsbehörde als zulässig beurteilter Sonn- und Feiertagsarbeit anzuwenden.

Sonn- und Feiertagsarbeit 381

4. Inhaltlich bestimmt sich zulässige Sonn- und Feiertagsarbeit nach den für die Normal- **11** arbeitszeit geltenden Bestimmungen, also hinsichtlich der Dauer am Tage, der Ruhepausen und Ruhezeiten (s *Arbeitszeit* Rz 9–16). Sonn- und Feiertagsarbeit wird auf die Dauer der werktäglichen Arbeitszeit angerechnet; deren Höchstgrenzen dürfen nicht überschritten werden (§ 11 Abs 2 ArbZG).

5. Ausgleich; arbeitsfreie Tage. a) Gesetzliche Regelung. Mindestens fünfzehn **12** Sonntage im Jahr müssen für den Einzelnen beschäftigungsfrei bleiben (§ 11 Abs 1 ArbZG). Für gesetzliche Sonn- und Feiertagsarbeit ist kein gesetzlicher Zuschlag zu gewähren (BAG 11.1.06 – 5 AZR 97/05, NZA 06, 372). Der Ausgleich erfolgt ausschließlich über freie Tage. Der Ersatzruhetag muss innerhalb eines den Beschäftigungstag einschließenden Zeitraums von zwei Wochen liegen. Als Ersatzruhetag kommt jeder **Werktag** in Betracht – damit auch ein wegen der Lage der Arbeitszeit in der Woche ohnehin arbeitsfreier und deshalb nicht zu vergütender Werktag wie zB der Sonnabend (BAG 23.3.06 – 6 AZR 497/05, NZA-RR 07, 112; 19.9.12 – 5 AZR 727/11, BeckRS 2012, 75598). Der Ruhetag dient der Gesundheit des ArbN und nicht der Verdienstsicherung (BAG 12.12.01 – 5 AZR 294/00, NZA 02, 505). Zeitlich kann er sowohl vor als auch nach der Sonn- oder Feiertagsarbeit liegen. Soweit technische oder arbeitsorganisatorische Gründe nicht entgegenstehen, ist der Ersatzruhetag in Verbindung mit der Ruhezeit von elf/zehn Stunden des § 5 ArbZG zu gewähren (§ 11 Abs 3 und 4 ArbZG). Das strikte Zeitregime des ArbZG kann dazu führen, dass dem SonntagsArbN aus personenbedingten Gründen rechtswirksam gekündigt werden kann, wenn der ArbGeb ihm den zwingend vorgeschriebenen Ersatzruhetag nicht gewähren kann, weil der ArbN an allen übrigen Wochentagen in einem anderen Arbeitsverhältnis arbeitet (BAG 24.2.05 – 2 AZR 211/04, NZA 05, 759).

b) Kollektivrechtliche Regelungen. In einem Tarifvertrag oder bei Öffnungsklausel in **13** einer Betriebsvereinbarung können weitere Abweichungen vereinbart werden (Näheres *Arbeitszeit* Rz 17): In den Betrieben und Einrichtungen des § 10 Abs 1 Nr 2, 3, 4 und 10 ArbZG kann die Zahl der arbeitsfreien Sonntage auf mindestens zehn Sonntage, im Rundfunk in Theaterbetrieben, Orchestern sowie bei Schaustellungen auf mindestens acht Sonntage, in Filmtheatern und in der Tierhaltung auf mindestens sechs Sonntage im Jahr verringert werden. Zulässig ist es außerdem, den Wegfall von Ersatzruhetagen zu vereinbaren oder einen anderen Ausgleichszeitraum festzulegen. Ferner darf die Arbeitszeit in vollkontinuierlichen Schichtbetrieben an Sonn- und Feiertagen auf bis zu zwölf Stunden verlängert werden, wenn dadurch zusätzliche freie Schichten an Sonn- und Feiertagen erreicht werden. In der Seeschifffahrt können die Ersatzruhetage zusammenhängend gewährt werden (§ 12 ArbZG).

6. Dokumentation. Der ArbGeb ist verpflichtet, Sonn- und Feiertagsarbeitsstunden **14** aufzuzeichnen und die Unterlagen zwei Jahre lang aufzubewahren. Das ArbZG und alle für den Betrieb geltenden Arbeitszeitvorschriften sind auszuhängen (§ 16 ArbZG). Die Verletzung von § 16 ArbZG ist mit Bußgeld bis zu 2500 €, die aller anderen sich aus dem Komplex Sonn- und Feiertagsarbeit ergebenden Pflichten (zB auch die nicht zeitgerechte Gewährung des Ersatzruhetags) mit **Bußgeld** bis zu 15 000 € belegt; bei vorsätzlicher Tatbegehung kommt Haftstrafe in Betracht (§§ 22, 23 ArbZG).

7. Privates Arbeitszeitrecht. Die Höhe des **Entgelts** für geleistete Sonn- und Feiertags- **15** arbeit richtet sich nach den getroffenen Vereinbarungen. Hierfür ist unerheblich, ob es sich um zulässige oder unzulässige Sonn- und Feiertagsarbeit handelt. Regelmäßig werden neben der Grundvergütung weitere Zuschläge aufgrund von Tarifvertrag, Betriebsvereinbarung oder Einzelarbeitsvertrag gezahlt. Verschweigt sich ein Arbeitsvertrag hierüber, sind sie bei Orts- oder Branchenüblichkeit zu zahlen. Ein gesetzlicher Anspruch auf **Sonn- und Feiertagszuschläge** besteht nicht (BAG 11.1.06 – 5 AZR 97/05, NZA 06, 372). Die Verweisung in § 11 Abs 2 ArbZG auf die §§ 3–8 ArbZG bezieht sich auf die arbeitszeitbezogenen Regelungen und nicht auf die Ausgleichsleistungen des ArbGeb bei Nachtarbeit gem § 6 Abs 5 ArbZGG. Ein Zuschlag für „Arbeit an einem gesetzlichen Feiertag" fällt nicht bei Arbeit am Oster- oder Pfingstsonntag an, bei denen es sich zwar um christliche, nicht aber um gesetzliche Feiertage handelt (BAG 13.4.05 – 5 AZR 475/04, NZA 05, 882; 17.3.10 – 5 AZR 317/09, AP TVG § 1 Tarifverträge: Brotindustrie Nr 9; 17.8.11 – 10 AZR 347/10, NZA 12, 824 [Ls]). Wegen der Vergütung für die wegen eines Feiertags ausfallenden Arbeitszeit s *Entgeltfortzahlung* Rz 36–43.

381 Sonn- und Feiertagsarbeit

Nach der Rspr des BAG soll der ArbGeb kraft seines *Weisungsrechts* (§ 106 GewO) befugt sein, Sonntagsarbeit anzuordnen (BAG 15.9.09 – 9 AZR 757/08, NZA 09, 1333; kritisch *Preis/Ulber* NZA 10, 729). Bei der Ausübung seines Weisungsrechts hat der ArbGeb zumindest billiges Ermessen zu wahren. Bei einem ArbN, der aus religiösen Gründen Sonntagsarbeit verweigert, sind deshalb die Glaubens- und Bekenntnisfreiheit (Art 4 GG) zu berücksichtigen. Im Einzelfall kommt ein *Leistungsverweigerungsrecht* des ArbN nach § 275 Abs 3 BGB in Betracht (Näheres *Leistungsverweigerungsrecht* Rz 9).

16   **8. Mitbestimmungsrechte** des BRat bestehen bei Einführung und Durchführung von Sonn- und Feiertagsarbeit nach § 87 Abs 1 Nr 2, 3 BetrVG. Danach hat der BRat mitzubestimmen bei der Festlegung von Beginn und Ende der täglichen Arbeitszeit sowie deren Verteilung auf die Wochentage. Die öffentlich-rechtliche Gestattung schränkt das Mitbestimmungsrecht nicht ein. Das gilt auch, wenn ein Tarifvertrag Sonn- und Feiertagsarbeit zulässt. Das Mitbestimmungsrecht scheidet nur dann aus, wenn die Regelung inhaltlich und abschließend durchgesetzt oder im Tarifvertrag geregelt ist und auch der ArbGeb keinen Entscheidungsspielraum hat (BAG 6.11.90 – 1 ABR 88/89, DB 91, 2141). Deshalb muss der ArbGeb den BRat jedenfalls nach § 87 Abs 1 Nr 2 BetrVG beteiligen, wenn er ausnahmsweise am Sonntag arbeiten lässt und hierfür nicht betriebsangehörige ArbN heranzieht, sondern auf Betriebsfremde zurückgreift (BAG 25.2.97 – 1 ABR 69/96, NZA 97, 955).

B. Lohnsteuerrecht *Seidel*

17   **1. Allgemeines.** Alle Einnahmen, die dem ArbN aus dem Dienstverhältnis zufließen, gehören steuerrechtlich zum Arbeitslohn (s *Arbeitsentgelt* Rz 30 ff; § 2 Abs 1 Satz 1 LStDV) und damit zu den Einkünften aus nichtselbständiger Arbeit (§ 19 Abs 1 EStG). Grds sind daher auch Lohnzuschläge stpfl. Aus arbeitsmarktpolitischen Gründen hat der Gesetzgeber jedoch Zuschläge wegen Sonn-, Feiertags- und Nachtarbeit in bestimmten Grenzen steuerfrei gestellt (§ 3b EStG). Auf die Bezeichnung der Lohnzuschläge kommt es für die Anwendung des § 3b EStG nicht an (LStR 3b Abs 1 Satz 5; s auch FG BaWü 10.1.12 – 8 K 4030/09, BeckRS 2012, 96568: Rufbereitschaft als Mehrarbeit). Begünstigt sind nur ArbN im steuerrechtlichen Sinne, auch wenn sie arbeitsrechtlich als Selbstständige gelten (s *Arbeitnehmer (Begriff)* Rz 23; vgl auch BFH 21.5.87, BStBl II 87, 625). Zu Gesellschaftergeschäftsführern s *Geschäftsführer* Rz 39.

Unerheblich ist, ob es sich um Aushilfskräfte oder Teilzeitbeschäftigte handelt, deren Arbeitslohn pauschal versteuert wird (s *Aushilfskräfte* Rz 23 ff; *Teilzeitbeschäftigung* Rz 115 ff und *Geringfügige Beschäftigung* Rz 21, 22). Die Steuerbefreiung gilt auch unabhängig davon, ob es sich um beschränkt oder unbeschränkt (s *Lohnsteuerberechnung* Rz 7 ff, 18 ff) einkommensteuerpflichtige ArbN handelt. Steuerrechtlich ist es unerheblich, ob die Sonn-, Feiertags- oder Nachtarbeit gegen ein gesetzliches Verbot verstößt (s oben Rz 3). Im Zusammenhang damit gezahlte Buß- oder Strafgelder kann der ArbGeb jedoch nicht als Betriebsausgaben abziehen (§ 4 Abs 5 Nr 8 EStG).

18   **2. Voraussetzungen der Steuerfreiheit.** Steuerfrei sind Zuschläge in bestimmter Höhe, die für tatsächlich geleistete Sonntags-, Feiertags- und Nachtarbeit neben dem Grundlohn gezahlt werden (§ 3b Abs 1 EStG). Erfolgt ein Nachweis durch Einzelabrechnung, kann auf diesen Nachweis nur in Einzelfällen verzichtet werden (BFH 16.12.10 – VI R 18/11, BStBl II 12, 291).

19   **a) Grundlohn** ist der laufende Arbeitslohn, der dem ArbN bei der für ihn maßgebenden regelmäßigen Arbeitszeit für den jeweiligen Lohnzahlungszeitraum zusteht (§ 3b Abs 2 Satz 1 EStG). Dazu gehören auch Ansprüche auf Sachbezüge, Aufwendungszuschüsse und vermögenswirksame Leistungen und pauschale Zulagen (s auch Rz 27), wenn sie laufender Arbeitslohn sind (s *Lohnsteuerberechnung* Rz 12–14), Erschwerniszuschläge (s *Entgeltzuschläge* Rz 13), nach §§ 40a bis 40b EStG (s *Aushilfskräfte* Rz 23 ff, *Teilzeitbeschäftigung* Rz 115 ff, *Geringfügige Beschäftigung* Rz 21, 22, *Lohnsteuerpauschalierung* Rz 40 ff) pauschal besteuerter Arbeitslohn und Zuschläge für Zeiten, die nicht nach § 3b EStG begünstigt sind (LStR 3b Abs 2 Nr 1b). Seit 2004 ist der auf eine Stunde bezogene Grundlohn mit höchstens 50 € anzusetzen (§ 3b Abs 2 Satz 1 EStG).

20   **Nachzahlungen** oder **Vorauszahlungen** erhöhen, soweit sie zum laufenden Arbeitslohn gehören, den laufenden Arbeitslohn des Lohnzahlungszeitraums, für den sie nach- oder

vorausgezahlt werden (LStR 3b Abs 2 Nr 1a). Daher kann die nachträgliche Erhöhung des laufenden Arbeitslohns zu einer entsprechenden Erhöhung des steuerfrei bleibenden Teils der Zuschläge führen. Zugunsten des ArbN muss daher der ArbGeb die vorangegangenen Lohnzahlungszeiträume aufrollen, soweit diese noch nicht durch eine LStBescheinigung (s *Lohnsteuerbescheinigung* Rz 11 ff) für das Kj der Änderung des LStAbzugs durch den ArbGeb entzogen sind (§ 41c Abs 3 Satz 1 EStG; s auch *Lohnsteuerberechnung* Rz 22–25 und *HMW/Lohnzuschläge* Rz 23). Sonstige Bezüge (s *Sonstige Bezüge* Rz 2 ff) wie Tantiemen, Weihnachts- und Urlaubsgeld uÄ sind ebenso wenig zu berücksichtigen wie Vergütungen für Mehr- und Überarbeit.

Zum Grundlohn gehören die Zuschläge für Sonntags-, Feiertags- und Nachtarbeit auch **21** nicht, soweit sie stpfl sind. Steuerfreie Bezüge (s *Steuerfreie Einnahmen* Rz 5 ff) und nach § 40 EStG pauschal besteuerte Bezüge (s *Lohnsteuerpauschalierung* Rz 13–39) bleiben unberücksichtigt (Ausnahme: steuerfreie Beiträge nach § 3 Nr 56 oder 63 EStG, soweit es sich um laufenden Arbeitslohn handelt, LStR 3b Abs 2 Nr 1c; s auch *Betriebliche Altersversorgung* Rz 125 ff). Der fortlaufend gezahlte Wechselschichtzuschlag ist dagegen dem stpfl Grundlohn zuzurechnen (BFH 7.7.05 – IX R 81/98, BStBl II 05, 888; s auch *Nachtarbeit* Rz 13). Der in Betracht kommende Grundlohn ist in einen Stundenlohn umzurechnen (§ 3b Abs 2 Satz 1 1. Hs EStG). Abzustellen ist dabei auf die vereinbarte regelmäßige Normalarbeitszeit (LStR 3b Abs 2 Nr 1b Satz 3). Im Regelfall des monatlichen Lohnzahlungszeitraums und einer vereinbarten wöchentlichen Arbeitszeit, ergibt sich der monatliche Stundenlohn aus dem 4,35fachen der Wochenarbeitszeit. Arbeitszeitausfälle, zB durch Urlaub oder Krankheit, bleiben außer Betracht (LStR 3b Abs 2 Nr 2a Sätze 5 und 6). Bei einer Beschäftigung nach dem AltTZG ist der Grundlohn so zu berechnen, als habe eine Vollzeitbeschäftigung bestanden (LStR 3b Abs 2 Nr 5).

b) Die Zuschläge müssen gesondert und zusätzlich neben dem Grundlohn (bei einer **22** Nettolohnvereinbarung neben dem vereinbarten Nettolohn, LStR 3b Abs 1 Satz 3) gezahlt werden. Die Steuerfreiheit entfällt daher, wenn wegen regelmäßig zu verrichtender **Nachtarbeit** ein höherer Grundlohn gezahlt wird (zB Pförtner oder Nachtwächter, LStR 3b Abs 5 Satz 5). Das nachträgliche Herausrechnen aus einem einheitlich vereinbarten und gezahlten Gehalt ist unzulässig (BFH 28.11.90, BStBl II 91, 296). Werden Zuschläge in einen zur Glättung von Lohnschwankungen durchschnittlich gezahlten Stundenlohn einkalkuliert, bleiben sie steuerfrei, solange die Trennung von Grundlohn und Zusatzlohn nicht aufgehoben wird (BFH 17.6.10 – VI R 50/09, DStR 10, 1886). Unschädlich ist es auch, wenn neben dem Zuschlag für Sonntags-, Feiertags- und Nachtarbeit, die gleichzeitig **Mehrarbeit** ist, keine gesonderte Mehrarbeitsvergütung oder ein Grundlohn gezahlt wird, mit dem die Mehrarbeit abgegolten ist (LStR 3b Abs 1 Satz 4). Hat der ArbN Anspruch auf Zuschläge für Mehrarbeit und wird Mehrarbeit als Sonntags-, Feiertags- oder Nachtarbeit geleistet, bleibt von den gezahlten Zuschlägen grds der Betrag steuerfrei, der dem arbeitsrechtlich jeweils in Betracht kommenden Zuschlag entspricht, wenn sowohl die in Betracht kommenden Zuschläge für Sonntags-, Feiertags- und Nachtarbeit als auch für Mehrarbeit gezahlt werden oder wenn nur der in Betracht kommende Zuschlag für Sonntags-, Feiertags- und Nachtarbeit gezahlt wird, der ebenso hoch oder höher ist als der Zuschlag für Mehrarbeit (LStR 3b Abs 5 Satz 1 Nr 1 und 2). Wird nur ein Zuschlag für Mehrarbeit gezahlt, so liegt kein begünstigter Zuschlag vor (LStR 3b Abs 5 Satz 1 Nr 3, Satz 3). Die Abgeltung eines Freizeitanspruchs, der für Feiertagsarbeit gewährt wird, ist nicht steuerfrei, denn die Abgeltung ist eine Entschädigung für den nicht erhaltenen freien Tag und keine zusätzliche Vergütung für die an einem Feiertag geleistete Arbeit, auch wenn ein Zuschlag gezahlt wird (BFH 7.7.05 – IX R 56/04, BFH/NV 06, 44; s auch BFH 21.2.06 – IX R 27/05, BFH/NV 06, 1274).

Ein **Mischzuschlag** ist im Verhältnis der in Betracht kommenden Einzelzuschläge in **23** einen nach § 3b EStG begünstigten Anteil und einen nicht begünstigten Anteil aufzuteilen (BFH 13.10.89, BStBl II 91, 8), unabhängig davon, ob der einheitliche Zuschlag (Mischzuschlag) niedriger oder höher ist als die Summe der jeweils in Betracht kommenden Zuschläge (LStR 3b Abs 5 Satz 1 Nr 4 und 5). Das bedeutet, dass bei einem Mischzuschlag, der niedriger ist als die Summe der Einzelzuschläge, nur der Anteil als Zuschlag iSd § 3b EStG behandelt werden kann, der dem Verhältnis zwischen dem Sonntags-, Feiertags- oder Nachtarbeitszuschlag und dem Mehrarbeitszuschlag entspricht. Die Übertragung der auf

381 Sonn- und Feiertagsarbeit

dem BFH-Urt vom 13.10.89 beruhenden Aufteilungsgrundsätze durch die LStR (aaO) bezweifelt *Wermelskirchen,* wenn der Mischzuschlag niedriger ist als die Summe der Einzelzuschläge. Dem Urt habe ein Mischzuschlag zugrunde gelegen, der höher war als die Summe der Einzelzuschläge. Sei der Mischzuschlag jedoch niedriger als die Summe der Einzelzuschläge, sei die Annahme gerechtfertigt, dass die Tarifpartner den begünstigten Zuschlag auf Kosten des nichtbegünstigten Mehrarbeitszuschlags in der Höhe gewähren wollten, wie sie ihn für den Einzelzuschlag vorgesehen hätten. Mit *Wermelskirchen* ist den Tarifpartnern daher zu empfehlen, ausdrücklich festzulegen, dass in einem niedrigeren Mischzuschlag der begünstigte Zuschlag mit dem gleichen Zuschlagssatz enthalten ist, wie er für ihn als Einzelzuschlag vereinbart wurde (DStR 92, 1529 unter 3).

24   Wird an Sonn- und Feiertagen **zugleich Nachtarbeit** geleistet, dürfen beide Zuschläge nebeneinander steuerfrei gezahlt werden. Die steuerfreien Zuschlagssätze (s unten Rz 30) können auch dann zusammengerechnet werden, wenn nur ein Zuschlag gezahlt wird (LStR 3b Abs 3 Satz 2).

25   Bei **Feiertagsarbeit an Sonntagen** kann ein steuerfreier Zuschlag nur bis zur Höhe des entsprechenden Feiertagszuschlags gezahlt werden. Dies gilt auch dann, wenn nur ein Sonntagszuschlag gezahlt wird (LStR 3b Abs 4).

26   Bei **zeitversetzter Auszahlung** bleibt die Steuerfreiheit erhalten, wenn vor Leistung der begünstigten Arbeit bestimmt wird, dass ein steuerfreier Zuschlag – ggf teilweise – als Wertguthaben auf ein Arbeitszeitkonto genommen und getrennt ausgewiesen wird, zB in Fällen der Altersteilzeit bei Blockmodellen (LStR 3b Abs 8). Die Verzinsung dieser Zuschläge ist aber nicht steuerfrei (BMF 27.4.2000 – IV C 5 – S 2343 – 6/00, DB 2000, 1000; *Arbeitszeitmodelle* Rz 17).

27   **Pauschale Zuschläge** sind nicht steuerfrei, wenn sie mit festen Monatsbeträgen pauschal ohne Rücksicht auf die tatsächlich geleisteten Arbeitsstunden gezahlt werden. Sie fallen jedoch dann unter die Steuerbefreiung, wenn sie als Abschlagszahlungen oder Vorschüsse auf Zuschläge für tatsächlich geleistete Sonntags-, Feiertags- oder Nachtarbeit gezahlt werden. Erforderlich ist aber, dass eine Verrechnung der Zuschläge mit den tatsächlich erbrachten Arbeitsstunden an Sonn- und Feiertagen oder zur Nachtzeit jeweils vor Erstellung bzw Übermittlung der LStBescheinigung (s *Lohnsteuerbescheinigung* Rz 2 ff), also beim Lohnkontenabschluss erfolgt (BFH 13.5.05 – IX B 6/05, BFH/NV 05, 1552; s auch FG BaWü 20.6.12 – 14 K 4685/09, EFG 12, 1822 zur Zahlung eines Schweizer ArbGeb; Rev Az BFH VI R 48/12). Sie dürfen nicht Teil einer einheitlichen Tätigkeitsvergütung sein (BFH 16.12.10 – VI R 27/10, BStBl II 12, 288). Der fehlende Nachweis tatsächlich erbrachter Arbeitsleistungen kann nicht durch eine Modellrechnung ersetzt werden (BFH 25.5.05 – IX R 72/02, BStBl II 05, 725). Die Aufzeichnung der Arbeitsstunden allein ersetzt die Verrechnung nicht (BFH 18.11.03 – VI B 123/03, BFH/NV 04, 335 und 18.5.05 – IX B 178/04, BFH/NV 05, 1553). Hat der ArbN weniger zuschlagspflichtige Stunden geleistet, als durch die Pauschalzahlungen abgegolten sind, ist die Differenz zwischen der Pauschale und der zum jährlichen Abschluss des Lohnkontos vorgenommenen Einzelabrechnung steuerpflichtiger Arbeitslohn (BFH 16.12.10 VI R 27/10, DStR 11, 358). Unter bestimmten Voraussetzungen kann die (monatliche) pauschale Abschlagszahlung steuerfrei belassen werden (LStR 3b Abs 7):

28   aa) der steuerfreie Betrag darf nicht nach höheren als den in § 3b EStG genannten Prozentsätzen berechnet werden;

bb) der steuerfreie Betrag ist nach dem durchschnittlichen Grundlohn und der durchschnittlichen, im Kj tatsächlich anfallenden Sonntags-, Feiertags- und Nachtarbeit zu bemessen;

cc) die Verrechnung mit den einzeln ermittelten Zuschlägen erfolgt jeweils vor Erstellung der LStBescheinigung und somit regelmäßig zum Ende des Kj oder beim Ausscheiden des ArbN aus dem Dienstverhältnis. Für die Ermittlung der einzeln nachzuweisenden Zuschläge ist auf den jeweiligen Lohnzahlungszeitraum abzustellen. Dabei ist auch der steuerfreie Teil der einzeln ermittelten Zuschläge festzustellen und die infolge der Pauschalierung zu wenig oder zu viel einbehaltene LSt auszugleichen;

dd) bei der Pauschalzahlung muss erkennbar sein, welche Zuschläge im Einzelnen – jeweils getrennt nach Sonntags-, Feiertags- und Nachtarbeit – abgegolten sein sollen und nach welchen Prozentsätzen des Grundlohns die Zuschläge bemessen worden sind;

ee) die Pauschalzahlung muss tatsächlich neben dem Grundlohn gezahlt und nicht nur aus dem Arbeitslohn herausgerechnet werden.

Ergibt sich, dass der dem ArbN zustehende Zuschlag höher ist als die Pauschalzahlung, so ist der übersteigende Betrag nur steuerfrei, wenn er auch tatsächlich noch zusätzlich gezahlt wird; nicht zulässig ist eine bloße Kürzung stpfl Arbeitslohns um diesen Betrag.

c) Tatsächliche Arbeitsleistung zu den begünstigten Zeiten ist für die Steuerfreiheit 29 erforderlich (LStR 3b Abs 6 Satz 1). Werden Zuschläge gezahlt, ohne dass der ArbN zu den begünstigten Zeiten gearbeitet hat, zB bei Lohnfortzahlung im Krankheits- oder Urlaubsfall (BFH 2.3.05 – IX B 166/03, BFH/NV 05, 1285) bzw bei einem freigestellten BRatMitglied, sind sie stpfl. Deshalb sind auch die während des Mutterschutzes weitergezahlten Zuschläge nicht steuerfrei (BFH 27.5.09, BStBl II 09, 730; s auch FG Köln 26.6.08 – 15 K 4337/07, EFG 08, 1600). Die tatsächlich geleistete Arbeit zu den begünstigten Zeiten kann auch nachträglich nachgewiesen werden, sofern es sich um einzeln zu berechnende Zuschläge handelt (BFH 28.11.90, BStBl II 91, 298), auch wenn diese zunächst pauschal als Abschlagszahlung oder Vorschuss geleistet werden. Spätestens vor Erstellung der LStBescheinigung müssen sie aber verrechnet werden. Ein nachträglicher Nachweis für Pauschalentschädigungen, bei denen eine derartige Verrechnung nicht erfolgt ist, ist jedoch nicht möglich (BFH 28.11.90, BStBl II 91, 293; s auch Rz 27 zu Modellberechnung). Ist eine Einzelanschreibung und die Einzelberechnung der geleisteten Sonntags-, Feiertags- und Nachtarbeit wegen der Besonderheiten nicht möglich, so darf das BetriebsstättenFA den Teil der Vergütung, der als steuerfreier Zuschlag anzuerkennen ist, von Fall zu Fall feststellen (s LStR 3b Abs 6 Sätze 6–9). Zur Anerkennung steuerfreier Sonntags-, Feiertags- und Nachtzuschläge bei Fluggesellschaften s FinMin NRW 6.7.98, DB 98, 1490).

3. Die Höhe der begünstigten Zuschläge ist unabhängig davon, ob die Zahlungen auf 30 Gesetz, Tarifvertrag, Betriebsvereinbarung oder Einzelarbeitsvertrag beruhen. Im Hinblick auf die Inanspruchnahme der steuerlichen Zuschläge durch Profifußballspieler erfolgte ab 2004 eine Beschränkung der Steuerfreiheit auf einen Stundengrundlohn von höchstens 50 €. Bei Monatseinkommen unter 8000 € bzw Jahreseinkünften von unter 100 000 € kommt daher noch eine Begünstigung in Betracht. Auch sind demzufolge nur noch maximal 12,50 €/Std bei Nachtarbeit, 25 €/Std bei Sonntagsarbeit und 62,50 € bei Feiertagsarbeit steuerfrei. Dadurch wird der prozentuale höchstmögliche Zuschlagssatz nach oben begrenzt.

Tabellarischer Überblick (s auch *HMW*/Lohnzuschläge Rz 66):

Begünstigte Arbeitszeit	Höchstmöglicher Zuschlagssatz	Besonderheiten
– Nachtarbeit 20–6 Uhr	25 vH	bei Aufnahme vor 0 Uhr: 40 vH von 0–4 Uhr, zusätzlich Zuschlag für Sonntags- und Feiertagsarbeit von 0–4 Uhr des auf den Sonn- oder Feiertag folgenden Tages;
– Sonntagsarbeit 0–24 Uhr	50 vH	nicht neben Feiertagszuschlägen;
– Feiertagsarbeit 0–24 Uhr und Silvester ab 14 Uhr;	125 vH	daneben kein Zuschlag für Sonntagsarbeit;
– Weihnachten 24. 12. bis 26. 12., 24 Uhr sowie 1. Mai.	150 vH	daneben kein Zuschlag für Sonntagsarbeit

Die gesetzlichen Feiertage werden durch die am Ort der Arbeitsstätte geltenden Vorschriften bestimmt (§ 3b Abs 2 Satz 4 EStG).

4. Beispiele (BeckPersHB/Bd II StW IV Sonntags-, Feiertags- und Nachtarbeit: Nacht- 31 arbeit an Sonn- und Feiertagen):

– Für Arbeit an einem Sonntag von 6 Uhr bis Montag 6 Uhr wird ein Zuschlag von 100 vH gezahlt. Davon sind steuerfrei für Arbeit von
 Sonntag 6 Uhr bis 20 Uhr   50 vH

381 Sonn- und Feiertagsarbeit

Sonntag 20 Uhr bis 24 Uhr (50 vH + 25 vH Nachtzuschlag)	75 vH
Montag 0 Uhr bis 4 Uhr (50 vH + 40 vH Nachtzuschlag)	90 vH
Montag 4 Uhr bis 6 Uhr als Nachtzuschlag	25 vH

– Für Arbeit an Feiertagen von 6 Uhr bis 6 Uhr des folgenden Tages wird ein Zuschlag von 150 vH gezahlt. Davon sind steuerfrei für Arbeit

am Feiertag 6 Uhr bis 20 Uhr	125 vH
Feiertag 20 Uhr bis 24 Uhr (125 vH + 25 vH Nachtzuschlag)	150 vH
auf den Feiertag folgender Tag (0 Uhr bis 4 Uhr 125 vH + 40 vH Nachtzuschlag) an sich 165 vH, höchstens aber der gezahlte Zuschlag	150 vH
auf den Feiertag folgender Tag von 4 Uhr bis 6 Uhr als Nachtzuschlag.	25 vH

Zur Optimierung der Zuschläge s *Fischer/Hoberg* DB 06, 1333 mit Bsp.

C. Sozialversicherungsrecht *Schlegel*

32 **1. Bedeutung** hat die Sonn- und Feiertagsarbeit ebenso wie die Nachtarbeit sozialversicherungsrechtlich insbesondere insoweit, als hierfür in aller Regel Zuschläge zum sonstigen Lohn/Gehalt gezahlt werden, um Erschwernisse auszugleichen, die der ArbN deshalb auf sich nehmen muss, weil er an den vorgenannten Tagen bzw Zeiten arbeitet.

33 **2. Beitragsrecht. a) Zuschläge zum „normalen" Stundenlohn** (Grundlohn) für Sonntags- und Feiertagsarbeit sind Arbeitsentgelt iSd § 14 SGB IV, soweit sie nicht steuerfrei sind (§§ 17 SGB IV, SvEV). Es handelt sich um laufendes Arbeitsentgelt, das demjenigen Entgeltabrechnungszeitraum zuzurechnen ist, in dem es erarbeitet wurde. Werden derartige Zuschläge nicht bereits in dem Abrechnungszeitraum berücksichtigt bzw ausgezahlt, in dem sie erarbeitet wurden, sondern später nachgezahlt, so werden sie durch diese Nachzahlung nicht zu einmalig gezahltem Arbeitsentgelt; es ist vielmehr auch nachträglich auf die Abrechnungszeiträume ihrer jeweiligen Erarbeitung zu verteilen und mit dem in diesem Zeitpunkt geltenden Beitragssatz zur Beitragszahlung heranzuziehen, soweit nicht mit den sonstigen Bezügen dieses Zeitraums bereits die anteilige JAEGrenze/anteilige Beitragsbemessungsgrenze überschritten ist (vgl BSG 27.10.89 – 12 RK 9/88, SozR 2200 § 385 Nr 22).

34 **b) Lohnsteuerfreie Zuschläge.** Gem § 1 Abs 1 Nr 1 SvEV werden dem Arbeitsentgelt laufende Zulagen und Zuschüsse sowie ähnliche Einnahmen nicht zugerechnet, soweit sie lohnsteuerfrei sind. Dies gilt nicht für Sonntags-, Feiertags- und Nachtarbeitszuschläge, soweit das Entgelt, auf das sie berechnet werden, mehr als **25 €** beträgt. Somit ist bei Zuschlägen für Sonn- und Feiertagsarbeit wie folgt vorzugehen: Es ist zu prüfen, ob das Entgelt pro Stunde (Stundengrundlohn iSv § 3b EStG), für das die Zuschläge gezahlt werden, über 25 € liegt; ist dies nicht der Fall, sind die Zuschläge nicht dem Arbeitsentgelt zuzurechnen und damit auch beitragsfrei, soweit sie steuerfrei sind. Liegt das Entgelt pro Stunde (Stundengrundlohn), für das die Zuschläge gezahlt werden, über 25 €, sind nur die auf einen Grundlohn-Betrag von bis 25 € entfallenden Zuschläge, nicht jedoch die auf den Betrag von über 25 € entfallenden Zuschläge im Rahmen ihrer Steuerfreiheit auch beitragsfrei (vgl Besprechungsergebnis der Spitzenverbände vom 22.6.2006 zum HBeglG 2006). Entsprechendes gilt für Arbeit am 24.12. ab 14.00 Uhr, am 25. und 26.12. sowie am 1.5. die in § 3b EStG genannten vH-Sätze für Arbeit am 31.12. ab 14.00 Uhr (§§ 3b Abs 1 EStG, § 1 AvEV). Was unter Sonn- und Feiertagsarbeit zu verstehen ist, bestimmt sich auch im Rahmen der §§ 14, 17 SGB IV, § 1 SvEV nach § 3b Abs 2 Satz 3, Abs 3 EStG; Einzelheiten s oben Rz 16 ff.

35 **Ausnahme:** Für die gesetzliche UV bestimmt § 1 Abs 2 SvEV, dass Zuschläge für Sonn-, Feiertags- und Nachtarbeit selbst dann dem Arbeitsentgelt zuzurechnen sind, wenn sie lohnsteuerfrei sind (leistungsrechtlich gilt dies nicht für Erwerbseinkommen, das bei einer Hinterbliebenenrente zu berücksichtigen ist). Für die RV, KV, PflegeV und ArblV bleibt es indessen bei dem Grundsatz, dass, soweit für die oben genannten Zuschläge LStFreiheit besteht, auch keine Beiträge zu diesen Versicherungszweigen zu entrichten sind (Besonderheiten gelten für freigestellte BRatMitglieder, denen derartige Zuschläge gewährt werden, obgleich entsprechende Arbeit nicht geleistet wird, s *Betriebsratsfreistellung* Rz 42–44).

36 **3. Leistungsrecht. a) Bemessungsgrundlage.** Bei der Ermittlung der für Lohnersatzleistungen maßgeblichen Bemessungsgrundlage sind Zuschläge für Nacht-, Feiertags- und Sonntagsarbeit (ebenso wie Erschwerniszulagen, Schmutzzulagen, Lärmzulagen) als Arbeitsentgelt nur zu berücksichtigen, soweit keine Steuerfreiheit besteht. Denn der Begriff des Arbeitsentgelts im Leistungsrecht knüpft an denselben Arbeitsentgeltbegriff wie das Beitragsrecht an, sofern das Gesetz keine ausdrücklichen Sonderbestimmungen vorsieht. Damit tragen steuerfreie Zuschläge für Nacht- und Feiertagsarbeit selbst dann nicht zur Erhöhung von Lohnersatzleistungen bei, wenn sie regelmäßig anfallen (für das AlGeld: BSG 14.6.88 – 7 RAr 123/87, SozR 4100 § 112 Nr 40).

b) Anrechnung der Zuschläge auf Lohnersatzleistungen. Da es sich, wie ausgeführt, 37 bei den zusätzlich zum Grundlohn gezahlten steuerfreien Zuschlägen für tatsächlich geleistete Sonntags-, Feiertags- und Nachtarbeit nicht um Arbeitsentgelt handelt, bzw diese Zuschläge gem den §§ 14, 17 Abs 1 SGB IV, 1 SvEV nicht dem Arbeitsentgelt zuzurechnen sind, bleiben diese Zuschläge allerdings auch unberücksichtigt, soweit Arbeitsentgelt auf Lohnersatzleistungen anzurechnen ist (zu dem Arbeitsentgelt, um das das Übergangsgeld gem § 18 f Abs 1 AVG aF/§ 241 f RVO aF gekürzt wird, gehören deshalb lohnsteuerfreie Zuschläge nicht; BSG 16.2.89 – 4 RA 2/88, SozR 2200 § 1241 f Nr 4 = NZA 89, 656; s *Anrechnung anderweitigen Einkommens* Rz 5 ff).

Sonstige Bezüge

A. Arbeitsrecht
Griese

Der Begriff „Sonstige Bezüge" hat **keine eigenständige arbeitsrechtliche Bedeutung.** 1 Die unter diesen steuerrechtlichen Begriff fallenden einmaligen, nicht zum laufenden Arbeitsentgelt gehörenden Zahlungen, wie etwa *Einmalzahlungen, Urlaubsgeld, Abfindung*, sind jeweils dort erörtert.

B. Lohnsteuerrecht
Seidel

1. Begriff. Ein sonstiger Bezug ist der Arbeitslohn, der nicht als laufender Arbeitslohn 2 bezahlt wird (s *Lohnsteuerberechnung* Rz 12). Dazu gehören insbesondere einmalige Arbeitslohnzahlungen, die neben dem laufenden Arbeitslohn gezahlt werden, zB 13. und 14. Monatsgehälter, einmalige Abfindungen und Entschädigungen, nicht fortlaufend gezahlte Gratifikationen, Tantiemen und Urlaubsgelder, Entschädigungen zur Abgeltung nicht genommenen Urlaubs, Jubiläumszuwendungen, unregelmäßig gezahlte Erfindervergütungen, Weihnachtszuwendungen sowie Nachzahlungen und Vorauszahlungen, wenn sie sich ganz oder teilweise auf Lohnzahlungszeiträume (s *Lohnsteuerberechnung* Rz 6) beziehen, die in einem anderen Jahr als dem der Zahlung enden (LStR 39b.2 Abs 2 Nr 8).

2. Ermittlung der Lohnsteuer. a) Zeitpunkt. Ein sonstiger Bezug wird in dem Kj 3 bezogen, in dem er dem ArbN zufließt (§ 38a Abs 1 EStG). Zu diesem Zeitpunkt ist auch die LSt einzubehalten, so dass auch die für den Tag des Zuflusses geltenden ELStAM zugrunde zu legen sind (LStR 2011 39b.5 Abs 1 zur früheren LStKarte).

b) Berechnung. Der LStAbzug von sonstigen Bezügen muss anders geregelt werden als 4 der LStAbzug vom laufenden Arbeitslohn, denn beim LStAbzug wird von einem regelmäßig in gleicher Höhe zufließenden Arbeitslohn ausgegangen (s *Lohnsteuerberechnung* Rz 3). Wegen der Progression käme es bei einer Hinzurechnung der sonstigen Bezüge zum laufenden Arbeitslohn zu einer überhöhten Einbehaltung von LSt. Ein zutreffender LStAbzug lässt sich nur dadurch erreichen, dass die auf die sonstigen Bezüge entfallende LSt mit dem Unterschiedsbetrag erhoben wird, der sich bei Ermittlung der JahresLSt für den voraussichtlichen Jahresarbeitslohn zuzüglich des sonstigen Bezugs und auf den voraussichtlichen Jahresarbeitslohn ohne den sonstigen Bezug ergibt (*Schmidt/Krüger* § 39b Rz 4).

Daher bestimmt § 39b Abs 3 Satz 1 EStG, dass der ArbGeb zunächst den voraussichtlichen 5 Jahresarbeitslohn ohne den sonstigen Bezug festzustellen hat. Dabei sind der laufende Arbeitslohn, der für die im Kj bereits abgelaufenen Lohnzahlungszeiträume zugeflossen ist, und die in diesem Kj bereits zugeflossenen sonstigen Bezüge mit dem laufenden Arbeitslohn zusammenzurechnen, der sich voraussichtlich für die Restzeit des Kj ergibt. Dieser künftige Arbeitslohn kann auch durch Umrechnung des bisher zugeflossenen laufenden Arbeitslohns ermittelt werden. Im Kj früher gezahlte sonstige Bezüge iSd § 39b Abs 3 Satz 9 EStG (Vergütung für mehrjährige Tätigkeit – § 34 Abs 2 Nr 4 EStG und Entschädigungen – § 34

382 Sonstige Bezüge

Abs 2 Nr 2 EStG; s auch *Außerordentliche Einkünfte* Rz 4 ff und unten Rz 10) sind nur mit einem Fünftel anzusetzen. Bei der Berechnung der LSt, der einem ehemaligen ArbN nach einem **Wechsel** von der **unbeschränkten** in die **beschränkte Steuerpflicht** in diesem Kj zufließt, ist der während der Zeit der unbeschränkten Stpfl bezahlte Arbeitslohn im Jahresarbeitslohn zu berücksichtigen (BFH 25.8.09 – I R 33/08, DStRE 09, 1367). Künftige sonstige Bezüge, deren Zahlung bis zum Ablauf des Kj zu erwarten ist, sind nicht zu erfassen. Hat der ArbN den Ausdruck der elektronischen LStBescheinigung aus einem vorausgegangenen Dienstverhältnis im Kj nicht vorgelegt (wozu er nicht verpflichtet ist), ist der für die Ermittlung des voraussichtlichen Jahresarbeitslohns der Arbeitslohn bei früheren ArbGeb mit dem Betrag anzusetzen, der sich ergibt, wenn der laufende Arbeitslohn im Monat der Zahlung des sonstigen Bezugs entsprechend der Beschäftigungsdauer bei früheren ArbGeb hochgerechnet wird (§ 39b Abs 3 Satz 2 EStG). Der ArbGeb hat dann allerdings im Lohnkonto und bei Erstellen der LStBescheinigung den Großbuchstaben S einzutragen; dadurch wird der ArbN verpflichtet, eine EStErklärung abzugeben (§ 46 Abs 2 Nr 5a EStG; s auch *Antragsveranlagung* Rz 16). Will er dies vermeiden, muss der ArbN dem ArbGeb alle LStBescheinigungen aus den vorangegangenen Dienstverhältnissen im Kj vorlegen. Berechnungsbeispiele zur Ermittlung des voraussichtlichen Jahresarbeitslohns s LStR 39b.6.

6 An die Ermittlung des voraussichtlichen Jahresarbeitslohns schließt sich die Feststellung des maßgebenden Jahresarbeitslohns an. Dazu sind vom voraussichtlichen Jahresarbeitslohn ggf der Versorgungsfreibetrag nach § 19 Abs 2 EStG und der Altersentlastungsbetrag (§ 24a EStG; s auch *Altersentlastungsbetrag* Rz 6) sowie ein etwaiger in den ELStAM mitgeteilten Jahresfreibetrag (s *Lohnsteuerermäßigung* Rz 3 ff) abzuziehen und ein etwaiger Jahreshinzurechnungsbetrag (s *Lohnsteuerermäßigung* Rz 10) hinzuzurechnen (§ 39b Abs 3 Satz 3 EStG). Der maßgebende Jahresarbeitslohn kann auch negativ sein (LStR 39b.6 Abs 1 Satz 3). Für den so ermittelten Jahresarbeitslohn ist die LSt unter Berücksichtigung der als ELStAM mitgeteilten Steuerklasse zu ermitteln (§ 39b Abs 3 Satz 7 EStG). Im Rahmen der Anwendung des Satzes 4 ist in die Bemessungsgrundlage für die Vorsorgepauschale ab 2010 ein sonstiger Bezug für mehrjährige Tätigkeiten (§ 34 Abs 1 und 2 Nr 4 EStG) einzubeziehen (§ 39b Abs 3 Satz 10 EStG). Für 2009 gilt dies auch hinsichtlich der Entschädigungen nach § 34 Abs 1 und 2 Nr 2 EStG iVm § 24 Nr 1 EStG (§ 52 Abs 51a EStG; s zur Vorsorgepauschale auch *Lohnsteuertabellen* Rz 8–20).

7 Außerdem ist die JahresLSt für den maßgebenden Jahresarbeitslohn unter Einbeziehung des sonstigen Bezugs zu ermitteln. Dabei ist der sonstige Bezug, soweit es sich um eine Vergütung für mehrjährige Tätigkeit handelt (s unten Rz 10), vor Hinzurechnung zum maßgebenden Jahresarbeitslohn um evtl bei dessen Ermittlung nicht ausgeschöpfte Freibeträge (Versorgungsbezüge, Altersentlastungsbetrag) zu kürzen (§ 39b Abs 3 Sätze 5 und 6 EStG). Der Unterschied zwischen den so ermittelten Jahreslohnsteuerbeträgen ist die LSt, die von dem sonstigen Bezug einzubehalten ist (§ 39b Abs 3 Satz 8 EStG).

8 Berechnungsschema

Voraussichtlicher Jahresarbeitslohn ....
– Versorgungsfreibetrag ....
– Altersentlastungsbetrag ....
– Jahresfreibetrag LStKarte ....
+ Jahreshinzurechnungsbetrag ....
Maßgebender Jahresarbeitslohn ....

JahresLSt I ....
+ Sonstiger Bezug ....
(– Versorgungsfreibetrag ....
 – Altersentlastungsbetrag, ...
+ Jahreshinzurechnungsbetrag ....
wenn nicht bei der Ermittlung des maßgebenden Jahresarbeitslohns bereits berücksichtigt) ....
Jahresarbeitslohn mit sonstigem Bezug ....
– JahresLSt II ....
LSt auf sonstigen Bezug ....

Zur Bemessung der LSt nach Pauschsteuersätzen s *Lohnsteuerpauschalierung* Rz 15–18. Bei der Ermittlung der auf den sonstigen Bezug entfallenden **Zuschlagsteuern** (KiSt, SolZ) ist, anders als bei laufenden Bezügen (s *Solidaritätszuschlag* Rz 5), die für den sonstigen Bezug ermittelte LSt unmittelbar – ohne Berücksichtigung der Kinderfreibeträge – Bemessungsgrundlage (§ 51a Abs 2a Satz 1 EStG iVm BMF 24.11.95, BStBl I 95, 719 Tz 42 – ArbGebMerkblatt zum 1.1.96). 9

c) Außerordentliche Einkünfte. Stellt der sonstige Bezug eine **Entlohnung für mehrjährige Tätigkeit** dar (s *Außerordentliche Einkünfte* Rz 17 ff), so wird die durch die zusammengeballte Lohnzahlung auftretende Tarifprogression dadurch gemindert, dass der sonstige Bezug bei der vorstehenden Berechnung nur mit einem Fünftel angesetzt wird und die auf dieses Fünftel entfallende LSt verfünffacht wird; ist das verbleibende zu versteuernde Einkommen negativ (zB wegen eines Freibetrags auf der LStKarte) und das zu versteuernde Einkommen positiv (zB stpfl Teil einer Abfindung), beträgt die ESt das Fünffache der auf ein Fünftel des zu versteuernden Einkommens entfallenden ESt. Bei stpfl **Entschädigungen** (§ 34 Abs 1 und 2 Nr 2 EStG; s auch *Außerordentliche Einkünfte* Rz 5–15) wird seit 1.1.99 ebenso verfahren (§ 39b Abs 3 Satz 9 iVm § 34 Abs 1 Satz 3 EStG). Bei netto gezahlten sonstigen Bezügen s *Nettolohnvereinbarung* Rz 18. Bei beschränkt stpfl ArbN (s *Lohnsteuerberechnung* Rz 18 ff) ist § 39b Abs 3 Satz 9 EStG ab 2008 anzuwenden (§ 50 Abs 1 Satz 3 EStG; LStH 39b.6). Zur Berücksichtigung im Rahmen der Vorsorgepauschale s oben Rz 6 und *Lohnsteuertabellen* Rz 20. Liegen die Voraussetzungen für die Steuerermäßigung nicht vor, ist die Entschädigung als regulär zu besteuernder Bezug zu behandeln (LStR 39b.6 Abs 5). 10

d) Ausgeschiedene Arbeitnehmer. Sonstige Bezüge an ArbN, die im Zeitpunkt der Zahlung Arbeitslohn von einem **anderen ArbGeb** beziehen, sind ebenfalls entsprechend dem dargestellten Schema zu besteuern. Allerdings haben diese ArbN dem früheren ArbGeb zum Zwecke der Bildung bzw des Abrufs von ELStAM mitzuteilen, dass es sich um ein zweites oder weiteres Dienstverhältnis handelt (§ 39e Abs 4 Nr 2 EStG). Die JahresLSt-Beträge sind in diesen Fällen nach der Steuerklasse VI zu ermitteln (s *Lohnsteuerklassen* Rz 11, 18). Bezieht der ArbN zur Zeit der Zahlung des sonstigen Bezugs **keinen** Arbeitslohn von einem **anderen ArbGeb**, ist der sonstige Bezug aufgrund der zum Ende des Lohnzahlungszeitraums des Zuflusses maßgebenden ELStAM für ein erstes Dienstverhältnis zu besteuern. Der voraussichtliche Jahresarbeitslohn ist dann auf der Grundlage der Angaben des ArbN zu ermitteln. Macht dieser keine Angaben, ist der beim bisherigen ArbGeb zugeflossene Arbeitslohn auf einen Jahresbetrag hochzurechnen. Dies ist nicht erforderlich, wenn mit dem Zufluss von weiterem Arbeitslohn im Laufe des Kj, zB wegen Alters oder Erwerbsunfähigkeit, nicht zu rechnen ist (LStR 39b.6 Abs 3). Der frühere ArbGeb muss den ArbN dafür erneut bei der FinVerw anmelden. Ansonsten ist der LSt-Abzug ebenfalls nach Steuerklasse VI vorzunehmen (s auch *Lohnsteuerabzugsmerkmale* Rz 21). 11

3. Eintragung in der Lohnsteuerbescheinigung, insbesondere des Großbuchstaben S in den Fällen mehrerer Dienstverhältnisse im Kj (s oben Rz 5) s *Lohnsteuerbescheinigung* Rz 11, 17. 12

C. Sozialversicherungsrecht
Schlegel

1. Pauschal besteuerte sonstige Bezüge. a) Fiktion des § 1 Abs 1 Satz 1 Nr 2 SvEV. Nach § 1 Abs 1 Satz 1 Nr 2 SvEV gelten sonstige Bezüge iSv § 40 Abs 1 Satz 1 Nr 1 EStG, die nicht einmalig gezahltes Arbeitsentgelt sind, nicht als Arbeitsentgelt und sind damit beitragsfrei, soweit der ArbGeb die LSt mit einem Pauschalsteuersatz erheben kann (rechtliches Können) und er die LSt nach den §§ 39b, 39c oder § 39d EStG erhebt (tatsächliches Verhalten; vgl Satz 2 des § 1 Nr 1 SvEV). Die Regelung gilt nur für laufendes Arbeitsentgelt, das steuerrechtlich zu den sonstigen Bezügen gehört, nicht jedoch für sozialversicherungsrechtliche Einmalzahlungen. 13

b) Abgrenzung sonstige Bezüge – einmalig gezahltes Arbeitsentgelt. Sonstige Bezüge sind nach § 38a Abs 1 Satz 3 EStG der Arbeitslohn, der nicht als laufender Arbeitslohn gezahlt wird (oben Rz 2 ff; LStR 115). Der Begriff „sonstige Bezüge" des Steuerrechts deckt sich weitgehend, aber nicht vollständig mit dem Begriff „einmalig gezahltes Arbeitsentgelt" iSd SozV. Bei Einmalzahlungen iSd SozV steht nicht die **Zahlungsweise** – ein- 14 malige Zahlung von Arbeitsentgelt – im Vordergrund, sondern die **Zuordnung** des Entgelts zu einer bestimmten Arbeitsleistung.

15 **Einmalzahlungen** sind Zuwendungen, die nicht durch die Arbeit im Einzelnen, konkret bestimmbaren Entgeltabrechnungszeiträumen erwerben – erarbeitet – werden, sondern die für das Arbeitsverhältnis als solches gewährt werden (zB als Dank für Treue, Ansporn etc; zur Definition vgl § 23a SGB IV). Dementsprechend lässt es das Beitragsrecht zu, dass sie – anders als laufendes Arbeitsentgelt – beitragsrechtlich nicht nur im Kalendermonat ihrer Auszahlung, sondern nach Maßgabe des § 23a SGB IV auch auf zurückliegende Entgeltabrechnungszeiträume verteilt werden. Typische Einmalzahlungen sind zB Weihnachtsgeld, Urlaubsgeld, Treueprämien, Jubiläumszuwendungen, zusätzliche Monatsgehälter oder ein Bonus (Einzelheiten hierzu vgl *Einmalzahlungen*).

16 Demgegenüber ist das in einem bestimmten Entgeltabrechnungszeitraum erarbeitete Arbeitsentgelt oder Teile davon (zB Akkordspitzen, Schmutz-, Erschwernis-, Nachtzulagen etc) **laufendes Arbeitsentgelt.** Dies bleibt es auch dann und wird nicht zur Einmalzahlung, wenn es nicht sofort, sondern erst als Nachzahlung und „auf einmal" zB mit den für mehrere Entgeltabrechnungszeiträume bestimmten Arbeitsentgeltbestandteilen ausgezahlt wird (zB angesammelte Nachtzuschläge, Akkordspitzen etc). Dies gilt auch dann, wenn derartige Zahlungen steuerrechtlich als sonstige Bezüge angesehen werden. Laufendes Arbeitsentgelt ist auch dann, wenn es nachgezahlt wird, auf diejenigen Entgeltabrechnungszeiträume zu verteilen, in denen es erarbeitet bzw verdient wurde (vgl BSG 27.10.89 – 12 RK 9/88, SozR 2200 § 385 Nr 22: nachträglich ausgezahlte Montagebeteiligungen; BSG 15.5.84 – 12 RK 28/83, SozR 2200 § 385 Nr 9: nachgezahlte Akkordspitzen). Eine Behandlung wie Einmalzahlungen (vgl § 23a SGB IV) scheidet insoweit aus.

17 **2. Keine Beitragsfreiheit für pauschalversteuerte Einmalzahlungen.** Die Fiktion des § 1 Abs 1 Satz 1 Nr 2 SvEV, dass die nach § 40 Abs 1 Satz 1 EStG pauschal versteuerten sonstigen Bezüge nicht dem Arbeitsentgelt zuzurechnen sind, gilt im **Grundsatz,** nur für laufendes Arbeitsentgelt, nicht für einmalig gezahltes Arbeitsentgelt. Nach der ursprünglichen Fassung der ArEV vom 6.7.77 (BGBl I 77, 1208) waren sonstige Bezüge nach § 40 Abs 1 Satz 1 Nr 1 EStG generell nicht dem Arbeitsentgelt zuzurechnen, soweit der ArbGeb die LSt mit einem Pauschalsteuersatz erhob (§ 2 Abs 1 Satz 1 Nr 4 ArEV aF). Mit dem Haushaltsbegleitgesetz 1984 vom 22.12.83 (BGBl I 84, 1532) hat der Gesetzgeber die Heranziehung und Verteilung von einmalig gezahltem Arbeitsentgelt neu geregelt und es zugelassen, sie beitragsrechtlich auch auf zurückliegende Entgeltabrechnungszeiträume zu verteilen, soweit es zusammen mit dem laufenden Arbeitsentgelt im Zeitraum seiner Auszahlung die anteilige (monatliche) Beitragsbemessungsgrenze übersteigt. Gleichzeitig wurde § 2 Abs 1 Satz 1 Nr 4 ArEV dahin geändert, dass nur noch diejenigen sonstigen Bezüge nach § 40 Abs 1 Satz 1 Nr 1 EStG nicht dem Arbeitsentgelt iSv § 14 Abs 1 SGB IV zuzurechnen sind, bei denen es sich nicht um einmalig gezahltes Arbeitsentgelt handelt. Damit sollte verhindert werden, die Beitragsfreiheit von einmalig gezahltem Arbeitsentgelt durch ihre Pauschalbesteuerung herbeizuführen (vgl BR-Drs 417/83 S 6).

18 Das BSG hat einmalig gezahltes Arbeitsentgelt zB bei **Mitarbeiterflügen** von Angestellten einer Fluggesellschaft (BSG 7.2.02 – B 12 KR 6/01 R, SozR 3–2400 § 23) oder **kostenloser Kontoführung** bei Bankangestellten angenommen (BSG 7.2.02 – B 12 KR 12/01 R, SozR 3–2400 § 28 f Nr 3) trotz ihrer Pauschalversteuerung als sonstige Bezüge blieben diese geldwerten Vorteile damit beitragspflichtiges Arbeitsentgelt.

19 Der Gesetzgeber hat auf Veranlassung der Spitzenverbände (vgl Die Beiträge 02, 547, 549) auf die genannte Rspr reagiert und in **§ 23a Abs 1 Satz 2 SGB IV** angeordnet, dass Zuwendungen dann nicht als einmalig gezahltes Arbeitsentgelt gelten, wenn sie vom ArbGeb unter folgenden Umständen erbracht werden
1. zur Abgeltung bestimmter Aufwendungen des Beschäftigten, die auch im Zusammenhang mit der Beschäftigung stehen
2. als Waren oder Dienstleistungen, die vom ArbGeb nicht überwiegend für den Bedarf seiner Beschäftigten hergestellt, vertrieben oder erbracht werden und monatlich in Anspruch genommen werden können
3. als sonstige Bezüge oder
4. als vermögenswirksame Leistungen.

Bei den **pauschal nach § 40 Abs 1 Satz 1 Nr 1 EStG versteuerten „sonstigen Sachbezüge"** kommt es nicht darauf an, ob es sich um regelmäßige, fortlaufende, wiederholt oder nur einmalige Zuwendungen (geldwerte Vorteile) handelt (vgl BSG 31.1.2012 – B 12 R 15/11 Rz 22 für pauschal versteuerte Belobigungsprämien, die ein ArbGeb den Mitarbeitern eines seiner Verkaufsteams gewährt hat; konkret ging es um ein betriebliches Belohnungssystem, bei dem der ArbGeb denjenigen ArbN, die dem in einem bestimmten Zeitraum erfolgreichsten Verkaufsteam angehörten, Prämien gewährte, die das Team – nicht der einzelnen ArbN – für Gemeinschaftsveranstaltungen verwenden konnten, z. B. Kurzreisen, vgl auch *Incentivreisen Rz 14, 15*).

In diesen Fällen sind die Beiträge bei Pauschalbesteuerung durch den ArbGeb – abweichend von der allgemeinen Regel des § 1 Abs 1 Satz 1 Nr 1 SvEV – nicht dem Arbeitsentgelt zuzurechnen und beitragsfrei. Zur Begründung der Neuregelung wurde im Ausschuss für Wirtschaft und Arbeit sinngemäß ausgeführt, dass diese Leistungen des ArbGeb unter Beibehaltung der bisherigen praktischen Handhabung der SozVTräger – und zur Abwendung der Rspr des BSG – bei Pauschalbesteuerung weiterhin beitragsfrei sein sollen. Eine Erstreckung der Beitragsfreiheit von sonstigen Bezügen iSv § 40 Abs 1 Nr 1 EStG auf (sämtliche) einmalig gezahlte Entgelte wäre zu umfassend und wegen der möglichen negativen Auswirkungen auf den GesamtSozVBeitrag nicht vertretbar (vgl G vom 23.12.02, BGBl I 02, 4621, BT-Drs 15/91 zu Art 2 Nr 7a). 20

3. Berechnung des Elterngeldes. Wie auch andere Entgeltersatzleistungen ist das Elterngeld dazu bestimmt, das zuletzt (vor der Geburt des Kindes) zum Lebensunterhalt dienende Einkommen zu ersetzen. Seiner Berechnung müssen deshalb diejenigen Einkünfte zugrunde gelegt werden, die während des gesetzlich definierten letzten wirtschaftlichen Dauerzustandes den Lebensstandard des Elterngeldberechtigten geprägt haben. Zu berücksichtigen sind beim Elterngeldberechtigten alle ihm im maßgebenden Zwölfmonatszeitraum vor dem Monat der Geburt zugeflossenen laufenden Einnahmen aus nichtselbstständiger Arbeit; nicht in die Bemessungsgrundlage gehen Einkünfte iSd § 2 Abs 1 EStG ein, die ausdrücklich steuerfrei gestellt sind (zur Nichtberücksichtigung steuerfreier Beitragszahlungen des ArbGeb an eine Pensionskasse vgl BSG 25.6.2009 – B 10 EG 9/08 R, SozR 4–7837 § 2 Nr 3; steuerfreie Zuschläge zur Sonntags-, Feiertags- und Nachtarbeit, BSG 5.4.12 – B 10 EG 3/11 R). Gem § 2 Abs 7 Satz 2 BEEG in seiner ab 1.1.2011 geltenden Fassung werden im LStVerfahren als sonstige Bezüge iS von § 38a Abs 1 Satz 3 EStG behandelte Einnahmen nicht (mehr) berücksichtigt (zur Berücksichtigung nachträglich zugeflossenen Lohns beim Elterngeld für Zeiten vor dem 1.1.2011 vgl BSG 18.8.11 – B 10 EG 5/11 R). Ist der Lohn rechtswidrig vorenthalten worden und erst nachträglich zugeflossen und daher nach § 2 Abs 7 BEEG nF nicht mehr zu berücksichtigen, kann dies bei schuldhaftem Verhalten des ArbGeb mE einen auf entgangenes Elterngeld gerichteten **Schadensersatzanspruch** des ArbN auslösen. 21

Sozialeinrichtungen

A. Arbeitsrecht *Kreitner*

1. Allgemeines. Bei betrieblichen Sozialeinrichtungen muss der ArbGeb die zwingenden Mitbestimmungsrechte des BRat beachten. Nach § 87 Abs 1 Nr 8 BetrVG unterliegen Form, Ausgestaltung und Verwaltung von Sozialeinrichtungen der Mitbestimmung des BRat. 1

2. Begriff. Unter Sozialeinrichtung iSd BetrVG (vor 1972: Wohlfahrtseinrichtung; § 56 Abs 1 Buchst e BetrVG 1952) versteht man ein **zweckgebundenes Sondervermögen,** in dem ein Teil der sachlichen oder finanziellen Mittel des Unternehmens abgesondert und einer eigenen Organisation und Verwaltung unterstellt werden (ständige Rspr BAG 8.11.11 – 1 ABR 37/10, NZA 12, 462). Nur bei ausreichend deutlicher Eigenständigkeit ist das Merkmal der „Einrichtung" erfüllt. Fehlt es hieran, wie bspw bei bloßen Bilanzrückstellungen zum Zweck der betrieblichen Altersversorgung, scheidet zwar eine Sozialeinrichtung 2

383 Sozialeinrichtungen

aus, regelmäßig bleibt aber eine mögliche Mitbestimmung des BRat nach § 87 Abs 1 Nr 10 BetrVG zu beachten (vgl zB BAG 9.5.89, DB 89, 2491).

3 Wegen der sozialen Zweckrichtung setzt die Qualifizierung einer Maßnahme als Sozialeinrichtung iSd § 87 Abs 1 Nr 8 BetrVG voraus, dass hierdurch den ArbN oder ihren Familienangehörigen zusätzliche Vorteile gewährt werden. **Jegliche Vorteile** – auch solche immaterieller Art – genügen.

4 Unerheblich sind die **Motive des Arbeitgebers,** die ihn zur Errichtung einer Sozialeinrichtung bewogen haben. Eine besondere Uneigennützigkeit aufseiten des ArbGeb ist nicht erforderlich, denn es kommt für die Frage der Mitbestimmungspflicht allein auf die objektiv bestehende Sachlage an (*Fitting* § 87 Rz 337; *DKK/Klebe* § 87 Rz 208).

5 Erforderlich ist schließlich, dass die Einrichtung durch den **Arbeitgeber** veranlasst worden ist. Er muss zumindest bei wirtschaftlicher Betrachtungsweise als **Stifter** anzusehen sein. Weder eine Vorteilsgewährung durch Dritte noch eine Selbsthilfeeinrichtung der ArbN erfüllt daher die begrifflichen Voraussetzungen einer Sozialeinrichtung iSd § 87 Abs 1 Nr 8 BetrVG (*Röder* NZA 87, 799). Gleiches gilt für gemeinsame Einrichtungen der Tarifparteien (BAG 3.2.65, BB 65, 708).

6 **3. Einzelfälle aus Rechtsprechung und Schrifttum. a) Sozialeinrichtungen** wurden **bejaht** bei: Erholungseinrichtungen (BAG 3.6.75, DB 75, 1752), Fortbildungseinrichtungen (*Richardi* § 87 Rz 619), Kantinen (BAG 15.9.87, DB 88, 404; BAG 11.7.00 – 1 AZR 551/99, NZA 01, 462), Kindergärten (BAG 22.10.81, DB 82, 811; LAG Hamm 27.11.75, DB 76, 201), Kindertagesstätten (nur sofern diese ausschließlich den Familien der ArbN zur Verfügung stehen: BAG 10.2.09 – 1 ABR 94/07, NZA 09, 562), Mitarbeiterbeteiligungsgesellschaft (LAG Hamm 21.1.08 – 2 Ta 363/07, BeckRS 2008, 51290), Sportanlagen (*Fitting* § 87 Rz 347), Parkplätzen (GK-BetrVG/*Wiese* § 87 Rz 491), Parkhaus (VGH Kassel 24.6.93, NZA 94, 432), Pensions- und Unterstützungskassen (BAG 15.2.11 – 3 AZR 196/09, BeckRS 2011, 73996; 9.12.08 – 3 AZR 384/07, NZA 09, 1341; LAG Hess 15.2.08 – 8 Ta 259/07, BeckRS 2008, 53184: sofern sie nicht allgemein am Markt tätig sind), Verkaufsautomaten (BAG 16.10.65, BB 66, 78), Werksbücherei (*Schaub/Koch* § 235 Rz 81), Werkbusverkehr (BAG 9.7.85, DB 86, 230; LAG SchlHol 17.3.83, BB 84, 140), Eisenbahn-Wohnungseinrichtungen (BVerwG 28.6.2000 – 6 P 1/00, NZA 2000, 1123), Werkmietwohnungen (Sonderregelung in § 87 Abs 1 Nr 9 BetrVG), Beschäftigungsgesellschaft (BAG 23.8.01 – 5 AZB 11/01, DB 01, 2559, NZA 02, 230); Härtefonds eines Sozialplans (LAG Düsseldorf 28.2.07 – 12 TaBV 117/06, BeckRS 2007, 47013).

7 **b) Keine Sozialeinrichtungen** sind: ArbGebDarlehen ohne abgesonderten Fonds (BAG 9.12.80, DB 81, 996), Betriebsfeiern und Betriebsausflüge (BAG 27.1.98 – 1 ABR 35/97, NZA 98, 835; *Berger-Delhey/Platz* DB 88, 857), Betriebskrankenkassen als gesetzliche Träger der SozV (GK-BetrVG/*Wiese* § 87 Rz 695), Bilanzrückstellungen (LAG Frankfurt 16.3.76, BB 77, 796; LAG Hbg 22.11.73, DB 74, 634; LAG Hamm 21.3.74, DB 74, 1239), Ausgabe von Essenmarken unmittelbar an die ArbN (BAG 15.1.87, DB 87, 2315), Fahrradeinstellplätze innerhalb des umzäunten Betriebsgeländes (LAG BaWü 4.11.86, NZA 87, 428 [LS]), Gratifikationen (BAG 13.7.62, DB 62, 1473), Personalverkauf – selbst unter Einsatz sächlicher Betriebsmittel – (BAG 8.11.11 – 1 ABR 37/19, NZA 12, 462), Vermittlung des verbilligten Warenbezugs durch den ArbGeb (LAG Hamm 22.12.82, DB 83, 1985), Werkzeitungen (*Fitting* § 87 Rz 348).

8 **4. Wirkungsbereich.** In **sachlicher Hinsicht** ist Wirkungsbereich eine Sozialeinrichtung der Betrieb, das Unternehmen oder der Konzern. Vereinbarungen über die Sozialeinrichtung sind dementsprechend vom ArbGeb mit dem BRat, GBRat oder KBRat zu treffen. In **persönlicher Hinsicht** muss die Sozialeinrichtung den ArbN oder ihren Angehörigen zugute kommen. Sie darf nicht einem unbeschränkten Personenkreis zur Verfügung stehen. Wird Außenstehenden als Gästen die Nutzung ermöglicht, so ist dies unschädlich (BAG 21.6.79, DB 79, 2039).

9 **5. Umfang der Mitbestimmung.** Zu unterscheiden ist zwischen der freien unternehmerischen Entscheidung, **ob** eine Sozialeinrichtung errichtet oder geschlossen werden soll, einerseits und der konkreten **Ausgestaltung** der Sozialeinrichtung andererseits. Einzig der letztere Gesichtspunkt unterliegt der Mitbestimmung des BRat.

Sozialeinrichtungen

a) Mitbestimmungsfrei. Die Entscheidung des ArbGeb über die Errichtung oder Schließung einer Sozialeinrichtung ist mitbestimmungsfrei, wie dies § 88 Nr 2 BetrVG zeigt. Gleiches gilt bezüglich der Veräußerung einer Sozialeinrichtung (*Bachmann* NZA 02, 1130). Ebenfalls mitbestimmungsfrei entscheidet der ArbGeb über den Umfang der zur Verfügung gestellten Mittel (Dotierung) sowie die Zweckbestimmung (BAG 15.9.87, DB 88, 404; 26.4.88, DB 88, 2411). Stellt der ArbGeb zB ein Wohnhaus für Werkmietwohnungen zur Verfügung, so kann der BRat nicht eine anderweitige Nutzung des Hauses als Erholungsheim oder Betriebskindergarten verlangen. Ebenfalls mitbestimmungsfrei ist die generelle Festlegung des Kreises der Begünstigten einschließlich der Art der zu gewährenden Leistungen (BAG 26.4.88, DB 88, 2411; LAG Hamm 25.9.85, DB 86, 919). Insgesamt der Regelungsmacht der Betriebspartner entzogen ist auch eine Verpflichtung der ArbN zur Teilnahme an derartigen Sozialeinrichtungen. So stellt zB eine durch Betriebsvereinbarung geregelte Kostenbeteiligungsverpflichtung aller ArbN an den Kantinenkosten eine unzulässige Lohnverwendungsregelung dar (BAG 11.7.2000 – 1 AZR 551/99, NZA 01, 462).

b) Mitbestimmungspflichtig. Nach dem Wortlaut des § 87 Abs 1 Nr 8 BetrVG sind Form, Ausgestaltung und Verwaltung von Sozialeinrichtungen mitbestimmungspflichtig. Der BRat hat demnach ein erzwingbares Mitbestimmungsrecht hinsichtlich der erstmaligen Festlegung sowie einer späteren Änderung der Rechtsform der Sozialeinrichtung. Grenzen findet dieses Mitbestimmungsrecht nur insoweit, als über die Rechtsform Einfluss auf den mitbestimmungsfreien Dotierungsrahmen genommen würde, wie zB bei der Gründung einer GmbH mit mindestens 25 000 € Stammkapital.

Ausgestaltung und Verwaltung der Sozialeinrichtung umfassen die gesamte Organisation der Einrichtung bis hin zur **Geschäftsführung,** die Erstellung einer Satzung, die Bildung von Verwaltungsgremien, die Aufstellung einer Geschäftsordnung oder von **Benutzungsrichtlinien,** den Abschluss und die Kündigung von Pachtverträgen sowie sonstigen einzelnen Verwaltungsmaßnahmen (vgl zB BAG 15.9.87, DB 88, 404: Kantine; 26.4.88, DB 88, 2411: Betriebliche Altersversorgung).

6. Durchführung der Mitbestimmung. Regelmäßig werden die Vereinbarungen von ArbGeb und BRat in schriftlichen Betriebsvereinbarungen festgehalten. Möglich sind jedoch auch formlose Regelungsabreden.

a) Unselbstständige Einrichtung. Handelt es sich bei der Sozialeinrichtung um eine juristisch unselbstständige Einrichtung, so bietet sich die Einsetzung eines gemeinsamen Ausschusses nach § 28 Abs 3 BetrVG zur Verwaltung der Sozialeinrichtung an (vgl BAG 13.3.73, DB 73, 1458). Alternativ können ArbGeb und BRat auch ein anderes paritätisch besetztes Verwaltungsgremium bilden. Zulässig ist es auch, die Verwaltung teilweise oder insgesamt dem BRat zu übertragen. Dieser darf allerdings wegen der fehlenden Rechtsfähigkeit nicht Träger der Sozialeinrichtung sein (BAG 24.4.86, DB 86, 2680). Die Übertragung sämtlicher Verwaltungsaufgaben auf den ArbGeb ist unzulässig, da dies letztlich einem Verzicht des BRat auf zwingende Mitbestimmungsrechte gleichkäme.

b) Selbstständige Einrichtung. Ist die Sozialeinrichtung juristisch selbstständig, kann die Mitbestimmung des BRat auf zwei Wegen verwirklicht werden. Zum einen kann dem BRat durch Entsendung von BRatMitgliedern in die satzungsmäßigen Organe der Einrichtung gleichberechtigter Einfluss auf die Verwaltungsentscheidungen eingeräumt werden (sog **organschaftliche Lösung**). Mitbestimmungsrelevante Fragen werden dann innerhalb dieser Organe besprochen und entschieden (BAG 8.12.81, DB 82, 50).

Zum anderen können sämtliche Fragen, soweit sie den mitbestimmungspflichtigen Bereich betreffen, zunächst zwischen ArbGeb und BRat geklärt werden, um dann anschließend vom ArbGeb mit Hilfe des allgemeinen Weisungsrechts in der Sozialeinrichtung durchgesetzt zu werden (sog **zweistufige Lösung**). Dieses umständlichere Modell kommt immer dann zur Anwendung, wenn nähere Vereinbarungen über die Durchführung der Mitbestimmung zwischen den Betriebspartnern fehlen.

c) Besonderheiten. Sie bestehen, wenn die Sozialeinrichtung von einem **Pächter** geführt wird (zB Kantine). Da in diesen Fällen der Pachtvertrag regelmäßig zwischen ArbGeb und Pächter abgeschlossen wird, hat der BRat keine unmittelbare Einwirkungsmöglichkeit auf den Pächter. Hier ist es Aufgabe des ArbGeb, die auf betrieblicher Ebene getroffenen Vereinbarungen gegenüber dem Pächter durchzusetzen.

383 Sozialeinrichtungen

18 **d) Eigenständiger Betrieb.** Problematisch kann die Durchführung der Mitbestimmung ferner dann sein, wenn die Sozialeinrichtung einen eigenständigen, betriebsratsfähigen Betrieb darstellt. In diesem Fall ist zwischen der Mitbestimmung auf der Ebene des begünstigten Betriebes einerseits sowie der Mitbestimmung des BRat der Sozialeinrichtung andererseits zu unterscheiden. Die Mitbestimmung erfolgt zweistufig. Zunächst muss auf der Ebene des begünstigten Betriebes hinsichtlich der Verwaltung der Sozialeinrichtung eine Einigung der Betriebspartner herbeigeführt werden. Bei der Umsetzung dieser Entscheidung in der Sozialeinrichtung können dann weitere Mitbestimmungsrechte des dort bestehenden BRat ausgelöst werden, die sodann auf dieser Ebene zur betrieblichen Einigung zu führen sind (GK-BetrVG/*Wiese* § 87 Rz 758; *DKK/Klebe* § 87 Rz 212).

19 **7. Rechtsfolgen.** Verstöße gegen das Mitbestimmungsrecht des BRat nach § 87 Abs 1 Nr 8 BetrVG führen nach der Theorie der Wirksamkeitsvoraussetzung zur individualrechtlichen Unwirksamkeit der Maßnahme (BAG 26.4.88, DB 88, 2411; *Wiese* NZA 03, 1113). Hat zB ein ArbGeb die Mittel für die betriebliche Altersversorgung gekürzt und Versorgungszusagen gegenüber einzelnen ArbN widerrufen, so sind diese individualrechtlichen Widerrufserklärungen unwirksam, wenn der BRat bei der Umstrukturierung des Leistungsplans der betrieblichen Altersversorgung nicht beteiligt worden ist. Die Rechtsfolge der individualrechtlichen Unwirksamkeit tritt dabei unabhängig davon ein, ob es sich um eine rechtlich selbstständige Sozialeinrichtung handelt (BAG 26.4.88, DB 88, 2411).

Zu beachten ist allerdings, dass die individualrechtliche Unwirksamkeit nur im Verhältnis zwischen ArbGeb und BRat bzw ArbN eintritt. Das Rechtsverhältnis zu Dritten (zB Kantinenpächter) bleibt rechtswirksam. Bei fehlender Mitwirkung des BRat kann der ArbGeb jedoch im Außenverhältnis gegenüber Dritten zum Schadensersatz verpflichtet sein.

20 **8. Prozessuales.** Für die Anfechtung von Beitragszahlungen eines ArbGeb an eine Sozialeinrichtung des privaten Rechts ist der Rechtsweg zu den ordentlichen Gerichten gegeben (BGH 6.12.12 – IX ZB 84/12, NZA 13, 694).

B. Lohnsteuerrecht *Thomas*

21 **1. Steuerbarkeit.** Übernimmt der ArbGeb Aufwendungen, die beim ArbN Einkommensverwendungen beinhalten, so gewährt er regelmäßig Arbeitslohn. Dem steht grds nicht entgegen, dass die Zuwendungen aus Fürsorglichkeit oder sonstiger sozialer Einstellung erfolgen. Dementsprechend liegen, wie auch die diesbezüglichen Steuerbefreiungen zeigen (zB § 3 Nr 11 EStG für Bedürftigkeitsbeihilfen, § 3 Nr 33 EStG für Kindergärten, § 3b EStG für Sonntags-, Feiertags oder Nachtarbeitszuschläge usw), grds steuerbare Zuwendungen vor. Abweichend hiervon scheidet die Annahme von Arbeitslohn aus, wenn der betreffende Vorteil lediglich eine Form oder übliche Begleiterscheinung der Arbeitserbringung darstellt (Ausgestaltung des Arbeitsplatzes im weiteren Sinne; vgl *Arbeitsentgelt* Rz 51 ff) oder sich sonst als notwendige Begleiterscheinung betriebsfunktionaler Ziele erweist (s *Arbeitsentgelt* Rz 48 ff).

22 **2. Einzelfälle.** Vorab wird auf die Stichworte *Beihilfeleistungen, Betriebliche Altersversorgung, Betriebliche Bildung, Betriebskindergarten, Betriebssport, Betriebsveranstaltung, Bewirtungsaufwendungen, Essenszuschuss, Fürsorgepflicht, Gesundheitsvorsorge, Internet-/Telefonnutzung* und *Kur* hingewiesen. Als nicht steuerbare Sozialleistungen werden angesehen Sozialzuwendungen des ArbGeb aus Anlass von bestimmten **Betriebsfeiern,** wenn sie 110 € je Teilnehmer nicht überschreiten (R 19.3 Abs 2 Nr 3 LStR), ebenso wie pauschale Zuwendungen des ArbGeb zur **Sozialbetreuung** durch Dritte, wenn diese sich verpflichten, alle ArbN des Auftraggebers kostenlos in persönlichen und sozialen Angelegenheiten zu beraten und betreuen (R 19.3 Abs 2 Nr 4 LStR; vgl *Grote/Kellersmann* DStR 02, 741). Die Übernahme von Anwaltskosten für die Beratung nur einzelner (zB leitender) Angestellten etwa bei Abfindungen fällt nicht hierunter (zweifelnd FG Düsseldorf 31.5.2000 – 17 V 1736/00 A (H), EFG 01, 1613). Die Überlassung von **Parkplätzen** im Betrieb des ArbGeb ist kein steuerbarer Vorteil. Dagegen liegt Arbeitslohn vor, wenn dem ArbN eine vom ArbGeb angemietete Parkfläche zur ausschließlichen Nutzung überlassen wird (FG Köln 15.3.06 – 11 K 5680/04, EFG 06, 1516 = DStRE 06, 1053; vgl aber OFD Münster 25.6.07 DStR 07, 1677 und *Dienstwagen* Rz 28); jedenfalls, wenn sie auch außerhalb der Arbeitszeit genutzt werden darf

(*Kettler* DStZ 01, 667; *Zinnkann/Adrian* DB 06, 2256). **Personalrabatte,** die der ArbGeb einräumt, stellen Arbeitslohn dar. Auch bei **Preisnachlässen Dritter** kann Arbeitslohn vorliegen, wenn der ArbGeb in qualifizierter Form in die Verschaffung des Rabatts eingeschaltet war (BMF 27.9.93, BStBl I 93, 814; Einzelheiten bei *Arbeitsentgelt* Rz 73).

C. Sozialversicherungsrecht
Voelzke

1. Arbeitsentgelt. Beitrags- und leistungsrechtlich ist es ohne Bedeutung, ob vom Arb- 23
Geb gewährte zusätzliche Vorteile dem Begriff der Sozialeinrichtung iSd BetrVG unterfallen. Nicht zum Arbeitsentgelt in der SozV gehören diejenigen betrieblichen Sachleistungen, die der ArbGeb im **überwiegenden betrieblichen Interesse** erbringt und die nicht als Ertrag der nichtselbstständigen Arbeit des ArbN angesehen werden können (vgl zur Abgrenzung von privaten und betrieblichen Interessensphären *Schlegel/Voelzke/Werner* SGB IV § 14 Rz 53 ff). Hierzu gehören insbesondere Zuwendungen des ArbGeb, die an die Belegschaft in ihrer Gesamtheit erbracht werden und die der ArbN nicht unmittelbar für sich verwerten kann (zB die Schaffung von Sportanlagen, Büchereien, Aufenthalts- und Erholungsräumen, Dusch- und Badeeinrichtungen, Parkplätzen). Im Übrigen wird wegen der Vielfalt von Sozialeinrichtungen in der betrieblichen Praxis auf die Erläuterungen zu den Begriffen *Arbeitsentgelt* Rz 80 ff, *Arbeitskleidung* Rz 29, *Betriebliche Altersversorgung* Rz 207 ff, *Betriebskindergarten* Rz 11, *Betriebssport* Rz 23, 24, *Essenszuschuss* Rz 23, *Geldwerter Vorteil* Rz 9, *Sachbezug* Rz 39 ff und *Internet-/Telefonnutzung* Rz 37 verwiesen.

2. Unfallversicherungsschutz. Die Inanspruchnahme betrieblicher Sozialeinrichtungen 24
gehört grds nicht zu den in der gesetzlichen UV versicherten Tätigkeiten (vgl KassKomm/ *Ricke* § 8 SGB VII Rz 100). Ein Arbeitsunfall iSd § 8 SGB VII liegt jedoch vor, wenn die Inanspruchnahme in einem **inneren Zusammenhang** mit der Beschäftigung im Unternehmen steht. Bei der Feststellung des Zusammenhangs stellt die umfangreiche Rspr jeweils auf die besonderen Umstände des Einzelfalls ab. **Versicherungsschutz wurde bejaht** bei: betrieblicher Gemeinschaftsveranstaltung (Familiensonntag), soweit sie allen Beschäftigten des Unternehmens oder eines Unternehmensteils offen steht (BSG 9.12.03 – B 2 U 52/02 R, SozR 4–2700 § 8 Nr 2); dienstliche Fortbildungsreise (BSG 31.5.88 – 2/9b RU 16/87, NZA 89, 195); Skifreizeit für Lehrlinge (BSG 4.2.87 – 5a RknU 9/85, SozR 2200 § 539 Nr 121); Weg zur betrieblichen Teeküche (BSG 18.2.87 – 2 RU 22/86, NZA 87, 432); Weg zur Werksambulanz (BSG 26.5.77 – RU 97/76, SozR 2200 § 548 Nr 31); Weg zur betriebseigenen Kantine (BSG 5.8.93 – 2 RU 2/93, BB 93, 2454). **Kein Versicherungsschutz bei:** Kur im firmeneigenen Kurheim (BSG 17.10.90 – 2 RU 13/90, NZA 91, 406); Weg zum betrieblichen Vesperraum (BSG 6.12.89 – 2 RU 5/89, NZA 90, 455); Besorgung einer Flasche Bier aus Getränkeautomaten (BSG 27.6.2000 – B 2 U 22/99 R, SozR 3–2200 § 548 Nr 38); Fußballturnier als rein sportliche Gemeinschaftsveranstaltung (BSG 7.12.04 – B 2 U 47/03 R, SozR 4–2700 § 8 Nr 11); Teilnahme an Fußball-Europameisterschaft von Betriebssportgemeinschaften (BSG 19.3.91 – 2 RU 23/90, NZA 91, 823, Näheres: *Betriebssport* Rz 14–22); Sprung vom Pferd bei einer betrieblichen Gemeinschaftsveranstaltung (BSG 27.6.2000 – B 2 U 25/99 R, SozR 3–2200 § 548 Nr 40); mehrtägige Skiausfahrt einer Betriebssportgemeinschaft (BSG 13.12.05 – B 2 U 29/04 R, SozR 4–2700 § 8 Nr 16).

Soziale Netzwerke

A. Arbeitsrecht
Kania

1. Allgemeines. Unter sozialen Netzwerken versteht man Internetplattformen, auf denen 1
der Benutzer seine Person unter privaten (zB Facebook, StudiVZ, Google+) oder beruflichen (zB Xing) Gesichtspunkten präsentieren kann. Der Nutzer kann auf seinem Profil Informationen wie Fotos, Interessengebiete und Statusmeldungen veröffentlichen. Darüber hinaus kann er mit anderen Nutzern mittels Nachrichtensystemen oder Chats interagieren. Die Nutzung durch einen ArbN steht damit im Spannungsfeld des Persönlichkeitsrechts und Datenschutzes des ArbN und dem Interesse des ArbGeb an der Einhaltung der Pflichten aus

384 Soziale Netzwerke

dem Arbeitsverhältnis und zunehmend auch an der Darstellung des Unternehmens in der Öffentlichkeit.

2 **2. Begründung des Arbeitsverhältnisses.** Bereits bei Begründung des Arbeitsverhältnisses stellt sich die Frage, ob der ArbGeb auf Informationen aus sozialen Netzwerken zugreifen darf (zusammenfassend zu den Grenzen eines pre-employment-screening *Kania/Sansone* NZA 12, 360). Hierbei ist wie folgt zu differenzieren: Unabhängig von der Art des Netzwerkes ist ein Zugriff des ArbGeb möglich auf solche Daten, die ohne Anmeldung im Netzwerk über eine Suchmaschinenanfrage erhoben werden können (*Bissels/Lützeler/Wisskirchen* BB 10, 2433; *Forst* NZA 10, 427). Im Übrigen ist hinsichtlich der Art des Netzwerkes zu unterscheiden. Da die Betreiber freizeitorientierter Netzwerke wie Facebook oder StudiVZ in den AGB regelmäßig eine ausschließliche Nutzung für private Zwecke vorsehen und der ArbGeb für die Datenerhebung entgegen dieser Vorgabe ein User-Profil erstellen müsste, werden die in diesen Netzwerken enthaltenen Daten schon nicht als allgemein zugänglich einzustufen sein. Selbst wenn aber die AGB des freizeitorientierten Netzwerks keine solche Einschränkung vorsehen, dürften der Datenerhebung offensichtlich überwiegende Interessen des Bewerbers iSd § 28 Abs 1 Satz 1 Nr 3 BDSG entgegenstehen (*Bissels/Lützeler/Wisskirchen* BB 10, 2433; *Rolf/Rötting* RDV 09, 263; aA *Ernst* NJOZ 11, 953). Eine andere Bewertung ist bei berufsorientierten Netzwerken wie Xing oder Linkedin vorzunehmen. Deren Nutzung erfolgt auch zu geschäftlichen Zwecken, weshalb die dort vom Bewerber eingestellten Daten trotz der vom ArbGeb vorzunehmenden Anmeldung im Netzwerk als allgemein zugänglich iSd § 28 Abs 1 Satz 1 Nr 3 BDSG anzusehen sind, soweit es sich nicht um ein nur für „Freunde" einsehbares Profil handelt (*Bissels/Lützeler/Wisskirchen* BB 10, 2433; *Oberwetter* DB 08, 1562). Auch bei berufsorientierten Netzwerken scheidet allerdings eine Datenerhebung über Profile Dritter aus, da Bewerber mit einer solchen Datenerhebung nicht rechnen müssen und auf diesen Datenfluss keinen Einfluss haben (*Forst* NZA 10, 427).

3 **3. Durchführung des Arbeitsverhältnisses.** Auf die grundlegende Frage, ob ArbN soziale Netzwerke am Arbeitsplatz benutzen dürfen, sind die Grundsätze zur Privatnutzung des Internets anwendbar. Wegen des kommunikativen Elements bei der Nutzung von sozialen Netzwerken gilt hier nichts anderes als bei der Kommunikation per Email (*Oberwetter* NJW 11, 417; vgl auch *Borsutzky* NZA 13, 647; Näheres s *Internet-/Telefonnutzung* Rz 1 ff).

4 Fraglich ist, ob ein ArbGeb den Beschäftigten **zur Anmeldung in einem sozialen Netzwerk anweisen** darf. Da er sich insofern allenfalls auf sein allgemeines Direktionsrecht berufen kann, kommt auch nur ein Zwang zur Nutzung von berufsbezogenen Netzwerken in Betracht. Eine so geartete Nebenpflicht kommt jedoch nur in Betracht, wenn die Aufgabe des Beschäftigten gerade die Teilnahme an einem sozialen Netzwerk voraussetzt (*Wiese* NZA 12, 1; *Kort* DuD 12, 722). Dies dürfte insbes für Mitarbeiter in den Bereichen Öffentlichkeitsarbeit und Human Resources gelten (*Gabriel* MMR-Aktuell 11, 316759). Gegen die Verpflichtung spricht hingegen das allgemeine Persönlichkeitsrecht in Form des Rechts auf informationelle Selbstbestimmung. Dies ist gefährdet, da der Veröffentlichung im Internet die Gefahr der unkontrollierten Verwendung und Speicherung der Daten innewohnt. Jedenfalls dürften ohne Einverständnis des Beschäftigten nur fragmentarische Informationen (Name, Funktion, dienstliche Erreichbarkeit) veröffentlicht werden (*Oberwetter* NJW 11, 417).

5 Die Nutzungsbedingungen sozialer Netzwerke können auf arbeitsvertraglicher Ebene festgelegt werden. Hierbei ist insbes das AGB-Recht (s *Arbeitsvertrag* Rz 23 ff) zu beachten. Es ist aber auch das Aufstellen allgemeiner Verhaltensrichtlinien denkbar. Soll die Privatnutzung sozialer Netzwerke eingeführt werden, hat der BRat ein **Mitbestimmungsrecht** nach § 87 Abs 1 Nr 1 BetrVG. Da sich aus der Nutzung regelmäßig Überwachungsmöglichkeiten für den ArbGeb ergeben, ist dies ferner nach § 87 Abs 1 Nr 6 BetrVG mitbestimmungspflichtig (*Oberwetter* NJW 11, 417, 421).

6 **4. Beendigung des Arbeitsverhältnisses.** Werden soziale Netzwerke vom ArbN unzulässigerweise während der Dienstzeit benutzt, so kann dies wie die unbefugte Internetnutzung vom ArbGeb sanktioniert werden (vgl *Internet-/Telefonnutzung* Rz 13; *Kündigung, verhaltensbedingte* Rz 31).

Auch die konkrete Nutzung eines sozialen Netzwerks kann arbeitsrechtliche Konsequenzen haben. Zwar darf ein ArbN im Rahmen des Grundrechts der freien Meinungsäußerung auch kritische Beiträge über den ArbGeb veröffentlichen. Jedoch trifft ihn als arbeitsvertragliche Nebenpflicht auch eine **Loyalitätspflicht,** wonach er die berechtigten Interessen des Unternehmers zu wahren hat (s *Treuepflicht* Rz 1 ff). Dies gilt für den ArbN umso mehr, wenn er eine herausgehobene Stellung hat (*Gabriel* MMR-Aktuell 11, 316759). Vor dem Hintergrund der großen Reichweite sozialer Netzwerke hat ein ArbN jedenfalls bewusst unwahre und ehrverletzende Tatsachenäußerungen zu unterlassen (*Oberwetter* NJW 11, 417, 419). Selbstverständlich muss ein ArbN auch bei der Nutzung von sozialen Netzwerken die Betriebsgeheimnisse wahren (s dazu *Betriebsgeheimnis* Rz 1 ff). Bei Schmähkritik in sozialen Netzwerken ist es erschwerend zu berücksichtigen, wenn dies während der Arbeitszeit geschieht (*Byers/Mößner* BB 12, 1665). Erfolgt ein „posting" nur im nicht öffentlichen Bereich, ist dies zu Gunsten des ArbN zu bewerten (*Kort* DuD 12, 722). Ein Eintrag bei Facebook, auch wenn nur für sog Facebook-Freunde sichtbar, ist keine Äußerung im privaten Kreis (ArbG Duisburg 26.9.12 – 5 Ca 949/12, NZA-RR 13, 18; Beispiele s *Bauer/Günther* NZA 13, 67).

Hat der ArbGeb die Kosten der Mitgliedschaft getragen oder das Mitgliedskonto zur Verfügung gestellt, kann er unter Umständen die **Herausgabe der Zugangsdaten** zu einem beruflich genutzten Netzwerk vom ArbN verlangen (näheres *Oberwetter* NJW 11, 417, 420; *Ernst* NJOZ 11, 953).

B. Lohnsteuerrecht *Seidel*

Die private Nutzung der sozialen Netzwerke auf betrieblichen PCs durch den ArbN ist steuerbefreit (§ 3 Nr 45 EStG; s *Steuerfreie Einnahmen* Rz 18). Die Vorteile sind nicht in das Lohnkonto zu übernehmen, s *Lohnkonto* Rz 6. Die Zulässigkeit der Nutzung kann innerbetrieblich geregelt werden, s *Betriebsvereinbarung* Rz 7. Soweit eine betriebliche Nutzung auf privaten Geräten erfolgt, können Werbungskosten vorliegen, s im Einzelnen die Ausführungen zu *Internet-/Telefonnutzung* Rz 32 ff. Der ArbGeb kann die ihm entstehenden Kosten als Betriebsausgaben abziehen. 11

C. Sozialversicherungsrecht *Ruppelt*

Die Nutzung sozialer Netzwerke auf betrieblichen Informationsanlagen löst keine beitragsrechtlichen Folgen aus (s *Internet-/Telefonnutzung* Rz 37). 16

Sozialplan

A. Arbeitsrecht *Eisemann*

Übersicht

	Rz		Rz
1. Grundsätze	1–11	6. Abänderung und Kündigung	47–50
2. Zustandekommen	12–17	7. Gerichtliche Auseinandersetzung	51–54
3. Inhalt	18–33	8. Sozialplan bei Insolvenz	55–59
4. Erzwungener Sozialplan	34–42	9. Muster	60
5. Auszahlung	43–46		

1. Grundsätze. Vor jeder mitbestimmungspflichtigen *Betriebsänderung* muss der Unternehmer – sprich ArbGeb (BAG 15.1.91, DB 91, 1472) – mit dem BRat einen **Sozialplan** vereinbaren. Er muss mit ihm eine Einigung über den Ausgleich oder die Milderung der wirtschaftlichen Nachteile herbeiführen, die den ArbN infolge der geplanten Betriebsänderung entstehen. Dazu gehört erst einmal, dass er dem BRat diejenigen **Informationen** über die geplante Betriebsänderung erteilt, welche dieser zur Ausübung seines Mitbestimmungsrechts in Bezug auf den Sozialplan benötigt, soweit er sie nicht schon im Zuge der Interessenausgleichsverhandlungen erhalten hat. Ein Verstoß löst nach § 113 Abs 3 BetrVG Ansprüche auf einen Nachteilsausgleich aus (BAG 30.3.04 – 1 AZR 7/03, NZA 04, 931). 1

385 Sozialplan

Der Sozialplan kann vom BRat **erzwungen** werden. Gegenstand des Sozialplanes ist damit nicht das Ob, Wann und Wie der Betriebsänderung. Dies regelt der *Interessenausgleich*. Der Sozialplan knüpft vielmehr an die Folgen der Betriebsänderung an und soll sie für die Betroffenen sozial verträglich gestalten (BAG 17.9.91, DB 92, 229). Er kann jedoch mit dem Interessenausgleich in einer Urkunde vereinbart werden (BAG 20.4.94, DB 94, 2038).

2 Der Sozialplan hat nach § 112 Abs 1 Satz 3 BetrVG die Wirkung einer **Betriebsvereinbarung.** Er wird nicht nur so behandelt, er ist eine Betriebsvereinbarung (BAG 26.5.09 – 1 ABR 12/08, NZA-RR 09, 588). Anders als bei den übrigen Betriebsvereinbarungen gilt für den Sozialplan nach § 112 Abs 1 Satz 4 BetrVG jedoch nicht der **Tarifvorbehalt.** Sozialpläne können daher auch abgeschlossen werden, wenn entsprechende tarifliche Regelungen – zB sog Rationalisierungsschutzabkommen – für den Geltungsbereich des Sozialplanes vorliegen oder üblich sind. In einigen Personalvertretungsgesetzen ist dies abweichend geregelt – zB §§ 62 Abs 6, 70 PersVG Bbg.

3 Im **Verhältnis von Sozialplan zum Tarifvertrag** gilt das Günstigkeitsprinzip (BAG 6.12.06 – 4 AZR 798/05, NZA 07, 821). Der ArbGeb ist danach verpflichtet, die jeweils für den Betroffenen bessere Leistung zu erbringen. Der Sozialplan kann die tarifliche Regelung ohne Öffnungsklausel im Tarifvertrag nach § 4 Abs 3 TVG nicht wirksam unterschreiten (BAG 11.7.95 – 3 AZR 8/95, NZA 96, 264). Tarifverträge können das Verhältnis zu Sozialplänen durch sog Subsidiaritätsklauseln regeln: Der Tarifvertrag gilt, wenn keine oder keine bessere betriebliche Regelung getroffen wurde (BAG 21.4.93 – 4 AZR 543/92, NZA 94, 231). In einem tariflichen Sozialplan kann vereinbart werden, dass eine Abfindung ausgeschlossen ist, falls der ArbN gegen seine Kündigung Klage erhebt, wenn der ArbGeb vorher auf diese Bedingung hingewiesen hat (BAG 6.12.06 – 4 AZR 798/05, NZA 07, 821).

4 **Tarifsozialpläne** dürfen in den Grenzen der relativen Friedenspflicht erstreikt werden. Das gilt sowohl für Haustarifverträge (BAG 10.12.02 – 1 AZR 96/02, NZA 03, 734) als auch für firmenbezogene Verbandstarifverträge (BAG 24.4.07 – 1 AZR 252/06, NZA 07, 987). Die Betriebspartner haben nicht das Monopol auf den Abschluss von Sozialplänen, wie § 112 Abs 1 Satz 4 BetrVG zeigt. Die Vorschrift wäre sonst überflüssig. Eine Gewerkschaft darf einen verbandsangehörigen ArbGeb trotz seiner Tarifbindung zum Abschluss eines Haustarifs auffordern und diesen auch erstreiken, soweit es um Gegenstände geht, die nicht zum tariflich geregelten Bereich gehören (BAG 10.12.02 – 1 AZR 96/02, NZA 03, 734). Ein Sozialplanmonopol steht den Betriebspartnern auch dann nicht zu, wenn es nicht um das Verhältnis Verbandstarif/Sozialplan, sondern um die Frage geht, ob eine Gewerkschaft die Folgen einer konkreten Betriebsänderung über einen Haustarif abfangen darf (BAG 24.4.07 – 1 AZR 252/06, NZA 07, 987). Problematisch sind Fälle, in denen die Forderung nach einem tariflichen Sozialplan eingesetzt wird, um die anstehende Betriebsänderung über Arbeitskampfmaßnahmen zu beeinflussen oder zu verhindern. Damit geht es um ein (bisher) nicht tariflich regelbares Ziel. Der Arbeitskampf wird unzulässig (vgl BAG 10.12.02 – 1 AZR 96/02, NZA 03, 734). Freilich wird sich dies oft nur schwer nachweisen lassen.

5 Die **Funktion** des Sozialplanes besteht einmal darin, einen Ausgleich für den Verlust des Arbeitsplatzes oder die Verschlechterung von Arbeitsbedingungen zu gewähren – **Ausgleichsfunktion;** zum anderen soll er den von Entlassung Betroffenen – vor allem (BAG 31.7.96, DB 97, 281) – eine Überbrückungshilfe bis zum neuen Arbeitsverhältnis oder dem Bezug des gesetzlichen Altersruhegeldes verschaffen – **Überleitungs- und Vorsorgefunktion** (BAG 20.4.10 – 1 AZR 988/08, NZA 10, 1018). Die in ihnen vorgesehenen Leistungen stellen kein zusätzliches Entgelt für die erbrachten Dienste dar. Sie sollen künftige Nachteile ausgleichen, die den ArbN durch die Betriebsänderung entstehen können. Die zukunftsbezogene Ausgleichsfunktion eröffnet den Betriebsparteien Beurteilungs- und Gestaltungsspielräume. Sie beziehen sich auf die Beurteilung der den ArbN voraussichtlich entstehenden wirtschaftlichen Nachteile und die Ausgestaltung oder die Abmilderung der von ihnen angenommenen Nachteile. Die Betriebsparteien können typisierend nach der Vermeidbarkeit der Nachteile unterscheiden und müssen nicht alle denkbaren Nachteile entschädigen (BAG 20.4.10 – 1 AZR 988/08, NZA 10, 1018).

6 Der **zeitliche Geltungsbereich** eines Sozialplanes orientiert sich an der ihm zugrundeliegenden Betriebsänderung. In der Praxis haben sich Stichtagsregelungen bewährt, die Unklarheiten verhindern können. Sie legen fest, ab wann der Sozialplan gelten und danach

ausscheidende ArbN erfassen soll. Schneidet eine Stichtagsregelung ohne sachlichen Grund Ansprüche von ArbN ab, die von der Betriebsänderung betroffen sind, können sie aus Gleichbehandlungsgesichtspunkten bzw den in § 75 Abs 1 BetrVG normierten Grundsätzen von Recht und Billigkeit Leistungen entsprechend dem Sozialplan verlangen, wenn sie nicht einer Gruppe angehören, die nach allgemeinen Grundsätzen von der Sozialplanleistung ausgeschlossen werden darf (BAG 19.2.08 – 1 AZR 1004/06, NZA 08, 719; BAG 17.4.96, NZA 96, 1113). Stichtagsregelungen, die am Zeitpunkt des Scheiterns eines Interessenausgleichs festmachen, sind sachlich gerechtfertigt (BAG 30.11.94, DB 95, 1238). **Rückwirkende Sozialpläne,** die (erneut) Leistungen auch für ArbN vorsehen, welche bereits aufgrund einer vorangegangenen Betriebsänderung ihren Arbeitsplatz verloren haben, sind wirksam (BAG 9.12.81, DB 82, 908). Sozialpläne müssen auch für bereits **stillgelegte Betriebe** abgeschlossen werden. Der BRat behält hierfür ein Restmandat (BAG 5.10.00 – 1 AZR 48/00, NZA 01, 849; s *Restmandat/Übergangsmandat* Rz 3). Der Sozialplan endet ohne Kündigung mit der Abwicklung aller sich aus ihm ergebenden Ansprüche.

Vom **persönlichen Geltungsbereich** des Sozialplanes werden alle Personen erfasst, welche durch die Betriebsänderung Nachteile erleiden. **Teilzeitbeschäftigte** dürfen wegen des Verbots unterschiedlicher Behandlung in Art 1 § 2 BeschFG von Sozialplanleistungen nicht ausgenommen werden, müssen sich aber mit Leistungen zufrieden geben, die entsprechend ihrer persönlichen Arbeitszeit im Verhältnis zur tariflichen Arbeitszeit herabgesetzt sind (BAG 28.10.92, NZA 93, 515). **Leitende Angestellte** werden von Sozialplänen nicht erfasst (BAG 10.2.09 – 1 AZR 767/07, NZA 09, 970). Insbesondere besteht keine Pflicht, sie in den Sozialplan mit einzubeziehen (BAG 16.7.85, DB 85, 2207), wie § 32 Abs 2 SprAuG klarstellt, der für diesen Personenkreis nur eine Beratungspflicht vorsieht. Leitende Angestellte können aber durch Vereinbarung mit dem ArbGeb die unmittelbare und zwingende Wirkung eines mit dem BRat abgeschlossenen Sozialplanes auch für sie nach § 28 Abs 2 Satz 1 SprAuG herbeiführen. Alleine die Mitunterzeichnung dieses Sozialplans durch den Sprecherausschuss genügt aber idR für eine solche Vereinbarung nicht (BAG 10.2.09 – 1 AZR 767/07, NZA 09, 970). 7

Auch **ausgeschiedene Mitarbeiter** werden vom Sozialplan erfasst. (BAG 11.2.98 – 10 AZR 22/97, NZA 98, 895). In einem einvernehmlich zustande gekommenen Sozialplan können die Betriebsparteien vorsehen, dass dieser bei einer Eigenkündigung eines von der Betriebsänderung nicht betroffenen ArbN gilt, wenn der ArbGeb der Kündigung nicht binnen einer bestimmten Frist widerspricht und die Fortsetzung des Arbeitsverhältnisses anbietet (BAG 6.8.02 – 1 AZR 247/01, NZA 03, 449). Ein ArbN kann im Sozialplan von Leistungen ausgenommen werden, wenn er vor Beginn der Verhandlungen über Interessenausgleich und Sozialplan sein Ausscheiden aus dem Betrieb gegen Abfindungszahlung akzeptiert hat, weil er die Abfindung auch behalten darf, wenn die Abfindungen im nachfolgenden Sozialplan geringer ausfallen (BAG 13.11.96, DB 97, 936). In den persönlichen Geltungsbereich eines zu einer bestimmten Betriebsänderung vereinbarten Sozialplans fallen auch ArbN, die – etwa wegen einer Elternzeit – erst Jahre später entlassen werden. Sie können nicht die Abfindung aus einem zu einer weiteren Betriebsänderung aber vor ihrer Kündigung abgeschlossenen Sozialplan verlangen (BAG 23.3.10 – 1 AZR 981/08, DB 10, 1595). Wer noch keine sechs Monate als **Kurzzeitbeschäftigter** beschäftigt wurde, soll nicht allein deshalb von Sozialplanleistungen ausgeschlossen werden dürfen (LAG Düsseldorf 1.4.76, DB 76, 1824). **Befristet Beschäftigte** können jedenfalls im Sozialplan bedacht werden. 8

Die **Wirkung** des Sozialplans besteht darin, dass er vom einzelnen ArbN unmittelbar einklagbare Ansprüche schafft (BAG 17.10.89, DB 90, 486). Enthält der Sozialplan Wiedereinstellungsverpflichtungen, kann der BRat der Einstellung Dritter die Zustimmung nach § 99 Abs 2 Nr 1 BetrVG verweigern (BAG 18.12.90, DB 91, 969). In einzelvertraglichen Vereinbarungen können für den ArbN bessere Regelungen als im Sozialplan getroffen werden. Der einzelne Mitarbeiter kann nach § 77 Abs 4 Satz 2 BetrVG nicht wirksam auf Ansprüche aus einem Sozialplan verzichten. Ausnahmsweise kann die anders sein, wenn zweifelsfrei feststellbar ist, dass die Abweichung vom Sozialplan objektiv die für den ArbN günstigere Regelung ist (BAG 27.1.04 – 1 AZR 148/03, NZA 04, 667). Einzelvertragliche Abfindungsvereinbarungen können Sozialplanansprüche nicht ersetzen, soweit sie hinter diesen zurückbleiben. Die Rechte des BRats sind der Verfügung einzelner ArbN entzogen (BAG 9.5.95, DB 95, 2075). Der Sozialplan kann nicht die Kündigung von einzelnen 9

385 Sozialplan

Arbeitsverhältnissen ersetzen (BAG 17.7.64, DB 64, 1743). Ansprüche auf Leistungen aus dem Sozialplan entstehen unabhängig davon, ob Kündigungen sozial gerechtfertigt sind.

10   Die **Auslegung** von Sozialplänen geschieht wie die von Tarifverträgen. Der Wille der Betriebspartner kann bei der Auslegung nur berücksichtigt werden, soweit er sich im Sozialplan niedergeschlagen hat (BAG 13.2.07 – 1 AZR 163/06, NZA 07, 756). Sozialpläne sind geltungserhaltend auszulegen (BAG 12.11.02 – 1 AZR 632/01, NZA 03, 676). Sind **Teile** eines Sozialplanes **unwirksam**, bleibt der Rest wirksam, soweit er eine sinnvolle Regelung ergibt (BAG 27.10.87, DB 88, 558).

11   Sozialplanregelungen unterliegen als normative Vorschriften dem rechtsstaatlichen **Bestimmtheitsgebot**. Es muss daher möglich sein, auf ihrer Grundlage die Höhe von Ausgleich oder Milderung durch Auslegung exakt zu bestimmen. Lassen die Regelungen – und sei es nach entsprechender Auslegung – keine klare Inhaltsbestimmung zu, haben sie ihr Ziel verfehlt und bleiben normativ wirkungslos. Ein Sozialplan ist dann nicht vorhanden und muss erneut aufgestellt werden (BAG 26.5.09 – 1 ABR 12/08, NZA-RR 09, 588).

12   **2. Zustandekommen.** Der Sozialplan kommt wie ein Interessenausgleich zustande (s *Interessenausgleich* Rz 16–23). Anders als der Interessenausgleich kann der Sozialplan jedoch nach § 112 Abs 4 BetrVG durch die Einigungsstelle beschlossen werden. Der Abschluss eines Sozialplanes gehört zur erzwingbaren Mitbestimmung. Der Spruch der Einigungsstelle ersetzt die fehlende Einigung der Betriebspartner. Er schafft wie sie Ansprüche, die von den ArbN eingeklagt werden können. Der Sozialplan sollte zusammen mit dem Interessenausgleich verhandelt und vereinbart bzw beschlossen werden. Er kann – anders als der Interessenausgleich – nach Durchführung der Betriebsänderung nachgeholt werden (BAG 23.4.85, DB 85, 1593).

13   **Vorsorgliche Sozialpläne** für noch nicht geplante Betriebsänderungen können nur freiwillig abgeschlossen werden, sind aber wirksam (BAG 11.12.01 – 1 AZR 193/01, NZA 02, 688; BAG 29.11.83, DB 84, 724). Hierin liegt kein unzulässiger Verzicht auf künftige Mitbestimmungsrechte. Wird eine entsprechende Betriebsänderung später tatsächlich vorgenommen, ist das Mitbestimmungsrecht des BRat verbraucht, soweit der vorsorgliche Sozialplan wirksame Regelungen enthält (BAG 26.8.97 – 1 ABR 12/97, NZA 98, 216). Vorsorglich können Sozialpläne auch für den Fall abgeschlossen werden, wenn ungewiss ist, ob ein Betriebsübergang vorliegt oder der ArbGeb doch noch kündigen wird (BAG 1.4.98 – 10 ABR 17/97, NZA 98, 768).

14   Im **betriebsratslosen Betrieb** kann ein Sozialplan auch nicht durch den GBRat erzwungen werden (BAG 16.8.83, DB 84, 129), soweit der nicht schon nach § 50 BetrVG originär zuständig ist. § 50 Abs 1 S 2 BetrVG macht den GBRat nicht zum „Ersatzbetriebsrat" in Angelegenheiten, die allein den betriebsratslosen Betrieb betreffen (BAG 9.12.09 – 7 ABR 46/08, NZA 10, 662). Wird ein BRat erst gewählt, nachdem die Planung einer Betriebsänderung abgeschlossen ist, muss auch dann kein Sozialplan vereinbart werden, wenn dem ArbGeb bekannt war, dass ein BRat gewählt werden soll (BAG 28.10.92, DB 93, 385). Aus der **Zuständigkeit des GBRat** für die Vereinbarung eines Interessenausgleichs folgt nicht zwingend die gesetzliche Zuständigkeit für den Abschluss des Sozialplans. Ob nach § 50 Abs 1 BetrVG ein zwingendes Bedürfnis nach einer betriebsübergreifenden Regelung besteht, bestimmt auch der Inhalt des Interessenausgleichs (BAG 3.5.06 – 1 ABR 15/05, NZA 07, 1245; BAG 11.12.01 – 1 AZR 193/01, NZA 02, 688).

15   Die **Erzwingbarkeit** eines Sozialplanes ist nach § 112a BetrVG **eingeschränkt**. Besteht die Betriebsänderung ausschließlich in einem **Personalabbau** und nicht zumindest auch in der Änderung sächlicher Betriebsmittel, kann der Sozialplan durch Spruch der Einigungsstelle nur erzwungen werden, wenn die in § 112a Abs 1 BetrVG genannten Zahlen erreicht sind. Teilzeitbeschäftigte sind dabei voll mitzuzählen (LAG BaWü 16.7.87, LAGE § 111 BetrVG 1972 Nr 6). Als Entlassung gilt nach § 112a Abs 1 Satz 2 BetrVG auch der vom ArbGeb aus Gründen der Betriebsänderung veranlasste Abschluss von Aufhebungsverträgen. Dasselbe gilt für die vom ArbGeb veranlassten Eigenkündigungen (BAG 4.7.89, DB 90, 485).

16   **Neugegründete Unternehmen** sind nach § 112a Abs 2 BetrVG in den ersten vier Jahren nach ihrer Gründung nicht zum Abschluss von Sozialplänen verpflichtet, um ihnen den Aufbau von Betrieben zu erleichtern. Die Frist beginnt nach § 112a Abs 2 Satz 3

BetrVG mit der tatsächlichen Aufnahme der Erwerbstätigkeit, nicht erst mit ihrer Mitteilung an das FA. Für die Privilegierung ist bei Ablauf der Frist weder entscheidend, wann der ArbGeb mit einer Betriebsänderung begonnen hat oder wann eine Einigungsstelle über die Sozialplanpflicht entscheidet. Es kommt allein darauf an, wann der ArbGeb den Betriebsrat erstmals nach den §§ 111 ff BetrVG an der Betriebsänderung beteiligt (HWK/*Hohenstatt*/ *Willemsen* BetrVG § 112a Rz 9; aA *Fitting* BetrVG § 112a Rz 113; GK/*Oetker* § 112a Rz 113). Sonst könnte ein Sozialplan durch Verzögern seiner Verhandlung erzwungen werden. Die Ausnahme besteht nur für Unternehmensneugründungen, nicht für neue Betriebe, die ein länger bestehendes Unternehmen errichtet (BAG 27.6.06 – 1 ABR 18/05, NZA 07, 106). Die Privilegierung besteht nach § 112a Abs 2 Satz 2 BetrVG ebenso wenig für die Neugründung von Unternehmen, die im Zusammenhang mit einer rechtlichen Umstrukturierung von Unternehmen oder Konzernen erfolgt – zB für Verschmelzung, Umwandlung, Aufspaltung oder Abspaltung. Entscheidend ist eine wirtschaftliche Betrachtungsweise. Privilegiert wird das unternehmerische Neuengagement (BAG 22.2.95 – 10 ABR 21/94, NZA 95, 699), nicht das Altengagement in neuer Rechtsform (BAG 22.2.95 – 10 ABR 23/94, NZA 95, 697). Die Ausnahme des § 112a Abs 2 BetrVG gilt ebenso wenig für die Übertragung einzelner Betriebe von zwei (Alt-)Unternehmen auf ein neu gegründetes, das die Betriebe mit einer auf dem Zusammenschluss beruhenden unternehmerischen Zielsetzung fortführen soll (BAG 22.2.95 – 10 ABR 23/94, NZA 95, 687).

Die **Altersbestimmung** des Gesetzes bezieht sich allein auf die betroffenen Unternehmen, nicht auf ihre Betriebe. Die Rspr privilegiert daher auch die in einem älteren Betrieb durchgeführte Betriebsänderung, wenn er nur einem neu gegründeten Unternehmen angehört (BAG 22.2.95 – 10 ABR 23/94, NZA 95, 687). Dies folgt wohl aus dem Zweck der Regelung. Wenn junge Unternehmen in übernommenen älteren Betrieben schon in den ersten vier Jahren sozialplanpflichtig wären, würde ihre neue unternehmerische Tätigkeit erschwert, die der Gesetzgeber gerade fördern will (BAG 27.6.06 – 1 ABR 18/05, NZA 07, 106). Freilich ermöglicht dies Gesetzesumgehungen durch Neugründung.

Bestimmungen in gemischten, von ArbGeb, Gewerkschaft und BRat **gemeinsam abge-** 17 **schlossenen** Vereinbarungen – etwa in **Standortsicherungsverträgen** – sind unwirksam, wenn sich nicht aus diesen selbst ohne Weiteres und zweifelsfrei ergibt, wer Urheber der einzelnen Regelungskomplexe ist und um welche Rechtsquellen es sich folglich handelt. Da sie normative Regelungen enthalten, folgt dies schon aus dem Gebot der Rechtsquellenklarheit, das den Schriftformerfordernissen des § 1 Abs 2 TVG, § 77 Abs 2 Satz 1 und 2 BetrVG zugrunde liegt (BAG 15.4.08 – 1 AZR 86/07, NZA 08, 1074). Die **Mitunterzeichnung** eines von den hierfür zuständigen Personen oder Stellen geschlossenen und unterzeichneten kollektiven Normenvertrags durch einen Dritten hat alleine nicht die Unwirksamkeit der getroffenen Vereinbarung zur Folge. Eine von ArbGeb, Gewerkschaft und BRat unterzeichnete Vereinbarung ist daher nicht bereits wegen der gemeinsamen Unterzeichnung unwirksam. Dies gilt jedenfalls dann, wenn sich die gesamte Vereinbarung insgesamt ohne Weiteres als Tarifvertrag oder Betriebsvereinbarung qualifizieren lässt (BAG 15.4.08 – 1 AZR 86/07, NZA 08, 1074).

3. Inhalt. Betriebspartner und Einigungsstelle sind grds **frei,** welche Nachteile der von 18 der Betriebsänderung betroffenen ArbN sie in welchem Umfang ausgleichen oder mildern wollen (BAG 19.6.07 – 1 AZR 340/06, NZA 07, 1357). Sie verfügen insoweit über einen weiten Spielraum (BAG 14.8.01 – 1 AZR 760/00, NZA 02, 451). Sie können von einem Nachteilsausgleich gänzlich absehen oder nach der Vermeidbarkeit der Nachteile unterscheiden (BAG 14.8.01 – 1 AZR 760/00, NZA 02, 451). Der Sozialplan muss aber stets dem Normzweck von § 112 Abs 1 Satz 2 BetrVG entsprechen, die wirtschaftlichen Nachteile zu mildern, welche ArbN infolge der geplanten Betriebsänderung entstehen (BAG 19.6.07 – 1 AZR 340/06, NZA 07, 1357). Der Sozialplan darf sich daher nicht darauf beschränken, lediglich Bestimmungen über die Verteilung eines Sozialplanvolumens zu treffen, ohne den Umfang der vom ArbGeb zur Verfügung zu stellenden Finanzmittel festzulegen (BAG 26.5.09 – 1 ABR 12/08, NZA 10, 63). Zu den berücksichtigungsfähigen Nachteilen gehört nicht eine Verringerung der Haftungsmasse beim Betriebserwerber noch dessen betriebliche Befreiung von der Sozialplanpflicht nach § 112a Abs 2 BetrVG (BAG 10.12.96 – 1 ABR 32/96, NZA 97, 898). Die Betriebspartner müssen den **Gleichbehandlungsgrundsatz**

385 Sozialplan

nach § 75 Abs 1 Satz 1 BetrVG beachten. Soweit sie Gruppen von ArbN besondere Leistungen zukommen lassen ergibt sich der dies rechfertigende Sachgrund vor allem aus dem Zweck der Leistung (BAG 22.9.09 – 1 AZR 316/08, DB 09, 2664; BAG 31.5.05 – 1 AZR 254/04, NZA 05, 997). Betriebliche Interessen an der Erhaltung der Belegschaft oder von Teilen derselben sind daher nicht geeignet, Differenzierungen bei der Höhe von Sozialplanabfindungen zu rechtfertigen (BAG 6.11.07 – 1 AZR 960/06, NZA 08, 232). Die Betriebsparteien sind ebenso an **Art 6 GG** gebunden. Sie dürfen keine Regelungen treffen, welche geeignet sind, ArbN wegen ihrer ehelichen Lebensgemeinschaft oder deshalb zu diskriminieren, weil sie ihre Rechte und Pflichten gegenüber ihren Kindern wahrnehmen (BAG 22.9.09 – 1 AZR 316/08, DB 09, 2664; BAG 6.11.07 – 1 AZR 960/06, NZA 08, 232). Auch der Inhalt eines *Interessenausgleichs* (s dort Rz 2–8) gehört nicht in einen Sozialplan. Die Verpflichtung zur Fortbildung kann nach § 97 Abs 2 BetrVG in den dort genannten Fällen durch Spruch einer Einigungsstelle herbeigeführt werden.

19 Zulässig ist es, **für ältere Mitarbeiter** nur eine Überbrückungszahlung bis zum Rentenalter statt der vollen Leistung vorzusehen (BAG 26.3.13 – 1 AZR 813/11, NZA 13, 921; BAG 11.11.08 – 1 AZR 475/07, NZA 09, 210) oder sie von Sozialplanleistungen ganz auszunehmen, wenn sie nach Beendigung des Arbeitsverhältnisses AlGeld (nicht AlHilfe) und/oder im unmittelbaren Anschluss daran Rente oder vorgezogenes Altersruhegeld erhalten können (BAG 11.11.08 – 1 AZR 475/07, NZA 09, 210; BAG 20.1.09 – 1 AZR 740/07, NZA 09, 495) oder wegen des Bezugs einer befristeten vollen Erwerbsminderungsrente nicht beschäftigt sind und mit der Wiederherstellung ihrer Arbeitsfähigkeit nicht zu rechnen ist (BAG 7.6.11 – 1 AZR 34/10, NZA 11, 1370). Sozialpläne dürfen auch eine nach **Lebensalter** oder Betriebszugehörigkeit gestaffelte Abfindungsregelung vorsehen. Die mit beiden verbundene unterschiedliche Behandlung wegen des Alters ist durch **§ 10 Satz 3 Nr 6 AGG** gedeckt (BAG 23.4.13 – 1 AZR 916/11, NZA 13, 980; BAG 12.4.11 – 1 AZR 743/09, NZA 11, 985 – Alterszuschlag; BAG 12.4.11 – 1 AZR 764/09, NZA 11, 988 – Altersstufen). Bei der Bemessung der Abfindungen dürfen Zeiten der Vollzeit- und **Teilzeitbeschäftigung** anteilig berücksichtigt werden (BAG 22.9.09 – 1 AZR 316/08, DB 09, 2664; BAG 14.8.01 – 1 AZR 760/00, NZA 02, 451). Sozialpläne dürfen für die Berechnung von Abfindungen regeln, dass in Fällen, in denen sich die individuelle Arbeitszeit in der näheren Vergangenheit – etwa den letzten zwei Jahren – wesentlich geändert hat, eine die gesamte Betriebszugehörigkeit einbeziehende Durchschnittsberechnung maßgeblich ist oder auf die zuletzt bezogene Monatsvergütung abstellen (BAG 22.9.09 – 1 AZR 316/08, DB 09, 2664). Bei **fristloser Kündigung** (BAG 31.1.79, DB 79, 412, 1039), der **Weigerung,** einen zumutbaren Arbeitsplatz im Betrieb, Unternehmen oder Konzern anzunehmen (BAG 6.11.07 – 1 AZR 960/06, NZA 08, 26; 28.9.88 – 1 ABR 23/87, NZA 89, 168), bei **Widerspruch** gegen den Übergang des Arbeitsverhältnisses nach § 613a BGB (BAG 5.2.97 – 10 AZR 553/96, NZA 98, 158) können ArbN von den Leistungen eines Sozialplanes ganz oder teilweise ausgeschlossen werden. Im letzteren Fall muss der Sozialplan hinreichende Anhaltspunkte für den entsprechenden Willen der Betriebspartner enthalten (BAG 15.12.98 – 1 AZR 332/98, NZA 99, 667). Dafür reicht es schon aus, wenn der Sozialplan von seinem Geltungsbereich solche Mitarbeiter ausnimmt, die einen angebotenen zumutbaren Arbeitsplatz ablehnen. Dies soll dann auch für ArbN gelten, die dem Übergang ihres Arbeitsverhältnisses im Wege eines Betriebsüberganges nach § 613a BGB widersprechen (BAG 5.2.97 – 10 AZR 553/96, NZA 98, 158).

ArbN, die im unmittelbaren Anschluss an die Beendigung des Arbeitsverhältnisses – auch durch Vermittlung des ArbGeb (BAG 19.6.96, DB 96, 2083) – eine neue Tätigkeit gefunden haben, dürfen (BAG 30.11.94 – 10 AZR 578/93, NZA 95, 492) aber müssen nicht (BAG 23.4.85 – 1 ABR 3/81, NZA 85, 628) von Abfindungsansprüchen ausgenommen werden. Der Sozialplan kann vorsehen, dass ArbN eine Abfindung erhalten, die ein regional unzumutbares Arbeitsangebot angenommen haben und innerhalb einer vereinbarten nicht zu langen Erprobungszeit dort selbst kündigen (BAG 20.4.10 – 1 AZR 988/08, NZA 10, 1018), oder vorsehen, dass sie eine Abfindung nur erhalten, wenn dort der ArbGeb kündigt (BAG 8.12.09 – 1 AZR 801/08, NZA 10, 351). Der Sozialplan kann einen Ausgleich dafür bestimmen, dass **verfallbare Anwartschaften** auf betriebliche Altersversorgung verlorengehen (BAG 27.10.87, DB 88, 558) oder in Zukunft nicht mehr ansteigen (BAG 29.11.78, DB 79, 795). Die Betriebsparteien können in einem Sozialplan vereinbaren, dass die eingesparten Kosten des vorzeitigen Ausscheidens eines ArbN aus einer externen Transfergesellschaft – zumindest teilweise – als zusätzliche Abfindung gezahlt werden – sog **"Sprinterprämie"** (BAG 10.2.09 – 1 AZR 809/07, AP BetrVG 1972 § 112 Nr 199). Dies dürfte auch gelten, wenn ein ArbN vor Ablauf der Kündigungsfrist durch Eigenkündigung oder Aufhebungsvertrag aus dem Arbeitsverhältnis ausscheidet.

Den ArbN **lediglich belastende Regelungen** sind unzulässig. Der Sozialplan dient dem Ausgleich und der Milderung wirtschaftlicher Nachteile. Im Sozialplan können daher Leistungen nicht davon abhängig gemacht werden, dass keine **Kündigungsschutzklage** erhoben oder eine erhobene Klage wieder zurückgenommen wird (BAG 19.6.07 – 1 AZR 541/06 nv; BAG 31.5.05 – 1 AZR 254/04, NZA 05, 997). Auch nach Inkrafttreten des § 1a KSchG dürfen allenfalls zusätzliche dotierungsübersteigende Leistungen von dieser Bedingung abhängig gemacht werden – sog **"Turboprämien"** (BAG 31.5.05 – 1 AZR 254/04, NZA 05, 997). Dem ArbGeb bleibt es aber unbenommen, neben den gesetzlich auch in der Höhe als Rahmen abstrakt vorgegebenen und dann im Sozialplan konkret festgeschriebenen Verpflichtungen zusätzliche Leistungen anzubieten, mit denen er sich an das Modell des § 1a KSchG anlehnt. Es macht daher auch keinen Unterschied, ob diese „Turboprämien" vom ArbGeb mit dem einzelnen ArbN oder von den Betriebspartnern in einer freiwilligen Betriebsvereinbarung nach § 88 BetrVG neben dem Sozialplan festgeschrieben werden. Solange keine greifbaren Anhaltspunkte für die Annahme bestehen, das die Betriebspartner dem an sich dem Sozialplan zur Verfügung stehende Finanzvolumen Mittel entzogen und sie funktionswidrig im „Bereinigungsinteresse" des ArbGeb eingesetzt haben, sind derartige Vereinbarungen daher wirksam (BAG 31.5.05 – 1 AZR 254/04, NZA 05, 997). Ob sie unter den genannten Voraussetzungen schon im Sozialplan selbst freiwillig vereinbart werden dürfen, hat das BAG nicht entschieden. Die in einer Gesamtbetriebsvereinbarung festgelegte **Stichtagsregelung,** nach der nur denjenigen ArbN das Angebot der Zahlung einer zusätzlichen Abfindung bei einvernehmlicher Beendigung des Arbeitsverhältnisses unterbreitet wird, die im Zeitpunkt des Inkrafttretens der Vereinbarung noch keinen Aufhebungsvertrag geschlossen haben, ist wirksam. Eine solche Vereinbarung zwischen den Betriebsparteien stellt keinen Sozialplan dar und unterliegt als freiwillige Betriebsvereinbarung iSd § 88 BetrVG nicht den für Sozialpläne aus § 112 Abs 1 BetrVG folgenden Regelungsbeschränkungen (BAG 18.5.10 – 1 AZR 187/09, NZA 10, 1304).

Die Zahlung von Abfindungen darf nicht davon abhängig gemacht werden, dass ein ArbN wegen eines möglicherweise vorliegenden Betriebsübergangs den vermuteten Betriebserwerber erfolglos auf Feststellung des Übergangs seines Arbeitsverhältnisses verklagt (BAG 22.7.03 – 1 AZR 575/02, AP BetrVG 1972 § 112 Nr 160). Die Abfindungszahlung an einen **ausländischen Arbeitnehmer** darf nicht davon abhängig gemacht werden, dass er in seine Heimat zurückkehrt (BAG 7.5.87, DB 88, 450). Bereits **entstandene Lohnansprüche** können im Sozialplan nicht gekürzt werden; ebenso wenig kann eine ungünstigere Zahlungsweise vorgesehen werden (LAG München 22.11.87, LAGE § 112 BetrVG 1972 Nr 10). **Unverfallbare Versorgungsanwartschaften** können weder aufgehoben noch kapitalisiert werden (BAG 24.3.81, DB 81, 2178).

Beim Abschluss von Sozialplänen muss der **Gleichbehandlungsgrundsatz** des § 75 Abs 1 Satz 1 BetrVG beachtet werden. Den Betriebspartnern ist daher im Sozialplan jede **Gruppenbildung** verwehrt, die dazu dienen soll, dem ArbGeb eine eingearbeitete und qualifizierte Belegschaft zu erhalten (BAG 19.2.08 – 1 AZR 1004/06, NZA 08, 719). Dies würde nicht dem Zweck des Sozialplans entsprechen (BAG 6.11.07 – 1 AZR 960/06, NZA 08, 232). Gegen den Gleichbehandlungsgrundsatz verstoßen auch Regelungen in einem Sozialplan, wonach Nettovergütungen, die Arbeitnehmer nach Ablauf der Kündigungsfrist deshalb bezogen haben, weil sie mit ihrem Weiterbeschäftigungsverlangen nach § 102 Abs 5 BetrVG erfolgreich waren, zur Hälfte auf den Abfindungsbetrag angerechnet werden, wenn die Vergütung ohne Gegenleistung der betreffenden Arbeitnehmer wegen Annahmeverzugs der Arbeitgeberin erfolgt ist und diese Anrechnung unterbleiben soll, wenn ArbN tatsächlich weiterbeschäftigt wurden (BAG 24.8.04 – 1 ABR 23/03, NZA 05, 302). Aus demselben Grund sind ArbN, deren Arbeitsverhältnis durch einen vom ArbGeb veranlassten **Aufhebungsvertrag** oder eine von ihm veranlasste **Eigenkündigung** endet, grundsätzlich mit denen gleich zu behandeln, deren Arbeitsverhältnis vom ArbGeb gekündigt wurde (BAG 13.2.07 – 1 AZR 163/06, NZA 07, 756). Der ArbGeb hat die Eigenkündigung oder den

385 Sozialplan

Aufhebungsvertrag veranlasst, wenn er bei dem ArbN im Hinblick auf eine konkret geplante Betriebsänderung die objektiv berechtigte Annahme hervorgerufen hat, mit der eigenen Initiative zur Beendigung des Arbeitsverhältnisses komme er einer andernfalls notwendig werdenden betriebsbedingten Kündigung des ArbGeb lediglich zuvor (BAG 13.2.07 – 1 AZR 184/06, NZA 07, 825; BAG 23.9.03 – 1 AZR 576/02, NZA 04, 440). Der bloße Hinweis auf eine unsichere Lage des Unternehmens, auf notwendige Betriebsänderungen und die nicht auszuschließende Möglichkeit des Arbeitsplatzverlustes soll nicht genügen, um von einer vom ArbGeb veranlassten Beendigung des Arbeitsverhältnisses auszugehen (BAG 13.2.07 – 1 AZR 184/06, NZA 07, 825; BAG 25.3.03 – 1 AZR 169/02, NZA 04, 64). Jedenfalls ist die Eigenkündigung und der Aufhebungsvertrag vom ArbGeb veranlasst, wenn er dem ArbN zuvor mitgeteilt hat, er habe für ihn nach Durchführung der Betriebsänderung keine Beschäftigungsmöglichkeit mehr (BAG 13.2.07 – 1 AZR 184/06, NZA 07, 825; BAG 25.3.03 – 1 AZR 169/02, NZA 04, 64). Der Sozialplan kann **verminderte Leistungen** für ArbN vorsehen, die das Arbeitsverhältnis durch Eigenkündigung beenden, bevor das Ausmaß einer sie betreffenden Betriebsänderung genau absehbar und der Umfang der daran anknüpfenden wirtschaftlichen Nachteile prognostiziert werden kann (BAG 1.2.11 – 1 AZR 417/09, NZA 11, 880), nach Bekanntwerden eines geplanten Personalabbaus vor der entsprechenden offiziellen Mitteilung des ArbGeb einen Aufhebungsvertrag abgeschlossen haben (BAG 24.11.93, DB 94, 1043) oder vor der geplanten Stilllegung kündigen, obwohl der ArbGeb auf ihr Verbleiben im Betrieb noch angewiesen ist (BAG 9.11.94, DB 95, 782). Der Sozialplan darf einen Stichtag bestimmen, der festlegt, ob eine Eigenkündigung durch eine konkrete Betriebsänderung veranlasst wurde oder nicht. Die Ausgleichspflicht kann dabei an einen Zeitpunkt anknüpfen, in dem die Art und Weise der durchzuführenden Betriebsänderung feststeht (BAG 12.4.11 – 1 AZR 505/09, NZA 11, 1302). Ist das Verfahren zum Interessenausgleich noch nicht abgeschlossen, sind Hinweise des ArbGeb oder seiner Mitarbeiter über die zur Betriebsänderung getroffenen Beschlüsse nicht geeignet, die vor dem Stichtag ausgesprochenen Eigenkündigungen als durch die Betriebsänderung veranlasst anzusehen (BAG 12.4.11 – 1 AZR 505/09, NZA 11, 1302). Die Betriebsparteien können den Anspruch auf eine Sozialplanabfindung im Fall einer vom ArbGeb veranlassten Eigenkündigung des ArbN an die Voraussetzung knüpfen, dass dem ArbN zuvor ein – unzumutbares – Arbeitsplatzangebot gemacht wurde (BAG 13.2.07 – 1 AZR 163/06, NZA 07, 756) oder die Kürzung der Abfindung vorsehen (BAG 6.11.07 – 1 AZR 960/06, NZA 2008, 232).

23 Der ArbGeb ist bei Abschluss dieses Aufhebungsvertrags nicht verpflichtet, von sich aus den ArbN darauf hinzuweisen, dass er weitere Entlassungen beabsichtigt, die auch zu einer sozialplanpflichtigen Betriebseinschränkung führen können (BAG 13.11.96, DB 97, 936). Schließen ArbGeb und ArbN im Hinblick auf eine geplante Betriebsänderung einen Aufhebungsvertrag unter Zahlung einer Abfindung und vereinbaren sie, dass der ArbN Leistungen aus einem noch abzuschließenden Sozialplan bekommen soll, falls dieser günstiger sei, hat diese „Nachbesserungsklausel" regelmäßig den Sinn, dem ArbN einen Anspruch auf Sozialplanleistungen gerade für den Fall einzuräumen, dass der ArbN vom zeitlichen Geltungsbereich des Sozialplanes wegen seines frühzeitigen Ausscheidens nicht mehr erfasst wird (BAG 6.8.97 – 10 AZR 66/97, NZA 98, 155). War der ArbGeb aufgrund eines Sozialplans verpflichtet, an ArbN, die durch Aufhebungsverträge ausschieden, Abfindungen zu zahlen und vereinbaren die Betriebspartner anschließend einen weiteren Sozialplan mit gleichem persönlichen Geltungsbereich und einer höheren Sozialplanabfindung, ist der arbeitsrechtliche Gleichbehandlungsgrundsatz anzuwenden (BAG 11.2.98 – 10 AZR 22/97, NZA 98, 895).

24 Die Zahlung von **Abfindungen** bei betriebsbedingtem Verlust des Arbeitsplatzes ist für Sozialpläne typisch. Dabei darf jedenfalls im freiwillig abgeschlossenen Sozialplan pauschaliert und davon abgesehen werden, dass einzelne ArbN keine Nachteile durch die Betriebsänderung erlitten haben. Bei der Festlegung von Abfindungen dürfen die Betriebspartner vielmehr auf die wirtschaftlichen Nachteile abstellen, die bei Abschluss der Planung einer Betriebsänderung typischerweise zu erwarten waren (BAG 11.11.08 – 1 AZR 475/07, NZA 09, 210). So verhindert man, dass Sozialpläne bewusst verspätet abgeschlossen werden. Üblicherweise wird der **Berechnung von Abfindungen** für den Verlust des Arbeitsplatzes entweder ein **Punktsystem** zugrunde gelegt, welches ua Lebensalter, Dauer der Betriebszugehörigkeit und Unterhaltspflichten berücksichtigt, oder man berechnet die Höhe der

Abfindung nach einer **Formel,** in welche diese Bezugsgrößen einfließen. Zur Festlegung der Bezugsgrößen sollte der Sozialplan Stichtagsregelungen enthalten. Fehlen sie, ist Stichtag der letzte Tag des Arbeitsverhältnisses.

Die Dauer der **Betriebszugehörigkeit** muss der Berechnung von Sozialplanleistungen 25 nicht zugrunde gelegt werden (BAG 9.11.94 – 10 AZR 218/94, NZA 95, 644). Geschieht dies, werden auch ohne besondere Regelungen nur die ununterbrochenen Zeiten der Betriebszugehörigkeit herangezogen, solange zwischen den Arbeitsverhältnissen kein enger rechtlicher Zusammenhang besteht (BAG 13.3.07 – 1 AZR 262/06, NZA 08, 190). Stellt der Sozialplan auf den „ununterbrochenen Bestand des Arbeitsverhältnisses" ab, kommt es auf den rechtlichen Bestand, nicht auf den Vollzug an (BAG 10.11.93, DB 94, 2636). Einzelvertraglich – zB in einem Überleitungsvertrag (BAG 16.3.94, DB 94, 2635) – im Beitrittsgebiet vor dem 1.7.90 vereinbarte Betriebszugehörigkeitszeiten sind für den Sozialplan unbeachtlich, weil sie nur Rechte sichern sollten, die sich aus dem Recht der ehemaligen DDR ergaben (LAG Bbg 21.7.92 ArbuR 93, 27) oder nur dem Normvollzug dienten und der Wille zur rechtsgeschäftlichen Verpflichtung fehlte (BAG 1.4.93, DB 93, 1194). Auch Dienstjahre bei der NVA müssen im Sozialplan nicht berücksichtigt werden (BAG 30.3.94, DB 94, 1935). Es verstößt aber gegen Art 6 GG, wenn Zeiten des Erziehungsurlaubs bei der Betriebszugehörigkeit nicht berücksichtigt werden (BAG 22.9.09 – 1 AZR 316/08 AP BetrVG 1972 § 112 Nr 204; 21.10.03 – 1 AZR 407/02, NZA 04, 559). Nach § 10 Satz 3 Nr 6 AGG dürfen die Betriebsparteien bei der Berechnung von Abfindungen das **Lebensalter** der betroffenen ArbN heranziehen. Dabei können sie Altersstufen vorsehen (BAG 12.4.11 – 1 AZR 764/09, NZA 11, 988) oder vereinbaren, dass ArbN zusätzlich zu der sich aus der Dauer der Betriebszugehörigkeit und dem Arbeitsverdienst errechneten Abfindung mit Erreichen des 45. und des 50. Lebensjahres der Höhe nach gestaffelte Alterszuschläge erhalten (BAG 12.4.11 – 1 AZR 743/09, NZA 11, 985). Auch die Verminderung der Abfindung für ArbN, die bei ihrem Ausscheiden das 60. Lebensjahr vollendet haben, verstößt nicht gegen das Verbot der Altersdiskriminierung im Recht der EU (BAG 23.3.10 – 1 AZR 832/08, NZA 10, 774).

Die **Höhe der Abfindung** im Punktsystem bemisst sich an der für den Sozialplan 26 insgesamt zur Verfügung stehenden und dort festgelegten Summe. Man teilt dieses Sozialplanvolumen durch die Anzahl der von den Betroffenen erreichten Gesamtpunktzahl. Das so errechnete Ergebnis vervielfältigt man um die vom einzelnen ArbN erreichten Punkte und erhält so seine Abfindung. Das Punktsystem ermöglicht eine stärkere Differenzierung. Es versagt, wenn der Kreis der betroffenen ArbN beim Erstellen des Sozialplanes noch nicht feststeht.

Eine **gängige Formel** für die Berechnung von Abfindungen lautet: Dauer der Betriebs- 27 zugehörigkeit × Lebensalter × Bruttomonatsvergütung geteilt durch einen von den Betriebspartnern ausgehandelten oder von der Einigungsstelle beschlossenen Divisor gleich Abfindung. Je kleiner dieser Divisor, desto höher ist die einzelne Abfindung und damit das Volumen des Sozialplanes, welches sich nur als rechnerische Größe aus der Gesamtsumme der Abfindungen ergibt. Knüpft ein Sozialplan für die Berechnung der Abfindungen an das Entgelt „vor dem Kündigungstermin" an, ist damit – wenn andere Anhaltspunkte fehlen – der Tag des Ablaufs der Kündigungsfrist maßgeblich (BAG 17.11.98 – 1 AZR 221/98, NZA 99, 600).

Werden **Sockelbeträge** vereinbart, kommen auch die Mitarbeiter zu einer Abfindung, die 28 bei Berechnung nach einer Formel notwendig leer ausgehen, weil sie noch kein Jahr beschäftigt waren. Zusätzliche Zahlungen an besondere Gruppen von ArbN, wie **Schwerbehinderte** oder Sockelbeträge für jedes **unterhaltsberechtigte Kind** sind üblich. Dabei verstößt es nicht gegen den Gleichheitssatz, wenn erhöhte Leistungen nicht an Schwerbehinderte gehen, deren Behinderung erst rückwirkend anerkannt wird (BAG 19.4.83, DB 83, 2372), und es ist zulässig, die Zahlung für unterhaltsberechtigte Kinder davon abhängig zu machen, dass sie auf der LStKarte eingetragen sind (BAG 12.3.97 – 10 AZR 648/96, NZA 97, 1058).

Härtefonds für Sonderzahlungen können gebildet werden. Den Betriebspartnern steht 29 frei, Härtefälle im Sozialplan zu definieren – wie zB längere Arbeitslosigkeit, hohe Verschuldung, besondere Belastung durch Kinder in der Ausbildung usw. Nicht selten wird die Bestimmung des Härtefalles denjenigen überlassen, die den Fonds verwalten. Beim Härte-

385 Sozialplan

fonds handelt es sich um eine Sozialeinrichtung nach § 87 Abs 1 Nr 8 BetrVG. Soweit der ArbGeb über den Härtefonds verfügt, hat der BRat daher bei der Vergabe der Mittel mitzubestimmen.

30 Als **weitere Leistungen** können im Sozialplan Ausgleichszahlungen für die durch Arbeitsplatzwechsel entstandenen Nachteile vorgesehen werden, wie Auslösungen bei Versetzung, Zahlung von Lohnausgleich, Beihilfen für Umschulungs- und Fortbildungsmaßnahmen, Mietbeihilfen, Übernahme von Umzugskosten. Der Sozialplan kann vorsehen, dass Werkwohnungen weiterhin bewohnt, Bewerbungskosten übernommen und Deputate weitergewährt werden, vermögenswirksame Leistungen und Urlaubsabgeltungen unabhängig vom Zeitpunkt der Beendigung des Arbeitsverhältnisses für das gesamte Jahr gezahlt und Zuschüsse zum AlGeld geleistet werden. Und endlich kann der Sozialplan Wiedereinstellungsklauseln enthalten. Die Aufzählung ist nicht abschließend.

31 Anstelle von Abfindungszahlungen sollen nach § 112 Abs 5 Ziff 2a BetrVG insbesondere die im SGB III vorgesehenen **Förderungsmöglichkeiten** zur Vermeidung von Arbeitslosigkeit berücksichtigt werden. Dazu gehören einmal die in **§ 216a SGB III** angesprochenen Leistungen zur Förderung der Teilnahme an Transfermaßnahmen. Danach erwirbt der aufgrund einer Betriebsänderung von Arbeitslosigkeit bedrohte ArbN einen Rechtsanspruch auf Förderung bei der Eingliederung in den Arbeitsmarkt. Hierfür kommen alle Leistungen der aktiven Arbeitsförderung in Betracht (*Fitting* §§ 112, 112a Rz 137). Der ArbGeb muss sich hieran angemessen beteiligen. Diese Beteiligung kann im Sozialplan vereinbart und auch durch Spruch der Einigungsstelle erzwungen werden (*Fitting* §§ 112, 112a Rz 279).

32 Die Arbeitsverwaltung fördert bis zu 50% der Maßnahmekosten, höchstens aber 2500 € je gefördertem ArbN. Die Förderung ist nach § 216 Abs 3 Satz 1 SGB III ausgeschlossen, wenn der ArbN so eine Anschlussbeschäftigung beim gleichen ArbGeb vorbereitet werden soll (Einzelheiten Rz 65 ff). Daneben können ArbN nach **§ 216b SGB III** bei Personalanpassungsmaßnahmen aufgrund einer Betriebsänderung zur Vermeidung von Entlassung und zur Verbesserung ihrer Eingliederungschancen bis zu 12 Monaten in einer betriebsorganisatorisch eigenständigen Einheit (beE) zusammengefasst werden, in der sie Transferkurzarbeitergeld beziehen. Diese Einheit kann im Unternehmen selbst gebildet oder einer Beschäftigungs- und Qualifizierungsgesellschaft zugeordnet werden. Der Anspruch ist nach § 216 Abs 7 SGB III ausgeschlossen, wenn die ArbN nur vorübergehend in der beE zusammengefasst werden, um anschließend im selben Betrieb oder einem anderen Betrieb desselben Unternehmens wieder beschäftigt zu werden (Einzelheiten s *Beschäftigungsgesellschaft* Rz 1 ff). Jedenfalls die Finanzierung einer beE durch den ArbGeb kann durch Spruch der Einigungsstelle erzwungen werden (*Fitting* §§ 112, 112a Rz 279). Die **Errichtung** einer beE betrifft zwar in erster Linie das „Wie" einer Betriebsänderung und wäre danach Gegenstand des nicht erzwingbaren Interessenausgleichs (s *Interessenausgleich* Rz 5). Nach § 112 Abs 5 Nr 2a BetrVG soll die Einigungsstelle aber in ihrem Spruch über einen Sozialplan die im SGB III vorgesehenen Förderungsmöglichkeiten berücksichtigen. Damit hat das SGB III dieses Thema dem erzwingbaren Sozialplan zugeordnet (aA *Fitting* §§ 112, 112a Rz 278). Dass damit in die unternehmerische Freiheit eingegriffen wird, ist in der Mitbestimmung angelegt (BVerfG 18.12.1985 – 1 BvR 143/83, NJW 86, 1601). Dem Verlust von Arbeitsplätzen bei Betriebsänderungen dient daneben die **Maßnahmen der Berufsbildung** nach § 97 Abs 2 BetrVG. Damit kann der BRat – notfalls durch Spruch der Einigungsstelle – durchsetzen, dass ArbN nachqualifiziert werden um ihre Kündigung zu vermeiden.

33 **Obergrenzen** für Sozialplanregelungen sieht das Gesetz nicht vor. Die Grenzen des § 113 BetrVG gelten nicht für Sozialplanabfindungen (BAG 27.10.87, DB 88, 558). Der Sozialplan selbst darf jedoch **Höchstbegrenzungsklauseln** für Abfindungen enthalten. Eine solche Kappungsgrenze behandelt alle davon betroffenen ArbN gleich. Diese Gruppenbildung ist mit dem betriebsverfassungsrechtlichen Gleichbehandlungsgrundsatz vereinbar (BAG 21.7.09 – 1 AZR 566/08, NZA 09, 1107). Zur **Sicherung von Sozialplanansprüchen** können Grundschulden eingetragen werden (*DKK/Däubler* §§ 112, 112a Rz 115). Meist geschieht dies zugunsten eines von den Betriebspartnern bestimmten Treuhänders.

34 **4. Erzwungener Sozialplan.** Kommt ein freiwilliger Sozialplan – auch durch Vermittlung der Einigungsstelle – nicht zustande, entscheidet die Einigungsstelle nach § 112 Abs 4 BetrVG verbindlich und abschließend. Hat die Einigungsstelle keine **endgültige Einigung**

Sozialplan 385

der Betriebsparteien herbeigeführt und offengelassen, ob und in welchem Umfang der ArbGeb Sozialplanmittel zur Verfügung zu stellen hat, ist ihr Regelungsauftrag nicht erfüllt. Die Einigungsstelle darf nicht dauerhaft von einer eigenen Entscheidung über die Höhe des Sozialplanvolumens absehen, ohne zumindest ein eindeutiges, möglichen Manipulationen nicht zugängliches Verfahren zu beschließen, mittels dessen die offenen Fragen geklärt werden können (BAG 26.5.09 – 1 ABR 12/08, NZA-RR 09, 588). Für diese Entscheidung gibt das Gesetz in § 112 Abs 5 BetrVG **Richtlinien** vor, an welchen sich die Einigungsstelle orientieren muss (BAG 26.5.88, DB 88, 2154). Sie hat bei ihrer Entscheidung die sozialen Belange der betroffenen ArbN einerseits und die wirtschaftliche Vertretbarkeit für das Unternehmen zu beachten.

Sie muss sich dabei im Rahmen billigen Ermessens von folgenden **Grundsätzen** leiten 35 lassen: Sie soll nach § 112 Abs 5 Nr 1 BetrVG einmal Regelungen treffen, die idR den Gegebenheiten des Einzelfalles Rechnung tragen. Dies bedeutet nicht, dass die Einigungsstelle ihr Verfahren so lange hinauszögern muss, bis die konkreten Nachteile für jeden einzelnen ArbN feststehen. Pauschale Abgeltungen sind für die Einigungsstelle meist unvermeidbar (BAG 27.10.87, DB 88, 558). Bei der Festlegung von Abfindungen kann daher nach der üblichen Formel verfahren werden (BAG 23.4.85, DB 85, 1030). Soweit nach § 112 Abs 5 Nr 2 Satz 1 BetrVG die weiteren Aussichten der betroffenen ArbN auf dem Arbeitsmarkt berücksichtigt werden sollen, sind Klauseln denkbar, wonach festgelegte Abfindungen nur anteilig je nach Dauer der Arbeitslosigkeit in einem Bezugszeitraum anfallen. Berücksichtigt ein erzwungener Sozialplan nicht einmal typisiert und pauschaliert die Gegebenheiten des Einzelfalles, wie etwa Lebensalter, familiäre Belastungen, Schwerbehinderteneigenschaft, kann er allein deshalb unwirksam sein (BAG 14.9.94, DB 95, 430). Die nach dem Spruch der Einigungsstelle auszugleichenden Nachteile dürfen nur solche sein, die gerade auf die mitbestimmungspflichtige Betriebsänderung zurückzuführen sind (BAG 10.12.96 – 1 ABR 32/96, NZA 97, 898). Abfindungen für ArbN, deren Arbeitsverhältnisse nach § 613a BGB auf einen Betriebserwerber übergehen, sind damit grundsätzlich ausgeschlossen. Ein Sozialplan kommt nur in Betracht, wenn der Betriebsübergang mir einer Betriebsänderung nach § 111 BetrVG einhergeht (BAG 25.1.2000 – ABR 1/99, NZA 2000, 1069), etwa mit der Stilllegung von nicht übergegangenen Betriebsabteilungen nach einem Teilbetriebsübergang.

Die Einigungsstelle soll den **Ausschluss von Leistungen** nach § 112 Abs 5 Nr 2 Satz 2 36 BetrVG für ArbN vorsehen, die in einem **zumutbaren Arbeitsverhältnis** im selben Betrieb oder in einem anderen Betrieb des Unternehmens oder eines zum Konzern gehörenden Unternehmens weiterbeschäftigt werden können und dies ablehnen. Dabei begründet die mögliche Weiterbeschäftigung an einem anderen Ort allein nicht die Unzumutbarkeit. Die **sozialrechtlichen Regelungen** über die Unzumutbarkeit in § 121 SGB III müssen nicht angewandt werden. Sozialpläne betreffen nicht das Verhältnis vom Staat zu seinen Bürgern, sondern ein privates Rechtsverhältnis zwischen ArbGeb und ArbN. Es geht nicht darum, auf Beiträgen beruhende Leistungen zu verweigern, sondern um die Verteilung eines vom ArbGeb zur Verfügung gestellten, beträchtlichen finanziellen Volumens auf die von der Betriebsänderung betroffenen ArbN und die Beurteilung der ihnen entstehenden wirtschaftlichen Nachteile (BAG 6.11.07 – 1 AZR 960/06, NZA 08, 232). Sozialplananspruche können entfallen oder jedenfalls reduziert werden, wenn ArbN dem Übergang ihres Arbeitsverhältnisses auf einen Betriebserwerber nach § 613a BGB widersprechen und im Anschluss daran betriebsbedingt gekündigt werden, weil ihre Beschäftigungsmöglichkeit weggefallen ist (*Fitting* §§ 112, 112a Rz 267).

Die Einigungsstelle kann selbst festlegen, was „**zumutbar**" ist. Sie hat dabei einen weiten 37 **Beurteilungsspielraum**. Sie muss daher zB nicht auf alle Umstände Rücksicht nehmen, die es einem ArbN schwer machen, einen Arbeitsplatz an einem anderen Ort anzunehmen (BAG 6.11.07 – 1 AZR 960/06). Dies kann durch konkrete Festlegungen der Arbeitsplätze, durch generalklauselartige Beschreibung oder dadurch geschehen, dass die Prüfung einem Ausschuss übertragen wird (BAG 28.9.88, DB 89, 48). IdR sind **gleichwertige Arbeitsbedingungen** zumutbar, sie müssen nicht gleichartig sein (*Fitting* §§ 112, 112a Rz 268). Die Gleichwertigkeit muss in finanzieller Hinsicht gegeben sein. Dies ist jedenfalls so, wenn die neue Tätigkeit der Vorbildung und der Berufserfahrung entspricht und keine niedrigere tarifliche Eingruppierung erfolgt (BAG 25.10.83, DB 84, 725).

385   Sozialplan

38   Die bisherige Betriebszugehörigkeit muss angerechnet werden (*Fitting* §§ 112, 112a Rz 269). Bei einem Wechsel zu einem anderen Konzernunternehmen müssen der Kündigungsschutz und die für den ArbN geltenden Kündigungsfristen durch verbindliche Zusage des neuen ArbGeb erhalten bleiben (*Fitting* §§ 112, 112a Rz 169). Erfolgt eine Abgruppierung, sind im Sozialplan jedenfalls Ausgleichszahlungen vorzusehen (BAG 27.10.87, DB 88, 558); ein etwas geringer vergüteter Arbeitsplatz kann im Sozialplan für zumutbar erklärt werden (BAG 28.9.88, DB 89, 48). Der Wegfall von Überstunden nimmt nicht die Zumutbarkeit (*Fitting* §§ 112, 112a Rz 271), der Wegfall nicht nur geringfügiger Zulagen nimmt sie.

39   Bei einem notwendigen **Ortswechsel** kann die Unzumutbarkeit auf weiteren Umständen beruhen (BAG 25.10.83, DB 84, 725). In Frage kommen ua Schwerbehinderung, Pflege von Familienangehörigen, Umschulung von Kindern.

40   Bei der Festlegung des **Gesamtvolumens eines Sozialplans** darf die Einigungsstelle nach § 112 Abs 5 Nr 3 BetrVG nicht den Fortbestand des Unternehmens und die verbliebenen Arbeitsplätze gefährden. Bei der Prüfung, wie sehr der Sozialplan das Unternehmen belastet und ob er möglicherweise dessen Fortbestand gefährdet, ist sowohl das Verhältnis von Aktiva und Passiva als auch die Liquiditätslage zu berücksichtigen. Führt die Erfüllung der Sozialplanverbindlichkeiten zu einer Illiquidität, zur bilanziellen Überschuldung oder zu einer nicht mehr vertretbaren Schmälerung des Eigenkapitals, ist die Grenze der wirtschaftlichen Vertretbarkeit regelmäßig überschritten (BAG 15.3.11 – 1 ABR 97/09, NZA 11, 1112). Die **Obergrenze der Dotierung** eines Sozialplanes ist durch den vollständigen Ausgleich der den ArbN aufgrund einer Betriebsänderung entstandenen Nachteile gekennzeichnet. Dieser Ausgleich steht unter dem Vorbehalt seiner wirtschaftlichen Vertretbarkeit. Sie bildet eine Grenze für das Ermessen der Einigungsstelle (BAG 6.5.03 – 1 ABR 11/02, NZA 04, 108). Bei Einzelkaufleuten, OHG und KG kommt es nicht nur auf das Betriebs-, sondern auch auf das Privatvermögen an, das nach dem Gesetz für Verbindlichkeiten haftet (vgl BAG 8.7.72, DB 72, 2069). Dass Sozialplanmittel anderen Investitionen nicht mehr zur Verfügung stehen, spielt für sich allein keine Rolle (BAG 22.5.79, DB 79, 1896). Für die Unternehmen notwendige Investitionen müssen möglich bleiben. Selbst bei einem wenig leistungsstarken Unternehmen dürfen im Fall der Entlassung eines großen Teils der Belegschaft die Belastungen bis an den Rand der Bestandsgefährdung gehen (BAG 6.5.03 – 1 ABR 11/02, NZA 04, 108).

41   Auch ein Sozialplan, der durch die Betriebsänderung begründete Einsparungen für ein Jahr (BAG 27.10.87, DB 88, 558) oder sogar für zwei Jahre (BAG 6.5.03 – 1 ABR 11/02, NZA 04, 108) aufzehrt, ist im Einzelfall nicht zu beanstanden. Vertretbar ist in jedem Fall ein Sozialplanvolumen, das den in der Bilanz hierfür ausgewiesenen Rückstellungen entspricht; wobei die Rspr davon ausgeht, dass entsprechende „Rücklagen" gebildet werden (BAG 13.6.89 – 1 ABR 14/88, NZA 89, 974).

42   Auch die **Untergrenze der Dotierung** bildet letztlich die wirtschaftliche Vertretbarkeit für den ArbGeb. Der Normzweck eines Sozialplans wird nach § 112 Abs 1 Satz 2 BetrVG nicht nur durch den Ausgleich, sondern auch durch die Minderung der den ArbN aufgrund der Betriebsänderung entstehenden Nachteile erreicht. Er erfüllt nur dann nicht seinen Zweck, wenn er nicht einmal eine substanzielle Milderung der Nachteile vorsieht. Mit einer substantiellen Minderung der Nachteile haben wir es zu tun, wenn die betroffenen ArbN spürbar entlastet werden. Wo genau diese Untergrenze verläuft, ergibt sich im Einzelfall. Die Abfindungshöhe nach § 1a KSchG ist dabei nach Auffassung des BAG kein tauglicher Maßstab (BAG 24.8.04 – 1 ABR 23/03, NZA 05, 302). Selbst wenn diese Untergrenze unterschritten wird, kann der Sozialplan aber gesetzeskonform sein, wenn andernfalls sein Volumen für das Unternehmen wirtschaftlich nicht vertretbar wäre, weil sein Fortbestand gefährdet würde (BAG 22.1.13 – 1 ABR 85/11, NZA-RR 13, 409).

43   **5. Auszahlung.** Die **Fälligkeit** von Leistungen aus einem Sozialplan ergibt sich aus den getroffenen Vereinbarungen. Wird hierzu nichts vereinbart, werden Abfindungszahlungen mit dem Ausscheiden aus dem Betrieb, dh mit der rechtlichen – nicht faktischen – Beendigung des Arbeitsverhältnisses fällig (BAG 18.12.84 – 1 AZR 176/82, NZA 85, 400). Die Fälligkeit darf davon abhängig gemacht werden, dass der ArbN keine Kündigungsschutzklage erhebt oder im Kündigungsschutzprozess rechtskräftig unterliegt (BAG 19.6.06 – 1 AZR

541/06 nv; BAG 31.5.05 – 1 AZR 254/04, NZA 05, 997). Ein **Verzicht** auf Leistungen aus dem Sozialplan ist – soweit es sich nicht um einen „Tatsachenvergleich" handelt (BAG 31.7.96, DB 97, 882) – nach § 77 Abs 4 iVm § 112 Abs 1 Satz 3 BetrVG nur mit Zustimmung des BRat möglich (BAG 28.4.93, DB 93, 2034), welche auch Inhalt eines nachfolgenden Sozialplanes sein kann (LAG Sachs 24.11.93, DB 94, 588). Rechte aus dem Sozialplan können nach diesen Vorschriften weder **verwirken** noch werden sie von einzelvertraglich vereinbarten **Ausschlussfristen** erfasst. Die Nachteilsausgleichsansprüche nach § 113 BetrVG sollen mit Ansprüchen aus Sozialplänen jedenfalls **verrechnet** werden können, solange der ArbGeb nicht gegen die Konsultationspflichten aus der Massenentlassungsrichtlinie – RL 98/59/EG vom 20.7.1998 – verstößt (BAG 16.5.07 – 8 AZR 693/06, NZA 07, 1296; BAG 20.11.01 – 1 AZR 97/01, NZA 02, 992; s *Nachteilsausgleich* Rz 13). Im Sozialplan kann geregelt werden, dass Abfindungen, welche der ArbGeb auf Grund eines Tarifvertrages wegen einer Betriebsänderung zahlt, zur Erfüllung von Sozialplanansprüchen führen (BAG 14.11.06 – 1 AZR 40/06, NZA 07, 339). Es kann auch die Anrechnung von Abfindungen nach den §§ 9, 10 KSchG vereinbart werden (BAG 20.6.85, DB 85, 2357). Ob Ansprüche aus § 1a KSchG auf Sozialplanansprüche von Gesetzes wegen anzurechnen sind, weil sie in Anspruchskonkurrenz stehen, hat das BAG offen gelassen. Dies kann aber im Sozialplan vereinbart werden (BAG 19.6.07 – 1 AZR 340/06, NZA 07, 1357).

Allgemeine **tarifliche Ausschlussfristen** erfassen nach der Rspr auch Ansprüche aus **44** Sozialplänen (BAG 27.1.04 – 1 AZR 148/03, NZA 04, 667). Dies gilt nicht, soweit sie Vorsorgecharakter haben (BAG 3.4.90, EzA § 4 TVG Ausschlussfristen Nr 94). Der Verfall von Abfindungsansprüchen ist problematisch. Auf besonders wichtige Ansprüche hat die Rspr von je her allgemeine Ausschlussfristen nicht angewandt (s *Ausschlussfristen* Rz 10). Bei der Beendigung von Arbeitsverhältnissen stellen Ansprüche aus einem Sozialplan die wichtigsten vom ArbGeb noch zu erwartenden Leistungen dar. Abfindungszahlungen bieten eine Entschädigung für den Verlust des Arbeitsplatzes und – vor allem (vgl BAG 31.7.96, DB 97, 281) – eine Überbrückung bis zum Beginn eines neuen Arbeitsverhältnisses oder des Rentenbezugs und haben damit jedenfalls auch Vorsorgecharakter. Dies rechtfertigt, allgemeine tarifliche Ausschlussklauseln auf Sozialplanansprüche nicht anzuwenden. Jedenfalls werden Sozialplanansprüche nicht von einer tariflichen Ausschlussfrist erfasst, wonach „vertragliche Ansprüche aus dem Arbeitsverhältnis" verfallen (BAG 13.2.07 – 1 AZR 184/06, NZA 07, 825). Die Betriebspartner können jedoch Ausschlussfristen im Sozialplan selbst vereinbaren, wie § 77 Abs 4 Satz 3 BetrVG zeigt. **Einzelvertraglich** vereinbarte **Ausschlussfristen** erfassen schon nach §§ 77 Abs 4 Satz 4, 112 Abs 1 Satz 3 BetrVG keine Ansprüche aus Sozialplänen (*Fitting* §§ 112, 112a Rz 197). Für den Verfall von Sozialplanansprüchen gelten bei der arbeitsvertraglichen Bezugnahme auf einen Tarifvertrag dessen Regelungen (BAG 27.1.04 – 1 AZR 148/03, NZA 04, 667).

Ansprüche aus Sozialplänen sind **nicht vererblich**, wenn der ArbN vor Ablauf der **45** Kündigungsfrist (Fälligkeit) (BAG 27.6.06 – 1 AZR 322/05, NZA 06, 1238; BAG 22.5.96, DB 97, 280) bzw nach Abschluss eines Aufhebungsvertrags, aber vor der vereinbarten Beendigung des Arbeitsverhältnisses stirbt (BAG 25.9.96, DB 97, 281). Das Arbeitsverhältnis endet in diesem Fall durch Tod und nicht aufgrund einer Betriebsänderung (BAG 27.6.06 – 1 AZR 322/05, NZA 06, 1238). In der **Zwangsvollstreckung** werden Sozialplanabfindungen als „Arbeitseinkommen" iSv § 850 ZPO von Pfändungsmaßnahmen erfasst. Teile der Abfindung können auf Antrag des ArbN nach § 850i ZPO der Pfändung entzogen werden; der ArbGeb muss den ArbN jedoch nicht auf diese Möglichkeit hinweisen (BAG 13.11.91 – 4 AZR 39/91 AP ZPO § 850 Nr 13).

Eine **Durchgriffshaftung** auf den Gesellschafter zur Realisierung von Sozialplanansprü- **46** chen ist denkbar (BAG 15.1.91, DB 91, 1472; *Fitting* §§ 112, 112a Rz 258). In einem **Konzern** kann die herrschende Gesellschaft auf Ausgleich von Sozialplanansprüchen in Anspruch genommen werden (BAG 22.1.13 – 1 ABR 85/11, NZA-RR 13, 409). Dieser **Berechnungsdurchgriff** setzt voraus, dass sie die Konzernleitungsmacht in einer Weise ausübt, die keine Rücksicht auf die Belange der abhängigen Gesellschaft nimmt, ohne dass sich die dadurch zugefügten Nachteile durch andere Maßnahmen kompensieren ließen (BAG 8.3.94 – 9 AZR 197/92, NZA 94, 931). Dies kann zB bei einem Beherrschungs- und Gewinnabführungsvertrag der Fall sein (BAG 14.2.89 – 3 AZR 191/87, NZA 89, 844). Ist für eine Betriebsgesellschaft iSd § 134 Abs 1 UmwG ein Sozialplan aufzustellen, darf die

385 Sozialplan

Einigungsstelle für die Bemessung des Sozialplanvolumens auch die wirtschaftliche Leistungsfähigkeit einer Anlagegesellschaft iSd § 134 Abs 1 UmwG berücksichtigen. Der Bemessungsdurchgriff ist jedoch der Höhe nach auf die der Betriebsgesellschaft bei der Spaltung entzogenen Vermögensteile begrenzt (BAG 15.3.11 – 1 ABR 97/09, NZA 11, 1112).

47 **6. Abänderung und Kündigung.** Sozialpläne können wie jede Betriebsvereinbarung – auch zulasten der ArbN – **abgeändert** werden. Der neue Sozialplan ersetzt dann den alten. Das gilt auch bei freiwilligen, „vorsorglich" für künftige, noch nicht konkret geplante Betriebsänderungen vereinbarten sogenannten Rahmen- oder Dauersozialplänen. Die Betriebsparteien können diese sowohl generell als auch anlässlich einer konkret anstehenden Betriebsänderung einvernehmlich abändern (BAG 19.2.08 – 1 AZR 1004/06, NZA 08, 719). Von dieser Änderung werden bereits **fällige Ansprüche** nicht erfasst, weil sie schon individualisiert sind (BAG 24.3.81, DB 81, 2178). Auch bereits **entstandene,** aber noch nicht fällige **Ansprüche** können in einem nachfolgenden Sozialplan nur in den Grenzen der Verhältnismäßigkeit und des Vertrauensschutzes vermindert werden (BAG 19.2.08 – 1 AZR 1004/06, NZA 08, 719; BAG 5.10.2000 – 1 AZR 48/00, NZA 01, 849). Eine vor Auszahlung der Abfindungen nachträglich in einen Sozialplan aufgenommene Klausel, nach der Abfindungen nach § 1a KSchG auf die Sozialplanabfindung angerechnet werden, soll wirksam sein (BAG 19.6.07 – 1 AZR 340/06, NZA 07, 1357). Führt die Korrektur einzelner unwirksamer Sozialplanbestimmungen zu einer **Ausdehnung** des vereinbarten **Finanzvolumens** eines Sozialplans, ist die Mehrbelastung vom ArbGeb hinzunehmen, solange sie im Verhältnis zum Gesamtvolumen nicht ins Gewicht fällt (BAG 24.8.04 – 1 ABR 23/03, NZA 05, 302). Dabei kommt es nicht darauf an, wie viele ArbN von der Korrektur betroffen sind (BAG 21.10.03 – 1 AZR 407/02, NZA 04, 559).

48 Wird ein Betrieb erst teilstillgelegt und werden wegen einer angestrebten Sanierung geringe Abfindungen vereinbart, müssen bei einer nachfolgenden Liquidation und erhöhter Dotierung des Sozialplanes auch die Mitarbeiter berücksichtigt werden, welche aufgrund der vorangegangenen Betriebsänderung ausgeschieden sind. So wird ihre Gleichbehandlung gesichert (BAG 9.12.81, DB 82, 908).

49 Die **ordentliche Kündigung** kann im Sozialplan vereinbart werden. Ansonsten soll sie ausgeschlossen sein (BAG 10.8.94, DB 95, 480), soweit der Sozialplan nicht Dauerregelungen enthält und fortlaufende, zeitlich unbegrenzte Leistungsansprüche begründet (BAG 24.3.81, DB 81, 2178). Bereits **entstandene Ansprüche** werden durch die Kündigung des Sozialplanes ebenso wenig berührt wie schon **fällige Ansprüche** (BAG 10.8.94, DB 95, 480). Der Sozialplan **wirkt** nach § 77 Abs 6 BetrVG **nach,** dh seine Regelungen gelten weiter, bis er durch einen anderen Sozialplan ersetzt wird oder – auch durch Spruch der Einigungsstelle – ein weiterer Sozialplan nicht zustandekommt (BAG 24.3.81, DB 81, 2178). Die Sicherung in ihm vorgesehener fortlaufender, zeitlich unbegrenzter Leistungsansprüche folgt nach Vertrauensschutzgrundsätzen.

50 Die **fristlose Kündigung** von Sozialplänen ist jedenfalls auf wenige Sonderfälle beschränkt, in denen es um die Existenz des Unternehmens geht (ähnlich LAG Saarl 3.7.85, DB 86, 48; offen gelassen in BAG 10.8.94, DB 95, 480). Auch außerordentlich gekündigte Sozialpläne wirken nach (BAG 10.8.94, DB 95, 480). Ist die **Geschäftsgrundlage** eines Sozialplanes weggefallen und ist einem Betriebspartner das Festhalten am Sozialplan nicht mehr zuzumuten, können die Betriebspartner die Regelungen des Sozialplanes den veränderten tatsächlichen Umständen anpassen. Verweigert ein Betriebspartner die Anpassung, entscheidet die Einigungsstelle verbindlich. Die neue Regelung soll auch schon entstandene Ansprüche zulasten des ArbN abändern können (BAG 10.8.94, DB 95, 480). Der gemeinsame Irrtum der Betriebspartner über die für den Sozialplan zur Verfügung stehende Finanzmasse wird ebenso als Wegfall der Geschäftsgrundlage gesehen (BAG 17.2.81, DB 81, 1414) wie die Übernahme des Betriebes durch Dritte unter Fortführung der ursprünglich gekündigten Arbeitsverhältnisse (BAG 28.8.96, DB 97, 100).

51 **7. Gerichtliche Auseinandersetzung.** Die **einzelnen Arbeitnehmer** können ihre Ansprüche aus einem Sozialplan gerichtlich verfolgen (BAG 17.2.81, DB 81, 1414). Sie können dabei nicht geltend machen, das Gesamtvolumen des Sozialplanes sei zu niedrig bemessen (BAG 26.7.88, DB 88, 2464). Der zu Unrecht von Leistungen des Sozialplanes Ausgeschlossene kann dagegen gerichtlich vorgehen (BAG 25.10.83, DB 84, 725). Die

Erhöhung des Gesamtvolumens durch seine erfolgreiche Klage wird in Kauf genommen (BAG 26.10.90, NZA 91, 111).

Der **Betriebsrat** kann individuelle Ansprüche der ArbN aus dem Sozialplan weder aus eigenem Recht einklagen, noch vom ArbGeb gerichtlich Erfüllung dieser Ansprüche auf dem Umweg über seine Durchführungspflicht verlangen. Er hat keinen eigenen Anspruch darauf, dass im Sozialplan begründete Rechte der einzelnen ArbN erfüllt werden (BAG 17.10.89 – 1 ABR 75/88, NZA 90, 441). Verfolgt er nicht in Prozessstandschaft Vermögensansprüche der Beschäftigten und geht es ihm nicht um die die Verfolgung eigener vermögensrechtlicher Rechtspositionen, sondern um die Durchsetzung seines Mitbestimmungsrechts bei – auch von einer Einigungsstelle beschlossenen – Sozialplänen, kann er seinen betriebsverfassungsrechtlichen Durchführungsanspruch aus § 77 BetrVG gerichtlich geltend machen. Wird der Spruch einer Einigungsstelle über einen Sozialplan angefochten, kann der Brat seine Durchführung erst nach rechtskräftiger Entscheidung über den auf Feststellung der Unwirksamkeit dieses Spruchs gerichteten Antrags verlangen (BAG 22.1.13 – 1 ABR 92/11, NZA 13, 752). 52

Streitigkeiten über die **Auslegung** eines Sozialplanes können nicht durch verbindlichen Spruch der Einigungsstelle beigelegt werden (BAG 27.10.87, DB 88, 503). Dieser Streit kann im Beschlussverfahren ausgetragen werden (BAG 8.11.88, DB 89, 587). 53

Die **Anfechtung von Sozialplänen** setzt eine Ermessensüberschreitung durch die Einigungsstelle voraus. Insbesondere kann geltend gemacht werden, dass die Regelungen in § 112 Abs 5 Nr 1–3 BetrVG nicht beachtet wurden. Der Antrag muss nach § 76 Abs 5 Satz 4 BetrVG binnen zwei Wochen nach Zuleitung des Einigungsstellenspruchs beim ArbG gestellt werden. Er lautet: „Festzustellen, dass der auf dem Spruch der Einigungsstelle beruhende Sozialplan vom … unwirksam ist". Eine Abänderung des Sozialplans nach Anfechtung durch das Gericht kommt nicht in Betracht. Eine anfechtungsbegründende Ermessensüberschreitung liegt nicht vor, wenn ein anderer Sozialplan vernünftiger wäre. Anfechtbar ist der Sozialplan nur, wenn er mit seinem Zweck nicht mehr vereinbar ist oder die sozialen Belange der ArbN bzw die wirtschaftlichen des ArbGeb nicht hinreichend berücksichtigt wurden. Dagegen ist ohne Bedeutung, ob die von der Einigungsstelle angenommenen tatsächlichen und rechtlichen Umstände zutreffen und ihre weiteren Überlegungen frei von Fehlern sind und eine erschöpfende Würdigung aller Umstände zum Inhalt haben (BAG 24.8.04 – 1 ABR 23/03, NZA 05, 302). Entscheidend ist der Inhalt des Sozialplanes, nicht die Überlegungen der Einigungsstelle, die zu diesem Inhalt geführt haben. Ficht der Arbeitgeber den Sozialplan wegen mangelnder wirtschaftlicher Vertretbarkeit an, hat er daher entweder darzulegen, dass dessen Regelungen zu einer Überkompensation der eingetretenen Nachteile führen und deshalb schon die Obergrenze des § 112 Abs 1 S 2 BetrVG verletzen oder dass sie die Grenze der wirtschaftlichen Vertretbarkeit für das Unternehmen überschreiten (BAG 22.1.13. – 1 ABR 85/11, NZA-RR 13, 409). Einer **gerichtlichen Billigkeitskontrolle** unterliegen auch die freiwillig abgeschlossenen Sozialpläne (BAG 14.2.84, DB 84, 1527). 54

8. Sozialplan bei Insolvenz. Der Gesetzgeber hat Ansprüche aus Sozialplänen bei Insolvenz des ArbGeb unterschiedlich behandelt. Entscheidend ist der Zeitpunkt, in dem sie abgeschlossen wurden. Am besten sind Forderungen aus Sozialplänen geschützt, die der Insolvenzverwalter nach Eröffnung des Insolvenzverfahrens abgeschlossen hat. Halbwegs geschützt sind Ansprüche aus Sozialplänen, die in den letzten drei Monaten vor dem Eröffnungsantrag abgeschlossen wurden. Alle anderen Sozialplanforderungen sind ungeschützt. 55

Mit **Eröffnung des Insolvenzverfahrens** durch den Eröffnungsbeschluss des Insolvenzgerichts nach § 27 InsO wird der Insolvenzverwalter zum ArbGeb. Er hat die Mitbestimmungsrechte des BRat wie dieser zu beachten. Soweit es das BetrVG vorsieht, sind von ihm veranlasste Betriebsänderungen daher auch sozialplanpflichtig (BAG 22.7.03 – 1 AZR 541/02, NZA 04, 93). Die **Dotierung** dieser **nach Eröffnung des Insolvenzverfahrens** aufgestellten Sozialpläne ist nach § 123 InsO doppelt begrenzt. Einmal stehen als Gesamtvolumen nach § 123 Abs 1 InsO nur $2^{1}/_{2}$ Monatsverdienste aller von Entlassung betroffenen (*Fitting* §§ 112, 112a Rz 294) ArbN zur Verfügung. Mit den **Monatsverdiensten** sind die individuellen Bruttomonatsvergütungen ohne Abzug von Steuern und SozVBeiträgen gemeint (*Fitting* §§ 112, 112a Rz 300). Dazu gehören neben den Grundvergütungen die 56

385 Sozialplan

Akkordverdienste, Zulagen und Sonderzahlungen, die anteilig umgelegt werden. Sachbezüge sind in Geld umzurechnen (*Fitting* §§ 112, 112a Rz 300). **Bemessungszeitraum** ist nach den §§ 123 Abs 1, 10 Abs 3 KSchG der Monat, in dem das Arbeitsverhältnis endet. Bei der Ermittlung der von der **Entlassung betroffenen Arbeitnehmer** sind auch Teilzeitbeschäftigte und befristet Beschäftigte, aber nicht die leitenden Angestellten hinzuzurechnen. Von der Entlassung betroffen sind neben den gekündigten alle ArbN, die auf Veranlassung des ArbGeb gekündigt oder einen Aufhebungsvertrag abgeschlossen haben (*Fitting* §§ 112, 112a Rz 295, 296).

57 Wird der **Höchstbetrag** überschritten, ist der Sozialplan insgesamt unwirksam. Er muss dann neu aufgestellt werden (*Fitting* §§ 112, 112a Rz 304). Zur Vermeidung ungewollter Überschreitungen kann er die anteilige Herabsetzung der Ansprüche vorsehen. Vereinbart man die Verteilung über ein Punktsystem, bleibt das Gesamtvolumen offen, bis alle Fragen geklärt sind. Eine Überschreitung der Höchstgrenze ist dann kaum denkbar. Darüber hinaus erfolgt nach § 123 Abs 2 InsO eine **anteilige Kürzung**, wenn ein Insolvenzplan nicht zustande kommt und die Gesamtsumme aller Sozialplanforderungen ein Drittel der Masse übersteigt, die ohne Sozialplan für die Verteilung an die Insolvenzgläubiger zur Verfügung stünde. Die Verbindlichkeiten aus diesem Sozialplan sind jedoch nach § 123 Abs 2 InsO **Masseverbindlichkeiten**. Anmeldung und Feststellung der Sozialplanforderungen entfallen. Sind ausreichende Barmittel vorhanden, soll daher der Insolvenzverwalter nach § 123 Abs 3 InsO mit Zustimmung des Insolvenzgerichts Abschlagszahlungen auf die Sozialplanforderungen leisten. So wird verhindert, dass ArbN teilweise Jahre auf die Erfüllung ihrer Ansprüche warten müssten. Wurde der Sozialplan nach Anzeige der Masseunzulänglichkeit abgeschlossen, ist eine Leistungsklage gegen den Insolvenzverwalter auf Zahlung der Abfindung unzulässig (BAG 21.1.10 – 6 AZR 785/08, NZA 10, 413).

58 Ein Sozialplan, der vor Eröffnung des Insolvenzverfahrens – § 27 InsO, aber nicht früher als **3 Monate vor dem Eröffnungsantrag** – § 13 Abs 1 InsO – aufgestellt wurde, kann vom BRat und dem Insolvenzverwalter nach § 124 Abs 1 InsO widerrufen werden. Der Widerruf führt zur Unwirksamkeit des Sozialplanes. Ein Widerrufsgrund ist nicht erforderlich (*Fitting* §§ 112, 112a Rz 322). Der Sozialplan ist nach § 126 BGB an dem Tag aufgestellt, an dem er von BRat und ArbGeb unterzeichnet wurde. Beruht er auf dem Spruch einer Einigungsstelle, ist er nach § 76 Abs 3 Satz 3 BetrVG mit der Zustellung an ArbGeb und BRat aufgestellt. Für den **Widerruf** besteht keine Frist. Er sollte aber erklärt werden, bevor ein Sozialplan vom Insolvenzverwalter erstellt wird. Der BRat wird den Sozialplan widerrufen, wenn er nicht erfüllt wurde, da es sich bei diesen Sozialplanforderungen aus einem vor Insolvenzeröffnung aufgestellten Sozialplan um einfache Insolvenzforderungen handelt, falls er nicht durch einen vorläufigen Insolvenzverwalter mit Verfügungsbefugnis nach § 55 II InsO abgeschlossen wurde (BAG 31.7.02 – 10 AZR 275/01, NZA 02, 1332). Er wird auch widerrufen, wenn die Dotierung des Sozialplans deutlich unter der Grenze des § 123 Abs 1 InsO liegt. Der Insolvenzverwalter wird widerrufen, wenn diese Grenze überschritten wurde und eine Anpassungsregelung im Sozialplan fehlt. Leistungen, die ein ArbN vor Eröffnung des Insolvenzverfahrens schon erhalten hat, können nach § 124 Abs 3 InsO wegen des Widerrufs nicht zurückgefordert werden. ArbN, denen Forderungen aus dem widerrufenen Sozialplan zustanden, sind – entgegen dem missverständlichen Wortlaut der Vorschrift – grds bei der Aufstellung des neuen Sozialplanes nach § 124 Abs 2 InsO zu berücksichtigen (unter Beachtung des Gleichbehandlungsgrundsatzes *Fitting* §§ 112, 112a Rz 324). Werden sie in den neuen Sozialplan aufgenommen, ist nach § 124 Abs 3 InsO die Höchstgrenze des § 123 Abs 1 InsO um die an sie aus dem Altsozialplan ausgezahlten Beträge zu kürzen.

59 Sozialpläne, die **außerhalb der Zeiträume** der §§ 123 und 124 InsO zustandegekommen sind, begründen nur einfache Insolvenzforderungen. Sie sind damit wertlos. Weder der BRat noch der Insolvenzverwalter können allein deshalb verlangen, dass ein neuer Sozialplan aufgestellt wird. Im Einzelfall können aber die Grundsätze zum Wegfall der Geschäftsgrundlage helfen.

60 **9. Muster.** S Online-Musterformulare „*M37.1 Sozialplan*" u „*M43.2 Sozialplanabfindung*".

B. Lohnsteuerrecht
Seidel

Bei Zahlungen des ArbGeb im Rahmen eines Sozialplans ergeben sich lohnsteuerrechtlich 61 keine Besonderheiten. Diese Leistungen stellen grds Arbeitslohn dar (s auch FG BaWü 28.6.89, EFG 89, 574), dessen Besteuerung sich nach den für die Art der Zahlung geltenden Grundsätzen richtet. Da der LStAbzug erst beim Zufluss des Arbeitslohns vorzunehmen ist (s *Lohnzufluss* Rz 2 und *Lohnabzugsverfahren* Rz 5), kommt eine LStEinbehaltung erst bei der Auszahlung der betreffenden Leistungen in Betracht, so dass sich auch im Insolvenzverfahren diesbezüglich keine lohnsteuerrechtlichen Besonderheiten ergeben. Die LSt ist Masseforderung (s auch *Insolvenz des Arbeitgebers* Rz 27).

Abfindungen aufgrund eines Sozialplans dürften regelmäßig auf einer vom ArbGeb 62 veranlassten Auflösung des Dienstverhältnisses beruhen, so dass uU eine Steuerermäßigung in Betracht kommt (Näheres s *Abfindung* Rz 41 ff, *Außerordentliche Einkünfte* Rz 2 ff).

Der **Ausgleich wirtschaftlicher Nachteile** durch Zahlungen des ArbGeb (zB Verdienst- 63 ausfall) gehört regelmäßig zum stpfl Arbeitslohn. Fahrtkosten- und Umzugskostenersatz sowie Vergütungen für Mehraufwendungen wegen doppelter Haushaltsführung (Trennungsentschädigungen) können jedoch unter bestimmten Voraussetzungen steuerfrei sein (§ 3 Nr 16 EStG; Näheres s *Umzugskosten* Rz 15, *Doppelte Haushaltsführung* Rz 30, 31). Bei **Verzicht** auf Sozialplanleistungen (s oben Rz 43) s *Entgeltverzicht* Rz 8 ff. Erhält erst der **Erbe** des ArbN die Leistungen, unterliegen diese dem LStAbzug nach den Besteuerungsmerkmalen des Erben (s auch *Arbeitsentgelt* Rz 76).

C. Sozialversicherungsrecht
Schlegel

1. Förderung von Sozialplanmaßnahmen durch Arbeitsförderung. Sozialplanmaß- 64 nahmen werden durch Instrumente des Arbeitsförderungsrechts unter bestimmten Bedingungen finanziell unterstützt. Bis Ende 2004 leistete die BA Zuschüsse zu Sozialplanmaßnahmen. Seit 1.1.04 kann die Teilnahme an Transfermaßnahmen gefördert werden.

2. Förderung der Teilnahme an Transfermaßnahmen. Mit dem Dritten Gesetz für 65 moderne Dienstleistungen am Arbeitsmarkt vom 23.12.03 (BGBl I 03, 2848) wurden ab 1.1.04 die bisherigen Zuschüsse zu Sozialplanmaßnahmen abgelöst und die Förderung der Teilnahme an Transfermaßnahmen geregelt (zur Gesetzesbegründung vgl BT-Drs 15/1515 S 91 zu § 216a). Rechtsgrundlage hierfür sind nunmehr die §§ 101, 111 SGB III.

a) Förderungsziel. Auch die Förderung der Teilnahmen an Transfermaßnahmen ist wie 66 bereits die Zuschüsse zu Sozialplanmaßnahmen als Anreizsystem konzipiert, das die bei Betriebsänderungen verantwortlich Handelnden dazu bewegen soll, den von Arbeitslosigkeit bedrohten ArbN anstelle von Abfindungen beschäftigungswirksame Maßnahmen anzubieten. Ziel ist die **Erleichterung eines direkten Übergangs des ArbN aus dem alten in ein neues Beschäftigungsverhältnis.** Nebeneffekt sind dabei ggf Einsparungen der BA bei den Ausgaben für AlGeld.

b) Gläubiger und Geltendmachung des Anspruchs. Anders als die bisherigen Sozial- 67 planmaßnahmen handelt es sich bei dem neuen Förderungsinstrument nicht um Ermessensleistungen. Vielmehr besteht bei Vorliegen der Voraussetzungen des § 110 SGB III ein Anspruch auf Zuschussgewährung (sog **Pflichtleistung**). Die soll die Planungssicherheit bei den Betriebspartnern und die Akzeptanz des Instruments erhöhen.

Anders als bei den Zuschüssen bei Sozialplanmaßnahmen ist **Anspruchberechtigter** 68 nicht der Träger der Maßnahme, sondern der einzelne ArbN. Nach der Gesetzesbegründung soll dem bei Betriebsänderungen regelmäßig bestehenden kollektiven Bezug dadurch Rechnung getragen werden, dass aus Gründen der Praktikabilität und der Verfahrensvereinfachung der Individualanspruch des ArbN ähnlich wie beim Kurzarbeitergeld durch den ArbGeb geltend gemacht wird (BT-Drs 15/1515 S 91 zu § 216a Abs 1; zu diesem Verfahren vgl *Kurzarbeit* Rz 50 ff). Da es für diese Vorgehensweise im Gesetz selbst keinen Anhaltspunkt gibt, wird man eine ausdrückliche Ermächtigung des ArbN gegenüber dem ArbGeb zur Geltendmachung der Ansprüche aus 110 SGB III verlangen müssen.

c) Anspruchsvoraussetzungen. § 110 Abs 1 Satz 2 SGB III setzt voraus, dass unabhän- 69 gig von der Unternehmensgröße eine **Betriebsänderung iSv § 111 BetrVG** vorliegt. Dh der Begriff der Betriebsänderung gilt im Rahmen des § 110 SGB III auch dann, wenn es sich um betriebliche Restrukturierungsprozesse in Kleinunternehmen handelt, die wegen ihrer Größe nicht unter das BetrVG fallen.

Unter den **Begriff der Transfermaßnahmen** fallen gem § 110 Abs 1 Satz 2 SGB III „alle Maßnahmen zur Eingliederung von ArbN in den Arbeitsmarkt, an deren Finanzierung der ArbGeb sich angemessen beteiligt". Dabei spielt es keine Rolle, ob sich der ArbGeb in einem Sozialplan, aufgrund kollektiv- oder individualrechtlicher Vereinbarung zur Mitfinanzierung verpflichtet hat. Die Angemessenheit seiner Finanzierungsbeteiligung richtet sich ua nach der wirtschaftlichen Lage des ArbGeb. Aus der Höhe des Zuschusses (50% der Aufwendungen für die Maßnahmen) ergibt sich, dass der ArbGeb den Rest der Aufwendungen zu tragen hat, sofern diese nicht – was kaum vorkommen dürfte – aus Quellen sonstiger Dritter mitfinanziert werden.

Die **Durchführung der Transfermaßnahmen** dürfen nicht durch den ArbGeb erfolgen, sondern müssen in der Hand eines Dritten (§ 110 Abs 1 Satz 1 Nr 1 SGB III) liegen. Wer dieser **Dritte** ist, entscheiden die betrieblichen Akteure (ArbGeb und ArbN/BRat). Jedenfalls muss es sich um einen vom ArbGeb verschiedenen Rechtsträger handeln. ME schließt dies jedoch nicht aus, dass die Maßnahme im Betrieb des ArbGeb durchgeführt wird.

Die vorgesehen Maßnahmen müssen der **Eingliederung** des ArbN in den Arbeitsmarkt dienen (§ 110 Abs 1 Satz 1 Nr 2 SGB III). Dies dürfte zB bei beruflichen Fort-, Weiterbildungs- oder Qualifizierungsmaßnahmen der Fall sein.

70   Schließlich muss die Durchführung der Maßnahme gesichert sein (§ 110 Abs 1 Satz 1 Nr 3 SGB III) und ein „System zur Sicherung der Qualität angewendet werden" (Nr 4 SGB III). Eine **Sicherung der Maßnahme** erfordert mE sowohl die Vorlage eines schlüssigen, individuell auf die einzelnen ArbN zugeschnittenen Maßnahmeplans („wer wird wie auf eine neue Beschäftigung vorbereitet") sowie die Darlegung, dass die Mitfinanzierung des ArbGeb über die gesamte Dauer der Maßnahme gewährleistet ist. Der Träger der Maßnahme muss schlüssig darlegen, dass die tatsächlichen Voraussetzungen für die erfolgreiche Durchführung der Maßnahme vorliegen, dh dass zB geeignetes Schulungspersonal und die sächlichen Mittel für eine Weiterqualifizierung des ArbN vorhanden sind. Bestehen hinreichende Anhaltspunkte dafür, dass der ArbGeb nicht in der Lage sein wird, die beabsichtigte Maßnahme bis zu deren Ende mitzufinanzieren (zB drohende Insolvenz, bevorstehende Betriebsaufgabe oder Betriebsübernahme), ist die Maßnahme nur dann gesichert, wenn auch für diesen Fall Vorsorge getroffen ist. Diese kann etwa darin bestehen, dass hinsichtlich der Finanzierung der Maßnahme eine Bankbürgschaft, ein Treuhandkonto, sonstige Sicherheiten oder Garantieerklärungen solventer Dritter nachgewiesen werden.

Nach der Gesetzesbegründung zu § 216a Abs 1 Satz 1 Nr 4 SGB III aF, jetzt § 110 SGB III (**„Evaluation"**) soll nach Durchführung der Maßnahme die Zufriedenheit der ArbN und des Auftraggebers systematisch erhoben und Vermittlungserfolge sowie die Verbleibquote sechs Monate nach Abschluss der Transfermaßnahmen dokumentiert werden.

71   **d) Zuschusshöhe.** Die Förderung wird als Zuschuss gewährt. Der Zuschuss beträgt 50% der Aufwendungen für die Maßnahme, jedoch höchstens 2500 € je gefördertem ArbN (§ 110 Abs 2 SGB III). Zuschussfähig sind nur die Maßnahmekosten selbst, nicht jedoch Zuschüsse zur Finanzierung der Lebenshaltungskosten des ArbN. Dh dass die Lohnfortzahlung während einer Freistellung des ArbN für Transfermaßnahmen allein Sache des ArbGeb ist und er insoweit keine Entlastung durch Zuschüsse der BA erhält.

72   **e) Ausschlussgründe.** Der Zuschuss ist ausgeschlossen, wenn die Maßnahme dazu dient, den ArbN auf eine **Anschlussbeschäftigung im gleichen Betrieb** oder in einem anderen Betrieb des gleichen Unternehmens oder, falls das Unternehmen einem Konzern angehört, in einem Betrieb eines anderen Konzernunternehmens des Konzerns vorzubereiten. Durch die Förderung darf zudem der ArbGeb nicht von bestehenden sonstigen gesetzlichen oder vertraglichen Verpflichtungen entlastet werden (§ 110 Abs 3 SGB III). § 110 Abs 5 SGB III enthält ein **Kumulierungsverbot:** Werden für Transfermaßnahmen Zuschüsse nach § 216a SGB III gewährt, dürfen während dieser Maßnahmen nicht zusätzliche Leistungen der aktiven Arbeitsförderung mit gleicher Zielsetzung gewährt werden.

Sozialversicherungsausweis

A. Arbeitsrecht
Poeche

1. Allgemeines. Der **Sozialversicherungsausweis** gehört zu den aufgrund öffentlich- 1
rechtlicher Bestimmungen zu erteilenden **Arbeitspapieren**. Seine Behandlung im Arbeitsverhältnis ist atypisch und wird entscheidend durch das gesetzgeberische Motiv geprägt,
illegale Beschäftigung zu bekämpfen. Zum betroffenen Personenkreis und den sozialversicherungsrechtlichen Fragen s unten Rz 7 ff.

2. Vorlagepflicht. Der ArbN hat bei Beginn der Beschäftigung den SozVAusweis vor- 2
zulegen (§ 18h Abs 3 SGB IV). Ist dem ArbN die Vorlage nicht möglich, muss sie unverzüglich nachgeholt werden. Die unterlassene Vorlegung berührt die Wirksamkeit des Arbeitsvertrages nicht. Allerdings ist der ArbGeb wegen der möglichen Folgen einer Verletzung
der ihn treffenden Meldepflichten berechtigt, die Beschäftigung bis zur Vorlage zu verweigern; er gerät nicht in **Annahmeverzug**. Legt der ArbN trotz Aufforderung des ArbGeb
den SozVAusweis nicht vor, kann das Arbeitsverhältnis ordentlich gekündigt werden. Die
Frage der sozialen Rechtfertigung der Kündigung iSv § 1 Abs 1 KSchG stellt sich wegen des
unter sechs Monaten liegenden Bestandes des Arbeitsverhältnisses nicht. Eine fristlose Kündigung wird dagegen idR nicht zulässig sein, zumal die vorübergehende Fortführung des
Arbeitsvertrages den ArbGeb nicht sonderlich belastet und den ArbN oft kein Verschulden
treffen wird.

3. Durchführung des Beschäftigungsverhältnisses. Der SozVAusweis verbleibt regel- 3
mäßig im **Besitz des Arbeitnehmers**. Seit dem 1.1.2009 besteht eine **Mitführungspflicht**
für den ArbN nicht mehr (s unten Rz 11).

4. Beendigung des Arbeitsverhältnisses. Soweit der SozVAusweis sich ausnahmsweise 4
im Besitz des ArbGeb befindet, ist er mit Beendigung des Arbeitsverhältnisses unverzüglich
herauszugeben. Da es um die bloße Rückgabe geht und keinerlei Eintragungen vorzunehmen sind, werden bei einer verspäteten Aushändigung an das Verschulden des ArbGeb
geringe Anforderungen gestellt werden müssen. Die sich daraus ergebenden Schadensersatzansprüche des ArbN können erheblich sein, wenn der neue ArbGeb eine Beschäftigung
ohne SozVAusweis verweigert.

B. Lohnsteuerrecht
Windsheimer

Für das LStRecht hat der SozVAusweis keine Bedeutung. Insbesondere hängt die LStPau- 5
schalierung nicht von der Vorlage des SozVAusweises ab. Einzelheiten hierzu s *Lohnsteuerpauschalierung* Rz 5 ff. Der Besitz eines SozVAusweises führt nicht zwingend zum ArbNStatus
(FG Düsseldorf 26.4.02 – 1 K 2937/99 U, DStRE 04, 833; s auch *Arbeitnehmer (Begriff)*
Rz 29 ff; *Schwarzarbeit* Rz 6 ff). Die Einziehung des SozVAusweises durch die Arbeitsbehörde
rechtfertigt nicht die Einstellung der Vollstreckung gegen den Stpfl gem § 258 AO (BFH
18.3.98 – VII B 307/97, BFH/NV 98, 1459).

C. Sozialversicherungsrecht
Voelzke

1. Allgemeines. Der Sozialversicherungsausweis dient dem Nachweis der Versicherungs- 6
nummer und der Bekämpfung von illegaler Beschäftigung, Schwarzarbeit und Leistungsmissbrauch. Die Bestimmungen zum SozVAusweis hat das Gesetz zur Änderung des Vierten
Buches Sozialgesetzbuch vom 19.12.07 (BGBl I 07, 3024) mWv 1.1.08 in nur noch einer
Vorschrift (§ 18h SGB IV) zusammengefasst. Die SozVAusweisVO wurde durch dieses
Gesetz aufgehoben. Das Zweite Gesetz zur Änderung des SGB IV und anderer Gesetze vom
21.12.08 (BGBl I 08, 2933) hat die Mitführungspflicht für den SozVAusweis beseitigt
(s unten Rz 11).

2. Betroffener Personenkreis. Der SozVAusweis wird von der Datenstelle der Träger 7
der RV ausgestellt. Einen SozVAusweis erhalten alle Personen, für die eine **Versicherungsnummer** vergeben wird (§ 18h Abs 1 SGB IV). Jede Person darf nur einen SozVAusweis

besitzen. Der Verlust des Ausweises ist der Einzugsstelle unverzüglich anzuzeigen (§ 18h Abs 4 SGB IV).

8   **3. Inhalt.** Der SozVAusweis darf nur die in § 18h Abs 2 SGB IV ausdrücklich aufgeführten Angaben enthalten. Danach enthält der SozVAusweis als **personenbezogene Angaben** die Versicherungsnummer, den Familien- und den Geburtsnamen und den Vornamen.

9   **4. Mitwirkungspflichten.** ArbGeb und ArbN treffen im Zusammenhang mit dem SozVAusweis öffentlich-rechtliche Mitwirkungspflichten. Die Erfüllung der Verpflichtungen wird durch den Katalog der **Ordnungswidrigkeiten** des § 111 SGB IV gesichert.

10   a) **Vorlagepflicht.** ArbN sind nach § 18h Abs 3 SGB IV verpflichtet, den SozVAusweis bei **Beginn einer Beschäftigung** dem ArbGeb vorzulegen. Soweit der ArbN die Verpflichtung zu diesem Zeitpunkt nicht erfüllen kann, hat er dies unverzüglich nachzuholen.

11   b) **Mitführungspflicht.** Die bis zum 31.12.08 für ArbN in bestimmten Wirtschaftsbereichen bestehende Verpflichtung, den SozVAusweis bei der Ausübung einer Beschäftigung mitzuführen, ist durch das Gesetz vom 21.12.08 (BGBl I 08, 2933) beseitigt worden. Das Gesetz hat stattdessen für Beschäftigte in Wirtschaftsbereichen, in denen ein erhöhtes Risiko für Schwarzarbeit und illegale Beschäftigung besteht, eine Mitführungspflicht hinsichtlich eines **amtlichen Lichtbildausweises** eingeführt (§ 2a Schwarzarbeiterbekämpfungsgesetz).

Sozialversicherungsbeiträge

A. Arbeitsrecht   *Griese*

1   **1. Allgemeines.** Der ArbGeb ist im Arbeitsverhältnis für die Abführung des Gesamt-SozVBeitrages nach §§ 28d, 28e SGB IV verantwortlich. Dazu gehört die **Feststellung,** ob ein sozialversicherungspflichtiges **Arbeitsverhältnis** vorliegt, und die richtige Berechnung und Abführung der Kranken-, Arbeitslosen-, Pflege- und Rentenversicherungsbeiträge (zum Begriff und der Berechnung im Einzelnen s *Krankenversicherungsbeiträge* Rz 1 ff; *Arbeitslosenversicherungsbeiträge* Rz 1 ff; *Pflegeversicherungsbeiträge* Rz 1 ff; *Rentenversicherungsbeiträge* Rz 1 ff; *Befreiung von der Versicherungspflicht*). Der aus diesen Komponenten bestehende Gesamt-SozBeitrag ist jahrelang gestiegen, von durchschnittlich 36,7 % im Jahr 1991 auf durchschnittlich 42,3 % im Jahr 1997, und hat so eine erhebliche Verteuerung der Arbeitsleistung und eine Verringerung der Nettoverdienste der ArbN bewirkt. Erstmals im Zuge der ökologischen Steuerreform erfolgte eine Absenkung (Art 5 des KSSA), seit 1.1.03 dann aber wieder eine Steigerung. Der reguläre GesamtSozV lag zum 1.7.05 bei 40,96 % (ArbuR 05, 371) und liegt seit 1.1.2013 auf Grund der erhöhten KVBeiträge aber gesunkener RVBeiträge bei knapp unter 40 %.

Die Feststellung der SozVPflichtigkeit ist für den ArbGeb im eigenen Interesse dringend geboten, da der ArbGeb keine Möglichkeit hat, die ArbNAnteile zur SozV für die länger als drei Monate zurückliegenden Abrechnungsmonate vom ArbN zurückzuerhalten, wenn das Vertragsverhältnis noch besteht; ist es beendet, hat er überhaupt keinen Rückerstattungsanspruch (s § 28g Satz 2 u 3 SGB IV sowie *Bruttolohnvereinbarung* Rz 5 ff und ferner BAG 14.1.88 – 8 AZR 238/85, DB 88, 1550).

2   **Beitragsschuldner** gegenüber der SozV ist gem §§ 28d, 28e SGB IV, 253 SGB V, 174 Abs 1 SGB VI **allein der ArbGeb.** Der ArbGeb hat daher seinen Anteil am SozVBeitrag zusammen mit dem Beitragsanteil des ArbN an die Krankenkasse als Einzugstelle des GesamtSozVBeitrages zu überweisen. Den Beitragsanteil des ArbN kann der ArbGeb **nur durch Entgeltabzug nach § 28g Satz 2 SGB IV** geltend machen (Näheres: *Lohnabzugsverfahren* Rz 26 ff und *Mehrfachbeschäftigung* Rz 12), und zwar grds im Auszahlungsmonat oder bei den drei folgenden Auszahlungsterminen. Bei späteren Auszahlungsterminen darf der Abzug nicht nachgeholt werden. Das Nachholverbot des § 28g Satz 3 SGB IV bezweckt aber nicht den Schutz des ArbN vor verspäteter Lohn- und Gehaltszahlung. Daher wird der ArbGeb idR auch bei verspäteter Vergütungsabrechnung und -auszahlung berechtigt sein, die im Abrechnungszeitraum angefallenen ArbNAnteile zur SozV abzuziehen (BAG 15.12.93 – 5 AZR 326/93, NZA 94, 620). Das Nachholverbot gilt nicht für Betriebsrenten und die darauf entfallenen SozVBeiträge (BAG 12.12.06 – 3 AZR 806/05, NZA 07, 1105).

Sozialversicherungsbeiträge

Gegenüber dem ArbN ist der ArbGeb aufgrund seiner Fürsorgepflicht verpflichtet, die Abzüge von Lohn und Gehalt richtig zu berechnen und abzuführen (BAG 11.10.89 – 5 AZR 585/88, NZA 90, 309).

Vertragliche Abreden, die zu Lasten des ArbN die Beitrags- und Abführungspflicht des ArbGeb verändern oder die Lohnabzugsmöglichkeiten erweitern oder verlängern, sind gem **§ 32 SGB I nichtig.** Vertragliche Regelungen **zugunsten des ArbN,** zB den Ausschluss des bis zu drei Monaten rückwirkenden Beitragsabzuges vom Entgelt des ArbN (*Schaub* § 71 Rz 109), sind hingegen zulässig.

Eine erweiterte Haftung für SozBeiträge treffen ArbGeb, die LeihArbN beschäftigen oder im Baugewerbe tätig sind. Sie haften nach § 28e SGB IV nicht nur für die GesamtSozVBeiträge der eigenen ArbN, sondern auch für die GesamtSozVBeiträge der LeihArbN und der ArbN von Subunternehmen (s dazu BSG 27.5.08 – B 2 U 11/07 R, NZS 09, 396). Wird aus einem sozialversicherungsfreien ein sozialversicherungspflichtiges Arbeitsverhältnis, ist dies **kein Kündigungsgrund;** das Interesse des ArbGeb an der **Aufrechterhaltung der Sozialversicherungsfreiheit ist kein rechtlich geschütztes Interesse** (BAG 18.1.07 – 2 AZR 731/05, NZA 07, 680).

2. Unrichtige Berechnung des Sozialversicherungsbeitrages. Der ArbGeb hat die 3 Pflicht, die Beiträge korrekt zu berechnen und abzuführen (BAG 29.3.01 – 6 AZR 653/99, NZA 03, 105). In Zweifelsfällen hat er eine Auskunft der Einzugsstelle nach § 28h Abs 2 SGB IV einzuholen. Führt der ArbGeb fahrlässig **zu hohe Sozialversicherungsbeiträge** ab, kann der ArbN den ihm zu viel belasteten Beitragsanteil vom ArbGeb als Schadensersatz gem § 280 BGB im Wege der **Nettolohnklage** verlangen, die darauf gerichtet ist, die Differenz zwischen geschuldetem und tatsächlich im Wege des Lohnabzugs erbrachten Beitrag unmittelbar an den ArbN auszuzahlen. Bei eigenem Verschulden kann der ArbGeb den ArbN insoweit nicht auf einen Rückforderungsanspruch gegen den SozVTräger verweisen, denn die korrekte Berechnung der SozVBeiträge ist eine Nebenpflicht aus dem Arbeitsverhältnis, für deren Erfüllung der ArbGeb dem ArbN unmittelbar nach § 280 BGB haftet (BAG 30.4.08 – 5 AZR 725/07, NZA 08, 884; bezüglich der LSt BAG 16.6.04 – 5 AZR 521/03, NZA 04, 1274).

Der ArbN kann statt dessen von seinem **sozialversicherungsrechtlichen Rückforde-** 4 **rungsanspruch** nach § 26 Abs 2 SGB IV gegen den SozVTräger Gebrauch machen. Diese Lösung empfiehlt sich insbesondere, wenn der ArbGeb zwischenzeitlich in Insolvenz gefallen ist und deshalb ein direkter Anspruch gegen den ArbGeb wenig aussichtsreich ist. Der sozialversicherungsrechtliche Rückforderungsanspruch steht bezüglich der ArbNAnteile nur dem ArbN, nicht dem ArbGeb oder der Insolvenzmasse zu (BGH 15.2.90, NJW 90, 2687). Daneben kann der ArbN wie der ArbGeb auch den Sozialrechtsweg beschreiten und dort die Feststellung des zutreffenden SozVBeitrages begehren. Ist fehlerhaft zuviel Entgelt und damit ein zu hoher SozVBeitrag abgeführt worden, hat der ArbGeb gegen den ArbN Anspruch auf **Abtretung** des sozialversicherungsrechtlichen Rückforderungsanspruchs (BAG 29.3.01 – 6 AZR 653/99, NZA 03, 105). Mit einer zu Unrecht geleisteten Beitragsleistung kann der ArbGeb aufrechnen (BAG 1.2.06 – 5 AZR 395/05, NJOZ 06, 3373).

Werden fälschlich zu **niedrige Beiträge** zur SozV eingezogen und abgeführt, bleibt dem 5 ArbGeb nur die Möglichkeit, diese zunächst zu wenig vom Arbeitslohn in Abzug gebrachten Beitragsanteile bei den drei folgenden Auszahlungsterminen von der Arbeitsvergütung abzuziehen, wobei er die Pfändungsfreigrenzen (§ 394 Satz 1 BGB) beachten muss. Ein späterer Entgeltabzug ist nur möglich, wenn kein Verschulden des ArbGeb vorlag (§ 28g Satz 3 SGB IV; Näheres: *Bruttolohnvereinbarung* Rz 9 ff). Regelmäßig wird ein Verschulden des ArbGeb anzunehmen sein, da der ArbGeb nach § 276 BGB bereits leichte Fahrlässigkeit zu vertreten hat. Den Schuldvorwurf kann der ArbGeb nur vermeiden, wenn er bei der Einzugsstelle nach § 28h Abs 2 SGB IV eine Auskunft eingeholt bzw das Anfrageverfahren nach § 7a Abs 1 SGB IV (s dazu BSG 4.6.10 – B 12 KR 31/07 R, NZA-RR 10, 435) betrieben und sich hierauf verlassen hat.

Ist der **Arbeitnehmer ausgeschieden,** ist eine Geltendmachung des zu Unrecht nicht 6 abgezogenen Beitragsteils überhaupt nicht mehr möglich, denn der Entgeltabzug ist der einzige gesetzlich nach § 28g SGB IV zugelassene Weg, vom ArbN den Beitragsanteil zur SozV zu bekommen. Anders ist es gem § 28g Satz 3 SGB IV nur, wenn die unrichtige

Griese

387 Sozialversicherungsbeiträge

Beitragsberechnung auf einer vorsätzlichen oder grob fahrlässigen Verletzung der Auskunfts- und Vorlagepflicht (Meldepflicht) des ArbN nach § 28o Abs 1 Satz 1 SGB IV beruht (zum alten Recht hinsichtlich der Ausschließlichkeit des Lohnabzugsverfahrens ebenso BAG 14.1.88 – 8 AZR 238/85, NZA 88, 803). Eine weitere Ausnahme gilt, wenn sich der ArbN einer vorsätzlichen sittenwidrigen Schädigung des ArbGeb gem § 826 BGB schuldig gemacht hat. Dieser Tatbestand ist gegeben, wenn ein ArbN die ArbNAnteile im Wege der Zwangsvollstreckung beitreibt und für Luxusausgaben verbraucht, statt sie an den SozVTräger abzuführen (LAG BaWü 9.12.92, BB 93, 1876).

7 Entsteht dem ArbN durch die fälschlich zu niedrig vorgenommene Abführung von RVBeiträgen ein **Versorgungsschaden,** so ist der ArbGeb hierfür einstandspflichtig nach § 280 BGB, wenn der ArbGeb nicht beweisen kann, dass er die diesbezügliche Pflichtverletzung nicht zu vertreten hat. Steht ein konkreter, durch die fehlerhafte Beitragsberechnung verursachter Versorgungsschaden fest, kann dieser im arbeitsgerichtlichen Verfahren gegen den ArbGeb geltend gemacht werden. Dagegen soll eine Klage auf Feststellung, dass der ArbGeb schadensersatzpflichtig sei, unzulässig sein, solange nicht sicher feststeht, dass überhaupt ein Schaden entstanden ist (BAG 14.4.71, BB 71, 1156; *Schaub* § 71 Rz 41). Zudem ist der Vorrang der bezifferten Leistungsklage zu beachten. Ein **Mitverschulden** kann den Anspruch nach § 254 BGB mindern oder ausschließen.

8 **3. Unterbliebene Beitragsabführung.** Der ArbGeb ist Beitragsschuldner des GesamtSozVBeitrages. Werden die SozVBeiträge entgegen den bestehenden gesetzlichen Verpflichtungen überhaupt nicht abgeführt, kann die Einzugsstelle die Abführung der Beiträge zwangsweise durchsetzen. Ist der ArbGeb eine juristische Person, kann nicht nur das Unternehmen selbst, sondern die Person mit Organstellung im Unternehmen, zB der **Geschäftsführer einer GmbH** persönlich von der Einzugsstelle gem § 823 Abs 2 BGB iVm § 266a StGB in Anspruch genommen werden (BGH 29.9.08 – II ZR 162/07, NJW 09, 295). Dies gilt allerdings nur für die ArbNAnteile zur SoV. Die Zahlung von ArbGebBeiträgen zur SozV durch den Geschäftsführer ist hingegen nach der Insolvenzreife der Gesellschaft mit der Sorgfalt eines ordentlichen Geschäftsmanns nicht vereinbar und führt zur Erstattungspflicht nach § 64 Satz 1 und 2 GmbHG an den Insolvenzverwalter (BGH 8.6.2009 – II ZR 147/08, NJW 09, 2599).

9 Der Anspruch ergibt sich aus § 823 Abs 2 BGB iVm § 266a Abs 1 StGB (BGH 13.1.98 – VI ZR 58/97, NJW 98, 1484). Danach macht sich **strafbar** (BGH 24.10.06 – 1 StR 44/06, NJW 07, 233). **und verletzt gleichzeitig ein Schutzgesetz**, wer als Geschäftsführer einer GmbH die SozVAnteile der ArbN vorenthält. Vorenthalten ist bereits gegeben, wenn die Beiträge zum Fälligkeitszeitpunkt nicht abgeführt werden. Für den bedingten Vorsatz, den § **266a Abs 1 StGB** erfordert, reicht das Bewusstsein und der Wille aus, die Abführung der Beiträge bei Fälligkeit zu unterlassen (BGH 1.10.91, NJW 92, 177). Es kommt nicht darauf an, ob der ArbGeb das Arbeitsentgelt ganz oder teilweise ausgezahlt hat (BGH 16.5.2000 – VI ZR 90/99, DStR 2000, 1318). Soweit ein gesetzliches **Mindestentgelt** (s dort) nicht gezahlt und dadurch SozialVersBeiträge für den ArbN der SozV vorenthalten werden, greift ebenfalls die Strafbarkeit nach § 266a StGB ein (BGH 12.9.12 – 5 StR 363/12, NJW 12, 3385).

Der Tatbestand des § 266a Abs 1 StGb ist allerdings nicht erfüllt, soweit dem ArbGeb die Beitragsabführung infolge **Zahlungsunfähigkeit** unmöglich ist (OLG Düsseldorf 18.6.93, NZA 94, 178 LS). Allerdings kann sich die Haftung daraus ergeben, dass pflichtwidrig keine Rücklagen gebildet worden sind (BGH 25.9.06 – II ZR 108/05, NJW 06, 3573). Bei Zahlungsunfähigkeit besteht (vgl §§ 64 GmbHG; 92 AktG) **Insolvenzantragspflicht** (s *Insolvenz des Arbeitgebers* Rz 1 ff; BAG 14.5.07 – II ZR 48/06, NJW 07, 2118). Trotz Zahlungsunfähigkeit haftet der Geschäftsführer, wenn die Zahlungsunfähigkeit darauf beruht, dass zwischen Auszahlung der Löhne und Fälligkeit der SozVBeiträge Leistungen an andere Gläubiger, sei es auch in „kongruenter Deckung" auf bestehende Verbindlichkeiten des ArbGeb erbracht wurden (BGH 21.1.97, NJW 97, 1237). Erbringt der Geschäftsführer auf den geschuldeten GesamtSozVBeitrag Teilzahlungen, so sind diese mangels besonderer Tilgungsbestimmung je zur Hälfte auf die ArbN- und ArbGebAnteile anzurechnen (BGH 13.1.98 – VI ZR 58/97, NJW 98, 1484; zu den Anforderungen an eine abweichende Tilgungsbestimmung s BGH 26.6.01 – VI ZR 111/00, NZA 02, 153). Vom Schadensersatzanspruch nicht umfasst sind nicht abgeführte Zahlungen an die Urlaubs- und Lohnausgleichskasse der Bauwirtschaft (BAG 18.8.05 – 8 AZR 542/04, NZA 05, 1235) oder Säumniszuschläge (BGH 14.7.08 – II ZR 238/07, NJW 08, 3557).

Der ArbN hat verschiedene Möglichkeiten, die Abführung der SozVBeiträge zu erzwingen. Er kann die einbehaltenen, aber nicht abgeführten ArbNAnteile zur SozV im Wege der Vergütungsdifferenzklage vor dem ArbG einklagen, vollstrecken und selbst abführen (vgl *Bruttolohnvereinbarung* Rz 12 ff). Hiermit kann der ArbN allerdings nicht die Abführung der ArbGebAnteile zur SozV erzwingen, denn diese gehören nicht zum Bruttolohn. Für die Klage auf Anmeldung bei der SozV ist nicht das ArbG, sondern das SG zuständig (BAG 5.10.05 – 5 AZB 27/05, NJW 06, 171). Um dies zu erreichen, kann der ArbN sich an die Einzugsstelle wenden und von ihr den Einzug des GesamtSozVBeitrages verlangen. Ggf kann der ArbN die Einzugsstelle durch eine Verpflichtungsklage im **sozialgerichtlichen Verfahren** zum Tätigwerden zwingen. Möglich ist ferner, im sozialgerichtlichen Verfahren zwischen ArbN und ArbGeb den Umfang der abzuführenden Beiträge feststellen zu lassen. Hingegen ist eine **unbezifferte** Klage im **arbeitsgerichtlichen** Verfahren auf Abführung der SozVBeiträge **unzulässig,** weil dies gegen den Bestimmtheitsgrundsatz verstößt und außerdem die ArbG nicht für die ArbGebAnteile zur SozV zuständig sind.

Schließlich macht sich der ArbGeb durch die Nichtabführung von SozVBeiträgen schadensersatzpflichtig gegenüber dem ArbN, vorausgesetzt, es tritt ein Schaden in Gestalt ausfallender Versicherungsleistung auf. Erleidet der ArbN durch die Nichtabführung der Beiträge zur RV einen Versorgungsschaden, ist der ArbGeb hierfür nach § 280 BGB **schadensersatzpflichtig.** Ein Versorgungsschaden ist ausgeschlossen, wenn der ArbN glaubhaft machen kann, dass der auf ihn entfallende Beitragsanteil vom Arbeitsentgelt abgezogen worden ist, weil dann nach § 203 Abs 2 SGB VI der Beitrag als gezahlt gilt (s auch *Rentenversicherungsbeiträge* Rz 26).

In den übrigen Zweigen der SozV kann beim ArbN durch die unterbliebene Beitragsabführung meistens deshalb kein Schaden entstehen, weil die Gewährung von Leistungen durch die SozVTräger nicht davon abhängt, dass Beiträge entrichtet worden sind. Erforderlich für die Leistungsgewährung ist in der KV, ArblV und UV nur, dass ein sozialversicherungspflichtiges Beschäftigungsverhältnis besteht.

B. Lohnsteuerrecht *Thomas*

1. Einordnung. Aufwendungen, mit denen einem ArbN für die Wechselfälle des Lebens, wie Krankheit, Pflegebedürftigkeit, Arbeitslosigkeit oder Alter, Versicherungsschutz verschafft wird, gehören bei ihm zu den Einkommensverwendungen, also nicht zum Bereich der Einkunftserzielung und damit nicht zu den Werbungskosten (BFH 8.11.06 – X R 45/02, BStBl II 07, 574 = DStR 07, 147 mit Anm *Fischer* NWB F 3, 13895 und 14405; *Manz* HFR 06, 456; *Schneider/Bahr* Inf 06, 386; *Söhn* FR 06, 905). Ihre steuerliche Berücksichtigung erfolgt unter den Voraussetzungen des § 10 Abs 1 Nr 2 EStG und im Rahmen des § 10 Abs 3 EStG als **Sonderausgaben** (BFH 31.5.06 – X R 9/05, BStBl II 06, 858). Dem entspricht, für den Fall, dass der ArbGeb Beiträge für derartige Risiken ganz oder teilweise übernimmt, grds die Zuwendung von Arbeitslohn anzunehmen (BFH 27.5.93, BStBl II 94, 246 mit Anm *von Bornhaupt* DStZ 94, 152). Hiervon wird bei Verschaffung von Versicherungsschutz für die **Zukunftssicherung** (vgl § 2 Abs 2 Nr 3 LStDV) auf privatrechtlicher Grundlage allgemein ausgegangen (BFH 16.5.75, BStBl II 75, 642; 13.4.76, BStBl II 76, 599; 15.7.77, BStBl II 77, 761; 27.11.87, BFH/NV 88, 640; vgl auch BFH 21.12.90 – VI R 59/85, BFHE 164, 226; zum Versicherungsschutz beim Unternehmer BFH GS 19.10.70, BStBl II 71, 177 sowie BFH 30.8.07 – IV R 14/06, BStBl II 07, 942 = DStR 07, 1902; freiwillige Beiträge zu ausländischer SozV BFH 18.5.04 – VI R 11/01, BStBl II 04, 1014 = DStRE 04, 866 mit Anm *MIT* und BFH 1.3.05 – IX B 235/02, BFH/NV 05, 1332; Beihilfen in Krankheitsfällen BFH 18.5.04 – VI R 128/99, DStRE 04, 1321 und übernommener Krankenversicherungsschutz BFH 18.7.07 – VI B 125/06, DStRE 07, 1356). Dagegen wird in der Entrichtung des ArbGebAnteils des GesamtSozVBeitrags überwiegend nicht die Zahlung von Arbeitslohn gesehen und dementsprechend der Steuerbefreiung des § 3 Nr 62 EStG keine konstitutive, sondern nur eine deklaratorische Bedeutung beigemessen (BFH 6.6.02 – VI R 178/97, BStBl II 03, 34 mwN zur Literatur; anders zum ArbNAnteil BFH 11.9.07 – VI B 146/05, BFH/NV 07, 2283 und BFH 16.1.07 – IX R 69/04, BStBl II

387 Sozialversicherungsbeiträge

07, 579 = DStRE 07, 948 und zu Pflichtbeiträgen zum Anwaltsversorgungswerk BFH 17.3.04 – IV B 185/02, BFH/NV 04, 1245 bzw Arztversorgungswerk BFH 6.3.06 – X B 5/05, BFH/NV 06, 1091; BFH 20.5.10 – VI B 111/09, BFH/NV 10, 1445). Die Annahme, die ArbGebAnteile seien bereits nicht steuerbar, ist systematisch nicht haltbar (*Thomas* BetrAV 5/2008, 490 ff, 497), wie die Fälle zeigen, in denen die Voraussetzungen des § 3 Nr 62 EStG nicht eingreifen (vgl dazu Rz 16 sowie zur Steuerfreiheit bei Beitragspflicht auf Grund eines allgemeinverbindlichen Tarifvertrages BFH 13.9.07 – VI R 16/06, BStBl II 08, 394 = DStR 07, 2008). Stellt sich nachträglich heraus, dass keine Beitragspflicht bestand und werden die ursprünglich entrichteten Beiträge als freiwillige stehengelassen, soll darin eine Rückzahlung der vermeintlichen Pflichtbeiträge an den ArbGeb und eine – jetzt einen neuen Lohnzufluss bewirkende – Beitragsübernahme seitens des ArGeb liegen (BFH 13.6.12 – VI R 92/10, DStR 12, 1965). Tatsächlich ist nichts hin- und hergeflossen. Vielmehr gelten Beiträge, die irrtümlich als Pflichtbeiträge entrichtet wurden, als freiwillige Beiträge, wenn sie nicht zurückgefordert werden (vgl Rz 37).

15 **2. Arbeitslohn. a) Fehlgeschlagene Zahlungen.** Werden Beiträge in der rechtsirrigen Annahme entrichtet, es bestehe Versicherungspflicht, so begründen diese Zahlungen jedenfalls dann keinen Arbeitslohn, wenn die Beiträge später erstattet werden (BFH 27.3.92, BStBl II 92, 663 mit Anm *von Bornhaupt* DStZ 92, 493; OFD Köln 17.8.94, DB 94, 1899). Die Entscheidung ist im Ergebnis wirtschaftlich vernünftig. Dogmatisch sauberer wäre, bei der Zahlung Arbeitslohn und bei der Rückzahlung negative Einnahmen anzunehmen, wobei wegen der Rückzahlungsverpflichtung schon bei der Zahlung eine Saldierung vorgenommen werden könnte, wie das bei Sonderausgaben oder außergewöhnlichen Belastungen geschieht, wenn den Aufwendungen ein Erstattungsanspruch gegenübersteht. Zu den Voraussetzungen, unter denen bestandskräftige Bescheide verfahrensrechtlich geändert werden können vgl BFH 28.5.98 – X R 7/96, BStBl II 99, 95.

16 **b) Inkongruenz zum Sozialrecht.** Der Kreis derjenigen Personen, für die SozVBeiträge abzuführen sind, deckt sich nicht mit dem der ArbN im steuerrechtlichen Sinne. Bspw sind Vorstandsmitglieder einer AG steuerrechtlich ArbN, nicht jedoch sozialrechtlich. Vergleichbares gilt für den Gesellschafter-Geschäftsführer einer GmbH mit „beherrschender" Stellung (s *Geschäftsführer* Rz 41). Umgekehrt kann für einen Kommanditisten sozialrechtlich Beitragspflicht bestehen, obwohl er steuerlich Mitunternehmer und nicht ArbN ist (vgl BFH 23.4.96, BStBl II 96, 515 mit Anm *HG* DStR 96, 1358). Werden in derartigen Fällen SozVBeiträge ganz oder teilweise vom ArbGeb bzw dem Unternehmen getragen, wird steuerlich Arbeitslohn bzw Gewinnverwendung angenommen, für die die Steuerbefreiung des § 3 Nr 62 EStG nicht eingreift. Bspw ist der ArbGebZuschuss zur Lebensversicherung eines Vorstandsmitglieds einer AG nicht befreiter Arbeitslohn (BFH 9.10.92, BStBl II 93, 169; FG BaWü 15.2.2000 – 1 K 38/96, EFG 2000, 542), wobei das Nichteingreifen der Befreiung von Verfassungs wegen nicht zu beanstanden ist (BVerfG 25.6.92, HFR 93, 35). Beiträge zugunsten eines beherrschenden Gesellschafter-Geschäftsführers sind ebenfalls nicht befreiter Arbeitslohn (BFH 10.10.02 – VI R 95/99, BStBl II 02, 886; FG SchlHol 12.5.99 – III 1146/94, DStRE 2000, 281; FG NdS 15.10.92, EFG 93, 412 mwN; *Rößler* DB 87, 1866; *Bergmann* Inf 03, 754; *Schlegel* in FS Küttner 2006, 31). ArbGebBeiträge auf eine vermeintliche Beitragspflicht werden als steuerfrei behandelt, wenn die Einschätzung der Einzugsstelle nicht offensichtlich fehlerhaft ist (BFH 21.1.10 – VI R 52/08, BStBl II 10, 703 = DStR 10, 974). Richtigerweise ist hinsichtlich der Steuerbefreiung des § 3 Nr 62 EStG die sozialrechtliche Vorfrage, ob gesetzliche Beitragspflicht besteht vom FG abschließend zu prüfen, sofern nicht durch ein Statusverfahren Bindungswirkung eingetreten ist (vgl BFH 2.12.05 – VI R 16/03, DStR 06, 365; FG SachsAnh 30.7.08 – 2 K 1957/03, DStRE 09, 1417; zum Rentenbescheid als Grundlagenbescheid für die Steuer BFH 27.5.09 – X R 34/06, BFH/NV 09, 1826). Aufwendungen eines Geschäftsführers zur Klärung seines SozVrechtlichen Status sollen auch dann Werbungskosten sein, wenn Ziel des Verfahrens die Erstattung von Beiträgen zur RV und zur ArblV ist, die Aufwendungen also nicht der Erwerbung, Sicherung oder Erhaltung von Einkünften dienen, sondern im Zusammenhang mit persönlichem Versicherungsaufwand stehen (BFH 6.5.10 – VI R 25/09, DStR 10, 1471).

17 **c) Übernahme der Arbeitnehmerbeiträge. aa) Bruttolohnvereinbarung.** Sieht man in der Entrichtung des GesamtSozVBeitrages wegen seiner Verwendung zu Versicherungs-

Sozialversicherungsbeiträge

zwecken des ArbN einen Lohnzufluss, so betrifft dieser im Normalfall der Bruttolohnvereinbarung den ArbNAnteil nicht zusätzlich, da dieser vom Bruttolohn einbehalten, also mit Mitteln des ArbN entrichtet wird. Dadurch, dass der gesamte Bruttolohn – also auch die von diesem einzubehaltende LSt bzw ArbNAnteile zur SozV – stpfl Arbeitslohn darstellt, wird der ArbNAnteil aus versteuertem Einkommen des ArbN finanziert, was auch seinen Sonderausgabenabzug rechtfertigt. Der ArbGebAnteil ist im Rahmen des § 3 Nr 62 EStG steuerfrei. Letzteres gilt auch in den Fällen, in denen der ArbGeb kraft Gesetzes den Gesamtbeitrag allein zu tragen hat (zB bei Geringverdienern s *Rentenversicherungsbeiträge* Rz 18 ff). Entgegen BFH 5.9.06 – VI R 38/04 (BStBl II 07, 181 = DStRE 06, 1381 mit Anm *MIT, Bergkemper* HFR 06, 1222, *Thomas* Inf 06, 887; Nichtanwendungserlass BMF 13.2.07, BStBl I 07, 270) ist die Beitragsübernahme zur freiwilligen Versicherung in der gesetzlichen RV durch den ArbGeb auch dann Lohn, wenn Versicherungsleistungen auf beamtenrechtliche Versorgungsbezüge angerechnet werden (*Thomas* BetrAV 5/2008, 490 ff, 493 f). Dem folgt jedenfalls im Ergebnis jetzt auch die Rspr (BFH 7.5.09 – VI 16/07, DStR 09, 1526), ohne die obige Entscheidung ausdrücklich aufzugeben. Ungeachtet obiger Einordnung sind Beiträge zur gesetzlichen UV deswegen kein Arbeitslohn, weil diese betriebsbedingte Schadensfolgen abdeckt und die zivilrechtliche Schadensersatzpflicht des Unternehmens ablöst, in erster Linie also ArbGebRisiken versichert. Daher kann die UV typisierend als Versicherung des ArbGeb eingeordnet und der Umstand vernachlässigt werden, dass der ArbN auch Leistungen aus der UV erhält, für die der ArbGeb nicht ersatzpflichtig gewesen wäre.

bb) Nettolohnvereinbarung. Sie beinhaltet die Verpflichtung des ArbGeb, die sonst vom ArbN aus versteuertem Einkommen zu tragenden Abgaben (Steuern bzw SozVBeiträge) zusätzlich zu übernehmen. Diese Übernahme stellt wiederum Arbeitslohn dar, weshalb Steuern auf übernommene Steuern und SozVBeiträge abzuführen sind (zu negativen Einnahmen bei entsprechenden Rückzahlungen an den ArbGeb vgl BFH 30.7.09 – VI R 29/06, DStR 09, 2140). Der Nettolohnvereinbarung wird gleichbehandelt die aufgedeckte einvernehmliche **Beitragshinterziehung:** Die nachentrichteten Beiträge stellen wiederum eine Lohnzuwendung dar, die ihrerseits dem LStAbzug unterliegt (BFH 21.2.92, BStBl II 92, 443; dazu kritisch *Spriegel/Seipl* DStR 95, 1169). 18

cc) Beitragslastverschiebung. Ist der Abzug von SozVBeiträgen irrtümlich unterblieben und wird er aufgrund einer Außenprüfung nachgeholt, so kann der ArbGeb für länger als drei Lohn- und Gehaltszahlungen zurückliegende Zeiträume den ArbNAnteil nicht mehr beanspruchen (§ 28g SGB IV), muss den GesamtSozVBeitrag also aus eigenen Mitteln tragen. Für diesen Fall der Beitragslastverschiebung ist der BFH nach zwischenzeitlicher Änderung (vgl dazu Personalbuch 2007 *Sozialversicherungsbeiträge* Rz 19) zu seiner ursprünglichen Rspr zurückgekehrt, dass Gegenstand des Lohnzuflusses die nachentrichteten ArbN-Beiträge und nicht die Beitragslastverschiebung ist (BFH 13.9.07 – VI R 54/03, BStBl II 08, 58 = DStR 07, 2058). Mit letzterer werden nämlich die Versicherungskosten des ArbN noch nicht beglichen. Am Lohncharakter der Beitragszahlungen ändert nichts, dass der ArbGeb der Einzugstelle gegenüber alleiniger Beitragsschuldner ist, dass es sich um eine öffentlich-rechtliche Verpflichtung handelt und dass die Beitragsentrichtung eine mittelbare Lohnzahlung (über Dritte) darstellt: Auch andere kraft Gesetzes geschuldete Leistungen – zB aufgrund einer Kündigungsschutzklage – oder auf öffentlichem Recht beruhende Verpflichtungen – zB das Gehalt bei Beamten, die Lohnfortzahlung im Krankheitsfalle – sind Arbeitslohn. Maßgebend ist insofern nicht der Schuldgrund, sondern der Verwendungszweck (zur weiteren Begründung *Thomas* BetrAV 5/2008, 490 ff, 495 ff). 19

Die alleinige Schuldnerschaft des ArbGeb schließt bei Zahlungen an Dritte, die dem ArbN Ansprüche einräumen, die Arbeitslohneigenschaft nicht aus, wie das Beispiel Direktversicherung belegt. Stellte man auf den Zeitpunkt der Beitragslastverschiebung und nicht den der Beitragsentrichtung ab, käme man zu einem anderen Lohnzuflusszeitpunkt, nämlich dem der Beitragsentstehung, der regelmäßig bereits in verjährter Zeit liegt. Unbeachtlich ist schließlich, ob die Nachentrichtung von SozVBeiträgen pauschal mit einem Summenbescheid erfolgt und deshalb nicht den Leistungskonten einzelner ArbN zugeordnet werden kann (vgl FG Nbg 22.9.87, EFG 88, 21, gegenüber FG Hbg 15.6.81, EFG 82, 100). Im Übrigen ist fraglich, ob bei Beitragsnachentrichtungen für Jahre mit Schwarzlohnzahlungen diese Jahre nicht in die Beitragszeiten des betreffenden ArbN eingehen müssen. 20

Sozialversicherungsbeiträge

C. Sozialversicherungsrecht

Schlegel

Übersicht

	Rz		Rz
1. Begriff und Funktion	21	a) Gesamtsozialversicherungsbeiträge	39–43
2. Entstehen der Beitragsansprüche	22, 23	b) Aufgaben des Arbeitgebers	44, 45
3. Fälligkeit der Sozialversicherungsbeiträge	24–28	c) Beitragsnachweis durch den Arbeitgeber	46–52
a) Fälligkeit der Beiträge aus dem Arbeitsentgelt und Arbeitseinkommen	24, 25	d) Pflichten des Arbeitnehmers	53
b) Sonstige Beiträge	26	e) Beitragsentrichtungspflichten des Arbeitnehmers	54
c) Vollständigkeit der Beitragserhebung, Stundung und Erlass	27	f) Beitragseinzugsstellen	55
d) Rechtsfolgen der Nichtzahlung bei Fälligkeit	28	g) Bescheide über Versicherungs- und Beitragspflicht	56–58
4. Verjährung	29–33	h) Zwangsweise Durchsetzung	59
a) Lange Verjährungsfrist	30, 31	8. Besonderheiten bei in privaten Haushalten Beschäftigten	60
b) Hemmung und Unterbrechung	32, 33	9. Beitragsentrichtung in der Unfallversicherung	61–70
5. Verwirkung von Beitragsforderungen	34	a) Umlageverfahren	61
6. Die Erstattung zu Unrecht entrichteter Beiträge	35–38	b) Berechnungsgrundlagen	62–67
a) Voraussetzungen	35–37	c) Beitragserhebung (Umlageverfahren im engeren Sinne)	68–70
b) Erstattungsverfahren	38	10. Anhang: Aktuelle Werte/Rechengrößen der SozV/Beitragssätze	71
7. Beitragsentrichtung im Arbeitsverhältnis	39–59		

21 **1. Begriff und Funktion.** SozVBeiträge sind die Beiträge zur gesetzlichen KV, PflegeV, RV, ArblV und UV. SozVBeiträge sind das Hauptfinanzierungsinstrument der Versicherungsträger. Staatliche Zuschüsse und sonstige Einnahmen spielen – außer in der landwirtschaftlichen SozV und der RV – nur eine untergeordnete Rolle. Die Beiträge sind so zu bemessen, dass sie zusammen mit den anderen Einnahmen die gesetzlich vorgeschriebenen und zugelassenen Aufgaben der Versicherungsträger decken und sicherstellen, dass die gesetzlich vorgesehenen oder zugelassenen Betriebsmittel und Rücklagen bereitgehalten werden können (§§ 20, 21 SGB IV). Zu differenzieren ist im Folgenden zwischen **Gesamtsozialversicherungsbeiträgen,** dh den von versicherungspflichtig Beschäftigten aus dem Arbeitsentgelt zu entrichtenden Beiträgen zur gesetzlichen KV, RV und ArblV (vgl § 28d SGB IV) sowie **sonstigen Beiträgen.** Zu den Umlagen hinsichtlich Entgeltfortzahlung und Zuschüssen zum Mutterschaftsgeld (sog **U 1 und U 2**) s *Kleinbetrieb* Rz 27, 28. Die Beiträge zur RV, PflegeV, KV und zur ArblV werden in den Stichworten *Krankenversicherungsbeiträge, Rentenversicherungsbeiträge, Pflegeversicherungsbeiträge* und *Arbeitslosenversicherungsbeiträge* ausführlich erörtert, während nachfolgend die Beiträge zur UV im vorliegenden – allgemeine Grundsätze darstellenden – Stichwort *Sozialversicherungsbeiträge* Rz 63 ff sowie beim Stichwort *Unfallversicherung* Rz 19 ff behandelt werden.

22 **2. Entstehen der Beitragsansprüche.** Im Grundsatz (§ 22 Abs 1 SGB IV) entstehen Beitragsansprüche, sobald ihre im Gesetz oder aufgrund eines Gesetzes bestimmten Voraussetzungen vorliegen. Die Vorschrift soll insbesondere klarstellen, dass es zur Entstehung der Beitragsansprüche keiner Konkretisierung der Beitragsschuld durch Einzelbescheid (Beitragsbescheid) der Einzugsstelle bzw des Versicherungsträgers bedarf (BR-Drs 300/75 S 33 zu § 23 des Entwurfs – § 22 SGB IV). Bei der **Zusammenrechnung geringfügiger Beschäftigungen** tritt Versicherungspflicht allerdings erst mit dem Tag ein, an dem die Einzugsstelle oder ein Träger der RV die Versicherungspflicht festgestellt hat (§ 8 Abs 2 Satz 3 SGB IV); somit beginnt in diesem **Ausnahmefall** auch erst ab diesem Feststellungszeitpunkt die Beitragspflicht.

23 Der Beitragsanspruch entsteht nicht erst mit der Fälligkeit des Arbeitsentgelts, da auch der Anspruch auf das Arbeitsentgelt – der alleiniger Anknüpfungspunkt der Beitragspflicht ist – bereits mit der Erbringung der Leistung entsteht, unabhängig davon, wann das Arbeitsentgelt fällig wird. Die Nichtzahlung des Arbeitsentgelts steht der Entstehung des Beitragsanspruches nicht entgegen; das Entstehen des Beitragsanspruches ist damit – von Einmalzahlungen

Sozialversicherungsbeiträge

abgesehen – unabhängig vom Lohnzufluss (BSG 26.11.85 – 12 RK 51/83, SozR 4100 § 168 Nr 19; BSG 21.5.96 – 12 RK 64/94, SozR 3–2500 § 226 Nr 2; zum Ganzen *Lohnzufluss* Rz 19 ff). Bei Einmalzahlungen entsteht der Beitragsanspruch erst mit deren Auszahlung (vgl § 22 Abs 1 Satz 2 SGB IV).

3. Fälligkeit der Sozialversicherungsbeiträge. a) Fälligkeit der Beiträge aus dem Arbeitsentgelt und Arbeitseinkommen. Die aus dem Arbeitsentgelt oder -einkommen zu bemessenden Beiträge sind in voraussichtlicher Höhe der Beitragsschuld spätestens am **drittletzten Bankarbeitstag des Monats fällig**, in dem die Beschäftigung oder Tätigkeit, mit der das Arbeitsentgelt oder Arbeitseinkommen erzielt wird, ausgeübt worden ist oder als ausgeübt gilt (§ 23 Abs 1 SGB IV); ein verbleibender **Restbeitrag** wird zum drittletzten Bankarbeitstag des Folgemonats fällig. Daraus folgt, dass parallel mit der Berechnung des Lohnes und Gehaltes zum Monatsende auch der GesamtSozVBeitrag in voraussichtlicher Höhe berechnet (und gezahlt) werden soll. 24

In den Fällen, in denen es zB wegen variabler Lohnbestandteile oder durch Krankheit zwischen dem Tag der Berechnung und dem Monatsende doch noch zu Abweichungen („nach oben") kommt, ist der Restbetrag mit der nächsten Fälligkeit (also Abrechnung im Folgemonat) zu zahlen (§ 23 Abs 1 Satz 2 SGB IV zur Begründung vgl BT-Drs 15/5574 S 4). 25

b) Sonstige Beiträge. Diese werden gem § 23 Abs 1 Satz 3 SGB IV spätestens am Fünfzehnten des Monats fällig, der auf den Monat folgt, für den sie zu entrichten sind. Ausnahmen: Beiträge der UV werden am 15. des Monats fällig, der dem Monat folgt, in dem der Beitragsbescheid dem Zahlungspflichtigen bekanntgegeben worden ist. Entsprechendes gilt für Beitragsvorschüsse, wenn der Bescheid hierüber keinen anderen Fälligkeitstermin bestimmt (§ 23 Abs 3 SGB IV). Zu Fälligkeit bei **Statusfeststellungsverfahren** vgl § 7a Abs 6 Satz 2 SGB IV (vgl BB 01, 1483). Zur Fälligkeit der Beiträge bei Verwendung eines **Haushaltsschecks** vgl § 23 Abs 2a SGB IV. 26

c) Vollständigkeit der Beitragserhebung, Stundung und Erlass. Beiträge sind nach § 76 Abs 1 SGB IV rechtzeitig und vollständig zu erheben. Hieran sind die Träger der SozV strikt gebunden und Ausnahmen nur nach Maßgabe des § 76 SGB IV rechtmäßig. Allerdings erwächst dem einzelnen Versicherten aus § 76 SGB IV kein subjektiv-öffentliches Recht auf eine vollständige Beitragserhebung und ein Einschreiten der SozVTräger gegen andere Versicherte (vgl BSG 24.2.05 – B 12 KR 15/04 B). Unter welcher Voraussetzung Stundungen – Niederschlagung und Erlass möglich sind, regelt § 76 Abs 2 SGB IV. Mit dem ab 1.8.13 in Kraft getretenen § 256a SGB V gibt es für die nach § 5 Abs 1 Nr 13 Versicherten eine Spezialvorschrift zu § 76 SGB IV hinsichtlich Erlass von Beitragsrückständen und hierauf zu entrichtender Säumniszuschläge, vgl *Krankenversicherungsbeiträge* Rz 16a ff. 27

d) Rechtsfolgen der Nichtzahlung bei Fälligkeit. Auf Beiträge und Beitragsvorschüsse, die der Zahlungspflichtige nach Ablauf des Fälligkeitstages nicht bezahlt hat, ist ein Säumniszuschlag zu erheben ist. Der Säumniszuschlag beträgt für jeden angefangenen Monat der Säumnis 1 vH des rückständigen, auf 50 € nach unten abgerundeten Betrages. Bei einem Beitragsrückstand von unter 100 € ist der Säumniszuschlag nicht zu erheben, wenn dieser gesondert schriftlich anzufordern wäre (Einzelheiten s *Säumniszuschläge* Rz 14 ff). Werden vom ArbGeb die vom ArbN zu tragenden Beitragsanteile (ArbNAnteile) zur SozV oder zur BA vorenthalten, macht sich der ArbGeb ggf nach **§ 266a StGB** strafbar (zum Schutzgut dieser Vorschrift vgl BSG 22.2.96 – 12 RK 42/94, SozR 3–2400 § 28n Nr 1; zur Strafbarkeit eines GmbH-Geschäftsführers nach § 266a StGB vgl *Lüke/Mulansky* ZIP 98, 673 ff; BGH 18.4.05 – II ZR 61/03, JZ 05, 1105: § 266a StGB als Schutzgesetz iSv § 823 Abs 2 BGB). Zur Strafbarkeit nach § 266a StGB bei Vorliegen einer **Entsendebescheinigung** vgl BGH 7.3.07 – 1 StR 301/06, NJW 07, 1370, *Rübenstahl* NJW 07, 3538. 28

4. Verjährung der Beitragsansprüche tritt in vier Jahren nach Ablauf des Kj ein, in dem die Beiträge fällig geworden sind. Ansprüche auf vorsätzlich vorenthaltene Beiträge verjähren in 30 Jahren nach Ablauf des Kj, in dem sie fällig geworden sind (§ 25 Abs 1 SGB IV). Ob die kurze oder die lange Verjährungsfrist gilt, hängt davon ab, ob der ArbGeb gutgläubig war (dh die Beiträge nicht vorsätzlich vorenthalten hat) oder ob er bösgläubig war (dh die Beiträge vorsätzlich vorenthalten hat). War er bei Fälligkeit der Beiträge gutgläubig und ist er es bis zum Ablauf der dann geltenden vierjährigen Verjährungsfrist geblieben, gilt die kurze 29

Verjährungsfrist. War er hingegen schon bei Fälligkeit der Beiträge bösgläubig, gilt die lange 30-jährige Verjährungsfrist.

30 **a) Lange Verjährungsfrist.** Für das Eingreifen der 30-jährigen Verjährungsfrist reicht es aus, wenn der Schuldner die Beiträge mit **bedingtem Vorsatz** vorenthalten hat, er also seine Beitragspflicht für möglich gehalten, die Nichtabführung der Beiträge aber billigend in Kauf genommen hat. **Zum Vorsatz** muss das Vorliegen des inneren (subjektiven) Tatbestandes festgestellt, dh anhand der konkreten Umstände des Einzelfalles und bezogen auf den betreffenden Beitragsschuldner durch Sachverhaltsaufklärung individuell ermittelt werden. Die Feststellungslast (Beweislast) für den subjektiven Tatbestand trifft im Zweifel den Versicherungsträger, der sich auf die für ihn günstige lange Verjährungsfrist beruft.

31 Allgemein geltende Aussagen zum Vorliegen des **subjektiven Tatbestandes** sind insoweit ausgeschlossen. Jedoch wird Vorsatz regelmäßig vorliegen, wenn für das gesamte typische Arbeitsentgelt (zB bei „Schwarzarbeit") überhaupt keine Beiträge entrichtet werden. Vorsatz liegt auch noch nahe, wenn Beiträge für verbreitete „Nebenleistungen" zum Arbeitsentgelt nicht gezahlt werden und zwischen steuerrechtlicher und beitragsrechtlicher Behandlung eine bekannte oder ohne weiteres erkennbare Übereinstimmung besteht. Demgegenüber muss der Vorsatz bei wenig verbreiteten Nebenleistungen, bei denen die Steuer- und die Beitragspflicht in komplizierten Vorschriften geregelt sind und nicht voll übereinstimmen, eingehend geprüft und festgestellt werden. Fehler bei der Beitragsentrichtung dürften in diesen Fällen nicht selten nur auf fahrlässiger Rechtsunkenntnis beruhen, zumal wenn es sich um kleine Betriebe handelt, bei denen der ArbGeb die Beitragsberechnung ohne Fachpersonal selbst vornimmt. Zum Vorsatz aber gehört auch in diesen Fällen, dass es der ArbGeb zumindest für möglich hält, dass bestimmte Zuwendungen an die ArbN dem Grunde nach beitragspflichtiges Arbeitsentgelt und, sofern noch nicht geschehen, Beiträge und die Umlage zu zahlen sind. Hingegen braucht die genaue Beitragshöhe nicht vom Vorsatz umfasst zu sein (BSG 30.3.2000 – B 12 KR 14/99 R, SozR 3–2400 § 25 Nr 7; 26.1.05 – B 12 KR 3/04 R, SozR 4–2400 § 14 Nr 7 Rz 24 ff). Entscheidet sich der in seiner Liquidität eingeschränkte Beitragsschuldner in Kenntnis der Beitragspflicht für die teilweise Erfüllung von Ansprüchen der ArbN und gegen eine Zahlung fälliger Beiträge, sind die Beiträge vorsätzlich iSd § 25 Abs 1 S 2 SGB 4 vorenthalten (BSG 21.3.07 – B 11a AL 15/06 R, SozR 4–2400 § 25 Nr 1).

32 **b) Hemmung und Unterbrechung.** Für die Hemmung, die Ablaufhemmung, den Neubeginn und die Wirkung der Verjährung gelten die Vorschriften des BGB sinngemäß (§ 25 Abs 2 Satz 1 SGB IV). Die Verjährung wird gehemmt, wenn ein Verwaltungsakt zur Durchsetzung des Beitragsanspruches erlassen wird (§ 52 Abs 1 SGB X). Die Hemmung endet mit Eintritt der Unanfechtbarkeit des Verwaltungsaktes (dazu gilt die 30-jährige Verjährung, vgl § 52 Abs 2 SGB X) oder sechs Monate nach seiner anderweitigen Erledigung (§ 52 Abs 1 Satz 2 SGB X). In der Rentenversicherung unterbricht bereits ein „Beitragsverfahren" die Verjährungsfrist (§ 198 SGB VI); dazu reicht nach BSG bereits in darauf bezogenes in die Sphäre des Betroffenen hineinwirkendes tatsächliche Tätigwerden der Behörde (zB Übersendung von Fragebögen zu Ermittlung des Sachverhalts), ohne dass der Betroffenen davon förmlich Kenntnis erlangen muss (BSG 27.7.2011 – B 12 R 19/09 R).

33 Für die Dauer einer Prüfung beim ArbGeb ist die Verjährung gehemmt. Die Hemmung beginnt mit dem Tag des Beginns der Prüfung und endet mit Bekanntgabe des Beitragsbescheides, spätestens nach Ablauf von sechs Monaten nach Abschluss der Prüfung (§ 25 Abs 2 Sätze 3 ff SGB IV; vgl *Außenprüfung*).

34 **5. Verwirkung von Beitragsforderungen** setzt ein besonderes „Verwirkungsverhalten" des Versicherungsträgers voraus, das ein Vertrauen des Beitragspflichtigen darauf schafft, ohne Versicherungsschutz keine Beiträge mehr bezahlten zu müssen. Dies wurde von der Rspr in Fällen angenommen, in denen der Versicherungsträger den Versicherungsschutz zunächst zu Unrecht verneint hatte (BSG 4.6.91 – 12 RK 52/90, SozR 3–200 § 381 Nr 2) oder er sich durch eine Meldung hätte gedrängt fühlen müssen, den Versicherten auf den bestehenden Versicherungsschutz hinzuweisen (BSG 17.12.80 – 12 RK 34/80, SozR 2200 § 381 Nr 44). Kann die Unkenntnis des Versicherten vom Versicherungsschutz jedoch dem Versicherungsträger nicht angelastet werden, und wird das Versicherungsverhältnis erst nachträglich festgestellt, hindert dies den Versicherungsträger nicht daran, auch für die Vergangenheit auf

Sozialversicherungsbeiträge

seiner Beitragsforderung zu bestehen. Diese für SozVBeiträge entwickelten Grundsätze gelten auch für die Umlage nach dem AAG (früher: LFZG) für Entgeltfortzahlung (vgl BSG 12.3.96 – 1 RK 11/94, SozR 3–7860 § 14 Nr 3) und die Umlage im Rahmen des Mutterschutzes.

6. Die Erstattung zu Unrecht entrichteter Beiträge ist in § 26 SGB IV geregelt. 35
a) Voraussetzungen. Die Beitragserstattung erfolgt an diejenigen, die die Beiträge zu tragen hatten. Die Erstattung ist ausgeschlossen, wenn der Versicherungsträger bis zur Geltendmachung des Erstattungsanspruches aufgrund dieser Beiträge oder für den Zeitraum, für den die Beiträge entrichtet worden sind, Leistungen erbracht hat (§ 26 Abs 2 und 3 SGB IV, sog Verfallklausel). Diese Regelung gilt uneingeschränkt für die SozV. Für den Bereich der Arbeitsförderung wird § 26 SGB IV durch § 351 Abs 1 SGB III modifiziert: Danach ist die Beitragserstattung (lediglich) um den Betrag derjenigen Leistungen zu mindern, der in der irrtümlichen Annahme von Versicherungspflicht gezahlt worden ist.

Die Beitragserstattung setzt voraus, dass die jeweiligen Beiträge (Pflichtbeiträge, freiwillige 36
Beiträge, Nachversicherungsbeiträge, Höherversicherungsbeiträge) nach materiellem Recht nicht oder nicht in der gezahlten Höhe entrichtet werden durften. Erfolgte die Beitragsentrichtung aufgrund eines bestandskräftigen (rechtswidrigen, aber nicht nichtigen) Verwaltungsaktes/Bescheides, ist zunächst dieser Verwaltungsakt gem §§ 44 ff SGB X zu beseitigen; solange dieser Bescheid nicht „beseitigt" ist, besteht für die Beitragsentrichtung ein Rechtsgrund, so dass kein Tatbestand zu Unrecht erfolgter Beitragsentrichtung vorliegt (BSG 27.1.00 – B 12 KR 10/99 R, SozR 3–2400 § 28h Nr 1 S 44 mwN).

Pflichtbeiträge zur RV, die wegen Fehlens der Versicherungspflicht zu Unrecht entrichtet 37
wurden, gelten, wenn sie von den Einzugsstellen nicht mehr beanstandet werden dürfen, als zu Recht entrichtete Pflichtbeiträge (§ 26 Abs 1 SGB IV). Pflichtbeiträge zur RV, die in der irrtümlichen Annahme der Versicherungspflicht entrichtet sind, rechtzeitig (§ 26 Abs 1 Satz 1 SGB IV) beanstandet, aber vom Versicherten nicht zurückgefordert werden, gelten als freiwillige Beiträge (§ 202 SGB VI). Im Übrigen richtet sich die Beitragserstattung auch für diese Beiträge nach § 26 Abs 2 SGB IV. Leistungserbringung schließt den Erstattungsanspruch aus, sofern die Leistung aufgrund der Beiträge erbracht wurde oder noch zu erbringen ist (vgl jedoch § 351 Abs 1 Satz 1 SGB III für die ArblV). Zur Verzinsung und Verjährung des Beitragserstattungsanspruchs vgl § 27 SGB IV, zur Verrechnung und Aufrechnung des Erstattungsanspruchs vgl § 28 SGB IV (s *Aufrechnung* Rz 29 ff). Die BA ist jedoch gehindert, sich gegenüber dem Anspruch auf Erstattung zu Unrecht entrichteter Beiträge auf Verjährung zu berufen, wenn sie zuvor einen Anspruch auf AlGeld wegen der in der Vergangenheit zu Unrecht angenommenen Versicherungspflicht abgelehnt und dabei den Berechtigten nicht umfassend und vollständig über die Notwendigkeit einer entsprechenden schriftlichen Antragstellung sowie deren Modalitäten belehrt hat (BSG 12.12.07 – B 12 AL 1/06 R, SozR 4200 § 27 Nr 3).

b) Erstattungsverfahren. An sich setzt die Beitragserstattung voraus, dass der für die 38
Erstattung zuständige Träger eine entsprechende Entscheidung trifft und die zu Unrecht entrichteten Beiträge an den ArbGeb und an den ArbN erstattet, je nachdem, wer die Beiträge getragen hat (§ 26 Abs 3 SGB IV). Dieses Verfahren ist umständlich und verwaltungsintensiv. Für den Bereich der GesamtSozVBeiträge praktizieren die Versicherungsträger ein **Beitragsverrechnungsverfahren,** dessen Einzelheiten, insbesondere Ablauf und Zuständigkeit etc in den „Gemeinsamen Grundsätzen zur Verrechnung und Erstattung zu Unrecht gezahlter Beiträge zur KV, PflegeV, RV und ArblV" vom 26.3.03 beschrieben sind.

7. Beitragsentrichtung im Arbeitsverhältnis. Die Verantwortung für die Beitragsent- 39
richtung liegt weitestgehend beim ArbGeb.
a) Gesamtsozialversicherungsbeiträge sind vom ArbGeb als Schuldner der Beiträge an die Einzugsstelle (§ 28h Abs 1 SGB IV) zu zahlen (§ 28e Abs 1 SGB IV). ArbGeb ist bei jeder Person grds die juristische Person, nicht die einzelnen Gesellschaften oder die vertretungsberechtigten Organe (Vorstand, Geschäftsführer etc). Die Beiträge zur gesetzlichen KV, PflegeV und RV und für einen kraft Gesetzes versicherten Beschäftigten oder Hausgewerbetreibenden sowie die Beiträge zur BA werden als GesamtSozVBeitrag gezahlt (§ 28d SGB IV). Zu beachten ist, dass die gesetzliche KV, PflegeV und RV von einem einheitlichen Beitrag ausgehen, der von ArbGeb und ArbN jeweils zur Hälfte zu tragen ist (s *Kranken-*

versicherungsbeiträge Rz 39; *Rentenversicherungsbeiträge* Rz 17, 18 Beitragstragung). Dies gilt auch für den Bereich der Arbeitsförderung (vgl § 346 SGB III). Der Beitrag des ArbGeb bemisst sich nach der Summe der beitragspflichtigen Entgelte aller bei ihm beschäftigten ArbN. Lediglich für den Einzug des GesamtSozVBeitrages wird der ArbGebBeitrag auf die einzelnen ArbN aufgeteilt. Nur ausnahmsweise ist der ArbN zahlungspflichtig, nämlich dann, wenn der ArbGeb ein ausländischer Staat, eine über- oder zwischenstaatliche Organisation oder eine Person ist, die nicht der inländischen Gerichtsbarkeit untersteht und die Zahlungspflicht nach § 28e Abs 1 SGB IV nicht erfüllt (§ 28m Abs 1 und 2 SGB IV; s unten Rz 51). – **Besonderheiten** bestehen seit 1.4.03 im Bereich der sog **Gleitzone für Arbeitsentgelte zwischen 450,01 € und 850 €;** dort trägt der ArbGeb die Hälfte des auf das Arbeitsentgelt entfallenden Beitrags, während der ArbNAnteil von rund 4 vH bei 450,01 € langsam wächst und bei 850 € etwa die Hälfte des GesamtSozVBeitrags erreicht (Einzelheiten dazu *Minijob*).

40 **Haftung für Beitragsschulden Dritter** bei der ArbNÜberlassung sieht § 28e Abs 2 SGB IV vor: Für die Erfüllung der Zahlungspflicht des ArbGeb haftet bei einem wirksamen ArbNÜberlassungsvertrag der Entleiher wie ein selbstschuldnerischer Bürge, soweit ihm ArbN gegen Vergütung zur Arbeitsleistung überlassen worden sind. Dagegen besteht bei der unerlaubten ArbNÜberlassung eine originäre Beitragsschuld des Entleihers, denn gem § 10 Abs 1 Satz 1 AÜG wird in diesem Fall ein Arbeitsverhältnis zwischen dem Entleiher und dem ArbN fingiert. Zahlt der Verleiher gleichwohl Lohn, hat er auch die hierauf entfallenden GesamtSozVBeiträge zu entrichten (§ 28e Abs 2 Satz 3 SGB IV); Verleiher und Entleiher haften in diesem Falle als Gesamtschuldner, da der Verleiher (trotz der Fiktion des § 10 AÜG) für die Zahlungspflicht bezüglich der GesamtSozVBeiträge neben dem Entleiher gem § 28e Abs 2 Satz 4 SGB IV als ArbGeb gilt.

41 Die Gesellschafter einer GmbH, deren Eintragung scheitert, haften für rückständige Beiträge unbeschränkt im Verhältnis ihrer Anteile nur der Gesellschaft (Innenhaftung), nicht jedoch der Einzugstelle (Außenhaftung). Eine unbeschränkte anteilige Außenhaftung besteht jedoch bei Vermögenslosigkeit der **Vor-GmbH.** Eine unbeschränkte volle Außenhaftung besteht, wenn sich die Vor-GmbH als unechte Vorgesellschaft erweist, weil die Eintragungsabsicht aufgegeben worden ist, ohne dass die Gesellschafter ihre geschäftliche Tätigkeit sofort eingestellt hätten (BSG 8.12.99 – B 12 KR 10/98 R, SozR 3–2400 § 28e Nr 1). Entsprechendes gilt für sonstige Kapitalgesellschaften, die nicht zur Eintragung gelangen (vgl zu Genossenschaft BSG 8.12.99 – B 12 KR 18/99 R, SozR 3–2400 § 28e Nr 2).

42 **Reeder** haften gem § 28e Abs 3 SGB IV für die Zahlungspflicht des ArbGeb (falls der Reeder nicht ohnehin ArbGeb ist) von in § 176 Nrn 1–3 SGB V genannten Personen neben dem ArbGeb als Gesamtschuldner. Zur Haftung des **Auftraggebers im Baugewerbe,** vgl § 28e Abs 3a SGB IV (dazu *Arbeitgeberhaftung*).

43 **Sonstige Beiträge,** die der ArbN im Hinblick auf Versorgungsbezüge, anderweitiges Arbeitseinkommen (zB aus einer selbstständigen Tätigkeit) oder aus dem Rentenzahlbetrag zu tragen hat, sind nicht vom ArbGeb abzuführen. Insoweit besteht auch keine subsidiäre Beitragshaftung des ArbGeb. Für die vom ArbN zu tragenden, nicht auf das Arbeitsentgelt entfallenden Beiträge gilt § 28e Abs 1 SGB IV nicht (zur Zahlungspflicht in diesen Fällen s *Krankenversicherungsbeiträge, Rentenversicherungsbeiträge*).

44 **b) Aufgaben des Arbeitgebers** sind zunächst die Meldepflichten (s *Meldepflichten Arbeitgeber*) und Aufzeichnungspflichten (§ 28f SGB IV; s *Aufzeichnungspflichten*). Der ArbGeb hat eigenständig zu prüfen, ob und in welcher Höhe für einen ArbN GesamtSozVBeiträge zu entrichten sind. Fällige Beiträge sind von ihm selbstständig – ohne besondere Aufforderung durch die Einzugstelle und ohne vorherigen Erlass eines Beitragsbescheides – an diese zu zahlen. In Zweifelsfällen hat sich der ArbGeb an die Einzugstelle zu wenden, die dann im Einzelfall über die Versicherungs- und Beitragspflicht entscheidet (§ 28h Abs 2 SGB IV). In diesem Fall sowie wenn der ArbGeb seinen Pflichten nicht von sich aus nachkommt, ergeht ausnahmsweise ein Verwaltungsakt (Beitragsbescheid) der Einzugstelle.

45 **Gesamtsozialversicherungsbeiträge** entrichtet der ArbGeb nicht für jeden seiner ArbN gesondert, vielmehr in einer Summe für sämtliche ArbN. Allerdings müssen Lohnunterlagen für jeden Beschäftigten getrennt nach Kj geführt und aufbewahrt werden. Bei der Beitragszahlung selbst wird ein Einzelnachweis für den einzelnen ArbN nicht verlangt. Die (insgesamt) zu zahlenden Beiträge sind im Beitragsnachweis nach Beitragsgruppen aufzugliedern und jeweils in einer Summe anzugeben. Die Pflicht zur Beitragszahlung erstreckt sich auch auf die vom ArbN zu tragenden Beitragsanteile und den Beitrag des ArbN zur ArblV.

c) Beitragsnachweis durch den Arbeitgeber. Beitragsnachweise sind vom ArbGeb bei der Einzugsstelle rechtzeitig einzureichen (§ 28 f Abs 2 Satz 1 SGB IV). Es handelt sich hierbei um **Selbstberechnungserklärungen.** Einzelheiten hierzu regeln die §§ 1, 2 BeitragsverfahrensVO (BVV, zuvor § 3 BüVO). 46

aa) Mittelbare Beitragsberechnungspflichten des ArbGeb zieht die in § 28 f Abs 2 SGB IV vorgeschriebene Beitragsnachweispflicht deshalb nach sich, weil der ArbGeb Beiträge nicht nachweisen kann, ohne sie zuvor errechnet zu haben. 47

bb) Inhalt des Beitragsnachweises sind die nach §§ 8, 9 BeitragsverfahrensVO (BVV, früher §§ 3, 4 BüVO) aufzulistenden Beiträge und Umlagen: dh, der ArbGeb hat die Summen der von ihm anzufügenden Beiträge zur KV, PflegeV, RV und ArblV und Umlagen nach dem AAG für Krankheitsaufwendungen und Mutterschaftsaufwendungen für jeden Lohn- und Gehaltsabrechnungszeitraum gesondert zusammenzustellen; eine Aufteilung erfolgt nur nach verschiedenen Beitragsgruppen, nicht aber auf die einzelnen Beschäftigten. 48

cc) Vordruck. Seit 1.1.2006 ist für den Beitragsnachweis nach § 28 f Abs 3 SGB IV – an Stelle von Formularen – der **Datensatz** nach § 28b Abs 2 Satz 1 SGB IV zu verwenden und durch gesicherte und verschlüsselte Datenübertragung aus systemgeprüften Programmen oder mittels maschinell erstellter Ausfüllhilfen zu übermitteln (§ 1 Satz 2 DEÜV; vgl dazu auch *Meldepflichten Arbeitgeber* Rz 18a–18c). Der Beitragsnachweis ist an die zuständige Annahmestelle zu übermitteln; das ist diejenige Stelle, die im Zulassungsbescheid des vom ArbGeb zur Datenübermittlung verwendeten Programms genannt wird (vgl § 23 iVm § 26 DEÜV). 49

dd) Rechtzeitigkeit des Beitragsnachweises liegt vor, wenn er der Beitragseinzugsstelle spätestens zwei Tage vor Fälligkeit der Beiträge übermittelt wird (vgl § 28 f Abs 3 SGB IV). Weshalb der maßgebliche Vorlagetermin nicht eingehalten wird, insbesondere, ob den ArbGeb hierfür ein Verschulden trifft, ist unerheblich. Die Schätzung bleibt maßgeblich, bis der Nachweis ordnungsgemäß eingereicht wird (vgl § 28 f Abs 2 SGB IV). 50

ee) Vollstreckungsgrundlage für Geldforderungen ist nach dem Verwaltungsvollstreckungsgesetz regelmäßig das Vorliegen eines Verwaltungsaktes/Leistungsbescheides (§ 3 Abs 2 VwVG). Gem § 28 f Abs 3 Satz 5 SGB IV gilt der Beitragsnachweis für die Vollstreckung als Leistungsbescheid der Einzugsstelle, dh die Vollstreckung kann unmittelbar nach Vorliegen des Beitragsnachweises eingeleitet werden. 51

ff) Arbeitgeber mit zentraler Lohn- und Gehaltsabrechnung und Arbeitsstätten in den Bezirken mehrerer Ortskrankenkassen können beim AOK-Bundesverband beantragen, dass der Beitragsnachweis für die bei der AOK kraft Gesetzes versicherten Beschäftigten bei diesem Verband eingereicht wird; Entsprechendes gilt für andere Kassenarten. Wird dem Antrag stattgegeben, zieht der Bundesverband die Beiträge ein, die er sodann an die zuständigen Einzugsstellen weiterleitet (§ 28 f Abs 4 SGB IV). Die Vorschrift geht davon aus, dass die örtlichen Beitragseinzugsstellen sachlich zuständig bleiben, die überörtlichen Träger also nur aushilfsweise für sie tätig werden, um zugunsten der ArbGeb ein vereinfachtes Verfahren zu ermöglichen. 52

d) Pflichten des Arbeitnehmers bestehen insbesondere darin, dass er den Beitragsabzug von seinem Lohn/Gehalt dulden muss, denn gem § 28g Sätze 1 und 2 SGB IV hat der ArbGeb gegen den ArbN einen Anspruch auf den vom Beschäftigten zu tragenden Teil des GesamtSozVBeitrages (Satz 1), den er nur im Wege des Abzugs vom Arbeitsentgelt (rechtstechnisch also durch Aufrechnung) geltend machen kann (Satz 2; Einzelheiten s *Lohnabzugsverfahren*). Im Übrigen ist der ArbN verpflichtet, dem ArbGeb die zur Durchführung des Meldeverfahrens und der Beitragsentrichtung erforderlichen Tatsachen mitzuteilen und erforderlichenfalls Unterlagen vorzulegen (vgl § 28o SGB IV). 53

e) Beitragsentrichtungspflichten des Arbeitnehmers. Der ArbN ist nur ausnahmsweise zur Zahlung der GesamtSozVBeiträge verpflichtet. Gem § 28 m SBG IV hat der ArbN den GesamtSozVBeitrag zu zahlen, wenn sein ArbGeb ein ausländischer Staat, eine über- oder zwischenstaatliche Organisation oder eine Person ist, die nicht der inländischen Gerichtsbarkeit untersteht und die Zahlungspflichten nach § 28e SGB IV nicht erfüllt. Die Zahlungspflicht erstreckt sich auch auf den Beitragsanteil des ArbGeb bzw auf den eigenen Beitrag des ArbGeb in der ArblV. Dies bedeutet, dass der ArbN insoweit auch eine den 54

387 Sozialversicherungsbeiträge

ArbGeb treffende Verbindlichkeit erfüllt; gem § 28 m Abs 4 SGB IV erwächst dem ArbN deshalb ein Anspruch gegen den ArbGeb zur Erstattung des auf den ArbGeb entfallenden Beitragsanteils. Der ArbN zahlt hier auf fremde Schuld, denn § 28 m SGB IV beseitigt die primäre Zahlungspflicht seines ArbGeb nicht.

55 f) **Beitragseinzugsstellen** sind die Krankenkassen (§ 28h Abs 1 Satz 1 SGB IV, § 4 SGB V). Zuständige Einzugsstelle für den GesamtSozVBeitrag ist die Krankenkasse, von der die KV durchgeführt wird (§ 28i Abs 1 Satz 1 SGB IV). Für Beschäftigte, die bei keiner Krankenkasse versichert sind, werden Beiträge zur RV und zur BA an die Einzugsstelle gezahlt, die im Falle einer KV kraft Gesetzes zuständig wäre (§ 28i Abs 1 Satz 2 SGB IV). Zur Vorgehensweise der ArbGeb mit zentraler Lohn- und Gehaltsabrechnung und Arbeitsstätten vgl § 28 f Abs 4 SGB IV). – Beitragseinzugsstelle für **geringfügig Beschäftigte** ist die DRV Knappschaft/Bahn/See (§ 28i Satz 5 SGB IV).

56 g) **Bescheide über Versicherungs- und Beitragspflicht.** In Zweifelsfällen, auf Antrag des ArbN oder des ArbGeb oder wenn der ArbGeb seinen Nachweis- und Beitragszahlungspflichten nicht von sich aus nachkommt, erlässt die Beitragseinzugsstelle Verwaltungsakte (Bescheide) über die Versicherungs- und Beitragspflicht oder die konkrete Beitragshöhe. Die Beitragseinzugsstelle erlässt auch den Widerspruchsbescheid (vgl § 28h Abs 2 SGB IV; zur Regelungsbefugnis im Verhältnis zu anderen Hoheitsträgern vgl BSG 25.1.95 – 12 RK 72/93, SozR 3–1500 § 54 Nr 22).

57 Die Beitragseinzugsstelle hat über die Versicherungspflicht und die Beitragspflicht in den einzelnen Zweigen der SozV sowie zur BA stets **personenbezogene Feststellungen** zu treffen; dies gilt auch dann, wenn die Versicherungs- oder Beitragspflicht für ganze Personengruppen, Kolonnen oder Abteilungen etc eines ArbGeb streitig ist. Die Einzugsstelle ist verpflichtet, vor Erlass eines **Beitragsbescheides** die von der Versicherungs- und Beitragspflicht betroffenen Personen mit Hilfe des ArbGeb festzustellen, sie anzuhören und sodann für jede einzelne Person die versicherungs- und beitragsrechtliche Prüfung gesondert vorzunehmen. Der Mangel der personellen Bestimmtheit des Verwaltungsaktes kann in einem späteren Sozialgerichtsprozess nicht durch ein „Nachschieben von Gründen" oder eine Beiladung der genannten Personen behoben oder deswegen hingenommen werden, weil die Beteiligten einen „Musterprozess" führen wollen (vgl BSG 23.5.95 – 12 KK 63/93, SozR 3–2400 § 28h Nr 3). Eine personenbezogene Feststellung erfordert neben einer Angabe der Personalien der betreffenden Personen die Zeiträume, für die Versicherungspflicht besteht und Beiträge erhoben werden, und zwar getrennt nach Versicherungszweigen und Beitragsgruppen; es muss gewährleistet sein, dass die auch der Höhe nach bestimmten Beiträge den einzelnen ArbN individuell zugeordnet werden können.

58 Ein **Summenbescheid** ohne personenbezogene Feststellungen, dessen Grundlage die Summe des vom ArbGeb gezahlten Arbeitsentgelts ist, ist nur rechtmäßig, wenn personenbezogene Feststellungen nicht oder mit einem nicht vertretbaren Aufwand getroffen werden können (zu den Voraussetzungen vgl § 28 f Abs 2 SGB IV; vgl dazu *Lohnkonto*). Wird aufgrund einer **Außenprüfung** der Erlass entsprechender Bescheide über die Versicherungspflicht oder die Beitragshöhe erforderlich, sind hierzu die RVTräger verpflichtet und befugt (vgl § 28p Abs 2 Satz 5 SGB IV).

59 h) **Zwangsweise Durchsetzung.** Eine zwangsweise Durchsetzung des Beitragseinzugs ist möglich im Wege der Aufrechnung seitens der Einzugsstelle nach Maßgabe des § 51 Abs 2 SGB I (s *Aufrechnung*) oder der Vollstreckung nach § 66 SGB X. Letztere kann erfolgen durch Vollstreckung nach dem Verwaltungsvollstreckungsgesetz des Bundes (§ 66 Abs 1 SGB X) oder aus einem Verwaltungsakt in entsprechender Anwendung der ZPO (§ 66 Abs 4 SGB X). Der Beitragsnachweis des ArbGeb gilt für die Vollstreckung als Leistungsbescheid der Einzugsstelle (§ 28 f Abs 3 Satz 2 SGB IV), so dass bereits aufgrund des Beitragsnachweises vollstreckt werden kann, ohne dass es eines weiteren Beitragsbescheides der Einzugsstelle bedarf.

60 **8. Besonderheiten bei in privaten Haushalten Beschäftigten.** Aufwendungen für Personen, die rentenversicherungspflichtig in einem **hauswirtschaftlichen Beschäftigungsverhältnis** stehen (sog „Dienstmädchen" oder Haushaltsangestellte), können nach § 10 Abs 1 Nr 8 EStG als Sonderausgaben begrenzt steuerlich abgesetzt werden. Art 25 JStG 1997 enthält hierzu korrespondierende Sondervorschriften für das Beitragsrecht und das

Sozialversicherungsbeiträge

sozialversicherungsrechtliche Meldewesen. Zweck dieser Sondervorschriften ist es, den Abschluss sozialversicherungspflichtiger Beschäftigungsverhältnisse in Privathaushalten auch durch Maßnahmen der Verfahrensvereinfachung im SozVRecht zu fördern (vgl BR-Drs 390/96 S 90 zu Art 23). Weitere Einzelheiten s *Hauswirtschaftliches Beschäftigungsverhältnis*.

9. Beitragsentrichtung in der Unfallversicherung. a) Umlageverfahren. Die Mittel 61 für die Aufgaben der BG werden durch Beiträge der Unternehmer aufgebracht (§ 150 SGB VII). Die ArbN selbst werden zur Beitragszahlung oder Beitragstragung nicht herangezogen. Dies wird damit gerechtfertigt, dass durch die alleinige Beitragspflicht der Unternehmer ihre Haftpflicht gegenüber den ArbN abgelöst wird (§§ 104, 105 SGB VII). Die Beiträge müssen den Bedarf des abgelaufenen Geschäftsjahres einschließlich des zur Ansammlung der Rücklage Nötigen decken. Sie dürfen darüber hinaus nur zur Beschaffung der Betriebsmittel erhoben werden (§ 152 SGB VII), dh, es gilt grds das Prinzip der nachträglichen Bedarfsdeckung **(Umlageverfahren),** was freilich die Erhebung von Vorschüssen nach § 164 SGB VII auf die Umlage nicht ausschließt.

b) Berechnungsgrundlagen für die Beiträge der Unternehmer sind der Finanzbedarf 62 der BG (sog Umlagesoll), die Arbeitsentgelte der Versicherten sowie die Gefahrklassen (vgl § 153 Abs 1 SGB VII). Die Satzung kann bestimmen, dass ein einheitlicher Mindestbeitrag erhoben wird (§ 161 SGB VII).

Das **Umlagesoll** bezeichnet denjenigen Betrag, den der Versicherungsträger auf die 63 Unternehmen umlegen darf und muss. Die Umlage muss den Bedarf des abgelaufenen Kj einschließlich der zur Ansammlung der Rücklage (vgl § 172 SGB VII) nötigen Beträge decken. Darüber hinaus dürfen Beiträge nur zur Zuführung zu den Betriebsmitteln (vgl § 171 SGB VII) erhoben werden (§ 152 Abs 1 SGB VII).

Die **Arbeitsentgelte** der Beschäftigten werden nur bis zur Höhe des Höchstjahresarbeits- 64 verdienstes (vgl § 85 Abs 2 SGB VII) zugrunde gelegt; zulässig ist es auch, durch Satzung für ArbN die das 18. Lebensjahr vollendet haben, Mindestjahresarbeitsverdienste (vgl § 85 SGB VII) festzusetzen (§ 153 SGB VII). Die Satzung kann auch bestimmen, dass die Beiträge nicht nach den Arbeitsentgelten, sondern nach der **Zahl der Versicherten** unter Berücksichtigung der Gefährdungsrisiken berechnet werden (vgl § 155 SGB VII; zur Kombination Mindestbeitrag/Zahl der ArbN vgl BSG 27.1.94 – 2 RU 4/93, SozR 3–2200 § 581 Nr 4). Alternativ kommt auch die satzungsrechtlich festgelegte Beitragsbemessung nach der **Zahl der geleisteten Arbeitsstunden** in Betracht (vgl § 156 SGB VII).

Der **Gefahrtarif** als Ausdruck des Unfallrisikos im Betrieb wird von der Vertreterver- 65 sammlung nach dem Grad der Unfallgefahr gebildet; die Gefahrklassen werden aus dem Verhältnis der (von der BG) gezahlten Leistungen zu den Arbeitsentgelten berechnet (vgl § 157 SGB VII). Die UVTräger veranlagen die Unternehmen für die Tarifzeit nach dem Gefahrtarif zu den Gefahrklassen. Der Gefahrtarif hat eine Geltungsdauer von höchstens sechs Kj (vgl § 157 Abs 5 SGB VII). Treten im Unternehmen Veränderungen auf, hat der Unternehmer dies der BG mitzuteilen; er kann dadurch eine Veränderung der Veranlagung zum Gefahrtarif erreichen (vgl §§ 159, 160 SGB VII).

§ 162 Abs 1 SGB VII schreibt zwingend vor, dass die gewerblichen BG unter Berück- 66 sichtigung der anzuzeigenden Versicherungsfälle **Zuschläge** aufzuerlegen oder **Nachlässe** zu bewilligen haben. Deren Höhe richtet sich nach der Zahl, der Schwere, den Aufwendungen für die Versicherungsfälle oder nach mehreren dieser Merkmale. Wegeunfälle (§ 8 Abs 2 Nr 1 bis 4 SGB VII) bleiben bei Nachlässen und Zuschlägen – da vom Unternehmer nicht beherrschbar – außer Betracht. Anders als nach den zuvor geltenden Vorschriften der RVO kann die Satzung auch vorsehen, dass Versicherungsfälle auf Betriebswegen in gleicher Weise wie Wegeunfälle vom Nachlass- und Zuschlagverfahren ausgenommen werden (vgl § 162 Abs 1 Satz 2 Hs 2 SGB VII; BT-Drs 13/2204 S 112 zu § 162 des Entwurfs).

Unter Berücksichtigung der Anstrengungen der Unternehmen zur Verhütung von Ar- 67 beitsunfällen, Berufskrankheiten und zur arbeitsbedingten Gesundheitsfürsorge können die UVTräger des Weiteren – außer für gewerbsmäßige Bauarbeiten – auch **Prämien** gewähren (vgl § 162 Abs 2 und 3 SGB VII; vgl BSG 9.12.93 – 2 RU 44/92, SozR 3–2200 § 725 Nr 2).

c) Die **Beitragserhebung (Umlageverfahren im engeren Sinne)** ist in den §§ 165–170 68 SGB VII geregelt. Zur Ermittlung der Umlage haben die Unternehmer innerhalb von sechs

Schlegel

Wochen nach Ablauf eines Kj die Arbeitsentgelte der Versicherten und die geleisteten Arbeitsstunden in der vom UVTräger geforderten Aufteilung zu melden (vgl § 165 Abs 1 SGB VII). Kommt der Unternehmer dieser Pflicht zum sog **Lohnnachweis** nicht (rechtzeitig) nach, kann der UVTräger eine Schätzung vornehmen; gleiches gilt, wenn die Angaben überhaupt nicht vorgenommen werden, falsch oder unvollständig sind (vgl § 165 Abs 3 SGB VII). Der Lohnnachweis ist durch geeignete Unterlagen zu dokumentieren, die fünf Jahre lang aufzubewahren sind (vgl § 165 Abs 4 SGB VII).

69 Der **konkrete Beitrag** ergibt sich aus den zu berücksichtigenden Arbeitsentgelten, den Gefahrklassen und dem Beitragsfuß. Der Beitragsfuß wird durch Division des Umlagesolls durch die Beitragseinheiten (Arbeitsentgelte × Gefahrklassen) berechnet, wobei die Einzelheiten durch Satzungsrecht zu regeln sind (vgl § 167 SGB VII).

70 Der Beitrag wird durch **schriftlichen Beitragsbescheid** festgesetzt (§ 168 Abs 1 SGB VII). Die Satzung kann auch vorsehen, dass der Unternehmer den Beitrag selbst zu berechnen hat (§ 168 Abs 3 SGB VII). Der Beitragsbescheid darf mit Wirkung für die Vergangenheit zuungunsten des Beitragspflichtigen nur in den Ausnahmefällen des § 168 Abs 2 SGB VII aufgehoben werden. Zum neuen Recht der Arbeitgebermeldung und zur Betriebsprüfung vgl *Meldepflichten Arbeitgeber* Rz 45 ff.

71 **10. Anhang.** Aktuelle Werte/Rechengrößen der SozV/Beitragssätze:

	2013 in €		2014	
	alte Bl	neue Bl	alte Bl	neue Bl
a) **Bezugsgröße (§ 18 SGB IV)**				
jährlich	32 340,–	27 300,–	33.180,–	28.140,–
monatlich	26 695,–	27 300,–	2.765,–	2.345,–
b) „**Geringfügigkeitsgrenze**" **bei geringfügiger Beschäftigung iSd § 8 Abs 1 Nr 1 SGB IV;** s *Geringfügige Beschäftigung*				
monatlich	450,–	450,–	450,–	450,–
c) **Beitragssätze**				
allgemeine RV	18,9 vH	18,9 vH	18,9 vH	18,9 vH
knappschaftliche RV	25,1 vH	25,1 vH	25,1 vH	25,1 vH
ArblV	3 vH	3 vH	3,0 vH	3,0 vH
Pflegeversicherung	2,05 vH	2,05 vH	2,05 vH	2,05 vH

Zum Beitragssatz in der RV vgl VO Bekanntmachung vom 16.11.10, BGBl I 10, 1550; seit 1.1.2013 vgl BeitragssatzG 2013 vom 5.12.12, BGBl I 12, 2446; in der ArblV vgl Art 12 des G v 2.3.09, BGBl I 09, 416; BeitragssatzVO (BSV) 2012 vom 19.12.11, BGBl I 11, 2795; in der PflegeV seit 1.1.13 vgl § 55 SGB XI idF des PflegeneuausrichtungsG vom 23.10.12, BGBl I 12, 2246; seit 1.1.2014 vgl Bekanntmachung vom 15.12.13, BGBl I, 4313.

Sperrzeit

A. Arbeitsrecht
Kreitner

1 Von den verschiedenen Sperrzeittatbeständen des § 159 SGB III (s unten Rz 8 ff) ist arbeitsrechtlich insbesondere die einvernehmliche Auflösung des Arbeitsverhältnisses im Wege eines Aufhebungsvertrages von Bedeutung. Hier stellt sich die Frage, ob und ggf in welchem Umfang auf Grundlage der ArbGebSeitigen Fürsorgepflicht (s *Fürsorgepflicht* Rz 15) **Hinweis- und Aufklärungspflichten des Arbeitgebers** bezüglich der möglichen Verhängung einer Sperrzeit gegenüber dem ausscheidenden ArbN bestehen. Weitere Rechtsunsicherheit ist durch § 1a KSchG entstanden (*Giesen* NJW 04, 185). Auf der Grundlage der jüngsten Rspr des BSG zum Lösungsbegriff und zum Aufhebungsvertrag wird man ein Vorgehen der Arbeitsvertragsparteien nach § 1a KSchG als sperrzeitunschädlich ansehen müssen, da nur so der Normzweck der Vorschrift zum Tragen kommen kann (Näheres s unten Rz 11).

Die Rspr geht bislang von einer eher restriktiven Handhabung derartiger Hinweispflichten des ArbGeb, jedenfalls im Bereich des früheren § 119 AFG (jetzt § 159 SGB III), aus. Das BAG hat in einer Entscheidung aus dem Jahr 1988 lediglich angedeutet, dass unter Abwägung der gesamten Interessenlage der Beteiligten eine Hinweispflicht des ArbGeb im Einzelfall bestehen könne, der der ArbGeb jedoch in dem vom Gericht entschiedenen Fall genügt hatte (BAG 10.3.88, DB 88, 2006). Allerdings nimmt das BAG in dieser Entscheidung Bezug auf die Rspr zur Frage der Hinweispflicht des ArbGeb bezüglich der Auswirkung eines Aufhebungsvertrages auf die betriebliche Altersversorgung und hält diese Rspr grds für übertragbar. Insoweit hat das BAG in einer nachfolgenden Entscheidung betont, dass es idR Aufgabe des ArbN sei, sich selbst über die rechtlichen Folgen der Auflösung seines Arbeitsverhältnisses Klarheit zu verschaffen. Nur in Ausnahmefällen konstatiert das Gericht eine Hinweispflicht des ArbGeb, wenn dieser nämlich durch sein Verhalten einen besonderen Vertrauenstatbestand geschaffen hat (BAG 3.7.90, DB 90, 2431; bestätigt durch BAG 16.11.05 – 7 AZR 86/05, NZA 06, 535). Von daher dürfte auch im Bereich des § 159 SGB III entscheidend darauf abzustellen sein, auf wessen Veranlassung das Arbeitsverhältnis beendet wird (Näheres: *Aufhebungsvertrag* Rz 14).

Unabhängig von der oben dargestellten Rspr empfiehlt es sich jedoch, im Rahmen von Aufhebungsverträgen regelmäßig einen Hinweis auf eine mögliche Sperrzeitverhängung in den Vertragswortlaut mitaufzunehmen, um damit mögliche Schadensersatzansprüche des ArbN von vornherein auszuschließen. Das Gleiche gilt für die Meldepflicht des gekündigten ArbN gem § 38 SGB III. Gem § 159 Abs 1 Satz 2 Nr 7, Abs 6 SGB III führt die verspätete Arbeitslosmeldung für den ArbN zu einer einwöchigen Sperrzeit (s unten Rz 23; dazu *Rolfs* DB 06, 1009). Schadensersatzansprüche gegen den ArbGeb wegen eines unterbliebenen diesbezüglichen Hinweises werden von den Gerichten zu Recht abgelehnt (BAG 29.9.05 – 8 AZR 571/04, NZA 05, 1406; LAG SchlHol 15.6.05 – 3 Sa 63/05, NZA-RR 05, 552). Die Erklärung eines Belehrungsverzichts seitens des ArbN mittels einer Klausel des Aufhebungsvertrages, wie im Schrifttum teilweise vorgeschlagen (*Nägele* BB 92, 1274), birgt demgegenüber weitere Risiken um die Wirksamkeit eines solchen Verzichts.

Hinzuweisen ist auf die Möglichkeit der Normierung einer derartigen Hinweispflicht durch die Betriebspartner auf kollektivrechtlicher Basis. Insbesondere Sozialpläne bieten hierfür eine Veranlassung. Gleichermaßen können allerdings auch entsprechende Hinweise auf die möglichen Sperrzeittatbestände in einen Sozialplan aufgenommen werden, um auf diese Weise den ArbGeb von eventuellen weiteren Hinweisverpflichtungen im konkreten Einzelfall zu befreien.

B. Lohnsteuerrecht *Seidel*

Für das LStRecht hat die Sperrzeit keine Bedeutung.

C. Sozialversicherungsrecht *Voelzke*

Übersicht

	Rz		Rz
I. Allgemeines	6, 7	III. Dauer der Sperrzeit	36–40
II. Der Sperrzeittatbestand	8–35	1. Beginn der Sperrzeit	36
1. Fallgruppen	8–23	2. Umfang der Sperrzeit	37–40
a) Sperrzeit wegen Arbeitsaufgabe	9–14	a) Dauer der Sperrzeit wegen Arbeitsaufgabe	37–39
b) Sperrzeit wegen Arbeitsablehnung	15–19	b) Dauer der Sperrzeiten nach § 159 Abs 1 Satz 2 Nr 2–7 SGB III	40
c) Unzureichende Eigenbemühungen	20	IV. Rechtsfolgen	41–43
d) Ablehnung oder Abbruch einer beruflichen Eingliederungsmaßnahme	21	1. Ruhen und Verkürzung der Bezugsdauer	41
e) Meldeversäumnis	22	2. Erlöschen des Leistungsanspruches	42
f) Verspätete Meldung	23	3. Sozialversicherungsschutz	43
2. Wichtiger Grund	24–35		

388 Sperrzeit

6 **I. Allgemeines.** Die Sperrzeit (§ 159 SGB III) ist ein Institut des Rechts der ArblV, durch das sich die Versichertengemeinschaft gegen **Risikofälle** wehrt, deren Eintritt der Versicherte selbst zu vertreten hat oder an deren Behebung er unbegründet nicht mithilft. Die Sperrzeit ist damit nach ihrer Zielrichtung weder ein Zwangsmittel noch Strafe, sondern ein Ausgleich für ein besonderes Risiko in der Person des Versicherten (BVerfG 13.6.83, NJW 84, 912). Die Sperrzeit wirkt sich für eine begrenzte Zeit auf den Bezug von AlGeld aus.

7 Die Sperrzeitregelung hat aufgrund der Änderungen des SGB III durch das Gesetz zur Verbesserung der Eingliederungschancen am Arbeitsmarkt vom 20.12.11 (BGBl I 11, 2854) in § 159 SGB III (vorher: § 144 SGB III in der bis 31.3.12 geltenden Fassung) einen neuen Regelungsstandort erhalten. Inhaltliche Änderungen waren mit der sprachlichen Neufassung nicht verbunden (BT-Drs 17/6277 S 104).

8 **II. Der Sperrzeittatbestand. 1. Fallgruppen.** Im Rahmen des Tatbestandes des § 159 Abs 1 Satz 2 SGB III können alternativ die dort aufgeführten Fallgruppen den Eintritt einer Sperrzeit auslösen. Die unterschiedlichen Fallgruppen beziehen sich auf Beschäftigungs- und Ausbildungsverhältnisse (BSG 13.3.90 – 11 RAr 69/88, NZA 90, 956), von der Agentur für Arbeit angebotene Stellen und von der Agentur für Arbeit geförderte Maßnahmen der beruflichen Bildung. Ferner sind auch bestimmte versicherungsrechtliche Nebenpflichten mit der Sperrzeitsanktion belegt.

9 **a) Sperrzeit wegen Arbeitsaufgabe.** Die Lösung des Beschäftigungsverhältnisses bewirkt nach § 159 Abs 1 Satz 2 Nr 1 SGB III das Eintreten einer Sperrzeit, wenn die Herbeiführung der Arbeitslosigkeit auf einer Kündigung des ArbN, der einvernehmlichen Auflösung des Beschäftigungsverhältnisses oder der Kündigung durch den ArbGeb wegen vertragswidrigen Verhaltens des ArbN beruht. Das Herbeiführen der Arbeitslosigkeit muss vom ArbN wegen Vorsatzes oder grober Fahrlässigkeit zu vertreten sein.

10 **aa) Kündigung des Arbeitnehmers.** Bei einer Kündigung des Beschäftigungsverhältnisses durch den ArbN ist die Herbeiführung der Arbeitslosigkeit diesem idR ohne weiteres zuzurechnen. Etwas anderes gilt ausnahmsweise dann, wenn das Arbeitsverhältnis ohnehin unwirksam gewesen ist.

11 **bb) Aufhebungsvertrag.** Die Beendigung des Beschäftigungsverhältnisses durch eine vertragliche Vereinbarung steht einer Kündigung durch den ArbN gleich. Da auf die **Beendigung des Beschäftigungsverhältnisses** abzustellen ist, kommt es nicht darauf an, ob die Auflösungsvereinbarung zivilrechtlich wirksam zustande gekommen ist. Unerheblich ist deshalb zB, ob die von § 623 BGB geforderte Schriftform eingehalten worden ist (*Schweiger* NZS 01, 521). Eine Auflösungsvereinbarung kann auch darin gesehen werden, dass der ArbGeb ohne Einhaltung der ordentlichen Kündigungsfrist kündigt, nachdem der ArbN zuvor ausdrücklich auf die Einhaltung der Kündigungsfrist verzichtet hatte. Der ArbN löst das Beschäftigungsverhältnis auch, wenn er eine entsprechende Vereinbarung im Rahmen eines arbeitsgerichtlichen Vergleichs schließt (BSG 17.10.07 – B 11a AL 51/06 R, DB 08, 1048). Das bloße Schweigen auf die Kündigung ist hingegen nicht als Auflösungsvereinbarung zu werten.

Allerdings kann, wie das BSG im Urt vom 9.11.95 – 11 RAr 27/95 (BB 96, 1510) zu einem tariflich unkündbaren ArbN, der auf die Kündigung des ArbGeb mit finanziellen Vergünstigungen unter Verzicht auf eine Kündigungsschutzklage ausschied, klargestellt hat, auch ohne eine ausdrückliche Erklärung im Einzelfall ein auf den Abschluss eines Aufhebungsvertrages gerichtetes **schlüssiges Verhalten** des ArbN vorliegen (vgl auch *Sauer* NZS 96, 416; *Hümmerich* NZA 97, 409). Bei der Erforschung des Willens der Arbeitsvertragsparteien sind die kündigungsrechtliche Stellung des ArbN, die Modalitäten des Ausscheidens (Zahlung einer Abfindung usw) und die Interessenlage der Beteiligten von Bedeutung. Der Widerspruch des ArbN gegen einen Betriebsübergang ist nicht als Lösung des Arbeitsverhältnisses zu bewerten (BSG 8.7.09 – B 11 AL 17/08 R, NJW 10, 2459).

Das BSG hatte die Frage aufgeworfen, ob eine Sperrzeit auch dann eintritt, wenn der ArbN eine rechtswidrige Kündigung im Hinblick auf eine finanzielle Vergünstigung hinnimmt (sog **offener Lösungsbegriff:** BSG 9.11.95 – 11 RAr 27/95, BB 96, 1510). In dem Urt war angedeutet worden, dass diese Frage zu bejahen sei. Von dieser Ankündigung hat das BSG nun in einer neueren Entscheidung ausdrücklich Abstand genommen (BSG 25.4.02 – B 11 AL 89/01 R, AP Nr 8 zu § 119 AFG). Danach knüpft die Sperrzeit wegen Arbeitsaufgabe allein an ein aktives Verhalten des ArbN, nicht jedoch an die bloße Hinnahme einer rechtswidrigen Kündigung an.

Nicht beantwortet war mit der früheren Rspr des BSG die Frage, ob der sog „Abwicklungsvertrag" als Lösung des Beschäftigungsverhältnisses zu behandeln ist (vgl hierzu die bejahende Stellungnahme von *Geiger* NZA 03, 838 einerseits und *Bauer/Hümmerich* NZA 03, 1076 andererseits). Das BSG hat entschieden, dass der ArbN das Beschäftigungsverhältnis durch den Abschluss eines **Abwicklungsvertrages** löst, wenn er durch Vereinbarung mit dem ArbGeb innerhalb der Frist für die Erhebung der Kündigungsschutzklage gegen Zusage einer Vergünstigung auf die Ausübung seines Kündigungsrechts verzichtet (BSG 18.12.03 – B 11 AL 35/00 R, NZA 04, 661; s zu dieser Entscheidung *Bauer/Krieger* NZA 04, 640; *Heuchemer/Insam* BB 04, 1679; *Kliemt* ArbRB 04, 212; *Steinau-Steinrück/Hurek* ZIP 04, 1486; *Boecken/Hümmerich* DB 04, 2046; *Becker* jPR-SozR 25/2004; *Gitter* SGb 04, 760; *Wank* EWiR § 144 SGB III 1/04, 1149). Unerheblich ist hierbei, ob die Arbeitsvertragsparteien bereits vor Abschluss des „Abwicklungsvertrages" eine Absprache über das spätere Vorgehen getroffen haben.

Nach dem durch das Gesetz zu Reformen am Arbeitsmarkt eingefügten § 1a KSchG erwirbt der ArbN unter der Voraussetzung einen **Anspruch auf eine Abfindung,** dass der ArbGeb eine betriebsbedingte Kündigung ausspricht und der ArbN bis zum Ablauf der Frist des § 4 Satz 1 KSchG keine Klage auf Feststellung erhebt, dass das Arbeitsverhältnis durch die Kündigung nicht aufgelöst ist. Der Anspruch auf die Abfindung setzt nach § 1a Satz 2 KSchG den Hinweis des ArbGeb in der Kündigungserklärung voraus, dass die Kündigung auf dringende betriebliche Gründe gestützt ist und der ArbN bei Verstreichenlassen der Klagefrist die Abfindung beanspruchen kann. Der Gesetzgeber hat zwar die Folgen eines Vorgehens nach § 1a KSchG in der ArbIV nicht eindeutig geregelt, jedoch dürfte eine Sperrzeit aufgrund der gesicherten Rspr des BSG nicht eintreten, wonach die Passivität des ArbN keiner Lösung des Beschäftigungsverhältnisses gleichgestellt werden kann (ebenso *Preis* DB 04, 76; *Giesen/Besgen* NJW 04, 189; *Hanau* ZIP 04, 1177; *Rolfs* ZIP 04, 341). Ungeklärt ist bislang noch, ob Absprachen im Vorfeld einer Kündigung nach § 1a KSchG als Lösung iSv § 159 Abs 1 Satz 2 Nr 1 SGB III anzusehen sind (bejahend: *Giesen/Besgen* NJW 04, 189). Selbst wenn diese Frage zu verneinen wäre, wäre bei Vereinbarungen, die eine Abfindung iHd § 1a KSchG vorsehen, ggf ein wichtiger Grund zu prüfen.

cc) Kündigung des Arbeitgebers. Eine Kündigung des ArbGeb ist im Rahmen des Sperrzeittatbestandes nur beachtlich, wenn sie auf Arbeitsvertragsverletzungen des ArbN beruht (sog verhaltensbedingte Kündigung). In den Fällen einer vom ArbGeb ausgesprochenen **Änderungskündigung** tritt keine Sperrzeit ein (KassHB SGB III/*Voelzke* § 12 Rz 279). Nach der Rspr des BSG löst zudem nur eine rechtmäßige Kündigung eine Sperrzeit aus. Damit sind die Gründe für die Kündigung, selbst wenn diese bereits Gegenstand eines Kündigungsschutzprozesses waren, im sozialgerichtlichen Verfahren nochmals zu überprüfen. Hierbei kommt es nicht darauf an, mit welcher Begründung der ArbGeb gekündigt hat. Entscheidend ist, ob das Verhalten des ArbN die Kündigung rechtfertigte. Ergibt sich bei den Ermittlungen vAw, dass das vertragswidrige Verhalten des Arbeitslosen eine ordentliche, nicht jedoch die vom ArbGeb ausgesprochene fristlose Kündigung rechtfertigt, so tritt die Sperrzeit jedenfalls nicht vor Ablauf der ordentlichen Kündigungsfrist ein (BSG 25.4.90 – 7 RAr 106/89, NZA 90, 791). Ein vertragswidriges Verhalten liegt vor, wenn der ArbN gegen seine Verpflichtungen aus dem Arbeitsvertrag verstößt. Bei einer privaten Trunkenheitsfahrt eines Berufskraftfahrers, die zu einem Verlust des Arbeitsplatzes führt, stellt das BSG darauf ab, ob der ArbN nach der konkreten Gestaltung gegen arbeitsvertragliche Pflichten verstoßen hat (BSG 6.3.03 – B 11 AL 69/02 R, SozR 4–4300 § 144 Nr 2). Soweit die Verletzung vertraglicher Nebenpflichten streitig ist, ist zu prüfen, ob diese noch in Zusammenhang mit der arbeitsvertraglichen Treuepflicht stehen (zu weitgehend etwa LSG SchlHol 4.6.82 – L 1 Ar 57/81, *Breithaupt* 83, 263 zu ehewidrigen Beziehungen des ArbN zur Ehefrau des ArbGeb). Zweifelhaft ist auch, ob die Unterstützung einer verfassungsfeindlichen Partei den Eintritt einer Sperrzeit rechtfertigen kann (Näheres: *Meinungsfreiheit* Rz 13–17). Die Arbeitslosigkeit wird nicht iS einer wesentlichen Bedingung durch arbeitsvertragswidriges Verhalten des ArbN herbeigeführt, wenn nach einer Verletzung des Arbeitsvertrages ein befristetes Arbeitsverhältnis zunächst als unbefristetes Arbeitsverhältnis fortgesetzt wird (BSG 15.12.05 – B 7a AL 46/05 R, SozR 4–4300 § 144 Nr 12 zu einer ArbGebKündigung nach Verlust der Fahrerlaubnis).

388 Sperrzeit

13   **dd) Kausalität.** Die Lösung des Arbeitsverhältnisses muss in den genannten Alternativen die Arbeitslosigkeit **ursächlich** herbeiführen. Hieran fehlt es insbesondere dann, wenn das Arbeitsverhältnis ohnehin wegen einer **Befristung** ausgelaufen wäre. Der Kausalzusammenhang beurteilt sich nach der im SozR herrschenden Ursachenlehre der wesentlichen Bedingung (BSG 28.6.91 – 11 RAr 81/90, NZA 92, 285 verneint den Ursachenzusammenhang bei Kündigung durch ArbN, wenn bei pflichtgemäßer Vermittlung die Arbeitslosigkeit nicht eingetreten wäre). Löst der ArbN ein bereits vom ArbGeb gekündigtes Beschäftigungsverhältnis bereits mit Wirkung zu einem früheren Zeitpunkt, so kann er den Eintritt einer Sperrzeit nicht dadurch vermeiden, dass er AlGeld nur für die Zeit beansprucht, in der er ohnehin wegen der Kündigung arbeitslos geworden wäre (BSG 5.8.99 – B 7 AL 14/99 R, SozR 3–4100 § 119 Nr 17). Problematisch ist, wie der Ursachenzusammenhang zu beurteilen ist, wenn der ArbN mit dem ArbGeb einen Aufhebungsvertrag zur Vermeidung einer ihm ansonsten drohenden betriebsbedingten Kündigung schließt, wenn hierbei die maßgebende Kündigungsfrist eingehalten wird. Nach der Rspr des BSG kommt es für die Beurteilung des Kausalverlaufs allein auf den tatsächlichen Geschehensablauf an, so dass hypothetische Kausalverläufe keine Anerkennung finden. Allerdings wird der Umstand, dass der ArbN einer ansonsten unabwendbaren ArbGebKündigung zuvorkommen will, regelmäßig einen wichtigen Grund für die Lösung des Beschäftigungsverhältnisses bilden, da der ArbN keine Nachteile im Hinblick auf sein weiteres berufliches Fortkommen hinnehmen muss.

14   **ee) Verschulden.** Der Schuldvorwurf **(Vorsatz** oder **grobe Fahrlässigkeit)** bezieht sich auf den Eintritt der Arbeitslosigkeit. Konnte der Arbeitslose davon ausgehen, dass er nach Beendigung des Arbeitsverhältnisses sofort ein neues Arbeitsverhältnis eingehen werde, so ist ein Verschulden zu verneinen. Das BSG fordert insoweit einen sicheren Anschlussarbeitsplatz oder konkrete Anhaltspunkte hierfür, während bloße Hoffnungen oder Erwartungen nicht ausreichen (BSG 12.11.81 – 7 RAr 21/81, SozR 4100 § 119 Nr 17). Löst der ArbN sein bisheriges Arbeitsverhältnis zugunsten eines befristeten Arbeitsverhältnisses, so führt er seine Arbeitslosigkeit nicht grob fahrlässig herbei, wenn er bereits bei Aufgabe des unbefristeten Arbeitsverhältnisses Anhaltspunkte für die Übernahme in ein unbefristetes Arbeitsverhältnis hat. In den verbleibenden Fällen billigt die Rspr des BSG dem ArbN einen wichtigen Grund zu, wenn mit dem Wechsel in ein anderes Berufsfeld eine Erweiterung der beruflichen Einsatzmöglichkeiten verbunden ist (BSG 12.7.06 – B 11a AL 55/05 R, SozR 4–4300 § 144 Nr 14).

15   **b) Sperrzeit wegen Arbeitsablehnung.** Das Eintreten einer Sperrzeit kommt nach § 159 Abs 1 Satz 2 Nr 2 SGB III in Betracht, wenn der Arbeitslose eine von der Agentur für Arbeit unter Benennung des ArbGeb und der Art der Tätigkeit angebotene Arbeit nicht angenommen oder nicht angetreten hat. Die Obliegenheit, eine von der Agentur für Arbeit angebotene Arbeit anzunehmen, besteht bereits für ArbN, die bei der Agentur für Arbeit als arbeitsuchend gemeldet sind (s zur frühzeitigen Meldung iSd § 38 Abs 1 SGB III *Arbeitslosengeld*). Eine Sperrzeit tritt nach § 159 Abs 1 Satz 2 Nr 2 SGB III auch ein, wenn der Arbeitslose die Anbahnung eines Beschäftigungsverhältnisses, insbesondere das Zustandekommen eines Vorstellungsgesprächs, durch sein Verhalten verhindert. Es entspricht den Absichten des Gesetzgebers, mit der Erweiterung des Sperrzeittatbestandes bereits das Verhalten des Arbeitslosen im Vorfeld einer möglichen Arbeitsaufnahme zu erfassen (BT-Drs 14/6944 S 36).

16   Lediglich von der Agentur für Arbeit angebotene Tätigkeiten vermögen es, eine Sperrzeit auszulösen, so dass das Scheitern eigener Bemühungen in jedem Fall sanktionslos bleibt. Auch Arbeitsangebote privater Arbeitsvermittler sind nicht geeignet, die Sperrzeitfolgen herbeizuführen. Zusätzlich erfordert der Sperrzeittatbestand eine Belehrung über die **Rechtsfolgen** der Weigerung. Die Sperrzeit wegen der Ablehnung eines Arbeitsangebotes tritt nur ein, wenn die Voraussetzungen für den AlGeldAnspruch vorliegen, während Vermittlungsbemühungen außerhalb des Leistungsbezugs ohne Bedeutung sind. Tritt der Arbeitslose statt der ihm von der Agentur für Arbeit angebotenen Stelle eine andere Arbeitsstelle an, die er voraussichtlich nicht nur für kürzere Zeit ausüben kann, so tritt eine Sperrzeit nicht ein (BSG 12.11.79 – 7 RAr 10/79, SozR 4100 § 119 Nr 11). Die Agentur für Arbeit trägt die Feststellungslast für die Voraussetzungen einer Sperrzeit wegen unberechtigter Arbeitsablehnung.

Die **Ablehnung** des Arbeitsangebotes kann ausdrücklich oder durch schlüssiges Verhalten 17
gegenüber der Agentur für Arbeit oder gegenüber dem ArbGeb erfolgen. Die Sperrzeit
wegen Arbeitsablehnung setzt ein vorwerfbares, jedoch kein grob fahrlässiges oder vorsätzliches Verhalten voraus (BSG 14.7.04 – B 11 AL 67/03 R, SozR 4–4300 § 144 Nr 8). Nutzt
der ArbN ein von der Arbeitsvermittlung nachgewiesenes Stellenangebot nicht durch eine
Vorstellung beim ArbGeb, so liegt darin bereits eine Nichtannahme der angebotenen Arbeit.
Hauptfall der schlüssigen Ablehnung des Angebotes ist ein Verhalten des Arbeitslosen, durch
das er gezielt die Rücknahme des Arbeitsangebotes durch den ArbGeb bewirkt (sog Vereiteln
der Arbeitsaufnahme). Ob eine Ablehnung durch schlüssiges Verhalten zu bejahen ist, kann
nur anhand der Umstände des Einzelfalls beurteilt werden (vgl *Hauck/Noftz/Valgolio* SGB III,
§ 159 Rz 251 ff). Von einer Vereitelung des Zustandekommens des Arbeitsverhältnisses ist zB
nicht auszugehen, wenn der ArbN gegenüber dem ArbGeb realistische Lohn- oder Gehaltsvorstellungen äußert. Eine (wahrheitsgemäße) negative Darstellung der eigenen Fähigkeiten
führt zwar nicht zur Gleichstellung eines Bewerbungsschreibens mit einer Nichtbewerbung
(BSG 9.12.03 – B 7 AL 106/02 R, SGb 04, 372; s hierzu auch *Wenner* SozSich 04, 68).
Jedoch ist ein Bewerbungsschreiben einer Nichtbewerbung gleichzusetzen, wenn ein ArbGeb bereits wegen des objektiven Inhalts bzw der Form eine Bewerbung als von vornherein
unbeachtlich oder offensichtlich unernst gemeint behandeln muss (BSG 5.9.06 – B 7a AL
14/05 R, SozR 4–4300 § 144 Nr 15).

Auch der zutreffende Hinweis auf das Bestehen **gesundheitlicher Beeinträchtigungen** 18
rechtfertigt den Eintritt einer Sperrzeit wegen Arbeitsablehnung nicht. Ist der ArbN somit
nicht daran gehindert, seine berechtigten Wünsche und Vorstellungen vorzutragen, so kann
ein Vereiteln bei allen Handlungen des ArbN angenommen werden, die allein darauf
abzielen, das Zustandekommen eines Arbeitsverhältnisses zu verhindern. Dies ist zu bejahen,
wenn der ArbN bei der Vorstellung unangemessene Forderungen erhebt und feststeht, dass
der ArbGeb zu der Eingehung eines Beschäftigungsverhältnisses unter den fraglichen Bedingungen nicht bereit sein wird. Eine schlüssige Ablehnung des Angebotes liegt ebenfalls vor,
wenn der ArbN auf negative Umstände oder Eigenschaften hinweist, denen der konkrete
Bezug zur in Aussicht genommenen Beschäftigung fehlt. Schließlich wird auch der Hinweis
auf einen bevorstehenden Arbeitsantritt bei einem anderen ArbGeb das Eintreten einer
Sperrzeit rechtfertigen, wenn eine feste Zusage nicht vorliegt.

Eine Sperrzeit tritt grds auch ein, wenn der Arbeitslose ein Vermittlungsangebot der BA
ablehnt und zuvor bereits ein Arbeitsangebot des ArbGeb abgelehnt hatte (BSG 3.5.01 – B 11
A 2 80/00 R, SozR 3–4100 § 119 Nr 21). Der Ablehnung der von der Agentur für Arbeit
angebotenen Arbeit steht es gleich, wenn der ArbN durch den tatsächlichen **Nichtantritt der
Arbeit** das Invollzugsetzen des bereits vereinbarten Arbeitsverhältnisses verhindert.

Die Voraussetzungen für eine Sperrzeit wegen Arbeitsablehnung sind nur erfüllt, wenn die 19
Agentur für Arbeit zuvor den gesetzlich vorgeschriebenen **Aufklärungs- und Belehrungspflichten** nachgekommen ist. Die von der Agentur für Arbeit angebotene Arbeit muss
ausreichend beschrieben sein. Das Angebot muss zumindest den Namen und die Anschrift
des ArbGeb enthalten sowie die Art der angebotenen Tätigkeit benennen. Erforderlich sind
auch Angaben über unübliche Arbeitsbedingungen oder Arbeitszeiten, damit der ArbN sich
bereits in der Phase der Arbeitsvermittlung über zulässige Ablehnungsgründe schlüssig
werden kann. Auf die unzureichende Konkretisierung des Arbeitsangebotes kann sich der
Arbeitslose nicht berufen, wenn er sich durch Rücksprache mit dem ArbGeb die erforderlichen Kenntnisse verschafft hat. Zusätzlich muss die Agentur für Arbeit den Arbeitslosen über
die Rechtsfolgen der Ablehnung eines Arbeitsangebotes belehren. Die Rechtsfolgenbelehrung darf sich nicht auf eine formelhafte Wiederholung des Gesetzestextes beschränken (BSG
13.5.87 – 7 RAr 90/85, SozR 4100 § 119 Nr 31).

c) Unzureichende Eigenbemühungen. Nach § 159 Abs 1 Satz 2 Nr 3 SGB III (idF 20
des Dritten Gesetzes für moderne Dienstleistungen am Arbeitsmarkt) tritt eine Sperrzeit bei
unzureichenden Eigenbemühungen ein, wenn der Arbeitslose trotz Belehrung über die
Rechtsfolgen die von der Agentur für Arbeit geforderten Eigenbemühungen nicht nachweist. Dieser Sperrzeittatbestand soll die vom Arbeitslosen erwarteten Aktivitäten zur Beendigung der Arbeitslosigkeit konkretisieren. Eine Sperrzeit tritt nur ein, wenn die Agentur
für Arbeit dem Arbeitslosen genau mitteilt, welche Aktivitäten sie erwartet. Es kommen
insbesondere eigeninitiative **Bewerbungen** des Arbeitslosen in Betracht.

388 Sperrzeit

21 **d) Ablehnung oder Abbruch einer beruflichen Eingliederungsmaßnahme.** Nach § 159 Abs 1 Satz 2 Nr 4 SGB III tritt eine Sperrzeit ein, wenn sich der Arbeitslose trotz Belehrung über die Rechtsfolgen weigert, an einer Maßnahme nach § 45 SGB III oder einer Maßnahme zur beruflichen Ausbildung oder Weiterbildung oder einer Maßnahme zur beruflichen Eingliederung Behinderter teilzunehmen. Bei dem Angebot einer Trainingsmaßnahme handelt es sich nicht um einen anfechtbaren Verwaltungsakt (BSG 19.1.05 – B 11a/11 AL 39/04 R, SGb 05, 594 mit Anm *Köhler*). Das Eintreten einer Sperrzeit dürfte auch nach neuem Recht ausgeschlossen sein, wenn über die Förderung keine schriftliche Zusage (§ 34 SGB X) erteilt wurde (BSG 11.1.90 – 7 RAr 46/89, SozR 3–4100 § 119 Nr 1). Sperrzeitbedroht ist nur die Ablehnung der Teilnahme an zumutbaren Bildungsmaßnahmen. Den Tatbestand des § 159 Abs 1 Satz 2 Nr 5 SGB III hat erfüllt, wer die Teilnahme an einer der genannten Maßnahmen abgebrochen oder durch maßnahmewidriges Verhalten Anlass für seinen Ausschluss gegeben hat. Die Sperrzeit tritt wegen Ausschlusses aus einer Bildungsmaßnahme nur ein, wenn das maßnahmewidrige Verhalten subjektiv vorwerfbar war, der Ausschluss aus der Maßnahme vorhersehbar und rechtmäßig war und die Agentur für Arbeit eine ordnungsgemäße Belehrung erteilt hat (BSG 16.9.99 – B 7 AL 32/98 R, SozR 3–4100 § 119 Nr 19; vgl zu diesem Sperrzeittatbestand auch *Hauck/Noftz/Valgolio* SGB III, § 159 Rz 347 ff).

22 **e) Meldeversäumnis.** Das Nichtbefolgen einer Meldeaufforderung der zuständigen Agentur für Arbeit führt nach Maßgabe des § 159 Abs 1 Satz 2 Nr 6 SGB III zu Rechtsnachteilen für den Arbeitslosen. Ein versicherungswidriges Verhalten liegt vor, wenn der Arbeitslose einer Aufforderung der Agentur für Arbeit, sich zu melden oder zu einem ärztlichen oder psychologischen Untersuchungstermin zu erscheinen (§ 309 SGB III), trotz Belehrung über die Rechtsfolgen nicht nachkommt. Ein versicherungswidriges Verhalten ist auch zu bejahen, wenn sich der Arbeitslose aus Versehen einen Tag später bei der Agentur für Arbeit meldet (BSG 25.8.11 – B 11 AL 30/10 R, NZA-RR 12, 216).

23 **f) Verspätete Meldung.** Die Verletzung der Verpflichtung zur frühzeitigen Arbeitssuche nach § 38 Abs 1 SGB III (Näheres: *Arbeitslosengeld*) führt zum Eintritt der Sperrzeit bei verspäteter Arbeitsuchendmeldung (§ 159 Abs 1 Satz 2 Nr 7 SGB III). Die Voraussetzungen dieser Obliegenheit zur frühzeitigen Meldung sind in § 38 Abs 1 SGB III geregelt. Danach sind Personen, deren Arbeits- oder außerbetriebliches Ausbildungsverhältnis endet, verpflichtet, sich spätestens **drei Monate** vor dessen Beendigung persönlich bei der Agentur für Arbeit arbeitsuchend zu melden. Soweit zwischen der Kenntnis des Beendigungszeitpunkts und der Beendigung weniger als drei Monate liegen, muss die Meldung binnen **drei Tagen** nach Kenntnis des Beendigungszeitpunkts erfolgen. Die Obliegenheit zur frühzeitigen Meldung besteht auch bei von vornherein befristeten Arbeitsverhältnisses (BSG 20.10.05 – B 7a AL 50/05 R, SozR 4–4300 § 37b Nr 2). Die BA muss den ArbN nicht auf die Notwendigkeit einer frühzeitigen Arbeitsuchendmeldung hinweisen. Einem fehlenden Hinweis kann aber bei der Prüfung Bedeutung zukommen, ob sich der ArbN schuldhaft zu spät arbeitsuchend gemeldet hat (BSG 28.8.07 – B 7/7a AL 56/06 R, SozR 4–4300 § 37b Nr 5).

Die Meldepflicht besteht nach § 38 Abs 1 Satz 4 SGB III unabhängig davon, ob der **Fortbestand** des Arbeits- oder Ausbildungsverhältnisses gerichtlich geltend gemacht wird oder vom ArbGeb in Aussicht gestellt wird. Der ArbN kann sich nicht darauf berufen, die Kündigung sei offensichtlich rechtswidrig gewesen. Eine Arbeitsuchendmeldung ist entbehrlich, wenn der ArbN nahtlos in ein anderes Arbeitsverhältnis wechselt (*Rolfs* DB 06, 1010).

Der ArbN erfüllt seine Meldepflicht grundsätzlich nur, wenn er sich **persönlich** zur zuständigen Agentur für Arbeit begibt und sich dort arbeitsuchend meldet. Um die Erfüllung der Meldepflicht zu dokumentieren, sollte der ArbN eine schriftliche Bestätigung über die erfolgte Meldung einfordern. Nach § 38 Abs 1 Satz 3 SGB III wird jetzt die Meldeobliegenheit des ArbN auch durch eine fernmündliche Meldung gewahrt, wenn die persönliche Meinung nach terminlicher Vereinbarung nachgeholt wird.

Bei einer Verletzung der Meldepflicht tritt eine Sperrzeit bei verspäteter Arbeitsuchendmeldung nach § 159 Abs 1 Satz 2 Nr 7 SGB III ein. Der Ruhenszeitraum der Sperrzeit bei verspäteter Arbeitsuchendmeldung beträgt **eine Woche**. Die Rechtsfolgen dieses Sperrzeittatbestandes treten nicht ein, wenn der ArbN die Obliegenheit unverschuldet nicht kennt (BSG 25.5.05 – B 11a/11 AL 81/04 R, SozR 4–4300 § 140 Nr 1). Die Sperrzeit beginnt grds mit dem Ende des Beschäftigungsverhältnisses (*Rolfs* DB 06, 1011).

2. Wichtiger Grund. Eine Sperrzeit tritt nicht ein, wenn dem Arbeitslosen für sein 24 Verhalten ein wichtiger Grund zur Seite steht (§ 159 Abs 1 Satz 1 SGB III). Eine Sperrzeit soll nach der Vorstellung des Gesetzgebers nur eintreten, wenn dem ArbN unter Berücksichtigung aller **Umstände des Einzelfalls** und unter Abwägung seiner Interessen mit den Interessen der Versichertengemeinschaft ein anderes Verhalten zugemutet werden kann (BT-Drs V/4110 S 21; vgl eingehend *Kunze* Vierteljahrsschrift für Sozialrecht 97, 259). Kein wichtiger Grund ist anzuerkennen, wenn der ArbN durch eine Vorverlagerung des Beschäftigungsendes günstigere Rechtsfolgen für seinen AlGeld-Anspruch herbeiführen will (BSG 14.9.09 – B 7 AL 33/09 R). Die Voraussetzungen für die Annahme eines wichtigen Grundes müssen objektiv vorliegen. Nicht entscheidend ist es, ob der Arbeitslose den wichtigen Grund gekannt und als Beweggrund berücksichtigt hat. Der wichtige Grund muss sich mit dem Zeitpunkt der Auflösung des Arbeitsverhältnisses decken (BSG 12.11.81 – 7 RAr 21/81, SozR 4100 § 119 Nr 17). Die **objektive Beweislast** für das Vorliegen der Tatsachen, die einen wichtigen Grund begründen, trägt grds die Agentur für Arbeit. Von diesem Grundsatz gilt nach § 159 Abs 1 Satz 3 SGB III eine Ausnahme, wenn die maßgebenden Tatsachen in der Sphäre oder im Verantwortungsbereich des Arbeitslosen liegen. Liegt die letztgenannte Voraussetzung vor, so muss der Arbeitslose die entsprechenden Tatsachen darlegen und nachweisen.

Der Annahme eines wichtigen Grundes steht es seitens des ArbN entgegen, wenn er seine 25 **Obliegenheit,** den Versicherungsfall der Arbeitslosigkeit zu vermeiden, verletzt. So kann sich bei einer Beendigung des Beschäftigungsverhältnisses von vornherein derjenige nicht auf einen wichtigen Grund berufen, der die Arbeitsvermittlung der die Agentur für Arbeit nicht rechtzeitig einschaltet oder sich nicht selbst um eine neue Beschäftigung bemüht (BSG 26.3.98 – B 11 AL 49/97 R, SozR 3–4100 § 119 Nr 14). Dieser Grundsatz gilt unabhängig vom Grund für die Arbeitsaufgabe (KassHB SGB III/*Voelzke* § 12 Rz 345; einschränkend BSG 17.10.02 – B 7 AL 136/01 R, SozR 4300 § 144 Nr 12; vgl aber auch BSG 27.5.03 – B 7 AL 4/02 R, SozR 4–4300 § 144 Nr 3). Auf der anderen Seite tritt eine Sperrzeit nicht ein, wenn die Agentur für Arbeit vor der Kündigung eines bestehenden Arbeitsverhältnisses Vermittlungsbemühungen verweigert, obwohl die realistische Möglichkeit einer Vermittlung bestand (BSG 29.4.98 – B 7 AL 56/97 R, SozR 3–4100 § 119 Nr 15). Kein wichtiger Grund ist anzuerkennen, wenn die Beendigung des Beschäftigungsverhältnisses zur Erhaltung eines längeren Leistungsanspruchs bei Gesetzesänderung erfolgt (BSG 14.9.10 – B 7 AL 33/09 R, NZS 11, 713).

Bei der Auslegung des unbestimmten Rechtsbegriffs ist das Grundrecht des Art 12 GG zu 26 berücksichtigen. Insbesondere bei Ausbildungsverhältnissen ist ein wichtiger Grund immer dort anzuerkennen, wo das Grundrecht auf **freie Wahl des Berufes** in seinem Kernbereich berührt wird (BSG 13.3.90 – 11 RAr 69/88, NZA 90, 956). Mit Rücksicht auf die durch Art 12 GG geschützte Berufswahlfreiheit hat der Arbeitslose einen wichtigen Grund für die Lösung eines unbefristeten Arbeitsverhältnisses zur Aufnahme eines befristeten Arbeitsverhältnisses, wenn mit dem Wechsel in ein anderes Berufsfeld eine Erweiterung der beruflichen Einsatzmöglichkeiten einhergeht (BSG 12.7.06 – B 11a AL 55/05 R, NJW 06, 3517 mit Anm *Ricken*). Bei der Prüfung des Vorliegens eines wichtigen Grundes ist zwischen den Tatbeständen des § 159 Abs 1 Satz 2 Nr 1 und 2 SGB III zu unterscheiden. Während eine **unzumutbare Beschäftigung** den ArbN zur Ablehnung eines Arbeitsangebotes berechtigen, ist dieser bei einem bestehenden Beschäftigungsverhältnis darauf zu verweisen, die Vermittlungsbemühungen der Agentur für Arbeit ohne die Herbeiführung von Arbeitslosigkeit in Anspruch zu nehmen (BSG 9.12.82 – 7 RAr 31/82, SozR 4100 § 119 Nr 21). Das Verlangen des ArbGeb nach **Probearbeit** führt bei einer Arbeitsablehnung nicht zur Annahme eines wichtigen Grundes, wenn sie der Feststellung der Eignung des Arbeitslosen dient und das Maß des Zumutbaren nicht überschritten wird (BSG 13.3.97 – 11 RAr 25/96, SozR 3–4100 § 119 Nr 11 zur Anfertigung eines Probestücks durch einen Zahntechniker).

Als wichtiger Grund sind bei der Sperzeit wegen Arbeitsaufgabe nicht nur Umstände 27 anzuerkennen, die den ArbN arbeitsrechtlich zur **fristlosen Kündigung** berechtigen, sondern es sind alle Gründe zu berücksichtigen, die für den ArbN eine weitere Fortsetzung des Beschäftigungsverhältnisses unzumutbar erscheinen lassen. Ein wichtiger Grund kann vorliegen, wenn der ArbN von seinem ArbGeb „gemobbt" wird und es deshalb zu Gesund-

388 Sperrzeit

heitsstörungen kommt (BSG 21.10.03 – B 7 AL 92/02 R, SozR 4–4300 § 144 Nr 4). Ferner liegt ein wichtiger Grund vor, wenn ein Facharbeiter vom ArbGeb nur noch mit ungelernten Arbeiten beschäftigt werden kann und dies im Hinblick auf sein Alter und die Dauer der Betriebszugehörigkeit nicht zumutbar ist (BSG 13.8.86 – 7 RAr 1/86, NZA 87, 180). Allerdings begründen Umstände aus dem Beschäftigungsverhältnis nur dann einen wichtigen Grund für dessen Lösung, wenn zu deren Beseitigung ein zumutbarer Versuch unternommen worden ist (BSG 6.2.03 – B 7 AL 72/01 R, SozR 4–4100 § 119 Nr 1). Das BSG erkennt unter engen Voraussetzungen das Vorliegen eines wichtigen Grundes auch dann an, wenn bei kurzfristigem **erheblichem Personalabbau** ein Ausscheiden aus dem Arbeitsverhältnis zur Erhaltung des Arbeitsplatzes für einen jüngeren ArbN führt (BSG 29.11.89 – 7 RAr 86/88, NZA 90, 628; Näheres: *Massenentlassung* Rz 45 ff). Dem ArbN steht bei einer Arbeitslosigkeit nach einer Altersteilzeitvereinbarung ein wichtiger Grund zur Seite, wenn prognostisch von einem Ausscheiden aus dem Erwerbsleben nach der Freistellung der Altersteilzeit auszugehen war (BSG 21.7.09 – B 7 AL 6/08 R, NZA-RR 10, 323). Schließlich tritt eine Sperrzeit nicht ein, wenn die Mitwirkung des ArbN an der Beendigung des Beschäftigungsverhältnisses während der Insolvenz des ArbGeb erfolgt (*Pohlmann-Weide/Ahrendt* ZIP 08, 589).

28 Ein wichtiger Grund für die Lösung des Beschäftigungsverhältnisses durch Abschluss eines **Aufhebungsvertrags** kann für den ArbN bestehen, wenn der ArbGeb eine fristgemäße, sozial gerechtfertigte Kündigung androht oder ausspricht und der ArbN nicht durch sein Verhalten Anlass für die Kündigung gegeben hat (BSG 25.4.02 – B 11 AL 65/01 R, AP Nr 1 zu § 128 SGB III). Es reicht jedoch nicht aus, dass der ArbN die vom ArbGeb angedrohte Kündigung subjektiv für rechtmäßig halten darf. Entscheidend ist vielmehr, ob zum Zeitpunkt des Abschlusses eines Aufhebungsvertrags objektiv ein Recht zur Kündigung durch den ArbGeb bestand (s aber auch unten Rz 30). Ein leitender Angestellter kann sich weitergehend auf einen wichtigen Grund bei Abschluss eines Aufhebungsvertrages berufen, wenn der ArbGeb ohne Abschluss des Aufhebungsvertrages die fristgerechte Kündigung und für den Fall ihrer Sozialwidrigkeit die Auflösung des Arbeitsverhältnisses auf Antrag des ArbGeb gem § 9 Abs 1 Satz 2 KSchG iVm § 14 Abs 2 Satz 2 KSchG androht (BSG 17.11.05 – B 11a/11 AL 69/04 R, SozR 4–4300 § 144 Nr 11; zu dieser Entscheidung *Gagel* SGb 06, 264). Der weitergehenden Forderung, dem ArbN nur zum Teil das Risiko der Rechtmäßigkeit der drohenden Kündigung aufzubürden (vgl zB *Preis/Schneider* in FS zum 25-jährigen Bestehen der Arbeitsgemeinschaft Arbeitsrecht im Deutschen Anwaltsverein; *Preis/Schneider* NZA 06, 1297), ist die Rspr nicht gefolgt. Ist die drohende Kündigung objektiv rechtmäßig, so bedarf es entgegen der früheren Rspr des BSG der Feststellung weiterer Umstände nicht (BSG 12.7.06 – B 11a AL 47/05 R, NJW 06, 3514).

29 Eine besondere Betrachtung gilt für **arbeitsgerichtliche Vergleiche,** die in einem Kündigungsschutzprozess zur Beendigung des Arbeitsverhältnisses zwischen ArbGeb und ArbN geschlossen werden. Hier billigt das BSG dem ArbN regelmäßig einen wichtigen Grund zu, weil es ihm nicht zum Nachteil gereichen kann, wenn er gegen die Kündigung vorgeht und sodann im arbeitsgerichtlichen Verfahren die Klage zurücknimmt oder einen Vergleich schließt (BSG 17.10.07 – B 11a AL 51/06 R, SozR 4–4300 § 144 Nr 16; *Lembke* DB 08, 293). Eine Ausnahme gilt allerdings für Umgehungsgeschäfte.

30 In der Literatur war die Frage aufgeworfen worden, ob sich außerhalb des **engen Anwendungsbereichs des § 1a KSchG** aus den Wertungen dieser Norm Folgerungen für die Sperrzeit wegen Arbeitsaufgabe ergeben. Es wurde vorgeschlagen, dass in allen Fällen, in denen die Auflösung eines Arbeitsverhältnisses wegen betriebsbedingter Gründe vereinbart wird und die vereinbarte Abfindung die in § 1a Abs 2 KSchG geregelte Höhe nicht überschreitet, eine Sperrzeit ausscheidet (*Voelzke* NZS 05, 287; *Peters-Lange/Gagel* NZA 05, 741; *Spellbrink* BB 06, 1274). Diesen Vorschlag hat das BSG mit dem Urt vom 12.7.06 – B 11a AL 47/05 R (NJW 06, 3514 mit Anm *Ricken*) aufgegriffen und angekündigt, für Streitfälle ab dem 1.1.04 unter Heranziehung der Grundsätze des § 1a KSchG auf eine ausnahmslose Prüfung der Rechtmäßigkeit der ArbGebKündigung zu verzichten (zustimmend *Seel* NZS 07, 513; *Maties* AP § 144 SGB III Nr 8; *Gaul/Niklas* NZA 08, 137). Diese Rspr ist zwischenzeitlich bestätigt und auf den Fall erstreckt worden, dass der ArbN unkündbar ist, ihm jedoch eine außerordentliche betriebsbedingte Kündigung droht (BSG 2.5.12 – B 11 AL 6/11 R, SozR 4–4300 § 144 Nr 23).

Dem Arbeitslosen steht für die Ablehnung eines Arbeitsangebots ein wichtiger Grund zur Seite, wenn das Angebot objektiv **nicht zumutbar** ist. Letzteres ist nicht allein deshalb anzunehmen, weil dem ArbN ein Leiharbeitsverhältnis angeboten wird (BSG 8.11.01 – B 11 AL 31/01 R, SozR 3–4300 § 144 Nr 7). Zu beachten ist in diesem Zusammenhang, dass das AFRG die Anforderungen an die Zumutbarkeit einer Beschäftigung in erheblichem Umfang herabgesetzt hat und auf einen sog Berufsschutz weitgehend verzichtet.

Zur Beurteilung der **Zumutbarkeit** einer Beschäftigung enthält § 140 Abs 1 SGB III den Grundsatz, dass der Arbeitslose alle seiner Arbeitsfähigkeit entsprechenden Beschäftigungen auszuüben hat. Der Zumutbarkeit einer Beschäftigung steht es nach ausdrücklicher gesetzlicher Anordnung nicht entgegen, dass sie befristet ist, vorübergehend eine getrennte Haushaltsführung erfordert oder nicht zum Kreis der Beschäftigungen gehört, für die der ArbN ausgebildet ist oder die er bisher ausgeübt hat (§ 140 Abs 5 SGB III). Der Zumutbarkeit können jedoch allgemeine oder personenbezogene Gründe entgegenstehen. Aus **allgemeinen Gründen** ist nach § 140 Abs 2 SGB III eine Beschäftigung insbesondere nicht zumutbar, wenn die Beschäftigung gegen gesetzliche, tarifliche oder in Betriebsvereinbarungen festgelegte Bestimmungen über Arbeitsbedingungen oder gegen Bestimmungen des Arbeitsschutzes verstößt. 31

Nach § 140 Abs 3 SGB III ist eine Beschäftigung aus **personenbezogenen** Gründen nicht zumutbar, wenn das daraus erzielbare **Arbeitsentgelt** nicht in einem angemessenen Verhältnis zu den bisherigen Einkünften steht. Der Schutz vor einem beruflichen Abstieg wird in der ArblV folglich nur mittelbar insoweit gewährleistet, als sich die bisherige berufliche Stellung in dem im Bemessungszeitraum erzielten Arbeitsentgelt widergespiegelt hat. Zumutbar ist jede Beschäftigung, deren Arbeitsentgelt in den ersten drei Monaten der Arbeitslosigkeit nicht mehr als 20 vH und in den folgenden drei Monaten 30 vH unter dem Arbeitsentgelt liegt, das der Bemessung des AlGeldes zugrundeliegt. Bereits ab dem siebten Monat der Arbeitslosigkeit soll die Aufnahme jeder Beschäftigung zumutbar sein, soweit das Nettogehalt nicht nach Abzug der mit der Beschäftigung zusammenhängenden Aufwendungen niedriger als das AlGeld ist. 32

Als unverhältnismäßig lang und damit unzumutbar gelten im Regelfall bei einer Arbeitszeit von mehr als sechs Stunden **Pendelzeiten** zwischen der Wohnung und der Arbeitsstätte von mehr als zweieinhalb Stunden. Bei einer Arbeitszeit von sechs Stunden und weniger gelten Pendelzeiten von mehr als zwei Stunden als unverhältnismäßig lang (§ 140 Abs 4 SGB III). Zusätzliche Anforderungen ergeben sich aus § 140 Abs 4 Satz 4 und 5 SGB III. Danach ist grds auch ein **Umzug** zur Aufnahme einer Beschäftigung zumutbar. Dies gilt in den ersten drei Monaten der Arbeitslosigkeit nicht, wenn die Aufnahme einer Beschäftigung innerhalb des Pendelbereichs erwartet werden kann (vgl zum Umfang der an den Arbeitslosen gestellten Anforderungen KassHB SGB III/*Valgolio* § 10 Rz 220a ff). Dem Umzug darf der Arbeitslose einen wichtigen Grund (familiäre Bindungen usw) entgegensetzen. 33

Bei der Auslegung des unbestimmten Rechtsbegriffs „wichtiger Grund" sind auch die **persönlichen Verhältnisse** des ArbN zu berücksichtigen. Einen wichtigen Grund hat das BSG bei der Kündigung eines Beschäftigungsverhältnisses zur Herstellung der ehelichen Lebens- oder einer Erziehungsgemeinschaft bejaht, verneinte diesen jedoch nach seiner bisherigen Rspr bei einer nichtehelichen Lebensgemeinschaft oder beim Zuzug zum Verlobten (BSG 29.11.88 – 11/7 RAr 91/87, NJW 89, 1628). Mit Urt vom 17.10.02 – 7 AL 96/00 R – (SozR 3–4100 § 119 Nr 26) hat das BSG seine frühere Rspr aufgegeben und entschieden, dass bei einem Umzug und einer Lösung des Beschäftigungsverhältnisses zum Zwecke der Aufrechterhaltung einer eheähnlichen Gemeinschaft ein wichtiger Grund bejaht werden kann. Keinen wichtigen Grund kann ein Arbeitsloser für sein Verhalten heranführen, wenn er die nichteheliche Lebensgemeinschaft durch den Ortswechsel erst begründen will (BSG 5.11.98 – B 11 AL 5/98 R, SozR 3–4100 § 119 Nr 16). Unabhängig von den Voraussetzungen eines wichtigen Grundes zwecks Aufrechterhaltung der eheähnlichen Gemeinschaft tritt eine Sperrzeit nicht ein, wenn eine Frau ihren Arbeitsplatz aufgibt, um zu ihrem zukünftigen Ehemann zu ziehen, die Eheschließung in absehbarer Zeit beabsichtigt ist und der Umzug zum Wohl ihres Kindes auf den Schuljahreswechsel vorgezogen wird (BSG 17.11.05 – B 11a/11 AL 49/04 R, SozR 4–4300 § 144 Nr 10). Der ArbN kann sich ferner auf einen wichtigen Grund berufen, wenn durch den Zuzug zum Partner eine Erziehungsgemeinschaft erstmals hergestellt werden soll (BSG 17.10.07 – B 11a/7a AL 52/06 R, SozR 4–4300 § 144 Nr 16). 34

35 Bei der Aufgabe eines Arbeitsverhältnisses bzw der Ablehnung eines Arbeitsangebotes aus **Gewissensgründen** erfolgt eine Güterabwägung zwischen der in Anspruch genommenen Grundrechtsposition (Gewicht der Beeinträchtigung) und den Interessen der Solidargemeinschaft (Umfang der ausgeschlossenen Tätigkeiten; s BSG 23.6.82 – 7 RAr 89/81, NJW 83, 701). Entsprechende Abwägungen sind auch bei anderen Grundrechtskollisionen anzustellen (Näheres: *Meinungsfreiheit* Rz 13–17 und *Gewissensfreiheit* Rz 16–18).

36 **III. Dauer der Sperrzeit. 1. Beginn der Sperrzeit.** Die Sperrzeit bewirkt ein Ruhen des Leistungsanspruchs. Sie beginnt grds an dem Tag nach dem Ereignis, das die Sperrzeit begründet und läuft kalendermäßig ab (vgl zu Problemen beim Beginn der Sperrzeit *Legde* SGb 03, 617). Die Sperrzeit wegen Arbeitsaufgabe beginnt bereits mit der durch die Lösung des Arbeitsverhältnisses herbeigeführten **Beschäftigungslosigkeit** und nicht erst mit der Beendigung des Arbeitsverhältnisses (BSG 25.4.02 – B 11 AL 65/01 R, SozR 3–4300 § 144 Nr 8; s hierzu *Heuchemer/Insam* BB 04, 1562). Die weiteren Merkmale der Arbeitslosigkeit (Verfügbarkeit, Beschäftigungssuche) brauchen nicht vorliegen. Fällt der so ermittelte Beginn der Sperrzeit in eine bereits laufende Sperrzeit, so beginnt sie mit dem Ende der ersten Sperrzeit (§ 159 Abs 2 SGB III).

37 **2. Umfang der Sperrzeit. a) Dauer der Sperrzeit wegen Arbeitsaufgabe.** Die Dauer der Sperrzeit wegen Arbeitsaufgabe umfasst einen Zeitraum von zwölf Wochen (Regeldauer).

38 Die Sperrzeit umfasst 6 Wochen, wenn die Regeldauer nach den für den Eintritt der Sperrzeit maßgebenden Tatsachen eine **besondere Härte** bedeutet (§ 159 Abs 3 Satz 2 Nr 2b) SGB III). Eine besondere Härte liegt ua vor, wenn der Eintritt einer Sperrzeit von 12 Wochen als unverhältnismäßig anzusehen ist (BSG 21.7.88 – 7 RAr 41/86, SozR 4100 § 119 Nr 31). Eine besondere Härte kann auch angenommen werden, soweit die Voraussetzungen für das Vorliegen eines wichtigen Grundes (noch) nicht vorlagen oder der Arbeitslose sich über dessen Voraussetzungen in einem entschuldbaren Irrtum befunden hat. Unverschuldet ist ein Irrtum nur dann, wenn er auf der Auskunft einer hiermit vertrauten Stelle – regelmäßig einer Dienststelle der BA – beruht (BSG 13.3.97 – 11 RAr 25/96, SozR 3–4100 § 119 Nr 11).

39 Nach § 159 Abs 3 Satz 2 SGB III verkürzt sich die Sperrzeit wegen Arbeitsaufgabe mit Rücksicht auf die **Restdauer des Beschäftigungsverhältnisses** auf drei Wochen, wenn das Arbeitsverhältnis innerhalb von sechs Wochen nach dem Ereignis, das die Sperrzeit begründet, ohne eine Sperrzeit geendet hätte. Eine Verkürzung der Sperrzeit auf sechs Wochen tritt ein, wenn das Arbeitsverhältnis innerhalb von zwölf Wochen beendet worden wäre.

40 **b) Dauer der Sperrzeiten nach § 159 Abs 1 Satz 2 Nr 2–7 SGB III.** Bei den Sperrzeiten wegen Verletzung von versicherungsrechtlichen Obliegenheiten nach Eintritt des Versicherungsfalls beträgt die Regeldauer nach Maßgabe des § 159 Abs 4–6 zwischen einer und zwölf Wochen. Die Regelungen differenzieren ua in Abhängigkeit von der Dauer des Beschäftigungsverhältnisses oder der beruflichen Eingliederungsmaßnahme zwischen Sperrzeiten mit einer Dauer von drei, sechs oder zwölf Wochen. Wesentlich ist, dass nach der Neuregelung bei einem **ersten Verstoß** gegen versicherungsrechtliche Obliegenheiten eine Sperrzeit von drei Wochen, im **Wiederholungsfall** von sechs Wochen und erst bei **dritten und folgenden Verstößen** eine Sperrzeit mit einer Dauer von zwölf Wochen eintritt (s zu Einzelheiten KassHB SGB III/*Voelzke* § 12 Rz 391 ff). Durch die Abstufung soll der Druck auf den Arbeitslosen bei fehlender Eingliederungsbereitschaft stetig erhöht werden (vgl hierzu BT-Drs 15/25 S 31). Die Dauer einer Sperrzeit bei unzureichenden Eigenbemühungen beträgt zwei Wochen (§ 159 Abs 5 SGB III). Eine Sperrzeit bei Meldeversäumnis oder bei verspäteter Arbeitsuchendmeldung führt nach § 159 Abs 6 SGB III zu einem Ruhen des Anspruchs für eine Woche.

41 **IV. Rechtsfolgen. 1. Ruhen und Verkürzung der Bezugsdauer.** Während der Dauer der Sperrzeit ruht der Anspruch auf AlGeld oder AlHilfe. Erkrankt der Arbeitslose während der Sperrzeit, so ruht auch sein Anspruch auf Krankengeld (§ 49 Nr 3 SGB V). Die Dauer des AlGeldAnspruchs verkürzt außerdem die Dauer der Sperrzeit, es sei denn, es ist in den Fällen des Abbruchs einer Eingliederungsmaßnahme oder der Arbeitsaufgabe zwischen dem die Sperrzeit begründenden Ereignis und der Entstehung des Anspruches mehr als ein Jahr verstrichen (§ 148 Abs 2 Satz 2 SGB III). Sinnvoll kann das Abwarten der Jahresfrist bei

langen Ansprüchen auf AlGeld sein bzw wenn das Jahr (teilweise) durch Beschäftigungen ausgefüllt wird. Ist die Antragstellung nach Ablauf eines Jahres für den Antragsteller günstiger und ist dies nach den Umständen des Falles für die Agentur für Arbeit erkennbar, so muss die Agentur für Arbeit den Arbeitslosen auf diese Gestaltungsmöglichkeit hinweisen (BSG 5.8.99 – B 7 AL 38/98 R, SozR 3–4100 § 110 Nr 2). Die Dauer des Anspruches auf AlGeld wird um **ein Viertel** der Anspruchsdauer gemindert, die dem Arbeitslosen an sich nach der Arbeitsaufgabe zusteht, wenn der Sperrzeittatbestand der Arbeitsaufgabe erfüllt ist und die Sperrzeit eine Dauer von zwölf Wochen hat.

2. **Erlöschen des Leistungsanspruches.** Nach § 161 Abs 1 Nr 2 SGB III erlischt der Anspruch auf AlGeld, wenn der Arbeitslose Anlass für den Eintritt von Sperrzeiten mit einer Dauer von insgesamt mindestens 21 Wochen gegeben hat. Nach geltendem Recht können folglich auch Sperrzeiten unterhalb der Regeldauer zum Erlöschen des Leistungsanspruchs beitragen. Weitere Voraussetzung für diese gravierende Sperrzeitfolge ist eine vorherige Bescheiderteilung und Rechtsfolgenbelehrung durch die Agentur für Arbeit (BSG 13.5.87 – 7 RAr 90/85, SozR 4100 § 119 Nr 31). Ein einheitlicher Anspruch liegt vor, solange der Anspruch nicht verbraucht oder durch weitere Beschäftigungen ein neuer Anspruch entstanden ist. Hingegen sind im Rahmen früherer Ansprüche entstandene Sperrzeiten unbeachtlich (BSG 10.10.78 – 7 RAr 55/77, SozR 4100 § 119 Nr 5). Abweichend hiervon sind bei der Prüfung, ob der Anspruch auf AlGeld erloschen ist, auch Sperrzeiten zu berücksichtigen, die in einem Zeitraum von zwölf Monaten vor der Entstehung des Anspruchs eingetreten sind und nicht bereits zum Erlöschen des Anspruchs geführt haben. Damit werden auch die Sperrzeiten wegen Arbeitsaufgabe zu „Zählsperrzeiten". 42

3. **Sozialversicherungsschutz.** Der Arbeitslose ist gem § 5 Abs 1 Nr 2 SGB V während des ersten Monats einer Sperrzeit in der KV nicht pflichtversichert. Er hat allerdings während des ersten Monats einer Sperrzeit nach § 19 Abs 2 SGB V einen Anspruch auf die Sachleistungen der KV. Ab Beginn des zweiten Monats bis zur zwölften Woche einer Sperrzeit besteht auch ohne Leistungsbezug Versicherungspflicht in der KV. Krankengeld kann nach § 49 Abs 1 Nr 3 SGB V während der gesamten Dauer einer Sperrzeit nicht beansprucht werden. In der RV wird der einen vollen Kalendermonat umfassende Zeitraum einer Sperrzeit nicht als Anrechnungszeit berücksichtigt (BSG 24.3.88 – 5/5b RJ 84/86, BB 88, 1964). 43

Stellenbeschreibung

A. Arbeitsrecht *Poeche*

1. **Abgrenzung.** Stellenbeschreibung und Arbeitsplatzbeschreibung werden begrifflich in der Praxis oft synonym verwandt; richtig ist es, zwischen ihr und der konkret auf den Einzelarbeitsplatz und die auf seinen Inhaber abgestellte Arbeitsplatzbeschreibung zu unterscheiden (Näheres s *Arbeitsplatzbeschreibung* Rz 1). 1

2. **Als Mittel der Personalplanung** legen Stellenbeschreibungen unabhängig von der Person des Stelleninhabers die vom ArbGeb vorgesehene Funktion einer bestimmten Stelle innerhalb des betrieblichen Ablaufs fest. Sie definieren den Aufgabenbereich und die sich daraus ergebenden einzelnen Aufgaben, beinhalten die Kompetenzen des Stelleninhabers, seine Einordnung in Über- und Unterordnungsverhältnisse und beschreiben, welche Tätigkeiten im Einzelnen zu verrichten sind (BAG 31.1.84 – 1 ABR 63/81, DB 84, 1199). Auf der Grundlage der Stellenbeschreibung kann ermittelt werden, welche Kenntnisse, Erfahrungen und Eigenschaften der jeweilige Stelleninhaber aufweisen muss. Sie dient damit auch der Erstellung des Anforderungsprofils. 2

Sie füllen den **Stellenplan** aus, der die Gesamtheit der im Betrieb benötigten Stellen und des zu beschäftigenden Personals ausweist. Sie sind enger als **Funktionsbeschreibungen,** die eine Bestandsaufnahme für Gruppen von Stelleninhabern mit vergleichbarer Tätigkeit enthalten (BAG 14.1.86 – 1 ABR 82/83, NZA 86, 531). 3

3. **Mittel zur Vertragsgestaltung** werden Stellenbeschreibungen dann, wenn der ArbGeb sie in den jeweiligen Arbeitsvertrag einbezieht. Das kann durch ausdrückliche Bezugnahme im Arbeitsvertrag, ihre Aushändigung bei Zuweisung des Arbeitsplatzes oder ggf auch 4

stillschweigend durch entsprechende generelle Handhabung im Betrieb geschehen. Unter diesen Voraussetzungen besteht ein Anspruch des ArbN, entsprechend der Stellenbeschreibung auch tatsächlich beschäftigt zu werden. Ebenso wie eine *Arbeitsplatzbeschreibung* oder eine Stellenausschreibung erfüllt der ArbGeb des öffentlichen Dienstes im Anwendungsbereich des öffentlichen Tarifrechts mit einer Stellenbeschreibung seine Pflicht zu einer kurzen Charakterisierung oder Beschreibung der vom ArbN zu leistenden Tätigkeit iSv § 2 Abs 1 Satz 2 Nr 5 NachwG (BAG 8.6.05 – 4 AZR 406/04, ZTR 05, 582). Veröffentlicht er die Stellenbeschreibung, bleibt er für die Dauer des Auswahlverfahrens an das damit bekannt gegebene Anforderungsprofil gebunden, so dass sie für die im Rahmen von Entschädigungsansprüchen relevante Frage, ob dem Bewerber die fachliche Eignung offensichtlich fehlt, maßgeblich ist (BAG 16.2.12 – 8 AZR 697/10, NZA 12, 667).

Die Stellenbeschreibung kann Konsequenzen für die **tarifliche Eingruppierung** haben. So kommt sie als Grundlage für eine Tätigkeitsbewertung in Betracht, soweit sie die tatsächlich ausgeübten einzelnen Tätigkeiten und Arbeitsvorgänge des Stelleninhabers ausreichend differenziert wiedergibt (BAG 21.3.12 – 4 AZR 292/10, NZA-RR 12, 604). Sofern die Entgeltgruppen allerdings bestimmte Fachkenntnisse und Fertigkeiten, die Erbringung selbständiger Leistungen, Eigenverantwortlichkeit oder besondere Anforderungen an analytische Fähigkeiten voraussetzen, ist die Stellenbeschreibung nur dann bedeutsam, wenn sie sich auf das tarifliche Tätigkeitsmerkmal oder auf einzelne Tatbestandsmerkmale hieraus bezieht, dh. im Rahmen der Stellenbeschreibung muss erkennbar auf die tariflichen Merkmale abgestellt werden (BAG 6.11.11 – 4 AZR 773/09, BeckRS 2012, 68995).

5   **4. Mitbestimmungsrechte des Betriebsrats** bestehen bei der Erarbeitung von Stellenbeschreibungen nicht (BAG 31.1.84 – 1 ABR 63/81, DB 84, 1199). Der ArbGeb ist frei in seiner Entscheidung, ob, für welche betrieblichen Aufgabenbereiche und mit welchem Inhalt er Stellenbeschreibungen erstellt. Der ArbGeb kann daher auch nicht durch Spruch der Einigungsstelle zur Erstellung von Stellenbeschreibungen gezwungen werden (LAG Düsseldorf 23.5.12 – 5 TaBV 2/12, BeckRS 2012, 71539 nrkr). Anders kann es sein, wenn die Stellenbeschreibungen gleichzeitig der Entgeltfindung iSd § 87 Abs 1 Nr 10 BetrVG dienen. Die Unterrichtungspflicht des ArbGeb bei personellen Einzelmaßnahmen gem § 99 Abs 1 BetrVG, also Einstellungen, Ein- und Umgruppierungen sowie Versetzungen, umfasst regelmäßig die Vorlage bestehender Stellenbeschreibungen an den BRat. Zur Beteiligung des BRat bei Stellenausschreibungen s *Ausschreibung* Rz 7–16.

B. Lohnsteuerrecht
Seidel

6   Lohnsteuerrechtlich ist die Stellenbeschreibung unerheblich, da es auf den tatsächlich gezahlten Arbeitslohn ankommt (s auch *Arbeitsplatzbeschreibung* Rz 6 und *Eingruppierung* Rz 30).

C. Sozialversicherungsrecht
Voelzke

7   Die Stellenbeschreibung als abstrakte Vorgabe des ArbGeb an eine bestimmte Stelle hat im SozVRecht keine unmittelbaren Auswirkungen. Erforderlich wird eine hinreichende Beschreibung des zu besetzenden Arbeitsplatzes, wenn der ArbGeb ein **Vermittlungsgesuch** an die BA im Rahmen der von ihr nach den §§ 35 ff SGB III durchzuführenden Vermittlungstätigkeit stellt, damit sich die BA über die angebotene Stelle im Klaren ist. Eine bestimmte Form ist für das Vermittlungsgesuch und die Beschreibung der zu besetzenden Stelle nicht vorgeschrieben.

Stellensuche

A. Arbeitsrecht
Kania

1   **1. Freizeitanspruch zur Stellensuche.** Nach § 629 BGB hat der ArbN gegenüber seinem ArbGeb bei Beendigung des Arbeitsverhältnisses einen Anspruch auf Gewährung von Freizeit zur Stellensuche. Dieser Anspruch ist Ausfluss der dem Arbeitsverhältnis innewohnenden Fürsorgepflicht des ArbGeb. Er ermöglicht dem ArbN, sich noch während des

auslaufenden Arbeitsverhältnisses nach einem neuen Arbeitsplatz umzusehen und dabei Verdienstausfallzeiten zu vermeiden. Der Anspruch ist unabdingbar.

2. Voraussetzungen des Freizeitanspruchs. a) Dauerndes Dienstverhältnis. § 629 **2** BGB gilt für alle dauernden Dienst- und Arbeitsverhältnisse. Dauernd ist ein Arbeitsverhältnis dann, wenn der Vertrages auf unbestimmte oder auch bestimmte, längere Zeit abgeschlossen ist oder wenn das Arbeitsverhältnis tatsächlich bereits längere Zeit bestanden hat (*Schaub/Linck* § 25 Rz 15). Einzubeziehen sind **Ausbildungsverhältnisse** (s *Ausbildungsverhältnis* Rz 7), da § 3 Abs 2 BBiG die Rechtsvorschriften des Arbeitsvertrages grds auf den Berufsausbildungsvertrag für anwendbar erklärt. Kein dauerndes Arbeitsverhältnis in dem Sinne sind grds Probe- und Aushilfsarbeitsverhältnisse (*Schaub/Linck* § 25 Rz 15), soweit sich nicht aus der konkreten Vereinbarung, etwa einer ungewöhnlich langen Dauer, eine andere Wertung ergibt (s *Aushilfskräfte* Rz 3 ff; *Probearbeitsverhältnis* Rz 1 ff). Teilzeitbeschäftigte ArbN sind wegen § 4 Abs 1 TzBfG gleichfalls zur Stellensuche freizustellen, sofern diese nur während der Arbeitszeit erfolgen kann.

b) Kündigung. Weitere Voraussetzung des § 629 BGB ist die **Kündigung** durch Arb- **3** Geb oder ArbN, wobei es grds nicht auf die Art der Kündigung und das Vorliegen eines Kündigungsgrundes ankommt. Eine wirksame außerordentliche fristlose Kündigung macht allerdings den Freizeitanspruch hinfällig. Bei einer Änderungskündigung darf der ArbN das Änderungsangebot nicht – auch nicht unter Vorbehalt der sozialen Rechtfertigung – annehmen. § 629 BGB ist ensprechend anzuwenden auf Aufhebungsverträge mit Auslauffrist (s *Aufhebungsvertrag* Rz 1 ff) und bei befristeten Arbeitsverhältnissen (s *Befristetes Arbeitsverhältnis* Rz 2). Mangels einer Kündigungsfrist in diesen Fällen besteht der Freistellungsanspruch ab dem Zeitpunkt, der bei einer Kündigung zum Vertragsende den Beginn der Kündigungsfrist darstellen würde. Darüber hinaus soll ebenfalls ein Freizeitanspruch bestehen, wenn der ArbGeb Entlassungen aus dringenden betrieblichen Gründen angekündigt oder Bewerbungen empfohlen hat (*Schaub/Linck* § 25 Rz 18).

c) Freizeitverlangen. Erforderlich ist das **rechtzeitige Ersuchen des Arbeitnehmers** **4** um Freizeitgewährung, um eine Störung des Betriebsablaufs zu vermeiden. Dabei sind der Grund und die voraussichtliche Dauer der benötigten Freistellung anzugeben, nicht dagegen der Name des potentiellen ArbGeb. Der ArbN darf sich die Freizeit grds nicht eigenmächtig nehmen (LAG Düsseldorf 4.12.64, BB 65, 372; LAG BaWü 11.4.67, DB 67, 1048); der ArbGeb dagegen darf die erbetene Freizeit nicht aus unsachlichen Gründen verweigern. Insbes darf der ArbGeb den ArbN nicht auf noch offenstehende Urlaubstage verweisen (BAG 26.10.56, DB 57, 192). Umgekehrt kann ein ArbN, dem bis zum Ablauf der Kündigungsfrist Urlaub gewährt wurde, nicht nach Beendigung des Arbeitsverhältnisses nachträglich Urlaubsabgeltung für in diese Zeit fallende Stellensuche verlangen (LAG Düsseldorf 11.1.73 – 3 Sa 521/72, DB 73, 676).

3. Umfang der Freizeitgewährung. Der ArbN hat Anspruch auf **angemessene** **5** **Dienstbefreiung** in Bezug auf Häufigkeit, Länge, Anzahl und Zeitpunkt (*Schaub/Linck* § 25 Rz 22). Die Festlegung der Dienstbefreiung ist eine einseitige Leistungsbestimmung des ArbGeb iSd § 315 BGB, die dieser nach billigem Ermessen zu treffen hat. Hierbei sind Bedeutung und Stellung des ArbN einerseits und Geschäftsgang und Betriebsablauf des ArbGeb andererseits zu berücksichtigen. Anzahl und Dauer hängen jedoch in erster Linie davon ab, welche Maßnahmen im Einzelfall für eine erfolgreiche Stellensuche erforderlich sind; hierzu zählen zB Eignungstests und medizinische Untersuchungen beim möglichen ArbGeb (ArbG Essen 31.8.61 – 4 Ca 1516/61, BB 62, 560), Vorsprachen bei der BA oder einer gewerblichen Arbeitsvermittlung. Der Begriff der Angemessenheit kann durch Tarifvertrag, Betriebsvereinbarung oder Einzelvertrag konkretisiert werden.

4. Durchsetzung des Freizeitanspruchs. Mit dem Freizeitverlangen wird der Frei- **6** stellungsanspruch fällig. Verweigert der ArbGeb die Freizeitgewährung unberechtigt, folgt daraus noch kein Selbstbeurlaubungsrecht. Der ArbN kann **einstweiligen Rechtsschutz** gem §§ 935 ff ZPO erwirken, nach § 280 BGB **Schadenersatz** wegen Nichterfüllung des Freistellungsanspruchs verlangen oder nach erfolgloser Abmahnung **fristlos kündigen.** Ein nach überwiegender Auffassung dem ArbN als Druckmittel zur Erlangung der gewünschten Freizeit zugestandenes **Zurückbehaltungsrecht** an der Arbeitsleistung (§ 273 BGB) kommt nur so lange in Betracht, wie die Freistellung durch den ArbGeb noch gewährt werden kann (also in der Zeitspanne zwischen Verlangen und gewünschtem Termin) und darf nicht unmittelbar zur Befriedigung des Freistellungsanspruchs selbst führen (*Schaub/Linck* § 25 Rz 24; ErfK/*Müller-Glöge* § 629 Rz 8 mwN; aA LAG BaWü 11.4.67 – 7 Sa 15/67, DB 67, 1048, wonach sich der ArbN selbst Urlaub nehmen kann, indem er seine Arbeitsleistung gem § 320 BGB zurückhält; ebenso LAG Düsseldorf 15.3.67 – 3 Sa 40/67, DB 67, 1227). Da die Ausübung des Zurückbehaltungsrechts zugleich den Vergütungsanspruch entfallen lässt und der ArbN gehalten wäre, diesen als Schadensersatz einzuklagen, ist diese Möglichkeit von praktisch geringer Bedeutung. Überdies trägt der ArbN das Risiko, das Zurückbehaltungsrecht unrechtmäßig ausgeübt zu haben und daher seinerseits dem ArbGeb zum Schadensersatz nach §§ 280 Abs 1 und 3, 283 BGB verpflichtet zu sein.

7   **5. Vergütung der Vorstellungszeit.** Die Vergütung während der Freistellung zur Stellensuche richtet sich als Fall des persönlichen Leistungshindernisses nach § 616 BGB. Soweit ein Anspruch auf Freizeitgewährung besteht, hat der ArbGeb die vereinbarte Vergütung gem § 616 BGB **für eine verhältnismäßig nicht erhebliche Zeit** fortzuzahlen (BAG 11.6.57, DB 57, 722; 13.11.69, DB 70, 211). Der Gehaltsfortzahlungsanspruch kann daher in dem Umfang entfallen, in dem die angemessene Dienstbefreiung iSd § 629 BGB die Erheblichkeitsgrenze des § 616 BGB überschreitet. Im Übrigen ist dieser Anspruch abdingbar. Einzel- wie tarifvertragliche Klauseln können eine Vergütung nur der geleisteten Arbeit vorsehen. Dieselben Grundsätze gelten auch für die Vergütungspflicht der Zeit, die zur Meldung bei der Agentur für Arbeit gem § 38 SGB III benötigt wird (*Sibben* DB 03, 826).

8   Beschränkt der ArbGeb die Fälle bezahlter Freistellung im Arbeitsvertrag oder ist eine Vergütung von vornherein gänzlich ausgeschlossen, wird teilweise vorgeschlagen, dass der ArbN den Verdienstausfall im Rahmen der Vorstellungskosten beim neuen ArbGeb geltend machen kann (ErfK/*Müller-Glöge* § 629 Rz 15). Dem steht allerdings der Grundsatz der Unentgeltlichkeit iSd § 662 BGB entgegen. Nach den hier zur Anwendung kommenden Grundsätzen des Auftragsrechts (§§ 662, 670 BGB) kann weder der Ausgleich für die aufgewandte eigene Arbeitsleistung, noch der unter Umständen entgangene Verdienst oder die Abgeltung eines hierfür genommenen Urlaubstags beansprucht werden (ArbG Marburg 22.7.69 – 69 Ca 280/69, DB 69, 2041).Der **Ersatz der Vorstellungskosten** im Übrigen (Fahrt-, Verpflegungs- und Unterbringungskosten) ist regelmäßig Sache des neuen ArbGeb. Hierzu s *Bewerbung* Rz 2 ff. Zur Arbeitsvermittlung durch die BA s unten Rz 10 ff. Zur Einschaltung privater Arbeitsvermittler s *Arbeitsvermittlung (private)* Rz 1 ff. Vgl auch *Bewerbung* Rz 4 ff.

B. Lohnsteuerrecht *Thomas*

9   Lohnsteuerrechtlich gelten die zum Stichwort *Bewerbung* Rz 16 ff dargelegten Grundsätze.

C. Sozialversicherungsrecht *Voelzke*

10   **1. Allgemeines.** Zur Stellensuche kann der Arbeitssuchende die **Arbeitsvermittlung** der BA in Anspruch nehmen. Aufgabe der Arbeitsvermittlung ist es, Arbeitssuchende mit ArbGeb zur Begründung von Arbeitsverhältnissen oder Ausbildungssuchende mit ArbGeb zur Begründung eines Ausbildungsverhältnisses zusammenzuführen (§ 35 Abs 1 SGB III). Arbeitsvermittlung durch die Jobcenter einschließlich der sie unterstützenden Leistungen steht auch erwerbsfähigen Hilfsbedürftigen iSd SGB II zur Verfügung (*Hauck/Noftz/Voelzke* SGB II, § 16 Rz 88). Die Arbeitsvermittlung ist nicht auf arbeitslose Leistungsempfänger oder ArbN beschränkt, sondern steht auch Schülern, Beamten, Rentnern usw zur Verfügung, wenn sie eine abhängige Beschäftigung anstreben. Die Regelungen über die Vermittlungstätigkeit der BA sind durch das Gesetz zur Neuausrichtung der arbeitsmarktpolitischen Instrumente vom 21.12.08 (BGBl I 08, 2917) in weitem Umfang neu gestaltet worden. Zu den Neuregelungen gehört der Ausbau des **Virtuellen Arbeitsmarktes**. Künftig soll die Dienstleistung der Agentur über die bloße Unterstützung der Selbstsuche hinausgehen. In diesem Zusammenhang sollen Angebote an Bewerber auch verbindlich iSd Sperrzeittatbestandes werden (BT-Drs 16/10810 zu § 35 SGB III). Die BA ist als Betreiberin des Internetportals Jobbörse berechtigt, Angebote privater Vermittler zu löschen, wenn diese

vom Arbeitsuchenden die Zahlung eines erfolgsunabhängigen pauschalen Aufwendungsersatzes verlangen (BSG 6.12.12 – B 11 AL 25/11 R, SozR 4–4300 § 43 Nr 1).

§ 37 Abs 2 SGB III regelt die Modalitäten der **Eingliederungsvereinbarung,** die die 11 Agentur für Arbeit mit dem Arbeitslosen zu treffen hat. In der Eingliederungsvereinbarung sollen die zur beruflichen Eingliederung erforderlichen Leistungen und die eigenen Bemühungen des Arbeitslosen festgehalten werden. Der Arbeitslose erhält eine Ausfertigung der Eingliederungsvereinbarung, die allerdings kein neues Rechtsverhältnis zwischen der Agentur für Arbeit und Arbeitslosen begründen soll (BT-Drs 14/6944 S 31). Die Eingliederungsvereinbarung wird fortlaufend geänderten Verhältnissen angepasst und ist spätestens nach sechs Monaten, bei arbeitslosen und ausbildungssuchenden Jugendlichen nach drei Monaten, zu überprüfen.

Die Ablehnung der vermittlerischen Betreuung durch eine bestimmte Vermittlungsein- 12 richtung der BA kann als Verwaltungsakt der Kontrolle durch die Gerichte der Sozialgerichtsbarkeit unterliegen (BSG 25.7.85 – 7 RAr 33/84, BB 86, 1366). Ein Anspruch auf Vermittlung besteht nicht, wenn die Vermittlung den Zielsetzungen des SGB III oder der Werteordnung des GG widerspricht (BSG 6.5.09 – B 11 AL 11/08 R, NJW 10, 1627). Infolge der Abschaffung des Vermittlungsmonopols der BA können auch private Arbeitsvermittler herangezogen werden (Näheres: *Arbeitsvermittlung (private)* Rz 14 ff).

Die Vermittlungstätigkeit der Agenturen für Arbeit können Ausbildungssuchende, Arbeits- 13 suchende und ArbGeb beanspruchen. Die Suche nach einer **selbstständigen Tätigkeit** wird nicht der Vermittlungspflicht unterstellt; die Vermittlung in eine selbstständige Tätigkeit ist der BA andererseits jedoch nicht generell verboten (BSG 11.5.99 – B 11 AL 45/98 R, SozR 3–4300 § 36 Nr 1). Das Gesetz vom 19.4.07 (BGBl I, 538) hat insofern eine Erleichterung herbeigeführt, als die AA nicht verpflichtet ist, das Vorliegen eines Arbeitsverhältnisses bei der Vermittlung zu prüfen (§ 36 Abs 4 Satz 1 SGB III). Außerdem ist die AA nach § 36 Abs 4 Satz 2 SGB III sogar berechtigt, auf Angebote zur Aufnahme einer selbstständigen Tätigkeit hinzuweisen. Ein Rechtsanspruch hierauf besteht für Stellensuchende jedoch nicht (BT-Drs 16/4578 S 19).

2. Vermittlungsgrundsätze. Die Vermittlungstätigkeit der BA hat dem Grundsatz der 14 **Individualität** zu folgen, der besagt, dass die besonderen Verhältnisse der freien Arbeitsplätze, die Eignung der Arbeitssuchenden und deren persönliche Verhältnisse zu berücksichtigen sind (§ 35 Abs 2 SGB III).

Der Grundsatz der **Unparteilichkeit** der Arbeitsvermittlung verbietet es der BA, einzelne ArbGeb gegenüber anderen ArbGeb oder einzelne ArbN gegenüber anderen ArbN zu benachteiligen oder zu bevorzugen. Zur Durchsetzung der Verpflichtung ist es der BA untersagt, Arbeits- und Ratsuchende nach ihrer Zugehörigkeit zu einer politischen, gewerkschaftlichen oder ähnlichen Einrichtung oder zu einer Religions- oder Weltanschauungsgemeinschaft zu fragen (zu den Ausnahmen: s § 41 SGB III). Ist vom ArbGeb oder den Gewerkschaften eine Anzeige über den Ausbruch eines Arbeitskampfes erstattet worden, so hat die BA nach einem entsprechenden Hinweis nur auf das ausdrückliche Verlangen des Arbeitsuchenden und des ArbGeb zu vermitteln (§ 36 Abs 3 SGB III).

Der Grundsatz der **Unentgeltlichkeit** (§ 42 Abs 1 SGB III) schließt nicht nur ein Entgelt 15 als Gegenleistung für die Arbeitsvermittlung selbst aus, sondern erfasst auch die der BA in Zusammenhang mit der Vermittlung entstehenden Kosten. Gebühren können lediglich ausnahmsweise vom ArbGeb nach Maßgabe des § 42 Abs 2 SGB III erhoben werden.

Die **Vertraulichkeit** der Arbeitsvermittlung (§§ 40, 41 SGB III) gewährleistet es, dass die 16 Einschränkungen der an sich bestehenden Geheimhaltungspflichten (§ 35 Abs 1 SGB I) auf das Maß begrenzt werden, wie dies für eine ordnungsgemäße Arbeitsvermittlung erforderlich ist. Der Antrag des Arbeitsuchenden auf Einsicht in die schriftlichen Vermittlungsvorgänge der BA ist nicht im Klagewege verfolgbar, da es sich lediglich um eine Verfahrenshandlung im Rahmen der Geltendmachung eines Auskunftsanspruches gegen die BA handelt (BSG 10.12.92 – 11 RAr 71/91, BB 93, 1443). Die Ergebnisse von Untersuchungen oder Begutachtungen dürfen nur mit Zustimmung des Arbeitsuchenden mitgeteilt werden.

Die BA soll gem § 36 Abs 1 SGB III nicht vermitteln, wenn ein Ausbildungs- oder Arbeitsverhältnis begründet werden soll, das gegen ein **Gesetz oder die guten Sitten** verstößt (zur Verneinung eines Anspruchs auf Vermittlung von Prostituierten s BSG 6.5.09 – B 11 AL

11/08 R, NJW 10, 1627). Die Vorschrift umfasst auch das Verbot, am Zustandekommen von Arbeitsverhältnissen zu tarifwidrigen Bedingungen mitzuwirken (BT-Drs 13/4941 S 160). § 36 Abs 2 Satz 1 SGB III verbietet der Agentur für Arbeit grds diskriminierende Einschränkungen, die ein ArbGeb hinsichtlich Geschlecht, Alter, Gesundheitszustand oder Staatsangehörigkeit für eine Vermittlung vornimmt. Derartige Einschränkungen dürfen von der Agentur für Arbeit nur berücksichtigt werden, wenn diese bei der Art der auszuübenden Tätigkeit unerlässlich sind. Einschränkungen, die der ArbGeb für eine Vermittlung aus Gründen der Rasse oder wegen der ethischen Herkunft, der Religion oder Weltanschauung, einer Behinderung oder der sexuellen Identität des Ausbildungssuchenden oder Arbeitssuchenden vornimmt, dürfen vom ArbGeb nur berücksichtigt werden, soweit diese nach dem Allgemeinen Gleichbehandlungsgesetz zulässig sind (§ 36 Abs 2 Satz 2 SGB III idF des Gesetzes zur Umsetzung europäischer Richtlinien zur Verwirklichung des Grundsatzes der Gleichbehandlung, BGBl I 06, 1897).

17   **3. Durchführung.** Der Auftrag des ArbGeb auf Benennung von Arbeitskräften ist an keine Form gebunden. Der **Arbeitssuchende** erhält Stellenangebote der Agentur für Arbeit idR schriftlich in Form eines Vermittlungsformulars. Das Vermittlungsformular soll nähere Angaben zu der angebotenen Stelle enthalten. Auf der Rückseite des Vermittlungsformulares befindet sich eine Belehrung über die Rechtsfolgen, die eintreten, wenn der Arbeitslose die angebotene Stelle nicht annimmt (Näheres: *Sperrzeit* Rz 15 ff). Der ArbGeb erhält eine Durchschrift des Stellenangebotes mit dem Namen und der Anschrift des Arbeitssuchenden. Die Rückseite der Durchschrift enthält einen Vordruck, auf dem der ArbGeb der Agentur für Arbeit das Ergebnis des Einstellungsgesprächs mitteilen soll.

Sterbegeld

A. Arbeitsrecht
Griese

1   Arbeitsrechtlich besteht für den ArbGeb keine **gesetzliche Pflicht,** an die Hinterbliebenen eines verstorbenen ArbN Sterbegeld zu zahlen. Der ArbGeb kann sich jedoch hierzu vertraglich, auch durch vertragliche Einheitsregelung, Gesamtzusage oder *Betriebliche Übung* verpflichten. Anspruchsgrundlagen können ferner der Gleichbehandlungsgrundsatz sowie Betriebsvereinbarung und Tarifvertrag sein. Typischerweise verpflichtet sich der ArbGeb nur zur Sterbegeldzahlung an den Ehegatten oder die unterhaltsberechtigten Kinder. Bspw sieht § 10 des allgemein verbindlichen Rahmentarifvertrages für das Baugewerbe eine nach Betriebszugehörigkeit gestaffelte Sterbegeldzahlung an den Ehegatten oder den vom ArbN tatsächlich unterhaltenen Unterhaltsberechtigten vor. Im öffentlichen Dienst regelt zB § 23 Abs 3 TVöD die Sterbegeldzahlung an den dort bezeichneten Personenkreis (ua Abkömmlinge, dh Kinder, ggf Enkel usw).

Zulässig ist eine tarifliche Regelung, die den Kreis der Empfänger begrenzt auf unterhaltsberechtigte Kinder, die mit dem Verstorbenen **in einem Haushalt lebten** und für die er das Sorgerecht hatte (BAG 20.8.02 – 3 AZR 463/01, NZA 03, 1044).

Die Höhe der Sterbegeldzahlung muss in der jeweiligen Rechtsgrundlage geregelt sein. Üblicherweise besteht sie darin, dass die Vergütung für eine begrenzte Zeit fortgezahlt wird. Im Fall der **Altersteilzeit** richtet sich die Höhe nach den Teilzeitbezügen (BAG 12.5.05 – 6 AZR 311/04, NZA 06, 50).

2   Der ArbGeb kann statt dessen die Familie des ArbN für den Todesfall des ArbN dadurch absichern, dass er zugunsten des ArbN eine **Lebensversicherung** abschließt. Für einen diesbezüglichen Anspruch des ArbN ist ebenfalls eine **Rechtsgrundlage erforderlich.** Die Anrechnung der Leistung der Lebensversicherung auf eine vergleichbare vom ArbGeb finanzierte Leistung bedarf ebenfalls einer Rechtsgrundlage. So dürfen auf das tarifliche Sterbegeld nach § 22 des Manteltarifvertrages für die Arbeiter, Angestellten und Auszubildenden in der Eisen-, Metall-, Elektro- und Zentralheizungsindustrie NRW Leistungen der betrieblichen Altersversorgung nicht angerechnet werden (BAG 10.8.93 – 3 AZR 185/93, NZA 94, 515).

3   Unabhängig hiervon können die ArbN eines Betriebes für die Hinterbliebenen eines ArbN eine Sterbegeldsammlung durchführen. Auch der BRat oder einzelne BRatMitglieder

Sterbegeld 391

können eine solche Sammlung initiieren, ohne gegen das **betriebsverfassungsrechtliche Umlageverbot** zu verstoßen (ErfK/*Eisemann* § 41 Rz 3). Dieses würde erst tangiert, wenn der BRat eigene Mittel auf Dauer ansammeln würde. Sterbegeldbezüge sind **unpfändbar** nach § 850a Nr 6 ZPO.

B. Lohnsteuerrecht

Seidel

1. Allgemeines. Das Sterbegeld ist für die lohnsteuerrechtliche Behandlung abzugrenzen 4 von dem für den Sterbemonat geschuldeten Arbeitslohn und den als Arbeitslohn zu behandelnden laufenden Hinterbliebenengeldern (s auch *Arbeitsentgelt* Rz 35). Bei dem Sterbegeld handelt es sich um einmalige Zahlungen im Zusammenhang mit dem Tod des ArbN. Im Folgenden wird die lohnsteuerrechtliche Behandlung der Zahlungen an die Erben bzw Hinterbliebenen des ArbN insgesamt dargestellt.

2. Laufender Arbeitslohn. a) Arbeitsentgelt. Arbeitsrechtlich kann das Arbeitsentgelt 5 für den gesamten Sterbemonat oder nur bis zum Todestag geschuldet sein. Zahlt der ArbGeb diesen Betrag an die Erben oder Hinterbliebenen aus, so kann er den LStAbzug grds nicht mehr nach den ELStAM (*Lohnsteuerabzugsmerkmale* Rz 8 ff) des Verstorbenen vornehmen. Da steuerrechtlich die Erben ArbN werden (§ 1 Abs 1 Satz 2 LStDV; s auch *Arbeitnehmer (Begriff)* Rz 29), haben sie dem ArbGeb zum Zwecke des Abrufs der ELStAM mitzuteilen, ob es sich um Einnahmen aus einem zweiten oder weiteren Dienstverhältnis handelt (§ 39e Abs 4 Nr 2 EStG; s *Lohnsteuerabzugsmerkmale* Rz 9, 19). Aus Vereinfachungsgründen kann der ArbGeb bei laufendem Arbeitslohn den Steuerabzug noch nach den ELStAM des Verstorbenen vornehmen; die LStBescheinigung hat er aber für den Erben auszustellen und zu übermitteln (LStR 19.9 Abs 1 Satz 2).

Da diese Leistungen des ArbGeb **keine Versorgungsbezüge** iSd § 19 Abs 2 EStG 6 darstellen (s unten Rz 8), kommt eine Berücksichtigung des Versorgungsfreibetrages und des Zuschlags hierzu (s unten Rz 8) nicht in Betracht (LStR 19.8 Abs 1 Nr 1 Satz 2).

Zahlt der ArbGeb den Arbeitslohn bei **mehreren Erben** nur an einen Erben aus, so ist 7 der LStAbzug (abgesehen von der genannten Vereinfachungsregelung) lediglich nach dessen Besteuerungsmerkmalen vorzunehmen (LStR 19.9 Abs 2 Satz 1). Zur Verteilung der auf die weiteren Erben entfallenden Teilbeträge s unten Rz 10.

b) Witwen- und Hinterbliebenengeld. Laufenden Arbeitslohn mit der Folge des 8 LStAbzugs durch den ArbGeb nach den ELStAM (§§ 39 Abs 1, 39e Abs 1 EStG) bzw der Bescheinigung für den LStAbzug (§ 39e Abs 8, § 39 Abs 3 EStG) des Empfängers stellt auch die laufende Zahlung von Witwen- und Hinterbliebenengeldern iSd § 19 Abs 1 Nr 2 EStG durch den ArbGeb des Verstorbenen dar. Deren Besteuerung wird allerdings wegen der Behandlung als Versorgungsbezüge iSd § 19 Abs 2 EStG durch Gewährung des Versorgungsfreibetrages und des Zuschlags hierzu abgemildert (Näheres s *Altersgrenze* Rz 19). Dies gilt auch für die Zeit nach dem Sterbegeld geleistete Zahlungen des ArbGeb an den/die Erben, wenn die arbeitsrechtlichen Vereinbarungen nur eine Lohnzahlung bis zum Todestag bzw für den Sterbemonat nur die Zahlung von Hinterbliebenenbezügen vorsehen oder keine vertraglichen Abmachungen über die Arbeitslohnbemessung bei Beendigung des Dienstverhältnisses im Laufe des Lohnzahlungszeitraums bestehen (FG Hbg 27.6.91, EFG 92, 265; LStR 19.9 Abs 3 Nr 2 Sätze 2–5).

3. Sterbegeld. a) Steuerpflichtiger Arbeitslohn. Zahlungen im öffentlichen Dienst an 9 Hinterbliebene von Beamten iHd zweifachen Betrages der Dienstbezüge oder des Ruhegeldes nach § 18 Abs 1, Abs 2 Nr 1 und Abs 3 Beamtenversorgungsgesetz sowie entsprechende Bezüge im privaten Dienst als Einmalbetrag (Sterbegeld) gehören zu den **steuerbegünstigten Versorgungsbezügen** iSd § 19 Abs 2 EStG (LStR 19.8 Abs 1 Nr 1 Satz 1). Die Besteuerung erfolgt als sonstiger Bezug (s *Sonstige Bezüge* Rz 2 ff) nach den ELStAM des Empfängers, wobei der Versorgungsfreibetrag und der Zuschlag hierzu (s oben Rz 8) abzuziehen sind (LStR 19.9 Abs 3 Nr 3 Sätze 1 und 2; s hierzu auch *Lohnsteuerberechnung* Rz 12–15). Dies gilt auch für die Zahlung von Sterbegeld nach § 23 Abs 3 TVöD iHd Vergütung für die restlichen Tage des Sterbemonats sowie zwei weiterer Monatsvergütungen unter Abzug der über den Sterbetag hinaus bereits gezahlten Bezüge in einer Summe (s auch *HMW*/Sterbegeld Rz 4, 5).

391 Sterbegeld

10 Zahlt der ArbGeb das Sterbegeld an einen von **mehreren Erben** aus, so berührt die Weitergabe von Teilbeträgen durch den empfangenden Erben den LStAbzug durch den ArbGeb nicht. Dies ist im Rahmen der EStVeranlagung der betreffenden Erben zu berücksichtigen. Die verteilten Beträge stellen dabei negative Einnahmen bei dem zahlenden Erben im Kj der Weitergabe dar. Da es sich aber um Versorgungsbezüge handelt, ist für die Berechnung der negativen Einnahmen zunächst vom Bruttobetrag der weitergegebenen Beträge auszugehen; dieser ist um den Unterschied zwischen dem beim LStAbzug berücksichtigten Freibeträgen für Versorgungsbezüge und dem auf den verbleibenden Anteil des Zahlungsempfängers entfallenden Freibeträgen für Versorgungsbezüge zu kürzen (s hierzu LStR 19.9 Abs 2). Bei den weiteren Erben sind die erhaltenen Teilbeträge, ggf vermindert um den entsprechenden Versorgungsfreibetrag ebenfalls als Einnahmen aus nichtselbstständiger Arbeit im Rahmen der EStVeranlagung zu erfassen (§ 46 Abs 2 Nr 1 EStG).

11 **b) Steuerfrei** sind Sterbegelder aus einer **Sterbegeldversicherung** oder von einer **Sterbekasse**. Die Beiträge hierfür sind als Sonderausgaben abzugsfähig (s auch BMF 22.8.02 – IV C 4 – S 2221 – 211/02, BStBl I 02, 827, ergänzt durch BMF 1.10.09 – IV C 1 – S 2252/07/0001; Dok 2009/0 637 786, BStBl I 09, 1172). Nach § 3 Nr 1a EStG war auch das Sterbegeld aus einer KV (s unten Rz 14) bzw ist das Sterbegeld aus der gesetzlichen UV (s unten Rz 15) steuerfrei. Beihilfen in Todesfällen nach den Beihilfevorschriften bzw -grundsätzen des Bundes und der Länder an Beamte sowie ArbN von Körperschaften, Anstalten und Stiftungen des öffentlichen Rechts sind nach § 3 Nr 11 EStG steuerfrei (LStR 3.11 Abs 1 Nr 1 und 2). Dies gilt auch für ArbN der in LStR 3.11 Abs 1 Nr 3 und 4 genannten Betriebe (s hierzu *Beihilfeleistungen* Rz 12).

12 **4. Sammlungen von Kollegen** des Verstorbenen, die zu Geld- oder Sachleistungen an die Hinterbliebenen führen, sind steuerlich unbeachtlich (Ausnahme s unten). Dies gilt auch dann, wenn sich die Arbeitskollegen – ungeachtet der arbeitsrechtlichen Zulässigkeit – mit einem diesbezüglichen Abzug vom Arbeitslohn einverstanden erklärt haben. Ein Abzug der „Spende" als Werbungskosten beim ArbN kommt mE nicht in Betracht, denn diese Aufwendungen berühren die private Lebensführung, da sie auf den zwischenmenschlichen Beziehungen zwischen den Kollegen beruhen (s auch *Werbungskosten* Rz 15). Ein Spendenabzug gem § 10b EStG scheidet ebenfalls aus, da Hinterbliebene nicht zu dem gem § 49 EStDV begünstigten Personenkreis gehören.

13 Bei den Empfängern der Sammlung liegt kein Arbeitslohn in Form von Versorgungsleistungen vor (s oben Rz 9, 10), da es sich hier nicht um Einnahmen aus dem Dienstverhältnis handelt. Allerdings kann sich bei zweckgebundenen Aufwendungen (zB Zuschuss zu den Beerdigungskosten) eine steuerliche Auswirkung insoweit ergeben, als steuerlich als außergewöhnliche Belastung gem § 33 EStG geltend gemachte Beerdigungskosten um diesen Betrag zu kürzen sind (zum Abzug von Beerdigungskosten s *Schmidt/Loschelder* § 33 Rz 35: Beerdigungskosten und DB 2000, 1153).

C. Sozialversicherungsrecht *Ruppelt*

14 **1. Leistungen der gesetzlichen Krankenversicherung.** Sterbegeld aus der gesetzlichen KV gibt es seit 2004 nicht mehr.

15 **2. Unfallversicherungsrecht.** Beruht der Tod auf den Folgen eines Arbeitsunfalls oder einer Berufskrankheit, haben die Hinterbliebenen iSv § 64 Abs 1 SGB VII Anspruch auf **Sterbegeld** und ggf auf **Überführungskosten**. Das Sterbegeld beträgt ein Siebtel der im Zeitpunkt des Todes geltenden Bezugsgröße nach § 18 Abs 1 SGB IV (Durchschnittsentgelt der gesetzlichen RV im vorvergangenen Kj) und ist damit vom individuellen JAV des Versicherten unabhängig. Überführungskosten sind alle Kosten des Transports einer Leiche vom Sterbeort an den Ort der Familienwohnung. Am Sterbeort muss sich der Versicherte aus Gründen aufgehalten haben, die in Zusammenhang mit der versicherten Tätigkeit oder den Folgen des Versicherungsfalls stehen, ansonsten besteht kein Anspruch auf Überführungskosten. Tod auf Urlaubsreise reicht nicht aus (aA KassKomm *Ricke* § 64 SGB VII Rz 5). Das Sterbe- und Überführungsgeld werden an denjenigen Hinterbliebenen gezahlt, der diese Kosten tatsächlich trägt oder getragen hat (§ 64 Abs 3 SGB VII). Zum Personenkreis der anspruchsberechtigten Hinterbliebenen s LSG NRW 8.2.01 – L 2 KN 168/00 U, HVBG-

Info 01, 2029. Sind Hinterbliebene nicht vorhanden oder übernehmen diese die Kosten nicht, werden die (tatsächlichen) **Bestattungskosten** maximal bis zur Höhe des Sterbegeldes an denjenigen gezahlt, der die Kosten trägt oder getragen hat (vgl *Schulin* Bd 2/*Ruppelt* § 49 Rz 13).

Steuerfreie Einnahmen

A. Arbeitsrecht *Griese*

Die Steuerpflicht oder Steuerfreiheit von Entgeltbestandteilen berührt die **arbeitsrecht-** 1 **lichen Ansprüche** zwischen ArbGeb und ArbN **grundsätzlich nicht.** Bei den auf die Vergütung entfallenden Steuern handelt es sich um öffentlich-rechtliche Abgaben, die der ArbGeb von der arbeitsrechtlich geschuldeten Vergütung einzubehalten und an das FA abzuführen hat. Unterlaufen dem ArbGeb hierbei vorwerfbare, also zumindest leicht fahrlässige Fehler, kann dies zur **Haftung nach § 280 BGB** führen (BAG 30.4.08 – 5 AZR 725/07; BAG 16.6.04 – 5 AZR 521/03). Der ArbGeb wird einen Fahrlässigkeitsvorwurf am besten vermeiden können, wenn er darlegen und beweisen kann, dass er eine Auskunft (s *Anrufungsauskunft* Rz 1 ff) eingeholt und befolgt hat (BAG 11.10.89 – 5 AZR 585/88, NZA 90, 309).

Wenn die Steuerpflicht bzw Steuerfreiheit von bestimmten Vergütungsbestandteilen gesetzlich geändert wird, zB bestimmte Zuschläge nunmehr stpfl oder umgekehrt steuerfrei werden, beeinflusst dies die arbeitsrechtliche Position der Arbeitsvertragsparteien nicht. Das hat zur Konsequenz, dass ein ArbN, der bisher steuerfrei Entgeltbestandteile bezogen hat, die nunmehr stpfl werden (zB ab 1999 Jubiläumszuwendungen oder zB *Abfindungen* ab 2006), diese Entgeltbestandteile nicht mehr ungekürzt, sondern vermindert um die hierauf entfallende Steuer beanspruchen kann. Deshalb hat ein Personalratsmitglied kein Recht auf Ausgleich einer Nettolohndifferenz, wenn Zulagen, die im Fall der Arbeitsleistung steuer- und abgabenfrei waren, durch Freistellung von der Arbeit für Personalratstätigkeit nunmehr abgabepflichtig werden (BAG 15.1.97 – 7 AZR 873/95, NZA 97, 897). Auch besteht kein Anspruch, zu solchen Zeiten beschäftigt zu werden, in denen das Entgelt steuerfrei ist, zB Beschäftigung an Sonn- und Feiertagen, so dass der ArbGeb diesbezügliche Steuernachteile nicht ausgleichen muss (BAG 19.10.2000 – 8 AZR 20/00, NZA 01, 598).

Eine **Erhöhung** dieses Vergütungsbestandteils aufgrund der nunmehr eingetretenen Steu- 2 erpflicht kann der ArbN vom ArbGeb grds nicht verlangen. Denn jeglicher Vergütungszahlung liegt grds eine *Bruttolohnvereinbarung* zugrunde, die beinhaltet, dass die **jeweils gesetzlich vorgeschriebenen Abzüge** abzuführen sind. Etwas anderes gilt allerdings dann, wenn die Parteien bezogen auf die ursprünglich steuerfreien Einnahmen ausdrücklich eine *Nettolohnvereinbarung* (s dort) getroffen haben. Eine Nettolohnvereinbarung kann nicht allein aus der Tatsache geschlossen werden, dass die Parteien aufgrund der früheren gesetzlichen Regelung von der Steuerfreiheit der Einnahmen ausgegangen sind, denn nur daraus kann nicht der Wille des ArbGeb geschlossen werden, etwaige zukünftige, durch gesetzgeberische Änderungen eingeführte Steuerlasten mitübernehmen zu wollen. Deshalb ist ein ArbGeb ohne besondere Vereinbarung auch nicht verpflichtet, eine steuerliche Mehrbelastung zu übernehmen, die aus der Gewährung eines an sich steuerfreien Aufstockungsbetrags für einen ArbN in Altersteilzeit im Hinblick auf den steuerlichen Progressionsvorbehalt entsteht (BAG 26.5.02 – 9 AZR 155/01, ArbuR 02, 475).

Werden umgekehrt bestimmte Vergütungsbestandteile durch **gesetzliche Änderung** 3 **steuerfrei, hat der ArbN nunmehr Anspruch auf die ungekürzte Auszahlung** dieser Vergütungsbestandteile. Der ArbGeb ist nicht berechtigt, diese zu kürzen, weil es sich nunmehr um steuerfreie Einnahmen handelt. Haben die Parteien allerdings eine **Nettolohnvereinbarung** getroffen, kommt eine gesetzliche Steuerreduzierung allein dem ArbGeb zugute, ohne dass der ArbN Nachforderungen stellen könnte (LAG Köln 6.9.90, DB 91, 1229 [LS]).

392 Steuerfreie Einnahmen

B. Lohnsteuerrecht *Seidel*

5 1. Allgemeines. Steuerfreie Einnahmen führt das EStG in § 3 auf, wobei nicht alle die ArbN betreffen. Die Vorschrift enthält auch Zuwendungen, die schon nach der Definition des Arbeitslohns nicht zu den im Rahmen der Besteuerung anzusetzenden Einnahmen gehören (zB § 3 Nr 50 EStG Auslagenersatz und durchlaufende Gelder; s auch *Aufwendungsersatz* Rz 23 ff, 31). Dieser Katalog ist nicht abschließend. Daneben sind Steuerbefreiungen noch in den §§ 3 Nr 39, 3b und 19 EStG, anderen Gesetzen (zB WoPG; 5. VermBG; s auch *Mitarbeiterbeteiligung* Rz 37) sowie in DBA oder sonstigen zwischenstaatlichen Vereinbarungen enthalten (zB für Stationierungsstreitkräfte und internationale Vereinigungen; Zusammenstellung steuerlicher Vorrechte und Befreiungen aufgrund zwischenstaatlicher Vereinbarungen s BMF 20.8.07, BStBl I 07, 656; s auch EStH 3.0).

6 Verwaltungsregelungen zur Vereinfachung des Besteuerungsverfahrens (zB in den LStR) enthalten keine Steuerbefreiungen im eigentlichen Sinne, sondern verneinen regelmäßig in bestimmten Fällen das Vorliegen von Arbeitslohn (zB LStR 19.6: Aufmerksamkeiten). Erst wenn definitionsgemäß Arbeitslohn vorliegt (s hierzu *Arbeitsentgelt* Rz 30 ff; s auch LStR 19.3), ist zu unterscheiden zwischen stpfl, steuerfreiem und steuerbegünstigtem Arbeitslohn. Grds ist davon auszugehen, dass als Arbeitslohn anzusehende Einnahmen nur dann steuerfrei sind, wenn dies in einer Rechtsnorm ausdrücklich geregelt ist. Die im folgenden ABC aufgeführten Zuwendungen enthalten wegen der Übersichtlichkeit nicht nur steuerfreie bzw teilweise steuerfreie Einnahmen, sondern auch nicht steuerbare Einnahmen des ArbN.

7 Zu beachten ist, dass bestimmte steuerfreie Einnahmen, insbesondere die Lohnersatzleistungen dem **Progressionsvorbehalt** unterliegen (§ 32b Abs 1 EStG; s hierzu *Lohnersatzleistungen* Rz 5 ff). Soweit Ausgaben mit steuerfreien Einnahmen in unmittelbarem wirtschaftlichen Zusammenhang stehen, kommt ein Abzug als Werbungskosten nicht in Betracht (§ 3c EStG). Ist eine ausschließliche Zuordnung nicht möglich, ist ggf eine Aufteilung in einen abziehbaren und nicht abziehbaren Teil nach dem Verhältnis der steuerfreien Einnahmen zu den Gesamteinnahmen vorzunehmen (BFH 11.2.93, BStBl II 93, 450). Bei steuerbegünstigten Einnahmen wird der Arbeitslohn teilweise durch Freibeträge (teilweise steuerfreie Einnahmen; zB Freibeträge für Versorgungsbezüge gem § 19 Abs 2 EStG, s *Altersgrenze* Rz 19 oder *Altersentlastungsbetrag* Rz 6 ff) bzw durch einen ermäßigten Steuersatz im Rahmen der außerordentlichen Einkünfte (s *Außerordentliche Einkünfte* Rz 5 ff, 13 ff; s auch HMW/ *Arbeitslohn* Rz 160–166) steuerlich begünstigt.

8 2. ABC (s auch *Schmidt/Heinicke* § 3; zu Einnahmen, die schon begrifflich keinen Arbeitslohn darstellen, s auch *Arbeitsentgelt* Rz 36 ff).

Abfindungen s *Abfindung* Rz 41 ff.
Aids. Leistungen an durch Blut- oder Blutprodukte HIV-Infizierte oder an AIDS erkrankte Personen durch das Programm Humanitäre Soforthilfe sind gem § 3 Nr 69 EStG steuerfrei.
Aktienüberlassung s *Mitarbeiterbeteiligung* Rz 29, 32, 37.
Altersteilzeit s *Altersteilzeit* Rz 26 ff.
Altersvorsorgezulage s *Altersvorsorgevermögen* Rz 2.
Altersübergangsgeldausgleichsbetrag nach § 249e Abs 4a AFG iVm § 429 SGB III ist steuerfrei (§ 3 Nr 2 EStG).
Annehmlichkeiten. Dieser früher verwendete Begriff wurde aufgegeben; s jetzt Stichwörter *Arbeitsentgelt* Rz 46, *Fürsorgepflicht* Rz 22, *Sozialeinrichtungen* Rz 21, 22 und *Betriebsveranstaltung* Rz 2 ff. Zu den Aufmerksamkeiten s unten.
Anpassungsbeihilfen aus öffentlichen Mitteln an Bergleute sowie ArbN der Eisen- und Stahlindustrie aus Anlass von Stilllegungs-, Einschränkungs-, Umstellungs- oder Rationalisierungsmaßnahmen sind gem § 3 Nr 60 EStG steuerfrei.
9 Arbeitgeberzuschüsse s unten Zinsvorteile und Zukunftssicherungsleistungen.
Arbeitnehmersparzulage s *Vermögenswirksame Leistungen* Rz 30–35.
Arbeitsförderungsleistungen. Leistungen an ArbN, Arbeitsuchende, Aus- und Fortzubildende nach dem SGB III (früher AFG) und entsprechenden öffentlichen Programmen sind steuerfrei (§ 3 Nr 2 EStG; s auch LStR 3.2). Dies gilt regelmäßig nicht für Leistungen an den ArbGeb (Betriebseinnahmen). Zu den einzelnen Arbeitsförderungsleistungen s Stichwörter *Arbeitsförderung* Rz 8, *Arbeitslosengeld* Rz 4–10, *Arbeitslosengeld II* Rz 5, *Lohnkostenzuschuss* Rz 6, *Insolvenz des Arbeitgebers* Rz 34, *Kurzarbeit* Rz 27, *Umschulung* Rz 13 ff, Unterhaltsgeld s *Arbeitslosengeld* Rz 10 und *Wintergeld* Rz 5 ff. Zur Rückzahlung der teilweise oa Leistungen s *Erstattungsanspruch der Agentur für Arbeit* Rz 11 ff.

Steuerfreie Einnahmen 392

Steuerfrei sind auch die Arbeitslosenhilfe und -beihilfe nach dem Soldatenversorgungsgesetz (§ 3 Nr 2a EStG).

Arbeitskleidung s *Arbeitskleidung* Rz 24.

Arbeitslosengeld s *Arbeitslosengeld* Rz 4, *Arbeitslosengeld II* Rz 5 und oben Arbeitsförderungsleistungen. **10**

Arbeitsmittel s *Arbeitsmittel* Rz 7 ff.

Arbeitsplatzschutzgesetz. Leistungen nach § 14a Abs 4 und § 14b dieses Gesetzes sind steuerfrei (§ 3 Nr 47 EStG).

Arbeitssicherstellung. Ausgleichsbeträge für die Minderung des Nettoeinkommens bei Verpflichtung im Verteidigungsfall sind steuerfrei (§ 17 Abs 1 Arbeitssicherstellungsgesetz).

Arbeitszimmer s *Arbeitszimmer* Rz 4 ff.

Asylbewerberleistungsgesetz. Die Leistungen sind nach § 3 Nr 11 EStG steuerfrei (OFD Frankfurt 23.1.98, FR 98, 582).

Aufmerksamkeiten (LStR 19.6; s auch *Arbeitsentgelt* Rz 50). Darunter sind Sachleistungen des Arb- **11** Geb zu verstehen, die auch im gesellschaftlichen Verkehr üblicherweise ausgetauscht werden und zu keiner ins Gewicht fallenden Bereicherung des ArbN führen. Während Geldzuwendungen stets Arbeitslohn sind, können Sachzuwendungen anlässlich besonderer persönlicher Ereignisse, zB Blumen, Genussmittel, Bücher oder Schallplatten steuerfrei bleiben, sofern der Wert nicht mehr als 40 € beträgt. Bei Übersteigen ist allerdings der gesamte Wert stpfl Arbeitslohn (LStR 19.6 Abs 1). Als Aufmerksamkeiten gehören auch Getränke und Genussmittel, die der ArbGeb den ArbN zum Verzehr im Betrieb unentgeltlich oder verbilligt überlässt, nicht zum Arbeitslohn. Dasselbe gilt für Speisen und Getränke, die der ArbGeb den ArbN anlässlich und während einer betrieblichen Besprechung zum Verzehr im Betrieb unentgeltlich oder verbilligt überlässt, wenn deren Wert 40 € nicht übersteigt (LStR 19.6 Abs 2). Dagegen gehört die Bewirtung von ArbN zum Arbeitslohn, wenn sie im weitesten Sinne als Gegenleistung für das Zurverfügungstellen der individuellen Arbeitskraft der ArbN anzusehen ist (s auch *Betriebsveranstaltung* Rz 2 ff und *Bewirtungsaufwendungen* Rz 7 ff). Diese Regelungen gelten nunmehr auch für Zuwendungen **an Dritte**, zB Kunden (OFD Frankfurt 10.10.12 – S 2297b A – 1 St 222, BeckVerw 265114).

Aufwandsentschädigung s *Aufwandsentschädigung* Rz 3 ff. Zur Aufwandsentschädigung ehrenamtlicher Mitglieder kommunaler Volksvertretungen s FinMin Sachsen-Anhalt 9.11.10 – 42-S-2121–10, BeckVerw 244338; für Entschädigungen an Zensus-Erhebungsbeauftragte s OFD Münster 23.2.12, ESt Kurzinfo5/12, BeckVerw 258191; für Betreuer nach § 1835a BGB s BFH 17.10.12 VIII R 57/09, BStBl II 13, 799 und OFD NRW 2.9.13 – Kurzinfo ESt 14/2013.

Aufwendungsersatz s *Aufwendungsersatz* Rz 23 ff.

Ausbilder s *Ausbilder* Rz 12 ff sowie *Aufwandsentschädigung* Rz 12 ff und *Nebentätigkeit* Rz 22.

Ausbildungsförderung s *Ausbildungskosten* Rz 21 ff, *Beihilfeleistungen* Rz 5, 10 ff und *Berufsausbildungsförderung* Rz 4 ff.

Auslagenersatz. Erhält der ArbN vom ArbGeb Beträge, die Auslagen des ArbN für den ArbGeb **12** ersetzen sollen, sind diese gem § 3 Nr 50 EStG steuerfrei. Eigentlich stellen sie gar keinen Arbeitslohn dar. Der Ersatz von Werbungskosten (s *Werbungskosten* Rz 2 ff) und Kosten der privaten Lebensführung des ArbN ist nicht nach § 3 Nr 50 EStG steuerfrei (LStR 3.50 Abs 1; s auch *Aufwendungsersatz* Rz 23 ff, 31). Pauschaler Auslagenersatz führt stets zu Arbeitslohn. Von einer Besteuerung kann ausnahmsweise abgesehen werden, wenn er regelmäßig wiederkehrt und der ArbN die entstandenen Aufwendungen für 12 Monate im Einzelnen nachweist. Der pauschale Auslagenersatz bleibt dann solange steuerfrei, bis sich die Verhältnisse wesentlich ändern (LStR 3.50 Abs 2).

Auslandstätigkeit s *Auslandstätigkeit* Rz 42 ff.

Auslösung s *Auslösung* Rz 9.

Aussperrung s *Arbeitskampf (Vergütung)* Rz 26.

Bahncard s *Arbeitsentgelt* Rz 75.

Beamtenpension. Kapitalabfindungen s *Abfindung* Rz 48.

Behinderte s *Behinderte* Rz 70 ff.

Beihilfeleistungen s *Beihilfeleistungen* Rz 3 ff.

Belegschaftsaktien s *Mitarbeiterbeteiligung* Rz 29, 32, 37. **13**

Bergbau s oben Anpassungsbeihilfen. Bergmannsprämien für Untertagearbeit sind steuerfrei (§ 3 Nr 46 EStG).

Betriebliche Altersversorgung s *Betriebliche Altersversorgung* Rz 101 ff sowie unten Direktversicherung und Pensionsfonds.

Bundesfreiwilligendienst. Das Taschengeld und vergleichbare Geldleistungen sollen nach dem geplanten § 3 Nr 5 f EStG nunmehr ebenso steuerfrei bleiben wie schon bisher die Geld- und Sachbezüge sowie die Heilfürsorge an Soldaten und Zivildienstleistende nach dem Wehrsoldgesetz bzw dem Zivildienstgesetz. Bis dahin bleibt die Steuerfreiheit aus Billigkeitsgründen im Verwaltungsweg bestehen (BayLfSt 24.10.11 – S 2331.1.1–1/9 St 32, DStR 11, 2038 und FM Schleswig-Holstein 6.3.12 – VI 314 – S 2342 – 125, BeckVerw 259403).

Seidel 2313

392 Steuerfreie Einnahmen

Bundesgrenzschutz. Steuerfrei sind der Geldwert der überlassenen Dienstkleidung, die entsprechenden Beihilfen, unentgeltliche Verpflegung und Verpflegungszuschüsse im Einsatz sowie der Geldwert der freien ärztlichen Behandlung auch für Angehörige (§ 3 Nr 4 EStG).

14 **Bundespräsident.** Gewährt der Bundespräsident aus öffentlichen Mitteln Zuwendungen aus sittlichen oder sozialen Gründen an besonders verdiente Personen oder ihre Hinterbliebenen, sind diese steuerfrei (§ 3 Nr 20 EStG).

Bundeswehr s oben Bundesgrenzschutz und Stichwort *Übergangsgeld/Überbrückungsgeld* Rz 9. Geld- und Sachbezüge der Wehrpflichtigen und Zivildienstleistenden sowie die freie Heilfürsorge sind steuerfrei (§ 3 Nr 5 EStG; s auch LStR 3.5).

Dienstreise. Zu Reisekostenvergütungen des ArbGeb s *Dienstreise* Rz 18, 48, 54.

Dienstwagen s *Dienstwagen* Rz 17 ff.

Dienstwohnung s *Dienstwohnung* Rz 20 ff.

Diplomatenbezüge der diplomatischen Vertreter fremder Staaten sowie der ihnen zugewiesenen Beamten, soweit sie nicht die deutsche Staatsangehörigkeit besitzen, oder ständig im Inland ansässig sind, sind steuerfrei (§ 3 Nr 29 EStG).

Direktversicherung s *Betriebliche Altersversorgung* Rz 107 ff, *Lohnsteuerpauschalierung* Rz 44 und unten Rz 20: Pensionsfonds.

Doppelbesteuerungsabkommen s *Auslandstätigkeit* Rz 42 ff.

15 **Doppelte Haushaltsführung.** Zu entsprechenden Vergütungen des ArbGeb s *Doppelte Haushaltsführung* Rz 36, 37.

Durchlaufende Gelder sind Beträge, die der ArbN erhält, um sie für den ArbGeb auszugeben (§ 3 Nr 50 EStG). Das oben zum Auslagenersatz Dargestellte gilt entsprechend.

Ehrenamtliche Tätigkeit s *Ehrenamtliche Tätigkeit* Rz 11 ff.

Ehrenbezüge aufgrund des Gesetzes über Titel, Orden und Ehrenzeichen sowie der Ehrensold für Künstler und Zuwendungen aus der Deutschen Künstlerhilfe sind gem § 3 Nr 22 bzw 43 EStG steuerfrei. Die Befreiung nach § 3 Nr 22 EStG soll zum 1.1.12 aufgehoben werden, da sie mangels gesetzlicher Grundlage gegenstandslos geworden ist.

Eigenheim- und Kinderzulage nach dem EigZulG (§ 16) ist steuerfrei.

Ein-Euro-Job. Die Einnahmen (1–2 €/Std) sind als Mehraufwandsentschädigung nach § 3 Nr 2b EStG steuerfrei und unterliegen nicht dem Progressionsvorbehalt (OFD Koblenz 29.11.04 – S 2342, DStZ 05, 89).

Eingliederungshilfe (voher -geld) für Aus- und Übersiedler ist nach § 3 Nr 2 EStG steuerfrei.

Eingliederungszuschuss s *Lohnkostenzuschuss* Rz 5 und oben Arbeitsförderungsleistungen.

Einsatzwechseltätigkeit s *Einsatzwechseltätigkeit* Rz 5 ff.

Einstellungszuschuss s Personalbuch 2009 und oben Arbeitsförderungsleistungen.

Elterngeld s *Elterngeld* Rz 6 ff.

Entlassungsentschädigung s *Abfindung* Rz 42 ff, *Außerordentliche Einkünfte* Rz 5 ff und *Übergangsgeld/Überbrückungsgeld* Rz 8 ff.

Entschädigungen s Stichworte *Abfindung* Rz 42 ff, *Arbeitskleidung* Rz 24, 25, *Aufwandsentschädigung* Rz 3 ff, *Übergangsgeld/Überbrückungsgeld* Rz 8 ff sowie unten Werkzeuggeld.

Entwicklungshelfer. Bestimmte Leistungen nach dem Entwicklungshelfergesetz (§ 4 Abs 1 Nr 2, § 7 Abs 3, §§ 9, 10 Abs 1, §§ 13, 15) sind steuerfrei (§ 3 Nr 61 EStG).

Erfinder s *Arbeitnehmererfindung* Rz 29, 30.

Erholungsbeihilfen s *Beihilfeleistungen* Rz 5.

16 **Erwerbsminderung** s auch *Erwerbsminderung* Rz 8 ff. Bezüge, die aufgrund gesetzlicher Vorschriften aus öffentlichen Mitteln versorgungshalber an Wehr- oder Zivildienstbeschädigte oder ihre Hinterbliebenen, an Kriegsbeschädigte, Kriegshinterbliebene und ihnen gleichgestellte Personen gezahlt werden, sind nach § 3 Nr 6 EStG steuerfrei, soweit es sich nicht um Bezüge handelt, die aufgrund der Dienstzeit gewährt werden. Eine Auflistung der entsprechenden gesetzlichen Vorschriften enthält LStR 3.6. Zu steuerlichen Vergünstigungen s auch *Behinderte* Rz 70 ff.

Essenszuschuss s *Essenszuschuss* Rz 7 ff.

EU. Steuerliche Behandlung von Organisationen der EU gezahltes Tagegeld für in ihrem Bereich verwendete Beamte s BMF 12.4.06 – IV B 3 – S 1311 – 75/06, BStBl I 06, 340.

Fahrtkostenersatz s *Fahrtätigkeit* Rz 15, *Arbeitnehmerbeförderung* Rz 7 ff.

Fahrten Wohnung – erste Tätigkeitsstätte. Zusätzliche Leistungen des ArbGeb für diese Fahrten mit öffentlichen Verkehrsmitteln im Linienverkehr sind ab 2004 nicht mehr steuerfrei (Näheres s *Arbeitnehmerbeförderung* Rz 15). Für Sachbezüge in Form einer unentgeltlichen oder verbilligten Beförderung bzw von Fahrtkostenzuschüssen ist jedoch unter gewissen Voraussetzungen eine pauschale Besteuerung nach § 40a Abs 2 Satz 2 EStG möglich (s *Lohnsteuerpauschalierung* Rz 38 f sowie BFH 19.9.24 VI R 55/11, BStBl II 13, 398: nur falls freiwillige Leistung und BMF 22.5.13 IV C 5 – S 2388/11/10001–02; Dok 2013/0461548, BStBl I 13, 728).

Fehlgeldentschädigung s *Fehlgeldentschädigung* Rz 28.

17 **Feiertagslohn** s *Sonn- und Feiertagsarbeit* Rz 17 ff.

Steuerfreie Einnahmen 392

Feuerwehr s oben Bundesgrenzschutz.
Fortbildung s *Fortbildung* Rz 34, 35.
Fürsorgepflicht s *Fürsorgepflicht* Rz 22.
Geburtsbeihilfen s *Beihilfeleistungen* Rz 6.
Geburtstagsfeier. Übliche Sachleistungen des ArbGeb bei einem Empfang anlässlich eines runden Geburtstags des ArbN sind kein Arbeitslohn, wenn es sich um eine betriebliche Veranstaltung des ArbGeb handelt (LStR 19.3 Abs 2 Nr 4).
Gefahrenzulagen. Nach BFH 15.9.11 – VI R 6/09, DB 11, 2467 ist es nicht von Verfassungs wegen geboten, die Befreiung nach § 3b EStG (s *Sonn- und Feiertagsarbeit* Rz 17 ff) auf Gefahrenzulagen auszudehnen.
Gelegenheitsgeschenke s oben Aufmerksamkeiten.
Geringfügige Beschäftigung s *Geringfügige Beschäftigung* Rz 20 ff.
Gesundheitsvorsorge s *Betriebliche Gesundheitsförderung* Rz 10 ff. Zusätzlich zum geschuldeten Arbeitslohn ab 1.1.08 erbrachte Leistungen des ArbGeb iSd §§ 20, 20a SGB V bis zu 500 € im Kj (§ 3 Nr 34 EStG iVm § 52 Abs 4c EStG) sind steuerfrei.
Gründungszuschuss s *Gründungszuschuss* Rz 6 ff.
Haustrunk ist seit 1990 stpfl Sachzuwendung. Freibetrag 1080 € (§ 8 Abs 3 EStG); s auch *Sachbezug* Rz 38.
Heimarbeit s *Heimarbeit* Rz 52.
Heiratsbeihilfen s *Beihilfeleistungen* Rz 6.
Hochwasserhilfe s *Entgeltverzicht* Rz 10 und *Beihilfeleistungen* Rz 6.
Insolvenzgeld ist gem § 3 Nr 2 EStG steuerfrei (s auch *Insolvenz des Arbeitgebers* Rz 34). **18**
Insolvenzsicherung. Die Beiträge des ArbGeb an den Träger der Insolvenzsicherung zur Sicherung der Leistungen der betrieblichen Altersversorgung gehören für den ArbN zu den steuerfreien Einnahmen für die Zukunftssicherung (§ 3 Nr 62 EStG; s LStR 3.65 Abs 2 Satz 2). Die Beiträge des Trägers der Insolvenzsicherung zugunsten eines Versorgungsberechtigten und seiner Hinterbliebenen an eine Pensionskasse oder Unternehmen der Lebensversicherung sind steuerfrei (§ 3 Nr 65 EStG; s LStR 3.65 Abs 1).
Instrumentengelder fallen nicht unter Werkzeuggeld (s unten Rz 26); BFH 21.8.95, BStBl II 95, 906). Zur Kostenübernahme des ArbGeb zur Instandhaltung musikereigener Instrumente s BFH 28.3.06 – VI R 24/03, BStBl II 06, 473: steuerfreier Auslagenersatz.
Internetnutzung. Privatnutzung am Arbeitsplatz ist steuerfrei; im Übrigen s *Internet-/Telefonnutzung* Rz 32 ff.
Jubiläumszuwendung. Die Steuerfreiheit ist seit 1.1.99 entfallen (s *Einmalzahlungen* Rz 32).
Kapitalabfindungen s *Abfindung* Rz 48, 49.
Kaufkraftausgleich. Bei Auslandsbediensteten im öffentlichen Dienst bleiben die höheren Auslandsdienstbezüge (Auslandszuschlag, Mietzuschuss, Zulagen) sowie der Kaufkraftzuschlag steuerfrei. Bei ArbN der Privatwirtschaft bleibt nur der Kaufkraftzuschlag iHd Zuschlags im öffentlichen Dienst steuerfrei, wenn sich der ArbN nur zeitlich begrenzt im Ausland aufhält (§ 3 Nr 64 EStG; s auch LStR 3.64; zur Höhe der steuerfreien Zuschläge ab 1.1.14 – IV C 5 – S 2341/14/10001; Dok 2014/0022607, www.bundesfinanzministerium.de). Bei privaten ArbN ist der dem Zuschlagssatz entsprechende Abschlagssatz bzgl der Gesamtbezüge LStR 3.64 Abs 5 und LStH 3.64 zu entnehmen.
Kinderbetreuung s *Betriebskindergarten* Rz 4 ff, § 3 Nr 33 EStG und BFH 19.9.12 – VI R 54/11, **19**
DStR 12, 2427 und BMF 22.5.13 IV C 5 – S 2388/11/10001–02; Dok 2013/0461548, BStBl I 13, 728.
Kindererziehung. Leistungen für Kindererziehung an Mütter der Geburtsjahrgänge vor 1921 nach §§ 294 bis 299 SGB VI (s auch *Kindervergünstigungen* Rz 51) sind steuerfrei (§ 3 Nr 67 EStG).
Kindergeld s *Kindergeld* Rz 4.
Kindervergünstigungen. Die vom Träger der Jugendhilfe geleisteten Erstattungen nach § 23 Abs 2 Satz 1 Nr 3 und 4 SGB VIII (Kindertagespflege) und nach § 39 Abs 4 Satz 2 SGB VIII (Bereitschaftspflege) sind steuerfrei (§ 3 Nr 9 EStG); s auch *Kindervergünstigungen* Rz 5 ff.
Kinderzuschuss der gesetzlichen RV ist steuerfrei (§ 3 Nr 1b EStG).
Knappschaftsversicherungsleistungen s unten Rentenversicherungsleistungen.
Krankengeld s *Krankengeld* Rz 8.
Krankengeldzuschuss s *Krankengeldzuschuss* Rz 2.
Krankentagegeld. Führen schon die vom ArbGeb erbrachten Aufwendungen für den Versicherungsschutz zu Arbeitslohn, begründen die daraufhin erbrachten Versicherungsleistungen keinen weiteren Arbeitslohn. Daher liegt regelmäßig auch dann kein Arbeitslohn vor, wenn eine Leistung aus einem Versicherungsverhältnis auf eigene – nicht lediglich dem ArbGeb zustehende – Ansprüche des ArbN erbracht und der Versicherungsschutz im Zusammenhang mit dem Arbeitsverhältnis gewährt wird. Dagegen führen an den ArbN erbrachte Leistungen aus einem Versicherungsverhältnis, mit dem sich der ArbGeb zur Finanzierung arbeitsrechtlicher Ansprüche nur rückversichert und selbst alleiniger Anspruchsberechtigter gegenüber dem Versicherer ist, beim ArbN zu Arbeitslohn. Dies gilt unabhän-

392 Steuerfreie Einnahmen

gig davon, ob die Auszahlung an den ArbN über den ArbGeb oder auf dessen Weisung direkt durch den Versicherer erfolgt (BFH 15.11.07 – VI R 30/04, BFH/NV 08, 550). Von einer Versicherung gezahlte Krankentagegelder sind auch dann kein Lohn, wenn neben dem ArbN auch der ArbGeb die Versicherungsleistung geltend machen kann (BFH 13.3.06 – VI B 113/05, DStRE 06, 788).

20 **Krankenversicherungsleistungen** sind steuerfrei (§ 3 Nr 1a EStG). Dies gilt auch für Leistungen aus der Krankenhaustagegeldversicherung. Ungeklärt ist das für Leistungen aus der Krankentagegeldversicherung (s *Schmidt/Heinicke* § 3 ABC: Krankheitskostenersatz mwN; s auch *Krankenversicherungsbeiträge* Rz 9).

Kriegsbeschädigtenrenten sind steuerfrei (§ 3 Nr 6 EStG; s auch oben Erwerbsminderung).
Kundenbindungsprogramm. Bestimmte Sachprämien sind bis 1080 € steuerfrei (§ 3 Nr 38 EStG; s hierzu *Arbeitsentgelt* Rz 74 und *Lohnsteuerpauschalierung* Rz 59).
Kunst s *Beihilfeleistungen* Rz 13.
Künstlersozialbeiträge s *Künstlersozialversicherung* Rz 6.
Kurzarbeitergeld s *Kurzarbeit* Rz 27.
Landwirtschaft. ArbN, deren Beschäftigung in einem landwirtschaftlichen Unternehmen aufgrund der Stilllegung oder Abgabe des Betriebes endet und die in der gesetzlichen RV versichert sind, erhalten unter bestimmten Voraussetzungen ein laufendes Ausgleichsgeld iHv 65 vH des Bruttoentgelts. Dieses ist bis zum Gesamtbetrag von 18 407 € steuerfrei (§ 3 Nr 27 EStG).
Leistungen zur Sicherung des Lebensunterhalts und zur Eingliederung in Arbeit nach dem SGB II (zB AlGeld II, Sozialgeld, § 14 SGB II) sind steuerfrei (§ 3 Nr 2b EStG).
Lohnersatzleistungen s *Lohnersatzleistungen* Rz 5 ff.
Mietvorteile s LStR 3.59.
Mietzuschuss s oben Kaufkraftausgleich.
Mobilitätshilfen s Personalbuch 2009 und oben Arbeitsförderungsleistungen.
Mutterschaftsgeld s *Mutterschaftsgeld* Rz 3–5.
Mutterschaftshilfe s *Mutterschaftshilfe* Rz 2.
Nachtarbeit s *Sonn- und Feiertagsarbeit* Rz 17 ff.
Nebeneinkünfte s *Aufwandsentschädigung* Rz 12 ff, *Nebentätigkeit* Rz 22.
Outplacementberatung ist steuerfrei, wenn es sich um dem SGB III entsprechende Qualifikations- und Trainingsmaßnahmen handelt (LStR 19.7 Abs 2 Satz 5; s auch *Arbeitsvermittlung, private* Rz 11).
Pensionsfonds, Pensionskasse und Direktversicherung. Zahlungen des ArbGeb sind bis zu 4 % der Beitragsbemessungsgrenze id RV steuerfrei (§ 3 Nr 63 EStG; s auch *Betriebliche Altersversorgung* Rz 125 ff), und zwar auch hinsichtlich der im Gesamtversicherungsbeitrag des ArbGeb an eine Pensionskasse enthaltenen Finanzierungsanteile des ArbN (BFH 9.12.10 – VI R 57/08, DStR 11, 512).

21 **Personalrabatte** sind grds Arbeitslohn. 1080 € sind steuerfrei (§ 8 Abs 3 EStG; s auch LStR 8.2 und *Sachbezug* Rz 38).
Pflegegeld des Jugendamtes ist steuerfrei (§ 3 Nr 11 EStG; s auch *Beihilfeleistungen* Rz 11 Erziehungsbeihilfen).
Pflegeentgelt von Angehörigen aus deren Vermögen ist nicht steuerbar (BFH 14.9.99 – IX R 88/95, BStBl II 99, 776).
Pflegeversicherungsleistungen s *Pflegeversicherungsleistungen* Rz 2 ff.
Polizei s oben Bundesgrenzschutz.
Reisekostenvergütungen im Zusammenhang mit Gruppenunfallversicherungen s BMF 28.10.09 – IV C 5 – S 2332/09/10004; Dok 2009/0556578, BStBl I 09, 1275; s auch *Dienstreise* Rz 18, 56, 57.
Rentenversicherungsbeiträge s *Rentenversicherungsbeiträge* Rz 4, 5 und *Altersteilzeit* Rz 28. Nach § 3 Nr 28 EStG sind auch Zahlungen des ArbGeb zur Übernahme der Beiträge nach § 187a SGB VI (s *Altersgrenze* Rz 36), soweit sie 50 % nicht übersteigen, steuerfrei (s auch BMF 25.9.01 – IV C 5 – S 2333 – 16/01, DStR 01, 1800).
Rentenversicherungsleistungen. Steuerfrei sind Sachleistungen, Kinderzuschüsse (§ 3 Nr 1b EStG), Krankenversicherungszuschüsse (§ 3 Nr 14 EStG), Übergangsgeld nach SGB VI (s auch *Übergangsgeld/Überbrückungsgeld* Rz 9) und Erziehungsgeld (§ 3 Nr 67 EStG). Zur Stpfl der Renten s *Altersrente* Rz 8 ff.

22 **Rückzahlung** steuerfreier Einnahmen s *Entgeltrückzahlung* Rz 17 ff sowie *Erstattungsanspruch der Agentur für Arbeit* Rz 11 ff.
Sachbezug s *Sachbezug* Rz 3 ff sowie oben Aufmerksamkeiten, Geburtstagsfeier, Kundenbindungsprogramm und Personalrabatte.
Sammelbeförderung s *Arbeitnehmerbeförderung* Rz 14.
Schadensersatzleistungen des ArbGeb s *Arbeitgeberhaftung* Rz 19 ff.
Schichtzulagen sind im Rahmen der Sonntags-, Feiertags und Nachtarbeit steuerfrei (s *Sonn- und Feiertagsarbeit* Rz 17 ff).
Schmutzzulage s *Entgeltzuschläge* Rz 13 ff.
Schwerbehinderte s *Behinderte* Rz 70 ff.

Seebeben. Zu Unterstützungen an ArbN, Arbeitslohnspenden, Zinszuschüssen und -vorteilen bei ArbGebDarlehen, die ArbN gewährt werden, die vom Seebeben im Dezember 04 betroffen sind s BMF 14.1.05 – IV C 4 – S 2223 – 48/05, BStBl I 05, 52; DStR 05, 154 und *Beihilfeleistungen* Rz 7. Zur Spende von Lohn und Gehalt s auch *Kass* DB 05, 414.

Seuchenentschädigungen nach dem Infektionsschutzgesetz (vorher BSeuchG) für Lohnausfall sind steuerfrei (§ 3 Nr 25 EStG). **23**

Soldaten s oben Bundeswehr.

Sonntagszuschläge s *Sonn- und Feiertagsarbeit* Rz 17 ff.

Sozialhilfe s *Beihilfeleistungen* Rz 13.

Sozialversicherungsbeiträge s *Sozialversicherungsbeiträge* Rz 14.

Stipendien s *Beihilfeleistungen* Rz 14.

Streikgelder s *Arbeitskampf (Vergütung)* Rz 24 ff.

Sterbegeld s *Sterbegeld* Rz 11.

Studienbeihilfen s *Beihilfeleistungen* Rz 14.

Teilarbeitslosengeld s *Arbeitslosengeld* Rz 4.

Telefonbenutzung s *Internet-/Telefonnutzung* Rz 32 ff.

Telekommunikationseinrichtungen. Privatnutzung am Arbeitsplatz ist steuerfrei, § 3 Nr 45 EStG (s auch *Internet-/Telefonnutzung* Rz 32 ff).

Trennungsgeld im öffentlichen Dienst ist nach § 3 Nr 13 EStG teilweise steuerfrei, soweit es die als Werbungskosten abziehbaren Aufwendungen nicht übersteigt s *Doppelte Haushaltsführung* Rz 22 ff und *Verpflegungsmehraufwendungen* Rz 9. **24**

Trinkgeld s *Trinkgeld* Rz 6 ff.

Überbrückungsgeld nach § 57 SGB III aF ist steuerfrei (§ 3 Nr 2 EStG; s auch *Übergangsgeld/ Überbrückungsgeld* Rz 13). Es wurde vom Gründungszuschuss (s *Gründungszuschuss* Rz 6 ff) abgelöst und wird ab dem 1.1.06 nur noch gezahlt, wenn es vor dem Zeitpunkt bewilligt wurde.

Übergangsgeld s *Übergangsgeld/Überbrückungsgeld* Rz 8 ff.

Übertragungswert der betrieblichen Altersversorgung bei Wechsel des ArbGeb ist steuerfrei (§ 3 Nr 55 EStG; s *Betriebliche Altersversorgung* Rz 23).

Umlagezahlungen an die VBL, die dem ArbN einen unmittelbaren und unentziehbaren Rechtsanspruch gegen die VBL verschaffen, führen im Zeitpunkt ihrer Zahlung zu Arbeitslohn und sind daher weder nach § 3 Nr 62 EStG noch nach § 3 Nr 63 EStG steuerfrei (BFH 7.5.09 – VI R 8/07, BFH/NV 09, 1504).

Umschulung s *Umschulung* Rz 13 ff.

Umzugskostenvergütung s *Umzugskosten* Rz 13 ff.

Unfallruhegehalt. Das erhöhte Unfallruhegehalt nach § 37 Beamtenversorgungsgesetz ist nicht nach § 3 Nr 6 EStG steuerfrei (BFH 29.5.08 – VI R 25/07, BFH/NV 08, 1604).

Unfallversicherungsbeiträge s *Unfallversicherung* Rz 6 ff.

Unfallversicherungsleistungen s *Unfallrente* Rz 7 ff.

Unterhaltsbeitrag nach § 38 Beamtenversorgungsgesetz ist nach § 3 Nr 6 EStG steuerfrei (BFH 16.1.98 – VI R 5/96, BStBl II 98, 303).

Unterhaltsgeld s *Arbeitslosengeld* Rz 10.

Unterhaltssicherung. Leistungen nach dem Unterhaltssicherungsgesetz zur Sicherung des Lebensunterhalts der Wehrdienstleistenden und ihrer Angehörigen sind steuerfrei, soweit sie nicht nach § 15 Abs 1 Satz 2 Unterhaltssicherungsgesetz stpfl sind (§ 3 Nr 48 EStG). **25**

Unterstützungsleistungen s *Beihilfeleistungen* Rz 8. Unterstützungsleistungen des ArbGeb an seine vom Hochwasser betroffenen ArbN sind bis zu einem Betrag von 600 € je Kj steuerfrei, ohne dass die in R 3.11 Abs 2 Satz 2 Nr 1–3 LStR genannten Voraussetzungen vorliegen müssen. Leistet der ArbGeb mehr als 600 € kann der übersteigende Betrag bei hochwassergeschädigten ArbN je nach Einkommens- und Familienverhältnissen ebenfalls nicht zum steuerpflichtigen Arbeitslohn gehören. Welche Maßstäbe hier angelegt werden ist derzeit unklar. Es empfiehlt sich daher eine Nachfrage beim zuständigen Betriebs-FA, ggf. eine Anrufungsauskunft (s *Anrufungsauskunft* Rz 5 ff.). Die Regelung für Unterstützungsleistungen gilt auch für die Gewährung von Zinsvorteilen oder -zuschüssen. Auch Arbeitslohnspenden (s auch *Wertguthaben* Rz 7) bleiben bei der Feststellung des steuerpflichtigen Arbeitslohns außer Ansatz. Die steuerfreien Leistungen sind im Lohnkonto (Rz 2 ff, 6) aufzuzeichnen. In der *Lohnsteuerbescheinigung* (Rz 11 ff, 17) ist der außer Ansatz bleibende Arbeitslohn nicht anzugeben (vgl § 41b Abs 1 Satz 2 Nr 3 EStG). Ebenso kann für als außergewöhnliche Belastungen abziehbare Aufwendungen für die Wiederbeschaffung existenziell notwendiger Gegenstände in Rahmen des Hochwasserschadens ein Freibetrag gem § 39a Abs 1 Nr 3 iVm Abs 2 Satz 4 EStG eingetragen bzw als ELStAM gebildet werden (s *Lohnsteuerabzugsmerkmale* Rz 8 ff, 12; *Lohnsteuerermäßigung* Rz 3 ff, 7). Die Regelungen sollen vom 1.6.2013 bis 31.5.2014 gelten (s im Einzelnen BMF 21.6.2013 – IV C 4 – S 2223/07/0015:008; Dok 2013/0599537, DStR 2013, 1335 und gleichlautende Ländererlasse).

Verbesserungsvorschläge s *Verbesserungsvorschläge* Rz 12.

392 Steuerfreie Einnahmen

Vermögensbeteiligung s *Mitarbeiterbeteiligung* Rz 22 ff.
Vermögenswirksame Leistungen s *Vermögenswirksame Leistungen* Rz 25 ff.

26 **Verpflegungsmehraufwendungen** s *Verpflegungsmehraufwendungen* Rz 5 ff und *Aufwendungsersatz* Rz 23 ff, 31.
Versorgungsbezüge sind als Arbeitslohn unter Gewährung der Freibeträge für Versorgungsbezüge zu versteuern (s *Altersgrenze* Rz 17 ff sowie LStR 19.8). Zur Besteuerung der Leistungen aus der RV s oben RVLeistungen und aus der UV s *Unfallrente* Rz 7 ff.
Vorruhestand s nunmehr *Altersteilzeit* Rz 26 ff.
Vorsorgeaufwendungen s *Sonderausgaben* Rz 5 ff.
Waschgeld für angestellte Schornsteinfeger ist nicht steuerfrei (FG RhPf 1.12.93, EFG 94, 656).
Werbungskostenersatz s *Aufwendungsersatz* Rz 23 ff, 31.
Werkzeuggeld ist steuerfrei (§ 3 Nr 30 EStG; s auch *Entgeltzuschläge* Rz 14).
Wertguthaben. Die Übertragung nach § 7 f Abs 1 Satz 1 Nr 2 SGB IV auf die Deutsche Rentenversicherung Bund ist steuerfrei (§ 3 Nr 53 EStG); s *Wertguthaben/Zeitguthaben* Rz 7.

27 **Wintergeld** s *Wintergeld* Rz 4.
Wohngeld ist steuerfrei (§ 3 Nr 58 EStG).
Wohnung. Die unentgeltliche oder verbilligte Überlassung einer Wohnung an den ArbN stellt einen Sachbezug dar (s *Dienstwohnung* Rz 25 ff). Mietvorteile, die im Rahmen eines Dienstverhältnisses gewährt werden und auf der Förderung nach dem II. Wohnungsbaugesetz oder dem Wohnungsbaugesetz für das Saarland oder nach dem Wohnraumförderungsgesetz beruhen, sind steuerfrei (§ 3 Nr 59 EStG BFH 16.2.05 – VI R 58/03, BStBl I 05, 750; s auch BMF 10.10.05 – IV C 5 – S 2334 – 75/05, BStBl I 05, 959).
Wohnungsbauprämie ist steuerfrei (§ 6 WoPG).
Zinsvorteile s *Arbeitgeberdarlehen* Rz 14. Zur Gewährung von Zinsvorteilen oder -zuschüssen durch ArbGeb an hochwassergeschädigte ArbN s *Unterstützungsleistungen*.
Zukunftssicherungsleistungen eines inländischen ArbGeb für einen unbeschränkt stpfl schwedischen ArbN auf vertraglicher Grundlage an niederländische und schwedische Versicherungsunternehmen, sind nicht nach § 3 Nr 62 Satz 1 EStG befreiter Arbeitslohn. Gleiches gilt für Zahlungen an die französische gesetzliche KV (BFH 12.1.11 – I R 49/10, DStR 11, 616). § 3 Nr 62 EStG verstößt nicht gegen EU-Recht (BFH 28.5.09 – VI R 27/06, BStBl II 09, 857); s auch § 3 Nr 56, 62 und 63 EStG, § 2 Abs 2 Nr 3 LStDV sowie LStR 3.62 und *Betriebliche Altersversorgung* Rz 122, 125 ff. Zu ArbGebZuschüssen zur privaten KV und PflegeV s OFD Koblenz 11.8.11 – S 2221A – St 32 3, BeckVerw 268157.
Zuschläge nach § 6 Abs 2 Bundesbesoldungsgesetz (Altersteilzeit) sind steuerfrei (§ 3 Nr 28 EStG).
Zuschuss zum Arbeitsentgelt nach § 417 SGB III (Entgeltsicherung für ältere ArbN) ist gem § 3 Nr 2 EStG steuerfrei (s auch *Arbeitsförderung* Rz 6 ff).

C. Sozialversicherungsrecht
Schlegel

28 **1. Beitragsrecht.** Für Einnahmen, die zusätzlich zu Löhnen und Gehältern gewährt werden, besteht keine Beitragspflicht, wenn und soweit diese kraft Gesetzes (§§ 3, 3b EStG, § 3 LStV) steuerfrei sind. Welche Einnahmen im Einzelnen steuerfrei sind, s oben Rz 8 ff. Dies ergibt sich aus § 1 Abs 1 Nr 1 SvEV; danach sind einmalige Einnahmen, laufende Zulagen, Zuschläge, Zuschüsse sowie ähnliche Einnahmen, die zusätzlich zu Löhnen oder Gehältern gewährt werden, nicht dem Arbeitsentgelt zuzurechnen, soweit sie lohnsteuerfrei sind. § 1 Abs 2 SvEV enthält eine Sonderbestimmung für die UV; dort sind dem Arbeitsentgelt auch steuerfreie Zuschläge für Sonntags-, Feiertags- und Nachtarbeit zuzurechnen, es sei denn, es geht darum, das bei einer Hinterbliebenenrente aus der UV zu berücksichtigende Erwerbseinkommen zu ermitteln ist.

29 Die Steuerfreiheit muss auf Gesetz oder Rechtsverordnung beruhen; die bloße Verwaltungspraxis, bestimmte Entgeltbestandteile nicht der Besteuerung zu unterwerfen, reicht hierfür selbst dann nicht aus, wenn diese Verwaltungspraxis durch LStR festgelegt ist.

30 **2. Leistungsrecht.** Leistungen der Sozialversicherung (zB Krankengeld) sind ebenfalls nach Maßgabe des § 1 Abs 1 SvEV zu berechnen. Dies bedeutet, dass Einnahmen die im maßgeblichen Bemessungszeitraum erzielt wurden, für die Leistungsberechnung außer Betracht bleiben, wenn und soweit sie steuerfrei sind.

31 **3. Steuerfreie Lohnersatzleistungen.** Krankengeld, AlGeld, AlHilfe und andere steuerfreie Sozialleistungen (vgl § 3 Nrn 1 bis 2a EStG) sind kein Arbeitsentgelt iSd § 1 SvEV iVm § 14 SGB IV. Ob für diese Lohnersatzleistungen Beiträge zu einzelnen Zweigen der SozV zu entrichten sind, ist den jeweiligen Vorschriften über die Beitragsbemessungsgrund-

lage zu entnehmen. Eine einheitliche Antwort hierauf ist nicht möglich (s *Lohnersatzleistungen* Rz 26–34; *Krankenversicherungsbeiträge* Rz 11 ff; *Rentenversicherungsbeiträge* Rz 9 ff).

Studentenbeschäftigung

A. Arbeitsrecht *Röller*

1. Begriff. Studentenbeschäftigung liegt vor, wenn ein Student neben seinem Studium zu Erwerbszwecken einer bezahlten Beschäftigung nachgeht. 1

2. Abgrenzung zum Volontär und Praktikant. Durch den Erwerbszweck unterscheidet sich die Studentenbeschäftigung von einem Volontariat oder Praktikum (*Knigge* AR-Blattei Volontär und Praktikant Rz 48). Näheres s *Praktikant* Rz 1 ff. 2

3. Arbeitnehmer/Freier Mitarbeiter. Studenten, die eine weisungsgebundene Tätigkeit in persönlicher Abhängigkeit erbringen, sind ArbN iSd allg ArbNBegriffs (BAG 11.11.08 – 1 ABR 68/08, NZA 09, 450). Die ArbNEigenschaft ist dem Studenten nicht schon deswegen abzusprechen, weil er die Erwerbsarbeit nur nebenbei ausübt. Entscheidendes Kriterium für die Zuordnung des Studenten als ArbN oder Freier Mitarbeiter ist vielmehr der Grad der persönlichen **Abhängigkeit** (BAG 3.5.89, BB 90, 779; s auch *Freie Mitarbeit* Rz 2 ff). 3

Nimmt ein ArbGeb an Arbeitseinsätzen interessierte studentische Hilfskräfte in eine Interessentenliste auf, so kommt dadurch noch kein unbefristetes Arbeitsverhältnis zustande, wenn für den ArbGeb nicht die Verpflichtung besteht, Arbeitseinsätze anzubieten und wenn die studentische Hilfskraft nicht verpflichtet ist, etwaige Arbeitsangebote anzunehmen. Die in einer Rahmenvereinbarung vorgesehene Vertragskonstruktion, nur befristete einsatzbezogene Tagesarbeitsverhältnisse und kein Abrufarbeitsverhältnis iSv § 12 TzBfG zu begründen, kann jedoch im Wege der Befristungskontrolle zu einem unbefristeten Arbeitsverhältnis führen (BAG 16.4.03 – 7 AZR 187/02, NZA 04, 40). 4

Der Student ist **Freier Mitarbeiter**, wenn ihm für die Erledigung seiner Aufgaben zwar Termine gesetzt, die Fristen dabei jedoch so bemessen werden, dass er seine Arbeitszeit innerhalb des vorgegebenen Zeitraums nach eigenen Vorstellungen und Bedürfnissen gestalten kann (BAG 3.5.89, BB 90, 779). So liegt ein Dienstverhältnis etwa vor, wenn ein Jurastudent gelegentlich für einen Rechtsanwalt Gutachten erstellt. Ist dagegen der Zeitraum, der dem Studenten zur Bearbeitung eingeräumt wird, so knapp bemessen, dass er keinerlei Dispositionsmöglichkeiten mehr hat oder ist der Student in einem Betrieb integriert und sind ihm feste Zeiten und Orte vorgegeben, an denen er seine Arbeitsleistung zu erbringen hat, so liegt abhängige Arbeit iSd Arbeitsrechts vor und der Student wird im Rahmen eines Arbeitsvertrages beschäftigt (vgl LAG Bln 16.8.83, AP § 611 BGB Abhängigkeit Nr 44 zu 1b der Gründe; *Delhey/Alfmeier* NZA 91, 257, 258). 5

4. Beschäftigung. Für die Beschäftigung von Studenten, die in aller Regel befristet erfolgt, ergeben sich folgende arbeitsrechtlichen Gesichtspunkte. 6

a) Befristung. Ohne Sachgrund ist in dem durch § 14 Abs 2 TzBfG (bis zu 2 Jahren) und § 57e HRG (bis zu 4 Jahren) gesetzten Rahmen eine Befristung möglich. Das Zitiergebot des § 57b Abs 3 HRG findet auf Verträge mit studentischen Hilfskräften keine Anwendung (BAG 20.4.05 – 7 AZR 293/04, DB 05, 1973). Näheres s *Aushilfskräfte* Rz 3 und *Befristetes Arbeitsverhältnis* Rz 6 ff. 7

Die **Befristung mit Sachgrund** ist nach Maßgabe des § 14 Abs 1 TzBfG zulässig. Ein Sachgrund kann vorliegen, wenn der Student dadurch die Möglichkeit erhält, die Erfordernisse des Studiums mit denen des Arbeitsverhältnisses in Einklang zu bringen. Wird diesem Interesse des Studenten aber bereits durch eine entsprechend flexible Ausgestaltung des Arbeitsverhältnisses Rechnung getragen, so kann die Befristung nicht auf den Gesichtspunkt der Anpassung der Erwerbstätigkeit an die Erfordernisse des Studiums gestützt werden. Eine derartige Ausgestaltung entsteht jedoch nicht bereits durch eine Vielzahl befristeter Eintagsarbeitsverhältnisse (BAG 16.4.03 – 7 AZR 187/02, NZA 04, 40; 29.10.98 – 7 AZR 561/97, DB 99, 964 sa APS/*Backhaus* § 14 TzBfG Rz 303 ff). 8

393 Studentenbeschäftigung

9 **b) Kündigung.** Für die Kündigung eines Arbeitsverhältnisses mit einem Studenten gelten keine Besonderheiten. Der Wegfall der Versicherungsfreiheit ist kein personenbedingter Grund zur Kündigung iSv § 1 Abs 2 KSdG (BAG 18.1.07 – 2 AZR 731/05, NZA 07, 680). Ein solcher kann jedoch bei einer Exmatrikulation vorliegen, wenn der Studentenstatus vertraglich vorausgesetzt wird, zB bei einer studentischen Hilfskraft an einer Forschungseinrichtung iSd § 57d HRG (BAG 18.9.08 – 2 AZR 976/06, NZA 09, 425).

10 **c) Entlohnung.** Der ArbGeb muss Studenten so entlohnen wie jeden ArbN mit der entsprechenden Tätigkeit. Bei Bestehen bzw Anwendung einer tariflichen Vergütungsordnung ist der Student einzugruppieren (BAG 11.11.08 – 1 ABR 68/07, NZA 09, 450).

11 **d) Elternzeit und Mutterschaftsgeld.** Erfolgt die Beschäftigung im Rahmen eines Arbeitsverhältnisses kann der Student Elternzeit beantragen (ErfK/*Dörner* § 15 BEEG Rz 5). Studentinnen haben gem §§ 200 Abs 1 RVO, 5 Abs 1 Nr 9 SGB V Anspruch auf Mutterschaftsgeld, wenn ihnen wegen der Schutzfristen des MuSchG kein Arbeitsentgelt gezahlt wird (ErfK/*Rolfs* § 200 RVO Rz 5).

12 **5. Betriebsverfassung/Tarifverträge.** Studenten, die als Aushilfskräfte beschäftigt werden, sind ArbN iSd § 5 Abs 1 BetrVG. Sie sind gem § 7 BetrVG wahlberechtigt, wenn sie am Wahltag in einem Arbeitsverhältnis zum Betrieb stehen. Werkstudenten können nur bei hinreichenden sachlichen Gründen aus dem persönlichen Geltungsbereich eines Tarifvertrages heraus genommen werden (BAG 20.1.04 – 9 AZR 291/02, NZA 04, 1058; 30.8.2000 – 4 AZR 563/99, NZA 01, 613). Gem § 12a Abs 1 Nr 1 TVG können Tarifverträge für ArbNÄhnliche Personen auch für Studenten gelten, die als Freie Mitarbeiter beschäftigt werden, da sie vergleichbar schutzbedürftig sind, soweit sie überwiegend für eine Person tätig sind oder ihnen von einer Person durchschnittlich mehr als die Hälfte des Gesamtentgelts für die Erwerbstätigkeit zusteht.

B. Lohnsteuerrecht *Windsheimer*

21 Die Beschäftigung von Studenten, sei es zu deren Ausbildung (s *Ausbildungskosten* Rz 22 ff, *Praktikant* Rz 11), sei es als Aushilfskraft oder auf Dauer, unterliegt grds der LStBehandlung wie bei einem gewöhnlichen ArbN. Die Vergütung ist **stpfl Arbeitsentgelt** (s *Arbeitsentgelt* Rz 30 ff), so auch die Aufwandsentschädigung als AStA-Mitglied (BFH 22.7.08 – VI R 51/05, DStR 08, 1923); zur ArbNEigenschaft s ABC bei *Arbeitnehmer (Begriff)* Rz 84 „Werkstudent". Die Bezüge können **steuerfrei** sein, wenn sie aus öffentlichen Mitteln oder aus Mitteln einer öffentlichen Stiftung zu Ausbildungszwecken gewährt werden (§ 3 Nr 11 und Nr 44 EStG; s *Berufsausbildungsförderung* Rz 4 ff). Steuerfrei wird auch Einnahmen aus nebenberuflicher Tätigkeit bis 2400 € im Jahr (§ 3 Nr 26 EStG; R 3.26 Abs 2 LStR; s *Nebentätigkeit* Rz 22). Sonderregelungen wie im SozVRecht (s unten Rz 22 ff) bestehen für die LSt nicht.

Soweit die Voraussetzungen für die *Lohnsteuerpauschalierung* Rz 40 erfüllt sind, kann die LSt **pauschaliert** werden (s auch *Geringfügige Beschäftigung* Rz 22; *Aushilfskräfte* Rz 23 ff). Soweit die Voraussetzungen hierfür nicht vorliegen, ist die Besteuerung unter Abruf von ELStAM vorzunehmen. Für den LStAbzug gelten keine Besonderheiten (s *Lohnsteuerberechnung* Rz 2 ff; s auch *Ausbildungsverhältnis* Rz 86 ff). Zahlungen, die im Inland studierende **ausländische** Studenten oder Praktikanten für den Unterhalt, für ihr Studium oder ihre Ausbildung von ausländischen Zahlungsträgern erhalten, sind im Inland steuerfrei (Art 20 OECD-MA; R 22.2 Satz 2 EStR). Vergütungen für Erwerbstätigkeit daneben unterliegen der normalen LStPflicht. Zu DBA-Regelungen, die Steuerfreiheit von Studentenbeschäftigung beinhalten, s die Übersicht geordnet nach Staaten OFD Bln 9.10.98, IStR 99, 25. Zur Steuerfreiheit nach dem DBA USA s BMF 20.9.99 – IV B 4 – S 1301 USA – 81/99, BStBl I 99, 844. Bei Tätigkeit im In- und Ausland sind die Einnahmen/Ausgaben zeit- und ortsbezogen zuzuordnen (BFH 11.2.09 – I R 25/08, BFH/NV 09, 1318).

Zur **Kindergeldberechtigung** für Studenten s *Kinderfreibetrag* Rz 9 ff. Die Wohnung des Studenten am Studienort kann nach Landesrecht der **Zweitwohnungssteuer** unterliegen (BFH 17.2.10 – II R 5/08, BStBl II 10, 889).

C. Sozialversicherungsrecht

Schlegel

Übersicht

	Rz
I. Allgemeines	22, 23
II. Versicherungspflicht als Student unabhängig von einer Beschäftigung	24–29
1. Kranken- und Pflegeversicherung	24–27
a) Krankenversicherung der Studenten – KVdS	24
b) Beitragsbemessung in der KVdS	25
c) Subsidiarität der KVdS	26, 27
2. Unfallversicherung	28
3. Rentenversicherung	29
III. Studentenbeschäftigung	30–57
1. Versicherungspflicht bei entgeltlicher Beschäftigung	30–34
a) Grundsatz	30, 31
b) Vorrangversicherung	32
c) Übersicht über Ausnahmetatbestände	33, 34
2. Versicherungsfreiheit bei geringfügiger Beschäftigung	35–37
a) Kranken-, Pflege-, Renten- und Arbeitslosenversicherung	35, 36
b) Geringfügigkeitstatbestände	37
3. Werkstudentenregelung	38–40
a) Anwendungsbereich	38
b) Versicherungsfreiheit in der Kranken-, Pflege- und Arbeitslosenversicherung	39
c) Zweck des „Werkstudentenprivilegs"	40
4. Voraussetzungen der Versicherungsfreiheit als sog Werkstudent	41–53
a) Immatrikulation	41, 42
b) Studentisches Erscheinungsbild	43
c) Beschäftigung während der Semesterferien	44
d) Erwerbstätigkeit im Semester/Vorlesungszeit	45–48
e) Unterbrechung des Studiums	49
f) Parallele von Studium und Beruf	50, 51
g) Vorgehensweise in Zweifelsfällen	52
h) Beurteilungszeitpunkt	53
5. Abgrenzung	54–56
a) Zum Praktikum	54, 55
b) Zur Schülerbeschäftigung	56
6. Anspruch des Studenten auf Arbeitslosengeld	57
7. Duale Studiengänge	58

I. Allgemeines. Studenten unterliegen in der KV und PflegeV unter bestimmten Voraussetzungen einer speziell für Studenten angeordneten Pflichtversicherung (sog Krankenversicherung der Studenten – KVdS; umfassend zur KV der Studenten *Felix* NZS 2000, 477). Ebenso sind sie bereits aufgrund ihres Studentenstatus in der UV, nicht aber in der RV pflichtversichert (dazu unten Rz 24 ff). 22

Üben Studenten neben ihrem Studium eine Beschäftigung aus (sog Studentenbeschäftigung), ist zu prüfen, ob sie aufgrund dieser Beschäftigung versicherungs- und beitragspflichtig sind und in welchem Konkurrenzverhältnis diese Pflichtversicherung zu sonstigen Versicherungstatbeständen steht (dazu unten Rz 30 ff). 23

II. Versicherungspflicht als Student unabhängig von einer Beschäftigung. 1. Kranken- und Pflegeversicherung. a) Krankenversicherung der Studenten – KVdS. Studenten unterliegen in der gesetzlichen KV und der PflegeV bereits aufgrund ihres Studentenstatus der Versicherungs- und Beitragspflicht. Die Versicherung beginnt mit Beginn des Semesters, frühestens mit der Immatrikulation oder dem Tag der Rückmeldung (vgl § 186 Abs 7 SGB V). Diese **Pflichtversicherung** dauert – von Ausnahmen abgesehen (zB familiäre Gründe, Erwerb der Studienvoraussetzung auf dem 2. Bildungsweg) – bis zum 14. Fachsemester, längstens bis zur Vollendung des 30. Lebensjahrs (vgl § 5 Abs 1 Nr 9 SGB V, § 20 Abs 1 Satz 2 Nr 9 SGB XI; BSG 30.9.92 – 12 RK 40/91, SozR 3–2500 § 5 Nr 4 = NZS 93, 111). 24

b) Beitragsbemessung in der KVdS. Da Studenten als solche idR kein Einkommen haben, werden für die Zwecke der Beitragserhebung bestimmte Einnahmen fingiert: **Bemessungsgrundlage** der in der KVdS zu entrichtenden Beiträge ist der monatliche Bedarfssatz nach dem BAföG (vgl § 236 Abs 1 SGB V). Diese erhöht sich ggf um Renten (zB Hinterbliebenenrente) oder Versorgungsbezüge, die der Student bezieht (vgl § 236 Abs 2 SGB V). Der **Beitragssatz** beträgt bundeseinheitlich $^7/_{10}$ des durchschnittlichen allgemeinen Beitragssatzes (vgl § 245 Abs 1 SGB V). 25

c) Subsidiarität der KVdS. Das Gesetz sieht folgende Ausnahmen von der Versicherungspflicht von Studenten in der KVdS nach § 5 Abs 1 Nr 9 SGB vor: Die beitragspflichtige Versicherungspflicht in der KVdS besteht nicht, sofern der Student nach § 10 26

393 Studentenbeschäftigung

SGB V familienversichert ist (**Vorrang einer beitragsfreien Familienversicherung;** zu deren Voraussetzungen vgl *Familienversicherung* Rz 5 ff) oder der Student aufgrund einer **vorrangigen Pflichtversicherung** nach § 5 Abs 1 Nr 1 bis 8, 11 und 12 SGB V **pflichtversichert** ist, also zB als ArbN, Künstler, Behinderter, Rentenbezieher (vgl § 5 Abs 7 SGB V).

27 Außerdem können sich Studenten nach § 8 Abs 1 Nr 3 SGB V innerhalb von drei Monaten nach Versicherungsbeginn von der KVdS befreien lassen; diese **Befreiung von der KVdS** ist nicht widerruflich (vgl § 8 Abs 2 SGB V).

28 **2. Unfallversicherung.** In der gesetzlichen UV sind Studenten kraft Gesetzes bei Unfällen versichert, die mit ihrem Studium zusammenhängen und diesem zuzurechnen sind (§ 2 Abs 1 Nr 8 Buchst a SGB VII). Eine Befreiung von der Versicherungspflicht, für welche die Studenten selbst keine Beiträge zahlen müssen, ist insoweit nicht vorgesehen.

29 **3. Rentenversicherung.** In der gesetzlichen RV besteht – anders als in der KV, PflegeV und UV – keine spezielle Versicherungspflicht für Studenten. Studienzeiten werden allerdings in begrenztem Umfang als sog Anrechnungszeiten berücksichtigt (vgl § 58 Abs 1 Nr 4 SGB VI; Einzelheiten s *Rentenversicherungsrechtliche Zeiten*).

30 **III. Studentenbeschäftigung. 1. Versicherungspflicht bei entgeltlicher Beschäftigung. a) Grundsatz.** Nach der Systematik des Sozialversicherungsrechts führt jede Arbeit, die in abhängiger Beschäftigung gegen die Zahlung von Entgelt ausgeübt wird, zur Versicherungs- und damit im Grundsatz auch zur Beitragspflicht (vgl zB § 5 Abs 1 Nr 1 SGB V; § 1 Abs 1 Nr 1 SGB VI; § 25 Abs 1 SGB III; § 20 Abs 1 Nr 1 SGB XI). In der UV besteht Versicherungsschutz auch dann, wenn die Beschäftigung unentgeltlich ausgeübt wird.

31 Dies gilt im Grundsatz auch für Studenten, die neben ihrem Studium arbeiten oder einem Ferienjob nachgehen. Studenten unterliegen in einer (entgeltlichen) Beschäftigung der auch für sonstige Beschäftigte geltenden Versicherungs- und Beitragspflicht; allerdings sieht das Gesetz bestimmte Ausnahmen von der Versicherungspflicht in Gestalt allgemeiner oder besondere Tatbestände der Versicherungsfreiheit vor (Geringfügigkeit, Studentenprivileg).

32 **b) Vorrangversicherung.** Greift keiner der nachfolgend dargestellten Befreiungstatbestände ein, geht die Versicherungspflicht des Studenten aufgrund einer Beschäftigung in der **Kranken- und Pflegeversicherung** nach § 5 Abs 1 Nr 1 SGB V, § 20 Abs 1 Nr 1 SGB XI der Pflichtversicherung in der KVdS nach § 5 Abs 1 Nr 9 SGB V, § 20 Abs 1 Nr 9 SGB XI vor (vgl § 5 Abs 7 SGB V).

Für die **Unfallversicherung** ist jeweils zu differenzieren, ob es um einen Versicherungsschutz aufgrund der Beschäftigung („versicherte Arbeit") oder aufgrund des Studiums („versichertes Studium") geht; ein genereller Vorrang der Beschäftigungsversicherung besteht insoweit nicht.

33 **c) Übersicht über Ausnahmetatbestände.** Allgemeine Ausnahmetatbestände von der Versicherungspflicht greifen bei **geringfügiger Beschäftigung** des Studenten ein (dazu nachfolgend Rz 35).

34 Ein besonderer Ausnahmetatbestand ist die in der KV und PflegeV (nicht in der RV) geltende Werkstudentenregelung, die auch als **„Werkstudentenprivileg"** bezeichnet wird (dazu unter Rz 38 ff). Auf diese kommt es regelmäßig erst dann an, wenn die Studentenbeschäftigung nicht bereits wegen Geringfügigkeit iSv § 8 Abs 1 SGB IV versicherungsfrei ist.

35 **2. Versicherungsfreiheit bei geringfügiger Beschäftigung. a) Kranken-, Pflege-, Renten- und Arbeitslosenversicherung.** Liegt eine nur geringfügige Beschäftigung iSv § 8 SGB IV vor, ist diese in der gesetzlichen KV, RV und ArblV versicherungsfrei (vgl § 7 SGB V; § 5 Abs 2 SGB VI; § 27 Abs 2 SGB III).

36 Für die gesetzliche **Pflegeversicherung** fehlt es allerdings an einer entsprechenden Vorschrift. Hierbei dürfte es sich jedoch um ein gesetzgeberisches Redaktionsversehen handeln. Die gesetzliche PflegeV soll immer dann eingreifen, wenn Personen in der gesetzlichen KV versichert sind, also tatsächlich Versicherungsschutz genießen. Demgemäß ist für die gesetzliche PflegeV analog § 7 SGB V immer dann Versicherungsfreiheit anzunehmen, wenn diese in der gesetzlichen KV angeordnet ist.

37 **b) Geringfügigkeitstatbestände.** Bei der geringfügigen Beschäftigung ist zwischen zwei Tatbeständen zu differenzieren: Zwischen der sog Entgeltgeringfügigkeit (§ 8 Abs 1 Nr 1

SGB IV) und der sog Zeitgeringfügigkeit (§ 8 Abs 1 Nr 2 SGB IV). Für Studenten kommen beide Tatbestände in Betracht, wobei das entscheidende Abgrenzungskriterium in der Regelmäßigkeit der ausgeübten Beschäftigung zu sehen ist. „Jobbt" der Student nur in den Semesterferien, ist vorrangig Geringfügigkeit nach § 8 Abs 1 Nr 2 SGB IV zu prüfen, während bei regelmäßiger Arbeit neben dem Studium § 8 Abs 1 Nr 1 SGB IV eingreift (Einzelheiten hierzu s *Geringfügige Beschäftigung*).

3. Werkstudentenregelung. a) Anwendungsbereich. Liegt keine geringfügige Beschäftigung iSd § 8 SGV IV vor, so war nach dem bis 30.9.96 geltenden Recht die Beschäftigung des Studenten in der KV, RV, PflegeV und ArblV dennoch versicherungs- und beitragsfrei, wenn die Beschäftigung die Nebensache, das Studium dagegen die Hauptsache war. Nunmehr ist zwischen der RV einerseits und der KV, ArblV und PflegeV andererseits zu differenzieren. In der KV, ArblV und PflegeV besteht weiterhin Versicherungsfreiheit (Beitragsfreiheit), wenn eine Person während der Dauer ihres Studiums als ordentlich Studierender einer Fachschule oder Hochschule gegen Arbeitsentgelt beschäftigt oder selbstständig tätig ist (vgl § 6 Abs 1 Nr 3 SGB V; § 27 Abs 4 Nr 2 SGB III). Anderes gilt für die RV: Durch Art 1 Nr 2 des WFG vom 25.9.96 (BGBl I 96, 1461) wurde § 5 Abs 3 SGB VI ab dem Wintersemester 1996 gestrichen, weil es nach erheblicher Kürzung der Anrechnung von Ausbildungszeiten in der RV durchaus sinnvoll sein kann, dass für eine Beschäftigung während des Studiums zum Aufbau einer eigenständigen Altersversorgung Beiträge zur RV entrichtet werden (zur Begründung vgl BT-Drs 13/4610 S 20 zu Art 1 Nr 2). Liegt in der RV Versicherungspflicht vor, treffen den ArbGeb die üblichen Meldepflichten.

b) Versicherungsfreiheit in der Kranken-, Pflege- und Arbeitslosenversicherung. In der KV, PflegeV und ArblV sind Personen versicherungsfrei, die während der Dauer ihres Studiums als ordentliche Studierende einer Hochschule oder einer der fachlichen Ausbildung dienenden Schule gegen Arbeitsentgelt eine (an sich versicherungspflichtige) Beschäftigung ausüben (vgl § 6 Abs 1 Nr 3 SGB V; § 27 Abs 4 Satz 1 Nr 2 SGB III). Eine entsprechende Regelung in der RV wurde im Jahre 1996 aufgehoben.

c) Zweck des „Werkstudentenprivilegs". Bei der Einführung der KVdS im Jahre 1975 wurde überlegt, die seit langem bestehende Werkstudentenregelung mit der Erwägung aufzuheben, dass keines Schutzes durch die KVdS bedarf, wer bereits als Beschäftigter versichert ist (zur Entwicklung vgl *Trenk-Hinterberger* SGb 93, 369). Von einer Aufhebung der Werkstudentenregelung (auch Werkstudentenprivileg genannt) wurde dann aber doch abgesehen und lediglich die Subsidiarität der KVdS gegenüber anderen Versicherungstatbeständen angeordnet (vgl jetzt zB § 5 Abs 7 SGB V). Um einen (ständigen) Wechsel des Versicherungsgrundes während des Studiums (zB Wechsel zwischen Versicherungspflicht aufgrund Arbeit im Semesterferien/KVdS während des Semester) und daran anknüpfenden unterschiedliche Melde- und Beitragspflichten, Zuständigkeiten etc möglichst zu vermeiden, sollte durch den Tatbestand der Versicherungsfreiheit (Werkstudentenregelung) sichergestellt werden, dass eingeschriebene Studenten, die neben ihrem Studium einer versicherungspflichtigen Beschäftigung nachgehen, weiterhin als Studenten und nicht als ArbN versichert sind (vgl hierzu BSG 29.9.92 – 12 RK 31/91, SozR 3–2200 § 172 Nr 2 mit Anm *Trenk-Hinterberger* SGb 93, 369). Soweit der Zweck des Werkstudentenprivilegs darin gesehen wird, Studenten die Finanzierung ihres Studiums durch die Beitragsfreiheit ihrer Beschäftigung zu erleichtern, hat die Versicherungsfreiheit durch Anhebung der Geringfügigkeitsgrenze und der Gleitzone an Bedeutung verloren. Das BSG hat daher angeregt, das Werkstudentenprivileg generell zu streichen (vgl BSG 11.11.03 – B 12 KR 24/03 R, BeckRS 2004, 40022).

4. Voraussetzungen der Versicherungsfreiheit als sog Werkstudent. a) Immatrikulation. Die förmliche Mitgliedschaft in einer Fachhoch- oder Hochschule – ist Grundvoraussetzung der Versicherungsfreiheit. Ausreichend ist es, wenn ein Studium an einer staatlich nicht anerkannter privaten (Fach-)Hochschulen betrieben wird, sofern dieses jedenfalls zu einem berufsqualifizierenden Abschluss führen kann (vgl BSG 15.5.84 – 12 RK 46/81, SozR 2200 § 172 Nr 17).

Der **förmliche Status als Student** allein führt aber noch nicht zur Versicherungsfreiheit. Zur **Einschreibung** (Immatrikulation) als Student muss vielmehr hinzutreten, dass das Studium Zeit und Arbeitskraft ganz überwiegend in Anspruch nimmt und der Betreffende damit – trotz Ausübung einer entgeltlichen Beschäftigung – auch seinem Erscheinungsbild nach Student ist (dazu nachfolgend).

43 **b) Studentisches Erscheinungsbild – Allgemeines.** Gesetzliches Leitbild des sog Werkstudentenprivilegs sind nach der Rspr des BSG Studierende, die neben ihrem Studium eine entgeltliche Beschäftigung ausüben, um sich durch Arbeit die zur Durchführung des Studiums und zur Bestreitung ihres Lebensunterhalts erforderlichen Mittel zu verdienen. Die Beschäftigung ist demgemäß nur versicherungsfrei, wenn und solange sie „neben" dem Studium, dh ihm nach Zweck und Dauer untergeordnet, ausgeübt wird, mithin das **Studium die Hauptsache, die Beschäftigung die Nebensache** ist (vgl BSG 10.12.98 – B 12 RK 22/97, SozR 3–2500 § 6 Nr 16 Nachw; kritisch zum Ganzen *Felix* NZS 2000, 477, 482).

Wann dies der Fall ist, kann nicht anhand fester zeitlicher Grenzen entschieden werden, sondern bedarf einer Prüfung anhand des Einzelfalles (vgl BSG 22.2.80 – 12 RK 34/79, SozR 2200 § 172 Nr 14). Allerdings ist in der Rspr des BSG eine **Fallgruppenbildung** festzustellen. Danach ist zwischen Fällen zu differenzieren, in denen nur in den Semesterferien und solchen, in denen auch während des Semesters gearbeitet wird. Diese Varianten können sodann durch Gesichtspunkte überlagert sein, die sich daraus ergeben, dass sich das Studium an eine bisher ausgeübte Berufstätigkeit anschließt oder dieses neben (reduzierter) Berufstätigkeit absolviert wird.

44 **c) Beschäftigung während der Semesterferien.** Eine Erwerbstätigkeit eines Studenten, die während der von Studienanforderungen freien Semesterferien ausgeübt wird, ist idR nicht geeignet, das äußere Erscheinungsbild als Student zu beseitigen, so dass nach der Rspr des BSG in solchen Fällen die Tätigkeit unabhängig von ihrem Umfang versicherungsfrei ist (vgl BSG 23.2.88 – 12 RK 36/87, SozR 2200 § 172 Nr 20 S 45; BSG 22.2.80 – 12 RK 34/79, SozR 2200 § 172 Nr 12 S 26).

45 **d) Erwerbstätigkeit im Semester/Vorlesungszeit.** Eine Erwerbstätigkeit, die während des Semesters ausgeübt wird und durchschnittlich **20 Wochenstunden** überschreitet, beansprucht den Studenten idR so stark, dass die Beschäftigung als ArbN sein Erscheinungsbild prägt (BSG 23.2.88 – 12 RK 36/87, SozR 2200 § 172 Nr 20; 22.2.80 – 12 RK 34/79, SozR 2200 § 172 Nr 14).

46 Dies gilt allerdings dann nicht, wenn die Gesamtdauer der Erwerbstätigkeit unter dem für ein ordnungsgemäßes Studium notwendigen Zeitaufwand liegt und die einzelnen Zeiten der Erwerbstätigkeit den Erfordernissen des Studiums angepasst sind. Dies ist insbesondere dann der Fall, wenn die **Erwerbstätigkeit auf die Wochenenden,** in die **Abend- oder Nachtstunden** oder in **sonstige vorlesungsfreie Zeiten** verlegt ist. Die ArbNTätigkeit kann dann selbst bei einer verhältnismäßig langen Dauer deutlich hinter dem Studium zurücktreten.

47 Je mehr allerdings die 20-Stunden-Grenze überschritten wird, desto schwieriger wird es sein, diesen Nachweis zu führen; bei voller Tätigkeit kann er als ausgeschlossen gelten. Dies gilt auch dann, wenn ein Student eine vollschichtige Beschäftigung aufnimmt, die die gesamte vorlesungsfreie Zeit hindurch und noch zwei Wochen in die folgende Vorlesungszeit hinein verrichtet werden soll. Auch in diesem Fall liegt ein wesentliches Anzeichen dafür vor, dass der Betreffende seinem Erscheinungsbild nach versicherungspflichtiger ArbN ist (BSG 23.2.88 – 12 RK 36/87, SozR 2200 § 172 Nr 20).

48 Der Student/Beschäftigte hat darzulegen und im Zweifel zu beweisen, dass die verrichtete Beschäftigung nach Dauer und Lage der Arbeitszeit mit den **objektiven Anforderungen eines ordnungsgemäßen Studiums vereinbar** und das Studium im Verhältnis zur Erwerbstätigkeit die Hauptsache geblieben ist. Das gilt insbesondere hinsichtlich der Vorlesungszeit, aber auch für die vorlesungsfreie Zeit, in der bei manchen Studiengängen umfangreiche Studienaufgaben zu erledigen sind. Die Feststellungslast für das Vorliegen dieser Umstände trägt derjenige, der sich darauf beruft (BSG 22.2.80 – 12 RK 34/79, SozR 2200 § 172 Nr 14; 23.2.88 – 12 RK 36/87, SozR 2200 § 172 Nr 20).

49 **e) Unterbrechung des Studiums.** Keine Versicherungsfreiheit besteht, wenn während eines längeren Zeitraumes nur gegen Entgelt gearbeitet, aber nicht studiert wird, zB wenn ein Student für ein Semester aus dem Studentenverhältnis ausscheidet, um in dieser Zeit ausschließlich zu arbeiten (BSG 16.7.71 – 3 RK 67/68, SozR Nr 13 zu § 172 RVO; ebenso BSG 29.9.92 – 12 RK 24/92, SozR 3–2500 § 6 Nr 2 für einen Studenten, der von der Hochschule für ein Semester Hausverbot erhielt und beurlaubt worden ist und der während

Studentenbeschäftigung

dieses Semester mehr als vier Monate vollständig beschäftigt gewesen ist). Am studentischen Erscheinungsbild fehlt es mE trotz fortbestehender Immatrikulation auch dann, wenn der Student sein Studium abgebrochen hat, sei es, weil er später ein anderes Studium aufnehmen will, sei es, weil er nicht mehr studieren will.

f) Parallele von Studium und Beruf. Gewisse Besonderheiten bestehen in Fällen, bei 50 denen während des Studiums die **früher verrichtete Beschäftigung weiter ausgeübt** wird. In solchen Fällen kann es sein, dass die Beschäftigung auch das Studium prägt, zumal, wenn das Studium gleichsam eine Weiterqualifizierung darstellt, der Student in dem Betrieb integriert bleibt und dort auch in zeitlicher Hinsicht den Schwerpunkt setzt. Wird die Arbeitszeit jedoch auf 20-Stunden oder weniger reduziert und stellt fortan das Studium die „Hauptsache" dar, sind auch solche Studenten versicherungsfrei (vgl BSG 11.11.03 – B 12 KR 24/03 R, SozR 4–2500 § 6 Nr 3; BSG vom 10.12.98 – B 12 RK 22/97 R, SozR 3–2500 § 6 Nr 16; 21.5.96 – 12 RK 77/94, SozR 3–2500 § 6 Nr 11; zur Beitragspflicht bei Übernahme der Studiengebühren durch den ArbGeb vgl *Giesen* NZA 08, 1284).

Versicherungsfreiheit wurde von der Rechtsprechung weiter verneint 51
– bei Arbeitnehmern, die ein Studium aufgenommen, ihren Beruf aber weiterhin in vollem Umfang ausgeübt haben (BSG 30.1.63 – 3 RK 81/59, SozR Nr 11 zu § 172 RVO),
– bei einem Abendstudium an einer Bauschule, wenn daneben mehr als eine Halbtagsbeschäftigung ausgeübt wurde (BSG 31.10.67 – 3 RK 77/64, SozR Nr 3 zu § 1228 RVO)
– bei einer Ganztagsbeschäftigung, wenn nur tageweise studiert wurde (BSG 25.11.71 – 5 RK 70/69, SozR Nr 14 zu § 172 RVO)
– bei einem ArbN, der ein Studium aufnahm, sein Arbeitsverhältnis jedoch nicht löste, sondern vom ArbGeb unter Zahlung einer Ausbildungsförderung für die Dauer des Studiums beurlaubt und von ihm während der Semesterferien in seinem Beruf gegen Entgelt beschäftigt wurde (BSG 18.4.75 – 3/2 RK 10/73, SozR 2200 § 172 Nr 2)
– bei einem ArbN, der von seinem ArbGeb für die die Dauer des Studiums unter Fortzahlung des nur unwesentlich gekürzten Gehalts beurlaubt wurde (BSG 12.11.75 – 3/12 RK 13/74, SozR 2200 § 165 Nr 8)
– bei einem ArbN, der von seinem ArbGeb für ein Studium Sonderurlaub unter Zahlung einer Studienförderung erhalten und in den Semesterferien die frühere Beschäftigung wieder ausgeübt hat (BSG 21.5.96 – 12 RK 77/94, SozR 3–2500 § 6 Nr 11)
– für Studenten, die das Examen bestanden haben, sich jedoch in der sog **Freischussphase** befinden (vgl BSG 11.11.03 – B 12 KR 26/03, SozR 4–2500 § 6 Nr 4).

g) Vorgehensweise in Zweifelsfällen. Bestehen Zweifel darüber, ob die verrichtete 52 Beschäftigung nach Dauer und Lage der Arbeitszeit mit den objektiven Anforderungen eines ordnungsgemäßen Studiums vereinbar und das Studium im Verhältnis zur Erwerbstätigkeit die Hauptsache geblieben ist, ob also Versicherungs- und Beitragsfreiheit vorliegt, so ist diese Person der Einzugsstelle als ArbN zu melden und sind für sie bis auf weiteres Beiträge abzuführen. Die Beitragseinzugsstelle hat dann auf Antrag oder bei entsprechenden Anhaltspunkten auch von sich aus eine nähere Prüfung des Einzelfalles vorzunehmen und zu entscheiden, ob Versicherungs- und Beitragsfreiheit besteht (BSG 23.2.88 – 12 RK 36/87, SozR 2200 § 172 Nr 20 S 45 ff).

h) Beurteilungszeitpunkt. Ob ein Student trotz Aufnahme einer Vollbeschäftigung 53 versicherungsfrei bleibt, weil die Beschäftigung – ungeachtet einer fehlenden Befristung im schriftlichen Arbeitsvertrag – auf die Semesterferien beschränkt sein soll, ist in vorausschauender Betrachtung nach den gesamten, bei **Aufnahme der Beschäftigung** vorliegenden Umständen zu beurteilen (BSG 19.2.87 – 12 RK 9/85, SozR 2200 § 172 Nr 19; 23.2.88 – 12 RK 36/87, SozR 2200 § 172 Nr 20 S 45). Abzustellen ist auf die tatsächlichen Umstände. Selbst wenn ein schriftlicher, unbefristeter Vertrag geschlossen wurde, kann hieraus nicht zwingend geschlossen werden, dass dem Erscheinungsbild nach ArbNEigenschaft vorliegt. Umgekehrt lässt sich aus einem schriftlichen, auf die Semesterferien befristeten Arbeitsvertrag nicht ausnahmslos das Erscheinungsbild eines Studenten ableiten, wenn in Wirklichkeit eine längere Beschäftigung beabsichtigt gewesen und uU auch verrichtet worden ist (BSG 19.2.87 – 12 RK 9/85, SozR 2200 § 172 Nr 19 S 40).

5. Abgrenzung. a) Zum Praktikum. Eine berufspraktische Tätigkeit während eines 54 durch Studien- oder Prüfungsordnungen vorgeschriebenen Praxissemesters ist ebenfalls ver-

393 Studentenbeschäftigung

sicherungsfrei (Einzelheiten *Praktikant*). Dabei kann dahinstehen, ob ein Praktikum als Teil der Berufsausbildung von vornherein als ein die Versicherungspflicht auslösender Tatbestand ausscheidet. Denn jedenfalls ist ein während der Semesterferien abgeleistetes Praktikum versicherungs- und beitragsfrei, weil der Studierende unabhängig davon, ob er in den Semesterferien als Werkstudent oder in anderer Weise tätig wird, seinem Erscheinungsbild nach Student bleibt. Ein Wechsel des Versicherungsgrundes soll während des Studiums möglichst vermieden werden. Dies lässt sich aber nur erreichen, wenn der Student, solange er seinem Erscheinungsbild nach Student bleibt, allein nach den für Studenten geltenden Sondervorschriften behandelt wird.

55 Dies gilt erst recht, wenn der Student nicht eine Beschäftigung neben seinem Studium ausübt, sondern aufgrund der Studienbestimmungen – als Bestandteil des Studiums – eine **berufspraktische** Tätigkeit ableistet. Da sie Bestandteil des Studiums ist, ändert die Ableistung dieser Tätigkeit nichts daran, dass der Betreffende seinem Erscheinungsbild nach Student bleibt (BSG 17.12.80 – 12 RK 10/79, SozR 2200 § 172 Nr 15; 30.1.80 – 12 RK 45/78, SozR 2200 § 172 Nr 12).

56 **b) Zur Schülerbeschäftigung.** Für Schüler gibt es – außer in § 27 Abs 4 Satz 1 Nr 1 SGB III für die ArblV – keine dem § 6 Abs 1 Nr 3 SGB V vergleichbaren Tatbestände versicherungsfreier Beschäftigungen. Ob die Beschäftigung eines Schülers in den KV und PflegeV versicherungsfrei ist, richtet sich deshalb allein nach § 8 SGB IV iVm § 7 SGB V, dh danach, ob die Beschäftigung wegen Geringfügigkeit versicherungsfrei ist (Einzelheiten s *Geringfügige Beschäftigung*). – Zur Frage, wann ein Schüler, der nach dem Abschluss der Schule den Zivildienst antritt, eine die Versicherungspflicht begründende Beschäftigung gemacht hat, vgl BSG 6.4.06 – B 7a AL 2/05 R, SozR 46–4300 § 26 Nr 3.

57 **6. Anspruch des Studenten auf Arbeitslosengeld.** Ein Anspruch auf AlGeld kommt für einen Studenten, der die Anwartschaftszeit erfüllt (hierzu vgl *Arbeitslosengeld* Rz 27), nur in Betracht, wenn er dem Arbeitsmarkt – trotz seines Studiums – zur Verfügung steht, dh er muss verfügbar sein. Ein Student hat die Vermutung des § 139 Abs 2 SGB III, er könne neben dem Studium nur eine versicherungsfreie Beschäftigung ausüben, widerlegt, wenn er darlegt und nachweist, dass der Ausbildungsgang die Ausübung einer versicherungspflichtigen Beschäftigung bei ordnungsgemäßer Erfüllung der in den Ausbildungs- und Prüfungsbestimmungen vorgeschriebenen Anforderungen zulässt (BSG 14.3.96 – 7 RAr 18/94 SozR 3–4100 § 103a Nr 2; BSG 19.3.92 – 7 RAr 128/90, NZS 92, 33 zur früheren Bestimmung des § 103a Abs 1 AFG).

58 **7. Duale Studiengänge.** Die **Teilnehmer an dualen Studiengängen** sind in der KV und damit auch der PflegeV, der RV und der ArblV seit 1.1.2012 den Beschäftigten gleichgestellt (§ 5 Abs 4a Satz 1 SGB V, § 1 Satz 1 SGB VI, § 25 Abs 1 Satz 2 SGB III). Mit dem 4. SGB IV-ÄndG hat der Gesetzgeber insoweit auf das Urteil des BSG vom 1.12.2009 – B 12 R 4/08 R reagiert und – anders als vom BSG entschieden – Versicherungspflicht ausdrücklich angeordnet (vgl BT-Drs 17/6764 S 19 zu Art 2 Nr 2).

Tarifeinheit

A. Arbeitsrecht *Griese*

1. Problemstellung. Die Frage nach einer möglichen Tarifeinheit stellt sich, wenn **Tarifpluralität** auftritt. Diese ist gegeben, wenn bei **konkurrierenden Tarifverträgen** der ArbGeb hinsichtlich zweier Tarifverträge, der ArbN hingegen nur hinsichtlich eines der beiden konkurrierenden Tarifverträge tarifgebunden ist (BAG 5.9.90 – 4 AZR 59/90, BB 91, 344). Relevant wird diese insbesondere, wenn unterschiedliche Gewerkschaften in demselben Betrieb Tarifverträge erkämpfen.

2. Frühere Lösung der BAG-Rspr. Das BAG wollte insoweit in der Vergangenheit den Grundsatz der **Tarifeinheit** anwenden und hat dies mit den tatsächlichen Schwierigkeiten begründet, die entstünden, wenn der ArbGeb im Betrieb mehrere Tarifverträge anwenden müsse (BAG 26.1.94 – 10 AZR 611/92, ArbuR 94, 389). Dazu wurde der Grundsatz postuliert, dass in einem Betrieb nur ein Tarifvertrag gelten könne. Dies war der Tarifvertrag der Mehrheitsgewerkschaft. Der Tarifvertrag der Minderheitsgewerkschaft wurde durch den Tarifvertrag der Mehrheitsgewerkschaft verdrängt und verlor seine rechtliche Wirksamkeit. Arbeitskampfmaßnahmen der Minderheitsgewerkschaft waren unzulässig. Dies überzeugt nicht, weil es dazu führt, dass der tarifgebundene ArbN jeglichen tariflichen Schutz dadurch verliert, dass der Tarifvertrag, an den er über seine Minderheitengewerkschaft, in der er Mitglied ist, gebunden ist, verdrängt werden soll, und der Tarifvertrag, an den er nicht gebunden ist, mangels beiderseitiger Tarifbindung keine Anwendung findet (ebenso Sächs-LAG 2.11.07 – 7 SaGa 19/07, ArbuR 08, 64; LAG NdS 12.11.99 – 3 Sa 780/99, ArbuR 2000, 357; *Jacobs* NZA 08, 325; *Wendeling-Schröder* ArbuR 2000, 339; *Löwisch/Rieble* § 4 TVG Rz 132 ff; *Bayreuther* NZA 07, 187).

Zutreffend wurde darauf hingewiesen, dass das vom BAG postulierte Prinzip der Tarifeinheit mit **Art 9 Abs 3 GG kollidiert** (ErfK/*Franzen* § 4 TVG Rz 71; *Merten* BB 93, 575). **Eine koalitionsgemäße Betätigung in einer Minderheitsgewerkschaft wird damit unmöglich gemacht**; die ArbN werden zur Durchsetzung ihrer Rechte in die Mehrheitsgewerkschaft gezwungen. Ohnehin durchbrochen wurde der Grundsatz der Tarifeinheit für die Arbeitnehmerentsendung im Bereich des AEntG (BAG 18.10.06 – 10 AZR 576/05, NZA 07, 1111). Eine gesetzliche Grundlage für das Prinzip der Tarifeinheit gab es nicht; mit Recht wird darauf hingewiesen, dass das BAG das Prinzip der Tarifeinheit „erfunden" habe (*Düwell* FA 11, 2 ff).

3. Aufgabe der Rspr zur Tarifeinheit durch das BAG. Zu begrüßen ist, dass das BAG durch Entscheidungen des vierten und des zehnten Senats klargestellt hat, dass am Postulat der Tarifeinheit nicht festgehalten wird (BAG 23.6.10 – 10 AS 3/10; BAG 27.1.10 – 4 AZR 549/08, NZA 10, 645). Mit Recht verweist das BAG darauf, dass es für einen Grundsatz der Tarifeinheit **keine ausdrückliche oder gewohnheitsrechtlich anerkannte Rechtsgrundlage** gibt. Angebliche praktische Schwierigkeiten bei der Anwendung unterschiedlicher Tarifverträge auf verschiedene Arbeitsverhältnisse im Betrieb vermögen es nicht zu rechtfertigen, rechtswirksam geschlossene Tarifverträge außer Kraft zu setzen. Erst recht ergibt dies keine Rechtfertigung, in das grundrechtlich nach Art 9 Abs 3 GG geschützte Koalitions- und Arbeitskampfrecht einzugreifen.

4. Rechtspolitische Initiativen. Nach den klaren und richtigen Entscheidungen des BAG zur Unhaltbarkeit eines Prinzips der Tarifeinheit sind verschiedene Initiativen bekannt geworden, die ein Prinzip der Tarifeinheit durch eine gesetzliche Regelung (wieder) einführen wollen.

a) Gemeinsamer Entwurf von BDA und DGB. In einem gemeinsamen Gesetzentwurf schlagen BDA und DGB vor, die Tarifeinheit gesetzlich festzuschreiben (mit Recht kritisch *Greiner* NZA 2010, 743). Wenn sich in einem Betrieb die Geltungsbereiche mehrerer Tarifverträge überschneiden, soll nur der Tarifvertrag anwendbar sein, an den die Mehrzahl der Gewerkschaftsmitglieder im Betrieb gebunden ist. Entscheidend ist also, welche Gewerkschaft im Betrieb mehr Mitglieder hat. Über die Gewerkschaftsmitgliedschaft soll ein zum

400   Tarifeinheit

Stillschweigen verpflichteter Notar Beweis erheben. Die Friedenspflicht aus dem Mehrheitstarifvertrag soll sich auf verdrängte Tarifverträge erstrecken.

6   **b) Professorenentwurf.** Nach einem alternativen Professorenentwurf (s dazu *Hanau* DB 2010, 2107) soll ebenfalls die Tarifeinheit zugunsten des Mehrheitstarifvertrages eingreifen. Die Mehrheitsberechnung wird aber anders vorgenommen, da es nicht auf die Mehrheit im Betrieb, sondern auf die Mehrheit im Überschneidungsbereich ankommen soll, also zum Beispiel bei den Lokführern nicht auf die Mehrheit aller Beschäftigten der Bahn, sondern auf die Mehrheit der Lokführer. Eine Gewerkschaft, die mehr Mitglieder im Überschneidungsbereich hat aber weniger im Gesamtbetrieb, soll erst Arbeitskampfmaßnahmen ergreifen dürfen, wenn die insgesamt größere Gewerkschaft mit ihren Tarifverhandlungen am Ende ist.

7   **c) Bewertung.** Beide Entwürfe überzeugen nicht. In tatsächlicher Hinsicht vermag es nicht zu überzeugen, wenn behauptet wird, durch Tarif- und Gewerkschaftspluralität werde ein Chaos durch sich häufende Arbeitskämpfe entstehen. Die tatsächliche Entwicklung belegt dies nicht (*Düwell* FA 11, 2 ff). Der zum Beleg herangezogenen Lokführerstreik untermauert diese These ebenfalls nicht, weil die Wirkungen eines Lokführerstreiks auf das Wirtschaftsleben, wenn ihn die Mehrheitsgewerkschaft ausgerufen hätte, nicht weniger einschneidend gewesen wären.

Zu berücksichtigen ist zudem, dass schon bisher vielfach in einem Betrieb nicht durchgehend nur ein Tarifvertrag Anwendung fand. So war es oft gerade das Ziel **arbeitgeberseitig betriebener Ausgliederungen**, bestimmte Teile eines Betriebes, etwa die Reinigung oder die Küche, auszugliedern, um in den Anwendungsbereich günstigerer Tarifverträge zu gelangen. Auch die konzerninterne ArbNÜberlassung erfolgte mit dem Ziel, abweichende Tarifregelungen für diesen Teil der Beschäftigten in Kraft zu setzen. Durch diese Aktivitäten ist von dem angeblich geltenden Prinzip der Tarifeinheit in der Praxis ohnehin nicht viel übrig geblieben.

8   In **verfassungsrechtlicher Hinsicht** verstößt es gegen das Koalitionsgrundrecht aus Art 9 Abs 3 GG, die Tarifpluralität **auf Kosten der jeweiligen Minderheit lösen zu wollen**. Ein solcher Ansatz verhindert, dass Minderheitsgewerkschaften jemals relevant werden können, weil sie jeder effektiven Interessenwahrnehmung beraubt sind. Das Monopol der jeweiligen Mehrheitsgewerkschaft wird damit zementiert. Die vorgeschlagenen Regelungen sind daher keine zulässige Ausgestaltung des Koalitionsgrundrechts, sondern ein auch vor dem Hintergrund der Rspr des BVerfG **nicht zu rechtfertigender Eingriff** (*Bayreuther* DB 10, 2223 u NZA 13, 1395; *Fischer* FA 11, 5 ff). Die vorgeschlagenen Regelungen würden es sogar zulassen, etablierte Minderheitengewerkschaften wie den Marburger Bund, die Pilotenvereinigung Cockpit oder die Gewerkschaft der Lokomotivführer zur Disposition des jeweiligen ArbGeb zu stellen, so dass sich der ArbGeb – verfassungsrechtlich unzulässig – die ihm genehme Gewerkschaft aussuchen könnte. Bei mehreren im Betrieb vertretenen Gewerkschaften darf nicht eine „Zwangstarifgemeinschaft" verlangt werden; das wäre eine Verletzung des Art 9 Abs 3 GG (BAG 9.12.09 – 4 AZR 190/08, NZA 10, 712).

B. Lohnsteuerrecht *Thomas*

11   Da für die LSt nur der tatsächliche Lohnzufluss maßgebend ist (vgl *Tarifvertrag* Rz 36) und nicht dessen Rechtsgrund, kommt es weder darauf an, ob tarifvertragliche Ansprüche bestehen, noch welche von mehreren möglichen Tarifvertragsparteien zum Zuge kommt.

C. Sozialversicherungsrecht *Voelzke*

12   Die Aufgabe der Rspr zur Tarifeinheit durch das BAG (s oben Rz 3) hat für das SozVRecht insofern mittelbare Auswirkungen, als die Beitragsansprüche dem Entstehungsprinzip mit der Folge unterstehen (vgl *Lohnzufluss* Rz 19 ff), dass Beiträge auch für Arbeitsentgelt nachgefordert werden können, auf das der ArbN einen Anspruch erworben hatte, ohne dass ihm das Entgelt ausgezahlt worden sein muss.

Tarifvertrag

A. Arbeitsrecht
Griese

Übersicht

	Rz		Rz
1. Tarifautonomie als Grundlage des Tarifvertragswesens	1, 2	a) Vertragliche Einbeziehung	14, 15
2. Tarifvertragsparteien	3	b) Umfang und Reichweite der Inbezugnahme	16–18
3. Geltungsbereich und Inhalte von Tarifverträgen	4	c) Inbezugnahme der Tarifverträge des öffentlichen Dienstes	19
4. Tarifbindung als Voraussetzung der Tarifgeltung	5–13	d) Einbeziehung durch Betriebsvereinbarung	20
a) Beiderseitige Verbandsmitgliedschaft	5–8	e) Betriebliche Übung	21
b) Nachbindung	9	6. Wirkung des Tarifvertrages	22–26
c) OT-Mitgliedschaften	10	a) Unmittelbare und zwingende Geltung bei Tarifbindung	22, 23
d) Tarifbundung bei betrieblichen und betriebsverfassungsrechtlichen Folgen	11	b) Abweichungen vom Tarifentgelt ..	24
		c) Kein Anspruch auf Gleichbehandlung bei fehlender Tarifbindung ...	25
e) Allgemeinverbindlicherklärung	12, 13	d) Ablösung durch Folgetarifverträge	26
5. Rechtswirksame Einbeziehung von Tarifverträgen trotz fehlender Tarifbindung	14–21	7. Nachwirkung von Tarifverträgen	27, 28
		8. Tarifkonkurrenz	29

1. Tarifautonomie als Grundlage des Tarifvertragswesens. Das Recht, Tarifverträge **1** auszuhandeln und abzuschließen, folgt aus der Tarifautonomie, die verfassungsrechtlich durch das Koalitionsgrundrecht des Art 9 Abs 3 GG verbürgt ist. Der Schutz des Art 9 Abs 3 GG erfasst nicht nur den Kernbereich koalitionsgemäßer Betätigung, sondern erstreckt sich auf **alle koalitionsspezifischen Verhaltensweisen einschließlich des Streikrechts** (BVerfG 10.9.04 – 1 BvR 123/93, NJW 04, 1338). Die Tarifautonomie bezweckt, dass die Ordnung des Arbeitslebens aufbauend auf den gesetzlich festzulegenden Mindeststandards (gegenwärtig zB gesetzlicher Mindesturlaub, Entgeltfortzahlung im Krankheitsfall oder der Möglichkeit der Festsetzung von Mindestarbeitsentgelten nach MiArbG) vorrangig autonom durch die Tarifvertragsparteien erfolgt. Der Gesetzgeber hat insoweit nur sehr beschränkte Eingriffsbefugnisse, er kann nur in verfassungsrechtlich sehr eng gesteckten Grenzen in bestehende Tarifverträge verschlechternd eingreifen oder bestimmte Materien der Zuständigkeit der Tarifvertragsparteien komplett entziehen (BVerfG 2.3.93 – 1 BvR 1213/85, NJW 93, 1379). Die Tarifautonomie einschließlich des Streikrechts gilt gem Art 9 Abs 3 GG für alle Berufe, und damit auch für einzelne Berufsgruppen (Sparten) wie Piloten oder Lokführer (*Löwisch/Rieble* TVG § 4 Rz 139; HessLAG 2.5.03 – 9 Sa Ga 638/03, BB 03, 1229).

Nach **europäischem Recht** sind die **Tarifautonomie und das Recht zu kollektiven Kampfmaßnahmen** ebenfalls **Grundrechte im Sinne allgemeiner Grundsätze des Gemeinschaftsrechts** (EuGH 11.12.07 – C 438/05 – Viking, NZA 08, 124; EuGH 18.12.07 – C 341/05 – Laval, NZA 08, 159).

Die staatliche Vorgabe, bei staatlich geförderten Arbeitsbeschaffungsmaßnahmen unter- **2** tariflich zu bezahlen, ist als Eingriff in die Tarifautonomie nur gerechtfertigt, wenn dies in Zeiten hoher Arbeitslosigkeit der Schaffung zusätzlicher Arbeitsplätze dient (BVerfG 27.4.99 – 1 BvR 2203/93 und 1 BvR 897/95, NJW 99, 3033). Eine Verschiebung der Regelungszuständigkeit in relevantem Umfang auf die Betriebsparteien ist weder verfassungsrechtlich möglich, noch rechtspolitisch sinnvoll, weil es zu zusätzlicher staatlicher Regulierung führen und letztlich staatlicher Entgeltfestsetzung den Weg bereiten würde (*Wank* NJW 96, 2273; *Richardi* Gutachten zum 61. Deutschen Juristentag, NJW-Beilage zu Heft 23/96, S 16) und verstärkt zu unterschiedlichen Wettbewerbsbedingungen bei den Lohnkosten für Unternehmen derselben Branche führen würde. Aus dem Koalitionsgrundrecht folgt, dass eine Gewerkschaft gegen einen tarifgebundenen ArbGeb auf Unterlassung tarifwidriger betrieblicher Regelungen klagen kann (BAG 20.4.99 – 1 ABR 72/98, NZA

99, 887); insoweit ist die Möglichkeit der Verbandsklage eröffnet. Auf der anderen Seite kann ein ArbGeb die tarifliche Unzuständigkeit einer unzuständigen Gewerkschaft feststellen lassen (BAG 13.3.07 – 1 ABR 24/06, NZA 07, 1069).

3   **2. Tarifvertragsparteien.** Tarifvertragsparteien sind nach § 2 TVG Vereinigungen von ArbGeb (auch zB Handwerksinnungen, BAG 6.5.03 – 1 AZR 241/02, NZA 04, 562) oder einzelne ArbGeb auf der einen und Gewerkschaften auf der anderen Seite. Auch die Beschäftigten einer Gewerkschaft können sich aufgrund des Koalitionsgrundrechts zu einer Gewerkschaft zusammenschließen, um Tarifverträge mit der als ArbGeb auftretenden Gewerkschaft abzuschließen (Gewerkschaft in der Gewerkschaft; BAG 17.2.98 – 1 AZR 364/97, NZA 98, 754). Ein Rechtsanspruch auf Abschluss eines Tarifvertrages besteht grundsätzlich nicht (BAG 25.9.13 – 4 AZR 173/13). Eine **Spitzenorganisation** ist für sich **nicht tariffähig** (BAG 14.12.09 – 1 ABR 19/10, NZA 11, 289).

Ein Tarifvertrag, der nach dem räumlichen, betrieblich/fachlichen und persönlichen Geltungsbereich für ein Arbeitsverhältnis einschlägig ist, findet aufgrund dieser Voraussetzungen allein noch keine Anwendung auf dieses Arbeitsverhältnis. Hinzukommen muss die **Tarifbindung.** Dies hat seine Ursache in der Rechtsnatur des Tarifvertrages als Vertrag: Eine Bindung kann er nur erzeugen, wenn ArbGeb und ArbN an diesem Vertrag beteiligt sind. Nur wenn diese Beteiligung und damit Bindung gegeben ist, können ArbGeb und ArbN Rechte aus dem entsprechenden Tarifvertrag herleiten. § 4 Abs 1 TVG bestimmt insoweit, dass die Inhalts- und Abschlussnormen des **Tarifvertrages nur für die beiderseits Tarifgebundenen unmittelbar und zwingend gelten.** Daraus folgt, dass ein ArbN, der nicht tarifgebunden ist, etwa wegen fehlender Verbandsmitgliedschaft, keinen Anspruch auf das Tarifentgelt hat, auch nicht aufgrund Betrieblicher Übung oder des Gleichbehandlungsgrundsatzes (BAG 3.11.04 – 5 AZR 622/03, NZA 05, 1208). Der Abschluss von **Scheintarifverträgen,** insbesondere mit **Scheingewerkschaften,** birgt für die ArbGeb hohe Risiken (s NJW 08, 3670). ArbNVereinigungen, die nicht über **ausreichende Durchsetzungskraft und organisatorische Leistungsfähigkeit** verfügen, wie etwa der Christliche Gewerkschaftsbund für Kunststoffgewerbe- und Holzverarbeitung (BAG 5.10.10 – 1 ABR 88/09), die Tarifgemeinschaft Christliche Gewerkschaften für Zeitarbeit und Personalserviceagenturen – CGZP – (BAG 14.12.10 – 1 ABR 19/10; LAG Berlin-Brandenburg 7.12.09 – 23 TaBV 1016/09, BB 10, 1927; BAG 22.5.12 – 1 ABN 27/12), die Gewerkschaft Neue Brief- und Zustelldienste – GNBZ – (LAG Köln 20.5.09 – 9 TaBV 105/08, ArbuR 09, 316) oder die Gewerkschaft medsonet (BAG 11.6.13 – 1 ABR 33/12), sind **nicht tariffähig.** Mit nicht tariffähigen Gewerkschaften geschlossene Tarifverträge erlangen keinerlei Rechtswirksamkeit. Hat der ArbGeb daher beabsichtigt, durch einen Scheintarifvertrag das Gebot des Equal Pay zu unterlaufen, entsteht nach § 10 Abs 4 S 1 AÜG der Anspruch eines ArbN aus § 10 Abs 4 S 1 AÜG iVm § 9 Nr 2 AÜG nicht erst mit einer rechtskräftigen Entscheidung darüber, ob eine Tarifvertragspartei, die Partner des maßgeblich in Bezug genommenen Tarifvertrages war, tariffähig oder tarifzuständig ist, **sondern von Anfang an.** Eine Entscheidung über eine Tariffähigkeit begründet oder beendet eine Tariffähigkeit nicht, sondern stellt sie lediglich fest (LAG Hamm 21.3.12 – 3 Sa 1526/11, s ferner BAG 23.5.12 – 1 AZB 67/11 u BAG 23.5.12 – 1 AZB 58/11). Ein Vertrauensschutz auf das Vorliegen der Tariffähigkeit besteht nicht. In der Konsequenz bedeutet dies, dass die Differenz zur Vergütung der StammArbN nachzuzahlen ist sowie die SozVBeiträge auf der Basis dieser erhöhten Vergütung auf Verlangen des zuständigen SozVTrägers für bis zu 4 Jahren nachzuentrichten ist (SG Berlin 29.8.12 – S 73 KR 1505/10).

4   **3. Geltungsbereich und Inhalte von Tarifverträgen.** Bei der Festlegung des Geltungsbereichs haben die Tarifvertragsparteien umfangreichen Gestaltungsspielraum, dürfen jedoch nicht gegen Diskriminierungsverbote verstoßen (BAG 27.5.04 – 6 AZR 129/03, NZA 04, 1399 mit Anm *Dieterich* RdA 05, 177; BAG 15.2.11 – 9 AZR 584/09, NZA 11, 1183). Insoweit sind die Tarifvertragsparteien an den **Gleichbehandlungsgrundsatz des Art 3 GG und das AGG gebunden.** Die Tarifvertragsparteien des **Öffentlichen Dienstes** haben zB dadurch bei Überleitung der Arbeitsverhältnisse auf den TVöD gegen den Gleichheitsgrundsatz und gegen Art 6 GG verstoßen, dass sie ArbN, die sich 2005 in Elternzeit befanden, von der auf die Kinderzulage des öffentlichen Dienstes bezogenen Besitzstandszulage ausnehmen wollten (BAG 18.12.08 – 6 AZR 287/07, NZA 09, 391). § 29 Abschn B

Abs 3 BAT-O benachteiligte eingetragene Lebenspartner gleichheitswidrig und war deshalb **gem Art 3 Abs 1 GG** unwirksam, soweit diese Bestimmung ArbN, die Kinder ihres eingetragenen Lebenspartners in ihren Haushalt aufgenommen hatten, den Anspruch auf den kinderbezogenen Entgeltbestandteil im Ortszuschlag verwehrte, während verheiratete ArbN, die das Kind ihres Ehepartners aufnahmen, den Zuschlag erhielten (BAG 18.3.10 – 6 AZR 156/09).

Die tarifliche Festlegung einer Altersgrenze von 65 Jahren in TV ist zulässig (BAG 18.6.08 – 7 AZR 116/07, NZA 08, 1302). Die Herausnahme von Werkstudenten aus dem persönlichen Geltungsbereich eines Tarifvertrages kann sachlich gerechtfertigt sein (BAG 30.8.2000 – 4 AZR 563/99, NZA 01, 613), ebenso die unterschiedliche Behandlung von Stammbelegschaft und zusätzlich übernommener Belegschaft (BAG 29.8.01 – 4 AZR 352/00, NZA 02, 863), nicht hingegen die Herausnahme von Teilzeitbeschäftigten (BAG 15.10.03 – 4 AZR 606/02, NZA 04, 551). Bei tariflichen Leistungen darf mithilfe sog einfacher **Differenzierungsklauseln** zwischen Gewerkschaftsmitgliedern und Außenseitern differenziert werden (BAG 18.3.09 – 4 AZR 64/08, NZA 09, 1028). Zu den zulässigen Tarifzielen gehört der Abschluss eines **Tarifsozialplans** (BAG 24.4.07 – 1 AZR 252/06, NZA 07, 987) bei einer Schließung des Betriebes oder eines Betriebsteils unabhängig von dem Recht des BRat, gem §§ 112, 112a BetrVG einen betrieblichen Sozialplan zu erzwingen. Es ist auch zulässig, innerhalb eines Betriebes nur bestimmte ArbNGruppen zu organisieren (Spezialistengewerkschaften) und für diese gesonderte Tarifverträge zu erkämpfen, bspw Lokführer oder Piloten; dem steht das Prinzip der Tarifeinheit nicht entgegen (SächsLAG 2.11.07 – 7 SaGa 19/07, ArbuR 08, 64; s ferner *Jacobs*, NZA 08, 325; zu den Grenzen tariflicher Gestaltungsmacht s *Otto* FS Konzen S 663).

4. Beiderseitige Tarifbindung als Voraussetzung der Tarifgeltung. Ein Tarifvertrag findet nur dann auf das Arbeitsverhältnis Anwendung, wenn sowohl ArbGeb als auch ArbN an den Tarifvertrag gebunden sind. Dafür bestehen verschiedene Möglichkeiten. **5**

a) Beiderseitige Verbandsmitgliedschaft. Die wichtigste Form der Tarifbindung ist nach § 3 Abs 1 TVG die beiderseitige Verbandsmitgliedschaft. Dies bedeutet, dass ein Tarifvertrag anwendbar ist, wenn der ArbGeb Mitglied des tarifschließenden ArbGebVerbandes und der ArbN Mitglied der tarifschließenden Gewerkschaft ist. Die Gewerkschaft muss **tariffähig** sein, dh über ausreichende Durchsetzungsfähigkeit verfügen (BAG 14.12.04 – 1 ABR 51/03, NZA 05, 697). Hinzukommen muss die **fachliche Tarifzuständigkeit** (BAG 29.6.04 – 1 ABR 14/03, NZA 04, 1236). Ist bei einer GmbH Co. KG nur die Komplementär-GmbH Verbandsmitglied, so reicht dies aus, wenn die Mitgliedschaft allein im Interesse und mit Billigung der KG besteht (BAG 4.5.94 – 4 AZR 418/93, DB 94, 2299; zur Geltung von Tarifverträgen für Konzerntöchter BAG 17.10.07 – 4 AZR 1005/06, NZA 08, 713). Beide Arbeitsvertragsparteien müssen jeweils Mitglied der Verbände sein, die den Tarifvertrag geschlossen haben. Handelt es sich um einen **Haus- oder Firmentarifvertrag**, so ist der ArbGeb selbst Tarifvertragspartei, für die Geltung des Tarifvertrages ist dann nur erforderlich, dass der ArbN Mitglied der tarifschließenden Gewerkschaft ist. Bei einer Unternehmensverschmelzung tritt der übernehmende Rechtsträger in die Rechte und Pflichten des Firmentarifvertrages ein und wird Partei des geltenden Tarifvertrages (BAG 24.6.98 – 4 AZR 208/97, NJW 99, 812). Der Firmentarifvertrag verdrängt den Verbandstarifvertrag, auch wenn er für den ArbN schlechtere Regelungen enthält (BAG 24.1.01 – 4 AZR 655/99, NZA 01, 788). Durch einen Betriebsübergang wird der Erwerber nicht Partei des Firmentarifvertrages (BAG 20.6.01 – 4 AZR 295/00, NZA 01, 271).

Bei **Verbandstarifverträgen** (Flächentarifverträgen) folgt aus § 3 Abs 1 TVG, dass immer dann, wenn der ArbGeb nicht Mitglied des tarifschließenden ArbGebVerbandes ist, keine Tarifbindung besteht. Dies bedeutet, dass die ArbN des Betriebes den Abschluss eines Hausbzw Firmentarifvertrages fordern und hierfür streiken können. Mit dem Zeitpunkt des Eintritts in den tarifschließenden Verband entsteht die Tarifbindung und damit die Friedenspflicht (vgl BAG 10.12.02 – 1 AZR 96/02, NZA 03, 734). **6**

Es ist daher einem zunächst nicht tarifgebundenen ArbGeb, gegen den Arbeitskampfmaßnahmen zwecks Abschluss eines Haus- bzw Firmentarifvertrages gerichtet sind, möglich, durch **Eintritt in den Arbeitgeberverband** die Tarifbindung bezogen auf dieselbe Gewerkschaft und damit insoweit die Friedenspflicht herzustellen (Flucht in den ArbGebVer- **7** band, zutreffend ArbG Köln 26.6.64, BB 64, 844; *Hanau/Adomeit* Arbeitsrecht Rz 292; *Löwisch/Rieble* § 1 TVG Rz 387). Bis zum Verbandseintritt durchgeführte Arbeitskampfmaßnahmen bleiben freilich rechtmäßig. Dass sich die Rechtslage ab dem Verbandseintritt ändert, zeigt auch der umgekehrte Fall: Der **nichtorganisierte** ArbN hat grds **keinen Anspruch auf die tariflichen Leistungen.**

8   Tritt er der tarifschließenden Gewerkschaft bei, hat er ab dem Zeitpunkt des Beitritts (BAG 22.11.2000 – 4 AZR 688/99, NZA 01, 980) Anspruch auf die Anwendung des Tarifvertrages. Es zählt der Zeitpunkt des Beitritts. Unerheblich ist der Zeitpunkt der Mitteilung, dieser kann nur im Hinblick auf den Ablauf tarifvertraglicher Verfall- (s *Ausschlussfristen* Rz 1 ff) oder Verjährungsfristen bedeutsam sein.

Hat der ArbN seine **Gewerkschaftsmitgliedschaft** bei der Einstellung wahrheitswidrig **verschwiegen,** hindert dies schon wegen Art 9 Abs 3 Satz 2 GG den ArbN nicht, die Anwendung des Tarifvertrages zu fordern. Auch eine Anfechtung oder Kündigung des Arbeitsverhältnisses aus diesem Grund scheidet aus, da weder ein Fragerecht noch eine Offenbarungspflicht besteht (*Schaub* § 206 Rz 5; *Griese* Zur Notwendigkeit und Effektivität eines verbesserten datenrechtlichen Persönlichkeitsschutzes im Arbeitsrecht, S 70, 105 ff; BAG 2.6.87, BB 87, 1178).

9   **b) Nachbindung.** Der ArbGeb kann sich durch den **Austritt aus dem Arbeitgeberverband von der Tarifbindung nicht befreien,** denn nach § 3 Abs 3 TVG (s dazu BAG 4.4.01 – 4 AZR 237/00, NZA 01, 1085) bleibt die Tarifbindung bestehen, bis der Tarifvertrag endet. Will ein ArbGeb aus einem ArbGebVerband austreten, muss er die in der Verbandssatzung vorgesehenen Fristen einhalten (BAG 1.12.04 – 4 AZR 55/04, ArbuR 05, 27), die nicht durch Vereinbarung mit dem ArbGebVerband verkürzt werden können (*Plander* NZA 05, 897). Durch einen vorzeitigen Austritt (Blitzaustritt) kann sich der ArbGeb nicht von einem Tarifvertrag lösen (BAG 20.2.08 – 4 AZR 64/07, NZA 08, 946); es bleibt bei der unmittelbaren und zwingenden Wirkung des Tarifvertrages (BAG 4.6.08 – 4 AZR 419/07, NZA 08, 1366). Nur ausnahmsweise kann ein Austritt aus wichtigem Grund mit sofortiger Wirkung erfolgen. Ein solcher wichtiger Grund liegt regelmäßig **nicht** vor, wenn der fristlose Austritt deshalb erfolgen soll, um einem unmittelbar bevorstehenden Tarifabschluss und einer darin vorgesehenen Tariflohnerhöhung zu entgehen (LAG Düsseldorf 13.2.96 – 16 (6) Sa 1457/95 – ArbuR 96, 361). Eine erhebliche Verschlechterung der wirtschaftlichen Lage reicht in aller Regel nicht als Grund für eine fristlose Tarifvertragskündigung (BAG 18.2.98 – 4 AZR 363/96, NZA 98, 1008). Die Auflösung des ArbGeb-Verbandes und ein damit verbundener Austritt ändern nichts an der nach § 3 Abs 3 TVG fortwirkenden Tarifbindung (BAG 28.5.97 – 4 AZR 545/95 und 4 AZR 546/95, ArbuR 97, 287), ebenso wenig die Insolvenz des ArbGebVerbandes (BAG 27.6.2000 – 1 ABR 31/99, NZA 01, 334). Auch an einen Verweisungstarifvertrag bleibt der ArbGeb trotz Flucht aus dem ArbGebVerband gebunden (LAG SachsAnh 11.5.99 – 8 Sa 695/98, ArbuR 2000, 147; LAG Bln 10.1.2000 – 16 Sa 1752/99, ArbuR 2000, 316).

Die **Nachbindung** nach § 3 Abs 3 TVG besteht **ohne zeitliche Beschränkung.** Erst nach Außerkrafttreten des Tarifvertrages selbst, etwa durch Kündigung der Tarifvertragsparteien zum Ende der Kündigungsfrist, beginnt die Nachwirkung (s unten). Im Nachbindungszeitraum sind untertarifliche Abmachungen wegen der Fortgeltung des Tarifvertrages rechtsunwirksam. Eine arbeitsvertragliche Vereinbarung, die untertarifliche Abreden enthält und bereits im Stadium der Nachbindung gelten soll, ist grds bereits nach ihrem Regelungswillen keine „andere Abmachung" iSd § 4 Abs 5 TVG (BAG 1.7.09 – 4 AZR 261/08). Die Nachbindung endet durch einen abändernden Tarifvertrag (BAG 25.2.09 – 4 AZR 986/07, ZTR 09, 631).

10   **c) OT-Mitgliedschaften.** Ein Versuch, sich aus der Verbandsbindung zu lösen, sind **OT-Mitgliedschaften** (Mitgliedschaften ohne Tarifbindung; s dazu *Hensche* ArbuR 96, 331; *Kalb* Tagungsbericht der 19. Verbandsversammlung des Deutschen Arbeitsgerichtsverbandes, NZA 96, 863). Danach soll es zwei Arten von Mitgliedschaften in einem ArbGebVerband geben, eine vollwertige mit Tarifbindung und daneben eine Mitgliedschaft ohne Tarifbindung, die nur zur Inanspruchnahme der Serviceleistungen berechtigt. Eine solche Aufspaltung bedeutet eine Umgehung des § 3 Abs 1 TVG ohne die negativen Folgen tragen zu wollen (streitig; zutreffend *Däubler* NZA 96, 225). Zu den nach Art 9 Abs 3 GG verfassungsrechtlich privilegierten Verbänden gehören nur solche, die eine Tarifbindung bejahen (*Wank* NJW 96,

2279). Deshalb ist eine OT-Mitgliedschaft, zwar zulässig, darf aber nicht bezwecken, die **Nachwirkung** von Tarifverträgen auszuschalten (BAG 18.7.06 – 1 ABR 36/05, DB 06, 2185). Eine OT-Mitgliedschaft setzt eine **wirksame Satzung** voraus (BAG 26.8.09 – 4 AZR 294/08, NZA-RR 10, 305; BAG 15.12.10 – 4 AZR 256/09, BeckRS 2011, 71242). Die Satzung muss gewährleisten, dass die OT-Mitglieder **keinerlei Einfluss auf Arbeitskämpfe** haben (BAG 22.4.09 – 4 AZR 111/08, NZA 10, 105).

Das Überwechseln in eine OT-Mitgliedschaft muss **rechtzeitig in laufenden Tarifvertragsverhandlungen transparent gemacht werden,** andernfalls bleibt es trotz des Überwechselns in eine OT-Mitgliedschaft bei der unmittelbaren und zwingenden Tarifbindung auch für die neu abgeschlossenen Tarifverträge (BAG 4.6.08 – 4 AZR 419/07, NZA 08, 1366; BAG 26.8.09 – 4 AZR 285/08, NZA 10, 230). Sowohl der Austritt aus dem ArbGebVerband als auch die **OT-Mitgliedschaft** bedeuten, dass sich der ArbGeb nicht mehr den Schutz durch die tarifvertragliche Friedenspflicht erhalten kann, so dass **sofortige Arbeitskampfmaßnahmen** gegen den ArbGeb, der in eine OT-Mitgliedschaft übergewechselt ist, ergriffen werden können (LAG Hessen 17.9.08 – 9 SaGa 1442/08, BB 08, 2296). Die Friedenspflicht endet mit dem Zeitpunkt der Mitgliedschaftsbeendigung (LAG RhPf 20.12.96 – 7 Sa 1247/96, ArbuR 98, 425). Die im Betrieb vertretene Gewerkschaft kann einen Firmentarifvertrag verlangen und diesen durch Streikmaßnahmen erzwingen. Diese Streikmaßnahmen treffen den ArbGeb dann isoliert, ohne verbandliche Solidarität auf ArbGebSeite und ohne die Möglichkeit verbandlicher Abwehrarbeitskampfmaßnahmen (zB Flächenabwehraussperrung).

d) Tarifbindung bei betrieblichen und betriebsverfassungsrechtlichen Fragen. 11
Nach § 3 Abs 2 TVG reicht die Tarifbindung des ArbGeb allein aus, soweit ein Tarifvertrag Rechtsnormen über betriebliche und betriebsverfassungsrechtliche Fragen regelt. Dies bedeutet, dass die Tarifwirkungen auf Außenseiter, also nichtorganisierte ArbN erstreckt werden. Grund für diese gesetzliche Regelung ist, dass bestimmte, kollektiv wirkende Regelwerke aus praktischen oder rechtlichen Gründen nur für alle ArbN des Betriebes einheitlich gelten können (BAG 26.4.90, DB 90, 1919). Beispiele hierfür sind ArbNSchutzvorschriften, betriebliche Ordnungsvorschriften (zB Rauchverbot) oder tarifliche Arbeitsplatzbesetzungsregelungen (BAG 17.6.99 – 2 AZR 456/98, ArbuR 99, 404), Einführung oder Verbot von gleitender Arbeitszeit oder Schichtarbeit (*Wiedemann/Stumpf* § 3 Rz 69).

e) Allgemeinverbindlicherklärung. Die Tarifbindung kann bei nichtgebundenen Ar- 12
beitsvertragsparteien nach § 5 TVG dadurch hergestellt werden, dass der Tarifvertrag durch das Bundesarbeitsministerium bzw die entsprechenden obersten Landesbehörden für allgemeinverbindlich erklärt wird. Sie hat die Funktion eines *Mindestentgelts* (s dort). Dies setzt nach § 5 Abs 1 Nr 1 und 2 TVG voraus, dass die tarifgebundenen ArbGeb mindestens 50% der unter den Geltungsbereich des Tarifvertrages fallenden ArbN beschäftigen und die Allgemeinverbindlichkeitserklärung im öffentlichen Interesse geboten ist. Zustimmen muss darüber hinaus der paritätisch besetzte Ausschuss der Spitzenorganisationen der ArbGeb und der ArbN gem § 5 Abs 1 TVG. Von diesen Voraussetzungen kann nach § 5 Abs 1 Satz 2 TVG abgesehen werden, wenn die Allgemeinverbindlichkeit zur Behebung eines sozialen Notstandes erforderlich erscheint. Erleichterte Möglichkeiten der Allgemeinverbindlicherklärung bietet das AEntG (s *Arbeitnehmerentsendung* Rz 3). Die darauf beruhende Erstreckung des **Mindestlohnvertrages** im Baugewerbe auf nicht Tarifgebundene ist verfassungsgemäß (BVerfG 18.7.2000 – 1 BvR 948/00, ArbuR 2000, 353). Die Allgemeinverbindlichkeitserklärung hat die **Wirkung,** dass der Tarifvertrag auch für nichttarifgebundene ArbN und ArbGeb unmittelbar und zwingend gilt. Bei der Entscheidung über die Allgemeinverbindlichkeit besteht ein weites Ermessen (BVerwG 3.11.88, DB 89, 529). In der Praxis sind vor allem in den Bereichen, in denen die Stellung der ArbN und der Gewerkschaften schwach ausgeprägt sind, Tarifverträge für allgemeinverbindlich erklärt worden, insbes im Baubereich, im Hotel- und Gaststättengewerbe und im Reinigungsgewerbe, nicht hingegen in den zentralen Branchen, wie zB Metall- oder Chemieindustrie.

Die Allgemeinverbindlichkeitserklärung von Tarifverträgen ist mit dem GG vereinbar 13
(BVerfG 10.9.91 – 1 BvR 561/89, NZA 92, 125). Die Allgemeinverbindlichkeitserklärung kann mit Rückwirkung erfolgen, wenn der vorhergehende Tarifvertrag ebenfalls für allgemeinverbindlich erklärt war (BAG 25.9.96 – 4 AZR 209/95, NZA 97, 495). Für Nichtverbandsmitglieder erweist es sich oft als schwierig, den Text des einschlägigen Tarifvertrags

401 Tarifvertrag

zu erhalten. Zu diesem Zweck werden beim BMA nach § 6 TVG und bei den Länderarbeitsministerien Tarifregister geführt. Unterschreitet ein Wettbewerber des ArbGeb einen für allgemeinverbindlich erklärten Tarifvertrag, kann dies einen **Wettbewerbsverstoß** nach § 1 UWG darstellen (BGH 3.12.92 – I ZR 276/90, DB 93, 631), so dass der ArbGeb den Mitbewerber auf Unterlassung und Schadenersatz in Anspruch nehmen kann. Insbes gilt dies wegen § 4 Nr 11 UWG für tarifvertragliche Arbeitsbedingungen und Entgelte, die über das AEntG gelten, oder für gesetzliche Mindestentgelte, denn diese Vorschriften dienen gerade dazu, im Interesse aller Marktteilnehmer einen Dumpingwettbewerb zu verhindern.

Gesetzlich darf bei öffentlichen Auftragsvergaben vom Auftragnehmer eine **verfassungsrechtlich zulässige Tariftreueerklärung** verlangt werden (BVerfG 11.7.06 – 1 BvL 4/00, NJW 07, 51). Bei aus dem europäischen Ausland entsandten ArbN wird eine solche Tariftreueerklärung nur bei für allgemeinverbindlich erklärten Tarifverträgen Wirkung entfalten (EuGH 3.4.08 – C-346/06 – Rüffert, NZA 08, 537; s dazu *Hanau*, NZA 08, 751).

14 **5. Rechtswirksame Einbeziehung von Tarifverträgen trotz fehlender Tarifbindung.** Liegt keine Tarifbindung vor, so können Tarifnormen gleichwohl auf das Arbeitsverhältnis anwendbar sein, wenn sie wirksam in das Arbeitsverhältnis einbezogen worden sind.

a) Vertragliche Einbeziehung. Tarifverträge können durch den Einzelarbeitsvertrag (BAG 12.6.13 – 4 AZR 969/11 für ERA) einbezogen werden. Die Bezugnahme kann auch durch **arbeitsvertragliche Einheitsregelung** oder durch eine eindeutige Gesamtzusage hergestellt werden, ebenso durch eine eindeutige betriebliche Übung (BAG 19.1.99 – 1 AZR 606/98, NZA 99, 879). **Stillschweigende Bezugnahme** kann an mangelnder Bestimmtheit scheitern. § 2 Abs 1 Nr 10 NachwG verlangt, dass in der Vertragsniederschrift auf die Anwendbarkeit des einbezogenen Tarifvertrages hingewiesen wird, andernfalls kann sich der ArbGeb schadensersatzpflichtig machen (BAG 17.4.02 – 5 AZR 89/01, NZA 02, 1096). Vertraglich kann auch ein **branchenfremder Tarifvertrag** (BAG 25.10.00 – 4 AZR 506/99, NZA 02, 100) in Bezug genommen werden.

15 Aufgrund der Vertragsfreiheit ist es möglich, **nur Teile des Tarifvertrages** in das Arbeitsverhältnis zu übernehmen, etwa nur Arbeitszeit-, Freistellungs- oder Kündigungsregelungen, nicht aber die tariflichen Vergütungssätze. Die Einbeziehungsmöglichkeit ist in einigen Bestimmungen gesetzlich geregelt, so für die tariflichen Kündigungsfristen in § 622 Abs 3 Satz 2 BGB, für die tariflichen Berechnungsvorschriften für die Krankenvergütung (§ 4 Abs 4 EFZG) oder für tarifliche Urlaubsregelungen in § 13 Abs 1 Satz 2 BUrlG. Die vertragliche Inbezugnahme muss **bestimmt und eindeutig** sein: Es muss erkennbar sein, auf welchen Tarifvertrag und ggf auf welche Bestimmungen im Einzelnen verwiesen werden soll (BAG 30.8.00 – 4 AZR 581/99, NZA 01, 510). Die unbestimmte Klausel „Im Übrigen gelten die tariflichen Bestimmungen." reicht für eine Inbezugnahme nicht aus.

Die Inbezugnahmeklausel in einem **vorformulierten Arbeitsvertrag unterliegt der AGB-Kontrolle** (BAG 9.5.07 – 4 AZR 319/06, DB 08, 874). Ist die Tragweite der Verweisung in einem Formulararbeitsvertrag zweifelhaft, geht dies nach § 305c Abs 2 BGB zu Lasten des ArbGeb (BAG 9.11.05 – 5 AZR 128/05, BB 06, 386). Die Unklarheitenregelung ist allerdings nicht anzuwenden, wenn keine Auslegungszweifel bleiben (BAG 17.1.06 – 9 AZR 41/05, BB 06, 2532 für die Verweisung auf den tariflichen Regelungskomplex „Urlaub"). Soll eine arbeitsvertragliche Inbezugnahmeklausel eine **Gleichstellung** mit den tarifgebundenen ArbN bewirken, ist von der Einbeziehung nicht nur der einschlägige Manteltarifvertrag, sondern auch ein mit derselben Gewerkschaft geschlossener **Sanierungstarifvertrag** erfasst (BAG 14.12.05 – 10 AZR 296/05, NZA 06, 744). Sind von einer Gewerkschaft zwei miteinander konkurrierende Tarifverträge abgeschlossen worden, ist eine vertragliche Inbezugnahmeklausel so auszulegen, dass der auf den konkreten Betrieb zutreffende Tarifvertrag angewandt werden soll (BAG 4.9.96 – 4 AZR 135/95, NZA 97, 271).

16 **b) Umfang und Reichweite der Inbezugnahme.** Der Umfang der Inbezugnahme ist dann nach den Grundsätzen der Vertragsauslegung zu bestimmen (BAG 13.11.02 – 4 AZR 393/01, NZA 03, 1039). Bei der Inbezugnahme ist zwischen **statischer Verweisung** („Es gilt der Tarifvertrag vom …") und **dynamischer Verweisung** („Es gilt der Tarifvertrag/das Tarifwerk in seiner jeweiligen Fassung") zu unterscheiden.

Tarifvertrag 401

Im Zweifel ist eine dynamische Verweisung gewollt (BAG 11.10.06 – 4 AZR 486/05, NZA 07, 634; BAG 26.9.07 – 5 AZR 808/06, NZA 08, 179), und zwar eine **unbedingte zeitdynamische Verweisung** (BAG 22.10.08 – 4 AZR 793/07, NZA 09, 323). Die dynamische Verweisung ist im Arbeitsleben verbreitet und üblich und keine überraschende Klausel iSd § 305c Abs 1 BGB (*Wiedemann/Oetker* § 3 TVG Rz 303). Auf arbeitsvertragliche Klauseln, die ein Tarifwerk in Bezug nehmen, ist die Unklarheitenregelung des § 305c Abs 2 BGB idR deshalb nicht anwendbar, weil sich die Frage der Günstigkeit für den ArbN nicht eindeutig beantworten lässt. Eine dynamische Verweisung auf das jeweils gültige Tarifrecht ist in der Regel nach der Rspr des BAG nicht unklar und kein Verstoß gegen das Transparenzgebot des § 307 Abs 1 Satz 2 BGB, weil die im Zeitpunkt der jeweiligen Anwendung geltenden, in Bezug genommenen Regelungen bestimmbar sind (BAG 24.9.08 – 6 AZR 76/07, NZA 09, 154).

Wird auf einen Tarifvertrag in der jeweils geltenden Fassung Bezug genommen, muss dies bei Verbandswechsel des ArbGeb dahingehend ausgelegt werden, dass die Verweisung auf den von derselben Gewerkschaft geschlossenen neuen für den Betrieb geltenden Tarifvertrag gemeint ist (BAG 4.9.96, NZA 97, 271). Dynamische Bezugnahmeklauseln auf das Tarifwerk in seiner jeweiligen Fassung sollten nach der früheren Rspr (BAG 1.12.04 – 4 AZR 50/04, NZA 05, 478; kritisch zur Rspr *Hanau* NZA 05, 489) für nicht tarifgebundene ArbGeb als **Gleichstellungsabrede** zu interpretieren sein, mit der Folge, dass Tarifänderungen nach Beendigung der Tarifgebundenheit des ArbGeb keine Wirksamkeit im Arbeitsverhältnis entfalten (halbdynamische Wirkung – kein Verstoß gegen EU-Recht, s EuGH 9.3.06 – C 499/04, NZA 06, 376).

Das BAG hat eine **Änderung der Rechtsprechung** vollzogen und festgelegt, eine **17 Bezugnahmeklausel** bei tarifgebundenen ArbGeb für nach dem 1.1.02 geschlossene Arbeitsverträge nicht mehr als Gleichstellungsabrede zu interpretieren (BAG 18.4.07 – 4 AZR 652/05, NZA 07, 965; BAG 22.10.08 – 4 AZR 793/07, ArbuR 08, 397; zu den Konsequenzen s *Preis/Greiner* NZA 07, 1073).

Im Fall des **Betriebsübergangs** (s dort Rz 65 ff zur Tarifgeltung bei Betriebsübergang) **18** beschränken sich dynamische Bezugnahmeklauseln in ihrer Wirkung auf den Tarifstand zum Zeitpunkt des Betriebsübergangs (BAG 21.8.02 – 4 AZR 263/01, NZA 03, 442; 16.10.02 – 4 AZR 467/01, NZA 03, 390). Bei einem **Branchenwechsel** infolge eines Betriebsübergangs ergibt sich aus einer dynamischen Inbezugnahmeklausel nicht ohne zusätzliche Anhaltspunkte, dass damit auch das Tarifwerk der neuen Branche gelten soll; soweit dies gewollt ist, besteht die Möglichkeit, eine **Tarifwechselklausel** zu vereinbaren (BAG 29.8.07 – 4 AZR 765/06; BAG 17.11.10 – 4 AZR 391/09, NZA 11, 356; BAG 6.7.11 – 4 AZR 706/09, FD-ArbR 2011, 319974). Dabei würde es gegen das Transparenzgebot des § 307 Abs 1 S 2 BGB verstoßen, eine vom Wortlaut her als kleine dynamische Bezugnahmeklausel ausgestaltete Klausel als Tarifwechselklausel zu interpretieren (LAG Köln 29.3.10 – 5 Sa 1322/09 BeckRS 2010, 70864).

c) Inbezugnahme der Tarifverträge des öffentlichen Dienstes. Auch im öffentlichen **19** Dienst gelten die Tarifverträge unmittelbar nur für die beiderseits Tarifgebundenen. Fehlt diese, etwa, weil der ArbN kein Gewerkschaftsmitglied ist, ergibt sich die Tarifbindung zumeist aus einer arbeitsvertraglichen Inbezugnahmeklausel. Aufgrund der Vertragsfreiheit ist es möglich, die Anwendbarkeit von Tarifverträgen auf ein Arbeitsverhältnis zu vereinbaren, das nicht zum öffentlichen Dienst gehört. Zu beachten ist, dass im öffentlichen Dienst der BAT in unterschiedlicher Weise ersetzt worden ist, und zwar für die **Beschäftigten des Bundes und der Kommunen durch den ab dem 1.10.05 in Kraft getretenen TVöD und für die Beschäftigten der meisten Länder durch den ab 1.11.06 geltenden TVL**, die sich in einer Reihe von Punkten, zB der ArbNHaftung oder der Entgeltfortzahlung unterscheiden. Eine **Tarifeinheit im öffentlichen Dienst ist daher nicht mehr gegeben.** Für tarifgebundene Arbeitsverhältnisse des öffentlichen Dienstes gelten die neuen Tarifverträge unmittelbar. Bei nicht tarifgebundenen Arbeitsverhältnissen gilt der jeweils neue Tarifvertrag nur, wenn eine **arbeitsvertragliche Bezugnahme vereinbart worden ist oder anlässlich des Tarifwechsels ergänzend vereinbart wird.** Die häufig in Arbeitsverträgen verwendeten Klauseln „Es gilt der BAT in seiner jeweiligen Fassung" oder „Es gelten die den BAT ergänzenden oder ersetzenden Tarifverträgen" werden dafür oft nicht ausreichen, da oft unklar bleiben wird, ob und auf welchen der neuen Tarifverträge (TVöD oder TVL)

401 Tarifvertrag

verwiesen werden sollte (BAG 10.6.09 – 4 AZR 194/08, ZTR 10, 154). Eine Regelungslücke kann bei ausreichenden Anhaltspunkten durch eine ergänzende Vertragsauslegung geschlossen werden (BAG 19.5.10 – 4 AZR 796/08, DB 10, 1888; BAG 7.7.10 – 4 AZR 120/09, NZA-RR 11, 137). Fehlt es an einer wirksamen Verweisungsklausel, gilt der einzelvertraglich vereinbarte BAT statisch, dh in seiner zuletzt geltenden Fassung weiter; an tariflichen Verbesserungen, zB Entgelterhöhungen nimmt der Beschäftigte aber nicht mehr teil (s auch *Hümmerich/Mäßen* NZA 05, 961).

20 **d) Einbeziehung durch Betriebsvereinbarung.** Durch Betriebsvereinbarung können tarifvertragliche Regelungen Gegenstand des Arbeitsvertrages der nichtorganisierten ArbN werden. Dynamische Blankettverweisungen auf die jeweils geltenden tariflichen Bestimmungen sollen hier unzulässig sein (BAG 23.6.92, BB 93, 289). Es kommt hinzu, dass die Kompetenz der Betriebspartner durch § 77 Abs 3 BetrVG begrenzt ist: Arbeitsentgelte und sonstige Arbeitsbedingungen, die üblicherweise durch Tarifvertrag geregelt sind, können nicht in einer Betriebsvereinbarung geregelt werden, auch nicht in Form einer Verweisung etwa auf Lohntarifverträge (*Fitting* § 77 Rz 87; *Hagemeier* § 3 Rz 79). Die Sperrwirkung des § 77 Abs 3 BetrVG tritt nicht ein, wenn der Tarifvertrag den Abschluss ergänzender Betriebsvereinbarungen zulässt (Öffnungsklausel). Soweit erzwingbare Mitbestimmungsrechte nach § 87 BetrVG (insbesondere nach § 87 Abs 1 Nr 10 und 11 BetrVG) bestehen, ist die Sperrwirkung durch § 87 Abs 1 Eingangssatz BetrVG begrenzt. Nicht die Tarifüblichkeit, sondern nur eine **tatsächlich bestehende tarifliche** Regelung steht dem Abschluss einer Betriebsvereinbarung entgegen (BAG 20.2.91, DB 92, 275). Ein lediglich nachwirkender Tarifvertrag steht einer Regelung durch Betriebsvereinbarung nicht entgegen (BAG 24.2.87, BB 87, 1246). Demzufolge können für die ArbN **günstigere als die gesetzlichen Kündigungsfristen durch Betriebsvereinbarung** festgelegt werden. Ebenso können gegenüber § 622 BGB günstigere (nachwirkende) tarifliche Kündigungsfristen durch Verweisung in einer Betriebsvereinbarung einbezogen werden. Die Festlegung von gegenüber § 622 BGB ungünstigeren Kündigungsfristen ist hingegen aufgrund fehlender gesetzlicher Ermächtigung in § 622 Abs 4 BGB rechtsunwirksam (ErfK/*Müller-Glöge* § 622 BGB Rz 19).

21 **e) Betriebliche Übung.** Ein Tarifvertrag kann für die nichtorganisierten ArbN kraft betrieblicher Übung gelten (so BAG 19.1.99 – 1 AZR 606/98, NZA 99, 879), da nach langjähriger betrieblicher Praxis ein schutzwürdiges Vertrauen der ArbN darauf entstehen kann, als Außenseiter in den Geltungsbereich des Tarifvertrages einbezogen zu werden. Freilich kann sich die betriebliche Übung immer nur auf konkrete Tarifverträge beziehen, nicht generell darauf, dass jeweils alle Tarifverträge – auch künftig – generell auf Außenseiter angewandt werden. Deshalb kann auch keine Betriebliche Übung auf Übernahme einer **Tariflohnerhöhung** entstehen (BAG 16.1.02 – 5 AZR 715/00, NZA 02, 632). Dass ein ArbGeb in der Vergangenheit regelmäßig die Tariflohnerhöhung übernommen hat, führt nicht zu einem Anspruch bzgl zukünftiger Tariflohnerhöhungen, weil der ArbGeb mit seiner Nichtmitgliedschaft im tarifschließenden ArbGebVerband deutlich macht, dass er sich nicht binden will; aus der Angabe der Vergütung in der Lohnabrechnung („Tariflohn") kann ebenfalls nicht hergeleitet werden, der ArbGeb wolle künftige Tariflohnerhöhungen nachvollziehen (BAG 3.11.04 – 5 AZR 622/03, NJOZ 05, 4260). Ein **neuer Tarifvertrag** gibt dem ArbGeb daher die Möglichkeit, zu prüfen, ob er auch hinsichtlich des neuen Tarifvertrages eine betriebliche Übung entstehen lassen will.

22 **6. Wirkung des Tarifvertrages. a) Unmittelbare und zwingende Geltung bei Tarifbindung.** Ist Tarifbindung gegeben, **gilt der Tarifvertrag** nach § 4 Abs 1 TVG **unmittelbar und zwingend.** Damit ist eine vertragliche Vereinbarung bei der Vergütung nur über den Tariflohn hinaus möglich, der Tariflohn ist dann Mindestlohn, der zu Gunsten des ArbN durch Individualvertrag überschritten werden kann (s *Günstigkeitsprinzip* Rz 3). Ein Unterschreiten des Tariflohns ist bei gegebener Tarifbindung grds nicht möglich. Eine hierauf gerichtete Änderungskündigung wäre rechtswidrig iSd § 13 Abs 3 KSchG (BAG 10.2.99 – 2 AZR 422/98, NZA 99, 657).

23 Die **einzige Ausnahme** hiervon bildet § 4 Abs 3 TVG, wonach abweichende Vereinbarungen zulasten des ArbN möglich sind, wenn der Tarifvertrag selbst eine **Öffnungsklausel** enthält, die Abweichungen gestattet. Die untertarifliche Entlohnung muss dann – gestützt auf eine solche Öffnungsklausel – ausdrücklich vereinbart sein. Treffen die Arbeitsvertragsparteien überhaupt keine Vergütungsabrede, gilt nach § 612 Abs 2 BGB die übliche Vergütung als vereinbart, dies ist regelmäßig die tarifliche Vergütung (Näheres: *Arbeitsentgelt* Rz 5). Wirkt der Tarifvertrag lediglich noch gem § 4 Abs 5 TVG nach, entfällt die zwingende Wirkung des Tarifvertrages, so dass für dieses Stadium bis zum Inkrafttreten eines neuen Tarifvertrages eine untertarifliche Entlohnung arbeitsvertraglich vereinbart werden kann. Den Tarifvertragsparteien steht es frei, einen Tarifvertrag durch einen neuen Tarifvertrag sowohl zum Vorteil wie auch zum Nachteil der ArbN abzuändern. Mit rückwirkender Kraft ist das nur möglich, wenn kein Vertrauensschutz der ArbN mehr besteht (BAG 11.10.06 – 4 AZR 486/05, NZA 07, 634).

b) Abweichungen vom Tarifentgelt. Soweit keine Tarifbindung gegeben ist, etwa weil der ArbGeb oder der ArbN nicht in den tarifschließenden Verbänden organisiert sind und keine Allgemeinverbindlicherklärung sowie kein für eine Branche festgelegtes Mindestentgelt (s *Mindestentgelt*) vorliegt, besteht kein unmittelbarer Anspruch auf das Tarifentgelt, so dass eine untertarifliche Vergütung möglich ist (zur Entlohnung von aus dem Ausland entsandten ArbN s *Arbeitnehmerentsendung*). 24

c) Kein Anspruch auf Gleichbehandlung bei fehlender Tarifbindung. Aufgrund des Gleichbehandlungsgrundsatzes können Außenseiter die tariflichen Leistungen **nicht beanspruchen,** denn aufgrund des im TVG angelegten und auf Verbandsmitgliedschaft ausgerichteten Tarifvertragssystems ist es sachlich gerechtfertigt, zwischen organisierten ArbN und Außenseitern zu differenzieren (BAG 20.11.96 – 5 AZR 401/95, NJW 97, 2000; *Otto* Einführung in das Arbeitsrecht, 2. Aufl, S 99; *Löwisch/Rieble* § 3 TVG Rz 228; *Hagemeier* § 3 Rz 88). Von großer praktischer Bedeutung ist dieses Problem freilich nicht, da der ArbGeb idR die nichtorganisierten ArbN schon deshalb nicht schlechter behandeln wird, da er den nichtorganisierten ArbN ansonsten einen Anreiz geben würde, in die tarifschließende Gewerkschaft einzutreten. Die Tarifvertragsparteien selbst sind allerdings bei der Ausgestaltung des Tarifvertrages an den Gleichbehandlungsgrundsatz gebunden (BAG 28.3.96 – 6 AZR 501/95, NZA 96, 1280). 25

d) Ablösung durch Folgetarifverträge. Die Geltung eines Tarifvertrages endet gem § 3 Abs 3 TVG, wenn – bei fortdauernder Tarifbindung – ein Folgetarifvertrag in Kraft tritt. Der Folgetarifvertrag kann auch **verschlechternde Regelungen** enthalten, beispielsweise als Sanierungstarifvertrag. Verschlechterungen sind sogar rückwirkend möglich, allerdings nur in den Grenzen des Vertrauensschutzes (BAG 4.10.07 – 10 AZR 878/06, NZA 08, 131). Durch Folgetarifverträge kann auch in laufende Betriebsrenten für die Zukunft unter Beachtung des Vertrauensschutzes eingegriffen werden (BAG 27.2.07 – 3 AZR 734/05, NZA 07, 1371). Ein Tarifvertrag, auch ein Haustarifvertrag, kann **eine einzelvertragliche Inbezugnahme eines günstigeren Tarifvertrages nicht ablösen,** weil die vertraglich vereinbarte für den ArbN günstigere Lösung insoweit Vorrang hat (BAG 22.2.12 – 4 AZR 24/10). 26

7. Nachwirkung von Tarifverträgen. Nach § 4 Abs 5 TVG gelten die Rechtsnormen eines abgelaufenen Tarifvertrages weiter, bis sie durch eine andere Abmachung ersetzt worden sind. Diese **Nachwirkung** des Tarifvertrages ist verfassungsrechtlich zulässig (BVerfG 3.7.2000 – 1 BvR 945/00, NZA 2000, 947) und zeitlich nicht beschränkt (BAG 15.10.03 – 4 AZR 573/02, NZA 04, 387). Im Nachwirkungszeitraum entfällt die zwingende Wirkung des Tarifvertrages. Dies bedeutet, dass der Tarifvertrag zwar unmittelbar fortgilt, aber durch einzelvertragliche Abmachung unterschritten werden kann (BAG 18.3.92, BB 92, 1213). Die Nachwirkung kann durch den Tarifvertrag selbst **ausgeschlossen** werden (BAG 16.8.90, BB 91, 762). Die Nachwirkung tritt auch dann ein, wenn die Tarifbindung infolge eines Verbandsaustritts weggefallen ist (BAG 13.12.95 – 4 AZR 1062/94, ArbuR 96, 378) oder die Allgemeinverbindlichkeit endet (BAG 25.10.2000 – 4 AZR 212/00, NZA 01, 1146). Besondere Probleme ergeben sich, wenn an einem Tarifvertrag mehrere Gewerkschaften beteiligt sind, der Folgetarifvertrag aber nur von einer Gewerkschaft abgeschlossen wird. Dann wirkt der erste Tarifvertrag für die Mitglieder der Gewerkschaft nach, die an dem neuen Tarifvertrag nicht mehr beteiligt ist (BAG 27.11.91, DB 92, 1294). Die Nachwirkung erfasst auch Leistungen, die für den tarifgebundenen ArbN erst im Nachwirkungszeitraum entstehen (BAG 16.8.90, BB 91, 762). Die Nachwirkung erstreckt sich nicht auf ArbN, deren Arbeitsverhältnis erst nach regulärem Ablauf des Tarifvertrages beginnt oder die erst 27

401 Tarifvertrag

nach diesem Zeitpunkt in die tarifschließende Gewerkschaft eintreten (BAG 15.4.08 – 1 AZR 65/07; anders im Nachbindungszeitraum BAG 6.7.11 – 4 AZR 424/09, FD-ArbR 2011, 319973). Die Grundsätze der Nachwirkung gelten entsprechend beim Herauswachsen aus dem fachlichen Geltungsbereich eines Tarifvertrages (BAG 10.12.97 – 4 AZR 247/96, NZA 98, 484; ErfK/*Schaub* § 3 TVG Rz 31).

28 Bei einer Blankettverweisung in einem nachwirkenden Tarifvertrag beschränkt sich die Nachwirkung auf den Regelungsgehalt, wie er bei Ende der Tarifbindung bestand, spätere Änderungen der Norm, auf die verwiesen wird, nehmen an der Nachwirkung nicht mehr teil (BAG 24.11.99 – 4 AZR 666/98, NZA 2000, 435). Die **Nachwirkung endet,** wenn ein neuer Tarifvertrag in Kraft tritt. Dieser kann Verschlechterungen für die ArbN enthalten; ein Vertrauensschutz auf Fortbestand des bisherigen Tarifniveaus besteht nicht (BAG 2.2.06 – 2 AZR 58/05, BB 06, 1388). Eine **rückwirkende Verschlechterung** ist unter Beachtung des Vertrauensschutzes möglich (BAG 11.10.06 – 4 AZR 486/05, ArbuR 06, 408). Dies gilt auch für tarifvertraglichen Sonderkündigungsschutz (BAG 2.2.06 – 2 AZR 58/05, NZA 06, 868).

Im Nachwirkungszeitraum sind abweichende vertragliche Vereinbarungen gem § 4 Abs 5 TVG zulässig. Sie lösen die nachwirkenden tariflichen Bestimmungen aber nur dann ab, wenn sie konkret und zeitnah vor dem bevorstehenden Ablauf des Tarifvertrages getroffen worden sind und die konkrete Situation ab Beginn des Nachwirkungszeitraums regeln (BAG 1.7.09 – 4 AZR 250/08, NZA-RR 10, 30; BAG 20.5.09 – 4 AZR 230/08; BAG 22.10.08 – 4 AZR 789/07, NZA 09, 265). Die Nachwirkung eines abgelaufenen Tarifvertrages entfällt durch eine andere Abmachung nur, wenn diese denselben Regelungsbereich betrifft (BAG 21.10.09 – 4 AZR 477/08, NZA-RR 10, 477).

29 **8. Tarifkonkurrenz.** Konkurrieren zwei Tarifverträge dergestalt miteinander, dass ArbN und ArbGeb hinsichtlich beider Tarifverträge tarifgebunden sind, entsteht Tarifkonkurrenz (BAG 22.10.08, 4 AZR 789/07, NZA 09, 265). Nach dem **Grundsatz der Tarifspezialität** verdrängt der sachnähere Tarifvertrag den konkurrierenden Tarifvertrag. Das gilt auch dann, wenn die Tarifkonkurrenz durch Verschmelzung entsteht (BAG 4.7.07 – 4 AZR 491/06, NZA 08, 307). Die Sachnähe richtet sich insbesondere nach dem Grundsatz der Spezialität. Es ist zu prüfen, welcher der konkurrierenden Tarifverträge dem Betrieb räumlich, betrieblich, fachlich und persönlich am nächsten steht (BAG 29.11.78, AP Nr 12 zu § 4 TVG Tarifkonkurrenz). Bei Mischbetrieben ist derjenige Tarifvertrag maßgebend, der der überwiegenden Arbeitszeit der ArbN entspricht (BAG 5.9.90 – 4 AZR 59/90, BB 91, 344). Gilt ein Tarifvertrag nur aufgrund einzelvertraglicher Einbeziehung, während der konkurrierende Tarifvertrag kraft Allgemeinverbindlicherklärung Anwendung findet, so geht der für allgemein verbindlich erklärte Tarifvertrag vor (BAG 22.9.93 – 10 AZR 207/92, NZA 94, 667). Gegenteiliges wird angenommen, wenn ein spezieller Firmentarifvertrag mit einem allgemeinverbindlichen Manteltarifvertrag konkurriert, auch soweit Ersterer einzelne ungünstigere Regelungen enthält (BAG 23.3.05 – 4 AZR 203/04, NZA 05, 1003). Ein vollwirksamer **Firmentarifvertrag** geht einem Verbandstarifvertrag nach den Regeln der Tarifkonkurrenz vor. Er ist wegen seiner größeren räumlichen, betrieblichen, fachlichen und persönlichen Nähe zum Betrieb stets die **speziellere Regelung** (BAG 15.4.08 – 9 AZR 159/07, NZA-RR 08, 586). Gegenüber einem nachwirkenden Tarifvertrag geht ein kraft beiderseitiger Tarifgebundenheit geltender Tarifvertrag vor (BAG 20.4.05 – 4 AZR 288/04, NZA 05, 1360).

Zur Tarifpluralität s *Tarifeinheit* Rn 1 ff.

B. Lohnsteuerrecht
Thomas

36 Nach dem für das LStRecht maßgebenden Realisierungsprinzip führen noch nicht Ansprüche, sondern erst deren Erfüllung zu einem Lohnzufluss. Das gilt auch für nicht erfüllte tarifvertragliche Ansprüche. Deswegen liegt ein Lohnzufluss nicht vor, soweit der ArbGeb dem ArbN tarifvertraglich zustehende Lohnteile nicht auszahlt, sondern einer Versorgungsrückstellung zuführt (BFH 20.7.05 – VI R 165/01, BStBl II 05, 890; ebenso BFH 22.11.06 – X R 29/05, BStBl II 07, 402). Macht das Gesetz eine Steuerbefreiung oder die Erfassung mit einem abgeltenden Pauschsteuersatz davon abhängig, dass bestimmte sozial-

versicherungsrechtliche Entgeltgrenzen nicht überschritten werden, ist für diese allerdings das sozialrechtliche Entstehungsprinzip maßgebend.

Dagegen ist der nicht befreite bzw nicht pauschalierbare Lohn nur insoweit zu erfassen, als er tatsächlich zugeflossen ist (BFH 29.5.08 – VI R 47/05, DStRE 08, 1050). Ausgaben des ArbGeb für die Zukunftssicherung des ArbN sind nach § 3 Nr 62 EStG steuerfrei, sofern der ArbGeb dazu kraft Gesetzes oder nach einer auf gesetzlicher Ermächtigung beruhenden Bestimmung verpflichtet ist. Hierzu zählen auch Leistungen, die der ArbGeb auf Grund Allgemeinverbindlicherklärung gem § 5 TVG erbringen muss (BFH 13.9.07 – VI R 16/06, BStBl II 08, 394). **37**

C. Sozialversicherungsrecht *Voelzke*

1. Beitragsrecht. Im Beitragsrecht der SozV gilt das Lohnzuflussprinzip nicht (Näheres: *Lohnzufluss* Rz 19 ff). Lediglich für Einmalzahlungen gilt nach § 22 Abs 1 Satz 2 SGB IV das Zuflussprinzip. Beiträge sind daher grds auch für das geschuldete und nicht gezahlte Arbeitsentgelt zu entrichten (zum Entstehungsprinzip *Schlegel/Voelzke/Segelbrecht* SGB IV § 22 Rz 47; zur Verpflichtung einer Nacherhebung von Beiträgen s BT-Drucks 17/3013). Das (tariflich) geschuldete Arbeitsentgelt ist auch für die Beurteilung der Frage maßgebend, ob Versicherungspflicht anzunehmen ist (BSG 14.7.04 – B 12 KR 7/04 R, SozR 4–2400 § 22 Nr 1). Die Geltung des Entstehungsprinzips kann bei untertariflicher Bezahlung zu Beitragsnachforderungen führen (*Schlegel/Voelzke/Segelbrecht* SGB IV § 22 Rz 48 ff). Eine wichtige Ausnahme vom Entstehungsprinzip des SozVRechts folgt aus einer Ergänzung des § 22 Abs 1 SGB IV durch das Zweite Gesetz für moderne Dienstleistungen am Arbeitsmarkt vom 23.12.02 (BGBl I 02, 4621). Danach gilt für **einmalig gezahltes Arbeitsentgelt** (zum Begriff s *Einmalzahlungen* Rz 6 ff), dass die Beitragsansprüche erst entstehen, sobald das einmalig gezahlte Arbeitsentgelt ausgezahlt ist. **41**

2. Leistungsrecht. Das BSG folgte in seiner früheren Rspr zum AFG dem sog strengen Zuflussprinzip, wonach bei der Bemessung der Lohnersatzleistungen nach dem AFG nur Arbeitsentgelt zu berücksichtigen war, das dem ArbN vor dem Ausscheiden aus dem Arbeitsverhältnis zugeflossen war. Hieraus folgte im Ergebnis, das eine tarifwidrige Lohnabrechnung selbst dann ohne Auswirkung auf die Höhe des Anspruches auf AlGeld blieb, wenn der ArbN die Tarifwidrigkeit noch während des Bemessungszeitraumes geltend gemacht hatte, er aber erst nach der letzten Abrechnung mit der arbeitsgerichtlichen Klage erfolgreich war. In Abänderung dieser Rspr hatte das BSG dann auch Arbeitsentgelt berücksichtigt, wenn dieses bereits im Bemessungszeitraum **beansprucht** werden konnte, aber erst später – zB aufgrund eines arbeitsgerichtlichen Urteils oder Vergleichs – gezahlt worden ist (BSG 28.6.95 – 7 RAr 102/94, NZS 96, 182). Das SGB III hat diese Rspr bestätigt und zusätzlich auf Fälle ausgedehnt, in denen zu beanspruchendes Arbeitsentgelt nur wegen Zahlungsunfähigkeit des ArbGeb nicht zufließt (§ 151 Abs 1 SGB III). Eine fehlerhafte tarifliche Einstufung führt damit auch zu einer nachträglichen Korrektur der Bemessung der Lohnersatzleistungen. Unberücksichtigt bleiben weiterhin rückwirkend begründete Lohnansprüche (zB rückwirkend vereinbarte tarifliche Lohnerhöhungen). **42**

Die Leistungsbemessung für Lohnersatzleistungen des SGB III erfolgt nach einem **fiktiv** zu ermittelnden tariflichen Arbeitsentgelt, wenn ein Bemessungszeitraum von mindestens 150 Tagen mit Anspruch auf Arbeitsentgelt innerhalb des auf zwei Jahre erweiterten Bemessungsrahmens nicht festgestellt werden kann (§ 152 Abs 1 SGB III). **43**

3. Arbeitsvermittlung. Es bestand nach § 16 AFG eine ausdrückliche Verpflichtung der BA, nicht am Zustandekommen von Arbeitsverhältnissen mitzuwirken, wenn ihr die **Tarifwidrigkeit** der Bedingungen und die Tarifgebundenheit des ArbN und des ArbGeb bekannt sind. Hieran hat das SGB III inhaltlich nichts geändert, denn nach § 36 Abs 1 SGB III darf die Agentur für Arbeit nicht vermitteln, wenn ein Ausbildungs- oder Arbeitsverhältnis begründet werden soll, das gegen ein Gesetz oder die guten Sitten verstößt (vgl BT-Drs 13/4941 S 160). Eine Abweichung des Arbeitsangebots von den normativen Bestimmungen des Tarifvertrages zu Gunsten des Arbeitssuchenden ist unschädlich (*Brand* SGB III, § 36 Rz 5). Im Leistungsrecht der ArblV kann der Arbeitslose ein Arbeitsangebot, das objektiv tarifwidrig ist, mit wichtigem Grund ablehnen; eine Sperrzeit tritt ohne Rücksicht auf die Kenntnis des Arbeitslosen nicht ein (s zum Tariflohn BSG 21.7.81 – 7 RAr 2/80, SozR 4100 § 119 Nr 15). **44**

Teilzeitbeschäftigung

A. Arbeitsrecht

Poeche

Übersicht

	Rz		Rz
1. Allgemeines	1	9. Arbeitszeitverkürzung und Gegenleistung	56, 57
2. Begriffe	2–8	10. Verlängerung der Arbeitszeit	58–64
a) Teilzeitbeschäftigung	2, 3	a) Einführung	58
b) Arbeitnehmer	4	b) Freier Arbeitsplatz	59
c) Arbeitsrecht	5–8	c) Eignung	60
3. Diskriminierungsverbot	9–13	d) Ablehnungsgründe	61
a) Grundsatz	9	e) Auswahlentscheidung	62
b) Entgelt	10	f) Rechtsfolgen einer rechtswidrigen Ablehnung	63
c) Geschlechtsbezogene Diskriminierung	11	g) Prozessuales	64
d) Rechtsfolgen des Verstoßes	12, 13	11. Kündigungsverbot	65
4. Maßregelungsverbot	14	12. Arbeit auf Abruf	66–69
5. Förderung von Teilzeitarbeit/Ausschreibung	15, 16	a) Begriff und Zulässigkeit	66
6. Informationspflichten	17, 18	b) Fehlende Festlegung	67
7. Aus- und Weiterbildung	19, 20	c) Arbeitspflicht	68
8. Verringerung der Arbeitszeit	21–55	d) Abweichende Vereinbarungen	69
a) Vorbemerkung	21	13. Arbeitsplatzteilung/Job Sharing	70
b) Überblick zu § 8 TzBfG	22	14. Übernahme Tarifvorschriften öffentlicher Dienst	71
c) Anspruchsvoraussetzungen	23	15. Betriebsverfassungsrecht	72–75
d) Inhalt des Anspruchs	24–26	a) Mitbestimmungsrechte des Betriebsrats	73
e) Geltendmachung des Anspruchs	27–31	b) Beteiligung nach § 99 BetrVG	74, 75
f) Erörterung	32	16. Rechtsprechungs-ABC zum Diskriminierungsverbot	76–113
g) Ablehnungsgründe	33–42		
h) Entscheidung	43		
i) Fiktion	44		
j) Änderungsvorbehalt	45–47		
k) Sperrfrist	48		
l) Prozessuales	49–55		

1 **1. Allgemeines.** Mit dem Beschäftigungsförderungsgesetz vom 26.4.85 wurde Teilzeitbeschäftigung erstmals gesetzlich geregelt. Aus arbeitsmarktpolitischen Gründen sollte diese Form der Beschäftigung durch sozial verträglichere Gestaltung aufgewertet werden. Dieser **Zweck** wird auch mit dem zum 1.1.01 in Kraft getretenen **Gesetz über Teilzeitarbeit** und befristete Arbeitsverträge vom 21.12.2000 verfolgt. Zugleich dient das Gesetz der **Umsetzung** der Richtlinie 97/81 EG des Rates vom 15.12.97 zu der Rahmenvereinbarung über Teilzeitarbeit (ABl EG 98 L 14 Seite 9). Teilzeitarbeit soll gefördert und die Diskriminierung von Teilzeitbeschäftigten verhindert werden (§ 1 TzBfG). Seine Bestimmungen sind grds **zwingend** (§ 22 TzBfG).

2 **2. Begriffe. a) Teilzeitbeschäftigt** ist nach der Legaldefinition des § 2 Abs 1 TzBfG ein ArbN, dessen regelmäßige Wochenarbeitszeit kürzer ist als die eines vergleichbaren vollzeitbeschäftigten ArbN. Ist eine regelmäßige Wochenarbeitszeit nicht vereinbart, so liegt eine Teilzeitbeschäftigung vor, wenn die regelmäßige Arbeitszeit im Durchschnitt eines Jahres unter der eines vergleichbaren vollzeitbeschäftigten ArbN liegt. Vergleichbar ist ein vollzeitbeschäftigter ArbN des Betriebes mit derselben Art des Arbeitsverhältnisses und der gleichen oder einer ähnlichen Tätigkeit. Gibt es im Betrieb keinen vergleichbaren vollzeitbeschäftigten ArbN, so ist der vergleichbare vollzeitbeschäftigte ArbN aufgrund des anwendbaren Tarifvertrags zu bestimmen; in allen anderen Fällen ist darauf abzustellen, wer im jeweiligen Wirtschaftszweig üblicherweise als vergleichbarer vollzeitbeschäftigter ArbN anzusehen ist.

3 In § 2 Abs 2 TzBfG ist ausdrücklich klargestellt, dass auch ein ArbN, der eine *Geringfügige Beschäftigung* nach § 8 Abs 1 Nr 1 SGB IV ausübt, teilzeitbeschäftigt ist.

b) Arbeitnehmer ist eine Teilzeitkraft, wenn die Arbeitsleistung entsprechend der herkömmlichen Abgrenzung in persönlicher Abhängigkeit vom ArbGeb und nicht aufgrund freien Dienstvertrags erbracht wird (Näheres *Arbeitnehmer (Begriff)* und *Freie Mitarbeit*). ArbN und ArbGeb steht es frei, das ihren Interessen entsprechende **Teilzeitmodell** zu vereinbaren. In Betracht kommen zB Verkürzung der täglichen Arbeitszeit, Beschäftigung an einigen Tagen/Woche, am Wochen- oder Monatsende, Vereinbarung eines Wochen- oder Jahresstundenkontingents, das der ArbGeb nach Bedarf abrufen kann wie auch Arbeitsplatzteilung. Zur *Altersteilzeit* s dort.

c) Arbeitsrecht. Auf das Arbeitsverhältnis des TeilzeitArbN sind die allgemeinen arbeitsrechtlichen Bestimmungen anzuwenden. Besonderheiten können sich für das Weisungsrecht des ArbGeb hinsichtlich der **Lage und Verteilung** der Arbeitszeit ergeben.

Der ArbGeb ist regelmäßig berechtigt, die Lage der Arbeitszeit im Rahmen billigen Ermessens festzulegen (§ 106 S 1 GewO). Dieses Recht kommt ihm nur dann nicht zu, wenn die Lage der Arbeitszeit vertraglich fest vereinbart ist (BAG 17.7.07 – 9 AZR 819/09, NZA 08, 118). Allerdings führt allein die Nennung einer bestimmten Arbeitszeit im Vertrag noch nicht zu der Auslegung, dass die Arbeitszeit vertraglich festgelegt und dem Weisungsrecht des ArbGeb entzogen ist. Enthält der Arbeitsvertrag neben der Bestimmung der Arbeitszeit einen Versetzungsvorbehalt, ist regelmäßig nicht von einer Beschränkung auf die im Vertrag genannten Arbeitszeiten auszugehen (so zur Festlegung des Arbeitsorts: BAG 19.1.11 – 10 AZR 738/09, NZA 11, 631). Eine vertragliche Festlegung der Lage der Arbeitszeit ergibt sich auch nicht allein daraus, dass ein ArbN über einen längeren Zeitraum immer zu den gleichen Zeiten arbeitet. Eine Konkretisierung der Leistungspflicht des ArbN setzt nach der Rspr des BAG voraus, dass über den bloßen Zeitablauf hinaus Umstände vorliegen, die ein schutzwürdiges Vertrauen des ArbN auf Beibehaltung des bisherigen Leistungsinhalts für die Zukunft begründen (BAG 21.6.11 – 9 AZR 236/10, BeckRS 2011, 76878).

Will der ArbGeb den ArbN über die vereinbarten Arbeitsstunden hinaus zur Arbeit heranziehen, muss auch dieses Recht vertraglich vereinbart sein (s auch *Überstunden* Rz 5). Besonderheiten können sich für **Nebentätigkeiten** ergeben (vgl LAG RhPf 18.8.05 – 4 Sa 553/05, NZA-RR 06, 217). Auch das **Wettbewerbsverbot** im bestehenden Arbeitsverhältnis gilt, vor allem bei geringfügiger Beschäftigung, nur eingeschränkt (Näheres *Wettbewerb* Rz 6).

Unverschuldete Verhinderung des ArbN an der Arbeitsleistung für verhältnismäßig nicht erhebliche Zeit begründet nach § 616 Abs 1 Satz 1 BGB einen Anspruch auf bezahlte Freistellung. Hierzu gehören insbesondere Arztbesuche ohne gleichzeitige Arbeitsunfähigkeit. Da Teilzeitbeschäftigte meist ausreichend Zeit zur Verfügung haben, werden Arztbesuche nur in Ausnahmefällen während der Arbeitszeit notwendig sein.

3. Diskriminierungsverbot. a) Grundsatz. Nach § 4 Abs 1 Satz 1 TzBfG darf ein teilzeitbeschäftigter ArbN wegen der verringerten Arbeitszeit nicht schlechter behandelt werden als ein vergleichbarer vollzeitbeschäftigter ArbN. Eine **Ausnahme** gilt nur dann, wenn sachliche Gründe eine unterschiedliche Behandlung rechtfertigen. Der Umfang der Arbeitszeit scheidet damit als Differenzierungsmerkmal aus (BAG 24.9.08 – 6 AZR 657/07, NZA-RR 09, 221). Das Verbot bezieht sich auf alle benachteiligenden Arbeitsbedingungen, damit auf Erklärungen, Vereinbarungen und sonstige Maßnahmen des ArbGeb. Droht erst im Laufe des Vertragsverhältnisses einem teilzeitbeschäftigten ArbN aufgrund unterschiedlicher Vertragsgestaltungen des ArbGeb bei Voll- und Teilzeitarbeitsverhältnissen eine schlechtere Behandlung, ist der ArbGeb verpflichtet, den Teilzeitbeschäftigten etwa durch das Anbieten einer Vertragsänderung so zu stellen, dass eine schlechtere Behandlung unterbleibt (BAG 14.12.11 – 5 AZR 457/10, NZA 12, 663). Die Vorschrift betrifft auch die **Tarifvertragsparteien** (§ 22 Abs 1 TzBfG, vgl auch BAG 19.10.10 – 6 AZR 305/09, NZA-RR 11, 155).

b) Entgelt. In § 4 Abs 1 Satz 2 TzBfG ist ausdrücklich bestimmt, dass dem teilzeitbeschäftigten ArbN Arbeitsentgelt oder eine andere teilbare geldwerte Leistung mindestens in dem Umfang zu gewähren ist, der dem Anteil seiner Arbeitszeit an der Arbeitszeit eines vergleichbaren vollzeitbeschäftigten ArbN entspricht. Trotz der Formulierung der Vorschrift, die keine Ausnahme vom „pro-rata-temporis-Grundsatz" zuzulassen scheint, ist eine unterschiedliche Entgeltbemessung dann zulässig, wenn sie durch sachliche Gründe gerechtfertigt ist. In Satz 2 wird lediglich das allgemeine Diskriminierungsverbot des Satzes 1 konkretisiert (BAG 24.9.08 – 10 AZR 634/07, NZA 08, 1422; 5.11.03 – 5 AZR 8/03, ZTR 04, 195). Bei der vergleichenden Betrachtung der unterschiedlichen Vergütung von Voll- und Teilzeitkräften ist auf den Bruttobetrag abzustellen. Dabei ist unerheblich, dass die Teilzeitkraft – etwa im Rahmen einer geringfügigen Beschäftigung – eine Nettovergütung erhält, die nicht niedriger oder sogar höher ist als die vergleichbarer vollzeitbeschäftigter ArbN (LAG Düsseldorf 3.2.11 – 5 Sa 1351/10, BeckRS 2011, 70521; LAG Hamm 29.7.11 – 18 Sa 2049/10, BeckRS 2012, 65169; *Sievers* TzBfG § 4 Rn 45). Näheres zu den sachlichen Gründen s unten Rechtsprechungs-ABC Rz 76 ff.

11   **c) Geschlechtsbezogene Diskriminierung.** Wegen des hohen Frauenanteils an der Gruppe der Teilzeitbeschäftigten ist bei ungleicher Behandlung zusätzlich das Verbot der geschlechtsbezogenen **Diskriminierung** zu beachten. Auf der Grundlage von Art 119 EGV (jetzt: 157 AEUV) hat der EG-Rat mit der Lohngleichheitsrichtlinie vom 10.2.75 (75/117) und der Gleichbehandlungsrichtlinie vom 9.2.76 (76/207) die innerstaatliche Gesetzgebung (AGG) und die Rechtsanwendung unmittelbar beeinflusst (Näheres s *Diskriminierung* Rz 33 f).

12   **d) Rechtsfolgen des Verstoßes.** Benachteiligende Arbeitsbedingungen sind wegen Verstoßes gegen ein gesetzliches Verbot iSv § 134 BGB nichtig und damit unbeachtlich (s *Gleichbehandlung* Rz 16). Der TeilzeitArbN hat gem § 612 Abs 2 BGB Anspruch auf die übliche Vergütung (BAG 24.9.08 – 6 AZR 657/07, NZA-RR 09, 221). Das ist der der Dauer seiner individuellen Arbeitszeit entsprechende Vergütung der Vollzeitbeschäftigten. „Üblich" kann auch eine übertarifliche Vergütung sein (BAG 26.5.93 – 3 AZR 172/92, DB 93, 2288). Bestimmt sich die Vergütung nach einem Tarifvertrag, erfassen tarifvertragliche Ausschlussfristen seinen Anspruch nur bei Tarifbindung oder entsprechender vertraglicher Vereinbarung (BAG 26.9.90 – 5 AZR 112/90, NZA 91, 247; 22.4.09 – 5 AZR 436/08, NZA 09, 837 zum Entgeltanspruch bei Lohnwucher). Auf **Verschulden** des ArbGeb kommt es insoweit nicht an (BAG 15.10.03 – 4 AZR 606/02, NZA 04, 551). Der ArbN verlangt regelmäßig nicht Schadensersatz, sondern Erfüllung seines Anspruchs auf Gleichbehandlung (BAG 28.7.92 – 3 AZR 173/92, DB 93, 169). Der Anspruch ist zeitlich begrenzt. Er beschränkt sich auf die Zeit der tatsächlichen Ungleichbehandlung. Beschäftigt der ArbGeb keine vergleichbaren Vollzeitkräfte mehr, entfällt der Diskriminierungstatbestand. Die vertragliche Entgeltvereinbarung wird wieder wirksam (BAG 17.4.02 – 5 AZR 413/00, NZA 02, 1334).

13   Auf Entgelt gerichtete deliktische **Schadensersatzansprüche** sind nicht ausgeschlossen. Das BAG hat die Vorläufervorschrift des § 4 TzBfG (§ 2 BeschFG) als **Schutzgesetz** iSv § 823 Abs 2 BGB beurteilt (25.4.01 – 5 AZR 368/99, DB 01, 2150, aA *Schiemann/Giebel* in AP Nr 1 § 2 BeschFG; *ErfK/Preis* § 4 TzBfG Rz 6; LAG Niedersachsen 11.5.99 – 16a Sa 2078/98, BeckRS 1999, 30465031). Es wurde angenommen, der diskriminierende ArbGeb handle regelmäßig schuldhaft, weil von jedem ArbGeb das Wissen erwartet werden könne, dass Teilzeitbeschäftigte nicht geringer als Vollzeitbeschäftigte vergütet werden dürften. Damit hat das BAG eine Ausschlussfrist für nicht anwendbar erklärt, die Ansprüche aus unerlaubter Handlung aus ihrem Geltungsbereich herausnahm. Die Darlegungs- und Beweislast für die Umstände, die eine Ungleichbehandlung des teilzeitbeschäftigten ArbN mit vollzeitbeschäftigten ArbN ergeben, trägt der ArbN (*Laux* TzBfG § 4 Rz 228). Die Darlegungs- und Beweislast für das objektive Vorliegen eines Rechtfertigungsgrundes trägt der ArbGeb (BAG 16.1.03 – 6 AZR 222/01, NZA 03, 971).

14   **4. Maßregelungsverbot.** Nach § 5 TzBfG darf der ArbGeb einen ArbN nicht wegen der Inanspruchnahme von Rechten nach diesem Gesetz – zB durch Ausspruch einer Kündigung (vgl BAG 20.12.12 – 2 AZR 867/11, BeckRS 2013, 69657) – benachteiligen. Die Vorschrift soll die Verhandlungsposition des ArbN nach § 8 Abs 2 TzBfG stärken (*Viethen* BArbBl 01, 5). Eine eigenständige Bedeutung kommt der Vorschrift nicht zu. Sie wiederholt lediglich das in § 612a BGB enthaltene Maßregelungsverbot.

15   **5. Förderung von Teilzeitarbeit/Ausschreibung.** § 6 TzBfG ordnet unter der Überschrift „Förderung von Teilzeitarbeit" an, dass der ArbGeb Arbeitnehmern, auch in leitenden Positionen, Teilzeitarbeit nach Maßgabe des Gesetzes zu ermöglichen hat. Zu den Fördermaßnahmen gehört ua die **Ausschreibung von Arbeitsplätzen.** Der ArbGeb hat einen

Arbeitsplatz, den er öffentlich oder innerhalb des Betriebes ausschreibt, auch als Teilzeitarbeitsplatz auszuschreiben, wenn sich der Arbeitsplatz hierfür eignet (§ 7 Abs 1 TzBfG). Es ist ein objektiver Maßstab anzulegen. Er ist nicht geeignet, wenn der Teilzeittätigkeit betriebliche Gründe iSd § 8 Abs 4 TzBfG entgegenstehen (*Laux* TzBfG § 7 Rz 22 f). Umgekehrt ist er geeignet, wenn der ihn innehabende ArbN einen Anspruch auf Verringerung der Arbeitszeit hat (*Sievers* TzBfG § 7 Rz 5 f). Soweit der ArbGeb den Arbeitsplatz auch für TeilzeitArbN ausschreibt, ist an der damit attestierten Eignung regelmäßig festzuhalten.

Ob der ArbGeb überhaupt Stellen ausschreibt, bleibt ihm vorbehaltlich der **Beteiligungs-** 16 **rechte des Betriebsrats** überlassen (Näheres *Ausschreibung* Rz 7 ff). Mit § 7 Abs 1 TzBfG, der jedenfalls individualrechtlich nicht sanktionsbewehrt ist (vgl *Schoßer* BB 01, 411; ausführlich *Herbert* DB 02, 2377; zum kollektiven Recht s Rz 74), wird **kein Anspruch auf Einrichtung** eines Teilzeitarbeitsplatzes begründet. Auch bei einer Ausschreibung als Teilzeitarbeitsplatz kann der ArbGeb die Stelle mit einer Vollzeitkraft besetzen (*Richardi/Annuß* BB 2000, 2201).

6. Information über freie Arbeitsplätze. Nach § 7 Abs 2 TzBfG hat der ArbGeb 17 einen ArbN, der ihm den Wunsch nach einer Veränderung von Dauer und Lage seiner vertraglich vereinbarten Arbeitszeit angezeigt hat, über Arbeitsplätze zu informieren, die im Betrieb besetzt werden sollen. Der ArbN ist auch über Arbeitseinsätze **im Unternehmen** zu unterrichten. Die Unterrichtungspflicht ist nicht auf „**entsprechende**" Arbeitsplätze beschränkt.

Der ArbGeb hat nach § 7 Abs 3 TzBfG die ArbNVertretung über Teilzeitarbeit im 18 **Betrieb und Unternehmen** zu informieren, insbesondere über vorhandene oder geplante Teilzeitarbeitsplätze und über die Umwandlung von Teilzeit- in Vollzeitarbeitsplätze und umgekehrt. Auf Verlangen sind die erforderlichen Unterlagen zur Verfügung zu stellen; § 92 BetrVG bleibt unberührt (s dazu *Personalplanung*). Bei mehreren Betrieben mit BRat ist auch der GBRat zu unterrichten. Die Informationspflicht erfasst auch Teilzeitarbeitsplätze in den betriebsratslosen Betrieben.

7. Aus- und Weiterbildung. Zu den die Teilzeitarbeit unterstützenden Vorschriften 19 gehört § 10. Der ArbGeb hat dafür Sorge zu tragen, dass auch teilzeitbeschäftigte ArbN an Ausbildungs- und Weiterbildungsmaßnahmen teilnehmen können. Nach der Entwurfsbegründung gehören dazu nicht nur Maßnahmen, die die aktuelle Tätigkeit des Teilzeitbeschäftigten betreffen, sondern auch Maßnahmen zur Verbesserung der beruflichen Qualifikation, die seine berufliche Mobilität fördern. Der Wunsch des ArbN, an einer Bildungsmaßnahme teilzunehmen, ist zu berücksichtigen, es sei denn, dass dringende betriebliche Gründe oder Aus- und Weiterbildungswünsche anderer teilzeit- oder vollzeitbeschäftigter ArbN, die unter beruflichen oder sozialen Gesichtspunkten vorrangig sind, entgegenstehen.

Nach allgemeinem Arbeitsrecht besteht regelmäßig **kein Anspruch** des ArbN auf Aus- 20 und Weiterbildung (s *Fortbildung* Rz 15). Die Vorschrift begründet daher auch keinen entsprechenden Anspruch des TeilzeitArbN. Mit ihr soll sichergestellt werden, dass er jedenfalls dann berücksichtigt wird, wenn der ArbGeb Bildungsmaßnahmen anbietet (*Laux* TzBfG § 10 Rz 21; *Sievers* TzBfG § 10 Rz 1). Zu beachten sind im Übrigen die **Beteiligungsrechte** des BRat nach §§ 96 ff BetrVG (Näheres *Betriebliche Berufsbildung* Rz 6 ff).

8. Verringerung der Arbeitszeit. a) Vorbemerkung. Gesetzliche Ansprüche auf Ver- 21 ringerung der Arbeitszeit für besondere ArbNGruppen enthalten § 15 BEEG (Näheres *Elternzeit* Rz 23 ff), § 3 Abs 1 PflegeZG (Näheres *Pflegezeit* Rz 33 ff) und § 81 Abs 5 Satz 3 SGB IX (Näheres *Behinderte* Rz 29). Tarifliche Ansprüche bestehen ua im Zusammenhang mit der *Altersteilzeit* und mit der Betreuung von Familienangehörigen (§ 11 TVöD/TdL). § 8 TzBfG begründet dagegen einen Anspruch auf Arbeitszeitverringerung für alle ArbN. Die Vorschriften stehen gleichberechtigt nebeneinander (BAG 18.3.03 – 9 AZR 126/02, DB 04, 319 zu § 15b BAT und § 8 TzBfG; vgl auch BAG 26.6.01 – 9 AZR 244/00, NZA 02, 44 zur Altersteilzeit; 8.5.07 – 9 AZR 1112/06, ZTR 08, 106 zu § 15 BEEG).

b) Überblick zu § 8 TzBfG. § 8 TzBfG begründet grds für jeden ArbN nach Ablauf 22 einer Wartezeit von sechs Monaten einen **Anspruch auf Verringerung** der vertraglich vereinbarten Arbeitszeit (Abs 1). Der Wunsch nach Herabsetzung und deren Umfang sind fristgebunden geltend zu machen; die gewünschte Verteilung der verbleibenden Arbeitszeit soll mitgeteilt werden (Abs 2). Der ArbGeb hat sodann mit dem ArbN die Angelegenheit mit dem Ziel zu erörtern, die Verringerung zu vereinbaren und die Arbeitzeit einvernehmlich zu verteilen (Abs 3). Soweit betriebliche Gründe nicht entgegen stehen, hat der ArbGeb der Verringerung zuzustimmen und die Arbeitszeit wunschgemäß festzulegen (Abs 4). Seine Entscheidung hat er dem ArbN frist- und formgebunden mitzuteilen (Abs 5 Satz 1). Andernfalls verringert sich die Arbeitszeit in dem vom ArbN gewünschten Umfang (Satz 2). Gleiches gilt für die Verteilung der Arbeitszeit; sie gilt entsprechend den Wünschen des ArbN als festgelegt (Satz 3). Die einvernehmlich oder fiktiv festgelegte Arbeitszeit kann der ArbGeb unter bestimmten Voraussetzungen wieder ändern (Satz 4). Hat der ArbGeb der Verringerung der Arbeitszeit zugestimmt oder sie berechtigt abgelehnt, kann der ArbN frühestens nach Ablauf von zwei Jahren seinen Anspruch erneut geltend machen (Abs 6). Der ArbGeb muss regelmäßig mehr als 15 ArbN ausschließlich der Personen in Berufsbildung beschäftigen (Abs 7).

23 **c) Anspruchsvoraussetzungen.** Anspruchsberechtigt sind alle ArbN einschließlich der in § 6 TzBfG genannten leitenden Personen. Bereits in Teilzeit Beschäftigte sind nicht ausgeschlossen (BAG 13.11.12 – 9 AZR 259/11, NZA 13, 373). Keinen Anspruch haben gem § 10 Abs 2 BBiG „in Berufsbildung" beschäftigte Personen. Hierzu gehören nicht nur Beschäftigte, die eine berufliche Bildungsmaßnahme iSv § 1 BBiG durchlaufen (Ausbildung, Fortbildung, Umschulung), sondern auch der Personenkreis des § 26 BBiG (Praktikanten, Volontäre). Eine Verringerung ihrer Arbeitszeit lässt sich idR mit dem Beschäftigungszweck „Ausbildung" nicht vereinbaren. Das Arbeitsverhältnis muss länger als **sechs Monate** bestanden haben; erst dann kann die Arbeitszeitänderung verlangt werden. Vorausgesetzt wird ein **ununterbrochener Bestand,** auch wenn das im Gesetz nicht ausdrücklich formuliert ist. Die **Wartezeit** berechnet sich nach §§ 188 Abs 2, 187 Abs 2 BGB (Beginn des Arbeitsverhältnisses 1.3.; Geltendmachung des Anspruchs frühestens 1.9.). Die **Beschäftigtenzahl von mindestens 15 Arbeitnehmern** bezieht sich nicht auf den Betrieb, sondern auf den VertragsArbGeb. Das kann sich bei Gemeinschaftsbetrieben auswirken, wenn die Mindestzahl nur bei einer Addition aller ArbN erreicht wird (aA *Laux* § 8 Rz 117). Teilzeitkräfte zählen voll.

24 **d) Inhalt des Anspruchs. aa) Grundsätze.** Nach der Konzeption des Gesetzes sollen ArbGeb und ArbN die bestehende Arbeitszeitregelung möglichst einvernehmlich ändern. Auslöser der Vertragsverhandlung – „Erörterung" – ist ein Antrag des ArbN iSv § 145 BGB (vgl BAG 15.11.11 – 9 AZR 729/0, BeckRS 2012, 65968), vom ArbGeb vorbehaltlich entgegen stehender betrieblicher Gründe anzunehmen ist. Es gilt die sog **Vertragslösung** (BAG 18.2.03 – 9 AZR 164/02, NZA 03, 1392). Können sich die Parteien nicht einigen, richtet sich der Anspruch des ArbN auf die **Zustimmung** des ArbGeb. Dabei erfasst § 8 sowohl die Verringerung der vertraglichen Arbeitszeit als auch ihre Verteilung. Der ArbN kann entscheiden, ob er nur Verringerung verlangt oder ob die Arbeitszeit auch neu verteilt werden soll. Macht der ArbN beide Ansprüche geltend, ist im Regelfall davon auszugehen, dass die Arbeitszeit nur dann herabgesetzt werden soll, wenn sie wunschgemäß festgelegt wird (BAG 18.2.03 – 9 AZR 164/02, NZA 03, 1392; 24.6.08 – 9 AZR 514/07, NZA 08, 1289). Eine Neuverteilung ohne gleichzeitige Verringerung kann über § 8 nicht erreicht werden (BAG 23.11.04 – 9 AZR 644/03, NZA 05, 769). Das Verlangen muss sich grds auf einen **unbefristeten Zeitraum** beziehen; eine nur vorübergehende Verringerung der Arbeitszeit kann nicht beansprucht werden (BAG 18.3.03 – 9 AZR 129/02, NZA 03, 1392). Hat ein ArbN ausdrücklich eine nur befristete Verringerung seiner Arbeitszeit verlangt, kann der ArbGeb über die Annahme dieses Angebots frei entscheiden. Eine nicht frist- oder formgerechte Ablehnung führt nicht zur Zustimmungsfiktion des § 8 Abs 5 Satz 2 TzBfG. Eine Auslegung des Antrags, gewünscht werde (hilfsweise) eine unbefristete Vertragsänderung, kommt regelmäßig nicht in Betracht (BAG 12.9.06 – 9 AZR 686/05, NZA 07, 253).

25 **bb) Vertraglich vereinbarte Arbeitszeit.** Der Verringerungsanspruch bezieht sich auf die Regelarbeitszeit, also die Arbeitszeit, die auf Tag/Woche/Monat/Jahr bezogen sein kann. Nicht erfasst wird der Wunsch nach Befreiung von Überstunden. Der **Umfang der Arbeitszeitverringerung** ist gesetzlich nicht beschränkt. Auch geringfügige Kürzungen sind nicht ausgeschlossen (BAG 11.6.13 – 9 AZR 786/11, NZA 13, 1074). Allerdings werden dann oft betriebliche Gründe entgegenstehen, weil der ArbGeb die ausfallende Arbeitszeit nicht ausgleichen kann. Die verlangte Verringerung muss nicht dem bisherigen Arbeits-

zeitmodell entsprechen. Bis zur Grenze des Rechtsmissbrauchs stehen der Umfang der Verringerung und die Verteilung der Arbeitszeit im Belieben des ArbN. Die Tatsachen, die den Rechtsmissbrauch begründen sollen, sind vom ArbGeb darzulegen (BAG 18.8.09 – 9 AZR 517/08, NZA 09, 1207; hier: 4-Tagewoche statt 5-Tagewoche, Verkürzung von 40 auf 36 Wochenstunden). Da nach der gesetzlichen Konzeption grds jede Arbeitszeitregelung, die mit den betrieblichen Interessen konform geht, durchsetzbar ist, sind auch auf den ersten Blick extrem anmutende Arbeitszeitvorstellungen des ArbN nicht ausgeschlossen (LAG Düsseldorf 1.3.02 – 18 (4) Sa 1269/01, NZA-RR 02, 407: Halbierung der Arbeitszeit mit Freistellung für volle Monate im Wechsel mit voller monatlicher Arbeitszeit; BAG 24.6.08 – 9 AZR 313/07, NZA 08, 1309: Flugkapitän mit Verringerung auf 91, 78 vH und Blockfreistellung vom 17.12. bis 15.1. des Folgejahres). Ein Fall des Rechtsmissbrauchs wurde dagegen angenommen, wenn der Teilzeitantrag lediglich zur Verwirklichung eines „Sonderurlaubs" zwischen den Weihnachts- und Neujahrfeiertagen gestellt wird (LAG Hessen 22.8.11 – 17 Sa 133/11, BeckRS 2011, 78539). Diese Entscheidung hat das BAG (11.6.13 – 9 AZR 786/11, NZA 13, 1074) nun bestätigt und ausgeführt, dass ein Rechtsmissbrauch dann vorliegen kann, wenn der ArbN sein Recht aus § 8 TzBfG zweckwidrig dazu nutzen will, eine bestimmte Arbeitszeitverteilung zu erreichen, auf die er ohne die geringfügige Arbeitszeitreduzierung keinen Anspruch hätte.

cc) Verteilung der verringerten Arbeitszeit. Anders als die Dauer der regelmäßigen **26** Arbeitszeit ist deren Verteilung bei Vollzeitbeschäftigten idR nicht vertraglich vereinbart. Sie obliegt dem ArbGeb aufgrund seines Weisungsrechts (Näheres oben Rz 6 sowie *Arbeitszeit* Rz 33). Hieran knüpft § 8 Abs 2 an. Danach „soll" der ArbN mit seinem Verringerungsantrag die gewünschte Verteilung angeben. Der ArbN kann mithin dem ArbGeb überlassen, die Arbeitszeit weiterhin nach billigem Ermessen (§ 106 GewO) festzulegen. Das bietet sich insbesondere dann an, wenn die tägliche/wöchentliche/monatliche Inanspruchnahme der Arbeitsleistung nicht planbar ist und deshalb eine starre Festlegung ohnehin ausscheidet (zB Theater- oder Orchesterdienste). Kommt es dem ArbN auf eine bestimmte zeitliche Lage der verbleibenden Arbeitszeit an, so sollte er allerdings **Verringerung und Verteilung** gleichzeitig verlangen. Stimmt der ArbGeb der allein verlangten Arbeitsverringerung zu, lässt sich ein erst anschließend geäußerter Verteilungswunsch nicht mit § 8 begründen. Es bleibt dann beim *Weisungsrecht* des ArbGeb und dessen Ausübungskontrolle nach § 106 GewO, § 315 BGB.

e) Geltendmachung des Anspruchs. aa) Form und Frist. Verringerung/Verteilung **27** der Arbeitszeit sind **spätestens drei Monate vor deren geplanten Beginn** geltend zu machen. Die Frist bestimmt sich nach §§ 188 Abs 2, 187 Abs 1 BGB. Zwischen dem Zugang der Erklärung beim ArbGeb (§ 130 BGB) und dem Beginn der Arbeitszeitverkürzung müssen volle drei Monate liegen. Eine Verringerung zum 1.10. ist spätestens am 30.6. mitzuteilen. Der ArbN ist nicht gehindert, sein Änderungsverlangen auch schon früher zu äußern. Häufig bietet sich eine möglichst frühzeitige Erörterung an. Das gilt insbesondere für ArbN, deren Elternzeit endet und die im Interesse der Kindesbetreuung anschließend mit verkürzter Arbeitszeit tätig sein wollen. Denn die Einstellung einer erforderlichen Ersatzkraft kann auf Schwierigkeiten stoßen, die nicht kurzfristig überwunden werden können. Zum **Inhalt der Geltendmachung** gehört die Angabe des Beginns. Das ist das **konkrete Datum.** Äußerungen wie „alsbald" oder „zum nächst möglichen Termin", genügen nicht. Sie lassen nicht erkennen, ob der ArbN nur einen Wunsch nach Arbeitszeitänderung iSv § 7 TzBfG anzeigt oder den Anspruch nach § 8 TzBfG geltend macht. Zwingend anzugeben ist außerdem der **Umfang** der gewünschten Verringerung (BAG 16.10.07 – 9 AZR 239/07, NZA 08, 289). Verlangt der ArbN mit dem Verringerungswunsch untrennbar verbunden weitere Änderungen seines Arbeitsvertrags, liegt kein ordnungsgemäßer Antrag iSd § 8 TzBfG vor (LAG Köln 28.8.11 – 2 Sa 181/11, BeckRS 2011, 78100). Generell gilt, dass der Antrag, da er ein Angebot iSd § 145 BGB darstellt, so formuliert sein muss, dass er durch ein schlichtes „Ja" angenommen werden kann. Die Aufforderung, Vertragsverhandlungen aufzunehmen, genügt daher nicht (BAG 15.11.11 – 9 AZR 729/07, BeckRS 2012, 65986).

Die Einhaltung der Mindestfrist ist keine **materiell-rechtliche Wirksamkeitsvoraus-** **28** **setzung** (BAG 20.7.04 – 9 AZR 626/03, NZA 04, 1090). Sie soll dem ArbGeb Gelegenheit geben, die verlangte Arbeitszeitverringerung zu prüfen und die Maßnahmen zu treffen, die zu ihrer Umsetzung erforderlich sind. Diesem Anliegen wird auch dann Rechnung getragen, wenn sich lediglich der Termin um die fehlenden Tage verschiebt. Insoweit bedarf der Antrag des ArbN der Auslegung. Soweit der ArbN für den Beginn der Änderung einen festen Termin (Monatsanfang) wünscht, ist dies bei der Auslegung zu berücksichtigen (BAG 20.7.04 – 9 AZR 626/03, NZA 04, 1090).

29   In keinem Fall löst ein zu kurz bemessener Antrag wegen des für den ArbGeb angeordneten streng formalisierten Verfahrens und der an die Nichteinhaltung von Formen und Fristen geknüpften **Fiktionswirkung** aus (BAG 20.7.04 – 9 AZR 626/03, NZA 04, 1090).

30   **bb) Adressat** der Geltendmachung ist der ArbG oder die von ihm zum Empfang von Vertragserklärungen bestimmten Personen, also regelmäßig die Personalabteilung, nicht aber Fachvorgesetzte. Die Erklärung des ArbN ist **formfrei**, sie kann also auch mündlich erfolgen. Da abweichende Vereinbarungen zu Ungunsten des ArbN nach § 22 TzBfG unzulässig sind, kann Schriftform weder arbeitsvertraglich noch durch Tarifvertrag bestimmt werden. Der ArbGeb sollte deshalb vorsorglich durch geeignete Maßnahmen (Aushang) den Empfängerkreis im Betrieb öffentlich machen, den Ablauf des Verfahrens und die gewechselten Erklärungen **dokumentieren** und vom ArbN durch Gegenzeichnung bestätigen lassen.

31   **cc) Bindung.** Die Bindung an ein Vertragsangebot bis zum Ablauf der Annahmefrist (§ 145 BGB) gilt für den Antrag auf Verringerung/Verteilung der Arbeitszeit nur unter Vorbehalt. Denn nach der gesetzlichen Konzeption sollen ArbN und ArbGeb den Vertrag einvernehmlich ändern. Das macht nur Sinn, wenn beide Seiten verhandlungsbereit = kompromissfähig sind. Dem dient insbesondere auch die vorgeschriebene Erörterung. Der ArbN ist deshalb nicht gehindert, abweichende Arbeitszeitvorstellungen des ArbGeb aufzugreifen und seinen zunächst gestellten Antrag insoweit zu modifizieren. Spätestens im Erörterungsgespräch ist die Verteilung der Arbeitszeit zu konkretisieren, soweit sie nicht dem Ermessen des ArbGeb überlassen wird (BAG 23.11.04 – 9 AZR 644/03, NZA 05, 769). Eine weitere zeitliche Zäsur bildet die Ablehnung des ArbGeb. Der ArbN kann ab diesem Zeitpunkt seinen Verteilungswunsch nicht mehr ändern. Der geänderte Verteilungswunsch ist nur durch neuerliche Geltendmachung von Verringerung und Verteilung unter den Voraussetzungen des § 8 Abs 6 TzBfG durchsetzbar (BAG 24.6.08 – 9 AZR 514/07, NZA 08, 1289).

32   **f) Erörterung.** Die wirksame Geltendmachung der Arbeitszeitverringerung begründet nach dem Wortlaut von § 8 Abs 3 TzBfG einen Anspruch des ArbN auf Erörterung (der ArbGeb „hat" …). Gleichwohl handelt es sich dabei um eine **Obliegenheit** des ArbGeb und nicht um einen Anspruch iSv § 194 BGB. Die Erörterung ist nicht selbstständig einklagbar. Verhandelt der ArbGeb überhaupt nicht, bleibt das idR ohne Folgen. Insbesondere wird nicht das Zustandekommen vom ArbN verlangten geänderten Arbeitsvertrags fingiert (BAG 8.5.07 – 9 AZR 1112/06, NJW 07, 3661; 18.2.03 – 9 AZR 356/02, NZA 03, 911). Eine solche Rechtsfolge hätte im Gesetz selbst angeordnet werden müssen. Verhandelt der ArbGeb allerdings überhaupt nicht, so kann das Folgen haben. Wendet er etwa ein, die vom ArbN gewünschte Verteilung der Arbeitszeit sei aus bestimmten Gründen nicht durchführbar, so kann der ArbN geltend machen, er hätte bei Kenntnis dieser durchgreifenden Bedenken seinen Antrag modifiziert und seinen (Klage-)Antrag angepasst.

33   **g) Ablehnungsgründe. aa) Einführung.** „Dreh- und Angelpunkt" des Teilzeitanspruchs ist § 8 Abs 4 TzBfG. Danach „hat" der ArbGeb der Verringerung der Wochenarbeitszeit zuzustimmen und ihre Verteilung entsprechend den Wünschen festzulegen, sofern nicht **„betriebliche Gründe"** entgegenstehen. Nicht verlangt werden „dringende" betriebliche Gründe. Das sind solche, die gleichsam zwingend verlangen, die bestehende Arbeitszeitregelung beizubehalten (BAG 18.3.03 – 9 AZR 126/02 zu § 15b BAT, ZTR 04, 143). Betriebliche Gründe iSv § 8 TzBfG brauchen dieses Gewicht nicht zu haben. Aus den im Gesetz genannten Beispielen ergibt sich jedoch, dass nicht jede Abweichung vom praktizierten Arbeitszeitmodell den ArbGeb berechtigt, den Arbeitszeitwunsch des ArbN abzulehnen. Vielmehr wird vorausgesetzt, dass die Änderung der Arbeitszeit zu einer wesentlichen Beeinträchtigung der Organisation, des Arbeitsablaufs oder der Sicherheit im Betrieb führt oder unverhältnismäßige Kosten verursacht. Insoweit genügen „nachvollziehbare, plausible" Gründe. Sie betreffen sowohl die **Verringerung** der Arbeitszeit als auch deren **Verteilung** (BAG 18.2.03 – 9 AZR 164/02, NZA 03, 1392). Die Interessen des ArbN an der Änderung der Arbeitszeit und die Interessen des ArbGeb an deren Beibehaltung sind nicht abzuwägen. Stehen betriebliche Gründe dem Begehren des ArbN entgegen, hat es

damit sein Bewenden (BAG 9.12.03 – 9 AZR 16/03, NZA 04, 921). „Betrieblich" besagt aber auch, dass die dem Teilzeitbegehren entgegenstehenden Gründe nicht arbeitsplatz- sondern betriebsbezogen zu bestimmen sind. Es genügt also nicht, wenn der ArbGeb darlegt, der bisherige Arbeitsplatz des ArbN lasse die von ihm gewünschte Verringerung nicht zu (BAG 13.11.12 – 9 AZR 259/11, NZA 13, 373).

bb) Unternehmerische Entscheidung. Der ArbGeb kann den Antrag des ArbN nicht 34 allein deshalb ablehnen, weil er die unternehmerische Entscheidung getroffen hat, die anfallenden Arbeiten nur mit Vollzeitkräften zu erledigen. Eine solche generelle Entscheidung gegen Teilzeitarbeit ist nur dann als Ablehnungsgrund geeignet, wenn sie durch die objektiv zu erledigenden Arbeiten gerechtfertigt ist. Dabei ist insbesondere zu berücksichtigen, dass es „den" Arbeitsplatz nicht gibt. Arbeitsplätze entstehen aufgrund organisatorischer Entscheidung, wie die anfallenden Aufgaben verteilt werden sollen (*Hunold* SPA 01, Nr 5). Für die Arbeitsplätze von **Führungskräften** gilt nichts anderes, vgl § 6 TzBfG (BAG 8.5.07 – 9 AZR 1112/06, NJW 07, 3661). Auch deren Arbeit ist nicht grds „unteilbar". Führungskräfte erledigen vielfach Sachaufgaben, die delegiert werden können und damit eine Verringerung der Arbeitszeit zulassen.

Frei ist der ArbGeb bei der Festlegung des **Kontingents an Arbeitsstunden,** die er für 35 die Erreichung seiner unternehmerischen Ziele für erforderlich hält. Gemeint sind die Arbeitsstunden, die er vertraglich vereinbart und die er deshalb auch dann bezahlen muss, wenn er sie zB aufgrund Arbeitsmangels nicht benötigt (§ 615 BGB). In diese Grundentscheidung greift § 8 TzBfG nicht ein. Dem ArbN wird gesetzlich allein ermöglicht, im Rahmen der vom ArbGeb vorgegebenen Betriebsstruktur seine Arbeitszeit zu verringern. Lassen sich die ausfallenden Stunden nicht durch die Einstellung einer Ersatzkraft ausgleichen, kann der ArbGeb daher grds nicht darauf verwiesen werden, für die ausfallende Arbeitszeit Überstunden abzubauen und eine **Vollzeitkraft** einzustellen (BAG 9.12.03 – 9 AZR 16/03, NZA 04, 921). IdR braucht er auch nicht auf **Leiharbeit** zurückzugreifen. Arbeitet er allerdings im Tätigkeitsbereich des ArbN regelmäßig mit LeihArbN, besteht erhöhter Begründungsaufwand, weshalb eine solche betriebliche Lösung ausscheiden soll (vgl BAG 9.12.03 – 9 AZR 16/03, NZA 04, 921). Eine Aufstockung von **Überstunden** der bereits Beschäftigten scheidet als Alternative idR aus (BAG 9.12.03 – 9 AZR 16/03, NZA 04, 921). Anderes gilt allenfalls für einen vorübergehenden überschaubaren Zeitraum, falls sich ArbN freiwillig bereit erklären, die ausfallenden Arbeitsstunden zu übernehmen, und die Mehrkosten (etwa Überstundenzuschläge) insgesamt nicht unverhältnismäßig sind. Zur Ermöglichung der gewünschten Arbeitszeitverringerung muss sich der ArbGeb allerdings um eine **Nachbesetzung** bemühen. Welchen Weg er hierfür einschlägt, ist ihm überlassen (innerbetriebliche/öffentliche Ausschreibung, Vermittlungsauftrag BA). Er kann auch untätig bleiben, läuft dann aber Gefahr, im Rechtsstreit nachweisen zu müssen, dass er auch bei zumutbaren Bemühungen keine geeignete **Ersatzkraft** gefunden hätte (BAG 14.10.03 – 9 AZR 636/02, NZA 04, 975). Ein pauschaler Hinweis auf „den bekannten Facharbeitermangel" genügt nicht. Eine Ersatzkraft ist geeignet, wenn sie über die vom ArbGeb üblicherweise bei Einstellungen verlangten Fähigkeiten und Kenntnisse verfügt. Eine Ausschreibung darf dann keine weitergehenden Anforderungen enthalten (BAG 23.11.04 – 9 AZR 644/03, NZA 05, 769; 14.10.03 – 9 AZR 636/02, NZA 04, 975). Die dem ArbGeb zur Verfügung stehende Zeitspanne von zwei Monaten (drei Monate Ankündigung, einen Monat vor Beginn schriftliche Stellungnahme) ist gerade bei der Besetzung qualifizierterer Stellen sehr kurz. ArbN sollten bei zu erwartenden Schwierigkeiten deshalb vorsorglich eine längere Vorlaufzeit wählen. Unbeachtlich ist der Einwand des ArbGeb, mit der Einstellung eines weiteren ArbN würden **Schwellenwerte** überschritten (*Sievers* TzBfG § 8 Rz 115).

cc) „Drei-Stufen-Schema". Macht der ArbGeb geltend, die dem ArbN übertragenen 36 Aufgaben könnten nicht auf mehrere ArbN verteilt werden, der Arbeitsplatz sei „unteilbar", wendet das BAG in st Rspr ein dreistufiges Prüfschema an (grundlegend BAG 18.2.03 – 9 AZR 164/02, NZA 03, 1392; BAG 13.10.09 – 9 AZR 910/08, NZA 10, 339). Ausgang ist danach die unternehmerische Aufgabenstellung; sie ist grds gerichtlich nicht kontrollierbar. Das gilt auch für das daraus abgeleitete Konzept, mit dem der ArbGeb seine unternehmerischen Ziele umsetzt. Missbrauchs-/Willkürkontrolle sind vorbehalten. Voll überprüfbar ist, ob das Konzept die Arbeitszeitregelung bedingt und ob das betriebliche Arbeitszeitmodell der beantragten Arbeitszeit entgegen steht. Zu klären ist, ob durch eine dem ArbGeb zumut-

402 Teilzeitbeschäftigung

bare Änderung von betrieblichen Abläufen oder des Personaleinsatzes der betrieblich als erforderlich angesehene Arbeitszeitbedarf unter Wahrung des Organisationskonzeptes mit dem individuellen Arbeitszeitwunsch des ArbN zur Deckung gebracht werden kann. Ist das nicht der Fall, ist abschließend das Gewicht der geltend gemachten betrieblichen Gründe zu prüfen. Die Beeinträchtigung der betrieblichen Belange muss wesentlich sein.

37 Die Rspr wird vielfach, vor allem wegen ihrer Kontrolldichte der „unternehmerischen Entscheidung", kritisiert. Die betriebliche Praxis wird mit ihr leben müssen. Für den ArbGeb bedeutet dies, dass die Ablehnung eines Verringerungsantrags gut überlegt sein will. Hat er zB bisher auf den Ausfall eines ArbN flexibel reagiert und dessen Aufgaben vorübergehend auf andere ArbN verteilt, ist im Einzelnen darzulegen, weshalb die Aufgaben nicht auf Dauer anderen ArbN übertragen werden können (BAG 13.10.09 – 9 AZR 910/08, NZA 10, 339 „Art Director"). In der Vergangenheit praktizierte Ausnahmen vom vorgetragenen Arbeitszeitkonzept „Vollzeit" sind zu begründen. Das gilt nicht für Ausfallzeiten, die der ArbGeb nicht beeinflussen kann (BAG 16.10.07 – 9 AZR 321/06, NZA-RR 08, 210). Eine Änderung des sonst praktizierten Arbeitszeitmodells durch Urlaubs- oder Krankheitsvertretung sind außer Acht zu lassen (BAG 18.3.03 – 9 AZR 126/02, ZTR 04, 143). Auch vorübergehende Abweichungen, mit denen der ArbGeb den besonderen Interessen eines ArbN im Einzelfall Rechnung trägt, sprechen für sich nicht gegen die Ernsthaftigkeit seines Arbeitszeitmodells. Das gilt gleichermaßen für Alternativangebote, mit denen er während der Verhandlungsphase versucht, dem Anliegen des ArbN modifiziert Rechnung zu tragen.

38 **dd) Einzelne Ablehnungsgründe.** Das vom Träger eines Kindergarten verfolgte **pädagogische Konzept,** das eine möglichst kontinuierliche Betreuung der Kinder an allen Öffnungstagen anstrebt, steht einem Verringerungsanspruch entgegen, wenn die Erzieherin nur noch an zwei Tagen in der Woche arbeiten will (BAG 18.3.03 – 9 AZR 126/02, ZTR 04, 143). Dem steht gleich, wenn die Erzieherin in einem heilpädagogischen Kindergarten ihre tägliche Arbeitszeit verkürzen und die von ihr betreute Gruppe vor Ende der täglichen Öffnungszeiten verlassen will (BAG 19.9.03 – 9 AZR 452/02, ZTR 04, 542). Bei einem **Dienstleistungsunternehmen** kann das Marktangebot, „Kundenbetreuung in einer Hand" ausreichen (BAG 30.9.03 – 9 AZR 665/02, NZA 04, 382; 16.10.07 – 9 AZR 239/07, NZA 08, 289). Ablehnungsgründe können sich aus der **Arbeitsstruktur** (Gruppen-/Teamarbeit) oder dem **Entgeltsystem** (Gruppenakkord) ergeben. **Schichtarbeit** kann entgegenstehen, wenn der ArbN aus dem Schichtsystem aussteigen will. Ob zB „halbe" Schichten eingeführt werden können, ist eine Frage des Einzelfalls. Dem Teilzeitbegehren eines LeihAN kann der Verleiher nicht ohne weiteres entgegenhalten, die Arbeitszeitbestimmungen des Überlassungsvertrags mit dem Entleiher stünden einem Verringerungsanspruch entgegen. Der Verleiher muss vielmehr alle nach dem Arbeitsvertrag möglichen Einsätze im gesamten Betrieb prüfen und darf seine Prüfung nicht auf „den Arbeitsplatz" bei dem Entleiher beschränken (BAG 13.11.12 – 9 AZR 259/11, NZA 13, 573).

39 Fragen der **Sicherheit** im Betrieb sind ua angesprochen, wenn aufgrund öffentlichrechtlicher Vorschriften eine bestimmte Mindestanwesenheitszeit vorzuhalten ist. In Betracht kommen aber auch besondere Anforderungen, die sich aus der Art der beruflichen Tätigkeit ergeben und die eine möglichst kontinuierliche Beschäftigung verlangen (Pilot). Wann durch die Arbeitszeitverringerung **unverhältnismäßige Kosten** entstehen, hängt von einem Vergleich der bisherigen mit den erwarteten Kosten ab. „Rechnet" sich der Arbeitsplatz nicht mehr, ist die Grenze mit Sicherheit überschritten. Ein einmaliger Aufwand (Einrichtung des „neuen" Arbeitsplatzes) ist daher eher hinzunehmen als laufende Kosten. Anschaffung und Unterhaltung eines weiteren Dienstfahrzeugs im Außendienst können daher idR nicht verlangt werden (LAG NdS 18.11.02 – 17 Sa 487/02, ZTR 03, 294). Unverhältnismäßige Kosten können ua durch erforderliche **Fortbildungsmaßnahmen** entstehen, wie sie insbes im Pharmabereich durchgeführt werden, um die Pharmareferenten stets auf dem neuesten Stand zu halten (BAG 21.6.05 – 9 AZR 409/04, NZA 06, 316).

40 Auf die **Umstände des Einzelfalles** kommt es auch an, wenn zu beurteilen ist, ob der Verwirklichung des Arbeitszeitwunsches des ArbN die Belange des ArbGeb **wesentlich beeinträchtigt.** Ein Konzept „Kundenbetreuung in einer Hand" greift daher dann nicht, wenn der ArbGeb – abgesehen von der Beschäftigung seiner ArbN in Vollzeit – keine weiteren Vorkehrungen trifft, um sein kundenfreundliches Angebot umzusetzen. Das gilt ua dann, wenn etwa die Ladenöffnungszeit 60 Stunden/Woche beträgt, die Arbeitszeit der

Vollzeitkraft 37,5 Stunden/Woche und die Vollzeitbeschäftigung (statt der nunmehr gewünschten Arbeitszeit von 25 Stunden/Woche) lediglich eine höhere Wahrscheinlichkeit begründet, dass der Kunde auf „seinen" Verkaufsberater zukommen kann (BAG 30.9.03 – 9 AZR 665/02, NZA 04, 1474). Dagegen kann der auf das Stichwort „Dienstleistung" gestützte Ablehnungsgrund greifen, wenn der ArbN Außentermine (Gremienarbeit) wahrzunehmen hat, deren zeitliche Lage mit der von ihm gewünschten Arbeitszeitverteilung kollidiert (BAG 18.2.03 – 9 AZR 164/02, NZA 03, 1392).

Keine wesentlichen Beeinträchtigungen sind alle Umstände, die normalerweise mit personellen Veränderungen verbunden sind, also der sächliche und personelle Aufwand, der mit einer Ersatzeinstellung oder der Aufstockung der regelmäßigen Arbeitszeit eines beschäftigten TeilzeitArbN verbunden ist. Die Belastung der Personalabteilung, Kosten für Anzeigen, Bewerbergespräche, Einarbeitung (vgl zu „Einarbeitungskosten" BAG 23.11.04 – 9 AZR 644/03, NZA 05, 769) und hierdurch bedingte Ablaufstörungen genügen nicht. Das gilt regelmäßig auch für die Einarbeitungszeit, da die Ersatzkraft auf unbestimmte Zeit eingestellt wird.

ee) Betriebsverfassungsrecht. Mitbestimmungsrechte des BRat lassen die Rechte des 41 ArbN aus § 8 TzBfG grds unberührt. Ein Ablehnungsgrund kann sich aber aus einer **Betriebsvereinbarung** über Arbeitszeit (§ 87 Abs 1 Nr 2 BetrVG) ergeben, mit der die gewünschte **Lage der Arbeitszeit** nicht vereinbar ist. Das kollektive Recht ist insoweit vorrangig (BAG 24.6.08 – 9 AZR 313/07, NZA 08, 1309). Auch eine **Regelungsabrede** kann dem Anspruch entgegenstehen (BAG 16.12.08 – 9 AZR 893/07, NZA 09, 565). Allerdings ist zu prüfen, ob für den ArbGeb ein sachlicher Anlass besteht, mit dem BRat über eine Anpassung der Betriebsvereinbarung zu verhandeln (BAG 18.2.03 – 9 AZR 164/02, NZA 03, 1392). Im Einzelfall kann sich bei fehlendem kollektiven Bezug ein Vorrang der ArbNInteressen ergeben (BAG 16.3.04 – 9 AZR 323/03, NZA 04, 1047). Ob eine Betriebsvereinbarung verbindlich festlegen kann, dass ein bestimmtes Teilzeitmodell ArbN in Elternzeit oder bei sozialer Härte vorbehalten wird, hat das BAG offen gelassen. Unwirksam ist die Festlegung von Quoten in einer Dienst- oder Betriebsvereinbarung (BAG 24.6.08 – 9 AZR 313/07, NZA 08, 1289).

ff) Tarifvertrag. In § 8 Abs 3 TzBfG wird den Tarifvertragsparteien die Möglichkeit 42 eröffnet, Ablehnungsgründe durch Tarifvertrag festzulegen. Bezweckt ist damit eine der jeweiligen Branche angepasste Konkretisierung. ArbGeb und ArbN können dann jeweils besser die Erfolgsaussichten von „Antrag und Annahme" abschätzen. So können die Tarifpartner auch Quoten für Teilzeitbeschäftigungen tarifvertraglich bestimmen (BAG 24.6.08 – 9 AZR 313/07, NZA 08, 1309; 21.11.06 – 9 AZR 138/06, BB 07, 1001 zum Bereich der Luftfahrt, dazu *Haußmann* BB 07, 1004; *Sievers* jurisPR-ArbR 23/07 Anm 3). Das BAG hat weiter erkannt, dass Tarifvertragsparteien auf Grund der ihnen grundgesetzlich gewährleisteten Tarifautonomie (Art 9 Abs 3 GG) Ansprüche der ArbN auf befristete Verringerung der Arbeitszeit begründen können. Wegen des sich ergebenden Spannungsverhältnisses zu § 8 TzBfG hat der Senat (BAG 21.11.06 – 9 AZR 138/06, BB 07, 1001) allerdings weiter entschieden, dass die Sperrfrist des § 8 Abs 6 TzBfG dann nicht eingreift, wenn der ArbGeb den Antrag des ArbN auf unbefristete Verringerung der Arbeitszeit wegen der Erfüllung der tariflichen Quote durch befristete Teilzeitarbeitsverträge abgelehnt hat. Soweit solche Tarifverträge vereinbart werden, können die Ablehnungsgründe im Geltungsbereich des Tarifvertrags auch von nicht tarifgebundenen ArbN und ArbGeb übernommen werden.

h) Entscheidung. Der ArbGeb hat seine Entscheidung über die Verringerung der Ar- 43 beitszeit und ihre Verteilung ArbN **form- und fristgebunden** mitzuteilen (§ 8 Abs 5 Satz 1). Das gilt nach dem Wortlaut des Gesetzes sowohl für Zustimmung als auch für Ablehnung. Die Entscheidung ist dem ArbN **spätestens einen Monat** vor dem gewünschten Beginn der Verringerung mitzuteilen. Je nach der Entscheidung des ArbGeb kann sie sich auf **beide Aspekte** beziehen, also den Umfang der Verringerung und/oder die Verteilung. Hat der ArbGeb betriebliche Gründe nur gegen die gewünschte Lage der Arbeitszeit, so ist das klarzustellen. Die Mitteilung bedarf außerdem der **Schriftform.** Sie ist keine Willenserklärung, sondern eine rechtsgeschäftsähnliche Handlung. Auf solche Handlungen finden die für Willenserklärungen geltenden Vorschriften allenfalls entsprechende Anwendung. Ob dem ArbN daher eine vom ArbGeb oder einer hierzu bevollmächtigten Person unterzeichnete Erklärung zugehen muss (§§ 125, 126, 130 BGB) oder ob Textform (§ 126b

BGB) genügt, ist streitig (ausführlich ErfK/*Preis* § 8 Rz 17; zur Geltendmachung eines Anspruchs BAG 11.10.2000 – 5 AZR 313/99, NZA 01, 231). Bei einer Vertretung durch einen Dritten sollte daher, soweit dessen Bevollmächtigung nicht unzweifelhaft ist, dem Ablehnungsschreiben vorsorglich eine gesonderte **Vollmachtsurkunde** beigelegt werden (zB bei anwaltlicher Vertretung). Zur **Frist** gilt, dass zwischen dem Zugang des Schreibens beim ArbN und dem von ihm gewünschten Beginn der Arbeitszeitverringerung ein voller Monat liegen muss (§§ 188 Abs 2, 187 Abs 1 BGB). Der ArbGeb sollte dafür sorgen, dass er die Einhaltung dieser formellen Anforderungen nachweisen kann und deshalb möglichst eine schriftliche Empfangsbestätigung des ArbN einholen. Weitere formelle Anforderungen sind nicht verlangt; insbesondere ist die Ablehnung anders als nach § 15 Abs 6 BEEG **nicht zu begründen.**

44   **i) Fiktion.** Die sich im Fall einer fehlenden einvernehmlichen Regelung ergebenden Rechtfolgen sind § 8 Abs 5 Satz 2 und 3 TzBfG zu entnehmen. Keine Besonderheiten bestehen, wenn der ArbGeb seine ablehnende Entscheidung form- und fristgerecht mitgeteilt hat. Ob der ArbN diese Entscheidung akzeptiert oder gerichtliche Hilfe in Anspruch nimmt, ist ihm überlassen. Hat der ArbGeb indessen seine ablehnende Entscheidung nicht form- und fristgerecht geltend gemacht, so verringert sich die Arbeitszeit des ArbN im gewünschten Umfang **kraft Gesetzes.** Diese Fiktion gilt auch hinsichtlich der Verteilung der dann herabgesetzten Arbeitszeit. Hatte der ArbN **keinen Verteilungswunsch** mitgeteilt, verbleibt es insoweit grds beim **Weisungsrecht** des ArbGeb, die Lage der Arbeitszeit einseitig festzulegen (s *Arbeitszeit* Rz 33).

45   **j) Änderungsvorbehalt.** Nach § 8 Abs 5 Satz 4 TzBfG kann der ArbGeb die einvernehmlich oder fiktiv verteilte Arbeitszeit, also die **Lage** der Arbeitszeit, nicht deren Dauer, wieder ändern, wenn „das betriebliche Interesse" an der Umgestaltung der Arbeitszeit das Interesse des ArbN an der Beibehaltung erheblich überwiegt und der ArbGeb die Änderung spätestens einen Monat vorher angekündigt hat. „Einvernehmlich" verteilt iSd Vorschrift ist auch die gerichtlich durchgesetzte Arbeitszeit. Die neuerliche Verteilung der Arbeitszeit ist eine rechtsgeschäftsähnliche Erklärung, keine „Teilkündigung". Der BRat braucht nicht nach § 102 BetrVG angehört zu werden. Höchstrichterliche Rspr liegt hierzu noch nicht vor, so dass es ggf sinnvoll sein kann, den BRat zu beteiligen. Der ArbGeb kann die Neuverteilung nur auf Gründe stützen, die nach der erstmaligen Verteilung eingetreten sind. Bei einer durch Urteil erfolgten Verteilung der Arbeitszeit ist er mit den Gründen ausgeschlossen, die in dem Rechtsstreit vorgetragen worden sind oder hätten vorgetragen werden können (vgl LAG Hamm 16.12.04 – 8 Sa 1520/04, NZA-RR 05, 405). Das ergibt sich aus dem Zeitpunkt, der für die Prüfung der vom ArbGeb vorgebrachten Ablehnungsgründe maßgeblich ist.

46   Das **materiellrechtlich** verlangte erhebliche Überwiegen der Interessen des ArbGeb setzt voraus, dass überhaupt objektiv gewichtige Gründe an einer anderen Verteilung der Arbeitszeit bestehen. Erst in einem zweiten Schritt ist zu prüfen, weshalb der ArbN an der bisherigen Situation festhalten will. Der ArbGeb kann seine Interessen nicht allein deshalb durchsetzen, weil der ArbN nicht mehr als „Freizeitinteressen" anführen kann.

47   Die Änderungserklärung ist fristgebunden. Der ArbGeb hat eine **Ankündigungsfrist** von einem Monat einzuhalten. Eine bestimmte Form wird nicht verlangt. Allerdings ist eine entsprechende Anwendung von kündigungsrechtlichen Vorschriften, wie etwa des § 623 BGB, zu überlegen (vgl *Laux* TzBfG § 8 Rz 269).

48   **k) Sperrfrist.** Nach § 8 Abs 6 TzBfG kann der ArbN eine erneute Verringerung der Arbeitszeit frühestens nach Ablauf von zwei Jahren verlangen, nachdem der ArbGeb einer (ordnungsgemäß beantragten, vgl LAG Hessen 24.10.11 – 7 Sa 399/11) Verringerung zugestimmt oder sie berechtigt abgelehnt hat. Zugestimmt iSd Vorschrift hat auch der ArbGeb, dessen Zustimmung durch gerichtliche Entscheidung nach § 894 ZPO als erteilt gilt. Ob der ArbGeb den Antrag des ArbN „berechtigt" abgelehnt hat, ist nach den zur Zeit der Ablehnung geltenden Umständen zu beurteilen. **Zweck** dieser Regelung ist ersichtlich, in das Arbeitsverhältnis „Ruhe" zu bringen. Arbeitszeitfragen sollen jedenfalls für eine befristete Zeit keine Rolle spielen. Der ArbGeb soll über die Arbeitskraft des ArbN jedenfalls für diese Zeit im Rahmen des vertraglich Vereinbarten verfügen können. Ihm wird insoweit **Planungssicherheit** verschafft. Die Sperrfrist gilt nicht nur für die in der Vorschrift ausdrücklich genannte Verringerung der Arbeitszeit sondern auch für die Verteilung. Voraus-

gesetzt ist deshalb, dass sich der ArbGeb mit dem Antrag des ArbN sachlich befasst hat, dh die betrieblichen Gründe geprüft hat (BAG 16.10.07 – 9 AZR 239/07, NZA 08, 289).

l) Prozessuales. aa) Verringerung der Arbeitszeit. Können sich ArbGeb und ArbN 49 über die Änderung des Arbeitsvertrags nicht einigen, kann der ArbN den Anspruch auf Verringerung der Arbeitszeit und deren Verteilung gerichtlich verfolgen. Die zu stellenden Anträge richten sich nach dem Umfang des Streits. Geht es ausschließlich um die Verringerung der Arbeitszeit, ist **Leistungsklage** auf **Zustimmung** des ArbGeb zu der im Klageantrag konkret anzugebenden Dauer der Arbeitszeit zu erheben. Dem **Bestimmtheitsgebot** (§ 253 Abs 2 Nr 2 ZPO) ist idR genügt, wenn die Dauer der verlangten Arbeitszeit nur im Verhältnis zur Arbeitszeit eines Vollzeitbeschäftigten angegeben wird („der Verringerung der Arbeitszeit auf die Hälfte eines Vollzeitbeschäftigten zuzustimmen"). Mit einem solchen Antrag wird zugleich klargestellt, dass der ArbGeb im Rahmen billigen Ermessens (§ 106 GewO) frei ist, die Lage der verringerten Arbeitszeit festzulegen. Ein bestimmtes Datum, zu dem die Verringerung eintreten soll, ist nicht zu nennen. Die Erklärung des ArbGeb gilt erst **mit Rechtskraft** eines stattgebenden Urteils als abgegeben (§ 894 ZPO). Bis dahin ist der ArbN verpflichtet, im vertraglich vereinbarten Umfang zu arbeiten. Mit dem Ausschluss der vorläufigen Vollstreckbarkeit (§ 62 ArbGG) wird im Interesse des ArbGeb ein „Hin und Her" der Beschäftigung je nach dem Ergebnis der Instanzen vermieden. Zur Möglichkeit einstweiligen Rechtsschutzes s unten Rz 53.

bb) Verteilung der Arbeitszeit. Die Verteilung der Arbeitszeit ist nach der dem Gesetz 50 zugrunde liegenden Vertragslösung ebenfalls durch **Leistungsklage** zu verfolgen („den ArbGeb zu verurteilen, die Arbeitszeit wie folgt festzulegen" oder auch „... der Verteilung der Arbeitszeit auf ... zuzustimmen"). In jedem Fall handelt es sich um eine Klage auf Abgabe einer Willenserklärung, deren Vollstreckung von der Rechtskraft des statt gebenden Urteils abhängt. Es empfiehlt sich, in der Klagebegründung klarzustellen, ob dem Antrag auf Verringerung nur dann stattgegeben werden soll, wenn die Arbeitszeit wie gewünscht festgelegt wird (vgl BAG 18.2.03 – 9 AZR 164/02, NZA 03, 1392; 23.11.04 – 9 AZR 644/03, NZA 05, 769). Ist streitig, ob sich die Parteien über die Vertragsänderung geeinigt haben oder ob die Fiktion nach § 8 Abs 5 TzBfG eingetreten ist, ist Klage auf **Feststellung** des Inhalts der Arbeitszeitregelung zu erheben. Vorsorglich sollte der ArbN „zweigleisig" vorgehen und zur Vermeidung einer Klageabweisung hilfsweise auf **Zustimmung und Festlegung** klagen. Ein Antrag auf **Beschäftigung nach Maßgabe der „neuen" Arbeitszeit** bis zur Rechtskraft des Urteils ist nicht zu stellen (aA *Mittag* AiB 02, 350). Einen solchen Anspruch begründet § 8 TzBfG nicht. Die Situation des ArbN ist mit der sozialen Situation eines ArbN nach erstinstanzlich gewonnenem Kündigungsschutzprozess nicht vergleichbar (Näheres *Weiterbeschäftigungsanspruch* Rz 14). Deshalb bietet sich auch die mehrfach empfohlene Leistungsklage auf Beschäftigung mit dem Antrag „den ArbGeb zu verurteilen, den ArbN an den Wochentagen ... von ... bis ... zu beschäftigen", nicht an (aA *Ziemann* ArbRB 02, 30; *Grobys/Bram* NZA 01, 1175). Er trifft den Sachverhalt nicht. Eine Beschäftigung mit der geänderten Arbeitszeit kann der ArbN erst mit Rechtskraft des Urteils verlangen. Etwas anderes gilt, wenn die Fiktionswirkung des § 8 Abs 5 Satz 2 und 3 TzBfG eingetreten ist (*Sievers* TzBfG § 8 Rz 147 ff).

Ausnahmsweise kann der ArbN isoliert auf eine andere Verteilung seiner Arbeitszeit klagen, wenn er außergerichtlich die Verringerung und Neuverteilung nicht miteinander verknüpft hat und der ArbGeb dem Verringerungs-, nicht aber dem Verteilungsantrag zugestimmt hat (BAG 16.12.08 – 9 AZR 893/07, NZA 09, 565).

cc) Beurteilungszeitpunkt. Die Feststellung über den Eintritt der **Fiktion** oder einer 51 bereits erfolgten Einigung beurteilt sich ausschließlich nach den Tatsachen, die zur Vertragsänderung geführt haben sollen. Denn der ArbN beruft sich dann auf einen in der Vergangenheit abgeschlossenen Sachverhalt. Für die auf **Zustimmung/Festlegung** gerichtete Klage ist umstritten, ob der ArbGeb im Rechtsstreit auch solche Gründe vortragen kann, die erst nach dem Eingang seiner ablehnenden Entscheidung beim ArbN entstanden sind. Geltend gemacht wird, das Bestehen eines Anspruchs bestimme sich nach dem Tatsachenstoff zum Schluss der mündlichen Verhandlung. Deshalb seien alle bis dahin entstandenen Ablehnungsgründe zu berücksichtigen (*Rolfs* TzBfG § 8 Rz 55). Dem ist nicht zuzustimmen. Es ist auf den Zeitpunkt der Ablehnung des Arbeitszeitwunsches durch den ArbGeb abzustellen, wie sich aus der **Sperrfrist des § 8 Abs 6 TzBfG** ergibt (BAG 18.2.03 – 9 AZR 356/02, NZA

402 Teilzeitbeschäftigung

03, 911). Danach ist der ArbN nach einer berechtigten Ablehnung für die Dauer von zwei Jahren gehindert, den Antrag zu erneuern. Ob der Antrag **berechtigt abgelehnt** worden ist, kann nur nach den damaligen Verhältnissen beurteilt werden. Die Vorschrift bezweckt den Schutz des ArbGeb. Er soll nicht ständig überprüfen müssen, ob nach wie vor Gründe bestehen, das Teilzeitverlangen des ArbN abzulehnen. Zu berücksichtigen sind alle Umstände, die **objektiv** vorgelegen haben. Hierzu gehören auch die Tatsachen, die beispielhaft der Einschätzung des ArbGeb zugrunde gelegen haben, das bisherige Arbeitszeitvolumen sei beizubehalten, weil mit steigendem Arbeitsanfall gerechnet werde und/oder eine Ersatzkraft sei nicht zu finden. Der spätere Wegfall dieses Grundes ist zu Gunsten des ArbN nur zu berücksichtigen, wenn der Rechtsstreit länger als zwei Jahre dauert und sämtliche Anspruchsvoraussetzungen (einschließlich der neuerlich einzuhaltenden Ankündigungsfrist von drei Monaten) vorliegen. Stellt sich im Rechtsstreit heraus, dass der ArbGeb das Teilzeitverlangen **unberechtigt** abgelehnt hat, kann er spätere Ablehnungsgründe nicht uneingeschränkt geltend machen. Andernfalls würde er besser gestellt als wenn er es berechtigt abgelehnt hätte (BAG 18.2.03 – 9 AZR 356/02, NZA 03, 911). Dagegen kann sich der ArbGeb auf erst später entstandene Ablehnungsgründe dann stützen, wenn er bei unterstellter Zustimmung sich einseitig von der geänderten Arbeitszeitregelung durch Kündigung nach § 2 KSchG oder Ausübung des Korrekturrechts nach § 8 Abs 5 Satz 4 TzBfG lösen könnte.

52 dd) **Darlegungs- und Beweislast** für die anspruchsbegründenden Tatsachen liegen beim ArbN. Der ArbGeb hat die Tatsachen darzulegen und zu beweisen, aus denen sich die entgegenstehenden betrieblichen Gründe ergeben.

53 ee) **Einstweiliger Rechtsschutz** auf Verringerung der Arbeitszeit und deren Verteilung bis zur Rechtskraft der Hauptsache ist trotz seiner Erfüllungswirkung nach § 940 ZPO nicht grds ausgeschlossen. Das gebietet schon der Anspruch des Einzelnen auf wirksamen Rechtsschutz, kommt aber nur in **Ausnahmefällen** in Betracht Der ArbN muss in seiner Person einen wichtigen Grund haben, der ihm das Abwarten der Entscheidung in der Hauptsache unzumutbar macht und das sofortige Eingreifen des Gerichts verlangt. Die Anspruchsvoraussetzungen des § 8 TzBfG sind glaubhaft zu machen. Die Prozessdauer des Hauptsacheverfahrens allein ist kein hinreichender Grund (vgl auch *Elternzeit* Rz 28). Wegen des Eingriffs in die grds dem ArbGeb zustehende Organisationskompetenz müssen betriebliche Ablehnungsgründe ersichtlich fehlen oder mit hoher Wahrscheinlichkeit nicht gegeben sein. Versäumnisse der öffentlichen Hand, für eine angemessene Betreuung von Kindern zu sorgen, sind nicht zulasten des ArbGeb über den Anspruch des ArbN auf Verringerung seiner Arbeitszeit zu kompensieren. Es ist deshalb glaubhaft zu machen, dass geeignete Betreuungspersonen fehlen und/oder eine persönliche Betreuung erforderlich ist (ähnlich LAG RhPf 12.4.02 – 3 Sa 161/92, NZA 02, 857; LAG Köln 5.3.02 – 10 Ta 50/02, DB 02, 1280 (Ls); ArbG Bonn 10.4.02 – 4 Ga 23/02, NZA-RR 02, 416; aA LAG Bln 20.2.02 – 4 Sa 2243/91, NZA-RR 02, 858: Wahrscheinlichkeit des Obsiegens, ersichtliches Überwiegen der Interessen des ArbN).

54 Der Verfügungsantrag richtet sich nicht auf „Zustimmung des ArbGeb". Maßgeblich ist das Ziel des ArbN. Er will ohne Gefährdung seines Arbeitsverhältnisses verkürzt arbeiten. Dem entspricht ein Antrag, mit dem dem ArbGeb aufgegeben wird, den ArbN zu keinen anderen als zu den verlangten Zeiten zur Arbeit heranzuziehen. Nicht anders sind im Ergebnis auch Anträge/Entscheidungen auszulegen, mit denen dem ArbGeb aufgegeben wird, den ArbN zu den verlangten Arbeitszeiten zu beschäftigen.

55 Bei Streit über das Zustandekommen einer Vertragsänderung (einvernehmlich oder fiktiv) kommt einstweiliger Rechtsschutz allenfalls in Betracht, wenn der ArbN tatsächliche Nachteile für den Bestand des Arbeitsverhältnisses zu befürchten hat. Allein die Feststellung einer Änderung der Arbeitszeiten gemäß der Fiktion des § 8 Abs 5 Satz 2 und 3 TzBfG kann mit Hilfe des einstweiligen Rechtsschutzes nicht verlangt werden (LAG Hamm 8.7.08 – 14 SaGa 25/08, BeckRS 2008, 55457).

56 **9. Arbeitszeitverkürzung und Gegenleistung.** Die Arbeitszeitverringerung wirkt sich notwendig auf die Entgeltansprüche des ArbN gegen den ArbGeb aus. Die mit dem ArbGeb nach § 611 BGB vereinbarte Vergütung vermindert sich im Verhältnis der bisherigen zur nunmehr geschuldeten Arbeitszeit. Eine solche „automatische" Entgeltminderung kommt allerdings nur hinsichtlich der zeitbezogenen Entgeltbestandteile in Betracht. Nicht erfasst

werden echte erfolgsabhängige Leistungen wie die Vermittlungsprovision (s *Arbeitsentgelt* Rz 8), wohl aber Super- oder Bezirksprovisionen, da mit ihnen keine eigene Leistung des ArbN abgegolten wird (vgl BAG 11.4.2000 – 9 AZR 266/99, NZA 01, 153). Bei gewinn- oder umsatzabhängigen Tantiemen (Näheres *Mitarbeiterbeteiligung*) und sonstigen Zielvereinbarungen beurteilt sich die Entgeltminderung nach den jeweiligen Anspruchsvoraussetzungen (vgl *Gorbys* DB 01, 758; *Kelber/Zeißig* NZA 01, 577).

Eine Vereinbarung ist geboten, wenn es um **nicht teilbare Leistungen** geht wie etwa die 57 Überlassung einer Dienstwohnung oder eines Dienstwagens auch zur Privatnutzung. Dabei kann auf bereits bestehende betriebliche Regelungen für TeilzeitArbN zurückgegriffen werden. Fehlen solche, ist die Vertragslücke durch ergänzende Vertragsauslegung zu schließen. Sie kann je nach den Umständen des Einzelfalls dazu führen, dass der ArbN weiterhin die Sachleistung ohne eigenen Kostenanteil beanspruchen kann oder die Sachleistung zwar weiterhin erhält, deren Wert aber teilweise durch einen eigenen Beitrag auszugleichen hat. Ein entschädigungsloser Wegfall der Sachleistung scheidet regelmäßig aus. Ihr Wert ist vielmehr abzugelten, das Entgelt des ArbN mithin um einen entsprechenden Betrag zu erhöhen (zu Lösungsvorschlägen *Kelber/Leißig* NZA 01, 577).

10. Verlängerung der Arbeitszeit. a) Einführung. Nach § 9 TzBfG hat der ArbGeb 58 einen teilzeitbeschäftigten ArbN, der ihm den Wunsch nach einer Verlängerung seiner vertraglich vereinbarten Arbeitszeit angezeigt hat, bei der Besetzung eines entsprechend freien Arbeitsplatzes bevorzugt zu berücksichtigen, es sei denn, dass dringende betriebliche Gründe oder Arbeitszeitwünsche anderer teilzeitbeschäftigter ArbN entgegenstehen. ArbN, die bereits vollzeitbeschäftigt sind, haben keinen Anspruch auf Verlängerung ihrer vertraglichen Arbeitszeit. Die regelmäßige Arbeitszeit des Vollzeitbeschäftigten bildet die Obergrenze des Arbeitszeitverlängerungsanspruchs (BAG 21.6.11 – 9 AZR 236/10, BeckRS 2011, 76878). Die Vorschrift begründet bei Vorliegen der gesetzlichen Merkmale einen **Anspruch** auf Abschluss einer geänderten Arbeitszeitregelung (BAG 8.5.07 – 9 AZR 874/06, NZA 07, 1349; 15.8.06 – 9 AZR 8/06, NZA 07, 255). Die Vorschrift dient der Flexibilisierung der Arbeitszeit; ArbN sollen ermutigt werden, ihr Recht auf Verringerung der Arbeitszeit in Anspruch zu nehmen. Gleichwohl sind **anspruchsberechtigt** alle TeilzeitArbN einschließlich derjenigen, die in einem befristeten Arbeitsverhältnis stehen (BAG 16.1.08 – 7 AZR 603/06, NZA 08, 701). Auf eine vorherig nach § 8 TzBfG verringerte Arbeitszeit kommt es nicht an. **Gegenstand** der zu erhöhenden Arbeitszeit ist die „vertraglich" vereinbarte Arbeitszeit; dazu gehört die iSv § 8 Abs 5 TzBfG fiktiv bestimmte Arbeitszeit. Der vom ArbN angezeigte **Wunsch** nach einer Verlängerung der Arbeitszeit löst zunächst die Informationspflicht des ArbGeb nach § 7 TzBfG aus. Der ArbN kann dann entscheiden, ob er seine Arbeitszeit zu dem vom ArbGeb vorgesehenen Termin und im entsprechenden Umfang erhöhen will. Er muss deutlich machen, dass und welchen konkreten zu besetzenden Arbeitsplatz er beansprucht (Vertragsantrag iSv § 145 BGB; BAG 1.6.11 – 7 ABR 117/09, BeckRS 2011, 76301).

b) Freier Arbeitsplatz. Vorausgesetzt wird ein zu besetzender freier Arbeitsplatz; der 59 Arbeitsplatz muss „eingerichtet" sein (LAG SchlHol 19.9.11 – 3 Sa 71/11, BeckRS 2011, 78775). Daran fehlt es, wenn die Aufstockung der Arbeitszeit durch den Abbau von Überstunden ermöglicht werden soll. Auch kann die Zusammenlegung mehrerer Teilzeitarbeitsplätze grds nicht verlangt werden. Die Organisationsentscheidung des ArbGeb, ausschließlich Teilzeitarbeitsplätze einzurichten, ist allerdings nur geschützt, wenn sie auf arbeitsplatzbezogenen Gründen beruht (BAG 15.8.06 – 9 AZR 8/06, NZA 07, 225; vgl auch BAG 25.10.94 – 3 AZR 987/93, ArbuR 01, 146). Der Einwand des ArbGeb, er verfüge ausschließlich über Teilzeitarbeitsplätze, ist vorgeschoben und damit unbeachtlich, wenn er den ArbN tatsächlich über mehrere Jahre hin in Vollzeit beschäftigt (LAG Köln 2.4.08 – 7 Sa 864/07, NZA-RR 09, 66). Der Arbeitsplatz muss außerdem **entsprechend** sein, dh er muss mit dem von dem teilzeitbeschäftigten ArbN bisher eingenommenen Arbeitsplatz nach Arbeitsinhalt und Funktion gleich oder zumindest vergleichbar sein (BAG 16.9.08 – 9 AZR 781/07, NZA 08, 1285). Die Tätigkeiten müssen idR dieselben Anforderungen an die persönliche und fachliche Eignung des ArbN stellen (zur „Gleichwertigkeit" s auch *Versetzung* Rz 5). Auf die Vertragsbedingungen kommt es nicht an. Der zu besetzende Arbeitsplatz ist deshalb auch dann „entsprechend", wenn der ArbGeb die anfallende gleiche Tätigkeit

402 Teilzeitbeschäftigung

lediglich anders (im Streitfall: tariffrei) vergüten will (BAG 8.5.07 – 9 AZR 874/06, NZA 07, 1349). Ausnahmsweise gilt ein Arbeitsplatz mit **höherwertiger Tätigkeit** als „entsprechend", wenn der ArbGeb Teilzeitarbeit lediglich auf einer niedrigeren Hierarchiestufe zulässt und der ArbN wegen familiär bedingter Verringerung seiner Arbeitszeit seine frühere (höherwertige) Tätigkeit zugunsten seiner jetzigen Stelle aufgegeben hat (BAG 16.9.08 – 9 AZR 781/07, NZA 08, 1285).

60   c) **Eignung.** Der ArbN muss für den zu besetzenden Arbeitsplatz geeignet sein. Erfüllt er nach seinen Fähigkeiten und Kenntnissen das vom ArbGeb aufgestellte Anforderungsprofil, hat er gegenüber einem externen Bewerber Vorrang. Eine erforderliche Einarbeitungszeit ist unbeachtlich, wenn auch der Externe sie benötigt. Bei der Feststellung der Eignung hat der ArbGeb einen **Beurteilungsspielraum.**

61   d) **Ablehnungsgründe.** Der ArbGeb kann die danach grds gebotene Verlängerung der Arbeitszeit aus dringenden betrieblichen Gründen gleichwohl ablehnen. Der Begriff entspricht den Gründen, aus denen die Verringerung der Arbeitszeit eines ArbN in Elternzeit verweigert werden kann. Es muss sich um gleichsam „zwingende" Hindernisse handeln. Das kommt etwa in Betracht, wenn der ArbN auf seinem bisherigen Arbeitsplatz „unverzichtbar" ist. Ein Ablehnungsgrund besteht auch, wenn der ArbGeb verpflichtet ist, den freien Arbeitsplatz einem anderen ArbN zuzuweisen (zB § 78a BetrVG; s auch *Kündigung, betriebsbedingte* Rz 6). Die Ablehnungsgründe können sich damit regelmäßig nur auf die personelle Auswahl für die Besetzung des freien Arbeitsplatzes beziehen (BAG 8.5.07 – 9 AZR 874/06, NZA 07, 1349).

62   e) **Auswahlentscheidung.** Bei der **Auswahl** unter mehreren interessierten und geeigneten TeilzeitArbN kann der ArbGeb nach **billigem Ermessen** entscheiden (§ 315 BGB analog). Seine Entscheidung ist gerichtlich nur eingeschränkt überprüfbar. Die Grundsätze zur sog Konkurrentenklage sind angesichts der ganz unterschiedlichen Zielsetzung (Art 33 Abs 2 GG „Bestenauslese" im öffentlichen Interesse) nicht heranzuziehen. Dem entspricht, dass der ArbGeb nicht verpflichtet ist, ein vorhandenes Stundenvolumen auf bestimmte TeilzeitArbN zu verteilen (BAG 13.2.07 – 9 AZR 575/05, NZA 07, 807: Aufstockung der Unterrichtsstunden in einer Musikschule).

63   f) **Rechtsfolgen einer rechtswidrigen Ablehnung.** Die schuldhafte Nichtberücksichtigung begründet einen zeitlich nicht begrenzten Schadensersatzanspruch in Höhe der Vergütungsdifferenz (BAG 16.9.08 – 9 AZR 781/07, NZA 08, 1285). Der ArbN, der die (rückwirkende) Verurteilung des ArbGeb zum Abschluss des Arbeitsvertrags mit verlängerter Arbeitszeit erreicht hat, hat Anspruch auf das entgangene Entgelt nach den Vorschriften über den Annahmeverzug, § 615 BGB. Hat der ArbGeb den Arbeitsplatz bereits anderweitig unter Verletzung des Anspruchs aus § 9 TzBfG besetzt, kann der übergangene ArbN Schadensersatz nach §§ 275 Abs 1 und 4, 280 BGB verlangen. Nach §§ 251, 252 BGB schuldet der ArbGeb dem ArbN grundsätzlich zeitlich unbegrenzt den entgangenen Verdienst (BAG 16.9.08 – 9 AZR 781/07, NZA 08, 1285).

64   g) **Prozessuales.** Der Verlängerungsanspruch ist durch Leistungsklage, gerichtet auf Zustimmung des ArbGeb zur Arbeitsvertragsänderung, zu erheben. Der Klageantrag kann ein in der Vergangenheit liegendes Datum enthalten. Sobald der ArbGeb den Arbeitsplatz besetzt hat, kommt eine Verurteilung nicht (mehr) in Betracht (BAG 16.9.08 – 9 AZR 781/07, NZA 08, 1285). Ggf kann der ArbN seinen Anspruch im Wege **einstweiliger Verfügung** sichern (gerichtet auf Nichtbesetzung des Arbeitsplatzes bis zur Entscheidung in der Hauptsache). Darlegungs- und Beweislast richten sich nach allgemeinen Regeln, hinsichtlich der Eignung abgestuft (LAG Bln 2.12.03 – 3 Sa 1041/03, ArbuR 04, 468).

65   **11. Kündigungsverbot.** In § 10 ist ausdrücklich bestimmt, dass die Kündigung eines Arbeitsverhältnisses wegen der Verweigerung eines ArbN, von einem Vollzeit- in ein Teilzeitarbeitsverhältnis oder umgekehrt zu wechseln, unwirksam ist. Das Recht zur Kündigung aus anderen Gründen bleibt unberührt. Die Vorschrift entspricht, abgesehen vom anderen Verbotsgrund, dem Kündigungsverbot wegen eines Betriebsübergangs; vgl *Betriebsübergang* Rz 68 ff.

66   **12. Arbeit auf Abruf. a) Begriff und Zulässigkeit.** Nach der gesetzlichen Definition des § 12 Abs 1 Satz 1 TzBfG liegt Abrufarbeit vor, wenn der ArbN seine Arbeitsleistung entsprechend dem Arbeitsanfall zu erbringen hat. Derartige Arbeitsverträge, die dem ArbGeb eine flexible Anpassung der zur Verfügung stehenden Arbeitskraft an seine betrieblichen Bedürfnisse ermöglichen, sind zulässig. Im Arbeitsvertrag ist eine bestimmte Dauer der **wöchentlichen und täglichen Arbeitszeit** fest zu legen. Diese Festlegung führt zu keiner täglichen/wöchentlichen Abruf- oder Arbeitspflicht. Sie sichert dem ArbN das Entgelt, falls der ArbGeb das Stundenkontingent nicht ausschöpft. Das BAG hat als zulässig beurteilt, wenn neben einer festen **Mindestdauer** der wöchentlichen und täglichen Arbeitszeit vereinbart wird, dass der ArbN darüber hinaus Arbeit je nach **Arbeitsanfall** zu leisten hat (BAG 7.12.05 – 5 AZR 535/04, NZA 06, 423). Wegen der teilweisen Verlagerung des Wirtschaftsrisikos auf den ArbN hat es im Rahmen der Inhaltskontrolle (§§ 305 ff BGB) den „flexiblen" Anteil auf höchstens 25 % der vereinbarten wöchentlichen Mindestarbeitszeit begrenzt. Damit hat das BAG die bisherige Diskrepanz der Rspr gelöst, nach der Eingriffe des ArbGeb in die Arbeitszeitdauer stets als Umgehung des Kündigungsschutzes angesehen wurden, während Entgeltminderungen durch einseitige Leistungsbestimmung des ArbGeb bis zu 30 % hingenommen wurden (zB Änderung des Verkaufsbezirks; Widerruf von Zulagen). Zur Abrufarbeit bei witterungsabhängigen Unternehmen BAG 9.7.08 – 5 AZR 810/07, NZA 08, 1407. Von der Abrufarbeit zu unterscheiden sind **Rahmenvereinbarungen** über künftige, erst noch abzuschließende Einzelarbeitsverträge als Tagesaushilfe, wie sie häufig mit Studenten eingegangen werden (s *Studentenbeschäftigung* Rz 8). Sie begründen kein Abrufarbeitsverhältnis (BAG 31.7.02 – 7 AZR 181/01, BB 03, 525 zur Vorläufervorschrift des § 4 BeschFG).

b) **Fehlende Festlegung.** Haben die Parteien keine wöchentliche Arbeitszeit festgelegt, 67 so gilt eine Arbeitszeit von zehn Wochenstunden als vereinbart. Ist die tägliche Arbeitszeit nicht festgelegt, hat der ArbGeb die Arbeitsleistung des ArbN jeweils für mindestens drei aufeinander folgende Stunden in Anspruch zu nehmen. Nach LAG Köln 7.12.01 – 11 (6) Sa 827/01, NZA-RR 02, 415 soll ein Vollzeitarbeitsverhältnis bestehen, wenn überhaupt keine Mindestarbeitszeit vereinbart ist (Badewärter im Sommerbad).

c) **Arbeitspflicht.** Der ArbN ist zur Arbeitsleistung nur verpflichtet, wenn der ArbGeb 68 ihm die Lage seiner Arbeitszeit jeweils mindestens vier Tage im Voraus mitteilt. Die **Mindestbeschäftigung** beträgt drei Stunden. Werden diese Vorgaben nicht eingehalten, behält der ArbN gleichwohl Anspruch auf Vergütung nach den Vorschriften über den *Annahmeverzug* (§§ 293 ff BGB). Er hat Anspruch auf **Feiertagsvergütung,** wenn er ohne den Feiertag mit hoher Wahrscheinlichkeit zur Arbeit herangezogen worden wäre. Die hierfür streitenden tatsächlichen Umstände hat der ArbN vorzutragen; der ArbGeb hat sich zu ihnen konkret zu erklären (BAG 24.10.01 – 5 AZR 245/00, DB 02, 1110). Arbeit auf Abruf kann auch innerhalb eines Schichtsystems geleistet werden. Ob ein Anspruch auf **Schichtzulage** besteht, richtet sich nach den anzuwendenden arbeitsrechtlichen Regelungen (BAG 24.9.08 – 10 AZR 106/08, NZA 08, 1424 bejaht für den Tarifbereich Deutsche Lufthansa). Dass der ArbGeb bei der Aufstellung der Schichtpläne auf die Einsatzwünsche der ArbN Rücksicht nimmt, ist hierfür unerheblich. Die mit Schichtarbeit verbundenen Erschwernisse werden bei Abrufarbeit nicht bereits durch die vereinbarte Vergütung kompensiert.

d) **Abweichende Vereinbarungen.** Die Befugnis der **Tarifvertragsparteien** ist gegen- 69 über der bisherigen Rechtslage eingeschränkt. Der ArbGeb konnte durch Tarifvertrag ohne Vorgabe irgendeiner Mindestbeschäftigung ermächtigt werden, die Arbeitsleistung des ArbN je nach Arbeitsanfall abzurufen (BAG 12.3.92 – 6 AZR 311/90, NZA 92, 938). Das ist nicht mehr zulässig. Der Tarifvertrag muss Regelungen über die tägliche und wöchentliche Arbeitszeit und die Vorankündigungsfrist vorsehen. Im Geltungsbereich des Tarifvertrags können nicht tarifgebundene Arbeitsvertragsparteien die Tarifvorschriften übernehmen. Das Gesetz enthält **keine Übergangsvorschrift** für bestehende hiervon abweichende Tarifregelungen.

13. **Arbeitsplätze/Job Sharing.** § 13 Abs 1–3 TzBfG regeln den Fall, dass ein ArbGeb 70 mit einem oder mehreren ArbN vereinbart, dass diese sich die Arbeitszeit an einem Arbeitsplatz teilen. Das Weisungsrecht des ArbGeb hinsichtlich der Lage der Arbeitszeit ist dahin eingeschränkt, dass die Arbeitszeitverteilung untereinander Sache der Job-Sharer ist; können sie sich nicht einigen, fällt die Regelungsbefugnis dem ArbGeb zu. Allein die Arbeitsplatzteilung begründet keine Pflicht zur Vertretung des jeweils anderen Job-Sharers. Job-Sharer können nicht generell verpflichtet werden, sich bei Arbeitsausfall wechselseitig zu vertreten.

402 Teilzeitbeschäftigung

Es bedarf einer für jeden Vertretungsfall gesonderten Vereinbarung (vgl LAG München 15.9.93 – 5 Sa 976/92, DB 93, 2599) oder der Vereinbarung der Vertretung für den Fall des Vorliegens betrieblicher Gründe und der Zumutbarkeit der Vertretung im Einzelfall (*Laux* TzBfG § 13 Rz 42; *Sievers* TzBfG § 13 Rz 11 ff). Eine Vertretungspflicht kann auch nicht im Wege der Änderungskündigung eingeführt werden (ArbG Bln 28.10.83 – 18 Ca 303/83, BB 84, 404). Sie kann rechtswirksam für Fälle dringenden betrieblichen Bedürfnisses vereinbart werden. Der ArbN ist zur Vertretung nur dann verpflichtet, wenn sie ihm im Einzelfall zumutbar ist.

Abweichende Tarifregelungen sind zulässig, wenn der Tarifvertrag Regelungen über die Vertretung enthält, § 13 Abs 4 TzBfG.

71 **14. Übernahme der Tarifvorschriften des öffentlichen Dienstes.** Soweit die Vorschriften über die Teilzeit abweichende Vereinbarungen durch einen Tarifvertrag zulassen (§ 8 Abs 3 Satz 3 und 4, § 12 Abs 3 und § 13 Abs 4 TzBfG), gelten die Bestimmungen der Tarifverträge für den öffentlichen Dienst auch zwischen nicht tarifgebundenen ArbGeb und ArbN außerhalb des öffentlichen Dienstes. Voraussetzung ist eine entsprechende arbeitsvertragliche Vereinbarung. Der ArbGeb muss außerdem die Kosten des Betriebes überwiegend mit Zuwendungen iSd Haushaltsrechts decken (§ 22 TzBfG). Eine Privilegierung für kirchliche Arbeitsvertragsrichtlinien ist nicht bestimmt.

72 **15. Betriebsverfassungsrecht.** Teilzeitbeschäftigte sind ArbN iSv § 5 Abs 1 BetrVG. Sie sind aktiv wahlberechtigt nach § 7 BetrVG und gem § 8 BetrVG nach sechsmonatiger rechtlicher Zugehörigkeit zum Betrieb wählbar (zur Wahlberechtigung von Zeitungszustellern BAG 29.1.92 – 7 ABR 27/91, DB 92, 1429).

73 **a) Mitbestimmungsrechte des Betriebsrats** bestehen nach § 87 Abs 1 Nr 2 BetrVG bei der Festlegung von Beginn und Ende der täglichen Arbeitszeit einschließlich der Pausen sowie hinsichtlich der Verteilung der Arbeitszeit auf die einzelnen Wochentage. Nicht betroffen ist mithin die mit dem ArbN vereinbarte Dauer der täglichen/wöchentlichen Arbeitszeit. Nach der Rspr des BAG erfasst es aber die Festlegung der Mindestdauer der täglichen Arbeitszeit und einer Höchstzahl von Tagen in der Woche, an denen die Teilzeitbeschäftigten beschäftigt werden sollen, Mindestzahl arbeitsfreier Samstage, Schichtenregelung, Pausenlage und deren Dauer (BAG 13.10.87 – 1 ABR 10/86, DB 88, 341; 28.9.88 – 1 ABR 41/87, NZA 88, 184; ausführlich *Rieble/Gutzeit* NZA 02, 7). Für die einvernehmlich, fiktiv oder gerichtlich erfolgte Arbeitszeitverlagerung gelten grds keine Besonderheiten (vgl *Hanau* NZA 01, 1168; zweifelnd *Schiefer* FA 01, 258).

74 **b) Beteiligung nach § 99 BetrVG.** Aufstockung und Verringerung der Arbeitszeit sind keine *Versetzung* iSv § 95 BetrVG und unterliegen daher nicht der personellen Mitbestimmung (Näheres: *Mitbestimmung, personelle Angelegenheiten*). In der nach Dauer und Umfang nicht unerhebliche **Aufstockung** der vereinbarten Wochenarbeitszeit liegt dagegen eine **Einstellung,** zu der die Zustimmung des BRat einzuholen ist (BAG 25.1.05 – 1 ABR 59/03, NZA 05, 945; so auch zu § 75 BPersVG BVerwG 23.3.99 – 6 P 10/97, NVwZ-RR 2000, 518). Die Arbeitszeit muss für die Dauer von mehr als einem Monat um mindestens zehn Stunden/Woche erhöht werden (BAG 9.12.08 – 1 ABR 74/07, NZA-RR 09, 260).

75 Die Frage, ob der BRat seine **Zustimmung** zu einer **Einstellung** verweigern darf, weil der ArbGeb den zu besetzenden Arbeitsplatz trotz Eignung nicht als Teilzeitarbeitsplatz ausgeschrieben hat (Gesetzesverstoß nach § 99 Abs 2 Nr 1 BetrVG), ist streitig (bejahend ua *Meinel/Heyn/Herms* TzBfG § 7 Rz 13; ausführlich *Herbert* DB 02, 2277 mwN; aA *Mengel* in *Annuß/Thüsing* TzBfG § 7 Rz 5; *Ehler* BB 01, 1146; ErfK/*Preis* § 7 TzBfG Rz 4). Solange die Frage nicht gerichtlich geklärt ist, empfiehlt es sich, vorab mit dem BRat die Ausschreibungsmodalitäten abzustimmen. Der BRat kann die Zustimmung zur Einstellung eines ArbN mit einer Wochenarbeitszeit von weniger als 20 Stunden verweigern, wenn ein **Tarifvertrag** die Beschäftigung von ArbN mit einer Arbeitszeit von weniger als 20 Stunden untersagt (BAG 28.1.92 – 1 ABR 45/91, NZA 92, 606).

Dem BRat kann ein Zustimmungsverweigerungsgrund nach § 99 Abs 2 Nr 3 BetrVG zustehen, wenn ein teilzeitbeschäftigter ArbN einen Anspruch auf Verlängerung seiner Arbeiszeit gem § 9 TzBfG bezogen auf den zu besetzenden Arbeitsplatz geltend gemacht hat. Entsprechend hat der ArbGeb den BRat im Rahmen des § 99 BetrVG darüber zu unter-

Teilzeitbeschäftigung

richten, welcher ArbN aufgrund seines Verlängerungswunsches grundsätzlich für die Besetzung in Betracht kommt (BAG 1.6.11 – 7 ABR 117/09, BeckRS 2011, 76301).

16. Rechtsprechungs-ABC zum Diskriminierungsverbot.

Abfindung. Sinn und Zweck der Sozialplanabfindung rechtfertigen es, ihre Höhe entsprechend der persönlichen Arbeitszeit des ArbN bei Beendigung des Arbeitsverhältnisses im Verhältnis zur tariflichen Arbeitszeit zu bemessen (BAG 28.10.92 – 10 AZR 128/92, DB 93, 591). 76

Akkordverdienst. Wegen der mit steigender Arbeitszeitbelastung abnehmenden Leistungsfähigkeit des ArbN wird eine degressive Steigerung für zulässig erachtet (vgl *Arbeitsentgelt*). 77

Altersversorgung. Unzulässig ist der ausdrückliche Ausschluss von Teilzeitbeschäftigten oder die Aufstellung von Versorgungsvoraussetzungen, die regelmäßig nur Vollzeitkräfte erfüllen können (unter dem Gesichtspunkt der mittelbaren Diskriminierung: BAG 14.10.86 – 3 AZR 66/83, DB 87, 994 – die hiergegen eingelegte Verfassungsbeschwerde ist zurückgewiesen worden: BVerfG 28.9.92 – 1 BvR 496/87, DB 92, 2511; BAG 14.3.89 – 3 AZR 490/87, DB 89, 2336; 20.11.90 – 3 AZR 613/89, DB 91, 1330; vgl auch EuGH 1.3.12 – C-393/10, NZA 12, 313). Unzulässig sind die Handhabung der **Zusatzversorgung im öffentlichen Dienst** (BAG 29.7.92 – 3 AZR 172/92, DB 93, 169), auch der Ausschluss von geringfügig Beschäftigten mit Mehrfachbeschäftigung iSv § 8 Abs 2 SGB IV, die zur SozVPflichtigkeit führt (BAG 16.3.93 – 3 AZR 389/92, DB 93, 1983; 16.1.96 – 3 AZR 767/94, DB 96, 939) und die Regelungen im Hamburger Ruhegeldgesetz (BVerfG 27.11.97 – 1 BvL 12/91, NZA 98, 247). Wirksam ist eine Regelung, die an die RV anknüpft und nicht versicherungspflichtige ArbN ausnimmt (BAG 12.3.96 – 3 AZR 993/94, NZA 96, 939). Gegenstand des Anspruchs des ArbN ist die Verschaffung der Altersversorgung. Ist eine Nachversicherung aufgrund der Satzung des Versorgungswerks nicht möglich, muss der ArbGeb selbst eintreten (BAG 28.7.92 – 3 AZR 35/92, DB 93, 169). Solange die vorgesehene Wartezeit nicht abgelaufen ist, ist der Anspruch allerdings noch nicht entstanden (BAG 27.2.96 – 3 AZR 886/94, DB 96, 1827). Zur Betriebsrentenbemessung nach Einführung der gesetzlichen Teilrente s *Höfer/Preis* DB 92, 2295. Die Altersversorgung kann entsprechend der tatsächlichen Arbeitszeit gekürzt werden (BAG 25.10.94 – 3 AZR 149/94, NZA 95, 730; 28.5.13 – 3 AZR 266/11, BeckRS 2013, 71596); das gilt auch für Abrufarbeit (LAG Düsseldorf 1.6.95 – 5 Sa 255/95, DB 95, 1870). Nicht zu beanstanden ist, auf eine Gesamtversorgung von Teilzeitbeschäftigten die SozVRente auch insoweit anzurechnen, wie sie auf früheren Vollzeitbeschäftigungen beruht (BAG 14.10.98 – 3 AZR 385/97, NZA 99, 874). Auch sog gespaltene Rentenformeln sind im Hinblick auf § 4 Abs 1 S 1 TzBfG nicht zu beanstanden, weil bei Teilzeitbeschäftigten das rentenfähige Einkommen typischerweise unterhalb der Beitragsbemessungsgrenze liegt (BAG 1.12.12 – 3 AZR 588/10, NZA 13, 572). EG-Recht verpflichtet nicht zur Aufstockung einer Altersversorgung um Kindererziehungszeiten (EuGH 13.12.94 – C-297/93, BB 95, 880). Bei versicherungsförmiger Versorgung können Gruppen gebildet werden, zB Vollzeit, Teilzeit oberhalb/unterhalb der Hälfte der regelmäßigen Arbeitszeit (BAG 5.10.93 – 3 AZR 695/92, DB 94, 739). 78

Arbeitgeberdarlehen. Der Ausschluss von Teilzeitbeschäftigten ist unzulässig (BAG 27.7.94 – 10 AZR 538/93, DB 94, 2348). 79

Arbeitszeit. Kann der ArbGeb den ArbN einseitig zur Arbeitsleistung heranziehen, ist er an das Gleichbehandlungsgebot gebunden (Diensteinteilung von Orchestermusikern). Der benachteiligte ArbN hat im fortbestehenden Arbeitsverhältnis keinen Geldanspruch, sondern Anspruch auf bezahlte Freistellung (BAG 3.12.08 – 5 AZR 469/07, NZA-RR 09, 457).

Arbeitszeitverkürzung. Bei Verkürzung der tariflichen regelmäßigen Wochenarbeitszeit der Vollzeitbeschäftigten ist bei gleich bleibender Vergütung der Angestellten oder Zahlung eines Lohnausgleichs für die im Stundenlohn beschäftigten ArbN, Teilzeitbeschäftigten eine Verkürzung ihrer Arbeitszeit anzubieten oder bei gleicher Arbeitszeit die Vergütung im Verhältnis zur Arbeitszeitverkürzung zu erhöhen (BAG 18.12.63 – 4 AZR 89/63, AP Nr 1 zu § 1 TVG Tarifverträge: Lederindustrie). Das gilt auch, wenn vergleichbaren vollbeschäftigten Lehrkräften ein Anspruch auf altersbedingte Pflichtstundenermäßigung zusteht (BAG 3.3.93 – 5 AZR 170/92, DB 93, 2491; 30.9.98 – 5 AZR 18/98, NZA 99, 774). Umgekehrt führt die Anhebung der Pflichtstundenzahl für Vollzeitkräfte zu einer entsprechenden Minderung des Gehaltsanspruchs der Teilzeitbeschäftigten (BAG 17.5.00 – 5 AZR 783/98, NZA 01, 799). Zur Arbeitszeitverkürzung als Belastungsausgleich vgl auch BAG 29.1.92 – 5 AZR 518/90, DB 93, 278. 80

Beihilfe. Eine Kürzung ist unzulässig, wenn sich der Leistungszweck am Bedarf des ArbN orientiert (BAG 25.9.97 – 6 AZR 65/96, NZA 98, 151). Anderes gilt, sofern sie als anlassbezogener Zuschuss zum laufenden Arbeitsentgelt gewährt wird (BAG 19.2.98 – 6 AZR 477/96, BB 98, 1644 [LS]). 81

Bereitschaftsdienst und **Rufbereitschaft** sind zu leisten (vgl BAG 1.12.94 – 6 AZR 501/94, DB 95, 2482). 82

Betriebsrat. Ein **teilzeitbeschäftigtes Betriebsratsmitglied** hat zum Ausgleich für die außerhalb seiner Arbeitszeit erfolgte Teilnahme an einer erforderlichen Schulung (§ 37 Abs 6 BetrVG) Anspruch auf entsprechende bezahlte Arbeitsbefreiung, begrenzt auf die Arbeitszeit eines vollzeitbeschäftigten ArbN (BAG 16.2.05 – 7 ABR 30/04, NZA 05, 936). Das schließt die Bezahlung der Reisezeit 83

402 Teilzeitbeschäftigung

ein, es sei denn, An- und Abfahrt hätten auch bei einer Vollzeitbeschäftigung außerhalb der Arbeitszeit gelegen (BAG 10.11.04 – 7 AZR 131/04, NZA 05, 704). Eine Vereinbarung, wonach die zu vergütende wöchentliche Arbeitszeit eines teilzeitbeschäftigten, von der beruflichen Tätigkeit freigestellten Personalratsmitglied wegen des Umfangs der Personalratstätigkeit für die Dauer der Freistellung von 19,25 Stunden auf 30 Stunden pauschal erhöht wird, ist wegen Verstoßes gegen das Begünstigungsverbot in § 8 BPersVG nach § 134 BGB nichtig (BAG 16.2.05 – 7 ABR 95/04, NZA-RR 05, 556). Die Entscheidung gilt auch für die Auslegung des Begünstigungsverbots in § 78 BetrVG. Vgl auch *Betriebsratsschulung* Rz 23 und *Betriebsratsfreistellung* Rz 25 ff.

84 **Bewährungsaufstieg.** Längere Bewährungszeiten für Teilzeitkräfte sind nur dann gerechtfertigt, wenn die Bewährungszeit das steigende Erfahrungswissen honoriert und bei ihrem Ablauf Vollzeitbeschäftigte über ein nicht unwesentlich größeres Wissen als Teilzeitbeschäftigte verfügen. Eine generell erhöhte persönliche Qualifikation der Vollzeitbeschäftigten genügt nicht (zu § 23a BAT BAG 2.12.92 – 4 AZR 152/92, DB 93, 586 unter Aufgabe von BAG 14.9.88 – 4 AZR 351/88, DB 89, 1425). Vor dem 1.5.85 zurückgelegte Zeiten sind anzurechnen (EuGH 7.2.91 – C-184/89, DB 91, 660; BAG 25.9.91 – 4 AZR 631/90, DB 92, 226). Zum Fallgruppenaufstieg s BAG 9.3.94 – 4 AZR 301/93, DB 94, 2138.

85 **Bildschirmarbeitsplatz.** Zulässig ist die aus arbeitsmedizinischen Gründen erfolgte Beschränkung der Arbeitszeit am Bildschirm von Vollzeitbeschäftigten auf 50 %, der der Teilzeitbeschäftigten auf 75 % (BAG 9.2.89 – 6 AZR 174/87, DB 89, 1424).

86 **Eingruppierung.** TeilzeitArbN, auch geringfügig Beschäftigte iSv § 8 Abs 1 SGB IV, sind in bestehende Tarifentgeltsysteme einzugruppieren (BAG 18.6.91 – 1 ABR 60/90, DB 91, 2140; vgl auch *Eingruppierung* Rz 4).

87 **Entgeltfortzahlung im Krankheitsfall** wird seit 1.6.94 einheitlich für alle ArbNGruppen durch das EFZG geregelt.

88 **Feiertagsvergütung.** Fällt infolge des Feiertages die Arbeit aus, ist Feiertagsvergütung zu zahlen; ausgefallene Arbeitszeit ist weder vor- noch nachzuholen. Für Arbeiten am Feiertag sind die betriebsüblichen Zuschläge zu zahlen. Vgl *Entgeltfortzahlung* Rz 23.

89 **Freistellung** können Teilzeitbeschäftigte, deren Arbeitszeit um 12.00 Uhr endet, nicht zusätzlich verlangen, wenn der ArbGeb allen ArbN vor einem besonderen Feiertag ab 12.00 Uhr freigibt (BAG 26.5.93 – 5 AZR 184/92, DB 94, 99).

Funktionszulagen können zeitanteilig gekürzt werden (BAG 17.4.96 – 10 AZR 617/95, NZA 97, 324; 18.3.09 – 10 AZR 338/08, BeckRS 2009, 62106).

90 **Gesundheitsschutz** s oben Bildschirmarbeitsplatz.

91 **Gleitzeit.** Betriebsvereinbarungen, deren persönlicher Geltungsbereich sich auf Vollzeitbeschäftigte beschränkt, können gegen das Verbot mittelbarer Diskriminierung verstoßen, wenn Teilzeitkräfte durch sie tatsächlich von der Teilnahme an der gleitenden Arbeitszeit ferngehalten werden (LAG Frankfurt 10.11.89 – 13 Sa 255/89, DB 91, 918).

92 **Jubiläumszahlung.** Unzulässig war die Regelung des § 39 Abs 1 Unterabsatz 3 Satz 2 BAT aF, wonach nichtvollbeschäftigte ArbN die Leistung zeitanteilig erhielten, obwohl die Höhe der Leistung weder von der Verdiensthöhe, Art und Weise sowie Wertigkeit des Dienstes abhängig und in die zu berücksichtigende Dienstzeit auch Ruhenszeiten einbezogen werden (BAG 22.5.96 – 10 AZR 618/95, DB 96, 1783). Eine betriebliche Regelung, nach der sich die Höhe der Zuwendung auch nach dem Umfang der Tätigkeit während der Betriebszugehörigkeit bemisst, ist dagegen nicht zu beanstanden (BAG 13.12.2000 – 10 AZR 383/99, BeckRS 2000, 30985644).

93 **Kündigungsschutz** greift unabhängig von der Dauer der Arbeitszeit und der tatsächlichen Beschäftigung nach Ablauf der Wartezeit von sechs Monaten ein (§ 1 KSchG). Nimmt ein geringfügig Teilzeitbeschäftigter eine weitere Tätigkeit mit der Folge der SozVPflichtigkeit auf, kann hierauf eine Kündigung regelmäßig nicht gestützt werden (vgl hierzu ArbG Bonn 8.1.93 – 4 Ca 2365/92, DB 93, 1148). Die Wartezeit für eine **tarifliche Unkündbarkeit** darf nicht länger sein als für Vollzeitbeschäftigte (BAG 13.3.97 – 2 AZR 175/96, NZA 97, 842).

Lehrer. Eine teilzeitbeschäftigte Lehrkraft, die anlässlich einer ganztägigen Klassenfahrt wie eine Vollzeitkraft arbeitet, hat Anspruch auf entsprechende Arbeitsbefreiung unter Fortzahlung der Vergütung oder auf zusätzliche anteilige Vergütung (BAG 25.5.05 – 5 AZR 566/04, NZA 05, 981). Dagegen hat das BVerwG für beamtete Lehrkräfte einen Anspruch auf zusätzliche Besoldung verneint (BVerwG 23.9.04 – 2 CCR 61/03, DVBl 05, 453). Teilzeitbeschäftigte Lehrer sind verpflichtet, Weisungen zur Teilnahme an Konferenzen Folge zu leisten (LAG Hamm 27.1.11 – 17 Sa 1365/10, BeckRS 2001, 69911).

94 **Lohnerhöhung.** Nichtig ist eine tarifliche Regelung, durch die Teilzeitbeschäftigte von einer Lohnerhöhung ausgenommen sind, auf die vollzeitbeschäftigte ArbN nach Vollendung des 40. Lebensjahres und einer Dienstzeit von 15 Jahren Anspruch haben (BAG 5.11.92 – 6 AZR 420/91, NZA 93, 511 zu § 10 TVArb Bundespost).

95 **Mehrarbeits-/Überstundenzuschläge.** Tarifliche Regelungen, die den Zuschlag an die Überschreitung der regelmäßigen betrieblichen/tariflichen Arbeitszeit knüpfen, sind wirksam (ständige Rspr im

Teilzeitbeschäftigung 402

Anschluss an BAG 20.6.95 – 3 AZR 539/93, DB 96, 685 und 687; 25.7.96 – 6 AZR 138/94, NZA 97, 774; EuGH 15.12.94 – C-399/92, DB 95, 49). Die Grundvergütung muss gleich hoch sein (BAG 21.4.99 – 5 AZR 200/98, NZA 99, 939). § 34 Abs 1 BAT-O verstößt dementsprechend gegen das Benachteiligungsverbot des § 4 Abs 1 TzBfG, soweit Urlaubsgeld, Zuwendung und vermögenswirksame Leistungen bei der Ermittlung der Stundenvergütung unberücksichtigt bleiben (BAG 24.9.08 – 6 AZR 657/07, NZA-RR 09, 221).

Nebenberufliche Tätigkeit ist kein Grund zur schlechteren Bezahlung (BAG 1.11.95 – 5 AZR **96** 84/94, DB 96, 1285; 9.10.96 – 5 AZR 338/95, NZA 97, 728). Das gilt auch dann, wenn der ArbN aufgrund seiner früheren hauptberuflichen Tätigkeit Altersruhegeld bezieht (BAG 1.11.95 – 5 AZR 84/94, DB 96, 1287). Verfassungsrechtliche Bedenken sollen allerdings nach BVerfG (18.2.93 – 1 BvR 1594/92, NZA 93, 741) nicht bestehen. Vgl auch *Nebentätigkeit* Rz 2.

Nebentätigkeit. Ihre Ausübung ist nach § 11 BAT (jetzt: § 3 TVöD/TdL) genehmigungspflichtig **97** (BAG 30.5.96 – 6 AZR 537/95, NZA 97, 145).

Ortszuschlag. Kürzungen entsprechend der Dauer der Arbeitszeit sind zulässig (BAG 19.10.10 – 6 AZR 305/09, NZA-RR 11, 159); das gilt auch bei Altersteilzeit (BAG 24.6.04 – 6 AZR 389/03, BeckRS 2004, 30342770).

Pauschalsteuer. § 40a EStG stellt keinen sachlichen Grund dar, geringfügig Beschäftigte aus einem **98** Tarifvertrag auszunehmen (LAG Düsseldorf 26.4.93 – 4 Sa 980/92, AiB 93, 578).

Pflegezulage. Zeitanteilige Zahlung ist zulässig, weil die Zulage die arbeitszeitabhängigen besonderen **99** Anforderungen an die Arbeit abgilt (BAG 10.2.99 – 10 AZR 711/97, NZA 99, 1001).

Qualifikation. Nicht zu beanstanden ist es, wenn die unterschiedliche Vergütung an den Nachweis **100** erfolgreich abgeschlossener Prüfungen anknüpft (Musikschullehrer s LAG Hamm 19.12.91 – 17 Sa 1365/91, BB 92, 858). Voraussetzung ist, dass auch der Tarifvertrag entsprechend differenziert (BAG 16.6.93 – 4 AZR 317/92, DB 93, 2288).

Soziale Lage rechtfertigt eine Ungleichbehandlung dann, wenn die Leistung des ArbGeb sich an dieser **101** Zweckbestimmung orientiert. Das kann zB der Fall sein bei der Vergabe von Werkswohnungen (s *Dienstwohnung* Rz 1 ff).

Sozialpläne können regeln, dass in Fällen, in denen sich die individuelle Arbeitszeit in der näheren **102** Vergangenheit wesentlich geändert hat, nicht das letzte Entgelt, sondern eine die gesamte Betriebszugehörigkeit einbeziehende Durchschnittsberechnung maßgeblich ist (BAG 22.9.09 – 1 AZR 316/08, BB 10, 614).

Sozialzulage. Sollen teilzeitbeschäftigte ArbN eine tarifliche Leistung, die sich allein am Familienstand und der Kinderzahl orientiert, nur anteilig entsprechend ihrer Arbeitszeit erhalten, muss dies ausdrücklich bestimmt sein (BAG 7.10.92 – 10 AZR 51/91, DB 93, 891 zu Tarifvertrag Einzelhandel BaWü).

Spätarbeits- und Nachtarbeitszuschläge, die VollzeitArbN erhalten, stehen auch TeilzeitArbN zu; **103** eine entgegenstehende Tarifregelung ist nichtig (BAG 15.12.98 – 3 AZR 239/97, NZA 99, 882; BAG 24.9.03 – 10 AZR 675/02; NZA 04, 611).

Studenten in Teilzeit. Nach Hess LAG (10.3.94 – 3 Sa 799/93, BB 94, 2493) ist die Befreiung von **104** der gesetzlichen RV kein Grund zum Ausschluss aus einer betrieblichen Altersversorgung. Zeitzuschläge für Sonn-, Feiertags- und Nachtarbeit sind zu zahlen (ArbG Marburg 2.9.94 – 2 Ca 914/93, DB 95, 1468). Der Ausschluss von tariflichen Leistungen ist verfassungswidrig (BAG 28.3.96 – 6 AZR 501/95, NZA 96, 1280; BAG 12.6.96 – 5 AZR 960/94, NZA 97, 191).

Übergangsgeld. Der Ausschluss aller oder einer Gruppe von Teilzeitbeschäftigten ist unzulässig (zu **105** § 62 BAT EuGH 27.6.90 – C-33/89, DB 91, 100). Vgl auch *Übergangsgeld/Überbrückungsgeld* Rz 1 ff.

Unkündbarkeit tritt für Teilzeitbeschäftigte nach derselben Beschäftigungszeit wie für Vollzeitbeschäf- **106** tigte ein (BAG 13.3.97 – 2 AZR 175/96, NZA 97, 842; BAG 18.9.97 – 2 AZR 592/96, NZA 98, 153).

Urlaub. Teilzeitbeschäftigte haben Anspruch auf denselben Erholungsurlaub wie die Vollzeitbeschäftig- **107** ten. Arbeiten sie nicht an jedem Arbeitstag/Woche sind zur Ermittlung der Urlaubsdauer die Arbeitstage rechnerisch in Beziehung zum Vollzeitarbeitsverhältnis zu setzen: **Beispiel: Vollzeit** 5 Tage, **Teilzeit** 3 Tage; Urlaubstage 30 **Arbeitstage**; $30 : 5 \times 3 = 18$ Urlaubstage (BAG 14.2.91 – 8 AZR 97/90, DB 91, 1987). Vgl *Urlaubsdauer* Rz 5 ff. Steht dem Teilzeitbeschäftigten aus der zuvor ausgeübten Vollzeitbeschäftigung noch ein Urlaubsanspruch zu, so darf dieser nach dem Übergang in die Teilzeitbeschäftigung nicht – entsprechend der bisherigen Rspr des BAG (vgl BAG 28.4.98 – 9 AZR 314/97, NZA 99, 156) – verhältnismäßig gekürzt werden (EuGH 13.6.13 – C-415/10, NZA 13, 775).

Urlaubsentgelt ist für beide ArbNGruppen einheitlich zu berechnen (BAG 24.10.89 – 8 AZR 5/89, **108** DB 90, 1040); s *Urlaubsentgelt* Rz 10, 11.

Urlaubsgeld ist entsprechend dem Anteil der Arbeitszeit zu zahlen (vgl auch LAG Bln-Bbg 24.11.11 – **109** 18 Sa 1469/11, BeckRS 2012, 67809, nrkr). Sieht ein Tarifvertrag ein pauschales Urlaubsgeld vor, dessen Höhe nicht vom Verdienst des ArbN abhängig ist, so ist das Urlaubsgeld zeitanteilig jedenfalls dann zu zahlen, wenn der Umfang der nebenberuflichen Tätigkeit es ausschließt, dass der ArbN in einem Hauptarbeitsverhältnis die ungekürzte tarifliche Leistung erhält (BAG 15.11.90 – 8 AZR 283/89, DB 91, 865). S *Urlaubsentgelt* Rz 10.

110 **Verringerung der Arbeitszeit.** Eine Tarifvorschrift ist nichtig, wenn sie nur Vollzeitbeschäftigten und nicht auch Teilzeitbeschäftigten einen Anspruch auf Arbeitszeitverringerung aus familiären Gründen einräumt (BAG 18.3.03 – 9 AZR 126/02, BeckRS 2003, 41756).

111 **Wechselschichtzulage.** Im öffentlichen Dienst (§ 8 TVöD/TdL) besteht Anspruch auf die tarifliche Schicht- und Wechselschichtzulage pro rata temporis (BAG 24.9.08 – 10 AZR 634/07, NZA 08, 1422). Zulässig ist, Freischichten, die Vollzeitbeschäftigte wegen der besonderen Belastung durch Wechselschicht erhalten, den nicht ebenso betroffenen Teilzeitmitarbeitern zu verwehren (LAG Köln 10.1.92 – 13 Sa 767/91, DB 92, 692; BAG 11.3.93 – 6 AZR 96, 92, ZTR 94, 211). Unzulässig die anteilige Kürzung gem § 34 Abs 2 BAT (BAG 23.6.93 – 10 AZR 127/92, DB 93, 2188).

112 **Weihnachtsgeld** ist zeitanteilig zu zahlen (BAG 24.5.2000 – 10 AZR 629/99, NZA 01, 216); eine für alle ArbN einheitlich geltende Kürzung durch eine tarifliche Regelung ist insoweit unwirksam.

113 **Wochenenddienst.** Das BAG bejaht die Befugnis des ArbGeb, Teilzeitbeschäftigte zur gleichen Zahl von Wochenenddiensten wie Vollzeitbeschäftigte heranzuziehen. Es hat offen gelassen, ob die wöchentliche Arbeitszeit beider ArbNGruppen im gleichen Verhältnis zu verteilen ist (BAG 1.12.94 – 6 AZR 501/94, NZA 95, 590).

B. Lohnsteuerrecht *Seidel*

114 **1. Allgemeines.** Teilzeitbeschäftigte ArbN unterliegen mit ihrem Arbeitslohn der LSt nach den allgemeinen Vorschriften (s *Lohnabzugsverfahren* Rz 2 ff; *Lohnsteuerabzugsmerkmale* Rz 8 ff; *Lohnsteuerabführung* Rz 2 ff). Zu den Voraussetzungen bei **geringfügiger Beschäftigung** s *Geringfügige Beschäftigung* Rz 20 ff. Bei **kurzfristiger Beschäftigung** ist eine Pauschalierung mit 25 % möglich (Näheres s *Aushilfskräfte* Rz 22 ff). Bei Aushilfen in der **Land- und Forstwirtschaft** beträgt der Pauschsteuersatz 5 % (Näheres s *Aushilfskräfte* Rz 27 ff). Zur Erhebung der KiSt in den Pauschalierungsfällen s *Kirchenlohnsteuer* Rz 17 ff. Die für **kurzfristig und in der Land- und Forstwirtschaft** beschäftigten ArbN geltenden Grundsätze der LStPauschalierung werden im Folgenden dargestellt. Die jeweiligen besonderen Voraussetzungen bei den einzelnen Arten der Teilzeitbeschäftigung sind unter den oben genannten Stichwörtern zu finden. Zum SolZ s *Solidaritätszuschlag* Rz 5. Bei Zahlung einer Vergütung während des Sabbaticals (s oben Rz 71, 72); s *Arbeitszeitmodelle* Rz 17.

115 **2. Pauschale Lohnsteuer. a) Pauschalierung.** Diese steht im Ermessen des ArbGeb. Eines besonderen Antrags oder der ausdrücklichen Zustimmung des FA bedarf es hier nicht. Liegen die gesetzlichen Voraussetzungen vor, hat das FA auch nicht die Möglichkeit, die Pauschalierung insoweit zu untersagen, als die Pauschalsteuer offensichtlich von der nach den allgemeinen Vorschriften zu erhebenden LSt abweicht. Der ArbGeb muss die Pauschalierung nicht bei allen in Betracht kommenden ArbN durchführen (BFH 20.11.08 – VI R 4/06, DStR 09, 263). Unerheblich ist im Steuerrecht, ob der ArbN noch aus einem anderen Dienstverhältnis Bezüge hat (LStR 40a.1 Abs 1 Satz 3). Ist er allerdings bei demselben ArbGeb bereits in einem (ersten) Arbeitsverhältnis tätig, sind die Bezüge zusammenzurechnen und einheitlich der LSt zu unterwerfen. Eine Aufteilung in ein pauschal besteuertes Arbeitsverhältnis und ein dem normalen LStAbzug unterworfenes Arbeitsverhältnis ist nicht zulässig (§ 40a Abs 4 Nr 2 EStG). Zu einer weiteren Ausnahme neben der geringfügigen Beschäftigung (*Geringfügige Beschäftigung* Rz 22) s *Mehrfachbeschäftigung* Rz 10.

Der Übergang vom normalen LStAbzug zur LStPauschalierung bei Teilzeitbeschäftigung (§ 40a EStG) oder umgekehrt während eines Kj ist als **Gestaltungsmissbrauch** (§ 42 AO) zu beurteilen, wenn dieser Wechsel allein zum Ziel hat, durch Ausnutzung der mit Lohneinkünften zusammenhängenden Frei- und Pauschbeträge der Besteuerung eines Teils des Lohnes zu entgehen (BFH 20.12.91, BStBl II 92, 695). Die Pauschalierung nach § 40a EStG schließt den Werbungskostenabzug der mit diesen Einnahmen zusammenhängenden Aufwendungen beim ArbN aus (LStR 40a.1 Abs 1 Satz 5). Der ArbGeb hat die pauschale LSt als Steuerschuldner zu übernehmen. Der pauschal besteuerte Arbeitslohn und die pauschale LSt bleiben bei der EStVeranlagung außer Ansatz (s auch *Antragsveranlagung* Rz 2 ff) außer Ansatz. Die pauschale LSt ist weder auf die ESt noch die Jahreslohnsteuer anzurechnen (§ 40a Abs 5 iVm § 40 Abs 3 EStG; s auch *Lohnsteuerpauschalierung* Rz 5). Unzulässig ist die Pauschalierung, wenn der Arbeitslohn 12 € durchschnittlich je Arbeitsstunde übersteigt (§ 40a Abs 4 Nr 1 EStG). Wird der Arbeitslohn für kürzere Zeiteinheiten als 60 Minuten gezahlt, ist er zur

Prüfung der Pauschalierungsgrenze umzurechnen. Die auf den Lohnzahlungszeitraum entfallende LStPauschalierungsschuld entsteht mit Ablauf des Lohnzahlungszeitraums, auflösend bedingt durch eine Überschreitung der Pauschalierungsgrenzen (BFH 21.7.89, BStBl II 89, 1032). Außer Betracht bei der Prüfung der Pauschalierungsgrenzen bleiben pauschal besteuerte Bezüge nach § 40 Abs 2 Satz 2 EStG (Fahrten zwischen Wohnung und Arbeitsstätte; s hierzu *Lohnsteuerpauschalierung* Rz 38, 39).

b) Bemessungsgrundlage der pauschalen LSt ist stets der ausgezahlte **Nettolohn**. Die **116** Pauschalsteuer ist nicht hinzuzurechnen. Ist der ArbN aber gegenüber dem ArbGeb im Innenverhältnis verpflichtet, die LSt zu tragen, was bürgerlichrechtlich zulässig ist, gehören diese vom ArbN übernommenen Beträge zur Bemessungsgrundlage (§ 40 Abs 3 Satz 2 EStG; s auch *Schmidt/Krüger* § 40a Rz 4; *Heuermann/Wagner* Teil H Rz 44). Bei der Prüfung der Lohngrenzen sind **Zukunftssicherungsleistungen** iSd § 40b EStG (s *Lohnsteuerpauschalierung* Rz 41 ff) und ein- oder mehrmalige Sonderzuwendungen zu berücksichtigen (BFH 13.1.89, BStBl II 89, 1030). **Sonderzahlungen,** zB Weihnachtsgeld oder Urlaubsgeld, sind rechnerisch auf die Lohnzahlungszeiträume zu verteilen, für die sie erbracht werden (BFH 21.7.89, BStBl II 89, 1032). Es ist daher zB bei der Zahlung von Weihnachtsgeld zu berücksichtigen, dass dadurch eine an sich zulässige Pauschalierung der LSt unzulässig werden kann. Die für Teilzeitbeschäftigte entrichteten SozVBeiträge sind nicht Teil des Arbeitslohns iSd § 40a EStG (FG Hbg 16.6.81, EFG 82, 100). Steuerfreie Einnahmen (s *Steuerfreie Einnahmen* Rz 5 ff) bleiben ebenfalls außer Betracht (LStR 40a.1 Abs 4 Satz 2; aA *Schmidt/Krüger* § 40a Rz 3, soweit es sich in Wirklichkeit um Werbungskostenersatz handelt).

c) Für die **Erhebung** der Pauschalsteuer, eines etwaigen Säumniszuschlags und das Mahn- **117** verfahren ist die Deutsche RV Knappschaft-Bahn-See zuständig (§ 40a Abs 6 EStG).

d) Aufzeichnungspflichten ergeben sich aus § 41 Abs 1 Satz 8 EStG iVm § 4 Abs 2 **118** Nr 8 LStDV (s auch *Lohnkonto* Rz 11). Neben dem Namen und der Anschrift genügt es, wenn der ArbGeb für den einzelnen ArbN die Dauer der Beschäftigung sowie den Tag der Zahlung und die Höhe des Arbeitslohns aufzeichnet. Dabei ist als Beschäftigungsdauer jeweils die Zahl der tatsächlich geleisteten Arbeitsstunden in den jeweiligen Lohnzahlungs- und Lohnabrechnungszeiträumen aufzuzeichnen (BFH 10.9.76, BStBl II 77, 17). Diese Aufzeichnungen dienen dem Nachweis der Voraussetzungen für die Pauschalierung, sind aber keine materiellrechtliche Voraussetzung hierfür. Die Voraussetzungen können auch auf andere Art nachgewiesen werden (BFH 12.6.86, BStBl II 86, 681).

e) Fehlerhafte Pauschalierung. Die Nachversteuerung, zB bei Nichtbeachtung der **119** Pauschalierungsgrenzen oder bei fehlendem Nachweis der Voraussetzungen erfolgt nach den allgemeinen Vorschriften, ggf auch im Wege der Schätzung, wobei der ArbGeb, aber auch der ArbN in Anspruch genommen werden kann (Näheres s *Lohnsteuerhaftung* Rz 16–28). Möglicherweise kann auch eine Pauschalierung nach § 40 Abs 1 Nr 1 EStG (Nacherhebung in einer größeren Zahl von Fällen) in Betracht kommen (s *Lohnsteuerpauschalierung* Rz 19 ff). Für die Überprüfung der Einhaltung der lohnsteuerrechtlichen Bestimmungen ist das BetriebsstättenFA zuständig. Das ggf andere WohnsitzFA ist an die Entscheidungen im Pauschalierungsverfahren nicht gebunden und kann daher bei der ESt-Veranlagung des ArbN die Zulässigkeit der Pauschalierung überprüfen (BFH 13.1.89, BStBl II 89, 1030).

C. Sozialversicherungsrecht *Voelzke*

1. Allgemeines. Das Vorliegen einer Teilzeitbeschäftigung steht der Annahme eines die **120** SozVPflicht begründenden Beschäftigungsverhältnisses (§ 7 SGB IV) nicht entgegen, da dessen Bestand nicht von der Einhaltung einer Mindestarbeitszeit abhängt. Bei Erfüllung der hierfür erforderlichen Voraussetzungen (vgl *Arbeitnehmer (Begriff)* Rz 51 ff) steht auch der Teilzeitarbeitende in einem **Beschäftigungsverhältnis**. Die Versicherungspflicht in den einzelnen Zweigen der SozV hängt damit lediglich von deren besonderen Voraussetzungen ab. Allerdings wirkt sich der Umfang der ausgeübten Beschäftigung und des daraus erzielten Entgelts auf den Umfang des versicherten Schutzes aus (vgl zu den Auswirkungen der Teilzeitarbeit auf den Schutz in der SozV *Husmann* SGb 02, 22; *Marschner* DB 04, 1206). Änderungen im Bereich der Geringfügigkeitstatbestände haben sich durch das Gesetz zu Änderungen im Bereich der geringfügigen Beschäftigung vom 5.12.12 (BGBl I 12, 2474) ergeben. Seit dem 1.1.13 wurde die Entgeltgrenze von 400 € auf 450 € und die Gleitzone des § 20 Abs 2 SGB IV auf den Bereich von 450,01 € bis 850 € verschoben (Näheres: *Geringfügige Beschäftigung*). Zu den sozialversicherungsrechtlichen Besonderheiten der unterschiedlichen Arbeitszeitmodelle s *Arbeitszeitmodelle*.

121 **2. Krankenversicherung.** Für die Versicherungspflicht in der KV ist entscheidend, ob eine geringfügige Beschäftigung (s *Geringfügige Beschäftigung* Rz 26 ff; vgl auch *Boecken* NZA 99, 393) ausgeübt wird, die gem § 7 SGB V zur Versicherungsfreiheit führt. Zu beachten ist, dass bei der Geringfügigkeitsprüfung mehrere geringfügige Beschäftigungen zusammenzuzählen sind (§ 8 Abs 2 SGB IV). Bei der Zusammenrechnung von Hauptbeschäftigung und geringfügiger Nebenbeschäftigung folgt § 8 Abs 2 Satz 1 SGB IV (idF des Zweiten Gesetzes für moderne Dienstleistungen am Arbeitsmarkt) ab 1.4.03 einem neuen Konzept, weil „eine geringfügige Beschäftigung" nach § 8 Abs 1 Nr 1 SGB IV der Zusammenrechnung mit der Hauptbeschäftigung ausgenommen wird. Neu ist ferner, dass die Versicherungspflicht infolge einer Zusammenrechnung von Beschäftigungen nach § 8 Abs 2 Satz 3 SGB IV erst mit der Bekanntgabe der Feststellung durch die Einzugsstelle oder einen Träger der RV eintritt (Näheres *Geringfügige Beschäftigung*). Eine rückwirkende Zusammenrechnung hat nach § 8 Abs 2 Satz 4 SGB IV (eingefügt durch das Gesetz vom 21.12.08, BGBl I 08, 2933) zu erfolgen, wenn der ArbGeb vorsätzlich oder grob fahrlässig versäumt hat, den Sachverhalt für die versicherungsrechtliche Beurteilung der Beschäftigung aufzuklären.

122 In bestimmten Fällen führt die Geringfügigkeit der Beschäftigung nicht zur KVFreiheit. Zu nennen sind hier Beschäftigungen im Rahmen einer **betrieblichen Berufsbildung** oder nach dem Jugendfreiwilligendienstegesetz oder dem Bundesfreiwilligendienstgesetz (§ 7 Nrn 1–3 SGB V). Ausgenommen ist auch die sog stufenweise Wiedereingliederung in das Erwerbsleben (§ 74 SGB V). Kann ein ArbN nach einer Erkrankung seine bisherige Tätigkeit nach ärztlicher Feststellung nur teilweise verrichten, so bleibt er ohne Rücksicht auf die Höhe des durch die Teilarbeit erzielten Arbeitsentgelts, das auf das Krankengeld angerechnet wird, versichert (KassKomm/*Hess* § 74 SGB V Rz 3; vgl aber auch *Schlegel/Voelzke/Adolf* SGB V, § 74 Rz 16: mangels Weisungsabhängigkeit kein Beschäftigungsverhältnis).

123 Eine Sonderregelung enthält § 8 Abs 1 Nr 3 SGB V für den **Übergang zu einer Teilzeitbeschäftigung.** War der ArbN wegen der Höhe seines Verdienstes mindestens fünf Jahre in der KV versicherungsfrei, so bleibt die Versicherungsfreiheit auf Antrag erhalten, wenn seine Arbeitszeit auf die Hälfte oder weniger als die Hälfte der regelmäßigen Wochenarbeitszeit vergleichbarer Vollbeschäftigter des Betriebes herabgesetzt wird. Entsprechendes gilt, wenn im Anschluss an das bisherige Beschäftigungsverhältnis bei einem anderen ArbGeb ein Beschäftigungsverhältnis aufgenommen wird. Das neue Beschäftigungsverhältnis muss sich unmittelbar anschließen, jedoch ist eine einmonatige Freistellung ohne Arbeitsentgelt unbeachtlich (*Schlegel/Voelzke/Hampel* SGB V, § 8 Rz 71).

124 Der bei anderweitiger gesetzlicher KV für geringfügig Beschäftigte vom ArbGeb nach § 249b SGB V zu entrichtende **Pauschalbeitrag** in der KV beträgt 13 vH des Arbeitsentgelts. Geringere Pauschalbeiträge gelten für in Privathaushalten Beschäftigte (Näheres: *Geringfügige Beschäftigung*).

125 Die Sach- und Dienstleistungen der gesetzlichen KV werden unabhängig von der Beitragshöhe gewährt. Hingegen bestimmt sich die Höhe des **Krankengeldes** nach dem der Beitragsberechnung unterliegenden Arbeitsentgelt oder Arbeitseinkommen (§ 47 SGB V; Näheres: *Krankengeld* Rz 24–29). Daher folgt aus einem Übergang zu Teilzeitarbeit im Versicherungsfall auch ein geringeres Krankengeld. Erkrankt der ArbN bei dem Übergang von Voll- zur Teilzeitarbeit und nimmt er die Teilzeitarbeit nicht auf, so wird bei der Berechnung des Krankengeldes das Arbeitsentgelt aus der Vollzeitbeschäftigung berücksichtigt (BSG 25.6.91 – 1/3 RK 6/90, NZA 92, 142). Bei nicht kontinuierlicher Arbeitsverrichtung und -vergütung kann die Satzung der Krankenkasse abweichende Bestimmungen zur Zahlung und Berechnung des Krankengeldes vorsehen, wenn diese sicherstellen, dass das Krankengeld seine Entgeltersatzfunktion erfüllt (§ 47 Abs 3 SGB V).

126 **3. Rentenversicherung.** Seit dem 1.1.13 führen entgeltgeringfügige Beschäftigungen in der RV nicht mehr zur Versicherungsfreiheit. Der geringfügig Beschäftigte ist rentenversicherungspflichtig, kann sich jedoch in einem vereinfachten Befreiungsverfahren von der Versicherungspflicht befreien lassen. In schutzwürdigen Fällen wird Bestandsschutz durch Übergangsrecht gewährleistet (Näheres: *Geringfügige Beschäftigung*).

Der ArbGeb eines von der Versicherungspflicht befreiten geringfügig entlohnten Beschäftigten hat einen **Pauschalbeitrag** zur RV iHv 15% des Arbeitsverdienstes aus dieser Beschäftigung zu zahlen. Voraussetzung für die Verpflichtung zur Zahlung des Pauschalbeitrages ist, dass der geringfügig Beschäftigte in der geringfügigen Beschäftigung rentenversicherungsfrei, von der RVPflicht befreit oder als Person nach § 5 Abs 4 SGB VI rentenversicherungsfrei sind (§ 172 Abs 3 SGB VI). 127

4. Arbeitslosenversicherung. Das AFRG hatte bereits mit Wirkung vom 1.4.97 die zuvor in der ArblV bestehende Besonderheit der Kurzzeitigkeitsgrenze (Arbeitszeit von 18 Stunden wöchentlich) beseitigt. Nunmehr bestimmt § 27 Abs 2 Satz 1 SGB III, dass ArbN in einer **geringfügigen Beschäftigung** iSd § 8 SGB IV versicherungsfrei sind. Ferner werden mehrere geringfügige Beschäftigungen seither zusammengerechnet. In der ArblV werden hingegen eine nicht geringfügige Beschäftigung (Hauptbeschäftigung) und geringfügig entlohnte Beschäftigungen nicht zusammengerechnet. Eine geringfügige Beschäftigung neben einer Hauptbeschäftigung begründet somit keine Versicherungspflicht in der ArblV. Ausgenommen von der Versicherungsfreiheit sind nach § 27 Abs 2 Satz 2 SGB III auch in der ArblV Personen, die im Rahmen betrieblicher Berufsbildung, nach dem Jugendfreiwilligendienstegesetzes oder dem Bundesfreiwilligendienstgesetz, wegen des Bezuges von Kurzarbeitergeld, wegen stufenweiser Wiedereingliederung in das Erwerbsleben oder wegen Arbeitsunfähigkeit usw geringfügig beschäftigt sind. 128

Die Aufgabe der besonderen Kurzzeitigkeitsgrenze hat auch Auswirkungen auf den Begriff der **Arbeitslosigkeit,** da nunmehr nur noch die Ausübung einer Beschäftigung von weniger als 15 Stunden der Arbeitslosigkeit als Voraussetzung für den Anspruch auf AlGeld und weiterer Leistungen der ArblV nicht entgegensteht. Das **Teilzeitprivileg** beim Bezug von AlGeld ist durch das Dritte Gesetz für moderne Dienstleistungen am Arbeitsmarkt erweitert worden (§ 139 Abs 4 SGB III). Damit wollte der Gesetzgeber aus arbeitsmarktpolitischen Gesichtspunkten sinnvolle Teilzeitarbeit fördern (BT-Drs 15/1515 S 83). Nach dem ab 1.1.05 geltenden Recht schließt die Bereitschaft, nur Teilzeitbeschäftigungen auszuüben, die Verfügbarkeit nicht aus. Allerdings muss die Teilzeitbeschäftigung mindestens 15 Stunden wöchentlich umfassen und versicherungspflichtig sein sowie den Bedingungen des in Betracht kommenden Arbeitsmarktes entsprechen. Der Arbeitslose darf seine Arbeitsbereitschaft nicht aus Anlass eines konkreten Arbeits- und Maßnahmeangebots einschränken. Bei der Bemessung des AlGelds können sich Nachteile insofern ergeben, als die Leistung im Anschluss an eine zweijährige Teilzeitarbeit nicht mehr nach einem davor erzielten Arbeitsentgelt aus einer Vollzeitbeschäftigung bemessen wird (BSG 6.5.09 – B 11 AL 7/08 R, BeckRS 2009, 72945). 129

Der soziale Schutz von teilzeitbeschäftigten ArbN wurde durch die Einführung eines **Teilarbeitslosengeldes** (§ 162 SGB III; Näheres: *Arbeitslosengeld*), das bei Wegfall eines von mehreren Beschäftigungsverhältnissen zu gewähren ist, verbessert (s den Überblick über die AlGeldAnsprüche Teilzeitbeschäftigter nach dem SGB III bei *Ricken* NZS 97, 558). Ein Anspruch auf TeilAlGeld kann auch durch zwei Teilzeitbeschäftigungen bei einem ArbGeb begründet werden (zu den Grenzen der Gestaltungsmöglichkeiten s BSG 6.2.03 – B 7 AL 12/01 R, SGb 03, 480 mit abl Anm *Valgolio*). 130

5. Pflegeversicherung. Aus der KVFreiheit einer geringfügigen Beschäftigung folgt, dass auch in der PflegeV keine Versicherungspflicht besteht. In der PflegeV sind für versicherungsfreie geringfügig entlohnte Beschäftigungen keine Pauschalbeiträge des ArbGeb zu zahlen. 131

6. Unfallversicherung. In der UV sind alle ArbN ohne Rücksicht auf den Umfang der Beschäftigung und die Höhe des Arbeitsentgelts versichert (§ 2 Abs 1 Nr 1 SGB VII). Teilzeitarbeitenden ArbN stehen die Sach- und Dienstleistungen der UV wie Vollzeitkräften zu. Die Lohnersatzleistungen und Rentenzahlungen richten sich nach dem zuletzt erzielten Arbeitsentgelt. Die Verletztenrente errechnet sich auf der Grundlage des Gesamtbetrages aller Arbeitsentgelte und Arbeitseinkommen des Verletzten in den zwölf Kalendermonaten vor Eintritt des Arbeitsunfalles (§ 82 SGB VII). Ist die Zugrundelegung dieses Betrages wegen eines vorübergehenden Übergangs zur Teilzeitbeschäftigung in erheblichem Maße unbillig, so kann gem § 87 SGB VII der JAV nach billigem Ermessen festgestellt werden (vgl zu unbezahltem Urlaub BSG 28.7.82 – 2 RU 47/81, SozR 2200 § 571 Nr 21). 132

Telearbeit

A. Arbeitsrecht *Röller*

1   **1. Begriff.** Telearbeit leistet, wer in selbstgewählter oder in einer vom Arbeit-/Auftraggeber bereitgestellten Arbeitsstätte einfache oder qualifizierte Angestelltentätigkeiten an EDV-Anlagen verrichtet, die durch elektronische Kommunikationsmittel mit dem Betrieb des Arbeit-/Auftraggebers verbunden sind. Sie kann auf der Grundlage von Dienst-, Werk-, oder Werklieferungsverträgen in Freier Mitarbeit, als Heimarbeit oder im Arbeitsverhältnis (AußenArbN) durchgeführt werden. Verschiedene Formen der Telearbeiten lassen sich unterscheiden. Bei der **häuslichen Telearbeit** sind die Beschäftigten ausschließlich in ihrer Wohnung oder an einem anderen, von ihnen selbst eingerichteten Arbeitsplatz tätig. Bei **alternierender Telearbeit** erbringt der Beschäftigte einen Teil seiner Dienstleistung im Betrieb seines Auftraggebers, den anderen Teil an dem selbst eingerichteten Arbeitsplatz. Von Telearbeit in **Satelliten- oder Nachbarschaftsbüros** spricht man, wenn diese in einem ausgelagerten Zweigbüro des Auftraggebers oder in Gemeinschaftsbüros mehrerer Unternehmen verrichtet wird. **Mobile Telearbeit** liegt vor, wenn die Tätigkeit an ständig wechselnden Arbeitsstätten erbracht wird (GK-BetrVG/*Raab* § 5 Rz 44; *Fitting* § 5 Rz 176 ff). Zu Erscheinungsformen und Inhalt s auch *Peter* DB 98, 573; *Schaub* BB 98, 2106; *Wank* NZA 99, 225; *Hohmeister/Küper* NZA 98, 1206.

2   **2. Telearbeit im Arbeitsverhältnis.** ArbN ist der mit Telearbeit Beschäftigte nur dann, wenn er die allgemeinen Voraussetzungen des ArbNBegriffs erfüllt, also unselbstständige, weisungsgebundene Tätigkeit verrichtet und aus diesem Grunde persönlich abhängig ist. Die Neufassung des § 5 BetrVG hat hieran nichts geändert. Die Bestimmung regelt nicht, dass der mit Telearbeit Beschäftigte immer ArbN ist. Sie stellt nur klar, dass es mit dem ArbN-Status vereinbart ist, wenn die Arbeitsleistung außerhalb des Betriebs in Form von Telearbeit erfolgt (GK-BetrVG/*Raab* § 5 Rz 43; *Fitting* § 5 Rz 182).

3   Bei einem **online-Betrieb** liegt nicht zwingend eine ArbNEigenschaft vor. Vielmehr müssen weitere Umstände hinzutreten, aus denen sich eine persönliche Weisungsabhängigkeit ergibt (MünchArbR/*Heenen* § 316 Rz 7). Auch bei einem **offline-Betrieb** hängt die ArbNEigenschaft von der konkreten Ausübung der Tätigkeit ab. Kurze Erledigungsfristen, Bereitschaftsdienst, feste Zeiten für Überspielen der Arbeitsergebnisse in den Betrieb oder Abgabe der Disketten, Anmeldung freier Tage und des Urlaubs, Verpflichtung zur persönlichen Arbeitsleistung etc können für ArbNEigenschaft sprechen (*Fitting* § 5 Rz 204; *Wank* NZA 99, 225). Im Hinblick auf den modernen Stand der Technik ist die Unterscheidung zwischen online-Betrieb und offline-Betrieb allerdings nicht mehr von entscheidender Bedeutung. Wichtiger ist die Bindung der mit Telearbeit Beschäftigten an eine vom ArbGeb vorgegebene Software. Sie kann Weisungsgebundenheit schon über ihre Struktur vermitteln (*Fitting* § 5 Rz 204; *Wank* NZA 99, 225). Dieselben Grundsätze gelten auch für die mobile Telearbeit. Bei ihr ist der Beschäftigte ArbN, wenn er trotz Abwesenheit von der Betriebsstätte über die Telekommunikationseinrichtungen organisatorisch in den Betrieb eingebunden ist (GK-BetrVG/*Raab* § 5 Rz 45). Bei alternierender Telearbeit liegt idR ArbNEigenschaft vor (MünchArbR/*Heenen* § 316 Rz 10), ebenso bei einer Tätigkeit in Satelliten- und Nachbarschaftsbüros, weil der Beschäftigte typischerweise in örtlicher und zeitlicher Hinsicht an die Büros und deren Öffnungszeiten gebunden sind (GK-BetrVG/*Raab* § 5 Rz 45). Ist die persönliche Abhängigkeit nicht gegeben, kann der Telearbeiter nach § 2 Abs 1 HAG Heimarbeiter sein (GK-BetrVG/*Raab* § 5 Rz 46).

4   **3. Telearbeit auf der Grundlage von Dienst- und Werkvertrag.** Für die Prüfung, ob ein Dienst-/Werkvertrag oder ein Arbeitsverhältnis vorliegt, sind die gleichen Maßstäbe anzulegen, wie sie im Zusammenhang mit der Freien Mitarbeit dargestellt worden sind. Maßgebend kommt es darauf an, ob der Auftraggeber des Freien Mitarbeiters auch die für einen ArbGeb typischen Entscheidungen wie in einem Arbeitsverhältnis trifft (BAG 5.5.92, DB 92, 1936; ausführlich s *Freie Mitarbeit* Rz 6; *Werkvertrag* s Rz 2 ff).

Telearbeit 403

Liegt Tätigkeit für einen Auftraggeber auf echter Dienst- oder Werkvertragsbasis vor, kann 5
der Freie Mitarbeiter zugleich selbstständiger Unternehmer, ArbNÄhnliche Person oder in
Heimarbeit Beschäftigter sein. **Arbeitnehmerähnliche Person** ist, wer ohne persönlich
abhängig und damit ArbN zu sein in wirtschaftlicher Abhängigkeit als Freier Mitarbeiter im
wesentlichen ohne Mitarbeit von ArbN tätig und vergleichbar einem ArbN sozial schutzbedürftig ist (s *Arbeitnehmerähnliche Personen* Rz 9). Der Telearbeit für nur einen Auftraggeber
leistende Freie Mitarbeiter wird regelmäßig ArbNÄhnliche Person sein.

In Heimarbeit Beschäftigte sind in der Art und Weise der Erledigung ihrer Aufträge sowie 6
in ihrer Zeiteinteilung weisungsfrei. Sie üben ihre Tätigkeit in einer selbstgewählten Arbeitsstätte aus. Auch höher qualifizierte Telearbeit kann gem § 2 Abs 4 HAG Heimarbeit sein
(MünchArbR/*Heenen* § 316 Rz 13).

4. Betriebsverfassung. Telearbeiter sind ArbN des Betriebs, wenn sie im Rahmen von 7
Arbeitsverhältnissen tätig werden. Zur betriebsverfassungsrechtlichen Zuordnung bei Tele-
arbeit in Satelliten- und Nachbarschaftsbüros (GK-BetrVG/*Raab* § 9 Rz 46; *Fitting* § 5
Rz 188). Die Gestaltung der Teleheimarbeit unterliegt der vollen personellen, sozialen und
wirtschaftlichen Mitbestimmung durch den BRat. Insbesondere sind, soweit kollektiver
Regelungsbedarf besteht, auch die Entgelte der Teleheimarbeiter mit dem BRat im Rahmen
des § 87 Nr 10, 11 BetrVG zu regeln. Etwa vorhandene bindende Festsetzungen für das
Mindestentgelt der Teleheimarbeiter stehen nicht entgegen, soweit das betriebliche Lohnniveau bei vergleichbarer Tätigkeit höher als das Entgelt nach bindender Festsetzung liegt.
Zur Rolle des BRat bei der Einführung und Durchführung von Telearbeit s *Schmeckel* NZA
04, 237.

Auf einen im Ausland tätigen Teleheimarbeiter ist deutsches Betriebsverfassungsrecht 8
anwendbar, wenn sich seine Tätigkeit als „Ausstrahlung" des Inlandsbetriebs darstellt (BAG
7.12.89 – 2 AZR 228/89, DB 90, 992; *Auslandstätigkeit* Rz 14 ff).

B. Lohnsteuerrecht *Windsheimer*

1. Abgrenzung der Telearbeit. a) Selbstständig – nichtselbständig. Ob Telearbeit 12
in selbstständiger oder nichtselbständiger Tätigkeit erbracht wird, entscheidet sich gem § 1
LStDV nach dem Gesamtbild der Verhältnisse (s H 19.0 LStR; *Arbeitnehmer (Begriff)* Rz 29;
Arbeitsvertrag Rz 84 ff). Weisungsgebundenheit und Gestellung der Arbeitsmittel (PC, Fax
uÄ) sprechen für nichtselbständige Tätigkeit; Tätigsein für mehrere Auftraggeber unter
freier Zeiteinteilung spricht für selbstständige Tätigkeit. Die Aufgabe eines bisherigen betrieblichen Arbeitsplatzes unter künftiger „freier Mitarbeit" ist nicht zwingend ein Indiz für
selbstständige Tätigkeit, s *Freie Mitarbeit* Rz 32 ff. Für die Telearbeit als nichtselbständige
Tätigkeit gilt das Folgende.

b) Nichtselbständige Telearbeit. Für die Arbeit am Betriebssitz und am häuslichen 13
Arbeitsplatz stellt der ArbGeb dem ArbN typischerweise die erforderlichen technischen
Arbeitsmittel (PC, Drucker, Faxgerät, spezielles EDV-Mobiliar) zur Verfügung und sorgt ggf
für den Anschluss der Geräte an das Datennetz des Unternehmers (idR über ISDN-
Anschluss; s oben Rz 2, 3). Bleiben die vom ArbGeb gestellten Arbeitsmittel im Eigentum
des Unternehmens und dürfen die Arbeitsmittel ausschließlich für Zwecke der Telearbeit
verwendet werden, erwächst dem ArbN aus der Gestellung kein stpfl geldwerter Vorteil
(s auch *Arbeitsmittel* Rz 5 ff). Auch die Übernahme der Kosten (Einrichtung und laufende)
für den Anschluss an das Datennetz stellt keinen geldwerten Vorteil dar, auch wenn die
private Nutzung des Anschlusses nicht untersagt ist (§ 3 Nr 45 EStG; R 3.45 LStR). Werden
dem ArbN die häuslichen Betriebskosten, also in erster Linie die Stromkosten, für den
Betrieb der Arbeitsmittel (PC, Drucker, Fax) ersetzt, liegt steuerfreier Auslagenersatz vor (§ 3
Nr 50 EStG; s *Aufwendungsersatz* Rz 23 ff; *Internet-/Telefonnutzung* Rz 32 ff).

2. Häusliche Telearbeit. Leistet der ArbN bei in qualitativer Hinsicht gleichwertiger 14
Arbeit, die Telearbeit aufgrund arbeitsrechtlicher Vereinbarung überwiegend im **häuslichen
Arbeitszimmer**, zB drei Tage pro Woche im häuslichen Arbeitszimmer, zwei Tage am
betrieblichen Arbeitsplatz, so ist dort der **Mittelpunkt seiner Tätigkeit** (s *Arbeitszimmer*
Rz 13). Dies gilt auch für Aufwendungen zum Herrichten des häuslichen Telearbeitsplatzes,
wenn erst im Folgejahr die häusliche Telearbeit aufgenommen wird (BFH 23.5.06 –
VI R 21/03, BStBl II 06, 600). Der Umfang der in seinem häuslichen Arbeitszimmer

403 Telearbeit

geleisteten Arbeit spielt keine Rolle. ArbN, bei denen das Arbeitszimmer den Mittelpunkt der beruflichen Tätigkeit bildet, können die Kosten für das Arbeitszimmer unbeschränkt als Werbungskosten abziehen (§ 4 Abs 5 Nr 6b EStG; s *Arbeitszimmer* Rz 13 ff). Zum vollumfänglichen Abzug aufgrund Dienstvereinbarung s *Arbeitszimmer* Rz 10. Bei Kostenersatz durch den ArbGeb (zB Heizung, Beleuchtung) s *Arbeitszimmer* Rz 26; Personalbuch 2013 *Werbungskostenersatz* Rz 6 ff. Gleiches gilt für den Kostenersatz durch den ArbGeb bei Anschaffung von Arbeitsmitteln durch den ArbN (s *Arbeitsmittel* Rz 6), der lohnsteuerpauschaliert werden kann (§ 40 Abs 2 Nr 5 EStG; R 40.2 Abs 5 LStR; *Lohnsteuerpauschalierung* Rz 37). Lohnzuschläge für Telearbeit sind wie der Grundlohn zu behandeln. Mietet der ArbGeb das Arbeitszimmer vom ArbN an, um es ihm zur Verfügung zu stellen, so kann der Mietvertrag anzuerkennen sein (s hierzu *Arbeitszimmer* Rz 27). Aufwendungen für die Anschaffung einer **Brille**, die der Korrektur einer Sehschwäche dient, sind selbst dann nicht als Werbungskosten abziehbar, wenn die Brille ausschließlich am Arbeitsplatz (Bildschirmtätigkeit) getragen wird (BFH 20.7.05 – VI R 50/03, BFH/NV 05, 2185). Soweit der ArbGeb die Kosten der Brille trägt, liegt in der Kostenübernahme kein stpfl Lohn, wenn die Notwendigkeit einer Brille vor deren Anschaffung ärztlich bescheinigt wird (§ 64 EStDV; FinMin Bln 28.9.09 – III B – S 2532 – 10/08, BeckVerw 229849, s auch *Bildschirmarbeitsplatz* Rz 19). Zu Maßnahmen der *Gesundheitsvorsorge* Rz 10 ff. Zu privat angeschafften und finanzierten Geräten s *Internet-/Telefonnutzung* Rz 35; *Arbeitsmittel* Rz 5 ff.

Literaturhinweis: *Wunnemann* NWB 11, 2850.

C. Sozialversicherungsrecht *Voelzke*

15 **1. Einführung.** Die sozialversicherungsrechtliche Stellung von Arbeitskräften, deren Tätigkeit durch Tele- oder Computerarbeit im häuslichen Bereich gekennzeichnet ist, bestimmt sich nach den tatsächlichen Gegebenheiten. Abhängig hiervon kann die Telearbeit als nichtselbstständige Arbeit dem Begriff der Beschäftigung (§ 7 SGB IV) iSd SozVRechts unterfallen; ist von einer selbstständigen Tätigkeit auszugehen, so kann dennoch Versicherungspflicht als Heimarbeiter oder in eingeschränktem Umfang als Hausgewerbetreibender bestehen. Zur Abgrenzung wird in erster Linie auf die technische Ausgestaltung des Arbeitsplatzes und die sich hieraus ergebende Verbindung zum Betrieb abgestellt (vgl *Küfner-Schmitt* SGb 86, 97; *Boemke/Ankersen* BB 00, 1570). Nach Auffassung der SozVTräger ist bei der versicherungs- und beitragsrechtlichen Beurteilung der Telearbeiter auf den Beschäftigungsort (idR der Wohnort des ArbN) abzustellen. Ist der Tele-Arbeitsplatz im Ausland gelegen, so unterliegt der TeleArbN den Vorschriften über die soziale Sicherheit des Staates, in dem sich seine Arbeitsstätte befindet (SozVers 01, 115).

16 **2. Beschäftigung.** Für den Begriff der Beschäftigung iSd § 7 SGB IV ist maßgebend, ob die Arbeit des ArbN in persönlicher Abhängigkeit vom ArbGeb geleistet wird (Näheres: *Arbeitnehmer (Begriff)* Rz 51 ff). Die räumliche Trennung des Arbeitsplatzes des Telearbeiters von der Betriebsstätte des ArbGeb schließt es allein nicht aus, diesen als abhängig Beschäftigten anzusehen. Entscheidend dürfte hier sein, in welcher Weise die konkrete Ausgestaltung des Tele- oder Computerarbeitsplatzes für den ArbGeb **Überwachungs-** und **Kontrollmöglichkeiten** eröffnet. Von einem sozialversicherungsrechtlichen Beschäftigungsverhältnis wird man regelmäßig ausgehen können, wenn durch eine ständige Verbindung mit dem Hauptcomputer des ArbGeb Einfluss auf die Arbeitszeit und die Durchführung der Arbeit genommen wird und der ArbN durch die Leitung in die Betriebsorganisation eingebunden ist (*Schlegel/Voelzke/Segelbrecht* SGB IV § 7 Abs 1 Rz 103 ff). Denn bei einer derartigen Verbindung mit dem Unternehmen ist von einem ausgelagerten Arbeitsplatz auszugehen; die lediglich räumliche Trennung vom Unternehmen steht der Annahme eines Beschäftigungsverhältnisses nicht entgegen.

17 Ergänzend können die allgemeinen Kriterien zur Abgrenzung von nichtselbstständiger Arbeit und selbstständiger Tätigkeit herangezogen werden (zB Urlaubsregelung, konkrete Anweisungen, Finanzierung des Arbeitsplatzes). Zu berücksichtigen ist auch, ob seitens des ArbGeb Rufbereitschaft angeordnet werden kann und ob die Arbeit von dem Betreffenden persönlich erbracht werden muss. Diesen Merkmalen ist insbesondere dann Bedeutung

beizumessen, wenn der Arbeitsplatz lediglich einen **zeitweiligen Zugriff** auf den Hauptcomputer erfordert.

3. Selbstständige Tätigkeit. Fehlt es an der für das Beschäftigungsverhältnis erforderlichen Abhängigkeit vom ArbGeb, weil der Telearbeiter seine Arbeitsleistung ohne konkrete Weisungen des ArbGeb erbringen kann, so kommt dennoch Versicherungspflicht als **Heimarbeiter** in Betracht. Die Heimarbeit (s *Heimarbeit* Rz 53 ff) ist der nichtselbstständigen Arbeit nach der Fiktion des § 12 Abs 2 SGB IV ausdrücklich gleichgestellt. Dem Begriff der Heimarbeit steht es nicht entgegen, dass die Telearbeit als typische Angestelltentätigkeit zu qualifizieren ist. Hingegen wird, soweit insbesondere wegen der Durchführung der Tätigkeit unter Mithilfe fremder Hilfskräfte die Heimarbeitereigenschaft im Einzelfall zu verneinen ist, der ohnehin eingeschränkte sozialversicherungsrechtliche Schutz von Hausgewerbetreibenden regelmäßig nicht vorliegen, da Bürotätigkeiten nicht zu den gewerblichen Arbeiten zählen. Etwas anderes gilt hier nach § 12 Abs 5 SGB IV also nur, wenn eine Gleichstellung mit Hausgewerbetreibenden erfolgt ist (vgl KassKomm/*Seewald* § 7 SGB IV Rz 111). Beschäftigt der selbstständige Telearbeiter keinen ArbN und wird er im Wesentlichen nur für einen Auftraggeber tätig, so unterliegt er der RVPflicht nach § 2 Satz 1 Nr 9 SGB VI (s *Haupt/Wollenschläger* NZA 01, 294; *Arbeitnehmerähnliche Selbstständige*). 18

4. Unfallversicherung. Wird die Telearbeit in Abhängigkeit von einem ArbGeb verrichtet, so ist sie in der gesetzlichen UV versichert (§ 2 Abs 1 Nr 1 SGB VII). Schwierigkeiten ergeben sich in Abgrenzung zu den eigenwirtschaftlichen Tätigkeiten, da der Telearbeiter bei der Gestaltung seiner Tätigkeit und des Tätigkeitsortes häufig sehr frei ist (vgl zum UVSchutz bei einem häuslichen Arbeitsplatz BSG 12.12.06 – B 2 U 28/05 R, BeckRS 2007, 41872). Entscheidend ist, ob der erforderliche **Kausalzusammenhang** des Unfallgeschehens mit der versicherten Tätigkeit noch bejaht werden kann (vgl BSG 8.12.94 – 2 RU 41/93, NJW 95, 1694 zum Sturz von einer Speichertreppe; vgl ferner *Boemke/Ankersen* BB 2000, 1570). Besondere Probleme ergeben sich bei der Beurteilung von Wegeunfällen der Versicherten (weiterführend *Wolber* SozV 97, 239). 19

Tendenzbetrieb

A. Arbeitsrecht
Kania

1. Allgemeines. Eine gesetzliche Konkretisierung des Begriffs Tendenzbetrieb enthält § 118 Abs 1 BetrVG. Die Vorschrift nimmt solche Unternehmen und Betriebe von der Anwendung des Gesetzes teilweise aus, die nicht nur erwerbswirtschaftliche Zwecke, sondern auch durch die Grundrechte aus Art 2 Abs 1, 4, 5 und 9 Abs 3 GG **besonders geschützte Ziele** verfolgen (Tendenzbetriebe). § 118 Abs 1 BetrVG gewährleistet den insoweit gebotenen Schutz der Grundrechtsverwirklichung dadurch, dass dem BRat Beteiligungsrechte nur insoweit eingeräumt werden, als die Eigenart des Unternehmens oder Betriebs nicht entgegensteht. Die Vorschrift stellt eine im Allgemeininteresse getroffene Güterabwägung zwischen dem Sozialstaatsprinzip und den Freiheitsrechten der Tendenzträger dar (vgl BVerfG 15.12.99 – 1 BvR 729/92, NZA 2000, 217). 1

Zu unterscheiden von den Tendenzbetrieben iSd § 118 Abs 1 BetrVG sind **Religionsgemeinschaften** und ihre karitativen und erzieherischen Einrichtungen, auf die gem § 118 Abs 2 BetrVG das BetrVG überhaupt keine Anwendung findet. Die Vorschrift beruht auf der verfassungsrechtlichen Garantie in Art 140 GG iVm Art 137 Abs 3 Weimarer Reichsverfassung. Auf die öffentlich-rechtlich organisierten großen christlichen Kirchen findet das BetrVG bereits gem § 130 BetrVG keine Anwendung. Keine Religionsgemeinschaft sind die verschiedenen Scientology-Organisationen, da bei diesen die religiösen Lehren nur als Vorwand für die Verfolgung wirtschaftlicher Ziele dienen (BAG 22.3.95, DB 95, 1714). Weltanschauungsgemeinschaften sind in § 118 Abs 2 BetrVG den Religionsgemeinschaften nicht gleichgestellt; eine Erstreckung der Norm auf Weltanschauungsgemeinschaften ist verfassungsrechtlich nicht geboten (LAG Hamm 17.5.02 – 10 TaBV 140/01, NZA-RR 02, 625; ErfK/*Kania* § 118 BetrVG Rz 30; aA *Fitting* § 118 Rz 54). 2

404 Tendenzbetrieb

3 § 118 Abs 2 BetrVG betrifft in erster Linie (privatrechtlich organisierte) nichtchristliche Religions- und Weltanschauungsgemeinschaften sowie privatrechtlich organisierte **selbstständige Einrichtungen** der großen Kirchen. Bei den selbstständigen Einrichtungen, insbes den ausdrücklich genannten karitativen und erzieherischen Einrichtungen, kommt es darauf an, dass eine institutionelle Verbindung zwischen der Religionsgemeinschaft und der Einrichtung besteht, aufgrund derer die Religionsgemeinschaft über ein Mindestmaß an Einflussmöglichkeiten verfügt, um auf Dauer eine Übereinstimmung der religiösen Betätigung der Einrichtung mit ihren Vorstellungen gewährleisten zu können (BAG 5.12.07 – 7 ABR 72/06, NZA 08, 653). Zu den kirchlichen Einrichtungen können danach etwa kirchliche Presseverbände (BAG 24.7.91, DB 92, 1427), Kindergärten (BAG 11.3.86, DB 86, 754), Altersheime, Schulen, Krankenhäuser (BAG 21.11.75, AP Nr 6 zu § 118 BetrVG 72), Jugenddörfer (BAG 30.4.97, NZA 97, 1240) und ggf auch Wohnungsbaugesellschaften (BAG 23.10.02 – 7 ABR 59/01, NZA 04, 334) zählen. Sind derartige Einrichtungen nicht in der erforderlichen Weise mit einer Religionsgemeinschaft verbunden und werden nur iS einer Konfession geführt, so scheidet eine Anwendung von § 118 Abs 2 BetrVG aus; es kann sich dann um Tendenzbetriebe iSd § 118 Abs 1 BetrVG handeln. Allein die Mitgliedschaft einer Einrichtung im diakonischen Werk der evangelischen Kirche reicht für die Anwendung von § 118 Abs 2 BetrVG nicht aus (BAG 5.12.07 – 7 ABR 72/06, NZA 08, 653). Ein bloß konfessionell ausgerichtetes, aber auf Gewinnerzielung angelegtes Krankenhaus genießt Tendenzschutz weder nach Abs 2 noch nach Abs 1 (LAG Hamm 14.3.2000 – 13 TaBV 116/99; NZA-RR 2000, 532; s auch unten Rz 9). Zum Mitarbeitervertretungsrecht der Kirchen s *Kirchenarbeitsrecht* Rz 14 ff.

4 **2. Voraussetzungen des Tendenzschutzes gemäß § 118 Absatz 1 BetrVG. a) Unternehmen und Betriebe.** Der Tendenzschutz gem § 118 Abs 1 BetrVG gilt für Unternehmen und Betriebe, die unmittelbar und überwiegend den in Nr 1 und Nr 2 aufgezählten Zwecken dienen. Die Unterscheidung zwischen Unternehmen und Betrieb wird relevant, wenn ein Unternehmen über mehrere Betriebe verfügt. Wirkt sich der Tendenzcharakter des Unternehmens auf einen Betrieb nicht aus (zB Hotelbetrieb eines Presseunternehmens), so ergibt sich für diesen Betrieb keine Einschränkung der Beteiligungsrechte gem § 118 Abs 1 BetrVG (BAG 27.7.93, AP Nr 51 zu § 118 BetrVG 1972).

5 „**Unmittelbar**" der Tendenzverwirklichung dient ein Betrieb nur dann, wenn der Betriebszweck selbst auf die Tendenz ausgerichtet ist und nicht nur nach seiner wirtschaftlichen Tätigkeit geeignet ist, den eigentlichen Tendenzbetrieb zu unterstützen (*Fitting* § 118 Rz 13). Allein die Gewinnverwendung eines nur Erwerbszwecke verfolgenden Betriebs für einen anderen tendenzgeschützten Betrieb begründet nicht die Anwendbarkeit des § 118 Abs 1 BetrVG (BAG 8.3.83, DB 83, 1875; OLG Stuttgart 3.5.89, BB 89, 1005). Das Zustellunternehmen eines Verlagskonzerns genießt deshalb keinen Tendenzschutz (LAG Köln 24.9.98 – 10 TaBV 57/97, NZA-RR 99, 194).

6 In **Mischbetrieben**, die teilweise unmittelbar tendenzbezogenen Zwecken dienen, teilweise aber auch tendenzfreie Ziele verfolgen, hängt der Tendenzschutz davon ab, ob die Tätigkeiten „**überwiegend**" tendenzbezogen sind. Dabei kommt es in erster Linie auf quantitative Gesichtspunkte, wie den Einsatz sachlicher und personeller Mittel, an (BAG 21.6.89, DB 90, 794). Bei personalintensiven Betrieben kommt es in erster Linie darauf an, ob über die Hälfte der Arbeitszeit (nicht nur der Tendenzträger) zur Tendenzverwirklichung eingesetzt wird (BAG 21.6.89, DB 90, 794).

7 **b) Geistig-ideelle Bestimmungen gemäß § 118 Abs 1 Nr 1 BetrVG.** Tendenzschutz gem § 118 Abs 1 Nr 1 BetrVG besteht in Unternehmen und Betrieben, die unmittelbar und überwiegend politischen, koalitionspolitischen, konfessionellen, karitativen, erzieherischen, wissenschaftlichen oder künstlerischen Bestimmungen dienen. Zu den Betrieben mit **politischer Zweckbestimmung** zählen neben dem Verwaltungsapparat der politischen Parteien insbes wirtschafts- und sozialpolitische Vereinigungen (Wirtschaftsverbände) und politische Stiftungen (BAG 28.8.03 – 2 ABR 48/02, NZA 04, 501). Die Erfüllung öffentlicher Aufgaben im Auftrag und nach Vorgaben staatlicher Stellen stellt keine politische Bestimmung der (BAG 21.7.98 – 1 ABR 2/98, BB 99, 1116; ausführlich zum Begriff der politischen Bestimmung *Kohte* BB 99, 1110).

Koalitionspolitischen Bestimmungen dienen Gewerkschaften und ArbGebVerbände 8
mit ihren Verwaltungen. **Konfessionellen Bestimmungen** dienende Betriebe fallen überwiegend schon unter § 118 Abs 2 BetrVG (zur Abgrenzung s oben Rz 2 ff).

Karitativen Bestimmungen dienen etwa Wohlfahrtsverbände, das Deutsche Rote 9
Kreuz, private Krankenhäuser und Altenheime, sofern durch Entgelte für die Tätigkeit nur die Kosten gedeckt werden sollen und nicht beabsichtigt ist, Gewinn zu erzielen (BAG 8.11.88, DB 89, 1295). Die karitative Zielsetzung muss sich in konkreten Handlungen zur Umsetzung des Prinzips der Nächstenliebe gegenüber Hilfsbedürftigen äußern (verneint beim DRK-Blutspendedienst: BAG 22.5.12 – 1 ABR 7/11, BeckRS 2012, 73559). Prägend für die karitative Bestimmung ist zudem die Freiwilligkeit der Hilfeleistung. Daran fehlt es bei einer entsprechenden gesetzlichen Verpflichtung. Allerdings lässt die staatliche Verpflichtung zur Krankenversorgung die karitative Bestimmung eines in privater Rechtsform betriebenen Krankenhauses nicht entfallen, selbst wenn alle Anteile in staatlicher Hand sind (BAG 24.5.95, DB 96, 1347). Karitative Einrichtungen der Kirchen fallen unter § 118 Abs 2 BetrVG.

Die Verfolgung **erzieherischer Zwecke** setzt voraus, dass auch die Persönlichkeit geformt 10
werden soll (BAG 21.6.89, DB 90, 794). Keinen erzieherischen Bestimmungen dienen deshalb etwa Fahr- oder Sprachschulen, die bloße Kenntnisse vermitteln (BAG 7.4.81, DB 81, 999). Ein Landes-Sportverband dient jedenfalls nicht unmittelbar erzieherischen Bestimmungen (BAG 23.3.99 – 1 ABR 28/98, BB 99, 1873).

Zu den **wissenschaftlichen Bestimmungen** dienenden Betrieben gehören alle privat- 11
rechtlich organisierten Forschungsinstitute (zB Institute der Max-Planck-Gesellschaft, Meinungsforschungsinstitute).

Künstlerischen Bestimmungen dienen Theater, Opernhäuser, Orchester, Filmstudios 12
(BAG 3.11.82, DB 83, 830), aber auch Revuen und Zirkus-Unternehmen (strittig: wie hier *Richardi/Thüsing* § 118 Rz 73; aA *Fitting* § 118 Rz 22), uU auch Sportvereine (*Kania* SpuRt 94, 121, 125).

c) **Berichterstattung oder Meinungsäußerung gemäß § 118 Abs 1 Nr 2 BetrVG.** 13
§ 118 Abs 1 Nr 2 BetrVG erfasst in erster Linie Presseunternehmen, daneben aber auch zB private Rundfunk- und Fernsehanstalten, selbst wenn nur in geringem Umfang Wortbeiträge gesendet werden (BAG 27.7.93, DB 94, 2550). Nr 2 gilt für **Herausgeber von Zeitungen und Zeitschriften** unabhängig davon, ob der Inhalt tendenzbezogen ist (BAG 9.12.75, DB 76, 584). Allerdings fällt die ausschließliche oder überwiegende Herausgabe von **Anzeigenblättern,** Formularen, Telefonbüchern usw nicht unter § 118 Abs 1 Nr 2 BetrVG, da weder Berichterstattung noch Meinungsäußerung vorliegen (*Fitting* § 118 Rz 23). Erfasst von Nr 2 werden dagegen im Regelfall auch **Buch- und Zeitschriftenverlage** (BAG 15.2.89, DB 89, 2625). Im Übrigen sind hier regelmäßig bereits Tendenzzwecke iSd Nr 1 erfüllt. Keinen Tendenzschutz genießen Unternehmen des reinen Buch- und Zeitschriftenhandels.

3. **Einschränkungen der Mitbestimmung. a) Wirtschaftliche Angelegenheiten.** 14
Die Mitbestimmung des BRat in wirtschaftlichen Angelegenheiten gem §§ 106 ff BetrVG ist in § 118 Abs 1 BetrVG für Tendenzbetriebe und Unternehmen ausdrücklich geregelt. Danach finden die §§ 106–110 BetrVG in Tendenzunternehmen keine Anwendung, so dass insbes **kein Wirtschaftsausschuss** zu bilden ist. Die §§ 111–113 BetrVG finden insoweit Anwendung, als sie den Ausgleich oder die Milderung wirtschaftlicher Nachteile für die ArbN infolge von Betriebsänderungen regeln. Ein Mitbestimmungsrecht des BRat besteht danach hinsichtlich der Herbeiführung eines **Sozialplans.** Der ArbGeb braucht dagegen nicht den Abschluss eines **Interessenausgleichs** über eine Betriebsänderung zu versuchen. Der BRat kann folglich nicht die Durchführung einer Betriebsänderung im Wege der einstweiligen Verfügung stoppen (ArbG Frankfurt 26.9.95, BB 96, 1063). Die Einigungsstelle ist offensichtlich unzuständig iSd § 98 ArbGG (aA LAG NdS 11.11.93, AiB 94, 504). Da es sich allerdings um eine Privilegierung des tendenzgeschützten ArbGeb handelt, dürfte ein Verzicht auf die Befreiung von der Interessenausgleichspflicht möglich sein mit der Folge, „Namenslisten" gem §§ 1 Abs 5 KSchG, 125 InsO vereinbaren zu können (ErfK/*Kania* § 118 BetrVG Rz 18). Für Religionsgemeinschaften iSd § 118 Abs 2 BetrVG, die ja generell nicht dem BetrVG unterliegen, besteht diese Möglichkeit dagegen nicht (LAG NdS

404 Tendenzbetrieb

9.12.09 – 17 Sa 850/09, BeckRS 2010, 66116). Nachteilsausgleichsansprüche der einzelnen ArbN gem § 113 BetrVG sollen nach Meinung des BAG möglich sein, wenn der ArbGeb eine Betriebsänderung durchführt, ohne rechtzeitig seiner Unterrichtungs- und Beratungspflicht im Hinblick auf einen Sozialplan genügt zu haben (BAG 27.10.98 – 1 AZR 766/97, NZA 99, 328), nicht aber bei bloßer Verletzung der Beratungspflicht gem § 17 Abs 2 KSchG (BAG 18.11.03 – 1 AZR 637/02, NZA 04, 741).

15   **b) Sonstige Beteiligungsrechte.** Die übrigen Vorschriften des BetrVG finden in Tendenzbetrieben keine Anwendung, soweit die Eigenart des Unternehmens oder Betriebs entgegensteht. Im Grundsatz entfällt ein Mitbestimmungsrecht nach der Rspr des BAG unter **zwei Voraussetzungen:** Einmal muss es sich um eine Maßnahme gegenüber einem **Tendenzträger**, dh einem ArbN, der auf die Tendenzverwirklichung maßgeblichen und verantwortlichen Einfluss nehmen kann, handeln (BAG 14.1.92, DB 92, 1143). Tendenzträger sind etwa Zeitungsredakteure, Orchestermusiker, Privatschullehrer oder Rechtsschutzsekretäre einer Gewerkschaft (LAG Hess 3.9.96, ArbuR 97, 259). Zum anderen muss die konkrete Maßnahme **Tendenzbezug** haben und die Möglichkeit eröffnen, dass die geistig-ideelle Zielsetzung des Unternehmens und deren Verwirklichung durch die Beteiligung des BRat verhindert oder jedenfalls ernstlich beeinträchtigt wird (BAG 14.1.92, DB 92, 1143).

16   **Anzuwenden** sind danach im Regelfall die organisatorischen Regelungen sowie die allgemeinen Vorschriften über die Mitbestimmung des BRat und die Beteiligung der ArbN (§§ 1–86 BetrVG). Auch die Vorschriften über die Mitbestimmung in sozialen Angelegenheiten gem §§ 87–91 BetrVG sind grds in Tendenzunternehmen anzuwenden, da es meist um den wertneutralen Arbeitsablauf des Betriebes geht (BAG 13.2.90, BB 90, 1135). Dies soll nach Auffassung des BAG im Regelfall auch für die Mitbestimmung über Beginn und Ende der täglichen **Arbeitszeit** sowie Verteilung der Arbeitszeit auf die einzelnen Wochentage von Redakteuren gelten (BAG 14.1.92, DB 92, 1143; dagegen *Hanau/Kania* Anm zu BAG 14.1.92, EzA Nr 59 zu § 118 BetrVG mwN), nicht aber für Ethikregeln von Redakteuren einer Wirtschaftszeitung (BAG 28.5.02 – 1 ABR 32/01, NZA 03, 166).

17   **Einschränkungen** der Beteiligungsrechte des BRat kommen am ehesten im Rahmen der **personellen Mitbestimmung** in Betracht. So ist der BRat bei Einstellungen und Versetzungen von Tendenzträgern zwar grds gem § 99 Abs 1 BetrVG zu unterrichten, ein Zustimmungsverweigerungsrecht gem § 99 Abs 2 BetrVG steht ihm aber nicht zu, und zwar auch dann nicht, wenn es um die Geltendmachung nicht tendenzbedingter Gründe geht (BAG 27.7.93, DB 94, 2550; BAG 31.1.95, DB 95, 1670; aA LAG Düsseldorf 14.11.90, DB 91, 654). Dabei spricht eine tatsächliche Vermutung für die Tendenzbedingtheit der Einstellung oder Versetzung eines Tendenzträgers (BAG 7.11.75, BB 76, 134).

18   **Keine** Einschränkungen der Beteiligungsrechte des BRat bestehen bei **Ein- und Umgruppierungen,** da es hierbei lediglich um eine Frage der richtigen Rechtsanwendung geht (BAG 7.9.88, DB 89, 983). Vor Ausspruch einer **Kündigung,** auch einer tendenzbedingten, ist der BRat gem § 102 BetrVG anzuhören. Auch die tendenzbezogenen Gründe sind ihm mitzuteilen (BAG 7.11.75, BB 76, 270). Dagegen steht dem BRat ein Widerspruchsrecht gem § 102 Abs 3 BetrVG mit der Folge eines Weiterbeschäftigungsanspruchs gem § 102 Abs 5 BetrVG nur zu, wenn das Arbeitsverhältnis nicht aus tendenzbedingten, sondern aus anderen Gründen ordentlich gekündigt wird (*Fitting* § 118 Rz 39). Auch eine Zustimmungspflicht gem § 103 BetrVG entfällt bei Kündigung eines Tendenzträgers aus tendenzbedingten Gründen (BAG 28.8.03 – 2 ABR 48/02, NZA 04, 501). Scheidet nach dem Gesagten ein gesetzliches Mitbestimmungsrecht des BRat aus, kann sich gleichwohl aus dem einschlägigen **Tarifvertrag** ein Mitbestimmungsrecht ergeben. Nach Auffassung des BAG steht der Tendenzschutz grds einer Erweiterung der Mitbestimmungsrechte des BRat durch Tarifvertrag nicht entgegen (so BAG 31.1.95, DB 95, 1670 zur tariflich erweiterten Mitbestimmung bei der Einstellung).

19   **4. Weitere Ausnahmevorschriften für Tendenzbetriebe.** Auf § 118 Abs 1 BetrVG Bezug genommen wird in **§ 32 Absatz 1 SprAuG.** Danach besteht in Tendenzbetrieben bzw -unternehmen nicht die Verpflichtung des ArbGeb, den Sprecherausschuss einmal pro Jahr über die wirtschaftlichen Angelegenheiten des Betriebs und des Unternehmens zu unterrichten.

Von der **Unternehmensmitbestimmung** durch Beteiligung von ArbNVertretern im 20 Aufsichtsrat sind Tendenzbetriebe ausdrücklich ausgenommen (§ 81 Abs 1 BetrVG 1952; § 1 Abs 4 MitbestG).

5. Kündigungsrechtliche Auswirkungen der Tendenzverfolgung. Grds findet auch 21 in Tendenzbetrieben der allgemeine und besondere Kündigungsschutz Anwendung. Besonderheiten bestehen insoweit, als eine ordentliche personen- oder verhaltensbedingte Kündigung, je nach den Umständen des Einzelfalls auch eine außerordentliche Kündigung, gerechtfertigt sein kann, wenn ein **Tendenzträger** nachhaltig der Tendenz in einer Weise zuwiderhandelt, die die betrieblichen Interessen berührt (BAG 6.12.79, DB 80, 547). Auch außerdienstliche Verhaltensweisen, die mit der Tendenz des ArbGeb nicht übereinstimmen, können die Kündigung rechtfertigen (*Stahlhacke/Preis/Vossen* Rz 707). Beispiele aus der Rspr sind etwa die ordentliche Kündigung eines Gewerkschaftssekretärs, der Mitglied des KBW ist und für dessen Ziele eintritt (BAG 6.12.79, DB 80, 547), oder die Kündigung eines Zeitungsredakteurs, der innerhalb oder auch außerhalb seines Dienstes Äußerungen tätigt, durch die die publizistische Grundhaltung und Glaubwürdigkeit des Zeitungsunternehmens in Frage gestellt wird (LAG Bln 6.12.82, EzA Nr 11 zu § 1 KSchG Tendenzbetrieb; LAG SachsAnh 9.7.02 – 8 Sa 40/02, NZA-RR 03, 244). Folgerichtig unterliegt auch der Auflösungsantrag gem § 9 KSchG bei Tendenzunternehmen erleichterten Anforderungen; er kann gegenüber Tendenzträgern aus Gründen gerechtfertigt sein, die im „normalen" Arbeitsverhältnis nicht ausreichen würden (BAG 23.10.08 – 2 AZR 483/07, BB 09, 1186).

Für rein fachliche **Leistungsmängel** besteht keine kündigungsrechtliche Privilegierung 22 von Tendenzunternehmen. Deshalb kann einem unter dem besonderen Kündigungsschutz gem § 15 KSchG stehenden Orchestermusiker nicht deshalb ordentlich gekündigt werden, weil er durch das Spielen von falschen Tönen gegen die Tendenz der Musikdarbietung verstoßen habe (BAG 3.11.82, DB 83, 830). Zum Kündigungsschutz der Mitarbeiter der Kirchen und ihrer karitativen und erzieherischen Einrichtungen s *Kirchenarbeitsrecht* Rz 6.

B. Lohnsteuerrecht
Seidel

Für ArbN, die bei Tendenzbetrieben beschäftigt sind, ergeben sich bei der LSt keine 23 Besonderheiten. Ob es sich tatsächlich um ArbN (zB bei Hilfsorganisationen, Einrichtungen der Religionsgemeinschaften, Theater, Zirkus usw) handelt oder zB um eine ehrenamtliche oder selbstständige Tätigkeit, ist nach den allgemeinen Grundsätzen zu entscheiden (s *Arbeitnehmer (Begriff)* Rz 30 ff sowie *Ehrenamtliche Tätigkeit* Rz 1 sowie Rz 11 ff zur lohnsteuerlichen Behandlung).

C. Sozialversicherungsrecht
Schlegel

Befragungsrecht der Agentur für Arbeit bei Vermittlung in einen Tendenz- 24 **betrieb.** Nach § 41 SGB III dürfen Arbeitsuchende und Ausbildungsuchende von der Agentur für Arbeit nach der Zugehörigkeit zu einer Gewerkschaft, Partei, Religionsgemeinschaft oder vergleichbaren Vereinigungen nur gefragt werden, wenn die Vermittlung auf einen Arbeits- oder Ausbildungsplatz in einem Tendenzunternehmen iSv § 118 Abs 1 Satz 1 BetrVG oder bei einer Religionsgemeinschaft oder einer zu ihr gehörenden karitativen oder erzieherischen Einrichtung vorgesehen ist. Außerdem steht das Fragerecht unter der Voraussetzung, dass der Ausbildungsuchende oder Arbeitsuchende bereit ist, auf einen solchen Arbeits- oder Ausbildungsplatz vermittelt zu werden; schließlich muss, wenn es um eine Vermittlung auf einen Ausbildungs- oder Arbeitsplatz in einem Tendenzbetrieb geht, die Art der auszuübenden Tätigkeit die Beschränkung des Fragerechts rechtfertigen (vgl § 41 SGB III).

Macht der ArbGeb **Einschränkungen bei Stellenangeboten für Arbeitslose gegen-** 25 **über der Bundesagentur für Arbeit,** muss die BA prüfen, ob sie diese Einschränkungen berücksichtigen darf. Maßstab ist insoweit **§ 36 Abs 2 SGB III** (vgl *Personalauswahl*). Danach darf die Einschränkung hinsichtlich der Zugehörigkeit zu einer Gewerkschaft, Partei oder vergleichbaren Vereinigung nur berücksichtigt werden, wenn 1. der Ausbildungs- oder Arbeitsplatz in einem Tendenzunternehmen oder -betrieb iSd § 118 Abs 1 Satz 1 des

405 Treuepflicht

BetrVG besteht und 2. die Art der auszuübenden Tätigkeit diese Einschränkung rechtfertigt (Einzelheiten vgl *Rixen* in *Eicher/Schlegel* SGB III, § 36 Rz 4 ff).

26 **Beitragsrechtlich und leistungsrechtlich** unterliegt das in Tendenzbetrieben erarbeitete Arbeitsentgelt **keinen Besonderheiten.**

Treuepflicht

A. Arbeitsrecht
Kreitner

1 **1. Begriff und Bedeutung.** Ein jedes Arbeitsverhältnis besteht aus den vertraglichen Hauptpflichten und sog Nebenpflichten. Während sich als Hauptpflichten allein die Pflicht des ArbN zur Dienstleistung und die Vergütungspflicht des ArbGeb gegenüberstehen, existieren eine Vielzahl vertraglicher Nebenpflichten beider Vertragsparteien. Zu den bedeutendsten und inhaltlich vielgestaltigsten Nebenpflichten des ArbN zählt die sog Treuepflicht. Sie besagt, dass der ArbN seine Verpflichtungen aus dem Arbeitsverhältnis so zu erfüllen, seine Rechte so wahrzunehmen und die im Zusammenhang mit dem Arbeitsverhältnis stehenden Interessen dergestalt zu wahren hat, wie dies von ihm nach Treu und Glauben billigerweise verlangt werden kann (§ 241 Abs 2 BGB). Wegen des besonderen personellen Charakters des Arbeitsverhältnisses (§ 613 BGB) besteht eine gegenüber anderen Vertragsverhältnissen gesteigerte Treuepflicht. Sie hat generalklauselartigen Charakter, der in einer Vielzahl von Einzelpflichten seine Ausgestaltung findet.

2 **2. Geltungsdauer.** Die Geltungsdauer der arbeitsvertraglichen Treuepflicht ist ähnlich wie bei ihrem Gegenstück auf ArbGebSeite, der *Fürsorgepflicht* (s dort), nicht auf das bestehende Arbeitsverhältnis beschränkt. Vielmehr existieren sowohl Treuepflichten im Vertragsanbahnungsverhältnis als insbesondere auch nachvertragliche Treuepflichten. Sogar im Ruhestandsverhältnis wirkt die Treuepflicht fort mit der Folge, dass ein gravierender Verstoß zur Verwirkung des Ruhegeldanspruchs führen kann (Näheres s *Betriebliche Altersversorgung* Rz 77).

3 **3. Umfang.** Der Umfang der Treuepflicht ist nur in jedem Einzelfall ermittelbar. Maßgebend sind dabei insbesondere die Stellung des ArbN im Betrieb, die Art der ausgeübten Tätigkeit sowie die Dauer der Betriebszugehörigkeit des jeweiligen ArbN (BAG 9.2.06 – 6 AZR 47/05, NZA 06, 1046). So werden bspw an Angestellte in leitenden Positionen wegen des erhöhten Vertrauens, das sie genießen, besondere Treueanforderungen gestellt. Gleiches gilt wegen der Art ihrer Tätigkeit zB für Reisende und Außendienstmitarbeiter.

4 Allerdings hindert die Treuepflicht den ArbN nicht, seine eigenen Interessen im Arbeitsverhältnis mit berechtigten Mitteln zu fördern, zB berechtigte Beschwerden über Arbeitsumstände, Ansprüche auf Lohnerhöhung oder sonstige Veränderungen der Arbeitsbedingungen. Grds nicht erfasst wird der private Bereich des ArbN.

5 **4. Einzelfälle. a) Leistungstreuepflichten.** Hierunter werden hauptsächlich die Pflichten des ArbN zur Unterlassung von Wettbewerb (BAG 20.9.06 – 10 AZR 439/05, NZA 07, 977; 26.9.07 – 10 AZR 511/06, NZA 07, 1436) und von Nebentätigkeiten verstanden, soweit damit eine Beeinträchtigung des Hauptarbeitsverhältnisses verbunden ist (BAG 3.12.70, DB 71, 581; 26.8.76, DB 77, 544). Außerdem ist es dem ArbN aus Treuegesichtspunkten untersagt, dem ArbGeb Kunden oder Arbeitskollegen unter unlauterer Ausnutzung der arbeitsvertraglichen Kontakte abzuwerben (BAG 26.9.12 – 10 AZR 370/10, NZA 13, 152; s *Wettbewerb* Rz 3; *Nebentätigkeit* Rz 7).

6 **b) Anzeigepflichten.** Der ArbN ist zum sorgfältigen Umgang mit den Arbeitsmitteln sowie zur Beachtung der Unfallverhütungs- und Arbeitsschutzvorschriften verpflichtet. Störungen und Schäden, die in seinem Arbeitsbereich auftreten, muss er dem ArbGeb anzeigen. Dies gilt grds auch bereits für drohende Schäden, um auf diese Weise dem ArbGeb die Möglichkeit zur Schadensverhinderung zu geben. Im Einzelfall können sich aus der Treuepflicht auch Mitteilungspflichten ergeben, die über § 5 EFZG hinausgehen (LAG Düsseldorf 30.3.12 – 6 Sa 1358/11, BeckRS 2012, 71540 – nicht rkr, Az beim BAG: 5 AZR 525/12).

7 Diese Anzeigepflicht kann sich in besonders schwerwiegenden Fällen auch gegen Arbeitskollegen richten, dh der ArbN kann wegen der Treuebindung im Einzelfall verpflichtet sein,

Treuepflicht

andere Kollegen „anzuschwärzen" (BAG 18.6.70, DB 70, 1598; LAG Bln 9.1.89, BB 89, 630 [LS]). Allerdings besteht keine Pflicht zur Selbstbezichtigung bei einem Treueverstoß (BGH 23.2.89, DB 89, 1464).

In Betracht kommt auch eine **Anzeige** (sog Whistleblowing) betrieblicher Missstände **gegenüber Dritten** (Behörden etc). Hier muss jedoch der ArbN in aller Regel zunächst dem ArbGeb die Möglichkeit geben, Abhilfe zu schaffen, bevor er Betriebsinterna an die Öffentlichkeit bringt. Das Gleiche gilt für Strafanzeigen des ArbN gegen den ArbGeb (Näheres s *Whistleblowing* Rz 1 ff). Ein Anspruch auf Weitergabe von Gerüchten betreffend anderer Mitarbeiter besteht demgegenüber nicht (LAG Köln 12.3.12 – 2 Sa 1053/11, BeckRS 2012, 70782). **8**

Eine gänzlich andersartige Anzeigepflicht besteht bei wiederholt erfolgenden, offenkundigen Überzahlungen durch den ArbGeb. Hier gebietet die arbeitsvertragliche Pflicht zur Rücksichtnahme auf die schutzwürdigen Interessen des ArbGeb eine unverzügliche Offenlegung. Geschieht dies nicht, kommt eine verhaltensbedingte Kündigung auch ohne vorherige Abmahnung in Betracht (LAG Köln 9.12.04 – 6 Sa 943/04, ZTR 05, 375).

c) Loyalitätspflichten. Ferner treffen den ArbN bestimmte Loyalitätspflichten (vgl LAG Hess 20.1.11 – 5 Sa 342/10, BeckRS 2011, 73348). Dies gilt insbesondere im Bereich der sog Tendenzbetriebe (s *Tendenzbetrieb* Rz 1 ff), wo vom ArbN ein erhöhtes Maß an Identifikation mit der Tendenz des Betriebes gefordert wird, verbunden mit einer gleichzeitigen Einschränkung des persönlichen Freiraums. Ein weiteres Beispiel stellt die Tätigkeit im öffentlichen Dienst dar (BAG 12.5.11 – 2 AZR 479/09, NZA-RR 12, 43: politische Betätigung für eine verfassungsfeindliche Partei; BAG 6.9.12 – 2 AZR 372/11, NZA-RR 13, 441: Demonstrationsaufruf als verbrämte Aufforderung zu einem gewaltsamen Umsturz). **9**

d) Verschwiegenheitspflicht. Neben den spezialgesetzlich zB in §§ 17 Abs 1 UWG; 24 Abs 2 ArbNErfG; 79 BetrVG oder § 9 Nr 6 BBiG geregelten Verschwiegenheits- und Geheimhaltungspflichten gilt für die ArbN eine allgemeine Verschwiegenheitspflicht als Ausprägung der Treuepflicht im einzelnen Arbeitsverhältnis (BAG 25.8.66, BB 66, 1308). Für die Dauer des bestehenden Arbeitsverhältnisses gilt diese Verschwiegenheitspflicht uneingeschränkt. Zwar gilt auch im Arbeitsverhältnis das Grundrecht der freien Meinungsäußerung gem Art 5 Abs 1 GG, jedoch wird dieses Grundrecht begrenzt durch die allgemeinen Gesetze, zu denen auch das Verbot gehört, seinem Vertragspartner Schaden zuzufügen (BAG 28.9.72, DB 72, 2356). Diese Verschwiegenheitspflicht erfasst daher neben sog Betriebs- und Geschäftsgeheimnissen (s *Betriebsgeheimnis* Rz 4 ff) auch solche Tatsachen, die die Person des ArbGeb oder eines Arbeitskollegen in besonderem Maße berühren und die der ArbN aufgrund seiner Tätigkeit im Betrieb erfahren hat. **10**

Im beendeten Arbeitsverhältnis können Geheimhaltungspflichten fortwirken (vgl LAG Hamm 21.6.04 – 7 Sa 590/03, BB 05, 164 [LS]). Eine Pflicht zur Verschwiegenheit wird jedoch hier von der Rspr nur dann angenommen, wenn die Voraussetzungen des § 17 Abs 2 UWG vorliegen oder die Weitergabe der Betriebsinterna eine unerlaubte Handlung darstellt (BAG 16.3.82, DB 82, 2247). Durch Arbeitsvertrag oder Tarifvertrag kann eine besondere nachvertragliche Verschwiegenheitspflicht vereinbart werden (BAG 15.12.87, DB 88, 1020), soweit dies nicht zu einer übermäßigen Beschränkung des ArbN in seinem weiteren beruflichen Fortkommen führt (BAG 13.2.69, DB 69, 796). Ohne eine solche Vereinbarung oder ein den §§ 74 ff HGB entsprechendes Wettbewerbsverbot kann der ArbGeb von seinem früheren ArbN nicht die Unterlassung von Wettbewerbshandlungen verlangen (BAG 19.5.98 – 9 AZR 394/97, NZA 99, 200; LAG Köln 18.1.12 – 9 Ta 407/11, BeckRS 2012, 68079). **11**

e) Schmiergeld. Die Annahme von Schmiergeldern ist dem ArbN grds untersagt. Erlaubt ist lediglich die Annahme üblicher Gelegenheitsgeschenke (Kalender uä) sowie in bestimmten Branchen von Trinkgeldern. Nimmt der ArbN Schmiergelder entgegen, so rechtfertigt dies regelmäßig eine fristlose Kündigung. Der ArbN ist verpflichtet, derartige Schmiergelder abzulehnen und muss den ArbGeb über den Bestechungsversuch informieren (streitig). Hat der ArbN gleichwohl Schmiergelder angenommen, ist er zur Herausgabe an den ArbGeb verpflichtet. Einzelheiten s *Schmiergeld* Rz 8. **12**

f) Ärztliche Untersuchung. Schließlich muss der ArbN auf Veranlassung des ArbGeb ärztliche und psychologische Untersuchungen durchführen, soweit dafür ein begründeter Anlass besteht. Die Untersuchungen werden von dem Betriebsarzt oder einem anderen vom **13**

ArbN ausgewählten Arzt seines Vertrauens vorgenommen. Der ArbGeb ist nicht berechtigt, einen Arzt zu bestimmen (s auch *Gesundheitszeugnis* Rz 9).

14   **5. Rechtsfolge** der Verletzung der Treuepflicht kann eine ArbGebSeitige ordentliche oder unter Umständen sogar außerordentliche **Kündigung** sein (LAG Köln 19.7.07 – 6 Sa 374/07; LAG RhPf 13.11.07 – 3 Sa 964/06, BeckRS 2008, 51638). In weniger schwerwiegenden Fällen ist der ArbGeb wegen der Vertragsverletzung zur Erteilung einer *Abmahnung* berechtigt. Oftmals wird jedoch zunächst eine formlose Ermahnung Folge der Treuepflichtsverletzung sein. Verstößt der ArbN gegen betriebliche Arbeitsschutz- und Arbeitssicherheitsvorkehrungen (zB Sicherheitsschuhe) und führt dies zu einem Betriebsunfall, so ist der ArbGeb nicht zur Entgeltfortzahlung im Krankheitsfall verpflichtet, da regelmäßig eine vom ArbN iSd § 3 Abs 1 EFZG verschuldete Arbeitsunfähigkeit vorliegen wird (s *Entgeltfortzahlung* Rz 13).

B. Lohnsteuerrecht *Seidel*

15   Für das LStRecht hat die Treuepflicht des ArbN keine Bedeutung. Zur steuerlichen Behandlung von Schmiergeld (s oben Rz 12) s *Schmiergeld* Rz 9, 10 und von Kosten der ärztlichen Untersuchung (s oben Rz 13) s *Betriebliche Gesundheitsförderung* Rz 10 ff. Zur Verschwiegenheitspflicht (s oben Rz 10, 11) gegenüber dem FA s *Verschwiegenheitspflicht* Rz 18.

C. Sozialversicherungsrecht *Ruppelt*

16   Eine sozialversicherungsrechtliche Treuepflicht besteht nicht, zu wem auch immer.

Trinkgeld

A. Arbeitsrecht *Griese*

1   **1. Begriff.** Das Trinkgeld ist eine Leistung des Kunden des ArbGeb an dessen ArbN, auf die regelmäßig kein Rechtsanspruch besteht und die zusätzlich zu den vom ArbGeb geschuldeten Leistungen gezahlt wird (Definition in **§ 107 Abs 3 Satz 2 GewO**). Der Kunde leistet das Trinkgeld, ohne hierzu rechtlich verpflichtet zu sein, als Belohnung für die erbrachte Dienstleistung (*Salje* DB 89, 321). Ob der ArbN Trinkgelder annehmen darf, richtet sich nach der Verkehrsanschauung: In bestimmten Bereichen, etwa dem Gaststätten- oder Friseurgewerbe, entspricht dies der Üblichkeit. In anderen Bereichen, etwa bei Behörden oder dem Technischen Überwachungsverein, ist die **Annahme von Trinkgeldern pflichtwidrig.** In jedem Fall unzulässig ist die Annahme von Schmiergeldern (s *Schmiergeld* Rz 1), das Trinkgeld darf nach Umfang und Zweckbestimmung **nicht den Charakter eines Schmiergeldes** haben.

2   **2. Verhältnis zur sonstigen Vergütung.** Nach § 107 Abs 3 GewO kann die Zahlung eines regelmäßigen Arbeitsentgelts nicht für die Fälle ausgeschlossen werden, in denen der ArbN von Dritten ein Trinkgeld erhält. Zulässig ist es hingegen Trinkgeld ganz oder teilweise aufgrund einer **vertraglichen Anrechnungsklausel** mit dem Festbetrag der Vergütung zu verrechnen (*Schöne* NZA 02, 832). Die **tarifliche Mindestvergütung kann weder ganz noch teilweise mit dem zu erwartenden oder erzielten Trinkgeldaufkommen verrechnet werden**, sondern muss ungekürzt ausgezahlt werden (*Schaub* § 68 Rz 9). Auf der anderen Seite hat dies zur Konsequenz, dass im **Urlaubs- oder Krankheitsfall und bei BRatTätigkeit** zum fortzuzahlenden Entgelt nicht das zu erwartende Trinkgeldaufkommen gehört (BAG 28.6.95 – 7 AZR 1001/94, NZA 96, 252).

3   Entgegengesetzt sind diese Fragen zu entscheiden, wenn das Trinkgeld vertraglich als Vergütungsbestandteil vereinbart ist (*Schmitt* § 4 EFZG Rz 112). Beispiele hierfür sind die früher im Gaststättenbereich üblichen den ArbN zustehenden Bedienungsprozente oder die im Spielbankenbereich anzutreffende Vergütung der ArbN aus dem gesamten Trinkgeldaufkommen (Tronc-System). Da das Trinkgeld dann Vergütungsbestandteil ist, findet eine Anrechnung auf das tarifliche Mindesteinkommen statt; es muss dann aber auch während einer Krankheit oder des Urlaubs fortgezahlt werden.

3. Verwendung des Trinkgeldaufkommens im Tronc-System. Wird die Vergütung, 4
wie im Spielbankenbereich, ausschließlich aus dem Trinkgeldaufkommen bestritten, muss
der Tronc wegen der von den Trinkgeldgebern gewollten Zweckbestimmung des Trinkgeldes ausschließlich für die ArbN verwandt werden. Dies schließt aus, dass der ArbGeb aus
dem Tronc Mittel für andere Zwecke, etwa Baukosten, entnimmt. Wegen des Verbots
abweichender Vereinbarungen im Sozialrecht gem § 32 SGB I ist es ferner unzulässig, die
ArbGebAnteile zur SozV aus dem Tronc zu entnehmen oder dies einzel- oder kollektivvertraglich vorzusehen (im Ergebnis ebenso *Salje* DB 89, 324; aA BAG 3.3.99 – 5 AZR
363/98, NZA 99, 884 für die Regelung in § 6 Abs 2 Spielbankgesetz RhPf). Zulässig, weil
für die ArbN bestimmt, ist es hingegen, die Aufwendungen für Urlaub und Krankheit der
ArbN dem Tronc zu entnehmen (aA *Salje* DB 89, 324 ff; ErfK/*Preis* § 611 BGB Rz 631),
ebenso Aufwendungen für Annahmeverzugslohn (BAG 28.4.93 – 4 AZR 329/92, NZA 94,
85). Die Personalaufwendungen für die BRatTätigkeit (§ 40 BetrVG) können aus dem Tronc
beglichen werden (BAG 24.7.91 – 7 ABR 76/89, DB 92, 482), nicht hingegen die Sachkosten (BAG 14.8.02 – 7 ABR 29/01, NZA 03, 626). Soweit keine tarifliche Regelung
besteht, ist das Mitbestimmungsrecht des BRat bei der Vergütung nach dem Tronc-System
zu beachten (s aber BAG 19.12.03 – 1 ABR 44/02, ArbuR 04, 278).

Tarifvertraglich zulässig ist es, nur bestimmte ArbNGruppen aus dem Tronc zu bezahlen
und anderen ArbNGruppen ein Festgehalt zu gewähren (BAG 6.11.02 – 5 AZR 487/01,
NZA 03, 400).

4. Auskunft über Trinkgeldeinnahmen. Arbeitsrechtlich ist der ArbN gegenüber dem 5
ArbGeb aus vertraglicher Nebenpflicht nur dann zur Auskunft über die Höhe der erzielten
Trinkgeldeinnahmen verpflichtet, **wenn er hieran ein berechtigtes rechtliches Interesse**
hat. Dies kann dann angenommen werden, wenn das Trinkgeld vertraglich Vergütungsbestandteil ist oder wenn der ArbGeb die Auskunft zur Ermittlung des LStAbzuges benötigt.
Hat der ArbGeb über die Höhe der Trinkgelder keine Kenntnis, haftet er nicht für die daraus
resultierende LSt (BFH 24.10.97 – VI R 23/94, DStR 97, 2016).

B. Lohnsteuerrecht *Seidel*

1. Arbeitslohn. Trinkgelder, die einem ArbN im Rahmen eines Dienstverhältnisses 6
zufließen, sind dem Grunde nach Arbeitslohn (BFH 23.10.92, BStBl II 93, 117), unabhängig
davon, ob der ArbGeb oder ein Dritter das Trinkgeld zahlt. Entscheidend ist, dass die
Zuwendung ihre Grundlage im Dienstverhältnis hat, wobei ein loser Zusammenhang genügt
(BFH 19.4.74, BStBl II 75, 181). Die dem ArbN von Dritten freiwillig – ohne Rechtsanspruch – **zusätzlich** zum Leistungsentgelt gegeben Trinkgelder sind jedoch steuerfrei (§ 3
Nr 51 EStG). Erhält der ArbN keinen Grundlohn, sondern besteht seine Entlohnung
ausschließlich in dem vom Dritten freiwillig gezahlten Trinkgeld, ist dieses nicht von der
Steuer befreit, da es nicht zusätzlich gezahlt wird. Trinkgelder an Personen, die keine ArbN
sind, zB selbstständiger Handwerker, Friseur, Musiker oÄ bleiben aber stpfl und sind dem
Leistungsentgelt hinzuzurechnen.

a) Trinkgelder aufgrund Rechtsanspruch (zB Bedienungszuschlag von 10 oder 15 % 7
im Gaststättengewerbe und Metergelder im Transportgewerbe), die sich aus arbeitsrechtlichen Vereinbarungen oder aus einer Vereinbarung des ArbGeb mit dem Trinkgeldgeber
ergeben, sind in voller Höhe stpfl Arbeitslohn (LStR 19.3 Abs 1 Satz 2 Nr 5). Dies gilt auch
für den Tronc von Spielbankangestellten (BFH 18.12.08 – VI R 49/06, DStRE 09, 210, die
eingelegte Verfassungsbeschwerde wurde nicht zur Entscheidung angenommen (BVerfG
13.10.10 – 2 BvR 1493/09, Beck-online: Erledigte Verfahren Einkommensteuer; s auch
oben Rz 4). Ebenso sind Vergütungen, die ein angestellter Oberarzt für seine Leistungen an
den Chefarzt aus einem Chefarzt-Pool erhält und für die ein Rechtsanspruch besteht, nicht
als Trinkgelder gem § 3 Nr 51 EStG steuerfrei (FG BaWü 3.2.09 – 6 K 2319/07, EFG 09,
1286).

b) Freiwillige Trinkgelder an ArbN, die ohne Rechtsgrundlage gezahlt werden (zB 8
Übertrinkgelder bzw Sondertrinkgelder des rechtlich verpflichteten Trinkgeldgebers oder
Trinkgelder von Dritten als Anerkennung, zB Friseur, Kellner, Tankwart, Briefträger uÄ),
sind seit 2002 steuerfrei (s oben Rz 6). Schmiergeld (s *Schmiergeld* Rz 9), Bestechungsgeld
oÄ. Einnahmen sind aber nach wie vor regelmäßig als sonstige Einkünfte iSd § 22 Nr 3

406 Trinkgeld

EStG stpfl (*HMW*/Trinkgelder Rz 1). Die sonstigen Einkünfte iSd § 22 EStG als siebter Einkunftsart (§ 2 Abs 1 Nr 7 EStG) dürfen nicht mit den sonstigen Bezügen (s *Sonstige Bezüge* Rz 2) verwechselt werden. Zur Zahlung von Trinkgeldern an Krankenhauspersonal s *Krankenbehandlung* Rz 5. Zahlt die ehemalige Konzernmutter an ArbN der Konzerntochter 2 zusätzliche Monatsgehälter an Bankangestellte als Anerkennung, handelt es sich nicht um Trinkgelder iSd § 3 Nr 51 EStG (BFH 3.5.07 – VI R 37/05, BStBl II 07, 712).

9 **2. Steuerabzug. a) Trinkgelder aufgrund Rechtsanspruch** unterliegen dem LStAbzug durch den ArbGeb im Rahmen des § 38 Abs 1 EStG wie der übrige laufende Arbeitslohn (s *Lohnabzugsverfahren* Rz 2 ff und *Lohnsteuerberechnung* Rz 12–15). Die Ermittlung der Höhe der Einkünfte bereitet im Allgemeinen keine Schwierigkeiten (zB Bedienungszuschlag 10 oder 15 %, Metergelder).

10 **b) Freiwillige Trinkgelder.** Nachdem diese Trinkgelder nunmehr steuerfrei sind (§ 3 Nr 51 EStG), ist auch die Aufzeichnungspflicht im Lohnkonto entfallen (§ 4 Abs 2 Nr 4 Satz 1 LStDV). Soweit der ArbN ab 2004 verpflichtet ist, Lohnzahlungen von dritter Seite dem ArbGeb anzuzeigen (s *Lohnabzugsverfahren* Rz 14 und LStR 38.4) betrifft dies nicht mehr das steuerfreie Trinkgeld.

C. Sozialversicherungsrecht *Schlegel*

11 **Beitragsfreiheit von Trinkgeldern.** Trinkgelder, die dem ArbN anlässlich einer Arbeitsleistung von Dritten freiwillig und ohne das ein Rechtsanspruch auf sie besteht, zusätzlich zum Entgelt für die Arbeitsleistung zugewandt werden, erfüllen tatbestandlich an sich die Voraussetzungen des § 14 SGB IV an das Arbeitsentgelt. Denn Arbeitsentgelt sind nicht nur alle Einnahmen, die unmittelbar aus der Beschäftigung erzielt werden, sondern auch solche, die „im Zusammenhang mit ihr erzielt werden." Dies ist beim Trinkgeld der Fall. Trinkgelder wurden in der Begründung des Entwurfs zu § 14 SGB IV ausdrücklich als beispielhafte Einnahme genannt, die „im Zusammenhang" mit der Beschäftigung erzielt wird (BT-Drs 7/4122 S 32). Allerdings sind gem § 1 Abs 1 Satz 1 Nr 1 SvEV einmalige Einnahmen und ähnliche Einnahmen, die zusätzlich zu Löhnen und Gehältern gewährt werden, ausnahmsweise dann nicht dem Arbeitsentgelt zuzurechnen, soweit sie lohnsteuerfrei sind. Dies ist bei Trinkgeldern seit 1.1.02 der Fall (vgl § 3 Nr 51 EStG). Damit sind Trinkgelder kraft ihrer Steuerfreiheit rechtlich kein Arbeitsentgelt und damit anders als bis Ende 2001 beitragsfrei (vgl auch *Schlegel/Voelzke* SGB IV, § 14 Rz 78).

Übergangsgeld/Überbrückungsgeld

A. Arbeitsrecht
Poeche

1. Begriff. Als Übergangs- oder Überbrückungsgeld werden Leistungen des ArbGeb an den ArbN aus Anlass des regelmäßig unfreiwilligen Verlustes des Arbeitsplatzes bezeichnet. Die Sonderleistung des ArbGeb dient der finanziellen Sicherung des ArbN für einen Übergangszeitraum und soll den Wechsel auf einen neuen Arbeitsplatz oder in den Ruhestand erleichtern. Übergangsgeld ist deshalb keine **Betriebsrente** und ist damit weder unverfallbar noch insolvenzgeschützt (BAG 18.3.03 – 3 AZR 315/02, DB 04, 1624; zur Abgrenzung: BAG 28.10.08 – 3 AZR 317/07, NZA 09, 844; LAG Köln 2.3.12 – 4 Sa 1115/11, BeckRS 2012, 69436; Näheres *Betriebliche Altersversorgung* Rz 1). Sie bezweckt regelmäßig nicht die Versorgung des ArbN im Alter.

2. Anspruchsgrundlage. Der Anspruch auf Übergangsgeld kann sich aus den üblichen arbeitsrechtlichen Quellen ergeben: Arbeits- oder Tarifvertrag, Betriebsvereinbarung oder Versorgungswerk. Mit **Führungskräften** werden oft nachvertragliche Regelungen getroffen, bei deren Formulierung (und Auslegung) auf die gebotene Abgrenzung zur Karenzentschädigung und zur Versorgungszusage sowie auf eine mögliche Anrechnung von Einkünften aus neuer beruflicher Tätigkeit zu achten ist. Wird das Arbeitsverhältnis vor dem Entstehen des Anspruchs von einem anspruchsbegründenden Tarifvertrag auf einen neuen Tarifvertrag, der diese Leistung nicht enthält, übergeleitet, kann Übergangsgeld auch nicht aus Gründen des **Vertrauensschutzes** verlangt werden (BAG 24.1.08 – 6 AZR 228/07, NZA-RR 08, 436 zum BAT/TVöD).

3. Inhalt. Der zulässige Inhalt kollektivrechtlicher Vereinbarungen richtet sich nach den allgemein geltenden Bestimmungen. Die Bemessung der **Höhe** der Leistung entsprechend der Dauer des Arbeitsverhältnisses ist nicht zu beanstanden. Abwesenheitszeiten infolge **Eltern- oder Pflegezeit** können die Anspruchshöhe mindern (BAG 10.11.94 – 6 AZR 486/94, NZA 95, 692). Zu einer verbotenen **geschlechtsbezogenen Benachteiligung** wegen des (früher) unterschiedlichen Rentenzugangsalters von Männer und Frauen s BAG 7.11.95 – 3 AZR 1064/94, DB 96, 94 sowie BAG 15.2.11 – 9 AZR 750/09, NZA 11, 740. **Teilzeitbeschäftigte** haben Anspruch auf zeitanteilige Leistung (BAG 30.3.95 – 6 AZR 674/94, ZTR 96, 72). Auch unter Berücksichtigung des Verbots der **Altersdiskriminierung** dürfte der Ausschluss von ArbN mit Anspruch auf Altersrente unbedenklich sein (zum alten Recht BAG 10.7.03 – 6 AZR 289/02, NZA 04, 1239 [Ls]; 16.5.06 – 6 AZR 631/05, AP TV-SozSich § 8 Nr 1; nunmehr ebenso zur neuen Rechtslage BAG 6.10.11 – 6 AZN 815/11, NZA 11, 1431). Auch eine Benachteiligung wegen der Behinderung liegt nicht vor, wenn eine tarifliche Leistung auf die Zeit bis zum Erwerb einer wirtschaftlichen Absicherung durch den Anspruch auf eine Rente aus der gesetzlichen RV beschränkt ist (BAG 6.10.11 – 6 AZN 815/11, NZA 11, 1431). Zur Auslegung einer Betriebsvereinbarung über einen Zuschuss zum **Altersübergangsgeld** BAG 22.2.95 – 10 AZR 500/94, DB 95, 2223; zur Auskunftspflicht des ArbGeb LAG MeVo 22.11.93 – 5 Sa 439/93, NZA 95, 79. Bis zu welchem Zeitpunkt das Übergangsgeld zu zahlen ist, ist durch Auslegung der Rechtsgrundlage zu ermitteln (s LAG Hessen 29.10.12 – 16 Sa 483/12, BeckRS 2013, 65745 zum „frühest möglichen Bezug von Altersruhegeld"). Angaben in einem Tarifvertrag zur Beitragspflicht des Übergangsgeldes zu der gesetzlichen KV, PV und RV stellen nur einen rechtlich unverbindlichen Hinweis auf die sozialversicherungsrechtlichen Folgen dar (BAG 15.6.10 – 3 AZR 861/08, BeckRS 2010, 71683).

4. Progressionsvorbehalt. Überbrückungsleistungen werden vielfach in Höhe eines bestimmten Prozentsatzes vom zuletzt bezogenen Nettogehalt zugesagt. Es stellt sich dann regelmäßig die Frage, welche Partei die sich aus § 32b EStG ergebenden finanziellen Nachteile zu tragen hat (Steuerfreiheit der ArbGebLeistung, aber Berücksichtigung bei dem Steuersatz). Fehlt es an hinreichenden Anhaltspunkten für eine gewollte zusätzliche Belastung des ArbGeb, ist das der ArbN (BAG 8.9.98 – 9 AZR 255/97, NZA 99, 769). Anders zum TV Stationierungsstreitkräfte Soziale Sicherung vom 31.8.71 BAG 20.5.99 – 6 AZR 451/97,

410 Übergangsgeld/Überbrückungsgeld

NZA 99, 1342. Zur Berücksichtigung fiktiver LSt bei *Grenzgängern* nach diesem TV BAG 10.3.05 – 6 AZR 317/01, DB 05, 2248.

5. Steuerklassenwechsel. Erhöht der ArbN bei einem nettolohnbezogenen Übergangsgeld durch einen Wechsel der LStKlasse die Bemessungsgrundlage, kann der ArbGeb dem ArbN ggf den Einwand des Rechtsmissbrauchs entgegenhalten. Das ist idR dann der Fall, wenn die Steuerklasse nicht den tatsächlichen Einkommensverhältnissen der Ehegatten im bestehenden Arbeitsverhältnis entspricht (BAG 9.9.03 – 9 AZR 605/02, NZA 04, 496). Allerdings ist die Steuerklassenwahl IV/IV stets zu beachten (BAG 13.6.06 – 9 AZR 423/05, DB 06, 2470). Hierzu Näheres *Lohnsteuerklassen* Rz 3.

6. Rechtsnatur. Das vom ArbGeb gezahlte Übergangsgeld ist **Arbeitseinkommen** iSd §§ 850c, 850e Nr 2 Buchst a ZPO. Der ArbGeb darf bei Prüfung des Aufrechnungsverbots nach § 394 BGB Übergangsgeld und eine darauf anzurechnende SozVRente zusammenrechnen; ein Zusammenrechnungsbeschluss des Vollstreckungsgerichts ist nicht erforderlich (BAG 30.7.92 – 6 AZR 169/91, BB 93, 2003 zu § 62 BAT). Der Anspruch unterliegt tariflichen Ausschlussfristen (BAG 8.9.99 – 4 AZR 642/98, FA 99, 411; 14.2.77 – 4 AZR 579/75, AP Nr 5 zu § 70 BAT). Zur Anrechnung von Nebenverdienst und einer Militärrente auf eine **Überbrückungsbeihilfe** (TV Stationierungsstreitkräfte s BAG 1.10.98 – 6 AZR 228/97, NZA 99, 495 und BAG 16.7.98 – 6 AZR 672/96, NZA 99, 217). Das rentenersetzende Übergangsgeld gehört zu den „Bezügen aus der gesetzlichen RV" iSv § 71 Abs 2 BAT (BAG 30.9.99 – 6 AZR 130/98, NZA 2000, 547).

7. Arbeitslosengeld. Nach § 32 SGB I sind Vereinbarungen zwischen ArbGeb und ArbN nichtig, die zum Nachteil des ArbN von den sozialrechtlichen Vorschriften abweichen. Unwirksam ist deshalb die Klausel in einem Aufhebungsvertrag, in der sich der ArbN verpflichtet, keinen Antrag auf AlGeld zu stellen (BAG 22.6.89 – 8 AZR 761/87, EWiR 90, 833). Zulässig war hingegen eine Regelung, die den ArbGeb berechtigt, ein vereinbartes Übergangsgeld um den Betrag zu kürzen, den er nach den früher geltenden § 128 AFG/ § 147a SGB III an die BA zu erstatten hatte. Eine solche Vereinbarung war zwar für den ArbN uU ungünstig, weil der Erstattungsbetrag auch die SozVBeiträge einschließt und der Kürzungsbetrag daher höher war als das dem ArbN zufließende AlGeld. Sie beschränkte den ArbN aber nicht unmittelbar in seiner sozialrechtlichen Position (BAG 25.1.2000 – 9 AZR 144/99, NZA 2000, 886).

B. Lohnsteuerrecht

Windsheimer

1. Beendigung des Arbeitsverhältnisses. Das anlässlich der Entlassung aus einem Dienstverhältnis gezahlte Übergangsgeld ist grds **steuerpflichtiger Arbeitslohn.** Das gilt zB bei einem von vornherein befristeten Arbeitsverhältnis, bei dem das Übergangsgeld in voller Höhe stpfl ist (BFH 10.2.05 – IX B 182/03, BFH/NV 05, 1058). Es kommt eine Steuerermäßigung nach § 24 Nr 1a iVm § 34 Abs 1 und Abs 2 EStG in Betracht (BFH 14.5.03 – XI R 12/00, BStBl II 04, 449), nicht jedoch für das Übergangsgeld nach § 62 Abs 3 Nr 2b BAT – niederkunftsbedingt (BFH 21.6.90, BFH/NV 91, 88, voller Steuersatz; s bereits BFH 8.10.65, BStBl III 66, 102). Werden neben einer Abfindung wegen Entlassung über mehrere Jahre erhebliche Übergangsgelder bezahlt, sind alle Zahlungen als einheitliche Entschädigung iSd § 24 Nr 1a EStG zu beurteilen (BFH 29.5.08 – IX R 55/05, BFH/NV 08, 1666; s auch *Außerordentliche Einkünfte* Rz 2 ff). Übergangsgeld nach BAT bzw TVöD sind Versorgungsbezüge (§ 19 Abs 1 Nr 2 EStG; R 19.8 Abs 1 Nr 2 LStR). Der Versorgungsfreibetrag kann hierbei erst nach Erreichen der gesetzlichen Altersgrenze gewährt werden (BFH 12.9.07 – VI B 45/07, BFH/NV 08, 60; s auch *Altersgrenze* Rz 17). Zum Wegfall der Steuerfreiheit (§ 3 AbsNr 9 EStG) ab 2006 s *Abfindung* Rz 41 ff.

Zur Steuerfreiheit des Übergangsgeldes (§ 3 Nr 10 EStG) bis 2006 und die Übergangsregelung (§ 52 Abs. 4a EStG) s Personalbuch 2011.

2. Übergangsgeld nach §§ 20 ff SGB VI (s unten Rz 16 ff) ist **steuerfrei** (§ 3 Nr 1c EStG), ebenso das Übergangsgeld für Behinderte gem §§ 119 ff SGB III (§ 3 Nr 2 EStG). Diese Leistungen unterliegen dem **Progressionsvorbehalt** (§ 32b Abs 1 Nr 1a, b EStG; s auch *Lohnersatzleistungen* Rz 5 ff). Es findet hierbei vAw eine Steuerveranlagung statt, wenn die steuerfreien Leistungen, die dem Progressionsvorbehalt unterliegen, über 410 € pro Jahr

Übergangsgeld/Überbrückungsgeld

betragen (§ 46 Abs 2 Nr 1 EStG). Das von einem **ausländischen** Versicherungsträger gezahlte Übergangsgeld kann steuerfrei sein (BFH 15.4.96, BStBl II 96, 478; s *Grenzgänger* Rz 23 zum sog Taggeld).

3. Überbrückungsgeld. Das Überbrückungsgeld wurde seit 1.8.06 durch den Gründungszuschuss ersetzt (s unten Rz 14; Näheres: *Gründungszuschuss*). Zum bisherigen Überbrückungsgeld s Personalbuch 2011. **11**

C. Sozialversicherungsrecht
Voelzke

1. Allgemeines. Den Begriffen Übergangs- und Überbrückungsgeld kommt im SozVRecht eine andere Bedeutung als im Arbeitsverhältnis (s oben Rz 1 ff) zu. Im SozVRecht ist das Übergangsgeld eine Lohnersatzleistung, die zur Sicherung des Lebensunterhalts im Zusammenhang mit **Leistungen zur Teilhabe** gezahlt wird. **14**

2. Leistungen des Arbeitgebers. Das vom ArbGeb anlässlich des Ausscheidens aus dem Arbeitsverhältnis an den ArbN gezahlte arbeitsrechtliche Übergangs- oder Überbrückungsgeld gehört beitragsrechtlich **nicht zum Arbeitsentgelt** in der SozV, da es sich zeitlich nicht der versicherungspflichtigen Beschäftigung zuordnen lässt (vgl BSG 6.2.92 – 7 RAr 66/90, SozR 3–4100 § 94 Nr 2). Daher unterliegt es nicht der Beitragspflicht und hat keine Auswirkungen auf die Bemessung der Lohnersatzleistungen. Beitragsfrei ist eine derartige Leistung des ArbGeb auch dann, wenn sie allein dazu dient, Arbeitsentgeltausfälle aufzufangen, die dadurch entstehen, dass der ArbN nach Beendigung des Arbeitsverhältnisses bis zum frühestmöglichen Beginn der Altersrente keinen neuen Arbeitsplatz findet (LSG Sachs 4.2.2009 – L 1 KR 132/07, juris). Die Zahlung des arbeitsrechtlichen Übergangsgeldes kann allerdings das Ruhen des Leistungsanspruches gem § 158 SGB III bewirken (Näheres: *Abfindung* Rz 60 ff). Abweichend von den zu Abfindungen entwickelten Grundsätzen hat das BSG eine „Ausgleichszahlung", die vom ArbGeb zusätzlich zu einer Rente aus der gesetzlichen RV und einer Betriebsrente gezahlt wurde und die eine Verminderung des späteren Rentenanspruchs ausgleichen sollte, als eine Rente der betrieblichen Altersversorgung angesehen und Beitragspflicht nach § 229 Satz 1 Nr 5 SGB V angenommen (BSG 26.3.96 – 12 RK 44/94, NZA 96, 1064; vgl auch *Betriebliche Altersversorgung* Rz 207 ff). **15**

Nach § 23c SGB IV (eingefügt durch Gesetz vom 21.3.05, BGBl I 05, 818) besteht **Beitragsfreiheit** von Zuschüssen des ArbGeb zu bestimmten Entgeltersatzleistungen (*Krankengeld*, Verletztengeld, Übergangsgeld oder Krankentagegeld). Die Beitragsfreiheit besteht nur, soweit die Zuschüsse zusammen mit den genannten Sozialleistungen das Nettoarbeitsentgelt iSd § 47 SGB V nicht übersteigen (s die Berechnungsbeispiele bei *Schlegel/Voelzke/Segebrecht* SGB IV § 23c Rz 45 ff).

3. Rehabilitation. In der SozV gehört das Übergangsgeld zu den unterhaltssichernden Leistungen (§ 5 Nr 3 SGB IX) zur Teilhabe. Es handelt sich um eine **Lohnersatzleistung,** die während der Dauer von RehaMaßnahmen in allen Bereichen der sozialen Sicherheit für die Dauer von Leistungen zur Teilhabe am Arbeitsleben und in der gesetzlichen RV für die medizinische Reha gezahlt wird (vgl zur Rechtsentwicklung BSG 26.9.90 – 9b/7 RAr 96/88, NZA 91, 288). Dem vom RVTräger während medizinischer RehaMaßnahmen gezahlten Übergangsgeld entsprechen in den anderen Sozialleistungsbereichen die Lohnersatzleistungen Verletztengeld, Versorgungskrankengeld und Krankengeld (s *Krankengeld* Rz 15). Da das Übergangsgeld den Lebensunterhalt des Behinderten während der beruflichen RehaMaßnahme sichern soll, knüpft es in erster Linie an das früher erzielte Arbeitsentgelt oder zuvor bezogene Sozialleistungen an, ausnahmsweise wird ein fiktives Arbeitsentgelt zugrunde gelegt. Es kann für einen begrenzten Zeitraum auch ohne aktuelle Teilnahme an einer Maßnahme gezahlt werden. **16**

Bei fehlendem Anspruch auf Übergangsgeld gewährt die BA Behinderten für die Teilnahme an beruflichen Ausbildungsmaßnahmen zur Sicherung des Lebensunterhalts **Ausbildungsgeld** (§§ 122–126 SGB III); die Leistungen werden idR unabhängig davon gewährt, ob die erforderlichen Mittel aufgrund eines Unterhaltsanspruches zur Verfügung stehen. **17**

a) Voraussetzungen. Die Gewährung erfordert neben der Erfüllung der allgemeinen Voraussetzungen für die Teilnahme an RehaMaßnahmen (s *Rehabilitation (berufliche)* Rz 20 ff **18**

und *Kur* Rz 17 ff) das Vorliegen der besonderen Leistungsvoraussetzungen des Übergangsgeldes (s hierzu auch *Kessler* in *Deinert/Neumann*/HB SGB IX § 12 Rz 14 ff).

19 **aa) Versicherungsrechtliche Voraussetzungen.** In der **Arbeitslosenversicherung** hat die besonderen versicherungsrechtlichen Voraussetzungen derjenige Behinderte erfüllt, der innerhalb der letzten drei Jahre vor Beginn der Teilnahme mindestens **zwölf Monate** in einem Versicherungspflichtverhältnis gestanden hat oder die Voraussetzungen für einen Anspruch auf AlGeld erfüllt und Leistungen beantragt hat (§ 120 SGB III).

20 Die dreijährige Rahmenfrist gilt **nicht** für behinderte Berufsrückkehrer. Auslandstätigkeiten, die für die weitere Berufsausübung oder einen beruflichen Aufstieg nützlich oder üblich sind, verlängern die Rahmenfrist um bis zu zwei Jahre (§ 120 Abs 2 SGB III). Von der Erfüllung der versicherungsrechtlichen Voraussetzungen kann abgesehen werden, wenn der Behinderte innerhalb eines Jahres vor Beginn der Maßnahme einen in § 121 SGB III genannten Berufsausbildungsabschluss erworben hat.

21 In der **Rentenversicherung** gelten die versicherungsrechtlichen Voraussetzungen nicht nur für die Gewährung des Übergangsgeldes, sondern bestimmen über den Zugang zu sämtlichen RehaLeistungen. Die Voraussetzungen hat nach § 11 Abs 1 SGB VI erfüllt, wer bei Antragstellung die Wartezeit von fünfzehn Jahren erfüllt hat oder eine Rente wegen verminderter Erwerbsfähigkeit bezieht. Dem Bezug einer Rente wegen verminderter Erwerbsfähigkeit ist es gleichgestellt, wenn überlebende Ehegatten Anspruch auf die große Witwen- oder Witwerrente wegen verminderter Erwerbsfähigkeit haben (§ 11 Abs 3 SGB VI).

22 Für **medizinische Rehabilitationsleistungen** gelten in der RV die erleichterten Zugangsvoraussetzungen des § 11 Abs 2 SGB VI. Sie sind gegeben, wenn der Versicherte in den letzten zwei Jahren vor der Antragstellung sechs Kalendermonate mit Pflichtbeitragszeiten hat (Nr 1), er innerhalb von zwei Jahren nach Beendigung einer Ausbildung eine versicherte Beschäftigung oder selbstständige Tätigkeit aufgenommen oder ausgeübt hat, Arbeitsunfähigkeit und Arbeitslosigkeit sind gleichgestellt (Nr 2) oder bei Erfüllung der allgemeinen Wartezeit von fünf Jahren verminderte Erwerbsfähigkeit vorliegt oder zu erwarten ist (Nr 3).

23 In der gesetzlichen **Unfallversicherung** besteht das Erfordernis von versicherungsrechtlichen Vorzeiten nicht.

24 **bb) Teilnahme an einer Maßnahme.** Die Gewährung von Übergangsgeld für berufsfördernde Maßnahmen zur Reha setzt die tatsächliche Teilnahme an einer Maßnahme voraus, die nach RehaRecht förderungsfähig ist (Näheres *Rehabilitation (berufliche)* Rz 32 ff). Für die Zeit eines unentschuldigten Fernbleibens entfällt der Anspruch auf Übergangsgeld (BSG 21.3.01 – B 5 RJ 34/99 R, SozR 3–2600 § 20 Nr 1).

25 Auch ohne Teilnahme an einer Maßnahme ist Übergangsgeld während einer Übergangszeit zu zahlen, wenn weitere Leistungen zur Teilhabe am Arbeitsleben erforderlich sind und diese aus Gründen, die der Leistungsempfänger nicht zu vertreten hat, nicht unmittelbar anschließend durchgeführt werden (sog **Zwischen- oder Überbrückungsübergangsgeld;** § 51 Abs 1 SGB IX). Das Zwischenübergangsgeld kann zwischen zwei medizinischen Maßnahmen zur Reha zu gewähren sein, wenn diese im Verhältnis zueinander gesamtplanfähig und -pflichtig sind (BSG 12.6.01 – B 4 RA 80/00 R, SozR 3–2600 § 25 Nr 1). Die Leistungsgewährung nach § 51 Abs 1 SGB IX setzt zudem voraus, dass der Leistungsempfänger ohne Anspruch auf Krankengeld arbeitsunfähig ist oder ihm eine zumutbare Arbeit nicht vermittelt werden kann. Die Erforderlichkeit einer weiteren Bildungsmaßnahme muss grds bereits zum Zeitpunkt des Abschlusses der ersten Maßnahme feststehen (BSG 22.6.89 – 3 RA 24/88, SozR 2200 § 1241e Nr 18). Der Besuch eines Praktikums nach einer schulischen Fachausbildung zur Erlangung einer staatlichen Anerkennung im Beruf (Anerkennungspraktikum), begründet keinen Anspruch auf Übergangsgeld (BSG 29.1.08 – B 5a/5 R 20/06 R, SozR 4–3250 § 33 Nr 1).

Ein Anspruch auf **Leistungsfortzahlung** für längstens sechs Wochen besteht nach § 51 Abs 3 SGB IX, wenn der Leistungsempfänger Leistungen zur Teilhabe am Arbeitsleben allein aus gesundheitlichen Gründen nicht mehr, aber voraussichtlich wieder in Anspruch nehmen kann.

Schließlich besteht nach näherer Maßgabe des § 51 Abs 4 SGB IX ein Anspruch auf sog **Anschlussübergangsgeld**, wenn sich der Leistungsempfänger im Anschluss an eine abgeschlossene Leistung zur Teilhabe am Arbeitsleben bei der Agentur für Arbeit arbeitslos meldet

Übergangsgeld/Überbrückungsgeld 410

und einen Anspruch auf AlGeld nicht geltend machen kann. Der Anspruch erlischt nicht mit der Aufnahme einer neuen Beschäftigung, sondern kann bei erneuter Arbeitslosigkeit innerhalb des Dreimonatszeitraums wieder geltend gemacht werden (BSG 23.2.11 – B 11 AL 15/10 R, NZS 11, 831). Nach § 51 Abs 5 SGB IX kann Übergangsgeld auch bei einer sich an Leistungen der medizinischen Rehabilitation anschließenden stufenweisen Eingliederung nach § 28 SGB IX gewährt werden (Näheres: *Schlegel/Voelzke/Schlette* SGB IX, § 51 Rz 37 ff).

cc) Fehlen einer Erwerbstätigkeit. Der Anspruch auf Übergangsgeld setzt voraus, dass **26** der Behinderte wegen der Leistungen keine ganztägige Erwerbstätigkeit ausüben kann. Dieses Merkmal ist auch erfüllt, wenn im Rahmen der Maßnahme Gelegenheit zur Nacharbeit oder Erholung geboten wird (BSG 30.4.81 – 11 RA 19/80, SozR 2200 § 1241 Nr 17).

b) Höhe und Dauer der Leistung. Die Berechnung des Übergangsgeldes erfolgt, wenn **27** das Ende des Bemessungszeitraums nicht länger als drei Jahre zurückliegt, grds nach dem gesetzlich festgelegten Prozentsatz des im Bemessungszeitraum erzielten Arbeitsentgelts (§ 46 SGB IX). Überstunden sind in die Berechnung des Regelentgelts einzubeziehen, wenn sie nach dem Inhalt des Arbeitsverhältnisses regelmäßig erbracht wurden (BSG 1.6.94 – 7 RAr 40/93, SozR 3–4100 § 59 Nr 5). Einmalzahlungen sind in die Bemessungsgrundlage einzubeziehen.

Liegt der letzte Tag der Erwerbstätigkeit mehr als drei Jahre zurück, ist kein Arbeitsentgelt erzielt worden oder wäre es unbillig hart, von diesem Arbeitsentgelt auszugehen, so wird der Berechnung das tarifliche bzw ortsübliche Arbeitsentgelt zugrunde gelegt, das der Behinderte ohne die Behinderung nach seinen beruflichen Fähigkeiten und seinem Lebensalter erzielen könnte (§ 48 SGB IX). Zur Sicherung der Kontinuität der Leistungen wird bei mehreren RehaMaßnahmen das Arbeitsentgelt als Berechnungsgrundlage jeweils übernommen (§ 49 SGB IX; vgl auch BSG 26.9.90 – 9b/7 RAr 96/88, NZA 91, 288). Hat bei Zuständigkeit der gesetzlichen UV ein Versicherter Verletztengeld in Höhe zuvor bezogenen AlGeldes bezogen, so ist für die Teilnahme an einer Maßnahme zur Teilhabe am Arbeitsleben Übergangsgeld in derselben Höhe zu zahlen (BSG 13.11.12 – B 2 U 26/11 R, SGb 13, 484).

Das Übergangsgeld beträgt nach § 46 Abs 1 SGB IX während der Teilnahme an berufs- **28** fördernden oder medizinischen Maßnahmen zur Reha für Behinderte, die ein **Kind** haben oder die den mit ihnen in häuslicher Gemeinschaft lebenden **Ehegatten** pflegen bzw von diesem gepflegt werden, in den Bereichen der RV und der Arbeitsförderung einheitlich 75 vH, für die übrigen Teilnehmer 68 vH der maßgebenden Bemessungsgrundlage. Bei einer sich anschließenden Arbeitslosigkeit findet ein Lohnersatzquote von 67 (60) vH Anwendung.

Das Übergangsgeld wird, soweit es nicht ausnahmsweise für die Zeit nach Abschluss einer **29** Maßnahme zu zahlen ist, für die Dauer der medizinischen oder berufsfördernden Leistungen erbracht. Die Dauer von Leistungen zur beruflichen Weiterbildung soll bei ganztägigem Unterricht idR nicht länger als **zwei Jahre** betragen (§ 37 Abs 2 SGB IX). Eine Ausnahme hiervon gilt, wenn die berufliche Eingliederung nur durch eine länger dauernde Maßnahme erreicht wird; bei der Auslegung dieser Ausnahmevorschrift ist der Berufswunsch des Teilnehmers zu berücksichtigen (vgl BSG 3.7.91 – 9b/7 RAr 142/89, SozR 3–4100 § 56 Nr 3; s aber auch BSG 28.1.93 – 2 RU 10/92, NZS 93, 322). Eine Teilförderung bei längeren Maßnahmen findet nicht statt.

c) Einkommensanrechnung. Erwerbseinkommen, dh Arbeitsentgelt und Arbeitsein- **30** kommen iSd §§ 14, 15 SGB IV, das während der Bezugszeit des Übergangsgeldes erzielt wird, ist in **voller Höhe** auf das Übergangsgeld anzurechnen (§ 52 Abs 1 Nr 1 SGB IX). Dabei ist das Erwerbseinkommen von ArbN um die gesetzlichen Abzüge (Steuern und Pflichtbeiträge zur SozV) und um einmalig gezahltes Arbeitsentgelt und das sonstiger Leistungsempfänger um 20 vH zu mindern. Bei der Ermittlung der gesetzlichen Abzüge bleiben der später durchgeführte LStAusgleich und auf der LStKarte nicht eingetragene Freibeträge außer Ansatz, während lohnsteuerfreie Zuschläge nicht zum anrechenbaren Arbeitsentgelt gehören (BSG 16.2.89 – 4 RA 2/88, SozR 2200 § 1241 f Nr 4). Nachträgliche Änderungen des Einkommens bleiben idR unberücksichtigt; abweichend hiervon führen berechtigte Gehaltskürzungen seitens des ArbGeb, gegen die der Versicherte nicht erfolgreich vorgehen kann, ausnahmsweise zu einer Neuberechnung der Leistung (BSG 16.2.84 – 1 RA 35/83, SozR 2200 § 124 f Nr 2).

411 Überstunden

31 **Leistungen des Arbeitgebers** zum Übergangsgeld sind, soweit sie nicht zusammen mit dem Übergangsgeld das frühere Nettoarbeitsentgelt übersteigen, nicht auf das Übergangsgeld anzurechnen (§ 52 Abs 1 Nr 2 SGB IX). Es muss ein Bezug der ArbGebLeistung zum Übergangsgeld oder der Rehabilitationsmaßnahme bestehen (*Schlegel/Voelzke/Schlette* SGB IX, § 52 Rz 18). Im Übrigen werden Sozialleistungen, die auf eine wirtschaftliche Absicherung des Behinderten abzielen, auf das Übergangsgeld angerechnet.

32 **d) Versicherungsschutz.** Teilnehmer an berufsfördernden Maßnahmen zur Reha sowie an Berufsfindungs- und Arbeitserprobungsmaßnahmen sind in der KV versicherungspflichtig, es sei denn die Maßnahmen werden nach dem BVG erbracht (§ 5 Abs 1 Nr 6 SGB V). Die Versicherungspflicht besteht in der KV unabhängig davon, ob der Leistungsträger auch Übergangsgeld zahlt. Da die jetzige Gesetzesfassung auf die Teilnahme abstellt, ist unerheblich, ob die Maßnahme zu Recht oder zu Unrecht bewilligt worden ist. In der RV besteht während des Bezuges von Übergangsgeld nach § 3 SGB VI Versicherungspflicht, wenn der Leistungsempfänger im letzten Jahr vor Beginn der Leistung zuletzt versicherungspflichtig war; in den übrigen Fällen eröffnet § 4 Abs 3 Satz 1 Nr 1 SGB VI die Möglichkeit, die Versicherungspflicht zu beantragen und Pflichtbeiträge zu zahlen (vgl aber auch § 4 Abs 3a SGB VI). Nach § 26 Abs 2 Nr 1 SGB III besteht Versicherungpflicht in der ArblV, soweit unmittelbar vor Beginn der Übergangsgeldzahlung durch einen Träger der medizinischen Reha Versicherungspflicht bestand oder eine laufende Entgeltersatzleistung der ArblV bezogen wurde. Mit dem Inkrafttreten des AFRG besteht für erwachsene Teilnehmer an berufsfördernden Leistungen keine Versicherungs- und Beitragspflicht zur ArblV mehr (vgl *Friedrich/Ritz* DRV 98, 266).

Überstunden

A. Arbeitsrecht *Poeche*

Übersicht

	Rz		Rz
1. Einführung	1	d) Überstundenzuschläge	12
2. Öffentliches Arbeitszeitrecht	2	e) Teilzeitbeschäftigung	13
3. Vorliegen von Überstunden	3, 4	7. Freizeitausgleich	14
a) Zeitlich	3	8. Fristen/Verwirkung	15
b) Inhaltlich	4	9. Prozessuales	16
4. Pflicht zur Leistung von Überstunden	5–7	10. Überstunden und sonstige Leistungspflichten des Arbeitgebers	17
a) Kollektivrechtliche Regelungen	6	11. Mitbestimmungsrechte des Betriebsrates	18–22
b) Sonderregelungen für bestimmte Arbeitnehmer	7	a) Allgemeines	18
5. Anspruch auf Zuweisung von Überstunden	8	b) Abgrenzung	19
		c) Eilfälle	20
6. Vergütung	9–13	d) Leiharbeitnehmer	21
a) Grundlohn	9	e) Prozessuales/Vollstreckung	22
b) Abgeltungsklauseln	10	12. Muster	23
c) Vereinbarte zusätzliche Pauschalvergütung	11		

1 **1. Einführung.** Überstunden (Überarbeit, Überschicht) leistet der ArbN, der über die für sein Beschäftigungsverhältnis geltende Arbeitszeit hinaus arbeitet (BAG 8.11.89 – 5 AZR 642/88, DB 90, 889).

Tarifverträge definieren Überstunden idR als Überschreitung der regelmäßigen tariflichen Arbeitszeit; weitgehend hat sich hierfür der Begriff **Mehrarbeit** eingebürgert (vgl § 3 Abs 5 BRTV; § 4 MTV Groß- und Außenhandel NRW; differenzierend nach Voll- und Teilzeitbeschäftigung § 3 MTV Einzelhandel NRW sowie § 7 Abs 6, 7 TVöD). Nach § 15 AZO löste die Überschreitung der gesetzlich zulässigen Höchstarbeitszeit zwingend einen Anspruch auf **Mehrarbeitsvergütung** aus; eine vergleichbare Regelung kennt das ArbZG nicht. Auch der Begriff Mehrarbeit wird im ArbZG nicht verwandt. Die gesetzliche Terminologie ist uneinheitlich. In § 4 Abs 1a Satz 1 EFZG und in § 11 Abs 1 BUrlG ist die Rede von Überstunden. Soweit es um Beschränkungen der Arbeitszeit im Interesse des Gesund-

Überstunden

heitsschutzes in besonderen Lebenslagen geht, wird von Mehrarbeit gesprochen: § 21 Abs 2 JArbSchG, § 8 Abs 1 MuSchG, § 124 SGB IX.

Sonderleistungen des ArbN, die über seine geschuldete Arbeit hinausgehen, werden ebenfalls als Mehrarbeit bezeichnet (zB Facharbeiter erhält Aufgaben des Vorarbeiters; Chauffeur übernimmt Gartenarbeit; Buchhalter unterbreitet kaufmännischen Verbesserungsvorschlag).

Streitpotenzial. Der Komplex Überstunden/Mehrarbeit ist typischerweise konfliktträchtig. Der ArbGeb ist idR daran interessiert, die Arbeitszeit möglichst kostengünstig auf ArbN seiner Wahl zu verteilen. Der ArbN kann dagegen, etwa aus familiären Gründen, strikt gegen jede Beschäftigung außerhalb seiner nach Tag/Stunde festgelegten Arbeitszeit sein. Gegenläufig kann der ArbN wegen des mit Mehrarbeit verbundenen Mehrverdienstes den Wunsch nach ihrer ständigen Ableistung haben.

2. Öffentliches Arbeitszeitrecht. Das ArbZG beschränkt im Interesse des Gesundheits- 2 schutzes die Dauer zulässiger Arbeitszeit. Entgegenstehende Vereinbarungen sind nichtig (§ 134 BGB). Unzulässig angeordnete Arbeitszeit kann der ArbN verweigern (*Arbeitszeit* Rz 8). Bei tatsächlicher Leistung hat er Anspruch auf Vergütung nach § 612 Abs 1 BGB (BAG 28.9.05 – 5 AZR 52/05, NZA 06, 149). Den ArbGeb treffen **Aufzeichnungs- und Aufbewahrungspflichten,** wenn der ArbN über acht Stunden werktäglich arbeitet (§§ 3 Satz 1, 16 Abs 2 ArbZG). Verstöße sind nach § 22 Abs 1 Nr 9 ArbZG bußgeldbewehrt (bis 15 000 Euro).

3. Vorliegen von Überstunden. a) Zeitlich. Ob der ArbN Überstunden/Mehrarbeit 3 leistet/leisten soll, ist durch einen Vergleich der vom ArbN geschuldeten und im Arbeitsvertrag/Tarifvertrag festgelegten Arbeitszeit mit den von ihm tatsächlich geleisteten oder angeordneten Arbeitsstunden zu ermitteln. Vergleichsmaßstab ist die regelmäßige Arbeitszeit, wie sie für den ArbN aufgrund Tarifvertrags, Betriebsvereinbarung oder Arbeitsvertrag auf Tag/Woche/Monat oder Jahr verteilt ist. Üblicherweise wird die Dauer der geschuldeten Arbeitszeit ausdrücklich festgelegt. Sie kann sich auch aus den Umständen (§§ 133, 157 BGB) ergeben, etwa Vereinbarung einer Vollbeschäftigung. Dann gilt die betriebsübliche Arbeitszeit (BAG 15.5.13 – 10 AZR 325/12, DB 13, 2215; 22.4.09 – 5 AZR 133/08, NZA 10, 120; 25.4.07 – 5 AZR 504/06, NZA 07, 801). Eine Klausel, nach der ArbN die arbeitszeitrechtlich erlaubte Arbeitszeit schuldet, ist gdrs zulässig. Es greift dann das öffentlich-rechtliche Arbeitszeitrecht mit dem im ArbZG geregelten Ausgleichszeiträumen ein (BAG 18.4.12 – 5 AZR 195/11, NZA 12, 796; dazu *Fahrtätigkeit* Rz 4). Zur Vereinbarung einer durchschnittlichen Arbeitszeit und sonstigen Abreden *Arbeitszeit* Rz 29. Erlaubt ein Tarifvertrag dem ArbGeb die einseitige Erhöhung der regelmäßigen Arbeitszeit, erbringt der ArbN bis zu dem vom ArbGeb festgesetzten Ausmaß keine Überstunden (BAG 12.12.90 – 4 AZR 238/90, DB 91, 865: 54-Stunden Arbeitszeit/Woche in Saudi-Arabien); dazu Näheres *Arbeitszeit* Rz 29.

b) Inhaltlich. Überstunden liegen nicht bereits dann vor, wenn sich der ArbN außerhalb 4 der für ihn geltenden regelmäßigen Arbeitszeit im Betrieb aufhält. Sie müssen mit **„Wissen und Wollen"** des ArbGeb erbracht werden. Der ArbGeb muss deshalb die Anwesenheit des ArbN angeordnet oder in sonstiger Weise zum Ausdruck gebracht haben, dass er die über das übliche Zeitmaß hinausgehende Arbeitsleistung des ArbN billigt oder zumindest duldet (so schon BAG 15.6.61 – 2 AZR 436/60, AP Nr 7 zu § 253 ZPO). Eine für die Anordnung von Überstunden vorgeschriebene **Schriftform** dient idR nur der Beweissicherung. Ihre Nichtbeachtung ist materiellrechtlich folgenlos (LAG Hess 29.10.92 – 13 Sa 1365/91, DB 94, 382).

4. Pflicht zur Leistung von Überstunden. Der ArbGeb ist nicht allein auf Grund seines 5 Weisungsrechts (§ 106 GewO) berechtigt, Überstunden anzuordnen. Es beschränkt sich auf das Recht, die im Arbeitsvertrag nur dem Rahmen nach umschriebenen Pflichten des ArbN zu konkretisieren (*Weisungsrecht* Rz 4). Sein Anordnungsrecht kann sich aus der üblichen arbeitsrechtlichen Grundlagen ergeben. Die Auslegung eines **Arbeitsvertrags** muss sich am Einzelfall (§§ 133, 157 BGB) orientieren; bei Formularverträgen sind die §§ 305 ff BGB zu beachten (s auch *Teilzeitbeschäftigung* Rz 6).

a) Kollektivrechtliche Regelungen. Die Anordnungsbefugnis des ArbGeb kann sich 6 aus einem anzuwendenden **Tarifvertrag** ergeben; sie wird oft an betriebliche Erfordernisse

411 Überstunden

gebunden („notwendige Überarbeit"). Soweit für sie keine tarifliche Sonderregelung besteht, sind auch Teilzeitbeschäftigte zur weiteren Arbeitsleistung verpflichtet (BAG 12.2.92 – 5 AZR 566/90, ZTR 92, 330 zur *Rufbereitschaft*). Allein der Umstand, dass der Tarifvertrag die Bezahlung von Überstunden regelt, rechtfertigt nicht den Schluss, der ArbGeb könne Überstunden einseitig anordnen. Ist arbeitsvertraglich die Leistung von Überstunden nicht ausdrücklich ausgeschlossen, kann sich die Anordnungsbefugnis des ArbN aus einer **Betriebsvereinbarung** ergeben, mit der die betriebliche Arbeitszeit vorübergehend verlängert wird.

7 **b) Sonderregelungen für bestimmte Arbeitnehmer.** Zum Anspruch schwerbehinderter Menschen auf Freistellung von Mehrarbeit s *Behinderte* Rz 35. Für Jugendliche s *Jugendarbeitsschutz* Rz 18 ff, für werdende und stillende Mütter *Mutterschutz* Rz 16, für Auszubildende *Ausbildungsverhältnis* Rz 31 und zu den Ansprüchen der Mitglieder des BRat *Betriebsratsfreistellung* Rz 34.

8 **5. Anspruch auf Zuweisung von Überstunden.** Soweit der ArbN nicht (ausnahmsweise) einen arbeitsvertraglichen Anspruch auf Zuweisung von Überarbeit hat, liegt die Entscheidung über das **Ob von Überstunden** vorbehaltlich der Mitbestimmungsrechte des BRat (dazu unten Rz 18) beim ArbGeb. Das gilt auch dann, wenn der ArbGeb den ArbN nach jahrelanger Anordnung von Überstunden künftig nur für die Dauer der regelmäßigen Arbeitszeit beschäftigen will. Die betriebliche Organisation als solche unterliegt, von Missbrauchsfällen abgesehen, keiner arbeitsgerichtlichen Kontrolle (BAG 22.4.09 – 5 AZR 133/08, NZA 10, 120). Rechtsmissbrauch ist bereits dann ausgeschlossen, wenn der ArbGeb im Interesse größerer Wirtschaftlichkeit die betriebliche Praxis ändert. Bei der **Verteilung von Überstunden** auf die einzelnen ArbN hat der ArbGeb **billiges Ermessen** zu wahren (§ 106 GewO; dazu *Weisungsrecht* Rz 17 ff). Zu berücksichtigen sind ua die familiären Aufgaben des ArbN, die einer zusätzlichen Arbeitszeitbelastung entgegenstehen können. Der ArbGeb darf einen ArbN nicht allein deshalb von Überstunden ausnehmen, weil dieser nicht bereit war, auf tarifliche Ansprüche zu verzichten (BAG 7.11.02 – 2 AZR 742/00, NZA 03, 1139: Verstoß gegen das **Maßregelungsverbot**). Der nicht berücksichtigte ArbN hat Anspruch aus *Annahmeverzug*.

9 **6. Vergütung. a) Grundlohn.** Regelmäßig werden Überstunden vereinbarungsgemäß mit dem für die regelmäßige Arbeitsleistung anfallenden Stundenentgelt vergütet (§ 611 BGB). Von einer stillschweigenden Vergütungsabrede iSv § 612 Abs 1 BGB kann ausgegangen werden, wenn im betreffenden Wirtschaftsbereich Tarifverträge gelten, die für vergleichbare Arbeiten die Vergütung von Überstunden vorsehen (nach Auffassung des BAG 17.8.11 – 5 AZR 406/10, NZA 11, 1335 besteht zumindest eine Vergütungserwartung; dazu *Arbeitsentgelt* Rz 8 ff). Bei Fehlen einer Vergütungsabrede greifen die Grundsätze der **fehlgeschlagenen Vergütungserwartung** ein. Nach § 612 Abs 1 BGB sind Überstunden zu vergüten, wenn sie den Umständen nach nur gegen eine Vergütung zu erwarten sind. Das ist idR gegeben, wenn jede zusätzliche Vergütung von Mehrarbeit vertraglich ausgeschlossen ist und der ArbN kein herausgehobenes Entgelt bezieht (BAG 12.2.12 – 5 AZR 765/10, NZA 12, 861 Anm *Bauer* ArbRAktuell 12, 115). Allerdings besteht kein allgemeiner Rechtssatz, nach dem jede Mehrarbeit oder jede dienstliche Anwesenheit außerhalb der regelmäßigen Arbeitszeit zu vergüten ist (st Rspr BAG 17.11.11 – 5 AZR 406/10, NZA 11, 1335; 21.9.11 – 5 AZR 629/10, NZA 12, 145). Es gilt ein **objektiver Maßstab:** Verkehrssitte, Art, Umfang, Dauer oder Dienstleistung und Stellung der Beteiligten zueinander, ohne dass es auf deren persönliche Meinung ankäme. Insbesondere bei Diensten höherer Art wird ein Entgeltanspruch regelmäßig ausscheiden (angestellter Rechtsanwalt). Gleiches gilt für ArbN mit Führungsaufgaben, die nicht unter das ArbZG fallen (zB Chefärzte, leitende Angestellte s *Arbeitszeit* Rz 4). Die Ungleichbehandlung dieser Personengruppe ist nicht gleichheitswidrig (BAG 31.5.01 – 6 AZR 171/00, ZTR 02, 173 zur *Bereitschaftsdienstvergütung* eines Chefarztes). Ein Entgeltanspruch kann auch fehlen, wenn der ArbN den Umfang seiner zeitlichen Beanspruchung selbst bestimmen kann (LAG Köln 7.9.89 – 10 Sa 488/89, NZA 90, 349: Assistenzarzt in Einzelpraxis) oder wenn er zusätzlich zur Festvergütung für einen Teil seiner Arbeitsaufgaben nicht unerhebliche Provisionen bezieht (BAG 27.6.12 – 5 AZR 530/11, NZA 12, 1147 Anm *Bauer* ArbRAktuell 12, 506) Einen Entgeltanspruch verneint das BAG (22.2.12 – 5 AZR 765/10, NZA 12, 861) idR auch bei Zahlung einer deutlich hervorgeho-

benen Vergütung (Überschreitung der Beitragsbemessungsgrenze in der RV). Zum Anspruch des **freigestellten Betriebsrats** s *Betriebsratsfreistellung* Rz 23; zum gesetzlichen Anspruch des Auszubildenden *Ausbildungsverhältnis* Rz 31.

b) Abgeltungsklauseln. Oft enthalten Arbeitsverträge Klauseln, nach denen anfallende 10 Mehrarbeit oder Überstunden mit dem Arbeitsentgelt abgegolten sind. Bei der rechtlichen Prüfung der Zulässigkeit solcher Klauseln nach Maßgabe des AGB-Rechts ist zunächst ihr Inhalt zu ermitteln. So unterliegt eine vom ArbGeb vorformulierte oder verwendete Klausel, die ausschließlich die Vergütung von Arbeitsstunden betrifft und nicht die Befugnis des ArbGeb, Überstunden anzuordnen, nicht der Inhaltskontrolle nach § 307 Abs 1 Satz 1 BGB (BAG 16.5.12 – 5 AZR 331/11, NZA 12, 908 zu einer als unbedenklich beurteilten mündlichen Erklärung des ArbGeb „die ersten 20 Stunden sind mit drin"). Denn die Klausel betrifft unmittelbar das Austauschverhältnis „Arbeit gegen Lohn" und damit eine Hauptleistungspflicht des ArbGeb. Offen gelassen hat das BAG, ob eine kontrollfähige Nebenabrede dann vorliegt, wenn eine Pauschalvergütung von Überstunden mit einer Abrede über den Umfang der Anordnungsbefugnis des ArbGeb kombiniert wird (dafür Schaub/*Linck* § 35 Rz 79). Mit dem Transparenzgebot des § 307 Abs 1 Satz 2 BGB unvereinbar ist dagegen eine Klausel, nach der „erforderliche Überstunden" mit dem monatlichen Entgelt abgegolten seien (BAG 1.9.10 – 5 AZR 517/09, NZA 11, 571; 17.8.11 – 5 AZR 406/10, NZA 11, 1335; vgl auch BAG 20.4.11 – 5 AZR 200/10, NZA 11, 917 zur Pauschalabgeltung von Reisezeiten; *Fahrtätigkeit* Rz 5) oder eine Klausel, nach der der ArbN „für Über- und Mehrarbeit keine weitergehende Vergütung" erhält (BAG 22.2.12 – 5 AZR 765/10, NZA 12, 861). Überstunden sind dann nach § 612 Abs 1 BGB zu vergüten (s oben Rz 9) ohne Beschränkung der Entgeltpflicht auf Mehrstunden, die über die gesetzlich zulässige Höchstarbeitszeit von 48 Stunden/Woche hinausgeht (dazu BAG 28.9.05 – 5 AZR 52/06, NZA 06, 149).

c) Vereinbarte zusätzliche Pauschalvergütung. Gelegentlich wird arbeitsvertraglich 11 die Zahlung einer Pauschale für (erwartete) Überstunden festgelegt. Ist auf das Arbeitsverhältnis zwingend ein Tarifvertrag anzuwenden, muss sichergestellt sein, dass der Tariflohn einschließlich aller Zuschläge nicht unterschritten wird. Tariflohnerhöhungen führen idR zur entsprechenden Aufstockung der Pauschalvergütung. Ob bei einem dauerhaften Wegfall möglicher Überstunden die „Geschäftsgrundlage" der Pauschalvereinbarung entfällt, bestimmt sich nach den Umständen des Einzelfalls. Andernfalls bedarf es der *Änderungskündigung* oder der einvernehmlichen Vertragsänderung. Eine Änderungskündigung kann sozial gerechtfertigt sein, wenn der ArbGeb künftig Mehrarbeit verstärkt durch (bezahlte) Freizeit ausgleichen will (BAG 23.11.99 – 2 AZR 547/99, NZA 01, 492).

d) Überstundenzuschläge. Tarifverträge enthalten anders als Arbeitsverträge idR detail- 12 lierte Bestimmungen zu den vom ArbGeb geschuldeten Zuschlägen. Soweit kein Tarifvertrag anzuwenden ist (mangels Tarifbindung oder fehlender Bezugnahme) und der Arbeitsvertrag keine ausdrückliche Regelung enthält, ist durch Auslegung zu ermitteln, ob über den Grundlohn hinaus ein Zuschlag zu zahlen ist. Das bestimmt sich ua nach der betrieblichen Handhabung und der Branchenüblichkeit. Dabei ist uU zwischen übertariflichen Zulagen für Überstunden und außertariflichen Zulagen für Tagesarbeitsstunden zu differenzieren (BAG 7.2.07 – 5 AZR 41/06, NZA 07, 934).

e) Teilzeitbeschäftigung. Nach den tariflichen Regelungen haben Teilzeitbeschäftigte 13 idR Anspruch auf Überstundenzuschlag erst bei Überschreiten der tariflichen regelmäßigen Arbeitszeit (s *Teilzeitbeschäftigung* Rz 28).

7. Freizeitausgleich. Arbeitsvertragliche/tarifliche Vereinbarungen enthalten oft Bestim- 14 mungen zur Gewährung von Freizeit für geleistete Überstunden, dh der ArbN ist von seiner Arbeitspflicht durch Reduzierung seiner Sollarbeitszeit freizustellen (BAG 21.3.12 – 6 AZR 560/10, BeckRS 2012, 69639 Anm *Bremeier* öAT 12, 162). Die Regelungen sind vielgestaltig. Teils ist Freizeitausgleich auf Wunsch des ArbN zu gewähren, teils ist die Freizeitgewährung der Entscheidung des ArbGeb überlassen. In einem solchen Fall erfüllt der ArbGeb den Freizeitanspruch mit einer widerruflichen Freistellung; der Anspruch erlischt wegen Erfüllung auch dann, wenn der ArbN in dieser Zeit arbeitsunfähig erkrankt (BAG 19.5.09 – 9 AZR 433/08, NZA 09, 1211). Haben die Parteien ausdrücklich die Abgeltung von Überstunden durch Freizeitausgleich vereinbart, hat der ArbN im bestehenden Arbeits-

411 Überstunden

verhältnis keinen Anspruch auf Überstundenvergütung. Offene Ansprüche auf Freizeitausgleich sind erst bei Beendigung des Arbeitsverhältnisses in Geld abzugelten. Formularklauseln über ihren ersatzlosen Wegfall sind idR unwirksam nach § 307 BGB. Der ArbGeb kann gegenläufig auch nicht einseitig von einer festgelegten Überstundenvergütung zum Freizeitausgleich übergehen (BAG 18.9.01 – 9 AZR 307/00, NZA 02, 268). Ein befristetes Arbeitsverhältnis verlängert sich nicht nach § 625 BGB, wenn der ArbN nach Ablauf der Befristung Freizeit als Überstundenausgleich sowie Urlaub erhält und erst danach wieder die Arbeit aufnimmt (BAG 2.12.98 – 7 AZR 508/97, NJW 99, 1654).

15 **8. Fristen/Verwirkung.** Der Anspruch auf Überstundenvergütung verjährt in der Regelfrist von drei Jahren (§ 195 BGB). Einschlägige Ausschlussfristen sind anzuwenden (BAG 14.9.94 – 5 AZR 407/93, DB 95, 478). Der Anspruch unterliegt wie jeder schuldrechtliche Anspruch der Verwirkung. An dem erforderlichen Umstandsmoment (*Verwirkung* Rz 2) fehlt es regelmäßig, wenn der ArbGeb eine unwirksame AGB-Klausel verwendet und der ArbN deshalb seinen Anspruch auf Überstundenvergütung nicht kennt (BAG 22.2.12 – 5 AZR 765/10, NZA 12, 861; BAG 22.2.12 – 5 AZR 765/10, NZA 12, 861).

16 **9. Prozessuales.** Der ArbN hat als Anspruchsteller die **Darlegungs- und Beweislast** für alle Tatsachen (zeitlich und inhaltlich), aus denen sich der erhobene Anspruch auf Überstundenvergütung ergeben soll. Es gelten dieselben Grundsätze wie für die Behauptung des ArbN, die geschuldete (Normal-)Arbeitszeit verrichtet zu haben (BAG 16.5.12 – 5 AZR 347/11, NZA 12, 939). Danach genügt zunächst der Vortrag, wann der ArbN an welchen Tagen von wann bis wann gearbeitet hat oder sich auf Weisung des ArbGeb zur Arbeit bereitgehalten hat (BAG 10.4.13 – 5 AZR 122/12, NZA 13, 1100; 18.4.12 – 5 AZR 248/11, NZA 12, 998). Konkrete Tätigkeitsangaben für jede Überstunde muss der ArbN auf dieser ersten Stufe der Darlegung noch nicht machen (BAG 10.4.13 – 5 AZR 122/12, NZA 13, 1100). Darauf muss der ArbGeb im Rahmen einer gestuften Darlegungslast substanziiert erwidern und im Einzelnen vortragen, welche Arbeiten er dem ArbN zugewiesen hat und an welchen Tagen der ArbN von wann bis wann diesen Weisungen (nicht) nachgekommen ist. Vorgeschriebene Aufzeichnungen wie zB § 21a Abs 7 ArbZG (*Fahrtätigkeit* Rz 4) sind auszuwerten. Verschweigt sich der ArbGeb oder ist sein Vorbringen unsubstanziiert, gelten die vom ArbN vorgetragenen Stunden als zugestanden. Je nach Einlassung des ArbGeb ist vom ArbN vorzutragen, dass die Überstunden vom ArbGeb angeordnet, gebilligt oder geduldet wurden oder jedenfalls zur Erledigung der geschuldeten Arbeit erforderlich waren (st Rspr, ie: BAG 10.4.13 – 5 AZR 122/12, NZA 13, 1100; 25.5.05 – 5 AZR 319/04, NZA 05, 1432 [Ls]). Diese Grundsätze sind allerdings nicht schematisch anzuwenden. Stets sind die betrieblichen Abläufe und die Art der Tätigkeit des ArbN zu berücksichtigen (zB hinsichtlich Dauer der zugewiesenen Touren bei einem Kraftfahrer). Die abgestufte Darlegungs- und Beweislast gilt auch, wenn streitig ist, ob der ArbN Vollarbeit oder (geringer vergüteten) Bereitschaftsdienst geleistet hat (BAG 29.5.02 – 5 AZR 370/01, NZA 03, 120). **Inhaltlich** genügt oft die Darlegung der **Kenntnis** des ArbGeb, dass sich der ArbN außerhalb seiner regelmäßigen Arbeitszeit im Betrieb aufgehalten hat und dass er während dieser Zeit gearbeitet hat. Zurückhaltend sollte mit der beliebten Praxis, wegen der geleisteten Arbeitszeiten auf Anlagen zu verweisen, umgegangen werden. Mit der bloßen Bezugnahme auf den Schriftsätzen als Anlagen beigefügte Stundenaufstellungen genügen die Parteien ihrer Darlegungslast nicht. Das Gericht ist nicht verpflichtet, sich die streitigen oder unstreitigen Arbeitszeiten aus den Anlagen selbst zusammen zu suchen (BAG 16.5.12 – 5 AZR 347/11, NZA 12, 939).

17 **10. Überstunden und sonstige Leistungspflichten des Arbeitgebers.** Inwieweit in der Vergangenheit geleistete Überstunden spätere Entgeltansprüche erhöhen, richtet sich nach dem jeweiligen Regelungskomplex. Zu verweisen ist auf *Annahmeverzug* Rz 15, *Entgeltfortzahlung* Rz 13, *Mutterschutz* Rz 29, *Urlaubsentgelt* Rz 3).

18 **11. Mitbestimmungsrechte des Betriebsrats. a) Allgemeines.** Der BRat hat mitzubestimmen bei der vorübergehenden Verlängerung der betriebsüblichen Arbeitszeit (§ 87 Abs 1 Nr 3 BetrVG). Das Mitbestimmungsrecht bezieht sich auf alle im Zusammenhang mit Überstunden anfallenden Fragen, dh ob, in welchem Umfang und wann von welchem ArbN länger gearbeitet werden soll. Ohne Beteiligung des BRat darf der ArbGeb auch keine freiwillig geleisteten Überstunden entgegennehmen (BAG 27.11.90 – 1 ABR 77/89, DB 91,

706). Der ArbGeb, der die Zustimmung des BRat zur Anordnung von Überstunden nicht erhalten hat, verletzt dessen Beteiligungsrecht, wenn er einen Strohmann zur Erledigung der in Überarbeit zu erbringenden Arbeiten einschaltet (BAG 22.10.91 – 1 ABR 28/91, DB 92, 686). Das Mitbestimmungsrecht bezieht sich auch auf Teilzeitbeschäftigte (BAG 19.2.91 – 1 ABR 31/90, DB 91, 2043). Eine für mehrere Jahre unkündbare Betriebsvereinbarung zu Überstunden verstößt dann nicht gegen § 77 Abs 3 BetrVG (Tarifsperre), wenn die in ihr vorgesehenen Verlängerungen der betriebsüblichen Arbeitszeit als solche jeweils nur vorübergehend sind. Sie beruht auch auf keinem unzulässigen Verzicht des BRat, wenn zwar keine Voraussetzungen für die Anordnung von Überstunden wohl aber detaillierte Regelungen zu deren Umfang und Verteilung im Einzelfall vorgesehen sind (BAG 3.6.02 – 1 AZR 349/02, NZA 03, 1155). Während eines Arbeitskampfes entfallen die Beteiligungsrechte des BRat, die geeignet sind, die Arbeitskampffreiheit des ArbGeb einzuschränken. Es verbleibt ein Anspruch auf Unterrichtung, wenn der ArbGeb Überstunden anordnen will (BAG 10.12.02 – 1 ABR 7/02, NZA 04, 223).

b) Abgrenzung. Das Mitbestimmungsrecht greift nicht ein bei individuellen Regelungen ohne kollektiven Bezug und endet daher, wenn es um die Gestaltung konkreter Arbeitsverhältnisse geht und wo besondere, nur den einzelnen ArbN betreffende Umstände die Abweichung von der betriebsüblichen Arbeitszeit veranlassen oder inhaltlich bestimmen (BAG 11.11.86 – 1 ABR 17/85, DB 87, 336). Ein kollektiver Tatbestand liegt immer vor, wenn die Regelungsfrage die kollektiven Interessen der ArbN des Betriebes berührt. So bei einem absehbaren zusätzlichen Arbeitsbedarf. Auf die Zahl der von Mehr- oder Überarbeit betroffenen ArbN kommt es dabei nicht an (BAG 11.11.86 – 1 ABR 17/85, DB 87, 336 – ständige Rspr). Im Personalvertretungsrecht gilt nichts anderes (BVerwG 30.6.05 – 6 P 9/04, NZA-RR 05, 665). 19

c) Eilfälle. Das Mitbestimmungsrecht besteht grds auch bei eilbedürftigen Maßnahmen. Die Betriebspartner und die Tarifvertragsparteien können aber durch eine Verfahrensregelung den ArbGeb für außergewöhnliche Fälle vorläufig und kurzfristig zur einseitigen Anordnung von Überstunden ermächtigen (BAG 17.11.98 – 1 ABR 12/98, NZA 99, 662). 20

d) Leiharbeitnehmer. Ob bei Maßnahmen, die LeihArbN betreffen, der BRat des Verleiherbetriebs oder derjenige des Entleiherbetriebs mitzubestimmen hat, richtet sich danach, ob der VertragsArbGeb oder der Entleiher die mitbestimmungspflichtige Entscheidung trifft. Danach ist zu unterscheiden: Der BRat des Entleiherbetriebs ist zuständig, soweit die dort geltende übliche Arbeitszeit verkürzt oder verlängert wird. Anderes gilt, wenn der ArbN von dem VertragsArbGeb (dem Verleiher) in einen Betrieb entsandt wird, dessen betriebsübliche Arbeitszeit die vom LeihArbN vertraglich geschuldete Arbeitszeit übersteigt. Das Mitbestimmungsrecht steht dann dem im Verleiherbetrieb gebildeten BRat zu (BAG 19.6.01 – 1 ABR 43/00, NZA 01, 1263). 21

e) Prozessuales/Vollstreckung. Bei der Formulierung von Anträgen, die dem ArbGeb untersagen sollen, Überstunden ohne den BRat anzuordnen, ist auf die gebotene Bestimmtheit (§ 253 ZPO) zu achten. Das gilt auch für Vergleiche, in denen der ArbGeb eine entsprechende Verpflichtung eingeht. Nur hinreichend bestimmte Unterlassungstitel sind vollstreckbar (durch Ordnungsgeld nach § 890 ZPO). Das BAG hat folgenden Vergleich als ausreichend beurteilt: „Die ArbGeb verpflichtet sich, es zu unterlassen, für ArbN im Betrieb D Mehrarbeit anzuordnen oder duldend entgegenzunehmen, ohne den BRat ordnungsgemäß zu beteiligen gem § 87 Abs 1 Nr 3 BetrVG" (BAG 25.8.04 – 1 AZB 41/03, AP BetrVG 1972 § 23 Nr 41). Auch der Umstand, dass das Mitbestimmungsrecht hinsichtlich der vom ArbGeb eingesetzten LeihArbN ggf bei deren VertragsArbGeb liegt, mache den Antrag nicht unbestimmt. **Unzulässig** ist die Vollstreckung eines Unterlassungstitels, wenn sich die für seinen Erlass maßgeblichen Verhältnisse grundlegend geändert haben, zB späterer Abschluss einer Betriebsvereinbarung über den nämlichen Regelungsgegenstand (BAG 19.6.12 – 1 ABR 35/11, NZA 12, 1179). Mit dem Vollstreckungsabwehrantrag kann der ArbGeb zugleich die Herausgabe des erfüllten Vollstreckungstitels beanspruchen (§ 767 ZPO, § 85 ArbGG, § 371 BGB analog). 22

12. Muster. S Online-Musterformular „*M43.1 Tarifliche Mehrarbeitsvergütung*". 23

411 Überstunden

B. Lohnsteuerrecht
Seidel

25 Überstundenvergütungen sind grds stpfl Arbeitslohn (§ 2 Abs 2 Nr 6 LStDV). Sie sind nur dann unter bestimmten Voraussetzungen in beschränkter Höhe steuerfrei, wenn es sich auch um Zuschläge für tatsächlich geleistete Sonntags-, Feiertags- und Nachtarbeit handelt (Näheres s *Sonn- und Feiertagsarbeit* Rz 17 ff). Mehrarbeitsvergütungen, die regelmäßig gezahlt werden, sind als laufender Arbeitslohn zu versteuern (LStR 39b.2 Abs 1 Nr 3; s dazu *Lohnsteuerberechnung* Rz 12 ff). Handelt es sich dagegen um eine einmalige Zahlung, kommt eine Besteuerung als sonstiger Bezug in Betracht (Näheres s *Sonstige Bezüge* Rz 2 ff; s auch *Entgeltzuschläge* Rz 13 ff und *Einmalzahlungen* Rz 31). Zu Überstundenvergütungen an Gesellschaftergeschäftsführer s *Geschäftsführer* Rz 40.

C. Sozialversicherungsrecht
Schlegel

26 **1. Beitragsrecht.** Bis zur Beitragsbemessungsgrenze unterliegt das Arbeitsentgelt für Überstunden der Beitragspflicht nach den allgemeinen Vorschriften, auch wenn für die Überstunden besondere Zuschläge (sog Mehrarbeitszuschläge) gewährt werden. **Überstundenzuschläge** sind dem Arbeitsentgelt iSd § 14 SGB IV ohne Einschränkung zuzurechnen; eine steuerrechtliche Vorschrift, welche Überstundenzuschläge steuerfrei lässt, existiert nicht. § 1 ArEV kommt deshalb nicht mit beitragsbefreiender Wirkung zur Anwendung; eine Beitragsfreiheit kann sich nur dann ergeben, wenn Überstunden in Zeiten geleistet werden, die zugleich Sonntags-, Feiertags- oder Nachtarbeit iSd § 3b EStG sind (s oben Rz 20).

27 **Laufendes Arbeitsentgelt** ist die Überstundenvergütung auch dann, wenn die Zuschläge hierfür erst nach Beendigung des Entgeltabrechnungszeitraums ausgezahlt werden; in diesem Fall ist eine nachträgliche Zuordnung der Überstundenzuschläge zu demjenigen Entgeltabrechnungszeitraum vorzunehmen, für den sie gezahlt und in dem sie erarbeitet wurden.

28 **2. Leistungsrecht.** Im Grundsatz ist davon auszugehen, dass das Arbeitsentgelt iSd § 14 SGB IV, soweit es der Beitragsberechnung unterliegt, auch für die Berechnung von Sozialleistungen in die jeweilige Leistungsbemessungsgrundlage eingeht. Für Überstundenvergütungen, insbesondere für **Mehrarbeitszuschläge,** sah das AFG allerdings vor, dass ua Mehrarbeitszuschläge außer Betracht bleiben (BSG 18.2.87 – 7 RAr 19/86, SozR 4100 § 112 Nr 29; zu § 112 Abs 1 Satz 2 AFG).

29 Seit Inkrafttreten des SGB III fließen auch diejenigen (beitragspflichtigen) Entgeltbestandteile in die Bemessungsgrundlage für das AlGeld ein, die auf Überstunden beruhen (vgl zum Bemessungsentgelt § 151 Abs 1 SGB III).

30 **Krankengeld** wird unter Einbeziehung von Überstunden (Mehrarbeitsstunden) berechnet, wenn bei Eintritt der Arbeitsunfähigkeit regelmäßig Überstunden geleistet wurden. Darauf, ob der Versicherte, falls er nicht arbeitsunfähig geworden wäre, Überstunden auch künftig geleistet hätte, kommt es nicht an. Die Überstunden sind allerdings nur dann in die Berechnung des Regelentgelts einzubeziehen, wenn sie mindestens während der letzten drei Monate (13 Wochen) ohne längere Unterbrechung geleistet worden sind. War der Versicherte bei Eintritt der Arbeitsunfähigkeit noch nicht drei Monate beschäftigt, dann kommt es für die Einbeziehung von Überstunden darauf an, ob ein in demselben Betrieb während der ganzen drei Monate tätig gewesener gleichartiger Beschäftigter in dieser Zeit regelmäßig Überstunden geleistet hat (BSG 28.11.79 – 3 RK 103/78, SozR 2200 § 182 Nr 59). Gem § 47 Abs 1 SGB V beträgt das Krankengeld nämlich 70 vH des erzielten „regelmäßigen" Arbeitsentgelts bzw Arbeitseinkommens, soweit es der Beitragsberechnung unterliegt (sog Regelentgelt; Einzelheiten zur Krankengeldberechnung § 47 SGB V). Bei der Frage, welche Arbeitsstunden „regelmäßig" geleistet worden sind, sind als Beobachtungs- oder Bezugszeitraum mindestens die letzten abgerechneten 13 Wochen oder drei Monate zu berücksichtigen, damit ein sicheres Urteil möglich ist und Zufallsergebnisse vermieden werden.

Umgruppierung

A. Arbeitsrecht *Griese*

1. Begriff. Umgruppierung ist jede Änderung der Einstufung eines ArbN in eine tarifliche oder betriebliche Entgelt- oder Vergütungsgruppenordnung. Sowohl die Höher- oder Herabgruppierung bei unveränderter Tätigkeit als auch die Änderung der Eingruppierung nach Zuweisung oder Übernahme einer anderen Tätigkeit fallen hierunter. Eine Umgruppierung liegt nicht vor, wenn der ArbGeb mit einem einzelnen Mitarbeiter eine individuell vereinbarte Vergütung durch eine neue Vergütung ersetzen will.

Der Begriff Umgruppierung setzt voraus, dass überhaupt eine tarifliche oder betriebliche **Entgelt- oder Vergütungsgruppeneinteilung** besteht, in die der ArbN einzugruppieren war, und dass hinsichtlich der Eingruppierung des ArbN eine Änderung eingetreten ist. Deshalb fehlt es an den Voraussetzungen für eine Umgruppierung, wenn der ArbGeb eine übertarifliche Zulage ändern will, etwa durch Erhöhung oder Anrechnung auf eine Tariflohnerhöhung.

2. Anlass für Umgruppierungen. Der Anlass für eine Umgruppierung ist irrelevant. Er kann sowohl darin begründet liegen, dass sich die Tätigkeit des ArbN geändert hat, zB durch Versetzung, Veränderung der Schwerpunkte der Tätigkeit, Übernahme zusätzlicher Tätigkeiten, Veränderung der Wertigkeit der Tätigkeiten, als auch dadurch, dass sich die für das Arbeitsverhältnis geltende Vergütungsgruppenordnung selbst verändert (BAG 12.8.97 – 1 ABR 13/97, NZA 98, 378), zB durch Inkrafttreten eines neuen Lohn- und Gehaltsgruppentarifvertrages (BAG 19.5.10 – 4 AZR 903/08, NZA-RR 11, 56) oder Geltung eines anderen Vergütungstarifvertrages aufgrund eines Betriebsübergangs (s *Betriebsübergang* Rz 65 ff). Beruht der Anlass für eine Umgruppierung auf einem **veränderten Tarifvertrag mit veränderten Eingruppierungsmerkmalen**, besteht **kein Vertrauensschutz** dahingehend, dass die tariflichen Regelungen zur Bewertung einer bestimmten Berufstätigkeit stets auf dem Stand bei Abschluss eines Arbeitsvertrages verbleiben, wenn arbeitsvertraglich die Anwendbarkeit der jeweils gültigen Tarifverträge vereinbart ist. Die Zustimmung zum Arbeitsvertragsschluss umfasst grundsätzlich auch die **tarifautonome Verschlechterung der Arbeitsbedingungen, solange die Tarifvertragsparteien damit nicht andere Verfassungsgrundsätze verletzen** (BAG 19.5.10 – 4 AZR 903/08, BeckRS 2010, 73421).

Auch die **Korrektur einer** nach Ansicht des ArbGeb **fehlerhaften Eingruppierung** ist eine Umgruppierung (BAG 20.3.90 – 1 ABR 20/89, BB 90, 1271). Wächst der ArbN aus einer tariflichen Vergütungsordnung heraus (BAG 26.10.04 – 1 ABR 37/03, NZA 05, 367) oder wird er zum AT-Angestellten befördert (BAG 26.11.03 – 4 ABR 54/02, NZA 04, 1107), liegt ebenfalls eine Umgruppierung vor.

3. Individualrechtliche Voraussetzung der Umgruppierung. Die Umgruppierung ist ebenso wie die Eingruppierung Rechtsanwendung. Der ArbN kann daher, wenn er mit der vorgesehenen Umgruppierung nicht einverstanden ist, die Umgruppierungsentscheidung gerichtlich überprüfen lassen. Er kann hierzu mit der **Eingruppierungsfeststellungsklage** (s *Eingruppierung* Rz 27 ff) die Vergütung nach derjenigen Vergütungsgruppe verlangen, die er für zutreffend hält, und muss die hierfür erforderlichen Tätigkeitsmerkmale darlegen und beweisen (BAG 25.9.91 – 4 AZR 87/91, DB 92, 530).

Die Umgruppierungsentscheidung ist zu trennen von einer ggf parallel laufenden personellen Maßnahme, etwa einer mit der Umgruppierung einhergehenden Versetzung. Will ein ArbGeb eine **Versetzung** und eine darauf beruhende Umgruppierung durchführen, müssen zusätzlich die Voraussetzungen für eine Versetzung vorliegen. Umgekehrt liegt in der Zustimmung eines ArbN zu einer Versetzung nicht automatisch der Verzicht, die durch Umgruppierung vorgesehene Vergütungsgruppe gerichtlich überprüfen zu lassen. Bei einer **vorformulierten Versetzungsklausel** muss individualrechtlich gewährleistet sein, dass die Zuweisung eine mindestens gleichwertige Tätigkeit zum Gegenstand haben muss; andernfalls liegt eine unangemessene Benachteiligung iSd § 307 BGB vor (BAG 9.5.06 – 9 AZR 424/05, NZA 07, 145).

412 Umgruppierung

6 Besteht die Umgruppierung in einer **Herabgruppierung,** insbesondere, wenn der ArbGeb eine irrtümlich zu hohe Eingruppierung korrigieren will, so kann die Umgruppierung individualrechtlich nur mit Hilfe einer **Änderungskündigung** vollzogen werden (näher s *Eingruppierung* Rz 23). Dies bedeutet, dass der ArbGeb das Arbeitsverhältnis kündigen und zugleich ein neues Arbeitsverhältnis mit der geänderten Vergütungsgruppe anbieten muss. Dem ArbN ist alsdann zu empfehlen, die Änderungskündigung gem § 2 KSchG unter Vorbehalt anzunehmen und die soziale Rechtfertigung der Änderungskündigung ggf gerichtlich prüfen zu lassen (weitere Einzelheiten s *Eingruppierung* Rz 24). Eine wiederholte korrigierende Rückgruppierung trotz unveränderter Tätigkeit und Tarifrechtslage ist regelmäßig unzulässig (BAG 23.8.06 – 4 AZR 417/05, NZA 07, 516). Eine Höhergruppierung aufgrund einer neuen tariflichen Gehaltsstruktur kann den ArbGeb zum Widerruf einer widerruflichen Sonderzulage berechtigen (BAG 7.9.94 – 10 AZR 716/93, NZA 95, 430).

Beruht eine Umgruppierung auf einem **veränderten Tarifvertrag,** besteht kein Vertrauensschutz dahingehend, dass die tariflichen Regelungen zur Bewertung einer bestimmten Berufstätigkeit stets auf dem Stand bei Abschluss eines Arbeitsvertrages verbleiben, wenn arbeitsvertraglich die Anwendbarkeit der jeweils gültigen Tarifverträge vereinbart ist. Die Zustimmung zum Arbeitsvertragsschluss umfasst grundsätzlich auch die tarifautonome Verschlechterung der Arbeitsbedingungen, solange die Tarifvertragsparteien damit nicht andere Verfassungsgrundsätze verletzen (BAG 19.5.10 – 4 AZR 903/08, NZA-RR 11, 56).

7 **4. Mitbestimmungsrecht des Betriebsrats.** Kollektivrechtliche Voraussetzung der Umgruppierung ist die Beachtung des Mitbestimmungsrechts des BRats (für Umgruppierung anlässlich des **ERA-TV** BAG 12.1.11 – 7 ABR 34/09). Nach § 99 Abs 1 BetrVG hat der ArbGeb den BRat vor der geplanten Umgruppierung im Einzelnen zu informieren und um Zustimmung zu bitten. Der BRat kann alsdann schriftlich binnen einer Woche die Zustimmung aus den in § 99 Abs 2 BetrVG abschließend aufgeführten Gründen verweigern, andernfalls gilt die Zustimmung gem § 99 Abs 3 BetrVG als erteilt. Das Mitbeurteilungsrecht des BRat nach § 99 Abs 2 Nr 1 BetrVG erstreckt sich darauf, ob der fachlich zutreffende Tarifvertrag zugrunde gelegt wird (LAG Düsseldorf 18.8.98 – 3 TaBV 25/98, ArbuR 99, 74). Die Befolgung einer im Betrieb geltenden Vergütungsordnung stellt keinen Nachteil iSv § 99 Abs 2 Nr 4 BetrVG dar (BAG 6.8.02 – 1 ABR 49/01, NZA 03, 386). Haben die Urheber einer Vergütungsordnung mit bindender Wirkung eine Stelle einer bestimmten Vergütungsgruppe zugeordnet, ist daran auch der BRat im Rahmen des Mitbestimmungsverfahrens gebunden (BAG 3.5.06 – 1 ABR 2/05, ArbuR 06, 414). Verweigert der BRat form- und fristgerecht die Zustimmung, muss der ArbGeb **das gerichtliche Zustimmungsersetzungsverfahren nach § 99 Abs 4 BetrVG** betreiben. Für die Erfüllung des Schriftlichkeitsgebots des § 99 Abs 3 Satz 1 BetrVG genügt eine Mitteilung per E-Mail, wenn diese den Erfordernissen der **Textform nach § 126b** BGB entspricht (BAG 10.3.09 – 1 ABR 93/07, DB 09, 1301).

Das Mitbestimmungsrecht des BRat ist identisch mit dem Mitbestimmungsrecht bei der Eingruppierung (Einzelheiten s *Eingruppierung* Rz 8–21).

8 Beachtet der ArbGeb das Mitbestimmungsrecht des BRat nicht, kann der BRat zwar nicht die Aufhebung der Umgruppierung gem § 101 BetrVG verlangen, wohl aber kann er den ArbGeb gerichtlich zwingen, das Mitbestimmungsverfahren ordnungsgemäß durchzuführen, wozu auch die Verpflichtung des ArbGeb gehört, das gerichtliche Zustimmungsersetzungsverfahren nach § 99 Abs 4 BetrVG zu betreiben, wenn der BRat die Zustimmung zur Umgruppierung verweigert hat (BAG 26.10.04 – 1 ABR 37/03, NZA 05, 367). Aus der **unterbliebenen Mitbestimmung** folgt nicht, dass der ArbGeb verpflichtet wäre, die Vergütung nach der bisherigen Vergütungsgruppe zu zahlen (BAG 14.1.04 – 4 AZR 10/03, NZA 04, 1183 LS).

Da die Korrektur einer irrtümlich fehlerhaft erfolgten Eingruppierung ebenfalls eine Umgruppierung ist, muss auch in diesem Fall das Mitbestimmungsrecht des BRat gewahrt werden.

9 Der BRat kann allerdings aus §§ 99, 101 BetrVG **kein Initiativrecht** ableiten. Er kann nicht geltend machen, der ArbN müsse umgruppiert werden, weil sich das Tätigkeitsbild oder die Wertigkeit geändert haben und deshalb eine andere Vergütungsgruppe gerechtfertigt sei (BAG 18.6.91, DB 91, 2086). Der BRat kann insoweit nicht stellvertretend für den ArbN vorgehen, der betroffene ArbN muss vielmehr in diesem Fall seine Rechte selbst durchsetzen und ggf die Zahlung der zutreffenden Vergütung durch eine **Eingruppierungsfeststellungsklage** geltend machen.

B. Lohnsteuerrecht
Seidel

Für das LStRecht hat die Umgruppierung nur mittelbare Bedeutung, sofern sich dadurch der Arbeitslohn ändert (s auch *Eingruppierung* Rz 30). 10

C. Sozialversicherungsrecht
Schlegel

Sozialversicherungsrechtliche Folgen ergeben sich nur aus der Höhe des Arbeitsentgelts, nicht aber aus der Eingruppierung als arbeitsrechtlicher Grundlage für dessen Ermittlung. Wird aufgrund einer Umgruppierung bei fortbestehendem Beschäftigungsverhältnis als Ausgleich für die Verschlechterung von Arbeitsbedingungen eine **Abfindung** gezahlt (zB Rückführung auf tarifliche Einstufung; Umsetzung in einen anderen Betriebsteil oder einen schlechter bezahlten oder geringer qualifizierten Arbeitsplatz), ist diese beitragspflichtiges Arbeitsentgelt (vgl BSG 28.1.99 – B 12 KR 6/98 R, SozR 3–2400 § 14 Nr 16 Abfindung wegen Rückführung auf die tarifliche Einstufung; BSG 28.1.99 – B 12 KR 14/98 R, SozR 3–2400 § 14 Nr 16 Abfindung wegen Rückführung auf die tarifliche Einstufung; BSG 28.1.99 – B 12 KR 14/98 R, SozR 3–2400 § 14 Nr 17 Abfindung wegen Verringerung der Wochenarbeitszeit). 11

Umschulung

A. Arbeitsrecht
Poeche

1. Begriff. Berufliche Umschulung ist **Teil der Berufsbildung** iSv § 1 Abs 1 BBiG. Sie soll zu einer anderen beruflichen Tätigkeit befähigen (§ 1 Abs 5 BBiG). Als Maßnahme der **Erwachsenenbildung** muss sie nach Inhalt, Art, Ziel und Dauer deren besonderen Bedürfnissen entsprechen (§ 59 BBiG). Die für die Berufsausbildung zuständigen Kammern sind ermächtigt, zum **Nachweis** der durch Umschulung erworbenen Kenntnisse, Fertigkeiten und Erfahrungen Prüfungen durchzuführen und diese inhaltlich und verfahrensmäßig zu regeln (§ 59 BBiG). 1

Durch **Rechtsverordnung** können Inhalt, Ziel und Dauer der Umschulung näher bestimmt werden (§ 58 BBiG). Umschulung kann in allen, auch in nicht anerkannten Ausbildungsberufen durchgeführt werden. Bei Umschulung für einen anerkannten Ausbildungsberuf gelten das anerkannte Berufsbild, der Rahmenplan und die entsprechenden Prüfungsanforderungen. Die Ausbildungszeit wird idR auf zwei Jahre verkürzt. 2

Von der **Berufsausbildung** unterscheidet sich die berufliche Umschulung durch die andere Zielsetzung: Eine zweite Berufsausbildung liegt vor, wenn der ArbN sie im Interesse einer vielseitigeren beruflichen Bildung durchläuft, ohne sein bisheriges Berufsfeld aufgeben zu wollen. Demgegenüber zielt die Umschulung auf die berufliche Neu- oder Umorientierung. Teils wird angenommen, Umschulung setze eine erhebliche zwischenzeitliche berufliche Praxis voraus (BAG 20.2.75 – 5 AZR 240/74, DB 75, 1659). Berufsausbildung und nicht Umschulung ist gegeben, wenn ohne jede zwischenzeitliche berufliche Praxis sich an die erste Berufsausbildung eine zweite anschließt (BAG 3.6.87 – 5 AZR 285/86, NZA 88, 66). 3

Die Umschulung kann in allen **Lernorten der Berufsbildung** iSv § 2 BBiG erfolgen. Sie kann auch zum Angebot einer *Beschäftigungsgesellschaft* gehören.

2. Umschulungsvertrag. Betriebliche Umschulung kann auf der Grundlage eines isolierten Berufsbildungsvertrages, aber auch im Rahmen eines bereits bestehenden oder neu begründeten Arbeitsverhältnisses durchgeführt werden. Die für das Berufsausbildungsverhältnis geltenden Vorschriften der §§ 10 ff BBiG finden auch über § 26 BBiG keine entsprechende Anwendung. § 26 BBiG gilt nur für Personen, die erstmals Kenntnisse, Fertigkeiten oder Erfahrungen in einer der Berufsausbildung angenäherten Form erwerben wollen (BAG 12.2.13 – 3 AZR 120/11, BeckRS 2013, 68103; 15.3.91 – 2 AZR 516/90, DB 92, 896). 4

413 Umschulung

Maßgebend sind mithin die getroffenen Vereinbarungen. Die Verwendung des vom Bundesausschuss für Berufsbildung herausgegebenen Mustervertrages für betriebliche Umschulung ist empfehlenswert; er kann den betrieblichen Bedürfnissen angepasst werden. Zu vereinbaren sind Zweck und Dauer der Umschulung, Umfang der Ausbildung und Vergütungspflicht des ArbGeb, Pflichten des Umschülers wie Bemühung um Erwerb der notwendigen Fertigkeiten und Kenntnisse, Teilnahme an Ausbildungsmaßnahmen, regelmäßiges Erscheinen, pflegliche Behandlung der Arbeitsmittel, Beachtung von Arbeitsschutz und UVV usw. Der Umschulungsvertrag steht dem Berufsausbildungsvertrag gleich, so dass ein sich anschließender Arbeitsvertrag nach § 14 Abs 1 Satz 2 Nr 2 TzBfG befristet werden kann (BAG 28.8.96 – 7 AZR 884/95, DB 97, 679).

5   Erfolgt die Umschulung im Rahmen eines Arbeitsvertrages, gelten unter Berücksichtigung der gleichzeitig übernommenen Umschulungsverpflichtung die allgemeinen arbeitsrechtlichen Bestimmungen. Zur Anwendung gelangen idR auch die einschlägigen Tarifverträge mit der Folge, dass der Umschüler entsprechend einzugruppieren ist (LAG Köln 23.1.92 – 5 TaBV 45/91, LAGE Nr 42 zu § 99 BetrVG). Rechte und Pflichten der **außerbetrieblichen Umschulung** zB in einem reinen Ausbildungsbetrieb (sonstige Berufsbildungseinrichtung iSv § 2 Abs 1 Nr 3 BBiG) richten sich ebenfalls nach den getroffenen Vereinbarungen. Auch hierzu hat der Bundesausschuss für Berufsbildung einen Mustervertrag empfohlen. Inhaltlich sind in etwa dieselben Fragen wie bei der betrieblichen Umschulung zu regeln. Höchstrichterlich nicht entschieden ist, ob Umschüler einer außerbetrieblichen Bildungsmaßnahme zum Träger in einem Arbeitsverhältnis stehen. Bejaht wird zumindest das Vorliegen eines Dienstvertrages (BAG 15.3.91 – 2 AZR 516/90, DB 92, 896).

6   **3. Beendigung des Umschulungsvertrags.** Der Vertrag endet mit Zweckerfüllung, also mit erfolgreichem Abschluss der Umschulungsmaßnahme. Ist der Umschulungsvertrag für eine bestimmte Zeit abgeschlossen, endet er mit deren Ablauf (§ 620 BGB). Das ist vorbehaltlich einer anderweitigen vertraglichen Absprache auch dann der Fall, wenn zu diesem Zeitpunkt notwendige Prüfungen noch nicht abgelegt worden sind. Das Recht zur **ordentlichen Kündigung** ist regelmäßig ausgeschlossen (BAG 15.3.91 – 2 AZR 516/90, DB 92, 896; ArbG Chemnitz 3.6.04 – 11 Ca 911/04, NZA-RR 04, 573). Außerordentlich kann bei Vorliegen eines wichtigen Grundes gekündigt werden (§ 626 Abs 1 BGB). Da die Umschulung keine Berufsausbildung iSd §§ 10, 26 BBiG ist, bedarf die Kündigung keiner schriftlichen Begründung. Anzuwenden ist dagegen § 623 BGB, dh Kündigung oder Aufhebungsvertrag müssen **schriftlich** erfolgen, wenn die Umschulung im Rahmen eines Arbeitsverhältnisses durchgeführt wird. Sonstige Umschulungsverträge können dagegen mündlich gekündigt oder einvernehmlich aufgehoben werden; § 623 BGB greift nicht ein (BAG 19.1.06 – 6 AZR 638/04, NJW 06, 2796).

7   Eine Vereinbarung, nach der ein von der BA gefördertes Umschulungsverhältnis bei Wegfall der Förderung enden soll, ist jedenfalls insoweit unwirksam, als sie sich auf die Einstellung der Förderung aus jedem in der Person des Umschülers liegenden Grund bezieht, und zwar ohne Rücksicht darauf, ob er eine außerordentliche Kündigung rechtfertigen könnte (BAG 15.3.91 – 2 AZR 516/90, DB 92, 896). Wird der Umschulungsvertrag zu Unrecht gekündigt, hat der Umschüler Anspruch auf Ersatz des Ausbildungsschadens. Es ist nicht als schadensmitverursachend anzurechnen, wenn er während des länger dauernden Streits über die Wirksamkeit der Kündigung ein Studium aufnimmt (BAG 30.5.75 – 3 AZR 280/74, AP Nr 2 zu § 284 BGB).

8   In Anlehnung an die **Berufsaufgabekündigung** des Auszubildenden (§ 15 Abs 2 Nr 2 BBiG) wird dem Umschüler ein Recht zur außerordentlichen Kündigung zustehen, wenn er sich beruflich anderweitig orientieren will. Zur Wirksamkeit einer für diesen Fall vereinbarten Rückzahlungsklausel s *Rückzahlungsklausel* Rz 5, 17. Zu den möglichen Indizien für eine Übernahmevereinbarung nach erfolgreicher Umschulung BAG 3.11.04 – 5 AZR 648/03, NZA 05, 895 (LS).

9   **4. Anspruch auf Umschulung** kann gegeben sein, wenn dadurch eine sonst gerechtfertigte personen- oder betriebsbedingte Kündigung verhindert wird (§§ 1 Abs 2 Satz 3 KSchG; 102 Abs 3 Nr 4 BetrVG). Dabei muss die Umschulung dem ArbGeb zumutbar sein. Daran fehlt es, wenn nicht hinreichend absehbar ist, dass nach der Umschulungsmaßnahme ein freier Arbeitsplatz verfügbar ist, den der betroffene ArbN einnehmen kann (BAG

7.2.91 – 2 AZR 205/90, DB 91, 1730). Streitig ist, wer die Kosten einer danach möglichen Umschulung zu tragen hat und ob der Begriff der Umschulung iSd KSchG gleichbedeutend ist mit dem der beruflichen Umschulung iSv § 1 Abs 5 BBiG (vgl BAG 7.2.91 – 2 AZR 205/90, DB 91, 1730; KR/*Etzel* § 1 KSchG Rz 722 ff). Näheres s *Kündigung, betriebsbedingte* Rz 16. Im öffentlichen Dienst kann der ArbN Anspruch auf **Sonderurlaub** (§ 28 TVöD) zur Teilnahme an einer Umschulung haben (LAG Brem 15.8.2000 – 1 Sa 94/00, ZTR 01, 83). Die Zeit eines solchen Sonderurlaubs gilt nur dann als Beschäftigungszeit (§ 34 Abs 3 TVöD), wenn der ArbGeb vor Antritt des Urlaubs ein dienstliches oder betriebliches Interesse an der Beurlaubung schriftlich anerkannt hat. Fehlt es daran, muss der ArbN seine Rechte noch vor dem Beginn des Sonderurlaubs geltend machen (LAG München 16.4.02 – 6 Sa 457/01; bestätigt durch BAG Beschluss nach § 91a ZPO 5.11.03 – 6 AZR 506/02). S auch *Urlaub, unbezahlter*.

5. Status der Umschüler nach dem BetrVG. ArbN iSv § 5 Abs 1 BetrVG sind ua alle Personen, die auf vertraglicher Grundlage beschäftigt und denen berufliche Kenntnisse und Fähigkeiten vermittelt werden. Hierzu gehören Umschüler in innerbetrieblicher und überbetrieblicher Ausbildung. Der aufgrund eines betrieblichen Umschulungsvertrages beschäftigte Umschüler genießt auch den Schutz des § 78a BetrVG. Ob die Umschulung für einen anerkannten Ausbildungsberuf erfolgt, ist unerheblich (so richtig KR/*Weigand* § 78a Rz 9). Kein Wahlrecht haben Umschüler in außerbetrieblichen Berufsbildungseinrichtungen iSv § 2 Abs 1 Nr 3 BBiG (BAG 21.7.93 – 7 ABR 35/92, DB 94, 842 unter Aufgabe der bisherigen Rspr; dazu auch *Rehabilitation, berufliche* Rz 4). 10

6. Rechtsweg. ArbN iSd ArbGG sind nach § 5 Abs 1 Satz 1 ArbGG auch die „zu ihrer Berufsausbildung Beschäftigten". Umschüler werden „beschäftigt", wenn sie hinsichtlich des Inhalts, der Zeit und des Ortes ihrer Tätigkeit dem Weisungsrecht des Ausbilders unterworfen sind. Bei den üblichen Umschulungsverträgen ist das regelmäßig der Fall. Das gilt auch für den Umschulungsvertrag zwischen einer Strafgefangenen und einem privatrechtlich organisierten Unternehmer (LAG Hess 3.12.10 – 20 Ca 1675/10, BeckRS 2011, 67825). Die Zuständigkeit der ArbG ist auch dann gegeben, wenn das Umschulungsverhältnis von dritter Seite finanziert wird. Ein eigenes wirtschaftliches Interesse des Ausbilders an der Umschulung ist nicht erforderlich (BAG 24.9.02 – 5 AZB 12/02, AP ArbGG 1979 § 5 Nr 56, insoweit klarstellend zu BAG 24.2.99 – 5 AZB 10/98, NZA 99, 557). 11

7. Sonstiges. Bei der Ermittlung der für die Anwendung des KSchG maßgebenden ArbNZahl (§ 23 KSchG) sind die zu ihrer **Berufsbildung Beschäftigten** nicht einzurechnen. Hierzu gehören Umschüler mit gesondertem Berufsbildungsvertrag (BAG 7.9.83 – 7 AZR 101/82, DB 84, 355). Erfolgt die Umschulung im Rahmen eines Arbeitsverhältnisses, ist der Mitarbeiter zu berücksichtigen. **Mitbestimmungsrechte** des BRat bei beruflicher Umschulung bestehen nach §§ 96–98 BetrVG (s *Betriebliche Berufsbildung*). Ehemalige BauArbN können Urlaubsabgeltung beanspruchen, wenn sie an einer Umschulung teilnehmen, die auf eine Tätigkeit außerhalb des BRTV abzielt (BAG 18.2.97 – 9 AZR 96/96, NZA 97, 1357). Zum Erstattungsanspruch des BauArbGeb gegen die Urlaubs- und Lohnausgleichskasse der Bauwirtschaft wegen der Ausbildungskosten für einen Umschüler s LAG Hess 10.8.98 – 16 Sa 764/98, NZA-RR 99, 257. Ein Umschüler, der von der BA Unterhaltsgeld bezieht und der mit dem Bildungsträger kein Entgelt und auch kein Arbeitsverhältnis vereinbart hat, hat gegen den Bildungsträger keinen Anspruch auf bezahlten Erholungsurlaub/auf Urlaubsabgeltung (LAG Bln 23.9.02 – 7 Sa 1183/02, BeckRS 2002, 30896591). Wohl ist einem Umschüler ein **qualifiziertes Zeugnis** zu erteilen, entweder nach § 630 BGB (reiner Umschulungsvertrag BAG 12.2.13 – 3 AZR 120/11, BeckRS 2013, 68103) oder nach § 109 GewO (arbeitsvertragliche Umschulung) (LAG Hamburg 13.12.10 – 7 Sa 13/10, BeckRS 2011, 70333). 12

B. Lohnsteuerrecht *Windsheimer*

1. Werbungskosten. Aufwendungen des ArbN für Umschulungsmaßnahmen, die einen Berufswechsel vorbereiten, sind als **Werbungskosten** abziehbar (R 9.2 Abs 1 LStR, s auch *Ausbildungskosten* Rz 6 ff). Das kann der Fall sein bei Arbeitsplatzwechsel, Berufswechsel, Wiederaufnahme einer Berufstätigkeit nach Arbeitslosigkeit oder Berufspause oder bei Aus- 13

413 Umschulung

bzw Weiterbildung nach abgeschlossener erster Berufsausbildung und weiterer Berufstätigkeit (BFH 4.12.02 – VI R 120/01, BStBl II 03, 403: Ausbildung zu einem **neuen** Beruf; OFD Koblenz 8.4.03 – S 2350 A, DStR 03, 1074). Das gilt auch für die Aufwendungen für ein weiteres Studium, wenn dieses in einem hinreichend konkreten, objektiv feststellbaren Zusammenhang mit späteren stpfl Einnahmen aus der angestrebten beruflichen Tätigkeit steht. Dabei spielt die Zeitdauer der Umschulungsmaßnahmen grds keine Rolle (BFH 22.6.06 – VI R 71/04, DStRE 06, 1111). Bei einem Studium im 36. Semester neben der Berufstätigkeit fehlt allerdings der konkrete Zusammenhang mit künftigen Einnahmen aus der angestrebten beruflichen Neuorientierung (FG RhPf 8.7.05 – 1 K 1130/05, BeckRS 2005, 26018590). Zum Seniorenstudium s *Ausbildungskosten* Rz 9, *Weiterbildung* Rz 6. Umschulung für eine konkret ins Auge gefasste **Auslandstätigkeit** ist nach BFH 28.7.11 – VI R 5/10, DStR 11, 1745 nicht berücksichtigbar (§ 3c EStG; s *Auslandstätigkeit* Rz 44). Zu Voraussetzungen und Umfang der Abzugsfähigkeit gilt das zu *Fortbildung* Rz 20 ff Ausgeführte entsprechend (s auch *Marx* BB 03, 2267).

14 **2. Kostentragung durch Arbeitgeber.** Trägt der (bisherige, künftige) ArbGeb die Kosten der Umschulung, liegt grds stpfl Arbeitslohn vor (s *Werbungskostenersatz* Rz 6). Kein Arbeitslohn liegt aber vor bei den dem SGB III entsprechenden Qualifikations- und Trainingsmaßnahmen, die der ArbGeb oder eine zwischengeschaltete Beschäftigungsgesellschaft im Zusammenhang mit Auflösungsvereinbarungen erbringt (R 19.7 Abs 2 Satz 5 LStR).

15 **3. Zuschüsse,** die zwecks Umschulung geleistet werden, insbesondere das Unterhaltsgeld aus dem Europäischen Sozialfonds, Weiterbildungskosten nach §§ 81 ff SGB III sowie Weiterbildungskosten nach §§ 81 ff SGB III sind steuerfrei (§ 3 Nr 2 EStG); ebenso Leistungen im Rahmen der Ausbildungsförderung, insbesondere aufgrund des BAföG (§ 3 Nr 11 EStG; s *Berufsausbildungsförderung* Rz 5), sowie Leistungen aus öffentlichen Mitteln an ArbN des Steinkohlen-, Pechkohlen- und Erzbergbaus, des Braunkohlentiefbaus und der Eisen- und Stahlindustrie aus Anlass von Stilllegungs-, Einschränkungs-, Umstellungs- oder Rationalisierungsmaßnahmen (sog Anpassungsbeihilfen; § 3 Nr 60 EStG). Fördermittel aus Programmen der Bundesländer können stpfl sein (FG Thür 7.12.05 – IV 589/02, EFG 06, 1493). Leistungen nach §§ 12, 13 BAföG sind auf die Umschulungskosten nicht anzurechnen, übrige Leistungen (zB Lehrgangskosten nach § 84 SGB III) sind anzurechnen (BFH 4.3.77 – VI R 168/75 und VI R 213/75, BStBl II 77, 503 und 507; Einzelheiten R 10.9 EStR; s auch *Ausbildungskosten* Rz 17). Zur Behandlung einer Unfallrente, die im Rahmen von Umschulungsmaßnahmen gezahlt wird, s *Unfallrente* Rz 12.

C. Sozialversicherungsrecht *Voelzke*

16 Die frühere Unterscheidung im **Förderungsrecht** der ArblV zwischen Fortbildungs- und Umschulungsmaßnahmen ist aufgegeben worden. Stattdessen hat der Gesetzgeber einheitliche Regelungen für die Förderung der beruflichen Weiterbildung geschaffen (§§ 81 ff SGB III; s *Weiterbildung* Rz 9 ff). Zugleich wurde die für berufliche Umschulungsmaßnahmen geltende Regelung, wonach in Ausnahmefällen auch Maßnahmen mit einer dreijährigen Dauer gefördert werden konnten, beseitigt. Nach § 180 Abs 4 Satz 1 SGB III ist die **Dauer** einer Vollzeitmaßnahme, die zu einem Abschluss in einem allgemein anerkannten Ausbildungsberuf führt, angemessen, wenn sie gegenüber einer entsprechenden Berufsausbildung um mindestens ein Drittel der Ausbildungszeit verkürzt ist. Eine Ausnahme hiervon gilt nach § 180 Abs 4 Satz 2 SGB III, wenn eine Verkürzung der Ausbildungszeit aufgrund bundes- oder landesgesetzlicher Regelungen ausgeschlossen ist. In einem derartigen Fall wird die Anerkennung eines Maßnahmeteils von bis zu zwei Dritteln der Maßnahme für die Weiterbildungsförderung ermöglicht, soweit bereits zu Beginn der Maßnahme die Finanzierung für die gesamte Dauer der Maßnahme gesichert ist. Die Regelung zielt insbesondere auf die Gesundheitsfachberufe, bei denen eine Verkürzung nicht zulässig ist (BT-Drs 14/6944 S 35).

17 Beruht die Erforderlichkeit einer beruflichen Umschulung auf Art und Schwere der **Behinderung** des ArbN, so richten sich Voraussetzungen und Umfang der Förderung nach den Vorschriften über die berufsfördernden Leistungen zur Reha (s *Rehabilitation (berufliche)* Rz 20 ff). Aufgrund des Sachleistungsprinzips in der gesetzlichen UV (und KV) besteht ein Kostenerstattungsanspruch für selbstbeschaffte Umschulungsmaßnahmen, von deren der Ver-

sicherungsträger keine Kenntnis erlangt hat, nicht; zur verfassungsrechtlichen Unbedenklichkeit s BVerfG 16.12.04 – 1 BvR 765/00, SozR 4–2700 § 26 Nr 1.

Umwandlung

A. Arbeitsrecht
Kreitner

1. Gesetzliche Regelung. Seit dem 1.1.95 ist das gesamte Umwandlungsrecht zusammengefasst im UmwG geregelt (Näheres zur Entstehungsgeschichte des Gesetzes s *Bartodziej* ZIP 94, 580).

2. Umwandlungsarten. Das UmwG benennt vier Arten der Umwandlung (§ 1 Abs 1 UmwG).

a) Verschmelzung liegt vor, wenn ein oder mehrere Rechtsträger (Unternehmen) unter Auflösung ohne Abwicklung ihr Vermögen als Ganzes entweder auf einen oder mehrere bestehende Rechtsträger (§ 2 Nr 1 UmwG) oder wenn sie die Vermögen jeweils als Ganzes auf einen von ihnen neu gegründeten Rechtsträger (§ 2 Nr 2 UmwG) übertragen. Dies geschieht jeweils gegen Gewährung von Anteilen oder Mitgliedschaften des übernehmenden oder neuen Rechtsträgers an die Anteilsinhaber der übertragenden Rechtsträger. Bei einer Verschmelzung von Rechtsträgern unter Auflösung ohne Abwicklung im Wege der Aufnahme nach § 2 Nr 1 UmwG erlischt der übertragende Rechtsträger mit der Verschmelzung, § 20 Abs 1 Nr 2 Satz 1 UmwG (BAG 10.11.04 – 7 AZR 101/04, NZA 05, 514). Seit dem 25.4.07 ist in den §§ 122a ff UmwG auch die grenzüberschreitende Verschmelzung geregelt (BGBl I 07, 542; vgl *Müller* ZIP 07, 1081).

b) Spaltung sieht das UmwG in drei verschiedenen Varianten vor. Bei der **Aufspaltung** (§ 123 Abs 1 UmwG) erlischt der bisherige Rechtsträger und überträgt sein gesamtes Vermögen auf mindestens zwei bestehende oder neu gegründete Rechtsträger. Bei der **Abspaltung** (§ 123 Abs 2 UmwG) bleibt der übertragende Rechtsträger existent und überträgt lediglich Vermögensteile (idR einzelne Betriebe) auf einen oder mehrere bestehende oder neu gegründete Rechtsträger. Das Gleiche gilt für die **Ausgliederung** (§ 123 Abs 3 UmwG) lediglich mit dem Unterschied, dass die als Gegenleistung gewährten Anteile nicht den Anteilseignern zustehen, sondern unmittelbar in das Vermögen des übertragenden Rechtsträgers selbst gelangen. Erfolgt eine solche Ausgliederung während eines anhängigen Arbeitsgerichtsverfahrens, führt dies zwar nicht zu einem Parteiwechsel kraft Gesetzes, eine gewillkürte Parteiänderung ist aber regelmäßig sachgerecht (LAG Sachs 4.2.2000 – 3 Sa 618/99, NZA-RR 2000, 496).

c) Vermögensübertragung. Sie kann wie die Verschmelzung als Vollübertragung oder wie die Abspaltung und Ausgliederung als Teilübertragung erfolgen. Der Unterschied zu den erstgenannten Umwandlungsarten besteht lediglich darin, dass die Gegenleistung nicht in der Gewährung von Anteilen besteht (§ 174 UmwG).

d) Formwechsel (§ 190 UmwG) ist schließlich nur eine Änderung der Rechtsform des Unternehmens, die keine Auswirkungen auf die rechtliche und wirtschaftliche Identität des Unternehmens hat.

3. Wirksam wird die jeweilige Umwandlung erst mit der Eintragung in das zuständige Register (§§ 20 Abs 1, 131 Abs 1, 202 Abs 2 UmwG; zum Sonderfall der Spaltung zur Neugründung vgl *Bayer/Wirth* ZIP 96, 817). Das kann insbes bei sog Kettenumwandlungen zu Folgeproblemen führen (*Hey/Simon* BB 10, 2957). Allgemein besteht nur ein **eingeschränktes Prüfungsrecht** des Registerrichters bezüglich evidenter Gesetzesverstöße (*Kallmeyer* ZIP 94, 1746; *Joost* ZIP 95, 986; *Willemsen* RdA 98, 23; aA *Trittin* AiB 96, 270). Der BRat kann mangels eigener Parteifähigkeit die Nichtigkeit eines Umwandlungsbeschlusses nicht gerichtlich feststellen lassen (OLG Naumburg 6.2.97, DB 97, 466). Wird bei einer Verschmelzung entgegen § 5 Abs 1 Nr 8 UmwG ein Sondervorteil im Verschmelzungsvertrag nicht angegeben und auch entgegen § 6 UmwG nicht notariell beurkundet, kann der Begünstigte die Leistung nicht verlangen (LAG Nbg 26.8.04 – 2 Sa 463/02).

4. Individualarbeitsrechtliche Regelungen. a) Geltung der §§ 613a Abs 1, 4–6 BGB. § 613a BGB erfasst ausschließlich Fälle der Einzelrechtsnachfolge. Das Tatbestands-

414 Umwandlung

merkmal „durch Rechtsgeschäft" sollte insoweit lediglich eine Negativabgrenzung von der Gesamtrechtsnachfolge bewirken. Die sich im Wege der Gesamtrechtsnachfolge vollziehende Umwandlung unterfiel daher nicht dem Anwendungsbereich des § 613a BGB. Vor diesem Hintergrund erscheint die Regelung in **§ 324 UmwG**, wonach § 613a Abs 1, 4–6 BGB „unberührt" bleiben, unverständlich. Gewollt war seitens des Gesetzgebers die Klarstellung, dass diese Vorschriften anwendbar sein sollen, also auch im Umwandlungsfall die Voraussetzungen des § 613a BGB selbstständig zu prüfen sind (BAG 6.8.02 – 1 AZR 247/01, NZA 03, 449; 25.5.2000 – 8 AZR 416/99, NZA 2000, 1115; *Bauer/Mengel* ZIP 2000, 1635; *Wlotzke* DB 95, 40; zum Gesetzentwurf bereits *Willemsen* RdA 93, 133 jeweils unter Hinweis auf die Gesetzesmaterialien). Unabhängig hiervon hatte zuvor bereits das BAG § 613a Abs 1 BGB bei einer Verschmelzung angewandt (BAG 5.10.93 – 3 AZR 586/92, NZA 94, 848). Notwendig mit der Anwendbarkeit des § 613a Abs 1 BGB gekoppelt ist der vierte Abs der Vorschrift als bestandsschutzsichernde Komplementärnorm. Diese Normauslegung hat auch weiterhin Bestand, nachdem der Gesetzgeber die Vorschrift in Kenntnis dieser Diskussion aufgrund der zum 1.4.02 erfolgten Ergänzung des § 613a BGB um die Abs 5 und 6 lediglich in der Bezugnahme auf diese Norm entsprechend angepasst, im Übrigen aber unverändert gelassen hat (*Willemsen/Lembke* NJW 02, 1159).

8   **b) Widerspruchsrecht.** Das in § 613a Abs 6 BGB gesetzlich normierte Widerspruchsrecht des von einem Betriebsübergang betroffenen ArbN gilt gem § 324 UmwG für Fälle der Umwandlung gleichermaßen (so schon vor dem 1.4.02 BAG 25.5.2000 – 8 AZR 416/99, NZA 2000, 1115; aA *Heinze* ZfA 97, 1). Zu beachten ist lediglich, dass es mangels verbleibenden „Rest"unternehmens bei der Verschmelzung, der Aufspaltung und der Vermögensvollübertragung regelmäßig ins Leere geht (zutreffend *Graef* NZA 06, 1078; *Altenburg/Leister* NZA 05, 15; *Gaul/Otto* DB 02, 634; *Willemsen/Lembke* NJW 02, 1159; vgl aber auch den Sonderfall des ArbG Münster 14.4.2000 – 3 Ga 13/00, NZA-RR 2000, 467). Erlischt der bisherige Rechtsträger, besteht kein Widerspruchsrecht nach § 613a Abs 6 BGB (BAG 21.2.08 – 8 AZR 157/07, NZA 08, 815; aA *Otto/Mückl* BB 11, 1978; *Fandel/Hausch* BB 08, 2402). Insoweit entfällt dann auch die Unterrichtungspflicht nach § 613a Abs 5 BGB. Es bleibt lediglich die kollektivrechtliche Unterrichtungspflicht aus Art 7 Abs 1 der EU-Richtlinie zum Betriebsübergang (*Simon/Weninger* BB 10, 117).

9   Soweit der Widerspruch relevant wird, gelten die allgemeinen Grundsätze (s *Betriebsübergang* Rz 35 ff). Insbesondere ergeben sich aus § 323 Abs 1 UmwG keine Besonderheiten bezüglich der Berücksichtigung des Widerspruchsgrundes bei der Sozialauswahl (aA *Herbst* AiB 95, 5). Unabhängig vom umstrittenen Regelungsgehalt des § 323 Abs 1 UmwG (dazu unten Rz 11) will dieser jedenfalls nur eine Schlechterstellung des ArbN „aufgrund" der Spaltung oder Teilübertragung verhindern. Die Situation ist damit derjenigen des § 613a Abs 4 Satz 1 BGB („wegen" des Betriebsübergangs) vergleichbar. In beiden Fällen gelten keine Einschränkungen für ArbGebSeitige Maßnahmen, die ihre Ursache letztlich im Widerspruch des ArbN selbst haben. Widersprechende BRatMitglieder scheiden mit dem Betriebsübergang aus dem BRat aus (BAG 25.5.2000 – 8 AZR 416/99, NZA 2000, 1115; Näheres s *Betriebsübergang* Rz 57).

10 **c) Unterrichtungspflicht.** Auch die seit dem 1.4.02 in § 613a Abs 5 BGB enthaltene Verpflichtung des bisherigen ArbGeb sowie des Betriebserwerbers, zur Unterrichtung der von einem Betriebsübergang betroffenen ArbN gilt über § 324 UmwG uneingeschränkt auch für alle Umwandlungsfälle. Wegen der Einzelheiten wird auf die Ausführungen bei *Betriebsübergang* Rz 31–34 verwiesen (speziell zu grenzüberschreitenden Verschmelzungen (*Simon/Hinrichs* NZA 08, 391). Hiervon unabhängig sind die zusätzlichen kollektivrechtlichen Informationspflichten (*Gaul/Otto* DB 02, 634; Näheres s unten Rz 20).

11 **d) Sonderschutz des § 323 Abs 1 UmwG.** Diese Vorschrift schreibt nach ihrem Wortlaut die „kündigungsrechtliche Stellung" eines ArbN, wie sie vor Wirksamwerden einer Spaltung oder Teilübertragung besteht, für einen Zeitraum von zwei Jahren insoweit fest, als aufgrund der Umwandlungsmaßnahme keine Verschlechterungen eintreten dürfen. Nach kontrovers geführter Diskussion im Schrifttum (Näheres s Personalbuch 2009 Umwandlung Rz 11) hat sich das BAG für eine enge Normauslegung entschieden und das in § 323 Abs 1 UmwG enthaltene Kausalitätserfordernis betont. Danach werden nur solche Verschlechterungen erfasst, die sich als unmittelbare Folge einer Umwandlung darstellen. Lediglich zeitlich nachfolgende Entwicklungen bleiben unberührt und können sich ohne

weiteres nachteilig für den ArbN auswirken (BAG 22.9.05 – 6 AZR 526/04, NZA 06, 658).

Daher sind bspw für die Sozialauswahl nach § 1 Abs 3 KSchG bei einer innerhalb des Zweijahreszeitraums ausgesprochenen Kündigung allein die aktuellen Verhältnisse im Zeitpunkt der Kündigung maßgeblich und es ist nicht auf die Verhältnisse vor der Spaltung abzustellen (BAG aaO). 12

e) **Gemeinsamer Betrieb.** Die früher in § 322 Abs 1 UmwG enthaltende gesetzliche Vermutung für einen Gemeinschaftsbetrieb in **betriebsverfassungsrechtlicher Hinsicht** ist durch das am 28.7.01 in Kraft getretene BetrVerf-Reformgesetz in die umfassendere Regelung des § 1 Abs 2 BetrVG übernommen worden (Näheres s *Betrieb (Begriff)* Rz 14). In **kündigungsrechtlicher Hinsicht** hat § 322 UmwG lediglich klarstellende Funktion (weitergehend *Trittin* AiB 96, 349). 13

f) **Zuordnung.** Bei dem Übergang von Betriebsteilen iSd § 613a BGB entscheidet die Zuordnung der ArbN oftmals darüber, ob sie von dem Wechsel des Betriebsinhabers betroffen sind. Diese im Rahmen des § 613a BGB im Einzelnen umstrittenen Rechtsfrage (s *Betriebsübergang* Rz 22 ff) hat in **§ 323 Abs 2 UmwG** für den Interessenausgleich eine besondere Regelung erfahren. Danach kann eine im umwandlungsbedingt vereinbarten Interessenausgleich vorgenommene namentliche Zuordnung von ArbN zu Betriebsteilen durch das ArbG nur auf **grobe Fehlerhaftigkeit** überprüft werden. Dieser offensichtlich an § 125 InsO orientierten Vorschrift kommt aufgrund des gleichzeitig über § 324 UmwG anwendbaren § 613a BGB jedoch nur geringe Bedeutung zu. Da mit der Zuordnung nach § 323 Abs 2 UmwG nicht die gesetzliche Regelung des § 613a BGB außer Kraft gesetzt werden kann (*Lutter/Joost* § 323 Rz 31; *Kreßel* BB 95, 925; *Wlotzke* DB 95, 40; *Bachner* NJW 95, 2881; mit Bedenken *Düwell* NZA 96, 393), ist sie letztlich nur für die problematischen Zuordnungsfälle im Rahmen des § 613a BGB von Bedeutung (*Willemsen* RdA 93, 133: Springer, Overheadfunktionen etc). Deren Zuordnung kann im Interessenausgleich mit der nach § 323 Abs 2 UmwG eingeschränkten gerichtlichen Kontrolle vorgenommen werden, da insoweit § 613a BGB keinen Lösungsmechanismus anbietet (*Kreitner* NZA 90, 429; aA wohl *Lieb* ZfA 95, 229; differenzierend *Hartmann* ZfA 97, 21, der von einem eingeschränkten Regelungsgehalt des § 323 Abs 2 UmwG ausgeht). Beweispflichtig ist insoweit der ArbN (*Bermel* in: *Goutier/Knopf/Tulloch* UmwG § 323 Rz 19). 14

g) **Haftung.** Das UmwG enthält im Rahmen des allgemeinen Gläubigerschutzes besondere Haftungsvorschriften, die in ihrem Umfang über die Haftung nach § 613a Abs 2 BGB hinausgehen. § 613a Abs 3 BGB stellt dementsprechend klar, dass § 613a Abs 2 BGB in Fällen des Erlöschens des bisherigen ArbGeb durch Umwandlung nicht gilt. 15

Da der neue Rechtsträger bei **Verschmelzung** und **Vermögensvollübertragung** in vollem Umfang in die Rechtsstellung des übertragenden Rechtsträgers eintritt, haftet er für alle gegenwärtigen und künftigen Ansprüche aus den von der Umwandlung betroffenen Arbeitsverhältnissen. Zusätzlichen Schutz räumt § 22 UmwG in bestimmten Fällen hinsichtlich noch nicht fälliger Ansprüche ein. Ausnahmen gelten insoweit gem § 22 Abs 2 UmwG für insolvenzgeschützte Betriebsrenten und Inhaber unverfallbarer Versorgungsanwartschaften. 16

Bei **Spaltungen** und **Vermögensteilübertragungen** ordnet § 133 Abs 1 UmwG die gesamtschuldnerische Haftung der beteiligten Rechtsträger für solche Ansprüche an, die vor der Umwandlung begründet wurden (LAG SchlHol 25.9.12 – 1 Sa 488/11, BeckRS 2012, 75051). Im Übrigen haften die übernehmenden Rechtsträger gem § 133 Abs 3 bis 5 UmwG für Verbindlichkeiten, die nicht im Spaltungs- und Übernahmevertrag zugewiesen sind, nur, soweit diese vor Ablauf von fünf Jahren nach der Spaltung fällig und daraus Ansprüche gerichtlich geltend gemacht werden. Für Versorgungsverpflichtungen gilt eine Frist von 10 Jahren; § 133 Abs 3 Satz 2 UmwG. Hier hat der Gesetzgeber eine ausdrückliche Abstimmung mit § 613a BGB unterlassen. In § 324 UmwG ist lediglich die Geltung der Abs 1 und 4 des § 613a BGB festgeschrieben worden. Zu Recht wird daher im Schrifttum darauf hingewiesen, dass die Haftungsregeln in § 613a Abs 2 BGB ebenso wie bei der Verschmelzung und der Vollübertragung auch auf diese Fälle keine Anwendung finden (*Düwell* NZA 96, 393; *Langohr-Plato* BetrAV 96, 81; aA wohl *Heinze* ZfA 97, 1). Die Formulierung in § 613a Abs 3 BGB ist daher zumindest missverständlich (kritisch auch *Willemsen* NZA 96, 791). Im Hinblick auf die inhaltlich weiterreichende Haftungsnorm des § 133 UmwG ist 17

414 Umwandlung

dies jedoch letztlich unproblematisch (*Lutter/Joost* § 324 Rz 35). Nicht überzeugend ist die weiterreichende Auffassung von *Kallmeyer* (ZIP 95, 550), der sämtlichen übernehmenden Rechtsträgern auch im Rahmen des § 133 UmwG die einjährige Enthaftung gem § 613a Abs 2 BGB zugute kommen lassen will.

18 Einen haftungsrechtlichen Sonderfall stellt die sog **Betriebsaufspaltung** eines Unternehmens in **Anlage- und Betriebsgesellschaft** dar. Hier greift gem § 134 UmwG unter bestimmten Voraussetzungen eine **Mithaftung der Anlagegesellschaft** ein, die gem § 134 Abs 2 UmwG auch Betriebsrentenansprüche umfasst, soweit diese vor Wirksamwerden der Spaltung begründet wurden. Für **Sozialplanansprüche** kommt dabei zu dem Haftungsdurchgriff auf die Anlagegesellschaft ein Berechnungsdurchgriff bezüglich der Dotierung des Sozialplans hinzu. Dieser ist aber der Höhe nach auf die bei der Spaltung entzogenen Vermögensteile begrenzt (BAG 15.3.11 – 1 ABR 97/09, NZA 11, 1112; *Röger/Tholuck* NZA 12, 294). Gem § 134 Abs 3 UmwG erfolgt eine Enthaftung der Anlagegesellschaft nach 10 Jahren (kritisch insoweit *Bauer/Lingemann* NZA 94, 1057).

19 In diesem Zusammenhang sind auch die möglichen Auswirkungen der Umwandlung auf die **betriebliche Altersversorgung** anzusprechen. Hinsichtlich der im Umwandlungszeitpunkt beschäftigten ArbN ergeben sich aufgrund der gem § 324 UmwG feststehenden Anwendbarkeit des § 613a Abs 1 BGB keine Besonderheiten (Näheres s *Betriebsübergang* Rz 18). Anders ist dies in Bezug auf die bereits ausgeschiedenen Versorgungsanwärter und Ruhegeldempfänger, da nach allgemeiner Ansicht § 613a BGB insoweit keine Anwendung findet (s *Betriebsübergang* Rz 4). Hier besteht die Möglichkeit, bei Abspaltung zB eines bestimmten Produktionsbereiches dessen Pensionsverpflichtungen gegenüber dem ausgeschiedenen ArbN im Spaltungsplan einer neu gegründeten GmbH zuzuweisen, ohne dass hierbei eine Beteiligung des PSV erforderlich wäre. Allerdings muss die Gesellschaft, auf die die Versorgungsverbindlichkeiten ausgegliedert werden, so ausgestattet werden, dass sie nicht nur die laufenden Betriebsrenten zahlen kann, sondern auch zu den gesetzlich vorgesehenen Anpassungen in der Lage ist (LAG Köln 3.7.09 – 11 Sa 751/08, BeckRS 2009, 75032). Anderenfalls drohen Schadensersatzansprüche (BAG 11.3.08 – 3 AZR 358/06, NZA 09, 790; *Höfer/Küpper* DB 09, 118; *Buddenbrock/Manhart* DB 09, 1237, *Baum/Humpert* BB 09, 950). Mit Wirkung zum 25.4.07 hat der Gesetzgeber in § 133 Abs 3 Satz 2 UmwG die Haftungsdauer für Versorgungsverpflichtungen, die vor dem Wirksamwerden der Spaltung begründet wurden, auf 10 Jahre verdoppelt (BGBl I 07, 542).

20 **5. Betriebsverfassungsrechtliche Regelungen. a) Informationspflicht.** Bei sämtlichen Umwandlungsarten bestehen entsprechende Informationspflichten gegenüber dem BRat (§§ 5 Abs 3, 126 Abs 3, 176, 177, 194 Abs 2 UmwG). Danach muss dem BRat jeweils spätestens einen Monat vor dem Tag der Anteilsinhaberversammlung, die über die Zustimmung zur Umwandlung beschließt, der gesellschaftsrechtliche Umwandlungsvertrag oder sein Entwurf (bzw Spaltungsplan oder Umwandlungsbeschluss) zugeleitet werden (*Blechmann* NZA 05, 1143; zum Umfang der arbeitsrechtlichen Inhalte des Umwandlungsvertrags: OLG Naumburg 17.3.03 – 7 Wx 6/02, BB 03, 2756 [LS]; OLG Düsseldorf 15.5.98 – 3 Wx 156/98, NZA 98, 766; *Joost* ZIP 95, 976; *Engelmeyer* DB 96, 2542; *Boecken* Rz 315 ff; *Willemsen* RdA 98, 23; *Willemsen/Müller* EWiR 98, 855; *Trittin* AiB 98, 595; *Hjort* NJW 99, 750). Der BRat kann lediglich auf die Einhaltung der Monatsfrist, nicht aber auf die Zuleitung des Vertrages insgesamt verzichten (*Pfaff* DB 02, 686). Diese Information ist eine von mehreren Eintragungsvoraussetzungen für die Registereintragung (zB für Verschmelzung § 17 Abs 1 UmwG). Ist kein BRat vorhanden, bedarf es auch nicht einer allgemeinen Information der ArbN. Die Zuleitungspflicht geht dann ins Leere (*Müller* DB 97, 713). Existiert im Unternehmen ein GBRat, ist dieser zuständig. Eine Zuständigkeit des KBRat scheidet nach dem eindeutigen Normwortlaut in § 126 Abs 3 UmwG aus (*Willemsen* RdA 98, 23).

21 **b) Übergangsmandat des Betriebsrats.** Das früher speziell in § 321 UmwG für die Betriebsspaltung geregelte Übergangsmandat des BRat ist mit Normierung des allgemeinen Übergangsmandats durch das BetrVerf-Reformgesetz im Jahr 2001 in § 21a BetrVG gegenstandslos geworden (vgl *Thüsing* DB 02, 738). Damit hat ein langjähriger Meinungsstreit um die analoge Anwendung dieser Sonderregelung sein Ende gefunden (Nachweise in Personalbuch 2001 Umwandlung Rz 21; Näheres s *Restmandat/Übergangsmandat* Rz 1 ff; Zur privatisierenden Umwandlung *Besgen/Langner* NZA 03, 1239).

c) **Gemeinsamer Betrieb.** Es gilt die in allgemeiner Form für alle Gesamt- und Einzel- 22
rechtsnachfolgen in § 1 Abs 2 BetrVG geregelte gesetzliche Vermutung.

d) **Fortgeltung von Beteiligungsrechten des Betriebsrats.** § 325 UmwG, der in 23
seinem ersten Abs die Unternehmensmitbestimmung regelt, ermöglicht es den Betriebs- und
Tarifpartnern, die Fortgeltung von Beteiligungsrechten des BRat zu vereinbaren, die bei
unmittelbarer Anwendung des BetrVG aufgrund der Umwandlung entfallen wären. Gedacht
ist hierbei insbesondere an die Vorschriften der §§ 99 ff, 111 ff BetrVG, deren Anwendung
eine Unternehmensgröße von mindestens 20 ArbN voraussetzt. Wird dieser Schwellenwert
nach der Spaltung unterschritten, gingen ohne entsprechende Fortgeltungsvereinbarung iSd
§ 325 Abs 2 UmwG die Beteiligungsrechte des BRat ins Leere. Nicht dispositiv sind ausschließlich die §§ 9 und 27 BetrVG.

e) **Tarifverträge und Betriebsvereinbarungen.** Das Schicksal von tariflichen Regelun- 24
gen und Betriebsvereinbarungen richtet sich gem § 324 UmwG im Umwandlungsfall nach
§ 613a Abs 1 Satz 2 bis 4 BGB (zu Einzelproblemen vgl *Müller* RdA 96, 287; *Rieble* NZA
03, 62).

Betriebsvereinbarungen gelten danach immer dann kollektivrechtlich fort, wenn die
Betriebsidentität trotz der Umwandlung gewahrt bleibt (BAG 27.7.94, DB 95, 431). Geht
die Betriebsidentität verloren, kommt es darauf an, ob die betreffende Materie im aufnehmenden Rechtsträger bereits durch Betriebsvereinbarungen geregelt ist. In diesem Fall
kommt es gem § 613a Abs 1 Satz 3 BGB zur Ablösung der alten Betriebsvereinbarung.
Anderenfalls greift § 613a Abs 1 Satz 2 BGB mit der dort normierten Transformations-
wirkung ein. Zu beachten ist dabei, dass gleichwohl die spätere Ablösung der transformierten
ehemaligen Betriebsvereinbarung durch eine neue Betriebsvereinbarung ohne Rücksichtnahme auf das vom BAG entwickelte Prinzip der kollektiven Günstigkeit (Näheres s *Günstigkeitsprinzip* Rz 11) möglich ist (*Gaul* NZA 95, 717; *Kreßel* BB 95, 925).

Gesamtbetriebsvereinbarungen werden ebenfalls vom Regelungsbereich des § 613a 25
Abs 1 Satz 2 bis 4 BGB erfasst. Für sie gilt das zu den Betriebsvereinbarungen Gesagte
entsprechend mit der Maßgabe, dass für die früher unternehmensweit geltende Gesamtbetriebsvereinbarung nunmehr lediglich auf Betriebsebene fortgilt (BAG 18.9.02 – 1 ABR
54/01, NZA 03, 670; aA *Röder/Haußmann* DB 99, 1754: mögliche Fortgeltung als Gesamtbetriebsvereinbarung differenzierend nach Umwandlungsarten; *Trappehl/Nussbaum* BB 11,
2869 zur Verschmelzung). Besonderheiten sind nur in Ausnahmefällen zu beachten, wenn
die Gesamtbetriebsvereinbarung ihrem Inhalt nach so eng mit dem bisherigen Unternehmen
verknüpft ist (zB Sozialeinrichtung), dass eine Fortgeltung bei dem übernehmenden Rechtsträger ausgeschlossen ist (*Gaul* NZA 95, 717 mwN). Für **Konzernbetriebsvereinbarungen**
und **Richtlinien** nach dem SprAuG gilt nichts anderes.

Tarifliche Regelungen gelten ebenfalls nach Maßgabe des § 613a Abs 1 Satz 2–4 BGB 26
fort. Bei **Verbandstarifverträgen** kommt es zunächst darauf an, ob der aufnehmende
Rechtsträger Mitglied des tarifschließenden ArbGebVerbandes ist. In diesem Fall bleiben die
tariflichen Regelungen kollektivrechtlich bei Bestand (*Däubler* RdA 95, 136). Gehört er
einem anderen ArbGebVerband an oder gelten anderweitige tarifliche Regelungen, kommt
es gem § 613a Abs 1 Satz 3 BGB zur Ablösung, anderenfalls zur Transformation nach § 613a
Abs 1 Satz 2 BGB. Eine Nachwirkung der vor der Umwandlung geltenden tariflichen Bestimmungen analog § 4 Abs 5 TVG (vgl dazu BAG 13.7.94, NZA 95, 479) scheidet wegen
§ 324 UmwG aus (*Gaul* NZA 95, 717). In **Firmentarifverträge** tritt der Erwerber bei
fortbestehender Betriebsidentität bereits nach allgemeinen tariflichen Grundsätzen (§ 3
TVG) ein, so dass § 613a Abs 1 Satz 2 und 3 BGB über § 324 UmwG nicht zum Tragen
kommt (*Henssler* FS für *Schaub* 1998, 311; *Kempen/Zachert* § 3 Rz 57; *Däubler* RdA 95, 136;
aA *Kreßel* BB 95, 925; differenzierend nach Umwandlungsarten *Gaul* NZA 95, 717). Bei
einer Verschmelzung (durch Neugründung oder durch Aufnahme) ergibt sich die Fortgeltung eines Firmentarifvertrags aus § 20 Abs 1 Nr 1 UmwG (BAG 24.6.98 – 4 AZR 208/97,
NZA 98, 1346; 4.7.07 – 4 AZR 491/06, NZA 08, 307; LAG BlnBbg 13.10.11 – 14 Sa
585/11, BeckRS 2012, 66294 – nicht rkr, Az beim BAG: 4 AZR 16/12; LAG Köln
27.1.06 – 4 Sa 942/05 zur vergleichbaren Situation bei einer Verschmelzung von Betriebskrankenkassen nach § 144 Abs 4 SGB V). Bei einer Ausgliederung eines Betriebs im Wege
der Spaltung nach § 123 Abs 3 Nr 1 UmwG ist aufgrund der damit verbundenen partiellen
Gesamtrechtsnachfolge im Spaltungs- und Übernahmevertrag gem § 126 Abs 1 Nr 9

415 Umzugskosten

UmwG festzulegen, welcher der beiden Rechtsträger in die Rechtsstellung der Vertragspartei eines Haustarifvertrages eintritt. Fehlt es an einer solchen Regelung, verbleibt der übertragende Rechtsträger in dieser Rechtsstellung (BAG 21.11.12 – 4 AZR 85/11, NZA 13, 512).

B. Lohnsteuerrecht
Windsheimer

27 Bei Umwandlungen kann es zum Wechsel des ArbGeb kommen; s hierzu *Arbeitgeber* Rz 19 ff; *Betriebsübergang* Rz 103 ff. Zu Pensionszahlungen eines mittlerweile ausgeschiedenen Gesellschafter-Geschäftsführers nach Umwandlung der Gesellschaftsform FG Nds 10.3.11 – 11 K 387/09, EFG 11, 1609; Az BFH IV R 14/11. Wird eine Betriebsrentenschuld im Interesse des Schuldners umgewandelt **(Novation),** kommt es hierdurch nicht zum Zufluss beim Gläubiger (FG BaWü 8.2.11 – 4 K 264/09, EFG 11, 1156). Das Umwandlungssteuergesetz sowie das SEStEG (BGBl I 06, 2782) enthalten keine die LSt betreffenden Vorschriften. Die Haftung für LSt nach § 42d EStG setzt sich nach einer Umwandlung beim Rechtsnachfolger fort (BFH 12.5.95 – VI R 95/94, BStBl II 95, 579; 1.12.95 – VI R 59/95, BStBl II 96, 144; s auch *Lohnsteuerhaftung* Rz 4 ff, insbesondere Rz 43, 44). Zur **Barlohnumwandlung** s *Arbeitsentgelt* Rz 66; *Betriebliche Altersversorgung* Rz 123, 141; H 3.16 LStR. Bei einer **Betriebsaufspaltung** kann der Verpächter ArbN der Betriebsgesellschaft, bei Verpachtung des Betriebs ArbN des Pächters sein.

C. Sozialversicherungsrecht
Schlegel

28 Zum Begriff der Umwandlung im SozVRecht s die Ausführungen zum *Betriebsübergang* Rz 1 ff. Soweit das UmwG für die einzelnen Umwandlungsformen eine Übernahme von Rechten und Pflichten oder das Einrücken in Rechtspositionen anderer vorsieht, gilt dies auch für Rechte und Pflichten, die sozialrechtlichen Ursprungs sind. Entsprechendes gilt bei Spaltungen und Vermögensteilübertragungen für die Anordnung der gesamtschuldnerischen Haftung der beteiligten Rechtsträger.

Umzugskosten

A. Arbeitsrecht
Griese

1 **1. Allgemeines.** Umzugskosten entstehen dem ArbN, wenn er in eine andere Wohnung oder ein anderes Haus umzieht und dadurch seinen Lebensmittelpunkt verlegt. Arbeitsrechtlich bedeutsam ist, inwieweit der ArbGeb zur Kostenerstattung verpflichtet ist und in welchem Umfang Rückzahlungsklauseln vereinbart werden können.

2 **2. Anspruch auf Umzugskostenerstattung.** Grds gehört ein Umzug zum privaten Lebensbereich des ArbN. Ein gesetzlicher Kostenerstattungsanspruch kann daher nicht begründet werden, wenn der ArbN ein **neues Arbeitsverhältnis aufnimmt** und zu diesem Zweck in die Nähe des Betriebs umzieht. Möglich ist jedoch, einen **vertraglichen** Kostenerstattungsanspruch dadurch zu begründen, dass der ArbGeb dem ArbN die **Kostenübernahme zusagt,** um den ArbN zum Stellenwechsel zu veranlassen. Hieran ist der ArbGeb ebenso gebunden wie an tarifvertragliche (vgl BAG 18.3.92 – 4 AZR 374/91, DB 92, 1891 zur Kostenersatzregelung in § 9 des Rahmentarifvertrages für technische Angestellte des Baugewerbes) oder in Betriebsvereinbarungen enthaltene Kostenübernahmeverpflichtungen. Ist bei einem Umzug ins Ausland eine Kostenzusage für den Umzug erteilt worden, erfasst diese, auch wenn dies nicht ausdrücklich geregelt ist, im Zweifel auch die **Kosten für den Rückumzug.** Dies gilt auch dann, wenn der ArbN das Arbeitsverhältnis wegen der Schließung der ausländischen Niederlassung kündigt (BAG 26.7.95 – 5 AZR 216/94, NZA 96, 30). Zur Ausübung eines (tarif-)vertraglich vereinbarten Widerrufsrechts einer Umzugskostenzusage s BAG 6.11.03 – 6 AZR 505/02, NZA 04, 679).

3 Aus der Zugehörigkeit des Umzugs zum privaten Lebensbereich folgt ferner, dass Umzüge im laufenden Arbeitsverhältnis mangels vertraglicher Absprache nicht erstattungsfähig sind. Dies gilt etwa, wenn der ArbN sich im laufenden Arbeitsverhältnis entschließt, näher an den Betriebsort heranzuziehen oder in eine im gleichen Ort liegende Werkswohnung einzuziehen. Anders ist es, wenn der ArbGeb den Einzug in die **Werkswohnung,** etwa eine

Umzugskosten

funktionsgebundene Werkmietwohnung (Näheres: *Dienstwohnung* Rz 2 ff), **aus betrieblichem Interesse verlangt**. Ebenso ist es zu beurteilen, wenn der ArbGeb vom ArbN aus betrieblichen Gründen eine **Residenzpflicht** in der Nähe des Betriebes verlangt.

Ein gesetzlicher Kostenerstattungsanspruch im laufenden Arbeitsverhältnis kann sich ferner 4 ergeben, wenn der ArbN an einen anderen Ort **versetzt** wird und **aus diesem Grund umzieht**. Rechtsgrundlage für all diese Fälle ist § 670 BGB (BAG 21.3.73, BB 73, 983; ErfK/*Preis* § 611 BGB Rz 551), der den Anspruch auf Aufwendungsersatz (s *Aufwendungsersatz*) auch im Arbeitsverhältnis begründet. Voraussetzung des Erstattungsanspruch ist, dass der Umzug aus betrieblichen Gründen notwendig ist und der ArbN die dafür getätigten Aufwendungen für erforderlich halten darf.

Die betriebliche Notwendigkeit des Umzugs ist anzunehmen, wenn der ArbN seinen 5 neuen Arbeitsort nicht mehr zumutbar durch tägliche Hin- und Rückfahrt zur bisherigen Wohnung erreichen kann. Ist daher der neue Arbeitsort nicht wesentlich weiter vom Wohnort entfernt als der alte, entfällt eine Kostenerstattung. Genauso ist zu entscheiden, wenn die Versetzung nicht im betrieblichen Interesse, sondern allein auf Wunsch des ArbN erfolgt (zB Annahme einer Beförderungsstelle; s dazu BAG 18.3.92 – 4 AZR 374/91, DB 92, 1891); dann mangelt es an der betrieblichen Notwendigkeit der Versetzung und damit an der des Umzuges.

Eine betriebliche Veranlassung ist insbesondere gegeben, wenn der ArbN aus Anlass einer 6 **Betriebsverlegung** umziehen muss; der ArbGeb ist dann zum Kostenersatz verpflichtet (*Schaub* § 45 Rz 21; ErfK/*Preis* § 611 BGB Rz 429). In diesem Fall besteht zudem für den BRat die Möglichkeit, nach § 111 Nr 2 BetrVG Verhandlungen über einen Interessenausgleich und den Abschluss eines Sozialplans zu erzwingen und dadurch Regelungen zur Umzugskostenerstattung zu erreichen. Die Höhe der Umzugskostenerstattung richtet sich danach, was der ArbN den Umständen entsprechend für erforderlich halten darf. Vertragliche Absprachen der Parteien haben insoweit Vorrang. Verbreitet ist die Praxis, hinsichtlich der Höhe der Aufwendungen das für den öffentlichen Dienst geltende BUKG zugrunde zu legen. Ist dies im Betrieb üblich, hat der ArbN aufgrund des Gleichbehandlungsgrundsatzes Anspruch auf die dort vorgesehenen Erstattungsbeträge.

3. Höhe der Umzugskostenerstattung. Für den **öffentlichen Dienst** legt das BUKG 7 die Höhe der Umzugskostenerstattung fest. Im Übrigen besteht nach § 670 BGB der jeweilige Anspruch in der Höhe der **tatsächlichen Aufwendungen.** ArbGeb und ArbN können die Höhe vertraglich regeln oder pauschalieren. Anhaltspunkt können ansonsten die steuerfrei möglichen Erstattungsansprüche sein (s unten Rz 17 ff). Anlässlich eines Betriebsumzuges können auch zusätzliche Leistungen wie ein kostenloser Werkbusverkehr zugesagt werden; eine diesbezügliche Änderungskündigung unterliegt nicht den gleichen strengen Maßstäben wie Änderungskündigungen zur Entgeltabsenkung (BAG 27.3.03 – 2 AZR 74/02, NZA 03, 1029). Zu den Voraussetzungen und Leistungen bei Umzugshindernissen nach BUKG s BAG 13.2.03 – 6 AZR 411/01, NZA 03, 1034 (Schulbesuch eines Kindes).

4. Rückzahlung von Umzugskostenerstattung. Der ArbN kann verpflichtet sein, die 8 empfangene Umzugskostenerstattung zurückzuzahlen, wenn er das Arbeitsverhältnis **vorzeitig beendet**. Eine solche Rückzahlungsverpflichtung besteht nicht automatisch, stets setzt sie eine **Rückzahlungsvereinbarung** (s *Rückzahlungsklausel* Rz 2 ff) voraus. **Einer Rückzahlungsvereinbarung sind jedoch im Hinblick auf Art 12 GG Grenzen gesetzt**, da das Grundrecht des ArbN auf jederzeitige freie Wahl von Beruf und Arbeitsstelle und damit auf die Freiheit, Beruf und Arbeitsstelle zu wechseln, eingeschränkt wird. Die Rspr unterwirft Rückzahlungsklauseln daher Beschränkungen bezüglich des Umfangs, der zeitlichen Dauer und des Geltungsbereichs. Der Umfang der in der Rückzahlungsklausel versprochenen Rückzahlung darf ein Monatsgehalt regelmäßig nicht überschreiten (BAG 24.2.75, AP Nr 50 zu Art 12 GG = BB 75, 702 [LS]). Als maximale zeitliche Bindungsfrist werden drei Jahre angesehen (BAG 23.2.83 – 5 AZR 531/80, DB 83, 1210).

Weitere Voraussetzung ist, dass der Wohnsitzwechsel zumindest **auch im Interesse des** 9 **Arbeitnehmers** lag (BAG 24.2.75, BB 75, 702 [LS] = AP Nr 50 zu Art 12 GG). Liegt der Umzug allein im Interesse des ArbGeb (zB wegen Versetzung, Betriebsverlegung oder Einzug in eine funktionsgebundene Werkmietwohnung), ist eine Rückzahlungsvereinbarung folglich **unzulässig**. In Anlehnung an die Rspr zur Rückzahlung von Ausbildungskosten

415 Umzugskosten

(BAG 11.4.90 – 5 AZR 308/89, DB 90, 2222), wird man schließlich verlangen müssen, dass sich der Rückzahlungsbetrag mit fortschreitender Dauer des Arbeitsverhältnisses vermindert. Ohne eine solche Staffelung hält eine Rückzahlungsklausel der verfassungsrechtlich notwendigen **Inhaltskontrolle von Rückzahlungsklauseln** (s dazu BAG 6.5.98 – 5 AZR 535/97, NZA 99, 79) nicht stand. Angemessen ist eine Vereinbarung, nach der der Rückzahlungsbetrag für jeden Monat nach dem Umzug um $1/36$ getilgt wird. Bei Rückzahlungsklauseln in **Formulararbeitsverträgen** gem §§ 306, 310 Abs 4 BGB zu beachten, dass eine Vertragsklausel, die eine unzumutbar lange Bindungsfrist enthält, nicht auf das zulässige Maß reduziert wird, sondern ganz wegfällt. Von vorneherein unzulässig sind Rückzahlungsklauseln, soweit sie die Rückzahlung auch bei **betriebs- oder personenbedingter Kündigung** des ArbGeb vorsehen (vgl BAG 6.5.98 – 5 AZR 535/97, NZA 99, 79). Ebenso dürfte es bei vorzeitiger Beendigung des Arbeitsverhältnisses durch den ArbGeb sein, die der ArbGeb darauf stützt, der ArbN habe nicht den Vorstellungen im Hinblick auf geplante Verwendungsmöglichkeiten entsprochen, weil der ArbGeb sein Auswahlrisiko nicht durch die Rückzahlungsoption auf den ArbN abwälzen darf (für Fortbildungskosten BAG 24.6.04 – 6 AZR 320/03, NZA 04, 1295 LS). Anders ist es bei verhaltensbedingter ordentlicher oder außerordentlicher ArbGeb Kündigung. Beendet der ArbN vorzeitig das Arbeitsverhältnis, führt dies dann nicht zur Rückzahlung, wenn der ArbGeb dies zu vertreten hat (vgl LAG Brem 25.2.94, DB 94, 2630).

10 Tarifliche Rückzahlungsklauseln sind an die gleichen Voraussetzungen gebunden (BAG 21.3.73, BB 73, 983). Eine ArbGebseitige Kündigung, insbesondere eine betriebsbedingte Kündigung, löst keine Rückzahlungsansprüche aus (LAG Düsseldorf 1.4.75, EzA Nr 1 zu § 157 BGB; *Hanau/Adomeit* Arbeitsrecht Rz 860 ff). Die Rückzahlungsgrundsätze finden entsprechende Anwendung, wenn andere Gestaltungsformen, zB nichtrückzahlbare Darlehen angewandt werden (ErfK/*Preis* § 611 BGB Rz 435).

B. Lohnsteuerrecht *Seidel*

12 **1. Allgemeines.** Umzugskosten gehören steuerrechtlich grds zu den nicht abzugsfähigen Kosten der Lebensführung und sind damit als private Aufwendungen steuerlich idR nicht zu berücksichtigen (§ 12 Nr 1 EStG). Ist der Umzug jedoch so gut wie ausschließlich beruflich veranlasst, ist ein Abzug der Aufwendungen als Werbungskosten möglich (§ 9 Abs 1 Satz 1 EStG; LStR 9.9 Abs 1 und LStH 9.9: Berufliche Veranlassung sowie LStR 9.11 Abs 9 und LStH 9.11). **Umzugskostenvergütungen** des ArbGeb für ArbN im öffentlichen Dienst aus öffentlichen Kassen sind steuerfrei (§ 3 Nr 13 EStG; für Postbedienstete iVm § 3 Nr 35 EStG; LStR 3.13 Abs 1 und 4). Die von privaten ArbGeb dem ArbN erstatteten Umzugskosten bleiben steuerfrei, soweit sie als Werbungskosten nach LStR 9.9 und LStH 9.9 anerkannt werden könnten (§ 3 Nr 16 EStG; LStR 3.16 und 9.9 Abs 3). Zur Ungleichbehandlung der ArbN im öffentlichen und im privaten Dienst s *Aufwandsentschädigung* Rz 7–11. Werden Umzugskosten von den ArbN bei der ESt-Veranlagung (s *Antragsveranlagung* Rz 2 ff) als Werbungskosten geltend gemacht (s unten Rz 17 ff), sind ggf Umzugskostenvergütungen des ArbGeb anzurechnen.

13 **2. Umzugskostenvergütungen. a) Umzugskostenvergütungen aus öffentlichen Kassen** sind steuerfrei (§ 3 Nr 13 EStG). Hinsichtlich der strittigen Frage, ob auch der Werbungskostenbegriff erfüllt sein muss, s unten Rz 21. Soweit es sich um Verpflegungsmehraufwendungen handelt, gilt dies nur bis zur Höhe der Pauschbeträge gem § 4 Abs 5 Satz 1 Nr 5 EStG (§ 3 Nr 13 Satz 2 EStG; s auch *Frotscher* EStG § 3 Rz 99a und *Verpflegungsmehraufwendungen* Rz 8). Öffentliche Kassen sind die Kassen der inländischen juristischen Personen des öffentlichen Rechts und solche Kassen, die einer Dienstaufsicht und Prüfung des Finanzgebahrens durch die inländische öffentliche Hand unterliegen. Dazu gehören neben den Kassen des Bundes, der Länder und der Gemeinden insbesondere auch die Kassen der öffentlich-rechtlichen Religionsgemeinschaften, die Ortskrankenkassen, Landkrankenkassen, Innungskrankenkassen, Ersatzkassen, die Kasse des Bundeseisenbahnvermögens, der Bundesbank, der öffentlich-rechtlichen Rundfunkanstalten, der Berufsgenossenschaften, der Gemeindeunfallversicherungsverbände, der Träger der gesetzlichen RV, der Knappschaften und der Unterstützungskassen der Postunternehmen (LStH 3.13 iVm LStH 3.11). Hier werden Umzugskostenvergütungen nach dem BUKG bzw entsprechenden

Ländergesetzen bzw bei Auslandsumzügen nach der AuslandsumzugskostenVO (s Anhang 29 III LStR; Änderungen § 11 Abs 1 Satz 2 und § 12 Abs 1 AuslandsumzugskostenVO s VO vom 12.11.08, BGBl I 08, 2212, Art 2) gezahlt.

Dazu gehören Beförderungsauslagen (§ 6 BUKG), Reisekosten für die zur häuslichen **14** Gemeinschaft gehörenden Personen (§ 7 BUKG), Mietentschädigungen (§ 8 BUKG), andere Auslagen wie Maklergebühren (für Mietwohnungen), Aufwendungen für zusätzlichen Unterricht, Kochherde, Öfen und Heizungsgeräte (§ 9 BUKG), die Pauschvergütung für sonstige Umzugsauslagen (§ 10 BUKG) und die Auslagen nach § 11 BUKG. Bei Auslandsumzügen kommen noch verschiedene zusätzliche Erstattungen in Betracht, zB Lagerung und Unterstellen von Umzugsgut (§ 3 AuslandsumzugskostenVO; s auch unten Rz 29). Zu den einzelnen Aufwendungsarten s auch unten Rz 21 ff.

b) **Umzugskostenvergütungen von privaten Arbeitgebern** sind insoweit steuerfrei, als **15** der ArbN Werbungskosten gem LStR 9.9 und LStH 9.9 geltend machen könnte (§ 3 Nr 16 EStG; s hierzu unten Rz 17 ff und *Aufwandsentschädigung* Rz 10). Der ArbN hat dem ArbGeb Unterlagen vorzulegen, aus denen die tatsächlichen Aufwendungen ersichtlich sein müssen. Der ArbGeb hat diese Unterlagen als Belege zum Lohnkonto zu nehmen (LStR 9.9 Abs 3).

c) **Rückzahlung der Umzugskostenvergütung** (s oben Rz 8). Soweit die Umzugs- **16** kostenvergütung steuerfrei geblieben ist (s oben Rz 13–15), ist die Rückzahlung durch den ArbN steuerlich unbeachtlich. Wurde sie teilweise als stpfl Arbeitslohn behandelt, stellt dies eine Lohnrückzahlung dar (s hierzu *Entgeltrückzahlung* Rz 17 ff).

3. **Werbungskosten. a) Berufliche Veranlassung.** Umzugskosten sind nur dann Wer- **17** bungskosten, wenn ein beruflich veranlasster Wohnungswechsel vorliegt. Dies ist der Fall, wenn durch ihn die Entfernung zwischen Wohnung und Arbeitsstätte erheblich verkürzt wird und die verbleibende Wegezeit im Berufsverkehr als normal angesehen werden kann oder wenn der Umzug im ganz überwiegenden betrieblichen Interesse des ArbGeb durchgeführt wird oder wenn er das Beziehen oder die Aufgabe einer Zweitwohnung bei einer beruflich veranlassten doppelten Haushaltsführung (s *Doppelte Haushaltsführung* Rz 20–29; zum Nachweis der Werbungskosten in diesem Fall s auch LStR 9.11 Abs 9) betrifft. Eine erhebliche Verkürzung der Entfernung zwischen Wohnung und Arbeitsstätte ist anzunehmen, wenn sich die Dauer der täglichen Hin- und Rückfahrt insgesamt wenigstens zeitweise um mindestens 1 Stunde ermäßigt. Eine Verkürzung um 20 Minuten reicht nicht aus, auch wenn der Umzug in eine größere Wohnung erfolgt, die die Einrichtung eines Arbeitszimmers ermöglicht (BFH 10.10.92, BStBl II 93, 610). Bei Ehegatten dürfen die Fahrzeitkürzungen nicht zusammengerechnet (BFH 27.7.95, BStBl II 95, 728) und eine Fahrzeitverkürzung eines Ehegatten nicht gegengerechnet werden (BFH 21.2.06 – IX R 79/01, BStBl II 06, 598). Allerdings sind nur Aufwendungen des Ehegatten abzugsfähig, bei dem die Fahrzeitverkürzung eingetreten ist (FG Köln 28.2.02 – 15 K 4557/99, EFG 02, 965; DStRE 02, 863), anders wenn es sich um eine Abkürzung des Zahlungswegs handelt (BFH 23.5.06 – VI R 56/02, DStRE 06, 1043 zB Miete). Wird der Arbeitsweg wegen günstigerer Verkehrsverhältnisse wesentlich erleichtert, liegt eine berufliche Veranlassung auch dann vor, wenn die Fahrzeitverkürzung unter 1 Stunde beträgt (FG RhPf 25.1.95, EFG 95, 515; s auch FG BaWü 2.4.04 – 8 K 34/00, EFG 04, 1204). Trotz Fahrzeitverkürzung von 1 Stunde fehlt es an der überwiegenden beruflichen Veranlassung, wenn eine größere Wohnung in zeitlichem Zusammenhang mit der Erwartung von Familiennachwuchs bezogen wird (FG Hbg 16.5.2000 – II 432/99, EFG 2000, 924; s aber Rz 20).

Ein Umzug erfolgt im überwiegenden betrieblichen Interesse insbesondere beim Bezug **18** oder Räumen einer Dienstwohnung, die aus betrieblichen Gründen, zB zur jederzeitigen Einsatzmöglichkeit, bestimmten ArbN vorbehalten ist. Ein Arbeitsplatz- oder Wohnortwechsel muss mit dem Wohnungswechsel nicht verbunden sein. Eine berufliche Veranlassung liegt unter der Voraussetzung der Wegezeitverkürzung oder des betrieblichen Interesses auch vor, wenn der Wohnungswechsel aus Anlass der erstmaligen Aufnahme einer beruflichen Tätigkeit vorgenommen wird. Die Finanzverwaltung lässt für die berufliche Veranlassung einen Wohnungswechsel bei erstmaliger Arbeitsaufnahme genügen (LStH 9.9: Berufliche Veranlassung Nr 3; aA FG Düsseldorf – 7 K 3191/98, EFG 2000, 485; zur Aufnahme einer bezahlten Tätigkeit im Ausland s BFH 20.9.06 – I R 59/05, BStBl II 07, 756; keine Werbungskosten bei den inländischen Einkünften, Berücksichtigung allenfalls beim Progressionsvorbehalt].

415 Umzugskosten

19 Ebenso ist die Verlegung des Familienhausstandes zur Beendigung einer doppelten Haushaltsführung beruflich veranlasst (BFH 29.4.92, BStBl II 92, 667; zum doppelten Mietaufwand beim gestreckten Familienumzug als Werbungskosten s BFH 13.7.11 – VI R 2/11, DStR 11, 1851). Auch der Rückumzug ins Inland im Anschluss an eine befristete Entsendung ist beruflich veranlasst (BFH 4.12.92, BStBl II 93, 722; s auch FG Düsseldorf 3.11.93, EFG 94, 347). Der Rückumzug ins Ausland nach langjähriger unbefristeter Tätigkeit im Inland – bis zur Pensionsgrenze – ist nicht beruflich veranlasst (BFH 8.11.96, BStBl II 97, 207). Unerheblich sind die privaten Motive für die Auswahl der Wohnung. Auch muss der Umzug nicht ausschließlich beruflich veranlasst sein, es genügt, dass der berufliche Anlass die privaten Beweggründe weit übersteigt, dh die privaten Beweggründe dürfen nur eine ganz untergeordnete Rolle spielen. Dies ist auch bei einem Umzug in ein Eigenheim oder eine Eigentumswohnung anzunehmen, wenn genügend Anhaltspunkte vorhanden sind, dass der ArbN in dieselbe oder eine nach Lage und Ausstattung ähnliche Mietwohnung gezogen wäre (BFH 6.11.86, BStBl II 87, 81). IdR sind jedoch Aufwendungen im Zusammenhang mit dem Erwerb oder der Veräußerung eines Eigenheimes, die wegen einer Versetzung durch den ArbGeb anfallen, der privaten Vermögenssphäre zuzuordnen (BFH 24.5.2000 – VI R 147/99, BStBl II 2000, 476; s auch unten Rz 30). Dies gilt ausnahmsweise nicht, wenn es weder zum Verkauf noch zum Erwerb des jeweiligen Hauses kommt, weil die geplante Versetzung unterbleibt (BFH 24.5.2000 – VI R 17/96, BStBl II 2000, 584).

20 Steht bei einem Umzug allerdings eine arbeitstägliche Fahrzeitverkürzung von mindestens 1 Stunde fest, kommt dem Umstand, dass der Umzug im Zusammenhang mit einer heiratsbedingten Gründung eines gemeinsamen Haushalts oder der Trennung von Eheleuten steht, grds keine Bedeutung zu (BFH 23.3.01 – VI R 175/99, BStBl II 01, 585). Der Umzug in eine Zwischenwohnung beendet die berufliche Veranlassung (BFH 21.9.2000 – VI R 79/99, BStBl II 01, 70). Ein teilweiser Abzug als Werbungskosten bei nur teilweiser beruflicher Veranlassung scheidet wegen des Aufteilungsverbots des § 12 Nr 1 EStG aus. Immer dann, wenn die privaten Beweggründe nicht nur von ganz untergeordneter Bedeutung sind, ist von einer privaten Begründung des Umzugs und damit von der Nichtabzugsfähigkeit der Aufwendungen als Werbungskosten auszugehen (s BFH 21.2.06 – IX R 108/00, BFH/NV 06, 1273 und *Schmidt/Krüger* § 19 Rz 110: Umzugskosten). Allerdings eröffnet § 35a Abs 2 Satz 1 EStG einen begrenzten Abzug der Aufwendungen für Umzugsdienstleistungen für Privatpersonen (BMF 26.10.07 – IV C 5 – S 2296 – b/07/0003, BStBl I 07, 783 Rz 8, 38; s hierzu *Hauswirtschaftliches Beschäftigungsverhältnis* Rz 28).

21 **b) Abzugsfähige Umzugskosten.** Ohne weitere Prüfung können die tatsächlichen Umzugskosten bis zu der Höhe als Werbungskosten abgezogen werden, die nach dem BUKG als Umzugskostenvergütung höchstens gezahlt werden könnten (s aber unten Rz 29, 30 und *Aufwandsentschädigung* Rz 10 mwN: der allgemeine Werbungskostenbegriff muss nach der Rspr aber trotzdem erfüllt sein; BFH 17.12.02 – VI R 188/98, BStBl II 03, 314; BFH 19.1.01 – VI B 198/00, BFH/NV 01, 778; s auch FG Nds 30.4.12 – 4 K 6/12, EFG 12, 1634 zur beruflichen Veranlassung von Umzugskosten; dies gilt auch hinsichtlich der Steuerfreiheit von Umzugskostenerstattungen nach § 3 Nr 13 EStG, BFH 12.4.07 – VI R 53/04, BStBl II 07, 536; aA LStR 9.9 Abs 2 Satz 2 bei Einhaltung der umzugskostenrechtlichen Grenzen). Bei Geltendmachung höherer Aufwendungen kommt es darauf an, ob und inwieweit die Aufwendungen Werbungskosten oder nicht abziehbare Kosten der Lebensführung sind, wie zB die Neuanschaffung von Einrichtungsgegenständen (s auch BFH 17.12.02, aaO). Soweit Umzugskosten vom ArbGeb steuerfrei erstattet wurden (LStR 9.9 Abs 3 und oben Rz 13–15), entfällt der Werbungskostenabzug (§ 3c EStG; s auch *Aufwendungsersatz* Rz 31 f). Dies gilt auch bei Umzugskostenerstattung nach dem SGB III (s unten Rz 35).

22 **Einzelne Aufwendungen. aa) Beförderungsauslagen** für die Beförderung des Umzugsguts (s § 6 BUKG) entsprechend der Speditionsrechnung. Bei einem durch **private Gründe** veranlassten Umzug sind die durch den Transport von Arbeitsmitteln entstehenden anteiligen Aufwendungen keine Werbungskosten (BFH 21.7.89, BStBl II 89, 972).

23 **bb) Reisekosten** für die Umzugsreise wie bei Dienstreisen sowie für zwei Reisen einer Person oder eine Reise von zwei Personen zum Suchen und Besichtigen der neuen Wohnung. Verpflegungsmehraufwendungen und Übernachtungskosten sind aber nur für höchststens zwei Reise- und Aufenthaltstage pro Reise zu berücksichtigen (s § 7 BUKG). Die abzugsfähigen Beträge richten sich dabei nach dem vergleichbaren Bundesbeamten entsprechend ihrer Reisekostenstufe gewährten Kostenersatz (s Bundesreisekostengesetz).

cc) Mietentschädigungen für die alte Wohnung bis zu sechs Monaten, wenn wegen der Einhaltung der Kündigungsfrist noch Miete entrichtet werden muss, obwohl der Umziehende bereits in der neuen Wohnung lebt (s auch BFH 1.12.93, BStBl II 94, 323). Mietleistungen für die neue Wohnung bis zu drei Monaten, wenn diese noch nicht genutzt wird und gleichzeitig Miete für die frühere Wohnung gezahlt werden muss. Die bisherige Wohnung im eigenen Haus oder die Eigentumswohnung steht der Mietwohnung gleich. An die Stelle der Miete tritt dann der ortsübliche Mietwert. Die Mietentschädigung kann hier für längstens 1 Jahr gezahlt werden (s auch FG RhPf 16.4.96, EFG 96, 975 und FG Köln 20.11.08 – 10 K 4922/05, EFG 09, 460). Eine Mietentschädigung für die neue Wohnung im eigenen Haus kommt nicht in Betracht (vgl § 8 BUKG). 24

dd) Maklergebühren für die Vermittlung einer Mietwohnung im ortsüblichen Umfang (§ 9 BUKG). Die bei einem Grundstückskauf angefallenen Maklergebühren können nicht als Werbungskosten anerkannt werden, auch nicht iHd Maklergebühren für eine Mietwohnung (BFH 24.5.2000 – VI R 188/97, BStBl II 2000, 586). 25

ee) Aufwendungen für den **Zusatzunterricht** von Kindern, wenn dieser durch den Umzug bedingt ist, ab 1.8.13 1752 € (s § 9 Abs 2 BUKG iVm BMF 1.10.12 – IV C 5 – S 2353/08/10007; Dok 2012/0899967, BStBl I 12, 942). 26

ff) Auslagen für einen **Kochherd** bis zu 450 DM (= 230,08 €) und bei einer Mietwohnung für Öfen bis zu 320 DM (= 163,61 €)/Zimmer (§ 9 Abs 3 BUKG). 27

gg) Sonstige Umzugskosten werden nach § 10 BUKG mit Pauschbeträgen berücksichtigt: Verheiratete ab 1.8.13 1390 €; Ledige ab 1.8.13 695 €; jede weitere zu berücksichtigende Person mit Ausnahme des Ehegatten ab 1.8.13 306 €; s BMF aaO). Der ArbN kann aber bei den Werbungskosten höhere Beträge geltend machen, wenn er diese einzeln nachweist (LStR 9.9 Abs 2 Satz 3 und 4), sie Werbungskosten und keine Kosten der Lebensführung darstellen. Hier kommen zB folgende Aufwendungen in Betracht: Inseratskosten, Trinkgelder, Vorhänge (s aber unten Rz 30), Umschreibung von Ausweisen, Kfz-Ummeldung, Montagearbeiten für Geräte, Schönheitsreparaturen in der alten Wohnung bei entsprechender Verpflichtung. 28

hh) Auslandsumzüge. Hier ergeben sich zusätzliche erstattungsfähige bzw zu berücksichtigende Aufwendungen (s AuslandsumzugskostenVO Anhang 29 III LStR, Änderungen s Rz 13). Hinzuweisen ist hier darauf, dass das BFH-Urt vom 20.3.92 (BStBl II 93, 192), das Aufwendungen für die Beschaffung von Kleidung wegen Klimawechsels nicht als Werbungskosten anerkannt hat, von der FinVerw ursprünglich wegen der steuerfreien Vergütung bei öffentlich Bediensteten (§ 3 Nr 13 EStG iVm § 12 AuslandsumzugskostenVO, Änderungen s Rz 13) nicht angewandt wurde (BMF 8.2.93, BStBl I 93, 247 und 29.12.94, BStBl I 95, 53 Abs 2; s auch *Aufwandsentschädigung* Rz 10). Der BFH hält jedoch an seiner Rspr fest und lehnt insoweit auch eine steuerfreie Vergütung bei öffentlich Bediensteten ab (BFH 27.5.94, BStBl II 95, 17). Nunmehr erkennt auch die Finanzverwaltung die nach §§ 11 und 12 AuslandsumzugskostenVO (zu Änderungen der §§ 11, 12 s Rz 13) erstattungsfähigen Aufwendungen nicht mehr als Werbungskosten an und verneint auch deren steuerfreie Erstattung (LStR 9.9 Abs 2 Satz 1 und Abs 3 Satz 1). Grds verdoppeln sich bei Auslandsumzügen die Pauschalbeträge für sonstige Umzugsauslagen (s oben Rz 28; § 10 AuslandsumzugskostenVO). 29

ii) Keine Werbungskosten sind regelmäßig Abstandszahlungen an den Vormieter für Einrichtungen, verlorene Baukostenzuschüsse, Veräußerungsverluste, Vorfälligkeitsentschädigungen und Maklerkosten bei Verkauf des Eigenheims oder Aufnahmegebühren in einen Sportverein (s *HMW*/Umzugskosten Rz 53, 59, 61; BFH 24.5.2000 – VI R 147/99, BStBl II 2000, 476 und BFH 24.5.2000 – VI R 28/97, BStBl II 2000, 474) sowie – entgegen der Auffassung der Finanzverwaltung (s oben Rz 21, 28) – Aufwendungen für Vorhänge und Gardinen (FG Saarl 29.8.01 – 1 K 120/00, EFG 01, 1491; s auch BFH 17.12.02 – VI R 188/98, BStBl II 03, 314 bzgl Aufwendungen für die Ausstattung der neuen Wohnung). Gleiches gilt für den in Anlehnung an § 8 Abs 3 BUKG ermittelten Mietausfall, der eine entgangene Einnahme darstellt und daher den Aufwandsbegriff nicht erfüllt (BFH 19.4.12 – VI R 25/10, DStR 12, 1593). 30

Unfallrente

31 **4. Außergewöhnliche Belastungen.** Eine steuerliche Berücksichtigung von privat veranlassten Umzugskosten – bzw ab 2006 des die Bemessungsgrundlage nach § 35a Abs 2 Satz 1 EStG übersteigenden Betrages (s Rz 20) – kommt auch als außergewöhnliche Belastung regelmäßig nicht in Betracht, da ein Umzug unabhängig von der Art der Kündigung idR kein außergewöhnliches Ereignis iSd § 33 EStG darstellt (s auch FG Düsseldorf 26.11.99 – 18 K 3056/96 E, DStRE 2000, 243). Unerheblich ist auch die Veranlassung durch eine Scheidung oder die Geburt eines Kindes. Anders aber, wenn ein persönlicher Wohnungsnotstand vorliegt, zB gesundheitsschädliche oder einsturzgefährdete Räume bzw der Umzug in eine Erdgeschosswohnung wegen eines vollständig gelähmten Kindes erforderlich ist. Krankheit kann als alleiniger Umzugsgrund zu einer Berücksichtigung als außergewöhnliche Belastung führen (vgl *HMW*/Umzugskosten Rz 68). Allerdings sind die Aufwendungen um die zumutbare Eigenbelastung zu kürzen (§ 33 Abs 3 EStG).

C. Sozialversicherungsrecht *Schlegel*

32 **1. Beitragsrecht.** Zu differenzieren ist zwischen Umzugskosten, die der ArbN letztlich selbst trägt, und solchen, die ihm vom ArbGeb erstattet werden.

a) Werbungskosten. Kann der ArbN bei einem nahezu ausschließlich beruflich veranlassten Umzug Werbungskosten auch für Umzugskosten von seinen Einkünften aus nichtselbstständiger Tätigkeit abziehen (§ 9 Abs 1 Satz 1 EStG; Abschn 41 LStR), können diese bei der Berechnung des Arbeitsentgelts iSd § 14 SGB IV nicht vom Bruttolohn abgezogen werden. Insoweit unterscheidet sich die Bemessungsgrundlage für Steuern einerseits und die Beiträge/Leistungen in der SozV andererseits maßgeblich.

33 **b) Erstattung der Umzugskosten durch den Arbeitgeber.** Werden dem ArbN von seinem ArbGeb die Umzugskosten erstattet, sind die Erstattungsbeträge nach Maßgabe von § 3 Nr 16 EStG steuerfrei und insoweit gem § 1 Abs 1 Satz 1 SvEV insoweit nicht dem Arbeitsentgelt iSd § 14 SGB IV zuzurechnen. Eine gesetzliche Begrenzung der Steuerfreiheit findet nach § 3 Nr 13 und 16 EStG, für Umzugskosten nicht statt; jedoch ergibt sich eine mittelbare Begrenzung daraus, dass aus öffentlichen Kassen Umzugskosten nur in bestimmter Höhe gewährt werden. Aus Gründen der Gleichbehandlung sind deshalb auch Umzugskostenerstattungen privater ArbGeb nur in der Höhe steuerfrei, wie Umzugskosten aus öffentlichen Kassen überhaupt gewährt würden.

34 **2. Leistungsrecht.** Umzugskosten können sich auf die Berechnung von Lohnersatzleistungen auswirken und selbst als Sozialleistungen in Betracht kommen.

Lohnersatzleistungen sind idR nicht unter Berücksichtigung/Einbeziehung einer Umzugskostenerstattung zu berechnen: Selbst wenn es sich um eine Erstattung handelt, die nicht steuerfrei ist und damit dem Arbeitsentgelt iSd § 14 SGB IV zugerechnet werden muss, wird regelmäßig eine einmalige Zahlung vorliegen (zu deren Behandlung s *Einmalzahlungen* Rz 8 ff).

Unfallrente

A. Arbeitsrecht *Poeche*

1 **1. Allgemeines.** Der Bezug einer Unfallrente aus der gesetzlichen oder einer privaten UV ist für die Rechtsbeziehungen zwischen ArbGeb und ArbN im bestehenden Arbeitsverhältnis regelmäßig ohne Bedeutung. Das Arbeitsverhältnis bestimmt sich nach den getroffenen vertraglichen Vereinbarungen. Eine Lohnminderung kommt wegen der Rentenleistung nicht in Betracht. Ebensowenig beeinflusst sie im Fall betriebsbedingter Kündigung die soziale Auswahl (vgl *Kündigung, betriebsbedingte* Rz 34 ff).

2 **2. Anspruch** auf Zahlung einer Unfallrente unmittelbar gegen den ArbGeb hat der ArbN bei entsprechender arbeitsvertraglicher Vereinbarung. Derartige Absprachen finden sich zB bei der Beschäftigung von sog nicht entsandten deutschen Ortskräften im öffentlichen Dienst, die nicht der gesetzlichen UV unterliegen, denen vom ArbGeb aber entsprechende Leistungen zugesagt worden sind. Der ArbN kann den ArbGeb vor dem für seinen Sitz zuständigen ArbG in Anspruch nehmen. Die Zuständigkeit des SozG scheidet aus, da die

Rente trotz der im Einzelfall zu prüfenden sozialrechtlichen Voraussetzungen aufgrund Arbeitsvertrages geschuldet wird.

3. Schadensersatz in Form einer Rentenzahlung kann der ArbGeb leisten müssen, der schuldhaft die ihn treffenden Melde-, Anzeige- oder Aufklärungspflichten verletzt und es deshalb zum dauernden Anspruchsverlust des ArbN gegen den UVTräger kommt. Hat der ArbGeb für seine ArbN eine **private Gruppenunfallversicherung** abgeschlossen, muss er aufgrund arbeitsvertraglicher Nebenpflicht den von einem Versicherungsfall betroffenen ArbN über die versicherungsrechtlichen Voraussetzungen zur Geltendmachung gegenüber der Versicherung und die hierbei einzuhaltenden Fristen aufklären. Schuldhafte Verletzung der Hinweispflicht begründet Ersatzansprüche des ArbN (BAG 26.7.07 – 8 AZR 707/06, NZA-RR 08, 560). Wegen der Verpflichtung des ArbGeb zur Herausgabe der Versicherungssumme aus einer ohne Einwilligung des ArbN für diesen abgeschlossenen GruppenUV s *Unfallversicherung* Rz 2 ff.

4. Betriebsrente. Nach der Rspr des BAG kann eine betriebliche Versorgungsordnung die teilweise Anrechnung der gesetzlichen Unfallrente auf die betriebliche Versorgungsleistung vorsehen. Unfallrenten können angerechnet werden, soweit sie dazu bestimmt sind, unfallbedingte Verdienstminderung auszugleichen. Nicht berücksichtigt werden darf der Teil der Unfallrente, der immaterielle Schäden und sonstige Einbußen ausgleicht. Da die gesetzliche UV nicht zwischen den einzelnen Entschädigungszwecken (unfallbedingter Mehraufwand, immaterielle Schäden, erhöhte Anstrengungen, Verdienstminderungen) unterscheidet, kommt es auf die Anrechnungsregelung der Versorgungsordnung an. Ist sie unbillig oder fehlt es an jeglicher Regelung, ist der Maßstab des BVG heranzuziehen (zusammenfassend BAG 19.3.02 – 3 AZR 220/01, AP BetrAVG § 5 Nr 45; 29.7.03 – 3 AZR 425/02, NZA 05, 712).

Anrechnungsfrei ist dann der Teil der Verletztenrente, der der Grundrente eines Versorgungsberechtigten nach dem BVG bei vergleichbarer Minderung der Erwerbsfähigkeit entspricht. Das gilt sowohl bei Zusage einer Gesamtversorgung wie auch bei einer Höchstbegrenzungsklausel, die nicht direkt auf der Versorgungslücke zwischen den Leistungen der gesetzlichen RV und den Einkünften des aktiven ArbN aufbaut (BAG 24.3.87 – 3 AZR 344/85, DB 87, 2415). Unbeachtlich ist, dass eine Verletztenrente aufgrund einer Minderung der Erwerbsfähigkeit von 30% oder weniger gezahlt wird (BAG 23.2.88 – 3 AZR 100/86, DB 88, 1274).

Die **teilweise Anrechnung** wird auch nicht dadurch ausgeschlossen, dass sich der Unfallgeschädigte seinen Anspruch auf die Verletztenrente abfinden lässt. Die rechnerische Aufzehrung des Abfindungsbetrages durch die Anrechnung geht auf sein Risiko (BAG 6.6.89 – 3 AZR 668/87, DB 90, 435). Die Berücksichtigung der Unfallrente ist auch dann nicht unbillig, wenn eine Versorgungsordnung mit Rücksicht auf eine Entscheidung des BAG zunächst geändert wurde (hier: Streichung der Klausel über die Teilanrechnung), um nach Änderung der Rspr den ursprünglichen Rechtszustand wiederherzustellen. Es ist nicht zwingend zu berücksichtigen, dass der ArbN während der vorübergehenden, ihm günstigen Regelung tatsächlich gearbeitet hat (BAG 8.10.91 – 3 AZR 47/91, DB 92, 1096). Dagegen kommt eine **volle Anrechnung** in Betracht, wenn der ArbN vom ArbGeb neben der Betriebsrente einen sog Unfallausgleich erhält (BAG 19.3.02 – 3 AZR 220/01, AP BetrVG § 5 Nr 45).

B. Lohnsteuerrecht *Windsheimer*

Zu unterscheiden ist zwischen gesetzlicher und freiwilliger Versicherung (s auch *Unfallversicherung* Rz 6 ff).

I. Gesetzliche Unfallversicherung. 1. Steuerfreiheit. Die Versicherungsleistungen aufgrund gesetzlicher UV einschließlich satzungsmäßiger und freiwilliger UV nach §§ 2 bis 6 SGB VII, sind steuerfrei (§ 3 Nr 1a EStG), auch wenn sie an Hinterbliebene gewährt werden. Dazu gehören gem §§ 27 ff SGB VII Heilbehandlung, Verletztengeld oder Übergangsgeld, besondere Unterstützung, Wiederherstellung oder Erneuerung von Körperersatzstücken, Berufshilfe, Verletztenrente, Sterbegeld und Rente an Hinterbliebene. Steuerfrei sind auch die Leistungen von **ausländischen** Versicherungsgesellschaften (BFH 7.8.59,

416 Unfallrente

BStBl III 59, 462). Mit der Versicherungsleistung im Zusammenhang stehende Aufwendungen zur Durchsetzung des Versicherungsanspruchs sind nicht als Betriebsausgaben und nicht als Werbungskosten abzugsfähig (§ 3c EStG), können aber außergewöhnliche Belastung sein (§ 33 EStG). Soweit die Aufwendungen aber die steuerfreien Leistungen tatsächlich übersteigen, bleiben sie als Betriebsausgaben/Werbungskosten abzugsfähig (BFH 14.11.86, BStBl II 87, 385 aE).

9 **2. Schadensersatzleistungen.** Bei einem im beruflichen Bereich eingetretenen Unfall gehört die Auskehrung des ArbGeb nicht zum Arbeitslohn, soweit der ArbGeb gesetzlich zur Schadensersatzleistung verpflichtet ist oder soweit der ArbGeb einen zivilrechtlichen Schadensersatzanspruch des ArbN wegen schuldhafter Verletzung arbeitsvertraglicher Fürsorgepflichten erfüllt (BFH 20.9.96 – VI R 57/95, BStBl II 97, 144). Der gesetzliche Schadensersatzanspruch des ArbN aus unfallbedingten Personenschäden im beruflichen Bereich wird regelmäßig durch Leistungen aus der gesetzlichen UV erfüllt; diese Leistungen sind nach § 3 Nummer 1 Buchstabe a EStG steuerfrei.

10 **3. Schmerzensgeldrenten** nach § 253 Abs 2 BGB (bis 31. Juli 2002: § 847 BGB), Schadensersatzrenten zum Ausgleich vermehrter Bedürfnisse (§ 843 Abs 1, 2. Alternative BGB), **Unterhaltsrenten** nach § 844 Abs 2 BGB sowie **Ersatzansprüche wegen entgangener Dienste** nach § 845 BGB sind nicht steuerbar (vgl. BMF 15.7.09 – IV C 3 – S 2255/08/10 012, BStBl I 09, 836).

11 **II. Freiwillige Versicherung.** Die Versicherungsleistungen aufgrund freiwilliger Versicherung außerhalb des SGB VII fallen nicht unter § 3 Nr 1a EStG. Laut BMF 28.10.09 – IV C 5 – S 2332/09/10 004, DStR 09, 2373 gilt für alle noch nicht bestandskräftigen Fälle Folgendes:

12 **1. Leistungen aus einem Versicherungsvertrag. a) Die Rechte aus dem Versicherungsvertrag stehen dem Arbeitgeber zu.** Erhält ein ArbN Leistungen aus einem Versicherungsvertrag, bei dem die **Ausübung der Rechte ausschließlich dem Arbeitgeber zusteht** (s *Unfallversicherung* Rz 7), so führen die bis dahin entrichteten, auf den Versicherungsschutz des ArbN entfallenden **Beiträge** im Zeitpunkt der Auszahlung oder Weiterleitung der Leistung an den ArbN zu **Arbeitslohn** in Form von Barlohn, begrenzt auf die dem ArbN ausgezahlte Versicherungsleistung (BFH 11.12.08 – VI R 9/05 –, BStBl II 09, 385, hierzu DStR 09, 319); das gilt unabhängig davon, ob der Unfall im beruflichen oder außerberuflichen Bereich eingetreten ist und ob es sich um eine EinzelUV oder eine GruppenUV handelt.

13 aa) Bei einer **Gruppenunfallversicherung** ist der auf den einzelnen ArbN entfallende Teil der Beiträge ggf zu schätzen (BFH 11.12.08 – VI R 19/06, BFH/NV 09, 905). Bei den im Zuflusszeitpunkt zu besteuernden Beiträgen kann es sich um eine Vergütung für eine mehrjährige Tätigkeit iSd § 34 Abs 1 iVm Abs 2 Nr 4 EStG handeln. Da sich der Vorteil der Beitragsgewährung nicht auf den konkreten Versicherungsfall, sondern allgemein auf das Bestehen von Versicherungsschutz des ArbN bezieht, sind zur Ermittlung des Arbeitslohns alle seit Begründung des Dienstverhältnisses entrichteten Beiträge zu berücksichtigen, unabhängig davon, ob es sich um einen oder mehrere Versicherungsverträge handelt. Das gilt auch dann, wenn die Versicherungsverträge zeitlich befristet abgeschlossen wurden, das Versicherungsunternehmen gewechselt wurde oder der Versicherungsschutz für einen bestimmten Zeitraum des Dienstverhältnisses nicht bestanden hat (zeitliche Unterbrechung des Versicherungsschutzes).

14 bb) Bei einem **Wechsel des Arbeitgebers** sind ausschließlich die seit Begründung des neuen Dienstverhältnisses entrichteten Beiträge zu berücksichtigen, auch wenn der bisherige Versicherungsvertrag vom neuen ArbGeb fortgeführt wird. Das gilt auch, wenn ein Wechsel des ArbN innerhalb eines Konzernverbundes zwischen Konzernunternehmen mit einem ArbGebWechsel verbunden ist. Bei einem **Betriebsübergang** nach § 613a BGB liegt kein neues Dienstverhältnis vor.

Beiträge, die individuell oder pauschal besteuert wurden, sind im Übrigen nicht einzubeziehen.

Aus Vereinfachungsgründen können die auf den Versicherungsschutz des ArbN entfallenden Beiträge unter Berücksichtigung der Beschäftigungsdauer auf Basis des zuletzt vor Eintritt des Versicherungsfalls geleisteten Versicherungsbeitrags hochgerechnet werden. Die bei einer **früheren Versicherungsleistung** als Arbeitslohn berücksichtigten Beiträge sind bei einer späteren Versicherungsleistung nicht erneut als Arbeitslohn zu erfassen. Bei einer späteren Versicherungsleistung sind zumindest die seit der vorangegangenen Auszahlung einer Versicherungsleistung entrichteten Beiträge zu berücksichtigen (BFH 11.12.08 – VI R 3/08, BFH/NV 09, 907), allerdings auch in diesem Fall begrenzt auf die ausgezahlte Versicherungsleistung.

cc) Teilbeträge. Erhält ein ArbN die Versicherungsleistungen in **mehreren Teilbeträgen oder ratierlich,** so fließt dem ArbN solange Arbeitslohn in Form von Barlohn zu, bis die Versicherungsleistungen die Summe der auf den Versicherungsschutz des ArbN entfallenden Beiträge erreicht haben. 15

dd) Leibrente. Erhält ein ArbN die Versicherungsleistungen als **Leibrente,** so fließt dem ArbN solange Arbeitslohn in Form von Barlohn zu, bis der Teil der Versicherungsleistungen, der nicht Ertragsanteil ist (§ 22 Nr 1 Satz 3 Buchst a Doppelbuchst bb EStG ggf iVm § 55 EStDV), die Summe der auf den Versicherungsschutz des ArbN entfallenden Beiträge erreicht hat. Beiträge, die vom ArbGeb nach der ersten Auszahlung oder Weiterleitung von Versicherungsleistungen an den ArbN gezahlt werden, sind hier aus Vereinfachungsgründen jeweils nicht einzubeziehen; diese Beiträge sind dann bei einem ggf später eintretenden Versicherungsfall zu berücksichtigen. 16

Beispiel: Nach einem Unfall wird ab dem Jahr 01 eine Versicherungsleistung als Leibrente iHv jährlich 1000 € ausgezahlt. Der Ertragsanteil beträgt 25 %. An Beiträgen wurden für den ArbN in der Vergangenheit insgesamt 2500 € gezahlt.

Ab dem Jahr 01 sind 250 € (1000 € × 25 % Ertragsanteil) steuerpflichtig nach § 22 Nummer 1 Satz 3 Buchstabe a Doppelbuchst bb EStG.

Darüber hinaus sind in den Jahren 01 bis 03 jeweils ein Betrag von 750 € und im Jahr 04 ein Betrag von 250 € (2500 € – [3 Jahre × 750 €]) steuerpflichtig nach § 19 EStG. Ab dem Jahr 05 fließt kein steuerpflichtiger Arbeitslohn mehr zu; steuerpflichtig ist dann nur noch die Leibrente mit dem Ertragsanteil von 25 %.

ee) Mehrere Versicherungsleistungen. Dem ArbN steht **bei mehreren Versicherungsleistungen** innerhalb verschiedener Veranlagungszeiträume (mehr als ein Versicherungsfall oder bei einem Versicherungsfall, Auszahlung in mehreren Veranlagungszeiträumen) kein Wahlrecht zu, inwieweit die vom ArbGeb erbrachten Beiträge jeweils als Arbeitslohn erfasst werden sollen. In diesen Fällen ist für den Arbeitslohn im jeweiligen Veranlagungszeitraum gesondert zu prüfen, ob es sich um eine Vergütung für eine mehrjährige Tätigkeit iSd § 34 Absatz 1 iVm Absatz 2 Nummer 4 EStG handelt. 17

b) Steuerfreier Reisekostenersatz und lohnsteuerpflichtiger Werbungskostenersatz. Der auf das Risiko beruflicher Unfälle entfallende Anteil der Beiträge ist zum Zeitpunkt der Leistungsgewährung steuerfreier Reisekostenersatz oder steuerpflichtiger Werbungskostenersatz des ArbGeb (dem bei der Veranlagung zur ESt Werbungskosten in gleicher Höhe gegenüberstehen). Für die Aufteilung und Zuordnung s *Unfallversicherung* Rz 10 ff. 18

c) Entschädigungen für entgangene oder entgehende Einnahmen. Sind die Versicherungsleistungen ausnahmsweise Entschädigungen für entgangene oder entgehende Einnahmen iSd § 24 Nr 1 Buchst a EStG (zB Leistungen wegen einer Körperverletzung, soweit sie den Verdienstausfall ersetzen; s H 24.1 EStR), liegen insoweit zusätzliche steuerpflichtige Einkünfte aus nichtselbständiger Arbeit (steuerpflichtiger Arbeitslohn) vor. Wickelt das Versicherungsunternehmen die Auszahlung der Versicherungsleistung unmittelbar mit dem ArbN ab, hat der ArbGeb LSt nur einzubehalten, wenn er weiß oder erkennen kann, dass derartige Zahlungen erbracht wurden (§ 38 Abs 1 Satz 3 EStG). 19

Beispiel: Nach einem Unfall wird eine Versicherungsleistung iHv 10 000 € ausgezahlt. Hiervon sind 8000 € die Entschädigung für entgangene oder entgehende Einnahmen. An Beiträgen wurden in der Vergangenheit 2500 € gezahlt.

Die steuerpflichtigen Leistungen iSd § 24 Nr 1 Buchst a EStG betragen 8000 €. Zusätzlich sind 500 € (= 2500 € – [2500 € × 8000 € : 10 000 €]) zu besteuern (s oben Rz 16).

2. Die Rechte aus dem Versicherungsvertrag stehen dem Arbeitnehmer zu. 20
a) Einkünfte aus Nichtselbständiger Arbeit. Leistungen aus einer entsprechenden UV gehören zu den Einkünften aus nichtselbständiger Arbeit (**steuerpflichtiger Arbeitslohn**), soweit sie Entschädigungen für entgangene oder entgehende Einnahmen iSd § 24 Nr 1

417 Unfallversicherung

Buchst a EStG darstellen, der Unfall im beruflichen Bereich eingetreten ist und die Beiträge ganz oder teilweise Werbungskosten bzw. steuerfreie Reisenebenkostenerstattungen waren. Der ArbGeb hat LSt nur einzubehalten, wenn er weiß oder erkennen kann, dass derartige Zahlungen erbracht wurden (§ 38 Abs 1 Satz 3 EStG). Andernfalls ist der als Entschädigung iSd § 24 Nr 1 Buchst a EStG steuerpflichtige Teil des Arbeitslohns, der ggf durch Schätzung zu ermitteln ist, im Rahmen der Veranlagung des ArbN zur Einkommensteuer zu erfassen.

21 **b) Werbungskosten- oder Sonderausgabenabzug.** Der ArbN kann die dem Lohnsteuerabzug unterworfenen Versicherungsbeiträge als Werbungskosten oder als Sonderausgaben geltend machen. Für die Aufteilung und Zuordnung s *Unfallversicherung* Rz 10.

Literaturhinweis: s *Unfallversicherung* Rz 15 aE.

C. Sozialversicherungsrecht *Ruppelt*

26 **Verletztenrente** (Unfallrente) erhält der Versicherte der gesetzlichen UV gem §§ 56 ff SGB VII nach einem Arbeitsunfall vom Träger der gesetzlichen UV, wenn die unfallbedingte Minderung der Erwerbsfähigkeit mindestens 20 vH beträgt und über die 26. Woche nach dem Arbeitsunfall andauert. Entsprechendes gilt für eine anerkannte Berufskrankheit, wenn die gesundheitlichen Folgen dieser Berufskrankheit zu einer Minderung der Erwerbsfähigkeit von mindestens 20 vH führen (vgl im Einzelnen *Arbeitsunfall* Rz 31 ff; *Unfallversicherung* Rz 45; *Berufskrankheit* Rz 10).

Unfallversicherung

A. Arbeitsrecht *Poeche*

1 **1. Gesetzlicher Unfallschutz.** Ansprüche des ArbN auf Leistungen der UV richten sich nach dem SozVRecht. Zu den Ansprüchen des ArbN gegen den ArbGeb s *Arbeitsunfall* Rz 4, 5. Dem ArbN können außerdem Schadensersatzansprüche zustehen, wenn der ArbGeb den Arbeitsunfall/die Berufskrankheit dem SozVTräger entgegen § 193 SGB VII nicht anzeigt und dem ArbN dadurch Nachteile in der UV entstehen. Der ArbGeb hat den ArbN außerdem auf Grund arbeitsvertraglicher **Nebenpflicht** (§ 241 Abs 2 BGB) bei der Durchsetzung von Rechten gegen Dritte zu unterstützen, soweit solche Ansprüche in Betracht kommen (BAG 24.9.09 – 8 AZR 444/08, NZA 10, 337).

2 **2. Vertraglicher Unfallschutz.** Insbesondere in Arbeitsverträgen leitender Angestellter verpflichtet sich der ArbGeb oft, zugunsten des ArbN eine private UV abzuschließen. Der ArbGeb ist dann arbeitsvertraglich verpflichtet, die zur Erhaltung des Versicherungsschutzes erforderlichen Versicherungsprämien zu entrichten. Für Versicherungsleistungen, die wegen Prämienrückstands entgehen, hat er einzustehen. Im Versicherungsfall ist zu unterscheiden: Ist der ArbN nicht nur versicherte Person, sondern ist er auch Versicherungsnehmer, muss er sich um die Versicherungsleistungen selbst bemühen und hat hierbei alle versicherungsrechtlichen Obliegenheiten in eigener Person zu erfüllen. Einen Rechtsstreit gegen den Versicherer hat er dann auf eigenes Risiko zu führen. Im Todesfall treten die Erben an seine Stelle. Anderes gilt, wenn der ArbGeb Versicherungsnehmer ist. Der ArbN hat dann keinen eigenen Anspruch gegen den Versicherer; er kann einen solchen auch nicht durchsetzen, sondern nur der ArbGeb. Die versicherungsrechtlichen Obliegenheiten, zB die rechtzeitige Unfallmeldung, treffen deshalb den ArbGeb. Da er den Unfallschutz vertraglich zugesagt hat, ist der ArbGeb auch gehalten, die Versicherungsleistungen auf eigenes Risiko einzuklagen. Der ArbN oder seine Erben haben gegen den ArbGeb Anspruch auf Ersatz der entgangenen Versicherungsleistungen, wenn tatsächlich der Versicherungsfall eingetreten war. Das hat das ArbG im Haftungsprozess festzustellen.

3 **3. Gruppenunfallversicherung.** Diese Versicherung ist idR eine Fremdversicherung für fremde Rechnung. Versicherungsnehmer und damit Inhaber aller Ansprüche gegen die Versicherung ist der ArbGeb. Im Innenverhältnis gebührt die Versicherungsleistung aber dem ArbN als geschützter Person (§ 179 Abs 2 iVm §§ 44 ff VVG). Damit soll jeder Anreiz genommen werden, mit der Gesundheit oder dem Leben eines Dritten ohne dessen schriftliche Einwilligung zu spekulieren. Der Abschluss einer GruppenUV für alle ArbN oder

Unfallversicherung 417

bestimmte ArbNGruppen ist arbeitsvertraglich auch dann von Bedeutung, wenn der ArbGeb die Versicherung ohne arbeitsvertragliche Verpflichtung und ohne schriftliches Einverständnis des ArbN (§ 179 Abs 3 VVG) eingeht. Bestehen nach der GruppenUV eigene Ansprüche der ArbN gegen den Versicherer, so hat der ArbGeb die ArbN über die Vereinbarung und die einzuhaltenden Fristen zu unterrichten. Eine Verletzung dieser Hinweispflicht begründet Ersatzansprüche der ArbN (BAG 26.7.07 – 8 AZR 707/06, NZA-RR 08, 560 [Ls], BeckRS 2007, 47449). Kann nur der ArbGeb die Versicherung in Anspruch nehmen, wird er nicht verpflichtet sein, auf eigenes Risiko die Versicherung zu verklagen. Er muss aber aufgrund arbeitsvertraglicher Nebenpflicht dem ArbN oder seinem Erben jedenfalls Gelegenheit geben, den Eintritt eines Versicherungsfalls und die Erfolgsaussichten einer Klage gegen die Versicherung zu prüfen. Übernimmt der ArbN/Erbe die Prozesskosten (einschließlich Vorschuss), ist der ArbGeb zu der versicherungsrechtlich nur ihm möglichen Klage verpflichtet. Der ArbGeb hat außerdem regelmäßig den **Obliegenheiten nach dem VVG** nachzukommen (vgl LAG Köln 2.3.95 – 10 Sa 1084/94, EWiR 95, 961 mit Anm *Schaub*). Im Rechtsstreit gegen den ArbGeb wegen entgangener Versicherungsleistungen hat der ArbN die Darlegungs- und Beweislast für alle die Einstandspflicht der Versicherung begründenden Tatsachen.

Leistungen aus der Gruppenunfallversicherung hat der ArbGeb an den ArbN/Erbe 4 regelmäßig in vollem Umfang auszukehren. Er ist nicht berechtigt, hiervon die Kosten der Entgeltfortzahlung einzubehalten (BAG 17.6.97 – 9 AZR 839/95, NZA 98, 376). Auf diesen Herausgabeanspruch ist § 16 Baurahmentarifvertrag aF nicht anzuwenden (BAG 21.2.90 – 5 AZR 169/89, NZA 90, 710). Nach Eintritt des Versicherungsfalles kann der ArbGeb auch dann nicht mehr über die Rechte aus dem Versicherungsvertrag verfügen, wenn keine arbeitsvertragliche Pflicht zum Abschluss der UV bestand (LAG Thür 22.5.01 – 7 Sa 806/98).

4. Gruppenunfallversicherung im beendeten Arbeitsverhältnis. Vereinbaren Arb- 5 Geb und ArbN, die Versicherung nach dem Ausscheiden des ArbN fortzuführen und erstattet der frühere ArbN dem ArbGeb die Versicherungsprämien für den wirksam geschlossenen Versicherungsvertrag, ist für die Rechte und Pflichten der Parteien Auftragsrecht (§§ 662 ff BGB) anzuwenden (aA LAG Brem 27.8.98 – 4 Sa 54/98, LAGE § 611 Fürsorgepflicht Nr 25: nachvertragliche Fürsorgepflicht). Die Erstattung der Prämien durch den ArbN ist keine Gegenleistung für die Verschaffung der Versicherung, sondern Ersatz der Aufwendungen des ArbGeb. Der ArbGeb muss deshalb vorsorglich alle Maßnahmen treffen, damit der ehemalige ArbN/Erbe die Versicherungsleistung erhält (zB Versicherungsanzeige). Lehnt die Versicherung ihre Eintrittspflicht ab, hat der ArbGeb auf Weisung des ArbN/Erben auch einen Rechtsstreit gegen die Versicherung zu führen. Die damit verbundenen Prozesskosten trägt der ArbN/Erbe; der ArbGeb kann einen Vorschuss verlangen (§§ 669, 670 BGB).

B. Lohnsteuerrecht *Windsheimer*

Bei der steuerlichen Behandlung ist zwischen gesetzlicher und freiwilliger UV zu unter- 6 scheiden, bei letzterer zwischen einer UV des ArbN und einer des ArbGeb.

1. Gesetzliche Unfallversicherung (einschließlich satzungsmäßiger und freiwilliger Versicherung; §§ 2 ff SGB VII). Die Beiträge des ArbGeb sind Betriebsausgaben (§ 4 Abs 4 EStG), auch die für den Betriebsinhaber selbst, auch als Geschäftsführer einer GmbH (OFD Koblenz 14.2.05 – S 2144 A – St 314, DStR 05, 968). Die Prämienzahlungen sind beim ArbN **nicht als Arbeitslohn** zu versteuern (§ 3 Nr 62 EStG; *Sozialversicherungsbeiträge* Rz 17). Die Versicherungsleistungen (s hierzu unten Rz 39 ff) sind beim ArbGeb ohne steuerliche Auswirkung, beim Versicherten steuerfrei (§ 3 Nr 1a EStG; Einzelheiten hierzu s *Unfallrente* Rz 8).

2. Vom Arbeitgeber freiwillig abgeschlossene Unfallversicherung. a) Ausübung 7 **der Rechte steht ausschließlich dem Arbeitgeber zu.** Handelt es sich bei den vom ArbGeb abgeschlossenen UV seiner ArbN um Versicherungen für fremde Rechnung (§ 179 Abs 1 Satz 2 iVm §§ 43 bis 48 VVG), bei denen die Ausübung der Rechte ausschließlich dem ArbGeb zusteht, so stellen die Beiträge im Zeitpunkt der Zahlung durch den ArbGeb **keinen Arbeitslohn** dar (BFH 16.4.99 – VI R 60/96 –, BStBl II 2000, 406, sowie – VI R

417 Unfallversicherung

66/97 –, BStBl II 2000, 408). Zur Versicherungsleistung im Schadensfall s *Unfallrente* Rz 12 ff.

8 **b) Ausübung der Rechte steht unmittelbar dem Arbeitnehmer zu.** Kann der ArbN den Versicherungsanspruch bei einer vom ArbGeb abgeschlossenen UV unmittelbar gegenüber dem Versicherungsunternehmen geltend machen, sind die Beiträge bereits im Zeitpunkt der Zahlung durch den ArbGeb als Zukunftssicherungsleistungen **Arbeitslohn** in Form von Barlohn (§ 19 Abs 1 Satz 1 Nr 1 EStG, § 2 Abs 2 Nr 3 Satz 1 LStDV). Davon ist auch dann auszugehen, wenn zwar der Anspruch durch den Versicherungsnehmer (ArbGeb) geltend gemacht werden kann, vertraglich nach den UVBedingungen jedoch vorgesehen ist, dass der Versicherer die Versicherungsleistung in jedem Fall an die versicherte Person (ArbN) auszahlt. Die Ausübung der Rechte steht dagegen nicht unmittelbar dem ArbN zu, wenn die Versicherungsleistung mit befreiender Wirkung auch an den ArbGeb gezahlt werden kann; in diesem Fall kann der ArbN die Auskehrung der Versicherungsleistung letztlich nur im Innenverhältnis vom ArbGeb verlangen.

Das gilt unabhängig davon, ob es sich um eine EinzelUV oder eine GruppenUV handelt; Beiträge zu **Gruppenunfallversicherungen** sind ggf nach der Zahl der versicherten ArbN auf diese aufzuteilen (§ 2 Abs 2 Nr 3 Satz 3 LStDV). Steuerfrei sind Beiträge oder Beitragsteile, die bei **Auswärtstätigkeiten** (R 9.4 Abs 2 LStR 2008) das Unfallrisiko abdecken und deshalb zu den steuerfreien Reisekostenerstattungen gehören. Für die Aufteilung eines auf den beruflichen Bereich entfallenden Gesamtbeitrags in steuerfreie Reisekostenerstattungen und steuerpflichtigen Werbungskostenersatz s unten Rz 13.

9 **c) Zuwendung als Arbeitslohn.** Soweit die Beiträge zu Versicherungen des ArbGeb dem stpfl Arbeitslohn zuzuordnen sind, sind sie im Zeitpunkt ihrer Zahlung dem stpfl **Arbeitslohn** des ArbN zuzurechnen und dem Lohnsteuerabzug zu unterwerfen, wenn nicht eine Pauschalbesteuerung nach § 40b Abs 3 EStG durchgeführt wird (s *Lohnsteuerpauschalierung* Rz 57). Der ArbN kann die dem Lohnsteuerabzug unterworfenen Versicherungsbeiträge als **Werbungskosten** oder als **Sonderausgaben** geltend machen. Zur Zuordnung s Rz 11 ff; s auch *Wegeunfall* Rz 2 ff; *Sonderausgabe* Rz 7 ff.

10 **3. Versicherungen des Arbeitnehmers. a) Versicherung gegen Berufsunfälle.** Aufwendungen des ArbN für eine Versicherung ausschließlich gegen Unfälle, die mit der beruflichen Tätigkeit in unmittelbarem Zusammenhang stehen (*Wegeunfall* Rz 2 ff), sind **Werbungskosten** (§ 9 Abs 1 Satz 1 EStG). Beiträge für einen Insassenunfallschutz für die Strecke Wohnung-Arbeitsstätte sind durch die Entfernungspauschale abgegolten (§ 9 Abs 2 Satz 1 EStG; BMF 31.8.09 – IV C 5 – S 2351/09/1002, BStBl I 09, 891 unter 4.; FG Nürnberg 4.3.10 – 4 K 1497/08, EFG 10, 1125). Die Abgeltungswirkung erstreckt sich aber nicht auf Sonderausgaben (§ 10 Abs 1 Nr 3a EStG).

11 **b) Versicherung gegen außerberufliche Unfälle.** Aufwendungen des ArbN für eine Versicherung gegen außerberufliche Unfälle sind Sonderausgaben (§ 10 Abs 1 Nr 3a EStG iVm Abs 4 und 4a EStG; s *Sonderausgaben* Rz 7 ff).

12 **c) Versicherung gegen alle Unfälle.** Aufwendungen des ArbN für eine UV, die das Unfallrisiko sowohl im beruflichen als auch im außerberuflichen Bereich abdeckt, sind zum einen Teil Werbungskosten und zum anderen Teil Sonderausgaben. Der Gesamtbeitrag einschließlich Versicherungsteuer für beide Risiken ist entsprechend **aufzuteilen** (vgl BFH 22.6.90 – VI R 2/87, BStBl II 90, 901). Für die Aufteilung sind die Angaben des Versicherungsunternehmens darüber maßgebend, welcher Anteil des Gesamtbeitrags das berufliche Unfallrisiko abdeckt. Fehlen derartige Angaben, ist der Gesamtbeitrag durch Schätzung aufzuteilen. Es bestehen keine Bedenken, wenn die Anteile auf jeweils 50 % des Gesamtbeitrags geschätzt werden.

13 **d) Übernahme der Beiträge durch den Arbeitgeber.** Vom ArbGeb übernommene Beiträge des ArbN sind **steuerpflichtiger Arbeitslohn**. Das gilt nicht, soweit Beiträge zu Versicherungen gegen berufliche Unfälle und Beiträge zu Versicherungen gegen alle Unfälle auch das Unfallrisiko bei Auswärtstätigkeiten (R 9.4 Abs 2 LStR) abdecken. Beiträge zu UV sind als Reisenebenkosten **steuerfrei,** soweit sie Unfälle bei einer Auswärtstätigkeit abdecken (§ 3 Nr 13 und 16 EStG). Es bestehen keine Bedenken, wenn aus Vereinfachungsgründen bei der Aufteilung des auf den beruflichen Bereich entfallenden Beitrags/Beitragsanteils in steuerfreie Reisekostenerstattungen und steuerpflichtigen Werbungskostenersatz (zB Unfälle auf Fahrten zwischen Wohnung und regelmäßiger Arbeitsstätte; s *Wegeunfall* Rz 2 ff), der auf steuerfreie Reisekostenerstattungen entfallende Anteil auf 40 % geschätzt wird. Der Beitragsanteil, der als Werbungskostenersatz dem Lohnsteuerabzug zu unterwerfen ist, gehört zu den Werbungskosten des ArbN.

e) Lohnsteuerabzug. Soweit die vom ArbGeb übernommenen Beiträge dem stpfl Arbeitslohn zuzuordnen sind, gilt das zu oben Rz 8, 9 Ausgeführte entsprechend. **14**

4. Prämien, die der ArbGeb zur Unfallverhütung im Rahmen eines sog Sicherheitswettbewerbs zahlt, sind stpfl Arbeitslohn (BFH 11.3.88, BStBl II 88, 726). Dagegen liegt kein Arbeitslohn vor, wenn der UVTräger dem ArbN eine Belohnung für seine Verdienste bei der Unfallverhütung zukommen lässt (BFH 22.2.63, BStBl III 63, 306). **15**

Zur steuerlichen Behandlung der Versicherungsleistungen s *Unfallrente* Rz 7 ff.

Literaturhinweis: BMF 28.10.09 – IV C 5 – S 2332/09/10004, DStR 09, 2373; *Otto* DStR 09, 1022; *Thomas* DStR 09, 2349; *Harder-Buschner/Jungblut* NWB 10, 26.

C. Sozialversicherungsrecht *Ruppelt*

Übersicht

	Rz		Rz
1. Allgemeines	16	7. Versichertes Risiko	38
2. SGB VII – Gesetzliche Unfallversicherung	17, 18	8. Leistungen	39–44
		a) Heilbehandlung	40
3. Versicherte	19, 20	b) Verletztengeld	41
a) Allgemein	19	c) Übergangsgeld	42
b) Versicherung kraft Gesetzes	20	d) Leistungen zur Teilhabe am Arbeitsleben	43
4. Absicherung vor betriebsbedingten Schadensfolgen	21	e) Leistungen zur sozialen Rehabilitation	44
5. Beitragserhebung	22–26	9. Verletztenrente	45–54
a) Überblick	22–24	a) Rentenbeginn	46
b) Arbeitsentgelte der Versicherten	25	b) Rentenhöhe	47
c) Gefahrtarif	26	c) Besondere berufliche Kenntnisse und Erfahrungen	48, 49
6. Einzelheiten zum Versichertenkreis	27–37		
a) Gewerblicher Unternehmer	28	d) Mehrere Unfälle	50
b) Gesellschafter	29	e) Verletzungen mehrerer Körperteile	51
c) Versicherte nach § 2 Abs 1 und Abs 1a SGB VII	30–34	f) Leistungen an Hinterbliebene	52–54
d) Versicherte nach § 2 Abs 2 und 3 SGB VII	35	10. Renten der gesetzlichen Rentenversicherung und Leistungen der Unfallversicherung	55
e) Versicherte kraft Satzung	36		
f) Freiwillig Versicherte	37		

1. Allgemeines. Die Aufgaben der gesetzlichen UV sind die Verhütung von Arbeitsunfällen und Berufskrankheiten (Versicherungsfälle) und der Schadenausgleich nach Eintritt eines Versicherungsfalles. Der Schadenausgleich besteht aus **16**

- Heilbehandlung einschließlich Leistungen der medizinischen Rehabilitation (§§ 27 ff SGB VII),
- Leistungen zur Teilhabe am Arbeitsleben (§ 35 SGB VII),
- Leistungen zur Teilhabe am Leben in der Gemeinschaft und ergänzende Leistungen (§§ 39 ff SGB VII),
- Leistungen bei Pflegebedürftigkeit (§ 44 SGB VII),
- Geldleistungen – Übergangsgeld, Verletztengeld und Renten – (§§ 45 ff SGB VII).

2. SGB VII – Gesetzliche Unfallversicherung. Das SGB VII gilt für alle Versicherungsfälle (Arbeitsunfälle und Berufskrankheiten), die sich **nach dem 31.12.1996** ereignet haben. Auf Unfälle **vor dem 1.1.1997** finden die Vorschriften der RVO Anwendung. Dies gilt nicht für den Schadenausgleich. Insoweit gilt auch für alte Unfälle das SGB VII (§ 214 Abs 1 SGB VII). **17**

Das **Unfallversicherungsmodernisierungsgesetz** (UVMG) vom 30.10.08 (BGBl I 08, 2130) führte zu einer umfassenden Organisationsreform der Versicherungsträger sowie zu neuen umfangreichen Meldepflichten bei Abschaffung des Lohnnachweises (s Rz 25). Das **18**

417 Unfallversicherung

Leistungsrecht wurde entgegen der ursprünglichen Absicht nicht verändert (*Beyer-Petz* Reform der gesetzlichen Unfallversicherung – Für Steuerberater relevante Regeln des neuen Unfallversicherungsmodernisierungsgesetzes, DStR 08, 2025; *Bigge/Merten* Neuregelungen zur Zuständigkeit und Finanzierung im Rahmen des Gesetzes zur Modernisierung der gesetzlichen Unfallversicherung (UVMG), WzS 08, 334).

19 **3. Versicherte. a) Allgemein.** Die gesetzliche UV bietet Schutz gegen die Folgen von Arbeitsunfällen und Berufskrankheiten und Unfällen auf dem Weg von und zur Arbeit. Der Kreis der Versicherten besteht aus den kraft Gesetzes (§ 2 SGB VII), Satzung (§ 3 SGB VII) oder freiwilligen Beitritts versicherten Personen (§ 6 SGB VII). S auch unten Rz 27 ff, 36, 37. Träger der allgemeinen (gewerblichen) UV sind die nach Gewerbezweigen gegliederten BGen (§ 114 SGB VII). Das System der deutschen Unfallversicherung und die verpflichtende Mitgliedschaft der Unternehmen in den BGen ist europarechtskonform (EuGH 5.3.09 – C 350/07, NJW 09, 1325).

20 **b) Versicherung kraft Gesetzes.** Es besteht kein abstraktes Versicherungsverhältnis zwischen den Versicherten und den BGen, vielmehr entsteht die Versicherung kraft Gesetzes bei Vorliegen der gesetzlichen Voraussetzungen (Ausnahme: freiwillige Versicherung nach § 6 SGB VII). Der Schutz der gesetzlichen UV hängt also nicht von einer **Anmeldung** oder **Mitgliedschaft** der Beschäftigten oder des Unternehmens in der BG ab und ist auch von der Beitragsentrichtung unabhängig. Als zahlenmäßig wichtigste Gruppe sind alle **unselbstständig Beschäftigten** (Arbeiter, Angestellte, Lehrlinge, Volontäre, Praktikanten, Aushilfen sowie andere Personen, die sich in einem persönlichen oder wirtschaftlichen Abhängigkeitsverhältnis zum Unternehmer befinden) kraft Gesetzes unfallversichert, ohne dass es darauf ankommt, ob das Unternehmen bei der BG gemeldet ist, SozVBeiträge entrichtet bzw LSt abgeführt werden oder das Arbeitsverhältnis gegen gesetzliche Vorschriften verstößt (§ 2 Abs 1 Nr 1 SGB VII). Auf Lebensalter, Verwandtschaft oder Staatsangehörigkeit kommt es ebenso wenig an wie auf die vertragliche Vereinbarung eines Arbeitsverhältnisses oder die Gewährung von Entgelt. Entscheidend ist vielmehr, dass der Beschäftigte sich in einem persönlichen oder wirtschaftlichen Abhängigkeitsverhältnis zum ArbGeb befindet und sich bei Eintritt des Arbeitsunfalls in einer dem Betrieb förderlichen oder dem ausdrücklichen oder mutmaßlichen Willen des Unternehmers entsprechenden Weise betätigt (vgl *Arbeitsunfall* Rz 34). Ob ein Beschäftigungsverbot besteht (fehlende Arbeitserlaubnis, Verbot der Kinder- oder Nachtarbeit oÄ), ist unerheblich (vgl *Schulin* Bd 2/*Schlegel* § 14). Bei Unsicherheit über die **Zuständigkeit** einer bestimmten BG für das Unternehmen reicht die Anmeldung bei einer beliebigen BG aus; diese ist zur Weitergabe der Anmeldung an die zuständige BG verpflichtet.

21 **4. Absicherung vor betriebsbedingten Schadensfolgen.** Ihre Grundlage findet die gesetzliche UV in der Sicherung des Beschäftigten vor betriebsbedingten Schadensfolgen und der Ablösung der allgemeinen zivilrechtlichen Schadensersatzpflicht des Unternehmers zugunsten eines öffentlich-rechtlichen Entschädigungsanspruchs gegen die BG als Haftungsverband aller in der jeweiligen BG zusammengeschlossenen Unternehmen (vgl *Schulin* Bd 2/*Breuer* § 1 Rz 65). Daraus folgt, dass die **zivilrechtlichen Schadensersatzansprüche** des Beschäftigten gegen den Unternehmer oder Betriebsangehörige grds ausgeschlossen sind, soweit es sich um Personenschäden handelt (§§ 104 ff SGB VII; BAG 22.4.04 – 8 AZR 159/03, NJW 04, 3360; 22.4.04 – 8 AZR 159/04, NZS 05, 434; *Krasney* Haftungsbeschränkung bei Verursachung von Arbeitsunfällen, NZS 04, 7, 68). Auch in Zweifelsfällen ist daher stets die Meldung eines Unfalles bei der BG ratsam, um Rechtsnachteile zu vermeiden, die dadurch entstehen können, dass sich erst nach jahrelanger zivilrechtlicher Rechtsverfolgung herausstellt, dass es sich um einen Arbeitsunfall handelt und Ansprüche auf Sozialleistungen in vier Jahren nach Ablauf des Kj verjähren, in dem sie entstanden sind (§ 45 Abs 1 SGB I; zu den Folgen einer verspäteten Meldung BSG 2.5.01 – B 2 U 19/00 R, BeckRS 2001, 40879). Aus der Ablösung der allgemeinen zivilrechtlichen Schadensersatzpflicht des Unternehmers folgt, dass dieser die **Beiträge** zur gesetzlichen UV – anders als die SozVBeiträge – allein aufzubringen hat (§ 150 Abs 1 Satz 1 SGB VII). Zum **Haftungsprivileg** des Unternehmers und der Betriebsangehörigen s auch *Betrieb (Begriff)* Rz 23.

22 **5. Beitragserhebung. a) Überblick.** Beiträge erheben die gewerblichen BG nach dem reinen **Umlageverfahren,** dh die Beiträge decken den Bedarf des abgelaufenen Geschäftsjahres einschließlich der notwendigen Rücklage und der Beschaffung der Betriebsmittel (§§ 152 Abs 1, 153 Abs 1 SGB VII). **Vorschüsse,** die sich am voraussichtlichen Umlagesoll und damit an der voraussichtlichen endgültigen Beitragshöhe orientieren, können erhoben werden (§ 164 SGB VII). Die Höhe der Umlage bestimmt sich allein aus dem Finanzbedarf der BG, der im Wesentlichen durch die Höhe der gesetzlich vorgeschriebenen Leistungen bestimmt wird. Die Bemessung der Beiträge für das einzelne Unternehmen richtet sich nach dem **Gefahrtarif** des Unternehmens, der nach der gewerbespezifischen Unfallgefahr gestaffelt ist, und nach den Arbeitsentgelten der Versicherten des Unternehmens (§§ 157, 153 Abs 2 SGB VII). Die **Insolvenzgeld-Umlage** wird von den Krankenkassen eingezogen und ist mit dem Gesamtsozialversicherungsbeitrag zu überweisen (§ 359 Abs 1 SGB III idF des UVMG). Zur Personengesellschaft als Beitragsschuldner vgl *Bigge/Merten* Beitrags-/Haftungs-Schuldner in der gesetzlichen Unfallversicherung im Lichte der aktuellen Rechtsprechung, BG 06, 173.

Der **Gefahrtarif** ist eine Übersicht, in der Gewerbszweige einer BG nach **Gefahrtarif-** 23 **stellen** und **Gefahrklassen** aufgeführt sind und in der festgelegt ist, wie die Mitgliedsunternehmen den Tarifstellen zugeordnet werden. Die Gefahrklassen geben den Grad der Unfallgefahr der in den jeweiligen Gewerbszweigen zusammengeschlossenen Unternehmen wieder (Rz 26). Bei der Zusammenfassung der Mitgliedsunternehmen in Gefahrtarifstellen hat die BG einen weiten Entscheidungsspielraum (BSG 11.4.13 – B 2 U 8/12 R, Die Beiträge Beilage 13, 348; BSG 24.6.03 – B 2 U 21/02 R, SozR 4–2700 § 157 Nr 1; *Fenn* Effektiver Rechtsschutz gegen Gefahrtarife, SGb 04, 94).

Bestimmt sich die **Einstufung** eines Unternehmens in den Gefahrtarif nach der Unfall- 24 gefährlichkeit des ganzen Gewerbezweiges, sind Zuschläge und Nachlässe auf den Beitrag nach Zahl, Schwere oder Kosten oder nach mehreren dieser Merkmale der das Unternehmen betreffenden Arbeitsunfälle, mit Ausnahme der Wegeunfälle, zu bemessen (§ 162 Abs 1 u 2 SGB VII). Dieses Verfahren ist allen gewerblichen BGen zwingend vorgeschrieben, um einen Anreiz zur Intensivierung der Unfallverhütung in den einzelnen Unternehmen zu schaffen. Den BGen ist weitgehend freie Hand gelassen, wie sie das Beitragsausgleichsverfahren im Einzelnen durch Satzungsbestimmung ausgestalten (BSG 5.7.05 – B 2 U 32/03 R, BSGE 95, 47 mit Anm *Bigge* in jurisPR-SozR 13/2006). Allerdings ist insoweit nicht zu berücksichtigen, ob das Unternehmen die Unfallvorschriften ausreichend beachtet hat. Einbezogen werden alle anzeigepflichtigen Unfälle (§ 193 SGB VII), dies betrifft auch Unfälle freiwillig oder gesetzlich versicherter Unternehmer. Die Anerkennung eines Unfalles als *Arbeitsunfall* gegenüber dem Versicherten ist für das Unternehmen nicht bindend und kann daher im Verfahren über den Beitragsbescheid gerügt werden (BSG 22.9.88 – 2 RU 11/88, BB 88, 2471).

b) Die **Arbeitsentgelte der Versicherten** sind neben dem Umlagesoll und der Veranla- 25 gung nach dem Gefahrtarif die wichtigste Grundlage der Beitragsberechnung. Die ArbGeb haben gem § 165 Abs 1 SGB VII idF des UVMG nach Ablauf eines Kalenderjahres die Arbeitsentgelte der Versicherten und die geleisteten Arbeitsstunden in der Jahresentgeltmeldung zum GesamtSozVBeitrag nach § 28a Abs 3 SGB IV – also für jeden Beschäftigten – der Einzugsstelle (Krankenkasse) zu melden. Die Satzung kann bestimmen, dass die Unternehmer dem UVTräger weitere zur Berechnung der Umlage notwendige Angaben zu machen haben. Bei fehlender, nicht vollständiger oder nicht rechtzeitiger Abgabe ist der UVTräger zur Schätzung der Arbeitsentgelte ermächtigt (§ 165 Abs 3 SGB VII), außerdem handelt es sich jeweils um eine bußgeldbewehrte Ordnungswidrigkeit (§ 209 Abs 1 Nr 5 SGB VII). Die **Prüfung der Beitragszahlung** nehmen die Betriebsprüfer der Rentenversicherer vor.

c) **Der Gefahrtarif** gibt den für die Beitragsberechnung maßgebenden Grad der Unfall- 26 gefahr im Unternehmen an (§ 157 Abs 1 und 2 SGB VII). Wie die fachliche Gliederung der gewerblichen BG dient die Einstufung des Unternehmens in Gefahrklassen einer möglichst gerechten Verteilung der Unfalllast auf die Beitragspflichtigen. Allerdings wäre es mit dem **Versicherungsprinzip** nicht vereinbar, gäbe die Gefahrklasse das Risiko des einzelnen Unternehmers wieder. Es handelt sich deshalb um das durchschnittliche Risiko einer Risikogemeinschaft (Gefahrklasse), der das einzelne Unternehmen zugeordnet wird (LSG Bay 25.9.02 – L 18 U 32/99, HVBG-Info 03, 2237; BSG 6.5.03 – B 2 U 7/02 R, NZS 04, 161). Der Gefahrtarif begründet autonomes Recht des UVTrägers, ist von der Vertreterversammlung (§ 33 Abs 1 SGB IV) zu erlassen, alle 6 Jahre zu überprüfen und der tatsäch-

417 Unfallversicherung

lichen Unfallentwicklung anzupassen (§ 157 Abs 3 und 5 SGB VII). Die Veranlagung des Unternehmens zur Gefahrklasse (§ 159 Abs 1 Satz 1 SGB VII) ist durch das Unternehmen anfechtbar, die Genehmigung des Gefahrtarifs durch die Aufsichtsbehörde steht dem nicht entgegen (vgl *Schulin* Bd 2/*Platz* § 58 Rz 34 ff). Für die gerichtliche Auseinandersetzung ist, wie auch für die übrigen Streitigkeiten aus dem UVRecht, der Rechtsweg zu den **Sozialgerichten** eröffnet; vgl zu den Folgen fehlerhafter Gefahrtarife: *Eßling* Der Beitrag bei fehlerhaften Gefahrtarifen, NZS 05, 359. Zur **Zuständigkeit** der gewerblichen BG für die einzelnen Gewerbezweige s *Unternehmen* Rz 24.

27 **6. Einzelheiten zum Versichertenkreis.** Die Versicherten in der gesetzlichen UV ergeben sich aus Gesetz (§ 2 SGB VII) oder Satzung (§ 3 SGB VII). Darüber hinaus besteht die Möglichkeit der freiwilligen Versicherung (§ 6 SGB VII).

28 **a) Der gewerbliche Unternehmer** ist nicht kraft Gesetzes versichert, da er in keinem Beschäftigungsverhältnis steht. Er kann lediglich aufgrund der Satzung der zuständigen BG bzw freiwillig versichert sein (BSG 5.5.98 – B 2 U 23/97 R, NZS 99, 38). Allerdings kommt davon unabhängig UV-Schutz als Wie-Beschäftigter (s Rz 35) in Betracht. Ein weiterer Sonderfall ist in § 105 Abs 2 SGB VII geregelt, wenn der zivilrechtliche Anspruch des Unternehmers gegen einen Schädiger wegen des Arbeitnehmerhaftungsprivilegs ausgeschlossen ist (*Kock* Der Leistungsanspruch des nicht versicherten Unternehmers bei Arbeitsunfällen, NZS 06, 471).

29 **b) Gesellschafter.** Ob **mitarbeitende Gesellschafter** kraft Gesetzes versichert sind, hängt davon ab, ob sie zu der Gesellschaft, die Unternehmerin des Betriebes ist, in einem persönlichen und wirtschaftlichen Abhängigkeitsverhältnis stehen. Diese Frage hat in erster Linie für den Gesellschafter/Geschäftsführer einer GmbH Bedeutung (s *Geschäftsführer* Rz 44 ff). Dieser hat sowohl eine gesellschaftsrechtliche als auch eine durch seine Dienstobliegenheiten bestimmte Stellung inne. Unter dem Schutz der gesetzlichen UV steht er nur, wenn das zwischen ihm und der Gesellschaft begründete Dienstverhältnis ein abhängiges Beschäftigungsverhältnis darstellt. Das ist nach gefestigter Rspr des BSG dann nicht der Fall, wenn der Gesellschafter/Geschäftsführer aufgrund des Umfanges seiner Kapitalbeteiligung ihm nicht genehme Weisungen des Dienstberechtigten verhindern kann, so etwa, wenn er mindestens die **Hälfte des Stammkapitals** besitzt. Dies muss aber auch dann gelten, wenn dieser Anteil bspw über enge Familienangehörige kontrolliert werden kann (vgl im Einzelnen: *Geschäftsführer* Rz 44 ff; BSG 30.6.99 – B 2 U 35/98 R, NZS 2000, 147; 14.12.99 – B 2 U 48/98 R, DStZ 2000, 311). **Vorstandsmitglieder** einer AG sind nicht gesetzlich unfallversichert. Für diesen Personenkreis kommt lediglich eine freiwillige UV in Betracht (BSG 14.12.99 – B 2 U 38/98 R, DB 2000, 329).

30 **c) Versicherte nach § 2 Abs 1 und Abs 1a SGB VII.** Neben den unselbstständig Beschäftigten sind unbeschadet der jeweils in § 2 Abs 1 Nr 2–17 SGB VII genannten Voraussetzungen im Einzelnen kraft Gesetzes unfallversichert:

31 Teilnehmer an **beruflichen Aus- und Fortbildungsmaßnahmen** in Schulungsstätten aller Art. Die Maßnahmen müssen einem aktuellen und konkreten beruflichen Zweck dienen. Unerheblich ist, ob die Maßnahme freiwillig oder verpflichtend durchgeführt wird und ob sie auf eigener Initiative oder Veranlassung Dritter beruht. Versichert sind auch Maßnahmen zur Teilhabe am Arbeitsleben (Abs 1 Nr 2); Personen, die sich **Untersuchungen, Prüfungen** oder ähnlichen Maßnahmen unterziehen, soweit diese Maßnahmen vom Unternehmer oder einer Behörde veranlasst worden sind, zB Untersuchungen aufgrund von Arbeitsschutz- oder Unfallverhütungsvorschriften, Kindergarten- oder Schultauglichkeitsuntersuchungen, Untersuchungen nach dem BSeuchG (Abs 1 Nr 3);
Behinderte, die in anerkannten Werkstätten oder in anerkannten Blindenwerkstätten tätig sind oder für diese Einrichtungen in Heimarbeit tätig werden (Abs 1 Nr 4);
Personen, die in der **Landwirtschaft** tätig sind (Abs 1 Nr 5);
Hausgewerbetreibende und Zwischenmeister sowie ihre mitarbeitenden Ehegatten oder Lebenspartner; Heimarbeiter sind nach Abs 1 Nr 1 unfallversichert (Abs 1 Nr 6);
Küstenschiffer und Küstenfischer (Abs 1 Nr 7);

32 **Kinder** während des Besuchs der Tageseinrichtungen (Kindergarten, Kinderhort), **Schüler** während des Besuchs von allgemein- oder berufsbildenden Schulen und während Betreuungsmaßnahmen vor und nach dem Unterricht; **Studierende** während des Studiums an Hochschulen (Abs 1 Nr 8), *Ricken* „Studierende" in der gesetzlichen Unfallversicherung, NZS 13, 890; BSG 13.2.13 – B 2 U 24/11 R, SozR 4 – 2200 § 539 Nr 2;

Unfallversicherung 417

Personen, die selbstständig oder unentgeltlich, insbesondere **ehrenamtlich im Gesundheitswesen** oder in der Wohlfahrtspflege tätig sind (Abs 1 Nr 9);

Personen, die für eine in Abs 1 Nr 10 genannte Einrichtung **ehrenamtlich** tätig sind; das sind Körperschaften, Anstalten und Stiftungen des öffentlichen Rechts und privatrechtliche Organisationen, die im Bildungsbereich engagiert sind sowie öffentlich-rechtliche Religionsgemeinschaften und deren Einrichtungen (zum ehrenamtlichen Mitglied einer universitären Prüfungskommission: BSG 7.9.04 – B 2 U 45/03 R, SozR 4–2700 § 2 Nr 2);

Helfer bei **öffentlichen Diensthandlungen** und **Zeugen** zur Beweiserhebung, wenn eine entsprechende Heranziehung des Helfers oder Zeugen erfolgte (Abs 1 Nr 11);

Personen, die in Unternehmen zur Hilfe bei **Unglücksfällen** (zB THW) oder im **Zivilschutz** unentgeltlich, insbesondere ehrenamtlich tätig sind oder an Ausbildungsveranstaltungen dieser Unternehmen teilnehmen (Abs 1 Nr 12);

Blutspender und Helfer bei Unglücksfällen oder bei der Verfolgung und Festnahme einer Straftat Verdächtiger sowie Personen, die **Rettungshandlungen** (BSG 27.3.12 – B 2 U 7/11 R, SozR 4–2700 § 2 Nr 19) für andere unternehmen (Abs 1 Nr 13); der Versicherungsfall im Zusammenhang mit der Spende von Blut, körpereigenen Organen oder Gewebe ist in § 12a SGB VII eigenständig geregelt; 33

Personen, die nach den Vorschriften des SGB II oder des SGB III der **Meldepflicht** unterliegen, wenn sie einer besonderen, an sie im Einzelfall gerichteten Aufforderung einer Dienststelle der BA oder einer vergleichbaren Dienststelle nachkommen, diese oder eine andere Stelle aufzusuchen (Abs 1 Nr 14);

Personen, die auf Kosten der Krankenkasse, der RV oder der landwirtschaftlichen Alterskasse **stationär behandelt** werden oder die zur **Vorbereitung von Leistungen zur Teilhabe am Arbeitsleben** auf Aufforderung eines Trägers der gesetzlichen RV oder der BA einen dieser Träger oder eine andere Stelle aufsuchen oder auf Kosten des UVTrägers an **vorbeugenden Maßnahmen** nach § 3 der Berufskrankheiten-VO teilnehmen (Abs 1 Nr 15);

Personen, die bei der Schaffung **öffentlich geförderten Wohnraums** im Rahmen der Selbsthilfe tätig sind (Abs 1 Nr 16); 34

Pflegepersonen iSv § 19 SGB XI bei Pflegetätigkeiten (vgl BSG 22.8.2000 – B 2 U 15/99 R, SozR 3–2200 § 539 Nr 52; 7.9.04 – B 2 U 46/03 R, NJW 05, 1148) im Rahmen der PflegeV (Abs 1 Nr 17). Nach BSG 7.9.04 – B 2 U 46/03 R SGb 05, 600 besteht der UV-Schutz auch dann, wenn der Pflegetätigkeit nicht den in § 19 SGB XI genannten Umfang von 14 Stunden wöchentlich erreicht, der für die Versicherungspflicht in der gesetzlichen RV maßgeblich ist (s *Rentenversicherungspflicht* Rz 10). Vgl *Leube* Unfallversicherung häuslicher Pflegepersonen – Mindestpflegezeit unbeachtlich?, ZfS 06, 48. Die allgemeine häusliche Krankenpflege steht **nicht** unter dem Versicherungsschutz der gesetzlichen UV;

Freiwillige des Freiwilligendienstes aller Generationen nach § 2 Abs 1a SGB VII, wenn sie im öffentlichen Interesse ein unentgeltliches (Aufwandsentschädigung möglich) Ehrenamt bei einem nach § 2 Abs 1a SGB VII geeigneten Träger in dem dort beschriebenen Umfang ausüben;

Personen, die den **Bundesfreiwilligendienst** ableisten, sind nach § 2 Abs 1 Nr 1 SGB VII als Beschäftigte unfallversichert. Ebenso Freiwillige des Freiwilligen sozialen oder ökologischen Jahres (s *Freiwilligendienste* Rz 16).

d) **Versicherte nach § 2 Abs 2 und 3 SGB VII.** Nach § 2 Abs 2 Satz 1 SGB VII sind gegen Arbeitsunfall Personen versichert, die wie ein nach Abs 1 Nr 1 Versicherter tätig werden. Es handelt sich dabei um Tätigkeiten, die dem Zweck des Unternehmens dienen, dem ausdrücklichen oder mutmaßlichen Willen des Unternehmers entsprechen, von wirtschaftlicher Bedeutung sind und ihrer Art nach im Allgemeinen von Personen verrichtet werden, die in einem Beschäftigungsverhältnis stehen (vgl *Niedermeyer*, Die „Wie-Beschäftigten" nach § 2 Abs 2 Satz 1 SGB VII – Ein Beitrag zur Frage der Notwendigkeit einer neuen Systematisierung der bisherigen Judikatur, NZS 10, 312). Die Vorschrift gilt auch für Personen, die während einer aufgrund eines Gesetzes angeordneten Freiheitsentziehung oder aufgrund einer strafrichterlichen, staatsanwaltlichen oder jugendbehördlichen Anordnung wie Beschäftigte tätig werden (*Schulin* Bd 2/ *Schlegel* § 15). Zum Versicherungsschutz als „Wie-Beschäftigter" bei Nachbarschaftshilfe BSG 5.7.05 – B 2 U 22/04 R, NZS 06, 375; LSG SchlHol 20.3.13 – L 8 U 27/11, *Breithaupt* 13, 494). Versichert sind auch Entwicklungshelfer und Personen, die eine Tätigkeit bei einer zwischenstaatlichen oder überstaatlichen Organisation verrichten, einen entwicklungspolitischen Freiwilligendienst oder internationalen Jugendfreiwilligendienst iSd einschlägigen Richtlinien leisten (s *Freiwilligendienste* Rz 18) sowie Deutsche, die bei einer deutschen Auslandsvertretung beschäftigt sind nach Maßgabe von § 2 Abs 3 SGB VII. Für diese Personen gilt das deutsche UVRecht auch für **Tätigkeiten im Ausland.** Grds findet das UVRecht nur Anwendung für Tätigkeiten im Inland (§ 3 SGB IV). Die Ausnahme bilden die Entsendungsfälle (s *Auslandstätigkeit* Rz 116 ff). 35

Ruppelt

417 Unfallversicherung

36 **e) Kraft Satzung** kann der Träger der UV die Versicherungspflicht auf Unternehmer und ihre im Unternehmen tätigen Ehegatten und Lebenspartner ausdehnen, soweit sie nicht schon kraft Gesetzes versichert sind (§ 3 Abs 1 SGB VII).

37 **f) Freiwillig versichern** können sich ua Unternehmer und ihre im Unternehmen tätigen Ehegatten und Lebenspartner, falls sie nicht schon kraft Gesetzes oder Satzung gesetzlich unfallversichert sind (§ 6 SGB VII). Einzelheiten bei *Schulin* Bd 2/*Schlegel* § 21; s oben Rz 28. **Gewählte Ehrenamtsträger in gemeinnützigen Organisationen** können sich auf schriftlichen Antrag unfallversichern. Einzelheiten bei *Ehrenamtliche Tätigkeit* Rz 36. Freiwillig versichern können sich auch Personen, die in Verbandsgremien und Kommissionen für **Arbeitgeberorganisationen, Gewerkschaften oder Parteien** tätig sind (§ 6 Abs 1 Nr 4 u 5 SGB VII). Der schriftliche Antrag ist vom Betroffenen zu stellen und wird auch durch Eingang bei einem unzuständigen UVTräger wirksam. Die Beitragserhebung erfolgt nach § 154 Abs 1 SGB VII.

38 **7. Versichertes Risiko** der gesetzlichen UV ist der *Arbeitsunfall*, den ein Versicherter infolge einer den Versicherungsschutz nach §§ 2, 3 oder 6 SGB VII begründenden Tätigkeit (versicherte Tätigkeit) erleidet. Gleiches gilt für die *Berufskrankheit*. Entscheidend ist, dass zwischen der versicherten Tätigkeit und dem Unfall ein **Ursachenzusammenhang** besteht. Fehlt dieser Zusammenhang, weil der Unfall bei der Verfolgung privater oder persönlicher Belange (eigenwirtschaftlicher Tätigkeit) des Versicherten eingetreten ist, kommen Leistungen der gesetzlichen UV nicht in Betracht (s *Arbeitsunfall* Rz 34, *Wegeunfall* Rz 14).

39 **8. Leistungen der gesetzlichen Unfallversicherung.** Nach Eintritt eines Versicherungsfalles haben Versicherte Anspruch auf Heilbehandlung einschließlich Leistungen der medizinischen Reha, auf Leistungen zur Teilhabe am Arbeitsleben und am Leben in der Gemeinschaft, auf ergänzende Leistungen, auf Leistungen bei Pflegebedürftigkeit sowie auf Geldleistungen (§ 26 Abs 1 SGB VII). Für bleibende Unfallfolgen werden Renten, Beihilfen und Abfindungen gewährt (§§ 56 ff SGB VII). Mehrleistungen kann die Satzung des UV-Trägers bei Unfällen infolge selbstlosen oder ehrenamtlichen Handelns des Versicherten nach Maßgabe von § 94 SGB VII vorsehen.

40 **a) Die Heilbehandlung** umfasst die ambulante oder stationäre Behandlung wegen der Folgen des Arbeitsunfalles einschließlich der medizinischen Nebenleistungen (Heilmittel, Arznei- und Verbandmittel usw). Das berufsgenossenschaftliche Heilverfahren sieht vor, dass der Verletzte möglichst sofort dem von den gewerblichen BG bestellten Durchgangsarzt vorgestellt wird (Einzelheiten bei *Schulin* Bd 2/*Benz* § 44 Rz 64 ff). Der Durchgangsarzt hat im Rahmen seiner Dokumentationspflicht den Verletzten zum Hergang des Unfalls zu befragen. Dieser Unfallschilderung wird wegen der zeitlichen Nähe zum Unfallereignis von Seiten der BG und auch der Gerichte ein **hoher Beweiswert** eingeräumt (LSG BaWü 18.7.13 – L 6 U 283/11, NZS 13, 946; *Ricke* Neue Wirrnis um Beweislastfragen, BG 01, 45). Die berufsgenossenschaftliche Heilbehandlung ist **nicht** an die Leistungsgrenzen der gesetzlichen KV gebunden (§ 34 Abs 1 Satz 1 SGB VII).

41 **b) Verletztengeld** erhalten Verletzte, solange sie infolge des Arbeitsunfalls arbeitsunfähig iSd KV sind, keinen Anspruch auf Übergangsgeld haben und kein Arbeitsentgelt einschließlich Entgeltfortzahlung erhalten, sofern vor Beginn der unfallbedingten Arbeitsunfähigkeit Anspruch auf Arbeitsentgelt oder Lohnersatzleistung bestand (§ 45 Abs 1 SGB VII). Das Verletztengeld wird (frühestens) von dem Tage an gewährt, an dem die Arbeitsunfähigkeit ärztlich festgestellt wird. Es fällt mit dem Tage weg, an dem die AU endet oder die Heilbehandlung soweit abgeschlossen ist, dass der Versicherte eine konkrete und zumutbare Berufstätigkeit aufnehmen kann (*Benz* Arbeitsunfähigkeit und Dauer des Verletztengeldanspruchs bei ungelernten ArbN, WzS 99, 104; HessLSG 23.10.07 – L 3 U 24/07, BeckRS 2007, 49027). Das Verletztengeld wird höchstens für 78 Wochen gewährt (§ 46 Abs 3 Satz 2 Nr 3 SGB VII). Die Höhe des Verletztengeldes beträgt 80 vH des Regelentgelts und ist nach den für das Krankengeld maßgebenden Vorschriften zu berechnen (s *Krankengeld* Rz 27 ff; BSG 5.3.02 – B 2 U 13/01 R, ZfS 02, 242). Das Verletztengeld darf das Nettoarbeitsentgelt nicht übersteigen. Die 90 vH Grenze des Krankengeldes gilt nicht. Einzelheiten sind in § 47 SGB VII geregelt. Bei kraft Satzung und freiwillig Versicherten richten sich die Leistungen nach der Versicherungssumme (§ 154 SGB VII) und der Satzung (BSG 19.12.2000 – B 2 U

36/99 R, SozR 3–2700 § 83 Nr 1). Insbesondere kann der Beginn des Verletztengeldes nach Maßgabe von § 46 Abs 2 SGB VII hinausgeschoben sein.

c) **Übergangsgeld** erhält der Verletzte während einer Leistung zur Teilhabe am Arbeitsleben, wenn er wegen der Teilnahme an der Maßnahme gehindert ist, eine Erwerbstätigkeit auszuüben (§ 49 SGB VII). 42

d) **Die Leistungen zur Teilhabe am Arbeitsleben** erbringen die BGen – ebenso wie die RVTräger – nach den Vorschriften der §§ 33 bis 38, 40, 41 SGB IX. § 33 SGB IX enthält einen nicht abschließenden Katalog der möglichen berufsfördernden Leistungen. Dies sind zB Hilfen zur Erhaltung und Erlangung eines Arbeitsplatzes, Berufsvorbereitung, berufliche Anpassung und Weiterbildung, berufliche Ausbildung und Überbrückungsgeld zur Aufnahme einer selbständigen Beschäftigung. Im Einzelfall kommen weitere Maßnahmen und Hilfen in Betracht, welche erforderlich sind, um die Eingliederung in das Arbeitsleben nach dem Unfall wieder zu ermöglichen. 43

e) **Leistungen zur Teilhabe am Leben in der Gemeinschaft und ergänzende Leistungen.** Neben den in § 44 Abs 1 Nr 2 bis 6 u Abs 2 SGB IX sowie den in §§ 53 u 54 SGB IX aufgeführten Leistungen umfassen die Leistungen zur Teilhabe am Leben in der Gemeinschaft und die ergänzenden Leistungen, insbesondere KFZ-Hilfe und sonstige Leistungen zur Erreichung und zur Sicherstellung des Erfolges der Leistungen zur medizinischen Rehabilitation und zur Teilhabe (§ 39 SGB VII). 44

9. **Verletztenrente** erhält der Versicherte, wenn die unfallbedingte MdE über die 26. Woche nach dem Arbeitsunfall andauert und die unfallbedingte MdE mindestens 20 vH beträgt (§ 56 Abs 1 Satz 1 SGB VII). Die Verletztenrente gleicht den **abstrakten** Schaden des Arbeitsunfalls aus. Auf eine konkrete Minderung des Erwerbseinkommens iSd zivilrechtlichen Schadensbegriffes kommt es nicht an. So erhält auch der Versicherte die ungekürzte Verletztenrente, der nach dem Unfall seinen bisherigen Beruf bei gleichem Entgelt weiter ausübt, wenn durch die gesundheitlichen Folgen des Unfalls jedenfalls ein Verlust an Erwerbsmöglichkeiten auf dem gesamten Gebiet des Erwerbslebens (allgemeiner Arbeitsmarkt) eingetreten ist. Daher ist bei identischen Unfallfolgen die Höhe der MdE bei allen Versicherten grds gleich (vgl *Schulin* Bd 2/*Ruppelt* § 48 Rz 18 ff; BSG 2.5.01 – B 2 U 24/00 R, SozR 3–2200 § 581 Nr 8). Die Verletztenrenten werden in vollem Umfang auf das ALG II angerechnet. Dies verstößt nicht gegen höherrangiges Recht (BVerfG 16.3.11 – 1 BvR 591/08, NZS 11, 895). 45

a) **Rentenbeginn.** Renten an Versicherte beginnen mit dem Tag, der dem Tag folgt, an dem der Anspruch auf Verletztengeld endet (regelmäßig mit Wegfall der unfallbedingten AU) oder an dem der Versicherungsfall eingetreten ist, wenn kein Anspruch auf Verletztengeld (s oben Rz 41) entstanden ist (§ 72 Abs 1 SGB VII). Für versicherte **Unternehmer** und für den Unternehmern im Versicherungsschutz Gleichgestellte kann die Satzung des UVTrägers Besonderheiten bestimmen (§ 72 Abs 3 SGB VII). Besonderheiten gelten auch für landwirtschaftliche Unternehmer und deren mitarbeitende Familienangehörige (§ 80a SGB VII). 46

b) **Rentenhöhe.** Die Höhe der Rente richtet sich nach der Höhe des Gesamtbetrages aller Arbeitsentgelte und Arbeitseinkommen des Verletzten im Jahre vor dem Arbeitsunfall (JAV iSv § 82 Abs 1 Satz 1 SGB VII) und der durch den Unfall verursachten MdE. Die Rente beträgt bei einer MdE von 100 vH $^2/_3$ des JAV (Vollrente). Geringere Prozentsätze der unfallbedingten MdE führen zu einer entsprechend geringeren Rente. Zur Feststellung der unfallbedingten MdE ist von einer Erwerbsfähigkeit des Versicherten vor dem Unfall von 100 vH auszugehen, und zwar grds auch dann, wenn die Erwerbsfähigkeit bereits durch Vorschäden gemindert ist (BSG 9.5.06 – B 2 U 1/05 R, Rz 37, NZS 07, 212; 18.1.11 – B 2 U 5/10 R, NZS 11, 910). Die Praxis orientiert sich zur Bemessung der MdE für häufig auftretende Unfallfolgen an Regelsätzen und Erfahrungswerten (vgl *Schulin* Bd 2/*Ruppelt* § 48 Rz 24). Die Beachtung dieser Regelsätze ist aus Gleichbehandlungsgründen geboten (BSG 2.5.01 – B 2 U 24/00 R, SozR 3–2200 § 581 Nr 8). Die Verletztenrenten werden entsprechend dem Vomhundertsatz angepasst, um den sich die Renten aus der RV verändern (§ 95 Abs 1 Satz 1 SGB VII). 47

c) **Besondere berufliche Kenntnisse und Erfahrungen.** Eine **Ausnahme** von der abstrakten Schadensberechnung regelt § 56 Abs 2 Satz 3 SGB VII. Bei Bemessung der MdE 48

417 Unfallversicherung

sind Nachteile zu berücksichtigen, die der Verletzte dadurch erleidet, dass er bestimmte, von ihm erworbene besondere berufliche Kenntnisse und Erfahrungen infolge des Unfalls nicht mehr oder nur in vermindertem Umfang nutzen kann, soweit sie nicht durch sonstige Fähigkeiten, deren Nutzung ihm zugemutet werden kann, ausgeglichen werden. Die Rspr hierzu ist restriktiv und uneinheitlich. Die durch den Unfall erzwungene Aufgabe des Lehr- oder Ausbildungsberufs reicht grds **nicht** aus (BSG 2.11.99 – B 2 U 49/98 R, NZS 2000, 312).

49 In Betracht kommt die Erhöhung der MdE aufgrund der genannten Vorschrift in erster Linie bei künstlerischen und schöpferischen Berufen (Musikdozent: BSG 18.12.74 – 2 RU 155/74, SozR 2200 § 581 Nr 3; Ballett-Tänzer: BSG 2.11.99 – B 2 U 49/98 R, NZS 2000, 312; Jockey: BSG 30.6.09 – B 2 U 3/08 R, *Breithaupt* 10, 31).

50 **d) Mehrere Unfälle** sind nach § 56 Abs 1 Satz 2 SGB VII jeweils mit einer MdE zu bewerten, wenn der einzelne Unfall mindestens eine MdE von 10 vH nach sich zieht. Eine MdE von weniger als 10 vH ist wirtschaftlich und funktionell nicht messbar. Liegen mehrere Unfälle bzw sonstige Schädigungsfälle iSv § 56 Abs 1 Satz 4 SGB VII mit einer MdE von jeweils mindestens 10 vH vor, so erfährt der Grundsatz, dass Rente erst ab einer MdE von 20 vH gezahlt wird, eine Ausnahme: in diesen Fällen ist auch Rente (Stützrente) für eine MdE von unter 20 vH zu zahlen (s *Schulin* Bd 2/*Ruppelt* § 48 Rz 53–60).

51 **e) Verletzungen mehrerer Körperteile** durch **einen** Unfall führen im Gegensatz zum Vorliegen mehrerer Unfälle nicht zu einer Addition der einzelnen MdE-Werte. Vielmehr ist entsprechend den tatsächlichen Auswirkungen eine Gesamt-MdE zu bilden, die im Regelfall niedriger ist als die Addition der Regelsätze.

52 **f) Hinterbliebene** (auch eingetragene Lebenspartner nach dem Lebenspartnerschaftsgesetz, §§ 63 Abs 1a SGB VII, 33b SGB I) erhalten Leistungen, wenn der Verletzte an den Folgen des Arbeitsunfalls stirbt, wobei der Tod auch noch Jahre nach dem Unfallereignis eintreten kann. Es werden *Sterbegeld* (s dort Rz 15), Überführungskosten und Hinterbliebenenrenten gewährt (§ 63 Abs 1 SGB VII). Voraussetzung ist, dass der Tod durch den Arbeitsunfall verursacht worden ist. Ist dies nach Ausschöpfung aller Ermittlungsmöglichkeiten nicht aufzuklären, geht dies nach allgemeinen Beweisregeln zu Lasten der Hinterbliebenen. Beweiserleichterungen gelten nach § 63 Abs 2 SGB VII für den Tod infolge bestimmter **Berufskrankheiten** (Silikose und Asbestose) mit einer MdE von mindestens 50 vH (BSG 7.2.06 – B 2 U 31/04 R, SozR 4–2700 § 63 Nr 3). Ist der Tod nicht Folge eines Versicherungsfalles und hatte der Versicherte Anspruch auf eine Verletztenrente von mindestens 50 vH, kommt für Hinterbliebene nach näherer Maßgabe des § 71 SGB VII eine einmalige **Beihilfe** in Höhe von 40 vH des JAV in Betracht (laufende Beihilfe nach den Voraussetzungen des Abs 4).

Bis zum Ablauf des dritten Kalendermonats nach Ablauf des Monats, in dem der Ehegatte verstorben ist, erhalten Witwe/Witwer bzw Lebenspartner nach § 65 Abs 2 Nr 1 SGB VII die Rente in Höhe von zwei Dritteln des JAV, wenn der Tod infolge des Versicherungsfalls eingetreten ist. Die Hinterbliebenenrenten der gesetzlichen UV entsprechen in ihren Grundzügen der Hinterbliebenenversorgung der gesetzlichen RV. Die **Kleine Witwen- und Witwerrente** beträgt 30 vH, die **Große Witwen- und Witwerrente** 40 vH des JAV (§ 65 Abs 2 SGB VII). Die Große Witwenrente wird bei Vorliegen der Voraussetzungen des § 65 Abs 2 Nr 3 SGB VII unbefristet gewährt. Die Voraussetzungen entsprechen denjenigen der Renten der gesetzlichen RV (s *Hinterbliebenenrente* Rz 19). Die **Vollwaisenrente** beträgt 30 vH, die **Halbwaisenrente** 20 vH des JAV (§ 68 Abs 1 SGB VII). Bei Wiederheirat besteht die Möglichkeit der Abfindung der Witwen- und Witwerrente (§ 80 SGB VII).

Die **kleine Witwen- und Witwerrente** ist für **Neuehen** befristet (§§ 65, 80, 218a SGB VII). Die Befristung gilt nur für Ehepaare, die nach dem 31.12.01 geheiratet haben oder bei denen beide Partner nach dem 1.1.62 geboren sind. Die Befristung der kleinen Witwen- und Witwerrente auf 24 Monate gilt nicht, wenn der Tod des Ehegatten vor dem 1.1.02 eingetreten ist oder die Ehe bereits vor dem 1.1.02 geschlossen wurde **und** mindestens ein Ehegatte vor dem 2.1.62 geboren ist (Altehen). Vgl *Hinterbliebenenrente* Rz 20, 38.

53 Hinsichtlich des **Hinzuverdienstes** gilt das im RVRecht maßgebende Prinzip der Einkommensanrechnung unter Berücksichtigung der Freibeträge (*Schulin* Bd 2/*Ruppelt* § 49 Rz 20 ff). Art und Höhe des anrechenbaren Einkommens ergeben sich aus § 65 Abs 3 SGB VII (für Altehen gelten die alten Freibeträge nach § 218a SGB VII).

Die Renten der Hinterbliebenen aus der gesetzlichen UV (etwa an die Witwe und die Waisen) dürfen zusammen 80 vH des JAV nicht übersteigen, ansonsten werden sie bei den Hinterbliebenen nach dem Verhältnis ihrer Höhe gekürzt (§ 70 SGB VII). Die Hinterbliebenenrenten der gesetzlichen UV sollen dadurch insgesamt im angemessenen Verhältnis zum Nettoverdienst des Verstorbenen stehen. Pflegekinder haben nur Anspruch, soweit Witwen und Witwer, frühere Ehegatten oder Waisen den Höchstbetrag nicht ausschöpfen (BSG 28.4.04 – B 2 U 12/03 R, SozR 4–2700 § 70 Nr 1).

Die Witwe oder der Witwer haben keinen Anspruch auf Rente, wenn die **Ehe** erst **nach** 54 **dem Versicherungsfall** (Arbeitsunfall) geschlossen und der Tod innerhalb des ersten Jahres der Ehe eingetreten ist, es sei denn, dass nach den besonderen Umständen des Falles die Annahme nicht gerechtfertigt ist, dass es der alleinige oder überwiegende Zweck der Heirat war, der Witwe und dem Witwer eine Versorgung zu verschaffen (§ 65 Abs 6 SGB VII). S auch BSG 2.2.01 – B 2 U 379/00 B, SozSich 03, 216.

Hat der durch den Arbeitsunfall Verstorbene seine Eltern aus seinem Arbeitsverdienst wesentlich unterhalten und hätten diese ohne den Arbeitsunfall Anspruch auf Unterhalt, ist eine **Elternrente** von 30 vH des JAV für ein Elternpaar (20 vH für einen Elternteil) zu gewähren (§ 69 SGB VII). Zu den Voraussetzungen einer Rente an **frühere Ehegatten** s § 66 SGB VII.

10. Renten der gesetzlichen Rentenversicherung und Leistungen der Unfallver- 55 **sicherung.** Die Anrechnung von Unfallrenten auf Renten der gesetzlichen UV ist in § 93 SGB VI geregelt. Beim **Zusammentreffen** einer Rente aus der gesetzlichen RV mit einer Rente aus der gesetzlichen UV wird die Rente aus UV grds insoweit ganz oder teilweise nicht geleistet, als beide Renten den nach § 93 SGB VI zu errechnenden Grenzbetrag übersteigen (BayLSG 4.12.09 – L 1 R 304/09, BeckRS 2010, 68971). Keine Anrechnung erfolgt in den Sonderfällen des § 93 Abs 5 SGB VII (Versicherungsfall der UV nach Rentenbeginn der gesetzlichen RV oder die UV beruht auf eigener Betragsleistung des Versicherten, was insbesondere bei freiwilliger Mitgliedschaft und bei Landwirtschaftlichen Unternehmern der Fall sein kann). Zur Anrechnung auf das ALG II s Rz 45.

Unkündbarkeit

A. Arbeitsrecht
Kania

1. Allgemeines. Unkündbare ArbN gibt es nicht. Ausgeschlossen werden kann durch 1 einzel- oder tarifvertragliche Regelung nur die ordentliche Kündigung. Das Recht zur **außerordentlichen Kündigung** ist zwingendes Recht. Niemand soll über die Zumutbarkeitsgrenze hinaus an einem Rechtsverhältnis festgehalten werden (BAG 5.2.98 – 2 AZR 227/97, NZA 98, 771; *Stahlhacke/Preis/Vossen* Rz 267). Zur Zulässigkeit der Einschränkung des außerordentlichen Kündigungsrechts s unten Rz 11, 12. Zur Rechtslage in der Insolvenz des ArbGeb s *Insolvenz des Arbeitgebers* Rz 6 ff.

Der **Ausschluss der ordentlichen Kündigung** kann **ausdrücklich oder konkludent** 2 vereinbart werden. Ein konkludenter Ausschluss der ordentlichen Kündigung ist regelmäßig in einer wirksamen Befristungsabrede zu sehen. Dies ist seit dem 1.1.01 durch § 15 Abs 3 TzBfG ausdrücklich gesetzlich klargestellt. Allein durch die Zusage einer **Dauerstellung** soll im Regelfall das Recht zur ordentlichen Kündigung nicht ausgeschlossen werden. Die Wirkungsweise einer solchen Vereinbarung richtet sich nach den Umständen des Einzelfalles. Die Rspr sieht in derartigen Vereinbarungen grds nur eine zeitliche oder inhaltliche Beschränkung der im Prinzip zulässig bleibenden ordentlichen Kündigung (LAG Düsseldorf/Köln 9.5.68, DB 68, 1911; BAG 7.11.68, DB 68, 2287). Eine so weitgehende Bindung wie der dauerhafte Ausschluss des ordentlichen Kündigungsrechts kann nur dann angenommen werden, wenn sich ein entsprechender Parteiwille eindeutig aus den schriftlichen oder mündlichen Vereinbarungen ergibt (*Stahlhacke/Preis/Vossen* Rz 257). Dies kommt insbesondere bei Zusage einer Lebensstellung in Betracht (*Kania/Kramer* RdA 95, 292).

Liegt ausnahmsweise ein auf Lebenszeit oder für eine längere Zeit als 5 Jahre abgeschlosse- 3 nes Arbeitsverhältnis vor, so kann es gleichwohl von dem ArbN nach 5 Jahren mit einer Kündigungsfrist von 6 Monaten gekündigt werden (§ 15 Abs 4 TzBfG). **Ausdrückliche**

418 Unkündbarkeit

Kündigungsausschlüsse finden sich vor allem in Tarifverträgen, in denen zum Schutz älterer ArbN abhängig von einem bestimmten Lebensalter und/oder einer bestimmten Betriebszugehörigkeit die Möglichkeit der ordentlichen Kündigung ausgeschlossen wird.

4 **2. Wirksamkeit von Kündigungsausschlüssen.** Typische (tarifvertragliche) Kündigungsausschlüsse begegnen erheblichen rechtlichen Bedenken im Hinblick auf ihre **Vereinbarkeit mit dem AGG.** Die erste Fassung des Gesetzes sah in § 10 Abs 1 Nr 7 AGG eine differenzierende Rechtfertigungsregelung vor: Danach sollte die in solchen Klauseln liegende unterschiedliche Behandlung wegen des Alters grds zulässig sein, soweit nicht der Kündigungsschutz anderer Beschäftigter im Rahmen der Sozialauswahl nach § 1 Abs 3 KSchG grob fehlerhaft gemindert wird. Nach Streichung dieser Sonderregelung durch Gesetz vom 18.10.06 sind Kündigungsausschlüsse nun allein an der allgemeinen Regelung des § 10 Abs 1 Satz 1, 2 AGG zu messen. Dem danach geforderten Kriterium der Angemessenheit dürften Unkündbarkeitsregelungen, die ganz überwiegend nur an das Alter anknüpfen, nicht gerecht werden (so auch *Lingemann/Gotham* NZA 07, 663; *Rieble/Zedler* ZfA 06, 273, 299). Zu nennen ist etwa der an die Vollendung des 53. Lebensjahres und eine Betriebszugehörigkeit von bloß drei Jahren anknüpfende Sonderkündigungsschutz der Metalltarifverträge in Nord-Württemberg/Nord-Baden.

5 Soweit neben dem Alter zumindest auch eine lange Betriebszugehörigkeit (mindestens 15 Jahre) privilegiert wird, könnten Unkündbarkeitsklauseln evtl eher einer gerichtlichen Kontrolle standhalten (vgl APS/Kiel § 1 KSchG Rz 815; *Willemsen/Schweibert* NJW 06, 2583; *Lingemann/Gotham* NZA 07, 663). Da es aber auch insofern im Rahmen einer Sozialauswahl zu extremen Bevorzugungen wegen des Alters kommen kann (Beispiel: Ein ArbN ist 40 Jahre alt, 15 Jahre beschäftigt, kinderlos und tariflich unkündbar; der von der Tätigkeit her vergleichbare ArbN ist 39 Jahre alt, 20 Jahre beschäftigt, 4 Kindern unterhaltspflichtig und nicht tariflich unkündbar), sollte jedenfalls bei Neuabschluss einzelvertraglicher oder tarifvertraglicher Kündigungsausschlüsse der Anwendungsbereich von Unkündbarkeitsvereinbarungen entsprechend der früheren Regelung in § 10 Abs 1 Nr 7 AGG eingeschränkt werden (vgl zur Problematik der Sozialauswahl auch unten Rz 18).

6 Auch im Übrigen müssen Unkündbarkeitsvereinbarungen **höherrangigem Recht** entsprechen. So ist es wegen Verstoßes gegen den Rechtsgedanken von § 622 Abs 6 BGB unzulässig, wenn lediglich die ordentliche Kündigung des Arbeitsverhältnisses durch den ArbN ausgeschlossen wird (LAG Hamm 15.3.89, DB 89, 1191, 1192). Der einseitige Ausschluss der Kündigung seitens des ArbGeb ist dagegen zulässig (BAG 25.3.04 – 2 AZR 153/03, BB 04, 2303). In Betriebsvereinbarungen sind Kündigungsausschlüsse grds möglich, solange sie nicht gegen § 77 Abs 3 BetrVG verstoßen (BAG 18.3.10 – 2 AZR 337/08, NZA-RR 11, 18; aA *Rieble* NZA 03, 1243).

7 **3. Rechtsfolgen.** Verstößt eine Kündigung gegen eine **tarifvertragliche Bestimmung**, wonach die ordentliche Kündigung des Arbeitsverhältnisses ausgeschlossen ist, so ist die Kündigung nach § 4 TVG in Verbindung mit § 134 BGB unwirksam. Hinsichtlich **einzelvertraglicher Kündigungsausschlüsse** hat das BAG (8.10.59, DB 60, 1037) die theoretische Möglichkeit bejaht, der Verpflichtung zur Unterlassung einer ordentlichen Kündigung nur schuldrechtliche Wirkung mit der Folge beizumessen, dass die Kündigung zwar wirksam sei, aber Schadensersatzfolgen auslösen könne. Im Regelfall entspricht aber eine solche Deutung eines Kündigungsausschlusses nicht dem Parteiwillen. Jedenfalls bei einem ausdrücklich vereinbarten Kündigungsausschluss ist deshalb davon auszugehen, dass die entsprechende Klausel dingliche Wirkung haben soll und eine dennoch ausgesprochene Kündigung unwirksam ist (BAG 25.3.04 – 2 AZR 153/03, BB 04, 2303; *Stahlhacke/Preis/Vossen* Rz 260).

8 Entscheidend für das **Eingreifen einer Unkündbarkeitsregelung** ist der Zeitpunkt des Zugangs der Kündigung. In diesem Zeitpunkt müssen die jeweiligen Voraussetzungen (Lebensalter, Dauer der Betriebszugehörigkeit) erfüllt sein. Auch eine kurz vor Eintritt der Unkündbarkeit ausgesprochene Kündigung ist grds wirksam, wenn sie zum tariflich oder vertraglich nächstmöglichen Termin ausgesprochen wird. Allerdings liegt eine objektiv funktionswidrige **Umgehung der Unkündbarkeitsregelung** vor, wenn die kurz vor dem Eintritt der Unkündbarkeit erklärte ordentliche Kündigung nicht zum nächstmöglichen Kündigungstermin, sondern erst zu einem späteren Termin wirken soll, und dem ArbGeb

für einen derart frühzeitigen Ausspruch der Kündigungserklärung kein sachlich rechtfertigender Grund zur Seite steht (BAG 16.10.87, NZA 88, 877; 20.7.89, ZTR 90, 23).

Beim **Betriebsübergang** geht ein einzelvertraglich vereinbarter Kündigungsausschluss gem § 613a Abs 1 Satz 1 BGB und ein tariflicher Kündigungsausschluss gem Satz 2 der Vorschrift auf den Erwerber über. Eine Ablösung durch einen beim Erwerber geltenden Tarifvertrag mit andersgearteter Kündigungsregelung gem § 613a Abs 1 Satz 3 BGB ist grds möglich (LAG Köln 12.10.95 – 5 Ja 749/95, NZA-RR 96, 327). Sind allerdings die Voraussetzungen des Kündigungsausschlusses in der Person des übernommenen ArbN bereits entstanden, wird der Kündigungsausschluss „unverfallbar" und durch einen ablösenden Tarif nicht tangiert (str, insofern aA LAG Köln 12.10.95 – 5 Sa 749/95, NZA-RR 96, 327).

4. Außerordentliche Kündigung. Die Möglichkeit der außerordentlichen Kündigung wird regelmäßig durch tarifliche oder einzelvertragliche Kündigungsausschlüsse nicht berührt (zu Ausnahmen s unten Rz 11, 12). Problematisch ist, wie der Ausschluss der ordentlichen Kündigung und die hierdurch idR bedingte langfristige Vertragsbindung bei Ausspruch einer außerordentlichen Kündigung des ArbGeb im Rahmen der einzelfallbezogenen Interessenabwägung zu berücksichtigen sind. Eine für alle in Betracht kommenden Fälle gültige Aussage ist hier nicht möglich. Zu Recht geht das BAG (14.11.84, DB 85, 1398) deshalb davon aus, dass im Einzelfall unter Beachtung des Sinns und Zwecks der jeweiligen Unkündbarkeitsregelung sowie unter Berücksichtigung der Art des Kündigungsgrundes die ordentliche Unkündbarkeit sowohl zugunsten als auch zuungunsten des ArbN zu berücksichtigen sein kann. Da Unkündbarkeitsklauseln den ArbN regelmäßig gerade vor betriebsbedingten Gefährdungen seines Arbeitsplatzes besonders schützen sollen, ist die durch die Unkündbarkeit bedingte langjährige Vertragsbindung grds zugunsten des ArbN zu berücksichtigen (KR/*Fischermeier* § 626 BGB Rz 300; *Stahlhacke/Preis/Vossen* Rz 743).

Eine außerordentliche **betriebsbedingte Kündigung** ist deshalb nur ausnahmsweise zulässig, wenn der ArbGeb nicht in der Lage ist, die Dienste des ArbN in Anspruch zu nehmen und über Jahre zur Zahlung des vereinbarten Entgelts verpflichtet bliebe. Schlechte wirtschaftliche Lage oder Insolvenzgefahr allein reichen nicht (BAG 24.1.13 – 2 AZR 453/11, NZA 13, 959). Da die Kündigung unter Wahrung einer sozialen Auslauffrist (dazu unten Rz 14) auszusprechen ist, genügt es, wenn die Beschäftigungsmöglichkeit zum Zeitpunkt des Ablaufs der Auslauffrist (endgültig) entfällt (BAG 13.4.2000 – 2 AZR 259/99, DB 2000, 1819). Dies war nach der älteren Rspr des BAG nur bei einer Betriebs- oder Betriebsteilstilllegung anerkannt, wenn eine Versetzung in einen anderen Betrieb des Unternehmens nicht möglich ist (BAG 28.3.85, DB 85, 1743; 13.8.92, DB 93, 1424 zur Kündigung eines BRatMitglieds). Später hat das BAG auch die Rechtmäßigkeit der außerordentlichen Kündigung einer „unkündbaren" Sekretärin bejaht, weil die Position ihres Chefs, der einer von zwei Geschäftsführern war, nicht wieder besetzt wurde (BAG 5.2.98 – 2 AZR 227/97, NZA 98, 771). Auch innerbetriebliche Maßnahmen wie die Entscheidung zur Fremdvergabe von Tätigkeiten, können ggf eine außerordentliche Kündigung begründen (BAG 22.11.12 – 2 AZR 673/11, NZA 13, 730). Der dauerhafte Wegfall des Arbeitsplatzes allein genügt allerdings nicht zur Rechtfertigung der außerordentlichen Kündigung. Stets muss der ArbGeb alle zumutbaren, eine Weiterbeschäftigung ermöglichenden Mittel ausschöpfen. Dazu zählt grds nicht das Freikündigen eines anderen Arbeitsplatzes, den der „Unkündbare" nach dem ArbGeb zumutbarer Einarbeitung wahrnehmen kann (BAG 18.5.06 – 2 AZR 207/05; *Breschendorf* BB 07, 661). § 1 Abs 5 KSchG („Namensliste") findet auf außerordentliche betriebsbedingte Kündigungen keine Anwendung (BAG 28.5.09 – 2 AZR 844/07, NZA 09, 954).

Vergleichbar ist die Situation bei **personenbedingten Kündigungsgründen,** jedenfalls soweit es um das altersbedingte Nachlassen der Leistungsfähigkeit des ArbN geht (*Stahlhacke/Preis/Vossen* Rz 761). Nur bei dauernder krankheitsbedingter Leistungsunfähigkeit und bei Ausscheiden einer anderweitigen Beschäftigungsmöglichkeit ist ausnahmsweise eine Fortsetzung des Arbeitsverhältnisses für den ArbGeb unzumutbar, so dass eine außerordentliche Kündigung in Betracht kommt (BAG 9.9.92, NZA 93, 598; 12.7.95, NZA 95, 1100; 16.9.99 – 2 AZR 123/99, NZA 2000, 141; BAG 18.10.2000 – 2 AZR 627/99, NZA 01, 219; BAG 13.5.04 – 2 AZR 36/04, NZA 04, 1271).

Anders ist es an sich bei **verhaltensbedingten Kündigungsgründen.** Denn die Vereinbarung der Unkündbarkeit soll den ArbN nicht vor seinem eigenen, selbst verantworteten

418 Unkündbarkeit

Verhalten schützen (*Stahlhacke/Preis/Vossen* Rz 764). Faktisch kommt die neuere Rspr des BAG allerdings auch insoweit eher zu einer Privilegierung unkündbarer ArbN, indem zum einen die Prüfung einer befristeten außerordentlichen Kündigung als milderes Mittel verlangt wird und die häufig lange Betriebszugehörigkeit die Anforderungen an den Grund erhöhen (s unten Rz 14).

14 Die Zulässigkeit der außerordentlichen Kündigung führt nicht dazu, dass ordentlich unkündbare ArbN aus Gründen **fristlos** gekündigt werden könnten, die bei nicht unkündbaren ArbN nur zu einer fristgerechten Kündigung gereicht hätten. Vielmehr sind die betriebs- und die krankheitsbedingte Kündigung nur mit einer **Auslauffrist** zulässig, die der gesetzlichen oder (tarif-)vertraglichen Kündigungsfrist entspricht, die gelten würde, wenn die ordentliche Kündigung nicht ausgeschlossen wäre (BAG 11.3.99 – 2 AZR 427/98, DB 99, 1612; 5.2.98 – 2 AZR 227/97, NZA 98, 771; 28.3.85, DB 85, 1743). Grund hierfür ist, dass gesundheits- und betriebsbedingte Gründe grds nur zur ordentlichen fristgerechten Kündigung berechtigen. Wenn nun bei unkündbaren ArbN in engen Grenzen die außerordentliche Kündigung anstelle der ordentlichen Kündigung zugelassen wird, so entstünde bei Einräumen der Möglichkeit einer fristlosen Kündigung ein Wertungswiderspruch; denn einerseits wird der „unkündbare" ArbN als besonders schutzwürdig eingestuft, andererseits würde er hinsichtlich der zu beachtenden Kündigungsfrist schlechter behandelt. Die **fristlose Kündigung eines „unkündbaren" Arbeitnehmers** ist deshalb allenfalls zulässig bei Vorliegen solcher verhaltens- oder personenbedingter Gründe, die auch bei einem nicht unkündbaren ArbN die fristlose Kündigung rechtfertigen würden (BAG 11.3.99 – 2 AZR 427/98, DB 99, 1612; LAG Hamm 22.1.88, DB 88, 715). Allerdings ist auch bei einer verhaltensbedingten Kündigung stets vorrangig zu prüfen, ob nicht als milderes Mittel eine außerordentliche Kündigung mit Auslauffrist in Betracht kommt. Die fristlose Kündigung soll nur möglich sein, wenn nicht einmal eine Weiterbeschäftigung bis zum Ablauf der „fiktiven" Frist zur ordentlichen Beendigung des Arbeitsverhältnisses zumutbar ist (BAG 15.11.01 – 2 AZR 605/00, AP Nr 175 zu § 626 BGB). Bei dieser Abwägung soll allerdings die ordentliche Unkündbarkeit nicht nochmals zu Gunsten des ArbN berücksichtigt werden (BAG 27.4.06 – 2 AZR 386/05, NZA 06, 977).

15 Bei **Ausspruch** der Kündigung muss der Kündigende erkennbar zum Ausdruck bringen, dass er eine außerordentliche Kündigung erklären will (LAG Köln 29.4.94, DB 94, 2632). Geschieht dies nicht, ist es unerheblich, wenn der vorgebrachte Grund auch eine außerordentliche Kündigung gerechtfertigt hätte. Eine ausgeschlossene und damit unzulässige ordentliche Kündigung kann nicht in eine außerordentliche Kündigung umgedeutet werden (BAG 12.9.74, DB 75, 214). Die Umdeutung einer außerordentlichen fristlosen Kündigung in eine außerordentliche Kündigung mit sozialer Auslauffrist ist dagegen möglich. Hinsichtlich der **Betriebsratsanhörung** gem § 102 BetrVG wird die außerordentliche Kündigung mit sozialer Auslauffrist der ordentlichen Kündigung gleich gestellt, so dass die Wochenfrist des § 102 Abs 2 Satz 1 BetrVG zu wahren ist (BAG 18.1.01 – 2 AZR 616/99, NZA 02, 455; BAG 18.10.2000 – 2 AZR 627/99, NZA 01, 219). Dies spricht dafür, auch auf eine Anwendung der Zwei-Wochen-Frist des § 626 Abs 2 BGB zu verzichten. Eine Anwendung des für die ordentliche Kündigung geltenden § 9 Abs 1 Satz 2 KSchG hat das BAG abgelehnt (BAG 30.9.10 – 2 AZR 160/09, NZA 11, 349).

16 **5. Beschränkungen des außerordentlichen Kündigungsrechts.** Das grundlegende Prinzip der Zumutbarkeit verbietet nicht nur einen völligen Ausschluss des Rechts zur ordentlichen Kündigung, sondern markiert auch die Grenze zulässiger Einschränkungen des Rechts zur außerordentlichen Kündigung (BAG 18.12.61, DB 62, 275; 8.8.63, DB 63, 1543; KR/*Fischermeier* § 626 BGB Rz 64, tendenziell auch BAG 17.9.98 – 2 AZR 419/97, DB, 99, 154). Unzumutbar wäre deshalb eine Regelung, nach der eine außerordentliche Kündigung durch den ArbGeb von der **Zustimmung einer dritten Stelle** abhängig gemacht würde, ohne dass die Möglichkeit einer unabhängigen Überprüfung der Versagung der Zustimmung gegeben wäre (BAG 6.11.56, DB 56, 1211). Unbedenklich ist es demgegenüber, auch die außerordentliche Kündigung gem § 102 Abs 6 BetrVG von der **Zustimmung des Betriebsrats** abhängig zu machen, da bei Verweigerung der Zustimmung eine Überprüfung durch die neutrale Einigungsstelle vorgesehen ist (KR/*Fischermeier* § 626 BGB Rz 64).

17 **6. Einbeziehung in die soziale Auswahl.** Nach hM sind solche ArbN, bei denen tarif- oder einzelvertraglich die ordentliche Kündigung wirksam (s oben Rz 4f) ausgeschlossen ist, nicht in die Sozialauswahl im Rahmen einer betriebsbedingten Kündigung einzubeziehen (LAG NdS 11.6.01 – 5 Sa 1832/00, BB 01, 2379; LAG Bbg 29.10.98 – 3 Sa 229/98, NZA-RR 99, 360; KR/*Etzel* § 1 KSchG Rz 574; *Schaub* NZA 87, 223; *Stahlhacke/Preis/Vossen* Rz 783; *Pauly* ArbuR 97, 94, 97; *B. Preis* DB 98, 1762). Dies ist notwendige Konsequenz der Zulassung derartiger „Unkündbarkeitsklauseln", die ansonsten für einen ihrer Hauptanwendungsbereiche, die Fälle der betriebsbedingten Kündigung, weitgehend leerliefen. Den von der Gegenauffassung vorgetragenen Bedenken kann insofern in gewissem Umfang Rechnung getragen werden, als solchen Klauseln, die gerade zum Ausschluss einer konkret anstehenden Sozialauswahl vereinbart werden, wegen Umgehung der Vorschrift die Verbindlichkeit aberkannt wird. Bei den für konkrete Situationen vereinbarten Regelungen eines Tarifvertrages scheidet freilich die Möglichkeit einer Umgehung von vornherein aus. Und auch einzelvertragliche Umgehungsversuche werden selten sein, da das Risiko für den ArbGeb, einen ArbN allein deswegen „unkündbar" zu machen, um ihn bei einer anstehenden betriebsbedingten Kündigung nicht in die Sozialauswahl einbeziehen zu müssen, auf Dauer unkalkulierbar ist.

Besonders umstritten ist die Behandlung **betrieblicher Bündnisse für Arbeit.** Bei diesen wird im Regelfall denjenigen ArbN, die befristet auf Teile ihrer Vergütung verzichten, für einen bestimmten Zeitraum zugesagt, nicht betriebsbedingt gekündigt zu werden. Dies bedeutet umgekehrt, dass während des vereinbarten Zeitraums nur solche ArbN betriebsbedingt gekündigt werden können, die nicht zu Lohnzugeständnissen bereit waren. Teilweise wird hier eine Einbeziehung der „Unkündbaren" in die Sozialauswahl gefordert (LAG BB 1.6.10 – 12 Sa 403/10, BeckRS 2011, 67197; LAG BB 15.10.10 – 9 Sa 982/10, BeckRS 2011, 70895). Richtig erscheint es, nach den allg Grundsätzen (s oben Rz 17) die Sozialauswahl auf diejenigen zu beschränken, die nicht zu Lohnzugeständnissen bereit waren (LAG BB 20.4.10 – 3 Sa 2323/09, BeckRS 2010, 74481; vgl auch *Künzel/Fink* NZA 11, 1385; *Lerch/Weinbrenner* NZA 11, 1388). 18

Geht es um eine **außerordentliche betriebsbedingte Kündigung,** stellt sich die Frage, ob bei Vorliegen eines wichtigen Grundes für die Kündigung eines „unkündbaren" ArbN eine Sozialauswahl mit vergleichbaren – kündbarem oder unkündbarem – ArbN zu erfolgen hat. Diese Frage ist zu bejahen, da es einen Wertungswiderspruch darstellen würde, wenn man bei besonders geschützten ArbN die Kündigungsschranken außer Acht ließe, die für „normale" ArbN gelten (BAG 5.2.98 – 2 AZR 227/97, NZA 98, 771; *Stahlhacke/Preis/Vossen* Rz 783). 19

Führt die Ausklammerung tariflich- oder einzelvertraglich unkündbarer ArbN bei einer Sozialauswahl zu einer extremen Bevorzugung allein wegen des Alters (s das Beispiel oben Rz 5), muss die Unkündbarkeitsklausel zumindest für diesen Fall als „unwirksam" iSd § 7 Abs 2 AGG eingestuft werden. Die Sozialauswahl muss deshalb in mindestens 3 Schritten durchgeführt werden (vgl *Bauer/Göpfert/Krieger* § 10 AGG Rz 50): Im ersten Schritt ist eine Sozialauswahl ohne Einbeziehung der altersgesicherten ArbN vorzunehmen. Im zweiten Schritt wird ermittelt, welcher altersgesicherte ArbN sozial am wenigstens schutzwürdig ist, welcher am zweitwenigsten usw. Sodann werden in einem dritten Schritt die Sozialdaten des sozial schutzwürdigsten zu kündigenden ArbN (Schritt 1) mit den Sozialdaten des am wenigsten schutzwürdigen altersgesicherten ArbN (Schritt 2) verglichen. Kommt der Vergleich zu dem Ergebnis, dass die Sozialauswahl bei Nichteinbeziehung des altersgesicherten ArbN grob fehlerhaft wäre, findet ein Austausch statt. 20

B. Lohnsteuerrecht
Windsheimer

Die Unkündbarkeit hat für das LStRecht keine unmittelbare Auswirkung; s *Kündigung, allgemein* Rz 82; *Übergangsgeld/Überbrückungsgeld* Rz 8 ff. 21

C. Sozialversicherungsrecht
Ruppelt

Die Unkündbarkeit eines Arbeitsverhältnisses hat auf das SozVVerhältnis keine Auswirkungen. 22

Unterlassungsanspruch

A. Arbeitsrecht *Kreitner*

1 I. Kollektivarbeitsrecht. 1. Unterlassungsanspruch gemäß § 23 Absatz 3 BetrVG. Verstößt ein ArbGeb in grober Weise gegen seine betriebsverfassungsrechtlichen Pflichten, so können der BRat bzw eine im Betrieb vertretene Gewerkschaft die Unterlassung dieses Verhaltens verlangen. Nach § 17 Abs 2 AGG gilt dies gleichermaßen für Verstöße des ArbGeb gegen das AGG soweit es nicht um Individualansprüche der betroffenen ArbN geht (vgl dazu *Klumpp* NZA 06, 904; *Besgen/Roloff* NZA 07, 670). § 23 Abs 3 BetrVG bezweckt den Schutz der betriebsverfassungsrechtlichen Ordnung und will jedenfalls ein Mindestmaß an gesetzmäßigem Verhalten seitens des ArbGeb sicherstellen (BAG 20.8.91, DB 91, 1834). Der Unterlassungsanspruch nach § 23 Abs 3 BetrVG ist damit das Pendant zum Anspruch des ArbGeb aus § 23 Abs 1 BetrVG bei einer groben *Amtspflichtverletzung* des BRat.

2 a) Antrag und Antragsberechtigung. Die gerichtliche Geltendmachung eines Unterlassungsanspruchs gegen den ArbGeb erfolgt in zwei Verfahrensstufen. Im Erkenntnisverfahren nach § 23 Abs 3 Satz 1 BetrVG wird der ArbGeb bei Vorliegen der Anspruchsvoraussetzungen zur Unterlassung des mitbestimmungswidrigen Verhaltens verurteilt; im anschließenden Vollstreckungsverfahren (s unten Rz 8) erfolgt gem § 23 Abs 3 Sätze 2 und 3 BetrVG die Durchsetzung des Unterlassungsanspruchs mit Hilfe von Zwangsmaßnahmen.

3 Beide Verfahrensarten erfordern einen Antrag beim örtlich zuständigen ArbG. Der Antrag muss auf die Unterlassung eines konkret bezeichneten Verhaltens gerichtet sein, wobei nach der Rspr des BAG auch sog Globalanträge (zB Unterlassung der einseitigen Anordnung von Überstunden ohne Zustimmung des BRat) zulässig sind (zuletzt BAG 10.3.92, DB 92, 1734). Andererseits muss der Antrag aber so konkret sein, dass der ArbGeb genau weiß, was er zu unterlassen hat (BAG 14.9.10 – 1 ABR 32/09, NZA 11, 364; *Fiebig* NZA 93, 25).

4 Antragsbefugt sind allein der BRat und eine im Betrieb vertretene Gewerkschaft. Dies gilt für Letztere unabhängig davon, ob sie materiell-rechtlich Gläubigerin der gerügten Pflichtverletzung ist. Von daher ist es für die Antragsberechtigung der Gewerkschaft unerheblich, ob der BRat ebenfalls ein Interesse an der Verfolgung des geltend gemachten Gesetzesverstoßes hat (ArbG Marburg 7.8.96, DB 96, 1929). Die Gewerkschaft kann den ArbGeb gestützt auf § 23 Abs 3 BetrVG auf die Einhaltung von Betriebsvereinbarungen in Anspruch nehmen (BAG 29.4.04 – 1 ABR 30/02, NZA 04, 670). Der betroffene ArbN kann mögliche Ansprüche nur im Urteilsverfahren gegen den ArbGeb geltend machen. Die Antragsteller im Erkenntnis- und Vollstreckungsverfahren nach § 23 Abs 3 BetrVG müssen nicht identisch sein (*Fitting* § 23 Rz 86). Ein Wechsel des BRat ist für die Geltendmachung des Unterlassungsanspruchs ohne Auswirkung, da der Pflichtverstoß des ArbGeb uneingeschränkt fortwirkt.

5 b) Grober Verstoß. Voraussetzung eines Unterlassungsanspruchs nach § 23 Abs 3 BetrVG ist ein grober Verstoß des ArbGeb gegen seine betriebsverfassungsrechtlichen Pflichten. Diese können sich unmittelbar aus dem BetrVG, aber auch aus anderen Gesetzen, Tarifverträgen oder Betriebsvereinbarungen ergeben. Der Verstoß muss objektiv erheblich sein; der ArbGeb muss also besonders schwerwiegend gegen Sinn und Zweck der jeweiligen Rechtsnorm verstoßen (*Fitting* § 23 Rz 62; GK-BetrVG/*Oetker* § 23 Rz 171). Bereits ein einmaliger Verstoß kann ausreichend sein, wenn er entsprechend gravierend ist. Bei leichteren Verstößen kann die Erheblichkeitsschwelle im Wiederholungsfall überschritten werden. Regelmäßig sind die Umstände des Einzelfalls entscheidend (LAG Köln 19.2.88, DB 89, 1341). Ein grober Verstoß liegt nicht vor, wenn der ArbGeb in einer schwierigen und ungeklärten Rechtsfrage eine vertretbare Rechtsansicht verfolgt (BAG 14.11.89, DB 90, 1093; zuletzt BAG 26.7.05 – 1 ABR 29/04, NZA 05, 1372). Ob ein ausreichend gravierendes Fehlverhalten des ArbGeb gegeben ist, muss im Unterlassungsverfahren selbst geprüft werden. Vorbereitende Feststellungsanträge „zur Beweissicherung" sind unzulässig (BAG 5.10.2000 – 1 ABR 52/99, DB 01, 2056).

6 Nicht erforderlich ist ein schuldhaftes Verhalten des ArbGeb. Allein der objektive Pflichtverstoß ist maßgeblich (BAG 8.8.89, DB 90, 893; 16.7.91, 2492). Nach der Auffassung des 6. Senats des BAG bedarf es ebenfalls nicht der Darlegung einer Wiederholungsgefahr, da

Unterlassungsanspruch 419

allein das frühere Fehlverhalten des ArbGeb maßgeblich für die Sanktionierung nach § 23 Abs 3 BetrVG sei (BAG 18.4.85, DB 85, 2511). Richtigerweise scheidet jedoch bei definitiv fehlender Wiederholungsgefahr ein Unterlassungsanspruch nach § 23 Abs 3 BetrVG aus, denn diese Anspruchsvoraussetzung ist jedem Unterlassungsanspruch immanent (vgl GK-BetrVG/*Oetker* § 23 Rz 179). Allerdings bedarf es insoweit des Entlastungsnachweises des ArbGeb, da ein früherer Verstoß das Bestehen einer Wiederholungsgefahr regelmäßig indiziert. Die bloße Zusicherung eines ArbGeb, der in der Vergangenheit grob gegen die Durchführungspflicht einer Betriebsvereinbarung verstoßen hat, sich in Zukunft betriebsverfassungskonform zu verhalten, beseitigt jedenfalls die Wiederholungsgefahr noch nicht (BAG 23.6.92, DB 92, 2450).

In folgenden **Einzelfällen** hat die Rspr einen groben **Pflichtverstoß bejaht:** 7

Nichtweiterleitung der BRatPost an den BRat (ArbG Elmshorn 27.3.91, AiB 91, 269), Verstoß gegen betriebliche Friedenspflicht und Verbot parteipolitischer Betätigung gem § 74 Abs 2 BetrVG (LAG Hamm 27.4.72, DB 72, 1297; LAG NdS 9.3.90, ArbuR 91, 153 [LS]), Verweigerung eines geeigneten BRatBüros (ArbG Osnabrück 19.11.90 – 2 BV 18/90 –), Verstöße gegen das Behinderungs- und Benachteiligungsverbot des § 78 BetrVG (LAG Hbg 1.9.88, BB 89, 1053), Bekanntgabe von BRat-Kosten (BAG 12.11.97 – 1 ABR 14/97, NZA 98, 559), willkürliche Ungleichbehandlung einzelner ArbN und Verstöße gegen Persönlichkeitsrecht nach § 75 Abs 2 BetrVG (LAG NdS 24.2.84, ArbuR 85, 99 [LS]; LAG Köln 19.2.88, DB 89, 1341), Verweigerung des Zutritts zum Betrieb gegenüber BRatMitgliedern (LAG Frankfurt 8.2.90, BB 90, 1626 [LS]), Verhinderung einer Betriebsversammlung durch Entfernung der Einladung vom Schwarzen Brett (LAG BaWü 30.4.87 – 13 TaBV 15/86), angekündigte Verweigerung der Entgeltfortzahlung bei Teilnahme an einer Betriebsversammlung (ArbG Darmstadt 27.11.03 – 5 BVGa 39/03, AiB 04, 754), Aushang mit Empfehlung an ArbN, Betriebsversammlung nicht zu besuchen (OLG Stuttgart 9.9.88, ArbuR 89, 151 [LS]), Aushang, wegen BRatKosten werde der Betrieb geschlossen und die Produktion ins Ausland verlagert (ArbG Leipzig 5.9.02 – 7 BVGa 54/02, NZA-RR 03, 142), wiederholte Unterlassung der Berichte gem §§ 43 Abs 2 und 110 BetrVG, Nichtdurchführung von Betriebsvereinbarungen (LAG Bln 8.11.90, BB 91, 206 [LS]; LAG Hamm 20.11.90, BB 91, 477), verspätete, unvollständige Unterrichtung des Wirtschaftsausschusses (LAG BlnBbg 30.3.12 – 10 TaBV 2362/11, BeckRS 2012, 69525), Abschluss bzw Durchführung der Betriebsvereinbarungen entgegen § 77 Abs 3 BetrVG (BAG 20.8.91, DB 92, 275; ArbG Stuttgart 20.2.98 – 20 BV 21/97, BB 98, 696), Arbeitszeitänderungen ohne Mitwirkung des BRat (BAG 19.2.91, DB 91, 2043; 8.8.89, DB 90, 1191), Überstundenanordnung oder -duldung ohne Mitwirkung des BRat (BAG 27.11.90, DB 91, 706; 22.10.91, NZA 92, 376), einseitige Anordnung dienstplanwidriger Pausen (BAG 7.2.12 – 1 ABR 77/10, NZA-RR 12, 359), Durchführung von personellen Einzelmaßnahmen ohne Mitwirkung des BRat (BAG 19.1.10 – 1 ABR 55/08, NZA 10, 659; 17.3.87, DB 87, 2051), Verweigerung der Hinzuziehung eines BRatMitglieds entgegen § 82 Abs 2 Satz 2 BetrVG zu einem Personalgespräch (BAG 16.11.04 – 1 ABR 53/03, NZA 05, 417), generelles Anschreiben von erkrankten ArbN mit Beanstandung des „Fehlzeitverhaltens" (LAG Köln 19.2.88, DB 89, 1341), altersdiskriminierende Stellenausschreibung (BAG 18.8.09 – 1 ABR 47/08, NZA 10, 222; LAG Saarland 11.2.09 – 1 TaBV 73/08).

c) Vollstreckungsverfahren. Ist der ArbGeb durch rechtskräftigen gerichtlichen Beschluss verpflichtet worden, ein bestimmtes betriebsverfassungswidriges Verhalten zu unterlassen und handelt er dieser Verpflichtung zuwider, können BRat oder eine im Betrieb vertretene Gewerkschaft das Vollstreckungsverfahren beim ArbG einleiten. Zur Durchsetzung des Beschlusses kann gegen den ArbGeb für jeden Fall der Zuwiderhandlung ein **Ordnungsgeld** bis zu 10 000 € festgesetzt werden. Bei wiederholten Verstößen des ArbGeb ist auf erneuten Antrag eine weitere Ordnungsgeldfestsetzung durch das Gericht, regelmäßig mit höheren Ordnungsgeldsätzen möglich. Die Verhängung von Ordnungshaft ist ausgeschlossen. Voraussetzung für die Festsetzung des Ordnungsgeldes ist die vorherige **Androhung,** die allerdings bereits mit dem Unterlassungsbeschluss im Erkenntnisverfahren verbunden werden kann (BAG 24.4.07 – 1 ABR 47/06, NZA 07, 818). Bei der Androhung muss das Ordnungsgeld der Höhe nach nicht konkret bestimmt werden, es genügt die Bezugnahme auf den gesetzlich zulässigen Rahmen. Das Vollstreckungsverfahren kann nicht durch eine Vereinbarung, wonach sich der ArbGeb verpflichtet, im Fall der Verletzung von Mitbestimmungsrechten an den BRat eine Vertragsstrafe zu zahlen, ersetzt werden. Hierfür fehlt es an der erforderlichen Vermögens- und Rechtsfähigkeit des BRat (BAG 29.9.04 – 1 ABR 30/03, NZA 05, 123). Denkbar wäre allenfalls eine Vereinbarung über die Zahlung an eine betriebliche Sozialeinrichtung (Betriebskindergarten) oder eine betriebsfremde gemeinnützige Einrichtung. 8

419 Unterlassungsanspruch

9 Aufgrund des Strafcharakters des Ordnungsgeldes ist für die Verhängung ein **schuldhaftes Verhalten** des ArbGeb erforderlich. Insoweit genügt jedoch jede Fahrlässigkeit (GK-BetrVG/*Oetker* § 23 Rz 211) und das Verschulden des ArbGeb kann auch in einem Organisations-, Auswahl- oder Überwachungsfehler liegen (LAG BlnBbg 14.5.09 – 15 Ta 466/09, BeckRS 2009, 65925; LAG Hess 8.5.09 – 4 Ta 139/08). Die Verhängung des Ordnungsgeldes erfolgt durch arbeitsgerichtlichen Beschluss ohne mündliche Verhandlung. Dem ArbGeb muss zuvor im Rahmen des Vollstreckungsverfahrens rechtliches Gehör gewährt werden. Erforderlich sind die allgemeinen Zwangsvollstreckungsvoraussetzungen (Titel, Klausel, Zustellung). Der im Erkenntnisverfahren erwirkte gerichtliche Titel kann gem § 197 BGB grds für die Dauer von 30 Jahren als Grundlage für Zwangsvollstreckungsmaßnahmen dienen. Hier ist allerdings zu erwägen, ob nach Sinn und Zweck des § 23 Abs 3 BetrVG kürzere Fristen anzuwenden sind (LAG SchlHol 27.12.01 – 1 TaBV 15c/01, NZA-RR 02, 357: 8 Jahre ist zu lang).

10 Das Ordnungsgeld wird vAw beigetrieben und verfällt der Staatskasse. Gegen die arbeitsgerichtliche Festsetzung des Ordnungsgeldes ist gem §§ 85 Abs 1 ArbGG, 793 ZPO die sofortige Beschwerde binnen zwei Wochen möglich. Die weitere Rechtsbeschwerde kann vom LAG gem §§ 83 Abs 5, 78, 72 Abs 2 ArbGG iVm § 574 Abs 1 Nr 2 ZPO zugelassen werden (BAG 28.2.03 – 1 AZB 53/02, NZA 03, 516). Die Vollstreckung aus einem Unterlassungstitel kann gem § 767 ZPO für unzulässig erklärt werden, wenn der dem Titel zugrunde liegende Unterlassungsanspruch aufgrund nachträglich entstandener Einwendungen weggefallen ist (BAG 19.6.12 – 1 ABR 35/11, NZA 12, 1179: zwischenzeitlicher Abschluss einer Betriebsvereinbarung zur Regelung der Thematik).

11 **d) Einstweilige Verfügung.** Ob der Unterlassungsanspruch nach § 23 Abs 3 BetrVG auch im Eilfall im Wege der einstweiligen Verfügung durchsetzbar ist, ist umstritten (**dafür:** LAG Frankfurt 12.7.88, DB 89, 332 [LS]; LAG Frankfurt 24.10.89, BB 90, 1348 [LS]; LAG Köln 22.4.85, NZA 85, 634 [LS]; LAG Köln 19.3.04 – 8 TaBV 13/04; ArbG Leipzig 5.9.02 – 7 BVGa 54/02, NZA-RR 03, 142; **dagegen:** LAG Hamm 4.2.77, DB 77, 1514; LAG RhPf 30.4.86, DB 86, 1629; LAG Köln 21.2.89, NZA 89, 863 [LS]). Im Ergebnis sollte man jedenfalls aus Gründen einer effektiven Rechtsschutzgewährung die einstweilige Verfügung zulassen (ebenso GK-BetrVG/*Oetker* § 23 Rz 192; *Fitting* § 23 Rz 76; aA ErfK/*Koch* § 23 Rz 23).

12 Besonderheiten gelten lediglich im Bereich der wirtschaftlichen Mitbestimmung gem §§ 111 ff BetrVG. Der BRat kann bei einer geplanten Betriebsänderung (s *Betriebsänderung* Rz 33) nicht die Durchführung personeller Maßnahmen durch einen im Wege der einstweiligen Verfügung geltend gemachten Unterlassungsanspruch verhindern, da insoweit kein erzwingbares Mitbestimmungsrecht des BRat besteht und § 113 Abs 3 BetrVG eine abschließende Sanktionsregelung enthält (streitig, wie hier: BAG 28.8.91, BB 91, 2306; LAG Hamm 1.4.97, NZA-RR 97, 343; LAG München 22.12.08 – 6 TaBvGa 6/08, BeckRS 2009, 74014; LAG Köln 30.4.04 – 5 Ta 166/04, NZA-RR 05, 199; 15.8.05 – 11 Ta 298/05; 27.5.09 – 2 Ta BVGa 7/09, BeckRS 2009, 66807; LAG SchlHol 13.1.92, DB 92, 1788; LAG RhPf 28.3.89, LAGE Nr 10 zu § 111 BetrVG 1972; LAG BaWü 28.8.85, DB 86, 805; LAG Düsseldorf 19.11.96, DB 97, 1286; LAG München 24.9.03 – 5 TaBv 48/03, NZA-RR 04, 536; LAG Nbg 9.3.09 – 6 Ta BVGa 2/09, BeckRS 2009, 69297; LAG NdS 29.11.02 – 12 TaBv 111/02, BB 03, 1337; ArbG Dresden 30.11.99 – 17 BvGa 8/99, BB 2000, 363 [LS]; ArbG Herne 24.5.91, DB 91, 2296; ArbG Nbg 20.3.96, NZA-RR 96, 411; ArbG Kiel 13.12.96, BB 97, 635; ArbG Minden 25.9.96, BB 97, 635; ArbG Dresden 25.7.97, NZA-RR 98, 125; ArbG Schwerin 13.2.98, NZA-RR 98, 448; ArbG Passau 22.10.02 – 3 BvGa 3/02, BB 03, 744 [LS]; ArbG Marburg 29.12.03 – 2 BVGa 5/03, NZA-RR 04, 199; **aA:** LAG Hamm 26.2.07 – 10 TaBVGa 3/07, NZA-RR 07, 469; 28.6.10 – 13 Ta 372/10, BeckRS 2010, 72270; LAG Thür 18.8.03 – 1 Ta 104/03, LAGE § 111 BetrVG 2001 Nr 1; LAG Hess 19.1.10 – 4 TaBVGa 3/10, NZA-RR 10, 187; LAG Bln 7.9.95, NZA 96, 1284; LAG SchlHol 15.12.10 – 3 TaBVGa 12/10, BeckRS 2011, 68509; 4.3.08 – 2 TaBV 42/07, NZA-RR 08, 414; LAG NdS 4.5.07 – 17 TaBVGa 57/07; LAG Hess 27.6.07 – 4 TaBVGa 137/07; ArbG Karlsruhe 22.7.03 – 6 BVGa 2/03, NZA-RR 04, 482. Zum Meinungsstand zuletzt *Gruber* NZA 11, 1011; *Völksen* RdA 10, 354; *Bauer/Krieger* BB 10, 53; vgl auch *Forst* ZESAR 11, 107 mit europarechtlicher Argumentation; vgl auch *Eisemann* FS Bepler 2012, S 131, der zur Durchsetzung des Beratungsanspruchs des BRat für eine sog Beratungsverfügung plädiert). Anders kann die Rechtslage demgegenüber im Insolvenzfall sein, wenn der Insolvenzverwalter sowohl einen Interessenausgleich als auch das Verfahren nach § 122 Abs 1 InsO unterlässt und noch innerhalb der 3-Wochen-Frist des § 122 Abs 1 InsO Kündigungen ausspricht (ArbG Kaiserslautern 19.12.96, AiB 97, 179).

e) Verhältnis zu anderen Vorschriften. Seit langem umstritten ist die Frage, ob neben 13 § 23 Abs 3 BetrVG ein allgemeiner Unterlassungsanspruch existiert. Im Übrigen ist nach neuerer Rspr des BAG § 101 BetrVG keine Sonderregelung, die ein weiteres Unterlassungsverfahren nach § 23 Abs 3 BetrVG ausschließt (BAG 17.3.87, DB 87, 2051). Unstreitig hat der Unterlassungsanspruch keine Auswirkungen auf die Straf- und Bußgeldvorschriften der §§ 119, 121 BetrVG.

2. Allgemeiner Unterlassungsanspruch des Betriebsrats. a) Grundlage. Im Bereich 14 der **Mitbestimmungsrechte des § 87 BetrVG** ist die Existenz eines allgemeinen Unterlassungsanspruchs unabhängig von den Voraussetzungen des § 23 Abs 3 BetrVG mittlerweile allgemein anerkannt (BAG 3.5.94 – 1 ABR 24/93, NZA 95, 40; zuletzt bestätigt von BAG 3.5.06 – 1 ABR 14/05, AP Nr 119 zu § 87 BetrVG 1972; 15.5.07 – 1 ABR 32/06, NZA 07, 1240). Auch die Instanzgerichte sprechen sich überwiegend für einen allgemeinen Unterlassungsanspruch des BRat aus (LAG Brem 15. 6 84, DB 84, 1935; LAG Hbg 9.5.89, BB 90, 633 [LS]; LAG Köln 7.5.08 – 3 TaBV 85/07, BeckRS 08, 55980; LAG Frankfurt 19.4.88, DB 89, 128; LAG RhPf 30.4.86, DB 86, 1629). Dabei wird die Rechtsgrundlage dieses Unterlassungsanspruchs überwiegend in § 1004 BGB analog § 2 Abs 1 BetrVG, § 78 Satz 1 BetrVG oder unmittelbar in dem jeweils verletzten Mitbestimmungsrecht gesehen. Demgemäß besteht der allgemeine Unterlassungsanspruch auch bei einer Behinderung der Amtstätigkeit des BRat nach § 78 Satz 1 BetrVG (LAG Hess 26.9.11 – 16 TaBV 105/11, NZA-RR 12, 85). Handelt der ArbGeb einer Betriebsvereinbarung zuwider, folgt der Unterlassungsanspruch des BRat aus dem Durchführungsanspruch nach § 77 Abs 1 BetrVG (BAG 29.4.04 – 1 ABR 30/02, NZA 04, 670; LAG Hamm 10.2.12 – 10 TaBV 59/11, BeckRS 2012, 68956). Anders als bei § 23 Abs 3 BetrVG ist für den allgemeinen Unterlassungsanspruch die Wiederholungsgefahr unstreitige Anspruchsvoraussetzung (BAG 29.2.00 – 1 ABR 4/99, NZA 2000, 1066).

Soweit es um die **Mitbestimmung bei personellen Einzelmaßnahmen** geht, verneint 15 das BAG einen solchen allgemeinen Unterlassunganspruch (BAG 23.6.09 – 1 ABR 23/08, NZA 09, 1430; LAG RhPf 10.2.12 – 6 TaBV 17/11, BeckRS 2012, 68450; *Hexel/Lüders* NZA 10, 613; *Schöne* SAE 10, 218). Zur Begründung weist es zutreffend insbes auf die Gesetzessystematik, die Reaktionsmöglichkeit des ArbGeb nach § 100 BetrVG sowie die Sanktionsnorm des § 101 BetrVG hin. Davon unabhängig kann ein Verstoß gegen § 99 BetrVG je nach Lage des Einzelfalls natürlich einen groben Pflichtverstoß iSv § 23 Abs 3 BetrVG darstellen (BAG 19.1.10 – 1 ABR 55/08, NZA 10, 659). Demgegenüber hat das BAG zuvor für die Mitbestimmung bei Auswahlrichtlinien nach § 95 BetrVG zuletzt einen Unterlassungsanspruch des BRat bejaht (BAG 26.7.05 – 1 ABR 29/04, NZA 05, 1372).

Der allgemeine Unterlassungsanspruch gibt dem BRat ein effektives Sanktionsmittel mit 16 weitreichenden Wirkungen an die Hand. Zu beachten ist, dass ein gerichtlich titulierter Unterlassungsanspruch dauerhaft mitbestimmungswidriges ArbGebVerhalten zu unterbinden vermag, da bei jedem einzelnen Verstoß unmittelbar eine Sanktionierung im Vollstreckungsverfahren (s unten Rz 18) droht. Diese verstärkte Verhandlungsposition des BRat kann künftig zu häufigeren Kompensationsgeschäften (zB Zulageneinführung gegen Zustimmung zu Überstunden) führen. Dies kann in Einzelfällen ein rechtsmissbräuchliches Verhalten des BRat darstellen (*Bauer/Diller* ZIP 95, 95). Jeder Betriebspartner darf seine Rechte nicht dazu ausnützen, Druck auf die Gegenseite auszuüben, um auf diese Weise Ziele zu erreichen, die durch das Recht selbst nicht gedeckt sind. Gleichwohl wird in der Praxis ein Rechtsmissbrauch kaum nachweisbar sein, da der BRat seine Zustimmungsverweigerung nicht mit dem verweigerten Koppelungsgeschäft, sondern anderweitig nachvollziehbar begründen wird (vgl *Küttner/Schmidt* DB 88, 704).

b) Geltendmachung. Die gerichtliche Geltendmachung des allgemeinen Unterlassungs- 17 anspruchs erfolgt allein auf Antrag des BRat. Der Antrag muss das Unterlassungsbegehren konkret bezeichnen und die zu unterlassenden Handlungen genau benennen (BAG 3.6.03 – 1 ABR 19/02, AP Nr 1 zu § 89 BetrVG 1972; 3.5.06 – 1 ABR 14/05, AP Nr 119 zu § 87

419 Unterlassungsanspruch

BetrVG 1972). Unklarheiten dürfen nicht aus dem Erkenntnis- in das Vollstreckungsverfahren verlagert werden (BAG 27.1.04 – 1 AZR 105/03, AP Nr 35 zu § 64 ArbGG 1979; 28.2.06 – 1 ABR 4/05, BB 06, 2419). Globalanträge sind zulässig, allerdings schon dann insgesamt unbegründet, wenn auch nur ein Sachverhalt umfasst ist, bei dem das begehrte Recht nicht bzw das geleugnete Recht doch besteht (BAG 3.5.94 – 1 ABR 24/93, NZA 95, 40; LAG Köln 15.2.01 – 10 TaBV 74/00, NZA-RR 02, 140). Anders als im Bereich des § 23 Abs 3 BetrVG ist die Zulässigkeit von einstweiligen Verfügungen hier weitgehend unbestritten (vgl *Fitting* § 23 Rz 103). Bejaht man den allgemeinen Unterlassungsanspruch, ist konsequenterweise bereits bei Nachweis des erstmals drohenden Verstoßes gegen Mitbestimmungsrechte des BRat nach allgemeinen zivilrechtlichen Grundsätzen auch die vorbeugende Unterlassungsklage möglich (zur Differenzierung zwischen vorbeugendem Unterlassungsanspruch und sog Verletzungsunterlassungsanspruch vgl im Einzelnen ArbG Bielefeld 28.2.96, BB 96, 1114). Diese wird wegen der Eilbedürftigkeit regelmäßig im Wege der einstweiligen Verfügung erfolgen (*Pahle* NZA 90, 51; *Bauer/Diller* ZIP 95, 95; kritisch *Konzen* NZA 95, 865).

18 **c) Vollstreckungsverfahren.** Die zwangsweise Durchsetzung des allgemeinen Unterlassungsanspruchs erfolgt gem § 85 Abs 1 ArbGG nach den allgemeinen zivilprozessualen Vorschriften, also den §§ 888, 890 ZPO. Zur Abstimmung mit dem Unterlassungsanspruch nach § 23 Abs 3 BetrVG sollte jedoch der Ordnungsgeldrahmen nicht § 890 ZPO, sondern § 23 Abs 3 Satz 5 BetrVG (10 000 €) entnommen werden (BAG 5.10.10 – 1 ABR 71/09, BeckRS 2011, 65093; LAG Köln 27.7.07 – 4 TaBV 23/07, BeckRS 07, 47963). Damit entfällt auch die Möglichkeit einer Verhängung von Ordnungshaft.

19 **d) Beseitigungsanspruch.** Der allgemeine Unterlassungsanspruch wird nach der Rspr des BAG jedenfalls im Bereich des § 87 BetrVG durch einen Beseitigungsanspruch ergänzt. Ist durch ein mitbestimmungswidriges Verhalten des ArbGeb eine bestimmte Sachlage eingetreten, so ist der ArbGeb nicht nur verpflichtet, derartige Handlungsweisen zukünftig zu unterlassen, sondern er muss auch den mitbestimmungswidrig entstandenen Zustand beseitigen (BAG 16.6.98 – 1 ABR 68/97, NZA 99, 49; 14.8.02 – 7 ABR 29/01, NZA 03, 626).

20 **3. Allgemeiner Unterlassungsanspruch der Gewerkschaft.** In einer Grundsatzentscheidung vom 20.4.99 (1 ABR 72/98, NZA 99, 887) hat der 1. Senat des BAG auch einen allgemeinen Unterlassungsanspruch der Gewerkschaft gegenüber kollektiven, tarifwidrigen Regelungen auf Betriebsebene bejaht (bestätigt durch BAG 17.5.11 – 1 AZR 473/09, NZA 11, 1169; zustimmend: *Wohlfahrt* NZA 99, 962; *Berg/Platow* DB 99, 2362; *Schmidt* RdA 04, 152; kritisch: *Buchner* NZA 99, 897; *Bauer* NZA 99, 957; *Trappehl/Lambrich* NJW 99, 3217). Danach kann die Gewerkschaft die Unterlassung solcher Regelungen verlangen, deren Durchführung einen Eingriff in die verfassungsrechtlich geschützte kollektive Koalitionsfreiheit darstellt. Dieser Unterlassungsanspruch wird durch die Herausnahme des Arbeitsrechts aus dem neuen UKlaG nicht tangiert (BT-Drs 14/7052 S 292). Der Anspruch ist gem § 2a Abs 1 Nr 1 ArbGG wegen seines kollektiven Bezugs immer dann im Rahmen eines **arbeitsgerichtlichen Beschlussverfahrens** geltend zu machen, wenn es um die Unterlassung von Betriebsvereinbarungen oder Regelungsabreden geht (BAG 13.3.01 – 1 AZB 19/00, NZA 01, 1037). Bei arbeitsvertraglichen Einheitsregelungen dürfte mehr für das **Urteilsverfahren** gem § 2 Abs 1 Nr 2 ArbGG sprechen. Zur hinreichenden Bestimmtheit des Unterlassungsantrags ist die namentliche Benennung der hiervon betroffenen ArbN erforderlich, die Mitglieder der antragstellenden Gewerkschaft sind, sofern diese dem ArbGeb bekannt sind (BAG 19.3.03 – 4 AZR 271/02, NZA 03, 1221; kritisch *Kocher* NZA 05, 140; *Schwarze* RdA 05, 159).

21 **Zweck** dieses allgemeinen Unterlassungsanspruchs ist anders als bei dem rein betriebsverfassungsrechtlichen Anspruch aus § 23 Abs 3 BetrVG der Schutz der Koalitionsfreiheit, der immer dann eingreift, wenn Abreden oder Maßnahmen darauf gerichtet sind, die Wirkungen eines Tarifvertrags zu vereiteln oder leerlaufen zu lassen (BAG 20.4.99 – 1 ABR 72/98, NZA 99, 887 in Abgrenzung zu BAG 23.2.88 – 1 ABR 75/86, NZA 89, 229). Wegen seiner verfassungsrechtlichen Grundlegung setzt der Unterlassungsanspruch jedoch zwingend die **normative** und nicht nur arbeitsvertraglich vereinbarte **Tarifgeltung** voraus (BAG 20.4.99 NZA 99, 887). Die Geltendmachung des Unterlassungsanspruchs im Rahmen einer **einstweiligen Verfügung** ist grds möglich (aA *Bauer* NZA 99, 957).

II. Individualarbeitsrecht. ArbN und ArbGeb haben jeweils gegen den anderen Ver- 22 tragspartner aufgrund des Arbeitsvertrages einen Anspruch auf Unterlassung vertragswidrigen Verhaltens. Bei Verstößen wie zB mangelhafter Arbeitsleistung des ArbN oder verspäteter Lohnzahlung des ArbGeb wird jedoch regelmäßig die Geltendmachung des Erfüllungsanspruchs vorrangiges Ziel sein. Bedeutung auf der Ebene des Einzelarbeitsvertrages haben Unterlassungsansprüche hauptsächlich bei Verlangen nach Unterlassung verbotener Konkurrenztätigkeiten (s *Wettbewerb* Rz 13 und *Treuepflicht* Rz 5 ff) sowie bei Verletzungen des Persönlichkeitsrechts des ArbN durch Überwachung und Kontrolle am Arbeitsplatz (s *Kontrolle des Arbeitnehmers* Rz 13 und *Personalinformationssystem* Rz 3). In Betracht kommen auch Ansprüche des ArbGeb wegen Beeinträchtigung seines Eigentums aus § 1004 BGB (vgl zuletzt BAG 15.10.13 – 1 ABR 31/12, Pressemitteilung Nr 62/13) sowie von ArbN gegen andere ArbN zB wegen Ehrverletzung oder Beleidigung (LAG Hess 9.5.12 – 18 Sa 1596/11, BeckRS 2012, 71642) oder bei einer tätlichen Auseinandersetzung (LAG RhPf 28.2.12 – 3 SaGa 1/12, BeckRS 2012, 67727).

B. Lohnsteuerrecht *Windsheimer*

Für das LStRecht hat der Unterlassungsanspruch Bedeutung im Hinblick auf ein *Wett-* 23 *bewerbsverbot* Rz 48 ff; s auch *Arbeitgeberhaftung* Rz 17 ff; *Arbeitnehmerhaftung* Rz 26 ff; *Betriebsbuße* Rz 11 ff; *Vertragsstrafe* Rz 22 ff zu Spontanauskünften s *EU-Recht* Rz 30. Es besteht kein Anspruch gegenüber dem FA, einen **Anzeigenerstatter** zu benennen, wenn sich die vom Anzeigenerstatter mitgeteilten Informationen im Wesentlichen als zutreffend erweisen und zu Steuernachforderungen führen (BFH 9.1.07 – VII B 134/05, BFH/NV 07, 1141; BFH 7.12.06 – V B 163/05, BStBl II 07, 275; s auch *Datenschutz* Rz 42; *Arbeitslosengeld* Rz 9).

C. Sozialversicherungsrecht *Ruppelt*

Es handelt sich um ein betriebsverfassungsrechtliches Rechtsinstitut ohne sozialversiche- 24 rungsrechtliche Auswirkungen.

Unternehmen

A. Arbeitsrecht *Röller*

1. Begriff. Ein Unternehmen ist eine organisatorische Einheit, innerhalb derer der 1 Unternehmer allein oder in Gemeinschaft mit seinen Mitarbeitern unter Zuhilfenahme von sachlichen und immateriellen Mitteln einen wirtschaftlichen oder ideellen Zweck, der hinter dem arbeitstechnischen Zweck des Betriebes steht, verfolgt (BAG 1.4.87, DB 87, 845, 1643).

2. Rechtsträger des Unternehmens. Ein Unternehmen setzt einen einheitlichen 2 Rechtsträger voraus (BAG 23.8.89, DB 90, 1519). Bei Personengesellschaften (OHG, KG) und bei Kapitalgesellschaften (AG, KG auf Aktien, GmbH) ist die Gesellschaft identisch mit dem Unternehmen. Die Gesellschaft kann nur ein Unternehmen haben (BAG 13.6.85, DB 86, 1287). Im Gegensatz dazu kann eine natürliche Person mehrere Unternehmen betreiben, wenn die jeweiligen Unternehmen mit den dahinterstehenden wirtschaftlichen oder ideellen Zwecken voneinander abgrenzbar sind (*Fitting* § 1 Rz 146). Eine juristische oder natürliche Person kann zugleich herrschendes Unternehmen eines Konzerns sein (BAG 13.10.04 – 7 ABR 56/03, NZA 05, 647).

3. Unternehmen und Betrieb. a) Betrieb. Dieser entsteht aufgrund einer aus der Or- 3 ganisationsgewalt des Unternehmens abgeleiteten unternehmensorganisatorischen Entscheidung und deren Vollzug. Die Bildung mehrerer unselbstständiger und/oder selbstständiger Betriebe ist eine Frage der Binnenorganisation des Unternehmens kraft unternehmensorganisatorischer Entscheidung die mit dem ArbGeb identischen Unternehmens, ebenso ua die Eingliederung in einen anderen Betrieb, die Zusammenlegung mit einem anderen Betrieb durch Bildung eines neuen einheitlichen Betriebes, die Betriebsaufspaltung, die Betriebsstilllegung und auch die Bildung eines einheitlichen Gemeinschaftsbetriebes gemeinsam mit einem oder mehreren weiteren Unternehmen. Nach gängiger Definition wird unter einem

420 Unternehmen

Betrieb die organisatorische Einheit von Arbeitsmitteln verstanden, mit deren Hilfe jemand allein oder in Gemeinschaft mit seinen Mitarbeitern einen bestimmten arbeitstechnischen Zweck fortgesetzt verfolgt, der sich nicht in der Befriedigung von Eigenbedarf erschöpft (BAG 25.9.86, DB 87, 1202). Näheres s *Betrieb (Begriff)* Rz 1 ff). Mehrere Unternehmen können sich zur Führung eines Gemeinschaftsbetriebs verbinden.

4   b) **Unternehmens- und Betriebsverfassung.** Gegenstand der Unternehmensverfassung ist die unternehmerische (wirtschaftliche) Planungs-, Organisations- und Leitungskompetenz im Unternehmen unter Beteiligung der ArbN. Sie ist im MitbestG, im MontanMitbestG, im MitbestErgänzungsgesetz sowie im DrittelbG geregelt.

Gegenstand der Betriebsverfassung ist demgegenüber die rechtliche Organisation der Zusammenarbeit von ArbGeb und ArbN im Betrieb (GK-BetrVG/*Wiese* Einleitung Rz 39). Dabei geht es in erster Linie um eine angemessene **Beschränkung** des Direktionsrechts des ArbGeb, also um die Beteiligung der ArbN an allen Entscheidungen, welche die konkrete Durchführung der betrieblichen Aufgaben und damit die Begründung, Konkretisierung, Veränderung und Beendigung der arbeitsrechtlichen Rechte und Pflichten der ArbN betreffen. Die Mitbestimmungsrechte des BRat beziehen sich regelmäßig nicht auf die unternehmerische Grundsatzentscheidung, sondern in erster Linie auf die Einzelheiten ihrer Ausgestaltung iS einer angemessenen Berücksichtigung der sozialen und wirtschaftlichen Interessen der ArbN des Betriebes (BVerfG 1.3.79, DB 79, 593).

5   **Überschneidungen** zwischen Unternehmens- und betrieblicher Mitbestimmung können sich – neben der umfassenden Informations- und Beratungspflicht gegenüber dem Wirtschaftsausschuss (§ 106 BetrVG; vgl *GK-BetrVG/Oetker* vor § 106 Rz 12 ff) bspw bei Zustimmungsgeschäften iSd § 111 Abs 4 Satz 2 AktG ergeben, die zugleich Gegenstand einer Mitbestimmung des BRats sind. Mitbestimmung auf Unternehmens- und Betriebsebene treffen zumindest im Fall der Betriebsänderung (§ 111 BetrVG) mit der Folge des Interessenausgleichs und der Aufstellung eines Sozialplans (§§ 112, 112a BetrVG) zusammen. In Fällen dieser Art vollzieht sich die Mitbestimmung der ArbN in Organen verschiedener Funktionen und in verschiedenen Verfahren. Im Bereich des MitbestG gibt bei Nichteinigung im Aufsichtsrat die Zweitstimme des Vorsitzenden den Ausschlag, während bei Nichteinigung des Vertretungsorgans mit dem BRat in der zwingenden Mitbestimmung unterliegenden Fragen die Einigungsstelle, notfalls durch die Stimme des unparteiischen Vorsitzenden, entscheidet (§ 76 BetrVG; BVerfG 1.3.79, DB 79, 593).

6   **4. Mitbestimmung. a) Gesamtbetriebsrat.** Bestehen in einem Unternehmen mehrere BRäte, so ist ein GBRat zu errichten. Die Voraussetzungen der Errichtung, die Mitgliederzahl und das Stimmengewicht sind in § 47 BetrVG geregelt. Der GBRat ist zuständig für die Behandlung von Angelegenheiten, die das Gesamtunternehmen oder mehrere Betriebe betreffen und nicht durch die einzelnen BRat innerhalb ihrer Betriebe geregelt werden können (Einzelheiten s *Gesamtbetriebsrat* Rz 12 ff). Er ist den einzelnen BRat nicht übergeordnet (§ 50 Abs 1 BetrVG).

Der BRat eines Gemeinschaftsbetriebs kann Mitglieder in die bestehenden GBRäte der Trägerunternehmer entsenden. Dies folgt aus § 47 Abs 9 BetrVG.

7   **b) Sprecherausschuss.** Bestehen in einem Unternehmen mehrere Sprecherausschüsse, ist ein Gesamtsprecherausschuss zu errichten (§ 16 Abs 1 SprAuG). Dieser ist zuständig für die Behandlung von Angelegenheiten, die das Unternehmen oder mehrere Betriebe des Unternehmens betreffen und nicht durch die einzelnen Sprecherausschüsse innerhalb ihrer Betriebe behandelt werden können (§ 18 Abs 1 SprAuG). Abweichend von der in § 1 SprAuG geregelten betriebsbezogenen Sprecherausschussbildung kann ein Unternehmenssprecherausschuss in Unternehmen mit mehreren Betrieben gebildet werden, wenn die für die Bildung eines betrieblichen Sprecherausschusses erforderliche Regelzahl von mindestens 10 leitenden Angestellten nicht im Betrieb, aber im Unternehmen erreicht wird und dies die Mehrheit der leitenden Angestellten des Unternehmens verlangt (§ 20 SprAuG).

8   **c) Wirtschaftsausschuss.** Beschäftigt ein Unternehmen ständig mehr als 100 ArbN, so ist ein Wirtschaftsausschuss zu bilden (§ 106 Abs 1 BetrVG). Der Wirtschaftsausschuss ist ein Hilfsorgan des BRat (BAG 25.6.87, DB 87, 2468). Er wird nach § 107 Abs 2 BetrVG von dem BRat oder GBRat bestellt und hat die Aufgabe, wirtschaftliche Angelegenheiten mit dem Unternehmer zu beraten und den BRat zu unterrichten.

Unternehmen 420

d) Aufsichtsrat. Gem § 1 DrittelbG muss der Aufsichtsrat einer AG, einer KGaA, einer 9
GmbH, einem VVaG sowie einer Erwerbs- und Wirtschaftsgenossenschaft mit mehr als
500 ArbN zu einem Drittel aus ArbN bestehen. Werden in diesen Unternehmen mehr als
2000 ArbN beschäftigt, haben die ArbN eine Mitbestimmung nach Maßgabe des MitbestG.

e) Unterrichtung der Arbeitnehmer. In Unternehmen mit idR mehr als 1000 ständig 10
beschäftigten ArbN hat der Unternehmer mindestens vierteljährlich die Belegschaft über die
wirtschaftliche Situation und die Entwicklung des Unternehmens schriftlich zu unterrichten
(§ 110 BetrVG).

f) Betriebsänderungen. Der Unternehmer hat in Unternehmen mit idR mehr als 11
20 wahlberechtigten ArbN den BRat über geplante Betriebsänderungen, die wesentliche
Nachteile für die Belegschaft oder erhebliche Teile der Belegschaft zur Folge haben können,
rechtzeitig und umfassend zu unterrichten und diese mit dem BRat zu beraten. Zu den
Betriebsänderungen zählen insbesondere den Betrieb betreffende Maßnahmen der Unternehmensorganisation (§ 111 Satz 2 Ziff 1 bis 4 BetrVG). Das Abstellen auf die Beschäftigtenzahl im Unternehmen verfolgt das Ziel, sog Kleinbetriebe in die betriebliche Mitbestimmung
miteinzubeziehen. Eine entsprechende Erweiterung durch das Abstellen auf das Unternehmen anstelle des Betriebes hat es in § 99 Abs 1 BetrVG für die **Mitbestimmung bei
personellen Einzelmaßnahmen** gegeben. Die Abgrenzung zwischen Unternehmens- und
Betriebsebene im BetrVG konkretisiert sich in den §§ 111, 112, 112a und § 113 BetrVG
darin, dass unternehmensorganisatorische Maßnahmen vom Unternehmer in letzter Konsequenz einseitig durchgesetzt werden können, weil die (Binnen-)Organisationsfreiheit des
Unternehmens, dh die Unternehmensverfassung, betroffen ist.

5. Kündigungsschutz. a) Anrechnung der Unternehmenszugehörigkeit. Gem § 1 12
Abs 1 KSchG findet das KSchG für die Kündigung des Arbeitsverhältnisses gegenüber einem
ArbN Anwendung, wenn dessen Arbeitsverhältnis in demselben Betrieb oder Unternehmen
ohne Unterbrechung länger als 6 Monate bestanden hat.

b) Weiterbeschäftigung in einem anderen Betrieb des Unternehmens. Die Kün- 13
digung eines ArbN ist sozial nicht gerechtfertigt, wenn er in einem anderen Betrieb des
Unternehmens weiterbeschäftigt werden kann und der BRat oder eine andere nach dem
BetrVG insoweit zuständige Vertretung der ArbN aus diesem Grunde der Kündigung innerhalb der Wochenfrist des § 102 Abs 2 Satz 1 BetrVG schriftlich widersprochen hat. Der
ArbGeb ist auch unabhängig von dem Widerspruch des BRat zur Weiterbeschäftigung an
einem anderen freien Arbeitsplatz innerhalb eines anderen Betriebes des Unternehmens verpflichtet (BAG 17.5.84, DB 85, 1190). Mit Ausnahme der beiden genannten Bestimmungen
ist der Kündigungsschutz betriebs- und nicht unternehmensbezogen; dies gilt insbesondere
hinsichtlich der Sozialauswahl bei betriebsbedingten Kündigungen (BAG 22.5.86, DB 86,
2547).

6. Konzern. Mehrere Unternehmen können einen Konzern bilden (Näheres s *Konzern-* 14
arbeitsverhältnis Rz 2). Die einzelnen GBRäte können einen KonzernBRat errichten (§ 54
BetrVG), die einzelnen Gesamtsprecherausschüsse einen Konzernsprecherausschuss (§ 21
SprAuG). Hinsichtlich der unternehmerischen Mitbestimmung gilt für Konzerne § 5 MitbestG.

B. Lohnsteuerrecht   *Seidel*

1. Arbeitgeber. Dem Unternehmens- bzw Unternehmerbegriff kommt im LStRecht 16
anders als im UStRecht keine eigenständige Bedeutung zu. Für die Erfüllung der lohnsteuerlichen Pflichten (s *Lohnabzugsverfahren* Rz 2 ff) und die Lohnsteuerhaftung ist entscheidend, wer steuerrechtlich ArbGeb ist. Die Durchführung des Lohnabzugsverfahrens obliegt
dann der jeweiligen Betriebsstätte des ArbGeb. Zu Dienstverhältnissen in Konzernunternehmen s *Konzernarbeitsverhältnis* Rz 21 ff. Ggf ist die gesamte gewerbliche und berufliche
Tätigkeit des Unternehmers, die mehrere Betriebe umfassen kann, von seiner Privatsphäre
abzugrenzen. Auch im Privatbereich kann der Unternehmer, soweit es sich nicht um eine
Personen- oder Kapitalgesellschaft handelt, ArbGeb sein, zB bei Beschäftigung einer Hausgehilfin oder Putzfrau in seiner Wohnung.

420 Unternehmen

17 **2. Abgrenzung Arbeitnehmer/Unternehmer.** Im Einzelfall kann die Abgrenzung der ArbNEigenschaft von der selbstständig ausgeübten Tätigkeit (als Unternehmer) Schwierigkeiten bereiten (s *Arbeitnehmer (Begriff)* Rz 30 ff und Rz 84). Eine natürliche Person kann aber auch nebeneinander sowohl selbstständig als auch nichtselbstständig tätig sein (s *Arbeitnehmer (Begriff)* Rz 42; zB Eigengeschäfte eines Bankangestellten, BFH 3.7.91, BStBl II 91, 802), jedoch nicht hinsichtlich ein- und derselben Tätigkeit. Hier kann sie nur Unternehmer oder ArbN sein. Selbstständigkeit setzt voraus, dass die Tätigkeit auf eigene Rechnung und Gefahr ausgeübt wird, also das Erfolgsrisiko der eigenen Betätigung getragen wird (Unternehmerrisiko) und die tätige Person Unternehmerinitiative entfalten kann (*Schmidt/Wacker* § 15 Rz 11 mwN).

18 Bei der selbstständigen Tätigkeit unterscheidet das Steuerrecht zwischen der gewerblichen Tätigkeit (§ 2 Abs 1 Nr 2 iVm § 15 EStG) und der selbstständigen Arbeit einschließlich der freiberuflichen Tätigkeit (§ 2 Abs 1 Nr 3 iVm § 18 EStG). Zur Abgrenzung von der nichtselbstständigen Arbeit (ArbN) kommt es allerdings lediglich auf die Unterscheidung selbstständig und nichtselbstständig an (Näheres s *Arbeitnehmer (Begriff)* Rz 30 ff).

19 Verpflichtet sich ein Unternehmer gegenüber einem Auftraggeber zur Erledigung bestimmter Aufgaben in dessen Betrieb (zB durch Werkvertrag), so können die von dem Unternehmer eingesetzten Mitarbeiter als ArbN unselbstständig oder selbstständig als **Subunternehmer** tätig werden. Dies richtet sich danach, ob die Mitarbeiter in den Betrieb des Unternehmers eingegliedert sind und bei der Ausführung ihrer Arbeitsleistung dessen Weisungen unterstehen. Dies ist für jeden einzelnen Mitarbeiter nach dem Gesamtbild der Verhältnisse unter Abwägung sämtlicher für und gegen das Vorliegen von Dienstverhältnissen sprechenden Kriterien zu beurteilen (BFH 18.1.91, BStBl II 91, 409; Näheres s auch *Arbeitnehmer (Begriff)* Rz 38, *Arbeitnehmerähnliche Selbstständige* Rz 3 und *Scheinselbstständigkeit* Rz 3, 4. Liegt kein Werkvertrag vor, so kann entweder eine ArbNÜberlassung oder die Überlassung von selbstständig – unternehmerisch – tätigen Mitarbeitern in Betracht kommen. Auch hier richtet sich die Abgrenzung nach den bei *Arbeitnehmer (Begriff)* Rz 30 ff dargestellten Kriterien. Zu den diesbezüglichen Besonderheiten im Rahmen der ArbNÜberlassung s *Arbeitnehmer (Begriff)* Rz 44 unter Hinweis auf BFH 18.1.91, BStBl II 91, 409.

C. Sozialversicherungsrecht *Ruppelt*

20 **1. Der Begriff** des Unternehmens hat sozialversicherungsrechtlich nur im UVRecht Bedeutung. In den weiteren Zweigen der SozV sind die Rechtsfolgen mit den Begriffen des ArbGeb (s *Arbeitgeber* Rz 25 ff) und des Beschäftigten verknüpft (s *Arbeitnehmer (Begriff)* Rz 46 ff).

21 **2. Die gewerblichen Berufsgenossenschaften** sind nach § 121 Abs 1 SGB VII für alle Unternehmen und ihre Beschäftigten zuständig, soweit nicht die landwirtschaftliche BG oder der UVTräger der öffentlichen Hand zuständig sind. Die Zuständigkeit der BG für Transport und Verkehrswirtschaft für die Seefahrt ergibt sich aus § 121 Abs 2 und 3 SGB VII. Versichert sind nicht die Mitgliedunternehmen der Berufsgenossenschaften, sondern die in den Unternehmen tätigen Personen nach Maßgabe der §§ 2, 3 und 6 SGB VII (s *Unfallversicherung* Rz 17, 26 ff). Unternehmen iSd gesetzlichen UV ist jede planmäßige, für eine gewisse Dauer bestimmte Vielzahl von Tätigkeiten, die auf einen einheitlichen Zweck gerichtet sind und mit einer gewissen Regelmäßigkeit ausgeübt werden.

22 Der Unternehmensbegriff der gesetzlichen UV setzt nicht die Verfolgung eines wirtschaftlichen Zwecks voraus, auch bei Tätigkeiten im Gesundheitsdienst und in der Wohlfahrtspflege, Hilfe in gemeiner Not und Gefahr und Lebensrettung handelt es sich um Unternehmen iSd gesetzlichen UV. Die Einrichtung einer organisatorischen Betriebseinheit ist nicht erforderlich, ggf reicht eine zielgerichtete Tätigkeit aus (§ 136 Abs 3 Nr 1 SGB VII). Wesentlich ist lediglich, dass mit dem Unternehmen ein **Risiko** übernommen wird, wobei dieses Risiko nicht ausschließlich finanzieller Natur zu sein braucht.

23 Auch bei nicht gewerbsmäßiger Tätigkeit sind solche Risiken denkbar (Gefahr von Gewährleistungspflichten, Schadensereignisse im Haushalt). Die erforderliche **Risikoübernahme** als Begriffsbestandteil eines Unternehmens dient der Abgrenzung zwischen dem idR nicht versicherten Unternehmer, dh, für dessen Rechnung das Unternehmen geht, und dem versicherten Beschäftigten – der kein Unternehmensrisiko trägt – nach § 2 Abs 1 Nr 1

SGB VII. Auf dieser Grundlage sind auch Tätigkeiten privater Lebenshaltung und -gestaltung unternehmensfähig, wenn damit ein zielgerichteter Zweck verfolgt wird.

Nach § 105 Abs 1 SGB VII sind Personen, die durch eine betriebliche Tätigkeit einen Versicherungsfall von Versicherten desselben Betriebs verursachen, diesen zum Ersatz des Personenschadens nur verpflichtet, wenn sie den Versicherungsfall vorsätzlich oder auf einem versicherten Weg herbeigeführt haben. Zum Betriebsbegriff idS vgl *Betrieb (Begriff)* Rz 23 f. 24

3. Zuständigkeit. Der UVTräger stellt Beginn und Ende seiner Zuständigkeit für ein Unternehmen durch schriftlichen Bescheid gegenüber dem Unternehmen fest (§ 136 Abs 1 Satz 1 SGB VII). Umfaßt ein Unternehmen verschiedene Bestandteile (Hauptunternehmen, Nebenunternehmen, Hilfsunternehmen), ist der UVTräger zuständig, dem das Hauptunternehmen angehört (§ 131 SGB VII). Vgl zum Nebenunternehmen BSG 7.11.2000 – B 2 U 42/99 R, BeckRS 1999, 02144. Ein Unternehmen beginnt bereits mit den vorbereitenden Arbeiten für das Unternehmen. War die Feststellung der Zuständigkeit für ein Unternehmen von Anfang an unrichtig oder ändert sich die Zuständigkeit für ein Unternehmen, überweist der UVTräger dieses dem zuständigen UVTräger. Die Überweisung erfolgt im Einvernehmen mit dem zuständigen UVTräger; sie ist dem Unternehmer von dem überweisenden UVTräger bekanntzugeben. Die Feststellung der Zuständigkeit war von Anfang an unrichtig, wenn sie den Zuständigkeitsregelungen eindeutig widerspricht. Eine wesentliche Änderung der tatsächlichen Verhältnisse iSd § 48 Abs 1 SGB X, die zu einer Änderung der Zuständigkeit führt, liegt vor, wenn das Unternehmen grundlegend und auf Dauer umgestaltet worden ist (§ 136 Abs 2 Satz 2 SGB VII). Vgl BSG 14.12.95 – 2 RU 37/94, BSGE 77, 162; BSG 11.8.98 – B 2 U 31/97 R, BeckRS 1998, 30021536, zur Zuständigkeit für Baumärkte; LSG Bln-Bbg 20.1.11 – L 2 U 1145/05, BeckRS 2011, 71018 mit Anm *Bigge*, JurisPR-SozR 13/2011 zur Umstellung eines Gesamtunternehmens. Zur sachlichen Zuständigkeit einer BG bei Ausgliederung eines Unternehmensbestandteils vgl BSG 4.5.99 – B 2 U 11/98 R, NZS 2000, 43. 25

Urheberrecht

A. Arbeitsrecht *Poeche*

1. Begriff und Abgrenzung. a) Einführung. Die gesetzliche Regelung der Rechte und Pflichten des ArbN als Urheber ist anders als das Recht der *Arbeitnehmererfindung* spärlich. Daran hat das zum 1.7.02 in Kraft getretene Gesetz zur Stärkung der vertraglichen Stellung von Urhebern und ausübenden Künstlern (BGBl I 02, 1155) nichts geändert (Näheres zur Entstehungsgeschichte *Ory* AfP 02, 93; zum Europäischen Urheberrecht *Dreier/Flechsig/Reinbothe* ZUM 02, Heft 1). Folgen ergeben sich allenfalls hinsichtlich des Vergütungsanspruchs des ArbNUrhebers. Das Urheberrecht bezweckt vorrangig den Schutz der Persönlichkeit der geistigen Urheber (Schöpfer) von Werken der Literatur, Wissenschaft und Kunst. Erst in zweiter Linie sichert es Art und Weise ihrer Verwertung. Im Arbeitsrecht hat es wegen der Einbeziehung von Computerprogrammen in den Schutzbereich des UrhG an Bedeutung gewonnen. 1

b) Geschützte Werke können insbesondere Sprachwerke aus allen Gebieten der Dichtkunst, der Wissenschaft und des täglichen praktischen Lebens sein (Romane, Lehrbücher, Kalender) sowie Reden, Musikwerke, Choreographien und pantomimische Werke, bildende Kunst (Gemälde, Skulpturen), Baukunst und angewandte Kunst (künstlerische Handwerksarbeiten), Lichtbild-, Film- und Fernsehwerke (vgl § 2 UrhG). Zu den literarischen Werken gehören auch Programme für die Datenverarbeitung (§ 2 Abs 1 Nr 1 UrhG). Vorausgesetzt wird bei allen Werken, dass sie eine **persönliche geistige Schöpfung** darstellen (§ 2 Abs 2 UrhG). Fehlt es daran, kommen Schutzrechte nach §§ 70 ff UrhG in Betracht. Zur Vorenthaltung des Besitzes an Dias, die der ArbN dem ArbGeb zur Katalogfertigung überlassen hatte BAG 8.8.2000 – 9 AZR 428/99 nv. Ob eine Schaufensterdekoration urheberrechtlich geschützt sein kann, hat das BAG (12.3.97 – 5 AZR 669/95, NZA 97, 765) offen gelassen. 2

c) Geschmacksmuster. Muster und Modelle, die ästhetisch wirken, sind schutzfähig, wenn sie als neues und eigentümliches Erzeugnis angesehen werden (§ 1 Geschmacksmustergesetz). Schutzgegenstand können zB Dinge des täglichen Gebrauchs wie Lampen, Bestecke, 3

421 Urheberrecht

Kleiderschnitte, technische Geräte uÄ sein. Geschmacksmuster sind auf einer qualitativ niedrigeren Ebene als die nach dem Urhebergesetz geschützten Werke angesiedelt. Urheber ist, wer das Geschmacksmuster in seiner Eigenart durch seine persönliche Leistung geschaffen hat (§ 1 Geschmacksmustergesetz). Das Schutzrecht wird dem ArbGeb originär gewährt, wenn er es in seinem Auftrag oder für seine Rechnung von einem ArbN hat anfertigen lassen (§ 2 Geschmacksmustergesetz). Die Abgrenzung zum **Erfindungsrecht** bestimmt sich nach dem Gegenstand der Leistung des ArbN. Patentrechtlicher Schutz kommt nur bei Lösung technischer Aufgaben in Betracht (Näheres *Arbeitnehmererfindung* Rz 6). Die Patentierfähigkeit von **Computerprogrammen** ist nicht ausgeschlossen (BGH 23.10.01 – X ZR 72/98, NZA-RR 02, 202 mit Anm *Schricker* EWiR 02, 319; ausführlich *Benecke* NZA 02, 883).

4   **2. Urheberrechte.** Unterschieden wird zwischen den **immateriellen Rechten** und den materiellen Nutzungsrechten. Urheber ist der geistige Schöpfer des Werkes, der in seinen geistigen und persönlichen Beziehungen zum Werk und seiner Nutzung geschützt wird (§§ 7, 11 UrhG). Das Urheber-Persönlichkeitsrecht erfasst insbesondere das Recht zur Veröffentlichung, zur Anerkennung der Urheberschaft und Benennung (§§ 12–14 UrhG). Es ist nicht übertragbar, wohl aber vererblich (§§ 28–30 UrhG).

Die **materiellen Nutzungsrechte** können ganz oder teilweise übertragen werden. Hierzu gehören ua das Recht zur Vervielfältigung, Ausstellung, Verbreitung, Vermietung (§§ 15 ff UrhG). Die Nutzung kann insgesamt oder auch nur für einzelne Nutzungsarten vereinbart werden, als einfaches oder ausschließliches Recht (§ 31 UrhG). Sind bei der Einräumung des Nutzungsrechtes die Nutzungsarten, auf die sich das Recht erstrecken soll, nicht einzeln bezeichnet, so bestimmt sich der Umfang des Nutzungsrechts nach dem mit seiner Einräumung verfolgten Zweck (§ 31 Abs 5 UrhG). Entsprechendes gilt für die Frage, ob ein Nutzungsrecht eingeräumt wird, ob es sich um ein einfaches oder ausschließliches Nutzungsrecht handelt, wie weit Nutzungsrecht und Verbotsrecht reichen und welchen Einschränkungen das Nutzungsrecht unterliegt. Das ist seit 1.7.02 in § 31 Abs 5 Satz 2 UrhG ausdrücklich in Übereinstimmung mit der ganz herrschenden Auffassung klargestellt (BT-Drs 14/6433).

5   **3. Zuordnung.** Zentrale Vorschrift für das Arbeitsvertragsrecht ist § 43 UrhG. Danach sind die §§ 31 ff auch anzuwenden, wenn der Urheber das Werk „in Erfüllung seiner Verpflichtungen aus einem Arbeits- oder Dienstverhältnis geschaffen hat, soweit sich aus dem Inhalt oder Wesen des Arbeits- oder Dienstverhältnisses nichts anderes ergibt". Aus der Verweisung auf die für die Nutzungsverträge des freien Urhebers mit Dritten geltenden Vorschriften folgt nach ganz hM die sog **Zweckübertragungstheorie,** dh der Umfang der übertragenen Rechte bestimmt sich nach dem Zweck des zugrunde liegenden Vertrages (BGH 22.2.74 – I ZR 121/72, DB 74, 1242 – Hummel; zuletzt BAG 12.3.97 – 5 AZR 669/95, NZA 97, 765).

6   **a) Auftragswerke.** Die Rechtsübertragung, die auch stillschweigend erfolgen kann, wird immer angenommen, wenn der ArbN das Werk im Rahmen seiner unmittelbaren Aufgabenerledigung geschaffen hat. Das Bemühen um eine Lösung der gestellten Aufgabe wie auch das Arbeitsergebnis selbst gehören dann unmittelbar zu seiner arbeitsvertraglich geschuldeten Leistung (BAG 13.9.83 – 3 AZR 371/81, DB 84, 991 – Statikprogramm; LAG München 16.5.85 – 4 Sa 28/86, BeckRS 1986, 30716911). Der ArbGeb wird Inhaber des **Arbeitsergebnisses** mit der Folge, dass er ein umfassendes materielles Nutzungsrecht erwirbt. Die **immateriellen Urheberrechte** verbleiben dagegen in jedem Fall beim ArbN (zB Benennungs- und Zugangsrecht). Dem entspricht § 69b UrhG, der für **Computerprogramme** ausdrücklich bestimmt, dass der ArbGeb alle vermögensrechtlichen Befugnisse erwirbt, wenn der ArbN das Programm in Wahrnehmung seiner Aufgaben oder nach den Anweisungen seines ArbGeb geschaffen hat. Hierfür ist unerheblich, ob der ArbN das Programm in seiner Freizeit oder während der regulären Arbeitszeit geschaffen hat (OLG Köln 25.2.05 – 6 U 132/04, CR 05, 557). Anderes muss ausdrücklich vereinbart sein. Das **materielle Nutzungsrecht** des ArbG ist umfassend. Das Werk kann betriebsintern durch eigene Verwendung wie auch extern durch Einräumung von Lizenzen oder Übertragung von Nutzungsrechten verwertet werden. Es ist zeitlich unbeschränkt und endet nicht mit der Beendigung des Arbeitsverhältnisses. Zur Auslegung iS eines einfachen (auf den Betrieb beschränkten) Nutzungsrechts und zur zeitlichen Dauer vgl BAG 21.8.96 – 5 AZR 1011/94, NZA 96, 1342 und BGH 12.5.10 – I ZR 209/07, GRUR 11, 99.

b) Gelegenheitswerke. Gehört die Erstellung des Werks nicht unmittelbar zum Auftrag 7
des ArbN, kommt ebenfalls eine stillschweigende Nutzungsübertragung an den ArbGeb in
Betracht. Maßgebend sind die Umstände des Einzelfalls, wobei die Entwicklung des Arbeitsverhältnisses und der Stand der Technik zu berücksichtigen sind. Die Zuordnung der Nutzungsrechte zum ArbGeb hat das BAG für den Fall bejaht, dass der ArbN ein urheberrechtsgeschütztes Werk unter Zuhilfenahme betrieblicher Mittel innerhalb und außerhalb der
Arbeitszeit entwickelt, das er dann vorbehaltlos in den Betriebsablauf eingebracht hat (BAG
13.9.83 – 3 AZR 371/81, DB 83, 2038 – Statikprogramm). Im Ergebnis werden alle
Programme erfasst, die der ArbN während seiner Arbeitszeit mit Billigung und auf Kosten
des ArbGeb erstellt. Das gilt auch, wenn sich aus dem Arbeitsvertrag nicht ergibt, dass der
ArbN die Erstellung des Programms schuldet (Kammergericht 28.1.97 – 5 W 6232/96,
NZA 97, 718). Anderes gilt, wenn der ArbN vor Beginn des Arbeitsverhältnisses urheberrechtlich geschützte Darstellungen fertigt und unter Hinweis auf sein Urheberrecht verbreitet
hat (BGH 10.5.84 – I ZR 85/82, DB 85, 587). Der später begründete Arbeitsvertrag
verpflichtet dann nicht zur Überlassung des geschützten Werkes.

c) Freie Werke. Mitarbeiter, die außerhalb ihrer Arbeitszeit und ihres Arbeitsverhältnisses 8
ein urheberrechtsgeschütztes Werk schaffen, können dieses frei verwerten und nutzen. Eine
Grenze ergibt sich aus dem vom ArbN während des Arbeitsverhältnisses zu beachtenden
Wettbewerbsverbot. Ob der ArbN darüber hinaus verpflichtet ist, dem ArbGeb sein Werk
anzubieten, ist zweifelhaft.

4. Vergütung. a) Grundsätze. Der ArbNUrheber kann regelmäßig keine gesonderte 9
Vergütung beanspruchen, wenn der ArbGeb ohnehin Inhaber des Arbeitsergebnisses wird.
Seine schöpferische Leistung ist mit dem vereinbarten Entgelt (§ 611 BGB) abgegolten
(BAG 13.9.83 – 3 AZR 371/81, NJW 84, 1579; ausführlich BGH 23.10.01 – X ZR 72/98,
NZA-RR 02, 202 – Wetterführungspläne II – auch zur Verfassungsgemäßheit des Ausschlusses von Entgeltansprüchen im Gegensatz zum Recht der *Arbeitnehmererfindung*.
Schließt die in einem Tarifvertrag für ArbNähnliche Personen geregelte „Bruttovergütung"
die USt ein, kann die Rundfunkanstalt die Steuer an das FA abführen und im Innenverhältnis
den freien Mitarbeiter belasten (BAG 20.5.08 – 9 AZR 406/07, NZA-RR 09, 168).

b) Sonderleistung. Nach bisherigem Recht war anerkannt, dass sich ein Vergütungs- 10
anspruch aus § 36 UrhG aF ergeben konnte, nämlich dann, wenn der ArbGeb aus der
wirtschaftlichen Verwertung des Werkes übermäßigen Gewinn erzielte, so dass zwischen
Leistung und Gegenleistung ein grobes Missverhältnis bestand (BGH 23.10.01 – X ZR 72/98, NZA-RR 02, 202 – Wetterführungspläne II). Nach § 32 UrhG hat der Urheber
nunmehr grds Anspruch auf eine **angemessene Vergütung**; nach § 32a UrhG („Bestseller")
kann er unter den dort näher bestimmten Voraussetzungen eine „weitere Beteiligung"
beanspruchen. Die Anwendbarkeit dieser Vorschriften auf das ArbNUrheberrecht ist streitig
(ablehnend *Ory* AfP 02, 93). Richtigerweise ist jedenfalls § 32a UrhG zu berücksichtigen,
der in seiner „Grundstruktur" § 36 UrhG aF entspricht (*Grobys/Foerstl* NZA 02, 1015; vgl
auch *Wimmers/Rode* CR 03, 399). Die Verpflichtung zur Zahlung einer zusätzlichen Vergütung entspricht dem Recht der *Verbesserungsvorschläge* (s dort Rz 3).

5. Sonstiges. Zuständig für die Geltendmachung der Urheber-Vergütung sind die or- 11
dentlichen Gerichte (§ 104 UrhG; vgl BAG 12.3.97 – 5 AZR 669/95, NZA 97, 765). Das
soll auch für die Herausgabe von Druckcodes gelten (LAG BaWü 22.8.06 – 18 Ta 9/06, AE
07, 266). Eine bereits vereinbarte Vergütung ist beim ArbG geltend zu machen (LAG Hamm
30.6.08 – 2 Ta 871/07, BB 08, 1897).

B. Lohnsteuerrecht   *Seidel*

Da der ArbGeb vom ArbN hier im Gegensatz zur ArbNErfindung nur die Einräumung 12
der Nutzungsrechte verlangen kann, das Recht selbst jedoch beim ArbNUrheber verbleibt,
schuldet der ArbGeb idR auch keine besondere Vergütung; diese ist vielmehr im Arbeitslohn
enthalten (s auch oben Rz 10) und unterliegt damit dem LStAbzug nach den allgemeinen
Vorschriften. Erfolgt jedoch ausnahmsweise eine Zahlung des ArbGeb (s oben Rz 10), gelten
die unter dem Stichwort *Arbeitnehmererfindung* Rz 31 dargestellten Grundsätze entsprechend.
Gehört die Schaffung schutzfähiger Werke nicht zu den arbeitsvertraglichen Pflichten des
ArbN und entwickelt er diese außerhalb des Dienstverhältnisses, so dürfte idR bei einer

Urlaubsabgeltung

entgeltlichen Nutzungsüberlassung an den ArbGeb kein Arbeitslohn, sondern Einkünfte aus selbstständiger (freiberuflicher) Tätigkeit vorliegen (s auch BFH 23.4.03 – IX R 57/99, BFH/NV 03, 1311 und *Arbeitnehmer (Begriff)* Rz 42, 43).

C. Sozialversicherungsrecht *Schlegel*

13 Werden dem ArbGeb im Rahmen des bestehenden oder abgeänderten Arbeitsvertrages Nutzungs-/Urheberrechte des ArbN eingeräumt (zum Gegenstand derartiger Rechte s oben Rz 2, 3) und wird dies bei der Höhe des Arbeitsentgelts berücksichtigt, treten keine beitrags- oder leistungsrechtlichen Besonderheiten auf; die SozV und ArbLV knüpfen nämlich an das Arbeitsentgelt iSd § 14 SGB IV an, ohne danach zu fragen, wie sich das Arbeitsentgelt im Einzelnen zusammensetzt.

14 Wird indessen eine **besondere Zahlung** des ArbGeb nach § 36 UrhG vereinbart und diese auch von den Arbeitsvertragsparteien als vom Arbeitsvertrag rechtlich losgelöst behandelt, ist es gerechtfertigt, die Zahlungen des ArbGeb insoweit als Arbeitseinkommen des ArbN iSd § 15 SGB IV zu behandeln; dies hat für den ArbN den Vorteil, dass er Aufwendungen, die für das geschützte Werk erforderlich waren, nach steuerrechtlichen Gewinnermittlungsvorschriften absetzen darf und nur der nach dem EStG ermittelte Gewinn in die Bemessungsgrundlage für eine Beitragszahlung eingeht. Vgl im Übrigen *Arbeitnehmererfindung* Rz 31 ff; *Verbesserungsvorschläge* Rz 13 ff.

Urlaubsabgeltung

A. Arbeitsrecht *Röller*

1 **1. Entstehen des Urlaubsabgeltungsanspruchs.** Der Anspruch auf Urlaubsabgeltung entsteht mit Beendigung des Arbeitsverhältnisses als reiner Geldanspruch (BAG 14.5.13 – 9 AZR 844/11, NZA 13, 1098; 19.6.12 – 9 AZR 652/10, NZA 12, 1087), wenn ein bis dahin **bestehender Urlaubsanspruch** nicht oder noch nicht voll erfüllt ist, und wird mit diesem Zeitpunkt fällig (§ 7 Abs 4 BUrlG). Der nicht erfüllte Urlaubsanspruch wandelt sich, ohne dass es weiterer Handlungen des ArbGeb oder des AbN bedarf, in einen Abfindungsanspruch um. Bei einem **Tod des ArbN** endet das Arbeitsverhältnis. Der zu Beginn des Jahres erworbene Urlaubsanspruch geht unter und kann sich deshalb nicht in einen Abgeltungsanspruch nach § 7 Abs 4 BUrlG umwandeln (BAG 12.3.13 – 9 AZR 532/11, NZA 13, 678; sa LAG Hamm 14.2.13 – 16 Sa 1511/11, BeckRS 2013, 67794; *Fischinger* Anm zu BAG AP Nr 92 BUrlG Abgeltung).

2 Der **Urlaubsabgeltungsanspruch** nach § 7 Abs 4 BUrlG ist nicht auf den gesetzlichen Mindesturlaub iSd §§ 1, 3 BUrlG beschränkt, sondern **umfasst den gesamten Urlaubsanspruch** des ArbN, der bei Beendigung noch nicht erfüllt ist. Durch einzelvertragliche Vereinbarungen (BAG 18.10.11 – 9 AZR 303/10, BeckRS 2011, 79057) oder tarifvertragliche Vorschriften kann zugunsten des ArbN von den gesetzlichen Regelungen abgewichen werden. Hinsichtlich des über den gesetzlichen Urlaubsanspruch hinausgehenden Urlaubs können die Tarifvertragsparteien die Abgeltung an weitere Voraussetzungen knüpfen oder den Anspruch erweitern (ErfK/*Gallner* § 7 BUrlG Rz 50 mwN).

3 Im **fortbestehenden Arbeitsverhältnis** ist eine Abgeltung des gesetzlichen Mindesturlaubs **nicht zulässig** (BAG 20.4.12 – 9 AZR 504/10, NZA 12, 982; 14.3.06 – 9 AZR 312/05, NZA 06, 1232); dies gilt auch für Teilurlaubsansprüche. Die Abgeltung von Urlaubsansprüchen, die bei einer Altersteilzeit zum Zeitpunkt des Übergangs in die Freistellungsphase noch nicht erfüllt waren, scheidet nach § 7 Abs 4 BUrlG deshalb aus (BAG 15.3.05 – 9 AZR 143/04, NZA 05, 994). Wird entgegen dem Abgeltungsverbot ein noch bestehender gesetzlicher Urlaubsanspruch abgegolten, liegt darin keine Erfüllung des Urlaubsanspruchs. Der ArbG bleibt verpflichtet, den Urlaub zu gewähren. Aus der Zustimmung des ArbN kann der Einwand der rechtsmissbräuchlichen Geltendmachung des Abgeltungsanspruchs allein nicht hergeleitet werden (BAG 21.3.68, ArbuR 68, 154). Die Rückforderung eines bereits ausgezahlten Abgeltungsanspruchs kann gem §§ 814, 817 Satz 2 BGB ausgeschlossen sein.

Der Urlaubsabgeltungsanspruch entsteht unabhängig davon, ob der ArbN bei Beendigung des Arbeitsverhältnisses arbeitsfähig ist oder nicht (EuGH 20.1.09 – C-350/06 „Schultz-Hoff", NZA 09, 135; BAG 24.3.09 – 9 AZR 983/07, NZA 09, 538; 4.5.10 – 9 AZR 183/09, NZA 10, 1011). Für den Abgeltungsanspruch kommt es auch nicht auf die Art der Beendigung des Arbeitsverhältnisses an. Er entsteht deshalb auch dann, wenn das Arbeitsverhältnis wegen Erwerbsminderung, wegen Befristung oder aufgrund verhaltensbedingter, auch außerordentlicher Kündigung des Arbeitgebers endet (ErfK/*Gallner* § 7 BUrlG Rz 52).

2. Inhalt des Urlaubsabgeltungsanspruchs. Der Abgeltungsanspruch ist Ersatz für den nicht verwirklichten Anspruch auf Freistellung von der Arbeitspflicht. Er ist gerichtet auf Zahlung eines Geldbetrags. Die Berechnung der Abgeltung erfolgt nach den Regeln des § 11 BUrlG (s *Urlaubsentgelt* Rz 3 ff). **4**

3. Befristung des Urlaubsabgeltungsanspruchs. Nach der früheren Rspr des BAG war der Urlaubsabgeltungsanspruch an dieselben Voraussetzungen gebunden wie der Urlaubsanspruch selbst, sog Surrogatstheorie. Er erlosch deshalb, wenn er bis zum Ende des Kj oder des Übertragungszeitraums nicht geltend gemacht wurde (BAG 17.1.95 – 9 AZR 664/93, NZA 95, 531) oder wenn der ArbN bei Beendigung des Arbeitsverhältnisses und danach bis zum Zeitpunkt des Anspruchsverfalls arbeitsunfähig war (BAG 27.5.03 – 9 AZR 366/02, NZA 04, 1064). **5**

Nachdem der EuGH durch die „Schultz-Hoff"-Entscheidung v 20.1.09 entschieden hatte, dass eine nationale Regelung, die das Erlöschen des Urlaubsanspruchs bei fortbestehender Arbeitsunfähigkeit vorsieht, gegen Artikel 7 Abs 1 und Abs 2 der ArbeitszeitRL 2003/88/EG verstößt, änderte das BAG mit Urteil vom 24.3.09 seine Rspr und gab die Surrogatstheorie für Abgeltungsansprüche bei fortdauernder Arbeitsunfähigkeit bis zum Ende des Übertragungszeitraums auf (BAG 24.3.09 – 9 AZR 983/07, NZA 09, 538; 24.3.10 – 9 AZR 128/09, NZA 10, 810; 4.5.10 – 9 AZR 183/09, NZA 10, 1011). Mit Urteil v 19.6.12 gab das BAG die Surrogatstheorie auch für den Fall auf, dass der ArbN arbeitsfähig ist, weil es keine sachlichen Gründe für eine Differenzierung zwischen arbeitsfähigen und arbeitsunfähigen ArbN gibt. Als reiner Geldanspruch unterliegt der Urlaubsabgeltungsanspruch nicht dem Fristenregime des BUrlG (BAG 19.6.12 – 9 AZR 652/10, NZA 12, 1087; ErfK/*Gallner* § 7 BUrlG Rz 83). S a *Urlaubsanspruch* Rz 13 f. **6**

4. Pfändbarkeit, Abtretbarkeit und Vererblichkeit. Der Urlaubsabgeltungsanspruch kann in den Grenzen nach § 850c ZPO **ge- und verpfändet** werden; er ist **abtretbar** (BAG 28.8.01 – 9 AZR 611/99, BB 01, 2378). Im Rahmen der Pfändungsgrenzen kann der ArbGeb gegenüber dem Anspruch auf Urlaubsabgeltung aufrechnen (ErfK/*Gallner* § 7 BUrlG Rz 61). **Endet** das **Arbeitsverhältnis mit** dem **Tod** des ArbN, so erlischt der gesetzliche Urlaubsanspruch. Es entsteht kein Urlaubsabgeltungsanspruch, der auf Erben übergehen könnte (s Rz 1). Hat ein ArbN **nach seinem Ausscheiden** erfolglos von seinem früheren ArbGeb Urlaubsabgeltung verlangt, kann ein **vererblicher Schadensersatzanspruch** bestehen, wenn der ArbN vor dem Ende eines Rechtsstreits stirbt, der über diesen Anspruch geführt wird (BAG 19.11.96, DB 97, 1472). **7**

Verzicht. Nach Beendigung des Arbeitsverhältnisses kann der ArbN auf den ihm zustehenden Urlaubsabgeltungsanspruch, zB durch eine Ausgleichsklausel in einem Vergleich verzichten. Unionsrecht steht dem nicht entgegen (BAG 14.5.13 – 9 AZR 844/11, NZA 13, 1098). **8**

5. Verjährung und Ausschlussfristen. a) Verjährung. Als reiner Geldanspruch verjährt der Abgeltungsanspruch gem §§ 195, 199 BGB in drei Jahren (LAG Dü 18.8.10 – 12 Sa 650/10, BeckRS 2010, 73366; ArbG Ulm 16.9.10 – 5 Ca 563/09, BeckRS 2010, 74226; ErfK/*Gallner* § 7 BUrlG Rz 63). **9**

b) Ausschlussfristen. Als reiner Geldanspruch unterfällt der Urlaubsabgeltungsanspruch tariflichen Ausschlussfristen (BAG 14.5.13; 21.6.12; ErfK/*Gallner* § 7 BUrlG Rz 65). Zur früheren Rechtslage s 20. Aufl Rz 10. **10**

7. Insolvenz. Der nach Eröffnung des Insolvenzverfahrens zu erfüllende Urlaubsabgeltungsanspruch gehört zu den Masseverbindlichkeiten iSd § 55 Abs 1 Nr 2 InsO. Dies gilt auch für Urlaubsansprüche, die aus dem Vorjahr stammen und infolge rechtzeitiger Geltendmachung nicht verfallen sind (BAG 24.11.06 – 9 AZR 97/05, NZA 07, 696; 15.2.05 – 9 AZR 78/04, DB 05, 2197). **11**

8. Muster. S Online-Musterformular „*M43.3 Urlaub*". **12**

422 Urlaubsabgeltung

B. Lohnsteuerrecht *Seidel*

13 Entschädigungen, die für nicht gewährten Urlaub gezahlt werden, sind **steuerpflichtiger Arbeitslohn** (LStR 19.3 Abs 1 Nr 2). Da sie nicht zum laufenden Arbeitslohn gehören, stellen sie einen sonstigen Bezug iSd § 39b Abs 3 EStG dar (s auch *Einmalzahlungen* Rz 31 und *Sonstige Bezüge* Rz 2 ff). Die darauf entfallende LSt ergibt sich aus dem Unterschiedsbetrag der JahresLSt auf den voraussichtlichen Jahresarbeitslohn ohne den sonstigen Bezug und der JahresLSt auf den maßgebenden Jahresarbeitslohn unter Einbeziehung des sonstigen Bezugs (§ 39b Abs 3 Sätze 1–8 EStG; zur Berechnung im Einzelnen s *Sonstige Bezüge* Rz 4–9). Urlaubsabgeltungen aus der Urlaubs- und Lohnausgleichskasse der Bauwirtschaft für nicht angetretenen Urlaub (Lohnzahlung durch Dritte) sind zwar stpfl, unterliegen aber nicht dem LStAbzug durch den ArbGeb, so dass auf sie die Härteregelung und § 46 Abs 5 EStG anzuwenden ist (BFH 21.2.03 – VI R 74/00, BStBl II 03, 496; s auch *Antragsveranlagung* Rz 7 und *Altersentlastungsbetrag* Rz 9 mit Beispiel).

Die bei Ende der Beschäftigung gezahlte Urlaubsabgeltung stellt keine steuerbegünstigte Entschädigung dar (s auch *Außerordentliche Einkünfte* Rz 5 ff). Unter den Voraussetzungen des § 40 Abs 1 Nr 1 EStG ist eine Pauschalierung der LSt möglich, wenn Urlaubsabgeltungen in einer größeren Zahl von Fällen geleistet werden (s *Lohnsteuerpauschalierung* Rz 14, 16). Zur lohnsteuerlichen Behandlung bei Übergang des Anspruches auf Urlaubsabgeltung an die Agentur für Arbeit (s unten Rz 18) s *Erstattungsanspruch der Agentur für Arbeit* Rz 12 (Übergang nach § 115 SGB X – wie AlGeld –).

C. Sozialversicherungsrecht *Schlegel*

14 **1. Keine Mitgliedschaft/Versicherungspflicht.** In der SozV und ArblV besteht während der Zeit einer – nach Ausscheiden aus dem Beschäftigungsverhältnis gewährten – Urlaubsabgeltung keine Mitgliedschaft bzw keine Versicherungspflicht (zu einer früheren Rechtslage vgl vgl BT-Drs 10/3923 zu Nr 37 – § 168 AFG; BSG 11.12.86 – 12 RK 19/85, SozR 2200 § 405 Nr 11).

Eine Urlaubsabgeltung begründet für den Zeitraum der Abgeltung keine Versicherungspflicht in der SozV und der ArblV.

15 **2. Beitragsrecht.** Für eine bei Beendigung des Beschäftigungsverhältnisses gewährte Urlaubsabgeltung ist davon auszugehen, dass mit dem Ende des Arbeits-/Beschäftigungsverhältnisses zugleich die Beitrags- und Versicherungspflicht endet. Dies gilt für die KV, RV und ArblV gleichermaßen. Soweit eine Urlaubsabgeltung bei Beendigung des Beschäftigungsverhältnisses gezahlt wird, ist sie als **einmalig gezahltes Arbeitsentgelt** zu behandeln (BT-Drs 10/3923 Nr 37 – § 168 AFG; BSG 20.7.88 – 12 RK 1/88, SozR 7910 § 59 Nr 24; 26.1.67 – 3 RK 44/64, SozR Nr 21 zu § 160 RVO; umfassend hierzu insbesondere BSG 1.4.93 – 1 RK 38/92). Dh, die Urlaubsabgeltung wird zunächst dem Abrechnungszeitraum zugeordnet, in dem sie gezahlt wird. Übersteigt die Summe von Urlaubsabgeltung und regulärem Monatslohn/-gehalt im Abrechnungszeitraum (Kalendermonat der Auszahlung) die monatliche Beitragsbemessungsgrenze/JAEGrenze, ist die Urlaubsabgeltung, soweit sie diese Grenze übersteigt, nicht etwa beitragsfrei. Vielmehr wird sie auch auf bestimmte zurückliegende Abrechnungszeiträume verteilt (vgl allgemein zum einmalig gezahlten Arbeitsentgelt BSG 27.10.89 – 12 RK 9/88, BSGE 66, 34, 41 = SozR 2200 § 385 Nr 22; Einzelheiten zu diesem Verteilungsmodus s *Einmalzahlungen* Rz 14 ff; aktuelle Beitragsbemessungsgrenze bzw JAEGrenze s *Beitragsbemessungsgrenzen* Rz 8).

16 **3. Leistungsrecht. a) Arbeitslosenversicherung.** Wird der ArbN nach Beendigung des Arbeitsverhältnisses arbeitslos und hat er wegen Beendigung des Arbeitsverhältnisses eine Urlaubsabgeltung erhalten (1. Alternative) oder zu beanspruchen (2. Alternative) so ruht der Anspruch auf AlGeld für die Zeit des abgegoltenen Anspruchs (vgl § 157 Abs 2 SGB III), und zwar auch dann, wenn der ArbN von Rechts wegen keinen durchsetzbaren Anspruch auf die Urlaubsabgeltung mehr hätte, weil er arbeitsrechtlich bereits verfallen ist (vgl zum Erlöschen des Anspruchs oben Rz 6). Nach der 1. Alternative des § 157 Abs 2 Satz 1 SGB III reicht es für den Eintritt des Ruhenstatbestandes aus, wenn der ArbN, obwohl er keinen Anspruch auf eine Urlaubsabgeltung hat, dennoch eine Urlaubsabgeltung erhalten hat. Dafür, dass auch Leistungen, auf die der ArbN nach urlaubsrechtlichen

Vorschriften keinen Rechtsanspruch hat, Urlaubsabgeltungen sein können, spricht schon der Wortlaut der Vorschrift. Das Tatbestandsmerkmal „erhalten hat" wäre neben dem Tatbestandsmerkmal „zu beanspruchen hat" überflüssig, wenn damit nicht eigenständige Sachverhalte erfasst werden sollten, bei denen gerade kein urlaubsrechtlicher Anspruch besteht. Zweck des § 157 Abs 2 SGB III ist es, die Zahlung von AlGeld durch die Versichertengemeinschaft in jenen Fällen zu verhindern, in denen der Arbeitslose auf die Gewährung der Lohnersatzleistung AlGeld nicht angewiesen ist, weil er für sein Arbeitsentgelt bereits ein anderweitiges Surrogat erhält, zu dem auch eine Urlaubsabgeltung zählt (BSG 29.7.93 – 11 RAr 17/92). Dieser Zweck trifft nicht nur für den Fall zu, dass der ArbN eine Urlaubsabgeltung wegen **Beendigung des Arbeitsverhältnisses** erhält, sondern gleichermaßen auch auf den Fall, dass der ArbGeb eine derartige Leistung bereits vor dem Ende des Arbeitsverhältnisses wegen **Beendigung des Beschäftigungsverhältnisses** – möglicherweise – ohne Rechtsgrund bzw freiwillig erbringt und der ArbN diese Leistung annimmt. Denn in beiden Fallgruppen steht dem ArbN Arbeitsentgelt zur Verfügung, mit dem er etwa auch den früher entgangenen Urlaub nachholen kann. Was insoweit für eine nach beendetem Arbeitsverhältnis gezahlte Urlaubsabgeltung gilt, muss auch für eine solche vor dessen Beendigung gelten, weil ansonsten der Zweck der Gesamtregelung, Doppelleistungen umfassend zu vermeiden, verfehlt würde. Aus diesem Grund führt die Zahlung einer Urlaubsabgeltung wegen Beendigung des Beschäftigungsverhältnisses auch dann zum Ruhen des AlGeld-Anspruchs, wenn das Arbeitsverhältnis formal fortbesteht (BSG 23.1.97 – 7 RAr 72/94, SozR 3–4100 § 117 Nr 14).

Der Ruhenszeitraum beginnt mit dem Ende des die Urlaubsabgeltung begründenden **17** Arbeitsverhältnisses (§ 157 Abs 2 Satz 2 SGB III). Der Anspruch auf eine Urlaubsabgeltung begründet bei der Insolvenz des ArbGeb **keinen Anspruch auf Insolvenzgeld.** Zwar gehört eine Urlaubsabgeltung zu den Ansprüchen aus dem Beschäftigungsverhältnis, jedoch werden nach § 166 Abs 1 Nr 1 SGB III vom Insolvenzgeld Ansprüche ausgeschlossen, die „wegen der Beendigung des Arbeitsverhältnisses oder für die Zeit nach Beendigung des Arbeitsverhältnisses" zu gewähren sind (BSG 20.2.02 – B 11 AL 71/01 R, SozR 3–4300 § 184 Nr 1).

Der sich gem §§ 5, 7 BUrlG ergebende Ruhenszeitraum läuft unabhängig davon ab, ob in **18** dieser Zeit AlGeld beansprucht wird oder nicht; das Ruhen kann auch nicht dadurch vermieden werden, dass der Arbeitslose auf den Abgeltungsanspruch verzichtet. Gem § 157 Abs 3 SGB III kann die BA das AlGeld aber trotz Bestehens eines Anspruchs auf Urlaubsabgeltung auszahlen (sog Gleichwohlgewährung), doch geht dann der Anspruch des Arbeitslosen gegen seinen früheren ArbGeb auf die Zahlung der Urlaubsabgeltung gem § 115 SGB X iHd gezahlten Leistung auf die BA über.

b) **Krankenversicherung.** Als einmalig gezahltes Arbeitsentgelt kann eine nach Aus- **19** scheiden aus dem Beschäftigungsverhältnis gezahlte Urlaubsabgeltung bei der Berechnung der Höhe des Krankengeldes keine Berücksichtigung finden (BSG 1.4.93 – 1 RK 38/92, SozR 3–2200 § 182 Nr 16). Dies ist dahingehend zu verallgemeinern, dass eine Urlaubsabgeltung bei der **Berechnung von Lohnersatzleistungen,** die auf regelmäßig erzieltes Arbeitsentgelt abstellen, niemals berücksichtigt wird. Allerdings bewirkt eine für die Zeit nach Beendigung des Beschäftigungsverhältnisses gewährte Urlaubsabgeltung auch **kein Ruhen des Krankengeldanspruchs** (BSG 30.5.06 – B 1 KR 26/05 R, SozR 4–2500 § 49 Nr 4).

c) **Rentenversicherung.** Erhält ein Versicherter Rente wegen verminderter Erwerbs- **20** fähigkeit, dürfen bestimmte **Hinzuverdienstgrenzen** nicht überschritten werden (vgl § 96a SGB VI, *Rentnerbeschäftigung* Rz 36). Fließen dem ArbN nach einer Freistellung von der Arbeit noch Zahlungen zu, die sich auf Zeiten seiner tatsächlichen Arbeitsleistung beziehen, sind diese nicht rentenschädlich. Dies gilt auch für Einmalzahlungen; einmalig gezahltes Arbeitsentgelt, das nicht aus ein einer während des Rentenbezugs noch bestehenden Beschäftigung stammt, kein rentenschädlicher Hinzuverdienst (vgl BSG 10.7.12 – B 13 R 85/11 R, BeckRS 2012, 75084 für eine Urlaubsabgeltung).

Urlaubsanspruch

A. Arbeitsrecht
Röller

Übersicht

	Rz		Rz
1. Allgemeines	1–7	6. Ersatzurlaubsanspruch bei erfolgloser Geltendmachung	22
a) Erholungsurlaub	1	7. Anrechnung auf den Erholungsurlaub	23, 24
b) Inhalt des Urlaubsanspruchs	2	a) Arbeitsunfähigkeit	23
c) Zweck des Erholungsurlaubs	3	b) Maßnahmen der medizinischen Vorsorge und Rehabilitation	24
d) Urlaubsarbeit	4–6	8. Urlaubsanspruch in nebeneinander bestehenden Arbeitsverhältnissen	25
e) Unabdingbarkeit	7	9. Urlaubsanspruch bei aufeinander folgenden Arbeitsverhältnissen	26–30
2. Entstehung des Urlaubsanspruchs	8–11	a) Erfüllung des vorherigen Urlaubsanspruchs	27
a) Bestehen eines Arbeitsverhältnisses	8	b) Nicht gewährter und nicht abgegoltener Urlaub	28
b) Wartezeit	9, 10	c) Urlaubsbescheinigung	29, 30
c) Ruhen des Arbeitsverhältnisses	11	10. Urlaubsanspruch in der Insolvenz	31
3. Befristung des Urlaubsanspruchs	12–16	11. Urlaubsanspruch bei Betriebsübergang	32
a) Grundsätze	12	12. Urlaubsanspruch und Beendigung des Arbeitsverhältnisses	33
b) Abweichende Rechtslage für den Fall der fortbestehenden Arbeitsunfähigkeit	13–16		
4. Übertragung des Urlaubs	17–19		
a) Allgemeines	17, 18		
b) Voraussetzungen für die Übertragung	19		
5. Durchsetzung des Urlaubsanspruchs	20, 21		
a) Allgemeines	20		
b) Gerichtliche Geltendmachung	21		

1 **1. Allgemeines. a) Erholungsurlaub.** Der Begriff **Urlaub** wird im Arbeitsrecht **gleichbedeutend mit Erholungsurlaub** verwendet. Erholungsurlaub ist die zum Zwecke der Erholung erfolgte **zeitweise Freistellung** des ArbN **von der** ihm nach dem Arbeitsvertrag obliegenden **Arbeitspflicht durch den Arbeitgeber unter Fortzahlung der Vergütung,** um ihm **Gelegenheit zur selbstbestimmten Erholung** zu geben (BAG 20.6.2000 – 9 AZR 405/99, DB 2000, 2327). Ein gesetzlicher Anspruch auf Mindesturlaub wird durch das BUrlG geregelt. Neben dem BUrlG bestehen gesetzliche Urlaubsregelungen für den Bereich Heimarbeit (s *Heimarbeit* Rz 35), im JArbSchG (s *Jugendarbeitsschutz* Rz 36), beim Zusatzurlaub für schwerbehinderte Menschen (§ 125 SGB IX; s *Behinderte* Rz 36) und im Seemannsgesetz (§§ 53 ff SeemG).

2 **b) Inhalt des Urlaubsanspruchs.** Der Urlaubsanspruch nach der bisherigen Rspr des BAG ist ein **Freistellungsanspruch** des ArbN **gegen den Arbeitgeber,** von den nach dem Arbeitsverhältnis entstehenden Arbeitspflichten befreit zu werden, ohne die übrigen Pflichten aus dem Arbeitsverhältnis, insbesondere die **Pflicht zur Zahlung des Arbeitsentgelts,** zu verändern (BAG 8.9.98 – 9 AZR 161/97, DB 99, 694; 19.4.94, BB 94, 1569). Bei der Verpflichtung des ArbGeb den ArbN freizustellen, handelt es sich um eine Nebenpflicht aus dem Arbeitsverhältnis. Der Anspruch des ArbN ist nicht synallagmatisch iSd §§ 320 ff BGB. Der Urlaubsanspruch muss erfüllbar sein. Urlaub kann nicht zu einer Zeit beansprucht werden, in der der ArbN arbeitsvertraglich nicht zur Arbeitsleistung verpflichtet ist oder diese wegen Arbeitsunfähigkeit nicht erbringen kann (BAG 24.6.03 – 9 AZR 423/02, AuA 03, 45; 8.9.98 – 9 AZR 161/57, DB 99, 694; ErfK/*Gallner* § 7 BUrlG Rz 21; aA LAG Köln 7.2.11 – 5 Sa 891/10, BeckRS 2011, 72429). Der EuGH geht anders als das BAG für das nationale Recht von einem aus Freistellung und Entgelt zusammengesetzten Einheitsanspruch aus (EuGH 22.4.10 – C-486/08, NZA 10, 557; 10.9.09 – C-277/08, NZA 09, 1133; 20.1.09 – C-350/06 u C-520/06, NZA 09, 135). Dieses Verständnis vom Urlaubsanspruch hat Auswirkungen auf den Bereich der Befristung des Urlaubsanspruchs und der Abgeltung, ebenso auf das Tarifrecht einschl der Probleme von Ausschlussfristen.

c) Zweck des Erholungsurlaubs. Kein Merkmal des Urlaubsanspruchs ist, dass er in § 1 **3** BUrlG und § 4a EFZG als Anspruch auf Erholungsurlaub bezeichnet wird. Für das Entstehen und die Erteilung des Urlaubs kommt es auf ein konkretes Erholungbedürfnis des ArbN und die Gestaltung seiner Freizeit nicht an (BAG 20.5.08 – 9 AZR 219/07, NZA 08, 1237; 28.1.82, NJW 82, 1548). Eine Arbeitsleistung des ArbN gehört nicht zu den anspruchsbegründenden Voraussetzungen.

d) Urlaubsarbeit. Im Urlaub darf der ArbN gem § 8 BUrlG **keine dem Urlaubszweck** **4** **widersprechende Erwerbstätigkeit** leisten. Erwerbstätigkeit ist jede für andere in der Absicht des Erwerbs von Geld oder geldwerten Gütern verrichtete Tätigkeit. Nicht auf Erwerb gerichtete Tätigkeiten, wie gemeinnützige Arbeit, Gefälligkeiten, Arbeiten im eigenen Haus und Garten stellen keine pflichtwidrige Urlaubsarbeit dar.

Zweckwidrig ist die Erwerbstätigkeit, die die für die Fortsetzung des Arbeitsverhältnisses **5** notwendige Auffrischung der Arbeitskräfte des ArbN verhindert. Maßgebend für die Beurteilung sind Art und Dauer der Tätigkeit (ErfK/*Gallner* § 8 BUrlG Rz 2). Das Verbot des § 8 BUrlG gilt bis zum Ende des Arbeitsverhältnisses (BAG 25.2.88, DB 88, 1554).

Soweit der ArbN gegen § 8 BUrlG verstößt, hat der ArbGeb Ansprüche auf Schadens- **6** ersatz, auf Unterlassung der Erwerbstätigkeit sowie die Möglichkeit, ggf wegen der Erwerbstätigkeit das Arbeitsverhältnis durch Kündigung zu beenden. Der Anspruch auf Zahlung des Urlaubsentgelts entfällt im Fall der Zuwiderhandlung gegen § 8 BUrlG nicht.

e) Unabdingbarkeit. Der gesetzliche Urlaubsanspruch des ArbN ist nach § 13 Abs 1 **7** Satz 1 BUrlG sowohl für die Arbeits- als auch für die Tarifvertragsparteien unabdingbar und unverzichtbar. Davon geht auch das Unionsrecht aus (EuGH 16.3.09 – C-131/04, NZA 06, 481). Auch durch Tarifvertrag kann nicht geregelt werden, dass es in bestimmten Arbeitsverhältnissen keinen oder keinen bezahlten Urlaub gibt (ErfK/*Gallner* § 13 BUrlG Rz 8).

2. Entstehen des Urlaubsanspruchs. a) Bestehen eines Arbeitsverhältnisses. An- **8** spruch auf Erholungsurlaub haben alle ArbN und die zu ihrer Berufsausbildung Beschäftigten (§§ 1, 2 BUrlG). ArbN sind auch die in **Teilzeit** (BAG 14.2.91, DB 91, 1987), **zur Aushilfe** (BAG 19.1.93, DB 93, 1781) und in **Ferienarbeit und in Nebentätigkeit Beschäftigten,** **ebenso Teilnehmer an Maßnahmen der Arbeitsbeschaffung** (§ 263 Abs 1 und 2 SGB III) und ArbNÄhnliche Personen (§ 2 BUrlG). Für den Bereich der Heimarbeit gilt 12 BUrlG (s *Heimarbeit* Rz 35).

b) Wartezeit. Der Urlaubsanspruch entsteht erstmalig nach dem Ablauf der Wartezeit **9** von sechs Monaten (§ 4 BUrlG). Sie beginnt regelmäßig mit dem Tag der vereinbarten Arbeitsaufnahme; für ihre Berechnung gelten §§ 187 Abs 2, 188 Abs 2 BGB. Sie kann auch an einem Sonn- oder Feiertag beginnen oder enden (ErfK/*Gallner* § 4 Rz 3). Maßgeblich für die Erfüllung der Wartezeit ist allein der rechtliche Bestand des Arbeitsverhältnisses, **einer Arbeitsleistung des Arbeitnehmers bedarf es** während der Wartezeit **nicht.** Weder Erwerbsminderung noch Arbeitsunfähigkeit eines ArbN sind für das Entstehen und das Bestehen urlaubsrechtlicher Ansprüche von Bedeutung (BAG 26.5.88, DB 89, 182). Der ArbGeb kann deshalb nicht einwenden, der ArbN handele rechtsmissbräuchlich, wenn dieser keine oder nur eine geringe Arbeitsleistung erbracht hat (BAG 18.3.03 – 9 AZR 190/02, NZA 03, 1110). Dem Bestand eines Arbeitsverhältnisses innerhalb der Wartezeit sind Zeiten gleichgestellt, in denen der ArbN die sonstigen persönlichen Voraussetzungen des § 2 BUrlG erfüllt. Stand der ArbN bspw vor Arbeitsaufnahme in einem Ausbildungsverhältnis oder war er zuvor als ArbNÄhnliche Person für den ArbGeb tätig, so werden diese Zeiten auf die Wartezeit jedenfalls dann angerechnet, wenn sie einem Arbeitsverhältnis nahtlos vorangehen. Wird das Arbeitsverhältnis innerhalb der **Wartezeit unterbrochen,** beginnt diese neu. Dies gilt auch dann, wenn die Unterbrechung sehr kurz war und vom ArbGeb veranlasst war (ErfK/*Gallner* § 4 BUrlG Rz 4; aA *Neumann/Fenski* § 4 Rn 40 ff).

Ist die Wartezeit bei Fortbestehen des Arbeitsverhältnisses erfüllt, hat der ArbN Anspruch **10** auf den vollen Jahresurlaub. Der Jahresurlaub entsteht mit einmaliger Erfüllung der Wartezeit in den folgenden Jahren jeweils mit dem ersten Tage eines Kj in voller Höhe und ist zu diesem Zeitpunkt auch **fällig** (BAG 18.3.03; 18.12.86, DB 87, 1362). Scheidet der ArbN während oder mit dem Ablauf der Wartezeit aus dem Arbeitsverhältnis aus, reicht dies für das Entstehen eines Vollurlaubsanspruchs nicht aus; er hat jedoch Anspruch auf Teilurlaub nach Maßgabe von § 5 BUrlG (Näheres s *Urlaubsdauer* Rz 8).

423 Urlaubsanspruch

Die Wartezeit kann durch Einzelarbeitsvertrag oder durch eine nach §§ 77, 88 BetrVG zulässige Betriebsvereinbarung nur zugunsten des ArbN verändert werden. Die Tarifvertragsparteien können die Wartezeit auch zu Ungunsten der ArbN verlängern (ErfK/*Gallner* § 13 BUrlG Rz 10, 23).

11 **c) Ruhen des Arbeitsverhältnisses.** Urlaubsansprüche entstehen auch im ruhenden Arbeitsverhältnis. Dies folgt aus der in § 13 Abs 1 Satz 1 BUrlG angeordneten Unabdingbarkeit des gesetzlichen Mindesturlaubsanspruchs (BAG 7.8.12 – 9 AZR 353/10, NZA 12, 1216; bestätigt durch Urteil v 18.9.12 – 9 AZR 623/10, BeckRS 2012, 75957; aA LAG Dü 19.1.12 – 15 Sa 380/11, BeckRS 2012, 68187; LAG BaWü 9.6.11 – 6 Sa 109/11, BeckRS 2011, 320084, *Düwell* DB 12, 1750, *Wicht* BB 12, 1349). Für die Elternzeit folgt das Entstehen des Urlaubsanspruchs aus § 17 Abs 1 Satz 1 BEEG.

12 **3. Befristung des Urlaubsanspruchs. a) Grundsätze.** Der Urlaubsanspruch ist nach § 1 BUrlG auf das Kj und ggf auf den Übertragungszeitraum (§ 7 Abs 3 BUrlG) befristet. Er **erlischt** daher entweder **mit dem Jahresende oder dem Ende des Übertragungszeitraums** am 31. März des folgenden Kj (BAG 7.8.12; 28.11.90 DB 91, 2671). Die Befristungsvorschrift des § 7 Abs 3 BUrlG ist grds mit Artikel 7 Abs 1 und Abs 2 der ArbeitszeitRL 2003/88/EG vereinbar (EuGH 20.1.09 – C-350/06 „Schultz-Hoff", NZA 09, 135).

Die gesetzliche Befristungsregelung gilt auch für den **übergesetzlichen (vertraglichen)** und **tariflichen Mehrurlaub**. Die Arbeits-/Tarifvertragsparteien sind jedoch befugt, Urlaubs- und Urlaubsabgeltungsansprüche, die den gesetzlichen Mindesturlaub von vier Wochen übersteigen, frei zu regeln. Erforderlich hierfür sind deutliche Anhaltspunkte für einen Regelungswillen der Vertrags- oder Tarifvertragsparteien, zwischen gesetzlichen und übergesetzlichen Urlaubs(-abgeltungs)ansprüchen zu unterscheiden. Dieser ist dann gegeben, wenn sich die (Tarif-)Vertragsparteien in weiten Teilen von der gesetzlichen Regelung lösen und stattdessen eigene Regeln aufstellen. Anderenfalls ist vom Gleichlauf für den gesamten Urlaubsanspruch auszugehen (BAG 22.5.12 – 9 AZR 618/10, NZA 12, 987; 4.5.10 – 9 AZR 183/09, NZA 10, 1011 für den vertraglichen Mehrurlaub; 12.4.11 – 9 AZR 80/10, NZA 11, 1050; 23.3.10 – 9 AZR 128/090, NZA 10, 810 für den tariflichen Mehrurlaub).

Gesetzliche Abweichungen von der Befristung des Urlaubsanspruchs sind in § 4 Abs 2 ArbPlSchG sowie in § 17 Abs 2 BEEG geregelt. Nach diesen Bestimmungen besteht der vor der Einberufung bzw der Elternzeit nicht erhaltene Urlaub den Berechtigten bis zum Ende des auf die Beendigung von Grundwehrdienst bzw Elternzeit folgenden Jahres zu (s *Elternzeit* Rz 41).

13 **b) Abweichende Rechtslage für den Fall der fortbestehenden Arbeitsunfähigkeit.** Das BAG ging in ständiger Rspr davon aus, dass der Anspruch auf Urlaub gem § 7 Abs 3 BUrlG spätestens nach Ende der ersten drei Monate, welche auf das vorangegangene Kj folgen, erlischt, wenn der ArbN aus Gründen einer Erkrankung nicht in der Lage ist, den Urlaub anzutreten (BAG 21.6.05 – 9 AZR 200/04, NZA 06, 232; 13.5.82 – 6 AZR 380/80, BAGE 39, 53). Mit der Entscheidung des EuGH v 20.1.09 („Schultz-Hoff") wurde eine RsprÄnderung eingeleitet (EuGH 20.1.09 – C-350/06, NZA 09, 135). Der EuGH traf in seinem Urteil die folgenden Aussagen: Eine nationale Regelung kann grds den Verlust des Urlaubsanspruchs am Ende eines Bezugs- oder Übertragungszeitraums vorsehen. Voraussetzung ist jedoch, dass der ArbN tatsächlich die Möglichkeit hatte, den Anspruch auszuüben. Dies ist nicht der Fall, wenn der ArbN während des Bezugszeitraums oder eines Teils davon krankgeschrieben war und seine Arbeitsunfähigkeit bis zum Ende seines Arbeitsverhältnisses fortdauert. In einem solchen Fall kann eine nationale Regelung das Erlöschen des Urlaubsanspruchs nicht vorsehen; eine solche Regelung verstößt gegen Artikel 7 Abs 1 und Abs 2 der ArbeitszeitRL 2003/88/EG.

14 Das BAG hat die Rspr des EuGH mit seiner Entscheidung v 24.3.09 auf das deutsche Urlaubsrecht übertragen (BAG 24.3.09 – 9 AZR 983/07, NZA 09, 538; bestätigt durch Urteile v 23.3.10 – 9 AZR 128/09, NZA 10, 810 und v 4.5.10 – 9 AZR 183/09, NZA 10, 1011). § 7 Abs 3 und Abs 4 BUrlG sind richtlinienkonform dahingehend auszulegen, dass gesetzliche Urlaubsansprüche nicht erlöschen, wenn der ArbN aufgrund krankheitsbedingter Arbeitsunfähigkeit gehindert war, den Urlaub im Urlaubsjahr und Übertragungszeitraum zu nehmen. Übergesetzliche Urlaubs- und Urlaubsabgeltungsansprüche können von den (Tarif-)Vertragsparteien frei geregelt werden. Für einen solchen Regelungswillen, der zwi-

Urlaubsanspruch 423

schen gesetzlichen und übergesetzlichen Ansprüchen unterscheidet, müssen im Rahmen der Auslegung nach §§ 133, 157 BGB deutliche Anhaltspunkte bestehen (s Rz 12). Die RsprÄnderung betrifft auch den Teilurlaub und den Zusatzurlaub für behinderte Menschen gem § 125 Abs 1 SGB IX (BAG 23.3.10). Beim Übergang von einer Vollzeit- zu einer Teilzeitbeschäftigung ist zu beachten, dass der in der Zeit der Vollbeschäftigung erworbene Urlaubsanspruch, den der ArbN wegen Erkrankung oder aus anderen Gründen nicht in Anspruch nehmen konnte, nicht reduziert werden darf (EuGH 22.4.10 – C-486/08, NZA 10, 557). Er muss von der finanziellen und der zeitlichen Wertigkeit gleichbleiben (aA BAG 28.4.98 – 9 AZR 314/97, NZA 99, 156). Zu langfristigen Fehlzeiten wegen Beschäftigungsverboten und aufgrund sozialversicherungsrechtlicher Tatbestände s ErfK/*Gallner* § 7 BUrlG Rz 39o.

Das BAG gewährte trotz seiner jahrzehntelangen Rspr **keinen Vertrauensschutz**, da mit **15** Ablauf der Umsetzungsfrist für die ArbeitszeitRL 93/104/EG am 23.11.96, jedenfalls nach Bekanntwerden der Entscheidung des LAG Dü v 2.8.06, eine wesentliche Änderung eingetreten sei, durch die die Vertrauensgrundlage entfallen sei (BAG 19.6.12 – 9 AZR 652/10, BeckRS 2012, 73170; 23.3.10). Diese Rspr ist in der Lit auf scharfe Kritik gestoßen (Übersicht bei ErfK/*Gallner* § 7 BUrlG Rz 39k).

Rechtlich ungeklärt blieb die Frage, ob und ggf wie eine **andere zeitliche Begrenzung 16** als das Kj und den Übertragungszeitraum für den Fortbestand des nicht untergegangenen Urlaubsanspruchs aus den Vorjahren vorgenommen werden kann. Der EuGH hat in der „Schultz-Hoff"-Entscheidung sich zwar mit Art 5 Abs 4 des IAO-Abkommens Nr 132 v 24.6.70 befasst, nicht aber mit der in Art 9 Abs 1 dieses Abkommens enthaltenen Höchstfrist von 18 Monaten. Wäre diese Höchstgrenze anzuwenden, würde der Urlaubsanspruch spätestens 18 Monate nach Ende des Urlaubsjahres erlöschen. Das LAG Hamm hat diese Frage dem EuGH im Wege des Vorabentscheidungsverfahrens vorgelegt (LAG Hamm 15.4.10 – 16 Sa 1176/09, BeckRS 2010, 68282). Durch Urteile v 3.5.12 u 22.11.11 entschied der EuGH, dass Art 7 Abs 1 RL 2003/88/EG einzelstaatlichen Rechtsvorschriften oder Gepflogenheiten wie etwa Tarifverträgen nicht entgegensteht, die die Möglichkeit für einen während mehrerer Bezugsräume in Folge arbeitsunfähiger ArbN, Ansprüche auf bezahlten Jahresurlaub anzusammeln, dadurch einzuschränken, dass sie einen Übertragungszeitraum vorsehen, nach dessen Ablauf der Anspruch erlischt. Ein solcher Übertragungszeitraum müsse die Dauer des Bezugszeitraums jedoch deutlich überschreiten. Ein Zeitraum von 15 Monaten wurde vom EuGH als ausreichend angesehen (EuGH 3.5.12 – C-337/10, BeckRS 2012, 80789; 22.11.11 – C-214/10, NZA 11, 1333). Das BAG legt nunmehr § 7 Abs 3 BUrlG unionsrechtskonform dahingehend aus, dass ArbN, die aus gesundheitlichen Gründen an der Erbringung der Arbeitsleistung gehindert sind, ihre gesetzlichen Urlaubsansprüche nach 15 Monaten nach Ablauf des Urlaubsjahres verlieren (BAG 11.6.13 – 9 AZR 855/11, BeckRS 2013, 72914; 7.8.12 – 9 AZR 353/10, NZA 12, 1216; aA LAG Dü 23.2.12 – 5 Sa 1370/12, BeckRS 2012, 69216; LAG RhPf 22.6.12 – 9 Sa 52/12, BeckRS 2012, 71451; LAG Nds 16.9.11 – 6 Sa 348/11, BeckRS 2011, 77697, die eine gesetzliche Regelung für erforderlich erachten).

Arbeits- oder tarifvertragliche Ausschlussfristen finden auf den wegen dauernder Erkrankung über den Übertragungszeitraum hinaus übertragenen gesetzlichen Urlaub **keine Anwendung**. Der ArbN ist deshalb nicht gezwungen, innerhalb der Verfallfrist Urlaub zu beantragen. Der übertragene Urlaub, der im Jahr der Genesung entsteht, unterliegt den allg urlaubsrechtlichen Regelungen zur Gewährung, Befristung und Übertragung (ErfK/*Gallner* § 7 BUrlG Rz 39g; *Gaul/Bonnani/Ludwig* DB 09, 1013). Der ArbN, der nach längerer Erkrankung an seinen Arbeitsplatz zurückkehrt, muss deshalb seinen Urlaubsanspruch des aktuellen Urlaubsjahres als auch übertragene Urlaubsansprüche bis zum Ende des Kj bzw des Übertragungszeitraums geltend machen, ansonsten verfallen sie (BAG 9.8.11 – 9 AZR 425/10, NZA 12, 29).

4. Übertragung des Urlaubs. a) Allgemeines. Die Übertragung des Urlaubs am Jah- **17** resende auf den bis zum 31. März des Folgejahres dauernden Übertragungszeitraum hängt allein vom Vorliegen der Merkmale in § 7 Abs 3 Satz 2 BUrlG, also davon ab, ob der Urlaub im Kj aus dringenden betrieblichen Gründen oder aus Gründen in der Person des ArbN nicht genommen werden konnte. Für die Übertragung bedarf es keiner weiteren Handlungen von ArbGeb oder ArbN; ein Antrag des ArbN auf Übertragung ist ebenso wenig erforderlich wie eine entsprechende Annahmeerklärung des ArbGeb. Die Übertragung erfolgt **kraft Gesetzes** (BAG 9.8.94 – 9 AZR 346/92, DB 95, 379). Die Ungewissheit, ob das Arbeitsverhältnis im Urlaubsjahr fortbestanden hat, ist kein gesetzlicher Übertragungsgrund (BAG 18.9.01 – 9 AZR 570/00 ZIP 02, 143).

18 Der nach § 5 Abs 1 BUrlG entstandene **Teilurlaubsanspruch** ist unter den Voraussetzungen des § 7 Abs 3 BUrlG auf das erste Quartal des Folgejahres übertragbar. Er geht auf das ganze nächste Kj über, wenn der ArbN dies vor Ablauf des Kj verlangt. Für diesen Übertragungstatbestand bedarf es nicht zusätzlicher betrieblicher oder persönlicher Gründe. Für das Verlangen des ArbN reicht jede Handlung aus, mit der er für den ArbGeb deutlich macht, den Teilurlaub erst im nächsten Jahr nehmen zu wollen. Nicht ausreichend ist, dass der ArbN im Urlaubsjahr darauf verzichtet, einen Urlaubsantrag zu stellen (BAG 29.7.03 – 9 AZR 270/02, NZA 04, 385).

19 **b) Voraussetzungen für die Übertragung.** Da die Übertragung des Urlaubs Rechtsfolge der Nichtgewährung des Urlaubs durch den ArbGeb ist, kann hinsichtlich des für Urlaubsgewährung und -übertragung gleichermaßen geltenden Merkmals „**dringende betriebliche Belange**" (§ 7 Abs 1 BUrlG) bzw „**dringende betriebliche Gründe**" (§ 7 Abs 3 BUrlG) auf die Ausführungen zur *Urlaubsgewährung* Rz 13–17 verwiesen werden. Der Übertragungstatbestand „**persönliche Gründe**" nach § 7 Abs 3 Satz 2 zweite Alternative BUrlG wird durch eine **andauernde Erkrankung** des ArbN erfüllt (BAG 5.12.95 – 9 AZR 871/94, NZA 96, 594). Der Urlaubsanspruch wird jedoch nur übertragen, wenn der ArbN wegen der Erkrankung seinen Urlaub bis zum Ablauf des Urlaubsjahres nicht nehmen kann. Das trifft nicht zu, wenn der ArbN vor Ablauf des Urlaubsjahres wieder arbeitsfähig wird und den Urlaub – wenn auch nur teilweise – verwirklichen könnte. Dann kann er vom ArbGeb Urlaub verlangen. Der Urlaub geht nach § 7 Abs 3 Satz 2 BUrlG nur insoweit auf den Übertragungszeitraum über, als er wegen der Erkrankung nicht mehr vollständig erfüllt werden kann. Ansonsten erlischt der erfüllbare Teil mit Ablauf des Kj (BAG 24.11.92, DB 93, 1423). Die „Schultz-Hoff"-Entscheidung des EuGH v 20.1.09 erfordert keine andere Interpretation des Gesetzes (ErfK/*Gallner* § 7 BUrlG Rz 43). In der Person des ArbN liegende Übertragungsgründe sind ferner **mutterschutzrechtliche Beschäftigungsverbote**, nicht hingegen die Ungewissheit über das Ergebnis des Feststellungsverfahrens vor dem Integrationsamt, ob ein ArbN schwerbehinderter Mensch iSd SGB IX ist.

20 **5. Durchsetzung des Urlaubsanspruchs. a) Allgemeines.** Lehnt der ArbGeb den Urlaubsantrag ab, besteht **kein Recht auf Selbstbeurlaubung.** Nach dem BUrlG ist diese ausgeschlossen, auch wenn das Kj vergeht oder das Ende des Übertragungszeitraums bevorsteht (ErfK/*Gallner* § 7 BUrlG Rz 9). Die Selbstbeurlaubung ist eine Vertragsverletzung, die die Kündigung des Arbeitsverhältnisses rechtfertigen kann (BAG 22.1.98 – 2 AZR 19/97, NZA 98, 708). Der ArbN muss deshalb Klage beim ArbG erheben, wenn der ArbGeb seinen Urlaubswunsch ablehnt.

21 **b) Gerichtliche Geltendmachung.** Der ArbN kann die Gewährung von Urlaub sowohl im Wege der Leistungsklage wie der einstweiligen Verfügung (BAG 20.1.94, DB 94, 1042) verlangen. Im Klageantrag kann der gewünschte Zeitraum benannt werden. Die Klage ist jedoch unzulässig, wenn der vom klagenden ArbN genannte Urlaubstermin bereits verstrichen ist; sie wird unbegründet, wenn der Urlaubstermin im Laufe des Rechtsstreits verstreicht (BAG 18.12.86, DB 87, 1362). Möglich ist auch eine Klage auf Urlaubsgewährung ohne eine bestimmte Zeitangabe (ErfK/*Gallner* § 7 BUrlG Rz 30). Da der Urlaub nach § 894 Abs 1 ZPO erst ab Rechtskraft des Urt als erteilt gilt und der Urlaubsanspruch bis dahin in aller Regel wegen Fristablaufs (§ 7 Abs 3 Satz 1 BUrlG) untergeht, ist effektiver Rechtsschutz nur über den Antrag auf Erlass einer einstweiligen Verfügung möglich. Die einstweilige Verfügung ist zu erlassen, wenn anders eine rechtzeitige Durchsetzung des Urlaubsanspruchs nicht gewährleistet ist, auch wenn dadurch der Urlaubsanspruch nicht nur gesichert, sondern befriedigt wird (LAG RhPf 7.3.02 – 7 Ta 226/02; LAG Hbg 15.9.89, LAGE § 7 BUrlG Nr 26; ErfK/*Gallner* § 7 Rz 32; differenzierend LAG Hamm 31.1.95, LAGE § 7 BUrlG Nr 33: Nur in besonderen Ausnahmefällen, wenn ohne die Einstweilige Verfügung für den ArbN ein wesentlicher Schaden oder ein Verlust des Urlaubsanspruchs eintreten würde).

6. Ersatzurlaubsanspruch bei erfolgloser Geltendmachung. Wird dem ArbN zustehender Urlaub trotz Geltendmachung nicht gewährt, wandelt sich der im Verzugszeitraum verfallene Urlaubsanspruch in einen auf Gewährung von Ersatzurlaub als Naturalrestitution gerichteten Schadensersatzanspruch um (BAG 14.5.13 – 9 AZR 760/11, BeckRS 2013, 71433; BAG 10.5.05 – 9 AZR 251/04, NZA 05, 1432). Eine Entschädigung in Geld ist nur bei späterer Beendigung des Arbeitsverhältnisses möglich. Nichtgewähren von Urlaub liegt vor, wenn der ArbGeb die Urlaubsgewährung nach Geltendmachung durch den ArbN unterlässt oder sich ohne Vorliegen von Leistungshindernissen iSv § 7 Abs 1 Satz 1, Abs 3 BUrlG oder entgegen § 7 Abs 1 Satz 2 BUrlG weigert, den Urlaub festzusetzen (Näheres s *Urlaubsgewährung* Rz 30).

7. Anrechnung auf den Erholungsurlaub. a) Arbeitsunfähigkeit. Bei Erkrankungen während des Urlaubs werden die durch ärztliches Zeugnis nachgewiesenen Zeiten der Arbeitsunfähigkeit gem § 9 BUrlG nicht auf den Jahresurlaub angerechnet. Die Erfüllung des Urlaubsanspruchs ist vom Zeitpunkt der Erkrankung an unmöglich. Der Erholungsurlaub verlängert sich jedoch weder automatisch um die durch Krankheit ausgefallenen Tage, noch ist der ArbN zur eigenmächtigen Verlängerung des Urlaubs berechtigt. Die nicht anzurechnenden Urlaubstage sind dem ArbN nachzugewähren, wenn er wieder zur Erfüllung seiner Arbeitspflichten in der Lage und der Urlaubsanspruch noch nicht durch Fristablauf erloschen ist. Die Nachgewährung kann nur innerhalb der gesetzlichen Befristung erfolgen (BAG 9.6.88, NZA 89, 137), es sei denn, dass der Übertragungszeitraum bei der Genesung des ArbN bereits abgelaufen ist. In diesem Fall erlischt der Urlaubsanspruch ausnahmsweise nicht (s Rz 15 f). Erkrankt der ArbN nach Festlegung des Urlaubszeitraums aber vor Urlaubsantritt und dauert die Erkrankung über den ganzen an sich vorgesehenen Urlaubszeitraum an, muss der Urlaub neu beantragt und vom ArbG erteilt werden, wenn der ArbN zur Erfüllung der Arbeitspflicht wieder in der Lage und der Urlaubsanspruch noch nicht durch Fristablauf erloschen ist. Dauert die vor Beginn des Urlaubs eingetretene Arbeitsunfähigkeit nur einen Teil des Urlaubs an, ist der ArbG nicht verpflichtet, den Urlaub insgesamt neu festzusetzen (ErfK/*Gallner* § 9 BUrlG Rz 8). Die Tage der Arbeitsunfähigkeit werden nach § 9 BUrlG nicht auf den Urlaub angerechnet; im Übrigen verbleibt es bei dem festgesetzten Urlaub.

b) Maßnahmen der medizinischen Vorsorge und Rehabilitation. Sie dürfen nicht auf den Urlaub angerechnet werden, soweit ein Anspruch auf Fortzahlung des Arbeitsentgelts nach den gesetzlichen Vorschriften über die Entgeltfortzahlung im Krankheitsfall besteht (§ 10 BUrlG). Ist der Entgeltfortzahlungsanspruch des § 3 Abs 1 EFZG erloschen, weil der Sechswochenzeitraum verstrichen ist, bleibt der ArbN ohne Vergütungsanspruch wegen der Bewilligung und Durchführung der sozialversicherungsrechtlichen Maßnahme von der Arbeitspflicht befreit. Ihm kann für diesen Zeitraum kein Urlaub gewährt werden.

8. Urlaubsanspruch in nebeneinander bestehenden Arbeitsverhältnissen. Leistet der ArbN in mehreren Teilzeitarbeitsverhältnissen Arbeit, so entsteht **gegenüber jedem ArbGeb ein eigenständiger Urlaubsanspruch.** Der Regelungsbereich des § 6 Abs 1 BUrlG erfasst keine Doppelarbeitsverhältnisse (BAG 21.2.12 – 9 AZR 487/10, NZA 12, 793; ErfK/*Gallner* § 1 BUrlG Rz 18). Für Entstehen und Bestand der Ansprüche ist dabei ohne Bedeutung, dass der ArbN seine Pflichten im neuen Arbeitsverhältnis nur dadurch erfüllen könnte, dass er von seinem weiteren ArbGeb von der Arbeit freigestellt wird (BAG 28.2.91, DB 91, 1987).

9. Urlaubsanspruch bei aufeinander folgenden Arbeitsverhältnissen. In jedem Urlaubsjahr erwirbt der ArbN **nur einmal Anspruch auf Urlaub.** Um Doppelansprüche auszuschließen, enthält § 6 Abs 1 BUrlG die Regelung, dass Anspruch auf Urlaub nicht besteht, soweit dem ArbN für das laufende Kj bereits von einem früheren ArbGeb Urlaub gewährt worden ist.

a) Erfüllung des vorherigen Urlaubsanspruchs. Ist der im früheren Arbeitsverhältnis entstandene Urlaubsanspruch erfüllt worden, ergeben sich keine praktischen Probleme; in dem nachfolgenden Arbeitsverhältnis entsteht kein neuer Urlaubsanspruch. § 6 Abs 1 BUrlG ist ebenfalls anzuwenden, wenn der Urlaub nicht in natura gewährt, sondern gem § 7 Abs 4 BUrlG abgegolten worden ist. Dabei kommt es nicht darauf an, ob die Urlaubsabgeltung zulässiger- oder unzulässigerweise vorgenommen wurde. Der ArbN muss sich die abgegoltenen Urlaubstage auf seinen Urlaub beim nachfolgenden ArbGeb anrechnen lassen

423 Urlaubsanspruch

(ErfK/*Gallner* § 6 BUrlG Rz 3). Hat der ArbN hingegen in beiden Arbeitsverhältnissen nur Teilurlaubsansprüche nach § 5 Abs 1a BUrlG erworben, kommt eine Anrechnung nicht in Betracht, da ausgeschlossen ist, dass der ArbN einen höheren Urlaubsanspruch erwirbt, als nach dem BUrlG vorgesehen. Die Regelung des § 6 Abs 1 BUrlG erfasst nicht den Fall, dass ein ArbN nach einer Kündigung des ArbGeb ein anderweitiges Arbeitsverhältnis eingeht und nachfolgend festgestellt wird, dass die Kündigung unwirksam war. In diesem Fall muss sich der ArbN jedoch in entsprechender Anwendung der §§ 11 Nr 1 KSchG, 615 Satz 2 BGB den ihm vom FolgeArbGeb gewährten Urlaub auf den ihm gegen seinen ArbGeb zustehenden Urlaubsanspruch anrechnen lassen (BAG 21.2.12 – 9 AZR 487/10, NZA 12, 793).

28   **b) Nicht gewährter und nicht abgegoltener Urlaub.** Hat der ArbN weder Urlaub im früheren Arbeitsverhältnis erhalten noch eine Urlaubsabgeltung, entsteht der Urlaubsanspruch im neuen Arbeitsverhältnis ungeschmälert. Der neue ArbGeb kann den Urlaubsanspruch nicht mit der Begründung verweigern, der ArbN soll seinen Abgeltungsanspruch gegenüber dem alten ArbGeb durchsetzen (BAG 28.2.91, DB 91, 1987). Hat der ArbN seinen Abgeltungsanspruch hingegen durchgesetzt, entfällt nachträglich sein Urlaubsanspruch im neuen Arbeitsverhältnis, soweit dieser noch nicht gewährt worden ist. Wurde der Urlaub im neuen Arbeitsverhältnis bereits gewährt, kann der ArbGeb das Entgelt gem §§ 812 ff BGB zurückverlangen (ErfK/*Gallner* § 6 BUrlG Rz 3).

29   **c) Urlaubsbescheinigung.** Um Doppelurlaubsansprüche bei altem und neuem ArbGeb auszuschließen, hat der ArbGeb bei Beendigung des Arbeitsverhältnisses dem ArbN eine Bescheinigung über gewährten oder abgegoltenen Urlaub auszuhändigen (§ 6 Abs 2 BUrlG). Die Urlaubsbescheinigung muss die **Identität** des ArbN, die **Dauer** des Arbeitsverhältnisses im laufenden Kj sowie den im Kj gewährten oder abgegoltenen **Urlaub** enthalten. Dabei ist nicht auf den gesetzlichen Mindesturlaub, sondern auf den tatsächlichen Urlaubsanspruch aufgrund Einzelarbeitsvertrages oder TV abzustellen.

30   Die Urlaubsbescheinigung ist **schriftlich** zu erteilen. Die Verbindung mit einem qualifizierten Zeugnis ist unzulässig, die Verbindung mit einem einfachen Zeugnis zulässig (ErfK/*Gallner* § 6 BUrlG Rz 4). Weigert sich der ArbGeb die Urlaubsbescheinigung zu erteilen, kann der ArbN **Leistungsklage** beim ArbG auf Ausstellung der Urlaubsbescheinigung erheben; es bedarf eines bestimmten Klageantrags, der den Wortlaut der Bescheinigung beinhaltet (MünchArbR/*Düwell* § 80 Rz 20).

Der ArbN ist nicht verpflichtet, die Urlaubsbescheinigung beim neuen ArbGeb vorzulegen. Macht der neue ArbGeb geltend, der ArbN fordere Urlaub doppelt, handelt es sich um eine rechtshindernde Einwendung, die er darzulegen und zu beweisen hat. Den ArbN trifft dabei eine prozessuale Mitwirkungspflicht, die er durch Vorlage der Bescheinigung erfüllen kann (ErfK/*Gallner* § 6 BUrlG Rz 6).

31   **10. Urlaubsanspruch in der Insolvenz.** Der Urlaubsanspruch des ArbN wird durch die Eröffnung des Insolvenzverfahrens nicht berührt, weil er auf eine **Handlung des Schuldners** bezogen ist, das Insolvenzverfahren sich aber nur auf Zahlungsverpflichtungen des Schuldners erstreckt. Der Anspruch ist vom Insolvenzverwalter zu erfüllen, weil er mit Rücksicht auf § 113 InsO das Arbeitsverhältnis mit dem ArbN jeweils bis zum Ablauf der gesetzlichen Kündigungsfrist fortsetzen muss (BAG 18.11.03 – 9 AZR 95/03, DB 04, 1267). Die Ansprüche auf Urlaubsentgelt, zusätzliches Urlaubsgeld und Urlaubsabgeltung sind nach §§ 35 ff InsO zu beurteilen.

32   **11. Urlaubsanspruch bei Betriebsübergang.** Steht fest, dass und zu welchem Zeitpunkt ein Betriebsübergang gem § 613a BGB stattgefunden hat (Näheres hierzu s *Betriebsübergang* Rz 16), ergeben sich für den Urlaubsanspruch des ArbN keine Probleme. Der Betriebserwerber tritt mit dem Zeitpunkt des Betriebsübergangs auch urlaubsrechtlich an die Stelle des bisherigen ArbGeb (§ 613a Abs 1 BGB). Setzt der ArbN das Arbeitsverhältnis mit dem neuen Inhaber des Betriebs fort, hat der Betriebserwerber für die Erfüllung bestehender Urlaubsansprüche einzutreten. Dies gilt auch bei einem Betiebsübergang in der Insolvenz (BAG 18.11.03 – 9 AZR 95/03, DB 04, 1267). Eine erneute Geltendmachung des Urlaubsanspruchs ist nicht erforderlich; ebenso wenig ist der Betriebserwerber als neuer ArbGeb berechtigt, den Urlaub neu festzulegen (MünchArbR/*Düwell* § 80 Rz 24). Ein Ausgleich der Urlaubsansprüche nach den Regeln der Gesamtschuld (§ 426 BGB) zwischen Veräußerer

und Erwerber kommt nicht in Betracht, weil ein Gesamtschuldverhältnis bezogen auf den Freistellungsanspruch nicht besteht (ErfK/*Gallner* § 1 BUrlG Rz 35).

12. Urlaubsanspruch und Beendigung des Arbeitsverhältnisses. Der wegen Beendigung des Arbeitsverhältnisses unmöglich werdende Anspruch auf Arbeitsbefreiung wird gem § 7 Abs 4 BUrlG in einen Abgeltungsanspruch umgewandelt; Einzelheiten s *Urlaubsabgeltung*. 33

B. Lohnsteuerrecht *Seidel*

Arbeitet der ArbN während des Erholungsurlaubs (s oben Rz 4 ff), unterliegt der dabei erzielte Verdienst, wenn er Arbeitslohn darstellt, der LSt. Besonderheiten ergeben sich hierbei nicht. Die ArbGebPflichten hat der betreffende ArbGeb zu erfüllen. In den meisten Fällen wird es sich um eine pauschalierungsfähige Aushilfsbeschäftigung handeln, so dass der Abruf von ELStAM nicht erforderlich ist (s *Teilzeitbeschäftigung* Rz 114 und *Aushilfskräfte* Rz 23 ff). Ansonsten hat der ArbN dem ArbGeb mitzuteilen, dass es sich um ein zweites oder weiteres Dienstverhältnis handelt (§ 39e Abs 4 Nr 2 EStG), für das die Steuerklasse VI anzuwenden ist (s *Lohnsteuerklassen* Rz 11, 18). Zu Schadensersatzleistungen des ArbN (s oben Rz 6) s *Arbeitnehmerhaftung* Rz 27 ff. Zu den Voraussetzungen einer geringfügigen Beschäftigung, die auch neben einer dem allgemeinen LStAbzug unterliegenden Tätigkeit ausgeübt werden kann s *Geringfügige Beschäftigung* Rz 20 ff. 39

C. Sozialversicherungsrecht *Schlegel*

Zu sog Sabbaticals bei Altersteilzeitarbeit s *Altersteilzeit* Rz 24 ff; *Freistellung von der Arbeit* Rz 36 ff; *Urlaubsregelungen* Rz 20 ff. 40

Urlaubsdauer

A. Arbeitsrecht *Röller*

1. Vollurlaub. Der gesetzliche Mindesturlaub beträgt jährlich mindestens **24 Werktage** (§ 3 Abs 1 BUrlG). Werktage sind alle Tage, die nicht Sonn- oder gesetzliche Feiertage sind, also auch Sonnabende (§ 3 Abs 2 BUrlG). Schwerbehinderte Menschen haben Anspruch auf einen bezahlten zusätzlichen Urlaub von fünf Arbeitstagen (§ 125 SGB IX). Der gesetzliche Zusatzurlaub erhöht den individuellen Anspruch des ArbN, nicht nur den gesetzlichen Mindesturlaubsanspruch (BAG 24.10.06 – 9 AZR 669/05, NZA 07, 330). Der gesetzliche Urlaubsanspruch kann weder einzelvertraglich noch tariflich verkürzt werden, jedoch zugunsten des ArbN verlängert werden (§ 13 BUrlG). Eine nach Altersstufen gestaffelte Urlaubsdauer verstößt gegen das Verbot der Diskriminierung und ist unwirksam. Der Verstoß kann für die Vergangenheit nur dadurch beseitigt werden, dass der Urlaubsanspruch für jüngere ArbN nach oben angepasst wird (BAG 30.3.12 – 9 AZR 529/10, NZA 12, 803). 1

a) Regelmäßige Verteilung der Arbeitszeit auf 5 oder weniger Arbeitstage je Woche. Da das BUrlG auf der zum Zeitpunkt seiner Verabschiedung selbstverständlichen 6-Tage-Arbeitswoche beruht, sind bei der Bestimmung der Urlaubsdauer für die heute als Regel gegebene 5-Tage-Woche Arbeitstage und Werktage zueinander rechnerisch in Beziehung zu setzen (BAG 8.5.01 – 9 AZR 240/00, NZA 01, 1254). Die Umrechnung erfolgt in der Weise, dass bei der Verteilung der Arbeitszeit auf weniger als 6 Arbeitstage die Gesamtdauer des Urlaubs durch die Zahl 6 geteilt und mit der Zahl der Arbeitstage einer Woche multipliziert wird (BAG 14.1.92, DB 92, 1889). Für den ArbN, der an 5 Tagen einer Woche arbeitet, ergibt dies einen **Mindesturlaubsanspruch von 20 Arbeitstagen**. Die Umrechnungsformel gilt in gleicher Weise, wenn die **Arbeitszeit des Arbeitnehmers auf regelmäßig weniger als 5 Arbeitstage in der Woche** verteilt ist (Beispiel: 4-Tage-Woche: Urlaubsanspruch $^4/_6$ des Vollurlaubs, mithin 16 Arbeitstage). 2

b) Unregelmäßige Verteilung der Arbeitstage je Woche. Ist die Arbeitszeit eines vollzeitbeschäftigten ArbN nicht regelmäßig auf eine bestimmte Anzahl von Wochentagen verteilt, sondern bspw mal auf vier, mal auf fünf Tage in der Woche, ist die Berechnung auf das Jahr zu beziehen. Das BAG geht in diesem Fall von einer Arbeitsverpflichtung an 3

424 Urlaubsdauer

260 Tagen in der 5-Tage-Woche (52 × 5) und von 312 Werktagen in der 6-Tage-Woche aus, sofern ein TV keine andere Regelung enthält. Gesetzliche Feiertage lässt es unberücksichtigt (BAG 5.11.02 – 9 AZR 470/01, NZA 03, 1167). Bei der Ermittlung der Jahresarbeitstage bleiben auch **Freischichttage,** dh Tage unberücksichtigt, die als Zeitausgleich zur Erreichung der individuellen regelmäßigen Arbeitszeit festgesetzt worden sind (BAG 24.9.96 – 9 AZR 204/95; BAG 8.11.94 – 9 AZR 477/91, DB 95, 1079).

4 Eine Berechnung nach Bruchteilen eines Jahres oder nach Monaten ist möglich, sofern die nicht mit einer Kalenderwoche übereinstimmende Verteilung der regelmäßigen Arbeitszeit eines ArbN bestimmbar ist und sich jeweils monatlich oder in den Bruchteilen des Jahres wiederholt (BAG 8.9.98 – 9 AZR 161/97, DB 99, 694). Maßgebend für die Umrechnung ist der Zeitabschnitt, indem im Durchschnitt die regelmäßige wöchentliche Arbeitszeit erreicht wird. Ist in einem Schichtplan bestimmt, dass die regelmäßige wöchentliche Arbeitszeit im Durchschnitt erst nach 20 Wochen erreicht wird, so ist für die Umrechnung des nach Arbeitstagen bemessenen Urlaubsanspruchs auf diesen Zeitraum abzustellen (BAG 3.5.94, DB 95, 1517). Der tarifliche Urlaubsanspruch eines ArbN im Freischichtenmodell nach dem MTV Modell NRW ist entsprechend seiner Arbeitsverpflichtung in einem halben Jahr umzurechnen (BAG 8.11.94, DB 95, 1079).

5 **c) Teilzeitarbeit.** Bei gleichmäßiger Verkürzung der Arbeitszeit entspricht die Urlaubsdauer des Teilzeitbeschäftigten der des vollbeschäftigten ArbN, beträgt also bei einer 5-Tage-Woche mindestens 20 Arbeitstage (BAG 14.2.91, DB 91, 1987). Bei einer ungleichmäßigen Verteilung gelten die gleichen Grundsätze wie für die Berechnung im Vollzeitarbeitsverhältnis. Für die Ermittlung der Urlaubsdauer ist nach dem BUrlG nur auf die Anzahl der Arbeitstage abzustellen, an denen der ArbN nach seinem Arbeitsverhältnis zur Arbeit verpflichtet ist (BAG 19.4.94, DB 94, 2241; 22.10.91, DB 93, 841). Die Befreiung von der Arbeitspflicht durch Urlaub bemisst sich nicht nach ausgefallenen Arbeitsstunden, sondern allein nach Werk- oder Arbeitstagen mit den jeweils individuell festgelegten Arbeitszeiten (BAG 8.5.01 – 9 AZR 240/00, NZA 01, 1254). Ergeben sich bei der Umrechnung der Urlaubstage Bruchteile von Urlaubstagen, sind sie dem ArbN in diesem Umfang zu gewähren. § 5 Abs 2 BUrlG findet keine Anwendung (BAG 19.4.94, DB 94, 2241).

6 Beim Übergang von einer Vollzeit- zu einer Teilzeitbeschäftigung bleiben die während der Vollzeitbeschäftigung erworbenen Urlaubstage in vollem Umfang erhalten und können nicht gekürzt oder nur mit einem geringeren Entgelt vergütet werden (EuGH 22.4.10 – C-486/08, NZA 10, 557; aA BAG 28.4.98 – 9 AZR 314/97, NZA 99, 156; *Fieberg* NZA 10, 1025). Dies gilt auch dann, wenn die Teilzeitbeschäftigung an weniger Tagen als bisher in der Woche ausgeübt wird (EuGH 13.6.13 – C-415/22, NZA 13, 775).

7 **d) Bedarfsabhängige variable Arbeitszeit.** Beim bedarfsabhängigen Arbeitsverhältnis (§ 12 TzBfG) ist der ArbN unabhängig von seinem Arbeitszeitdeputat für die Dauer des gesetzlichen Mindesturlaubs von 24 Werktagen, bzw nach tariflichen Regelungen für die dort vorgesehene Dauer von der Arbeit freizustellen. Für diese Zeit kann er nicht zur Arbeitsleistung in Anspruch genommen werden (GK-TzA/*Mikosch* Art 1 § 4 Rz 111). Dies gilt jedenfalls, wenn ein repräsentativer Durchschnittswert nicht ermittelt und nicht abgesehen werden kann, in welchem Maße die Arbeitsleistung des ArbN abgerufen werden wird. Grds ist auch beim Bedarfsarbeitsverhältnis von der in Rz 3 dargestellten Formel auszugehen.

8 **2. Teilurlaub.** Wenn der ArbN im laufenden Urlaubsjahr wegen Nichterfüllung der Wartezeit keinen vollen Urlaubsanspruch erwirbt (§ 5 Abs 1a BUrlG), er vor erfüllter Wartezeit (§ 5 Abs 1b BUrlG) oder nach erfüllter Wartezeit in der ersten Hälfte eines Kj (§ 5 Abs 1c BUrlG) aus dem Arbeitsverhältnis ausscheidet, hat er Anspruch auf **ein Zwölftel** des Jahresurlaubs **für jeden vollen Monat des Bestehens des Arbeitsverhältnisses.** Maßgebend ist der rechtliche Bestand des Arbeitsverhältnisses.

9 Ergeben sich bei der Berechnung des Teil- oder des gekürzten Vollurlaubs (§ 5 Abs 1a–c BUrlG) **Bruchteile von Urlaubstagen,** die mindestens einen halben Tag ergeben, sind sie gem § 5 Abs 2 BUrlG auf volle Urlaubstage **aufzurunden.** Bruchteile von Urlaubstagen nach § 5 Abs 1 BUrlG, die nicht nach § 5 Abs 2 BUrlG aufgerundet werden müssen, sind dem ArbN entsprechend ihrem Umfang durch Befreiung von der Arbeitspflicht zu gewähren oder nach dem Ausscheiden aus dem Arbeitsverhältnis abzugelten (BAG 26.1.89, DB 89, 2129). § 5 Abs 2 BUrlG gilt nicht für Bruchteile von vollen Urlaubstagen, die sich bei der

Umrechnung der Urlaubsdauer bei flexibler Arbeitszeit und Teilzeitarbeit ergeben können (BAG 9.8.94 – 9 AZR 384/92, NZA 95, 174).

Scheidet der ArbN nach erfüllter Wartezeit in der **zweiten Jahreshälfte** aus, behält er seinen **vollen Jahresurlaubsanspruch** (BAG 20.1.09 – 9 AZR 650/07, AP Nr 91 zu § 7 BUrlG Abgeltung; 14.3.89, DB 89, 1730). Eine Zwölftelung des Urlaubsanspruchs wäre nach § 13 Abs 1 Satz 1 iVm § 3 Abs 1 BUrlG unzulässig (BAG 24.10.2000 – 9 AZR 610/99, NZA 01, 663). **10**

Hat der ArbN bei Ausscheiden in der ersten Jahreshälfte bereits Urlaub über den ihm nach der Kürzung zustehenden Umfang hinaus erhalten, so **kann** das dafür **gezahlte Urlaubsentgelt nicht zurückgefordert werden** (§ 5 Abs 3 BUrlG). **11**

3. Einzelfälle zur Berechnung der Urlaubsdauer. a) Gesetzliche Feiertage werden nach § 3 Abs 2 BUrlG nicht auf den Urlaub angerechnet. Gelten nach den jeweiligen Ländergesetzen für Wohnort, Beschäftigungsort und Betriebssitz verschiedene Feiertagsregelungen, so kommt es auf das Recht am Ort des Arbeitsverhältnisses an, der idR dem Betriebssitz entspricht. Arbeitet der ArbN nicht am Betriebssitz, ist das Recht des Arbeitsortes, dh desjenigen Ortes maßgeblich, an dem der ArbN seinen tatsächlichen Tätigkeitsschwerpunkt hat (*Schaub* § 107). Besteht für den ArbN an Sonn- und Feiertagen ausnahmsweise eine Arbeitspflicht, sind sie urlaubsrechtlich als Werktage zu behandeln. Sie sind in den Urlaub einzubeziehen und auf den Urlaubsanspruch anzurechnen. Der ArbN hat Anspruch auf Urlaubsentgelt für diese Urlaubstage (ErfK/*Gallner* § 3 BUrlG Rz 11). **12**

b) Arbeitsfreie Tage, die der ganzen Belegschaft unter Fortzahlung der Vergütung freigegeben werden, sind nicht auf den Urlaub eines ArbN anzurechnen. Da an einem arbeitsfreien Tag keine Arbeitspflicht besteht, kann ein ArbN von ihr auch nicht durch Urlaubsgewährung befreit werden (BAG 27.1.87, DB 87, 1151). **13**

c) Staffelung des Urlaubs nach Alter und Beschäftigungsjahren. Eine nach Altersstufen gestaffelte Urlaubsdauer stellt eine Altersdiskriminierung dar und ist gem § 7 Abs 2 AGG iVm § 134 BGB unwirksam (BAG 20.3.12 – 9 AZR 529/10, NZA 12, 803). **14**

d) Nachurlaub bei im Urlaub eingetretener Arbeitsverhinderung aus persönlichen Gründen (§ 616 Abs 1 BGB) ist nicht zu erteilen (BAG 1.8.63, DB 63, 1579; 11.1.66, BB 66, 369). Zeiten, für die der ArbN das Vorliegen persönlicher Verhinderungsgründe angezeigt hat und die bereits zum Zeitpunkt der Urlaubserteilung bekannt waren, dürfen nicht als Urlaubstage erteilt oder angerechnet werden; dem ArbN steht hinsichtlich der Festlegung des Urlaubs auf solche Tage ein Annahmeverweigerungsrecht zu (s auch *Urlaubsgewährung* Rz 10). Mit Rücksicht auf den im ArbPlSchG verfolgten Zweck hat das BAG (AP Nr 1 zu § 12 ArbPlSchG) für einen Musterungstag (§ 12 ArbPlSchG) den ArbGeb zur Nachgewährung eines Urlaubstages verpflichtet. **15**

e) Streiktage können auf den Urlaub nicht angerechnet werden, wenn der ArbN am Arbeitskampf teilnimmt. Eine Unterbrechung des bereits bewilligten Urlaubs tritt während eines Streiks nicht ein. Der ArbGeb ist zur Fortzahlung des Urlaubsentgelts für die während der Streiktage in Urlaub befindlichen ArbN verpflichtet (BAG 9.2.82, DB 82, 1328). **16**

f) Krankheit. Erkrankt der ArbN während des Urlaubs, so können die durch ärztliches Zeugnis nachgewiesenen Tage der Arbeitsunfähigkeit nicht auf den Urlaub angerechnet werden (s *Urlaubsgewährung* Rz 21). **17**

g) Maßnahmen der medizinischen Vorsorge oder Rehabilitation dürfen nicht auf den Urlaub angerechnet werden, soweit ein Anspruch auf Fortzahlung des Arbeitsentgelts nach den gesetzlichen Vorschriften über die Entgeltfortzahlung im Krankheitsfalle besteht (§ 10 BUrlG). Dies gilt auch für den Fall, dass zunächst Urlaub gewährt worden ist und danach für diesen Zeitraum ganz oder teilweise eine medizinische Maßnahme bewilligt und durchgeführt wird (ErfK/*Gallner* § 10 BUrlG Rz 10). Wird durch Tarifvertrag, Betriebsvereinbarung oder Einzelarbeitsvertrag der Anspruch auf Entgeltfortzahlung erweitert, kann der ArbGeb für die die Entgeltfortzahlungspflicht überschießende Dauer der Maßnahme keinen Urlaub gewähren, weil die Arbeitsunfähigkeit fortbesteht. Abweichendes kann jedoch von den Arbeitsvertragsparteien, auch nachträglich, vereinbart werden. **18**

h) Verschuldete oder unverschuldete Fehlzeiten können nicht auf den Urlaub angerechnet werden. Grds ist jede Form der nachträglichen einseitigen Anrechnung von Ereignissen auf Urlaubsansprüche nicht statthaft. Soweit der gesetzliche Mindesturlaubsanspruch **19**

nicht beeinträchtigt wird, können tarifvertragliche Regelungen eine Anrechnung von Fehlzeiten auf den tariflichen Mehrurlaub vorsehen (*Natzel* § 3 Rz 42).

20 **i) Elternzeit/Mutterschutz.** Der Erholungsurlaub kann für jeden vollen Urlaubsmonat des Erziehungsurlaubs um $1/12$ gekürzt werden; dies gilt nicht, wenn der ArbN während des Erziehungsurlaubs bei seinem ArbGeb Teilzeitarbeit leistet (§ 17 Abs 1 BEEG). Hat der ArbN den ihm zustehenden Urlaub vor dem Beginn des Erziehungsurlaubs nicht oder nicht vollständig erhalten, so hat der ArbGeb den Resturlaub nach dem Erziehungsurlaub im laufenden oder im nächsten Urlaubsjahr zu gewähren (§ 17 Abs 2 BEEG); kann der Resturlaub wegen der Inanspruchnahme eines zweiten Erziehungsurlaubs nicht genommen werden, wird er auf die Zeit nach der weiteren Elternzeit übertragen (20.5.08 – 9 AZR 219/07, NZA 08, 1237). Der ArbGeb ist nicht verpflichtet, dem ArbN/der ArbNin vor Antritt des Erziehungsurlaubs mitzuteilen, dass er den Erholungsurlaub anteilig kürzen will (BAG 28.7.92, BB 93, 221). Nach § 17 MuSchG gelten für den Anspruch auf bezahlten Erholungsurlaub und dessen Dauer die Ausfallzeiten wegen mutterschutzrechtlicher Beschäftigungsverbote als Beschäftigungszeiten. Die Frau, die ihren Urlaub vor Beginn der Beschäftigungsverbote nicht oder nicht vollständig erhalten hat, kann ihren Resturlaub nach Ablauf der Fristen im laufenden oder nächsten Urlaubsjahr beanspruchen (BAG 17.5.11 – 9 AZR 197/10, BeckRS 2011, 75611).

21 **j)** Während einer **Transferkurzarbeit** können die Urlaubsansprüche für Kurzarbeiter pro rata temporis angepasst werden (EuGH 8.11.12 – C-229/11, NZA 12, 1273).

22 **4. Mitbestimmung des Betriebsrats.** Die Dauer des Urlaubsanspruchs unterliegt gesetzlicher, tariflicher und/oder arbeitsvertraglicher Regelung und ist dem Mitbestimmungsrecht des BRat nicht unterworfen. Die konkrete Berechnung der Urlaubsdauer ist nicht als allgemeiner Urlaubsgrundsatz iSv § 87 Abs 1 Nr 5 BetrVG zu verstehen, auch wenn die Umrechnung des Urlaubs in Arbeitstage infolge einer mitbestimmten Arbeitszeitregelung nach § 87 Abs 1 Nr 2 BetrVG erforderlich geworden ist. § 87 Abs 1 Nr 2 BetrVG räumt dem BRat insoweit nur das Recht ein, die Verteilung der gesetzlich, tariflich oder arbeitsvertraglich vorgegebenen Arbeitszeit auf die einzelnen Wochentage mitzubestimmen. Eine weitergehende Kompetenz des BRat, Auswirkungen dieser Arbeitszeitverteilung auf den Urlaubsanspruch des einzelnen ArbN mitzuregeln, folgt daraus nicht. Urlaubsgrundsätze iSv § 87 Abs 1 Nr 5 BetrVG betreffen nur die kollektive Umsetzung des Urlaubs auf das Urlaubsjahr, zB die nach sozialen Kriterien festzulegenden Richtlinien für die urlaubsmäßige Behandlung bestimmter Personengruppen in der Belegschaft oder die vom ArbGeb bei der Urlaubsgewährung zu berücksichtigenden Verfahren zur Urlaubsverteilung (BAG 14.1.92, DB 92, 1889).

23 **5. Unabdingbarkeit.** Gem § 13 Abs 1 BUrlG kann von der Bestimmung des § 3 Abs 1 BUrlG über die Urlaubsdauer weder durch Tarifvertrag noch durch Einzelarbeitsvertrag zu Ungunsten des ArbN abgewichen werden.

B. Lohnsteuerrecht
Seidel

24 Lohnsteuerrechtlich ist die Urlaubsdauer ohne Bedeutung.

C. Sozialversicherungsrecht
Schlegel

25 Zum Versicherungsschutz während des Urlaubs vgl *Urlaubsregelungen* Rz 20 ff; *Freistellung von der Arbeit* Rz 36 ff. Zu sog Sabbaticals bei Altersteilzeitarbeit s *Altersteilzeit* Rz 24 ff.

Urlaubsentgelt

A. Arbeitsrecht
Röller

1 **1. Allgemeines.** Der ArbN hat nach § 1 BUrlG in jedem Kalenderjahr einen Anspruch auf bezahlten Erholungsurlaub. Für die **Dauer des gesetzlichen Mindesturlaubs** wird der **Anspruch auf Vergütung** aufrechterhalten (BAG 19.6.12 – 9 AZR 712/10, NZA 12, 1227). In Folge der Freistellung ausgefallene Soll-Arbeitsstunden sind in ein Arbeitszeitkonto

als Ist-Stunden einzustellen. Eine hiervon abweichende vertragliche Regelung verstößt gegen § 13 Abs 1 BUrlG und ist unwirksam (BAG 19.6.12). Kann Urlaub mangels bestehender Arbeitspflicht nicht gewährt werden, besteht auch kein Anspruch auf Urlaubsentgelt (BAG 19.4.94, BB 94, 1569).

2. Bemessung des Urlaubsentgelts. Das Urlaubsentgelt bemisst sich nach dem durchschnittlichen Arbeitsverdienst, den der ArbN in den letzten 13 Wochen vor Beginn des Urlaubs erhalten hat mit Ausnahme des zusätzlich für Überstunden gezahlten Arbeitsverdienstes (§ 11 Abs 1 BUrlG). Damit sind die als Zuschläge bezeichneten Zusatzleistungen des ArbGeb gemeint – also die „Mehrbezahlung" der Überstunden – nicht jedoch der Anspruch, dass den ArbN die ausfallenden Überstunden in gleicher Weise wie die sonstigen ausfallenden Arbeitsstunden zu vergüten sind (BAG 22.2.2000 – 9 AZR 107/99, NZA 01, 268; 9.11.99 – 9 AZR 771/98, SAE 01, 91 mit Anm *Boemke*). 2

Die **Berechnungsregelung** des § 11 Abs 1 BUrlG enthält die gesetzliche Grenze für die Auslegung des Begriffs „bezahlt" iSv § 1 BUrlG. Die Tarifvertragsparteien sind nicht befugt, für den gesetzlichen Mindesturlaub von der nach § 1 BUrlG fortbestehenden Lohnzahlungspflicht abzuweichen. Daran ändert nichts, dass § 11 in § 13 BUrlG nicht genannt ist. Mit Rücksicht auf die in § 1 BUrlG festgeschriebene Lohnfortzahlungspflicht sind tarifliche Regelungen, die von § 11 Abs 1 BUrlG abweichen, nur zulässig, wenn damit gewährleistet ist, dass für den gesetzlichen Mindesturlaub der Lohnanspruch in dem durch § 11 Abs 1 BUrlG gegebenen Rahmen erhalten bleibt. Die Tarifvertragsparteien sind zwar frei, jede von ihnen als angemessen erscheinende Berechnungsmethode für das während des Urlaubs fortzuzahlende Entgelt zu vereinbaren. Die Methode muss aber geeignet sein, ein Urlaubsentgelt sicherzustellen, wie es der ArbN bei Weiterarbeit ohne Freistellung hätte erwarten können (BAG 15.12.09 – 9 AZR 887/08, BeckRS 2010, 67193; 22.1.02). Bei der Prüfung, ob eine Regelung des Urlaubsentgelts günstiger ist als die gesetzliche, sind weder das Urlaubsgeld noch eine gegenüber dem Gesetz höhere Anzahl von Urlaubstagen in den Günstigkeitsvergleich einzubeziehen (BAG 22.1.02). Für den gesetzlichen Urlaub richtet sich die Dauer der während des Urlaubs weiter zu vergütenden Arbeitszeit nach der Dauer der Arbeitszeit, die konkret während der Urlaubszeit ausgefallen ist (BAG 7.7.88, DB 88, 2315; zur Urlaubsvergütung im Freischichtmodell in der Metallindustrie NRW BAG 8.11.94, DB 95, 1079; *Leinemann* BB 98, 1414; in der Papierindustrie BAG 24.9.96 – 9 AZR 204/95, NZA 97, 555). 3

a) **Berechnungszeitraum.** Der 13-wöchige Bezugszeitraum ist entsprechend §§ 188 Abs 2, 187 Abs 1 BGB **vom Urlaubsbeginn an** zurückzurechnen. Hat der ArbN **noch keine 13 Wochen** gearbeitet, ist der gesamte Zeitraum vom Beginn des Arbeitsverhältnisses bis zum Urlaubsanfang zugrunde zu legen (ErfK/*Gallner* § 11 UrlG Rz 15). 4

b) **Arbeitsverdienst.** Zu berücksichtigen – mit Ausnahme der Mehrbezahlung für Überstunden – ist die gesamte Vergütung unter Einschluss aller Lohnbestandteile, die dem ArbN mit Bezug zum Umfang der tatsächlich erbrachten Arbeitsleistung im jeweiligen Bezugszeitraum gezahlt werden. Lohnbestandteile, die dem ArbN zwar aufgrund seines Arbeitsvertrages und den diesen ergänzenden Regelungen zustehen, mit denen aber nicht die Arbeitsleistung im Berechnungszeitraum abgegolten werden, bleiben daher nach § 11 Abs 1 BUrlG unberücksichtigt. Diese Leistungen erhält der ArbN unabhängig davon, ob er Urlaub nimmt oder nicht (BAG 17.1.91, DB 91, 1937). Ausgehend von diesem Grundsatz zählen zum Arbeitsverdienst: **Zulagen** mit Bezug zur Arbeitsleistung wie **Schmutz-, Gefahren-, Nacht-** (BAG 12.1.89, DB 89, 2174) und **Auslandszulagen** sowie bei Lizenzspielern der Bundesliga gezahlte **Einsatz- und Spiel-**(Punkt-)**prämien** (BAG 23.4.96, NZA 96, 1207; 6.12.95, BB 96, 699: 24.11.92, NZA 93, 750); **Vergütungen für Bereitschaftsdienst und Rufbereitschaft** (BAG 24.10.2000 – 9 AZR 634/99, NZA 01, 449 und 684/95, DB 01, 822; 20.6.2000 – 9 AZR 437/99, NZA 01, 625); Sachbezüge wie **Kost, Deputatkohle, Freibier,** soweit sie nicht während des Urlaubs weitergewährt werden (*Schaub* § 102 VI 3); **Nahauslösungen,** soweit sie zu versteuern sind (BAG 10.3.88, DB 88, 2368). **Erfolgsabhängige Vergütungen** (Akkord, Prämien, Provisionen), soweit sie von tatsächlicher Arbeitsleistung abhängig sind und nicht ohnehin während des Urlaubs weitergezahlt werden. Für die Berechnung sind alle **Provisionsleistungen** zu berücksichtigen, die ein Handlungsgehilfe für die Vermittlung oder den Abschluss von Geschäften vertragsgemäß erhält. Ist 5

425 Urlaubsentgelt

vereinbart, dass der ArbGeb auf die erwarteten Provisionen monatlich Vorschüsse leistet und später abrechnet, richtet sich die Höhe des Urlaubsentgelts nach dem Betrag, der dem ArbN bei Anwendung der Fälligkeitsbestimmung des § 87a HGB zugestanden hätte. Zugrunde zu legen sind mithin die nach der endgültigen Abrechnung in den letzten drei vollen Kalendermonaten vor Urlaubsbeginn tatsächlich verdienten Provisionen (BAG 11.4.2000 – 9 AZR 266/99, NZA 01, 153). Sind dem ArbN im Bezugszeitraum Vergütungen ohne Rechtsgrund geleistet worden, so ist der ArbGeb berechtigt, dies bei der Bemessung des Urlaubsentgelts zu berücksichtigen (BAG 12.12.2000 – 9 AZR 508/99, NZA 01, 514).

6   **Nicht zum Arbeitsverdienst** zählen Vergütungsbestandteile ohne Bezug zur Arbeitsleistung, bzw alle Vergütungsbestandteile, die ungeachtet des Urlaubs ohnehin fortgezahlt werden, wie: **Gewinn-** und **Umsatzbeteiligungen** sowie **Gratifikationen,** die für das gesamte Jahr gezahlt werden (vgl BAG 14.3.66, DB 66, 948); **einmalige tarifliche Ausgleichszahlungen** (BAG 21.7.88, DB 89, 181; 17.1.91, DB 91, 1937), **Erfindervergütungen** (*Natzel* § 11 Rz 39), einmalige Zuwendungen wie **Weihnachtsgeld, 13. Monatsgeld, Treueprämie, Jubiläumsgeld** ua (BAG 22.1.02 – 9 AZR 601/00, DB 02, 1835), **vermögenswirksame Leistungen** (BAG 17.1.91, DB 91, 1937), **Aufwandsentschädigungen** (BAG 9.12.65, DB 66, 306), es sei denn, dass sie ein verstecktes Entgelt enthalten oder der Aufwand auch während des Urlaubs anfällt (*Schaub* § 102 VI 3; MünchArbR/*Düwell* § 79 Rz 43), **Fernauslösungen** (BAG 28.1.82 – 6 AZR 911/78, DB 82, 1331; **Bezirksprovisionen** iSv § 87 Abs 2 HGB (BAG 11.4.2000 – 9 AZR 266/99, NZA 01, 153). **Trinkgelder,** die dem Bedienungspersonal in Hotels und Gaststätten von den Gästen freiwillig gegeben werden, gehören jedenfalls bei Fehlen einer besonderen arbeitsvertraglichen Vereinbarung für Zeiten des Urlaubs nicht zum vom ArbGeb fortzuzahlenden Arbeitsentgelt (BAG 28.6.95, BB 96, 164).

7   **c) Verdiensterhöhungen.** Sind sie während des Berechnungszeitraums oder des Urlaubs eingetreten, sind sie zu berücksichtigen, wenn sie nicht nur vorübergehend gewährt werden (§ 11 Abs 1 Satz 2 BUrlG). Verdiensterhöhungen können eintreten in Folge Erhöhung des Tariflohns, Verlängerung der Arbeitszeit, beim Übergang von Teilzeit- zur Vollzeitarbeit (BAG 21.5.70, DB 70, 1791, 2084), beim Aufstieg in eine höhere Vergütungsgruppe oder bei Übergang von einem Ausbildungs- in ein Arbeitsverhältnis (BAG 29.11.84, DB 85, 1746). Sofern der ArbGeb die Verdiensterhöhung teilweise oder vollständig auf bisher gewährte übertarifliche Vergütungen wirksam anrechnet, wird nur die verbleibende tatsächliche Erhöhung berücksichtigt (BAG 17.11.98 – 9 AZR 431/97, BB 99, 1224). Wie Erhöhungen, die während des Urlaubs eintreten, zu behandeln sind, ist strittig. S hierzu MünchArbR/*Düwell* § 79 Rz 34; ErfK/*Gallner* § 11 BUrlG Rz 22.

8   **d) Verdienstkürzungen.** Hat der ArbN während des Bezugszeitraums infolge Kurzarbeit, Arbeitsausfällen – bspw Betriebsunterbrechungen wegen Rohstoffmangels oder Maschinenstillstands, die dem Wirtschaftsrisiko des ArbGeb zuzurechnen sind (MünchArbR/*Düwell* § 79 Rz 36) – oder unverschuldeten Arbeitsversäumnisses (Arbeitsausfall, Krankheit) nicht gearbeitet und damit auch keinen Verdienst erhalten, so bleiben diese Zeiten bei der Entgeltberechnung außer Betracht (§ 11 Abs 1 Satz 3 BUrlG).

9   **e) Berechnungsformel für Urlaubsentgelt.** Diese lautet, bezogen auf die dem BUrlG zugrunde liegende Arbeitswoche mit sechs Arbeitstagen (Werktagen): Gesamtarbeitsverdienst der letzten 13 Wochen vor Urlaubsbeginn (abzüglich Mehrarbeitsvergütung), geteilt durch 78 Arbeitstage (Werktage) = Urlaubsentgelt je Urlaubstag (*Natzel* § 11 Rz 50; *Schaub* § 102 VI 3), multipliziert mit der Anzahl der Urlaubstage, ergibt das insgesamt zu zahlende Urlaubsentgelt. Bei der Fünf-Tage-Woche ist der Gesamtarbeitsverdienst der letzten 13 Wochen entsprechend durch 65 Arbeitstage zu teilen, um das Urlaubsentgelt für jeden dem ArbN individuell zustehenden Urlaubstag zu ermitteln.

10   Bei gleichmäßig verkürzter Arbeitszeit (Beispiel: 4 Stunden Arbeitszeit an fünf Tagen der Woche) in einem **Teilzeitarbeitsverhältnis** kann diese Formel, angepasst ggf auf die Anzahl der tatsächlichen Arbeitstage pro Woche (s hierzu *Urlaubsdauer* Rz 2), ebenfalls unproblematisch angewendet werden. Sind die **Arbeitszeiten gleich bleibend unterschiedlich** für die einzelnen Arbeitstage festgelegt (Beispiel: Montag 5 Stunden, Dienstag 3 Stunden, Mittwoch 3 Stunden, Donnerstag 5 Stunden; 4 Arbeitstage pro Woche), ist der durchschnittliche Arbeitsverdienst der letzten 13 Wochen vor Urlaubsbeginn durch die Anzahl der in diesem Zeitraum tatsächlich geleisteten Arbeitsstunden zu teilen (im Beispielsfall durch 208 Stun-

den). Der sich daraus ergebende Durchschnittsstundensatz ist mit der Zahl der am jeweiligen Urlaubstag ausgefallenen Arbeitsstunden zu multiplizieren (Beispielsfall: Montag 5 Stunden; Dienstag 3 Stunden usw). Daraus ergibt sich das für den jeweiligen Urlaubstag zu zahlende Urlaubsentgelt. Zur Berechnung des Urlaubsentgelts bei Teilzeitbeschäftigten mit Jahresarbeitszeit BAG 5.9.02 – 9 AZR 244/01, DB 03, 1521.

Für den gesetzlichen Urlaub gilt, dass die Dauer der während des Urlaubs weiter zu vergütenden Arbeitszeit sich nach der Dauer der Arbeitszeit richtet, die konkret während der Urlaubszeit ausgefallen ist. Bei gleich bleibender Arbeitszeit während des Bezugszeitraums und der durch Urlaub ausgefallenen Arbeitszeit wie im Beispielsfall hat diese notwendige Unterscheidung keine praktische Bedeutung, weil beide Zeiten gleich sind (BAG 7.7.88, DB 88, 1498, 2315). 11

Anders verhält es sich jedoch bei **flexibel variabler Arbeitszeit.** Beispielsfall: Die wöchentliche Arbeitszeit muss bei möglicher ungleichmäßiger Verteilung auf fünf Werktage in der Woche im Durchschnitt von zwei Monaten erreicht werden (BAG 7.7.88, DB 88, 1498, 2315). Dann können die Arbeitszeit im Bezugszeitraum und die durch den Urlaub ausgefallene Arbeitszeit unterschiedlich sein. **Maßgeblich für die Berechnung der Urlaubsvergütung** ist dann für die zu bezahlende Urlaubszeit **die in Folge der Urlaubsgewährung ausgefallene Arbeitszeit** (BAG 7.7.88, DB 88, 1498, 2315). Die auf **Stundenbasis umgerechnete Berechnungsformel** ist auch für den Fall der flexiblen variablen Arbeitszeit **anzuwenden.** Der Unterschied zur gleich bleibend unterschiedlichen Arbeitszeit besteht lediglich darin, dass die in der Urlaubszeit ausgefallenen Arbeitsstunden nicht feststehen, sondern tatsächlich zu ermitteln sind. Es muss daher festgestellt werden, wieviel Arbeitszeit jeweils im Urlaub ausfällt. Das BAG (7.7.88, DB 88, 1498, 2315) hat im Beispielsfall angenommen, dass sich für die Bezahlung der Urlaubszeit insgesamt ein Betrag ergibt, welcher der Vergütungspflicht für eine tarifliche Arbeitszeit von 38,5 Stunden wöchentlich entspricht. 12

f) **Urlaubsentgelt eines Betriebsratsmitglieds.** Für die Berechnung sind bei der Ermittlung des durchschnittlichen Arbeitsverdienstes auch die im Referenzzeitraum erfolgten Ausgleichszahlungen nach § 37 Abs 3 Satz 2 Hs 2 BetrVG zu berücksichtigen (BAG 11.1.95, BB 95, 1542). Bleiben nach einer Tarifbestimmung Verdienstkürzungen bei unverschuldeter Arbeitsversäumnis für die Berechnung der Urlaubsvergütung außer Betracht, greift sie auch für ein BRatMitglied, das sich im maßgeblichen Referenzzeitraum für die Erledigung von BRatTätigkeiten zwar abgemeldet, jedoch nähere Angaben zur Begründung seines Entgeltfortzahlungsanspruchs unterlassen hat (BAG 15.3.95 – 7 AZR 643/94, NZA 95, 961). 13

3. Fälligkeit des Urlaubsentgelts, Verjährung und Verfall. Das Urlaubsentgelt ist ohne Rücksicht darauf, wann sonst die Vergütung fällig ist, **vor Antritt des Urlaubs** auszuzahlen (§ 11 Abs 2 BUrlG). Diese Fälligkeitsregel gilt für alle ArbN. Nur in Tarifverträgen ist eine Abweichung zuungunsten der ArbN möglich. Wird das Urlaubsentgelt verspätet gezahlt, kann der ArbGeb schadensersatzpflichtig werden (MünchArbR/*Düwell* § 79 Rz 11). Der Anspruch auf Urlaubsentgelt verjährt als Lohnanspruch des ArbN nach § 195 BGB in drei Jahren. Er unterliegt arbeits- und tarifvertraglichen Ausschlussfristen (BAG 22.1.02 – 9 AZR 601/00, NZA 02, 1041). 14

4. Pfändbarkeit, Vererblichkeit, Unabdingbarkeit. Urlaubsentgelt ist als Arbeitsentgelt, das auch während des Urlaubs weiter zu zahlen ist, ebenso wie dieses und im gleichen Umfang **pfändbar.** Es gelten die allgemeinen Pfändungsschutzbestimmungen der §§ 850 ff ZPO (BAG 20.6.2000 – 9 AZR 405/99, DB 2000, 2327). Der Anspruch auf Urlaubsentgelt ist **vererblich,** soweit er im Zeitpunkt des Todes des ArbN besteht und noch nicht erfüllt ist. Der Urlaubsentgeltanspruch ist im Umfang des gesetzlichen Urlaubs ebenso wie der Urlaubsanspruch **unabdingbar** und unverzichtbar. Der ArbN kann weder vorab, noch nach der Freistellungserklärung, noch nachträglich auf das Urlaubsentgelt verzichten (ErfK/*Gallner* § 11 BUrlG Rz 33). 15

5. Rückzahlung zu viel erhaltenen Urlaubsentgelts. § 5 Abs 3 BUrlG enthält eine Sondervorschrift zum Bereicherungsrecht (BAG 23.4.96, DB 96, 2391). Hat der ArbN bei einem Ausscheiden innerhalb des Kalenderjahres bereits mehr Urlaubsentgelt erhalten als ihm zustand, kann dieses nicht nach § 812 BGB zurückgefordert werden. Hat der ArbN den Urlaub bereits angetreten, der ArbGeb aber entgegen § 11 BUrlG das Urlaubsentgelt noch 16

426   Urlaubsgeld

nicht gezahlt und tritt nun ein Kürzungstatbestand ein, besteht kein Anspruch auf die (volle) Zahlung. § 5 Abs 3 BUrlG verschafft dem ArbN keinen Anspruch, sondern soll ihn nur vor der Rückzahlung des Urlaubsentgelts nach Inanspruchnahme der Freizeit schützen (ErfK/ *Gallner* § 5 BUrlG Rz 18). Von § 5 Abs 3 BUrlG kann durch Tarifvertrag zu Ungunsten des ArbN abgewichen werden (BAG 23.1.96 – 9 AZR 554/93, NZA 96, 1101).

B. Lohnsteuerrecht *Seidel*

19   Der während des Urlaubs weitergezahlte Arbeitslohn (Lohnfortzahlung im Urlaub) ist steuerrechtlich wie das während der Beschäftigungszeit gezahlte Entgelt als laufender stpfl Arbeitslohn zu behandeln. Sind im Urlaubsentgelt Zuschläge für Sonn-, Feiertags- oder Nachtarbeit enthalten, entfällt eine Steuerfreiheit gem § 3b EStG, da eine tatsächliche Arbeitsleistung zu den begünstigten Zeiten nicht vorliegt (s *Sonn- und Feiertagsarbeit* Rz 29). Zur Rückzahlung des Urlaubsentgelts (s oben Rz 17) s *Entgeltrückzahlung* Rz 17 ff.

C. Sozialversicherungsrecht *Schlegel*

20   **1. Beitragsrecht.** Sozialversicherungsrechtlich bestehen für das Urlaubsentgelt, dh für das für die Dauer eines bezahlten Urlaubs gezahlte Entgelt, keine Besonderheiten. (Zur Berechnung des Urlaubsentgelt s *Urlaubsentgelt* Rz 3 ff.). Es ist leistungsrechtlich und beitragsrechtlich wie reguläres, **laufend gezahltes Arbeitsentgelt** zu behandeln (BSG 13.5.87 – 7 RAr 7/86, SozR 4100 § 112 Nr 30, S 43). Es unterscheidet sich damit maßgeblich vom zusätzlich zum Urlaubsentgelt gewährten *Urlaubsgeld* und von der *Urlaubsabgeltung,* die den leistungs- und beitragsrechtlichen Vorschriften über einmalig gezahltes Arbeitsentgelt unterliegen.

21   **2. Einzelfälle der Berechnung von Lohnersatzleistungen. a) Unterhaltsgeld.** Das Urlaubsentgelt ist nicht Teil des Entgelts für in der Vergangenheit geleistete Dienste; ihm steht keine Gegenleistung des ArbN in einem bestimmten Zeitraum gegenüber. Es wird stets für den Zeitraum des Urlaubs gewährt. Dementsprechend hat das BSG im Falle einer Bildungsmaßnahme, die während des Urlaubs durchgeführt wurde und für die der ArbN Unterhaltsgeld beanspruchte, das Urlaubsentgelt auf das Unterhaltsgeld als Einkommen aus nicht selbstständiger Arbeit anrechenbar angesehen (BSG 17.12.75 – 7 RAr 88/73 zu § 44 AFG).

22   **b) Insolvenzgeld.** Wird während des bezahlten Urlaubs über das Vermögen des ArbGeb das Konkurs-/Insolvenzverfahren eröffnet, so besteht im Rahmen des § 183 SGB III ein Anspruch auf Insolvenzgeld nur für dasjenige Urlaubsentgelt, welches für Urlaubstage vor der Konkurs-/Insolvenzeröffnung zu zahlen gewesen wäre; auf die Fälligkeit des Anspruchs auf Urlaubsentgelt kommt es insoweit nicht an. Für die Zeit nach Konkurs-/Insolvenzeröffnung ist der Anspruch vom Konkurs-/Insolvenzverwalter zu erfüllen (BSG 1.12.76 – 7 RAr 136/75, SozR 4100 § 141b Nr 2).

23   **c) Krankengeld.** Stellen die Berechnungsvorschriften für Lohnersatzleistungen auf einen bestimmten Bemessungszeitraum ab, wie dies zB bei § 47 Abs 2 SGB V für das Krankengeld der Fall ist (letzter vor Beginn der Arbeitsunfähigkeit abgerechneter Entgeltabrechnungszeitraum), ist dieser Zeitraum auch maßgeblich, wenn in ihm bezahlter Urlaub gewährt wurde. Dh auch die Zeit, für die Urlaubsentgelt gezahlt wird, zählt zum Abrechnungszeitraum mit der Folge, dass das Urlaubsentgelt in der Höhe, in der es abgerechnet worden ist, als Regellohn in die Berechnung der Lohnersatzleistung eingeht (BSG 30.10.85 – 4a RJ 11/85, SozR 2200 § 1241 Nr 30; 20.1.82 – 3 RK 7/81, SozR 2200 § 182 Nr 79).

24   **d) Arbeitslosengeld.** Gem § 151 Abs 1 SGB III wird für die Berechnung des AlGeld das im Bemessungszeitraum durchschnittlich auf den Tag entfallende Entgelt, das der Erhebung der Beiträge zugrunde liegt, herangezogen. Dem steht Urlaubsentgelt gleich.

Urlaubsgeld

A. Arbeitsrecht *Röller*

1   **1. Begriff.** Urlaubsgeld ist zusätzliche, über das Urlaubsentgelt hinaus für die Dauer des Urlaubs gezahlte Vergütung (BAG 11.1.90, DB 90, 2377); sie dient dazu, erhöhte Urlaubsaufwendungen zumindest teilweise abzudecken (BAG 15.11.90, DB 91, 865).

2. Rechtsgrundlage. Anspruch auf Urlaubsgeld besteht **nur aufgrund besonderer Vereinbarung,** also aufgrund Tarifvertrages, Betriebsvereinbarung oder Einzelarbeitsvertrag. Den Arbeitsvertragsparteien steht es im Rahmen der geltenden Gesetze frei, Inhalt und Umfang der zusätzlichen Leistung zu bestimmen (BAG 6.9.94 – 9 AZR 92/93, NZA 95, 232). Rechtsgrundlage kann auch eine betriebliche Übung sein (BAG 28.3.2000 – 1 AZR 366/99, RdA 01, 404). Die arbeitsvertragliche Bezugnahme auf die Geltung tariflicher Regelungen für den Urlaub des ArbN ist regelmäßig als Bezugnahme auf den gesamten tariflichen Regelungskomplex „Urlaub" zu verstehen. Ein zusätzliches tarifliches Urlaubsgeld wird deshalb von der Bezugnahme erfasst (BAG 17.1.06 – 9 AZR 41/05, NZA 06, 923). Sieht ein Tarifvertrag zusätzliches Urlaubsentgelt für jeden Arbeitstag in einer bestimmten Höhe vor, so erhalten **Teilzeitbeschäftigte** mangels anderweitiger Regelung nur ein im Verhältnis ihrer Arbeitszeit zur tariflichen Arbeitszeit gemindertes Urlaubsgeld (BAG 3.11.65, DB 66, 196; vgl auch BAG 24.10.89, DB 90, 1040). Ein Tarifvertrag, der dieses ausdrücklich regelt, verstößt nicht gegen das Diskriminierungsgebot (BAG 15.4.03 – 9 AZR 548/01, NZA 04, 494). Tarifliche Bestimmungen können vorsehen, dass ein Urlaubsgeld ohne Rücksicht auf Arbeitsleistung oder Anwesenheit gezahlt wird (BAG 11.4.2000 – 9 AZR 225/99; NZA 01, 512), oder das Urlaubsgeld so auszugestalten, dass der Anspruch vom Bestehen des Urlaubsanspruchs abhängig ist (BAG 27.5.03 – 9 AZR 562/01, NZA 04, 232). Auch die Einführung einer Wartezeit von 12 Monaten für das Entstehen des Anspruchs auf ungekürztes Urlaubsgeld ist rechtlich zulässig (BAG 24.10.95, NZA 96, 774). **Schwerbehinderte Menschen** haben Anspruch auf tarifliches Urlaubsgeld für den Zusatzurlaub nur, wenn die Tarifbestimmungen diesen erkennbar als anspruchsbegründend einbeziehen (BAG 23.1.96, NZA 96, 831; 30.7.86, DB 86, 1729, 2684).

3. Fälligkeit, Verjährung und Verfall. Über die Fälligkeit des Urlaubsgelds kann im Arbeitsvertrag oder im TV eine **Vereinbarung** erfolgen – etwa dahingehend, dass das Urlaubsgeld einmal im Jahr mit der Juniabrechnung gezahlt wird oder am Ende eines jeden Monats, in dem Urlaub genommen wurde, mit der Abrechnung. Fehlt es an einer solchen Vereinbarung, ist das Urlaubsgeld analog § 11 Abs 2 BUrlG **vor dem Antritt des Urlaubs** fällig. Nach der neueren Rspr des BAG erlöschen die Ansprüche auf Gewährung von Urlaub und Abgeltung des gesetzlichen Urlaubs nicht, wenn der ArbN bis zum Ende des Urlaubsjahres und/oder des Übertragungszeitraums sowie darüber hinaus arbeitsunfähig erkrankt (BAG 24.3.09 – 9 AZR 983/07, NZA 09, 538; s *Urlaubsanspruch* Rz 13 ff). Der Anspruch auf das zusätzliche Urlaubsgeld erlischt in diesem Fall deshalb nicht. Ist das tarifliche Urlaubsgeld mit der Urlaubsvergütung verknüpft, ist es erst dann zu zahlen, wenn auch der Anspruch auf Urlaubsvergütung fällig ist (BAG 19.5.09 – 9 AZR 477/07, NZA 09, 1112). Urlaubsgeld unterliegt der kurzen Verjährungsfrist des § 195 BGB sowie den Ausschlussfristen (BAG 11.4.2000 – 9 AZR 225/99, NZA 01, 512).

4. Pfändbarkeit, Abtretbarkeit. Das Urlaubsgeld ist als ein für die Dauer des Urlaubs über das Arbeitseinkommen hinaus gewährter Bezug nach § 850a Nr 2 ZPO **unpfändbar,** soweit es den Rahmen des Üblichen nicht übersteigt (BGH 24.4.12 – IX ZB 239/10, BeckRS 2012, 10719), und damit nicht abtretbar (Einzelheiten s *Pfeifer* NZA 96, 739; *Sibben* DB 97, 1178). Das für unpfändbare Forderungen bestehende Abtretungsverbot nach §§ 412, 400 BGB ist jedoch nicht anzuwenden, wenn der durch die Vorschriften über die Unpfändbarkeit geschützte Zedent den Gegenwert der Forderung bereits vorher erhalten hat. Daher gehen die Ansprüche des ArbN gegen den ArbGeb auf Zahlung von Urlaubsgeld auf die BA über, wenn diese Insolvenzgeld für Urlaub gezahlt hat, der dem ArbN eines Gemeinschuldners vor Insolvenzeröffnung gewährt worden ist (BAG 11.1.90, DB 90, 2377).

5. Mitbestimmungsrecht des Betriebsrats. Die Zahlung eines zusätzlichen übertariflichen Urlaubsgeldes unterliegt nach § 87 Abs 1 Nr 10 BetrVG der Mitbestimmung des BRat (BAG 9.2.89 – 8 AZR 310/87, NZA 89, 765). Eine freiwillige Betriebsvereinbarung ist in den Grenzen nach § 77 Abs 3 BetrVG möglich; ihre Regelungen wirken nach Ablauf weder nach § 77 Abs 6 BetrVG noch entsprechend § 4 Abs 5 TVG nach (BAG 9.2.89, DB 89, 2339).

6. Insolvenz. Tarifliche Urlaubsgeldansprüche sind, soweit sie vom Bestand des Urlaubsanspruchs abhängig sind, Masseforderungen, auch soweit sie aus Kj vor der Insolvenzeröffnung stammen (BAG 15.2.05 – 9 AZR 78/04, DB 05, 2197).

B. Lohnsteuerrecht
Seidel

6 Das zusätzlich zum Urlaubsentgelt gezahlte Urlaubsgeld ist stpfl Arbeitslohn. Da es nicht zum laufenden Arbeitslohn gehört, stellt es einen sonstigen Bezug iSd § 39b EStG dar (s auch *Einmalzahlungen* Rz 31 und *Sonstige Bezüge* Rz 2). Die darauf entfallende LSt ergibt sich aus dem Unterschiedsbetrag der JahresLSt auf den voraussichtlichen Jahresarbeitslohn ohne den sonstigen Bezug und der JahresLSt auf den maßgebenden Jahresarbeitslohn unter Einbeziehung des sonstigen Bezugs (§ 39b Abs 3 Sätze 1–8 EStG; zur Berechnung im Einzelnen s *Sonstige Bezüge* Rz 4–9).

7 Daneben besteht die Möglichkeit einer LStPauschalierung gem § 40 Abs 1 Nr 1 EStG (sonstige Bezüge in einer größeren Zahl von Fällen), wobei die Pauschalierungsgrenze von bis zu 1000 € jährlich für alle sonstigen Bezüge eines ArbN zu beachten ist (s auch *Lohnsteuerpauschalierung* Rz 17, 18). Zur lohnsteuerlichen Behandlung vom ArbGeb gezahlter Erholungsbeihilfen s *Beihilfeleistungen* Rz 5 und *Lohnsteuerpauschalierung* Rz 34, 35.

C. Sozialversicherungsrecht
Schlegel

8 1. Beitragsrecht. Urlaubsgeld, das zusätzlich zu dem für die Dauer des Urlaubs zu zahlenden Entgelt (sog Urlaubsentgelt) gezahlt wird, ist **einmalig gezahltes Arbeitsentgelt.** Dh, es handelt sich um eine Zuwendung, die dem Arbeitsentgelt iSd § 14 SGB IV zuzurechnen ist und nicht für die Arbeit in einem einzelnen Entgeltabrechnungszeitraum gezahlt wird. Nach der seit dem 1.1.84 geltenden Fassung der ArEV ist das Urlaubsgeld als einmalig gezahltes Arbeitsentgelt selbst dann dem Arbeitsentgelt zuzurechnen und damit beitragspflichtig, wenn es vom ArbGeb pauschal versteuert wird (§ 2 Abs 1 Nr 1 ArEV).

9 Unerheblich ist auch, ob es in Form von **fixen Beträgen** oder als **prozentualer Zuschlag** zum Grundgehalt gezahlt wird. Nur dann, wenn das Urlaubsgeld ausnahmsweise in mehreren Teilbeträgen auf das ganze Jahr verteilt kontinuierlich zur Auszahlung gelangt, verliert es seinen Charakter als einmalig gezahltes Arbeitsentgelt. Die Tatsache, dass es sich beim Urlaubsgeld in aller Regel um einmalig gezahltes Arbeitsentgelt handelt, hat zur Folge, dass das Urlaubsgeld zunächst dem Abrechnungszeitraum zugeordnet wird, in dem es gezahlt wird.

10 Übersteigt die Summe von Urlaubsgeld und regulärem Monatslohn/-gehalt im Abrechnungszeitraum (Kalendermonat der Auszahlung) die monatliche Beitragsbemessungsgrenze/JAVGrenze (JAEGrenze), ist das Urlaubsgeld, soweit es diese Grenze übersteigt, nicht etwa beitragsfrei. Vielmehr wird es nach Maßgabe der genannten Vorschriften auf bestimmte zurückliegende Abrechnungszeiträume **verteilt.** Es wird damit beitragstechnisch so behandelt, als wäre eine Zuwendung in mehreren Monatsraten erfolgt (vgl allgemein zum einmalig gezahlten Arbeitsentgelt BSG 27.10.89 – 12 RK 9/88, SozR 2200 § 385 Nr 22; Einzelheiten zu diesem Verteilungsmodus s *Einmalzahlungen* Rz 14 ff; aktuelle Beitragsbemessungsgrenze bzw anteilige JAEGrenze s *Beitragsbemessungsgrenzen* Rz 7).

11 2. Leistungsrecht. Zur Frage, bei welchen Lohnersatzleistungen das Urlaubsgeld überhaupt und ggf in welchem Umfang in die Bemessungsgrundlage (Berechnung der Lohnersatzleistung) eingeht, vgl *Einmalzahlungen*.

Urlaubsgewährung

A. Arbeitsrecht
Röller

1 I. Gewährung von Erholungsurlaub gemäß § 7 Absatz 1 Satz 1 BUrlG. 1. Begriff. Urlaubsgewährung ist die zeitliche **Festlegung des Urlaubs,** dh seines Beginns und seines Endes, **durch den Arbeitgeber,** mit welcher der ArbN zugleich von der Arbeitspflicht für einen bestimmten zukünftigen Zeitraum freigestellt wird (BAG 17.5.11 – 9 AZR 189/10, NZA 11, 1032; 14.3.06 – 9 AZR 11/05, NZA 06, 1008 LS). Um den ArbGeb zur Erfüllung des Urlaubsanspruchs im Urlaubsjahr zu veranlassen, bedarf es eines Leistungsverlangens des ArbN (**Geltendmachung des Urlaubsanspruchs;** BAG 28.11.90 – 8 AZR 570/89, NZA 91, 423).

Urlaubsgewährung

2. Festlegung durch Erklärung des Arbeitgebers. Die zeitliche Festlegung des Urlaubs geschieht durch Erklärung des ArbGeb gegenüber dem ArbN, aus der für den ArbN erkennbar sein muss, dass er in Erfüllung der Pflicht zur Urlaubsgewährung für einen bestimmten Zeitraum von seiner Arbeitspflicht befreit ist; anderenfalls liegt keine Urlaubsgewährung vor (BAG 16.7.13 – 9 AZR 50/12, BeckRS 2013, 72234; 19.5.09 – 9 AZR 433/08, NZA 09, 1211). Fehlt es an der notwendigen Klarheit, ist nicht bestimmbar, ob der ArbGeb Urlaub gewähren oder nur auf die Annahme der Arbeitsleistung verzichten wollte, bleibt der Urlaubsanspruch erhalten (BAG 14.3.06; ErfK/*Gallner* § 7 BUrlG Rz 7). Eine widerrufliche Freistellung des ArbN von der Arbeitspflicht zum Abbau eines Zeitguthabens ist nicht geeignet, den Urlaubsanspruch zu erfüllen (BAG 19.5.09). Der ArbGeb ist nicht berechtigt, Fehlzeiten, bspw aufgrund Selbstbeurlaubung, (einseitig) nachträglich als gewährten Erholungsurlaub zu bezeichnen oder auf diesen anzurechnen (BAG 25.10.94, DB 95, 226). 2

3. Zeitliche Festlegung des Urlaubs im ungekündigten Arbeitsverhältnis. a) Festlegung aufgrund der Urlaubswünsche des Arbeitnehmers. Vor der Urlaubsgewährung ist der fällige Urlaubsanspruch – iS einer Obliegenheit gegen sich selbst – vom ArbN gegenüber dem ArbGeb in Form einer Kundgabe seiner Urlaubswünsche geltend zu machen. Das kann in gesammelter Form durch die Eintragung in eine Urlaubsliste, die der ArbGeb auslegt, geschehen. Das Urlaubsverlangen des ArbN muss nicht notwendig, sollte aber auf eine bestimmte Urlaubszeit gerichtet sein und so rechtzeitig gestellt werden, dass eine verlässliche Urlaubsplanung für den ArbGeb möglich ist. Der Urlaubsanspruch des ArbN ist vom ArbGeb entsprechend der Geltendmachung durch den ArbN alsbald zeitlich festzulegen. 3

b) Festlegung ohne Urlaubswunsch des Arbeitnehmers. Meldet der ArbN keine Urlaubswünsche an, kann der ArbGeb den Urlaubszeitraum von sich aus bestimmen. Der ArbGeb kann dabei die Freistellung auch im Vorgriff auf das kommende Urlaubsjahr erklären und dem ArbN damit jahresübergreifend Urlaub gewähren (BAG 17.5.11 – 9 AZR 189/10, NZA 11, 1032). In betriebsratslosen Betrieben kann der ArbGeb den Urlaubsanspruch der ArbN auch durch Anordnung von **Betriebsferien** erfüllen (LAG RhPf 25.9.12 – 10 Ta 149/12, BeckRS 2012, 74686; LAG Dü 20.6.02 – 11 Sa 378/02, BeckRS 2002, 41353). Akzeptiert der ArbN die Leistungshandlung des ArbGeb und geht er in Urlaub, so ist der Anspruch erfüllt (BAG 19.9.2000 – 9 AZR 504/99, DB 2000, 1972). Will der ArbGeb von sich aus nicht tätig werden, erlischt der Urlaubsanspruch des ArbN mit dem Jahresende oder dem Ende des Übertragungszeitraums (s *Urlaubsanspruch* Rz 17–20). Gleiches gilt, falls der ArbN auf die Erkundigung des ArbGeb nicht reagiert und daraufhin eine zeitliche Festlegung des Urlaubs durch den ArbGeb unterbleibt. 4

c) Urlaubsfestlegung entgegen den Urlaubswünschen des Arbeitnehmers. Der ArbGeb kann nur bei Vorliegen der sich aus § 7 Abs 1 Hs 2 BUrlG ergebenden Voraussetzungen den Urlaub auf einen anderen als den vom ArbN genannten Termin festlegen oder von seinem Recht Gebrauch machen, die zeitliche Festlegung des Urlaubs ganz oder teilweise zu verweigern **(Leistungsverweigerungsrecht)** (BAG 18.12.86, DB 87, 1362). Gegen die ablehnende Entscheidung des ArbGeb kann der ArbN im Wege der Leistungsklage oder der einstweiligen Verfügung vorgehen. 5

Ein Recht zur Selbstbeurlaubung steht ihm auch dann nicht zu, wenn der ArbGeb die Urlaubsgewährung ohne einen Grund iSd § 7 BUrlG abgelehnt hat (BAG 22.1.98 – 2 ABR 19/97, BB 98, 1213). Die Selbstbeurlaubung ist Vertragsverletzung und kann die Kündigung des Arbeitsverhältnisses rechtfertigen (BAG 16.3.2000 – 2 AZR 75/99, DB 2000, 1524; LAG Dü 27.4.11 – 7 Sa 1418/10, BeckRS 2011, 73309).

Hat der ArbGeb den alten Urlaubsantrag gem § 7 Abs 1 BUrlG begründet abgelehnt, ist eine erneute Geltendmachung des Urlaubs für die beantragten Urlaubstage zum Erhalt des Urlaubsanspruchs im Kj nicht erforderlich; wohl aber im Übertragungszeitraum für die nach § 7 Abs 3 BUrlG automatisch übertragenen Urlaubstage des abgelehnten Urlaubsantrags. Die Festlegung des Urlaubs in einen Zeitraum, der nicht mit einem Urlaubswunsch des ArbN im Einklang steht, kann nur in Betracht kommen, wenn alle Möglichkeiten der Abstimmung zwischen Urlaubswünschen des ArbN und dem vom ArbGeb berücksichtigten betrieblichen Belangen sowie den Belangen der Belegschaft gescheitert sind. Nur auf diese Weise ist der grds Vorrang der Urlaubswünsche des ArbN bei der Festlegung des Urlaubs 6 gem § 7 Abs 1 BUrlG zu gewährleisten. Bestandteil der Urlaubswünsche des ArbN kann auch die Angabe von Zeiten sein, in denen er keinen Urlaub erteilt haben möchte; ein derartiger negativer Urlaubswunsch ist entsprechend § 7 Abs 1 BUrlG zu berücksichtigen.

7 **d) Gründe für die Nichtberücksichtigung der Urlaubswünsche des Arbeitnehmers** sind: **aa) Dringende betriebliche Belange.** Das BUrlG stellt mit dem Begriff der betrieblichen Belange in erster Linie auf den gesicherten Fortgang des Betriebsablaufs ab. Maßgebend sind danach Umstände der Betriebsorganisation, des technischen Arbeitsablaufs, der Auftragslage sowie die konkrete Bedeutung des ArbN und der von ihm verrichteten Tätigkeit für den Betrieb (BAG 28.7.81 – 1 ABR 79/79, DB 81, 2621; ErfK/*Gallner* § 7 BUrlG Rz 18). Um dringend zu sein, müssen zum Zeitpunkt der Entscheidung schon greifbare Anhaltspunkte für die betrieblichen Belange vorliegen (MünchArbR/*Düwell* § 78 Rz 48). Als dringende betriebliche Belange iSd BUrlG kommen in Betracht: personelle Engpässe in Saison- und Kampagnezeiten (LAG Köln 17.3.95, NZA 95, 1200), plötzlich auftretende Produktionsnachfragen, Abschluss- und Inventurarbeiten, Gefahr des Verderbens von großen Mengen oder hochwertiger Produktionsergebnisse. Rechtswirksam, dh unter Beachtung der zwingenden Mitbestimmungsrechte des BRat aus § 87 Abs 1 Ziff 4 BetrVG, eingeführte **Betriebsferien** unter Schließung des Betriebs begründen dringende betriebliche Belange, hinter denen nach § 7 Abs 1 BUrlG die individuellen Urlaubswünsche der ArbN zurückstehen müssen; für ihre Einführung soll es des Vorliegens dringender betrieblicher Belange nicht bedürfen (BAG 28.7.81 – 1 ABR 79/79, NJW 82, 959; *Fitting* § 87 Rz 197).

8 Liegen dringende betriebliche Belange vor, die dem Urlaubswunsch des einzelnen ArbN entgegenstehen, hat generell – also nicht nur für den Fall der Einführung von Betriebsferien – eine **Abwägung der beiderseitigen Interessen** zu erfolgen (ErfK/*Gallner* § 7 BUrlG Rz 18). Ergibt sich bei Abwägung, dass keine der Interessen überwiegt, gehen die Urlaubswünsche des ArbN vor (ArbG Ulm, DB 68, 716). Dies kann auch der Fall sein, wenn der ArbGeb den Ablauf seines Betriebs nicht so organisiert hat, dass die Urlaubsansprüche des ArbN nach den gesetzlichen Bestimmungen erfüllt werden können (BAG 20.1.94, DB 94, 1042).

9 **bb) Urlaubswünsche anderer Arbeitnehmer,** die unter sozialen Gesichtspunkten den Vorrang verdienen, können gem § 7 Abs 1 BUrlG der Berücksichtigung der Urlaubswünsche des ArbN entgegenstehen. Der Begriff „soziale Gesichtspunkte" ist im weitesten Sinne zu verstehen. Als soziale Gesichtspunkte kommen vornehmlich in Betracht: Lebensalter, Dauer der Betriebszugehörigkeit, Alter und Zahl der Kinder unter Berücksichtigung ihrer Schulpflichtigkeit, der Gesundheitszustand, Urlaub anderer Familienangehöriger, bestehendes Erholungsbedürfnis in einer bestimmten Jahreszeit, die Urlaubsregelung in den vergangenen Jahren (ErfK/*Gallner* § 7 BUrlG Rz 19).

10 **e) Festlegung unter Berücksichtigung der Unteilbarkeit des Urlaubs** (§ 7 Abs 2 BUrlG). Bei der zeitlichen Festlegung des Urlaubs hat der ArbGeb weiter zu beachten, dass Urlaub grds **„zusammenhängend zu gewähren"** ist, es sei denn, dass dringende betriebliche oder in der Person des ArbN liegende Gründe eine Teilung des Urlaubs erforderlich machen (§ 7 Abs 2 BUrlG). Kann der Urlaub aus diesen Gründen nicht zusammenhängend gewährt werden und hat der ArbN Anspruch auf Urlaub von mehr als 12 Werktagen, so muss einer der Urlaubsteile mindestens 12 aufeinanderfolgende Werktage umfassen (§ 7 Abs 2 BUrlG). Wird der Urlaub in kleineren Einheiten gewährt, liegt keine ordnungsgemäße Erfüllung des Urlaubsanspruchs vor (BAG 29.7.65, DB 65, 1524). Der ArbN kann den Urlaub erneut verlangen. Dem erneuten Urlaubsbegehren kann der Einwand des Rechtsmissbrauchs gem § 242 BGB entgegengesetzt werden, wenn der ArbN den ArbGeb arglistig zu der unzusammenhängenden Urlaubsteilung veranlasst hat.

11 **f) Rechtsfolgen der zeitlichen Festlegung.** Mit Festsetzung des Urlaubstermins ist der ArbGeb daran gebunden. Er hat keinen Anspruch gegen den ArbN, den gewährten Urlaub abzubrechen oder zu unterbrechen (BAG 19.1.2010 – 9 AZR 246/09, NZA-RR 10, 473; BAG 20.6.2000 – 9 AZR 405/99, NZA 01, 460). Eine einmal erfolgte zeitliche Festlegung des Urlaubs kann nur im Einvernehmen von ArbGeb und ArbN rückgängig gemacht werden. Unter eng begrenzten Ausnahmevoraussetzungen – wie unvorhersehbare Ereignisse und Notfälle – kann der ArbN aufgrund vertraglicher Rücksichtnahme (§ 242 BGB) verpflichtet sein, einer vom ArbGeb begehrten Rückgängigmachung der zeitlichen Festlegung

zu entsprechen (*Schaub* § 102 Abs 5 Ziff 4; offengelassen durch BAG 20.6.00). Eine Vereinbarung, in der sich der ArbN trotz Urlaubserteilung – jedenfalls ohne Begrenzung auf unvorhersehbare und zwingende Notwendigkeiten, welche einen anderen Ausweg nicht zulassen – verpflichtet, seinen Urlaub abzubrechen oder zu unterbrechen, verstößt gegen zwingendes Urlaubsrecht (§ 13 BUrlG) und ist rechtsunwirksam (BAG 20.6.2000).

g) Erfüllbarkeit des Freistellungsanspruchs. Der Urlaubsanspruch muss erfüllbar sein. **12** Für Zeiten, in denen der ArbN nicht zur Arbeitsleistung verpflichtet ist, zB bei **krankheitsbedingter Arbeitsunfähigkeit,** einem **gesetzlichen Beschäftigungsverbot** oder bei Durchführung einer **Rehabilitationsmaßnahme** kann deshalb kein Urlaub gewährt werden (ErfK/*Gallner* § 7 BUrlG Rz 21). Auch eine Betriebsvereinbarung über **Kurzarbeit,** die die Arbeitszeit auf Null verringert, befreit den ArbN von der Arbeitspflicht, selbst dann, wenn der Urlaub bereits vor Einführung der Kurzarbeit gewährt worden war. In dieser Situation kann die **Erfüllung des Urlaubsanspruchs** zeitlich innerhalb der gesetzlichen oder tariflichen Befristung **nachgefordert werden** (BAG 16.12.08 – 9 AZR 164/08, NZA 09, 689). S *Urlaubsanspruch* Rz 25.

h) Nichterfüllung des Urlaubsanspruchs im Urlaubsjahr und Übertragungszeitraum. Wird dem ArbN zustehender Urlaub trotz Geltendmachung nicht gewährt und geht **13** der Anspruch deshalb wegen Verfalls mit dem Ende des Kj oder des Übertragungszeitraums unter, muss der ArbGeb für den durch den Untergang des Anspruchs entstehenden Schaden einstehen (§§ 283, 280 BGB), so dass an die Stelle des ursprünglichen Urlaubsanspruchs als Schadensersatzanspruch ein **Ersatzurlaubsanspruch** in der gleichen Anzahl von Urlaubstagen wie der vergeblich geltend gemachte Urlaub tritt (BAG 19.4.94 – 9 AZR 478/92; 31.5.90, BB 90, 2408; s auch *Urlaubsanspruch* Rz 26).

4. Zeitliche Festlegung des Urlaubs im gekündigten Arbeitsverhältnis. a) Eigen- 14 kündigung des ArbN **und die Nichterhebung einer Kündigungsschutzklage nach arbeitgeberseitiger Kündigung** führen zu keinen Problemen, da von beiden Parteien der durch den Kündigungszugang und den Beendigungstermin des Arbeitsverhältnisses gesetzte zeitliche Rahmen akzeptiert wird. War Urlaub für einen Zeitpunkt nach dem Ende des Arbeitsverhältnisses festgelegt, wird diese Festlegung mit der Kündigung unwirksam; der Urlaub kann nur in die Kündigungsfrist gelegt werden (BAG 10.1.74, DB 74, 1023). Der ArbGeb wird dementsprechend den Urlaub in dem vorgegebenen zeitlichen Rahmen unter Beachtung des § 7 Abs 1 BUrlG festlegen bzw neu festlegen. Soweit das nicht möglich ist oder verweigert wird, ist der Urlaub jedenfalls abzugelten (§ 7 Abs 4 BUrlG).

b) Zeitlich vor arbeitgeberseitiger Kündigung festgelegter Urlaub und Kündi- 15 gungsschutzprozess. Eine bereits durch den ArbGeb erfolgte Urlaubsfestlegung ist verbindlich; der ArbGeb hat sein Bestimmungsrecht verbraucht und kann sich davon nicht mehr einseitig lösen (BAG 20.6.2000 – 9 AZR 405/99, NZA 01, 460).

Ist Urlaub für die Zeit nach Ablauf der Kündigungsfrist erteilt, wird der ArbGeb regelmäßig den Ausspruch der Kündigung mit einer Neufestlegung des Urlaubs in die Kündigungsfrist verbinden. Erfolgt keine Neufestlegung, hat der ArbGeb bei sozial ungerechtfertigter Kündigung für die Urlaubszeit Urlaubsvergütung (Urlaubsentgelt und ggf Urlaubsgeld) und bei sozial gerechtfertigter Kündigung Urlaubsabgeltung zu zahlen. Die (vorsorgliche) Neufestlegung des Urlaubs hat sich an den durch § 7 Abs 1 BUrlG gegebenen Anforderungen auszurichten. Dem ArbN kann gegenüber der neuen zeitlichen Festlegung ein Annahmeverweigerungsrecht ua unter Berufung auf den bereits festgelegten Urlaub zustehen. Die Rechtslage unterscheidet sich insoweit von der nachfolgend erörterten bei noch nicht erfolgter Festlegung des Urlaubs nicht.

c) Noch nicht festgelegter Urlaub bei arbeitgeberseitiger Kündigung und Kündi- 16 gungsschutzprozess. aa) Urlaubsgewährung in der Kündigungsfrist durch Freistellung unter Anrechnung auf Urlaub. Der ArbGeb kann den Urlaubsanspruch des ArbN dadurch erfüllen, dass er ihn innerhalb der Kündigungsfrist zur Erfüllung des Anspruchs von der Arbeitsleistung unwiderruflich freistellt (BAG 16.7.13 – 9 AZR 50/12, BeckRS 2013, 72234; 19.5.09 – 9 AZR 433/08, NZA 09, 1211). Nicht erforderlich ist, dass die Freistellungserklärung erkennen lässt, an welchen Tagen der ArbGeb den ArbN zum Zwecke der Gewährung von Erholungsurlaub und an welchen Tagen er ihn zu anderen Zwecken freistellt. Aus der nicht näher bestimmten Urlaubsfestlegung kann der ArbN erkennen, dass der ArbGeb es ihm überlässt, die zeitliche Lage des Urlaubs innerhalb des Freistellungszeitraums festzulegen (BAG 16.7.13). Eine zeitliche Festlegung des Urlaubszeitraums kann ausnahmsweise notwendig sein, wenn der ArbN hieran ein berechtigtes Interesse hat, zB bei einer vorgesehenen Anrechnung eines Zwischenverdienstes gem § 615 Satz 2 BGB (BAG 14.5.13 – 9 AZR 760/11, BeckRS 2013, 71433). Die Freistellung und damit die Urlaubsgewährung kann jahresübergreifend erfolgen. Voraussetzung hierfür ist jedoch eine entsprechende eindeutige Erklärung des ArbGeb, insb ob er für das nächste Jahr nur den anteiligen oder den vollen Urlaubsanspruch gewähren will. Unklarheiten gehen zu seinen Lasten (BAG 17.5.11 – 9 AZR 189/10, NZA 11, 1032). Behält sich der ArbGeb den Widerruf der Freistellung vor, fehlt die zur Erfüllung des Urlaubsanspruchs notwendige Freistellungserklärung (BAG 19.5.09; 14.3.06 – 9 AZR 11/05, NZA 06, 1008).

17 **bb) Unwirksamkeitsgründe für Urlaubserteilung in die Kündigungsfrist.** Der ArbN braucht die Festlegung des Urlaubs in die Kündigungszeit jedenfalls dann nicht zu akzeptieren, wenn diese für ihn **unzumutbar** ist, zB bei einer festgeplanten Reise (BAG 10.1.74, DB 74, 1023). Darüber hinaus ist eine Festlegung des Urlaubs in die Kündigungsfrist auch dann nicht gerechtfertigt, wenn der ArbN ein besonderes Interesse am Urlaub außerhalb der Kündigungsfrist hat (*Schaub* § 102 V 2c) oder er den Urlaub ablehnen kann, wenn er sich bspw auf einen für diese Zeit bereits vorher festgelegten **Bildungsurlaub** eingerichtet (LAG Hbg 12.7.76, DB 76, 1918). Der ArbN muss sich unter Angabe konkreter Gründe gegen die Festlegung des Urlaubs wenden (BAG 6.9.06 – 5 AZR 703/05, NJW 07, 2796). Macht der ArbN unter Hinweis auf Unzumutbarkeit der Festlegung des Urlaubs in die Kündigungsfrist oder bei einem besonderen Interesse am Urlaub außerhalb der Kündigungsfrist berechtigt von seinem Annahmeverweigerungsrecht Gebrauch, kann die Freistellungserklärung des ArbGeb nicht die Erfüllung nach § 362 BGB bewirken. Weist der ArbGeb dem ArbN keine Arbeit zu, gerät er gem § 615 BGB in Annahmeverzug. War die Kündigung wirksam, steht dem ArbN ein Urlaubsabgeltungsanspruch nach § 7 Abs 4 BUrlG zu. Bei einer unwirksamen Kündigung hat der ArbGeb nach §§ 280, 283 BGB Schadensersatz in Form von Ersatzurlaub zu gewähren.

18 **5. Mitbestimmung des Betriebsrats.** Gem § 87 Abs 1 Ziff 5 BetrVG hat der BRat bei der Aufstellung allgemeiner Urlaubsgrundsätze und des Urlaubsplans sowie bei Festlegung der zeitlichen Lage des Urlaubs **für einzelne Arbeitnehmer** mitzubestimmen, wenn zwischen dem ArbGeb und den beteiligten ArbN kein Einverständnis erzielt wird. Der BRat kann mit dem ArbGeb **Betriebsferien** vereinbaren (BAG 2.10.74, DB 75, 157).

19 **II. Gewährung von Schonungsurlaub gemäß § 7 Absatz 1 Satz 2 BUrlG.** Schonungsurlaub ist vom ArbGeb zu gewähren, wenn der ArbN dies im Anschluss an eine Maßnahme der medizinischen Vorsorge oder Reha verlangt. Voraussetzung ist, dass der aus der Reha zurückkehrende ArbN noch bestehende Urlaubsansprüche verwirklichen kann. Ein Anspruch auf Urlaubsgewährung nach § 7 Abs 1 Satz 2 BUrlG besteht nicht, wenn ein enger zeitlicher Zusammenhang mit der Kurmaßnahme nicht mehr gegeben ist.

B. Lohnsteuerrecht *Seidel*

26 Lohnsteuerrechtlich ist die Urlaubsgewährung ohne Bedeutung (s aber auch *Urlaub, unbezahlter* Rz 11). Tritt an die Stelle des Urlaubsentgeltanspruchs der Anspruch auf Entgeltfortzahlung im Krankheitsfall, ändert sich lohnsteuerlich nichts, da sowohl das Urlaubsentgelt als auch die Entgeltfortzahlung dem allgemeinen LStAbzug unterliegen (s *Urlaubsentgelt* Rz 19 und *Entgeltfortzahlung* Rz 41).

C. Sozialversicherungsrecht *Schlegel*

31 Zu sog Sabbaticals bei Altersteilzeit s *Altersteilzeit* Rz 24 ff. Zur Beitrags- und Versicherungspflicht während des Urlaubs vgl *Urlaubsregelungen* Rz 20 ff; *Freistellung von der Arbeit* Rz 36 ff.

Urlaubsregelungen

A. Arbeitsrecht
Röller

I. Urlaubsregelungen in Bundesgesetzen (ohne BUrlG). 1. Jugendarbeitsschutz- 1
gesetz. Der ArbGeb hat Jugendlichen für jedes Kj einen bezahlten Erholungsurlaub zu gewähren, dessen Dauer sich nach dem Lebensalter zu Beginn eines Kj richtet (§ 19 JArbSchG; s auch *Jugendarbeitsschutz* Rz 36.

2. Seemannsgesetz. Die Vorschriften des SeemG gelten für alle Besatzungsmitglieder, 2
die auf Kauffahrteischiffen tätig sind, welche nach dem Flaggenrechtsgesetz vom 8.2.51 die Bundesflagge führen (§ 1 SeemG). Das betreffende Urlaubsrecht ist in §§ 53 bis 61 SeemG geregelt.

3. Zusatzurlaub für behinderte Menschen. Begünstigt werden behinderte Beschäf- 3
tigte mit einem Grad der Behinderung ab 50 vH (§§ 2 Abs 2, 68 Abs 3 SGB IX). Sie haben Anspruch auf einen bezahlten zusätzlichen Urlaub von fünf Arbeitstagen im Urlaubsjahr gem § 125 SGB IX. Der Anspruch erhöht den individuellen Urlaubsanspruch des ArbN, nicht nur den gesetzlichen Mindestanspruch nach dem BUrlG (BAG 24.10.06 – 9 AZR 669/05, NZA 07, 330; s auch *Behinderte* Rz 36 ff).

4. Arbeitsplatzschutzgesetz, Zivildienstgesetz. Das ArbPlSchG enthält für diejenigen 4
ArbN, die zum Grundwehrdienst und zu Wehrübungen eingezogen werden Sonderregelungen für die Gewährung, Übertragung und Abgeltung des Urlaubs sowie eine Kürzungsmöglichkeit für die Zeit des Grundwehrdienstes (§ 4 ArbPlSchG; Zwölftelung). Nach § 78 ZDG gilt § 4 ArbPlSchG für den Zivildienst entsprechend; der Urlaubsanspruch des Dienstpflichtigen ergibt sich aus § 35 Abs 1 ZDG.

5. Eignungsübungsgesetz. Das Gesetz regelt iVm der Verordnung vom 15.2.56 (BGBl I 5
56, 71) den Urlaub von ArbN, die an Eignungsübungen teilnehmen.

6. Bundeserziehungsgeldgesetz. Zu den Auswirkungen der Elternzeit auf den Erho- 6
lungsurlaub vgl *Elternzeit* Rz 36 ff.

7. Mutterschutzgesetz. Urlaubsrechtliche Sonderregelungen enthält § 17 MuSchG 7
(Einzelheiten s *Mutterschutz* Rz 48–51).

8. Ein-Euro-Jobber. Nach § 16 Abs 3 Satz 2 SGB II ist das BUrlG mit Ausnahme der 8
Regelungen über das Urlaubsentgelt entsprechend anzuwenden. Dies bedeutet, dass der Ein-Euro-Jobber während des Urlaubs Anspruch auf Fortzahlung der Mehraufwandsentschädigung hat, sofern dieser in pauschalierter Form als Arbeitsanreiz gewährt wird.

9. Urlaub im freiwilligen sozialen und ökologischen Jahr. Die Teilnehmer haben 9
nach § 8 des Gesetzes Anspruch auf Urlaub nach den Bestimmungen des BUrlG.

II. Landesrechtliche Urlaubsregelungen. Gem § 15 Abs 2 BUrlG bestehen landes- 10
rechtliche Bestimmungen über die **Opfer des Nationalsozialismus** und für solche ArbN, die **geistig und körperlich behindert und in ihrer Erwerbsfähigkeit beschränkt** sind, fort. Es handelt sich um § 2 UrlaubsG Nds, § 3 UrlaubsG RhPf sowie um mehrere Gesetzes- und VO-Vorschriften des Saarlands. Mehrere Bundesländer haben **Bildungsurlaubsgesetze** erlassen (s *Bildungsurlaub*) sowie Gesetze auf dem Gebiet des **Sonderurlaubs** für **Jugendleiter** und anderer **Mitarbeiter** in der **Jugendpflege** (Bayern und Sachsen).

III. Tarifvertragliches Urlaubsrecht. 1. Abdingbarkeit. Vom gesetzlichen Urlaubs- 11
recht kann in Tarifverträgen mit Ausnahme der §§ 1, 2 und 3 Abs 1 BUrlG abgewichen werden (§ 13 Abs 1 Satz 1 BUrlG). Die Vorschriften über den Urlaubsanspruch, den Geltungsbereich des BUrlG sowie die Mindesturlaubsdauer von 24 Werktagen sind deshalb unabänderlich.

2. Günstigere Regelungen können von den Tarifvertragsparteien jederzeit getroffen 12
werden. Dies folgt aus dem allgemeinen Günstigkeitsprinzip (BAG 22.1.02 – 9 AZR 601/00, NZA 02, 1041). Auch von § 3 Abs 1 BUrlG kann zugunsten der ArbN agewichen werden, obwohl er nach dem Wortlaut des § 13 Abs 1 Satz 1 BUrlG überhaupt nicht abänderbar ist (ErfK/*Gallner* § 13 BUrlG Rz 4).

428 Urlaubsregelungen

13   **3. Ungünstigere Regelungen** können die Tarifvertragsparteien für die Regelungsbereiche der §§ 3 Abs 2 bis 12 BUrlG treffen; diese müssen jedoch eindeutig sein, dh die Abweichung von der gesetzlichen Regelung erkennbar zum Ausdruck bringen (BAG 12.4.11 – 9 AZR 80/10, BeckRS 2011, 75486; 4.5.10 – 9 AZR 183/09, NZA 10, 1011; 26.5.92, DB 92, 2349). Abweichende Bestimmungen in Tarifverträgen haben zwischen nicht tarifgebundenen ArbGeb und ArbN Geltung, wenn zwischen diesen die Anwendung der einschlägigen tariflichen Urlaubsregelungen vereinbart ist (§ 13 Abs 1 Satz 2 BUrlG). Die arbeitsvertragliche Bezugnahme auf die Geltung tariflicher Regelungen für den Urlaub des ArbN ist dabei regelmäßig als Bezugnahme auf den gesamten tariflichen Regelungskomplex „Urlaub" zu verstehen. Ein zusätzliches tarifliches Urlaubsgeld wird von der Bezugnahme erfasst (BAG 17.1.06 – 9 AZR 41/05, NZA 06, 923).

14   Regelungen können für **Teilurlaubsansprüche** nach § 5 Abs 1a und b BUrlG erfolgen; demgegenüber ist ein Ausschluss oder eine Kürzung des Anspruchs nach § 5 Abs 1c BUrlG nicht wirksam möglich (ErfK/*Gallner* § 13 BUrlG Rz 11). Die anteilige Kürzung des tariflichen Mehrurlaubs für ArbN mit erheblichen Fehlzeiten ist zulässig. Die anteilige Minderung bei hohen Fehlzeiten ist geeignet, die durch Kumulation von urlaubsbedingten und sonstigen Fehlzeiten entstehenden Belastungen in Grenzen zu halten. Ein Verstoß gegen den Gleichheitsgrundsatz liegt nicht vor (BAG 18.5.99 – 9 AZR 419/98, NZA 2000, 157). Für über den gesetzlichen Mindesturlaub hinausgehenden **Tarifurlaub** sind die Tarifvertragsparteien nicht daran gebunden, die Geltendmachung des Urlaubsanspruchs im ganzen Urlaubsjahr oder im Übertragungszeitraum zu ermöglichen; die durch das BUrlG vorgegebenen Bindungen bestehen insoweit nicht. Die Ausgestaltung des tariflichen (Mehr-)Urlaubsanspruchs ist ihnen überlassen (BAG 12.4.11; 23.4.96, DB 96, 2132). Weitere Beispiele: Tarifliches **Schriftformerfordernis** für Geltendmachung des übertragenen (tariflichen) Urlaubsanspruchs: BAG 14.6.94, BB 95, 154); **Verlängerung der Wartefrist;** Ausschluss der Übertragung; abweichende Regelungen über die Erkrankung im Urlaub. Weitere Einzelheiten s ErfK/*Gallner* § 13 BUrlG Rz 8 ff.

15   **4. Tarifverträge kraft gesetzlicher Ermächtigung.** Gem § 13 Abs 2 BUrlG kann für das Baugewerbe oder sonstige Wirtschaftszweige, in denen als Folge häufigen Ortswechsels der von den Betrieben zu leistenden Arbeit Arbeitsverhältnisse von kürzerer Dauer als ein Jahr in erheblichem Umfang üblich sind, durch Tarifvertrag auch von den urlaubsrechtlichen Kernvorschriften, dh §§ 1, 2 und 3 Abs 1 BUrlG abgewichen werden, soweit dies zur Sicherung eines zusammenhängenden Jahresurlaubs für alle ArbN erforderlich ist. Von dieser gesetzlichen Ermächtigung haben die Tarifvertragsparteien der Bauwirtschaft Gebrauch gemacht. Die Deutsche Bundesbahn und die Deutsche Bundespost haben die in § 13 Abs 3 BUrlG eingeräumte Möglichkeit genutzt, von der Vorschrift über das Kj als Urlaubsjahr (§ 1 BUrlG) in Tarifverträgen abzuweichen. Als Urlaubsjahr ist die Zeit vom 1. April bis zum 31. März des Folgejahres festgelegt (Bundesbahn: § 25 Angestellten-Tarifvertrag, § 28 LTV; Bundespost: § 43 TVAng, § 23 TVArb).

16   **IV. Mitbestimmungsrechte des Betriebsrats.** Dem BRat steht gem § 87 Abs 1 Nr 4 BetrVG ein Mitbestimmungsrecht bezüglich der Aufstellung **allgemeiner Urlaubsgrundsätze** zu. Darunter fallen bzw Vereinbarungen über die Aufteilung des Urlaubsanspruchs und die Verteilung des Urlaubsanspruchs innerhalb des Kj, die Einführung von Betriebsferien, Auswirkungen von Familienstand und Vorhandensein schulpflichtiger Kinder (ErfK/ *Kania* § 87 BetrVG Rz 44). Die **Dauer des Urlaubsanspruchs** unterliegt gesetzlicher, tariflicher und/oder arbeitsvertraglicher Regelung und ist dem Mitbestimmungsrecht des BRat nicht unterworfen. Die konkrete Berechnung der Urlaubsdauer ist nicht als allgemeiner Urlaubsgrundsatz iSv § 87 Abs 1 Nr 5 BetrVG zu verstehen (BAG 14.1.92 – 9 AZR 148/91, NZA 92, 759; Näheres s *Urlaubsdauer* Rz 20). Betrieblicher Treueurlaub für langjährige Betriebszugehörigkeit ist eine außertarifliche Leistung des ArbGeb; er kann im Rahmen einer freiwilligen Betriebsvereinbarung geregelt werden. Eine Verrechnung mit einem erhöhten Tarifurlaub ist nicht ohne weiteres möglich; es kommt auf den mit der Regelung verfolgten Zweck an (BAG 5.9.85, DB 86, 811).

B. Lohnsteuerrecht   *Seidel*

18   Lohnsteuerrechtlich sind Urlaubsregelungen ohne Bedeutung.

C. Sozialversicherungsrecht

Schlegel

Das sozialversicherungsrechtliche Problem der Bildung von längeren Arbeitszeitkonten 19 besteht im Grundsatz darin, dass die Versicherungs- und Beitragspflicht vom **Bestehen eines Beschäftigungsverhältnisses** abhängt, das grds eine **tatsächliche Arbeitsleistung** gegen Entgelt voraussetzt (vgl § 7 SGB IV); wird zB während eines ganzen Kalendermonats bei fortbestehendem Arbeitsverhältnis überhaupt nicht gearbeitet, ohne dass sich der ArbGeb in Annahmeverzug befindet, liegt zwar weiterhin ein Arbeitsverhältnis vor, jedoch fehlt es an einem Beschäftigungsverhältnis. Verschiedene Arbeitszeitkonten-Modelle und **Urlaubsregelungen** sehen jedoch vor, dass die ArbN in einem bestimmten Zeitraum überhaupt keine Arbeitsleistung erbringen, aber ein Arbeitsentgelt erhalten, das durch die tatsächliche Arbeitsleistung vor oder nach der Freistellungsphase erzielt wird.

Das Gesetz zur sozialrechtlichen Absicherung flexibler Arbeitszeitregelungen trägt diesem 20 Umstand Rechnung. Nach **§ 7 Absatz 1a SGB IV** gilt für die Aufrechterhaltung des Versicherungsschutzes in **Modellen flexibler Arbeitszeitgestaltung** Folgendes: Ist für Zeiten einer Freistellung von der Arbeit (sog Freistellungsphase) Arbeitsentgelt fällig, das mit einer **vor oder nach** diesen Zeiten erbrachten Arbeitsleistung erzielt wird (sog Wertguthaben), besteht auch während der Freistellungsphase eine Beschäftigung gegen Arbeitsentgelt und damit ein Beschäftigungsverhältnis iSv § 7 SGB IV, wenn
– die Freistellung aufgrund einer schriftlichen Vereinbarung erfolgt und
– die Höhe des für die Zeit der Freistellung und des für die vorausgegangenen zwölf Kalendermonate fälligen Arbeitsentgelts nicht unangemessen voneinander abweicht.

Nach der Begründung des Gesetzentwurfs ist dabei der Begriff der Freistellung in einem 21 sozialversicherungsrechtlichen Sinne zu verstehen (vgl hierzu BSG 12.11.75 – 3/12 RK 13/74, BSGE 41, 24; 18.4.91 – 7 RAr 106/90, BSGE 68, 236; 28.9.93 – 11 RAr 69/92, SozR 3–4100 § 101 Nr 5, S 11, 13). Die beitrags- und versicherungspflichtige Freistellung kann nach § 7 Abs 1a SGB IV auch mit einer Freistellungsphase, dh mit bezahltem Urlaub, beginnen.

Zur **Sicherung des Wertguthabens** vgl *Wertguthaben/Zeitguthaben*. Zu sog Sabbaticals bei 22 AltersteilzeitArbN s *Altersteilzeit* Rz 24 ff.

Urlaub, unbezahlter

A. Arbeitsrecht

Poeche

1. Einführung. Unbezahlter Urlaub, auch als **Sonderurlaub** bezeichnet (*Schaub/Linck* 1 § 105 Rz 12–16), gehört begrifflich zur Arbeitsbefreiung und zur *Freistellung von der Arbeit*. Von unbezahltem Urlaub wird gesprochen, wenn der ArbGeb den ArbN regelmäßig auf dessen Wunsch für eine idR vorab festgelegte Dauer von der Arbeitspflicht unter Wegfall der Vergütung befreit. Ohne gesonderte ausdrückliche Gestattung kann der ArbGeb unbezahlten Urlaub nicht gewähren (BAG 16.12.04 – 6 AZR 663/03, ZTR 05, 364; Näheres *Freistellung von der Arbeit* Rz 13–15). **Inhaltlich** handelt es sich bei unbezahltem Urlaub um die einvernehmliche vorübergehende **Aufhebung** der beiderseitigen **Hauptpflichten** („Arbeit gegen Lohn") unter Aufrechterhaltung der arbeitsvertraglichen Nebenpflichten. Das Arbeitsverhältnis kommt zum Ruhen (dazu *Ruhen des Arbeitsverhältnisses* Rz 7). Eine ausdrückliche Ruhensvereinbarung ist nicht erforderlich. Sie ergibt sich konkludent aus der Vereinbarung des unbezahlten Urlaubs. Der unbezahlte Urlaub endet mit dem vereinbarten Termin. Zum Anspruch auf Abbruch der Freistellung *Elternzeit* Rz 16 ff.

2. Anspruch auf unbezahlten Urlaub. a) Gesetz. In einigen Bundesländern (s Aufstellung *Schaub/Linck* § 105 Rz 12 Fn 1) haben **Jugendleiter** Anspruch auf unbezahlte Freistellung zur Teilnahme an Maßnahmen der Jugendpflege (vgl *Bildungsurlaub* Rz 4).

b) Kollektives Recht. Im öffentlichen Dienst kann unbezahlter Urlaub aus **wichtigem** 3 **Grund** gewährt werden (§ 28 TVöD). Ob ein wichtiger Grund vorliegt, ist aus Sicht der ArbN zu bestimmen; eine Abwägung der beiderseitigen Interessen findet insoweit nicht statt. Sie sind erst bei der Entscheidung des ArbGeb über den von einem wichtigen Grund getragenen Antrag des ArbN auf Sonderurlaub zu berücksichtigen. Bei der Entscheidung hat

429 Urlaub, unbezahlter

der ArbGeb billiges Ermessen iSv § 315 BGB zu wahren. Als wichtiger Grund sind anerkannt: **Aufnahme eines Studiums** (BAG 25.1.94 – 9 AZR 540/91, NZA 94, 546; 30.10.01 – 9 AZR 426/00, ZTR 02, 337), Wahrnehmung des (Wahl-)amtes als Oberbürgermeister (BAG 8.5.01 – 9 AZR 179/00, NZA 02, 160), Kindesbetreuung (BAG 12.1.89 – 8 AZR 251/88, NZA 89, 848; ArbG Köln 19.7.07 – 22 Ca 2074/07, NZA-RR 08, 49), Begleitung des im Ausland beschäftigten Ehepartners (ArbG Kassel 22.10.08 – 4 Ca 85/08, BeckRS 2009, 50161).

4   Für den Anspruch aufgrund einer **Betriebsvereinbarung** oder eines **Sozialplans** zum Personalabbau gelten die dort festgelegten Bedingungen (zB Anspruchsdauer, Anwachsen von Betriebsrentenanwartschaften).

5   c) **Arbeitsvertrag.** Zum möglichen Inhalt einer arbeitsvertraglichen Regelung und einem Anspruch wegen **Unzumutbarkeit der Arbeitsleistung** *Freistellung von der Arbeit* Rz 8; *Leistungsverweigerungsrecht* Rz 6, 10; *Wehrdienst* Rz 4 sowie *Ruhen des Arbeitsverhältnisses* Rz 7.

6   **3. Rechtsfolgen.** Der Wegfall des Entgeltanspruchs im ruhenden Arbeitsverhältnis führt idR zum Wegfall von zeitgleichen Lohnersatzleistungen. Für Zeiten der Arbeitsunfähigkeit ist keine Entgeltfortzahlung im Krankheitsfall zu leisten. § 9 BUrlG ist nicht anzuwenden. Die Sechs-Wochen-Frist zur Entgeltfortzahlung beginnt mit dem Tag, an dem der ArbN die Arbeit vereinbarungsgemäß wieder hätte aufnehmen sollen (BAG 15.5.75 – 5 AZR 293/74, BB 75, 1206). Feiertagsvergütung entfällt. Das gilt auch für den Anspruch auf Zuschuss zum **Mutterschaftsgeld** nach § 14 MuSchG (dazu *Mutterschutz* Rz 33–38), soweit sich Schutzfrist und unbezahlter Urlaub decken (BAG 25.2.04 – 5 AZR 160/03, NZA 04, 537). Tarifliche **Bewährungszeiten** können gehemmt sein; Tage des unbezahlten Urlaubs sind nicht auf den gesetzlichen Erholungsurlaub anrechenbar (*Ruhen des Arbeitsverhältnisses* Rz 15). Der Erholungsurlaub kann auch nicht wegen des unbezahlten Urlaubs anteilig gekürzt werden. Eine anteilige Entgeltminderung kommt je nach der Ausgestaltung der arbeitsvertraglichen Regelung bei **Sonderzahlungen** in Betracht (s *Einmalzahlungen* Rz 1). IdR gelten Sonderurlaubszeiten nicht als **Beschäftigungszeiten** (zur Nichtberücksichtigung bei der Wartezeit einer *Jubiläumszahlung* LAG Nds 21.10.02 – 11 Sa 1039/02, BeckRS 2003, 41412). Wird (tariflicher) Sonderurlaub zur Kinderbetreuung gewährt, darf dies nicht eine Beeinträchtigung des bis dahin erworbenen tariflichen Besitzstandes zur Folge haben; jedenfalls dann nicht, wenn solche Folgen für in Elternzeit befindliche ArbN nicht vorgesehen sind (BAG 24.5.12 – 6 AZR 586/10, NZA 12, 1304).

Der ArbGeb ist aufgrund der arbeitsrechtlichen Fürsorgepflicht verpflichtet, in die vorzeitige Beendigung des Sonderurlaubs einzuwilligen, wenn ihm die Beschäftigung des ArbN möglich und zumutbar und wenn der Grund für die Bewilligung des Sonderurlaubs weggefallen ist oder schwerwiegende negative Veränderungen in den wirtschaftlichen Verhältnissen des ArbN eingetreten sind (BAG 6.9.94 – 9 AZR 221/93, NZA 95, 953).

7   **4. Nebentätigkeit.** Ein ArbN des öffentlichen Dienstes, der zur Vermeidung versorgungsrechtlicher Nachteile auf Dauer unter Fortfall der Vergütung beurlaubt ist, kann idR vom ArbGeb verlangen, dass ihm die Aufnahme einer beruflichen Tätigkeit genehmigt wird. Das gilt auch dann, wenn er sich im Zuständigkeitsbereich seiner (früheren) Beschäftigungsbehörde betätigen will (BAG 13.3.03 – 6 AZR 585/01, NZA 03, 976).

8   **5. Mitbestimmung.** Der BRat hat nach § 87 Abs 1 Nr 5 BetrVG ua bei der Aufstellung allgemeiner Urlaubsgrundsätze mitzubestimmen. Urlaub iSd Vorschrift ist auch der **unbezahlte Urlaub** (ErfK/*Kania* § 87 BetrVG Rz 43; offen gelassen: BAG 18.6.74 – 1 ABR 25/73, DB 74, 226). Die wegen einer vom ArbN nicht akzeptierten Ablehnung seines Antrags auf unbezahlten Urlaub angerufene Einigungsstelle ist jedenfalls nicht offensichtlich unzuständig (LAG HH 18.7.06 – 3 TaBV 7/06, ArbuR 07, 219).

B. Lohnsteuerrecht   *Seidel*

11   Da während dieser Zeit kein Entgelt gezahlt wird, ist für den ArbGeb lohnsteuerlich nichts veranlasst. Der ArbN kann im Rahmen seiner EStVeranlagung für das Kj (s *Antragsveranlagung* Rz 2 ff) ggf eine teilweise Erstattung der einbehaltenen LSt erlangen, wenn er in demselben Jahr Arbeitslohn bezogen hat oder später noch bezieht, von dem LSt einbehalten worden ist.

Dies beruht auf der Ermittlung der LSt für den einzelnen Lohnzahlungszeitraum (zB Monat) aus der JahresLSt, wobei von einem über das ganze Jahr gleich bleibenden Arbeitslohn ausgegangen wird (s auch *Lohnsteuertabellen* Rz 2 ff).

C. Sozialversicherungsrecht *Ruppelt*

1. Allgemeines. Da der ArbN für die Zeit des unbezahlten Urlaubs trotz fortbestehenden Arbeitsverhältnisses kein Arbeitsentgelt erhält, entfällt in dieser Zeit auch die Beitragsentrichtung zu den einzelnen Zweigen der SozV einschließlich der ArbLV. Für alle Zweige der SozV gilt § 7 Abs 3 Satz 1 SGB IV: Eine Beschäftigung gegen Arbeitsentgelt gilt als fortbestehend, solange das Beschäftigungsverhältnis ohne Anspruch auf Arbeitsentgelt fortdauert, jedoch nicht länger als **einen Monat**. Dauert der unbezahlte Urlaub länger als einen Monat, droht daher Verlust des Versicherungsschutzes. Die Fiktion des Fortbestehens des Beschäftigungsverhältnisses für einen Monat gilt nach § 7 Abs 3 Satz 3 SGB IV nicht, wenn Entgeltersatzleistungen bezogen werden oder Elternzeit in Anspruch genommen wird. Gleiches gilt für die Pflegezeit (s *Pflegezeit* Rz 47). Ggf kommt eine spezialgesetzliche Fortsetzung der Versicherung in einzelnen Zweigen der SozV in Betracht (vgl *Arbeitslosenversicherungspflicht* Rz 15; § 192 SGB V zum Fortbestehen der Mitgliedschaft in der gesetzlichen KV; *Pflegezeit* Rz 48). Zu den versicherungsrechtlichen Folgen der **bezahlten Freistellung** (meist vor Beendigung des Beschäftigungsverhältnisses), welche vom unbezahlten Urlaub streng zu unterscheiden ist, s *Freistellung von der Arbeit* Rz 42 ff; BSG 24.9.08 – B 12 KR 22/07 R, BB 09, 782.

2. Krankenversicherung und soziale Pflegeversicherung. a) Befristung der Pflichtmitgliedschaft. Ist von vornherein ein längerer unbezahlter Urlaub als für einen Monat verabredet, endet auch in diesem Fall die Mitgliedschaft mit Ablauf der Monatsfrist.

Hat die Mitgliedschaft eines Beschäftigten wegen eines längeren unbezahlten Urlaubs geendet, so ist für den erneuten Beginn der Pflichtmitgliedschaft nach Ende des Urlaubs der Wiedereintritt in die Beschäftigung erforderlich. Es müssen die Voraussetzungen, die für den erstmaligen Eintritt der Versicherungspflicht notwendig sind, erneut gegeben sein, nämlich die Beschäftigung gegen Arbeitsentgelt nach § 5 Abs 1 Nr 1 SGB V und der Eintritt in das Beschäftigungsverhältnis nach § 186 Abs 1 SGB V, dh im Regelfall die Aufnahme der Arbeit. Zur Auffang-Versicherungspflicht nach § 5 Abs 1 Nr 13 SGB V s *Krankenversicherungspflicht* Rz 20.

b) Freiwillige Weiterversicherung. Liegen die Voraussetzungen einer erneuten Pflichtmitgliedschaft nicht vor, kann eine **freiwillige Mitgliedschaft** in Betracht kommen. Nach Ende der erhaltenen Mitgliedschaft, also grds nach Ablauf eines Monats, **beginnt** die Drei-Monats-Frist des § 9 Abs 2 Nr 1 SGB V, innerhalb derer die freiwillige Mitgliedschaft in der gesetzlichen KV begründet werden kann. Voraussetzung hierfür ist allerdings, dass in den letzten fünf Jahren vor dem Ausscheiden mindestens 24 Monate oder unmittelbar vor dem Ausscheiden ununterbrochen mindestens 12 Monate Mitgliedschaft in der gesetzlichen KV bestand (§ 9 Abs 1 Nr 1 SGB V). Entsprechendes gilt für den Erhalt und die Weiterversicherungsmöglichkeit in der **sozialen Pflegeversicherung** (§ 26 Abs 1 SGB XI). Während der erhalten gebliebenen Pflichtmitgliedschaft können grds alle in Betracht kommenden Leistungsansprüche der gesetzlichen KV geltend gemacht werden.

Zum Anspruch auf **Mutterschaftsgeld** bei Beginn der Schutzfrist im unbezahlten Urlaub s BSG 7.2.04 – B 1 KR 7/02 R, SozR 4–2200 § 200 Nr 1.

3. Gesetzliche Rentenversicherung. Wegen der engen Anbindung der Rentenleistungen an das Arbeitsentgelt können durch unbezahlten Urlaub dem ArbN Nachteile dadurch entstehen, dass geringere Entgeltbeträge für die spätere Rentenberechnung zur Verfügung stehen.

4. Beitragsrecht. Vermindert sich das Entgelt im Abrechnungszeitraum durch unbezahlten Urlaub, wird das restliche Entgelt bis zur Beitragsbemessungsgrenze zur Beitragsberechnung herangezogen. Dies kann dazu führen, dass Entgeltteile, für die sonst Beiträge wegen Überschreitens der Beitragsbemessungsgrenze nicht entrichtet werden, wegen des unbezahlten Urlaubs zu berücksichtigen sind (vgl *Beitragsbemessungsgrenzen* Rz 16 ff).

Verbesserungsvorschläge

A. Arbeitsrecht
Poeche

1. Begriff. Verbesserungsvorschläge sind Vorschläge, die eine im Betrieb bisher nicht bekannte oder nicht genutzte Lösung eines bestimmten Problems aufzeigen. Sie können sich auf alle betrieblichen Fragen erstrecken, also auf technischem, kaufmännischem wie auch organisatorischem Gebiet liegen. Die gesetzliche Regelung ist unvollkommen. Ansatzweise wird lediglich der qualifizierte technische Verbesserungsvorschlag geregelt (§§ 3, 20 ArbNErfG). Zuordnung und Vergütung richten sich daher nach allgemeinen arbeitsrechtlichen Grundsätzen unter Berücksichtigung kollektiven Rechts, insbesondere Betriebsvereinbarungen. Die sich im Zusammenhang mit dem betrieblichen Vorschlagswesen ergebenden Fragen werden auch unter dem Begriff „Ideenmanagement" behandelt (*Wollwert* NZA 12, 889).

2. Qualifizierter technischer Verbesserungsvorschlag. a) Begriff. Das ArbNErfG knüpft an das geltende Patent- und Gebrauchsmusterrecht an. Dem entspricht § 3 ArbNErfG. Technische Verbesserungsvorschläge iSd ArbNErfG sind Vorschläge für technische Neuerungen, die nicht patent- oder gebrauchsmusterfähig sind. Stattdessen wird eine schöpferische Leistung verlangt, die eine nicht schutzfähige Lehre zum technischen Handeln gibt und den Stand der Technik im Unternehmen bereichert, also (relativ) neu, fortschrittlich und gewerblich verwertbar ist (*Bartenbach/Volz* § 3 Rz 5 ff).

b) Zuordnung. Der technische Verbesserungsvorschlag begründet anders als patent- oder gebrauchsmusterfähige Neuerungen kein dingliches Recht des ArbN an seinem Arbeitsergebnis. Die „neue Lehre" steht deshalb unmittelbar dem ArbGeb zu, wenn der ArbN arbeitsvertraglich verpflichtet ist, sich um technische Lösungen zu bemühen. Betriebsbezogene Vorschläge hat er dem ArbGeb aufgrund **arbeitsvertraglicher Nebenpflicht** (§ 241 Abs 2 BGB, dazu *Treuepflicht*) anzubieten. Über nicht funktions- oder betriebsbezogene Überlegungen kann er frei verfügen.

c) Vergütung. Der ArbN erwirbt einen zwingenden Vergütungsanspruch (§ 20 Abs 1 ArbNErfG), wenn sein Verbesserungsvorschlag „qualifiziert" ist. Der ArbGeb muss eine Vorzugsstellung einnehmen, wie sie üblicherweise nur auf Grund eines gewerblichen Schutzrechts vermittelt wird. Verlangt ist eine vergleichbare tatsächliche **monopolähnliche Marktposition.** Daran fehlt es bei einer bloßen Nichtanwendung des (bekannten) Verbesserungsvorschlags durch einen Mitbewerber (BGH 26.11.68 – X ZR 15/67, DB 69, 479). Die Deklaration des Vorschlags als *Betriebsgeheimnis* durch den ArbGeb ist für den Vergütungsanspruch des ArbN ohne Bedeutung. Der Anspruch des ArbN **entsteht** mit der tatsächlichen **Verwertung** des Vorschlags in der betrieblichen Praxis. Prüfung und Erprobung genügen nicht (BAG 30.4.65 – 3 AZR 291/63, AP Nr 1 zu § 20 ArbNErfG). Der ArbGeb verwertet den Vorschlag auch dann, wenn er das zugrunde liegende Know-how veräußert. Ob der ArbGeb den Verbesserungsvorschlag betrieblich umsetzt und damit einen Vergütungsanspruch des ArbN auslöst, liegt bis zur Grenze des Rechtsmissbrauchs ausschließlich in seiner unternehmerischen Entscheidung. Der Vergütungsanspruch erlischt ersatzlos mit der Beendigung der Vorzugsstellung des ArbGeb. Der ArbGeb schuldet eine **angemessene Vergütung.** Zu berücksichtigen sind die wirtschaftliche Verwertbarkeit, Aufgaben und Stellung des ArbN im Betrieb sowie der betriebliche Anteil (§ 20 Abs 1 iVm §§ 9,12 ArbNErfG). Zur **Durchsetzung** seines Vergütungsanspruchs hat der ArbN gegen den ArbGeb Anspruch auf Auskunft und Rechnungslegung über das Ob und Wie einer Verwertung und den daraus erwachsenen betrieblichen Nutzen. **Mehrere Arbeitnehmer** haben Anspruch auf anteilige Vergütung. **Verjährung,** Verwirkung sowie Ausschlussfristen entsprechen denen der Diensterfindung (s *Arbeitnehmererfindung* Rz 23).

3. Sonstige Verbesserungsvorschläge. Andere Verbesserungsvorschläge können sich auf Neuerungen jedweder Art beziehen, auch auf technischem Gebiet liegen. Sie sind notwendig betriebsbezogen und stehen als Arbeitsergebnis des einreichenden ArbN dem ArbGeb zu. Der Vorschlag muss konkret alternative Handlungsmöglichkeiten des ArbGeb

430 Verbesserungsvorschläge

aufzeigen; ein allgemeiner Vorschlag, bestehende Organisationsstrukturen zu ändern, genügt nicht (LAG Köln 18.11.09 – 9 Sa 483/09, BeckRS 2010, 67354). **Vergütung** schuldet der ArbGeb dann, wenn der ArbN mit dem Vorschlag eine **Sonderleistung** erbringt. Er muss mithin über seine arbeitsvertraglich geschuldete Arbeitsleistung hinausgehen (BAG 29.1.03 – 5 AZR 703/01, NZA 03, 1168). Voraussetzung ist weiter, dass der Vorschlag auch tatsächlich umgesetzt wird und dem ArbGeb dadurch ein besonderer Vorteil erwächst (BAG 28.4.81 – 1 ABR 53/79, DB 81, 1882 unter III 2a). Für die Höhe der Prämie kann auf die Grundsätze zurückgegriffen werden, wie sie für den qualifizierten technischen Vorschlag bestehen (§ 612 Abs 2 BGB; ausführlich dazu *Wollwert* NZA 12, 889). Der Prämienanspruch unterliegt als „Anspruch aus dem Arbeitsverhältnis" einer entsprechend formulierten **Verfallklausel** (BAG 22.1.08 – 9 AZR 416/07, NZA-RR 08, 525).

6 **4. Betriebsverfassung. a) Mitbestimmungsrechte.** Der BRat hat mitzubestimmen bei der Aufstellung von **Grundsätzen** über das **betriebliche Vorschlagswesen** (§ 87 Abs 1 Nr 12 BetrVG). Die Beteiligung des BRat verfolgt mehrere Zwecke. Sichergestellt werden soll die gerechte Bewertung von Vorschlägen, insbesondere durch ein transparentes Verfahren. Außerdem geht es um die Förderung der aktiven Beteiligung der ArbN am betrieblichen Geschehen. Der Wert eines funktionierenden Vorschlagssystems ist allgemein anerkannt. Dessen Einführung ist nicht von einer Vorentscheidung des ArbGeb abhängig. Der BRat hat vielmehr ein **Initiativrecht,** sobald für eine allgemeine Regelung ein Bedürfnis besteht (BAG 28.4.81 – 1 ABR 53/79, DB 81, 1882). Die mit der Einrichtung eines betrieblichen Vorschlagswesens entstehenden Verwaltungs- und Organisationskosten stehen dem Mitbestimmungsrecht als notwendige Annexregelung nicht entgegen. Es bezieht sich auf die Organisation, die mit dem Vorschlagswesen zu befassenden Personen, die Zusammensetzung eines etwaigen Ausschusses, seiner Aufgaben und Einzelheiten des Verfahrens. Es erstreckt sich weiter auf die Festlegung der prämienberechtigten ArbN und die Grundsätze, nach denen sich die dem ArbN zu zahlende Vergütung richtet.

7 **Mitbestimmungsfrei** ist die Höhe der finanziellen Grundausstattung, der „Prämienetat", wie auch die im Einzelfall zu zahlende **Prämie** (BAG 28.4.81 – 1 ABR 21/78, DB 81, 1882). Der ArbGeb bleibt auch grds frei in seiner Entscheidung, ob ein Verbesserungsvorschlag überhaupt verwertet wird (BAG 16.3.82 – 1 ABR 63/80, DB 82, 1468). Durch freiwillige Betriebsvereinbarung kann zur Steigerung der Motivation der ArbN die Prämierung nicht umgesetzter Vorschläge vereinbart werden. Vorbehaltlich der allgemeinen Mitbestimmung in personellen Fragen ist die Bestellung eines Beauftragten für das betriebliche Vorschlagswesen mitbestimmungsfrei. Die Beteiligung des BRat beschränkt sich auf seine Mitwirkung bei personellen Maßnahmen iSv § 99 BetrVG (BAG 16.3.82 – 1 ABR 63/80, DB 82, 1468). Zum zweckmäßigen Inhalt einer KonzernBRatVereinbarung *Wollwert* NZA 12, 889.

8 **b) Ansprüche aufgrund Betriebsvereinbarung.** Betriebsvereinbarungen über das betriebliche Vorschlagswesen enthalten üblicherweise Formvorschriften und Fristen für das Einreichen von Vorschlägen und deren Behandlung durch den ArbGeb/die zuständige Stelle; sie regeln das Verhältnis bei Mehrfachvorschlägen von ArbN, oft iS einer strikten Priorität des Ersteinreichers und bestimmen im Einzelnen die Bewertungskriterien für die Prämienhöhe. Die Bereiche, für die Vorschläge eingereicht werden können, sind zu beschreiben, zB Umweltschutz, Organisation usw. Zulässig ist es, bestimmte Sachverhalte auszunehmen, wie zB die Geschäftspolitik (LAG Hamm 4.9.96 – 14 Sa 2236/95, NZA-RR 97, 258). Der nachträgliche Ausschluss eines ArbN aus dem Kreis der Anspruchsberechtigten durch eine (ablösende) spätere Betriebsvereinbarung, ist jedenfalls dann unwirksam, wenn der ArbN bereits zuvor einen Verbesserungsvorschlag eingereicht hatte, der vom ArbGeb bearbeitet und später auch verwertet wurde (LAG Frankfurt 18.5.01 – 9 (2) Sa 1130/00, NZA-RR 02, 363).

9 **c) Paritätisch besetzter Bewertungsausschuss.** In Betriebsvereinbarungen zum betrieblichen Vorschlagswesen werden oft nicht nur Grundsätze iSv § 87 Abs 1 Nr 12 BetrVG aufgestellt, sondern weitergehende Regelungen getroffen. So gehört zu den erzwingbaren „Grundsätzen" zwar die Einrichtung eines Prüfungs- oder Bewertungsausschusses, nicht aber die Bewertung eines Verbesserungsvorschlags und die Festsetzung einer Prämie im Einzelfall. Diese Kompetenz kann dem Gremium nur aufgrund einer freiwilligen Betriebsvereinbarung iSv § 88 BetrVG übertragen werden. Die Betriebspartner können vereinbaren, dass der Ausschuss als **Schiedsgutachter** tätig wird. Nicht jede Kommission ist als Schiedsgutachter zu beurteilen. Das ist nur dann der Fall, wenn der Bewertungsausschuss für beide Seiten, also für ArbGeb und ArbN, **verbindlich** über das Ob und die Höhe einer Prämie entscheidet. In der betrieblichen Regelung müssen für den ArbN Vergütungsansprüche begründet werden, deren Erfüllung der ArbGeb bei einer positiven Bewertung durch den Ausschuss unmittelbar schuldet. Die Entscheidung des Gremiums ist dann nach den allgemein für Schiedsgutachten geltenden Grundsätzen (§§ 317 ff BGB analog) gerichtlich nur eingeschränkt überprüfbar, nämlich dahin, ob sie offenbar unrichtig, unsachlich, unvernünftig oder willkürlich ist oder in einem grob fehlerhaften Verfahren getroffen wurde (vgl BAG 20.1.04 – 9 AZR 393/03, NZA 04, 994; LAG RhPf 25.2.11 – 9 Sa 559/10, BeckRS 2011, 70832). Entspricht die von dem Bewertungsausschuss getroffene Entscheidung – zB mangels ausreichender Begründung – nicht den Anforderungen an ein verbindliches Schiedsgutachten, erfolgt die Entscheidung der Prämierung durch gerichtliche Leistungsbestimmung (LAG Hamm 28.2.13 – 8 Sa 1259/12, BeckRS 2013, 69039 nrkr). Zu beachten ist, dass arbeitsvertragliche Ansprüche des ArbN (wegen Sonderleistung) durch die Übertragung der Entscheidungskompetenz vom ArbGeb auf die Kommission nicht ausgeschlossen sind (missverständlich BAG 9.5.95 – 9 AZR 590/93 – nv; vgl *Bartenbach/Volz* § 20 Rz 66; *Schwab* AR-Blattei SD 1760 Rz 96 ff).

5. Prozessuales. Zuständig für alle Streitigkeiten im Zusammenhang mit Verbesserungsvorschlägen ist das ArbG (LAG Nbg 27.8.04 – 9 Ta 62/04, AR-Blattei ES 1760 Nr 8). Die Zuständigkeit der ordentlichen Gerichte besteht nach § 39 ArbNErfG nur für ArbNErfindungen und nicht für qualifizierte technische Verbesserungsvorschläge iSv § 20 ArbNErfG. Darlegungs- und Beweislast für alle tatsächlichen Voraussetzungen einschließlich der Kausalität seines Vorschlags und der Nutzung sowie wegen der die Prämienhöhe bestimmenden Umstände liegen beim ArbN. Eine Stufenklage, gerichtet auf Auskunft und Zahlung, wird sich oft anbieten. Bei Gruppenvorschlägen soll die Prozessführungsbefugnis unter Ausschluss der übrigen Beteiligten einem der Einreicher wirksam übertragen werden können (LAG Saarl 11.10.95 – 1 Sa 63/95, BB 96, 487). Eine Auskunfts- und Zahlungsklage vor Ausschöpfung des durch Betriebsvereinbarung vorgeschriebenen Verfahrens soll unzulässig sein (LAG Hess 24.8.10 – 12 Sa 940/09, BeckRS 2011, 67821). Richtigerweise ist die Klage als zZt unbegründet abzuweisen, weil die materiellen Anspruchsvoraussetzungen nicht festgestellt werden können.

6. Muster. S Online-Musterformulare *„M25 Erfindungen und qualifizierte technische Verbesserungsvorschläge"*.

B. Lohnsteuerrecht

Thomas

Arbeitslohn. Vor 1989 sah die VO für die steuerliche Behandlung von Prämien für Verbesserungsvorschläge vom 18.2.57 (zuletzt Anhang 19 V und Abschn 114 LStR 1987) unter bestimmten Voraussetzungen Steuerfreibeträge vor. Seit 1989 sind Prämien des ArbGeb für Verbesserungsvorschläge des ArbN stpfl Arbeitslohn, sofern es sich nicht nur um sog Aufmerksamkeiten (ehrende Sachzuwendungen mit einem Wert bis zu 40 €, R 19.6 Abs 1 LStR; s *Arbeitsentgelt* Rz 50) handelt. Anders als bei ArbNErfindungen (s *Arbeitnehmererfindung* Rz 30), bei deren Freigabe durch den ArbGeb eine Verwertung seitens des ArbN außerhalb des Dienstverhältnisses möglich ist und dementsprechend zu gewerblichen Einkünften (vgl BFH 29.1.70, BStBl II 70, 319) oder solchen aus VuV (§ 21 Abs 1 Nr 3 EStG) führen kann, wird dies bei Verbesserungsvorschlägen in aller Regel nicht möglich sein, also nur Arbeitslohn in Betracht kommen. Arbeitslohn sind auch Losgewinne, die ein ArbGeb im Rahmen einer Aktion zur Förderung des betrieblichen Vorschlagswesens auslobt (BFH 25.11.93, BStBl II 94, 254).

Steuererleichterungen greifen nunmehr nur noch ein, wenn es sich bei den Prämien um außerordentliche Einkünfte (§ 34 Abs 2 EStG) handelt. Dann erfolgt eine Progressionsminderung durch die Fünftelungsregel des § 34 Abs 1 Sätze 2–4 EStG. Diese Erleichterung wird bereits beim LStAbzug berücksichtigt (§ 39b Abs 3 Satz 9 EStG; s *Sonstige Bezüge* Rz 10). Keine Vergütung für eine mehrjährige Tätigkeit iSv § 34 Abs 2 Nr 4 EStG liegt vor, wenn die Prämie für den Verbesserungsvorschlag nicht nach der Tätigkeit des ArbN, sondern nach der Kostenersparnis beim ArbGeb berechnet wird (BFH 16.12.96, BStBl II 97, 222 mit

Anm *MIT* DStR 97, 410). Entsprechendes gilt, wann der ArbGeb dem ArbN Rechte aus Diensterfindungen abgeltend honoriert (BFH 26.1.05 – VI R 43/00, DStRE 05, 572 mit Anm *MIT*).

C. Sozialversicherungsrecht *Schlegel*

13   **1. Prämien als beitragspflichtiges Arbeitsentgelt.** Prämien für Verbesserungsvorschläge werden regelmäßig zusätzlich zum Arbeitsentgelt gezahlt. Dies wirft die Frage auf, ob es sich bei diesen Einnahmen um zur Versicherungs- und Beitragspflicht führendes Arbeitsentgelt iSv § 14 SGB IV handelt oder um Einkünfte aus selbstständiger Tätigkeit (vgl § 15 SGB IV), bei der der ArbN ggf die gesamte Beitragslast selbst zu tragen hat.

14   **a) Einheitliches Beschäftigungsverhältnis.** Das BSG qualifiziert Prämien für Verbesserungsvorschläge als Arbeitsentgelt iSv § 14 SGB IV, sofern diese „im Zusammenhang" mit der (Haupt-)Beschäftigung iS eines sog einheitlichen Beschäftigungsverhältnisses erzielt werden. Ein solches liegt vor, wenn eine selbstständige Tätigkeit mit einer abhängigen Beschäftigung derart verbunden ist, dass sie nur aufgrund der abhängigen Beschäftigung ausgeübt werden kann und insgesamt wie ein Teil der abhängigen Beschäftigung erscheint. Wann dies der Fall ist, lässt sich nicht abstrakt für alle Tätigkeiten bestimmen, sondern ist Wertungsfrage des jeweiligen Einzelfalles (vgl BSG 26.3.98 – B 12 RK 17/97 R, SozR 3–2400 § 14 Nr 15).

15   Sofern ein ArbN in seiner Beschäftigung eine ArbNErfindung, eine patent- oder gebrauchsmusterfähige Erfindung oder einen technischen Verbesserungsvorschlag macht, liegt hinsichtlich dieser selbstständigen Tätigkeit ein einheitliches Beschäftigungsverhältnis selbst dann vor, wenn die Erfindung oder der Verbesserungsvorschlag auch aufgrund der Erfahrungen und Kenntnisse, die während der Beschäftigung gemacht wurden, möglich geworden und dem ArbGeb nützlich sind. Die Tätigkeit bei ArbNErfindungen oder Verbesserungsvorschlägen braucht nicht weitergehend mit der abhängigen Beschäftigung verbunden zu sein, etwa in der Art, dass sie in diese zeitlich, örtlich, organisatorisch und inhaltlich eingebunden ist, um ein einheitliches Beschäftigungsverhältnis anzunehmen. Die aus der Beschäftigung **im Betrieb gewonnenen Kenntnisse für die Entwicklung des Verbesserungsvorschlages** und der Nutzen des Betriebes aus dem Verbesserungsvorschlag sind hinreichend, um die selbstständige Tätigkeit und das abhängige Beschäftigungsverhältnis insgesamt als einheitliches Beschäftigungsverhältnis zu werten.

16   Der enge **Zusammenhang zwischen Beschäftigung und selbstständiger Tätigkeit** bei der Entwicklung eines Verbesserungsvorschlags wird nicht dadurch ausgeschlossen, dass der Vorschlag sich auf ein Produkt bezieht, das vom ArbGeb für einen Dritten vertrieben wird und der Dritte den Vorschlag bei der Herstellung des Produkts verwertet. Dies gilt jedenfalls dann, wenn der ArbGeb vom Hersteller durch besondere vertragliche Bindungen in den Vertrieb einbezogen ist, wie der Vertragshändler eines Fahrzeugherstellers. Hier ist allgemein davon auszugehen, dass das Ergebnis des Verbesserungsvorschlags unter das ArbNErfG fällt.

17   **b) Beitragspflichtige Einnahme.** Seit 1.1.88 sind die Prämien, soweit sie Arbeitsentgelt darstelle (vgl oben) in vollem Umfang beitragspflichtig. Gem § 2 SvEV sind zusätzlich zum Lohn und Gehalt gezahlte Zuschüsse und ähnliche Einnahmen (dazu zählen auch Prämien für Verbesserungsvorschläge) nicht dem Arbeitsentgelt zuzurechnen, soweit sie lohnsteuerfrei sind: letztes ist nicht der Fall.

18   **c) Einmalig gezahltes Arbeitsentgelt.** Ist nicht ohne weiteres erkennbar ist, in welchem Zeitraum die Vorstellungen für den Verbesserungsvorschlag entwickelt wurden, liegt einmalig gezahltes Arbeitsentgelt vor. (Lässt sich jedoch nachweisen, dass der Verbesserungsvorschlag in einem ganz konkreten Lohnabrechnungszeitraum entwickelt wurde – etwa weil sich in diesem Zeitraum eine konkrete Problemstellung ergab und ihrer Lösung zugeführt wurde –, kann die Prämie als laufend gezahltes Arbeitsentgelt behandelt werden. Dies hat zur Folge, dass sie nicht auf zurückliegende Abrechnungszeiträume verteilt werden kann, wenn sie zusammen mit dem sonstigen Lohn im betreffenden Lohnabrechnungszeitraum die anteilige (zB monatliche) Beitragsbemessungsgrenze überschreitet (s *Einmalzahlungen* Rz 8 ff).

19   **d) Zuwendung durch Dritte.** Der Zurechnung einer derartigen Prämie zum Arbeitsentgelt iSv § 14 SGB IV steht auch nicht entgegen, dass die Zuwendung nicht vom ArbGeb

selbst, sondern von einem Dritten gewährt wird (zB Zuwendung eines Autoherstellers an Mitarbeiter von Vertragshändlern; BSG 26.10.88, SozR 2100 § 14 Nr 19; BSG 26.3.98 – B 12 RK 17/97 R, SozR 3–2400 § 14 Nr 15).

2. Sachzuwendungen. Erhält der ArbN vom ArbGeb Sachzuwendungen im Wert von nicht mehr als 80 €, werden diese nach § 3 Abs 3 SvEV wie pauschal versteuerte Waren und Dienstleistungen mit dem Durchschnittsbetrag der pauschal versteuerten Waren und Dienstleistungen dem sonstigen Arbeitsentgelt zugerechnet. Dies gilt allerdings nur dann, wenn der ArbGeb den vom ArbN zu tragenden Teil des gesamten SozVBeitrages übernimmt (s *Sachbezug* Rz 47). 20

Verdachtskündigung

A. Arbeitsrecht
Eisemann

1. Grundlagen. Unter dem Begriff der Verdachtskündigung werden alle Tatbestände zusammengefasst, in denen die Kündigung nicht auf eine vom Gekündigten begangene schuldhafte Pflichtverletzung selbst, sondern allein darauf gestützt wird, der Gekündigte stehe im Verdacht, die Vertragsverletzung – meist eine Straftat oder ein Vertrauensbruch – begangen zu haben. Die Verdachtskündigung kann sowohl als ordentliche als auch als außerordentliche Kündigung ausgesprochen werden (BAG 10.6.10 – 2 AZR 541/09, NZA 10, 1227; BAG 3.7.03 – 2 AZR 437/02, NZA 04, 307). 1

Bei der **Verdachtskündigung** ist es allein der Verdacht, der das zur Fortsetzung des Arbeitsverhältnisses notwendige Vertrauen des ArbGeb in die Redlichkeit des ArbN zerstört oder zu einer unerträglichen Belastung des Arbeitsverhältnisses führt (BAG 28.11.07 – 5 AZR 952/06, NZA-RR 08, 344). Bei der **Tatkündigung** ist für den Kündigungsentschluss maßgebend, dass der ArbN nach der Überzeugung des ArbGeb eine strafbare Handlung **tatsächlich begangen** hat und dem ArbGeb **aus diesem Grund** die Fortsetzung des Arbeitsverhältnisses unzumutbar ist (BAG 6.9.07 – 2 AZR 264/06, NZA 08, 636; BAG 10.2.05 – 2 AZR 189/04, NZA 05, 1056). Der Verdacht eines (nicht erwiesenen) strafbaren bzw vertragswidrigen Verhaltens ist ein **eigenständiger Kündigungsgrund** und nicht denknotwendig in dem Vorwurf einer (als sicher hingestellten) Vertragsverletzung selbst enthalten (BAG 6.9.07 – 2 AZR 264/06, NZA 08, 636). Für die Frage, ob eine Verdachtskündigung vorliegt, kommt es deshalb allein darauf an, worauf der ArbGeb die Kündigung stützt (BAG 3.7.03 – 2 AZR 437/02, NZA 04, 307). Auch wenn sich der Vorwurf der Vertragsverletzung nicht beweisen lässt oder nur auf seinen Annahmen beruht, kann der ArbGeb eine Kündigung mit der Begründung aussprechen, der ArbN habe die Tat begangen. Eine solche Kündigung ist keine Verdachtskündigung. Der ArbGeb, der zwar annimmt, der ArbN habe die Vertragsverletzung begangen und meint, dass bei Beweisnot jedenfalls der dringende Verdacht bleibt, muss deutlich machen, wenn er die Kündigung auf diesen Verdacht stützen will (BAG 3.7.03 – 2 AZR 437/02, NZA 04, 307). Andererseits ist der ArbGeb, der eine Verdachtskündigung ausgesprochen hat, materiell-rechtlich nicht gehindert, sich im Kündigungsschutzprozess darauf zu berufen, die den Verdacht begründende Pflichtwidrigkeit rechtfertige eine Tatkündigung (BAG 6.12.01 – 2 AZR 496/00, NZA 02, 847). Selbst ohne diesen Hinweis des ArbGeb ist das Gericht verpflichtet, nach Ausspruch einer Verdachtskündigung von sich aus zu prüfen, ob die unstreitigen und nachgewiesenen Tatsachen zur Rechtfertigung einer Tatkündigung ausreichen (BAG 27.1.11 – 2 AZR 825/09, NZA 11, 798; 10.6.10 – 2 AZR 541/09, NZA 10, 1227). Verdachtskündigung und Tatkündigung stehen nicht beziehungslos nebeneinander. Haben sich im Verlauf des Prozesses die Verdachtsmomente gegen einen ArbN derart verdichtet, dass das Gericht zu der Überzeugung gekommen ist, dieser habe die ihm vorgeworfene Tat begangen, darf es diesen Umstand bei seiner Beurteilung des festgestellten Sachverhalts nicht „vergessen". Im umgekehrten Fall setzt die Wirksamkeit der Kündigung jedenfalls voraus, dass deren formale Voraussetzungen – zB die Anhörung des ArbN – vorliegen. 2

Der ArbGeb kann den **Betriebsrat** von vornherein ausdrücklich in einem Vorgang zur Tat- und zur Verdachtskündigung anhören (BAG 3.4.86 – 2 AZR 324/85, NZA 86, 677). Wurde der BRat nach § 102 BetrVG vor Ausspruch der Kündigung lediglich zu einer 3

431 Verdachtskündigung

beabsichtigten Verdachtskündigung angehört, schließt das die gerichtliche Anerkennung einer nachgewiesenen Pflichtwidrigkeit als Kündigungsgrund nicht aus, wenn dem BRat alle Tatsachen mitgeteilt worden sind, die nicht nur den Verdacht, sondern auch den Tatvorwurf selbst begründen (BAG 10.6.10 – 2 AZR 541/09, NZA 10, 1227; BAG 23.6.09 – 2 AZR 474/07, NZA 09, 1136). Dies gilt jedenfalls nicht „automatisch" für den umgekehrten Fall (BAG 3.4.86 – 2 AZR 324/85, NZA 86, 677). Wer zur Verdachtskündigung entschlossen ist, wird „erst recht" bei nachgewiesener Tat kündigen wollen. Der BRat kann aber nicht in allen Fällen davon ausgehen, dass der ArbGeb auch nur wegen des bloßen Verdachts vertragswidrigen Verhaltens kündigen will, wenn er den BRat zu einer Tatkündigung anhört. Jedenfalls muss der ArbGeb dem BRat zumindest alle Tatsachen mitgeteilt haben – insbesondere auch die Anhörung des ArbN, welche zusätzlich eine Verdachtskündigung stützen.

4   Will der ArbGeb eine **außerordentliche Verdachtskündigung** aussprechen, beginnt die zweiwöchige Ausschlussfrist des § 626 Abs 2 BGB an dem Zeitpunkt, in welchem er einen bestimmten Kenntnisstand für ausreichend zu einer solchen Kündigung hält (BAG 5.6.08 – 2 AZR 234/07, NZA-RR 08, 630).

5   **2. Voraussetzungen.** Mit der Verdachtskündigung kann ein Unschuldiger seinen Arbeitsplatz verlieren. Sie ist daher nur unter sehr eingeschränkten und strengen Voraussetzungen möglich.

6   **a) Bestimmte Tatsachen.** Der Verdacht muss sich aus objektiven, im Zeitpunkt der Kündigung vorliegenden Tatsachen ergeben. Entscheidend ist, ob sie einen verständigen und gerecht abwägenden ArbGeb zur Kündigung veranlassen können (BAG 6.9.07 – 2 AZR 264/06, NZA 08,636). Wie der kündigende ArbGeb die vorliegenden Indizien subjektiv wertet, ist unerheblich.

7   **b) Große Wahrscheinlichkeit.** Der Verdacht muss **dringend** sein (BAG 10.2.05 – 2 AZR 189/04, NZA 05, 1056). Aufgrund der objektiven Umstände muss eine große Wahrscheinlichkeit dafür bestehen, dass der ArbN die Pflichtwidrigkeit begangen hat (BAG 23.6.09 – 2 AZR 474/07, NZA 09, 1136). Bloße, auf mehr oder weniger haltbare Vermutungen gestützte Verdächtigungen des ArbGeb reichen zur Rechtfertigung eines dringenden Verdachts nicht aus (BAG 29.11.07 – 2 AZR 724/06 AP BGB § 626 Verdacht strafbarer Handlungen Nr 40). Das Ergebnis eines Ermittlungs- und Strafverfahrens ist für das ArbG nicht bindend. Eine Verdachtskündigung kann nicht ausschließlich auf den Umstand gestützt werden, dass die Strafverfolgungsbehörden einen dringenden Tatverdacht bejaht haben (BAG 25.10.12 – 2 AZR 700/11, NZA 13, 371). Geht eine Staatsanwaltschaft davon aus, die Straftat sei einem ArbN nicht beweisbar, hindert das den ArbGeb nicht, im Arbeitsgerichtsverfahren den Beweis für einen Tatverdacht zu führen (BAG 5.4.01 – 2 AZR 217/00, NZA 01, 837). Entsprechendes gilt für die Eröffnung des Hauptverfahrens. Es kommt – und das hat das ArbG selbst zu prüfen – darauf an, ob objektiv ausreichende Anhaltspunkte dafür vorliegen, dass der Gekündigte mit großer Wahrscheinlichkeit der Täter ist. Das ArbG muss sich eine eigene Überzeugung bilden (BAG 26.3.92 – 2 AZR 519/91, NZA 92, 1121).

8   Hiervon zu unterscheiden ist die Frage, ob das ArbG die im Ermittlungs – und Strafverfahren gewonnenen Erkenntnisse verwerten darf (etwa durch Beiziehung der Akten uÄ). Dies betrifft allein den möglichen Beweis der den Verdacht begründenden Tatsachen und richtet sich nach den für die Beweiserhebung im Zivilprozess geltenden allgemeinen Grundsätzen und Vorschriften (BAG 26.3.92 – 2 AZR 519/91, NZA 92, 1121).

9   **c) Erhebliches Gewicht.** Die Vertragsverletzung, derer der ArbN verdächtigt wird, muss von erheblichem Gewicht sein. Das Verhalten des Arbeitnehmers muss jedoch keinen Straftatbestand erfüllen. Entscheidend ist, ob er vertragliche Haupt- oder Nebenpflichten – etwa die Rücksichtnahmepflicht auf die Interessen des Arbeitgebers aus § 241 Abs 2 BGB – verletzt (BAG 21.6.12 – 2 AZR 694/11, NZA 13, 199). Die mögliche Vertragsverletzung muss als bewiesene Tat die gewollte Kündigung rechtfertigen können. Im Fall der außerordentlichen Verdachtskündigung muss sie daher so schwer wiegen, dass eine auf sie gestützte Kündigung nach § 626 BGB wirksam wäre (BAG 12.8.99 – 2 AZR 923/98, NZA 2000, 421). Dabei ist der Verdacht einer schwerwiegenden strafbaren Handlung auch dann für eine außerordentliche Kündigung ausreichend, wenn der ArbN bereits von seiner Arbeitspflicht freigestellt ist. Die unwiderrufliche Freistellung ist aber bei der Interessenabwägung zu berücksichtigen (BAG 5.4.01 – 2 AZR 217/00, NZA 01, 837). Für die ordentliche Ver-

Verdachtskündigung 431

dachtskündigung reicht nur ein Verhalten aus, das bei nachgewiesener Tat eine ordentliche Kündigung sozial rechtfertigen könnte.

d) Zumutbare Sachverhaltsaufklärung. Der ArbGeb muss alles Zumutbare zur Aufklärung des Sachverhalts getan haben (BAG 28.11.07 – 5 AZR 952/06, NZA-RR 08, 344). Dabei dürfen selbst heimliche Videoaufnahmen herangezogen werden, wenn der konkrete Verdacht einer strafbaren Handlung besteht, weniger einschneidende Mittel zur Aufklärung des Verdachts ausgeschöpft sind, die verdeckte Videoüberwachung praktisch das einzig verbleibende Mittel darstellt und insgesamt nicht unverhältnismäßig ist (BAG 21.6.12 – 2 AZR 153/11, NZA 12, 1025; BAG 27.3.03 – 2 AZR 51/02, NZA 03, 1193). Er ist insbesondere verpflichtet, den betroffenen **Arbeitnehmer** zu dem gegen ihn gerichteten Verdacht **zu hören**, ihm also Gelegenheit zur Stellungnahme zu geben (BAG 13.3.08 – 2 AZR 961/06, NZA 08, 809; BAG 28.11.07 – 5 AZR 952/06, NZA-RR 08, 344). Dabei darf sich der dem ArbN vorgehaltene Verdacht nicht in einer bloßen Wertung erschöpfen; er muss zumindest soweit konkretisiert sein, dass der ArbN sich darauf substantiiert einlassen kann (BAG 13.3.08 – 2 AZR 961/06, NZA 08, 809; BAG 28.11.07 – 5 AZR 952/06, NZA-RR 08, 344). Verletzt der ArbGeb schuldhaft diese Pflicht zur Anhörung des ArbN, kann er sich im Prozess nicht auf den Verdacht als Kündigungsgrund berufen (BAG 13.3.08 – 2 AZR 961/06, NZA 08, 809; BAG 28.11.07 – 5 AZR 952/06, NZA-RR 08, 344). Eine schuldhafte Verletzung der Anhörungspflicht liegt nicht vor, wenn der ArbN nicht bereit ist, sich substantiiert zu den Verdachtsgründen zu äußern (BAG 13.3.08 – 2 AZR 961/06, NZA 08, 809; BAG 28.11.07 – 5 AZR 952/06, NZA-RR 08, 344). Dasselbe soll gelten, wenn der ArbN durch sein späteres Verhalten die Annahme des ArbGeb bestätigt, er sei zu einer Äußerung nicht bereit gewesen (BAG 30.4.87, DB 87, 1998).

Da der ArbGeb zur sorgfältigen Ermittlung des Sachverhalts in aller Regel Zeit benötigt, ist im Falle der außerordentlichen Verdachtskündigung die **Ausschlussfrist** des § 626 Abs 2 Satz 1 BGB solange **gehemmt,** bis der ArbGeb ausreichende Kenntnis über die den Verdacht begründenden Tatsachen erlangt hat und ihm eine Entscheidung darüber möglich ist, ob die Fortsetzung des Arbeitsverhältnisses für ihn zumutbar ist. Will der ArbGeb den Verdacht nicht selbst aufklären, darf er – auch mit der außerordentlichen Kündigung – bis zum Abschluss eines Strafverfahrens **warten** (BAG 5.6.08 – 2 AZR 234/07, NZA-RR 08, 630). Hat er sich dazu entschlossen, darf er dann nicht zu einem beliebigen willkürlich gewählten Zeitpunkt außerordentlich kündigen. Er braucht hierfür einen sachlichen Grund. Erst wenn er neue Tatsachen erfahren oder neue Beweismittel erlangt hat und nunmehr ausreichend Erkenntnisse für eine Kündigung zu haben glaubt, kann er dies zum Anlass für den Ausspruch einer neuerlichen Kündigung nehmen (BAG 22.11.12 – 2 AZR 732/11, NZA 13, 665). Regelmäßig ist die Ausschlussfrist danach bis zur Anhörung des ArbN gehemmt (BAG 5.6.08 – 2 AZR 234/07, NZA-RR 08, 630). Hat der ArbN in einem Strafverfahren ein Geständnis abgelegt, beginnt die Ausschlussfrist jedenfalls in dem Zeitpunkt, in welchem der ArbGeb hiervon erfährt (BGH 24.11.75, LM Nr 18 zu § 626 BGB). Er kann jedoch die Erhebung der öffentlichen Klage oder die Verurteilung des ArbN auch dann zum Anlass für den Ausspruch einer Verdachtskündigung nehmen, wenn er eine solche schon zuvor erklärt hatte. Die Frist des § 626 Abs 2 BGB beginnt mit ausreichender Kenntnis von der verdachtsverstärkenden Tatsache erneut zu laufen (BAG 22.11.12 – 2 AZR 732/11, NZA 13, 665; BAG 27.1.11 – 2 AZR 825/09, NZA 11, 798).

3. Verhältnismäßigkeit. Nach dem **Verhältnismäßigkeitsgrundsatz** kommt auch die Verdachtskündigung erst in Betracht, wenn der ArbGeb zuvor alles ihm Zumutbare getan hat, um eine Beendigungskündigung zu vermeiden. Der ArbGeb muss daher zunächst prüfen, ob er den ArbN – ggf zu schlechteren Arbeitsbedingungen – auf einem anderen Arbeitsplatz weiterbeschäftigen kann, wo sich der Verdacht nicht mehr in kündigungsrelevanter Weise auswirkt. Ist das möglich, muss er den ArbN dorthin versetzen. Erfordert dies eine Änderungskündigung, muss er dem ArbN ein entsprechendes Änderungsangebot unterbreiten, welches dieser unter dem Vorbehalt der sozialen Rechtfertigung annehmen kann (BAG 19.6.86, DB 86, 2604; Näheres zum Vorrang der Änderungskündigung s *Kündigungsschutz* Rz 70, 71).

4. Beurteilungszeitpunkt. Wie sonst auch kommt es für die Beurteilung der Wirksamkeit einer Verdachtskündigung auf die Umstände im **Zeitpunkt ihres Zugangs** an. Den

Eisemann

431 Verdachtskündigung

Verdacht stärkende oder entkräftende Tatsachen können jedoch **bis zur letzten mündlichen Verhandlung** in der Berufungsinstanz vorgetragen werden und sind grundsätzlich zu berücksichtigen, sofern sie – wenn auch unerkannt – bereits **vor Zugang** der Kündigung vorlagen (BAG 23.5.13 – 2 AZR 102/12, NZA 13, 1416; BAG 6.11.03 – 2 AZR 631/02, NZA 04, 919). Damit kommt es letztlich auf den objektiven Tatbestand bei Zugang der Kündigung und nicht auf den subjektiven Wissensstand des ArbGeb an, obwohl gerade der ihm die Fortsetzung des Arbeitsverhältnisses aus seiner Sicht unzumutbar gemacht hat. So kann er aber verdachtsstärkende Tatsachen auch noch nach Ablauf der Zweiwochenfrist des § 626 Abs 2 BGB ohne erneute Anhörung des ArbN (BAG 23.5.13 – 2 AZR 102/12, NZA 13, 1416) in den Prozess einführen, wenn er den BRat nachträglich hierzu noch einmal angehört hat (BAG 13.9.95 – 2 AZR 587/94, NZA 96, 81). Daneben ermöglicht man auf diesem Weg dem ArbN, durch den Vortrag entlastender Tatsachen, auch wenn sie dem ArbGeb nicht bekannt waren, zu verhindern, dass er aufgrund eines bei Ausspruch der Kündigung möglicherweise nur subjektiv, aber nicht objektiv begründeten Verdachts den Arbeitsplatz verliert (BAG 14.9.94 – 2 AZR 164/94, NZA 95, 269). Eine mangelhafte Aufklärung, die sich mehr um belastende als entlastende Tatsachen bemüht, fällt so dem ArbGeb im Prozess „auf die Füße".

14 Geschehnisse aus der Zeit **nach Zugang der Kündigung** bleiben grundsätzlich unberücksichtigt (BAG 6.11.03 – 2 AZR 631/02, NZA 04, 919). Sie können nicht mehr in den Prozess eingeführt werden. Kündigungsgrund bei der Verdachtskündigung ist die verdachtsbedingte Beeinträchtigung der Vertrauenswürdigkeit des ArbN. Der Verdacht muss sich dabei aus objektiven im Zeitpunkt der Kündigung vorliegenden (Indiz-)Tatsachen ergeben. Kommt es etwa während der Kündigungsfrist oder danach zu den Verdacht verstärkenden oder ihn vermindernden Handlungen des gekündigten ArbN, sind sie für den Ausgang des Prozesses unbeachtlich.

15 Auch bei einer Verdachtskündigung findet eine **Interessenabwägung** statt. Der Kündigungsgrund kann während des Ruhens eines Arbeitsverhältnisses (BAG 17.2.82 – 7 AZR 663/79 – nv) oder einer unwiderruflichen Freistellung des ArbN ein geringeres Gewicht haben (BAG 5.4.01 – 2 AZR 217/00, NZA 01, 837).

16 **5. Nachfolgen.** Stellt sich **nach der Entlassung,** ggf nach dem zu seinen Ungunsten entschiedenen Kündigungsschutzprozess, heraus, dass der ArbN **schuldlos** in Verdacht geraten war, ist der ArbGeb aufgrund nachwirkender Fürsorgepflicht zur **Wiedereinstellung** verpflichtet (BAG 4.6.64 – 2 AZR 310/63 AP BGB § 626 Verdacht strafbarer Handlungen Nr 13). Der Umstand allein, dass ein gegen den ArbN eingeleitetes staatsanwaltliches Ermittlungsverfahren eingestellt wurde, führt weder zur Unwirksamkeit der Kündigung noch zu einem Wiedereinstellungsanspruch des ArbN (BAG 20.8.97 – 2 AZR 620/96, NZA 97, 1340). Im Übrigen gelten die Grundsätze der Restitutionsklage des § 580 ZPO (BAG 22.1.98 – 2 AZR 455/97, NZA 98, 726).

17 Ist eine Verdachtskündigung aus materiellen Gründen rechtskräftig für **unwirksam** erklärt worden, kann der ArbGeb danach noch eine Kündigung wegen erwiesener Vertragsverletzung – Tatkündigung – aussprechen, wenn sich die Kündigung nicht als Wiederholungskündigung (s *Kündigung, allgemein* Rz 8) darstellt, weil wesentliche neue Tatsachen hinzu gekommen sind. Dies gilt selbst dann, wenn das Gericht die ursprüngliche Kündigung nicht nur als Verdachtskündigung, sondern auch als Tatkündigung für unwirksam gehalten hat. Die Rechtskraft der vorangegangenen Entscheidung erfasst die neue Kündigung nicht. Wurden die Kündigungsgründe nicht materiell geprüft, ist eine erneute Verdachts- oder Tatkündigung mit ursprünglichen unveränderten Kündigungsgründen möglich.

B. Lohnsteuerrecht *Windsheimer*

18 S Ausführungen zu *Kündigung, allgemein* Rz 82.

C. Sozialversicherungsrecht *Ruppelt*

19 S Ausführungen zu *Kündigung, allgemein* Rz 83 ff.

Verdienstbescheinigung

A. Arbeitsrecht
Poeche

1. Begriff und Bedeutung. Verdienstbescheinigung ist jede schriftliche Erklärung des ArbGeb über die Höhe der dem ArbN als Arbeitsentgelt zustehenden und tatsächlich erbrachten Leistungen. Je nach dem mit ihr verfolgten Zweck enthält sie die Brutto- oder Nettovergütung, Sachleistungen, Einmalzahlungen, etwaige Freibeträge usw. Ihre Verwendungsbreite ist groß. Im privaten Bereich dient sie dem ArbN als Beleg der eigenen finanziellen Leistungsfähigkeit, zB für die Bewilligung eines Kredits oder die Begründung eines Mietverhältnisses, im Schadensersatzrecht und gegenüber dem Gericht als Nachweis eines Verdienstausfalls (Zeugenentschädigung). Zum vielfältigen Einsatz im Bereich des Sozialrechts s unten Rz 8. Verdienstbescheinigungen sind auch Arbeitspapiere und sonstige Lohnunterlagen, wenn sich aus ihnen die Höhe des Entgelts ergibt (zur Arbeitsbescheinigung s *Arbeitsbescheinigung* Rz 1).

2. Pflicht zur Ausstellung/Inhalt. Soweit der ArbGeb aufgrund öffentlichen Rechts verpflichtet ist, dem ArbN seinen Verdienst zu bescheinigen, hat der ArbN einen parallelen Anspruch aus arbeitsvertraglicher Nebenpflicht. Der ArbGeb ist darüber hinaus aufgrund seiner Fürsorgepflicht gehalten, dem ArbN auch für den rein privaten Gebrauch eine Verdienstbescheinigung auszustellen; eine nähere Begründung braucht der ArbN nicht abzugeben, es sei denn, es besteht Anlass für eine missbräuchliche Verwendung.

Der **Inhalt** der Verdienstbescheinigung richtet sich nach dem Wunsch des ArbN, also Aufnahme des Netto- oder Bruttoeinkommens. Da die Bescheinigung bestimmungsgemäß im Rechtsverkehr gegenüber einem Dritten verwendet wird, ist auf inhaltliche **Richtigkeit und Vollständigkeit** zu achten. Eine bloße Angabe des Arbeitsentgelts ist verfälschend, wenn der ArbN wegen Pfändungen tatsächlich weniger ausgezahlt erhält. Die Bestätigung eines zu hohen wie auch eines zu geringen Verdienstes kann als Beihilfe zum Betrug Strafbarkeit begründen und Schadensersatzpflichten gegenüber dem Dritten auslösen (vgl OLG Koblenz 6.5.08 – 5 U 28/08, NZM 08, 800).

3. Kosten. Die Kosten einer Verdienstbescheinigung trägt der ArbGeb, wenn seine Pflicht zur Ausstellung im öffentlichen Recht begründet ist. Keine Bedenken bestehen unter dem Gesichtspunkt der Vertragsfreiheit (§ 311 BGB, § 105 GewO), wenn der ArbN für die ausschließlich im privaten Rechtsverkehr benötigten Bescheinigungen die Kosten zu übernehmen hat.

4. Prozessuales. Der Anspruch kann **klageweise** vor dem **Arbeitsgericht** geltend gemacht werden. Der geforderte Inhalt ist konkret im Klageantrag wiederzugeben. Darlegungs- und Beweislast für die inhaltliche Richtigkeit liegen beim ArbN. Nicht rechtzeitige oder unrichtige Erteilung kann den ArbGeb für den hieraus entstehenden Schaden ersatzpflichtig machen (zB ungünstigere Zinskonditionen bei Bankkredit).

B. Lohnsteuerrecht
Seidel

Die Verdienstbescheinigung spielt im Steuerrecht keine Rolle. Grundlage für die Besteuerung des ArbN im Rahmen der EStVeranlagung (s *Antragsveranlagung* Rz 2 ff) ist die LStBescheinigung (s *Lohnsteuerbescheinigung* Rz 11 ff).

Steuerrechtlich ist allenfalls die Vorlage von Verdienstbescheinigungen dritter Personen durch den ArbN beim **Finanzamt** denkbar, wenn der Nachweis von Einkünften anderer Personen bei der Besteuerung des ArbN eine Rolle spielt, zB bei der Geltendmachung von Unterhaltsaufwendungen (§ 33a Abs 1 EStG), Kinderfreibeträgen (§ 32 Abs 4 EStG; s auch *Kinderfreibetrag* Rz 30 ff), Kindergeld (§ 63 Abs 1 Satz 2 iVm § 32 Abs 4 Satz 2 sowie § 68 Abs 2 EStG; s auch *Kindergeld* Rz 9) oder Ausbildungsfreibeträgen (§ 33a Abs 2 EStG; s auch *Ausbildungsfreibetrag* Rz 7). Eine gesetzliche Regelung, wie der Nachweis der eigenen Einkünfte und Bezüge dieser Personen zu erfolgen hat, besteht nicht, so dass auch jeder andere geeignete Nachweis in Betracht kommt. Zur Mitteilungspflicht des ArbN gegenüber dem **Arbeitgeber** nach § 39e Abs 4 Satz 1 Nr 2 EStG s *Lohnsteuerabzugsmerkmale* Rz 19.

432 Verdienstbescheinigung

C. Sozialversicherungsrecht *Schlegel*

8 **1. Bedeutung.** Zahlreiche Lohnersatzleistungen sind dem Grunde oder der Höhe nach davon abhängig, welches Arbeitsentgelt, Arbeitseinkommen oder Gesamteinkommen während des Versicherungsfalles oder während des Bemessungszeitraumes vor Eintritt des Versicherungsfalles erzielt wurde. Die Gesetze des SozRechts sehen deshalb vor, dass vom Versicherten (Antragsteller oder Bezieher einer Lohnersatzleistung) oder von seinem ArbGeb entsprechende Informationen, insbesondere auch in Form von Verdienstbescheinigungen, geliefert werden.

9 **2. Allgemeine Rechtsgrundlagen zur Vorlage von Verdienstbescheinigungen** sind § 60 SGB I und § 98 SGB X. **a) Mitwirkungspflichten des Versicherten** iSv Obliegenheiten sind in **§§ 60 ff SGB I** normiert. Danach hat, wer Sozialleistungen beantragt oder erhält, alle Tatsachen anzugeben, die für die Leistung erheblich sind und auf Verlangen des zuständigen Leistungsträgers der Erteilung erforderlicher Auskünfte durch Dritte zuzustimmen; außerdem sind Beweismittel zu bezeichnen und auf Verlangen des Leistungsträgers Beweisurkunden vorzulegen oder ihrer Vorlage durch Dritte zuzustimmen (§ 60 Abs 1 Nrn 1 und 3 SGB I). Es handelt sich hierbei um eine Konkretisierung der allgemeinen Mitwirkungspflichten der Beteiligten, wie sie ua in § 21 Abs 2 Satz 1 SGB X zur Ermittlung des in einem Verwaltungsverfahren aufzuklärenden Sachverhalts vorgesehen sind.

10 Zu den genannten Tatsachen gehören je nach dem materiell-rechtlichen Tatbestand (zB vorgezogenes Altersruhegeld, Krankengeld, Kindergeld etc) auch der Verdienst des Antragstellers/Versicherten, seines Ehegatten oder eines unterhaltspflichtigen Verwandten. Als Beweisurkunden kommen ua auch Verdienstbescheinigungen in Betracht. Adressat der Mitwirkungspflicht nach § 60 SGB I ist nur derjenige, der selbst Sozialleistungen erhält oder beantragt hat; die Vorschrift bietet keine Handhabe, die erforderliche Auskunft oder die Vorlage von Urkunden (Verdienstbescheinigung) von Dritten, etwa dem Ehegatten, Verwandten oder auch dem ArbGeb zu verlangen. Von diesen kann die Auskunft verlangt werden, soweit dies spezialgesetzlich vorgesehen ist (dazu unten Rz 12 f), oder wenn der Antragsteller/Leistungsempfänger der Einholung der Auskunft zustimmt. Die Zustimmung beseitigt dann auch datenschutzrechtliche Geheimhaltungspflichten des Dritten. Mitwirkungspflichten der genannten Art (zB Vorlage der Verdienstbescheinigung) können nicht zwangsweise durchgesetzt werden. Insoweit verbietet sich auch der Erlass eines – zwangsweise durchsetzbaren – Auskunftsbescheides (vgl BVerwG 21.1.93 – 5 C 22/90, NZS 93, 417).

11 **Folge der fehlenden Mitwirkung (Nichtvorlage der Verdienstbescheinigung)** ist vielmehr, dass der Leistungsträger ohne weitere Ermittlungen die Leistung bis zur Nachholung der Mitwirkung ganz oder teilweise versagen oder entziehen kann, soweit die Voraussetzungen der Leistung nicht anderweitig nachgewiesen sind (§ 66 Abs 1 SGB I). Sozialleistungen dürfen wegen fehlender Mitwirkung aber nur versagt oder entzogen werden, nachdem der Leistungsberechtigte auf diese Folge schriftlich hingewiesen worden ist und ihm eine Frist zur Nachholung der Mitwirkungshandlung gesetzt wurde (§ 66 Abs 3 SGB I).

12 **b) Auskunftspflichten des Arbeitgebers in der Sozialversicherung und Arbeitslosenversicherung** ergeben sich aus **§ 98 SGB X**. Der ArbGeb hat auf Verlangen dem zuständigen Leistungsträger oder – soweit es um den Beitragseinzug geht – der zuständigen Einzugsstelle ua Auskunft über das Arbeitsentgelt zu erteilen, soweit es hierauf in der SozV oder in der ArblV im Einzelfall für die Erbringung von Sozialleistungen ankommt. Eine Pflicht, das Arbeitsentgelt selbst zu bescheinigen, kann § 98 SGB X nicht entnommen werden; vielmehr verpflichtet die Vorschrift den ArbGeb nur dazu, die Geschäftsbücher, Listen oder andere Unterlagen, also auch Lohnunterlagen, aus denen die Angaben über die Beschäftigung hervorgehen, während der Betriebszeit nach seiner Wahl der Einzugsstelle oder dem Leistungsträger entweder in deren oder in seinen eigenen Geschäftsräumen zur Einsicht vorzulegen (§ 98 Abs 1 Satz 3 SGB X). Es ist dann Sache des Leistungsträgers oder der Einzugsstelle, sich entsprechende Aufzeichnungen durch Kopien oder Abschriften zu fertigen.

13 Die Auskunftspflicht des ArbGeb nach § 98 SGB X ist gegenüber sonstigen Mitwirkungspflichten des Versicherten (ArbN) nicht subsidiär. Vielmehr steht es im pflichtgemäßen Ermessen der Behörde (§ 20 SGB X), über welche Quellen (ArbGeb § 98 SGB X, Ver-

sicherter/ArbN §§ 60f SGB I, Amtshilfe durch sonstige Behörden §§ 3f SGB X) sie die erforderlichen Informationen bezieht. Im Einzelfall wird es jedoch nahe liegen, zunächst dem Versicherten (ArbN) die Vorlage einer Verdienstbescheinigung aufzugeben.

3. Spezielle Rechtsgrundlagen für Verdienstbescheinigungen sind insbesondere erforderlich, wo § 98 SGB X, der sich allein auf den Bereich der SozV und ArblV bezieht, nicht anwendbar ist oder es sich um Auskünfte bzw Verdienstbescheinigungen bestimmten Inhalts handelt.

a) **Vorausbescheinigungen für Renten wegen Alters.** Da der Rentenberechnung die vom Versicherten erzielten Entgeltpunkte des gesamten Erwerbslebens zugrunde zu legen sind, bedarf es im Hinblick auf die Dauer des Rentenverfahrens einer Vorausbescheinigung über das Arbeitsentgelt, wenn der ArbN nach Ausscheiden aus dem Erwerbsleben unmittelbar eine Rente beziehen will. Nach § 194 SGB VI haben ArbGeb auf Verlangen des Versicherten das voraussichtliche Arbeitsentgelt für die Zeit bis zum Ende der Beschäftigung bis zu drei Monate im Voraus zu bescheinigen, wenn von dem Versicherten für die Zeit danach eine Rente wegen Alters beantragt wird. Bei der Ermittlung des voraussichtlichen Arbeitsentgelts sind vorausehbare beitragspflichtige Einmalzahlungen zu berücksichtigen. Das vorauszubescheinigende Arbeitsentgelt ist nach dem in den letzten sechs Monaten erzielten Arbeitsentgelt zu berechnen, wenn für den vorauszubescheinigenden Zeitraum die Höhe des Arbeitsentgelts nicht vorausehbar ist. Der Gesetzeswortlaut könne es nahelegen, dass für die Berechnung der Rente das vorausbescheinigte Arbeitsentgelt auch dann maßgeblich bleibt, wenn es vom tatsächlichen Arbeitsentgelt, das auch für die Beitragsberechnung maßgeblich ist (§ 194 Abs 2 SGB VI), im Zeitpunkt der Vorausbescheinigung abweicht (§ 70 Abs 4 SGB VI). Das BSG sieht darin jedoch die Gefahr, dass dem Versicherten dauernd eine zu niedrige, weil nicht dem tatsächlichen Beitragsaufkommen entsprechende, Rente gewährt wird. Es hält es deshalb für erforderlich, den Anwendungsbereich dieser Vorschriften teleologisch zu reduzieren: Dies bedeutet, dass der RVTräger die Höhe des Altersruhegeldes zwar auf der Grundlage einer Entgeltvorausbescheinigung endgültig festsetzen darf; weicht das tatsächlich erzielte Entgelt von dem vorausbescheinigten aber ab, ist der RVTräger auf Verlangen verpflichtet, im Übrigen (zB bei zu hoher Vorausbescheinigung) berechtigt, den Zahlbetrag insoweit abzuändern (vgl BSG 16.11.95 – 4 RA 48/93, SozR 3–2200 § 1401 Nr 1).

b) **Hinterbliebenenrenten** für Männer und Frauen nach dem Tod ihres versicherten Ehepartners ruhen in Abhängigkeit vom Einkommen des Überlebenden, soweit ein Freibetrag überschritten wird. Die Ruhensvorschrift beruht im Wesentlichen auf der Überlegung, dass die Hinterbliebenenrente Unterhaltsfunktion hat und deshalb ganz oder zum Teil ruhen darf, solange und soweit der überlegende Ehegatte über angemessenes eigenes Einkommen verfügt. Aus diesem Grund hat der rentenberechtigte Hinterbliebene das nach §§ 18a, 18b SGB IV zu berücksichtigende Einkommen nachzuweisen (§ 18c Abs 1 SGB IV).

Bezieher von Arbeitsentgelt und diesem vergleichbarem Einkommen können verlangen, dass ihnen der ArbGeb eine Bescheinigung über das von ihnen für das letzte Kj erzielte Arbeitsentgelt oder vergleichbare Einnahmen und den Zeitraum, für den es gezahlt wurde, ausstellt. Der ArbGeb ist zur Ausstellung der Bescheinigung dann nicht verpflichtet, wenn er der SozV das Arbeitsentgelt bereits im Wege der Beitragsentrichtungsvorschriften gemeldet hat; er ist allerdings dann zur Bescheinigung verpflichtet, wenn das tatsächliche Entgelt die Beitragsbemessungsgrenze übersteigt oder die abgegebene Meldung nicht für die RV bestimmt war (§ 18c Abs 2 SGB IV). Im Wesentlichen handelt es sich hierbei um eine Konkretisierung der allgemeinen Mitwirkungspflichten nach § 60 SGB I, die lediglich bestimmt, in welchen Fällen der ArbGeb ausnahmsweise nicht zur Verdienstbescheinigung verpflichtet ist.

c) **Ausbildungsförderung.** Nach § 47 Abs 5 BAföG hat der jeweilige ArbGeb auf Verlangen des Auszubildenden, seinen Eltern, seinem Ehegatten sowie dem Amt für Ausbildungsförderung eine Bescheinigung über den Arbeitslohn und den auf der LStKarte eingetragenen steuerfreien Jahresbetrag auszustellen. Im Übrigen wird § 60 SGB I auch für die Eltern und den Ehegatten des Auszubildenden für anwendbar erklärt (§ 47 Abs 4 BAföG). Näheres s *Ausbildungskosten* Rz 26 ff und *Ausbildungsverhältnis* Rz 83 ff.

19 **d) Wohngeld.** Wenn und soweit es zur Durchführung des Wohngeldgesetzes (WoGG) erforderlich ist, ist der ArbGeb des Antragsberechtigten verpflichtet, der Wohngeldstelle ua Auskunft über den Arbeitsverdienst zu geben (§ 23 Abs 2 WoGG). Die Verpflichtung trifft auch die ArbGeb sonstiger Personen, nämlich die zum Haushalt des Antragsberechtigten rechnenden Familienmitglieder, sonstige Personen, die mit dem Antragsberechtigten Wohnraum gemeinsam bewohnen und auch den nicht zum Haushalt rechnenden Ehegatten, früheren Ehegatten, Kinder und die Eltern der Familienmitglieder, wenn es darum geht, das Bestehen eines für den Wohngeldanspruch relevanten Unterhaltsanspruch festzustellen.

20 **e) Sozialhilfe.** Ein Anspruch auf Auskunft, der auch Angaben zum Arbeitsverdienst umfasst, steht dem Sozialhilfeträger gegen den ArbGeb des Hilfesuchenden oder Hilfeempfängers zu. Der Anspruch kann sich auch richten gegen ArbGeb von Personen, die hinsichtlich des Hilfesuchenden oder Hilfeempfängers unterhaltspflichtig oder kostenersatzpflichtig sind (§ 117 SGB XII).

21 **f) Kindergeld.** Soweit es für die Durchführung des § 2 BKGG erforderlich ist, ist der ArbGeb – zB des sich in Ausbildung befindlichen Kindes – zur Erteilung einer Verdienstbescheinigung verpflichtet. § 60 Abs 1 SGB I gilt gem § 10 Abs 1 BKGG auch für die bei dem Antragsteller oder Berechtigten berücksichtigten Kinder, für den nicht dauernd getrennt lebenden Ehegatten des Antragstellers oder Berechtigten, für die sonstigen Personen, bei denen die bezeichneten Kinder berücksichtigt werden. Insoweit kann auch von diesen die Vorlage einer Verdienstbescheinigung verlangt werden (vgl § 10 Abs 2 BKGG).

22 **g) Elterngeld.** § 9 BEEG verpflichtet den ArbGeb, dem ArbN dessen Arbeitslohn, die einbehaltenen Steuern und die Arbeitszeit zu bescheinigen, soweit es im Rahmen des BEEG auf den Nachweis des Einkommens oder die wöchentliche Arbeitszeit ankommt.

23 **h) Arbeitsbescheinigungen nach § 312 SGB III** sind vom ArbGeb nach Beendigung des Beschäftigungsverhältnisses auszustellen. Diese dienen insbes der Berechnung von Al-Geld, AlHilfe und Unterhaltsgeld.

24 **i) Insolvenzverwalter/Insolvenzgeld.** Gem § 314 SGB III hat der Insolvenzverwalter auf Verlangen der Agentur für Arbeit unverzüglich für jeden ArbN, für den ein Anspruch auf Insolvenzgeld in Betracht kommt, die Höhe des Arbeitsentgelts für die letzten der Eröffnung des Konkursverfahrens vorausgehenden drei Monate des Arbeitsverhältnisses sowie die Höhe der gesetzlichen Abzüge und der zur Erfüllung der Ansprüche auf Arbeitsentgelt bewirkten Leistungen zu bescheinigen; er hat auch zu bescheinigen, inwieweit die Ansprüche auf Arbeitsentgelt gepfändet, verpfändet oder abgetreten sind (§§ 314, 316 SGB III; zur Schadensersatzpflicht bei unrichtigen Bescheinigungen s § 321 SGB III).

Vergleich

A. Arbeitsrecht   *Kania*

1 **1. Außergerichtlicher Vergleich.** Gem § 779 BGB ist der Vergleich ein Vertrag, durch den der Streit oder die Ungewissheit der Parteien über ein Rechtsverhältnis im Wege gegenseitigen Nachgebens beseitigt wird. Der Vergleich kommt zustande durch übereinstimmende Willenserklärungen (§§ 145 ff BGB). Er ist grds formfrei wirksam, allerdings ist die schriftliche Abfassung aus Beweisgründen zu empfehlen. Gesetzliche Schriftform gilt allerdings gem § 623 BGB für Vergleiche, die zur Beendigung des Arbeitsverhältnisses führen (Näheres s *Aufhebungsvertrag* Rz 5).

2 Zur **Wirksamkeit des Vergleichs** ist gem § 779 BGB **gegenseitiges Nachgeben** erforderlich. Dafür genügen auch geringfügige oder nur prozessuale Zugeständnisse irgendwelcher Art; nur einseitiges Nachgeben ist dagegen nicht ausreichend (*Zöller/Stöber* § 794 Rz 3). Der Vergleich braucht sich nicht auf die Regelung des streitigen Rechtsverhältnisses zu beschränken, sondern kann sich auch auf andere Rechtsbeziehungen der Parteien erstrecken (BAG 25.6.81, DB 82, 300) und auch Dritte einbeziehen.

3 **Unwirksam** ist ein Vergleich gem § 779 BGB, wenn der nach dem Inhalt des Vertrages als feststehend zugrunde gelegte Sachverhalt der Wirklichkeit nicht entspricht und der Streit oder die Ungewissheit bei Kenntnis der Sachlage nicht entstanden wäre. Daneben gelten die **allgemeinen Nichtigkeits- und Anfechtungsgründe** §§ 119, 123, 134, 138 BGB. Aus-

Vergleich 433

geschlossen ist eine Irrtumsanfechtung allerdings wegen solcher Umstände, die vor dem Vergleich als streitig oder ungewiss angesehen wurden und durch den Vergleich gerade verbindlich festgelegt werden sollten (BGH 24.9.59, NJW 59, 2109; zur Täuschung über die Insolvenz des ArbGeb s BAG 11.7.12 – 2 AZR 42/11, NZA 12, 1316).

2. Gerichtlicher Vergleich (Prozessvergleich). a) Allgemeines. Arbeitsrechtlicher 4 Hauptanwendungsfall des Prozessvergleichs ist der gerichtlich protokollierte Aufhebungs- bzw Abwicklungsvertrag, durch den die weitaus meisten Kündigungsschutzverfahren beendet werden. Näheres hierzu s *Aufhebungsvertrag* Rz 1 ff.

Der Prozessvergleich hat eine **Doppelnatur,** da er sowohl einen privatrechtlichen Vertrag 5 iSd § 779 BGB als auch eine Prozesshandlung darstellt, deren Wirksamkeit sich nach den Grundsätzen des Verfahrensrechts beurteilt (BAG 5.8.82, DB 83, 1370; BGH 14.5.87, NJW 88, 65). Als Prozesshandlung beendet der gerichtliche Vergleich den Rechtsstreit und die Rechtshängigkeit. Ein zuvor ergangenes nicht rechtskräftiges Urt wird wirkungslos, soweit es durch den Vergleich nicht ausdrücklich aufrecht erhalten wird (*Zöller/Stöber* § 794 Rz 13). Gem § 794 Abs 1 Nr 1 ZPO ist der Prozessvergleich **Vollstreckungstitel.** Zahlt der ArbGeb bei einem Abfindungsvergleich zur Beendigung eines Kündigungsrechtsstreits die Abfindung nicht, bleibt grds nur die Möglichkeit der Vollstreckung; Rücktrittsrechte gem §§ 325, 326 BGB sind regelmäßig stillschweigend ausgeschlossen (LAG Köln 5.1.96, NZA-RR 97, 11). Für die Auslegung eines Vergleichs kommt es allein auf den protokollierten Inhalt an; auf andere Umstände, die sich etwa aus den Prozessakten ergeben, kann nicht zurückgegriffen werden (Kammergericht Bln 29.7.88, NJW-RR 88, 1406). Deshalb bedeutet die übliche Vergleichsklausel „Damit ist der Rechtsstreit ... (Az) erledigt" auch grds nur, dass der jeweilige Rechtsstreit mit Vergleichsabschluss sein Ende findet. Das Bestehen weiterer Ansprüche aus dem Arbeitsverhältnis, die nicht Gegenstand des Rechtsstreits waren, bleibt dann von dem Vergleich unberührt (LAG Köln 28.10.94, NZA 95, 739).

b) Abschluss des Prozessvergleichs. Der Vergleich ist grds vor Gericht zu erklären. Er 6 ist in das Sitzungsprotokoll oder eine Schrift, die dem Protokoll als Anlage beigefügt und in ihm als solche bezeichnet ist, aufzunehmen (§ 160 Abs 3 Nr 1, Abs 5 ZPO). Der in einem Anwaltsschriftsatz niedergelegte Vergleich muss deshalb als Anlage mit dem Protokoll fest verbunden werden. Der Vergleich muss den Parteien vorgelesen oder zur Durchsicht vorgelegt und von ihnen genehmigt werden (§ 162 ZPO). Das Protokoll ist vom Vorsitzenden Richter und dem Protokollführer zu unterzeichnen (§ 163 ZPO). Daneben sieht § 278 Abs 6 ZPO auch die Möglichkeit vor, einen gerichtlichen Vergleich dadurch abzuschließen, dass die Parteien dem Gericht einen schriftlichen Vergleichsvorschlag unterbreiten oder einen schriftlichen Vergleichsvorschlag des Gerichts durch Schriftsatz gegenüber dem Gericht annehmen. Das Gericht stellt dann das Zustandekommen und den Inhalt des Vergleichs durch Beschluss fest. Die Einhaltung dieser Formalien ist Voraussetzung für die Wirksamkeit als Prozessvergleich. Etwas anderes gilt nach dem Grundsatz von Treu und Glauben nur dann, wenn sich eine Partei mit dem Hinweis auf die Nichtbeachtung bloßer Formvorschriften von einem Vergleich lossagen will, obwohl der Vergleich von beiden Seiten lange Zeit hindurch als wirksam angesehen wurde (BAG 5.8.69, DB 69, 1995). Soll ein außergerichtlich vereinbarter Vergleich noch gerichtlich protokolliert werden, so ist idR anzunehmen, dass der Vergleich erst mit der Protokollierung abgeschlossen ist (BAG 16.1.97 – 2 AZR 35/96, NZA 97, 789); ein solcher ohne mündliche Verhandlung zu Stande gekommener Vergleich ist kein gerichtlicher Vergleich iSd § 14 Abs 1 Satz 2 Nr 8 TzBfG (BAG 15.2.12 – 7 AZR 734/10, NZA 12, 919). Ein Vergleich der nach § 278 Abs 6 ZPO zustande kommt, wahrt die für Aufhebungsverträge und Befristungen erforderliche Schriftform (§§ 623 BGB, 14 Abs 4 TzBfG). Dies folgt aus einer analogen Anwendung des § 127a BGB (BAG 23.11.06 – 6 AZR 394/06, NZA 07, 466).

c) Mängel des Prozessvergleichs. Entsprechend der Doppelnatur des Prozessvergleichs 7 ist zu unterscheiden. Die volle sachlich- und prozessrechtliche Wirkung des Prozessvergleichs tritt nur ein, wenn der Prozessvergleich materiell-rechtlich wirksam und prozessrechtlich ordnungsgemäß ist. Liegen **nur formelle (prozess-rechtliche) Mängel** vor, so hat dies zunächst lediglich zur Folge, dass eine Beendigung des Rechtsstreits nicht eingetreten ist (BAG 14.7.60, DB 61, 920). Der dem unwirksamen Prozessvergleich zugrunde liegende materiell-rechtliche Vergleich kann dagegen durchaus Bestand haben, soweit dies dem mutmaßlichen

433 Vergleich

Parteiwillen entspricht (BGH 24.10.84, NJW 85, 1962). Demgegenüber führt die **Unwirksamkeit des Vergleichs aus materiell-rechtlichen Gründen** zwangsläufig auch zur Unwirksamkeit der Prozesshandlung (BAG 5.8.82, DB 83, 1370).

8   Ist infolge der Unwirksamkeit des Vergleichs eine Prozessbeendigung nicht eingetreten, so ist der **Prozess fortzusetzen.** Dies gilt auch für einen Streit über die Wirksamkeit des Vergleichs (BAG 5.8.82, DB 83, 1370). Ein neues Verfahren ist nach der Rspr des BAG – abweichend von BGH, BSG und BVerwG – selbst dann nicht einzuleiten, wenn der Vergleich erst nachträglich etwa durch eine vertragliche Aufhebung des Vergleichs unwirksam wird (BAG 5.8.82, DB 83, 1370).

9   **d) Widerrufsvorbehalt.** Häufig werden Vergleiche, insbes wenn ein Gerichtstermin durch den Anwalt ohne seinen Mandanten wahrgenommen wird, widerruflich abgeschlossen. Die Vereinbarung eines Widerrufsvorbehalts stellt im Regelfall eine aufschiebende Bedingung für die Wirksamkeit des Vergleichs dar (BGH 27.10.83, NJW 84, 312). Wenn nichts anderes vereinbart ist, ist der Widerruf **gegenüber dem Vertragspartner** und nicht gegenüber dem Gericht zu erklären (*Bauer* Arbeitsrechtliche Aufhebungsverträge Rz 145 mwN). Im Regelfall wird jedoch vereinbart, dass der Widerruf durch „**schriftliche Anzeige an das Gericht**" zu erfolgen hat. In diesem Fall kann der Vergleichswiderruf im Zweifel nur gegenüber dem Gericht und nicht gegenüber dem Prozessgegner erklärt werden (BAG 21.2.91, DB 91, 2680). Die bloße Mitteilung einer Partei gegenüber der anderen, sie sei mit dem Vergleich nicht einverstanden, ersetzt nicht den Widerruf gegenüber dem Gericht und verwehrt dem Vertragspartner nicht nach Treu und Glauben, sich auf die Bestandskraft des Vergleichs zu berufen (BAG 22.1.98 – 2 AZR 367/97, DB 98, 1623).

10 Die **Widerrufsfrist** beginnt mangels abweichender Vereinbarung gem § 187 Abs 1 BGB am Tag nach dem Vergleichsabschluss und nicht erst mit Zugang des Terminprotokolls (*Zöller/Stöber* § 794 Rz 10c). Bei Ablauf der Frist für den Widerruf an einem Samstag, Sonn- oder Feiertag endet die Frist im Zweifel erst am nächsten Werktag (§§ 193 BGB, 222 Abs 2 ZPO). Hat der Widerruf schriftlich zu erfolgen, ist zu seiner Wirksamkeit die Unterschrift der Partei bzw des Prozessbevollmächtigten erforderlich (BAG 31.5.89, DB 89, 2284).

11 Dem Schriftformerfordernis genügt auch der **Widerruf per Telefax.** Dies gilt uneingeschränkt allerdings nur, wenn der Empfänger, im Regelfall also das Gericht, über einen eigenen Telefaxanschluss verfügt. Ist dies nicht der Fall, besteht die Möglichkeit, das Telefax einem Empfangsgerät der Post und von dort auf postalischem Weg (Telebrief) dem Gericht zuzuleiten. Ausreichend ist es nun auch, das Telefax an eine Privatperson zu übermitteln und von dort durch einen Boten dem Gericht überbringen zu lassen (BT-Drs 14/4987 S 24; *Zöller/Greger* § 130 Rz 18; *Stein/Jonas/Leipold* ZPO § 130 Rz 51 f; anders noch BAG 5.7.90, NJW 90, 3165). Bei **Versäumung der Widerrufsfrist** eines Prozessvergleichs gibt es **keine Wiedereinsetzung** in den vorigen Stand, da die Möglichkeit der Wiedereinsetzung iSd §§ 233 ff ZPO nur bei der Versäumung von gesetzlichen Notfristen besteht (§ 223 Abs 3 ZPO). Die Vorschriften über die Wiedereinsetzung sind auch nicht entsprechend anzuwenden; der Umstand, dass es die Parteien in der Hand haben, die Dauer und die Modalitäten der Widerrufsfrist zu bestimmen, verbietet eine Gleichsetzung mit gesetzlichen Fristen (BAG 10.11.77, DB 78, 1181).

12 **3. Anwaltsvergleich.** Die in § 1044b ZPO vorgesehene Möglichkeit der außergerichtlichen Streitbeilegung durch vollstreckbaren Anwaltsvergleich besteht im arbeitsgerichtlichen Verfahren nicht, da § 101 Abs 3 ArbGG für Arbeitssachen die Vorschriften der ZPO über das schiedsrichterliche Verfahren für unanwendbar erklärt und § 1044b ZPO gerade auf diese Vorschriften verweist (LAG Düsseldorf 4.3.97, NZA 97, 848).

B. Lohnsteuerrecht *Seidel*

13 **1. Vergleich im Steuerrecht. a) Ansprüche aus dem Steuerschuldverhältnis.** Im Steuerrecht sind Vergleiche über Ansprüche aus dem Steuerschuldverhältnis ausgeschlossen, da sie der Pflicht der FinBeh widersprächen, entstandene Ansprüche geltend zu machen. Entsprechende Vereinbarungen sind nichtig (*T/K* § 47 AO Rz 20). Nach den Grundsätzen der Gesetzmäßigkeit und der Gleichmäßigkeit der Besteuerung muss die Steuer in der sich aus dem Gesetz ergebenden Höhe festgesetzt werden (vgl § 85 Satz 1 AO; s auch *T/K* § 85 AO Rz 8 ff). Das schließt Vereinbarungen über einen Steueranspruch aus (BFH 5.10.90,

BStBl II 91, 45). Daher gibt es auch im Steuerprozess, der von der Amtsmaxime beherrscht wird, keinen gerichtlichen Vergleich. Zur Frage des Vergleichs im **Erhebungsverfahren** s FG Hbg 15.6.11 – 3 K 135/10, EFG 11, 1790, Rev Az BFH VII R 42/11.

b) Tatsächliche Verständigung. Etwas anderes gilt nach der Rspr des BFH aus prakti- **14** schen Bedürfnissen heraus für Verständigungen über den der Steuerfestsetzung zugrunde zu legenden Sachverhalt (tatsächliche Verständigung). Diese sind unter bestimmten Voraussetzungen zulässig und für die Beteiligten bindend (s ausführlich BMF 30.7.08 – IV A 3 – S 0223/07/10002; DOK 2008/0411043, BStBl I 08, 831). Sie sollen Ungewissheiten und Unklarheiten auf tatsächlichem Gebiet – wie sie vor allem bei **Schätzungen** auftreten – in einvernehmlicher Weise ausräumen. In vielen derartigen Fällen wäre es unangemessen, die Ungewissheiten mit einem unverhältnismäßigen Aufwand an Mitteln und Zeit beseitigen zu wollen und möglicherweise einen zeitraubenden Prozess mit erheblichen Prozessrisiken und mit für beide Seiten ungewissem Ausgang zu führen (BFH 5.10.90, BStBl II 91, 45; grundlegend BFH 11.12.84, BStBl II 85, 354). Eine tatsächliche Verständigung ist nicht schon deswegen unwirksam, weil sie zu einer nicht vorhersehbaren Besteuerungsfolge führt (BFH 8.10.08 – I R 63/07, BStBl II 09, 121).

Tatsächliche Verständigungen sind immer dann **zulässig,** wenn bestimmte Sachbehand- **15** lungen in Frage stehen und deren (endgültige) Klärung notwendig ist, um die Festsetzung der Steuer zu ermöglichen. Das kann in jedem Stadium des Besteuerungsverfahrens gegeben sein, insbesondere bei der Ermittlung der Besteuerungsgrundlagen, aber auch noch während des Rechtsbehelfs- oder Rechtsmittelverfahrens, also auch noch im Steuerprozess. Voraussetzung ist, dass der Sachverhalt nicht, nur schwierig oder nur unter erheblichem und unangemessenem Aufwand aufklärbar ist (vgl BFH 6.2.91, BStBl II 91, 673). Häufig erfolgt eine tatsächliche Verständigung im Rahmen einer **Schlussbesprechung** bei der Außenprüfung (s auch *Lohnsteueraußenprüfung* Rz 11).

Verbindlich ist eine tatsächliche Verständigung nur, wenn auf Seiten der FinBeh ein **16** Amtsträger beteiligt ist, der für die Entscheidung über die Steuerfestsetzung zuständig ist. Dies sind regelmäßig der Leiter des FA, der zuständige Sachgebietsleiter (bei einer LStAußenprüfung der LStSachgebietsleiter) oder ggf der Rechtsbehelfsstellenleiter, nicht aber der Sachbearbeiter. Darauf kann auch nicht im Rahmen einer Schlussbesprechung bei der Außenprüfung verzichtet werden. Die Teilnahme des Außenprüfers, des Betriebsprüfungssachgebietsleiters oder des Betriebsprüfungsstellenleiters reicht nicht aus (s auch BFH 5.10.90, BStBl II 91, 45). Soweit teilweise in der Literatur (s Einzelnachweise bei BFH 6.2.91, BStBl II 91, 673) aus grds Erwägungen auch Vereinbarungen über den der Besteuerung zugrunde zu legenden Sachverhalt abgelehnt werden (s zB *T/K* vor § 118 AO Rz 8 ff), ist mE aus dem vom BFH genannten praktischen Bedürfnis der Rspr zu folgen.

c) Keinen Vergleich stellen die **Stundung** (§ 222 AO), der (Teil-)**Erlass** (§ 227 AO), **17** die abweichende Festsetzung aus Billigkeitsgründen (§ 163 AO) oder das Absehen von der Festsetzung (§ 156 Abs 2 AO) der Steuer dar. Bei Ablehnung oder Stattgabe entsprechender Anträge des Stpfl handelt es sich um Verwaltungsakte, die aufgrund entsprechender gesetzlicher Vorschriften ergehen. Hierbei hat die FinBeh zwar einen sog Ermessensspielraum, dh, dass auch mehrere Entscheidungen richtig sein können, jedoch hat sie ihr Ermessen entsprechend dem Zweck der Ermächtigung auszuüben und die gesetzlichen Grenzen des Ermessens einzuhalten (§ 5 AO). Die FG können derartige Entscheidungen der FinBeh nur dahingehend überprüfen, ob die gesetzlichen Grenzen des Ermessens überschritten sind oder von dem Ermessen in einer dem Zweck der Ermächtigung nicht entsprechenden Weise Gebrauch gemacht wurde (§ 102 FGO), wobei sich dies jeweils nach der betreffenden Vorschrift richtet. Insoweit wird auf die einschlägige Kommentarliteratur zu den §§ 156 Abs 2, 163, 222, 227 AO (zB *T/K* oder *HHS*) verwiesen. Zur Behandlung von Ansprüchen aus dem Steuerschuldverhältnis im Insolvenzverfahren (s auch *Insolvenz des Arbeitgebers* Rz 22 ff und *Insolvenz des Arbeitnehmers* Rz 9 ff) s BMF 17.12.98 – IV A 4 – S 0550 – 28/98, BStBl I 98, 1500. Zu den Kriterien für die Entscheidung der FinBeh über einen Antrag auf Schuldenbereinigung nach § 305 Abs 1 Nr 1 InsO (s *Insolvenz des Arbeitnehmers* Rz 3) s BMF 11.1.02 – IV A 4 – S 0550 – 1/02, BStBl I 02, 132.

2. Vergleich Arbeitgeber – Arbeitnehmer. Kommt es zu einem Vergleich zwischen **18** dem ArbGeb und dem ArbN (§ 779 BGB), zB in einem Kündigungsschutzprozess, so richtet sich die Besteuerung evtl vereinbarter Zahlungen des ArbGeb an den ArbN nach den für diese Art der Zahlungen geltenden Grundsätzen, zB *Entgeltnachzahlung* Rz 6–9, *Abfindung* Rz 41 ff, Karenzentschädigung (s *Wettbewerbsverbot* Rz 48–50). Des Weiteren wird auf die Stichworte *Änderungskündigung* Rz 43, 44; *Annahmeverzug* Rz 25, 26 und *Aufhebungsvertrag* Rz 26–28 verwiesen. Die Aufwendungen für einen Vergleich im Rahmen von zivil- bzw arbeitsgerichtlichen Streitigkeiten sind idR **Werbungskosten** (BFH 9.2.12 – VI R 23/10, BStBl II 12, 829).

C. Sozialversicherungsrecht *Schlegel*

19 **1. Vergleichsverträge hinsichtlich sozialrechtlicher Gegenstände** (zB Sozialleistungen) sind eine besondere Form des öffentlich-rechtlichen Vertrages.

20 **a) Zulässigkeitsvoraussetzungen.** Ein Vergleichsvertrag kann geschlossen werden, wenn durch ihn eine bei verständiger Würdigung des Sachverhalts oder der Rechtslage bestehende Ungewissheit durch gegenseitiges Nachgeben beseitigt wird. Der Abschluss des Vergleichsvertrages steht im pflichtgemäßen Ermessen der Behörde. Zulässig ist der Vergleichsvertrag nur als **subordinationsrechtlicher Vertrag;** dies ergibt sich daraus, dass § 54 Abs 1 SGB X nur auf öffentlich-rechtliche Verträge iSd § 53 Abs 1 Satz 2 SGB X, dh nur auf subordinationsrechtliche Verträge, Bezug nimmt. Dies sind Verträge, die ein Über-/Unterordnungsverhältnis voraussetzen, also anstelle des Erlasses eines Verwaltungsaktes geschlossen werden.

21 **Gegenstand** eines Vergleichsvertrages können auch Sozialleistungen sein, auf die ein Rechtsanspruch besteht (§ 54 Abs 2 SGB X iVm § 53 Abs 2 SGB X); dies ist bei sonstigen öffentlichrechtlichen Verträgen nicht der Fall; deren Gegenstand können nur Sozialleistungen sein, deren Erbringung im Ermessen des Leistungsträgers steht (§ 53 Abs 2 SGB X). § 53 SGB X ist damit ein Kompromiss zwischen dem Grundsatz der Gesetzmäßigkeit der Verwaltung einschließlich des Gleichbehandlungsgebots einerseits und der Erkenntnis, dass die Durchführung dieses Grundsatzes im Hinblick auf den Abwicklungsaufwand (Geld und Zeit) oft nicht im Verhältnis zu dessen Ergebnis steht.

22 Der Gesetzgeber hat deshalb anerkannt, dass es durchaus sinnvoll sein und im Interesse sowohl der Bürger als auch der Verwaltung liegen kann, wenn sie sich im Wege gegenseitigen Nachgebens einigen, anstatt es bei einer Entscheidung der Behörde durch Verwaltungsakt auf einen zeitraubenden Prozess mit dessen Kostenrisiko und für beide Teile gleichermaßen ungewissem Ausgang ankommen zu lassen (vgl BT-Drs 7/910 S 80).

23 Die **Schriftform** ist eine für den Vergleichsvertrag gem § 56 SGB X notwendige Wirksamkeitsvoraussetzung. Gegenseitiges Nachgeben kann sich sowohl auf materiell-rechtliche als auch verfahrensrechtliche Positionen beziehen; allerdings reicht es mE nicht aus, streitige gegen unstreitige Rechtspositionen „aufzurechnen". Vielmehr muss sich das Nachgeben auf streitige Teile der Sach- oder Rechtslage beziehen.

24 **Amtsermittlungspflichten** werden durch die Möglichkeit des Vergleichsvertrages nicht beseitigt, selbst wenn von Anfang an erhebliche Ermittlungsschwierigkeiten bestehen. Allerdings ist die Behörde nicht verpflichtet, voraussehbar unnütze Ermittlungsversuche zu führen, nur um guten Gewissens auf eingetretene Unklarheiten und Schwierigkeiten bei der weiteren Ermittlung verweisen zu können. Ungewissheit in der Rechtslage liegt dann nicht vor, wenn lediglich die Vereinbarkeit einer Vorschrift mit dem GG in Frage steht, denn die Verwaltung hat das Gesetz grds ohne Prüfung von dessen Verfassungsmäßigkeit anzuwenden.

25 **Zweckmäßigkeit** des Vergleichsvertrages liegt dann vor, wenn damit ein übermäßiger/unverhältnismäßiger Verwaltungsaufwand vermieden werden kann. Wann dies der Fall ist, ist aufgrund einer Zweck-Mittel-Relation festzustellen, in die als maßgebliche Faktoren der voraussichtliche Verwaltungsaufwand und die Tragweite der Entscheidung für die Verwaltung und den Betroffenen einzustellen sind. Ungewissheit muss insbesondere aufseiten der Behörde vorliegen; eine Ungewissheit nur aufseiten des Bürgers rechtfertigt den Abschluss eines Vergleichsvertrages nicht. Die Ungewissheit seitens der Behörde muss zudem objektivierbar sein.

26 **b) Rechtswirkungen** zeigt der Vergleichsvertrag insofern, als eine ungewisse Rechtslage durch die getroffene Vereinbarung ersetzt wird und die Regelung für die Vertragspartner

verbindlich wird. Der Vertrag bleibt nach hM auch dann rechtswirksam, wenn sich später herausstellen sollte, dass die hinsichtlich der Vergleichslage getroffene Regelung objektiv rechtswidrig war. Dies ist nicht unbedenklich, da die Bindungswirkung des Vergleichsvertrages damit weit über diejenige eines durch den Vergleichsvertrag abgewendeten/ersetzten Verwaltungsaktes hinausgeht (vgl §§ 44 f SGB X).

c) Vergleich über Beitragsforderungen. Bei Vergleichsverträgen über Gesamt- 27 SozVBeiträge ist regelmäßig die Zustimmung anderer Versicherungsträger erforderlich ist. Nach § 76 Abs 1 SGB IV sind Einnahmen vom Versicherungsträger rechtzeitig und vollständig zu erheben. Die Vorschrift gilt für alle Einnahmen, unabhängig davon, ob sie auf zivilrechtlicher oder öffentlich-rechtlicher Anspruchslage beruhen; erfasst werden insbesondere auch Beiträge nebst Säumniszuschlägen. Unter den in § 76 Abs 2 SGB IV abschließend genannten Voraussetzungen sind Stundung, Niederschlagung und Erlass der Forderung möglich.

Handelt es sich um Ansprüche auf **Gesamtsozialversicherungsbeiträge,** trifft die Ein- 28 zugsstelle die Entscheidung über die Anträge auf Stundung, Niederschlagung und Erlass (§ 76 Abs 3 Satz 1 SGB IV). Über rückständige Beitragsansprüche darf die Einzugsstelle einen Vergleich nur dann schließen, wenn dies für die Einzugsstelle, die beteiligten Träger der RV und die BA wirtschaftlich und zweckmäßig ist. Einen Vergleich über rückständige Beiträge, deren Höhe die Bezugsgröße insgesamt übersteigt, darf sie nur im Einvernehmen mit den beteiligten Trägern der RV und der BA schließen.

Das **Einvernehmen** der Träger der RV und der BA muss schriftlich erteilt werden, da der 29 Vergleich in die Rechte auf vollständige Einnahmeerhebung eingreift. Ein ohne vorliegendes Einvernehmen geschlossener Vergleich wird erst wirksam, wenn der Träger der RV oder die BA schriftlich zustimmt (§ 57 Abs 1 SGB X).

d) Nichtigkeit eines sozialrechtlichen Vergleichsvertrages liegt zunächst dann vor, 30 wenn sich die Nichtigkeit aus der entsprechenden Anwendung von Vorschriften des BGB (zB §§ 105, 116 Satz 2, 117, 118, 125, 138, 306, 779 BGB) ergibt. Ein Verstoß gegen § 134 BGB scheidet als Nichtigkeitsgrund dagegen aus, wenn lediglich ein Verstoß gegen das Prinzip der Gesetzmäßigkeit der Verwaltung vorliegt. Dieses Prinzip wird beim Vergleichsvertrag gerade relativiert. Ein Vergleichsvertrag ist nach § 58 Abs 2 Nr 3 SGB X ferner dann nichtig, wenn die Voraussetzungen zu seinem Abschluss nicht vorlagen und ein Verwaltungsakt mit entsprechendem Inhalt nicht nur wegen eines Verfahrens- oder Formfehlers iSd § 42 SGB X rechtswidrig wäre. Ist der Vergleichsvertrag nichtig, sind die ohne Rechtsgrund erbrachten Leistungen nach den Grundsätzen der ungerechtfertigten Bereicherung (§ 812 BGB analog) zurückzugewähren.

e) Prozessvergleiche im SGProzess sind gem § 101 Abs 1 SGG zulässig, wenn und 31 soweit die Beteiligten über den Gegenstand der Klage verfügen können. Der Vergleich ist zur Niederschrift des Gerichts oder des Vorsitzenden oder des beauftragten oder ersuchten Richters zu schließen (Einzelheiten hierzu s oben Rz 6). Zusätzlich zu den sonstigen Vergleichsvoraussetzungen (§ 54 SGB X, s oben) sind jedenfalls die Prozesshandlungsvoraussetzungen (Prozessfähigkeit, Beteiligtenfähigkeit usw) erforderlich, da dem gerichtlichen Vergleich eine Doppelnatur (öffentlich-rechtlicher Vertrag und Prozesshandlung) zukommt. Erforderlich ist, dass der Rechtsstreit anhängig ist. Rechtzeitige oder ordnungsgemäße Klageerhebung ist nicht erforderlich, ebenso wenig richtiger Rechtsweg, sachliche oder örtliche Zuständigkeit des Gerichts. Eine dem Prozessbevollmächtigten erteilte Vollmacht berechtigt auch zum Vergleichsschluss. Eine Einschränkung der Vollmacht mit Wirkung nach außen ist nicht möglich, da § 83 ZPO in § 73 Abs 4 SGG nicht genannt wird. Beendigung des Rechtsstreits tritt ein, ohne dass es eines Einstellungsbeschlusses des Gerichts bedürfte. Enthält der Vergleich keine Kostenregelung, gilt § 195 SGG (jeder trägt seine Kosten selbst). Der Prozessvergleich ist Vollstreckungstitel (§ 199 Abs 1 Nr 2 SGG).

2. Vergleiche über einen Arbeitsentgeltanspruch. Schließen die Arbeitsvertragspar- 32 teien im Prozess vor dem ArbG einen **Abfindungsvergleich,** kann sich später die beitragsrechtlich erhebliche Frage stellen, ob es sich dabei (ganz oder teilweise) auch um „verdecktes Arbeitsentgelt" (unechte Abfindung) oder nur um einen Entschädigungsanspruch (echte Abfindung) handelt (vgl BSG 21.2.90 – 12 RK 20/88, SozR 3–2400 § 14 Nr 2). Diese

434 Verjährung

Frage ist zu klären und dazu ggf auch der zuständige Richter des ArbG über die Hintergründe des Vergleichs als Zeuge zu vernehmen (BSG 12.2.04 – B 12 KR 32/03 B). Eine tarifliche Ausschlussklausel greift nicht ein, wenn sich ArbN und ArbGeb zB in einem Kündigungsschutzprozess vergleichsweise auf die Gewährung von Arbeitsentgelt auch für zurückliegende Zeiträume einigen (BAG 22.1.87 – 2 AZR 98/86 – nv). Der Vergleich löst die Beitragspflicht erstmals mit Vergleichsabschluss aus, wenn hierdurch Ansprüche des ArbN konstitutiv begründet werden. Erstreckt sich der Vergleich auf zurückliegende Beschäftigungszeiten, sind die Beiträge für die vereinbarten Entgelte auch auf diese zurückliegenden Zeiträume zu verteilen.

33 Hat die BA vor Vergleichsabschluss an den ArbN für Zeiten AlGeld gezahlt, auf die sich der Vergleich erstreckt, geht der Anspruch des ArbN auf das vergleichsweise vereinbarte Arbeitsentgelt auf die BA über (vgl § 115 SGB X). Zahlt der ArbGeb in diesen Fällen trotz des Forderungsübergangs (§ 157 Abs 3 Satz 1 SGB III iVm § 115 SGB X) mit befreiender Wirkung an den ArbN, hat letzterer der BA das AlGeld insoweit zu erstatten (vgl BSG 22.10.98 – B 7 AL 106/97 R, SozR 3–4100 § 117 Nr 16).

34 Das BSG anerkennt, auch soweit es um Sozialleistungen geht, dass jedenfalls in einem Streit über die Beendigung eines Rechtsverhältnisses nach einer Kündigung weiterhin von der grds **Dispositionsbefugnis** des ArbN über das Ende des Arbeitsverhältnisses auszugehen ist, falls nicht ein Fall des Rechtsmissbrauchs vorliegt (vgl BSG 14.7.94 – 7 RAr 104/93, SozR 3–4100 § 117 Nr 11 Satz 75; ähnlich BAG 15.12.88 – 2 AZR 189/88, nv).

Verjährung

A. Arbeitsrecht *Eisemann*

Übersicht

	Rz		Rz
1. Allgemeines	1, 2	3. Beginn	10–12
2. Verjährungsfristen	3–9	4. Hemmung und Neubeginn	13–23
a) In drei Monaten	4	a) Neubeginn	14, 15
b) In sechs Monaten	5	b) Hemmung	16–23
c) Regelmäßige Verjährungsfrist von 3 Jahren	6, 7	5. Unzulässige Rechtsausübung	24–26
d) Regelmäßige Verjährungsfrist von 30 Jahren	8, 9	6. Verkürzung und Verlängerung	27

1 **1. Allgemeines.** Ist ein Anspruch verjährt, kann der Schuldner die Leistung nach § 214 Abs 1 BGB verweigern. Erhebt er die Einrede der Verjährung nicht, bleibt er weiterhin zur Leistung verpflichtet und wird im Prozess verurteilt. Die Verjährung kann außerhalb oder innerhalb eines Prozesses geltend gemacht werden. Eine bestimmte Ausdrucksweise ist nicht erforderlich. VAw prüft der Richter die Verjährung nicht. Bestehen wegen laienhafter Formulierungen Zweifel ist der Richter aber nach § 139 ZPO verpflichtet zu klären, ob die Verjährungseinrede erhoben wurde. Er darf jedoch nicht raten, die Verjährungseinrede zu erheben, ohne sich befangen zu machen (*Zöller/Greger* § 139 Rz 17). In der Revisionsinstanz kann man sich nicht erstmals auf Verjährung berufen, da es sich um einen tatsächlichen Vorgang handelt (BGH 1.3.51, BGHZ 1, 234). Wer sich auf die Verjährung beruft, muss Beginn und Ablauf der Verjährungsfrist beweisen, wer den Anspruch geltend macht die Voraussetzungen der Hemmung oder des Neubeginns der Verjährungsfrist. (*Palandt/Ellenberger* Überbl vor § 194 BGB Rz 23).

2 Wer eine schon verjährte Forderung erfüllt hat, kann das Geleistete nach § 214 Abs 2 Satz 1 BGB selbst dann nicht zurückfordern, wenn ihm die Verjährung nicht bekannt war. Wer eine verjährte Forderung schriftlich anerkennt (§ 781 BGB), bleibt nach § 214 Abs 2 Satz 2 BGB für die nächsten 3 Jahre zu dieser Leistung verpflichtet, weil der Anspruch aus dem Anerkenntnis nach § 195 BGB erst nach Ablauf der regelmäßigen Verjährungsfrist verjährt (BGH 24.6.74, DB 74, 2005). Das nach Eintritt der Verjährung abgegebene formlose Anerkenntnis ist grds wirkungslos, soweit das Gesetz nicht seine Formfreiheit nach den

§§ 782 BGB, 250 HGB vorsieht (RG 2.1.12, RGZ 78, 130; 29.12.11, RGZ 78, 163). Es kann aber als formlos wirksamer Verzicht auf die Einrede der Verjährung gemeint sein (BGH 24.6.74, DB 74, 2005).

2. Verjährungsfristen. Das BGB kennt sechs unterschiedliche Verjährungsfristen. Für Arbeitsverhältnisse sind aber idR nur noch **vier Fristen** einschlägig. 3

a) In **drei Monaten** verjähren bei Kenntnis des ArbGeb von dem Geschäft nach § 61 Abs 2 HGB alle Ansprüche des ArbGeb aus **Wettbewerbsverstößen** des ArbN (BAG 26.9.07 – 10 AZR 511/06, NZA 07, 1436) – auch konkurrierende Ansprüche aus unerlaubter Handlung und sittenwidriger vorsätzlicher Schädigung (BAG 11.4.2000 – 9 AZR 131/99, NZA 01, 94); ohne Rücksicht auf die Kenntnis des ArbGeb verjähren diese Ansprüche in fünf Jahren. 4

b) In **sechs Monaten** verjähren nach § 548 Abs 1 BGB die Ersatzansprüche des ArbGeb als Vermieter wegen **Veränderung oder Verschlechterung einer Werkswohnung** sowie die Ansprüche des ArbN als Mieter auf Ersatz von Verwendungen oder Gestattung der Wegnahme einer Einrichtung. Die Verjährung beginnt für die Ansprüche des Mieters nach § 558 Abs 2 BGB mit der rechtlichen (nicht tatsächlichen) Beendigung des Mietverhältnisses; für die Ansprüche des Vermieters beginnt die Verjährung, sobald er die Wohnung zurückerhält – zB durch Aushändigung der Schlüssel – und Mängel bzw Veränderungen feststellen kann. Ansprüche des ArbGeb wegen Veränderung oder Verschlechterung von dem Mitarbeiter **zum Gebrauch überlassener Gegenstände** (zB Firmenwagen) verjähren ebenfalls nach § 548 Abs 1 BGB in sechs Monaten (LAG BaWü 3.2.78, DB 78, 703). Nach Auffassung des BAG verjährten sie nach altem Recht erst in zwei Jahren (BAG 11.4.84, DB 84, 2256). Dies ließ sich nicht damit begründen, die sechsmonatige Verjährungsfrist weiche von der im Arbeitsverhältnis „üblichen" ab. Unterschiedliche Verjährungsfristen sind auch heute noch für das Arbeitsverhältnis typisch. Sie richten sich auch sonst nach der Art des einzelnen Anspruches. § 548 BGB ist weit auszulegen (BGH LM Nr 1 und 5 zu § 548 BGB). Die Vorschrift gilt daher, wie bereits in den Beratungen zum Arbeitsgesetzbuch klargestellt wurde (Protokoll 2, 177, 194), für alle möglichen Ersatzansprüche. 5

c) Nach der **regelmäßigen Verjährungsfrist** des § 195 BGB verjähren in **drei Jahren** die meisten Ansprüche aus einem Arbeitsverhältnis. Hierunter fallen einmal **alle vertraglichen Ansprüche** unabhängig davon, ob sie sich auf Entgelt, Sachleistung oder Dienstleistung richten, ob sie auf arglistigem Verhalten oder auf einer Pflichtverletzung beruhen. In gleicher Zeit verjähren die **gesetzlichen Ansprüche,** insbesondere aus unerlaubter Handlung einschließlich vorsätzlicher sittenwidriger Schädigung und Amtspflichtverletzung, aus Gefährdungshaftung, ungerechtfertigter Bereicherung und Geschäftsführung ohne Auftrag sowie der Ausgleichsanspruch zwischen Gesamtschuldnern nach § 426 Abs 1 BGB. 6

In der regelmäßigen Verjährungsfrist von drei Jahren verjähren damit Ansprüche 7
– auf **Abfindungen** wegen des Verlustes des Arbeitsplatzes (vgl zum alten Recht BAG 15.6.04 – 9 AZR 513/03, NZA 05, 295);
– auf **Arbeitsentgelt** und sonstige nach dem Arbeitsvertrag als Äquivalent für die Arbeit geschuldete geldwerte Leistungen (vgl zum alten Recht BAG 7.5.86 – 4 AZR 556/83 AP BAT § 4 Nr 12; 17.9.91 – 1 AZR 26/91, NZA 92, 164), wie zB Gewinnanteile, Naturalien, Gratifikationen (vgl zum alten Recht BAG 31.3.60, BB 60, 663). Dies gilt auch für veränderte Ansprüche, welche an die Stelle von Vergütungsforderungen getreten sind (vgl zum alten Recht BAG 28.4.72, DB 72, 2215) wie Schadensersatzansprüche (vgl zum alten Recht BAG 31.3.60, BB 60, 663), Ansprüche aus ungerechtfertigter Bereicherung nach den §§ 812 ff BGB oder aus Geschäftsführung ohne Auftrag nach § 678 BGB (vgl zum alten Recht BAG 31.7.64, DB 64, 1524; 15.10.65, DB 65, 1917);
– aus **Auslagenersatz** ohne Rücksicht auf die Anspruchsgrundlage (vgl zum alten Recht BAG 7.5.86, BB 86, 2056);
– **Beitragsansprüche** der Zusatzversorgungskassen aus Sozialtarifen – Baugewerbe und Bäcker (vgl zum alten Recht BAG 26.5.71, DB 71, 1726; 20.10.82, DB 83, 1415);
– auf **Betriebsrente,** soweit es die einzelnen **Raten** (s § 18a S 2 BetrAVG; BAG 12.6.07 – 3 AZR 186/06, BeckRS 2007, 47791) oder ihre Erhöhung wegen unterlassener Anpassung betrifft (vgl zum alten Recht LAG Hamm 19.3.91, DB 91, 1121) und **Vor-**

434 Verjährung

ruhestandsleistungen (vgl zum alten Recht BAG 14.6.94, DB 95, 104) sowie jetzt auch die Ansprüche auf **Erteilen einer Pensionszusage** (vgl zum alten Recht BAG 5.2.71, DB 71, 1117);
– auf **Jahresumsatzprovisionen** (vgl zum alten Recht BAG 10.12.73, DB 74, 538); und **Provision** des Handlungsgehilfen (vgl zum alten Recht BAG 5.9.95, DB 96, 784);
– auf **Karenzentschädigung** (vgl zum alten Recht BAG 3.4.84, DB 84, 2099);
– auf **Lohnfortzahlung** wegen Arbeitsunfähigkeit (vgl zum alten Recht BAG 29.1.75, DB 75, 1420, 1464);
– aus **positiver Forderungsverletzung** bei Haftung des ArbN (vgl zum alten Recht BAG 27.3.90, NZA 90, 776);
– auf **Rückerstattung überzahlter Lohnsteuer** (vgl zum alten Recht BAG 31.3.60, BB 60, 663);
– aus **Rückforderungen** des ArbGeb **wegen versehentlicher Gehaltsüberzahlung** (vgl zum alten Recht BAG 20.9.72, DB 72, 2309; 14.3.2000 – 9 AZR 855/98, NZA 2000, 827);
– auf **Rückzahlung** eines Arbeitgeberdarlehens (BAG 19.1.10 – 3 AZR 191/08, NZA 11, 520);
– auf **Rückzahlung** einer Zuwendung (vgl zum alten Recht BAG 15.3.2000 – 10 AZR 101/99, DB 2000, 1621 = NJW 01, 991);
– auf **Rückzahlung von Vorschüssen,** welche vom ArbGeb zur Auslagendeckung dem ArbN gewährt wurden (vgl zum alten Recht BAG 15.10.65, DB 65, 1917);
– Erstattungsansprüche des ArbGeb wegen **Ruhegeldüberzahlung** aufgrund einer Auskunftspflichtverletzung (vgl zum alten Recht BAG 27.3.90, NZA 90, 776);
– auf Zahlung einer „**Streikbruchprämie**" aus dem Gesichtspunkt der Gleichbehandlung (BAG 17.9.91, NZA 92, 164);
– auf **Schadensersatz** wegen Nichterfüllung des Arbeitsvertrages (*Schaub* § 51 Rz 16);
– **Schadensersatz aus § 618 Abs 3 BGB** wegen unterlassener Schutzmaßnahmen (vgl zum alten Recht BAG 31.3.60, BB 60, 663);
– **Sozialplanabfindungen** (vgl zum alten Recht BAG 30.10.01 – 1 AZR 65/01, NZA 02, 449);
– auf **Urlaubsabgeltung** weil es sich hierbei um einen reinen Geldanspruch handelt, der nicht (mehr) dem Fristenregime des BUrlG unterliegt (vgl für Ausschlussfristen BAG 19.6.12 – 9 AZR 652/10, NZA 12, 1087);
– aus **fehlgegangener Vergütungserwartung** (vgl zum alten Recht BAG 30.9.71, DB 71, 2320);
– Ansprüche aus **unerlaubter Handlung** – zB Diebstahl am Arbeitsplatz – von dem Zeitpunkt an, in welchem der Anspruchsberechtigte vom Schaden und der Person des Ersatzpflichtigen Kenntnis hat. Ohne Rücksicht auf die Kenntnis verjähren diese Ansprüche nach § 852 Abs 1 BGB in 30 Jahren. Kenntnis hat der Berechtigte, wenn er alle vernünftigerweise in Betracht kommenden Voraussetzungen des Schadensersatzanspruches mit Ausnahme des Schadensbetrages für gegeben halten muss (BAG 9.10.58, DB 60, 980);
– aus **Verschulden bei Vertragsschluss,** die auf das positive Interesse gehen, die also darauf gerichtet sind, so gestellt zu werden, als wäre der Vertrag zustande gekommen (vgl zum alten Recht BGH 23.2.83 – 8 AZR 325/81, NJW 83, 1607); und jetzt ebenso für alle nicht auf das positive Interesse gerichteten Ansprüche aus Verschulden bei Vertragsabschluss (vgl zum alten Recht BAG 14.10.70, DB 71, 52; BGH 16.11.67, DB 68, 129);
– auf **Verzugslohn** – das heißt Vergütungsansprüche aus Annahmeverzug nach den §§ 615, 293 ff BGB (vgl zum alten Recht BAG 7.11.91, DB 92, 2508);
– aus **Vorverträgen** auf Abschluss eines Arbeitsvertrages;
– auf **Ersatz von Vorstellungskosten;** dies gilt auch, wenn der Bewerber nicht eingestellt wird (vgl zum alten Recht BAG 14.2.77, DB 77, 1193);
– auf das und aus dem **Zeugnis** (BAG 31.3.60, BB 60, 663);
– auf **Zulagen** für besondere Erschwernisse (vgl zum alten Recht BAG 7.5.86, BB 86, 2056).

8   **d) In dreißig Jahren** verjähren:
– nach § 197 Abs 1 Ziff 1 BGB nF **Herausgabeansprüche** aus Eigentum und anderen dinglichen Rechten,

- nach § 197 Abs 1 Ziff 3–5 BGB nF **rechtskräftig festgestellte Ansprüche,** Ansprüche aus vollstreckbaren Vergleichen und vollstreckbaren Urkunden, Ansprüche, welche durch die im Insolvenzverfahren erfolgte Feststellung vollstreckbar geworden sind,
- nach § 199 Abs 2 BGB nF **Schadensersatzansprüche,** die auf einer Verletzung des Lebens, des Körpers, der Gesundheit oder der Freiheit beruhen,
- Ansprüche auf betriebliche Altersversorgung **(Rentenstammrecht)** nach § 18a Satz 1 BetrAVG (BAG 26.5.09 – 3 AZR 797/07, NZA 09, 1279), wozu auch die Einhaltung des Durchführungswegs gehört – Versicherung in der ZVK (BAG 12.6.07 – 3 AZR 186/06, NZA-RR 08, 537).

Daneben gelten **Sondervorschriften** für Kauf und Tausch, im Mietrecht, beim Werkvertrag, im Sachenrecht, im Familien- und Erbrecht, im HGB und bei der Haftung der rechtsberatenden Berufe, die das Arbeitsrecht allenfalls am Rande berühren. 9

3. Beginn. Die **regelmäßige Verjährungsfrist** von 3 Jahren – § 195 BGB – beginnt 10 nach **§ 199 Abs 1 BGB** mit dem Schluss des Kj, in dem der Anspruch entstanden ist – so bei **Arbeitsvergütung** (BAG 6.12.61, DB 62, 539) – und darüber hinaus, wenn der Gläubiger von den den Anspruch begründenden Umständen und der Person des Schuldners Kenntnis erlangt hat oder ohne grobe Fahrlässigkeit erlangen müsste. Dies kann lange dauern. Das Gesetz sieht daher eine Höchstfrist vor: Ohne Rücksicht auf Kenntnis oder fahrlässige Unkenntnis verjähren diese Ansprüche nach § 199 Abs 4 BGB punktgenau ohne Silvesterregelung in 10 Jahren von ihrer Entstehung an. Bei **Jahresumsatzprovisionen** ist nicht das für den Umsatz maßgebliche, sondern das Folgejahr entscheidend (BAG 10.12.73, DB 74, 538); bei Ansprüchen aus **fehlgegangener Vergütungserwartung** beginnt die Verjährungsfrist am Ende des Jahres zu laufen, an dem hätte abgerechnet werden müssen; wird oder gilt die Vergütung als gestundet, beginnt die Verjährung mit dem Wegfall der Stundungsvoraussetzungen (BAG 30.9.71, DB 71, 2320). Mit der **Entstehung** des Anspruchs ist grds seine Fälligkeit gemeint (BT-Drs 14/7052 S 263). Bei **vertraglichen Erfüllungsansprüchen** werden Fälligkeit und Kenntnis oder grobfahrlässige Unkenntnis meist zusammenfallen, weil die Voraussetzungen für die Entstehung und der Zeitpunkt der Fälligkeit dieser Ansprüche unter Mitwirkung des Gläubigers vereinbart wurden. Bei Ansprüchen aus **ungerechtfertigter Bereicherung** und Geschäftsführung ohne Auftrag werden Fälligkeit und Kenntnis bzw grob fahrlässige Unkenntnis öfter auseinanderfallen. **Versorgungsverschaffungsansprüche** werden erst mit Eintritt des Versorgungsfalles fällig. Sie können daher vorher nicht verjähren (BAG 18.9.01 – 3 AZR 689/00, NZA 02, 1391).

Schadensersatzansprüche, die auf einer Verletzung des Lebens, des Körpers, der Ge- 11 sundheit oder der Freiheit beruhen, verjähren nach **§ 199 Abs 2 BGB** kenntnisunabhängig ohne Rücksicht auf ihre Entstehung in 30 Jahren von dem schadensauslösenden Ereignis – dem Begehen der Handlung oder der Pflichtverletzung – an. Sonstige Schadensersatzansprüche verjähren nach **§ 199 Abs 3 BGB** kenntnisunabhängig 10 Jahre nach ihrer Entstehung, ohne Rücksicht auf ihre Entstehung in 30 Jahren von dem schadensauslösenden Ereignis an.

Die Verjährung von **festgestellten Ansprüchen** des § 197 Abs 1 Ziff 3–5 BGB beginnt 12 nach **§ 201 BGB** mit der Rechtskraft der Entscheidung, der Errichtung des vollstreckbaren Titels oder der Feststellung im Insolvenzverfahren, nicht aber vor ihrer Entstehung.

4. Hemmung und Neubeginn. Aus den in den §§ 203 ff angegebenen Gründen ist die 13 Verjährung **gehemmt.** Sie ruht während dieses Zeitraums und läuft nach Wegfall der Hemmung sofort wieder an. Der Zeitraum der Hemmung wird nach § 209 BGB nicht in die Verjährungsfrist eingerechnet. So verlängert sich die Verjährungsfrist im Ergebnis um den Zeitraum der Hemmung. Bei einem **Neubeginn der Verjährung** aus einem der in § 212 BGB genannten Gründe läuft die ursprüngliche Verjährungsfrist sofort (BAG 18.3.97 – 9 AZR 130/96, NZA 97, 1232) wieder in voller Länge erneut von vorne an. Eine **Ablaufhemmung** der Verjährung tritt nach § 210 Abs 1 Satz 1 BGB bei nicht voll Geschäftsfähigen ohne gesetzlichen Vertreter ein. Die Verjährungsfrist beginnt erst sechs Monate nachdem sie ihre unbeschränkte Geschäftsfähigkeit erreicht oder der Mangel der Vertretung behoben ist. Da eine in der Geschäftsfähigkeit beschränkte Person aber für Ansprüche aus dem Arbeitsverhältnis regelmäßig nach § 113 Abs 1 BGB unbeschränkt geschäftsfähig ist, kann es hier kaum jemals zu Ablaufhemmungen kommen.

434 Verjährung

14 **a) Neubeginn.** Nur noch **Anerkenntnis** und gerichtliche oder behördliche **Vollstreckungshandlungen** lösen nach § 212 BGB den Neubeginn einer Verjährung aus, nicht mehr – wie nach § 209 BGB aF – die Klageerhebung und andere dort genannte Maßnahmen der Rechtsverfolgung. Der Anspruch wird auch durch Abschlagzahlung, Sicherheitsleistung oder Zinszahlung, durch Bitte um Stundung und durch eine Stundungsvereinbarung anerkannt (BAG 8.6.83, DB 84, 138; BGH 27.4.78, NJW 78, 1914). Der Verpflichtete kann letztlich mit jedem dem Gläubiger gegenüber an den Tag gelegten Verhalten die Schuld „in anderer Weise" anerkennen, selbst mit Untätigkeit oder Stillschweigen (BGH 6.4.65, NJW 65, 1430). Er muss nur klar und eindeutig erkennen lassen, dass er sich des Bestehens der Schuld zumindest dem Grunde nach bewusst ist und sein Gläubiger muss angesichts dessen darauf vertrauen dürfen, dass sich der Schuldner nach Ablauf der Verjährungsfrist nicht auf Verjährung berufen wird (BAG 8.6.83, DB 84, 138; BGH 5.12.80, NJW 81, 1955).

15 Bei **teilbaren Verbindlichkeiten** soll das Anerkenntnis einer Teilforderung nur für sie die Verjährung unterbrechen (BGH 5.12.67, VersR 68, 277), bei **wiederkehrenden Leistungen** wirkt die einzelne Leistung als Anerkenntnis des Gesamtanspruchs (BGH 3.10.67, NJW 67, 2353).

16 **b) Hemmung.** Die Verjährung wird nach § 203 Abs 1 BGB gehemmt, solange zwischen Schuldner und Gläubiger **Verhandlungen** über den Anspruch oder die ihn begründenden Umstände schweben und nicht einer von beiden die Fortsetzung der Verhandlungen verweigert, oder die Verhandlungen „einschlafen" (ErfK/*Preis* §§ 194–218 Rz 17). Für die Aufnahme von Verhandlungen reichen alle Erklärungen aus, die den Anspruchsinhaber zu der Annahme berechtigen, der Verpflichtete werde hinsichtlich der Befriedigung der Ansprüche Entgegenkommen zeigen (BAG 24.10.01 – 5 AZR 32/00, NZA 02, 209). Die Verjährung tritt nach § 203 Abs 2 BGB frühestens drei Monate nach dem Ende der Hemmung durch Verhandlung ein. Die Verjährung ist nach § 205 BGB gehemmt, solange der Schuldner aufgrund einer **Vereinbarung** mit dem Gläubiger vorübergehend zur Verweigerung der Leistung berechtigt ist. Sie ist nach § 207 BGB aus den dort genannten **familiären Gründen** gehemmt.

17 Im Übrigen wird die Verjährung nach § 204 BGB durch **Rechtsverfolgung** gehemmt. Dazu gehört neben der Klageerhebung ua die Zustellung eines Mahnbescheids, die Aufrechnung des Anspruchs im Prozess, die Zustellung der Streitverkündung in dem Prozess, von dessen Ausgang der Anspruch abhängt und das Einreichen bzw Zustellen des Antrags auf Erlass eines Arrestes bzw einer einstweiligen Verfügung. Sie ist nach § 206 BGB ebenso gehemmt, solange der Gläubiger innerhalb der letzten 6 Monate der Verjährungsfrist durch **höhere Gewalt** an der Rechtsverfolgung gehindert ist.

18 Die **unwirksame** – zB gegen einen Verstorbenen erhobene – Klage hemmt die Verjährung nicht (BGH 13.7.59, NJW 59, 1819). Die **unzulässige** – zB beim sachlich oder örtlich unzuständigen Gericht erhobene – Klage hemmt die Verjährung (BGH 3.7.80, BGHZ 78, 1); dasselbe gilt für den Mahnbescheid (BAG 13.5.87, DB 87, 2313).

19 Die **Stufenklage** hemmt die Verjährung des Hauptanspruchs (BAG 28.1.86, DB 86, 1931), selbst wenn zunächst nur der Auskunftsantrag gestellt wird (BGH 14.5.75, NJW 75, 1409). Werden jedoch vorbereitende Ansprüche isoliert eingeklagt, wird die Verjährung des Hauptanspruches nicht gehemmt (BAG 28.1.86, DB 86, 1931). Die **Klage auf Rechnungslegung** hemmt daher ebenso wenig die Verjährung der Provisionsansprüche (BAG 30.4.71, DB 71, 1776) wie die Auskunftsklage (BAG 5.9.95, DB 96, 784). Die **Teilklage** hemmt die Verjährung nur iHd eingeklagten Betrages (BGH 22.2.78, NJW 78, 1058), selbst wenn die Geltendmachung des Restes im Prozess vorbehalten wird (RG 24.3.04, RGZ 57, 372; 10.10.07, RGZ 66, 2365). Die Klageerhebung gegenüber einzelnen notwendigen **Streitgenossen** aus materiell-rechtlichen Gründen (§ 62 Abs 1 1. Alternative ZPO) führt nicht zur Hemmung der Verjährung gegenüber den anderen notwendigen Streitgenossen (BGH 12.1.96 – V ZR 246/94, AP § 270 Nr 2 ZPO). Die **Klage auf zukünftige Leistung** hemmt die Verjährung ebenso (BGH 5.7.63, VersR 63, 1160) wie die **Feststellungsklage** (MüKo/*von Feldmann* § 209 Rz 2). Durch die **Kündigungsschutzklage** oder die Klage auf Feststellung des (Fort-)Bestehens eines Arbeitsverhältnisses wird die Verjährung der Lohnansprüche aus Annahmeverzug – § 615 BGB – nicht gehemmt (BAG 7.11.02 – 2 AZR 297/01, NZA 03, 963).

20 Die Verjährung wird mit **Zustellung** der Klageschrift bzw des Mahnbescheides gehemmt – §§ 253 Abs 1 ZPO, 204 Abs 1 Ziff 1 BGB. Diese Wirkung tritt nach den §§ 167,

693 ZPO schon mit dem Eingang bei Gericht ein, wenn „demnächst" zugestellt wird (BAG 23.8.12 – 8 AZR 394/11, NZA 13, 227). Die hierfür maßgebende angemessene Frist ist – anders als sonst – nicht vom Zeitpunkt des Eingangs bei Gericht, sondern erst vom letzten Tag der Verjährungsfrist an zu rechnen (BAG 13.5.87 – 5 AZR 106/86 AP BGB § 209 Nr 3; BGH 24.1.83, NJW 83, 1050). Wird ein vor Ablauf der Verjährungsfrist beim unzuständigen Gericht eingereichter Mahnbescheid formlos an das zuständige Gericht abgegeben und erst von dort nach Ablauf der Verjährungsfrist demnächst zugestellt, ist die Verjährung gehemmt (BAG 13.5.87, DB 87, 2313). Dasselbe gilt, wenn die lange Zeit (1 Jahr) vor Ablauf der Verjährungsfrist bei Gericht eingegangene unvollständige Klage wenige Tage vor Ablauf der Frist ergänzt und nach Ablauf der Frist demnächst zugestellt wird (BAG 4.9.64, BB 64, 1343).

Die Verjährung ist endlich nach **§ 204 Abs 1 Ziff 14 BGB** gehemmt, wenn die Bekannt- **21** gabe des Antrags auf Gewährung von **Prozesskostenhilfe** veranlasst ist. Dabei ist die Hemmung der Verjährung nicht davon abhängig, dass der Antrag ordnungsgemäß begründet, vollständig und mit den erforderlichen Unterlagen versehen ist (BT-Drs 14/6040 S 116). Wegen der Missbrauchsgefahr tritt die Hemmung nur beim erstmaligen Antrag auf Gewährung von Prozesskostenhilfe ein.

Die Hemmung **endet** in den Fällen der Rechtsverfolgung nach **§ 204 Abs 2 Satz 1** **22** **BGB** sechs Monate nach der rechtskräftigen Entscheidung oder anderweitigen Beendigung des eingeleiteten Verfahrens, zB durch Vergleich. Die Hemmung endet nach **§ 204 Abs 2 Satz 2 BGB** ebenso, wenn eine Partei es nicht betreibt, zB das Ruhen des Verfahrens auf Antrag angeordnet wird (BGH 21.2.83 – VIII ZR 4/82, NJW 83, 2496) oder der Prozess nur auf Antrag einer der Parteien fortgesetzt werden soll (BAG 18.2.72, DB 72, 932). Sie endet auch, wenn das Verfahren nach **§ 54 Abs 5 ArbGG** ruht. Die Hemmung endet nicht, wenn es für die Untätigkeit der Parteien einen triftigen Grund gibt. Das Abwarten auf das Ergebnis eines Musterprozesses gehört nicht zu diesen Gründen. In diesem Fall läuft die Verjährung nur dann nicht, wenn die Parteien ein materiell-rechtliches Stillhalteabkommen abschließen (BAG 22.4.04 – 8 AZR 620/02, NZA 05, 656). Die Hemmung beginnt nach **§ 204 Abs 2 Satz 3 BGB** erneut, wenn eine Partei das Verfahren weiterbetreibt.

Soweit das Gericht vAw den Prozess fortführen muss, endet die Hemmung der Verjährung **23** auch dann nicht, wenn die Parteien keine Anträge zur Fortsetzung des Verfahrens stellen (BGH 10.7.79, NJW 79, 2307). Ebensowenig hebt die **Aussetzung** eines Rechtsstreites nach § 148 ZPO die Hemmung der Verjährung auf (BAG 29.3.90, DB 90, 1524). Erfolgte die Aussetzung jedoch bis zur rechtskräftigen Entscheidung eines vorgreiflichen Rechtsstreits, endet die Hemmung der Verjährung mit Rechtskraft dieses Urt (BAG 29.3.90, DB 90, 1524).

5. Unzulässige Rechtsausübung. Die Berufung auf Verjährung kann nach Treu und **24** Glauben (§ 242 BGB) unzulässig sein, wenn der Schuldner seinen Gläubiger – auch unbeabsichtigt (BGH 14.2.78, BGHZ 71, 86; BAG 7.5.86, BB 86, 2056) – von der rechtzeitigen Klageerhebung abgehalten hat oder ihn nach objektiven Maßstäben zu der Annahme veranlasst hat, er werde auch ohne Rechtsstreit eine vollständige Erfüllung seines Anspruchs erreichen. Dies kann man annehmen, wenn der Schuldner durch positives Tun oder durch pflichtwidriges Unterlassen einen entsprechenden Irrtum beim Gläubiger erregt hat (BAG 7.11.07 – 5 AZR 910/06; BAG 7.11.02 – 2 AZR 297/01, NZA 03, 963). Dabei muss das Verhalten für die Fristversäumnis des Gläubigers ursächlich sein (BAG 18.3.97 – 9 AZR 130/96, NZA 97, 1232). Dies geschieht zB durch die Vereinbarung, vorab einen **Musterprozess** zu führen (BAG 29.1.75, DB 75, 1420), durch **Verhandlung** über die Höhe eines Anspruches, nachdem man ihn dem Grunde nach anerkannt hat (BGH 20.11.70, VersR 71, 439), durch den **unwirksamen Verzicht** auf die Einrede (BGH 12.12.78, NJW 79, 866) oder schon dadurch, dass der Schuldner nach objektiven Maßstäben den Eindruck erweckt, er werde auf die Einrede der Verjährung verzichten (BAG 4.11.92 – 5 AZR 75/92 – nv; BGH 21.1.88, NJW 88, 2245).

Nicht treuwidrig handelt der Schuldner, der sich auf Verjährung beruft, obwohl der **25** Gläubiger mit Rücksicht auf seine Stellung und sein **Ansehen in der Öffentlichkeit** mit der pünktlichen Erfüllung seiner Ansprüche rechnen musste (BAG 29.7.66, DB 66, 1936). Auch der ArbGeb des öffentlichen Dienstes kann sich zB auf Verjährung berufen (BAG

434 Verjährung

17.12.64, DB 65, 444). Es gehört ebenso wenig zur **Fürsorgepflicht** des ArbGeb, den Mitarbeiter auf drohende Verjährung seiner Ansprüche hinzuweisen (BAG 7.5.86, BB 86, 2056).

26 Der **Einwand** unzulässiger Rechtsausübung **entfällt,** sobald der Gläubiger erkennt, dass der Schuldner sich im Widerspruch zu seinem früheren Verhalten doch auf Verjährung berufen will und seinen Anspruch nicht innerhalb angemessener Frist auf eine Weise geltend macht, welche die Verjährung hemmt oder neu beginnen lässt. Die Dauer der „**Überlegungsfrist**" richtet sich nach dem Einzelfall (BAG 24.11.58, DB 59, 291); sie wird idR kurz sein (BAG 24.11.58, DB 59, 291; BGH 20.1.76, NJW 76, 2344) und wenige Wochen nicht übersteigen dürfen (BGH 17.12.59, VersR 60, 515; 14.10.63, VersR 64, 66).

27 **6. Verkürzung und Verlängerung.** Durch Vereinbarung kann die Verjährung nach § 202 Abs 1 BGB erleichtert, insbesondere die Verjährungsfrist **abgekürzt** werden. Dies gilt nicht bei Haftung wegen Vorsatzes. Für Ansprüche aus Betriebsvereinbarungen und bindenden Festsetzungen kann die Verjährungsfrist nach den §§ 77 Abs 4 Satz 3 BetrVG und 19 Abs 3 Satz 5 HAG nur dort verkürzt werden. Auch die individualrechtliche Abkürzung der Verjährungsfristen für tarifvertragliche Ansprüche ist bei gesetzlicher Tarifbindung nicht zulässig (ErfK/*Preis* §§ 194–218 BGB Rz 26). Im TVG fehlt zwar eine entsprechende ausdrückliche Vorschrift. § 4 Abs 4 TVG soll jedoch allgemein verhindern, dass ArbN durch einzelvertragliche Vereinbarung die Geltendmachung von kollektivrechtlichen Ansprüchen verkürzen. Nach § 202 Abs 2 BGB kann die Verjährung durch Vereinbarung bis zur Dauer von 30 Jahren erschwert, dh **verlängert** werden. Ein Ausschluss der Verjährung ist auch nach neuerem Recht nicht möglich (ErfK/*Preis* §§ 194–218 BGB Rz 26). Auf die Einrede der Verjährung kann daher nicht von vornherein wirksam verzichtet werden.

B. Lohnsteuerrecht *Seidel*

31 **1. Allgemeines.** Die Verjährung im Steuerrecht führt, anders als im bürgerlichen Recht, das lediglich eine Einrede (Leistungsverweigerungsrecht, § 214 BGB) gewährt, zum **Erlöschen der Ansprüche** aus dem Steuerschuldverhältnis (§ 47 AO) und ist daher – anders als im Arbeitsrecht (s oben Rz 1) – vAw zu prüfen. Dies betrifft auch Ansprüche des Stpfl auf Erstattung von Steuern, Steuervergütungen, Haftungsbeträgen und steuerlichen Nebenleistungen (§ 37 Abs 1 AO). Die Verjährungsvorschriften gelten auch für andere Ansprüche im Verhältnis zwischen ArbGeb/ArbN und dem FA. So

a) für gesonderte Feststellungen von Besteuerungsgrundlagen, wie die Bildung der ELStAM gem § 39 Abs 1, 4 EStG (zB Steuerklasse, Zahl der Kinderfreibeträge; s auch *Lohnsteuerabzugsmerkmale* Rz 10, 25), die Eintragung von Freibeträgen im Rahmen der LStErmäßigung (s *Lohnsteuerermäßigung* Rz 5 ff), die Ausstellung von Bescheinigungen für erweitert unbeschränkt Stpfl oder auf Antrag als unbeschränkt stpfl zu behandelnde ArbN durch das FA (§ 39 Abs 3 und § 39e Abs 8 EStG; s auch *Lohnsteuerberechnung* Rz 17);

b) für die Festsetzung von Haftungsschulden mit Haftungsbescheid (§ 191 Abs 3 AO; s *Lohnsteuerhaftung* Rz 47 ff);

c) für die Festsetzung von steuerlichen Nebenleistungen, wenn dies besonders vorgesehen ist (zB Zinsen; § 239 AO: 1 Jahr);

d) für ArbNSparzulagen (§ 14 Abs 2, 4 5. VermBG; s *Vermögenswirksame Leistungen* Rz 42);

e) für Wohnungsbauprämien (§ 8 Abs 1 WoPG);

f) für Bergmannsprämien (§ 5a Abs 1 Bergmannsprämiengesetz; s auch *HMW/*Verjährung Rz 1). Die Festsetzungsfrist ist **nicht wiedereinsetzungsfähig** (BFH 19.8.99 – III R 57/98, BStBl II 2000, 330; allgemein zur Wiedereinsetzung in den vorigen Stand s *Ausschlussfrist* Rz 39).

32 Von der Verjährung zu unterscheiden sind die Verwirkung (s *Verwirkung* Rz 14 ff) und die Ausschlussfrist (s *Ausschlussfrist* Rz 38 ff). Bei der Verjährung selbst ist im Steuerrecht die **Festsetzungsverjährung** (§§ 169–171 AO), die das Recht auf Festsetzung der Steuern betrifft, von der **Zahlungsverjährung** (§§ 228–232 AO), die den Zahlungsanspruch betrifft, abzugrenzen.

33 **2. Festsetzungsverjährung. a) Allgemein.** Sie bewirkt, dass nach Ablauf der Festsetzungsfrist kein Steuer- bzw Nachforderungsbescheid oder ein sonstiger der Festsetzungsverjährung unterliegender Bescheid mehr ergehen, aufgehoben oder geändert werden darf (§ 169 Abs 1 Satz 1 AO). Für **Haftungsbescheide** gilt dies nur für deren (erstmaligen) Erlass (§ 191 Abs 3 Satz 1 AO), nicht aber für deren Aufhebung oder Änderung (s BFH 12.8.97 – VII R 107/96, BStBl II 98, 131). Trotz Verjährung ergehende Bescheide sind rechtswidrig und auf einen Rechtsbehelf hin aufzuheben. Wird der Bescheid nicht angefochten, kann er vollstreckt werden. Die Festsetzungsfrist ist gewahrt, wenn der Bescheid innerhalb der Festsetzungsfrist den Bereich der für die Steuerfestsetzung zuständigen Behörde verlassen hat (§ 169 Abs 1 Satz 3 Nr 1 AO). Durch die Festsetzungsverjährung erlischt auch der Vorbehalt der Nachprüfung (§§ 164, 168 AO) bei den LStAnmeldungen (*HMW*/Verjährung Rz 6). Zur Festsetzungsverjährung von **Steuererstattungsansprüchen** und **Treu und Glauben** s BFH 22.1.2013 IX R 1/12, DStRE 13, 563).

b) Die **Festsetzungsfrist beträgt** im Normalfall **vier Jahre** (§ 169 Abs 2 Satz 1 Nr 2 AO). Sie verlängert sich auf **fünf** Jahre bei leichtfertiger Steuerverkürzung und auf **zehn** Jahre bei Steuerhinterziehung. Ab 1.1.09 wurde auch die Frist für die Verfolgungsverjährung bei besonders schwerer Steuerhinterziehung (§ 370 Abs 3 Satz 2 Nr 1–5 AO) auf 10 Jahre (bisher 5 Jahre) verlängert (§ 376 Abs 1 AO). Dies gilt auch, wenn die Tat von einem Erfüllungsgehilfen (Vertreter, Bevollmächtigten, beauftragten Mitarbeiter) des Stpfl oder des ArbGeb begangen wird. Anders nur, wenn der Stpfl oder der ArbGeb nachweist, dass er durch die Tat keinen Vermögensvorteil erlangt hat und sie auch nicht darauf beruht, dass er die erforderlichen Vorkehrungen zur Verhinderung von Steuerverkürzungen unterlassen hat (§ 169 Abs 2 Sätze 2 und 3 AO; *HMW*/Verjährung Rz 12). Bei Gesamtschuldnern verlängert sich die Festsetzungsfrist nach hM nur gegenüber dem Gesamtschuldner, der die Tat begangen hat (aA *T/K* § 169 AO Rz 23). Auch im Fall der Zusammenveranlagung von **Ehegatten** ist die Frage, ob Festsetzungsverjährung eingetreten ist, jeweils gesondert zu prüfen (BFH 25.4.06 – X R 42/05, BStBl II 07, 220). **34**

c) Die **Festsetzungsfrist beginnt** grds mit Ablauf des Kj, in dem die Steuer entstanden ist (§ 170 Abs 1 AO), bei Haftungsbescheiden mit Ablauf des Kj, in dem der Tatbestand verwirklicht worden ist, an den das Gesetz die Haftungsfolge knüpft (§ 191 Abs 3 Satz 3 AO), also bei der LStHaftung mit Ablauf des Kj, in dem einer der Haftungstatbestände des § 42d Abs 1, 6, 7 und 9 EStG verwirklicht worden ist (s *Lohnsteuerhaftung* Rz 8–13; *Arbeitnehmerüberlassung/Zeitarbeit* Rz 72, 74; *Lohnabzugsverfahren* Rz 18). Maßgebend ist dabei die LStAnmeldung und nicht die EStErklärung des betreffenden ArbN, denn für die Haftung ist auf die LStSchuld und nicht auf die individuelle EStSchuld des ArbN abzustellen (BFH 6.3.08 – VI R 5/05, BStBl II 08, 597). Ist gesetzlich die Abgabe einer Steuererklärung oder Steueranmeldung vorgeschrieben (zB EStErklärung § 56 EStDV; LStAnmeldung § 41a EStG), beginnt die Frist erst mit Ablauf des Kj, in dem die Steuerfestsetzung oder die Steueranmeldung beim FA eingereicht wird **(Anlaufhemmung),** spätestens jedoch mit Ablauf des dritten Kj, das auf das Kj folgt, in dem die Steuer entstanden ist; dies gilt auch für Anzeigen, die aufgrund gesetzlicher Vorschriften zu erstatten sind (§ 170 Abs 2 Nr 1 AO). Die Festsetzungsfrist für Steuerfestsetzungen gegen den ArbN wird durch die Abgabe der LStAnmeldung durch den ArbGeb nicht beeinflusst (*HMW*/Verjährung Rz 15). Bei einer antragsgebundenen Steuerfestsetzung (s *Antragsveranlagung* Rz 3) beginnt die Festsetzungsfrist mit Ablauf des Kj, in dem die Steuererklärung eingereicht wird (BFH 9.3.90, BStBl II 90, 608 zum früheren LStJahresausgleich beim FA; s auch *Lohnsteuerjahresausgleich* Rz 2). Die Frist für die Aufhebung oder Änderung einer auf Antrag vorzunehmenden Festsetzung beginnt nicht vor Ablauf des Kj, in dem der Antrag gestellt wird (§ 170 Abs 3 AO). Die zusätzliche Anlaufhemmung greift nicht (BFH 14.4.11 – VI R 53/10, BStBl II 11, 746, s auch *Antragsveranlagung* Rz 4). **35**

d) Ablaufhemmung ist von der Anlaufhemmung zu unterscheiden. Während bei der Anlaufhemmung der Fristbeginn hinausgeschoben wird (s oben Rz 35), wird bei der Ablaufhemmung das Ende der Frist um den Zeitraum der Hemmung hinausgeschoben (s § 171 AO). Wird zB vor Ablauf der Festsetzungsfrist ein Antrag auf Steuerfestsetzung oder auf Aufhebung oder Änderung einer Steuerfestsetzung gestellt, so läuft die Festsetzungsfrist „insoweit" nicht ab, bevor über den Antrag unanfechtbar entschieden worden ist. Dies gilt auch, wenn ein vor Ablauf der Frist erlassener Steuerbescheid angefochten wird, auch wenn der **Rechtsbehelf** erst nach Ablauf der Festsetzungsfrist eingelegt worden ist (§ 171 Abs 3 AO). Das Wort „insoweit" bedeutet eine betragsmäßige Reichweite des Antrags (*T/K* § 171 **36**

AO Rz 15). Wird ein Haftungsbescheid mit Einspruch oder Klage angefochten, läuft die Festsetzungsfrist nicht ab, bevor über den Rechtsbehelf unanfechtbar entschieden worden ist. Wird der Bescheid aufgehoben, endet die Hemmung erst, wenn der neue Bescheid unanfechtbar geworden ist. Dies gilt jedoch nur bei gerichtlicher Kassation des Erstbescheides, nicht wenn das FA den Erstbescheid aufgehoben hat (§§ 191 Abs 3, 171 Abs 3a AO; s BFH 5.10.04 – VII R 77/03, BStBl II 05, 122). Hebt das FA jedoch in einem Verwaltungsakt den angefochtenen Bescheid unter gleichzeitigem Erlass eines neuen Bescheides auf, ist der neue Bescheid noch innerhalb der nach § 171 Abs 3a Satz 1 AO gehemmten Festsetzungsfrist ergangen (BFH 5.1.05 – VII R 18/03, BStBl II 05, 323; s auch AEAO § 171 Nr 2a, BMF 2.1.08 – IV A 4 – S 0062/070 001; Dok 2007/0 605 275, BStBl I 08, 27).

37 Ist die Steuer, für die gehaftet wird, noch nicht festgesetzt, so endet die Festsetzungsfrist für den **Haftungsbescheid** nicht vor Ablauf der für die Steuerfestsetzung geltenden Frist; ist die Steuer bereits festgesetzt, so endet sie nicht vor Ablauf eines Jahres nach Bekanntgabe der Steuerfestsetzung (§ 191 Abs 3 Satz 4 iVm § 171 Abs 10 AO). Kann die Steuer gegenüber dem ArbN wegen Ablaufs der Festsetzungsfrist nicht mehr festgesetzt werden, dann darf auch der ArbGeb oder eine sonst in Betracht kommende Person (s *Lohnsteuerhaftung* Rz 29 ff) nicht mehr in Anspruch genommen werden. Dies gilt auch, wenn dem ArbN die Steuer erlassen worden oder eine gegen den Steuerschuldner (ArbN) festgesetzte Steuer verjährt ist (Zahlungsverjährung, s unten Rz 40 ff). Ausnahme: wenn die Haftung darauf beruht, dass der Haftungsschuldner Steuerhinterziehung oder Steuerhehlerei begangen hat (§ 191 Abs 5 AO).

38 e) **(Lohnsteuer-)Außenprüfung** hemmt den Ablauf der Festsetzungsverjährung für die Steuern, auf die sich die Prüfung (tatsächlich) erstreckt bzw im Fall der Hinausschiebung nach der Prüfungsanordnung erstrecken sollte, wenn vor Ablauf der Frist mit der Prüfung begonnen oder sie auf Antrag des ArbGeb hinausgeschoben worden ist, solange bis die aufgrund der Außenprüfung ergangenen Steuerbescheide unanfechtbar geworden sind oder nach Bekanntgabe der Mitteilung über die Ergebnislosigkeit der Prüfung (§ 202 Abs 1 Satz 3 AO) drei Monate verstrichen sind (s auch *Lohnsteueraußenprüfung* Rz 13). Das gilt nicht, wenn die Prüfung unmittelbar nach ihrem Beginn für die Dauer von mehr als sechs Monaten aus von der Finanzbehörde zu vertretenden Gründen unterbrochen wird.

39 Die Festsetzungsfrist für die Auswertung der Prüfungsfeststellungen endet spätestens, wenn seit Ablauf des Kj der Schlussbesprechung bzw der letzten Ermittlungshandlungen die oa Fristen (regelmäßig vier Jahre) verstrichen sind (§ 171 Abs 4 AO). Die Vorschrift betrifft bei der LStAußenprüfung gegen den ArbGeb gerichtete Pauschalierungs- bzw Nachforderungsbescheide (s *Lohnsteuerpauschalierung* Rz 6) sowie Haftungsbescheide (s *Lohnsteuerhaftung* Rz 48–62). Die verjährungshemmende Wirkung von Ermittlungsmaßnahmen tritt aber nicht gegenüber Handlungsunfähigen ein (BFH 16.4.97, BStBl II 97, 595). Der BFH hat sich durch Änderung seiner Rspr der in der Literatur verbreiteten Auffassung angeschlossen, dass eine LStAußenprüfung beim ArbGeb die Festsetzungsfrist in Bezug auf den ESt-Anspruch gegen den ArbN nicht hemmt, da der ArbN allenfalls in sachlicher, nicht aber in personeller Hinsicht von der LStAußenprüfung betroffen wird (BFH 15.12.89, BStBl II 90, 526 mwN; s auch LStH 42d.1: Allgemeines zur ArbGebHaftung). Dies gilt auch für LStNachforderungsbescheide (s *Lohnsteuernachforderung* Rz 14, 15) gegenüber dem ArbN (BFH 9.3.90, BStBl II 90, 608).

40 **3. Zahlungsverjährung** bringt festgesetzte Ansprüche aus dem Steuerschuldverhältnis zum Erlöschen (§ 47 AO). Zum Unterschied zur Festsetzungsverjährung, die bestimmt, wie lange noch ein Steuer- oder Haftungsbescheid ergehen, aufgehoben oder geändert werden darf, betrifft die Zahlungsverjährung die sich aufgrund der Festsetzung bzw Änderungen oder Aufhebungen ergebenden Zahlungsansprüche des FA oder Erstattungsansprüche des ArbGeb oder ArbN gegen das FA.

41 Die Frist beträgt einheitlich **fünf Jahre** (§ 228 Satz 2 AO). Sie beginnt mit Ablauf des Kj, in dem die Ansprüche erstmals fällig geworden sind, jedoch nicht vor Ablauf des Kj, in dem die Festsetzung, Aufhebung oder Änderung der Festsetzung wirksam geworden ist; die LStAnmeldung steht der Steuerfestsetzung gleich (§ 229 Abs 1 AO), dh, bei Abgabe der LStAnmeldung November 12 im Januar 13 beginnt die Frist für die Zahlungsverjährung erst am 31.12.13 (zur Fälligkeit der angemeldeten Beträge s *Lohnsteuerabführung* Rz 3). Die

Fälligkeit (§ 220 AO) ergibt sich idR aus dem Bescheid, durch den die Steuer festgesetzt wird. Steuererstattungsansprüche werden mit der Bekanntgabe des Bescheids fällig, durch den sie festgestellt werden (§ 220 Abs 2 Satz 2 AO). Ergeht ein Haftungsbescheid ohne Zahlungsaufforderung, so beginnt die Verjährung mit Ablauf des Kj, in dem der Haftungsbescheid wirksam wird (§ 229 Abs 2 AO).

Anders als bei der Festsetzungsverjährung, bei der es nur eine Ablaufhemmung gibt, kennt **42** das Steuerrecht bei der Zahlungsverjährung eine **Unterbrechung,** dh, dass mit dem Ablauf des Kj, in dem die Unterbrechung endet, eine neue fünfjährige Verjährungsfrist beginnt (§ 231 Abs 3 AO), wobei eine Unterbrechung nur in Höhe des Betrages eintritt, auf den sich die Unterbrechungshandlung bezieht (§ 231 Abs 4 AO).

Unterbrechungshandlungen stellen ua die Zahlungsaufforderung, die Stundung, die **43** Aussetzung der Vollziehung, Vollstreckungsmaßnahmen, die Anmeldung im Insolvenzverfahren sowie die Aufnahme in einen Insolvenzplan oder einen gerichtlichen Schuldenbereinigungsplan, die Einbeziehung in ein Verfahren, das die Restschuldbefreiung zum Ziel hat (s *Insolvenz des Arbeitgebers* Rz 2) und die Wohnsitzermittlung dar (§ 231 Abs 1 AO). Die Unterbrechungshandlungen müssen sich stets gegen die Person richten, die in Anspruch genommen werden soll (*HMW*/Verjährung Rz 43). Ist die Verjährung durch eine Zahlungsaufforderung unterbrochen, steht es nicht in der Macht des FA, dies durch eine Erklärung als „erledigt" rückgängig zu machen (BFH 28.11.06 – VII R 3/06, BStBl II 09, 575). Wird gegen die FinBeh ein Anspruch geltend gemacht, so endet die hierdurch eingetretene Unterbrechung nicht, bevor über den Anspruch rechtskräftig entschieden worden ist (§ 231 Abs 2 Satz 2 AO).

Die Zahlungsverjährung beträgt auch bei zur **Insolvenztabelle** festgestellten Ansprüchen **44** aus dem Steuerschuldverhältnis 5 und nicht 30 Jahre (BFH 26.4.88, BStBl II 88, 865; s auch *T/K* § 231 AO Rz 28).

C. Sozialversicherungsrecht
Voelzke

1. Allgemeines. Im SozVRecht sind unterschiedliche Regelungen über die Verjährung **45** von Ansprüchen auf Sozialleistungen (§ 45 SGB I), von Ansprüchen auf Beiträge zur SozV (§ 25 SGB IV) und von Erstattungs- und Rückerstattungsansprüchen (§§ 50 Abs 4, 113 SGB X; 27 Abs 2, 3 SGB IV) zu unterscheiden. Für durch Verwaltungsakt festgestellte Ansprüche von Leistungsträgern ist zusätzlich der Unterbrechungstatbestand des § 52 SGB X zu beachten. Den Verjährungsvorschriften des SozVRechts ist gemeinsam, dass das privatrechtliche Rechtsinstitut der Verjährung nur insoweit durch Sondervorschriften abgewandelt wird, als dies in den unterschiedlichen Rechtsbereichen erforderlich ist, im Übrigen aber auf die Vorschriften des BGB verwiesen wird. IdR verjähren sozialrechtliche Ansprüche in **vier Jahren** nach Ablauf des Kj, in dem der Anspruch entstanden ist. Die Bestimmungen des SozVRechts folgen dem allgemein für Verjährungsregelungen maßgebenden Zweck, im Interesse des Rechtsfriedens seit langem fällige Forderungen undurchsetzbar zu machen, wenn die Verjährung nicht durch Maßnahmen des Gläubigers unterbrochen oder gehemmt wurde.

2. Leistungsrecht. Ansprüche auf Sozialleistungen (Geld-, Sach- und Dienstleistungen **46** iSd § 11 SGB I) verjähren gem § 45 Abs 1 SGB I in **vier Jahren** nach Ablauf des Kj, in dem sie entstanden sind. Hiervon nicht erfasst wird das sog **Stammrecht** auf die Leistung, so dass lediglich die auf einen zurückliegenden Zeitraum entfallende Einzelleistung der Verjährung unterliegt, nicht hingegen der Anspruch auf die aus dem Stammrecht erwachsenden künftigen Leistungen (*Schlegel/Voelzke/Wagner* SGB I, § 45 Rz 17). Die Verjährungsvorschrift des § 45 SGB I greift auch ein, wenn Ansprüche auf Sozialleistungen durch Verwaltungsakt bindend festgestellt worden sind (BSG 22.6.94 – 10 RKg 32/93, NZS 95, 47). Der Beginn der Verjährung (= Entstehung des Anspruchs) erfolgt erst zu dem Zeitpunkt, in dem die Möglichkeit zur sofortigen Geltendmachung beim Leistungsträger eröffnet ist (zB ist die Feststellung der Vaterschaft für den Kindergeldanspruch erforderlich: BSG 22.9.93 – 10 RKg 6/93, SozR 3–5870 § 9 Nr 2).

Für die **Hemmung, Ablaufhemmung, Neubeginn** und **Wirkung** der Verjährung gelten nach § 45 Abs 2 SGB I die Vorschriften des Bürgerlichen Rechts sinngemäß. Der schriftliche Antrag auf die Sozialleistung und die Erhebung des Widerspruchs werden in § 45

Abs 3 SGB I als besondere Unterbrechungstatbestände genannt. Die Hemmung der Verjährung endet in den genannten Fällen mit der Bekanntgabe der Entscheidung über den Antrag oder den Widerspruch. Die Wirkung des Leistungsantrags endet nicht dadurch, dass der Antragsteller seinen Antrag trotz einer Aufforderung der Verwaltung nicht ergänzt (BSG 24.9.92 – 9a RV 22/91, SozR 3–1200 § 45 Nr 1). Nach Beendigung der Unterbrechungstatbestände beginnt eine neue vierjährige Frist zu laufen.

47 Die Verjährung des Leistungsanspruchs ist nur auf **Einrede** des Leistungsträgers hin zu beachten. Die Ausübung des Einrederechts steht im Ermessen des Leistungsträgers (vgl zu den Gesichtspunkten der Ermessensausübung *Schlegel/Voelzke/Wagner* SGB I, § 45 Rz 47). Die Berufung auf den Eintritt der Verjährung wird dem Leistungsträger nicht schon dadurch verwehrt, dass die Nichtzahlung laufender Leistungen eindeutig auf einen Fehler der Verwaltung zurückzuführen ist (BSG 13.12.84 – 9a RV 60/83, SozR 1200 § 45 Nr 5). Sie kann allerdings im Einzelfall rechtsmissbräuchlich sein, wenn der Leistungsträger durch sein Verhalten den Eintritt der Verjährung wesentlich mitverursacht hat (s aber auch KassKomm/ *Seewald* § 45 SGB I Rz 35). Der Leistungsträger muss bei vAw vorzunehmenden Leistungserhöhungen in jedem Falle bei der Ausübung des Ermessens berücksichtigen, ob und in welchem Umfang er mit Hilfe der Einrede der Verjährung die Nachzahlung verweigert (BSG 5.5.93 – 9/9a RV 12/92, SozR 3–1200 § 45 Nr 2).

48 **3. Beitragsrecht.** Ansprüche auf Beiträge zur SozV verjähren nach § 25 Abs 1 Satz 1 SGB IV regelmäßig in vier Jahren nach Ablauf des Kj, in dem sie fällig geworden sind (vgl das Berechnungsbeispiel bei *Schlegel/Voelzke/Segebrecht* SGB IV § 25 Rz 43). Wurden die Beiträge **vorsätzlich vorenthalten,** so verjähren sie in 30 Jahren nach Ablauf des Kj, in dem sie fällig geworden sind (§ 25 Abs 1 Satz 2 SGB IV). Diese Verjährungsfrist gilt bei vorsätzlicher Vorenthaltung der Beiträge auch für Ansprüche auf Nebenleistungen (Säumniszuschläge, Verzugszinsen, Mahngebühren, Kosten der Vollstreckung; s BSG 8.4.92 – 10 RAr 5/91, SozR 3–2400 § 25 Nr 4). Die 30-jährige Verjährungsfrist kommt auch zur Anwendung, wenn sich der in seiner Liquidität eingeschränkte ArbGeb in Kenntnis der Beitragspflicht für die teilweise Erfüllung von Ansprüchen der ArbN und gegen eine Zahlung fälliger Beiträge entscheidet (BSG 21.3.07 – B 11a AL 15/06 R, BeckRS 2007, 45544). Das BSG konnte in dieser Entscheidung offenlassen, ob auch die vollständige Zahlungsunfähigkeit den Vorsatz nicht ausschließt. Die 30-jährige Verjährungsfrist läuft auch, wenn der Vorsatz zu ihrer Vorenthaltung bei Fälligkeit der Beiträge noch nicht vorlag, der Vorsatz aber noch vor Ablauf der vierjährigen Verjährungsfrist eingetreten ist (BSG 30.3.2000 – B 12 KR 14/99 R, SozR 3–2400 § 25 Nr 7). Der ArbGeb muss sich das Handeln von Betriebsangehörigen oder anderen mit der Beitragsentrichtung betrauten Personen zurechnen lassen (KassKomm/*Seewald* § 25 SGB IV Rz 6). Die Verjährungsregelung des § 25 SGB IV findet nicht nur auf Beitragsforderungen von Versicherungsträgern gegen ArbGeb und Versicherte Anwendung, sondern auch auf die Ansprüche der ArbGeb gegen die ArbN auf die ArbNanteile an den Beiträgen (BSG 25.10.90 – 12 RK 27/89, NZA 91, 493). Ob die Erhebung der Verjährungseinrede gegenüber den Beitragsansprüchen der Einzugsstelle rechtsmissbräuchlich ist, richtet sich ausschließlich nach den Umständen des Gläubiger-Schuldner-Verhältnis der Einzugsstelle zum ArbGeb (BSG 13.8.96 – 12 RK 76/94, SozR 3–2400 § 25 Nr 6).

49 Für die **Hemmung,** die **Ablaufhemmung,** den **Neubeginn** und die **Wirkung** der Verjährung von Beitragsansprüchen gelten die Vorschriften des BGB entsprechend (§ 25 Abs 2 SGB IV). Ferner ist die Verjährung nach § 25 Abs 2 Satz 2 SGB IV für die Dauer einer Prüfung beim ArbGeb gehemmt. Die Hemmung der Verjährung beginnt mit dem Tag des Beginns der Prüfung und endet mit der Bekanntgabe des Beitragsbescheides, spätestens nach Ablauf von sechs Kalendermonaten nach Ablauf der Prüfung. Ein die Verjährung unterbrechendes Beitragsverfahren liegt nach der sehr weiten Rspr des BSG bereits in jedem in die Sphäre des Betroffenen hineinwirkenden tatsächlichen Tätigwerden der Behörde, ohne dass es einer förmlichen Kenntnisverschaffung des Betroffenen bedürfte (BSG 27.7.11 – B 12 R 19/09 R, SozR 4–2600 § 198 Nr 1). Wird ein Beitragsbescheid erteilt, so ist der Unterbrechungstatbestand des § 52 Abs 1 SGB X (Erlass eines Verwaltungsaktes) zu beachten. Die Unterbrechung dauert bis zur Unanfechtbarkeit des Verwaltungsaktes oder bis zur anderweitigen Erledigung des Verwaltungsverfahrens. Die Klage eines ArbN gegen den Versicherungsträger wegen der Feststellung seiner Versicherungspflicht unterbricht die Verjährung der Beitragsforderung gegen den ArbGeb nicht. Wurde der ArbGeb zum Rechtsstreit beigeladen, so tritt die Unterbrechung allerdings ein, wenn die Einzugsstelle den Beitragsanspruch binnen sechs Monaten nach rechtskräftiger Feststellung der Versicherungspflicht gegen den ArbGeb geltend macht (BSG 21.2.90 – 12 RK 55/88, NZA 91, 33). Etwas anderes gilt hier wegen der Sonderregelung des § 198 SGB VI hinsichtlich der Verjährung von RVBeiträgen. Beitragsverfahren und Verfahren über einen Rentenanspruch unterbrechen auch die Verjährung des Anspruchs auf Zahlung der RVBeiträge gem § 25 Abs 1 SGB IV.

Ungeklärt ist bislang, ob die Verjährung **von Amts wegen** oder nur auf **Einrede** des Beitragsschuldners zu beachten ist. Die Versicherungsträger haben bisher von sich aus verjährte Beitragsforderungen nicht geltend gemacht. Das BSG hat allein mit Rücksicht auf diese Verwaltungspraxis in einem Einzelfall angenommen, dass die Verjährung vAw zu beachten sei, gleichzeitig aber bereits auf die Gegenauffassung hingewiesen, der wegen des eindeutigen Verweises auf die sinngemäße Anwendung der Vorschriften des BGB (§ 25 Abs 2 SGB IV iVm § 222 Abs 1 BGB) der Vorzug zu geben ist (BSG 25.10.90 – 12 RK 27/89, NZA 91, 493). In Zweifelsfällen sollte deshalb die Einrede der Verjährung ausdrücklich erhoben werden. 50

4. Erstattungs- und Rückerstattungsansprüche. Auch für die Rückabwicklung von Ansprüchen aus dem Sozialrechts- oder Beitragsverhältnis gelten besondere Verjährungsregelungen. Die Erstattung **zu Unrecht erbrachter Leistungen** unterliegt der Verjährung nach § 50 Abs 4 SGB X. Hiernach verjähren Erstattungsansprüche der Verwaltung gegen den Leistungsempfänger nach Ablauf von vier Jahren. 51

Anknüpfungspunkt für den Beginn der Verjährungsfrist ist die Unanfechtbarkeit des Feststellungsbescheides über die Erstattungsforderung, während der Zeitpunkt der Überzahlung nur hinsichtlich der Ausschlussfristen für die Aufhebung des Bewilligungsbescheides gem §§ 45, 48 SGB X maßgeblich ist. 52

Ansprüche auf Erstattung von zu **Unrecht entrichteten Beiträgen** verjähren nach § 27 Abs 2 SGB IV in vier Jahren nach Ablauf des Kj, in dem die Beiträge entrichtet worden sind. Der Anspruch auf Erstattung zu Unrecht entrichteter Beiträge entsteht und verjährt nicht, solange dem Berechtigten gegenüber das Bestehen von Versicherungspflicht festgestellt ist (BSG 13.9.06 – B 12 AL 1/05 R, SozR 4–2400 § 27 Nr 2). Erhebt ein Versicherungsträger gegen einen Beitragserstattungsanspruch die Einrede der Verjährung, kann vom ArbGeb nicht mit Erfolg geltend gemacht werden, er habe von der Versicherungsfreiheit des ArbN nichts gewusst (LSG BaWü 26.7.95 – L 3 Az 642/94, Die Beiträge 96, 620; *Schlegel/Voelzke/Waßer* SGB IV, § 27 Rz 46). Dem Anspruch auf Beitragserstattung kann der Versicherungsträger die Einrede der Verjährung auch dann entgegenhalten, wenn eine zuvor durchgeführte Betriebsprüfung beim ArbGeb nicht zu Beanstandungen geführt hat (BSG 29.7.03 – B 12 AL 1/02 R, SozR 4–2400 § 27 Nr 1). Die Behörde kann sich jedoch nicht auf Verjährung berufen, wenn sie bei der Ablehnung eines Leistungsantrags wegen in der Vergangenheit zu Unrecht angenommener Versicherungspflicht nicht umfassend und vollständig über die Notwendigkeit einer schriftlichen Antragstellung belehrt hat (BSG 12.12.07 – B 12 AL 1/06 R, SozR 4–2400 § 27 Nr 3). § 27 SGB IV findet bei der Erstattung rechtmäßig entrichteter Beiträge keine Anwendung (BSG 24.3.83 – 1 RJ 92/81, SozR 2100 § 27 Nr 2). Unerheblich ist, für welche Zeiträume die Beiträge entrichtet wurden. Wird die Rechtswirksamkeit der RVBeiträge vom Versicherungsträger beanstandet, so beginnt die Verjährung erst mit dem Ablauf des Kj der Beanstandung (§ 27 Abs 2 Satz 2 SGB IV). Die Vorschrift findet auf die Beanstandung von Beiträgen zur KV und ArblV keine Anwendung (BSG 25.4.91 – 12 RK 31/90, SozR 3–2400 § 27 Nr 1). Als besonderen Unterbrechungstatbestand nennt § 27 Abs 3 SGB IV den schriftlichen **Antrag auf die Erstattung** und den **Widerspruch.** Die hierdurch herbeigeführte Hemmung der Verjährungsfrist endet sechs Monate nach Bekanntgabe der Entscheidung über den Antrag oder den Widerspruch. Der Eintritt der Verjährung ist nur auf die Einrede des Versicherungsträgers hin zu beachten, über deren Gebrauch er nach pflichtgemäßem Ermessen zu entscheiden hat. 53

Vermittlungsbudget

A. Arbeitsrecht
Poeche

1 Das in § 44 SGB III geregelte **Vermittlungsbudget** ermöglicht der Agentur für Arbeit, Ausbildungssuchende, von Arbeitslosigkeit bedrohte Arbeitssuchende und Arbeitslose insbes von den oft hohen **Bewerbungskosten** zu entlasten. Diese werden allerdings nur übernommen, soweit der ArbGeb gleichartige Leistungen nicht oder voraussichtlich nicht erbringen wird.

B. Lohnsteuerrecht
Windsheimer

5 Leistungen, die im Rahmen des Vermittlungsbudgets gewährt werden, sind steuerfrei (§ 3 Nr 2 EStG: „übrige Leistungen nach dem SGB III"). Sie unterliegen nicht dem Progressionsvorbehalt (§ 32b Nr 1 EStG, weil dort nicht genannt). Aufwendungen in diesem Zusammenhang, zB Fahrtkosten zur BA, sind steuerlich nicht abzugsfähig (§ 3c EStG). Soweit Leistungen aus dem Vermittlungsbudget nicht gewährt werden, können vorweggenommene oder vergebliche Werbungskosten vorliegen (s *Bewerbung* Rz 16; *Werbungskosten* Rz 9).

C. Sozialversicherungsrecht
Voelzke

10 **1. Einordnung.** Beim Vermittlungsbudget handelt es sich um ein **Förderungsinstrument,** das die BA in die Lage versetzen soll, die berufliche Eingliederung von ArbN flexibel, bedarfsgerecht und unbürokratisch zu unterstützen (BT-Drs 16/10810, 38). Das Vermittlungsbudget soll verschiedene Einzelhilfen des früheren Rechts (s Personalbuch 2008, Mobilitätshilfen Rz 5 ff; Bewerbung Rz 12 f) bündeln. Es soll das Augenmerk darauf gerichtet werden, welche Vermittlungshemmnisse bestehen und ausgeräumt werden müssen. Leistungen des Vermittlungsbudgets können nach § 16 Abs 1 Satz 2 SGB II iVm § 44 SGB III auch SGB II-Berechtigte erhalten (*Hauck/Noftz/Voelzke* SGB II, § 16 Rz 105 ff).

11 **2. Voraussetzungen.** Aus dem Vermittlungsbudget werden Leistungen gewährt, die im Zusammenhang mit der Anbahnung oder Aufnahme einer versicherungspflichtigen Beschäftigung erforderlich werden (§ 44 Abs 1 Satz 1 SGB III). Es muss eine nach den §§ 25 ff SGB III **versicherungspflichtige Beschäftigung** angestrebt werden, für die kein Tatbestand der Versicherungsfreiheit eingreift (Näheres: *Arbeitslosenversicherungspflicht* Rz 3 ff). Ausgeschlossen sind danach insbesondere Förderleistungen, die die Anbahnung oder Aufnahme einer geringfügigen Beschäftigung unterstützen sollen. Hingegen ist die Leistungsgewährung unabhängig davon, ob die spätere Arbeitsaufnahme auf Initiative des Grundsicherungsträgers zustande kommt. Ausreichend ist, dass die Förderungsleistungen für die berufliche Eingliederung notwendig sind, wobei an die Notwendigkeit nicht zu hohe Anforderungen zu stellen sind. Bei der Beurteilung des Merkmals der Notwendigkeit steht der BA kein Beurteilungsspielraum zu (KSW/*Mutschler* § 45 SGB III Rz 9).

12 Die zu fördernde **Anbahnung eines Arbeitsverhältnisses** erfasst alle Aktivitäten im Vorfeld der eigentlichen Arbeitsaufnahme. Ein konkreter Bezug zu einem Arbeitsplatzangebot ist nicht erforderlich. Ausreichend ist, dass die Vermittlungssituation allgemein verbessert wird (zB durch die Übernahme der Kosten für einen Friseurbesuch). Nicht erfasst werden hingegen Leistungen, die der Vermittlung spezifischer beruflicher Kenntnisse dienen, weil hierfür spezielle Förderinstrumente vorgesehen sind (s *Weiterbildung*). Leistungen aus dem Vermittlungsbudget dürfen auch nicht zur Aufrechterhaltung eines Beschäftigungsverhältnisses oder mit dem Ziel einer dauerhaften Eingliederung gewährt werden (*Hauck/Noftz/Rademacker* SGB III, § 44 Rz 25).

Gefördert werden können auch unterstützende Leistungen, die im Zusammenhang mit der **Aufnahme** einer versicherungspflichtigen Beschäftigung stehen. Die Förderung ist nicht auf den Zeitpunkt des Vertragsschlusses beschränkt, sondern erfasst wird auch der Zeitraum vor oder nach der Beschäftigungsaufnahme, wenn bei wertender Betrachtung ein ursächlicher Zusammenhang zur Beschäftigungsaufnahme besteht (*Hauck/Noftz/Voelzke* SGB II,

§ 16 Rz 111). Die Förderung der Beschäftigungsaufnahme setzt eine Konkretisierung der in Aussicht genommenen Beschäftigung voraus (KSW/*Mutschler* § 45 SGB III Rz 8).

Voraussetzung für eine Gewährung von Leistungen aus dem Vermittlungsbudget ist zudem, dass der Betroffene **ausbildungsuchend, von Arbeitslosigkeit bedroht oder arbeitslos** ist. Von Arbeitslosigkeit bedroht sind nach § 17 SGB III Personen, die versicherungspflichtig beschäftigt sind, alsbald mit der Beendigung der Beschäftigung rechnen müssen und voraussichtlich nach Beendigung der Beschäftigung arbeitslos werden. Für den begünstigten Personenkreis wird darauf verzichtet, dass bereits ein aktueller Leistungsbezug vorliegt. 13

Die Gewährung von Leistungen aus dem Vermittlungsbudget ist ausgeschlossen, wenn der **Arbeitgeber gleichartige Leistungen** erbringt oder erbringen wird. Eine Gewährung von Leistungen kommt aufgrund dieses Ausschlussgrundes nicht in Betracht, wenn der ArbGeb den ArbN zu einer persönlichen Vorstellung auffordert, weil die damit verbundenen Aufwendungen vom ArbGeb zu tragen sind (s *Bewerbung* Rz 4).

3. Leistungen. Die nach § 44 SGB III zu gewährenden Leistungen sind ihrer Art nach nicht auf bestimmte Leistungsgruppen beschränkt. Vielmehr gehört es gerade zu den mit der Einführung des Vermittlungsbudgets verfolgten Zielen, eine flexible Unterstützung aller **sinnvollen Hilfen und Unterstützungen** zu ermöglichen, um Hemmnisse bei der Vermittlung zu beseitigen. 14

Gleichwohl umfasst die Förderung auch weiterhin den Katalog des bisherigen Rechts von vermittlungsunterstützenden Hilfen. Der begünstigte Personenkreis kann folglich in Anlehnung an das frühere Recht aus dem Vermittlungsbudget im Zusammenhang mit einer **Bewerbung** die Erstattung von Bewerbungs- und Reisekosten sowie nach einer **Arbeitsaufnahme** Übergangshilfe, Ausrüstungsbeihilfe, Reisekostenbeihilfe, Fahrkostenbeihilfe, Trennungskostenbeihilfe und Umzugskostenbeihilfe erhalten. Schließlich kann mit den Mitteln des Vermittlungsbudgets zB eine finanzielle Unterstützung des ArbN während einer Probebeschäftigung geleistet werden.

4. Förderung im Ausland. § 44 Abs 2 SGB III eröffnet auch eine Förderung der Anbahnung oder Aufnahme einer Beschäftigung innerhalb der EU, des EWR oder in der Schweiz. Eine Förderung kann nur erfolgen, wenn die Beschäftigung einen **Mindestumfang von 15 Wochenstunden** hat. Außerdem muss die Beschäftigung im Ausland der Versicherungspflicht unterliegen. Die Gesetzesbegründung geht davon aus, dass die Förderung einer Vermittlung ins Ausland nur in Betracht kommt, wenn eine Bewerbung auf dem inländischen Arbeitsmarkt chancenlos wäre (BT-Drs 16/10810, 38). Allerdings hat diese einschränkende Sicht keinen Niederschlag im Wortlaut der Norm gefunden. Deshalb kann lediglich der ggfs erhöhte Kostenaufwand bei der Ermessensentscheidung über eine Förderung Berücksichtigung finden. 15

5. Ermessen. Die BA entscheiden über das Ob und den Umfang der Förderung nach ihrem **pflichtgemäßen Ermessen.** Es stellt grds keinen Ermessensfehler dar, wenn die Förderung auf Fälle konzentriert wird, bei denen sich eine Arbeitsaufnahme bereits konkretisiert hat. Im Hinblick auf den durch das Gesetz eingeräumten weiten Gestaltungsspielraum wird eine Ermessensreduzierung auf Null nur in besonders gelagerten Ausnahmefällen in Betracht kommen. 16

§ 44 Abs 3 Satz 1 SGB III stellt klar, dass die BA **Pauschalen** festlegen kann. Durch die Festlegung von Pauschalen kann für typische Fallgestaltungen eine gleichmäßige Behandlung der Fälle innerhalb des Bezirks der AA gewährleistet werden.

6. Antrag. Leistungen aus dem Vermittlungsbudget werden als Leistungen der Arbeitsförderung auf Antrag erbracht. Sie können grds nur erbracht werden, wenn sie **vor Eintritt des leistungsbegründenden Ereignisses** beantragt werden (§ 324 Abs 1 Satz 1 SGB III). Eine verspätete Antragstellung kann die BA nach § 324 Abs 1 Satz 2 SGB III zur Vermeidung unbilliger Härten zulassen. Abzustellen ist hierbei insb auf die Gründe, die zur verspäteten Antragstellung geführt haben (*Hauck/Noftz/Radüge* SGB III, § 324 Rz 14). 17

Vermögenswirksame Leistungen

A. Arbeitsrecht
Röller

1. Begriff. **Vermögenswirksame Leistungen** sind **Geldleistungen, die der Arbeitgeber für den Arbeitnehmer oder** für **dessen Angehörige** in einer der in § 2 Abs 1 VermBG genannten Anlageformen **anlegt**. Bei der Anlage zugunsten seiner Angehörigen werden die Angehörigen selbst Vertragspartei des Anlageinstituts oder Unternehmens, an welches der ArbGeb die vermögenswirksam anzulegenden Beträge zahlt; der ArbN schließt keinen Vertrag mit dem Anlageinstitut oder Unternehmen zugunsten der Angehörigen gem §§ 328 ff BGB.

Die vermögenswirksam anzulegenden Geldleistungen müssen nicht zwingend aus dem Vermögen des ArbGeb stammen. Vielmehr kann auch der ArbN vermögenswirksame Leistungen aufbringen, indem er einen Teil des Arbeitslohnes vermögenswirksam anlegt (§ 11 Abs 1, 2 5. VermBG). Nach § 2 Abs 6 5. VermBG sind vermögenswirksame Leistungen arbeitsrechtlich **Bestandteil des Lohns oder Gehalts**.

2. Staatliche Förderung. a) Ziel des VermBG ist die Förderung der Vermögensbildung durch und für den einzelnen ArbN und seine Familie **nach dessen freier Wahl** unter den durch das Gesetz geförderten Anlageformen. Dem ArbN soll ein wirtschaftlicher Rückhalt in der Form eines Vermögens verschafft werden. Unter Vermögen werden dabei zB Sparguthaben, Wertpapierbesitz, Beteiligung an Unternehmen, besondere Kapital-Lebensversicherungen sowie Haus- und Grundbesitz verstanden. Bei der geförderten Beteiligung an Unternehmen kommt die Beteiligung des ArbN am Beschäftigungsunternehmen und an fremden Unternehmen in Betracht. Staatliche Förderung gibt es auch dann, wenn die Tarifparteien die Verwendung vermögenswirksamer Leistungen auf betriebliche und außerbetriebliche Beteiligungen sowie auf das Bausparen konzentrieren (§ 12 Satz 2 5. VermBG). Die Förderung der Vermögensbildung erfolgt durch Gewährung einer **Arbeitnehmer-Sparzulage** für vom ArbN vermögenswirksam angelegte Geldleistungen (s Rz 28 ff).

b) Voraussetzungen der staatlichen Förderung. aa) Anspruchsberechtigte Personen. Einen Anspruch auf die ArbNSparzulage haben nach § 13 Abs 1 5. VermBG ArbN, die Einkünfte aus nichtselbstständiger Arbeit iSd § 19 EStG beziehen. ArbN nach dem 5. VermBG sind alle ArbN im arbeitsrechtlichen Sinn (s *Arbeitnehmer (Begriff)* Rz 1 ff), deren Arbeitsverhältnisse deutschem Arbeitsrecht unterliegen. In § 1 Abs 2 5. VermBG deklaratorisch aufgezählt sind Arbeiter und Angestellte einschließlich der zu ihrer Berufsausbildung Beschäftigten. Als ArbN gelten auch die in Heimarbeit Beschäftigten.

Die **Rechtswirksamkeit des Arbeitsvertrages** ist für die Gewährung vermögenswirksamer Leistungen unbeachtlich, soweit der ArbN den Vertrag tatsächlich in Vollzug gesetzt, dh die Arbeit angetreten, hat. Auch ein **faktisches Arbeitsverhältnis,** das nur für die Zukunft aufgelöst werden kann, ist Grundlage für einen Anspruch auf vermögenswirksame Leistungen gegen den ArbGeb. Nach § 1 Abs 4 5. VermBG gehören zu dem Kreis der anspruchsberechtigten Personen ferner Beamte, Richter, Berufssoldaten und Soldaten auf Zeit.

Nicht anspruchsberechtigt sind gem § 1 Abs 3 5. VermBG Mitglieder eines Organs, welches zur gesetzlichen Vertretung einer juristischen Person berufen ist, sowie Personen, die nach Gesetz, Satzung oder Gesellschaftsvertrag zur Vertretung einer Personengesamtheit berufen sind. Das VermBG gilt für Organmitglieder jedoch dann, wenn sie mit einem Dritten einen Arbeitsvertrag geschlossen haben und deshalb ArbN iSd § 1 Abs 1 VermBG sind. Die anspruchsberechtigten Personen müssen **Einkünfte aus nichtselbstständiger Arbeit** iSv § 19 Abs 1 EStG erzielen.

bb) Einkommensgrenzen. Das zu versteuernde Einkommen darf in dem Kj, in dem die vermögenswirksamen Leistungen angelegt worden sind, im Falle einer Anlage nach § 2 Abs 1 Nr 1–3, Abs 2–5 VermBG, also bei allen Beteiligungsformen 20 000 € (bei Zusammenveranlagung von Ehegatten 40 000 €), bei allen Formen des Bausparens 17 900 € oder bei einer Zusammenveranlagung von Ehegatten nach § 26b EStG 35 800 € nicht überschreiten (§ 13 Abs 1 5. VermBG).

cc) Geförderte Anlageformen. Vermögenswirksame Leistungen sind nach § 13 Abs 2 **8** 5. VermBG nur zulagenberechtigt, wenn eine der unter § 2 Abs 1 Nr 1–3, Abs 2–4 5. VermBG aufgeführten Anlageformen gewählt worden ist, wobei der ArbN gem § 12 5. VermBG die Art der Anlage und das Institut, bei dem sie erfolgen soll, frei wählen können muss.

dd) Sperrfrist. Voraussetzung für die staatliche Förderung ist die Einhaltung einer **9** Sperrfrist, während der über die erworbenen Wertpapiere oder Rechte nicht durch Rückzahlung, Abtretung, Beleihung oder in anderer Weise verfügt werden darf. Die Sperrfrist beträgt bei Sparverträgen sieben Jahre (§§ 4 Abs 2, 8 Abs 2 5. VermBG), bei Wertpapierkaufvertrag (§ 5 Abs 2 5. VermBG), Beteiligungsvertrag (§ 6 Abs 3 5. VermBG) und Beteiligungskaufvertrag (§§ 7 Abs 3, 6 Abs 3 entsprechend 5. VermBG) sechs Jahre. Nach § 13 Abs 5 Satz 1 5. VermBG entfällt der Anspruch auf die ArbNSparzulage mit Wirkung für die Vergangenheit, soweit die in den §§ 4–7 genannten Fristen oder bei einer Anlage nach § 2 Abs 1 Nr 4 die in § 2 Abs 1 Nr 3 und 4 und Abs 2 Satz 1 des WoPG vorgesehene Voraussetzungen nicht eingehalten werden. Unter den Voraussetzungen des § 13 Abs 5 Satz 2 Ziff 1 oder 2 und des § 17 Abs 5 5. VermBG müssen Sperrfristen nicht eingehalten werden. In bestimmten, in § 4 Abs 4 Nr 1 bis 6 5. VermBG aufgelisteten Sonderfällen (zB bei völliger Erwerbsunfähigkeit des ArbN) ist eine vorzeitige Verfügung ohne Verlust der staatlichen Prämie möglich.

3. Vereinbarung vermögenswirksamer Leistungen. Eine Vereinbarung über die Ge- **10** währung vermögenswirksamer Leistungen aus dem Vermögen des ArbGeb kann gem § 10 Abs 1 5. VermBG in Verträgen mit ArbN, in Betriebsvereinbarungen oder Tarifverträgen sowie in bindenden Festsetzungen (§ 19 HAG) vereinbart werden. Für Beamte, Richter, Berufssoldaten und Soldaten auf Zeit werden zusätzliche vermögenswirksame Leistungen aufgrund eines Gesetzes erbracht.

a) Arbeitsvertragliche Regelung. Der ArbN kann gem § 11 Abs 1 VermBG einen **11** Teil des Arbeitslohns vermögenswirksam anlegen, indem er von seinem ArbGeb den Abschluss eines Vertrages über die vermögenswirksame Leistung **schriftlich** verlangt. Dieses Recht hat der ArbN auch, wenn der ArbGeb bereits zusätzlich zum Lohn vermögenswirksame Leistungen zahlt, diese aber nicht den zulagenberechtigenden Höchstbetrag erreichen. Der ArbN hat in dem Verlangen **schriftlich** anzugeben, in welcher Höhe das Arbeitsentgelt vermögenswirksam angelegt werden soll und ob ein einmaliger Betrag oder monatliche Raten festgelegt werden sollen. Dabei muss der ArbGeb dem Verlangen nur nachkommen, wenn der Höhe nach gleich bleibende Beträge von mindestens 13 € oder vierteljährlich, der Höhe nach gleich bleibende Beträge von mindestens 39 € angelegt werden sollen oder nur einmal im Kj ein Betrag in Höhe von 39 € vermögenswirksam angelegt werden soll (§ 11 Abs 3 Satz 1 5. VermBG). Bei der Anlage in monatlichen Beträgen während des Kj kann der ArbN die Art der vermögenswirksamen Anlage und das Unternehmen oder Institut, bei dem sie erfolgen soll, wechseln, nur mit Zustimmung des ArbGeb wechseln (§ 11 Abs 3 Satz 2 5. VermBG). Minderjährige können die Erklärung nur im Rahmen des § 113 BGB selbst abgeben (*Schaub* § 80 VIII 2). Der ArbGeb kann gem § 11 Abs 4 Satz 1 VermBG einen Termin im Kj bestimmen, zu dem die ArbN die Anlage des Arbeitslohns verlangen können. Die Terminbestimmung unterliegt gem § 11 Abs 4 Satz 2 5. VermBG der zwingenden Mitbestimmung des BRat. In jedem Kj ist der vom ArbGeb benannte Termin in geeigneter Form bekannt zu machen (§ 11 Abs 4 Satz 3 5. VermBG). Zu einem anderen als dem vom ArbGeb festgelegten Termin kann der ArbN die einmalige Anlage nur unter bestimmten Voraussetzungen verlangen. Wenn der ArbN sich für zwei Anlageformen (Bausparen bis zum Höchstbetrag von 470 € sowie Aktien- und Investmentsparen bis 400 €) entscheidet, ist der ArbGeb auf Wunsch des ArbN verpflichtet, beide Konten zu bedienen.

b) Tarifvertragliche Regelung. Der ArbGeb kann auf tarifvertraglich vereinbarte ver- **12** mögenswirksame Leistungen die betrieblichen Sozialleistungen anrechnen, die dem ArbN im Kalenderjahr bisher schon als vermögenswirksame Leistungen erbracht worden sind (§ 10 Abs 5 5. VermBG).

Die Wahlfreiheit des ArbN zwischen sämtlichen zulagebegünstigten und nichtzulagebegünstigten Anlagearten kann durch Tarifvertrag eingeschränkt werden. Die staatliche Förde-

436 Vermögenswirksame Leistungen

rung bleibt auch dann bestehen, wenn durch Tarifvertrag die Anlage auf betriebliche wie außerbetriebliche Beteiligungen und auf den Wohnungsbau beschränkt wird. Die mögliche Gestaltung derartiger überbetrieblicher Beteiligungsfonds ist offen.

13 Die Beteiligung des ArbN am Beschäftigungs- oder an fremden Unternehmen kann durch Tarifvertrag nicht derart geregelt werden, dass ArbN als neue Gesellschafter oder Aktionäre aufzunehmen sind. Dies ergibt sich aus Art 9 Abs 1 GG (Negative Vereinigungsfreiheit; *Löwisch* TVG, München 1992, § 1 Rz 193) und dem Umstand, dass die Mitgliedschaft in einem ArbGebVerband nicht dessen Befugnis umfasst, Beteiligungen an Mitgliedsunternehmen einzuräumen.

14 **c) Betriebsvereinbarung.** Eine Betriebsvereinbarung über die Einführung zusätzlich zum Lohn/Gehalt zu zahlender vermögenswirksamer Leistungen (§ 10 Abs 1 5. VermBG) sowie zur Insolvenzsicherung vermögenswirksamer Anlagen im eigenen Unternehmen kann gem § 88 Ziff 3 BetrVG freiwillig geschlossen, aber nicht vom BRat über die Einigungsstelle erzwungen werden (*Schaub* § 80 VII 3).

15 **4. Insolvenzsicherung.** Der ArbGeb hat vor der Anlage vermögenswirksamer Leistungen im eigenen Unternehmen in Zusammenhang mit dem ArbN Vorkehrungen zu treffen, die die Absicherung der angelegten vermögenswirksamen Leistungen bei einer während der Dauer der Sperrfrist eintretenden Zahlungsunfähigkeit des ArbGeb dienen (§ 2 Abs 5a 5. VermBG). Vorkehrungen des ArbGeb gegen Insolvenz sind nicht Voraussetzung für den Anspruch des ArbN auf die ArbNSparzulage. Unberührt bleibt die Verbürgung der Darlehensforderung gegen den ArbGeb durch ein Kreditinstitut oder die privatrechtliche Sicherung durch ein Versicherungsunternehmen nach Maßgabe des § 2 Abs 1h 5. VermBG.

16 **5. Einzelfragen. a) Überweisung der vermögenswirksamen Leistungen.** Der ArbGeb ist verpflichtet, für einen ArbN als vermögenswirksame Leistung die Beiträge abzuführen. Kommt er mit dieser Beitragszahlung in Verzug, so muss er den Schaden ersetzen, der dem ArbN durch eine vorzeitige Kündigung des Vertrages von Seiten des Vertragspartners entsteht. Dieser Schadensersatzanspruch steht den Bezugsberechtigten des Vertrages zu, wenn der ArbN stirbt und das Unternehmen wegen des Beitragsrückstandes die Auszahlung der Versicherungssumme verweigern kann. Eine entsprechende Schutzwirkung zugunsten Dritter ergibt sich aus der Vereinbarung der Arbeitsvertragsparteien über die Abführung vermögenswirksamer Leistungen in der Form von Versicherungsbeiträgen (BAG 5.3.81, DB 81, 2546; LAG Frankfurt 15.2.84, DB 85, 768).

17 **b) Urlaubsvergütung.** Tarifliche Sonderzahlungen und vermögenswirksame Leistungen, die einem ArbN unabhängig von der Gewährung eines Urlaubs gezahlt werden, sind in die Berechnung des Durchschnittslohns nach § 11 Abs 1 BUrlG nicht einzubeziehen. Vermögenswirksame Leistungen werden ohne Bezug zum Umfang der tatsächlich erbrachten Arbeitsleistung im jeweiligen Abrechnungszeitraum gezahlt (BAG 17.1.91, DB 91, 1937).

18 **c) Mutterschutz.** Vermögenswirksame Leistungen sind arbeitsrechtlich Bestandteil des Lohns oder Gehalts und fließen deshalb in die Berechnung des Zuschusses des ArbGeb zum Mutterschutzlohn ein (BAG 15.8.84, BB 84, 2193).

19 **d) Elternzeit.** Während der Elternzeit ist der ArbGeb nicht zur Fortzahlung der vermögenswirksamen Leistungen verpflichtet, sofern sich nicht aus dem Inhalt der Rechtsgrundlage für die Genehmigung der vermögenswirksamen Leistungen ergibt, dass die Leistung unabhängig von der Gegenleistung Arbeit geschuldet wird.

20 **6. Pfändung vermögenswirksamer Leistungen.** Nach § 2 Abs 7 Satz 2 5. VermBG ist der Anspruch auf vermögenswirksame Leistungen nicht übertragbar und damit nach § 851 ZPO nicht pfändbar, unabhängig davon, ob er aufgrund Tarifvertrages, einer Betriebsvereinbarung oder eines Einzelvertrages besteht. Der Anspruch auf die ArbNSparzulage gilt nach § 13 Abs 3, 5 5. VermBG zwar nicht als Arbeitseinkommen, ist aber bei der Berechnung des pfändbaren Einkommens zu berücksichtigen (MünchArbR/*Krause* § 61 Rz 21).

B. Lohnsteuerrecht

Seidel

Übersicht

	Rz		Rz
1. Allgemeines	25, 26	a) Zulageschädliche Verfügungen	42–48
2. Arbeitslohn	27–29	b) Zulageunschädliche Verfügungen	49–56
3. Arbeitnehmersparzulage	30–35	c) Nachweise	57
a) Allgemeines	30	7. Anzeigepflichten	58–62
b) Voraussetzungen	31, 32	a) Allgemeines	58
c) Sparzulage	33, 34	b) Kreditinstitut, Kapitalanlagegesellschaft oder Versicherungsunternehmen	59
d) Keine Arbeitnehmersparzulage	35		
4. Aufzeichnungs- und Bescheinigungspflichten	36–39	c) Kreditinstitut oder Kapitalanlagegesellschaft	60
a) Arbeitgeber	36		
b) Anlageunternehmen	37, 38	d) Beteiligungsunternehmen oder Arbeitgeber	61
c) Insolvenzsicherung	39		
5. Festsetzungsverfahren	40, 41	e) Arbeitgeber	62
6. Wegfall der Zulagebegünstigung	42–57	8. Rückforderung	63, 64

1. Allgemeines. Zur steuerlichen Förderung von Vermögensbeteiligungen der ArbN **25** durch das Mitarbeiterkapitalbeteiligungsgesetz s *Mitarbeiterbeteiligung* Rz 21 ff. Die Förderung durch ArbNSparzulagen ist seit 1990 auf Vermögensbeteiligungen sowie Anlagen zum Wohnungsbau beschränkt. Dargestellt wird im Folgenden die Rechtslage ab 1.1.09. Zur Rechtlage vor dem 1.1.09 s Personalbuch 2009. Seit 1.1.09 beträgt die ArbNSparzulage 9 % bzw 20 % für bestimmte Anlagen (s unten Rz 26, 30, 33) (§§ 13 Abs 2, 17 Abs 7 5. VermBG). Seit 1994 wird die ArbNSparzulage durch das FA jährlich festgesetzt, die Auszahlung erfolgt jedoch erst nach Ablauf der Sperrfrist durch die Zentralstelle der Länder in Bln BMF 9.8.04 – IV C 5 – S 2430–18/04, BStBl I 04, 717, Abschn 15, 17 (Anhang 30 III LStR; s unten Rz 42). Zum Begriff, dem begünstigten Personenkreis und der Begründung (Vereinbarung) der vermögenswirksamen Leistungen nach dem 5. VermBG s oben Rz 1 ff, 4–6, 10 ff. Der arbeitsrechtliche ArbNBegriff ist auch im Rahmen der steuerlichen Förderung maßgebend, wobei das VermBG für unbeschränkt und beschränkt stpfl ArbN gilt (s *Lohnsteuerberechnung* Rz 7 ff, Rz 18 ff und BMF aaO Abschn 1).

Die begünstigten **Anlageformen** ergeben sich aus § 2 Abs 1 Nr 1–5, Abs 2–4 iVm **26** §§ 4–7 5. VermBG (s für die Anlage vermögenswirksamer Leistungen bis 31.12.08 Personalbuch 2009; ab 1.1.09: BMF 9.8.04 – IV C 5 – S 2430 – 18/04, BStBl I 04, 717, idF des BMF 16.3.09 – IV C 5 – S 2430/09/10001, BStBl I 09, 501, geändert durch BMF 4.2.10 – IV C 5 – S 2430/09/10002; Dok 2010/0076244, BStBl I 10, 195 und BMF 2.12.11 – IV C 5 – S 2430/11/10002; Dok 2011/0926778, BeckVerw 255795; Abschn 4–11, Anhang 30 III LStR; s auch oben Rz 8). Die Vermögensbeteiligungen gem § 2 Abs 1 Nr 1 Buchst a, b und d bis l und Abs 2–5 5. VermBG werden auch im Rahmen des § 3 Nr 39 Satz 1 EStG begünstigt (s *Mitarbeiterbeteiligung* Rz 28). Durch die Verweisung in § 3 Nr 39 Satz 1 EStG wird die weitgehende Identität des Anlagekatalogs sichergestellt. Neu ist die Förderung des Erwerbs von Anteilen an einem Mitarbeiter-Sondervermögen (§ 2 Abs 1 Nr 1 Buchst d 5. VermBG (s dazu *Mitarbeiterbeteiligung* Rz 23, 26 und 29 ff). Als staatlich geförderte Vertragsformen stehen für Anlagen nach § 2 Abs 1 Nr 1 5. VermBG der Sparvertrag über Wertpapiere und andere Vermögensbeteiligungen zur Verfügung (§ 4 5. VermBG). Anlagen nach § 2 Abs 1 Nr 1a f 5. VermBG werden auch in der Form von Wertpapierkaufverträgen (§ 2 Abs 1 Nr 2 iVm § 5 5. VermBG), Anlagen nach § 2 Abs 1 Nr 1g–l 5. VermBG in der Form von Beteiligungsverträgen bzw Beteiligungskaufverträgen (§ 2 Abs 1 Nr 3 iVm §§ 6, 7 5. VermBG) gefördert (s auch BMF aaO Abschn 5–7, Anhang 30 III LStR; s *Mitarbeiterbeteiligung* Rz 29 ff). Weiter sind begünstigt Aufwendungen des ArbN nach dem WoPG, ohne dass die Voraussetzungen einer Prämienbegünstigung vorliegen (§ 2 Abs 1 Nr 4 5. VermBG) sowie Aufwendungen des ArbN im Zusammenhang mit dem Wohnungsbau (§ 2 Abs 1 Nr 5a–d 5. VermBG; Näheres hierzu s *HMW/Vermögensbildung der Arbeitnehmern* Rz 55–59). Die Anlagearten nach § 2 Abs 1 Nr 6–8 5. VermBG stehen zwar als Anlageformen noch zur Verfügung, werden jedoch nicht mehr gefördert (s unten Rz 35). Die Verwaltungsregelungen zum VermBG sind nicht in den LStR

436 Vermögenswirksame Leistungen

enthalten, sondern in gesonderten Schreiben des BMF: Anlagen vor dem 1.1.09 s Personalbuch 2009; Anlagen ab dem 1.1.09 BMF aaO, Anhang 30 III LStR. Eine tabellarische Übersicht über die Anlagenformen mit Rechtsgrundlagen findet sich bei *HMW*/Vermögensbildung der Arbeitnehmer Rz 48 (s auch BeckPersHB/Bd II StW IV: Vermögensbildungsgesetz).

27 **2. Arbeitslohn.** Vermögenswirksame Leistungen sind stpfl Arbeitslohn (§ 2 Abs 6 5. VermBG), unabhängig davon, ob sie vom ArbGeb zusätzlich erbracht werden (§ 10 5. VermBG) oder auf Verlangen des ArbN ein Vertrag über die vermögenswirksame Anlage von Teilen des Arbeitslohns abgeschlossen wird (§ 11 5. VermBG). Vermögenswirksam angelegt werden können nur Teile des Arbeitslohns im steuerrechtlichen Sinne (s *Arbeitsentgelt* Rz 30 ff). Dazu gehört auch pauschal besteuerter (s *Lohnsteuerpauschalierung* Rz 14–27, *Geringfügige Beschäftigung* Rz 21, 22 und *Teilzeitbeschäftigung* Rz 115 ff) oder steuerfreier Arbeitslohn, nicht aber die steuerfreien Lohnersatzleistungen (s *Lohnersatzleistungen* Rz 5 ff; BMF aaO Abschn 12 Abs 3). Eine tabellarische Übersicht über die anlegbaren Beiträge (Leistungen) enthält *HMW*/Vermögensbildung der Arbeitnehmer Rz 88. Laufende vermögenswirksame Leistungen sind dem Lohnzahlungszeitraum zuzurechnen, dem auch der übrige laufende Arbeitslohn zuzurechnen ist. Vermögenswirksame Leistungen zählen nicht zu den Altersvorsorgebeiträgen. Auf die Förderung mittels einer ArbNSparzulage kommt es dabei nicht an (§ 82 Abs 4 Nr 1 EStG; BMF aaO Abschn 2 Abs 5; s hierzu *Altersvorsorgevermögen* Rz 6 ff).

28 Bei der Leistung von Abschlagszahlungen auf den Arbeitslohn stellen die bei der Lohnabrechnung ausgezahlten Beträge dann Arbeitslohn des abgelaufenen Kj dar, wenn der Lohnabrechnungszeitraum fünf Wochen nicht übersteigt, er noch im abgelaufenen Kj endet und die Lohnabrechnung selbst innerhalb von drei Wochen nach Ablauf des Lohnabrechnungszeitraums erfolgt (§ 39b Abs 5 EStG; LStR 39b.5 Abs 5; s auch *Lohnsteuerberechnung* Rz 12). In diesen Fällen sind daher vermögenswirksame Leistungen – entsprechend dem Arbeitslohn – dem abgelaufenen Kj zuzurechnen (BMF aaO Abschn 3 Abs 1).

29 Sind vermögenswirksame Leistungen sonstige Bezüge (s *Sonstige Bezüge* Rz 2), sind sie dem Kj des Zuflusses beim ArbN zuzurechnen (§ 38a Abs 1 Satz 3 EStG; LStR 39b.6; BMF aaO). Die Zurechnung vermögenswirksamer Leistungen zum abgelaufenen Kj ist unabhängig vom Zeitpunkt des Eingangs beim Anlageinstitut (BMF aaO). Diese zeitliche Zuordnung hat auf den Beginn der Sperrfrist keinen Einfluss. Die Sperrfrist für auf Sparverträge über Wertpapiere oder andere Vermögensbeteiligungen (§ 4 5. VermBG) angelegte vermögenswirksame Leistungen beginnt stets am 1.1. des Kj, in dem die einmalige oder die erste laufende vermögenswirksame Leistung beim Kreditinstitut eingeht (BMF aaO Abs 2).

30 **3. Arbeitnehmersparzulage. a) Allgemeines.** Die ArbNSparzulage stellt keine stpfl Einnahme dar (§ 13 Abs 3 5. VermBG). Der Anspruch entsteht mit Ablauf des Kj, in dem die vermögenswirksamen Leistungen angelegt worden sind. Zur Doppelförderung von Vermögensbeteiligungen durch eine ArbNSparzulage und den Freibetrag nach § 3 Nr 39 EStG s *Mitarbeiterbeteiligung* Rz 23, 26. Der ArbGeb kann die vermögenswirksamen Leistungen als Betriebsausgabe (Arbeitslohn) abziehen. Eine darüber hinausgehende Vergünstigung besteht nicht.

31 **b) Voraussetzungen.** Die Zulagebegünstigung vermögenswirksamer Leistungen setzt die freie Wahl des ArbN voraus, in welcher der Anlageformen (s oben Rz 26) und bei welchem Unternehmen, Institut oder Gläubiger (§ 12 5. VermBG) der ArbGeb die vermögenswirksamen Leistungen anlegen soll; dies bedeutet, dass ihm die Verwendung weder vom ArbGeb, noch in einer Betriebsvereinbarung, noch in einem Tarifvertrag vorgeschrieben werden darf (§ 12 Satz 1 5. VermBG; BMF aaO Abschn 12 Abs 6, Anhang 30 III LStR; s auch *Mitarbeiterbeteiligung* Rz 27). Allerdings kann nach § 12 Satz 2 5. VermBG durch Tarifvertrag die Anlage in nicht zulagebegünstigte Kontensparverträge und Kapitallebensversicherungsverträge (§ 2 Abs 1 Nr 6 und 7 5. VermBG; s Rz 35) ausgeschlossen werden. Um die ArbN-Sparzulage zu erhalten, darf das zu versteuernde Einkommen (§ 2 Abs 5 EStG) des ArbN im Anlagejahr für Anlagen in betriebliche und außerbetriebliche Beteiligungen (s Rz 30) 20 000 € bzw bei (tatsächlicher) Zusammenveranlagung 40 000 € nicht übersteigen (§ 13 Abs 1 Satz 1 Nr 1 5. VermBG. Für die Anlagen zum Wohnungsbau (s Rz 26) bleibt es bei den bisherigen Einkommensgrenzen von 17 900 € bzw 35 800 €. Eine Erhöhung dieser

Beträge für ArbN mit Kindern besteht nicht. Allerdings ist bei der Ermittlung des zu versteuernden Einkommens stets der Kinderfreibetrag zu berücksichtigen, auch wenn es gem § 31 EStG beim Kindergeld verbleibt (s auch BMF aaO Abschn 15 Abs 5 Satz 5, Anhang 30 III LStR).

Da für beschränkt stpfl ArbN ein zu versteuerndes Einkommen nicht festgestellt wird, **32** erhalten diese die ArbNSparzulage ohne Rücksicht auf die Höhe des Einkommens (Ausnahme: ArbN mit Wohnsitz in den Mitgliedsstaaten der EU oder des EWR, die Staatsangehörige eines dieser Staaten sind und gem § 50 Abs 5 Nr 2 EStG eine Veranlagung beantragen; soweit die EU- und EWR-Staatsangehörigen als unbeschränkt stpfl gelten, ist die Grenze ohnehin zu beachten. Näheres s *Antragsveranlagung* Rz 2, *Lohnsteuerberechnung* Rz 8 f, 22 und *Grenzgänger* Rz 16 ff). Die angelegten Beträge bleiben jedoch auch bei Überschreiten der Einkommensgrenze vermögenswirksame Leistungen, es entfällt nur der Anspruch auf die Sparzulage. Dies gilt auch, wenn später, zB durch eine Außenprüfung, festgestellt wird, dass die Einkommensgrenze überschritten ist. Zur Rückforderung s unten Rz 64, 65.

c) Sparzulage. Diese beträgt **20 % höchstens 400 €** für Anlagen in betriebliche und **33** außerbetriebliche Beteiligungen (§ 13 Abs 2 iVm § 2 Abs 1 Nr 1–3, Abs 2–4 5. VermBG) und **9 % höchstens 470 €** für Anlagen zum Wohnungsbau in Form von Aufwendungen nach dem WoPG bzw zur unmittelbaren Verwendung zum Wohnungsbau (§ 13 Abs 2 iVm § 2 Abs 1 Nr 4 und 5 5. VermBG; s zu den einzelnen Anlagen im Rahmen eines Bauvorhabens *HMW*/Vermögensbildung der Arbeitnehmer Rz 55–59). Die Höchstbeträge gelten auch dann, wenn der ArbN aus mehreren Dienstverhältnissen vermögenswirksame Leistungen erhält. Beide Zulagen können nebeneinander in Anspruch genommen werden. Zum Erhalt der höchstmöglichen Zulage von 870 € sind allerdings 2 Anlageverträge erforderlich (s auch BMF aaO Abschn 16 Abs 1, Anhang 30 III LStR).

Bei **Bausparbeiträgen** ist zu beachten, dass die Doppelförderung mit ArbNSparzulage **34** und Wohnungsbauprämie bzw Sonderausgabenabzug seit 1982 entfallen ist. Der ArbN muss, sofern er die Einkommensgrenze einhält, wählen, ob er die Sparzulage oder die Wohnungsbauprämie iHv 8,8 % der prämienbegünstigten Aufwendungen (Höchstbetrag 512 €, bei Verheirateten 1024 €) in Anspruch nimmt. Allerdings kann er, wenn er neben vermögenswirksamen Leistungen iHv bis zu 470 € (s Rz 34) weiter bis zu 512 € Bausparbeiträge leistet, für diese die Wohnungsbauprämie erhalten (§ 1 Nr 1 WoPG), sofern er die Einkommensgrenzen einhält (s oben Rz 31). Ein lediger ArbN kann daher neben den ArbNSparzulagen von 43 € (9 % von 470 €, aufgerundet) und 80 € (20 % von 400 €) noch 45,10 € Wohnungsbauprämie (8,8 % von 512 €) im Jahr erhalten. Seit **1996** können Bausparbeiträge nicht mehr als Sonderausgaben abgezogen werden, dh eine Förderung entfällt für alle Personen, die auch die Einkommensgrenzen für die Wohnungsbauprämie überschreiten (s § 2a WoPG: 25 600 €/51 200 €; s auch oben Rz 31). Zur Förderung einer selbstgenutzten Wohnimmobilie im Rahmen der Altersvorsorge (Wohn-Riester) s *Altersvorsorgevermögen* Rz 22 ff.

d) Keine Arbeitnehmersparzulage wird für vermögenswirksame Leistungen gewährt, **35** die aufgrund von Kontensparverträgen gem § 8 5. VermBG oder Kapitalversicherungsverträgen gem § 9 5. VermBG geleistet werden. Die Übergangsfristen sind mittlerweile abgelaufen (s auch Personalbuch 2009). Als Anlageform für vermögenswirksame Leistungen stehen sie jedoch nach wie vor zur Verfügung. Dies gilt auch für Aufwendungen des ArbN zur Erfüllung von Verpflichtungen aus einer gekündigten Mitgliedschaft in einer Genossenschaft oder GmbH (§ 2 Abs 1 Nr 8 5. VermBG).

4. Aufzeichnungs- und Bescheinigungspflichten. a) Arbeitgeber. Vermögenswirk- **36** same Leistungen sind bei der Überweisung an das Anlageinstitut unter Angabe der Kontonummer oder Vertragsnummer des ArbN besonders kenntlich zu machen (§ 3 Abs 2 Sätze 1 und 2 5. VermBG; s auch BMF aaO Abschn 13, Anhang 30 III LStR). Die Verpflichtung des ArbGeb zur Aufzeichnung zulagebegünstigter vermögenswirksamer Leistungen im Lohnkonto und zur Aufbewahrung von Urkunden, Belegen und Bestätigungen über die Anlage ist ab 1994 ebenso entfallen wie die Bescheinigung der vermögenswirksamen Leistungen in der LStBescheinigung.

b) Anlageunternehmen. Nach § 15 Abs 1 5. VermBG sind die vermögenswirksamen **37** Leistungen zur Beantragung der ArbNSparzulage auf Verlangen des ArbN von den Anlage-

436 Vermögenswirksame Leistungen

unternehmen nach Ablauf des Kj, in dem die vermögenswirksamen Leistungen angelegt worden sind, unter Angabe des Endes der für die Anlageform vorgeschriebenen Sperrfrist nach dem 5. VermBG bzw der im WoPG oder der in der WoPDV genannten Sperr- und Rückzahlungsfristen zu bescheinigen, so dass den **Arbeitgeber** diese Bescheinigungspflicht nur dann trifft, wenn die vermögenswirksamen Leistungen bei ihm angelegt sind. Das Anlageunternehmen hat die vermögenswirksamen Leistungen als solche und die Art ihrer Anlage zu kennzeichnen (§ 3 Abs 2 Satz 3 5. VermBG; Vordruckmuster **2013** s BMF 13.8.13 – IV C 5 – S 2439/13/10 001, BStBl I 13, 995). Die vermögenswirksamen Leistungen sollen nur noch auf datenerfassungsgerechten Vordrucken bescheinigt werden. Der Institutsschlüssel ist bei der Zentralstelle der Länder vom Anlageunternehmen anzufordern (§ 5 Abs 2 Satz 2 VermBDV). Als Ende der Sperrfrist hat der ArbGeb oder das Unternehmen bei vermögenswirksamen Leistungen aufgrund von Wertpapier- oder Beteiligungs- bzw Beteiligungskaufverträgen (§§ 5–7 5. VermBG), die noch nicht zum Erwerb oder der Begründung von Vermögensbeteiligungen verwendet worden sind, den 31. 12. des sechsten Kj nach dem Kj anzugeben, dem die vermögenswirksamen Leistungen zuzuordnen sind (§ 5 Abs 3 VermBDV, § 5 Abs 2 VermBDV idF ab 1.1.2013). Der Zeitpunkt der vorzeitigen unschädlichen Verfügung oder Zuteilung des Bausparvertrags (s unten Rz 51–56) ist vom Kreditinstitut, der Kapitalanlagegesellschaft oder dem Versicherungsunternehmen als Ende der Sperrfrist anzugeben, wenn dies auf bei ihnen angelegte vermögenswirksame Leistungen zutrifft (§ 5 Abs 4 VermBDV, § 5 Abs 3 VermBDV idF ab 1.1.2013), da dann das FA die ArbNSparzulage bei der Festsetzung auszahlen kann (s unten Rz 41). Liegt dagegen in diesen Fällen eine vorzeitige schädliche Verfügung vor (s unten Rz 43–50), darf eine Bescheinigung nicht erteilt werden (§ 5 Abs 5 VermBDV) bzw die elektronische Vermögensbildungsbescheinigung (§ 5 Abs 4 VermBDV idF ab 1.1.2013; s auch Rz 38). Eine **Anlagebestätigung** gegenüber dem ArbGeb ist nur noch bei Anlagen im Zusammenhang mit dem Wohnungsbau (§ 2 Abs 1 Nr 5 5. VermBG) vorgesehen, wenn der ArbGeb die vermögenswirksamen Leistungen direkt an den ArbN überweisen soll (§ 3 Abs 3 5. VermBG). Allerdings hat das Anlageunternehmen dem ArbGeb immer mitzuteilen, wenn eine vermögenswirksame Anlage nach den Vorschriften des 5. VermBG nicht möglich ist (§ 3 Abs 2 Satz 4 5. VermBG). Zur Bescheinigung der vermögenswirksamen Leistungen s generell BMF 9.8.04, BStBl I 04, 717 idF BMF 16.3.09, BStBl I 09, 501 Abschn 14, Anhang 30 III LStR.

38 § 15 Abs 1 5. VermBG idF ab 1.1.2013 sieht in **Zukunft** vor, dass das Anlageunternehmen zur Beantragung der ArbNSparzulage bei Einwilligung des ArbN spätestens bis zum 28. 2. des der Anlage der vermögenswirksamen Leistungen folgenden Kj die Daten im Rahmen einer **elektronischen Vermögensbildungsbescheinigung** nach amtlich vorgeschriebenem Datensatz übermittelt und den ArbN über den Inhalt unterrichtet (§ 15 Abs 1 Satz 7 5. VermBG). Anzugeben sind dabei neben den bisherigen Angaben auch der Name, Vorname und das Geburtsdatum sowie die Anschrift und Identifikationsnummer (§ 139b AO) des ArbN. Diese Umstellung soll nach dem Gesamtkonzept der Bundesregierung ein weiterer Schritt zur papierlosen Steuererklärung sein. Die Regelung lehnt sich an diejenigen des § 10 Abs 2, 2a und § 10a Abs 2a, 5 EStG an. Um dem Recht des ArbN auf informationelle Selbstbestimmung weiterhin Rechnung zu tragen, wird die Zulässigkeit der elektronischen Übermittlung – statt des derzeit erforderlichen Antrags – an die Einwilligung des ArbN gebunden, die spätestens bis zum Ablauf des zweiten Kj, das auf das Kj der Anlage der vermögenswirksamen Leistungen folgt, zu erteilen ist. Besonderheiten ergeben sich bei der erstmaligen Erteilung der **Einwilligung** (§ 15 Abs 1 Sätze 2, 8 5. VermBG). Der ArbN hat dem Mitteilungspflichtigen dabei die Identifikationsnummer mitzuteilen. Andernfalls kann trotz Einwilligung eine Übermittlung nicht erfolgen. Ein **Nachweis in anderer Weise** ist ebenfalls **nicht mehr möglich.** Die Einwilligung wird auch für die Folgejahre fingiert wenn der ArbN von der übermittelnden Stelle darüber informiert wurde, dass eine Einwilligung angenommen wird und die Datenübermittlung erfolgt, wenn der ArbN dem nicht innerhalb von vier Wochen widerspricht. Ein **Widerruf** der Einwilligung ist möglich. Er muss der übermittelnden Stelle vor Beginn des Kj, in dem die Einwilligung nicht mehr gelten soll, vorliegen (§ 15 Abs 1 Sätze 3–6 5. VermBG idF ab 1.1.2013). Da **derzeit** noch offen ist, wann die Vorbereitungen für die elektronische Übermittlung abgeschlossen sind, wird der Zeitpunkt, ab dem die neue Regelung anzuwenden ist, mittels BMF-Schreiben festgelegt. Bis dahin ist die Anlage VL von den Anlageunternehmen **weiterhin** in **Papierform** zu erteilen (§ 17 Abs 14 5. VermBG).

c) Insolvenzversicherung. Bei der Anlage vermögenswirksamer Leistungen im Unternehmen des **ArbGeb** ist dieser verpflichtet, zusammen mit dem ArbN Vorkehrungen zur Absicherung des Anlagebetrages bei Zahlungsunfähigkeit des ArbGeb zu treffen (§ 2 Abs 5a 5. VermBG). Vorkehrungen des ArbGeb gegen Insolvenz sind jedoch nicht Voraussetzung für den Sparzulageanspruch des ArbN (BMF aaO Abschn 8, Anhang 30 III LStR).

5. Festsetzungsverfahren. Die ArbNSparzulage wird erst mit Ablauf der jeweiligen Sperrfrist (s oben Rz 9) fällig, bei Bausparverträgen mit deren Zuteilung oder generell in den Fällen unschädlicher Verfügung (§ 14 Abs 4 5. VermBG; s hierzu unten Rz 48 ff). Bei vermögenswirksamen Leistungen, die zum ersten Erwerb von Anteilen an Bau- und Wohnungsbaugenossenschaften oder unmittelbar zum Wohnungsbau verwendet werden (§ 2 Abs 1 Nr 4 und 5 5. VermBG), besteht keine Sperrfrist. Die Auszahlung erfolgt hier jährlich durch das FA. Dies gilt auch, wenn keine Sperrfristen mehr bestehen oder eine vorzeitige unschädliche Verfügung (s unten Rz 48–55) vorliegt. Ansonsten sind die von dem FA festgesetzten, noch nicht fälligen Sparzulagen sowie Änderungen der Festsetzungen der Zentralstelle der Länder mitzuteilen (§ 6 Abs 2 VermBDV). Die bei der Zentralstelle aufgezeichneten Sparzulagen werden dann bei Fälligkeit vAw an die Kreditinstitute, Unternehmen der ArbGeb, bei denen die vermögenswirksamen Leistungen angelegt sind, zugunsten der ArbN überwiesen (§ 7 Abs 2 VermBDV). Zur Festsetzung und Auszahlung der ArbN-Sparzulage s BMF aaO Abschn 15 und 17, Anhang 30 III LStR.

Der **Antrag** auf Festsetzung ist im Vordruck für die EStVeranlagung zu stellen (zur Verwendung des vereinfachten Vordrucks s *Antragsveranlagung* Rz 3). Dies gilt auch dann, wenn der ArbN keinen Antrag auf Veranlagung stellt oder auch nicht vAw zur ESt zu veranlagen ist (s *Antragsveranlagung* Rz 3 ff). Bei beschränkt stpfl ArbN ist der Antrag auf besonderem, amtlich vorgeschriebenem Vordruck zu stellen. Dies gilt mE nicht für ArbN, die auf Antrag zur ESt veranlagt werden (s oben Rz 32). Zuständig ist das BetriebsstättenFA, da diese ArbN im Inland weder einen Wohnsitz noch ihren gewöhnlichen Aufenthalt haben (§ 14 Abs 4 5. VermBG; BMF aaO Abschn 15 Abs 1–3). Die bisherige zweijährige Antragsfrist ist in Anlehnung an den Wegfall der Zweijahresfrist für den Antrag auf EStVeranlagung in § 46 Abs 2 Nr 8 EStG entfallen. Es gilt damit die Vierjahresfrist des § 169 Abs 2 Satz 1 Nr 2 AO (s § 14 Abs 4 Satz 2 iVm § 14 Abs 2 5. VermBG). § 14 Abs 5 Satz 1 5. VermBG idF ab 1.1.2013 normiert zu Gunsten des ArbN eine an § 35b GewStG angelehnte Nachholung der Festsetzung der ArbN-Sparzulage von Amts wegen für den Fall der vorherigen Ablehnung wegen Überschreitung der Einkommensgrenzen, wenn sich aus einer geänderten ESt-Festsetzung erstmals ergibt, dass diese nicht überschritten werden. Hat der ArbN die Zulage im Hinblick auf eine Überschreitung der Einkommensgrenzen bisher nicht beantragt, bleibt es bei der Verlängerung der Antragsfrist mit einer dem § 171 Abs 10 AO nachgebildeten Anlaufhemmung, wenn infolge eine nachträglichen Änderung des zu versteuernden Einkommens erstmals ein Anspruch auf ArbNSparzulage entsteht bzw bei Änderung eines Anspruchs auf WoP(s § 14 Abs 5 und 6 5. VermBG). Ihm ist derzeit noch die Bescheinigung des Anlageinstituts beizufügen (s oben Rz 37 f). Die Sparzulage wird auf volle € aufgerundet (BMF aaO Abschn 15 Abs 7).

6. Wegfall der Zulagebegünstigung. a) Zulageschädliche Verfügungen. Der Anspruch auf die ArbNSparzulage entfällt rückwirkend, wenn die Sperrfristen (s oben Rz 9) der jeweiligen Anlagen durch folgende Handlungen nicht eingehalten werden (§ 13 Abs 5 Satz 1 5. VermBG; BMF aaO Abschn 18, Anhang 30 III LStR):

(1) Soweit bei Anlagen aufgrund von Sparverträgen über Wertpapiere oder andere Vermögensbeteiligungen (§ 4 5. VermBG) vor Ablauf der siebenjährigen Sperrfrist zulagebegünstigte vermögenswirksame Leistungen zurückgezahlt werden, die Festlegung unterblieben ist oder aufgehoben wird (s Rz 61) oder über die Vermögensbeteiligung verfügt wird. Die Zulagebegünstigung entfällt auch für Spitzenbeträge, die beim zulageunschädlichen Austausch von Wertpapieren übrig bleiben, wenn die 150 €-Grenze überschritten wird;

(2) wenn bei Anlagen aufgrund von Wertpapierkaufverträgen (§ 5 5. VermBG) die Wertpapiere, mit deren Kaufpreis die vermögenswirksamen Leistungen eines Kj verrechnet worden sind, nicht spätestens bis zum Ablauf des folgenden Kj erworben werden oder wenn die Festlegung unterblieben ist oder soweit vor Ablauf der sechsjährigen Sperrfrist die Festlegung aufgehoben wird oder über die Wertpapiere verfügt wird;

436 Vermögenswirksame Leistungen

44 (3) wenn bei Anlagen aufgrund von Beteiligungsverträgen (§ 6 5. VermBG) oder Beteiligungskaufverträgen (§ 7 5. VermBG) der ArbN die nichtverbrieften Vermögensbeteiligungen, für deren Begründung oder Erwerb die vermögenswirksamen Leistungen eines Kj verrechnet oder überwiesen worden sind, nicht spätestens bis zum Ablauf des folgenden Kj erhält oder soweit vor Ablauf der sechsjährigen Sperrfrist über die Rechte verfügt wird. Handelt es sich um Aufwendungen für den ersten Erwerb von Anteilen an Bau- und Wohnungsgenossenschaften, verringert sich bei Verletzung der Sperrfrist die Zulagebegünstigung von 20 % auf 9 %;

45 (4) soweit bei Anlagen nach dem WoPG (§ 2 Abs 1 Nr 4 5. VermBG) Bausparkassenbeiträge bei einer Begünstigung nach dem WoPG vor Ablauf von sieben Jahren, seit Vertragsabschluss zurückgezahlt, die Bausparsumme ausgezahlt oder Ansprüche aus dem Bausparvertrag abgetreten oder beliehen werden (§ 2 Abs 3 Satz 1 WoPG – dies gilt für Bausparverträge unabhängig vom Vertragsbeginn, § 13 Abs 5 Satz 2 5. VermBG, § 7 Abs 1 Nr 2 5. VermBDV) oder soweit Beiträge aufgrund von Wohnungsbausparverträgen vor Ablauf der Festlegungsfrist zurückgezahlt (§ 9 WoPDV) oder nach Ablauf der jeweiligen Festlegungsfrist nicht zweckentsprechend verwendet werden (§ 10 WoPDV) oder soweit Beiträge aufgrund von Baufinanzierungsverträgen zurückgezahlt (§ 15 Abs 4 WoPDV) oder nicht fristgerecht zweckentsprechend verwendet werden (§ 16 WoPDV). Gleichzeitig ist durch § 13 Abs 5 Satz 3 5. VermBG klargestellt, dass nach Ablauf der Sperrfrist über die Bausparguthaben ohne Auswirkungen auf die festgesetzten oder bereits ausgezahlten ArbNSparzulagen frei verfügt werden kann, während für den Erhalt der Prämienbegünstigung nach dem WoPG bei Verträgen ab dem 1.1.09 eine wohnungswirtschaftliche Verwendung zwingend ist (s BMF aaO Abschn 18 Abs 1 Nr 4; § 2 Abs 2 WoPG).

46 Im Übrigen liegt eine sparzulageschädliche Verfügung erst in der Rückzahlung von Beträgen, aber noch nicht bei der Kündigung eines Vertrags vor. Dabei ist eine Rücknahme der Kündigung vor Rückzahlung ohne Auswirkung auf die festgesetzte Sparzulage. Dagegen ist die Abtretung selbst bereits eine schädliche Verfügung (aaO Abschn 18 Abs 1, Satz 2 Anhang 30 III LStR).

47 **Kein Wegfall** der Zulagebegünstigung tritt ein, wenn die Sperrfrist nicht eingehalten wird, weil der ArbN das Umtausch- oder Abfindungsangebot eines Wertpapier-Emittenten angenommen hat oder Wertpapiere dem Aussteller nach Auslosung oder Kündigung durch den Aussteller zur Einlösung vorgelegt worden sind, die mit den vermögenswirksamen Leistungen erworbenen oder begründeten Wertpapiere oder Rechte iSd § 2 Abs 1 Nr 1, Abs 2–4 5. VermBG (s *Mitarbeiterbeteiligung* Rz 29) ohne Mitwirkung des ArbN wertlos geworden sind oder der ArbN über nach § 2 Abs 1 Nr 4 5. VermBG angelegte vermögenswirksame Leistungen nach Maßgabe des § 4 Abs 4 Nr 4 5. VermBG (Weiterbildungszwecke s Rz 52) iHv mindestens 30 € verfügt (§ 13 Abs 5 Satz 3 iVm § 17 Abs 9 5. VermBG). Wertlosigkeit ist anzunehmen, wenn der ArbN höchstens 33 % der angelegten vermögenswirksamen Leistungen zurück erhält. Bei Übersteigen dieser Grenze bleibt die Zulagebegünstigung erhalten, wenn der ArbN die erhaltenen Beträge oder damit erworbene Vermögensbeteiligungen bei einem Kreditinstitut oder einer Kapitalanlagegesellschaft für den Rest der Sperrfrist festlegt (BMF aaO Abschn 18 Abs 2).

48 Bei Anteilen an neu aufgelegten richtlinienkonformen Sondervermögen und gemischten Sondervermögen (s *Mitarbeiterbeteiligung* Rz 30) **entfällt** die Zulagebegünstigung, wenn sich aus dem 1. Rechenschaftsbericht oder 1. Halbjahresbericht ergibt, dass die angenommenen Verhältnisse nicht vorgelegen haben (BMF aaO, Abschn 18 Abs 3).

49 **b) Zulageunschädliche Verfügungen.** Bei Anlage vermögenswirksamer Leistungen aufgrund von Sparverträgen über Wertpapiere und andere Vermögensbeteiligungen (§ 4 5. VermBG), von Wertpapierkaufverträgen (§ 5 5. VermBG), von Beteiligungsverträgen (§ 6 5. VermBG) oder Beteiligungskaufverträgen (§ 7 5. VermBG) unterbleibt gem § 4 Abs 4 5. VermBG eine Rückforderung, wenn

50 (1) der ArbN oder sein von ihm nicht dauernd getrennt lebender Ehegatte (§ 26 Abs 1 Satz 1 EStG) nach Vertragsschluss gestorben oder völlig erwerbsunfähig geworden ist (GdB mindestens 95; s BMF aaO Abschn 19 Abs 1 Nr 1, Anhang 30 III LStR);

51 (2) der ArbN nach Vertragsschluss, aber vor der vorzeitigen Verfügung geheiratet hat und im Zeitpunkt der vorzeitigen Verfügung mindestens zwei Jahre seit Beginn der Sperrfrist vergangen sind;

(3) der ArbN nach Vertragsschluss arbeitslos geworden ist und die Arbeitslosigkeit mindestens ein Jahr lang ununterbrochen bestanden hat und im Zeitpunkt der vorzeitigen Verfügung noch besteht (s BMF aaO Abschn 19 Abs 1 Nr 2), **52**

(4) der ArbN den Erlös innerhalb der folgenden drei Monate unmittelbar für die eigene **53** Weiterbildung oder für die seines von ihm nicht dauernd getrennt lebenden Ehegatten einsetzt und die Maßnahme außerhalb des Betriebs, dem er oder der Ehegatte angehört, durchgeführt wird und Kenntnisse und Fähigkeiten vermittelt werden, die dem beruflichen Fortkommen dienen und über erwerbsplatzbezogene Anpassungsfortbildungen hinausgehen; für vermögenswirksame Leistungen, die der ArbGeb für den ArbN nach § 2 Abs 1 Nr 1a, b, f–l 5. VermBG angelegt hat und die Rechte am Unternehmen des ArbGeb begründen sowie bei nach § 2 Abs 2 5. VermBG gleichgestellten Anlagen gilt dies nur bei Zustimmung des ArbGeb bzw des herrschenden Unternehmens (§ 18 Abs 1 AktG),

(5) der ArbN nach Vertragsschluss unter Aufgabe der nichtselbstständigen Tätigkeit eine **54** selbstständige Tätigkeit aufgenommen hat oder

(6) festgelegte Wertpapiere veräußert werden und der Erlös bis zum Ablauf des Kalender- **55** monats, der dem Kalendermonat der Veräußerung folgt, zum Erwerb von Wertpapieren aufgrund eines Sparvertrages (§ 4 Abs 1 5. VermBG) wiederverwendet wird. Der nicht wiederverwendete Erlös gilt als rechtzeitig wiederverwendet, wenn er am Ende des Kalendermonats 150 € nicht übersteigt.

Bei Anlagen nach dem WoPG gelten die Nrn (1) bis (3) entsprechend. Zu den weiteren **56** zulageunschädlichen Verfügungen von Anlagen nach dem WoPG s BMF 9.8.04, BStBl I 04, 717 Abschn 19 Abs 2, Anhang 30 III LStR. Für vor 1994 angelegte vermögenswirksame Leistungen bei ab 1994 nicht mehr begünstigten Vermögensbeteiligungen (s oben Rz 25, 35) gelten die Sperrfristen ab 1994 nicht mehr (§ 17 Abs 5 5. VermBG).

c) **Nachweise.** Die Voraussetzungen der Nrn (1) bis (6) sind dem FA bzw Kreditinstitut, **57** der Kapitalanlagegesellschaft oder dem Versicherungsunternehmen in bestimmter Form nachzuweisen, im Fall der Heirat durch Vorlage der **Heiratsurkunde** oder eines Auszugs aus dem Familienbuch, im Fall des Todes durch Vorlage der **Sterbeurkunde** oder des Erbscheins. Zum Nachweis in den übrigen Fällen s BMF aaO Abschn 20, Anhang 30 III LStR.

7. **Anzeigepflichten** (§ 8 VermBDV). a) **Allgemeines.** Der ArbGeb, das Unternehmen, **58** die Kapitalanlagegesellschaft oder das Kreditinstitut, bei dem die vermögenswirksamen Leistungen angelegt sind, haben der Zentralstelle der Länder gegenüber mittels eines amtlich vorgeschriebenen Vordrucks oder Datensatzes verschiedene Anzeigepflichten zu erfüllen (s auch BMF aaO Abschn 21 Abs 1; Vordruckmuster **ab 2012** s BMF 16.8.11 – IV C 5 – S 2439/10/10002, BStBl I 11, 801). Das Kreditinstitut, die Kapitalanlagegesellschaft oder das Versicherungsunternehmen hat dabei in den unten genannten Fällen (Rz 58, 59) zu kennzeichnen, ob eine unschädliche, vollständig oder teilweise schädliche vorzeitige Verfügung vorliegt (§ 8 Abs 2 VermBDV). Die Zentralstelle sperrt in diesen Fällen die Auszahlung und informiert das zuständige FA (§ 8 Abs 4 VermBDV). Um dem jeweils Verpflichteten die Erfüllung seiner Anzeigepflichten zu ermöglichen, bestehen nach § 2 VermBDV verschiedene Mitteilungspflichten des ArbGeb, des Kreditinstituts oder des Unternehmens. Insbesondere hat der ArbGeb dem Kreditinstitut mitzuteilen, wann über von ihm verwahrte Wertpapiere oder an seinem Unternehmen bestehende nichtverbriefte Vermögensbeteiligungen vor Ablauf der Sperrfrist verfügt worden ist (§ 2 Abs 3 Satz 2 VermBDV). Das Ende der Sperrfrist hat er dem vom ArbN benannten Kreditinstitut mitzuteilen, wenn bei ihm vermögenswirksame Leistungen aufgrund eines Wertpapierkaufvertrags angelegt worden sind (§ 2 Abs 4 Satz 1 VermBDV). Zu den Mitteilungspflichten des Kreditinstituts oder Unternehmens s § 2 Abs 2, Abs 3 Satz 1, Abs 4 Satz 2 VermBDV. Zur Haftung s unten Rz 64. Anzuzeigen haben:

b) Das **Kreditinstitut,** die **Kapitalanlagegesellschaft** oder das **Versicherungsunter-** **59** **nehmen,** bei einer Anlage nach § 2 Abs 1 Nr 1 iVm § 4 5. VermBG oder § 2 Abs 1 Nr 4 5. VermBG , wenn vor Ablauf der jeweiligen Sperrfrist (s oben Rz 40–47 und Rz 9)
– vermögenswirksame Leistungen zurückgezahlt werden,
– über Ansprüche aus einem der genannten Verträge durch Rückzahlung, Abtretung, Beleihung oder in anderer Weise verfügt wird,

436 Vermögenswirksame Leistungen

– die Festlegung erworbener Wertpapiere aufgehoben oder über solche Wertpapiere verfügt wird,
– der Bausparvertrag zugeteilt oder die Bausparsumme ausgezahlt wird oder
– die Versicherungssumme ausgezahlt oder der Versicherungsvertrag in einen Vertrag umgewandelt wird, der die Voraussetzungen des Kapitalversicherungsvertrages gem § 9 5. VermBG nicht erfüllt (§ 8 Abs 1 Nr 1 VermBDV).

60 c) Das **Kreditinstitut oder** die **Kapitalanlagegesellschaft,** bei einer Anlage nach § 4 5. VermBG, wenn Spitzenbeträge iSd § 4 Abs 3 oder Abs 4 Nr 6 5. VermBG von mehr als 150 € nicht rechtzeitig verwendet oder wiederverwendet worden sind (§ 8 Abs 1 Nr 2 5. VermBDV) bzw dem ArbGeb oder dem Unternehmen in den Fällen des § 2 Abs 3 Nr 1 und 2 VermBDV mitgeteilt worden ist, dass über verbriefte oder nichtverbriefte Vermögensbeteiligungen vor Ablauf der Sperrfrist verfügt worden ist (§ 8 Abs 1 Nr 3 VermBDV).

61 d) Das **Beteiligungsunternehmen oder** der **Arbeitgeber,** bei dem eine nichtverbriefte Vermögensbeteiligung nach § 2 Abs 1 Nr 1g–l 5. VermBG aufgrund Vertrags nach §§ 6 und 7 5. VermBG mit vermögenswirksamen Leistungen begründet oder erworben worden ist, wenn vor Ablauf der Sperrfrist über die Vermögensbeteiligung verfügt wird oder der ArbN die Vermögensbeteiligung nicht bis zum Ablauf des Kj erhalten hat, das auf das Kj der vermögenswirksamen Leistungen folgt (§ 8 Abs 1 Nr 4 VermBDV).

62 e) Der **Arbeitgeber,** der **Wertpapiere,** die aufgrund eines Wertpapierkaufvertrages (§ 5 5. VermBG) mit vermögenswirksamen Leistungen erworben wurden, **verwahrt** oder von einem Dritten verwahren lässt (§ 4 Abs 3 Satz 1 Nr 1 oder 2 VermBDV), wenn vor Ablauf der Sperrfrist (s oben Rz 41) die Festlegung aufgehoben oder über die Wertpapiere verfügt wird oder der ArbN die Verwahrungsbescheinigung (bei Verwahrung durch ein Kreditinstitut oder eine Kapitalanlagegesellschaft, § 4 Abs 3 Satz 1 Nr 3 VermBDV) dem ArbGeb nicht innerhalb von drei Monaten vorlegt (§ 8 Abs 1 Nr 5 VermBDV). Ferner der ArbGeb, bei dem vermögenswirksame Leistungen aufgrund eines Wertpapierkaufvertrages (§ 5 5. VermBG) angelegt werden, wenn der ArbN mit den vermögenswirksamen Leistungen eines Kj nicht bis zum Ablauf des folgenden Kj die Wertpapiere erworben hat oder ihm vom Kreditinstitut oder der Kapitalanlagegesellschaft mitgeteilt worden ist, dass über die Wertpapiere vor Ablauf der Sperrfrist vorzeitig verfügt worden ist (§ 8 Abs 1 Nr 6 VermBDV).

63 **8. Rückforderung.** Das Wohnsitz- bzw ausnahmsweise das BetriebsstättenFA haben zu Unrecht ausgezahlte ArbNSparzulagen aufgrund einer Anzeige des Unternehmens, des Kreditinstituts oder des ArbGeb (s Rz 60–63) oder aufgrund einer Außenprüfung (s Rz 64) zurückzufordern. Eine Änderung des Bescheides über die Festsetzung der ArbNSparzulage (s Rz 39 f) ist allerdings nur erforderlich, wenn die Zulage noch nicht ausgezahlt ist. Ist die ArbNSparzulage bereits ausgezahlt, geschieht dies durch besonderen Bescheid (§ 9 VermBDV; BMF 9.8.04, BStBl I 04, 717 idF des BMF 16.3.09, BStBl I 09, 501 Abschn 22, Anhang 30 III LStR; s auch *HMW*/Vermögensbildung der Arbeitnehmer Rz 132). Es bedarf dann keiner Aufhebung oder Änderung des ursprünglichen Festsetzungsbescheids. Das gilt auch, wenn die ArbNSparzulage aufgrund einer Änderung der Besteuerungsgrundlagen (zB Änderung des EStBescheids), die zur Über- oder Unterschreitung der Einkommensgrenze des § 13 5. VermBG führt, zurückzufordern ist. Die für Steuerbescheide geltenden Vorschriften finden entsprechende Anwendung (§ 14 Abs 2 5. VermBG). Gleiches gilt für die Verjährung sowie die Straf- und Bußgeldvorschriften (§ 14 Abs 3 5. VermBG).

64 Im Rahmen einer **Außenprüfung** kann bei dem Unternehmen oder Kreditinstitut, bei dem die vermögenswirksamen Leistungen angelegt worden sind, die Einhaltung sämtlicher Pflichten nach dem 5. VermBG und der VermBDV, zB die Erfüllung der Anzeigepflichten überprüft werden (§ 15 Abs 5 5. VermBG; s BMF aaO Abschn 23). Der ArbGeb, das Unternehmen oder das Kreditinstitut **haften** für die ArbNSparzulage, die zu Unrecht gezahlt worden ist und nicht zurückgefordert oder einbehalten werden kann, weil sie ihre Pflichten nach dem 5. VermBG oder der VermBDV verletzt haben (§ 15 Abs 3 5. VermBG). Das BetriebsstättenFA hat den vorstehend Genannten auf deren Anfrage **Auskunft** darüber zu erteilen, wie im einzelnen Fall die Vorschriften über vermögenswirksame Leistungen anzuwenden sind (§ 15 Abs 4 5. VermBG). Verfahren sie entsprechend, so entfällt eine Haftung (s auch *Anrufungsauskunft* Rz 5 ff). Bei **Streitigkeiten** über die aufgrund des 5. VermBG ergehenden Verwaltungsakte der FinBeh ist der Einspruch beim FA (§ 348 AO) und anschließend die Klage zu den FG gegeben (§ 14 Abs 8 5. VermBG).

C. Sozialversicherungsrecht
Schlegel

1. Beitragsrecht. a) Vermögenswirksame Leistung. Nach der ausdrücklichen Regelung in § 2 Abs 6 des 5. VermBG idF vom 19.1.89 (BGBl I 89, 137) sind vermögenswirksame Leistungen nicht nur stpfl Einnahmen iSd EStG, sondern auch Einkommen, Verdienst oder Entgelt (Arbeitsentgelt) iSd § 14 SGB IV (vgl BSG 18.2.81 – 1 RA 113/79, SozR 2200 § 1262 Nr 19, S 51 mwN; 9.2.93 – 12 RK 26/90; SozR 3–2200 § 165 Nr 9). 66

Unerheblich ist, dass die vermögenswirksame Leistung zunächst fest angelegt werden muss und nicht sogleich für den Lebensunterhalt des ArbN zur Verfügung steht (BSG 18.2.81 – 1 RA 113/79, SozR 2200 § 1262 Nr 19, 53). 67

b) Arbeitnehmersparzulagen sind demgegenüber kraft der ausdrücklichen Regelung in § 13 Abs 3 des 5. VermBG weder Einkommen iSd EStG noch Entgelt (Arbeitsentgelt) iSd SozV. 68

2. Leistungsrecht. a) Lohnersatzleistungen. Bei der Berechnung von Lohnersatzleistungen sind vermögenswirksame Leistungen in das für die Ermittlung des Regellohns bzw der Bemessungsgrundlage maßgebliche Arbeitsentgelt/Bemessungsentgelt einzubeziehen (so zB für das Verletztengeld BSG 23.11.71 – 7/2 RU 225/68, BSGE 33, 205 25.6.85 – 9a RV 29/84, SozR 3100 § 20 Nr 4, 13). 69

b) Verzicht. Der Verzicht auf die vermögenswirksame Leistung ist bei der Feststellung der Höhe des Arbeitsentgelts bzw der Bruttobezüge als rechtswirksam anzusehen. Der ArbN oder Auszubildende kann dadurch uU vermeiden, bestimmte Verdienstgrenzen zu überschreiten, bei denen Sozialleistungen nicht mehr gewährt werden. So wurde es etwa als zulässig angesehen, dass ein Auszubildender auf die vermögenswirksame Leistung verzichtete, damit seine Bruttobezüge unterhalb der maßgeblichen Verdienstgrenze lagen. Wäre dieser Betrag überschritten worden, hätte kein Anspruch mehr auf Halbwaisenrente bestanden. Das BSG sieht darin keinen unzulässigen Vertrag zulasten des Sozialleistungsträgers (BSG 27.11.86 – 5a RKn 26/85, SozR 2200 § 1267 Nr 33; zu den Grenzen der Zulässigkeit eines derartigen Erlassvertrages vgl BSG 27.11.86 – 5a RKnU 6/85, SozR 2200 § 583 Nr 5). 70

Verpflegungsmehraufwendungen

A. Arbeitsrecht
Griese

Verpflegungsmehraufwendungen, auch solche, die zusätzlich durch besondere Umstände der Arbeit in Bezug auf Zeit, Ort und Art und Weise der Arbeitsleistung anfallen, gehören grds zum **persönlichen Lebensbedarf** des ArbN, der von der Vergütung zu bestreiten ist. Ein gesetzlicher Anspruch des ArbN gegen den ArbGeb auf Kostenerstattung kann sich ausnahmsweise aus § 670 BGB unter dem Gesichtspunkt des Aufwendungsersatzes (s *Aufwendungsersatz* Rz 1 ff) ergeben. 1

Voraussetzung ist, dass die Aufwendungen im **betrieblichen Interesse** liegen und der ArbN sie für erforderlich halten durfte. Dies ist etwa der Fall bei Verpflegungsmehraufwendungen aus Anlass einer **Dienstreise** oder wenn der ArbN im betrieblichen Interesse Kunden bewirtet und hierfür Aufwendungen tätigt (Näheres s *Bewirtungsaufwendungen* Rz 1 ff). 2

Der ArbGeb kann sich durch Betriebsvereinbarung oder Arbeitsvertrag zur Erstattung der Verpflegungsmehraufwendungen verpflichten. Ebenso kann ein solcher Anspruch aus betrieblicher Übung entstehen (s *Betriebliche Übung* Rz 8). Davon kann sich der ArbGeb im Fall der Betriebsvereinbarung nur durch Kündigung der Betriebsvereinbarung, ansonsten nur durch *Änderungskündigung*, befreien. Die Vereinbarung eines Widerrufsrechts ist bei Anknüpfung an triftige Gründe einfacher möglich als bei unmittelbaren Entgeltbestandteilen (BAG 12.1.05 – 5 AZR 364/04, NZA 05, 465 zu Fahrtkostenzuschüssen). 3

Schließlich können Tarifverträge die Erstattungspflicht für Verpflegungsmehraufwendungen vorsehen. Beispiel hierfür ist § 7 Nr 3.2 des für allgemeinverbindlich erklärten Bundesrahmentarifvertrages für das Baugewerbe, der bestimmt, dass dem ArbN bei einer Arbeit auf 4

437 Verpflegungsmehraufwendungen

einer Bau- oder Arbeitsstelle außerhalb des Betriebs und bei einer ausschließlich berufsbedingten Abwesenheit von mehr als zehn Stunden von der Wohnung ein Verpflegungszuschuss arbeitstäglich zu zahlen ist, sofern kein weitergehender Auslösungsanspruch besteht (vgl BAG 10.3.93 – 4 AZR 205/92, NZA 93, 754). Bei der Deutschen Bahn AG steht nach dem Zulagentarifvertrag nur dem Streckenlokomotivführer, nicht dem Lokrangierführer die Pauschale für den Verpflegungs-Mehraufwand zu (BAG 29.9.04 – 10 AZR 89/04, NZA 04, 72 LS).

Ist tarifvertraglich eine **Verpflegungspauschale** für Einsatzwechseltätigkeit vorgesehen, kommt es nicht auf die Zahl oder Dauer der einzelnen Einsätze an (BAG 30.1.02 – 10 AZR 441/01); Voraussetzung hierfür ist, dass der konkrete Einsatzort tatsächlich ständig wechselt, was bei einer Tätigkeit an verschiedenen Stellen innerhalb eines Forstreviers nicht der Fall ist (BAG 20.3.12 – 9 AZR 518/10).

Soweit sich Verpflegungsmehraufwendungen im Rahmen des Üblichen halten, sind sie gem § 850a Nr 3 ZPO **unpfändbar**.

B. Lohnsteuerrecht *Thomas*

5 **1. Kosten der Lebensführung. a) Grundsatz.** Die Verpflegung als Aufwendungen für die Lebensführung (§ 12 Nr 1 EStG) führt grds nicht zu Werbungskosten. Umgekehrt bewirkt die Übernahme derartiger Aufwendungen durch den ArbGeb grds Arbeitslohn. Abweichendes gilt aber, wenn die Kostentragung durch den ArbGeb nicht als Entlohnung, sondern aus betriebsfunktionalen Gründen erfolgt. Das ist anzunehmen, wenn sie notwendige Begleiterscheinung der Arbeitserbringung ist, wie das bei Testessen, bei der Betreuung von Kunden, bei Arbeitsessen oder in ähnlichen Situationen der Fall sein kann. Ob eine Bewirtung noch als notwendige Begleiterscheinung der Arbeit angesehen werden kann, wenn sie nicht zwischen, sondern nach außerordentlichen Arbeitseinsätzen erfolgt (so FG Hbg 24.7.02 – VI 226/99, DStRE 02, 1497), erscheint fraglich. Ebenfalls zweifelhaft ist, ob die unentgeltliche Verpflegung auf einem Kreuzfahrtschiff notwendige Begleiterscheinung der Arbeit ist (so wohl BFH 21.1.10 – VI R 51/08, BStBl II 10, 700).

6 **b) Aufteilung.** Führt die Schwere der Arbeit zu einem erhöhten Kalorienbedarf (mehr, gehaltvollere, andere Verpflegung), so handelt es sich um Aufwendungen für die Lebensführung (§ 12 Nr 1 EStG), bei denen auch der beruflich veranlasste Mehraufwand nicht als Werbungskosten berücksichtigt werden kann (Gießereiarbeiter: BFH 17.7.59, BStBl III 59, 412; Berufssportler: FG Münster 13.10.87, NWB 88 F 1, 82; Pilot: FG Hess 23.9.88, EFG 88, 172). Hieran hat sich durch die Aufgabe des Aufteilungsverbots (BFH 21.9.09 – GrS 1/06, DStR 10, 101) nichts geändert (vgl *Pezzer* DStR 10, 93; *Schwenke* FR 11, 1051). Diätaufwendungen sind auch nicht als außergewöhnliche Belastung zu berücksichtigen (§ 33 Abs 2 Satz 3 EStG). Abgrenzbare Folgekosten einer Berufskrankheit können aber Werbungskosten sein (s *Berufskrankheit* Rz 5 ff).

7 **c) Einzelnachweis.** Dieser wird durch § 9 Abs 4a Satz 1 EStG ausdrücklich ausgeschlossen. Deswegen können Aufwendungen für die Verpflegung nicht neben den Verpflegungspauschalen berücksichtigt werden (BFH 17.2.09 – VIII R 21/08, DStRE 09, 771 zum Personalkostenaufwand für die Kantine einer Lotsenbrüderschaft). Dies verstößt nicht gegen das Leistungsfähigkeitsprinzip (aA *Strohner/Mainzer* FR 95, 679); vielmehr werden gleichheitswidrige Vorteile und Missbräuche vermieden.

8 **2. Verpflegungspauschalen.** Nach § 9 Abs 4a Satz 2 EStG werden bei auswärtiger beruflicher Tätigkeit sowie bei doppelter Haushaltsführung gleich hohe Pauschbeträge berücksichtigt. Nach Umstellung von einer drei- auf eine zweistufige Staffelung werden ab 2014 bereits bei mehr als 8 Stunden Abwesenheit 12 € und bei mindestens 24 Stunden Abwesenheit wie bisher 24 € gewährt. Da die Unterscheidung zwischen Dienstreise, Fahr- und Einsatzwechseltätigkeit entfallen ist, kommt es nur noch auf die Abwesenheit von der Wohnung und der ersten Tätigkeitsstätte an. Soweit der ArbGeb Verpflegungspauschalen bei Auswärtstätigkeit – nicht aber bei doppelter Haushaltsführung – steuerfrei gewähren kann, kann er zusätzlich einen gleichhohen Betrag mit einem Pauschsteuersatz von 25 vH abgeltend zuwenden (§ 40 Abs 2 Nr 4 EStG).

C. Sozialversicherungsrecht
Schlegel

Kostenersatz für Verpflegungsmehraufwendungen, die zusätzlich zum Arbeitsentgelt gezahlt werden, sind dem Arbeitsentgelt zuzurechnen. Mangels einer Vorschrift, die den Kostenersatz insoweit steuerfrei stellt (vgl oben Rz 5 ff), findet § 1 SvEV keine Anwendung. 9

Pauschalversteuerte Zuwendungen – § 1 Abs 1 Satz 1 Nr 2–4 SvEV. Es gibt keine Vorschrift und keinen allg Rechtsgrundsatz des Inhalts, dass sämtliche pauschalversteuerten Zuwendungen des ArbGeb an den ArbN nicht dem Arbeitsentgelt zuzurechnen sind. § 2 Abs 1 Satz 1 Nr 2–4 SvEV ordnet dies nur für einzelne Fälle der Pauschalbesteuerung an: Soweit der ArbGeb für sonstige Bezüge iSv § 40 Abs 1 Satz 1 Nr 1 EStG, Einnahmen nach § 40 Abs 2 EStG oder Beiträge und Zuwendungen nach § 40b EStG die LSt mit einem Pauschsteuersatz erheben kann (rechtliches Können) und er die LSt nach den §§ 39b, 39c oder 39d EStG erhebt (tatsächliches Verhalten), sind die dem ArbN dadurch entstehenden geldwerten Vorteile nicht dem Arbeitsentgelt zuzurechnen. 10

Soweit der ArbGeb für Einnahmen nach § 40 Abs 2 EStG die LSt mit dem Pauschsteuersatz erheben kann und er die LSt nach den §§ 39b, 39c oder 39d EStG erhebt, sind die dem ArbN dadurch entstehenden geldwerten Vorteile nicht dem Arbeitsentgelt zuzurechnen. Die **Pauschalierungsmöglichkeit** und damit die negative Fiktion des § 1 Abs 1 Satz 1 SvEV („kein Arbeitsentgelt") gilt auch bei **Vergütungen für Verpflegungsmehraufwendungen** bei Dienstreisen, Einsatzwechseltätigkeit und Fahrtätigkeit (§ 40 Abs 2 Satz 1 Nr 4 EStG; vgl dazu *Einsatzwechseltätigkeit*). In diesen Fällen ist die LStPauschalierung bis zum Doppelten der in § 4 Abs 5 Satz 1 Sätze 2 bis 4 EStG angesetzten Werte zulässig (vgl *Dienstreise* Rz 49 ff; *Einsatzwechseltätigkeit* Rz 25 ff; *Fahrtätigkeit* Rz 14). Bei durchgeführter Pauschalbesteuerung liegt insoweit auch kein Arbeitslohn vor. Zahlt der ArbGeb höhere Beträge, unterliegen diese insoweit den Bestimmungen über das Arbeitsentgelt und damit regelmäßig auch der Beitragspflicht. 11

Verschwiegenheitspflicht

A. Arbeitsrecht
Kania

1. Rechtsgrundlagen. Eine Pflicht des ArbN, über Betriebsinterna zu schweigen, kann sich aus dem Arbeitsvertrag als arbeitsvertragliche Nebenpflicht, aus §§ 17, 18 UWG und §§ 823 Abs 1 und 2, 826 BGB ergeben. Während der Schutz der §§ 17, 18 UWG auf Betriebs- und Geschäftsgeheimnisse begrenzt ist und das volkswirtschaftliche öffentliche Interesse schützt, erfasst die arbeitsvertragliche Verschwiegenheitspflicht auch darüber hinausgehende schützenswerte (subjektive) ArbGebInteressen und hat insoweit eine breitere Wirkung (MünchArbR/*Reichold* § 48 Rz 37). Weitere spezialgesetzliche Regelungen, deren Adressaten ArbN sein können, finden sich zB in § 13 Satz 2 Nr 6 BBiG, § 24 Abs 2 ArbNErfG, § 5 Satz 2 BDSG, § 79 Abs 1 BetrVG. Der Geheimnisschutz kann ferner durch TV geregelt sein (zB § 3 Abs 1 TVöD). 1

2. Gegenstand der Verschwiegenheitspflicht. a) Ohne besondere Vereinbarung. Aufgrund seiner dem Arbeitsvertrag immanenten Schutz- und Rücksichtnahmepflicht ist der ArbN gehalten, auf die geschäftlichen Interessen des ArbGeb Rücksicht zu nehmen und auch ohne ausdrückliche Vereinbarung über Betriebsinterna Stillschweigen zu bewahren (MünchArbR/*Reichold* § 48 Rz 32). Diese vertragliche Geheimhaltungspflicht wird ergänzt durch die gesetzliche Pflicht zur Wahrung von **Geschäfts- und Betriebsgeheimnissen** gem § 17 UWG. Das sind nach hM alle Tatsachen, die im Zusammenhang mit einem Geschäftsbetrieb stehen, die nur einem eng begrenzten Personenkreis bekannt und nicht offenkundig sind und nach dem ausdrücklich oder konkludent bekundeten Willen des ArbGeb aufgrund eines berechtigten wirtschaftlichen Interesses geheim gehalten werden sollen (BAG 16.3.82 – 3 AZR 83/79, DB 82, 2247; *Preis* Der Arbeitsvertrag II V 20 Rz 18). Diese Voraussetzungen müssen kumulativ vorliegen und gegenwärtig fortbestehen. 2

Die Differenzierung nach Betriebsgeheimnissen als Tatsachen technisch-personeller Art und Geschäftsgeheimnissen als Tatsachen kaufmännischer Natur ist rechtlich ohne Bedeutung. Auf einen bestimmten Vermögenswert kommt es nicht an. Unternehmensgeheimnisse 3 in diesem Sinne sind zB Tatsachen aus dem technischen Bereich (Produktionseinrichtungen und -verfahren, technisches Know-how – auch wenn es nicht patentfähig ist, Computersoftware), dem Absatzbereich (Preis- und Kundenlisten), dem Lieferantenbereich (Warenbezugsquellen, Kreditwürdigkeit), dem Rechnungswesen (Bilanzen, Kalkulationen) und aus dem Personalbereich. Das können auch Fakten sein, die den ArbN persönlich betreffen (zB Gehalt, vertragliche Abreden, ArbNErfindungen, wenn sie im Rahmen des Arbeitsverhältnisses gemacht wurden; vgl MünchArbR/*Reichold* § 48 Rz 34 mwN).

4   Die Geheimnisse dürfen nur **einem eng begrenzten Personenkreis bekannt** und **nicht offenkundig** sein. Offenkundigkeit ist nicht erst dann gegeben, wenn die Tatsache der Öffentlichkeit bekannt ist, sondern bereits dann, wenn sie ohne größere Schwierigkeiten von jedermann in Erfahrung gebracht werden kann (BAG 16.3.82 – 3 AZR 83/79, DB 82, 2247). Zur Offenkundigkeit führt zB die Veröffentlichung in einer Fachzeitschrift, dem Internet oder der Umstand, dass das Unternehmensgeheimnis dem Stand der Technik entspricht (vgl § 3 Abs 1 und 2 PatG). Eine Tatsache ist aber schon dann nicht mehr offenkundig, wenn sie nur ein Fachmann mit Anstrengungen mittleren Schwierigkeitsgrades ermitteln kann und die sinnvolle Verwendung zahlreicher Details der Tatsache nicht ohne besondere Kenntnisse und erst nach entsprechenden Denkprozessen möglich ist (BAG 16.3.82 – 3 AZR 83/79, DB 82, 2247). Allgemein bekannte und übliche Verfahren oder Tatsachen können auch nicht vom ArbGeb zum Unternehmensgeheimnis erhoben werden. Unter Umständen können allerdings vom ArbGeb als vertraulich bezeichnete Angaben Schutz genießen, wenn der ArbGeb an deren Geheimhaltung ein berechtigtes wirtschaftliches Interesse besitzt (*Preis*, Der Arbeitsvertrag II V 20 Rz 29; s unten Rz 5). Weitergehende Verschwiegenheitspflichten können vertraglich vereinbart werden (s Rz 7).

5   Der ArbGeb muss ein **berechtigtes wirtschaftliches Interesse** an der Geheimhaltung haben. Dieses Kriterium dient der Interessenabwägung nach dem Verhältnismäßigkeitsprinzip und kann, zur Vermeidung von Willkür und mit Blick auf den strafrechtlichen Charakter der §§ 17 ff UWG, nur objektiv beurteilt werden. Maßgeblich sind spürbare Auswirkungen auf die Wettbewerbsfähigkeit des Unternehmens (MünchArbR/*Reichold* § 48 Rz 36). Nicht einheitlich beantwortet wird die Frage, ob der ArbGeb ein berechtigtes Interesse an der Wahrung von auf rechts- oder sittenwidrigem Verhalten beruhenden Geheimnissen haben kann. Grds ist das ArbGebInteresse an der Geheimhaltung von illegal (zB durch Verstöße gegen das Wettbewerbsrecht, das Steuer- und Sozialversicherungsrecht oder gegen Arbeitsschutz- und Umweltschutzregeln) erworbenen Geheimnissen mit rechtsstaatlichen Grundsätzen unvereinbar und daher nicht schutzwürdig. Bei einem von Amts wegen eingeleiteten Ermittlungsverfahren führt die den ArbGeb wahrheitsgemäß schwer belastende Zeugenaussage des ArbN nicht zu einem Kündigungsgrund; wissentlich oder leichtfertig gemachte falsche Angaben dagegen schon (BVerfG 2.7.01 – 1 BvR 2049/00, NZA 01, 888; *Preis*, Der Arbeitsvertrag II V 20 Rz 22 ff). Zu einem möglichen Anzeigerecht des ArbN s *Whistleblowing* Rz 1 ff.

6   **b) Vertrauliche Angaben.** Auch Tatsachen oder bestimmte Informationen, die mangels Betriebsbezogenheit oder wirtschaftlichen Interesses keine Unternehmensgeheimnisse darstellen, sich aber auf **persönliche Umstände oder Verhaltensweisen des ArbGeb** beziehen oder von diesem **ausdrücklich als vertraulich bezeichnet** werden, können ein schutzwürdiges Geheimnis darstellen (*Preis*, Der Arbeitsvertrag II V 20 Rz 29). Der Umfang der vertraglichen Verschwiegenheitspflicht reicht weiter als der aus § 17 UWG. Die Vertraulichkeit kann sich durch ausdrücklichen Hinweis oder aus der Natur der Sache ergeben. Der ArbN hat grds über Angelegenheiten Stillschweigen zu bewahren, die ihm im Zusammenhang mit seiner Stellung im Betrieb bekannt geworden sind, insbes über Tatsachen, die sich auf die Person des ArbGeb, Kollegen oder auch Drittunternehmen beziehen und an deren Geheimhaltung der ArbGeb ein berechtigtes Interesse hat. Der Verschwiegenheitspflicht unterliegen etwa Angaben über die Vermögensverhältnisse des ArbGeb, die diesen in seiner Kreditwürdigkeit beeinträchtigen oder sonst in seinem Ruf schädigen können.

7   **c) Vertragliche Erweiterung der Schweigepflicht.** Eine einzelvertragliche Erweiterung der Schweigepflicht ist nur innerhalb der allgemeinen Grenzen der §§ 134, 138, 242, 305 BGB möglich. Sog **All-Klauseln**, durch die sich der ArbN zur Geheimhaltung aller ihm bekannt gewordener geschäftlicher bzw betrieblicher Tatsachen verpflichtet, binden den ArbN unverhältnismäßig und gehen über das anzuerkennende berechtigte ArbGebInteresse

hinaus; sie sind daher gem § 138 Abs 1 BGB nichtig (LAG Hamm 5.10.88 – 15 Sa 1403/88, DB 89, 783). Als Formularklausel stellt eine solche pauschale Abrede eine unangemessene Benachteiligung dar und genügt zudem nicht dem Bestimmtheitsgebot des § 307 Abs 1 Satz 2 BGB. Die allgemeine Verschwiegenheitspflicht (vgl Rz 2) bleibt hiervon unberührt.

Für Verschwiegenheitsklauseln bzgl des Inhalts des Arbeitsvertrages, insbes über **Lohn-** **8** **und Gehaltsdaten,** wird ein berechtigtes Geheimhaltungsinteresse des ArbGeb grds dann anerkannt, wenn durch eine Veröffentlichung der Daten seine Wettbewerbsfähigkeit betroffen ist (BAG 26.2.87 – 6 ABR 46/84, NZA 88, 63) oder die Offenbarung des Gehaltes gegenüber den Arbeitskollegen den Betriebsfrieden stört (LAG Düsseldorf 9.7.75 – 6 Sa 185/75, DB 76, 1112); etwas anderes gilt, wenn der ArbN zur Offenbarung seines Einkommens gegenüber Behörden verpflichtet bzw zur Erlangung sozialer Leistungen angewiesen ist oder die Angaben für eine anderweitige Stellensuche erforderlich sind *(Preis,* Der Arbeitsvertrag II V 20 Rz 35).

3. Zeitlicher Geltungsbereich. a) Dauer des Arbeitsverhältnisses. Die Verschwie- **9** genheitspflicht beginnt grds mit Abschluss des Arbeitsvertrages und bindet den ArbN während der gesamten Dauer des Arbeitsverhältnisses. Eine Schweigepflicht im Stadium der Vertragsanbahnung besteht, soweit ein besonderes Vertrauensverhältnis nach Maßgabe des § 311 Abs 2 BGB begründet wurde. Die arbeitsvertragliche Verschwiegenheitspflicht besteht generell bis zur rechtlichen Beendigung des Arbeitsverhältnisses, also auch dann, wenn der ArbN vorher freigestellt wird (MünchArbR/*Reichold* § 48 Rz 43).

b) Nachvertragliche Verschwiegenheitspflicht. aa) Nachwirkende arbeitsvertrag- **10** **liche Treuepflichten.** Umstritten ist, ob und in welchem Umfang eine Verschwiegenheitspflicht auch nach der Beendigung des Arbeitsverhältnisses besteht. Das BAG hält bislang daran fest, dass der aus einem Beschäftigungsverhältnis ausgeschiedene ArbN **grundsätzlich auch weiterhin zur Verschwiegenheit** über Betriebs- und Geschäftsgeheimnisse seines ArbGeb verpflichtet ist (BAG 15.12.87 – 3 AZR 474/86, NZA 88, 502; BAG 16.3.82 – 3 AZR 83/79, BB 82, 1792). Die erlangten Kenntnisse darf er nicht unbefugt für sich verwerten, veräußern oder Dritten mitteilen. Daraus folgt jedoch kein weitergehendes Verbot, mit seinem ehemaligen ArbGeb in Wettbewerb zu treten. Zwar muss ein ArbN auch über das Vertragsende hinaus Verschwiegenheit über **Kundenlisten** bewahren, das beinhaltet allerdings noch nicht die Pflicht, die Kunden des ArbGeb nicht zu umwerben. Soll dies verhindert werden, bedarf es einer gesonderten Wettbewerbsabrede nach den Regeln der §§ 74 ff HGB (BAG 15.12.87 – 3 AZR 474/86, NZA 88, 502; s dazu *Wettbewerbsverbot* Rz 1 ff). **Dagegen** verneint der **BGH** grds eine nachvertragliche Wirkung der Schweigepflicht: Der aus einem Beschäftigungsverhältnis ausgeschiedene ArbN sei generell in der Weitergabe und Verwertung der dort redlich erlangten Betriebsgeheimnisse frei. Die vertragliche Verschwiegenheitspflicht ende mit der rechtlichen Beendigung des Arbeitsverhältnisses und könne nicht zur Rechtsgrundlage für weitergehende Schweigepflichten gemacht werden (BGH 3.5.01 – I ZR 153/99, WM 01, 1824). Richtigerweise ist hier mit dem Schrifttum und der jüngeren BAG-Rspr **zu differenzieren:** Danach darf der ArbN geheimzuhaltende Tatsachen zwar nicht durch **Weitergabe an Dritte** verwerten, das im Arbeitsverhältnis **erworbene Erfahrungswissen** dagegen darf er zu eigenem Nutzen, also für die eigene berufliche Tätigkeit, verwenden, soweit kein nachvertragliches Wettbewerbsverbot vereinbart ist (BAG 19.5.98 – 9 AZR 394/97, BB 99, 212; BAG 15.6.93 – 9 AZR 558/91, NZA 94, 502; *Schaub* § 55 Rz 57; MünchArbR/*Reichold* § 48 Rz 44). Die nachvertragliche Schweigepflicht wird nämlich durch die grundgesetzlich gewährleistete Berufsausübungsfreiheit des ArbN (Art 12 GG) beschränkt und findet da ihre Grenzen, wo sie einem nachvertraglichen Wettbewerbsverbot gleichkommt.

bb) Geheimhaltungsabreden. Ebenso ist bei vertraglichen Abreden zu differenzieren, **11** die den ArbN verpflichten, nach seinem Ausscheiden Betriebsgeheimnisse weder selbst zu nutzen noch weiterzugeben: Nur **einzelne, konkret bezeichnete Geschäftsgeheimnisse** dürfen vertraglich einer weitergehenden Verschwiegenheitspflicht unterstellt werden (BAG 19.5.98 – 9 AZR 394/97, BB 99, 212; *Schaub* § 55 Rz 57). Nach der „Thrombosol-Entscheidung" des BAG scheitert das berufliche Fortkommen eines ausgeschiedenen ArbN regelmäßig nicht daran, dass es ihm verwehrt ist, seinen künftigen beruflichen Erfolg gerade auf die Preisgabe oder Verwertung bestimmter Betriebsgeheimnisse zu gründen. Auch die

438 Verschwiegenheitspflicht

Tatsache, dass keine Entschädigung für das nachvertragliche Schweigen vereinbart wird, stellt noch keine Umgehung der für nachvertragliche Wettbewerbsverbote geltenden Vorschriften der §§ 74 ff HGB dar (BAG 16.3.82 – 3 AZR 83/79, BB 82, 1792). Dagegen bewertet das BAG die Vertragsabrede eines im Weinhandel tätigen Außendienstmitarbeiters, **Kundennamen** auch nach Vertragsende in keiner Weise zu verwenden, als **Wettbewerbsverbot iSd § 74 Abs 1 Satz 1 HGB:** Bezieht sich die Wettbewerbsabrede zeitlich unbeschränkt und im gesamten Bundesgebiet auf einen nicht nur unerheblichen Personenkreis, wird der ArbN in seiner künftigen Berufsausübung in wirtschaftlich nicht nur unbedeutender Weise eingeschränkt (BAG 15.12.87 – 3 AZR 474/86, NZA 88, 502). Bei einem Außendienstmitarbeiter macht die Kenntnis der Kundennamen und -adressen nahezu das gesamte Berufskapital aus, so dass eine derartige Kundenschutzklausel praktisch einer Pflicht zur Unterlassung jeglichen Wettbewerbs gleichkommt. Daraus folgt, je weitgehender Geheimhaltungsabreden das gesamte Tätigkeitsfeld eines ArbN erfassen, umso eher ist von einem Wettbewerbsverbot iSd §§ 74 ff HGB auszugehen. Jedenfalls wenn einem ArbN faktisch die Verwertung der in seiner bisherigen Tätigkeit erworbenen Kenntnisse verwehrt wird, ist die Grenze zum (entschädigungspflichtigen) Wettbewerbsverbot überschritten (BAG 19.5.98 – 9 AZR 394/97, BB 99, 212; dazu *Wertheimer* BB 99, 1600).

12 **cc) Unlauterer Wettbewerb.** Mögliche Ansprüche wegen **unlauteren Verhaltens** des ArbN nach der strafbewehrten Spezialvorschrift des § 17 Abs 2 UWG bleiben hiervon unberührt. Dort erstreckt das UWG den Geheimnisschutz auch auf zurückgehaltene Unterlagen, die der ehemalige Mitarbeiter während seiner Beschäftigungszeit befugter Weise angefertigt hat (BGH 14.1.99 – I ZR 2/97, NJW-RR 99, 1131).

13 **4. Anzeigerecht.** Dagegen verletzt der ArbN nicht in jedem Fall seine vertragliche Rücksichtnahme- und Verschwiegenheitspflicht, wenn er seinen gesetzwidrig handelnden ArbGeb bei staatlichen Stellen anzeigt oder betriebliche Missstände an die Öffentlichkeit bringt. Nach heutiger Rspr ist für diese Fälle des sog „externen" Whistleblowings ein von der Rechtsordnung grds gebilligtes Anzeigerecht unter Berücksichtigung der besonderen Pflichtenkollision bei überwiegendem öffentlichen Interesse anerkannt. Sofern sich die Anzeige des ArbN nicht als unverhältnismäßige Reaktion auf das Verhalten des ArbGeb darstellt – was durch eine umfassende Rechtsgüterabwägung zu ermitteln ist – liegt darin kein Grund für eine außerordentliche Kündigung des ArbN. Umfassend hierzu *Whistleblowing*, Rz 1 ff.

14 Weiterhin können sich Anzeigerechte bereits nach zahlreichen **öffentlich-rechtlichen Vorschriften** ergeben, nach denen dem ArbN der Schutz der Allgemeinheit übertragen werden kann, zB als Betriebsbeauftragtem für Immissionsschutz (§§ 53 ff BImSchG), für den Datenschutz (§ 4 ff BDSG), für Gewässerschutz (§§ 21a ff WHG). S *Whistleblowing* Rz 8.

15 **5. Rechtsfolgen.** Bevorstehenden oder anhaltenden Verletzungen der Verschwiegenheitspflicht kann im Wege der **Unterlassungsklage** und durch **einstweilige Verfügung** begegnet werden. Bei bereits eingetretener (schuldhafter) Verletzung der vertraglichen oder gesetzlichen Verschwiegenheitspflicht kann gegen den ArbN ein **Schadensersatzanspruch** gem § 19 iVm § 17 UWG, § 823 Abs 1 und 2 BGB iVm § 17 UWG, §§ 826 BGB, 1 UWG oder aufgrund positiver Vertragsverletzung (§ 280 BGB) bestehen. Weiterhin kann eine **verhaltensbedingte,** in schweren Fällen eine **fristlose Kündigung** des ArbN gerechtfertigt sein (BAG 25.4.91 – 2 AZR 624/90, NZA 92, 212; LAG Köln 29.9.82 – 5 Sa 514/82, DB 83, 124). Eine **Strafbarkeit** des ArbN kann sich nach Lauterkeitsrecht aus § 17 UWG, § 203 StGB ergeben.

16 **6. Muster.** S Online-Musterformular „*M9.12 Verschwiegenheitsklausel im Arbeitsvertrag*".

B. Lohnsteuerrecht   *Seidel*

18 Zur Verschwiegenheitspflicht des FA bzw der Steuerprüfer über Verhältnisse der ArbN bzw des ArbGeb sowie über dessen Betriebs- und Geschäftsgeheimnisse s *Datenschutz* Rz 35 ff (s auch *Betriebsgeheimnis* Rz 18). Zu Auskünften des ArbGeb bzw des ArbN gegenüber dem FA s *Datenschutz* Rz 27–34, aber auch *Auskunftspflichten Arbeitgeber* Rz 26–33, *Auskunftspflichten Arbeitnehmer* Rz 36–40 sowie *Lohnsteueraußenprüfung* Rz 9, 10.

Verschwiegenheitspflicht

Hinsichtlich der Pflicht zur Geheimhaltung der persönlichen Verhältnisse des ArbN oder des ArbGeb s *Persönlichkeitsrecht* Rz 15, 16. Zu den steuerlichen Auswirkungen eines *Wettbewerbsverbots* s dort Rz 48–50. Bei Schadensersatzleistungen des ArbN (s oben Rz 16) dürften idR Werbungskosten vorliegen (s *Arbeitnehmerhaftung* Rz 27).

C. Sozialversicherungsrecht

Schlegel

1. Sozialrechtliche Grenzen der Verschwiegenheitspflicht des Arbeitnehmers im Beitragsrecht. Grds liegt beim Beschäftigungsverhältnis das gesamte Beitragsverfahren im Wesentlichen in der Hand des ArbGeb. Er ist verpflichtet, von sich aus die GesamtSozVBeiträge zu berechnen und an die Einzugsstelle abzuführen (s *Sozialversicherungsbeiträge* Rz 36 ff; *Meldepflichten Arbeitgeber* Rz 3 ff); außerdem ist allein er Adressat der vielfältigen Meldepflichten. Der ArbN ist idR in das Beitragsentrichtungsverfahren nicht in einer aktiven Rolle beteiligt. **Auskunft- und Vorlagepflichten** treffen den ArbN in den Fällen des § 28o SGB IV. Soweit diese Pflichten reichen, steht dem auch eine arbeitsvertragliche Verschwiegenheitspflicht nicht entgegen, da das öffentliche Interesse an der Auskunfts- und Vorlagepflicht insoweit kraft gesetzlicher Entscheidung Vorrang vor den Interessen des ArbGeb an einer Geheimhaltung hat.

Auf Verlangen hat der ArbN den zuständigen Versicherungsträgern unverzüglich Auskünfte über Art und Dauer der Beschäftigung, die hierbei erzielten Arbeitsentgelte, die Identität des ArbGeb und über alle zur Erhebung von Beiträgen notwendigen Tatsachen zu erteilen, sowie über alle für die Prüfung der Meldungen und der Beitragszahlung erforderlichen Unterlagen vorzulegen. Die hierbei gewonnenen Erkenntnisse dürfen freilich nur zu den Zwecken des Beitragsrechts verwendet werden (vgl § 78 SGB X).

2. Sozialrechtliche Grenzen der Verschwiegenheitspflicht des Arbeitgebers. Die Verschwiegenheitspflicht des ArbGeb findet dort ihre Grenze, wo dem ArbGeb durch Gesetz ausdrücklich Offenbarungspflichten auferlegt sind. **Auskunftspflichten des Arbeitgebers** ergeben sich insbesondere aus § 98 SGB X (s *Auskunftspflichten Arbeitgeber*). Sie beziehen sich auf Auskünfte aller Art über die Art und Dauer der Beschäftigung, den Beschäftigungsort und das Arbeitsentgelt. Durch diese Begrenzung der Auskünfte über „Art und Dauer der Beschäftigung, Beschäftigungsort und Arbeitsentgelt" wird deutlich, dass sich Auskünfte nach § 98 SGB X nur auf den äußeren Rahmen des Beschäftigungsverhältnisses erstrecken und aufgrund § 98 SGB X keine Auskünfte über Umstände und Tatsachen verlangt werden können, die der ArbGeb nun anlässlich des Beschäftigungsverhältnisses erlangt hat; zB über gesundheitliche Einschränkungen, Leistungseinschränkungen, Arbeitsbereitschaft etc. Die Auskunftspflicht des ArbGeb nach § 98 SGB X steht zudem unter dem Vorbehalt der Verhältnismäßigkeit (§ 98 Abs 2 SGB X iVm § 65 Abs 1 SGB I). Sie kann verweigert werden, wenn bei einer Beantwortung die Gefahr bestünde, dass sich der ArbGeb selbst oder eine ihm nahe stehende Person dadurch strafbar macht oder wegen einer Ordnungswidrigkeit belangt werden kann (zB Beitragshinterziehung). Der ArbGeb kann verlangen, dass die die Auskunft verlangende Versicherungsträger darlegt, inwiefern seine Auskunft für die Erbringung von Sozialleistungen erforderlich ist; dies wiederum bedingt, dass der Versicherungsträger gewisse Daten aus der Sphäre des ArbN gegenüber dem ArbGeb offenbart; dies ist aber unumgänglich, um den ArbGeb nicht der Gefahr auszusetzen, mehr als sozialrechtlich notwendig und damit arbeitsrechtlich zulässig zu offenbaren.

Zur Erlangung anderer als der „formalen" Auskünfte nach § 98 SGB X und in allen Zweifelsfällen, ob eine Auskunft noch unter § 98 SGB X fällt, empfiehlt es sich für den Versicherungsträger, sich vom ArbN eine Einwilligung in die Offenbarung der durch das Sozialgeheimnis geschützten Daten geben zu lassen, die sich auch auf die Offenbarungsbefugnis durch den ArbGeb erstreckt (vgl § 67 Satz 1 Nr 1, Satz 2 SGB X). Soweit es für die Gewährung von Sozialleistungen erforderlich ist, kann mE der Versicherungsträger vom ArbN im Rahmen seiner Mitwirkungspflichten (§ 60 Abs 1 SGB I) verlangen, dass er den ArbGeb insoweit von seiner Verschwiegenheitspflicht entbindet; kommt er dem nicht nach, kann die Leistung bis zur Nachholung dieser Mitwirkungshandlung verweigert werden (vgl § 65 SGB I).

# Versetzung

A. Arbeitsrecht
Poeche

Übersicht

	Rz		Rz
I. Vorbemerkung	1	3. Ort der Arbeitsleistung	21–24
II. Versetzung und Arbeitsvertrag	2–14	a) Allgemeines	21
1. Allgemeines	2	b) Ausnahme	22
2. Einbeziehungs- und Inhaltskontrolle	3–6	c) Verlagerung ganzer Betriebe	23
		d) Betriebsübergreifende Versetzung	24
3. Tarifliche Versetzungsklauseln	7	4. Entbindung von der Arbeitspflicht	25
4. Folgen für das Entgelt	8		
5. Ausübungskontrolle	9	5. Änderungen der Lage der Arbeitszeit	26
6. Rechtsfolgen der Versetzung	10		
7. Anspruch auf Versetzung	11–13	6. Beschlussunfähigkeit des Betriebsrats	27
8. Prozessuales	14		
III. Betriebsverfassung	15–28	7. Zum Zustimmungsverfahren	28
1. Einführung	15	IV. Betriebsverfassungs- und Individualrecht	29, 30
2. Betriebsverfassungsrechtlicher Begriff	16–20	1. Generelle Fragen	29
a) Arbeitsbereich	17	2. Schutz der Betriebsratsmitglieder bei Versetzungen	30
b) Arbeitsinhalt	18		
c) Betriebliche Organisation	19	V. Muster	31
d) Kurzzeitige Zuweisung anderer Tätigkeiten	20		

1 I. Vorbemerkung. Versetzung bedeutet im Arbeitsrecht die einseitige Änderung des Arbeitsplatzes nach Ort, Zeit, Umfang oder Inhalt der Arbeit. Arbeitsvertragsrecht bestimmt, unter welchen Voraussetzungen der ArbGeb berechtigt ist, die Arbeitsbedingungen zu verändern; Betriebsverfassungsrecht regelt, in welchen Fällen der BRat zu beteiligen ist und die Personalmaßnahme seiner Zustimmung bedarf (§§ 95 Abs 3, 99 Abs 1 BetrVG). Mitbestimmungspflichtiger Sachverhalt und arbeitsvertragliche Kompetenz des ArbGeb können auseinanderfallen (s unten Rz 28 ff).

2 II. Versetzung und Arbeitsvertrag. 1. Allgemeines. Im Arbeitsvertrag sind die Arbeitsbedingungen regelmäßig nur dem Rahmen nach umschrieben. Sie werden durch das *Weisungsrecht* des ArbGeb konkretisiert. Nach § 106 GewO ist der ArbGeb berechtigt, Inhalt, Ort und Zeit der Arbeitsleistung nach billigem Ermessen näher zu bestimmen, soweit seine Befugnisse nicht durch den Einzelvertrag oder durch kollektivrechtliche Vorschriften beschränkt sind. Welche Änderungen der ArbGeb einseitig vornehmen kann, richtet sich nach dem Inhalt des Arbeitsvertrags, der nach den allgemeinen Regeln auszulegen ist (§§ 133, 157 BGB) und dem ggf anzuwendenden Tarifvertrag (Näheres *Weisungsrecht*). Das **Weisungsrecht** kann vertraglich durch **Versetzungsklauseln** „ausgestaltet" oder „erweitert" werden, so der übliche Sprachgebrauch. Solche Änderungsklauseln wurden früher unter dem Aspekt „Umgehung des Kündigungsschutzes/Eingriff in den Kernbereich des Arbeitsverhältnisses" geprüft. Seit 1.1.02 unterliegen sie, soweit sie vom ArbGeb vorformuliert oder von ihm zur Verwendung bestimmt sind, der **AGB-Kontrolle** nach §§ 305 ff BGB (Inhaltskontrolle); die Versetzungsanordnung selbst wird der Billigkeitsprüfung nach § 106 GewO, § 315 BGB unterzogen (Ausübungskontrolle). Die Versetzung erfolgt durch **einseitige rechtsgeschäftsähnliche Erklärung,** mit der die bisherigen Arbeitsbedingungen unmittelbar geändert werden, sowie durch **tatsächliche Einweisung** in die neue Tätigkeit. Keine Versetzung liegt daher vor, wenn dem ArbN lediglich die bisherige Arbeit ohne gleichzeitige Zuweisung einer neuen Tätigkeit entzogen wird (Näheres *Freistellung von der Arbeit*). Kann der ArbGeb die geänderten Arbeitsbedingungen nicht im Wege des Weisungsrechts durchsetzen, ist er auf das Einverständnis des ArbN angewiesen; es verbleibt ansonsten die Möglichkeit einer **Änderungskündigung** iSv § 2 KSchG. Zur Vorrangigkeit der Versetzung s *Änderungskündigung* Rz 6. Zum mutterschutzrechtlichen Umsetzungsrecht *Mutterschutz* Rz 23. Allein auf

Versetzung 439

Grund **langjähriger Beschäftigung** des ArbN auf einem bestimmten Arbeitsplatz tritt noch **keine Konkretisierung** ein, dh der ArbGeb kann auf Grund der im Arbeitsvertrag enthaltenen Versetzungsklausel dem ArbN weiterhin eine andere Tätigkeit zuweisen (BAG 13.3.07 – 9 AZR 433/06, AP BGB § 307 Nr 26; BAG 17.8.11 – 10 AZR 202/10, NZA 12, 265).

2. Einbeziehungs- und Inhaltskontrolle. Versetzungsklauseln werden als sog Überraschungsklauseln nach § 305c BGB schon nicht Inhalt des Arbeitsvertrags, wenn sie nach den Umständen, insbesondere nach dem äußeren Erscheinungsbild so ungewöhnlich sind, dass der ArbN mit ihnen nicht zu rechnen brauchte. Das Überraschungsmoment kann sich ua aus der Unterbringung an unerwarteter Stelle unter einer irreführenden Überschrift und ohne drucktechnische Hervorhebung ergeben (BAG 15.2.07 – 6 AZR 286/06, NZA 07, 614), auch aus den außervertraglich vom ArbGeb geweckten begründeten Erwartungen des ArbN (BAG 8.8.07 – 7 AZR 605/06, DB 08, 133). § 308 Nr 4 BGB ist nicht anzuwenden. Die Vorschrift betrifft nur das Recht des Verwenders (ArbGeb), seine eigene Leistung zu ändern (BAG 11.4.06 – 9 AZR 557/05, NZA 06, 1149).

Unter Berücksichtigung der im Arbeitsrecht geltenden Besonderheiten (§ 310 Abs 4 Satz 2 BGB) bestehen gegen die **Angemessenheit** einer Versetzungsklausel, mit der dem ArbN andere **Aufgaben** zugewiesen werden können, grds keine Bedenken. Sie tragen dem Bedürfnis nach einer möglichst unkomplizierten Anpassung der Arbeitsbedingungen an geänderte, idR nicht vorhersehbare und oft nicht zu beeinflussende Rahmenbedingungen Rechnung. Der ArbN erhält für die von ihm erwartete Flexibilität eine gewisse „Gegenleistung" in Form einer stärkeren Sicherung seines Arbeitsverhältnisses im Fall betriebsbedingter Kündigung (BAG 11.4.06 – 9 AZR 557/05, NZA 06, 1149; *Dzida/Schramm* BB 07, 1221).

Eine vorformulierte Versetzungsklausel ist nach § 307 Abs 1 Satz 1 BGB **unangemessen,** **4** wenn der ArbGeb durch die einseitige Gestaltung eigene Interessen auf Kosten des ArbN durchzusetzen versucht, ohne dessen Belange hinreichend zu berücksichtigen. Eine unangemessene Behandlung liegt nach § 307 Abs 1 Satz 2 BGB ua dann vor, wenn die Klausel mit wesentlichen Grundgedanken der Regelung, von der abgewichen wird, nicht zu vereinbaren ist. Eine Klausel, die materiell der Regelung in § 106 Satz 1 GewO entspricht, ist daher mangels einer „abweichenden" Regelung nicht auf ihre Angemessenheit hin zu kontrollieren (BAG 13.6.12 – 10 AZR 296/11, NZA 12, 1154; 25.8.10 – 10 AZR 275/09, NZA 10, 1355; 13.4.10 – 9 AZR 36/09, BeckRS 2010, 72775). Sie unterliegt aber der Unklarheitenregelung des § 305 Abs 2 BGB sowie der Transparenzkontrolle nach § 307 Abs 1 Satz 2 BGB. Uneingeschränkt kontrollfähig ist eine Klausel, mit der sich der ArbGeb nicht nur die Konkretisierung der Arbeitspflichten vorbehält, sondern weitergehend eine Änderung der vertraglichen Tätigkeit als solcher und sich damit ein über § 106 GewO hinausgehendes Recht zur Vertragsänderung vorbehält (BAG 25.8.10 – 10 AZR 275/09, NZA 10, 1355). Dabei müssen die in Betracht kommenden Tätigkeiten zwar nicht festgelegt werden. Die Klausel muss aber gewährleisten, dass die „neue" Tätigkeit mit der arbeitsvertraglich vereinbarten Tätigkeit inhaltlich **gleichwertig** ist (vgl BAG 25.8.10 – 10 AZR 275/09, NZA 10, 1355). Dem ist nicht genügt, wenn der ArbGeb dem als Personalsachbearbeiter eingestellten ArbN „falls erforderlich" und „nach Abstimmung der beiderseitigen Interessen" andere Tätigkeiten übertragen kann (BAG 9.5.06 – 9 AZR 424/05, NZA 07, 145). Eine solche Regelung ist mit den wesentlichen Grundgedanken des **Inhaltsschutzes** von Arbeitsverträgen (§ 2 KSchG) unvereinbar. Das gilt auch für die ähnliche Klausel „Soweit betrieblich erforderlich, kann der ArbN auch in anderen Betriebsabteilungen mit anderen Tätigkeiten beschäftigt werden" (LAG Köln 24.1.08 – 6 Sa 1281/07, BeckRS 2008, 52521, dazu *Bissels* jurisPR-ArbR 30/2008 Anm 3). Mangels erkennbarer Beschränkung auf gleichwertige Tätigkeiten wird teils die Klausel „Tätigkeit entsprechend der Vorbildung und Fähigkeiten des ArbN" beanstandet (LAG Köln 9.1.07 – 9 Sa 1099/06, NZA-RR 07, 343). Das erscheint nicht richtig, weil mit dem Begriff „entsprechend" die Brücke zur bisherigen Tätigkeit geschlagen wird. So hat das BAG eine Klausel zugelassen, die den ArbGeb berechtigt, den ArbN entsprechend seinen Fähigkeiten mit einer anderen im Interesse des Unternehmens liegenden Tätigkeit zu betrauen (BAG 13.3.07 – 9 AZR 433/06, AP BGB § 307 Nr 26; vgl auch BAG 3.12.08 – 5 AZR 62/08, AP BGB § 307 Nr 42).

Poeche

439 Versetzung

5   Ist fraglich, ob der ArbGeb den ArbN an einen anderen Ort versetzen kann, ist zunächst der Arbeitsvertrag auszulegen, um festzustellen, ob ein bestimmter Tätigkeitsort vertraglich festgelegt wurde und welchen Inhalt ein vereinbarter Versetzungsvorbehalt hat (BAG 25.8.10 – 10 AZR 275/09, NZA 10, 1355; 19.1.11 – 10 AZR 738/09, NZA 2011, 631). Ergibt die Auslegung, dass der Vertrag eine nähere Festlegung enthält, so unterliegt diese keiner Angemessenheitskontrolle. Fehlt sie, soll sich nach Auffassung des BAG der Umfang des Weisungsrechts aus § 106 GewO ergeben (BAG 13.6.12 – 10 AZR 296/11, BeckRS 2012, 72435; aA LAG Baden-Württemberg 10.12.2010 – 18 Sa 33/10, BeckRS 2011, 68407: Fehlt eine Regelung zum Arbeitsort, gilt der Betriebsort als vertraglich festgelegter Arbeitsort. Ohne Versetzungsvorbehalt kann einseitig kein anderer Ort zugewiesen werden.). Wird der ArbN während der Elternzeit für den ArbGeb tätig, kommt es auf die für die Elternzeit getroffenen Vereinbarungen an (Hess LAG 15.2.11 – 13 SaGa 1934/10, BeckRS 2011, 69883). Die von einem bundesweit tätigen Unternehmen verwendete Klausel, die zum Einsatz an einem anderen Ort berechtigt, ist nicht deshalb intransparent, weil weder eine maximaler Entfernungsradius noch eine angemessene Ankündigungsfrist vereinbart sind (BAG 13.4.10 – 9 AZR 36/08, BeckRS 2010, 72775). Offengelassen hat das BAG in dieser Entscheidung die Zulässigkeit einer Konzernversetzung (Näheres *Konzernarbeitsverhältnis* Rz 4). Die Festlegung einer bestimmten Dienststelle in einem der im **öffentlichen Dienst** verwendeten Musterverträge schließt idR eine Versetzung an einen anderen Dienstort nicht aus (BAG 26.6.02 – 6 AZR 50/00, BeckRS 2002, 30796199; 21.1.04 – 6 AZR 583/02, ZTR 04, 298).

6   Der **Versetzungsgrund** muss in der Änderungsklausel nicht ausdrücklich umschrieben werden. Das **Transparenzgebot** (§ 307 Abs 1 Satz 2 BGB) wird durch das Fehlen dieser Angaben nicht verletzt (BAG 11.4.06 – 9 AZR 557/05, NZA 06, 1149). Denn die in Betracht kommenden unbestimmten Rechtsbegriffe (persönliche, verhaltensbedingte oder betriebsbedingte Gründe oder „aus wichtigem Grund") sind ihrerseits auslegungsbedürftig.

7   **3. Tarifliche Versetzungsklauseln.** Tarifverträge sind nach § 310 Abs 4 Satz 1 BGB von der AGB-Kontrolle ausgenommen und nur auf ihre Vereinbarkeit mit höherrangigem Recht zu überprüfen, insbesondere darauf, ob der dem ArbGeb erlaubte Eingriff in den Arbeitsvertrag mit den grundrechtlichen Wertentscheidungen zugunsten des ArbN vereinbar ist (Art 2, 12 GG). Vor diesem Hintergrund wird eine Tarifnorm, die dem ArbGeb gestattet, den ArbN gegen seinen Willen rationalisierungsbedingt zu einem Beschäftigungsbetrieb zu versetzen, wegen der damit verbundenen grundsätzlichen Umgestaltung des Arbeitsverhältnisses teils als rechtsunwirksam beurteilt (LAG BlnBbg 8.5.08 – 14 Sa 1677/05, BeckRS 2011, 65302; s auch *Beschäftigungsgesellschaft*). Im Übrigen ist eine Tarifnorm idR rechtswirksam, wenn sie nach Anlass und Umfang gerichtlich kontrollierbare Voraussetzungen aufstellt und die Rechtsfolgen festlegt (BAG 23.9.04 – 6 AZR 442/03, NZA 05, 475). Die Versetzung auf einen geringer vergüteten Arbeitsplatz ist dann nicht ausgeschlossen. Nach dem Tarifrecht des **öffentlichen Dienstes** ist Versetzung die Zuweisung einer auf Dauer bestimmten Beschäftigung bei einer anderen Dienststelle oder einem anderen Betrieb desselben ArbGeb unter Fortsetzung des bestehenden Arbeitsverhältnisses (§ 4 TVöD/TdL).

8   **4. Folgen für das Entgelt.** Grds bestehen keine Bedenken gegen Vereinbarungen, die den wechselnden Einsatz des ArbN für Akkord- und Zeitlohnarbeiten vorsehen und die jeweils entsprechende Lohnart. Oft wird allerdings der Durchschnittsverdienst gezahlt (vgl zum Akkordausgleich im Baugewerbe BAG 27.1.88 – 4 AZR 501/87, DB 88, 1119). Fehlt es an einer vertraglichen Vereinbarung über die Arbeit im Zeit- und Leistungslohn, stellt sich die Zuweisung des anderen Arbeitsplatzes wegen der grds anderen Anforderungen an die Arbeitsweise des ArbN als unwirksame Versetzung dar mit der Folge, dass dem ArbN jedenfalls aus Annahmeverzug seine bisherige Vergütung fortzuzahlen ist (BAG 6.2.85 – 4 AZR 155/83, DB 85, 1481).

9   **5. Ausübungskontrolle.** Hält sich die Versetzung im Rahmen des vertraglich Zulässigen, ist sie nur wirksam, wenn sie **billigem Ermessen** entspricht (§ 106 GewO, § 315 BGB). Hierfür muss der ArbGeb die wesentlichen Umstände des Einzelfalls abwägen und die beiderseitigen Interessen berücksichtigen. Auf schutzwürdige familiäre Belange (zB Kindesbetreuung) hat er Rücksicht zu nehmen, soweit nicht betriebliche Gründe oder ebenfalls schutzwürdige Belange anderer ArbN entgegenstehen (BAG 23.9.04 – 6 AZR 567/03,

NZA 05, 359). Bei der Ausübungskontrolle ist auch zu berücksichtigen, ob und ggf welches konkrete unternehmerische Konzept die Versetzung bedingt haben soll (BAG 19.1.11 – 10 AZR 738/09, BeckRS 2011, 71146). Erfordert die Versetzungsentscheidung eine personale Auswahl, sind die für die soziale Auswahl bei Kündigung geltenden Regeln nicht anzuwenden (BAG 17.8.11 – 10 AZR 202/10, NZA 12, 265). Die nach § 106 GewO, § 315 BGB erforderliche Leistungsbestimmung ist aber gegenüber demjenigen ArbN zu treffen, dessen Interessen weniger schutzwürdig sind (BAG 10.7.13 – 10 AZR 915/12, NZA 13, 1142). Vor einer verhaltensbedingten Versetzung ist der ArbN regelmäßig **abzumahnen** (BAG 30.10.85 – 7 AZR 216/83, NZA 86, 713). Der Wegfall von bisher anfallenden **Erschwerniszulagen** macht die Versetzung nicht für sich unzulässig (BAG 15.10.92 – 6 AZR 342/91, DB 93, 2600). Die wirtschaftlichen Auswirkungen der Versetzung sind aber ein im Rahmen der Interessenabwägung grds zu berücksichtigender Gesichtspunkt (LAG Hessen 10.10.12 – 2 Sa 1225/11, BeckRS 2013, 67418 zum Wegfall von Zuschlägen). Das gilt auch bei der verhaltensbedingten Versetzung eines BRatMitglied von Wechselschicht in Tagschicht und einem versetzungsbedingten Zulagenwegfall von mehr als 500 Euro (LAG Bln 24.9.04 – 6 Sa 116/04, NZA-RR 05, 197). Bei einer Änderung des **Arbeitsorts** ist nicht auf die sozialrechtlichen Regeln über die Zumutbarkeit einer Beschäftigung abzustellen; das BAG lehnt die Aufstellung fester Grenzen hier zu Recht ab und verweist auf die Gegebenheiten des Einzelfalls (vgl BAG 17.8.11 – 10 AZR 202/10, NZA 12, 265). In derselben Entscheidung hat das BAG ausdrücklich auf die Verpflichtung des ArbGeb zur Prüfung von alternativen Beschäftigungsmöglichkeiten, auf die sich der ArbN berufen hat, hingewiesen.

Im Rahmen der Ausübungskontrolle ist auch zu überprüfen, ob der zugewiesene Arbeitsplatz von der Versetzungsklausel gedeckt ist (BAG 23.2.10 – 9 AZR 3/09, BeckRS 2010, 66666: verneint für Redakteurin in einer „Service- und Entwicklungsredaktion"). Zu überprüfen ist weiter, ob die in der Klausel vorausgesetzte Gleichwertigkeit des Arbeitsplatzes erfüllt ist (LAG BlnBbg 22.2.08 – 8 Sa 2094/07, AfP 08, 425). Das bestimmt sich ua nach dem Inhalt der bisher übertragenen Aufgaben und dem darauf bezogenen Anforderungsprofil, also den verlangten Fähigkeiten und Kenntnissen des ArbN, der Einordnung des Arbeitsplatzes in die betriebliche Hierarchie und die Frage, in welchem Umfang dem ArbN Vorgesetztenfunktionen übertragen sind (LAG Köln 22.12.04 – 7 Sa 839/04, BB 05, 2196). Bei der **Ausübungskontrolle** ist allein auf die Verhältnisse zum **Zeitpunkt** der Ausübung des Direktionsrechts abzustellen, wobei es nicht darauf ankommt, wann die insoweit erheblichen Gesichtspunkte in das Verfahren eingeführt worden sind (LAG MeVo 8.3.11 – 5 Sa 269/10, BeckRS 2011, 77695).

6. Rechtsfolgen der Versetzung. Bei einer wirksamen Versetzung ist die nunmehr vom ArbN geschuldete Tätigkeit unmittelbar geändert. Nimmt er die Arbeit nicht auf, verliert er den Anspruch auf Entgelt. Der ArbGeb ist überdies berechtigt, auf das unentschuldigte Fehlen des ArbN mit den üblichen arbeitsrechtlichen Mitteln (Abmahnung/Kündigung) zu reagieren. Einer **unwirksamen Versetzung** braucht der ArbN nicht nachzukommen. Er behält den Entgeltanspruch aus *Annahmeverzug* und hat einen Anspruch auf Beschäftigung in seiner bisherigen Tätigkeit am bisherigen Ort, auch dann, wenn Inhalt, Ort und Zeit der Arbeitsleistung im Arbeitsvertrag nicht abschließend festgelegt sind (BAG 25.8.10 – 10 AZR 275/09, NZA 10, 1355). Bei unklarer Rechtslage riskiert er seinen Arbeitsplatz, wenn er die ihm zugewiesene Arbeit nicht aufnimmt und sich seine rechtliche Einschätzung als falsch erweist. 10

7. Anspruch auf Versetzung. Ein solcher Anspruch kommt in Betracht, wenn sich der ArbGeb selbst vertraglich gebunden hat (zB Zusage eines höherwertigen Arbeitsplatzes nach Fristablauf; Absolvieren eines Trainee-Programms). Anspruchsbegründend kann auch die **Fürsorgepflicht** (arbeitsvertragliche Nebenpflicht iSv § 241 BGB) sein, wenn der ArbN aus in seiner Person liegenden Gründen nicht in der Lage ist, die geschuldete Arbeitsleistung zu erbringen, und dem ArbGeb die Übertragung anderer Aufgaben zumutbar ist (BAG 19.5.10 – 5 AZR 162/09, NZA 10, 1119 zur Zuweisung eines leidensgerechten Arbeitsplatzes; zu Gewissensgründen s *Weisungsrecht* Rz 9; BAG 18.12.86 – 2 AZR 34/86, DB 87, 1359: Beschäftigungsanspruch bei vorübergehendem Führerscheinentzug). 11

439 Versetzung

Ein Anspruch kann sich auch aus kollektiven Normen ergeben (zB Rationalisierungsschutz-Tarifvertrag; Rangfolge der ArbN bei Fortbildungsmaßnahmen, die einen beruflichen Aufstieg ermöglichen: BAG 28.9.83, AP Nr 2 zu § 1 TVG Seniorität). Zum Versetzungsanspruch behinderter Menschen s *Behinderte* Rz 28 f.

12 Auf betrieblicher Ebene finden sich vergleichbare Ansprüche in **Betriebsvereinbarungen** aus Anlass der Einführung neuer Technologien, wenn sich der Einzelne den neuen Aufgaben nicht gewachsen zeigt. Allerdings soll sich die Regelungsbefugnis der Betriebspartner auf freiwillige Betriebsvereinbarungen beschränken und eine Versetzungspflicht nicht Gegenstand des Spruchs der Einigungsstelle über den Sozialplan sein können (BAG 17.9.91 – 1 ABR 23/91, DB 92, 229). Aus dem Verbot der Benachteiligung von **Betriebsratsmitgliedern** ergibt sich ein Anspruch auf Teilhabe an der beruflichen Entwicklung vergleichbarer ArbN, damit auch auf Übertragung höherwertiger Tätigkeiten (§ 37 Abs 4 BetrVG). Ein solcher Anspruch eines freigestellten BRatMitglied oder Personalratsmitglied setzt eine fiktive Nachzeichnung des beruflichen Werdegangs voraus, den das Mitglied ohne die Tätigkeit für die ArbNVertretung genommen hätte (BAG 27.6.01 – 7 AZR 496/99, ZTR 01, 576). Im **öffentlichen Dienst** kann sich ein Anspruch auf **Beförderung** aus Art 33 Abs 2 GG, ggf iVm den Landesgleichstellungsgesetzen ergeben. Ist die Beförderungsstelle bereits besetzt, beschränkt sich der Anspruch in diesen Fällen auf Geldersatz (BAG 2.12.97 – 9 AZR 668/96 und 445/96, NZA 98, 882, 884). Aus der Rspr zu Art 33 Abs 2 GG: BAG 21.1.03 – 9 AZR 72/02, ZTR 03, 463; 21.1.03 – 9 AZR 307/02, NZA 03, 1036; 5.11.02 – 9 AZR 451/01, NZA 03, 798.

13 Ein möglicher Arbeitsplatzwechsel ist außerdem im **Kündigungsrecht** von Bedeutung. Dazu ausführlich *Kündigung, betriebsbedingte* Rz 12 bis 18, *Kündigung, personenbedingte* Rz 26, 30; zu Versetzungsklauseln und soziale Auswahl *Kündigung, betriebsbedingte* R 30. Eine Versetzungspflicht des ArbGeb kann sich aus einem begründeten Verlangen des BRat nach § 104 Satz 1 BetrVG ergeben (s *Betriebsstörung* Rz 8).

14 **8. Prozessuales.** Der ArbN kann die Rechtmäßigkeit der Versetzung gerichtlich überprüfen lassen. Er hat die Wahl zwischen der **Feststellungsklage** (§ 256 ZPO) und der **Leistungsklage**, gerichtet auf Beschäftigung zu den bisherigen Arbeitsbedingungen (BAG 25.8.10 – 10 AZR 275/09, NZA 10, 1355). Hier ist die Wirksamkeit der Versetzung als Vorfrage zu beurteilen. Beide Anträge nebeneinander können daher auch nur im Eventualverhältnis gestellt werden (vgl LAG Baden-Württemberg 10.12.10 – 18 Sa 33/10, BeckRS 2011, 68407). Vorsicht ist geboten bei der **Formulierung von Klaganträgen** und ihrer Begründung, wenn der ArbGeb dem ArbN einzelne Aufgaben entzogen hat und der ArbN sich gegen dieses Maßnahmebündel wendet. Ein Antrag, mit dem die Unwirksamkeit mehrerer organisatorischer Maßnahmen des ArbGeb gerichtlich geltend gemacht wird, ist zwar hinreichend bestimmt (§ 253 ZPO), der ArbN läuft aber Gefahr, dass die Klage als unbegründet beurteilt wird, wenn der ArbN keinen vertraglichen Anspruch auf Übertragung aller Aufgaben hat (vgl BAG 24.1.01 – 5 AZR 411/99, BeckRS 2001, 3081088).

Der Anspruch auf vertragsgemäße Beschäftigung kann durch **einstweilige Verfügung** verfolgt werden, soweit die allgemeinen Voraussetzungen erfüllt sind (§§ 935, 940 ZPO). Der Antrag kann auf Unterlassung der Weisung oder auf eine Beschäftigung zu den bisherigen Bedingungen gerichtet sein. Der Zeitablauf allein stellt noch keinen Verfügungsgrund dar (LAG Düsseldorf 1.6.05 – 12 Sa 352/05, MDR 05, 1419; aA LAG Hamm 6.11.07 – 14 SaGa 39/07, EzA-SD 08 Nr 4, 11 [Ls]). Er wird nur selten gegeben sein, nämlich dann, wenn die Versetzung offensichtlich rechtswidrig ist oder wenn mit ihr ein Reputationsverlust oder der unwiederbringliche Verlust von speziellen Fachkenntnissen verbunden ist (Hess LAG 8.10.10 – 3 SaGa 496/10, BeckRS 2011, 67826). Die Klage ist nicht fristgebunden; § 4 KSchG ist nicht, auch nicht entsprechend, anwendbar. Allerdings läuft der ArbN, der widerspruchslos die neue Arbeit aufnimmt, Gefahr, dass sein Verhalten als stillschweigendes Einverständnis gewertet wird (BAG 19.6.86 – 2 AZR 565/85, DB 86, 2604, LAG BaWü 20.7.05 – 9 (6) Sa 120/03, NZA-RR 06, 162). Der Beschäftigungsanspruch unterliegt außerdem der **Verwirkung.** Jahrelange Untätigkeit erfüllt das Zeitmoment. Teils wird ein Zuwarten von mehreren Monaten bereits als ausreichend angesehen. Das BAG hat 22/24 Monate als „zu lang" beurteilt (12.12.06 – 9 AZR 747/06, 748/06, NZA 07, 396). Prüfzeitpunkt ist der Zeitpunkt, zu dem der ArbGeb die Versetzung angeordnet hat (BAG

Versetzung 439

23.9.05 – 6 AZR 567/03, NZA 05, 359). Darlegungs- und Beweislast für die tatsächlichen Voraussetzungen, die die Versetzung rechtfertigen sollen, liegen beim ArbGeb (BAG 13.3.07 – 9 AZR 433/06, NZA-RR 08, 504).

III. Betriebsverfassung. 1. Einführung. Nach § 99 Abs 1 BetrVG hat der ArbGeb den BRat ua bei Versetzungen zu beteiligen (Näheres zum Verfahren *Mitbestimmung, personelle Angelegenheiten* Rz 6 ff). Die Beteiligung des BRat verfolgt einen **doppelten Zweck.** Es geht um den Schutz des betroffenen ArbN vor unberechtigten Nachteilen, aber auch um den Schutz der Belegschaft, deren Interessen durch personelle Veränderungen beeinträchtigt werden. Vorausgesetzt wird eine Beschäftigtenzahl von mindestens zwanzig wahlberechtigten ArbN im **Unternehmen.** Die Vorschrift ist im **Gemeinschaftsbetrieb** analog anzuwenden, wenn die beteiligten Unternehmen jeweils für sich weniger als zwanzig ArbN beschäftigen, in dem von ihnen geführten Gemeinschaftsbetrieb die Mindestzahl aber erreicht wird (BAG 29.9.04 – 1 ABR 39/03, NZA 05, 420). Einschränkungen des Beteiligungsrechts kommen bei einem *Tendenzbetrieb* und im Arbeitskampf (vgl BAG 13.12.11 – 1 ABR 2/10, NZA 12, 571; LAG SchlHol 29.5.13 – 6 TaBV 30/12, BeckRS 2013, 70693; 28.5.13 – 1 TaBV 31/12, BeckRS 13, 69856) in Betracht. 15

2. Betriebsverfassungsrechtlicher Begriff. § 95 Abs 3 BetrVG definiert die betriebsverfassungsrechtliche Versetzung als „**Zuweisung** eines **anderen Arbeitsbereichs,** die voraussichtlich die Dauer von einem Monat übersteigt oder die mit einer **erheblichen Änderung der Umstände** verbunden ist, unter denen die Arbeit zu leisten ist". Zwei Voraussetzungen müssen damit erfüllt sein: Es muss ein anderer Arbeitsbereich übertragen werden, und die Umstände der Arbeit müssen sich erheblich ändern. Die erhebliche Änderung wird unwiderleglich vermutet, wenn die Versetzung die Dauer von einem Monat voraussichtlich übersteigt. 16

a) Arbeitsbereich. Maßgebend sind die Aufgabe und die Verantwortung des ArbN, die Art seiner Tätigkeit und deren Einordnung in den Arbeitsablauf des Betriebs (vgl § 81 Abs 1 und 2 BetrVG). Der Begriff wird somit räumlich-funktional verstanden. Arbeitsbereich ist der konkrete Arbeitsplatz und seine Beziehungen zur betrieblichen Umgebung in räumlicher, technischer und organisatorischer Hinsicht. Dem ArbN wird ein anderer Arbeitsbereich zugewiesen, wenn sich das **Gesamtbild** seiner bisherigen Tätigkeit so verändert, dass sich die neue Tätigkeit vom Standpunkt eines mit den betrieblichen Verhältnissen vertrauten Beobachters als eine „andere" darstellt (st Rspr BAG 13.3.07 – 1 ABR 22/06, NZA-RR 07, 581; 28.8.07 – 1 ABR 70/06, NZA 08, 188; 17.6.08 – 1 ABR 38/07, EzA-SD 08, Nr 23, 14 [Ls]). Bei der Beurteilung sind alle Faktoren zu berücksichtigen, die den Arbeitsbereich kennzeichnen sowie der den einzelnen ArbN erfassende Schutzzweck des § 99 BetrVG. Mitbestimmungsrechtlich irrelevant sind Veränderungen, die sich im **normalen Schwankungsbereich** der täglichen Arbeit und der technischen Entwicklung bewegen (neue Maschinen, geänderter Arbeitsablauf, personelle Zusammensetzung). 17

b) Arbeitsinhalt. Zu vergleichen sind die bisher tatsächlich ausgeübten Tätigkeiten und die Tätigkeit, die der ArbN künftig tatsächlich verrichten soll. Eine tarifliche Tätigkeitsbeschreibung ist insoweit nicht aussagekräftig (BAG 13.3.07 – 1 ABR 22/06, NZA-RR 07, 581). Nicht genügen zB eine andere Art der Erledigung der sonst unveränderten Arbeitsaufgabe (BAG 10.4.84 – 1 ABR 67/82, DB 84, 2198: Erfassung von Fließtexten über Bildschirmtextverarbeitung statt Kugelkopfschreibmaschine) oder nur geringfügige Änderungen (BAG 28.4.93 – 10 AZR 38/92, DB 94, 151: Wegfall einer zu schlachtenden Tierart). Der vom ArbGeb angeordnete Wechsel von einem vierachsigen Sattelschlepper im Fernverkehr auf einen dreiachsigen Lkw im Nahverkehr kann eine Versetzung darstellen (BAG 26.5.88 – 1 ABR 18/87, DB 88, 2158). Eine Versetzung bejaht hat das BAG ua. bei Zuweisung einer ausschließlichen Auslieferungstätigkeit anstelle einer Arbeit im zahntechnischen Atelier (23.9.04 – 1 ABR 39/03, NZA 05, 420) sowie dann, wenn ein bisher auch mit organisatorischen Lageraufgaben betrauter Staplerfahrer nur noch für innerbetriebliche Transporte mit einem kleineren LKW eingesetzt wird (26.10.04 – 1 ABR 45/03, NZA 05, 94). Nach dem **objektiven Bild** richtet sich auch, ob eine nur teilweise Entziehung von Aufgaben oder deren zusätzliche Übertragung die Beteiligung des BRat erfordern (zusammenfassend BAG 11.9.01 – 1 ABR 2/01, EzA BetrVG 1972 § 95 Nr 34). Wegen der besonderen Verantwortung des Datenschutzbeauftragten ist der BRat bei seiner Bestellung 18

439 Versetzung

auch dann zu beteiligen, wenn seine Arbeitszeit mit dieser Aufgabe nur zu etwa 20 % ausgefüllt wird (LAG München 16.11.78 – 8 TaBV 6/78, DB 79, 1561; vgl auch BAG 22.3.94 – 1 ABR 51/93, DB 94, 1678). Verschiebt sich der Anteil qualifizierter Tätigkeiten innerhalb des Aufgabenbereichs des ArbN, erscheint es gerechtfertigt, jedenfalls solche Schwankungen als erheblich zu bewerten, die mehr als die Hälfte der regelmäßigen Arbeitszeit betragen oder zu einem höheren Tarifentgelt führen. Je nach den Umständen kann die Zuweisung eines neuen Verkaufsgebiets bei einem Angestellten im Außendienst mitbestimmungspflichtig sein (LAG Köln 24.10.89 – 4 TaBV 35/89, NZA 90, 534 [LS]). Gleiches gilt, wenn einem Autoverkäufer, der bisher als sog Gebietsverkäufer und mit einem zeitlichen Anteil von 25 % als Ladenverkäufer eingesetzt war, der Ladendienst entzogen wird (BAG 2.4.96 – 1 AZR 743/95, DB 96, 1880).

19 **c) Betriebliche Organisation.** Auf den ArbN bezogene organisatorische Änderungen (zB Abteilungs- oder Stationswechsel, Zuordnung zu einer anderen Arbeitsgruppe) sind als Versetzung zu qualifizieren, wenn für den ArbN aufgrund der neuen Zuordnung ein spürbar anderes „Arbeitsregime" gilt. Maßgebend sind die Umstände des Einzelfalls, insbesondere die organisatorische Eigenständigkeit der „neuen" Abteilung, Art und Weise der dort zu erledigenden Aufgaben, Kompetenzen des Vorgesetzten uÄ (bejaht für Stationswechsel in einem Altenpflegeheim BAG 29.2.2000 – 1 ABR 5/99, NZA 2000, 1357; verneint für Abteilungswechsel in Textilkaufhaus BAG 17.6.08 – 1 ABR 38/07, EzA-SD 08, Nr 23, 14 [Ls]; verneint für Wechsel von Tag- in den Nachtdienst eines Dialysezentrums BAG 23.11.93 – 1 ABR 38/93, NZA 94, 718). Die Zuordnung seiner Beschäftigungseinheit zu einer anderen Leitungs- oder Kostenstelle allein genügt nicht (BAG 10.4.84 – 1 ABR 67/82, NZA 84, 233).

20 **d) Kurzzeitige Zuweisung anderer Tätigkeiten.** Beläuft sich die voraussichtliche Dauer der personellen Maßnahme auf nicht mehr als einen Monat, besteht das Mitbestimmungsrecht des BRat nur, wenn sich die **Arbeitsumstände** „erheblich" ändern. Zu vergleichen sind die bisherigen und die neuen Arbeitsbedingungen (BAG 13.3.07 – 1 ABR 22/06, NZA-RR 07, 581). Es geht um die äußeren Umstände, unter denen die Arbeit zu verrichten ist. Dazu zählen etwa die zeitliche Lage der Arbeit, die Ausstattung des Arbeitsplatzes mit technischen Hilfsmitteln und Faktoren wie Lärm, Schmutz, Hitze, Kälte oder Nässe (BAG 11.12.07 – 1 ABR 73/06, NZA-RR 08, 353). Eine relevante Änderung hat das BAG beispielhaft für den auf wenige Tage beschränkten Einsatz eines Flugkapitäns als Copilot verneint: 11.12.07 – 1 ABR 73/06, NZA-RR 08, 353. Auch die Teilnahme an einem während der üblichen Arbeitszeit auf dem Betriebsgelände stattfindenden „Workshop" ist idR nicht mit einer erheblichen Änderung der äußeren Arbeitsumstände verbunden (BAG 28.8.07 – 1 ABR 70/06, NZA 08, 188; dazu *Hunold* NZA 08, 342; *Matthes* jurisPR-ArbR 2008/10 Anm 3).

21 **3. Ort der Arbeitsleistung. a) Allgemeines.** Die mit einem **Ortswechsel** verbundene Zuweisung von Arbeit ist immer dann zustimmungspflichtig, wenn sie voraussichtlich die Dauer eines Monats überschreitet. Bleibt sie zeitlich dahinter zurück, kommt es auf die Umstände an, unter denen die Arbeit zu leisten ist. Zu berücksichtigen sind Anfahrtsweg und -zeit, Arbeitszeitverkürzungen, Beanspruchungsgrad uä (BAG 18.10.88 – 1 ABR 33/87, DB 89, 530: Vorübergehender Einsatz bei Filialeröffnung). Unerheblich ist, ob der ArbN bei seiner Auswärtsbeschäftigung in einen anderen Betrieb eingegliedert wird. Auch **Dienstreisen** können deshalb der Zustimmungspflicht unterliegen (BAG 1.8.89 – 1 ABR 51/88, DB 90, 382: Entsendung eines Croupiers zur Spieldemonstration bei einer Messe). Allein aus dem Erfordernis einer auswärtigen Übernachtung kann nicht allgemein auf eine „erhebliche Änderung der Arbeitsumstände" geschlossen werden (BAG 21.9.99 – 1 ABR 40/98, NZA 2000, 781). Ist dem ArbN ein fester Arbeitsplatz im Betrieb zugewiesen und wird er nur gelegentlich bei auswärtigen Betrieben eingesetzt, ist der BRat zu beteiligen (BAG 8.8.89 – 1 ABR 63/88, NZA 90, 198).

22 **b) Ausnahme.** Nicht als Versetzung gilt die Zuweisung des Arbeitsortes, wenn der ständig wechselnde Arbeitsplatz für das Arbeitsverhältnis typisch ist (§ 95 Abs 3 Satz 2 BetrVG). Das gilt für Bau- und Montagearbeiter, Revisoren, Reisende, Springer, Mitarbeiter von Messegesellschaften mit Betreuungsaufgaben. Vorausgesetzt wird, dass der ArbN auch tatsächlich wechselnd eingesetzt wird (zum Gesamthafenbetrieb BAG 2.11.93 – 1 ABR

36/93, DB 94, 985). Nicht erfasst werden auch betriebliche Umsetzungen, die im Rahmen der Berufsausbildung ausbildungsbedingt turnusmäßig erfolgen (BAG 3.12.85 – 1 ABR 58/83, DB 86, 915).

c) Die **Verlagerung ganzer Betriebe** oder eines räumlich gesonderten Betriebsteils innerhalb einer politischen Gemeinde um wenige Kilometer ohne Änderung der innerbetrieblichen Umgebung des Arbeitsplatzes oder der Organisation stellt für die davon betroffenen ArbN keine mitbestimmungspflichtige Versetzung dar (BAG 27.6.06 – 1 ABR 35/05, BB 06, 2647). Wie eine Verlagerung bei Überschreiten der Gemeindegrenzen oder bei größeren Entfernungen zu beurteilen ist, hat das BAG offen gelassen. Auch dann dürften §§ 95 Abs 3, 99 BetrVG nicht eingreifen. Denn der „Arbeitsbereich" verändert sich nicht; die ArbN werden nicht individuell betroffen, wie es für § 99 BetrVG typisch ist. Angesprochen sind vielmehr die Beteiligungsrechte des BRat bei **Betriebsveränderungen** nach §§ 111 f BetrVG (LAG Bln 22.11.91 – 6 TaBV 3/91, BB 92, 854). 23

d) **Betriebsübergreifende Versetzung.** Bei einer Versetzung in einen anderen Betrieb ist der örtliche BRat, nicht der GBRat zu beteiligen (BAG 26.1.93 – 1 AZR 303/92, DB 93, 1475). Das Beteiligungsrecht des örtlichen BRat nach § 99 BetrVG entfällt, wenn der ArbN auf Dauer in einen **anderen Betrieb** des Unternehmens wechseln soll und die Versetzung auf seinen Wunsch hin erfolgt oder sie seinen Wünschen und seiner freien Entscheidung entspricht (BAG 20.9.90 – 1 ABR 37/90, DB 91, 335). Fehlt es am Einverständnis des ArbN, ist sowohl die Zustimmung des BRat des abgebenden Betriebs als auch die Zustimmung des BRat des aufnehmenden Betriebs erforderlich, für den sich die Personalmaßnahme als **Einstellung** darstellt (Näheres s dort). Das Beteiligungsrecht entfällt, wenn der abgebende Betrieb stillgelegt worden ist (BAG 8.12.09 – 1 ABR 41/09, NZA 10, 665). Entspricht die Versetzung dem **Wunsch** des ArbN, kann der abgebende BRat die Zustimmung nicht wegen dessen ungerechtfertigter Benachteiligung verweigern (BAG 2.4.96 – 1 ABR 39/95, NZA 97, 219). Widerspricht der BRat des aufnehmenden Betriebs der Einstellung, kann der ArbN Anspruch gegen den ArbGeb auf Einleitung des Ersetzungsverfahrens bei haben (BAG 3.12.02 – 9 AZR 481/01, NZA 03, 1215 bejaht beim Beschäftigungsanspruch schwerbehinderter Menschen; BAG 16.3.10 – 3 AZR 31/09, NZA 10, 1028 verneint für die Zuweisung eines höherwertigen Arbeitsplatzes nach absolvierter Qualifizierung). 24

4. Entbindung von der Arbeitspflicht. Keine Versetzung stellt eine bloße **Freistellung** des ArbN dar. Das gilt etwa dann, wenn dem ArbN die Arbeitsaufnahme bei einem anderen ArbGeb ermöglicht werden soll. Vorausgesetzt wird in einem solche Fall, dass es dem ArbN überlassen bleibt, ob er die andere Tätigkeit aufnimmt oder nicht. **Zuweisung** von Arbeit und keine Freistellung liegt deshalb vor, wenn der ArbN auf Initiative des ArbGeb die Arbeit bei einem Dritten aufnimmt, der mit dem ArbGeb unternehmens- oder konzernrechtlich verbunden ist und er mit seiner Arbeit bei dem Dritten gleichzeitig seine Arbeitspflicht gegenüber seinem ArbGeb erfüllt (BAG 19.2.91 – 1 ABR 36/90, DB 91, 1627). Eine mitbestimmungspflichtige Versetzung liegt auch dann nicht vor, wenn dem ArbN nur die bisherigen Arbeitsaufgaben entzogen werden, zB durch Freistellung während der Kündigungsfrist (BAG 28.3.2000 – 1 ABR 17/99, NZA 2000, 1355). 25

5. Änderungen der Lage der Arbeitszeit. Bloße Veränderungen in der Lage der Arbeitszeit sind regelmäßig keine Versetzung iSv § 95 Abs 3 BetrVG. Die Umsetzung von Normal- in Wechselschicht ist mitbestimmungspflichtig nach § 87 Abs 1 Nr 2 BetrVG, nicht aber nach § 99 BetrVG (BAG 19.2.91 – 1 ABR 21/90, DB 91, 1469). Das gilt auch für die Umsetzung von Tag- in Nachtschicht (BAG 23.11.93 – 1 ABR 38/93, DB 94, 735). Dementsprechend ist auch die Verlängerung oder Verkürzung der Wochenarbeitszeit keine zustimmungspflichtige Versetzung. Das gilt auch bei Teilzeitkräften mit variabler Arbeitszeit (BAG 16.7.91 – 1 ABR 71/90, DB 92, 145). Bei Arbeitszeiterhöhungen kommen Mitbestimmungsrechte unter dem Aspekt *Einstellung* in Betracht. 26

6. Beschlussunfähigkeit des Betriebsrats. Der ArbGeb ist wegen der ihm nach § 100 BetrVG ermöglichten einstweiligen Befugnis zur Gestaltung personeller Maßnahmen auch dann nicht berechtigt, eine Versetzung ohne Beteiligung des BRat durchzuführen, wenn der gebildete BRat seine Beteiligungsrechte nicht wahrnehmen kann (BAG 19.1.10 – 1 ABR 55/08, NZA 10, 659). 27

439 Versetzung

28 7. **Zum Zustimmungsverfahren** wird auf das Stichwort *Mitbestimmung, personelle Angelegenheiten* verwiesen. Unterlässt der ArbGeb bei kurzfristen Versetzungen, bei denen ein Verfahren nach § 101 BetrVG idR verspätet wäre, regelmäßig die fristgerechte Unterrichtung des BRat, hat dieser aus § 23 Abs 3 BetrVG einen Anspruch auf Unterlassung der personellen Maßnahmen (LAG RhPf 4.11.10 – 5 TaBV 21/10, BeckRS 2011, 72882). Gegen betriebsverfassungswidrig durchgeführte Versetzungen kommt eine einstweilige Verfügung regelmäßig nicht in Betracht, da die Rechte des BRat in § 101 BetrVG abschließend geregelt sind (LAG RhPf 26.1.11 – 7 TaBVGa 4/10, BeckRS 2011, 72914). Etwas anderes gilt, wenn der ArbGeb ein BRatMitglied ohne Zustimmung des BRat versetzt. Hiergegen kann sich der BRat mit einem Antrag auf Erlass einer einstweiligen Verfügung wehren (LAG Nürnberg 11.10.10 – 7 TaBVGa 7/10, BeckRS 2010, 75520).

29 **IV. Betriebsverfassungs- und Individualrecht. 1. Generelle Fragen.** Bei der Verwirklichung einer geplanten Versetzung muss der ArbGeb beide Ebenen beachten: Das Einverständnis des BRat erweitert seinen vertraglichen Spielraum nicht; ebenso wenig entbinden ihn eine arbeitsvertragliche Versetzungsbefugnis oder -pflicht noch das Einverständnis des ArbN mit der Versetzung von seiner Pflicht, die Zustimmung des BRat einzuholen (BAG 16.3.10 – 3 AZR 31/09, NZA 10, 1028). Die ordnungsgemäße Beteiligung des BRat ist **Wirksamkeitsvoraussetzung** für die tatsächliche Zuweisung des neuen Arbeitsbereichs. Das gilt für Versetzungen, die der ArbGeb individualrechtlich im Wege des Weisungsrechts anordnen kann (BAG 22.4.10 – 2 AZR 491/09, NZA 10, 2235; 26.1.88 – 1 AZR 531/86, DB 88, 1167) wie auch für Versetzungen im Wege der Änderungskündigung (BAG 30.9.93 – 2 AZR 283/93, DB 94, 637). Die **Änderungskündigung** ist bei fehlender Zustimmung des BRat nicht rechtsunwirksam; der ArbGeb kann jedoch die geänderten Arbeitsbedingungen nicht durchsetzen, solange das Verfahren nach § 99 BetrVG nicht abgeschlossen ist. Der ArbN ist in dem alten Arbeitsbereich weiterzubeschäftigen, der ihm nicht wirksam entzogen worden ist; andernfalls kann er Annahmeverzugslohn beanspruchen (BAG 25.8.10 – 10 AZR 275/09, NZA 10, 1355; 22.4.10 – 2 AZR 491/09, NZA 10, 1235).

30 2. **Schutz der Betriebsratsmitglieder bei Versetzungen.** Nach § 103 Abs 3 BetrVG sind die Mitglieder des BRat und die anderen in § 103 Abs 1 BetrVG genannten ArbNVertretungen (s *Kündigungsschutz* Rz 146) vor einer Versetzung geschützt, die zu einem **Verlust des Amtes** oder der **Wählbarkeit** führt. Eine Versetzung bedarf der **Zustimmung** des abgebenden BRat, es sei denn, der betroffene ArbN ist mit der Versetzung einverstanden. Die Entscheidung des BAG vom 11.7.2000 (1 ABR 39/99, NZA 01, 516), wonach § 103 BetrVG aF auf Versetzungen in einen anderen Betrieb keine (analoge) Anwendung findet, ist damit überholt. **Nachwirkender Versetzungsschutz** besteht für Ersatzmitglieder nicht (ArbG Düsseldorf 26.3.03 – 10 Ca 5399/02, DB 03, 1688). Das vom ArbGeb zu beachtende Verfahren entspricht dem Zustimmungsverfahren bei Kündigungen. In ihm ist zu prüfen, ob die Versetzung auch unter Berücksichtigung der betriebsverfassungsrechtlichen Stellung des betroffenen ArbN aus dringenden betrieblichen Gründen notwendig ist.

31 **V. Muster.** S Online-Musterformulare *„M7.2 Versetzung zu einer ausländischen Tochtergesellschaft"* u *„M41.1 Unterrichtung des Betriebsrats über eine beabsichtigte Versetzung nach § 99 BetrVG"*.

B. Lohnsteuerrecht

Thomas

32 Mit einer Versetzung ist – anders als bei einer Abordnung – nicht nur vorübergehend, sondern endgültig ein neuer gleich bleibender Arbeitsplatz verbunden, der nunmehr als Mittelpunkt der dienstlichen Tätigkeit anzusehen ist. Deswegen sind, auch wenn der ArbN später wieder an den bisherigen Arbeitsplatz zurückkehren wird, keine Dienstreisen anzunehmen (BFH 4.5.90, BStBl II 90, 856; vgl aber BFH 8.8.13 – VI R 72, 12 DStR 13, 2558 und BMF 30.9.13 BStBl I 13, 1279 Rz 20). Dagegen können, wenn die Versetzung einen Wohnungswechsel erfordert, *Umzugskosten* (s dort Rz 12 ff) als Werbungskosten abgezogen werden. Demgegenüber ist der Rückumzug nur beruflich veranlasst, wenn der bisherige Lebensmittelpunkt beibehalten wurde (BFH 8.11.96, BStBl II 97, 207 mit Anm *MIT* DStR 97, 322).

Behält der ArbN am bisherigen Beschäftigungsort einen Familienhausstand bei und wohnt er am neuen Beschäftigungsort, entstehen ihm Mehraufwendungen wegen einer Doppelten Haushaltsführung.

C. Sozialversicherungsrecht *Ruppelt*

Sozialversicherungsrechtlich hat die Versetzung keine unmittelbaren Auswirkungen. Es gelten die allgemeinen Regelungen des SozVRechts. **33**

Vertragsbruch

A. Arbeitsrecht *Griese*

1. Begriff. Vertragsbruch bezeichnet die schuldhafte Nichterfüllung der Arbeitspflicht **1** durch den ArbN. Er liegt vor, wenn der ArbN vorsätzlich und rechtswidrig die Arbeit nicht aufnimmt oder vor Ablauf der ordentlichen Kündigungsfrist oder der vereinbarten Vertragszeit das Arbeitsverhältnis ohne wichtigen Grund beendet. Soll mit dem Begriff Vertragsbruch auch die vom ArbN schuldhaft veranlasste Beendigung des Arbeitsverhältnisses durch außerordentliche Kündigung des ArbGeb gemeint sein, muss dies besonders vereinbart sein (BAG 18.9.91 – AZR 650/90, NZA 92, 215).

2. Rechte des Arbeitgebers bei Vertragsbruch. a) Anspruch auf die Arbeitsleis- 2 tung. Der ArbGeb hat gegen den vertragsbrüchigen ArbN den Anspruch darauf, dass dieser die vertraglich zugesagte Arbeitsleistung erbringt. Er kann auf Erfüllung des Arbeitsvertrages klagen. Allerdings ist eine entsprechende gerichtliche Entscheidung wegen § 888 Abs 3 ZPO nicht vollstreckbar. Der ArbN kann daher zur Einhaltung des Arbeitsvertrages nicht gezwungen werden, was auch im Zusammenhang damit zu sehen ist, dass Art 12 Abs 2 GG es verbietet, jemanden zur Ableistung bestimmter Arbeiten zu zwingen.

Umstritten ist, ob eine **einstweilige Verfügung** auf Erbringung der Arbeitsleistung **3** möglich ist. Zwar ist auch eine solche letztlich nicht vollstreckbar, sie wird zum Teil bereits aufgrund dieses Umstandes abgelehnt (LAG BaWü 27.1.58, AP Nr 5 zu § 611 BGB Anspruch auf Arbeitsleistung; *Dütz* BB 80, 534; *Germelmann/Matthes/Prütting* ArbGG § 62 Rz 85). Nach anderer Auffassung scheitert der Erlass einer einstweiligen Verfügung nicht an der fehlenden Vollstreckbarkeit (LAG BaWü 9.4.63, AP Nr 5 zu § 940 ZPO = BB 63, 516; *Grunsky* § 62 ArbG Rz 20; *Schaub* 45 Rz 72), kann aber letztlich doch nicht vollstreckt werden wegen § 888 Abs 3 ZPO.

Wenn mit einem Unterlassungsanspruch andere Zwecke verfolgt werden, etwa **Unterlas- 4 sung wettbewerbswidriger Tätigkeit beim konkreten Wettbewerber,** ist die Vollstreckbarkeit nach § 890 ZPO gegeben (BAG 17.10.69, DB 70, 497; *Schaub* § 45 Rz 73). S auch *Arbeitspflicht* Rz 23.

b) Wegfall der Vergütungspflicht. Für die Zeit, in der der ArbN seine Arbeitspflicht **5** nicht erfüllt, entfällt die Vergütungspflicht. Der ArbGeb kann darüber hinaus arbeitsrechtliche Sanktionen ergreifen, insbesondere *Abmahnung* und ggf *Kündigung* (Näheres jeweils dort).

c) Entschädigung. Gesetzliche Entschädigungsfestlegungen existieren nicht mehr, nach- **6** dem § 124b GewO aF mangels Bestimmtheit für verfassungswidrig erklärt wurde (BAG 11.4.84 – 7 AZR 199/84, DB 84, 2199; zur Geschichte dieser Norm s Personalbuch 2002 Stichwort Vertragsbruch Rz 6).

d) Schadensersatz. Der ArbGeb hat allerdings die Möglichkeit, den konkreten, aus dem **7** Vertragsbruch folgenden Schaden vom vertragsbrüchigen ArbN zu verlangen unter Berufung auf §§ 280, 281 BGB oder, wenn er den Vertragsbruch zum Anlass einer außerordentlichen arbeitgeberseitigen Kündigung nimmt, auf § 628 Abs 2 BGB. Dieser Schadensersatzanspruch stößt jedoch in der Praxis auf außerordentliche Hindernisse, da es meist schwierig ist, einen konkreten Schaden und die Ursächlichkeit des Vertragsbruchs hierfür zu beweisen. Der Schadensersatzanspruch ist von vorneherein begrenzt durch den Zeitpunkt, zu dem der ArbN das Arbeitsverhältnis rechtmäßigerweise hätte beenden können, idR also durch den Ablauf der ordentlichen Kündigungsfrist.

8 Für das Ausbildungsverhältnis regelt § 16 Abs 1 Satz 1 BBiG die Schadensersatzpflicht. Löst der Auszubildende schuldhaft das Ausbildungsverhältnis, gehört die Bezahlung eines ersatzweise beschäftigten vollausgebildeten ArbN nicht zum zu ersetzenden Schaden, da Ausbildungs- und Arbeitsverhältnis nicht gleichgesetzt werden können (BAG 17.8.00 – 8 AZR 578/99, NZA 01, 150).

9 Endet das Arbeitsverhältnis durch **Aufhebungsvertrag**, kann ein Schadensersatzanspruch nur in Betracht kommen, wenn der ArbGeb sich Schadensersatzansprüche ausdrücklich vorbehalten hatte (BAG 10.5.71, DB 71, 1819 ff; LAG Düsseldorf 29.8.72, EzA Nr 4 zu § 628 BGB; MüKo/*Schwerdtner* § 628 Rz 3). Die Haftung wegen Vertragsbruchs setzt voraus, dass der ArbN trotz Arbeitsfähigkeit und Arbeitsverpflichtung seine Arbeit nicht aufnimmt bzw vorzeitig einstellt. Die Arbeitsverpflichtung entfällt, wenn der ArbN ein Recht zur außerordentlichen Kündigung hat.

10 Zu ersetzen ist der durch den Vertragsbruch entstandene Schaden. Haben andere ArbN die Arbeit übernommen, sind die diesbezüglichen Entgeltaufwendungen zwar ersatzfähiger Schaden, hiervon muss jedoch das für den vertragsbrüchigen ArbN ersparte Entgelt wieder abgezogen werden, so dass idR keine Differenz verbleibt. Anders ist es hingegen, wenn **Überstundenzuschläge** infolge des Vertragsbruchs anfallen; diese sind dann ersatzfähiger Schaden. Schaden kann auch die Differenz zwischen dem Entgelt des vertragsbrüchigen ArbN und dem höheren Entgelt für die Ersatzkraft sein (BAG 9.5.75, DB 75, 1607).

11 Muss der ArbGeb infolge des Vertragsbruchs eine **Konventionalstrafe** entrichten, gehört sie zum zu ersetzenden Schaden. **Inseratskosten** für die Stellenneubesetzung sind grds kein ersatzfähiger Schaden, da diese idR auch bei fristgerechter Beendigung des Arbeitsverhältnisses angefallen wären (BAG 23.3.84 – 7 AZR 37/81, DB 84, 1731).

12 Diesen Gesichtspunkt wird man auch auf **Einarbeitungskosten** anwenden müssen. Ersatzfähig sind also nur die Schäden, die bei ordnungsgemäßer Beendigung des Arbeitsverhältnisses nicht entstanden wären. Nimmt der ArbGeb den Vertragsbruch des ArbN zum Anlass, selbst außerordentlich zu kündigen, setzt ein Schadensersatzanspruch die Wirksamkeit dieser Kündigung voraus. Dazu gehört insbesondere, dass die zweiwöchige Kündigungserklärungsfrist des § 626 Abs 2 BGB eingehalten wird (BAG 22.6.89, DB 90, 433).

13 Der Schadensersatzanspruch kann wegen **Mitverschuldens des Arbeitgebers** nach § 254 BGB gemindert oder ausgeschlossen sein. Dies kommt insbesondere in Betracht, wenn der ArbGeb den ArbN anlässlich eines Vertragsbruchs nicht zur Arbeit auffordert und nicht auf die Gefahr eines unverhältnismäßig großen Schadens hinweist. Auch eine formularmäßig vereinbarte Vertragsstrafe kann nicht mehr verlangt werden, wenn der ArbGeb eine unwirksame fristlose Kündigung des ArbN zunächst widerspruchslos hinnimmt, anstatt auf der Einhaltung der Kündigungsfrist zu bestehen (LAG Bln 14.7.89, DB 90, 639).

14 **3. Absicherung durch Vertragsstrafe.** Durch individuelle Vereinbarung einer Vertragsstrafe kann sich der ArbGeb am effektivsten gegen einen Vertragsbruch schützen (s *Vertragsstrafe* Rz 1 ff). Die pönalisierte Vertragsverletzung muss präzise definiert sein (BAG 14.8.07 – 8 AZR 973/06) und der Inhaltskontrolle nach § 307 BGB standhalten (BAG 23.9.10 – 8 AZR 897/08). Ein vergleichbares Instrument ist die **Lohnverwirkungsabrede** (s *Entgeltverzicht* Rz 2 u ErfK/*Preis* § 611 BGB Rz 469), die in Formulararbeitsverträgen ebenso wie eine Vertragsstrafe wegen § 309 Nr 6 BGB nur sehr eingeschränkt vereinbart werden kann (BAG 4.3.04 – 8 AZR 196/03, NZA 04, 728). Die **Höhe** muss vertraglich auf das Entgelt für die Zeit zwischen der vorzeitigen Beendigung und dem rechtlich zulässigen Beendigungszeitpunkt begrenzt sein (BAG 18.12.08 – 8 AZR 81/08, DB 09, 2269); eine nachträgliche geltungserhaltende Reduktion ist nicht möglich (BAG 21.4.05 – 8 AZR 425/04, NZA 05, 1053). Die **Pauschalierung von Schadensersatzansprüchen** ist in Formulararbeitsverträgen gem § 309 Nr 5 BGB nur sehr eng begrenzt möglich, insbesondere muss ausdrücklich vertraglich die Möglichkeit eingeräumt werden, nachzuweisen, dass ein Schaden wesentlich geringer als die Pauschale oder gar nicht angefallen ist.

B. Lohnsteuerrecht *Seidel*

15 **1. Lohnsteuerabzug. a) Zahlungen des Arbeitnehmers.** Behält der ArbGeb den Lohn des ArbN wegen Vertragsbruchs ein, so entfällt der Lohnzufluss mit der Folge, dass auch keine LSt für den nicht ausgezahlten Teil des Arbeitslohns einzubehalten ist. Rechnet

Vertragsbruch 440

der ArbGeb mit Schadensersatzansprüchen gegen den Anspruch des ArbN auf Arbeitslohn auf, so bleibt der LStAbzug für den gesamten Arbeitslohn unberührt (s *Aufrechnung* Rz 15). Zum Verzicht des ArbGeb auf den Schadensersatzanspruch s *Arbeitnehmerhaftung* Rz 28, *Lohnzufluss* Rz 8: Forderung und *Verzicht* Rz 14, 15. Zur lohnsteuerlichen Behandlung von Vertragsstrafen s *Vertragsstrafe* Rz 22 ff.

b) Schadensersatzleistungen des Arbeitgebers an den ArbN können uU stpfl Arbeitslohn darstellen (Näheres s *Arbeitsentgelt* Rz 54 ff und *Arbeitgeberhaftung* Rz 19 ff), der als sonstiger Bezug dem LStAbzug unterliegt. Zu Zahlungen des ArbGeb als Vertragsstrafe s *Vertragsstrafe* Rz 22. **16**

2. Werbungskosten. Ein Werbungskostenabzug des ArbN im Rahmen seiner EStVeranlagung (s *Antragsveranlagung* Rz 2 ff) kommt in den genannten Fällen (s oben Rz 15) nur dann in Betracht, wenn die Leistung des ArbN aus versteuertem Arbeitslohn erbracht wird, also nicht beim Lohneinbehalt. Hat der ArbN dem ArbGeb Schadensersatz wegen Vertragsbruchs zu leisten, so dürften meist Werbungskosten (s *Arbeitnehmerhaftung* Rz 27) vorliegen, da der Anspruch des ArbGeb hier idR durch das Dienstverhältnis veranlasst und ein – auch teilweiser – Zusammenhang mit der allgemeinen Lebensführung ausgeschlossen sein wird. Auf ein Verschulden des ArbN kommt es dabei nicht an (*K/S § 9 B 700 Schadensersatzleistungen*). Zum Werbungskostenabzug von Vertragsstrafen s *Vertragsstrafe* Rz 23, 24. **17**

C. Sozialversicherungsrecht *Voelzke*

1. Versicherungs- und Beitragspflicht. In der KV endet die Mitgliedschaft versicherungspflichtiger Beschäftigter mit Ablauf des Tages, an dem das Beschäftigungsverhältnis gegen Arbeitsentgelt endet (§ 190 Abs 2 SGB V). Ende des Beschäftigungsverhältnisses iSd Vorschrift meint nicht die tatsächliche Beendigung der Beschäftigung, sondern das **rechtliche Ende** der Beschäftigung. Endet die Beschäftigung wegen des Ausspruchs einer fristlosen Kündigung im Laufe eines Tages, so endet die Mitgliedschaft erst mit Ablauf des betreffenden Tages (*Schlegel/Voelzke/Felix* SGB V, § 190 Rz 16). Wurde das Beschäftigungsverhältnis vom ArbGeb noch nicht durch Kündigung beendet, so endet die Beschäftigung gegen Arbeitsentgelt nach Ablauf eines weiteren Monats, wenn dem ArbN ein Anspruch auf Arbeitsentgelt nicht mehr zusteht (§ 7 Abs 3 SGB IV). In der RV führen ganze Kalendermonate, die nicht mit rentenrechtlichen Zeiten belegt sind, zu versicherungsrechtlichen Nachteilen. Das Ende der Beschäftigung, aber auch bereits das Ende der Entgeltzahlung und das Ende der Mitgliedschaft in der KV zählen zu den Meldetatbeständen nach § 28a Abs 1 SGB IV (s *Meldepflichten Arbeitgeber*). **18**

Da dem ArbN für die Zeit, in der er seine Arbeitspflicht vertragswidrig nicht erfüllt, kein Arbeitsentgeltanspruch mehr zusteht, entfällt auch die **Beitragspflicht;** der Beitragsanspruch bleibt hingegen bestehen, wenn das Arbeitsentgelt geschuldet, aber nicht gezahlt wird. Ist das Fortbestehen des Beschäftigungsverhältnisses streitig, so entsteht der Beitragsanspruch mit der rechtskräftigen Beendigung des Kündigungsschutzverfahrens (BSG 25.9.81 – RK 58/80, SozR 2100 § 25 Nr 3). Hat der ArbGeb Arbeitsentgelt rechtsgrundlos überzahlt, so sind die Beiträge nach Maßgabe des § 26 SGB IV zu erstatten (vgl *Entgeltrückzahlung* Rz 24 ff). Zur beitragsrechtlichen Behandlung der Vertragsstrafe s *Vertragsstrafe* Rz 25, 26. **19**

2. Sperrzeit. Der Vertragsbruch des ArbN als endgültige rechtswidrige Lösung vom Arbeitsvertrag wird in aller Regel die Voraussetzungen des **Sperrzeittatbestandes** nach § 159 Abs 1 Satz 2 Nr 1 SGB III erfüllen und den AlGeldAnspruch des ArbN belasten. Eine Sperrzeit (s *Sperrzeit* Rz 9 ff) tritt nach dieser Vorschrift ein, wenn der Arbeitslose das Arbeitsverhältnis gelöst oder durch ein vertragswidriges Verhalten Anlass für die Kündigung des ArbGeb gegeben und er dadurch vorsätzlich oder grob fahrlässig seine Arbeitslosigkeit herbeigeführt hat, ohne für sein Verhalten einen wichtigen Grund zu haben. Eine Sperrzeit tritt nicht vor Ablauf der ordentlichen Kündigungsfrist ein, wenn das vertragswidrige Verhalten des ArbN eine ordentliche, nicht aber die vom ArbGeb ausgesprochene fristlose Kündigung rechtfertigt; eine Bindung an die Entscheidung der ArbG besteht nicht (BSG 25.4.90 – 7 RAr 106/89, NZA 90, 791). **20**

Vertragsstrafe

A. Arbeitsrecht
Poeche

1. Begriff. Eine Vertragsstrafe liegt nach § 339 BGB vor, wenn der Schuldner, im Arbeitsrecht ist das regelmäßig der ArbN, verspricht, an den ArbGeb als Gläubiger für den Fall der Nichterfüllung oder der nicht gehörigen Erfüllung seiner Verbindlichkeiten eine meist in Geld bestehende Summe zu zahlen. In der betrieblichen Praxis werden Vertragsstrafen oft für den Fall vereinbart, dass der ArbN die Arbeit vertragswidrig nicht aufnimmt, das Arbeitsverhältnis grundlos ohne Einhaltung der vereinbarten Kündigungsfrist auflöst oder der ArbGeb das Arbeitsverhältnis zu Recht aus einem vom ArbN schuldhaft gesetzten wichtigem Grund (§ 626 BGB) außerordentlich kündigt. Regelmäßig finden sie sich außerdem zur Absicherung eines nachvertraglichen Wettbewerbsverbots.

2. Zweck. Die Vertragsstrafe hat eine doppelte Funktion. Sie ist **Druck- und Sicherungsmittel.** Der ArbN soll angehalten werden, zur Vermeidung finanzieller Lasten den Arbeitsvertrag ordnungsgemäß zu erfüllen. Zugleich erleichtert sich der ArbGeb die Durchsetzung von Schadensersatzansprüchen. Ohne einen Schaden nachweisen zu müssen, kann die Vertragsstrafe als Mindestbetrag verlangt werden. Ein weitergehender Ersatzanspruch ist nicht ausgeschlossen, die Vertragsstrafe hierauf anzurechnen (§ 340 BGB). Als Sicherungsmittel setzt die Vertragsstrafe das Bestehen einer zu sichernden Verbindlichkeit voraus; sie ist **akzessorisch,** wird deshalb auch als „unselbstständiges" Strafversprechen bezeichnet und teilt das rechtliche Schicksal der gesicherten Verbindlichkeit. Bei Nichtigkeit des Arbeitsvertrags oder fehlender Verbindlichkeit entfällt sie ersatzlos (BAG 25.9.08 – 8 AZR 717/07, NZA 09, 370; LAG Frankfurt 5.3.90 – 10/2 Sa 1114/89, DB 91, 709; LAG Nbg 4.11.92 – 3 Sa 367/92, NZA 93, 507).

3. Abgrenzung. Soll eine Vereinbarung über eine Geldzahlung allein den Schadensnachweis ersparen, liegt eine Abrede über **pauschalierten Schadensersatz** vor, auf die die §§ 339 ff BGB keine Anwendung finden. Im Weg der Auslegung ist jeweils zu ermitteln, welchem Zweck die Abrede dient (LAG Bln 19.5.80 – 9 Sa 19/80, DB 80, 2342). Das **selbstständige Strafversprechen** dient nicht der Sicherung einer Verbindlichkeit. Mit ihm verpflichtet sich der Schuldner nicht zu einem bestimmten Tun oder Unterlassen, sondern verspricht die Strafe für den Fall, dass er „eine Handlung vornimmt oder unterlässt" (§ 343 Abs 2 BGB), zu deren Vornahme oder Unterlassung er rechtlich nicht verpflichtet ist. In Wirkung und Funktion entspricht das selbstständige Strafversprechen der Verpflichtung des ArbN, Sonderleistungen zu erstatten, wenn er das Arbeitsverhältnis vor Ablauf einer bestimmten Zeit kündigt (s *Rückzahlungsklausel* Rz 14).

Von der **Betriebsbuße** unterscheidet sich die Vertragsstrafe durch den fehlenden kollektiven Charakter; gesichert wird nicht die Einhaltung der Ordnung im Betrieb, sondern das individuelle Interesse des ArbGeb an der vertragsgerechten Erbringung der Arbeitsleistung durch den ArbN (BAG 5.2.86 – 5 AZR 564/84, DB 86, 1979; dazu *Thüsing/Bodenstedt* ArbuR 04, 369).

4. Zulässigkeit. a) Vertragsfreiheit. Vertragsstrafenabreden sind nach dem Grundsatz der Vertragsfreiheit (§ 105 GewO, § 311 Abs 1 BGB) grds zulässig, weil die Vertragsstrafe die Einhaltung der sich aus dem Arbeitsvertrag ergebenden Pflichten des ArbN sichern soll (schon BAG 23.5.84 – 4 AZR 129/82, NZA 84, 165). Dagegen lässt sich nicht einwenden, dass Vertragsstrafen regelmäßig nur zugunsten des ArbGeb vereinbart werden. Sein legitimes Interesse an einem durch die Vertragsstrafe gesicherten pauschalen Ausgleich des vom ArbN durch sein Verhalten verursachten Schadens ist nicht zu verkennen. Der dem ArbGeb entstandene konkrete Schaden ist zwar regelmäßig theoretisch belegbar, sein Nachweis im Allgemeinen aber mit einem unverhältnismäßig großen Ermittlungs- und Darstellungsaufwand verbunden. Der Schutz des ArbN vor einer unberechtigten Vertragslösung und den damit verbundenen finanziellen Einbußen wird demgegenüber weitgehend durch die Bestimmungen des KSchG und sonstige Vorschriften gewährleistet (s *Annahmeverzug* Rz 1 ff; *Kündigungsschutz* Rz 1 ff). Die Verpflichtung zur Zahlung einer Vertragsstrafe bedarf einer gesonderten ausdrücklichen **Vereinbarung,** die im Einzelarbeitsvertrag, in einer Betriebsvereinbarung oder im Tarifvertrag enthalten sein kann.

b) Schranken für die Vereinbarung von Vertragsstrafen ergeben sich deshalb zunächst nur aus höherrangigem Recht. **Gesetzlich** sind Berufsausbildungsverhältnisse betroffen, § 12 Abs 2 BBiG (Näheres *Ausbildungsverhältnis* Rz 41). **Tarifrecht** steht einzelvertraglich vereinbarten Arbeitsbedingungen und damit auch der Vereinbarung einer Vertragsstrafe nicht entgegen, wenn in der Tarifnorm für das Arbeitsverhältnis nur Mindestbedingungen vorgeschrieben sind (BAG 23.5.84 – 4 AZR 129/82, NZA 84, 165). Im Übrigen gelten die Vorschriften des Tarifvertragsrechts (*Günstigkeitsprinzip* Rz 1 ff). Die Betriebspartner können in einer **Betriebsvereinbarung** Vertragsstrafen zulasten des ArbN regeln, solche aber auch grds untersagen. Sieht eine **Betriebsvereinbarung** eine Vertragsstrafe vor, ist sie unwirksam, wenn sie darüber hinausgehende einzelvertragliche Absprachen zulässt, die dem ArbN ungünstiger sind (BAG 6.8.91 – 1 AZR 3/90, DB 92, 146). Fehlt es an entsprechenden Bestimmungen, ist der ArbGeb nicht gehindert, mit dem ArbN im Arbeitsvertrag eine Vertragsstrafe zu vereinbaren und diese dem ArbN gegenüber geltend zu machen. Mitbestimmungsrechte des BRat bestehen insoweit nicht (BAG 17.10.89 – 1 ABR 100/88, NZA 90, 193). 6

c) Schriftform. Die Strafabrede ist gesetzlich nur in den Fällen des nachvertraglichen Wettbewerbsverbotes formbedürftig (§§ 74 ff HGB; Näheres s *Wettbewerbsverbot* Rz 8). Daneben kommen einzel- oder tarifvertragliche Formvorschriften in Betracht. Zum Nachweis ist eine schriftliche Dokumentation unerlässlich. 7

In der Praxis werden Strafabreden regelmäßig im schriftlichen Arbeitsvertrag festgehalten. Ist das nicht der Fall, so ist die Abrede jedenfalls in den vom ArbGeb nach § 2 Abs 1 NachwG zu erstellenden **Nachweis** der wesentlichen Arbeitsbedingungen aufzunehmen. Das bedingt der Zusammenhang mit den ebenfalls zu vermerkenden Kündigungsfristen und die finanzielle Belastung des ArbN bei einem Vertragsbruch, die er nach den §§ 339 ff BGB auch dann nicht gänzlich abwehren kann, wenn dem ArbGeb keinerlei Schaden entstanden ist.

5. Inhaltskontrolle. Vertragsstrafen werden regelmäßig in Formularverträgen vereinbart. Seit 1.1.02 unterliegen sie der für Allgemeine Geschäftsbedingungen geltenden Kontrolle nach §§ 305 ff BGB. Das gilt seit 1.1.03 auch für „Altverträge". Bestehende Vereinbarungen sollten überprüft werden; bei neuen Klauseln ist auf sorgfältige Formulierung und Gestaltung zu achten. Hierbei ist das gesamte „Kontrollinstrumentarium" im Auge zu behalten. Geprüft wird, ob die Klausel Inhalt des Vertrags geworden ist, ob sie klar und bestimmt formuliert ist und ob sie der Angemessenheitskontrolle iSv § 307 BGB standhält („Musterklauseln" bei *Haas/Fuhlrott* NZA 10, 1; *Günther/Nolde* NZA 12, 62 sowie *Lingemann/Gottschalk* DStR 11, 774). 8

a) Überraschungsklauseln. Nach § 305 Abs 1 BGB werden überraschende Klauseln nicht Bestandteil des Arbeitsvertrags. Das gilt etwa für eine Strafabrede, die unter dem Punkt „Verschiedenes" ohne drucktechnische Hervorhebung versteckt ist (ArbG Brem 30.1.03 – 6 Ca 6124/02, LAGE § 309 BGB 2002 Nr 3) oder die sich ohne besonderen Hinweis unter einer falschen oder missverständlichen Überschrift befindet (BAG 27.4.2000 – 8 AZR 301/99, BeckRS 2009, 56447; vgl auch BAG 29.11.95 – 5 AZR 44/94, NZA 96, 2117; LAG SchlHol 2.2.05 – 3 Sa 515/04, NZA-RR 05, 351). Das Überraschungsmoment ist desto eher zu bejahen, je belastender die Bestimmung ist (BAG 14.8.07 – 8 AZR 973/06, NZA 08, 170). 9

b) Kein absolutes Klauselverbot. Nach § 309 Nr 6 BGB sind Klauseln, die den Schuldner für den Fall der **unberechtigten Lösung vom Vertrag** mit einer Vertragsstrafe belegen, unwirksam. Dieses Verbot gilt im Arbeitsrecht nicht. Vertragsstrafen, mit denen der ArbGeb die Aufnahme der Arbeit oder die Einhaltung der vereinbarten Kündigungsfrist sichern will, sind nicht generell unzulässig (BAG 4.3.04 – 8 AZR 196/03, NZA 04, 727; 18.12.08 – 8 AZR 81/08, NZA-RR 09, 519). Das ergibt sich aus § 310 Abs 4 Satz 2 BGB. Danach sind bei der Anwendung des Rechts der AGB die im **Arbeitsrecht geltenden Besonderheiten** angemessen zu berücksichtigen. Eine arbeitsrechtliche Besonderheit ist § 888 Abs 3 ZPO. Der ArbGeb kann einen (titulierten) Anspruch auf Arbeitsleistung nicht mit Zwangsgeld oder -haft durchsetzen. 10

441 Vertragsstrafe

11   **c) Transparenzgebot/Bestimmtheitsgebot.** Strafabreden sind **klar** und **bestimmt** zu formulieren (§ 307 Abs 1 Satz 2 BGB). Verlangt wird eine Regelung, deren Inhalt verständlich ist. Sie muss „durchschaubar" sein. Die Vertragsverletzung, die zur Zahlungspflicht führen soll, muss vorhersehbar sein. Unwirksam sind daher Klauseln, die pauschal für „Vertragsverletzungen" vereinbart werden. Das gilt etwa für eine Klausel, nach der die Vertragsstrafe bei einem „schuldhaft vertragswidrigen Verhalten des ArbN, das den ArbGeb zur fristlosen Kündigung des Arbeitsverhältnisses veranlasst" verwirkt. Sie lässt nicht erkennen, welche konkrete Pflichtverletzung gemeint ist. Globale Strafversprechen, die auf die Absicherung aller vertraglichen Pflichten zielen, sind unwirksam (BAG 21.4.05 – 8 AZR 425/05, NZA 05, 1053). Nicht haltbar ist daher wohl auch die Regelung im **DFB-Mustervertrag,** mit der „Verstöße des Spielers gegen Vertragspflichten" sanktioniert werden (*Thüsing/Bodenstedt* ArbuR 04, 369 gegen BAG 5.2.86 – 5 AZR 564/84, NZA 86, 782). Nicht zu beanstanden soll eine an sich unbestimmte Klausel sein, wenn die strafbewehrten Verstöße beispielhaft konkretisiert werden (BAG 18.8.05 – 8 AZR 65/05, NZA 06, 34 mit kritischer Anm Hamann jurisPR ArbR 50/2005 Anm 1; aA LAG München 24.9.09 – 3 Sa 402/09, BeckRS 2009, 74273). Eine Klausel, nach der die Vertragsstrafe verwirkt, sofern der ArbN einen **„Vertragsbruch"** begeht, ist nicht zweifelsfrei (OLG Düsseldorf 18.10.91 – 16 U 173/90, DB 92, 383: zu unbestimmt und deshalb unwirksam; ebenso *Niemann* RdA 13, 92). Das BAG hat sich hierzu unter der Geltung der AGB-Kontrolle noch nicht geäußert, wohl aber zum bisherigen Recht. Im Urt vom 18.9.91 (5 AZR 650/90, NZA 92, 215) hatte es die Klausel zu beurteilen: „Bei Vertragsbruch des Mitarbeiters wird eine Vertragsstrafe in Höhe der gesamten Nettobezüge fällig, auf die der Mitarbeiter bei ordnungsgemäßer Fortsetzung des Arbeitsverhältnisses bis zum nächstzulässigen Kündigungstermin Anspruch gehabt hätte". Es hat angenommen, der Begriff „Vertragsbruch" habe eine feststehende Bedeutung. Er liege vor, wenn der ArbN die Arbeit überhaupt nicht aufnehme oder vor Ablauf der vereinbarten Vertragszeit ohne rechtfertigenden Grund aus dem Arbeitsverhältnis ausscheide (einseitige „faktische" Vertragslösung gegen den Willen des anderen). Es wird abzuwarten sein, ob das BAG hieran festhält. Jedenfalls wird die Vertragsstrafe bei einer solchen Klausel dann nicht verwirkt, wenn der ArbGeb das Arbeitsverhältnis aus einem wichtigen, vom ArbN zu vertretenden Grund außerordentlich kündigt. Nach Auffassung des BAG ist folgende Klausel, mit der die Einhaltung eines **vertraglichen Wettbewerbsverbots** gesichert werden soll, wegen Verstoßes gegen das Transparenzgebot unwirksam: „... kann für jeden Fall der Zuwiderhandlung eine Vertragsstrafe in Höhe von zwei durchschnittlichen Monatseinkommen verlangen. Im Fall einer dauerhaften Verletzung der Verschwiegenheitspflicht oder des Wettbewerbsverbots gilt jeder angebrochene Monat als eine erneute Verletzungshandlung" (BAG 14.8.07 – 8 AZR 973/06, NZA 08, 170; dazu mit Formulierungsvorschlägen *Diller* NZA 08, 574). Bemängelt hat das BAG die fehlende Trennschärfe eines Einzelverstoßes zum Dauerverstoß und die sich daraus für den ArbN ergebende Ungewissheit über die Höhe der verwirkten Vertragsstrafe. Es ist zu erwarten, dass das BAG die Klausel auch dann beanstanden wird, wenn sie der Sicherung eines **nachvertraglichen Wettbewerbsverbots** dient. Zu einer wirksamen Klausel BAG 28.5.09 – 8 AZR 896/07, NZA 09, 1337. Lässt eine Vertragsstrafenregelung nicht erkennen, welche von mehreren möglichen Strafen durch welche Pflichtverletzung ausgelöst werden kann, genügt die Klausel ebenfalls nicht dem Transparenzgebot und ist unwirksam (LAG RhPF 18.11.11 – 6 Sa 460/11, BeckRS 2012, 66021; ebenso *Fröhlich/Strauf* NZA 11, 843).

12   **d) Angemessenheitskontrolle.** Unwirksam sind nach der Generalklausel des § 307 Abs 1 Satz 1 und Abs 2 BGB Regelungen, die den ArbN entgegen den Geboten von Treu und Glauben unangemessen belasten. Strafabreden im Formulararbeitsvertrag setzen daher ein **berechtigtes Interesse** des ArbGeb an der Sicherung der Vertragspflichten voraus. Für den Hauptanwendungsfall der **unberechtigten Lösung vom Vertrag** bejaht das BAG grds das Bedürfnis des ArbGeb; eine hierfür vereinbarte Vertragsstrafe benachteiligt den ArbN nicht ohne weiteres unangemessen (BAG 4.3.04 – 8 AZR 196/03, NZA 04, 727). Das gilt auch, wenn die Vertragsstrafe die Einhaltung einer verlängerten Kündigungsfrist des ArbN sichern soll (BAG 28.5.09 – 8 AZR 896/07, NZA 09, 1337; dazu Anm *Salomon* ArbRAktuell 09, 164). Das Interesse des ArbGeb ergibt sich aus ihrer Funktion als **Druck- und Sicherungsmittel.** Sie kann jedoch unzulässig sein, wenn die Vertragsstrafe dem ArbGeb als „Einnahmequelle" dienen soll. Das kommt in Betracht, wenn nicht erkennbar ist, dass der

ArbGeb tatsächlich an der Arbeitsleistung des ArbN interessiert ist. Die Unangemessenheit kann sich auch aus der **Höhe der Vertragsstrafe** ergeben. Angemessen ist idR eine Vertragsstrafe, die den Betrag eines **Bruttomonatsgehaltes** nicht übersteigt. Die Orientierung an einem Bruttomonatsgehalt kann unangemessen sein, wenn in das Monatseinkommen eine Aufwandsentschädigung bis zu 40 % des Gesamteinkommens zB wegen eines Auslandsaufenthaltes eingerechnet ist (LAG Hamm 7.5.04 – 7 Sa 85/04, NZA-RR 05, 128). Ein Bruttomonatseinkommen ist nach Auffassung des BAG auch regelmäßig dann „zu hoch" und damit unangemessen, wenn die **Dauer der vereinbarten Kündigungsfrist** dahinter zurückbleibt. Maßgeblich hierfür ist, dass die Kündigungsfrist regelmäßig das wirtschaftliche Interesse des ArbGeb an der Arbeitskraft des ArbN widerspiegelt. Sie bestimmt damit den Umfang eines möglichen Schadens bei ihrer Nichteinhaltung (BAG 18.8.05 – 8 AZR 65/05, NZA 06, 34; 4.3.04 – 8 AZR 196/03, NZA 04, 727). Das gilt auch bei Vereinbarung einer **Probezeit mit verkürzter Kündigungsfrist** von zwei Wochen und Vereinbarung einer Vertragsstrafe von einem Monatsgehalt entsprechend der Dauer der späteren Kündigungsfrist (BAG 23.9.10 – 8 AZR 897/08, NZA 11, 118). Eine höhere Strafe ist dann nicht unangemessen, wenn das Sanktionsinteresse des ArbGeb typischerweise und generell das Entgeltinteresse der ArbN übersteigt (BAG 18.12.08 – 8 AZR 81/08, NZA-RR 09, 519). Das kann bei einem ArbN eines kleinen Dienstleistungsunternehmens in herausgehobener Position der Fall sein (LAG SchlHol 28.2.12 – 1 Sa 235b/11, BeckRS 2012, 68731). Vorsorglich sollte die Vertragsstrafe auf die Höhe des „Bruttoentgelts der Kündigungsfrist, höchstens ein Bruttomonatsgehalt" begrenzt werden (vgl den Formulierungsvorschlag bei *Günther/Nolde* NZA 12, 62).

Inwieweit die Verletzung von **arbeitsvertraglichen Nebenpflichten** mit Vertragsstrafe 13 gesichert werden kann, wird noch im Einzelnen zu klären sein. Im Hinblick auf die Möglichkeit der Vereinbarung eines strafbewehrten **nachvertraglichen Wettbewerbsverbots** (§ 74c HGB), bestehen keine Bedenken, Wettbewerb im bestehenden Arbeitsverhältnis zu sanktionieren (BAG 14.8.07 – 8 AZR 973, NZA 08, 170). Im Übrigen wird es für die Angemessenheitskontrolle darauf ankommen, ob das vertragswidrige Verhalten des ArbN „schadensträchtig" ist. Das ist zwar bei der unzulässigen Abwerbung von Mandanten der Fall. Eine Vertragsstrafe von je einem Monatsgehalt pro Einzelfall soll jedoch wegen der „Übersicherung" unangemessen sein (BAG 18.8.05 – 8 AZR 65/05 NZA 06, 34). Gleiches gilt, wenn die Vertragsstrafenregelung unterschiedslos die vollendete Abwerbung von Mitarbeitern, die versuchte und die Beteiligung an der Abwerbung sanktioniert (LAG Hamm 31.7.12 – 10 Sa 904/12, BeckRS 2013, 66790). Weiter ist zu prüfen, ob die früher unter dem Stichwort „Umgehung" behandelten Sachverhalte mit der Vertragsstrafe angemessen gelöst sind. Das betrifft beispielhaft Regelungen der Haftung des ArbN. Sind die hierzu entwickelten Rechtssätze „zwingendes Arbeitsrecht", ergibt sich daraus schon die Unwirksamkeit widersprechender Strafabreden (§ 134 BGB). Unangemessen ist in jedem Fall eine Vertragsstrafe, die auch für den Fall des **nicht schuldhaften Verhaltens** des ArbN vereinbart wird (vgl BGH 18.3.97 – XI ZR 117/96, NJW 97, 1700; BGH 20.3.03 – I ZR 225/00, NJW-RR 03, 1056). Schweigt die Klausel zur Frage des Verschuldens, folgt allein daraus noch nicht ihre Unwirksamkeit (BAG 18.12.08 – 8 AZR 81/08, NZA-RR 09, 519).

Maßgeblicher Zeitpunkt für die Beurteilung, ob eine Vertragsstrafenabrede wirksam ist, ist der Arbeitsvertragsschluss, dh ihre Wirksamkeit ist zum Zeitpunkt ihrer Vereinbarung und nicht ihrer Verwirkung zu prüfen. Damit ist und bleibt sie auch dann unwirksam, wenn sie zum Zeitpunkt ihrer Verwirkung an sich zulässig wäre (BAG 23.9.10 – 8 AZR 897/08, NZA 11, 89).

e) **Rechtsfolge** einer unangemessenen Regelung ist deren Unwirksamkeit. Eine gel- 14 tungserhaltende Reduktion, also die Verringerung auf einen noch als angemessen beurteilten Betrag, findet nicht statt (BAG 4.3.04 – 8 AZR 196/03, NZA 04, 727; BGH 23.1.03 – VII ZR 219/01, BGHZ 153, 311). Die Herabsetzung nach § 343 BGB setzt ein wirksames Strafversprechen voraus (BAG 18.12.08 – 8 AZR 81/08, NZA-RR 09, 519).

6. Sonstige inhaltliche Anforderungen. Die **Höhe** der Vertragsstrafe selbst muss fest- 15 stehen (BGH 11.5.89 – VII ZR 305/87, DB 89, 1868). Dabei ist es zulässig, dass eine Höchstgrenze bestimmt wird, innerhalb derer der ArbGeb oder ein Dritter die im Einzelfall verwirkte Strafe festlegen kann (s. auch *Niemann* RdA 13, 92). Diese Bestimmung kann nicht

441 Vertragsstrafe

von vornherein dem Gericht übertragen werden. Die Festsetzung muss billigem Ermessen entsprechen und unterliegt im vollen Umfang der gerichtlichen Kontrolle (§ 315 Abs 3 BGB; BAG 5.2.86 – 5 AZR 564/84, NZA 86, 782).

16 **7. Entstehung und Fälligkeit des Strafanspruches.** Die Strafe verwirkt, wenn der ArbN mit der geschuldeten Verbindlichkeit in Verzug kommt. Gleich ist, ob er sich zu einer Handlung oder einem Unterlassen verpflichtet hat (§ 339 BGB). Voraussetzung ist mithin Verschulden des ArbN. Regelmäßig hat ein Schuldner für Vorsatz und Fahrlässigkeit einzustehen (§ 276 BGB). Die Auslegung der Strafabrede kann im Einzelfall ergeben, dass sich die Verantwortung des ArbN auf Vorsatz beschränkt. Wird die Vertragsstrafe wirksam für den Fall des „Vertragsbruches" versprochen, beinhaltet die Wortwahl, dass der ArbN nur für Vorsatz einzustehen hat.

17 Mit der Verwirkung der Vertragsstrafe wird der Anspruch des ArbGeb **fällig** (§ 271 BGB). Erfüllbar wird der Anspruch erst, wenn er die Vertragsstrafe tatsächlich verlangt (§ 340 Abs 1 BGB). Der ArbN kann sich damit nicht durch vorzeitige Zahlung der Vertragsstrafe von seiner Pflicht, den Arbeitsvertrag zu erfüllen, lösen. Der ArbGeb kann den ArbN im Wege der Klage auf Erfüllung der Arbeitspflicht in Anspruch nehmen; zweckmäßig ist, die Klage mit dem Antrag auf Schadensersatz (iHd Vertragsstrafe) zu verbinden (§ 61 Abs 2 ArbGG). Hat der ArbGeb die Vertragsstrafe einmal verlangt, kann er nicht mehr Erfüllung des Arbeitsvertrages verlangen (§ 340 Abs 1 Satz 2 BGB). Hat der ArbN demgegenüber die Vertragsstrafe für den Fall der sog nicht gehörigen Erfüllung versprochen, können Erfüllung und Vertragsstrafe nebeneinander verlangt werden. Wegen der Besonderheiten zu Vertragsstrafen bei Wettbewerbsverbot s *Wettbewerbsverbot* Rz 41.

18 **8. Herabsetzung der Vertragsstrafe.** Ist die vereinbarte Geldstrafe unverhältnismäßig hoch, kann sie auf Antrag des Schuldners durch Urteil auf den angemessenen Betrag herabgesetzt werden. Nach Entrichtung der Strafe ist die Herabsetzung ausgeschlossen, es sei denn, die Zahlung erfolgte ausdrücklich unter Vorbehalt (§ 343 Abs 1 BGB). Keine Entrichtung liegt vor, wenn der ArbGeb sich durch Aufrechnung befriedigt hat. Der Antrag auf Herabsetzung braucht nicht ausdrücklich gestellt, auch nicht beziffert zu werden. Es genügt jede auf Aufhebung oder Herabsetzung der Vertragsstrafe gerichtete Äußerung des ArbN.

Die **Angemessenheit** der Strafhöhe beurteilt sich nach den Umständen des Einzelfalles. Heranzuziehen ist jedes berechtigte Interesse des ArbGeb, nicht bloß das Vermögensinteresse, damit auch die Funktion der Strafe als Druck- und Sicherungsmittel, Maß und Intensität des Verstoßes, Verschuldensgrad und wirtschaftliche Lage des ArbN (vgl LAG Hamm 14.2.01 – 14 Sa 1829/00, NZA-RR 01, 524). Es handelt sich um eine gesetzlich vorgesehene Kontrolle der Rechtsausübung. Maßgeblich sind daher die Umstände zurzeit der Geltendmachung der Vertragsstrafe, nicht die des Abschlusses. Das Fehlen eines Schadens ist unerheblich. Entscheidend ist, welcher Schaden hätte eintreten können.

Unklar ist, ob § 343 BGB auch bei formularvertraglich vereinbarten Vertragsstrafen Anwendung findet oder ob sich sein Anwendungsbereich auf individualvertragliche Vereinbarungen beschränkt (so LAG Nds 15.8.11 – 7 Sa 1908/10, BeckRS 2011, 77438; aA *Niemann* RdA 13, 92; Diskussionsstand bei *Winter* BB 10, 2757). Eine formularvertragliche Regelung, die eine im Einzelfall unverhältnismäßig hohe Strafe vorsieht, wird idR schon gem § 307 Abs BGB unwirksam sein. Einer Reduzierung der Strafe steht das Verbot der geltungserhaltenden Reduktion entgegen (BAG 4.3.04 – 8 AZR 196/03, NZA 04, 727).

19 **9. Aufrechnung.** Der ArbGeb kann mit seinem Anspruch auf Vertragsstrafe gegen einen Anspruch des ArbN auf Arbeitsentgelt nach § 387 BGB aufrechnen. Zu beachten sind dabei die Aufrechnungs- und Pfändungsverbote nach § 394 BGB iVm §§ 850 ff ZPO. Danach ist die Aufrechnung hinsichtlich der vom Entgelt abzuführenden LSt und SozVBeiträge ausgeschlossen. Diese Entgeltbestandteile sind vom ArbGeb zu errechnen und an das FA und den SozVTräger weiterzuleiten. Gegen den verbleibenden **Nettoanspruch** kann dann unter Berücksichtigung möglicher **Pfändungsfreigrenzen** aufgerechnet werden (Näheres s *Aufrechnung* Rz 5–8).

20 **10. Darlegungs- und Beweislast.** Der ArbGeb hat die anspruchsbegründenden Voraussetzungen darzulegen und zu beweisen. Hierzu gehören die rechtswirksame Vereinbarung der Vertragsstrafe und das Vorliegen des die Strafe auslösenden Sachverhaltes. Das gilt auch dann, wenn die Vertragsstrafe für die Entlassung aufgrund fristloser Kündigung des ArbGeb vereinbart ist. Es genügt dann nicht, dass der ArbN die Kündigung nicht gerichtlich angreift. Die Kündigung gilt dann zwar nach § 7 KSchG als rechtswirksam (s *Kündigungsschutz* Rz 104). Es steht damit aber nicht fest, ob sie von einem wichtigen Grund iSv § 626 BGB getragen ist (BAG 27.4.2000 – 8 AZR 301/99, BeckRS 2009, 56447).

11. Betriebsverfassungsrecht. Der ArbGeb kann sich nicht rechtswirksam verpflichten, 21 für den Fall einer Verletzung von Mitbestimmungsrechten an den BRat oder einen Dritten (zB eine gemeinnützige Organisation) eine Vertragsstrafe zu zahlen. Dem BRat fehlt hierfür schon die erforderliche Vermögens- und Rechtsfähigkeit (BAG 29.9.04 – 1 ABR 30/03, NZA 05, 123). Ein „Abkauf" von Mitbestimmungsrechten ist darüber hinaus mit dem betriebsverfassungsrechtlichen Ordnungssystem unvereinbar (BAG 19.1.10 – 1 ABR 62/08, NZA 10, 592). Der Schutz der Betriebsverfassung wird durch die gesetzlichen Sanktionen gewährleistet; die Abführung von Ordnungs- oder Zwangsgeld stellt sicher, dass die Gelder frei von sachfremden Erwägungen verwendet werden. Die Verletzung der zwingenden Mitbestimmung darf für den ArbGeb nicht kalkulierbar werden.

B. Lohnsteuerrecht *Seidel*

1. Lohnsteuerabzug. Die Zahlung einer Vertragsstrafe durch den ArbN an den ArbGeb 22 berührt grds den Zufluss des Arbeitslohns nicht, auch wenn die Vertragsstrafe zB einen Bruttomonatslohn umfasst. Rechnet der ArbGeb mit einer verwirkten Vertragsstrafe auf, so ändert dies nichts an seiner Verpflichtung, die LSt für den gesamten Arbeitslohn einzubehalten (s *Aufrechnung* Rz 15). Verzichtet der ArbGeb auf die Zahlung einer Vertragsstrafe wegen vorzeitiger Auflösung des Dienstverhältnisses durch den ArbN, so liegt in diesem Forderungsverzicht Arbeitslohn, unabhängig davon, ob der ArbN diese als Werbungskosten abziehen kann (*K/S* § 19 B 263). Zum Verzicht des ArbGeb auf Schadensersatz s *Arbeitnehmerhaftung* Rz 28 und *Verzicht* Rz 15.

Hat der ArbGeb dem ArbN wegen Verletzung arbeitsvertraglicher Pflichten eine Vertragsstrafe zu zahlen, so liegt darin idR stpfl Arbeitslohn, der als sonstiger Bezug (s *Sonstige Bezüge* Rz 2 ff) dem LStAbzug unterliegt.

2. Werbungskosten. Vertragsstrafen kann der ArbN idR bei seiner EStVeranlagung 23 (s auch *Antragsveranlagung* Rz 2) als Werbungskosten abziehen (*K/S* § 9 B 700: Vertragsstrafen). Hat der ArbN zB eine Vertragsstrafe zu leisten, weil er einen vereinbarten Dienstvertrag nicht eingehalten und statt dessen einen Vertrag mit einem anderen ArbGeb abgeschlossen hat, aus dem er Einkünfte aus nichtselbstständiger Arbeit bezieht, so kann die Zahlung der Vertragsstrafe als Werbungskosten abgezogen werden (BFH 28.2.92, BStBl II 92, 834; BFH 7.12.05 – I R 34/05, BFH/NV 06, 1068: Vertragsstrafe wegen vorzeitiger Auflösung des Arbeitsverhältnisses; s auch *Bildungsurlaub* Rz 32 und *Rückzahlungsklausel* Rz 24 zur Abgrenzung von Ausbildungskosten). Die Vertragsstrafe eines Mediziners im öffentlichen Gesundheitsdienst wegen vorzeitiger Auflösung des Dienstverhältnisses kann evtl als Betriebsausgabe oder Werbungskosten abgezogen werden (BFH 22.6.07 – VI R 5/03, BStBl II 07, 4).

Auch Vertragsstrafen wegen Verletzung des **Wettbewerbsverbots** können Werbungskos- 24 ten sein (*Schmidt/Krüger* § 19 Rz 110: Vertragsstrafen; s auch *Wettbewerbsverbot* Rz 50). Eine Lohnrückzahlung (s *Entgeltrückzahlung* Rz 17 ff) liegt vor, wenn die Vertragsstrafe vereinbarungsgemäß der Arbeitslohn mindern soll, falls der ArbN das Arbeitsverhältnis vorzeitig auflöst. Bei einer Vertragsstrafe handelt es sich ebenso wenig wie bei einer Betriebsbuße (s *Betriebsbuße* Rz 12) um eine Geldbuße oder Geldstrafe iSd §§ 9 Abs 5 iVm 4 Abs 5 Nr 8 oder 12 Nr 4 EStG, die grds nicht abzugsfähig sind.

C. Sozialversicherungsrecht *Schlegel*

1. Zahlungspflicht des Arbeitnehmers. Es steht den Vertragsparteien grds frei zu 25 vereinbaren, wie bei Verwirkung einer Vertragsstrafe zu verfahren ist, ob also der Anspruch auf rückständigen Lohn in Höhe der Vertragsstrafe erlischt oder ob eine selbstständige Forderung entsteht, mit der gegen den Lohnanspruch aufgerechnet werden kann. Die Gestaltung der Abwicklung einer verwirkten Vertragsstrafe hat keinen Einfluss auf den Rechtscharakter der Vertragsstrafe selbst. Ist eine Vertragsstrafe verwirklicht, nachdem der

442 Vertrauensleute

Beitragsanspruch **bezüglich des Arbeitsentgelts** schon entstanden ist, kann sie dessen Bestehen und Höhe nicht mehr beeinflussen. Die **Beitragsforderung** ist eine öffentlich-rechtliche Forderung, die insbesondere hinsichtlich ihres Entstehens (§ 22 SGB IV) und ihrer Fälligkeit (§ 23 SGB IV) dem öffentlichen Recht unterliegt. Demgegenüber unterliegt der Anspruch des ArbN auf Entgelt dem bürgerlichen Recht, und zwar hinsichtlich des Entstehens dem § 611 Abs 1 BGB und hinsichtlich seiner Fälligkeit dem § 614 BGB. Die genannten öffentlich-rechtlichen Regelungen weichen erheblich von dem zivilrechtlichen ab. Hinzu kommt, dass der Entgeltanspruch wegen der im Zivilrecht bestehenden Vertragsfreiheit weitgehend einzelvertraglichen oder tariflichen Abreden unterliegt, während die Beitragsforderung nicht abdingbar ist. Diese Unterschiede schließen es aus, dass eine verwirkte Vertragsstrafe, die zu einer Lohnkürzung führt, sich auch auf die öffentlich-rechtliche Beitragsforderung auswirkt (vgl BSG 21.5.96 – 12 RK 64/94, SozR 3–2500 § 226 Nr 2 mit zustimmender Anm *Eichenhofer* SGb 97, 132; ablehnend dagegen *Marschner* NZS 97, 300). Zwar kann der ArbN die Vertragsstrafe unter bestimmten Voraussetzungen steuerrechtlich als Werbungskosten geltend machen. Das Entstehen von Werbungskosten lässt den Umfang des Bruttoarbeitsentgelts, das für die Berechnung der Beiträge und idR auch der Sozialleistungen maßgeblich ist, aber unberührt. Lediglich dann, wenn nicht auf das Arbeitsentgelt (§ 14 SGB IV), sondern auf das Arbeitseinkommen aus selbstständiger Tätigkeit (§ 15 SGB IV) oder das Gesamteinkommen (§ 16 SGB IV) abzustellen ist, sind Werbungskosten auch sozialversicherungsrechtlich zu berücksichtigen; denn für das Arbeitseinkommen und das Gesamteinkommen nehmen die §§ 15, 16 SGB IV auf das steuerrechtlich ermittelte Einkommen (§ 16 SGB IV) bzw (§ 15 SGB IV) auf den steuerrechtlich ermittelten Gewinn Bezug.

26 **2. Zahlungspflicht des Arbeitgebers** aus Vertragsstrafe. Arbeitsentgelt iSd § 14 SGB IV liegt nur vor, wenn es sich um „Einnahmen aus einer Beschäftigung" handelt. Dies ist nicht der Fall, wenn dem „ArbN" bestimmte Beträge aufgrund einer Vertragsstrafenvereinbarung deshalb zustehen, weil ein beabsichtigtes und vereinbartes Arbeitsverhältnis nicht zustande kommt. Auch innerhalb eines bestehenden Beschäftigungsverhältnisses sind Leistungen aus einem Vertragsstrafenversprechen nicht den ArbGebLeistungen „aus dem Beschäftigungsverhältnis" zuzurechnen. Relevant wird dies etwa bei der Berechnung des Insolvenzgeldes.

27 **Insolvenzgeld** umfasst nach der Rspr des BSG (28.2.85 – 10 RAr 19/83, SozR 4100 § 141b Nr 35) nicht die Nebenforderungen zum Arbeitsentgeltanspruch des ArbN (zB Verzugszinsen, Kosten der Rechtsverfolgung).

Vertrauensleute

A. Arbeitsrecht *Röller*

1 **1. Begriff.** Die Verwendung dieses Begriffes erfolgt in der Literatur uneinheitlich. Als Vertrauensleute werden die **zusätzlichen Vertretungen der ArbN** gem § 3 Abs 1 Nr 5 BetrVG, die **gewerkschaftlichen Vertrauensleute** sowie die **betrieblichen Vertrauensleute** bezeichnet.

2 **2. Zusätzliche Vertretungen der ArbN** können unter den Voraussetzungen von § 3 Abs 1 Nr 5 BetrVG durch Tarifvertrag bestimmt werden. Ihre Errichtung ist nur dann zulässig, wenn dadurch die Zusammenarbeit des BRat mit den ArbN erleichtert wird. Sie kommen dort in Betracht, wo der Kontakt zwischen dem BRat und den ArbN des Betriebs infolge der besonderen Verhältnisse des Betriebs nicht oder nicht in ausreichendem Umfang besteht. Die zusätzlichen Vertreter sollen als Bindeglied und Informationsträger zwischen ArbGeb, ArbN und BRat fungieren (*Fitting* § 3 Rz 61). Zusätzliche ArbNVertretungen können für bestimmte Beschäftigungsarten und Arbeitsbereiche, aber auch für bestimmte ArbNGruppen, zB Frauen, ausländische ArbN gewählt werden (*Fitting* § 3 Rz 61).

3 Für die Mitglieder der zusätzlichen ArbNVertretung gelten im Allgemeinen nicht die für den BRat bzw seine Mitglieder maßgeblichen Vorschriften des BetrVG. Allerdings dürfen ihre Mitglieder in der Ausübung ihrer Tätigkeit nicht gestört oder behindert werden. Sie dürfen wegen ihrer Tätigkeit nicht benachteiligt oder begünstigt werden (vgl § 78 BetrVG).

Hieraus ergibt sich ein **relativer Kündigungsschutz**. Eine Kündigung, die erfolgt, um ihnen die Amtsausübung unmöglich zu machen oder sie zu maßregeln, ist nichtig (ErfK/ *Koch* § 3 BetrVG Rz 8). Aus dem **Benachteiligungsverbot** ergibt sich des Weiteren, dass die Mitglieder zusätzlicher ArbNVertretungen bei notwendiger Arbeitsversäumnis keine Lohnminderung erleiden dürfen und dass ihnen notwendige Aufwendungen der Amtsführung zu ersetzen sind. Grds hat der ArbGeb die Kosten der zusätzlichen Vertreter zu tragen (*Fitting* § 3 Rz 64; *DKK/Trümner* § 3 Rz 25).

3. Gewerkschaftliche Vertrauensleute sind ArbN des Betriebs, die als Bindeglied zwischen Gewerkschaften und Mitgliedern tätig sind (*Fitting* § 2 Rz 87). Ihre Tätigkeit ist rein gewerkschaftlich und nicht betriebsverfassungsrechtlich. Allerdings können BRatMitglieder gleichzeitig gewerkschaftliche Vertrauensleute sein. Das Institut der gewerkschaftlichen Vertrauensleute ist verfassungsrechtlich abgesichert, ebenso die Repräsentantenrolle der Vertrauensleute für die Gewerkschaft gegenüber den sonstigen ArbN (BAG 8.12.78 – 1 AZR 303/77, DB 79, 1043). Die Gewerkschaften haben keinen Anspruch auf Abhaltung der Wahl der Vertrauensleute im Betrieb, da die Wahl nicht dem verfassungsrechtlich garantierten Kernbereich der Koalitionsbetätigung zuzurechnen ist (BAG 8.12.78, GK-BetrVG/*Franzen* § 2 Rz 100; aA *Fitting* § 2 Rz 89; ausführlich *Hannekuhl/Zäh* NZA 06, 1022). 4

Gewerkschaftliche Vertrauensleute dürfen wegen ihrer gewerkschaftlichen Betätigung gegenüber anderen ArbN nicht unterschiedlich behandelt, insbesondere nicht benachteiligt oder gemaßregelt werden (§ 75 BetrVG). **Tarifvertragliche Regelungen** über den Schutz der gewerkschaftlichen Vertrauensleute werden überwiegend für zulässig gehalten (*Fitting* § 2 Rz 90; *DKK/Berg* § 2 Rz 54; *Hannekuhl/Zäh* NZA 06, 1022 jew mwN; offen gelassen BAG 18.10.06 – 2 AZR 435/05, AP KSchG 1969 Betriebsbedingte Kündigung Nr 161). 5

4. Betriebliche Vertrauensleute gibt es in zahlreichen Großunternehmen. Ihre Aufgabe besteht in erster Linie darin, die Kommunikation und den Informationsfluss zwischen BRat, ArbN und ArbGeb zu fördern und zu verbessern. Sie werden jeweils von einer zahlenmäßig umschriebenen Gruppe von ArbN eines Betriebs gewählt. Es handelt sich nicht um andere Vertretungen iSv § 3 Abs 1 Nr 3 BetrVG bzw nicht um zusätzliche Vertretungen iSv § 3 Abs 1 Nr 5 BetrVG. § 3 BetrVG steht ihrer Bildung grds nicht entgegen, ebenso wenig die Existenz gewerkschaftlicher Vertrauensleute (GK-BetrVG/*Franzen* § 2 Rz 104; aA *DKK/ Trümner* § 3 Rz 19). Die betrieblichen Vertrauensleute können nicht als betriebsverfassungsrechtliche Vertretungen qualifiziert werden. Betriebsverfassungsrechtliche Mitwirkungs- und Mitbestimmungsrechte können ihnen folglich nicht eingeräumt werden. Einzelne ArbN können von den betrieblichen Vertrauensleuten nur dann vertreten werden, wenn und soweit dies der einzelne ArbN wünscht. 6

Betriebliche Vertrauensleute können ohne Mitwirkung des BRats etabliert werden; kein ArbN ist allerdings verpflichtet, sich wählen zu lassen. Bei ihrer Tätigkeit haben die betrieblichen Vertrauensleute darauf zu achten, dass der BRat nicht in der Wahrnehmung seiner gesetzlichen Aufgaben und Befugnisse beeinträchtigt oder in seiner Tätigkeit behindert wird.

5. Vertrauensmänner und -frauen werden die Mitglieder der Schwerbehindertenvertretung genannt (§§ 94 ff SGB IX). Sie genießen nach § 96 Abs 3 SGB IX einen Sonderkündigungsschutz entsprechend § 15 KSchG iVm § 103 BetrVG. Einer Zustimmung der Schwerbehindertenvertretung bedarf es nicht (BAG 19.7.12 – 2 AZR 989/11, NZA 13, 143). 7

B. Lohnsteuerrecht
Windsheimer

Nebenberufliche Vertrauensleute einer Buchgemeinschaft sind keine ArbN des Buchclubs (H 19.0 LStR). Im Übrigen kommt es bei nebenberuflich eingesetzten Vertrauensleuten (zB Bausparkasse, KV, s auch oben Rz 2 ff) auf die Vereinbarungen und die tatsächliche Durchführung an, ob ein Arbeitsverhältnis vorliegt, s *Arbeitnehmer (Begriff)* Rz 29 ff; s *Betriebsratskosten* Rz 26 und *Betriebsbeauftragte* Rz 28; *Aufwandsentschädigung* Rz 3 ff; *Nebentätigkeit* Rz 20 ff. Zur Haftung eines als faktischen Geschäftsführer eingesetzten Vertrauensmannes FG SachsAnh 6.8.07 – 2 V 316/07, EFG 07, 1830; s auch *Lohnsteuerhaftung* Rz 30 ff. 10

C. Sozialversicherungsrecht

11 Für Vertrauensleute gelten die allgemeinen sozialversicherungsrechtlichen Regelungen (vgl *Arbeitnehmer (Begriff)* Rz 46 ff).

Verwirkung

A. Arbeitsrecht

1 **1. Allgemeines.** Ein Recht kann schon vor Ablauf der Verjährungsfrist nicht mehr erfolgreich geltend gemacht werden, wenn es verwirkt ist. Die Verwirkung prüft der Richter – anders als die Verjährung – vAw. Der Schuldner braucht sich nicht auf sie zu berufen. Es können Ansprüche – wie der Lohnanspruch – oder Gestaltungsrechte – wie das Kündigungsrecht – verwirken. Allerdings reicht hierfür – im Gegensatz zur Verjährung – der Zeitablauf allein nicht aus (BAG 14.2.07 – 10 AZR 35/06, NZA 07, 690).

2 Ein Anspruch ist verwirkt, wenn der Berechtigte ihn längere Zeit nicht verfolgt – **Zeitmoment** –, mit seinem Verhalten bei dem Verpflichteten den Eindruck erweckt, dass er ihn nicht mehr geltend macht, dieser sich darauf eingerichtet hat – **Umstandsmoment** – und die Erfüllung deshalb nach den Umständen des Einzelfalles nicht mehr zugemutet werden kann – **Zumutbarkeitsmoment** (BAG 20.4.10 – 3 AZR 225/08, NZA 10, 883; BAG 14.2.07 – 10 AZR 35/06, NZA 07, 690). Eine feste Zeitgrenze lässt sich nicht ziehen. Ein Anspruch, der noch nicht besteht, kann nicht verwirken (BAG 20.4.10 – 3 AZR 225/08, NZA 10, 883). Umstände, die stets zur Verwirkung führen, lassen sich nicht festlegen. Der Berechtigte muss unter Umständen untätig gewesen sein, die den Eindruck erwecken konnten, dass er sein Recht nicht mehr geltend machen wolle, so dass der Verpflichtete sich darauf einstellen darf, nicht mehr in Anspruch genommen zu werden (BAG 25.4.01 – 5 AZR 497/99, NZA 01, 966). Durch die Verwirkung wird nur die illoyale Geltendmachung von Rechten ausgeschlossen, sie dient dem Vertrauensschutz. Untätigkeit des Anspruchsberechtigten führt daher für sich genommen ebenso wenig zur Verwirkung wie das Ausbleiben von Mahnungen (BAG 14.2.07 – 10 AZR 35/06, NZA 07, 690). Das Umstandsmoment fehlt regelmäßig, wenn der Schuldner den Anspruch nicht kennt (BAG 24.5.06 – 7 AZR 201/05) oder der Verpflichtete davon ausgehen muss, der Berechtigte kenne den ihm zustehenden Anspruch nicht. Dies gilt insbes, wenn die Unkenntnis des Berechtigten auf dem Verhalten des Verpflichteten beruht, weil er etwa als ArbGeb eine unwirksame AGB-Klausel verwandt hat (BAG 22.2.12 – 5 AZR 765/10, NZA 12, 861). Wann ein Recht oder Anspruch verwirkt, entscheidet stets der Einzelfall.

3 Die **Zeit** für eine Verwirkung kann umso kürzer sein, je schwerer das Umstandsmoment wiegt (LAG BaWü 11.2.83, AP Nr 40 zu § 242 BGB Verwirkung). Das Umstandsmoment tritt in der Bedeutung zurück, je länger ein Anspruch nicht geltend gemacht wurde. Je kürzer der Zeitablauf desto seltener werden die Voraussetzungen für eine Verwirkung vorliegen. Ansprüche, die in drei Jahren verjähren – zB Arbeitslohn nach § 195 BGB – werden daher kaum jemals verwirken (BAG 9.8.90 – 2 AZR 579/89, NZA 91, 226; BGH 6.12.88, AP Nr 44 zu § 242 BGB Verwirkung). Zeit- und Umstandsmoment sind im Übrigen ohne kausalen Bezug zueinander zu prüfen. Ist das Zeitmoment erfüllt, kann daher das Umstandsmoment nicht deshalb verneint werden, weil der Verpflichtete schon vor Ablauf des Zeitmoments disponiert hat (BAG 2.12.99 – 8 AZR 890/98, NZA 2000, 540). Während des Ablaufes tariflicher Verfallsfristen verwirken außertarifliche Ansprüche grds nicht (ErfK/*Preis* BGB § 611 Rz 471).

4 **2. Kollektivrechtliche Ansprüche.** Ansprüche aus **Tarifvertrag, Betriebsvereinbarung** und **bindender Festsetzung** können nach § 4 Abs 4 Satz 2 TVG bei Tarifbindung (BAG 14.2.07 – 10 AZR 35/06, NZA 07, 690), nach § 77 Abs 4 Satz 3 BetrVG und § 19 Abs 3 Satz 4 HAG nicht verwirken. Der ArbGeb soll sich aber auf **unzulässige Rechtsausübung** berufen dürfen (BAG 9.8.90 – 2 AZR 579/89, NZA 91, 226). Danach soll der ArbN im Einzelfall auch kollektivrechtliche Ansprüche wegen widersprüchlichen Verhaltens nicht mehr geltend machen dürfen, wenn er durch **positives Tun** zu erkennen gegeben hat, dass

Verwirkung 443

er diese Ansprüche nicht mehr geltend machen will (so wohl BAG 9.8.90 – 2 AZR 579/89, NZA 91, 226).

Dagegen spricht, dass in den genannten Paragraphen zuvor selbst der ausdrückliche einzelvertragliche Verzicht für unbeachtlich erklärt und dem Mitarbeiter auch für diesen Fall gestattet wird, seine Ansprüche weiter zu verfolgen. Diese Vorschriften schützen damit die Tarifautonomie bzw die Autonomie der Betriebspartner und der für die bindende Festsetzung zuständigen Stellen grds unabhängig vom Verhalten des einzelnen ArbN. Dies verbietet, unter Berufung auf Treu und Glauben Ansprüche wegen widersprüchlichen Verhaltens abzuerkennen. 5

Die Berufung auf **arglistiges Verhalten** des Schuldners bleibt jedoch möglich (BAG 9.8.90 – 2 AZR 579/89, NZA 91, 226). Im Übrigen können Ansprüche aus Tarifvertrag, Betriebsvereinbarung und bindender Festsetzung durch in ihnen vereinbarte Ausschlussfristen (s *Ausschlussfristen* Rz 1 ff) erlöschen, die meist recht kurz sind. 6

Gilt ein Tarifvertrag ganz oder zum Teil nur aufgrund einzelvertraglicher **Bezugnahme**, können die daraus folgenden Rechte verwirken. Es handelt sich nur um einzelvertragliche Ansprüche, bei denen § 4 Abs 4 Satz 2 TVG nicht greift (*Schaub/Linck* § 72 Rz 34). 7

Auch **übertarifliche Ansprüche** unterliegen dem Verwirkungsverbot, soweit für den Sockelbetrag § 4 Abs 4 Satz 2 TVG gilt (*Kempen* § 4 Rz 249; aA *Schaub/Linck* § 73 Rz 34). Eine Unterscheidung nach gesichertem tariflichen Anspruch und seinem ungesicherten übertariflichen Teil ist im Rahmen einer Entscheidung nach Treu und Glauben nicht angebracht. 8

Sind ein Tarifvertrag oder eine Betriebsvereinbarung – zB wegen ihrer Kündigung – beendet und wirken sie gem §§ 4 Abs 5 TVG und 77 Abs 6 BetrVG nach, können in ihnen enthaltene Rechte für die Dauer der **Nachwirkung** ebenso wenig verwirken (für Tarifvertrag *Däubler/Zwanziger* § 4 Rz 1073, 1061). Entscheidend ist, dass die kollektivrechtlich begründeten Normen des Tarifvertrages bzw einer Betriebsvereinbarung auch im Stadium der Nachwirkung unverändert weiter gelten und für das einzelne Arbeitsverhältnis nur durch Vertrag, dh bewusst und gewollt, abbedungen werden können. 9

3. Andere Rechte. Das **Recht auf Abmahnung** kann – auch wenn es hier keine Ausschlussfrist gibt (BAG 15.1.86 – 5 AZR 70/84, NZA 86, 421) – verwirken, wenn der ArbN sich nach einer Verfehlung längere Zeit vertragstreu verhalten hat und aus den Umständen des Einzelfalles folgt, dass auf die alten Verfehlungen nicht mehr zurückgegriffen werden darf. Das **Recht aus Abmahnung** kann verwirken, wenn der Mitarbeiter nach einer Abmahnung längere Zeit vertragstreu ist oder der ArbGeb weitere Pflichtverletzungen unbeanstandet hinnimmt (s *Abmahnung* Rz 32 ff). 10

Ansprüche des **Betriebsrates** auf Ersatz von Schulungskosten nach § 14 Abs 1 BetrVG können verwirken, wenn sie mehr als zwei Jahre nicht geltend gemacht werden, BRatMitglieder in der Zwischenzeit weitere Schulungen besucht und Zahlungen des ArbGeb hierfür in Anspruch genommen haben, ohne noch einmal auf den streitigen Anspruch hinzuweisen (BAG 14.11.78 – 6 ABR 11/77, AP BGB § 242 Verwirkung Nr. 39). Das Recht zur außerordentlichen **Kündigung** kann ohne Kenntnis des Kündigungsgrundes nicht verwirken (BAG 1.6.86 – 2 ABR 24/85, NZA 86, 467). 11

Schadensersatzansprüche des ArbGeb gegen einen Mitarbeiter wegen vorsätzlicher Schädigung verwirken grds nicht (BAG 18.12.64, DB 65, 786). Der Anspruch auf Erteilung eines **Zeugnisses** kann verwirken. Auch dies hängt von den Umständen des Einzelfalles ab (BAG 16.10.07 – 9 AZR 248/07, NZA 08, 298). **Versorgungsverschaffungsansprüche** werden erst mit Eintritt des Versorgungsfalles fällig. Sie können daher vorher nicht verwirken (BAG 18.9.01 – 3 AZR 689/00, NZA 02, 1391). 12

Auch das Recht, **Klage** gegen eine nicht sozialwidrige aber aus anderen Gründen unwirksame Kündigung zu erheben, kann verwirken, wenn der ArbN mit der Klage längere Zeit wartet, der ArbGeb darauf vertrauen durfte, dass keine Klage mehr erhoben wird und ihm deshalb eine Einlassung im Prozess nicht mehr zugemutet werden kann (sog **Prozessverwirkung**; s *Kündigungsschutz* Rz 112–115). Das Recht des ArbN, die Unwirksamkeit eines wegen Drohung angefochtenen **Aufhebungsvertrags** gerichtlich geltend zu machen, kann im Blick auf den eigenen Verstoß des ArbGeb nur unter ganz außergewöhnlichen Umständen verwirken (BAG 6.11.97 – 2 AZR 162/97, NZA 98, 374). Ansprüche aus einem 13

443 Verwirkung

Betriebsübergang, die auf sein Vorliegen (BAG 18.12.03 – 8 AZR 621/02, NZA 04, 2324) oder Fehlen (LAG Bbg 2.10.01 – 1 Sa 195/01 – nv) gestützt werden, können verwirken, wenn der Vertrauensschutz des Verpflichteten das Interesse des Berechtigten derart überwiegt, dass ihm die Erfüllung des Anspruchs nicht mehr zuzumuten ist. Das **Widerspruchsrecht** aus § 613a Abs 5 BGB verwirkt, wenn der ArbN beim Erwerber über das Arbeitsverhältnis durch Eigenkündigung, Abschluss eines Aufhebungsvertrags oder dadurch disponiert, dass er eine vom Erwerber ausgesprochene Kündigung nicht angreift (BAG 24.2.11 – 8 AZR 469/09, NZA 11, 973; s *Betriebsübergang* Rz 39).

B. Lohnsteuerrecht *Seidel*

14   Die Verwirkung ist von der Verjährung zu unterscheiden. Bei Verjährung erlöschen im Steuerrecht die Ansprüche aus dem Steuerschuldverhältnis (§ 47 AO), während bei Verwirkung nur deren **Geltendmachung verhindert** wird. Die Verwirkung ist ein spezieller Anwendungsbereich des Grundsatzes von Treu und Glauben, der auch im öffentlichen Recht gilt (s *HMW*/Verwirkung Rz 1). Sie bedeutet, dass ein Recht nicht mehr ausgeübt werden darf, wenn seit der Möglichkeit, es geltend zu machen, längere Zeit verstrichen ist und besondere Umstände hinzutreten, die die verspätete Rechtsausübung als Verstoß gegen Treu und Glauben erscheinen lassen.

15   **Zeitablauf** allein führt **nicht** zur Verwirkung. Hinzu kommen muss ein Vertrauenstatbestand und eine Vertrauensfolge (BFH 8.10.86, BStBl II 87, 12 mwN), dh durch ein positives Verhalten des Berechtigten, aus dem der andere Teil bei objektiver Beurteilung entnehmen durfte, dass die Untätigkeit endgültig sein soll, muss der Verpflichtete veranlasst worden sein, **Dispositionen** zu treffen, die er sonst nicht getroffen hätte. Ob die Voraussetzungen erfüllt sind, ist unter Berücksichtigung der besonderen Umstände des Einzelfalls zu entscheiden (BFH 14.9.77, BStBl II 78, 168).

16   Eine Verwirkung kann die Geltendmachung von Steuer- und Haftungsansprüchen durch das FA betreffen, aber auch die Inanspruchnahme von Rechten durch den Stpfl, wobei der Stpfl seine Rechte nach der Rspr ohne Rücksicht auf Dispositionen der Finanzverwaltung (also ohne Vorliegen einer Vertrauensfolge) verliert (aA *T/K* § 4 AO Rz 175). So ist zB die Anfechtung der Erweiterung des Prüfungszeitraums erst einige Monate nach Abschluss der Prüfungsarbeiten verwirkt (FG Münster 28.5.75, EFG 75, 601). Auch Erstattungsansprüche des Stpfl können verwirkt werden (BFH 12.6.58, BStBl III 58, 354; s zur Verwirkung auch *T/K* § 4 AO Rz 169 ff). Ausführlich zur Verwirkung im Steuerrecht *Fritsch* NWB (F2), 7555.

C. Sozialversicherungsrecht *Voelzke*

17   Der aus Treu und Glauben (§ 242 BGB) herzuleitende Rechtsgrundsatz der Verwirkung von Ansprüchen findet auch im Sozialrecht Anwendung (*Schlegel/Voelzke/Wagner* SGB I, § 45 Rz 33) und tritt neben die Regelungen über die Verjährung (s *Verjährung* Rz 46 ff) von Ansprüchen. Einheitlich wird als Voraussetzung einer Verwirkung der sehr unterschiedlichen denkbaren Ansprüche aus einem Sozialrechts- oder Beitragsverhältnis gefordert, dass über den reinen Zeitablauf hinaus weitere auf den Inhalt des Anspruchs bezogene Umstände hinzutreten müssen, die der Geltendmachung des Anspruches entgegenstehen.

18   Soweit im Einzelfall die Verwirkung von **Leistungsansprüchen** des Berechtigten in Betracht kommt, ist zu beachten, dass entsprechend den zur Verjährung entwickelten Grundsätzen lediglich die Verwirkung von Einzelansprüchen, nicht jedoch des Stammrechts selbst erfolgen kann. Ausgeschlossen ist eine Verwirkung von Ansprüchen auf Sozialleistungen, auf die der Berechtigte gem § 46 Abs 2 SGB I nicht verzichten kann. Eine Verwirkung von Leistungsansprüchen kann eintreten, wenn der Versicherte Mitwirkungshandlungen unterlässt, die vernünftigerweise zur Wahrung eines Rechts unternommen werden (vgl LSG Saarl 17.11.94 – L 1 Kn 22/94, *Breithaupt* 95, 420).

19   Auch eine Verwirkung von **Beitragsansprüchen** ist möglich (BSG 30.11.78 – 12 RK 6/76, SozR 2200 § 1399 Nr 11). Im Zusammenhang mit den Beitragsansprüchen schafft die Verwirkung einen begrenzten Vertrauensschutz zugunsten des Beitragsschuldners (*Schlegel/*

Voelzke/Segebrecht SGB IV, § 25 Rz 74). Die Voraussetzungen für die Verwirkung einer Beitragsforderung liegen vor, wenn der Beitragsschuldner infolge eines bestimmten Verhaltens des SozVTrägers (Verwirkungsverhalten) darauf vertrauen durfte, dass dieser das Recht nicht mehr geltend machen werde (Vertrauensgrundlage), der Verpflichtete tatsächlich darauf vertraut hat (Vertrauenstatbestand) und sich infolgedessen in seinen Vorkehrungen und Maßnahmen so eingerichtet hat (Vertrauensverhalten), dass ihm durch die spätere Durchsetzung der Beitragsforderung ein unzumutbarer Nachteil entstehen würde. Für die Annahme eines besonderen Grundes, der im Zusammenwirken mit dem Zeitablauf die Missbräuchlichkeit der Geltendmachung der Beitragsforderung begründen kann, reicht es aber zB noch nicht aus, dass im Anschluss an eine Betriebsprüfung keine Beiträge nacherhoben werden (KassKomm/*Seewald* § 25 SGB IV Rz 14a). Insoweit ist zwar nicht zu fordern, dass ein Verzichtswille des Gläubigers nach außen erkennbar wird, jedoch genügt andererseits alleine eine unrichtige Auskunft nicht für die Annahme eines Verwirkungsverhaltens (BSG 22.8.90 – 10 RAr 18/89, SozR 3–4100 § 186a Nr 3). Der rückwirkenden Erhebung von Säumniszuschlägen steht das Rechtsinstitut der Verwirkung nicht entgegen, wenn auf die Beibehaltung einer Verwaltungspraxis nicht vertraut werden kann (BSG 1.7.2010 – B 13 R 67/09 R, SozR 4–2400 § 24 Nr 5). Ausgeschlossen ist in jedem Falle die Verwirkung von Beitragsansprüchen, bevor sie entstanden und fällig geworden sind (BSG 29.3.93 – 12 RK 62/92, Die Beiträge 93, 503).

Der **Beitragserstattungsanspruch** des Versicherten erlischt nicht allein dadurch, dass der Versicherte es unterlässt, beim Versicherungsträger die Auszahlung des Beitragserstattungsanspruchs anzumahnen. Zur schlichten Untätigkeit muss ein zusätzliches Verwirkungsverhalten treten, das ein entsprechendes Vertrauen des Versicherungsträgers begründet, der Versicherte werde seinen Anspruch nicht geltend machen (BSG 29.1.97 – 5 RJ 52/94, SozR 3–2200 § 1303 Nr 6). 20

Verzicht

A. Arbeitsrecht *Eisemann*

1. Allgemeines. Im Arbeitsverhältnis ist die Möglichkeit, auf Ansprüche und Rechte zu verzichten, eingeschränkt. 1

2. Abstrakter Verzicht. Der abstrakte Verzicht auf **noch nicht entstandene gesetzliche Rechte** ist grundsätzlich unwirksam. Oft ist dies ausdrücklich oder zumindest „konkludent" im Gesetz geregelt – zB § 12 EFZG, § 22 Abs 1 TzBfG, § 13 Abs 1 BUrlG, § 17 Abs 3 Satz 3 BetrAVG. Im Arbeitsvertrag kann daher zB nicht wirksam der Anspruch auf das Urlaubsentgelt für den gesetzlichen Mindesturlaub verkürzt (BAG 21.3.85, DB 85, 2153) oder auf die Urlaubsabgeltung verzichtet werden (BAG14.5.13 – 9 AZR 844/11, NZA 13, 1098). Die das Arbeitsverhältnis betreffenden Gesetze sind auch im Übrigen weitgehend einseitig zwingend. Von ihnen kann zugunsten eines ArbN, nicht zu seinen Lasten abgewichen werden. So kann ein arbeitsvertraglicher abstrakter Verzicht auf Kündigungsschutz auch ohne ausdrückliches gesetzliches Verbot nicht wirksam vereinbart werden (BAG 19.12.74 – 2 AZR 565/73, AP BGB § 620 Bedingung Nr 3); auf die Geltung des KSchG in einem Kleinbetrieb und damit auf die Ausweitung des Kündigungsschutzes können sich ArbN und ArbGeb jedoch wirksam einigen. 2

Auch von nicht zwingenden gesetzlichen Vorschriften kann zu Lasten eines ArbN nur abgewichen werden, soweit dies gleichberechtigt ausgehandelt wird. Durch eine vom ArbGeb aufgesetzte Vereinbarung kann auch von dispositiven gesetzlichen Bestimmungen nach § 307 BGB nicht abgewichen werden, wenn die Vereinbarung von einem im Gesetz enthaltenen, dem Gerechtigkeitsgebot entsprechenden Leitbild zu Lasten des ArbN abweicht, ohne dass dessen Belange hinreichend berücksichtigt werden oder ein angemessener Ausgleich gewährt wird (vgl BAG 28.9.05 – 5 AZR 52/05, NZA 06, 149; ErfK/*Preis* BGB §§ 305–310 Rz , 100). Ein isolierter Verzicht auf Hauptleistungen (Vergütung) soll nur noch auf seine Transparenz kontrolliert werden dürfen (ErfK/*Preis* BGB §§ 305–310 Rz 100). 3

Der **abstrakte Verzicht** auf **noch nicht entstandene** Rechte aus **Tarifverträgen, Betriebsvereinbarungen** oder **bindenden Festsetzungen** ist in ihrem gesetzlichen Gel- 4

444   Verzicht

tungsbereich nach § 134 BGB unwirksam. Sie wirken nach den §§ 4 Abs 1 TVG, 77 Abs 4 Satz 1 BetrVG, 19 Abs 3 Satz 1 HAG unmittelbar und zwingend. Abweichungen sind zugunsten der ArbN zulässig; zu ihren Lasten kann nur abgewichen werden, soweit Betriebsvereinbarungen, bindende Festsetzungen oder Tarifvertrag dies gestatten – § 4 Abs 3 TVG – oder der Tarifvertrag nicht kraft Verbandszugehörigkeit nach § 3 TVG, sondern nur kraft einzelvertraglicher Vereinbarung gilt. So ist zB die Vereinbarung untertariflicher Bezahlung bei gesetzlicher Tarifbindung unwirksam; wird ein Tarifvertrag nur individualrechtlich in Bezug genommen, darf man die Vergütungsregelung aus der Bezugnahme herausnehmen und einzelvertraglich eine untertarifliche Bezahlung vereinbaren.

5   **3. Konkreter Verzicht.** Der konkrete Verzicht auf **bereits entstandene gesetzliche Rechte** kann zulässig sein. Auch im Arbeitsverhältnis kann der Gläubiger dem Schuldner grds nach § 397 Abs 1 BGB die Schuld erlassen, er kann nach § 397 Abs 2 BGB ein negatives Schuldanerkenntnis abgeben und damit die Schuld zum Erlöschen bringen. Soweit Vergütungsansprüche auf einer einzelvertraglichen Vereinbarung beruhen, kann der ArbN daher die Erfüllung der nach den §§ 611, 614 BGB fälligen Lohnzahlung grundsätzlich erlassen, solange der Anspruch nicht durch Abtretung oder Legalzession auf einen Dritten übergegangen ist. Dies gilt ebenso für den über den gesetzlichen Mindesturlaub hinausgehenden vertraglich vereinbarten Urlaub (BAG 31.5.90 – 8 AZR 132/89, NZA 90, 935) und für die Urlaubsabgeltung (BAG 14.5.13 – 9 AZR 844/11, NZA 13, 1098). Entscheidend bleibt immer der Inhalt einer Vereinbarung. So wird man idR nicht davon ausgehen können, dass der ArbN eine schon entstandene Forderung wieder aufgibt, solange sie nicht konkret bezeichnet ist (BAG 7.11.07 – 5 AZR 880/06, NZA 08, 355). Stillschweigend kann auf Rechte nur verzichtet werden, wenn sich der Verzichtswille eindeutig ergibt (ErfK/*Preis* BGB § 611 Rz 468).

6   Nach Beendigung eines Arbeits- oder Ausbildungsverhältnisses soll auf die während seines Bestandes fällig gewordene Lohnfortzahlung (BAG 11.6.76, DB 76, 2118; 20.8.80, DB 81, 222), während des Bestandes eines Arbeitsverhältnisses soll auf eine Versorgungsanwartschaft durch Erlass verzichtet werden können (BAG 14.8.90 – 3 AZR 301/89, NZA 91, 174). Der schon gekündigte ArbN kann wirksam auf ein Zeugnis verzichten (RAG 18.2.33, ARS 17, 464; offen gelassen von BAG 16.9.74, DB 75, 155). Auf den bereits bestehenden Anspruch auf einen Nachteilsausgleich kann der ArbN auch ohne Zustimmung des BRats verzichten (BAG 23.9.03 – 1 AZR 576/02, NZA 04, 440). Der ArbN kann nach erfolgter **Kündigung** auch vor Ablauf der Klagefrist des § 4 Satz 1 KSchG darauf verzichten, eine Kündigungsschutzklage zu erheben (BAG 19.4.07 – 2 AZR 208/06, NZA 07, 1227). Bei Klageverzichtsvereinbarungen, die im unmittelbaren zeitlichen und sachlichen Zusammenhang mit einer Kündigung getroffen werden, handelt es sich jedoch in der Sache um Aufhebungsverträge. Zu ihrer Wirksamkeit bedürfen sie daher nach § 623 BGB der Schriftform. Sie fehlt, wenn der ArbN nur auf dem Kündigungsschreiben seinen Erhalt bestätigt und auf die Klage verzichtet (BAG 19.4.07 – 2 AZR 208/06, NZA 07, 1227). Sie unterliegen daneben der Inhaltskontrolle nach den §§ 305 ff BGB. Der Verzicht auf die Klage im unmittelbaren Anschluss an eine Kündigung ohne Gegenleistung in einem vom ArbGeb vorgelegten Formular benachteiligt den ArbN nach § 307 Abs 1 Satz 1 BGB unangemessen und ist daher unwirksam (BAG 6.9.07 – 2 AZR 722/06, NZA 08, 219).

7   Der Verzicht auf rückständigen Lohn aus Anlass eines **Betriebsüberganges** ist nach § 134 BGB nichtig, wenn er abgeschlossen wird, um eine Folge des Übergangs der Arbeitsverhältnisse nach § 613a Abs 1 BGB – Haftung des Betriebserwerbers für die Restlohnschulden des Betriebsveräußerers – zu umgehen (BAG 19.3.09 – 8 AZR 722/07, NZA 09, 1091). Ein vor dem Betriebsübergang geschlossener Erlassvertrag bewirkt zwar grundsätzlich das Erlöschen des Anspruchs. Der mit dem Betriebsveräußerer vereinbarte Verzicht auf Restlohnansprüche hebelt aber die zwingenden Rechtsfolgen eines Betriebsübergangs aus (BAG 19.5.05 – 3 AZR 649/03, NZA-RR 06, 373). So wird die Vorschrift umgangen, was den Verzicht unwirksam macht. Dabei kommt es weder auf eine Umgehungsabsicht noch auf eine bewusste Missachtung der zwingenden Rechtsnormen an; entscheidend ist die objektive Funktionswidrigkeit des Rechtsgeschäfts (BAG 19.3.09 – 8 AZR 722/07, NZA 09, 1091).

8   In einem Formularvertrag (s *Arbeitsvertrag* Rz 24) kann nach § 307 BGB nicht wirksam auf entstandene gesetzliche Rechte oder Ansprüche verzichtet werden, soweit der ArbN hierdurch **unangemessen benachteiligt** wird. Der wirksame Verzicht auf schon entstandene Ansprüche setzt daher vor allem voraus, dass er frei ausgehandelt wurde. Erfolgt er auf der Grundlage einer vom ArbGeb aufgesetzten Vereinbarung, müssen die Belange des ArbN hinreichend berücksichtigt sein oder ein angemessener Ausgleich gewährt werden (BAG 6.9.07 – 2 AZR 722/06, NZA 08, 219).

Die Lohnfortzahlung kann nicht im bestehenden Arbeitsverhältnis (BAG 28.11.79, DB 80, 1448), Urlaubsentgelt und Urlaubsabgeltung können im Umfang des gesetzlichen Mindesturlaubs generell nicht erlassen werden (BAG 20.1.98 – 9 AZR 812/96, NZA 98, 846). Der Verzicht auf unverfallbare Versorgungsanwartschaften im Zusammenhang mit der Beendigung eines Arbeitsverhältnisses ist nach § 3 BetrAVG unwirksam (BAG 21.1.03 – 3 AZR 30/02, NZA 04, 331).

Der **konkrete Verzicht** auf bereits entstandene Rechte aus **Tarifvertrag, Betriebsvereinbarung** oder **bindender Festsetzung** ist nach den §§ 4 Abs 4 Satz 1 TVG, 77 Abs 4 Satz 2 BetrVG, 19 Abs 3 Satz 3 HAG grds unwirksam. Dies gilt unabhängig davon, ob er als Verzicht ausgesprochen oder als Erlassvertrag, Vergleich oder negatives Schuldanerkenntnis vereinbart wird. Ausgleichsquittungen (s *Ausgleichsquittung* Rz 4) über tarifliche, betriebsverfassungsrechtliche oder Ansprüche aus bindender Festsetzung sind damit grds nichtig. Auch eine Vereinbarung, wonach der ArbN seine Klage auf tarifvertragliche Leistungen zurückzunehmen hat und keine neue Klage erheben darf, ist unwirksam (BAG 19.11.96 – 3 AZR 461/95, NZA 97, 1117). Es gilt jedoch das Günstigkeitsprinzip. Wirksam ist daher der Verzicht auf Ansprüche aus einem Sozialplan, wenn zweifelsfrei feststellbar ist, dass die Abweichung vom Sozialplan objektiv die für den ArbN günstigere Regelung ist (BAG 27.1.04 – 1 AZR 148/03, NZA 04, 667).

9

Auf schon entstandene tarifvertragliche Rechte kann jedoch verzichtet werden, wenn der Tarifvertrag nur **kraft einzelvertraglicher Vereinbarung** und nicht nach § 3 TVG gilt (BAG 20.1.98 – 9 AZR 812/96, NZA 98, 846). § 4 Abs 4 Satz 1 TVG schützt nur die Wirksamkeit kollektiv-rechtlich begründeter Rechte (BAG 31.5.90 – 8 AZR 132/89, NZA 90, 935). Auch mit Zustimmung des BRat bzw in einem von den Tarifvertragsparteien bzw der zuständigen Behörde gebilligten Vergleich kann wirksam auf aus Tarifverträgen, Betriebsvereinbarungen und bindender Festsetzung entstandene Rechte verzichtet werden. Der BRat kann seine nach § 77 Abs 4 Satz 2 BetrVG erforderliche Zustimmung formlos erteilen. Sie muss aber unmissverständlich sein. Es reicht nicht aus, wenn er sich aus der Sache nur „heraushalten" will (BAG 3.6.97 – 3 AZR 25/96, NZA 98, 382). Ist ein solcher Anspruch gerichtlich geltend gemacht worden, kann die Klage zurückgenommen werden, da so nur der Prozess beendet wird. Der Klageverzicht nach § 306 ZPO bedarf der Zustimmung der zuständigen Stellen, weil er materiell-rechtlich wirkt.

10

4. Tatsachenvergleich. Wirksam ist stets der sog „Tatsachenvergleich" (BAG 5.11.97 – 4 AZR 682/95, NZA 98, 434), dh der Vergleich über die tatsächlichen Voraussetzungen eines unabdingbaren gesetzlichen Anspruchs bzw eines Anspruchs aus Tarifvertrag, Betriebsvereinbarung und bindender Festsetzung (BAG 20.8.80 – 5 AZR 955/78, AP LohnFG § 6 Nr 12: Lohnfortzahlung; 21.12.72 – 5 AZR 319/72, AP LohnFG § 9 Nr 1: Urlaubsanspruch; 23.8.94 – 3 AZR 825/93, NZA 95, 421: Versorgungsanspruch; 31.7.96 – 10 AZR 138/96, NZA 97, 167: Sozialplanabfindung; 5.11.97 – 4 AZR 682/95, NZA 98, 434: Ausschlussfrist).

11

Beispiel: Der Verzicht auf den gesetzlichen oder tariflichen Urlaub ist unwirksam; wirksam ist ein Vergleich über die Tatsache, wie viel bezahlten Urlaub ein ArbN schon erhalten hat bzw erhalten haben soll.

5. Muster. S Online-Musterformulare *„M43 Verzicht – Tatsachenvergleich"*.

12

B. Lohnsteuerrecht

Windsheimer

1. Verzicht des Arbeitgebers. a) Dienstleistungsverzicht. Verzichtet der ArbGeb auf die **Dienstleistung** des ArbN, kommt es für die Besteuerung darauf an, ob trotz des Verzichts der Lohn gezahlt wird. Bejahendenfalls gelten die allgemeinen Grundsätze über die Lohnbesteuerung, verneinendenfalls fällt mangels Zufluss beim ArbN keine Steuer an (s *Freistellung von der Arbeit* Rz 33 ff). Liegen dem Verzicht private Gründe des ArbGeb zugrunde,

13

zB enge persönliche Beziehungen zum Mitarbeiter, und wird dennoch Lohn bezahlt, ist das Arbeitsverhältnis – ohne Betriebsausgabenabzug – steuerlich nicht anzuerkennen (s *Arbeitnehmer (Begriff)* Rz 29).

14 **b) Forderungsverzicht.** Verzichtet der ArbGeb gegenüber dem ArbN auf eine **Forderung** (zB Darlehensrückzahlung), liegt beim ArbN iHd Forderungsverzichts **steuerpflichtiger Lohn** vor und andererseits beim ArbGeb entsprechender gewinnmindernder Aufwand (§ 4 Abs 4 EStG), wenn der Verzicht im Arbeitsverhältnis begründet und nicht privat veranlasst ist (BFH 19.2.04 – VI B 146/02, DStRE 04, 560). Zur Gewährung eines zinslosen oder zinsverbilligten **Darlehens** durch den ArbGeb an den ArbN s *Arbeitgeberdarlehen* Rz 12 ff. Der Verzicht auf die Vermittlungsprovision des ArbGeb bei Abschluss von Versicherungsverträgen durch den ArbN stellt bei günstigerem Tarif iHd Begünstigung stpfl Arbeitslohn dar (BFH 30.5.01 – VI R 123/00, BStBl II 02, 230). Der Verzicht auf die Abschlussgebühr bei Abschluss von Bausparverträgen in einem ArbGeb-Verbund ist nicht stets stpfl (BFH 20.5.10 – V R 41/09, BFH/NV 10, 1729; anders BFH 30.5.01 – VI R 123/00, BStBl II 02, 230). Der Verzicht auf eine Maklercourtage anlässlich des Kaufs einer Eigentumswohnung vom ArbGeb ist nicht stpfl, wenn aufgrund der Marktverhältnisse der ArbN auch sonst die Befreiung von der Maklercourtage erreicht hätte (FG Köln 18.11.99 – 7 K 6035/94, EFG 2000, 177).

15 Verzicht auf eine **Schadensersatzforderung:** Beschädigt ein ArbN auf einer Privatfahrt oder einer beruflichen Fahrt im Zustand der absoluten Fahruntüchtigkeit ein firmeneigenes Kfz, so begründet der Verzicht des ArbGeb auf die ihm zustehende Schadensersatzforderung einen geldwerten stpfl Vorteil des ArbN (§ 8 Abs 2 Satz 1 EStG; R 8.1 Abs 9 Nr 2 Satz 13 LStR; *Arbeitsentgelt* Rz 40; *Wegeunfall* Rz 2). Dem Schadensersatzanspruch kann bei beruflicher Veranlassung ein entsprechender Werbungskostenabzug beim ArbN gegenüberstehen (**Beispiel:** Beruflich veranlasste Beschädigung eines Arbeitsmittels). Ist dies der Fall, entfällt wegen Saldierung der geldwerte Vorteil und damit die stpfl Einnahme (so BFH aaO). Greift aber hinsichtlich des Werbungskostenabzugs auch § 12 Nr 1 EStG ein (zB alkoholbedingter Verkehrsunfall auf einer Dienstfahrt), mit der Folge, dass der Werbungskostenabzug entfällt, verbleibt der stpfl geldwerte Vorteil. Die Abgeltungswirkung der 1 %-Regelung des § 8 Abs 2 Satz 2 EStG (*Dienstwagen* Rz 18) greift hierbei nicht ein (BFH 24.5.07 – VI R 73/05, BStBl II 07, 766). Der Zeitpunkt des Zuflusses ist dann anzunehmen, wenn der ArbGeb aufgrund objektiver Umstände zu erkennen gibt, dass er von einer Inanspruchnahme des ArbN absieht (zB Ausbuchung der aktivierten Forderung oder endgültige Nichteinbuchung der Forderung und Mitteilung an den ArbN).

16 **c) Verzicht auf Rückgriffsanspruch.** Verzichtet der ArbGeb auf den Rückgriff gegenüber einem ArbN nach seiner Inanspruchnahme durch die AOK oder durch das FA **aufgrund seiner Haftung** wegen nicht einbehaltener und nicht abgeführter SozVBeiträge oder LSt, so ist der steuerlich wirksame Lohnzufluss beim ArbN als Folge des Verzichts erst im Jahr der Inanspruchnahme des ArbGeb durch die entsprechende Behörde anzusetzen, dh erst im Jahr der Zahlung der Haftungsschuld durch den ArbGeb (BFH 5.3.07 – VI B 41/06, BFH/NV 07, 1122). Soll auch die Besteuerung dieses Vorgangs beim ArbN vermieden werden, ist eine *Nettolohnvereinbarung* (Rz 10 ff) hierüber erforderlich. Übernimmt der ArbGeb die ESt/LSt des ArbN, bspw bei einem Auslandseinsatz (s *Auslandstätigkeit* Rz 42, 47), ist dieser Vorteil als Verzicht des ArbGeb auf Steuererstattung durch den ArbN im Zeitpunkt der Abführung der LSt an das Betriebsstätten-FA zugeflossen (BFH 29.11.2000 – I R 102/99, BStBl II 01, 195, 198). Kein Verzicht des ArbGeb liegt in der sog **Beitragslastenverschiebung** vor (s *Sozialversicherungsbeiträge* Rz 19). Unterlässt es der ArbGeb, die nach § 41 EStG vorgeschriebenen Aufzeichnungen über Sachzuwendungen zu führen, so liegt hierin kein vorweggenommener Regressverzicht im Zeitpunkt der Zuwendung des lohnsteuerpflichtigen Vorteils. Das bedeutet, dass die Haftungsschuld des ArbGeb mit dem niedrigeren Bruttosteuersatz und nicht mit dem höheren Nettosteuersatz zu berechnen ist (BFH 29.10.93 – VI R 26/92, BStBl II 94, 197; s hierzu *Lohnsteuerhaftung* Rz 51, 69). Verzichtet der ArbGeb im Rahmen des für Mitarbeiter aufgelegten Aktionoptionsprogramms auf Rückübertragung eines Teils der vom ArbN gewandelten Aktien, so liegt in dem Verzicht kein erneuter Arbeitslohnzufluss (BFH 30.9.08 – VI R 67/05, DB 09, 98).

17 Verzichtet eine **GmbH** auf Forderungen gegenüber ihrem „beherrschenden Gesellschafter" (s hierzu BFH 23.10.85 – I R 247/81, BStBl II 86, 195), so kann in dem Verzicht eine

verdeckte Gewinnausschüttung liegen (§§ 8 Abs 3 Satz 2 KStG; 20 Abs 1 Nr 1 Satz 2 EStG).

Beispiele: Verzicht auf höhere Miete (BFH 7.12.88, BStBl II 89, 248); auf Schadensersatz (BFH 26.4.89, BStBl II 89, 673; einschränkend BFH 14.9.94, BStBl II 97, 89); auf Darlehenszinsen (BFH 28.2.90, BStBl II 90, 649); auf Darlehenssicherung (BFH 14.3.90, BStBl II 90, 795); vgl hierzu *Streck* KStG § 8 Anm 150 Stichwort Verzicht; Verzicht auf **Darlehnsrückzahlung** gegenüber einer dem beherrschenden Gesellschafter nahe stehenden Person (FG BaWü 26.4.94, EFG 94, 901; 18.8.94, EFG 95, 285); Verzicht auf Verzinsung bei Auszahlung einer Gewinntantieme vor Fälligkeit (BFH 17.12.97 – I R 70/97, BStBl II 98, 545).

Bei von der Gesellschafterversammlung zugestandener Konkurrenztätigkeit des GmbH-Geschäftsführers zu seiner GmbH liegt keine verdeckte Gewinnausschüttung vor, wenn die GmbH auf ein Entgelt für den Dispens verzichtet unter der Voraussetzung, dass die Geschäftsführerbezüge aufgrund der Konkurrenztätigkeit entsprechend herabgesetzt worden sind (BFH 18.12.96 – I R 26/95, DStR 97, 575).

Bei einem beherrschenden, nicht sozialversicherungspflichtigen Gesellschafter-Geschäftsführer (s *Geschäftsführer* Rz 39 ff) kann es vorkommen, dass irrigerweise SozVPflicht, zB für einen bestimmten Zeitraum, angenommen wird, und daher der ArbGebAnteil als steuerfrei nach § 3 Nr 62 Satz 1 EStG behandelt wird (s *Sozialversicherungsbeiträge* Rz 14 ff). Stellt der SozVTräger nachträglich die SozVFreiheit fest, verzichtet die GmbH als ArbGeb daraufhin auf die Rückzahlung der ArbGebBeiträge zur gesetzlichen RV und werden die Beiträge für die freiwillige Versicherung des ArbN in der gesetzlichen RV verwendet **(Umwandlung)**, liegt stpfl Arbeitslohn vor (FG Köln 21.11.89 – 13 K 3489/87, EFG 90, 383). Der Zufluss ist bereits in den jeweiligen Kj der früheren Zahlung anzunehmen, da hier durch Umwandlung rückwirkend eine Versicherungsanwartschaft begründet wird. Die freiwillige Versicherung nimmt die Stellung der vermeintlich gesetzlichen Versicherung ein (FG RhPf 18.3.03 – 2 K 3176/00, BeckRS 2003, 26014121). Die ESt-Veranlagungen der früheren Kj sind unter den Voraussetzungen des § 173 Abs 1 Nr 1 AO zu ändern, wobei es sich bei dem nicht steuerfreien ArbGebAnteil auch um Sonderausgaben des ArbN handelt (s *Sonderausgaben* Rz 5).

2. Verzicht des Arbeitnehmers. a) Lohnverzicht s *Entgeltverzicht* Rz 8 ff; Verzicht auf **18** Rentenanpassung s *Rentenanpassung* Rz 2; Verzicht auf Darlehnsrückzahlung, auch nach Umwandlung von gestundetem Lohn, s *Arbeitnehmerdarlehen* Rz 11; zum Verzicht auf Wiedereinstellung s unten Rz 19 und *Wiedereinstellungsanspruch* Rz 9; zum Verzicht auf betriebliche Altersvorsorge s *Entgeltverzicht* Rz 15, 16; *Betriebliche Altersversorgung* Rz 185. Der Verzicht auf die Nutzung eines Dienstwagens wirkt wegen des Anscheinsbeweises der Nutzung nicht (BFH 28.8.08 – VI R 52/07, BStBl II 09, 280; s *Dienstwagen* Rz 20). Gleiches gilt für den Verzicht auf Privatnutzung (BFH 27.5.09 – VI B 123/08, BFH/NV 09, 1434). Auf einen Verzicht des ArbN kommt es nicht an, wenn ein gesetzlicher Anspruch nicht besteht oder nachträglich entfallen ist.

b) Verzicht auf günstige Arbeitsbedingungen. Nimmt der ArbN günstige Arbeits- **19** bedingungen nicht in Anspruch (zB Sozialeinrichtungen, günstige Bezugsbedingungen oder ähnliches), so ist dies steuerlich ohne Auswirkung. Wird ein ArbNRecht oder eine geldwerte ArbNPosition mit Geld abgegolten (zB Vergütung statt Urlaub, Kapitalabfindung zur Beendigung eines arbeitsgerichtlichen Prozesses, Vergütung statt Freizeitausgleich), so ist die Einnahme aufgrund des Geldzuflusses, der durch das Arbeitsverhältnis veranlasst ist, beim ArbN stpfl Arbeitslohn (BFH 22.9.05 – IX R 55/04, BFH/NV 06, 712). Verzichtet der ArbN auf Urlaub, um an einer Fortbildungsveranstaltung teilzunehmen, die der ArbGeb bezahlt hat, so stellt der Wert der Fortbildungsveranstaltung keine Werbungskosten dar (FG Bbg 11.4.01 – 2 K 1991/99, EFG 01, 886). Eine Abfindung, die für den Verzicht auf eine zugesagte Wiedereinstellung gezahlt wird, ist in vollem Umfang stpfl (BFH 22.4.08 – IX R 83/07, BFH/NV 08, 1473).

c) Verzicht auf Werbungskostenersatz. Verzichtet der ArbN gegenüber dem ArbGeb **20** auf Ersatz von Werbungskosten (zB Reisekosten, Schadensersatz) oder auch gegenüber Dritten (zB der ArbN macht gegenüber der Versicherung einen beruflich veranlassten Kfz-Schaden nicht geltend, um den Prämienrabatt zu erhalten), so bleibt der Werbungskostenabzug erhalten (FG NdS 26.11.02 – 6 K 302/00, EFG 03, 1196). Etwas anderes gilt, wenn der Verzicht auf privaten, außerhalb des Arbeitsverhältnisses liegenden persönlichen Erwägungen des ArbN beruht (BFH 14.8.70, BStBl II 70, 765 aE; *K/S* § 9 EStG B 76 ff; aA *HHR* § 9 Rz 92; offen gelassen bei *Schmidt/Loschelder* § 9 Rz 75). Der Verzicht auf Beihilfeansprüche zugunsten einer Beitragsermäßigung bei einer Versicherung kann stpfl sein (BFH 28.10.04 – VI B 176/03, BFH/NV 05, 205).

21 Macht der ArbN Abzugsbeträge gegenüber dem FA nicht geltend (bspw um die Veranlagungsgrenzen zu überschreiten, vgl § 46 Abs 2 Nr 1 EStG; s *Antragsveranlagung* Rz 7), so wirkt dieser Verzicht steuerlich nicht, wenn die Abzugsbeträge dem FA amtsbekannt werden. Der Stpfl kann steuerwirksam insoweit nur auf **antragsabhängige** Aufwendungen, zB auf außergewöhnliche Belastungen nach § 33a Abs 1 EStG verzichten (BFH 14.4.93, BStBl II 93, 738). Bei mehreren Pflegepersonen wirkt ein Verzicht auf den Pflegepauschbetrag (§ 33b Abs 6 EStG) nicht (BFH 19.6.08 – III R 34/07, BFH/NV 08, 1827).

22 d) **Abfindung für Wettbewerbsverbot.** Erhält der ArbN anlässlich des Ausscheidens aus dem Unternehmen unter Auferlegung eines **Wettbewerbsverbots** eine Abfindung, dh verzichtet der ArbN gegen Entgelt auf die Ausübung einer bestimmten Tätigkeit, so liegt in der Einnahme eine steuerbegünstigte Entschädigung nach § 24 Nr 1 EStG (BFH 12.6.96 – XI R 43/94, BStBl II 96, 516; s im Einzelnen *Wettbewerbsverbot* Rz 48 ff; *Abfindung* Rz 41).

23 e) **Forderungsverzicht eines (Gesellschafter-)Geschäftsführers gegenüber seiner GmbH.** S *Entgeltverzicht* Rz 15; *Arbeitnehmerdarlehen* Rz 11, 15; *Betriebliche Altersversorgung* Rz 185 bei Verzicht auf betriebliche Altersversorgung.

24 **3. Verzicht des Finanzamtes.** Ist ein Sachverhalt schwierig oder überhaupt nicht (mehr) aufzuklären, verzichtet das FA also aufgrund tatsächlicher Umstände trotz Amtsermittlungsgrundsatzes (vgl § 88 AO) auf die Aufklärung des letztlich verwirklichten Sachverhalts, so ist eine **tatsächliche Verständigung** zwischen FA und Stpfl über den zugrunde zu legenden, zu besteuernden Sachverhalt zulässig (BFH 6.2.91 – I R 13/86, BStBl II 91, 673; zu den Voraussetzungen im einzelnen OFD München 17.7.03 – S 0223 – 6 St 312; s auch *Vergleich* Rz 13 ff). Die Beteiligten sind an die Verständigung gebunden (§ 201 Nr 5 AEAO), nicht aber wenn das für den Stpfl zuständige FA an der Vereinbarung nicht beteiligt war (BFH 7.7.04 – X R 24/03, BStBl II 04, 975), auch nicht, wenn ein nicht zuständiger Amtsträger entschieden hat, zB ein Betriebsprüfer, erforderlich Vorsteher oder Sachgebietsleiter des FA (BFH 2.8.06 – I B 156/04, BFH/NV 06, 2031). Ob die tatsächliche Verständigung einen öffentlich-rechtlichen Vertrag darstellt (so FG Hbg 4.12.91, EFG 92, 379), mag dahinstehen. Eine **Verständigung über Rechtsfragen,** dh ein Verzicht des FA auf die Festsetzung eines nach seiner Ansicht bestehenden Steueranspruchs ist unzulässig, also unwirksam (BFH 11.12.84 – VIII R 131/76, BStBl II 85, 354 unter 3.c aE). Auf die Durchsetzung des festgesetzten Anspruchs kann das FA im Weg des Erlasses verzichten (§ 227 AO; s auch §§ 156, 163 AO). Ist der Verzicht in mangelnden Ressourcen der FinVerw begründet (sog **Vollzugsdefizit;** hierzu *Haunhorst*, DStR 10, 2105), führt dies noch nicht zur Rechtswidrigkeit des Handelns der FinVerw. Nur ein normatives Defizit eines widersprüchlich auf Ineffektivität angelegten Gesetzes führt zu einem Verstoß gegen Art 3 GG (BFH 12.5.09 – IX R 45/08, BStBl II 09, 891). Hinsichtlich der Pflichtveranlagung (§ 46 Abs 2 Nr 3a EStG) besteht kein zu beachtendes Vollzugsdefizit (FG Düsseldorf 17.3.10 – 15 K 2978/08 E, EFG 10, 878), ebenso nicht bei der Rentenbesteuerung (FG BaWü 7.7.11 – 3 K 5640, BeckRS 2011, 96353). Zur Nicht-Geltendmachung von Steueransprüchen bei **Insolvenz** des ArbGeb s *Insolvenz des Arbeitgebers* Rz 30. Zu Ermessenserwägungen im Rahmen der Haftungsinanspruchnahme s *Lohnsteuerhaftung* Rz 16 ff. Zum Verzicht auf Besteuerung auf Grund **DBA-Regelung** (Steuerfreistellung nach § 39b Abs 6 EStG oder nach § 50d Abs 8, 9 EStG) s *Ausländer* Rz 41, *Auslandstätigkeit* Rz 44, 46; *Lohnabzugsverfahren* Rz 22. Der Verzicht auf Vorlage von Belegen zum Nachweis steuermindernder Umstände steht im Ermessen des FA (BFH 22.10.09 – VI R 16/08, BFH/NV 10, 201).

C. Sozialversicherungsrecht

Voelzke

25 **1. Leistungsrecht.** Die Entgegennahme von Sozialleistungen steht gem § 46 Abs 1 SGB I zur Disposition des Berechtigten. Die Vorschrift ist auf Ansprüche, die nicht Sozialleistungen sind, also zB auf den Verzicht auf Vergütungsansprüche zur Erlangung von Sozialleistungen, nicht anwendbar. Nicht anwendbar ist § 46 SGB I auf Gestaltungsrechte, zB das

Recht zur Wahl einer freiwilligen RV (*Schlegel/Voelzke/Wagner* SGB I, § 46 Rz 11). Durch Verzicht erlöschen allein künftig entstehende und fällig werdende Einzelansprüche aus einem Recht (BSG 24.7.03 – B 4 RA 13/03 R, SozR 4–1200 § 46 Nr 1). Auf das Stammrecht kann nicht verzichtet werden. Eine formularmäßige Verzichtserklärung ist nur dann wirksam, wenn sich aus dem Wortlaut der Erklärung und den Begleitumständen klar ergibt, dass und in welchem Umfang bekannte oder mögliche Ansprüche aufgegeben werden (BSG 25.7.95 – 10 RKg 9/94, SozR 3–5870 § 10 Nr 7).

Zulässig ist auch ein teilweiser Verzicht auf Sozialleistungen (zur Feststellung einer be- 26 stimmten Behinderung BSG 26.2.86 – 9a RVs 4/83, SozR 3870 § 3 Nr 21). Der Verzicht handlungsfähiger Minderjähriger bedarf nach § 36 Abs 2 Satz 2 SGB I der Zustimmung der gesetzlichen Vertreter. Unwirksam ist der Verzicht, wenn durch ihn andere Personen oder Leistungsträger belastet werden (§ 46 Abs 2 SGB I). Hierdurch soll verhindert werden, dass die Lastenverteilung zwischen den Sozialleistungsträgern verändert oder die Unterhaltsfähigkeit verringert bzw die Unterhaltsbedürftigkeit erhöht wird. Nicht zu den geschützten Leistungsträgern gehört der Dienstherr eines Beamten (BSG 27.11.91 – 4 RA 10/91, SozR 3–1200 § 46 Nr 3 zu Auswirkungen auf den Beihilfeanspruch). Hingegen ist der Verzicht auf den Beitragszuschuss (§ 257 SGB V) durch einseitige Erklärung des ArbN gegenüber dem ArbGeb unzulässig (BSG 8.10.98 – B 12 KR 19/97 R, SozR 3–2500 § 257 Nr 5).

Stellt ein Leistungsträger auf den Verzicht des Berechtigten die Gewährung der Sozial- 27 leistung ein, so kann die Unwirksamkeit vom anderen Träger nicht überprüft werden (BSG 12.12.91 – 7 RAr 24/91, SozR 3–4100 § 118 Nr 3).

Der Verzicht muss gegenüber dem zuständigen Leistungsträger abgegeben werden. Er 28 bedarf der **Schriftform**. Aus dem Wortlaut der Verzichtserklärung und den Begleitumständen muss sich klar ergeben, ob und in welchem Umfang der Berechtigte Ansprüche aufgibt (BSG 25.7.95 – 10 RKg 9/94, SozR 3–5870 § 10 Nr 7). Der Verzicht kann jederzeit mit Wirkung für die Zukunft – ohne Einhaltung der Schriftform – widerrufen werden (§ 46 Abs 1 Hs 2 SGB I).

2. Beitragsrecht. Wegen der beitragsrechtlichen Folgen eines Verzichts des ArbN auf 29 bereits erarbeitetes Arbeitsentgelt s *Entgeltverzicht* Rz 21 ff.

Vorschuss

A. Arbeitsrecht *Griese*

1. Definition. Vorschüsse sind Vorauszahlungen des ArbGeb auf noch nicht verdientes 1 Entgelt des ArbN. Sie weisen Parallelen zu **Abschlagszahlungen** auf, die ebenfalls auf die Vergütung gezahlt werden. Der Unterschied besteht darin, dass Vorschüsse auf noch nicht fällige Vergütungsansprüche gezahlt werden, während bei Abschlagszahlungen die Vergütung bereits fällig ist, die Abrechnung aber hinausgeschoben wird (BAG 11.2.87 – 4 AZR 144/86, BB 87, 1743). Zu unterscheiden ist der Vorschuss ferner vom Darlehen: Für ein solches ist charakteristisch, dass es unabhängig von dem konkret zu erwartenden Arbeitsverdienst gezahlt wird und von einer Kreditvereinbarung getragen wird (Näheres: *Arbeitgeberdarlehen* Rz 1).

2. Anspruch auf Vorschuss. Im Arbeitsverhältnis ist der ArbN nach § 614 BGB **vor-** 2 **leistungspflichtig** für den abzurechnenden Beschäftigungszeitabschnitt, dh häufig für den Kalendermonat. Erst nach Erbringung der Arbeitsleistung und Ablauf des Vergütungszeitabschnitts wird das Entgelt fällig. Ein originärer gesetzlicher Anspruch auf einen Vorschuss, also die Zahlung der Arbeitsvergütung vor Fälligkeit, besteht nicht. Dies unterscheidet den Vorschuss von der Abschlagszahlung. Diese kann nach Fälligkeit der Vergütung, idR nach Ablauf des Kalendermonats, verlangt werden. Der Anspruch auf eine Abschlagszahlung folgt aus der Entgeltzahlungspflicht bei Fälligkeit gem § 611 BGB. Ausnahmsweise kann auch auf Vorschüsse ein Anspruch aus der Fürsorgepflicht des ArbGeb entstehen, wenn der ArbN in eine anders nicht behebbare finanzielle Notlage geraten ist. Darüber hinaus können Tarifverträge oder Betriebsvereinbarungen Vorschussansprüche vorsehen.

445 Vorschuss

3 Eine Vorschusszahlung muss **ausdrücklich** als solche gekennzeichnet sein. Dem Empfänger gegenüber muss klargestellt sein, dass es sich nicht um eine **endgültige, sondern um eine vorschussweise Zahlung** handelt. Denn ein Vorschuss setzt voraus, dass sich beide Vertragsparteien darüber einig sind, dass es sich um eine vorschussweise Zahlung handelt, die bei Fälligkeit der Forderung verrechnet wird. Wenn in einem Tarifvertrag bestimmt ist, dass bestimmte Beträge vorschussweise gezahlt werden, so bedeutet dies, dass der ArbGeb verpflichtet ist, diese Bezüge zu zahlen, dass er sie aber nur als Vorschuss zu zahlen braucht. Eine solche Tarifklausel hat nicht zur Folge, dass aufgrund des Tarifvertrages geleistete Zahlungen ohne weiteres als Vorschuss zu beurteilen wären, also auch dann, wenn der ArbGeb bei der Auszahlung nicht auf den Vorschusscharakter der Zahlung hingewiesen hat. Der Tarifvertrag ersetzt nicht die Kenntnis des Empfängers darüber, dass er die Zahlung nur als Vorschuss erhält und mit einer Verrechnung rechnen muss (BAG 11.7.61, AP Nr 2 zu § 614 BGB Gehaltsvorschuss).

4 Eine Tarifklausel, die bestimmt, dass im Falle voller Urlaubsgewährung und vorzeitigem Ausscheiden des ArbN vor Ablauf des Kj die überzahlte Urlaubsvergütung als Lohnvorschuss gilt, ist sowohl wegen des Verstoßes gegen Lohnpfändungsvorschriften als auch wegen des Verbots der unzulässigen Kündigungserschwerung rechtsunwirksam (BAG 9.2.56, AP Nr 1 zu § 394 BGB).

5 **3. Abzug von der verdienten Vergütung.** Bei der Abrechnung der verdienten Vergütung sind die im jeweiligen Vergütungszeitraum geleisteten Vorschüsse in Abzug zu bringen. Der Vorschuss ist eine **vorweggenommene Vergütungstilgung.** Deshalb bedarf es zur Verrechnung **keiner Aufrechnung** und keiner Aufrechnungserklärung nach §§ 387, 388 BGB. Dies hat weiter zur Konsequenz, dass § 394 BGB keine Anwendung findet, die Verrechnung also **ohne Rücksicht auf die Pfändungsgrenzen** möglich ist. Dies findet seine Rechtfertigung darin, dass das Existenzminimum für den laufenden Lebensunterhalt in dem Vergütungsmonat durch den Vorschuss bereits mit abgesichert ist, so dass der ArbN nicht verlangen kann, am Monatsende ohne Rücksicht auf den bereits erhaltenen Vorschuss das unpfändbare Existenzminimum ausgezahlt zu bekommen. Freilich gilt dies nur für die **konkret für die Vergütungsperiode geleisteten Vorschüsse.**

Eine **tarifliche Vorschussverrechnungsregelung** in Gestalt einer Vorschussfiktion kann festlegen, dass überzahlte Krankenbezüge, die durch die rückwirkende Gewährung einer gesetzlichen Rente entstehen, als Vorschuss auf die Bezüge aus der Rentenversicherung gelten, damit ein **Doppelbezug von Entgeltfortzahlung und Rente vermieden** wird (BAG 11.10.06 – 5 AZR 755/05, DB 07, 1313).

6 Wird nach Vorschusszahlung ein Pfändungs- und Überweisungsbeschluss eines Gläubigers zugestellt, werden die Lohnvorschüsse und noch nicht abgerechnete Lohnabschlagszahlungen auf den **pfändungsfreien Betrag angerechnet** (BAG 11.2.87 – 4 AZR 144/86, BB 87, 1743). Dies bedeutet, dass von dem sich aus § 850c ZPO ergebenden pfändungsfreien Betrag (vgl *Pfändung* Rz 20 ff) zunächst Entgeltvorschüsse und -abschlagszahlungen abgezogen werden müssen. Soweit eine Differenz verbleibt, wird diese von der Entgeltpfändung nicht erfasst. Der pfändbare Teil der Vergütung ist an den Pfändungsgläubiger auszuzahlen. In gleicher Weise ist zu verfahren, wenn nach Vorschuss- bzw Lohnabschlagszahlung eine zeitlich früher erfolgte **Entgeltabtretung** angezeigt wird. Nach Lohnpfändung sowie nach Kenntnis von einer Entgeltabtretung empfiehlt es sich, Vorschüsse und Abschlagszahlungen nur noch in Höhe des voraussichtlich **unpfändbaren Teils** der Vergütung zu leisten. Denn in Höhe des **pfändbaren** Teils der Vergütung geht der Vergütungsanspruch bei Fälligkeit auf den Pfändungs- bzw Abtretungsgläubiger über; der ArbGeb kann insoweit nicht mit befreiender Wirkung an den ArbN leisten, er kann folglich Vorschüsse und Abschlagszahlungen nicht mit dem **pfändbaren Teil** der Vergütungsansprüche verrechnen.

7 **4. Rückzahlung von nicht verdienten Vorschüssen.** Vorschüsse und Abschlagszahlungen, die von dem später abgerechneten Arbeitsverdienst nicht gedeckt sind, muss der ArbN zurückzahlen (zu Provisionsvorschüssen s *Provision* Rz 28–30).

8 **a) Anspruchsgrundlage.** Die Rückzahlungsverpflichtung folgt aus der Vorschussvereinbarung. Diese beinhaltet, dass der vorschussweise Betrag mit dem Arbeitsverdienst verrechnet und ein etwaiger zulasten des ArbN verbleibender Saldo von diesem ausgeglichen wird. Eine solche Vorschussvereinbarung kann ohne weiteres angenommen werden, wenn sich die

Parteien über die **vorschussweise** Gewährung einer Zahlung einig waren, auch in Form einer konkludenten Einigung. Dies wiederum setzt die Kenntnis des Empfängers von dem Vorschusscharakter der Zahlung voraus (s oben Rz 3). Die Vorschussrückzahlungsverpflichtung kann sich auch aus einem Tarifvertrag ergeben (BAG 25.2.93 – 6 AZR 334/91, NZA 94, 705). Aus solchen vertraglichen oder tarifvertraglichen Anspruchsgrundlagen folgt, dass die **Entreicherungsvorschrift des § 818 Absatz 3 BGB nicht anwendbar ist** (BAG 25.2.93 – 6 AZR 334/91, NZA 94, 705). Der ArbN kann sich also nicht darauf berufen, er sei um den Vorschuss nicht mehr bereichert, da er das Geld für Dinge ausgegeben habe, für die er bei Kenntnis der Rückzahlungsverpflichtung kein Geld aufgewandt hätte. Werden Vorschüsse regelmäßig in weit höherem Umfang, als Arbeitslohn zu erwarten ist, gezahlt, um den ArbN am **Stellenwechsel zu hindern,** liegt hierin eine unter dem Blickwinkel des Art 12 GG **unzulässige Kündigungserschwerung,** die den ArbN zur Leistungsverweigerung berechtigen kann.

Der Anspruch auf Rückzahlung von nicht verdienten Vorschüssen und Abschlagszahlungen unterliegt den für das Arbeitsverhältnis jeweils geltenden Ausschlussfristen, soweit solche tarifvertraglich, durch Betriebsvereinbarung oder Arbeitsvertrag gelten, und der Verjährung (drei Jahre gem § 195 BGB). 9

b) Darlegungs- und Beweislast. Will ein ArbGeb einem Vergütungsanspruch entgegenhalten, dieser sei durch Vorschüsse ganz oder teilweise erfüllt, so muss er die Vorschusszahlung beweisen, denn es handelt sich um den **Einwand vorweggenommener Erfüllung** (LAG München 28.9.89, BB 90, 1068 [LS]). Verlangt ein ArbGeb einen Vorschuss zurück, weil dieser nicht verdient worden sei, muss er darlegen und beweisen, dass die **Zahlung als Vorschuss** gewährt worden ist. Er muss ferner darlegen und beweisen, dass eine Verrechnung nicht mehr möglich war (LAG Bln 16.2.71, BB 71, 1413). Schließlich gehört hierzu die Darlegung, dass der Vorschuss nicht verdient worden ist. 10

B. Lohnsteuerrecht *Seidel*

Arbeitslohn ist grds bei jeder Lohnzahlung zu versteuern (§ 38 Abs 3 EStG). Hierbei ist es ohne Bedeutung, ob der Arbeitslohn bereits verdient ist. Deshalb sind auch Vorschüsse auf den Arbeitslohn für Arbeitsleistungen, die erst später erbracht werden, im Zeitpunkt der Auszahlung zu versteuern (*HMW*/Vorauszahlung von Arbeitslohn Rz 1). Vorauszahlungen von Arbeitslohn sind in drei Formen denkbar: Abschlagszahlungen, Vorschüsse und Darlehen. Zur steuerlichen Behandlung der Rückzahlung nicht verdienter Vorschüsse (s oben Rz 7) s *Entgeltrückzahlung* Rz 17 ff. 11

1. Abschlagszahlungen sind Lohnzahlungen in ungefährer Höhe für den üblichen Lohnzahlungszeitraum. Nach § 39b Abs 5 EStG braucht der ArbGeb die LSt erst bei der Lohnabrechnung einbehalten, wenn er mit kurzen Lohnzahlungszeiträumen (Tag, Woche) arbeitet, die Lohnabrechnung aber für einen längeren Zeitraum (Monat) vornimmt. Voraussetzung ist, dass der Lohnabrechnungszeitraum fünf Wochen nicht übersteigt und die Abrechnung innerhalb von drei Wochen nach Ablauf dieses Zeitraums erfolgt. Dies ändert aber nichts am Entstehungszeitpunkt der LSt (s *Lohnzufluss* Rz 5; s hierzu auch LStR 39b.5 Abs 5). 12

Nicht unter die Regelung des § 39b Abs 5 EStG fallen aber Abschlagszahlungen, wenn der Lohnzahlungszeitraum und der Lohnabrechnungszeitraum übereinstimmen. Der ArbGeb zahlt zB am 20. des Monats (bei monatlichem Lohnzahlungszeitraum) eine Abschlagszahlung, den Rest zahlt er zu Beginn des Folgemonats aus und rechnet dabei für den Vormonat ab (*Schmidt/Drenseck* § 39b Rz 18). Wird die Lohnabrechnung für den letzten Abrechnungszeitraum des abgelaufenen Kj erst im nachfolgenden Kj, aber innerhalb von drei Wochen vorgenommen, so handelt es sich um Arbeitslohn und einbehaltene LSt dieses Lohnabrechnungszeitraums. Arbeitslohn und LSt sind deshalb im Lohnkonto (s *Lohnkonto* Rz 2 ff) und in der LStBescheinigung des abgelaufenen Kj zu erfassen. Die einbehaltene LSt ist aber für die Anmeldung und Abführung als LSt des Kalendermonats bzw Kj zu erfassen, in dem die Abrechnung tatsächlich vorgenommen wird (LStR 39b.5 Abs 5 Sätze 3 und 4). 13

Beispiel: Auf den Arbeitslohn für Dezember werden Abschlagszahlungen geleistet. Die Lohnabrechnung erfolgt am 15. Januar. Die dann einzubehaltende LSt ist spätestens am 10. Februar als LSt des 14

445 Vorschuss

Monats Januar anzumelden und abzuführen. Sie gehört aber zum Arbeitslohn des abgelaufenen Kj und ist in die LStBescheinigung für das abgelaufene Kj aufzunehmen.

15 Endet der verlängerte Lohnabrechnungszeitraum allerdings erst im folgenden Kj, zB am 10. Januar, so ist der Arbeitslohn dem folgenden Kj zuzuordnen (§ 38a Abs 1 Satz 2 EStG). Das BetriebsstättenFA kann anordnen, dass die LSt von den Abschlagszahlungen einzubehalten ist, wenn die Erhebung der LSt sonst nicht gewährleistet ist (§ 39b Abs 5 Satz 3 EStG). Die Regelung für Abschlagszahlungen gilt nicht für sonstige Bezüge (*Schmidt/Drenseck* § 39b Rz 18).

16 **2. Vorschüsse** sind Zahlungen von Arbeitslohn, auf den erst in Zukunft ein Anspruch des ArbN besteht. Bei kleineren, bald zu verrechnenden Beträgen wird nicht beanstandet, wenn die LSt erst bei der Verrechnung des Vorschusses einbehalten und abgeführt wird. Werden dagegen größere Beträge im Voraus geleistet, so ist die LSt bei der Zahlung einzubehalten (*Schmidt/Drenseck* § 39b Rz 18).

17 **a) Laufenden Arbeitslohn** stellen nach LStR 39b.2 Abs 1 Nr 6 Vorauszahlungen dar, die sich ausschließlich auf Lohnzahlungszeiträume beziehen, die im Kj der Zahlung enden. Die Vorauszahlung ist dann für die Berechnung der LSt den Lohnzahlungszeiträumen zuzurechnen, für die sie geleistet wird (LStR 39b.5 Abs 4). Erhält daher ein ArbN mit dem Aprilgehalt auch die Gehälter für die drei Folgemonate, so ist die LSt nach der Monatstabelle für die einzelnen Monate zu errechnen und von der Gesamtzahlung im April einzubehalten (s *HMW*/Vorauszahlung von Arbeitslohn Rz 2/1). LStR 39b.5 Abs 4 Satz 2 lässt auch zu, dass die Vorauszahlungen als sonstige Bezüge behandelt werden, wenn nicht der ArbN eine Besteuerung als laufender Arbeitslohn verlangt.

18 **b) Sonstige Bezüge** stellen Vorauszahlungen dar, die sich insgesamt oder teilweise auf Lohnzahlungszeiträume beziehen, die in einem anderen Kj als dem der Zahlung enden (LStR 39b.2 Abs 2 Nr 8; Näheres s *Sonstige Bezüge* Rz 2 ff). Wird also mit dem Novembergehalt auch das Gehalt für die folgenden drei Monate ausbezahlt, so ist auch das Dezembergehalt als sonstiger Bezug zu behandeln. Dabei gehören auch die Vorauszahlungen für Lohnzahlungszeiträume des späteren Kj zum Jahresarbeitslohn des Kj, in dem sie tatsächlich geleistet wurden (*HMW*/Vorauszahlung von Arbeitslohn Rz 3).

19 **c)** Bei **Vorauszahlungen für mehrere Jahre** kann eine Tarifbegünstigung gem § 34 Abs 1 iVm Abs 2 Nr 4 EStG in Betracht kommen (BFH 17.7.70, BStBl II 70, 683; Näheres s *Außerordentliche Einkünfte* Rz 17 ff).

20 **3. Darlehen** liegen bei Vorauszahlungen des ArbGeb dann vor, wenn entsprechende Vereinbarungen getroffen werden. Bei späterer Verrechnung der Tilgungs- oder Zinsbeträge mit Arbeitslohn ist die LSt vom ungekürzten Arbeitslohn einzubehalten (*Schmidt/Krüger* § 39b Rz 18).

C. Sozialversicherungsrecht *Voelzke*

21 **1. Allgemeines.** Vorschusszahlungen können in den für das SozVRecht bedeutsamen Rechtsverhältnissen in sehr unterschiedlicher Weise Bedeutung gewinnen. Im Verhältnis von ArbN zu ArbGeb ist von Bedeutung, in welcher Weise der dem ArbN gezahlte Lohnvorschuss der Beitragspflicht unterliegt. Im Verhältnis von ArbGeb zur Einzugstelle kann fraglich sein, ob gegen den ArbGeb ein Anspruch auf einen Vorschuss auf den GesamtSozVBeitrag besteht. Schließlich ist im Verhältnis von Leistungsempfänger und SozVTräger zu erörtern, unter welchen Voraussetzungen ein Vorschuss auf Sozialleistungen beansprucht werden kann.

22 **2. Arbeitsentgelt.** Leistet der ArbGeb Vorschüsse auf später geschuldetes Arbeitsentgelt, sind von den Vorschüssen keine Beiträge zu erheben, da das Lohnzuflussprinzip im Beitragsrecht für das laufende Arbeitsentgelt keine Geltung beansprucht (s *Lohnzufluss* Rz 19 ff). Erst wenn der Vorschuss mit dem erzielten Lohn oder Gehalt verrechnet wird, ist der Beitragsberechnung das volle Arbeitsentgelt zugrundezulegen.

23 **3. Beiträge.** Durch § 28e Abs 5 SGB IV werden die Einzugstellen ermächtigt, durch Satzung zu bestimmen, unter welchen Voraussetzungen vom ArbGeb Vorschüsse auf den GesamtSozVBeitrag verlangt werden können. Der Vorschuss umfasst neben den Beiträgen zur KV auch die Beiträge zur RV, PflegeV und zur BA (§ 28d SGB IV). Die Vorschrift soll die SozVTräger davor schützen, bei erkennbar finanzschwachen ArbGeb Beitragsausfälle zu erleiden. Entsprechend diesem Gesetzeszweck sind geleistete Vorschüsse nicht auf fällig gewordene Beiträge zu verrechnen, sondern bleiben bestehen (KassKomm/*Wehrhahn* § 28e SGB IV Rz 41; *Schlegel/Voelzke/Werner* SGB IV § 28e Rz 121). Vorschüsse dürfen von ArbGeb nicht generell erhoben werden, sondern nur bei Vorliegen besonderer Voraussetzungen, die einen Hinweis auf die mangelnde Liquidität oder die Unzuverlässigkeit des ArbGeb geben. Die Höhe des Vorschusses bestimmt die Einzugsstelle nach ihrem pflichtgemäßen Ermessen.

Der UVTräger kann gem § 164 Abs 1 SGB VII zur Sicherung des Beitragsaufkommens Vorschüsse bis zur Höhe des voraussichtlichen Jahresbedarfs erheben. **In der Unfallversicherung** dienen Vorschüsse auf Beiträge wegen des Systems der nachträglichen Bedarfsdeckung der Bestreitung der laufenden Ausgaben. Wegen dieser andersartigen Zielsetzung der Vorschusserhebung wird der Vorschuss bei Beitragsfälligkeit verrechnet, soweit nicht wiederum eine Vorschusszahlung mit Verwaltungsakt des UVTrägers angefordert wird. **24**

4. Leistungen der SozV können gem § 42 SGB I vorschussweise gezahlt werden, wenn ein fälliger Anspruch dem Grunde nach besteht, jedoch zur Feststellung seiner Höhe noch voraussichtlich längere Zeit erforderlich ist. Die Vorschrift betrifft nur **Geldleistungen;** Vorschüsse auf Dienst- oder Sachleistungen sind nicht vorgesehen. § 42 SGB I greift nicht ein, wenn fraglich ist, ob der Leistungsanspruch dem Grunde nach besteht (zu Ausnahmen *Schlegel/Voelzke/Wagner* SGB I § 42 Rz 22). Der Anspruch auf Vorschussgewährung entsteht spätestens nach Ablauf eines Kalendermonats nach Eingang des Antrags. Leistungen, die den Lebensunterhalt sicherstellen sollen, müssen eher bevorschusst werden, als Leistungen, die nur einen Teilausfall ausgleichen sollen. Aus der vorläufigen Natur der Vorschusszahlung ergibt sich, dass die Vorschussgewährung keine Bindungswirkung für die endgültige Entscheidung über die Voraussetzungen der Leistungsgewährung entfaltet (§ 40 Abs 2 SGB I). Die Bindung tritt auch nicht dadurch ein, dass die Vorschussleistung der allgemeinen Rentenerhöhung angepasst wird (BSG 16.6.99 – B 9 V 13/98 R, SozR 3–1200 § 42 Nr 8). Die Rückabwicklung richtet sich auch dann nach § 42 Abs 2 SGB I, wenn nachträglich festgestellt wird, dass ein Anspruch auf endgültige Geldleistungen nicht besteht (BSG 26.6.07 – B 2 U 5/06 R, NZA 07, 1270). Einer Aufhebung des Vorschussbescheides unter Gewährung von Vertrauensschutz nach § 45 SGB X bedarf es nicht (BSG 1.7.10 – B 11 AL 19/09 R, NZS 11, 598). **25**

Die **Entscheidung** über die Vorschussgewährung steht im Ermessen des Leistungsträgers, bei Vorliegen eines Antrages handelt es sich um eine gebundene Entscheidung. Die Höhe des Vorschusses sollte vom Leistungsträger so bestimmt werden, dass eine zusätzliche Inanspruchnahme subsidiärer Sozialleistungen unterbleiben kann (*Spiolek* BB 97, 1203). Vorschüsse sind auf die zustehende Leistung anzurechnen. Übersteigt die Vorschusszahlung den Leistungsumfang, so steht dem Leistungsträger ein Erstattungsanspruch nach § 42 Abs 2 SGB I zu. **26**

Von der Vorschussgewährung zu unterscheiden ist der Anspruch auf Gewährung **vorläufiger Leistungen** (§ 43 SGB I). Ein derartiger Anspruch wird gegen den zuerst angegangenen Leistungsträger begründet, wenn sich Sozialleistungsträger nicht über die Zuständigkeit einigen können. Die Regelung ist nicht auf Ermessensleistungen anwendbar (*Schlegel/Voelzke/Wagner* SGB I, § 43 Rz 24). **27**

Eine **vorläufige Entscheidung** über Leistungsansprüche ermöglicht für Leistungen des Arbeitsförderungsrechts die Vorschrift des § 328 SGB III. Die Regelung findet Anwendung, wenn Unsicherheit über die Rechtslage besteht, weil ein Verfahren vor dem BVerfG, dem EuGH oder dem BSG anhängig ist oder wenn zur Feststellung der Anspruchsvoraussetzungen längere Zeit erforderlich ist. Im letztgenannten Fall müssen die Anspruchsvoraussetzungen aber aktuell entstanden sein; die Vorschrift dient nicht dazu, erst in der Zukunft entstehende Leistungen vorzufinanzieren (KassHB SGB III/*Vor* § 31 Rz 51). In Abgrenzung zur Vorschussregelung des § 42 SGB I betrifft § 328 SGB III nur Fälle, in denen der Anspruch dem Grunde nach noch nicht feststeht, sondern nur hinreichend **wahrscheinlich** ist. Die Entscheidung über den Erlass der vorläufigen Entscheidung und über die Leistungshöhe steht im pflichtgemäßen Ermessen der BA (zur Ermessensreduzierung vgl *Düe* in Brand, SGB III, § 328 Rz 18). Wird mit der abschließenden Entscheidung eine Leistung nicht oder in geringerer Höhe zuerkannt, so ist sie ohne eine Prüfung des Vertrauensschutzes zu erstatten (§ 328 Abs 3 SGB III). **28**

Wahlanfechtung

A. Arbeitsrecht *Röller*

1. Allgemeines. § 19 BetrVG ermöglicht die Anfechtung rechtsfehlerhafter BRatWahlen, und zwar sowohl des gesamten BRat als auch die Wahl eines einzelnen oder einzelner BRatMitglieder. Die Vorschrift gilt gem § 63 Abs 2 Satz 2 BetrVG auch für die Anfechtung der JAV. Für die Anfechtung der Wahl der Bordvertretung und des SeeBRat gelten Sonderregelungen, §§ 115 Abs 2 Nr 9, 116 Abs 2 Nr 8 BetrVG, ebenso für die Wahl der Schwerbehindertenvertretung (§§ 94, 95 SGB IX). Von der nur im Wege der Anfechtung der BRatWahl möglichen Geltendmachung der Ungültigkeit der BRatWahl sind die Fälle der Nichtigkeit der BRatWahl und der Eingriffe in das laufende Wahlverfahren zu unterscheiden. 1

2. Voraussetzungen der Anfechtung. a) Verstoß gegen wesentliche Vorschriften. Nicht jeder Verstoß gegen das Wahlrecht, die Wählbarkeit oder das Wahlverfahren berechtigt zur Anfechtung der BRatWahl. Diese ist nur dann begründet, wenn gegen wesentliche Vorschriften verstoßen wird, die tragende Grundprinzipien der BRatWahl enthalten. Zwingende Vorschriften stellen regelmäßig wesentliche Vorschriften iSd § 19 BetrVG dar (BAG 12.6.13 – 7 ABR 77/11, BeckRS 2013, 72735; 31.5.2000 – 7 ABR 78/98, DB 2000, 2482). Bloße Ordnungsvorschriften oder Sollbestimmungen rechtfertigen die Anfechtung der Wahl idR nicht (*Fitting* § 19 Rz 10; ErfK/*Eisemann* § 19 BetrVG Rz 1). 2

Vorschriften über das **Wahlrecht** sind die Bestimmungen über die Wahlberechtigung nach § 7 BetrVG. Versäumen ArbN rechtzeitig Einspruch gegen die Wählerliste nach § 4 WO beim Wahlvorstand einzulegen, ist die Möglichkeit der Wahlanfechtung nach § 19 BetrVG hierdurch nicht ausgeschlossen (DKK/*Schneider* § 19 Rz 6; GK-BetrVG/*Kreutz* § 19 Rz 59; ErfK/*Koch* § 19 BetrVG Rz 3; aA *Fitting* § 19 Rz 14). Auch die Anfechtung des ArbGeb (BAG 11.3.75 – 1 ABR 77/74, DB 75, 1753) und der im Betrieb vertretenen Gewerkschaft (BAG 29.3.74 – 1 ABR 27/73, DB 74, 1342) hängen nicht davon ab, dass die wahlberechtigten ArbN Einspruch gegen die Wählerliste eingelegt haben.

Beispiele für eine begründete Anfechtung: Nichtzulassung von wahlberechtigten ArbN (BAG 15.8.12 – 7 ABR 34/11, BeckRS 2012, 75534; 10.11.04 – 7 ABR 6/04, DB 05, 837); Zulassung von Nichtwahlberechtigten zur Wahl (BAG 12.2.92 – 7 ABR 42/91, DB 93, 1377); Zulassung von Beamten, die in Betrieben privatisierter Unternehmen tätig sind (BAG 28.3.01 – 7 ABR 21/00, DB 02, 221).

Die Vorschriften über die **Wählbarkeit** sind in § 8 BetrVG enthalten. 3

Beispiele für eine begründete Anfechtung: Zulassung nicht wählbarer ArbN als Wahlkandidaten (BAG 13.6.07 – 7 ABR 44/06, NZA-RR 08, 19; 28.11.77 – 1 ABR 40/76, DB 78, 450); Zulassung von LeihArbN, die im Entleiherbetrieb nicht wählbar sind (BAG 17.2.10 – 7 ABR 51/08, NZA 10, 832); Nichtzulassung eines fristlos oder fristgerecht gekündigten ArbN, solange die Wirksamkeit der Kündigung nicht feststeht (BAG 10.11.04 – 7 ABR 12/04 DB 05, 1067; 14.5.97 – 7 ABR 26/96, DB 97, 2083; *Fitting* § 19 Rz 16).

Ein im Verfahren nach § 18a BetrVG den Leitenden Angestellten zugeordneter ArbN kann sich im Anfechtungsverfahren auf sein passives Wahlrecht nur berufen, wenn die Zuordnung offensichtlich fehlerhaft gewesen ist.

Vorschriften über das **Wahlverfahren** enthalten die §§ 9–18 BetrVG und die Vorschriften der **Wahlordnung**. 4

Beispiele für eine begründete Anfechtung: Verkennung des Betriebsbegriffs durch den Wahlvorstand (BAG 31.5.2000); Fehlen oder nicht ordnungsgemäße Bekanntgabe des Wahlausschreibens (BAG 21.1.09 – 7 ABR 65/07, NZA-RR 09, 481; 5.5.04 – 7 ABR 44/03, DB 04, 1947); fehlerhaftes Wahlausschreiben (BAG 13.3.13 – 7 ABR 67/11, BeckRS 2013, 70483); Nichtvorliegen der Voraussetzungen für die Durchführung eines vereinfachten Wahlverfahrens nach § 14a BetrVG (BAG 19.11.03 – 7 ABR 23/03, NZA 04, 395); Wahl einer unrichtigen Anzahl von BRatMitgliedern (BAG 7.5.08 – 7 ABR 17/07, NZA 08, 1142); Erstellung der Wählerliste nicht getrennt nach Geschlechtern (BAG 19.11.03); falsche Ermittlung der Zahl der Mindestsitze für das Geschlecht in der Minderheit (*Fitting*

450 Wahlanfechtung

§ 19 Rz 20) nicht ausreichende Unterrichtung ausländischer ArbN (BAG 13.10.04 – 7 ABR 5/04, DB 05, 675; keine ordnungsgemäße Überprüfung der Wahlvorschläge durch den Wahlvorstand (BAG 25.5.05 – 7 ABR 39/04); Verstoß gegen das Öffentlichkeitsgebot (BAG 10.7.13 – 7 ABR 83/11, BeckRS 2013, 72513); fehlerhafter gewerkschaftlicher Wahlvorschlag (BAG 15.5.13 – 7 ABR 40/11, NZA 13, 1095); mehr Stimmzettel als Stimmabgaben (BAG 12.6.13); weitere Beispiele bei *Fitting* § 19 Rz 22; ErfK/*Koch* § 19 BetrVG Rz 4.

5 **b) Keine rechtzeitige Korrektur und Beeinflussung des Wahlergebnisses.** Der Verstoß gegen wesentliche Vorschriften rechtfertigt die Anfechtung nur dann, wenn er nicht rechtzeitig korrigiert wurde. Grds sind alle Wahlfehler reparabel. Rechtzeitig ist die Berichtigung dann, wenn die Wahl danach noch ordnungsgemäß ablaufen kann (BAG 19.9.85 – 6 ABR 4/85, DB 86, 864; *Fitting* § 19 Rz 23; GK-BetrVG/*Kreutz* § 19 Rz 34). Auch nach Bekanntgabe des Wahlergebnisses kann dieses durch den Wahlvorstand oder den BRat noch berichtigt werden, zB bei Rechenfehlern (*Fitting* § 19 Rz 27 f; GK-BetrVG/*Kreutz* § 19 Rz 38). Nach § 19 Abs 1 letzter Halbsatz BetrVG berechtigen Verstöße gegen wesentliche Wahlvorschriften nur dann nicht zur Anfechtung der Wahl, wenn die Verstöße das Wahlergebnis objektiv weder ändern noch beeinflussen konnten. Entscheidend ist, ob bei einer hypothetischen Betrachtungsweise eine Wahl ohne den Verstoß unter Berücksichtigung der konkreten Umstände zwingend zu demselben Wahlergebnis geführt hätte (BAG 12.6.13; 5.5.04; 31.5.2000). Die Anfechtung ist deshalb nicht begründet, wenn Nicht-Wahlberechtigte mitgewählt haben, das Wahlergebnis aber bei Streichung ihrer Stimmen nicht anders aussehen würde (BAG 14.9.88 – 7 ABR 93/87, DB 89, 50) oder sich ein Wahlverstoß lediglich auf die Reihenfolge der Ersatzmitglieder auswirkt (BAG 21.2.01 – 7 ABR 41/99, DB 02, 154). Fehler bei der Bestellung des Wahlvorstandes lassen nicht ohne Weiteres den Schluss zu, dass hierdurch das Wahlergebnis nicht geändert oder beeinflusst werden konnte (BAG 31.5.2000; aA *Fitting* § 19 Rz 25; GK-BetrVG/*Kreutz* § 19 Rz 48). Lässt sich der Sachverhalt nicht eindeutig dahingehend aufklären, dass der Verstoß keinen Einfluss auf das Wahlergebnis gehabt hat, so ist von einer Beeinflussung des Wahlergebnisses durch den Verstoß auszugehen (BAG 18.7.12 – 7 ABR 21/11, BeckRS 2012, 74488; 8.3.57 – 1 ABR 5/55, DB 57, 607; GK-BetrVG/*Kreutz* § 19 Rz 42).

Stellt sich die Möglichkeit der Berichtigung des Wahlergebnisses erst im Anfechtungsverfahren heraus, hat das ArbG das Wahlergebnis in dem Beschluss zu korrigieren (GK-BetrVG/*Kreutz* § 19 Rz 119; *Fitting* § 19 Rz 28).

6 **c) Anfechtungsberechtigung.** Mindestens **drei wahlberechtigte Arbeitnehmer** müssen die BRatWahl anfechten. Maßgebend für die Feststellung der Anfechtungsberechtigung ist der Tag der Wahl, nicht der Tag der Antragstellung beim ArbG. Der nachträgliche Wegfall der Wahlberechtigung hat keinen Einfluss auf die Anfechtungsbefugnis (BAG 4.12.86 – 6 ABR 48/85, DB 87, 232). Das Rechtsschutzinteresse fällt jedoch dann weg, wenn alle die Wahlanfechtung betreibenden ArbN aus ihrem Arbeitsverhältnis ausscheiden (BAG 15.2.89 – 7 ABR 9/88, DB 89, 2626). Jeder anfechtende ArbN kann ohne Zustimmung der anderen Beteiligten in der 1. Instanz seinen Antrag zurücknehmen (BAG 12.2.85 – 1 ABR 11/84, DB 85, 1799). Anfechtungsberechtigt ist des Weiteren jede im Betrieb vertretene **Gewerkschaft**. Die Vertretung im Betrieb muss während des gesamten Verfahrens gegeben sein (BAG 21.11.75 – 1 ABR 12/75, NJW 76, 1165). Schließlich ist der **Arbeitgeber** in dessen Betrieb die BRatWahl durchgeführt worden ist, anfechtungsberechtigt. Ein besonderes rechtliches Interesse braucht er nicht nachzuweisen. In Gemeinschaftsbetrieben ist nur die einheitliche Leitung anfechtungsberechtigt (ErfK/*Koch* § 19 BetrVG Rz 11; *Fitting* § 19 Rz 32). **Kein Anfechtungsrecht** haben der **einzelne Arbeitnehmer,** auch wenn er bei ordnungsgemäßer Durchführung der Wahl gewählt worden wäre (BAG 12.2.85), der **Betriebsrat** oder der **Wahlvorstand** als Organe (BAG 14.11.75 – 1 ABR 61/75, DB 76, 300). Ihre Mitglieder können jedoch als wahlberechtigte ArbN die Anfechtung betreiben (LAG Brandenburg NZA-RR 99, 418).

7 **d) Anfechtungsfrist.** Die Wahl des BRat kann nur innerhalb einer Frist von **zwei Wochen nach Bekanntgabe des Wahlergebnisses** nach § 18 WO angefochten werden. Die Frist berechnet sich nach den §§ 187 ff BGB. Die Frist endet nach § 188 Abs 2 BGB mit Ablauf des Wochentags, der dem Tag entspricht, an dem das Wahlergebnis zwei Wochen zuvor ausgehängt worden ist. Der Antrag muss einschließlich Begründung spätestens am letzten Tag der Frist beim ArbG eingegangen sein. Nach Ablauf der Frist erlischt das Anfechtungsrecht. Die Wahl wird unanfechtbar, auch wenn das Wahlverfahren an wesentlichen Mängeln gelitten hat. Eine Verlängerung der Frist ist ebenso wenig möglich wie eine Wiedereinsetzung in den vorherigen Stand (*Fitting* § 19 Rz 36; ErfK/*Koch* § 19 BetrVG Rz 9). Ist innerhalb der Frist ein betriebsverfassungsrechtlich erheblicher Anfechtungsgrund nicht vorgetragen, kann ein solcher nicht nachgeschoben werden. Dies liefe auf eine Verlängerung der Anfechtungsfrist hinaus (BAG 24.5.65 – 1 ABR 1/65, BB 65, 1068). Das ArbG muss jedoch, wenn weitere Anfechtungsgründe im Laufe des Verfahrens sichtbar werden, diesen vAw nachgehen (BAG 3.6.69 – 1 ABR 3/69, DB 69, 1707; GK-BetrVG/ *Kreutz* § 19 Rz 106). Nach Ablauf der Anfechtungsfrist kann weder eine im Betrieb vertretene Gewerkschaft noch ein anderer Anfechtungsberechtigter dem Verfahren als Antragsteller beitreten noch nach Ausscheides eines der drei antragstellenden ArbN das Verfahren fortsetzen (BAG 12.2.85 – 1 ABR 11/84, NZA 85, 786).

Auch nach Ablauf der Anfechtungsfrist gem § 19 BetrVG kann der Mangel der Wähl- **8** barkeit eines einzelnen BRatMitglieds gem § 24 Nr 6 BetrVG festgestellt werden. Die Feststellung erfolgt durch richterliche Entscheidung im arbeitsgerichtlichen Beschlussverfahren. Anfechtungsberechtigt sind nur die nach § 19 Abs 2 BetrVG Anfechtungsberechtigten. Der Antrag ist an keine Frist gebunden. Er ist gegen das auszuschließende BRatMitglied zu richten. Die **nachträgliche Feststellung der Nichtwählbarkeit** im Zeitpunkt der Wahl führt dann nicht zum Verlust der Mitgliedschaft im BRat, wenn der Mangel inzwischen nicht mehr vorliegt. War zB das gewählte BRatMitglied im Zeitpunkt der Wahl noch nicht 18 Jahre alt oder noch keine 6 Monate im Betrieb beschäftigt, fehlt ihm die Wählbarkeit. Dieser Mangel wird aber geheilt, wenn der Gewählte das Mindestalter oder die Mindestbeschäftigungszeit erreicht, ohne dass seine Wahl angefochten oder die Nichtwählbarkeit rechtskräftig festgestellt wurde (BAG 7.7.54 – 1 ABR 6/54, AP Nr 1 zu § 24 BetrVG). Die Mitgliedschaft im BRat erlischt kraft Gesetzes mit Rechtskraft des arbeitsgerichtlichen Beschlusses für die Zukunft.

3. Folgen der Anfechtung. Mit der rechtskräftigen Entscheidung steht die Gültigkeit **9** oder Ungültigkeit der BRatWahl fest. Die erfolgreiche Anfechtung der Wahl hat (im Gegensatz zu deren Nichtigkeit) **keine rückwirkende Kraft,** sondern wirkt nur für die Zukunft (BAG 9.6.11 – 6 AZR 132/10, BeckRS 2011, 74719; 13.3.91 – 7 ABR 5/90, DB 91, 2495). Damit bleiben alle bis zur rechtskräftigen Entscheidung vom BRat vorgenommenen Rechtshandlungen, einschließlich abgeschlossener Betriebsvereinbarungen, gültig (*Fitting* § 19 Rz 50; GK-BetrVG/*Kreutz* § 19 Rz 116). Aus §§ 22, 13 Abs 2 Nr 4 BetrVG folgt, dass der BRat nicht mehr die Geschäfte bis zur Neuwahl führt (GK-BetrVG/*Kreutz* § 19 Rz 124). Die Wahl des BRat muss bei erfolgreicher Anfechtung wiederholt werden. Hierzu ist die Bestellung eines neuen Wahlvorstandes erforderlich. Der BRat, dessen Wahl erfolgreich angefochten worden ist, kann den Wahlvorstand nicht bestellen, auch nicht nach Verkündung des Beschlusses, jedoch vor Ablauf der Rechtsmittelfrist (LAG Köln 2.8.11 – 12 TaBV 12/11, NZA-RR 12, 23; GK-BetrVG/*Kreutz* § 19 Rz 125; ErfK/*Koch* § 19 BetrVG Rz 7; aA *Fitting* § 19 Rz 45; DKK/*Schneider* § 19 Rz 35). Der für die Neuwahl erforderliche Wahlvorstand muss daher vom GBRat, KBRat oder von der Betriebsversammlung nach § 17 BetrVG gewählt werden. Tritt der BRat im Laufe des Wahlanfechtungsverfahrens zurück, führt er die Geschäfte nach § 22 BetrVG weiter und muss unverzüglich den Wahlvorstand bestellen (*Fitting* § 19 Rz 9; ErfK/*Koch* § 19 BetrVG Rz 7). Bei der erfolgreichen Anfechtung der Wahl einzelner BRatMitglieder treten mit Rechtskraft der Entscheidung nach § 25 BetrVG die Ersatzmitglieder an ihre Stelle. Eine Neuwahl scheidet deshalb aus (GK-BetrVG/*Kreutz* § 19 Rz 130; ErfK/*Koch* § 19 BetrVG Rz 7). Bis zur Rechtskraft des der Anfechtung stattgebenden Beschlusses behalten die BRatMitglieder den besonderen Kündigungsschutz der §§ 15 Abs 1 KSchG, 103 BetrVG. Dieser entfällt jedoch mit Rechtskraft des Beschlusses ebenso wie der nachwirkende Kündigungsschutz nach § 15 Abs 3 KSchG (*Fitting* § 19 Rz 50).

4. Verfahren. Die Entscheidung über die Wahlanfechtung erfolgt im **arbeitsgericht- 10 lichen Beschlussverfahren** (§§ 2a, 80 ff ArbGG). Das ArbG hat sämtliche Anfechtungsgründe, auf die es im Laufe des Verfahrens stößt, vAw zu berücksichtigen, gleichgültig ob sich die Beteiligten darauf berufen oder nicht (BAG 4.12.86). Allerdings besteht **keine Ausforschungspflicht** des ArbG. Neben dem Antragsteller sind nach § 83 Abs 3 BetrVG BRat und ArbGeb zu beteiligen. **Antragsgegner** ist grds der **Betriebsrat**. Der Wahlvor-

450 Wahlanfechtung

stand ist hingegen nicht Beteiligter (BAG 25.4.06 – 7 ABR 40/05, NZA 06, 1241 LS). Anfechtungsgegner können aber **auch einzelne Betriebsratmitglieder** sein, wenn lediglich deren Wahl angefochten wurde. Wird die Anfechtung darauf gestützt, dass die in einem Hauptbetrieb und einem unselbstständigen Betriebsteil durchgeführten Wahlen unwirksam sind, weil ein gemeinsamer BRat hätte gewählt werden müssen, ist die Wahl beider BRäte anzufechten (BAG 7.12.88 – 7 ABR 10/88, DB 89, 1525). Wird eine Wahlanfechtung darauf gestützt, dass unter Verkennung des Betriebsbegriffs in einem Gemeinschaftsbetrieb ein weiterer BRat für einen unselbstständigen Betriebsteil gewählt worden ist, muss eine nachfolgende BRatWahl im Gemeinschaftsbetrieb ebenfalls angefochten werden (BAG 31.5.2000). Die im Betrieb vertretenen Gewerkschaften sind nicht vAw am Verfahren zu beteiligen, wenn sie von ihrem Anfechtungsrecht keinen Gebrauch gemacht haben (BAG 19.9.85). Das Rechtsschutzinteresse für das Anfechtungsverfahren entfällt mit Ablauf der Amtszeit des BRats, dessen Wahl angefochten wird (BAG 16.4.08 – 7 ABR 4/07, DB 08, 1864) sowie bei Durchführung einer Neuwahl mit Bekanntgabe des Wahlergebnisses (BAG 15.2.12 – 7 ABN 59/11, BeckRS 2012, 67380).

11 Die **Streitwertfestsetzung** für ein Wahlanfechtungsverfahren erfolgt als Ermessensentscheidung nach § 23 RVG. Neben den individuellen Besonderheiten des Verfahrens ist auch die Größe des aufzulösenden BRats zu berücksichtigen (LAG Köln 20.1.03, NZA-RR 03, 555).

12 **5. Nichtigkeit der Betriebsratswahl.** Ausnahmsweise ist eine BRatWahl dann nichtig, wenn gegen wesentliche Grundsätze der Wahl in so hohem Maße verstoßen worden ist, dass nicht einmal mehr der Anschein einer dem Gesetz entsprechenden Wahl vorliegt (BAG 19.11.03). Es muss ein sowohl offensichtlicher als auch ein besonders grober Verstoß gegen Wahlvorschriften vorliegen. Dieses Kriterium sieht das BAG dann als erfüllt an, wenn die Wahl den Stempel der Nichtigkeit auf der Stirn trägt (BAG 7.12.88). **Beispiele:** Offene Terrorisierung der Belegschaft während des Wahlaktes (BAG 8.3.57); Wahl eines BRat für einen Betriebsteil, obwohl ein gemeinsamer BRat mit anderen Betriebsteilen gewählt und nicht angefochten war (BAG 11.4.78 – 6 ABR 22/77, DB 78, 1452); Durchführung einer BRatWahl in einem Betrieb, der offensichtlich nicht dem BetrVG unterliegt (BAG 9.2.82 – 1 ABR 36/80, DB 82, 1414); Wahl eines BRat durch Nicht-ArbN (BAG 16.2.95 – 8 AZR 714/93, DB 95, 1519). Die Häufung von Mängeln, von denen jeder für sich nur die Anfechtbarkeit der Wahl begründet, kann nach der neueren Rspr des BAG nicht mehr zur Nichtigkeit der Wahl führen, weder durch eine Addition der Summe der Fehler noch durch eine Gesamtwürdigung der einzelnen Verstöße (BAG 19.11.03 unter Aufgabe der bisherigen Rspr: BAG 27.4.76 – 1 AZR 482/75, NJW 76, 2229).

13 Die **Geltendmachung** der Nichtigkeit einer BRatWahl unterliegt keinen zeitlichen Beschränkungen. Sie kann **zu jeder Zeit** geltend gemacht werden. Die Anfechtung ist nicht an die Frist des § 19 BetrVG gebunden. Jedermann, der an der Feststellung der Nichtigkeit ein Interesse hat, kann sich auf die Nichtigkeit der BRatWahl berufen (BAG 27.4.76). Die Feststellung der Nichtigkeit der BRatWahl erfordert kein bestimmtes gerichtliches Verfahren. Sie kann zum Gegenstand eines arbeitsgerichtlichen Beschlussverfahrens gemacht werden oder auch als Vorfrage, zB im Rahmen einer Kündigungsschutzklage entschieden werden (BAG 27.4.76).

Die **Nichtigkeit** einer BRatWahl **wirkt zurück.** Die gerichtliche Feststellung hat nur deklaratorische Bedeutung. Der BRat, dessen Wahl für nichtig erklärt wurde, hat rechtlich nie existiert. Alle von ihm getroffenen Maßnahmen, insbesondere abgeschlossene Betriebsvereinbarungen und Regelungsabreden sind unwirksam (BAG 29.5.91). Der ArbGeb kann sich auch dann auf die Nichtigkeit für die Vergangenheit berufen, wenn er in Kenntnis der Umstände, die zur Nichtigkeit führten, den BRat längere Zeit als rechtmäßige Vertretung anerkannt und behandelt hat (BAG 27.4.76; GK-BetrVG/*Kreutz* § 19 Rz 140; aA *DKK/Schneider* § 19 Rz 44; *Fitting* § 19 Rz 8). Mitglieder eines BRat, dessen Wahl für nichtig erklärt wurde, genießen keinen Kündigungsschutz nach § 103 BetrVG (BAG 27.4.76) und § 15 KSchG (GK-BetrVG/*Kreutz* § 19 Rz 139). Sie haben aber den nachwirkenden Schutz von Wahlbewerbern nach § 15 Abs 3 BetrVG (*Fitting* § 19 Rz 6).

14 **6. Eingriffe in die laufende Betriebsratswahl.** Gerichtliche Eingriffe in laufende Betriebsratswahlen sind zulässig, da sie das mildere Mittel gegenüber dem Aufschub der Wahl

oder deren Nichtigkeit ist. Auch der Erlass einer einstweiligen Verfügung ist möglich. Voraussetzung ist, dass die Wahl mit Sicherheit als nichtig anzusehen wäre; die bloße Anfechtbarkeit der Wahl genügt nicht (BAG 27.7.11 – 7 ABR 61/10, NZA 12, 345; LAG Dü 13.3.13 – 9 TaBV 6a 5/13, BeckRS 2013, 68272; GK-BetrVG/*Kreutz* § 18 Rz 77; ErfK/*Koch* § 18 BetrVG Rz 7 mwN; aA mit Sicherheit zu erwartende erfolgreiche Wahlanfechtung ausreichend: *Fitting* § 18 Rz 42; *Richardi/Thüsing* § 18 Rz 21.

B. Lohnsteuerrecht *Seidel*

Die Anfechtung der BRatWahl hat keine lohnsteuerrechtlichen Auswirkungen. **21**

C. Sozialversicherungsrecht *Schlegel*

Die Anfechtung der BRatswahl hat keine sozialversicherungsrechtlichen Auswirkungen. **26**

Wegeunfall

A. Arbeitsrecht *Griese*

Arbeitsrechtlich bedeutsam ist der Wegeunfall für die Frage der Haftung des ArbGeb und **1** von Arbeitskollegen für **Personenschäden** eines geschädigten ArbN (s *Arbeitgeberhaftung* Rz 2 ff; *Arbeitnehmerhaftung* Rz 3). Soweit der Unfall auf dem versicherten Weg eingetreten ist, greifen **Haftungsausschlüsse nach §§ 104, 105 SGB VII** ein (vor 1997 teilweise abweichend §§ 636, 637 RVO; Näheres s *Arbeitnehmerbeförderung* Rz 1 ff; *Fahrgemeinschaft* Rz 6; *Arbeitgeberhaftung* Rz 2 ff). Für erlittene Sachschäden des ArbN kann der ArbGeb nach den Grundsätzen des Aufwendungsersatzes (s *Aufwendungsersatz* Rz 6 ff) erstattungspflichtig sein.

B. Lohnsteuerrecht *Thomas*

1. Beruflicher Anlass. Aufwendungen infolge eines Unfalls sind Werbungskosten, wenn **2** sie beruflich veranlasst sind. Ob dies der Fall ist, bestimmt sich weder nach sozial- noch nach beamtenrechtlichen Bestimmungen (BFH 14.11.86, BStBl II 87, 275; aA *Tiedke* DStZ 87, 396). Übernimmt der ArbGeb den dem ArbN entstandenen Schaden, wendet er regelmäßig Arbeitslohn (s *Arbeitsentgelt* Rz 56 ff) zu, der aber nach § 3 Nr 16 EStG steuerfrei sein kann, wenn der Unfall sich auf einer Dienstreise ereignet hat (BFH 30.11.93, BStBl II 94, 256; BFH 30.6.95, BStBl II 95, 744). Steuerfrei ersetzbar ist aber nicht der Zeitwert, sondern nur der fiktive Buchwert (die fortgeschriebenen Anschaffungs- bzw Herstellungskosten; aA *Richter* StRK Anm EStG 1975 § 19 Abs 1 Nr 1 R 95). Deswegen kann es günstiger sein, wenn der ArbGeb nicht Schäden auf Dienstreisen ersetzt, sondern eine Reisegepäckversicherung finanziert (vgl BFH 19.2.93, BStBl II 93, 519), weil anfallende Versicherungsleistungen dann nicht zu versteuern sind. Arbeitslohn liegt ebenfalls vor, wenn der ArbN infolge der Beschädigung eines dem ArbGeb gehörenden Gegenstandes ersatzpflichtig wird und der ArbGeb auf das Geltendmachen seines Ersatzanspruchs verzichtet (BFH 24.5.07 – VI R 73/05, BStBl II 07, 766 = DStR 07, 1159 mit Anm *Bergkemper* FR 07, 892; *Urban* FR 07, 873: Unfallschaden auf Trunkenheitsfahrt).

a) Berufliche Fahrten. aa) Grundsatz. Unfallkosten sind regelmäßig Werbungskosten, **3** wenn sie auf einer beruflichen Fahrt anfallen. Berufliche Fahrten sind solche zwischen Wohnung und erster Tätigkeitsstätte, bei Auswärtstätigkeit, Familienheimfahrten, aber auch Fahrten aus Anlass eines beruflichen Umzugs, einer Fortbildungsveranstaltung oder zu einer vom ArbGeb durchgeführten Betriebsveranstaltung (BFH 28.10.94, BFH/NV 95, 668). Keine berufliche Fahrten sind solche zum Kinderhort und zwar auch dann nicht, wenn die Unterbringung des Kindes die Berufstätigkeit erst ermöglicht (BFH 13.3.96, BStBl II 96, 375). Unfallkosten können auf Fahrten zwischen Wohnung und erster Tätigkeitsstätte nach Auffassung der Verwaltung (BMF 31.10.13, BStBl I 13, 2463 Nr 4; H 9.10 „Unfallschäden" LStR) neben der Entfernungspauschale abgezogen werden, obwohl sich die diesbezügliche Ansicht in den Gesetzesmaterialien im Gesetzeswortlaut (§ 9 Abs 2 Satz 1 EStG) nicht niedergeschlagen hat (aA FG Nürnberg 4.3.10 – 4 K 1497/08, BeckRS 2010, 26028844; *Kettler* DStZ 02, 676). Der Berücksichtigung von Unfallkosten bei Dienstreisen steht nicht entgegen, dass der ArbGeb die laufenden Fahrtkosten steuerfrei (§ 3 Nrn 13, 16 EStG) ersetzt (BFH 10.3.78, BStBl II 78, 381).

4 **bb) Umweg.** Verlässt der ArbN auf einer Dienstreise die beruflich veranlasste Fahrtroute zum Zweck einer privaten Erledigung (Einkauf, Arztbesuch, Sportveranstaltung usw), so ist jedenfalls die Umwegstrecke nicht beruflich veranlasst und ein Unfall auf ihr führt nicht zu Werbungskosten. Das gilt auch für einen ganz kurzen Umweg, der privaten Erledigungen gilt (BFH 12.1.96, BFH/NV 96, 538). Ob ein Unfall auf einem Umweg zum Tanken deshalb Werbungskosten begründet, weil das Tanken auch berufliche Fahrten ermöglicht (so BFH 11.10.84, BStBl II 85, 10; dazu kritisch *Kalmes* FR 86, 89; *Richter* DStR 86, 27) erscheint zweifelhaft. Kehrt der ArbN anschließend wieder auf die berufliche Fahrtstrecke zurück, ist ein Unfall auf dieser nur dann nicht beruflich veranlasst, wenn Länge und Dauer des Umwegs die Weiterfahrt prägen und als privat erscheinen lassen (zum Unfall beim Wiedereinordnen FG BaWü 26.10.76, EFG 77, 210; beim auswärtigen Wettkampf FG Bln 19.3.87, EFG 87, 400).

5 **cc) Sonderfahrten** zur Vorbereitung beruflicher Fahrten (Kfz wird vor Dienstreise zur Inspektion gebracht: BFH 23.6.78, BStBl II 78, 457) sind ihrerseits nicht beruflich veranlasst (aA aber BFH 4.7.86, BFH/NV 86, 736 zum Abholen einer Monatskarte vom Bahnhof). Die Rückreise vom Urlaubsort wird nicht dadurch zu einer beruflichen Fahrt, dass der Urlaub aus dienstlichen Gründen abgebrochen werden musste (FG BaWü 26.10.76, EFG 77, 206). Anders ist es aber, wenn der Urlaub unterbrochen wird, also neben die ohnehin erforderliche Heimfahrt eine zusätzliche Fahrt mit Rückkehr zum Urlaubsort tritt (BFH 12.1.90, BStBl II 90, 423 mit Anm *Thomas* KFR F 6 EStG § 9, 4/90, 231; *Neeb* DStZ 90, 556).

6 **Mittägliche Fahrten** zur Essenseinnahme wurden ursprünglich (BFH 18.12.81, BStBl II 82, 261; anders aber für mittägliche Heimfahrten BFH 2.4.76, BStBl II 76, 452 mwN) für beruflich veranlasst angesehen, wenn am Arbeitsplatz keine Verpflegungsmöglichkeit bestand. Diese Rspr wurde zu Recht aufgegeben (BFH 18.12.92, BStBl II 93, 505 = DStR 93, 720). Die nur vorsichtige Distanzierung beruht evtl darauf, dass eine abschließende Aussage wegen möglicher Besonderheiten bei Dienstreisen vermieden werden sollte. Nach Einführung der Entfernungspauschale bleiben mittägliche Fahrten schon deswegen außer Ansatz, weil nur der Weg zwischen Wohnung und Arbeitsstätte einmal arbeitstäglich berücksichtigt wird. Die Fahrt von bzw zu einer Betriebsveranstaltung – auch wenn sie nicht am Betriebssitz stattfindet – ist beruflich veranlasst (BFH 28.10.94, BFH/NV 95, 668), ungeachtet dessen, dass die Rspr (BFH 25.5.92, BStBl II 92, 856) in diesem Zusammenhang Dienstreisen verneint.

7 **b) Berufliches Schadensereignis.** Schäden an Gegenständen des ArbN können auch dann zu Werbungskosten führen, wenn sie, wie bspw bei einem geparkten Pkw, nicht während einer beruflichen Fahrt, sondern wegen eines berufstypischen Risikos eintreten (BFH 19.3.82, BStBl II 82, 442: Racheakt gegen Polizeibeamten). Ist der Pkw Arbeitsmittel, soll es grds nicht darauf ankommen, ob das Schadensereignis der Privatsphäre zuzuordnen ist (BFH 9.12.03 – VI R 185/97, BStBl II 04, 491 = DStRE 04, 494; aA *Thomas* DStR 04, 1273). Der Verlust eines auf einer Dienstreise eingesetzten Pkw ist wegen dieser Zweckbindung beruflich veranlasst (BFH 25.5.92, BStBl II 93, 44 mit Anm *MIT* DStR 92, 1583), und zwar unabhängig davon, ob dieses Beförderungsmittel aus dienstlichen Gründen erforderlich oder vom ArbGeb angeordnet war. Gleiches gilt für den Verlust anderer Gegenstände (zB persönliche Habe im Pkw) infolge eines Unfalls auf einer beruflichen Fahrt (BFH 30.6.95, BStBl II 95, 744 = DStR 95, 1427 zum Diebstahl auf einer Dienstreise), weil sich auch insofern ein dienstliches Risiko realisiert hat. Im Übrigen berechtigt der Verlust von solchen Gegenständen, die der ArbN auf eine Dienstreise mitnimmt, zum Werbungskostenabzug, weil er sie dort verwenden muss (BFH 30.11.93, BStBl II 94, 256), wie zB Kleidung, persönliche Gebrauchsgegenstände, nicht aber Sportgeräte, Wertsachen; zweifelhaft ist die Rechtslage bei besonders aufwändiger Kleidung (Pelzmantel), Schmuck und Geld (vgl BFH 4.7.86, BStBl II 86, 771). Der Zusammenhang zur beruflichen Risikosphäre kann auch dadurch überlagert sein, dass sich der Stpfl besonders leichtfertig verhalten hat. Inwieweit der Verlust von Gegenständen, die nicht unmittelbar zu beruflichen Zwecken eingesetzt werden, wegen ihrer Aufbewahrung am Arbeitsplatz (vgl *Woring* DStZ 91, 76) zu Werbungskosten führt, ist noch weitgehend ungeklärt. Ob der einem Selbstständigen anlässlich einer Privatfahrt gestohlene Pkw zu einer Entnahme führt (so BFH 18.4.07 – XI R 60/04, BStBl II 07, 762 = DStR 07, 1616) ist zweifelhaft (*Weber-Grellet* NWB F 3 S 14869). Wird einem ArbN ein Dienstwagen gestohlen, hat das lohnsteuerlich nur Auswirkungen, wenn er den Diebstahl leichtfertig ermöglicht hat und deshalb Schadensersatz zu leisten ist.

c) Private Überlagerung. Der Werbungskostenabzug für Unfallaufwendungen entfällt nicht deswegen, weil vor oder beim Unfall gegen Verkehrsvorschriften verstoßen wurde (BFH 28.11.77, BStBl II 78, 105) oder weil er auf – auch verschuldete – menschliche Unzulänglichkeiten (Übermüdung, Schwächeanfall: BFH 10.3.78, BStBl II 78, 380) zurückzuführen ist (*von Bornhaupt* BB 84, 1146; *Offerhaus* BB 79, 667). Eine Ausnahme greift lediglich ein, wenn der Unfall auf alkoholbedingte Fahruntüchtigkeit zurückzuführen ist (BFH 6.4.84, BStBl II 84, 434; aA *Tiedke* FR 78, 493) oder wenn bei einer beruflichen Fahrt Schadensersatzansprüche Dritter beglichen werden müssen, die aus Gefälligkeit – also aus privaten Gründen – mitgenommen wurden (BFH 1.12.05 – IV R 26/04, BStBl II 06, 182 = DStR 06, 126). 8

2. Abziehbare Aufwendungen. a) Schadensberechnung. Lässt der ArbN den Schaden reparieren, sind Reparaturkosten, sofern sie nicht von Dritten ersetzt werden (vgl BFH 14.8.70, BStBl II 70, 764; *Offerhaus* BB 91, 257), Werbungskosten (BFH 14.7.78, BStBl II 78, 595), nicht jedoch ein sog merkantiler Minderwert (BFH 31.1.92, BStBl II 92, 401; BFH 27.8.93, BStBl II 94, 235; kritisch *von Bornhaupt* DStZ 92, 343, DStZ 94, 203; *Kramer* FR 94, 485). Unterbleibt eine Reparatur oder erfolgt sie nur behelfsmäßig, kann ein Wertverlust (Absetzung für außergewöhnliche Abnutzung; § 9 Abs 1 Nr 7 iVm § 7 Abs 1 Satz 5 EStG) als Werbungskosten berücksichtigt werden (BFH 24.11.94, BStBl II 95, 318). Dabei ist von den fortgeschriebenen Anschaffungskosten (Abzug der bisher möglichen AfA) auszugehen (FG RhPf 16.12.93, EFG 94, 622). Das gilt auch für den Fall, dass das Kfz regelmäßig nur zwischen Wohnung und Arbeitsstätte beruflich eingesetzt wird. Teilweise wird hierbei der Zeitwert für maßgebend angesehen (*Schlarb* DStR 84, 333). Wenn bei umfangreicher Reisetätigkeit die tatsächlichen Kosten ermittelt wurden und dabei eine vergleichsweise kurze Nutzungsdauer zugrunde gelegt worden ist (zur zutreffenden AfA vgl BFH 26.7.91, BStBl II 92, 1000 mit Nichtanwendungserlass BMF 3.12.92, BStBl I 92, 734), bestimmt diese auch den verbleibenden „Buchwert". Sonst ist als AfA je Jahr $1/8$ der Anschaffungskosten anzusetzen. Deshalb führt ein nach dem 8. Jahr eingetretener Totalschaden auch dann nicht zu Werbungskosten, wenn noch ein beträchtlicher Zeitwert bestanden hatte (FG Münster 13.1.94, EFG 94, 472). Wurde ein Kfz nach mehr als 8 Jahren gebraucht gekauft, wird es auch im 9 oder 10 Jahr noch einen Restnutzungszeitraum haben, was zu einer außerordentlichen AfA führen kann. Maßgebender Abzugszeitpunkt ist das Unfalljahr, auch wenn in diesem mögliche Ersatzansprüche gegen eine Versicherung noch nicht geklärt sind (BFH 13.3.98, BStBl II 98, 443 mit Anm *MIT* DStR 98, 967). 9

Der Wertverlust führt in voller Höhe zu Werbungskosten, unabhängig davon, zu welchen Anteilen das Kfz bisher beruflich bzw privat genutzt worden ist oder genutzt werden wird (BFH 19.3.82, BStBl II 82, 442, 443 aE; vgl aber zur Nutzungsentnahme bei Totalschaden auf einer Privatfahrt BFH 23.1.01 – VIII R 48/98, BStBl II 01, 395 mit Anm *Sydow* NWB/ F 3 S 11823). Einen Wertverlust kann der ArbN aber nur dann als Werbungskosten geltend machen, wenn er ihn auch getragen hat, also nicht, wenn der Schaden an einem von dritter Seite gefälligkeitshalber überlassenen Pkw entstanden ist (FG NdS 19.1.94, EFG 94, 785; allgemein zum sog Drittaufwand BFH 23.8.99 – GrS 2/97, BStBl II 99, 782). Dagegen können die dem Dritten erbrachten Schadensersatzleistungen Werbungskosten sein (FG Hess 26.5.93, EFG 93, 647). 10

b) Unmittelbare Unfallkosten. Werbungskosten sind – sofern nicht die Abgeltung des § 9 Abs 2 EStG eingreift – neben dem eingetretenen Wertverlust an den eigenen Gegenständen des ArbN die unfallbedingten unmittelbaren Folgekosten (Abschleppen, Gutachter, Prozesskosten usw) und der an Dritte gezahlte Schadensersatz, auch wenn eine Versicherungsleistung infolge Unfallflucht unterbleibt (FG München 22.2.80, EFG 80, 387). Berücksichtigungsfähig ist auch der an anderen Gegenständen als dem unfallbeteiligten Pkw eingetretene Schaden (BFH 10.3.78, BStBl II 78, 381: Garage). Des Weiteren gehören zu den abziehbaren unmittelbaren Unfallaufwendungen die Kosten eines zur Schadensbegleichung 11

451 Wegeunfall

aufgenommenen Kredits, nicht dagegen die Kosten eines Kredits zur Anschaffung eines neuen Pkw (BFH 1.10.82, BStBl II 83, 17) und zwar auch dann nicht, wenn der Pkw mit Personalrabatt erworben und insofern versteuert worden ist (FG RhPf 15.3.96, EFG 96, 913). Ebenfalls Unfallkosten sind Zahlungen zur Erhaltung des Schadensfreiheitsrabatts (FG Köln 6.3.81, EFG 81, 623; *kav* FR 78, 319). Dagegen können unfallbedingte Prämienerhöhungen nicht in das Unfalljahr vorgezogen werden. Sie gehören zu den laufenden Kfz-Kosten und gehen in die spätere Berechnung der km-Kosten ein, die dann bei beruflichen Fahrten anzusetzen sind.

C. Sozialversicherungsrecht *Ruppelt*

13 **1. Allgemeines.** Versicherte Tätigkeit in der gesetzlichen UV ist auch das Zurücklegen der mit der versicherten Tätigkeit zusammenhängenden unmittelbaren Wege nach und von dem Ort der Tätigkeit. Es handelt sich typischerweise um den Weg zwischen Wohnung und Arbeitsstätte, aber auch alle anderen Wege in Zusammenhang mit einer versicherten Tätigkeit nach §§ 2, 3 und 6 SGB VII sind von § 8 Abs 2 Nr 1 SGB VII erfasst. Kein Wegeunfall ist der Unfall, der sich auf einem Betriebsweg ereignet, dh auf einem Weg, der Bestandteil der betrieblichen Tätigkeit ist (Lieferfahrten, Montagereisen, Botenwege usw). Unfälle auf solchen Wegen sind nach § 8 Abs 1 SGB VII versichert (BSG 7.11.2000 – B 2 U 39/99 R, SozR 3–2700 § 8 Nr 3; s auch *Dienstreise* Rz 64 ff). Leistungsrechtlich ist diese Unterscheidung grds nicht von Bedeutung. Beitragsrechtlich bestehen Unterschiede bei der Aufstellung des Gefahrtarifs und der Berechnung von Beitragszuschlägen und -nachlässen (vgl *Unfallversicherung* Rz 22 ff). Das Haftungsprivileg des Unternehmers gilt nur auf Betriebswegen, nicht bei Wegeunfällen (vgl Rz 23). Betriebswege sind auch in häuslichen Arbeitsplätzen versichert. Allerdings beschränkt sich der Versicherungsschutz auf die Bereiche des Hauses, die der Ausübung der versicherten Tätigkeit dienen (Arbeitszimmer). S hierzu BSG 12.12.06 – B 2 U 1/06 R, SozR 4–2700 § 8 Nr 21.

14 **2. Unfallkausalität.** Der unfallbringende Weg muss in einem **inneren ursächlichen Zusammenhang** mit der versicherten Tätigkeit stehen, damit der Versicherungsschutz ausgelöst wird. Wie allgemein im Recht der gesetzlichen UV besteht kein Versicherungsschutz, wenn der Weg von der Verfolgung persönlicher oder privater Belange geprägt ist und dessen finale Zweckgerichtetheit mit den betrieblichen Belangen nicht mehr verknüpft ist (s *Arbeitsunfall* Rz 34). Der erforderliche Zusammenhang zwischen Weg und versicherter Tätigkeit setzt also nicht nur eine zeitliche und räumliche Beziehung zwischen Weg und Tätigkeit voraus, die durch Beginn und Ende der Arbeitszeit sowie die Richtung des Weges nach und von dem Tätigkeitsort begründet wird, es muss darüber hinaus der Weg von der finalen Zweckgerichtetheit geprägt sein, zur Arbeitsstelle zu gelangen oder von ihr zurückzukehren. Darüber hinaus ist erforderlich, dass die konkrete Verrichtung des Verunfallten zum Zeitpunkt des Unfalls dem unter Versicherungsschutz stehenden Weg zuzurechnen ist. Das ist bspw nicht der Fall, wenn der Versicherte auf dem Weg zur Arbeit nicht betrieblich veranlasste Einkäufe erledigt und dabei verunfallt (BSG 4.9.07 – B 2 U 24/06 R, NZS 08, 488; 28.4.04 – B 2 U 26/03 R, NZS 05, 491). Das Zurücklegen eines Weges in der Mittagspause, um an einem dritten Ort das Mittagessen einzunehmen, ist gds unfallversicherungsrechtlich geschützt (BSG 27.4.10 – B 2 U 23/09 R, WzS 10, 190). Diese Grundsätze gelten auch für Versicherte, die den Weg von und zur Arbeitsstelle zu Fuß zurücklegen (LSG BaWü 10.3.08 – L 1 U 5527/06, BeckRS 08, 51893, Anm *Merten* jurisPR-SozR 11/08).

15 **3. Umwege,** die den Weg von oder zur Arbeitsstätte oder Wohnung aus eigenwirtschaftlichen Gründen nicht unerheblich verlängern, sind nicht versichert (BSG 5.5.98 – B 2 U 40/97 R, NJW 98, 3292; 7.9.04 – B 2 U 35/03 R, NZS 05, 381). Allerdings ist der Versicherungsschutz nicht auf den kürzesten Weg beschränkt (BSG 11.9.01 – B 2 U 34/00 R, SozR 3–2700 § 8 Nr 9). Der Versicherte muss sich jedoch bei der Wahl des Weges von vernünftigen Überlegungen leiten lassen. So ist der verkehrsgünstigste Weg auch dann versichert, wenn er nicht der kürzeste Weg ist (vgl *Schulin* Bd 2/*Schulin* § 33 Rz 84). Auch der irrtümliche Umweg ist versichert, wenn nicht völlige Unaufmerksamkeit Grund für den Irrtum ist (BSG 30.10.07 – B 2 U 29/06 R, SozR 4–2700 § 8 Nr 25, zur Unaufmerksamkeit von Schülern auf dem Schulweg). Bei nicht feststellbarem Grund für das Verlassen des

üblichen Weges vom oder zum Ort der Tätigkeit besteht kein Versicherungsschutz (BSG 9.12.93 – 2 RU 87/93, SozR 3–2000 § 50 Nr 7).

4. Abwege sind nicht versichert. Hierbei handelt es sich um Wege, deren Zielrichtung nicht auf Wohnung oder Arbeitsstätte gerichtet ist (BayLSG 27.5.09 – L 2 U 213/08, Breithaupt 10, 37). An dieser Zielrichtung kann es schon dann fehlen, wenn nach einer Unterbrechung der Fahrt die Zielrichtung (kurzfristig) eine andere ist, um wieder auf den ursprünglichen Weg zurück zu gelangen (BSG 24.6.03 – B 2 U 40/02 R, NZA 03, 1018). Versicherungsschutz kann demgegenüber auf Wegen bestehen, die nicht von der Wohnung aus angetreten werden oder zu ihr zurückführen. Dies gilt nach der Rspr des BSG jedoch nur, wenn dieser Weg rechtlich wesentlich von dem Vorhaben geprägt ist, von der versicherten Tätigkeit zurückzukehren bzw diese anzutreten **und** die Länge des Weges in einem angemessenen Verhältnis zu dem üblichen Weg des Versicherten steht (BSG 2.5.01 – B 2 U 33/00 R, NJW 01, 3654; 3.12.02 – B 2 U 18/02 R, NJW 03, 2260; 10.10.06 – B 2 U 20/05 R, SozR 4–2700 § 8 Nr 19; *Benz* Der sog dritte Ort bei Wegeunfällen in der gesetzlichen UV, WzS 03, 71). 16

Die Fahrt zu einer **Tankstelle** ist als Vorbereitungshandlung zur Verrichtung einer versicherten Tätigkeit grds unversichert (BSG 11.8.98 – B 2 U 29/97 R, NJW 99, 84). Etwas anderes gilt, wenn die Abwägung sämtlicher betrieblicher und privatwirtschaftlicher Gesichtspunkte ergibt, dass betriebsbedingte Umstände den Handlungsablauf derart mitbestimmt haben, dass die Fahrt sachlich zu einem Weg von oder zur Arbeitsstätte gehört. Das ist etwa dann der Fall, wenn der Versicherte außerhalb des normalen Betriebsablaufs seine Arbeitsstelle aufsuchen und – weil darauf nicht vorbereitet – sein Fahrzeug betanken muss (BSG 24.1.95 – 8 RKnU 1/94, SozR 3–2200 § 548 Nr 23). Entsprechendes gilt bei notwendigen Reparaturen des Kfz (BSG 3.12.02 – B 2 U 19/02 R, NJW 03, 2044; 4.9.07 – B 2 U 24/06 R, NZS 08, 488). 17

5. Unterbrechungen des versicherten Weges aus persönlichen Gründen (Einkäufe, Gaststättenbesuche usw) sind grds unversichert (BSG 9.12.03 – B 2 U 23/03 R, NZS 04, 544; 2.12.08 – B 2 U 15/07 R, BeckRS 09, 52200, Anm *Angermaier* jurisPR-SozR 13/09; 2.12.08 – B 2 U 17/07 R, SozR 4–2700 § 8 Nr 28). Unversichert sind auch die Wege, die aufgrund der Unterbrechung zurückgelegt werden. Nach Unterbrechungsende lebt der Versicherungsschutz **auf dem versicherten Weg** wieder auf, es sei denn, die Dauer der Unterbrechung beseitigt den inneren Zusammenhang des anschließenden Wegteils mit der versicherten Tätigkeit. Das ist bei Unterbrechungen von mehr als zwei Stunden Dauer grds der Fall (BSG 10.10.06 – B 2 U 20/05 R, SozR 4–2700 § 8 Nr 19; 27.10.09 – B 2 U 23/08 R, WzS 10, 31). Unterbricht ein Versicherter die Fahrt zu oder von der Arbeitsstätte für eine private Verrichtung, so wird der Versicherungsschutz mit dem **Verlassen des Fahrzeugs** unterbrochen (BSG 9.12.03 – B 2 U 23/03 R, NZS 04, 544). Verlässt der Versicherte für die Unterbrechung mit seinem Fahrzeug den Weg von oder zu der Arbeitsstätte, etwa weil er einen nahegelegenen Parkplatz aufsuchen will, befindet er sich bei diesem Weg auf einem unversicherten Abweg (BayLSG 19.12.06 – L 18 Nr 12/06, NZS 07, 543; 17.2.09 – B 2 U 26/07 R, NZA-RR 09, 661 zur Unterbrechung des Weges wegen Regulierungsgesprächen nach Verkehrsunfall). Eine nur geringfügige Unterbrechung des Weges, die bei natürlicher Betrachtungsweise zeitlich und räumlich noch als Teil des Weges nach oder von dem Ort der Tätigkeit in seiner Gesamtheit anzusehen ist, unterbricht den Versicherungsschutz nicht (LSG SachsAnh 16.5.13 – L 6 U 12/12, NZS 13, 793, hier: Herbeirufen eines Hundes auf dem Weg zur versicherten Tätigkeit). 18

6. Beginn und Ende des versicherten Weges. Der versicherte Weg zur Arbeitsstätte beginnt mit dem Durchschreiten der Außentür des zu verlassenden Gebäudes, also nicht an der Wohnungstür oder der Grundstücksgrenze (BSG 7.11.00 – B 2 U 39/99 R, NZS 01, 432; LSG BlnBbg 20.9.12 – L 2 U 3/12, BeckRS 2013, 65093). Der Weg endet mit dem Betreten des Betriebsgebäudes; der anschließende Weg zum Arbeitsplatz ist nach § 8 Abs 1 SGB VII versichert. Für den Rückweg gelten sinngemäß die gleichen Grundsätze. Soweit in § 8 Abs 2 SGB VII vom Ort der Tätigkeit die Rede ist, meint dies den Ort, an dem die versicherte Tätigkeit verrichtet werden soll. Bei Montagearbeiten ist dies der Ort der Baustelle. Für andere Arbeiten gilt Entsprechendes. Ausgangs- und Zielpunkt des versicherten Weges ist der häusliche Wirkungsbereich des Versicherten. Ob es sich dabei um eine abge- 19

451 Wegeunfall

schlossene Wohnung, ein gemietetes Zimmer oder dergleichen handelt, ist unerheblich. Wesentlich ist lediglich, dass der Versicherte dort den Mittelpunkt seiner häuslichen Lebensverhältnisse hat. S auch *Fahrten zwischen Wohnung und Arbeitsstätte* Rz 39 f.

20   **7. Besonderheiten bei Kinderbetreuung und Fahrgemeinschaft.** Versichert sind auch Um- und Abwege vom Arbeitsweg, die erforderlich sind, um **Kinder von Versicherten** (§ 56 SGB I), die mit ihnen in einem gemeinsamen Haushalt leben, **fremder Obhut** anzuvertrauen (§ 8 Abs 2 Nr 2a SGB VII). Die fremde Obhut muss wegen der beruflichen Tätigkeit der Versicherten oder ihrer Ehegatten oder Lebenspartner erforderlich sein. Zumutbare Obhutsmöglichkeiten und -pflichten **im Haushalt** müssen grds genutzt werden (Beispiel: Das Kind wird morgens von der Mutter auf dem Weg zur Arbeit zu den Großeltern gebracht und abends wieder abgeholt. Der Vater kann das Kind wegen eigener Berufstätigkeit nicht beaufsichtigen. Dabei ist der Umweg zu den Großeltern wie der Arbeitsweg versichert). Es sind nur die Um- und Abwege **vom Arbeitsweg** versichert. Wird das Kind ohne Zusammenhang mit dem Arbeitsweg transportiert, ist dieser Weg nicht versichert (BSG 20.3.07 – B 2 U 19/06 R, NZS 08, 154; 12.1.10 – B 2 U 35/08 R, DB 10, 1767). Zu den zahlreichen Einzelfragen s *Krasney* Familienbezogener Unfallversicherungsschutz Beispiele, WzS 13, 67; KassKomm/*Ricke* § 8 SGB VII Rz 222 ff). Versichert sind auch Um- und Abwege vom Arbeitsweg, die erforderlich sind, um mit anderen Beschäftigten eine **Fahrgemeinschaft** zu bilden (§ 8 Abs 2 Nr 2b SGB VII). Auch die **Kinder** sind auf dem Weg von Schule oder Kindergarten nach näherer Maßgabe von § 8 Abs 2 Nr 3 SGB VII versichert, wenn sie sich wegen der beruflichen Tätigkeit der Versicherten zur Obhutsperson begeben. In fremde Obhut wird ein Kind nur dann gebracht, wenn es wegen seines Alters oder seines geistig/körperlichen Zustandes auf Aufsicht und Pflege angewiesen ist. UVSchutz besteht auch für Tagesmütter. Daher sind auch die mit dieser Tätigkeit verbundenen Wege versichert (BSG 17.2.98 – B 2 U 3/97 R, NJW 98, 3141).

21   **8. Wegeunfälle unter Alkoholeinwirkung im Straßenverkehr** sind nur dann nicht versichert, wenn eine (absolute oder relative) Fahruntüchtigkeit wegen Alkoholeinwirkung festgestellt ist **und** diese Fahruntüchtigkeit, uU neben anderen Mitursachen, die rechtlich allein wesentliche Ursache für den Verkehrsunfall gewesen ist (BSG 27.6.84 – 9b RU 86/83, NZA 85, 37). Ist nach einer geordneten Prüfung aller fallbezogenen Umstände auf das Gewicht ihres Ursachenbeitrages zu einem Verkehrsunfall nichts anderes mehr ersichtlich, was sich als bessere Erklärung für eine unvorsichtige Fahrweise oder unterlassene Reaktion anbietet, dann bleibt bei einer Blutalkoholkonzentration, die relative Fahruntüchtigkeit verursacht, nur diese als Erklärung für die Veränderung der Fahrfähigkeit übrig (BSG 30.4.85 – 2 RU 24/84, SozR 2200 § 548 Nr 70; 17.2.98 – B 2 U 2/97, HVBG-info 98, 1094). Bei einer Blutalkoholkonzentration, die zu **absoluter Fahruntüchtigkeit** (BAK 1,1%) führt, trägt der Versicherte die Feststellungslast dafür, dass der Unfall nicht auf der Alkoholeinwirkung, sondern auf betriebsbezogenen Umständen und Wegegefahren beruht. Bei **relativer Fahruntüchtigkeit** (BAK unter 1,1%) infolge Alkoholeinwirkung (auch bei nicht festgestelltem Wert der Blutalkoholkonzentration) entfällt der Versicherungsschutz nur, wenn dem Versicherten alkoholbedingte Fahruntüchtigkeit nachgewiesen werden kann (zB unadäquates Verkehrsverhalten) **und** festgestellt ist, dass die Fahruntüchtigkeit wesentliche Unfallursache gewesen ist (LSG Bln 18.1.01 – L 3 U 121/99, HVBG-info 01, 1999; BayLSG 14.12.11 – L 2 U 566/10, ArbuR 12, 212; *Schulin* Bd 2/*Schulin* § 32 Rz 36 ff; *Ruppelt* Der Wegeunfall unter Alkoholeinwirkung in der gesetzlichen Unfallversicherung, Personalrecht im Wandel, FS Küttner, 179). Relative Fahruntüchtigkeit liegt nach **Cannabiskonsum** nur dann vor, wenn ein THC-Wert von mindestens 1 ng/mL festgestellt worden ist (BSG 30.1.07 – B 2 U 23/05 R, SGb 08, 52). Es gelten dann die Grundsätze der relativen Fahruntüchtigkeit nach Alkoholeinwirkung entsprechend.

22   **9. Einzelfälle Straßenverkehr.** Der UVSchutz auf dem Weg zur Arbeitsstätte wird nicht dadurch ausgeschlossen, dass der Versicherte aufgrund seiner Fahrweise wegen **fahrlässiger Straßenverkehrsgefährdung** bestraft wird, auch wenn der Unfall auf dieser Verhaltensweise beruht (BSG 19.12.2000 – B 2 U 45/99 R, NJW 01, 3652; 4.6.02 – B 2 U 11/01 R, NZS 03, 46). Das gilt jedenfalls dann, wenn die unfallbringende Handlung trotz des verbotswidrigen Verhaltens noch dem Unternehmen zugeordnet werden kann. Sekundenschlaf als Ursache des Verkehrsunfalls schließt einen versicherten Wegeunfall nicht aus (LSG SchlHol

26.1.06 – L 1 U 52/05, NZS 06, 376). Bei vorsätzlicher Straßenverkehrsgefährdung können Leistungen nach § 101 Abs 2 Satz 1 SGB V versagt oder entzogen werden (vgl BSG 18.3.08 – B 2 U 1/07 R, SozR 4–2700 § 101 Nr 1).

10. Haftungsprivileg. Nach § 104 Abs 1 Satz 1 SGB VII sind Unternehmer den in ihrem Unternehmen tätigen gesetzlich Unfallversicherten zum Ersatz von Personenschäden nach zivilrechtlichen Haftungsgrundsätzen verpflichtet, wenn die zuerst genannten den Versicherungsfall vorsätzlich oder auf einem nach § 8 Abs 2 Nr 1 bis 4 SGB VII versicherten Weg (Wegeunfall) herbeigeführt haben. Grund für diese Ausnahme vom Haftungsprivileg ist, dass im allgemeinen Straßenverkehr kein Grund für eine Haftungsfreistellung erkennbar ist. Das Haftungsprivileg gilt aber auf Betriebswegen (BAG 19.8.04 – 8 AZR 349/03, DB 04, 2592). Vgl auch *Betrieb (Begriff)* Rz 23. 23

Wehrdienst

A. Arbeitsrecht *Kania*

Aufhebung der Wehrpflicht. Mit dem Gesetz zur Änderung wehrrechtlicher Vorschriften (WehRÄndG 2011 vom 28.4.2011, BGBl I 11, 678) wurde die Geltung der §§ 3–53 WehrpflG suspendiert und die Wehrpflicht zum 1.7.2011, 55 Jahre nach ihrer Einführung, ausgesetzt. Der Zivildienst wurde durch den 6- bis 24-monatigen Bundesfreiwilligendienst ersetzt, zu dem sich auch Frauen melden können. Jedoch bleibt die Wehrpflicht im Grundgesetz verankert, wodurch die konzeptionelle Rekonstitutionsfähigkeit gewährleistet wird. Das bedeutet, dass die Aussetzung nicht rechtlich mit der Abschaffung des WehrpflG bzw seiner verfassungsrechtlichen Grundlage in Art 12 GG einhergeht, sondern nur den politisch gewollten Verzicht auf eine zwangsbewehrte Einberufung zum Wehrdienst bedeutet. Der 3.1.2011 war der letzte Einberufungstermin iSd alten Wehrpflichtigkeit. Da der Wehrdienst zuletzt nur noch 6 Monate dauerte, gibt es also seit Beginn des Jahres 2012 keine Wehrpflichtigen mehr. Insofern wird auf eine ausführliche Erläuterung der arbeitsrechtlichen Sonderregelungen im ArbPlSchG verzichtet (vgl dazu Vorauflage Rz 2–14). 1

B. Lohnsteuerrecht *Windsheimer*

1. Auswirkungen auf den Familienleistungsausgleich. a) Gesetzlicher Wehrdienst (zur Aussetzung der Wehrpflicht s oben Rz 1). Während des Wehrdienstes bestand kein Anspruch auf den Familienleistungsausgleich (s Personalbuch 2012). Der **Wehrdienst verlängert** jedoch die Gewährung des Kinderfreibetrages und des Betreuungsfreibetrages (§ 32 Abs 6 EStG) sowie des Kindergelds (§ 63 Abs 1 Satz 2 EStG; s *Kindergeld* Rz 7 ff) um einen der Dauer des geleisteten Dienstes entsprechenden Zeitraum **über das 21. oder 25. Lebensjahr hinaus** (§ 32 Abs 5 EStG). Mit Aussetzung der Wehrpflicht ist die Notwendigkeit der Verlängerung entfallen. Der Verlängerungstatbestand des § 32 Abs 5 EStG gilt letztmals für den Veranlagungszeitraum **2018** (§ 52 Abs 40 Satz 10 EStG). Voraussetzung hierfür ist, dass das Kind den Dienst **vor dem 1.7.11** angetreten hat. 17

b) Freiwilliger Wehrdienst nach §§ 54–62 WehrpflG (s unten Rz 22). Ein Anspruch auf Kindergeld und Freibeträge (§ 32 und §§ 62 ff EStG) kann sich während der ersten 6 Monate des freiwilligen Wehrdienstes aus der Begünstigungsalternative Berufsausbildung ergeben (s HMW/Bundeswehr Rz 41; *Kinderfreibetrag* Rz 16 ff), da **die ersten 6 Monate** aus einer 3-monatigen Grundausbildung und aus 3 Monaten fachspezifischer Ausbildung bei der Stammeinheit bestehen. Zeiträume zwischen einem Ausbildungsabschnitt und der Ableistung des freiwilligen Wehrdienstes begründen – anders als der gesetzliche Wehrdienst – keine Übergangszeit iSd § 32 Abs 4 Satz 1 Nr 2 Buchstabe b EStG (DA-FamEStG 2013 63.3.3 Abs 1 Satz 3; s auch *Kinderfreibetrag* Rz 21). Ein Kind wird auch dann für einen Beruf ausgebildet, wenn es neben dem freiwilligen Wehrdienst eine Ausbildung ernsthaft und nachhaltig betreibt (DAFam-EStG 63.3.2.1.1 Abs 6). 18

2. Auswirkungen auf die (Lohn-)Steuer. Die grds stpfl Geld- und Sachbezüge von freiwillig Wehrdienst Leistenden (s Rz 19) waren vollständig steuerfrei gestellt (§ 3 Nr 5 EStG aF). Für Dienstverhältnisse, die vor dem 1.1.14 begonnen haben, gilt diese (umfassen- 19 de) Steuerfreiheit von Bezügen für den freiwilligen Wehrdienst weiter (§ 52 Abs 4g Satz 2 EStG). Für freiwillig Wehrdienst Leistende, die das Dienstverhältnis nach dem 31.12.13 beginnen, sind Bezüge, die neben dem Wehrsold nach § 2 Abs 1 Wehrsoldgesetz gezahlt werden (zB Wehrdienstzuschlag, unentgeltliche Unterkunft u Verpflegung), stpfl (§ 52 Abs 4g Satz 1 EStG).

Der **Wehrsold** bleibt nach § 3 Nr 5c EStG **steuerfrei**. Im Einzelnen zur Steuerfreiheit von Bezügen für Wehrdienst Leistende s § 3 Nr 5 Buchst a–e EStG).

C. Sozialversicherungsrecht *Ruppelt*

22   **1. Freiwilliger Wehrdienst.** Seit 2011 ist die allgemeine Wehrpflicht (einschließlich der Zivildienstpflicht) ausgesetzt (s Rz 1). Einberufungen zum Grundwehrdienst finden seither nicht mehr statt. Nach § 2 WehrpflG lebt die allgemeine Wehrpflicht nach §§ 3–53 WehrpflG (einschließlich der Zivildienstpflicht) nur im Spannungs- oder Verteidigungsfall wieder auf. Im Übrigen finden die §§ 3–53 WehrpflG grds keine Anwendung und an die Stelle der Wehr- und Zivildienstpflicht treten der **freiwillige Wehrdienst** nach §§ 54–62 WehrpflG und der **Bundesfreiwilligendienst** (s *Freiwilligendienste* Rz 1). Der freiwillige Wehrdienst für die Dauer von 6–23 Monaten (§ 54 Abs 1 Satz 2 WehrpflG) ist ein Dienstverhältnis eigener Art, für den Wehrsold und Zulagen gewährt werden. Es gelten die statusrechtlichen Vorschriften für den Grundwehrdienst, dh es besteht Renten- und ArblV-Pflicht. Eine bestehende KV wird (wegen des Anspruchs auf freie Heilfürsorge) ohne Leistungsanspruch fortgeführt. Die Beiträge werden vollständig entweder vom Bund oder vom ArbGeb getragen (s Rz 24, 26, 28). Berufssoldaten und Soldaten auf Zeit nach § 2 Abs 2 Satz 1 u 2 SoldatenG verrichten keinen freiwilligen Wehrdienst.

23   **2. Krankenversicherung und soziale Pflegeversicherung.** Besteht vor Beginn des freiwilligen Wehrdienstes eine Pflicht- oder freiwillige Mitgliedschaft des Wehrdienstleistenden in der gesetzlichen KV, gilt diese nach § 193 Abs 2 SGB V während des freiwilligen Wehrdienstes als fortbestehend und kann nach Beendigung des Wehrdienstes nach allg Regeln weitergeführt werden. War der Wehrdienstleistende vor Dienstantritt familienversichert (s *Familienversicherung* Rz 5 ff), wird diese Versicherung nicht fortgeführt.

24   Es besteht nur die Mitgliedschaft fort, nicht der Leistungsanspruch. Dieser ruht für den Wehrdienstleistenden (nicht für seine familienversicherten Angehörigen) nach § 16 Abs 1 Nr 2 SGB V, weil er während des Dienstes Anspruch auf freie Heilfürsorge hat. Für die Mitgliedschaft in der **sozialen Pflegeversicherung** gelten die Darlegungen zur KV entsprechend (§ 20 Abs 1 Satz 1 SGB XI). Den nach Maßgabe des § 244 Abs 1 SGB V **ermäßigten Beitrag** zur gesetzlichen KV und den Beitrag zur sozialen PflegeV trägt in den Fällen des § 193 Abs 2 SGB V der Bund (§§ 251 Abs 4 SGB V; 59 Abs 1 SGB XI). Soweit aus einem Beschäftigungsverhältnis nach dem ArbSchG (s Rz 2) das Entgelt weiterzuzahlen ist, hat der ArbGeb hieraus die (ermäßigten) Beiträge zur KV zu entrichten. Die Beiträge zur RV und ArblV sind in diesem Fall vom ArbGeb in voller Höhe abzuführen.

25   **3. Rentenversicherung.** Versicherungspflichtig nach § 3 Satz 1 Nr 2 SGB VI sind Personen in der Zeit, in der sie freiwilligen Wehrdienst leisten. Dies gilt nicht für Wehrdienstleistende, die für die Zeit ihres Dienstes (idR Wehrübungen) Arbeitsentgelt weiter erhalten oder Leistungen für Selbstständige nach dem Unterhaltssicherungsgesetz beziehen; die Beschäftigung oder selbstständige Tätigkeit gilt in diesen Fällen als nicht unterbrochen und die Versicherung besteht nach allgemeinen Grundsätzen fort (s *Rentenversicherungspflicht* Rz 11). Infolge des Anspruchs auf Fortzahlung des Arbeitsentgelts nach § 11 Abs 1 Satz 1 ArbPlSchG tritt eine Unterbrechung sowohl des Beschäftigungsverhältnisses als auch der Versicherungspflicht nicht ein.

26   Die **Beiträge** der nach § 3 Nr 2 SGB VI versicherungspflichtigen Wehrdienstleistenden trägt der Bund (§ 170 Abs 1 Nr 1 SGB VI). Die Beitragsberechnung erfolgt nach der Verordnung über die pauschale Berechnung und die Zahlung der Beiträge zur gesetzlichen RV für die Dauer eines aufgrund gesetzlicher Pflicht zu leistenden Dienstes (§ 178 Abs 1 Nr 1 SGB VI).

4. Arbeitslosenversicherung. Wehrdienstleistende sind nach § 26 Abs 1 Nr 2 SGB III 27 versicherungspflichtig in der ArbIV, wenn sie in dieser Zeit nicht als Beschäftigte versichert sind (Rz 25).

Als **beitragspflichtige Einnahmen** gilt nach § 345 Nr 2 SGB III bei versicherungs- 28 pflichtigen Dienstleistenden ein Betrag in Höhe von 40 vH der monatlichen Bezugsgröße nach § 18 SGB IV (s *Sozialversicherungsbeiträge* Rz 71). Die Beiträge trägt der Bund (§ 347 Nr 2 SGB III).

5. Alters- und Hinterbliebenenversorgung in besonderen Fällen. Eine bestehende 29 Versicherung in der zusätzlichen Alters- und Hinterbliebenenversorgung für ArbN im **öffentlichen Dienst** wird durch freiwilligen Wehrdienst nicht berührt. Dies gilt auch, wenn die zusätzliche Alters- und Hinterbliebenenversorgung durch Höherversicherung oder auf andere Weise gewährt wird (§ 14a Abs 1 ArbPlSchG). Für ArbN, die einer Pensionskasse angehören oder als Leistungsempfänger der **betrieblichen oder überbetrieblichen Alters- und Hinterbliebenenversorgung** in Betracht kommen, gilt Entsprechendes (§ 14a Abs 3 ArbPlSchG). Der ArbGeb hat während des Wehrdienstes die Beiträge (ArbGeb- und ArbNAnteil) nach Maßgabe von § 14a Abs 2 ArbPlSchG weiter zu entrichten. Erstattungsanträge der ArbGeb sind innerhalb eines Jahres nach Beendigung des Wehrdienstes beim Bundesminister der Verteidigung zu stellen.

Weisungsrecht

A. Arbeitsrecht *Griese*

1. Begriff. Das Weisungsrecht (§ 106 GewO) ist das Recht des ArbGeb, die im Arbeits- 1 vertrag nur rahmenmäßig umschriebene Leistungspflicht des ArbN einseitig durch Weisungen konkretisieren zu können. Die dadurch bestehende **Weisungsabhängigkeit** des ArbN ist das charakteristische Merkmal des Arbeitsverhältnisses. Durch die Weisungsabhängigkeit unterscheidet sich der Arbeitsvertrag von dem Vertragsverhältnis eines freien Mitarbeiters, eines Subunternehmers oder eines in sonstiger Weise selbstständig Tätigen. Die Weisungsabhängigkeit macht zugleich die besondere Schutzbedürftigkeit des ArbN aus. Weisungsabhängig und damit ArbN ist, wer es nicht in der Hand hat, seine Tätigkeit im Wesentlichen frei zu gestalten und seine Arbeitszeit frei zu bestimmen (§ 84 Abs 1 Satz 2 HGB).

2. Inhalt des Direktionsrechts. Das Direktionsrecht des ArbGeb umfasst das Recht des 2 ArbGeb, die Arbeitspflicht durch einseitige Weisungen näher auszugestalten (BAG 7.12.2000 – 6 AZR 444/99, NZA 01, 780). Dies betrifft Zeit, Ort und Inhalt und Art und Weise der zu leistenden Arbeit. Das Direktionsrecht unterliegt vielfältigen Begrenzungen, es muss sich im Rahmen des höherrangigen Rechts halten (s § 106 GewO).

a) Mit Hilfe des Direktionsrechts ist es dem ArbGeb möglich, die **Arbeitspflicht inhalt-** 3 **lich näher festzulegen.** Dies bezieht sich sowohl auf die einzelnen Tätigkeiten und ihre Reihenfolge als auch auf die Begleitumstände, unter denen die Arbeit zu verrichten ist. So darf ein ArbGeb einem ArbN, der als Verkaufssachbearbeiter in einem Möbelhaus der gehobenen Kategorie tätig ist, untersagen, in Gegenwart von Kunden mit Jeans und Turnschuhen aufzutreten, und ihn anweisen, Sakko und Krawatte zu tragen (LAG Hamm 22.10.91, LAGE Nr 11 zu § 611 BGB Direktionsrecht). Lange Haare bei Polizeibeamten können nicht durch Anordnung untersagt werden (BVerwG 2.3.06 – 2 C 3/05, ArbuR 06, 327). Das Tragen eines islamischen Kopftuchs kann nicht ohne weiteres kraft Weisungsrecht untersagt werden (BAG 10.10.02 – 2 AZR 472/01, NZA 03, 483; BVerfG 30.7.03 – 1 BvR 792/03, NZA 03, 959), anders bei ausdrücklicher gesetzlicher Regelung (Lehrkräfte an staatlichen Schulen BAG 10.12.09 – 2 AZR 55/09, NZA-RR 10, 383). Wer als Schlagzeuger beschäftigt ist, muss auch ein Geräuscheffektgerät – Regenmacher – bedienen (BAG 27.9.01 – 6 AZR 577/00, NZA 02, 565). Eine Filmschauspielerin muss eine adäquate Änderung ihrer Filmrolle hinnehmen (BAG 13.6.07 – 5 AZR 564/06, NZA 07, 974). Das Weisungsrecht soll es weiterhin erlauben, einen ArbN anzuweisen, eine Dienstfahrt mit einem hierfür zur Verfügung gestellten Dienstwagen auszuführen und hierbei Arbeitskollegen mitzunehmen (BAG 29.8.91 – 6 AZR 593/88, DB 92, 147). Durch Weisungsrecht kann der

453 Weisungsrecht

ArbGeb nicht erzwingen, dass der ArbN an einem **Personalgespräch** teilnimmt, das dem Ziel dient, den ArbN zu einer von ihm bereits abgelehnten Vertragsänderung zu bewegen (BAG 23.6.09 – 2 AZR 606/08, DB 09, 1991).

4 **b)** In zeitlicher Hinsicht ermöglicht es das Direktionsrecht, die **Arbeitszeit näher auszugestalten.** Dies betrifft Arbeitsbeginn und -ende ebenso wie die Festlegung von Pausen, die Anforderung von Bereitschaftsdienst oder Rufbereitschaft. So darf der Träger eines kirchlichen Krankenhauses den Arbeitsrahmen durch einseitige Leistungsbestimmung (Direktionsrecht) ändern, sofern nicht tarifvertragliche oder vertragliche Regelungen entgegenstehen und die Mitbestimmungsrechte der Personalvertretung gewahrt sind (BAG 19.6.85, DB 86, 132). Gleichfalls ist es dem ArbGeb möglich, einseitig in einem tariflich vorgegebenen Rahmen die regelmäßige wöchentliche Arbeitszeit entsprechend den tarifvertraglichen Vorgaben zu verlängern oder zu verkürzen (BAG 26.6.85, DB 86, 132) oder den Bereitschaftsdienst im Einzelnen festzulegen (BAG 25.10.89, DB 90, 2026), oder die Abfolge der Nachtwachen festzusetzen (BAG 11.2.98 – 5 AZR 472/97, NJW 99, 669). Vom Weisungsrecht umfasst ist die Festsetzung des Nachtschichtenrhythmus (BAG 23.9.04 – 6 AZR 567/03, NZA 05, 359). Es ist zulässig, durch dynamische Verweisungsklausel in einem Arbeitsvertrag den Umfang der Arbeitszeit entsprechend der Arbeitszeit der Beamten zu regeln (BAG 14.3.07 – 5 AZR 630/06, DB 07, 1645). Bei Lehrern ist es zulässig, Präsenzpflichten während der Schulferien anzuordnen (BAG 16.10.07 – 9 AZR 144/07, NZA-RR 08, 214).

5 **c)** Kraft des Weisungsrechts ist der ArbGeb schließlich berechtigt, **den Arbeitsort festzulegen.** Das Weisungsrecht umfasst auch die Frage, ob ein Teil der Arbeitszeit außerhalb des Dienstgebäudes oder die gesamte Arbeitszeit innerhalb des Dienstgebäudes absolviert werden muss (BAG 11.10.95 – 5 AZR 802/94, NZA 96, 718). Hierzu gehört ferner, an welcher Dienststelle der ArbN eingesetzt wird (BAG 21.1.04 – 6 AZR 583/02, NZA 05, 61). Der Umfang des Weisungsrechts ist besonders weitgehend, wenn der ArbN keinen von vornherein feststehenden Arbeitsort zugewiesen bekommt. Dies trifft etwa zu bei Arbeiten mit wechselnden Einsatzstellen, so bei Monteuren, Bauarbeitern, Mitarbeitern in Reinigungsunternehmen oder Verkaufsmitarbeitern im Außendienst. Hier ist der ArbGeb berechtigt, den Arbeitsort täglich neu festzulegen. Ansonsten gibt das Direktionsrecht die Befugnis, den Arbeitsort im Betrieb durch **Umsetzung** zu verändern.

Zwischen **Abmahnung** und Umsetzung besteht kein Rangverhältnis. Bestehen zwischen ArbN Spannungen, ist der ArbGeb nicht gehalten, den vermeintlichen Verursacher abzumahnen, sondern kann das Problem durch Umsetzung lösen (BAG 24.4.96 – 5 AZR 1031/94, NZA 96, 1088).

6 **3. Begrenzungen des Direktionsrechts.** Die Ausübung des Direktionsrechts unterliegt vielfältigen Begrenzungen, es ist die schwächste Rechtsquelle und muss sich im Rahmen des höherrangigen Rechts (Arbeitsvertrag, Betriebsvereinbarung, Tarifvertrag, Gesetz und Verfassung) halten.

7 **a) Arbeitsvertrag.** Der Arbeitsvertrag bildet eine erste Grenze für die Ausübung des Direktionsrechts. In inhaltlicher Hinsicht ist der Spielraum für die Ausübung des Direktionsrechts umso kleiner, je konkreter die Arbeitsaufgabe im Arbeitsvertrag umschrieben ist. Soweit die Tätigkeit des ArbN nur allgemein bezeichnet ist, zB Kunststoffarbeiter, kann dem ArbN jede Tätigkeit zugewiesen werden, die dem Berufsbild entspricht, nicht aber eine unterwertige Tätigkeit, selbst wenn die Vergütung unverändert bleibt.

8 Ist hingegen eine **detaillierte Tätigkeitsbeschreibung** vertraglich vorgenommen worden, zB Werkstattleiter mit entsprechenden Befugnissen, kann das Tätigkeitsfeld nicht durch Weisungen, zB **Entziehung von Befugnissen** (BAG 2.4.96 – 1 AZR 743/95, NZA 97, 112), ohne Versetzung geändert werden. Ist die Arbeitspflicht vertraglich nicht auf eine genau bestimmte Tätigkeit begrenzt, kann dem ArbN kraft des Weisungsrechts jede Tätigkeit übertragen werden, die der Vergütungsgruppe des ArbN entspricht (BAG 12.4.73, DB 73, 1904 (LS) = AP Nr 24 zu § 611 BGB Direktionsrecht). Durch langjährigen vorbehaltlosen Einsatz auf einem bestimmten Arbeitsplatz kann sich die Arbeitspflicht auf diese Tätigkeit **konkretisieren** (stillschweigende vertragliche Änderung), mit der Folge, dass ein anderer Arbeitsplatz nicht in Ausübung des Weisungsrechts zugewiesen werden kann (im öffentlichen Dienst reicht dafür ein 13-jähriger Einsatz nicht, LAG RhPf 5.7.96, NZA 97, 1113). Der

Umstand, dass ein ArbGeb über einen langen Zeitraum hinweg nicht von der tariflich und gesetzlich möglichen Anordnung von Sonn- und Feiertagsarbeit Gebrauch gemacht hat, führt regelmäßig nicht zu einer Konkretisierung, so dass entsprechende Anordnungen möglich bleiben (BAG 15.9.09 – 9 AZR 757/08, NJW 10, 394).

Soll dem ArbN ein anderer Arbeitsbereich zugeteilt werden, bedarf dies einer Versetzung **9** (Näheres s *Versetzung* Rz 2, als Beispiel BAG 29.2.2000 – 1 ABR 5/99, NZA 2000, 1357 und ferner *Griese* BB 95, 458). Eine solche ist nur möglich, wenn der Arbeitsvertrag eine **Versetzungsklausel** enthält, etwa die Festlegung, dass der ArbGeb berechtigt ist, dem ArbN andere **zumutbare, gleichwertige Tätigkeiten** zu übertragen. § 308 Nr 4 BGB steht der Wirksamkeit einer Versetzungsklausel nicht entgegen (BAG 11.4.06 – 9 AZR 557/05, NZA 06, 1149). Eine Versetzungsklausel, die die Zuweisung geringwertiger Tätigkeiten vorsieht, ist als unangemessene Benachteiligung gem § 307 Abs 2 Nr 1 BGB rechtsunwirksam (BAG 26.8.10 – 10 AZR 275/09, NZA 10, 1355).

Fehlt eine vertragliche Versetzungsklausel, kann der Inhalt der Arbeitsleistung nur durch eine Änderungskündigung (Näheres s *Änderungskündigung* Rz 1 ff) geändert werden. Der ArbGeb ist an seine Erklärungen bei Ausübung des Direktionsrechts gegenüber dem ArbN gebunden. Überträgt der ArbGeb einem ArbN vorläufig eine höherwertige Tätigkeit und macht er die dauerhafte Übertragung nur von der Bewährung des ArbN abhängig, darf er dem ArbN die höherwertige Tätigkeit nicht aus anderen Gründen wieder entziehen (BAG 17.12.97 – 5 AZR 332/96, NZA 98, 555).

Bei einer **vorformulierten** Versetzungsklausel muss gewährleistet sein, dass die Zuweisung eine mindestens gleichwertige Tätigkeit zum Gegenstand haben muss; andernfalls liegt eine unangemessene Benachteiligung iSd § 307 BGB vor (BAG 9.5.06 – 9 AZR 424/05, NZA 07, 145).

Vorgaben aus Compliance-Richtlinien müssen die rechtlichen Grenzen, insbes aus dem Allgemeinen Persönlichkeitsrecht der ArbN einhalten (s *Compliance* Rn 14 ff)

In zeitlicher und örtlicher Hinsicht begrenzt der Arbeitsvertrag ebenfalls das Direktions- **10** recht. Mit seinen Weisungen kann der ArbGeb vertraglich festgelegte Arbeitszeiten nicht abändern. Als vertraglich festgelegter Arbeitsort gilt idR der Betriebsort, so dass der ArbGeb die Abordnung in einen andernorts gelegenen Betrieb (LAG München 24.2.88, BB 88, 1753), einen Auslandseinsatz oder die Befolgung einer **Betriebsverlegung** an einen anderen Ort nicht einseitig verlangen kann. Ist der Einsatzort vertraglich festgelegt, bedarf eine Änderung eines vertraglichen Versetzungsvorbehalts und einer Versetzung (Wechsel des Startflughafens eines Flugbegleiters BAG 21.7.09 – 9 AZR 404/08).

Es ist zulässig, durch eine Versetzungsklausel im Arbeitsvertrag das Direktionsrecht zu erweitern (BAG 13.3.07 – 9 AZR 433/06, DB 07, 1985). Die in Arbeitsverträgen über die Weiterverwendung von Lehrern aus dem Ostteil Berlins enthaltene Angabe einer bestimmten Schule schließt das Recht des Landes, den Lehrer an eine andere Schule umzusetzen, nicht aus (BAG 29.10.97 – 5 AZR 573/96, NZA 98, 555). Enthält ein Tarifvertrag eine Versetzungsbefugnis, kann diese zwar durch den Arbeitsvertrag abbedungen werden; dazu reicht aber nicht aus, wenn im Arbeitsvertrag die Dienststelle angegeben ist, bei der der ArbN eingestellt wird (BAG 21.1.04 – 4 AZR 583/02, NZA 05, 61).

Die Weisung an eine teilzeitbeschäftigte Mutter während der Elternzeit, statt wie vereinbart 2 Tage pro Woche an ihrem bisherigen Arbeitsort 24 km vom Wohnort in Deutschland entfernt nunmehr 2 Tage pro Woche in London zu arbeiten, ist offensichtlich rechtswidrig und rechtfertigt einen Anspruch auf Unterlassung im Wege der Einstweiligen Verfügung (LAG Hessen 15.2.11 – 13 SaGa 1943/10).

b) Begrenzung durch Mitbestimmungsrechte des Betriebsrats. Der ArbGeb kann **11** von seinem Weisungsrecht nur unter Beachtung der Mitbestimmungsrechte des BRat Gebrauch machen. In inhaltlicher Hinsicht besteht ein weitgehendes Mitbestimmungsrecht nach § 87 Abs 1 Nr 1 BetrVG, wonach der BRat mitzubestimmen hat, soweit Fragen der Ordnung des Betriebes und des Verhaltens der ArbN im Betrieb betroffen sind. Hierunter fallen zwar nicht konkrete, arbeitsbezogene Einzelanweisungen, die der näheren Bestimmung der Arbeitspflicht dienen, wohl aber alle generellen Maßnahmen, die sich auf die Gestaltung des Zusammenlebens und Zusammenwirkens vom ArbN im Betrieb beziehen.

So kann der ArbGeb, in dessen Betrieb ein BRat existiert, ein **Rauchverbot im Betrieb** **12** unter Beachtung der Mitbestimmungsrechte des BRat anordnen (s *Nichtraucherschutz* Rz 4).

453 Weisungsrecht

Gleiches gilt für ein Alkoholverbot (BAG 23.9.86, DB 87, 337), soweit dieses nicht ohnehin gesetzlich vorgeschrieben ist. Ebenfalls mitbestimmungspflichtig nach § 87 Abs 1 Nr 1 BetrVG ist das Verbot, während der Arbeitszeit Radio zu hören (BAG 14.1.86, DB 86, 1025) oder das generelle Verbot von TV-, Video- und DVD-Geräten im Betrieb (LAG Köln 12.4.06 – 7 TaBV 68/05, NZA-RR 07, 80). **Kleiderordnung** und **Bekleidungsvorschriften** unterliegen derselben Mitbestimmungsnorm, ferner Benutzungsvorschriften hinsichtlich der Behandlung von Firmeneigentum und Firmeneinrichtungen, etwa Firmenparkplatz (BAG 16.3.66, AP Nr 1 zu § 611 BGB Parkplatz), Telefon (LAG Nbg 29.1.87, NZA 87, 572) und Dienstwagen (*Fitting* § 87 Rz 71). **Ethikrichtlinien,** die von einem Konzern für alle Betriebe verbindlich gemacht werden sollen und das dienstliche und außerdienstliche Verhalten der ArbN regeln (zB Anzeigepflicht, wenn Arbeitskollegen gegen den Verhaltenskodex verstoßen), unterfallen in jedem Betrieb der Mitbestimmungskompetenz des BRats (BAG 22.7.08 – 1 ABR 40/07, ArbuR 08, 310). Schließlich unterliegen Weisungen, die die Kontrolle der ArbN durch betriebliche Ordnungsmaßnahmen regeln, etwa Vorschriften über die Torkontrolle (BAG 17.8.82, DB 82, 2578) oder die Benutzung von Werksausweisen (BAG 16.12.86, DB 87, 791), der Mitbestimmung des BRat.

13 Weisungen hinsichtlich der Arbeitszeit sind durch die umfassenden Mitbestimmungsrechte des BRat im § 87 Abs 1 Nr 2 und 3 BetrVG beschränkt. Danach hat der BRat mitzubestimmen bei Beginn und Ende der täglichen Arbeitszeit einschließlich der Pausen, bei Verteilung der Arbeitszeit auf die einzelnen Wochentage sowie bei Verkürzung oder Verlängerung der betriebsüblichen Arbeitszeit (Näheres s *Arbeitszeit* Rz 36). Dies bedeutet, dass der ArbGeb Änderungen der Arbeitszeitgestaltung nur mit Zustimmung des BRat, bzw nach einem entsprechenden **Beschluss der Einigungsstelle** nach §§ 87 Abs 2, 76 Abs 5 BetrVG, vornehmen kann.

14 Die Zuweisung eines anderen Arbeitsbereiches für mehr als einen Monat ist nach § 95 Abs 3 BetrVG eine *Versetzung*. Dies gilt sowohl dann, wenn sich der Arbeitsbereich in inhaltlicher Hinsicht ändert, als auch, wenn sich der Arbeitsort ändert, etwa durch Abordnung in eine Filiale (BAG 16.12.86 – 1 ABR 52/85, BB 87, 900). Anders stellt sich letzteres dar, wenn der ArbN nach § 95 Abs 3 Satz 2 BetrVG üblicherweise nicht ständig an einem bestimmten Arbeitsort arbeitet. Ist ein in der Montage eingesetzter ArbN in der Vergangenheit ganz überwiegend an einem Arbeitsplatz eingesetzt worden, ist eine Versetzung auf einen Arbeitsplatz mit ständig wechselnden Einsatzstellen nach §§ 95, 99 BetrVG mitbestimmungspflichtig (LAG Köln 23.6.08 – 5 Sa 412/08, BeckRS 2008, 55737).

Wegen Änderung der **inhaltlichen Arbeitsanforderungen** gilt es als Versetzung, wenn ein Lkw-Fahrer, der bisher ausschließlich im Fernverkehr mit Sattelzügen eingesetzt war, nunmehr im Nahverkehr einen Klein-Lkw führen soll (BAG 26.5.88 – 1 ABR 18/87, NZA 89, 438). Jede Versetzung ist mitbestimmungspflichtig nach § 99 BetrVG: Der ArbGeb hat den BRat vor der geplanten Versetzung zu unterrichten und um Zustimmung zu bitten; der BRat kann aus den in § 99 Abs 2 BetrVG abschließend aufgezählten Gründen die Zustimmung verweigern (Näheres: *Versetzung* Rz 12 ff; s dazu *Griese* BB 95, 461). Verweigert der BRat die Zustimmung, ist der ArbGeb im Verhältnis zum ArbN nicht verpflichtet, das Zustimmungsersetzungsverfahren durchzuführen (BAG 16.3.10 – 3 AZR 31/09, NZA 10, 1028).

15 c) **Tarifvertrag.** Die erteilten Weisungen müssen sich ferner im Rahmen der zwischen ArbN und ArbGeb geltenden Tarifverträge halten, die zB Fragen der Arbeitszeit und der Arbeitszeitgestaltung regeln. Zu beachten sind ferner tarifvertragliche Vorgaben bei der Einteilung der Vergütungsgruppen und der Bewertung der einzelnen Tätigkeiten. Die tarifvertragliche Bewertung der einzelnen Tätigkeiten ist Maßstab dafür, welche Tätigkeiten dem ArbN, der in eine bestimmte Vergütungsgruppe eingruppiert ist, übertragen werden dürfen. Der ArbGeb darf dem ArbN kraft seines Direktionsrechts nur Aufgaben zuweisen, die der Vergütungsgruppe des ArbN entsprechen. Tarifverträge können aber auch eine Erweiterung des Weisungsrechts vorsehen, so die Befugnis, ArbN mitbestimmungsfrei zu Vorarbeiten berufen und abberufen zu können (BAG 10.11.92, DB 93, 1726).

16 d) **Gesetzliche Grenzen des Direktionsrechts.** Gesetzes- oder sittenwidrige Weisungen muss der ArbN nicht befolgen. Deshalb ist eine Weisung rechtswidrig und unbeachtlich, die dem ArbN vorgibt, ein verkehrsunsicheres Fahrzeug zu benutzen oder ohne Fahrerlaubnis zu fahren (BAG 23.6.88 – 8 AZR 300/85, DB 89, 280) oder den ArbN dazu anhält, die

gesetzlich vorgeschriebenen Ruhezeiten zu überschreiten. Gesetzliche Grenzen in diesem Sinne sind auch Unfallverhütungsvorschriften (§ 15 SGB VII) oder die Arbeitszeitgrenzen des ArbZG und des JArbSchG oder die Arbeitsschutznormen aufgrund des ArbSchG. Weisungen und vertragliche Weisungsvorbehalte, die auf eine Umgehung von Gesetzen abzielen, sind nichtig. So kann sich ein ArbGeb nicht im Arbeitsvertrag das Recht vorbehalten, durch einseitige Erklärung den Umfang der Arbeitszeit von der Teilzeit bis zu Vollzeitbeschäftigung und dadurch die Vergütung festlegen zu dürfen, da dies auf eine Umgehung des Kündigungsschutzes gegen Änderungskündigungen nach § 2 KSchG hinausläuft (BAG 12.12.84 – 7 AZR 509/83, NZA 85, 321). Eine in einem Formulararbeitsvertrag festgelegte Vereinbarung über das Recht des ArbGeb, die Arbeitszeit und damit die Vergütung zu reduzieren, darf maximal 20 % der Arbeitszeit erfassen (BAG 7.12.05 – 5 AZR 535/04, NZA 06, 423).

Auf jede Weisung ist **§ 106 GewO** anwendbar, da es sich bei der Ausübung des Weisungsrechts um eine Leistungsbestimmung durch den Gläubiger handelt. **Diese gesetzliche Schranke des Weisungsrechts** beinhaltet, dass jede Weisung nach **billigem Ermessen,** dh unter Abwägung der Interessen des ArbN einerseits und der betrieblichen Interessen andererseits erfolgen muss. Der ArbGeb muss für seine Weisung berechtigte betriebliche Interessen ins Feld führen können. So ist eine Weisung nicht vom billigen Ermessen gedeckt, die einem ArbN, der mit Kunden nicht in Berührung kommt und nach Dienstschluss wegen einer BRatAngelegenheit den Betrieb aufsucht, verbietet, in der heißen Jahreszeit zu solchen Gelegenheiten mit kurzer Hose zu erscheinen (ArbG Mannheim 16.2.89, BB 89, 1201). Auch wenn der ArbGeb aufgrund seines Direktionsrechts grds befugt ist, den Arbeitsbereich des ArbN zu verkleinern, muss seine Maßnahme billigem Ermessen entsprechen, also die wesentlichen Umstände und die beiderseitigen Interessen ausgewogen berücksichtigen (BAG 23.6.93, NZA 93, 1127). Die Zuweisung einer Ersatztätigkeit für eine schwangere Flugbegleiterin, die nicht mehr im Flugdienst eingesetzt werden darf, an einen Arbeitsort, der nur nach mehrstündiger Bahn- oder Flugreise erreicht werden kann, entspricht nicht mehr billigem Ermessen (BAG 21.4.99 – 5 AZR 174/98, NZA 99, 1044). Bei der Verteilung der Arbeitszeit hat der ArbGeb auf **familiäre Belastungen des Arbeitnehmers** angemessen Rücksicht zu nehmen; soweit die Verteilung der Arbeitszeit durch personelle Auswahlentscheidung zwischen mehreren ArbN erfolgen muss, kann nicht die Anwendung der Grundsätze zur sozialen Auswahl verlangt werden (BAG 23.9.04 – 6 AZR 567/03, NZA 05, 359). Gegen § 106 GewO verstößt es, während der Anwesenheit des ArbN am Arbeitsplatz aufgrund eines schwankenden Arbeitsbedarfs **unbezahlte Zwangspausen** festzulegen. Solche Zwangspausen können auch nicht auf die gesetzlich vorgesehenen Pausen nach § 3 ArbZG angerechnet werden (LAG Köln 4.8.08 – 5 Sa 639/08; LAG Köln 15.6.09 – 5 Sa 179/09, ArbuR 10, 43).

Über § 106 GewO finden die **verfassungsrechtlich abgesicherten Grundrechte des Arbeitnehmers** bei der Beurteilung der Rechtmäßigkeit von Weisungen Berücksichtigung. Das billige Ermessen nach § 106 GewO gebietet es, die Grundrechte des ArbN bei der Ausübung von Weisungen gebührend in die Interessensabwägung einzubeziehen. So ist eine Weisung, **Streikbrucharbeit** zu leisten, rechtswidrig, weil sie den ArbN in seinem aus Art 9 Abs 3 GG folgenden Koalitionsgrundrecht verletzt. Anders verhält es sich, wenn es sich um die Zuweisung von während des Streiks erforderlich werdenden Notdienstarbeiten handelt.

Zu beachten ist weiterhin das aus Art 2 Abs 1 GG folgende **allgemeine Persönlichkeitsrecht.** Besondere Bedeutung hat das Grundrecht der **Gewissensfreiheit** (s *Gewissensfreiheit*) **des Artikel 4 GG** erlangt. Nach dem diesbezüglichen Grundsatzurteil des BAG (24.5.89, DB 89, 2538) ist der Gewissenskonflikt so zu lösen, dass der ArbGeb zunächst versuchen muss, den ArbN an anderer Stelle einzusetzen, um ihm den Gewissenskonflikt zu ersparen. Erst wenn feststeht, dass überhaupt keine Möglichkeit besteht, den ArbN im Rahmen der vereinbarten oder im Rahmen von geänderten Arbeitsbedingungen weiter zu beschäftigen, entspricht die Weisung billigem Ermessen und ist für den ArbN verbindlich, mit der Folge, dass dann der ArbN um seiner Gewissensentscheidung willen bereit sein muss, seinen Arbeitsplatz aufzugeben (BAG 24.2.11 – 2 AZR 636/09, NZA 11, 1087 – Alkoholverkauf durch Moslem). Im konkreten Fall (Forschung ua zur Bewältigung evtl Atomkriegsfolgen) wurde die Weisung als rechtswidrig angesehen, da es im Unternehmen andere Beschäftigungsmöglichkeiten für die Forscher gab. In gleicher Weise entschied das BAG zugunsten eines als Kriegsdienstverweigerers anerkannten Druckers, der sich aus Gewissensgründen geweigert hatte, kriegsverherrlichende und nationalsozialistisch gefärbte Materialien zu drucken (BAG 20.12.84 – 2 AZR 436/83, NZA 86, 21). Das BVerwG geht von demselben Ansatz aus, indem es einem Bundeswehrangehörigen, der ein militärisches Softwareprogramm für den US-Krieg im Irak entwickeln sollte, rechtmäßige Gewissensausübung bescheinigt hat, als dieser sich wegen der Völkerrechtswidrigkeit dieses Krieges geweigert hat, diese Arbeiten auszuführen (BVerwG 21.6.05 – 2 WD 12/04, ArbuR 05, 269). Ein Postzusteller kann sich mit Recht auf eine Gewissensentscheidung berufen, wenn er sich weigert, Postwurfsendungen rechtsradikalen Inhalts zuzustellen (LAG Hess 20.12.94, DB 95, 1619).

4. Streitigkeiten über die Reichweite des Direktionsrechts. Die Ausübung des Direktionsrechts und die Einhaltung der Begrenzungen des Direktionsrechts sind in vollem Umfang gerichtlich nachprüfbar. Ist eine Weisung rechtswidrig, etwa weil sie unter Missachtung des Mitbestimmungsrechts des BRat oder unter Verstoß gegen ein gesetzliches Verbot oder unter Nichtbeachtung der Grundsätze des billigen Ermessens gem § 106 GewO erfolgt, darf der ArbN die Befolgung der Weisung verweigern. Er kann die Rechtswidrigkeit der ArbGebSeitigen Weisung gerichtlich feststellen lassen und in dringenden Fällen dem ArbGeb die Erteilung einer beabsichtigten Weisung vorläufig im Wege der einstweiligen Verfügung untersagen lassen. Die darauf beruhende Arbeitsverweigerung ist nicht rechtswidrig und berechtigt den ArbGeb nicht zu Sanktionen, insbesondere nicht zum Ausspruch einer verhaltensbedingten Kündigung (BAG 24.5.89 – 2 AZR 285/88, BB 90, 212). Auch behält der ArbN für die Zeit der Nichtbeschäftigung seinen Lohnanspruch, da der ArbGeb gem § 615 BGB in *Annahmeverzug* (s dort Rz 1, 12) gerät, wenn er die geschuldete Arbeitsleistung nicht annehmen und statt dessen durch rechtswidrige Weisung eine nicht geschuldete Tätigkeit zuweisen will (BAG 3.12.80 – 5 AZR 477/78, BB 81, 1399).

Ist die Weisung hingegen rechtmäßig, verliert der ArbN seinen Lohnanspruch, da er weder gearbeitet, noch vertragsmäßig nach § 615 BGB seine Arbeitsleistung angeboten hat. Zudem kommt nach einer solchen unberechtigten Arbeitsverweigerung – nach Abmahnung – eine verhaltensbedingte Kündigung in Betracht. Zusätzlich drohen dem ArbN im Fall der unberechtigten Arbeitsverweigerung Schadensersatzansprüche des ArbGeb.

B. Lohnsteuerrecht *Windsheimer*

Das Weisungsrecht des ArbGeb dient als Abgrenzungskriterium für das Vorliegen eines lohnsteuerpflichtigen Arbeitsverhältnisses (§ 1 Abs 2 Satz 2 LStDV; s *Arbeitnehmer (Begriff)* Rz 29 ff, insbes Rz 33).

C. Sozialversicherungsrecht *Ruppelt*

Das arbeitsrechtliche Weisungsrecht hat keine sozialversicherungsrechtlichen Auswirkungen.

Weiterbeschäftigungsanspruch

A. Arbeitsrecht *Kania*

I. Überblick. Während des Bestandes des Arbeitsverhältnisses hat der ArbN grds einen Anspruch auf tatsächliche Beschäftigung, der gegen den Willen des ArbN nur unter engen Voraussetzungen entfallen kann. Näheres s *Beschäftigungsanspruch* Rz 1 ff. Dieser Beschäftigungsanspruch besteht nur solange, bis das Arbeitsverhältnis wirksam beendet ist. Ein Schwebezustand entsteht, wenn der ArbN gegen eine vom ArbGeb ausgesprochene Kündigung gerichtlich vorgeht, bzw bei einem befristeten Arbeitsverhältnis die Wirksamkeit der Befristung gerichtlich überprüfen lässt. Hinsichtlich der Frage, inwiefern dem ArbN für den Zeitraum zwischen dem Ablauf der Kündigungsfrist, dem Zugang der fristlosen Kündigung oder dem Zeitablauf des befristeten Arbeitsverhältnisses und der rechtskräftigen Entscheidung des gerichtlichen Verfahrens ein **Weiterbeschäftigungsanspruch** zusteht, ist zu differenzieren zwischen dem Anspruch gem § 102 Abs 5 BetrVG nach Widerspruch des BRat (s unten

Rz 3) und dem allgemeinen Weiterbeschäftigungsanspruch nach der Entscheidung des GS des BAG vom 27.2.85, NZA 1985, 702; s dazu unten Rz 11 ff.

In einem anderen Sinne wird der Ausdruck „Weiterbeschäftigung" in § 78a Abs 2 BetrVG gebraucht. Die Vorschrift gewährt dem in der Berufsausbildung beschäftigten Mitglied von Betriebsverfassungsorganen, das innerhalb der letzten drei Monate vor Beendigung des Berufsausbildungsverhältnisses schriftlich die Weiterbeschäftigung verlangt, nicht nur einen Anspruch auf tatsächliche Beschäftigung, sondern fingiert kraft Gesetzes den Abschluss eines Arbeitsverhältnisses auf unbestimmte Zeit. Näheres s *Ausbildungsverhältnis* Rz 77 ff.

II. Weiterbeschäftigungsanspruch gemäß § 102 Abs 5 BetrVG. 1. Voraussetzungen. a) Ordentliche Kündigung. Gem § 102 Abs 5 Satz 1 BetrVG muss der ArbGeb auf Verlangen des ArbN diesen nach Ablauf der Kündigungsfrist bis zum rechtskräftigen Abschluss des Rechtsstreites bei unveränderten Arbeitsbedingungen weiterbeschäftigen, wenn der BRat frist- und ordnungsgemäß einer ordentlichen Kündigung widersprochen hat. Nicht ausgelöst wird die Weiterbeschäftigungspflicht danach bei Ausspruch einer **außerordentlichen Kündigung,** und zwar selbst dann nicht, wenn hilfsweise zugleich ordentlich gekündigt wird (LAG Hamm 18.5.82, DB 82, 1679; *Richardi/Thüsing* § 102 Rz 209; APS/ *Koch* § 102 BetrVG Rz 186; aA *Fitting* § 102 Rz 104). Eine Ausnahme besteht nur in dem Fall, dass einem ordentlich unkündbaren ArbN eine befristete außerordentliche Kündigung ausgeprochen wird. In diesem Fall ist § 102 Abs 5 BetrVG entsprechend anwendbar (BAG 4.2.93, EzA § 626 nF BGB Nr 144; *Kania/Kramer* RdA 95, 296). Im Falle einer **Änderungskündigung** besteht ein Weiterbeschäftigungsanspruch zu den alten Bedingungen nur dann, wenn der ArbN die Änderung ohne Vorbehalt ablehnt und Klage erhebt, da sich die Änderungskündigung insofern in eine Beendigungskündigung gewandelt hat. Kein Weiterbeschäftigungsanspruch zu den alten Bedingungen besteht dagegen, soweit sich der ArbN unter Vorbehalt gem § 2 KSchG mit der Vertragsänderung einverstanden erklärt hat (*Stahlhacke/Preis/Vossen* Rz 2233; aA ArbG Hamburg 17.9.09 – 17 Ca 179/09, NZA-RR 10, 139). Anders ist es jedoch, wenn mit der Änderungskündigung eine Versetzung iSd § 99 BetrVG einhergeht und die Zustimmung des BRat noch nicht vorliegt. In diesem Fall ist die Wirkung der Änderungskündigung bis zur Zustimmung des BRat gem § 99 BetrVG suspendiert (BAG 22.4.10 – 2 AZR 491/09, NZA 10, 1237), so dass der ArbN Weiterbeschäftigung auf seinem alten Arbeitsplatz verlangen kann (*Griese* BB 95, 458, 463; vgl auch *Änderungskündigung* Rz 40).

b) Widerspruch des Betriebsrats. Voraussetzung für den Weiterbeschäftigungsanspruch gem § 102 Abs 5 BetrVG ist weiter, dass der BRat der Kündigung frist- und ordnungsgemäß widersprochen hat. Die **Widerspruchsfrist** beträgt gem § 102 Abs 3, Abs 2 Satz 1 BetrVG eine Woche. Er muss gem § 33 BetrVG auf einem wirksamen Beschluss des BRats beruhen und schriftlich erfolgen. Ordnungsgemäß ist der Widerspruch nur, wenn er sich auf einen oder mehrere der Gründe in § 102 Abs 3 BetrVG bezieht. Danach kann der BRat einer ordentlichen Kündigung widersprechen, wenn **1.** der ArbGeb bei der Auswahl des zu kündigenden ArbN soziale Gesichtspunkte nicht oder nicht ausreichend berücksichtigt hat, **2.** die Kündigung gegen eine Auswahlrichtlinie nach § 95 BetrVG verstößt, **3.** der zu kündigende ArbN an einem anderen Arbeitsplatz im selben Betrieb oder in einem anderen Betrieb des Unternehmens weiterbeschäftigt werden kann, **4.** die Weiterbeschäftigung des ArbN nach zumutbaren Umschulungs- oder Fortbildungsmaßnahmen möglich ist oder **5.** eine Weiterbeschäftigung des ArbN unter geänderten Vertragsbedingungen möglich ist und der ArbN, sein Einverständnis hiermit erklärt hat. Dabei ist es nicht erforderlich, dass die angegebenen Gründe den Widerspruch auch tatsächlich rechtfertigen. Andererseits genügt es auch nicht, dass der BRat den Gesetzestext nur formelhaft wiederholt (LAG Düsseldorf 5.1.76, DB 76, 1065). Erforderlich ist, dass der Widerspruchsgrund unter Angabe von Tatsachen bezogen auf den konkreten Fall und den betroffenen ArbN konkretisiert wird, so dass für den ArbGeb erkennbar wird, aus welchen konkreten Umständen der BRat der Kündigung widerspricht (LAG München 10.2.94, NZA 94, 997; LAG München 2.3.94, NZA 94, 1000; *Stahlhacke/Preis/Vossen* Rz 2224). Dementsprechend ist bei einer Berufung auf eine anderweitige Beschäftigungsmöglichkeit der betreffende Arbeitsplatz in bestimmbarer Weise anzugeben (BAG 17.6.99 – 2 AZR 608/98, NZA 99, 1154). Bei der Rüge fehlerhafter Sozialauswahl muss der BRat ArbN, die zu Unrecht nicht in die Sozialauswahl einbezogen sein sollen, entweder konkret benennen oder anhand abstrakter Merkmale umschreiben (BAG 9.7.03 – 5 AZR 305/02, NZA 03, 1191). Nimmt der BRat seinen Widerspruch zurück, endet die Beschäftigungspflicht nicht (*Fitting* § 102 Rz 99; *Richardi/Thüsing* § 102 Rz 214).

5   c) **Kündigungsschutzklage.** Der Weiterbeschäftigungsanspruch gem § 102 Abs 5 BetrVG entsteht nur, wenn der ArbN nach dem KSchG Klage auf Feststellung erhoben hat, dass das Arbeitsverhältnis durch die Kündigung nicht aufgelöst ist. Der ArbN muss also dem persönlichen und sachlichen Geltungsbereich des KSchG unterliegen (§§ 1, 23 KSchG). Er muss innerhalb der **Frist des § 4 KSchG** Klage erheben und diese zumindest auch auf die Sozialwidrigkeit iSd § 1 Abs 2 KSchG stützen. Hat der ArbN innerhalb der Drei-Wochen-Frist die Kündigung zunächst nur aus anderen Gründen angegriffen und erfolgt die Rüge der Sozialwidrigkeit gem § 6 KSchG erst später, so entsteht erst ab diesem Zeitpunkt der Weiterbeschäftigungsanspruch. Wird eine verspätete Klage gem § 5 KSchG zugelassen, so entsteht der Weiterbeschäftigungsanspruch erst mit Rechtskraft des Beschlusses über die nachträgliche Zulassung der Klage (*Schaub* § 125 Rz 4). Der Weiterbeschäftigungsanspruch entfällt, wenn die Klage zurückgenommen wird oder vom ArbN ein Antrag auf Auflösung des Arbeitsverhältnisses gegen Zahlung einer Abfindung gestellt wird (APS/*Koch* § 102 BetrVG Rz 205).

6   d) **Verlangen des Arbeitnehmers.** Der Weiterbeschäftigungsanspruch entsteht nur, wenn der ArbN gegenüber dem ArbGeb erklärt, dass er bis zur rechtskräftigen Entscheidung des Kündigungsrechtsstreites weiterbeschäftigt werden will. Teilweise wird vertreten, dass das Weiterbeschäftigungsverlangen innerhalb der Kündigungsfrist bzw spätestens bei Klageerhebung zu stellen ist (KR/*Etzel* § 102 BetrVG Rz 209; *Stahlhacke/Preis/Vossen* Rz 2235). Das BAG hat mit Urt vom 17.6.99 (– 2 AZR 608/98, NZA 99, 1154) erwogen, ob das Weiterbeschäftigungsverlangen „spätestens bei Auslauf der Kündigungsfrist" gestellt werden muss. Mit Entscheidung vom 11.5.2000 (– 2 AZR 54/99, NZA 2000, 1055) hat es auch ein Weiterbeschäftigungsverlangen am ersten Arbeitstag nach Ablauf der Kündigungsfrist gebilligt, weil auch in diesem Fall keine Beschäftigungslücke entstehe. Eine noch spätere Geltendmachung kommt nicht in Betracht; sie wäre nicht mit dem Sinn und Zweck der Vorschrift, eine durchgehende Beschäftigung zu gewährleisten, zu vereinbaren (APS/*Koch* § 102 BetrVG Rz 207).

7   **2. Inhalt und Durchsetzung.** Liegen die Voraussetzungen für § 102 Abs 5 Satz 1 BetrVG vor, so muss der ArbGeb den ArbN für die Zeit nach Ablauf der Kündigungsfrist bis zum rechtskräftigen Abschluss des Rechtsstreits bei unveränderten Arbeitsbedingungen weiterbeschäftigen. Während der Dauer der Weiterbeschäftigung besteht das ursprüngliche Arbeitsverhältnis fort, und zwar auflösend bedingt durch die rechtskräftige Abweisung der Kündigungsschutzklage (BAG 12.9.85, DB 86, 752; KR/*Etzel* § 102 BetrVG Rz 215). Wird dagegen die Kündigungsschutzklage rechtskräftig stattgegeben, so steht damit fest, dass das ursprüngliche Arbeitsverhältnis unbefristet fortbesteht. Der Anspruch umfasst das Recht des ArbN auf tatsächliche Beschäftigung, wovon im Einverständnis mit dem ArbN abgewichen werden kann (BAG 26.5.77, DB 77, 2192). Der ArbN ist nicht schlechter, aber auch nicht besser zu stellen als in einem ungekündigten Arbeitsverhältnis (*Fitting* § 102 Rz 114). Nur soweit arbeitsvertraglich zulässig, sind Versetzungen auf einen gleichwertigen Arbeitsplatz möglich (BAG 27.1.94, DB 94, 2401). Die bisherige **Vergütung** einschließlich aller Neben- und Sonderleistungen ist weiter zu gewähren. Der ArbN hat Anspruch auf Teilnahme an allgemeinen Lohnerhöhungen, allerdings nicht auf erst entstehende Leistungen, die an eine ununterbrochene Betriebszugehörigkeit anknüpfen, wie zB Gratifikationen, Jubiläumsgelder, „Unkündbarkeit" oder Ruhegeld. Diese sind ggf nachzuzahlen, wenn der Kündigungsschutzprozess gewonnen wird (*Fitting* § 102 Rz 114).

8   **Durchsetzen** kann der ArbN den Weiterbeschäftigungsanspruch sowohl durch **Klage** als auch im Wege der **einstweiligen Verfügung** (dazu ausführlich *Reidel* NZA 2000, 454). Der Darlegung eines besonderen Verfügungsgrundes bedarf es nicht. Das nach § 935 ZPO erforderliche besondere Sicherungsinteresse ergibt sich schon aus der Rechtsnatur des Verfügungsanspruchs. § 102 Abs 5 BetrVG will verhindern, dass die Reintegration eines ArbN nach Obsiegen im Kündigungsschutzprozess durch die faktische Ausgliederung während des Rechtsstreits erschwert wird. Damit folgt allein aus dem Bestehen dieses Anspruchs die

Weiterbeschäftigungsanspruch 454

Aussage, dass jede Zeitspanne der Nichtbeschäftigung eine Gefährdung des Beschäftigungsanspruchs des ArbN bedeutet (strittig, wie hier LAG Hbg 21.5.08 – 4 SaGa 2/08, BB 08, 2636; APS/*Koch* § 102 BetrVG Rz 213 mwN; aA LAG Düsseldorf 25.1.93, DB 93, 1680; LAG München 10.2.94, NZA 94, 997; LAG BaWü 30.8.93, NZA 95, 683). Die Voraussetzungen für das Vorliegen des Weiterbeschäftigungsanspruches sind vom ArbN darzulegen und ggf zu beweisen bzw glaubhaft zu machen (ArbG Hamm 18.1.90, DB 90, 944). Der ArbGeb kann sich nicht im Wege der Einrede auf solche Gründe berufen, die eine Entbindung von der Weiterbeschäftigungspflicht rechtfertigen könnten, da hierfür das besondere Verfahren nach § 102 Abs 5 Satz 2 BetrVG vorgesehen ist (ArbG Düsseldorf 27.9.83, DB 84, 618; LAG Düsseldorf/Köln 30.8.77, DB 77, 2382; LAG Hamm 24.1.94, ArbuR 94, 310; LAG München 10.2.94, NZA 94, 997). Die **Vollstreckung** erfolgt gem § 888 ZPO durch Verhängung von Zwangsgeld oder Zwangshaft gegenüber dem ArbGeb (dazu ausführlich *Leydecker/Heider/Fröhlich* BB 09, 2703). Hat der ArbN erfolgreich die Weiterbeschäftigung erwirkt, muss er einer Aufforderung zur Arbeitsaufnahme durch seinen ArbGeb Folge leisten. Tut er dies nicht, entfällt der Vergütungsanspruch, soweit nicht besondere Umstände die Arbeitsaufnahme unzumutbar erscheinen lassen (BAG 24.9.03 – 5 AZR 500/02, BB 03, 2688).

3. Entbindung von der Weiterbeschäftigungspflicht. Aufgrund einer vom ArbGeb 9 beantragten einstweiligen Verfügung im Urteilsverfahren kann der ArbGeb von der Verpflichtung zur Weiterbeschäftigung gem § 102 Abs 5 Satz 2 BetrVG entbunden werden, wenn 1. die Klage des ArbN keine hinreichende Aussicht auf Erfolg bietet oder mutwillig erscheint oder 2. die Weiterbeschäftigung des ArbN zu einer unzumutbaren wirtschaftlichen Belastung des ArbGeb führen würde oder 3. der Widerspruch des BRat offensichtlich unbegründet war. Die Klage des ArbN hat dann keine hinreichende Aussicht auf Erfolg, wenn sie offensichtlich oder mit erheblicher Wahrscheinlichkeit abgewiesen werden wird. Der ArbGeb hat die entsprechenden Kündigungsgründe darzulegen und glaubhaft zu machen. Haben beide Seiten hinreichende Erfolgsaussichten glaubhaft gemacht, kommt eine Befreiung von der Weiterbeschäftigungspflicht nicht in Betracht (LAG Düsseldorf/Köln 23.5.75, EzA Nr 4 zu § 102 BetrVG 1972 Beschäftigungspflicht). Eine **unzumutbare wirtschaftliche Belastung** nach Nr 2 kommt nur ganz ausnahmsweise in Betracht, wenn die wirtschaftlichen Belastungen für den ArbGeb so schwerwiegend sind, dass sie seine Existenz gefährden (*Schaub* § 125 Rz 12; KR/*Etzel* § 102 BetrVG Rz 226). Dies ist insbes bei der Stilllegung von Betrieben oder Betriebsabteilungen der Fall (*Fitting* § 102 Rz 119; weitergehend *Willemsen/Hohenstatt* DB 95, 215 ff, die insofern Unmöglichkeit iSd § 275 BGB annehmen, so dass es einer gerichtlichen Entbindung von der Weiterbeschäftigungspflicht nicht bedarf; ähnlich LAG München 8.9.11 – 3 SaGa 21/11, LAGE § 102 BetrVG 2001 Beschäftigungspflicht Nr 5). Schließlich ist der ArbGeb auch dann von der Weiterbeschäftigung zu entbinden, wenn der Widerspruch des BRat **offensichtlich unbegründet** war. Dies ist der Fall, wenn sich die Grundlosigkeit geradezu aufdrängt (*Fitting* § 102 Rz 120).

Beispiele: Rüge der mangelnden Sozialauswahl bei personen- oder verhaltensbedingter Kündigung (LAG Düsseldorf 2.9.75, DB 75, 1995); Rüge eines Verstoßes gegen Auswahlrichtlinien, obwohl solche überhaupt nicht bestehen; der Arbeitsplatz, auf den der ArbN umgesetzt werden könnte, ist bereits besetzt.

Offensichtlich unbegründet ist ein Widerspruch auch dann, wenn **die tatsächlichen** 10 **Voraussetzungen für den geltend gemachten Widerspruch offensichtlich nicht gegeben** sind, was vom ArbGeb mit den eingeschränkten Beweismitteln des einstweiligen Verfügungsverfahrens glaubhaft zu machen ist. Zumindest entsprechend heranzuziehen ist § 102 Abs 5 Satz 2 BetrVG für den Fall, dass bereits kein ordnungsgemäßer Widerspruch vorliegt und deshalb überhaupt kein Weiterbeschäftigungsanspruch entstanden ist (LAG Düsseldorf 15.3.78, DB 78, 1283; aA LAG Bln 11.6.74, DB 74, 1629). Wurde ein Antrag des ArbGeb auf Entbindung von der Weiterbeschäftigungspflicht rechtskräftig abgewiesen, so kann er wiederholt werden, wenn er sich auf neue Tatsachen stützt (LAG Köln 19.5.83, DB 83, 2368). Wird einem Antrag des ArbGeb auf Entbindung von der Weiterbeschäftigungspflicht stattgegeben, lässt dies für die Zeit bis zur Entbindungsentscheidung angefallene Vergütungsansprüche unberührt (BAG 7.3.96, DB 96, 1985).

III. Allgemeiner Weiterbeschäftigungsanspruch. 1. Voraussetzungen. a) Ordentliche und außerordentliche Beendigungskündigung. Die Grundsätze für einen Weiterbeschäftigungsanspruch außerhalb der engen Voraussetzungen des § 102 Abs 5 BetrVG für den Zeitraum zwischen Ablauf der Kündigungsfrist bzw Zugang der außerordentlichen Kündigung und der rechtskräftigen Entscheidung des Kündigungsschutzprozesses hat der GS des BAG in seiner Entscheidung vom 27.2.85, NZA 1985, 702, aufgestellt. Die Entscheidung ist heftig kritisiert worden; die Instanzgerichte folgen ihr zT nicht (LAG NdS 7.2.86, DB 86, 1126; LAG Köln 26.9.86, BB 87, 199).

Nach dem **Beschluss des Großen Senats vom 27.2.85** bedarf es jeweils einer Wertung, ob der ArbGeb ein überwiegendes Interesse an der Nichtbeschäftigung des ArbN hat oder ob das Interesse des ArbN an seiner Beschäftigung höher zu bewerten ist. Insofern kann der Bestand des Weiterbeschäftigungsanspruches während des Kündigungsrechtsstreites wechseln. Bis zu einem der Kündigungsschutzklage stattgebenden erstinstanzlichen Urt begründet grds die Ungewissheit über den Ausgang des Kündigungsprozesses ein **schutzwertes Interesse des Arbeitgebers** an der Nichtbeschäftigung des gekündigten ArbN.

Hiervon bestehen zwei **Ausnahmen:** Einmal kann ein schutzwertes Interesse des ArbGeb an der Nichtbeschäftigung des ArbN dann nicht anerkannt werden, wenn die **Kündigung offensichtlich unwirksam** ist. Dies ist dann der Fall, wenn sich schon aus dem eigenen Vortrag des ArbGeb ohne Beweiserhebung und ohne dass ein Beurteilungsspielraum gegeben wäre, jedem Kundigen die Unwirksamkeit der Kündigung gerade zu aufdrängen muss. Solche Fälle sind im Kündigungsrechtsstreit selten. Offensichtlich unwirksam ist etwa eine Kündigung, die ohne die gesetzlich erforderliche behördliche Zustimmung erfolgt ist (§§ 85 SGB IX; 9 Abs 3 MuSchG). Zum anderen überwiegt das Beschäftigungsinteresse des ArbN dann, wenn es ihm gelingt, ein **besonderes Interesse an der tatsächlichen Beschäftigung** darzulegen, welches die pauschale Interessenabwägung des GS als nicht gerechtfertigt erscheinen lässt. Ein solcher Ausnahmefall kann etwa dann vorliegen, wenn durch die Nichtbeschäftigung die Erlangung oder Erhaltung einer beruflichen Qualifikation ernstlich in Frage gestellt würde (vgl BAG 8.4.88, NZA 88, 741; LAG Bln 22.2.91, BB 91, 1050).

Nach einem der Kündigungsschutzklage **stattgebenden Urteil** ändert sich die Interessenlage. Allein die verbleibende Ungewissheit des Prozessausgangs kann nunmehr für sich allein ein überwiegendes Interesse des ArbGeb an der Nichtbeschäftigung nicht mehr begründen; vielmehr müssen jetzt zu der Ungewissheit des Prozessausgangs **zusätzliche Umstände** hinzutreten, aus denen sich im Einzelfall ein überwiegendes Interesse des ArbGeb ergibt, den ArbN nicht zu beschäftigen. Zu denken ist hierbei an solche Umstände, die auch im streitlos bestehenden Arbeitsverhältnis den ArbGeb zur vorläufigen Suspendierung des ArbN berechtigen. (Näheres zur Suspendierung s *Beschäftigungsanspruch* Rz 4–9). Weiter kann sich ein überwiegendes Interesse des ArbGeb an der Nichtbeschäftigung auch aus der Stellung des gekündigten ArbN im Betrieb und der Art seines Arbeitsbereichs sowie bei wirtschaftlicher Unzumutbarkeit ergeben (BAG GS 27.2.85, DB 85, 2203 ff).

b) Befristung, Änderungs- und Wiederholungskündigung. Die vom GS im Beschluss vom 27.2.85 entwickelten Grundsätze sind **entsprechend anwendbar,** wenn um die Wirksamkeit einer **Befristung des Arbeitsvertrages** gestritten wird (BAG 13.6.85, NZA 86, 562).

Bei Ausspruch einer **Änderungskündigung** ist zu differenzieren: Lehnt der ArbN das Änderungsangebot vorbehaltlos ab, so streiten die Parteien allein um den Fortbestand des Arbeitsverhältnisses mit der Folge, dass der ArbN Weiterbeschäftigung zu den bisherigen Arbeitsbedingungen nach den Grundsätzen des Beschlusses vom 27.2.85 verlangen kann. Nimmt der ArbN dagegen das Änderungsangebot unter Vorbehalt der sozialen Rechtfertigung an, so ist er verpflichtet, zu den geänderten Bedingungen weiterzuarbeiten. Weiterbeschäftigung nach den Grundsätzen der Entscheidung vom 27.2.85 kann der ArbN auch dann nicht verlangen, wenn ein Instanzgericht seiner Änderungsschutzklage stattgegeben hat (BAG 28.5.09 – 2 AZR 844/07, NZA 09, 954; 18.1.90, DB 90, 1773; LAG Düsseldorf 25.1.93, DB 93, 1680; aA ArbG Hamburg 17.9.09 – 17 Ca 179/09, NZA-RR 10, 139). Eine Ausnahme besteht auch, wenn die erforderliche Zustimmung des BRat gem § 99 BetrVG nicht vorliegt (vgl oben Rz 3).

Spricht der ArbGeb, nachdem ein Instanzgericht ihn zur Weiterbeschäftigung verurteilt hat, **eine weitere Kündigung aus,** so beendet diese den Weiterbeschäftigungsanspruch, wenn sie auf einen neuen Lebenssachverhalt gestützt ist, der es möglich erscheinen lässt, dass die erneute Kündigung eine andere rechtliche Beurteilung erfährt. Der Weiterbeschäftigungsanspruch entfällt hingegen nicht, wenn die neue Kündigung offensichtlich unwirksam ist oder auf dieselben Gründe gestützt wird wie die erste Kündigung (BAG 19.12.85, DB 86, 1679).

2. Rechtsnatur und Rückabwicklung des Weiterbeschäftigungsverhältnisses. 18
a) Allgemeines. Zur Rechtsnatur und der davon abhängigen Rückabwicklung des Weiterbeschäftigungsverhältnisses hat der GS in seinem Beschluss vom 27.2.85 keine Stellung genommen. Die Problematik stellt sich, wenn die Kündigungsschutzklage letztinstanzlich abgewiesen wird, das Arbeitsverhältnis durch Urt gem § 9 KSchG aufgelöst oder im Wege des Vergleichs rückwirkend beendet wird. Dann ist danach zu differenzieren, ob das Arbeitsverhältnis in der Zwischenzeit einvernehmlich fortgesetzt wurde oder der ArbN lediglich zur Abwendung der Zwangsvollstreckung weiterbeschäftigt wurde. Wird hingegen letztinstanzlich festgestellt, dass die Kündigung unwirksam ist, so hat das ursprüngliche Arbeitsverhältnis ohne Besonderheiten fortbestanden.

b) Vereinbarte Weiterbeschäftigung. ArbGeb und ArbN steht es frei, das ursprüngliche 19 Arbeitsverhältnis für die Dauer des Weiterbeschäftigungsanspruchs einvernehmlich fortzusetzen bzw ein neues, auf den Ausgang des Rechtsstreites bedingtes Arbeitsverhältnis abzuschließen. Ist eine solche Vereinbarung getroffen, so richten sich die Rechte und Pflichten der Parteien regelmäßig nach dem ursprünglichen Arbeitsverhältnis. Der ArbN hat Anspruch auf Vergütungsfortzahlung im Krankheitsfall (BAG 15.1.86, NZA 86, 561), auf Gratifikationen und sonstige Nebenleistungen (BAG 4.9.86, DB 87, 1154). Die einvernehmliche Fortsetzung des Arbeitsverhältnisses **muss nicht ausdrücklich erfolgen**, sondern kann sich aus dem Verhalten der Parteien ergeben. Für eine Fortsetzung des bisherigen Arbeitsverhältnisses spricht etwa, wenn der ArbGeb den ArbN zur Fortsetzung seiner Tätigkeit auffordert (BAG 15.1.86, DB 86, 1393), oder wenn der ArbN von sich aus weiter arbeitet und der ArbGeb vorbehaltlos die Vergütung fortzahlt (BAG 4.9.86, DB 87, 1154). Allein die Verurteilung zur Weiterbeschäftigung bewirkt hingegen nicht, dass das gekündigte Arbeitsverhältnis auflösend bedingt durch die rechtskräftige Entscheidung über die Kündigungsschutzklage fortbesteht (BAG 17.1.91, DB 91, 1836). Die Voraussetzungen für das Vorliegen einer Vereinbarung zur einvernehmlichen Fortsetzung des Arbeitsverhältnisses für die Zeit des Weiterbeschäftigungsanspruchs hat der ArbN darzulegen und zu beweisen (BAG 17.1.91, DB 91, 1836). **Vorsicht** ist aus ArbGebSicht im Hinblick auf das Schriftformerfordernis gem § 14 Abs 4 TzBfG geboten, welches dazu führt, dass konkludent ohne schriftliche Bedingungs- oder Befristungsabrede getroffene Weiterbeschäftigungsvereinbarungen zu einem Fortbestand des Arbeitsverhältnisses über das Ende des Kündigungsschutzprozesses hinaus führen (BAG 22.10.03 – 7 AZR 113/03, NZA 04, 1275; vgl auch *Befristetes Arbeitsverhältnis* Rz 47). Das bloße Verlangen des ArbN, unter Hinweis auf eine erstinstanzliche ArbGEntscheidung weiter beschäftigt zu werden, führt grds nur zu einer Prozessbeschäftigung (zur Abwendung der Zwangsvollstreckung) und nicht zu einer (bedingten) Weiterbeschäftigungsvereinbarung (LAG NdS 27.9.05 – 13 Sa 275/05, NZA-RR 06, 179).

c) Erzwungene Weiterbeschäftigung. Wird der ArbN nur zur Abwendung der 20 Zwangsvollstreckung weiterbeschäftigt und wird dann letztinstanzlich die Rechtswirksamkeit der Kündigung bestätigt, so steht damit fest, dass die **Weiterbeschäftigung ohne Rechtsgrund** erfolgt ist. Die **Rückabwicklung** hat **nach Bereicherungsrecht** zu erfolgen (ausführlich *Pallasch* BB 93, 2225). Da der ArbGeb die erhaltenen Arbeitsleistungen nicht wieder herausgeben kann, schuldet er **Wertsatz** nach § 818 Abs 2 BGB (BAG 10.3.87, DB 87, 1045; 1.3.90, DB 90, 1287; 12.2.92, DB 92, 2298). Nach der Rspr des 8. und des 6. Senats des BAG richtet sich der Wert der Arbeitsleistung nach der üblichen Vergütung, die **grundsätzlich** durch den **Tariflohn** bestimmt wird (BAG 10.3.87, DB 87, 1045; 1.3.90, DB 90, 1287). Zu zahlen sind danach auch tarifliche Jahressonderleistungen und tarifliche Ansprüche auf einen 13. Monatslohn. Nach Auffassung des 6. Senats des BAG ist nicht nur nach Üblichkeit, sondern auch nach der Angemessenheit der Vergütung zu fragen. Die Angemessenheit aber bestimmt sich in erster Linie nach dem, was die Parteien als Vergütung vereinbart haben. Danach kann der Wert der Arbeitsleistung auch dem **einzelvertraglich vereinbarten übertariflichen Lohn** entsprechen (BAG 12.2.92, DB 92, 2298). Zahlt der ArbGeb im Falle von Krankheit, Urlaub oder anderen Arbeitsverhinderungen keine Vergütung, so

454 Weiterbeschäftigungsanspruch

scheidet im Falle der Wirksamkeit der Kündigung ein entsprechender Zahlungsanspruch des ArbN aus, weil der ArbGeb insofern nicht bereichert ist (*Schwerdtner* DB 89, 878). Gezahlter Krankenlohn usw kann als ungerechtfertigte Bereicherung zurückverlangt werden (*Bengelsdorf* SAE 87, 254, 268). Gem § 717 Abs 2 ZPO ist der ArbN dem ArbGeb zum Ersatz des Schadens verpflichtet, der diesem durch die Vollstreckung erwachsen ist. Hierzu zählt nicht das gezahlte Arbeitsentgelt. Als Schaden kommen nur solche Nachteile in Betracht, die der ArbGeb durch die Kündigung hat vermeiden wollen.

21 **3. Durchsetzung des Weiterbeschäftigungsanspruchs.** Der ArbN kann die Weiterbeschäftigungsklage mit der Kündigungsschutzklage im Wege der **Klagehäufung** verbinden oder als **uneigentlichen Hilfsantrag** für den Fall stellen, dass der Kündigungsschutzklage stattgegeben wird (BAG 8.4.88, NZA 88, 741). Der Klageantrag muss **hinreichend bestimmt** sein. Damit das Urt einen vollstreckungsfähigen Inhalt hat, muss die Position, in der der ArbN weiterbeschäftigt werden will, genau umschrieben werden; die übliche Formulierung „Weiterbeschäftigung zu den bisherigen Arbeitsbedingungen" wird teilweise als unzureichend angesehen (LAG Bln 8.1.93, BB 93, 732; LAG RhPf 30.3.87, NZA 87, 827; LAG Köln 7.7.87, LAGE Nr 15 zu § 888 ZPO; LAG Köln 24.10.95, NZA-RR 96, 108). Ausreichend soll es aber nach Auffassung des BAG sein, wenn sich aus dem Titel ergibt, dass der ArbN als „technischer Angestellter" beschäftigt werden soll (BAG 15.4.09 – 3 AZB 93/08, NZA 09, 917). Eine Aussetzung der Klage auf Weiterbeschäftigung bis zur rechtskräftigen Entscheidung der Kündigungsschutzklage kommt regelmäßig nicht in Betracht (*Grunsky* NZA 87, 295). Einer Arbeitsaufforderung seitens des ArbGeb nach erfolgreicher Durchsetzung des Anspruchs hat ein ArbN grds Folge zu leisten (s oben Rz 8).

22 Im Wege der **einstweiligen Verfügung** ist eine Durchsetzung des allgemeinen Weiterbeschäftigunganspruchs **nur im Ausnahmefall** möglich: Vor einem erstinstanzlichen Urt, das der Kündigungsschutzklage stattgibt, kann nach den Grundsätzen des GS im Beschluss vom 27.2.85 ein Verfügungsanspruch nur vorliegen, wenn die Kündigung offensichtlich unwirksam ist oder vom ArbN ein besonderes Beschäftigungsinteresse glaubhaft gemacht wird, welches ausnahmsweise das durch den unsicheren Prozessausgang bedingte Interesse des ArbGeb an der Nichtbeschäftigung überwiegt. Ein solches Interesse wird man nur dann annehmen können, wenn durch die Nichtbeschäftigung die Erlangung oder Erhaltung einer beruflichen Qualifikation ernstlich in Frage gestellt wird (s oben Rz 13). Nach Verkündung eines erstinstanzlichen Urt, das der Kündigungsschutzklage stattgibt, kommt eine einstweilige Verfügung überhaupt nicht in Betracht. Hat der ArbN nämlich den Weiterbeschäftigungsanspruch klageweise mit der Kündigungsschutzklage verbunden, so verfügt er nun über einen vollstreckbaren Titel auf Weiterbeschäftigung. Hat der ArbN den Antrag auf Weiterbeschäftigung im Hauptverfahren nicht gestellt, so scheidet eine einstweilige Verfügung aus, weil es der ArbN unterlassen hat, sein Rechte im normalen Erkenntnisverfahren geltend zu machen (LAG Köln – 12 Ta 189/00, NZA-RR 01, 387; LAG Frankfurt 23.3.87, NZA 88, 37; *Stahlhacke/Preis/Vossen* Rz 2237).

23 Die **Zwangsvollstreckung** des Weiterbeschäftigungsanspruchs erfolgt gem § 888 ZPO durch Verhängung von Zwangsgeld oder Zwangshaft (dazu ausführlich *Leydecker/Heider/Fröhlich* BB 09, 2703). Die Zwangsvollstreckung des Weiterbeschäftigungsanspruchs ist unzulässig, wenn der ArbGeb den Weiterbeschäftigungsanspruch, etwa weil der Arbeitsplatz weggefallen ist, nicht erfüllen kann (LAG Hamm 29.8.84, BB 84, 1750; LAG Bln 6.6.86, DB 86, 2192). Die entsprechende Unternehmerentscheidung muss der ArbGeb glaubhaft machen (LAG SchlHol 11.12.03 – 2 Ta 257/03, NZA-RR 04, 408).

B. Lohnsteuerrecht
Seidel

24 Bei Weitergewährung der Vergütung im Rahmen der Weiterbeschäftigung gem § 102 Abs 5 BetrVG während der Kündigungsschutzklage (s oben Rz 3–10) ergeben sich lohnsteuerlich keine Besonderheiten, das ursprüngliche Arbeitsverhältnis besteht fort, der **Arbeitslohn** ist wie bisher dem LStAbzug zu unterwerfen. Dies gilt auch im Rahmen des allgemeinen Weiterbeschäftigungsanspruchs bei einvernehmlich fortgesetztem Arbeitsverhältnis (s oben Rz 19).

25 Wird der ArbN nur zur Abwendung der Zwangsvollstreckung weiterbeschäftigt und hat wegen der Bestätigung der Kündigung eine Rückabwicklung zu erfolgen (s oben Rz 20),

ändert dies nichts am bis dahin vorgenommenen LStAbzug des weiterhin zugeflossenen Arbeitslohns. Die Umstellung auf eine andere Rechtsgrundlage für das „Behaltendürfen" der empfangenen Geldleistungen ist für die LSt unbeachtlich. Soweit zum Zeitpunkt der Bestätigung der Kündigung noch Zahlungen des ArbGeb offen sind und diese von vornherein auf § 818 Abs 2 BGB gestützt werden (s oben Rz 20), stellt auch der dem ArbN zufließende „Wertersatz" für die von ihm ohne Rechtsgrund erbrachten Leistungen weiterhin Arbeitslohn dar, der dem LStAbzug unterliegt, denn steuerrechtlich macht es keinen Unterschied, ob die Wirkungen des aufgelösten Arbeitsvertrags zwangsweise oder freiwillig weiterbestehen (s auch *Faktisches Arbeitsverhältnis* Rz 11).

C. Sozialversicherungsrecht *Schlegel*

1. Beitrags- und Versicherungspflicht bei erfülltem Weiterbeschäftigungsanspruch. Das Beitrags- und Leistungsrecht der SozV knüpft nicht daran an, ob ein wirksames Arbeitsverhältnis vorliegt und Leistung und Gegenleistung gerade zur Erfüllung eines wirksamen Arbeitsvertrages erbracht werden. Beschäftigung wird in § 7 Abs 1 SGB IV nämlich als die „nichtselbstständige Arbeit, insbesondere in einem Arbeitsverhältnis" definiert. 26

Sozialversicherungsrechtlicher Anknüpfungspunkt ist damit nicht ausschließlich ein wirksames Arbeitsverhältnis; ein Beschäftigungsverhältnis iSd § 7 SGB IV liegt auch vor, wenn ein Arbeitsvertrag – wirksam oder unwirksam – gekündigt wurde, und die Beschäftigung nunmehr auf der Grundlage eines Weiterbeschäftigungsanspruchs erfolgt; insoweit ist es sozialrechtlich auch unerheblich, ob sich der Weiterbeschäftigungsanspruch aus § 102 Abs 5 BetrVG oder aus den vom BAG entwickelten Grundsätzen zum Allgemeinen Weiterbeschäftigungsanspruchs ergibt. Das zur Beschäftigung führende Rechtsverhältnis (Beschäftigungsverhältnis) gründet hier ausnahmsweise nicht auf dem Arbeitsvertrag, sondern auf Gesetz bzw Richterrecht. Selbst wenn nachträglich durch letztinstanzliches Gerichtsurteil festgestellt wird, dass der Weiterbeschäftigungsanspruch rechtlich nicht bestand, ändert dies nichts daran, dass in der Zeit, in der aufgrund des vermeintlichen Anspruchs eine Beschäftigung stattfand, Beitrags- und Versicherungspflicht in der SozV und ArblV bestand. 27

2. Nicht erfüllter Weiterbeschäftigungsanspruch. Besteht ein Anspruch des ArbN auf Weiterbeschäftigung, lehnt der ArbGeb jedoch die Arbeitsleistung des ArbN ab, so besteht ausnahmsweise auch ohne tatsächliche Arbeitsleistung Beitrags- und Versicherungspflicht. Voraussetzung hierfür ist, dass sich der ArbGeb im Annahmeverzug befindet; Annahmeverzug tritt insoweit auch dann ein, wenn der ArbGeb die vom ArbN im Hinblick auf einen Weiterbeschäftigungsanspruch angebotene Arbeit ablehnt (Einzelheiten s *Annahmeverzug* Rz 27; *Freistellung von der Arbeit*). 28

3. Höhe des Arbeitsentgelts. Die Höhe des Arbeitsentgelts bestimmt sowohl die Höhe der für den ArbN zu entrichtenden GesamtSozVBeiträge als auch den Umfang der vom ArbN zu beanspruchenden Leistungen (zB Krankengeld, AlGeld etc). Arbeitsentgelt iSd § 14 SGB IV ist auch der vom ArbGeb nach § 818 Abs 2 BGB im Falle einer erzwungenen Weiterbeschäftigung zu zahlende Wertersatz, da es sich auch hierbei um eine „Einnahme" des ArbN aus dem – wenn auch erzwungenen – Beschäftigungsverhältnis handelt. Für die Pflicht zur Zahlung der Beiträge kommt es zudem nicht darauf an, ob der Wertsatz tatsächlich zur Auszahlung gelangt (vgl § 22 SGB IV; Einzelheiten s *Lohnzufluss* Rz 21 ff); der Beitragstatbestand wird bereits durch die tatsächliche Arbeitsleistung – oder bei Annahmeverzug durch das Anbieten der Arbeit – und den Anspruch auf Gewährung eines Wertersatzes hierfür ausgelöst. 29

Weiterbildung

A. Arbeitsrecht *Poeche*

Begriff. Weiterbildung umfasst begrifflich die unterschiedlichsten Formen von Bildungsmaßnahmen, die keine Erst- oder Grundausbildung vermitteln. Angesprochen sind sowohl die beruflich qualifizierende Fortbildung und Umschulung iSd BBiG wie auch die Vermittlung staatsbürgerlicher und kultureller Kenntnisse. 1

455 Weiterbildung

2 Anwendungsbereich. Landesgesetzlich wird dem ArbN teils ein Anspruch gegen den ArbGeb auf bezahlten Bildungsurlaub (s *Bildungsurlaub* Rz 2) gewährt. Er dient der ArbN-Weiterbildung, wobei zwischen beruflicher, politischer und allgemeiner unterschieden wird. In der betrieblichen Praxis werden unter dem Begriff „Weiterbildung" alle Bildungsmaßnahmen zusammengefasst, die mit Ausnahme der Berufsausbildung und Umschulung der Verbreiterung oder Vertiefung des Wissens des ArbN dienen. Er entspricht begrifflich den „sonstigen Bildungsmaßnahmen" iSv § 98 Abs 6 BetrVG (Näheres: *Betriebliche Berufsbildung* Rz 13).
Förderung. Die BA fördert ua nach § 81 SGB III die berufliche Weiterbildung; zwischen Fortbildung und Umschulung wird nicht mehr unterschieden. Allein die Förderung durch die BA rechtfertigt die Befristung eines Arbeitsverhältnisses zur „Aus- und Weiterbildung" nicht. Verlangt wird eine systematische Wissensvermittlung, die der ArbN auch anderweitig verwerten kann (BAG 22.4.09 – 7 AZR 96/08, NZA 09, 1099).

3 Arztrecht. Im Bereich der ärztlichen Ausbildung außerhalb der Hochschule wird nach dem „Gesetz über befristete Arbeitsverträge mit Ärzten in der Weiterbildung" die Befristung des Arbeitsvertrages mit einem Arzt sachlich gerechtfertigt, wenn die Beschäftigung des Arztes seiner Weiterbildung zum Facharzt oder dem Erwerb einer Anerkennung für einen Schwerpunkt oder dem Erwerb einer Zusatzbezeichnung, eines Fachkundenachweises oder einer Bescheinigung über eine fakultative Weiterbildung dient (s hierzu BAG 24.4.96 – 7 AZR 428/95, DB 96, 2338). Zur Weiterbildung in einer Kassenarztpraxis *Künzl* NZA 08, 1101.

4 Hochschule. Nach früherem Hochschulrahmenrecht konnten das wissenschaftliche/künstlerische/ärztliche Personal unter dem Aspekt „Weiterbildung" bis zu einer bestimmten Höchstgrenze befristet eingestellt werden (Promotion, Habilitation, qualifizierende Berufsvorbereitung). Seit 23.2.2002 waren Befristungen sachgrundlos zulässig (§ 57 f HRG). Die §§ 57a ff HRG waren nach der Entscheidung des BVerfG nichtig (27.7.04 – 2 BvF 2/02, BVerfGE 111, 226); damit war auch § 57 f HRG nicht mehr anwendbar. Die Vorschrift ist (verfassungsrechtlich nicht zu beanstanden) rückwirkend wieder in Kraft gesetzt worden (vgl BAG 21.6.06 – 7 AZR 234/05, AP HRG § 57a Nr 5). Nach dem 17.4.2007 gilt das Wissenschaftszeitvertragsgesetz (WissZeitVG, BGBl I 07, 506) vom 12.4.2007 mit Übergangsregelungen für die §§ 57a–f HRG in § 6 WissZeitVG. Zum persönlichen Geltungsbereich des WissZeitVG BAG 1.6.11 – 7 AZR 827/09, NZA 11, 1280.

5 Rechtsweg. Für eine Klage auf Zulassung zu einer von der öffentlichen Hand eingerichteten berufsbegleitenden Weiterbildung und Prüfung von Lehrern für ein bestimmtes Lehramt ist auch dann das VG zuständig, wenn der Lehrer bereits angestellter Lehrer des Landes ist (BAG 22.9.99 – 5 AZB 27/99, NZA 2000, 55).

B. Lohnsteuerrecht *Windsheimer*

6 Steuerliche Einordnung. Die berufliche Weiterbildung (s oben Rz 1) ist steuerlich wie die Fortbildung zu behandeln (s auch R 19.7 Abs 1 LStR; *Fortbildung* Rz 20 ff). Die Aufwendungen sind als (ggf. vorweggenommene) Werbungskosten abziehbar, wenn nicht der Ausschluss nach §§ 9 Abs 6, 12 Nr 5 EStG greift (s *Ausbildungskosten* Rz 6 ff).
Kostentragung durch den ArbGeb. Liegt eine vom ArbGeb finanzierte Weiterbildung der ArbN im überwiegend **eigenbetrieblichen Interesse des ArbGeb**, stellt die Weiterbildung keinen Lohn dar. Die Finanzverwaltung geht neuerdings im Zweifel von eigenbetrieblichem Interesse des ArbGeb aus, also kein Lohn (R 19.7 Abs 2 LStR; *Fortbildung* Rz 30 ff; *Betriebliche Berufsbildung* Rz 19 ff). Anderenfalls ist stpfl Lohn anzunehmen (s *Fortbildung* Rz 36). Der dem ArbN weitergezahlte Lohn unterliegt dem LStAbzug nach den allgemeinen Vorschriften (s *Lohnabzugsverfahren* Rz 2 ff).
Kostentragung durch den ArbN. Bei Eigenfinanzierung der Weiterbildung durch den ArbN führt Weiterbildung im ausgeübten Beruf zu **Werbungskosten** (R 9.2 LStR; *Fortbildung* Rz 22 ff). Erforderlich ist, den beruflichen Verwendungsbezug im Einzelnen zu konkretisieren, zB Fachliteratur oder Arbeitszimmer während des Erziehungsurlaubs (BFH 22.7.03 – VI R 137/99, BFH/NV 03, 1380), Programm und Stundennachweis bei teils privat, teils beruflichen Auslandsreisen (BFH 21.4.10 – VI R 66/04, BStBl II 10, 685; Einzelheiten s *Ausbildungskosten* Rz 6; *Fortbildung* Rz 20. Bei einem **Seniorenstudium** wird

die berufliche Veranlassung meist fehlen, so dass die Aufwendungen nicht abzugsfähig sind (§ 12 Nr 1 EStG; BFH 10.2.05 – VI B 33/04, BFH/NV 05, 1056). Zur Behandlung von Fördermitteln und Zuschüssen, auch im Rahmen des Hartz-Modells s *Ausbildungskosten* Rz 17.

Der Begriff der **Weiterbildung gem §§ 81 ff SGB III** hat steuerlich keine eigenständige 7 Bedeutung. Zur Anrechnung von Leistungen nach § 81 ff SGB III; §§ 12, 13 BAföG (s dazu unten Rz 22 ff) s R 10. 9. EStR; *Ausbildungskosten* Rz 17, *Umschulung* Rz 15. Weitere Einzelheiten s *Ausbildungskosten* Rz 6 ff; *Fortbildung* Rz 20 ff; *Freistellung von der Arbeit* Rz 33 ff; *Betriebliche Berufsbildung* Rz 19 ff; *Bildungsurlaub* Rz 31 ff; *Umschulung* Rz 13 ff; *Arbeitszimmer* Rz 25, *Auslandsreise* Rz 19 ff.

Literaturhinweis: s *Fortbildung* Rz 36 aE.

C. Sozialversicherungsrecht *Voelzke*

Übersicht

	Rz			Rz
I. Allgemeines	8		a) Arbeitslosengeld	22
II. Förderung der beruflichen Weiter-			b) Weiterbildungskosten	23–26
bildung	9–27	5.	Förderung beschäftigter Arbeit-	
1. Abgrenzungsfragen	9, 10		nehmer	27
2. Voraussetzungen	11–19	III.	Sozialversicherungspflicht	28–34
a) Notwendigkeit	12–15		1. Krankenversicherung	29, 30
b) Beratung	16		2. Rentenversicherung	31
c) Zulassung	17–19		3. Arbeitslosenversicherung	32
3. Bildungsgutschein	20, 21		4. Unfallversicherung	33, 34
4. Leistungen	22–26	IV.	Beitragspflicht	35, 36

I. Allgemeines. Das Gesetz zur Verbesserung der Eingliederungschancen am Arbeits- 8 markt vom 20.12.11 (BGBl I 11, 2854) hat die Rechtsgrundlagen für die Förderung der beruflichen Weiterbildung neu gefasst. Beruht die Erforderlichkeit der beruflichen Weiterbildung nicht auf arbeitsmarktbedingten Gründen, sondern auf einer körperlichen, geistigen oder seelischen Behinderung des ArbN, so richtet sich die Förderung nach den Vorschriften über die Gewährung berufsfördernder Leistungen zur Reha (Näheres: *Rehabilitation (berufliche)* Rz 20 ff).

Ob eine Maßnahme der beruflichen Weiterbildung förderungsfähig ist, richtet sich nach den §§ 81 ff SGB III. Während der Teilnahme an einer nach § 81 SGB III geförderten Maßnahme der beruflichen Weiterbildung kann der ArbN **Arbeitslosengeld bei beruflicher Weiterbildung** (§ 144 SGB III) beziehen. Im Übrigen besteht für Empfänger von AlGeld die Möglichkeit, auch während einer nicht von der Agentur für Arbeit geförderten Maßnahme weiterhin Leistungen zu beziehen. Nach § 139 Abs 3 SGB III ist die Verfügbarkeit nicht ausgeschlossen, wenn die Agentur der Teilnahme an der Weiterbildungsmaßnahme zustimmt und der Leistungsberechtigte seine Bereitschaft erklärt, die Maßnahme abzubrechen, sobald eine berufliche Eingliederung in Betracht kommt und zu diesem Zweck die Möglichkeit zum Abbruch mit dem Träger der Maßnahme vereinbart hat.

II. Förderung der beruflichen Weiterbildung. 1. Abgrenzungsfragen ergeben sich 9 in erster Linie zur beruflichen **Erstausbildung,** die nach den §§ 56 ff SGB III zu fördern ist (Näheres: *Berufsausbildungsförderung* Rz 10 ff). Als berufliche Ausbildung wertet das BSG nur die erste zu einem beruflichen Abschluss führende Bildungsmaßnahme, während alle **späteren Schritte** der beruflichen Bildung nur entweder Fortbildung oder Umschulung (Weiterbildung) sein können (BSG 21.7.77 – 7 RAr 135/77, SozR 4100 § 44 Nr 14). Bei beruflichen Weiterbildungsmaßnahmen werden bereits vorhandene berufliche Kenntnisse und Fertigkeiten auf weitergehende Ziele hin entwickelt (BSG 23.5.90 – 9b/11 RAr 145/88, SozR 3–4100 § 41 Nr 1) oder spielen für die angestrebte berufliche Tätigkeit nur eine untergeordnete Rolle, weil ein Beruf mit neuem Inhalt erlernt wird (BSG 22.10.74 – 7 RAr 38/74, SozR 4100 § 41 Nr 11). Ausgeschlossen sind Maßnahmen, in denen überwiegend Wissen vermittelt wird, das dem Bildungsziel allgemeinbildender Schulen oder berufsqualifizierender Studiengänge entspricht. Ebenfalls nicht förderungsfähig sind Maßnahmen, in denen überwiegend nicht berufsbezogene oder Inhalte vermittelt werden, die zur Vorbereitung einer selbstständigen Tätigkeit dienen.

10 Der Begriff der beruflichen Weiterbildung setzt in Abgrenzung zur Erstausbildung inhaltlich voraus, dass der Teilnehmer vor Beginn der Maßnahme eine abgeschlossene Berufsausbildung oder eine angemessene Berufserfahrung erlangt hat. Die beruflichen Vorkenntnisse müssen auf dem **Arbeitsmarkt verwertbar** sein, ohne dass es eines förmlichen Berufsabschlusses bedürfte. Die Abgrenzung von Aus- und Weiterbildung ist ausschließlich unter Berücksichtigung des Charakters der Maßnahme nach objektiven Kriterien vorzunehmen (BSG 29.1.08 – B 7/7a AL 68/06 R = SozR 4–4300 § 60 Nr 1). Eine einheitliche Maßnahme der beruflichen Ausbildung liegt vor, wenn der weiterführende Abschnitt einer Stufenausbildung sich unmittelbar an die Grundausbildung anschließt (BSG 31.3.92 – 9b RAr 19/20, SozR 3–4100 § 40 Nr 6 zur Stufenausbildung Nachrichtengerätemechaniker/Funkelektroniker).

11 **2. Voraussetzungen.** Die Förderung der beruflichen Weiterbildung durch Übernahme der Weiterbildungskosten und Leistung von AlGeld bei beruflicher Weiterbildung setzt nach § 81 Abs 1 SGB III voraus, dass (a) die Weiterbildung notwendig ist, um den ArbN bei drohender Arbeitslosigkeit einzugliedern, eine drohende Arbeitslosigkeit abzuwenden, bei Ausübung einer Teilzeitbeschäftigung eine Vollzeitbeschäftigung zu erlangen oder weil bei ihnen wegen fehlenden Berufsabschlusses die Notwendigkeit der Weiterbildung anerkannt ist, (b) vor Beginn der Teilnahme eine Beratung durch die Agentur für Arbeit erfolgt ist und (c) die Maßnahme und der Träger der Maßnahme für die Förderung zugelassen sind.

12 **a) Notwendigkeit.** Die Notwendigkeit der Förderung ist bei Vorliegen der in § 81 Abs 1 Satz 1 Nr 1, Abs 2 SGB III genannten Voraussetzungen zu bejahen. Die Weiterbildung ist notwendig, um ArbN bei **Arbeitslosigkeit** beruflich einzugliedern, wenn der Arbeitslose ansonsten bei vorausschauender Betrachtung ohne die Weiterbildungsmaßnahme nicht vermittelt werden kann. Als angemessenen Zeitraum hat die frühere Rspr jedenfalls noch einen Zeitraum von sechs Monaten angesehen (BSG 9.11.89 – 11 RAr 83/88, SozR 4100 § 42 Nr 12). Der Zeitraum dürfte nach der derzeitigen Rechtslage eher kürzer zu bemessen sein, denn dem Arbeitslosen wird zB nach § 140 Abs 4 Satz 1 SGB III angesonnen, eine auswärtige Beschäftigung bereits dann aufzunehmen, wenn nicht zu erwarten ist, dass der Arbeitslose innerhalb der ersten drei Monate der Arbeitslosigkeit eine Beschäftigung innerhalb des zumutbaren Pendelbereichs aufnimmt.

13 Die Notwendigkeit der Teilnahme kann sich auch daraus ergeben, dass eine Weiterbildungsmaßnahme geeignet ist, eine **drohende Arbeitslosigkeit** abzuwenden. Von Arbeitslosigkeit bedroht sind nach § 17 SGB III ArbN, wenn sie alsbald mit der Beendigung einer versicherungspflichtigen Beschäftigung rechnen müssen und voraussichtlich nach Beendigung der Beschäftigung arbeitslos werden. Bestehen keine konkreten Aussichten auf einen Anschlussarbeitsplatz, so ist grds von einer voraussichtlichen Arbeitslosigkeit auszugehen (*Hauck/Noftz/Timme* SGB III, § 17 Rz 9).

14 Die Notwendigkeit einer beruflichen Weiterbildung im Hinblick auf den beabsichtigten Übergang von einer **Teilzeitbeschäftigung** auf eine Vollzeitbeschäftigung ist insbesondere gegeben, wenn durch die Erhöhung der Arbeitszeit die Übernahme andersartiger betrieblicher Aufgaben erforderlich wird.

15 Unter welchen Voraussetzungen davon auszugehen ist, dass die Notwendigkeit der Weiterbildung auf einen **fehlenden Berufsabschluss** zurückzuführen ist, wird in § 81 Abs 2 SGB III konkretisiert. Danach wird die Notwendigkeit der Weiterbildung auch anerkannt, wenn der ArbN zwar über einen Berufsabschluss verfügt, er jedoch aufgrund einer mehr als vier Jahre ausgeübten Beschäftigung in an- oder ungelernter Tätigkeit eine entsprechende Beschäftigung voraussichtlich nicht mehr ausüben kann (§ 81 Abs 2 Nr 1 SGB III). Im Übrigen kommt es darauf an, ob der ArbN über einen Berufsabschluss verfügt, für den nach bundes- oder landesrechtlichen Regelungen eine Ausbildungsdauer von mindestens zwei Jahren festgelegt ist (§ 81 Abs 2 Nr 2 SGB III). ArbN ohne Berufsabschluss, die noch keine drei Jahre beruflich tätig gewesen sind, können nur gefördert werden, wenn eine berufliche Ausbildung oder eine berufsvorbereitende Bildungsmaßnahme aus in der Person des ArbN liegenden Gründen nicht möglich oder nicht zumutbar ist.

16 **b) Beratung.** Das Erfordernis einer Beratung durch die Agentur für Arbeit vor Beginn der Teilnahme soll sicherstellen, dass zunächst in einem Beratungsgespräch die im Einzelfall

geeignete Bildungsmaßnahme erörtert wird (BT-Drs 13/4941 S 168). Die vorherige Beratung gehört zu den Förderungsvoraussetzungen. Die Beratung hat vor Beginn der **Teilnahme,** nicht vor Beginn der Maßnahme zu erfolgen. Daher kann – nach entsprechender Beratung – auch noch der Einstieg in eine laufende Maßnahme erfolgen (*Hauck/Noftz/ Hengelhaupt* SGB III § 77 Rz 109).

c) **Zulassung.** Eine Förderung ist nach § 81 Abs 1 Satz 1 Nr 3 SGB III davon abhängig, 17 dass die Maßnahme und der Träger für die Förderung zugelassen ist. Die Entscheidung der BA über die Zulassung ist ein Verwaltungsakt (BSG 5.6.03 – B 11 AL 59/02 R, SozR 4-4300 § 86 Nr 1). Bildungsträger und Bildungsmaßnahmen werden einem Zertifizierungsverfahren unterworfen. Die Prüfung der träger- und maßnahmebezogenen Voraussetzungen erfolgt durch eine **externe fachkundige Stelle,** deren Fachkunde durch eine Akkreditierung einer Stelle auf Bundesebene festgestellt wird. Dadurch soll der Wettbewerb zwischen den Bildungsträgern gestärkt werden (BT-Drs 15/25 S 30).

Die **trägerbezogenen Anforderungen** der Zulassung sind in §§ 176 ff SGB III geregelt. 18

Auch die einzelne Bildungsmaßnahme unterliegt der Prüfung und Zulassung durch eine 19 externe Zertifizierungsagentur. Die **maßnahmebezogenen Anforderungen** der Zulassung sind in § 179 SGB III aufgeführt. Für Klagen eines Maßnahmeträgers gegen eine Zertifizierungsstelle auf Zulassung einer Maßnahme ist die Sozialgerichtsbarkeit zuständig (BSG 3.8.11 – B 11 SF 1/10 R, BeckRS 11, 75364).

3. Bildungsgutschein. Bei Vorliegen der Voraussetzungen für eine Weiterbildungsförde- 20 rung erteilt die BA einen Bildungsgutschein (§ 81 Abs 4 SGB III). Mit dem Bildungsgutschein wird dem ArbN das Vorliegen der Voraussetzungen für eine Förderung bescheinigt. Es handelt sich um einen **Verwaltungsakt,** der von der Agentur für Arbeit nur unter Beachtung der Vorschriften über die Durchbrechung der Bestandskraft von Verwaltungsakten (§§ 45 ff SGB X; § 330 SGB III) wieder zurückgenommen werden kann. Der Bildungsgutschein kann durch die Agentur für Arbeit zeitlich befristet sowie regional und auf bestimmte Bildungsziele beschränkt werden.

Mit dem Bildungsgutschein kann der ArbN ohne weitere Einschaltung der Agentur für 21 Arbeit eine zugelassene Maßnahme bei einem zugelassenen Träger frei auswählen und besuchen. Der von dem Gutscheininhaber ausgewählte und zugelassene Bildungsträger rechnet die **Lehrgangskosten unmittelbar mit der Agentur für Arbeit** ab. Die Abrechnung setzt allerdings voraus, dass der Träger der Agentur für Arbeit den Bildungsgutschein vor Beginn der Maßnahme vorlegt.

4. Leistungen. a) Arbeitslosengeld bei beruflicher Weiterbildung können ArbN erhal- 22 ten, die die Voraussetzungen eines Anspruchs auf AlGeld bei Arbeitslosigkeit (Näheres: *Arbeitslosengeld* Rz 13 ff; vgl auch *Söhngen* SGb 05, 561) allein wegen einer nach § 81 SGB III geförderten beruflichen Weiterbildung nicht erfüllen (§ 144 SGB III). Eine Arbeitslosigkeit bei Eintritt in die Maßnahme wird nicht vorausgesetzt, wenn die Voraussetzungen des § 144 Abs 2 SGB III vorliegen.

b) Weiterbildungskosten. Übernommen werden können Lehrgangskosten, Fahrkosten, 23 Kosten für auswärtige Unterbringung und Verpflegung sowie Kinderbetreuungskosten, soweit sie durch die Weiterbildung unmittelbar entstehen (§ 83 Abs 1 SGB III). Hierbei handelt es sich nach dem Willen des Gesetzgebers um einen abschließenden Katalog (BT-Drs 13/4941 S 168). Das Merkmal der **Unmittelbarkeit** erfordert eine enge kausale Verknüpfung zwischen der Teilnahme an der Weiterbildungsmaßnahme und der jeweiligen Kostenart. Dies schließt es allerdings nicht aus, dass auch außerhalb des eigentlichen Lehrgangs entstehende Kosten übernommen werden können (zB Führerscheinprüfung als Voraussetzung für die Meisterprüfung im Kfz-Handwerk, BSG 17.12.74 – 7 RAr 36/73, SozR 4100 § 45 Nr 3). Ausgeschlossen ist hingegen die Erstattung von Kosten, die auch ohne die Teilnahme an der Weiterbildungsmaßnahme entstanden wären (so zu den Kosten für eine Lebensversicherung BSG 3.6.75 – 7 RAr 100/74, SozR 4100 § 45 Nr 6). Der bisherigen Verwaltungspraxis folgt die Regelung, wonach Leistungen unmittelbar an den Träger ausgezahlt werden können, soweit sie unmittelbar beim Träger entstehen (zB Lehrgangskosten; § 83 Abs 2 SGB III).

aa) Als **Lehrgangskosten** können nach § 84 SGB III Lehrgangsgebühren einschließlich 24 der Kosten für erforderliche Lernmittel, Arbeitskleidung, Prüfungsstücke und der Prüfungsgebühren für gesetzlich geregelte und allgemein anerkannte Zwischen- oder Abschlussprüfungen übernommen werden. Die Übernahme von Kosten für trägerinterne Prüfungen und Zertifikate ist hingegen ausgeschlossen (BT-Drs 13/4941 S 169). Ferner ist die Möglichkeit vorgesehen, Kosten einer vor Beginn der Bildungsmaßnahme vorgeschriebenen Eignungsuntersuchung (zB im Bereich der Gesundheitsberufe, der Verkehrsberufe oder im Hotel- und Gaststättengewerbe) zu übernehmen.

25 **bb)** Zu den **Fahrtkosten,** die von der Agentur für Arbeit übernommen werden können, gehören die Pendelfahrten zwischen Wohnung und Bildungsstätte sowie bei auswärtiger Unterbringung die Kosten für die An- und Abreise und monatliche Familienheimfahrten (§ 85 SGB III). Hinsichtlich der Höhe der Fahrkosten werden die Kosten für die Benutzung eines regelmäßig verkehrenden öffentlichen Verkehrsmittels zugrunde gelegt. Hinsichtlich der Kosten für eine ggf erforderliche **auswärtige Unterbringung und Verpflegung** können die gesetzlich festgelegten Höchstbeträge erbracht werden (§ 86 SGB III).

26 **cc) Kinderbetreuungskosten** können nach § 87 SGB III in Höhe von 130 € monatlich je Kind übernommen werden. Hinsichtlich der Übernahme von Kinderbetreuungskosten ist nicht entscheidend, ob diese auch ohne eine Teilnahme entstanden wären.

27 **5. Förderung beschäftigter Arbeitnehmer.** ArbN, die bei Beginn der Teilnahme das 50. Lebensjahr vollendet haben, können im Rahmen eines **bestehenden Arbeitsverhältnisses** durch Übernahme der Weiterbildungskosten gefördert werden (§ 82 SGB III). Vorausgesetzt wird, dass der ArbN bei Beginn der Teilnahme das 45. Lebensjahr vollendet hat, er im Rahmen eines bestehenden Arbeitsverhältnisses für die Zeit der Teilnahme an der Maßnahme weiterhin Anspruch auf Arbeitsentgelt hat und der Betrieb, dem er angehört, weniger als 250 Beschäftigte hat. Zudem muss die Maßnahme außerhalb des Betriebs, dem der ArbN angehört, durchgeführt werden und Kenntnisse und Fertigkeiten vermitteln, die über ausschließlich kurzfristige Anpassungsfortbildungen hinausgehen. Schließlich muss die Maßnahme und der Träger für die Förderung zugelassen sein. Ein hierüber erteilter Bildungsgutschein kann hinsichtlich der Förderhöhe und des Förderungsumfangs beschränkt werden.

Über die in § 82 SGB III aufgeführten Voraussetzungen hinaus kann nach Maßgabe des § 131a SGB III eine Weiterbildungsförderung in kleinen und mittleren Unternehmen auch für ArbN erfolgen, die das **45. Lebensjahr noch nicht vollendet** haben. Vorausgesetzt wird allerdings, dass der ArbGeb mindestens 50 Prozent der Lehrgangskosten trägt. Es handelt sich um eine befristete Leistung, die nur noch gewährt werden kann, wenn die Maßnahme vor dem 31.12.14 beginnt.

28 **III. Sozialversicherungspflicht.** Für berufliche Weiterbildungsmaßnahmen außerhalb einer Förderung durch Sozialleistungsträger gelten hinsichtlich des sozialen Schutzes der Teilnehmer die nachfolgenden Grundsätze. Wegen der Vielfalt der beruflichen und berufsfördernden Bildungsmaßnahmen haben die Spitzenverbände der SozVTräger eine Übersicht zur versicherungsrechtlichen Beurteilung der Ausbildungsgänge erstellt, die nach Versicherungspflicht/Beitragspflicht, Beitragsbemessungsgrundlage, Tragung der Beiträge und ArbGeb(-Funktion)/Beitragszahlung/Meldepflicht unterscheidet (Stand 21.11.13). Zu beachten ist, dass in der KV, PflegeV, RV und ArblV Versicherungsfreiheit wegen Geringfügigkeit der Beschäftigung nicht besteht, wenn die Weiterbildung im Rahmen betrieblicher Berufsbildung erfolgt.

29 **1. Krankenversicherung.** Entscheidend ist hier, ob neben der Bildungsmaßnahme eine Beschäftigung **gegen Arbeitsentgelt** ausgeübt wird, oder ob die Weiterbildung im Rahmen eines Beschäftigungsverhältnisses erfolgt, das die Versicherungspflicht in der gesetzlichen KV begründet (s *Krankenversicherungspflicht* Rz 5 ff). Wegen des Verweises in § 20 Abs 1 SGB XI gelten die Ausführungen für die Versicherungspflicht in der sozialen **Pflegeversicherung** entsprechend (vgl *Pflegeversicherungspflicht* Rz 9 ff). Zu beachten ist, dass nach § 7 Abs 2 SGB IV der Begriff der Beschäftigung dadurch erweitert wird, dass ihm auch der Erwerb beruflicher Kenntnisse, Fertigkeiten und Erfahrungen im Rahmen betrieblicher Berufsbildung zugerechnet werden (s *Betriebliche Berufsbildung* Rz 24). Entspricht eine Umschulungsmaßnahme nach Inhalt, Dauer und Abschluss im Wesentlichen einer erstmaligen Berufsausbildung iSd § 1 Abs 2 BBiG, so besteht Versicherungspflicht nach § 5 Abs 1 Nr 1 SGB V

als ein „zur Berufsausbildung Beschäftigter" (BSG 26.5.85 – 12 RK 12/84, SozR 2200 § 165 Nr 82).

Bei einer **Unentgeltlichkeit** der betrieblichen Bildungsmaßnahme kann Versicherungspflicht nach § 5 Abs 1 Nr 10 SGB V vorliegen (s *Praktikant* Rz 15 ff). 30

Endet die Mitgliedschaft Versicherungspflichtiger vor Beginn der Weiterbildungsmaßnahme, so hat das ausgeschiedene Mitglied nach § 19 Abs 2 SGB V Anspruch auf die Leistungen der KV für längstens einen Monat. In den übrigen Fällen ist bei Vorliegen der Voraussetzungen des § 9 Abs 1 SGB V (insbesondere bei einer **Weiterversicherungsberechtigung** nach § 9 Abs 1 Nr 1) ein freiwilliger Beitritt zugelassen, der der zuständigen Krankenkasse innerhalb der für alle Tatbestände einheitlichen Ausschlussfrist von drei Monaten anzuzeigen ist (§ 9 Abs 2 SGB V).

2. Rentenversicherung. Auch in der gesetzlichen RV hängt die Versicherungspflicht außerhalb des Leistungsbezugs in erster Linie davon ab, ob der Bildungswillige zeitgleich gegen Arbeitsentgelt beschäftigt ist (§ 1 Satz 1 Nr 1 SGB VI; s hierzu *Rentenversicherungspflicht* Rz 5 ff). Ebenso wie in der gesetzlichen KV können betriebliche Bildungsmaßnahmen die Voraussetzungen einer Beschäftigung zur Berufsausbildung iSd § 1 Satz 1 Nr 1 SGB VI erfüllen, wenn die materiellen Kriterien für eine Berufsausbildung nach dem BBiG vorliegen. Diesen Anforderungen genügt eine Umschulung nicht, wenn sie in einer verselbstständigten, nicht in einem Betrieb angegliederten Bildungseinrichtung als Dienstleistung gegen Vergütung durchgeführt wird (BSG 12.10.2000 – B 12 KR 7/00 R, DStR 01, 1315). Allerdings stehen gegenüber der letztgenannten Entscheidung Auszubildende, die im Rahmen eines Berufsausbildungsvertrages nach dem BBiG in einer außerbetrieblichen Einrichtung ausgebildet werden, den Beschäftigten zur Berufsausbildung gleich (§ 1 Satz 1 Nr 3a SGB VI idF des Job-AQTIV-Gesetzes). In den verbleibenden Fällen kann eine freiwillige Versicherung nach der weiten Regelung des § 7 SGB VI erfolgen. 31

3. Arbeitslosenversicherung. Zum versicherungspflichtigen Personenkreis in der ArblV gehören Personen, die an einer beruflichen Weiterbildung teilnehmen, nur bei Vorliegen eines die Versicherungspflicht begründenden Beschäftigungsverhältnisses oder bei Bejahung der Voraussetzungen einer Berufsausbildung (§ 25 Abs 1 SGB III; s *Arbeitslosenversicherungspflicht* Rz 5 ff). Auch hier gilt die Vorschrift des § 7 Abs 2 SGB IV, nach der der Erwerb beruflicher Kenntnisse, Fertigkeiten und Erfahrungen im Rahmen betrieblicher Berufsbildung als Beschäftigung gilt. 32

4. Unfallversicherung. In der gesetzlichen UV sind Teilnehmer an betrieblichen Bildungsmaßnahmen nach § 2 Abs 1 Nr 1 SGB VII als Beschäftigte versichert (§ 7 Abs 2 SGB IV). Ferner sind nach § 2 Abs 1 Nr 2 SGB VII Lernende während der beruflichen Aus- und Fortbildung in Betriebsstätten, Lehrwerkstätten, Schulungskursen und ähnlichen Einrichtungen versichert. Die Vorschrift wird von der Rspr weit ausgelegt und ist nicht auf bestimmte Ausbildungsformen oder Ausbildungsstätten beschränkt. Der Versicherungspflicht unterfallen die Vermittlung berufsbezogener Kenntnisse jeder Art (zB die Führerscheinprüfung als Vorbereitung für eine Tätigkeit als Schulbusfahrer, BSG 9.12.76 – 2 RU 5/76, SozR 2200 § 539 Nr 30), auch wenn diese nicht in einen gesetzlich geregelten Beruf, sondern in eine auf dem Arbeitsmarkt atypische Tätigkeit einmünden. Zu den Lernenden gehören berufliche Umschüler (auch bei Gewährung berufsfördernder Leistungen zur Reha, BSG 20.1.87 – 2 RU 12/86, SozR 2200 § 539 Nr 118). 33

Nicht der Versicherungspflicht unterfallen hingegen Weiterbildungsbemühungen im häuslichen Bereich, die nicht einer Aufsicht unterstehen und die eine nicht wesentlich berufsbezogene Erweiterung der Allgemeinbildung beinhalten. Liegt ein wesentlicher Zusammenhang der Weiterbildung mit dem Beschäftigungsverhältnis vor, so ist der Versicherungsschutz gem § 2 Abs 1 Nr 1 SGB VII vorrangig. 34

IV. Beitragspflicht. Nach § 14 Abs 1 Satz 1 SGB IV sind Arbeitsentgelt alle laufenden oder einmaligen Einnahmen aus einer Beschäftigung, gleichgültig ob ein Rechtsanspruch auf die Einnahmen besteht, unter welcher Bezeichnung oder in welcher Form sie geleistet wurden und ob sie unmittelbar aus der Beschäftigung oder im Zusammenhang mit ihr erzielt werden (Näheres: *Arbeitsentgelt* Rz 85 ff). Wenn **zusätzliche Aufwendungen** lohnsteuerfrei nach den Regelungen des Einkommensteuerrechts sind, bleiben sie auch in der SozV beitragsfrei. 35

36 Werden Fort- und Weiterbildungskosten vom ArbGeb getragen oder übernommen, bleiben diese beitragsfrei, soweit die Leistungen überwiegend im **eigenbetrieblichen Interesse** des ArbGeb erbracht werden und deshalb nicht zu steuerpflichtigem Arbeitslohn führen. Hierbei kommt der steuerrechtlichen Definition des eigenbetrieblichen Interesses nach der Rspr des BFH maßgebliche Bedeutung zu (Besprechungsergebnis der Spitzenorganisationen der SozVTräger vom 21.11.13).

Werbungskosten

A. Arbeitsrecht
Griese

1 Werbungskosten sind die steuerlich absetzbaren Aufwendungen, die dem ArbN aus der Ausübung seiner Tätigkeit entstehen. Im Verhältnis zum ArbGeb hat grds der ArbN die Werbungskosten zu tragen; nur dann kann er sie als tatsächlich entstandene und nicht anderweitig getragene Aufwendungen gegenüber dem FA geltend machen. Im Einzelfall kann der ArbGeb gesetzlich gem § 670 BGB (s *Aufwendungsersatz*) oder vertraglich verpflichtet sein, Werbungskosten ganz oder teilweise zu übernehmen, s *Aufwendungsersatz*.

B. Lohnsteuerrecht
Seidel

Übersicht

	Rz		Rz
1. Allgemeines	2, 3	c) Nicht abzugsfähige Aufwendungen	11–14
2. Inhalt des Werbungskostenbegriffs	4–23	d) Abgrenzungsfragen	15–19
a) Aufwendungen	5, 6	e) Werbungskostenpauschbeträge	20, 21
b) Berufliche Veranlassung/Zusammenhang mit Arbeitslohn	7–10	f) Werbungskostenersatz	22, 23
		3. Einzelne Werbungskosten	24–35

2 **1. Allgemeines.** Werbungskosten sind Aufwendungen, die bei den Überschusseinkünften (Überschuss der Einnahmen über die Werbungskosten; § 2 Abs 2 Nr 2 EStG), dh bei Einkünften aus nichtselbstständiger Arbeit, aus Kapitalvermögen, aus VuV und sonstigen Einkünften (§ 2 Abs 1 Nr 4–7 EStG) zur Ermittlung dieser Einkünfte von den Einnahmen abgezogen werden können. Die Definition für alle betroffenen Einkunftsarten ist in § 9 Abs 1 Satz 1 EStG enthalten. Danach sind Werbungskosten Aufwendungen zur Erwerbung, Sicherung und Erhaltung der Einnahmen. Für die hier darzustellenden **Werbungskosten bei den Einkünften aus nichtselbstständiger Arbeit** (Arbeitslohn; s auch *Arbeitnehmer (Begriff)* Rz 30) bedeutet dies, dass es sich dabei um Aufwendungen des ArbN handeln muss, die er zum Erwerb, zur Sicherung und Erhaltung seines Arbeitslohns tätigt. Regelmäßig kann er die Werbungskosten endgültig nur im Rahmen seiner ESt-Veranlagung (s *Antragsveranlagung* Rz 2 ff) gegenüber dem FA geltend machen. Für den Abzug der Werbungskosten dem Grunde und der Höhe nach begründenden Tatsachen trägt der Stpfl die objektive Feststellungslast (BFH 7.7.83 – VII R 43/80, BStBl II 83, 760; *Schmidt/Loschelder* § 9 Rz 186). Mit dem Steuerhinterziehungsbekämpfungsgesetz v 29.7.09 (BStBl I 09, 826) und der Steuerhinterziehungsbekämpfungsverordnung v 18.9.09 (BGBl I 09, 3046) wurde der Abzug von Werbungskosten im Fall von Auslandssachverhalten zusätzlich von der Erfüllung besonderer Mitwirkungs- und Nachweispflichten abhängig gemacht.

3 Unter bestimmten Voraussetzungen ist eine Eintragung der **voraussichtlichen Werbungskosten** als Freibetrag auf der LStKarte und somit eine vorläufige Berücksichtigung bereits im LStAbzugsverfahren durch den ArbGeb möglich (§ 39a Abs 1 Nr 1 EStG; s hierzu *Lohnsteuerermäßigung* Rz 5 ff). Bei ArbN, die als unbeschränkt stpfl behandelt werden, erfolgt die Eintragung auf der nach § 39c Abs 4 EStG auszustellenden Bescheinigung, da diese keine LStKarte erhalten (§ 39 Abs 1 Satz 1 EStG). Bei **beschränkt steuerpflichtigen Arbeitnehmern** ist jedoch die ESt idR durch den LStAbzug abgegolten (§ 50 Abs 2 Satz 1 EStG; s aber § 50 Abs 2 Satz 2 Nr 1–5 EStG und *Antragsveranlagung* Rz 2). Daher können deren Werbungskosten, soweit sie den bei der LStErmittlung abgezogenen ArbNPauschbetrag iHv 920 € übersteigen, nur dann berücksichtigt werden, wenn diese in die vom BetriebsstättenFA anstelle der LStKarte auszustellende Bescheinigung eingetragen werden (§ 39d Abs 2 Nr 1 EStG) und mit inländischen Einkünften in wirtschaftlichem Zusammenhang stehen (§ 50 Abs 1 Satz 1 EStG). Der **Arbeitgeber** ist mit den Werbungskosten insoweit befasst, als er in bestimmten Fällen steuerfreien Werbungskostenersatz leisten kann (s unten Rz 22 ff). Zum Werbungskostenabzug im Zusammenhang mit pauschal besteuertem Arbeitslohn nach § 40a EStG s *Teilzeitbeschäftigung* Rz 116 und *Geringfügige Beschäftigung* Rz 23.

2. Inhalt des Werbungskostenbegriffs. Zu den Werbungskosten bei den Einkünften 4 aus nichtselbstständiger Arbeit (Arbeitslohn) gehören alle Aufwendungen, die durch den Beruf veranlasst sind (LStR 9.1 Abs 1 Satz 1).

a) Aufwendungen sind Ausgaben, die in Geld oder Geldeswert bestehen und durch ihr 5 Abfließen eine Vermögensminderung bewirken. Bei Aufnahme eines **Darlehens** sind dies die mit der Darlehensvaluta getätigten Aufwendungen. Neben Aufwendungen, die sich sofort verbrauchen (zB Fahrtkosten), können auch Aufwendungen, die sich in der Zeit verbrauchen (Anschaffungs- bzw Herstellungskosten) Werbungskosten sein. Letztere sind nur zeitanteilig zum Abzug zugelassen (§ 9 Abs 1 Nr 7 EStG: AfA). Liegen die Anschaffungskosten hier jedoch unter 410 € (ausschließlich USt), können sie in vollem Umfang als Werbungskosten abgezogen werden (§ 9 Abs 1 Satz 3 Nr 7 Satz 2 iVm § 6 Abs 2 Sätze 1–3 EStG; LStR 9.12; sog geringwertige Wirtschaftsgüter).

Werbungskosten liegen auch vor, wenn mit der Zahlung ein **Rückforderungsanspruch** entsteht oder dem ArbN ein **Ersatzanspruch** zusteht. Allerdings hat er dann bei Ersatz der Aufwendungen diesen Betrag bei den Werbungskosten abzuziehen (s auch unten Rz 22 ff). Erfolgt der Ersatz erst, nachdem die Werbungskosten bei der EStVeranlagung des ArbN bereits berücksichtigt worden sind, sind sie im Kj des Ersatzes als Einnahmen aus nichtselbstständiger Arbeit zu erfassen.

Keine Werbungskosten, sondern negative Einnahmen, die den Werbungskostenpausch- 6 betrag nicht verbrauchen, stellen Lohnrückzahlungen dar (Näheres s *Entgeltrückzahlung* Rz 18). **Entgangene Einnahmen** sind ebenso wenig Werbungskosten wie ersparte **Aufwendungen** oder die **eigene Arbeitskraft** (s *Schmidt/Loschelder* § 9 Rz 3 mwN). Sind die Aufwendungen höher als die Einnahmen, führt der Werbungskostenüberschuss zu einem **Verlust** aus nichtselbstständiger Arbeit, der bei der EStVeranlagung mit Einkünften aus anderen Einkunftsarten in bestimmten Grenzen ausgeglichen werden kann (§ 2 Abs 3 EStG). Ein Verlustrücktrag auf das unmittelbar vorangegangene Jahr und ein Verlustvortrag sind möglich (§ 10d EStG). Die Abzugsfähigkeit von sog **Drittaufwand,** dh wenn die Aufwendungen von einem Dritten für den ArbN, ohne hierzu verpflichtet zu sein und ohne entsprechende Gegenleistung, getragen worden sind (s *Schmidt/Loschelder* § 9 Rz 71, 72 mwN), hat der GrS des BFH grundsätzlich verneint (Beschlüsse vom 23.8.99 – GrS 1/97, 2/97, 3/97, BStBl II 99, 778, 782 und 787). Ein Abzug ist jedoch ausnahmsweise in den Fällen des sog abgekürzten Vertrags- bzw Zahlungswegs möglich (BFH 15.1.08 – IX R 45/07, BStBl II 08, 572; BMF 7.7.08 – IV C 1 – S 2211/07/100 007, 2008/0 344 679, BStBl I 08, 717). Zum Abzug von Aufwendungen für das häusliche Arbeitszimmer des ArbNEhegatten, wenn das Haus oder die Wohnung im Miteigentum der Ehegatten steht, s *Arbeitszimmer* Rz 20.

b) Berufliche Veranlassung/Zusammenhang mit Arbeitslohn. Die Aufwendungen 7 müssen objektiv in Zusammenhang mit der Berufstätigkeit stehen und subjektiv zur Förderung der Berufstätigkeit geleistet werden. Ein Zusammenhang mit dem Beruf ist gegeben, wenn die Aufwendungen in einem **wirtschaftlichen Zusammenhang** mit der auf Einnahmeerzielung gerichteten Tätigkeit des ArbN stehen (s LStH 9.1: Berufliche Veranlassung; Zusammenhang mit dem Beruf s auch BFH 28.8.08 – VI R 44/04, BFH/NV 08, 2106). Im Rahmen des objektiven Zusammenhangs bestimmt der ArbN grds selbst, welche Aufwendungen er im beruflichen Interesse machen will. Unerheblich ist, ob die Aufwendungen objektiv für den Beruf notwendig, erforderlich, üblich oder zweckmäßig sind. IdR genügt, dass der ArbN die Aufwendungen für beruflich geeignet halten konnte (*HMW*/Werbungskosten Rz 27; s aber unten Rz 11 ff und Rz 15 ff).

Die subjektive Förderung ist kein unbedingt notwendiges Merkmal des Werbungskosten- 8 begriffs, denn auch **unfreiwillig oder zwangsweise** entstandene Aufwendungen können Werbungskosten sein (zB Verlust des Pkw eines Polizisten infolge eines Racheakts: BFH

456 Werbungskosten

19.3.82, BStBl II 82, 442; s aber auch BFH 28.1.94, BStBl II 94, 355). Zum Werbungskostenabzug bei Diebstahlsverlusten s FG Köln 10.10.94, EFG 95, 428; bei Schäden oder Diebstahl während einer Dienstreise s *Dienstreise* Rz 55 ff. Für den Werbungskostenabzug ist es grds unschädlich, dass Aufwendungen **schuldhaft** verursacht wurden. Bei Unfallschäden hat der BFH aber einen Abzug dann verneint, wenn der Unfall alkoholbedingt war (BFH 6.4.84, BStBl II 84, 434). Ab **2007** sind Unfallkosten, Kfz-Schäden oder Diebstähle, die auf dem Weg von und zur Arbeit bzw während der Arbeitszeit passieren **nicht mehr als Werbungskosten** absetzbar (s auch *Fahrten zwischen Wohnung und Arbeitsstätte* Rz 22). Schadensersatzleistungen aufgrund strafbarer Handlungen sind, auch wenn die berufliche Tätigkeit zur Begehung der Straftat genutzt wird idR dem privaten Bereich zuzurechnen (FG Hbg 21.11.2000 – II 296/98, EFG 01, 559, Nichtzulassungsbeschwerde erfolglos: BFH 24.7.02 – XI B 30/01, BFH/NV 03, 53). Zu Schadensersatzleistungen s aber auch *Arbeitnehmerhaftung* Rz 27. Hängen die Aufwendungen wirtschaftlich mit steuerfreiem Arbeitslohn zusammen, können sie nicht als Werbungskosten abgezogen werden (§ 3c EStG), ggf ist eine Aufteilung erforderlich (s BFH 26.3.02 – VI R 45/00, BStBl II 02, 827 und *Steuerfreie Einnahmen* Rz 7; s aber LStR 3.26 Abs 9 zur Aufwandsentschädigung nach § 3 Nr 26 EStG; s auch *Aufwandsentschädigung* Rz 16, 17).

9 Nicht erforderlich für den Abzug von Aufwendungen ist, dass im selben Zeitraum **Arbeitslohn zufließt.** Auch **vorweggenommene, vergebliche oder nachträgliche Werbungskosten** sind abzugsfähig (s *Schmidt/Loschelder* § 9 Rz 35 ff). Daher sind auch Aufwendungen zur Erzielung künftigen Arbeitslohns, wenn die Absicht der Einnahmeerzielung einleuchtend dargetan werden kann, Werbungskosten (zB Bewerbungs- und Vorstellungskosten bei einem – neuen – ArbGeb), auch wenn diese Aufwendungen letztendlich vergeblich sind (zB Nichtzustandekommen des Arbeitsvertrags). Der ArbN hat nachzuweisen, dass er bereits die Absicht hatte, stpfl Einnahmen (Arbeitslohn) zu erzielen (vgl auch BFH 18.4.96, BStBl II 96, 482: Lehrgangskosten eines Arbeitslosen, BStBl II 96, 529: Meisterlehrgang, 30.9.08 – VI R 4/07, BStBl II 09, 111; Verkehrsflugzeugführerschein sowie FG BaWü 6.3.07 – 4 K 280/06, EFG 07, 832; Outplacementberatung). Die Aufwendungen müssen in einem hinreichend konkreten, objektiv feststellbaren Zusammenhang mit späteren Einnahmen stehen (BFH 4.12.02 – VI R 120/01, BStBl II 03, 403; s auch BFH 22.7.03 – VI R 137/99, BStBl II 04, 888 bei Weiterbildung im nicht ausgeübten Beruf). Nach Auffassung des FG Düsseldorf kommt ein Werbungskostenabzug für ein häusliches Arbeitszimmer in Zeiten der Nichtbeschäftigung nicht in Betracht, wenn bei der angestrebten weiteren Tätigkeit (wegen Vorhandensein eines betrieblichen Arbeitsplatzes) der Werbungskostenabzug ausgeschlossen wäre (FG Düsseldorf 14.10.04 – 10 K 4057/04E, DStRE 05, 865; s aber auch FG Nbg 2.9.01 – VI 241/98, DStRE 01, 683). Soweit es sich um Aufwendungen für eine erstmalige Berufsausbildung und für ein Erststudium handelt, hat der Gesetzgeber ab 2004 diese den Kosten der Lebensführung zugeordnet (§ 12 Nr 5 EStG; LStR 9.2 Abs 1) und nur den Sonderausgabenabzug bis zu 4000 € zugelassen (§ 10 Abs 1 Nr 7 EStG). Nach BFH 18.6.09 – VI R 6/07 (BFH/NV 09, 1796) und VI R 14/07 (BFH/NV 09/1875) bestimmt § 12 Nr 5 EStG lediglich in typisierender Weise, dass bei einer erstmaligen Berufsausbildung ein hinreichend veranlasster Zusammenhang mit einer bestimmten Einkunftsart fehlt. Die Vorschrift steht somit in verfassungskonformer Auslegung der Abziehbarkeit von beruflich veranlassten Kosten für ein Erststudium als Werbungskosten zumindest dann nicht entgegen, wenn diesem eine abgeschlossene Berufsausbildung vorausgegangen ist s auch Rz 19 und *Ausbildungskosten* Rz 15). Auch bei vergeblichen oder erfolglosen Aufwendungen ist für den Werbungskostenabzug erforderlich, dass sie mit einer bestimmten Einkunftsart in einer klar erkennbaren Verbindung stehen und auf die Vorbereitung und Aufnahme der stpfl Tätigkeit gerichtet sind. Nachträgliche Werbungskosten können vorliegen, wenn der ArbN nach Beendigung des Dienstverhältnisses noch damit zusammenhängende Aufwendungen leisten muss (zB Schadensersatz und Haftung; s *Arbeitnehmerhaftung* Rz 27 und *Schmidt/Loschelder* § 9 Rz 40, 41).

10 Aufwendungen des ArbN, die in **Zusammenhang mit einer anderen Einkunftsart** stehen (zB bei selbstständiger *Nebentätigkeit* Rz 20 ff), können nicht als Werbungskosten bei den Einkünften aus nichtselbstständiger Arbeit abgezogen werden, sondern sind bei der betreffenden Einkunftsart (als Betriebsausgaben) zu berücksichtigen (s auch FG Düsseldorf 30.11.93, EFG 94, 514). Ggf ist eine schätzungsweise Aufteilung vorzunehmen, wenn die

Ausgaben durch beide Tätigkeiten veranlasst sind. Können jedoch Verluste aus einer nebenberuflich ausgeübten Tätigkeit mangels Gewinnerzielungsabsicht nicht den Einkünften aus selbstständiger Arbeit zugeordnet werden, stellen die nebenberuflichen Verluste Werbungskosten bei den Einkünften aus nichtselbstständiger Arbeit dar, wenn die Nebentätigkeit erhebliche Vorteile für den Hauptberuf bringt und private Gründe für die Ausübung der Nebentätigkeit fehlen oder von ganz untergeordneter Bedeutung sind (BFH 22.7.93, BStBl II 94, 510).

Keine Werbungskosten stellen erwerbsbedingte Aufwendungen für Kinderbetreuung sowie die Aufwendungen für Fahrten Wohnung-Arbeitsstätte dar. Der Gesetzgeber lässt jedoch in einem bestimmten Umfang den Abzug **wie Werbungskosten** zu (§ 9 Abs 5 iVm § 9c Abs 1 EStG ab 2009; früher § 4f EStG aF; § 9 Abs 2 EStG mit der Maßgabe, dass die 20 km-Grenze aufgrund der Rspr des BVerfG entfallen ist; s auch *Kindervergünstigungen* Rz 13 ff und *Fahrten zwischen Wohnung und Arbeitsstätte* Rz 4 ff).

c) Nicht abzugsfähige Aufwendungen. Durch das StÄndG 1992 wurde die Nichtabzugsfähigkeit von Betriebsausgaben gem § 4 Abs 5 EStG hinsichtlich bestimmter Aufwendungen auf den Werbungskostenbereich ausgedehnt (§ 9 Abs 5 EStG). Dabei handelt es sich um Aufwendungen, die zwar durch die Einkünfteerzielung veranlasst sind, aber kraft Gesetzes für nicht abziehbar erklärt worden sind. Dies gilt insbesondere für **Geschenke** an Kunden des ArbGeb oder des ArbN, wenn der Wert 35 €/Kj übersteigt (§ 4 Abs 5 Nr 1 EStG). Zu Bewirtungsaufwendungen (§ 4 Abs 5 Nr 2 EStG) s *Bewirtungsaufwendungen* Rz 15 ff und zu Verpflegungsmehraufwendungen (§ 4 Abs 5 Nr 5 EStG) s *Verpflegungsmehraufwendungen* Rz 5 ff. Das Abzugsverbot für Aufwendungen für ein **Arbeitszimmer** (§ 4 Abs 5 Nr 6b EStG) wurde vom BVerfG mit Beschluss v. 6.7.10 – 2 BvL 13/09 (DStR 10, 1563) als verfassungswidrig eingestuft. Das BMF hat mit Schreiben vom 12.8.10 (IV A 3 – S 0338/07/10010-03; Dok 2010/0628006, BStBl I 10, 642) zur Abziehbarkeit der Aufwendungen bis zum Ergehen der vom BVerfG geforderten Neuregelung rückwirkend zum 1.1.07 Stellung genommen. Im Einzelnen s *Arbeitszimmer* Rz 6 ff. Zu **Schmiergeld** (§ 4 Abs 5 Nr 10 EStG) s *Schmiergeld* Rz 10.

Ferner sind Werbungskosten, die die Lebensführung des ArbN oder anderer Personen berühren, insoweit nicht abziehbar, als sie nach der allgemeinen Verkehrsauffassung als **unangemessen** anzusehen sind (§ 4 Abs 5 Nr 7 EStG). Dieses Abzugsverbot wird nur wenige Ausnahmefälle betreffen; die Werbungskosten müssen erhebliches Gewicht haben und die Grenze der Angemessenheit erheblich überschreiten, wie zB Aufwendungen für die Nutzung eines Privatflugzeuges zu einer Dienstreise (LStR 9.1 Abs 1 Satz 3). Vorher ist allerdings noch zu prüfen, ob es sich überhaupt um Werbungskosten und nicht um Lebensführungskosten handelt. Zum Abzugsverbot gemischter Aufwendungen s unten Rz 15.

Nicht abzugsfähig sind auch **Geldbußen, Ordnungsgelder, Verwarnungsgelder** sowie **Leistungen** zur Erfüllung von Auflagen und Weisungen in einem berufsgerichtlichen Verfahren, soweit diese nicht lediglich der Schadenswiedergutmachung dienen (s auch BFH 22.7.08 – VI R 47/06, BB 08, 2598). Das Abzugsverbot für Geldbußen gilt nicht, soweit der durch den Gesetzesverstoß erlangte wirtschaftliche Vorteil abgeschöpft wird und dabei die darauf entfallende ESt nicht abgezogen wird (§ 4 Abs 5 Nr 8 EStG). **Hinterziehungszinsen** (§ 235 AO) können ebenfalls nicht abgezogen werden (§ 4 Abs 5 Nr 8a EStG). Verwarnungsgelder, die der ArbGeb aus überwiegend eigenbetrieblichem Interesse übernimmt, stellen keinen Arbeitslohn dar (BFH 7.7.04 – VI R 29/00, BStBl II 05, 367: Fahrer Paketzustelldienst wegen Verletzung des Halteverbots; bedenklich).

Aufwendungen zur **Förderung staatspolitischer Zwecke** sind nicht als Werbungskosten (§ 4 Abs 6 EStG), sondern nur im Rahmen von § 10b Abs 2 EStG als Sonderausgaben abzugsfähig. § 12 Nr 4 EStG enthält ein Abzugsverbot für **Geldstrafen** sowie **Rechtsfolgen vermögensrechtlicher Art**, bei denen der Strafcharakter überwiegt und für **Leistungen** zur Erfüllung von Auflagen oder Weisungen, soweit diese nicht lediglich der Schadenswiedergutmachung dienen.

d) Abgrenzungsfragen. aa) Lebenshaltungskosten. Nicht als Werbungskosten abzugsfähig sind Aufwendungen, die der Lebensführung des ArbN dienen. Dazu gehören auch Aufwendungen, die die wirtschaftliche oder gesellschaftliche Stellung des Stpfl mit sich bringt, auch wenn sie der Förderung des Berufs dienen (§ 12 Nr 1 EStG). Entgegen seiner bisherigen Rspr sieht der Große Senat des BFH allerdings in § 12 Nr 1 Satz 2 EStG **kein**

Aufteilungs- und Abzugsverbot mehr normiert (Beschluss v 21.9.09 – GrS 1/06, DStR 10, 101). Vielmehr gebietet das Leistungsfähigkeitsprinzip die Berücksichtigung des beruflichen Anteils durch Aufteilung, notfalls durch Schätzung. Es kommt damit maßgeblich auf den Veranlassungszusammenhang (s Rz 7 ff) an. Das auslösende Moment für die Aufwendungen ist aufgrund einer wertenden Beurteilung nach den Umständen des Einzelfalls zu ermitteln. Ergibt diese Prüfung, dass die Aufwendungen nicht oder in nur unbedeutendem Maße auf privaten, der Lebensführung des Stpfl zuzurechnenden Umständen beruhen (in der Praxis 10–15 %), so sind sie als Betriebsausgaben oder Werbungskosten grds abzuziehen. Beruhen die Aufwendungen hingegen nicht oder in nur unbedeutendem Maße auf beruflichen Umständen, so sind sie nicht abziehbar. Diese Anforderungen, die nach der bisherigen Rspr nur die Frage betrafen, ob der Abzug der Aufwendungen insgesamt in Betracht kam, gelten nunmehr nach der geänderten Auslegung des § 12 Nr 1 Satz 2 EStG auch für die Frage, ob ein Teil der Aufwendungen als beruflich veranlasst anerkannt werden kann. Dabei kommt es bei der Anschaffung von Gegenständen (Wirtschaftsgütern), die sowohl beruflich als auch privat genutzt werden können, auf die tatsächliche Verwendung im Einzelfall an, wobei allerdings dem objektiven Charakter eine Indizwirkung zukommt (s *HMW*/Werbungskosten Rz 16; BFH 15.3.93, BStBl II 93, 348).

16 Aufwendungen für Ernährung, Kleidung und Wohnung sowie Repräsentationsaufwendungen sind idR Kosten der Lebensführung. Besteht hier ein Zusammenhang mit dem Beruf, ist zu prüfen, in welchem Umfang die Aufwendungen beruflich veranlasst sind (s LStR 9.1 Abs 2; s hierzu im Einzelnen auch *Arbeitskleidung* Rz 16 ff, *Auslandsreise* Rz 7 ff, *Dienstreise* Rz 12 ff, *Doppelte Haushaltsführung* Rz 4 ff und *Verpflegungsmehraufwendungen* Rz 5 ff). Zum sog Kundschaftstrinken und -essen s *Kottke* BB 98, 613.

Bestehen nach Ausschöpfung der im Einzelfall angezeigten Ermittlungsmaßnahmen des FA und der gebotenen Mitwirkung des Stpfl weiterhin gewichtige Zweifel, dass den als Betriebsausgaben oder Werbungskosten geltend gemachten Aufwendungen eine berufliche Veranlassung zugrunde liegt, so kommt für die strittigen Aufwendungen schon aus diesem Grund ein Abzug insgesamt nicht in Betracht. Bestehen keine Zweifel daran, dass ein abgrenzbarer Teil der Aufwendungen beruflich veranlasst ist, bereitet seine Quantifizierung aber Schwierigkeiten, so ist dieser Anteil unter Berücksichtigung aller maßgeblichen Umstände zu schätzen. Der Stpfl sollte also aus Gründen der Beweisvorsorge entsprechende Aufzeichnungen fertigen bzw Unterlagen aufbewahren.

17 Da **Repräsentationsaufwendungen** im Allgemeinen die zwischenmenschlichen Beziehungen zu Kollegen und Untergebenen betreffen, sind Aufwendungen zur Pflege dieser Beziehungen grds dem privaten Bereich zuzuordnen (zB Geburtstags- und Beförderungsfeiern; s BFH 8.3.90, BFH/NV 91, 436 und 4.12.92, BStBl II 93, 350, s aber BFH 28.1.03 – VI R 48/99, BFH/NV 03, 712: **betriebliche** Feier anlässlich eines runden Geburtstags des ArbN). Zu den Ausnahmen s LStR 19.3 Abs 2 Nr 4 und *Betriebsveranstaltung* Rz 12. Dies gilt auch für Geschenke eines Behördenleiters anlässlich der Teilnahme an einer persönlichen Feier eines anderen Behördenleiters (BFH 1.7.94, BStBl II 95, 273). Anders aber bei der Einladung von Mitarbeitern zur Belohnung für deren Arbeitsleistung durch einen leitenden Angestellten mit weitgehend erfolgsabhängigen Bezügen (BFH 23.3.84, BStBl II 84, 557; s auch BFH 24.5.07 – VI R 78/04, BStBl II 07, 721).

18 Zu den aufgrund der bisherigen Rspr bereits entschiedenen Einzelfällen der Aufteilung, wie zB den **Verpflegungsmehraufwand** bei Dienstreisen, s Personalbuch 2009 Rz 18. Für **gemischt veranlasste Reisen** hält der GrS grds eine Aufteilung nach Zeitanteilen für sachgerecht, wenn nicht das unterschiedliche Gewicht der Veranlassungsbeiträge im Einzelfall einen anderen Aufteilungsmaßstab erfordert oder von einer Aufteilung ganz abzusehen ist, so zB wenn der Stpfl einen beruflichen Termin auf Weisung des ArbGeb wahrnimmt und diesen mit einem vorangehenden und nachfolgenden Privataufenthalt verbindet. Danach ließen sich theoretisch auch **Aufwendungen etwa für bürgerliche Kleidung,** eine **Brille** oder eine **Armbanduhr** bei feststehender Arbeitszeit durchaus entsprechend aufteilen. Derartige Aufwendungen sind aber, wenn sie nach den Vorschriften über das steuerliche Existenzminimum, als Sonderausgaben oder außergewöhnliche Belastungen zu berücksichtigen sind, grds dem Anwendungsbereich des § 9 EStG entzogen, um eine doppelte Berücksichtigung zu vermeiden (BFH 21.9.09 – GrS 1/06, DStR 10, 101 sowie 21.4.10 – VI R 66/04, BStBl II 10, 685, VI R 5/07, BStBl II 10, 687 und 9.12.10, BFH/NV 11, 893:

Werbungskosten 456

Aufwendungen eines Pfarrers für eine Pilgerwallfahrt und eine Tertiatskursfahrt; FG RhPf 23.4.12 – 5 K 2514/10, BeckRS 2012, 95150: Fahren eines Lehrers zu Orchesterproben).

bb) Sonderausgaben. Eine Abgrenzung ist vor allem hinsichtlich der Aufwendungen für Ausbildung (Sonderausgaben) und Fortbildung (Werbungskosten) erforderlich. Im Einzelnen s *Ausbildungskosten* Rz 6–10, *Ausbildungsverhältnis* Rz 86 ff und *Fortbildung* Rz 21 ff, aber auch BFH-Urt vom 4.12.02 – VI R 120/01, BStBl II 03, 403 und vom 17.12.02 – VI R 137/01, BStBl II 03, 407 (Änderung der Rspr) und BFH 13.10.03 – VI R 71/02, BStBl II 04, 890 (Aufwendungen für erstmalige, von der Agentur für Arbeit unterstützte Berufsausbildung als Werbungskosten – abzgl Kostenerstattung nach §§ 79, 89 SGB III). Durch Einfügung der Nr 5 in § 12 EStG ist der Gesetzgeber der Rspr-Änderung entgegengetreten (s LStR 9.2, *Fortbildung* Rz 23 sowie BMF 4.11.05 – IV C 8 – S 2227 – 5/05, BStBl I 05, 955 zur Neuregelung § 10 Abs 1 Nr 7 und § 12 Nr 5 EStG und BMF 21.6.07 – IV C 4 – S 2227/07/0002, BStBl I 07, 492 zur Abänderung der Tz 17 und 25 des BMF-Schreibens vom 4.11.05). Die Sonderausgaben sind in den §§ 10 bis 10c EStG abschließend aufgeführt, wobei die in § 10 Abs 1 EStG aufgezählten Aufwendungen nur Sonderausgaben sind, wenn sie nicht schon Werbungskosten sind (§ 10 Abs 1 1. Hs EStG). 19

e) Werbungskostenpauschbeträge. Neben dem allgemeinen Werbungskostenpauschbetrag iHv 1000 € rückwirkend zum 1.1.11 nach § 9a Satz 1 Nr 1a EStG (**Arbeitnehmerpauschbetrag;** § 52 Abs 1 EStG) – bei Versorgungsbezügen beträgt der Pauschbetrag ab 2005 nunmehr 102 € (§ 9a Satz 1 Nr 1b EStG; zum Ausgleich durch den sukzessive sich mindernden Zuschlag zum Versorgungsfreibetrag s *Altersgrenze* Rz 19 ff) –, den jeder Stpfl mit Einnahmen aus nichtselbstständiger Arbeit auch dann erhält, wenn feststeht, dass keine oder nur geringe Werbungskosten angefallen sind, und der bereits beim LStAbzug automatisch berücksichtigt wird, kommen im Rahmen der einzelnen Werbungskostenarten eine Reihe von Pauschbeträgen und Pauschalen in Betracht. Hierzu wird auf das Stichwort *Pauschbeträge* Rz 12 ff und die jeweiligen Werbungskosten betreffende Stichwörter (s unten Rz 24 ff) verwiesen. Erzielt ein Stpfl neben Einnahmen aus nichtselbstständiger Arbeit noch Gewinneinkünfte, sind die durch diese Tätigkeiten gleichzeitig veranlassten Aufwendungen den jeweiligen Einkunftsarten, ggf nach einer im Schätzungswege vorzunehmenden Auflistung als Werbungskosten oder Betriebsausgaben zuzuordnen (BFH 10.6.08 – VIII R 76/05, BStBl II 08, 937). Zur Aufteilung des ArbNPauschbetrags auf laufenden und steuerbegünstigten Arbeitslohn (Entschädigung) s *Außerordentliche Einkünfte* Rz 21. Bei Vorliegen in- und ausländischer Einkünfte aus nichtselbstständiger Arbeit im Rahmen der Berücksichtigung des Progressionsvorbehalts nach § 32b Abs 2 Nr 2 EStG ist der ArbN-Pauschbetrag bei den steuerfreien ausländischen Einkünften abzuziehen, soweit er nicht bei der Ermittlung der inländischen Einkünfte aus nichtselbstständiger Arbeit abziehbar ist (§ 32b Abs 2 Satz 2 Buchst a EStG). Im Übrigen können Werbungskosten nur insoweit abgezogen werden, als sie zusammen mit den bei den inländischen Einkünften aus nichtselbstständiger Arbeit abziehbaren Werbungskosten den Pauschbetrag übersteigen (§ 32b Abs 2 Satz 2 Buchst b EStG; s auch *Ausländer* Rz 41). Während grds eine Anrechnung einzelner Werbungskosten auf den ArbNPauschbetrag erfolgt, können die wie Werbungskosten abzugsfähigen erwerbsbedingten Kinderbetreuungskosten gem § 9 Abs 5 iVm § 9c EStG neben dem Pauschbetrag gesondert abgezogen werden (§ 9a Satz 1 Nr 1a EStG). 20

EStBescheide ergehen in allen Fällen hinsichtlich der Nichtberücksichtigung pauschaler Werbungskosten in Höhe der steuerfreien Aufwandsentschädigung nach § 12 des Gesetzes über die Rechtsverhältnisse der Mitglieder des Bundestages partiell vorläufig, da diesbezüglich ein Verfahren vor dem BVerfG (2 BvR 2228/08 und 2 BvR 2244/08) anhängig sind (BMF 1.4.09 – IV A 3-S 0338/07/10010; Dok 2009/0158373, BStBl I 09, 510). Die vor 2000 in LStR 47 bei bestimmten Berufsgruppen (Artisten, darstellenden Künstlern und Journalisten) neben dem ArbNPauschbetrag nach § 9a Satz 1 Nr 1a EStG zur Abgeltung der übrigen Werbungskosten gewährten Pauschbeträge sind seit 2000 entfallen. 21

f) Werbungskostenersatz. Unter bestimmten Voraussetzungen kann der ArbGeb in bestimmten Fällen steuerfreien Werbungskostenersatz leisten. Dies gilt für Reisekosten- und Umzugskostenvergütung, Trennungsgelder bzw Erstattung von Mehraufwendungen wegen doppelter Haushaltsführung (§ 3 Nr 13 und 16 EStG; s *Dienstreise* Rz 48 ff; *Doppelte Haushaltsführung* Rz 30, 31; *Umzugskosten* Rz 13–15), Ersatz von Werkzeuggeld (§ 3 Nr 30 EStG; s *Arbeitsmittel* Rz 8), Überlassung typischer Berufskleidung (§ 3 Nr 31 EStG; s hierzu *Arbeits-* 22

456 Werbungskosten

kleidung Rz 24), kostenloser oder verbilligter Sammelbeförderung (§ 3 Nr 32 EStG; s hierzu *Arbeitnehmerbeförderung* Rz 13) sowie bei Fort- oder Weiterbildungskosten, wenn diese im ganz überwiegenden betrieblichen Interesse des ArbGeb liegen (LStR 19.7; s hierzu *Fortbildung* Rz 30 ff). Insoweit wird daher auf die Ausführungen unter den genannten Stichwörtern verwiesen (s auch *Aufwendungsersatz* Rz 23 ff und *Auslösung* Rz 9).

23 Hiervon abzugrenzen sind der Auslagenersatz sowie durchlaufende Gelder (s hierzu *Steuerfreie Einnahmen* Rz 12, 15: Auslagenersatz und Durchlaufende Gelder). Soweit dem ArbN an sich abzugsfähige Werbungskosten ersetzt werden, hat er den ersetzten Betrag anzurechnen (s auch oben Rz 5). Verzichtet der ArbN auf die Geltendmachung eines Anspruchs auf Ersatz von Werbungskosten, steht dies dem Werbungskostenabzug nicht entgegen. Gleiches gilt, wenn der ArbGeb entsprechend der reisekostenrechtlichen Bestimmungen von seinem Einbehaltungsrecht Gebrauch macht oder die Vergütung kürzt (BFH 24.3.11 VI R 11/10, DB 11, 1310). Nimmt der ArbN die Kostenerstattung jedoch in Anspruch, hat er bei Übernachtungen im Ausland keinen Anspruch auf den Differenzbetrag zwischen den vom ArbGeb vollständig erstatteten tatsächlichen Kosten und den höheren Übernachtungspauschalen nach den LStR als Werbungskosten (BFH 8.7.10 – VI R 24/09, DStR 10, 2347).

24 **3. Einzelne Werbungskosten.** Die Aufzählung der Werbungskosten in § 9 Abs 1 Satz 3 Nr 1–7 EStG ist nicht abschließend. Weitere Werbungskosten können sich aufgrund des allgemeinen Werbungskostenbegriffs des § 9 Abs 1 Satz 1 EStG ergeben. Auf die Darstellungen bei folgenden Stichwörtern wird verwiesen:

Aktienoptionen Rz 21 ff, *Arbeitnehmerbeförderung* Rz 13 ff, *Arbeitnehmerhaftung* Rz 27, *Arbeitskleidung* Rz 17 ff, *Arbeitsmittel* Rz 11 ff, *Arbeitszimmer* Rz 13 ff, *Aufwendungsersatz* Rz 31 f, *Ausbildungskosten* Rz 6 ff, *Ausbildungsverhältnis* Rz 86 ff, *Auslandsreise* Rz 7 ff, *Auslösung* Rz 9, *Behinderte* Rz 78, *Berufskrankheit* Rz 7–10, *Betriebsbuße* Rz 12, *Bewerbung* Rz 16–18, *Bewirtungsaufwendungen* Rz 15–17, *Bildungsurlaub* Rz 32, *Dienstreise* Rz 12 ff, *Dienstwagen* Rz 32, *Dienstwohnung* Rz 23, 24, *Doppelte Haushaltsführung* Rz 22 ff, *Einsatzwechseltätigkeit* Rz 5 ff, *Entgeltrückzahlung* Rz 18, *Fahrgemeinschaft* Rz 11, *Fahrtätigkeit* Rz 12 ff, *Fahrten zwischen Wohnung und Arbeitsstätte* Rz 4 ff, *Fortbildung* Rz 20 ff, *Geschäftsführer* Rz 43, *Heimarbeit* Rz 52, *Internet-/Telefonnutzung* Rz 35, *Kindervergünstigungen* Rz 12 f, *Lohnersatzleistungen* Rz 18, *Pauschbeträge* Rz 12 ff, *Rechtsanwaltskosten* Rz 22 ff, *Schmiergeld* Rz 10, *Umschulung* Rz 13, *Umzugskosten* Rz 17–30, *Unfallversicherung* Rz 10–13, *Vergleich* Rz 18, *Verpflegungsmehraufwendungen* Rz 5 ff, *Versetzung* Rz 32, *Vertragsbruch* Rz 17, *Vertragsstrafe* Rz 23, *Wegeunfall* Rz 2 ff,.

Ergänzungen:

25 **Arbeitnehmerentsendung.** Für den Werbungskostenabzug von Reisekosten durch den ArbGeb bei der zeitlich befristeten Entsendung von ArbN an ein verbundenes Unternehmen muss danach unterschieden werden, ob das bisherige Beschäftigungsverhältnis ruht oder unverändert fortgeführt wird (OFD Rheinland 12.7.10 – ESt Nr 34/2010, DB 10, 1856; s auch *Arbeitnehmerentsendung* Rz 15 ff).

Berufsverbände. Nach § 9 Abs 1 Satz 3 Nr 3 EStG sind auch Beiträge zu Berufsständen und sonstigen Berufsverbänden, deren Zweck nicht auf einen wirtschaftlichen Geschäftsbetrieb gerichtet ist, Werbungskosten. Zu Ausgaben bei Veranstaltungen von Berufsverbänden s LStR 9.3.

Beteiligung. Aufwendungen aus der Bürgschaftsinanspruchnahme des ArbN einer GmbH bei geplanter, aber nicht verwirklichter Beteiligung sind auch bei bestehendem Veranlassungszusammenhang zwischen Bürgschaftsübernahme und geplanter Beteiligung weder als Werbungskosten bei den Einkünften aus nichtselbständiger Tätigkeit noch bei den Einkünften aus Kapitalvermögen abzugsfähig, da die Qualifizierung als nachträgliche Anschaffungskosten den Werbungskostencharakter der Aufwendungen verdrängt (FG Bln-Brandenburg 16.3.10 – 6 K 1328/05, EFG 10, 1423; Rev Az BFH VI R 97/10). Zum Verlust geleisteter Einlagezahlungen s FG Niedersachsen 23.2.2011 – 9 K 45/08, BB 11, 1174); s auch Rz 7.

26 **Bürgschaft.** Aufwendungen des ArbN aus einer zugunsten des ArbGeb übernommenen Bürgschaft können Werbungskosten sein, wenn bereits bei der Übernahme (nicht erst bei der Inanspruchnahme) ein Zusammenhang mit dem Beruf besteht, zB im Hinblick auf seine künftige berufliche Tätigkeit. Dies gilt auch, wenn der ArbN die Bürgschaft sowohl im Hinblick auf die Sicherung des Arbeitsplatzes, als auch im Hinblick auf eine zukünftige Gesellschafterstellung übernommen hat (BFH 16.11.11 – VI R 97/10, BStBl II 12, 343; FG Köln 28.5.13 15 K 259/12, juris, Zu mittelbarer Beteiligung, Rev Az BFH VI R 58/13;

s auch *Schmidt/Krüger* § 19 Rz 110: Bürgschaft). Bei Gesellschafter-Geschäftsführern s *Geschäftsführer* Rz 43.

Darlehen. Der Verlust einer Darlehensforderung gegenüber dem ArbGeb kann zu Werbungskosten führen, wenn das Darlehen zur Arbeitsplatzsicherung gegeben worden ist. Während dies früher nur für unverzinsliche oder niedrig verzinsliche Darlehen galt, hat der BFH unter Aufgabe seiner bisherigen Rspr entschieden, dass dies auch dann gilt, wenn das Darlehen normal verzinslich war (s zuletzt BFH 7.2.08 – VI R 75/06, BStBl II 10, 48; s auch BFH 25.11.10 – VI R 34/08, BStBl II 12, 24: Darlehensgewährung aus im Gesellschaftsverhältnis liegenden Gründen; *Schmidt/Krüger* § 19 Rz 110: Darlehen und *Arbeitnehmerdarlehen* Rz 11 ff). Allerdings darf kein freiwilliger Verzicht auf die Darlehensforderung vorliegen; der Verlust muss auf einem unvermeidbaren, unfreiwilligen Ereignis beruhen (BFH 2.9.94, BFH/NV 95, 208). Außerdem müssen die Darlehenshöhe und die Lohnbezüge in einem angemessenen Verhältnis zueinanderstehen (FG RhPf 30.5.96, EFG 96, 648: 300 000 DM zu 45 000 DM nicht angemessen). Bei Gesellschaftergeschäftsführern s *Geschäftsführer* Rz 43. **27**

Doktorprüfung. Zu Aufwendungen im Zusammenhang mit der **Promotion** s nunmehr BFH 4.11.03 – VI R 96/01, BStBl II 04, 891: vorab entstandene Werbungskosten bei berufsbezogenem Veranlassungszusammenhang (s auch BFH 4.11.03 – VI R 28/03 BFH/NV 04, 928 und *Fortbildung* Rz 25 sowie *Lohwasser/Vater* StuB 04, 305). Unabhängig davon gehören die Aufwendungen zur Vorbereitung auf die Promotion zu den Berufsausbildungskosten iSd § 32 Abs 4 Nr 2a EStG (BFH 16.3.04 – VIII R 65/03, BFH/NV 04, 1522; s auch *Kinderfreibetrag* Rz 19). **28**

Eine **Gehaltsminderung** durch Umwandlung von Barlohn in Sachlohn (Überlassung eines Dienstwagens gegen Barlohnminderung) stellt unerheblich davon, dass die Gehaltsminderung idR höher ist als der aufgrund besonderer Bewertungsvorschriften für steuerliche Zwecke festzusetzende Sachbezugswert, keine Werbungskosten dar (OFD Münster 24.8.10 – akt Kurzinfo ESt 39/2003, DB 10, 2025).

Kinderbetreuungskosten. Nach § 9c Abs 1 (früher 4 f) EStG iVm § 9 Abs 5 Satz 1 EStG können **erwerbsbedingte** Kinderbetreuungskosten in bestimmtem Umfang **wie Werbungskosten** abgezogen werden (s auch *Kindervergünstigungen* Rz 13 ff). Eigene Fahrtaufwendungen der Eltern für den **Schulweg** der Kinder sind auch dann weder als Werbungskosten noch als außergewöhnliche Belastungen abzugsfähig, wenn eine Anbindung an das öffentliche Nahverkehrsnetz nicht besteht (FG RhPf 22.6.2011 – 2 K 1885/10, BeckRS 11, 96449).

Kontoführungsgebühren sind insoweit Werbungskosten, als sie auf die Gutschrift des Arbeitslohns und berufliche Überweisungen entfallen. Die FinBeh erkennen ohne Nachweis 16 €/Kj an. **29**

Krankheitskosten können dann betrieblich oder beruflich veranlasst sein, wenn es sich um die Behandlung einer typischen Berufskrankheit handelt oder ein Zusammenhang zwischen der Erkrankung und der beruflichen Tätigkeit feststeht (BFH 11.7.13 – VI R 37/12, BStBl II 13, 815).

Prozesskosten sind **Werbungskosten**, wenn der Rechtsstreit um die Zahlung von Arbeitslohn, Kündigung oder Fortbestehen des Dienstverhältnisses geht bzw soweit Aufwendungen, die Gegenstand eines finanzgerichtlichen Verfahrens waren, als Werbungskosten zu beurteilen sind. Ein Abzug als Werbungskosten kommt hingegen nicht in Betracht, wenn lediglich ein Zusammenhang mit Sonderausgaben, Veranlagungs- oder Tariffragen besteht (BFH 13.4.10 – VIII R 27/08, BFH/NV 10, 2038). Soweit sie den ArbN endgültig belasten, sind auch Prozesskosten, die wegen seiner dienstlichen Tätigkeit oder wegen eines auf einer Dienstreise verschuldeten Unfalls entstehen, Werbungskosten. Zu Strafverteidigungskosten s unten (s auch *Heuermann/Wagner* Teil F Rz 1: Prozesskosten sowie *Rechtsanwaltskosten* Rz 22 ff; zu Geldstrafen s aber oben Rz 14 Notwendige und einen angemessenen Betrag nicht überschreitende **Zivilprozesskosten** hingegen konnten nach Änderung der bisherigen Rechtsprechung des BFH unabhängig vom Gegenstand des Prozesses aus rechtlichen Gründen zwangsläufig erwachsen und damit nach Berücksichtigung der zumutbaren Belastung als **außergewöhnliche Belastung** abgezogen werden (§ 33 EStG), wenn sie unausweichlich sind, dh die beabsichtigte Rechtsverfolgung oder -verteidigung hinreichende Aussicht auf Erfolg bietet und nicht mutwillig erscheint (BFH 12.5.11 – VI R 42/10, BStBl II 11, 1015; aA FG Hamburg 24.9.12 – 1 K 195/11, EFG 13, 41, Rev Az BFH X R 34/12). Das BMF **30**

456 Werbungskosten

hat darauf mit einem **Nichtanwendungserlass** reagiert (BMF 20.12.11 – IV C 4 – S 2284/07/0031:002; Dok 2011/1025909, BStBl I 11, 1286), so dass das Urteil von der FinVerw bis auf Weiteres nicht über den Einzelfall hinaus angewendet wird. Mit § 33 Abs 2 Satz 4 EStG idF des AmtshilfeRLUmsG vom 26.6.13 wurde die Verwaltungsauffassung nun gesetzlich fixiert. **Ab** dem **30.6.13** sind Prozesskosten **nicht mehr** als außergewöhnliche Belastung zu berücksichtigen, und zwar unabhängig davon, ob der Stpfl Kläger oder Beklagter ist, es sei denn, der Stpfl liefe ohne den Rechtsstreit Gefahr, seine Existenzgrundlage zu verlieren oder seine lebensnotwendigen Bedürfnisse nicht mehr im üblichen Rahmen befriedigen zu können. Für die Zeit **vor** dem **30.6.2013** hält die Verwaltung an der bisherigen Rechtsauffassung fest und verneint einen Abzug (OFD NRW 16.7.13 Kurzinfo ESt 2/2013; **aA** FG Düsseldorf 20.2.13 – 15 K 2052/12, EFG 13, 703; Rev Az BFH VI R 14/13 und FG Düsseldorf 14.1.13 – 11 K 1633/12 für den **Verwaltungsgerichtsprozess**; Rev Az BFH VI R 9/13; s auch FG Hamburg 24.9.12 – 1 K 195/11, EFG 13, 41; Rev Az BFH X R 34/12). Da noch weitere Verfahren beim BFH bezüglich dieser Rechtsfrage anhängig sind, ruhen eingelegte Einsprüche kraft Gesetzes (§ 363 Abs 2 Satz 2 AO).

31   **Rechtsschutzversicherung.** Die Beiträge sind dann Werbungskosten, wenn die Versicherung im Zusammenhang mit der Berufstätigkeit des ArbN abgeschlossen worden ist. Dies ist idR der Fall, wenn die Kosten, von denen der Versicherte befreit wird, andernfalls Werbungskosten darstellen würden (s auch oben Prozesskosten). Hinsichtlich einer Kfz-Rechtsschutzversicherung gilt das unten zu den Zinsen für Kredite zum Erwerb eines Kfz Dargestellte entsprechend. Prämien für eine kombinierte Familien- und Verkehrsrechtsschutzversicherung können in Aufwendungen für die Lebensführung und Werbungskosten aufgeteilt werden, wenn der Versicherer bescheinigt, welcher Anteil der Gesamtprämie auf den die berufliche Sphäre betreffenden Versicherungsschutz entfällt (BFH 31.1.97 – VI R 97/94, BFH/NV 97, 346; DStR 97, 1077; s auch BMF 23.7.98 – IV B 6 – S 2354 – 33/98, DStR 98, 1357). Ein Abzug einer Rechtsschutzversicherung als Sonderausgabe kommt nicht in Betracht (EStH 10.5: Rechtsschutzversicherung; s auch *Rechtsanwaltskosten* Rz 23).

Rentenversicherungsbeiträge. Nach dem 1.1.05 geleistete RVBeiträge stellen auch im Hinblick auf die Rentenbesteuerung nach dem AltEinkG keine vorweggenommenen Werbungskosten bei den sonstigen Einkünften dar, sondern sind weiterhin nur als Sonderausgaben abzugsfähig (BFH 1.2.06 – X B 166/05, BStBl II 06, 420).

32   **Schadensersatz.** Nach dem BFH ist bei Aufwendungen für aus dem Arbeitsverhältnis folgende zivil- und arbeitsgerichtliche Streitigkeiten regelmäßig ein den Werbungskostenabzug rechtfertigender hinreichend konkreter Veranlassungszusammenhang zu den Lohneinkünften zu vermuten. Dies gilt grundsätzlich auch, wenn sich ArbGeb und ArbN über solche streitigen Ansprüche im Rahmen eines arbeitsgerichtlichen Vergleichs einigen (BFH 9.2.12 – VI R 23/10, BStBl II 12, 829; aA FG Sachsen 29.2.12 – 8 K 959/06, BeckRS 2012, 95854, NZB Az BFH VI B 61/12).

Sicherheitseinrichtungen für sicherheitsgefährdete ArbN sind keine Werbungskosten. Dagegen führen Aufwendungen des ArbGeb hierfür unter bestimmten Voraussetzungen nicht zu stpfl Arbeitslohn (BMF 30.6.97, BStBl I 97, 696); s aber BFH 5.4.06 – IX R 109/00, BStBl II 06, 541; s auch *Fürsorgepflicht* Rz 23).

Statusfeststellungsverfahren. Aufwendungen im Zusammenhang mit dem Anfrageverfahren nach § 7a SGB IV (Statusfeststellungsverfahren) sind durch das Arbeitsverhältnis veranlasste Werbungskosten (BFH 6.5.10 – VI R 25/09, BStBl II 2010, 851).

33   **Steuerberatungskosten** sind bei nicht abzugsfähigen Steuern (LSt, ESt) nur noch Werbungskosten, soweit sie bei der Ermittlung der Einkünfte anfallen. Dazu gehört auch nach der Aufgabe des Abzugs- und Aufteilungsverbots durch den Großen Senat des BFH (s Rz 15) in keinem Fall das Ausfüllen der Anlage zur ESt-Erklärung und der übrigen ESt-Erklärung (BFH 18.5.11 – X B 124/10, BFH/NV 11, 1838 und BMF 21.12.07 – IV B 2 – S 2144/07/0002, DStR 08, 50). Ab 2006 ist auch der Sonderausgabenabzug entfallen s BMF v 21.12.07 – IV B 2 – S 2144/07/0002, BStBl I 2008, 256; OFD Koblenz v 5.3.08 – S 2350 A – St 32 3, DB 08, 986. Nach dem Urteil des BFH vom 4.2.10 – X R 10/08 (BStBl II 10, 617) ist die Abschaffung der Abzugsfähigkeit privater Steuerberaterkosten verfassungsgemäß. Auch ein Abzug als dauernde Last oder außergewöhnliche Belastung scheidet aus. Werden die Kosten bei einer Nettolohnvereinbarung vom ArbGeb übernommen, stellen sie Arbeitslohn dar (s *Nettolohnvereinbarung* Rz 17).

Strafverteidigungskosten sind Erwerbsaufwendungen, wenn der strafrechtliche Vorwurf, gegen den sich der Stpfl zur Wehr setzt, durch sein berufliches Verhalten und nicht durch Handlungen ohne Berufsbezug veranlasst war (s BFH 17.8.11 – VI R 75/10, BFH/NV 11, 2040 und 16.4.13 IX R 5/12, BStBl II 13, 806; FG Rheinland-Pfalz 15.4.10 – 4 K 2699/06, EFG 10, 149; s auch FG Hbg 17.12.10 – 6 K 126/10, DStRE 12, 271 zu Strafverteidigungskosten eines Piloten). Da sie, was ihren Abzug als Werbungskosten betrifft, bei einem Strafverfahren nicht zwangsläufig entstanden sein müssen, sind die aufgrund einer Honorarvereinbarung geleisteten Aufwendungen beim Werbungskostenabzug anders als bei den außergewöhnlichen Belastungen der Höhe nach nicht zu begrenzen (BFH 18.10.07 – VI R 42/04, BStBl II 08, 223).

Studienreise. Auf die Darstellung unter dem Stichwort *Auslandsreise* Rz 19 ff wird verwiesen. 34

Unfallkosten sind ab 2007 nach dem Gesetz zur Fortführung der Gesetzeslage 2006 bei der Entfernungspauschale v 20.4.09 (BStBl I 09, 536) wieder neben der Entfernungspauschale zu berücksichtigen (§ 9 Abs 2 Satz 10 EStG; BMF 31.8.09 – IV C 5 – S 2351/09/10002; Dok 2009/0534694, BStBl I 09, 891). Sie sind bei unterbliebener Reparatur aber nur begrenzt abziehbar (BFH 21.8.12 – VIII R 33/09, DStR 12, 2423).

Versorgungsausgleich. Ausgleichszahlungen, die ein zum Versorgungsausgleich verpflichteter Ehegatte aufgrund einer Vereinbarung nach § 1587o BGB an den anderen Ehegatten leistet, um eine Kürzung seiner Versorgungsbezüge zu vermeiden, stellen Werbungskosten dar. Dies gilt auch für Zinsen zur Finanzierung der Zahlungen (BFH 17.6.10 – VI R 33/08, BFH/NV 10, 2051). Ab 2008 sind die Leistungen für den schuldrechtlichen Versorgungsausgleich gem § 10 Abs 1 Nr 1b EStG als Sonderausgaben abzugsfähig, soweit die ihnen zugrunde liegenden Einnahmen beim Ausgleichsverpflichteten der Besteuerung unterliegen.

Zinsen sind gem § 9 Abs 1 Satz 3 Nr 1 EStG abzugsfähig, soweit sie für Kredite gezahlt 35 werden, die der Anschaffung von Arbeitsmitteln (s *Arbeitsmittel* Rz 11 ff; s auch *Arbeitszimmer* Rz 19) dienen. Darlehenszinsen für Kredite zum Erwerb eines Kfz, das zu Dienstfahrten, Fahrten Wohnung – Arbeitsstätte oder zu Fahrten im Rahmen der doppelten Haushaltsführung benutzt wird, sind nicht abzugsfähig, wenn die Kosten für diese Fahrten mit den jeweiligen Kilometerpauschbeträgen angesetzt werden (s *Dienstreise* Rz 32; *Doppelte Haushaltsführung* Rz 22 ff und *Fahrten zwischen Wohnung und Arbeitsstätte* Rz 36). Weist der ArbN jedoch im Rahmen der Reisekosten oder der Einsatzwechseltätigkeit die tatsächlichen Aufwendungen für die Fahrtkosten mit dem privaten Pkw nach, sind auch die anteiligen Zinsen für das Anschaffungsdarlehen zu berücksichtigen (LStR 9.5 Abs 1 Satz 4 und LStH 9.5: Einzelnachweis). Erwirbt ein ArbN Aktien mit Kredit, um Vorstandsmitglied oder leitender Angestellter einer AG zu bleiben, sind die entsprechenden Zinsen keine Werbungskosten bei den Einkünften aus nichtselbstständiger Arbeit, sondern bei den Einkünften aus Kapitalvermögen. Zum Abzug von Nachzahlungszinsen zur ESt (§ 233a AO) s BFH 2.9.08 – VIII R 2/07, BFH/NV 09, 264).

C. Sozialversicherungsrecht *Schlegel*

1. Allgemeines. Eine generelle Aussage darüber, wann Werbungskosten bei der Ermitt- 36 lung sozialrechtlich beachtlicher Einnahmen abzugsfähig sind und wann sich ein Werbungskostenabzug verbietet, lässt sich nicht treffen. Es kommt insoweit stets auf den Sachzusammenhang an.

2. Unbeachtlichkeit von Werbungskosten beim Arbeitsentgelt in der Sozialver- 37 **sicherung.** Beitragsrechtlich und leistungsrechtlich spielen Werbungskosten im Rahmen eines Beschäftigungsverhältnisses keine Rolle, soweit Anknüpfungspunkt hierfür das Arbeitsentgelt iSd § 14 SGB IV ist. Dieses ist der Bemessungsgrundlage für die Beiträge und Leistungen als Bruttoarbeitsentgelt grds vor Abzug der Werbungskosten zugrunde zu legen. Zur Berücksichtigung der Werbungskosten bei der Anrechnung von Nebeneinkommen auf das AlGeld vgl § 155 Abs 1 SGB III.

3. Begrenzte Beachtlichkeit von Werbungskosten beim Arbeitseinkommen. So- 38 weit das SozVRecht – anders als beim Arbeitsentgelt – an die Begriffe Arbeitseinkommen (§ 15 SGB IV) und Gesamteinkommen (§ 16 SGB IV) anknüpft, ist auch ein Werbungs-

457 Werkvertrag

kostenabzug beachtlich, soweit dadurch nicht eine ungerechtfertigte Bevorzugung gegenüber ArbN entsteht, die in einer vergleichbaren Situation bei dem für sie maßgeblichen Arbeitsentgelt keinen Werbungskostenabzug vornehmen können.

39 4. Werbungskostenabzug beim Gesamteinkommen. Unbeschränkt zulässig ist der Werbungskostenabzug, soweit es auf das Gesamteinkommen iSd § 16 SGB IV ankommt. Auf das Gesamteinkommen kommt es allerdings nur für im Rahmen der Familienversicherung Angehöriger an (vgl § 10 SGB V). Entscheidend ist, ob Werbungskosten steuerlich absetzbar sind. Denn nach § 16 SGB IV ist Gesamteinkommen die Summe der Einkünfte iSd ESt-Rechts, wobei § 2 EStG die Einkünfte bei der Land- und Forstwirtschaft, beim Gewerbebetrieb und der selbstständigen Arbeit als den Gewinn, bei den übrigen Einkunftsarten als den „Überschuss der Einnahmen über die Werbungskosten" definiert (vgl BSG 22.7.81 – 3 RK 7/80, SozR 2200 § 205 Nr 43; BSG 22.5.03 – B 12 KR 13/02 R, SozR 4–2500 § 10 Nr 2: zum Abzug des Sparer-Freibetrags). Insoweit wird die Bezugnahme auf das Steuerrecht und dessen Beachtlichkeit im Rahmen des § 16 SGB IV mE auch nicht durch die beispielhafte Aufzählung in § 16, 2. Hs SGB IV, Gesamteinkommen ist („es umfasst insbesondere das Arbeitsentgelt und das Arbeitseinkommen"), relativiert. Dort, wo der Gesetzgeber die Anwendung der steuerrechtlichen Vorschriften nicht will, ist es ihm unbenommen, einen eigenen Begriff der maßgeblichen Einkünfte zu verwenden, wie dies zB bei § 240 SGB V für die Bemessungsgrundlage der KVBeiträge freiwillig versicherter Selbstständiger geschehen ist. In diesem Zusammenhang hat das BSG entschieden, dass Schuldzinsen/Werbungskosten iSv § 9 Abs 1 Satz 3 Nr 1 Satz 1 EStG von den Einnahmen des Versicherten aus Vermietung und Verpachtung abzusetzen sind (BSG 29.9.99 – B 12 KR 12/98 R, SozR 3–2500 § 240 Nr 31).

Werkvertrag

A. Arbeitsrecht *Röller*

1 1. Aktuelle politische Diskussion. Werkverträge haben in den letzten Jahren in der Wirtschaft zunehmende Bedeutung gewonnen. Um die Rentabilität zu steigern, verringern viele Unternehmen ihre Fertigungstiefe und verlagern bestimmte Tätigkeiten an externe Dienstleister durch Abschluss von Werkverträgen. Hierzu kommt die zunehmende Regulierung der ArbNÜberlassung/Zeitarbeit durch gesetzliche Neuregelungen des AÜG sowie den Abschluss von verschiedenen Tarifverträgen, die den Einsatz von LeihArbN für viele Unternehmen unattraktiv gemacht haben. Dieser Trend hat zu einer politischen Diskussion über den Einsatz von Werkverträgen geführt. SPD, Bündnis 90/Die Grünen sowie Die Linke legten Gesetzesvorlagen zur Abgrenzung von ArbNÜberlassung und Scheinwerk- und Scheindienstleistungsverträgen vor, die das Ziel verfolgten, die sog verdeckte ArbNÜberlassung zu bekämpfen und den Missbrauch von Werkverträgen zu verhindern (BT-Drs 17/7220 Die Linke; BT-Drs 17/7482 Bündnis 90/Die Grünen; BT-Drs 17/12378 SPD). Die BReg sah keinen Bedarf, den Abschluss von Werkverträgen stärker zu regulieren (BT-Drs 17/6714 und BT-Drs 17/10226). Das Thema war am 28.6.13 Gegenstand einer Abstimmung im Bundestag. Die Mehrheit der Abgeordneten stimmte der Beschlussempfehlung des Ausschusses für Arbeit und Soziales zu, wodurch die Anträge der Opposition als abgelehnt anzusehen sind. Des Weiteren gibt es einen Gesetzesantrag mehrerer Bundesländer zur Bekämpfung des Missbrauchs von Werkverträgen und zur Verhinderung der Umgehung von arbeitsrechtlichen Verpflichtungen (BT-Drs 687/13). Auch der Koalitionsvertrag zwischen CDU, CSU und SPD enthält verschiedene Maßnahmen zur Verhinderung des Missbrauchs von Werkverträgen. Die Prüftätigkeit der Kontroll- und Prüfinstanzen soll bei der Finanzkontrolle Schwarzarbeit konzentriert, organisatorisch effektiver gestaltet werden. Die wesentlichen durch die Rspr entwickelten Abgrenzungskriterien zwischen ArbNÜberlassung und Werkvertrag sollen gesetzlich geregelt werden. In der Lit *Schiefer/Püttering* DB 13, 2928; *Bauer* DB 14, 60; *Maschmann* NZA 13, 1305; *Lembke* NZA 13, 1312; *Greiner* NZA 13, 697; *Schüren* NZA 13, 176; *Reiserer* DB 13, 2026; *Zintl/Zimmerling* NJW-Spezial 13, 562; *Rieble* ZfA 13, 137.

Werkvertrag 457

2. Abgrenzung Werkvertrag/Arbeitnehmerüberlassung. a) Allgemeines. Arbeitsrechtlich ist die Abgrenzung zwischen Werkvertrag und ArbNÜberlassung ist von erheblicher Bedeutung, weil der Werkvertrag nicht unter den Geltungsbereich des AÜG fällt. Liegt hingegen ein sog Scheinwerkvertrag vor, dh liegt entgegen der Bezeichnung des Vertrages eine ArbNÜberlassung vor, entsteht gem § 10 Abs 1 AÜG zwischen dem Entleiher (Besteller) und dem ArbN des Verleihers (Werkunternehmer) ein Arbeitsverhältnis. Sozialversicherungsrechtlich kommt bei einem Scheinwerkvertrag eine Haftung des Entleihers für den Gesamtsozialversicherungsbeitrag in Betracht (s ErfK/*Wank* Einl AÜG Rz 36 ff). Steuerrechtlich spielt die Abgrenzung für den Vorsteuerabzug und die Umsatzsteuerpflicht eine Rolle.

Bei der ArbNÜberlassung werden dem Entleiher die Arbeitskräfte zur Verfügung gestellt, damit dieser sie nach seinen Vorstellungen und Zielen in seinem Betrieb wie eigene ArbN einsetzen kann. Die Arbeitskräfte sind voll in den Betrieb des Entleihers eingegliedert und führen ihre Arbeiten allein nach dessen Weisungen aus (BAG 25.9.13 – 10 AZR 282/12; NZA 13, 1348; 18.1.12 – 7 AZR 723/10, NZA-RR 12, 455; 13.8.08 – 7 AZR 269/07, BeckRS 2010, 71643, 6.8.03 – 7 AZR 180/03, BeckRS 2003/41607). Die ArbNÜberlassung ist damit durch eine spezifische Ausgestaltung der Vertragsbeziehungen zwischen Verleiher und Entleiher einerseits (dem ArbNÜberlassungsvertrag) und zwischen Verleiher und ArbN andererseits (dem Leiharbeitsvertrag) sowie durch das Fehlen einer arbeitsvertraglichen Beziehung zwischen ArbN und Entleiher gekennzeichnet. Von der ArbNÜberlassung zu unterscheiden ist die Tätigkeit eines ArbN bei einem Dritten auf Grund eines Werkvertrags. In diesen Fällen wird der Unternehmer für einen anderen – den Auftraggeber – tätig. Er organisiert die zur Erreichung eines wirtschaftlichen Erfolgs notwendigen Handlungen nach eigenen betrieblichen Voraussetzungen und bleibt für die Erfüllung in dem Vertrag vorgesehenen Dienste oder für die Herstellung des geschuldeten Werks gegenüber dem Auftraggeber verantwortlich. Die zur Ausführung des Werkvertrags eingesetzten ArbN unterliegen den Weisungen des Unternehmers und sind dessen Erfüllungsgehilfen. Für die Abgrenzung zwischen ArbNÜberlassung und Werkvertrag entscheidend sind damit die **Eingliederung in den Beschäftigungsbetrieb** und das **Weisungsrecht** des Dritten/Entleihers. Liegen diese Voraussetzungen vor, handelt es sich um ArbNÜberlassung und nicht um einen Werkvertrag. Zur Abgrenzung s *Maschmann* NZA 13, 1305; *Lembke* NZA 13, 1312; *Greiner* NZA 13, 697; *Schüren/Hamann* § 1 Rz 115 ff; ErfK/*Wank* § 1 AÜG Rz 12 ff; *Reiserer* DB 13, 2026.

Über die rechtliche Einordnung des Vertrages entscheidet der Geschäftsinhalt und nicht die von den Parteien gewünschte Rechtsfolge oder eine Bezeichnung, die dem tatsächlichen Geschäftsinhalt nicht entspricht. Das Eingreifen zwingender Schutzvorschriften des AÜG können die Vertragsparteien nicht dadurch vermeiden, dass sie einen vom Geschäftsinhalt abweichenden Vertragstyp wählen. Der Geschäftsinhalt kann sich sowohl aus den ausdrücklichen Vereinbarungen der Vertragsparteien als auch aus der praktischen Durchführung des Vertrags ergeben. Widersprechen sich beide, so ist die tatsächliche Durchführung des Vertrags maßgebend, weil sich aus der praktischen Handhabung der Vertragsbeziehungen am ehesten Rückschlüsse darauf ziehen lassen, von welchen Rechten und Pflichten die Vertragsparteien ausgegangen sind, was sie also wirklich gewollt haben. Der so ermittelte wirkliche Wille der Vertragsparteien bestimmt den Geschäftsinhalt und damit den Vertragstyp (BAG 18.1.12; 10.10.07 – 7 AZR 487/06, AP AÜG § 10 Nr 20). Legen die Parteien die zu erledigende Aufgabe und den Umfang der Arbeiten konkret fest, kann dies für das Vorliegen eines Werkvertrages sprechen. Fehlt es an einem abgrenzbaren, dem Auftragnehmer zurechenbaren und abnahmefähigen Werk, kommt ein Werkvertrag kaum in Betracht (BAG 25.9.13). Einzelne Vorgänge in der Vertragsabwicklung sind zur Feststellung eines vom Vertragswortlaut abweichenden Geschäftsinhalts nur geeignet, wenn es sich dabei nicht um untypische Einzelfälle, sondern um beispielhafte Erscheinungsformen einer durchgehend geübten Vertragspraxis handelt (BAG 6.8.03).

b) Eingliederung in den Beschäftigungsbetrieb. Indizien für eine Eingliederung in den Beschäftigungsbetrieb sind die Zusammenarbeit mit ArbN des Dritten, die Übernahme von Tätigkeiten, die in der Vergangenheit ArbN des Dritten ausgeführt haben, die Stellung von Material sowie von Arbeitskleidung durch den Dritten (LAG Hamm 25.7.13 – 3 Sa 1749/12, ErfK/*Wank* § 1 AÜG Rz 14; *Schüren/Hamann* § 1 Rz 115 ff; *Reiserer* DB 13, 2026)

Werkvertrag

6 c) Weisungsrecht. Abzugrenzen ist das Weisungsrecht des Werkbestellers gem § 645 Abs 1 Satz 1 BGB von dem arbeitsrechtlichen Weisungsrecht, das heißt der Ausübung des Direktionsrechts nach § 106 GewO. Diese Angrenzung bereitet häufig Probleme. Gem § 645 Abs 1 Satz 1 BGB kann der Werkbesteller/Auftraggeber dem Werkunternehmer selbst oder dessen Erfüllungsgehilfen Anweisungen für die Ausübung des Werks erteilen. Intensive Leistungsvorgaben, entweder im Vertrag selbst, oder durch spätere anweisende Leistungsbestimmungen, sind deshalb kein Indiz für ArbNÜberlassung. Aus ihnen kann keine Eingliederung der die Leistung erbringenden Personen in den Betrieb des Werkbestellers oder dessen Organisation abgeleitet werden (BAG 18.1.12; BAG 13.5.92 – 7 AZR 284/91, NZA 93, 357; 13.12.05 – 1 ABR 51/04, NZA 06, 1369). Auch die begleitende Qualitätskontrolle durch den Einsatzbetrieb ist keine Arbeitsanweisung, sondern dient allein der Qualitätssicherung im Werkvertrag (BAG 18.1.12; BAG 31.3.93 – 7 AZR 338/92, NZA 93, 1078; 5.5.92 – 1 ABR 78/91, NZA 92, 1044). Wird aber die Tätigkeit durch den Besteller geplant und organisiert und wird der Werkunternehmer in einen arbeitsteiligen Prozess in einer Weise eingegliedert, die eine eigenverantwortliche Erstellung des Werks faktisch ausschließt, liegt ein Arbeitsverhältnis vor (BAG 25.9.13). Für ArbNÜberlassung spricht, wenn der Werkvertragsunternehmer nicht über die betrieblichen oder personellen Voraussetzungen verfügt, die Tätigkeit der von ihm zur Erfüllung vertraglicher Pflichten im Betrieb eingesetzten ArbN vor Ort zu organisieren und ihnen Weisungen zu erteilen, insb auch nicht in der Lage ist, die von den eingesetzten ArbN durchgeführten Arbeiten zu kontrollieren (BAG 9.11.04 – 7 AZR 217/94, NZA 95, 572). Die Nutzung von Einrichtungen oder Arbeitsmaterial des Einsatzbetriebes ist unschädlich. Ein Unternehmer muss einen Dienst- oder Werkvertrag nicht notwendig mit einem technischen Mitteln erfüllen. Maßgeblich ist vielmehr, dass die Weisungsbefugnis bei dem Einsatz des Mitarbeiters beim Werkunternehmer verbleibt (BAG, 18.1.12; aA *Ulber* Einl Rz 41, 64 ff). Teilw wird in der Lit gefordert, der Dienstleister müsse ein spezifisches Unternehmerrisiko tragen, beim Werkvertrag also insb zur Gewährleistung verpflichtet sein (*Schüren/Hamann* § 1 Rz 139; *Ulber* Einl Rz 41, 55 ff). Das BAG betrachtet demgegenüber eine vertragliche Gewährleistungspflicht lediglich als positives Indiz für einen Werkvertrag (BAG 6.8.97 – 7 AZR 663/96 BeckRS 1997, 30770062; zustimmend *Rieble* ZfA 13, 137).

7 3. Mitbestimmungsrechte des Betriebsrats. Liegt ein echter Werkvertrag vor und keine verdeckte ArbNÜberlassung, besteht kein Mitbestimmungsrecht des BRat des Betriebs des Auftraggebers gem § 99 BetrVG. Beim Einsatz von Personen, die als Dienst- oder Werknehmer oder deren Erfüllungsgehilfen im Betrieb des Auftraggebers tätig werden, liegt keine Einstellung iSv § 99 Abs 1 Satz 1 BetrVG vor (BAG 13.12.05 – 1 ABR 51/04, NZA 06, 1369; 5.5.92 – 1 ABR 78/91, NZA 92, 1044; 3.5.91 – 1 ABR 39/90, NZA 91, 686). Es fehlt in diesen Fällen an der für die Ausübung des Mitbestimmungsrechts erforderlichen Eingliederung in die Arbeitsorganisation des aufnehmenden Betriebs.

8 Der BRat des Betriebs des Auftraggebers hat gem § 80 Abs 2 Satz 2 BetrVG Anspruch auf Vorlage des mit dem Werkunternehmer abgeschlossenen Werkvertrages, um sein Überwachungsrecht nach § 80 Abs 1 Nr 1 BetrVG (Einhaltung der geltenden Gesetze) ausüben und prüfen zu können, ob verdeckte ArbNÜberlassung vorliegt. Er kann auch verlangen, dass ihm Listen zur Verfügung gestellt werden, aus denen sich die Einsatztage und die Einsatzzeiten der einzelnen ArbN ergeben (BAG 31.1.89 – 1 ABR 72/87, NZA 89, 932). Der ArbGeb ist nicht verpflichtet, von sich aus dem Brat diese Unterlagen zu überlassen (BAG 9.7.91 – 1 ABR 45/90, NZA 92, 275).

9 Der Gesetzesentwurf der Bundesländer (BT-Drs 687/13) und der Koalitionsvertrag von CDU, CSU und SPD sehen vor, dass der BRat weitgehende Informations- und Mitbestimmungsrechte beim Einsatz von Personen erhalten soll, die nicht in einem Arbeitsverhältnis zum ArbGeb stehen. Sollen generell auf den Einsatz von Personen erstreckt werden, die länger als einen Monat im Betrieb tätig sein sollen. Dabei sollen auch die Verträge mit Selbstständigen vorgelegt werden. Im Weiteren sieht der Entwurf der Bundesländer vor, dass Informationen über die Personalplanung nach § 92 BetrVG auf Personen ohne Arbeitsverhältnis zum Arbeitgeber ausgedehnt werden und dass ein eigenständiges Zustimmungsverweigerungsrecht beim Einsatz von Personen ohne Arbeitsverhältnis zum ArbGeb geschaffen werden soll.

B. Lohnsteuerrecht
Seidel

1. Allgemeines. Problematisch ist in diesem Zusammenhang die Frage der steuerlichen 15
Haftung nach § 42d Abs 6 EStG. Während diese Haftung im Rahmen eines Werk- bzw
Dienstvertrags nicht greift, ist sie im Anwendungsbereich der Arbeitnehmerüberlassung nach
dem AÜG anwendbar. Es ist daher für die Haftungsfrage relevant, ob es sich um einen echten
Werk-/Dienstvertrag handelt oder eine „unechte" Arbeitnehmerüberlassung vorliegt
(s HMW/Arbeitnehmerüberlassung Rz 45).

2. Abgrenzung. Für die rechtliche Würdigung eines Sachverhalts mit drittbezogener 16
Tätigkeit als Werk- oder Dienstvertrag und die Abgrenzung zur Arbeitnehmerüberlassung ist
entscheidend auf das **Gesamtbild der Verhältnisse** abzustellen, Die Bezeichnung des
Rechtsgeschäfts als Werk-/Dienstvertrag ist nicht entscheidend. Beim **Werkvertrag** verpflichtet sich der Unternehmer gegenüber dem Besteller zur Herstellung eines Werks. Gegenstand des Vertrags ist damit **vorrangig** die **Herstellung/Veränderung** einer Sache bzw
ein durch eine Arbeits- oder Dienstleistung herbeizuführender **Erfolg**. Die Überlassung der
ArbN (Erfüllungsgehilfen) ist als Nebenleistung untergeordnet. Die Arbeitnehmerüberlassung unterscheidet sich hingegen dadurch, dass nur die Arbeitskraft einer bestimmten Anzahl
von ArbN mit einer bestimmten Qualifikation zur Verfügung gestellt wird. **Untypisch** für
einen Werkvertrag ist es daher, wenn der angebliche Besteller festlegen darf, welche Qualifikation die angeblichen Erfüllungsgehilfen haben bzw diese beim Besteller erst eingearbeitet
werden müssen. Entsprechendes gilt, wenn der Unternehmer nicht über die betrieblichen/
personellen Voraussetzungen verfügt, die von ihm eingesetzten ArbN vor Ort zu organisieren
und ihnen Weisungen zu erteilen, sie also ähnlich wie Stammarbeitskräfte in den Betrieb des
Entleihers eingegliedert sind (BFH 18.1.91 – VI R 122/87, BStBl II 91, 409 mwN auch zur
vergleichbaren Problematik bei **Subunternehmerverträgen**; s HMW/Arbeitnehmerüberlassung Rz 45 ff). Nach R 42d.2 Abs 3 Satz 3 LStR spricht für eine Arbeitnehmerüberlassung, wenn
- der Inhaber der Drittfirma im Wesentlichen das Weisungsrecht des ArbG wahrnimmt;
- der mit dem Einsatz des ArbN verfolgte Leistungszweck mit dem Betriebszweck der
  Drittfirma übereinstimmt;
- das zu verwendende Werkzeug im Wesentlichen von der Drittfirma gestellt wird (Ausnahme: Sicherheitsvorschriften ordnen dies an);
- die mit anderen Vertragstypen (insbesondere Werkvertrag) verbundenen Haftungsrisiken
  ausgeschlossen oder beschränkt wurden;
- die Vergütung der Arbeit des eingesetzten ArbN gegenüber dem entsendenden ArbG auf
  der Grundlage von Zeiteinheiten erfolgt (Vergütung von Überstunden).

Zur Abgrenzung im Einzelnen s auch die Ausführungen bei *Arbeitnehmerüberlassung/Zeitarbeit* Rz 6 ff.

3. Rechtsfolge. Handelt es sich um einen echten Werk-/Dienstvertrag bzw. Subunter- 17
nehmervertrag, verbleibt es bei der Arbeitgebereigenschaft des Unternehmers. Ihn und nicht
den Besteller treffen die lohsteuerlichen Pflichten und die Frage der LSt-Haftung nach § 42d
EStG. Handelt es sich hingegen um eine verdeckte Arbeitnehmerüberlassung, treffen die
lohnsteuerlichen Pflichten und die Haftung den Entleiher, es sei denn, er irrt sich schuldlos
über die Arbeitnehmerüberlassung (§ 42d Abs 6 Satz 3 EStG; s *Arbeitnehmerüberlassung*
Rz 76; HMW/Arbeitnehmerüberlassung Rz 36, 43, 57; *Schmidt/Krüger* § 38 Rz 4, § 42d
Rz 71).

C. Sozialversicherungsrecht
Voelzke

1. Beschäftigungsverhältnis. Der Einsatz von externen Werkvertragskräften zur Erledi- 20
gung von Arbeiten im Betrieb gehört aufgrund der damit verbundenen Flexibilität und
wirtschaftlichen Effizienz zu den hergebrachten Instrumentarien der Erledigung der Aufgaben von Unternehmen. Aus der Sicht des SozVRechts problematisch sind allerdings
diejenigen Konstellationen, bei denen eine Person in Form eines Werkvertrages angestellt
wird, tatsächlich aber wie ein ArbN im Betrieb tätig wird. In derartigen Fällen ist zu fragen,
ob nicht die Voraussetzungen des § 7 SGB IV für das Vorliegen eines Beschäftigungsverhältnisses vorliegen (Näheres: *Arbeitnehmer (Begriff)* Rz 47 ff). Hierbei ist zwischen der Vergabe an

Leistungen an eine Fremdfirma, die einen Fall der verdeckten ArbNÜberlassung darstellen kann, und dem Einsatz von natürlichen Personen in Form von Werkverträgen zu unterscheiden.

2. Verdeckte Arbeitnehmerüberlassung. Während bei der ArbNÜberlassung dem Entleiher vom Verleiher Arbeitskräfte zur Verfügung gestellt werden, werden bei einem Tätigwerden im Rahmen eines Werk- oder Dienstvertrages die zur Erreichung des wirtschaftlichen Ziels erforderlichen Handlungen nach eigenen betrieblichen Gegebenheiten organisiert. Zur praktisch bedeutsamen Abgrenzung zwischen ArbNÜberlassung und der Einsetzung von ArbN durch einen Subunternehmer zur Ausführung von Werkverträgen hat das BSG entschieden, dass in erster Linie auf den **Vertragsgegenstand** abzustellen ist (BSG 11.2.88 – 7 RAr 5/86, NZA 88, 748). Widerspricht allerdings die praktische Vertragsabwicklung der schriftlichen Vereinbarung, ist die praktische Durchführung maßgebend (*Reiserer* DB 13, 2029). Während Gegenstand eines Werkvertrages die Herstellung oder die Veränderung einer Sache oder ein anderer herbeizuführender Erfolg ist, ist der ArbNÜberlassungsvertrag auf die entgeltliche Zurverfügungstellung von ArbN zur Arbeitsleistung bei einem Dritten gerichtet. Maßgebend ist der tatsächliche Geschäftsinhalt (*Schlegel/Voelzke/Werner* SGB IV § 28e Rz 63).

In tatsächlicher Hinsicht haben die ArbN eines Unternehmers oder Subunternehmers nach dessen Weisungen zu handeln und bilden **organisatorisch eine selbstständige Einheit**; hingegen steht dem Entleiher bei der ArbNÜberlassung ein unmittelbares Weisungsrecht gegenüber den LeihArbN zu, die vollständig in seinen Betrieb eingegliedert sind. Hinweise für das Vorliegen eines Werkvertrages sind gegeben, wenn sich die Zahlung nicht an der Zahl der geleisteten Arbeitsstunden ausrichtet, der Subunternehmer Arbeitskleidung und Arbeitsgerät für seine ArbN anschafft und er für durch seine ArbN verursachte Schäden aufkommt.

Für die ebenfalls problematische Abgrenzung von ArbNÜberlassung zu **Dienstverträgen** gilt, dass nur dann von einem Dienstvertrag ausgegangen werden kann, wenn die geschuldete Tätigkeit vom dienstleistenden Unternehmer oder von seinem Erfüllungsgehilfen unter eigener Verantwortung und nach eigenem Plan ausgeführt wird. Die Voraussetzungen für das Vorliegen eines Dienstvertrages sind deshalb nur zu bejahen, wenn die Erfüllungsgehilfen in Bezug auf die Ausführung der zu erbringenden Dienstleistung im Wesentlichen frei von Weisungen des ArbGebRepräsentanten des Drittbetriebes sind und ihre Arbeitszeit selbst bestimmen können (BSG 23.6.82 – 7 RAr 98/80, SozR 4100 § 13 Nr 6). Die BA geht davon aus, dass zB im Rahmen eines Bewachungsvertrages eine Integration in die Betriebsorganisation des Drittbetriebes nicht erforderlich sei und deshalb ein Dienstvertrag angenommen werden könne.

Liegt ein Fall der verdeckten ArbNÜberlassung vor, ist der Verleiher der ArbGeb. Im Übrigen wird die **Haftung** des Entleihers nach § 28e Abs 2 SGB IV SGB IV begründet (Näheres: *Arbeitnehmerüberlassung/Zeitarbeit*).

3. Werkunternehmer. Wird eine natürliche Person unter der Bezeichnung Werkunternehmer für einen Betrieb tätig, so sind für die SozVersPflicht die Grundsätze der Abgrenzung von abhängiger Beschäftigung (§ 7 SGB IV) und selbständiger Tätigkeit heranzuziehen (Näheres: *Arbeitnehmer (Begriff)* Rz 63 ff). Unabhängig von der Bezeichnung des Rechtsverhältnisses kann eine sozvpflichtige Beschäftigung zu bejahen sein, wenn bei einer Gesamtschau die persönliche Abhängigkeit des „Scheinwerkunternehmers" überwiegt (eingehend zur Abgrenzung *Dieckmann* NZS 13, 648).

Ausgangspunkt der Abgrenzung ist das **Vertragsverhältnis** der Beteiligten, soweit es im Rahmen des Zulässigen vollzogen wird. Die Bezeichnung eines Vertragsverhältnisses als Werkvertrag führt also nicht allein zur Verneinung eines Beschäftigungsverhältnisses, wenn die praktizierte Rechtsbeziehung eine andere Sprache spricht. Entscheidend ist das Gesamtbild der jeweiligen Arbeitsleistung, wie es sich unter Berücksichtigung der Verkehrsauffassung ergibt.

Hinsichtlich der Feststellung der **Weisungsgebundenheit** als maßgebendes Abgrenzungskriterium ist zu berücksichtigen, dass es einerseits typisch für den Werkvertrag ist, dass der Werkunternehmer eigenverantwortlich tätig wird, andererseits jedoch immerhin ein Anweisungsrecht des Bestellers nach § 645 BGB besteht. Dieses Weisungsrecht betrifft zwar insbesondere die Beschaffenheit des herzustellenden Werkes. Erfolgt der Einsatz des Werkunternehmers auf dem Betriebsgelände des Beststellers, ist diesem darüber hinaus aber auch in gewissem Umfang ein Weisungsrecht hinsichtlich personeller Angelegenheiten zuzugestehen (*Dieckmann* NZS 2013, 649). Solange der Werkunternehmer seine Arbeitskraft weitgehend selbst steuern kann, liegt eine selbständige Tätigkeit vor (ErfK/*Rolfs* § 7 SGB IV Rz 9).

Die persönliche Abhängigkeit des Werkunternehmers kann ferner aus der **Eingliederung** 28 **in die Arbeitsorganisation** des ArbGeb folgen (s *Arbeitnehmer (Begriff)* Rz 64). Eine derartige Eingliederung ist regelmäßig zu bejahen, wenn der angebliche Werkunternehmer ausschließlich im Betrieb des ArbGeb tätig wird und auch die eigentlichen Arbeitsprozesse überwacht werden. Ein starkes Indiz hierfür ist etwa gegeben, wenn für den Werkunternehmer die innerbetrieblichen Arbeitszeiten bzw bestimmten Dienstpläne Anwendung finden (BSG Urteil vom 28.9.11 – B 12 R 17/09 R).

Unterscheidet sich die Tätigkeit des angeblichen Werkunternehmers inhaltlich nicht von 29 der anderer ArbN, so fehlt es an einem abgrenzbaren Arbeitsbereich und zugleich an dem erforderlichen **Arbeitsergebnis**. Da der Werkunternehmer für die Erstellung des eigenen Werkes verantwortlich ist, kommt eine selbständige Tätigkeit regelmäßig nicht in Betracht, wenn Nachbesserungen durch den ArbGeb vergütet werden.

Wertguthaben/Zeitguthaben

A. Arbeitsrecht
Poeche

1. Allgemeines. Im Sozialrecht spricht man von „Wertguthaben", wenn der ArbN für 1 Zeiten, in denen er von seiner Arbeitspflicht vertraglich freigestellt ist, Anspruch auf Arbeitsentgelt hat, das er sich vor oder nach der Freistellung erarbeitet hat (§§ 7b, 7c SGB IV). Er steht dann trotz Freistellung in einem sozialversicherungspflichtigen Beschäftigungsverhältnis. Im Arbeitsrecht ist der Begriff nicht gebräuchlich. Arbeitsrechtlich geht es um **Arbeitszeitguthaben**. Sie entstehen, wenn die vom ArbN geleistete Arbeitszeit nicht unmittelbar vergütet, sondern einem Arbeitszeitkonto gutgeschrieben wird. Die sozialrechtlichen Vorschriften begründen keinen Anspruch des ArbN auf Vereinbarung eines Arbeitszeitmodells mit Arbeitszeitkonto oder auf „Gutschrift" von Entgeltansprüchen, sie setzen vielmehr eine „Wertguthabenvereinbarung" voraus (LAG RhPf 15.4.10 – 10 Sa 755/09, BeckRS 2010, 70227).

2. Flexible Arbeitszeit. Die zunehmende Flexibilisierung der Arbeitszeit, hier insbeson- 2 dere die Umsetzung tariflich zulässiger Vereinbarungen über die Einrichtung von Arbeitszeitkonten, führt zur **Entkoppelung** von Arbeitsleistung und Arbeitsentgelt: Der ArbN erhält auf der Grundlage einer Soll-Arbeitszeit ein monatliches Entgelt, das ohne Rücksicht auf die tatsächlich geleisteten Arbeitsstunden gezahlt wird. Über- und Unterschreitungen des täglichen, wöchentlichen, monatlichen oder jährlichen Solls werden durch Vor- oder Nacharbeit ausgeglichen. Dabei steht es den Arbeitsvertragsparteien vorbehaltlich der Mitbestimmungsrechte des BRat nach § 87 Abs 1 Nr 3 BetrVG und unter Beachtung des Tarifvorbehalts nach § 77 Abs 3 BetrVG grds frei, die Modalitäten festzulegen. Wegen der Einzelheiten wird auf das Stichwort *Arbeitszeit* Rz 38–47 verwiesen. Entstehende (vorübergehende) Arbeitszeitguthaben sind keine Wertguthaben iSv § 7b SGB IV (s unten Rz 15).

3. Altersteilzeit. Altersteilzeitvereinbarungen, wie sie oft aufgrund eines Tarifvertrags 3 geschlossen werden, führen zwangsläufig zu Arbeitszeitguthaben, wenn Altersteilzeit in Form des Blockmodells geleistet wird. Denn der ArbN arbeitet in diesem Fall zunächst unverändert mit der ursprünglich vereinbarten individuellen Arbeitszeit weiter (Arbeitsphase), während er als Entgelt lediglich die Hälfte der ihm zustehenden Vergütung zuzüglich der im Altersteilzeitarbeitsvertrag vereinbarten Ausgleichszahlungen des ArbGeb erhält (Näheres *Altersteilzeit* Rz 4). Mit dieser Vorleistung erwirbt der ArbN einen Anspruch auf bezahlte Freistellung. Das angesparte Arbeitszeitguthaben wird während der **Freistellungsphase** aufgezehrt. Näheres zur Abwicklung in sog Störfällen einschließlich Insolvenz *Altersteilzeit* Rz 14 und 15.

458 Wertguthaben/Zeitguthaben

4 **4. Betriebliche Altersversorgung.** Arbeitszeitguthaben können außerdem zum Erwerb einer Anwartschaft auf betriebliche Altersversorgung verwendet werden. Hierfür ist der Wert der Arbeitszeit zu ermitteln und das Entgelt entsprechend dem so ermittelten Wert in die Versorgungsanwartschaft nach Maßgabe von § 1 Abs 2 BetrVAG umzuwandeln (vgl *Täcke* AuA 2000, 474). Näheres s *Betriebliche Altersversorgung*.

5 **5. Arbeitszeitverringerung nach § 8 TzBfG.** Nach § 7c Abs 1 Nr 1c SGB IV kann ein Wertguthaben (= Arbeitszeitguthaben) für Zeiten verwendet werden, in denen der ArbN nach § 8 TzBfG eine Verringerung seiner Arbeitszeit verlangen kann; § 8 TzBfG gilt mit der Maßgabe, dass die Verringerung der Arbeitszeit auf die Dauer der Entnahme aus dem Wertguthaben befristet werden kann. Ob damit der allgemeine Verringerungsanspruch, der sich nach der st Rspr des BAG (s *Teilzeitbeschäftigung* Rz 24) ausschließlich auf eine **unbefristete Herabsetzung** der vertraglich vereinbarten Arbeitszeit richtet, modifiziert wird und der ArbN beim Bestehen eines Guthabens eine befristete Verringerung seiner Arbeitszeit beanspruchen kann, ist nicht zweifelsfrei (für eine Modifizierung des § 8 TzBfG ErfK/*Rolfs* SGB IV § 7c Rz 1 mwN). Ein „Übergriff" des Sozialrechts in das Arbeitsrecht ist zwar nicht ausgeschlossen, aber doch eher fernliegend. Denkbar ist auch, dass der Gesetzgeber den Arbeitsvertragsparteien lediglich einen breiteren Gestaltungsspielraum eingeräumt hat und zur Förderung der Flexibilisierung des Arbeitsmarkts durch die gestattete Verwendung des Wertguthabens einen Anreiz gibt, eine Verringerung der Arbeitszeit zu vereinbaren.

6 **6. Insolvenz.** Der bei einem Arbeitszeitguthaben in Arbeitszeit ausgedrückte Geldanspruch des ArbN ist insolvenzrechtlich nicht anders geschützt als andere Entgeltansprüche. An diesem Befund ändert die sozialrechtliche Verpflichtung des ArbGeb zur Insolvenzsicherung von Wertguthaben nichts. Einen besseren Schutz soll das Gesetz zur **Verbesserung der Rahmenbedingungen** für die Absicherung flexibler **Arbeitszeitregelungen** gewährleisten. Es regelt allerdings nur Wertguthaben, auf denen ArbN Arbeitsstunden oder Entgelt im Wert von mindestens drei Monatsgehältern angesammelt haben (Langzeitkonten). Nicht erfasst werden damit die weit verbreiteten Gleitzeit- und Überstundenkonten. ArbN sollen flexible Arbeitszeitregelungen kündigen und Schadensersatz verlangen können, wenn der ArbGeb Langzeitkonten nicht gegen Zahlungsunfähigkeit absichert (§ 7e SGB IV). Eine weitere Änderung besteht in der Einführung einer begrenzten Mitnahmemöglichkeit von Langzeitkonten beim Wechsel des Arbeitsplatzes (§ 7 f SGB IV). Die Insolvenzsicherung ist bei Abschluss des Arbeitsvertrags nachzuweisen. Im Übrigen gilt allgemeines Insolvenzrecht. Stellt der ArbGeb Gelder auf einem besonderen Bankkonto bereit, um mit ihnen Arbeitszeitguthaben zu bezahlen, besteht kein Anspruch auf Aussonderung (§ 47 InsO), wenn der ArbGeb selbst Inhaber des Kontos ist (BAG 24.9.03 – 10 AZR 640/02, NZA 04, 980).

B. Lohnsteuerrecht *Seidel*

7 Zur lohn- und einkommensteuerlichen Behandlung im Einzelnen s BMF 17.6.09 – IV C 5 – S 2332/07/0004, DOK 2009/0406609, BStBl I 09, 1286. Vereinbaren ArbGeb und ArbN, künftig fällig werdenden Arbeitslohn ganz oder teilweise betragsmäßig auf einem Konto gutzuschreiben, um ihn in Zeiten der Arbeitsfreistellung auszuzahlen, führt weder die Vereinbarung noch die Wertgutschrift auf dem Arbeitszeitkonto zum **Zufluss** von Arbeitslohn. Entgegen der im BMF-Schreiben vertretenen Auffassung (Tz A IV 2b) liegt ein Zufluss nach einer Entscheidung des Hessischen FG vom 19.1.12 – 1 K 250/11, EFG 12, 1243 selbst dann nicht vor, wenn das Konto in Geld geführt wird oder ein Insolvenzsicherungsmodell besteht. Die gegen das Urteil eingelegte Rev beim BFH hat das Az VI R 25/12. Erst die Auszahlung des Guthabens führt zum Zufluss von Arbeitslohn, denn im LStRecht wird der Zufluss des Arbeitslohnes besteuert, unabhängig davon, ob und wie lange der ArbN im Lohnzahlungszeitraum gearbeitet hat (s oben Rz 2 und unten Rz 14). Dies gilt auch, wenn das Wertguthaben nach einem ArbGebWechsel vom neuen ArbGeb ausgezahlt wird (s unten Rz 33). Ab 2009 ist die Übertragung des Wertguthabens auf die Deutsche Rentenversicherung Bund steuerfrei (§ 3 Nr 53 EStG). Die späteren Leistungen gehören zu den **Einkünften aus nichtselbstständiger Arbeit**, von denen LSt durch die Deutsche Rentenversicherung Bund einzubehalten ist. Diese hat die Pflichten eines ArbGeb (§ 38 Abs 3 Satz 3 EStG; s auch *Lohnabzugsverfahren* Rz 19). Zuschüsse des ArbGeb zum Aufbau eines Wertguthabens führen in der Ansparphase ebenfalls nicht zu einem Lohnzufluss (*Wellisch/Quast* DStR 07,

54). Zur Zahlung von Arbeitslohn in der **Freistellungsphase** bzw zur Auszahlung von Zeitguthaben bei Beendigung des Dienstverhältnisses s *Arbeitszeitmodelle* Rz 17 und *Freistellung von der Arbeit* Rz 33 (s auch *Wellisch/Näth* DStR 03, 309: Arbeitszeitkonten – steuerliche und sozialversicherungsrechtliche Behandlung und Vorteilhaftigkeitsüberlegungen). Ggf kommt eine Tarifermäßigung als Vergütung für **mehrjährige Tätigkeit** in Betracht (s *Außerordentliche Einkünfte* Rz 17). Zur Besteuerung der Leistungen des ArbGeb bei Altersteilzeit (s oben Rz 3) s *Altersteilzeit* Rz 26 ff. Hinsichtlich der Verwendung des Werts von Arbeitszeitguthaben im Rahmen der betrieblichen Altersversorgung durch **Gehaltsumwandlung** (bis 13.11.08 oben Rz 4 und unten Rz 40, 41) s *Betriebliche Altersversorgung* Rz 124 (zur Vermeidung steuer- und sozialversicherungsrechtlicher Nachteile im „Störfall" s *Wellisch/Meyer/Quast* DStR 05, 2145). Die Ausbuchung der Beträge aus dem Arbeitszeitkonto führte in diesen Fällen nicht zum Lohnzufluss. Der Zeitpunkt des Zuflusses der umgewandelten Beträge richtet sich nach dem Durchführungsweg der zugesagten betrieblichen Altersversorgung. Die Sicherung von Wertguthaben allein (s unten Rz 25 ff) führt noch nicht zu deren Zufluss beim ArbN. Bei Schadensersatzleistungen des ArbGeb im Rahmen seiner Haftung (s unten Rz 31) s *Arbeitgeberhaftung* Rz 20. Die **Verzinsung** von Arbeitszeitguthaben aufgrund kollektiver arbeitsrechtlicher Vereinbarungen führt nicht zu Einkünften aus Kapitalvermögen, sondern zu Arbeitslohn (FG Köln 16.12.03 – 13 K 2681/03, EFG 04, 654; BMF 17.6.09 – IV C 5 – S 2332/07/0004, Dok 2009/0406609, DStR 09, 1370, Tz B II).

Zur Behandlung Arbeitslohnspenden im Zusammenhang mit Leistungen des ArbGeb an hochwassergeschädigte ArbN s *Steuerfreie Einnahmen* Rz 25a Unterstützungsleistungen.

C. Sozialversicherungsrecht *Schlegel*

Übersicht

	Rz		Rz
1. Sicherung flexibler Arbeitszeitgestaltung durch Wertguthaben – Gesetzeszweck	11–13	e) Vom Arbeitnehmer einleitbare Sanktionen	29
a) Sozialversicherungsrechtlicher Ausgangspunkt	11	f) Prüfung durch Rentenversicherungsträger – Sanktionen	30
b) Versicherungspflicht begründende Wertguthaben	12, 13	g) Schadensersatzpflicht des Arbeitgebers bei unzureichender Insolvenzsicherung	31
2. Voraussetzungen der Versicherungspflicht in Freistellungsphasen	14–20	5. Portabilität – Übertragung von Wertguthaben	32–35
a) Entgeltzahlung aus angespartem Wertguthaben während der Freistellung	14	a) Übertragung auf den neuen Arbeitgeber mit dessen Zustimmung	33
b) Normalfall der Freistellung mit „Entlohnung" aus einem Wertguthaben	15	b) Übertragung auf die Deutsche Rentenversicherung Bund	34, 35
c) Freistellung mit Wertguthaben zwecks flexibler Gestaltung	16	6. Fälligkeit der Beiträge aus Wertguthaben	36–39
d) Inhalt der Vereinbarung über Wertguthaben	17–20	a) In der Arbeitsphase gezahltes Entgelt	36
3. Führung und Verwaltung des Wertguthabens	21–24	b) Planmäßig ausgezahltes Wertguthaben	37
a) Arbeitsentgeltguthaben	21	c) Auszahlung des Wertguthabens im Störfall	38
b) Jährlicher „Kontoauszug"	22	d) Rentenwirksamkeit im Störfall	39
c) Anlage von Wertguthaben	23, 24	7. Ausschluss der künftigen Verwendung eines Wertguthabens für Zwecke der betrieblichen Altersversorgung	40, 41
4. Insolvenzschutz des Wertguthabens – § 7e SGB IV	25–31		
a) Unabdingbare Pflicht zur Vereinbarung einer geeigneten Insolvenzsicherung	25	a) Altes Recht	40
b) Bagatellgrenze	26	b) Neues Recht	41
c) Art des Insolvenzschutzes	27	8. Führung eines Wertguthabens im Lohnkonto	42
d) Unterrichtungsnachweispflichten des Arbeitgebers	28	9. Meldepflichten	43
		10. Altersteilzeit	44

458 Wertguthaben/Zeitguthaben

11 **1. Sicherung flexibler Arbeitszeitgestaltung durch Wertguthaben – Gesetzeszweck. a) Sozialversicherungsrechtlicher Ausgangspunkt.** In der KV, PflegeV, RV und ArblV wird für die Begründung der Versicherungspflicht verlangt, dass 1. eine **Beschäftigung** vorliegt und diese 2. **gegen Entgelt** ausgeübt wird. Beschäftigung ist die nichtselbständige Arbeit, insbesondere in einem Arbeitsverhältnis (vgl § 7 Abs 1 Satz 1 SGB IV). Beschäftigung setzt im Grundsatz eine tatsächliche Arbeitsleistung voraus. Daraus folgt: Wird während eines ganzen Kalendermonats bei fortbestehendem Arbeitsverhältnis überhaupt nicht gearbeitet und damit auch kein Arbeitsentgelt erarbeitet, liegt zwar weiterhin ein Arbeitsverhältnis vor, jedoch fehlt es an einem entgeltlichen Beschäftigungsverhältnis. Ausnahmen von diesem Grundsatz sind nur in engen Grenzen zugelassen, so zB bei Annahmeverzug des ArbGeb oder in Fällen bezahlter Freistellung (vgl dazu *Freistellung von der Arbeit* Rz 42 ff; neuerdings so auch BSG, Urteil vom 24.9.08 – B 12 KR 22/07 R).

12 **b) Versicherungspflicht begründende Wertguthaben.** Die genannte sozialversicherungsrechtliche Grundkonstruktion der Versicherungspflicht hätte nach früherer Dogmatik ohne Weiteres zur Beendigung der Versicherungspflicht geführt, wenn zwar zB aus einem angesparten Arbeitszeitkonto weiterhin Arbeitsentgelt gezahlt, aber für mehr als einen Kalendermonat nicht mehr gearbeitet wird. Dies wurde erstmals bei den Gesetzgebungsarbeiten zum AltTZG 1996 als Problem für das Ansparen von Arbeitszeitkonten erkannt. Für die **Altersteilzeit** wurde daher im AltTZG 1996 eine spezielle Regelung geschaffen, damit der Versicherungsschutz auch in einer Periode aufrechterhalten bleibt, in der der ArbN nicht arbeitet, sondern ein „angespartes" Arbeitszeitkonto größeren Umfangs abfeiert (vgl hierzu BT-Drs 13/4336 S 17 zu § 2 Abs 2; BT-Drs 13/4877 S 29 zu § 2 Abs 2). Das geschilderte Problem trat jedoch nicht nur bei der Altersteilzeitarbeit auf, sondern überall dort, wo größere Arbeitszeitkonten gebildet werden. Dem trug erstmals die am 1.1.98 in Kraft getretene Vorschrift des § 7 Abs 1a SGB IV Rechnung, die eine Regelung zur Verbesserung des SozVSchutzes für sämtliche Arbeitszeitkonten-Modelle traf.

13 Diese Regelung des sog **Flexi-Gesetzes** vom 6.4.1998 (BGBl I 688) ermöglicht es seither, zur sozialrechtlichen Absicherung flexibler Arbeitszeitregelungen geleistete Arbeitszeit in einem besonderen Wertguthaben (oder Zeitguthaben) anzusammeln und zu einem späteren Zeitpunkt zur kurz-, mittel- oder langfristigen Freistellung von der Arbeit einzusetzen, wobei die Beiträge grds auch erst zum Zeitpunkt der (idR sukzessiven) Auszahlung des angesparten Wertguthabens zu entrichten sind.

14 **2. Voraussetzungen der Versicherungspflicht in Freistellungsphasen. a) Entgeltzahlung aus angespartem Wertguthaben während der Freistellung.** Eine Beschäftigung besteht nach § 7 Abs 1a SGB IV auch in Zeiten der Freistellung von der Arbeitsleistung von mehr als einem Monat, wenn 1. während der Freistellung Arbeitsentgelt aus einem Wertguthaben nach § 7b SGB IV fällig wird und 2. das monatliche Arbeitsentgelt nicht unangemessen von dem für die vorausgegangenen zwölf Kalendermonate abweicht, in denen Arbeitsentgelt bezogen wurde.

15 **b) Normalfall der Freistellung mit „Entlohnung" aus einem Wertguthaben.** Auf Grund der zum 1.1.1998 in Kraft getretenen Vorschrift des § 7 Abs 1a SGB IV besteht eine Beschäftigung auch in Zeiten der Freistellung von der Arbeitsleistung von mehr als einem Monat, wenn

1. während der Freistellung Arbeitsentgelt aus einem Wertguthaben nach § 7b SGB IV fällig wird und
2. das monatlich fällig werdende Arbeitsentgelt in der Zeit der Freistellung nicht unangemessen von dem für die vorausgegangenen zwölf Kalendermonate abweicht, in denen Arbeitsentgelt bezogen wurde.

Erforderlich ist nach § 7 Abs 1a SGB IV, dass das Arbeitsentgelt aus einem Wertguthaben iSd § 7b SGB IV entnommen wird. Wertguthaben iSd § 7b SGB IV dürfen nicht das Ziel flexibler Gestaltung der werktäglichen oder wöchentlichen Arbeitszeit oder den Ausgleich betrieblicher Produktions- und Arbeitszeitzyklen verfolgen; vielmehr muss es um größere Freistellungsphasen im Interesse gerade des ArbN gehen. Arbeitsentgelt oder eine Arbeitszeitguthaben aus einer Vereinbarung zwischen ArbGeb und ArbN zur flexiblen Gestaltung der werktäglichen oder wöchentlichen Arbeitszeit oder zum Ausgleich betrieblicher Produktions- und Arbeitszeitzyklen führte bis Ende 2011 nicht zum Vorliegen entgeltlicher

Beschäftigung nach § 7 Abs 1a Satz 1 SGB IV und damit auch nicht zur Versicherungspflicht, so dass bei einer solchen Freistellung eines ArbN das Beschäftigungsverhältnis nach Ablauf eines Monats endet (vgl § 7 Abs 3 Satz 1 SGB IV).

c) Freistellung mit Wertguthaben zwecks flexibler Gestaltung der werktäglichen oder wöchentlichen Arbeitszeit oder zum Ausgleich betrieblicher Produktions- und Arbeitszeitzyklen. Mit dem 4. SGB IV-ÄndG wurde ab 1.1.2012 angeordnet, dass eine Beschäftigung in Zeiten einer bis zu 3-monatigen Freistellung von der Arbeit auch dann besteht, wenn das Arbeitsentgelt in dieser Zeit nicht aus einem „richtigen Wertguthaben" iSd § 7b SGB IV, sondern aus einer Vereinbarung zur flexiblen Gestaltung der werktäglichen oder wöchentlichen Arbeitszeit oder zum Ausgleich betrieblicher Produktions- und Arbeitszeitzyklen stammt (§ 7 Abs 1a Satz 2 SGB IV). Damit soll dem Umstand Rechnung getragen werden, dass in der Wirtschafts- und Finanzkrise ab 2008/2009 viele Unternehmen zur Vermeidung von Entlassungen und Sozialplankosten unterschiedliche Maßnahmen zur Sicherung von Beschäftigung ergriffen haben. Dabei wurden häufig bestehende, nicht zweckgebundene Arbeitszeitguthaben abgebaut oder es wurden bestehende Kontenvereinbarungen genutzt, um mit Minussalden Entlassungen zu vermeiden (vgl Vorschlag des Bundesrates BT-Drucks 17/6764 S 35 zu Art 1; Bericht des Ausschusses für Arbeit und Soziales, BT-Drs 17/7991 S 18).

16

d) Inhalt der Vereinbarung über Wertguthaben.

17

(1) Der Aufbau des Wertguthabens muss auf Grund einer **schriftlichen Vereinbarung** erfolgen.

(2) Die Vereinbarung muss von vornherein das **Ziel** einer **Freistellung von der Arbeit gegen Zahlung von Arbeitsentgelt aus dem Wertguthaben** verfolgen.

(3) Die Vereinbarung muss die **Einbringung von Arbeitsentgelt in das Wertguthaben mit dem Ziel regeln,** es für Zeiten der Freistellung von der Arbeitsleistung oder der Verringerung der vertraglich vereinbarten Zeit zu entnehmen.

Welche **Verwendungszwecke** insoweit in Betracht kommen, regelt § 7c SGB IV nur beispielhaft. Danach können Wertguthaben sowohl für gesetzlich geregelte sowie für arbeitsvertraglich geregelte Freistellungsphasen verwendet werden; der Verwendungszweck unterliegt der Privatautonomie der Vertragspartner, ohne an die **beispielhafte Aufzählung in § 7c SGB IV** gebunden zu sein. Bereits vor 2009 getroffene Vereinbarungen behalten ihre Gültigkeit, auch wenn sie von § 7c SGB IV abweichen sollten (vgl Übergangsregelung des § 116 SGB IV).

Als gesetzlich geregelte Fälle der vollständigen oder teilweisen Freistellung von der Arbeitsleistung kommen insbesondere Freistellungen für Langzeitpflege iSd § 3 PflegezeitG, Freistellungen nach § 15 des Bundeselterngeld- und Elternzeitgesetzes oder nach § 8 Teilzeit- und Befristungsgesetz in Betracht. Als typischen Fall einer vertraglichen Freistellung nennt § 7c Abs 1 Nr 2 SGB IV die Fälle der Freistellung für die Zeiten, die dem Bezug einer Altersrente vorausgehen oder in denen der Beschäftigte an beruflichen Qualifizierungsmaßnahmen teilnimmt.

18

Nach § 7c Abs 2 SGB IV ist es möglich, dass die Arbeitsvertragsparteien eine **Vereinbarung über eine Beschränkung der möglichen Verwendungszwecke** des Wertguthabens treffen.

(4) Die Vereinbarung muss vorsehen, dass das aus dem Wertguthaben fließende fällige **Arbeitsentgelt aus einer Arbeitsleistung erzielt** wird. Dabei wird es sich im **Regelfall** um Arbeitsentgelt handeln, das mit einer vor der Freistellung von der Arbeit oder – bei nur teilweiser Freistellung – mit vor der Verringerung der Arbeitszeit erbrachten Arbeitsleistung erzielt (erarbeitet) wurde. Wertguthaben iS von § 7 Abs 1a SGB IV können auch in Zeiten erzielt werden, in denen eine versicherungspflichtige Beschäftigung bei **Freistellung des ArbN von der Arbeitspflicht** und Fortzahlung von Entgelt bestanden hat (BSG 24.9.08 – B 12 KR 27/07 R, NZA-RR 09, 269).

19

Das Gesetz lässt es jedoch auch zu, dass der ArbN mit einer Freistellungsphase beginnt, er also aus einem (fiktiven) Wertguthaben bereits Arbeitsentgelt in der vorangestellten Freistellungsphase erhält, das er sich nach Beendigung der Freistellung in der Arbeitsphase erst noch erarbeiten muss.

Nach dem Wortlaut der Vorschrift ist es nicht zwingend erforderlich, dass es sich um die Einbringung laufenden **Arbeitsentgelts** in das Wertguthaben handelt, der ArbN also etwa

40 Stunden in der Woche arbeitet, und am Monatsende nur die Hälfte des Arbeitsentgelts an den ArbN ausgezahlt wird, die andere Hälfte aber in das Wertguthaben fließt. Vielmehr kommen für den Aufbau eines Wertguthabens mE auch **Einmalzahlungen** wie Weihnachtsgeld, Gratifikationen oder sonstige Entgeltbestandteile in Betracht, die sich der ArbN nicht sofort auszahlen lässt, sondern sie vereinbarungsgemäß für eine spätere Freistellung anspart.

20 (5) Bis Ende 2008 konnten **geringfügig Beschäftigte** kein Wertguthaben aufbauen. Der SozVSchutz sollte nicht mit „Minibeiträgen" begründet werden können (so noch BT-Drs 13/9818 S 10 zu Art 1 Nr 2). Dies wurde mit Wirkung ab 1.1.2009 geändert. Seither können auch Arbeitsentgelte, die aus einem Wertguthaben zu zahlen sind, unter der Geringfügigkeitsgrenze liegen, wenn es sich um eine vor der Freistellung ausgeübte geringfügige Beschäftigung gehandelt hat (vgl BT-Drs 16/10289 S 13 f Art 1 Nr 2).

Missbrauchsfälle können durch die Klausel des § 7 Abs 1a Nr 2 SGB IV ausgeschlossen werden. Danach darf das monatlich fällige Arbeitsentgelt in der Freistellungsphase nicht unangemessen von dem für die vorausgegangenen zwölf Kalendermonate abweichen, in denen Arbeitsentgelt bezogen wurde. Eine unangemessene Abweichung liegt mE vor, wenn Abweichungen in der Höhe des Arbeitsentgelts vor und ab der Freistellung eine Statusänderung bewirken würden (zB Über- oder Unterschreitung der Geringfügigkeitsgrenze).

Weiter ist in der Vereinbarung nach § 7b SGB IV bei Überschreiten bestimmter Bagatellgrenzen auch zu regeln, welche Vorkehrungen der ArbGeb im Rahmen des **Insolvenzschutzes** zu treffen hat (dazu unter Rz 25 f).

21 **3. Führung und Verwaltung des Wertguthabens. a) Arbeitsentgeltguthaben.** Das Wertguthaben ist als Arbeitsentgeltguthaben einschließlich der darauf entfallenden **Gesamtsozialversicherungsbeiträge** zu führen. Arbeits**zeit**guthaben sind in Arbeits**entgelt**guthaben umzurechnen (vgl § 7d Abs 1 SGB IV). Maßgeblich ist das **Bruttoarbeitsentgelt** im Zeitpunkt, in dem es in das Wertguthaben eingebracht wird. GesamtsozVBeiträge sind aus dem Wertguthaben erst zu zahlen, wenn das Wertguthaben aufgelöst bzw das Guthaben sukzessive ausgezahlt wird, und zwar zu den dann maßgeblichen Beitragssätzen.

Das bedeutet: Wird das Wertguthaben zB dadurch aufgebaut, dass der ArbN regelmäßig auf die Auszahlung eines bestimmten Anteils des erarbeiteten Arbeitsentgelts verzichtet, um diese Entgeltanteile in das Wertguthaben einzuspeisen, gehen 1. das anteilige Bruttoarbeitsentgelt sowie 2. die im Zeitpunkt der Arbeitsleistung aus diesem Teil des Arbeitsentgelts an sich zu zahlenden GesamtsozVBeiträge in das Wertguthaben sein. In der Begründung des Gesetzentwurfs heißt es, im Wertguthaben seien zu weit mehr als der Hälfte seines Umfangs öffentliche Mittel, nämlich abzuführende GesamtsozVBeiträge enthalten. Der genaue Anteil dieser Beiträge könne erst bei Entnahme von Arbeitsentgelt bzw im Störfall errechnet werden (vgl BT-Drs 16/10289 S 16 zu § 7d Abs 3).

Zur beitragstechnischen Behandlung der Wertguthaben im Lohnkonto des ArbGeb vgl § 23b SGB IV, § 8 Beitragsverfahrensordnung und unter Rz 43.

22 **b) Jährlicher „Kontoauszug".** Der ArbGeb ist (vergleichbar § 4a Abs 1 BetrVAG) verpflichtet, den Beschäftigten mindestens einmal jährlich in Textform über die Höhe seines im Wertguthaben enthaltenen Arbeitsentgeltguthabens zu unterrichten (vgl § 7d Abs 2 SGB IV). Der „Kontoauszug" ist sinnvollerweise mit der Information über den getätigten Insolvenzschutz zu verbinden (vgl § 7e Abs 4 SGB IV).

23 **c) Anlage von Wertguthaben.** Das Gesetz will die privat verantwortete **spekulative Anlage von Wertguthaben** weitestgehend ausschließen (§ 7d Abs 3 SGB IV, BT-Drs 16/10289 S 16 zu § 7d Abs 3). Für die Anlage von Wertguthaben gelten daher die über die Anlage der Mittel von Versicherungsträgern (§§ 80 ff SGB IV) entsprechend. Dh sie sind so anzulegen und zu verwalten, dass ein Verlust ausgeschlossen erscheint und ein angemessener Ertrag erzielt wird. Auf das Erfordernis (jederzeitiger) ausreichender Liquidität (vgl § 80 Abs 1 SGB IV) kann mE insoweit verzichtet werden. Ebenso wie die Mittel der Versicherungsträger getrennt von den Mitteln Dritter zu verwalten sind (vgl § 80 Abs 2 SGB IV), bedarf es auch für Wertguthaben einer **strikten Trennung von der Verwaltung sonstiger Mittel** des ArbGeb. Dies wird seit 1.1.09 dadurch erreicht, dass das Wertguthaben von einem **Treuhänder** oder einer vergleichbaren Stelle zu führen ist (vgl § 7e Abs 2 SGB IV, dazu unten 4.).

Wertguthaben dürfen gem § 7d Abs 3 SGB IV nur bis zu einer Höhe von 20 vH in **Aktien** oder **Aktienfonds** angelegt werden. Zudem muss ein Rückfluss zum Zeitpunkt der Inanspruchnahme des Wertguthabens mindestens iHd angelegten Betrages gewährleistet sein (nachgebildet § 217 SGB VI). Ein **höherer Anlageanteil in Aktien** oder Aktienfonds ist nur zulässig, wenn dies in einem Tarifvertrag oder auf Grund eines Tarifvertrages in einer Betriebsvereinbarung vereinbart ist. Gleiches gilt, wenn das Wertguthaben nach der Wertguthabensvereinbarung ausschließlich für Freistellungen nach § 7c Abs 1 Nr 2 Buchst a) SGB IV, also für Freistellungen kurz vor Erreichen der Altersgrenze und als Überbrückung bis zum Bezug einer Rente verwendet werden soll. 24

Wem die **Rendite aus einer Wertguthaben-Anlage** zusteht, können die Vertragsparteien regeln (vgl dazu BT-Drs 16/10289 S 15 zu § 7d Abs 1). Sie sollten mE eine derartige Regelung in der Vereinbarung über das Wertguthaben treffen. Geschieht dies nicht, steht der Ertrag mE demjenigen zu, der die entsprechende Anlage unter seinem Namen getätigt hat; dies wird regelmäßig der ArbGeb sein.

4. Insolvenzschutz des Wertguthabens – § 7e SGB IV. a) Unabdingbare Pflicht zur Vereinbarung einer geeigneten Insolvenzsicherung. Zur Sicherung des Arbeitsentgelts, das mit einer vor oder nach der Freistellung erbrachten Arbeitsleistung erzielt wird (sog Wertguthaben), verlangt das Gesetz den Insolvenzschutz des Guthabens, und zwar einschließlich der darauf entfallenden **Gesamtsozialversicherungsbeiträge**. Die Vertragsparteien müssen insoweit im Rahmen der Vereinbarung nach § 7b SGB IV Regelungen über die vom ArbGeb zu treffenden Vorkehrungen vereinbaren, um das Wertguthaben gegen das Risiko der Insolvenz des ArbGeb vollständig abzusichern. Hierbei handelt es sich um eine zwingende gesetzliche Pflicht, die beide Vertragsparteien trifft. Ausgenommen sind nur Bund, Länder und Gemeinden, über deren Vermögen die Eröffnung eines Insolvenzverfahrens nicht zulässig ist (vgl § 7e Abs 9 SGB IV); insoweit geht das Gesetz davon aus, dass die Wertguthaben auch ohne spezielle Insolvenzsicherung „sicher" sind. 25

b) Bagatellgrenze. Eines Insolvenzschutzes bedarf es allerdings nur, soweit ein Anspruch auf Insolvenzgeld nach dem SGB III nicht besteht (§ 7e Abs 1 Satz 1 Nr 1 SGB IV) und das Wertguthaben des Beschäftigten einschließlich des darauf entfallenden GesamtsozVBeitrages einen Betrag iHd monatlichen Bezugsgröße übersteigt (§ 7e Abs 1 Satz 1 Nr 2 SGB IV); durch Tarifvertrag können hiervon abweichende Sicherungsschwellen vereinbart werden. 26

c) Art des Insolvenzschutzes. Im Gesetz ist **kein Positivkatalog** denkbarer Sicherungsformen vorgesehen. Aus der Gesetzesbegründung wird jedoch erkennbar, dass ein Wertguthaben so gesichert sein muss, dass es im Falle der Insolvenz des ArbGeb nicht in die Masse fällt und der ArbN sich mit der Quote eines einfachen Insolvenzgläubigers zufrieden geben muss. 27

Immerhin schreibt § 7e Abs 2 SGB IV vor, dass Wertguthaben unter Ausschluss der Rückführung **durch einen Dritten zu führen** sind. Dieser muss im Fall der Insolvenz des ArbGeb für die Erfüllung der Ansprüche aus dem Wertguthaben für den ArbGeb einstehen. Beispielhaft nennt das Gesetz das **Treuhandmodell:** Danach erfolgt die unmittelbare Übertragung des Wertguthabens des Beschäftigten an das Vermögen eines Treuhänders und die Anlage des Wertguthabens auf einem offenen Treuhandkonto. Möglich sind auch Sicherungen im Form einer Versicherung oder ein schuldrechtliches Verpfändungs- oder Bürgschaftsmodell (§ 7e Abs 2 Satz 2 SGB IV). Zu weiteren Modellen vgl *Schietinger*, SozSich 08, 380 ff.

Ungeeignete Vorkehrungen sind bilanztechnische Rückstellungen sowie zwischen Konzernunternehmen (§ 18 AktG) begründete Einstandspflichten, insbesondere Bürgschaften, Patronatserklärungen oder Schuldbeitritte (§ 7e Abs 3 SGB iVm nachgebildet § 8a Abs 1 AltTZG).

d) Unterrichtungsnachweispflichten des Arbeitgebers. Der ArbGeb hat die Beschäftigten unverzüglich über seine Vorkehrungen zum Insolvenzschutz schriftlich zu unterrichten, wenn das Wertguthaben den Betrag der Bezugsgröße übersteigt (vgl § 7e Abs 4 SGB IV). 28

e) Vom Arbeitnehmer einleitbare Sanktionen. Der Beschäftigte kann die Vereinbarung über das Wertguthaben mit sofortiger Wirkung kündigen und Auflösung des Wertguthabens nach Maßgabe des § 23b Abs 2 SGB IV verlangen, wenn der ArbGeb auf schriftliche Aufforderung des ArbN seinen Pflichten zur Sicherung des Wertguthabens oder 29

458 Wertguthaben/Zeitguthaben

Unterrichtung des ArbN nicht innerhalb von zwei Monaten nach Aufforderung nachkommt.

30 **f) Prüfung durch Rentenversicherungsträger – Sanktionen.** Die RVTräger sind verpflichtet, bei **Betriebsprüfungen** nach § 28p SGB IV auch auf die Einhaltung des Insolvenzschutzes zu achten. Stellen sie insoweit Mängel fest (Details vgl § 7e Abs 6 SGB IV), wird durch Verwaltungsakt der im Wertguthaben enthaltene und vom ArbGeb zu zahlende GesamtsozVBeitrag „ausgewiesen", dh dessen Höhe festgestellt und die Zahlung angeordnet. Der ArbGeb ist zur sofortigen Zahlung des GesamtsozVBeitrages verpflichtet. Diese Pflicht entfällt, wenn der ArbGeb der Prüfbehörde innerhalb von zwei Monaten nach der Feststellung nachweist, dass er seinen Verpflichtungen nachkommt. Dafür ist es mE erforderlich, dass der ArbGeb zuvor **Widerspruch** einlegt und anzeigt hat, dass er seiner Nachweispflicht nachkommen will. Andernfalls wird der Verwaltungsakt mE bestandskräftig.

Erfolgt der Nachweis nicht fristgemäß, ist die Vereinbarung nach § 7b SGB IV über das Wertguthaben als von Anfang an unwirksam anzusehen und das Wertguthaben aufzulösen (vgl § 7e Abs 6 SGB IV).

31 **g) Schadensersatzpflicht des Arbeitgebers bei unzureichender Insolvenzsicherung.** Kommt es wegen eines nicht geeigneten oder nicht ausreichenden Insolvenzschutzes zu einer Verringerung oder zum Verlust des Wertguthabens, haftet der ArbGeb für den entstandenen Schaden. Ist ArbGeb eine juristische Person oder eine Gesellschaft ohne Rechtspersönlichkeit, haften auch die **organschaftlichen Vertreter** gesamtschuldnerisch für den Schaden (vgl § 7e Abs 7 SGB IV). Damit dürfte nunmehr hinreichend klargestellt sein, dass es sich bei den Vorschriften über den Insolvenzschutz von Wertguthaben entgegen der schon bisher nicht überzeugenden gegenteiligen Rspr des BAG (zB Urteil vom 16.8.05 – 9 AZR 470/04, BAG 21.11.06 – 9 AZR 206/06 mit ablehnender Anmerkung Schlegel in jurisPR SozR 7/20007 Anm 3) um Schutzgesetze iSv **§ 823 Abs 2 BGB** handelt.

32 **5. Portabilität – Übertragung von Wertguthaben.** Bis Ende 2008 war nicht geregelt, was mit Wertguthaben geschieht, die bei einem Wechsel des ArbGeb noch nicht aufgezehrt waren. Mit Wirkung ab 1.1.09 wurde erstmals die Möglichkeit geschaffen, ein bei Beendigung des Beschäftigungsverhältnisses aufgebautes Wertguthaben zu erhalten und nicht als Störfall auflösen zu müssen. Dabei sind zwei Fälle möglich: die Übertragung des Wertguthabens auf den neuen ArbGeb, wenn dieser damit einverstanden ist (dazu a) sowie die Übertragung auf die Deutsche Rentenversicherung Bund (dazu b). In beiden Fällen sind nach der Übertragung die mit dem Wertguthaben verbundenen Pflichten vom neuen ArbGeb bzw der Deutschen Rentenversicherung Bund zu erfüllen (vgl § 7 f Abs 1 Satz 2 SGB IV).

33 **a) Übertragung auf den neuen Arbeitgeber mit dessen Zustimmung.** Der ArbN kann bei Beendigung seines Beschäftigungsverhältnisses vom bisherigen ArbGeb durch schriftliche Aufforderung verlangen, dass dieser das Wertguthaben auf den neuen ArbGeb überträgt. Voraussetzung hierfür ist, dass der neue ArbGeb mit den Beschäftigten eine Wertguthabenvereinbarung nach § 7b SGB IV abgeschlossen hat und der Übertragung zustimmt (§ 7 f Abs 1 Satz 1 Nr 1 SGB IV). Die rechtsgeschäftliche Übertragung erfolgt nach den insoweit für die Rechtsübertragung nach BGB maßgeblichen Bestimmungen (zB Abtretung; Schuldübernahme etc). Für die neuen Vertragspartner besteht die Möglichkeit, die Wertguthabensvereinbarung dem neuen Beschäftigungsverhältnis anzupassen oder es bei den alten Modalitäten zu belassen.

34 **b) Übertragung auf die Deutsche Rentenversicherung Bund.** Stimmt der neue ArbGeb einer Übernahme des Wertguthabens nicht zu oder tritt der ArbN nicht mehr in ein neues Beschäftigungsverhältnis ein, gilt Folgendes: Der ArbN kann bei Beendigung seines Beschäftigungsverhältnisses vom bisherigen ArbGeb durch schriftliche Aufforderung verlangen, dass dieser das Wertguthaben auf die Deutsche Rentenversicherung Bund (DRVBund) überträgt, wenn das Wertguthaben einschließlich GesamtSozVBeiträge einen Betrag iHd **6-fachen der monatlichen Bezugsgröße** übersteigt (§ 7f Abs 1 Satz 1 Nr 2 SGB IV). Wird der Wert vom 6-fachen der Bezugsgröße nicht erreicht, bleibt nur die Auflösung des Wertguthabens als Störfall.

Die **Rückübertragung** des Wertguthabens ist ausgeschlossen. Findet der ArbN später einen neuen ArbGeb, der bereit wäre, das Wertguthaben zu übernehmen, hilft ihm dies nichts. Das Wertguthaben bleibt bei der DRB und der ArbN muss mit dem neuen ArbGeb ggf eine neue Wertguthabenvereinbarung abschließen.

Die DRVBund verwaltet Wertguthaben getrennt von ihrem sonstigen Vermögen treuhänderisch und hat dabei die §§ 80 ff SGB IV zu beachten. Ihr Verwaltungsaufwand insoweit ist aus den Wertguthaben zu bestreiten (vgl § 7 f Abs 3 SGB IV).

Eine strikte Bindung des ArbN an früher vereinbarte **Verwendungszwecke** besteht 35 gegenüber der DRVBund nicht; vielmehr kann der ArbN das Wertguthaben auch außerhalb eines Arbeitsverhältnisses für die in § 7c Abs 1 Nr 2 Buchst a) SGB IV genannten Zeiten in Anspruch nehmen (Überbrückung bis zur Rente; vgl § 7 f Abs 2 SGB IV).

Der Beschäftigte bestimmt gegenüber der DRVBund, in welchem Umfang er zur Freistellung Teile seines Wertguthabens in Anspruch nehmen will. Um trotz dieses **Bestimmungsrechts des Beschäftigten** zu vermeiden, dass er mit Minimalbeträgen möglicherweise längere Zeiten der Erwerbslosigkeit überbrücken will, ist die Entnahme an die nicht unangemessenen Abweichung des Entgelts in § 7 Abs 1a Satz 1 SGB IV gekoppelt.

6. Fälligkeit der Beiträge aus Wertguthaben. a) In der Arbeitsphase gezahltes 36 **Entgelt.** Der GesamtsozVBeitrag aus dem Arbeitsentgelt wird im Regelfall nach § 23 Abs 1 Satz 2 SGB IV spätestens am drittletzten Bankarbeitstag des Monats fällig, in dem die Beschäftigung, mit der das Entgelt erzielt wird, ausgeübt worden ist. Diese Vorschrift wird für Wertguthaben modifiziert, da ansonsten auch das Wertguthaben am drittletzten Bankarbeitstag fällig würde.

Die Beiträge zur SozV sind bei Vereinbarung eines Wertguthabens zunächst gem § 23 Abs 1 Satz 2 SGB IV aus dem „fälligen Arbeitsentgelt" zu zahlen: In Zeiten der tatsächlichen Arbeitsleistung sind Beiträge aber nur aus dem an den ArbN zu zahlenden Arbeitsentgelt, nicht auch aus dem in der Arbeitsphase sukzessiv im Aufbau befindlichen Wertguthaben zu zahlen, denn insoweit ist das Arbeitsentgelt noch nicht fällig.

b) Planmäßig ausgezahltes Wertguthaben. Hinsichtlich eines Wertguthabens werden 37 die GesamtsozVBeiträge erst fällig, wenn das Wertguthaben aufgelöst wird und damit entsprechende „angesparte" Arbeitsentgeltbestandteile fällig werden. Beiträge sind dann jeweils aus der dem ArbN zustehenden Rate des Wertguthabens zu zahlen (vgl § 23b Abs 1 SGB IV). In das Wertguthaben fließen auch Arbeitsentgelte über der **Beitragsbemessungsgrenze** ein (vgl BT-Drs 14/4375 S 44). Wird das Wertguthaben planmäßig aufgelöst, sind auch diejenigen Entgeltbestandteile beitragspflichtig, die im jeweiligen Abrechnungszeitraum der Arbeitsphase über den Beitragsbemessungsgrenzen der KV und RV lagen (vgl BSG 20.3.13 – B 12 KR 7/11 Rz 25 f). Da Entgeltbestandteile etc., die in eine Wertguthaben einfließen, erst im Zeitpunkt der Auszahlung in der Freistellungsphase als erzielt gelten und erst dann fällig werden, wird eine doppelte Beitragsbelastung vermieden.

c) Auszahlung des Wertguthabens im Störfall. Anderes gilt im Störfall, dh wenn das 38 Wertguthaben zB wegen Erwerbsunfähigkeit oder Tod des ArbN in oder vor Beginn der Freistellungsphase nicht mehr planmäßig aufgelöst werden kann. In diesem Fall ist ohne Berücksichtigung der Beitragsbemessungsgrenze als Arbeitsentgelt die Summe der Arbeitsentgelte maßgebend, die unter Berücksichtigung der Vereinbarung nach § 7 Abs 1a SGB IV im Zeitpunkt der tatsächlichen Arbeitsleistung beitragspflichtig gewesen wäre, höchstens der Betrag des Wertguthabens im Zeitpunkt des Störfalls (vgl § 23 Abs 2 Satz 1 SGB IV). Dh: Bei nicht zweckentsprechender Verwendung von Wertguthaben sind nur die Teile des Wertguthabens beitragspflichtig, die bereits zum Zeitpunkt der Arbeitsleistung beitragspflichtig gewesen wären, wenn sie nicht in ein Wertguthaben übertragen worden wären.

Das Verfahren und die Art und Weise der Ermittlung dieser Wertguthaben soll den ArbGeb überlassen bleiben. Sie können zB nur ein Konto für die Gesamtsumme der Wertguthaben führen, in den sowohl beitragspflichtige als auch über die Beitragsbemessungsgrenze liegende Entgelte verbucht werden (vgl dazu BT-Drs 15/1199 S 20 zu Art 1 Nr 3 Buchst b).

§ 23b Abs 3 SGB IV regelt die Vorgehensweise, wenn ein Wertguthaben wegen **Arbeitslosigkeit** nicht zweckentsprechend verwendet werden kann (vgl dazu BR-Drs 15/1199 in Art 1 Nr 3 Buchst c).

d) Rentenwirksamkeit im Störfall. Für Arbeitsentgelt, das im Störfall nach § 23b 39 SGB IV nachträglich zu Beiträgen herangezogen wird, werden nach Maßgabe des § 70

458 Wertguthaben/Zeitguthaben

Abs 3 SGB VI **Entgeltpunkte** ermittelt. Die aus dem Wertguthaben zu entrichtenden Beiträge werden somit auch nach Eintritt des Störfalls und damit des Leistungsfalls noch bei einer Rente wegen Minderung der Erwerbsfähigkeit oder einer Hinterbliebenenrente berücksichtigt. Die Auflösung des Wertguthabens ist für den Versicherten also in aller Regel günstig. Dennoch wird im Fall einer **Rente wegen verminderter Erwerbsfähigkeit** ein bei der DRVBund geführtes Wertguthaben nicht aufgelöst, wenn der Versicherte der Auflösung ausdrücklich widerspricht (vgl § 23b Abs 2 Satz 10 SGB IV).

40   **7. Ausschluss der künftigen Verwendung eines Wertguthabens für Zwecke der betrieblichen Altersversorgung. a) Altes Recht.** Nach § 23 Abs 3a SGB IV aF konnte ein angespartes Wertguthaben für Zwecke der betrieblichen Altersversorgung verwendet werden, wenn eine entsprechende Vereinbarung über ein Wertguthaben bereits bei ihrem Abschluss diese Verwendungsmöglichkeit für einen der folgenden Störfälle vorsah: Nichtverwendung des Wertguthabens für Zeiten der Freistellung, wegen Beendigung der Beschäftigung auf Grund verminderter Erwerbsfähigkeit, wegen Erreichens einer Altersgrenze, zu der eine Rente wegen Alters beansprucht werden kann, und wegen Todes des Beschäftigten.

In all diesen Fällen galt das für Zwecke der betrieblichen Altersversorgung verwendete Wertguthaben nicht als beitragspflichtiges Arbeitsentgelt, wurde also **nicht zu Gesamtsozialversicherungsbeiträgen herangezogen** (Ausnahmen vgl § 23 Abs 3a 2. Hs SGB IV aF).

Diese Regelung fand heftige **Kritik beim Ausschuss für Arbeit und Soziales** (BT-Drs 16/10901 S 14 zu Art 1 Buchst c): „Die bisherige Möglichkeit, Wertguthaben beitragsfrei in die betriebliche Altersversorgung (bAV) zu überführen, wird in der Praxis teilweise sehr exzessiv ausgenutzt. Zunehmend werden Wertguthaben entgegen der gesetzlichen Intention ausschließlich zur späteren Überführung in die bAV geführt. Aus der ursprünglich gedachten Auffanglösung in der bAV für den durch Freizeitausgleich nicht mehr verwendbare Wertguthaben hat sich ein massiv beworbenes Modell mit erheblichen Beitragsausfällen in der Sozialversicherung entwickelt. Mit dem Gesetz sollen über einen verbesserten Insolvenz- und Anlagenschutz für eine Freistellung zB für Weiterbildung, Pflege, Kinderbetreuung, Sabbatical oder den gleitenden Übergang in den Ruhestand abgesichert werden. Eine systematische Verwertung zur späteren Überführung in die bAV läuft dem zuwider."

41   **b) Neues Recht.** Die Möglichkeit, angesparte Wertguthaben für Zwecke der betrieblichen Altersversorgung zu verwenden, wurde aufgehoben. Sie besteht nur noch übergangsweise für Vereinbarungen, die bis zum **13.11.2008** geschlossen worden sind. Für Vereinbarungen über Wertguthaben, die nach diesem **Stichtag** geschlossen wurden, gilt § 23a SGB IV nicht mehr (vgl § 23 Abs 3a letzter Satz SGB IV aF).

42   **8. Führung eines Wertguthabens im Lohnkonto.** Der ArbGeb muss das Wertguthaben einschließlich der Änderungen (Zu- und Abgänge), den Abrechnungsmonat der ersten Gutschrift sowie den Abrechnungsmonat für jede Änderung in die Lohnunterlage aufnehmen (vgl § 8 Abs 1 Satz 1 Nr 7 BVV, zuvor § 2 Abs 1 Nr 4b BÜVO).

Die unterschiedliche Behandlung des Wertguthabens im Normalfall seiner Auszahlung und im Störfall macht es erforderlich, für das Wertguthaben in den Lohnunterlagen zwei Konten zu führen; ein Konto, auf dem das Wertguthaben ohne Berücksichtigung der Beitragsbemessungsgrenzen ausgewiesen ist („reguläre Aufzeichnungen des Wertguthabens"), und ein weiteres Konto, das den beitragspflichtigen Teil des Wertguthabens für den potentiellen Störfall ausweist („besondere Aufzeichnungen über das beitragspflichtige Wertguthaben").

Da in der KV und PflegeV einerseits und der RV und ArblV andererseits unterschiedliche Beitragsbemessungsgrenzen gelten, muss im Lohnkonto hinsichtlich des beitragspflichtigen Wertguthabens auch insoweit nochmals unterschieden werden (vgl BT-Drs 14/4375 S 44, S 49 zu Nr 9 Buchst b).

43   **9. Meldepflichten.** Nach § 28a Abs 1 Nr 19 SGB IV muss der ArbGeb melden, wenn Arbeitsentgelt in Störfällen nach § 23b Abs 2 und 3 SGB IV gezahlt wird. Die Meldung muss den Kalendermonat und das Jahr der nicht zweckentsprechenden Verwendung des Arbeitsentgelts enthalten (§ 28a Abs 3 Nr 4 SGB IV). Im Lohnkonto muss die Art des Insolvenzschutzes ausgewiesen werden (vgl § 8 Abs 1 Nr 7 Beitragsverfahrensordnung).

10. Altersteilzeit. Für das Altersteilzeitgesetz findet der für den Insolvenzschutz von 44 Wertguthaben maßgebliche § 7e SGB IV keine Anwendung (vgl § 8a Abs 1 AltTZG). Vielmehr bleibt es insoweit bei den Spezialvorschriften des § 8a SGB IV, die § 7e SGB IV als lex specialis vorgehen (vgl BT-Drs 16/10289 S 20 zu Art 2).

Wettbewerb

A. Arbeitsrecht *Poeche*

1. Allgemeines. Eine ausdrückliche gesetzliche Regelung des Wettbewerbs im bestehen- 1 den Arbeitsverhältnis besteht nur für Handlungsgehilfen, damit für den ArbN, der in einem Handelsgewerbe zur Leistung kaufmännischer Dienste gegen Entgelt angestellt ist (§ 59 HGB). Dieser darf „ohne Einwilligung des Prinzipals weder ein Handelsgewerbe betreiben noch in dem Handelszweig des Prinzipals für eigene oder fremde Rechnung Geschäfte machen" (§ 60 Abs 1 HGB). Diese partielle Regelung entspricht nach einhelliger Ansicht nicht den Anforderungen des Arbeits- und Wirtschaftslebens. ArbNStellung und Konkurrenz schließen sich vom Ansatz her in jedem Arbeitsverhältnis aus: Wer seine Existenz durch abhängige Arbeit sichert, darf nicht gleichzeitig die wirtschaftlichen Möglichkeiten seines ArbGeb gefährden, Arbeitsplätze zur Verfügung zu stellen. Das Wettbewerbsverbot für Handlungsgehilfen gilt deshalb als Ausprägung eines allgemeinen Rechtsgedankens für alle ArbN (BAG 26.9.07 – 10 AZR 511/06, NZA 07, 1431). Geschützt sind damit auch ArbGeb, die kein Handelsgewerbe betreiben.

Adressat des Verbots sind neben den kaufmännischen und technischen Angestellten 2 ArbN in freien Berufen wie Steuerberater und Rechtsanwälte, Arbeiter in Handwerk und Produktion, LeihArbN im Verhältnis zum Entleiher (LAG Bln 9.2.81 – 9 Sa 83/80, DB 81, 1095). Es gilt auch für Auszubildende iSd § 10 BBiG, da es nicht auf den Vertragsinhalt und die geschuldete Leistung ankommt, sondern auf das interessenwidrige wettbewerbliche Verhalten (BAG 20.9.06 – 10 AZR 439/05, NZA 07, 977). Die §§ 60, 61 HGB finden generell entsprechende Anwendung.

2. Inhalt und Umfang des Wettbewerbsverbots. a) Grundsätze. Richtschnur sind 3 Geschäfts- und Marktbereich des ArbGeb. Soweit nach dem Wortlaut des § 60 Abs 2 HGB das Betreiben jeglichen Handelsgewerbes untersagt wird, ist das richtigerweise verfassungskonform (Art 12 GG) auf die Branche des ArbGeb zu beschränken (BAG 25.5.70 – 3 AZR 384/69, DB 70, 1788). Ob verbotener Wettbewerb oder eine erlaubte *Nebentätigkeit* vorliegt, beurteilt sich nach wirtschaftlicher Betrachtung (LAG Hamm 21.6.04 – 7 Sa 590/03, BB 05, 164 [LS]). Untersagt sind alle Betätigungen, die die Interessen des ArbGeb gefährden können. Dem ArbGeb soll sein Marktbereich voll und ohne Gefahr der nachteiligen, zweifelhaften oder zwielichtigen Beeinflussung durch den ArbN offen stehen. Es kommt mithin nicht darauf an, ob der ArbGeb den vom ArbN für einen Wettbewerber betreuten Sektor oder Kunden erreicht (BAG 16.1.13 – 10 AZR 560/11, NZA 13; 748; 16.6.76 – 3 AZR 73/75, DB 77, 308). Für die Annahme einer Wettbewerbssituation reicht es aus, dass der konkrete Bedarf des Kunden befriedigt und damit das vom ArbN (dem Wettbewerber) angebotene Produkt den ArbGeb vom Markt verdrängt (LAG Hamm 19.3.01 – 16 Sa 322/01, BuW 01, 924 [LS]).

b) Betätigungsformen. Es genügt die durch Tatsachen gesicherte abstrakte Gefahr. Auf 4 die vom ArbN gewählte **Rechtsform** kommt es nicht an. **Verboten** sind Betreiben eines Handelsgewerbes in eigenem oder fremdem Namen, Beteiligung als persönlich haftender Gesellschafter einer Personengesellschaft, Angebot von Leistungen oder Diensten aufgrund Werk- oder Dienstvertrag. Kapitalbeteiligungen als Kommanditist oder Gesellschafter einer Konkurrenzfirma werden regelmäßig erfasst, zumindest dann, wenn sie auf maßgeblichen Einfluss auf die Geschäftsführung abzielen oder sich als nicht unerhebliche Unterstützung der finanziellen Ausstattung darstellen (LAG Köln 29.4.94 – 13 Sa 1029/93, BB 95, 679 [LS]). Das gilt auch bei Darlehensgewährung und Beteiligung als stiller Gesellschafter. Andererseits genügt es nicht, wenn der ArbN dem ArbGeb als Verhandlungspartner (Kunde oder Lieferant) gegenübertritt und dabei pflichtwidrig über Firmenvermögen verfügt (BAG 3.5.83 – 3 AZR 62/81, DB 83, 2527). Sofern nicht ein ohnehin verbotenes **Strohmanngeschäft**

459 Wettbewerb

vorliegt, kann nicht verlangt werden, dass der ArbN auf ihm nahe stehende Personen Einfluss nimmt, um sie zur Wettbewerbsenthaltung zu bringen. Allerdings ist dem ArbN jegliche familiäre Mitarbeit untersagt.

5 **c) Geschäftsänderung.** Da das Wettbewerbsverbot den gesamten Unternehmensbereich des ArbGeb erfasst, wird er auch dann geschützt, wenn er sein Betätigungsfeld erweitert. Eine bisher erlaubte Tätigkeit des ArbN kann daher zu untersagtem Wettbewerb werden; er genießt insoweit keinen Vertrauensschutz. Eine andere Frage ist, ob der ArbN im Einzelfall einen Anspruch auf Einwilligung des ArbGeb in seine wettbewerbliche Betätigung hat. Das kann in Betracht kommen, wenn eine konkrete Interessengefährdung des ArbGeb ausgeschlossen erscheint.

6 **d) Berechtigtes Interesse.** Der Umfang des Wettbewerbsverbots ist für die Gruppe der „sonstigen ArbN" dann einzuschränken, wenn der ArbGeb **kein berechtigtes Interesse** am Unterlassen der Konkurrenz hat. Hierunter fallen Nebentätigkeiten des ArbN, wenn sie der Natur der Sache nach die Stellung des ArbGeb am Markt nicht beeinträchtigen können (Reinigungskraft mit mehreren Putzstellen in der Gastronomie, Zeitschriftenverteiler für mehrere Verlage, Buchhalter im Automobilwerk erledigt Buchhaltungsarbeiten für Kfz-Werkstatt, Kantinenkellner arbeitet in Ausflugslokal). Das BAG hat offengelassen, ob das Wettbewerbsverbot auch für einfache (Neben-)Tätigkeiten gilt, die allenfalls zu einer untergeordneten wirtschaftlichen Unterstützung des Konkurrenzunternehmens führen können und im Übrigen schutzwürdige Interessen des ArbGeb nicht berühren (Zeitungszustellerin trägt Zeitschriften für ein anderes Unternehmen aus, das mit dem ArbGeb im Briefzustelldienst konkurriert, BAG 24.3.10 – 10 AZR 66/09, NZA 10, 693). Richtigerweise greift in solchen Fällen das Wettbewerbsverbot nicht ein, wobei insbesondere zu berücksichtigen ist, dass Teilzeitkräfte, vor allem Geringverdiener, oft auf mehrere Arbeitsstellen zur Existenzsicherung angewiesen sind. Auch der BGH anerkennt insoweit, dass das in einem Handelsvertretervertrag vereinbarte Recht zur außerordentlichen Kündigung im Einzelfall dahin ausgelegt werden kann, dass geringfügige Verstöße erst nach vorheriger Abmahnung zulässig sein sollen (BGH 10.11.10 – VIII ZR 327/09, NJW 11, 608).

Gerade im Handwerk ist dagegen das Wettbewerbsverbot ernst zu nehmen. Auch in ihrer Freizeit dürfen Kfz-Mechaniker oder Friseurin ihr Handwerk nicht als „Nachbarschaftshilfe" ausüben, sondern müssen zuvor das Einverständnis des ArbGeb einholen (s auch *Schwarzarbeit* Rz 4). Anders kann es bei sporadischen, unentgeltlichen Freundschaftsdiensten liegen (LAG SchlHol 3.12.02 – 5 Sa 2996/02, LAGE § 60 HGB Nr 9). Maßgebend sind die Umstände des Einzelfalls.

7 **e) Vorbereitungshandlungen** für eine künftige konkurrierende Tätigkeit als ArbN oder Selbstständiger sind grds gestattet, es sei denn, der ArbN ist durch ein nachvertragliches Wettbewerbsverbot gebunden. Das ergibt sich schon aus § 629 BGB, wonach der ArbN Anspruch auf Freistellung zur Arbeitssuche hat. Er kann mithin selbstverständlich Einstellungsgespräche führen, sich über seinen neuen Arbeitsplatz informieren, den neuen Arbeitsvertrag abschließen, behördliche Erlaubnisse erwirken, die er ggf für die neue Tätigkeit benötigt. Die für die Aufnahme einer **selbstständigen Tätigkeit** erforderlichen formalen und organisatorischen Maßnahmen dürfen getroffen werden: Gründung und Anmeldung von Gesellschaft oder Gewerbe, Anmietung von Räumen, Einholung von Angeboten und Preisen, Lizenzerwerb, Personaleinstellungen uÄ (vgl *Hoß* ArbRB 02, 87). Dabei kann der ArbN seine Planung an dem beim ArbGeb erworbenen Wissen ausrichten. Nicht erlaubt sind das aktive Eindringen in den Kunden- oder Lieferantenkreis des ArbGeb, das Abwerben von ArbN sowie allgemein Vorbereitungshandlungen, die der Aufnahme einer nach Wettbewerbsrecht unzulässigen Betätigung (UWG, MarkG) dienen (LAG Köln 22.6.01 – 11 Sa 22/01, MDR 02, 100). Zu der im Einzelfall schwierigen Abgrenzung vgl LAG Köln 12.4.05 – 9 Sa 1518/04, NZA-RR 05, 595 (Registrierung einer Internetdomain für ein noch zu gründendes Konkurrenzunternehmen) sowie LAG Köln 25.2.04 – 4 Sa 131/03, AuA 04, Nr 9, 46; OLG Celle 9.2.05 – 9 U 178/04, GmbHR 05, 541 mit abl Anm *Moll*.

8 Unzulässig ist die sog **Aufbauhilfe,** dh die Unterstützung des neuen ArbGeb durch Rat und Tat dann, wenn dieser bereits am Markt tätig ist (einschränkend BAG 12.5.72 – 3 AZR 401/71, DB 72, 1831). Ob der ArbN bereits auf seine bevorstehende Geschäftseröffnung durch Inserat hinweisen darf, ist zweifelhaft (*Grunsky* Wettbewerbsverbote für Arbeitnehmer, 2. Aufl, I 3d). Richtigerweise ist das zu bejahen. Der ArbN müsste anderseits eine mit dem

Wettbewerb 459

Arbeitsentgelt nicht abgegoltene erweiterte Übergangsphase hinnehmen, ehe er aus seiner Selbstständigkeit Einnahmen erzielen kann (Beispiel: Eröffnung eines Handwerksbetriebs). Verboten ist die **Abwerbung** von Kunden oder Kollegen. Zwar gehört die Abwerbung zum „Wesen des Wettbewerbs", so dass wettbewerbswidriges Verhalten iSv § 1 UWG erst vorliegt, wenn besondere Umstände hinzutreten. Das rechtliche Bestehen eines Arbeitsverhältnisses begründet solche besonderen Umstände. Abwerbungen vor Beendigung des Arbeitsverhältnisses sind daher sowohl vertrags- als auch wettbewerbswidrig (BGH 22.4.04 – I ZR 303/01, NJW 04, 2384 „Verabschiedungsschreiben"; *Beyerlein* EWiR 04, 1105; *Fischer* FA 05, 135).

3. Einwilligung des Arbeitgebers. Erlaubt ist jede wettbewerbliche Tätigkeit, mit der 9 der ArbGeb einverstanden ist. Nach § 60 Abs 2 HGB wird unwiderleglich die Einwilligung vermutet, wenn der ArbGeb bei Abschluss des Arbeitsvertrages positive Kenntnis vom Handelsgewerbe des ArbN hat und er trotzdem nicht ausdrücklich dessen Aufgabe vereinbart. Nach der Interessenlage gilt für sonstige ArbN, die zB eine ständige konkurrierende Nebentätigkeit ausüben, nichts anderes. Nicht ausreichend ist die Kenntnis des ArbGeb von gelegentlichen Geschäften oder gelegentlicher Betätigung. Die – spätere – Einwilligung kann ausdrücklich oder stillschweigend erfolgen. Sie ist regelmäßig unwiderruflich. Aus den Umständen des Einzelfalls kann sich ein Vorbehalt des ArbGeb ergeben; der Widerruf kann dann nur nach billigem Ermessen ausgeübt werden (§ 315 BGB). **Darlegungs-** und Beweislast für die Einwilligung liegen bei dem ArbN; etwaige Zweifel gehen zu seinen Lasten (BAG 16.1.13 – 10 AZR 560/11, NZA 13, 748; 12.5.72 – 3 AZR 401/71, DB 72, 1831). Eine bereits ausgeübte konkurrierende Tätigkeit ist bei Abschluss des Arbeitsvertrags zu **offenbaren** (LAG RhPf 23.1.08 – 8 Sa 592/07, BeckRS 2008, 53634; s dazu *Auskunftspflichten Arbeitnehmer* Rz 4.

4. Dauer des Wettbewerbsverbots. Die Bindung des ArbN besteht während der ge- 10 samten rechtlichen Dauer des Arbeitsverhältnisses (BAG 25.4.91 – 2 AZR 624/90, DB 92, 479). Auf seine tatsächliche Durchführung kommt es nicht an. Es tritt deshalb auch dann in Kraft, wenn der ArbN vertragsbrüchig seine Arbeit nicht zum vereinbarten Termin aufnimmt. Nach der Rspr des BAG kann der ArbN bei einer unwiderruflichen **Freistellung** unter dem Vorbehalt der Anrechnung anderweitigen Verdienstes regelmäßig davon ausgehen, er könne seine Arbeitskraft frei verwerten und trotz des noch bestehenden Arbeitsverhältnisses bereits konkurrierend tätig werden. Einen abweichenden Willen habe der ArbGeb in der Freistellungserklärung zum Ausdruck zu bringen. Das sei etwa dann der Fall, wenn nach der Erklärung des ArbGeb Zwischenverdienst (§ 615 Satz 2 BGB) nicht angerechnet werde (BAG 6.9.06 – 5 AZR 703/05, NZA 07, 36 mit zu Recht kritischer Anm *Bayreuther* AP BGB § 615 Nr 118). Zeiten des Ruhens (Elternzeit, Wehrdienst, unbezahlter Urlaub) lassen das Wettbewerbsverbot unberührt. Zur Aufnahme einer Tätigkeit bei einem Dritten während der *Elternzeit* Rz 15 ff. Das Wettbewerbsverbot besteht auch im faktischen Arbeitsverhältnis (Näheres s *Faktisches Arbeitsverhältnis* Rz 3).

5. Kündigungsschutzprozess. Der außerordentlich oder ordentlich gekündigte ArbN 11 kann durch Verstreichenlassen der Klagefrist des § 4 KSchG die Kündigung hinnehmen. Vorbehaltlich eines nachvertraglichen *Wettbewerbsverbots* kann er dann unbesorgt Wettbewerb betreiben. Obgleich der ArbGeb mit der Kündigung zum Ausdruck bringt, er gehe von der rechtlichen Beendigung des Arbeitsverhältnisses aus, gilt das nicht, wenn der ArbN die Kündigung angreift. Ob sie das Arbeitsverhältnis rechtlich beendet hat, wird erst durch das ArbG entschieden, möglicherweise geraume Zeit nach der Kündigung. Der ArbN gerät damit in eine Zwangslage. Oft lassen sich berufliche Erfahrung und Kenntnisse nur innerhalb derselben Branche angemessen verwerten, dh die konkurrierende Tätigkeit ist für den ArbN zur Sicherung der weiteren Existenz notwendig. Ein Zuwarten auf die rechtskräftige Entscheidung, deren Inhalt ungewiss ist, kann berufliche Chancen vernichten. Mit Aufnahme der Tätigkeit setzt er sich andererseits der Gefahr einer (weiteren) außerordentlichen Kündigung aus, die auf die Verletzung des Wettbewerbsverbots gestützt wird. Nach § 615 BGB, § 11 KSchG muss der ArbN, der im Rechtsstreit obsiegt und deshalb Anspruch auf Nachzahlung der Vergütung hat, sich hierauf den Verdienst anrechnen lassen, den er böswillig nicht erzielt hat (Näheres s *Annahmeverzug* Rz 15 ff). Der ArbN muss mithin damit rechnen,

459 Wettbewerb

dass ihm die Nichtaufnahme der ihm bekannten anderweitigen Verdienstmöglichkeit anspruchsmindernd entgegengehalten wird

Das BAG löst diesen Konflikt mit einer auf den **Einzelfall** abstellenden Interessenbewertung: 1.) Objektiv verletzt der ArbN mit Aufnahme einer konkurrierenden Tätigkeit während des Rechtsstreits das Wettbewerbsverbot. 2.) Das Unterlassen einer wettbewerblichen Tätigkeit ist nicht böswillig. 3.) Etwas anderes gilt nur, wenn der ArbGeb ausdrücklich oder konkludent zu erkennen gibt, dass er mit der konkurrierenden Tätigkeit einverstanden oder sie ihm gleichgültig ist. 4.) Auf die Verletzung des Wettbewerbsverbots kann eine neue außerordentliche Kündigung nur bei Verschulden des ArbN gestützt werden. 5.) Verschulden ist idR nicht gegeben, wenn der ArbN erkennbar mit der neuen beruflichen Tätigkeit nur eine Übergangslösung für die Zeit des Rechtsstreits anstrebt. 6.) Verschulden liegt vor, wenn der ArbN ein eigenes Geschäft und damit eine auf Dauer angelegte Tätigkeit aufnimmt (BAG 28.1.10 – 2 AZR 1008/08, NZA-RR 10, 461). Dem entspricht die Rspr des BGH zum Handelsvertreter (BGH 12.3.03 – VIII ZR 197/02, NJW-RR 03, 981).

Danach kommt der Einzelfallwürdigung besondere Bedeutung bei: Grad der Vorwerfbarkeit, zeitlicher Zusammenhang mit dem beendeten Arbeitsverhältnis, Art und Umfang der Konkurrenz (vgl auch LAG SchlHol 26.6.12 – 1 Sa 443/11, NZA-RR 12, 515; 19.12.06 – 5 Sa 288/06, NZA-RR 07, 240). Verboten ist in jedem Fall die Vermittlung von Konkurrenzgeschäften oder das aktive Abwerben von Kunden (BAG 28.1.10 – 2 AZR 1008/08, NZA-RR 10, 461; Anm *Bauer* GWR 10, 383; ausführlich *Leuchten* NZA 11, 391).

12 **6. Rechtsfolgen eines Wettbewerbsverstoßes. a) Kündigung, Unterlassen.** Unerlaubter Wettbewerb kann den ArbGeb zur ordentlichen, auch zur außerordentlichen **Kündigung** berechtigen (LAG RhPf 12.1.06 – 11 Sa 476/05, AuA 06, 228; LAG Sachs 27.2.04 – 2 Sa 764/03; LAG Köln 25.2.04 – 4 Sa 1311/03, AuA 04, 46. Eine Verdachtskündigung ist nicht ausgeschlossen (LAG Köln 17.8.01 – 11 (7) Sa 484/00, MDR 02, 590). Er kann aber auch an dem Vertrag festhalten und den ArbN auf **Unterlassung** in Anspruch nehmen. Daran kann insbesondere dann ein Interesse bestehen, wenn der ArbN nicht durch ein nachvertragliches Wettbewerbsverbot (s *Wettbewerbsverbot* Rz 1) gebunden ist. Eine vereinbarte **Vertragsstrafe** verwirkt (s *Vertragsstrafe*).

13 **b) Schadensersatz.** Maßgeblich sind §§ 61 Abs 1 Satz 1 HGB, 280, 249 ff BGB und auch § 287 ZPO (ausführlich zur Schadensschätzung BAG 16.1.13 – 10 AZR 560/11, NZA 13, 748). Darzulegen und zu beweisen sind Konkurrenz des ArbN und der hierdurch kausal entstandene Schaden. Gefordert ist der Nachweis, dass der ArbGeb ohne den Wettbewerbsverstoß des ArbN das Geschäft oder die Geschäfte selbst getätigt hätte. Zu ersetzen ist auch der entgangene Gewinn, also die Verdienstspanne des ArbGeb. Ein darüber hinausgehender Gewinn des ArbN kann nicht abgeschöpft werden. Ermittlungskosten etwa wegen Einschaltung eines Detektivs zu erstatten, wenn der konkrete Verdacht wettbewerblicher Tätigkeit besteht und der überwachte ArbN mithilfe der Detektei überführt wird. Erstattungsfähig sind nur Überwachungsmaßnahmen, die ein vernünftiger, wirtschaftlich denkender ArbGeb unter Berücksichtigung des Einzelfalls als zur Schadensbeseitigung oder -verhütung erforderlich halten durfte (BAG 28.10.10. – 8 AZR 547/09, NZA-RR 11, 231). Ist dem ArbGeb eine Bezifferung seines Schadens nicht möglich, kann er im Wege der Stufenklage vom ArbN **Auskunft** verlangen. Das setzt voraus, dass ein Schadenseintritt **wahrscheinlich** ist. Die Auskunftspflicht erstreckt sich auf alle Umstände, die der ArbGeb benötigt, um seinen Schaden zu berechnen. Im Wettbewerbsrecht ist anerkannt, dass wegen der oft schwierigen Schadensermittlung trotz einer möglichen Stufenklage auf **Feststellung** der Schadensersatzpflicht geklagt werden kann (BGH 17.5.01 – I ZR 189/99, NJW-RR 02, 834). Für die arbeitsgerichtliche Verfolgung eines Schadensersatzanspruchs des ArbGeb gilt nichts anderes (LAG Bln 4.11.05 – 6 Sa 1454/05, BB 06, 948).

14 **c) Eintrittsrecht.** Anstelle des Schadensersatzes kann der ArbGeb die Herausgabe dessen verlangen, was der ArbN durch den Abschluss des von ihm getätigten Geschäfts erlangt hat (§ 61 Abs 1 Hs 2 HBG). Das vom ArbN für eigene oder fremde Rechnung gemachte Geschäft gilt als das des ArbGeb mit der Folge, dass der ArbN die von Dritten bezogenen Leistungen an den ArbGeb auszukehren hat. Erfasst werden der gezogene Gewinn (nach Abzug der Aufwendungen (vgl LAG Sachs 27.2.04 – 3 Sa 764/03, BeckRS 2004, 30474438), Geld- und Sachleistungen; ggf sind die Vergütungsansprüche abzutreten. Das

Eintrittsrecht soll dem ArbGeb die Kompensation seines regelmäßig nur schwer nachzuweisenden effektiven Schadens erleichtern. Weitere Ersatzansprüche sind deshalb ebenso ausgeschlossen wie solche, die zu einer wesentlichen inhaltlichen Umstellung des Geschäfts führen. Besteht die wettbewerbswidrige Handlung des ArbN in der Übernahme eines Gesellschafteranteils, kann daher weder ein gesellschaftsrechtlicher Gewinnanteil verlangt werden noch die Vergütung für die Tätigkeit als solche (BAG 15.2.62 – 5 AZR 79/61, DB 62, 1014). **Kein Geschäft** iSv § 61 HGB ist dementsprechend auch der Abschluss eines Arbeitsvertrags mit einem Wettbewerber; das mit diesem vereinbarte Festgehalt ist nicht herauszugeben (BAG 17.10.12 – 10 AZR 809/11, NZA 13, 207).

Die Wahl des ArbGeb ist unwiderruflich und muss bei Kettengeschäften, dh innerlich zusammenhängenden Abschlüssen, einheitlich ausgeübt werden. Zur Erleichterung der Wahl kann er den ArbN auf Auskunft und Rechnungslegung über Inhalt und Durchführung der Geschäfte in Anspruch nehmen.

7. Verjährung. Die Ansprüche des ArbGeb aus Wettbewerbsverstößen verjähren in **drei** **15** **Monaten** („Haftungsfalle" für RA, *Diller* Anm AP HGB § 61 Nr 4) von dem Zeitpunkt ab, zu dem er oder sein Vertreter Kenntnis von dem Abschluss des Geschäfts erlangt hat, sonst in fünf Jahren (§ 61 Abs 2 HGB). Nicht erforderlich ist, dass der ArbGeb über den näheren Inhalt und die Einzelheiten des Geschäfts informiert ist. Die kurze Frist bezieht sich auch bei fortdauerndem Wettbewerbsverstoß auf das einzelne Geschäft. Sie gilt ebenfalls für **konkurrierende Ansprüche**, etwa aus positiver Forderungsverletzung, Eigengeschäftsführung ohne Auftrag sowie aus unerlaubter Handlung nach § 823 BGB oder wegen einer sittenwidrigen vorsätzlichen Schädigung nach § 826 BGB (BAG 11.4.2000 – 9 AZR 131/99, NZA 2000, 94). Die Frist wird durch eine auf Auskunft und Zahlung gerichtete Stufenklage unterbrochen; die Frist läuft dann erneut ab Auskunftserteilung und eidesstattlicher Versicherung. Etwaige Mängel der Auskunft sind unbeachtlich (BAG 28.1.86 – 3 AZR 449/84, DB 86, 1931). Die Verjährungsfrist gilt einheitlich für **alle** ArbN (BAG 26.9.07 – 10 AZR 511/06, NZA 07, 1436).

8. Prozessuales. Zum Unterlassungsanspruch s *Vertragsbruch* Rz 4; zur Feststellungsklage **16** nach Beendigung des Arbeitsverhältnisses s BAG 22.9.92 – 9 AZR 404/90, DB 93, 100; LAG Hamm 4.12.06 – 2 Ta 804/06, NZA-RR 07, 151 zum Rechtsweg für eine einstweilige Verfügung auf Unterlassung von Wettbewerbsverstößen nach Beendigung des Arbeitsverhältnisses. Oft sind an Wettbewerbsverstößen sowohl ArbN als auch NichtArbN beteiligt. Nach Auffassung des BAG können diese in Wettbewerbssachen wegen § 13 Abs 1 UWG nicht gemeinsam vor dem ArbG verklagt werden; eine **Zusammenhangsklage** iSv § 2 Abs 3 ArbGG soll wegen der ausschließlichen Zuständigkeit der LG gegen die NichtArbN nicht erhoben werden können (BAG 10.8.10 – 5 AZB 3/10, NZA 10, 1069). Das erscheint nicht richtig. § 13 UWG regelt nicht den Rechtsweg, sondern die sachliche Zuständigkeit des LG im Verhältnis zum AmtsG (*Brexl* GRUR-Praxis 10, 398).

B. Lohnsteuerrecht *Thomas*

Arbeitslohn. Zuwendungen an ArbN, die im Rahmen eines Wettbewerbs zur Förderung **17** betrieblicher Ziele gewährt werden, können Arbeitslohn sein. Wer seinem ArbGeb verbotswidrig Konkurrenz macht bzw unerlaubt Nebentätigkeiten (vgl *Nebentätigkeit* Rz 20 ff) nachgeht, hat daraus erzielte Einkünfte aus gewerblicher, selbständiger oder nichtselbständiger Tätigkeit unabhängig von der Haupttätigkeit zu versteuern. Zu Ersatzansprüchen des ArbGeb vgl *Wettbewerbsverbot* Rz 50.

1. Zuwendungen des Arbeitgebers. Das betriebliche Ziel kann bspw in der Umsatzförderung (Verkaufswettbewerb), in der Förderung des Sicherheitsbewusstseins (Unfallverhütungsprämien: BFH 11.3.88, BStBl II 88, 726), geringer krankheitsbedingter Ausfälle (BFH 15.12.77, BStBl II 78, 239), von Verbesserungsvorschlägen (s *Verbesserungsvorschläge* Rz 11, 12) usw liegen. Bei Leistungen Dritter ist Arbeitslohn aber nur anzunehmen, wenn ein Verhalten gefördert wird, das aufgrund des Arbeitsvertrages bereits dem ArbGeb gegenüber geschuldet wird. Bspw wurde Arbeitslohn verneint bei Prämien, die eine BG den ArbN ihrer Mitglieder auf deren Vorschlag für besondere Verdienste bei der Unfallverhütung zugewendet hat (BFH 22.3.63, BStBl III 63, 306).

459 Wettbewerb

18 Der Unterschied gegenüber einer vom ArbGeb gewährten **Unfallverhütungsprämie** liegt darin, dass hier Belohnungen für Unfallhilfe außerhalb bzw über das Dienstverhältnis hinaus und auch an andere Personen als ArbN gezahlt worden sind. Eine abweichende Beurteilung wäre dagegen möglich, wenn die BG Prämien an einen Angehörigen der Betriebsfeuerwehr leistete, zu dessen dienstlichen Obliegenheiten notfalls auch gehörte, sich selbst zu gefährden (*Offerhaus* DStJG Bd 9, 125). Übernimmt der ArbGeb (Paketzusteller) aus Wettbewerbsgründen Verwarnungsgelder, die gegen seine ArbN im Dienst festgesetzt werden, kann diese Zuwanderung im eigenbetrieblichen Interesse (s *Arbeitsentgelt* Rz 48) liegen und deswegen nicht als Arbeitslohn zu erfassen sein.

19 **2. Sachzuwendungen.** Arbeitslohn ist auch anzunehmen, wenn der ArbGeb besondere berufliche Leistungen nicht in Geld, sondern bspw mittels einer Incentivereise prämiert. Werden mit der Reise neben der Entlohnungsabsicht weitere betriebliche Ziele verfolgt, etwa solche betrieblicher Fortbildung (s *Betriebliche Berufsbildung* Rz 21), ist eine Gesamtbewertung vorzunehmen. Ergeben die Umstände des Falles, wie zB das Auswahlverfahren der Teilnehmer, die Ausstattung der Reise usw, dass wesentliches Ziel eine Sonderentlohnung war, so ist der gesamte Wert der Reise als Arbeitslohn zu erfassen, andernfalls sind einzelne Teilbereiche aussonderbar (s *Incentivereisen* Rz 10).

20 **3. Losgewinne.** Der Arbeitslohncharakter scheitert auch nicht daran, dass aus Anlass eines Wettbewerbs ausgeworfene Sonderentgelte nach einem Zufallsprinzip auf die in Betracht kommenden ArbN aufgeteilt werden. Dabei ist regelmäßig noch nicht die Gewinnchance als solche, sondern erst der erzielte Gewinn Arbeitslohn (BFH 25.11.93, BStBl II 94, 254 = DStR 94, 317; vgl auch BFH 23.7.99 – VI B 116/99, BStBl II 99, 684 = DStR 99, 1524; *Thomas* DStZ 99, 710). In Übereinstimmung hiermit ist bei Selbständigen der Gewinn aus einer Wettbewerbsauslosung Betriebseinnahme (BFH 2.9.08 – X R 25/07, DStR 08, 2359; anders aber, wenn das Entgelt für Lose mit einer bereits versteuerten Provision verrechnet wird, BFH 2.9.08 – X R 8/06, DStR 08, 2358; *Förster* DStR 09, 249). Zu sonstigen Preisen und Auszeichnungen vgl *Arbeitsentgelt* Rz 46.

21 Allerdings kann bereits in der Verschaffung einer **Gewinnaussicht** Arbeitslohn liegen (dann aber nicht mehr im Gewinn selbst), wenn es sich bei der Verlosung nicht um eine betriebsinterne Angelegenheit handelt, sondern ein marktgängiger Vorteil dadurch verschafft wird, dass zB übertragbare Lose eines Lotterieunternehmens vor der Ziehung an bestimmte ArbN verteilt werden. Wird über einen betrieblichen Wettbewerb die Teilnahmemöglichkeit an einem außerbetrieblichen Gewinnspiel eröffnet (zB „Wer wird Millionär"), liegt Arbeitslohn insoweit vor, als diese Teilnahmemöglichkeit sonst bezahlt werden muss. Die sich ergebenden weiteren Chancen haben mit dem Arbeitsverhältnis nichts mehr zu tun und führen deshalb nicht zu Lohn (vgl *Voßkuhl/Thulfaut* NWB F 6 S 4379). Kein Arbeitslohn ist lediglich dann anzunehmen, wenn mit der Losverteilung kein Entlohnungselement verbunden ist, wie das bspw der Fall sein kann, wenn im Rahmen einer *Betriebsveranstaltung* alle Anwesenden an einer Verlosung teilnehmen (vgl FG Düsseldorf 12.11.65, EFG 66, 137). Das Preisgeld aus der Fernsehshow „Big Brother" ist als sonstige Einkünfte nach § 22 Nr 3 EStG zu erfassen (BFH 24.4.12 – IX R 6/10, DStRE 12, 871 mit Anm *Heuermann* BFH/PR 12, 268; *Theisen* BB Heft 12/2012 M1; kritisch *Binnewies* DStR 12, 1586; ders FR 12, 931).

C. Sozialversicherungsrecht *Schlegel*

23 **Arbeitsentgelt** iSd § 14 SGB IV sind alle laufenden oder einmaligen Einnahmen aus der Beschäftigung, gleichgültig, ob ein Rechtsanspruch auf die Einnahmen besteht, unter welcher Bezeichnung oder in welcher Form sie geleistet werden und ob sie unmittelbar aus der Beschäftigung oder im Zusammenhang mit ihr erzielt werden. Damit sind auch alle Zuwendungen in Geld oder Geldeswert (zB Sachbezüge, Dienstleistungen etc) Arbeitsentgelt, selbst wenn der ArbGeb diese an den ArbN im Rahmen eines Wettbewerbs ausgelobt hat, sofern der Wettbewerb betrieblichen Zielen dient und zumindest die Teilnahme an dem Wettbewerb davon abhängt, dass der ArbN für seinen ArbGeb Arbeit leistet, die Zuwendung letztlich also aufgrund der Beschäftigung des ArbN erfolgt. Wann dies der Fall ist, ist im Beitrags- und Leistungsrecht der SozV nicht anders zu beurteilen als im Steuerrecht. Insoweit kann auf die Ausführungen zum Steuerrecht Bezug genommen werden (s oben Rz 16 ff). Steht fest, dass eine in einem Wettbewerb **ausgelobte Zuwendung** Ausfluss des Beschäfti-

Wettbewerbsverbot

gungsverhältnisses ist, muss im Einzelfall geklärt werden, ob die Zuwendung in die Betrags- und Leistungsbemessung miteinzubeziehen ist; dies ist dann idR nicht der Fall, wenn und soweit die Zuwendung steuerfrei ist (vgl § 14 SGB IV iVm § 1 Abs 1 Nr 1 SvEV).

Wettbewerbsverbot

A. Arbeitsrecht
Poeche

Übersicht

	Rz		Rz
1. Allgemeines	1	d) Rechtswirksame außerordentliche Kündigung des Arbeitgebers	24
2. Persönlicher Anwendungsbereich	2, 3	e) Aufhebungsvertrag	25
a) Arbeitnehmer	2	f) Rücktritt	26
b) Nichtarbeitnehmer	3	g) Insolvenz des Arbeitgebers	27
3. Sachlicher Anwendungsbereich	4, 5	9. Pflichten des Arbeitnehmers aus der Wettbewerbsabrede	28, 29
4. Rechtsnatur	6, 7	10. Pflichten des Arbeitgebers aus der Wettbewerbsabrede	30
5. Formelle Wirksamkeitsvoraussetzungen	8–10	11. Karenzentschädigung	31–39
a) Schriftform	8	a) Bemessungsgrundlage	31
b) Aushändigung	9	b) Anrechnung anderweitigen Erwerbs	32–34
c) Inhalt der Urkunde	10	c) Böswilliges Unterlassen	35
6. Inhaltliche Anforderungen	11–19	d) Berechnung	36
a) Vorbemerkung	11	e) Verdienstgrenze	37
b) AGB-Kontrolle	12	f) Verfallklausel	38
c) Nichtigkeitsgründe	13	g) Insolvenz des Arbeitgebers	39
d) Unverbindlichkeit	14–17	12. Auskunftsanspruch	40
e) Umgehungstatbestände	18	13. Rechtsfolgen des Wettbewerbsverstoßes	41
f) Vorvertrag	19	14. Vertragsstrafe	42
7. Ausübung des Wahlrechts	20	15. Prozessuales	43
8. Wegfall des Wettbewerbsverbots	21–27	16. Betriebsübergang	44
a) Verzicht des Arbeitgebers	21	17. Handelsvertreter	45
b) Außerordentliche Kündigung des Arbeitnehmers	22	18. Organmitglieder	46
c) Ordentliche Kündigung des Arbeitgebers	23		

1. Allgemeines. Mit dem Ende des Arbeitsverhältnisses endet gleichzeitig die Pflicht des ArbN zur Wettbewerbsenthaltung. Auch nachvertragliche Treue- und Verschwiegenheitspflichten setzen keine Schranken, die über die allgemeinen Gesetze (§§ 1 UWG; §§ 823, 826 BGB) hinausgehen (LAG Köln 18.1.12 – 9 Ta 407/11, BeckRS 2012, 68079 Anm *Wissmann* ArbRAktuell 12, 256). Der ArbN kann daher in den Kundenkreis des ArbGeb eindringen und hierbei Erfahrungswissen einschließlich der Kenntnis von Betriebs- und Geschäftsgeheimnissen einsetzen. Untersagt ist lediglich, hierfür rechtswidrig beschaffte Informationsträger zu benutzen (so auch BGH 23.2.12 – 1 ZR 136/10, GRUR 12, 1048 zur Auslegung von § 17 UWG). Gestattet ist jede Form der Konkurrenz, auch wenn sie die unternehmerischen Interessen des ArbGeb hart trifft (vgl BAG 19.5.98 – 9 AZR 394/97, NZA 99, 200). 1

Hiergegen kann sich der ArbGeb bis zur Höchstgrenze von zwei Jahren nur durch Vereinbarung eines **nachvertraglichen Wettbewerbsverbots** sichern. Zum Schutz des ArbN, der nicht unter dem Druck des Arbeitsverhältnisses unüberlegt Bindungen eingehen soll, müssen zwingende **Formvorschriften** und **Mindestbedingungen** eingehalten werden.

Es gilt der **Grundsatz der bezahlten Karenz.** Ohne finanziellen Ausgleich ist eine spätere Konkurrenz des ArbN nicht zu verhindern. Der ArbGeb sollte deshalb vor Abschluss einer Wettbewerbsabrede sorgfältig prüfen, ob der Umfang der geschäftsinternen Kenntnisse des ArbN den geldlichen Aufwand rechtfertigt. Versuche, durch besondere Vertragsformulierungen die Karenzentschädigung zu umgehen, bleiben bei gerichtlicher Kontrolle regelmä-

460 Wettbewerbsverbot

ßig ohne Erfolg. Eine weitergehende entschädigungslose Bindung kann auch nicht durch die Verschwiegenheitspflicht begründet werden (Näheres s *Verschwiegenheitspflicht* Rz 10 ff und *Betriebsgeheimnis* Rz 7 ff). Ebenso wenig genügt es, dass die Versorgungszusage des ArbN aus Anlass seines vorzeitigen Ausscheidens erheblich aufgestockt wird (BAG 15.6.93 – 9 AZR 558/91, DB 94, 887, auch zur berechtigten Verwertung beruflicher Kenntnisse und Erfahrungswissens und zum Widerruf einer Ruhegeldzusage).

2   **2. Persönlicher Anwendungsbereich. a) Arbeitnehmer.** Mit Wirkung zum 1.1.03 ist der bisher auf gewerbliche ArbN beschränkte Geltungsbereich der GewO erweitert worden. Nach § 6 Abs 2 GewO sind die Bestimmungen des Abschn I des Titels VII auf **alle ArbN** anzuwenden. Hierzu gehört § 110 GewO. Danach können ArbGeb und ArbN die berufliche Tätigkeit des ArbN für die Zeit nach Beendigung des Arbeitsverhältnisses durch Vereinbarung beschränken (Wettbewerbsverbot). Die §§ 74 bis 75 f HGB sind entsprechend anzuwenden. Der Gesetzgeber hat damit die bisher bestehende Rechtszersplitterung beseitigt. In der Sache bringt diese Änderung nichts wesentlich Neues. Die entsprechende Anwendung der handelsrechtlichen Vorschriften auf alle ArbN war bereits allgemein anerkannt. Der Gesetzgeber hat sich auf die Einführung des § 110 GewO beschränkt, obwohl die §§ 74 ff HGB selbst dringend sprachlich und inhaltlich überarbeitet werden müssten.

3   **b) Nichtarbeitnehmer.** Entsprechende Anwendung finden die §§ 74 ff HGB auf **arbeitnehmerähnliche Personen** (BAG 21.1.97 – 9 AZR 778/95, NZA 97, 1284; LAG Köln 2.6.99 – 2 Sa 138/99, NZA-RR 2000, 19) und auf wirtschaftlich abhängige freie Mitarbeiter (BGH 10.4.03 – III RZ 196/02, NJW 03, 1864; LAG Köln 23.1.04 – 4 Sa 988/03, ArbuR 04, 397 [LS]). Zur Rechtslage bei Handelsvertretern und angestellten GmbH-Geschäftsführern s *Wettbewerbsverbot* Rz 44, 45. Wegen der Besonderheiten im **Berufsausbildungsverhältnis** s dort Rz 37.

4   **3. Sachlicher Anwendungsbereich.** Nach § 110 GewO betrifft die Wettbewerbsabrede die „berufliche" Tätigkeit des ArbN, nach § 74 HGB geht es um die „gewerbliche" Tätigkeit. Inhaltlich besteht kein Unterschied. Erfasst werden alle Vereinbarungen, die den ArbN nach Beendigung des Arbeitsverhältnisses in der freien Verwertung seiner Arbeitskraft beschränken. Hierzu gehört auch das Verbot, berufliches Erfahrungswissen zu verwerten oder Verschwiegenheit zu wahren (BAG 19.5.98 – 9 AZR 394/97, NZA 99, 200; 15.12.87 – 3 AZR 43/86, NZA 88, 502; s auch *Betriebsgeheimnis* Rz 7). Die in freien Berufen üblichen sog allgemeinen **Mandantenschutzklauseln,** mit denen dem ArbN untersagt wird, ehemalige Mandanten seines ArbGeb zu beraten, unterliegen ebenfalls den §§ 74 ff HGB (BAG 27.9.88 – 3 AZR 59/87, NZA 89, 467). Das Standesrecht beschränkt die Wettbewerbsfreiheit des (ehemaligen) ArbN nicht; es verbietet lediglich die gezielte Abwerbung von Mandanten.

5   Grds zulässig sind dagegen sog **Mandantenübernahmeklauseln.** Eine solche Klausel verbietet dem ArbN nicht, ehemalige Mandanten des ArbGeb zu betreuen. Er schuldet nicht das für Wettbewerbsverbote typische Unterlassen. Vielmehr verpflichtet er sich, an den ArbGeb einen Teil des aus diesen Mandaten erzielten Honorars abzuführen. Derartige Klauseln sind entschädigungslos wirksam, wenn sie dem Schutz eines berechtigten geschäftlichen Interesses des ArbGeb dienen und das berufliche Fortkommen des ArbN nicht unbillig erschweren. Andernfalls sind sie als **verdeckte Mandantenschutzklausel** unwirksam (BAG 7.8.02 – 10 AZR 586/01, NZA 02, 1282). Die Mandatsübernahme muss sich für den konkurrierenden früheren ArbN noch wirtschaftlich lohnen. Das BAG hat den Satz von 20 vH nicht beanstandet; je nach den Umständen des Einzelfalls dürfte eine höhere prozentuale Beteiligung des früheren ArbGeb nicht ausgeschlossen sein. Die **Bindungsfrist** darf dagegen zwei Jahre nicht überschreiten. Eine geltungserhaltende Reduktion einer zu lang bemessenen Bindungsfrist kommt nicht in Betracht, da die mit Blick auf die Abführungspflicht erfolgte Mandatsablehnung nicht rückgängig gemacht werden kann (so auch LAG Köln 24.8.07 – 11 Sa 241/07, NZA-RR 08, 10; kritisch zur Wirksamkeit von Mandantenübernahmeklauseln *Meier* NZA 13, 253).

6   **4. Rechtsnatur.** Die Wettbewerbsabrede ist ein gegenseitiger Vertrag, auf den die §§ 320 ff BGB anzuwenden sind: Der ArbN schuldet Karenz, der ArbGeb schuldet die hierfür vereinbarte Entschädigung. Die wechselseitige Abhängigkeit dieser Leistungen berechtigt den ArbN allerdings nicht, bei Zahlungsverzug des ArbGeb Wettbewerb zu betrei-

ben. Zahlungsverzug des ArbGeb begründet für den ArbN das Recht zum **Rücktritt** nach § 323 Abs 1 BGB. Wettbewerb berechtigt den ArbGeb nach § 323 Abs 3 BGB zur **Abmahnung**. Wegen der weiteren Ansprüche s Rz 41 f.

Die **Unwirksamkeit des Arbeitsvertrags** (zB wegen fehlender Geschäftsfähigkeit oder Anfechtung nach §§ 119, 123 BGB; s *Faktisches Arbeitsverhältnis*) oder seine Beendigung vor Arbeitsbeginn lassen das Wettbewerbsverbot dann unberührt, wenn der ArbN seine Tätigkeit aufgenommen hat oder während seiner Einweisung und Vorbereitung auf die künftige Tätigkeit wettbewerbsrelevante Kenntnisse erworben hat (BAG 3.2.87 – 3 AZR 523/85, NZA 87, 2417; 26.5.92 – 9 AZR 27/91, NZA 92, 976); dazu Näheres unten Rz 28. Zum Lossagerecht des ArbGeb bei wirksamer Anfechtung LAG Mü 19.12.07 – 11 Sa 294/07, LAGE HGB § 74 Nr 22; s unten Rz 24. 7

5. Formelle Wirksamkeitsvoraussetzungen. a) Schriftform. Die Wettbewerbsabrede bedarf der **Schriftform** iSd § 126 BGB, dh der Originalunterschriften von ArbGeb und ArbN oder notariell beglaubigter Handzeichen. Sie kann im Arbeitsvertrag enthalten sein; eine gesonderte Urkunde braucht nicht erstellt zu werden. Unzureichend ist die Übersendung von bloßen Bestätigungs- oder Anstellungsschreiben. Eine nicht unterzeichnete Wettbewerbsklausel genügt dem Formerfordernis, wenn sie mit dem Arbeitsvertrag fest verbunden ist (Gesamturkunde) und im unterschriebenen Arbeitsvertrag auf sie verwiesen wird (BAG 30.10.84 – 3 AZR 213/82, DB 85, 709). Elektronische Form oder Textform (§§ 126a, 126b BGB) genügen nicht. Formunwirksam ist die in einem **befristeten Arbeitsvertrag** festgelegte Wettbewerbsabrede, wenn der Arbeitsvertrag nach Fristablauf nur aufgrund mündlicher Erklärungen verlängert wird (LAG Hamm 14.2.07 – 14 Sa 141/07, LAGE HGB § 74 Nr 21). Nichtig ist ein schriftlich vereinbartes entschädigungsloses Wettbewerbsverbot, wenn der ArbGeb lediglich mündlich eine Karenzentschädigung zusagt; ausnahmsweise kann ihm nach Treu und Glauben verwehrt sein, sich auf die Nichtigkeit zu berufen (LAG Düsseldorf 4.12.09 – 9 Sa 717/09, BeckRS 2010, 67734 zust *Diller* ArbRAktuell 10, 276). Lässt sich der ArbGeb bei der Unterschriftsleistung vertreten, genügt es, wenn der **Vertreter** seinen rechtsgeschäftlichen Vertretungswillen in der Urkunde, wenn auch unvollkommen, ausdrückt; der Zusatz „iV" ist dann nicht erforderlich (LAG Hamm 19.2.08 – 14 SaGa 5/08, BeckRS 2009, 53985). Die Unterzeichnung mit dem gesetzlich vorgeschriebenen Vertretungszusatz „ppa" (§§ 51, 53 HGB) kann geboten sein (LAG Hamm 10.1.05 – 7 Sa 1480/04, NZA-RR 05, 428). Die Schriftform ist gewahrt, wenn der ArbN seine Unterschrift nicht in das dafür vorgesehene Feld setzt, sondern in der darunterliegenden Zeile, in der der Erhalt der Vertragsurkunde bestätigt wird (LAG München 26.8.10 – 4 Sa 433/10, BB 10, 3029 m krit Anm *Fülbier*). 8

b) Aushändigung. Der ArbGeb muss die unterzeichnete Urkunde dem ArbN aushändigen. Er ist zu deren Annahme verpflichtet. Verweigert der ArbN die Entgegennahme, muss er sich in entsprechender Anwendung des § 162 BGB (Vereitelung des Bedingungseintritts) so behandeln lassen, als sei ihm die Urkunde ausgehändigt worden. Verzögert der ArbGeb die Aushändigung, entfällt die Annahmepflicht. Eine spätere Annahme heilt den Mangel (vgl LAG Nbg 21.7.94 – 5 Sa 391/94, NZA 95, 532). Dem ArbGeb ist dringend anzuraten, die Aushändigung der unterschriebenen Urkunde in geeigneter Weise beweisbar zu dokumentieren, auch wenn die Aushändigung weder **Wirksamkeitsvoraussetzung** iSv § 74 Abs 1 HGB noch eine Formvorschrift iSv § 125 Satz 1 BGB darstellt (BAG 23.11.04 – 9 AZR 595/03, NZA 05, 411). Die (nach der Behauptung des ArbGeb) unterbliebene Aushändigung führt nur dazu, dass er sich auf die Wettbewerbsabrede nicht berufen kann. Dagegen ist dem ArbN unbenommen, bei Karenz die vereinbarte Entschädigung zu verlangen. 9

c) Inhalt der Urkunde. Die schriftliche Urkunde muss die „vereinbarten Bestimmungen" (§ 74 Abs 1 HGB) enthalten, dh es ist zu konkretisieren, welchen sachlichen, zeitlichen und örtlichen Beschränkungen der ArbN nach Beendigung des Arbeitsverhältnisses unterliegen soll. Der Gegenstand des Wettbewerbsverbots wird mit der Verweisung auf den Tätigkeitsbereich des ArbGeb regelmäßig hinreichend klar umschrieben. Es ist nicht erforderlich, die von ihm hergestellten oder produzierten Waren im Einzelnen aufzulisten (vgl LAG NdS 8.12.05 – 7 Sa 1871/05, NZA-RR 06, 426). Zwingend aufzunehmen ist ferner die Verpflichtung des ArbGeb zur Zahlung einer Karenzentschädigung (§ 74 Abs 2 HGB). Es genügt, wenn hierfür auf §§ 74 ff HGB verwiesen wird (BAG 28.6.06 – 10 AZR 407/05, NZA 06, 1157). 10

460 Wettbewerbsverbot

11 **6. Inhaltliche Anforderungen. a) Vorbemerkung.** Die §§ 74 ff HGB unterscheiden zwischen nichtigen und unverbindlichen Wettbewerbsabreden. **Nichtigkeit** führt zur Unwirksamkeit der Abrede schlechthin. Weder der ArbGeb noch der ArbN sind gebunden. **Unverbindlichkeit** führt dagegen dazu, dass sich der ArbGeb auf die abweichende Abrede nicht berufen kann (§ 75d HGB). Der ArbN hat ein **Wahlrecht,** ob er gegen Zahlung der Karenzentschädigung Wettbewerb unterlässt oder ob er entschädigungslos Wettbewerb betreibt. Verbindlich ist ein Wettbewerbsverbot nur, soweit es einem berechtigten geschäftlichen Interesse des ArbGeb dient und nicht zu einer unbilligen Erschwernis des beruflichen Fortkommens des ArbN führt (§ 74a HGB). Die gesetzliche Regelung beruht ua auf der Erwägung, dass sich zZt des Vertragsschlusses idR nicht prognostizieren lässt, ob sich das Wettbewerbsverbot für den ArbN als „Fluch oder Segen" (*Bauer/Diller* Wettbewerbsverbote 5. Aufl Rz 37e) herausstellt. Das kann erst bei der Beendigung des Arbeitsverhältnisses beurteilt werden. Der ArbGeb sollte daher im eigenen Interesse nicht nur vor Beginn des Arbeitsverhältnisses, sondern auch während seines Laufs prüfen, ob ein Wettbewerbsverbot (noch) Sinn macht. Zur Rechtsfolge eines teilweise unverbindlichen Wettbewerbsverbots nach § 74a Abs 1 HGB unten Rz 15.

12 **b) AGB-Kontrolle.** Für die Kontrolle nach §§ 305 ff BGB bei vom ArbGeb vorformulierten Wettbewerbsklauseln ergibt sich aus der Rechtsnatur der Abrede als gegenseitigem Vertrag, dass die vereinbarte Reichweite des Wettbewerbsverbots als solche keiner **Angemessenheitskontrolle** nach § 307 Abs 1 Satz 1 und Abs 2 BGB unterliegt, weil sie die vom ArbN geschuldete Hauptleistung „Karenz" betrifft (LAG BaWü 30.1.08 – 10 Sa 60/07, NZA-RR 08, 508; vgl auch LAG Hamm 14.4.03 – 7 Sa 1881/02, NZA-RR 03, 513). Eine inhaltliche Kontrolle erfolgt allein nach den Kriterien des § 74a HGB, der als gesetzlich geregelter Fall einer geltungserhaltenden Reduktion bezeichnet werden kann (s auch LAG RhPf 3.8.12 – 9 SaGa 6/12, NZA-RR 13, 15; ausführlich zur AGB-Kontrolle *Straube* BB 13, 117). Uneingeschränkt anwendbar sind die Bestimmungen über **überraschende Klauseln** (§ 305c Abs 1 BGB), **mehrdeutige Klauseln** (§ 305c Abs 2 BGB) oder **intransparente Klauseln** (§ 307 Abs 1 Satz 2 BGB; dazu BAG 28.6.06 – 10 AZR 407/05, NZA 06, 1157). Weder überraschend noch intransparent ist die Klausel: „Das Wettbewerbsverbot wird wirksam mit Ablauf des zweiten Vertragsjahres der Laufzeit dieses Vertrags" (BAG 13.7.05 – 10 AZR 532/04, AP HGB § 74 Nr 78). Das gilt auch für die üblichen Umschreibungen der Reichweite des Verbots wie etwa Tätigkeit für mit dem neuen ArbGeb „verbundene Unternehmen" (konzernrechtlich zu verstehen) oder das Verbot direkten und „indirekten Wettbewerbs" (meint ua den Einsatz eines Strohmanns). Vgl hierzu instruktiv und ausführlich LAG Hamm 1.12.09 – 14 SaGa 59/09, BeckRS 2010, 67131 zust *Diller* ArbRAktuell 10, 176. Gegen die Wirksamkeit einer **Vertragsstrafe** zur Sicherung der Karenz des ArbN bestehen keine Bedenken (Näheres unten Rz 41 und *Vertragsstrafe* Rz 19).

13 **c) Nichtigkeitsgründe.** Nichtig sind Wettbewerbsabreden, bei denen der ArbN das Karenzversprechen auf Ehrenwort oder unter einer ähnlichen Versicherung abgibt, wenn sich ein Dritter an Stelle des ArbN verpflichtet, dass dieser keine Konkurrenz betreiben wird und Vereinbarungen mit Minderjährigen, bei denen auch eine Zustimmung der Sorgeberechtigten unerheblich ist (§ 74a Abs 2 HGB). Das **Fehlen** jeder Entschädigungszusage steht der Nichtigkeit gleich (BAG 3.5.94 – 9 AZR 606/92, DB 95, 50 LAG Bln 8.5.03 – 16 Sa 261/03, LAGReport 03, 253; s oben Rz 8).

14 **d) Unverbindlichkeit. aa) Karenzentschädigung.** Als Gegenleistung zur Wettbewerbsenthaltung des ArbN muss sich der ArbGeb verpflichten, an den ArbN für die Dauer des Wettbewerbsverbots, die mit höchstens **zwei Jahren** vereinbart werden darf, eine **Entschädigung** zu zahlen. Diese muss **mindestens** für jedes Jahr des Verbots **die Hälfte der** vom **ArbN zuletzt bezogenen vertragsgemäßen Leistungen** erreichen (§ 74 Abs 2 HGB, zur Berechnung Rz 29). Die Zahlungsverpflichtung des ArbGeb muss unmissverständlich sein. Die Angabe eines bestimmten Betrages verbietet sich idR wegen der steigenden Gehaltsentwicklung. Üblich, aber auch ausreichend ist die Bezugnahme auf die §§ 74 ff HGB. Regelmäßig unschädlich ist, wenn versehentlich die §§ 77 ff HGB genannt werden (BAG 31.7.02 – 10 AZR 513/01, NZA 03, 100). Auch unter Geltung der AGB-Kontrolle enthält die Bezugnahme im Zweifel die Zusage einer Entschädigung in der gesetzlichen Mindesthöhe (BAG 26.6.06 – 10 AZR 407/05, NZA 06, 1157). Vor „besonderen" Formulierungen ist zu warnen. Jede Abweichung zu Ungunsten des ArbN macht das Wettbewerbsverbot

unverbindlich. Das gilt zB, wenn der ArbN neben einem Festgehalt variable Entgeltbestandteile oder Einmalzahlungen erhält, in der Abrede aber nur das Festgehalt genannt wird. Unverbindlich ist auch eine Zusage, nach der sich die Karenzentschädigung nach „dem Durchschnitt des letzten Jahres" bemisst und nicht nach dem letzten Beschäftigungsmonat (LAG Hamm 23.3.10 – 14 SaGa 68/09, NZA-RR 10, 315). Zu beachten ist, dass der ArbN bei einem Wettbewerbsverbot, das wegen zu geringer Entschädigungszusage unverbindlich ist, keinen Anspruch auf den gesetzlichen Mindestsatz hat, wenn er sich für Karenz entscheidet; § 74 Abs 2 HGB ist keine Anspruchsgrundlage (BAG 7.2.69 – 3 AZR 138/68 DB 70, 63; zu Unrecht zweifelnd BAG 9.1.90 – 3 AZR 110/88, AP Nr 59 zu § 74 HGB; LAG Hamm 20.12.01 – 16 Sa 414/01, BuW 02, 704 [LS]). Bei Einhaltung des Wettbewerbsverbots kann der ArbN nur die vertraglich vereinbarte Entschädigung beanspruchen. Stellt eine Wettbewerbsabrede die Höhe der Karenzentschädigung in das Ermessen des ArbGeb, so kann das ArbG sich bei der Bestimmung der Höhe gem § 315 Abs 3 BGB an § 74 Abs 2 HGB orientieren, wenn die Leistungsbestimmung des ArbGeb unbillig niedrig ist (LAG Niedersachsen 9.1.13 – 16 Sa 563/12, BeckRS 2013, 66442 nrkr).

bb) „Überschießendes" Wettbewerbsverbot. Die Wettbewerbsabrede ist insoweit „unverbindlich", als sie keinem berechtigten geschäftlichen Interesse des ArbGeb dient (§ 74a Abs 1 Satz 1 HGB). Anders als die gesetzliche Formulierung „unverbindlich" nahelegt, hat der ArbN bei einem nur teilweisen verbindlichen Wettbewerbsverbot **kein Wahlrecht**. Soweit es von einem berechtigten geschäftlichen Interesse des ArbGeb gedeckt ist, muss der ArbN Karenz halten und hat dann Anspruch auf die (volle) zugesagte Karenzentschädigung; die Einhaltung des unverbindlichen Teils ist nicht erforderlich. Das überschießende Wettbewerbsverbot wird „automatisch" auf den wirksamen Teil zurückgeführt (BAG 21.4.10 – 10 AZR 288/09, NJW 10, 2378; zust *Diller* ArbRAktuell 10, 218; ausführlich *v Hoyningen-Huene* AP HGB § 74a Nr 6). Das geschäftliche Interesse ist berechtigt, wenn ein **konkreter Bezug** zwischen der bisherigen Tätigkeit und dem Gegenstand des Wettbewerbsverbots besteht. Die wirtschaftlichen Interessen des ArbGeb müssen gerade durch eine Verwertung der vom ArbN im Unternehmen gesammelten Kenntnisse und Erfahrungen gefährdet sein. Nicht berechtigt ist der Wunsch, sich eine qualifizierte Fachkraft zu erhalten oder den ArbN für die Konkurrenz zu blockieren (BAG 1.8.95 – 9 AZR 884/93, DB 96, 481). Das Wettbewerbsverbot muss entweder dem Schutz von Betriebsgeheimnissen dienen oder den Einbruch eines ausgeschiedenen Mitarbeiters in den Kunden- oder Lieferantenkreis unter Ausnutzung besonderer Kenntnisse oder persönlicher Kontakte verhindern sollen. Das bloße Interesse, Konkurrenz einzuschränken, genügt nicht. Die Reichweite des Verbots muss sowohl sachlich als auch örtlich und zeitlich von einem berechtigten geschäftlichen Interesse des Arbeitgebers gedeckt sein (BAG 21.4.13 – 10 AZR 288/09, NJW 10, 2378). Soweit die Betätigung des ArbN auf einer anderen Handelsebene überhaupt der Wettbewerbsabrede unterfällt, besteht idR kein hierauf gerichteter Unterlassungsanspruch des ArbGeb (BAG 21.4.10 – 10 AZR 288/09, NJW 10, 2378: Fachhandel/Endverbraucher).

cc) Unbillige Erschwernis des Fortkommens des Arbeitnehmers. Die Verbindlichkeit des Wettbewerbsverbots wird durch die Interessen des ArbN begrenzt. Sein Fortkommen darf nicht unbillig erschwert werden (§ 74a Satz 2 HGB). Abzustellen ist auf Ort, Zeit und Gegenstand der verlangten Karenz sowie auf die Höhe der Entschädigungsleistung des ArbGeb. Zur Auslegung vgl LAG Hamm 10.1.02 – 16 Sa 1217/01, BuW 02, 660 [LS]. Je nach Sachlage kann das Verbot in begrenztem Umfang verbindlich, im Übrigen unverbindlich sein bis hin zum gänzlichen Wegfall (Beispiel: Bundesweit tätiges Einzelhandelsunternehmen kann den ArbN nicht für den gesamten Einzelhandel sperren, sondern nur für vergleichbare Unternehmen). Durch Zahlung einer höheren Entschädigung kann der ArbGeb seinen Interessen Vorrang verschaffen.

dd) Zweijahreszeitraum. Wird das Wettbewerbsverbot für eine **längere Zeit** als zwei Jahre abgeschlossen, wird es mit Ablauf der gesetzlichen Höchstdauer für den ArbN unverbindlich (§ 74 Abs 1 Satz 3 HGB).

e) Umgehungstatbestände. Unverbindlich mit der Folge des Wahlrechts des ArbN sind sog **bedingte Wettbewerbsverbote**. Hierunter fallen alle Abreden, die darauf abzielen, dass es letztlich der Entscheidung des ArbGeb überlassen bleibt, ob der ArbN Wettbewerb unterlassen muss oder nicht. Hierzu zählen aber auch alle anderen Klauseln, die den Eintritt des Wettbewerbsverbots von Bedingungen abhängig machen, die gesetzlich nicht oder nicht in dieser Form vorgesehen sind. Beispiele unzulässiger Klauseln: „Bei Beendigung des Arbeitsverhältnisses ist Herr A verpflichtet, auf Verlangen der ArbGeb Karenz zu halten/ohne vorherige Zustimmung keine konkurrierende Tätigkeit aufzunehmen" (BAG 16.12.86 – 3 AZR 73/86, DB 87, 2047); „... ist es ohne schriftliche Zustimmung nicht gestattet ..." (BAG 4.6.85 – 3 AZR 265/83, DB 86, 1476). In Fortführung dieser Rspr hat das BAG eine Klausel für unverbindlich erklärt, die den ArbGeb vor Beendigung des Arbeitsverhältnisses berechtigte, den örtlichen/sachlichen Umfang des Verbots im Einzelnen festzulegen (BAG 5.9.95 – 9 AZR 718/13, DB 96, 784). „... die Firma X ist ohne Zustimmung des ArbN berechtigt, vor oder nach Beendigung des Arbeitsvertrages auf die Wettbewerbsabrede zu verzichten" (BAG 19.1.78 – 3AZR 573/77, DB 78, 543). „Für den Fall, dass der ArbN ordentlich kündigt oder eine fristlose Entlassung verschuldet ..." (BAG 10.12.85 – 3 AZR 242/84, DB 86, 1829). Unverbindlich ist auch eine Klausel, mit der sich der ArbGeb vorbehält, vor Beendigung des Arbeitsverhältnisses den örtlichen/sachlichen Umfang des Wettbewerbsverbots festzulegen, auch dann, wenn er zur Zahlung der Entschädigung verpflichtet bleibt (LAG Düsseldorf 10.2.93 – 4 Sa 1669/92, LAGE Nr 7 zu § 74 HGB; aA LAG Düsseldorf 3.8.93 – 8 Sa 787/93, BB 93, 2382).

19 f) **Vorvertrag.** Ein Vorvertrag, durch den sich der ArbN verpflichtet, auf Verlangen des ArbGeb eine bestimmte Wettbewerbsvereinbarung zu schließen, unterliegt denselben Formvorschriften wie die Wettbewerbsabrede selbst. Er dürfte nur zulässig sein, wenn auch der ArbN deren Abschluss verlangen kann oder der ArbGeb binnen einer bestimmten Frist nach Aufnahme des Arbeitsverhältnisses sich erklären muss. Das BAG hat dies offen gelassen. Der Vorvertrag ist jedenfalls dann unzulässig, wenn die Option des ArbGeb nicht auf den Zeitpunkt bis zum Ausspruch einer Kündigung oder bis zum Abschluss eines Auflösungsvertrags beschränkt wird. Ein danach unzulässiger Vorvertrag begründet ein unverbindliches Wettbewerbsverbot: Der ArbN kann zwischen Karenz und Wettbewerb wählen (BAG 14.7.10 – 10 AZR 291/09, NZA 11, 413).

20 **7. Ausübung des Wahlrechts.** Der ArbN muss sich bei Beginn der Karenzzeit, also mit der rechtlichen Beendigung des Arbeitsverhältnisses, endgültig und für den gesamten Karenzzeitraum entscheiden, ob er sich auf die Unverbindlichkeit des Wettbewerbsverbots berufen will (BAG 14.7.10 – 10 AZR 291/09, NZA 11, 413; aA LAG Hamm 4.2.12 – 14 Sa 1385/11, BeckRS 2012, 69997). Die Wahl braucht nicht ausdrücklich erklärt zu werden. Vielmehr genügt es, wenn sich der ArbN endgültig für das Wettbewerbsverbot entscheidet und seiner Unterlassungsverpflichtung nachkommt. Den Interessen des ArbGeb wird dadurch Rechnung getragen, dass er den ArbN unter Bestimmung einer angemessenen Frist (2–3 Wochen) zur Ausübung des Wahlrechts auffordern kann. Mit Ablauf der Frist geht das Wahlrecht auf ihn über (BAG 22.5.90 – 3 AZR 647/88, DB 91, 709).

21 **8. Wegfall des Wettbewerbsverbots. a) Verzicht des Arbeitgebers.** Bis zur rechtlichen Beendigung des Arbeitsverhältnisses kann der ArbGeb durch **schriftliche Erklärung** auf die Karenz des ArbN **verzichten.** Das Wettbewerbsverbot entfällt mit sofortiger Wirkung. Der ArbN kann konkurrierend tätig werden; mit Ablauf eines Jahres ab Zugang der Erklärung wird der ArbGeb von der Verpflichtung zur Zahlung der Karenzentschädigung befreit (§ 75a HGB). Der ArbGeb kann damit auf geänderte wirtschaftliche Verhältnisse reagieren und die Folgen eines für ihn uninteressant gewordenen Wettbewerbsverbots abfedern. Bei einem Verzicht, der mehr als ein Jahr vor Beendigung des Arbeitsverhältnisses liegt, wird mithin keine Karenzentschädigung fällig (BAG 31.7.02 – 10 AZR 513/01, BB 03, 106), wohl aber trotz konkurrierender Tätigkeit innerhalb der Jahresfrist (BAG 25.10.07 – 6 AZR 662/06, NJW 08, 1466). Die Verzichtserklärung kann mit der **Kündigung** verbunden werden; eine vertragliche Erweiterung des Verzichtsrechts ist unwirksam (BAG 17.2.87 – 3 AZR 59/86, DB 87, 1444). Eine auch unwiderrufliche Freistellung des ArbN für die Dauer der Kündigungsfrist kann idR nicht als Verzicht des ArbGeb auf das nachvertragliche Wettbewerbsverbot verstanden werden (LAG Köln 17.3.11 – 6 Sa 1413/10, NZA-RR 11, 513). So werden etwa Vertriebsmitarbeiter, ungeachtet welche Seite die Kündigung erklärt hat, regelmäßig sofort freigestellt, um weitere Kundenkontakte zu verhindern. Zur Auslegung einer Freistellungserklärung des ArbGeb als Gestattung einer konkurrierenden Tätigkeit im bestehenden Arbeitsvertrag *Wettbewerb* Rz 10.

Wettbewerbsverbot 460

Bei einer **fristlosen Kündigung** muss der Verzicht spätestens zusammen mit der Kündigung ausgesprochen werden, da das Arbeitsverhältnis sofort beendet wird (BAG 31.7.02 – 10 AZR 513/01, BB 03, 106). Der Verzicht muss gegenüber dem ArbN abgegeben werden, ein Verzicht gegenüber der BA genügt nicht. Behält sich der ArbGeb vor, auf das Wettbewerbsverbot „ganz oder teilweise" unter entsprechendem Wegfall der Karenzentschädigung zu verzichten, liegt ein **bedingtes Wettbewerbsverbot** vor, das für den ArbN das Wahlrecht begründet (BAG 31.7.02 – 10 AZR 558/01, NZA 05, 100). Kein Verzicht liegt in einer Kündigung des ArbGeb des Wettbewerbsverbots zum Ablauf der Jahresfrist (LAG Hamm 11.7.03 – 7 Sa 674/03, LAGReport 04, 187). Wegen Verstoßes gegen **Treu und Glauben** kann ein **Verzicht unwirksam** sein, wenn der ArbN auf Befragen des ArbGeb oder aufgrund entsprechender vertraglicher (unwirksamer) Auskunftspflicht seine künftigen beruflichen Pläne offenbart und der ArbGeb daraufhin wegen fehlender Wettbewerbsschädlichkeit verzichtet (BAG 29.11.68 – 3 AZR 402/67, DB 69, 352).

b) Außerordentliche Kündigung des Arbeitnehmers. Endet das Arbeitsverhältnis 22 aufgrund einer wirksamen fristlosen Kündigung des ArbN (§ 626 BGB), kann er binnen eines Monats **schriftlich** erklären, er halte sich an das Wettbewerbsverbot für **nicht gebunden** (§ 75 Abs 1 HGB). Mit Zugang der Erklärung beim ArbGeb entfallen Wettbewerbsverbot und Entschädigungsleistung. Das Wahlrecht kann nur einheitlich für die gesamte Laufzeit des Verbots ausgeübt werden.

c) Ordentliche Kündigung des Arbeitgebers. Diese löst für den ArbN das **Recht zur** 23 **Lossage** aus, wenn er für die Beendigung des Arbeitsverhältnisses in seiner Person keinen erheblichen Anlass gegeben hat (§ 75 Abs 2 HGB). Eine Kündigung, die auf personen- oder verhaltensbedingte Gründe gestützt wird und sich iSv § 1 Abs 1 KSchG als sozial gerechtfertigt erweist, schließt die Wahlmöglichkeit regelmäßig aus. Unerheblich ist die formale Einkleidung der Kündigung. Erklärt der ArbGeb zur Schonung des ArbN eine „betriebsbedingte" Kündigung, verbleibt es bei der vollen Bindung des ArbN an das Wettbewerbsverbot, wenn der ArbGeb bei Aushändigung der Kündigung den wahren Hintergrund offen legt. Das Wahlrecht ist **nicht abdingbar.** Der ArbGeb kann es nur vermeiden, indem er sich bei der Kündigung bereit erklärt, dem ArbN für die Dauer der Beschränkung die vollen zuletzt vom ArbN bezogenen vertragsgemäßen Leistungen zu gewähren. Eine Vereinbarung, wonach das Wettbewerbsverbot von vornherein nicht für den Fall der ordentlichen Kündigung des ArbGeb gelten soll, ist für den ArbN unverbindlich (BAG 14.7.81 – 3 AZR 515/78, DB 82, 906). Der ArbN verliert sein Lossagerecht auch nicht, wenn der ArbGeb die Kündigung **zurücknimmt** und der ArbN daraufhin die Kündigungsschutzklage nicht weiter verfolgt (LAG Nbg 23.9.92 – 4 (2) Sa 417/91, BB 93, 1013).

d) Die rechtswirksame außerordentliche Kündigung des Arbeitgebers begründet 24 für ihn in entsprechender Anwendung von § 75 Abs 1 HGB dieselben Rechte wie die außerordentliche Kündigung des ArbN für diesen: ihm steht das **Lossagerecht** zu. § 75 Abs 3 HGB, wonach der ArbN entschädigungslos Wettbewerb zu unterlassen hat, ist wegen Verstoßes gegen den Gleichheitssatz verfassungswidrig (BAG 23.2.77 – 3 AZR 620/75, DB 77, 1143). Einer erneuten ausdrücklichen schriftlichen Erklärung des ArbGeb bedarf es dann nicht, wenn der ArbGeb bereits zuvor ordentlich gekündigt und bei dieser Gelegenheit auf das Wettbewerbsverbot gem § 75a HGB verzichtet hatte (BAG 17.2.87 – 3 AZR 59/86, DB 87, 1444). Das gilt auch, wenn der ArbGeb fristlos gekündigt hatte, anschließend auf das Wettbewerbsverbot verzichtet und vorsorglich erneut außerordentlich kündigt (BAG 19.5.98 – 9 AZR 327/96, NZA 99, 37).

e) Aufhebungsvertrag. Das Wettbewerbsverbot kann jederzeit durch Aufhebungsvertrag 25 beseitigt werden. Haben die Parteien arbeitsvertraglich Schriftform vereinbart, ist eine mündliche Aufhebung wirksam, wenn sie „die Maßgeblichkeit der mündlichen Vereinbarung übereinstimmend gewollt haben" (st Rspr BAG 20.5.08 – AZR 382/07, NZA 08, 1233). Darlegungs- und Beweislast trägt die Partei, die sich auf die Änderung beruft. Schwierigkeiten werfen immer wieder **Erledigungs- oder Ausgleichklauseln** auf, die Arbeitsvertragsparteien bei oder zur Beendigung des **Arbeitsverhältnisses** im Aufhebungsvertrag vereinbaren. An sich dürften solche Klauseln ein nachvertragliches Wettbewerbsverbot nicht ohne besondere Anhaltspunkte erfassen. Denn es betrifft typischerweise die nachvertragliche Zeit; die Beendigung des Arbeitsverhältnisses wird denknotwendig vorausgesetzt. Anders die Rspr des BAG. Anerkannt hat es zwar, dass die auf einer Abgangsbescheinigung erteilte

Poeche 2621

460 Wettbewerbsverbot

Ausgleichsquittung, mit der der ArbN bescheinigt, das Arbeitsverhältnis sei beendet und er habe keine weiteren Ansprüche aus dem Arbeitsverhältnis, seine Rechte aus dem Wettbewerbsverbot regelmäßig unberührt lässt (BAG 7.11.07 – 5 AZR 880/06, NZA 08, 355). Eine in einem gerichtlichen oder außergerichtlichen Vergleich zur Beendigung des Arbeitsverhältnisses umfassend formulierte **Erledigungsklausel** soll aber wegen der von den Parteien gewollten Gesamtbereinigung des Arbeitsverhältnisses „im Zweifel" auch Wettbewerbsverbote erfassen; solche Klauseln seien „weit" auszulegen (BAG 22.10.08 – 10 AZR 617/07, NZA 09, 139; 24.6.09 – 10 AZR 707/08, NJW 09, 3529). Die Rspr birgt die Gefahr, dass die gegenläufigen Interessen der Arbeitsvertragsparteien nicht genügend berücksichtigt werden (vgl *Bauer* BB 04, 1274). Zur Aufhebung eines unverbindlichen Wettbewerbsverbots BAG 7.9.04 – 9 AZR 612/03, DB 05, 779 [LS]. Die Wichtigkeit der sorgfältigen Formulierung einer Ausgleichsklausel zeigt die Entscheidung des BAG v 8.3.06 (10 AZR 349/05, NZA 06, 854). Dort hatten die Parteien über die Wirksamkeit des Wettbewerbsverbots nicht gestritten und der ArbGeb die vereinbarte Karenzentschädigung monatlich bezahlt. In einem über andere Ansprüche geführten Rechtsstreit verglichen sich die Parteien. Die Erledigungsklausel sollte „alle finanziellen Ansprüche" erfassen; nach der vom BAG bestätigten Auslegung des LAG ließ diese Klausel das Wettbewerbsverbot unberührt. Zur Vermeidung von Missverständnissen und künftigen Auseinandersetzungen sollte das Wettbewerbsverbot in dem Vergleich positiv oder negativ angesprochen werden (vgl LAG Köln 17.1.11 – 6 Sa 1413/10, NZA-RR 11, 513 mit Anm *Gromann*). Ein vorheriger (anwaltlicher) Blick in die Vertragsunterlagen ist unverzichtbar. Zu einem unzulänglich ausgehandelten Aufhebungsvertrag s auch BAG 17.10.12 – 10 AZR 809/11, BeckRS 2012, 338930 mAnm *Diller*, ArbR Aktuell 12, 556: Fortzahlung der Vergütung bei vorbehaltsloser Freistellung trotz konkurrierender Tätigkeit des ArbN.

26   **f) Rücktritt.** Das Wettbewerbsverbot erlischt mit rechtswirksamem Rücktritt vom Vertrag. Näheres oben Rz 5.

27   **g) Insolvenz des Arbeitgebers** und gleichzeitige Stilllegung des Betriebes entbindet den ArbN ebenfalls vom Wettbewerbsverbot. Anders bei Fortführung des Betriebes. Der Insolvenzverwalter hat dann gem § 103 InsO die Wahl zwischen Erfüllung und Ablehnung. Fordert er die Einhaltung des Wettbewerbsverbots, kann der ArbN seinerseits dann fristlos kündigen, wenn die volle Erfüllung seines Anspruchs auf Karenzentschädigung nicht sicher ist.

28   **9. Pflichten des Arbeitnehmers aus der Wettbewerbsabrede.** Mit Beendigung des Arbeitsverhältnisses tritt die Wettbewerbsabrede in Kraft. Der ArbN ist verpflichtet, in dem vertraglich festgelegten Umfang Wettbewerb zu unterlassen. Nicht vorausgesetzt ist, dass das Arbeitsverhältnis rechtswirksam begründet worden war; auch ein tatsächlich vollzogenes **faktisches Arbeitsverhältnis** löst im Zweifel wegen der vom ArbN im Betrieb erworbenen internen Kenntnisse und Erfahrungen, die er woanders einbringen und für den ArbGeb schädigend verwerten kann, das Wettbewerbsverbot aus (BAG 3.2.87 – 3 AZR 523/85, DB 87, 2417). Nach der **erkennbaren Interessenlage des Arbeitgebers** bestimmen sich die Rechtsfolgen auch dann, wenn im ArbN sein Arbeitsverhältnis vertragsbrüchig nicht antritt oder wenn der ArbGeb vor Dienstaufnahme unter gleichzeitiger Freistellung kündigt. So erlangt ein tätigkeitsbezogenes Wettbewerbsverbot regelmäßig keine Geltung, wenn das Arbeitsverhältnis nicht aktualisiert wird (BAG 26.5.92 – 9 AZR 27/91, DB 92, 2300).

29   Anders liegt es, wenn der ArbN **vor Arbeitsantritt** bereits intensiv in seine neuen Aufgaben eingewiesen wurde und dabei gerade diejenigen Informationen über geschäftliche und betriebliche Angelegenheiten erhielt, die durch das Wettbewerbsverbot geschützt werden sollten (BAG 3.2.87 – 3 AZR 523/85, DB 87, 2417). Zulässig ist es, das Wirksamwerden des Wettbewerbsverbots vom erfolgreichen Abschluss der **Probezeit** abhängig zu machen (BAG 28.6.06 – 10 AZR 407/05, NZA 06, 1157). Wird es dagegen bereits vom ersten Tag an und ausdrücklich auch für die Probezeit vereinbart, kommt es ggf auf eine ergänzende Vertragsauslegung an, wenn es zu keiner Zusammenarbeit kommt (BAG 19.5.83 – 2 AZR 171/81, DB 84, 298).

30   **10. Pflichten des Arbeitgebers aus der Wettbewerbsabrede.** Solange der ArbN seine Pflicht zur Wettbewerbsunterlassung erfüllt (BAG 10.9.85 – 3 AZR 490/83, NZA 86, 134), ist der ArbGeb zur Zahlung der vereinbarten **Karenzentschädigung** verpflichtet. Diese ist

am Schluss jeden Monats fällig (§ 74b HGB). Sie ist Arbeitseinkommen und unterliegt dem Pfändungsschutz (§ 850 Abs 3a ZPO). Mit Ausnahme der Verbüßung einer Freiheitsstrafe, die die Karenzentschädigung entfallen lässt (§ 74c Abs 1 Satz 3 HGB), ist der Grund, der den ArbN zur Einhaltung des Wettbewerbsverbots veranlasst, unerheblich: Eintritt in den Ruhestand (BAG 3.7.90 – 3 AZR 96/89, DB 91, 1125), Aufnahme eines Studiums (BAG 13.2.96 – 9 AZR 931/94, NZA 96, 1039), Sprachlehrgang und Berufstätigkeit in England (BAG 20.1.67 – 3 AZR 253/66, DB 67, 779), andauernde Arbeitsunfähigkeit (BAG 23.11.04 – 9 AZR 595/03, NZA 05, 411). Grenzen können sich insoweit lediglich aus der Anrechnung von böswillig unterlassenem anderweitigem Erwerb ergeben (s unten Rz 35).

11. Karenzentschädigung. a) Bemessungsgrundlage. Der gesetzliche **Mindestsatz** 31 liegt bei der **Hälfte** der zuletzt bezogenen **vertragsgemäßen Leistungen** und muss für jedes Jahr des Verbots erreicht werden (§ 74 Abs 2 HGB). Zu den anzusetzenden Leistungen gehören alle Einkommensbestandteile, also neben der letzten regelmäßigen Monatsvergütung auch alle Einmalzahlungen freiwilliger oder verpflichteter Art wie Urlaubs- und Weihnachtsgeld, Jubiläumszuwendung, Leistungszulagen, Sachbezüge sind umzurechnen. Streitig ist der Ansatz eines zur privaten Nutzung überlassenen **Dienstwagens**. Richtigerweise ist das der lohnsteuerrechtliche Wert (s *Dienstwagen* Rz 12, 13). Wechselnde Bezüge wie Provisionen oder Tantiemen, Gewinnbeteiligung sind nach dem Durchschnitt der letzten drei Jahre zu errechnen, bei kürzerer Beschäftigungsdauer gilt diese (§ 74b Abs 2 HGB). Unerheblich sind Fälligkeit oder Auszahlungsdatum. Entscheidend ist der Bezugszeitraum, für den die Leistung erbracht wird (BAG 9.1.90 – 3 AZR 110/88, DB 90, 941). Maßstab ist jeweils die **Bruttovergütung**. Die im letzten Monat des Arbeitsverhältnisses bezogene vertragsgemäße Vergütung soll auch dann maßgeblich sein, wenn der ArbN **Elternteilzeit** gem § 15 Abs 6 BEEG in Anspruch genommen hat und das Arbeitsverhältnis aufgrund eigener Kündigung während der Elternzeit endet (BAG 22.10.08 – 10 AZR 360/08, NZA 09, 962). Das Urteil vermag nicht in jeder Hinsicht zu überzeugen. Das BAG spart die Besonderheiten der Elternteilzeit aus. So hätte der ArbN, wenn er nicht bei seinem ArbGeb, sondern bei einem Dritten in Teilzeit gearbeitet hätte, Anspruch auf die volle Karenzentschädigung. Eine solche unterschiedliche Behandlung eines an sich gleichen Sachverhalts erscheint bedenklich (*Baeck/Winzer* NZG 09, 336). Auch die Vereinbarkeit mit EU-Recht ist nicht zweifelsfrei (vgl EuGH 22.10.09 – C 116/08, NZA 10, 29). **Außer Ansatz** bleiben ArbGebAnteile zur gesetzlichen KV und RV, der Zuschuss zur privaten KV (§ 205 SGB V) und vom ArbGeb ausgezahlte Beiträge zu einer ersetzenden Lebensversicherung (BAG 21.7.81 – 3 AZR 666/78, DB 82, 1227). Als Sonderleistung werden nicht berücksichtigt Erfindervergütungen oder Prämien für einen Verbesserungsvorschlag sowie Auslagenersatz (§ 74b Abs 3 HGB).

b) Anrechnung anderweitigen Erwerbs. Einkünfte aus selbstständiger oder unselbst- 32 ständiger Tätigkeit, die der ArbN durch die Verwertung seiner **Arbeitskraft** erzielt, sind auf die Karenzentschädigung anzurechnen (§ 74c Abs 1 HGB), nicht also Zinsgewinne aus Kapitaleinlagen oder bereits während des Arbeitsverhältnisses erzielte Nebeneinnahmen (BAG 19.4.67 – 3 AZR 314/66, DB 67, 1415). Ansonsten gilt, dass alle die Einkommensbestandteile, die die Höhe der Karenzentschädigung bestimmen, auch den Umfang der anrechenbaren Leistungen abgrenzen (BAG 9.1.90 – 3 AZR 110/88, DB 90, 941). Hat der ArbN beim ArbGeb nur in Teilzeit gearbeitet, erzielt er sein Einkommen nunmehr aus einer Vollzeitbeschäftigung, ist der Erwerb nur zeitanteilig zu berücksichtigen (LAG Köln 2.10.86 – 10 Sa 647/86, LAGE Nr 1 zu § 74c HGB).

Arbeitslosengeld ist als Lohnersatzleistung wie anderweitiger Verdienst im Rahmen des 33 § 74c Abs 1 HGB anzusetzen (offengelassen in BAG 14.9.11 – 10 AZR 198/10, BeckRS 2011, 79050); darüber hinaus ist eine Kürzung der Karenzentschädigung um das AlGeld nicht zulässig, auch nicht wenn der ArbGeb es gem § 128a AFG aF an die Agentur für Arbeit zu erstatten hatte (LAG München 14.8.07 – 4 Sa 189/07 im Anschluss an BAG 22.5.90 – 3 AZR 373/88, DB 91, 451). Eine Hochrechnung auf ein „BruttoAlGeld" findet nicht statt (BAG 14.9.11 – 10 AZR 198/10, BeckRS 2011, 79050; kritisch *Diller* BB 08, 1680). Bei anderen **Sozialleistungen** kommt es darauf an, ob sie den Übergang des ArbN in eine (neue) berufliche Tätigkeit unterstützen. Das BAG hat deshalb das nach § 57 SGB III aF gezahlte Überbrückungsgeld als Einkommen behandelt, das der ArbN aus der Verwertung seiner Arbeitskraft erzielt (BAG 18.11.05 – 10 AZR 152/05, NJW 06, 3227). Das wird auch für den Gründungszuschuss nach § 57 SGB III nF gelten. Rentenersetzende Leistungen (§ 20 SGB VI) sind nicht anzusetzen (BAG 7.11.89 – 3 AZR 796/87, DB 89, 889) (s *Arbeitslosengeld*). **Renten** aus der **gesetzlichen Rentenversicherung** unterliegen als im Berufsleben erdiente Versicherungsleistung nicht der Anrechnung (BAG 30.10.84 – 3 AZR 213/82, DB 85, 709).

34   Höchstrichterlich nicht entschieden ist die Anrechnung einer **Betriebsrente,** im Ergebnis aber zu verneinen: Karenzentschädigung ist die Gegenleistung für die Wettbewerbsenthaltung, die auch bei einem Ruheständler nicht sinnentleert ist; die Betriebsrente ist Gegenleistung für erbrachte Arbeit. Eine ausdrückliche Anrechnungsklausel kann in der **Versorgungszusage** bestimmt werden (BAG 26.2.85 – 3 AZR 162/84, DB 85, 2053). Jegliche Anrechnung kann vertraglich ausgeschlossen werden. Hierfür spricht, wenn dem ArbN zu Beginn der Karenzzeit die Entschädigung für deren gesamte Dauer auf ein Mal ausgezahlt wird (LAG Hamm 19.2.92 – 15 Sa 1728/91, DB 92, 1784).

35   **c) Böswilliges Unterlassen** anderweitigen Erwerbs steht dem tatsächlichen Erwerb gleich und führt mithin zur Anrechnung (§ 74c Satz 1 HGB). Böswillig handelt der ArbN, der eine ihm mögliche und den gesamten Umständen nach zumutbare Tätigkeit nicht aufnimmt (s dazu auch *Annahmeverzug* Rz 20). Regelmäßig steht es dem ArbN frei, sich für eine selbstständige oder unselbstständige Tätigkeit auch dann zu entscheiden, wenn sie geringer bezahlt wird. Er kann sich durch Fortbildung oder Studium qualifizieren (LAG Köln 4.5.04 – 1 Sa 1240/03, BeckRS 2004, 42102): Angestellter Rechtsanwalt erwirbt „Master of Law"). Auch die Aufnahme eines gegenüber dem bisherigen Berufsbild fachfremden Studiums ist unschädlich (BAG 13.2.96 – 9 AZR 931/94, DB 96, 1527). Das Verhalten des ArbN muss nachvollziehbar sein; es gilt der **„Redlichkeitsmaßstab"** des § 242 BGB (BAG 13.11.75 – 3 AZR 38/75, DB 76, 439). Der ArbGeb kann den Anspruch des ArbN auf Karenzentschädigung nicht dadurch beseitigen, dass er dem Ruheständler die Weiterbeschäftigung anbietet (BAG 3.7.90 – 3 AZR 96/89, DB 91, 1125).

36   **d) Berechnung.** Aus den zu berücksichtigenden Entgeltbestandteilen ist der Jahresgesamtverdienst zu errechnen und zur Ermittlung des auszuzahlenden **Monatsbezugs** durch zwölf zu teilen. Dem ist bei unselbstständiger Tätigkeit des ArbN, der also über feste regelmäßige Einnahmen verfügt, der monatlich anzurechnende Betrag gegenüberzustellen. Das gilt auch bei der Anrechnung von Sozialleistungen (BAG 18.11.05 – 10 AZR 152/05, NJW 06, 3227). Eine Jahresabschlussermittlung findet nicht statt. Anders liegt es bei unregelmäßigen Einkünften, bei denen ein Gesamtvergleich anzustellen ist.

37   **e) Verdienstgrenze.** Eine effektive Kürzung der Karenzentschädigung setzt ein, wenn die Gesamtheit der anrechenbaren Leistungen unter Hinzurechnung der Karenzentschädigung den Betrag der zuletzt bezogenen Leistungen um mehr als zehn vH übersteigt. Die Grenze erhöht sich auf fünfundzwanzig vH, wenn das Wettbewerbsverbot den ArbN zu einer **Verlegung seines Wohnsitzes** zwingt (§ 74 Abs 1 Satz 2 HGB). Das Wettbewerbsverbot muss ursächlich für den Umzug des ArbN sein. Daran fehlt es, wenn im bisherigen Wohnumfeld ohnehin keine Arbeitsstelle vorhanden ist, die für den ArbN in Betracht gekommen wäre (BAG 10.9.85 – 3 AZR 31/84, NZA 86, 329). Ein **Zwang** zur Wohnsitzverlegung besteht, wenn der durch das Wettbewerbsverbot behinderte ArbN eine neue Arbeitsstelle außerhalb seines Wohnortes antritt, weil er nur dort eine Tätigkeit ausüben kann, die nach Art, Vergütung und Aufstiegschancen seiner bisherigen Tätigkeit nahekommt (BAG 23.2.99 – 9 AZR 739, NZA 99, 936). Der ArbN braucht nicht nachzuweisen, dass er von einem örtlichen Wettbewerber angestellt worden wäre (BAG 8.11.94 – 9 AZR 4/93, NZA 95, 631).

38   **f) Verfallklausel.** Der Anspruch auf Karenzentschädigung wird von tariflichen und vertraglichen Ausschlussfristen, die alle Ansprüche aus dem Arbeitsverhältnis einbeziehen und auf den jeweiligen Fälligkeitstermin abstellen, erfasst (BAG 17.6.97 – 9 AZR 801/95, NZA 98, 258; LAG Nürnberg 21.2.07 – 6 Sa 576/04, NZA-RR 07, 428). Anderes gilt, wenn die Ausschlussfrist erst mit der Beendigung des Arbeitsverhältnisses beginnt, da die Karenzentschädigung erst am Ende des anschließenden Monats fällig wird (BAG 24.4.70 – 3 AZR 328/69, DB 70, 1790). Bei der Anwendung arbeitsvertraglich vereinbarten Klauseln ist auf die **AGB-Kontrolle** zu achten (Näheres *Ausschlussfristen*). Soweit nichts anderes vereinbart ist, muss der Anspruch für jeden Monat fristgerecht geltend gemacht werden. Unerheb-

lich ist, ob die Entschädigung dem Grunde nach unstreitig ist (BAG 22.6.05 – 10 AZR 459/04, NZA 05, 1319).

g) Insolvenz des Arbeitgebers. Lehnt der Insolvenzverwalter die Erfüllung der Wettbewerbsabrede gem § 103 InsO ab, erwirbt der ArbN wegen des Verlustes der Karenzentschädigung einen Schadensersatzanspruch wegen Nichterfüllung des Vertrages als einfache Insolvenzforderung nach § 38 InsO (vgl BGH 8.10.09 – IX ZR 61/06, NZI 09, 894). Dessen Höhe ist ggf nach § 45 InsO zu schätzen. Wird der ArbN am Wettbewerbsverbot festgehalten, kann er die Karenzentschädigung als Masseverbindlichkeit nach § 55 Abs 1 Nr 2 InsO verlangen. 39

12. Auskunftsanspruch. Der ArbGeb kann zur Feststellung des Ob und der Höhe seiner Zahlungspflicht vom ArbN Auskunft über seinen Erwerb verlangen (§ 74c Abs 2 HGB). Standespflichten zur Verschwiegenheit zB des Steuerberaters stehen nicht entgegen (BAG 27.9.88 – 3 AZR 59/87, DB 89, 1089). Regelmäßig sind die Angaben auf Verlangen des ArbGeb zu belegen. Bezieht der ArbN Einkünfte aus selbstständiger Tätigkeit, genügt die Einsicht in den EStBescheid. Bilanz sowie Gewinn- und Verlustrechnung brauchen dann nicht vorgelegt zu werden (BAG 25.2.75 – 3 AZR 148/74, DB 75, 936). Der **Arbeitnehmer** ist **vorleistungspflichtig,** so dass eine Verurteilung Zug um Zug ausscheidet. Bis zur Auskunftserteilung kann der ArbGeb die Karenzentschädigung zurückhalten (BAG 12.1.78 – 3 AZR 57/76, DB 78, 1039). Das bezieht sich nicht auf das Auskunftsverlangen des ArbGeb zur Vorbereitung von Ersatzansprüchen (LAG Hamm 5.1.95 – 16 Sa 2094/94, DB 95, 1871). 40

13. Rechtsfolgen des Wettbewerbsverstoßes. Der ArbGeb wird von der Verpflichtung zur Zahlung der Karenzentschädigung befreit, solange der ArbN Konkurrenz betreibt. Eine für die Dauer des Verstoßes gezahlte Entschädigung hat der ArbN zurückzuzahlen (§ 812 BGB). Eine vereinbarte **Vertragsstrafe** verwirkt. Im Übrigen greifen die vertraglichen Ansprüche nach §§ 320 BGB ein (s oben Rz 5). Außerdem kommen **Schadensersatzansprüche** des ArbGeb nach allgemeinem Recht (§§ 280, 249 ff BGB) in Betracht. Die Beweislastregelung in § 619a BGB ist nicht anzuwenden, denn der ArbN verletzt eine Pflicht „aus der Wettbewerbsabrede" und nicht „aus dem Arbeitsvertrag" (Näheres *Arbeitnehmerhaftung* 22). Zur Vorbereitung des Schadensersatzanspruchs kann der ArbGeb vom ArbN **Auskunft** über die zur Schadensberechnung erforderlichen Tatsachen verlangen (zB Namen der betreuten Mandanten; Näheres s *Wettbewerb* Rz 13). Die Ansprüche verjähren nach § 199 Abs 1 BGB in drei Jahren, unter den Voraussetzungen des § 199 Abs 3 BGB in zehn Jahren, spätestens in dreißig Jahren ab Anspruchsentstehung. Die Dreimonatsfrist des § 61 Abs 2 HGB gilt nur für Wettbewerb im bestehenden Arbeitsverhältnis (dazu *Wettbewerb* Rz 15). Eine tarifliche oder einzelvertragliche **Ausschlussfrist** ist anzuwenden. 41

14. Vertragsstrafe. Die Pflicht zur Zahlung der Karenzentschädigung „rechnet" sich für den ArbGeb regelmäßig nur, wenn die Einhaltung des Wettbewerbsverbots zugleich durch *Vertragsstrafe* gesichert wird. Deren Zulässigkeit war nach bisherigem Recht deshalb allgemein anerkannt. Vertragsstrafen können auch nach der Überführung des AGB-Gesetz in die §§ 305 ff BGB formularmäßig zur Absicherung eines nachvertraglichen Wettbewerbsverbots vereinbart werden. Die Verletzung der Karenz durch den ArbN ist keine „Lösung" vom Vertrag iSd § 309 Nr 6 BGB. Die Vertragsstrafe ist zudem in § 75c HGB ausdrücklich vorgesehen. Die Vorschrift gehört zu den nach § 310 Abs 4 Satz 2 BGB zu berücksichtigenden „Besonderheiten des Arbeitsrechts" (*Diller* NZA 05, 250). Die Vertragsstrafe **verwirkt** mit dem Wettbewerbsverstoß. Im Übrigen gelten die allgemein für Vertragsstrafen geltenden Regelungen. Insbesondere ist zu beachten, dass die Vertragsstrafe ein wirksames Wettbewerbsverbot voraussetzt. Sie ist daher unwirksam, wenn die Vereinbarung über das Wettbewerbsverbot keine Karenzentschädigung vorsieht (LAG München 4.10.12 – 11 Sa 515/12, nrkr) (Näheres *Vertragsstrafe* Rz 2). 42

Zur Vermeidung von Auslegungsproblemen und wegen der bei Formularverträgen gebotenen AGB-Kontrolle ist auf eine klare Festlegung ihrer Voraussetzungen zu achten (Einzelverstoß; Dauerverstoß; Anfall pro Monat usw). Eine empfindliche Höhe kann auch für Einzelverstöße vereinbart werden, wenn sie die schutzwerten Belange des ArbGeb stark beeinträchtigen (Näheres s *Vertragsstrafe* Rz 21).

15. Prozessuales. Die **Verbindlichkeit** einer Wettbewerbsabrede kann oft erst beurteilt werden, wenn über den Zeitpunkt der Beendigung des Arbeitsverhältnisses und die vom 43

460 Wettbewerbsverbot

ArbN ins Auge gefasste künftige Betätigung Klarheit bestehen. Das für eine Klage auf Feststellung ihrer Verbindlichkeit oder Unverbindlichkeit erforderliche **Feststellungsinteresse** (§ 256 Abs 1 ZPO) besteht daher idR erst mit der **Beendigung** des Arbeitsverhältnisses (ausführlich LAG Hamm 14.4.03 – 7 Sa 1881/02, NZA-RR 03, 513). Zuständig ist das ArbG gem § 2 Abs 1 Nr 3c ArbGG. Seine Zuständigkeit kommt auch für die Feststellung der Unwirksamkeit eines gesellschaftsrechtlichen Wettbewerbsverbots in Betracht, wenn der ArbN Minderheitsgesellschafter (im Streitfall unter 1 %) ist (BAG 18.8.97 – 9 AZB 15/97, NZA 97, 1362). Klage und Durchsetzung der Ansprüche auf Karenzentschädigung richten sich nach dem allgemein für Geldforderungen geltenden Recht. **Örtlich zuständig** ist das ArbG, das für die Erfüllungsansprüche im bestehenden Arbeitsverhältnis zuständig ist/war (*Bengelsdorf* DB 92, 1340). Das gilt für beide Arbeitsvertragsparteien. Zuständig ist daher idR das ArbG am Sitz des ArbGeb, bei Außendienstmitarbeitern ggf dessen Wohnsitzgericht. Im Rechtsstreit auf **Schadensersatz** muss der ArbGeb die für eine gerichtliche Schätzung nach § 287 Abs 1 ZPO erforderlichen Tatsachen (greifbare Anhaltspunkte) über das Ob und die Höhe des behaupteten Schadens vortragen, andernfalls ist die Klage unbegründet (BAG 26.9.12 – 10 AZR 370/10, BeckRS 2012, 76152).

Der **Arbeitgeber** kann sich gegen unerlaubte Konkurrenz des ArbN durch **Unterlassungsklage** zur Wehr setzen. Wegen der Dringlichkeit wird oft einstweiliger Rechtsschutz erforderlich. Ein Verfügungsgrund liegt idR bereits dann vor, wenn der ArbN einmal Wettbewerb betrieben hat. Der Verstoß indiziert die Wiederholungsgefahr (LAG Nds 8.12.05 – 7 Sa 1871/05, NZA-RR 06, 426; ArbG Mönchengladbach 5.6.08 – 4 Ga 24/08, AE 08, 190). Für den **Klageantrag** gilt das Bestimmtheitsgebot (§ 253 ZPO). Verlangt der ArbGeb, der ArbN solle die Abwerbung von Kunden unterlassen, sind diese namentlich so zu präzisieren, dass das Vollstreckungsgericht ohne umfängliche Aufklärung des Sachverhalts einen Verstoß gegen das titulierte Gebot feststellen kann (LAG Köln 18.1.12 – 9 Ta 407/11, BeckRS 2012, 68079 Anm *Wissmann* ArbRAktuell 12, 256). Die **Zwangsvollstreckung** erfolgt nach § 890 ZPO durch Verhängung von Ordnungsgeld. Nach Ablauf der Karenzzeit kann kein Ordnungsgeld mehr festgesetzt werden (OLG Düsseldorf 16.7.91 – 6 W 41/91, DB 92, 1084).

44 **16. Betriebsübergang** iSd § 613a BGB wie auch die Betriebsnachfolge im Wege des Erbfalls leiten im bestehenden Arbeitsverhältnis die Rechte und Pflichten aus einer Wettbewerbsabrede auf den Betriebsnachfolger. Streitig und höchstrichterlich nicht entschieden ist der Fall der Betriebsveräußerung nach Beendigung des Arbeitsverhältnisses. Die Betriebsbezogenheit der vereinbarten Karenz spricht zwar für eine partielle analoge Anwendung des § 613a BGB, kommt aber letztlich nicht in Betracht (LAG Köln 8.7.11 – 10 Sa 398/11–5 Ca 3562/10d, BeckRS 2011, 76976 zust *Hermann* ArbRAktuell 11, 76976; ebenso *Gaul/Ludwig* NZA 13, 489 und *Fuhlrott/Fabritius* BB 13, 1592). Eine analoge Anwendung setzt voraus, dass die Sachverhalte weitgehend deckungsgleich sind und die Interessen des ArbN und der beiden ArbGeb (!) zuverlässig beurteilt werden können. Gerade daran fehlt es. Deshalb wird vielfach empfohlen, den Übergang der Abrede vertraglich zu vereinbaren. § 309 Nr 10 BGB (Verbot des Wechsels des Vertragspartners bei Dienstverträgen) ist nicht einschlägig. Das Wettbewerbsverbot selbst ist kein Dienstvertrag. Zumindest greift § 310 Abs 4 Satz 2 BGB ein. Die Beschränkung des § 613a BGB auf bestehende Arbeitsverhältnisse gehört zu den zu berücksichtigenden Besonderheiten des Arbeitsrechts.

45 **17. Handelsvertreter.** Für Handelsvertreter besteht eine den arbeitsrechtlichen Vorschriften ähnliche Regelung (§ 90a HGB). Nachvertragliche Wettbewerbsabreden bedürfen der Schriftform und der Aushändigung der Urkunde. Die mit höchstens zwei Jahren mögliche Karenz darf sich nur auf den dem Handelsvertreter zugewiesenen Bezirk oder Kundenkreis und nur auf die Gegenstände erstrecken, hinsichtlich deren sich der Handelsvertreter um die Vermittlung oder den Abschluss von Geschäften zu bemühen hat. Eine **angemessene Entschädigung** ist zu zahlen. Eine das gesamte Bundesgebiet erfassende Klausel kann wegen Sittenwidrigkeit nichtig sein (vgl Bezirksgericht Dresden 9.7.91 – 3 U 26/91, DB 91, 1620). Zur Unwirksamkeit einer vorformulierten Vertragsstrafe s OLG München 13.12.95 – 7 U 5432/95, DB 96, 422.

46 **18. Organmitglieder.** Für die Organe juristischer Personen, insbesondere angestellte GmbH-Geschäftsführer, gilt der Grundsatz der bezahlten Karenz nicht, auch nicht bei sozialer Abhängigkeit (vgl zur Problematik *Naber* NZA 13, 870). Die §§ 74 ff HGB sind nicht anzuwenden. Eine **Kontrolle** wird über den Maßstab der **Sittenwidrigkeit** (§ 138 BGB) erreicht. Das entschädigungslose Wettbewerbsverbot ist zulässig, wenn es dem Schutz eines berechtigten Interesses des Gesellschaftsunternehmens dient und nach Ort, Zeit und Gegenstand die Berufsausübung und wirtschaftliche Betätigung des Organs nicht unbillig erschwert (st Rspr BGH 7.7.08 – II ZR 81/07, WM 08, 1744; grundlegend 26.3.84 – II ZR 229/83, DB 84, 1717). Soweit eine Entschädigung gezahlt wird, wie es bei angestellten GmbH-Geschäftsführern regelmäßig der Fall ist, werden je nach Interessenlage die für ArbN geltenden Vorschriften entsprechend herangezogen (BGH 17.2.92 – II ZR 140/91, DB 92, 936: Verzicht des Dienstherrn auf die Karenz analog § 75a HGB). **Anderweitiger Erwerb** iSv § 74c HGB ist nur bei entsprechender Abrede oder gesetzlicher Anordnung anzurechnen (BGH 15.4.91 – II ZR 214/89, DB 91, 1508). Da überhaupt keine Karenzentschädigung vereinbart werden muss, ist eine Regelung, die den Wegfall der grundsätzlich vereinbarten Entschädigung bei fristloser Kündigung der Gesellschaft vorsieht, unbedenklich. Bei etwaiger Unwirksamkeit der Wettbewerbsabrede besteht kein Wahlrecht des Organs (BGH 7.7.08 – II ZR 81/07, WM 08, 1744).

B. Lohnsteuerrecht *Thomas*

Steuerliche Auswirkungen ergeben sich, wenn ein Entgelt gezahlt wird für das Einhalten **(Karenzentschädigung)** oder das Nichteinhalten **(Vertragsstrafe)** eines Wettbewerbsverbotes. **Arbeitslohn** liegt vor, wenn der ArbN vom ArbGeb für das Nichtausüben der nichtselbstständigen Tätigkeit eine Entschädigung erhält (§ 2 Abs 2 Nr 4 LStDV; BFH 13.2.87, BStBl II 87, 386). Dagegen ist kein Arbeitslohn gegeben bei Zahlungen von Dritten, die gegen die Interessen des ArbGeb gerichtet sind (BFH 26.1.00 – IX R 87/95, BStBl II 00, 396 zu Bestechungsgeldern). Sofern eine Karenzentschädigung Arbeitslohn darstellt, ist sie – regelmäßig als sonstiger Bezug (s *Sonstige Bezüge* Rz 2) – der LSt zu unterwerfen, auch wenn sie ins Ausland überwiesen wird (FG Hbg 21.1.75, EFG 75, 242). Umgekehrt unterliegt die Karenzentschädigung durch die inländische Muttergesellschaft des bisherigen ausländischen ArbGeb für unterbleibenden Wettbewerb im Ausland nicht dem LStAbzug (FG BaWü 22.9.83, EFG 84, 183); ein Fall der Entsendung (§ 38 Abs 1 Satz 2 EStG) liegt nicht vor. 48

Zur Progressionsminderung auf eine Karenzentschädigung durch die Fünftelungsregel des § 34 Abs 1 Sätze 2 und 3 EStG wird auf das Stichwort *Außerordentliche Einkünfte* Rz 2 und 10 verwiesen. Wird im Zusammenhang mit der Beendigung eines Arbeitsverhältnisses ein Entgelt für ein umfassendes Wettbewerbsverbot gezahlt, liegt eine begünstigte Entschädigung auch dann vor, wenn ungewiss ist, zu welcher Einkunftsart die Tätigkeit geführt hätte, auf deren Ausübung verzichtet worden ist (BFH 12.6.96, BStBl II 96, 516; *Hutter* DStZ 96, 641). 49

Werbungskosten können vorliegen, wenn der ArbN eine *Vertragsstrafe* entrichtet (zum gekauften Bundesligaspiel: FG Münster 2.7.81, EFG 82, 181; bestätigt BFH 10.10.86 – VI R 102/82 ohne Gründe; vgl auch *Schmiergeld* Rz 10). Bei einer Gehaltskürzung durch den ArbGeb wegen der Verletzung arbeitsvertraglicher Nebenpflichten – zB verbotwidriges Arbeiten bei einem Dritten – soll nach *HMW*/Geldstrafen S 539, wenn vereinbarungsgemäß der vertragliche Arbeitslohn gemindert wird, lediglich der gekürzte Lohn dem LStAbzug unterliegen, während Werbungskosten anzunehmen seien, wenn die Vertragsstrafe aus dem ungekürzt ausgezahlten Arbeitslohn entrichtet wird. Richtigerweise dürfte auch bei einer Aufrechnungslage in Höhe des Lohnanspruchs Arbeitslohn anzunehmen sein, dem Werbungskosten gegenüberstehen, da der ArbN insofern eigene Aufwendungen tätigt, nämlich aus versteuertem Lohn. Bei welchen Einkünften diese Werbungskosten anzusetzen sind, ist danach zu beurteilen, zur Erzielung welcher Einnahmen (beim ArbGeb oder bei einem Dritten) der ArbN die Vertragsstrafe auf sich nehmen musste (BFH 7.12.05 – I R 34/05, BFH/NV 06, 1068 und 22.6.06 – VI R 5/03, BStBl II 07, 4 = DStRE 06, 1371). 50

C. Sozialversicherungsrecht *Voelzke*

1. Beitragsfreiheit einer Karenzentschädigung. Hat der ArbN gegen den ArbGeb aufgrund einer Wettbewerbsabrede eine Karenzentschädigung zu beanspruchen, unterliegt 51 diese in der SozV und ArblV nicht der Beitragspflicht. Karenzentschädigungen sind nämlich kein Arbeitsentgelt iSd § 14 SGB IV. Zwar gehören zum Arbeitsentgelt auch Einnahmen, die nicht unmittelbar aus einer Beschäftigung, sondern nur im „Zusammenhang mit ihr" erzielt werden (§ 14 Abs 1 SGB IV), doch müssen sich auch solche Einnahmen zeitlich der versicherungspflichtigen Beschäftigung zuordnen lassen, dh auf die Zeit der Beschäftigung und Versicherungspflicht entfallen. Dies ist bei Karenzentschädigungen nicht der Fall; sie sind deshalb wie Abfindungen zu behandeln (*Schlegel/Voelzke/Werner* SGB IV, § 14 Rz 93).

52   Hat eine Abfindung, die sich nicht als verdeckte Nachzahlung von während der Beschäftigung erzieltem Entgelt darstellt, den Zweck, den ArbN dafür zu entschädigen, dass er seine bisherige Beschäftigung nicht fortsetzen kann, also eine Entschädigung für den Wegfall künftiger Verdienstmöglichkeiten bei seinem bisherigen ArbGeb darstellt (s *Abfindung* Rz 65 ff), will eine Karenzentschädigung Ersatz dafür leisten, dass künftige Beschäftigungsmöglichkeiten sogar bei anderen ArbGeb auf dem von der Wettbewerbsabrede erfassten Bereich entfallen. Wie die Abfindung lässt sich auch die Karenzentschädigung nicht mehr früheren Beschäftigungszeiten zuordnen (für die Abfindung vgl BSG 21.2.90 – 12 RK 20/88, NZA 90, 751).

53   **2. Arbeitslosenversicherung.** Wettbewerbsabreden sind im ArblVRecht nur relevant, sofern es sich um nachvertraglich wirksame Wettbewerbsabreden handelt. Wettbewerbsabreden schränken die Wiedereingliederung eines ArbN auf dem allgemeinen Arbeitsmarkt nicht allein im Interesse des bisherigen ArbGeb ein (so aber BT-Drs 9/799 S 45 zu Nr 41; 9/846, S 46, zu Nr 1). Sie dienen jedoch unzweifelhaft dem Schutz der berechtigten Interessen des ArbGeb (§ 74a Abs 1 Satz 1 HGB).

54   **Arbeitslosengeldansprüche** werden durch die Wettbewerbsabrede nicht ausgeschlossen. Anspruch auf AlGeld hat nach § 138 Abs 5 Nr 1 SGB III nur, wer eine versicherungspflichtige, mindestens 15 Stunden wöchentlich umfassende Beschäftigung unter den üblichen Bedingungen des Arbeitsmarktes aufnehmen kann und darf. Die Arbeitsfähigkeit ist gegeben, wenn der ArbN durch nichts daran gehindert wird, ohne Verzug eine zumutbare Beschäftigung aufzunehmen (Näheres: *Arbeitslosengeld*).

55   Das rechtliche „Dürfen" in diesem Sinne wird durch die lediglich vertragliche Bindung des Wettbewerbsverbotes nicht beseitigt; dh, die **Arbeitsfähigkeit** wird durch das dem ArbN auferlegte vertragliche Verbot, seine beruflichen Erfahrungen nicht mehr in dem vom Wettbewerbsverbot erfassten Bereich zu nutzen, nicht aufgehoben. Der ArbN ist nur seinem früheren ArbGeb gegenüber verpflichtet, im Übrigen aber – ggf unter Verletzung des Wettbewerbsverbots – nicht gehindert, eine Beschäftigung aufzunehmen. Vertragliche Bindungen stehen dem Dürfen im Hinblick auf die Relativität schuldrechtlicher Verpflichtungen nicht entgegen, wenn der Arbeitslose bereit ist, sich unter Inkaufnahme der voraussichtlichen Folgen der Vertragsverletzung über die Bindung hinwegzusetzen (BSG 5.2.98 – B 11 AL 55/97 R, SGb 99, 85). Ob der ArbN seine **Arbeitsbereitschaft** gegenüber der Arbeitsfähigkeit in leistungserheblichem Umfang einschränkt, ist eine Frage des Einzelfalls.

Whistleblowing

A. Arbeitsrecht *Kania*

1   **1. Begriff.** Unter Whistleblowing (aus dem Englischen sinngemäß: jemanden „verpfeifen", anschwärzen) versteht man im weitesten Sinne das an die Öffentlichkeit bringen von tatsächlichen oder behaupteten Missständen oder Fehlverhalten in Unternehmen (zB illegales Handeln, Korruption, Verstöße gegen Steuer-, Sozialversicherungsrecht, Arbeitsschutz- und Umweltschutzregeln) durch kritische Äußerungen, Beschwerden oder Anzeigen eines dort abhängig Beschäftigten. Wendet sich der Hinweisgeber dabei unter Umgehung der unternehmensüblichen, etablierten Berichts- oder Informationswege an Kollegen, Vorgesetzte, die Geschäftsleitung, den BRat oder andere Stellen im Unternehmen, spricht man vom **sog „internen" Whistleblowing**; die Unterrichtung von Strafverfolgungs- und Aufsichtsbehörden, Medien oder anderen öffentlichen Stellen wird als **„externes" Whistleblowing** wird bezeichnet. Die ursprünglich aus der angloamerikanischen Wirtschaftspraxis stammende Thematik des Whistleblowings hat sich dort bereits in der Compliance-Kultur etabliert. Im

deutschen Recht existieren keine allgemeinverbindlichen Regelungen, sondern nur vereinzelte Vorschriften vor allem im Beamtenrecht (§ 67 Abs 2 Nr 3 BBG, § 37 Abs 2 Nr 3 BeamtStG). Gesetzgeberische Initiativen einzelner politischer Parteien, die Rechte und Pflichten des Whistleblowers zu kodifizieren, hatten bislang keinen Erfolg (*Bauschke* öAT 12, 271 mwN). Allerdings sind arbeitsrechtliche Sanktionen als Antwort auf die Anzeige des unternehmensangehörigen ArbN seit Jahrzehnten Gegenstand der arbeitsgerichtlichen Rspr.

2. „Externes" Whistleblowing. a) Verletzung vertraglicher Treuepflicht. Durch die außenwirksame Anzeige von Missständen entsteht ein Konflikt zwischen dem Interesse des ArbGeb am Schutz seines guten Rufs, seiner geschäftlichen Interessen und an der Geheimhaltung innerbetrieblicher Abläufe und Daten und der daraus folgenden arbeitsvertraglichen Loyalitätspflicht des ArbN einerseits und dem berechtigten Anliegen des ArbN anderseits, durch Einschaltung der Öffentlichkeit eine Korrektur der Missstände zu erreichen und die Öffentlichkeit bei einer erheblichen Beeinträchtigung des Allgemeinwohls zu informieren. Eine **Abwägung dieser Interessen** ist vor allem im Rahmen des **Kündigungsschutzes** von Bedeutung und zwar bei der Frage, ob die gegen den ArbGeb gerichtete Anzeige des ArbN einen rechtswidrigen Verstoß gegen die arbeitsvertragliche Treuepflicht darstellt und damit einen wichtigen Kündigungsgrund iSd § 626 Abs 1 BGB. Eine Bewertung ist abhängig von den Umständen des Einzelfalls, wobei auch das vorausgegangene Verhalten der Parteien, das Motiv der Anzeige, die Qualität der möglicherweise gefährdeten Rechtsgüter mit einfließen (LAG Köln 2.2.12 – 6 Sa 304/11, NZA-RR 12, 298; *Müller* NZA 02, 424). Darüber hinaus birgt externes Whistleblowing auch die Gefahr der Verwirklichung der Strafnorm des § 17 UWG wegen Verstoßes gegen die Pflicht zur Wahrung von Geschäfts- und Betriebsgeheimnissen aus §§ 17, 18 UWG (hierzu s *Verschwiegenheitspflicht* Rz 1 ff).

2

b) Anzeigerecht. Früher hielt man solche Anzeigen einhellig für einen Verstoß gegen die arbeitsvertragliche Treuepflicht und damit für einen Kündigungsgrund (BAG 5.2.59 – 2 AZR 60/56, DB 59, 980; LAG BaWü 20.10.1976 – 6 Sa 51/76, EzA § 1 KSchG 1969 Verhaltensbedingte Kündigung Nr 8). In der Rspr hat sich inzwischen eine deutlich liberalere Handhabung durchgesetzt. So darf nach heutiger BAG-Rspr das **rechtsstaatlich motivierte Handeln** des ArbN im Regelfall **nicht zur fristlosen Kündigung** berechtigen (BAG 7.12.06 – 2 AZR 400/05, NZA 07, 502; BAG 3.7.02 – 2 AZR 235/02, NZA 05, 193). Denn für die Fälle des sog externen Whistleblowings ist ein von der Rechtsordnung nach Art 2 Abs 1 iVm Art 20 Abs 3 GG grds gebilligtes Anzeigerecht unter Berücksichtigung der besonderen Pflichtenkollision bei überwiegendem öffentlichen Interesse anerkannt (zB bei Straftaten s § 138 StGB). Der Europäische Gerichtshof für Menschenrechte (EGMR) hat in der Kündigung infolge einer gegen den ArbGeb – zwecks Offenlegung betrieblicher Missstände – erstatteten Strafanzeige eine Verletzung der Freiheit auf Meinungsäußerung (Art 10 EMRK) gesehen. Dieses Grundrecht hätten die deutschen Gerichte auch im Verhältnis zwischen Privatpersonen zu schützen (EGMR 21.7.11 – 28274/08, NZA 11, 1269). Zuvor hatten die Instanzgerichte die Kündigung einer Altenpflegerin für wirksam erklärt, die ihren ArbGeb wegen der auf Personalmangel beruhenden Mängel in der Pflege angezeigt hatte.

3

Andererseits ergibt sich aus der **vertraglichen Rücksichtnahmepflicht** des ArbN (§ 241 Abs 2 BGB), dass dem ArbN die Ausübung des bestehenden staatsbürgerlichen Rechts auf Anzeigenerstattung nur bei berechtigtem Interesse zusteht und dass die Anzeige **keine unverhältnismäßige oder vorschnelle Reaktion** auf bekannt gewordene Informationen darstellen und zur Schädigung des ArbGeb führen darf, zB wenn die mit der Einleitung eines Strafverfahrens verbundene negative öffentliche Publizität den ArbGeb in seiner Existenzgrundlage gefährdet (BAG 3.7.03 – 2 AZR 235/02, NZA 04, 427; LAG Köln 5.7.12 – 6 Sa 71/12, BeckRS 2012, 75713 bejaht bei vorschneller Anzeige des ArbGeb beim Jugendamt durch Hausangestellte wegen Verwahrlosung der Kinder). Das kann uU bedeuten, dass der ArbN nur dann Anzeige erstatten darf, wenn er **keine Abhilfe im Betrieb erreicht** hat. Hierfür spricht, dass auch die vorhandenen gesetzlichen Anzeigerechte regelmäßig subsidiär ausgestaltet sind, zB § 17 Abs 2 ArbSchG (BAG 7.12.06 – 2 AZR 400/05, NZA 07, 502; *Preis* Der Arbeitsvertrag II V 20 Rz 26 ff; *Schaub/Linck* § 53 Rz 16). Misst der ArbGeb zuvor geäußerten Beschwerden des ArbN über die Fahrtüchtigkeit seines LKW keinerlei Bedeu-

4

tung bei, so darf dieser sein Fahrzeug von der Polizei untersuchen lassen (LAG Köln 23.2.1996 – 11 Sa 976/95, BB 96, 2411).

5 Einen generellen Vorrang des innerbetrieblichen Abhilfeversuchs hat das BAG jedoch abgelehnt (BAG 3.7.02 – 2 AZR 235/02, NZA 05, 193). Eine **innerbetriebliche Anzeige** ist dem ArbN dann **unzumutbar**, wenn es sich nicht lediglich um ein Bagatelldelikt handelt oder wenn sich der ArbN ansonsten selbst der Strafverfolgung aussetzen würde (§ 138 StGB). Gleiches gilt bei ordnungswidrigen Handlungen oder Straftaten, die der ArbGeb selbst begangen hat, bzw solchen, die sich gegen den ArbN selbst richten, oder wenn die Erfolgsaussichten eines innerbetrieblichen Klärungsversuchs als gering einzustufen sind. Zeigt eine Mitarbeiterin der Lebensmittelabteilung eines Kaufhauses dem behördlichen Kontrolldienst die erneute Verwendung des Hackfleischs vom Vortag an, kann dies nicht zur Kündigung berechtigen (LAG BaWü 3.2.87 – 7 Sa 95/86, NZA 87, 756); ebenso wenig die Strafanzeige gegen den ArbGeb wegen Veruntreuung, wenn es bereits zu Verzögerungen bei der Auszahlung der Vergütung gekommen ist und es sich bei dem Vorwurf nicht bloß um ein Bagatelldelikt handelt (BAG 7.12.06 – AZR 400/05, NZA 07, 502).

6 Verletzt dagegen nicht der ArbGeb oder sein gesetzlicher Vertreter die gesetzlichen Pflichten, sondern ein Mitarbeiter, ist ein **innerbetrieblicher Hinweis zumutbar**. Grds kann der ArbGeb erwarten, dass der ArbN ihm unbekannte bzw nicht grob fahrlässig unbekannt gebliebene Missstände im Betrieb, zB das Fehlverhalten von Mitarbeitern, anzeigt (BAG 3.7.03 – 2 AZR 235/02, NZA 04, 427; sog „internes" Whistleblowing, s unten Rz 9). Werden wissentlich **unwahre oder leichtfertig falsche Angaben** gemacht oder erschöpft sich die zugrundeliegende Motivation in der Absicht, den ArbGeb zu schädigen, wahrt der ArbN kein berechtigtes Interesse und handelt insoweit rechtsmissbräuchlich (LAG Düsseldorf 17.1.02 – 11 Sa 1422/01, DB 02, 1612; BAG 4.7.91 – 2 AZR 80/91, BeckRS 1991, 30738133; BAG 3.7.03 – 2 AZR 235/02, NZA 04, 427). Entsprechend wurde einem ArbN, der seinen ArbGeb wegen behaupteter Verkehrsverstöße bei einer gemeinsamen Dienstreise mit dem Ziel der Herbeiführung der Entziehung der Fahrerlaubnis angezeigt hatte, ein eigenes Interesse am staatlichen Einschreiten abgesprochen und eine grundlegende Zerstörung des Vertrauensverhältnisses bejaht (BAG 18.12.80, 2 AZR 980/78, NJW 81, 2374).

7 **c) Staatsbürgerpflicht.** Bei einem von Amts wegen eingeleiteten Ermittlungsverfahren erfüllt der ArbN mit seiner Aussage bei Polizei und Staatsanwaltschaft regelmäßig eine ihm von der Rechtsordnung auferlegte allgemeine Staatsbürgerpflicht, nämlich die Zeugenpflicht. Daher führt die den ArbGeb wahrheitsgemäß schwer **belastende Zeugenaussage** des ArbN nicht zu einem Kündigungsgrund, wissentlich oder leichtfertig gemachte falsche Angaben dagegen schon. Der Ausgang des Strafverfahrens hingegen ist nicht maßgeblich für die Bewertung der Anzeige im Zusammenhang mit der ausgesprochenen Kündigung (BVerfG 2.7.01 – 1 BvR 2049/00, NZA 01, 888; *Preis* Der Arbeitsvertrag II V 20 Rz 22 ff).

8 **d) Gesetzliche Anzeige- und Beschwerderechte.** Ergänzt wird das ungeschriebene Anzeigerecht durch einzelne gesetzliche Regelungen: Nach **§ 17 Abs 2 ArbSchG** steht den Beschäftigten ein Anzeige- und Beschwerderecht bei Verstößen gegen Vorschriften über den betrieblichen Arbeits- und Gesundheitsschutz zu. Zumindest für den Anwendungsbereich des § 17 ArbSchG ist auch weiterhin davon auszugehen, dass eine Anzeige ohne den im Wortlaut geforderten vorherigen innerbetrieblichen Abhilfeversuch einen kündigungsrelevanten Verstoß gegen die arbeitsvertragliche Rücksichtnahmepflicht jedenfalls dann darstellt, wenn dem ArbGeb das gesetzwidrige Verhalten in seinem Betrieb bisher nicht bekannt bzw. nicht grob fahrlässig unbekannt geblieben ist (APS/*Greiner* § 17 ArbSchG Rz 9a). Allgemeine Beschwerderechte enthalten § 13 Abs 1 AGG und §§ 84, 85 BetrVG. Die Einleitung eines innerbetrieblichen **Beschwerdeverfahrens nach §§ 84, 85 BetrVG** setzt eine eigene Betroffenheit des ArbN für die Beschwerdebefugnis voraus. Darüber hinaus kann nach zahlreichen **öffentlich-rechtlichen Vorschriften** dem ArbN der Schutz der Allgemeinheit übertragen werden, zB als Betriebsbeauftragtem für Immissionsschutz (§§ 53 ff BImSchG), für Gewässerschutz (§§ 21a ff WHG), für den Datenschutz (§ 4g BDSG). § 21 GefStoffVO verpflichtet bei Vorliegen der gesetzlichen Voraussetzungen zur Anzeige an die zuständige Überwachungsbehörde, zB bei Überschreitung bestimmter Grenzwerte von gefährlichen Stoffen. Schließlich sind in einigen Tarifverträgen, insbes im Bereich des Arbeitsschutzes, externe Anzeigerechte vorgesehen (zB in der Druckindustrie).

3. „Internes" Whistleblowing. Auch das innerbetriebliche **„Anschwärzen" von Kollegen oder Vorgesetzten** kann eine erhebliche Pflichtverletzung und damit einen Kündigungsgrund darstellen, wenn hierdurch der Betriebsfrieden gestört wird. Gleiches kann gelten, wenn sich der Hinweisgeber bei der Anzeige von Fehlverhalten oder Missständen **unter Umgehung der unternehmensüblichen Berichts- oder Informationswege** an Kollegen, Vorgesetzte, die Geschäftsleitung, den BRat oder andere Stellen im Unternehmen wendet. Jedoch kommt eine pflichtwidrige **Störung des Betriebsfriedens und der betrieblichen Ordnung** nur insoweit in Betracht, wie der ArbN nicht bereits seinerseits berechtigt oder sogar verpflichtet ist, dem ArbGeb betriebliche Missstände zu melden, um Schäden vom Betrieb, dem ArbGeb oder anderen ArbN abzuwenden. Derartige Pflichten bestehen für den eigenen Arbeitsbereich, können aber auch nebenvertraglich oder aufgrund besonderer Vereinbarung bestehen (s unten Rz 11 ff). Weitergehende Anzeigepflichten werden nach überwiegender Auffassung verneint, um einem Denunziantentum im Betrieb vorzubeugen. Entsprechend wird nach älterer Rspr die **Kündigung eines Denunzianten** als gerechtfertigt gesehen (BAG 21.10.1965 – 2 AZR 2/65, AP Nr 5 zu § 1 KSchG verhaltensbedingte Kündigung). Mit der neuerlichen Einführung interner Meldeverfahren als sanktionsfreie innerbetriebliche Hinweismöglichkeit zur Umsetzung von Compliance- bzw Ethikrichtlinien (s unten Rz 12) wird eine differenziertere Beurteilung notwendig. Durch die Einführung solcher sog „Whistleblowersysteme" wird nämlich die Treue- und Verschwiegenheitspflicht des ArbN dahingehend konkretisiert, dass eine gegen den Hinweisgeber ausgesprochene Kündigung nach erlaubter und gewünschter Nutzung des Systems sich als unzulässige Rechtsausübung darstellt (*Simonet* RdA 13, 238).

9

In jedem Fall muss aber gelten: Behauptet ein ArbN über seinen Vorgesetzten oder Arbeitskollegen **bewusst oder grob fahrlässig unwahre oder ehrenrührige Tatsachen** und wird hierdurch der Betriebsfrieden gestört, die Arbeitsatmosphäre beeinträchtigt oder die Arbeitsleistung erschwert, stellt dies einen Verstoß gegen die betriebliche Ordnung dar. Ein derartiger konkreter Verstoß kann ein **wichtiger Kündigungsgrund** sein, wenn der ArbN zuvor erfolglos abgemahnt wurde (BAG 17.3.88 – 2 AZR 576/87, NJW 89, 546). Die Bewertung kann keine andere sein, wenn der ArbN hierfür die eigens im Betrieb zur Verfügung gestellten Meldewege, wie zB die Telefonhotline, nutzt. Etwas anderes kann gelten, wenn sich der ArbN in einem privaten Gespräch unter Kollegen unwahr und ehrenrührig über seinen ArbGeb, den Vorgesetzten oder andere Arbeitskollegen äußert. Musste der ArbN angesichts der Vertraulichkeit der Unterhaltung nicht damit rechnen, dass seine Äußerungen dem ArbGeb mitgeteilt werden, liegt kein wichtiger Kündigungsgrund vor (BAG 10.12.09 – 2 AZR 534/08, NZA 10, 698).

10

4. Whistleblowersysteme und Meldepflichten. a) Allgemeine Anzeigepflichten. Grds besteht für jeden ArbN im **Zusammenhang mit der eigenen Arbeitspflicht** die Verpflichtung, erkennbar drohende Schäden oder Störungen dem ArbGeb oder seinem Vorgesetzten unverzüglich anzuzeigen (BAG 7.12.06 – 2 AZR 400/05, NZA 07, 502; MünchArbR/*Reichold* § 49 Rz 8). Soweit dies nicht bereits Gegenstand der Vertragspflicht ist (zB übertragene Aufsichtspflichten), besteht diese Pflicht auf jeden Fall für den eigenen Arbeitsbereich; außerhalb des eigenen Arbeitsbereichs kann sich eine Schutzpflicht aus § 241 Abs 2 BGB als vertragliche Nebenpflicht ergeben. Drohen die Störungen oder Schäden durch einen Arbeitskollegen (zB Diebstahl, Unterschlagung, Verletzung von Sicherheitsvorschriften) und betreffen sie weder den eigenen Arbeitsbereich noch besteht eine vertraglich übertragene Überwachungs- und Kontrollpflicht, kann eine Anzeigepflicht nur bei Gefahr von Personenschäden oder sonstiger erheblicher Sachschäden bejaht werden. Es besteht **keine allgemeine Pflicht**, den **ArbN namentlich zu benennen**, dh zu „verpfeifen" (Im Einzelnen s *Anzeigepflichten Arbeitnehmer* Rz 2).

11

b) Whistleblowing-Klauseln. Eine weitergehende Anzeigepflicht kann sich für die ArbN allerdings aus sog internen Whistleblowing-Klauseln ergeben. Durch unternehmensinterne **Compliance- oder Ethikrichtlinien** kann den Mitarbeitern ein bestimmtes Verhalten aufgeben werden, verbunden mit der Verpflichtung, Verstöße gegen die Bestimmungen der Verhaltensrichtlinie nach einem festgelegten Verfahren zu melden. Mit der Einführung solcher **interner Meldeverfahren** (sog Whistleblowing-Systeme) stellt die Unternehmensführung sicher, dass sie von allen die Compliance betreffenden Informationen

12

Kenntnis erhält, insbes über **Verhaltensweisen von Mitarbeitern**, die nicht im Einklang mit dem Gesetz oder unternehmensinternen Verhaltensregeln stehen. Zum einen wird hierdurch präventiv ein Gang an die Öffentlichkeit vermieden. Auf der anderen Seite schafft die Einführung eines solchen Systems für den redlichen Hinweisgeber nicht nur eine sanktionsfreie innerbetriebliche Hinweismöglichkeit, sondern auch Rechtssicherheit über die Konsequenzen seines Handelns und damit Vorteile. Die Einrichtung eines unternehmensinternen Beschwerdewesens wirft allerdings neben der Frage nach der Zulässigkeit einer derartigen Konkretisierung der Treue- und Verschwiegenheitspflicht der ArbN auch eine Reihe betriebsverfassungs- sowie datenschutzrechtlicher Fragen auf. Allein der Umstand, dass ausländische Vorschriften für das herrschende Unternehmen die Einführung von Ethik-Richtlinien vorsehen, schließt weder Mitbestimmungsrechte nach dem BetrVG aus, noch lässt dies die Frage nach der Rechtmäßigkeit der Richtlinien entfallen (BAG 22.7.08 – 1 ABR 40/07, NZA 08, 1248 – Honeywell; LAG Düsseldorf 14.11.05 – 10 TaBV 46/05, NZA-RR 06, 81 – Wal-Mart; s auch *Compliance* Rz 6).

13   c) **Zulässigkeit qualifizierter Meldepflichten.** Üblicherweise legen Ethikrichtlinien und Regelwerke zur Anzeige von Missständen fest, wer und welche Informationen Zugang in das Whistleblowing-System erhalten, und wie die Informationen gesammelt und verarbeitet werden, zB durch anonyme Telefon-Hotlines, Ombudsleute, Beratungs- und Mediationseinrichtungen (*Mahnhold* NZA 08, 737). Im Allgemeinen sind solche Regelungen unproblematisch, die eine bloß unverbindliche Meldeerwartung formulieren; sie gehen regelmäßig nicht über die bestehenden gesetzlichen Beschwerderechte aus §§ 84 ff BetrVG, § 13 AGG hinaus. Wird dagegen die **Nutzung des Systems** und eine Pflicht zur Anzeige für die ArbN **verbindlich festgelegt**, kann dies eventuell nicht mehr vom **Weisungs- bzw Direktionsrecht** des ArbGeb gedeckt sein. Denn eine Statuierung von Hinweispflichten (als arbeitsvertragliche Nebenpflicht) durch einseitige Leistungsbestimmung darf nur im Rahmen billigen Ermessens nach § 106 Satz 1 GewO erfolgen, wobei eine an den Grundrechten der Beteiligten orientierte Interessenabwägung vorzunehmen ist. Insoweit kann nämlich für die Klauseln von Ethikrichtlinien kein anderer Abwägungsmaßstab für die grundrechtlich geschützten Positionen angenommen werden als im Rahmen der allgemeinen Schutz- und Anzeigepflichten aus §§ 242, 241 Abs 2 BGB. Daher kann eine grds Pflicht zum Denunziantentum gegenüber den Kollegen mangels Verhältnismäßigkeit nicht begründet werden, ebenso wenig die Pflicht zur Selbstbezichtigung. Es besteht keine arbeitsvertragliche Nebenpflicht, dem ArbGeb Tatsachenmaterial zu liefern, mit dem er seine eigene Kündigung schlüssig macht (BAG 23.10.08 – 2 AZR 483/07, NZA-RR 09, 362). **Weitergehende Pflichten** können **einzelvertraglich oder durch BV** statuiert werden. Aber auch dann ist die Angemessenheit der Regelung erforderlich (§ 75 BetrVG, § 307 Abs 1 und 2 BGB). Insbes ist der Angezeigte vor wahrheitswidrigen und ehrverletzenden Anzeigen zu schützen (*Mahnhold* NZA 08, 737). Auch darf durch die Ermöglichung anonymer Anzeigen der Denunzierung von Kollegen kein Vorschub geleistet werden.

14   Weiterhin dürfen sich die Meldepflichten nicht auf sämtliche in den Ethikrichtlinien vorgesehene Verhaltenspflichten beziehen, sondern nur auf solche, die in **unmittelbarem Zusammenhang mit den betrieblichen Schutzpflichten** stehen. Verstöße gegen allgemeine zivilrechtliche Pflichten, das Unternehmensimage oder sogar Verstöße von Mitarbeitern gegen die Benachteiligungsverbote des AGG dürfen, soweit nicht die Grenze zu strafbarem Fehlverhalten überschritten ist, nicht zur Anzeige verpflichten; hier überwiegt die negative Meinungsfreiheit bzw das Recht auf informationelle Selbstbestimmung (*Mahnhold* NZA 08, 737).

15   d) **Betriebsverfassungsrechtliche Bedeutung.** Stellt der ArbGeb für die ArbN **Verhaltens- und Meldepflichten** auf und macht er insbes die Nutzung des Whistleblower-Systems verbindlich, so regelt er das Ordnungsverhalten und löst damit die **Mitbestimmung des BRat** gem § 87 Abs 1 Nr 1 BetrVG aus. Dagegen sind die meist abschließenden Hinweise auf mögliche arbeitsrechtliche Sanktionen bei Pflichtverletzungen, wie zB Abmahnung und Kündigung, wegen der bestehenden abschließenden gesetzlichen Regelungen mitbestimmungsfrei. Gleiches gilt für Diskriminierungsverbote und ihre Sanktionen nach dem AGG. Das BAG hat in der „Honeywell-Entscheidung" (BAG 22.7.08 – 1 ABR 40/07, NZA 08, 1248) hierzu ausgeführt, dass die Mitbestimmungspflicht hinsichtlich einzelner Whistleblower-Regelungen nicht notwendig zu einem Mitbestimmungsrecht des BRat an

der Einführung der Ethikrichtlinien insgesamt führe; es bestehe insoweit **keine Klammerwirkung** hinsichtlich aller sonstiger Verhaltensrichtlinien. Ein vom ArbGeb aufgestellter Verhaltenskodex könne vielmehr mitbestimmungspflichtige und mitbestimmungsfreie Teile enthalten und sei für jede Regelung separat zu beurteilen. Kein Mitbestimmungsrecht bestehe bei Regelungen, mit denen lediglich die geschuldete Arbeitsleistung konkretisiert werden solle, oder bei der Verlautbarung der „Unternehmensphilosophie" und Unternehmenszielen. Somit besteht für den ArbGeb nicht die Notwendigkeit, zwecks Vermeidung der Klammerwirkung für alle sonstigen Regelungen der Ethik-Richtlinie, die Whistleblower-Klauseln in einer separaten Betriebsvereinbarung zu regeln (wie zuletzt vom LAG Hessen 18.1.07 – 5 TaBV 31/06, BeckRS 2007, 42207 vertreten).

Ermöglichen **IT-basierte Hinweissysteme** die Erfassung und Auswertung von Informationen und Daten über mögliche Straftaten oder andere Normverstöße durch Unternehmensangehörige, besteht ein Mitbestimmungsrecht des BRat bereits nach § 87 Abs 1 Nr 6 BetrVG. Diese Voraussetzungen liegen bei der Bereitstellung von Telefonhotlines, unternehmensinternen Vertrauenspersonen oder externen Ombudsleuten im Gegensatz zu den IT-basierten Varianten grds nicht vor; etwas anderes gilt allerdings, wenn die Telefon- bzw IP-Nummern erfasst oder Telefonate aufgezeichnet werden. 16

e) Datenschutz. Lassen die Hinweise einen Personenbezug erkennen, ist der Anwendungsbereich des Datenschutzrechts eröffnet. Der Umgang mit den personenbezogenen Daten kann den bezichtigten ArbN in seinem **Persönlichkeitsrecht** beeinträchtigen. Dient das Hinweisgebersystem dazu, Straftaten oder schwerwiegende Pflichtverletzungen der Mitarbeiter aufzudecken, ist eine Rechtfertigung nach Maßgabe der §§ 32 Abs 1 Satz 2 oder 28 Abs 1 Nr 2 BDSG möglich. Jedoch muss das Hinweisgebersystem das berechtigte Interesse des von der Meldung betroffenen ArbN vor Verleumdung schützen. Dies gilt umso mehr bei Aufnahme anonymer Hinweise durch Telefonhotlines. Im Übrigen kann die datenschutzrechtliche Zulässigkeit mittels Einwilligung der ArbN erreicht werden. Hier stellt sich allerdings ein Transparenzproblem (§ 307 BGB), da eine Präzisierung der später erfassten Daten kaum möglich ist (umfassend: *Thüsing* Arbeitnehmerdatenschutz und Compliance, §§ 78 ff, 136 ff; s auch *Datenschutz* Rz 1 ff). 17

B. Lohnsteuerrecht *Seidel*

Lohnsteuerlich gelten keine Besonderheiten. Hinsichtlich der Frage der Verwertung von internen betrieblichen Daten s *Betriebsgeheimnis* Rz 18 und *Datenschutz* Rz 27 ff sowie *Betriebsbuße* Rz 11 f und *Werbungskosten* Rz 32 „Schadensersatz"; für die Frage der Benutzung des dienstlichen Computers/Telefons s zudem die Ausführungen bei *Internet-/Telefonnutzung* Rz 32 ff. 20

C. Sozialversicherungsrecht *Schlegel*

Ein als Whistleblowing zu klassifizierendes Verhalten eines ArbN kann im Zusammenhang mit einer darauf gestützten Auflösung des Arbeitsverhältnisses Bedeutung erlangen. Wird der ArbN arbeitslos, ruht seinen Anspruch auf AlGeld, wenn sich der ArbN durch das als Whistleblowing bezeichnetes Verhalten versicherungswidrig verhalten hat, ohne dafür einen wichtigen Grund zu haben. Versicherungswidrigkeit liegt vor, wenn der ArbN das Beschäftigungsverhältnis gelöst oder durch ein arbeitsvertragswidriges Verhalten Anlass für die Lösung des Beschäftigungsverhältnisses gegeben und dadurch vorsätzlich oder grob fahrlässig die Arbeitslosigkeit herbeigeführt hat (vgl zur *Sperrzeit* § 159 SGB III). 25

Wiedereinstellungsanspruch

A. Arbeitsrecht *Kania*

1. Allgemeines. Eine Pflicht des ArbGeb zur Wiedereinstellung eines ArbN nach Beendigung des Arbeitsverhältnisses kann sich zunächst aus einer entsprechenden **individual- oder kollektivvertraglichen Absprache** ergeben (vgl BAG 24.1.96, DB 96, 2633 zu § 59 Abs 5 BAT). Üblich sind solche Absprachen etwa bei Arbeitsverhältnissen in Saison- oder 1

Kampagnebetrieben (Näheres s *Saisonarbeit* Rz 3 sowie unten Rz 7). Wiedereinstellungsansprüche im Zusammenhang mit **Betriebsänderungen** iSd § 111 BetrVG können auch durch Spruch der Einigungsstelle begründet werden. Es handelt sich insofern um zulässigen Inhalt eines Sozialplans, da anders als bei Kündigungsausschlüssen (dazu BAG 17.9.91, DB 92, 229) nicht die Entstehung wirtschaftlicher Nachteile verhindert, sondern entstandene wirtschaftliche Nachteile durch die vorrangige Berücksichtigung bei der Wiedereinstellung abgemildert werden (ErfK/*Kania* §§ 112, 112a BetrVG Rz 1). Vorausgesetzt wird eine Wiedereinstellungsvereinbarung in § 90 Abs 2 SGB IX. Danach gilt der besondere Kündigungsschutz für Schwerbehinderte nicht bei Entlassungen aus Witterungsgründen, sofern die Wiedereinstellung des Schwerbehinderten bei Wiederaufnahme der Arbeit gewährleistet ist. Stets ist bei vom ArbGeb in Aussicht gestellten Wiedereinstellungen zu prüfen, ob einer entsprechenden Erklärung der notwendige rechtsgeschäftliche Verpflichtungswille zugrunde liegt (LAG Hess 18.11.96, NZA-RR 97, 369).

2 Inwieweit auch **ohne entsprechende Vereinbarung** eine rechtliche Verpflichtung des ArbGeb, einen entlassenen ArbN wieder einzustellen, besteht, ist umstritten. Als Ansätze für die Begründung einer Wiedereinstellungspflicht werden etwa die Fürsorgepflicht, der Gedanke der Wiedergutmachung, Treu- und Glauben, betriebliche Übung, der Gleichbehandlungsgrundsatz, Art 12 GG und der Schutzzweck des § 1 KSchG angeführt (BAG 27.2.97 – 2 AZR 160/96, DB 97, 1414; *Preis* Prinzipien des Kündigungsrechts bei Arbeitsverhältnissen, S 349 ff; *Hambitzer* NJW 85, 2239; ausführlich *Boewer* NZA 99, 1121 ff und 1177 ff; *Raab* RdA 2000, 147 ff; *Schrader/Straube* NZA-RR 03, 337). Eine abstrakte Auseinandersetzung mit den verschiedenen Begründungsversuchen kann und soll hier nicht erfolgen, zumal keine rechtliche Begründung einheitlich für alle in Betracht kommenden Fallkonstellationen taugt. Im Folgenden soll lediglich auf die für die Praxis relevanten Fallkonstellationen eingegangen werden, soweit der Wiedereinstellungsanspruch durch Rspr und Lehre bereits greifbare Formen vermittelt bekommen hat. Ist ein Wiedereinstellungsanspruch gegeben, kommt auch eine **rückwirkende Verurteilung** in Betracht, da seit der Schuldrechtsreform und der Abschaffung von § 306 BGB aF dies nicht mehr kraft Gesetzes als nichtig eingestuft wird (BAG 25.10.07 – 8 AZR 989/06, NZA 08, 357). **Prozessual** geltend zu machen ist ein Wiedereinstellungsanspruch unverzüglich nach Kenntnis der tatsächlichen Umstände, die den Anspruch rechtfertigen. Er verwirkt regelmäßig in Anlehnung an die Frist des § 613a Abs 6 BGB einen Monat nach Kenntnis, da der Zweck des Bestandsschutzes längere Phasen vermeidbarer Ungewissheit über das Zustandekommen bzw die Fortführung eines Arbeitsverhältnisses nicht rechtfertigt (BAG 25.10.07 – 8 AZR 989/06, NZA 08, 357; BAG 21.8.08 – 8 AZR 201/07, NZA 09, 29). **Kein Wiedereinstellungsanspruch** besteht nach Ablauf eines wirksam befristeten Arbeitsvertrags (BAG 20.2.02 – 7 AZR 600/00, NZA 02, 897) sowie vor Erfüllung der Wartezeit gem § 1 Abs 1 KSchG (LAG Hamm 26.8.03 – 5 (11) Sa 589/03, NZA-RR 04, 76).

3 **2. Fallgruppen. a) Betriebsbedingte Kündigung.** Die betriebsbedingte Kündigung kann nach ständiger Rspr auf die Prognose gestützt werden, dass zum Ablauf der Kündigungsfrist der Arbeitsplatz des ArbN entfällt und eine anderweitige Beschäftigungsmöglichkeit nicht besteht (Näheres s *Kündigung, betriebsbedingte* Rz 21). Erweist sich die Prognose nach Ausspruch der Kündigung als falsch, etwa weil ein neuer Auftrag erteilt wird oder sich ein Betriebserwerber für den von Schließung bedrohten Betrieb findet, ändert dies nichts an der Wirksamkeit der ausgesprochenen Kündigung (BAG 27.2.97 – 2 AZR 160/96, DB 97, 1414). Nach der neueren Rspr des BAG kann sich aber in diesem Fall aus dem Gesichtspunkt von Treu und Glauben (§ 242 BGB) iVm Art 12 GG und dem Rechtsgedanken des § 1 KSchG ein Wiedereinstellungsanspruch ergeben (BAG 27.2.97 – 2 AZR 160/96, DB 97, 1414; 4.12.97 – 2 AZR 140/97, DB 98, 85; 6.8.97 – 7 AZR 557/96, DB 98, 423). Ein zwischenzeitlich geschlossener Abfindungsvergleich kann ggf wegen Wegfalls der Geschäftsgrundlage dahingehend angepasst werden, dass der ArbN wieder einzustellen ist (BAG 4.12.97 – 2 AZR 140/97, DB 98, 85). Dies gilt allerdings nur dann, wenn einer Partei das Festhalten an dem Vergleich unzumutbar ist (BAG 28.6.2000 – 7 AZR 904/98, BB 01, 573). Der Wiedereinstellungsanspruch ist grds auf den Zeitraum **bis zum Ablauf der Kündigungsfrist** beschränkt; ändern sich die eine betriebsbedingte Kündigung rechtfertigenden Umstände erst nach Ablauf der Kündigungsfrist, scheidet ein Wiedereinstellungsanspruch grds aus (BAG 28.6.2000 – 7 AZR 904/98, NJW 01, 1297; 7 AZR 547/96, DB 98, 423; 27.2.97 – 2 AZR 160/96, DB 97, 1414; vgl auch unten Rz 5).

Auch bei Wegfall des Kündigungsgrundes vor Ablauf der Kündigungsfrist ist ein Wiedereinstellungsanspruch nicht automatisch zu bejahen. Ein Anspruch auf unveränderte Fortsetzung des Arbeitsverhältnisses besteht nur, wenn unter Berücksichtigung der Umstände des Einzelfalls **die schutzwerten Interessen des Arbeitnehmers die des Arbeitgebers überwiegen.** Dies ist dann nicht der Fall, wenn der ArbGeb in gutem Glauben an die Wirksamkeit der Kündigung Dispositionen getroffen hat. Als Beispiel nennt das BAG, dass sich bei einer im Kündigungszeitpunkt beabsichtigten Betriebsstilllegung nach Ausspruch der Kündigung ein potentieller Betriebsübernehmer meldet, der die Übernahme und Fortführung des Betriebes von Rationalisierungsmaßnahmen oder Änderungen der Arbeitsbedingungen abhängig macht. In diesem Falle könne es dem ArbGeb nicht zugemutet werden, das einmal gekündigte Arbeitsverhältnis wieder zu den alten Bedingungen fortzusetzen, da ohne die Rationalisierung oder Anpassung der Arbeitsbedingungen es letztlich bei der Betriebsstilllegung bleiben würde (BAG 27.2.97 – 2 AZR 160/96, DB 97, 1414). Auch die zwischenzeitliche Neubesetzung eines Arbeitsplatzes kann einem Wiedereinstellungsanspruch entgegenstehen, wenn sie nicht treuwidrig gerade mit dem Ziel erfolgt ist, den Wiedereinstellungsanspruch zu vereiteln (BAG 28.6.2000 – 7 AZR 904/98, BB 01, 573). Zusätzlich entsteht ein Problem der **Auswahl der wieder einzustellenden Arbeitnehmer,** wenn der Grund der betriebsbedingten Kündigung nur für einen Teil der gekündigten ArbN entfällt, etwa bei einer Teilbetriebsübernahme. Nach Auffassung des BAG (15.3.84 – 2 AZR 24/83, DB 84, 2354) kommt zwar eine unmittelbare Anwendung von § 1 Abs 3 KSchG nicht in Betracht; wohl aber sollen die sozialen Belange der betroffenen ArbN zumindest nach § 315 BGB mit zu berücksichtigen sein (BAG 4.12.97 – 2 AZR 140/96, DB 98, 85; 2.12.99 – 2 AZR 757/98, NZA 2000, 531). Berücksichtigt man, dass nach § 1 Abs 3 KSchG eine Herausnahme der „Leistungsträger" aus der Sozialauswahl möglich ist, ist in der Sache kaum ein Unterschied zwischen der Heranziehung von § 1 Abs 3 KSchG und § 315 BGB auszumachen (so auch *Beckschulze* DB 98, 417, 420). Die Berufung auf das Fehlen eines freien Arbeitsplatzes kann dem ArbGeb gem § 162 BGB verwehrt sein, wenn er diesen Zustand selbst treuwidrig herbeigeführt hat, etwa indem er einen geeigneten Arbeitsplatz in Kenntnis des Wiedereinstellungsverlangens anderweitig besetzt hat (BAG 23.2.2000 – 7 AZR 891/98, EzA § 4 TVG Wiedereinstellungsanspruch Nr 1; BAG 25.10.07 – 8 AZR 989/06, NZA 08, 357). Diese Rspr des BAG zum Wiedereinstellungsanspruch kann nicht auf Prognosefehler bei wirksam befristeten Arbeitsverhältnissen übertragen werden (BAG 20.2.02 – 7 AZR 600/00, NZA 02, 897).

b) Sonderfall: Betriebsübergang. Der Betriebsübergang kann zu einem Weiterbeschäftigungsanspruch **beim Veräußerer** führen (mit anschließender Überleitung des Arbeitsverhältnisses auf den Erwerber gem § 613a BGB (BAG 25.10.07 – 8 AZR 989/06, NZA 08, 357), wenn wegen einer Übernahme des Betriebs oder eines Teilbetriebs noch innerhalb der Kündigungsfrist der Grund für eine ausgesprochene betriebsbedingte Kündigung entfällt (s oben Rz 3). Daneben ist vom 8. Senat des BAG die Möglichkeit eines Weiterbeschäftigungsanspruchs **beim Erwerber** anerkannt, falls es erst nach Ablauf der Kündigungsfrist zu einem Betriebsübergang iSd § 613a BGB kommt (BAG 13.11.97 – 8 AZR 295/95, ZIP 98, 167; 12.11.98 – 8 AZR 265/97, DB 99, 485). Diese Möglichkeit besteht aufgrund der Rspr des EuGH (seit EuGH 11.3.97, DB 97, 628 „Ayse Süzen") zum Betriebsübergang im Dienstleistungsgewerbe, wonach es bei der Übernahme eines „nach Zahl und Sachkunde wesentlichen Teils des Personals" zur Fortsetzung einer wirtschaftlichen Einheit und damit zur Anwendung des § 613a BGB kommen kann (Näheres s *Betriebsübergang* Rz 10). Dadurch kann es beim Auftragswechsel und Fortsetzung der Tätigkeit mit einem Teil der Belegschaft des früheren Auftragnehmers zum Eingreifen von § 613a BGB kommen. Der „unwesentliche" nicht vom neuen Auftragnehmer übernommene Teil des Personals soll dann einen Anspruch auf Wiedereinstellung zur Wahrung seiner Rechte aus § 613a BGB haben. In der **Insolvenz** besteht überhaupt kein Wiedereinstellungsanspruch beim Betriebserwerber (BAG 13.5.04 – 8 AZR 198/03, DB 04, 2107; 10.12.98 – 8 AZR 324/97, NZA 99, 422). Zudem spricht viel dafür, dass ein Wiedereinstellungsanspruch ausscheidet, wenn trotz Betriebsübergangs dem Erwerber nach Maßgabe seines neuen Unternehmenskonzeptes eine Weiterbeschäftigung unmöglich ist. Wenn nicht alle die Fortsetzung ihres Arbeitsverhältnisses

462 Wiedereinstellungsanspruch

begehrenden ArbN weiterbeschäftigt werden können, hat der Erwerber eine billige Auswahlentscheidung nach §§ 315, 242 BGB anhand betrieblicher Belange und sozialer Aspekte unter den ArbN mit einem Fortsetzungsanspruch zu treffen (*Meyer* BB 2000, 1032 ff).

6 **c) Personen- und verhaltensbedingte Kündigung.** Da letztlich jede Kündigung zukunfts- bzw prognosebezogen ist (vgl *Kündigungsschutz* Rz 81), kann auch bei der personen- oder verhaltensbedingten Kündigung im Falle einer Veränderung der Prognosegrundlage nach Zugang der Kündigung und vor Ablauf der Kündigungsfrist ein Wiedereinstellungsanspruch entstehen. Denkbar ist dies insbes bei der krankheitsbedingten Kündigung (BAG 27.6.01 – 7 AZR 662/99, NZA 01, 1135; *Mathern* NJW 96, 818; *Zwanziger* BB 97, 42; dazu ausführlich *Lepke* NZA-RR 02, 617, aA LAG Bln 18.6.02 – 12 Sa 2413/01, NZA-RR 03, 66) und bei der Verdachtskündigung (BAG 20.8.97, NZA 97, 1340; *Belling* RdA 96, 223, 238; *Zwanziger* BB 97, 42, 44). Bei der Verdachtskündigung reicht allerdings allein die Einstellung eines Ermittlungsverfahrens nach § 170 Abs 2 Satz 1 StPO nicht aus, da die Einstellungsverfügung lediglich eine vorläufige Beurteilung durch die staatlichen Ermittlungsbehörden ohne Bindungswirkung für die ArbG darstellt (BAG 20.8.97, NZA 97, 1340, 1443). Nach der Logik der neueren Rspr muss ein Wiedereinstellungsanspruch aber auch bei der „normalen" verhaltensbedingten Kündigung in Betracht kommen, etwa wenn einem ArbN wegen Leistungsdefiziten gekündigt wurde und dieser in der Kündigungsfrist durch entsprechende Fortbildungs- oder Trainingsmaßnahmen seine Fähigkeiten und Kenntnisse so erweitert, dass die reklamierten Leistungsdefizite nicht mehr zu befürchten sind (*Nägele* BB 98, 1686, 1687). Die neuere Rspr des BAG gibt damit dem ArbN auch nach Ausspruch der Kündigung noch eine letzte Chance zur Besserung oder Genesung, allerdings wiederum begrenzt durch die Möglichkeit, dass der ArbGeb bereits im guten Glauben an die Wirksamkeit der Kündigung zwischenzeitlich Dispositionen getroffen hat, etwa bei einer krankheitsbedingten oder verhaltensbedingten Kündigung (mit Freistellung in der Kündigungsfrist) den Arbeitsplatz neu besetzt hat (BAG 27.2.97 – 2 AZR 116/96, DB 97, 1414). Zudem genügt es nicht, nur die der Kündigung zugrundeliegende Prognose zu erschüttern; viel mehr muss der ArbN eine positive Prognose darlegen und ggf beweisen (so BAG 17.6.99 – 2 AZR 639/98, NZA 99, 1328 für die krankheitsbedingte Kündigung).

7 **d) Saison- und Kampagnebetriebe.** Im Grundsatz besteht keine Pflicht des ArbGeb, entlassene ArbN bei Beginn der nächsten Saison oder Kampagne wieder einzustellen (BAG 15.3.84, NZA 84, 226; *Reinfeld* AR-Blattei SD Saisonarbeit Rz 84; offengelassen in BAG 7.3.96, DB 96, 1523). Etwas anderes kann sich jedoch bei Vorliegen besonderer Umstände ergeben, etwa wenn der ArbGeb ganz regelmäßig alle am Ende des vorigen Beschäftigungsabschnitts ohne Vorbehalt entlassenen ArbN wieder einstellt, und zwar derart, dass die ArbN nach Treu und Glauben, wie der ArbGeb weiß, mit der Wiedereinstellung fest rechnen und der ArbGeb auch weder bei einer früheren noch bei der letzten Entlassung irgendeinen Vorbehalt gemacht hat (BAG 29.1.87, DB 87, 1742; *von Hoyningen-Huene/Linck* § 22 Rz 11). Das BAG lässt es ausdrücklich dahinstehen, ob sich der Anspruch auf § 242 BGB, eine betriebliche Übung oder den Gedanken des Vertrauensschutzes stützt (BAG 29.1.87, DB 87, 1742).

8 **e) Lösende Aussperrung.** Soweit der Vornahme lösender Aussperrungen heute überhaupt noch Bedeutung zukommt (Näheres s *Arbeitskampf (Vergütung)* Rz 12), ist der ArbGeb nach Beendigung des Arbeitskampfes nach billigem Ermessen verpflichtet, die lösend ausgesperrten ArbN wieder einzustellen. Der Wiedereinstellungsanspruch besteht nur, wenn die Arbeitsplätze noch vorhanden sind; er entfällt, wenn der ArbGeb Arbeitsplätze endgültig eingespart oder anderweitig besetzt hat (BAG GS 21.4.71, DB 71, 1061).

B. Lohnsteuerrecht *Windsheimer*

9 Aufwendungen zur Durchsetzung des Wiedereinstellungsanspruchs können Werbungskosten (s *Werbungskosten* Rz 2 ff) sein. Schadensersatz, der einem Stpfl infolge einer schuldhaft verweigerten Wiedereinstellung zufließt, ist eine Entschädigung iSd § 24 Nr 1 lit a EStG, die bei zusammengeballtem Zufluss tarifbegünstigt zu besteuern ist (BFH 6.7.05 – XI R 46/04, BStBl II 06, 55; s hierzu auch *Abfindung* Rz 41). Eine Abfindung, die für den Verzicht auf eine zugesagte Wiedereinstellung gezahlt wird, ist in vollem Umfang stpfl (BFH 22.4.08 – IX R 83/07, BFH/NV 08, 1473; s auch *Abfindung* Rz 41). Bei vorübergehender Auslandstätigkeit mit Wiedereinstellungsanspruch kann der inländische Wohnsitz erhalten bleiben (s *Auslandstätigkeit* Rz 40).

C. Sozialversicherungsrecht
Schlegel

Ruhen des Anspruchs auf Arbeitslosengeld bei Bestehen eines Wiedereinstellungsanspruchs tritt nur dann ein, wenn der ArbN durch Nichtgeltendmachung dieses Anspruchs den Sperrzeittatbestand des § 144 Abs 1 Nr 2 SGB III erfüllt. Dies wird in aller Regel nicht der Fall sein. Zwar mag es unter Abwägung der Interessen der Solidargemeinschaft einerseits und dem Recht des einzelnen auf freie Wahl des Arbeitsplatzes unbillig erscheinen, die BA zur Zahlung von AlGeld zu verpflichten, obwohl der Arbeitslose Anspruch auf einen bestimmten Arbeitsplatz hat und den Zustand der Arbeitslosigkeit gleichsam mutwillig aufrechterhält. Indessen ist zu respektieren, dass § 144 SGB III keine Generalklausel, sondern Sperrzeittatbestände in Form eines enumerativen Katalogs enthält. Dieser ist nicht beliebig erweiterbar und greift zB auch dann nicht ein, wenn der Arbeitslose eine von ihm selbst ausfindig gemachte und ihm zumutbare Arbeitsstelle „platzen" lässt. 10

Allerdings ist es der BA nicht verwehrt, den Arbeitslosen bei der Arbeitslosmeldung nach dem Bestehen eines evtl Wiedereinstellungsanspruch zu fragen; dieselbe Frage kann auch dem früheren ArbGeb gestellt und ggf der betreffende Arbeitsplatz dem Arbeitslosen von der BA nach Maßgabe des § 144 Abs 1 Nr 2 SGB III angeboten werden, selbst wenn der ArbGeb dies nicht wünscht oder ablehnt. Nimmt der Arbeitslose dieses Arbeitsangebot in einem solchen Fall nicht an, ohne hierfür einen wichtigen (zB gesundheitlichen) Grund zu haben, ist der **Sperrzeittatbestand** verwirklicht. 11

Wintergeld

A. Arbeitsrecht
Poeche

1. Allgemeines. Wintergeld in Form von Zuschuss-Wintergeld und Mehraufwandswintergeld wird von der BA als ergänzende Leistung gewährt (§ 102 SGB III). Zu den sozialrechtlichen Voraussetzungen s Rz 8 ff. Obwohl das Wintergeld dem ArbN zukommen soll, kann er die Leistung nicht persönlich bei der BA beantragen. Antragsberechtigt sind der ArbGeb und der BRat. Der ArbGeb hat auf die Vermögensinteressen des ArbN Rücksicht zu nehmen (§ 241 Abs 2 BGB) und deshalb dafür zu sorgen, dass der ArbN in den Genuss des Wintergeldes kommt. Das Wintergeld ist form- und fristgerecht zu beantragen und die erforderlichen Nachweise sind beizubringen. Eine schuldhafte Verletzung der **arbeitsvertraglichen Nebenpflicht** begründet Ersatzansprüche des ArbN gegen den ArbGeb in Höhe der ausgefallenen Leistungen (LAG Hess 15.1.90 – 16 (S) Sa 854/89, NZA 91, 288). 1

2. Rechtsnatur/Ausschlussfristen. Das Wintergeld ist als Sozialleistung der BA **kein Arbeitsentgelt** iSv § 611 BGB. Es ist bei der Bemessung arbeitsrechtlicher Ansprüche wie der Entgeltfortzahlung im Krankheitsfall (§ 3 EFZG) oder des Urlaubsentgelts (§ 11 BUrlG) außer Ansatz zu lassen. Der ArbGeb ist lediglich „Zahlstelle" des durchlaufenden Postens „Wintergeld". Gleichwohl handelt es sich bei dem Anspruch des ArbN gegen den ArbGeb auf (Aus-)Zahlung von Wintergeld oder auf Schadensersatz um Ansprüche aus dem Arbeitsverhältnis. Eine einzel- oder tarifvertragliche **Ausschlussfrist** ist daher anzuwenden. Ist das Wintergeld nicht in der monatlichen Lohnabrechnung ausgewiesen, beginnt die Frist regelmäßig mit Ablauf der dem ArbGeb zur Verfügung stehenden Antrags- und Nachweisfrist. 2

Die Ausschlussfristen gelten auch für **Rückzahlungsansprüche** des ArbGeb, die im Zusammenhang mit der Zahlung von Wintergeld entstehen. Solche Zahlungen erfolgen für den ArbN erkennbar regelmäßig allein im Hinblick auf die erwartete Förderung durch die BA. Hat der ArbGeb daher das Wintergeld vor der endgültigen Bewilligung der Sozialleistung an den ArbN ausgezahlt, so wird sein Rückgewähranspruch frühestens mit Zugang des Ablehnungsbescheides fällig und nicht bereits mit dem Zeitpunkt der Überzahlung (LAG Hess 27.6.00 – 9 Sa 487/00, NJOZ 01, 765).

3. Erstattungsanspruch des Arbeitgebers. Im Gerüstbauerhandwerk erwirbt der ArbN während eines vorübergehenden Auslandseinsatzes einen Anspruch auf Übergangsgeld, wenn 3

463 Wintergeld

die Arbeit in der Schlechtwetterzeit für mindestens eine Stunde ausfällt. Die Sozialkasse ist dem ArbGeb tariflich zur Erstattung auch ohne Vorlage eines Bewilligungsbescheids der BA über Zuschuss-Wintergeld verpflichtet, soweit der ArbGeb Grund und Ausmaß des Arbeitsausfalles auf andere Art nachweist (BAG 20.1.10 – 10 AZR 927/08, BeckRS 2010, 67753).

4 **4. Finanzierung des Zuschuss-Wintergeldes.** In einigen Tarifbereichen (s *Fleddermann* ArbRAktuell 11, 151) besteht der gesetzlich bestimmte ArbNAnteil an der Umlage (s Rz 12) in der „Einbringung" von Urlaubstagen (im Dachdeckergewerbe sind es zwei Urlaubstage). Die Einbringung erfüllt den tariflichen Urlaubsanspruch. Der ArbGeb schuldet deshalb für diese Tage weder Urlaubsentgelt noch ein hiervon abhängiges zusätzliches Urlaubsgeld (BAG 12.10.10 – 9 AZR 531/09, NJOZ 11, 1453). Offengelassen hat der Senat, ob der gesetzliche Mindesturlaub eingebracht werden kann.

B. Lohnsteuerrecht *Windsheimer*

5 Die steuerlichen Vorschriften gebrauchen noch den Begriff *Winterausfallgeld* (§ 3 Nr 2 und § 32b Abs 1 Nr 1. a) EStG), obwohl es diesen Begriff in der einschlägigen Vorschrift (§ 102 SGB III, s unten Rz 8) nicht mehr gibt. Die Begriffe Zuschuss-Wintergeld (§ 102 Abs 2 SGB III) und Mehraufwands-Wintergeld (§ 102 Abs 3 SGB III) sind gegenüber der früheren Rechtslage begrifflich und inhaltlich gleich geblieben (s unten Rz 8). Daraus ist zu schließen, dass sich steuerlich bezogen auf die frühere Rechtslage nichts geändert hat. Das Wintergeld in seinen beiden Arten (§ 102 Abs 2 und 3 SGB III) ist also **steuerfrei** (§ 3 Nr 2 EStG) und unterliegt dem Progressionsvorbehalt (§ 3b Abs 1 Nr 1a) EStG; s *Lohnersatzleistungen* Rz 5 ff).

6 **Rückzahlungen** des Wintergelds durch den ArbN sind steuerlich unbeachtlich, ebenso Aufwendungen des ArbN, die mit der Erlangung des Wintergelds im Zusammenhang stehen (§ 3c EStG). Die **Umlage** für das Wintergeld (§§ 354 ff SGB III, s unten Rz 12) stellt beim ArbGeb Betriebsausgaben dar. Die Aufzeichnungspflichten über das Wintergeld haben für den Nachweis der Steuerfreiheit auch steuerliche Bedeutung. Soweit die ArbN an der Umlage beteiligt werden, sind dies Werbungskosten (OFD Münster 15.6.07 – Kurz-Info ESt, Nr 16/07, DStR 07, 1465).

7 Die Winterbeihilfe, die von der **Urlaubs- und Lohnausgleichskasse der Bauwirtschaft** gezahlt wird, ist **steuerpflichtig,** jedoch ohne laufenden LStAbzug, da der Empfänger im Zeitpunkt der Zahlung in keinem Dienstverhältnis steht. Sie ist in die Jahressteuerveranlagung mit einzubeziehen. Hierzu hat die Urlaubs- und Lohnausgleichskasse eine Bescheinigung über die Höhe der Winterbeihilfe auszustellen (OFD Hannover 8.4.04 – S 2360 – 30 – StH 212, LSt-Kartei NdS § 38 EStG Nr 3). Das Gleiche gilt für vom ArbGeb gezahlten Lohnausgleich und **Bauzuschlag**. Zahlung von Wintergeld an Waldarbeiter der staatlichen Forstbetriebe bei witterungsbedingter Unterbrechung des Arbeitsverhältnisses, das nach den Manteltarifverträgen der Länder bezahlt wird, unterliegt als Sonstiger Bezug (s *Sonstige Bezüge* Rz 2 ff) dem LStAbzug (FinVerw 30.12.82 – S – 2332 – amtlich nv).

Entschädigungszahlungen der Urlaubs- und Lohnausgleichskasse der Bauwirtschaft unterfallen dem Härteausgleich nach § 46 Abs 5 EStG, § 70 EStDV (BFH 21.2.03 – VI R 74/00, BStBl II 03, 496; s *Urlaubsabgeltung* Rz 13).

C. Sozialversicherungsrecht *Voelzke*

8 **1. Allgemeines.** Beim Wintergeld handelt es sich nach Maßgabe des § 102 SGB III um eine **ergänzende Leistung zum Saison-Kurzarbeitergeld** (Näheres: *Kurzarbeit*). Es ist zwischen dem Zuschuss-Wintergeld und dem Mehraufwands-Wintergeld zu unterscheiden. Die Aufbringung der Mittel erfolgt durch eine Umlage.

9 **2. Zuschuss-Wintergeld.** Das Zuschuss-Wintergeld wird nach § 102 Abs 2 SGB III in Höhe von bis zu 2,50 Euro **je ausgefallener Arbeitsstunde** gezahlt, wenn zu deren Ausgleich Arbeitszeitguthaben aufgelöst und die Inanspruchnahme von Saison-Kurzarbeitergeld vermieden wird. Mit dem Zuschuss-Wintergeld soll ein stärkerer Anreiz zur Nutzung von Arbeitszeitkonten gesetzt werden. Das Zuschuss-Wintergeld ist grds ab der 1. Ausfallstunde zahlbar.

3. Mehraufwands-Wintergeld. Das Mehraufwands-Wintergeld wird nach § 102 Abs 3 **10**
SGB III in Höhe von 1,00 Euro für jede in der Zeit vom 15. Dezember bis zum letzten
Kalendertag des Monats Februar **geleistete berücksichtigungsfähige Arbeitsstunde** an
ArbN gewährt, die auf einem witterungsabhängigen Arbeitsplatz beschäftigt sind. Das Mehraufwands-Wintergeld wird der Höhe nach insofern begrenzt, als im Monat Dezember bis zu 90 und in den Monaten Januar und Februar jeweils bis zu 180 Arbeitsstunden berücksichtigungsfähig sind. Diese Leistung soll witterungsbedingte Mehraufwendungen kompensieren. Ein Mehraufwand ist nur dann durch zwingende Witterungsgründe verursacht, wenn die Tätigkeit an dem Arbeitsplatz von entsprechenden Einwirkungen betroffen ist (*Hauck/ Noftz/Scholz* SGB III, § 102 Rz 16).

4. Verfahren. Das vom ArbGeb zu betreibende Verfahren folgt den Anforderungen beim **11**
Kurzarbeitergeld (Näheres: *Kurzarbeit*). Das Wintergeld ist (zusammen mit dem Saison-Kurzarbeitergeld und den weiteren ergänzenden Leistungen) vom ArbGeb schriftlich unter Beifügung einer Stellungnahme der Betriebsvertretung zu beantragen (§ 323 Abs 2 SGB III). Es gilt nach Maßgabe des § 325 Abs 3 SGB III eine Ausschlussfrist von drei Monaten, die mit Ablauf des Monats beginnt, in dem die Tage liegen, für die die Leistungen beantragt werden.

5. Umlage. Die Mittel für die ergänzenden Leistungen einschließlich des Wintergelds **12**
werden durch Umlage aufgebracht (§ 354 SGB III). Das Umlageverfahren ist durch die **Winterbeschäftigungs-Verordnung** idF vom 19.3.07 (BGBl I 07, 349; zuletzt geändert durch VO vom 24.6.13, BGBl I 13, 1681) für gewerbliche ArbN von Betrieben des Baugewerbes, des Gerüstbauerhandwerks, des Dachdeckerhandwerks und des Garten- und Landschaftsbaus eingeführt worden. Die Umlagehöhe und die Verteilung der Anteile ergeben sich für die einzelnen Gewerbezweige jeweils aus § 3 der Verordnung.

Zeugnis

A. Arbeitsrecht *Poeche*

Übersicht

	Rz		Rz
1. Allgemeines	1–3	8. Qualifiziertes Zeugnis	25–35
2. Anspruchsinhaber	4, 5	9. Wechsel der Zeugnisart	36
3. Schuldner des Zeugnisanspruchs	6–8	10. Änderung des Zeugnisses	37–39
4. Fälligkeit des Zeugnisanspruchs	9–13	a) Widerruf	38
5. Ort der Zeugniserteilung, Fristen	14, 15	b) Berichtigung	39
6. Form und Inhalt	16–21	11. Prozessuales	40–42
a) Äußere Form	17	a) Klage	40
b) Personelle Angaben	18	b) Darlegungs- und Beweislast	41
c) Ausstellungsdatum	19, 20	c) Zwangsvollstreckung	42
d) Unterschrift	21	12. Haftung des Arbeitgebers	43
7. Einfaches Zeugnis	22–24	13. Muster	44

1. Allgemeines. Jeder ArbN hat bei Beendigung des Arbeitsverhältnisses Anspruch auf 1 ein schriftliches Arbeitszeugnis. Das Zeugnis hat eine doppelte Funktion: 1. Es dient dem **beruflichen Fortkommen** des ArbN. Ihm wird ermöglicht, bei Bewerbungen um einen Arbeitsplatz seinen beruflichen Werdegang, persönliche und fachliche Befähigungen und Eignungen nachzuweisen. Die freie Wahl des Arbeitsplatzes wird erleichtert. 2. **Dritten,** Arbeitskräfte suchenden ArbGeb, gibt das Zeugnis Auswahlkriterien für die Stellenbesetzung an die Hand.

Rechtsgrundlage. Der Anspruch folgt für alle ArbN einheitlich § 109 GewO. Der 2 Zeugnisanspruch des Auszubildenden ist in § 16 BBiG geregelt. Für Umschüler iSd § 1 Abs BBiG folgt der Anspruch aus § 630 BGB, sofern die Umschulung nicht im Rahmen eines Arbeitsverhältnisses, sondern auf der Grundlage eines (isolierten) Berufsbildungsvertrages durchgeführt wird. Wird die Umschulung im Rahmen eines Arbeitsverhältnisses durchgeführt, ergibt sich der Anspruch aus § 109 GewO (BAG 12.2.13 – 3 AZR 120/11, BeckRS 2013, 68103).

Zeugnisarten. Gesetzlich wird zwischen dem einfachen und dem qualifizierten Zeugnis 3 unterschieden. Das einfache Zeugnis gibt Art und Dauer der Beschäftigung des ArbN wieder; das qualifizierte Zeugnis enthält darüber hinaus Angaben zu Leistung und Verhalten des ArbN im Arbeitsverhältnis, vgl § 109 Abs 1 GewO. Begrifflich wird außerdem nach dem Zeitpunkt differenziert, zu dem das Zeugnis erstellt wird. Das ist zunächst das gesetzlich allein geregelte **Endzeugnis**, das wegen der Beendigung des Arbeitsverhältnisses erteilt wird. Daneben gibt es das **Zwischenzeugnis**, das während des ungekündigten Arbeitsverhältnisses – regelmäßig aus besonderem Anlass – erteilt wird und das **vorläufige Zeugnis**. Dieses wird wegen einer bevorstehenden Beendigung des Arbeitsverhältnisses ausgestellt.

Vom Arbeitszeugnis iSv § 109 GewO sind **Bescheinigungen** zu unterscheiden, die ein Beschäftigter als Nachweis gegenüber Dritten benötigt (zB Student über die Absolvierung eines betrieblichen Praktikums; früher die nach dem Arztrecht erforderliche Bescheinigung über die Tätigkeit als Arzt im Praktikum [AiP]). Die sich aus einer vermeintlich inhaltlich falschen Bescheinigung ergebenden Ansprüche richten sich nach dem jeweiligen Sachzusammenhang. Für die „Berichtigungsklage" eines AiP hat das BAG das Rechtsschutzinteresse verneint, weil die für die Zulassung zum Arztberuf zuständige Behörde über die Zulassung selbstständig und ohne Bindung an die Bescheinigung zu entscheiden hatte (BAG 9.5.06 – 9 AZR 182/05, NZA 06, 1296).

2. Anspruchsinhaber. Anspruch auf ein Arbeitszeugnis haben alle ArbN, vorausgesetzt 4 wird allein ein Arbeitsverhältnis im allgemeinen arbeitsrechtlichen Sinn. Art und Umfang der geschuldeten Arbeit sind unerheblich. Gleichgültig ist, ob die Arbeit in Vollzeit oder Teilzeit, im Haupt- oder Nebenberuf geschuldet ist oder ob das Arbeitsverhältnis bereits während der

470 Zeugnis

Probezeit beendet wird. Leitende Angestellte sind (selbstverständlich) ebenfalls anspruchsberechtigt. Der Anspruch besteht auch im sog Faktischen Arbeitsverhältnis.

Nach § 630 aF setzte der Anspruch ein dauerndes Arbeitsverhältnis voraus. Gemeint war damit ein auf eine gewisse Mindestzeit angelegtes Arbeitsverhältnis. Eine solche Einschränkung, die in der Praxis ohnehin wenig Bedeutung hatte, enthält § 109 GewO nicht. Ein Zeugnis ist deshalb auch für befristete Arbeitsverhältnisse von nur kurzer Dauer, im Extremfall auch für ein Eintagesarbeitsverhältnis zu erteilen. Andernfalls wird der Zweck von Arbeitszeugnissen nicht erreicht. Der ArbN wird nicht in die Lage versetzt, seinen Berufsweg möglichst lückenlos nachzuweisen. Leistung und Verhalten werden sich allerdings insbesondere bei qualifizierteren Tätigkeiten erst nach einer gewissen Zeit beurteilen lassen. Deshalb kann es ausnahmsweise genügen, wenn der ArbGeb zum Ausdruck bringt, wegen der Kürze der Zeit müsse er von einer (zuverlässigen) Leistungsbeurteilung absehen. Er hat dann aber jedenfalls anzugeben, er habe nichts Negatives anzumerken. Erteilt der ArbGeb bei nur kurzer Beschäftigung (sechs Wochen) ein qualifiziertes Zeugnis, dann muss dieses vollständig sein, also Leistungs- und Verhaltensbeurteilung enthalten (LAG Köln 30.3.01 – 4 Sa 1485/00, SPA 19/01). Diese Art der Zeugniserteilung ist dem ArbGeb nicht wegen Verstoßes gegen die Wahrheitspflicht „unzumutbar" (so *Geyer* FA 02, 334). Der ArbGeb soll nichts „Unwahres" bescheinigen, sondern lediglich seine in der Kürze der Zeit gemachten Beobachtungen schriftlich niederlegen.

5 **Nichtarbeitnehmer** haben bei Beendigung eines „dauernden" Dienstverhältnisses Anspruch auf ein Dienstzeugnis nach § 630 Satz 1 BGB. Hierzu gehören ua Arbeitnehmerähnliche Personen und Heimarbeiter, Einfirmenvertreter (§ 92a HGB) und der sog kleine Handelsvertreter iSv § 84 Abs 2 HGB. Anerkannt ist auch der Zeugnisanspruch von Organvertretern ohne oder mit nur unwesentlichen Geschäftsanteilen, die keinen Einfluss auf die Gesellschafterbeschlüsse eröffnen (Kammergericht Bln 6.11.78 – 2 U 2290/78, BB 79, 988).

6 **3. Schuldner des Zeugnisanspruchs** ist der ArbGeb. Er kann sich durch einen Betriebsangehörigen, nicht durch einen freien Rechtsanwalt, vertreten lassen. Ein von einem leitenden Angestellten im eigenen Namen für den ArbN erstelltes **„Referenzzeugnis"** stellt keine Anspruchserfüllung dar. Im Falle der **Arbeitnehmerüberlassung** schuldet der Verleiher das Zeugnis, wobei er zur inhaltlichen Darstellung ggf auf Auskünfte des Entleihers zurückgreifen muss.

7 Bei **Insolvenz** des ArbGeb wird unterschieden: War der ArbN bereits vor Insolvenzeröffnung aus dem Arbeitsverhältnis ausgeschieden, bleibt der ArbGeb grds Schuldner des Zeugnisanspruchs. Diese Pflicht geht auch nicht auf einen vorläufigen Insolvenzverwalter ohne Verfügungsbefugnis iSv § 22 InsO über. Der Rechtsstreit wird nicht nach § 240 ZPO unterbrochen (LAG Nbg 5.12.02 – 2 Ta 137/02, NZA-RR 03, 463). Erlangt dagegen ein vorläufiger Insolvenzverwalter in vollem Umfang die Verfügungsbefugnis über das Arbeitsverhältnis oder wird das Arbeitsverhältnis nach Verfahrenseröffnung beendet, hat der Insolvenzverwalter das Zeugnis zu erstellen (BAG 23.6.04 – 10 AZR 495/03, NZA 04, 1392). Hierfür kommt es nicht darauf an, ob und wie lange er den ArbN beschäftigt hat oder ob er aufgrund eigener Kenntnisse den ArbN beurteilen kann. Der ArbGeb hat ihm nach § 97 InsO die erforderlichen Auskünfte zu erteilen.

8 Erben eines **verstorbenen Arbeitgebers** haben dem ArbN ein Zeugnis zu erstellen, soweit es ihnen aufgrund vorhandener betrieblicher Unterlagen oder von Auskünften anderer ArbN möglich ist (BAG 30.1.91 – 5 AZR 32/90, DB 91, 1626). Zeugnisse für die bei den **Stationierungskräften** beschäftigten ArbN hat die von den Streitkräften bestellte Dienststelle auszustellen; der Rechtsstreit wird gegen die BRD als Prozessstandschafter geführt (BAG 29.1.86 – 4 AZR 479/84, DB 86, 1340). Die Geschäftsführer einer GmbH bleiben auch nach Löschung der Firma verpflichtet (BAG 9.7.81 – 2 AZR 329/79, DB 82, 182). Bei Beendigung des Arbeitsverhältnisses nach einem **Betriebsübergang** schuldet der Erwerber die Erteilung des Zeugnisses, und zwar unabhängig davon, wie lange es nach dem Übergang fortgesetzt wurde (BAG 16.10.07 – 9 AZR 248/07, NZA 08, 298; s auch im einzelnen *Jüchser* NZA 12, 244). Der Betriebsveräußerer ist dem Erwerber ggf zur Auskunft verpflichtet.

9 **4. Fälligkeit des Zeugnisanspruchs.** Der ArbGeb schuldet das Zeugnis „bei Beendigung". Das BAG hat nun allerdings klargestellt, dass der Zeugnisanspruch zwar zu diesem

Zeitpunkt entsteht und auch fällig wird, jedoch für den ArbGeb erst erfüllbar ist, wenn der ArbN sein Wahlrecht – einfaches oder qualifiziertes Zeugnis – ausgeübt hat. Demzufolge hat er – anders als noch in den Vorauflagen angenommen und anders als im Berufsausbildungsverhältnis nach § 16 BBiG – vorher auch kein einfaches Zeugnis zu erteilen (BAG 12.2.13 – 3 AZR 120/11, BeckRS 2013, 68103; ebenso ErfK/*Müller-Glöge* GewO § 109 Rz 7). Sein Wahlrecht zugunsten eines qualifizierten Zeugnisses hat der ArbN jedoch schon dann ausgeübt, wenn er überhaupt um ein Zeugnis bittet oder in sonstiger Weise zum Ausdruck bringt, er erwarte ein Zeugnis. Nach allgemeinem Sprachgebrauch ist „Zeugnis" das qualifizierte Zeugnis, während das sog einfache Zeugnis umgangssprachlich eher als „Bescheinigung" verstanden wird. Der Zeugnisanspruch wird nicht erst „mit" oder „nach" Beendigung fällig, sondern bereits dann, wenn aufgrund fristgerechter Kündigung, Ablauf einer Befristung oder aufgrund eines Aufhebungsvertrages die Beendigung des Arbeitsverhältnisses absehbar ist. Nur dann wird der ArbN in die Lage versetzt, das Zeugnis bestimmungsgemäß als **Bewerbungsunterlage** bei der Suche nach einem neuen Arbeitsplatz zu nutzen. Richtigerweise kann der ArbN daher das Zeugnis bei Ausspruch der Kündigung oder Abschluss des Aufhebungsvertrages verlangen, bei Befristungen angemessene Zeit vor Beendigung (*Schaub/Linck* § 147 Rz 7).

Der ArbGeb ist regelmäßig berechtigt, ein vor Beendigung des Arbeitsverhältnisses ausgestelltes Zeugnis als „vorläufiges" zu kennzeichnen. Die für seinen Inhalt maßgeblichen Umstände können sich bis zum tatsächlichen Ausscheiden noch ändern. Das vorläufige Zeugnis ist sodann gegen das Endzeugnis auszutauschen. Im Fall **fristloser Kündigung** ist das Zeugnis vom ArbGeb unverzüglich, dh ohne schuldhaftes Zögern iSv § 121 BGB, zu erteilen. Streit der Parteien über die rechtliche Beendigung des Arbeitsverhältnisses schiebt die Verpflichtung des ArbGeb nicht hinaus, die Erhebung der Kündigungsschutzklage befreit ihn nicht von der Verpflichtung, dem ArbN ein Endzeugnis zu erteilen (BAG 27.2.87 – 5 AZR 710/85, DB 87, 1845; s *Arbeitspapiere* Rz 6 ff). 10

Ein **Zwischenzeugnis** ist nach allgemeiner Meinung auf Wunsch der ArbN jedenfalls aufgrund arbeitsvertraglicher Nebenpflicht dann zu erteilen, wenn ein berechtigtes Interesse vorliegt. Als Grund werden zB anerkannt eine vom ArbGeb in Aussicht gestellte Kündigung, eigener Stellenwechsel, Änderungen im Arbeitsbereich wie Versetzung, Wechsel der Vorgesetzten (BAG 1.10.98 – 6 AZR 176/97, NZA 99, 894) oder Insolvenz, Bewerbungen, Fort- und Weiterbildung, längere Arbeitsunterbrechung infolge Elternzeit, Wehr- oder Zivildienst, Vorlage bei Gerichten, Behörden, Kreditanträge (s auch *Verdienstbescheinigung* Rz 2). Im Fall der **Betriebsnachfolge** iSv § 613a BGB ist auf Wunsch des ArbN wegen der oft für ihn nicht vorhersehbaren Auswirkungen des ArbGebWechsels ein Zwischenzeugnis zu erteilen (vgl hierzu *Jüchser* NZA 12, 244), trotz des Erlöschens des alten Arbeitsverhältnisses kein Endzeugnis. Der Anspruch kann sowohl gegen den alten als auch gegen den neuen ArbGeb geltend gemacht werden. Der damit bei einer Vielzahl von Arbeitsverhältnissen ggf erforderliche erhebliche ArbGebAufwand ist unbeachtlich. Richtigerweise kann der ArbN auch ohne Darlegung eines besonderen Grundes ein Zwischenzeugnis verlangen. Er muss die Möglichkeit haben, seine Chancen auf dem Arbeitsmarkt realistisch einzuschätzen und einen beruflichen Wechsel vorzubereiten. Der Zwang zur Offenbarung seines anerkannt berechtigten Interesses gefährdet ggf ohne Not das bestehende Arbeitsverhältnis; die freie Wahl des Arbeitsplatzes (Art 12 GG) wird nicht voll gewährleistet (RGRK/*Eisemann* § 630 BGB Rz 23; aA ErfK/*Müller-Glöge* § 109 GewO Rz 50). Der Anspruch auf ein Zwischenzeugnis kann ebenso wie der Anspruch auf das Endzeugnis (LAG Köln 8.2.2000 – 13 Sa 1050/99, NZA-RR 01, 130) verwirken. Nach Auffassung des LAG Hamm (13.2.07 – 19 Sa 1589/06, NZA-RR 07, 486) hat der ArbN während des Laufs eines Kündigungsschutzprozesses ein Wahlrecht, ob er ein Endzeugnis oder ein Zwischenzeugnis verlangt. 11

Bestimmt ein **Tarifvertrag,** dass ein Zwischenzeugnis aus „triftigen Gründen" zu erteilen ist (zB § 35 Abs 2 TVöD), muss es auch geeignet sein, den mit ihm angestrebten Erfolg zu fördern (BAG 21.1.93 – 6 AZR 171/92, DB 93, 2134 zu § 61 Abs 2 BAT: Verneint als Beweismittel im Eingruppierungsprozess; BAG 1.10.98 – 6 AZR 176/97, NZA 99, 894: Bejaht bei Vorgesetztenwechsel. 12

Wegen des dem Auszubildenden nach § 16 BBiG zu erteilenden Ausbildungszeugnisses *Ausbildungsverhältnis* Rz 66–68 und zur Vergleichbarkeit mit dienstlichen Beurteilungen VGH Hess 27.1.94 – 1 TG 2485/93, DB 94, 2140. 13

470 Zeugnis

14 **5. Ort der Zeugniserteilung, Fristen.** Wie alle anderen Arbeitspapiere ist das Zeugnis eine Holschuld iSd § 269 Abs 2 BGB. Der ArbN hat daher das Zeugnis beim ArbGeb abzuholen (BAG 8.3.95 – 5 AZR 848/93, NZA 95, 671). Hält der ArbGeb das rechtzeitig verlangte Zeugnis nicht bis spätestens zum letzten Tag des Ablaufs der Kündigungsfrist mit den anderen Arbeitspapieren bereit, hat er es auf seine Gefahr und Kosten dem ArbN zu übersenden (LAG Köln 26.4.10 – 2 Ta 24/10, BeckRS 2010, 70863; Näheres s *Arbeitspapiere* Rz 9). Nach § 242 BGB kann der ArbGeb im Einzelfall verpflichtet sein, dem ArbN das Zeugnis nachzuschicken, zB wenn die Abholung mit unverhältnismäßigen Kosten verbunden ist (BAG 8.3.95 – 5 AZR 848/93, NZA 95, 671). Die Einrede des nichterfüllten Vertrages oder ein sonstiges Zurückbehaltungsrecht bestehen nicht. Der Zeugnisanspruch ist **unabdingbar**, ein vor Beendigung des Arbeitsverhältnisses erklärter **Verzicht** des ArbN unwirksam (LAG Köln 17.6.10 – 7 Ta 352/09, BeckRS 2010, 71321). Ob der ArbN nach Beendigung des Arbeitsverhältnisses rechtswirksam auf ein Zeugnis verzichten kann, ist höchstrichterlich nicht entschieden. Allgemein gehaltene Ausgleichsklauseln in einem Vergleich zur Beendigung eines Kündigungsprozesses enthalten jedenfalls regelmäßig keinen Verzicht (BAG 16.9.74 – 5 AZR 255/74, DB 75, 155).

15 Das BAG bejaht die Geltung **tariflicher Ausschlussfristen** (23.2.83 – 5 AZR 515/80, DB 83, 2043 zu § 70 BAT; LAG Hamm 10.4.02 – 3 Sa 1598/01, LAG Report 02, 267: auch einzelvertragliche Ausschlussklausel; s auch *Ausschlussfrist* Rz 10 ff). Zur AusgleichsquittungLAG Köln 17.6.94 – 4 Sa 185/94, LAGE Nr 22 zu § 630 BGB; LAG Düsseldorf 23.5.95 – 3 Sa 253/95, NZA-RR 96, 42. Nach Auffassung des BAG (16.9.74 – 5 AZR 255/74, NZA 75, 407) erfasst eine allgemein gehaltene **Ausgleichsklausel** regelmäßig nicht den Zeugnisanspruch (aA jetzt LAG BlnBbg 6.12.11 – 3 Sa 1300/11, BeckRS 2012, 65741). Soweit prozessual zulässig, kann der ArbN, der das erteilte Zeugnis fristgerecht bemängelt hat, im Rechtsstreit auch nach Fristablauf weitere Ergänzungen oder Änderungen verlangen (BAG 4.10.05 – 9 AZR 507/04, NZA 06, 436). Die **Verjährungsfrist** beträgt 3 Jahre (§ 195 BGB), eine vorherige **Verwirkung** (zu Zeit- und Umstandsmoment s *Verwirkung* Rz 2 ff) ist nicht ausgeschlossen (BAG 17.2.88 – 5 AZR 638/86, DB 88, 1071: zehn Monate für Berichtigung; LAG Düsseldorf 11.11.94 – 17 Sa 1158/94, DB 95, 1135: elf Monate). Ein einfaches Zeugnis kann solange verlangt werden, wie die Unterlagen über Art und Dauer der Beschäftigung normalerweise im Betrieb aufbewahrt werden. Ein qualifiziertes Zeugnis ist demgegenüber nur dann zu erteilen, wenn der ArbGeb trotz des zeitlichen Abstandes zwischen Beendigung des Arbeitsverhältnisses und dem Verlangen des ArbN Leistung und Führung noch beurteilen kann. Entscheidend sind die Umstände des Einzelfalles (*Schaub/Linck* § 147 Rz 11). Verwirkung kann auch eingreifen, wenn sich der ArbGeb auf eine verspätete Intervention des ArbN zwar auf eine geänderte Tätigkeitsbeschreibung einlässt, die Verbesserung der Leistungsbewertung aber ablehnt.

16 **6. Form und Inhalt** des schriftlich zu erteilenden Zeugnisses bestimmen sich nach seinem Zweck, dem ArbN in seinem beruflichen Fortkommen zu dienen. Wegen seiner Außenwirkung muss es daher, was die äußere Form, Wortwahl, Ausstellungsdatum und Person des Unterzeichners betrifft, den im Geschäftsverkehr üblichen und von Dritten auch erwarteten Gepflogenheiten entsprechen: „Anstand als einklagbare Schuld" (ErfK/*Müller-Glöge* § 109 GewO Rz 1).

17 **a) Äußere Form.** Regelmäßig ist das Zeugnis maschinenschriftlich und auf dem für die Geschäftskorrespondenz üblichen Geschäftspapier zu erstellen (BAG 3.3.93 – 5 AZR 182/92, DB 93, 1624). Verwendet der ArbGeb zulässigerweise einen weißen Bogen für das Zeugnis, sind volle Firmenbezeichnung, Rechtsform und derzeitige Anschrift anzuführen. Eine saubere Kopie mit Originalunterschrift des ArbGeb oder seines Vertreters reicht aus (LAG Brem 23.6.89 – 4 Sa 320/88, BB 89, 1825). Äußere Mängel wie Flecken, Durchstreichungen, Textverbesserungen oÄ braucht der ArbN nicht hinzunehmen. Schreibfehler sind zu berichtigen, wenn sie negative Folgen für den ArbN haben können (ArbG Düsseldorf 19.12.84 – 6 Ca 5682/84, NZA 85, 812). Ausrufungs- oder Fragezeichen und Gänsefüßchen sind ebenso unzulässig wie Unterstreichungen oder teilweise Hervorhebungen durch Fettschrift. Nach § 109 Abs 2 GewO muss das Zeugnis „klar und verständlich" formuliert sein und darf keine Merkmale oder Formulierungen enthalten, die den Zweck haben, eine andere als aus der äußeren Form oder aus dem Wortlaut ersichtlichen Aussage über den ArbN zu treffen.

Die Zeugnissprache ist Deutsch. Etwas anderes kann gelten, wenn eine Fremdsprache das Arbeitsverhältnis maßgeblich prägt, wie immer häufiger die englische Sprache (hierzu und zu den Unterschieden zu den im englischen Sprachraum Üblichkeiten: *Kursawe* ArbR 2010, 641). Unbedenklich ist, wenn der ArbGeb dem ArbN das Zeugnis übersendet und es deshalb faltet, um den Bogen in einen Briefumschlag üblicher Größe unterzubringen. Das Zeugnis muss aber kopierfähig sein, dh auf den Ablichtungen dürfen sich die „Knicke" nicht durch Schwärzungen abzeichnen (BAG 21.9.99 – 9 AZR 893/98, NZA 2000, 257).

b) Personelle Angaben. Die **Person** des ArbN ist mit Vor- und Familiennamen, ggf **18** Geburtsnamen, genau zu bezeichnen. Anschrift und Geburtsdatum sollten nur mit seinem Einverständnis aufgenommen werden. Zur Identifikation sind diese Daten regelmäßig nicht erforderlich. Ein erworbener akademischer Grad ist korrekt zu verwenden. Ist dem Absolventen einer Hochschule der Titel „Dipl. Ing." verliehen worden, darf dem idR nicht der Zusatz „FH" hinzugefügt werden (BAG 8.2.84 – 5 AZR 501/81, DB 84, 1783). Die Anrede ist „Herr" und „Frau", es sei denn, die Mitarbeiterin wünscht ausdrücklich die Bezeichnung „Fräulein".

c) Ausstellungsdatum. Das Zeugnis muss ein Ausstellungsdatum tragen. Regelmäßig ist **19** das der Tag der tatsächlichen Erstellung. Vor- oder Rückdatierungen sollen grds unzulässig sein. Das ist in dieser Form nicht richtig. Es ist nicht zu beanstanden, wenn der ArbGeb im Hinblick auf die bevorstehende Beendigung des Arbeitsverhältnisses von der Erteilung eines vorläufigen Zeugnisses absieht und sofort ein Endzeugnis mit dem Datum des letzten Arbeitstages aushändigt.

Rückdatierungen sind erforderlich, wenn der ArbGeb das vom ArbN verlangte Zeugnis **20** nicht zeitnah erstellt. Dann ist das Datum aufzunehmen, das bei rechtzeitiger Erfüllung gegolten hätte. Dies gilt auch, wenn der ArbGeb das bereits erteilte Zeugnis wegen formeller oder inhaltlicher Mängel von sich aus oder aufgrund eines Vergleichs oder Urteils berichtigt. In diesen Fällen ist das **ursprüngliche Ausstellungsdatum** zu nennen. Darin liegt kein Verstoß gegen die Wahrheitspflicht, vielmehr bedingt der Zweck des Zeugnisses diese Datierung. Andernfalls hätte es der ArbGeb in der Hand, durch Verzögerung der Zeugniserteilung einen lange nach Beendigung des Arbeitsverhältnisses liegenden Zeitpunkt zu erreichen, der bei Dritten den Gedanken an eine Auseinandersetzung über die Beendigung des Arbeitsverhältnisses oder den Zeugnisinhalt nahelegt. Die Bewerbungschancen des ArbN können dadurch ungerechtfertigt beeinträchtigt werden (BAG 9.9.92 – 5 AZR 509/91, DB 93, 644; ErfK/*Müller-Glöge* § 109 GewO Rz 12; RGRK/*Eisemann* § 630 Rz 26).

d) Unterschrift. Jedes Zeugnis schließt mit der **eigenhändigen Unterschrift** des Arb- **21** Geb oder des für ihn handelnden Vertreters. Eine Vertretung nur in der Unterschrift ist unzulässig (BAG 21.9.99 – 9 AZR 893/98, NZA 2000, 257). Faksimile, fotokopierte Unterschrift, E-Mail oder Telefax genügen nicht (LAG Hamm 28.3.2000 – 4 Sa 1588, 99, MDR 2000, 1198 [LS]). Dementsprechend untersagen § 630 Satz 2 BGB, § 109 Abs 3 GewO ausdrücklich die elektronische Form. Nicht ordnungsgemäß ist auch eine Unterschrift, die nach ihrer äußeren Gestaltung den Eindruck erweckt, der ArbGeb distanziere sich vom Inhalt (LAG BaWü 3.8.05 – 4 Ta 153/05, NZA-RR 06, 13). Das Vertretungsverhältnis und die Stellung des Unterzeichners im Betrieb sind zu kennzeichnen. Beim qualifizierten Zeugnis muss der Unterzeichner erkennbar ranghöher sein (BAG 16.11.95 – 8 AZR 983/94, ArbuR 96, 195). Diese Vorgesetztenstellung muss sich unmittelbar aus dem Zeugnis ergeben (und nicht ewa aus dem Handelsregister!). Wird einem ArbN mit Prokura im Zeugnis bescheinigt, er sei der „Geschäftsleitung" unterstellt gewesen, so ist das Zeugnis daher von einem ihrer Mitglieder zu unterzeichnen. Gehört ein Prokurist zur Geschäftsleitung und fertigt dieser das Zeugnis, ist auf eben diese Stellung im Unternehmen hinzuweisen. Der Zusatz „ppa" genügt nicht (BAG 26.6.01 – 9 AZR 932/00, NZA 02, 33). Bei leitenden Angestellten wird idR das gesetzliche Vertretungsorgan des ArbGeb zu unterschreiben haben. Vergleichbares kann für die Unterzeichnung durch die unmittelbaren Vorgesetzten bei Vorzimmerkräften dann gelten, wenn das Arbeitsverhältnis von besonderem Vertrauen geprägt war (LAG Düsseldorf 5.3.69, DB 69, 534; *Weuster* BB 92, 58 ff). Zum Krankenhausarzt s LAG Hamm 21.12.93 – 4 Sa 880/93, BB 95, 154. Die vom BAG für die Privatwirtschaft entwickelten Rechtssätze gelten grds auch im **öffentlichen Dienst.** Regelmäßig ist das Zeugnis vom Behördenleiter oder seinem Stellvertreter auszustellen. Im Übrigen darf die Zeichnungsbefugnis nur auf einen ranghöheren Vorgesetzten übertragen werden. Jedenfalls bei einem wissenschaftlichen Mitarbeiter genügt daher nicht, wenn der Leiter des Verwaltungsreferats mit der Ausstellung des Zeugnisses beauftragt wird. Das Zeugnis ist von einem der vorgesetzten Wissenschaftler (mit-) zu unterzeichnen (BAG 4.10.05 – 9 AZR 507/04, NZA 06, 436). Bei dem Leiter des Redaktionsbüros einer juristischen Fachzeitschrift reicht hingegen die Unterschrift des Verlagsgeschäftsführers aus. Die Unterschrift des wissenschaftlichen Schriftleiters ist nicht notwendig (LAG Hamm 14.1.10 – 16 Sa 1195/10, BeckRS 2010, 67652).

22   **7. Einfaches Zeugnis.** Art und Dauer der Beschäftigung sind beim einfachen Zeugnis darzustellen. Die Tätigkeiten des ArbN sind so vollständig und genau zu beschreiben, dass sich künftige ArbGeb ein klares Bild machen können. Der berufliche Weg, die übertragenen Aufgaben sind im Einzelnen nachzuzeichnen, wobei besondere Befugnisse, Spezialtätigkeiten oder Sonderaufgaben zu erwähnen sind. Unwesentliches darf verschwiegen werden, nicht aber Aufgaben und Tätigkeiten, die ein Urteil über Kenntnisse und Leistungsfähigkeit des ArbN erlauben und ihn für einen künftigen ArbGeb interessant erscheinen lassen (BAG 12.8.76 – 3 AZR 720/75, DB 76, 2211). Ist dem ArbN nicht für die gesamte Dauer des Arbeitsverhältnisses Prokura erteilt, soll es nicht zu beanstanden sein, wenn im Zeugnis die konkreten Daten genannt werden (LAG BaWü 19.6.92 – 15 Sa 19/92, DB 93, 1040 mit kritischer Anm *Pfleger*). Der Widerruf der Prokura gehört jedenfalls dann nicht in das Zeugnis, wenn sie im Zusammenhang mit der für einen späteren Zeitpunkt vereinbarten Beendigung des Arbeitsverhältnisses erfolgt (BAG 26.6.01 – 9 AZR 932/00, NZA 02, 33). Nimmt der ArbN verschiedene Funktionen nacheinander oder nebeneinander wahr, sind diese insgesamt zu erwähnen. Ein Anspruch auf getrennte Zeugnisse besteht nicht; eine entsprechende Zusage des ArbGeb ist unwirksam. Etwas anderes gilt nur bei der im Anschluss an die Ausbildung fortgesetzte Beschäftigung. Nach der ausdrücklichen Vorschrift des § 16 BBiG ist bei Beendigung des Ausbildungsverhältnisses das Ausbildungszeugnis zu erstellen, ohne dass es auf die Weiterbeschäftigung ankommt (einschränkend LAG Hamm 27.2.97 – 4 Sa 1691/96, NZA-RR 98, 151).

23   Die anzugebende **Dauer** richtet sich nach dem rechtlichen Bestand des Arbeitsverhältnisses. Hat der ArbN eine fristlose Kündigung nicht angegriffen, ist das tatsächliche Ende der Beschäftigung aufzunehmen. Unterbrechungen durch Urlaub oder Krankheit, Wehrübung, Bildungsurlaub usw sind nicht aufzunehmen. Erhebliche Ausfallzeiten etwa durch Elternzeit können erwähnt werden, wenn sie im Verhältnis zur Dauer der tatsächlichen Beschäftigung ins Gewicht fallen und es nach der Art der geschuldeten Arbeit auf Erfahrungswissen besonders ankommt. Maßgeblich sind die Umstände des Einzelfalles (BAG 10.5.05 – 9 AZR 261/04, NZA 05, 1237).

24   Der **Grund des Ausscheidens** ist beim einfachen Zeugnis schon nach dem ausdrücklichen Gesetzeswortlaut nur auf Wunsch des ArbN aufzunehmen. Bei nur kurzer Dauer der tatsächlichen Beschäftigung, die eine Leistungsbeurteilung durch den ArbGeb noch nicht zulässt, oder sonst fehlendem Kündigungsschutz besteht regelmäßig ein Interesse des ArbN an der Angabe des Beendigungsgrundes, wenn dieser in der Sphäre des ArbGeb liegt.

25   **8. Qualifiziertes Zeugnis.** Es betrifft über Art und Dauer der Beschäftigung hinaus **Leistung und Verhalten.** Es gelten die Gebote der **Zeugniswahrheit** und – so sieht es § 109 Abs 2 GewO ausdrücklich vor – der **Zeugnisklarheit** (vgl im Einzelnen BAG 15.11.11 – 9 AZR 386/10, BeckRS 2012, 67197). Der ArbN kann nicht verlangen, dass die Beurteilung auf Leistung oder Verhalten oder bestimmte Zeiträume beschränkt wird. Das Zeugnis soll ein Gesamtbild ergeben (LAG Frankfurt 14.9.84 – 13 Sa 64/84, DB 85, 820). Eingehend zu Aufbau und üblichem Inhalt eines Zeugnisses LAG Hamm 1.12.94 – 4 Sa 1631/94, LAGE Nr 28 zu § 630 BGB.

Die Beurteilung der **Leistung** muss sich an der Tätigkeitsbeschreibung, also an der Arbeitsaufgabe und ihren Anforderungen orientieren. Körperliches und geistiges Leistungsvermögen, Fachkenntnisse, Arbeitsqualität und Güte, Arbeits- und Verantwortungsbereitschaft kennzeichnen die Leistung wie etwa auch Verhandlungsgeschick, Ausdrucksvermögen, Durchsetzungsfähigkeit und Entscheidungsbereitschaft.

26   Das in § 109 Abs 1 GewO genannte **Verhalten** des ArbN entspricht dem bisherigen Begriff „Führung". Gemeint ist das Sozialverhalten gegenüber Vorgesetzten, Kollegen und Dritten wie auch gegenüber nachgeordneten Mitarbeitern sowie Beachtung der betriebli-

chen Ordnung (vgl LAG Hamm 12.7.94 – 4 Sa 192/94 und 4 Sa 564/94, LAGE Nr 26, 27 zu § 630 BGB). Außerdienstliches Verhalten ist im Zeugnis grds nicht zu erwähnen. Es kann dann zur Beurteilung herangezogen werden, wenn es sich dienstlich auswirkt (Trunk- oder Drogensucht; BAG 29.1.86 – 4 AZR 479/84, DB 86, 1340: Unbefugte Nutzung eines Dienstfahrzeugs zu einer Privatfahrt in fahruntüchtigem Zustand).

Das Zeugnis muss **alle wesentlichen Tatsachen** und Bewertungen enthalten, die für die Beurteilung des ArbN von Bedeutung und für einen zukünftigen ArbGeb von Interesse sind. Einmalige Vorfälle oder Umstände, die für den ArbN, sein Verhalten und Leistung nicht charakteristisch sind – seien sie vorteilhaft oder nachteilig – gehören nicht in das Zeugnis. Weder Wortwahl noch Satzstellung oder Auslassungen dürfen nach dem Gebot der Zeugnisklarheit dazu führen, dass bei Dritten der Wahrheit nicht entsprechende Vorstellungen entstehen. In diesem Rahmen ist der ArbGeb frei in der Formulierung des Zeugnisses. Bei der Beurteilung, ob das Zeugnis dem Gebot der Klarheit entspricht, ist nicht auf die Vorstellung des Verfassers, sondern auf den objektiven Empfängerhorizont des Zeugnislesers abzustellen (BAG 15.11.11 – 9 AZR 386/10, BeckRS 2012, 67197). Dieser wird – wie klagende ArbN häufig annehmen – regelmäßig nicht durch sog Übersetzungslisten im Internet oder in der Literatur vorgegeben (ebenso *Gäntgen* RdA 12, 371, der allerdings auf die wachsende Bedeutung derartiger Listen hinweist). 27

Dem ArbGeb steht ein **Beurteilungsspielraum** zu, welche positiven und negativen Leistungen und Eigenschaften des ArbN er betont oder vernachlässigt und wie er das Zeugnis formuliert (BAG 15.11.11 – 9 AZR 386/10, BeckRS 12, 67197). Maßstab ist der eines wohlwollenden verständigen ArbGeb, der seiner Bewertung Tatsachen, nicht Vermutungen oder Verdächtigungen zugrunde legt. Ungünstiges braucht nicht verschwiegen zu werden (Nichtbestehen einer Prüfung). Ein Strafverfahren wegen sittlicher Verfehlung eines Heimerziehers darf nicht verschwiegen werden (BAG 5.8.76 – 3 AZR 491/75, BB 77, 297; anders wenn die mögliche Straftat in keinem Zusammenhang mit der übertragenen Tätigkeit steht ArbG Düsseldorf 15.12.03 – 7 Ca 9224/08, NZA-RR 04, 294). Wird branchenüblich die Erwähnung bestimmter Eigenschaften erwartet (zB Ehrlichkeit bei Kassierern), sind diese zu erwähnen (LAG Hamm 29.7.05 – 4 Ta 594/04, jurisPR-Arb 1/2006 Anm 4). Ob in einer Branche oder für eine bestimmte Berufsgruppe üblicherweise eine bestimmte Eigenschaft des ArbN im Zeugnis bescheinigt wird, andernfalls das Zeugnis lückenhaft erscheint („beredtes Schweigen"), ist eine Tatfrage (zB Stressbelastbarkeit bei einem Tageszeitungsredakteur) und deshalb vom Tatsachengericht aufzuklären (BAG 12.8.08 – 9 AZR 632/07, BeckRS 2008, 37445). Auch „beredtes Schweigen" ist unzulässig (BAG 20.2.01 – 9 AZR 44/00, NZA 01, 843). Eine geringfügige Verfehlung steht wohl der Bescheinigung der „Ehrlichkeit" allein noch nicht entgegen. Bei Kraftfahrern spielt zB die Unfallfreiheit eine Rolle. Ein auf Veranlassung des ArbGeb gegen den ArbN eingeleitetes Ermittlungsverfahren wegen Diebstahls in der Anwaltskanzlei des ArbGeb gehört nicht in das Zeugnis. Sollte der ArbN verurteilt werden, hat der ArbGeb Anspruch auf Herausgabe des alten Zeugnisses Zug um Zug gegen Erteilung eines neuen Zeugnisses (LAG Düsseldorf 3.5.05 – 3 Sa 359/05, DB 05, 1799). 28

Angaben zum **Gesundheitszustand** des ArbN gehören nicht in das Zeugnis. Ob etwas anderes gilt, wenn das Arbeitsverhältnis hierdurch grds beeinflusst wird, erscheint nicht zweifelsfrei (so aber ArbG Hagen 16.4.69 – 2 Ca 1160/68, DB 69, 886: Krampfanfälle; LAG Chemnitz 30.1.96 – 5 Sa 996/95, NZA-RR 97, 47 bei einem krankheitsbedingten Ausfall von rd 50 %). 29

Mitgliedschaft im Betriebsrat oder gewerkschaftliche Betätigung sind nur auf Wunsch des ArbN aufzunehmen, andernfalls müssen auch mittelbare Aussagen, die ein derartiges Engagement des ArbN nahelegen, unterbleiben (ArbG Ludwigshafen 18.3.87 – 2 Ca 281/87, DB 87, 1364; LAG Hamm 12.4.76 – 9 Sa 29/76, DB 76, 1112). Ob langjährige Freistellung des ArbN für die BRatTätigkeit etwas anderes bedingt, ist eine Frage des Einzelfalles (vgl BAG 19.8.92 – 7 AZR 262/91, DB 93, 1525; LAG Hess 19.11.93 – 9 Sa 111/93, DB 94, 1044). 30

Das Zeugnis schließt regelmäßig mit einer **Schlussnote**. An sich erscheint das nicht geboten, wenn ein differenziertes Zeugnis erteilt wird, das auf die einzelnen Anforderungen eingeht und zu Qualität der Arbeitsleistung und das Verhalten konkrete Aussagen trifft. Indessen kann an der Zeugnispraxis nicht vorbei gegangen werden (BAG 14.10.03 – 9 AZR 31

470 Zeugnis

12/03, NZA 04, 843; vgl auch *Hunold* NZA-RR 01, 113 und LAG Hamm 22.5.02 – 3 Sa 251/02, LAGReport 02, 264). So hat sich inbesondere die sog Zufriedenheitsskala eingebürgert:

Er/sie hat die ihm/ihr übertragenen Aufgaben stets zu unserer vollsten Zufriedenheit erledigt/zu unserer vollen Zufriedenheit erledigt und unseren Erwartungen in jeder Hinsicht entsprochen	bescheinigt eine durchweg sehr gute Leistung
stets zu unserer vollen Zufriedenheit erledigt	bescheinigt eine gute Leistung (BAG 14.10.03 – 9 AZR 12/03, NZA 05, 843; LAG Düsseldorf, 26.2.85 – 8 Sa 1873/84, DB 85, 2692)
zu unserer vollen Zufriedenheit erledigt/stets zu unserer Zufriedenheit erledigt	bescheinigt eine Durchschnittsleistung (BAG 14.10.03 – 9 AZR 12/03, NZA 05, 843; LAG Brem 9.11.2000 – 4 Sa 101/00, NZA-RR 01, 287); eine gut durchschnittliche Leistung (LAG Köln 18.5.95 – 5 Sa 41/95, LAGE Nr 23 zu § 630 BGB)
zu unserer Zufriedenheit erledigt	unterdurchschnittliche, noch ausreichende Leistung (so richtig LAG Köln 2.7.99 – 11 Sa 255/99, NZA 2000, 235; LAG Frankfurt 10.9.87 – 12/13 Sa 1766/86, DB 88, 1071; anders: BAG 12.8.76 – 3 AZR 720/75, DB 76, 2211: befriedigende Leistung)
im Großen und Ganzen zu unserer Zufriedenheit erledigt	Bringt eine mangelhafte Leistung zum Ausdruck
er/sie hat sich bemüht, die übertragene Arbeit zu unserer Zufriedenheit zu erledigen/ führte die übertragene Aufgabe mit großem Fleiß und Interesse durch	bescheinigt völlig ungenügende Leistungen (BAG 24.3.77 – 3 AZR 232/76, DB 77, 1369; LAG Hamm 16.3.89 – 12 (13) Sa 1149/88, BB 89, 1486).

32   An dieses Schema ist der ArbGeb nicht gebunden. Ihm steht frei, das Beurteilungssystem zu wählen. Aus dem Zeugnis muss sich aber deutlich ergeben, wie der ArbGeb Leistung/Verhalten der ArbN einstuft. Das Zeugnis muss in sich stimmig, dh **schlüssig** sein. Schlussnote und Einzelbeurteilungen müssen sich decken. Eine Gesamtnote, der ArbN habe „immer zu unserer vollen Zufriedenheit" gearbeitet, ist zu berichtigen, wenn die Einzelleistungen ausnahmslos mit „sehr gut" und die Tätigkeit des ArbN als „sehr erfolgreich" bewertet wurden (BAG 23.9.92 – 5 AZR 573/91, EzA § 630 BGB Nr 16).

33   **Grund und Art der Beendigung** sind nur auf Wunsch des ArbN aufzunehmen. Arbeitsvertragsbruch des ArbN oder fristlose Kündigung des ArbGeb als solche sind nicht zu erwähnen (LAG Hamm 24.9.85 – 13 Sa 833/85, NZA 86, 99; LAG Köln 8.11.89 – 5 Sa 799/89, BB 90, 856; aA ArbG Düsseldorf 1.10.87 – 9 Ca 2774/87, DB 88, 508). Haben sich die Arbeitsvertragsparteien im Anschluss an eine verhaltensbedingte Kündigung auf einen Abfindungsvergleich geeinigt, widerspricht die Angabe im Zeugnis, die Beendigung sei auf Veranlassung des ArbGeb erfolgt, dem Wohlwollensgebot (LAG Berlin 25.1.07 – 5 Sa 1442/06, NZA-RR 07, 373). Andererseits kann der ArbN, dessen Arbeitsverhältnis durch einen vom ArbGeb veranlassten Aufhebungsvertrag beendet wurde, nicht die Formulierung verlangen, das ArbVerh sei auf seinen Wunsch hin beendet worden (LAG RhlPf 2.7.12 – 5 Sa 186/12, BeckRS 12, 74975). Der ArbGeb genügt hier der Wahrheitspflicht, wenn er als Beendigungsgrund „im gegenseitigen Einvernehmen" angibt. Der der Beendigung zugrunde liegende Sachverhalt als solcher kann bei der Verhaltensbeurteilung berücksichtigt werden.

34   **Schlussformel.** Es hat sich weitgehend eingebürgert, das qualifizierte Zeugnis mit Formulierungen abzuschließen, in denen dem ArbN für seine Arbeit gedankt wird und der ArbGeb gute Wünsche für den weiteren Berufsweg ausdrückt. Gelegentlich wird das Ausscheiden des ArbN auch bedauert (vgl zur Häufigkeit derartiger Schlussformeln und zum Zusammenhang mit bestimmten „Noten": *Düwell/Dahl* NZA 11, 958). Solche Formeln sind

geeignet, ein Zeugnis abzurunden; ihr Fehlen wird daher auch als negativ beurteilt. Werden sie verwendet, so dürfen sie dem sonstigen Zeugnisinhalt nicht widersprechen (ErfK/*Müller-Glöge* § 109 GewO Rz 46; LAG BaWü 3.2.11 – 21 Sa 74/10, BeckRS 2011, 70793). Gleichwohl besteht nach st Rspr des BAG kein Rechtsanspruch auf die Aufnahme von Schlusssätzen (BAG 20.2.01 – 9 AZR 44/00, NZA 01, 843; BAG 11.12.12 – 9 AZR 227/11, NZA 13, 324). Ist der ArbN danach mit einer vom ArbGeb verwendeten Schlussformel nicht einverstanden, kann er nicht deren Ergänzung oder Umformulierung, sondern nur deren Streichung verlangen. Das Zeugnis ist „sachlich" zu formulieren. Der Hinweis auf eine Üblichkeit von „Dankes- und Zukunftsformel", von der nur bei „triftigen" Gründen des ArbGeb oder „tiefgreifender Verärgerung" abgewichen werden dürfe, überzeugt nicht (so ArbG Bln 7.3.03 – 88 Ca 604/03, AR-Blattei ES 1850 Nr 45; *Schleßmann* S 171 für die Zukunftswünsche; ebenfalls anders *Düwell/Dahl* NZA 11, 958). Bestehen solche Gründe des ArbGeb, so sind sie im Zeugnis selbst zu formulieren. Andernfalls mutiert die (unterlassene) Schlussformel zu einem (verbotenen) „Geheimzeichen". Ist das erteilte Zeugnis „gut", besteht kein Grund, den ArbGeb zu verpflichten, die Richtigkeit seiner Beurteilung durch subjektiv gefärbte Schlussformel zu bekräftigen. Abzulehnen ist auch die Differenzierung des LAG Düsseldorf (3.11.10 – 12 Sa 974/10, NZA-RR 11, 123; 25.1.07 – 12 Sa 505/08, PflR 08, 460 sowie *Düwell/Dahl* NZA 11, 958; noch abl *Dahl* jurisPR-ArbR 43/2008 Anm 2). Danach soll bei einer nur durchschnittlichen Gesamtbeurteilung keine Gruß- und Dankesformel geschuldet sein.

Bindung an ein Zwischenzeugnis. Der ArbGeb ist trotz seiner grundsätzlichen Formulierungshoheit und seines Beurteilungsspielraums inhaltlich an ein erteiltes Zwischenzeugnis gebunden, soweit die zu beurteilenden Zeiträume identisch sind. Schließt sich nach der Erteilung des Zwischenzeugnisses ein weiterer im Endzeugnis zu beurteilender Zeitraum an, darf der ArbGeb vom Inhalt des Zwischenzeugnisses nur abweichen, wenn die späteren Leistungen und das spätere Verhalten des ArbN das rechtfertigen. Diese Grundsätze gelten auch bei einem Betriebsübergang (BAG 16.10.07 – 9 AZR 248/07, NZA 08, 298). Der ArbGeb ist in gleicher Weise an den Inhalt eines Zeugnisses gebunden, mit dem er den Zeugnisanspruch des ArbN erfüllen wollte. Die Beurteilung ist in das „neue" Zeugnis zu übernehmen. Der ArbGeb ist nicht berechtigt, den ArbN nunmehr schlechter zu beurteilen, es sei denn, ihm sind nachträglich Umstände bekannt geworden, die das Verhalten des ArbN in einem anderen Licht erscheinen lassen (BAG 21.6.05 – 9 AZR 352/04, NZA 06, 104). Hingegen ist der ArbGeb nicht an ein Zeugnis, welches er für eine Aus- und Fortbildung erteilt hat, gebunden (LAG Hamm 14.1.11 – 7 Sa 1615/10, BeckRS 2011, 71491). Detailliert zur Bindungswirkung: *Höser* NZA-RR 12, 281. 35

9. Wechsel der Zeugnisart. Streitig ist, ob ein ArbN, der zunächst nur ein einfaches Zeugnis verlangt hat, zu einem späteren Zeitpunkt ein qualifiziertes Zeugnis beanspruchen kann. Streitig ist auch der gegenläufige Fall, dass nämlich nach wunschgemäßer Erteilung eines qualifizierten Zeugnisses ein einfaches Zeugnis begehrt wird. Im Ergebnis bestehen unter dem Gesichtspunkt der nachwirkenden Fürsorgepflicht (§ 241 BGB) des ArbGeb keine Bedenken gegen die Erteilung eines Zweitzeugnisses, wenn dies dem beruflichen Fortkommen des ArbN förderlich ist (RGRK/*Eisemann* § 630 BGB Rz 49; aA LAG Sachs 26.3.03 – 2 Sa 875/02, LAGReport 04, 187). Eine neue Ausfertigung des Zeugnisses ist dem ArbN zur Verfügung zu stellen, wenn er das ursprünglich erteilte Zeugnis nicht mehr verwenden kann, weil es etwa verloren gegangen oder beschädigt worden ist und dem ArbGeb die **Ersatzausstellung** zuzumuten ist (LAG Hessen 7.2.11 – 16 Sa 1195/10, BeckRS 2011, 68914). 36

10. Änderung des Zeugnisses. ArbGeb und ArbN können ein berechtigtes Interesse an der Änderung eines bereits erteilten Zeugnisses haben. 37

a) Widerruf. Hat sich der ArbGeb bei der Ausstellung über schwerwiegende Umstände geirrt und ist das Zeugnis deshalb unrichtig, kann er Zug um Zug gegen Erteilung eines neuen die Herausgabe des alten Zeugnisses verlangen. Zur Abwehr von Schadensersatzansprüchen Dritter, die auf die Richtigkeit des Zeugnisses vertrauen, kann er mittelbar zum Widerruf gezwungen sein (s Rz 43). 38

Ein Widerruf entfällt, wenn der ArbGeb durch Vergleich oder Urteil zu einer bestimmten Formulierung verpflichtet war. Er muss dann zunächst den Rechtstitel im Wege der Vollstre-

470 Zeugnis

ckungsgegenklage aufheben lassen. Bewusst falsche Ausstellung des Zeugnisses führt zum Verlust des Widerrufsrechts (BAG 8.2.72 – 1 AZR 189/71, DB 72, 931: Bindung des ArbGeb an eine vorbehaltlose positive Beurteilung bei der Geltendmachung von Schadensersatzansprüchen; BAG 3.3.93 – 5 AZR 182/92, DB 93, 1624). Die Beweislast für die Unrichtigkeit des Zeugnisses trägt der ArbGeb.

39   **b) Berichtigung** kann der ArbN verlangen, wenn das ihm erteilte Zeugnis nach Form und Inhalt den Bestimmungen nicht entspricht. Zum Streit, ob der ArbN damit seinen Erfüllungsanspruch verfolgt, oder ob der Anspruch eigenständig auf die *Fürsorgepflicht* oder positive Forderungsverletzung des ArbGeb zurückzuführen ist, vgl RGRK/*Eisemann* § 630 BGB Rz 77; ErfK/*Müller-Glöge* § 109 GewO Rz 67. Das BAG geht in ständiger Rspr vom Erfüllungsanspruch aus (14.10.03 – 9 AZR 12/01, NZA 04, 843; 15.11.11 – 9 AZR 386/10, BeckRS 2012, 67197). Hat der ArbGeb auf Wunsch des ArbN das ursprüngliche Zeugnis durch ein „neues" Zeugnis ersetzt, ist der ArbN zur Herausgabe des zunächst erteilten Zeugnisses verpflichtet (LAG München 11.11.08 – 8 Sa 298/08, PflR 09, 385).

40   **11. Prozessuales. a) Klage.** Der ArbN kann seinen Anspruch auf Ersterteilung oder „Berichtigung" durch Klage verfolgen; unter den Voraussetzungen der §§ 935, 940 ZPO auch im Wege der einstweiligen Verfügung (LAG Köln 5.5.03 – 12 Ta 133/03, LAGE § 630 BGB 2002 Nr 1). Hat der ArbGeb überhaupt kein Zeugnis erteilt, richtet sich der Klageantrag auf die Erstellung des einfachen oder qualifizierten Zeugnisses. Auch wenn der ArbN den ArbGeb wegen der Erteilung des Zeugnisses in Verzug gesetzt hat, ist er nicht berechtigt, ein selbst formuliertes Zeugnis einzuklagen. Eine solche Klage ist von vornherein unbegründet (so richtig ErfK/*Müller-Glöge* § 109 GewO Rz 73; aA LAG Hamm 28.3.2000 – 4 Sa 1578/99, BuW 01, 220 [LS]). Als Rechtsfolge des Verzugs kommen allein Schadenersatzansprüche in Betracht. Geht es um die Korrektur eines erteilten Zeugnisses, ist im **Klageantrag** im Einzelnen anzugeben, was in welcher Form geändert werden soll (LAG Düsseldorf 26.2.85 – 8 Sa 1873/84, DB 85, 2692; LAG Hamm 1.12.94 – 4 Sa 1631/94, LAGE Nr 28 zu § 630 BGB). Die einzelnen Änderungsbegehren sind – was häufig unterlassen wird – jeweils zu begründen. Das Zeugnis ist insgesamt neu zu formulieren, wenn sonst die Gefahr von Sinnentstellungen und Widersprüchlichkeiten droht. Der **Streitwert** beläuft sich idR auf ein Bruttomonatsentgelt. Der Streitwert für ein Zwischenzeugnis ist idR auf ein halbes Bruttomonatsgehalt festzusetzen (LAG Köln 23.11.11 – 11 Ta 265/11, NZA-RR 12, 95). Da ein qualifiziertes Zeugnis nur „auf Verlangen" auszustellen ist, läuft der ArbN Gefahr, dass ihm für eine entsprechende Klage **Prozesskostenhilfe** mangels Rechtsschutzbedürfnisses verweigert wird, wenn er ohne vorprozessuale Aufforderung Klage erhebt (LAG Hamm 16.12.04 – 4 Ta 335/04, LAGReport 05, 124). Ein Rechtsschutzbedürfnis für die Klage besteht nach LAG Köln (16.5.13 – 7 Ta 98/13, NZA-RR 13, 493) nur, wenn der ArbGeb sich weigert, das Zeugnis zu erteilen oder die Erteilung unangemessen verzögert. Auch ist zunächst die Beiordnung eines Rechtsanwalts gem § 121 Abs 2 ZPO nicht erforderlich, wenn der ArbN lediglich die Erteilung eines Zeugnisses einklagt (LAG RhlPf 5.11.12 – 3 Ta 193/12, BeckRS 12, 75817).

41   **b) Darlegungs- und Beweislast** für die dem verlangten Zeugnis zugrunde liegenden Tatsachen richten sich grds nach den allgemeinen Regeln. Der ArbN hat die anspruchsbegründenden Voraussetzungen darzulegen und zu beweisen, der ArbGeb die Tatsachen, die dem Anspruch entgegenstehen. Macht der ArbN lediglich seinen Anspruch auf Erteilung eines (qualifizierten) Zeugnisses geltend, sind das nur die in § 109 GewO genannten Merkmale: Bestand eines Arbeitsverhältnisses, dessen Beendigung und das Verlangen nach einem qualifizierten Zeugnis. Es ist dann Sache des ArbGeb, das Erlöschen dieses Anspruchs darzulegen/zu beweisen. Macht er geltend, der Anspruch sei erfüllt (§ 362 BGB), genügt es, wenn er die Aushändigung eines Zeugnisses an den ArbN belegt, das formell und materiell den gesetzlichen Anforderungen entspricht.

Bei Streit über den Inhalt eines danach ordnungsgemäßen Zeugnisses ist zu differenzieren. Geht es um die Beschreibung der dem ArbN übertragenen Aufgaben oder die Dauer des Arbeitsverhältnisses, obliegt ihm der Beweis. Denn § 109 GewO begründet nur den Zeugnisanspruch als solchen, enthält aber keine Aussage über den konkreten Zeugnisinhalt. Die anspruchsbegründenden Tatsachen für ein Zeugnis mit eben diesem Inhalt hat deshalb der ArbN darzulegen/zu beweisen. Das gilt grds auch dann, wenn die Parteien über die Leistungs- oder Verhaltensbeurteilung streiten. Auch insoweit ist zunächst der Anspruchsinhalt zu klären und erst in einem zweiten Schritt festzustellen, ob der ArbGeb diesen konkreten Anspruch erfüllt hat (so ausdrücklich BAG 14.10.03 – 9 AZR 12/03, NZA 04, 843). Bei Streit über die „Richtigkeit" einer erteilten Schlussnote, kommt es darauf an, ob der ArbN durchschnittlich oder unterdurchschnittlich beurteilt worden ist. Dem ArbGeb obliegt, eine unterdurchschnittliche Beurteilung zu rechtfertigen (so schon BAG 24.3.77 – 3 AZR 232/76, AP BGB § 630 Nr 12). Verlangt der ArbN eine überdurchschnittliche Beurteilung, hat er die hierfür erforderlichen Tatsachen vorzutragen (BAG 14.10.03 – 9 AZR 12/03, NZA 04, 843; aA neuerdings mit Blick darauf, dass zu mehr als 86 % „gute" oder „sehr gute" Zeugnisse erteilt werden: ArbG Berlin 26.10.12 – 28 Ca 18230/11, BeckRS 12, 23564 sowie das Berufungsurteil LAG BlnBbg 21.3.13 – 18 Sa 2133/12, BeckRS 2013, 70587, nrkr). Bei der Würdigung der beiderseitigen Sachvortrags hat das Gericht den Beurteilungsspielraum des ArbGeb zu berücksichtigen. Hat der ArbGeb die Arbeitsleistung während des Arbeitsverhältnisses nicht beanstandet, muss sie deshalb noch nicht als sehr gute Leistung bewertet werden (LAG Düsseldorf 26.2.85 – 8 Sa 1873/84, DB 85, 2692). Regelmäßig wird in diesen Fällen eine durchschnittliche Leistung bescheinigt werden.

c) Zwangsvollstreckung. Der titulierte Anspruch auf Erteilung eines qualifizierten 42 Zeugnisses ist nach § 888 ZPO (unvertretbare Handlung) zu vollstrecken (BAG 23.6.04 – 10 AZR 495/03, NZA 04, 1392). Schuldner bleibt der im Titel genannte bisherige ArbGeb, auch wenn über sein Vermögen später das Insolvenzverfahren eröffnet worden ist (LAG Düsseldorf 7.11.03 – 16 Ta 571/03, NZA-RR 04, 206; LAG Köln 19.5.08 – 11 TA 119/08, JurBüro 08, 496). Der Anspruch ist erst erfüllt, wenn dem ArbN ein Zeugnis erteilt wird, das den formellen Anforderungen entspricht. Das setzt zumindest voraus, dass Vor- und Nachname richtig geschrieben sind (LAG Hess 23.9.08 – 12 Ta 250/08, BeckRS 2008, 57217; zu den weiteren Voraussetzungen: LAG Hamm 4.8.10 – 1 Ta 310/10, BeckRS 2010, 72056). Die Beweislast für die Erfüllung des Zeugnisanspruchs vor Einleitung des Zwangsvollstreckungsverfahrens trägt der ArbGeb (LAG RhPf 15.3.11 – 10 Ta 45/11, BeckRS 2011, 71728). Die inhaltliche „Richtigkeit" des erteilten Zeugnisses kann dagegen nicht im Vollstreckungsverfahren überprüft werden (LAG Hess 22.10.08 – 12 Ta 325/08, BeckRS 2008, 58098). Vollstreckungsfähig ist der Zeugnistitel nur, soweit der Zeugnisinhalt im Urteil oder Vergleich wörtlich aufgenommen ist (ähnlich nun auch LAG Köln 4.7.13 – 4 Ta 155/13, BeckRS 13, 70596). Eine der üblichen Formulierungen, der ArbGeb habe ein „wohlwollendes" Zeugnis auszustellen, das dem beruflichen Fortkommen des ArbN nicht hinderlich sei, ist damit mangels Festlegung einer bestimmten Gesamtnote nicht vollstreckungsfähig (LAG Hamm 4.8.10 – 1 Ta 310/10, BeckRS 2010, 72056; LAG Hess 17.3.03 – 16 Ta 82/03, NZA-RR 04, 382). Dieser Vergleichstext soll nach gut vertretbarer Auffassung des LAG Hamm (8.9.11 – 8 Sa 509/11, NZA 12, 71) jedoch einen über die gesetzlichen Anforderungen hinausgehenden Anspruch auf Aufnahme einer sog Abschlussformel begründen.

Die häufig in Prozessvergleichen vereinbarte Verpflichtung des ArbGeb, ein **Zeugnis nach einem Entwurf des ArbN** zu erteilen, ist hinreichend bestimmt und vollstreckungsfähig (BAG 9.9.11 – 3 AZB 35/11, BeckRS 2011, 77049; aA LAG Düsseldorf 10.6.11 – 13 Ta 203/11, BeckRS 2011, 74965). Die Formulierungshoheit wird auf den ArbN übertragen, sein Entwurf muss jedoch auch den Grundsätzen der Zeugniswahrheit und Zeugnisklarheit genügen. Das Vollstreckungsgericht hat zu prüfen, ob das erteilte Zeugnis dem Entwurf des ArbN „entspricht". Es kann jedoch nicht prüfen, ob das verlangte Zeugnis dem Grundsatz der Zeugniswahrheit entspricht (BAG 9.9.11 – 3 AZB 35/11, BeckRS 2011, 77049). Der ArbGeb darf nur aus wichtigem Grund von dem Formulierungsvorschlag des ArbN abweichen, soweit der Entwurf Schreibfehler oder grammatikalische Fehler oder grobe inhaltliche Fehler aufweist (LAG Köln 2.1.09 – 9 Ta 530/08, BeckRS 2009, 51883; ähnlich LAG Hamm 4.8.10 – 1 Ta 196/10, BeckRS 2010, 72055).

12. Haftung des Arbeitgebers. Der ArbGeb ist dem ArbN für ein schuldhaft verspätet 43 (vgl zu den Voraussetzungen des Verzugs BAG 12.2.13 – 3 AZR 120/11, BeckRS 2013, 68103), unrichtig oder überhaupt nicht ausgestelltes Zeugnis schadensersatzpflichtig. Der zu ersetzende Schaden besteht regelmäßig in dem Verdienstausfall, den der ArbN dadurch erleidet, dass er wegen des fehlenden oder unrichtig erteilten Zeugnisses keine neue Arbeitsstelle findet oder nur zu schlechteren Arbeitsbedingungen eingestellt wird. Darlegungs- und

471 Zielvereinbarung

Beweislast für die Ursächlichkeit der Pflichtverletzung für den geltend gemachten Schaden treffen den ArbN (LAG Hess 30.7.03 – 2 Sa 159/03, PERSONAL 04 Nr 4, 62; LAG Düsseldorf 23.7.03 – 12 Sa 232/03, LAGReport 04, 14). Ihm kommen die Beweiserleichterungen der §§ 252 Satz 2 BGB, 287 ZPO zugute: Es genügt der Nachweis von Tatsachen, die den Schadenseintritt wahrscheinlich machen. Ein allgemeiner Erfahrungssatz, dass das Fehlen eines Zeugnisses für erfolglose Bewerbungen ursächlich ist, besteht nicht (BAG 24.3.77 – 3 AZR 232/76, DB 77, 1369).

Haftung gegenüber einem **neuem Arbeitgeber** kommt wegen vorsätzlicher, sittenwidriger Schädigung (§ 826 BGB) in Betracht, wenn der ArbGeb in dem Zeugnis wissentlich unwahre Angaben gemacht hat, er das Bewusstsein der Möglichkeit schädlicher Folgen hatte und diese billigend in Kauf genommen hat. Bedingter Vorsatz ist ausreichend. Nach der Rspr des BGH haftet der ArbGeb auch schuldrechtlich mit der Folge, dass ihm Verschulden eines Beauftragten gem § 278 BGB ohne Entlastungsmöglichkeit zugerechnet wird. Der ArbGeb gehe mit der Zeugniserteilung eine vertragsähnliche Sonderbeziehung ein, indem er eine nach Treu und Glauben unerlässliche Mindestgewähr für die Richtigkeit des Zeugnisses übernehme. Daraus ergebe sich gleichzeitig eine Berichtigungspflicht, wenn das unbewusst falsch ausgestellte Zeugnis tatsächlich grob unrichtig und ihm deshalb die Unterrichtung des neuen ArbGeb zuzumuten sei. Vorausgesetzt wird, dass die Unrichtigkeit des Zeugnisses einen die Verlässlichkeit des ArbN im Kern berührenden Punkt betrifft und der Zeugnisaussteller die Unrichtigkeit des Zeugnisses klar erkennt (BGH 15.5.79 – VI ZR 230/76, DB 79, 2378). Eine Haftung kommt zB in Betracht, wenn dem ArbN „äußerste Zuverlässigkeit in einer treu erfüllten Vertrauensstellung" bescheinigt wird, obwohl er 70 000 DM entwendet hatte (OLG München 30.3.2000 – 1 U 6245/99, OLGR München 2000, 337).

44   **13. Muster.** S Online-Musterformulare *„M45 Zeugnis"*.

B. Lohnsteuerrecht   *Seidel*

45   Lohnsteuerrechtlich hat das Arbeitszeugnis keine Bedeutung. Schadensersatzleistungen des (früheren) ArbGeb für Verdienstausfall an den ArbN (s oben Rz 43) sind regelmäßig stpfl Arbeitslohn (s auch *Arbeitgeberhaftung* Rz 20).

C. Sozialversicherungsrecht   *Ruppelt*

46   Wie im LStRecht hat das Arbeitszeugnis auch im SozVRecht keine Bedeutung. Zum Gesundheitszeugnis s *Gesundheitszeugnis* Rz 16.

Zielvereinbarung

A. Arbeitsrecht   *Griese*

1   **1. Begriff und Bedeutung.** Zielvereinbarungen sind Absprachen zwischen ArbGeb und ArbN über betriebliche Ziele, die in einer bestimmten Zeitperiode, meist innerhalb eines Jahres, erreicht werden sollen. Sie haben sich in den letzten Jahren als Instrument der Personalführung entwickelt und zunehmende Verbreitung gefunden. Erscheinungsformen sind die Einzelzielvereinbarung wie auch die Gruppenzielvereinbarung zwischen dem ArbGeb und einer Gruppe von ArbN. Von erheblicher Bedeutung ist, ob es sich um nichtentgeltbezogene oder entgeltbezogene Zielvereinbarungen handelt.

2   Bei **entgeltbezogenen** Zielvereinbarungen wird das Erreichen der Ziele ein (Jahres-) Bonus vereinbart, der nach dem Grad der Zielerreichung gestaffelt sein kann (*Deich* in *Preis Innovative Arbeitsformen*, S 582). Mit dieser Variante wird ein **leistungsorientierter Vergütungsbestandteil** für solche Arbeitsverhältnisse implementiert, in denen die Arbeitsleistung nicht unmittelbar an den Arbeitsergebnissen gemessen werden kann, wie dies bei Akkord und Provision der Fall ist. Daher werden Zielvereinbarungen vor allem bei Fach- und Führungskräften eingesetzt, um Leistungsanreize zu geben und eine höhere Identifikation mit den Unternehmenszielen zu erreichen.

Zu unterscheiden sind Zielvereinbarungen von **Zielvorgaben,** weil bei Zielvorgaben der 3
ArbGeb einseitig von seinem *Weisungsrecht* Gebrauch macht und dessen Grenzen beachten muss.

2. Stufen und Elemente der Zielvereinbarung. Die Zielvereinbarung besteht aus 4
mehreren Stufen. Die erste Stufe ist ein Rahmenvertrag zur Zielvereinbarung (als Beispiel s *Kornbichler* in Beck'sches Formularbuch Arbeitsrecht, S 126). In ihm wird festgelegt, in welchem Verfahren die konkreten (Jahres-)Ziele bestimmt werden, wie die Zielerreichung festgestellt wird und welche Boni bei Zielerreichung gezahlt werden. Aus dem Charakter als Vereinbarung folgt, dass der ArbGeb den Abschluss eines solchen Rahmenvertrages zur Zielvereinbarung nicht erzwingen kann; er hat keinen Anspruch auf Vertragsabschluss.

Die zweite Stufe ist die – meist jahresbezogene – Zielfestlegung, die dritte Stufe die Feststellung des Zielerreichungsgrades.

3. Rahmenvertrag zur Zielvereinbarung. a) Abschluss. Der Rahmenvertrag wird 5
bei laufenden Arbeitsverhältnissen als ergänzender Vertrag geschlossen. Es empfiehlt sich schon wegen des NachwG die schriftliche Form, da andernfalls Beweisnachteile die Folge sein können (LAG Hess 29.1.02 – 7 Sa 836/01, AiB 02, 575). Täuschung oder widerrechtliche Drohung bei Vertragsabschluss führen zur Anfechtbarkeit nach § 123 BGB.

In der Rahmenvereinbarung kann bei entgeltbezogener Zielvereinbarung die jeweilige 6
Bonuszahlung nicht unter Freiwilligkeitsvorbehalt gestellt werden, weil das dem Charakter als leistungsbezogenes Vergütungselement entgegenstünde und widersprüchlich wäre (BAG 24.10.07 – 10 AZR 825/06, NZA 08, 40).

Rahmenvereinbarungen sind ferner in Tarifverträgen und Betriebsvereinbarungen möglich; 7
zu beachten ist, dass für den ArbN günstigere (Vergütungs-)Regelungen aber vorgehen.

b) Gesetzliche Grenzen. Da der ArbGeb das Wirtschaftsrisiko trägt und dies nicht über 8
die Vergütung auf den ArbN überwälzen darf, kann eine Rahmenvertragsregelung nicht den Teil der Vergütung zur Disposition stellen, der zur Vermeidung des Lohnwuchers gem **§ 138 BGB** auf jeden Fall geschuldet wird (*Brors* RdA 04, 273; aA *Riesenhuber/von Steinau-Steinrück* NZA 05, 785). Diesbezüglich hat sich in der Rspr die Tendenz herausgebildet, etwa 80 % des (tarif-)üblichen Entgelts als nicht zu unterschreitendes Minimum anzusehen (s *Arbeitsentgelt* Rz 21). Dieses Minimum kann nicht Gegenstand von Zielvereinbarungen sein. Soweit die Rahmenvereinbarung in vorformulierten Vertragsbindungen des ArbGeb enthalten ist – was allermeist der Fall sein wird, **finden die Vorschriften der §§ 305 ff BGB über die Rechtskontrolle Allgemeiner Geschäftsbedingungen Anwendung.** Diese gelten gem § 310 Abs 3 Nr 2 BGB auch, wenn sie nur einmal verwendet werden sollten, und der ArbN auf den Inhalt aufgrund der Vorformulierung keinen Einfluss nehmen konnte. Keine unangemessene Benachteiligung iSv § 307 Abs 1 Satz 1 BGB liegt vor, wenn der Anspruch auf die **Bonuszahlung** daran gebunden wird, dass das Arbeitsverhältnis am Ende des Geschäftsjahres noch besteht (BAG 6.5.09 – 10 AZR 443/08, NZA 09, 783; LAG Köln 8.2.10 – 5 Sa 1204/09, BeckRS 2010, 68826).

Konsequenz ist ua die Transparenz- und Unklarheitenregel der §§ 307 Abs 1 Satz 2, 305c 9
Abs 2 BGB, die dem ArbGeb das Risiko mangelnder Transparenz und Klarheit zuweist. Ebenso unterliegen **Stichtagsregelungen** der Inhaltskontrolle nach § 307 BGB (BAG 24.10.07 – 10 AZR 825/06, NZA 08, 40; vgl *Horcher* BB 07, 2065). Zu beachten ist ferner § 308 Nr 4 BGB, der das Recht des ArbGeb, einseitig die versprochene Leistung für die Zukunft zu ändern, ganz erheblich beschränkt. Bezüglich des Widerrufs von übertariflichen Zulagen hat das BAG (Urt vom 12.1.05 – 5 AZR 364/04, NZA 05, 465) eine einseitige ArbGebÄnderung durch **vertraglich festgelegten Widerrufsvorbehalt** nur zugelassen, wenn der Tariflohn nicht unterschritten und nicht mehr als 25 % der Gesamtvergütung betroffen sind. Zwar gilt dies unmittelbar nur für nachträgliche Leistungsänderungen und nicht die von vorneherein verabredete Vergütungsvariabilität. Aufgrund des Ansatzes der AGB-Rechtskontrolle und der vergleichbaren Interessenlage lassen sich hieraus aber Wertungskriterien für den Vergütungsspielraum, der für Zielvereinbarungen offen steht, gewinnen.

c) Tarifliche Grenzen. Soweit Tarifbindung besteht, kann ein Rahmenvertrag zur Ziel- 10
vereinbarung nicht in das tariflich zustehende Entgelt eingreifen, oder dieses zusätzlich von der Erfüllung von Zielen oder Leistungsmerkmalen abhängig machen.

471 Zielvereinbarung

11 **4. Beendigung des Rahmenvertrages zur Zielvereinbarung.** Die Befristung des Rahmenvertrages ist möglich, bedarf aber eines sachlichen Grundes (vgl BAG 14.1.04 – 7 AZR 213/04, NZA 04, 719). Andernfalls würde der Änderungskündigungsschutz des § 2 KSchG umgangen. Als Befristungsgrund kommen zB die Erprobung eines Bonussystems oder die unsichere wirtschaftliche Lage in Betracht (vgl *Lindemann/Simon* BB 02, 1807). Weitergehende Befristungsmöglichkeiten kommen in Betracht, wenn mit der Rahmenvereinbarung ein zusätzliches, additives Vergütungselement eingeführt wird, das die vertraglich bereits bestehende Vergütung nicht antastet (*Kornbichler* in Beck'sches Formularbuch Arbeitsrecht, S 138).

12 Ein **Änderungs- und/oder Widerrufsvorbehalt** kann für zukünftige Zeiträume vereinbart werden, wobei die Vorgaben der Rspr (BAG 12.5.05 – 5 AZR 364/04, NZA 05, 465), wonach dies an vorher vertraglich festgelegte triftige Gründe geknüpft werden muss, nicht mehr als ca 25–30 % der Gesamtvergütung erfassen und nicht zur Unterschreitung des tarifüblichen Entgelts führen darf, zu beachten sind.

13 **5. Jährliche Zielfestsetzung.** Dem Charakter der Zielvereinbarung entspricht es, wenn das jeweilige Jahresziel durch Vereinbarung festgelegt wird. Möglich ist auch, für den Nichteinigungsfall ein Vermittlungsverfahren und die Entscheidung durch eine betriebliche Instanz vorzusehen. Der Rahmenvertrag kann dem ArbGeb die Befugnis einräumen, Ziele festzulegen. Der ArbGeb ist dabei an die Grundsätze billigen Ermessens gem § 315 BGB gebunden; seine Entscheidung ist gerichtlich überprüfbar.

14 Unterbleibt die Zielvereinbarung im gesamten Kj aus Gründen, die der ArbGeb zu vertreten hat, kann der ArbN Schadensersatz nach § 280 BGB verlangen, über dessen Höhe das Gericht unter Würdigung aller Umstände nach freier Überzeugung entscheidet. Auf den Rechtsgedanken des § 162 Abs 1 BGB muss insoweit nicht zurückgegriffen werden (BAG 12.12.07 – 10 AZR 97/07, NZA 08, 409). An dem für einen **Schadensersatzanspruch nach § 280 BGB** wegen unterlassener Zielvereinbarung erforderlichen Verschulden des ArbGeb kann es fehlen, wenn dieser dem ArbN Ziele vorgeschlagen hat, die bei einer vernünftigen Zukunftsprognose hätten erreicht werden können (BAG 10.12.08 – 10 AZR 889/07, NZA 09, 256). Soll eine Zielvereinbarung nach dem geschlossenen Vertrag jeweils bis zum Abschluss einer Folgevereinbarung fortgelten, bleibt es gleichwohl bei der Verpflichtung des ArbGeb, für **jedes Jahr ein neues Angebot** zu unterbreiten und über eine neue Zielvereinbarung zu verhandeln (BAG 12.5.10 – 10 AZR 390/09, NZA 10, 1009).

Bei der Bemessung ist mit dem Prognoseprinzip zu arbeiten; bei wirksamer Kündigung des Arbeitsverhältnisses während des Jahres ist eine anteilige Berechnung vorzunehmen (*Behrens/Rinsdorf* NZA 06, 830). Zulässig ist es aber, eine Bonuszahlung an den Bestand des Arbeitsverhältnisses am Ende des Geschäftsjahres zu knüpfen und an die Erreichung nicht aufteilbarer Jahresziele zu binden (BAG 6.5.09 – 10 AZR 443/08, NZA 09, 783; BAG 10.12.08 – 10 AZR 15/08, NZA 09, 322). Ist in einem Formulararbeitsvertrag festgelegt, dass 80 % der Regelantieme als monatliche Vorauszahlung geleistet werden, so kann der ArbN jedenfalls diesen Betrag verlangen, wenn der ArbGeb versäumt hat, mit dem ArbN für ein Kalenderjahr die zu erreichenden Ziele festzulegen (LAG Köln 3.4.06 – 14 (9) Sa 6/06, BeckRS 2006, 42876).

15 **6. Zielfeststellung.** Die Kompetenz zur Zielfeststellung kann unterschiedlich geregelt sein. Die Arbeitsvertragsparteien können sich auf eine einvernehmliche Feststellungskompetenz verständigen. Die Kompetenz kann ebenso dem ArbGeb eingeräumt werden. Im Streitfall kann eine betriebliche Instanz zur Festlegung bestimmt werden. Die gerichtliche Nachprüfbarkeit kann aber nicht gänzlich ausgeschlossen werden. Bei sog weichen Zielen, die sich nicht eindeutig quantifizieren lassen, besteht aber ein erheblicher Beurteilungsspielraum. Bei der Zielerreichung für den Anspruch auf einen **Bonus** darf, wenn dies bei der Zusage vorbehalten worden ist, im Rahmen des Leistungsbestimmungsrechts nach § 315 BGB das betriebliche Gesamtergebnis berücksichtigt werden (BAG 12.10.11 – 10 AZR 756/10). Bei der Leistungsbestimmung dürfen außergewöhnliche Umstände als Versagungsgrund berücksichtigt werden, etwa wenn ein ArbGeb nur durch umfangreiche staatliche Leistungen vor der Insolvenz bewahrt wurde (Bankenrettung BAG 29.8.12 – 10 AZR 385/11).

Zielvereinbarung

7. Störungen bei Zielerreichung. Charakteristisch für Zielvereinbarungen ist, dass die Zielerreichung und damit auch ein eventueller Bonus ungewiss ist. Deshalb kann ein Anspruch nicht daraus hergeleitet werden, dass unvorhersehbare Störungen aufgetreten sind, die die Zielvereinbarung unmöglich gemacht haben. Umgekehrt kann der ArbGeb regelmäßig über das Entfallen eines Leistungsbonus hinaus keine weiteren für den ArbN nachteiligen Folgen (zB Abmahnung) aus nicht realisierten Zielen herleiten. Wird die Zielerreichung infolge des Verhaltens des ArbGeb erschwert oder unmöglich, wird man die Wertung des Provisionsrechts aus § 87a Abs 3 Satz 2 HGB anwenden können; bei vom ArbGeb zu vertretenden Umständen (zB Einstellung der Produktionsparte, für deren Erfolg ein Zielbonus vereinbart wurde) wird der Zielbonus so geschuldet, als sei die Beeinträchtigung seitens des ArbGeb nicht eingetreten LAG Düsseldorf 21.10.09 – 7 (6) sa 1033/06, BB 10, 1224). 16

Ist die Zielerreichung wegen **Arbeitsunfähigkeit** beeinträchtigt oder unterblieben, muss danach unterschieden werden, ob für diese Zeiten Entgeltfortzahlung geschuldet wird oder nicht. Soweit der ArbN die Zielerreichung wegen Ausfallzeiten ohne Entgeltfortzahlungsanspruch verfehlt, kann er keine Ansprüche geltend machen. Soweit dies auf Zeiten mit Entgeltfortzahlungsansprüchen beruht, kann der ArbN aufgrund des zwingenden Charakters der *Entgeltfortzahlung* (s dort Rz 46 und § 12 EFZG) verlangen, so gestellt zu werden, als sei er nicht arbeitsunfähig krank gewesen. Soweit der Zielbonus nicht zum laufenden Arbeitsentgelt gehört, sondern zB als jährliche Sonderzahlung ausgestaltet ist, kann gem § 4a EFZG eine Kürzung für jeden krankheitsbedingten Fehltag um maximal ein Viertel des arbeitstäglichen Entgelts vereinbart werden (vgl *Anwesenheitsprämie* Rz 11 ff; aA *Däubler* ZIP 04, 2214). Während der **Mutterschutzfristen nach §§ 3 Abs 2 und 6 Abs 1 MuSchG** ist die zugesagte Leistung ungeschmälert zu zahlen; die Mutterschutzfristen dürfen nicht aus einer Berechnungsgrundlage herausgerechnet und zum Nachteil der ArbN berücksichtigt werden, auch nicht durch tarifvertragliche Regelung (BAG 2.8.06 – 10 AZR 425/05, NZA 06, 1411). 17

8. Entzug des Zielerreichungsbonus. Ist der Zielerreichungsbonus verdient, kann er nicht über eine Freiwilligkeits- oder Widerrufsklausel nachträglich in Frage gestellt werden. Auch Minderungen wegen Schlechtleistungen an anderer Stelle sind nicht möglich. In der Insolvenz wird ein Bonus regelmäßig als zeitanteilige Leistung zu beurteilen sein, so dass der Teilanspruch für Zeiträume vor der Insolvenzeröffnung als Insolvenzforderung und der Teilanspruch nach Insolvenzeröffnung als Masseforderung einzuordnen sein wird (BAG 14.11.12 – 10 AZR 793/11). 18

9. Mitbestimmung des Betriebsrates. Nach § 80 Abs 2 BetrVG hat der BRat das Recht auf Auskunft und umfassende Information über getroffene Zielvereinbarungen (BAG 21.10.03 – 1 ABR 39/02, NZA 04, 936). Dazu gehört das Recht, sich Unterlagen vorlegen zu lassen, mithin die entsprechenden Vereinbarungen und Festlegungen einsehen zu können. Bei der Mitbestimmungspflicht ist zwischen nichtentgeltbezogenen und entgeltbezogenen Zielvereinbarungen zu differenzieren. Bei nichtentgeltbezogenen Zielvereinbarungen kann sich ein Mitbestimmungsrecht aus § 87 Abs 1 Nr 6 BetrVG ergeben, wenn die aus den Vereinbarungen folgenden Daten automatisiert verarbeitet werden; darüber hinaus aus § 87 Abs 1 Nr 1 BetrVG (Ordnung des Betriebs und des Verhaltens der ArbN im Betrieb), wenn im Zusammenhang mit Zielvereinbarungen Verhaltenspflichten der ArbN, zB Teilnahme an Zielvereinbarungsgesprächen, Dokumentationspflichten festgelegt werden. 19

Bei entgeltbezogenen Zielvereinbarungen folgt das Mitbestimmungsrecht aus § 87 Abs 1 Nrn 10, 11 BetrVG, weil sowohl Fragen der betrieblichen Lohngestaltung betroffen sind, als auch, soweit der ArbN mit seinem Beitrag das Ergebnis beeinflussen kann, ein leistungsbezogener Entgeltbestandteil vorliegt (*Däubler* NZA 05, 793 ff, 796). 20

B. Lohnsteuerrecht
Seidel

Erhält der ArbN einen Bonus für die Zielerreichung (s oben Rz 2) wird hinsichtlich der lohnsteuerlichen Behandlung auf *Einmalzahlungen* Rz 31 ff verwiesen. Dies gilt auch, wenn der Zielbonus trotz Nichterreichens der Zielvereinbarung gezahlt wird, weil der ArbGeb das Nichtzustandekommen der Zielvereinbarung zu vertreten hat (s oben Rz 16). 26

C. Sozialversicherungsrecht

Ruppelt

31 Zielvereinbarungen zwischen ArbGeb und ArbN wirken sich auf das SozVVerhältnis nicht aus. Zur beitragsrechtlichen Behandlung von Prämienzahlungen s *Einmalzahlungen* Rz 36 ff.

Zurückbehaltungsrecht

A. Arbeitsrecht

Griese

1 **1. Das Zurückbehaltungsrecht nach § 273 BGB.** Nach § 273 BGB hat der Schuldner das Recht, seine Leistung zu verweigern, bis sein Gläubiger die ihm obliegende und fällige Leistung erbracht hat. Im Arbeitsverhältnis können sowohl ArbN als auch ArbGeb das Zurückbehaltungsrecht nutzen, um den Vertragspartner zur Erfüllung seiner Verpflichtung anzuhalten und die eigene Rechtsposition zu sichern. So kann der ArbGeb Teile der Vergütung zurückhalten, um die Herausgabe von Firmeneigentum durchzusetzen, umgekehrt kann der ArbN seine Arbeitsleistung zurückhalten, um rückständige und bereits fällig gewordene Entgeltansprüche zu realisieren oder die Einhaltung von Arbeitsschutzvorschriften, die Abwehr von **Belästigungen aufgrund von § 14 AGG,** die Abwehr schwerer Datenschutzverstöße (*Forst,* ArbuR 10, 107) oder das Unterlassen von *Mobbing* (s dort; BAG 13.1.07 – 9 AZR 557/06, NZA 07, 1166) zu erreichen. Ein Anwendungsfall für das Zurückbehaltungsrecht ist auch gegeben, wenn der ArbGeb sich in *Annahmeverzug* befindet (s Annahmeverzug Rz 12 ff) und den ArbN zur Wiederaufnahme der Arbeit auffordert, ohne das rückständige Entgelt nachzuzahlen. Insoweit kann der ArbN ein Zurückbehaltungsrecht geltend machen (BAG 21.5.81 – 2 AZR 95/79, NJW 82, 121).

2 Soweit die Leistungen im **Gegenseitigkeitsverhältnis** stehen, ist allerdings nicht das Zurückbehaltungsrecht nach § 273 BGB, sondern die Einrede des nicht erfüllten Vertrages nach § 320 BGB der richtige dogmatische Anknüpfungspunkt (*Otto* AR-Blattei SD 1880 „Zurückbehaltungsrecht" Rz 47 ff; aA BAG 25.10.84 – 2 AZR 417/83, NZA 85, 355).

3 **a) Konnexität.** Die Ausübung des Zurückbehaltungsrechts setzt voraus, dass die wechselseitigen Ansprüche aus demselben Rechtsverhältnis stammen. Der Begriff ist weit auszulegen, es genügt, dass ein einheitliches Lebensverhältnis zugrunde liegt (*Palandt/Heinrichs* § 273 Rz 9). Die wechselseitigen Forderungen müssen nicht, wie bei der Aufrechnung, gleichartig sein. Die Ausübung des Zurückbehaltungsrechts führt deshalb nicht zur Erfüllung, sondern nur zum Recht auf Leistungsverweigerung bis zur Erbringung der Leistung des Vertragspartners.

4 **b) Ausübung.** Das Zurückbehaltungsrecht muss, um Rechtswirkungen entfalten zu können, **geltend gemacht** werden. Dem Gläubiger muss deutlich gemacht werden, aufgrund welcher Gegenforderung die Leistung vorläufig nicht erbracht wird. Die Geltendmachung muss entweder durch ausdrückliche Erklärung oder durch schlüssiges Verhalten deutlich werden.

5 **c) Ausschluss und Begrenzungen des Zurückbehaltungsrechts.** Aus der Natur des Schulverhältnisses kann sich ein Ausschluss des Zurückbehaltungsrechts ergeben. So besteht für den ArbGeb kein Zurückbehaltungsrecht an den **Arbeitspapieren** des ArbN (BAG 20.12.58, AP Nr 2 zu § 611 BGB Urlaubskarte; LAG Düsseldorf 18.4.66, BB 67, 1207). Der ArbN seinerseits kann kein Zurückbehaltungsrecht an Betriebsmitteln und Werkzeugen ausüben (vgl LAG Düsseldorf 4.7.75, DB 75, 2040), soweit er nur Besitzdiener nach § 855 BGB ist. Ein Zurückbehaltungsrecht des ArbN hinsichtlich der Erbringung der Arbeitsleistung ist gegeben, wenn der ArbGeb die Pflicht aus dem **NachwG,** einen schriftlichen Nachweis über den geschlossenen Arbeitsvertrag zu erstellen und auszuhändigen, nicht erfüllt (*Preis* NZA 97, 12). Kein Zurückbehaltungsrecht kann aus der fehlenden Zustimmung des BRat zur Einstellung geltend gemacht werden, soweit der BRat kein Verfahren nach § 101 BetrVG betreibt (BAG 5.4.01 – 2 AZR 580/99, NZA 01, 893), wohl aber, wenn die für eine Versetzung des ArbN erforderliche Zustimmung des BRat nicht vorliegt (BAG 22.4.10 – 2 AZR 491/09, NZA 10, 1235).

6 Das Zurückbehaltungsrecht kann durch Vertrag ausgeschlossen werden. Dies muss allerdings eine individuell ausgehandelte Vertragsklausel sein, denn in Formulararbeitsverträgen

oder sonstigen Allgemeinen Geschäftsbedingungen können **Leistungsverweigerungsrechte wegen § 309 Nr 2 BGB nicht ausgeschlossen werden**. Ein zulässiges vertragliches Aufrechnungsverbot schließt das Zurückbehaltungsrecht aus, wenn die Zurückbehaltung in der Wirkung einer Aufrechnung gleichkommt (*Otto* AR-Blattei SD 1880 „Zurückbehaltungsrecht" vgl auch BGH 13.4.83, NJW 84, 128).

Kein Zurückbehaltungsrecht kann der ArbGeb wegen § 394 BGB hinsichtlich des **unpfändbaren Teils der Vergütung** geltend machen. 7

Die Ausübung des Zurückbehaltungsrechts unterliegt ferner dem Grundsatz von Treu und Glauben. Deshalb darf zwischen zurückgehaltener Leistung und Gegenanspruch kein grobes Missverhältnis bestehen. So ist die Weigerung, weiter zu arbeiten, weil ein geringfügiger Entgeltrückstand besteht, vom Zurückbehaltungsrecht nicht gedeckt (vgl BAG 25.10.84 – 2 AZR 417/83, NZA 85, 355). Andererseits hat das BAG in der vorzitierten Entscheidung bestätigt, dass das Zurückbehaltungsrecht auch **kollektiv** von mehreren ArbN gemeinsam ausgeübt werden kann. 8

Zu berücksichtigen ist, dass der ArbN für seinen Lebensunterhalt auf vollständige und pünktliche Entgeltzahlung angewiesen ist (LAG Thür 19.1.99 – 5 Sa 895/97, ArbuR 99, 402), so dass die **Geringfügigkeitsgrenze sehr schnell überschritten** sein wird. Dem Zurückbehaltungsrecht kann der ArbGeb nicht entgegenhalten, der ArbN müsse zunächst Krankengeld in Anspruch nehmen (LAG Köln 20.1.10 – 9 Sa 991/09, ArbuR 10, 269).

Zum Zurückbehaltungsrecht bei *Mobbing* s dort u BAG 13.3.08 – 2 AZR 88/07.

d) Rechtswirkungen. Das Zurückbehaltungsrecht gibt dem Schuldner eine aufschiebende Einrede. Im Prozess führt es nach § 274 BGB zu der Konsequenz, dass eine Zug-um-Zug-Verurteilung auszusprechen ist. Übt der ArbN **rechtmäßig** ein Zurückbehaltungsrecht an seiner Arbeitsleistung aus, schuldet der ArbGeb gem §§ 615, 298 BGB die Vergütung trotz Nichtleistung der Arbeit aus **Annahmeverzug** (BAG 21.5.81 – 2 AZR 95/79, NJW 82, 122; vgl *Annahmeverzug* Rz 14). Übt der ArbN berechtigterweise ein Zurückbehaltungsrecht aus, darf der ArbGeb weder mit einer außerordentlichen noch ordentlichen Kündigung reagieren (BAG 9.5.96 – 2 AZR 387/95, NZA 96, 1085). Besteht zwischen Leistung und Gegenleistung kein synallagmatisches Verhältnis, kann der vom Zurückbehaltungsrecht Betroffene das Zurückbehaltungsrecht durch Sicherheitsleistung außer Kraft setzen (§ 273 Abs 3 BGB). Diese Möglichkeit besteht bei im Gegenseitigkeitsverhältnis stehenden Leistungen nicht, da § 320 BGB dies im Gegensatz zu § 273 Abs 3 BGB nicht vorsieht. Als Sicherheitsleistung wird der Verweis des Insolvenzverwalters auf möglicherweise entstehende Ansprüche auf Insolvenzgeld nicht ausreichend sein (BAG 25.10.84 – 2 AZR 417/83, NZA 85, 355). Bei Zahlungsunfähigkeit des ArbGeb ist der ArbN nicht zur Stundung und zum Verzicht auf die Einrede des nicht erfüllten Vertrages verpflichtet (LAG München 6.5.97, ArbuR 97, 304). 9

2. Das Zurückbehaltungsrecht wegen Verletzung von Arbeitsschutzvorschriften. Die Verletzung von Arbeitsschutzvorschriften kann zur Ausübung des Zurückbehaltungsrechts berechtigen. Dies folgt aus § 618 BGB iVm den jeweiligen Arbeitsschutzvorschriften (BAG 19.2.97 – 5 AZR 982/94, NZA 97, 821). Es kann zB bei der Überschreitung von Schadstoffkonzentrationen oder fehlenden Schutzmaßnahmen bei Gefahrstoffen oder fehlender Sicherheitsausrüstung zum Tragen kommen. 10

Auch bei einem asbestbelasteten Arbeitsplatz kann der ArbN das Recht haben, ein Zurückbehaltungsrecht auszuüben (BAG 8.5.96 – 5 AZR 315/95, NZA 97, 86). Das Zurückbehaltungsrecht folgt §§ 618 Abs 1, 273 Abs 1 BGB iVm den baurechtlichen Asbestrichtlinien (BAG 19.2.97 – 5 AZR 982/94, NZA 97, 821).

Zur Verweigerung der Arbeitsleistung aufgrund von gegen gesetzliche Vorschriften verstoßenden Weisungen und Arbeitsbedingungen s *Arbeitsstoffe, gefährliche* Rz 2 ff, *Leistungsverweigerungsrecht* Rz 3 ff und *Weisungsrecht* Rz 16 ff, zur Leistungsverweigerung bei sexueller Belästigung s *Diskriminierung*. 11

B. Lohnsteuerrecht

Seidel

Zur steuerlichen Behandlung der Nachzahlung zurückgehaltener Bezüge s *Entgeltnachzahlung* Rz 6–9. Zu den lohnsteuerlichen Auswirkungen bei Aufrechnung und Annahmeverzug s jeweils bei *Aufrechnung* Rz 15 ff, bzw bei *Annahmeverzug* Rz 25, 26. 12

472 Zurückbehaltungsrecht

13   Die Zurückbehaltung von Steuern aus Gründen der Gewissensfreiheit (s *Gewissensfreiheit* Rz 14) wegen bestimmter Mittelverwendung kommt nicht in Betracht. LStAbzugsbeträge können nicht zugunsten des ArbN gestundet werden (§ 222 Satz 3 AO; zur Kritik s *T/K* § 222 AO Rz 7). § 222 Satz 4 AO schließt auch die Stundung des LStHaftungsanspruchs gegen den ArbGeb aus, soweit er die LSt einbehalten hat (s *Lohnsteuerhaftung* Rz 4–28, 37).

C. Sozialversicherungsrecht   *Schlegel*

14   Wie im LStRecht besteht im SozVRecht aus Gründen der *Gewissensfreiheit* kein Zurückbehaltungsrecht.

Sachverzeichnis

Die fettgedruckten Zahlen bezeichnen die Ordnungsnummern
der Hauptstichworte – die mageren Zahlen beziehen sich auf die Randziffern

Abberufung GesamtBRatMitglieder **203** 11
Abdingbarkeit
   Arbeitspflicht **48** 8 f
   Arbeitsverhinderung **56** 17
   ArbNHaftung **33** 25
   Ausschlussfrist Kündigung, außerordentliche **257** 17 f
   Beitragszuschuss KV **25** 13
   Betriebsstörung **124** 5
   Nachbearbeitungspflicht Provisionsgeschäft **345** 14
   Sozialplan **385** 9
Abfallbeauftragter s *Betriebsbeauftragte* **111**
Abfindung 1
   s a *Aufhebungsvertrag* **63**
   s a *Auflösung des Arbeitsverhältnisses gegen Abfindung*
   s a *Betriebsbedingte Abfindung*
   s a *Entlassungsentschädigung*
   s a *Entschädigung*
   Abfindungsvergleich **1** 2
   Abtretung **1** 37
   Änderungskündigung **1** 15, 56
   Änderungskündigung Ausgleichszahlung **5** 45
   Altersgrenzen LSt **9** 15
   Altersteilzeit **1** 1
   Angemessenheit **1** 36
   Anrechnung auf AlGeld **1** 57
   Anrechnung auf AlGeld II **43** 14
   Anrechnung auf künftige Betriebsrentenansprüche **1** 2
   Anspruch bei Vergleich, Ausschlussfrist **82** 10
   Anspruchsübergang auf BA **1** 2
   Arbeitsentgelt aus Abfindungsvergleich **433** 32
   Arbeitsentgelt SozV **37** 92, 95
   Arbeitsgerichtlicher Vergleich als wichtiger Grund **1** 88
   Arbeitsunfall **55** 26
   Arbeitsvertrag **1** 2
   arbeitsvertraglich vereinbarte **1** 69 f
   Arbeitszeitreduzierung **85** 7
   Arten **1** 1 f
   Aufhebungsvertrag **63** 27 ff
   Auflösung des Arbeitsverhältnisses gegen Abfindung **1** 9 f, 12 ff; **5** 44, 45
   Auflösungsabfindung **1** 9 f
   Aufrechnung **1** 37
   Aufstockung Transferkurzarbeitergeld **85** 7
   Ausgleichszahlung **1** 42

   Ausschlussfrist **1** 38
   Bagatellanwartschaften **103** 43
   Beitragspflicht SozV **1** 52 ff; **321** 21
   Berechnung Monatsverdienst **1** 35
   Berechnung Sozialplanabfindung **385** 27 f
   Beschränkt steuerpflichtige ArbN **1** 41
   Besteuerung bei Rückzahlung **85** 12
   betriebsbedingte **1** 3 f
   Brutto = Netto-Vereinbarung **1** 2
   Diskriminierungsverbot **144** 148
   Ehegattenarbeitsverhältnis **185** 12
   Einbezug Weihnachtsgratifikation **1** 35
   Einkommensberücksichtigung bei AlGeld II **1** 89
   Einmalzahlung, Beitragsrecht **154** 37
   einzelvertraglich vereinbarte, Sozialplananspruch **1** 1
   Entgeltcharakter **1** 33
   Entlohnung für mehrjährige Tätigkeit **63** 27
   Entschädigung **1** 33; **85** 7
   Entschädigung, steuerbegünstigte **1** 41
   Entschädigungsleistung **63** 27
   Fälligkeit bei Frühpensionierung **63** 20
   freiwillige nach Betriebsschließung **1** 2
   Frühpensionierung, Fälligkeit **1** 37
   Führungskräfte **1** 2
   Fünftel-Regelung **1** 41
   Gleichbehandlung **208** 37
   Gleichbehandlung bei Aufhebungsvertrag **1** 2
   Gleichbehandlungsgrundsatz **1** 1
   Gleichbehandlungsgrundsatz bei freiwilliger **1** 1
   Grenzgänger, Versteuerung **209** 13
   Gruppenbildung **1** 1
   Höchstbegrenzungsklauseln Sozialplan **385** 33
   Höhe **1** 34 f
   Höhe, Alterskoppelung **1** 34
   Höhe bei Altersteilzeitverhältnis **11** 3
   Kapitalabfindung **1** 42, 43 f
   Kündigungsschutzklage **1** 1
   Lebensalter bei Altersteilzeitbeginn **1** 1
   Leitende Angestellte **1** 2
   Masseverbindlichkeit **1** 38
   Mühlenstrukturgesetz **1** 43
   Muster **1** 40
   Nachteilsausgleich **321** 10 ff
   Nachteilsausgleich bei Entlassung **63** 43; **321** 19
   § 1a KSchG **1** 88

Abfindungsvergleich

Pauschaler Ausgleich Vermögensschaden **1** 33
Pensionsansprüche betriebliche, Abgeltung **63** 28
Pfändung **1** 37; **337** 27
Punktesystem Sozialplanabfindung **385** 24 ff
Ruhen des AlGeldes **263** 152
Ruhenszeitraum Lohnersatzleistungen **1** 76 f
Scheinabfindung **1** 53 f
Sockelbetrag Sozialplan **385** 28
Sozialplan, Muster **385** 60
Sozialplanabfindung **1** 69 f; **385** 24 ff
Sozialplanabfindung, Anrechnung betriebsbedingte Abfindung **1** 6
Sozialplanabfindung LSt **385** 61 f
Sozialplanabfindung, Verjährung **434** 7
Sozialplanunabhängigkeit **321** 13
Sozialversicherungsrechtliche Leistungen **1** 90
SozVPflicht **1** 51
Steuervergünstigung **1** 41
Teilbeträge **1** 74
Teilzeitbeschäftigte, pro rata temporis **1** 1
Todesfall **1** 2; **63** 20
Transfer-Sozialplan **385** 32
Übergangsgeld, Besteuerung **410** 8
Umgruppierung **412** 11
Verbot bei unverfallbaren Versorgungsanwartschaften **103** 43
vereinbarte **1** 1
Vererbung **1** 38
Vergleich, Wiedereinstellungsanspruch **1** 2
Verjährung Anspruch **434** 7
Verschlechterte Arbeitsbedingungen, Beitragspflicht **37** 127
Versetzung innerhalb Konzern **247** 23
Versorgungsanspruch **1** 42
Versorgungsanwartschaft bei Insolvenz **103** 44
Versorgungsanwartschaft Betriebliche Altersversorgung **103** 43
Versorgungszusage, Einzahlung in RV **103** 238 f
Versteuerung im Ansässigkeitsstaat **78** 41
vertraglich vereinbarte **1** 2
Verzicht auf Wiedereinstellung **444** 19
von dritter Seite **1** 43
vorzeitige Räumung Dienstwohnung **1** 42
weiterbestehendes Arbeitsverhältnis **1** 56

Abfindungsvergleich

Arbeitsentgelt **1** 53
Beitragspflicht **1** 53

Abflussprinzip Ausbildungskosten, Sonderausgabenabzug **71** 16

Abgabeort Sachbezug **370** 37

Abgeltungsteuer

Altersvorsorgebeiträge, Zinsen **12** 10
beschränkte Steuerpflicht **78** 42
KirchenLSt **244** 27

Abgeordneter

ArbN-ABC **26** 84
Kündigungsschutz **150** 6; **263** 20

Abhängigkeit, persönliche Merkmal für Beschäftigungsverhältnis **26** 62

Abhängigkeit, wirtschaftliche Merkmal für Beschäftigungsverhältnis **26** 62–68; **27** 26

Ablauf Ausschlussfrist **82** 16 ff

Ablaufhemmung Festsetzungsverjährung LStAußenprüfung **284** 13

Abmahnung 2

Abänderung Arbeitsunfähigkeitsbescheinigung **2** 13
Alkoholmissbrauch **2** 12, 17, 19
Amtspflichtverletzung BRat **2** 34
Anhörung ArbN **2** 29
Anhörung BRat **2** 30
arbeitnehmerseitige, außerordentliche **2** 16
Arbeitsanweisung, Nichtbefolgung **2** 12
Arbeitsaufnahme, verspätete **2** 20
Arbeitsbedingungen, unzumutbare **2** 16
Arbeitsbummelei **2** 12
Arbeitsentgeltzahlung, verspätete **2** 16
Arbeitsleistung, fehlerhafte **2** 12
Arbeitspflichtverstoß durch Drittleistungen **48** 5
ArbGeb- und ArbN-Pflichten **2** 3
Ausbildungsverhältnis **72** 56
ausländischer ArbN **78** 12
Ausschlussfrist **2** 31–33, 41; **82** 10
Bagatellverstöße **2** 28
bei besonderem Kündigungsschutz **2** 11
Beleidigung **2** 13
Berechtigung **2** 26
Beschwerderecht ArbN **2** 37; **101** 3
Beseitigung **2** 38
Betriebsbuße **2** 7; **112** 3 f
Betriebsfriedensstörung **2** 12
Betriebsgeheimnisverrat **2** 13
Betriebsstörung **2** 12
Betriebsübergang **126** 73
Betrug **2** 13
Bindung des ArbGeb **2** 8
BRat **2** 34; **13** 2
BRatMitglied **120** 18
Darlegungs- und Beweislast **2** 42
Diebstahl **2** 13
Drogenmissbrauch **2** 17, 19
Entbehrlichkeit **2** 13, 18, 20; **260** 9
Entfernung aus Personalakte **2** 39; **333** 18
Erforderlichkeit **2** 9 f
Formvorschriften **2** 24
Gegendarstellung ArbN **2** 36
Gründe **2** 12 ff
Grundsatz der Verhältnismäßigkeit **2** 2, 9
Inhalt **2** 25
Internet-/Telefonnutzung, private **229** 13
Jugend- und Auszubildendenvertrag **2** 34
Kleinbetrieb **2** 10
Krankheit (Arbeitnehmer) **2** 17

Krankmeldung, verspätete 2 12
Kündigung, personenbedingte 259 2
Kündigung, unwirksame 2 23
Kündigung, verhaltensbedingte 260 7 f
Kündigungsverzicht wegen abgemahnter
  Pflichtwidrigkeit 1 10
Lohnpfändung 2 15
Mandatsträger 2 34
mehrere Vertragsverstöße 2 40
Minderleistung 2 5
Mitteilung BRat 310 31
Muster 2 46
Nachschieben von Gründen 2 44
objektiver Verstoß 2 4
Pausenüberziehung 2 12
personenbedingte Störung 2 17
Pflicht 2 8
Pflicht zur Abmahnung 2 3
Pflichtverletzungen 2 12 f; 48 5
Pflichtverletzungen im Leistungsbereich,
  Beispiele 2 28
Probezeit 2 10
Prozessvergleiche 2 43
Rauchverbot 2 12
Rücknahme 2 38
Rüge 2 1
Schmiergeldannahme 2 13
Stempelkartenabänderung 2 13
Streitwert 2 45
Tätlichkeit 2 13
Telefonnutzung, private 2 14
Unsittliches Verhalten 2 13
Unterschlagung 2 13
vergebliche als Kündigungsanlass 2 8
Verhältnismäßigkeit 2 28
verhaltensbedingte außerordentliche, Kündigung 257 43
verspätete Arbeitsaufnahme 2 12
vertragswidriges, außerdienstliches Verhalten
  2 15
Vertrauensleute 2 35
Verwirkung 2 32 f; 443 10
vorausgehende bei Kündigung, verhaltensbedingte 2 2
Vorstufen 2 6 f
vorweggenommene 2 19
Wartezeit 2 10
Wettbewerbsverbotsverstoß 2 13
Widerruf 2 38
Wiederholungsfälle 2 20 f
Wirksamkeitsvoraussetzung für Kündigung
  2 2, 9 f
zahlreiche bei gleichartigen Pflichtverletzungen 2 22
Zugang 2 27
Abordnung
  Arbeitsentgelt, Zahlung 39 7, 20
  ArbN an ARGE 39 5 ff, 20
  Freistellung nach Bautarifvertrag 39 8
  Konzerngesellschaften 247 27

Abtretung

Konzerngesellschaften Kündigung, betriebsbedingte 258 46 f
Mitbestimmung BRat 39 11
Übertragung Direktionsrecht ARGE
  39 6 f
Abrechnung Auslagenersatz 67 27
Abrechnungsbescheid bei Aufrechnung
  64 26 ff
Abrechnungsfehler Anzeigepflichten ArbN
  21 6
Abrufarbeit
  Altersteilzeit 11 3
  Arbeitsleistung 58 38
  Entgeltvereinbarung 58 38
  Feiertag Entgeltfortzahlung 162 24
  Schwankungsbreite 37 20
  Teilzeitbeschäftigung 402 66 f
Abrufbarkeit Befristetes Arbeitsverhältnis
  91 34
Abrufbereitschaft s *Rufbereitschaft* 362
Abschlagszahlungen
  ArbGebDarlehen, Abgrenzung 23 1
  Lohnabzugsverfahren 276 19
  Verjährungsneubeginn 434 14
  Vorschuss 445 1, 12 f
Abschlussverbot
  Abgrenzung Beschäftigungsverbot 100 3
  Schwangerschaft 100 6
Abschlussvertreter Selbstständige Tätigkeit
  220 16
Abschreibung Arbeitskleidung 41 22 f
Absicherung BRatFreistellung wirtschaftliche
  und berufliche 118 35
Abspaltung Übergangsmandat BRat 360 8
Abstandszahlung kein Ansatz als Umzugskosten 415 30
Abstellung konzerninterne 247 5
Abtastverfahren
  Illegale Beschäftigung, SozV 37 115
  Nettolohnvereinbarung 323 21
  Schwarzarbeit, SozV 377 39
Abtretung
  s a *Entgeltabtretung* 161
  Abfindung 1 37
  Arbeitseinkommen bei Verbraucherinsolvenzverfahren 227 5 f
  Entgeltabtretungsverbot 161 9
  Erstattungsansprüche Nettolohnvereinbarung 323 16
  Insolvenzgeldanspruch 226 61 f
  Kindergeldanspruch 241 2
  Kurzarbeitergeld 266 61
  LStErstattungsanspruch ausländischer ArbN
    323 16
  Pfändung Verhältnis 337 33 f
  Rückzahlungsforderung ArbGebDarlehen
    23 10
  Tarifvertragliche Abtretungsverbote 337 34
  Unzulässigkeit bei ESt Erstattungsanspruch
    161 13

Abwälzung

Urlaubsabgeltung **422** 7
Urlaubsgeld **426** 4
Vorschuss **445** 6
Abwälzung Verbot bei Geringfügiger Beschäftigung **202** 62
Abwege Wegeunfall **451** 16, 18
Abwerbung 3
    Abgrenzung **3** 3
    Abwerbeverbote **3** 11
    Arbeitsvertragsauswirkungen **3** 9
    Arbeitsvertragsbruch **3** 4
    Begriff **3** 1
    durch Arbeitskollegen **3** 2
    durch Wettbewerber **3** 3
    Einstweilige Verfügung **3** 5
    Headhunter, Schadensersatzanspruch **3** 19
    Headhunterprämien, Versteuerung **3** 16
    Kontaktaufnahme am Arbeitsplatz durch Personalberater **3** 4
    Kopfprämie **3** 4
    Kopfprämienversteuerung **3** 15
    Kündigung, verhaltensbedingte **260** 19
    Rechtsweg **3** 12
    Rückwerben abgeworbener ArbN **3** 10
    Sanktionen gegen Abgeworbenen **3** 7 f
    Sanktionen gegen Abwerbenden **3** 5 f
    Schadensersatz **3** 6, 8
    Schadensersatzanspruchversteuerung **3** 17 f
    Schadenshöhe **3** 6
    Sittenwidrigkeit **3** 4
    Unterlassungsanspruch **3** 5
    Unterlassungsanspruch Abgeworbener **3** 7
    Werbungskosten **3** 17
    Wettbewerbswidrigkeit **3** 4, 10; **459** 8
    Zulässigkeitsgrenzen **3** 4
Abwicklungsvereinbarung
    Aufhebungsvertrag **63** 20, 33
    Aufhebungsvertrag, Abgrenzung **63** 30
    Sperrzeit **63** 31
    Unkündbarkeit **63** 31
Abwicklungsvertrag
    s a *Abwicklungsvereinbarung*
    Arbeitgeberdarlehen **23** 10
    Schriftform **63** 6
    Sperrzeit **388** 11
Abzugsbetrag Hauswirtschaftliches Beschäftigungsverhältnis **221** 7 f
Adoptiveltern Mutterschaftsgeld **315** 9
Adoptivkinder Kinderfreibetrag **240** 8
Adressenschreiberin ArbN-ABC **26** 84
Ältere Arbeitnehmer
    s a *Arbeitnehmer (Begriff)* **26**
    Aufhebungsvertrag **63** 17
    Entlassungsabfindung, gemischte **144** 100
    Hartz-Reform **8** 16
    Herausnahme aus Sozialplan **144** 100
    Übergangsregelung AlGeld **42** 37
    Versorgungsbezüge **9** 17 f
Ältere Arbeitnehmer (50+) 4
    Befristetes Arbeitsverhältnis **4** 2; **91** 16 f

Befristetes Arbeitsverhältnis, mehrfache Verlängerung **91** 19
Befristungserleichterungen **91** 17 f
Eingliederungszuschuss **4** 13
Eingliederungszuschuss, Förderdauer **4** 14; **279** 13
Förderprogramme **4** 1
Förderung, Zielsetzung **4** 11 f
Kostenübernahme Weiterbildung durch BA **4** 12
LStRecht **4** 6 f
Perspektive 50plus **4** 3
Sonderregelungen, gesetzliche **4** 2
Weiterbildungsförderung **4** 12
Weiterbildungsförderung durch BA **455** 27
Änderungskündigung 5
    Abfindung **1** 15; **5** 44
    Abfindung, SozVPflicht **1** 56
    Abfindungszahlungen (Beitragsrecht) **5** 45
    Ablehnung **5** 32
    Ablehnung Änderungsangebot **5** 35
    Änderungsangebot, Eindeutigkeit **5** 4
    Änderungsangebot, Tarifautomatik **5** 23
    Änderungsangebot, Verhältnismäßigkeitsgrundsatz **5** 23
    Änderungsschutz **5** 23
    Änderungsvereinbarung **126** 45
    altersbedingte **5** 19
    Anhörung BRat **310** 17
    Annahme **5** 31
    Annahme Änderungsangebot **5** 35
    Anzeige bei Schwellenwertüberarbeitung **5** 8
    Arbeitnehmerbeförderung, Einstellung **29** 5
    Arbeitsbedingungen **5** 21
    Arbeitsmangel **5** 24
    Arbeitsplatzwegfall **5** 26
    Arbeitszeitreduzierung **5** 22
    Auflösungsantrag **5** 38 f
    Ausschluss der ordentlichen Kündigung **5** 16
    außerordentliche **5** 13, 16; **257** 46
    Auswahlkriterium **5** 29
    Beschränkungen **5** 7 ff
    Bestandteile **5** 3
    Bestimmtheit **5** 4
    Betriebliche Übung **107** 11
    betriebsbedingte **5** 21 f
    Betriebsbedingte Abfindung **1** 3
    betriebsbedingte, § 1a KSchG **5** 35
    Betriebsbuße **112** 7
    Druckkündigung **5** 16
    Einstellung ArbN-Beförderung **29** 5
    Entgeltabsenkung **37** 21
    Entgeltsenkung **5** 24
    Entgeltzuschläge, Abschaffung oder Kürzung **167** 6 f
    Gleichbehandlungsgrundsatz **5** 18
    Gruppenarbeitsverhältnis **211** 5
    Herabgruppierung **412** 6

AGG

Insolvenz des ArbGeb **226** 8
Insolvenz des ArbGeb, Erleichterungen **226** 14
Interessenausgleich **5** 35
Kündigung, bedingte **5** 10
Kündigung, unbedingte **5** 10
Kündigungsbeschränkungen **5** 7
Kündigungsfristen **5** 7
Kündigungsgründe **5** 15 f
Mandatsträger **5** 7
Massenentlassung **300** 9 f
Mitbestimmung BRat **5** 41
Muster **5** 42
Musterformular **263** 148
Nachrang gegenüber Direktionsrecht **5** 6
Nachteilsausgleich **321** 10
Nachwirkender Tarifvertrag **5** 25
Namenliste Interessenausgleich **5** 35
Namensliste **5** 29
Namenslisten **228** 7
Nebentätigkeit **322** 5
Nutzungswerterhöhung Dienstwohnung **143** 7
ordentliche **5** 14, 17 ff
personenbedingte **5** 19
private Dienstwagennutzung **142** 3
Prozessantrag **5** 37
Reaktion ArbN **5** 30 f
Rentabilität, fehlende **5** 24
Rückgruppierung **152** 23 f
Schlechte Ertragslage **5** 24
Schriftform **5** 3
Schwerbehinderte **5** 7
Sozialauswahl **5** 27 f; **258** 26
Soziale Rechtfertigung **5** 14
Sozialwidrigkeit **5** 17
Sozialwidrigkeitsprüfung **5** 17 f
Sperrzeit **388** 12
Teilkündigung **5** 3
TVöD **5** 16
Überlegensfrist ArbN **5** 4
übertarifliche Bezahlung **5** 25
Umgruppierung **5** 41
Umorganisation ohne Reduzierung Arbeitsvolumen **5** 22
unkündbare ArbN **5** 16
Verfahren **5** 34 ff
Verhältnismäßigkeit **5** 18
verhaltensbedingte **5** 20
Verknüpfungsmöglichkeiten mit Kündigung und Angebot **5** 9 ff
Versetzung ArbN **439** 29
Vorbehalt **5** 33, 36, 39 f
Vorrang vor Beendigungskündigung **5** 5; **258** 17 f
wegen Alters **9** 3
Wehr- und Ersatzdienstleistende **5** 7
Weiterbeschäftigungsanspruch **5** 39 f; **454** 3, 16
Weiterbeschäftigungsanspruch, LSt **5** 43

Wirksamkeit außerordentliche betriebsbedingte **5** 16
Wirkung **5** 14
Zweck **256** 5

Änderungssperre
LStAußenprüfung **284** 16 f
LStHaftungsbescheid **288** 58 f
LStPauschalierung **292** 11

Änderungsvereinbarung
s a *Änderungskündigung* **5**
Betriebsübergang **126** 45

Änderungsvorbehalte 6
s a *Freiwilligkeitsvorbehalt*
s a *Teilbefristung (außertarifliche Leistungen)*
s a *Versetzungsvorbehalte*
s a *Widerrufsvorbehalt*
Arbeitszeitverkürzung **6** 16
Arbeitszeitverringerung **402** 45 f
Erstmalige Festsetzung einer Verletztenrente **6** 32
Freiwilligkeitsvorbehalt **6** 11 f
Gratifikation **6** 11, 16
Mitbestimmung BRat **6** 18 f
Mitbestimmung BRat bei Vergütungstopf **6** 18
Neuverteilung Zulagevolumen **6** 19 f
Teilbefristung **6** 14 f
Teilbefristung außertarifliche Leistungen **6** 3
Teilkündigung **6** 2
Versetzungsvorbehalte **6** 3

Äquivalenzprinzip Sozialversicherung
Gleichbehandlung SozV **208** 47, 54

Ärztliche Untersuchung Jugendarbeitsschutz **231** 39 f

AG führungslose, Vertretung **204** 38
AGB-Kontrolle Freiwilligkeitsvorbehalt **192** 4

Agenda 2010 Fünf plus Fünf-Lösung Kleinbetrieb **245** 1

Agentur für Arbeit s *Bundesagentur für Arbeit*

AGG
Arbeitsentgelt **144** 10 ff
Auswahl, Einstellung, beruflicher Aufstieg **144** 5
Benachteiligungsformen, unzulässige **144** 43 ff
Berufsausbildung **144** 16
Beschäftigungs- und Arbeitsbedingungen **144** 6 f
Betriebliche Altersversorgung **144** 21
Darlegungs- und Beweislast **144** 130 f
Entlassungsbedingungen **144** 15
Geltungsbereich, persönlicher **144** 23
Geschäftsführer, Anwendung **204** 28
Gewerkschaftszugehörigkeit **144** 17
Gleichbehandlung **208** 2
Kündigung, allgemein **144** 18 ff
Kündigungsschutz **263** 32 f
Leistungen nach SGB **144** 22
Organisationspflichten ArbGeb **144** 107

2663

AIDS

Rechte der Beschäftigten **144** 111 ff
Rückwirkung **144** 4
sachlicher Geltungsbereich **144** 5 f
Unwirksamkeit benachteiligende Regelungen **144** 114 f
zeitlicher Anwendungsbereich **144** 3 f

AIDS
Einstellungsgespräch, Fragerecht ArbGeb **77** 16
steuerfreie Leistungen **392** 8

Akkordarbeit
Verbot bei Jugendlichen **231** 38
Verbot bei Mutterschutz **317** 16

Akkordgruppe s *Gruppenarbeitsverhältnis* **211**

Akkordlohn
Ausschlussfrist **82** 17
Berücksichtigung bei Berechnung nachzuzahlendes Arbeitsentgelt bei Annahmeverzug **14** 15
degressive Steigerung bei Teilzeitbeschäftigung **402** 77
Leistungsorientierte Vergütung **273** 2
Mindestentgeltgarantien **273** 2

Akkordspitzen Berechnung SozVBeiträge bei hinausgeschobener Fälligkeit **163** 12

Aktentasche Arbeitsmittel **46** 18

Aktienfonds Wertguthaben, Anlagerestriktionen **458** 24

Aktienoptionen 7
AGB-Kontrolle **7** 9
Aktienoptionsplan **7** 3
Aktienrechtliche Voraussetzungen **7** 2 f
Arbeitsentgelt **7** 21; **37** 5
Arbeitsentgelt SozV **7** 51 f
Arbeitsgerichtszuständigkeit **7** 18
Begünstigter Personenkreis **7** 8
Beitragsentstehung und Fälligkeit **7** 51
Beitragspflicht Geldwerter Vorteil **7** 51
Beitragsrecht **7** 51
Betriebsübergang **7** 13
Bewertung **7** 33 f
Bewertungsgegenstand **7** 33 f
Bezugsrecht, Bedingungen **7** 11
Bezugsrechtsausgabe **7** 2
Einmalzahlungen **7** 52
Einnahmen aus Kapitalvermögen **7** 32
Entlohnung für mehrjährige Tätigkeit **7** 39
Erdienenszeitraum **7** 39
Funktionsweise **7** 1
Geldwerter Vorteil **7** 29 f
Geldwerter Vorteil bei Rückgabeoption zum Ausgabewert **7** 21
Geldwerter Vorteil SozV **7** 51
Gesamtvergütung, Aufteilung **7** 7
Gewährung durch Konzernmuttergesellschaft **7** 6
Gewährung durch VertragsArbGeb **7** 5
Gewährungsvertrag **7** 4
Haltefristen **7** 12
Hauptversammlungsbeschluss **7** 2

Karenzentschädigung **7** 16
Kündigung, betriebsbedingte **7** 11
Leistungsorientierte Vergütung **273** 4
Lohnersatzleistung **7** 52
Lohnzufluss **7** 23 f
Lohnzufluss bei Drittverwertung **7** 28
Lohnzufluss bei Entschädigungszahlung für Verzicht auf Erwerbsoption **7** 27
LStAbzug **7** 41
Mitbestimmung BRat **7** 17
Negativ-Tantiemen **7** 24
Optionsrechtsgarantie durch Dritte **7** 36
Optionsvertrag **7** 4
Rabattbesteuerung **7** 38
Rückübertragung als Entgeltrückzahlung **164** 18
Squeeze-Out **7** 15
Transparenzgebot **7** 9
Veräußerungssperre **7** 12
Verfallklauseln **7** 11
Vergütung für mehrjährige Tätigkeit **85** 18
Vergütungsbestandteil **7** 5 f
Verschmelzung **7** 14
Wartefristen **7** 10
Zufluss bei Optionen Dritter **7** 25
Zufluss bei Optionsübertragbarkeit **7** 26
Zuflusszeitpunkt, Beitragsrecht **7** 51

Aktienoptionsplan
Rahmenbedingungen **7** 3
Verfallklauseln **7** 3
Wartefristen **7** 3

Aktienoptionsprogramme Verfallklauseln **309** 11

Aktienüberlassung Zufluss nach Kapitalerhöhung **7** 21

Akzessorität Vertragsstrafe **441** 2

Alkohol
Abmahnungsgrund **2** 12, 17
Arbeitsunfall **55** 43
Datenschutz **140** 11
Entgeltfortzahlung **162** 7 f
Entgeltfortzahlung bei Unfall **162** 6 f
Kündigung, außerordentliche **257** 47
Kündigung, personenbedingte **259** 32 f
Kündigung, verhaltensbedingte **260** 20
Verbot **116** 7; **246** 9
Verbot auf Grund Weisungsrecht **453** 12
Verbot bei Bereitschaftsdienst **95** 9
Wegeunfall **451** 8, 21

Alleinerziehende Entlastungsbetrag **240** 5; **242** 10

Allgemeinbildung Ausbildungskosten **71** 9

Allgemeinverbindlicherklärung
Mindestentgelt **307** 6
Rückwirkung **401** 12
Tarifbindung **401** 12
Tarifvertrag **401** 12

Altenteilsleistungen Besteuerung **339** 2

Alter
Abfindungskoppelung **1** 34

Altersgrenze

Änderungskündigung **5** 19
AlGeld II **43** 9
Auswahlrichtlinie Interessenausgleich **228** 6
Benachteiligung bei Sozialauswahl **258** 35
Benachteiligungsverbot **144** 88 ff
Benachteiligungsverbot, Ausnahmen **144** 85 f
Diskriminierung **144** 79
Diskriminierungsverbot **144** 42, 88 ff
Freiwilligendienste **193** 1
JAV **232** 2
Sozialauswahlkriterium **258** 34 f
Urlaubsdauer, Staffelung **424** 1, 14

Altersdifferenzklausel Hinterbliebenenrente **223** 3

Altersdiskriminierung
Altersgrenzen, Vereinbarung **9** 6
Arbeitsbedingungen **144** 90
Benachteiligungsverbot **144** 83 f
Berufserfahrung, Zulässigkeit **144** 91
Eingliederung Jugendliche **144** 89
Einkommensstaffelung nach Lebensalter **144** 92
Förderung der beruflichen Eingliederung **144** 89
Generalklausel AGG **144** 84 f
Höchstaltersgrenze **144** 93
Kündigungsfristen § 622 Abs 2 Satz 2 BGB **144** 20
Meistbegünstigungsprinzip **144** 92
Mindestdienstalter **144** 91
Nachtarbeit für Jugendliche **144** 89
Pensionsgrenzen **144** 98
Rechtfertigungsgründe **144** 88
Regelbeispiele **144** 89
Sozialauswahl **144** 85
Sozialplanleistungen **144** 99
Spätehenklausel **144** 96

Alterseinkünftegesetz Gesellschaftergeschäftsführer, Vorwegabzug **204** 42

Altersentlastungsbetrag 8
Abbau durch AltEinkG **8** 2
Altersgrenze **9** 23
Außerordentliche Einkünfte **8** 8
Berechnung **8** 7
Ehegatten **8** 9
Hinterbliebenenrente **223** 12
Höhe **8** 7
LStAbzug Berücksichtigung **8** 10 ff
Nettolohnvereinbarung **8** 3
Sonstige Bezüge **8** 11
Umstellung auf nachgelagerte Besteuerung **8** 6

Altersgebrechlichkeit Krankheit ArbN **255** 6

Altersgrenze 9
Abfindungen, LSt **9** 15
Abschlag auf Altersrente **9** 34
AlGeld **42** 37
Altersdiskriminierung **9** 6
Altersentlastungsbetrag **8** 7 f; **9** 23
Altersteilzeit **11** 75
Altersuntergrenze **9** 9
Anhebung **9** 32
Anhebung bei Altersrente **10** 42
Aufhebungsvereinbarung **9** 4–12, 11
Ausnahmen von der vorgezogenen Anhebung **9** 34
Beendigung des Arbeitsverhältnisses **9** 2 f
Benachteiligung, Rechtfertigungsgründe **144** 88
Berufsgruppenspezifische **9** 9
Beschäftigungsverbot **100** 16
Betriebliche Altersversorgung **9** 13; **103** 35
Betriebsvereinbarung **9** 4 f, 9 f
Direktversicherung **103** 107
Diskriminierung **144** 99
Einstellung **9** 1
einzelvertragliche **9** 5 f
Erwerbsminderungsrente **169** 30
Erwerbsunfähigkeit **9** 32
Erziehungsrente **223** 33
Familienversicherung **186** 10 f
Fortsetzungsinteresse ArbN, Abwägung **9** 7
Geburtsdatum **9** 4
Günstigkeitsprinzip **9** 10
Günstigkeitsprinzip Wahlrecht **212** 4 f
Hinterbliebenenrente **223** 33
Höchstaltersgrenze Unterstützungskasse **9** 13
JAV **232** 5
Kinderfreibetrag **240** 7
Kinderfreibetragsgewährung **240** 9 f
Kindergeld **241** 9, 14, 28
kollektivrechtliche **9** 9 f
Kündigung, personenbedingte **259** 37
Leistungsbestimmung **272** 16
Männer und Frauen, Gleichbehandlung **10** 3
Mindestbetriebszugehörigkeit Betriebliche Altersversorgung **9** 13
Pilot **144** 79
Regelaltersgrenze **9** 33; **10** 4, 44
Regelaltersgrenze, sozialversicherungsrechtliche **9** 9
Regelaltersgrenze, tarifvertragliche **9** 9
Rentenbeginn **354** 1
Riester-Rente **9** 24; **223** 15
RV-Nachhaltigkeitsgesetz **9** 32
Sozialauswahl **9** 3
stufenweise Anhebung **9** 33
Tarifvertrag **9** 4 f
tarifvertragliche **9** 9 f
Versorgungsfreibetrag **9** 18
Vertragszahnarzt **9** 9
Vertrauensschutz **10** 49
Waisenrente **223** 30
Weiterbeschäftigung **9** 12
Wirksamkeit einzelvertraglich begrenzte **9** 6 f

Altersrente

Witwenrente **223** 19
Witwenrente kleine **223** 20
Zulässigkeit nach AGG **144** 85 f
Altersrente 10
Abschlag Altersgrenze **9** 34
Abschlag bei vorzeitiger Inanspruchnahme **9** 34; **10** 43
Altersgrenze bei Arbeitslosigkeit **9** 32
Altersgrenze Berufs- und Erwerbsunfähige, Schwerbehinderte **9** 32
Altersgrenze nach Altersteilzeitarbeit **9** 32
Altersgrenzenanhebung bei Schwerbehinderten Menschen **10** 47
Altersteilzeit **10** 10
Altersteilzeit, Rentnerbeschäftigung **359** 10
Altersteilzeitarbeit **10** 48 f
Anhebung Altersgrenze, Ausnahmen **9** 34
Anhebung der Altersgrenzen **10** 42
Anrechnung anderweitigen Einkommens **15** 9
Anspruch **10** 44
Antragsveranlagung **10** 15
Anzeigepflichten ArbN bei Hinzuverdienst **10** 6
Arbeitslosigkeit **9** 32; **10** 48 f
Arbeitslosigkeit, Rentnerbeschäftigung **359** 10
auflösend bedingtes Arbeitsverhältnis **91** 7
Ausgleichsbeträge Rentenminderung **9** 35
ausländische **10** 19
Auslandstätigkeit in EU-Bereich **80** 158 f
Auslandszahlung, Versteuerung **10** 18
Behinderte **10** 47
Bergleute **10** 51
Bergleute, Rentnerbeschäftigung **359** 10
Berücksichtigungszeiten RV **96** 3 f
Besitzstandsrente **10** 2
Besonders langjährig Versicherte, Rentnerbeschäftigung **359** 10
Besteuerung **10** 8 ff; **354** 5 f, 10
Besteuerung Bestandsrentner **10** 12
Besteuerung Neurentner **10** 13
Besteuerungsverfahren **10** 14
Betriebliche Altersversorgung **10** 1
EU-Recht **171** 49
Frauen **10** 50
Frauen, Rentnerbeschäftigung **359** 10
Grundsicherung **10** 54
Hinzuverdienstgrenzen **10** 5, 52; **322** 34
Kinderzuschuss, Besteuerung **10** 16
Koalitionsvereinbarung 2013 **9** 36
Kündigung, allgemein **256** 85
Langjährig Versicherte **10** 45 f
langjährig Versicherte, Rentnerbeschäftigung **359** 10
Mitteilungsverfahren Rentenzahlungen **10** 14
Nachgelagerte Besteuerung **10** 9 f
Pflichtbeitragszeiten **10** 48
privatfinanzierte **10** 22 f
Regelaltersgrenze **10** 44
Rente gesetzliche RV **10** 11 f
Rente mit 63 **9** 36
Renten wegen Alters **10** 41 f
Rentenabschlag **9** 34
Rentenbeginn **354** 14
Rentenberechnung **352** 6 f
Rentenbezugsmitteilung, Übermittlung **10** 14
Rentennachzahlung, Besteuerung **10** 12
Rentenvorausbescheinigung **432** 15
Rentnerbeschäftigung **359** 9 ff
Rückzahlung Eingliederungszuschuss **279** 26
RV-Altersgrenzenanpassungsgesetz **10** 1
RVFreiheit Bezieher **356** 10
Sachleistungen, Besteuerung **10** 16
Sonderfragen der Besteuerung **10** 16
Teilrente **10** 7, 53
Versorgungsbezüge, Besteuerung **10** 10
vorgezogene bei AlGeld II-Bezug **43** 7
vorzeitige, Anzeigepflichten ArbN **21** 1
vorzeitige, Höhe **10** 2
Wartezeit **10** 44 f
Werbungskostenpauschbetrag **10** 15
Zahlung durch ausländischen SozVTräger **10** 19
Altersrente nach Altersteilzeitarbeit Altersteilzeit **11** 41
Altersruhegeld s *Altersrente* 10
Altersstruktur Kündigung, betriebsbedingte **258** 38
Altersteilzeit 11
s a *Blockmodell Altersteilzeit*
Abfindung **1** 1
Abfindungshöhe bei Beendigung Arbeitsverhältnis **11** 3
Abgrenzung Teilrente **11** 93
Absicherung durch Doppeltreuhand **11** 15
Abwicklungsprobleme bei vorzeitiger Beendigung **11** 14
Altersgrenze bei Rente **9** 32
Altersrente **10** 10, 48
Altersruhegeldbezug **11** 77
Altverträge, Insolvenzsicherung **11** 16
Anspruch **11** 5
anspruchshindernde Umstände **11** 74 ff
Anspruchsvoraussetzungen **11** 44 f
Arbeitslosengeld **42** 12
Arbeitslosmeldung **11** 63
Arbeitszeit **11** 13
Arbeitszeitgestaltung **11** 49
Arbeitszeitguthaben **458** 3
Arbeitszeitverteilung **11** 4
ArbGebPflichten **11** 18 f
ArbNHaftung für zu Unrecht gezahlte Leistungen **33** 29
AT-Angestellte **11** 55 f
Aufgabe **11** 75
Aufstockung des Arbeitsentgelts **11** 60 f

Altersteilzeit

Aufstockungsbeträge **11** 27, 60 f, 73
Aufstockungsbeträge, Steuerklassenwechsel **11** 12
Aufstockungsbeträge, tarifvertragliche Regelungen **11** 12
Auszubildendenübernahme **11** 67
Bedingung, einschränkende **11** 7
Beendigung **11** 8
Beendigung durch Befristung **11** 8
Beendigung durch Insolvenz des ArbGeb **11** 14
Bemessungsgrundlage Lohnersatzleistungen **11** 82 ff
Betriebsrentenberechnung **103** 31
Betriebsübergang **126** 3
Blockmodell **11** 13 ff, 42, 45
BRatAmt, Erlöschensgründe **120** 11
BRatWahl **117** 1
BRatWahl, Teilnahme **11** 17
Dauer **11** 4
Entgeltfortzahlung **11** 13, 84
Entgeltfortzahlung Aufstockungsbetrag **11** 60
Erörterungsanspruch **11** 18
Erreichen der Rentenbezugsvoraussetzungen **11** 76
Erstattungsleistungen an ArbGeb **11** 73
Erwerbsunfähigkeitseintritt **11** 87 f
Förderungsbeginn nach Wiederbesetzung **11** 68 f
Förderungsdauer **11** 50 ff
Förderungsdauer bei Nicht-tarifgebundenen ArbN **11** 55 f
Freistellungsphase **458** 3
Freistellungsphase, Kündigung betriebsbedingte **11** 8
Freistellungsphase, Vergütungsanspruch **11** 8
Frühverrentung **11** 40
Geringfügigkeitsgrenze Mehrarbeit **11** 79
Gesetzeszweck **11** 38 f
Gleichbehandlung **11** 5
Gleichbehandlungsgebot **11** 3
Heimarbeit **222** 37
Herabgruppierung **11** 13
Hinzuverdienstgrenzen **359** 17 ff
Insolvenz des ArbGeb **11** 15 f
Insolvenzschutz **11** 58; **458** 44
Krankengeld **11** 84
Krankengeld bei privat Versicherten **11** 85
Krankheit ArbN **11** 13
krankheitsbedingte Arbeitsunfähigkeit **11** 86
Kündigung **11** 6
Kündigung, allgemein **256** 86 f
Kündigung, betriebsbedingte **11** 14
Kündigung, verhaltensbedingte **11** 14
Kurzarbeitergeld **11** 83
Leistungen, steuerfreie **11** 27 ff
Leistungsbestimmung **272** 17
Leistungsbestimmungsrecht **11** 5
Leistungsentgelt **11** 13
Leistungsprämien **11** 3
Leitende Angestellte **11** 55 f
LStKlassenwahl **290** 15
Masseverbindlichkeiten **226** 4
Meldungen SozV **304** 23
Mindestanforderungen nach AltTZG **11** 52
Mindestbeschäftigungszeit **11** 46
Mitbestimmung BRat **11** 9
Mitwirkungspflichten ArbN **11** 91
Möglichkeit der Inanspruchnahme als Kündigungsgrund **256** 87
Muster **11** 20
Nebentätigkeitsbeschränkung **11** 78
ohne Tarifbindung **11** 55 f
Ortszuschlag Freistellungsphase **11** 2
Progressionsvorbehalt, Erstattung durch ArbGeb **11** 12
Regelaltersgrenze **11** 8
Regelarbeitsentgelt, Ermittlung **11** 61
Rentenabschlag **11** 41
Rückwirkende Umwandlung **11** 3
Ruhen des Krankengeldanspruchs **11** 86
Ruhens- und Erlöschenstatbestände **11** 74 ff
RVBeiträge **11** 27, 62
RVPflicht **357** 5
Schwellenwertermittlung U1 und U2 **245** 21
Sicherungstreuhand **11** 15
Sonderschutz **11** 6 f
Sozialauswahl **11** 8
SozVFreiheit Aufstockungsbetrag **11** 60
SozVSchutz **11** 57
Tariferhöhung Freistellungsphase **11** 13
Tariflicher Bewährungsaufstieg Freistellungsphase **11** 13
Tarifverträge **11** 2
Teilrente **11** 30
Teilzeitbeschäftigung **11** 46
Tod des ArbN **11** 90
Überforderungsklausel **11** 5
Übergangsgeld **11** 84
Übergangsregelung **11** 46
Überstunden **11** 79
Urlaub **11** 13
Urlaubsanspruch **11** 13
Vereinbarung **11** 3 f
Vereinbarungszeitpunkt **11** 48
Vererbung Ansprüche **11** 90
Verletztengeld **11** 84
Versorgungsbezüge **9** 17
Versorgungskrankengeld **11** 84
Vorversicherungszeit **11** 59
Wartezeit Altersrente **11** 41
Wertguthaben **458** 12
Wertguthabensicherung **11** 58
Wertguthabenübertragung bei Blockmodell **11** 45
Wiederbesetzungspflicht Arbeitsplatz **11** 63 ff, 80
Wiederbesetzungsrisiko **11** 7, 69 f

Altersteilzeitarbeit
    Winterausfallgeld **11** 83
    Zulagenwiderruf in der Freistellungsphase **11** 13
    Zuschuss BA **11** 7, 43, 73
Altersteilzeitarbeit s *Altersteilzeit* **11**
Altersteilzeitvertrag 11 2
    Betriebsvereinbarung **11** 48
    Schriftform **11** 3
    Tarifvertrag **11** 48
Altersübergangsgeld
    Ausgleichsbetrag AFG Steuerfreiheit **392** 8
    Betriebsvereinbarung **410** 3
Altersvermögensgesetz Hinterbliebenenrente **223** 18
Altersversorgung
    Auszahlungsalter Basisrentenverträge **380** 7
    Betriebsübergang **126** 3
    Sonderausgabenabzug **380** 7 f
Altersvorsorge Pfändungsfreigrenze **337** 27
Altersvorsorgebeiträge
    Abgeltungsteuer **12** 10
    Höchstbetrag **12** 11
    Sockelbeitrag **12** 11
Altersvorsorgevermögen 12
    AlGeld II **43** 18
    AlGeld II-Empfänger **12** 7
    Altersvorsorgebeiträge **12** 10
    Altersvorsorgevertrag **12** 8 f
    Ansparphase **12** 6 f
    Antragsverfahren Zulagen **12** 19
    Barlohnumwandlung **12** 9
    Begünstigter Personenkreis **12** 7
    Bescheinigungspflicht **12** 21
    Besteuerung **12** 17
    EU-Rentenbezieher **12** 17
    Kinderzulage **12** 11
    Lebenspartnerschaft **12** 7
    Leistungsphase **12** 17
    Mindesteigenbetrag **12** 11
    Nachgelagerte Besteuerung **12** 17
    Pfändungsschutz **12** 18
    Schädliche Verwendung **12** 16
    Selbstgenutzte Wohnimmobilie **12** 22 f
    Sonderausgabenabzug **12** 12 f, 20
    Übertragung **12** 15
    Wohn-Riester **12** 22 f
    Zielsetzung **12** 31
    Zulagen **12** 11
Altersvorsorgevertrag
    Altersgrenze **12** 8
    Inhalt **12** 8
    mehrere **12** 15
    Vertragsart **12** 9
Altersvorsorgezulage Altersvorsorgevermögen **12** 6
Amtsermittlungsgrundsatz Beweismittel Sozialgerichtsverfahren **77** 45
Amtshilfe
    Datenschutz **140** 46, 57 f
    EU-Beitreibungsgesetz **171** 30
    EU-Richtlinien **171** 30
    FA SozVTräger **284** 22
Amtsniederlegung
    BRat **13** 8
    BRatAmt, Erlöschensgründe **120** 9
    Sprecherausschuss **13** 13
Amtspflichtverletzung (Betriebsrat) 13
    Abmahnung **2** 34; **13** 2
    Amtsniederlegung **13** 8 f
    Auflösung BRat **13** 11
    Beschwerderecht ArbN **101** 5
    Diffamierung BRatVorsitzender **13** 6
    Hitlervergleich **13** 6
    JAV **232** 9
    Nichteinberufung Betriebsversammlung **13** 6
    Pflichtverstöße Beispiele **13** 6, 11
    Schadensersatzpflicht **13** 3
    Sexuelle Belästigung **13** 6
    Spesenbetrug **13** 6
    Sprecherausschuss, Gleichbehandlung **13** 13
    unterlassene Überwachung Grundsätze BetrVG **13** 6
Amtszeit
    BRat **117** 2 f
    BRat, vorzeitige Beendigung **117** 3
    BRatVorsitzender **117** 11
    Europäischer BRat **172** 7 f, 15
    JAV **232** 7
    Schwerbehindertenvertretung **378** 2
    Wirtschaftsausschuss **312** 13
Anbahnungsverhältnis Personalauswahl **334** 22 f
Anfechtung
    Arbeitsvertrag **58** 65 ff; **256** 14 f
    Aufhebungsvertrag **63** 22 f
    Ausgleichsklausel wegen arglistiger Täuschung **73** 14
    Ausgleichsklausel wegen Drohung **73** 14
    Ausgleichsklausel wegen Irrtums **73** 13
    Betriebsbedingte Abfindung **1** 5
    Betriebsvereinbarung **129** 27
    BRatWahl, Rechtsanwaltskosten **350** 8
    Eigenkündigung **256** 67
    Entgeltverzicht **165** 3
    Kostenentscheidung Sozialgerichtsverfahren **350** 43
    Kündigung, allgemein **256** 67
    Schuldanerkenntnis Mankoschuld **187** 20
    Sozialplan **385** 54
Anfechtung Arbeitsvertrag
    arglistige Täuschung **58** 73
    Drohung **58** 74
    Eigenschaftsirrtum **58** 69 ff
    Fragerecht ArbGeb **58** 73 f
    Inhaltsirrtum **58** 67 f
    Offenbarungspflicht ArbN **58** 73
    Rechtsfolgen **58** 76 f
    Verwirkung Anfechtungsrecht **58** 75

Anfechtungsklage
ELStAM **282** 25
Rechtsschutz Aufrechnung Sozialrecht
64 37
Anfrageverfahren
Feststellung abhängiger Beschäftigung
17 22 f
Scheinselbstständigkeit **374** 16
Statusfeststellung **17** 22
Statusfeststellung Familiäre Mitarbeit **185** 46
Statusfeststellungsverfahren **17** 22
Angehörige Arbeitsverhältnis bei Familiärer Mitarbeit **185** 43 f
Angemessenheit Abfindung **1** 36
Angestellte s Arbeitnehmer (Begriff) **26**
Anhörung Betriebsrat
s Betriebsratsanhörung bei Kündigung
s a Mitbestimmung Betriebsrat
Ankleidezeit Arbeitszeit bei Arbeitskleidung
41 7
Anlasskündigung bei Arbeitsunfähigkeit
162 17
Anlernverhältnis Ausbildungsverhältnis
72 93
Annahmeverzug 14
Ablehnung Arbeitszeitverringerung **160** 38
Angebot Arbeitsleistung **14** 4
Angebot Arbeitsleistung bei Betriebsstörung
124 11 f
Anrechnung anderweitigen Einkommens
14 26
Anrechnung ersparte Aufwendungen **14** 19
Anrechnung Sozialversicherungsleistungen
14 18
Anrechnung Zwischenverdienst **14** 16
Anwendungsfälle **14** 1
Anwendungsfälle SozVSchutz **14** 28
Arbeitsbedingungen, Verschlechterung
14 17
Arbeitsverhinderung **56** 24
Arbeitszeit **60** 11
Ausschlussfrist **82** 18
Beendigung **14** 20
Beitragspflicht Beschäftigungsverhältnis
98 12
Berechnung des nachzuzahlenden Entgelts
14 15 ff
Beschäftigungsverbot **100** 5
Beschäftigungsverhältnis **191** 45
Betriebsstörung **124** 11 f
Betriebsübergang **14** 8; **126** 47
fiktive Zuschläge **14** 30
fiktive Zuschläge zum Arbeitsentgelt **14** 26
Fortbildung **189** 16
Gleichwohlgewährung AlGeld **14** 33; **188** 25 f
Insolvenz **14** 24
Konsequenzen, rechtliche **14** 14 ff
Kündigung, unwirksame **256** 64
Leistungshindernisse **14** 9 f

Anrechnung anderweitigen Einkommens

Leistungsunwilligkeit, Beweislast **14** 11
Leistungsverweigerungsrecht ArbGeb
274 19
Lohnnachzahlung LStAbzug **14** 24
Mutterschutz **317** 44
Nicht erstattungspflichtige Leistungen **14** 15
Nichtannahme geschuldete Arbeitsleistung
14 12
Prozessbeschäftigung **14** 20
Rückzahlung öffentlicher Leistungen **14** 26
RVRechtliche Zeiten **14** 28
SozVAusweis **386** 2
SozVPflicht bei Leistungsverweigerung
274 22
Überstundeneinbezug **14** 15
Unzumutbarkeit **14** 13
UVSchutz **14** 29
Verschulden **14** 13
Verzinsung Annahmeverzugsvergütung
14 24
Voraussetzungen **14** 3 ff
Zumutbarkeit der Arbeit **14** 17
Annehmlichkeiten Arbeitsentgelt **37** 46
Annexsteuern Kinderfreibetragsberücksichtigung **240** 2
Anpassung betriebliche Altersversorgung
s Betriebliche Altersversorgung **103**
s a Versorgungsordnung
Anrechnung
Abfindung auf AlGeld **1** 58
Abfindung auf AlGeld II **43** 14
Abfindung nach § 1a KSchG **1** 58 f
ArbNPauschbetrag **67** 32
Aufrechnung Abgrenzung **64** 2
ausländische Steuer, Auslandstätigkeit **80** 55
Einkommen bei AlGeld II **43** 14
Einkünfte bei Kindergeld **241** 9
Entlassungsentschädigung **63** 43
Unfallrenten **417** 55
Weihnachtsgratifikation auf andere Leistungen **154** 16
Anrechnung anderweitigen Einkommens
15
s a Einkommensanrechnung
AlGeld **15** 10
AlGeld II **15** 11
Altersrente **15** 9
Annahmeverzug **14** 26
Anwendungsfälle **15** 2
auf Leistungen der SozVTräger, Übersicht
15 8 ff
Aufhebung von Verwaltungsakten **15** 6
Berufsausbildungsbeihilfe **15** 12
Elterngeld **15** 13
Ermessensentscheidung bei rückwirkender
Aufhebung Sozialleistungen **15** 6
Erwerbsminderungsrente **15** 14
Erziehungsrente **15** 15
Karenzentschädigung **15** 2; **460** 32 f
Kindergeld **15** 16

2669

Anrechnung übertariflicher Entgelte

Krankengeld **15** 17
Kurzarbeitergeld **15** 18; **266** 55
Mindestentgelt **307** 9
Mitwirkungspflichten **15** 5
Mutterschaftsgeld **15** 19
Nebentätigkeit **15** 7
Pflegegeld **15** 20
Trinkgeld **406** 2
Übergangsgeld **15** 21
Verletztengeld **15** 22
Verletztenrente **15** 23
Waisenrente **15** 24
Witwenrente **15** 25
Zwischenverdienst **15** 2, 4

Anrechnung übertariflicher Entgelte 16
Änderung Verteilungsgrundsätze **16** 11 f
Anrechnungsverbot **16** 3
Anrechnungsverbot zweckbestimmte Zulagen **16** 3
arbeitsvertraglicher Anrechnungsvorbehalt **16** 2
AT-Angestellte **16** 20
Betriebliche Übung **16** 2
Entgeltsysteme, verschiedenartige innerhalb Betrieb **16** 21
Erschwerniszulage **16** 3
Höhergruppierung **16** 9
Initiativrecht BRat **16** 22
kollektive Tatbestandsvoraussetzungen **16** 8 f
Leistungslohn **16** 3
Mitbestimmung BRat **16** 4 ff
mitbestimmungsfreie Sachverhalte **16** 7 f
Muster **16** 25
Regelungsspielraum Mitbestimmung BRat **16** 14 ff
Tariflohnerhöhung **16** 1 ff
Unwirksamkeit **16** 23 f
Vollanrechnung als Druckmittel gegen BRat **16** 13

Anrechnungsklausel Hinterbliebenenrente **223** 7

Anrechnungsvorbehalt übertarifliche Entgelte **16** 2

Anrechnungszeiten
s a Rentenversicherungsrechtliche Zeiten **358**
AlGeld II – Bezug **358** 9
Arbeitslosigkeit **358** 9
Arbeitsunfähigkeit **358** 6 f, 7
Ausbildungssuche **358** 9
Ausbildungsverhältnis **72** 98
Ausbildungszeiten **72** 97
Berücksichtigung **358** 6
Berufsausbildung **358** 10
Beschäftigungsunterbrechung **358** 3
Fortbildung **358** 10
Gesamtleistungsbewertung, begrenzte **358** 13
gleichgestellte Zeiten ArblV **242** 56
Hochschulausbildung **358** 10
Kindererziehungszeiten **242** 51

Krankheit **358** 6
Kündigungsschutz **263** 65
Leistungen zur Teilhabe am Arbeitsleben **358** 7
Lohnersatzleistungen **358** 5
medizinische Rehabilitation **358** 7
Mutterschaft **358** 8
Rentenbezugszeiten **315** 18; **358** 11
Ruhen des Arbeitsverhältnisses **363** 27
Schulische Ausbildung **358** 10
Schwangerschaft **358** 8
Sperrzeit **388** 43
Stasi-Tätigkeit **358** 3
Unterbrechungstatbestände **358** 12
Vordienstzeiten **358** 3
Wartezeitanrechnung **358** 13
Wartezeiten **358** 1
Weiterbildung **358** 10

Anrufungsauskunft 17
Anwendungsbereich **17** 9
Aufhebung mit Wirkung auf die Zukunft **17** 14
Aufklärung in sozialen Angelegenheiten **17** 29
Auskünfte über soziale Angelegenheiten **17** 18 f, 27
Auskunftsberechtigte **17** 6
Auswirkung bei Verzicht **288** 24
Beratung in sozialen Angelegenheiten **17** 18 ff
Beteiligte **17** 6
Betriebsprüfung **17** 21
Bindungswirkung **17** 1 f, 11 f
Dauer **17** 14
Einzugsstelle, Auskunftspflichten **17** 19 f
Feststellungsabhängige Beschäftigung **17** 22 f
Form **17** 8
Gebührenpflicht **17** 5
Gegenstand **17** 9
gemeinsame **358** 3
KirchenLSt **244** 23
Lohnabzugsverfahren **17** 11 f; **276** 25
Muster **17** 16
Rechtsbehelfsmöglichkeiten **17** 15
Renteninformationen und -auskünfte, Verbindlichkeit **17** 30
Sozialrecht **17** 18 f
Sozialversicherungsträger **17** 24 f
Veranlagung **17** 13
Verbindliche Auskünfte (Arten) **17** 5
Vormerkungsbescheid RV, Verbindlichkeit **17** 30
Wesen **17** 10
Zuständigkeit FA **17** 5, 7
Zweck **17** 1

Ansässigkeit Auslandtätigkeit **80** 40

Ansparphase Altersvorsorgevermögen **12** 6 f

Anspruchsgrundlage Arbeitsentgelt **37** 2 f

Anzeigepflichten Arbeitnehmer

Anspruchsübergang ArbGebAnteile SozV bei Dritthaftung **188** 6
Anspruchsverfahren Elternzeit **160** 28
Antidiskriminierungsverband Klagebefugnis nach AGG **144** 129
Antiquitäten Arbeitsmittel **46** 17
Antrag Ausbildungsfreibetrag **70** 6
Antragsveranlagung 18
   Altersrente **10** 15
   Anrechnung LSt auf ESt **18** 2
   Antrag **18** 3
   Antragsrücknahme **18** 5
   Beschränkte Steuerpflicht **18** 2
   Einzelveranlagung **18** 6
   Elektronische Übermittlung (ELSTER) **18** 3
   Faxübermittlung **18** 3
   Fristen **18** 4
   Geringfügige Beschäftigung **202** 23
   Günstigerprüfung Kindergeld, Kinderfreibetrag **240** 3
   Identifikationsnummer **18** 3
   Lebenspartnerschaft (eingetragene) **18** 6
   Minderjährige **306** 34
   Pflichtveranlagung **18** 7 f
   Sonstige Bezüge **382** 5
   Verheiratete ArbN **18** 6
   von Amts wegen **18** 7 f
   Zusammenveranlagung **18** 6
Anwartschaft
   Abfindung **103** 43
   Abfindung Bagatellanwartschaften **103** 43
   Änderung, unverfallbare **103** 70 f
   Änderungsmöglichkeiten **103** 39
   Auskunftsanspruch **103** 42
   Ausscheidenszeitpunkt **103** 41
   Begrenzung bei Unterstützungskasse **103** 41
   Beitragsorientierte Leistungszusage **103** 41
   Berücksichtigungszeiten **358** 15
   Betriebliche Altersversorgung **103** 36 ff
   Betriebsübergang **103** 37, 51
   Entgeltumwandlung **103** 41
   Fortführung bei Übertragung **103** 48
   Insolvenzschutz bei Übertragung **103** 50
   Insolvenzsicherung **103** 89
   Portabilität **103** 45
   ratierliches Berechnungsverfahren **103** 40
   Übertragung **103** 46 f
   Übertragungswert, Berechnung **103** 49
   Überversorgung, Änderung **103** 71
   Umwandlung in RV **103** 238 f
Anwartschaftsfinanzierung Betriebsausgabenabzug **103** 118
Anwartschaftszeit Arbeitslosengeld
   Freistellung von der Arbeit **42** 17
   Ruhen des Arbeitsverhältnisses **363** 28
   Saisonarbeiter **42** 30; **373** 13
   Streik **40** 35
   Wehrdienst/Zivildienst **42** 30
Anwerbung s *Personalauswahl* **334**

Anwesenheitsliste Kontrolle des ArbN **246** 9
Anwesenheitspflicht
   BRatFreistellung Grundsatz **118** 2
   BRatMitglied **120** 18
Anwesenheitsprämie 19
   Abwesenheit, berechtigte **19** 7 f, 15
   Arbeitsentgelt **19** 1–3, 18
   arbeitskampfbedingte Fehlzeiten **40** 20
   Beitragspflicht SozV **19** 19 f
   BRatFreistellung Lohnausfallprinzip **118** 23
   Differenzierung nach Leistungszweck **19** 4
   einmalige **19** 10
   Einmalzahlung **19** 3
   Elternzeit **19** 8
   Entgeltfortzahlung **19** 6–9
   Fehlzeiten, unberechtigte **19** 9, 16
   Fehlzeiten wegen Krankheit **19** 6, 11
   Gleichbehandlungsgrundsatz **19** 4
   Kürzungsvereinbarung **19** 11 f, 17
   laufende **19** 2, 5
   Mitbestimmung BRat **19** 17
   Mutterschutz **19** 14
   Pflegezeit **19** 8
   Unbezahlter Urlaub **19** 8
   Wehrdienst **19** 8
Anzeigenwerber ArbN-ABC **26** 84
Anzeigepflichten Arbeitsvermittlung (private) **57** 15
Anzeigepflichten Arbeitgeber 20
   s a *Meldepflichten Arbeitgeber* **304**
   s a *Unterrichtungspflicht ArbGeb*
   allgemeine **20** 15
   Arbeitsschutz **20** 4
   Arbeitsunfall **20** 4
   Ausbruch und Beendigung Arbeitskampf **40** 44
   Auskunftspflichten Abgrenzung (LSt) **20** 6
   Behinderte Integrationsämter **92** 26
   Beitragsrecht **20** 16
   Bekanntgabe Antragsabweisung Insolvenzeröffnung **226** 68
   Betriebliche Altersversorgung **20** 14
   BetrVG **20** 2
   Entlassungsschutz **20** 5
   Form und Inhalt **20** 10 f
   LStAbzug **20** 8 f; **285** 25
   Massenentlassung **300** 12, 15, 21, 42
   Vermögensbildung **20** 13
   Vermögenswirksame Leistungen **436** 58 f
   Verstöße, Folgen **20** 2, 12
   Zusatzversorgung **20** 3
Anzeigepflichten Arbeitnehmer 21
   s a *Meldepflichten Arbeitnehmer* **305**
   s a *Treuepflicht* **405**
   allgemeine, LSt **21** 11
   Arbeitsunfähigkeit **53** 6 f
   Beendigung des Arbeitsverhältnisses **21** 5
   Beitragsrecht **21** 18
   Beschränkte Steuerpflicht **21** 13
   besondere, LSt **21** 12

Apotheker
- Bestechungsversuche **21** 3
- Entgeltabrechnungsfehler **21** 6
- Erwerbstätigkeit bei vorzeitigem Altersrentenbezug **21** 1
- Fehlverhalten Dritter **21** 3
- Gesundheitsschutz **21** 4
- Grundlagen **21** 1
- Hinzuverdienstanzeige bei Altersrentenbezug **10** 6
- Interessenkonflikt **21** 3
- Krankheit **162** 3
- Kur **265** 6
- Lebensversicherungsvertrag **21** 14
- Lohnzahlung durch Dritte **21** 17
- Mehrfachbeschäftigung **302** 5 f
- Minderjährige **21** 10
- Nebentätigkeit **21** 7; **322** 4
- persönliche Umstände **21** 5
- Privatsphäre **21** 5
- Schadensabwehr **21** 2
- Schwangerschaftsbeendigung **21** 4
- Selbstanzeige **21** 11, 16
- Überwachungs- und Kontrollpflicht **21** 2
- Überzahlungen, offenkundige **21** 6
- Umzug **21** 8
- Verstöße, Folgen **21** 5, 16
- Whistleblowing **21** 9
- Whistleblowing, internes **461** 11 ff
- Wohnungswechsel **21** 8

Apotheker ArbN-ABC **26** 84

Arbeiter s *Arbeitnehmer (Begriff)* **26**

Arbeitgeber 22
- Angestellter als Vertreter **22** 2
- Arbeitsförderungsleistungen **22** 34
- Arbeitsgerichtsbarkeit **22** 18
- Arbeitsschutzpflichten **50** 9
- ArbGebGruppe **22** 5
- Aufspaltung ArbGebFunktion **22** 6
- Begriff nach DBA **22** 19
- Beitragsrecht **22** 25 f
- Beschäftigungsgesellschaft **22** 29
- BetrVG, Begriff **22** 15 f
- Definition (LSt) **22** 20 ff
- Entleiher **22** 2; **34** 73 f, 95
- Entleiher SozVRecht **34** 97
- Funktionsaufspaltung **22** 6
- Geltungsbereich AGG **144** 23
- Geschäftsleitung **276** 9
- Gesellschaft des bürgerlichen Rechts **22** 8, 22
- Gewöhnlicher Aufenthalt **276** 8
- inländischer, LStEinbehaltungspflicht **276** 6 f
- Insolvenzverwalter **22** 30; **226** 3
- JAV **232** 2
- Juristische Person **22** 4, 26
- Kapitalgesellschaften **22** 12, 27
- Konzern **22** 13; **247** 2, 21 f
- kraft gesetzlicher Fiktion **22** 2, 24
- kraft Rechtsform **22** 4 ff
- Leistungen der Arbeitsförderung **22** 34
- Mehrheit von ArbGeb **22** 5
- Minderjährige **306** 21 f, 36
- mittelbarer, Ausfallhaftung **313** 5 f
- mittelbarer, Weisungsrecht **313** 5
- Mittelbares Arbeitsverhältnis **22** 6 f; **313** 1 f
- Natürliche Person **22** 4, 26
- Organgesellschaft **247** 22 f
- Personengesellschaften **22** 9, 28
- Präsenzpflicht vor Ort **22** 16
- Prozessrecht **22** 7 f
- Sitz **276** 10
- SozVPflicht **22** 31 ff
- ständiger Vertreter **276** 11
- Stellung bei Insolvenz **226** 3
- steuerliche Pflichten **22** 19
- Steuernacherhebung nach LStAußenprüfung **284** 14 f
- Tariffähigkeit **22** 17
- Testamentsvollstrecker **22** 30
- Unternehmer **22** 3, 25
- Verein **22** 14
- Verleiher **34** 71 f, 94
- Verschuldenshaftung **24** 12
- Vor-GmbH **22** 12
- Wahlanfechtung **450** 6
- Wohnsitz **276** 7

Arbeitgeberanteile Bruttoarbeitsentgelt **37** 111

Arbeitgeberdarlehen 23
- Abtretung Rückzahlungsforderung **23** 10
- Abwicklungsvertrag **23** 10
- Allgemeine Geschäftsbedingungen **23** 4
- Arbeitsentgelt bei Rückzahlungsverzicht **23** 17 f
- Arbeitsentgelt bei Zinszuschuss **23** 19
- Bank als ArbGeb **23** 21 f
- Beitragspflicht SozV **23** 17 ff
- Betriebsübergang **126** 49
- BGB-Vorschriften **23** 4
- durchlaufender Posten **23** 13
- Fälligkeit, sofortige **23** 8
- Familienpflegezeit **191** 66
- Gleichbehandlungsgrundsatz **23** 1
- Inhaltskontrolle **23** 4 f
- keine Sozialeinrichtung **383** 7
- Kreditierungsverbot Eigenwaren **23** 3
- Kündigungserschwerung **23** 9
- Kündigungsfrist **23** 8 f
- Marktkonformer Zins **23** 15
- Pfändungsgrenzen **23** 2
- Rückzahlung **23** 2, 6 f; **361** 19
- Rückzahlungsverzicht als Arbeitsentgelt **23** 13
- Sparerfreibetrag bei Überzinsen **23** 14
- Teilzeitbeschäftigung **23** 5; **402** 79
- Überzinsen **23** 14
- Vergleichszinssatz **23** 15
- Verwendung **23** 3
- Verzinsung **23** 5, 10, 24

Arbeitnehmer (Begriff)

Wegfall Vorzugskonditionen **23** 10
Zinsvorteile, Beitragspflicht **23** 20 f, 25
Zinsvorteile, Besteuerung **23** 14, 15 f
Zinszuschüsse **23** 14
Arbeitgebergruppe
  Einheitliches Arbeitsverhältnis **22** 5
  Gruppenarbeitsverhältnis **211** 31
Arbeitgeberhaftung 24
  s a Verschuldenshaftung Arbeitgeber
  Anrufungsauskunft Nichtinanspruchnahme **17** 7
  Arbeitsbescheinigung, Angaben **36** 11, 16, 23
  Arbeitslohnersatz **24** 20
  Arbeitsstoffe, gefährliche **52** 38
  Arbeitsunfall **24** 3
  ArbNBeförderung **29** 2
  Bauwirtschaft, Beitragsschulden Nachunternehmer **24** 26 ff
  Belegschaftsaktien **309** 6
  Betrieb (Begriff) **102** 23 f
  Betriebsaufspaltung **414** 18
  Betriebssport **122** 3
  Betriebsstätte, gemeinsame **24** 6
  Durchgriffshaftung **24** 1
  Ehrverletzungen **24** 14
  Eigentumsverletzung **24** 12
  Einstandspflichten ArbGeb **24** 32 f
  Fahrten Wohnung Arbeitsstelle **24** 7
  Freistellungsbescheinigung **80** 47
  GesamtSozVBeiträge bei Mehrfachbeschäftigung **302** 14 f
  Gesundheitsschäden aus Verletzung Aufklärungspflichten **24** 10
  Haftungsausgleich **24** 16
  Haftungsausschluss **24** 4–9
  Haftungsfreistellung ausländischer ArbGeb **24** 6
  illegale Beschäftigung **78** 8
  Insolvenzverwalter **24** 15
  Kindergeld **24** 17
  KirchenLSt **244** 24
  LStAbführung **281** 8
  LStHaftung **288** 22 f
  LStHaftungsausschluss **288** 14 f
  LStNachforderung **285** 25
  Mitarbeiterbeteiligung **309** 6
  ohne Verschulden **24** 13
  Personenschaden **24** 2; **55** 2 ff; **417** 21
  Provision wegen anfänglicher subjektiver Unmöglichkeit **345** 8
  rechtswidrige Beschäftigung **24** 6
  Regress **24** 16
  Sachschaden **24** 11 f, 20
  Schadensersatz **24** 19 ff, 35
  Schmerzensgeld **24** 8, 14, 20
  Selbstmord auf Grund Kündigung **24** 14
  Solidaritätszuschlag **379** 4
  sonstige Schäden **24** 14
  SozVBeiträge **24** 22 f
  SozVBeiträge LeihArbN **24** 25 f
  Umwandlung **414** 15 f
  Vermögensschaden **24** 15
  Verrichtungsgehilfe **24** 12
  Verschuldenshaftung **24** 12, 14
  Vertragsverletzung **24** 20
  vorsätzliche Schadensverursachung **55** 9
  Vorsatzhaftung, vertraglicher Ausschluss **24** 15
  Zeugnis, unrichtiges **470** 43
Arbeitgeberpflichten
  Abmahnung **2** 3 f
  Arbeitsstoffe, gefährliche **52** 18
  Außenprüfung in der Insolvenz **226** 25
  Beendigung Arbeitsverhältnis **42** 68
  BEM **105** 1
  ELStAM **282** 19
  Elterngeld **159** 2, 7
  Gesundheitsschutz nach MuSchG **317** 10 ff
  Heimarbeit **222** 8 ff
Arbeitgeberverband
  Austritt ArbGeb, Fristen **401** 9 f
  OT-Mitgliedschaft **401** 10
  Tarifbindung bei Mitgliedschaft **401** 5 f
Arbeitgeberwechsel Übertragung Wertguthaben/Zeitguthaben **458** 32 f
Arbeitgeberzuschuss 25
  Arbeitslohn **25** 4
  Ausländische KV **252** 7
  Barlohnumwandlung **25** 6 f
  Beihilfe **25** 4
  Beispiele **25** 1 f
  Beitragszuschuss KV **25** 11 f
  Berufsständische Versorgungseinrichtung **25** 18
  Essenszuschuss **170** 1 f
  Fahrtkostenzuschuss **183** 1 f
  Freiwillige KV **25** 11; **252** 38 f
  Krankenbehandlung **249** 7
  Krankengeldzuschuss **251** 1 ff
  Kurzarbeitergeld **37** 139; **266** 13
  KV, Beitragsfreiheit **37** 126
  Lohnersatzleistungen **277** 3 f
  Mehrere Beschäftigungsverhältnisse **25** 11
  Mitbestimmungspflicht **25** 3
  Mutterschaftsgeld **25** 17; **37** 138; **315** 2; **317** 33 ff
  Naturkatastrophen **37** 140
  PflegeVBeiträge **338** 34
  Pflegeversicherung **25** 15
  Private KV **25** 12
  Private KV, Familienversicherung **25** 12
  Rechtsgrundlage **25** 2
  Sonderregelungen **25** 14
  Verletztengeld **25** 1 f
Arbeitnehmer als Verbraucher 26 27
Arbeitnehmer (Begriff) 26
  ABC **26** 84
  Abhängigkeitsgrad **27** 1
  ältere ArbN AlGeld **42** 35

Arbeitnehmerähnliche Personen

ältere ArbN Befristetes Arbeitsverhältnis **91** 16
ältere ArbN Entlassung **168** 19
ältere ArbN Sozialplan **385** 19
ältere ArbN Sperrzeit bei Massenentlassung **300** 46 f
Angestellter **26** 6
Ansprüche bei Insolvenz **226** 4
Arbeit im Dienste eines Anderen **26** 4 f
Arbeiter **26** 6
Arbeitnehmerähnliche Personen **26** 9
ArbN als Verbraucher **26** 27
ArbNÄhnliche Selbstständige **28** 3
ArbNGruppen **26** 6 ff
Aufsichtsratsmitglieder **26** 72
Ausbildungsdienstverhältnis **26** 41
Auszubildender **26** 20, 41
Beamte **26** 16
Berufssportler **26** 51
Beschäftigungsverhältnis **26** 51–60
Betriebsarzt **109** 21
Dienstverhältnis **26** 29, 31
Einbindung in fremde Arbeitsorganisation **26** 4 f
Ein-Euro-Job **151** 1
Einnahmen aus nichtselbstständiger Arbeit **26** 30
Einsichtnahmerecht Lohnlisten **280** 18
Einsichtnahmerecht Personalakte **333** 12 ff
Europäischer ArbNBegriff **26** 28
Europäischer BRat **172** 5
Fallgruppen **26** 6 ff
Familiäre Mitarbeit **26** 69
Fremdgeschäftsführer **26** 21; **204** 17 f
Geistliche **243** 16
Geschäftsführer **26** 21, 71
Geschäftsführerbestellung ArbN **26** 22
Gesellschafter **26** 23
Gesellschafterstellung **26** 70
Kirchenarbeitsrecht **243** 16 f
Kirchenmitarbeiter **243** 17
Kirchliche Mitarbeiter **26** 11
Künstler **26** 15
Land- und Forstwirtschaft **26** 14
LeihArbN, Vergleichbarkeit **34** 35
Leisten von Arbeit **26** 3
Leitende Angestellte **26** 7; **275** 1
Medienmitarbeiter **26** 15
Merkmal, LSt **26** 31 ff
Merkmale **26** 1 f
Nebentätigkeit **26** 42
Neubestimmung, Ansätze **26** 5
Öffentlicher Dienst **26** 10
Ordensangehörige **243** 16
Organisatorische Eingliederung **26** 64
Organmitglieder juristischer Personen **26** 21
Organvertreter **26** 21 f
Persönliche Abhängigkeit **26** 63 f
Praktikant **342** 1

Prostituierte **26** 51
Rechtsweg Feststellung ArbNEigenschaft **26** 24
Richter **26** 16
Schiffsbesatzungen **26** 13
Schwarzarbeit **377** 6
Soldaten **26** 16
Steuernacherhebung nach LStAußenprüfung **284** 14 f
Steuerschuldner **26** 29
Stille Beteiligung **26** 70
strafrechtlich verbotene Beschäftigung **26** 51
Suspendierung bei Annahmeverzug **14** 1
Telearbeit **403** 2 f
Verbraucherinsolvenzverfahren **226** 1; **227** 2–7
Versteuerung Sonstiger Bezug ausgeschiedene ArbN **382** 11
Vertreter des ArbGeb **22** 2
Verwaltungsrat Schweizer AG **26** 72
Vorstandsmitglieder **26** 72 f
Wahlanfechtung **450** 6
Weisungsgebundenheit **26** 65 f
Weisungsrecht ArbGeb **26** 4, 33; **453** 1 ff
Werkstätten für Behinderte **351** 6
Zivildienstleistender **26** 16

Arbeitnehmerähnliche Personen 27
s a *Arbeitnehmer (Begriff)* **26**
Arbeitsrecht, Anwendung **27** 10
Arbeitsrechtliche Vorschriften **27** 10
Arbeitsschutz **27** 16
ArbNAbgrenzung **27** 1
Beendigung Werkvertrag **27** 20
Behindertenwerkstatt **27** 18
Beispiele **27** 6, 7
Benachteiligungsschutz **27** 17
Betriebliche Altersversorgung **27** 15
Betriebsübergang **126** 4
Geschäftsführer BKK **27** 7
gesetzliche Regelungen **27** 11 f
Heimarbeiter **222** 7 f
Maßregelungsverbot **27** 10
Merkmale **27** 1
Mutterschutz **317** 2
persönliche Abhängigkeit Handelsvertreter **220** 15
Pflegezeit **27** 14
RVPflicht **27** 34
soziale Schutzbedürftigkeit **27** 1
UVSchutz **27** 28
Verbraucherinsolvenzverfahren **227** 4
Vertragstypen **27** 4
Wettbewerbsverbot **460** 3
Wirtschaftliche Abhängigkeit **27** 2 f, 26

Arbeitnehmerähnliche Selbstständige 28
ArbNBeschäftigung **28** 9
Auftraggeberabhängigkeit **28** 13
Befreiung von der Versicherungspflicht **28** 16 f

Begriff **28** 1, 7 f
Berufsanfänger **28** 20
Dauerhafte Tätigkeit **28** 14
Familienangehörige als ArbN **28** 12
RVBeiträge **28** 18
RVFreiheit **90** 37
RVPflicht **28** 6 ff; **357** 9
Selbstständige Tätigkeit **28** 8
Sonderausgabenabzug **28** 4
Tätigkeitsmerkmale **28** 7–10
wirtschaftliche Abhängigkeit **28** 13
Arbeitnehmeranteile Bruttoarbeitsentgelt **37** 110
Arbeitnehmerbeförderung 29
Arbeitszeit **29** 3 f
ArbGebHaftung **29** 2
auswärtige Arbeitsstelle **29** 4
Betriebliche Übung **29** 1
Dienstreise **29** 9
Einstellung **29** 5
Entfernungspauschale **29** 10
Fahrten Wohnung/Arbeitsstätte **29** 8, 16
Fahrtkostenersatz **29** 11
Fürsorgepflicht **195** 19
Geldwerter Vorteil **29** 6
Geldwerter Vorteil Fahrtkostenerstattung **29** 16 f
Gleichbehandlungsgrundsatz **29** 1
Job-Ticket **29** 1, 19
Lohnsteuerbescheinigung Fahrtkostenersatz **29** 11
LStPauschalierung **29** 17
Mitbestimmung BRat **29** 6
Pauschalversteuerung Fahrtkostenersatz **29** 11
Sammelbeförderung **29** 12, 19
UVSchutz **29** 20
Weg zur Arbeit **29** 8
Wege in die Arbeit **29** 9
Arbeitnehmerdarlehen 30
Abgrenzung Stundung **30** 1
Darlehensverlust Werbungskosten **30** 11 f
Ehegattendarlehen **185** 37
GesamtSoVBeitrag, Fälligkeit **30** 16
Gesellschafterdarlehen GmbH **30** 15
Gesellschafter-Geschäftsführer **30** 15
GmbH-Beteiligung **30** 15
Kapitalersetzendes Gesellschafterdarlehen **30** 15
Kapitalertragsteuerabzug Zinsen **30** 10
Kündigung **30** 4
Lohnzufluss **294** 7
Mitarbeiterbeteiligung **309** 3
Mitbestimmung BRat **30** 7
Risikokapital Arbeitsplatzsicherung **30** 11
Rückforderung bei Beendigung Arbeitsverhältnis **30** 5 f
Stille Gesellschaft **30** 1
Treu und Glauben **30** 2
Überzins Gesellschaftergeschäftsführer **30** 10

Arbeitnehmerentsendung

Überzinsen **30** 10
Verbraucherkreditschutzregelungen **30** 3
Werbungskosten bei Insolvenz ArbGeb **226** 29
Zinsen, Beitragspflicht SozV **30** 16
Zinsen Einkünfte Kapitalvermögen **30** 9
Arbeitnehmerdaten Datenspeicherung **140** 9
Arbeitnehmereigenschaft
s a Arbeitnehmer (Begriff) **26**
Abgrenzungen **26** 1 f
Aushilfskräfte **75** 31
Besonderer Vertreter **204** 2
Einbindung in fremde Arbeitsorganisation **26** 4 f
Entgeltfeststellung **26** 26
fehlendes Unternehmerrisiko **26** 35
Feststellung durch ArbG **26** 24
Freiwilligkeit **26** 40
Geschäftsführer **204** 17 f, 35 f, 46 ff
Heimarbeit **222** 50 f
LeihArbN **26** 44 f
organisatorische Eingliederung **26** 34
Parteiwille **26** 39
Schulden der Arbeitskraft **26** 32
sonstige Merkmale **26** 38
Vorliegen eines Dienstverhältnisses **26** 31
Weisungsgebundenheit **26** 4, 33
wirtschaftliche Abhängigkeit **26** 33
Arbeitnehmerentsendegesetz Arbeitnehmerentsendung **31** 3 ff
Arbeitnehmerentsendung 31
AEntG **31** 3 ff
ArbGeb Eigenschaft inländisches Unternehmen **276** 12
Auskunftsaustausch LSt **31** 16
Ausland ins Inland **31** 17
Ausland, LSt **31** 16 f
Bauwirtschaft **31** 3 f
Betriebsübergang **80** 29
Bürgenhaftung **31** 12
Erscheinungsformen **31** 2
Gebäudereinigungshandwerk **31** 3
Generalunternehmerhaftung **31** 12
Innerhalb Inland, LSt **31** 16 f
Kontrollorgane **31** 13, 20
LSt, Entstehungszeitpunkt **276** 12
Mindestarbeitsbedingungen **31** 4
Mindeststandarts **31** 4 f
Mitwirkungspflichten ArbGeb **31** 13
Muster **31** 15
Pflegebereich **31** 11
Schadensersatz **31** 13
SozVPflicht **31** 21
Tarifeinheit **400** 2
Tarifliche Arbeitsbedingungen **31** 6 f
Tarifnormerstreckung durch Allgemeinverbindlichkeitserklärung **31** 7
Tarifnormerstreckung durch Rechtsverordnungserlass **31** 8

Arbeitnehmererfindung

    Tarifvertrag **31** 6 f
    weitere Branchen **31** 3
    Werbungskostenabzug **456** 25
    Werkvertragsabkommen **31** 3
Arbeitnehmererfindung 32
    ArbNErfG, Geltungsbereich **32** 3 f
    Auftragserfindung **32** 11
    Auskunft und Rechnungslegung **32** 22
    Beitragsrecht **32** 32 f
    Betriebliche Veranlassung **32** 11
    Betriebsnachfolge **32** 6
    Beweislast **32** 28
    Diensterfindung **32** 10, 12
    Dokumentation Vergütungsansprüche **32** 1
    Erfinderberater **32** 29
    Erfindervergütung **32** 31 f
    Erfindungsmeldung **32** 12
    Europapatent **32** 18
    freie Erfindungen **32** 11, 25
    Fristen **32** 23
    Geheimhaltungspflichten **32** 19
    Gewerbliche Schutzrechte **32** 9
    Herausgabeanspruch **32** 24
    Hochschule **32** 5
    Inanspruchnahme durch ArbGeb **32** 15
    Insolvenz **32** 26
    LeihArbN **34** 54
    Lizenzanalogie **32** 21
    Meldepflichten **32** 12 f
    Meldepflichten ArbN **305** 1
    Mitbestimmung BRat **32** 29
    Muster **32** 30
    Patentrecht Abgrenzung **32** 1
    Pfändungsbeschränkungen **32** 26
    Rechtsweg **32** 27
    Schriftform der Meldung **32** 12 f
    Schutzrechtsanmeldung Ausland **32** 18
    Schutzrechtsanmeldung Inland **32** 17
    Sonderregelungen **32** 4 f
    Verbesserungsvorschläge, technische **32** 8
    Vergütungsanspruch **32** 20 f
    Vergütungsanspruch, LSt **32** 31
Arbeitnehmerfreizügigkeit Soziale Absicherung in EU **80** 83 ff
Arbeitnehmerhaftung 33
    Arbeitsmittel **46** 3
    Aus dem Ausland entsandte ArbN **33** 5
    Ausbilder **69** 6–9
    Ausschluss durch Mitverschulden ArbGeb **33** 12
    Ausschlussfrist **82** 22
    Außenverhältnis **33** 19
    Begrenzung durch Mitverschulden ArbGeb **33** 12
    Betriebsstätten, gemeinsame **33** 5
    Dienstwagen, grobe Fahrlässigkeit **142** 7
    Dienstwagen, innerbetrieblicher Schadensausgleich **142** 6 f
    Dienstwagen, leichte Fahrlässigkeit **142** 6
    Dienstwagen, mittlere Fahrlässigkeit **142** 6

    Drittschaden **33** 8
    gefahrgeneigte Tätigkeit **33** 11
    Gemeinsame Betriebsstätte **33** 5
    Gesundheitsschäden **33** 7
    Gruppenarbeitsverhältnis **211** 15
    Haftung steuerrechtliche **33** 26
    Haftungsausschlüsse gegenüber Dritten **33** 19
    Haftungsausschluss **33** 3, 5
    Haftungserleichterung **33** 10
    Haftungsmilderung **33** 10
    Haftungsmodell **33** 12–16, 12 ff
    Hauswirtschaftliches Beschäftigungsverhältnis **221** 2
    innerbetrieblicher Schadensausgleich **33** 11, 21
    innerbetrieblicher Schadensausgleich Mankohaftung **187** 12 f
    Leasing **33** 20
    Mankoabrede, unwirksame **187** 18 f
    Mankoabrede, wirksame **187** 17
    Mankohaftung **187** 7 ff
    Nichtleistung der Arbeit **33** 2
    Organisationsverschulden **33** 15
    Personenschaden **33** 1, 3
    Realisierung Schadensersatzanspruch **33** 23 f
    Regress BG **33** 6
    Rückzahlung von Leistungen nach dem Altersteilzeitgesetz **33** 29
    Sachschaden **33** 1, 8
    Schadensberechnung **33** 18
    Schadensersatz aus Mankohaftung Werbungskosten **187** 23
    Schadensersatz Mankogeld Werbungskosten **187** 31
    Schadensersatz Werbungskosten **33** 27
    Schadensersatzanspruch, Beweislast **33** 22
    Schadensersatzforderungen, Beitragspflicht SozV **33** 31
    Schmerzensgeld **33** 5, 7
    Selbstbeteiligung **33** 17
    Selbstbeteiligung Dienstwagenbeschädigung **142** 7
    sozialrechtliche **33** 32
    Summenmäßige Begrenzung **33** 16
    UV **33** 30
    Vermögensschaden **33** 8
    Verschuldensgrad **33** 11
    Verschuldenshaftung bei Fehlgeld **187** 8 f
    Versicherung **33** 17
    Verzicht des ArbGeb auf Schadensersatzanspruch **33** 28
    Verzicht des ArbGeb auf Schadensersatzanspruch Arbeitslohn **187** 23
    vorsätzliche Schadensverursachung **55** 9
    Vorsatz **33** 5, 15
    Vorsatz bei Vertragsstrafe **441** 16
Arbeitnehmerjubiläum Betriebsveranstaltung **128** 10, 23

Arbeitnehmerüberlassung/Zeitarbeit

Arbeitnehmerpauschbetrag
Abzug bei Lohnersatzleistungen **277** 18
Arbeitsmittel Steuerfreiheit **46** 7
Ehrenamtliche Tätigkeit **150** 25
Verfassungswidrigkeit **456** 20 f
Werbungskosten **456** 20 f
Werbungskostenpauschbetrag **330** 13
Arbeitnehmersparzulage
Antragsfrist, Verlängerung **436** 40
Bausparvertrag **436** 34
Beschränkt stpfl ArbN **436** 32
Einkommensgrenzen **436** 31
Festsetzungsverfahren **436** 40
Höchstbetrag **436** 32
Nachweis unschädliche Verfügungen **436** 57
Rückforderung **436** 63 f
zulageschädliche Verfügungen **436** 42 ff
zulageunschädliche Verfügungen **436** 49 ff
Arbeitnehmerüberlassung
Abordnung ARGE **39** 3 f
Arbeitssicherheit/Arbeitsschutz **50** 13
ArbGebEigenschaft Entleiher **22** 6
Auskunftspflichten ArbGeb **76** 7
Beitragshaftung ArbGeb **24** 25
Beitragshaftung Entleiher **387** 40
Betriebsstätte **123** 7
BRatsWahl **117** 1
183-Tage-Regelung **80** 49
FAZuständigkeit Bauwirtschaft **34** 79
Gemeinschaftsbetrieb **102** 12
Gestellung ArbN ARGE **39** 3 f
Insolvenzgeldanspruch **226** 45
Mitbestimmung BRat **76** 13
Mittelbares Arbeitsverhältnis, Abgrenzung **313** 2 f
Nachunternehmerhaftung Bauwirtschaft **24** 29 f
Reisezeitvergütung bei Dienstreisen **141** 4
Verbot mit Erlaubnisvorbehalt **34** 2
wirtschaftszweiginterne **156** 6
Arbeitnehmerüberlassungsvertrag
Abwerbungs- und Einstellungsverbote, Unwirksamkeit **34** 30
Leistungsstörungen **34** 29
Schriftform **34** 27
Vergütung **34** 28
Arbeitnehmerüberlassung/Zeitarbeit 34
Abgrenzung andere Formen drittbezogener Personaleinsatz **34** 3 f
Abordnung ArbN an ARGE **34** 14
Arbeitsvermittlung, Abgrenzung **34** 4
ArbGebEigenschaft Entleiher **34** 73
ArbGebEigenschaft Entleiher SozVRecht **34** 95, 97
ArbGebEigenschaft Verleiher **34** 94
Baugewerbe **34** 2
Begriff **34** 3 f
Dienstverschaffungsvertrag, Abgrenzung **34** 8

Dienstvertrag, Abgrenzung **457** 23
Dienst-/Werkvertrag, Unterscheidungsmerkmale **34** 6 f
Drittbezogener Personaleinsatz, Abgrenzung **34** 5 f
Eingliederung in Beschäftigungsbetrieb **457** 3, 22
Entleiher BRat, Zuständigkeit **34** 60
Erlaubnispflicht Ausnahmen **34** 14 ff, 89
Erlaubnispflicht BA **34** 2
Erlaubnisverfahren SozVRecht **34** 87
Faktisches Arbeitsverhältnis **34** 18
Fehlerhaftes Arbeitsverhältnis **34** 21
fingiertes Arbeitsverhältnis **34** 23 f
Folgen unerlaubter **34** 20 f
Gelegentliche Überlassung **34** 17
gemeinnützige Einrichtungen **34** 12
Gemeinschaftsbetrieb **34** 10
Geschäftsbesorgungsvertrag, Abgrenzung **34** 7
Gewerberechtliche Spezialregelungen **34** 1
Gewerbsmäßige **34** 3 f
grenzüberschreitende **34** 11
grenzüberschreitende im EU-Bereich, SozV **80** 128 f
Haftung, LSt **34** 72, 74, 77 ff
illegale **34** 23 f
Konzerninterne **34** 16
Konzernprivileg **34** 16
Maschinen mit Personal **34** 9
Meldepflichten FA **34** 81
Meldepflichten SozVRecht **34** 96
Mischverträge, Abgrenzung **34** 9
Mitbestimmung BRat **34** 62 f
Mitwirkungspflichten Verleiher **34** 92
Muster **34** 65
Nachweis- und Auskunftspflichten Verleiher **34** 46
Nichtgewerbsmäßige **34** 50
ohne Gewinnerzielungsabsicht **34** 3
Ordnungswidrigkeiten **34** 63
Personalserviceagenturen **34** 82
Rechtsgrundlagen **34** 1
Rechtsverhältnis Entleiher, LeihArbN **34** 51 f
Scheindienstvertrag **34** 23 f
Scheinwerkvertrag **34** 23 f
Straftaten **34** 64
Territorialitätsprinzip **34** 11
Überlassung ins Ausland **34** 18
unerlaubte SozVBeiträge **34** 97 f
Unwirksamkeit Überlassungsvertrag **34** 20
Unwirksamkeit von Vereinbarungen **34** 20 f
verdeckte **457** 21 f
Verleiher BRat, Zuständigkeit **34** 62
Vorübergehende Überlassung **34** 3 f
Weisungsrecht Entleiher **457** 3, 22
Werkvertrag, Abgrenzung **457** 2 ff
Werkvertrag, Abgrenzung LSt **457** 16 f

Arbeitsablauf

Arbeitsablauf
  Beeinträchtigung durch Meinungsfreiheit 303 4
  Beeinträchtigung durch parteipolitische Betätigung 303 10 f
  GesamtBRat, Mitbestimmung Gestaltung 203 15
  Kündigung, betriebsbedingte bei Umstellung 258 57
  Überwachung als Persönlichkeitsrechtsverletzung 332 5
Arbeitsangebot
  Mitwirkungshandlung ArbGeb 14 6
  Sperrzeit bei Ablehnung 388 15 ff
  tatsächliches bei Annahmeverzug 14 4
  wörtliches bei Annahmeverzug 14 4
  Zumutbarkeit 388 30 ff
Arbeitsanweisung
  Nichtbefolgen als Abmahnungsgrund 2 12
  unsinnige nach Kündigung 263 37 f
Arbeitsaufnahme
  Leistungen BA 435 14
  verspätete als Abmahnungsgrund 2 12
Arbeitsausfall
  Anzeige durch BRat 117 71
  Betriebsüblichkeit 266 33
  Geringfügige Beschäftigung 202 71
  Kurzarbeitergeld 124 17 f
  Transferkurzarbeitergeld 99 17
  Vermeidbarkeit durch Arbeitszeitschwankungsnutzung 266 35
  witterungsbedingter 56 30
Arbeitsbedingungen
  AGG, Geltungsbereich sachlicher 144 7
  Angemessenes Verhältnis feste und variable 14 21
  Arbeitnehmerentsendung 31 5 f
  ArbNÜberlassung 34 90
  Beschäftigungsgesellschaft 99 3
  Betriebsarzt, Beurteilung 109 9
  fingiertes Arbeitsverhältnis bei ArbNÜberlassung 34 24
  GesamtBRat, Mitbestimmung Gestaltung 203 15
  kein Arbeitsentgelt 37 51
  LeihArbN 34 33 f
  Mindestdeputat 14 21
  Mindestentgelt 307 3
  Mutterschutz 317 13
  Schadensersatzansprüche bei Teilzeitbeschäftigung 402 13
  Teilzeitbeschäftigung, benachteiligende 402 12
  unzumutbare als Abmahnungsgrund 2 16
  unzumutbare, Leistungsverweigerungsrecht 274 12 f
Arbeitsbefreiung
  s a Freistellung von der Arbeit 191
  s a Urlaub, unbezahlter 429
  BRat 118 18
  BRat bei Nichtbetriebsbedingten Gründen 118 30 f
  BRatSchulung 121 1 ff
  Ehrenamtliche Tätigkeit 150 4
  Pflegezeit 341 7
Arbeitsbereich Versetzung 439 17
Arbeitsbereitschaft 35
  s a Bereitschaftsdienst 95
  Abgrenzung Vollarbeit 35 2
  Arbeitszeit 59 7
  Bereitschaftsdienst 95 1 f
  Bereitschaftsdienst, Abgrenzung 35 1, 9
  Fortbestehen Beschäftigungsverhältnis bei fehlender 26 57
  Höchstarbeitszeiten 35 4
  Mitbestimmung BRat 35 7
  öffentliches Arbeitszeitrecht 35 3
  Ruhepause 331 4
  SozVPflicht 35 9
  Unterbrechung 59 14
  Vergütung 35 6 f, 8
Arbeitsbeschaffungsmaßnahmen
  ArbNEigenschaft 26 18
  Befristung 91 32
  Urlaubsanspruch 423 8
Arbeitsbescheinigung 36
  s a Arbeitspapiere 47
  Angabe Abwicklungsvertrag 63 31
  Anschlussbeschäftigung 36 17
  Anspruchsvoraussetzung 36 2–5
  Berichtigung 36 14, 22
  Bindung BA 36 20
  Erteilung 36 13
  Heimarbeit 36 17
  Inhalt 36 6–10, 19
  Notwendigkeit 36 17
  Schadensersatz 36 11, 16, 23
  Zurückbehaltungsrecht ArbGeb 36 4
Arbeitsbummelei
  Abmahnung 2 12
  Entgeltfortzahlung 162 5
  Kündigung, außerordentliche 257 48
Arbeitseinkommen
  Arbeitsentgelt, Abgrenzung 37 89
  verschleiertes bei Pfändung 337 29 f, 42
Arbeitsentgelt 37
  s a Arbeitslohn
  s a Bruttoarbeitsentgelt
  s a Nettoarbeitsentgelt
  s a Sachbezug 370
  s a Vergütung
  Abfindung 1 33, 56
  Abfindung Verzicht auf Wiedereinstellung 444 19
  Abfindung wegen verschlechterter Arbeitsbedingungen 37 127
  Abfindungen 37 92, 95
  Abfindungsberechnung 1 35
  Abfindungsvergleich 1 53
  Abgrenzung Laufendes-Einmaliges 154 39 f

Arbeitsentgelt

Abrechnung, Beweislast **37** 24
Abrufarbeit **58** 38
Abtretung bei Verbraucherinsolvenzverfahren **227** 5 f
Änderungskündigung zur Entgeltabsenkung **37** 21
AGG, Geltungsbereich sachlicher **144** 10 ff
Aktienoptionen **7** 5 f; **37** 5
Aktienoptionen SozV **7** 51 f
Aktienüberlassung unter Verkehrswert **7** 21
Altersteilzeit **11** 61
Angemessenheit bei Gesellschafter-Geschäftsführern **204** 39
Anlage Teile als Vermögenswirksame Leistungen **436** 10
Annahmeverweigerung **294** 6
Annahmeverzug, Entgeltnachzahlung **14** 25
Anspruch während Mutterschutzfristen **317** 33
Anspruchsgrundlage **37** 2 f
Anwesenheitsprämie **19** 1–3, 18
Arbeitsbedingungen **37** 51 f
Arbeitsbescheinigung **36** 10
Arbeitseinkommen, Abgrenzung **37** 89
Arbeitsentgeltverordnung **37** 87
Arbeitsessen **132** 18
Arbeitskleidung **37** 48
Arbeitsmittel **46** 15 f
Arbeitsunfallverhütungsprämien **55** 25
Arbeitsvertrag **37** 2
Arbeitsverweigerung Gewissensgründe **207** 9
Arbeitszeitguthaben, Lohnzufluss **294** 37
ArbGebVerzicht auf Mankohaftung **187** 27
ArbGebZuschüsse, sozialmotivierte **37** 137 f
ArbNErfindung **32** 32 f
Arten **37** 33
AT-Angestellte **62** 6–7
Aufmerksamkeiten **37** 50
Aufrechnung **64** 5; **294** 6
Aufsichtsratsvergütung (Arbeitnehmer) **65** 11 f
Aufstockung bei Altersteilzeit **11** 60
Aufteilung bei 183-Tage-Regelung **80** 41 f
Aufwandsentschädigung **37** 92; **66** 4, 18 f
Aufwandsentschädigungen aus öffentlichen Kassen **37** 118
Aufwandsentschädigungen, steuerfreie **37** 117 f
Aufwendungen, ersparte **37** 40, 41
Aufwendungsersatz **37** 92
Aus der Beschäftigung erlangtes **37** 90 f
Auslösungen für Fahrtkosten **155** 26 f
Ausnahmen SozV, Fallgruppen **37** 116 ff
Barlohn **37** 3
Barzahlung **294** 6
bedingt pfändbare Bezüge ZPO **337** 24 f
Begriff SozV **37** 80 ff
Behinderte, Gleichbehandlung **37** 2
Beitragsrecht, Bedeutung **37** 82

Belegschaftsaktien **294** 7
Belegschaftsrabatte **37** 102 f
BEM, Maßnahmen **105** 10
Benachteiligungsverbot **37** 2; **144** 115
Berechnung laufender bei Nettolohnvereinbarung **323** 17 f, 21
Bereitschaftsdienst **95** 7
Beschäftigungsverhältnis, einheitliches SozV **37** 94
Beschäftigungsverhältnis, gemischte Tätigkeit **37** 94
Betriebsausflug **110** 7 f
Betriebsbuße **112** 11
Betriebsrenten **37** 127
Betriebssportkostenübernahme **122** 5 f
Betriebsveranstaltung **128** 1 ff
Bewertung **37** 78
Bewirtungsaufwendungen **132** 9
Bewusst verbotswidriges, LSt **37** 34
Bruttoarbeitsentgelt **37** 108 f
Bußgeldübernahme durch ArbGeb **37** 48
darlehensweise Überlassung **294** 7
Definition SozV **294** 20 f
Dienstwagennutzung **142** 36 f
Diskriminierung **144** 11 ff
Drittzuwendungen **37** 93
Ehrenamtliche Tätigkeit **37** 118
eigenbetriebliches Interesse ArbGeb **37** 48
Einarbeitungszuschuss nach Soldatenversorgungsgesetz **279** 5
einmalig gezahltes, Beitragsrecht **37** 96, 100
Einnahmen **37** 36 ff
Einnahmen, Abgrenzung **37** 89
Einnahmen aus früherem Dienstverhältnis **37** 65
Einrichtungen der beruflichen Rehabilitation **351** 3
Eintrittskartenüberlassung **37** 51
ELENA **158** 11
Entgeltausgleich bei Versetzung **439** 8
Entgeltcharakter **37** 88 ff
Entgeltformen **37** 101 ff
Entgeltumwandlung **37** 142 f
Entgeltzuschläge **167** 13, 18
Entlohnungscharakter **37** 43, 45
Entstehungsprinzip (SozV) **401** 41
Entstehungstheorie SozV **37** 90; **294** 26 f
Ermittlung SozV **294** 20 f
Europäischer BRat **172** 23
Fälligkeit **37** 18
Fahrtkostenerstattung **183** 8
Fahrtkostenzuschuss SozV **183** 10
Feiertagsvergütung **162** 60
Forderungsverzicht **294** 8
Forderungsverzicht gegenüber GmbH-Gesellschafter **444** 17
Freie Unterkunft, Bewertung **37** 104
Freie Verpflegung, Bewertung **37** 104
Freie Wohnung, Bewertung **37** 104
Gegenleistung für abhängige Arbeit **37** 88

Arbeitsentgelt

Gegenleistungscharakter, fehlender **37** 92 f
Gehaltsverzicht **294** 8
Geldwerter Vorteil Schadensersatzanspruchsverzicht **294** 9
Gelegenheitsgeschenke Annehmlichkeiten **37** 46
Gemeinschaftsverpflegung **37** 37
Gesamteinkommen, Abgrenzung **37** 89
Gesundheitszeugnis **205** 15
Gratifikation **154** 32
Grundsatz Entgeltgleichheit nach AGG **144** 11
Gutschrift buchmäßige **294** 10
Hauswirtschaftliches Beschäftigungsverhältnis **37** 144
Heimarbeiter nach Kündigung **222** 25
Höhe bei fingiertem Arbeitsverhältnis ArbNÜberlassung **34** 24
in Zusammenhang mit der Beschäftigung erlangtes **37** 93 ff
Incentivereisen **37** 52; **225** 7–12, 14; **459** 19
Insolvenzforderung **226** 4
Insolvenzgeldanspruch **226** 54 ff
Instrumentengeld **37** 92
Jahresnetzkarte **294** 10
KirchenLSt **244** 12
Konnexität zwischen Beitrag und Leistung **37** 84
Korrekturen zur LStErmittlung **293** 4 f
Kostenerstattung LKW-Führerschein **37** 92
Kürzung entstandene Ansprüche im Sozialplan **385** 21
Kürzung wegen Arbeitsunfähigkeit **19** 13
Kurkostenübernahme ArbGeb **265** 15 f, 18
laufend gezahltes, Beitragsrecht **37** 96, 99
laufend gezahltes, LStBerechnung **285** 12 f
laufende Versteuerung bei Entgeltnachzahlung **163** 6 f
Legaldefinition § 14 SGB IV **37** 85 ff
LeihArbN **34** 33 f
Leistungen an Dritte **37** 76
Leistungen aus Unterstützungskasse **103** 151
Leistungen aus Versorgungseinrichtung **37** 66 f
Leistungen durch Dritte **37** 69 ff
Leistungen Sozialeinrichtungen **383** 21 f
Leistungsbezogenes als Einmalzahlung **154** 39
Leistungsrecht, Bedeutung **37** 83 f
Lohnkostenzuschuss **279** 5 f
Lohnverzicht **294** 13
Lohnwucher **37** 14 f
Lohnzufluss SozV **294** 39
Lohnzuschläge Bereitschaftsdienst **95** 16, 22
Losgewinne **459** 20
Losgewinne Wettbewerb **459** 20 f
LStBerechnung laufend gezahltes **285** 4
LStBerechnung schwankendes **285** 4
medizinische Leistungen **106** 16, 17

Merkmale, LSt **37** 30–36
Miles & More **37** 73
Mindestlohn **37** 17
Missverhältnis, auffälliges **58** 61
Mitarbeiterbeteiligung, Erträge **309** 6
Mitarbeiterbeteiligungen SozV **309** 40 f
Mitarbeiterflüge **382** 18
Mitbestimmung BRat **37** 6 f
Nachtarbeitszuschlag **320** 15; **381** 34
Nachteilsausgleich **321** 19
Nebentätigkeit **37** 68
Nettoarbeitsentgelt **37** 108 f
Nettolohnvereinbarung **37** 33
Nur-Provision **345** 3
Nutzungsüberlassung Dienstwagen **142** 17 f
Optionsrecht **294** 11
Outplacement **57** 11
Parkplatzüberlassung **37** 51
Pauschalsteuer **37** 33; **294** 12
Pauschalsteuerübernahme **37** 141
Pauschalversteuerte Zuwendungen **37** 128
Pfändung **294** 12; **337** 6 f
Prämienzahlung Kaskoversicherung **294** 11
Preisnachlässe Dritter **37** 73
private Auslandsreise bei Kostenübernahme durch Dritte **79** 18
Probearbeitsverhältnis **343** 12
Provision **345** 31 f, 35
Rechtsanspruch **37** 34
Reduzierung **37** 19
rein erfolgsabhängiges **58** 59
Rückabwicklung Weiterbeschäftigungsanspruch **454** 18 f
rückständiges bei Insolvenz des ArbGeb **226** 4
Rückzahlungsverzicht ArbGeb **23** 13
Rückzahlungsvorbehalt **361** 24
Rufbereitschaft **362** 5
Ruhen AlGeld bei Anspruch Arbeitsentgelt **42** 50 f
Sachbezüge **370** 1 ff
Sachbezugsverordnung **37** 87
Sachlohn **37** 33
Sachwerte SozV **37** 102 f
Schadensersatz **37** 54 ff
Schadensersatzanspruchsverzicht ArbGeb **142** 18
Scheinzahlung als Entgeltverzicht **165** 13
Schmier- und Bestechungsgelder **37** 92
Schmiergeld **375** 9
Sonn- und Feiertagsarbeit **381** 15, 34
Sonstige pauschalversteuerte Zuwendungen **37** 129
Sonstige Vergütungsformen **37** 5
Sozialleistungen **37** 53
Sozialversicherungsentgeltverordnung **37** 124 f
SozV, Nachträgliche Verringerung **294** 31 f
SozV, Untertarifliche Bezahlung **294** 29

Arbeitsförderung

SozVBeiträge Gesellschafter-Geschäftsführer **294** 9
Spende bei Verzicht zugunsten Dritter **165** 11
Streikgeld **40** 25 f
Studiengebühren, Übernahme durch ArbGeb **72** 91
Stundung **165** 9
Tarifvertrag **37** 2
Trinkgeld **406** 6 f, 11
Überstundenvergütung **411** 27
Überzahlung, bewusste **164** 7
Unfallrente **416** 20 f
unpfändbare Bezüge ZPO **337** 23
Urlaubsentgeltbestandteile **425** 5
UVLeistungen **37** 66; **416** 7 ff; **417** 7 f
UVVerhütungsprämien **417** 15
Verbesserungsvorschlagsprämien **430** 12
Vergütung für ehrenamtliche Tätigkeit **37** 122
Vergütungsabsprache, fehlende **37** 8 f
Vergütungsformen, Umfang nach AGG **144** 13
Vergütungspflicht ArbGeb **37** 10
Verjährung **434** 10
Verjährung Anspruch **434** 7
Vermögenswirksame Leistungen **436** 27 f
Verpflegungskosten Kindergartenpersonal **37** 37
Verpflegungskosten Schiffspersonal **37** 37
Verrechnung Rückzahlung mit laufendem **164** 19
versehentliche Zahlungen **37** 34
Versicherungspflichtige Beschäftigung **37** 81
Versorgungsbezüge **37** 127
Verwarnungsgeldübernahme durch ArbGeb **459** 18
Verzicht auf Maklergebühr **444** 14
Verzicht des ArbGeb auf Schadensersatzanspruch **33** 28
Vorausbescheinigung **47** 22
Vorbehalt bei Eingruppierung **152** 21
Vorschuss **294** 14
Vorteile **37** 39
Vorteile, aufgedrängte **37** 42
Vorteile Nutzungsüberlassung Dienstwagen **142** 17 f, 20 f
Wahl der Entgeltform **37** 7
Wandelschuldverschreibung **294** 11
Wechsel **294** 15
Wegeunfall, Verzicht Ersatzanspruch **451** 2
Wehrdienst **452** 19
Weiterbildung, ArbGebFinanzierte **455** 6
Werkstätten für Behinderte **351** 7
Wert sonstiger Sachbezüge **37** 105 f
Wertguthaben/Zeitguthaben **294** 15
Wettbewerb Zuwendungen **459** 17 f
Zahlung bei Abordnung an ARGE **39** 7
Zahlungen zur Abgeltung Zusatzversorgungsansprüche **1** 54
Zahlungen zur Vermeidung Imageverlust **37** 54
Zeitvergütung **37** 3 f
Zinsersparnisse **294** 15
Zufluss ABC **294** 6 ff
Zufluss bei Arbeitszeitkonto **60** 17
Zuflussprinzip **37** 34
Zuflussprinzip, Beispiele **37** 77
Zukunftssicherungsleistungen **294** 16
Zukunftssicherungsleistungen, Zusatzaufwendungen ArbGeb **37** 48
Zurückbehaltung als Sicherheitsleistung **294** 17
Zusage Gewinnbeteiligung **294** 18
Zusatzentlohnung **37** 71 f
Zuschuss Kurzarbeitergeld **37** 139
Zuschuss Mutterschaftsgeld **37** 138; **315** 4
Zuschuss Naturkatastrophen **37** 140
Zuwendungen bei Betriebsjubiläum **114** 8 ff
Zwangsarbeit **37** 9

Arbeitsentgeltschutz bei Mutterschutz
Arbeitsunfähigkeit **317** 27
Bedienungsprozente **317** 29
Berechnung **317** 28
Bereitschaftsdienstvergütung **317** 29
Einmalzahlungen **317** 30
Gleichstellung **317** 26 f
Lohnerhöhung während Schwangerschaft **317** 31
Lohnkürzungen **317** 32
Mindestlohn **317** 25
Provisionen **317** 29
Wegerisiko **317** 26
Zuschläge Mehr-, Nacht-, Sonn- und Feiertagsarbeit **317** 29

Arbeitserlaubnis s *Arbeitsgenehmigung*
Arbeitserprobung Ausbildungsverhältnis **72** 93

Arbeitsessen
Arbeitsentgelt **37** 37; **132** 18
Begleiterscheinung Arbeitserbringung **437** 5
Betriebsveranstaltung **128** 12
Bewirtungsaufwendungen **132** 7
UVSchutz während Dienstreise **141** 70
Wertgrenze **170** 19

Arbeitsfähigkeit s *Arbeitsunfähigkeit* 53
Arbeitsförderung 38
Antragsrechte BRat **117** 71
Arbeitsmarktberatung **38** 20
Arbeitsmarktprogramm **38** 30
Arbeitsvermittlung **38** 22
ArbGeb **22** 34
Berufsberatung **38** 20
Berufsrückkehrer Bezugsdauer **38** 17
Eingliederungszuschuss **38** 29
EU-Recht **42** 76
Europäische Sozialfondsmittel **38** 31
Förderung ganzjährige Beschäftigung **38** 27
Gesetz zur Verbesserung der Eingliederungschancen am Arbeitsmarkt **38** 12

Arbeitsgelegenheit
    Gründercoaching Deutschland **38** 31
    Grundsätze **38** 1
    Hartz-Reform **38** 11
    Kindererziehungszeiten **242** 53, 55
    Kombilohn **38** 3 ff
    Langzeitarbeitslose **279** 29 f
    Leistungen an ArbN **38** 25 f
    Leistungen nach AFG, LSt **38** 6
    Leistungsvorschuss **445** 28
    Maßnahmen zur Aktivierung und berufliche Eingliederung **38** 19
    Rückzahlungsklausel Leistungen **361** 25
    Tendenzbetrieb **38** 1
    Transferleistungen **38** 28
    Unverzügliche Meldung **38** 15
    Vermittlungsbudget **38** 19
    Vermittlungsmonopol BA **38** 21
    Vorrang der Vermittlung **38** 16
    Weiterbildungsmaßnahmen **455** 8
    Zielsetzung **38** 13
Arbeitsgelegenheit
    AlGeld II **43** 27
    Ein-Euro-Job **151** 7 f
    Rechtsanspruch **151** 9
Arbeitsgemeinschaft (ARGE) 39
    Abordnung ArbN **34** 14; **39** 3, 5 ff, 20; **48** 19
    Arbeitsverhältnis **39** 8 ff
    ArbGebEigenschaft, LSt **39** 16 f
    Aufwendungsersatz betriebliche Berufsbildung **104** 22
    Freistellung ArbN **39** 3, 8 f, 19
    Gestellung ArbN **39** 3 f
    Mitbestimmung BRat **39** 11
    nicht nur vorübergehende **39** 2
    Ruhen des Arbeitsverhältnisses bei Abordnung ArbN **363** 9
    Sozialauswahl **258** 30
Arbeitsgenehmigung
    EU-Beitrittsländer **78** 4
    Kroatische Staatsbürger **78** 62
Arbeitsgerät s *Arbeitsmittel* **46**
Arbeitsgericht
    Billigkeitskontrolle Ruhegeldordnung **103** 95
    Zuständigkeit Geschäftsführer **204** 33
Arbeitsgerichtsverhandlungen BRatFreistellung **118** 19
Arbeitsgruppe, teilautonome
    Mitbestimmung BRat **211** 18
    Sonderform der Betriebsgruppe **211** 16
Arbeitsgruppen
    Beschlussherbeiführung **117** 42
    Betriebsübergreifende **117** 35
    Gruppenvereinbarungen **117** 40
    Kosten **117** 43
    Personelle Zusammensetzung **117** 35
    Rahmenvereinbarung **117** 36
    Regelungskompetenzen **117** 39
    Sonderschutz Mitglieder **117** 43
    Übertragungsbeschluss Aufgaben und Inhalte **117** 37 f
    Übertragungsbeschluss, Widerrufbarkeit **117** 37
    Unternehmensübergreifende **117** 35
    Vereinbarungen, Schriftform **117** 40
    Zielsetzung nach BetrVG **117** 35
Arbeitsinhalt Versetzung **439** 18
Arbeitsintensität Leistungsvermögen, persönliches **48** 13
Arbeitskampf
    Kirchenarbeitsrecht **243** 10
    Minderheitsgewerkschaft **400** 2
Arbeitskampf (Vergütung) 40
    s a *Aussperrung*
    s a *Streik*
    AlGeldAnspruch **40** 35
    Anhörung BRat bei arbeitskampfbedingter Kündigung **310** 18
    Anzeigepflichten ArbGeb gegenüber BA **40** 44
    arbeitskampfbedingte Kurzarbeit **266** 21 f, 62
    Arbeitskampfunterstützung **40** 22 f, 24 ff
    Aussperrung **40** 10 f
    Auswirkung auf Sonderleistungen **40** 20
    Beitragspflicht **40** 45
    Betriebsbesetzung **40** 9
    Betriebsblockade **40** 9
    Betriebsratstätigkeit **40** 17
    Betriebsschließung **40** 14
    Boykott **40** 9
    Entgeltfortzahlung **162** 5
    Feiertagsvergütung **40** 18
    Flashmob-Aktionen **40** 9
    Freistellung von der Arbeit **191** 11
    Friedenspflicht **40** 6
    Hinweispflicht BA bei Vermittlung **40** 43
    Krankengeldanspruch **40** 32
    Krankheit **40** 19
    Kurzarbeitergeld **40** 37
    LeihArbN **40** 36
    Leistungsrecht **40** 36 f
    Leistungsverweigerungsrecht LeihArbN **274** 15, 16
    Lohnersatzleistungen **40** 29 f
    Meldepflichten ArbGeb **304** 40 f
    Mitgliedschaft KV **40** 31
    mittelbar betroffene ArbN **40** 38 f
    Neutralitätsausschuss **40** 42
    Notdienst **40** 14
    Ruhen AlGeld **42** 49
    Ruhen des Arbeitsverhältnisses **363** 10
    Streik **40** 1–8
    Streikbruchprämie **40** 15
    Überbrückungszeiten RV **40** 33
    Urlaubsentgelt **40** 21
    UVSchutz **40** 34
    Vergütung **40** 16 ff
Arbeitskleidung 41
    Abziehbare Aufwendungen **41** 22 f

Ankleiden als Arbeitszeit **41** 7
Arbeitsentgelt **37** 48
Arten **41** 7
Barablösung **41** 25
Behinderte **41** 27
Berufskleidung **41** 1, 3, 17 f
Betriebsordnung **116** 7
bürgerliche Kleidung Abgrenzung **41** 19 ff
Dienstkleidung **41** 1, 4 ff
eigenbetriebliches Interesse ArbGeb **37** 48
Instrumentengeld **41** 25
Kittelgebühr **41** 8
Kleidergeld **41** 25
Kostenübernahme ArbGeb **41** 7 f, 15, 24 f
Mitbestimmung BRat **41** 5; **246** 9
Pauschale Kostenübernahme durch ArbN, Zulässigkeit **41** 8
Persönlichkeitsrecht **41** 6
Pilot **41** 6
Schutzkleidung **41** 11–15, 23
Sicherheitsschuhe **41** 27
Übermaßaufwand **41** 21
Unfallverhütung **41** 4
UVSchutz **41** 28
Zuschüsse SozVRecht **41** 26 f

Arbeitskollege
Abwerbung **3** 2
Haftung ArbN bei Personenschaden **33** 3

Arbeitsleistung
Anspruch ArbGeb **48** 16
ArbGebAnspruch bei Vertragsbruch **440** 2
fehlerhafte als Abmahnungsgrund **2** 12
Unzumutbarkeit, Leistungsverweigerung **274** 6
Vererbbarkeit Anspruch ArbGeb **48** 17
Vollstreckbarkeit bei Vertragsbruch **440** 3 f
Zurückbehaltungsrecht bei Verletzung Fürsorgepflicht **195** 20

Arbeitslohn
s a *Arbeitsentgelt* **37**
Abfindung **1** 33
Abfindungsberechnung **1** 35
Aktienoptionen **7** 21
Arbeitsunfallverhütungsprämien **55** 25
ArbGebVerzicht Schadensersatzanspruch **33** 28
Aufsichtsratsvergütung (Arbeitnehmer) **65** 11 f
Aufstockung bei Altersteilzeit **11** 60
Aufwandsentschädigung **66** 4
bedingt pfändbare Bezüge ZPO **337** 24 f
Beruflich veranlasste Schäden, Übernahme durch ArbGeb **37** 57
Bewirtungsaufwendungen **132** 9
Dienstwagennutzung **142** 36 f
Entgeltzuschläge **167** 18
Feiertagsvergütung **162** 60
Gratifikation **154** 32
Incentivereisen **225** 14; **459** 19
Lohnzuschläge Bereitschaftsdienst **95** 16

Mitarbeiterbeteiligung **309** 21
Nutzungsüberlassung Dienstwagen **142** 17 f
Optionen Dritter **7** 25
Optionsrechtsgarantie durch Dritte **7** 36
Optionsübertragbarkeit **7** 26
Pfändung **337** 6 f
Probearbeitsverhältnis **343** 12
Provision **345** 31 f, 35
Rückzahlungsverzicht ArbGeb **23** 13
Sachzusammenhang **37** 59 f
Studiengebühren, Übernahme durch ArbGeb **72** 91
Trinkgeld **406** 6 f
Umschulungskosten **413** 14
unpfändbare Bezüge ZPO **337** 23
UVLeistungen **416** 7 ff
Vermögenseinbußen, Übernahme durch ArbGeb **37** 58
Vermögenswirksame Leistungen **436** 27 f
verspätete Zahlung als Abmahnungsgrund **2** 16
Verzicht auf Rückzahlung ArbGebDarlehen **37** 58
Vorschuss **294** 14
Weihnachtsgratifikation **154** 32
Weiterbildung, ArbGebFinanzierte **455** 6
Zinsersparnisse **294** 15
Zufluss ABC **294** 6 ff

Arbeitslohnersatz ArbGebHaftung **24** 20

Arbeitslose
ältere ArbN **42** 35
Altersgrenze bei Rente **9** 32
Anrechnungszeiten **358** 9
Arbeitslosmeldung, Erlöschen bei Schwarzarbeit **377** 30
Arbeitsunfähigkeit **53** 19
Arbeitszimmer als vorweggenommene Werbungskosten **61** 25
Ausschluss von der Arbeitsvermittlung **38** 24
Bereitschaft für Maßnahmen zur beruflichen Eingliederung **42** 24
berufliche Eingliederung durch Weiterbildung **455** 11 f
Berufsausbildungsbeihilfe **96** 25
Eigenbemühungen **388** 20
Eingliederungsvereinbarung **38** 23
Einschränkungen bei Stellenangeboten **334** 34
Erreichbarkeit **42** 23
Förderungsleistungen BA **131** 19
Frühzeitige Meldung bei der BA **42** 64 ff
Gründungszuschuss **210** 15
Internet-Jobbörse **38** 22
Krankengeld **250** 34
Meldepflichten **305** 12
Nebentätigkeit **322** 38
SozVSchutz **42** 73
Sperrzeit bei Meldeversäumnis **388** 21
Sperrzeit bei unzureichenden Arbeitsbemühungen **388** 20

Arbeitslosengeld

Sperrzeit, Beweislast **388** 24
Tendenzbetrieb, Einschränkungen bei Stellenangeboten **404** 25
Verfügbarkeit **42** 21, 24
Vermittlungsgutschein **57** 19 f

Arbeitslosengeld 42
Altersgrenzen **42** 37
Annahmeverzug **14** 33
Anrechnung anderweitigen Einkommens **15** 10
Anrechnung auf Karenzentschädigung **460** 33
Anrechnung bei Annahmeverzug **14** 18
Anspruch bei Arbeitskampf **40** 35 ff
Anspruch bei Ruhen des Arbeitsverhältnisses **363** 29
Anspruchsdauer **42** 12, 37 f
Anspruchsdauer, verlängerte **42** 37
Anspruchsminderung **42** 39 f
Anspruchsvoraussetzungen **42** 13
Anwartschaftszeit **42** 30 f
Anwartschaftszeit bei Freistellung von der Arbeit **42** 17
Anwartschaftszeit Saisonarbeit **373** 13
Arbeitskampf, Anspruch mittelbar betroffene ArbN **40** 38 f
Arbeitslosigkeit **42** 13
Arbeitslosmeldung **42** 28 f
Arbeitsunfähigkeit **42** 34
Arbeitszeitmodelle **60** 25
ArblVPflicht **45** 31
Auflösungsvereinbarung **42** 2
Aufwendungen zur Erlangung **42** 5
Aussteuerung **42** 13
Befreiung von der Versicherungspflicht **90** 20
Bemessung bei Aufhebungsvertrag **63** 45 f
Bemessung Ehegattenarbeitsverhältnis **185** 53
Bemessung nach Inanspruchnahme Familienpflegezeit **191** 68
Bemessungszeitraum **42** 45
Berufliche Weiterbildung **42** 13, 36
Bezugsdauerkürzung bei Sperrzeit **388** 41
Einkommensanrechnung **42** 46
Einmalzahlungen, Berücksichtigung **154** 57
Erlöschen des Anspruchs **42** 69
Erstattungsanspruch BA bei Gleichwohlgewährung **168** 21 f
Erstattungsanspruch der Agentur für Arbeit **168** 12, 19
Europäisches Recht **42** 76
fiktive Fristen SGB III bei eingeschränkter Kündigungsmöglichkeit **1** 65
Fortbildungskosten **42** 11
Freistellungsphase bei flexiblen Arbeitszeitmodellen **60** 26
Fürsorgepflicht ArbGeb **42** 1
Gleichwohlgewährung bei Annahmeverzug **14** 33
Hartz-Reform **42** 12
KirchenLSt, Abzug **244** 32
kurzzeitige Beschäftigung **42** 18
Leistungsgeminderte **42** 33
Leistungsgruppenausrichtung nach LStKlasse **290** 22
Leistungssätze **42** 42 f
Lohnsteuerklassen **42** 43 f
Lohnsteuerklassenwahl **42** 4
Minderung bei verspäteter Arbeitslosmeldung **63** 47
Mobilitätsanforderungen **42** 12
Nichteinbeziehung nachträgliche Lohnerhöhung in Berechnungsgrundlage **163** 16
PflegeVZusatzbeitrag **338** 33
Progressionsvorbehalt **42** 6
Regelung bei Altersteilzeit **42** 12
Ruhen des Anspruchs **42** 48 ff
Ruhen des Anspruchs bei Abfindung **1** 57, 60
Sperrzeit **42** 63
Student **393** 57
Teilarbeitslosengeld **42** 70
Teilzeitbeschäftigung **42** 25; **302** 27
Teilzeitprivileg **402** 129
Übergangsgeld **410** 7
Überstundenvergütung bei Bemessung **411** 28
Unterhaltsgeld **42** 10
Voraussetzung für Gründungszuschuss **210** 17
Wegfall **42** 69
Weiterbildung **455** 8, 22
Weiterbildungsmaßnahmen **42** 27
Wohnortklausel **80** 87

Arbeitslosengeld II 43
Abdeckung soziokulturelles Existenzminimum **43** 7
Abfindung als Einkommen **1** 89
Altersrente, vorgezogene **43** 7
Altersvorsorgevermögen **12** 7
Anrechenbares Einkommen **43** 14
Anrechnung anderweitigen Einkommens **15** 11
Anrechnung Existenzgründungszuschuss **210** 12
Anrechnungszeiten **358** 9
Anspruch bei Ruhen des Arbeitsverhältnisses **363** 29
Arbeitsgelegenheiten **43** 27
Aufstocker **43** 4
Bedarfsgemeinschaft **43** 8
Bezugsdauerkürzung bei Sperrzeit **388** 41
Eingliederungsbetrag **43** 38
Eingliederungsleistungen **43** 23 ff
Eingliederungsleistungen Arbeitslose **43** 28
Einkommens-Freibetrag **43** 15
Einstiegsgeld **43** 25 f
Erwerbsfähigkeit **43** 10 f
Förderung von Arbeitsverhältnissen **43** 24

Arbeitsmarktberatung

Freibetrag für notwendige Anschaffungen 43 19
Freibetragsregelung 43 15
Freie Förderung Eingliederungsmittel 43 28
Gewöhnlicher Aufenthalt 43 22
Härtefallregelung 43 7
Hilfebedürftigkeit 43 12
Kinderzuschlag 43 29
KVPflicht 43 36; 253 9
Lebensalter 43 9
Lebensgemeinschaft nichteheliche, Anrechnung Einkommen 270 22
Leistungsberechtigte 43 8 ff
Leistungshöhe 43 29
LStKlassenwahl 290 15
Mehrbedarf 43 31
PflegeVPflicht 43 36
Regelbedarf 43 30
RVPflicht 357 13
Sanktionen 43 32 f
Selbstständige Tätigkeit 43 8
Sperrzeitregelung 43 32
Verfahren 43 37
Vermögen, nicht zu berücksichtigendes 43 20
Vermögen, verwertbares 43 16
Vermögensanrechnung Bedarfsgemeinschaft 43 16
Werbungskosten 43 14
Zumutbare Arbeit 43 13
Arbeitslosenversicherung
Arbeitszeit 59 58
Beitragsbemessungsgrenzen 94 6
EU-Recht 171 52
Geringfügige Beschäftigung 202 50
JAEGrenze 230 8
Praktikant 342 31 f
Teilzeitbeschäftigung 402 128 ff
Versicherungspflichtgrenze 94 5
Wehrdienst 452 27 f
Arbeitslosenversicherungsbeiträge 44
Beitragsbemessungsgrundlage 44 7 f
Beitragserstattung 44 15 f
Beitragspflicht bei Zusammenrechnung Haupt- und Nebenbeschäftigung 202 86
Beitragssatz 44 6
Beitragstragung/-zahlung 44 10
Berechnung 44 1
Haftung ArbGeb 44 1
Minijobs 308 9
Rückzahlung 44 3
volle Übernahme durch ArbGeb 44 11 ff
Arbeitslosenversicherungspflicht 45
Ältere ArbN 9 17
AlGeldBezug 45 31
Arbeitsentgeltwegfall 45 46
Auf Antrag 45 37 ff
Beginn 45 45
behinderte Jugendliche 45 11
Beigeordnete 45 28

Beitragsbemessungsgrenzen 94 7 f
Bindung BFA 45 51
Bürgermeister 45 28
Dauer 45 44 f
Ende 45 48 f
Erwerbsminderungsrente 45 16
Erwerbsminderungsrentenbezug 359 43
Feststellungsverfahren 45 51
Förderung von Arbeitsverhältnissen 45 29
Fortbestehenstatbestände 45 47
Freiwilligkeit der Weiterversicherung 45 4
Kindererziehungszeit 45 17
Kurzarbeitergeld 45 46
Pflegezeit 45 19; 341 49
Rentnerbeschäftigung 359 28 f
Ruhen des Arbeitsverhältnisses 363 28
Seeleute 45 36
Versicherungsfreiheit 45 20 ff
Versicherungsfreiheit, Ausnahmen bei geringfügiger Beschäftigung 45 23 f
Versicherungspflichtige 45 5 ff
Weiterbildung 455 32
Winterausfallgeld 45 46
Arbeitslosenversicherungspflicht auf Antrag
Anschluss an Vorversicherung 45 41 f
Auslandsbeschäftigte 45 40
Beginn und Ende 45 42 f
Berechtigter Personenkreis 45 38 f
Arbeitslosigkeit
Altersrentenbezug 10 48 f
ArbN (Begriff) 42 16
Begriff 42 14
Beihilfeleistungen 93 7
Beschäftigungsverhältnis 42 17
Grenzgänger 209 38 f
Kinderfreibetrag 240 10
Sperrzeit bei Vorsatz oder grober Fahrlässigkeit 388 14
Vermittlungsbudget 435 13
WanderArbN 209 39
Arbeitslosmeldung
Aussteuerung 250 24
Entbehrlichkeit 388 22
Fernmündliche 42 67; 63 47; 388 23
Fristen 388 22
Meldepflichtverletzung 388 22
Persönliche 42 67
Voraussetzung für AlGeldBezug 42 28 f
Wirkung 42 28
Arbeitsmangel
Änderungskündigung 5 24
Arbeitsverhinderung 56 31
Betriebsstörung 124 3
Kurzarbeitergeld 124 17 f
Arbeitsmarkt
Virtueller 38 22
Zugang Hochqualifizierte 78 58
Arbeitsmarktberatung BA 38 21

Arbeitsmarktprogramme

Arbeitsmarktprogramme s *Arbeitsförderung* 38
Arbeitsmittel 46
  Abschreibung, außergewöhnliche **46** 11
  Arbeitsgerät, UV **46** 26
  Arbeitslohn **46** 15 ff
  Ausbildungsmittel **46** 4
  Beförderung, UV **46** 28
  Beförderungsmittel, UV **46** 27
  Beispiele **46** 14 ff
  berufliche Nutzung **46** 12 f
  Bücher **46** 12
  Erneuerung **46** 30
  Haftung ArbN **46** 3
  Instandhaltung, UV **46** 29
  Nutzungsentschädigung **46** 9 f
  Nutzungsüberlassung **46** 6
  UV, Begriffsdefinitionen **46** 25 f
  UV bei Erstbeschaffung und Reparatur **46** 25
  Versicherte Tätigkeiten in der UV **46** 25 f
  Verwahrung, UV **46** 28
  Verwendung **46** 2
  Werbungskosten **46** 11 ff
  Werbungskostenabzug **61** 24
  Werbungskostenpauschbetrag **330** 15
Arbeitsort
  Änderung als Versetzung **439** 9
  Versetzung **439** 5
  Weisungsrecht ArbGeb **453** 5
Arbeitspapiere 47
  Arbeitsbescheinigung **36** 1; **47** 21
  Art der Herausgabe **47** 9
  Aushändigungspflicht ArbN **47** 2
  Beendigung Arbeitsverhältnis **47** 6
  Beschäftigungsverbot **47** 4
  Einstweilige Verfügung **47** 16
  Fristen **47** 11
  Herausgabeanspruch Fälligkeit **47** 7 f
  Klageandrohung mit Fristsetzung **47** 16
  LStAbzugsmerkmale **47** 17
  LStBescheinigung **47** 17; **286** 1
  Rechtsstreitigkeiten Zuständigkeit **47** 15 f
  Schadensersatz **47** 12 f, 18
  Schadensersatz bei Verlust **47** 5
  SozVAusweis **47** 23
  UVSchutz zur Abholung **47** 24
  Verwahrungspflicht ArbGeb **47** 5
  Vorausbescheinigung Arbeitsentgelt **47** 22
  Zurückbehaltungsrecht ArbGeb **47** 10; **472** 5
  Zwischenbescheinigung **47** 7
Arbeitspause s *Pause* 331
Arbeitspflicht 48
  s a *Arbeitsverhinderung* 56
  Abmahnung **48** 5
  Befreiung, gesetzliche **48** 6
  besonderes Gewaltverhältnis **48** 26
  Bildschirmarbeitsplatz **133** 8
  Klage auf zukünftige Leistung **48** 20
  Kündigung, verhaltensbedingte **48** 5
  Mitbestimmung BRat **48** 23
  persönliche Erbringung **48** 2 ff
  Schadensersatz **48** 5
  Teiltätigkeit bei Rehabilitation **351** 12
  Teilzeitbeschäftigung Abrufarbeit **402** 68
  Vernachlässigung bei Nebentätigkeit **322** 9
  Verstoß ArbN **48** 4 f
  Zwangsvollstreckung **48** 21
Arbeitsplatz
  Änderungskündigung bei Wegfall **5** 26
  arbeitsplatzbezogene Voraussetzung betriebsbedingte Kündigung **258** 5
  GesamtBRat, Mitbestimmung Gestaltung **203** 15
  Gestaltung bei Behinderten **92** 30
  Grenzwerteinhaltung Arbeitsstoffe, gefährliche **52** 15
  Schutz nach MuSchG **317** 1
  Sozialauswahlkriterium **258** 34
  Wiederbesetzungspflicht bei Altersteilzeit **11** 63 ff, 80
Arbeitsplatzbeschreibung 49
  s a *Eingruppierung* 152
  s a *Stellenbeschreibung* 389
  Arbeitsvertragsbestandteil **49** 4
  Betriebsübergang **49** 3
  Eingruppierungsgrundlage **49** 2
  Privaturkunde im Rechtsstreit **49** 2
  Verpflichtung ArbGeb **49** 5
  Versetzung **49** 3
Arbeitsplatzsicherung ArbNDarlehen **30** 11
Arbeitsplatzwechsel
  ELStAM **282** 27
  Elternzeit **160** 10
  Versorgungszusage, Übertragung **103** 46 f
Arbeitsqualität Arbeitspflicht **48** 13
Arbeitsraum Ausstattung und Abmessung **51** 7
Arbeitsrecht Vertragsrecht, Abgrenzung **58** 2 f
Arbeitsschutzgesetz
  s a *Arbeitssicherheit/Arbeitsschutz* 50
  Geltungsbereich **50** 7
Arbeitssicherheit/Arbeitsschutz 50
  Anzeigepflichten ArbGeb **20** 4
  Arbeitsschutzausschuss **109** 12
  Arbeitsstoffe, gefährliche **52** 6 f
  ArbNähnliche Personen **27** 16
  Betriebsbeauftragte **111** 4 ff, 29 f
  Bildschirmarbeitsplatz **133** 1, 3 ff
  BRatRechte **50** 17 f
  Compliance **136** 9 f
  Deutsche Arbeitsschutzstrategie **200** 16 f
  Dokumentationspflichten ArbGeb **50** 11
  Ein-Euro-Job **151** 2
  Einigungsstelle **50** 21
  EU-Recht-Umsetzung **50** 6
  EU-Richtlinien **50** 5; **171** 13
  Freiwilligendienste **193** 5

Arbeitsunfähigkeitsbescheinigung

Gefährdungsbeurteilung **50** 10; **200** 1 f
Gefährdungsbeurteilung, Anspruch **50** 18
Gefahrenabwehr **200** 18 f
Gewerbeaufsichtsamt **50** 4
Hauswirtschaftliches Beschäftigungsverhältnis **221** 3
Heimarbeit **222** 12
Kosten **50** 12
Kostentragung **50** 9
LeihArbN **34** 53
Leistungsverweigerungsrecht bei Verstoß ArbGeb **274** 3 f
Maßnahmen **200** 15 f
Meldepflichten ArbN **305** 2
Mitbestimmung BRat **50** 20 f, 25
Pflichten und Rechte ArbN **50** 14 f
Prävention **200** 21
Rechte/Pflichten ArbGeb **50** 9
Schulung **50** 24
Schutzkleidung **41** 11 f
Schutzkleidung Versteuerung **50** 27
Sozialdatenübermittlung **140** 59
Spezialgesetze **50** 5
Transparenzgebot **50** 11
Unfallverhütungsvorschriften **200** 22
Unfallverhütungsvorschriften BG **50** 29 ff
Unterweisung ArbN **50** 13
Verantwortlichkeit **50** 8
Vorschriftensystem **50** 2
Whistleblowing **461** 8
Arbeitsstätte 51
Arbeitsräume, Mindestanforderungen **51** 7
ArbGebPflichten **51** 3
Begriff **51** 2
Behinderte Menschen **51** 4
Erste Tätigkeitsstätte **51** 18
im Freien **51** 7
Raumtemperatur **51** 5
regelmäßige bei LeihArbN **26** 44
Tätigkeitsstätte **26** 44
wandernde **141** 29
Arbeitsstättenverordnung
Anwendungsbereich **51** 1 f
Nichtraucherschutz **51** 2
Arbeitsstelle, auswärtige s *Auswärtige Arbeitsstelle*
Arbeitsstoffe, gefährliche 52
Arbeitsschutzbestimmungen **52** 6 ff
Betriebsanweisung **52** 18
Biologische Stoffe **52** 3, 22
Brand- und Explosionsgefahr **52** 16
erbgutverändernde **52** 15
Fruchtbarkeitsgefährdende **52** 15
GefahrstoffVO **52** 2 ff
Grenzwerteinhaltung nach GefahrstoffVO **52** 11 f
Haftung ArbGeb **52** 38
Kleinbetrieb **52** 9
krebserregende **52** 15
Leistungsverweigerung **52** 8

Messungen **52** 13
Mitbestimmung BRat **52** 23
Notfallmaßnahmen **52** 17
Schutzausrüstungen Beschäftigte **52** 10, 13 f
Schutzkleidung **52** 10
Schutzmaßnahmen **52** 13 f
Sicherheitsdatenblatt **52** 9
Unfallverhütung **52** 36
Vorsorgeuntersuchungen **52** 20, 32
Zusatzurlaub **52** 24
Arbeitsstreckung Kündigung, betriebsbedingte **258** 19
Arbeitsumgebung GesamtBRat, Mitbestimmung Gestaltung **203** 15
Arbeitsunfähigkeit 53
AlGeldAnspruch **42** 34
Altersteilzeit **11** 86
Anlasskündigung **162** 17
Anrechnung Erholungsurlaub **423** 23
Anrechnungszeiten **358** 6 f, 7
Anzeigepflichten ArbN **21** 1; **53** 6 f
Arbeitslose **53** 19
Attest bei Kurzerkrankungen **53** 11
Aufhebungsvertrag **63** 3
Auslandserkrankung **53** 13
Beendigung **53** 22
Begriff SozV **53** 17 ff
Begriffsdefinition **250** 14
BEM **105** 2, 16 f
Blockmodell Altersteilzeit **11** 86
Einmalzahlung **154** 14 f
Entgeltfortzahlung **53** 1, 8
Entgeltschutz bei Mutterschutz **317** 27
Erwerbsminderung, Abgrenzung **169** 1 f
EU, SozV **80** 155 ff
Feststellung **53** 23
Krankengeldanspruch **250** 12 f
Krankengeldberechtigung **250** 12 f
Kürzung Sondervergütungen **19** 13
langdauernde, Weihnachtsgratifikationanspruch **154** 14 f
Medizinischer Dienst Stellungnahme **301** 8
Nachweis, ununterbrochener **54** 26
Nachweispflichten ArbN **53** 9 f
Restleistungsvermögen **53** 19
Stationäre Behandlung **53** 21
stufenweise Wiedereingliederung **351** 9 ff
Teilarbeitsfähigkeit **53** 14 f; **351** 10
Urlaubsabgeltung **422** 6
Urlaubsanspruch, Übertragungszeitraum **423** 13 f
Urlaubsgeldanspruch **426** 3
vor Vertragsbeginn **162** 5
Vortäuschung als Kündigungsgrund **260** 37
Wiedereingliederung **53** 20
Zielerreichung bei Zielvereinbarung **471** 17
Arbeitsunfähigkeitsbescheinigung 54
Abmahnung bei Abänderung **2** 13
Arbeitsunfähigkeitsnachweis, ununterbrochener **54** 26

2687

Arbeitsunfall
  ausländische **54** 15, 23; **78** 18
  Beweiswert **54** 5 ff
  Erkrankung im vertragslosen Ausland **54** 25
  Erkrankung innerhalb Abkommensstaaten **54** 24
  Erkrankung innerhalb EU und Schweiz **54** 23
  Folgemeldungen **54** 26
  Krankengeldbezugsbeginn **54** 26
  Nichtvorlage als Kündigungsgrund **260** 34 f
  Richtlinien zur Erteilung **54** 2 f
  rückwirkende **54** 4, 26
  Schadensersatzpflicht Arzt **54** 4
  stufenweise Wiedereingliederung **54** 16
  Überprüfung durch Medizinischen Dienst **54** 11, 13, 21
  Voraussetzung für Krankengeldanspruch **54** 19
  Vorlage am ersten Tag **54** 1
  Vorlage bei Entgeltfortzahlung **162** 59
Arbeitsunfall 55
  Abfindungszahlungen **55** 26
  Anzeigepflichten ArbGeb **20** 4
  Arbeitsgerätereparatur **46** 25
  Arbeitssicherheit/Arbeitsschutz, Betriebsvereinbarungen **50** 23
  ArbGebHaftung **24** 3
  ArbN mit EU-Wohnsitz **102** 24
  Behandlungsfehler, Folgeschäden **55** 46
  Bereitschaftsdienst **95** 23
  Beteiligter Personenkreis **55** 3 ff
  Betriebsjubiläum **114** 13
  Betriebssport **55** 38
  Betriebsstätte, gemeinsame **123** 11
  Dienstreisen **55** 45
  Doppelentschädigung **55** 10
  eigenwirtschaftliche Tätigkeit **55** 34
  Einsatzwechseltätigkeit **155** 29
  Einzelfälle SozVRecht **55** 36 f
  Elternrente **417** 54
  Entgeltfortzahlung **162** 54
  Erstbeschaffung Arbeitsgeräte **46** 25
  Essen und Trinken **55** 39
  EU-Recht **171** 51
  Gemeinsame Betriebsstätte **55** 6 f
  gemischte Tätigkeit **55** 35
  Grenzgänger **209** 36
  Haftung mit Dritten **55** 12
  Haftungsausschluss **55** 11
  haftungsbegründende Kausalität **55** 32, 34
  Haftungsbeschränkung ArbGeb **55** 2 f
  Haftungsfreistellung bei gemeinsamer Betriebsstätte **102** 24
  Krankengeldanspruch **250** 21
  Maßnahmen zur medizinischen Rehabilitation **55** 41
  Maßnahmen zur Teilhabe am Arbeitsleben **55** 41
  Mittelbare Unfallfolgen durch berufsgenossenschaftliche Heilbehandlung **55** 46

  Regressanspruch SozVTräger **55** 13 f
  Schadensersatzausschluss **188** 28
  Schmerzensgeld **55** 11
  Schwarzarbeit **377** 35 f
  Sterbegeld **391** 15
  Streitigkeiten **55** 42
  Trunkenheit **55** 43
  Unfallbegriff **55** 33
  Unfallkausalität **55** 32
  Unfallkosten ArbN als Werbungskosten/außergewöhnliche Belastung **55** 22 f
  UV **417** 35
  Verhütungsprämien als Arbeitslohn **55** 25
  Vermeidbarkeit bei Kurzarbeit **266** 32
  Versicherte desselben Betriebs **55** 5
  Wegeunfall **55** 31
  Zusammenhang mit versicherter Tätigkeit **55** 32
Arbeitsunterbrechung witterungsbedingte, Kündigung **258** 50
Arbeitsunterlagen Mitnahme nach Hause **116** 7
Arbeitsverdienst s *Arbeitsentgelt* 37
Arbeitsvergütung s *Arbeitsentgelt* 37
Arbeitsverhältnis
  s a *Arbeitsgemeinschaft (ARGE)* 39
  s a *Ausbildungsverhältnis* 72
  s a *Befristetes Arbeitsverhältnis* 91
  s a *Beschäftigungsverhältnis*
  s a *Dienstverhältnis*
  s a *Faktisches Arbeitsverhältnis* 184
  s a *Familiäre Mitarbeit* 185
  s a *Gruppenarbeitsverhältnis* 211
  s a *Konzernarbeitsverhältnis* 247
  s a *Ruhen des Arbeitsverhältnisses* 363
  Anfechtung, Anhörung BRat **310** 18
  Angehörige bei Familiärer Mitarbeit **185** 43 f
  Aufgrund gesetzlicher Regelungen **58** 17
  auflösend bedingtes, Beispiele **91** 7
  Auskunftspflichten ArbGeb **76** 4 f
  Ausländer **78** 7 ff
  Beendigung bei ArbNÜberlassung **34** 25
  Beschäftigungsgesellschaft **99** 3
  Beschäftigungsverhältnis, Begriff **191** 42 f
  Betriebsübergang **126** 3, 22
  Dauer bei ArbNÜberlassung **34** 25
  Ehegatten **185** 6 f
  Ehrenamtliche Tätigkeit **26** 20; **150** 3 f
  Ehrenamtliche Tätigkeit, Abgrenzung **150** 2
  Ein-Euro-Job **151** 2
  Eingliederungstheorie **26** 78
  Erwerbsminderung **169** 2 f
  fingiertes bei ArbNÜberlassung **34** 23 f
  Freie Mitarbeiter Abgrenzung **190** 2 ff
  Freistellung an ARGE **39** 8 ff, 19
  Haushaltsnahes Beschäftigungsverhältnis **221** 12
  Kurzarbeit **266** 38

Soziale Netzwerke, Berührungspunkte 342 2 f
Vertragstheorie 26 78
wechselseitiges bei Ehegatten 185 30
wechselseitiges bei Handelsvertreter 220 9
Arbeitsverhinderung 56
Arbeitsmangel 56 31
Dauer 56 10 ff
Entgeltanspruch, fehlender 56 27
Geburt 56 3
Gerichtstermin 56 7
Heirat 56 3
Lohnersatzleistungen 56 21
Nachurlaub 424 15
Naturereignisse 56 31
Pflegezeit 341 7, 45 f
Teilzeitbeschäftigung 402 8
Verhinderungsgründe, persönliche 56 2 ff
Verkehrsstörung 56 8
Versicherungspflicht bei Entgeltanspruch 56 25
vertragliche Regelungen 56 17 f
Arbeitsvermittler s *Arbeitsvermittlung (private)* 57
Arbeitsvermittlung
s a *Arbeitsvermittlung (private)* 57
Ausschluss Arbeitsuchende 38 24
BA 38 22
Inanspruchnahme bei Stellensuche 390 10 ff
Internet-Jobbörse 38 22
private 38 22
Verfügbarkeit ArbN 207 16 f
Vermittlungsgrundsätze 390 14 f
Vermittlungsmonopol der BA 38 22
Virtueller Arbeitsmarkt 38 22
Arbeitsvermittlung (private) 57
Auslandsvermittlung 57 16
Auslandsvermittlung, außerhalb EU 57 16
Erlaubnisfreiheit 57 15
Erlaubnisvorbehalt BA, Auslandsvermittlung 57 16
Geldbuße Arbeitsvermittler 57 13
Mitwirkungspflichten Arbeitsmarktstatistik 57 17
Nebenpflichten 57 17 f
Rechtsgrundlagen 57 1
Unwirksamkeit Vereinbarungen 57 9
Vergütung Betriebsausgaben 57 11
Vergütungsanspruch Arbeitsvermittler ArbNGruppen 57 6 f
Vergütungsanspruch gegen ArbN, Anspruchsvoraussetzungen 57 6
Vermittlungsgutschein 57 1 f, 19
Vertragsfreiheit Missbrauch 57 9
Vertragsverhältnis ArbGeb Arbeitsvermittler 57 10
Vorweggenommene Werbungskosten ArbN 57 12
Zulassung 57 24

Arbeitsversuch, missglückter Beschäftigungsverhältnis 26 61 f
Arbeitsvertrag 58
s a *Anfechtung Arbeitsvertrag*
s a *Arbeitsvertragsnachweis*
Abfindung 1 2
Abfindungsanspruch 1 69 f
Abschluss 58 7 ff
Änderungsverträge 58 22
Anfechtungsgründe 58 65 ff; 256 14 f
Anzeigepflichten ArbN 21 1
Arbeitsentgelt 37 2
Arbeitsentgelt, erfolgsabhängiges 58 59
Arbeitsplatzbeschreibung als Bestandteil 49 4
Arbeitszeit 59 29
arglistige Täuschung 58 73
Aufhebungsvertrag 63 1 ff
Aufklärungspflicht ArbGeb 58 18
Ausgleichsquittungen, überraschende 58 27
Ausländer 78 8 f
Auslegung 58 21 f
Ausschluss überraschender Klauseln 58 27 f
Ausschlussfrist 82 2, 5 f
Ausschlussfristen abgelehnte Ansprüche 82 33
Ausschlussfristen, einseitige 82 14
Ausschlussfristen, versteckte 58 27
Ausschlussklauseln 58 39
Ausschlussklauseln, zweistufige 58 39; 82 6
Befristetes Arbeitsverhältnis, schriftliche Niederlegung vor Vertragsbeginn 91 9
Benachteiligungsverbot 58 34
Beschäftigungsverhältnis 58 88 f
Beschränkung Freizeitbeschäftigung 194 3 f
Betriebliche Altersversorgungszusage 103 6
Bezugnahmeklauseln 58 40
Billigkeitskontrolle 58 20
Bruch bei Abwerbung 3 4
Compliance 136 18
Dienstverschaffungsvertrag 58 5
Dienstvertrag 58 1 f
Dienstwagen 142 2
Dritter Weg Kirchen 243 10
Drittvergleich 58 86
EG Nachweisrichtlinie 171 14
Eigenschaftsirrtum 58 69 ff
Einzelanweisung Tarifregelung 58 40
EU-Arbeitszeit-Richtlinie 171 15
Faktisches Arbeitsverhältnis 58 78 f
Familiäre Mitarbeit 185 17
Form 58 13 f
Freier Dienstvertrag, Abgrenzung 58 2
Freiwilligkeitsvorbehalt Sonderzahlung 58 42
Geringfügige Beschäftigung 202 5 f
GesamtBRat, Zuständigkeiten 203 16
Geschäftsunfähige 58 9 ff
Gesellschaftsvertrag 58 4
Gleichbehandlung 208 17

Arbeitsvertragsgesetz

Globalverweisung auf Tarifvertrag **58** 40
Hinweispflichten ArbGeb **58** 92
Individuelle Vertragsabreden **58** 24
Inhaltskontrolle **58** 23 f, 33 f
Inhaltskontrolle nach AGB **58** 24 f
Inhaltskontrolle, Schranken **58** 29
Jeweiligkeitsklauseln **58** 42
Kirchenarbeitsrecht **58** 30
Konzernvorbehalt **247** 5
Kündigungsbeschränkung Kündigung, außerordentliche **257** 11 f
Kündigungsbeschränkung und -erweiterung **256** 17 ff; **262** 11 ff
Kündigungsfristen, verkürzte **262** 11
Kündigungsfristen, verlängerte **262** 11 ff
Lebensgemeinschaft (nichteheliche) **270** 2
Leistungsbestimmung **272** 6
Leitende Angestellte **275** 23
Lohndumping **58** 61
Lohnkostenzuschuss **279** 2 f
Lohnwucher **58** 60
Merkmale **58** 7 ff
Minderjährige **58** 12; **306** 3 ff
Minderjährige auf Grund Ermächtigung **306** 9 ff
Minderjährige ohne Ermächtigung **306** 21
Muster **58** 80
Muster Verfallklausel **82** 37
Nachweis Vertragsinhalt **58** 44 f
Nebenpflichten bei Freistellung **191** 4
Nichtigkeit **58** 53 ff, 76 f; **256** 14 f
objektive Unmöglichkeit **58** 64
Parteien **58** 8
Pauschalabgeltung Überstunden **58** 38
Pauschalsteuerübernahme **292** 1
Pflichten SozVRecht **58** 91 ff
Praktikant **342** 7
Rechtsunwirksamkeit nach Grundsätzen des faktischen Arbeitsverhältnisses **184** 1 f
Rücktritt als Kündigung **256** 10
Rückzahlungsklausel **361** 2
Scheingeschäft **58** 62 ff
Schriftform Vertragsbedingungen **58** 14
Stellenbeschreibung **389** 4
Stellenbeschreibung als Bestandteil **389** 4
Tarifbindung bei Einzelarbeitsvertrag **401** 14 f
Tarifvertragsklauseln **58** 30 f
Teilverweisung auf Regelungskomplexe im Tarifvertrag **58** 40
Transparenz **58** 29
Transparenzgebot **58** 35
Transparenzgebot Einmalzahlungen **154** 7
Überraschende Klauseln **58** 27 f
Überraschungsklauseln **441** 9
Überstundenanordnung **411** 5
Überwälzung des Betriebsrisikos, Bsp **58** 58
Umgehung **58** 56 f
Unfallrentenanspruch **416** 2
Unfallschutz **417** 2

Unklarheitenregelung **58** 28
Unterlassungsanspruch vertragswidriges Verhalten **419** 22
unwirksamer, Wettbewerbsverbot **460** 7
Urlaubsgeldanspruch **426** 2
Verlängerung befristeter **156** 6
Vermögenswirksame Leistungen **436** 10
Versetzungsklausel **58** 38; **439** 3
Versetzungsrecht ArbGeb **439** 2 f
Versorgungszusage, Änderung **103** 67
Verstoß gegen EU-Recht **58** 54
Vertragsfreiheit **58** 20 f
Vertragsklauseln **58** 37 f
Vertragsstrafe **58** 33 f, 43
Verweisungsklauseln, überraschende **58** 28
Verzicht auf gesetzliche Ansprüche **444** 2 f
Vorbehalt der Anrechnung **58** 38
Weisungsrechtsbeschränkungen **453** 7 f
Werkvertrag **58** 3
Widerrufs- und Freiwilligkeitsvorbehalte **58** 42 f
Zustandekommen **58** 17 f
Zweckbefristung **91** 25
Arbeitsvertragsgesetz Notwendigkeit **58** 6
Arbeitsvertragsnachweis
Auslandtätigkeit **80** 11
Befristetes Arbeitsverhältnis **58** 49
LeihArbN **34** 46
Niederschrift, zwingender Inhalt **58** 48
Verletzung der Nachweispflicht **58** 50
Arbeitsvertragsstatut Auslandstätigkeit **80** 9
Arbeitsverweigerung
angestellter Arzt bei Schwangerschaftsabbruch **376** 4
Gefahrstoffbelastung **52** 8
Gewissensfreiheit **207** 2 ff; **453** 19
Kündigung, außerordentliche **257** 50
Kündigung, verhaltensbedingte **260** 22 f
religiöse Gründe **207** 17
Vergütung trotz Verweigerung **207** 9
Verstoß Weisungsrecht ArbGeb **453** 21
Arbeitsweg
Erwerbsminderung **169** 24
Wegeunfall **451** 20
Arbeitszeit 59
Ablehnung Verringerung bei Elternzeit **160** 31 f
Änderungen **59** 29
Änderungskündigung bei Reduzierung **5** 22
Altersteilzeit **11** 13, 49
Ankleidezeit Arbeitskleidung **41** 7
Anlegen Berufskleidung **59** 40
Annahmeverzug **60** 11
Arbeitsbereitschaft **59** 7
Arbeitslosenversicherung **59** 58
Arbeitsvertrag **59** 29
Arbeitszeitmodelle **59** 10; **60** 2
Arbeitszeitverringerung **402** 26
ArbNBeförderung **29** 3 f
AT-Angestellter **62** 5

Aufstockung als Einstellung **402** 74
Aufstockung bei Minijob **308** 2
Aufstockungsanspruch bei Geringfügiger Beschäftigung **202** 6
Aufzeichnungspflicht bei Fahrtätigkeit **181** 4
Aufzeichnungspflichten ArbGeb **59** 25
Ausgleichszeitraum Höchstdauerüberschreitung **59** 9 f
Aushänge ArbZG **59** 25
Aushangspflichtverletzung, Geldbuße **59** 25
Ausnahmen Arbeitszeitgesetz **59** 5–6, 21 f
Bandbreitenregelung **59** 29
Beginn und Ende **59** 7–8
Beibehaltung bei Elternzeit **160** 39
Beitragsrecht **59** 57
Bereitschaftsdienst **95** 2 f
Berücksichtigung familiäre Belastungen bei Verteilung **453** 17
Berufskraftfahrer **181** 4
Berufsschulbesuch **231** 33
Beschäftigungsverbot **100** 17
Beschränkungen **59** 7 f, 9 ff
Beschwerderecht ArbN **101** 3
Betriebliche Berufsbildung **104** 18
betriebsübliche **59** 29
Betriebsversammlungsteilnahme **59** 7
Bezugnahmen **59** 29
BRatTätigkeit **59** 7; **120** 1
Dauer **59** 29
Dienstreise **59** 40; **141** 6, 9
Erfassung bei BRatFreistellung **118** 14
Erhöhung, befristete **6** 16; **59** 29
EU-Richtlinien **171** 15
Fahrten zwischen Wohnung und Arbeitsstätte **182** 1
flexible **458** 3
Freie Mitarbeiter **190** 6
Freizeitbeschäftigung **194** 2 f
Gefährliche Arbeiten **59** 24
Geschäftsführer **204** 23
Gleichbehandlung **208** 36 f
Gleichbehandlungsgebot **402** 79
Heimarbeit **222** 9 f
Höchstdauer **59** 9 f
Höchstdauer bei Jugendlichen **231** 18 f, 22
Höchstdauer bei mehreren Beschäftigungen **322** 7
Höchstdauer Sonn- und Feiertagsarbeit **381** 11
Jugendliche **231** 15 ff
Kirchen **59** 18
LeihArbN, Mitbestimmung BRat **59** 37
Leistungsbestimmung **272** 18
Leitende Angestellte **59** 5; **275** 20
Mitbestimmung BRat **59** 36 f; **453** 13
Mitbestimmung BRat Tendenzbetrieb **404** 16
nach Arbeitsanfall **59** 29
Nachtarbeit **320** 4 f

privates Arbeitszeitrecht **59** 28 f
Rahmen, Weisungsrecht **59** 34
Ruhepausen **59** 13
Ruhetage bei Sonn- und Feiertagsarbeit **381** 12
Ruhezeit **59** 14
Schichtarbeit **59** 23
Sonntagsarbeit **59** 11
SozVPflicht bei bezahlter **59** 56
Tarifliche Regelungen **59** 32
Tarifvorbehalt bei Betriebsvereinbarung **59** 41
Teilzeitbeschäftigung, Verlängerung **402** 58
Transparenzgebot **59** 29
Überwachung durch BRat **59** 42
Umkleidezeiten **59** 8
Urlaubsdauer bei variabler **424** 7
Urlaubsentgeltberechnung bei variabler **425** 12
Veränderung als Versetzung **439** 26
Verkehrsstörung **182** 3
Verkürzung Ruhezeit **59** 16
Verlängerung, Zulässigkeit **59** 21
Verringerung bei Elternzeit **160** 25 f
Verringerung bei Teilzeitbeschäftigung **402** 22 ff
Verringerung, Verhältnis zum Anspruch auf Elternzeit **160** 30
Verteilungsänderung bei Arbeitszeitverringerung **402** 44
Waschzeiten **59** 8
Wegezeit **59** 8; **141** 4
Weisungsrecht **59** 33; **453** 4, 13
Zusammenrechnung bei mehreren Arbeitsverhältnissen **59** 12
Arbeitszeitautonomie Arbeitszeitmodelle **60** 15
Arbeitszeitgesetz
Bereitschaftsdienst **95** 3
Entgeltzuschläge **167** 3
Arbeitszeitguthaben
s a Wertguthaben/Zeitguthaben **458**
Funktion **458** 1
Vermeidbarkeit Arbeitsausfall **266** 35
Zuflussprinzip **294** 37
Arbeitszeitkonto
Altersteilzeit **11** 49
Arbeitslohnzufluss **60** 17
Arbeitszeitmodelle **60** 4, 9
Ausgleich **60** 12
Ausschlussfrist **60** 13
Entgeltfortzahlung **162** 13
Insolvenzschutz **11** 15
Klageantrag **60** 14
negatives bei Beendigung Arbeitsverhältnis **60** 12
Sicherung bei Altersteilzeit **11** 58
Tarifvertrag **60** 2
Vereinbarung mit verstetigter Lohnzahlung **60** 3

Arbeitszeitkorridore

Verteilzeitraum **11** 52 ff
Verwendung für betriebliche Altersversorgung **103** 124
Vorschussvereinbarung, wechselseitige **60** 3
Wertguthaben/Zeitguthaben **458** 8

Arbeitszeitkorridore

Arbeitszeitmodelle **60** 8
Mindest- und Höchstarbeitszeit **60** 8

Arbeitszeitmodelle 60

AlGeld **60** 25
AlGeld Anspruch in Freistellungsphase **60** 26
Arbeitsschutz **60** 2
Arbeitszeitautonomie **60** 15
Arbeitszeitkonto **60** 4
Arbeitszeitkorridore **60** 8
Arbeitszeitschutzgrenzen **60** 2
Beitragspflicht SozV **60** 19 ff
Beschäftigungsverhältnis **26** 82
Entgeltfortzahlung **162** 22
Flexibilisierung der Arbeitszeit **60** 1
Flexible Arbeitszeiten, SozVPflicht **60** 23
Fortbestehen des Beschäftigungsverhältnisses **60** 21 f
Freistellung von der Arbeit **191** 51
Gesetz zur Absicherung flexibler Arbeitszeitregelungen **60** 18 ff
Gesundheitsschutz **60** 1
Gleitzeit **60** 5 f
Insolvenzschutz Wertguthaben **226** 41
Jahresarbeitszeit **60** 8
Krankengeld **60** 24
KVPflicht **253** 5
Langzeitkonten **60** 20
rechtliche Rahmenbedingungen **60** 2 f
Regelentgelt Krankengeldbezug **250** 31
rollierende Systeme **60** 7
RV **60** 27
SozV, Neuregelungen **60** 18 ff
SozVPflicht bei bezahltem Urlaub **428** 20
Tarifvertrag **60** 2
Überstunden **60** 10
Urlaubsregelungen **428** 19 f
Vertrauensarbeitszeit **60** 16
Wertguthaben, SozVPflicht **60** 20
Zeitsouveränität **60** 8

Arbeitszeitquote Arbeitszeit **59** 43

Arbeitszeitregelungen

Aushänge im Betrieb **74** 2 f
Fahrtätigkeit **181** 4
Kontrolle des ArbN **246** 10

Arbeitszeitschwankungen Vermeidbarkeit
Arbeitsausfall **266** 35

Arbeitszeitverkürzung

Günstigkeitsprinzip **212** 4, 6
Leistungsbestimmung **272** 18
Teilzeitbeschäftigung **402** 80
Verlängerung Mittagspause **331** 7
Vorrang vor betriebsbedingter Kündigung **258** 9

Arbeitszeitverlängerung Teilzeitbeschäftigung **402** 58 f

Arbeitszeitverringerung

Ablehnung aus betrieblichen Gründen **402** 33
Ablehnung, Rechtsfolgen **402** 44
Ablehnungsgründe **402** 33 f
Ablehnungsgründe, Arbeitsstruktur **402** 38
Ablehnungsgründe, Betriebsvereinbarung **402** 41
Ablehnungsgründe, Entgeltsystem **402** 38
Ablehnungsgründe, Kosten unverhältnismäßige **402** 39
Ablehnungsgründe, Schichtarbeit **402** 38
Adressat unbefristeter Zeitraum **402** 30
Änderungsvorbehalt **402** 45 f
Änderungsvorbehalt, Ankündigungsfrist **402** 47
Ansprüche aus Ablehnung **160** 38
Arbeitszeitguthaben **458** 5
Arbeitszeitlage Elternzeit **160** 33
Arbeitszeitverlängerung **402** 58 f
Arbeitzeit, Verteilungsänderung **402** 44
Auslegung Verringerungsantrag **402** 29
Aussprüchsvoraussetzungen **402** 23
Bindung **402** 31 f
Drei-Stufen-Schema **402** 36
Einstweiliger Rechtsschutz **402** 53 f
Elternzeit, Einstweiliger Rechtsschutz **160** 37
Elternzeit, Prozessuales **160** 34
Entgeltkürzung nicht teilbare Leistungen **402** 57
Entgeltkürzung zeitbezogene Bestandteile **402** 57 f
Entgeltminderung **402** 31
Ersatzkrafteinstellung **402** 35
Führungskräfte **402** 34
Geltendmachung **402** 24
Geltendmachung Anspruch **402** 27
Gesetzliche Ansprüche **402** 21
Klageweg **402** 49 f
Kleinbetrieb **402** 23
LeihArbN **402** 38
Mitteilungsfristen **160** 28
Rechtsfolgen bei Verschweigen ArbGeb **402** 44
Rechtsschutz **402** 49 f
Schriftform **402** 27
Schriftform Ablehnung **402** 43
Sperrfristen **402** 48
Tarifvertragliche Ablehnungsgründe **402** 42
Umfang **402** 25
Verteilung **402** 26
Vertragslösung **402** 24
Zustimmungsgründe **402** 33 f

Arbeitszeugnis s Zeugnis **470**

Arbeitszimmer 61

Abschnittsbesteuerung **61** 15
Abzugsbeschränkung **61** 7 f

Aufbewahrungspflichten

abzugsfähige Aufwendungen **61** 19 f
Abzugsfähigkeit Arbeitsmittel **61** 24
Abzugsfähigkeit bei Arbeitslosigkeit **61** 25
Abzugsfähigkeit bei Miteigentum Ehegatte **61** 19
Abzugsfähigkeit, Übersicht **61** 7
Arbeitsentgelt **37** 51
Aufteilung Abzugsbetrag bei mehreren Einkunftsarten **61** 23
Aufwendungen ArbN **61** 6 ff
Außerhäusliches **61** 12 f
Beschränkter Abzug **61** 14
betriebliches **61** 1–2
Betriebsstätte **61** 12 f
Betriebsvermögen **61** 19
Drittaufwand **61** 20
Ehrenamtliche Tätigkeit **61** 25
Einliegerwohnung **61** 11
Einrichtungsgegenstände Abzugsfähigkeit **61** 24
Erbschaftsteuer **61** 20
Erforderlichkeit **61** 16
Existenzgründer **210** 7
Fahrten **61** 18
Gemeinsame Nutzung **61** 20
Gestaltungsüberlegungen **61** 26 f
häusliches **61** 3
Häuslichkeit **61** 11
Keller **61** 11
Kostenbeteiligung durch ArbGeb **61** 3
Kostenübernahme durch ArbGeb **61** 26
Kostenübernahme durch ArbGeb, Beitragsrecht **61** 31
Lagerraum **61** 9
Leerzeiten **61** 23
Mehrere Tätigkeiten **61** 14
Mietvertrag mit ArbGeb **61** 27
Mietvertrag mit Dritten **61** 28
Mittelpunkt der Berufstätigkeit **61** 13
Nachweiserfordernis **61** 17 f
Telearbeit **403** 13 f
UV **61** 32
UVSchutz **451** 13
Veräußerungsgewinn **61** 30
Voller Abzug **61** 13
Vorsteuerabzug **61** 20
Werbungskostenabzug **456** 11
Werbungskostenabzug bei Telearbeit **403** 13
Wintergarten **61** 10
Arrest Verjährungshemmung **434** 17
Artist
Arbeitsvermittler Vergütungsanspruch **57** 6
ArbN-ABC **26** 84
beschränkte Steuerpflicht LStAbzug **285** 10
Steuerabzug **78** 45
Werbungskostenpauschale **330** 14
Arzneimittel
Freiheit bei Mutterschaftshilfe **316** 6
Krankenbehandlung **249** 19

Arzt
ärztliche Schweigepflicht **140** 49, 55
ArbN-ABC **26** 84
Schadensersatzpflicht aus unrichtiger Arbeitsunfähigkeitsbescheinigung **54** 4 f
Schwangerschaftsabbruch Verweigerung **376** 4
Weiterbildung **455** 3
Arztbesuch
Arbeitsverhinderung **56** 5
Formulare, Mitbestimmung BRat **56** 5
Teilzeitbeschäftigte **402** 8
Arztpraxis Arbeitszimmer **61** 12
Asbest
Arbeitsverweigerungsrecht **52** 8
Zurückbehaltungsrecht **472** 10
Assessment-Center-Verfahren Personalauswahl **334** 16
Assessor Anwaltskanzlei ArbN-ABC **26** 84
Assistent Abgeordnete ArbN-ABC **26** 84
AStA-Mitglied ArbN-ABC **26** 84
Asylbewerber
ArbN-ABC **26** 84
Aufenthaltsrecht **78** 61
Doppelte Haushaltsführung **145** 19
AT-Angestellte 62
Abgrenzung leitende Angestellte **62** 1 f
Änderungskündigung nach Neufassung Tarifgehalt **5** 23
Altersteilzeit **11** 55 f
Anrechnung übertariflicher Entgelte **16** 20
Arbeitsvergütung **62** 6–7
Arbeitszeit **62** 5
betriebsverfassungsrechtliche Stellung **62** 8–12
Eingruppierung **152** 3
Einsichtnahmerecht BRat in Lohnlisten **280** 14
Gleichbehandlung **208** 9
Gleichbehandlungsgrundsatz, Gehaltsanpassung **62** 7
Mitbestimmung, soziale Angelegenheiten **311** 9
Muster Arbeitsvertrag **62** 13
Sprecherausschuss Amtspflichtverletzung **13** 13
Sprecherausschuss, Einsichtnahmerecht Lohnlisten **280** 17
Sprecherausschussbeteiligung **311** 26
Überstundenvergütung **62** 6
Attest
Beweiswert **54** 5 ff
Mitbestimmung BRat **53** 11
Vorlage bei häufigen Kurzerkrankungen **53** 11
Aufbaustudium Fortbildung **189** 23
Aufbewahrungspflichten
Lohnkonto **278** 10

2693

Aufenthaltserlaubnis

Personalakte **333** 20
Überstundenaufzeichnung **411** 2
Aufenthaltserlaubnis
  Asylbewerber **78** 61
  Ausländer **78** 56 f
  Ausländerbeschäftigung **78** 8
  befristete bei Ausländer **78** 9
Aufenthaltsgenehmigung Nicht-EU-Ausländer **78** 5
Aufenthaltsgesetz
  Aufenthaltserlaubnis **78** 55
  Aufenthaltstitel **78** 54
  Niederlassungserlaubnis **78** 57
  Verbot mit Erlaubnisvorbehalt **78** 55
Aufenthaltsrecht
  EU-Recht **171** 20 f
  Grenzgänger **209** 27 f
Auffanggesellschaft Beschäftigungsgesellschaft **99** 5 f
Auffangversicherungspflicht
  Beitragsrückstände **253** 20
  KV **253** 20
Aufgabenerfindung ArbNErfindung **32** 11
Aufhebungsvereinbarung s *Aufhebungsvertrag* **63**
Aufhebungsvertrag 63
  Abfindung **63** 27 ff
  Abfindung im Todesfall **1** 2; **63** 20
  Abfindungsanrechnung auf künftige Betriebsrentenansprüche **1** 2
  Abfindungsfälligkeit bei Frühpensionierung **1** 37
  Abwicklungsvereinbarung **63** 20
  Abwicklungsvereinbarung, Abgrenzung **63** 30
  Abwicklungsvertrag, echter **63** 33
  AGB-Kontrolle **63** 16
  AlGeld **63** 45 f
  Altersversorgung **63** 15
  Anfechtung **63** 22 f
  Anhörung BRat **310** 18
  Annahmeverzug **14** 7
  Anspruch **63** 4
  arglistige Täuschung **63** 7
  Aufklärungspflichten ArbGeb **63** 13 f; **388** 1 f
  aufschiebend bedingter **63** 16
  Ausbildungsverhältnis **1** 12; **72** 62
  Ausländer **63** 10
  Befristete Fortsetzung des Arbeitsverhältnisses **63** 16
  Befristetes Arbeitsverhältnis, Abgrenzung **91** 24
  Beitragspflicht SozV **63** 50 f
  Bestätigung Altersgrenze **9** 11
  Betriebsbedingte Abfindung **1** 5
  Betriebsbedingte Kündigung, Vermeidung **388** 13
  Betriebsübergang **63** 19; **126** 44, 70
  Betriebsvereinbarung **129** 28

durch Annahme Kündigung **63** 12
Einheit der Urkunde **63** 9
Entlassungsentschädigung **63** 43 f
Erreichen der Altersgrenze **9** 4–12
Erstattungsanspruch BA **168** 3
Freie Mitarbeit **190** 26
Frühzeitige Meldung BA **63** 47
Haustürgeschäft **63** 18
Insolvenz des ArbGeb **226** 4
Insolvenzverwalter **63** 3
Klageverzichtserklärung **63** 6
Krankheitsbedingte Fehltage **63** 18
Kündigung, außerordentliche Umdeutung **257** 77
Kündigungsandrohung **63** 22
Kündigungsfristberechnung **1** 70
Massenentlassung **300** 10
Meldepflichten ArbN **63** 47
Muster Abfindung **63** 24
Mutterschutz **317** 48
nach Kündigung **63** 33 f
Nachteilsausgleich **321** 10
Nicht rechtzeitige Urlaubsrückkehr **63** 17
Probezeit **343** 3
Rückwirkung **63** 4
Schriftform **63** 5
Sozialplan **385** 22 f
Sozialplanberücksichtigung **385** 22
Sperrzeit **63** 29 f, 31 f; **258** 69; **388** 1, 11, 27
Sperrzeit ältere ArbN bei Massenentlassung **300** 45 f
Sperrzeithalbierung bei Irrtum **63** 37
stillschweigender Abschluss **63** 5
Transparenzgebot **63** 16
Überlegungsfrist **63** 22
Umdeutung einseitiger Willenserklärungen **63** 12
Umdeutung Kündigung **256** 59
Umgehung Betriebsübergang **63** 19
Umschulung **63** 6
Vergleich, arbeitsgerichtlicher **63** 35
Verzicht auf Kündigungsschutzklage **444** 6
Vorteile ArbGeb **63** 2
Vorteile ArbN **63** 2
Wettbewerbsverbot **460** 25
Wichtiger Grund **388** 28
Widerruf **63** 23
Widerrufsrecht **63** 18
Wiedereinstellung ArbN **63** 21
Wirksamkeit formfrei vereinbarter **63** 7
Zustandekommen **63** 8 f
Aufklärungspflicht Arbeitgeber
  Arbeitsvertrag **58** 18
  Aufhebungsvertrag **63** 13 f
  Fürsorgepflicht **195** 15 f
  Gesundheitsschäden **24** 10
  GruppenUV **417** 3
  soziale Angelegenheiten **17** 29
  Verdachtskündigung **431** 10 f

Auflösung Aufwandsentschädigung **66** 1
Auflösung des Arbeitsverhältnisses
 s a Beendigung Arbeitsverhältnis
 Ausgleichsquittung **63** 9
Auflösung des Arbeitsverhältnisses gegen Abfindung
 Abfindung **1** 9 f
 Abfindung, LSt **1** 41 f
 Abfindungsdefinition **1** 33
 Änderungskündigungsprozess **1** 15
 Antrag ArbGeb **1** 10 f, 23 f
 Antrag ArbN **1** 10, 17 ff
 Antragsgründe bei ArbGeb-Antrag **1** 23
 Auflösungsgründe **1** 23 f
 Auflösungsgründe bei ArbGeb-Antrag **1** 25
 Auflösungsvereinbarung **42** 2 f
 Auflösungszeitpunkt **1** 31 f
 Ausbildungsverhältnis **1** 12
 beiderseitiger Antrag **1** 30, 39
 Einheitliches Arbeitsverhältnis mit mehreren ArbGeb **1** 10
 Entscheidungszeitpunkt bei ArbGeb-Antrag **1** 24
 Geschäftsführer **1** 28
 Kleinbetrieb **1** 12
 Kündigung, außerordentliche **1** 16
 Kündigung, sittenwidrige **1** 16, 22
 Leitende Angestellte **1** 28
 Mandatsträger **1** 29
 Sozialwidrigkeit **1** 10
 Sozialwidrigkeit Kündigung **1** 10, 13 ff
 Störung des Betriebsfriedens **1** 25
 Tendenzbetrieb **1** 25
 üble Nachrede als Antragsbegründung **1** 25
 Umdeutung fristlose in ordentliche Kündigung **1** 22, 32
 Unwirksamkeit Kündigung, außerordentliche **1** 27
 Unzumutbarkeit Fortsetzung Arbeitsverhältnis **1** 17 f
 Verfahren **1** 39
 Verhalten Dritter **1** 26
 Verleumdungstatbestand bei ArbGeb-Antrag **1** 25
 Wiederaufnahmeklage ArbN **1** 39
 Zahlungen bei Änderungskündigung (Beitragsrecht) **5** 45
Auflösung des Dienstverhältnisses s Beendigung Arbeitsverhältnis
Auflösungsabfindung Abfindung **1** 9 f
Auflösungsantrag Betriebsübergang **126** 88
Auflösungsvereinbarung s Beendigung Arbeitsverhältnis
Aufmerksamkeiten
 Arbeitsentgelt **37** 50
 Bewirtung ArbGeb **132** 7 f
 Essenszuschuss **170** 17
 Freigrenze LSt **330** 10
 steuerfreie Einnahmen **392** 11

Aufrechnung 64
 Abfindung **1** 37
 Abfindungsanspruch **1** 2
 Abrechnungsbescheid **64** 26 ff
 Anrechnung **64** 2
 Aufrechnungserklärung **64** 5
 Aufrechnungsvertrag **64** 3
 Ausnahme vom Erfordernis der Gegenseitigkeit **64** 34 f
 Ausschlussfrist **82** 36
 Beitragsrecht **64** 39
 Eventualaufrechnung **64** 12
 FA im Insolvenzverfahren **64** 23
 Finanzamt **64** 17 f
 Gleichartigkeit der Leistungen **64** 4, 20
 Inhaltskontrolle **64** 3
 Interessenausgleich, Abweichung **321** 3
 Kreditierungsverbot **64** 10
 Leistungsrecht **64** 41
 Lohnabzugsverfahren Beitragsabzug **276** 38
 Lohnzufluss im Zeitpunkt der Aufrechnung **294** 6
 LStErstattungsanspruch **64** 16; **289** 10
 LStHaftung **288** 40
 Muster **64** 28
 Nettolohn **64** 5
 Rechtsbehelfe **64** 25 f, 37 f
 Rechtsnatur **64** 36
 Rentenauszahlungsansprüche **64** 31
 Schriftformbedürfnis **64** 5
 Sozialrecht **64** 29 ff
 Verbot bei Unpfändbarkeit **64** 7 ff
 Verrechnung § 52 SGB I **64** 34
 Verrechnungsvertrag **64** 24
 Versorgungszusage mit Schadensersatzansprüchen **103** 77
 Vertragliche Verbote **64** 11
 Vertragsstrafe **441** 19
 Voraussetzungen **64** 4 f
 Zurückbehaltungsrecht **472** 6
 zwischen ArbGeb – ArbN **64** 15 f
Aufsichtsrat
 Anzahl ArbNVertreter **420** 9
 ArbN (Begriff) **26** 72
 ArbNVertreter Konzern **247** 11
 KonzernBRat, Mitwirkungspflichten **248** 19
Aufsichtsratsvergütung (Arbeitnehmer) 65
 Arbeitsentgelt **65** 11 f
 Aufwendungsersatz **65** 7
 Betriebsausgabenabzug **65** 9
 Einkünfte aus selbstständiger Tätigkeit **65** 9
 Gleichbehandlung **65** 3
 Lohnausfall Erstattung **65** 5
Aufspaltung
 ArbGeb Funktion **22** 6 f
 Übergangsmandat BRat **360** 8
Aufstiegsfortbildung
 Darlehen **189** 39

Aufstocker
- Fortbildung **189** 39
- Zuschuss **189** 39

Aufstocker
- Arbeitslosengeld II **43** 4
- Kombilohn **307** 8
- Mindestentgelt **307** 8

Aufstockung Arbeitsentgelt bei Altersteilzeit **11** 60

Aufstockungsbeträge
- Altersteilzeit **11** 60 f, 73
- Altersteilzeit, Kirchenlohnsteuerberücksichtigung **11** 12
- Altersteilzeit, Steuerfreiheit **11** 27
- Altersteilzeit, Steuerklassenwechsel **11** 12
- Altersteilzeit, tarifvertragliche Regelungen **11** 12
- Beitragsfreiheit **37** 126
- Erstattungsleistungen an ArbGeb **11** 73
- Teilzeitarbeitsverhältnis **11** 12
- Zuschuss BA bei Altersteilzeit **11** 73

Auftragserfindung ArbNErfindung **32** 11

Auftragsrückgang Kündigung, betriebsbedingte **258** 2, 8

Auftragswerke Urheberrecht **421** 6

Aufwandsentschädigung 66
- s a Werbungskosten **456**
- Anspruchsgrundlage **66** 2
- Arbeitsentgelt **37** 92
- Arbeitsentgelt SozV **37** 117 f
- Arbeitslohn **66** 4
- Aufwendungsersatz **66** 19
- Ausbilder **69** 15
- Begünstigte Tätigkeiten **66** 15
- Beitragspflicht Nebentätigkeit Kirche **243** 35
- Beitragspflicht SozV **66** 18 ff
- Beschäftigung gegen Entgelt **66** 25
- Ehrenamt **66** 21 f
- Ehrenamt, Arbeitsentgelt SozV **37** 118
- Ehrenamtliche Tätigkeit **150** 16 f
- Ehrenbeamte **66** 22
- Einmalzahlung **66** 18
- Hinzuverdienst **66** 24 ff
- Jahrespauschale Übungsleiter **66** 16
- Maklergebühr **66** 10
- Nebentätigkeit **322** 22
- Pauschal versteuerte als Einmalzahlung **154** 41 f
- steuerfreie, Arbeitsentgelt SozV **37** 117, 120 f
- Übungsleiter **66** 23
- Übungsleiterpauschale **66** 12 ff
- Ungleichbehandlung privater ArbGeb **66** 8
- Vergütungselement **66** 1
- Vertraglich vereinbarte bei Ehrenamt **150** 17
- Werbungskostenausschluss **66** 6
- Werbungskostenersatz **66** 4, 20

Aufwendungen ersparte als Arbeitsentgelt **37** 40

Aufwendungsausgleichsgesetz Kleinbetrieb **245** 17 f

Aufwendungsersatz 67
- s a Aufwandsentschädigung **66**
- s a Werbungskosten **456**
- Abgrenzung **67** 37
- Abgrenzung Aufwandsentschädigung **66** 1 f
- Anspruch Fahrtkosten **183** 2
- Arbeitsentgelt SozV **37** 92
- Aufsichtsratsvergütung **65** 7
- Auslagenersatz **67** 2; **392** 12
- Auslagenersatz Fehlgeldentschädigung **187** 28
- Auslandsreise **79** 4
- Auslandstätigkeit **80** 26
- Beitragsrecht **67** 39
- Bestechungsgelder **67** 5
- Betriebliche Geräte **229** 32 f
- BRatFreistellung **118** 24
- BRatSchulung **121** 23 f
- Bußgeld **67** 18 f
- Bußgeldübernahme durch ArbGeb, Beitragspflicht **67** 38
- Durchlaufende Gelder **67** 24 f, 35
- Durchlaufende Gelder Kassenfehlbestand **187** 33
- Ehrenamtliche Tätigkeit **150** 13
- Einsatzwechseltätigkeit **155** 3
- Fahrgemeinschaft **180** 3
- Fahrtkosten **183** 1
- Fahrtkostenerstattung **67** 3
- Kfz-Schaden ArbN **67** 9 ff
- Kostenerstattung Krankenkassen **67** 40
- Kostentragungspflicht ArbGeb **67** 1
- Pauschalierungsvereinbarung **67** 4
- Rufbereitschaft **362** 6
- Schadensübernahme **37** 56 f; **67** 6, 26
- Sozialrechtsleistung **67** 40
- Steuerfreiheit Beispiele **67** 27 f
- Umzugskosten **145** 1
- Unpfändbarkeit **67** 22
- Versicherungsbeiträge **67** 5
- Werbungskostenabzug **67** 31 f
- Werbungskostenersatz **67** 36

Aufzeichnungspflichten 68
- Arbeitszeiten durch ArbGeb **59** 25
- ArbGeb **68** 1 ff
- ArbGeb beim LStAbzug **68** 7 f
- ArbGeb SozV **68** 9 ff
- ArbN **68** 4 ff
- Beitragsnachweise **68** 18 ff
- Betriebliche Altersversorgung **68** 7
- Bewirtungsaufwendungen **132** 12
- Heimarbeit **222** 8 ff
- Jugendlichenbeschäftigung **231** 2
- Lohn- und Gehaltsabrechnung **68** 12, 13
- Lohnunterlagen **68** 9 ff
- LStPauschalierung **402** 118
- Ordnungswidrigkeit bei Verletzung **68** 17
- Sammellohnkonto **278** 11 f
- Sanktionen bei Verletzung **68** 8
- Sonn- und Feiertagsarbeit **381** 14

Ausbildungsverhältnis

Summenbescheid **68** 16
Überstunden **411** 2
Vermögenswirksame Leistungen **436** 36 f
Augenuntersuchung Mitbestimmung BRat **133** 16
Au-pair
  Arbeitsvermittler Vergütungsanspruch **57** 6
  ArbN-ABC **26** 84
  Hauswirtschaftliches Beschäftigungsverhältnis **221** 31
  Kinderbetreuungskosten **242** 18
AU-Richtlinien s *Arbeitsunfähigkeitsbescheinigung* 54
Ausbilder 69
  Ausbilder-Eignungs-VO **69** 5
  Ausbildungspflicht **72** 24
  Bestellung **69** 3
  Ehrenamtliche Tätigkeit **69** 16
  Eignung, fachliche **69** 3
  Eignung, persönliche **72** 11
  Freibetrag Nebentätigkeit **37** 122
  Haftung **69** 6–9; **72** 24 f
  Kontrollrecht Berufsschulbesuch **72** 25
  Mitbestimmung BRat **69** 10 f
  Nebenberufliche Tätigkeit, Steuerbegünstigung **69** 12 ff
Ausbilder-Eignungs-Verordnung Ausbilder **69** 5
Ausbildung
  s *Berufsausbildung*
  Kinderfreibetrag **240** 26
Ausbildungsbeihilfe
  BAföG **242** 63
  Kindervergünstigungen **242** 37
Ausbildungsbetrieb
  Interessenvertretung, besondere **232** 3
  JAV **232** 3
Ausbildungsdienstverhältnis 26 41
Ausbildungsfreibetrag 70
  Anrechnung **70** 8
  Antrag **70** 6
  Auslandskinder **70** 10
  auswärtige Unterbringung **70** 5 f
  Berechtigter **70** 2
  Berufsausbildung **70** 4
  Höhe **70** 7
  Lohnsteuerfreibetrag **70** 12
  Vier-Monats-Frist **70** 4
  Voraussetzungen **70** 3 ff
  Zwölftelung **70** 9
Ausbildungsgeld
  Behinderte **410** 17
  Rehabilitation (berufliche) **351** 37
  steuerfreie Leistung **96** 4
Ausbildungshelfer Ausbilder **69** 2
Ausbildungskosten 71
  s a *Ausbilder* 69
  s a *Ausbildungsfreibetrag* 70
  s a *Berufsausbildungsförderung* 96

Abflussprinzip **71** 16
Allgemeinbildung **71** 9
ArbGeb als Kostenträger **71** 27
Aufbaustudium **71** 24
Außergewöhnliche Belastungen **71** 18
Beihilfeleistungen, steuerliche Behandlung **93** 5, 10
Beitragsrecht **71** 36 f
Berufsausbildung **71** 14
Berufsausbildung, erstmalige **71** 10 f
Berufsausbildung im Dienstverhältnis **71** 26
Berufsausbildung, nicht erstmalige **71** 21
Berufsbegleitendes Studium **71** 23
Drittaufwand **71** 29
Drittaufwand, Ehebedingter **71** 20
Eltern als Kostenträger **71** 28
Erststudium **71** 22 f
Erststudium im Dienstverhältnis **71** 26
Kostenträger **71** 7
LStFreibetrag **71** 19
Promotion **71** 24
Promotionskosten **72** 88
Refrendariat **71** 24
Rückzahlungsklauseln **58** 41; **71** 3; **72** 89; **361** 1
Sonderausgabenabzug **71** 7, 15 f; **104** 19; **380** 17
Sprachkurs **71** 14
Studiengebühren **71** 25
Tarifvertragliche Erstattung **71** 5
Zuschüsse **71** 38
Zuschussanrechnung **71** 17
Zweitstudium **71** 24 f
Ausbildungsordnung Maßgeblichkeit und Inhalt **72** 16 f
Ausbildungsstätte
  außerbetriebliche **96** 2
  Tendenzbetrieb **96** 3
Ausbildungsvergütung Bemessungsgrundlage AlGeld **42** 42
Ausbildungsverhältnis 72
  Abgrenzung, LSt **72** 87 f
  Anrechnung Kündigungsfrist **263** 58
  Aufhebungsvertrag **1** 12
  Auflösung des Arbeitsverhältnisses gegen Abfindung **1** 12
  Ausbildungsordnungen **72** 16 f
  Beendigung **72** 42 ff
  Beendigung steuerlich **72** 90
  Befristetes Arbeitsverhältnis **91** 20
  Begründung Arbeitsverhältnis nach Abschluss **72** 46
  Berufsausbildungsvertrag **72** 3 ff
  Berufsausbildungsverzeichnis **72** 10
  Berufsausbildungsvorbereitungsverhältnis **72** 4
  Dauer **72** 14 f
  Diplomand **72** 90
  Einstellungsberechtigung **72** 11 f

Ausbildungsvertrag

Haftungsbegrenzung Auszubildende **72** 36
Jugend- und Auszubildendenvertretung **72** 76 ff
Kündigung, allgemein **72** 48 ff
Kündigung, außerordentliche **72** 55 ff
Lehrgeldzahlung **72** 40
Mitbestimmung BRat **72** 72 f
nichtige Vereinbarungen nach Beendigung **72** 37 f
Pflichten Ausbilder **72** 19 ff
Pflichten Auszubildender **72** 34 f
Praktikant **72** 3
Probezeit, gesetzliche **343** 3
Schadensersatz **72** 61 ff
Schadensersatz bei Kündigung, außerordentliche **257** 82
Schulbesuch **72** 25
Teilzeitausbildung **72** 14
Übernahmeanspruch **72** 46 f
UV **72** 100
Verbundausbildung **72** 6
verfahrensrechtliche Besonderheiten **72** 69 f
Vergütung **72** 26 ff
Wiederholungsprüfung **72** 14
Zeugnis **72** 66 f

Ausbildungsvertrag s *Berufsausbildungsvertrag*

Ausbildungszeiten
Anrechnung beruflicher Vorbildungszeiten **72** 15
Verkürzung **72** 15

Ausbildungszuschuss Behinderte **71** 38

Ausfallhaftung Mittelbarer ArbGeb **313** 5 f

Ausfallzeiten s *Rentenversicherungsrechtliche Zeiten* **358**

Ausgleich Arbeitszeitverlängerung **59** 21

Ausgleichsabgabe
Anteil BA **92** 21
Behinderte **92** 110
Betriebsausgabe **92** 92
Höhe **92** 17, 21
Pflichtquote **92** 110
Pflichtzahlberechnung **92** 20

Ausgleichsanspruch
Ehegattenarbeitsverhältnis **185** 14 f
Handelsvertreter **220** 3, 10

Ausgleichsgeld Landwirtschaft, steuerfreie Einnahme **392** 20

Ausgleichsklausel
Abfindungsanrechnung auf AlGeld **1** 2
Anfechtung wegen arglistiger Täuschung **73** 14
Anfechtung wegen Drohung **73** 14
Anfechtung wegen Irrtums **73** 13
Ausgleichsquittung **73** 2, 8, 13 f
Deklaratorisch negatives Schuldanerkenntnis **73** 3
Erlassvertrag **73** 3, 18 f
gerichtlicher Vergleich **73** 10
Konstitutives negatives Schuldanerkenntnis **73** 3

Rechtsnatur **73** 3
Reichweite **73** 6
Rückforderung Schuldanerkenntnis **73** 15
Sittenwidrigkeit **73** 15
spezielle **73** 8

Ausgleichsleistungen EFZG Kleinbetrieb **245** 23 f

Ausgleichsquittung 73
Anfechtung **73** 12 f
Anspruchsbezeichnung **73** 6
Anspruchsverzicht **73** 4 f
Aufhebungsvertrag **63** 12
Ausländer **78** 14
Bestandteile **73** 2
Eindeutigkeit, äußere **73** 7
Empfangsbestätigung **73** 2
Empfangsbestätigung, LSt **73** 17
Herausgabeansprüche **73** 6
Hinweispflichten ArbGeb **73** 9
Minderjährige **306** 15
Muster **73** 16
überraschende **58** 27
Unwirksamkeit **73** 5
Vergleichsvertrag **73** 22
Wettbewerbsverbot **460** 25
Widerruf **73** 12

Ausgleichsverfahren
Kleinbetrieb **317** 56
Kleinbetrieb AAG **245** 17 f
Umlage Mutterschutz **317** 57

Ausgleichszahlung
Abfindung **1** 42
Betriebsteilübergang, Steuerbegünstigung **125** 11
Sozialplan Beispiele **385** 30

Aushänge im Betrieb 74
Arbeitszeitregelungen **74** 2 f
Ausschreibung **83** 9
Beförderung Mitarbeiter **74** 20
Betriebsvereinbarungen **129** 18
Betriebsverfassungsrecht **74** 13 f
Erste Hilfe **74** 33
freiwillige **74** 18–20
Gewerkschaftswerbung **74** 23
JArbSchG **231** 2
Mitbestimmung BRat **74** 21 f, 27 f
Schutzvorschriften **74** 5 ff
Sprache **74** 25
Standort **74** 24
Tarifverträge **74** 12
Unfallverhütungsvorschriften **74** 32
unternehmensbezogene **74** 17
UV Träger **74** 31
Verstoß gegen Aushangpflichten **74** 26 f

Aushilfsarbeitsverhältnis
ArbNEigenschaft **75** 21
Befristetes **75** 2 ff
Besonderheiten **75** 1
Entgeltfortzahlung **75** 7
Kündigungsfristen **75** 6 f

Auskunftsverweigerungsrecht

Kündigungsschutz **75** 5
Saisonarbeit **75** 3
Urlaubsanspruch **75** 8
Vertretung **75** 4
Zeitbefristung **75** 3
Zweckbefristung **75** 3
Aushilfskräfte 75
   s a *Geringfügige Beschäftigung* **202**
   s a *Studentenbeschäftigung* **393**
   ArbNEigenschaft **75** 31
   Befristetes Arbeitsverhältnis **91** 33
   Befristetes Aushilfsarbeitsverhältnis **75** 2
   Berufsmäßigkeit **75** 35 f
   Dauertätigkeit **75** 46 f
   Entgeltfortzahlung **75** 7
   Gelegenheitsarbeiter **75** 39
   Kündigungsfristen **75** 6 f; **262** 19
   Kündigungsschutz **75** 5
   Kurzfristige Beschäftigung **75** 22, 24 f
   Land- und Forstwirtschaft **75** 22, 27 f
   Mehrfachbeschäftigung **75** 30
   Nebenbeschäftigung **75** 30
   Schüler **75** 36
   Unständig Beschäftigte **75** 41 f
   Unständige Beschäftigung, Versicherungspflichten **75** 39 f
   Urlaubsanspruch **75** 8
   UVSchutz **75** 32
   Zeitbefristung **75** 33
   Zweckbefristung **75** 33
Aushilfstätigkeit *Geringfügige Beschäftigung* **75** 33 f
Aushilfstaxifahrer *ArbN-ABC* **26** 84
Auskunft, verbindliche s *Verbindliche Auskunft*
Auskunftsanspruch *Sozialdaten* **140** 53
Auskunftspflichten
   Aus- und Weiterbildung **76** 44
   BfA **17** 22 f
   Datenspeicherung **140** 16
   Dritter gegenüber BA **76** 40 f
   Ehegatte bei Bedürftigkeitsprüfung **76** 41
   Einzugsstellen **17** 19 f
   Elterngeld **159** 34
   Insolvenzgeld **76** 43
   Sozialversicherungsträger **17** 24 f
   Umfang gegenüber BA **76** 45
   Vermögensverwahrung **76** 42
Auskunftspflichten Arbeitgeber 76
   Allgemeine Grenze **76** 14
   Anpassungsnachholung Betriebliche Altersversorgung **103** 63
   Anzeigepflichten Abgrenzung **76** 1
   Anzeigepflichten Abgrenzung (LSt) **20** 6
   Arbeitsverhältnis **76** 4 f
   ArbNErfindung, Vergütung **32** 22
   ArbNÜberlassung **76** 7
   Aufhebungsvertrag **63** 13 f
   Auskunftsverweigerung **76** 31 f
   BA **76** 40 f

   Beendigung Arbeitsverhältnis **76** 9 f
   Behörden **76** 21
   Beitragsentrichtung **76** 38
   Beschäftigung freie Mitarbeiter **76** 13
   Betriebsübergang **76** 8
   Betriebsvermögensveräußerung **76** 13
   Bewerbung **76** 3; **334** 24
   Bonussystem **76** 5
   BRat **76** 11 ff
   Elterngeld **76** 48
   Erben ArbN **76** 22
   Ermittlung des Sachverhalts **76** 35 f
   Europäischer BRat **76** 16
   FA **76** 27 ff
   gegenüber Dritten **76** 19 f
   Gläubiger des ArbN **76** 23
   Grenzen Verschwiegenheitspflicht SozV **438** 21 f
   Insolvenzschutz Wertguthaben **458** 28 f
   Jugendarbeitsschutz **231** 3
   Mitarbeiterbefragung, Auswertung **76** 13
   Rechtsvorschriften SozV **76** 37 ff
   Sozialauswahl **258** 64 f
   Sozialleistungserbringung **76** 39
   Teilzeitbeschäftigung **76** 15
   Umsatzbeteiligung ArbN **76** 5
   Umwandlung **76** 16
   Verdienstbescheinigung **432** 12 f
   Verfahrensbeteiligte SozV **76** 34
   Versorgungsanwartschaft betriebliche Altersversorgung **353** 1 f
   Verträge mit Fremdfirmen **76** 13
Auskunftspflichten Arbeitnehmer 77
   Abgrenzung Melde- und Anzeigepflichten Beitragsrecht **77** 41
   arglistige Täuschung **77** 29
   Auskünfte durch Dritte **77** 44
   Auskunftsverweigerungsrecht **77** 39
   Beweismittel SozV **77** 45
   Einstellungsgespräch Fragerecht ArbGeb **77** 13–28
   Einstellungsgespräch Offenbarungspflichten **77** 2 ff
   Einzelermittlungen **77** 38
   Grenzen Verschwiegenheitspflicht SozV **438** 19 f
   Karenzentschädigung **460** 41
   Kündigungsschutzprozess **77** 32
   Lohnzahlung durch Dritte **77** 40
   LStAußenprüfung **77** 37
   Mitwirkungspflichten SozV **77** 41 ff
   Rechtmäßigkeitsvoraussetzungen **77** 33
   Trinkgeld **406** 5 f
Auskunftsverweigerung Arbeitgeber
   Belehrung **76** 32
   Ordnungswidrigkeit **76** 50
   Zwangsmittel **76** 32
Auskunftsverweigerungsrecht
   ArbGeb **76** 49
   ArbN **77** 39

Ausländer

Außenprüfung **140** 31
Schwangerschaftsfrage bei Einstellung **317** 47
Ausländer 78
 Abfindung, Besteuerungsart **78** 41
 Abmahnung **78** 12
 Abtretung LStErstattungsanspruch **323** 16
 AlGeld II-Bezug **43** 22
 Arbeitsunfähigkeitsbescheinigung **78** 18
 Arbeitsverhältnis **78** 7 ff
 Arbeitsvertragsabschluss **78** 8 f
 ArblV **45** 27
 Aufenthaltserlaubnis **78** 56 f
 Aufenthaltserlaubnis, befristete **78** 9
 Aufenthaltsrecht **78** 60
 Aufenthaltstitel **78** 54
 Aufhebungsvertrag **63** 10
 Ausgleichsquittung **73** 9, 13; **78** 14
 Aushänge im Betrieb **74** 25
 Ausländerbeschäftigung **78** 52 f
 Befristung Arbeitserlaubnis **78** 9
 Berufsausbildungsförderung **96** 15
 Beschäftigungs-/Tätigkeitsort **78** 65 f
 Beschäftigungsverbot **100** 11
 Beschäftigungsverhältnis bei illegaler Beschäftigung **78** 53
 Beschäftigungsvoraussetzungen **78** 2 ff
 beschränkte Steuerpflicht **78** 42 f
 Besteuerungsumfang **78** 41
 Blue-Card-Regelung **78** 6
 BRatWahl **78** 20
 DBA-Besteuerung **78** 35
 Deutschkenntnisse **78** 10
 Diskriminierungsverbot **144** 156
 Einstrahlung **78** 51, 67 f
 Elterngeld **159** 15
 Entsendung **78** 68
 erweiterte unbeschränkte Steuerpflicht **78** 38 ff
 Ethnisch-religiöse Pflichten **78** 16
 EU-Bürger **78** 7
 Fachkräfte, Genehmigungsfreiheit **78** 6
 Fahrten zwischen Wohnung und Arbeitsstätte UV **182** 40
 Freistellung von der Arbeit **78** 15
 Freizügigkeitsgesetz EU **78** 60
 Fürsorgepflicht ArbGeb bei Ehrverletzungen **78** 19
 geduldete, Berufsausbildungsförderung **96** 15
 Gewissenspflichten **78** 16
 Gewöhnlicher Aufenthalt **78** 35, 64 f
 illegale Beschäftigung, Vergütungsanspruch **78** 8, 53
 Kindergeld **241** 5 f, 25
 Kindergeldanspruch **241** 7
 Kündigung (allgemeine) **78** 13 f
 LStEinbehaltung bei Bauausführungen und Montagen **78** 46
 Mitbestimmung BRat **78** 20
 Nachträgliche Zulassung Kündigungsschutzklage **78** 13
 Negativer Progressionsvorbehalt **78** 41
 Niederlassungserlaubnis **78** 57
 Nullbescheinigung **78** 38
 Rückkehrbedingung bei Abfindungszahlung Sozialplan **385** 21
 SozVLeistungserstattung **78** 48
 Sprachkurs Fortbildungskosten **189** 27
 Steuerfreiheit DBA **78** 41
 Steuernummer **78** 41
 Steuerverwaltungen, Auskunftsaustausch **78** 40
 subject-to-tax-Klausel **78** 35
 Territorialitätsprinzip **78** 51
 unbeschränkte Steuerpflicht **78** 35 f
 Unterhaltszahlungen Ausland **78** 49
 Urlaubserkrankung **78** 18
 Vermutung abhängiger Beschäftigung bei illegaler Ausländerbeschäftigung **377** 38
 Wehrdienst **78** 15
 Werbungskosten Heimfahrten Gastarbeiter **182** 28
 Werbungskosten Sprachkurse **78** 47
 Zuwanderungsgesetz **78** 51 f
 zwischenstaatliches Recht **78** 71 f
Ausländerbeschäftigung
 Aufenthaltsgesetz **78** 54 f
 illegale, Sanktionen **377** 38
Ausländerfeindlichkeit
 Kündigungsgrund **260** 27
 Meinungsfreiheit **303** 6
Ausländische Verluste Diskriminierungsverbot **144** 142
Ausländischer Arbeitnehmer s *Ausländer* **78**
Auslagenersatz
 s a *Aufwendungsersatz* **67**
 Abrechnungs- und Nachweiserfordernis **67** 27
 Einigungsstelle **153** 32
 Gesundheitszeugnis **205** 15
 pauschaler **67** 27
 Steuerfreiheit Beispiele **67** 28
 Telearbeit **403** 12
 Verjährung **434** 7
Ausland
 Altersrentenversteuerung **10** 19
 Beitreibungsersuchen **78** 40
 Freiwilligendienste, UVSchutz **417** 35
 Gründungszuschuss **210** 13
 Jugendfreiwilligendienst **193** 16
 Kostenerstattung KV **249** 15 f
 Krankenbehandlung **249** 15 f
 Leistungsexport Sozialleistungen **80** 83
 PflegeVLeistungen **339** 31
 Rentenzahlungen **10** 18 f
 Telearbeitsplatz, Beitragsrecht **403** 15
Auslandsbehandlung Kur, Unionsrecht **265** 22

Auslandstätigkeit

Auslandsbeschäftigung Vermittlungsbudget **435** 15
Auslandsdienstreise
　Fahrtkosten **79** 8
　Gesamtbetrag Unterhalt und Verpflegung **79** 16
　Höchst- und Pauschbeträge, Übersicht **79** 24
　Mietwohnungskosten **79** 16
　Reisenebenkosten **79** 17
　Übernachtungskosten **79** 8, 16
　UVSchutz **141** 64
　Verpflegungsmehraufwendungen **79** 10, 12 f
Auslandsehe Witwenrentenauswirkung **223** 27
Auslandsentsendung ArbNÜberlassung **34** 18
Auslandserkrankung
　Arbeitsunfähigkeitsanzeige **53** 13
　Arbeitsunfähigkeitsbescheinigung **54** 15, 23
　EU und Schweiz **54** 23
　Innerhalb Abkommensstaaten **54** 24
　Vertragsloses Ausland **54** 25
Auslandskinder
　Ausbildungsfreibetrag **70** 10
　Diskriminierungsverbot **144** 152
　Kinderfreibetrag **240** 6
　Kindergeld **241** 5 f
Auslandslehrer Auslandstätigkeit **80** 62
Auslandsreise 79
　Abzugsfähigkeit **79** 19
　ArbGebfinanzierte Reise **79** 20
　ArbNfinanzierte **79** 19
　Aufwendungsersatzanspruch **79** 4
　beruflich und privat veranlasste **79** 19
　BRat **79** 5
　Dienstreise Werbungskostenersatz **79** 8 ff
　3-Monats-Frist **79** 16
　Drittfinanzierung **79** 22
　Erkrankung **79** 26 f
　Gemischte Veranlassung **79** 21
　Gruppenreise **79** 23
　Höchst- und Pauschbeträge Übersicht **79** 24
　Kaufkraftausgleich **79** 28
　Kostenerstattung bei KonzernBRat **119** 10
　Krankenbehandlung Tourist **79** 26
　Nachweispflicht ArbN Aufwendungen **79** 16
　Ortsbestimmung **79** 15
　private **79** 18
　private, Kostenübernahme durch ArbGeb oder Dritte **79** 18
　Reisezeitvergütung **79** 3
　UVSchutz **79** 25
　Verpflichtung vertragliche **79** 1 f
　Versetzung bei Längerfristiger **79** 1 f
　Werbungskosten bei gemischter Veranlassung **79** 19
Auslandsseminar Bildungsurlaub **134** 27
Auslandsstudium Kindergeldanspruch **241** 6

Auslandstätigkeit 80
　Anrechnung ausländische Steuern **80** 55
　Ansässigkeit **80** 40
　Arbeitsvertragsstatut **80** 9–13
　ArbZG, Geltung **59** 3
　Ausländischer ArbGeb **80** 38
　Auslandstätigkeitserlass **80** 35
　Ausstrahlung **80** 15, 102 f
　Ausstrahlung SozV **80** 115
　befristete im EU-Bereich, SozVRecht **80** 116 f
　Berufsausbildung **80** 25
　Beschäftigungsart, Sozialrecht **80** 103 f
　beschränkte Steuerpflicht **80** 59
　Besteuerung **80** 35 ff
　Besteuerung am Tätigkeitsort **80** 37
　Betriebliche Altersversorgung **80** 23
　betriebliche Zuordnung ArbN **80** 14 f
　Betriebsstätte **80** 39 ff; **123** 10
　DBA-Regelung **80** 37 ff
　Drittstaatenangehörige, soziale Sicherung **80** 90
　Ein- und Ausstrahlungsvorschriften, deutsches Kollisionsrecht **80** 102 f
　183-Tage-Regelung **80** 41 f
　Einstrahlung SozV **80** 115
　Entsendung **78** 69; **209** 32
　Entsendung ArbN **80** 5 f
　Entsendung befristete im EU-Bereich, SozVRecht **80** 116 ff
　Entsendung EU-Bereich **80** 116
　Entwicklungsländer **80** 53
　erweiterte unbeschränkte Steuerpflicht **80** 60 f
　EU, Auffangregelung SozVRecht für Rückkehrer **80** 111
　EU, Beschäftigungslandprinzip SozVRecht **80** 107 f
　EU, Invalidität **80** 155 f
　EU, Wohnlandprinzip SozVRecht **80** 109 f
　EU-Bedienstete **80** 61
　EU-Rechtsordnungsanwendbarkeit Sozialrecht **80** 106
　Freizügigkeitssicherung EU **80** 80 f
　Gerichtsstand **80** 30
　Geschäftsführerbesteuerung **80** 52
　Gewöhnlicher Aufenthalt **80** 35, 40
　Gründungszuschuss **210** 16
　In- und Auslandstätigkeit, Arbeitslohnaufteilung **80** 46
　Insolvenzgeldanspruch **226** 47
　Internationale Organisationen, Besteuerung **80** 61
　Kindergeldanspruch **241** 24
　Kollisionsrecht, Ebenen **80** 77
　Krankenbehandlung **249** 4, 6 f
　KVSchutz ArbN bei vorübergehender **76** 4
　Lebensmittelpunkt **80** 40
　Leistungsrecht nach SozVAbkommen **80** 163 f

Auslandstätigkeitserlass (ATE)
- Mehraufwendungsersatz **80** 26
- Mitbestimmung BRat **80** 17 f
- Muster Arbeitnehmerentsendung **80** 31
- Mutterschutz **317** 3
- Nachweispflichten **80** 11
- Nationales Sozialrecht und Kollisionsnormen **80** 75 f
- Öffentlicher Dienst **80** 62
- ohne DBA-Regelung **80** 54 f
- Ortskräfte **80** 3
- RL zur versicherungsrechtlichen Beurteilung von ArbN bei Aus- und Einstrahlung **80** 170
- Rückrufklausel **80** 15
- Rückumzugskosten **80** 28
- Rückumzugskostenübernahme **415** 2
- SchwbG MuSchG Geltung **80** 21
- Soldaten im Auslandseinsatz **80** 60
- Sonderregelungen **80** 49
- Soziale Sicherung **80** 73 ff
- Sozialrecht, Rechtsanwendungsbestimmung **80** 75 f
- Sozialrecht, Rechtsanwendungsübersicht **80** 78
- Sozialversicherung bei unbefristeter Tätigkeit **80** 106 ff
- Sozialversicherungsabkommen, internationale **80** 91 ff
- Sozialversicherungsabkommen, Versicherungszeitenzusammenrechnung in RV **80** 163 f
- SozV bei befristeter Entsendung in Abkommenstaat **80** 134 f
- SozV bei befristeter Entsendung in Nichtabkommenstaat **80** 137 f
- SozV bei unbefristeter Beschäftigung in Abkommensstaat **80** 112 f
- SozV bei unbefristeter Beschäftigung in Nichtabkommensstaat **80** 114 f
- SozVSchutz **80** 74 ff
- Steuerfreistellung **80** 43
- Tarifrecht **80** 22
- Telearbeit **403** 8
- Territorialitätsprinzip **80** 14 ff
- Überblick **80** 35 f
- Umzugskosten **80** 59; **415** 29
- vorzeitige Beendigung **80** 27
- Weisungsrecht **453** 10
- Wohnortklausel Sozialleistungen **80** 86 f
- Wohnsitz **80** 40
- Wohnsitz, Sozialrecht **80** 102

Auslandstätigkeitserlass (ATE)
- Entgeltfortzahlung im Krankheitsfall **250** 6
- Freistellungsbescheinigung LSt **276** 23
- Steuerfreistellung **80** 57

Auslandstagegeld
- Auslandsdienstreise **79** 24
- Flugreise **79** 13
- Schiffsreise **79** 14

Auslandsverwendungszuschlag Soldaten **80** 60
Auslauffrist befristetes Arbeitsverhältnis **91** 5
Auslösung 81
- Aufwendungsersatz, pauschalierter **81** 1
- Beiträge SozV **81** 10 f
- Bundesmontagetarifvertrag **81** 3 f
- Bundesrahmentarifvertrag Baugewerbe **81** 5
- Einsatzwechseltätigkeit SozV **155** 26 f
- Fernauslösung **81** 3
- Güterkraftverkehr **81** 6
- Nahauslösung **81** 4
- Pfändung **81** 8
- Urlaub, Krankheit **81** 7
- Wegfall bei Entgeltfortzahlung **162** 14

Auspendler s *Grenzgänger* **209**
Ausschlussfrist 82
- Abfindung **1** 38
- Ablauf **82** 16 ff
- Ablaufhemmung **82** 35
- Abmahnung **2** 31–33, 41
- Akkord **82** 17
- Annahmeverzug **82** 18
- Annahmeverzug Lohnansprüche **14** 22 f
- Anspruch aus rückwirkenden Tarifverträgen **82** 17
- Anspruchshäufung **82** 28
- Anspruchsvorbehalt ArbN **82** 26
- Ansprüche aus dem Arbeitsverhältnis **82** 9
- Ansprüche aus unerlaubter Handlung **82** 12, 23
- Antragsveranlagung **18** 4
- Arbeitsvertrag **82** 5 f
- arbeitsvertragliche **82** 2
- Arbeitszeitkonto, Stand **60** 13
- Aufrechnung **82** 36
- Ausschluss, Beispiele **82** 10
- Ausschlussklauseln, zweistufige **82** 6
- Beachtung vAw **82** 1
- Beginn bei Kündigung, außerordentliche **257** 19 ff
- beiderseitige **82** 14
- Betriebliche Altersversorgung **103** 79
- Betriebsübergang **82** 34 f; **126** 52
- Betriebsvereinbarung **82** 8 f
- Beweislast Einhaltung **257** 90 f
- Bildungsurlaub **134** 24
- Diskriminierungsklage **144** 134
- Doppelklauseln **82** 34 f
- Eingruppierung **82** 18
- einseitige **82** 14
- einstufige **82** 6
- einzelvertragliche Ansprüche **82** 5 f
- Ende bei Kündigung, außerordentliche **257** 24 f
- Entgeltrückzahlung **82** 17, 18
- Equal-Pay-Ansprüche **34** 38
- Ersatzansprüche aus Freistellung zur Weiterbildung **82** 21

Außenprüfung

Ersatzansprüche aus nichtgewährtem Urlaub 82 21
Forderungen ArbGeb 82 41
Formulararbeitsvertrag 82 6, 33
Freistellungsanspruch 82 19
Freiwillige Beiträge RV 82 45
gesetzliche, Beispiele 82 11
Gleichstellungsgebot, gesetzliches 82 3
Gleichwohlgewährung 82 42
Haftung aus vorsätzlicher Schädigung 82 6
Haftung wegen Schlechtleistung 82 22
Hemmung bei Verdachtskündigung, außerordentlicher 431 11
Insolvenzgeld 82 46
Insolvenzgeldbeantragung 226 65 f
Karenzentschädigung 460 38
Kündigung, außerordentliche 257 17 ff
Kündigung, außerordentliche, krankheitsbedingte 257 20
Kurzarbeitergeld 82 46
Mindestentgelt AEntG 31 10
Mobbing 82 21
Muster 82 37
Nachschieben Kündigungsgründe bei außerordentlicher Kündigung 256 75 f
Nachteilsausgleich 82 20; 321 15
nachträgliche Zulassung Kündigungsschutzklage 263 130 f
Nachweis 82 2
Pflichtbeiträge RV 82 45
Rechtsmittel 82 32
Rückwirkung tariflicher 82 13
Rückzahlungsanspruch 361 20
Ruhegeldzusage, Durchführungsweg 82 10
Schadensersatzanspruch 82 21
Schadensersatzansprüche Persönlichkeitsrechtsverletzungen 314 5
Sozialplan 82 20; 385 44
sozialrechtliche 82 43
Steuererklärungsfristen 82 40
tarifliche 82 3 f, 7 ff
Tarifvertrag, Inhaltskontrolle 82 9
Treu und Glauben 82 35
Übergangsgeld 410 6
Untertarifliche Bezahlung 82 35
Urlaubsabgeltung 82 9
Urlaubsabgeltung, tarifliche 422 10
Urlaubsabgeltungsanspruch 422 10
Urlaubsentgelt 82 10
Verdachtskündigung, außerordentliche 431 4
Verfallfrist, einseitige 82 14
Verlängerung bei Kündigung, außerordentliche 257 26 ff
Vertragsstrafe 82 23
Verwirkung bei Fürsorgepflichtverletzung 195 33 f
Vorruhestandsleistungen Baugewerbe 82 10
Wiedereinsetzung 82 39
Wiedereinsetzung bei Unkenntnis 82 49
Wiedereinsetzung Kündigung, außerordentliche 257 18
wiederkehrende Ansprüche 82 26
Wintergeld 463 2 f
Wintergeldrückzahlung 463 2
Zeugniserteilung 470 15
Zustimmungsverweigerung BRat bei Einstellung, Versetzung, Um- und Eingruppierung 310 11
Ausschlussklauseln
Arbeitsvertrag 58 39
Zweistufige in Arbeitsverträgen 58 39
Ausschreibung 83
AGG, Geltungsbereich sachlicher 144 5
Altersneutrale 83 2
außerbetriebliche 83 14
Berufsanfänger 83 2
Bund 83 6
Diskriminierende 83 3
Diskriminierungsverbot 144 107
Dokumentation Auswahlgespräche 83 3
GesamtBRat, Zuständigkeiten 203 16
geschlechtsneutrale 83 2
geschlechtsspezifische 83 2
innerbetriebliche 83 7 ff
konzernweite 83 13
Schwerbehinderungsneutrale 83 2
Teilzeitbeschäftigung 83 5; 402 15 f
unterlassene, Nachholung 83 15
Außendienstmitarbeiter
Abgrenzung Handelsvertreter 220 1, 13
Aufzeichnungspflichten 68 4
Reisezeitvergütung 141 4
Unfallversicherung 55 45
Außenprüfung 84
s a *Lohnsteueraußenprüfung* 284
abgekürzte 284 2, 11
Abgrenzung Einzelermittlung FA 84 8 f
ArbGebPflichten bei Insolvenz des ArbGeb 226 25
Auskünfte ArbN 84 2 f
Auskunftspflichten ArbGeb 84 21
Auskunftsverweigerungsrecht 140 31
Ausland 78 40
automatisierte Abrechnungsverfahren 84 15
Beanstandungen 84 17 f
Beitragsnachweise 84 12
Datenschutz 140 29 ff
Geringfügige Beschäftigung in Privathaushalten 221 43
Hemmung der Verjährung 84 16
Kontenabruf 84 8
Kontenabruf bei Kreditinstituten 84 8
Korrektheit der Beitragsentrichtung 84 13
Lohnkontoüberprüfung 278 14
Lohnlisten 278 14; 280 20
Prüfungsstelle 84 13
Prüfungsturnus 84 14
Schwarzarbeit 84 22
sozialversicherungsrechtliche 84 11 ff

2703

Außenseiter

Spontanauskünfte **78** 40
steuerliche **84** 8 f
Steuerstraftat Anzeigepflicht **84** 21
Summenbescheid **278** 21
turnusmäßige SozV **84** 13
Verbindliche Zusage **84** 8
Verjährungshemmung **84** 17
Vertrauensschutz **84** 17
Vertrauensschutz Versicherungs- und Beitragspflicht **84** 20
Verwaltungsakt **84** 19
Weisungsrecht ArbGeb **84** 3 f
Zahlung des GesamtSozVBeitrags **84** 12
Zollverwaltung **84** 22

Außenseiter
Betriebsübergang **126** 64
Bezugnahmeklauseln **126** 64

Außerdienstliches Verhalten
Kündigung, außerordentliche **257** 40
Kündigung, verhaltensbedingte **260** 25 f
vertragswidriges bei Abmahnung **2** 15

Außergewöhnliche Belastung
Ausbildungskosten **71** 18
BAföG-Rückzahlung **96** 5
Behinderte **92** 80
Berufskrankheitskosten **97** 5 f
Fahrstuhleinbau Behinderte **92** 86
Haushaltshilfe Behinderte **92** 81
Hausumbau behindertengerechter **92** 86
Hausumbaukosten bei Berufskrankheit **97** 10
Heimunterbringungskosten Behinderte **92** 81
Kfz-Umbau Behinderte **92** 83
Kinderbetreuungskosten Behinderte **92** 79
Krankheitskosten **255** 4
Kurkosten **265** 12
Minderung zumutbare Belastung **242** 34, 43
PflegeVLeistungen **339** 2 f
Rechtsanwaltskosten **350** 22
Schwangerschaftsabbruch **376** 5
Umzugskosten bei Krankheit **415** 31
Unfallkosten **55** 24; **451** 3
Unterhaltsleistungen Lebensgemeinschaft (nichteheliche) **270** 13
Zwangsläufigkeitsnachweis bei Krankheit **109** 22

Außerordentliche Einkünfte 85
Altersentlastungsbetrag **8** 8
Beitragssätze, lineare **85** 27
Entschädigung **85** 5 ff
Fünftelungsregelung **85** 21
Nachzahlung Bezüge **85** 9, 20
Nichtausübung Tätigkeit **85** 10
Tarifermäßigung **85** 4, 17 f, 21
Verfahren bei Tarifermäßigung **85** 22 f
Vergütung für mehrjährige Tätigkeit **85** 3, 17 f
Versorgungsansprüche Kapitalisierung **85** 8
Wahlrecht ArbN **85** 22 f
Zusammenballung von Einnahmen **85** 20

Außertarifliche Leistungen Vergütungstopf, Mitbestimmung BRat **6** 18
Aussetzung der Vollziehung Prüfungsanordnung LStAußenprüfung **284** 7
Aussiedler Ersatzzeiten **358** 22

Aussperrung
s a Arbeitskampf (Vergütung) **40**
s a Streik
Abwehraussperrung **40** 11
AlGeldAnspruch **40** 35
Angriffsaussperrung **40** 13
Annahmeverzug **14** 1, 7
Aussperrungsunterstützung Gewerkschaft **40** 22 f
Betriebsstilllegung **40** 14, 16
BRatTätigkeit **40** 17
Feiertagsvergütung **40** 18
Freistellung von der Arbeit **191** 11
Krankheit **40** 19
Leistungsanspruch mittelbar betroffene ArbN **40** 38 f
lösende **40** 12
Mitgliedschaft PflegeV **40** 31
Neutralitätsausschuss **40** 42
Nichtbeschäftigung arbeitskampfbedingte **40** 16
Progressionsvorbehalt **40** 29
rechtswidrige, Entgeltfortzahlungsanspruch **40** 30
Ruhen des Arbeitsverhältnisses bei Abwehraussperrung **363** 11
Streikbruchprämie **40** 15, 24
Überbrückungszeiten RV **40** 33
Urlaub(sanspruch) **40** 21
UVSchutz **40** 34
Vergütungspflicht **40** 16 ff
Wiedereinstellungsanspruch **462** 8
Zulässigkeit **40** 11 f

Ausstattung Arbeitszimmer **61** 24
Ausstellungsraum Arbeitszimmer **61** 12

Aussteuerung
AlGeldBezug **42** 13
Arbeitslosmeldung **250** 24
ArblVBeiträge **44** 4
Krankengeld **250** 24

Ausstrahlung
Auslandtätigkeit **80** 15, 102 f, 115
Befristete Entsendung in Nichtabkommensstaat **80** 145
Unbefristete Beschäftigung im Nichtabkommenstaat bei Auslandstätigkeit, SozV **80** 115

Austauschbarkeit Sozialauswahl **258** 31 f

Austauschkündigung
Kündigung, betriebsbedingte Unzulässigkeit **258** 48
LeihArbN **258** 48
Team-Dispatcher **258** 48

Auswärtige Arbeitsstelle
s a Dienstreise **141**

Basisrentenverträge

s a Fahrten zwischen Wohnung und Arbeitsstätte **182**
ArbNBeförderung Arbeitszeit **29** 4
Auswärtstätigkeit
  s a Dienstreise **141**
  s a Einsatzwechseltätigkeit **155**
  s a Fahrten zwischen Wohnung und Arbeitsstätte **182**
  außerhalb des Dienstes **141** 16
  Erste Tätigkeitsstätte **141** 14
  Mahlzeitengestellung **141** 36 f
  Mahlzeitengestellung als Sachbezug **370** 23
  Reisenebenkosten **141** 55
  Sammelpunkt und weiträumiges Tätigkeitsgebiet **141** 15
  Schäden ArbN **141** 55 f
  Unterkunftskosten **141** 47 f
  Verpflegungspauschale **141** 40 f
  48-Monatsfrist **141** 53
Auswahlrichtlinie 86
  Änderungskündigung **5** 29
  Betriebsvereinbarung **86** 1
  Diskriminierungsverbot **86** 2
  Einigungsstelle **86** 3
  Einstweilige Verfügung **86** 3
  Einzelfallregelungen **86** 1
  GesamtBRat, Zuständigkeiten **203** 16
  Gleichbehandlungsgrundsatz **86** 2
  Interessenausgleich **228** 6 f; **258** 43
  Interessenausgleich, Lebensalterberücksichtigung **228** 6
  Kündigung, betriebsbedingte Sozialauswahl **86** 2
  Kündigungsschutz **263** 75
  Mitbestimmung BRat **86** 2
  Muster Interessenausgleich **86** 4
  Regelungsabreden **86** 1
  Schriftform **86** 1
  Sozialauswahl **258** 42 f
  Streitigkeiten **86** 3
Auswahlverfahren Personalauswahl **334** 15
Ausweispapiere Geringfügige Beschäftigung **202** 96
Auszahlungsbegrenzung Kindergeld **241** 15
Auszehrung Betriebsrente **103** 4
Auszubildende
  Anrechnungszeiten **72** 98
  Arbeitslosmeldung **388** 22
  Arbeitspapiere **47** 3
  Betriebsübergang **126** 3
  Entgeltverzicht wegen Sozialleistungsansprüchen **165** 17 f
  Gleitzone **308** 12
  Haftung im Arbeitsverhältnis **72** 36
  KVBeiträge **252** 36
  Meldepflichten bei Beendigung Ausbildungsverhältnis **42** 65
  Mitteilungspflichten BA **72** 99
  PflegeVPflicht **340** 9
  Praktikant **72** 3

RV, Beitragstragung **355** 22
Sozialversicherungsbeiträge **72** 96 f
Urlaubsanspruch **423** 8
Vertretung **72** 77
Weiterbeschäftigung **72** 80 ff
Zeugnisanspruch **470** 2
Auszubildendenvertretung
  s a Jugend- und Auszubildendenvertretung **232**
  Aufgaben **72** 77
  Wahl **72** 77
Aut-aut-Fall ArbN (Begriff) **26** 24
Autor Rundfunk- und Fernsehanstalten
  ArbN-ABC **26** 84
Autotelefon
  s a Internet- / Telefonnutzung **229**
  Dienstwagen **142** 27
  Telefonnutzung **229** 2

Bäckerei
  Nachtbackverbot **320** 3
  Nachtzeit **320** 3
  Sonn- und Feiertagsarbeit **381** 6
BAföG
  s a Ausbildungsbeihilfe
  s a Meister-BAföG
  Kindervergünstigungen **242** 63
  steuerfreie Leistung **96** 5
  Verdienstbescheinigung **432** 18
  Zinsen Abzugsfähigkeit **96** 7
Bagatellanwartschaften Abfindung **103** 43
Bagatellgrenze
  KVBeiträge **252** 13
  Lohnersatzleistungen **277** 30
  LStHaftung **288** 7
  Sachbezüge **370** 47, 49
Bagatellzuwendungen Betriebsjubiläum, Beitragspflicht **114** 10
Bahn-Card Arbeitsentgelt **37** 75
Bankbürgschaft Altersteilzeitsicherung **11** 58
Barablösung Arbeitskleidungsaufwand Steuerfreiheit **41** 25
Bardame ArbN-ABC **26** 84
Bargeldzuwendung Betriebsveranstaltung **128** 8
Barlohnumwandlung
  Altersvorsorgevermögen **12** 9
  ArbGebZuschuss **25** 6 f
  Barlohnverwendung, Abgrenzung **25** 6
  Betriebliche Altersversorgung **103** 123
  Betriebskindergarten **115** 9
  Bewertungsvorteile **25** 7 f
  Dienstwagennutzungspauschale **142** 26
  Restaurantchecks **370** 23
  Zusätzlichkeitserfordernisse **25** 5
Barlohnverzicht Essensmarken **170** 13
Barzuschuss Betriebskindergarten Arbeitslohn **115** 3, 4
Basiskrankenversicherungsbeiträge Sonderausgabenabzug **380** 2
Basisrentenverträge Auszahlungsalter **380** 7

Basistarif

Basistarif Private KV **25** 12
Bauausführung Betriebsstätte **123** 3
Bauherr Nachunternehmerhaftung Bauwirtschaft **24** 28
Bauleistungen Einbehaltungspflichten Auftraggeber **34** 80
Bauleiter ArbN-ABC **26** 84
Bausparbeiträge Erwerbsminderungsrente **169** 11
Bausparförderung Vergünstigung bei Behinderung **92** 91
Bausparkassenvertreter ArbN-ABC **26** 84
Bausparvertrag ArbNSparzulage Vermögenswirksame Leistungen **436** 34
Baustelle
   Betrieb **102** 7
   Haftungsbeschränkung **55** 6
Bauträger Nachunternehmerhaftung Bauwirtschaft **24** 28
Bauwirtschaft
   Abordnung ArbN an ARGE **48** 18
   Anspruchsübergang Beiträge Baugewerbesozialkasse **188** 6
   Arbeitnehmerentsendung **31** 3 f
   ArbGebHaftung Beitragsschulden Nachunternehmer **24** 26 ff
   ArbNÜberlassung **34** 2
   Aufzeichnungs- und Dokumentationspflichten **377** 14
   Auslösung **81** 5
   Ausschlussfrist **82** 10
   Baustellen bezogene Lohnkontenführung **278** 19
   Beitragshaftung **387** 42
   Finanzamtszuständigkeit bei ArbNÜberlassung **34** 79
   Freistellungsbescheinigung Steuerabzugsverfahren **377** 9
   Lohnkonto **278** 19
   Lohnzahlung durch Dritte **276** 16
   Meldepflichten ArbGeb **304** 1
   Mindestentgelt **307** 4
   Nachunternehmerhaftung, Sub-Sub-Unternehmer **24** 30
   Nachunternehmerhaftung, Umfang **24** 31
   Nachunternehmerhaftung, Verschuldensabhängige Haftung **24** 27
   Nachunternehmerhaftung, Voraussetzungen **24** 28
   Pauschalierungsvereinbarung Fahrtkosten **67** 4
   Saison-Kurzarbeitergeld **266** 44 f
   Sozialkassenverfahren **304** 1
   Sterbegeld **391** 1
   Steuerabzugsverfahren **377** 9
   Verpflegungszuschuss **437** 4
   Wochenendheimfahrt, Fahrtkostenabgeltung **145** 2; **183** 1
   Wohnwagen als Wohnung **81** 5

Beamte
   Betriebliche Altersversorgung **103** 10
   Genehmigungspflicht Nebentätigkeit **322** 3
   KVPflicht **253** 21
   PflegeVPflicht **340** 14
   RVFreiheit **356** 6
Beamtenanwärter ArbN-ABC **26** 84
Beamter ArbN (Begriff) **26** 16
Beamtin Mutterschutz **317** 4
Bedarfsgemeinschaft
   AlGeld II **43** 8
   AlGeld II Anspruchsübergang **43** 3
   Lebensgemeinschaft (nichteheliche) **270** 22
   Lebenspartnerschaft **271** 17
   Untermietverhältnis **270** 23
   Vermögenserrechnung AlGeld II **43** 16 f
   Wohngemeinschaft **270** 23
Bedürftigkeit
   Auskunftspflichten Ehegatte gegenüber BA **76** 41
   Einkommensanrechnung Lebensgemeinschaft (nichteheliche) **270** 21
   Prüfung Lebensgemeinschaft (nichteheliche) **270** 21
Beendigung Arbeitsverhältnis
   AGG, Geltungsbereich sachlicher **144** 9
   Aktienoptionsbezugsrecht **7** 11
   Altersgrenze **9** 2 f
   Anhörung BRat **310** 14 ff
   Anzeigepflichten ArbN **21** 5
   Arbeitsbescheinigung **36** 4, 17
   Arbeitspapiere **47** 6
   Arbeitszeitmodelle, negatives Arbeitszeitkonto **60** 12
   ArbNDarlehen Rückforderung **30** 5 f
   Aufhebungsvereinbarung **9** 4
   Aufhebungsvereinbarung, Anhörung BRat **310** 18
   Ausbildungsverhältnis **72** 42 ff
   Auskunftspflichten ArbGeb **76** 9 f
   Beitragsabzug SozV **276** 37
   Bereinigung Personalakte **333** 18
   BRatAmt, Erlöschensgründe **120** 10
   Dienstwagen **142** 9 f
   Direktversicherung, Beitragsleistungen Steuerfreiheit **103** 137
   einheitliches mit mehreren ArbGeb **1** 10
   Einmalzahlung **154** 10 f
   Entgeltverzicht, rückwirkender **165** 7
   Erwerbsminderung **169** 3 f
   Faktisches **184** 4
   Fortbestand Mitarbeiterbeteiligung **309** 9 f
   Freie Mitarbeit **190** 26
   Geltungsbereich AGG **144** 25
   Insolvenzgeld aus Arbeitsentgeldansprüchen **226** 55
   LeihArbN **34** 49
   Leitende Angestellte **275** 15 f
   Meldepflichten bei der BA **42** 64 ff
   Meldungen SozV **304** 23

Befristetes Arbeitsverhältnis

Mittelbares Arbeitsverhältnis **313** 6 f
Mutterschutz **317** 45 f
Pensionsfonds, Beitragsleistungen Steuerfreiheit **103** 137
Pensionskasse, Beitragsleistungen Steuerfreiheit **103** 137
Provisionsanspruch **345** 6 f
Rückzahlung ArbGebDarlehen **23** 6 f
Schwerbehinderte bei Erwerbsminderung **169** 6
Soziale Netzwerke, Nutzung **342** 6
SozVAusweis, Rückgabe **386** 4
Teiltätigkeit bei Rehabilitation **351** 14
Urlaubsabgeltung als Einmalzahlung **422** 15
Urlaubsanspruch **423** 33
Vorverlegung Beendigungszeitpunkt, Erstattungsanspruch der Agentur für Arbeit **168** 5
Werkdienstwohnung **143** 14
Werkmietwohnung Kündigungsfristen **143** 13
Zeugnisanspruch **470** 9 f
Beendigung des Berufsausbildungsverhältnisses
Begründung Arbeitsverhältnis **72** 46
Kündigung **72** 48 ff
Wiederholungsprüfung **72** 44
Zeitablauf **72** 42 f
Beendigungskündigung
s a *Kündigung, allgemein* **256**
Änderungskündigung Vorrang **5** 5
Versetzung Vorrang **439** 13
Beförderung Anspruch im Öffentlichen Dienst **439** 12
Beförderungsauslagen Umzugskosten **415** 22
Beförderungsfeier Kostenübernahme ArbGeb Arbeitsentgelt **37** 48
Beförderungsmittel
Arbeitsmittel, UV **46** 27
EU-Verordnungen **181** 2 f
Befreiung von der Versicherungspflicht 90
Arbeitslosengeldbezug **90** 20
Arbeitsrechtliche Folgen **90** 3 f
Arbeitszeitherabsetzung auf die Hälfte **90** 23
Arbeitszeitherabsetzung wegen Pflege oder Familienpflege **90** 22
auf Antrag, Voraussetzungen **90** 15 f
Befreiung von der KV- und PflegeVPflicht **90** 11
Befreiung von der RVPflicht **90** 10
Befreiungstatbestände **90** 2 f, 18 f
Befreiungstatbestände RV **90** 32 ff
Behindertentätigkeit **90** 26
Berufspraktikant **90** 25
Erhöhung JAEGrenze **90** 19
Erwerbstätigkeit während Elternzeit **90** 21
Geringfügige Beschäftigung **90** 10, 27
Gesetzliche KV **90** 16 f
Gesetzliche Versicherungspflicht **90** 6

Grundsatz **90** 1
Künstler **90** 28
Landwirte **90** 28
Leistungen zur Teilhabe am Arbeitsleben **90** 24
PflegeV **90** 30
Rentenantrag **90** 24
Rentenbezug **90** 24
RV **90** 31 ff
Student **90** 25
Unterhaltsgeldbezug **90** 20
Verfahren **90** 29
Befristetes Arbeitsverhältnis 91
ABC **91** 30 ff
ABM-Maßnahmen **91** 32
Ältere ArbN **4** 2; **91** 16
Ältere ArbN, erleichterte Befristung **91** 17 f
Ältere ArbN, EU-Recht **91** 16
Änderung sonstiger Arbeitsbedingungen bei Verlängerung **91** 13
Altersgrenzen, Vereinbarung **9** 6 f
Annahmeverzug **14** 7
Anschlussverbot **91** 11
Arbeitslosmeldung **388** 22
Arbeitsvertrag durch Arbeitsaufnahme **91** 8
Arbeitsvertragsnachweis **58** 49
ArbNWunsch **91** 48
Aufhebungsvertrag, Abgrenzung **91** 24
auflösend bedingtes **91** 6
Aushilfskräfte **75** 2 f; **91** 33
Auslauffrist **91** 5
Befristung in neu gegründeten Unternehmen **91** 14
Befristung ohne sachlichen Grund **91** 26
Befristungsmöglichkeiten **91** 10 f
Begrenzter Kündigungsausschluss **1** 69
Betriebliche Altersversorgung, Gleichbehandlung **208** 35
Diskriminierende Nichtverlängerung **91** 49
Doppelbefristung **91** 29
Einarbeitungszuschuss AFG **91** 32
Elternzeit **91** 35
Elternzeitvertretung **160** 52
Ersatzeinstellung Elternzeit **160** 52 f
Erstanstellung **91** 36
EU-Richtlinien **171** 14
fehlender sachlicher Grund **91** 7, 22 ff
Gemeinschaftsbetrieb **91** 12
Geringfügige Beschäftigung **91** 67; **202** 7
Gesetz über Teilzeitarbeit **91** 2
Insolvenz **91** 38
Insolvenz, Kündigungsfristen **91** 50
Kampagnebetrieb **91** 43
Kettenbefristungen **91** 28
Kleinbetrieb **91** 22; **245** 7
Krankheitsvertretung **91** 6
Kündigung, allgemein **256** 19
Kündigungsfristen bei Verlängerung **262** 15
Kündigungsschutz **91** 50
LeihArbN **34** 47

Befristetes Arbeitsverhältnis in neu gegründeten Unternehmen

Lohnersatzleistungen **91** 69
Lohnkostenzuschuss **279** 2
Meldepflichten bei der BA bei Beendigung **42** 65
Mitbestimmung BRat **91** 54
Muster Befristungsklauseln **91** 55
nach Beendigung Ausbildungsverhältnis **91** 20
nach Beendigung Berufsausbildung **72** 38 f
nachträgliche Befristung Dauerarbeitsverhältnis **91** 23
ohne sachlichen Grund **91** 10 f
Probearbeitsverhältnis **91** 40; **343** 1, 7 f
Projektarbeit **91** 41
Rentnerbeschäftigung **359** 1
Ruhenszeitraum AlGeld **1** 81
Sachgrund, erkennbare Festlegung **91** 26
sachlicher Grund, Voraussetzungen **91** 22 f
Saisonbetrieb **91** 43
Schriftform **91** 8
schriftliche Niederlegung vor Vertragsbeginn **91** 9
Soziale Gründe **91** 44
Sozialplan **385** 8
Studentenbeschäftigung **393** 7 f
tarifvertragliche Beschränkungen **91** 27
Teilzeitbeschäftigung **91** 1 f
Transparenzgebot Arbeitsbedingungen **6** 17
Unständig Beschäftigte **91** 67
Unterhaltungsgewerbe **91** 34
Unwirksamkeit nach AGG **144** 114
Verlängerung **91** 10 f
Verschmelzung **91** 12
Versicherungs- und Beitragspflicht **91** 66
Vertretung **91** 46
Vorbeschäftigungsverbot **91** 11
Weiterbeschäftigung bei Kündigungsrechtsstreit **91** 47
Wettbewerbsverbot **460** 8
Zeitbefristung **91** 3
Zulässigkeit auflösend bedingtes **91** 7
Zuschuss MuSchG **91** 68
zweckbefristete Arbeitsverträge **91** 23
Zweckbefristung **91** 4

Befristetes Arbeitsverhältnis in neu gegründeten Unternehmen
Gründerprivileg **91** 15
Neugründung, Begriff **91** 14
Umstrukturierungen **91** 15
Zeitraum **91** 14

Befristetes Dienstverhältnis
s a *Befristetes Arbeitsverhältnis* **91**
Entschädigung **85** 7

Befristung
s a *Befristetes Arbeitsverhältnis* **91**
Erwerbsminderungsrente **169** 33
Fortbildungsvertrag **189** 7

Befruchtung, künstliche Beginn Mutterschutz **317** 5

Begleitperson ArbN-ABC **26** 84
Behandlungspflege Kosten der sozialen Betreuung **339** 28
Beherrschungsvertrag GesamtBRat **203** 3
Behinderte 92
s a *Schwerbehinderte*
Altersgrenzenanhebung **10** 47
Altersrente **10** 47
Altersrente Regelalter **10** 47
Angemessenheit Beschäftigung **92** 28 f
Anzeigepflichten ArbGeb **92** 26
Arbeitsentgelt, Gleichbehandlung **37** 2
Arbeitskleidung Kostenübernahme **41** 27
Arbeitsplatzgestaltung **92** 30
Arbeitsplatzzurückweisung **92** 14
Arbeitsstättenanforderungen **51** 4
ArblVBeiträge Behindertenwerkstatt **44** 13
Arztfahrten **92** 82
Ausbildungsgeld **410** 17
Ausbildungszuschüsse **71** 38
Ausgleichsabgabe **92** 17, 21, 92, 110
Außergewöhnliche Belastungen **92** 80 f
Ausweisausstellung **92** 6
Bausparförderung **92** 91
Befreiung von der Versicherungspflicht **90** 26
Behinderte Menschen **92** 97
Behindertenpauschbetrag **242** 35, 41
Behindertenprivileg bei Fahrten zwischen Wohnung und Arbeitsstätte **182** 36
Behindertenvertretung **92** 16
Beitragspflichtiges Arbeitsentgelt **355** 10
Beitragstragung RV **355** 23
BEM **105** 3
Benachteiligungsverbot **92** 1, 25
Berufseingliederungsbeihilfen **38** 25
Berufsförderung, Ermessensleistung **351** 21
Beschäftigungspflicht **92** 17 f
Betreuungsfreibetrag **92** 79
Diskriminierung bei Bewerbung **144** 132
Diskriminierungsverbot **144** 38 f
Eingliederungszuschuss **279** 13, 15
Einstellungspflicht **92** 22
Entfernungspauschale **182** 32
Entgeltfestsetzung **92** 31
Erbschafts- und Schenkungsteuervergünstigung **92** 86
Erlöschen des Schutzes **92** 13–15
Erörterungspflichten **92** 29
Fahrten Wohnung Arbeitsstätte **92** 81
Frage nach Behinderung bei Einstellung **144** 40
Fragerecht ArbGeb **92** 25
Gleichgestellte **92** 9–12
Grad der Behinderung **92** 5–6, 98
Grad der Behinderung Steuervergünstigungen **92** 70 f
Grundsteuervergünstigung **92** 87
Haushaltshilfe **92** 82

Beitragsbescheid

Hausumbau als außergewöhnliche Belastung **92** 81
Heimunterbringungskosten **92** 81
Hundesteuervergünstigung **92** 88
Integrationsämter Aufgaben **92** 2–3
Integrationsamt, Kündigungszustimmung **92** 47 f, 57 f
Jugendliche, ArblVPflicht **45** 11
Kfz-Steuerbefreiung **92** 89
Kinderbetreuungskosten **92** 79
Kinderfreibetrag **92** 79; **240** 24
Kinderfreibetrag, Begünstigungsausschluss **240** 12 f
Körperbehindertenpauschbetrag **92** 71 f
Kündigungsschutz **92** 36 ff
KVPflicht **253** 14
LStAbzug **92** 76
LStPauschalierung bei unentgeltlicher oder verbilligter Beförderung **92** 85
Mehrarbeit **92** 35
Mehrarbeitsfreistellung **411** 7
Mitwirkungspflichten ArbGeb **92** 27
Pflegepauschbetrag **92** 83
PflegeVBeiträge **338** 25
Pflichtzahlberechnung Ausgleichsabgabe **92** 20
Präventionsverfahren **92** 29
Quotenberechnung **92** 17
Quotenregelung als Diskriminierung, positive **144** 105
RVPflicht **357** 5
Sozialauswahl **92** 68
Stellenausschreibung, Diskriminierungsmerkmale **144** 40
Steuerfreibetrag **92** 77
Steuervergünstigungen **92** 77 ff
Umsatzsteuervergünstigung **92** 90
Vermögensbildung **92** 91
Versorgungsamt Zuständigkeit **92** 7, 99
Werbungskosten **92** 78
Widerspruchsausschuss Integrationsämter **92** 3
Zurückweisung zumutbarer Arbeitsplatz Folgen **92** 14
Zusatzurlaub **92** 32 f

Behinderte Menschen
s *Schwerbehinderte*
s a *Behinderte* **92**

Behindertenpauschbetrag s *Behinderte* **92**
Behindertenverband Verbandsklage **92** 69
Behindertenwerkstatt s *Werkstätten für Behinderte*
Behindertes Kind Übertragung Pauschbetrag **92** 75
Beigeladene Pauschgebührenverfahren **350** 30
Beigeordnete ArblVPflicht **45** 28
Beihilfeleistungen 93
Arbeitslosigkeit **93** 7
Beitragsnachlässe KV-Angestellte **93** 12
Berufsvorbereitungshilfen **351** 33
Kraftfahrzeughilfe Reha **351** 32
Leistungsbestimmung **272** 18
öffentliche ABC **93** 9 ff
private ABC **93** 4 ff
Trennungsbeihilfe Reha **351** 32
Winterbeihilfe **463** 7

Beitragsabrechnung nach BÜVO **280** 21
Beitragsabzug
Aufrechnung **276** 38
nach Beendigung Beschäftigungsverhältnis **276** 37
Nachholung **276** 34
Pfändungsfreigrenzen **276** 38
Rechtsweg **276** 40 f
Sachbezüge **370** 59 f
Verletzung Meldepflichten ArbN **276** 35

Beitragsanspruch Verjährung **434** 7
Beitragsbemessungsgrenzen 94
s a *Versicherungspflichtgrenze*
Aktuelle Werte **94** 21 f
ArblV **94** 6
Grenzwerte **94** 16
KV **94** 16 f
KV der Studenten **393** 25
Märzklausel **94** 17
PflegeV **94** 23; **338** 17
Überschreitung bei Einmalzahlungen im Auszahlungszeitraum **154** 51 ff
Überschreitung in einzelnen Monaten **94** 17
Unständig Beschäftigte **75** 45; **94** 19
UV **94** 6
Versicherungsfreiheit KV **94** 7 f
Versicherungspflichtgrenze RV ArblV **94** 5
Wertguthaben **94** 21

Beitragsbemessungsgrundlage
ArblV **44** 7 f
ArbNÄhnliche Selbstständige, RV **28** 19
beitragspflichtige Einnahmen Beispiele **252** 19
Entgeltersatzleistungen ArblV **44** 9
Freiwilliges Soziales Jahr ArblV **44** 9
Gefangene ArblV **44** 9
Hausfrauen **252** 16
Kinder **252** 16
Künstler **252** 15
KV **252** 11 ff
Mitglieder Geistlicher Genossenschaften **243** 27 f
Ökologisches Jahr ArblV **44** 9
Praktikant **44** 8
Publizisten **252** 15
Selbstständige **252** 16, 18
Wehrdienst ArblV **44** 9

Beitragsberechnung Beitragsnachweis **68** 18 f
Beitragsbescheid personenbezogene Feststellung **387** 57 f

Beitragseinzug

Beitragseinzug Zwangsweise Durchsetzung 387 59
Beitragseinzugsstelle s *Einzugsstelle*
Beitragsentrichtung
  ArblVBeiträge 387 39
  Auskunftspflichten ArbGeb 76 38
  GesamtSozVBeiträge 387 39
  Hausgewerbetreibende 387 39
  Umlageverfahren 387 61
  UV 387 61
Beitragserhebung Umlageverfahren UV 387 68 ff
Beitragserstattung
  Anspruchsverwirkung 443 20
  ArblVBeiträge 44 15 f
  Verfahren 387 38
  Voraussetzung 387 35
Beitragserstattungsverfahren
  Entgeltrückzahlung 164 24 f
  SozVBeiträge 387 38
Beitragsfreiheit Incentivereisen 225 17
Beitragsfuß Umlageverfahren UV 387 69
Beitragshaftung
  Bauwirtschaft 387 42
  Beitragsschulden Dritter bei ArbNÜberlassung 387 40
  Geschäftsführer 204 50
  GmbH-Gesellschafter 387 41
  Reeder 387 42
Beitragshinterziehung
  Geringfügig Beschäftigte in Privathaushalten, Strafbarkeit 377 22
  LStAbzug 387 18
  LStAußenprüfung Offenbarungsbefugnis SozVTräger 284 21
  Strafbarkeit nach § 266a Abs. 2 StGB 377 18 ff
Beitragskinderurteil 208 50; 242 58
Beitragsklassen Krankenversicherung s *Krankenversicherungsbeiträge* 252
Beitragsmeldung Beschäftigte in privaten Haushalten 221 37 ff
Beitragsnachweise
  Aufzeichnungspflichten 68 18 ff; 387 44 f
  Außenprüfung 84 12
  bei mehreren Arbeitsstätten 387 52
  Berechnungspflichten 68 18 f
  Datenübertragung 68 20; 387 49
  Fälligkeitszeitpunkt 387 50
  Inhalt 387 48
  Lohnkonto 278 14
  Lohnlisten 280 22
  Selbstberechnungserklärung 387 46
  Vollstreckung 387 51
  Vordrucksverwendung 387 49
Beitragspflicht
  Freistellung von der Arbeit, befristete 26 57
  Kapitalabfindung Versorgungsbezüge 103 237
  Mindestentgeltanspruch 307 15 f
  Nebentätigkeit 322 23 f
  Teilnehmer duale Studiengänge 393 58
Beitragspflicht Sozialversicherung
  Abfindung, echte 1 52
  Abfindungen 321 21
  Abfindungsvergleich 1 53
  Abfindungszahlungen Unterstützungskassen 1 54
  Aktienoptionen 7 51
  als Abfindung getarntes Arbeitsentgelt 1 55
  Altersteilzeit 11 81
  Anrufungsauskunft 17 27 f
  Anwesenheitsprämie 19 19 f
  Arbeitskampf 40 45
  Arbeitslose 42 73
  Arbeitszeitmodelle 60 19 ff
  ArbNÄhnliche Selbstständige 28 19
  ArbNErfindungsvergütungen 32 34 f
  Aufwandsentschädigung 66 18 ff
  Aushilfskräfte 75 30 f
  Auszubildende 72 96 f
  Betriebssport 122 23 f
  Dualer Studiengang 342 12
  Ehrenamtliche Tätigkeit 150 32 f
  Ein-Euro-Job 151 12
  Einmalzahlungen 154 38
  Entgeltzuschläge 167 20
  Familienversicherung Jugendfreiwilligendienste 193 16
  Fortbildung 189 38
  Gründungszuschuss 210 2, 24
  Haushaltsscheckverfahren 221 37 ff
  Heimarbeit 222 67 ff
  Incentivereise 225 16
  Insolvenz des ArbGeb 226 40 f
  Jubiläumszahlungen 114 8 f
  Jugendfreiwilligendienste 193 16 f
  Karenzentschädigung 460 51 f
  Kirchenmitarbeiter 243 21 ff
  Kündigungsschutzklage 263 150
  Kurzarbeitergeld 266 63 f
  Leistungen betriebliche Altersversorgung 103 227 ff
  Leitungsorgane ausländischer Gesellschaften 204 51
  Lohnabrechnung 161 16
  Lohnersatzleistungen 277 27 f
  Mehrfachbeschäftigung 302 12
  Nachtarbeitszuschläge 320 16
  nichterwerbsmäßige Pflegetätigkeit 339 40
  Pflegegeld 339 37 f
  Sachbezug 370 57 f
  Saison-Kurzarbeitergeld 266 47
  Scheinabfindung 1 53
  Scheinselbstständigkeit 374 12 f
  Sozialplanrenten 1 52
  Trinkgelder 406 11
  Urlaubsregelungen bei Arbeitszeitmodellen 428 20 f
  Weihnachtsgratifikation 154 38

Benachteiligung, mittelbare

Weiterbeschäftigungsanspruch, nicht
   erfüllter **454** 28
Weiterbildung **455** 29 ff
Zinsvorteile ArbGebDarlehen **23** 17 f
Zusatzversorgungsleistungen Abgeltung
   1 52
Beitragsrecht
   s a Beitragspflicht Sozialversicherung
   s a Sozialversicherungsbeiträge
   s a Sozialversicherungspflicht
   Aktienoptionen **7** 51
   Anzeigepflichten ArbN **21** 18
   Arbeitsentgelt, Bedeutung **37** 82
   ArbGeb **22** 25
   ArbGebZuschuss **25** 11
   ArbNErfindung **32** 32 f
   ArbNÜberlassung **34** 93 ff
   Aufrechnung **64** 39
   Auskunfts- und Beratungspflichten Einzugs-
      stellen **17** 27
   Auszubildende **72** 96 f
   Compliance **136** 41
   Einmalzahlungen **154** 45 f
   Entgeltumwandlung **103** 220 f
   Handelsvertreter **220** 18
   KirchenLSt **244** 30
   Kosten BRat-Schulung **121** 37
   Meldepflichten ArbGeb **304** 3 ff
   Meldepflichten Insolvenzverwalter **304** 3
   Minijobs **308** 7 f
   Pflegezeit **341** 47
   Telefonnutzung **229** 37
   Überstundenvergütung **411** 26 f
   Versorgungsaufwendungen, Aufbauphase
      103 207 f
Beitragssätze
   aktuelle KV Übersicht **252** 43
   aktuelle SozVBeitragssätze **387** 71
   allgemeiner KV **252** 21
   ArbIV **44** 6
   Bezieher Versorgungsbezüge **252** 22
   ermäßigter KV **252** 25 f
   Künstlersozialversicherung **264** 21 f
   PflegeV **338** 10 f
   Versorgungsbezüge **103** 234 f
Beitragsschätzung
   Beitragsnachweis, fehlender **68** 22
   Beitragssummenbescheid **68** 15 f
Beitragsschuldner GesamtSozVBeiträge **90** 1
Beitragssummenbescheid
   Erlass bei Aufzeichnungspflichtverletzung
      SozV **68** 15 f
   Widerruf **68** 16
Beitragsunterlagen Betriebsgeheimnis
   113 21
Beitragsverrechnung Entgeltrückzahlung
   Verfahren **164** 25 f
Beitragszahlung
   Arbeitsentgelt **252** 32 f
   Betriebsrenten KV **252** 37

Fälligkeit laufender Beiträge **372** 18 f
Überwachung durch Einzugstelle **84** 12
Versorgungsbezüge KV **252** 37
Zusatzversorgung Öffentlicher Dienst
   252 37
Beitragszeiten Rentenversicherung
   Glaubhaftmachung Beschäftigungszeiten
      355 26
   Pflichtbeitragszeiten Altersrente **10** 48
Beitreibungsersuchen Ausland **78** 40
Beitrittsgebiet *s Neue Bundesländer*
Bekleidung Weisungsrecht ArbGeb **453** 3, 12
Bekleidungsvorschriften
   Mitbestimmung BRat **453** 12
   Persönlichkeitsrechtseingriff **332** 12
   Weisungsrecht ArbGeb **453** 3, 12
Bekleidungszuschuss Beihilfeleistung **93** 5
Belästigung
   Arbeitsumfeld **144** 58
   Begriff nach AGG **144** 56
   Benachteiligungsverbot **144** 56 f
   feindliches Umfeld **144** 58
   Mobbing **314** 2
   Nonverbale Arten **144** 56
   Schäden, immaterielle **144** 56
   Verbale Arten **144** 56
   Verhaltensweise, Anforderungen **144** 57
Belegschaftsaktien
   ArbGebHaftung **309** 6
   Leistungsbestimmung **272** 19
   Lohnzufluss **294** 7
   Mitarbeiterbeteiligung **309** 3
   Sachbezugsbewertung **7** 33 f
   Übertragung bei Beendigung Arbeitsver-
      hältnis **309** 9 f
Belegschaftsrabatte *s Sachbezug* **370**
Beleidigung
   Abmahnung **2** 13
   Kündigung, außerordentliche **257** 52
   Kündigung, verhaltensbedingte **260** 29
   Leistungsverweigerungsrecht **274** 14
   Meinungsfreiheit **303** 2
Belgien
   Grenzgängerbesteuerung **209** 10, 14
   Steuerminderung Grenzgänger **209** 18
Bemessungsgrundlage
   Insolvenzgeld **226** 54 ff
   KirchenLSt **244** 11 f
   Kirchgeld **244** 13
   Kurzarbeitergeld **266** 53 f
   Urlaubsentgelt **425** 2 ff
Benachteiligung
   Anweisung, Beispiele **144** 64
   Anweisung, Entschädigungspflichten **144** 64
   Hypothetische **144** 46 f
   Sexuelle Orientierung **144** 75
   Zeitmoment **144** 48
Benachteiligung, mittelbare
   Begriff nach AGG **144** 53
   Benachteiligungsabsicht **144** 54 f

Benachteiligungsschutz

Geeignetheitsprüfung **144** 54
Prüfung **144** 54 f
Widerlegbare Vermutung **144** 54 f
Benachteiligungsschutz ArbNÄhnliche Personen **27** 17
Benachteiligungsverbot
 s a *Diskriminierung* **144**
 s a *Gleichbehandlung* **208**
 Adressaten **144** 44
 Alter **144** 83 f, 88
 Anweisung zur Benachteiligung **144** 64
 Arbeitsentgelt **144** 115
 Behinderte **92** 23 f
 Belästigung **144** 56 f
 Benachteiligungsformen, unzulässige nach AGG **144** 43 ff
 Benachteiligungsmerkmale, zulässige **144** 67 ff
 Beschwerderecht des ArbN **101** 12
 BRatMitglied **120** 23
 Customer preferences **144** 72
 Einstellungskriterium Deutschsprachigkeit **144** 30
 Entschädigungsansprüche ArbN **144** 119 f
 Ethnische Herkunft **144** 77 f
 Frauenförderung **144** 104 f
 Geschlecht **144** 33
 Geschlechtsdiskriminierung, Rechtfertigungsgründe **144** 73
 Gleichbehandlung **144** 46
 Hypothetisches **144** 46 f
 Leistungsverweigerungsrecht ArbN **144** 111 f
 Maßregelungsverbot ArbGeb **144** 113
 Mehrfachdiskriminierung **144** 68
 Organisationspflichten ArbGeb **144** 107
 Rasse **144** 28 f
 Rasse und ethnische Herkunft **144** 77 f
 Rechte der Beschäftigten **144** 91
 Rechtfertigungsgründe **144** 67
 Schwangerschaft **144** 51
 Schwerbehinderte **92** 1
 Sexuelle Belästigung **144** 59 f
 Staatsangehörigkeit **144** 31
 Teilgruppen **144** 51
 Teilzeitbeschäftigung **402** 14
 Unmittelbare Benachteiligung **144** 45
 Unterlassungsanspruch ArbN **144** 127
 Vertrauensleute **442** 3
 Zeitmoment **144** 48
Beraterin Fernsehen ArbN-ABC **26** 84
Beratungsrecht Betriebsrat s *Mitbestimmung Betriebsrat*
Bereicherung, ungerechtfertigte
 s *Ungerechtfertigte Bereicherung*
Bereitschaftsdienst 95
 s a *Arbeitsbereitschaft* **35**
 s a *Rufbereitschaft* **362**
 Alkoholverbot **95** 9
 Anspruch aus Betrieblicher Übung **95** 6
 Arbeitsbereitschaft, Abgrenzung **35** 1, 9
 Arbeitsentgeltschutz bei Mutterschutz **317** 29
 Arbeitsunfall **95** 23
 Arbeitszeit **95** 2 f
 Arbeitszeitverlängerung **59** 21
 Aufbau Betriebsvereinbarung **95** 10
 Betriebsrente **95** 7
 Fahrten zwischen Wohnung und Arbeitsstätte **95** 17
 Freizeitausgleich **95** 8
 Freizeitausgleich bei Nachtarbeit **320** 7
 Grenzgänger Schweiz **209** 13
 Höchstarbeitszeit **95** 3
 Jahresarbeitsentgelteinbezug **230** 16
 Jahresarbeitsentgeltgrenze **95** 21
 Leistungsbestimmung **272** 18
 Lohnzuschlag **95** 16, 22
 Mitbestimmung BRat **95** 10
 Nachteilsausgleich **95** 9
 Rufbereitschaft **95** 5
 Rufbereitschaft, Abgrenzung **362** 3
 Ruhepausen **95** 2; **331** 4
 Teilzeitbeschäftigte **95** 5; **402** 82
 Unfallschutz **95** 23
 Vergütung **95** 7
 Verhalten während des Dienstes **95** 9
 Verpflichtung ArbN **95** 5
 Zeitausgleich **95** 3
Bergbau Beschäftigungsverbot Frauen **100** 12
Bergleute
 Altersrente **10** 51
 Erwerbsminderungsrente **169** 34
 Rente **169** 15
Berichtigungsklage Arbeitsbescheinigung **36** 14
Berücksichtigungszeiten
 Anwartschafterhaltung **358** 15
 Ausnahmen **358** 18
 Begünstigte **358** 16
 Kindererziehungszeiten **358** 14
 Pflege von Familienangehörigen **358** 14
 Wartezeit **358** 15
Berufliche Bildung s *Berufsausbildungsförderung* **96**
Berufliche Eingliederung Arbeitsförderung **38** 25
Berufliche Weiterbildung s *Weiterbildung* **455**
Beruflicher Aufstieg AGG, Geltungsbereich sachlicher **144** 5
Berufs-, Erwerbsunfähigkeit Voraussetzungen **169** 36
Berufs-, Erwerbsunfähigkeitsrente
 s a *Erwerbsminderungsrente*
 Hinzuverdienstgrenze **322** 35
 Rentenbeginn **354** 20
Berufsanfänger ArbNÄhnliche Selbstständige **28** 20

Berufsanfängerinnen Mutterschaftsgeld **315** 1
Berufsaufgabe Berufskrankheit **97** 17
Berufsaufgabekündigung
   Ausbildungsverhältnis **72** 53
   Fortbildung **189** 9
Berufsausbildung
   Abgrenzung Umschulung **413** 3
   AGG, Geltungsbereich sachlicher **144** 16
   Anrechnungszeiten **358** 10
   Aufhebungsvertrag **63** 11
   Ausbildungsfreibetrag **70** 4
   Ausbildungsgeld Rehabilitation **351** 37
   Ausbildungskosten **71** 10 f
   Ausbildungsmittel **46** 4; **72** 23
   Ausbildungsumfang **71** 13
   Auslandstätigkeit **80** 25
   Beginn **240** 18
   Begriff **71** 10; **232** 3
   Begriff (LSt) **240** 17 f
   Begriff, Steuerrecht **71** 10 f
   Beitragspflicht **45** 8
   Berufskolleg **71** 10
   betriebliche und außerbetriebliche **96** 13
   Elternzeit **160** 2
   erstmalige **71** 10 f
   fehlende als Weiterbildungsvoraussetzung **455** 15
   Finanzierung durch Dritte **71** 29
   Förderung bei Rehabilitation **351** 34
   Förderungsfähigkeit **96** 13
   Freiwilliges soziales Jahr **71** 12
   Jugendfreiwilligendienst **193** 13
   Kinderfreibetragsvoraussetzung **240** 17 f
   Kündigung, außerordentliche **257** 5
   Kündigung während Probezeit **262** 18
   Kündigungsschutz bei Mutterschutz **317** 45
   Lernorte **72** 3
   Meldungen SozV bei Beginn und Ende **304** 23
   nicht erstmalige **71** 21
   Promotion **240** 19
   Rettungssanitäter **71** 10
   Rückzahlungsklausel Verbot **361** 4
   Unterbrechung Elternzeit **160** 61
   Verbundausbildung **72** 6
   Verzeichnis **72** 10
   Zweitausbildung, Förderung **96** 12
Berufsausbildungsbeihilfe
   Anrechnung anderweitigen Einkommens **15** 12
   Anspruchsvoraussetzungen **96** 10, 12
   Arbeitsförderung **38** 25
   Arbeitslose **96** 25
   Beihilfeleistungen **93** 5, 10
Berufsausbildungsförderung 96
   Berufsausbildungsbeihilfeanspruch **96** 10
   berufsvorbereitende Bildungsmaßnahme **96** 14

Berufsgenossenschaft

   förderungsfähiger Personenkreis SGB III **96** 15
   Förderungsfälle durch BA **96** 1
   Hauptschulabschluss **96** 14
   Höhe **96** 20 f
   Leistungsvoraussetzungen **96** 16 f
   Meister-BAföG **96** 5, 7
   Rehabilitationsmaßnahmen **351** 34
   steuerfreie Leistungen **96** 4 f
   Stufenausbildung **96** 11
   Unfall Teilnahme Bildungsmaßnahmen **55** 37
   Vergütungsangemessenheit **96** 2
   Vorleistungspflicht BA **96** 23
   Zuschüsse an Träger **96** 26
   Zuschuss BA **96** 18
Berufsausbildungsvergütung
   Angemessenheit **72** 28 f
   Entgeltfortzahlung **72** 32 f
   Mehrarbeit **72** 31
   Mindestsätze **72** 28
Berufsausbildungsvertrag
   Abschluss **72** 6 f
   Bleibeverpflichtung **72** 37
   Eintrag in Berufsausbildungsverzeichnis **72** 10
   Mindestinhalte **72** 9
   Vertragspartner **72** 6
   Vertragsstrafe **72** 41
   Weiterarbeitsklausel **72** 37
Berufsausbildungsverzeichnis Eintrag Berufsausbildungsvertrag **72** 10
Berufsausbildungsvorbereitungsverhältnis
   Ausbildungsverhältnis **72** 4
Berufsausbildungswerk JAV **232** 3
Berufsberatung
   Arbeitsförderung **38** 20
   Beratungsmonopol BA **38** 20
Berufsbildung
   Anwendungsbereich **72** 5
   Dualer Studiengang **72** 5
   Gegenstand **72** 2 f
   Reformgesetz **72** 1 f
Berufsbildungswerke
   Ausbildungsvertrag **351** 2
   Betriebsverfassungsrecht **351** 4
   Interessenvertretung, besondere **232** 3
   Rehabilitation, berufliche **351** 2
Berufsboxer 26 84
Berufserfahrung Benachteiligung, Rechtfertigungsgründe **144** 91
Berufsförderungswerk Tendenzbetrieb **96** 3
Berufsgenossenschaft
   Arbeitsentgeltnachweispflicht ArbGeb **417** 25
   Aufgaben **51** 21
   Beitragserhebung UV **417** 22 f
   Betriebsausgliederung, Zuständigkeit **102** 22
   Gefahrtarifeinstufung **417** 22 f, 26

Berufskleidung

Teilnahme BRat an Sicherheitsausschuss-
sitzungen **50** 23
Umlageverfahren UV **417** 21
Zuständigkeit **417** 20; **420** 21 ff
Berufskleidung *s Arbeitskleidung* **41**
Berufskraftfahrer
s a Fahrtätigkeit **181**
Arbeitszeit **181** 4
Besteuerungsrecht im internationalen
Verkehr **80** 51
Fortbildungskosten **181** 9
Kündigung, außerordentliche, Trunkenheit
257 47
Kündigung, personenbedingte bei Führer-
scheinverlust **100** 18
Qualifizierung **181** 9
Rechtsanwaltskosten Verkehrsunfall
350 3
Wartezeiten **181** 4
Berufskrankheit 97
Abziehbare Aufwendungen **97** 10
Anerkennung **97** 11 f
Arbeitsunfall, Voraussetzungen **97** 12
Arten **97** 13
Außergewöhnliche Belastungen **97** 5 f
Berufskrankheitenverordnung **97** 13
Beweislast **97** 3
Entgeltfortzahlung **162** 53
Entschädigungsvoraussetzungen **97** 15 f
EU-Recht **171** 51
Grenzgänger **209** 36
Härteklausel **97** 15
Hausumbaukosten als außergewöhnliche
Belastung **97** 10
Hinterbliebenenrente **417** 52
Kündigung **97** 3
Listenberufskrankheit **97** 11
Minderung der Erwerbsfähigkeit **97** 16
Neuanerkannte **97** 14
Rückwirkung **97** 13
Sterbegeld **391** 15
Übergangsleistungen bei Aufgabe einer
gefährdenden Tätigkeit **97** 18
Werbungskosten **97** 7 ff
Berufsmäßigkeit
Aushilfskräfte SozVPflicht **75** 36
Geringfügige Beschäftigung **202** 76 f
Berufsrückkehrer Arbeitsförderung durch
BA **38** 17
Berufssänger ArbNÄhnliche Person **27** 7
Berufsschulbesuch
Anrechnung auf Arbeitszeit **231** 33
Kontrollrecht Ausbilder **72** 25
Schulpflicht Auszubildender **231** 31 f
UVSchutz **72** 100
Volljährige **231** 35
Berufsschule Berufsausbildung **72** 3
Berufssoldat
s a Wehrdienst **452**
RVFreiheit **356** 6

Berufssportler
Arbeitsvermittler Vergütungsanspruch **57** 6
Berufskrankheit **97** 8
Beschäftigungsverhältnis **26** 51
beschränkte Steuerpflicht LStAbzug **285** 10
Betriebssport **122** 13
Nichtselbstständige Arbeit **26** 51
Berufsunfähigkeit
s a Erwerbsminderung **169**
Bezug von Altersrente **10** 47
Berufsunfähigkeitsrente Neurentner **169** 17
Berufsverband
Betriebsversammlung Teilnahme **130** 39
Werbungskostenabzug Beiträge **456** 25
Berufsvorbereitende Bildungsmaßnahme
Förderungsfähigkeit **96** 14
Beschäftigte
s a Arbeitnehmer (Begriff) **26**
s a Beschäftigungsverhältnis
ArblVPflicht **45** 6 ff
Geltungsbereich AGG **144** 23
Pflegezeit **341** 2
RVBeiträge **355** 18 f
Beschäftigte in privaten Haushalten Haus-
haltsscheck **221** 37 ff
Beschäftigtenschutz GefahrstoffVO **52** 7
Beschäftigtenzahlermittlung
Kleinbetrieb **245** 5 ff
Kleinbetrieb bei U1 und U2 **245** 20 f
Kleinbetrieb zur Kündigungsfristverkürzung
262 20
Schwellenwertberechnung Kleinbetrieb U1
und U2 **245** 21
Beschäftigung
Bürgermeister, ehrenamtlicher **150** 33
Ehrenamtliche Tätigkeit **150** 32 f
Haushaltsnahe **221** 11 f
Regelmäßigkeitskriterium **202** 38 ff
Zugangsfreiheit EU-Recht **171** 22
Beschäftigung, kurzzeitige *s Kurzzeitige
Beschäftigung*
Beschäftigungsanspruch 98
Ausschlussfrist **82** 10
Beitragspflicht bei Annahmeverzug durch
ArbGeb **98** 12
Durchsetzung **98** 3
Geschäftsführer **204** 24
Suspendierung **98** 4 ff
Weiterzahlung Bezüge LStAbzug **98** 10
Beschäftigungsförderungsgesetz Klein-
betrieb **245** 1
Beschäftigungsgesellschaft 99
Arbeitsbedingungen **99** 3
Arbeitsverhältnis **99** 3
ArbGebEigenschaft **22** 29
ArbGebPflichten **99** 9, 14
Auffanggesellschaft **99** 5 f
Bedeutung **99** 1 f
Beschäftigung **99** 14
Beschäftigungsverhältnis **99** 3

Betriebsübertragung, Umgehung **99** 6
BRatWahl **99** 3
Finanzierung **99** 4
Leistungen, LSt **99** 9
Leistungen, Versteuerung **99** 12 f
Mutterschutz **317** 2
Qualifikations- und Trainingsmaßnahmen kein Arbeitsentgelt **189** 35
Qualifizierungsgesellschaft **99** 2
Sozialplan **99** 8
Sperrzeitvermeidung **99** 26
Synonyme **99** 2
Transferkurzarbeitergeld **99** 15 ff; **266** 42
Umschulung **413** 3
Unternehmenskrise **99** 1
Unternehmensumstrukturierung **99** 1
Vereinbarkeit mit § 613a BGB **99** 6
Beschäftigungslosigkeit
Anspruchsvoraussetzung für AlGeld **42** 15
Familienangehörige **42** 19
15-Stunden-Grenze **42** 18
Beschäftigungsort
Ausländer **78** 65 f
Auslandstätigkeit, Sozialrecht **80** 103 f
Sozialrechtsstatus **171** 47 f
Wohnung **145** 10
Beschäftigungspflicht Behinderte **92** 17 f
Beschäftigungsunterbrechung
Anrechnungszeit **358** 4
ArblVPflicht **45** 49
Beschäftigungsverbot 100
Ärztliches Zeugnis **100** 4
Altersgrenze **100** 16
Annahmeverzug **100** 5
Arbeitspapiere, fehlende **47** 4
Arbeitspflicht **48** 7
Arbeitszeit **100** 17
Arztbefund **100** 4
Ausländer **100** 11
Bergbau **100** 12
Frauen **100** 9
Gaststätten **100** 13
Jugendliche **100** 10; **231** 14
Kinder **100** 23 f; **231** 11
Kündigung, personenbedingte **259** 38
Minderjährige **306** 2
Mutterschutz **317** 12 f
Mutterschutz, arbeitsplatzbedingter psychischer Stress **317** 13
Mutterschutz, generelles **317** 15
Nebentätigkeit **100** 15
Nichtigkeit **100** 6
Personalauswahl **334** 5
Ruhepause **331** 4
Sanktionen **100** 7
Schadensersatz **100** 5
Sonn- und Feiertagsarbeit **381** 3
Verlust Fahrerlaubnis **100** 18
Vorsorgeuntersuchungsverweigerung **106** 4
Wettbewerbsverbot **100** 14

Beschäftigungsverhältnis
s a *Arbeitnehmer (Begriff)* **26**
s a *Arbeitnehmer-ABC* **26** 84
s a *Arbeitsverhältnis*
alternative Erwerbsformen **26** 76
Anfrageverfahren zur Feststellung bei BfA **17** 22 f
Arbeitsbegriff **26** 51
Arbeitsunfähigkeit vor Antritt Arbeitsverhältnis **26** 55
Arbeitsverhältnis, Begriff **191** 42 f
Arbeitsvertrag **58** 88 f
Arbeitszeitmodelle **26** 82
Aufrechnung **64** 39 f
Auslandstätigkeit **78** 69, 73
Beginn **26** 54 f
Beitragsrechtlicher Begriff **26** 48
Beschäftigungsgesellschaft **99** 9
Betriebliche Berufsbildung **26** 80; **104** 25
Definition SozVRecht **26** 47 f
Ehegatte **185** 46 ff
Ein-Euro-Job **151** 6
Einheitliches bei Mehrfachbeschäftigung **302** 28
Einheitliches bei Nebentätigkeit **322** 24
einheitliches SozV **37** 94
Ende **26** 60
Familiäre Mitarbeit **185** 46 ff
Fiktives bei Leistungsverweigerungsrecht **274** 23 f
Fortbestand bei Arbeitszeitmodellen **60** 21 f
Fortbestand bei Insolvenz des ArbGeb **226** 40 f
Fortbestehen bei fehlender Dienstbereitschaft **26** 57
Freistellung von der Arbeit **58** 90
Freiwilligkeit **26** 52
gemischte Tätigkeit **37** 94
Geringfügige Beschäftigung bei einheitlichem **202** 28
Haushaltsnahes **221** 11 f
Hauswirtschaftliches **221** 1 ff
Heimarbeiter **26** 81
illegale Ausländerbeschäftigung **78** 53
illegale Ausländerbeschäftigung, Vermutungsregelung **377** 38
Jugendfreiwilligendienste **193** 16
Kündigung, unwirksame **191** 45
Kündigung vor Dienstantritt **191** 45
Leistungsrechtlicher Begriff **26** 48
Losgelöste selbständige Tätigkeit **302** 29
missglückter Arbeitsversuch **26** 61 f
Mittelbares Arbeitsverhältnis **313** 26 f
Nahe Angehörige **185** 46 ff
Nichtselbstständigkeit **26** 63–77
Pflegetätigkeit **339** 33 f
Pflegezeit **341** 52
Praxisintegriertes duales Studium **26** 80
Prostituierte **357** 6
Scheinselbstständigkeit **26** 77; **374** 11, 12

2715

Beschäftigungszeit
    tatsächliche Ausübung **26** 53
    Unterbrechung **26** 56 f
    Urlaub unbezahlter **429** 12
    Wegfall Arbeitsentgeltanspruch für begrenzten Zeitraum **26** 58 f
    Werkvertragskräfte **457** 20
Beschäftigungszeit Urlaub, unbezahlter **429** 6
Bescheinigung Insolvenzgeld **277** 14
Beschlussfähigkeit GesamtBRat **203** 25
Beschlussverfahren
    Interessenausgleich InsO **228** 26
    KonzernBRat, Streitigkeiten **248** 24
Beschränkt steuerpflichtige Arbeitnehmer
    Abgeltungssteuer **78** 42
    Antrag Antragsveranlagung **18** 3
    Antrag auf unbeschränkte Steuerpflicht **285** 20
    Antragsveranlagung **18** 2
    ArbNSparzulagenanspruch **436** 32
    Artisten Pauschsteuersatz **285** 10
    Auslandstätigkeit **80** 59
    Berufsgruppen Beispiele **285** 10
    Bescheinigung LStAbzug **285** 11
    Betriebliche Altersversorgung, Besteuerung **103** 146
    183-Tage-Regelung **78** 42
    ELStAM **282** 26
    Entlassungsabfindungen **1** 41
    Freibeträge LSt **285** 11
    Freistellungsbescheinigung **285** 20
    Kinderbetreuungskosten **242** 17, 19
    LStAbzug **285** 9
    LStBescheinigung **286** 28
    LStKlasse **285** 11; **290** 19
    Sondervorschriften, Bemessungsgrundlage **285** 11
    Sondervorschriften, Freigrenzen **285** 11
    Werbungskostenabzug **285** 11; **456** 3
Beschränkte Steuerpflicht
    s *Beschränkt steuerpflichtige Arbeitnehmer*
    s a *Grenzgänger* **209**
    s a *Steuerpflicht*
    Abzug Vorsorgeaufwendungen **380** 8
Beschwerde Insolvenz des ArbGeb **226** 23
Beschwerderecht (Arbeitnehmer) 101
    Abmahnung **2** 37
    Arbeitsschutzverstöße **50** 16
    Benachteiligungsverbot **101** 12
    Beschwerdeverfahren, Regelung durch Einigungsstelle **101** 13
    Einigungsstelle **101** 9 f
    Gewissensfreiheit **207** 11
    Kleinbetrieb **245** 15
    Leistungsverweigerungsrecht **101** 6
    Leitende Angestellte **101** 1
    Persönlichkeitsschutz **332** 3
    Sexuelle Belästigung **101** 13
    Whistleblowing **461** 8

Beseitigungsanspruch Unterlassungsanspruch **419** 19
Besitzstandsrente Altersrente **11** 2
Besonderer Vertreter ArbNEigenschaft **204** 2
Besonderer Vertreter des Vereins ArbN-ABC **26** 84
Bestandsschutz JAEGrenze KV **94** 11 f
Bestattungskosten Sterbegeld **391** 15
Bestechung Anzeigepflichten ArbN **21** 3
Bestechungsgeld
    s a *Schmiergeld* **375**
    Arbeitsentgelt SozV **37** 92
    Aufwendungsersatz **67** 5
Bestellung Europäischer BRat **172** 7
Beteiligung Mitarbeiterbeteiligung **309** 2 f
Beteiligungskonten Lohnzufluss **294** 7
Betreuer Freibetrag Nebentätigkeit **37** 122
Betreuungsaufwendungen Sonderausgabenabzug **115** 2
Betreuungsbedarf erheblicher bei häuslich Pflegebedürftigen **339** 13
Betreuungsfreibetrag
    Behinderte **92** 79
    Übertragungsmöglichkeiten **240** 32 f
Betreuungsgeld
    Anspruch **242** 60
    Antrag **242** 62
    Höhe **242** 61
    Kindervergünstigungen **242** 9
    Zielsetzung **242** 59
Betreuungsleistungen
    Pflege-Neuausrichtungsgesetz **339** 25
    PflegeVLeistungen **339** 25
Betreuungsperson Dienstcharakter Incentivereisen **225** 12
Betrieb (Begriff) 102
    Arbeitsrechtliches Beschlussverfahren **102** 17 f
    ArbZG **102** 9
    Betrieb nach Betriebsvereinbarung **102** 4
    Betrieb nach Tarifvertrag **102** 4
    Betriebsübergang **102** 8; **126** 8, 10
    Betriebsverfassungsrechtliche Organisationseinheit **102** 4
    einheitliche Leitung **102** 3
    Gemeinschaftsbetrieb **102** 12
    Haftungsprivileg **102** 24
    Kleinbetriebsklausel **102** 14
    Mischbetriebe **102** 11
    Nicht BRatfähige Betriebe, Zuordnung Stammbetrieb **102** 3
    selbstständiger **102** 3
    SGB VII **102** 10
    Stammbetrieb **102** 3
    Tarifrecht **102** 11
    Tarifvertrag, Regelungsvorrang **102** 4
    Tendenzbetrieb **404** 4 f
    Unternehmen, Abgrenzung **420** 3
    UV **102** 23
    Wirtschaftsausschusseinrichtung **312** 8 f

Betriebliche Altersversorgung

Betriebliche Altersversorgung 103
 s a *Anwartschaft*
 s a *Direktversicherung*
 s a *Versorgungsordnung*
 s a *Versorgungszusage*
 Abfindungsverbot **103** 43
 ABM-ArbN **103** 10
 Absicherung durch PSV **226** 21
 Änderungsmöglichkeit **103** 66 ff
 AGG, Geltungsbereich **144** 21
 Altersgrenze **9** 13
 Altersgrenze Frauen **103** 34
 Altersgrenze Männer und Frauen **10** 3
 Altersrente **10** 1
 Anpassung **103** 53 ff
 Anpassungsobergrenze **103** 57
 Anspruchsvoraussetzungen **103** 31 ff
 Anwartschaft **103** 36 ff
 Anzeigepflichten ArbGeb **20** 14
 arbeitsvertragliche Zusage **103** 6
 Arbeitszeitguthaben **458** 4
 ArbGebBeiträge, Betriebsausgabenabzug **103** 121
 ArbN mit leitenden Aufgaben **103** 10
 ArbNähnliche Personen **27** 15
 ArbNFinanzierte Versorgungsmodelle **103** 123
 Aufzeichnungspflichten **68** 7; **103** 121
 Auskunftspflichten ArbGeb bei nachholender Anpassung **103** 63
 Ausländische Versicherungsunternehmen **103** 133
 Auslagerung auf Pensionsfonds **103** 148
 Auslandstätigkeit **80** 23
 Ausschlussfristen **103** 79
 Außendienstmitarbeiter **103** 10
 Auszahlungsformen, begünstigte **103** 132
 Beendigung **103** 136
 Begriff SozVRecht **103** 228
 Beitragsleistungen, steuerfreie bei Beendigung Arbeitsverhältnis **137**
 Beitragsorientierte Leistungszusage **109** 16
 Beitragspflicht Leistungen **103** 227
 Beitragsrecht, Aufbauphase **103** 207 f
 Beitragszusage mit Mindestleistung **103** 17
 Benachteiligung, Rechtfertigungsgründe **144** 94
 Berechnung nach Versorgungsordnung **10** 2
 Berechnungsdurchgriff im Konzern **103** 58
 Berufstätigkeitsbezug **103** 229
 Beschränkt steuerpflichtige ArbN **103** 146
 Bestehendes Arbeitsverhältnis **103** 32
 Betriebliche Leistungen **103** 120 f
 Betriebliche Übung **103** 8; **107** 8, 11
 Betriebsübergang **103** 155; **126** 53, 62, 106
 Betriebsvereinbarung **103** 13
 Betriebsvereinbarungskündigung **103** 78
 Billigkeitskontrolle **103** 4
 Blankettzusage **103** 6
 Deutsche Reichsbahn **103** 97

Dienstzeitbegrenzung **103** 9
Direktversicherung **103** 26 f, **107** ff, 213, 229
Direktzusage **103** 25, 209
Diskriminierungsverbot **144** 21
durch mehrere Unternehmen **103** 89
Durchführungswege **103** 24 f
Durchgriffshaftung Konzern **247** 7
Einbezug Dienstwagen in Vergütungsberechnung **142** 4
einmalige Kapitalzahlung **103** 229
Einzahlung abgefundener Anwartschaften in RV **103** 238 f
Elternzeit Beiträge ArbGeb **160** 60
Entgeltumwandlung **103** 18 f, 123
Entsendung, Besteuerung **103** 146
Erlassvertrag **103** 79
Erziehungsurlaub/Elternzeit Herausnahme **103** 10
Finanzierung durch ArbGeb, Geldwerter Vorteil **103** 214 f
Fortführung bei Übertragung **103** 48
Geringfügige Beschäftigung **103** 10; **202** 12
Gesamtversorgungszulage **103** 4
Gesamtzusage **103** 7
Gesamtzusagenänderung **103** 68
Geschäftsführer **204** 22
Geschlechtsdiskriminierung **103** 11
Gezillmerte Lebensversicherungstarife **103** 18
Gleichbehandlungsgrundsatz **103** 9; **208** 34 f
Günstigkeitsvergleich, kollektiver **212** 14
Hinterbliebenenversorgung **103** 123
Innendienstmitarbeiter **103** 10
Insolvenz des ArbGeb **226** 21
Insolvenzfälle **103** 85
Insolvenzschutz bei Übertragung **103** 50
Insolvenzsicherung **103** 84 f, 193 f
Internationale Besteuerung **103** 146
kapitalisierter Versorgungsanspruch als Entschädigung **85** 8
Konzernarbeitsverhältnis **247** 7
Krisenszenario bei drohender Überschuldung **103** 180 f
Krisenszenario bei finanziellen Schwierigkeiten **103** 180 f
Kürzung bei Schwerbehinderung **10** 2
Kürzung bei vorzeitiger **10** 2
Lebensgemeinschaft (nichteheliche) **270** 3
Lebenspartnerschaft **103** 11; **271** 3
LeihArbN **34** 33
Leistungsbestimmung **272** 17, 27
Leistungsplan, Mitbestimmung BRat **103** 82
Leistungszusage **103** 15
Liquidationsfall **103** 143
Mindestalter Versorgungszusage **144** 97
Mindestbetriebszugehörigkeit **9** 13; **103** 9
Mindesterhöhung bei Entgeltumwandlung **103** 65

Betriebliche Berufsbildung

Mitbestimmung BRat **103** 81 f
Nachgelagerte Besteuerung **103** 101 f
Nachgelagerte Besteuerung Versorgungsleistungen **103** 144 f
Nebentätigkeit **322** 2
Neue Bundesländer **103** 97
Pensionsabfindung **103** 43, 179, 237
Pensionsfonds **103** 30, 211
Pensionskasse **103** 28, 118 f, 210
Pensionsrückstellung **103** 152 ff
Pensionsverpflichtung, Übertragung **103** 191 f
Pensionsverzicht Gesellschaftergeschäftsführer **103** 185 ff
Portabilität **103** 10
Portabilität Versorgungsanwartschaften **103** 45
Rechtsgrundlage **103** 1 f
Regelaltersgrenze **10** 2, 4
Regelaltersgrenzenanpassung **103** 1
Rentenauskunftspflichten ArbGeb **353** 1 f
Ruhen des Arbeitsverhältnisses **103** 20
Ruhensvoraussetzungen **10** 5
Sachliche Differenzierungsgründe **103** 10 f
Sonderzahlungen, Pauschalsteuerpflicht **103** 122
Sozialplanrente Beitragspflicht **1** 52
Steuerfreiheit ArbGebBeiträge Pensionskasse **103** 129 f
Steuerfreiheit laufende Beitragsleistungen, Aufwendungen begünstigte **103** 126 f
Steuerfreiheit laufende Beitragsleistungen, Personenkreis begünstigter **103** 125
Teilzeitbeschäftigung **103** 11; **402** 78
Trennungsprinzip **247** 7
Überblick **103** 101 f
Über-Kreuz-Ablösung bei Betriebsübergang **126** 62
Übernahme durch Dritte **103** 45
Übertragung **103** 36 f, 46 f
Übertragung auf neuen ArbGeb **103** 139 f
Übertragungsanspruch ArbN **103** 47
Übertragungspflicht auf neuen ArbGeb **103** 45
Übertragungswert, Berechnung **103** 49
Übertragungswert, Steuerfreiheit **103** 139 f
Überversorgung Abbau **272** 17
Überversorgung Ehegatte **103** 115
Umfassungszusagen **103** 23
Umwandlung **414** 19
Ungleichbehandlung Arbeiter/Angestellte **103** 11
Unisex-Versicherungstarife **103** 9
Unterstützungskasse **103** 29, 148 ff, 212
Unterstützungskasse, wirtschaftliche Lage **103** 76
Unverfallbarkeit **103** 37, 71
Unverfallbarkeitsberechnung, Vorschaltzeiten **103** 34
Verjährung, Fristen **103** 80
Versetzung in den Ruhestand **103** 33
Versorgungs- und Entgeltcharakter **103** 2
Versorgungsbezüge ArbN **103** 177
Versorgungsbezüge, Beitragsrechtliche Behandlung **103** 206 f
Versorgungsbezüge Beitragssatz **103** 234
Versorgungszusage, wertpapiergebundene **103** 154
Verzicht ArbN, Mitbestimmung BRat **103** 82
Verzicht auf Steuerfreiheit Beitragsleistungen **103** 134 f
Vordienstzeitanrechnung **103** 89
Vorschaltzeiten **103** 34
Wartezeit **103** 34
Wertguthaben/Zeitguthaben **458** 40 f
Widerruf **103** 74 f
Widerspruchsfristen bei nachholender Anpassung **103** 64
Witwer- und Witwenrente, Differenzierung **103** 11
Zusageformen **103** 14 f
Zustimmungserfordernis bei Übernahme durch Dritten **103** 45
Zweitarbeitsverhältnis **103** 11

Betriebliche Berufsbildung 104
Arbeitszeit **104** 18
ArbGebErsatz als Arbeitslohn **104** 20
Aufwendungen ArbN **104** 19 f
Begriff **104** 2
Beratungsrecht BRat **104** 3, 7
Beschäftigungsbegriff **104** 25
Beschäftigungsverhältnis **26** 80
Betriebliche Bildungsmaßnahme **104** 5
betrieblicher Zusammenhang **104** 28
Bewirtungsaufwendungen **132** 9
Bildungsmaßnahmen **104** 4
Eigenbetriebliches Interesse ArbGeb **104** 20
Elterngeld **159** 19
Essenszuschuss **170** 21
Fortbildung ArbN Werbungskosten **104** 22
GesamtBRat, Zuständigkeiten **203** 16
Incentive-Maßnahme **104** 23
Initiativrecht BRat **104** 9
Kostenfragen, Mitbestimmung BRat **104** 12
Kostenübernahme durch ArbGeb **104** 20 f
Mitbestimmung BRat **104** 13 f; **310** 5
Regelungsgegenstände **104** 11
Rückzahlungsklauseln **104** 12
Schadensersatz **104** 18
Teilnahme Fachtagung Kongress **104** 22
Teilnehmerauswahl **104** 15
Vorschlagsrecht BRat **104** 6, 15

Betriebliche Gesundheitsförderung 106
Betriebsvereinbarung **106** 1
Umfang **106** 1 f

Betriebliche Gesundheitsvorsorge
Arbeitslohn bei Marktgängigkeit **106** 17
Arbeitslohn bei medizinischen Leistungen **106** 16

Betriebsänderung

Beschäftigungsverbot **106** 4, 9
Einwilligung ArbN **106** 4
Freibetrag **106** 19
freiwillige Untersuchungen **106** 5
GenDG **106** 12 f
Hausattest **106** 9
Kostenübernahme durch ArbGeb **106** 15
Krankengespräch **106** 10
Leistungen zur Früherkennung von Krankheiten **106** 29
Pflichtuntersuchungen **106** 4
Primärprävention **106** 25
Schutzimpfungen **106** 30
Steuerbefreiung **106** 20
Vorsorgeleistungen Krankenkassen **106** 26 f
Vorsorgeuntersuchung **106** 3 ff, 18
Betriebliche Gründe Arbeitszeitverringerung, Ablehnung **402** 33 f
Betriebliche Übung 107
Ablösung durch Betriebsvereinbarung **107** 12
Änderungskündigung **107** 11
andere Anspruchsgrundlage **107** 7
Anrechnung übertariflicher Entgelte **16** 2
Anwendung Tarifvertrag auf Nichtgewerkschaftsmitglieder **107** 8
ArbNBeförderung **29** 1
Beispiele **107** 8
Bereitschaftsdienst **95** 6
Betriebliche Altersversorgung **103** 8; **107** 8, 11
Betriebliche Altersversorgung, Änderung **103** 68
Betriebsausflug **110** 2
Betriebsjubiläum **114** 2
Betriebsvereinbarung **107** 7
Bindungswille ArbGeb **107** 5
Brauchtumstage **107** 8
Doppelte Schriftformklauseln **107** 7
Einfache Schriftformklauseln **107** 7
Einschränkung Leistungen, Mitbestimmung BRat **107** 11
Entstehung **107** 4–7
Erwirkungslehre **107** 3
Essenszuschuss **107** 8; **170** 4
Freiwilligkeitsvorbehalt **107** 5
Geldwerter Vorteil **201** 2
Geltungsbereich, persönlich **107** 9
Geltungsbereich, räumlich **107** 10
Gemeinschaftsbetrieb **107** 10
Gesamtzusage Abgrenzung **107** 2
Geschäftsführer Ansprüche **204** 25
Gratifikation **107** 8
Gratifikationswegfall durch umgedrehte **154** 8
Hinterbliebenenrente **223** 5
Internet-/Telefonnutzung **229** 4
irrtümliche Leistungen **107** 6
Jubiläumszahlung **154** 2
Miles & More **201** 2

Nichtanrechnung Tariflohnerhöhung Zulagen **107** 8
Pausenvergütung **331** 9
Rosenmontag **107** 8
Tariflohnerhöhung **401** 21
Tarifvertrag nichtorganisierte ArbN **401** 21
Transport zur Arbeitsstelle **107** 8
Treuegeld **107** 8
umgedrehte, Freiwilligkeitsvorbehalt **154** 8
Weihnachtsgeldzahlung nach Gutdünken **107** 5
Widerruf Leistungen **107** 5, 11
Zusatzleistungen, Freiwilligkeitsvorbehalt **107** 5
Betriebliches Eingliederungsmanagement 105
Arbeitsunfähigkeit **105** 2
Arbeitsunfähigkeitsbescheinigung **105** 16
ArbGebPflichten **105** 1
AU-Richtlinien **105** 16
Behinderte Menschen **105** 3
Beteiligung BRat **105** 4
Fördermaßnahmen **105** 6
Integrationsamt, Einbeziehung **105** 3
Kleinbetrieb **105** 1
Krankengeldbezug **105** 17
Krankheitsbedingte Fehlzeiten **105** 2
Maßnahmen, LSt **105** 10
Medizinischer Dienst **105** 16
Prämien für ArbGeb **105** 20
Rehabilitationsträger, Fördermaßnahmen **105** 6
Sanktionen **105** 7
Stellungnahme Betriebsarzt **105** 16
Verfahren **105** 3
Verstoß bei Kündigung, krankheitsbedingte **259** 47
Vorrang vor Kündigung **105** 1, 5
Wiedereingliederung nach Arbeitsunfähigkeit **105** 16 f
Wiedereingliederung, stufenweise **105** 16 f
Wiedereingliederungszeitraum **105** 18
Betriebliches Interesse
Sozialauswahl **258** 38 f
Sozialauswahl, Herausnahme von ArbN **258** 39
Sozialauswahl, Kenntnisse Fähigkeiten und Leistung ArbN **258** 40
Betriebliches Vorschlagswesen
Betriebsvereinbarung **430** 8
Mitbestimmung BRat **430** 6 f
Betriebsabspaltung Gratifikation **154** 3
Betriebsabteilung Betriebsteil **125** 7 f
Betriebsänderung 108
Aufhebungsvertrag **63** 4
Beraterhinzuziehung durch BRat **108** 14
Betriebsanlagen **108** 30
Betriebsanlagenänderung **108** 27 f
Betriebsaufspaltung **108** 12
Betriebseinschränkung **108** 18

Betriebsangehörige

    Betriebsorganisation **108** 27 f
    Betriebsspaltung **108** 26
    Betriebsstilllegung **108** 16 f
    Betriebsteil **108** 23
    Betriebsübergang Abgrenzung **108** 12
    Betriebsverlegung **108** 24 f
    Betriebszusammenschluss **108** 26
    Betriebszweck **108** 29
    Betriebszweckänderung **108** 27 f
    Beweislast Betriebsbedingtheit Kündigung **258** 63
    Bildschirmarbeitsplatz **133** 12
    BRat Existenz **108** 7
    Einstweilige Verfügung BRat **228** 26
    Fürsorgepflicht **195** 15 f
    geplante **108** 8
    GesamtBRat, Zuständigkeiten **203** 17
    Insolvenz des ArbGeb **226** 10 ff
    Insolvenz des ArbGeb, Beteiligung BRat **226** 10
    Interessenausgleich **108** 3; **228** 1 ff, 4 f, 12
    Interessenausgleich, Folgeänderungen **228** 4 f
    Interessenausgleich, Namensliste **258** 63
    Internet-/Telefonnutzung **229** 20
    Kleinbetriebe **108** 6
    Kündigung, betriebsbedingte **258** 49, 63
    Kündigungserleichterung des ArbGeb **226** 14 ff
    Mitbestimmung BRat **420** 11
    Nachteilsausgleich **108** 3; **321** 2
    Nachteilsentstehung **108** 9
    ohne Interessenausgleich **321** 8
    Personalabbau **108** 15, 19 f
    Rationalisierung **108** 31
    Restmandat BRat bei Auflösung **108** 7
    Sozialplan **108** 4; **385** 1
    Sozialplan, vorsorglicher **385** 13
    Tendenzbetrieb **228** 17
    Tendenzbetrieb, Nachteilsausgleich **321** 1
    Transferkurzarbeitergeld **99** 18
    Unterlassungsanspruch BRat **108** 3, 33
    Unternehmensgröße **108** 6
    Voraussetzungen **108** 6 ff
    Wiedereinstellungsanspruch **462** 1
    Zahlengrenzen **108** 10 f

Betriebsangehörige Haftungsprivileg **102** 24

Betriebsanlagen Betriebsänderung bei grundlegender Neuerung **108** 30

Betriebsanweisung Arbeitsstoffe, gefährliche **52** 18

Betriebsarzt 109
    Abberufung **109** 20
    ärztliche Schweigepflicht **109** 14
    Arbeitsschutzausschuss **109** 12
    Arbeitsstoffe, gefährliche **52** 18 f
    ArbNEigenschaft **109** 21
    Aufzeichnungen Personalakte **333** 5
    BEM, Mitwirkung **105** 16
    Beratung ArbGeb **109** 7
    Beratung ArbN **109** 8
    Bestellung **109** 20
    Einstellungsuntersuchung **157** 10
    Fortbildungspflicht **189** 16
    Geldwerter Vorteil Untersuchungen **109** 22
    Haftung **109** 17
    Hierarchieeinordnung **109** 16
    Krankenbehandlung **249** 2
    Mitbestimmung BRat **109** 18 f; **249** 3
    Organisationsmöglichkeiten **109** 4
    Schweigepflichten Einstellungsuntersuchung **157** 11
    Unterrichtung BRat **109** 13
    Vorsorgeuntersuchung **106** 6; **109** 14

Betriebsaufspaltung
    s a Umwandlung **414**
    Betriebsänderung **108** 12
    Betriebsübergang **126** 6
    Durchgriffshaftung **414** 18
    Kleinbetrieb **245** 3
    Pensionszusage Gesellschaftergeschäftsführer **103** 171

Betriebsausflug 110
    s a Betriebsveranstaltung **128**
    Betriebliche Übung **110** 2
    Betriebsjubiläum **114** 13
    Essenszuschuss **170** 16
    Mitbestimmung BRat **110** 11
    Notdienst **110** 6
    Sozialeinrichtung **383** 7
    Teilnahmepflicht **110** 5
    Teilnahmerecht **110** 4
    Vergütung **110** 7 f

Betriebsausgaben
    Arbeitsunfallkosten **55** 25
    Arbeitszimmer **61** 5
    Aufsichtsratsvergütung **65** 9
    Ausgleichsabgabe **92** 92
    Beiträge Altersversorgung **103** 121
    Bewirtungsaufwendungen **132** 10
    BRatKosten **119** 26
    Direktversicherung **103** 116
    Geldbußen aus unerlaubter Arbeitsvermittlung **57** 13
    Geldbußen, Geldstrafen **50** 28
    Haushaltsnahes Beschäftigungsverhältnis **221** 14
    Kinderbetreuungskosten **242** 12
    Kosten Arbeitsvermittlung (private) **57** 11
    Künstlersozialabgabe **264** 7
    Rechtsanwaltskosten **350** 22
    Sachzuwendungen, Pauschalsteuer **292** 60
    Schmiergeldgewährung **375** 10
    Soziale Netzwerke **342** 11
    UVBeiträge **417** 6

Betriebsausschuss
    Abberufung Ausschussmitglied **117** 27
    Aufgabenübertragung durch BRat **117** 28
    Bildung und Größe **117** 27

Einsichtnahmerecht BRat in Unterlagen 117 29
Hauptaufgaben 117 28
Organ des BRat 117 28
Teilnahme Dritter an Sitzungen 117 29
Wahl Mitglieder 117 27
Betriebsausweis
Betriebsordnung Vorschrift 116 7
Kontrolle des ArbN 246 9
Betriebsbeauftragte 111
Abfallbeauftragter 111 23
Arbeitssicherheit 111 29 f
Datenschutz 111 25 f
Fachkraft für Arbeitssicherheit 111 4 ff
Gewässerschutz 111 24
Immissionsschutz 111 15 ff
Rechtsweg bei Streitigkeiten 111 35
Sicherheitsbeauftragter 111 11, 29 f
Störfallbeauftragter 111 21 f
Strahlenschutz 111 12 ff
UVSchutz 111 34
Betriebsbedingte Abfindung
Änderungskündigung 1 3
Anfechtung 1 5
Anrechnung auf Sozialplanabfindung 1 6
Anspruchsentstehung 1 3, 5
Aufhebungsvertrag 1 7
Besonders geschützte Personen 1 5
Dringende betriebliche Erfordernisse 1 3
Elternzeit 1 5
Fälligkeit 1 4
Hinweispflichten ArbGeb 1 3
Höhe 1 4
Kündigungsschutzklage 1 3 f
§ 1a KSchG 1 3 f
Schriftform 1 3
Schwangerschaft 1 5
Schwerbehinderte 1 5
Sperrzeit 1 8
Voraussetzungen 1 3 f
Betriebsbedingte Kündigung s *Kündigung, betriebsbedingte* 258
Betriebsbesetzung Arbeitskampf 40 9
Betriebsblockade Arbeitskampf 40 9
Betriebsbuße 112
Abmahnung 2 7
Abmahnung Abgrenzung 112 3 f
Änderungskündigung 112 7
Betriebsbußenordnung 112 5
Höhe 112 5
LStPflicht 112 11
Mitbestimmung BRat 112 6
Rückgruppierung 112 7
Versetzung 112 7
Vertragsstrafe Abgrenzung 112 2; 441 4
Werbungskosten 112 12
Betriebsbußenordnung s *Betriebsbuße* 112
Betriebseinnahme
Incentivereisen 225 6
Lohnkostenzuschuss 279 5

Betriebseinschränkung
Betriebsänderung 108 18
Personalabbau, erheblicher als Betriebsänderung 108 21
Saison- und Kampagnebetrieb 108 22
Stilllegung wesentlicher Betriebsteile als Betriebsänderung 108 23
Betriebseröffnung Meldepflichten ArbGeb 304 37
Betriebserwerber
Finanzamt 126 107 f
Haftung 126 65 f
Haftungsnachfolge bei Insolvenz 226 20
SozVTräger Ansprüche 126 112 f
Wiedereinstellungsanspruch 462 5
Betriebsfeier
Freigrenze LSt 128 19
Sachzuwendung als nichtsteuerbare Sozialleistung 383 22
Betriebsferien
s a *Betriebsurlaub* 127
Urlaubsgewährung 427 4
Betriebsfrieden
Auflösung des Arbeitsverhältnisses gegen Abfindung bei Störung 1 25
Betriebsstörung 124 7
Kündigung, außerordentliche bei Störung 257 53
Kündigung bei Störung 260 28
Leistungsverweigerungsrecht bei Störung 274 14
Störung als Abmahnungsgrund 2 12
Störung durch Whistleblowing 461 9 ff
Betriebsführungsgesellschaft GesamtBRat 203 3
Betriebsgeheimnis 113
Beispiele 113 13
Beitragsunterlagen SozV 113 21
Geheimhaltungspflicht 113 5
Geheimhaltungspflichten BRat 120 3
Geschäftsgeheimnis 113 2
Insiderrecht 113 12
Offenbarungsbefugnis SGB 113 22
Offenkundigkeit 438 4
personenbezogene Daten 113 19
Soziale Netzwerke 342 6
unbefugte Offenbarung Steuergeheimnis 113 18
Unterlassungsanspruch 113 14
Verrat als Abmahnungsgrund 2 13
Verschwiegenheitsabrede 113 8
Verschwiegenheitspflicht 113 4, 7; 438 2 f
Verschwiegenheitspflicht BRat 113 11
Vertraulichkeitspflicht 113 6
Betriebsgröße Massenentlassung 300 12 f
Betriebsgruppe s *Gruppenarbeitsverhältnis* 211
Betriebsidentität Verlust bei Betriebsvereinbarung 129 24

Betriebsinhaber

Betriebsinhaber
  Betriebsübergang Wechsel **126** 5
  GesamtBRat bei Wechsel **203** 8
Betriebsjubiläum 114
  s a *Freiwillige Leistungen* **192**
  Bagatellzuwendungen **114** 10
  Beitragspflichtiges Arbeitsentgelt **114** 8 f
  Betriebliche Übung **114** 2
  Betriebsausflug UVSchutz **114** 13
  Betriebsveranstaltung UVSchutz **114** 13
  Einmalzahlungen **114** 12
  Freigrenze Bewirtungsaufwendungen **132** 7
  Gleichbehandlung ArbN **114** 2
  krankheitsbedingte Fehlzeiten **114** 4
  Mitbestimmung BRat **114** 5
  private Feiern UVSchutz **114** 13
  Versteuerung **114** 7
  Zuwendungen, umfangreichere **114** 11
Betriebskindergarten 115
  Barlohnumwandlungsverbot **115** 9
  betriebsfremder, Barzuschuss **115** 3 f
  Ehegattenarbeitsverhältnis **115** 10
  Kinderbetreuung im eigenen Haushalt **115** 8
  Leistungen ArbGeb Steuerbefreiung **115** 4 ff
  UVSchutz **115** 12
  Zusätzlichkeitserfordernis Steuerfreiheit ArbGebZuschuss **115** 9
Betriebskrankenkasse
  keine Sozialeinrichtung **383** 7
  KVTräger **254** 6
  Mitbestimmung BRat bei Einrichtung **311** 30
Betriebsleiter
  Begründung Auflösungsantrag im Kündigungsschutzprozess **1** 28
  Kündigungsschutz **263** 45 f
  Leitender Angestellter **275** 17 f
Betriebsnachfolge
  Auswirkung auf ArbNErfindung **32** 6
  Zeugnisanspruch **470** 11
Betriebsnahe Veranlagung 84 9
Betriebsnummer Meldeverfahren SozV **304** 16
Betriebsordnung 116
  Dienstkleidungsregelung **116** 9
  Fehlzeitenliste **116** 7
  GesamtBRat, Zuständigkeiten **203** 14
  Kontrolle des ArbN **246** 5
  Krankenkontrollbesuch **116** 9
  Mitbestimmung BRat **116** 2 f
  mitbestimmungsfreie Maßnahmen **116** 8–10
  mitbestimmungspflichtige Maßnahmen **116** 6 f
  Ordnungsregeln **116** 3 f
  Sanktionen **116** 12
  Sprecherausschuss Mitbestimmung **116** 11
Betriebsorganisation Betriebsänderung **108** 27 f

Betriebsparkplatz
  Betriebsordnung **116** 7
  Fürsorgepflicht **195** 12
  Gestellung als geldwerter Vorteil **383** 22
  Kontrolle des ArbN **246** 9
  Mitbestimmung BRat **453** 12
  Sozialeinrichtung **383** 6
  Überlassung als Arbeitsentgelt **37** 51
  Weisungsrecht **453** 12
Betriebspause s *Pause* **331**
Betriebsprüfung
  s a *Außenprüfung*
  Anrufungsauskunft Sozialrecht **17** 21
  Insolvenzschutz Wertguthaben **458** 30
  Unfallversicherung **304** 45 f
Betriebsräteversammlung
  Anträge und Beschlüsse **203** 28
  Bericht des Unternehmens **203** 28
  Einberufung **203** 28
  Friedenspflicht **203** 28
  Konzern **130** 34 f
  Organisation und Aufgaben **203** 28
  Tätigkeitsbericht GesamtBRat **203** 28
  Teilversammlung **130** 34
  Zusammensetzung **203** 28
Betriebsrat 117
  s a *Amtspflichtverletzung (Betriebsrat)* **13**
  s a *Betriebsratsanhörung bei Kündigung*
  s a *Betriebsratsfreistellung* **118**
  s a *Betriebsratskosten* **119**
  s a *Betriebsratsschulung* **121**
  s a *Betriebsratswahl*
  s a *Europäischer Betriebsrat* **172**
  s a *Gesamtbetriebsrat* **203**
  s a *Konzernbetriebsrat* **248**
  s a *Mitbestimmung Betriebsrat*
  s a *Wahlanfechtung* **450**
  Abmahnung **2** 34
  Änderungskündigung, außerordentliche **5** 16
  Amtsniederlegung **13** 8 f
  Amtszeit, vorzeitige Beendigung **117** 3
  Amtszeitbeginn **117** 2
  Amtszeitende **117** 3 f
  Anhörung bei Kündigung BRatMitglied **310** 34
  Antragsrecht Arbeitsförderungsrecht **117** 71
  Antragsrechte **117** 48
  Arbeitsausfallanzeige Kurzarbeit **117** 71
  Arbeitsbefreiung **118** 18
  Arbeitsgruppenbildung **117** 35
  Arbeitssicherheit/Arbeitsschutz, Rechte **50** 17 f
  Aufgaben **117** 44 f
  Auflösung Amtspflichtverletzung **13** 11
  Auskunftspflichten ArbGeb **76** 11 ff
  Auslandsreisekostenerstattung **79** 5
  Auslösung **81** 7
  Ausschluss bei Massenkündigung **263** 11
  Ausschluss bei Pflichtverstößen **13** 4 ff

Ausschlussfrist Ansprüche **82** 10
Behinderungs-, Benachteiligungs- und Begünstigungsverbot **117** 55
Beratungspflicht Personaldeckungsplanung **336** 10
Beschlüsse, gerichtliche Überprüfung **117** 15
Beschlussabänderung **117** 14
Beschlussaussetzungen **117** 14
Beschlussfähigkeit **117** 12
Bestellen als Voraussetzung für JAV **232** 4
Beteiligung Änderungskündigung **5** 41
Betriebsänderung, Beraterhinzuziehung **108** 14
Betriebsausschuss **117** 27 f
Betriebsteil **125** 3 f
Betriebsübergang **117** 4; **126** 55
Betriebsübergang, Anhörung bei Widerspruch **126** 42
Bildung sonstiger Ausschüsse **117** 30 f
BRatBeschlüsse **117** 12
BRatSitzungen **117** 12
Einlassungs- und Erörterungspflichten **117** 53 f
Einsichtnahmerecht Lohnlisten **280** 2 ff
Einsichtnahmerecht Personalakte **333** 9
Elternzeit **160** 5
Errichtung Gewerkschaftsrechte **206** 6
Ersatzmitglied **117** 12
Fortgeltung Beteiligungsrechte bei Umwandlung **414** 23
Freizeitausgleich **118** 34
Friedenspflichten **117** 54
Gemeinsamer Ausschuss mit ArbGeb **117** 33
GesamtBRat, Beauftragung für bestimmte Angelegenheit **203** 18 f
Gewissensfreiheit **207** 12 f
Gleichstellung Männer und Frauen **117** 49
Grundsätze der Zusammenarbeit **117** 50 f
Informationspflicht bei Umwandlung **414** 20
Initiativrecht Mitbestimmungsverfahren **311** 16 f
Interessenausgleich Initiativlast **228** 14
Internet-/Telefonnutzung **229** 24 f
Intranetnutzung **229** 24 f
Koordinierungsausschuss BRäte **117** 34
Kündigung wegen Betriebsstilllegung **258** 50
Kündigungsschutz **263** 146
Lohnausfallprinzip **117** 61
Mobbingschutz **314** 7
Nichtigkeitsfeststellung Beschlüsse **117** 15
Organisation und Geschäftsführung **117** 5 f
Personelle Zusammensetzung **117** 1
Rechte bei Sozialplanvereinbarungen **1** 1
Restmandat **117** 4
Rücktritt **13** 13
Schulungsanspruch Ersatzmitglied **121** 11

Betriebsratsamt, Erlöschensgründe

Spartenbetriebsrat **102** 5
Sprechstunden **117** 25
Stellungnahme bei Kurzarbeitergeld **117** 72
Stimmenmehrheit **117** 12
Teilnahme an Sicherheitsausschusssitzungen BG **50** 23
Teilnahme Jugend- und Auszubildendenvertretung **117** 13
Teilrechtsfähigkeit **119** 3
Übergangsmandat **117** 4
Übergangsmandat bei Umwandlung **414** 21
Überwachungsaufgaben **117** 45
Unternehmenseinheitlicher nach § 3 BetrVG **102** 5
Unterrichtung bei Betriebsänderung **228** 17
Unterrichtungsanspruch **117** 54
Unterrichtungspflicht Personalbedarfsplanung **336** 6 f
Unterrichtungspflichten ArbGeb **117** 47
Unterstützung durch Gewerkschaft **206** 5
Urlaubsentgeltberechnung **425** 13
UVSchutz **117** 73
Verschaffung von Preisvorteilen durch Dritte, LSt **117** 61
Verschwiegenheitspflicht **117** 56
Versetzungsschutz **439** 30
Vorschlags- und Beratungsrecht Arbeitszeitdauer und -verteilung **59** 44
Vorsitzendenwahl **117** 5
Wahlberechtigte Personen **117** 1
Wahlvorstand JAV **232** 7
Werbeverbot Scientology-Organisation **207** 12
Werbungskosten **117** 63
Widerspruch Kündigung, betriebsbedingte **258** 20

Betriebsratsamt
Amtsverlust, Rechtsfolgen **120** 15 f
Arbeitsvertragliche Pflichten **120** 18 f
Ehrenamtliche Tätigkeit **120** 1
Kündigungsschutz, nachwirkender bei Amtsverlust **120** 16

Betriebsratsamt, Erlöschensgründe
Altersteilzeit, Freistellungsphase **120** 11
Amtsenthebung **120** 13
Amtsniederlegung **120** 9
Amtszeitablauf **120** 7
Beendigung des Arbeitsverhältnisses **120** 10
Betriebsteilausgliederung **120** 11
Gerichtliche Feststellung der Nichtwählbarkeit **120** 14
Restmandat nach Betriebsstilllegung **120** 9, 10
Strafgerichtliche Verurteilung **120** 12
Tod BRatMitglied **120** 8
Verlust der ArbNEigenschaft **120** 12

Betriebsratsanhörung

Verlust der Wählbarkeit **120** 11
Versetzung in anderen Betrieb **120** 11
Betriebsratsanhörung
Kündigung ArbN **263** 41
Kündigung vor Dienstantritt **261** 2
Musterformular **310** 40
Verdachtskündigung **431** 3
Betriebsratsanhörung bei Kündigung
Abmahnung **2** 30; **310** 31
Änderungskündigung **310** 17
Anfechtung Arbeitsverhältnis **310** 18
Anhörungsfrist **310** 21 f
Anhörungsinhalt **310** 24 f
Anhörungsverfahren **310** 20 f
Anwendungsbereich **310** 14
arbeitskampfbedingte Kündigung **310** 18
Aufhebungsvereinbarung **310** 18
Beendigung Arbeitsverhältnis durch Fristablauf **310** 18
Beschlussfassung **310** 23
bewusst irreführende Sachverhaltsdarstellung **310** 29
Gemeinschaftsbetrieb **310** 13
Heimarbeit **222** 32; **310** 14
Kündigung, krankheitsbedingte **310** 33
Kündigung, verhaltensbedingte **310** 31
Kündigungsgrund **310** 27
Leitende Angestellte **310** 19
Nachschieben von Kündigungsgründen **310** 30
Namensliste bei Wiederholungskündigung als Ersatz **310** 16
Sozialauswahl **310** 30
subjektive Determinierung **310** 28
Unkündbarkeit **418** 15
Verdachtskündigung **310** 32
Verweigerungsfiktion **310** 34
Wiederholungskündigung **310** 14
Wirksamkeit **310** 28
Betriebsratsausschuss
Arbeitsgruppen **117** 35 f
Betriebsratsfreistellung 118
Abmeldungsverpflichtung **118** 15, 21
Absicherung **118** 35
Anhangtätigkeiten **118** 40 f
Anwesenheitspflicht **118** 2
Arbeitszeiterfassung **118** 14
Beitragsrecht **191** 56
Einigungsstellenanruf **118** 13
Erforderlichkeit **118** 18 f, 37
Ersatzfreistellung **118** 7
Gruppenwahl **118** 9 f
Lohnausfallprinzip **118** 16, 23 f, 38
Mindeststaffel **118** 1 f
Nichtbetriebsbedingte Gründe **118** 30 f
Reise- und Wegezeiten **118** 26
Restmandat Betriebsrat **118** 18
Rückmeldepflicht **118** 22
Schichtarbeit **118** 14
Tätigkeit außerhalb Arbeitszeit **118** 25 ff

Teilzeitbeschäftigung **118** 29; **402** 83
Werbungskosten **118** 39 f
Zeugnishinweis **118** 35
Betriebsratskosten 119
Amtszeitende, Geltendmachung **119** 2
Betriebsversammlung **130** 23
BRatBüro **119** 16
BRatWahl **119** 6
Büropersonal **119** 24
Einzelkosten, -nachweis **119** 4, 6 ff
Erforderlichkeit **119** 3
ersparte Aufwendungen **119** 26
Europäischer BRat **172** 18
Fachliteratur **119** 23
GesamtBRat **203** 25
Haftung BRat **119** 3
Informations- und Kommunikationstechnik **119** 18 f
Kostentragungspflicht ArbGeb **119** 2
Pauschalierung **119** 4
PC-Überlassung **119** 19
Rechtsanwaltskosten **350** 9 f
Restmandat BRat **360** 6
Sachmittel **119** 15 ff
Schulungs- und Bildungsveranstaltungen JAV **232** 18
Telefon **229** 25
Telefon Telefax **119** 18 f, 22
Übergangsmandat BRat **360** 13
Umlageverbot § 41 BetrVG **232** 18
Veröffentlichung **119** 1
Verzinsung Ansprüche **119** 5
Vorschuss **119** 5
Zustimmungsersetzungsverfahren **119** 13
Betriebsratsmitglied 120
Abmahnung **120** 18
Anwesenheitspflicht während der Arbeitszeit **120** 18
Arbeitsvertragliche Pflichten **120** 18 f
Arbeitszeugnis, Aufnahme BRatTätigkeit **120** 18
Ausnahmen Geheimhaltungspflichten **120** 3
Begünstigungsverbot **120** 23
Behinderungsverbot **120** 23
Benachteiligungsverbot **120** 23
BRatAmt **120** 1
Doppelmitgliedschaft in JAV **232** 5
Ehrenamtliche Tätigkeit **120** 1
Einsichtnahmerechte **120** 5
Entlastung bei arbeitsvertraglicher Tätigkeit **120** 2
Erlöschen des BRatAmtes **120** 7 f
Ersatzmitglieder **120** 24 f
Freistellung von der Arbeit **120** 20
Geheimhaltungspflichten **120** 3
Gleichbehandlung mit anderen ArbN **120** 2
Haftung bei Kompetenzüberschreitung **120** 2
Hausverbot **120** 20

Betriebsratswahl

Kostentragungspflicht ArbGeb **120** 2
Kündigung, außerordentliche **120** 20
Kündigung, ordentliche **120** 19
Nachwirkungszeitraum Amtszeit **120** 2
Präklusionswirkung Zustimmungsersetzungsverfahren bei Kündigung, außerordentliche **120** 21
Sonderkündigungsschutz **120** 19
Verpflichtung zur vertrauensvollen Zusammenarbeit **120** 6
Verschwiegenheitspflichten **120** 4
Versetzungsschutz **120** 22
Wählbarkeit **120** 1
Zuordnung bei Betriebsübergang **126** 23

Betriebsratsschulung 121
Anerkennung Schulungsmaßnahme **121** 28
Einspruchsrecht ArbGeb **121** 16 f
Entgeltfortzahlung Lohnausfallprinzip **121** 19 f
Entsendung mehrerer BRatMitglieder **121** 10
Erforderlichkeit **121** 4 f
Ersatzmitglied, Teilnahme **120** 29
Ersatzmitglieder **121** 11
Europäischer BRat **172** 23
Geeignetheit, Beispiele **121** 26 f
GesamtBRat **203** 24
Gewerkschaftsschulung **121** 25
Grundschulung **121** 4
JAV **232** 18 f
Schulungsdauer **121** 15, 29
Schulungsinhalt **121** 3 f
Schulungskontingent **121** 8
Schulungskosten **121** 23 f, 31
Schulungsteilnehmer **121** 9 f, 30
Schulungsträger **121** 18, 30
Schwerbehindertenvertretung **121** 13; **378** 5
Schwerbehindertenvertretung UVSchutz **121** 36
Teilzeitbeschäftigte **121** 14, 22; **402** 83
Unterrichtungsrecht ArbGeb **121** 16 f
UVSchutz **121** 35 f
Verwirkung Schulungskostenersatz **443** 11
Werbungskosten **121** 34

Betriebsratssitzungen
Abmeldung BRat Mitglied bei Vorgesetzten **117** 18
Anwesenheitsliste **117** 22
Anzahl und Häufigkeit **117** 16
Befragung Auskunftspersonen **117** 20
Dauer, Mitteilungspflichten an ArbGeb **117** 16
Geheimhaltungspflichten **117** 21
JAV **232** 19
Konstituierende Sitzung, Einberufung **117** 16
Sitzungsleitung **117** 17
Sitzungsniederschrift **117** 22
Sitzungsniederschrift ArbGeb **117** 23
Sitzungsniederschrift, Einwendungen **117** 24
Tagesordnung **117** 17
Teilnahme Gewerkschaftsvertreter **117** 19
Teilnahmerecht ArbGeb **117** 19
Teilnahmerecht JAV **232** 21
Termine **117** 16
Terminmitteilung an ArbGeb **117** 16
Tonbandaufnahme **117** 22

Betriebsratstätigkeit
Arbeitskampf **40** 17
Arbeitszeit **59** 7

Betriebsratsvorsitzender
Abberufung **117** 11
Amtsdauer **117** 11
Aufgaben **117** 6 f
Außenvertretung BRat **117** 7
Betriebsausschussmitglied **117** 6
Betriebsversammlungsleitung **117** 6
Einberufung und Leitung BRatSitzungen **117** 6
Entscheidungsbefugnisse **117** 7
Erklärungsentgegennahme **117** 9
Haftung bei Kompetenzüberschreitung **117** 8
Kompetenzüberschreitung **117** 8
Stellvertreter, Funktion **117** 10

Betriebsratswahl
s a Wahlanfechtung **450**
Altersteilzeit ArbN **11** 17
Anfechtbarkeit bei unrichtiger Bekanntgabe **74** 28
Anfechtung, Gewerkschaftsrechte **206** 7
Anfechtung, Rechtsanwaltskosten **350** 8
ArbN, wahlberechtigte **120** 1
Aushänge im Betrieb **74** 14
Aushilfskräfte Wahlberechtigung **75** 9
Auslandstätigkeit **80** 17
Beschäftigungsgesellschaft **99** 3
Betriebsteil **125** 5
Betriebsversammlung **130** 4
Einstweilige Verfügung **450** 14
Geringfügige Beschäftigung **202** 17
JAV **232** 5, 7
Kleinbetrieb **245** 12 f
Kostentragung durch ArbGeb **119** 6
LeihArbN, Wahlberechtigung **34** 58
Mehrheitswahl, Nachrücken Ersatzmitglieder **120** 28
Nichtigkeit, Rückwirkung **450** 13
Nichtigkeitsfeststellung **450** 12
Nichtigkeitsgründe **450** 12 f
Schwerbehindertenvertretung **378** 2
Verhältniswahl, Nachrücken Ersatzmitglieder **120** 27
Vorsitzender und Stellvertreter **117** 5
Wahlanfechtung **450** 1 ff
Wahlberechtigte Personen **117** 1
Wahlrecht ArbN bei Freistellung **191** 29

Betriebsrente

Betriebsrente
Abfindung nach Versorgungsfalleintritt 1 2
Abfindungsanrechnung bei Aufhebungsvertrag 1 2
Abgrenzung Übergangsgeld **410** 1
Anrechnung Unfallrente **416** 4 f
Arbeitsentgelt **37** 127
Arten **103** 102
Auszehrung **103** 4
Beitragszahlung KV **252** 37
Berechnung nach Altersteilzeit **103** 31
Bereitschaftsdienst **95** 7
Einmündungstheorie **169** 9
Erwerbsminderung **169** 9
Karenzentschädigung Anrechnung **460** 34
Nachgelagerte Besteuerung **103** 103 f
Sonstige Einkünfte **103** 106 ff
Sozialplan **103** 231
Verjährung **103** 80
Verjährung Erhöhungsanspruch **434** 7
Wartezeit bei Erwerbsminderung **169** 9

Betriebsrisiko
Betriebsstörung **124** 2 f
Überwälzung im Arbeitsvertrag **58** 58

Betriebsschließung freiwillige Abfindung 1 2

Betriebsspaltung
s a *Betriebsänderung* **108**
s a *Betriebsübergang* **126**
s a *Umwandlung* **414**
Voraussetzungen **108** 26

Betriebssport 122
Arbeitsentgelt Individualsportkostenübernahme **122** 6
Arbeitsunfall **55** 38
Berufssport **122** 13
Betriebliche Einrichtungen, Geldwerter Vorteil **122** 8 f
Eintrittskarten Kostenübernahme **122** 7
Haftung ArbGeb **122** 3
Mitbestimmung BRat **122** 4
Teilnahmepflicht **122** 2
UVSchutz **122** 14 ff
Vereinsbeiträge Übernahme Arbeitslohn **122** 6
Zuschuss ArbGeb **122** 6 f

Betriebsstätte 123
Arbeitsunfall, UV **123** 11
ArbNÜberlassung **123** 7
Auslandstätigkeit **80** 39 ff
Bauausführungen und Montagen **123** 3
DBA **123** 10
Diskriminierungsverbot steuerlich **144** 142
gemeinsame, ArbGebHaftung **24** 6
gemeinsame, Haftungsprivileg **102** 24
Haftungsfreistellung bei gemeinsamer **102** 24
inländische **123** 3 f
Kleinbetrieb, Kündigungsschutz **263** 52
Konzernunternehmen **123** 4

lohnsteuerliche **123** 4–9
mehrere Betriebsstättenbegriffe LSt **123** 2
Steuerbefreiung nach Betriebsstättenvorbehalt **80** 39
UV, Haftungsbefreiung Personenschäden **123** 11
Zuständigkeit Betriebsstättenfinanzamt **123** 9

Betriebsstättenfinanzamt Zuständigkeiten **123** 9

Betriebsstilllegung
Arbeitskampf **40** 14
Aussperrung **40** 14, 16
Betriebsänderung **108** 16 f
Freistellung ArbN **191** 21
GesamtBRat, Zuständigkeiten **203** 17
Interessenausgleich **228** 4
Kündigung, betriebsbedingte **126** 77 f;
258 21, 22, 50
Kurzarbeitergeld **266** 31
Massenentlassung **300** 14
Provisionsschätzung **14** 15
Restmandat BRat **360** 2; **385** 6
Sozialauswahl **258** 26
Sozialplan **385** 6
Übertragung Versorgungszusage **103** 52
Unterrichtung BRat **336** 7
Wiedereinstellungsanspruch **462** 4

Betriebsstörung 124
Abmahnungsgrund **2** 12
Annahmeverzug **124** 11 f
Arbeitsstoffe, gefährliche **52** 17
Betriebsfrieden **124** 7
Betriebsrisiko **124** 2 f
Erlaubnisvorbehalt **124** 15
Existenzgefährdung **124** 3
Geschäftsführer Verantwortung **204** 26
Kündigung, fristlose **124** 6
Kündigung, verhaltensbedingte **260** 12
Kurzarbeitergeld **124** 13
Kurzzeiterkrankungen, häufige **259** 26
Management-Fehler **124** 19
Mitbestimmung, personelle Angelegenheiten **310** 35 f
Ruhen des Arbeitsverhältnisses **363** 12
unabwendbare Ereignisse (höhere Gewalt), Beispiele **124** 2, 15
Wegerisiko **124** 4
witterungsbedingte **124** 16

Betriebsteil 125
Abgrenzungsmerkmale **125** 1 ff
Ausgleichszahlung bei Übergang **125** 11
Betriebsabteilung **125** 8
Betriebsänderung **108** 23
Betriebsübergang **125** 9; **126** 8
BRatTätigkeit **125** 3 f
Leitungsstrukturen **125** 6
Massenentlassung **300** 4
Sanierung Kündigung, betriebsbedingte **258** 4

Betriebsübergang

SozVRecht **102** 21
wesentlicher **125** 7
Betriebsteilübergang
  Betriebsvereinbarung **129** 30
  Organisationsstruktur **126** 11
  Sozialauswahl **126** 79
Betriebstreue
  Einmalzahlung **154** 12
  Gratifikation **154** 2
  Sonderzuwendungen **208** 30
  Weihnachtsgratifikationszahlung **154** 12
Betriebsübergang 126
  Abdingbarkeit **126** 66
  Abgrenzung Betriebsänderung **108** 12
  Ähnlichkeit der betrieblichen Tätigkeit **126** 13
  Änderungsvereinbarung **126** 45
  Aktienoptionen **7** 13
  Altersteilzeit **126** 3
  Altersversorgung **126** 3
  Anfechtbares Arbeitsverhältnis **126** 51
  Annahmeverzug **14** 8; **126** 47
  Anwartschaftszeiten Betriebliche Altersversorgung **103** 37
  Anzeigepflicht UV **126** 115 f
  Arbeitsplatzbeschreibung **49** 3
  Arbeitsverhältnisse **126** 3, 22
  ArbGebDarlehen **126** 49
  ArbNÄhnliche Personen **126** 4
  ArbNEntsendung **80** 29
  Aufhebungsverträge **126** 44, 70
  Aufhebungsvertrag **63** 19
  Auflösungsantrag **126** 88
  Ausbildungsverhältnis **72** 58
  Auskunftspflichten ArbGeb **76** 8
  Ausschlussfrist **82** 26, 34 f
  Außenseiter **126** 64
  Auswirkungen Einzelarbeitsverhältnis **126** 46 ff
  Auswirkungen Tarifverträge Betriebsvereinbarungen **126** 58 ff
  Auszubildende **126** 3
  BAG-Rspr **126** 10 f
  Befristetes Arbeitsverhältnis **126** 45
  Behindertenkenntnis des ArbGeb **92** 45
  Beispiele Rspr **126** 19 f
  Beschäftigungsgesellschaft **99** 5 f
  Betrieb **102** 8
  Betriebliche Altersversorgung **103** 155; **126** 54, 106
  Betriebsinhaberwechsel **126** 5
  Betriebsmittelarme Betriebe **126** 14
  Betriebsteil **125** 9; **126** 8
  Betriebsvereinbarung **129** 30
  Betriebsvereinbarung Betriebliche Altersversorgung **126** 62
  Betriebsvereinbarungen, freiwillige **126** 59
  Betriebszugehörigkeitszeiten **126** 3
  Beweislast ArbN **126** 43, 80
  BRat, Amtszeit **117** 4
  BRatFreistellung **118** 15
  BRatMandat **126** 55
  Dienstwagen **126** 49
  Direktionsrecht ArbGebZuordnung Arbeitsverhältnis **126** 22
  Entschädigungszahlungen **85** 7
  EuGH-Rspr **126** 9
  EuGH-Rspr, Übernahme durch BAG **126** 10
  EU-Richtlinien **126** 1; **171** 6, 16
  Faktische Weiterbeschäftigung **126** 15
  Freie Mitarbeit **190** 25
  Freistellung ArbN **126** 46
  Freistellung von der Arbeit **191** 23
  Freistellungsanspruch SozV **126** 112 f
  Funktionsnachfolge, Abgrenzung **126** 11
  Gemeinschaftsbetrieb **102** 12
  Gemeinschaftsbetrieb, Ausscheiden eines Unternehmens **126** 4
  Gesamtbetriebsrat, Restmandat **126** 55
  GesamtBRat **203** 8
  Geschäftsführer **204** 27
  Gesellschafterwechsel **126** 6
  Haftung Betriebserwerber **126** 65 f
  Heimarbeit **222** 34
  Identitätskriterien **126** 12 f
  Identitätswahrung **126** 10
  Insolvenz **126** 93 f
  Insolvenz des ArbGeb **226** 19
  Insourcing **126** 18
  Kündigung, betriebsbedingte **126** 74 f; **258** 51 f
  Kündigung nach dem Erwerberkonzept **126** 76
  Kündigungsausschluss **418** 9
  Kündigungsschutz **126** 67 f; **263** 49
  Kündigungsschutz Probezeit **126** 72
  Kündigungsschutzklage **263** 88
  Kündigungsschutzprozess **126** 81 ff
  Kündigungsverbot **126** 67 f; **263** 40
  Lemgoer Modell **126** 44
  Lohnverzicht **444** 7
  LStHaftung bei Insolvenzerwerb **126** 108
  Mitbestimmung BRat **126** 100 f
  Neue Bundesländer **126** 102
  Nutzung verhandener Betriebsmittel **126** 16 f
  Öffentlich-rechtliche Funktionsnachfolge **126** 25
  Organisationsstruktur **126** 11
  Outsourcing **126** 18
  Personalberücksichtigung **126** 14 f
  Personalrabatt **126** 49
  Pfandverstrickung **337** 8
  Privatisierung öffentlicher Einrichtungen **126** 5
  Prozesswirkung **126** 92
  Rechtsformänderung **126** 6
  Restmandat BRat **126** 56

Betriebsübernahme
    Schuldübernahme SozV **126** 112 f
    Sozialauswahl bei Teilbetriebsstilllegung **126** 79
    Sozialeinrichtungen **126** 49
    Spaltung **126** 6, 24
    Sperrzeit **126** 41, 114
    Tarifgeltung **401** 18
    Übergangsmandat BRat **126** 56
    Über-Kreuz-Ablösung Betriebliche Altersversorgung **126** 62
    Übertragung der Leitungsmacht **126** 25
    Übertragung in mehreren Schritten **126** 21
    Übertragung Versorgungszusage **103** 51
    Unfallrente **416** 15
    Unterrichtungspflicht ArbGeb **126** 31 ff
    Urlaubsanspruch **423** 32
    Vereinbarungen ArbN mit weiteren Konzernunternehmen **126** 4
    Vergleich **126** 93
    Vermögensübertragung **126** 6, 24
    Verschmelzung **126** 6, 24
    Verzicht Widerspruchsrecht **126** 40
    während arbeitsgerichtlichem Beschlussverfahren **126** 91
    Wartezeiten Kündigungsschutz **263** 62
    Wechsel der Inhaberschaft **126** 26
    Werkswohnung **126** 49
    Wettbewerbsverbot **460** 44
    Wettbewerbsverbot, nachvertragliches **126** 47
    Widerspruch **126** 35 ff
    Widerspruch bei Sozialplanauslegung **126** 38
    Widerspruchsfristen **126** 39
    Wiedereinstellungsanspruch **462** 5
    wirtschaftliche Einheit **126** 10
    Zeitpunkt **126** 21
    Zeitpunkt LSt **126** 103
    Zeugnisanspruch **126** 54; **470** 8
    Zuordnung Arbeitsverhältnis **126** 22
    Zuordnung von freigestellten BRatMitgliedern **126** 23
    Zwangsversteigerung **126** 29
    Zwangsverwaltung **126** 30
    Zwangsvollstreckung **126** 29
    Zwischenverdienst, böswillig unterlassener **14** 17
    Zwischenzeugnis **126** 54

Betriebsübernahme Gründungszuschuss **210** 16

Betriebsübernehmer LStHaftung **288** 43

Betriebsübertragung Gleichbehandlung übernommene ArbN **208** 24

Betriebsunterbrechung Betriebsübergang **126** 12

Betriebsurlaub 127
    s a Urlaubsgewährung **427**
    Dauer **127** 1
    Festlegung **127** 4
    GesamtBRat, Zuständigkeiten **203** 14
    Mitbestimmung BRat **127** 3, 6
    Urlaubsgewährung **427** 7
    vor Urlaubsberechtigung **127** 4

Betriebsveräußerung
    Kündigung, betriebsbedingte **258** 22
    Kündigung, betriebsbedingte bei Insolvenz **258** 63

Betriebsveranstaltung 128
    Abteilungsveranstaltung UV **128** 21
    Arbeitsessen **128** 12
    ArbNJubiläum **128** 10, 23
    außerbetriebliche Veranstaltungen **128** 18
    Bargeldzuwendung **128** 8
    Betriebsfeiern **128** 19
    Betriebsjubiläum **114** 13
    Bewirtungsaufwendungen **132** 7
    BRatFeier UV **128** 21
    einzubeziehende Kosten **128** 4 f
    Freigrenzen **132** 9
    Freigrenzen LSt **128** 3 f; **330** 10
    Geburtstagsfeier ArbGeb **128** 11
    Gemeinschaftsveranstaltungen UV **128** 20
    Kostenaufteilung nach Köpfen **128** 5
    Kostenzusammenhang **128** 4
    Lohnzurechnung **128** 6
    LStPauschalierung **128** 14; **292** 33, 72
    LStPauschalierung, Beitragsfreiheit **37** 132
    Pro-Kopf-Aufteilung **128** 8
    Reisekosten **128** 16
    Schiffsreise **128** 11
    Sonderveranstaltung **128** 11
    Teilnehmerkreis **128** 10
    Werbungskosten **128** 15 f

Betriebsvereinbarung 129
    Abgrenzung Regelungsabrede **129** 39
    ablösende bei Geldwertem Vorteil **201** 7
    Ablösung **129** 23
    Ablösung durch Regelungsabrede **129** 23
    Altersdiskriminierende **129** 13
    Altersgrenze **9** 4 f, 9 f
    Altersteilzeitvertrag **11** 48
    Altersübergangsgeldzuschuss **410** 3
    Anfechtung **129** 27
    Anzeigepflichten ArbN **21** 1
    Arbeitskleidung **41** 5
    Arbeitszeit, Abweichungen ArbZG **59** 17
    ArbNBeförderung **29** 5
    Aufhebungsvertrag **129** 28
    Aushang im Betrieb **74** 13
    Auslegung **129** 8
    Ausschlussfrist **82** 8 f
    Auswahlrichtlinie **86** 1
    Beendigung mit Zeitablauf **129** 29
    Bekanntmachung **129** 18
    Bereitschaftsdienst **95** 10
    Betrieb (Begriff) **102** 4
    Betriebliche Altersversorgung **103** 13
    Betriebliche Gesundheitsförderung **106** 1
    Betriebliche Übung **107** 7, 12

Betriebsversammlung

betriebliches Vorschlagswesen **430** 8
Betriebsidentitätsverlust **129** 24
Betriebsteilübergang **129** 30
Betriebsübergang **129** 30
Bindung an Gleichbehandlungsgrundsatz **208** 3
Binnenschranken **129** 9
BRatlose Betriebe, Geltung **203** 23
Compliance **136** 21
Durchführung **129** 19 f
dynamische Blankettverweisungen **129** 10
Einbeziehung Tarifvertrag nichtorganisierte ArbN **401** 20 f
Einheitsregelungen **129** 15
Einigungsstellenanrufung **153** 35
erzwingbare **129** 7, 31
Fortgeltung bei Umwandlung **414** 24 f
Freistellungsregelung BRat **118** 5
freiwillige **129** 7
freiwillige, Nachwirkung **129** 32
Gesamtbetriebsvereinbarung **129** 4
GesamtBRat, Zuständigkeit **203** 12
GesamtBRat, Zuständigkeiten **203** 18
Gesamtzusagen **129** 15
Gleichbehandlung **208** 3, 16, 20
Gruppenvereinbarung **117** 41 f; **129** 3
Inhaltskontrolle **129** 22
Initiativrecht BRat **129** 16
innerbetriebliche Ausschreibung **83** 12
Insolvenz des ArbGeb **226** 9
Internet-/Telefonnutzung **229** 16
kollektiver Günstigkeitsvergleich **212** 11 ff
Konzern **129** 4
Kündigung **129** 25 f
Kündigung, außerordentliche **129** 26
Kündigung Betriebliche Altersversorgung **103** 78
Kündigungsausschluss **418** 6
Kündigungsbeschränkung und -erweiterung **256** 17 ff
Kündigungsbeschränkungen **256** 22
Kurzarbeit **266** 4
Leistungsbestimmung **272** 7
Leitende Angestellte **129** 6
Mithören von Diensttelefonaten **229** 29 f
Mobbing **314** 7
Mustervereinbarung betriebliches Vorschlagswesen **129** 35
Nachwirkung **129** 31 f
Nachwirkung bei Insolvenz des ArbGeb **226** 9
Nebentätigkeitsverbot **322** 12
Neue Bundesländer **129** 34
Öffnungsklausel bei Altersteilzeit **11** 52
Personalinformationssystem **335** 8
Protokollnotiz **129** 2
Regelungsabrede Abgrenzung **129** 2
Rücksichtnahme Lebensgemeinschaft (nichteheliche) **270** 5
rückwirkende Änderung Verteilungsrelation übertarifliche Entgelte **16** 13 f
Rückzahlungsklausel **361** 2
Schriftform **129** 17
Sozialauswahlrichtlinie, gerichtliche Überprüfung **258** 67
Sozialplan **385** 2
Tariföffnungsklauseln **129** 9
Tarifvertragsvorrang **129** 9; **212** 2
tarifwidrige, Unterlassungsanspruch Gewerkschaft **129** 21
Teilkündigung **129** 26
teilmitbestimmungspflichtige **129** 33
Telefondatenspeicherung **140** 13
Transformation bei Betriebsübergang **126** 58 ff
Überkreuzablösungen tariflicher Versorgungsregelungen **103** 69
Überstunden **411** 6
Überwachung durch BRat **117** 45
Umdeutung bei Unwirksamkeit **129** 12
Urlaubsdauer **428** 16
Urlaubsgeldanspruch **426** 2
Veränderungssperre bei Betriebsübergang **126** 58
Vermögenswirksame Leistungen **436** 14
verschlechternde ablösende **129** 15
Versetzung **439** 12
Versorgungszusage, Änderung **103** 69
Versorgungszusage, Änderung bei ausgeschiedenen ArbN **103** 69
Vertragsstrafen **129** 14; **441** 6
Vertrauensschutz **129** 15
Vertrauensschutz bei Ablösung **129** 23
Verwirkung Ansprüche **443** 4 f
Weitergeltung bei Betriebsübergang **126** 59 f
Zeitkollisionsregel **129** 23
Betriebsverfassungsgesetz Überwachung durch Gewerkschaft **206** 9
Betriebsverfassungsrecht
  Aushänge im Betrieb **74** 13 f
  Berufsausbildungswerk **351** 4
  Compliance **136** 12
  Hauswirtschaftliches Beschäftigungsverhältnis **221** 4
Betriebsverlagerung
  Kündigung, betriebsbedingte **126** 75
  Versetzung **439** 23
Betriebsverlegung
  Betriebsänderung **108** 24 f
  GesamtBRat, Zuständigkeiten **203** 17
  Umzugskostenerstattungsanspruch **415** 6
  Versetzung **439** 23
  Weisungsrecht ArbGeb **453** 10
Betriebsversammlung 130
  Abteilungsversammlung **130** 1
  Abteilungsversammlung UV **130** 37
  Arbeitszeit **59** 7
  Aufzeichnung **130** 7

Betriebsweg

Auslandstätigkeit **80** 18
außerhalb der Arbeitszeit **130** 16
außerordentliche **130** 2, 17
Bericht ArbGeb **130** 23
Bericht ArbGeb wirtschaftliche Lage **312** 2 f
Berufsverband **130** 39
BRatKosten **130** 23
BRatKostenbekanntgabe **119** 1
BRatWahl **130** 4
Dolmetscherhinzuziehung **130** 10
Einberufung **130** 5
Einberufungsrechte Gewerkschaft **206** 6
Einzelhandelsunternehmen **130** 15
Gleitende Arbeitszeit **130** 14
Hausrecht **130** 6
JAVVersammlung **232** 25
Leitung **130** 6
Mitarbeiterversammlung **130** 3
Ort **130** 11
regelmäßige **130** 2, 12 f
Schichtarbeit **130** 14
Tagesordnung **130** 18 f
Teilnahme ArbGebVerband **130** 10
Teilnahme Gewerkschaft **130** 10; **206** 8
Teilnahme Sachverständiger **130** 10
Teilzeitbeschäftigung **130** 14
UVSchutz **130** 37
Vergütungsanspruch **130** 25 ff
Betriebsweg Haftungsprivileg **55** 8
Betriebswirt ArbN-ABC **26** 84
Betriebszugehörigkeit
  Anrechnung bei Ruhen des Arbeitsverhältnisses **363** 15
  Betriebsübergang **126** 3
  Betriebsübergang, SozV **126** 113
  Konzern **263** 61
  Kündigungsbeschränkung bei langjähriger **256** 21
  Mittelbares Arbeitsverhältnis **313** 7
  Sozialauswahl **385** 24
  Sozialauswahlkriterium **258** 34
Betriebszusammenlegung GesamtBRat, Zuständigkeiten **203** 17
Betriebszusammenschluss Betriebsänderung **108** 26
Betriebszweck Betriebsänderung **108** 29
Betrug
  Abmahnung **2** 13
  Aufrechnung Schadensersatz mit Vergütungsanspruch ArbN **191** 15
Beurlaubung Arbeitnehmer s *Freistellung von der Arbeit* **191**
Beurteilungsgespräch s *Leistungsbestimmung* **272**
Beweislast
  abgestufte Kündigung, betriebsbedingte **258** 64 f
  Ablehnung Teilzeit nach Elternzeit durch ArbGeb **160** 35
  Abmahnung **2** 42

AGG, Quoten und Statistiken **144** 131
Annahmeverzug, Leistungsunwilligkeit **14** 11
Anpassung Versorgungsordnung **103** 65
Anrechnung übertariflicher Entgelte **16** 7
Arbeitsentgelt, Abrechnung **37** 24
Arbeitsvertragsnachweisverletzung **58** 51
ArbN bei Betriebsübergang **126** 43, 80
ArbNErfindung **32** 28
ArbNHaftung **33** 22
Ausbildungskostentragung **71** 4
Befristetes Arbeitsverhältnis **91** 53
Berufskrankheit **97** 3
Beschäftigungsverbot bei Mutterschutz **317** 14
Beschäftigungsverbotsvoraussetzungen **100** 4
Betriebsänderung, Betriebsbedingtheit Kündigung **258** 63
Betriebsänderung, Weiterbeschäftigungsmöglichkeit **258** 63
Betriebsbedingtheit Kündigung bei Interessenausgleich **228** 7
Diskriminierung, immaterielle Schäden **144** 123
Einhaltung Ausschlussfrist bei Kündigung **257** 90 f
Fürsorgepflicht **195** 21
Gemeinschaftsbetrieb **102** 15
Gleichbehandlung, Gruppenbildung **208** 15
Kleinbetrieb, Beschäftigtenzahl **245** 11
Kündigung, außerordentliche **257** 89 ff
Kündigung, betriebsbedingte **258** 58 ff
Kündigung, krankheitsbedingte **259** 45 f
Kündigung, personenbedingte **259** 45 f
Kündigung, personenbedingte wegen Minderleistung **259** 45
Kündigung, verhaltensbedingte **260** 15 f
Kündigung wegen verschuldeter Minderleistung **260** 17
Kündigungsschutz bei Mutterschutz **317** 41
Kündigungsschutzklage **263** 119 f
Leistungsbestimmung **272** 13
Mankoabrede **187** 16 ff
Mankoabrede, unwirksame **187** 18 f
Mankohaftung **187** 8, 10, 16 ff
Mobbing **314** 6
Probearbeitsverhältnis, befristetes **343** 8
Rückzahlungsklausel **361** 22
Schadensersatzanspruch Arbeitspapiere **47** 14
Scheinselbstständigkeit **374** 11
Schlechtleistung im Gruppenarbeitsverhältnis **211** 12 f
Sozialauswahl bei Insolvenz **226** 15
Sozialauswahl, Herausnahme Leistungsträger **258** 66
Sozialauswahl Kündigung, betriebsbedingte **258** 58 ff

Bildschirmarbeitsplatz

Sperrzeit **388** 24
Überstundennachweis ArbN **411** 16
Umkehr bei Datenschutzverstoß **140** 19
Umkehr bei Mankoabrede **187** 19
Ungleichbehandlung wegen Geschlechts **144** 131
Verjährung **434** 1
Versetzung **439** 14
Vertragsstrafe **441** 20
Vorschuss **445** 10
Zahlungsunfähigkeit, Beitragsabführung **387** 9
Zeugnisrichtigkeit **470** 41 f
Beweiswert Arbeitsunfähigkeitsbescheinigung **54** 6 ff
Bewerberauswahl s *Personalauswahl* **334**
Bewerbung 131
anonyme Bewerbungsverfahren **131** 7
Auskunftspflichten ArbGeb **76** 3
Ausland **131** 18
Beschaffungskosten Unterlagen **131** 2
Entschädigungsanspruch Bewerber **131** 7
Fahrtkosten **131** 5
Flugkosten **131** 5
Gerichtsstand **131** 8
Kostenübernahme bei Rehabilitation **351** 32
Leistungen BA **131** 6, 19 f
Mitbestimmung BRat **131** 10
Rücksendung Unterlagen **131** 3
Sperrzeit bei negativem Bewerbungsschreiben **131** 21
Übernachtungskosten **131** 5
UVSchutz **131** 23
Verdienstausfall **131** 5
Verpflegungskosten **131** 5
Verwahrung Unterlagen **131** 3
Vorstellungskosten **131** 4 ff
Vorweggenommene Werbungskosten **131** 16
Bewerbungskosten Leistungen BA **435** 14
Bewerbungsunterlagen
Lebenslauf, handgeschriebener **334** 18
Obhuts- und Sorgfaltspflichten ArbGeb **334** 26
Rückgabe **334** 26
Vernichtung **334** 26
Weitergabe an Dritte **334** 26
Zusammensetzung **334** 18
Bewertung
Aktienoptionen **7** 33 f
Aktienoptionen als Vermögensbeteiligung **7** 37
Bewirtungsaufwendungen 132
Arbeitsessen **132** 7
Arbeitslohn **132** 9
Aufteilung gemischt veranlasste **132** 12
Aufzeichnungspflichten **132** 12
Betriebliche Bildung **132** 9
Betriebsveranstaltung **132** 7

Bewirtung von Kollegen **132** 16
einmalige **170** 16
erfolgsabhängige Bezüge **132** 17
Erstattungsanspruch ArbN **132** 3 f
externe **132** 11 f
Freigrenze bei Dienstjubiläum **132** 7
Gastwirt **132** 14
in der Wohnung **132** 13
Luxusaufwendungen **132** 5
Schmiergeld **132** 6
Verzehrgutschein **132** 12
Werbungskosten ArbN **132** 15 f
Bewirtungskosten Schulungsveranstaltung
Freie Mitarbeiter **170** 21
Beziehungskauf als Sachbezug **370** 6
Bezirksleiter ArbN-ABC **26** 84
Bezirksstellenleiter ArbN-ABC **26** 84
Bezugnahmeklauseln
Arbeitsvertrag **58** 40
Dynamische bei Außenseitern **126** 64
Einzelverweisung Tarifregelung **58** 40
Gleichstellungsabrede **58** 40
Globalverweisung Tarifvertrag **58** 40
Statische bei Außenseitern **126** 64
Tarifvertrag **401** 14
Tarifvertrag, unbedingte zeitdynamische Verweisung **58** 40
Teilverweisung Regelungskomplexe im Tarifvertrag **58** 40
Bezugsfrist Kurzarbeitergeld **266** 51 f
Bezugsgröße
Freiwillige KV **252** 17
PflegeVBeiträge aktuelle Werte **338** 28
SozVBeiträge aktuelle Werte **387** 71
Bezugsrecht Direktversicherung **103** 26 f
Bezugsrecht Direktversicherung 103 108
Aufspaltung **103** 26
Ausgestaltung **103** 27
eingeschränkt unwiderrufliches **103** 27
Insolvenzfall **103** 27
unwiderrufliches **103** 27
BGB-Gesellschaft s *Gesellschaft des bürgerlichen Rechts*
Big Brother Preisgeld als Sonstige Einkünfte **459** 21
Bildberichterstatter
ArbN-ABC **26** 84
Beschränkte Steuerpflicht (LStAbzug) **285** 10
Bilder Arbeitsmittel **46** 12
Bildhauer ArbN-ABC **26** 84
Bildschirmarbeitsplatz 133
Arbeitspflicht **133** 8
Arbeitsschutzgesetz **133** 1
Augenuntersuchung **133** 16
Beschränkung Arbeitszeit Teilzeitbeschäftigte **402** 85
Betriebsänderung **133** 12
Bildschirmarbeitsplatzverordnung **133** 6 ff
Einführung **133** 2

Bildschirmarbeitsverordnung
  EU-Richtlinien **133** 1
  Generalklauseln **133** 3 f
  Kontrolle des ArbN **246** 16
  Mitbestimmung BRat **133** 9 ff
Bildschirmarbeitsverordnung s *Bildschirmarbeitsplatz* **133**
Bildungseinrichtung Ortsfeste Betriebsstätte **182** 13
Bildungsgutschein Weiterbildung, berufliche **455** 20, 27
Bildungsmaßnahme berufsvorbereitende, Förderungsfähigkeit **96** 14
Bildungsurlaub 134
  Ablehnung **134** 18
  Anerkennung und Inhaltskontrolle **134** 9
  ArbNÄhnliche Personen **27** 13
  Ausbildungsdarlehen **134** 32
  Bescheinigung **134** 16
  Bescheinigung bei Wechsel ArbGeb **134** 16
  Dauer **134** 14
  Dienstsitz bei fliegendem Personal **134** 13
  Entgeltfortzahlung **134** 17, 33
  Freistellung, bezahlte **134** 1, 19
  Freistellung unter Vorbehalt **134** 21
  Freistellungserklärung ArbGeb **134** 19
  Freistellungsvereinbarung **134** 21
  Gestaltung Bildungsmaßnahme **134** 11
  Mitbestimmung BRat **134** 26
  Rechtsprechungsübersicht **134** 27
  Schadensersatzanspruch ArbN **134** 23
  Sonderurlaub, Abgrenzung **134** 4
  sonstiger, SozV **134** 37
  Überlastungsschutzklausel **134** 16
  UVSchutz **134** 34 f
  Wartezeit **134** 13
  Weiterbildung, berufliche **189** 30 f
  Weiterbildungsinhalt **134** 5
  Zugang für jedermann **134** 10
Bildungsveranstaltung Betriebliche Berufsbildung **104** 5
Billigkeitskontrolle
  Betriebliche Altersversorgung **103** 4
  Leistungsbestimmung **272** 7
  Sozialplan **385** 54
Billigkeitsmaßnahme
  Entgeltrückzahlung **164** 20
  Lohnabzugsverfahren **276** 24
BilMoG Pensionsrückstellungen **103** 152
Bindung des Arbeitgebers
  Abmahnung **2** 8
  Betriebliche Übung **107** 5
  Interessenausgleich **228** 20
Bindungsklausel Weihnachtsgratifikation **154** 17
Bindungswirkung
  Anrufungsauskunft **17** 1 f, 11 f
  LStAußenprüfung für die Zukunft **284** 17
  Prüfungsfeststellungen LStAußenprüfung auf SozVTräger **284** 20

  Tatsächliche Verständigung **433** 16
  Vergleiche **433** 26
  Verwaltungspauschbeträge **330** 24
Biologische Arbeitsstoffe
  Arbeitsstoffe, gefährliche **52** 3, 22
  BioStoffV, Geltungsbereich **52** 22
Biometrische Systeme Datenschutz **140** 12
Blankettverweisung Betriebsvereinbarung, Zulässigkeit **129** 10
Blankettzusage
  Betriebliche Altersversorgung **103** 6
  Einheitsregelung **103** 6
Bleibeverpflichtung Berufsausbildungsvertrag **72** 37
Blockbeschulung Beihilfeleistungen **93** 11
Blockfristen Krankengeldgewährung **250** 23
Blockmodell BRatWahl **117** 1
Blockmodell Altersteilzeit
  Abwicklungsprobleme **11** 13 f
  Altersteilzeit **11** 45
  Arbeitsunfähigkeit **11** 86
  Arbeitszeitreduzierung **11** 42
  Beendigung, Vorzeitige **11** 14
  Betriebszugehörigkeit **11** 17
  Entgeltfortzahlung **11** 13
  Erwerbsunfähigkeitseintritt **11** 87 f
  Förderungsdauer **11** 50
  Insolvenzsicherung **11** 15
  Krankheit ArbN **11** 13
  Ortszuschlag, Anspruch **11** 13
  Sonderprobleme **11** 13 f
  Tarifvorbehalt **11** 51 f
  Tod des ArbN **11** 13
  Urlaubsanspruch **11** 13
  Vererbung **11** 90
  Wertguthabenübertragung **11** 45
  Zulagenanspruch **11** 13
Blue-Card Ausländerbeschäftigung **78** 6
Blutspender UVSchutz **194** 15; **417** 33
Board of Directors
  ArbN (Begriff) **26** 72
  SozVPflicht **204** 51
Bonusmeilen Geldwerter Vorteil **201** 2
Bordpersonal Flugzeuge Verpflegungsmehraufwendung **80** 50
Bordpersonal Flusskreuzschiffe Verpflegungskosten **80** 50
Bordvertretung Wahlanfechtung **450** 1
Botschaftsangehörige RVPflicht **357** 6
Boykott Arbeitskampf **40** 9
Brauchtumstage Betriebliche Übung **107** 8
Breakstunde Ausgleich **331** 6
Briefdienstleister Arbeitnehmerentsendung **31** 3
Brille Krankenbehandlung **249** 19
Brückentage Jugendarbeitsschutz **231** 19
Bruttoarbeitsentgelt
  ArbGebAnteile SozV **37** 111
  ArbNAnteile SozV **37** 110

Compliance

Pauschalsteuerübernahme des ArbGeb durch ArbN **37** 113
Pauschalsteuerzurechnung **37** 113
Sonderausgaben **37** 114
Werbungskosten **37** 114
Bruttoarbeitslohn LStBescheinigung **286** 17
Bruttolohnvereinbarung 135
   Geringfügige Beschäftigung **202** 13
   Meldepflichten ArbN **135** 7
   Solidaritätszuschlag **379** 1
   Steuer- und Abgabenberechnung, fehlerhafte **135** 5 ff
   Übernahme SozVBeiträge durch ArbGeb **387** 17
   Zwangsvollstreckung **135** 13 f, 20
Buchführungshelfer ausländischer, Inlandszulassung **78** 50
Buchhalter ArbN-ABC **26** 84
Bücher Arbeitsmittel **46** 12, 16
Büffetier ArbN-ABC **26** 84
Bühnen- und Szenenbildner ArbN-ABC **26** 84
Bühnenbildnerin ArbNÄhnliche Person **27** 7
Bündnis für Arbeit Unkündbarkeit **418** 18
Bürgermeister
   ArblVPflicht **45** 28
   ArbN-ABC **26** 84
   Aufwandsentschädigung **66** 6
   Ehrenamtliche Tätigkeit **150** 2
   SozVPflicht **150** 33
Bürgschaft
   ArbGebDarlehen **23** 4
   Werbungskosten bei Inanspruchnahme **30** 14
   Werbungskosten bei Inanspruchnahme ArbN **456** 26
   Werbungskosten bei Inanspruchnahme Gesellschaftergeschäftsführer **204** 43
Bürogehilfin ArbN-ABC **26** 84
Bürokommunikationssysteme Kontrolle des ArbN **246** 16
Bummeltage Arbeitsverhinderung **56** 28
Bund Ausschreibung **83** 6
Bundesagentur für Arbeit
   als Rehabilitationsträger **351** 25
   Arbeitsvermittlung **390** 10 ff
   Auskunftspflichten Dritter **76** 40 f
   Beratung bei Weiterbildungsmaßnahmen **455** 16
   Beratungs- und Belehrungspflichten bei Sperrzeit **388** 19
   Beratungs- und Vermittlungsaufgaben **38** 19 f
   Berufsausbildungsförderung **96** 1
   Berufsrückkehrerförderung **38** 17
   Beschäftigungsgesellschaft, Finanzierung **99** 4
   Bewerbungszuschuss **131** 19 f
   Meldepflichten ArbN **42** 64 ff

   Mitverschulden bei Ersatzanspruch Kurzarbeiter- und Winterausfallgeld **168** 32
   Neutralitätsausschuss Streik **40** 42
   Neutralitätspflicht Streik **40** 30
   Transfer-Sozialplanzuschuss **385** 32
   Unparteilichkeit **208** 46
   Vermittlungsauftrag **156** 14
   Zuschuss Altersteilzeit **11** 43
Bundesdatenschutzgesetz
   Anwendungsvoraussetzungen **140** 3 f
   Bedeutung für Personalauswahl **334** 19
   Datenerhebung **140** 7
   Geltung für Personalakte **333** 3
   Rechtmäßigkeitsvoraussetzungen **140** 5 ff
Bundesfreiwilligendienst
   Entgeltfortzahlungsanspruch **193** 17
   RVPflicht **357** 5 f
   SozVPflicht **193** 17
   steuerfreie Einnahmen **392** 13
   UVSchutz **417** 34
Bundesmontagetarifvertrag
   Auslösung **81** 3 f
   Reisezeitenvergütung **141** 8
   Tarifbindung **81** 2
Bußgeld
   Aufwendungsersatz **67** 18 f
   Beitragspflicht bei Übernahme durch ArbGeb **67** 38
   Lohnunterlagenführung **278** 20
   Übernahme bei LKW-Fahrer als Arbeitsentgelt **37** 48

Call-Centeragentin ArbNÄhnliche Person **27** 7
Cannabiskonsum Wegeunfall **451** 21
Caritas Ausschluss ordentliche betriebsbedingte Änderungskündigung **5** 16
CGZP Tariffähigkeit **34** 43 f; **401** 3
Chefarzt Arbeitsentgelt Rufbereitschaft **362** 5
Chipkartenverwendung Datenschutz **140** 12
Christliche Gewerkschaften Tariffähigkeit **34** 43 f; **401** 3
Compliance 136
   Anzeigepflichten Fehlverhalten Dritter **21** 3
   Arbeitsrecht **136** 3
   Arbeitssicherheit/Arbeitsschutz **136** 9
   Arbeitsvertrag **136** 18
   Begriff **136** 1
   Beitragsrecht **136** 41
   Betriebsvereinbarung **136** 21
   Betriebsverfassungsrecht **136** 12
   BSCI–Verhaltenskodex **136** 2
   Datenschutz **136** 8
   Deutscher Government Kodex **136** 2
   Direktionsrecht ArbGeb **136** 19 f
   D & O-Versicherung **136** 34
   Durchsetzung **136** 17
   Ersatzanspruch ArbGeb **136** 31
   Ersatzanspruch ArbN **136** 32
   Ersatzleistungen ArbN **136** 33

Computer

Ethikrichtlinien **136** 4
Internet-/Telefonnutzung **136** 7
Organisation und Instrumentarium **136** 14
Persönlichkeitsschutz **136** 4 f
Richtlinien **136** 15 f
Richtlinien bei Whistleblowing **461** 12
Risiken **136** 11
Schulungsmaßnahmen **136** 16
Tarifrecht **136** 13
Videoüberwachung **136** 7
Whistleblowing **136** 6

Computer Arbeitsmittel **46** 21

Computerprogramm
ArbNErfindung **32** 7
Urheberrecht **421** 2 f, 6

Co-Pilot ArbN-ABC **26** 84
Croupier ArbN-ABC **26** 84

Customer preferences
Benachteiligungsverbot **144** 72
Diskriminierung **144** 72

Cutterin Fernsehen ArbN-ABC **26** 84

Dänemark
Grenzgängerbesteuerung **209** 14 f
Steueranrechnung Grenzgänger **209** 18

Darlehen s *Arbeitnehmerdarlehen* **30**
Darlehensverlust
s a *Arbeitgeberdarlehen* **23**
Werbungskosten **456** 27

Darlehensverzicht Gesellschafterdarlehen **30** 15

Datenerfassung
Betriebsdaten **246** 16
Telefondaten **246** 16

Datenerfassungs- und -übermittlungsverordnung (DEÜV)
s a *Meldungen Sozialversicherung*
Formelles Meldeverfahren SozV **304** 7 ff
gemeinsame Grundsätze für die Datenerfassung und -übermittlung nach § 28b Abs 2 SGB IV **304** 9

Datenerhebung Einstellungsuntersuchung **157** 4 f

Datenschutz 140
Akteneinsichtsrecht beim FA **140** 38 f
Alkoholerkrankung **140** 11
Arbeitsvermittlung (private) **57** 17
Auskunft ArbN **140** 16
Außenprüfung **140** 29 ff
Benachrichtigung ArbN **140** 15
Berichtigung Sperrung Löschung Daten **140** 17–18
Betriebsbeauftragter **111** 25 f
Biometrische Systeme **140** 12
Compliance **136** 8
Datenerhebung **140** 7
Datenerhebung, -speicherung, -übermittlung, -nutzung **140** 9 f
DNA-Analysen **140** 8
Einstellungsuntersuchung **157** 3 f

ELENA **140** 9
ELStAM **282** 23
Gendiagnostikgesetz **140** 8
Genomanalyse **140** 9
Internet-/Telefonnutzung **229** 7
Mitbestimmung BRat **140** 22 ff
Mitteilungspflicht FA bei Schmiergeldzahlungen **140** 38
MitteilungsVO **140** 43
Offenbarungsbefugnisse **140** 57 f
Persönlichkeitsrecht **140** 1
Personalinformationssystem **335** 4
Schadensersatz **140** 19
Sozialdaten, geschützte **140** 50 f
Soziale Netzwerke **342** 1 f
Sozialgeheimnis **140** 47 ff
Steuergeheimnis **140** 35 ff
Telefondaten **140** 13, 23; **229** 7 f
Videoüberwachung **140** 12
Voraussetzungen Datenspeicherung **140** 7
Vorratsdatenspeicherung **140** 1
Whistleblowing **461** 17

Datenschutzbeauftragter
ArbN-ABC **26** 84
Betriebsbeauftragte **140** 20 f
Betriebsfusion **111** 26
Datenschutz **140** 20 f
Kündigungsschutz **111** 26

Datenschutzrichtlinie Grundsatz der Datensparsamkeit und Datenvermeidung **140** 2

Datenübermittlung LStAnmeldung **283** 3

Datenübertragung
Beitragsnachweis **387** 49
Meldung SozV **304** 18 f

Datenübertragungsverfahren Sozialversicherung 304 18 ff

Datenverarbeitung LStHaftung bei automatischer Lohnberechnung **288** 45

Datenzugriff LStAußenprüfung **284** 9

Dauerarbeitsverhältnis nachträgliche Befristung **91** 23

Deckelungsbetrag Entfernungspauschale **451** 3

Demenzkranke PflegeVLeistungen **339** 13

Designer ArbN-ABC **26** 84

Detektiv
ArbN-ABC **26** 84
Einsatz Überwachung Arbeitsverhalten **116** 8

Detektivkosten Kontrolle des ArbN **246** 18

Deutsche Reichsbahn Altersversorgung **103** 97

Deutsch-Russische Handelskammer Entsendung, MA LSt **31** 16

Diätkosten keine außergewöhnliche Belastung **437** 6

Diakonisse
ArbN-ABC **26** 84
Beitragspflichtige Einnahmen RV **355** 10

PflegeVBeiträge **338** 26
RVFreiheit **356** 7
Diebstahl
    Abmahnung **2** 13
    Ersatzleistung Fehlgeld keine Werbungskosten **187** 31
    Kündigung, außerordentliche **257** 67
    Kündigungsgrund **260** 43
Dienstalter Benachteiligung, Rechtfertigungsgründe **144** 92
Diensteinführung Betriebsveranstaltung **128** 19
Diensterfindung s *Arbeitnehmererfindung* 32
Dienstfähigkeit Feststellung Gesundheitsamt Öffentlicher Dienst **205** 7
Dienstfahrten
    s a *Dienstreise* 141
    Aufwendungsersatz **67** 2
Dienstkleidung
    s a *Arbeitskleidung* 41
    Betriebsordnung **116** 9
Dienstleistungen
    Handwerkerleistungen **221** 21
    Sachbezug **370** 33
Dienstleistungsbetrieb Betriebsübergang **126** 8
Dienstleistungsmarken ArbNErfindung **32** 7
Dienstleistungspflicht s *Arbeitspflicht* 48
Dienstmädchen Haushaltsscheck **221** 37 f
Dienstmädchenprivileg s *Hauswirtschaftliches Beschäftigungsverhältnis* 221
Dienstordnungsangestellte ArbN (Begriff) **26** 12
Dienstreise 141
    Antritt an Sonn- und Feiertagen, Vergütung **141** 6
    Arbeitsunfall **55** 45
    Arbeitszeit **59** 40
    Arbeitszeit nach TVöD **141** 8
    ArbNBeförderung **29** 9
    ArbZG **141** 9
    Auslandsreise, LSt **79** 7 ff
    Außergewöhnliche Kosten Kfz **141** 22
    Auswärtstätigkeit **141** 14 f
    Begleitung Dritter **141** 15
    dienstreiseähnliche Reisen **141** 16
    Direktionsrecht ArbGeb **141** 3
    Drei-Monate-Regel **141** 27 f
    Einsatzwechseltätigkeit **155** 5
    Eintägige Auswärtstätigkeit **141** 29
    Fahrtkosten Kfz **141** 19
    Geschäftsreise **141** 17
    Haftungsprivileg **141** 65
    Incentivereisen **141** 14
    Kostennachweis **141** 18
    Längerer zeitlicher Aufenthalt **141** 65
    LStPauschalierung **141** 34, 51
    Mahlzeitengestellung **141** 46 f
    Mehrtägige, Pauschalenberechnung **141** 29
    Mitbestimmung BRat **141** 11
    Reisekostenerstattung **141** 10
    Reisenebenkosten **141** 55
    Reisezeiten als Arbeitsbereitschaft **141** 9
    Reisezeitenvergütung **141** 4 f
    Schäden **141** 56
    Schäden ArbN **141** 56 f
    Sonderfahrten **141** 24
    sonstige Reisekosten **141** 55
    Sportunfall **141** 71
    Übernachtungskosten **141** 54
    Unfallkosten Kfz **141** 22
    Unterbrechung Drei-Monats-Regel **141** 28
    Unterkunftskosten **141** 47 f
    UVSchutz **141** 64 ff
    Vergütung **141** 4 f
    Verpflegungsmehraufwand **141** 26
    Verpflegungspauschale **141** 40 f
    Versicherungsschutz **141** 21
    wandernde Arbeitsstätte **141** 29
    Weiträumiges Tätigkeitsgebiet **141** 15
    Werbungskostenabzug Verluste **37** 57
    Zwischenheimfahrt als Werbungskosten **331** 13
Dienstverhältnis
    s a *Arbeitsverhältnis*
    ArblVPflicht **45** 21
    Definition, LSt **26** 31 ff
    Einnahmen aus früherem **37** 65
Dienstverhältnis, befristetes s *Befristetes Arbeitsverhältnis* 91
Dienstverschaffungsvertrag
    Arbeitsvertrag **58** 5
    Eigengruppe **211** 25, 36 f
Dienstvertrag
    s a *Arbeitsvertrag* 58
    Abgrenzung Arbeitsvertrag **58** 3
    ArbNÄhnliche Personen **27** 4, 19
    ArbNÜberlassung, Abgrenzung LSt **457** 23
    Drittbezogener Personaleinsatz **34** 6
    Eigengruppe **211** 25
    Jugendarbeitsschutz **231** 5
    Mitbestimmung BRat **156** 10 f
    Scheindienstvertrag Folgen **190** 17 f
    Telearbeit **403** 4 ff
Dienstwagen 142
    Arbeitsvertragliche Regelungen **142** 2 ff
    Betriebsübergang **126** 49
    Entfernungspauschale **182** 38
    Fahrergestellung **142** 34
    Fahrtenbuchmethode **142** 33
    Gesamtkostenermittlung **142** 25
    Haftung ArbN bei Beschädigung **142** 6 f
    Herausgabeanspruch ArbGeb **142** 11, 14
    Karenzentschädigung, Ansatz **460** 31
    Kostendeckelung **142** 31
    Leichenwagenüberlassung **142** 3
    Listenpreis **142** 27 f
    mehrere, Vorteilsermittlung **142** 26
    Mitbestimmung BRat **142** 15

Dienstwohnung

Nutzung bei Freistellung von der Arbeit **142** 10
Nutzungsentschädigung **142** 12 f
Nutzungspauschale Kürzung **142** 26
Nutzungsüberlassung Arbeitslohn **142** 17 f
Pauschalierung Nutzungsüberlassung **142** 26 ff, 38
Privatnutzung **142** 3 f
Privatnutzungsverbot, Vorteilsermittlung **142** 20
Rückgabe bei Elternzeit **160** 65
Übereignung als Arbeitsentgelt **142** 19
Verfassungskonformität Besteuerungsmethoden **142** 22
Verjährung ArbGebAnsprüche aus Verschlechterung **434** 5
Vorteilsermittlung Methoden **142** 21 f, 36 f
Werkstattwagen **142** 21
Zuzahlungen ArbN **142** 33
Zuzahlungen ArbN zu Anschaffungskosten **142** 25

Dienstwohnung 143
Beendigung Mietverhältnis **143** 8 ff
Bereicherungsausgleich **143** 5
Energieausweis **143** 7
Kleinreparaturabwälzung **143** 5
Marktmiete Schätzung **143** 30 f
Mieterhöhungen **143** 6 f
Mitbestimmung BRat **143** 15 f
Nichtbeanstandungsgrenze Besteuerung **143** 33
Nutzungsbedingungen **143** 5, 15
Rabattfreibetrag **143** 34
Sachbezüge **143** 36 f
Sachbezug **370** 23, 41 f
Sachbezugswerte **143** 28 f
Sozialeinrichtung **383** 6
Verjährung Ersatzansprüche wegen Veränderung oder Verschlechterung **434** 5
Vorteilszuwendungen Formen und Besteuerung **143** 25 ff
Werbungskostenersatz Schichtdienst Rufbereitschaft **143** 23 f
Werkdienstwohnung **143** 1 ff
Werkmietwohnung **143** 1 ff

Diktiergerät Arbeitsmittel **46** 21
DIN-Norm Datenübermittlungsverfahren DEÜV **304** 18
Diplomand Ausbildungsverhältnis **72** 90
Diplomat Steuerfreistellung **78** 35
Diplomhandelslehrer ArbN-ABC **26** 84
Diplominformatiker ArbN-ABC **26** 84
Direktionsrecht Compliance **136** 19 f
Direktionsrecht Arbeitgeber *s Weisungsrecht* **453**
Direktionsrecht Vorrang Änderungskündigung **5** 6

Direktversicherung
s a Betriebliche Altersversorgung **103**
Abgrenzung Unfallversicherung **103** 117
Altersuntergrenzen **103** 107
ArbGebBeiträge, Betriebsausgaben **103** 116
ArbGebZuschuss **25** 7
ausländische Lebensversicherungen **103** 107
Beiträge als Sachbezug **370** 9
Beiträge an ausländische Versicherungsunternehmen **103** 133
Beitragsfreiheit **103** 216
Beitragsleistungen, Steuerfreiheit **103** 126 f
Beitragsrecht **103** 225
Betriebliche Altersversorgung **103** 213
Bezug zur Berufstätigkeit **103** 229 f
Bezugsrecht **103** 26 f, 108
Drittvergleich **103** 109 f
Ehegatten **103** 109 f
Ehegattenarbeitsverhältnis **185** 9
Entgeltumwandlung **37** 142 f
Gesellschafter-Geschäftsführer **103** 116
Handelsvertreter **103** 116
Insolvenzschutz **103** 90
Leistungen, nachgelagerte Besteuerung **103** 102
Lohnrückzahlung bei Kündigung **164** 18
LStPauschalierung **292** 41, 44, 73
LStPauschalierung, Beitragsfreiheit **37** 134
Rentenähnlichkeit, SozV **103** 229 f
Rentenauskunft **353** 6
SozVBeiträge **208** 48
Todesfallleistung **103** 107
Überblick **103** 26 f, 107 f
Übergang auf Pensionsfonds **103** 138
Überschussanteile **103** 26
Verzicht auf Steuerfreiheit Beitragsleistungen **103** 134 f
Zwischenmeister **103** 116

Direktzusage
Betriebliche Altersversorgung **103** 25, 209
Pensionszusage **103** 153

Diskjockey
Arbeitsvermittler Vergütungsanspruch **57** 6
ArbN-ABC **26** 84

Diskriminierung 144
s a Altersdiskriminierung
s a Benachteiligungsverbot
Abfindung **144** 148
Abfindungskoppelung an Lebensalter **1** 34
Absicht **144** 50
AGG, Anwendungsbereich **144** 3 f
Alter **144** 79, 88
Altersgrenze **144** 99
Anweisung zur Benachteiligung **144** 64
Arbeitsentgelt **144** 14, 115
Arbeitsraum, betrieblicher **61** 1
Ausländerdiskriminierung **144** 156
Ausländische Künstler, Sportler, Artisten **144** 145
Auslandskinder **144** 152
Auslandsschulen **144** 152
Ausschreibung, geschlechtsneutrale **144** 107
Auswahlrichtlinie **86** 2

Doppelbesteuerungsabkommen (DBA)

Befristetes Arbeitsverhältnis ältere ArbN **91** 16
Behinderung **144** 74
Belästigung **144** 56 f
Benachteiligung, mittelbare **144** 53 f
Benachteiligungsmerkmale, zulässige **144** 67 ff
Beschränkt Steuerpflichtige **144** 144
Betriebliche Altersversorgung **144** 21
Customer preferences **144** 72
Entschädigungsansprüche ArbN **144** 119 f
Ethnische Herkunft **144** 29 f
Frauenförderung **144** 104 f
Geschlecht, Beweislast **144** 131
Geschlechtsdiskriminierung **144** 157
Geschlechtsdiskriminierung, Rechtfertigungsgründe **144** 73
Grenzgänger **144** 144
Hinterbliebenenrente in Versorgungsordnung **144** 95
Invalidenrente **144** 150
jüngere gegenüber älteren ArbN **144** 90 f
Kirchliche Einrichtungen **144** 82
Klagebefugnis **144** 128
Klagefristen **144** 134
Kündigungsfristen **144** 20
Leistungsverweigerungsrecht ArbN **144** 112
Maßregelungsverbot ArbGeb **144** 113
Mehrfachdiskriminierung **144** 68
Nichtberücksichtigung ausländische Verluste aus V u. V **144** 151
OECD-Musterabkommen **144** 142
Organisationspflichten ArbGeb **144** 107
Positive Maßnahmen **144** 102 f
Quotenregelung **144** 103
Rasse **144** 28 f
Rechte der Beschäftigten **144** 111 ff
Rechtfertigungsgründe **144** 67 f
Religion **144** 80
Riester-Rente **144** 147
Schadensersatz, Steuerpflicht **144** 141
Sexuelle Belästigung **144** 59
Staatsangehörigkeit **144** 31
Steuerrecht **144** 141
Türken **144** 160
umgekehrte **144** 102 f
Unterhaltsleistungen an EU-Ehepartner **144** 149
Unterlassungsanspruch ArbN **144** 127
Unterschiedliche Behandlung wegen beruflicher Anforderungen **144** 69 ff
Verhinderung tatsächlicher Nachteile **144** 102 f
Vermögensschaden, Klagefristen **144** 134
Weltanschauung **144** 80 f
Zukunftssicherungsleistungen ausländischer ArbN **144** 147
Zusammenveranlagung EU-Staatsangehörige **144** 146

Diskriminierung, mittelbare gerechtfertigte **144** 69
Diskriminierungsformen mittelbare bei Frauen **144** 158 f
Diskriminierungsmerkmale
Alter **144** 42 f
Behinderung **144** 38 f
Deutschsprachigkeit **144** 30
Ethnische Herkunft **144** 29 f
Geschlecht **144** 33 f
Rasse **144** 28 f
Religion **144** 35
Schwangerschaft **144** 34
Sexuelle Ausrichtung **144** 41
Staatsangehörigkeit **144** 31
Unzulässige **144** 27 ff
Weltanschauung **144** 36
Diskriminierungsverbot
Abfindungsregeln **144** 99
Assoziierungsrechtliche **144** 160
Ausländer **78** 19 f
Ausschreibung **144** 107
Bekanntmachungspflichten **144** 110
EU, Sozialrecht **80** 81
EU-Recht **171** 38
Kündigungsschutz **263** 32 f
Kündigungsschutz wegen Alters **144** 101
Maßnahmen und Pflichten **144** 108 f
Nichtverlängerung Befristetes Arbeitsverhältnis **91** 49
Organisationspflichten ArbGeb **144** 107 f
Soziale Rechte **144** 161
Stellenangebote an Arbeitslose **144** 161
Teilzeitbeschäftigung **402** 9 f
verstecktes **208** 59
Dissertation
s a Promotion
Fortbildungskosten **189** 25
Weiterbildung **455** 4
Werbungskosten **72** 90; **456** 28
DNA-Analysen Datenschutz **140** 8
Doktorand ArbN-ABC **26** 84
Dokumentation
Arbeitsschutzmaßnahmen **50** 11
Vergütungsanspruch ArbNErfindung **32** 1
Dolmetscher
ArbN-ABC **26** 84
Betriebsversammlung **130** 10
Doppelbefristung Befristetes Arbeitsverhältnis **91** 29
Doppelbesteuerungsabkommen (DBA)
ArbGebBegriff **22** 19
Ausländer **78** 41
Auslandstätigkeit **80** 37 ff
Besteuerung ohne Grenzgängerregelung **209** 14 ff
Betriebsstättenprinzip **123** 10
Bezüge Eintragung Lohnkonto **278** 6
Einpendler **209** 4 f, 6 ff

Doppelfinanzierung

Entgeltfortzahlung im Krankheitsfall **250** 6
Geschäftsführerbesteuerung **204** 36
Doppelfinanzierung Zuwendungen an Pensions- und Unterstützungskassen **103** 176
Doppelgänger Arbeitsvermittler Vergütungsanspruch **57** 6
Doppelte Haushaltsführung 145
   abziehbare Aufwendungen **145** 23
   Antritts- und Abschlussfahrten **145** 28
   Bauwirtschaft, Fahrtkostenabgeltung **145** 2
   Beibehaltene Lebensmittelpunktwohnung **145** 12
   berufliche Veranlassung **145** 21
   Besuchsfahrten **145** 27
   eigener Hausstand **145** 13
   Fahrtkosten **145** 24; **182** 28
   Familienheimfahrten **145** 25
   Finanzielle Beteiligung **145** 14
   Kostenbeteiligung ArbGeb **145** 1 f
   Lebensgemeinschaft (nichteheliche) **270** 5
   Lebensmittelpunkt **145** 12, 37
   Pauschalierung **145** 29
   Überblick Neuerungen **145** 4 f
   Unterkunftskosten **145** 9
   Unterkunftskosten, Höchstbetrag **145** 30
   UVSchutz **145** 36 f
   Verpflegungsmehraufwendungen **145** 29
   Voraussetzungen des Werbungskostenabzugs **145** 7 ff
   Wegverlegung Wohnung vom Beschäftigungsort **145** 21
   Werbungskostenersatz ArbGeb **145** 32
   Wohnung **145** 9 f
   Wohnung am Beschäftigungsort **145** 7
   zeitlich beschränkte **145** 9
   Zweitwohnungssteuer **145** 30
Doppeltreuhand Altersteilzeitsicherung **11** 15
Doppelwohnsitz
   Auslandstätigkeit **80** 40
   Besteuerungsrecht **80** 40
Dotierungsrahmen
   Betriebliche Altersversorgung, Mitbestimmung BRat **103** 81
   Geldwerter Vorteil **201** 7
   Gratifikation **154** 26
Dozent
   ArbN-ABC **26** 84
   ArbNErfindung **32** 5
   Freie Mitarbeit **190** 5
Dozent Weiterbildungsinstitut ArbNÄhnliche Person **27** 7
Drehtürklausel LeihArbN **34** 39
Dressman Arbeitsvermittler Vergütungsanspruch **57** 6
Drittaufwand
   Arbeitszimmer **61** 20
   Ausbildungskosten **71** 29
   Ausbildungskosten Ehegatten **71** 20
   Handwerkerleistungen **221** 25

   Sonderausgaben **380** 3
   Werbungskostenabzug **456** 6
Drittbezogener Personaleinsatz
   Dienstvertrag **34** 6
   Werkvertrag **34** 6
Dritthaftung Arbeitsunfall **55** 12
Drittleistungen
   Arbeitsentgelt **37** 69 ff
   Arbeitsentgelt SozV **37** 93 f
   Arbeitslohn **370** 5
   Arbeitspflichtverstoß **48** 4 f
   Optionszufluss **7** 25
   Sachbezüge **370** 5 f
   Schadensersatzanspruch ArbGeb **48** 5
Drittschaden ArbNHaftung **33** 8
Drittschuldner
   Ausschlussfrist **82** 15
   Drittschuldnerklage bei Pfändung **337** 36 f
   Einwendungen bei Pfändung **337** 12 f
   Erklärungsumfang bei Pfändung **337** 15 f
   Hinterlegungsrecht bei Mehrfachpfändung **337** 35
Drittschuldnerklage LStKlassen **290** 4
Drittspeisung Essenszuschuss **170** 10
Drittunternehmer Arbeitsunfall, Haftungsprivileg **55** 3
Drittvergleich
   Arbeitsvertrag **58** 86
   Ehegatten-Direktversicherung **103** 109 f
Drittverhalten Auflösungsgrund Arbeitsverhältnis gegen Abfindung **1** 26
DRK-Kreisgeschäftsführer ArbN-ABC **26** 84
DRK-Schwester ArbN-ABC **26** 84
Drogen Abmahnung **2** 17
Druckkündigung
   Änderungskündigung **5** 16
   Auslandstätigkeit **80** 11
   Betriebsstörung **124** 8 f
   Kündigung, allgemein **256** 7
   Kündigung, verhaltensbedingte **260** 30
   Schadensersatz **124** 8 f
Dualer Studiengang
   Ausbildungsintegrierte, Rechtsgrundlage **72** 5
   Beitragspflicht SozV **342** 12
   Praxisintegrierte, Rechtsgrundlage **72** 5
   SozVPflicht **253** 16; **356** 9; **393** 58
Duales Studium SozVPflicht **72** 95
Düsseldorfer Tabelle 240 30
D & O-Versicherung
   Arbeitsentgelt **37** 56
   Compliance **136** 34
Durchgriffshaftung
   ArbGeb bei mittelbarem Arbeitsverhältnis **313** 5 f
   ArbGebHaftung **24** 1
   Betriebsaufspaltung **414** 18
   Geschäftsführer **204** 50

Ehrenamtliche Tätigkeit

Konzernarbeitsverhältnis **247** 6
Sozialplanansprüche Gesellschafter
 385 46
Durchlaufende Gelder Aufwendungsersatz
 67 24 f, 35
Durchlaufende Posten
 ArbGebDarlehen **23** 13
 Fehlgeldentschädigung SozV **187** 33
Durchsuchung Arbeitnehmer körperliche,
 Zulässigkeit **246** 2
Dynamische Blankettverweisungen
 s Betriebsvereinbarung **129**

E101-Bescheinigung LeihArbN bei Entsendung **34** 100
EDV Bildungsurlaub **134** 27
EDV-Berater
 ArbN-ABC **26** 84
 RVPflicht **357** 9
EDV-Fachkräfte ArbNÄhnliche Person **27** 7
EDV-Nutzung Kündigung, außerordentliche
 257 55
Eheähnliche Gemeinschaft *s Lebensgemeinschaft (nichteheliche)* **270**
Ehebruch Kirchenarbeitsrecht **243** 7
Ehegatten
 Altersentlastungsbetrag **8** 9
 ArbNÄhnliche Person **185** 7
 Ausbildungskosten **71** 20
 Auskunft Rentenanwartschaftshöhe
  353 16
 Direktversicherung **103** 109 f
 Festsetzungsverjährung Zusammenveranlagung **434** 34
 Gewöhnlicher Aufenthalt **78** 36
 Gruppenarbeitsverhältnis **211** 30
 KirchenLSt **244** 16
 LStAbzugsmerkmale **282** 17
 Pensionsrückstellung **103** 158
 Rentensplitting **223** 22 f
Ehegattenarbeitsverhältnis
 Abfindung bei Auflösung **185** 12
 Arbeitsvertrag **185** 32
 ArbNEigenschaft **185** 6 f
 Ausgleichsansprüche **185** 14 f
 Betriebskindergartenzuschuss **115** 10
 Dienstwagennutzungspauschale **142** 26
 Direktversicherung **185** 9
 Fremdvergleich **185** 30 f, 35
 Kapitalgesellschaft **185** 41
 Kündigung bei Ehescheidung **185** 12
 Kündigungsschutz **185** 11 f
 Lohnauszahlungsverzicht **165** 8
 LStPauschalierung Direktversicherung
  292 44
 Mitunternehmerschaft **185** 39 f
 Mitunternehmerschaft bei Gütergemeinschaft **185** 40, 52
 Scheingeschäft **185** 10
 Schriftform **185** 6

 steuerliche Anerkennung **185** 30 ff
 Verlobte **185** 42
 Vorteile **185** 9
Ehegattendarlehen als ArbNDarlehen
 185 37
Ehegatteninnengesellschaft *s Familiäre Mitarbeit* **185**
Ehegattensplitting Lebenspartnerschaft
 185 31
Ehescheidung
 Ehegattenarbeitsverhältnis **185** 12
 Kindergeldanspruch **241** 10
 Kirchenarbeitsrecht **243** 9
 Witwenrente **223** 32
Ehrenamt
 s a Ehrenamtliche Tätigkeit **150**
 Arbeitslosigkeit **42** 14
 ArbN-ABC **26** 84
 Aufwandsentschädigung **66** 6, 21 f
 Aufwandsentschädigung, Arbeitsentgelt
  SozV **37** 118
 Ausbilder **69** 16
 Beisitzer Einigungstelle **150** 1
 Beispiele **150** 1
 BRatFreistellung **118** 40
 BRatTätigkeit **120** 1 f
 Ehrenbeamter **150** 1
 Fortbildungskosten **189** 27
 JAV **232** 17
 Kündigung, personenbedingte **259** 41
 Kündigungsschutz **263** 41
 öffentliches **150** 1
 Schwerbehindertenvertretung **378** 5
 UV **417** 37
 UVSchutz **69** 22 f
 Vertrauensmann Schwerbehinderte **150** 1
Ehrenamtliche Betreuer
 Aufwandsentschädigung **150** 24
 Besteuerung **150** 24
 Steuerfreibetrag **150** 23
Ehrenamtliche Richter Sozialgericht
 Berufung durch Gewerkschaft **206** 34
Ehrenamtliche Tätigkeit 150
 Amateursportler **150** 23
 Arbeitsbefreiung, Anspruch **150** 3
 Arbeitsverhältnis **26** 20
 Arbeitsverhältnis, Abgrenzung **150** 2
 Arbeitszimmer **61** 25
 ArbNPauschbetrag **150** 25
 Aufwandsentschädigung, Beitragsfreiheit
  67 23
 Aufwendungsersatz **150** 13
 Ausgaben **150** 24
 Ausgabenpauschale **150** 24
 Ausnahmen SozVPflicht **150** 34
 Ausübung neben bestehendem Arbeitsverhältnis **150** 3 f
 Beschäftigung **150** 32 f
 Bürgermeister, ehrenamtlicher **150** 2
 Definition, gesetzliche **150** 1

2739

Ehrenamtspauschale
    Ehrenamt **150** 1
    Einkunftsarten **150** 13, 18 f
    Einnahmen, Steuerpflicht **150** 22
    Entgeltformen **150** 12 f
    EU-Ausland **150** 23
    Haftung **150** 28
    Hauptberufstätigkeit, Zusammenhang **150** 20
    Kostenersatz **150** 14
    Kostenersatz, pauschaler **150** 14 f
    Kündigung, personenbedingte **150** 5
    Kündigungsschutz **150** 5 f
    Nebentätigkeit **150** 3 f
    Rettungssanitäter **150** 2
    Rot-Kreuz-Schwester **150** 2
    RV, Nachteilsausgleich **150** 35
    Schema **150** 11
    Scientology-Mitglied **150** 2
    SozVPflicht **150** 32
    Steuerbarkeit **150** 11
    steuerfreie Einnahmen **392** 15
    UV **150** 36 f
    Vergütung, steuerfreie **37** 122
    Verpflichtende **150** 27
    Werbungskosten **150** 24
Ehrenamtspauschale Höhe **150** 23
Ehrenbeamte
    ArblVPflicht **45** 21
    Aufwandsentschädigung **66** 22; **67** 35
    Ehrenamtliche Tätigkeit **150** 1
Ehrverletzung
    Schadensersatzanspruch **24** 14
    Schmerzensgeldanspruch **24** 14
Eigenbemühungen Voraussetzungen für
    AlGeldBezug **42** 20
Eigengruppe
    als Vertragspartner ArbGeb **211** 25 f
    Dienstverschaffungsvertrag **211** 25, 36 f
    Dienstvertrag **211** 25
    Entlohnung **211** 29
    Gruppenarbeitsverhältnis **211** 21 ff, 36
    Haftung bei Schlechtleistung **211** 26
    Kündigungsberechtigung **256** 41 f
    personelle Zusammensetzung **211** 22
    Rechtsform **211** 23
    Werkvertrag **211** 25
Eigenkündigung
    Anfechtung wegen Drohung oder Täuschung **256** 67
    Massenentlassung **300** 10
    Mutterschutz **317** 48
    Nachteilsausgleich **321** 10
    Sozialplan **385** 8
    Sozialplanberücksichtigung **385** 22 f
    Sperrzeit **388** 10
    Wettbewerbsverbot **460** 21
Eigenschaftsirrtum Arbeitsvertrag Einzelfälle **58** 69 ff
Eigentumsdelikte Kündigung, außerordentliche **257** 67

Eigentumsherausgabe Ansprüche, Ausschlussfrist **82** 10
Eigentumssicherung Betriebsordnung **116** 7
Eigentumsverletzung ArbGebHaftung **24** 12
Eigenverdienstgrenze Kindergeld **241** 9
Eignungsübung Ruhen des Arbeitsverhältnisses **363** 2
Eignungsuntersuchung
    Betriebsordnung **116** 7
    Kontrolle des ArbN **246** 9
    Persönlichkeitsrechtsverletzung **205** 9
    Personalauswahl **334** 14
    Untersuchungsergebnis **106** 8
Einarbeitungskosten Vertragsbruch **440** 12
Einarbeitungszuschuss Befristetes Arbeitsverhältnis **91** 32
Ein-Euro-Job 151
    Anspruchsvoraussetzungen **151** 7 f
    Arbeitsgelegenheit **151** 7 f
    Arbeitspflicht **48** 26
    Arbeitssicherheit/Arbeitsschutz **151** 2
    Arbeitsverhältnis **48** 26; **151** 2
    ArbNEigenschaft **26** 18
    Beschäftigungsverhältnis, öffentlich rechtliches **151** 6
    Eingliederungsleistung **151** 6
    Eingliederungsvereinbarung **151** 7
    Mehraufwandsentschädigung **151** 1, 6, 11
    Merkmale **151** 8
    Mitbestimmung BRat **151** 4
    Rechtsanspruch **151** 9
    Sanktionen **151** 13
    SozVPflicht **151** 12
    Steuerfreie Einnahmen **392** 15
    Steuerfreiheit **151** 5
    Umfang und Dauer **151** 10
    Urlaubsanspruch **151** 2
    Urlaubsregelungen **428** 8
    Zuweisungsbescheid **151** 11
Einfirmenvertreter
    s a *Handelsvertreter* **220**
    Provision **345** 30
Eingliederung
    ArbN bei Auslandstätigkeit **80** 14 f
    organisatorische Merkmal für Beschäftigungsverhältnis **26** 64
Eingliederung in Beschäftigungsbetrieb
    Indizien **457** 5, 28
Eingliederungsbeihilfe s *Beihilfeleistungen* **93**
Eingliederungsbetrag AlGeld II **43** 38
Eingliederungsförderung Sozialplanzuschuss **385** 66 f
Eingliederungsleistungen
    AlGeld II **43** 23 ff
    Arbeitsförderung **38** 25
    Arbeitssuchende **131** 19
    Leistungsentzug **43** 23
Eingliederungsmanagement Schwerbehinderte **259** 5

Einigungsstelle

Eingliederungstheorie Arbeitsverhältnis 26 78
Eingliederungsvereinbarung
  Arbeitsloser 38 23
  Ein-Euro-Job 151 7
  Leistungsentzug 38 23
  Stellensuche 390 11
Eingliederungsvertrag Probearbeitsverhältnis 343 1
Eingliederungszuschuss
  s a Lohnkostenzuschuss 279
  Ältere ArbN 4 13
  Ältere ArbN (50+), Förderdauer 279 13
  Ältere ArbN, Förderdauer 4 14
  Anspruchsvoraussetzungen 279 13
  Arbeitsförderung 38 29
  Behinderte Menschen 279 13, 15
  Bemessungsgrundlage 279 19
  Erstattungsanspruch der Agentur für Arbeit 168 35
  Förderung nach SGB II 279 28
  Förderungsausschluss 279 16 f
  Förderungsdauer 279 21
  Förderungshöhe 279 20
  Förderungsumfang 279 18 f
  Jüngere ArbN 279 28 f
  Langzeitarbeitslose 279 29 f
  Leistungszweck 279 12
  Rückzahlung 279 23 f
  Rückzahlung bei Kündigung 256 88
  Rückzahlungshöhe 279 27
  Schwerbehinderte 279 15
  Verfahren 279 22
Eingruppierung 152
  s a Umgruppierung 412
  Anrechnung übertariflicher Entgelte 16 9
  Arbeitsplatzbeschreibung als Grundlage 49 2
  Arbeitszeiterhöhung 59 43
  Ausschlussfrist 82 10, 18
  Austauschbarkeitskriterium bei Sozialauswahl 258 32
  Beispieltätigkeiten 152 7
  Bereitschaftsdienst, Berücksichtigung 95 7
  Beschwerderecht ArbN 101 3
  Bewährungsaufstieg 152 7
  Deklaratorische Bedeutung 152 4
  Entgeltgruppenschema, Anwendbarkeit 152 4
  Facharzt Medizinischer Dienst 301 5
  Feststellungsklage 152 28
  Geringfügig Beschäftigte 152 6
  Heimarbeit 222 29
  Höhergruppierung, Benachteiligungsverbot 152 7
  irrtümliche als ungerechtfertigte Bereicherung 164 6
  kollektives Entgeltschema 152 1, 2
  Korrektur 152 22 ff
  Lohnersatzleistungen 152 32
  Mitbestimmung BRat 152 9 ff; 310 7
  Mitbestimmung BRat Tendenzbetrieb 404 18
  Pflichten ArbGeb 152 4–7
  Rückgruppierung 152 23 ff
  Tätigkeitsmerkmale 152 7
  Tarifbindung 152 4
  Tarifliche nach Stellenbeschreibung 389 4
  Tarifvertrag, Anwendbarkeit 152 4
  Teilzeitbeschäftigung 402 86
  Vertrauensschutz 152 8; 412 3
  Zeitaufstieg 152 7
  Zustimmungsersetzungsverfahren 152 16 f
  Zustimmungsverweigerung BRat 152 11 f; 310 10 f
Einheitliche Leitung
  Betrieb 102 3
  Gemeinschaftsbetrieb 102 13
Einheitliches Arbeitsverhältnis
  ArbGebGruppe 22 5
  Auflösung bei leitenden Angestellten 1 28
  Auflösung bei mehreren ArbGeb 1 10
183-Tage-Regelung
  Arbeitslohnaufteilung 80 41 f
  ArbNÜberlassung 80 49
  Auslandstätigkeit 80 41 f
  Berufskraftfahrer 80 51
  Betriebsstätte 123 10
Einigungsstelle 153
  Arbeitssicherheit/Arbeitsschutz 50 21
  Aufsichtsratsmitglieder als Vertreter 65 6
  Auslagenersatz 153 32
  Auswahlrichtlinie 86 2 f
  Befangenheit 153 10
  Beschwerderecht des ArbN 101 9 f
  Betriebliche Berufsbildung Teilnehmerauswahl 104 16
  BRatFreistellung 118 13
  BRatKosten 119 9
  Ehrenamtliche Tätigkeit, Beisitzer 150 1
  Entscheidungsbefugnis bei erzwungenem Sozialplan 385 34 ff
  Errichtung 153 14 f
  Erzwingbare Verfahren, Übersicht 153 4
  Freiwillige Verfahren 153 6 f
  Gemeinschaftsbetrieb 153 15
  Inhaltliche Begrenzung 153 25
  Interessenausgleich 153 8; 228 19
  Interessenausgleich Insolvenz 228 22
  Interessenausgleichsunterschrift 228 11
  Kosten 153 29 f
  Mitbestimmung soziale Angelegenheiten 311 12
  Mitbestimmung wirtschaftliche Angelegenheiten 312 27
  Muster 153 36
  Personalakte 333 22
  personelle Zusammensetzung 153 9–13
  Rechtsanwaltskosten 350 16 f
  Rechtskontrolle 153 35
  Regelung Beschwerdeverfahren 101 13

Einkleidungsbeihilfe
    Sachverständigenhinzuziehung **371** 10
    Schriftform Einigungsstellenspruch **153** 27
    Sozialplan **385** 12
    Sozialplan, Festlegungen **153** 25
    Streitwert **153** 35
    tarifliche Schlichtungsstelle **153** 28
    Transfergesellschaft, Einbeziehung im Sozialplan **153** 5
    Unwirksamkeit des Einigungsstellenspruchs **153** 35
    Unzuständigkeit, Übersicht **153** 18 ff
    Verfahren **153** 23 ff
    Verfahrensbeschleunigung **153** 15
Einkleidungsbeihilfe Beihilfeleistungen **93** 5
Einkommen
    s a Gesamteinkommen
    Abfindung bei AlGeld II **1** 89
Einkommensanrechnung
    AlGeld **42** 46
    Ausbildungsfreibetrag **70** 8
    Berufsausbildungsförderungsleistungen **96** 23
    Übergangsgeld **410** 30 f
Einkommensermittlung Elterngeld **159** 22
Einkommensgrenze
    ArbNSparzulage Vermögenswirksame Leistungen **436** 31
    Familienversicherung **186** 8
    Vermögenswirksame Leistungen **436** 7
Einkommensteuererklärung Faxübermittlung **18** 3
Einkommensteuerveranlagung
    Veranlagungstatbestände **18** 7 f
    von Amts wegen **18** 7 f
    Vorläufigkeit **18** 19
Einkünfte
    s a Arbeitsentgelt **37**
    Provisionseinnahmen aus sonstiger Tätigkeit **345** 33
    Urheberrechte aus selbstständiger Tätigkeit **421** 12
    Vermögensbeteiligungserträge Kapitaleinkünfte **309** 39
Einkünfte aus Kapitalvermögen
    Aktienoptionen **7** 32
    Vermögensbeteiligungserträge **309** 39
    Zinsen ArbNDarlehen **30** 9
Einkunftsarten Ehrenamtliche Tätigkeit **150** 11
Einleger Zeitungswerbung ArbN-ABC **26** 84
Einliegerwohnung Arbeitszimmer **61** 11
Einmalzahlungen 154
    Abfindungen, SozVR **154** 37
    Abgrenzung zum laufenden Entgelt **154** 39 f
    Aktienoptionen **7** 52
    Anrechnung auf andere Leistungen **154** 16
    Anspruchskürzungen und -ausschlüsse **154** 9
    Anspruchsvoraussetzungen **154** 9 ff
    anteilige bei vorzeitigem Ausscheiden **154** 10
    Anwesenheitsprämie **19** 3
    Arbeitsentgelt, Beitragsrecht **37** 96 f
    Arbeitsentgeltschutz bei Mutterschutz **317** 30
    Arbeitsunfähigkeit **154** 14 f
    Arten **154** 1
    Aufwandsentschädigung **66** 18
    Ausscheiden zum Stichtag **154** 11
    Auswirkungen arbeitskampfbedingte Fehlzeiten **40** 20
    Beitragspflicht SozV **154** 38
    Beitragsrecht **154** 45 f
    Berücksichtigung bei Lohnersatzleistungen **154** 56 f
    Betriebsjubiläum, Beitragspflicht **114** 12
    Betriebstreue **154** 12
    Bindungsklausel **154** 17
    Dotierungsrahmen **154** 26
    Entgeltnachzahlungen **154** 31
    Entlassungsentschädigung **154** 58
    Entstehungszeitpunkt Beitragsanspruch **154** 55
    Formen **154** 32 f
    Geringfügige Beschäftigung **202** 11
    Gleichbehandlungsgrundsatz **154** 3 f
    Gratifikationen **154** 32
    Hinzuverdienstgrenzen **154** 62
    Incentivereisen **225** 15
    Jahresarbeitsentgelt Berücksichtigung **230** 15
    Jeweiligkeitsklausel **154** 2
    Krankengeld **154** 60 f; **250** 27
    Kürzung wegen Arbeitsunfähigkeit **19** 13
    Kurzarbeit **154** 15
    Leistungsbemessung Grundsicherung für Arbeitssuchende **294** 43
    Leistungsbezogenes Entgelt **154** 39
    Leistungsorientierte Vergütung **273** 19
    Leistungsrecht **154** 56 ff
    Lohnzufluss **294** 38
    März-Regelung **154** 54
    Meldungen SozV **304** 26
    Mitbestimmung BRat **154** 22 f
    Mutterschutzfrist **154** 13
    Nachwirkung Tarifvertrag **154** 8
    Nachzahlung Arbeitsentgelt **154** 40
    Nichtberücksichtigung bei ArbGebZuschuss Mutterschaftsgeld **317** 34
    Nichteinbeziehung in Lohnersatzleistungen als Ungleichbehandlung **208** 48
    Pauschal versteuerte Aufwandsentschädigungen **154** 41 f
    Pauschalversteuerte, Beitragspflicht **382** 17
    Pauschalvorbehalt **6** 13
    Pfändung **154** 21
    Rückzahlungsklausel **154** 17 f
    Ruhen des Arbeitsverhältnisses **154** 12 f
    Sonstige Bezüge, Abgrenzung **382** 19

Einstellungsuntersuchung

Sonstiger Bezug **382** 15
SozVBeiträge **294** 21
Tantieme **154** 16
Teilzeitbeschäftigung **154** 3 f
Transparenzgebot **154** 7
Übergangsgeldberechnung **154** 62
Übersicht **154** 36
Urlaubsabgeltung **422** 15
Vergütung ArbNErfindung **32** 31, 36
Verletztengeldberechnung **154** 62
Verteilung auf zurückliegende Zeiträume **154** 49
Verzicht vor Auszahlung, Beitragsrecht **165** 23
Wartezeit **154** 9
Weihnachtsgratifikation **154** 38
Wertguthaben, Aufbau **458** 19
Widerrufsvorbehalt **154** 8 f
Zufluss SozV **154** 55
Zuflussprinzip **37** 98; **294** 36
Zuflussprinzip SozV **154** 47 f
Einnahmen Arbeitsentgelt, Abgrenzung **37** 89
Einpendler
s a Grenzgänger **209**
Riester-Rente **209** 6
Tätigkeitsstaat, Besteuerung **209** 5
Einrede
Beitragsschuldner Verjährung **434** 50
Leistungsträger Verjährung **434** 47
Einrichtungen der beruflichen Rehabilitation
Arbeitsentgelt, Grundbetrag **351** 3
Tendenzschutz **351** 8
Einrichtungsgegenstände Arbeitsmittel **46** 17
Einsatzerschwerniszulage Entstehung **167** 3
Einsatzwechseltätigkeit 155
Arbeitsunfall **155** 29
Aufwendungsersatz **155** 3
Auslösung SozV **155** 26 f
Dienstreise **155** 5
UVSchutz **155** 29
Verpflegungspauschalen **155** 5
Wegezeit Arbeitszeit **155** 4
Einschreiben Kündigungserklärung, Zugangszeitpunkt **256** 56
Einsichtnahmerecht
ArbN, Personalakte **333** 12 ff
Berechnungsgrundlagen Provision **345** 26
BRat, Arbeitsvertrag **58** 52
BRat, Personalakte **333** 9
BRatMitglied **120** 5
FA in Personalakte **333** 24 f
Einsichtsrechte Personalakte **333** 16
Einspruch ELStAM **282** 25
Einstandspflichten ArbGebHaftung **24** 32 f
Einstellung 156
AGG, Geltungsbereich sachlicher **144** 5
Anfechtbarkeit **131** 9

Aufstockung Arbeitszeit **402** 74
Auszubildende, Berechtigung **72** 11 f
Behinderte **92** 22
Eignungsuntersuchung **116** 7; **334** 15
Ein-Euro-Jober **156** 7
Ersatzeinstellung Elternzeit **160** 52
Frage nach Behinderung **144** 40
Frage nach Krankheit **144** 40
Frage nach Schwangerschaft **144** 34
Freie Mitarbeiter **156** 9
Höchstaltersgrenze **9** 1
LeihArbN **156** 8, 10
Mitarbeiter aus Konzernunternehmen **156** 6
Mitbestimmung BRat **156** 1 ff; **310** 8
Musterformular **156** 12
Neue bei Arbeitszeiterhöhung **156** 6
ohne Arbeitsvertrag **156** 7
Verlängerung befristeter Arbeitsverträge **156** 6
Vermittlungsauftrag BA **156** 14
Zustimmungsverweigerung BRat **310** 10 f
Einstellungsgespräch, Fragerecht Arbeitgeber
AIDS **77** 16
beruflicher Werdegang **77** 14
Entziehungstherapie **77** 14
EU-Gleichbehandlungsrichtlinie **77** 24
genetische Veranlagung **77** 17
Gesundheitszustand **77** 15
Gewerkschaftszugehörigkeit **77** 18
Kur **77** 19
Lohn-/Gehaltspfändung **77** 20
Personalauswahl **334** 9 ff
Religions- und Parteizugehörigkeit **77** 21
Schwangerschaft **77** 22
Schwerbehinderung **77** 23
Sicherheitsüberprüfung **77** 25
Vergütung **77** 26
Vermögensverhältnisse **77** 27
Vorstrafen **77** 28
Einstellungsgespräch, Offenbarungspflicht Arbeitnehmer
Geschlechtsumwandlung **77** 5
Haftstrafe **77** 6
Krankheit **77** 7
Kur **77** 8
Personalauswahl **334** 12
Schwangerschaft **77** 9
Schwerbehinderung **77** 10
Vorstrafe **77** 11
Wettbewerbsverbote **77** 12
Einstellungsuntersuchung 157
Ärztliche Untersuchung **157** 5
ArbGebInteresse **157** 2
Arztwahl **157** 10
Beschränkungen **106** 7
Chronische Erkrankungen **157** 2
Datenerhebung **157** 4 f
Datenschutz **157** 3 f
Farbenblindheit **157** 7

Einstiegsgeld

Gesundheitsvorsorge **157** 1
Kostentragung **157** 15, 21
Mitbestimmung BRat **157** 16
Musterformular **157** 17
Persönlichkeitsrecht **157** 2
Personalauswahl **157** 1
Schweigepflichten Arzt **157** 11
Untersuchungen, Zulässigkeit **157** 6 f
Untersuchungsergebnisse **157** 11
unzulässige, Rechtsfolgen **157** 13
Zeitpunkt **157** 14

Einstiegsgeld
AlGeld II **43** 25 f
Dauer **43** 26
Höhe **43** 26

Einstrahlung
Ausländer SozV **78** 51, 67 f
Auslandstätigkeit **80** 115
Auslandstätigkeit, deutsches Kollisionsrecht **80** 102 f
Befristete Entsendung in Nichtabkommensstaat **80** 145
Unbefristete Beschäftigung in Nichtabkommenstaat bei Auslandstätigkeit, SozV **80** 115

Einstweilige Anordnung Arbeitsunfähigkeitszweifel ArbGeb **54** 22

Einstweilige Verfügung
Abwerbung **3** 5
Arbeitspapiere, Herausgabe **47** 16
Auswahlrichtlinie **86** 3
Durchsetzung Dienstleistungsanspruch ArbGeb **48** 22
Einigungsstellenspruch **153** 35
Unterlassung Betriebsänderung **228** 26
Unterlassungsanspruch **419** 11 f, 21
Versetzung **439** 14
Weiterbeschäftigungsanspruch **454** 8, 22

Eintrittskarten
Arbeitsentgelt bei Überlassung **37** 51
Arbeitslohn bei Kostenübernahme durch ArbGeb **122** 7

Eintrittsrecht Wettbewerbsverstoß **459** 14
Einzelermittlung Abgrenzung Außenprüfung **84** 8 f
Einzelhandelsbetrieb s *Handelsbetrieb*
Einzelnachweis Dienstwagenbenutzung **142** 23 f

Einzelveranlagung
Antragsveranlagung **18** 6
Elterngeld **159** 6

Einzelverweisung Tarifregelung im Arbeitsvertrag **58** 40

Einzugsstelle
Aufklärungspflichten **17** 29
Auskunfts- und Beratungspflichten **17** 27
Auskunfts- und Vorlagepflichten ArbN **305** 8
Beitragspflichtfeststellung **17** 19 f
Belehrungspflicht **195** 30 f

Beratungspflicht **195** 30 f
Feststellung GesamtSozVBeitrag **253** 4
Geringfügige Beschäftigung **202** 31, 95
Haushaltsscheck **221** 42
Meldepflichten **304** 4 ff
Meldepflichten ArbN **305** 8
Merkblätter **17** 29
Mitteilungspflichten bei Geringfügiger Beschäftigung **126** 84
Übersicht **387** 55
Versicherungspflichtfeststellung **17** 19 f

Elektroanlagenplaner ArbN-ABC **26** 84
Elektronische Lohnsteuerbescheinigung s *Lohnsteuerbescheinigung* **286**

ELENA 158
Arbeitsentgelt **158** 11
Aufgehobene Vorschriften **158** 14
Aufhebung **158** 13 f
Beschäftigungsauskunft **158** 11
Datenschutz **140** 9; **158** 12
Einführungsvorgeschichte **158** 11
Erfasste Meldungen **158** 11 f
Lohnersatzleistungen **158** 11
Nebentätigkeitsbescheinigung **158** 11
Projekt OMS **158** 1
Signaturgesetz **158** 12
Wiederherstellung des Status Quo **158** 15
Wohngeldbescheinigung **158** 11
Zu meldende Daten **158** 11

ELStAM 293 14 f
Anzeigepflichten ArbN **21** 12 f
Authentifizierung **282** 9, 20
Einführungszeitraum **282** 9
Lohnkonto **278** 2
LStErmäßigung **287** 4

ELSTER 18 3
LStAnmeldung **283** 3

Eltern PflegeVBeiträge **338** 13 f

Elterngeld 159
Anrechnung anderweitigen Einkommens **15** 13
Anrechnung Mutterschaftsgeld **315** 2
Anspruch Elternteil **159** 30
Anspruchsberechtigte **159** 12 f
ArbGebPflichten **159** 2, 7
Auskunfts- und Nachweispflichten ArbGeb **159** 34
Auskunftspflichten ArbGeb **76** 48
Auskunftspflichten Berechtigter **159** 33
Ausländer **159** 15
Bemessungszeitraum Einkommensermittlung **159** 22
Berechnung bei Rechtsanwalt **159** 22
Berechtigte mit niedrigem Einkommen **159** 23
Berufsbildung **159** 19
Bescheinigung ArbGeb **432** 22
Betreuung und Erziehung **159** 17
Bezugszeitraum **159** 29
30 Stunden-Grenze **159** 18

Elternzeit

Einkommensgrenzen **157** 12
Einzelveranlagung **159** 6
Elternzeit **160** 1
Entgeltersatzleistung **159** 21
Entscheidungsänderungen **159** 32
Entsendung **159** 14
Erhöhung durch Steuerklassenwechsel **290** 3
Erwerbseinkommen, Ermittlung **159** 22
Erwerbstätigkeit **159** 18 f
Erwerbsunterbrechung **159** 24
Geschwisterbonus **159** 26
Hinterbliebenenrente, Anrechnung **223** 35
Höchstbetrag **159** 22
Höhe **159** 22
Kinder **159** 16
Kindervergünstigungen **242** 9
Leistungsumfang **159** 21 f
LStKlassenwahl **159** 6; **290** 15
Mehrlingszuschlag **159** 26
Mindestbetrag **159** 25
Mutterschaftsgeld **159** 27
Partnermonate **159** 29
Progressionsvorbehalt **159** 6
Schriftlicher Antrag **159** 32 f
Sonstige Bezüge, Berücksichtigung **382** 21
Sozialleistungen, Anrechnung **159** 28
Steuerfreie Einnahmen **392** 15
Steuerfreiheit **159** 6 f
Stichtag **159** 1
Tagesmutter **159** 20
Teilzeitbeschäftigung **159** 18
Verfahren **159** 32 f
Wohnsitz oder Aufenthalt **159** 13 f

Elternrente
Arbeitsunfall **417** 54
Hinterbliebenenrente **223** 38

Elternzeit 160
Ablehnungsgründe ArbGeb **160** 21
Ablehnungsrecht ArbGeb **160** 21
Anspruch auf vorzeitige Beendigung **160** 17
Anspruchsinhalt **160** 4
Anspruchsumfang **160** 8
Ansprüche aus Ablehnung Arbeitszeitverringerung **160** 26
Antrag auf Abbruch **160** 21
Arbeit bei Dritten **160** 27
Arbeitsentgelt **160** 58
Arbeitsplatzwechsel **160** 10
Arbeitsunfähigkeit **160** 59
Arbeitszeitbeibehaltung **160** 39
Arbeitszeitlage bei Arbeitszeitverringerung **160** 33
Arbeitszeitverringerung **160** 25 f
Arbeitszeitverringerung, Ablehnung **160** 31 f
Arbeitszeitverringerung, Ankündigungsfrist **160** 29
Arbeitszeitverringerung, Einstweiliger Rechtsschutz **160** 37
Arbeitszeitverringerung, Prozessuales **160** 34 f
Arbeitszeitverringerung, Verbot des Nachschiebens von Ablehnungsgründen **160** 36
Arbeitszeitverringerung, Voraussetzungen ArbGeb **160** 28 f
Auswirkung auf Anwesenheitsprämie **19** 8
Befreiung von der Versicherungspflicht **90** 21
Befristetes Arbeitsverhältnis **91** 35
Berufsausbildungszeiten **160** 61
Betreuungsverhältnis **160** 3
Betriebliche Altersversorgung **160** 60
Betriebsbedingte Abfindung **1** 5
Betriebsstilllegung **160** 49
Betriebsversammlung **160** 63
Bewährungszeiten **160** 64
Bindung an Erklärung **159** 12
BRatMitglied **160** 6
BRatTätigkeit **160** 62
Dauer **160** 16
Dienstwagen **160** 65
ELENA **158** 12
Elterngeld **160** 1
Elternteilzeit, Kündigungsschutz **160** 44
Entgeltfortzahlung **162** 4
Erholungsurlaubsanrechnung **160** 41 f
Ersatzeinstellung **160** 52
Fortbildung, Vorweggenommene Werbungskosten **160** 83
Freistellung von der Arbeit **191** 13
Fristen **160** 14
Geburt weiteres Kind **160** 19
Gratifikationen **160** 67
Großeltern **160** 3
Härtefall **160** 18
Heimarbeit **222** 27
Höchstgrenze **160** 8
Inanspruchnahme **160** 11
Jahressonderzahlung **160** 67
Karenzentschädigung **160** 69
Kindererziehungszeiten RV **160** 86 f
Kündigung, allgemein **160** 49
Kündigung, verhaltensbedingte **160** 49
Kündigungsschutz **160** 70; **263** 145
Kündigungsschutz Teilzeitbeschäftigung **160** 47 f
KVMitgliedschaft **160** 84 f
Lebensgemeinschaft (nichteheliche) **270** 5
Lebenspartnerschaft **271** 2
Lohnabsicherung **160** 71
Mehrlingsgeburten **160** 8
Mehrurlaub **160** 43
Mitbestimmung BRat **160** 57
Muster Elternteilzeitvereinbarung **160** 80
Mutterschutz **160** 72; **317** 38
Mutterschutzfrist **160** 9
Rechtscharakter **160** 4 f
Rechtsfolgen **160** 5

E-Mail

Rechtslage nach Beendigung **160** 56
Ruhen des Arbeitsverhältnisses **160** 5; 363 6
Ruhen des Krankengeldanspruchs **250** 25
Schriftform Inanspruchnahme **160** 15
Schwellenwertermittlung U1 und U2 **245** 21
Sonderkündigungsrecht **262** 7 f
Sonderkündigungsrecht ArbN **160** 51
Sonderkündigungsschutz **160** 44 f
Sozialplan **385** 8
Sozialplaneinbezug **160** 73
Studenten **393** 11
Teilerwerbstätigkeit **160** 25 f
Teilzeitbeschäftigung **160** 82
Tod des Kindes **160** 17
Übergangsgeld **160** 74
Übertragung **160** 10
Übertragung, anteilige **160** 10
Unterrichtungspflichten ArbGeb **160** 5
Unwiderruflichkeit Verlangen **160** 12
Urlaubsentgelt **160** 42
Urlaubsgeld **160** 76
Verlängerung **160** 22 f
Vermögenswirksame Leistungen **160** 77; **436** 18
Verteilungsregelung **160** 13
Wahlrecht BRat **160** 6
Wegfall der gesetzlichen Voraussetzungen **160** 20
Zeugnis, Erwähnung **160** 79

E-Mail

Internetnutzung **229** 31
Werbemailversendung durch Gewerkschaft **229** 28

Empfangsbestätigung

Ausgleichsquittung **73** 2
Ausgleichsquittung, LSt **73** 17

Energieausweis

Werkdienstwohnungen **143** 7
Werkmietwohnungen **143** 7

Englische Limited Geschäftsführer **204** 51
Enkel Kindergeldanspruch **241** 8, 26
Enkelkinder Familienversicherung **186** 10 f
Entbindung Anspruch auf stationäre **316** 6
Entbindungsgeld Steuerfreiheit **315** 3
Entbindungspfleger s Hebamme

Entfernungspauschale

Abgeltungswirkung **182** 34
Behindertenprivileg **182** 32
Deckelungsbetrag **451** 3
Dienstwagenüberlassung **182** 38
Einsatzwechseltätigkeit **155** 6
Fahrgemeinschaft **180** 11
Fahrtätigkeit **181** 13
Fahrten zwischen Wohnung und Arbeitsstätte **182** 4 ff
Flugstrecke **182** 32
Gesamtpauschalierung **182** 29
Jahresfahrberechtigung Behinderte **182** 31
Kostendeckelung **182** 33
mittägliche Heimfahrten **451** 6
Öffentliche Verkehrsmittel **182** 35
Pauschalbesteuerung **182** 38
Sammelbeförderung **182** 32
Tagespauschale **182** 30
Umwege **182** 31
Unfallkostenberücksichtigung **451** 3
Verkehrsmittel, unterschiedliche **182** 35
Wegeberechnung **182** 29
Werbungskostenpauschbetrag **330** 12

Entführung Kindergeld **241** 6

Entgeltabtretung **161**

Abtretungsentgelt **161** 14
Abtretungsverbot **161** 9
Beitragspflicht **161** 16
Bestimmbarkeit Forderung **161** 3
Formularklausel Allgemeine Geschäftsbedingungen **161** 5
Freigabeklausel **161** 6
Geschäftsmäßiger Erwerb von Erstattungsansprüchen **161** 13
gesetzlicher Forderungsübergang Insolvenzgeld **161** 15
Insolvenz **161** 3
Insolvenz des ArbN **227** 5 f
Kündigungsgrund **260** 33
Lohnersatzleistungen **161** 17
Lohnzuflusszeitpunkt **161** 13
LStErstattungsanspruch **161** 13
Pfändung **161** 8
Schriftform **161** 3
Sicherungsabtretung **161** 3
Sittenwidrigkeit **161** 4
Übersicherungsverbot **161** 4
unwirksame **161** 10
Verbraucherinsolvenzverfahren **227** 5 f
Vorschuss **445** 6
wirksame **161** 11 f
Zusammentreffen mit Pfändung **161** 12

Entgeltbescheinigung 158 1
Entgeltcharakter Arbeitsentgelt **37** 88 ff

Entgeltersatzleistungen

s a Lohnersatzleistungen **277**
Arbeitsförderung **38** 26
ArblVPflicht **45** 16
Auskunftspflichten gegenüber BA **76** 40
Elterngeld **159** 21

Entgeltfestsetzung

bindende bei Heimarbeit **222** 15 f
Regelentgelt bei Krankengeld **250** 29
Schwerbehinderung **92** 31

Entgeltformen

Arbeitsentgelt **37** 101 ff
Belegschaftsrabatte **37** 102
Ehrenamtliche Tätigkeit **150** 12 f
Geldbetrag **37** 101
Geldwerte Vorteile und Sachbezüge **37** 102 f
Sachwerte **37** 102 f
Zeitvergütung **37** 3 f

Entgeltfortzahlung 162
  Abkehr von Lohnausfallprinzip **162** 19
  Abrufarbeit Feiertag **162** 24
  Alkoholerkrankung **162** 7 f
  Altersteilzeit **11** 13, 84
  Anlasskündigung **162** 17
  Anrechnung Erholungsurlaub **423** 23
  Anspruchsdauer **162** 16 f
  Anspruchsentstehung **162** 15
  Anwesenheitsprämie **19** 6–9
  Anzeigepflichten ArbN **162** 3
  Arbeitsbummelei **162** 5
  Arbeitsgemeinschaft (ARGE) **39** 9
  Arbeitskampf **162** 5
  Arbeitsunfähigkeit **53** 1, 8
  Arbeitsunfähigkeit vor Vertragsbeginn **162** 5
  Arbeitsunfall **162** 54
  Arbeitsverhinderung **56** 1, 26
  Arbeitszeitkonten **162** 13
  Arbeitszeitmodelle **162** 22
  Aufstockungsbetrag Altersteilzeit **11** 60
  Ausgleichsverfahren **162** 20, 57 f
  Aushilfskräfte **75** 7
  Auslandstätigkeit **80** 12
  Auslandstätigkeitserlass **250** 6
  Auslösung **162** 14
  Ausschlussfrist **82** 11
  Aussperrung, rechtswidrige **40** 30
  Berufsausbildungsvergütung **72** 32 f
  Berufskrankheit **162** 53
  beschäftigungsfreie Zeiten **162** 3
  Betriebsübergang **126** 47
  Betriebsversammlung **130** 25 ff
  Bezugsdauer Verlängerung bei Krankheit **250** 4
  Bildungsurlaub **134** 17, 33
  BRatSchulung **121** 19 f
  Bundesfreiwilligendienst **193** 17
  DBA **250** 6
  Elternzeit **162** 4
  Erholungsurlaub an Feiertagen **162** 25
  Erkrankung unbezahlter Urlaub **429** 6
  Erstattungsanspruch KVTräger **162** 55
  Essens- und Fahrtkostenzuschüsse **162** 14
  Feiertag **162** 23
  Feiertagszuschläge **162** 13
  Forderungsübergang **250** 9
  Forderungsübergang bei Dritthaftung **188** 5 f, 15
  Fortsetzungserkrankung **162** 19 f
  Freie Mitarbeiter **190** 12
  Freistellung von der Arbeit **191** 26
  Freiwilligendienste **193** 5
  Geringfügige Beschäftigung **202** 9 f
  Geschwindigkeitsüberschreitung, erhebliche **162** 6
  Kick-Boxen **162** 9
  Kleinbetriebe **162** 20
  Kur **162** 10; **265** 2, 5 f
  Kurzarbeit **162** 14, 25, 28
  Kurzzeiterkrankungen, häufige als Kündigungsgrund **259** 23 f
  leistungsbezogene Vergütung **162** 14
  Leistungsorientierte Vergütung **273** 7
  Leistungsverweigerungsrecht ArbGeb **274** 19
  Lohnausfallprinzip **162** 11 f
  Lohnausfallprinzip an Feiertagen **162** 27
  LStAbzug **250** 9
  Missachtung Unfallverhütungsvorschriften **162** 9
  Nebentätigkeit **162** 9; **322** 2
  Nichtanlegen Sicherheitsgurt **162** 7
  Pflegezeit **162** 4; **341** 16
  Rauferei **162** 9
  Rechtsgrundlagen **162** 1
  Rotlicht, Überfahrung **162** 6
  Rückerstattung **162** 22
  Ruhen des Arbeitsverhältnisses **162** 4; **363** 18
  Ruhen des Krankengeldanspruchs **162** 51
  Schlechtwettergeld **162** 14
  Schonungsurlaub **427** 19
  Schwangerschaftsabbruch **162** 2; **376** 3
  Sportunfall **162** 9
  Suspendierung ArbN **98** 8
  Teilzeitbeschäftigung **402** 87
  Todesfall **162** 44
  Überstundenberücksichtigung **411** 17
  Umlage Kleinbetrieb **245** 23 f
  Unabdingbarkeit **162** 21
  Unbezahlter Urlaub Feiertag **162** 24
  Unentschuldigtes Fernbleiben vor oder nach Feiertag **162** 26
  Unfälle auf Grund Alkoholmissbrauch **162** 7 f
  Verjährung Anspruch **434** 7
  Verkehrsunfall alkoholbedingt **162** 6
  Verletztengeld **162** 55
  Verstoß gegen heilungsförderndes Verhalten **162** 17
  Verzicht **444** 8
  Vier-Wochen-Frist **162** 15
  Vorlage Arbeitsunfähigkeitsbescheinigung **162** 59
  Wartezeit **162** 15, 53
  Wegeunfall **162** 54
  Wiedereingliederungsverhältnis **162** 42
  Wiederholungserkrankung **162** 18
Entgeltgeringfügigkeit
  s a *Geringfügige Beschäftigung* **202**
  Beitragspflicht, pauschalierte **202** 54
  Entgeltgrenze **202** 43
  Geringfügige Beschäftigung **202** 30 f, 32 f
  Studentenbeschäftigung **393** 37
Entgeltnachzahlung 163
  Akkordspitzen **163** 12
  Einmalzahlung **154** 33
  Entschädigung **163** 9
  hinausgeschobene Fälligkeit **163** 12
  laufender Arbeitslohn Versteuerung **163** 6 f

Entgeltprüfer

Lohnerhöhung nachträgliche, Nichteinbeziehung bei AlGeld, Krankengeld, Verletztengeld, Übergangsgeld **163** 16
Lohnerhöhung, rückwirkende **163** 10
Lohnerhöhung, rückwirkende SozV **163** 13 f, 19
LStAbzug **14** 25
mehrjährige Tätigkeit **163** 9
Montagebeteiligung **163** 12
Nettogehaltsklage **163** 3
Sonstiger Bezug Versteuerung **163** 7 f
Steuerschaden **163** 2
Variables Entgelt **163** 12
Verzinsung **163** 5
Verzugsschaden **163** 3 f
Zuflussprinzip **163** 1, 6
Zuflussprinzip SozV **163** 12

Entgeltprüfer Heimarbeit **222** 21

Entgeltpunkte Kindererziehungszeiten **242** 53

Entgeltrückzahlung 164
Arbeitslohnrückzahlung **164** 17
Ausschlussfrist **82** 17, 18
Beitragserstattungsverfahren **164** 24 f
Beitragsverrechnung **164** 26
Billigkeitsmaßnahmen LSt **164** 20
LStPauschalierung **164** 23
negative Einnahmen aus nichtselbstständiger Arbeit **164** 18
Nettolohnvereinbarung **164** 22
Rückübertragung Aktien **164** 18
Rückzahlungsverpflichtung **164** 1 f, 11 f
SozVBeiträge LSt **164** 21
Umzugskostenrückzahlung **415** 16
ungerechtfertigte Bereicherung **164** 5 f
Verjährung **164** 16
Verrechnung mit laufendem Arbeitslohn **164** 19

Entgeltsenkung Änderungskündigung **5** 24

Entgeltsicherung
Restrukturierung, betriebliche **5** 45
Transferkurzarbeitergeld **5** 45

Entgeltumwandlung
Anspruch nach BetrAVG **103** 18 f
Anspruchsberechtigte **103** 19
Anspruchshöhe **103** 19
Arbeitsentgelt **37** 142 f
ArbNFinanzierte Vorsorge, Beitragsrecht **103** 220 ff
Auslegungsfragen Betriebliche Altersversorgung **103** 18
Beitragsfreiheit **103** 216
Beitragsfreiheit, Grenzen **37** 143
Beitragsfreiheit, Höhe **103** 225 f
Betriebliche Altersversorgung **103** 18 f, 123
Direktversicherung **37** 142 f
Direktversicherung, Beitragsrecht **103** 225
Direktzusage, Beitragsrecht **103** 223 f
Durchführung Betriebliche Altersversorgung **103** 20
Gezillmerte Lebensversicherungstarife **103** 18
Heimarbeit **222** 35 f
Insolvenzsicherung Betriebliche Altersversorgung **103** 92
Nettolohnvereinbarung **323** 3
Öffnungsklausel bei tariflicher Vergütung **103** 21
Pensionskasse **103** 129 f
Pfändung Betriebliche Altersversorgung **103** 22
Ruhendes Arbeitsverhältnis Betriebliche Altersversorgung **103** 20
Tarifdispositivität **103** 19
Unterstützungskasse, Beitragsrecht **103** 223 f
Unverfallbarkeit **103** 38
Vermögensbeteiligung **309** 28
Wertgleichheit bei betrieblicher Altersversorgung **103** 18
Zurechnung zum Arbeitsentgelt **37** 143

Entgeltunterlagen
Anforderungen **278** 18; **280** 23
Aufbewahrungsfristen **278** 13
Kontoführung **278** 13
Mindestinhalt SozV **278** 15

Entgeltverzeichnis Pflicht zur Führung bei Heimarbeit **222** 8 f

Entgeltverzicht 165
Andere Leistungsgewährung **165** 10
Anfechtung **165** 3
Auszubildende **165** 17
Bedingungsfreier **165** 8
Betriebsübergang **444** 7
Ehegattenarbeitsverhältnis **165** 8
Einmalzahlungen, Beitragsrecht **165** 23
Erlassvertrag **165** 1
Erlassvertrag SozV **165** 21 f
Geringfügige Beschäftigung **165** 8
Grenzen **165** 4 f
Haustürgeschäft **165** 3
indirekter **165** 5
Lohnverwirkungsabrede **165** 2
Pensionszusagenkürzung **165** 16
rückwirkender bei Beendigung Arbeitsverhältnis **165** 7
Sanierungsbeitrag **165** 8
Scheckeinlösung Teilbetrag kein Erlassangebot **165** 3
Scheinlohnzahlung **165** 13
Sozialleistungsansprüche **165** 17 ff
Spende bei Verzicht zugunsten Dritter **165** 11
Stundung Arbeitslohn **165** 9
unechter, SozV **165** 18 f
Verdeckte Gewinnausschüttung **165** 15
Verzicht mit Besserungsklausel **165** 15
zugunsten als Verdeckte Gewinnausschüttung Nur-Pension **165** 15

Entgeltvorausbescheinigung Arbeitspapiere **47** 22

Entsendung

Entgeltzahlungsformen 166
　Barauszahlung **166** 1 f
　Kontoführungsgebühr **166** 3
　Kreditierungsverbot **166** 5 f
　Mitbestimmung BRat **166** 8 f
　Naturalleistungen **166** 4
　Scheckzahlung **166** 1, 4
　Überweisung **166** 3
Entgeltzuschläge 167
　Abschaffung Kürzung durch Änderungskündigung **167** 6 f
　Anrechnung auf Lohnersatzleistungen **381** 37
　Beitragspflicht SozV **167** 20
　Bereitschaftsdienst **95** 16, 22
　Berlinzulage **167** 16
　Einbeziehung Bemessung Lohnersatzleistungen **381** 36
　fiktive bei Lohnnachzahlung Annahmeverzug **14** 26, 30
　Heimarbeit **222** 52
　irrtümlich gezahlte **167** 9 f
　Kürzung **167** 6 f
　Leistungszulagen **167** 2
　Mitbestimmung BRat **167** 4 f, 9
　Nachtarbeit **320** 5
　Nachwirkung Betriebsvereinbarungen **167** 6
　Sonn- und Feiertagsarbeit **381** 18, 22 ff, 33 f
　Sonn- und Feiertagszuschläge, SozV **167** 17
　Sozialzulagen **167** 2
　steuerfreie **167** 14 f
　Widerruf **167** 8
Entlassung Arbeitnehmer
　Abfindung **1** 1 f; **321** 10
　ältere, Erstattungsanspruch der Agentur für Arbeit **168** 19
　AGG, Geltungsbereich sachlicher **144** 15
　Anzeigepflichten ArbGeb **20** 5
　Kündigungsschutz und AGG **263** 32 f
　Vermeidung ArbNÜberlassung **34** 15
Entlassungsabfindung Ältere ArbN **144** 100
Entlassungsentschädigung
　s a *Abfindung* **1**
　Anrechnung AlGeld **42** 61
　Anrechnung auf AlGeld **63** 43 f
　Aufhebungsvertrag, Ruhen des AlGeld Anspruchs **63** 43 f
　Fünftelungsregelung **85** 21
　Rentenprivileg **1** 75
　Ruhen des AlGeld **1** 60 ff
　Ruhen des AlGeldAnspruchs **38** 26
Entlassungsgeld Steuerpflicht **410** 8
Entlastungsbetrag für Alleinerziehende
　Höhe **242** 10
　Kinderfreibetrag **240** 5
　LStKlassen **290** 41
　Übertragung **242** 10
　Voraussetzungen **242** 10

Entleiher
　ArbGebEigenschaft **22** 2; **34** 73
　ArbGebEigenschaft SozVRecht **34** 95, 97
　Auskunftspflichten **34** 55 f
　Beitragshaftung ArbNÜberlassung **387** 40
　Informationspflicht über freie Arbeitsplätze **34** 56
　Jugendarbeitsschutz **231** 9
　LeihArbN, Rechtsverhältnis **34** 51 f
　Leistungsstörungen, Haftung **34** 52
　LStHaftung **34** 74, 77
　subsidiäre Haftung **34** 99
Entlohnung für mehrjährige Tätigkeit
　s a *Vergütung*
　Aktienoptionen **7** 39
　Aufhebungsvertrag **63** 27
　Außerordentliche Einkünfte **85** 17 f
　Entgeltnachzahlung **163** 9
　Lohnkontoeintragung **278** 6
　Sonstige Bezüge **382** 10
Entschädigung
　Abfindung **85** 7
　Abfindungszahlung bei Änderungskündigung **5** 43
　Arbeitszeitreduzierung **85** 7
　Aufgabe oder Nichtausübung Tätigkeit **85** 10, 12
　Außerordentliche Einkünfte **85** 5 ff
　Außerordentlichkeit **85** 11 f
　Befristetes Dienstverhältnis **85** 9
　Berufsausbildung **72** 40
　Berufskrankheit **97** 15 f
　Betriebsübergangszahlungen **85** 9
　Diskriminierung **144** 119
　Eintragung Lohnkonto **278** 6
　Entgeltnachzahlung **163** 9
　Ersatz für entgangene oder entgehende Einnahmen **85** 6
　Höhe bei Verstoß AGG **144** 120
　Immaterielle Schäden **144** 123
　LStBescheinigung **286** 17
　Nichtvermögensschaden **144** 123
　Pensionsabfindung **85** 8; **103** 179
　Sonderfälle **85** 14 f
　Sonstiger Bezug **382** 10
　Vermögensschaden **144** 120
　Vertragsbruch **440** 6 f
　Wettbewerbsverbotsverstoß **460** 14 f
　Zahlung in einem Betrag **85** 12
　Zuflusszeitpunkt **85** 12
　Zusammenballung von Einnahmen **85** 11
Entsendebescheinigung Ausländer **78** 73
Entsendung
　s a *Arbeitnehmerentsendung* **31**
　Arbeitnehmerüberlassung, grenzüberschreitende im EU-Bereich **80** 128 f
　ArbGebEigenschaft inländisches Unternehmen **34** 71
　befristete, EU-Bereich, SozVRecht **80** 116 ff

Entsendung Arbeitnehmer
    befristete im EU-Bereich, Ablöseverbot SozV **80** 132 f
    befristete im EU-Bereich, Dauer SozV **80** 131 f
    befristete im EU-Bereich, Drittstaatenangehörige **80** 126 f
    befristete im EU-Bereich, Einstellung im Inland zwecks Entsendung ins Ausland **80** 125
    befristete im EU-Bereich, Ortswechsel des ArbN **80** 123 f
    befristete im EU-Bereich, Überblick **80** 116 f
    Betriebliche Altersversorgung, Besteuerungsrecht **103** 146
    Drittstaatenangehörige **80** 126 f
    Elterngeld **159** 14
    Krankenbehandlung **249** 17
    LeihArbN, E101-Bescheinigung **34** 100
    LeihArbN, SozVPflicht **34** 100
    Mehrfachentsendung, SozV **80** 131
    Mindestentgelt **307** 4
    RVPflicht **356** 13
    SozV Nichtabkommenstaat **80** 137 f
    Vorrübergehende in Abkommenstaat, SozV **80** 134 f

Entsendung Arbeitnehmer
    s a *Arbeitnehmerentsendung* 31
    s a *Auslandstätigkeit* 80
    Auslandstätigkeit **80** 5 f
    Einstrahlung Ausländer **78** 69
    EU-Bereich **80** 116
    Grenzgänger **209** 32
    Kindergeldanspruch **241** 24
    Konzerninterne **247** 4 f
    Ruhensfolgen **363** 14
    Sozialversicherungsabkommen **80** 91 ff

Entstehungsprinzip
    Arbeitsentgelt, laufendes **294** 7
    Arbeitsentgelt SozV **294** 35 f; **401** 41

Entstehungstheorie
    Arbeitsentgelt SozV **37** 90
    ArbNDarlehen, Beitragsfälligkeit **30** 16
    SozV, Einzelfälle **294** 27 f

Entwicklungshelfer
    ArbN-ABC **26** 84
    Beitragspflichtige Einnahmen RV **355** 12
    Beitragstragung RV **355** 23
    Elterngeld **159** 14
    UV **417** 35

Entziehungskur s *Kur* 365

Entzug der Fahrerlaubnis Leistungshindernis bei Annahmeverzug **14** 10

Enumerationsprinzip KVPflicht **253** 3

Equal-Pay Ausschlussfristen **34** 38
    Bemessungsgrundlage bei unwirksamem Tarifvertrag **307** 15
    Darlegungslast **34** 37
    LeihArbN **34** 32
    Umfang **34** 36

    Unterlaufen durch Scheintarifvertrag **401** 3
    Verjährung **34** 38

Equal-treatment LeihArbN **34** 32

Erbbaurecht Dienstwohnung Geldwerter Vorteil **143** 27

Erbe
    GruppenUVLeistungen **417** 3
    Sterbegeldversteuerung **391** 4 f

Erbschaftsteuer
    Arbeitszimmer **61** 20
    Hinterbliebenenbezüge **223** 17

Erfahrungserfindung
    s a *Arbeitnehmererfindung* 32
    ArbNErfindung freie **32** 11

Erfinder
    ArbN-ABC **26** 84
    ArbNErfindung **32** 11
    Erfinderberater ArbNErfindung **32** 29
    freie Erfindung **32** 11, 25
    Vergütung **32** 31 f

Erfindungsmeldung s *Arbeitnehmererfindung* 32

Erfolgsbeteiligung Bewirtungskosten als Werbungskosten **132** 17

Erholungsbeihilfe
    Beihilfeleistungen **93** 5, 19
    LStPauschalierung **292** 34 f, 72
    LStPauschalierung, Beitragsfreiheit **37** 132

Erholungseinrichtung s *Sozialeinrichtungen* 383

Erholungskur s *Kur* 265

Erholungsurlaub
    Abgeltung bei Elternzeit **160** 41 f
    Anrechnung **423** 23
    Elternzeit Anrechnung **160** 41 f
    Entgeltfortzahlung Feiertag **162** 25
    Gewährung als Vermeidbarkeitsvoraussetzung für Kurzarbeit **266** 34
    Mutterschutz **317** 49 f
    offener bei Betriebsübergang **126** 46
    Teilzeitbeschäftigung **402** 107
    Urlaubsanspruch **423** 1
    Urlaubsarbeit **423** 4 f
    Zweck **423** 3

Erinnerung
    Lohnpfändung **337** 14
    Pfändungsbeschluss **337** 14

Erkrankung Arbeitnehmer s *Krankheit (Arbeitnehmer)* 255

Erlass
    Pfändungsbeschluss **337** 9 f
    Säumniszuschlag **372** 12
    SozVBeiträge **387** 27
    SozVBeiträge durch Vergleich **433** 27 f
    Steuerschulden, kein Vergleich **433** 17

Erlassangebot Entgeltverzicht **165** 3

Erlassvertrag
    Ausgleichsklausel **73** 3, 18 f
    Betriebliche Altersversorgung **103** 79
    Entgeltverzicht SozV **165** 21 f

Erste Tätigkeitsstätte

Lohnverzicht **165** 1
Vermögenswirksame Leistungen Zulässigkeit **436** 70
Erlaubnispflicht ArbNÜberlassung **34** 2 ff
Erlaubnisverfahren
   Nebenbestimmungen ArbNÜberlassung **34** 87
   Rücknahme der Erlaubnis ArbNÜberlassung **34** 90
   Widerrufsvorbehalt ArbNÜberlassung **34** 87, 92
Erlaubnisvorbehalt Betriebsstörung **124** 15
Ermahnung Abmahnungsvorstufe **2** 6
Ermessensentscheidung Anrechnung anderweitigen Einkommens **15** 6
Erreichbarkeits-Anordnung Arbeitslose **42** 23
Ersatzeinstellung s *Einstellung* **156**
Ersatzfreistellung s *Betriebsratsfreistellung* **118**
Ersatzkasse s *Krankenversicherungsträger* **254**
Ersatzmitglied Betriebsrat
   BRatSchulungen, Teilnahme **120** 29
   GesamtBRat **203** 25
   JAV **232** 10
   Kündigungsschutz, nachwirkender **120** 29
   Mehrheitswahl, Reihenfolge Nachrücken **120** 28
   Nachrücken bei Verhinderung **120** 25
   Nachrücken kraft Gesetz **120** 25
   Nachrücken, Reihenfolge **120** 27 f
   Nachrücken, zeitweises **120** 25
   Notwendigkeit der Stellvertretung **120** 26
   ordentliches BRatMitglied **120** 25
   Rechtsstellung **120** 29
   Verhältniswahl, Reihenfolge Nachrücken **120** 27
   Verhinderung wegen Urlaub **120** 25
   Vertretungsende **120** 26
Ersatzpflege Selbstbeschaffte Pflegehilfen **339** 22
Ersatzurlaubsanspruch
   Schadensersatz bei erfolgloser Geltendmachung **423** 22
   Urlaubsanspruch **423** 22
Ersatzzeiten
   Aussiedler **358** 21
   Begriff **358** 19
   Bundeswehr **358** 19
   Flüchtlinge **358** 22
   Kriegsgefangenschaft **358** 20
   Personen mit Freiheitsentzug im Beitragsgebiet **358** 22
   Tatbestände **358** 20 f
   Verfolgte des Nationalsozialismus **358** 21
   Vertriebene **358** 22
   Wehrdienst **358** 20
Erschwerniszulage
   Anrechnungsverbot Tariflohnerhöhung **16** 3
   Berücksichtigung Entgelt Lohnausfallprinzip BRatFreistellung **118** 23

Einmalzahlung **154** 39
Verjährung Anspruch **434** 6
Erstattungsanspruch Arbeitnehmer
   Abtretung ArbGeb **323** 16
   Bewirtungsaufwendungen **132** 3 f
   LSt **64** 16
Erstattungsanspruch der Agentur für Arbeit 168
   Abfindungszahlung **168** 3
   AlGeld **168** 19
   Anwendungsbereich nach SGB III **168** 1
   Arbeitsbescheinigung, unkorrekte **168** 36
   ArbGebLeistungen **168** 34
   ArbGebRegress **168** 20
   Aufhebungsvertrag **168** 3
   Eingliederungszuschuss **168** 35
   Entlassung ArbN, ältere **168** 19
   Erstattungsanspruch AlGeld gegen ArbN **168** 26 f
   Forderungsübergang **168** 12
   Forderungsübergang bei Gleichwohlgewährung AlGeld **168** 22 f
   Gleichwohlgewährung AlGeld **168** 21 f
   grobe Fahrlässigkeit **168** 31 f
   Insolvenzgeld **168** 11, 28
   Kurzarbeitergeld **168** 14, 29 f
   leichte Fahrlässigkeit Kurzarbeiter- und Winterausfallgeldberechnung **168** 33
   Mitverschulden BA **168** 32
   Prozessvergleich **168** 6
   Rückzahlung ArbGeb (LSt) **168** 14 f
   Rückzahlung ArbN (LSt) **168** 12 f
   Schadensersatzanspruch Kurzarbeiter- und Winterausfallgeld **168** 33
   Schlechtwettergeld **168** 14
   unrichtige Bescheinigung **168** 36
   Vorverlegung Beendigungszeitpunkt Arbeitsverhältnis **168** 5
   Winterausfallgeld **168** 29 f
   Wintergeld **168** 14
Erstattungsanspruch Krankenversicherungsträger Krankengeld bei Entgeltfortzahlungsanspruch **162** 55
Erstausbildung Weiterbildung, Abgrenzung **455** 9
Erste Hilfe Aushänge im Betrieb **74** 33
Erste Tätigkeitsstätte
   Auswahl mehrerer Tätigkeitsstätten **182** 21
   Bestimmung nach Arbeitszeiten **182** 15
   Dauerhaftigkeit **182** 16 f
   Dienstreise **141** 14
   Doppelte Haushaltsführung **145** 5
   Fahrtätigkeit **181** 12
   Ortsfeste Betriebsstätten **182** 11 f
   Sammelpunkt und Tätigkeitsgebiet **182** 23 f
   Tätigkeit außerhalb erster Tätigkeitsstätte **155** 5
   48-Monatsfrist **182** 18
   Weiträumiges Tätigkeitsgebiet **182** 25

Ertragsanteil

Zuordnungsmerkmale **182** 14 f
Zusatzkriterien **182** 20
Ertragsanteil
    Rentennachzahlung **354** 7
    Rentenumwandlung **10** 13
    Tabelle **354** 8
Erwerberkonzept
    Kündigung, betriebsbedingte **258** 52
    Kündigung, betriebsbedingte bei Betriebsübergang **126** 76
Erwerbseinkommen Hinterbliebenenrente **223** 35
Erwerbsersatzeinkommen Hinterbliebenenrente, Anrechnung **223** 35
Erwerbsfähigkeit
    AlGeld II **43** 10 f
    Arbeitswegzurücklegung, Voraussetzungen **169** 24
    Gehfähigkeit **169** 24
Erwerbsminderung 169
    Arbeitsunfähigkeit, Abgrenzung **169** 1 f
    Arbeitsverhältnis, Auswirkungen **169** 2 f
    Begriff SozVRecht **169** 14 f
    Betriebsrente **169** 9
    Klagefrist Auflösung Arbeitsverhältnis **169** 8
    Kündigungsschutz **169** 3
    Neurentner **169** 17 f
    Rentenauskunft **353** 14
    Rentenbesteuerung **169** 12 f
    RV **169** 15 ff
    Schwerbehinderte **169** 6
    Tarifklauseln **169** 3
    Unbefristete Rente **169** 3
    Verweisungstätigkeit **169** 23
    Weiterbeschäftigungsanspruch **169** 3
Erwerbsminderungsrente
    s a *Erwerbsminderung* **169**
    Allgemeiner Arbeitsmarkt als Feststellungsmaßstab **169** 21
    Altersgrenzen **169** 30
    Altersteilzeit **11** 87 f
    Anrechnung anderweitigen Einkommens **15** 14
    Arbeitsweg **169** 24
    ArblVBeiträge **44** 9
    ArblVPflicht **45** 16; **359** 43
    auflösend bedingtes Arbeitsverhältnis **91** 7
    Befristung **169** 33
    Besteuerung **169** 12 f
    Herausnahme aus Sozialplanleistungen **169** 10
    Hinzuverdienstgrenzen **169** 14 f, **191** 69, **322** 35 f
    Höhe **169** 30 f
    Koalitionsvereinbarung 2013 **169** 15
    KVPflicht **359** 45
    Leistungsbehinderung, schwere spezifische **169** 23
    Leistungseinschränkungen, ungewöhnliche **169** 23
    Modelle **359** 31
    PflegeVPflicht **359** 45
    Rente wegen teilweiser Erwerbsminderung **169** 17 f
    Rente wegen voller Erwerbsminderung **169** 17 f
    Rentnerbeschäftigung **359** 31 ff
    Ruhen des Arbeitsverhältnisses **363** 7
    RVPflicht **359** 42
    Verschlossener Arbeitsmarkt als Feststellungsmaßstab **169** 22
    Verweisungsberuf **169** 42 f
    Wartezeit **169** 17, 26 f
    Zugangsfaktorminderung **169** 30 f
Erwerbstätigkeit
    Heimarbeit **222** 55
    Kinderfreibetrag **240** 26 f
Erwerbsunfähigkeit
    Altersgrenze **9** 32
    Bezug Altersrente **10** 47
Erwerbsunfähigkeitsrente
    Hinzuverdienstgrenze **322** 35
    Rentenbeginn **354** 20
Erwirkungslehre s *Betriebliche Übung* **107**
Erzieher
    Freibetrag Nebentätigkeit **37** 122
    RVFreiheit **90** 34
    RVPflicht **357** 8
Erziehungsbeihilfe
    Beihilfeleistungen **93** 11
    Kindervergünstigungen **242** 37
Erziehungsgeld
    Einkommensanrechnung **15** 15
    Erziehungsbeihilfe **242** 37
    Grenzgänger **209** 37
    Heimarbeit **222** 27
    Pfändung **337** 24, 52
Erziehungsgemeinschaft Abschreibung Gemeinschaftsräume **242** 27
Erziehungsrente
    Altersgrenze **223** 33
    Anrechnung anderweitigen Einkommens **15** 15
    Einkommensanrechnung auf Renten wegen Todes **223** 34
    Hinterbliebenenrente **223** 31
    Kindervergünstigungen **242** 50
    Lebenspartnerschaft (eingetragene) **223** 31
    Wartezeit **223** 31
Erziehungsurlaub
    s a *Elternzeit* **160**
    Betriebliche Altersversorgung Kürzung **103** 10
    Kündigungsfristen **262** 7 f
    Sonderkündigungsrecht **262** 7 f
Essensmarken
    s a *Essenszuschuss* **170**
    Aufbewahrungspflichten **170** 14
    Barlohnverzicht **170** 13
    LStPauschalierung **292** 31 f

Europäische Union

Sachbezug **370** 23
Sachbezugsbewertung **170** 12
Essenszuschuss 170
  Abgabe an NichtArbN **170** 20
  Abgabe von Speisen durch ArbGeb **170** 9
  Abgabe von Speisen durch Dritte **170** 10
  Arbeitsessen **170** 19
  Aufmerksamkeiten **170** 17
  Ausgabe keine Sozialeinrichtung **383** 7
  Beihilfeleistungen **93** 6
  Besteuerung **170** 7 ff
  Betriebliche Bildungsmaßnahmen **170** 21
  Betriebliche Übung **107** 8; **170** 4
  Drittspeisung **170** 10
  einmalige Bewirtungen **170** 16
  Essensmarken **170** 12 f
  Freiwillige Leistung **170** 5
  im Einsatz gewährte Verpflegung **170** 18
  Kantinenessen **170** 2
  LStPauschalierung **170** 15, 24; **292** 30 f
  LStPauschalierung, Beitragsfreiheit **37** 132
  Mitbestimmung BRat Kantinenpreise **170** 2
  Restaurantscheck **170** 12
  Sachbezugswerte **170** 9, 11
  Wegfall bei Entgeltfortzahlung **162** 14
Et-et-Fall ArbN (Begriff) **26** 16
Ethikrichtlinien
  Compliance **136** 4
  Weisungsrecht **453** 12
Ethnische Herkunft Diskriminierungsverbot **144** 29 f
Ethnische Minderheiten Benachteiligungsverbot **144** 43
eTIN
  ELStAM **282** 27
  LStBescheinigung, elektronische **286** 13
EU-Amtshilfegesetz EU-Richtlinien **171** 30
EU-Arbeitsrecht Regelungsbereiche **171** 12 ff
EU-Beamte Auslandstätigkeit **80** 61
EU-Bedienstete KVPflicht **253** 24
EU-Beitreibungsgesetz Amtshilfe nach EU-Recht **171** 30
EU-Bürger Freizügigkeitsgesetz **78** 3
EU-Recht 171
  Altersrente **171** 49
  Anwendungsvorrang **171** 3 f
  Arbeitsförderung **42** 76
  Arbeitsrechtliche Grundrechte **171** 1
  Arbeitssicherheit/Arbeitsschutz, Richtlinienumsetzung **50** 6
  Arbeitsunfall **171** 53
  ArblV **171** 52
  Berufskrankheit **171** 51
  Beschäftigung im Straßenverkehr **181** 2 f
  Betriebsvereinbarung, Schranken **129** 9
  Charta der Grundrechte der EU **171** 1
  Diskriminierungsverbot **171** 38
  Entsendung **171** 47
  EU-Richtlinien **171** 1

EU-Richtlinien Arbeitsrecht **171** 12 ff
EU-Verordnungen **171** 1
EU-Verordnungen SozV **171** 39 ff
Familienleistungen **171** 53
Familienleistungen, Doppelgewährung **241** 11
freier Beschäftigungszugang **171** 22
Freizügigkeitsgesetz **78** 60
Freizügigkeitsverordnung **171** 19 f
Geringfügige Beschäftigung **202** 97
Gesundheitsleistungen **171** 50 f
Gleichbehandlung **171** 6, 23 f
Gleichbehandlung SozV **171** 38 f
Grenzgängerbesteuerung **209** 2 f
Grundfreiheiten **171** 28
Grundprinzipien **171** 38 f
Hinterbliebenenrente **171** 49
Koordination soziale Sicherheit **171** 39
KV **171** 50
Massenentlassungsrichtlinie **300** 1
Mehrfachbeschäftigte **171** 47
PflegeV **171** 50
PflegeVLeistungen, Wohnsitzrecht **339** 31
Primärrecht **171** 1 f, 36
Protokoll Sozialpolitik **171** 6
Rechtssetzungskompetenzen im Arbeitsrecht **171** 6 f
Rechtswirkung **171** 3 f
RVLeistungen **171** 48 f
Sekundärrecht **171** 1 f, 36
Sozialleistungen **171** 47 f
Sozialrechtsstatus **171** 47 f
Steuerharmonisierung **171** 28
Subsidiaritätsprinzip **171** 7
Unionsrecht **171** 1
UV **171** 51
Vorrang vor innerstaatlichem Recht **171** 28
EU-Richtlinien
  s a EU-Recht **171**
  Amtshilfe **171** 30
  Arbeitsschutz **171** 13
  Arbeitssicherheit/Arbeitsschutz **50** 5
  Befristetes Arbeitsverhältnis **171** 14
  Betriebsübergang **126** 1; **171** 6, 16
  Bildschirmarbeitsplatz **133** 1
  Europäischer BRat **171** 17 f; **247** 10
  Gleichbehandlung **77** 24
  Grenzgänger **171** 31
  Massenentlassung **171** 26; **300** 4
  Nachweisrichtlinie Arbeitsvertrag **171** 14
  Rechtswirkung **171** 5
  Stipendiumvergabe **171** 33
Europäische Krankenversicherungskarte
  Sachleistungsaushilfe **249** 15
Europäische Union
  s a EU-Recht **171**
  Auslandstätigkeit, Altersrente **80** 158 f
  Auslandstätigkeit, unbefristete **80** 106 ff

2753

Europäischer Betriebsrat

Beschäftigungslandprinzip, Vorrang vor Wohnlandprinzip **80** 109 f
Entsendung ArbN **80** 116 f
Entsendung befristete, SozVRecht **80** 116 ff
Freizügigkeitssicherung **80** 80 f
Kollisionsrecht Soziale Sicherung **80** 79 ff
Kostenerstattung KV **249** 15
Leistungsrecht, Exportfähigkeit **80** 146
Leistungsrecht, Invalidität **80** 155 f
Leistungsrecht SozV **80** 146 ff
Tagegelder, Steuerfreiheit **392** 16
Versicherungspflicht nach Beschäftigungslandprinzip **80** 107 f

Europäischer Betriebsrat 172
Amtszeit **172** 7 f, 15
Angelegenheiten mit grenzüberschreitender Wirkung **172** 20
Anhörung **172** 21
Arbeitsentgeltschutz **172** 23
ArbN (Begriff) **172** 5
Auskunftspflichten ArbGeb **76** 16
Ausschuss **172** 16
Beschlüsse **172** 18
Bestehende Vereinbarungen **172** 24
Bestellung **172** 7
Bestellung deutsche Mitglieder **172** 14
Beteiligungsrechte **172** 20
Dauereinrichtung ohne feste Amtszeit **172** 15
Errichtung kraft Gesetz **172** 14 f
EU-Richtlinien **171** 17 f
Geheimhaltungspflichten **172** 19
Geltungsbereich **172** 2
Geschäftsführung **172** 16
Konsultation **172** 21
Kostentragung **172** 18
kraft Vereinbarung **172** 6
Kündigungsschutz **172** 23
Leitende Angestellte als Mitglieder **172** 14
Mitbestimmungsrechte **172** 21
Mitgliederanzahl **172** 7
Mitwirkungsrechte **172** 19
Schriftform Vereinbarung über Errichtung **172** 13
Schulungsanspruch **172** 23
Sitzungen **172** 17
Tendenzunternehmen **172** 22
Unternehmen, Begriff **172** 3
Unternehmensgruppe, Begriff **172** 3
Unterrichtung **172** 21
Verhandlungsgremium **172** 7 f
Vorsitzendenwahl **172** 16
Wahlverfahren **172** 7
Zielsetzung **172** 1

Europäischer Gerichtshof
Kompetenzabgrenzung **171** 11
Rspr Betriebsübergang **126** 9
Vorabentscheidungsverfahren Arbeitsrecht **171** 9 f
Zuständigkeiten **171** 8 f

Europäischer Sozialfonds Arbeitsförderungsmaßnahmen **38** 31
Europäisches Patentamt Besteuerung Bedienstete **78** 43
Europapatent ArbNErfindung **32** 18
EU-Staatsangehörige Besteuerung **209** 17 f
EU-Verordnungen
Freizügigkeitsverordnung **171** 19 f
Gleichbehandlungsgrundsatz **171** 23 f
Rechtsverbindlichkeit **171** 4
Sozialvorschriften Straßenverkehr **171** 27; **181** 2 f
Eventmanager Betriebsveranstaltung **128** 4
Existenzgründer RVPflicht **357** 8
Existenzgründung
Existenzgründungsbeihilfen Europäischer Sozialfond **210** 6
Gewinnermittlung **210** 7
Gründungszuschuss **210** 1 f
Häusliches Arbeitszimmer **210** 7
Haushaltsnahe Dienstleistungen **210** 9
Qualifikationsnachweise **210** 19
Selbstständige Tätigkeit **210** 8, 14
Steuernummer **210** 6
Tragfähigkeitsnachweis **210** 18
Unternehmereigenschaft **210** 8
Existenzgründungszuschuss
Anrechnung auf AlGeld II **210** 12
Steuerfreie Einnahmen **392** 16

Facharzt Medizinischer Dienst, Eingruppierung **301** 5
Fachberater ArbN-ABC **26** 84
Fachkraft für Arbeitssicherheit
Abberufung **111** 7
Aufgaben **111** 8
Bestellung **111** 6 f
Hierarchieeinordnung **111** 10
Hinwirkungspflicht **111** 9
Fachliteratur BRatKosten **119** 23
Fachtagung Aufwendungsersatz, Betriebliche Berufsbildung **104** 22
Fachzeitschrift Arbeitsmittel **46** 16
Fahrerkarte
Fahrtätigkeit **181** 10
Kostentragung **181** 10
Fahrerlaubnis Kündigung, personenbedingte bei Verlust **259** 38
Fahrgemeinschaft 180
Aufwendungsersatzanspruch **180** 3
Entfernungspauschale **180** 11
Fahrten zwischen Wohnung und Arbeitsstätte **180** 11
Haftungsbeschränkung, vertragliche **180** 10
Kostenbeteiligung **180** 3
regelmäßige **180** 4 f
Schadensersatzansprüche, Mitfahrer **180** 6, 8 f
Umwegfahrten **180** 13, 15 f

Faktisches Arbeitsverhältnis

Unfall auf dem versicherten Weg **180** 9
Wegeunfall **180** 9; **451** 20
Fahrlässigkeit
   Arbeitsunfall **55** 13
   Erstattungsanspruch der Agentur für Arbeit **168** 31 f
   Haftung bei leichtester, mittlerer, grober **33** 12–16
   Haftung bei Vorsatz **33** 12
Fahrlehrer ArbN-ABC **26** 84
Fahrradeinstellplätze keine Sozialeinrichtung **383** 7
Fahrstuhl Behinderte, außergewöhnliche Belastungen **92** 81
Fahrtätigkeit 181
   Arbeitszeit **181** 4
   ArbNSchutz **181** 11
   Aufzeichnungspflicht Arbeitszeit **181** 4
   Direktionsrecht ArbGeb **181** 10
   Entfernungspauschale **181** 13
   EU-Sozialvorschriften **181** 2 f
   Fahrerkarte **181** 10
   Gefahrguttransport **181** 7
   Geldbußenerstattung durch ArbGeb **181** 10
   Gesamtarbeitszeit **181** 4
   Höchstarbeitszeit **181** 4
   Internationales Privatrecht **181** 11
   Lenkzeiten **181** 4
   Ortungssysteme **181** 6
   Personenbeförderungsschein **181** 8
   Sanktionen **181** 5
   Tätigkeitsstätte **181** 12
Fahrten Arbeitszimmer **61** 18
Fahrten zur Tätigkeitsstätte Doppelte Haushaltsführung **145** 24 f
Fahrten zwischen Wohnung und Arbeitsstätte 182
   Ansatz tatsächliche Fahrtkosten bei Behinderung **92** 78
   Arbeitszeit **182** 1
   ArbNBeförderung **29** 16
   Aufwendungsersatz durch ArbGeb **67** 2; **183** 1
   Ausländer UV **182** 40
   Behinderte **92** 78
   Behindertenprivileg **182** 36
   Bereitschaftsdienst **95** 17
   Berufsmittelpunkt **182** 7
   BRatKosten **119** 10 f
   Dienstwagen **142** 18
   Entfernungspauschale **182** 4 ff
   Erste Tätigkeitsstätte **182** 10 f
   Fahrgemeinschaft **180** 11
   Gastarbeiter **182** 28
   gelegentliche Wohnung **182** 28
   Lebensmittelpunkt **182** 28
   LStBescheinigung Fahrtkostenzuschuss **286** 20
   LStPauschalierung **29** 10; **292** 38 f
   LStPauschalierung, Beitragsfreiheit **37** 132
   mehrere Wohnungen **182** 28
   Ortsfeste Betriebsstätte **182** 11 f
   Ortsfeste Einrichtung **182** 6
   Rufbereitschaft **362** 5
   Vergütung bei Dienstreisen **141** 5
   Verkehrsstörung **182** 3
   wechselnde Wohnungen **182** 28
   Weg zur Arbeit **29** 8
   Wegeunfall UV **182** 39
   Zweck der Regelung **182** 5 f
Fahrtenbuch Nachweis Dienstwagennutzung **142** 23
Fahrtenschreiber Kontrolle des ArbN **246** 3, 16
Fahrtkosten
   Aufwendungsersatz **67** 2 f
   Bewerbungskosten **131** 5
   Dienstreise **141** 19
   Doppelte Haushaltsführung **145** 24
   Einzelnachweis bei Dienstreisen **141** 19
   Krankenbehandlung **249** 19
   Pauschalierung mit individuellem Durchschnittkilometersatz bei Dienstreisen **141** 23
   Rufbereitschaft **362** 5
   Weiterbildungsmaßnahme **455** 25
Fahrtkostenzuschuss 183
   Aufwendungsersatzanspruch **183** 2
   Bauwirtschaft **183** 1
   Familienheimfahrten **183** 4
   Gleichbehandlung **67** 3; **183** 1, 3
   Krankentransport **183** 6
   Lohnsteuerpauschalierung **25** 5
   LStBescheinigung **286** 20
   Mitbestimmung BRat **183** 4
   pauschalversteuerter SozV **183** 10
   Rehabilitation **183** 6; **351** 32
   Wegepauschale SozV **183** 9
   Wegfall bei Entgeltfortzahlung **162** 14
   Widerruf **183** 3
   Wohnung und Arbeitsstätte **183** 1
Faktischer Geschäftsführer LStHaftung **288** 33
Faktisches Arbeitsverhältnis 184
   Anwendungsbereiche **184** 2
   Arbeitsvertrag **58** 78 f
   Arbeitsvertrag, Rechtsunwirksamkeit **184** 1 f
   Arbeitsvertragsvollzug **58** 77 f
   Beendigung **184** 4
   Formmangel Arbeitsvertrag **184** 2
   Fortsetzung der Tätigkeit **184** 5
   Geschäftsunfähigkeit ArbN **184** 2
   Grundsätze **184** 1
   Minderjährige **306** 19
   Mutterschutz **317** 2, 46
   Nichtvorliegen öffentlich-rechtlicher Erlaubnis **184** 2
   quasivertragliche Abwicklung **184** 3 ff
   Rückabwicklung **184** 3

Faktor

Vermögenswirksame Leistungen **436** 5
Weiterbeschäftigung in gekündigtem Arbeitsverhältnis **184** 5
Wettbewerbsverbot **459** 10; **460** 28
Faktor ELStAM **282** 11
Faktorverfahren
Lohnsteuerklassenwahl **290** 17
LStJahresausgleich, Verbot **289** 5
Familiäre Mitarbeit 185
AlGeld **185** 53
Angehörige **185** 43 f
Arbeitsvertrag **58** 86
ArbNEigenschaft **26** 19, 69
Beschäftigungsverhältnis, Voraussetzungen **185** 47 f
Eheähnliche Lebensgemeinschaft **185** 20
Ehegattenarbeitsverhältnis **185** 9 ff, 30 ff
Ehegatteninnengesellschaft **185** 5, 13
Familiengesellschaft **185** 18
Familienunterhalt **185** 2
Heimarbeit **222** 3
Kinderbeschäftigung **185** 4, 16 f
Lebenspartnerschaft **185** 42; **271** 12
Meldepflichten, besondere **185** 46
PflegeV **185** 51
SozVPflicht Voraussetzung **185** 46 ff
Unterarbeitsverhältnis **185** 30
Familiäre Mithilfe Schwarzarbeit **377** 24 f
Familienangehörige
ArbNÄhnliche Selbstständige **28** 12
Aufenthaltsrecht EU **171** 20 f, 38
Beschäftigungslosigkeit **42** 19
Meldepflichten SozV **304** 34
Pensionsrückstellung **103** 161
PflegeVPflicht **340** 16, 19
Statusfeststellungsverfahren SozV **304** 34
Zeitaufwand Grundpflege PflegeV **339** 12
Familiengesellschaft Familiäre Mitarbeit **185** 18
Familienheimfahrten
Dienstwagen **142** 29
Doppelte Haushaltsführung **145** 25
Fahrtkostenzuschuss **183** 4
Familienhelferin ArbN-ABC **26** 84
Familienhilfe Anspruch Lebensgemeinschaft (nichteheliche) **270** 21
Familienkasse
Kindergeldantrag **241** 12
Kindergeldauszahlung **241** 17
Familienlastenausgleich Familienversicherung **186** 5
Familienleistungsausgleich
Jugendfreiwilligendienste **193** 12
Kinderbetreuungskosten **242** 24
Kinderfreibetrag **240** 2
Kindergeld **241** 4
Familienpflege Befreiung von der Versicherungspflicht **90** 22
Familienpflegezeit
Anspruch **341** 42
Arbeitszeitverringerung **191** 63
Bemessung AlGeld **191** 68
Entgeltsicherung durch Aufstockung **191** 64
Inhalt **341** 42
Nachpflegephase, Nacharbeit **191** 65
Zinsloses Darlehen für ArbGeb **191** 66
Familienpflegezeitgesetz Pflegezeitgesetz, Abgrenzung **341** 53
Familienprivileg kein Forderungsübergang bei Dritthaftung **188** 8
Familienstand ELStAM **282** 14
Familienunterhalt Familiäre Mitarbeit **185** 2
Familienversicherung 186
AlGeld II-Bezieher **43** 36
Altersgrenze Kinder **186** 10 f
ArbGebZuschuss bei privater KV **25** 12
Einkommensgrenze KV **186** 8
Ende **186** 13
Familienlastenausgleich **186** 5
Geschäftsführer GmbH **186** 8
JAEGrenze **230** 7
Jugendfreiwilligendienste **193** 16
Krankenhaustagegeldversicherung **186** 3
KVPflicht nach Ende **186** 13
Lebenspartnerschaft **271** 16
Lebensversicherung durch ArbGeb **186** 1
mitversicherte Familienmitglieder **186** 9 f
PflegeVBeiträge **338** 36
Ruhenszeitraum, Lohnersatzleistungen **1** 86
sachliche Voraussetzungen **186** 7
Steuerfreiheit KVLeistungen **186** 2 f
Familienwohnung Fahrten zwischen Wohnung und Arbeitsstätte **182** 40
Familienzuschlag keine Zurechnung Jahresarbeitsentgelt **230** 17
Farbenblindheit Einstellungsuntersuchung **157** 7
Fehlgeburt Mutterschutz **317** 6
Fehlgeldentschädigung 187
Arbeitslohn bei Verzicht auf Schadensersatzanspruch ArbGeb **187** 23
Auslagenersatz **67** 28
Auslagenersatz Arbeitslohn **187** 28
Beitragspflicht SozV **187** 32 f
Durchlaufende Posten SozV **187** 33
Ersatzleistung wegen Diebstahl oder Unterschlagung **187** 31
Fehlbestandsvermeidungsprämie **187** 5
Freigrenze LSt **330** 10
innerbetrieblicher Schadensausgleich **187** 12 f
Mankoabrede **187** 3 f, 17 f
Mankohaftung ArbN **187** 1, 7
mitwirkendes Verschulden ArbGeb **187** 11
pauschale Freigrenze **187** 29 f
Prämienzahlung ArbGeb **187** 25
Schuldanerkenntnis ArbN **187** 20
Verschuldenshaftung **187** 8 f
Werbungskosten Ersatzleistung ArbN **187** 23, 31

Fehlzeiten
 Anrechnung auf Urlaubsdauer **424** 19
 Anrechnung krankheitsbedingte auf
  Betriebsjubiläum **114** 4
 Aufzeichnungsrecht ArbGeb **140** 11
 Auswirkungen auf Anwesenheitsprämie
  19 6, 9, 11, 16
 Krankheitsbedingte, Aufhebungsvertrag
  63 17
 Krankheitsbedingte, BEM **105** 2
 Mutterschutz **317** 53
Fehlzeitenliste Veröffentlichung nach
  Betriebsordnung **116** 7
Feiern, private Betriebsjubiläum, UVSchutz
  114 13
Feiertag
 Entgeltfortzahlung **162** 23
 Jugendarbeitsschutz **231** 28
Feiertagsgeld Heimarbeit, Steuerpflicht
  222 52
Feiertagslohn
 s Entgeltfortzahlung **162**
 s a Feiertagsvergütung
Feiertagsvergütung
 Arbeitsentgelt **162** 60
 Arbeitskampf **40** 18; **162** 29
 Ausschlussfrist **82** 11
 Aussperrung **40** 18
 Erholungsurlaub **162** 25
 Fahrtkostenzuschuss **162** 28
 Freistellung von der Arbeit **191** 27
 Heimarbeit **222** 27
 Höhe bei Entgeltfortzahlung **162** 27
 Kurzarbeit **162** 25, 28
 Schmutzzulage **162** 28
 Unabdingbarkeit **162** 30
 Unbezahlter Urlaub **162** 24
 Versteuerung **162** 41
Feintäschner Künstlersozialversicherung
  264 13
Ferienarbeit Urlaubsanspruch **423** 8
Ferienbeihilfe Beihilfeleistungen **93** 6
Ferienüberhang Änderungskündigung
  5 26
Ferienwohnung Auslandsreise, Überlassung
  ArbN **79** 18
Fernauslösung *s Auslösung* **81**
Fernfahrer Unterkunftskosten **141** 54
Fernmontage Fernauslösung **81** 3
Fernsehgerät Arbeitsmittel **46** 21
Festsetzungsverfahren ArbNSparzulage
 Vermögenswirksame Leistungen **436** 40
Festsetzungsverjährung
 s a Verjährung **434**
 Ablaufhemmung **434** 36 f
 Ablaufhemmung, LStAußenprüfung **284** 13
 Beginn Festsetzungsfrist **434** 35
 Dauer Festsetzungsfrist **434** 34
 Ehegatten, Zusammenveranlagung **434** 34
 LStAußenprüfung Ablaufhemmung **434** 38 f

Flugstrecke

Feststellungsklage
 Ausschlussfrist, Geltendmachung **82** 31
 Befristetes Arbeitsverhältnis **91** 52
 Kündigungsschutzprozess **263** 96 f
 Verjährungshemmung **434** 19
 Versetzung **439** 14
Filialbetrieb
 Kleinbetrieb **245** 2
 Sicherheitsbeauftragter **111** 29
Filialleiter ArbN-ABC **26** 84
Filmschaffende ArbN-ABC **26** 84
Finanzamt
 Aufrechnungsmöglichkeiten **64** 17 f
 Fürsorgepflichten **195** 25 f
 Gläubigerausschussmitglied bei Insolvenz
  des ArbGeb **226** 30
 Steueranspruchsverzicht **444** 24
 Verfahrensfürsorgepflicht **195** 26
 Verschwiegenheitspflicht **438** 18
Finanzgerichtsverfahren Rechtsanwalts-
  kosten **350** 20 f
Finanzierung Beschäftigungsgesellschaft **99** 4
Firmenjubiläum *s Betriebsjubiläum* **114**
Firmenlauf UVSchutz **122** 16
Firmenparkplatz
 s a Betriebsparkplatz
 Vergabe bei Job-Ticket **29** 1
Firmentarifvertrag
 Fortgeltung nach Umwandlung **414** 26
 Interessenausgleich **228** 26
 Tarifbindung **401** 5
 Weitergeltung Betriebsübergang **126** 61
Firmenwagen
 s Dienstwagen **142**
 Anspruch nach Ablauf Entgeltfortzahlung
  201 2
 Vergütungspflicht nach Ablauf Entgeltfort-
  zahlungszeitraum **370** 2
Flächentarifvertrag Tarifbindung **401** 6
Flashmob-Aktionen Arbeitskampf **40** 9
Fleischbeschauer ArbN-ABC **26** 84
Fleischbeschautierarzt ArbN-ABC **26** 84
Flexibilisierung der Arbeitszeit *s Arbeitszeit-
  modelle* **60**
Fließbandarbeit Verbot bei Mutterschutz
  317 16
Flüchtling Beihilfeleistungen **93** 11
Flugbegleiterin auswärtige Beschäftigung bei
  Schwangerschaft **317** 23
Flugkosten
 Bewerbung **131** 5
 Entfernungspauschale **182** 32
 Fahrten zwischen Wohnung und Arbeits-
  stätte **182** 32
Fluglizenz Kündigung, personenbedingte bei
  Verlust **259** 38
Flugreise
 Auslandstagegeld **79** 13
 Entfernungspauschale **182** 32
Flugstrecke Entfernungspauschale **182** 32

2757

Flugzeugprüfer (Testpilot)

Flugzeugprüfer (Testpilot) ArbN–ABC 26 84
Förderung von Arbeitsverhältnissen ArblVPflicht 45 29
Förderungsdauer Altersteilzeit 11 50 ff
Forderungsausfall Insolvenz des ArbGeb 226 22
Forderungsübergang
   Entgeltfortzahlungsanspruch 250 9
   Erstattungsanspruch der Agentur für Arbeit 168 12
   Erstattungsanspruch der Agentur für Arbeit bei Gleichwohlgewährung AlGeld 168 22 f
Forderungsübergang bei Dritthaftung 188
   AlGeld 42 5
   Anspruchsübergang ArbGebAnteile SozV 188 6, 21
   Ansprüche gegen ArbGeb SozV 188 19–26
   ArbGebAnteile SozV 188 21
   Ausnahmen 188 8–10
   Begriff und Rechtsgrundlage 188 1 f
   Einzelfälle 188 4 ff
   Einzelfälle SozV 188 25
   Entgeltfortzahlung LSt-Abzug 188 15
   Erstattungsanspruch Leistungsträger 188 18
   Familienprivileg 188 8
   Gleichwohlgewährung AlGeld 188 25
   Mitwirkungspflichten ArbN 188 13 f
   pauschal besteuerter Arbeitslohn 188 16
   Sachleistungsansprüche 188 23
   Schadensersatzansprüche, LStPflicht 188 17
   Schadensersatzpflicht aus unerlaubter Handlung 188 4 ff, 27 f
   Verdienstausfallschaden 188 5
   Zusammentreffen mit SozV 188 11 f
Forderungsverzicht Arbeitsentgelt 444 14 f
Formfreiheit Arbeitsvertrag 58 13 f
Formular s Muster
Formulararbeitsvertrag Ausschlussfristen 82 6
Formwechsel Umwandlung 414 5
Forschungsinstitut Tendenzbetrieb 404 11
Fortbildung 189
   s a Weiterbildung 455
   Abgrenzung Berufsausbildung LSt 189 21
   Abzugsfähige Aufwendungen 189 20
   Annahmeverzugslohn 189 16
   Anrechnungszeiten 358 10
   Anspruch 189 14 f
   Arbeitsverhinderung 56 24
   Aufbaustudium 189 23
   Aufstiegsfortbildung 189 39
   Berufskraftfahrer 181 9
   Betriebspraktikum 342 7
   Bildungsurlaub 189 30 f
   Elternzeit 160 2
   Förderung nach Förderungsrecht 189 37
   Fortbildungsvertrag Inhalt 189 4 ff
   Gesetzliche Pflicht, Berufsgruppen 189 16
   Kostenersatz ArbGeb LSt 189 34 f
   Kündigungsschutz 189 8 f, 17
   Mahlzeiten, verbilligte 189 36
   Meister-BAföG 189 25
   Muster Rückzahlungsklausel Fortbildungsvereinbarung 189 19
   Pflicht zur Fortbildung 189 14 f
   Rehabilitationsmaßnahme 351 34, 36
   Rückzahlungsklausel 361 1
   Rückzahlungsklausel Kosten 189 12
   Sonderausgabenabzug 189 20
   Sprachkurse im Ausland 189 29
   UV 128 20
   Weiterbeschäftigungsanspruch Kündigung, personenbedingte 259 4
   Werbungskosten Einzelfälle 189 22 f
   Werbungskosten, vorweggenommene 189 25
   Wiedereinstellungsanspruch nach betriebsbedingter Kündigung 258 15 f
   Zweitstudium 189 23
Fortbildungseinrichtung Sozialeinrichtung 383 6
Fortbildungskosten
   s a Fortbildung 189
   Arbeitslose 42 11
   Kostenübernahme durch ArbGeb, SozV 455 35 f
   Rückzahlungsklauseln 58 41
   Studiengebühren 104 20
Fortbildungsvertrag
   s a Fortbildung 189
   Beendigung 189 7 f
   Befristung 189 7
   Berufsaufgabekündigung 189 9
   Inhalt 189 4 f
   Kündigung 189 8 f
   Wiedereinstellungsanspruch 189 10
Fortsetzungserkrankung Entgeltfortzahlungsbeschränkung 162 19 f
Fotograf ArbN-ABC 26 84
Fotomaterial Arbeitsmittel 46 18
Fotomodell
   Arbeitsvermittler Vergütungsanspruch 57 6
   ArbN-ABC 26 84
Frachtführer ArbN-ABC 26 84
Fragerecht Arbeitgeber
   s a Auskunftspflichten Arbeitnehmer 77
   Anfechtungsgrund Arbeitsvertrag 58 73 f
   Behinderteneinstellung 92 25
   Geringfügige Beschäftigung 202 80
   Mehrfachbeschäftigung 302 21 f
Franchisenehmer
   ArbN-ABC 26 84
   ArbNähnliche Personen 27 7
   ArbNähnliche Selbstständige 28 15
   RVPflicht 357 9
Franchise-System GesamtBRat 203 3
Frankreich Grenzgängerbesteuerung 209 11

Frauen
  Altersgrenze Betriebliche Altersversorgung **103** 35
  Altersrente **10** 50
  Altersteilzeit, Gleichbehandlung **11** 3
  Aushang MuSchG **74** 8
  Bergbau, Beschäftigungsverbot **100** 12
  Beschäftigungsverbot **100** 9
  Diskriminierungsverbot **144** 157
  EU-Gleichbehandlungs-Richtlinie **171** 24 f
  Gleichbehandlung Ruhepause **331** 3 ff
  Mutterschaftsgeld **315** 1
  Nachtarbeitsverbot **320** 1
Frauenförderung
  Diskriminierung, positive **144** 104
  Herstellung realer Gleichheit **144** 104
  Personalauswahl **334** 7
Freibeträge für Kinder Höhe **240** 4 f
Freibetrag
  AlGeld II, Vermögensanrechnung **43** 17 f
  Einkommensanrechnung bei AlGeld II **43** 15
  Kundenbindungsprogramm **37** 74
  Übungsleiter **37** 122
Freie Berufe Selbstständige Tätigkeit **190** 36
Freie Mitarbeit 190
  Abgrenzung Arbeitsverhältnis **190** 2 ff, 36 f
  Abgrenzung Arbeitsverhältnis ArbN-ABC **26** 84
  Abgrenzungsmerkmale **190** 4 ff
  Arbeitszeitfestlegung **190** 6
  ArbNÄhnliche Person **27** 6
  ArbNÄhnliche Person bei Telearbeit **403** 5
  Beendigung Vertragsverhältnis **190** 26
  Beitragspflicht, ArbGebPflichten **190** 39 f
  Betriebsübergang **126** 4; **190** 25
  Bewirtungskosten Schulung **170** 21
  Eigenart der Tätigkeit **190** 5
  Eingliederung in fremde Arbeitsorganisation **190** 7
  Einstellung **156** 9
  Gesellschaftsgründung **190** 21
  Gewerbesteuer **190** 35
  Kündigungsschutz **190** 16
  LStAbzug **190** 32
  Mitbestimmung BRat **156** 9; **190** 22 f
  Rechtsirrtum, Folgen **190** 20 f
  Rechtswegzuständigkeit **190** 28
  Regelung durch Dienstplan **190** 6
  RVPflicht **190** 41
  Scheindienst, -werkvertrag **190** 17 f
  Scheinselbstständigkeit **190** 17, 38
  Selbstständigkeit **190** 41
  SozVRisiko ArbGeb **135** 8
  Student **393** 3
  Umsatzsteuer **190** 33 f
  Umwandlung Arbeitsverhältnis **190** 3
  Unrichtige Einordnung, Auswirkungen SozV **190** 39 f
  Unternehmer bei Telearbeit **403** 6

Freistellung von der Arbeit

  Unternehmerrisiko **190** 9
  Urlaubsanspruch **190** 14
  Verbraucherinsolvenzverfahren **227** 4
  Versicherungsvermittlung **190** 2
  Vertragsgegenstand **190** 8
  Vertragsmuster **190** 29
  Weisungsgebundenheit **190** 8, 37
  Wettbewerbsverbot **190** 24
  Zeugnisanspruch **190** 27
Freie Unterkunft
  Sachbezug **143** 38
  Sachbezugsverordnung **37** 104
Freie Verpflegung Sachbezugsverordnung **37** 104
Freie Wohnung Sachbezugsverordnung **37** 104
Freifrist Massenentlassung **300** 28
Freigänger ArbNEigenschaft **26** 17
Freigrenzen
  Bewirtungsaufwendungen Dienstjubiläum **132** 7
  Sachbezüge **370** 8 f, 47
  Solidaritätszuschlag **379** 5
Freigrenzen Lohnsteuer
  Aufmerksamkeiten **330** 10
  Betriebsfeiern **128** 19
  Betriebsveranstaltung **128** 3 f; **132** 9; **330** 10
  Fehlgeldentschädigung **187** 29 f; **330** 10
Freikirchen KirchenLSt **244** 7
Freistellung ARGE **39** 8 ff, 19
Freistellung von der Arbeit 191
  Anderweitiges Einkommen **191** 23
  Annahmeverzug **14** 1
  Annahmeverzug ArbGeb bei einseitiger **191** 23
  Anrechnung Freizeitguthaben Freischichtenmodell **191** 24
  Anspruch ArbN **191** 5 f
  Anwartschaftszeit für AlGeld **42** 17
  Arbeitskampf **191** 11
  Arbeitslosigkeit **191** 37 f
  Arbeitslosigkeit trotz Fortbestehen des Arbeitsvertrages **191** 38
  Arbeitssuche **191** 57
  Arbeitszeitkontenmodelle **191** 50 f
  Arbeitszeitmodelle **60** 21 f
  Aufrechnung bei Betrug, Unterschlagung **191** 15
  Ausschlussfrist **82** 19
  Auswirkungen auf das Versicherungspflicht-, Beitrags- und Leistungsrecht **191** 36 ff
  bei fortgezahltem Arbeitsentgelt **191** 47
  Berufsschulunterricht **231** 32
  Beschäftigungsverhältnis **58** 90
  Bestehen bleiben vertraglicher Nebenpflichten **191** 4
  Betriebsstilllegung **191** 21
  Betriebsübergang **126** 46; **191** 23
  Beurlaubung **191** 2
  bezahlte Freistellungen **191** 21

2759

Freistellungsbescheinigung
    bezahlte Hauptfälle **191** 6, 16 f, 33
    BRatMitglied **120** 20
    BRatWahl **191** 29
    Dienstwagennutzung **142** 10
    Entgeltfortzahlung **250** 5
    Entgeltfortzahlung bei Erkrankung **191** 26
    Erkrankung ArbN **191** 19
    Erkrankung eines Kindes **191** 52 f
    Feiertagsvergütung **191** 27
    Fristberechnungen **191** 28
    gesetzliche Beispiele **191** 13
    Gleichbehandlung **191** 5, 9
    innerbetriebliche **191** 56
    Insolvenz des ArbGeb **191** 21, 46; **226** 7
    JAV **232** 17
    Kinderpflegekrankengeld **191** 52 f
    Kündigung, außerordentliche **191** 20
    Kündigung, verhaltensbedingte **191** 18
    Kurzzeitige Pflege **191** 59
    KVPflicht **253** 6
    Längerdauernde Pflege **191** 60
    Langzeitkonten, Beschäftigungsverhältnis **60** 20
    Missbrauch der SozV **191** 48
    Mitbestimmung BRat **191** 22
    Muster Freistellungsklausel **191** 32
    Nachteilsausgleich ArbN **191** 30
    Pflege eines Angehörigen **191** 58 f
    Pflegezeit **191** 7; **341** 1
    Pflegezeit, Festlegung **191** 7
    Pflegezeit, SozVPflicht **191** 61
    Schadensersatzanspruch ArbN **191** 31
    Schwerbehindertenvertretung **378** 5
    Sonderurlaub **191** 7
    SozVPflicht **26** 57
    SozVPflicht, Fristen **363** 24
    SozVSchutz bei Wertguthaben **26** 82
    Sperrzeit **191** 39 f
    Stellensuche **390** 1 ff
    Suspendierung **191** 2
    Teilzeitbeschäftigung **402** 89
    unbezahlte **191** 13 f, 34
    unbezahlte Hauptfälle **191** 7 ff
    Urlaub, unbezahlter **429** 1
    Urlaubsanrechnung **191** 24
    Urlaubsanspruch **427** 2
    UV **191** 49
    Werbungskosten **191** 35
    Wertguthaben bei flexibler Arbeitszeitgestaltung **191** 51
    Wertguthaben/Zeitguthaben **458** 19
    Wettbewerbsverbot **191** 25; **459** 10; **460** 21
    Wirtschaftsausschussmitglieder **312** 12
Freistellungsbescheinigung
    Grenzgänger **209** 9
    Steuerabzugsverfahren Bauwirtschaft **377** 9
    Steuerfreiheit DBA **78** 41
Freistellungsbescheinigung Lohnsteuer
    Auslandstätigkeit **80** 43 ff

    Haftung ArbGeb **80** 45
    Lohnabzugsverfahren **276** 22 f
    LStBerechnung **285** 17
Freistellungsphase
    Altersteilzeit **458** 3
    Entgeltzahlung aus Wertguthaben, SozV **458** 14
    SozVSchutz **458** 12 f
Freitod Hinterbliebenenrente **223** 4
Freiwillige Beiträge Rentenversicherung
    Ausschlussfrist **82** 45
Freiwillige Leistungen 192
    AGB-Kontrolle **192** 4
    Begriff **192** 1
    Beispiele LSt **192** 10
    Beitragspflicht LSt **192** 15
    Essenszuschuss **170** 5
    Freiwilligkeitsvorbehalt **192** 2 f
    Gleichbehandlungsgrundsatz **192** 5; **208** 28 f
    On-top-Leistungen, LSt **192** 10
    Widerrufsvorbehalte **192** 6
Freiwilligendienste 193
    Altersbegrenzung **193** 1
    Arbeitsschutz **193** 5
    Aufwandsentschädigung **193** 6
    Beitragsbemessungsgrundlage ArbV **44** 9
    Besteuerung **193** 13
    Dauer **193** 4
    Einsatzstellen **193** 3
    Entgeltfortzahlung **193** 5
    Familienversicherung **193** 16
    internationale **193** 18
    Kinderfreibetrag **193** 12
    Kindergeldanspruch **193** 13
    Pflegetätigkeit, RVPflicht **339** 38
    PflegeV **193** 16
    Rechtsnatur **193** 2
    Rechtsschutz **193** 9
    Rechtsverhältnisse eigener Art **193** 2
    RVPflicht **193** 16; **357** 5 f
    SozVPflicht **193** 16
    Taschengeld **193** 13
    Taschengeldanspruch **193** 6
    Träger **193** 3
    UVSchutz **417** 35
Freiwilliges Ökologisches Jahr
    Jugendfreiwilligendienste **193** 15 f
    UVSchutz **417** 34
Freiwilliges Soziales Jahr
    Jugendfreiwilligendienste **193** 15 f
    KVBeiträge **252** 36
    Urlaubsregelungen **428** 9
    UVSchutz **417** 34
Freiwilligkeitsvorbehalt
    AGB-Kontrolle **192** 4
    Außertarifliche Leistungen **6** 3
    Betriebliche Übung **107** 5
    Formulierung **6** 13
    Freiwillige Leistungen **192** 2 f

Gleichbehandlungsgrundsatz **192** 5
Inhaltskontrolle **192** 4
Laufendes Arbeitsentgelt **192** 3
Pauschalvorbehalt **6** 13
Sonderzahlung, Rechtsanspruch **58** 42
Sonderzahlungen **192** 2
Transparenzgebot **192** 4
Vertragsgestaltung **6** 13
Widerrufsvorbehalt, Kombination **6** 11
Freiwilligkeitsvorbehalt (außertarifliche Leistungen)
   Betriebliche Übung **6** 11
   Formulierung **6** 13
   Gratifikationen **6** 11
   Jahressonderleistungen **6** 12
   Leistungszulage **6** 12
   Urlaubsgeld **426** 2
Freizeitanspruch Stellensuche
   Dauerndes Dienstverhältnis **390** 2
   Durchsetzung **390** 6
   Freizeitverlangen **390** 4
   Kündigung durch ArbGeb **390** 3
   Umfang Freizeitgewährung **390** 5
Freizeitausgleich
   Bereitschaftsdienst **95** 8
   Betriebsrat **118** 34
   Nachtarbeit **320** 5, 15
   Überstunden **411** 14
Freizeitbeschäftigung 194
   Abgrenzung zur Arbeitszeit **194** 1 f
   Beschränkung durch Arbeitsvertrag **194** 3 f
   Jugendarbeitsschutz **231** 23
   nebenberufliche Tätigkeit **194** 12
   UVSchutz **194** 14 f, 15
Freizeitbetätigung Arbeitslose, Auswirkung auf Verfügbarkeit **42** 23
Freizügigkeit
   s a EU-Recht **171**
   Soziale Sicherung bei Auslandstätigkeit **80** 80 f
Fremdgeschäftsführer ArbN **26** 24; **204** 17 f
Fremdgeschäftsführer GbR ArbNÄhnliche Person **27** 7
Fremdsprachenunterricht Fortbildungskosten **189** 28
Fremdvergleich
   Ehegattenarbeitsverhältnis **185** 30 f
   Ehegattendarlehen **185** 37
   Ehegatten-Direktversicherung **103** 111 f
   Familiäre Mitarbeit SozV **185** 51
   Familien-Ausbildungsverhältnis **72** 89
   Kinderbetreuungskosten **242** 13
   Pensionszusage Gesellschaftergeschäftsführer **103** 168
Friedenspflicht Arbeitskampf **40** 6
Fristen
   s a Ausschlussfrist **82**
   Ablehnung Arbeitszeitverringerung bei Elternzeit **160** 32 f
   Aktienoptionen, Haltefristen **7** 12

Fristen

   Ankündigungsfrist Arbeitszeitverringerung **160** 28
   Anpassungsturnus Versorgungsordnung **103** 60
   Antragsfrist RVPflicht-Befreiung ArbNÄhnliche Selbstständige **28** 20
   Antragsveranlagung **18** 4
   Arbeitslosmeldung **388** 22
   Arbeitspapiere Herausgabe **47** 11
   Arbeitsunfähigkeitsbescheinigung **53** 12
   Arbeitszeitverringerung, Änderung **402** 47
   Arbeitszeitverringerung, Geltendmachung **402** 24
   ArbNErfindung Anmeldung **32** 23
   Attestvorlage **53** 5 ff
   Aufbewahrungsfrist Lohnkonto **278** 13
   Auslauffrist, soziale **257** 7 f
   Ausschlussklauseln, zweistufige **58** 39
   Austritt ArbGebVerband **401** 9 f
   Befristetes Arbeitsverhältnis, Klage **91** 52
   Bildungsurlaub **134** 18
   BRatAnhörung bei Kündigung **310** 21 f
   Eingruppierung, Widerspruch BRat **152** 12–13
   Elternzeit **160** 14
   Festsetzungsverjährung LStHaftungsanspruch **288** 62
   Freistellung von der Arbeit **191** 28
   Grundkündigungsfrist **262** 28
   Insolvenzgeldbeantragung **226** 65 f
   Interessenausgleich **228** 19
   Klagefristen Diskriminierung **144** 134
   Kündigung Krankenkasse **254** 8 f
   Kündigungsschutzklage **263** 84, 104 ff
   Kündigungsschutzklage Kündigung, außerordentliche **257** 88
   LStAbzugsmerkmale, Antragsfristen **282** 17
   Meldepflichten ArbN bei Arbeitslosigkeit **42** 65 f
   Meldung Geringfügige Beschäftigung **304** 31
   Meldung wegen Nichtvorlage SozVAusweis **304** 34
   Meldungen SozV **304** 25
   Mutterschutz **317** 20 f
   Pflegezeit **341** 10 f
   Probezeitkündigung **262** 28
   Rentenantrag **354** 16 f
   Schwangerschaftsmitteilung **317** 40
   Steuererklärung **82** 40
   Überstundenvergütungsanspruch **411** 15
   Unverfallbarkeit Versorgungszusagen **103** 37
   Verjährung **434** 3 f
   verlängerte Kündigungsfrist **262** 28
   Vorstellungskostenersatz **131** 5
   Wahlanfechtung **450** 7 f
   Wartefristen Aktienoptionen **7** 10
   Wettbewerbsverstoß, Verjährung **459** 15
   Widerrufsfristen Prozessvergleich **433** 9 f

Frühgeburt

Widerspruch bei nachholender Anpassung Betriebliche Altersversorgung **103** 64
Widerspruch Betriebsübergang **126** 39
Zeugniserteilung **470** 14 f
Zulassung nachträgliche, Kündigungsschutzklage **263** 132

Frühgeburt
Mutterschaftsgeld **315** 17
Mutterschutz **317** 6

Frühpensionierung
Abfindungsfälligkeit **63** 20
Abfindungsfälligkeit bei Aufhebungsvertrag **1** 37

Frühverrentung
Altersteilzeit **11** 40
Eindämmung durch Altersteilzeit **11** 46

Führerschein
Kündigung, personenbedingte bei Verlust **259** 38
LKW, Kostenerstattung als Arbeitsentgelt **37** 92

Führungskräfte
Abfindung **1** 2
Arbeitszeitverringerung **402** 34
Übergangsgeld **410** 2

Führungsrichtlinien Betriebsordnung **116** 8

Fünftelungsregelung
Abfindung **1** 41
Außerordentliche Einkünfte **85** 21
Entlassungsentschädigung **85** 21

Fünftelungsverfahren Abfindung **1** 56 f

15-Stunden-Grenze Beschäftigungslosigkeit **42** 18

Fürsorgepflicht 195
Aufklärungspflichten **195** 15 f
Auskunft AlGeld Anspruch vor Beendigung Arbeitsverhältnis **42** 1
Beitragsnachentrichtung **195** 33 f
Belehrungspflicht Einzugsstelle **195** 30 f
Beratungspflicht Einzugsstelle **195** 30 f
Darlegungs- und Beweislast **195** 21
Ehrverletzungen Ausländer **78** 19
Erstattungspflicht Wettbewerbsverbot **195** 31
Finanzamt **195** 25 f
Firmenparkplatz **195** 12
Gesundheitsschutz **195** 8 f
Herstellungsanspruch ArbN bei Verletzung **195** 33 f
Jugendarbeitsschutz **231** 41
Kaskoversicherung Dienstfahrzeuge **195** 10
Lohnpfändung **195** 17
LStBerechnung **195** 14
Mobbing **314** 3
nachvertragliche **195** 4
Obhuts- und Verwahrungspflicht **195** 11, 13
Persönlichkeitsschutz **195** 18
Persönlichkeitsschutz ArbN **332** 1
Personalakte **333** 5
Schutzkleidung **41** 11

Sozialeinrichtungen **195** 22, 29
Verfahrensfürsorgepflicht FA **195** 26
Verhältnismäßigkeitsgrundsatz **195** 7
Verkehrssicherungsmaßnahmen **195** 12
Versetzung **439** 11 f
vorvertragliche **195** 4
Wiedereinstellungsanspruch **195** 6
Zeugniserteilung **195** 5; **470** 1, 11
Zurückbehaltungsrecht Arbeitsleistung bei Verletzung **195** 20

Funktionsnachfolge Betriebsübergang, Abgrenzung **126** 11

Funktionszulage Teilzeitbeschäftigung **402** 89

Fußballtrainer Nebentätigkeit **322** 21

Gästebegleiter ArbN-ABC **26** 84

Garagengeld
Arbeitsentgelt **142** 28
Auslagenersatz **67** 28

Gastarbeiter s Ausländer **78**

Gaststätten Beschäftigungsverbot **100** 13

Gastwirt Bewirtungsaufwendungen **132** 14

Gebäudereinigung Arbeitnehmerentsendung **31** 3

Gebetspause Anspruch **331** 2

Gebührenklage Rechtsanwalt **350** 5

Geburt
s a Mutterschutz **317**
Arbeitsverhinderung **56** 3
Beihilfe **93** 6, 18; **242** 7
Beihilfepfändung **337** 24

Geburtengeld Steuerfreiheit **315** 3

Geburtsbeihilfe Beitragsfreiheit **37** 126

Geburtstag Bewirtungsaufwendungen **132** 12

Geburtstagsfeier
Betriebsveranstaltung **128** 11
Kostenübernahme ArbGeb Arbeitsentgelt **37** 48

Gefährdungsanalyse Mutterschutz **317** 11

Gefährdungsbeurteilung 200
Anspruch **50** 18
Arbeitsschutzmaßnahmen **200** 1, 15 f
Arbeitssicherheit/Arbeitsschutz **50** 10; **200** 1 f
Deutsche Arbeitsschutzstrategie **200** 16 f
Gefahrenbewertung durch ArbGeb **200** 19 f
Mitbestimmung BRat **200** 3
Präventionsgrundsatz **200** 21
Unfallverhütungsvorschriften, Geltungsbereich **200** 22
Verhütung arbeitsbedingter Gesundheitsgefahren **200** 20
Vermeidung Doppelregelungen **200** 17

Gefälligkeit Schwarzarbeit **377** 26

Gefahrengemeinschaft Haftungsbeschränkung **55** 6

Gefahrenzulage steuerfreie Einnahmen **392** 17

Gefahrgeneigte Tätigkeit
  Haftungsmilderung ArbN **33** 10, 11
  Verbot bei Jugendlichen **231** 37
Gefahrguttransport Regelungen **181** 7
Gefahrklassen Umlageverfahren UV **387** 65
Gefahrstoffe *s Arbeitsstoffe, gefährliche* **52**
Gefahrstoffverordnung
  s a Arbeitsstoffe, gefährliche **52**
  Arbeitsmedizinische Vorsorge **52** 20
  Arbeitsplatzgrenzwerte **52** 15
  Arbeitsverfahren nach Stand der Technik **52** 10
  Beschäftigtenschutz **52** 4, 7
  Betriebseinweisung **52** 18
  Brand- und Explosionsgefahr **52** 16
  Brand- und Explosionsgefahr, Beurteilung **52** 9
  Erbgutverändernde Gefahrstoffe **52** 15
  Fruchtbarkeitsgefährdende Gefahrstoffe **52** 15
  Gefährdungsbeurteilung **52** 9 f
  Geltungsbereich und Aufbau **52** 2 ff
  Grenzwerteinhaltung **52** 11 f
  Grenzwertsystem, gefährdungsbezogenes **52** 15
  Informationsermittlung **52** 9 f
  Kleinbetrieb **52** 9
  krebserzeugende Gefahrstoffe **52** 15
  Messungen, Anforderungen **52** 13
  Notfallmaßnahmen **52** 17
  Risikobewertung **52** 9
  Schutzausrüstungen Beschäftigte **52** 10, 13
  Schutzmaßnahmen, ergänzende **52** 13
  Sicherheitsdatenblatt **52** 9
  Unterrichtung/Unterweisung Beschäftigte **52** 18
  Verbraucherschutz **52** 4
Gefahrtarif Umlageverfahren UV **387** 65
Gefangene
  ArblVBeiträge **44** 9
  ArblVPflicht **45** 13
Gegenstandswert
  Einigungsstelle **153** 22
  Festsetzung im Beschlussverfahren **350** 6 f
Gehaltsminderung Werbungskosten **456** 28
Gehaltsüberwälzung Pauschalsteuer, Beitragsfreiheit **37** 135
Gehaltsüberzahlung Verjährung Rückforderungsanspruch **434** 7
Gehaltsumwandlung *s a Barlohnumwandlung*
Geheimhaltungspflicht
  Betriebsgeheimnis **113** 5
  BRatMitglied **120** 3
  BRatSitzungen **117** 21
  Europäischer BRat **172** 19
  Wirksamkeit der Vereinbarung **438** 11 f
Geistliche
  s a Kirchenarbeitsrecht **243**
  ArbNEigenschaft **243** 16
  Beitragspflicht SozV **243** 21 ff

Geistliche Genossenschaften
  ArblVPflicht **45** 14
  Beitragspflichtige Einnahmen RV **355** 10
  Beitragstragung RV **355** 23
  KVPflicht **253** 24
  PflegeVBeiträge **338** 26
  RVFreiheit **356** 7
  RVPflicht **243** 27 f; **357** 6
Geldakkord
  s a Akkordlohn
  Leistungsorientierte Vergütung **273** 2
Geldbuße
  Arbeitsvermittlung (private) **57** 13
  Aushangspflichtverletzung Arbeitszeit **59** 25
  Beitragspflicht bei Erstattung durch ArbGeb **181** 19
  Betriebsausgaben **50** 28
  Erstattung durch ArbGeb bei Lenkzeitüberschreitung **181** 10
  Werbungskostenabzug **456** 13
Geldstrafen
  Arbeitsvermittlung (private) **57** 13
  Betriebsausgaben **50** 28
  Werbungskostenabzug **456** 14
Geldwerter Vorteil 201
  s a Sachbezug **370**
  Aktienoptionen, Rückgabeoption zum Ausgabewert **7** 21
  Aktienoptionen, Zufluss **7** 51
  Aktienoptionsverkauf **7** 29 f
  Aktienüberlassung **7** 21, 33 f
  Altersteilzeitabsicherung bei Insolvenz des ArbGeb **226** 33
  ArbNBeförderung **29** 6
  Betriebliche Übung **201** 2
  Betriebssport **122** 8 f
  Bewertung des Vorteils Dienstwohnung **143** 28 f
  Bonusmeilen **201** 2
  Dienstwagengestellung **142** 20 f, 36 f
  Dienstwohnungsgestellung **143** 25 ff
  Direktzusage **103** 215
  Erbbaurecht **143** 27
  Fahrergestellung Dienstwagen **142** 34
  Fahrtkostenerstattung bei ArbNBeförderung **29** 16 f
  Gesundheitsuntersuchungen **109** 22
  Gleichbehandlungsgrundsatz **201** 2
  GmbH-Anteilsübertragung Geschäftsführer **7** 24
  Grundstücksoption **143** 26
  Grundstücksveräußerung **143** 26
  Mitbestimmung BRat **201** 5 f
  Nießbrauch **143** 27
  obligatorisches Nutzungsrecht **143** 27
  Outplacement **57** 11
  Personalrabatt **201** 1 ff
  Rückzahlung **201** 3
  Rückzahlungsklauseln Aus- und Weiterbildung **361** 9

Gelegenheitsarbeiter
    Rückzahlungsverzicht ArbGebDarlehen 23 17 f
    Sach- und Dienstleistungen nach SvEV 37 106 f
    Schönheitsreparatur Dienstwohnung 143 25
    technische Arbeitsmittel Telearbeit 403 12
    Unterstützungskasse 103 215
    Vermögensbeteiligung 309 37
    Verzicht auf Ausgleichsanspruch LStHaftung 288 69
    Vorbehalt 201 2
    Vorsorgeuntersuchung 52 32
    Wandlungsgenussschein 7 31
    Widerruf 201 7
    Widerrufsvorbehalt 201 4
    Zinszuschuss 143 25
    Zuzahlungen ArbN Dienstwagen 142 33
Gelegenheitsarbeiter
    Aushilfskräfte 75 39
    Unständig Beschäftigte 75 39 f
Gelegenheitsgeschenke Arbeitsentgelt 37 46
Gelegenheitswerke Urheberrecht 421 7
GEMA-Außendienst ArbN-ABC 26 84
Gemäldefotograf Künstlersozialversicherung 264 13
Gemeinnützigkeit Schülerbetreuungsvereine 242 31
Gemeinsame Betriebsstätte Arbeitsunfall 55 6 f
Gemeinschaftsbetrieb
    Anhörung BRat bei Kündigung 310 13
    Anwendbarkeit Betriebsübergang bei Ausscheiden eines Unternehmens 126 4
    ArbGeb 22 5
    ArbGebGruppe 211 31
    ArbNÜberlassung 34 10; 102 12
    Auflösung 102 16
    Auslandsunternehmen 102 14
    Befristetes Arbeitsverhältnis 91 12
    Beschäftigtenzahl 402 23
    Beschäftigtenzahlermittlung 263 52
    Beschäftigungspflicht Behinderte 92 17
    Beschäftigungspflicht bei Liquidation beteiligter Gesellschaft 102 16
    Beteiligung Körperschaften öffentlichen Rechts 102 12
    Betriebliche Übung 107 10
    Betriebsänderung 108 6
    Betriebsstätte, Kündigungsschutz 263 52
    Betriebsübergang 102 12
    Beweislast 102 15
    BRatAnträge, Adressaten 102 18
    Eingruppierung, Mitbestimmung 102 11
    einheitliche Leitung 102 13
    Einigungsstelle 153 15
    Gemeinschaftsunternehmen, Abgrenzung 22 5
    GesamtBRat 203 5; 420 6
    Gesetzliche Vermutung 102 15
    Gleichbehandlungsgrundsatz 102 14
    Kündigungsschutz 263 51
    Kündigungsschutz, ArbGebübergreifender 258 14
    Nachweis, anderweitiger 102 15
    Personalgestellung 102 13
    Schwellenwertermittlung, Mitbestimmung personelle und wirtschaftliche Angelegenheiten 102 12
    Sozialauswahl 258 30
    Sozialplan, Gesamtschuldnerische Haftung 102 12
    SozV 102 22
    Stimmengewichtung im GesamtBRat 203 5
    Tarifrecht 102 14
    Umwandlung 414 13, 22
    Versetzung, Mitbestimmung BRat 439 15
    Versetzungsmöglichkeitsprüfung vor Kündigung, betriebsbedingte 258 14
    Voraussetzungen 102 12
    Weiterbeschäftigungsanspruch 258 14
    Wirtschaftsausschusseinrichtung 312 8
Gemeinschaftsunternehmen
    s a Gemeinschaftsbetrieb
    Gemeinschaftsbetrieb, Abgrenzung 22 5
    KonzernBRat 248 8
Gemeinschaftsverpflegung Arbeitsentgelt 37 37
Gemischte Tätigkeit SozV, Begriff 37 94
Gendiagnostikgesetz
    Betriebliche Gesundheitsvorsorge 106 12 f
    Verwertungsverbot Genomanalyse 140 8
Generalbevollmächtigter Leitender Angestellter 275 20
Generalvollmacht Leitende Angestellte 275 9
Genesungskur s Kur 265
Genomanalyse
    Datenschutz 140 8
    Personalauswahl 334 17
Genossenschaft Vorstandsmitglied Beschäftigungsverhältnis 26 73
Genussrechte Mitarbeiterbeteiligung 309 3
Gerichtskosten
    Gerichtsverfahren nach GKG 350 32 f
    Pauschgebührenverfahren 350 27, 37
    Sozialgerichtsbarkeit 350 24 ff
    Sozialgerichtsverfahren 350 25 f
Gerichtstermin Arbeitsverhinderung 56 7
Geringfügige Beschäftigung 202
    s a Entgeltgeringfügigkeit
    s a Meldung Geringfügige Beschäftigung
    s a Zeitgeringfügigkeit
    Abgrenzung Entgelt-/Zeitgeringfügigkeit 202 34 ff
    Abwälzung Pauschalbeiträge 202 62
    Anerkennungsvoraussetzungen 202 23
    Anerkennungsvoraussetzungen bei Mehrfachbeschäftigung 302 10
    Arbeitsentgelt, Prognose 202 47

Geringfügige Beschäftigung

Arbeitsentgelt, regelmäßiges **202** 44
Arbeitsrechtliche Rechte und Pflichten **202** 1
Arbeitsvertrag **202** 5 f
Arbeitszeitaufstockung **202** 6
Arbeitszeitkonto **60** 17
ArbGebBeiträge Pensionskasse **103** 129
ArblV **202** 50
ArblVFreiheit, Ausnahmen **45** 24
ArblVPflicht **45** 23 f
Aufzeichnungen LSt **202** 23
Aushilfskräfte **75** 33 f
Ausnahme von der SozVFreiheit **202** 28 f
Ausweispapiere **202** 96
Befreiung RVPflicht **304** 32 f
Befreiung von der Versicherungspflicht **90** 10, 27
Befreiungsantrag RVPflicht **202** 63 f
Befreiungsfiktion RV **304** 33
Befristetes Arbeitsverhältnis **91** 67; **202** 7
Begriff **202** 1 f
Beitragshinterziehung **377** 22
Beitragspflicht bei mehreren Arbeitsverhältnissen **45** 24
Beitragspflicht bei Zusammenrechnung **202** 84 ff
Beitragspflicht bei Zusammenrechnung mit Hauptbeschäftigung **202** 55 f
Berufsmäßige Beschäftigung **202** 76 f
Beschäftigtenzahlermittlung, Kleinbetrieb **245** 6
Beschäftigungszeiten Kündigungsschutz **263** 65
Beteiligungsrechte BRat **202** 18 f
Betriebliche Altersversorgung **202** 12
Betriebliche Altersversorgung, Ausschluss **103** 10
Beurteilungszeit **202** 47 f
BRatWahl **202** 17
Bruttolohnvereinbarung **202** 13
Eingruppierung **152** 6
Einheitliches Beschäftigungsverhältnis bei demselben ArbGeb **202** 28
Einmalzahlungen **202** 11
Entgeltfortzahlung **202** 9 f
Entgeltgeringfügigkeit **202** 30 f
Entgeltgrenze **202** 43
Entgeltverzicht **165** 8
Entstehungsprinzip Beitragspflicht **202** 47
Fragerecht ArbGeb nach Mehrfachbeschäftigung **302** 21
15-Stunden-Grenze **202** 46
Geringfügigkeitsgrenze, Übergangsrecht **202** 57 f
Gleichbehandlungsgrundsatz **202** 11 f
Gleitzone **202** 23
Gründungszuschuss **210** 15
Haupt- und Nebenbeschäftigung, Zusammenrechnung **202** 81 f
Haushaltsnaher Bereich **202** 23
Haushaltsnahes Beschäftigungsverhältnis **221** 10 f
Heimarbeit **222** 55, 56
Hinweispflichten ArbGeb **58** 92
Jahresarbeitsentgelt **230** 13
Kampagnearbeit **202** 70
Knappschaft, Einzugsstelle **202** 93
Kündigung, betriebsbedingte **202** 15
Kündigung, verhaltensbedingte **202** 15
Kündigungsgrund **202** 15
Kündigungsschutz **202** 14
KV, Pauschalbeitrag **202** 51
KVBeiträge **252** 33
Lohnsteuerabzug **202** 20
LStPauschalierung **202** 22 f; **292** 2
Mehrfachbeschäftigung **302** 10 f
Meldepflichten ArbGeb **202** 91; **304** 31 ff
Meldungen SozV **304** 31 ff
Musterformulare **202** 98
Nebentätigkeit **322** 24
Nebentätigkeitsverbot **202** 6; **302** 3
Nettolohnvereinbarung **202** 13; **323** 3
Privathaushalte **202** 33, 94; **221** 33 ff
Priviligierung Beitragsrecht **37** 121
Projektbezogene **202** 73
Rechtsentwicklung **202** 30 f
Regelmäßigkeit als Abgrenzungskriterium **202** 36 ff
Regelmäßigkeitskriterien **202** 38 ff
Rentenversicherungsrechtliche Zeiten **358** 1
RV, Verzichterklärung **202** 58
RVAnspruch **202** 62
RVBeiträge **202** 59 f; **355** 19
RVFreiheit **90** 38
RVPflicht **356** 8
Saisonarbeit **202** 70; **373** 11
Sonderausgabenabzug SozVBeiträge **202** 24
Sozialauswahl **202** 15
SozVBeiträge, abweichende Regelungen **202** 13
SozVFreiheit **202** 26 f
SozVFreiheit, Ausnahmen **202** 28
Studenten **393** 35 f
tarifvertragliche Regelungen **202** 11
Urlaubsanspruch **202** 8
UV **202** 28
Versicherungspflicht bei abhängiger Beschäftigung **202** 25
Versicherungspflichtbeginn bei Zusammenrechnung **202** 90
Verstoß Meldepflichten als Ordnungswidrigkeit **377** 28
WEG **202** 33; **221** 34
Wertguthaben/Zeitguthaben **458** 20
Wettbewerbsverbot **459** 6
Zeitgeringfügigkeit **202** 30 f, 66 ff
Zusammenrechnung bei Mehrfachbeschäftigung **302** 2

Geringfügige Beschäftigung in Privathaushalten

Zusammenrechnung, Fragerecht des ArbGeb **202** 80
Zusammenrechnung, Gleichartigkeit **202** 79 f
Zusammenrechnung mehrerer Beschäftigungen **202** 79 ff
Zusammenrechnung, Überschreiten der Geringfügigkeitsgrenzen **202** 81 f
Zusammenrechnungsregelungen **322** 26 f
Zusammenrechnungsvorschriften **202** 31 f

Geringfügige Beschäftigung in Privathaushalten
Begriff **221** 34 f
Besonderheiten KV **221** 35
Besonderheiten RV **221** 36
Haushaltsscheckverfahren **221** 37 f
Meldung UV **221** 36
SozVFreiheit **221** 33

Geringfügigkeitsgrenze
aktuelle Werte SozVBeiträge **387** 71
ArblVPflicht **45** 23
PflegeVBeiträge **338** 28
RVBeitrag **355** 22
Teilzeitbeschäftigung KV, RV **402** 121 ff
Teilzeitbeschäftigung RV **402** 126 f
Übergangsrecht **202** 57 f

Geringverdiener
Beitragsübernahme ArblV durch ArbGeb **44** 11
Geringverdienstgrenze aktuelle Werte **387** 71
Grenze KV **402** 121 ff
Grenze RV **402** 126 f
PflegeVBeiträge **338** 28

Gerüstbauer
Mindestlohn **31** 9
Wintergelderstattung **463** 3

Gesamtbetriebsausschuss Bildung **203** 25

Gesamtbetriebsrat 203
Abberufung **203** 11
Arbeitsablaufgestaltung **203** 15
Arbeitsplatzausschreibung, überbetriebliche **203** 16
Arbeitsplatzgestaltung **203** 15
Arbeitsumgebungsgestaltung **203** 15
Aufgaben kraft Auftrag **203** 18 f
Ausschluss Mitglieder **203** 11
Auswahl Mitglieder **203** 10
Auswahlrichtlinien, überbetriebliche Regelungen **203** 16
Beherrschungsvertrag **203** 3
Beschlussfähigkeit **203** 25
Beseitigung belastender Arbeitsbedingungen **203** 15
Beteiligungsrechte **203** 13
Betriebliche Berufsbildung, überbetriebliche **203** 16
Betriebliche Ordnung, Zuständigkeiten **203** 14

Betriebsänderung, überbetriebliche Regelungen **203** 17
Betriebsführungsgesellschaft **203** 3
Betriebsinhaberwechsel **203** 8
Betriebsübergang **126** 55; **203** 8
Betriebsurlaub Festlegung **203** 14
Betriebsvereinbarungen, überbetriebliche Regelungen **203** 18
Betriebsverfassungsrechtliche Pflicht **203** 1
Betriebsverlegung, Mitbestimmung **203** 17
BRäteVersammlung, Einberufung **203** 28
BRäteVersammlung, Leitung **203** 28
BRäteVersammlung, Vorlage Tätigkeitsbericht **203** 28
BRatFreistellung **118** 8, 18
BRatKosten **203** 25
BRatlose Betriebe **203** 23
BRatSchulung **203** 24
Einheitlicher Rechtsträger **203** 2
Erlöschen der Mitgliedschaft **203** 11
Errichtungsvoraussetzungen **420** 6 f
Ersatzmitgliedbestimmung **203** 25
Ethik-Richtlinien **203** 15
Formulararbeitsverträge, überbetriebliche Regelungen **203** 16
Franchise-System **203** 3
Gemeinschaftsbetrieb **203** 5; **420** 6
Gesamtbetriebsausschuss, Bildung **203** 25
Gesamtbetriebsvereinbarungen **203** 12
Gesamtschwerbehindertenvertretung, Teilnahme an Sitzungen **203** 27
Geschäftsführung **203** 24
Geschäftsordnung **203** 25
Gesundheitsschutz **203** 14
Gewerkschaftsvertreter, Teilnahme an Sitzungen **203** 25
Größe **203** 10
Im Ausland gelegene Betriebe **203** 7
Interessenausgleich, überbetriebliche Regelungen **203** 17
Internetzugang **203** 14
Konstituierung **203** 9
Kontrolleinrichtungen, technische **203** 14
Mehrere Betriebe einer natürlichen Person **203** 4
Mindesterrichtungsvoraussetzungen **203** 6
Mitbestimmung, personelle Angelegenheiten **203** 16
Mitbestimmung, soziale Angelegenheiten **203** 14
Mitbestimmung, wirtschaftliche Angelegenheiten **203** 17
Mitgliedschaftsdauer **203** 11
Ort der Sitzungen **203** 25
Personalbeurteilungsgrundsätze, überbetriebliche Regelungen **203** 16
Personalfragebogen, überbetriebliche Regelungen **203** 16
Personalplanung auf Unternehmensebene **203** 16

Geschäftsführer

Sozialeinrichtungen 203 14
Stilllegung aller Betriebe, Mitbestimmung 203 17
Stimmengewicht 203 10
Stimmenmehrheit Beschlüsse 203 25
Streitigkeiten 203 29
Überbetriebliche Regelungsfragen 203 13
Übertragung Zuständigkeit für eine bestimmte Angelegenheit 203 18
Unabdingbarkeit 203 1
Unternehmensbegriff 203 2
Verhandlungspartner 203 22
Voraussetzungen 203 2 f
Vorschriften nach BetrVG, Übersicht 203 25
Vorsitzendenwahl 203 25
Wirtschaftliche/Finanzielle Beteiligung 203 3
Zuordnungsverfahren 203 30
Zusammenlegung mehrerer Betriebe, Mitbestimmung 203 17
Zusammensetzung 203 10
Zuständigkeiten 203 12 ff
Gesamteinkommen Arbeitsentgelt, Abgrenzung 37 89
Gesamthafenbetrieb Gruppenarbeitsverhältnis 211 32
Gesamt-Jugend- und Auszubildendenvertretung 232 26
Gesamtrechtsnachfolge
Arbeitsentgelt Anspruch 37 76
Geschäftsführer 204 27
LStHaftung 288 44
Wartezeiten Kündigungsschutz 263 62
Gesamtschwerbehindertenvertretung
Voraussetzungen 378 6
Gesamtsozialversicherungsbeitrag s *Sozialversicherungsbeiträge* 387
Gesamturlaubsanspruch Urlaubsbescheinigung 423 29
Gesamtzusage
Abgrenzung Betriebliche Übung 107 2
Betriebliche Altersversorgung 103 7, 68
Geschäftsfähigkeit
Arbeitsvertrag 58 9 ff
beschränkte bei Minderjährigen 306 1
Geschäftsführer 204
Abberufung 204 6
AGB-Recht, Inhaltskontrolle 204 22
Altersversorgung 204 22
Angemessenheit Arbeitsentgelt 204 39
Anstellungsverhältnis 204 5
Arbeitsrecht, Anwendbarkeit 204 21 f
Arbeitszeit 204 23
ArbGebAnteil SozV, Steuerfreiheit 204 41
ArbNÄhnliche Selbstständige 28 15
ArbNEigenschaft 26 21, 71; 204 17 f, 44 ff
ArbNEigenschaft LStPflicht 204 35 f

ausländische Kapitalgesellschaft, Besteuerung 80 52
Auslandstätigkeitsbesteuerung 80 52
Begründung Auflösungsantrag im Kündigungsschutzprozess 1 28
Beitragshaftung 204 50
Beschäftigungsanspruch 204 24
Bestellung 204 3 f
Bestellung ArbN, ehemaliger 26 22
Bestellung ArbN GmbH 204 20
Besteuerungsrecht nach DBA 204 36
Betriebliche Übung 204 25
Betriebsstörung 204 26
Durchgriffshaftung 204 50
Einmalprämie Betriebliche Altersversorgung 103 123
Einstellung und Beförderung, Anwendung AGG 204 28
Englische Limited 204 51
Entscheidungshilfe zur SozVRechtlichen Beurteilung 204 52
Familienversicherung 186 8
Forderungsverzicht 444 23
Geltungsbereich AGG 144 25
Geschäftsführervertrag 204 34
Gleichbehandlung 208 9
Gleichbehandlungsgrundsatz 204 28
GmbH-Anteile als Geldwerte Vorteile 7 24
Haftung Beitragsabführung 387 8
Haftung SozVBeiträge trotz Zahlungsunfähigkeit 387 9
Karenzentschädigung 460 46
kein ArbN bei Sperrminorität 204 45
Kündigung, außerordentliche 204 9 ff
Kündigung, ordentliche 204 8
Kündigungsfrist 204 29
Kündigungsgrund Einzelfälle 204 13
Kündigungsschutz 204 8; 263 45 f
Leitender Angestellter 275 17
Leitungsorgane ausländischer Gesellschaften, SozVPflicht 204 51
LStHaftung 288 35, 39 f
Meldepflichten SozV, erweiterte 204 47
Musterformulare 204 34
Mutterschutz 317 2
Notgeschäftsführer 204 38
Pflichten, steuerliche 204 37 f
Private KFZ-Nutzung als VGA 204 40
Selbstständige Tätigkeit 204 48
Sonderkündigungsschutz 204 30
Treu und Glauben 204 6
Urlaubsanspruch 204 31
UV 204 49
Verbraucher 204 22
Verdeckte Gewinnausschüttung 204 40 f
Versteuerung AG-Anteile PflegeV 338 7
Vertrag, mündlicher 204 20
Werbungskosten aus Bürgschaftsinanspruchnahme 204 43

Geschäftsführer Betriebskrankenkasse

Werbungskosten aus Verlust einer Darlehensforderung **204** 43
Werbungskosten aus Verlustübernahme **204** 43
Werbungskosten bei verlorenem Zuschuss **204** 43
Zeugnis **204** 32
Geschäftsführer Betriebskrankenkasse
ArbNÄhnliche Personen **27** 7
Geschäftsführung JAV **232** 8
Geschäftsgeheimnis
Betriebsgeheimnis Abgrenzung **113** 2
Verschwiegenheitspflicht **438** 2 f
Geschäftsgrundlage Wegfall bei Arbeitsvertrag **256** 11
Geschäftsjubiläum s a Betriebsjubiläum **114**
Geschäftsleitung ArbGeb **276** 9
Geschäftsordnung
GesamtBRat **203** 25
JAV **232** 16
KonzernBRat **248** 21 f
Geschäftsreise
s Dienstreise **141**
Geschenke Werbungskostenabzug **456** 11
Geschlecht Diskriminierungsverbot **144** 33 f
Geschlechterdiskriminierung Arbeitsentgelt **144** 11 ff
Geschlechterrepräsentanz JAV **232** 6
Geschlechtsumwandlung Auskunftspflichten ArbN **77** 5
Geschmacksmuster
ArbNErfindung **32** 7
Urheberrecht **421** 3
Geschwindigkeitsüberschreitung Unfallursache Entgeltfortzahlung **162** 6
Geschwisterbonus Elterngeld **159** 26
Gesellschaft des bürgerlichen Rechts
ArbGebEigenschaft **22** 8 f
ArbGebStellung **22** 22
Gesellschafter ArbN **26** 23
Gesellschafter Kapitalgesellschaft ArbN-ABC **26** 84
Gesellschafter Personengesellschaft ArbN-ABC **26** 84
Gesellschafter-Arbeitnehmer ArbNÄhnliche Person **27** 7
Gesellschafterdarlehen
Darlehensverzicht gegen Beteiligung **30** 15
Kapitalersetzendes **30** 15
Gesellschaftergeschäftsführer
s a Geschäftsführer **204**
Alter Pensionszusage **103** 168
Arbeitsentgelt/Arbeitslohn SozVBeiträge **294** 9
ArbNDarlehen **30** 15
ArbNEigenschaft **204** 36
Betriebliche Altersversorgung **103** 163
Direktversicherung **103** 116
Entgeltverzicht **165** 15

Entgeltverzicht als Verdeckte Gewinnausschüttung **165** 15
Erdienbarkeit Pension **103** 169
Geschäftsführer **204** 45
Kapitalabfindung Altersversorgung, einmalige **103** 173
kapitalisierter Versorgungsanspruch als Entschädigung **85** 8
Kündigungsfrist **204** 29
LStPflicht **204** 33
Meldepflichten ArbGeb **304** 34
Pensionseintritt **103** 169 f
Pensionsrückstellung **103** 163
Pensionszahlungen bei drohender Überschuldung **103** 180 f
Pensionszusage **103** 165
Pensionszusage, Abfindung **103** 186 f
Pensionszusage, Finanzierbarkeit **103** 172
Pensionszusage, Herabsetzung **103** 182
Pensionszusage, Pensionseintritt Mindestzeitraum **103** 169 f
Pensionszusage, Probezeit **103** 171
Pensionszusage, Überversorgung **103** 173
Pensionszusage, Verzicht **103** 185 f
Pensionszusage, widerrufliche **103** 170
PflegeVBeiträge, Versteuerung ArbGebAnteil **338** 7
Reisekostenübernahme als VGA **79** 22
RVPflicht **357** 9
SozVBeiträge **387** 9, 16
Statusfeststellungsverfahren SozV **304** 34
Tantiemenzufluss **294** 12
Tatbestandswirkung **338** 7
Überstundenvergütung als Verdeckte Gewinnausschüttung **204** 40
Überversorgungsverbot Pensionszusage **103** 165
UVPflicht **417** 29
Verdeckte Gewinnausschüttung **37** 64
Vorwegabzug nach Alterseinkünftegesetz **204** 42
Werbungskosten **204** 43
Gesellschafterwechsel Betriebsübergang **126** 6
Gesellschaftsgründung Freie Mitarbeit **190** 21
Gesellschaftsvertrag Arbeitsvertrag **58** 4
Gesetzliche Feiertage Sonn- und Feiertagsarbeit **381** 2
Gesetzlicher Vertreter
Arbeitsvertrag Minderjährige Ermächtigung **306** ff
Unterrichtungspflicht bei Gewährung von Sozialleistungen an Minderjährige **306** 38, 43
Gesetzlicher Vertreter ausländisches Kreditinstitut ArbN-ABC **26** 84
Gesetzlicher Vertreter Kapitalgesellschaft ArbN-ABC **26** 84

Gesundheitsamt Öffentlicher Dienst Feststellung Dienstfähigkeit **205** 7
Gesundheitsbescheinigung
Öffentlicher Dienst **205** 7
tarifvertragliche Vereinbarung **205** 8
Gesundheitsleistungen
Kostenerstattungsanspruch nach EU-Recht **171** 50
Sachleistungsaushilfe nach EU-Recht **171** 50
Gesundheitsschädigung Leistungsverweigerungsrecht **274** 13
Gesundheitsschutz
Anzeigepflichten ArbN **21** 4
Arbeitszeit **59** 2
Arbeitszeitdauer bei Bereitschaftsdienst **95** 3
ArbGebPflichten nach MuSchG **317** 10 ff
Ausgleichszeitraum bei Arbeitszeitverlängerung **320** 4
Bildschirmarbeitsplatz **133** 17
Fürsorgepflicht **195** 8 f
Mitbestimmung BRat **50** 20
Nachtarbeit **320** 4
Schutzkleidung **41** 11 f
Gesundheitstraining Bildungsurlaub **134** 27
Gesundheitsvorsorge
Anrechnung Erholungsurlaub **423** 24
GesamtBRat, Zuständigkeiten **203** 14
Gesundheitszeugnis 205
Freiwillige KV **205** 16
Jugendliche **205** 4
Seeleute **205** 5
Verkehr mit Lebensmitteln **205** 2 f
Verlangen ArbGeb **205** 9 f
Werbungskosten ArbN **205** 14
Getrenntlebensklausel Hinterbliebenenrente **223** 3
Gewässerschutz Betriebsbeauftragter **111** 24
Gewahrsamshelfer Polizeivollzug ArbN-ABC **26** 84
Gewerbeaufsichtsamt Zuständigkeit Arbeitssicherheit/Arbeitsschutz **50** 4
Gewerbesteuer Freie Mitarbeit **190** 35
Gewerbliche Schutzrechte ArbNErfindung **32** 9
Gewerkschaft
AGG, Geltungsbereich sachlicher **144** 17
Anerkennungsvoraussetzungen **206** 2
Begriff **206** 2
Im Betrieb vertretene **206** 3
Tariffähigkeit **34** 43 f; **206** 2; **401** 5
Teilnahme an BRatSitzungen **117** 19
Teilnahme an GesamtBRatSitzungen **203** 25
Teilnahme an JAV-Sitzungen **232** 15
Teilnahme Betriebsversammlung **130** 10
Tendenzbetrieb **404** 8
Wahlanfechtung **450** 6
Gewerkschaftliche Vertrauensleute
Aufgaben **442** 5 f

Schutzbedürftigkeit **442** 5
Träger der besonderen Aufsicht **442** 4 f
Unterstützungsfunktion **442** 5
Gewerkschaftsbeiträge Werbungskosten **206** 21
Gewerkschaftsrechte (im Betrieb) 206
Aufsichtsfunktion **206** 9 f
Aushänge im Betrieb **74** 23
Betriebsratserrichtung **206** 6
Betriebsverfassungsrechtliche Aufgaben **206** 4 f
ehrenamtliche Gewerkschaftstätigkeit Werbungskosten **206** 23 f
E-Mail-Versendung zu Werbezwecken **229** 28
Gewerkschaftszugehörigkeit **77** 18
Gewerkschaftszugehörigkeit als Kündigungsgrund **263** 17
Internet-/Telefonnutzung **229** 28
Koalitionsaufgaben **206** 15
Koalitionsfreiheit **263** 17 f
Mitgliederwerbung **206** 17
Mitgliedsbeiträge, Werbungskosten **206** 21
Mitwirkungsrecht bei der Bildung der Organe des SozVTrägers **206** 31
Prozessvertretung Sozialgericht **206** 35
Schutz gewerkschaftliche Betätigung **206** 14
Stellung ehrenamtlicher Richter im sozialgerichtlichen Verfahren **206** 34
Streik- und Aussperrungsunterstützung **206** 26
Streikaufruf über Intranet **206** 16
Tarifvertragseinhaltung **206** 19
Unterlassungsanspruch **419** 20 ff
Unterlassungsanspruch tarifwidrige Betriebsvereinbarung **129** 21; **206** 11, 19
Unterstützung BRatsArbeit **206** 5
Vertrauensleute **206** 12, 18
Vertreterentsendung Wirtschaftsausschuss **312** 21
Vertretung im Betrieb **206** 3
Werbungskosten Fortbildungsmaßnahmen **206** 21
Zutrittsrechte zum Betrieb **206** 12
Gewerkschaftsschulung BRatSchulung **121** 25
Gewerkschaftsvertreter Hinzuziehung als Sachverständiger **371** 1
Gewerkschaftswerbung
Amtspflichtverletzung BRat **13** 6
Meinungsfreiheit **303** 9
Gewinnbeteiligung
s a Mitarbeiterbeteiligung **309**
Berücksichtigung Entgelt BRatFreistellung **118** 23
Entlassungsentschädigung **1** 73
Gewinnermittlung Existenzgründung **210** 7
Gewissensfreiheit 207
Ablehnung Stellenangebot aus religiösen Gründen **207** 17

Gewissensgründe
- Arbeitsverweigerung **207** 2 ff; **274** 9 f
- Begrenzung durch Treuepflicht **207** 6 f
- Beschwerderecht ArbN **207** 11
- Betätigung ohne Arbeitsverweigerung **207** 10
- BRat **207** 12 f
- Kriegsdienstverweigerer Arbeit in Rüstungsproduktion **207** 18
- KV, Zusatzkosten **207** 22
- Meinungsfreiheit **303** 16
- Popularklage **207** 20
- Sperrzeit **388** 35
- Steuerverweigerung **207** 14
- UV, Ablehnung erforderliche Behandlungsmaßnahmen **207** 21
- Verfügbarkeit Arbeitsvermittlung **207** 16 f
- Vorenthaltung von SozVBeiträgen **207** 19
- Weisungsrecht **453** 19

Gewissensgründe
- Kündigungsgrund **207** 8
- Leistungsverweigerungsrecht **207** 3 f

Gewöhnlicher Aufenthalt
- AlGeld II-Bezug **43** 22
- ArbGeb **276** 8
- Ausländer **78** 35, 64 f
- Auslandstätigkeit **80** 35, 40
- Ehegatten **78** 36

Gezillmerte Lebensversicherungstarife
- Entgeltumwandlung **103** 18

GKG-Kostenverfahren
- Beigeladener, Kostentragung **350** 48
- Klagerücknahme, Kostentragung **350** 46
- Kostengrundentscheidung **350** 44 f

Gläubiger Drittschuldnerklage bei Pfändung **337** 36 f

Gläubigerausschuss FA als Mitglied bei Insolvenz des ArbGeb **226** 30

Glaubensfreiheit s Religionsfreiheit

Glaubensgründe Leistungsverweigerungsrecht **274** 9 f

Glaubenskonflikt Kündigung, personenbedingte **259** 40

Gleichbehandlung 208
- Änderungskündigung **5** 18
- Äquivalenzprinzip SozV **208** 47, 54
- AGG **208** 2
- Aktienoptionen **7** 8
- Altersteilzeit **11** 3
- Altersversorgung **103** 9; **208** 34 f
- Angleichung nach oben **208** 18
- Anwesenheitsprämie **19** 4
- Arbeiter und Angestellte bei Gratifikationen **208** 29
- Arbeitsentgelt **37** 2
- arbeitsrechtlicher Gleichbehandlungsgrundsatz **208** 1 f
- arbeitsrechtlicher Grundsatz **208** 4 ff
- Arbeitsvertrag **58** 54 f
- Arbeitszeit **208** 36 f
- ArbGebDarlehen **23** 1
- ArbN bei RehaMaßnahmen **351** 3
- ArbNBeförderung **29** 1
- AT-Angestellte, Gehaltserhöhung **62** 7
- Aufsichtsratsvergütung (Arbeitnehmer) **65** 3
- Auslandstätigkeit **80** 13
- Auswahlrichtlinie **86** 2
- Beitragsgerechtigkeit SozV **208** 48
- Beitragskinderurteil **208** 50
- Benachteiligungsverbote **208** 2 f
- Benachteiligungsverbote, verfassungsrechtliche **204** 3
- Beschwerderecht ArbN **101** 3
- Betriebsjubiläum **114** 2
- Beweislast Gruppenbildung **208** 15
- Bildungsurlaub **134** 10
- BRatMitglied **120** 2, 23
- Diskriminierungsverbot nach Gemeinschaftsrecht **208** 59
- Drittwirkung Grundrechte **208** 1 f
- Ehe und Lebenspartnerschaft **271** 2, 11
- Einmalzahlungen **154** 3 f
- Ermessensspielraum ArbGeb bei Kündigung **263** 10
- EU-Recht **171** 6, 23 f, 38 f
- EU-Richtlinien **77** 24
- Fahrtkostenzuschuss **67** 3; **183** 3
- Fortbildung **189** 14
- Frauen und Männer **171** 25 f
- Freistellung von der Arbeit **191** 5, 9
- Freiwillige Leistungen **192** 5
- Geldwerter Vorteil **201** 2
- Geltungsbereich **208** 7
- Geringfügige Beschäftigung **202** 11 f
- Geschäftsführer **204** 28
- Gleichmäßigkeit der Besteuerung **208** 43 f
- Gratifikation **154** 3 f
- Heimarbeit **222** 27 f
- Hinterbliebenenrente **223** 6
- Internet-/Telefonnutzung **229** 3
- Kollektive Regelungen durch ArbGeb **208** 12
- Konzern **208** 7
- Konzernarbeitsverhältnis **247** 8
- Kündigung, herausgreifende **263** 7 f
- Kündigungsfristen **208** 37
- Kündigungsfristen Arbeiter Angestellte **262** 23 f
- Kündigungsschutz **263** 5 ff
- LeihArbN **34** 33
- LeihArbN, Ausnahmen **34** 39 f
- LeihArbN, Tarifvertragliche Ausnahmen **34** 39
- LeihArbN, zeitlicher Umfang **34** 36
- Leistungsgerechtigkeit SozV **208** 54
- Lohnerhöhung **208** 24 f
- Mehrarbeit **208** 36
- Minijob **308** 2
- Mitarbeiterbeteiligung **309** 7
- Nach Beendigung Arbeitsverhältnis **208** 13
- Nachzahlungen, freiwillige **208** 26

Graphologisches Gutachten

Pauschalierung der LSt **208** 41
politische Überzeugung als Kündigungsgrund **263** 13
Preissteigerungsausgleich **208** 24
Priviligierungsverbot **208** 5 f
Quotenregelung **144** 103
Rentnerbeschäftigung **359** 1
Sachfremde Gruppenbildung **208** 10
Sonderzuwendungen **154** 3 f; **208** 28 f
Streikbruchprämie **208** 33
Systemgerechtigkeit SozV **208** 47
tarif- und nichttarifgebundene ArbN **208** 23; **401** 25
Teilzeitbeschäftigung **76** 6; **402** 9 f
Ungleichbehandlung, hypothetische **144** 46 f
Ungleichbehandlung ohne sachlichen Grund **208** 14
Ungleichbehandlung Rechtsfolgen **208** 16 ff
Ungleichbehandlung, zeitversetzte **144** 48
Unparteilichkeit Arbeitsvermittlung **208** 46
Vergleichsgruppen **208** 8 f
Vergleichsgruppengröße **208** 11
Vergütung **208** 22 ff
Vermittlungsbudget **435** 16
Versorgungsleistungen **208** 35
Vor Begründung Arbeitsverhältnis **208** 13
Zeitarbeit **34** 41
Zugang SozV **208** 57
Gleichbehandlungsabrede Kündigungsfristen **262** 12
Gleichbehandlungsgrundsatz
Abfindung **1** 2
Gemeinschaftsbetrieb **102** 14
Gruppenbildung als Anwendungsvoraussetzung **208** 8 f
Räumlicher Geltungsbereich **208** 7 f
Sachlicher Geltungsbereich **208** 4 f
Sonderzuwendungen **208** 28 ff
Sozialplanabfindungen **385** 18
Tarifvertrag **401** 4
Ungleichbehandlung ohne sachlichen Grund **208** 14
Unionsrecht **171** 23 f
Vergleichsgruppenbildung **208** 8 f
Widerrufsvorbehalt (außertarifliche Leistungen) **6** 9
Gleichberechtigung s Gleichbehandlung **208**
Gleichmäßigkeit der Besteuerung s Gleichbehandlung **208**
Gleichordnungskonzern KonzernBRat **248** 3
Gleichstellung
Arbeitsentgelt bei Mutterschutz **317** 26 f
Behinderte Menschen **92** 9–12
Schwerbehinderung **92** 97
Gleichstellungsabrede
Bezugnahmeklauseln, dynamische **58** 40
Tarifvertrag **401** 16
Gleichstellungsgebot Ausschlussfrist **82** 3

Gleichwertbehandlung Mann und Frau
s Gleichbehandlung **208**
Gleichwohlgewährung
AlGeld **42** 60 f
AlGeld, Ansprüche BA **168** 21 f
AlGeld, ArbGebHaftung **42** 2
AlGeld bei Annahmeverzug **14** 33
AlGeld bei Dritthaftung **188** 25
AlGeld, Erstattungsanspruch gegen ArbN **168** 26 f
AlGeld, Forderungsübergang **168** 22 f
Aufhebungsvertrag Verweigerung Lohnzahlung **63** 41
Ausschlussfrist **82** 42
Gleitende Arbeitszeit
Betriebsversammlung Kernarbeitszeit **130** 14
Jugendliche **231** 20
Teilzeitbeschäftigung **402** 91
Gleitzeit
s a Arbeitszeitmodelle **60**
s a Gleitende Arbeitszeit
Arbeitszeitmodelle **60** 5 f
Kontrollrecht BRat Gleitzeitkontoauszüge **59** 42
Persönliche Verhinderungen **60** 6
Streikteilnahme **60** 6
Gleitzone
ArblVBeiträge **44** 12
Ausnahmen und Verzicht **308** 11
Auszubildende **308** 12
Berechnung SozVBeitrag **252** 34
Gleitzonenrechner **308** 10
Hartz-Reform **38** 5
KVBeiträge **252** 34, 43
Minijobs **308** 1 f, 4, 6 f
RVBeiträge **355** 20
SozVBeiträge **387** 39
Teilzeitbeschäftigung, KV, RV **402** 120
Globalisierung Arbeitszeitmodelle **60** 1
Globalverweisung Tarifvertrag im Arbeitsvertrag **58** 40
GmbH führungslose, Vertretung **204** 38
GmbH in Gründung ArbGebEigenschaft **22** 12
GmbH & Co. KG
ArbGebEigenschaft **22** 11
Pensionsrückstellung Gesellschafter-Geschäftsführer **103** 165
GmbH-Anteile Mitarbeiterbeteiligung **309** 3
GmbH-Gesellschafter Beitragshaftung SozVBeiträge **387** 41
GNBZ Tariffähigkeit **401** 3
Golflehrer ArbN-ABC **26** 84
Grad der Behinderung
s a Behinderte **92**
Bewertung **92** 98
Feststellung **92** 98
Graphologisches Gutachten Personalauswahl **334** 14

Gratifikation

Gratifikation
s a *Anwesenheitsprämie* **19**
s a *Einmalzahlungen* **154**
s a *Tantieme*
s a *Urlaubsgeld* **426**
s a *Weihnachtsgeld*
Anrechnung gleichgerichtete betriebliche Leistungen **154** 16
Anspruch bei Ruhen des Arbeitsverhältnisses **363** 16
Arten **154** 1 ff
Belohnung Betriebstreue **154** 2
Betriebliche Übung **107** 8
Betriebsabspaltung **154** 3
BRatFreistellung Lohnausfallprinzip **118** 16
Dotierungsrahmen **154** 26
Einbeziehung in Arbeitsentgelt bei Annahmeverzug **14** 15
Einmalzahlungen **154** 1
Elternzeit Anspruch **160** 67
Freiwilligkeitsvorbehalt **6** 11
Gleichbehandlung **208** 29 f
Gleichbehandlungsgrundsatz **154** 3 f
krankheitsbedingte Kürzung **154** 5
Kürzung bei unbezahltem Urlaub **429** 6
Lohngerechtigkeit **154** 24
LStPflicht **154** 32
Mitbestimmung BRat **154** 22 ff
Mutterschutz **317** 53
Nachwirkung Tarifvertrag **154** 8
Nebentätigkeit **154** 4
Rückzahlungsklausel **361** 1, 28
Wegfall durch umgedrehte betriebliche Übung **154** 8
Widerrufsvorbehalt **154** 8 f

Grenzgänger 209
Abfindung **209** 13
Arbeitsunfall **209** 36
Aufenthaltserlaubnis **209** 27 f
Ausländische Verluste **209** 17
Auspendler Besteuerung **209** 22 f
Auspendler Steuerpflicht **209** 2
Auspendler Steuerpflicht DBA mit Grenzgängerregelung **209** 22 f
Auspendler Steuerpflicht DBA ohne Grenzgängerregelung **209** 24
Begriff Rspr EuGH **209** 26
Belgien **209** 14
Berufskrankheit **209** 36
Besonderheiten SozV **209** 33 ff
Besteuerung **80** 35
Besteuerung nach § 1 Abs 3 EStG **209** 16
Besteuerung nach § 1a EStG **209** 17 f
Besteuerung Unterhaltsleistungen **209** 17
Dänemark **209** 14 f
DBA ohne Grenzgängerregelung **209** 14 ff
Diskriminierungsverbot **144** 144
Einpendler Steuerpflicht **209** 3 f
Entsendung **209** 32
erweiterte unbeschränkte Steuerpflicht **209** 4 f
Erziehungsgeldanspruch **209** 37
EU-assoziierte Staaten **209** 21
EuGH-Rspr **209** 2
EU-Recht **209** 2 f
EU-Richtlinien **171** 31
Existenzgründungszuschuss **210** 16
Frankreich **209** 11
Kindergeldanspruch **241** 24
KiStPflicht **244** 7
Leistungen bei Arbeitslosigkeit **209** 38 f
Leistungsrecht EU **80** 154
LStAbzug Einpendler **209** 9
Luxemburg **209** 14 f
Niederlande **209** 14 f
OECD-Musterabkommen **209** 3 ff
Österreich **209** 12
Polen **209** 14 f
Rentenbesteuerung **10** 15
Riester-Rente **12** 7
Schweiz **209** 13
Sonderregelungen **209** 3 ff
Soziale Sicherung **209** 29 ff
SozVPflicht nach den am Beschäftigungsort geltenden Bestimmungen **209** 30 ff
Steuerrückstände, Sanktionen **209** 25
Steuerveranlagung **209** 17 f
Tätigkeitsartbesteuerung **209** 14 f
Tagegeld Schweiz **209** 23
Tschechien **209** 14 f
Wahlrecht bei Arbeitslosigkeit **209** 39

Grenzgängerkarte Grenzgängerbesteuerung **209** 16

Grenzwerte
Arbeitsstoffe, gefährliche **52** 11 f
GefahrstoffVO **52** 11 f

Größenklassen Außenprüfung **84** 9
Großbetrieb Aufspaltung **245** 3
Großeltern
Elternzeit **160** 3
Kinderfreibetrag **240** 31 f

Gründercoaching Fördermaßnahmen **38** 31
Gründerprivileg Befristetes Arbeitsverhältnis in neu gegründeten Unternehmen **91** 15
Gründungszuschuss 210
AlGeldanspruch als Voraussetzung **210** 17
Anspruchsvoraussetzungen **210** 1
Arbeitslosigkeit, Beendigung **210** 15
ArbNähnliche Personen **27** 2
Aufnahme selbstständige Tätigkeit **210** 14
Aufstockung AlGeld **210** 22
Auslandstätigkeit **210** 16
Ausschlussgründe **210** 21
Betriebsübernahme **210** 16
Einkommensgrenze **210** 12
Existenzgründer **210** 14
Existenzgründung **210** 1 f
Förderdauer **210** 22 f
Förderungsvoraussetzungen **210** 13 f

Haftstrafe

Geringfügige Beschäftigung **210** 15
Gewinnermittlung **210** 7
Grenzgänger **210** 16
Höhe **210** 22
Inhalt **210** 1
Kenntnis- und Qualifikationsnachweise **210** 19
Leistungsumfang **210** 22 f
Personenkreis **210** 11
Progressionsvorbehalt **210** 6
Rechtsanspruch **210** 12
Ruhen des AlGeldAnspruchs **210** 20
Soziale Sicherung **210** 24
Sozialversicherungspflicht **210** 2, 24
Steuerfreiheit **210** 6 f
Steuerrechtliche Behandlung **210** 6 f
Tragfähigkeit der Existenzgründung **210** 18
Grundgesetz Kündigungsschutz **263** 19
Grundlohn Zusammensetzung mit Berechnungsbeispiel **381** 19 f, 31
Grundrechte Kündigung, betriebsbedingte **258** 8
Grundsicherung
Altersrente **10** 54
Bedürftigkeitsabhängigkeit **10** 54
Rentenauskunft **353** 14
Grundsicherung für Arbeitsuchende Einmalzahlungen, Leistungsbemessung **294** 43
Grundsicherung im Alter KVPflicht **253** 19
Grundsteuer Vergünstigung bei Behinderung **92** 87
Grundstück
Option auf Erwerb Geldwerter Vorteil **143** 26
verbilligter Verkauf Geldwerter Vorteil **143** 26
Gruppenakkord
s a Akkordlohn
Leistungsorientierte Vergütung **273** 2
Gruppenarbeitsverhältnis 211
Änderungskündigung **211** 5
Akkordgruppe **211** 3
Arbeitspflicht **48** 10
ArbGebGruppe **211** 31
Betriebsgruppe **211** 3 f, 36
Direktionsrecht Gruppenleiter **211** 9
Ehegatten **211** 30
Eigengruppe **211** 21 ff, 36
Eigengruppe als Vertragspartner **211** 25 f
Eigengruppe Entlohnung **211** 29
Gesamthafenbetrieb **211** 32
Haftung bei Schlechtleistung **211** 12 f
Individualbesteuerungsprinzip **211** 33
Kündigungsberechtigung **256** 41 f
Mitbestimmung BRat **211** 6 f
Teilautonome Arbeitsgruppe **211** 16 f
Weisungsrecht ArbGeb **211** 1 f
Zufallsgemeinschaft **211** 1
Gruppenbildung Gleichbehandlungsgrundsatz, Anwendung **208** 8 f

Gruppeninformationsreise Incentivereise **225** 9
Gruppenleiter Direktionsrecht **211** 9
Gruppenreise Ausland, Abzugsfähigkeit **79** 23
Gruppenunfallversicherung
Beendigung des Arbeitsverhältnisses **417** 5
Leistungen **417** 4
LSt **416** 13
LStPauschalierung **292** 57
LStPauschalierung, Beitragsfreiheit **37** 134
Versicherungsnehmer **417** 3
Gruppenvereinbarung
Betriebsvereinbarung **117** 41 f; **129** 3
Regelungsgegenstände **129** 3
Gruppenvergleich Günstigkeitsprinzip **212** 10
Gruppenwahl BRatFreistellung **118** 9 f
Günstigerprüfung Kindergeld, Kinderfreibetrag **240** 3
Günstigkeitsprinzip 212
Altersgrenze **9** 10; **212** 4 f
Arbeitszeitverkürzung **212** 4, 6
Betriebliche Altersversorgung **212** 14
Gruppenvergleich **212** 10
Individualvergleich **212** 8
kollektiver Günstigkeitsvergleich Betriebsvereinbarung **201** 7; **212** 11 ff
Leitende Angestellte **212** 15 f
Sozialplananspruch, Verzicht **212** 7
sozialrechtliches **212** 18
Steuerfestsetzung **212** 17
Tariföffnungsklausel **129** 9; **212** 1
Tarifvertragskonkurrenz **401** 26
Verhältnis Arbeitsvertrag zu Betriebsvereinbarung **212** 1
Verhältnis Betriebsvereinbarung Tarifvertrag **212** 2
Verhältnis Sozialplan zu Tarifvertrag **385** 3
Gütergemeinschaft
Ehegattenarbeitsverhältnis **185** 40
Mitunternehmerschaft bei Ehegattenarbeitsverhältnis **185** 52
Güterkraftverkehr Auslösung **81** 6
Gutglaubensschutz Pfändung **337** 19
GVG-Kostenverfahren Sozialgerichtsverfahren **350** 24 f

Habilitation
Ausbildungsverhältnis **72** 90
Fortbildungskosten **189** 25
Härtefall AlGeld II **43** 7
Härtefond Sonderzahlung Sozialplan **385** 29
Häusliche Betreuung
PflegeVLeistungen **339** 25
Sachleistungsanspruch **339** 25
Häusliche Pflege
Anspruch Mutterschaftshilfe **316** 7
PflegeVLeistungen **339** 6, 20
Haftstrafe
Auskunftspflichten ArbN **77** 6, 11, 28

2773

Haftung

Kündigung, außerordentliche **257** 56
Kündigung, personenbedingte **259** 42
Haftung Rentenauskunft **353** 15
Haftung Arbeitgeber s *Arbeitgeberhaftung* **24**
Haftung Arbeitnehmer s *Arbeitnehmerhaftung* **33**
Haftungsausgleich ArbGebHaftung **24** 16
Haftungsausschluss
 Arbeitsunfall **55** 2
 ArbGebHaftung **24** 3 ff
 LeihArbN **34** 102
Haftungsausschluss Arbeitgeber
 Anspruch auf Schmerzensgeld **24** 8
 Arbeitsunfall **24** 3 f
 Entleiher **34** 75 f
 LSt **288** 14 f
 Nichtvorsätzliche Handlung **24** 7
Haftungsausschluss Arbeitnehmer
 Betriebliche Tätigkeit **33** 4
 betriebsfremde Personen **33** 4
 Gesundheitsschäden **33** 7
 Personenschaden am Arbeitskollegen **33** 3
 Teilnahme am allgemeinen Verkehr **33** 5
Haftungsbeschränkung
 Amtshaftungsansprüche **55** 7
 Arbeitsunfall **55** 2, 3 ff
 ArbN **55** 3 f
 Betriebsstätte, gemeinsame **55** 6
 Minderjährige **306** 24
 Unternehmer **55** 14
 vertragliche für Mitfahrer Fahrgemeinschaft **180** 10
Haftungsbeschränkung Arbeitgeber Arbeitsunfall **55** 2 f
Haftungsfreistellung Ausländischer ArbGeb **24** 6
Haftungsinanspruchnahme Arbeitgeber
 s a *Arbeitgeberhaftung* **24**
 s a *Lohnsteuerhaftung* **288**
 ArbNBeförderung **29** 2
 LSt bei ArbNÜberlassung **34** 78
 LSt Betriebsübernahme **126** 107 f; **288** 43
 Nichtabführung ArblVBeiträge **44** 1
 Verletzung der Anzeigepflichten **20** 12
Haftungsmodell ArbNHaftung **33** 12 ff
Haftungsprivileg
 Ausnahmen **102** 24
 Betriebsangehörige **102** 24
 Betriebsweg **141** 65
 Betriebswegunfälle **55** 8
 Drittunternehmer **55** 3
 Leitende Angestellte **275** 2
 Wegeunfall **451** 23
Handelsagent ArbN-ABC **26** 84
Handelsbetrieb
 Betriebsübergang **126** 8
 Betriebsversammlung **130** 15
Handelsregister Prokuraeintrag- und -löschung **344** 2

Handelsschiffe Betriebsstätte **123** 8
Handelsvertreter 220
 Abgrenzung Außendienstmitarbeiter **220** 1, 13
 Abgrenzung SozV **220** 14 f
 Abgrenzungsmerkmale **220** 14 f
 ArbN LSt **220** 6 f
 ArbNÄhnliche Person **27** 6; **220** 5 f, 7, 13
 Ausgleichsanspruch **220** 3, 10
 Beitragsrecht **220** 18
 Betriebsübergang **126** 4
 Direktversicherung **103** 116
 Einfirmenvertreter **220** 6
 Gebiets- und Kundenschutz **345** 12
 Mitbestimmung BRat **220** 4
 persönliche Abhängigkeit SozVRecht **220** 15
 Rundschreiben der Spitzenorganisationen der SozV **220** 1, 14
 RVPflicht **220** 17
 Selbstständige Tätigkeit **220** 16 f
 Versicherungsvertreter **220** 11
 wechselseitige Arbeitsverhältnisse **220** 9
 Wettbewerbsverbot **460** 45
Handlungsfähigkeit Minderjährige im Sozialrecht **306** 37 ff
Handwerker
 RVFreiheit **90** 36
 RVPflicht **355** 14
Handwerkerleistungen
 Abzugsfähige Leistungen **221** 24
 Begünstigte Leistungen **221** 22
 Begünstigter Personenkreis **221** 26
 Drittaufwand **221** 25
 Haushaltsnahe Dienstleistungen **221** 21 f
 Ort der Leistung **221** 23
 Rechnungsvorlage **221** 25
 Umfang Steuerermäßigung **221** 23
 Zahlungsnachweis **221** 25
Handwerksmeister RVPflicht **357** 8
Handy BRatKosten **119** 22
Hartz-Reform
 Ältere ArbN **8** 16
 Arbeitsförderung **38** 11
 Aufhebungsvertrag, Meldepflichten **63** 47
 Mobilität Arbeitslose **42** 12
Haupternährerklausel Hinterbliebenenrente **223** 3
Hauptfürsorgestelle s *Integrationsämter*
Hauptschulabschluss Bildungsmaßnahme, berufsvorbereitende **96** 14
Hausangestellte Konvention menschenwürdige Arbeit **221** 1
Hausattest Betriebliche Gesundheitsvorsorge **106** 9
Hausaufgabenbetreuung ArbN-ABC **26** 84
Hausfrau Beitragsbemessungsgrundlage KV **252** 16
Hausgewerbetreibende
 ArbNÄhnliche Person **27** 6

Heilbehandlung

Gewerbesteuerpflicht **222** 50
Heimarbeit **222** 5, **57 f**
RVPflicht **355** 14; **357** 8
SozVSchutz **222** 65
UVSchutz **417** 31
Haushälterin ArbN-ABC **26** 84
Haushaltsarbeiten Haushaltsnahes Beschäftigungsverhältnis **221** 11
Haushaltsaufnahme
 Kindergeldanspruch **241** 10
 Waisenrente **223** 30
Haushaltsfreibetrag s *Entlastungsbetrag Alleinerziehende*
Haushaltsführungskosten Aufwandsentschädigung **66** 10
Haushaltshilfe
 Anspruch bei Entbindung **316** 8
 ArbN-ABC **26** 84
 Außergewöhnliche Belastung **242** 27
 Behinderung **92** 82
 Haushaltsscheckverfahren **221** 37 f
 Haushaltsscheckverfahren, LStEinbehaltung **276** 20
 Kur **265** 26
 Putzfrau ArbN-ABC **26** 84
 Sachleistung **221** 45
 Sozialleistung **221** 44 f
Haushaltsnahe Beschäftigung Kinderbetreuungskosten **242** 23
Haushaltsnahe Dienstleistungen
 Begriff **221** 28
 Beispiele **221** 28
 Existenzgründung **210** 9
 Handwerkerleistungen **221** 21 f
 Pflege- und Betreuungsleistungen **221** 29 f
 Steuerermäßigung bei Pflegeleistungen **339** 3
Haushaltsnahes Beschäftigungsverhältnis
 Abzugsfähigkeit, Übersicht **221** 7
 Abzugsregelung **221** 15
 Arbeitsverhältnis **221** 12
 Aufwendungen, Umfang **221** 16
 Begriffsauslegung **221** 11 f
 Betriebsausgaben **221** 14
 Geringfügige Beschäftigung **221** 10 f
 Haushalt **221** 13
 Haushaltsarbeiten i. w. S. **221** 11
 Haushaltsbezogenheit **221** 17 f
 Hauswirtschaftliches Beschäftigungsverhältnis **221** 11 ff
 Steuerermäßigung **221** 15
 Voraussetzungen **221** 11 ff
 Werbungskosten **221** 14
 Zwölftel-Regelung **221** 15
Haushaltsscheck
 Beitragsfälligkeit **221** 41
 Beitragsmeldung SozV **221** 37 ff
 Beschäftigte in privaten Haushalten **221** 37 ff

Einzugsstelle, Einzugsermächtigung GesamtSozVBeiträge **221** 39
Geringfügige Beschäftigung in Privathaushalten **202** 94; **221** 37 f
Inhalt **221** 38
Meldeverfahren **304** 6
Vereinfachtes Meldeverfahren **202** 94
Haushaltswechsel Kindergeldanspruch **241** 10
Hausmeister
 ArbN-ABC **26** 84
 Dienstwohnung **143** 32
 Gruppenarbeitsverhältnis **211** 21
Hausrecht Betriebsversammlung **130** 6
Haustarif
 Nachteilsausgleich Gewerkschaftsmitglieder **385** 4
 Sozialplan **385** 4
Haustarifvertrag
 Geltung bei Auslandstätigkeit **80** 22
 Tarifbindung **401** 5
Haustürgeschäft
 Aufhebungsvertrag **63** 18
 Entgeltverzicht **165** 3
Hausverbot BRatMitglied **120** 20
Hausverwalter ArbN-ABC **26** 84
Hauswirtschaftliches Beschäftigungsverhältnis 221
 Abzugsfähigkeit Aufwendungen, Übersicht **221** 7
 Arbeitsentgelt **37** 144
 Arbeitsschutz **221** 3
 Arbeitsvertragsrecht **221** 2
 ArbNHaftung **221** 2
 Begriff **221** 1
 Beitragsentrichtung **387** 60
 Beitragshinterziehung **377** 22
 Beitragsmeldung SozV **221** 37 ff
 Geringfügige Beschäftigung in Privathaushalten **221** 33 ff
 Haushaltsnahes Beschäftigungsverhältnis **221** 11 ff
 Inanspruchnahme haushaltsnahe Dienstleistungen **221** 27 f
 Jugendliche **221** 3
 Kinder **221** 3
 Kündigung, allgemein **221** 5
 Kündigungsfristen **221** 5
 Nachweisgesetz **221** 6
 SozVBeiträge **221** 37 ff
 Steuerermäßigung **221** 7 f, 9 f
Headhunter
 Abwerbungsprämien **3** 16
 Abwerbungsstreitigkeiten, Rechtsweg **3** 12
 Schadensersatz Abwerbung **3** 19
Hebamme
 Anspruch bei Entbindung **316** 5
 ArbN-ABC **26** 84
 RVPflicht **355** 14; **357** 8
Heilbehandlung Arbeitsunfall **417** 39 f

2775

Heilfürsorge

Heilfürsorge Anspruch Wehrdienst **452** 22
Heilkur s *Kur* **265**
Heimarbeit 222
    Altersteilzeit **222** 37
    Arbeitsbescheinigung **36** 17
    Arbeitsentgeltgrenze Geringfügige Beschäftigung **222** 56
    Arbeitsentgeltschutz nach Kündigung **222** 25
    Arbeitspapiere **47** 3
    Arbeitszeit **222** 9 f
    ArblVPflicht **45** 9, 26
    ArbNÄhnliche Person **27** 6; **222** 7 f
    ArbNEigenschaft **222** 50 f
    Aushänge im Betrieb **74** 9
    Beschäftigungsverhältnis **26** 81
    Betriebsübergang **126** 4; **222** 34
    BRatAnhörung bei Kündigung **222** 32; **310** 14
    Eingruppierung **222** 29
    Elternzeit **160** 2; **222** 27
    Entgeltfestsetzung, bindende **211** 28
    Entgeltprüfer **222** 21
    Entgeltumwandlung **222** 35 f
    Entgeltverzeichnis ArbGeb **222** 8 f
    Erziehungsgeld **222** 27
    Familienangehörige, mitarbeitende **222** 3
    Feiertagsgeldbesteuerung **222** 52
    Feiertagslohn **222** 27
    gleichgestellte Personen **222** 6
    gleichgestellte Personen SozV **222** 61
    Hausgewerbetreibende **222** 5, 50, 57 f
    Heimarbeitereigenschaft bei Hilfskräftebeschäftigung **222** 54
    Heimarbeitergesetz, Anwendungsbereich **222** 1 f
    Heimarbeitsausschuss **222** 6
    Heimarbeitsvertrag, Muster **222** 38
    Insolvenzgeldanspruch **226** 44
    Klagebefugnis Länder **222** 23
    Kündigungsfristen **222** 24
    Kündigungsschutz **222** 24
    Kurzarbeitergeld **266** 43
    Listenführung ArbGeb **222** 8
    Lohnzuschläge **222** 52
    LStErhebung **222** 52
    Massenentlassung **300** 5
    Melde- und Beitragszahlungspflichten ArbGeb **222** 67 ff
    Mindestentgelte **222** 15
    Mindeststundenentgelt **222** 17
    Mitbestimmung BRat bei Entlohnung **222** 30
    Mutterschaftsgeld **315** 11 f
    Mutterschutz **222** 27
    Pfändung **222** 27
    Sozialplan **222** 31
    SozVFreiheit wegen Geringfügigkeit **222** 55
    SozVSchutz **222** 62
    SozVSchutz Hausgewerbetreibende **222** 65
    SozVSchutz Zwischenmeister **222** 66
    Telearbeit SozVPflicht **403** 18
    Urlaubsentgelt **222** 27
    UVSchutz **417** 31
    Vorgabezeit **222** 18
    Werbungskosten **222** 51
    Zwischenmeister **222** 20, 50, 60
Heimarbeiter s *Heimarbeit* **222**
Heimarbeitsausschuss s *Heimarbeit* **222**
Heimleiter Eigengruppe Gruppenarbeitsverhältnis **211** 21
Heimunterbringung Kosten Behinderung Außergewöhnliche Belastung **92** 81
Heirat
    Arbeitsverhinderung **56** 3
    Beihilfe **93** 6, 18
    Beihilfepfändung **337** 24
    Hinterbliebenenrente **223** 28
    Leistungsverweigerungsrecht **274** 7
Heiratsbeihilfe Beitragsfreiheit **37** 126
Helfer in Gemeindesachen ArbN-ABC **26** 84
Helfer in Wohlfahrtsverbänden ArbN-ABC **26** 84
Hemmung
    s a *Verjährungshemmung*
    Verjährung **434** 13, 16 f
Herausgabeanspruch
    ArbNErfindung **32** 24
    Verjährung **434** 8
Herrschendes Unternehmen
    Europäischer BRat **172** 3
    Körperschaften des öffentlichen Rechts **248** 4
    Konzern **248** 4
    Leitungsmacht **248** 7
    Natürliche Person **248** 4
Herstellungsanspruch (sozialrechtlich)
    Anrufungsauskunft **17** 26 f
    Fürsorgepflichtverletzung Leistungsträger **195** 33 f
    Pfändung **337** 52
Hilfebedürftigkeit AlGeld II **43** 12
Hilfsbedürftigkeit Beihilfeleistungen **93** 12
Hilfstätigkeit ArbNEigenschaft **26** 42
Hinterbliebenengeld LStAbzug **391** 8
Hinterbliebenen-Pauschbetrag
    Hinterbliebenenrente **223** 16
    Kindervergünstigungen **242** 35
Hinterbliebenenrente 223
    Änderungen durch ArbGeb **223** 8
    Altersdifferenzklausel **223** 3
    Altersentlastungsbetrag **223** 12
    Altersgrenze **223** 33
    Altersvermögensgesetz **223** 18
    Anpassung **223** 9
    anrechenbare Einkommensarten **223** 35
    Anrechnungsklausel **223** 7
    Anspruch bei vorsätzlicher Tötung **223** 37
    Anspruch UV **417** 52

Höchstbeträge

Beihilfeleistungen **417** 52
Berufskrankheit **417** 52
Besteuerung **223** 11 f
Betriebliche Hinterbliebenenversorgung **223** 2 ff
Elternrente **223** 38
Erbschaftsteuer **223** 17
Erwerbseinkommensanrechnung **223** 35
Erziehungsrente **223** 31
EU-Recht **171** 49
Getrenntlebensklausel **223** 3
Gleichbehandlung **223** 6
Große Witwenrente **223** 14, 19, 26
Große Witwenrente UV **223** 38
Hauptenährerklausel **223** 3
Hinterbliebenenpauschbetrag **223** 16
Hinzuverdienstgrenzen **223** 36; **322** 37; **417** 53
Höhe **223** 33
Insolvenzsicherung **223** 10
Kinder **223** 27
Kinderzuschuss RV **223** 15
Kleine Witwenrente **223** 14, 20, 25
Kleine Witwenrente UV **223** 38
Lebensgemeinschaft (nichteheliche) **223** 6; **270** 21
Lebenspartnerschaft **223** 3, 18; **271** 16
Mehrehe **223** 2
Mindestehedauerklausel **223** 3
Rentenauskunft **353** 6
Rentenbeginn **354** 19
Rentensplitting **223** 22
Rentnerbeschäftigung **359** 46
Rückforderung Überzahlung **223** 5
RV **223** 18
Selbstmordklausel **223** 3
Spätehenklausel **223** 3
Steuerpflicht bei Rentenumwandlung **10** 13
Teilrentenberechnung **223** 2
Verdienstbescheinigung **432** 16 f
Versorgungsehe **223** 4
Versorgungsfreibetrag **223** 12
Versorgungsfreibetrag, Bemessungsgrundlage **9** 20
Versorgungsordnung, Benachteiligung jüngerer Ehegatte **144** 95
Versteuerung als Rente **223** 13 f
Versteuerung als Versorgungsbezüge **223** 12
Waisenrente **223** 15, 30
Wartezeiterfüllung **223** 19
Wiederaufleben nach Zweitehenauflösung **223** 4
Wiederheirat **223** 28
Wiederverheiratungsklausel **223** 3
Hinterlegung
ArbGebPflichten bei Pfändung **337** 35
Lohnzufluss bei hinterlegter Pfändung **337** 39

Hinterziehungszinsen Werbungskostenabzug **456** 13
Hinzurechnungsbetrag
Dienstverhältnis, Zweites **287** 10
ELStAM **282** 12; **287** 10
LStJahresausgleich **289** 5
Hinzuverdienst relevanter bei Erwerbsminderungsrente **359** 36
Hinzuverdienstformel
Altersteilrente **359** 17 f
Hinzuverdienstgrenzen bei Rentnerbeschäftigung **359** 39 f
Hinzuverdienstgrenzen
s a *Anrechnung anderweitigen Einkommens* **15**
Altersrente **10** 5, 52; **322** 34; **359** 14
Altersteilzeit **359** 22 f
Arbeitsentgeltermittlung **359** 13
Aufwandsentschädigung **66** 24 ff
Berechnung bei Einmalzahlungen **154** 62
Berufsunfähigkeitsrente **322** 35
Bezugsgröße **359** 18
Dynamisierung **359** 21
Erwerbsminderungsrente **169** 31 f; **191** 69; **322** 35 f
Erwerbsminderungsrentenbezug **359** 35 ff
Erwerbsunfähigkeitsrente **322** 35
Herabstufung auf Teilrente **359** 24
Hinterbliebenenrente **223** 36; **322** 37; **417** 53
nach Regelaltersgrenze **359** 14 f
persönliche Entgeltpunkte **359** 20
Rechtsfolgen bei Überschreitung **359** 22 f
Rentenkürzung bei Überschreitung **359** 2
Teilrente **359** 17 ff
Urlaubsabgeltung **422** 20
Voll- und Teilrenten **359** 38 f
vor Regelaltersgrenze **359** 15
Hitlervergleich Amtspflichtverletzung BRat **13** 6
Hitzefrei Raumtemperaturüberschreitung **51** 5
HIV-Infektion Kündigungsschutz **263** 33
Hochschulabsolvent, ausländischer Zugang zum Arbeitsmarkt **78** 58
Hochschulausbildung Anrechnungszeiten **358** 10
Hochschule
ArbNErfindung **32** 5
Befristetes Arbeitsverhältnis wissenschaftliches Personal **91** 37
Hochschullehrer ArbNErfindung **32** 5
Hochschulpraktikant Praktikant **342** 1, 6
Hochschulstudium Fortbildung **189** 25
Hochwasserbeihilfe Beihilfeleistungen **93** 6
Höchstaltersgrenze Benachteiligung, Rechtfertigungsgründe **144** 93
Höchstbeträge
Altersentlastungsbetrag **8** 7
ArbNSparzulage **436** 32

Höhergruppierung

Höhergruppierung
    Anrechnung übertariflicher Entgelte **16** 9
    Benachteiligungsverbot **152** 7
Hörapparat Arbeitsmittel **46** 18
Homepage BRat **229** 27
Homosexualität Kirchenarbeitsrecht **243** 9
Hostess ArbN-ABC **26** 84
    Doppelte Haushaltsführung **145** 9, 30
Hotelkosten
    Doppelte Haushaltsführung **145** 9, 30
Hotelmusiker Künstlersozialversicherung **264** 13
Hüttenknappschaftliche Zusatzversorgung LStBescheinigung **286** 22
Hundesteuer Vergünstigung bei Behinderung **92** 88

Ich-AG s *Gründungszuschuss* **210**
Ideenmanagement Verbesserungsvorschläge **430** 1
Identifikationsnummer
    Antragsveranlagung **18** 3
    Inhalt **18** 3
    LStAbzugsmerkmale **282** 8
    LStBescheinigung, elektronische **286** 13
Illegale Beschäftigung
    Abtastverfahren SozV **37** 115; **323** 25
    ArbGebHaftung **78** 8
    Ausländer **78** 8, 53
    Bauwirtschaft, ArbGebHaftung Beitragsschulden **24** 26
    Nettolohnvereinbarung **323** 5, 25; **377** 17
    Nettolohnvereinbarung, fiktive bei SozV **37** 115
    Vergütungsanspruch **78** 8
Immissionsschutz Betriebsbeauftragte **111** 15 ff
Immissionsschutzbeauftragter Kündigungsschutz **111** 19
Incentive-Maßnahme Betriebliche Berufsbildung **104** 23
Incentivereisen 225
    Arbeitsentgelt **37** 52
    Arbeitsentgelt/Arbeitslohn **225** 7–12
    Arbeitslohn An- und Rückfahrtkosten bei anschließender Urlaubsreise **220** 10
    Beitragsfreiheit bei Pauschalversteuerung **225** 17
    Beruflicher Anlass **225** 9
    Betreuungsperson **225** 12
    Betriebseinnahme Selbstständiger **225** 6
    Dienstcharakternachweis **225** 11
    Dienstreise **141** 14
    Einheitsbetrachtung **225** 10
    Einmalzahlung SozV **225** 15
    KVSchutz **225** 18
    Lohnzahlung durch Dritte **225** 7
    Losgewinne **225** 7, 14
    Mitbestimmung BRat **225** 3
    Nettolohnvereinbarung **225** 4 f, 16

    Sachbezug **225** 4
    Sachbezugsbewertung **225** 13
    Verdeckte Gewinnausschüttung **225** 6
Individualbesteuerungsprinzip Gruppenarbeitsverhältnis **211** 33
Individualsport Kostenübernahme durch ArbGeb **122** 6
Individualvergleich Günstigkeitsprinzip **212** 8
Inhaltskontrolle
    Arbeitsvertrag **58** 23 ff
    ArbGebDarlehen **23** 4 f
    Betriebsvereinbarung **129** 22
    Freiwilligkeitsvorbehalt **192** 4
    Rückzahlungsklausel **361** 5 f
    Versetzungsklauseln **439** 3
Initiativbewerbung Vorstellungskosten **131** 4
Inkassoprämie BRatFreistellung Lohnausfallprinzip **118** 23
Innenrevision Anzeigepflichten ArbN **21** 2
Innerbetrieblicher Schadensausgleich
    grobe Fahrlässigkeit **33** 12 f
    leichteste Fahrlässigkeit **33** 12 f
    Mankohaftung **187** 12 f
    mittlere Fahrlässigkeit **33** 12 f
    Vorsatz **33** 12 f
Innungskrankenkasse KVTräger **254** 6
Insassenunfallversicherung s *Unfallversicherung* **417**
Inseratskosten Ersatz bei Vertragsbruch **440** 11
Insolvenz
    s a Insolvenz des Arbeitgebers **226**
    Abfindung als Masseverbindlichkeit **1** 38
    Abfindung Versorgungsanwartschaft **103** 44
    ArbNErfindung **32** 26
    Betriebsänderung ohne Interessenausgleich **321** 8
    Betriebsübergang **126** 93 f
    Fälle BetrAVG **103** 85
    Freistellung von der Arbeit **191** 21
    LStHaftung bei Erwerb aus Insolvenz **126** 108
    Urlaubsabgeltung **422** 11
Insolvenz des Arbeitgebers 226
    Änderungskündigung, Fristen **226** 8
    Altersteilzeit **11** 15
    Altersteilzeit, Beendigung **11** 14
    Annahmeverzugslohn **14** 24
    Antragsbefugnis FA **226** 23
    ArbGebStellung des Schuldners **226** 3
    ArbNAnsprüche **226** 4
    Aufhebungsvertrag **226** 4
    Aufrechnung FA **226** 28
    Ausfall ArbNDarlehen als Werbungskosten **226** 29
    Ausschlussfrist **82** 4, 16
    Befristetes Arbeitsverhältnis **91** 38
    Beitragspflicht SozV **226** 40 f
    Beschäftigungsverhältnis, Fortbestand **226** 40 f

Insolvenzgeld

Beschwerde **226** 23
Besteuerung Insolvenzverwalter **226** 35
Beteiligung BRat bei Betriebsänderung **226** 10
Betriebliche Altersversorgung **226** 21
Betriebsänderung **226** 10 ff
Betriebsübergang **126** 93 f; **226** 19
Betriebsvereinbarung **226** 9
Bezugsrecht Direktversicherung **103** 27
Einigungsstellenbesetzung **153** 12
Einmalzahlungen, Ausnahme vom Zuflussprinzip **294** 36
Einmalzahlungen, Zufluss SozV **154** 55
FA als Mitglied Gläubigerausschuss **226** 30
Forderungsaufrechnung FA **64** 23
Freistellung von der Arbeit **191** 46; **226** 7
Geldwerter Vorteil Absicherung Altersteilzeit ArbN **226** 33
Gläubigerbenachteiligung durch Lohnzahlung **226** 32
Haftungsnachfolge Betriebserwerber **226** 20
InsO **226** 1 f
Insolvenzausfallgeld **226** 5
Insolvenzgeld **226** 39
Insolvenzgeldanspruch ArbN **226** 43 ff
Insolvenzgeldversicherung **226** 70
Insolvenzgeldversteuerung **226** 34
Insolvenzplan **226** 1
Interessenausgleich **226** 11; **228** 21 f
Karenzentschädigung **460** 39
Kleinbetrieb **226** 17
Kündigung **226** 6 f
Kündigung, betriebsbedingte bei Betriebsveräußerung **258** 63
Kündigungserleichterungen bei Betriebsänderung **226** 14 ff
Kündigungsfrist Befristetes Arbeitsverhältnis **91** 50
Kündigungsfristen **262** 10
Kündigungsfristenerleichterung **226** 8
Kündigungsschutz **226** 7
Kündigungsschutzverfahren **263** 144
LStAbführung **226** 26 f
LStAbführung, Gläubigerbenachteiligung **288** 34
LStForderungen **281** 6
LStHaftung **226** 32
LStJahresausgleich **226** 29
Masseverbindlichkeiten Arbeitsentgelt **226** 4
Meldepflichten ArbGeb **304** 42
Mitteilungspflichten ArbGeb **226** 68
Nachteilsausgleichsansprüche Masseschulden **321** 16
Pensionsabfindung als Entschädigung **85** 8
Säumniszuschlag SozV **372** 24
Schriftform Interessenausgleich **226** 16
Sozialplan **226** 12; **258** 26; **385** 55 f
Sozialplanansprüche **226** 5
Sozialplandotierung **385** 56 f
Steuererstattungsansprüche **226** 28
Steuerfestsetzung nach Verfahrenseröffnung **226** 26 f
steuerliche Nebenleistungen als nachrangige Insolvenzschulden **226** 27
Steuerschulden **433** 17
Übertragung Versorgungszusage **103** 50
Urlaubsanspruch **423** 31
Urlaubsgeld **426** 6
Versorgungsanwartschaft **226** 20
Versorgungsbezüge betriebliche Altersversorgung **103** 193
Wertguthabensicherung **226** 38
Wertguthaben/Zeitguthaben **458** 6
Wettbewerbsverbot **460** 27
Zeugniserteilung **470** 7 f
Insolvenz des Arbeitnehmers 227
s a Verbraucherinsolvenzverfahren
Abtretung Arbeitseinkommen **227** 5 f
ArbNÄhnliche Personen **227** 4
freie Mitarbeit **227** 4
Insolvenzverfahren, vereinfachtes **227** 11
Kündigung **227** 7
LStAnspruch **227** 9
Personenkreis **227** 4
Restschuldbefreiungsverfahren, LStAnspruch **227** 12
Schuldenbereinigungsplan, LSt **227** 10
Steuerschulden **433** 17
Verbraucherinsolvenzverfahren **227** 2–7
Insolvenzausfallgeld Insolvenz des ArbGeb **226** 5
Insolvenzforderungen Arbeitsentgelt/Arbeitslohn **226** 4
Insolvenzgeld
Abtretung an Dritten **226** 61 f
Anspruchshöhe **226** 59 f
Anspruchsübergang ArbNForderungen auf BA **226** 69
Anspruchszeitraum **226** 52 f
Antragsabweisung Eröffnung Insolvenzverfahren **226** 48
Arbeitsentgelt als Bemessungsgrundlage **226** 54 ff
Arbeitsentgeltansprüche aus Beendigung Arbeitsverhältnis **226** 55
ArbNAnspruch **226** 44
ArbNÜberlassung **226** 45
Auskunftsverpflichtung gegenüber BA **76** 43
Auslandstätigkeit **226** 47
Ausschlussfrist **82** 46
Beantragungsfristen **226** 65 f
Berechtigungsanspruch **226** 43–51
Berücksichtigung Schadensersatzanspruch aus Antragsversäumnis Kurzarbeitergeld, Wintergeld **226** 56
Berücksichtigung von verzichteten Lohnbestandteilen **226** 59
Bescheinigung durch BA **277** 14
Betriebstätigkeitsbeendigung **226** 49 f

2779

Insolvenzgeldbescheinigung
    Elterngeldberechnung **159** 22
    Erstattungsanspruch der Agentur für Arbeit **168** 11, 28
    Heimarbeiter **226** 44
    Insolvenzverfahreneröffnung **226** 47
    Insolvenzzeitraum – Zuordnung Arbeitsentgelt **226** 58
    Jahressonderzahlungsberücksichtigung **226** 56
    LeihArbN **226** 45
    Leistungsumfang **226** 52 ff
    Lohnausfallrisikoschutz **226** 39, 42 f
    Lohnerhöhungsberücksichtigung **226** 57
    Masselosigkeit **226** 51
    Pfändung **226** 64; **337** 7
    Steueranteilskürzung, fiktive **226** 60
    Steuerpflicht **226** 34
    Urlaubsabgeltung **422** 17
    Urlaubsentgeltanspruch **425** 22
    Urlaubsgeldberücksichtigung **226** 56
    Vertragsstrafe **441** 27
    Vorfinanzierung durch Dritte **226** 62 f
    Vorschuss **226** 67
Insolvenzgeldbescheinigung Insolvenzverwalter **36** 13
Insolvenzgeldumlage Beitragseinzug **417** 22
Insolvenzgeldversicherung Umlageverfahren **226** 70
Insolvenzplan
    FA als Gläubigerausschussmitglied **226** 30
    Insolvenz des ArbGeb **226** 1
Insolvenzschutz
    Altersteilzeitkonto **11** 58
    Arten bei Wertguthaben/Zeitguthaben **458** 27 f
    Prüfung durch RVTräger bei Wertguthaben **458** 30
    Schadensersatzpflicht bei unzureichendem **458** 31
    Treuhandmodell bei Wertguthaben/Zeitguthaben **458** 25
    Unterrichtungs- und Nachweispflichten bei Wertguthaben **458** 28 f
    Wertguthaben/Zeitguthaben **458** 6, 25 ff
Insolvenzsicherung
    Anrechnung von Nachdienstzeiten **103** 89
    Anwartschaft **103** 89
    Auslandstätigkeit **80** 24
    Betriebliche Altersversorgung **103** 84 f
    Hinterbliebenenrente **223** 10
    Höchstgrenzen Betriebliche Altersversorgung **103** 91 f
    Höchstgrenzen Entgeltumwandlung Betriebliche Altersversorgung **103** 92
    Pensionssicherungsverein **103** 88 f, 193 f
    Pensionszusage Gesellschafter-Geschäftsführer **103** 165
    Rückdeckungsversicherung **103** 193
    Vermögenswirksame Leistungen **436** 15, 39
    Versorgungsanspruch **103** 89
    Wertguthaben Altersteilzeit **11** 15; **226** 41
Insolvenzverwalter
    ArbGebEigenschaft **22** 30
    ArbGebHaftung **24** 15
    ArbGebStellung **226** 3
    ArbN-ABC **26** 84
    Aufhebungsvertrag, Schadensersatzanspruch **63** 3
    Auskunftspflichten ArbN **77** 32
    Beitragsrecht, Meldepflichten **304** 3
    Besteuerung **226** 35
    Insolvenzgeldbescheinigung **36** 13
    Interessenausgleich **228** 21 ff
    Kündigung ArbN **228** 24
    Kündigung, betriebsbedingte **258** 28
    LStPflichten **226** 24 ff
    Steuergeheimnis **226** 25
Insourcing Betriebsübergang **126** 18
Instrumentengeld
    Arbeitsentgelt **37** 92
    Barablösung Steuerfreiheit **41** 25; **167** 14; **392** 18
Integrationsamt
    Aufgaben **92** 2 ff
    Behinderte, Kündigung **257** 29
    BEM, Hinzuziehung **105** 3
    Zustimmung Beendigung Arbeitsverhältnis schwerbehinderte ArbN **169** 6
Integrationsunternehmen Behinderte Menschen **351** 5
Integrationsvereinbarung Schwerbehindertenvertretung **378** 4
Interessenabwägung
    krankheitsbedingte Kündigung **259** 8, 12 f
    Kündigung, außerordentliche **257** 32 f
    Kündigung, betriebsbedingte **258** 24 f
    Kündigung, personenbedingte **259** 6 f
    Kündigung, verhaltensbedingte **260** 12
    Kurzzeiterkrankung **259** 27
    Meinungsfreiheit **303** 14
Interessenausgleich 228
    abhängige Unternehmen **228** 15
    Abweichung ohne Nachteilsausgleich **321** 5 f
    Änderungskündigung **5** 35
    Aufrechnung bei Abweichung **321** 3
    Auswahlrichtlinie, Lebensalterberücksichtigung **228** 6
    Auswahlrichtlinien Sozialauswahl **258** 43
    Auswahlrichtlinienüberprüfung im Kündigungsschutzprozess **228** 6
    Betriebsänderung **108** 3; **228** 12
    betriebsratsloser Betrieb **228** 13
    Betriebsstilllegung **228** 4
    Bindung **228** 20
    Bindungswirkung, beschränkte **228** 20
    Einigungsstelle **153** 8
    Einigungsstellenanruf **228** 19

Einigungsstellenunterschrift 228 11
Einschaltung Präsident des Landesarbeits-
    amts 228 18
Folgeänderungen Betriebsänderung 228 4 f
Freikauf durch Sozialplanabschluss 321 13
GesamtBRat, Zuständigkeiten 203 17;
    228 11
Inhalt 228 2 ff
Insolvenz 228 21 f
Insolvenz des ArbGeb 226 11
Insolvenzverwalter 228 21
Insolvenzverwalter und BRat 228 23
Kleinbetrieb 228 13
KonzernBRat, Zuständigkeiten 248 16
Kündigung, betriebsbedingte 258 63
Massenentlassungsanzeige 228 9
Muster 86 4; 228 27
Nachholung 228 16
Nachteilsausgleich 321 1 ff
Nachteilsausgleich bei Unterlassung 321 7 f
Nachteilsausgleich bei versuchtem 321 3
Nachteilsausgleich Betriebsänderung 228 1 ff
Namenslisten 228 7, 9; 258 44
negativer 228 4, 19
ohne Einigung mit BRat 226 17
Personalabbau Auswahlrichtlinien 228 6
Punktesystem Auswahlrichtlinien 228 6
Sozialplan 385 12
Sozialplanteil 228 9
Teil-Namensliste 228 7
Tendenzbetrieb 228 13
Transfer-Sozialplan 228 5
Umwandlung 228 6; 414 14
Unterhaltspflicht 228 7
Unterschriftsberechtigung 228 10 f
Vereinbarungen Insolvenzverwalter und
    BRat bei Insolvenz des ArbGeb 226 14
Verfahren 228 14–20
Versuchsverpflichtung ArbGeb 228 19
versuchter 321 9
Zwei-Monats-Frist 228 19
Interessenkonflikt Arbeitnehmer Anzeige-
pflichten ArbN 21 3
Internationales Privatrecht Fahrtätigkeit
181 11
Internationales Sozialrecht Auslandstätig-
keit 80 91 ff
Internatskosten Ansatz 242 30
Internet
    s Internetnutzung
    s Internet-/Telefonnutzung 229
Internetnutzung
    Abmahnung bei unerlaubter 229 13
    Beitragsrecht 229 31
    Betriebliche Nutzung, LSt 229 32
    Betriebliche Übung 229 4
    Betriebsvereinbarung 229 16
    BRat 229 26
    Datenschutz 229 7
    Dienstliche Nutzung 229 2 f

E-Mails 229 31
Gemischte Nutzung 229 29
Grenzen 229 7
Homepage, BRatKosten 119 20
Kündigung, außerordentliche 257 55
Kündigung, verhaltensbedingte 229 13
LStPauschalierung 292 37
LStPauschalierung, Beitragsfreiheit 37 132
Mitbestimmung BRat, Durchführung
    229 20
Nutzung durch BRat 119 20
Persönlichkeitsschutz bei Überwachung
    durch ArbGeb 229 9
Private Nutzung 229 4 f
Private Nutzung, LSt 229 24 f
Rechtsfolgen rechtswidriger Überwachung
    229 11 f
Tarifvertrag 229 16
Überwachung durch ArbGeb 229 8 f
Internet-/Telefonnutzung 229
    Aufzeichnung Verbindungsdaten 229 9
    Beitragsrecht 229 37
    Betriebsrat 229 24 f
    Betriebsvereinbarung 229 16 f
    Datenschutz 229 7 f
    Dienstliche Nutzung 229 2 ff
    Direktionsrecht ArbGeb 229 3
    E-Mail-Versendung 229 5
    Gewerkschaften 229 28
    Gleichbehandlung 229 3
    Homepage BRat 229 27
    Individualarbeitsrecht 229 1 f
    Mitbestimmung BRat 229 17 ff
    Mobiltelefon 229 2 f
    Private Nutzung 229 4 f
    Sanktionen bei unerlaubter privater Nut-
    zung 229 12 ff
    Smartphone 229 2
    Tarifvertrag 229 16 f
    Überwachung durch ArbGeb 229 8 f
    Weisungsrecht ArbGeb 229 3
Intranet Kommunikationsmedium BRat
119 20
Intranetnutzung
    Betriebsänderung 229 22
    BRat 229 24 f, 26
    Direktionsrecht ArbGeb 229 3
    Einführungsberechtigung ArbGeb 229 3
    Gewerkschaft 229 28
    Gleichbehandlung 229 3
    Mitbestimmung BRat 229 17 f
    Private Nutzung 229 4 f
    Weisungsrecht ArbGeb 229 3
Invalidenrente
    Besonderheiten EU 80 155 f
    Diskriminierungsverbot 144 150

Jagdhund Arbeitsmittel 46 22
Jahresarbeitsentgelt 230
    Einmalzahlungen 230 15

Jahresarbeitsentgeltgrenze
- Familien- und Kinderzuschläge 230 17
- Gehaltserhöhung 230 16
- Grenze 95 21; 230 18
- Grenze bei Provisionseinkünften 345 40
- Grenze bei Urlaubsabgeltung 422 15
- Jahresarbeitslohn 230 3
- Jahresarbeitsverdienstabgrenzung 230 10
- keine Anrechnung Geringfügige Beschäftigung 230 13
- KV, Grenze 230 7, 11
- Recht auf freiwillige Versicherung 230 19
- regelmäßiges 230 14
- regelmäßiges, Berechnung 230 12
- Versicherungspflichtbefreiung KV bei JAE-Grenzenüberschreitung 230 20
- Zeitvergütung Führungskräfte 230 1 f

Jahresarbeitsentgeltgrenze
- s a Jahresarbeitsentgelt 230
- Altregelung KV 94 10
- Arbeitsentgelt, regelmäßiges 253 5
- Befreiung von der Versicherungspflicht 90 19 f
- Besondere 253 5
- Friedensgrenze gesetzliche/private KV 94 9
- KV 94 8 f
- KV, Aktuelle Werte 94 22
- KV, Bestandsschutz 94 11 f
- KV, Gestaltungsmöglichkeiten bei Überschreitung 94 15
- KVPflicht 253 5
- Neuregelung KV 94 11, 13 f
- Variable Arbeitsentgeltbestandteile 253 5

Jahresarbeitslohn LStJahresausgleich ArbGeb 230 4; 289 7 f

Jahresarbeitsverdienst
- s a Jahresarbeitsentgelt 230
- Jahresarbeitsentgeltabgrenzung 230 10

Jahreshinzurechnungsbetrag Sonstige Bezüge 382 6, 8

Jahresmeldung
- Meldungen SozV 304 30
- Regelmeldung Beitragsrecht 304 5

Jahresnetzkarte Arbeitsentgelt 294 10

Jahressollvorgabe Provision 345 4

Jahressonderzahlung
- Gleichbehandlungsgrundsatz 208 31
- Insolvenzgeldanspruch 226 56
- Kürzung bei Elternzeit 160 67

Jesuit Auslandsreisekosten 79 19

Job Sharing
- Altersteilzeit 11 3
- Krankengeldberechnung 250 32
- Teilzeitbeschäftigung 402 70

Job-AQTIV-Gesetz
- Kurzarbeitergeld, persönliche Voraussetzungen ArbN 266 39
- Umschulungsmaßnahme 413 16

Jobbörse
- Angebotslöschung, Gründe 57 14
- BA-Zuständigkeit 390 10

Job-Ticket
- Arbeitsentgelt 37 75
- ArbNBeförderung 29 1, 19
- Beitragsfreiheit 37 126
- Firmenparkplatz 29 1

Journalist
- ArbN-ABC 26 84
- beschränkte Steuerpflicht LStAbzug 285 10
- Werbungskostenpauschbetrag 330 14

Jubiläumszahlung
- s a Betriebsjubiläum 114
- Betriebliche Übung 154 2
- Differenzierung zwischen Pensionären und Aktiven 208 31
- Pfändung 114 6
- Tarifermäßigung 85 19
- Teilzeitbeschäftigung 402 92

Jugend- und Auszubildendenvertretung 232
- Abmahnung 2 34
- Altersgrenzen 232 5
- Altersgruppen 232 2
- Amtszeit 232 7
- Angelegenheiten junger ArbN 232 23
- Anzahl Mitglieder 232 6
- Arbeitsbefreiung 232 17
- Ausschüsse 232 13
- Aussetzung von BRatBeschlüssen 232 22
- Berufsausbildung in mehreren Betrieben 232 2
- Berufsbildungswerk 232 3
- Beschlüsse 232 16
- Betriebsrat als Voraussetzung 232 4
- Betriebsratskosten 232 18
- BRatsMitglied 232 5
- Ehrenamtliche Tätigkeit 232 17
- Erlöschen der Mitgliedschaft 232 10
- Errichtung, Gewerkschaftsrechte 206 6
- Ersatzmitglied 232 11
- Gesamt-Jugend- und Auszubildendenvertretung 232 26
- Geschäftsführung 232 8
- Geschäftsordnung 232 16
- Geschlechterrepräsentanz 232 6
- Höchstaltersgrenze 232 5
- Jugend- und Auszubildendenversammlung 232 25
- Konzern-Jugend- und Auszubildendenvertretung 232 27
- Kostentragung 232 18
- Kündigungsschutz 72 77 f; 263 146
- Lehrwerkstatt 232 2
- Minderjährige 306 20
- Mindestalter 232 5
- Pflichtverletzungen 232 9
- Schulungs- und Bildungsveranstaltungen 232 18 f
- Sitzungen 232 14
- Sitzungsniederschriften 232 16

Sprechstunden **232** 24
Stammbetrieb **232** 2
Stimmrechte bei BRatSitzungen **232** 21
Streitigkeiten **232** 29
Teilnahme an BRatSitzungen **117** 13; **232** 21
Teilnahme Gewerkschaft **232** 15
VertragsArbGeb **232** 2
Vertretung, besondere **232** 1
Voraussetzungen **232** 2 f
Vorsitz und Vertretung **232** 12
Wählbarkeit **232** 5
Wahl und Amtszeit **72** 76
Wahlanfechtung **450** 1 f
Wahlberechtigung **232** 5
Wahlvorschriften **232** 7
Wahlvorstandbestellung **232** 7
Weiterbeschäftigungsanspruch **72** 79 ff
Zusammenarbeit mit BRat **232** 21 f
Zusammensetzung **232** 6
Jugendarbeitsschutz 231
 ärztliche Untersuchung **231** 39 f
 Akkordarbeitsverbot **231** 38
 Arbeitszeitschutz **231** 15 ff
 Aushang JArbSchG **231** 2
 Ausnahmen **231** 7 f
 Berufsschulbesuch **231** 31 f
 Beschäftigungsverbot Jugendliche **100** 10; **231** 14
 Betriebspraktikum **231** 11
 Feiertagsruhe **231** 28
 Freizeit **231** 23
 Fünf-Tage-Woche **231** 25
 Fürsorgepflicht ArbGeb **231** 41
 Geltungsbereich **231** 4–9
 Höchstarbeitszeit **231** 18 f, 22
 Kinderbeschäftigungsverbot **100** 23; **231** 11
 Kinderbeschäftigungsverbot Ausnahmen **231** 12 f
 Nachtruhe **231** 24
 Notfallarbeit **231** 29
 Prüfungsfreistellung **231** 34
 Ruhepausen **231** 21
 Samstags- und Sonntagsruhe **231** 26 f
 Schichtdienst **231** 17, 22
 Urlaubsdauer **231** 36; **428** 1
 Verbot gefahrgeneigter Tätigkeit **231** 37
Jugendbetreuer nebenberuflich in Jugendfreizeitstätte ArbN-ABC **26** 84
Jugendfreiwilligendienste
 Ausland, SozVPflicht **193** 16
 Berufsausbildung **193** 13
 Beschäftigungsverhältnis **193** 16
 Freiwilliges Ökologisches Jahr **193** 15 f
 Freiwilliges Soziales Jahr **193** 15 f
Jugendhilfe
 Kindervergünstigungen **242** 63
 KVPflicht **253** 12
Jugendliche
 Akkordverbot **231** 38
 Aushänge im Betrieb **74** 7

Karenzentschädigung

Beschäftigungsverbot **100** 10; **231** 14
Freizeitanspruch **231** 23
Fünf-Tage-Woche **231** 25
Gesundheitszeugnis **205** 4
Gleitende Arbeitszeit **231** 20
Hauswirtschaftliches Beschäftigungsverhältnis **221** 3
Jugendarbeitsschutz **231** 1 f
Nachtruhe **231** 24
PflegeVBeiträge **338** 25
Ruhepausen **231** 21
Schichtdienstdauer **231** 22
Sonntagsarbeitsverbot **231** 27
Urlaubsdauer **231** 36
Jugoslawien Kindergeld **241** 6
Juristische Person
 ArbGeb **22** 4, 26
 Organmitglieder als ArbN **26** 21

Kalligraf KünstlerSozV **264** 13
Kameramann
 ArbN-ABC **26** 84
 ArbNÄhnliche Person **27** 7
Kampagnearbeit Geringfügige Beschäftigung **202** 70
Kampagnebetrieb
 s Saisonarbeit **373**
 Befristetes Arbeitsverhältnis **91** 43
Kantine
 Arbeitsunfall **55** 39
 Beschwerderecht ArbN **101** 3
 Essenszuschuss **170** 2
Kantinenwirt ArbN-ABC **26** 84
Kapitalabfindung Steuerfreiheit **1** 43 f
Kapitalanlagegesellschaft Anzeigepflichten
 Vermögenswirksame Leistungen **436** 59 ff
Kapitaldeckungsverfahren Aufwendungen, begünstigte **103** 126 f
Kapitalertragsteuer Zinsen ArbNDarlehen **30** 10
Kapitalgesellschaft
 ArbGebEigenschaft **22** 12, 27
 Ehegattenarbeitsverhältnis **185** 41
Kapitalzahlung, einmalige Betriebliche Altersversorgung **103** 229
Karenzentschädigung
 Aktienoptionen **7** 16
 AlGeld Anspruch **460** 54 f
 Anrechnung anderweitigen Einkommens **15** 2; **460** 32 f
 Anrechnung auf AlGeld **460** 33
 Anrechnung Sozialleistungen **460** 33
 Anrechnung SozVLeistungen **410** 6
 Ausschlussfristen **82** 10, 35; **460** 38
 Beitragsfreiheit **460** 51 f
 Betriebsrentenanrechnung **460** 34
 böswilliges Unterlassen anderweitigen Erwerbs **460** 35 f
 Einkommensansatz **460** 31 f

2783

Karnevalsgesellschaft

Elternzeit **160** 69
Insolvenz des ArbGeb **460** 39
Lohnersatzleistungen Anrechnung **460** 33
Mindestsatz **460** 31
Organmitglieder **460** 46
Sonstiger Bezug **460** 48
Verdienstgrenze **460** 37
Verjährung Anspruch **434** 6; **460** 38
Vertragsstrafe Werbungskosten **460** 50
Wettbewerbsverbot **460** 14

Karnevalsgesellschaft Künstlersozialversicherung **264** 26

Kassenstaatsprinzip Steuerfreistellung Diplomaten **78** 35

Kassierer ArbN-ABC **26** 84

Kaufkraftausgleich
Auslandsreise **79** 28
Beitragsfreiheit **37** 126
steuerfreie Einnahme **392** 18

Keller Arbeitszimmer **61** 11

Kettenbefristung Befristetes Arbeitsverhältnis **91** 28, 46

Kfz-Umbau Behinderte, außergewöhnliche Belastung **92** 81

KG ArbGebEigenschaft **22** 9

Kick-Boxen keine Entgeltfortzahlung bei Unfall **162** 9

Kilometerpauschale Dienstreise Kfz **141** 23

Kinder
Altersgrenze Familienversicherung **186** 10 f
Beitragsbemessungsgrundlage KV **252** 16
Beschäftigungsverbot **100** 23 f
Geschäftsunfähigkeit **306** 1
Hauswirtschaftliches Beschäftigungsverhältnis **221** 3
Hinterbliebenenrente **223** 27
nichteheliche, Ausbildungsfreibetrag **70** 11
PflegeVPflicht **340** 17 f
Sozialplan **385** 28
Zusatzunterricht bei Umzug als Werbungskosten **415** 26

Kinderarbeit
Ausnahmen **231** 13
Beschäftigungsverbot **231** 11 ff
Höchstarbeitszeit **231** 12
Kinderarbeitsschutzverordnung **231** 12
Urlaubsdauer **231** 36
zulässige Beschäftigung **231** 12

Kinderbeihilfe Beihilfeleistungen **93** 13

Kinderbeschäftigung
Arbeitsvertrag **185** 17
Familiäre Mitarbeit **185** 4, 16 f
Jugendarbeitsschutz **231** 12 f
Verbot **231** 11
Zulässigkeit **231** 12 f

Kinderbetreuung
Beispiele **242** 13
Betriebskindergarten **115** 4
Freistellung von der Arbeit bei Erkrankung eines Kindes **191** 52 f
Freistellungsanspruch **56** 3, 13 f
im eigenen Haushalt **115** 8
Kosten als Sonderausgaben/Werbungskosten **242** 12
Leistungen ArbGeb **242** 11
Umsetzung auf Tagesarbeitsplatz bei Nachtarbeit **320** 10
unbezahlter Urlaub **429** 3
Wegeunfall **451** 20

Kinderbetreuungskosten
Abzugsbetrag **242** 13, 19 f
Abzugsbetrag als Jahresbetrag **242** 20
Abzugsfähige Aufwendungen **242** 18 f
Altersgrenze Kinder **242** 16
Aufstiegsfortbildung **189** 39
Au-pair **242** 18
Ausländische Schulen **242** 29 f
Beispiele für Aufwendungen **242** 13
Beschränkt Steuerpflichtige **242** 19
Beschränkte Steuerpflicht **242** 17
Besteuerung Pflegeperson **242** 25 f
Betriebsausgaben **242** 12
BRat Ersatz durch ArbGeb **119** 10
Eigenanteil **242** 18
Elternbezogene Voraussetzungen **242** 13
Fremdvergleich **242** 13
Haushaltsnahe Beschäftigung **242** 23
Haushaltszugehörigkeit **242** 15
Höchstbetrag **242** 18
Internatskosten **242** 30
Kindbezogene Voraussetzungen **242** 14 f
Kumulative Berücksichtigung im Familienleistungsausgleich **242** 24
Nachweis Aufwendungen **242** 22
Sonderausgaben **242** 12
Weiterbildungsmaßnahme **455** 26
Werbungskosten **242** 12; **456** 28

Kindererziehungszeiten
Anrechnungszeit **242** 50
ArblVPflicht **45** 17
Berücksichtigung RV **160** 86 f
Berücksichtigungszeiten **358** 14
Entgeltpunkte **242** 53
Geburten nach dem 31.12.1991 **358** 17
Geburten vor dem 1.1.1992 **358** 17
Koalitionsvereinbarung **358** 17

Kinderfreibetrag 240
Adoptivkind **240** 8
Akademisches Jahr **240** 18
Altersgrenzen **240** 7, 9 f
Anwaltspraktikum **240** 18
Arbeitslosigkeit **240** 10
Ausbildungswilliges Kind **240** 22
Auslandskinder **240** 6
Begünstigungsausschluss **240** 25 f
Begünstigungsausschluss bei Behinderten **240** 12 f
Behinderte **92** 79; **240** 12 f
Behinderte Kinder **240** 24

Kindervergünstigungen

Behinderte Monatsprinzip **240** 15
Düsseldorfer Tabelle **240** 30
1/12-Abzug **240** 6
Eintragung LStKarte ohne Kindergeld-
  anspruch **287** 9
ELStAM **282** 11
Erstausbildung **240** 26 f
Erwerbstätigkeit, schädliche **240** 26 f
Familienlastenausgleich **240** 2
Freiwilligendienste **240** 23
Gesamtfreibetrag **240** 4 f
Höhe **240** 4 f
Jahresbetrag **240** 6
Jahresgrenzbetrag **240** 32 f
Kinderbegriff EStG **240** 8 f
Kindergeld **240** 2
Kindergeld, Günstigerprüfung **240** 3
Kindervergünstigungen **242** 42
Monatsprinzip **240** 2, 6
Nichtberücksichtigung bei LStTabellen
  293 7
Schwerbehinderte **240** 12 f
Sprachaufenthalt Ausland **240** 18
Teilbetrag **320** 13
Übergangszeiten **240** 21 f
Übertragung **240** 31 ff
Voraussetzungen **240** 7
Wehrdienst **240** 11; **452** 17 f
Kindergarten
  s a Betriebskindergarten **115**
  Kündigung, außerordentliche Mitarbeiter
  257 42
Kindergartenzuschuss Beitragsfreiheit
  37 126
Kindergeld 241
  Abtretung **241** 2
  Altersgrenze **241** 9, 28 f
  Anrechnung anderweitigen Einkommens
  15 16
  Anspruchsausschluss **241** 11
  Anspruchsberechtigter **241** 5
  Anspruchsberechtigung **241** 5 f
  Anspruchskonkurrenz **241** 10
  Anspruchskonkurrenz während eines
  Monats **241** 16
  Anspruchvoraussetzungen **241** 5
  Anzeigepflichten ArbGeb **15** 12
  ArbGebHaftung **24** 17
  Aufenthaltstitel ausländisches Kind **241** 7
  Ausländer **241** 5 f, 7, 25
  Auslandsstudium **241** 6
  Auszahlung **241** 1, 12 f
  Auszahlungsbegrenzung **241** 15
  Begünstigungsvoraussetzungen **241** 9
  Doppelgewährung, EU-Recht **241** 11
  Ehescheidung **241** 10
  Entführung ins Ausland **241** 6
  Entsendung **241** 24
  Erhebungs- und Festsetzungsverfahren **241** 5
  Familienleistungsausgleich **241** 4

Freiwilligendienste **193** 12
Freiwilligendienstleistende **193** 13
geduldete Ausländer **241** 7
Grenzgänger **241** 24
Haushaltswechsel **241** 10
Höhe **241** 13, 32
Kindbegriff **241** 8
Kinderfreibetrag **240** 2
Kinderfreibetrag, Günstigerprüfung **240** 3
Kindergeldfestsetzung, Rechtswidrigkeit
  241 17
Kindergeldzuschlag **241** 21
Kinderzuschlag **241** 33
Monatszahlung **241** 13
Nachzahlungen, Verzinsung **241** 12
Obhutsprinzip **241** 10
Pfändung **241** 2; **337** 44, 55
Rechtsbehelfe **241** 18
Rückerstattung **241** 5
Rückzahlung **241** 15
Sozialhilfeanrechnung **241** 5
Territorialitätsprinzip **241** 27
Übergangsrecht **241** 33
Verdienstbescheinigung ArbGeb **432** 21
Wohnsitzprinzip **241** 6
Zählkinder **241** 13
Zählkindschaft **241** 26
Zahlkinder **241** 31
Zahlungsdauer **241** 14
Zahlungsverpflichteter **241** 17
Kindergeldberechtigter Kindergeld **241** 5
Kinderhort *s Betriebskindergarten* **115**
Kinderkrippe *s Betriebskindergarten* **115**
Kinderlastenausgleich Kindervergünstigun-
  gen **242** 5, 46
Kinderlose
  PflegeVZusatzbeitrag **338** 11 f
  Tragung und Zahlung PflegeVZusatzbeitrag
  338 31 f
Kinderpflege
  Krankengeld **191** 53
  Leistungsverweigerungsrecht **274** 7
Kinderpflegekrankengeld
  Freistellung von der Arbeit **191** 53
  Kindervergünstigungen **242** 49
Kindertagesstätte *s Betriebskindergarten* **115**
Kindervergünstigungen 242
  Ausbildungsbeihilfe **242** 37
  Ausbildungsfreibetrag **70** 2 ff; **242** 41
  BAföG **242** 63
  Behindertenpauschbetrag **242** 35, 41, 44
  Betreuungsgeld **242** 9, 59 f
  Betreuungskosten aufsichtsbedürftiger
  Kinder **242** 57
  Elterngeld **242** 9
  Entlastungsbetrag für Alleinerziehende
  242 10
  Erziehungsbeihilfe **242** 37
  Erziehungsrente **242** 50
  Familienleistungsausgleich **242** 5

Kinderzuschlag
    Geburtsbeihilfe **242** 7
    gleichgestellte Zeiten ArblV **242** 56
    Hauswirtschaftliches Beschäftigungsverhältnis **242** 23
    Hinterbliebenenpauschbetrag **242** 35
    Jugendhilfe **242** 63
    Kinderbetreuungskosten **242** 12 ff
    Kindererziehungszeiten **242** 51
    Kinderfreibetrag **240** 1 f; **242** 42
    Kindergeld **241** 1 ff
    Kinderkrankengeld **242** 49
    Kinderleistungsausgleich **242** 46
    Leistungen ArbGeb **242** 45
    Minderung zumutbare Belastung **242** 34, 42, 44
    Mitbestimmung BRat **242** 4
    Mutterschaftsgeld **242** 48
    Ortszuschlag **242** 2
    Schulgeld **242** 28, 40
    Steuerfreie Einnahmen **392** 19
    Teilzeitbeschäftigte **242** 2
    Trümmerfrauengeld **242** 36
    Unterhaltszahlungen **242** 33
    Waisenrente **242** 53
    Witwenrente **242** 50, 54
Kinderzuschlag
    AlGeld II **43** 29
    AlGeld II-Bezieher **241** 33
    Beihilfeleistungen **93** 13
    Jahresarbeitsentgelteinbezug **230** 17
    Leistungsbestimmung **272** 26
    Mindesteinkommensgrenzen **241** 33
Kinderzuschuss
    Altersrente, Besteuerung **10** 16
    RV Steuerfreiheit **223** 15
Kirchen Arbeitszeit **59** 18
Kirchenarbeitsrecht 243
    s a *Tendenzbetrieb* **404**
    Arbeitsvertrag **58** 30
    Arbeitsvertragsbedingungen **243** 10 f
    ArbNEigenschaft Bedienstete **243** 16 f
    Beitragsbemessungsgrundlage Mitglieder Geistlicher Genossenschaften **228** 26 f
    Ehebruch **243** 7
    Homosexualität **243** 9
    klärendes Gespräch vor Kündigung **243** 8
    Kündigungsgründe Einzelfälle **243** 9
    Loyalitätspflichten ArbN **243** 4 ff
    Mitarbeitervertretung **243** 14 f
    Pflegeversicherungspflicht **243** 34
    SozVPflicht Bedienstete **243** 20 ff
    Streik **243** 10
    Tendenzbetrieb **404** 2 f
    UVPflicht **243** 32 f
Kirchenaustritt
    Kündigung, außerordentliche **257** 42
    Zwölftelregelung **244** 8
Kircheneinkommensteuer
    Festsetzung **244** 27
    Kappung **244** 27
    Steuernachlässe **244** 27
    Zuschlagsteuer **244** 27
Kirchenlohnsteuer 244
    Abführung **244** 10
    Abgeltungssteuer **244** 27
    Abwälzung **244** 21
    Abzug bei AlGeld **244** 32
    Anmeldung **244** 10
    Anrufungsauskunft **244** 23
    Arbeitslohn, laufender **244** 12
    ArbGebHaftung **244** 24
    Aufstockungsbeträge Altersteilzeit, Berücksichtigung **11** 12
    Beitragsrecht **244** 30
    Bemessungsgrundlage **244** 11 f
    Ehegatten **244** 16
    Einbehaltung **244** 10
    Erhebung **244** 9 ff
    Freikirchen **244** 7
    Halbteilungsgrundsatz **244** 16
    Höhe **244** 14 f
    Kircheneinkommensteuer **244** 27
    Kirchgeld **244** 4
    KiStPflicht, Beginn **244** 8
    KiStPflicht, Ende **244** 8
    Leistungsrecht **244** 31 f
    LStJahresausgleich **244** 26
    LStPauschalierung **244** 4, 17 f
    Muster **244** 28
    Musterformular Erklärung Religionszugehörigkeit **244** 5
    Nettolohnvereinbarung **244** 3
    Rechtsgrundlagen **244** 6
    Sonstige Bezüge **244** 13
    Steuerpflichtige **244** 7 f
    Wegfall der Pauschalierung **244** 22
    Zuschlagsteuer **244** 1 f
Kirchenmusiker s *Kirchenarbeitsrecht* **243**
Kirchensteuer
    s a *Kirchenlohnsteuer* **244**
    Berücksichtigung Kinderfreibetrag **240** 2
    Pauschalierung **292** 61
    Sonderausgabenabzug **380** 15
Kirchensteuerrendant s *Kirchenarbeitsrecht* **243**
Kirchgeld
    Bemessungsgrundlage **244** 13; **380** 15
    Kirchenlohnsteuer **244** 4
Klageerhebung Verjährungsunterbrechung **434** 13
Klagefrist Auflösend bedingtes Arbeitsverhältnis **91** 7
Klageverzichtserklärung Aufhebungsvertrag **63** 6
Klagezustellung Verjährungshemmung **434** 20
Klarheit Kündigungserklärung **256** 40
Kleidergeld
    Auslagenersatz **67** 28
    Barablösung Steuerfreiheit **41** 25

Kleidungsbeihilfe Beitragsfreiheit **37** 126
Kleinakkordant ArbN-ABC **26** 84
Kleinbetrieb 245
   Abmahnung **2** 10
   Arbeitszeitverringerung **402** 23
   Auflösung des Arbeitsverhältnisses gegen Abfindung **1** 12
   Aufspaltung Großbetrieb **245** 3
   Ausgleichsleistungen EFZG **162** 57 f; **245** 23 f
   Ausgleichsverfahren **317** 57
   Ausgleichsverfahren AAG **162** 20; **245** 17 f
   Ausgleichsverfahren EFZG **162** 57 f
   Befristete Arbeitsverhältnisse, Privilegierung **245** 7
   Befristetes Arbeitsverhältnis **91** 22
   Beginn des Arbeitsverhältnisses **263** 49
   BEM **105** 1
   Beschäftigtenzahlermittlung **262** 20
   Beschäftigtenzahlermittlung Gemeinschaftsunternehmen **263** 53
   Beschäftigtenzahlermittlung Teilzeitbeschäftigung **245** 6
   Bestimmung Beschäftigtenzahl **245** 5 ff, 20 f
   Betriebsänderung **108** 6
   Betriebsaufspaltung **245** 3
   Betriebsgröße **245** 2
   Betriebssitz im Inland **245** 4
   Bildungsurlaub Überlastungsschutz **134** 16
   BRatWahl **245** 12 f
   Dokumentationspflicht Arbeitsschutz **50** 11
   Entstehen nach Umwandlung, Sonderkündigungsschutz **414** 11 f
   Fünf plus Fünf-Lösung **245** 1
   GefahrstoffVO, Geltung **52** 9
   Gemeinschaftsbetrieb mit ausländischen Unternehmen **102** 14
   Geringfügig Beschäftigte **245** 6
   Insolvenz des ArbGeb **226** 17
   Interessenausgleich **228** 13
   Konzernabspaltung, Kündigungsschutz **245** 3
   Krankenkassen-Zuständigkeit bei U1 und U2 **245** 22
   Kündigungsfristen **262** 4, 20
   Kündigungsschutz **245** 7, 10 f; **256** 18; **263** 49 f
   Kündigungsschutz Betriebsübergang **126** 72
   Kündigungsschutz Saisonarbeit **373** 6
   LStAußenprüfung **245** 16; **284** 1
   LStJahresausgleich ArbGeb **245** 16
   Massenentlassung **300** 12
   Neuregelung Kündigungsschutz **263** 49
   Pflegezeit **341** 6
   Schwellenwert **245** 1
   Schwellenwert bei Neueinstellungen und Entlassungen **245** 8
   Schwellenwertermittlung U1 und U2 **245** 21

Kontrolle des Arbeitnehmers

   Überforderungsschutz bei Altersteilzeit **11** 72
   Übergangsmandat BRat **360** 9
   Umlage Entgeltfortzahlung **245** 23 f
   Umlageverfahren nach AAG **245** 19
   Umwandlung **245** 3
   UV **245** 25
   Wiederbesetzungspflicht bei Altersteilzeit **11** 67
Kleinreparaturen Abwälzung bei Dienstwohnung **143** 5
Knappschaft
   Einzugsstelle Geringfügige Beschäftigung **202** 93
   Einzugsstelle Haushaltsscheck **221** 42
   KVTräger **254** 6
   RVBeiträge **355** 29
Koalitionsfreiheit
   Gewerkschaftsbetätigung Kündigungsschutz **263** 17 f
   Gewerkschaftswerbung **303** 9
   Gewerkschaftszugehörigkeit Kündigungsschutz **263** 17
Körperbehindertenpauschbetrag
   s a *Behinderte* 92
   s a *Lohnsteuerermäßigung* 287
   Eintragung LStKarte **287** 6
   erhöhter **92** 74
   Minderbehinderte **92** 72 f
Körperschaften Konzern BRat **248** 4
Kollisionsrecht Auslandstätigkeit, Ebenen Sozialrecht **80** 77
Kombilohn
   Arbeitsförderung **38** 3 ff
   ArbNZuschuss SozV **38** 5
   Aufstocker **38** 4; **307** 8
   Gleitzone **38** 5
   Mindestentgelt **307** 1
   Niedriglohnsektor **38** 3
   Wettbewerbsgleichheit **38** 4
Kommanditist Beschäftigungsverhältnis **26** 74
Kommissionär
   ArbN-ABC **26** 84
   ArbNÄhnliche Person **27** 7
Kongress Aufwendungsersatz **104** 22
Konkurs des Arbeitgebers s *Insolvenz des Arbeitgebers* 226
Konsenzverfahren Elternzeit **160** 25
Kontenabruf Außenprüfung **84** 8
Kontoführungsgebühr
   Entgeltzahlungsformen **166** 3
   Werbungskostenabzug **456** 29
   Werbungskostenpauschbetrag **330** 15
Kontrolle des Arbeitnehmers 246
   Arbeitszeitregelungen **246** 10
   Betriebsordnung **246** 5
   Detektivkosten **246** 18
   Einzelfälle ABC **246** 9, 16
   Fahrtenschreiber **246** 3, 16

Kontrolllisten
    Generalverdacht **246** 3
    körperliche Durchsuchung **246** 2
    Kostentragung **246** 18
    Mitbestimmung BRat **246** 4 ff
    systematische und ständige Überwachung als Persönlichkeitsrechtsverletzung **332** 6
    Telefonüberwachung **332** 7 f
    Torkontrolle **246** 8, 9
    Torkontrolle als Persönlichkeitsrechtsverletzung **332** 6
    Verhalten außerhalb der Betriebsstätte **246** 7
    Videokontrolle **246** 1
    Videoüberwachung **246** 3
    Zulässigkeitsgrenzen **246** 3
Kontrolllisten Datenschutz **140** 29 ff
Kontrollmeldung Meldungsinhalt **304** 34
Kontrollpflichten Arbeitnehmer *s Anzeigepflichten Arbeitnehmer* **21**
Konventionalstrafe Vertragsbruch **440** 11
Konzern
    Abhängiges Unternehmen **248** 5 f
    Abhängigkeitsverhältnis **248** 5 f
    Abstellung ArbN **247** 5
    Aktienoptionen **7** 11
    ArbGebEigenschaft **22** 13; **247** 21 f
    ArbGebinterne ArbNÜberlassung **34** 16; **156** 6; **247** 29
    ArbNÜberlassung **102** 12
    ArbNVertreter Aufsichtsrat **247** 11
    Berechnungsdurchgriff Altersversorgung **103** 58
    Betriebsstätte bei Kleinbetrieb, Kündigungsschutz **263** 52
    Betriebsstätte, LSt **123** 4
    Betriebsvereinbarung **129** 4
    BRatVersammlung **130** 34 f
    Durchgriffshaftung **247** 6
    Durchgriffshaftung Betriebliche Altersversorgung **247** 7
    Einstellungsgesellschaft SozV **247** 27
    Fortgeltung Betriebsvereinbarungen nach Umwandlung **414** 25
    Gleichbehandlung **208** 7
    Gleichordnungskonzern **247** 1
    innerbetriebliche Ausschreibung **83** 13
    Interessenausgleich **228** 15
    Kleinbetriebsaufspaltung **245** 3
    Konzernarbeitsverhältnis **247** 2 f
    Konzernbetriebsrat **248** 1 f
    Konzernschwerbehindertenvertretung **248** 23
    Konzernunternehmen als ArbGeb **247** 2, 3 f
    Leitungsmacht herrschendes Unternehmen **248** 7
    Mitbestimmung **420** 14
    Mitbestimmung BRat **247** 12
    Nicht vorübergehende ArbNÜberlassung **34** 16
    Personalführungsgesellschaft, ArbNÜberlassung **34** 16
    qualifizierter faktischer **247** 1
    Rückkehr ArbN nach Abordnung **258** 46 f
    Sachbezug als Drittrabatt **370** 30
    Sozialplan, Berechnungsdurchgriff **385** 46
    Trennungsprinzip Versorgungszusage **247** 7
    Unterordnungskonzern **247** 1
    Versetzungsklausel **439** 5
    Versicherungspflicht bei konzerninterner Entsendung **247** 29
    Wartezeiten Kündigungsschutz **263** 61
    Weiterbeschäftigungsanspruch **258** 14
    Wirtschaftsausschussbildung **312** 10
    Zuständigkeit FA **17** 7
Konzern im Konzern KonzernBRat **248** 9
Konzernarbeitsverhältnis 247
    s a Konzern
    Abordnung **247** 27
    Betriebliche Altersversorgung **247** 7
    Entsendungs- und Versetzungsvorbehalte **247** 4 f
    Gleichbehandlungsgrundsatz **247** 8
    interne ArbNÜberlassung **247** 28
    Konzernunternehmen als ArbGeb **247** 2, 3 f
    Konzernversetzungsklausel **247** 5
    Konzernvorbehalt **247** 5
    Kündigungsschutz **247** 9
    LStAnmeldung Leitende Angestellte **247** 22
    Rabattfreibetrag **247** 22
Konzernbetriebsrat 248
    Abgrenzung BRat, GesamtBRat **248** 1 f
    Aufgaben kraft Auftrag **248** 13 f
    Aufgabendelegation von BRat und GesamtBRat **248** 17
    Aufsichtsratsmitglieder, Bestellung und Abberufung **248** 19
    Auslandsreisekostenerstattung **119** 10
    Bestimmungen, maßgebliche **248** 2
    BRatFreistellung **118** 8, 18
    Errichtung **248** 10
    Errichtung bei mehreren Unternehmen **420** 14
    fakultative Errichtung **248** 1
    Gemeinschaftsunternehmen **248** 8
    Geschäftsordnung **248** 21 f
    Gleichordnungskonzern **102** 5; **248** 3
    Interessenausgleich, Zuständigkeiten **248** 16
    Körperschaften des öffentlichen Rechts **248** 4
    Konstituierung **248** 22
    Konzern im Konzern **248** 9
    Konzernobergesellschaft **248** 4
    Konzernschwerbehindertenvertretung **248** 23
    Konzernversorgungsordnung, Zuständigkeiten **248** 15
    Mehrmütterkonzern **248** 8
    Mitbestimmung wirtschaftliche Angelegenheiten **248** 16
    Mitgliedschaftsdauer **248** 12
    Originäre Aufgaben **248** 13 f

Krankengeld

Personalpolitik, Zuständigkeiten **248** 15
Personelle Einzelmaßnahmen, Zuständigkeiten **248** 15
Quorum **248** 10
Soziale Angelegenheiten, Zuständigkeiten **248** 15
Sozialplan, Zuständigkeiten **248** 16
Stimmengewicht **248** 11
Streitigkeiten **248** 24
Unternehmen ohne BRat/GesamtBRat **248** 20
Unternehmensphilosophie, Einführung **248** 15
Unterordnungskonzern **248** 3
Verhandlungspartner **248** 18
Voraussetzungen **248** 3 f
Wirtschaftsausschuss, Errichtung **248** 16
Zusammensetzung **248** 11
Zuständigkeiten **248** 13 f
Zuständigkeiten, besondere **248** 19
Konzern-Jugend- und Auszubildendenvertretung **232** 27
Konzernobergesellschaft KonzernBRat **248** 4
Konzernschwerbehindertenvertretung
Voraussetzungen **378** 6
Konzernvorbehalt Arbeitsvertrag **247** 5
Kopfprämie
Abwerbung **3** 4
Abwerbung, Versteuerung **3** 15
Kopftuch Kündigung, personenbedingte **78** 16
Kopftuchverbot Leistungsverweigerungsrecht **274** 10
Kostenbeteiligung ArbN an Arbeitsschutzmaßnahmen **50** 12
Kostendeckelung
Dienstwagen **142** 31
Entfernungspauschale **182** 33
Kostenerstattung
Gesundheitsleistungen nach EU-Recht **171** 50
Krankenbehandlung, Bindung **249** 9
Krankenbehandlung, Wahlrecht **249** 9 f
Krankenbehandlungskosten **249** 12 f
Leistungsanspruch **249** 10
Leistungsanspruch KV **249** 10
Zahnersatz **249** 11
Kostentragungspflicht Arbeitgeber BRat-Kosten **120** 2
Kraftfahrer
s a *Berufskraftfahrer*
ArbN-ABC **26** 84
Kündigung, personenbedingte bei Fahrerlaubnisverlust **259** 38
Kraftfahrzeug
Aufwendungsersatz Schaden **67** ff
Dienstreisekosten **141** 20
Nutzungspauschbeträge **330** 11
Privatnutzung, Bewertung **37** 105

Sachbezug KfZ-Nutzung **370** 47, 51
Wertverlust als Werbungskosten **451** 9 f
Kraftfahrzeugsachverständiger ArbN-ABC **26** 84
Kraftfahrzeugsteuer Befreiung bei Behinderung **92** 89
Krankenbehandlung 249
ärztliche Behandlung **249** 13 f
Alternativmethoden lebensbedrohende Erkrankung **249** 14
Arzneimittel, nicht verschreibungspflichtige **249** 19
Ausgeschlossene Leistungen **249** 19
Ausland **249** 15 f
Auslandsbeschäftigung **249** 4, 6 f
Außerhalb der EUBeschäftigte **249** 17
Betriebsarzt **249** 2
Bindung an Wahl der Kostenerstattung **249** 9
Brille **249** 19
Entsendung **249** 17
EU, Kostenerstattung **249** 15
Europäische Krankenversicherungskarte **249** 15
Fahrtkosten **249** 19
Kostenerstattung **249** 12
Kostenerstattung, selbstbeschafte **249** 12
Kostenübernahme Schwangerschaftsabbruch **376** 10 f
Leistungsanspruch **249** 10
Leistungskatalog **249** 8
Mitbestimmung BRat **249** 3
neue Untersuchungs- und Behandlungsmethoden **249** 14
Notfallbehandlung EU **249** 15
Notfallbehandlung übriges Ausland **249** 15
Residenten **249** 16
Sachleistungen KV **249** 9 ff
Sachleistungsaushilfe EU **249** 15
Schadensersatz bei rechtswidriger Leistungsablehnung **249** 12
Sehhilfen **249** 19
Sterilsation **249** 19
Tourist im Ausland **79** 26
Wahl der Kostenerstattung **249** 9 f
Wahltarife **249** 20
Zahnersatz **249** 11
Zuschuss ArbGeb **249** 7
Zuzahlungen **249** 18
Zuzahlungen, Ausnahmen **249** 19
Zuzahlungen und Fahrtkosten chronische Kranke **249** 18
zwischenstaatliche Abkommen **249** 4
Krankengeld 250
Altersteilzeit **11** 84
Annahmeverzug **14** 32
Anrechnung anderweitigen Einkommens **15** 17
Anrechnung bei Annahmeverzug **14** 18
Anspruch bei Arbeitskampf **40** 32

Krankengeldzuschuss

Anspruch bei Streik **40** 32
Anspruchsbeginn und -Ende **250** 22
Anspruchsberechtigte **250** 12 f
Arbeitsentgeltberechnung **250** 27
Arbeitslose **250** 34
Arbeitsunfähigkeit als Voraussetzung **250** 12 f
Arbeitsunfähigkeitsbescheinigung **54** 19, 26
Arbeitszeitmodelle **60** 24
ArbGebZuschuss **25** 16
ArblVPflicht **45** 15
Aussteuerung **250** 24
Beitragstragung RV **355** 24
BEM **105** 17
Bemessungsgrundlage **289** 16; **294** 42
Berechtigte **250** 17 f
Berechtigung **250** 17
Bezugsdauer **250** 22 f
Bezugsdauer Entgeltfortzahlung **250** 4
Blockfristen **250** 23
Dieselbe Krankheit **250** 24
Einbeziehung Überstundenvergütung bei Bemessung **411** 30
Einbeziehung Urlaubsentgelt bei Bemessung **425** 23
Einmalzahlungen **250** 27
Einmalzahlungen, Berücksichtigung **154** 60 f
Entgeltfortzahlung **162** 51
Entgeltfortzahlung LStAbzug **250** 6
Erkrankung eines Kindes **191** 53; **250** 16
Forderungsübergang Lohnfortzahlung **250** 9
Freiwillig Versicherte **250** 20
Freiwillig Versicherte, Bemessungsgrundlage **250** 33
Höhe **250** 27
Krankentagegeld Besteuerung **250** 7 f
Krankenversicherungsbeitrag, zusätzlicher **252** 35
Künstler **264** 15
Kürzung **250** 26
Kurzarbeiter **250** 34
KVLeistungen Besteuerung **250** 7 f
Leistungsdauer **250** 22
Lohnersatzleistungsbezug **250** 25
Lohnzahlung an Dritte LStAbzug **250** 9
Mehrfachbeschäftigung **302** 25
Negativer Progressionsvorbehalt bei Rückzahlung **250** 9
Nichteinbeziehung nachträgliche Lohnerhöhung in Berechnungsgrundlage **163** 19
nicht-kontinuierliche Arbeitsverrichtung **250** 32
Organspender **250** 12
PflegeVBeiträge **338** 26
PflegeVBeiträge bei Bezug **338** 20
Progressionsvorbehalt **250** 10
Regelentgelt **250** 29
Regelentgelt bei flexibler Arbeitszeit **250** 31
Rückerstattung zu Unrecht geleistetes **164** 5
Ruhen des Anspruchs **250** 25 f
Sonderregelungen Seeleute **250** 32
Stationäre Behandlung **250** 16
Unberechtigte **250** 18
Wahltarife **250** 33
Wegfall **250** 26
Wegfall bei rückwirkender Rente **277** 20
Wiederaufleben Anspruch für dieselbe Krankheit **250** 24

Krankengeldzuschuss 251
Beitragsfreiheit bei Nettoarbeitsentgeltüberschreitung **251** 5
LStAbzug **251** 2
Nettoarbeitsentgeltgrenze **251** 3 ff
Versteuerung bei Fall-zu-Fall-Zuschuss **251** 2

Krankengespräch Betriebliche Gesundheitsvorsorge **106** 10

Krankengymnast ArbN-ABC **26** 84

Krankenhaus
Arbeitszeitanpassungen **59** 20
Rufbereitschaft **362** 2

Krankenhaustagegeld
Familienversicherung **186** 3
KVBeiträge **252** 9

Krankenkasse s Krankenversicherungsträger **254**

Krankenkassenwahlrecht 254 7 f

Krankenkontrollbesuch Betriebsordnung **116** 9

Krankenpfleger ArbN-ABC **26** 84

Krankentagegeld
Arbeitsentgelt/Arbeitslohn **250** 7 f
ArblVPflicht **45** 15
KVBeiträge **252** 9
Steuerfreie Einnahmen **392** 19

Krankentransport Fahrtkostenzuschuss **183** 6

Krankenversicherung
ausländische, ArbGebZuschuss **252** 7
Befreiung **90** 16 ff
Geringfügige Beschäftigung **202** 51
Gewissensfreiheit **207** 22
JAEGrenze **94** 7 f; **230** 7
Leistungsrecht nach Sozialversicherungsabkommen **80** 166 f
Sonderkündigungsrecht **254** 10
Versicherungspflichtgrenze **94** 7 f

Krankenversicherung der Studenten
Beitragsbemessung **393** 25
Pflichtversicherung **393** 24
Subsidiarität **393** 26

Krankenversicherung, freiwillige
ArbGebZuschuss **252** 38 f
KVBeiträge **252** 7 f

Krankenversicherungsbeiträge 252
s a Wahltarife
ArbGebZuschuss befreiende Lebensversicherung **252** 40
ArbGebZuschuss freiwillige KV **252** 38 f
ArbGebZuschuss private KV **25** 12

Krankheit (Arbeitnehmer)

Auszubildende **252** 36
Bagatellgrenze **252** 13
Beitragsbemessungsgrenzen **94** 7 f
Beitragshinterziehung LStAbzug **252** 4
Beitragssätze **252** 20 ff, 43
Beitragstragung **252** 32 f
Beitragszahlung **252** 32 ff
Bemessungsgrundlage **252** 11 ff
freiwillige Versicherung **252** 7 f, 16
Geringfügige Beschäftigung, Zusammen-
  rechnung **202** 87 f
Krankengeld **252** 35
KünstlerSozV **264** 22 f
Mindesteinnahmen freiwillige Mitglieder
  252 17
Minijobs **308** 8
Nettolohnvereinbarung **252** 1
Quellenabzugsverfahren **252** 23
Sonderausgaben **252** 6
Wahltarife **252** 29 f
zusätzliche für Zahnersatz und Krankengeld
  252 21
Zusatzbeitrag **252** 27
Krankenversicherungspflicht 253
  AlGeld II-Bezieher **43** 36
  Altregelung **94** 10
  Arbeitszeitmodelle **253** 5
  Auskunftspflichten ArbGeb **76** 3
  Basistarif **253** 20
  Beamte und Pensionäre **253** 21
  Befreiung auf Antrag **253** 26
  Befreiung bei JAEGrenzenüberschreitung
    230 20
  Befreiungstatbestände **90** 16 f
  Beginn und Ende **253** 6
  Behinderte **253** 14
  Bezieher von Grundsicherung im Alter
    253 19
  Duales Studium **253** 16
  Enumerationsprinzip **253** 3
  Erwerbsminderungsrentenbezug **359** 45
  EU-Bedienstete **253** 24
  Freistellung von der Arbeitsleistung **253** 6
  Jugendhilfe **253** 12
  Künstler **252** 15
  KVTräger als Einzugsstelle **253** 4
  Landwirte **253** 10
  Leistungsempfänger nach SGB II und III
    253 9
  Mitglieder Geistlicher Genossenschaften
    253 24
  Mutterschutz **317** 58
  Neuregelung **94** 11, 13 f
  Neurentner **253** 18
  Pflegezeit **341** 48
  Praktikanten **253** 16; **342** 15
  Private KV **253** 27
  Prostituierte **253** 7
  Rentner **253** 17 f
  Rentnerbeschäftigung **359** 30

Rückkehr aus privater KV in gesetzliche KV
  253 28
Rückkehr nach Befreiung **253** 25
Ruhen des Arbeitsverhältnisses **363** 25 f, 26
Scheinarbeitsverhältnis **253** 6
Sozialhilfeempfänger **253** 9
Studenten **253** 15, 22; **393** 22 ff
Überschreitung Jahresentgeltgrenze **253** 5
Unständig Beschäftigte, Beginn und Ende
  75 44
Versicherungsfreiheit **94** 7 f; **253** 21 f
Vorstand AG **253** 7
Weiterbildung **455** 29 f
Zusammenrechnung Geringfügige Beschäf-
  tigung **322** 30 f
Krankenversicherungsträger 254
  Beendigung Mitgliedschaft kraft Gesetz
    254 11
  Beratungspflichten **195** 30 f
  Berufsständische Krankenkassen Zuständig-
    keit Ausgleichsverfahren EFZG **245** 21
  Betriebskrankenkassen **254** 6
  Bindungsfristen bei Wahltarifen **254** 8
  Bundesknappschaft **254** 6
  Einzugsstelle GesamtSozVBeiträge **253** 4
  Gesundheitsförderung **106** 25 f
  Gesundheitsförderung in Betrieben **106** 26
  Innungskrankenkassen **254** 6
  Krankenkassenkündigung **254** 8 f
  Mitgliedsbescheinigung **254** 12
  Ortskrankenkassen **254** 6
  Pflegekasse **254** 13
  Pflichtkrankenkassen **254** 6
  Sonderkündigungsrecht **254** 10
  Vorsorgeleistungen **106** 28
  Wahlrecht ArbN **254** 1–4, 7 f
  Wahlrechte **254** 7
  Zuständigkeit Mehrfachbeschäftigung
    302 23
Krankheit (Arbeitnehmer) 255
  Abmahnung **2** 17
  Altersgebrechlichkeit **255** 6
  Androhung als Kündigungsgrund **260** 37
  Anfechtungsgrund Arbeitsvertrag **58** 69
  Anrechnung übertariflicher Entgelte **16** 9
  Anrechnungszeiten **358** 6
  Arbeitsunfähigkeit **53** 1 f; **255** 1
  Arbeitsunfähigkeit, Entgeltfortzahlungs-
    anspruch **162** 2 ff
  Auskunftspflichten ArbN **77** 7
  Auslandsreise **79** 26 f
  Auslösung **81** 7
  Aussperrung **40** 19
  Auswirkung auf Anwesenheitsprämie **19** 6,
    11
  Behandlungsbedürftigkeit **255** 6
  Berufskrankheit **97** 1 f
  Diagnoseleistungen **255** 7
  Einstellungsuntersuchung **157** 2
  Entgeltfortzahlung **255** 1

Krankheitskosten

Entgeltfortzahlung bei Freistellung von der Arbeit **191** 26
Fehlzeitenaufzeichnung **140** 11
Fortsetzungserkrankung **162** 19 f
Freistellung von der Arbeit **191** 19
häufige **255** 1
häufige als Kündigungsgrund **259** 7, 19 ff
Krankenkontrollbesuch, Mitbestimmung BRat **53** 12
krankheitsbedingte Leistungsminderung als Kündigungsgrund **259** 7, 28 f
Krankheitskosten **255** 4
Kündigung, außerordentliche **257** 57 ff
Kündigung, personenbedingte **259** 7 ff
Kürzung Sondervergütung **19** 13
Kurzerkrankungen, häufige als Kündigungsgrund **259** 7, 19 ff
längerfristige **255** 1
längerfristige als Kündigungsgrund **259** 7, 14 ff
Leistungsorientierte Vergütung **273** 6
Leistungsrecht im EU-Bereich **80** 147 ff
Mobbing **314** 4
Provisionsberechnung **345** 22
Schaffung leistungsgerechter Arbeitsplatz **259** 4
Urlaubsanspruch, Geltendmachung **423** 16
Vortäuschung als Kündigungsgrund **257** 60
wiederholte **162** 18
Zuzahlungen Krankenbehandlung **249** 18

Krankheitskosten

Außergewöhnliche Belastung **255** 4
LStFreibetrag **255** 4
Werbungskosten **255** 4
Werbungskostenabzug **456** 29

Krankmeldung

Betriebsordnung **116** 7
verspätete als Abmahnungsgrund **2** 12

Kreditaufnahme Minderjährige **306** 23

Kreditierungsverbot

Aufrechnung **64** 10
Entgeltzahlungsformen **166** 5 f
Lohnzahlung **166** 5
Sachbezüge **370** 1

Kreditinstitut

Anzeigepflichten Vermögenswirksame Leistungen **436** 58 f
ArbGebDarlehen **23** 21 f

Kriegsdienstverweigerer Ablehnung Arbeit in Rüstungsproduktion aus Gewissensgründen **207** 18

Kriegsgefangene Ersatzzeiten **358** 20

Kriegsopfer PflegeVPflicht **340** 10

Kroatische Staatsbürger Arbeitsgenehmigung **78** 62

Küchenchef ArbN-ABC **26** 84

Kündigung

ArbNDarlehen **30** 4
Krankenkasse bei Beitragserhöhung **254** 10

Kündigung, allgemein 256
Abmahnung als Voraussetzung **2** 9 f
Änderungskündigung **5** 12 f; **256** 5
AGG, Geltungsbereich **144** 18 ff
Altersrente **256** 85
Altersteilzeit **256** 86 f
Anfechtung **256** 67
Anfechtung und Nichtigkeit Arbeitsvertrag **256** 14 f
ArbNÄhnliche Personen **27** 19
Arten **256** 3 ff
Ausbildungsverhältnis **72** 48 ff
Ausländer **78** 13
Auslandstätigkeit **80** 11
außerordentliche **256** 4; **257** 1 f
bedingte **256** 8
Berufskrankheit **97** 3
Beschränkung und Erweiterung **256** 17 ff
Beseitigung durch Vereinbarung **256** 61
Betriebsstilllegung während Elternzeit **160** 49
BRatMitglied **120** 19
Druckkündigung **256** 7
Eingliederungszuschuss, Rückzahlung **256** 88
Erleichterungen bei Betriebsänderung des ArbGeb **226** 14 ff
Etappenweise als Massenentlassung **300** 16
Fortbildungsvertrag **189** 8 f
Geschäftsführer **204** 8
Hauswirtschaftliches Beschäftigungsverhältnis **221** 5
Insolvenz des ArbGeb **226** 6 f
Insolvenz des ArbN **227** 7
Kirchenarbeitsrecht **243** 4 ff
Kündigungserklärung **256** 27 ff
Kündigungsschutzklage **256** 66; **263** 84 ff
LeihArbN **34** 49
Minderjährige **306** 16 f
Mobbing **314** 4
Musterformular **256** 81
Nachschieben Kündigungsgründe **256** 71 ff
ordentliche **256** 3
Rücknahme **256** 63 f
Rücktritt vom Arbeitsvertrag **256** 10
Ruhendes Arbeitsverhältnis **363** 18
Sperrzeit bei Eigenkündigung **256** 89
Suspendierung **256** 12 f
Teilkündigung **256** 6
Tendenzbetrieb **404** 21 f
Umdeutung außerordentliche in ordentliche **257** 75 f
Umdeutung in Aufhebungsvertrag **63** 12; **256** 59
Umschulungsvertrag **413** 6
unerlaubte Einsichtnahme Personalakte **333** 11
unwirksame als Abmahnung **2** 23
Vertraulichkeitsverletzung **113** 10
Wegfall Geschäftsgrundlage **256** 11

Kündigung, betriebsbedingte

Widerruf **256** 62
Widerrufsvereinbarung **256** 9
Wiederholungskündigung **256** 8
zur Unzeit **256** 33
Zurückbehaltungsrecht **472** 9
Kündigung, aus wichtigem Grund
  Ausbildungsverhältnis **72** 55 ff
  Kündigung, außerordentliche **257** 30 f
  Ruhen des AlGeldAnspruchs **1** 68
Kündigung, außerordentliche 257
  Änderungskündigung **5** 12 f; **257** 46
  Alkohol **257** 47
  Arbeitsbummelei **257** 48
  Arbeitsverweigerung **257** 50
  ArblV bei Lohnrückstand **257** 1
  Auflösung des Arbeitsverhältnisses gegen Abfindung **1** 16
  Auflösungsantrag ArbGeb nach unwirksamer **1** 27
  Ausbildungsverhältnis **72** 55 ff
  Auslauffrist, soziale **257** 7 f
  Ausschluss **256** 23; **257** 11 f
  Ausschlussfrist **257** 17 ff
  Ausschlussfrist Mutterschutz **257** 29
  Ausschlussfrist Nachschieben Kündigungsgründe **256** 75
  Ausschlussfrist Schwerbehinderte **257** 29
  außerdienstliches Verhalten **257** 40, 51
  Begründung **257** 4
  Behinderte **92** 56
  Beleidigung **257** 52
  Berufsausbildungsverhältnis **257** 5
  Beschränkung, arbeitsvertragliche **257** 11 f
  Beschränkungen bei Unkündbarkeit **418** 16 f
  betriebsbedingte **257** 39
  Betriebsfrieden Störung **257** 53
  Beweislast **257** 89 ff
  BRatMitglied, Mitbestimmung BRat **120** 20
  BRatZustimmung bei Unkündbarkeit **418** 16
  Eigentumsdelikte **257** 67
  Erweiterung, arbeitsvertragliche **257** 14 f
  Freistellung von der Arbeit **191** 20
  Geschäftsführer **204** 9 ff
  Haft **257** 56
  Haftung **257** 78 ff
  Haupttätigkeitspflichtverletzung durch Nebentätigkeit **322** 14
  Interessenabwägung **257** 32 f
  Internetnutzung, unerlaubte **257** 55
  Klagefrist **257** 88
  Krankheit **257** 57 ff
  Kündigung vor Dienstantritt **261** 5
  Kündigungsberechtigte **257** 21 f
  Kündigungsgrund, objektiver **257** 33
  Kündigungsgrund, wichtiger **257** 30 f
  Manko **257** 61
  Muster **257** 94
  Nebentätigkeit, unerlaubte **257** 62
  Offenbarungspflicht **257** 63
  Personaleinkauf **257** 64
  Probearbeitsverhältnis **343** 6
  rückwirkende **257** 6
  Schadensersatz **257** 78 ff, 83 f
  Schmiergeld **257** 65; **375** 4 f
  Schwarzarbeit **377** 4
  Sexuelle Belästigung **257** 66
  sittliche Verfehlung **257** 66
  Sperrzeit **257** 96
  Strafanzeige des ArbN **84** 5
  Straftat **257** 67
  Straftatsverdacht **257** 70
  Tätlichkeit **257** 68
  Umdeutung in Aufhebungsvertrag **257** 77
  Umdeutung in ordentliche Kündigung **256** 58; **257** 75 f
  Umdeutung vAw **257** 93
  Umschulungsvertrag **413** 6
  Unabdingbarkeit **418** 1, 10 f
  Unfähigkeit **257** 54
  Unkündbarkeit **418** 10 f
  Urlaub, eigenmächtiger **257** 69
  Verhältnismäßigkeit **257** 35 f
  verhaltensbedingte **257** 38
  Verschwiegenheitspflichtverletzung **257** 71; **438** 15
  Verwirkung **443** 11
  Videobeweis **257** 89
  Vollmachtsmissbrauch **257** 72
  Weiterbeschäftigung Dauer Kündigungsfrist **257** 34
  Weiterbeschäftigungsanspruch **454** 3
  Wettbewerbsverbotsverstoß **257** 73; **459** 12; **460** 24
  Zeugnisanspruch **470** 10
  Zurückbehaltungsrecht **472** 9
Kündigung, bedingte s *Kündigung, allgemein* **256**
Kündigung, betriebsbedingte 258
  Abkehrwille **258** 45
  Abordnung Konzernunternehmen **258** 46 f
  Aktienoptionen, Bezugsrecht **7** 11
  Altersgrenze **9** 3
  Altersstruktursicherung **258** 38
  Altersteilzeit **11** 14
  Arbeitsplatzbezug **258** 5
  Arbeitsstreckung **258** 19
  Arbeitsverlagerung auf ehrenamtliche Mitarbeiter **150** 5
  Aufhebungsvertrag **63** 33
  Auftragsrückgang **258** 2, 8
  Ausbildungsverhältnis **72** 58
  Austauschkündigung **258** 48
  Auswahlrichtlinie **86** 2
  Betriebliche Erfordernisse **258** 10
  Betriebsänderung **258** 49, 63
  Betriebsstilllegung **126** 77 f; **258** 22, 50
  Betriebsübergang **126** 41, 74 f; **258** 51 f

Kündigung, fristlose

Betriebsübergang nach Erwerberkonzept 126 76
Betriebsveräußerung 258 22
Betriebsverlagerung 126 75
Beurteilungszeitpunkt soziale Rechtfertigung 258 21 f
Beweislast 258 58 ff
Dringlichkeit 258 11
Dringlichkeit, betriebsbedingte 258 11 ff, 60
Erwerberkonzept 258 52
Freistellungsphase Altersteilzeit 11 8
Fremdvergabe Tätigkeiten 418 11
Geringfügige Beschäftigung 202 15
Grundrechte ArbN 258 8
innerbetriebliche Umsetzung 258 6
Insolvenz des ArbGeb 226 8
Interessenabwägung 258 24 f
Kurzarbeit, Vorrang 258 53 f; 266 16
Lohnkostensenkung 258 8
Mindestbestandsschutz ArbN 258 8
Öffentlicher Dienst 258 55 f
Rationalisierung 258 2, 57
Rationalisierung bei Betriebsübergang 126 76
Rentnerbeschäftigung 359 2
Saisonbetrieb 373 6
Sanierung Betriebsteil 258 4
Sozialauswahl 9 3; 258 26 ff
Sozialdaten 258 36
Sperrzeit 258 69
technische Betriebsumstellung 258 57
Unkündbarkeit 418 11
Unternehmerentscheidung 258 59
Unternehmerentscheidung Missbrauchskontrolle 258 7 f
Unwirksamkeit bei Widerspruch BRat 258 20
Verhältnismäßigkeitsprinzip 258 11
Versetzungsmöglichkeitsprüfung 258 14
Versetzungsmöglichkeitsprüfung vor Kündigung, betriebsbedingte 258 12 f
Vorrang Änderungskündigung 258 17 f
Weiterbeschäftigungsanspruch 258 62
Wiederbeschäftigungspflicht nach Fortbildung/Umschulung 258 15 f
Wiedereinstellungsanspruch 258 23; 462 3 f
witterungsbedingte Arbeitsunterbrechung 258 50

Kündigung, fristlose
s a Kündigung, außerordentliche 257
Arbeitspapiere 47 8
Ruhenszeitraum AlGeld 1 82

Kündigung, herausgreifende
Kündigungsschutz 263 7 f
Prämienbetrug 263 8
wilder Streik 263 8

Kündigung, krankheitsbedingte
s a Krankheit (Arbeitnehmer) 255
Anhörung BRat 310 33

BEM, Verstoß 259 47
BEM, Vorrang 105 1, 5
Beweislast 259 45 f
erhebliche Beeinträchtigung der betrieblichen Interessen 259 11
Interessenabwägung 259 12 f
Kündigungsgründe 259 7 ff
Kurzzeiterkrankungen, häufige 259 19 ff
Langzeiterkrankung 259 14 ff
Leistungsminderung 259 28 f
Richterliche Drei-Stufen-Prüfung 259 8 ff
Wiedereinstellungsanspruch bei Gesundheitszustandsverbesserung 259 10
Zukunftsprognose 259 9 f

Kündigung, personenbedingte 259
Alkohol 259 32 f
Altersgrenze 259 37
Aufhebungsvertrag 63 33
Ausbildungsverhältnis 72 57
Ausländer, Wehrdienst 78 15
BEM, unterlassenes 105 7
Berufskraftfahrer 100 18
Beschäftigungsverbot 259 38
Betriebsübergang 126 73
Beweislast 259 45 f
dauernde Kurzzeiterkrankungen 259 19 ff
Ehrenamt 259 41
Ehrenamtliche Tätigkeit 150 5
Fehlende Deutschkenntnisse 259 39
Führerscheinverlust 100 18; 259 38
Haft 259 42
Interessenabwägung 259 6 ff
Kopftuch-tragen 78 16
Krankheit 259 7 ff
Langzeiterkrankung 259 7, 14 ff
Leistungsminderung, krankheitsbedingte 259 28 f
Leistungsunmöglichkeit, krankheitsbedingte 259 43
Leistungsverweigerungsrecht 274 17
Qualifikation, fehlende 259 39
Ungewissheit über Wiederherstellung der Arbeitskraft 259 6
Unkündbarkeit 418 12
Verfassungstreue, Zweifel 259 40
Verhältnismäßigkeit 259 3
wegen Alters 9 3
Wehrdienst 259 44
Weiterbeschäftigungsprüfung 259 3 f
Wiedereinstellungsanspruch 462 6

Kündigung, Probezeit
s a Probearbeitsverhältnis 343
Ausbildungsverhältnis 72 51 f

Kündigung, sittenwidrige Auflösung des Arbeitsverhältnisses gegen Abfindung 1 16, 22

Kündigung, unbedingte Änderungskündigung 5 10

Kündigung, verhaltensbedingte 260
Abmahnung als Verzicht 260 8

Kündigungsfristen

Abmahnung bei außerordentlicher **257** 43
Abmahnung, Erforderlichkeit **260** 9
Abmahnung, vergebliche **260** 8 f
Abmahnung, vorausgehende **2** 2
Abwerbung **260** 19
Alkohol **260** 20
Altersteilzeit **11** 14
Anhörung BRat **310** 31
Arbeitspflichtverletzung durch Drittleistungen **48** 5
Arbeitsverweigerung **260** 22 f; **274** 18
Aufhebungsvertrag **63** 38
Ausbildungsverhältnis **72** 57
Ausländerfeindlichkeit **260** 27
außerdienstliches Verhalten **260** 25 f
Beleidigung **260** 29
Betriebsstörung **260** 12
Betriebsübergang **126** 73
Beweislast **260** 15 f
Druckkündigung **260** 30
Elternzeit **160** 49
Fallbeispiele **260** 18 ff
Freistellung von der Arbeit **191** 18
Geringfügige Beschäftigung **202** 15
Gewissensbetätigung, aktive **207** 10
Haupttätigkeitspflichtverletzung durch Nebentätigkeit **322** 13
Interessenabwägung **260** 11, 44
Internet-/Telefonnutzung, private **260** 32
Internet-/Telefonnutzung, unerlaubte **229** 13
Krankheit Pflichtverletzungen **260** 34 f
Kündigungsgründe **260** 3, 18 ff
Lohnpfändung **260** 33
Minderleistung, verschuldete **260** 17
Mobbing **260** 29
Nebentätigkeit **260** 32
Prognoseprinzip **260** 1 f
Schlecht- und Minderleistung **260** 38
Schmiergeld **375** 4 f
Schwarzarbeit **377** 4
Soziale Netzwerke, Nutzung **342** 6
Sperrzeit **388** 12
Störung Betriebsfrieden **260** 28
Straftaten **260** 41 f
Ultima-Ratio-Prinzip **260** 13 f
Unkündbarkeit **418** 13
Urlaubsüberschreitung **260** 39
Verstoß Weisungsrecht ArbGeb **453** 21
Videobeweis **260** 15
Vorsatz ArbN **260** 5
Weiterbeschäftigungsprüfung **260** 13
Whistleblowing **260** 21
Wiedereinstellungsanspruch **462** 6
Kündigung vor Dienstantritt 261
Ausschluss Kündigungsrecht **261** 5 f
Beitragspflicht SozV **261** 16
Beschäftigungsverhältnis **191** 45
BRatAnhörung **261** 2

Kündigungsfrist **261** 3 f; **262** 31
Rechtsfolgen **261** 7
Kündigung zur Unzeit Beispiele **256** 33
Kündigungsausschluss s *Unkündbarkeit* **418**
Kündigungsbeschränkung
Änderungskündigung **5** 7
Ausdehnung KSchG auf Kleinbetriebe **256** 18
Ausschluss krankheitsbedingter Kündigungen **256** 18
Befristetes Arbeitsverhältnis **256** 19
Betriebsvereinbarung **256** 22
Betriebszugehörigkeit, langjährige **256** 21
faktische **256** 20
Lebensstellung **256** 19; **418** 2 f
Rationalisierungsschutzabkommen **256** 21
Kündigungserklärung
Ausbildungsverhältnis **72** 48
Ausspruch durch Vertreter **256** 43 ff
Berufsausbildungsverhältnis **256** 38
Bevollmächtigte **256** 43 ff
Eindeutigkeit **256** 39 f
Gruppenarbeitsverhältnis **256** 41 f
Inhalt **256** 34 f
Klarheit **256** 40
Kündigungsgrundangabe **256** 36
Reeder **256** 43
Schriftform **256** 28 f
Seeleute **256** 43
Stellungnahme BRat **256** 37
Umdeutung **256** 58 f; **257** 75 f
Zeitpunkt **256** 33
Zugangszeitpunkt **256** 50 ff
Kündigungserklärung, Zugangszeitpunkt
Ablehnung Annahme **256** 54
Abwesenheit **256** 52 f
Aushändigung an Empfangsboten **256** 55
Einschreiben **256** 56
Einwurf – Einschreiben **256** 56
Übergabe – Einschreiben **256** 56
Zustellung nach ZPO **256** 57
Kündigungserschwerung ArbGebDarlehen **23** 9
Kündigungserweiterung
einzelvertragliche zu Lasten ArbGeb **256** 26
Kündigung, entfristete **256** 24
Kündigungsschutzverzicht (allgemein) **256** 25
Kündigungsschutzverzicht, arbeitsvertraglicher **256** 24
Kündigungsfristen 262
Abkürzung durch Aufhebungsvertrag **63** 2
Änderungskündigung **5** 7
ArbGebDarlehen **23** 2
Aufhebungsvertrag, Berechnung **1** 70
Ausbildungsverhältnis **72** 53 f
Aushilfskräfte **75** 6 f; **262** 19
Befristetes Arbeitsverhältnis Insolvenz **91** 50
Befristetes Arbeitsverhältnis, Verlängerung **262** 15

Kündigungsgrund

Berechnung **262** 28 f
Berechnung bei Ruhen des AlGeld-
 Anspruchs **1** 70
Berechnung Beschäftigungsdauer **262** 2
Berechnung Beschäftigungszeiten **144** 20
Erziehungsurlaub **262** 7 f
Faktisches Arbeitsverhältnis **184** 4
fiktive bei Ruhen des AlGeldAnspruchs
 1 65 f
Geschäftsführer **204** 29
Gleichbehandlung **208** 37
Gleichbehandlungsabrede **262** 12
Grundkündigungsfrist **262** 2 f, 11, 16, 28
Handelsvertreter **220** 3
Hauswirtschaftliches Beschäftigungsverhält-
 nis **221** 5
Heimarbeit **222** 24
Höchstgrenze **262** 13 f
Insolvenz **262** 10
Insolvenz des ArbGeb **226** 8
Kleinbetrieb **262** 4, 20
Kündigung vor Dienstantritt **261** 3 f; **262** 31
Probearbeitsverhältnis **343** 5
Probezeit **262** 2, 16 f, 28
Ruhen des AlGeldes bei Abfindung **1** 62 f
Schwangere **262** 9
Schwerbehinderte **262** 6
Tarifvertrag **262** 21 ff
tarifvertragliche **262** 10
Ungleichbehandlung Arbeiter Angestellte
 262 23 f
Unkündbarkeit **418** 14 f
verlängerte **262** 2, 5, 11 f, 28
Werkmietwohnung **143** 13

Kündigungsgrund

Abwerbung **260** 19
Änderungskündigung **5** 15 f
Alkohol **257** 47; **259** 32 f; **260** 3, 20
Angabe bei BRatAnhörung **310** 27
Arbeitsbummelei **257** 48
Arbeitsunfähigkeit Vortäuschung **260** 37
Arbeitsunfähigkeitsbescheinigung Nichtvor-
 lage **260** 3, 34 f
Arbeitsverweigerung **257** 49 f; **260** 22 f
Arbeitsverweigerung aus Gewissensgründen
 207 8
Arbeitszeitdokumentation, Verstoß **260** 43
Ausbilder **72** 57 f
Ausländerfeindlichkeit **260** 27
außerdienstliches Verhalten **257** 40
Begründungspflicht **256** 35 f
Beleidigung **257** 52; **260** 3, 29
Berufskrankheit **97** 3
Diebstahl **260** 43
Druckkündigung **260** 30
Ehrenamt **259** 41
Erkrankungsandrohung **260** 37
Erreichen Altersgrenze **256** 85
Geschäftsführer Einzelfälle **204** 13
Interessenabwägung bei Straftaten **260** 44
Internetnutzung **260** 32
Konkurrenztätigkeit **260** 32
Krankheit **259** 7 ff
Krankheit für Kündigung, außerordentliche
 257 57 ff
Krankmeldung, verspätete **260** 3, 6
Kündigung, außerordentlich betriebs-
 bedingte **257** 39
Ladendiebstahl **260** 26
Leistungsstörung **260** 3
Lohnabtretung **260** 33
Lohnpfändung **260** 33
Mehrfachbeschäftigung **302** 4 f
Minderleistung **260** 38
Mobbing **260** 23
Nebenpflichtverletzung **260** 3
Nebentätigkeit **260** 32, 36
Nebentätigkeit, unerlaubte **257** 62
objektiver bei Kündigung, außerordentliche
 257 33
politische Betätigung **260** 27–28
Rauchverbot **260** 3
Schlechtleistung **260** 3, 6, 38
Schmiergeldannahme **257** 65; **375** 4 f
Schmiergeldgewährung **375** 6 f
sittliche Verfehlung **257** 66
Stalking **257** 53
Stellenwechsel **260** 19
Störung Betriebsfrieden **257** 53; **260** 28
Straftaten **257** 67, 70; **260** 3, 41
Tätlichkeit **257** 68
unbefugtes Verlassen **260** 24
unentschuldigtes Fehlen **260** 3, 6, 24
unerlaubte Handlungen **260** 3, 42
Unfähigkeit **259** 39
Unfähigkeit für Kündigung, außerordent-
 liche **257** 54
Unpünktlichkeit **260** 24
Unterschlagung **260** 43
Urlaubsüberschreitung **260** 39
Verdacht auf vertragswidriges Verhalten
 431 2
Verfassungstreue, Zweifel **259** 40
Vermittlungsprovision **260** 26
Verstoß Verschwiegenheitspflicht **257** 71
Vertrauensmissbrauch **260** 41
Vollmachtsmissbrauch **257** 72
Wettbewerbsverbotsverstoß **257** 73
Whistleblowing **260** 21

Kündigungsschreiben Hinweis § 1a KSchG
 1 7

Kündigungsschutz 263
Abfindung nach § 1a KSchG **1** 88
Abgeordnete **263** 20
Abgeordnete, ehrenamtliche **150** 6
Abspaltung Kleinbetriebe **245** 3
Änderungskündigung **5** 34 ff
AGG **263** 32 f
Allgemeiner, Geltungsbereich persönlicher
 263 44 ff

Kündigungsschutzklage

Allgemeiner gesetzlicher **263** 42 ff
Anhörung BRat **263** 41
Anrechnung Unternehmenszugehörigkeit **420** 12
Anrechnungsregelungen Beschäftigungszeiten **263** 65
ArbNÄhnliche Personen **27** 10
Aushilfskräfte **75** 5
Außerhalb KSchG **263** 19
Auszubildendenvertretung **72** 77 f
Befristetes Arbeitsverhältnis **91** 50 f
Behinderte **92** 36 ff
Beschäftigtenzahlermittlung bei Kleinbetrieb **263** 53
Betriebsbeauftragte für Immissionsschutz **111** 19
Betriebsleiter **263** 45 f
Betriebsübergang **126** 67 f; **263** 40, 49
BRatMitglieder **263** 147
Datenschutzbeauftragter **111** 26
Diskriminierungsverbot **263** 32 f
Diskriminierungsverbote wegen Alters **144** 101
Ehegattenarbeitsverhältnis **185** 11 f
Ehrenamtliche Tätigkeit **150** 5 f; **263** 41
Elternzeit **160** 44 f, 70; **263** 145
Ersatzmitglied BRat **120** 29
Erwerbsminderung **169** 3
Europäischer BRat **172** 23
Fortbildung **189** 8 f, 17
freie Arbeitsplatzwahl **263** 19
freie Meinungsäußerung **263** 15
Freie Mitarbeit **190** 16
Geltungsbereich **263** 49 f
Gemeinschaftsbetrieb **258** 14; **263** 51
Geringfügige Beschäftigung **202** 14 f
Geschäftsführer **204** 8; **263** 45 f
Gleichbehandlungsgrundsatz **208** 37 f; **263** 5 ff
Grundgesetz **263** 19
Grundsatz der Verhältnismäßigkeit **263** 28 f
Heimarbeit **222** 24
HIV-Infektion **263** 33
Insolvenz des ArbGeb **226** 8
Jugendvertretung **263** 147
Kirchenarbeitsrecht **243** 4 f
Kleinbetrieb **245** 2 f, 7, 10 f; **263** 49 f
Koalitionsfreiheit **263** 17 f
Konzernarbeitsverhältnis **247** 9
Kündigungsschutzprozess **263** 82 ff
Leitende Angestellte **263** 45 f; **275** 15 f
Maßregelungsverbot **263** 35 f
Mehrfachbeschäftigung **302** 4 f
Mindestgröße Betrieb **263** 53 f
Mutterschutz **317** 40 f, 41
Nachwirkender bei BRatAmtsverlust **120** 16
Nebentätigkeit **322** 2
Organvertreter **263** 47 f
Pflegezeit **341** 34 f

Probearbeitsverhältnis **343** 4
Religionsfreiheit **263** 14
Rentner **359** 2
Saisonarbeit **373** 6 f
Schutz von Ehe und Familie **263** 16
Schwangerschaft **263** 145
Schwerbehinderte **263** 145
Schwerbehindertenvertretung **378** 5
SeeBRat **263** 147
Sittenwidrigkeit **263** 19, 21 f
Sozialwidrigkeit **263** 66 ff
Sperrzeit bei Abfindung nach § 1a KSchG **1** 88; **388** 11
Studenten **393** 8
Teilzeitarbeit **402** 65
Teilzeitbeschäftigung **402** 93
Treu und Glauben **263** 24 f
Umgehung durch Befristetes Arbeitsverhältnis **91** 50 f
Umwandlung **414** 11 f
Vertrauensleute **442** 3
Vertrauensmänner und -frauen **442** 7
Verzicht **444** 2
Wahlvorstand **263** 147
Wartezeit, allgemeine **263** 57 f
Wehrdienst **259** 44
Whistleblowing **461** 2

Kündigungsschutz Behinderte

Anhörung BRat **92** 55, 62
ArbNÄhnliche Personen **92** 38
Ausnahmen Sonderkündigungsschutz **92** 39 f
Behindertenkenntnis des ArbGeb **92** 44 f
Ermessensentscheidung Integrationsamt **92** 48 f, 57 f
Feststellungszeitpunkt Behinderteneigenschaft **92** 42
Heimarbeit **92** 38
Kündigung, außerordentliche Antrag **92** 56
Kündigung, ordentliche Antrag **92** 47
Kündigungserklärung **92** 54, 62
Rechtsschutz **92** 63 f
Saisonarbeiter **92** 41
Sonderkündigungsschutz **92** 42
Zustimmung Integrationsamt **92** 36, 47 f

Kündigungsschutzklage

Abfindung **1** 2
Anforderungen **263** 100 f
Annahmeverzug **14** 5
Anrufungsfrist, verlängerte **263** 116 f
Ausbildungsverhältnis **72** 69 f
Ausschluss Sozialplan **385** 20
Ausschlussfrist, Geltendmachung **82** 29, 33
Betriebsbedingte Abfindung **1** 3
Betriebsübergang **263** 88
Beweislast **263** 119 f
Erbe **263** 84 f
Feststellungsklage **263** 96 f
Frist **263** 84
Insolvenz des ArbGeb **263** 144

Kündigungsschutzprozess

Klageart 263 94
Klageerhebung 263 99 f
Klagefrist 263 104 ff
Kleinbetrieb 245 10
Kündigung, allgemein 256 66
Lohnklage 263 117
Mittelbares Arbeitsverhältnis 313 6
Musterformular 263 148
nachgeschobene, Gründe 263 125
nachträgliche, Gründe 263 133 ff
Parteibezeichnung, nicht eindeutige 263 89
Prozessverwirkung 263 112 f
Sonderkündigungsrecht ArbN nach gewonnener 263 143
SozVSchutz 263 151
Sperrzeit bei Verzicht 1 8
Streitgegenstand 263 94
unrichtige Bezeichnung, Berichtigung 263 89
Verjährungshemmung Lohnanspruch aus Annahmeverzug 434 19
Weiterbeschäftigungsanspruch 454 5 f, 12 f, 21 f
Wiedereinstellung, rückwirkende 263 100
Zeugen bei nachträglicher 263 126
Zulassung, nachträgliche 263 122 f
Zuständigkeit 263 90 f
Zustellung Klageschrift 263 109 f
Zustimmung einer Behörde 263 111

Kündigungsschutzprozess 263 82 ff
s a Kündigungsschutzklage
Antrag auf nachträgliche Zulassung bei Betriebsübergang 126 86
Begründung Auflösungsantrag Geschäftsführer 1 28
Begründung Auflösungsantrag leitende Angestellte 1 28
Betriebsübergang 126 81 ff
Beweislast Betriebsbedingtheit Kündigung 228 7
Herausgabeanspruch Arbeitspapiere bei laufendem 47 7
Interessenausgleich Auswahlrichtlinienüberprüfung 228 6
Klageerhebungszeitpunkt bei Betriebsübergang 126 82 ff
Kündigung, erneute 256 68
Umdeutung Kündigung 256 70
Weiterbeschäftigungsanspruch 454 12 f
Wettbewerbsverbot 459 11

Kündigungsverbot
s a Kündigungsschutz 263
Betriebsübergang 126 67 f

Künstler
Arbeitsvermittler Vergütungsanspruch 57 6
ArbN (Begriff) 26 15
ArbN-ABC 26 84
ArbNÄhnliche Personen 27 6
Befreiung von der Versicherungspflicht 90 28

Beitragstragung RV 355 23
beschränkte Steuerpflicht Lohnabzug 285 10
Krankengeldanspruch 264 15
KVBeiträge 252 15
PflegeVBeiträge 338 25
RVPflicht 264 24; 355 14; 357 8
Schadensberechnung bei Verletztenrente 417 49
Sozialabgabe 264 1 f, 26 f
Sozialkasse 264 28
Sozialkassenbeiträge, Steuerfreiheit 264 6
Steuerabzug 78 45
Werbungskostenpauschbetrag 330 14

Künstlersozialabgabe
abgabepflichtige Unternehmen 264 2, 26 f
Betriebsausgabe 264 7
Höhe 264 2
Höhe, Festsetzung 264 26
Vermarkter 264 26

Künstlersozialkasse
KVBeiträge 252 15
Versicherte 264 2

Künstlersozialversicherung 264
Abwälzungsverbot 264 3
Befreiung auf Antrag 264 16
Beginn und Ende 264 20
Beiträge 264 21 f
Beitragsbemessungsgrundlage KV 252 15; 264 21
Bußgeldvorschriften 264 32
Erwerbsmäßigkeit 264 11
Ins Ausland gezahlte Entgelte 264 26
Künstlersozialabgabe 264 2 f, 7
Künstlersozialkassenbeiträge, Steuerfreiheit 264 6
KVBeiträge 264 22 f
Liebhaberei 264 12
Pflegeversicherung 264 15, 19, 25
RVBeitrag 264 24
Überprüfung Unternehmen 264 31
Überprüfung Versicherte 264 30
Überprüfungsverfahren 264 29 f
Versicherte 264 2
Versicherungsfreiheit 264 14 ff
Versicherungsfreiheit kraft Gesetz 264 18
Vorsorgeaufwendungen 264 6

Kürschnermeister ArbNÄhnliche Person 27 7

Kürzungsvereinbarung Anwesenheitsprämie 19 11 f, 17

Küstenfischer
RVPflicht 355 14; 357 8
UVSchutz 417 31

Küstenschiffer
RVPflicht 355 14; 357 8
UVSchutz 417 31

Kundenbefragung Betriebsordnung 116 8

Kundenbindungsprogramm
Beitragsfreiheit 37 126

Kurzarbeitergeld

LStPauschalierung **292** 59, 74
Sachbezug **370** 6
Steuerfreibetrag **37** 74
steuerfreie Einnahmen **392** 20
Kunst Beihilfeleistungen **93** 13
Kunsthandwerker ArbN-ABC **26** 84
Kunsthistorische Vortragstätigkeit Künstlersozialversicherung **264** 13
Kunstsachverständiger ArbN-ABC **26** 84
Kur 265
    ambulante, Kostenübernahme SozVTräger **265** 24
    Anrechnung auf Urlaub **265** 9
    Anzeigepflichten ArbN **265** 6
    Auskunftspflichten ArbN **77** 8, 19
    Auslandsbehandlung **265** 22
    Belastungsgrenze Zuzahlungen **265** 25
    Bewilligung Nichtpflichtversicherte ArbN **265** 4
    Bewilligung Pflichtversicherte ArbN **265** 3
    Entgeltfortzahlung **162** 10; **265** 2, 5 f
    ergänzende Leistungen SozVTräger **265** 26
    Erholungsurlaubsanrechnung **265** 9
    Kosten Außergewöhnliche Belastung **109** 22; **265** 26
    Kostenübernahme ArbGeb **265** 15 f
    Kostenübernahme SozV **265** 19 f
    Krankenhausbehandlung Abgrenzung **265** 17
    Leistungen zur medizinischen Rehabilitation **265** 17
    Leistungsverweigerungsrecht ArbGeb **265** 6
    Schonungszeit **265** 7
    stationäre, Kostenübernahme SozVTräger **265** 24
    Urlaubsanrechnungsverbot **265** 9
    UVSchutz **265** 27
    Vorbeugungskur **265** 17
    Vorsorgekuren **265** 17
    Zuzahlung **265** 25
Kurzarbeit 266
    Annahmeverzug **14** 1
    Arbeitsausfallanzeige BRat **117** 71
    Arbeitskampf **266** 21, 62
    arbeitskampfbedingte in Drittbetrieben **266** 22 f
    Arbeitskampffolge **40** 37
    Arbeitsverhinderung **56** 29
    Bemessung Kurzarbeitergeld **266** 53
    betriebsratsloser Betrieb **266** 11
    Betriebsvereinbarung **266** 4
    Einmalzahlung **154** 15
    Entgeltfortzahlung **162** 14
    Entgeltfortzahlung Feiertag **162** 25, 28
    Erholungsurlaub **266** 14
    Krankengeld **250** 34
    Kündigung, betriebsbedingte **258** 53 f; **266** 16
    Kurzarbeit Null **266** 30
    Kurzarbeitergeld **266** 28 ff

Kurzarbeitergeld Steuerfreiheit **266** 27
LeihArbN **14** 34
Leitende Angestellte **266** 12
Management-Fehler **124** 19
Massenentlassung **266** 18 f; **300** 44
Meldepflichten ArbGeb **304** 43
Mitbestimmung BRat **266** 7 f, 20, 23
Neue Bundesländer **266** 26
Null, Beitragspflicht **99** 14
Resturlaubsanspruch **266** 13
RVPflicht **357** 5
Saison-Kurzarbeitergeld **266** 44 f
SozVBeiträge **266** 64
Urlaubsanspruch bei Kurzarbeit Null **266** 14
Urlaubsdauer bei Transferkurzarbeit **424** 21
Urlaubsgewährung **427** 12
Vermeidung durch ArbNÜberlassung **34** 15
Vermögenswirksame Leistungen **266** 15
Weihnachtsgratifikationkürzung **154** 15
Zeitarbeitsunternehmen **14** 34
Kurzarbeitergeld
    s a *Transferkurzarbeitergeld*
    Altersteilzeit **11** 83
    Anrechnung anderweitigen Einkommens **15** 18
    Anspruchsausschluss **266** 40 f
    Anspruchsvoraussetzungen **266** 29 f
    Antragsverfahren **266** 58
    Anzeigepflicht **266** 57
    Arbeitsausfall bei Arbeitsmangel **124** 17 f
    Arbeitsausfall, vorübergehender **266** 31
    Arbeitskampffolge **266** 62
    ArbGebPflichten **266** 56 f
    ArbGebZuschuss **37** 139
    ArblVPflicht **45** 46
    Auskunftspflichten gegenüber BA **76** 40
    Ausschlussfrist **82** 46
    Beitragszuschuss **266** 65
    Berechnung auf Basis LStKlasse **290** 28
    Berechnung SozVEntgelt **266** 64
    Beschäftigungsgesellschaft **99** 4
    betriebliche Voraussetzungen **266** 37
    Betriebsstilllegung **266** 31
    Betriebsstörung **124** 13
    Bezugsfrist **266** 51 f
    Einkommensanrechnung **266** 55
    Einmalzahlungen, Berücksichtigung **154** 59
    Errechnungs- und Auszahlungspflicht **266** 60
    Erstattung SozVBeiträge **266** 63
    Erstattungsanspruch der Agentur für Arbeit **168** 14, 29 f
    gekündigte ArbN **266** 39
    Heimarbeit **266** 43
    LeihArbN **14** 34; **34** 103; **124** 19; **266** 30
    Leistungssatz **266** 53
    Nachweispflichten ArbGeb **266** 59
    persönliche Voraussetzungen **266** 38 f

Kurzfristige Beschäftigung
    PflegeVZusatzbeitrag **338** 33
    Progressionsvorbehalt **99** 11; **266** 27
    Schadensersatzpflicht gegenüber BA **24** 34
    SozVPflicht **266** 63 f
    Steuerfreiheit **266** 27
    Transferkurzarbeitergeld **266** 42
Kurzfristige Beschäftigung Aushilfskräfte **75** 22, 24 f
Kurzurlaub Betriebsveranstaltung **128** 13
Kurzzeiterkrankung
    Arbeitsunfähigkeitsbescheinigung **53** 9
    Attestvorlage **53** 11
    Betriebsstörung **259** 26
    Entgeltfortzahlung als Kündigungsgrund **259** 23 f
    Interessenabwägung **259** 27
    Kündigung, personenbedingte bei Wiederholungsgefahr **259** 19 ff
    Überbrückungsmaßnahmen **259** 26
    Zukunftsprognose **259** 20
Kurzzeitige Beschäftigung
    AlGeld **42** 18
    Berücksichtigung Sozialplan **385** 8
Kurzzeitpflege Anspruch **339** 29

Ladenschlussgesetz Aushänge im Betrieb **74** 3
Lärm- und Bildschirmpause s Pause **331**
Lagerraum Arbeitszimmer **61** 9, 12
Land- und Forstwirtschaft Aushilfskräfte **75** 22, 27 f
Landwirt
    Befreiung von der Versicherungspflicht **90** 28
    KVPflicht **253** 10
    PflegeVBeiträge **338** 21
Landwirtschaft
    Arbeitszeit Jugendliche **231** 18
    Arbeitszeitanpassungen **59** 20
Langzeitarbeitslose
    Beschäftigungsförderung **279** 29 f
    Eingliederungszuschuss **279** 29 f
Langzeiterkrankung
    Entgeltfortzahlung **259** 15
    Kündigungsschutzverkürzung **259** 18
    Kündigungsvoraussetzung **259** 14
    Überbrückungsmaßnahmen **259** 16 f
    Urlaubsansprüche **259** 15
Laptop BRatKosten **119** 19
Leasing
    ArbNHaftung **33** 20
    Dienstwagenbesteuerung **142** 28
Lebensgefährte Hinterbliebenenversorgung **103** 123 f
Lebensgemeinschaft Homosexuelle **270** 1
Lebensgemeinschaft (gleichgeschlechtliche) Fahrtkostenzuschuss **183** 1
Lebensgemeinschaft (nichteheliche) 270
    Bedarfsgemeinschaft AlGeld II **270** 22
    Bedürftigkeitsprüfung, Auskunftspflichten gegenüber BA **76** 41
    Bedürftigkeitsprüfung Einkommensanrechnung **270** 21
    Betriebliche Altersversorgung **270** 3
    Betriebsvereinbarungen **270** 5
    eheähnliche Gemeinschaft **270** 11
    Ehegattenarbeitsverhältnis **185** 42
    Einkommensanrechnung AlGeld II **270** 22
    Elternzeit **270** 5
    Familienhilfe **270** 21
    Familienversicherung **186** 12
    Hinterbliebenenrente **223** 6; **270** 21
    Leistungen an Partner **270** 14
    Prozesskostenhilfe **270** 6
    Sperrzeit AlGeld **270** 24 f
    Steuerliche Behandlung **270** 12 f
    Tarifleistungen **270** 4
    Unterhaltszahlung außergewöhnliche Belastung **270** 13
Lebenshaltungskosten Werbungskosten Abgrenzung **456** 15 f
Lebenslauf handgeschriebene **334** 18
Lebensmittelpunkt
    Doppelte Haushaltsführung **145** 12, 18 f, 37
    Fahrten zwischen Wohnung und erster Tätigkeitsstätte **182** 28
Lebenspartner Auskunft Rentenanwartschaftshöhe **353** 16
Lebenspartnerschaft 271
    Altersvorsorgevermögen **12** 7
    Arbeitsrechtliche Bedeutung **271** 1 f
    Bedarfsgemeinschaft **271** 17
    Betriebliche Altersversorgung **271** 3
    Betriebliche Altersversorgung, Ungleichbehandlung **103** 11
    Einkommensberücksichtigung bei Sozialleistungen **271** 17
    Elternzeit **271** 2
    Familiäre Mitarbeit **271** 12
    Familienbezogene Leistungen **271** 4
    Familienversicherung **271** 16
    Gleichstellung mit der Ehe **271** 3, 9, 11
    Hinterbliebenenrente **223** 3
    Hinterbliebenenversorgung **271** 16
    LStKlassen **290** 14
    Ortszuschlag **271** 4
    Prozesskostenhilfe **271** 5
    Sonderausgabenabzug Altersvorsorgevermögen **12** 12 f
    Sozialauswahl **271** 2
    SozVRechtliche Stellung **271** 16
    Splittingverfahren **185** 31
Lebenspartnerschaft (eingetragene)
    Erziehungsrente **223** 31
    Hinterbliebenenrente **223** 18
    Zusammenveranlagung **18** 6
Lebensstellung Unkündbarkeit **256** 19; **418** 2 f
Lebensversicherung
    Anzeigepflichten ArbN **21** 14
    Sonderausgabenabzug Beiträge **380** 7

Leistungsbestimmung

Ledige Doppelte Haushaltsführung **145** 17
Leerzeiten Arbeitszimmer **61** 23
Lehrbeauftragter
  ArbNÄhnliche Person **27** 7
  Freie Mitarbeiter **190** 37
  KVPflicht **253** 7
Lehrer
  Arbeitszimmer, häusliches **61** 3
  Auslandslehrer **80** 62
  Klassenfahrten Teilzeitbeschäftigte **402** 93
  Präsenzpflicht in Schulferien **453** 4
  RVFreiheit **90** 34
  RVPflicht **357** 8
Lehrgeld Ausbildungsverhältnis **72** 40
Lehrtätigkeit
  ArbN-ABC **26** 84
  Nebentätigkeit **322** 21
Lehrwerkstatt JAV **232** 2
Leibrente LSt **416** 16
Leiharbeitnehmer
  s a Arbeitnehmerüberlassung / Zeitarbeit **34**
  Abgrenzung Selbstständige, LSt **26** 45
  Arbeitsbedingungen **34** 33 f
  Arbeitsentgelt **34** 33 f
  Arbeitskampf (Vergütung) **40** 36
  Arbeitspapiere **47** 3
  Arbeitssicherheit/Arbeitsschutz **34** 53
  Arbeitsunfall **55** 3
  Arbeitsvertragsnachweis **34** 46
  Arbeitszeitregelung **59** 37
  ArbNEigenschaft **26** 44 f
  ArbNErfindung **34** 54
  Austauschkündigung, unzulässige **258** 48
  Beendigung des Arbeitsverhältnisses **34** 49
  Befristetes Arbeitsverhältnis **34** 47
  Beitragshaftung SozVBeiträge **387** 2
  Beschäftigtenzahlermittlung bei Kleinbetrieb **263** 53 f
  Betriebliche Altersversorgung **34** 33
  BRatAmt **120** 1
  BRatWahl **34** 58; **117** 1
  Doppelbesteuerung, Vermeidung **26** 44
  Drehtürklausel **34** 39
  Einstellung **156** 8, 10
  Entleiher BRat, Zuständigkeit **34** 60
  Entleiher, Rechtsverhältnis **34** 53 f
  Erste Arbeitsstätte **182** 16
  Erste Tätigkeitsstätte **26** 44
  Fehlerhaftes Arbeitsverhältnis zum Verleiher **34** 21
  Gleichbehandlung **34** 33
  Gleichbehandlung, Ausnahmen **34** 40 f
  Gleichbehandlung, Tarifvertragliche Ausnahmen **34** 39
  Gleichbehandlung, zeitlicher Umfang **34** 36
  Haftungsausschluss **34** 103
  Insolvenzgeldanspruch **34** 22; **226** 45
  Kurzarbeitergeld **14** 34; **34** 103; **266** 30
  Kurzarbeitergeldanspruch **124** 19

Leistungsrecht **34** 103
Leistungsstörungen **34** 48
Leistungsverweigerungsrecht bei Arbeitskampf **274** 15
Lohnuntergrenze **34** 40 f; **307** 5
LStEinbehaltung ausländischer Verleiher **78** 46
Mindestentgelt **307** 4, 5
Mindestentgelt, Beitragspflichten **307** 15 f
Mischbetriebe **34** 41
Mitbestimmung BRat Entleiher bei Einstellung **34** 60
Mitbestimmung, personelle Angelegenheiten **310** 8
Prinzip des equal pay **34** 32
Rechte im Entleiherbetrieb **34** 59
Rechtsverhältnis Verleiher **34** 31 f
regelmäßige Arbeitsstätte **26** 44
Schadensersatzanspruch gegenüber Verleiher **34** 22
Scheindienstvertrag **34** 23 f
Scheinwerkvertrag **34** 23 f
Schutz gegenüber Verleiher **34** 46
Schwellenwertermittlung BetrVG **34** 58
subsidiäre Haftung Entleiher **34** 99
Teilzeitbegehren **402** 38
Überstunden **411** 21
Urlaubsanspruch **34** 33
Verbesserungsvorschläge **34** 54
Vergleichbare ArbN des Entleihers **34** 35
VerleiherBRat, Zuständigkeit **34** 62 f
Verpflegungsmehraufwendungen **26** 44
Vertragliche Hauptpflichten **34** 3 ff
Zugangsrechte **34** 57
Zuordnung zum Verleiher- und Entleiherbetrieb **34** 58
Leistungen an Dritte Arbeitsentgelt **37** 76
Leistungen zur Teilhabe am Arbeitsleben
  Anrechnungszeiten **358** 7
  Befreiung von der Versicherungspflicht **90** 24
  UVSchutz **417** 33
Leistungsbehinderung Erwerbsminderungsrente **169** 23
Leistungsberechtigte AlGeld II **43** 8 ff
Leistungsbestimmung 272
  Altersgrenze **272** 16
  Altersteilzeit **11** 5
  Altersversorgung **272** 17, 27
  arbeitsvertragliche **272** 6
  Arbeitszeit **272** 18
  Arbeitszeitklausel, einseitige **272** 6
  Arbeitszeitverkürzung **272** 18
  Beihilfeleistungen **272** 18
  Belegschaftsaktien **272** 19
  Betriebsvereinbarung **272** 7
  Beweislast **272** 13
  durch Dritte **272** 27
  Gehaltserhöhung **272** 20
  Gratifikation **154** 7

Leistungsbestimmungsrecht
- Inhaltskontrolle bei einseitigen **272** 6
- Mitbestimmung BRat **272** 14
- Organisationsänderung **272** 21
- Prämien **272** 22
- Rechtsprechungs-ABC **272** 15 ff
- Tätigkeitszuweisung **272** 23
- Tarifvertrag Angemessenheit **272** 8
- Umfang und Grenzen **272** 9 f
- Urlaub **272** 24
- Versetzungsklauseln **272** 6
- Vorruhestand **272** 25
- Weisungsrecht ArbGeb **272** 3
- Zulagen **272** 26

Leistungsbestimmungsrecht s *Leistungsbestimmung* **272**

Leistungseinschränkung Erwerbsminderungsrente **169** 23

Leistungsfähigkeit Arbeitnehmer Voraussetzung für Annahmeverzug **14** 9

Leistungsgeminderte ArblVFreiheit **45** 35

Leistungsklage
- Aufrechnung **64** 37
- Ausschlussfrist, Geltendmachung **82** 30, 32
- Versetzung **439** 14

Leistungslohn
- Anrechnungsverbot Tariflohnerhöhung **16** 3
- Verbot bei Mutterschutz **317** 16

Leistungsminderung
- AlGeld **42** 33
- krankheitsbedingte als Kündigungsgrund **259** 7, 28 f
- Weiterbeschäftigungsprüfung **259** 30

Leistungsmissbrauch
- Mitteilungspflicht FA **42** 9
- Prüfungsrechte Zollverwaltung **84** 22

Leistungsorientierte Vergütung 273
- Akkordlohn **273** 2
- Aktienoptionen **273** 4
- Arbeitsentgelt **273** 16
- ArbNSchutz **273** 5
- Beitragsrecht **273** 17
- Einmalzahlung **273** 19
- Entgeltfortzahlung **273** 7
- Formen **273** 1
- Geldakkord **273** 2
- Grenzen **273** 4
- Gruppenakkord **273** 2
- Krankheit **273** 6
- Mitbestimmung BRat **273** 8
- Prämienlohn **273** 3
- Tantieme bei AT-Mitarbeiter **273** 3
- Urlaub **273** 6
- Zeitakkord **273** 2

Leistungsphase Altersvorsorgevermögen **12** 17

Leistungsplan Betriebliche Altersversorgung, Mitbestimmung BRat **103** 82

Leistungsrecht Arbeitsentgelt, Bedeutung **37** 83 f

Leistungsunmöglichkeit Kündigung, krankheitsbedingte **259** 43

Leistungsunwilligkeit
- Annahmeverzug **14** 11
- Voraussetzung für Annahmeverzug **14** 9

Leistungsverweigerungsrecht 274
- Arbeitsbedingungen, unzumutbare **274** 12 f
- Arbeitskampf **274** 16
- Arbeitspflicht **48** 7
- ArbGeb **274** 19
- Auswirkungen auf SozVPflicht **274** 21 f
- Beleidigung **274** 14
- Beschwerderecht des ArbN **101** 6
- Betriebsvereinbarung, altersdiskriminierende **129** 13
- Diskriminierung **144** 112
- Entgeltfortzahlung ArbGeb **162** 55
- familiäre Gründe **274** 7
- Fiktion entgeltlicher Beschäftigung **274** 23 f
- Forderungsübergang bei Dritthaftung **188** 13 f
- Gesundheitsschädigung **274** 13
- Gewissensgründe **207** 3 f; **274** 9 f
- Glaubensgründe **274** 9 f
- Hochzeit **274** 7
- Kinderpflege **274** 7
- Kündigung, personenbedingte **274** 17
- Kündigung, verhaltensbedingte **274** 1
- Kur **265** 6
- LeihArbN bei Arbeitskampf **274** 15
- Pflegezeit **274** 8; **341** 7
- Schadensersatzanspruch ArbGeb **274** 18
- Schutzgesetzverstoß ArbGeb **274** 3 f
- Sexuelle Belästigung **274** 14
- Sterbefall **274** 7
- Störung Betriebsfrieden **274** 14
- Tätlichkeiten **274** 14
- Unzumutbarkeit Arbeitsleistung **274** 6
- Vergütungsanspruch **274** 17
- Verletzung Mitwirkungspflichten Sozialleistungen **305** 11
- Verstoß BetrVG **274** 5
- Wehrdienst, ausländischer **274** 11
- Witterungsbedingungen, extreme **274** 13
- Zurückbehaltungsrecht **274** 2

Leistungszulage
- Änderungsvorbehalt **6** 5
- Altersteilzeit **11** 3
- Ausschluss Rechtsanspruch **167** 9
- Entgeltzuschläge **167** 2
- Freiwilligkeitsvorbehalt **6** 12
- Widerruf auf Grund Leistungsbestimmung **272** 26

Leitende Angestellte 275
- Abfindung **1** 2
- Altersteilzeit **11** 55 f
- Arbeitszeit **59** 5; **275** 20
- ArbN **26** 7
- Auflösung des Arbeitsverhältnisses **275** 15 f

Auflösungsantrag bei einheitlichem Arbeitsverhältnis mit mehreren ArbGeb 1 28
Begründung Auflösungsantrag im Kündigungsschutzprozess 1 28
Beschwerderecht 101 1
Betriebsvereinbarung 129 6
BetrVG 275 4 f
BRatAnhörung bei Kündigung 310 19
Ehrenamtliche Richter 275 27
Einsichtnahmerecht BRat Lohnlisten 280 13
Einstellungs- und Entlassungsbefugnis 275 8, 19
Entsendung in Selbstverwaltungsorgane 275 27
Europäischer BRat 172 14
Generalbevollmächtigter 275 20
Generalvollmacht 275 9
Günstigkeitsprinzip 212 15 f
Haftungsprivileg 275 2
Kündigung, außerordentliche wegen Krankheit 257 57
Kündigungsschutz 263 45 f
Kurzarbeit 266 12
LStAnmeldung Konzern 247 22
Massenentlassung 275 16; 300 5, 20
Merkmale 275 7 ff
Mitbestimmung personelle Angelegenheiten 310 39
Mitbestimmung, soziale Angelegenheiten 311 26 f
Musterarbeitsvertrag 275 23
Personalplanung, keine Mitbestimmung BRat 336 4
Prokura 275 9, 20
Prokurist 344 3
sonstige 275 10 f
Sozialauswahl 258 29
Sozialplan 385 7
Sprecherausschuss 275 4
Statusverfahren 275 6
Treuepflichten, erhöhte 275 2; 405 3
Vergütung 275 3, 73
Vermögenswirksame Leistungen 436 14
Zuordnungsverfahren 275 14
Leitungsmacht
Betriebsübergang Übertragung 126 25
Konzern 248 6 f
Lektor ArbN-ABC 26 84
Lemgoer Modell Betriebsübergang 126 44
Lenkzeiten
Fahrtätigkeit 181 4
Lenkzeitunterbrechungen als Ruhepausen 181 4
Lernorte Berufsausbildung 72 3
Lichtbildausweis Mitführungspflicht 386 11
Liebhaberei KünstlerSozV 264 12
Limited Company
LStHaftung 226 32
RVPflicht Geschäftsführer 357 6

Liquidation Übertragung von Versorgungszusagen 103 52, 143
Listenberufskrankheit
Anerkennungsvoraussetzungen 97 11
Einwirkungskausalität 97 11
Haftungsbegründende Kausalität 97 11
Listenmeldung Unständig Beschäftigte 304 28
Listenpreis Dienstwagen 142 27 f
Listenwahl BRatWahlen, Nachrücken Ersatzmitglieder 120 27
Lizenzfußballspieler ArbN-ABC 26 84
Lohn- und Gehaltsabrechnung Aufzeichnungspflichten 68 12, 13
Lohnabrechnung
s a bei den einzelnen Stichworten zu Lohn
ELStAM 282 28
maschinelle Durchführung 285 14
Schriftform 37 24
Lohnabrechnungszeitraum LStBerechnung 285 6, 16
Lohnabsicherung Elternzeit 160 71
Lohnabtretung
s Entgeltabtretung 161
s a Abtretung
Lohnabtretungsurkunde Vorlage ArbGeb 161 11
Lohnabzugsverfahren 276
Abschlagszahlung 276 19
Anrufungsauskunft bei strittigem LStAbzug 276 25
Anrufungsauskunft (FA) Bindungswirkung 17 11 ff
ArbNEntsendung 276 12
Auskunftspflichten ArbGeb 76 28 f
Barmittel, fehlende 276 26
Beitragsabzug 276 33 ff
Beitragstragungslast 276 31
Beitragszahlungspflicht SozVBeiträge 276 31
Beitragungspflicht alleinige, ArbGeb 276 36
Billigkeitsmaßnahmen ArbGeb 276 24
Dritte 276 16
Freistellungsbescheinigung 276 22 f
Haushaltshilfe 276 20
Haushaltsscheckverfahren 276 20
Lohnzahlung an nicht mehr beschäftigte ArbN 276 22
Lohnzahlung durch Dritte, LStEinbehaltung 276 14 f
LStEinbehaltung ArbGeb, inländischer 276 6 f
LStEinbehaltung Verleiher, ausländischer 276 13
LStEntstehung 276 5
Nettolohnvereinbarung 276 21
PflegeV 338 28
Sachbezüge 276 39
Solidaritätszuschlag 276 19

Lohnanspruch

Steuerschuldner **276** 4
Zahlungsfiktion RV **276** 42

Lohnanspruch Verjährung Verfall bei Annahmeverzug **14** 22 f

Lohnausfall
BRatFreistellung Lohnausfallprinzip **118** 16, 23 f, 38
BRatSchulung **121** 19 f
Erstattung Aufsichtsrat **65** 5
Insolvenzgeld **226** 39, 42 f

Lohnausfallprinzip
Abkehr bei Entgeltfortzahlung **162** 12
Arbeitsentgeltschutz bei Mutterschutz **317** 24 ff
ArbGebZuschuss Mutterschaftsgeld **317** 36
BRat **117** 61
Entgeltfortzahlung **162** 12
Entgeltfortzahlung Feiertag **162** 27

Lohnberechnung fehlerhafte **164** 3

Lohnerhöhung
Berücksichtigung bei Mutterschutz **317** 31
Betriebsübergang, Gleichbehandlung **208** 24
Einbeziehung Teilzeitbeschäftigte **402** 94
Gleichbehandlung **208** 24 f
Insolvenzgeldanspruch **226** 57
Leistungsbestimmung **272** 20
rückwirkende **163** 10
rückwirkende, Nichteinbeziehung in Lohnersatzleistungen **163** 19
rückwirkende SozV **163** 13 f

Lohnersatz Schadensersatz aus ArbGebHaftung **24** 20

Lohnersatzleistungen 277
Aktienoptionen **7** 52
Anrechnungszeiten **358** 5
Arbeitskampf (Vergütung) **40** 29 f
Arbeitsverhinderung **56** 21
ArbNPauschbetrag, Abzug **277** 18
Auslösungseinbezug **81** 13
Aussperrung **40** 29 f
Bagatellgrenze **277** 30
Befristetes Arbeitsverhältnis **91** 69
Begrenzungen bei Nettoarbeitsentgelt **323** 26
Beitragsfreiheit Zuschüsse des ArbGeb **277** 30
Beitragspflicht KV, ArbIV, RV **277** 27 f; **357** 12
Beitragspflichtige Einnahmen RV **355** 12
Beitragstragung RV **355** 24
Bemessungsgrundlage Altersteilzeit **11** 82 ff
Berücksichtigung Einmalzahlungen **154** 44, 56 f
Bescheinigung auf LStKarte **277** 15
Einbeziehung Entgeltzuschläge in Leistungsbemessung **167** 19
Einbeziehung Nachtarbeitszuschläge in Leistungsbemessung **320** 17
Einbeziehung Vermögenswirksame Leistungen in Leistungsbemessung **436** 69
Eingruppierung fehlerhafte **152** 32
Eintragung Lohnkonto **277** 15; **278** 5
Einzelfälle **277** 6 f
ELENA **158** 11
Entgeltabtretung **161** 17
Gleichbehandlung Einbeziehung einmalig gezahltes Arbeitsentgelt **208** 48
Grenzpendler **209** 22
Karenzentschädigung Anrechnung **460** 33
Krankengeld Wegfall wegen rückwirkender Rente **277** 20
Lohnanspruchsübergang an SozVTräger **277** 11 f
LStBescheinigung **286** 19 f
LStJahresausgleichsverbot **289** 5
LStKlassen **290** 21
Mitwirkungspflichten ArbN **277** 24 f
Mutterschaftsgeld **315** 6 f, 10
Negativbescheinigung bei Nichtbeschäftigungszeiten **277** 21
Nichtberücksichtigung Einmalzahlungen **426** 11
Nichteinbeziehung Urlaubsabgeltung in Leistungsbemessung **422** 19
Progressionsvorbehalt **277** 5, 13, 16 f
Rückzahlung **277** 13
Ruhen des Krankengeldes **250** 25
Steuersatzberechnung **277** 17
Wegfall rückwirkender **277** 20
Weihnachtsgratifikation **154** 44
Zuflusserfordernis für Leistungsbemessung **294** 40 f
Zusammentreffen mit außerordentlichen Einkünften **277** 17

Lohnformen s *Entgeltzahlungsformen* **166**

Lohnfortzahlung s *Entgeltfortzahlung* **162**

Lohngruppe s *Eingruppierung* **152**

Lohnkonto 278
Angaben SozV **278** 16
Aufbewahrung **278** 10
Aufbewahrungsfristen **278** 13
Aufzeichnungspflichten **278** 11 f
Aufzeichnungspflichten ArbGeb **68** 7
Außenprüfung **278** 14
Bauwirtschaft **278** 19
Beitragsnachweis **278** 14
Bezüge unter Progressionsvorbehalt DBA **278** 6
Bußgeld **278** 20
Digitale Speicherung **278** 3
Eintrag LStErstattung **289** 12
Eintrag Zuschuss Mutterschaftsgeld **315** 5
Eintragung Lohnersatzleistungen **277** 15; **278** 5
Eintragungen bei Nettolohnvereinbarung **323** 19
ELStAM **278** 2

Lohnsteuerabzug

Entschädigungen 278 6
fortlaufende Eintragungen 278 5
Führung durch Dritte 278 2
Gestaltung 278 17
Inhalt 278 3 ff
Kontenabschluss 278 10
Lohnzahlungsunterbrechungszeitraum Eintragung 278 5
LStPauschalierung 278 11
Mindestinhalt 278 4
Mindestinhalt SozV 278 15
nacherhobene LSt 278 9
Personalrabatt 278 7
Sammellohnkonto 278 11 f
SozVRechtlicher Zweck 278 14
steuerfreie Bezüge 278 6
Vergütung mehrjährige Tätigkeit 278 6
Versorgungsbezüge 278 4
Wertguthaben 458 42 f
Wertguthabenaufzeichnung 278 16
Lohnkosten
Senkung durch Änderungskündigung 5 24
Senkung durch Kündigung, betriebsbedingte 258 8
Lohnkostenzuschuss 279
s a Eingliederungszuschuss
s a Rehabilitation (berufliche) 351
Arbeitslohn 279 5 f
Arbeitsverhältnis mit auflösender Bedingung 279 4
Arbeitsvertragsgestaltung 279 2–4
Betriebseinnahme 279 5
Betriebseinnahme bei Rehabilitationsleistungen 351 19
Kombilohn 38 3
Leistungsgeminderte ArbN 279 29
LStAbzug 351 19
Überblick SozV 279 11 f
Lohnkürzung Berücksichtigung bei Mutterschutz 317 32
Lohnlisten 280
Anwesenheit ArbGeb bei Einsichtnahme, Einsichtnahmerecht BRat 280 12
AT-Angestellte, Einsichtnahmerecht BRat 280 14
Außenprüfung 278 14
Außenprüfung SozV 280 20
Beitragsnachweisüberprüfung 280 22
Beitragsrecht 280 20 f
Betragsabrechnung nach BÜVO 280 21
Einsichtnahmerecht ArbN 280 18
Einsichtnahmerecht BRat 76 11; 280 2 ff
Einsichtnahmerecht Sprecherausschuss 280 17
Leitende Angestellte, Einsichtnahmerecht BRat 280 13
Mindestangaben SozV 280 22
Tendenzbetrieb, Einsichtnahmerecht BRat 280 15
Lohnnachzahlung s Entgeltnachzahlung 163

Lohnpfändung
s a Pfändung 337
Abmahnungsgrund 2 15
ausländische 337 10
Bearbeitungskosten ArbGeb 337 43
Betriebsübergang 126 50
Erinnerung § 766 ZPO 337 14
Erleichterungen durch 2. Zwangsvollstreckungsnovelle 337 8
Lohnzufluss 337 39
LStEinbehaltung 276 21
Pfändungsantrag 337 6
Rechtsbehelfe 337 11 f
Rechtswirksamkeit 337 8
unpfändbare und bedingt pfändbare Bezüge 337 23 f
Verstoß gegen die guten Sitten 337 12
Vorschuss 445 6
Werbungskosten ArbN 337 43
Lohnrückzahlung s Entgeltrückzahlung 164
Lohnschiebung Unwirksamkeit bei Pfändung 337 29 f, 42
Lohnsicherung Altersteilzeit 11 60
Lohnsteuerabführung 281
Anmeldungssteuerschuld 281 5
Anrufungsauskunft FA 17 1
Fälligkeitszeitpunkt 281 3
Gläubigerbenachteiligung in der Insolvenz 288 34
Hinterziehung 281 9
Insolvenz 281 6
Insolvenz des ArbGeb 226 26 f
Seeschifffahrt 281 7
Vollstreckung 281 8
Lohnsteuerabrechnung maschinelle Durchführung 285 14
Lohnsteuerabzug
s a Lohnsteuerberechnung 285
Aktienoptionen 7 41
Altersentlastungsbetrag 8 10 ff
Anzeigepflicht ArbGeb bei Nichteinbehaltung LSt 285 25
Anzeigepflichten ArbGeb bei Änderung 20 8 f
Anzeigepflichten bei Änderung 285 25
Behinderte 92 76
Beitragshinterziehung SozV 252 4; 387 18
Beschäftigungsgesellschaft 99 9
Beschränkt EStPflichtige 285 10
beschränkt steuerpflichtige ArbN 285 21 f
Einpendler 209 9
Entgeltfortzahlung 250 6
erweiterte unbeschränkte Steuerpflicht ArbN 285 8
EU-Staatsangehörige 209 19
Freie Mitarbeit 190 32
Freistellungsbescheinigung 285 17
Geringfügige Beschäftigung 202 20
Grenzgänger ohne DBA-Regelung 209 14 f

Lohnsteuerabzugsmerkmale
    Grenzgängerkarte **209** 16
    Hinterbliebenengeld **391** 8
    Lohnkostenzuschuss bei Rehabilitations-
      maßnahmen **351** 19
    Lohnzahlung an Dritte **250** 9
    LStNachforderung Haftung ArbGeb **285** 25
    Nettolohnvereinbarung **285** 15
    ohne ELStAM **285** 18 f
    Preisnachlässe Dritter **370** 15
    Rückwirkende Änderung **285** 22 f
    Rückwirkende Änderung bei Gesetzesände-
      rungen **283** 11
    Sondervorschriften bei künstlerischen Dar-
      bietungen **285** 11
    Sonstige Bezüge **285** 15; **382** 3 ff
    Sterbegeld beim Erben **391** 4 f
    Suspendierung ArbN **98** 10
    unbeschränkt EStPflichtiger ArbN **285** 7 f
    unbeschränkte Steuerpflicht ArbN **285** 7
    Versorgungsbezüge **9** 21
    Vorschuss **445** 16
    Witwengeld **391** 8
Lohnsteuerabzugsmerkmale 282
    Abzugsbescheinigung **282** 26
    Antragsfristen **282** 17
    Antragsrechte ArbN **282** 17
    Anwendung abgerufene **282** 21
    Anzeigepflichten ArbN **21** 12
    Arbeitspapiere **47** 17
    Arbeitsplatzwechsel **282** 27
    Arbeitsrechtliche Relevanz **282** 2
    ArbGebPflichten **282** 19
    ausländischer Wohnsitz **282** 26
    Ausnahmen **282** 26 f
    Beauftragung Dritte **282** 20
    Bekanntgabe **282** 16
    Beschränkt steuerpflichtige ArbN **282** 26
    Bestandteile **282** 11 f
    Eheschließung **282** 17
    Ersatzbescheinigung 2011, Anzeigepflichten
      ArbN **21** 12 f
    eTin **282** 27
    Faktor **282** 11
    Familienstand **282** 14
    Freibeträge **282** 12
    Härtefallregelung **282** 28
    Hinzurechnungsbetrag **282** 12
    Identifikationsnummer **282** 8
    Kinderfreibeträge **282** 11; **287** 9
    Lohnsteuerklasse **282** 11
    LStAbzug bei Nichtvorlage **285** 18 f
    LStKarte, Ablösung **282** 1, 8 f
    Mehrere Dienstverhältnisse **282** 10
    Mehrfachbeschäftigung **302** 8 f
    Meldebehörden, automatisierte
      Mitteilungen **282** 18
    Mitteilungspflichten ArbN **282** 19
    Nettolohnvereinbarung **323** 12
    Nichtmeldepflichtige Personen **282** 26
    ohne maschinelle Lohnabrechnung **282** 28
    Private Kranken- und PflegeVBeiträge
      282 13
    Rechtsbehelfe **282** 25
    Religionszugehörigkeit **282** 14
    Schutzvorschriften **282** 23
    Steuerfreistellung nach DBA **282** 13
    Verfahren **282** 10
    Verwendung durch ArbGeb **282** 24
    Wohnsitzfinanzamt **282** 15
    Zuständigkeit **282** 14
Lohnsteuerabzugsverfahren
    s a *Lohnabzugsverfahren* 276
    Pflichtveranlagung **293** 19
Lohnsteueranmeldung 283
    Abgabepflicht **283** 2
    Änderung **283** 10 f
    Anfechtungsrecht ArbN **283** 15
    Anmeldungszeitraum **283** 5
    berichtigte **283** 10 f
    Datenschutz **140** 28
    Datenübermittlung **283** 3
    elektronische **283** 3
    Festsetzung durch FA **283** 4
    Härtefälle, Ausnahme elektronische Über-
      mittlung **283** 3
    Inhalt **283** 4
    maschinelle **283** 3
    Rechtsbehelfe **283** 14 f
    Schätzung FA bei Nichtabgabe **283** 7
    Schonfrist **283** 6
    Umfang **283** 4
    Verspätungszuschlag **283** 6
    Wirkung **283** 8 f
Lohnsteueraußenprüfung 284
    s a *Außenprüfung* 84
    abgekürzte Außenprüfung **284** 2, 11
    Änderungssperre Steuerbescheide **284** 16 f
    Amtshilfe SozVTräger **284** 22
    ArbGebPflichten bei Insolvenz **226** 25
    Auskunftspflichten ArbGeb **76** 27
    Auskunftspflichten ArbN **77** 37
    Beitragshinterziehung **284** 21
    Bindung für die Zukunft **284** 17
    Bindungswirkung Prüfungsfeststellungen auf
      SozVTräger **284** 20
    Datenschutz **140** 29 ff
    Datenzugriff **284** 9
    Festsetzungsverjährung Ablaufhemmung
      284 13
    Kleinbetrieb **245** 16; **284** 1
    Lohnsteuer-Nachschau **284** 18
    Mitwirkungspflichten ArbGeb, ArbN
      284 9 f
    Musteranträge **284** 19
    Pauschalierungsbescheid LSt **292** 6 ff, 63 ff
    Prüfungsanordnung **284** 3–4
    Prüfungsart **284** 8
    Prüfungsbericht **284** 12
    Prüfungsberichtsvorlage SozVTräger **284** 20
    Prüfungsumfang **284** 5

Lohnsteuerfreibetrag

Prüfungszeitraum **284** 6
Rechtsbehelfe Prüfungsanordnung **284** 7
Schlussbesprechung Bindung **284** 11
Steuernacherhebung ArbGeb, ArbN **284** 14 f
Lohnsteuerberechnung 285
Fürsorgepflicht **195** 14
laufender Arbeitslohn **285** 4, 12 f
Lohnabrechnungszeitraum **285** 6, 16
Lohnzahlungszeitraum **285** 6
LStFreibeträge **285** 12
LStPauschalierung **285** 2
LStTabellen **165** 1 ff; **285** 13
Programmablaufplan maschinelle Berechnung **285** 14
schwankender Arbeitslohn **285** 4
Sonstige Bezüge **285** 5; **382** 3 f
Verfahren **285** 14
Vorsorgepauschale **285** 13
Zuflussprinzip Durchbrechung **285** 4
Lohnsteuerbescheinigung 25; 286
Anschrift ArbGeb/FA **286** 15
Arbeitspapiere **286** 1
ArbGebPflichten **286** 29
Beiträge berufsständische Versorgungseinrichtungen **286** 22
Beiträge gesetzliche RV **286** 22
Bemessungsgrundlage Versorgungsfreibetrag **286** 24
beschränkt steuerpflichtige ArbN **286** 28
besondere **286** 27 f
Bruttoarbeitslohn **286** 17
Eintrag Zuschuss Mutterschaftsgeld **315** 5
elektronische **286** 11 f
elektronische, Ausnahmen **286** 11
elektronische, eTIN **286** 13
elektronische, Identifikationsnummer **286** 13
elektronische, SteuerdatenübermittlungsVO **286** 11 f
elektronische, Übermittlungsfristen **286** 12
Fahrtkostenersatz **29** 11
Fahrtkostenzuschuss **286** 20
Gemeindeschlüssel **286** 15
Hüttenknappschaftliche Zusatzversorgung **286** 22
Inhalt **286** 15 ff
Kindergeld öffentlicher Dienst **286** 25
Korrektur **286** 12
Lohnersatzleistungen **286** 19
Mahlzeitengestellung **286** 20
manuelle **286** 26
Muster **286** 30
Rechtsweg **286** 2 f
Sammelbeförderung **286** 21
Schadensersatzanspruch **286** 5
SozVBeiträge **286** 23
Steuerabzugsbeträge **286** 18
steuerfreie Bezüge **286** 19
Teilzeitbeschäftigung **286** 28

Verpflegungszuschüsse **286** 21
Versorgungsbezüge **286** 23
Vollstreckung, Erteilung **286** 6
Zuschlag zum Versorgungsfreibetrag **286** 24
Lohnsteuereinbehaltung
Abschlagszahlung **276** 19
Anrufungsauskunft bei strittiger **276** 25
Anzeigepflichten ArbGeb **20** 8
Anzeigepflichten ArbN **21** 15
ArbGeb, inländischer **276** 6 f
Barmittel, fehlende **276** 26
Billigkeitsmaßnahmen **276** 24
Freistellungsbescheinigung **276** 22
im Ausland ansässige ArbN bei Leiharbeit **34** 71
Lohnpfändung **276** 21
Lohnzahlung durch Dritte **276** 14 f
LStPauschalierung bei nicht vorschriftsmäßiger **292** 19 f
Montagearbeiter, Ausländer **78** 46
nachträgliche **285** 23 f
Nettolohnvereinbarung **276** 21
nicht mehr beschäftigte ArbN **276** 21
Verleiher, ausländischer **276** 13
Lohnsteuererhebung Heimarbeit **222** 52
Lohnsteuerermäßigung 287
beschränkt eintragungsfähige Aufwendungen **287** 7 f
ELStAM **287** 4
erweitert unbeschränkt steuerpflichtige ArbN **287** 3
Freibeträge vAw **287** 6
Freibetragsaufteilung Ehegatten **287** 11
Glaubhaftmachung **287** 4
Hinzurechnungsbetrag **287** 10
LStNachforderung bei unzutreffendem Freibetrag **287** 15
Mindestgrenze **287** 7 f
Rechtsbehelfe **287** 13 f
Sonderausgabenfreibetrag **380** 20
unbeschränkt eintragungsfähige Aufwendungen **287** 8 f
vereinfachter Antrag **287** 14
Verluste aus Vermietung und Verpachtung **287** 8 f
zuständiges FA **287** 12
Lohnsteuererstattung nachträgliche **285** 23
Lohnsteuererstattungsanspruch
Aufrechnung **64** 16
Ausschlussfrist **82** 11
Entgeltabtretung **161** 13
Pfändung **337** 45 f
Verjährung **434** 7
Lohnsteuerfreibetrag
Aufteilung Ehegatten **287** 11
Ausbildungsfreibetrag **70** 12
Ausbildungskosten **71** 19
Berücksichtigung vAw **287** 6
ELStAM **282** 12
LStBerechnung **285** 12

2807

Lohnsteuerhaftung

LStNachforderung bei unzutreffendem 291 7
Nichtberücksichtigung bei Beitragsberechnung 456 37
Werbungskosten 456 3

Lohnsteuerhaftung 288
Änderungssperre 288 58 f
Anrufungsauskunft Verzichtsauswirkungen 288 24
ArbGeb für frühere ArbGeb 288 9
ArbGebVerschulden 288 13
ArbNÜberlassung 34 72 f
Bagatellgrenze 288 7
Betriebsübergang 126 107 f
Betriebsübernehmer 288 43
Daten verarbeitendes Unternehmen 288 45
Direktor Limited Company 226 32
Dritte 276 18
Entleiher 34 74, 77, 99
Geldwerter Vorteil bei Verzicht auf Ausgleichsanspruch 288 69
Gesamtrechtsnachfolger 288 44
Geschäftsführer 226 32; 288 39 f
Haftungsausschluss ArbGeb 288 14 f
Haftungsbescheid 288 48 ff
Haftungsinanspruchnahme ArbGeb (Auswahlermessen) 288 25 f
Haftungsinanspruchnahme ArbGeb (Entschließungsermessen) 288 22 f
Haftungsumfang Vertreter, Vermögensverwalter, Verfügungsberechtigte 288 30 ff
Inanspruchnahme ArbGeb und ArbN als Gesamtschuldner 288 16 ff
Insolvenz des ArbGeb 226 32
Lohnzahlung durch Dritte 288 12
LStJahresausgleich 289 13
LStVerkürzung 288 14
Nachforderung ArbN 288 10
Nettolohnvereinbarung 288 19
privatrechtliche 288 46
Rechtsbehelf 288 63 f
Rechtsirrtum ArbGeb 288 22
Regressanspruch ArbGeb 288 17
Rückgriffsrecht ArbGeb 288 69 f
Scheinselbständigkeit 374 4
Steuerhinterzieher 288 42
Steuerhinterziehung, Festsetzungsfristen 288 62
Steuerverkürzung, Festsetzungsfristen 288 62
Tatsachenirrtum ArbGeb 288 23
Umfang 288 4 f
unrichtige LStErstattung im LStJahresausgleich 288 10
Verleiher 34 78

Lohnsteuerhaftungsbescheid
Änderung 288 58 f
Aufgliederung Haftungsschuld auf Einzel-ArbN 288 51
Aufhebung 288 59 f

Festsetzungsfrist 288 62
herabsetzender Änderungsbescheid 288 61
inhaltliche Bestimmtheit 288 53 ff
Rechtsbehelfsfrist 288 63 f
Sammelhaftungsbescheid 288 50
Teilbestandskraft 288 67

Lohnsteuerjahresausgleich 289
Altersentlastungsbetrag Berücksichtigung 8 10
ArbNAnzahl 289 3 f
Aufzeichnung im Lohnkonto 289 12
Durchführungspflicht 289 3 f
Durchführungsverbot 289 5 f
Faktorverfahren 289 5
Haftung bei unrichtiger LStErstattung 288 10; 289 13
Insolvenz des ArbGeb 226 29
Jahresarbeitslohn 289 7 f
KirchenLSt 244 26
Kleinbetrieb 245 16
permanenter 289 14 f
Solidaritätszuschlag 379 6
Zeitpunkt 289 11

Lohnsteuerkarte
Arbeitspapiere 47 17
Bescheinigung Kurzarbeitergeld 266 27
Freibetrag Krankheitskosten 255 4
LStAbzug bei Nichtvorlage 285 18; 290 18
Nebentätigkeit 322 2
Persönlichkeitsschutz Inhalt 332 16
Religionszugehörigkeit 244 9
Sonderausgabenfreibetrag 380 20
Versorgungsfreibetrag 223 12

Lohnsteuerklassen 290
Altersteilzeit 290 15
bei Nichtvorlage LStKarte 290 18
beschränkt steuerpflichtige ArbN 290 19
Bestimmung Leistungsgruppe AlGeld 290 22
Drittschuldnerklage 290 4
Einteilung 290 11 f
ELStAM 282 11
Elterngeld 159 6
Elterngeld, Höhe 290 15
Elterngelderhöhung durch Wechsel 290 3
Faktorverfahren 290 17
gewillkürter Steuerklassenwechsel bei Ehegatten 290 24 f
Kurzarbeitergeld, Grundlage 290 28
Lebenspartnerschaft 290 14
Maßgeblichkeit für Berechnung Nettoarbeitsentgelt Lohnersatzleistungen 290 21
Mehrfachbeschäftigung 302 8 f
Missbrauch Steuerklassenwahl 290 3
Nettolohnvereinbarungen 290 2
Pfändung 337 29
Übergangsgeld/Überbrückungsgeld, Steuerklassenwechsel 410 5
Verheiratete ArbN 290 14

Lohnsteuertabellen

Lohnsteuerklassenwahl
AlGeldAnspruch **290** 22
Einteilung Lohnsteuerklassen **290** 11 f
Lohnsteuernachforderung 291
Änderung Pauschbetrag Körperbehinderte/ Hinterbliebene **291** 8
Änderung persönliche Verhältnisse **291** 5
bei ArbGeb **291** 15
bei unzutreffendem Freibetrag **287** 15; **291** 7
Eintritt beschränkte Steuerpflicht **291** 6
EStVeranlagung **291** 11
Haftung ArbGeb **285** 25
LStPauschalierung **291** 15; **292** 63 ff
Musteranträge **291** 16
nichtvorschriftsmäßige Einbehaltung LSt **291** 10
Sachbezüge **291** 4
Schädliche Verfügungen über Versicherungsbeiträge **291** 12
Steuersatzermittlung § 40 Abs 1 EStG **292** 21 ff
Teilzeitbeschäftigte **402** 114 ff
unmittelbare durch FA bei ArbN **291** 14 f
Verfahren **291** 14 f
Lohnsteuer-Nachschau
LStAußenprüfung **284** 18
Selbstanzeige **284** 18
Lohnsteuerpauschalierung 292
Änderungssperre **292** 11
Arbeitsentgelt **37** 113
Arbeitsrechtliche Auswirkungen **292** 1
ArbNBeförderung **29** 10, 17
Artisten, beschränkt steuerpflichtige **285** 11
Aufwandsentschädigung Ausbilder **69** 19
Aufzeichnungspflichten **402** 118
Aushilfskräfte **75** 23 f
bei LStNachforderungen **292** 63 ff
bei nicht vorschriftsmäßiger LStEinbehaltung **292** 19 f
Beiträge Pensionskasse **103** 129
Beitragsfreies Arbeitsentgelt **37** 132
Beitragsfreiheit **292** 68 ff
Bemessungsgrundlage Zukunftssicherungsleistungen **292** 47 f
Betriebsveranstaltung **128** 14; **292** 33, 72
Direktversicherung **103** 135; **292** 41, 44, 73
Durchschnittssatzberechnung Pensionskasse **292** 49 f
Ehegattenarbeitsverhältnis **292** 45
1000-€-Grenze **292** 17
Eintragung Lohnkonto **278** 11
Entgeltrückzahlung **164** 23
Entgeltumwandlung bei Sachzuwendungen **292** 60
Entstehungszeitpunkt **292** 7
Erholungsbeihilfe **292** 34 f, 72
Essenszuschuss **170** 15, 24; **292** 30 f, 72
Fahrten zwischen Wohnung und Arbeitsstätte **29** 10; **292** 39, 72

Fahrtkostenzuschuss **25** 5
fehlerhafte bei Teilzeitbeschäftigung **402** 119
Gehaltsüberwälzung, Beitragsfreiheit **37** 135
Geringfügige Beschäftigung **202** 22 f
Geschäftsführerhaftung **288** 35
Gleichbehandlung ArbN **208** 41
Incentivereisen **225** 4
Incentivereisen als sonstiger Sachbezug, SozV **225** 17
Insolvenz des ArbGeb **226** 27
keine automatische Übernahme durch ArbGeb **292** 1
KirchenLSt **244** 4, 17 f
Kirchensteuer **292** 61
Künstler **285** 11
Kundenbindungsprogramm **292** 59
LStBerechnung **285** 2
LStNachforderung **291** 15
Miles & More **292** 59
mit festem Steuersatz **292** 28 f
mit variablem Steuersatz **292** 14 ff
Mitbestimmung, soziale Angelegenheiten **311** 29
Musterformular **292** 67
Nachweisverfahren bei KirchenLSt **244** 19
Nettolohnvereinbarung **292** 2; **323** 2
Pauschalierung durch Dritte **292** 59
Pauschalierungsbescheid nach LStAußenprüfung **292** 6 ff
Pauschalsteuer **294** 12
Pensionskasse **103** 135; **292** 46
Reisekosten **141** 34
Sachprämien aus Kundenbindungsprogramm **292** 74
Sachzuwendungen **292** 60, 75
Sammellohnkonto **278** 11 f
Solidaritätszuschlag **292** 61
Sonstige Bezüge **292** 15
Sonstige Bezüge SozV **292** 71 f
Steuerschuldner **292** 3
Teilzeitbeschäftigte **292** 40
Teilzeitbeschäftigung **402** 98, 115 ff
Überlassung von Datenverarbeitungsgeräten **292** 37
UVBeiträge **292** 57; **417** 9
Verpflegungsmehraufwendungen **292** 36
Vervielfältigung Pauschalierungsgrenze **292** 53 f
Zulassungsverfahren nach § 40 Abs 1 EStG **292** 26 f
Zusatzversorgungskasse, Sonderzahlungen **103** 122
Lohnsteuerpflichtiges Arbeitsentgelt
s Arbeitsentgelt **37**
s a Gratifikation
s a Sachbezug **370**
Lohnsteuertabellen 293
s a Lohnsteuerberechnung **285**
Anwendung **293** 21

Lohnsteuerverfahren

Aufzeichnungspflichten ArbGeb **293** 18
Ermittlung LSt **293** 3
Frei- und Pauschbeträge, eingearbeitete **293** 7
MaßstabsLSt **293** 7
Mindestvorsorgepauschale **293** 16
Programmablaufplan **293** 2
Typisierter ArbNAnteil KV **293** 11
Vorsorgepauschale **293** 6, 8 f
Lohnsteuerverfahren Freibetrag Ausbilder **69** 17
Lohnsteuerverkürzung LStHaftung **288** 14
Lohnuntergrenze
ArbNÜberlassung **307** 8
LeihArbN **34** 40 f; **307** 5
Lohnunterlagen
Aufzeichnungspflichten SozV **68** 9 ff
Meldeunterlagen SozV **304** 21 f
Lohnverrechnung Wandelschuldverschreibungsfinanzierung **7** 31
Lohnverwendungsabrede Spende **165** 11
Lohnverwirkungsabrede Lohnverzicht **165** 2
Lohnverzicht
s a Entgeltverzicht **165**
Lohnzufluss **294** 13
Lohnwucher
Arbeitsentgelt **37** 14 f
Arbeitsvertrag **58** 61
Mindestentgelt **307** 7
Lohnzahlung Unterbrechungszeitraum Eintragung Lohnkonto **278** 5
Lohnzahlung an Dritte
LStAbzug bei AlGeld **250** 9
LStAbzug bei KAUG **250** 9
LStAbzug bei Lohnfortzahlungsanspruch **250** 9
Lohnzahlung durch Dritte
Anzeigepflichten ArbN **21** 17
Incentivereisen **225** 7
LStEinbehaltung **276** 14 f
LStHaftung **288** 12
Meldepflichten ArbN **305** 6
Mittelbares Arbeitsverhältnis **313** 22
unechte, LStEinbehaltung **276** 14
Verbundene Unternehmen **276** 14
Lohnzahlungsformen s Entgeltzahlungsformen **166**
Lohnzahlungszeitraum LStBerechnung **285** 6
Lohnzufluss 294
ABC **294** 6 ff
Aktienoptionen **7** 23 f
Arbeitsentgelt aus Arbeitszeitguthaben **294** 37
Arbeitsentgeltanspruch **294** 24 f
Arbeitsentgelthöhe SozV **294** 19
Beitragszahlung an Versorgungseinrichtung **103** 122
Drittverwertung Optionsrecht **7** 28
Durchbrechung Zuflussprinzip **294** 5
Einmalzahlungen **294** 36
Entschädigung für Verzicht auf Erwerbsoption **7** 27
Entstehung LSt **294** 2
Entstehungsprinzip SozV **294** 20 f
Geldbeträge **294** 3
GesamtSozVBeitrag **294** 9
Hinterlegung pfändbaren Arbeitslohns **337** 39
Jahresnetzkarte **294** 10
Nachzahlung laufendes Arbeitsentgelt SozV **294** 39 f
ohne Entgeltanspruch, SozV **294** 34
Optionen **7** 23 f
Optionen Dritter **7** 25
Optionsübertragbarkeit **7** 26
Rückdeckungsversicherungsabtretung **252** 8
Rückforderungsanspruch **294** 12
Sachbezüge **294** 4
Sonderzahlungen SozV **294** 38
SozVRecht **294** 19 ff
Stille Beteiligung **7** 24
Systemumstellung Betriebliche Altersversorgung **103** 122
Tantieme **294** 12
Verlosung **294** 13
Zahlungsunfähigkeit ArbGeb **294** 42
Zuflusserfordernis für Leistungsbemessung Lohnersatzleistungen **294** 40 f
Zuflussprinzip SozV **294** 22 f
Lohnzuschläge s Entgeltzuschläge **167**
Lokführer Tarifeinheit **400** 7
Losgewinn
Arbeitsentgelt **459** 20
Incentivereise **225** 14
Loyalitätspflichten ArbN Kirchenarbeitsrecht **243** 4 ff
Luxemburg Grenzgängerbesteuerung **209** 14 f
Luxusaufwendungen Nichtberücksichtigung bei Bewirtungsaufwendungen **132** 5

Märzklausel Anwendung **94** 17
März-Regelung Einmalzahlung SozV **154** 54
Mahlzeitengestellung
auf Veranlassung ArbGeb **141** 39
Auswärtstätigkeit **141** 36 f
Kürzung **141** 43
Lohncharakter **141** 37
Üblichkeit **141** 38
Vorrang Verpflegungspauschale **141** 40
Mahnbescheid Verjährungshemmung **434** 17
Makler ArbN-ABC **26** 84
Maklergebühr
Ansatz als Umzugskosten **415** 25
Arbeitsentgelt/Arbeitslohn bei Verzicht **444** 14
Aufwandsentschädigung **66** 10

Mehrarbeit

Management-Fehler
  Betriebsstörung **124** 19
  Kurzarbeit **124** 19
Mandantenschutzklausel ArbN in freien Berufen **460** 4
Mandatsträger
  Abmahnung **2** 34
  Änderungskündigung **5** 7
  Auflösung des Arbeitsverhältnisses **1** 29
Mankoabrede
  Fehlgeldentschädigung **187** 3 f, 17 f
  Fehlgeldentschädigung als Arbeitslohn **187** 27
  Kündigung, außerordentliche **257** 61
  Mankohaftung **187** 7 ff
  Zulässigkeit **187** 4 f
Mankogeld s *Fehlgeldentschädigung* **187**
Mankohaftung
  s a Fehlgeldentschädigung **187**
  Anfechtung Schuldanerkenntnis **187** 20
  Anfechtung Vergleich **187** 20
  Existenzgefährdung ArbN **187** 14
  grobe Fahrlässigkeit **187** 14
  Haftungsmilderungen **187** 13
  Mitverschulden **187** 11
  Verschuldensbeweis **187** 8 f
  Verschuldenshaftung **187** 8 ff
Mannequin
  Arbeitsvermittler Vergütungsanspruch **57** 6
  ArbN-ABC **26** 84
Mannschaftssport Kostenübernahme durch ArbGeb **122** 6
Marketingberater ArbN-ABC **26** 84
Marktforscher ArbN-ABC **26** 84
Massenänderungskündigung Abgrenzung Streik **40** 1
Massenentlassung 300
  Änderungskündigung **5** 8; **300** 9 f
  Alt- und Übergangsfälle **300** 8
  Anzeige an die BA **300** 21
  Anzeigepflicht **300** 42
  Anzeigepflichten ArbGeb **20** 5; **300** 12, 15, 21, 42
  Betriebsgröße **300** 12 f
  Betriebsstilllegung **300** 14
  Betriebsteil **300** 4
  Bindung ArbG an bestandskräftige Verwaltungsakte der BA **300** 24
  Entlassungsbegriff **300** 8
  Etappenweise Kündigung **300** 16
  EuGH-Rechtsprechung **300** 8
  EU-Massenentlassungsrichtlinien **300** 4
  EU-Richtlinien **171** 26
  fehlende Anzeige **300** 23
  fehlerhafte Anzeige **300** 23
  Freifrist **300** 28
  Heimarbeiter **300** 5
  Interessenausgleich **228** 9
  Kleinbetriebe **300** 12
  Kündigungsschutzbestimmungen **300** 6
  Kurzarbeit **266** 18 f; **300** 44
  Leitende Angestellte **275** 16; **300** 5, 20
  Massenentlassungsrichtlinie **300** 1
  Mitbestimmung BRat **300** 17 ff
  Namensliste **228** 9
  Saisonbetrieb **300** 3; **373** 4 f
  Sozialauswahl **258** 26
  Sperrfrist **300** 26 f, 43
  Sperrzeit bei Aufhebungsvertrag **300** 45 f
  Unwirksamkeitsgründe **300** 7, 23 f
  vom ArbGeb veranlasste Kündigung **300** 10
  Vorstandsmitglieder **300** 5
  wesentliche Schritte, Übersicht **300** 2
  Zeitpunkt der Anzeigepflicht **300** 16
Massenkündigung s *Massenentlassung* **300**
Masseschulden Nachteilsausgleichsansprüche **321** 16
Masseur ArbN-ABC **26** 84
Masseuse ArbN-ABC **26** 84
Masseverbindlichkeiten
  Abfindungsanspruch **1** 38
  Altersteilzeitansprüche **226** 4
  Arbeitsentgelt/Arbeitslohn bei Insolvenz des ArbGeb **226** 4
  Sozialplanforderungen bei Insolvenz des ArbGeb **226** 12
Maßregelungsverbot
  aktiver gewerkschaftlicher Einsatz **263** 36
  Diskriminierung **144** 113
  Teilnahme rechtmäßiger Streik **263** 36
  Teilzeitbeschäftigung **402** 14
  unsinnige Arbeitsanweisung **263** 37
Maßstabslohnsteuer Lohnsteuertabellen **293** 7
Maurer- und Putzkolonne Gruppenarbeitsverhältnis **211** 3, 21
Medizinische Indikation Schwangerschaftsabbruch **376** 8
Medizinische Vorsorgemaßnahmen Anrechnung auf Urlaub **424** 18
Medizinischer Dienst 301
  BEM, Mitwirkung **105** 16
  Eingruppierung Facharzt **301** 5
  Einstufung in Pflegestufen **339** 18
  Entgeltfortzahlungsanspruch, Auswirkungen **301** 4
  Funktion **301** 7
  Rücksichtnahmepflichten Arzt **301** 5
  Stellungnahme Arbeitsunfähigkeit **301** 1, 8
  Tätigwerden **301** 2
  Überprüfung Arbeitsunfähigkeitsbescheinigung **54** 11, 13, 21
  Untersuchungsergebnis, abweichendes **301** 4 f
  Wirtschaftlichkeitsprüfung **301** 9
Mehrarbeit
  Abgrenzung Überstunden **411** 1
  Altersteilzeit **11** 79
  Ausbildungsverhältnis **72** 31
  Freizeitausgleich **72** 32

Mehrarbeitszuschlag
    Gleichbehandlung **208** 36
    Jahresarbeitsentgelteinbezug **230** 16
    Schwerbehinderung Freistellung **92** 35
    Verbot bei Mutterschutz **317** 17
Mehrarbeitszuschlag
    Arbeitsentgeltschutz bei Mutterschutz **317** 29
    Bemessung AlGeld **411** 28
    BRatFreistellung Lohnausfallprinzip **118** 16, 23
Mehraufwandsentschädigung Ein-Euro-Job **151** 11
Mehraufwands-Wintergeld *s Wintergeld* **463**
Mehrehe Hinterbliebenenrente, Aufteilung **223** 2
Mehrfachbeschäftigung 302
    ArbGebHaftung SozVBeiträge **302** 14 f
    Beitragsaufteilung **302** 14 f
    Beitragspflicht SozV **302** 12
    Beitragstragung, altes Recht **302** 14 f
    Beitragstragung, neues Recht **302** 17 f
    Beitragszuschuss **302** 24
    Einheitliches Beschäftigungsverhältnis **302** 28
    Fragerecht ArbGeb **302** 21 f
    Krankengeldberechnung **302** 25
    Krankenkassenzuständigkeit **302** 23
    Kündigungsschutz **302** 4 f
    Losgelöste selbständige Tätigkeit **302** 29
    Meldepflichtenverstoß ArbGeb **302** 5 f
    Rentnerbeschäftigung **302** 10 f
    RVFreiheit **356** 4
    Verletztengeldberechnung **302** 26
    Wegfall SozVFreiheit bei Geringfügig Beschäftigten **302** 2
    Zulässigkeit **302** 2 ff
Mehrfachpfändung
    Hinterlegungsrecht Drittschuldner **337** 35
    Rangfolge **337** 31 f
Mehrheitswahl BRatWahlen, Nachrücken Ersatzmitglieder **120** 28
Mehrjährige Tätigkeit
    Aktienoptionen **7** 39
    ArbNErfindung **32** 31
    Außerordentliche Einkünfte **85** 17 f
    Nachzahlungen **163** 9
Mehrlingsgeburt
    Elternzeit, Anspruchszeitraum **160** 8
    Geburtsbeihilfe **242** 7
    Mutterschaftsgeld **315** 17
    Mutterschutz **317** 6
Mehrmütterkonzern KonzernBRat **248** 8
Mehrurlaub Verrechnung bei Elternzeit **160** 43
Meinungsfreiheit 303
    Ausländerfeindlichkeit **303** 6
    Beeinträchtigung Arbeitsabläufe **303** 4
    Beleidigung **303** 2
    Einschränkung durch Rücksichts- und Loyalitätspflichten **263** 15; **303** 3
    Gewerkschaftswerbung **303** 9
    Gewissensfreiheit **303** 16
    Grenzen **303 f**
    Interessenabwägung **303** 14
    Öffentlicher Dienst **303** 6
    politische Betätigung **303** 5
    politische Meinungsäußerung **303** 8, 15
    Religionsausübung **303** 17
    Rücksichtspflichten **303** 2
    Sperrzeit bei Kündigung **303** 13 ff
    Tendenzbetrieb **303** 7
    Üble Nachrede **303** 2
    Volksverhetzung **303** 2, 6
Meister-BAföG
    Berufsausbildungsförderung **96** 5, 7
    Fortbildung **189** 25
Meisterpreis steuerfreie Leistung **96** 5
Meisterprüfung Fortbildungskosten **189** 25
Meldepflichten RVPflichtige Selbstständige **304** 44
Meldepflichten Arbeitgeber 304
    s a Anzeigepflichten Arbeitgeber **20**
    s a Meldepflichten Beitragsrecht
    s a Meldungen Sozialversicherung
    Arbeitnehmerverleih **304** 5
    Arbeitskampf **304** 40 f
    ArbNÜberlassung **34** 96
    ArbNUnterrichtung über Meldungen SozV **304** 22
    Beendigung Arbeitsverhältnis **42** 68
    Beitragsrecht SozV **304** 3 ff
    Beschäftigungsbeginn und -ende **304** 5, 23
    Betriebseröffnung **304** 37
    Einstellung **156** 15
    Einzugsstelle **304** 4 ff
    Familiäre Mitarbeit **185** 46
    Familienangehörige **304** 34
    Formelles Meldeverfahren SozV **304** 7 f
    Geringfügige Beschäftigung **202** 91 ff; **304** 31 ff
    Gesellschaftergeschäftsführer **304** 34
    Heimarbeit **222** 67 ff
    Insolvenz **304** 42
    Jahresmeldung **304** 5, 30
    Jahresmeldungen UV **304** 48
    Künstlersozialversicherung **264** 28
    Kurzarbeit **304** 43
    LStBescheinigung **286** 29
    Mehrfachbeschäftigung **302** 5
    Meldepflichtverletzung SozV **304** 17
    Meldeverfahren UV **304** 45 f
    Meldungen SozV **304** 23 ff
    Meldungen SozV nach Datenerfassungs- und -übermittlungsverordnung (DEÜV) **304** 11 ff
    Nichtvorlage SozVAusweis **304** 5
    Regelmeldungen Beitragsrecht **304** 5
    Schwarzarbeit **377** 13 f

Sofortmeldung **304** 29
SozVBeiträge **377** 14 f; **387** 44 f
tarifvertragliche **304** 1
Unfallanzeige **304** 36
Unständig Beschäftigte SozV **75** 44; **304** 28
Unterbrechungsmeldung **304** 23
Unternehmensänderung **304** 39
Unternehmerwechsel **304** 38
UV **377** 15
Verstoß als Ordnungswidrigkeit **377** 23 f
Wertguthaben/Zeitguthaben **458** 43
Meldepflichten Arbeitnehmer 305
Arbeitslose **305** 12
Arbeitslosigkeit **42** 64 ff
Arbeitsschutz **305** 2
ArbNErfindung **305** 1
Aufhebungsvertrag **63** 47
Befristetes Arbeitsverhältnis, Beendigung **42** 65
Einberufung Wehrdienst **305** 10
gegenüber ArbGeb, SozV **305** 7
gegenüber Einzugsstelle **305** 8
Gesetzliche Meldepflichten **305** 1 f
Lohnabzugsverfahren **276** 35
Lohnzahlung durch Dritte **305** 6
Meldepflichtverletzung SozV **135** 7
Mitwirkungspflichten **305** 11
Sicherheitsmängel **305** 2
Umständig Beschäftigte **305** 9
Versorgungsbezüge **305** 10
Meldepflichten Beitragsrecht
s a *Meldepflichten Arbeitgeber* **304**
s a *Meldeverfahren Sozialversicherung*
Datenerfassungs- und -übermittlungsverordnung (DEÜV) **304** 7 ff
Formelles Meldeverfahren **304** 7 f
Geschäftsführer **204** 47
Meldeanlass nach § 28a Abs 1 SGB IV **304** 23
meldepflichtige Personen **304** 11
Meldungsanforderungen **304** 14 ff
Meldungsannahmestellen **304** 13
Regelmeldungen **304** 5
Schwarzarbeitbekämpfungsgesetz **377** 13 f
zu meldende Personen **304** 12
Meldepflichten im Beschäftigungsverhältnis materielle Meldeanlässe, Übersicht **304** 4 f
Meldepflichtige Arbeitnehmer Beendigung Arbeitsverhältnis **42** 64 ff
Meldeverfahren Sozialversicherung
s a *Datenerfassungs- und -übermittlungsverordnung (DEÜV)*
s a *Meldepflichten Arbeitgeber* **304**
Anforderungen **304** 14 ff
ArbNUnterrichtung über Meldungen **304** 22 f
Beitragsnachweis **304** 18
Betriebsnummer **304** 16

Minderjährige

Datenerfassungs- und -übermittlungsverordnung (DEÜV) **304** 7 ff
Datenübertragung **304** 18 f
Euro **304** 15
Meldeanlass nach § 28a Abs 1 SGB IV **304** 23 ff
Meldepflichtverletzung **304** 17
Richtlinien SozVTräger **304** 10
Sammelmeldungen **304** 14
Versicherungsnummerzuordnung **304** 8
Vordruck-Verfahren **304** 18
Zeitpunkt **304** 14
Zulassung zur Datenübermittlung **304** 21
Meldung Geringfügige Beschäftigung
Ausnahmen **304** 31
Inhalt **304** 31
Meldefrist **304** 31
Meldungen Sozialversicherung
Altersteilzeitarbeitsbeginn und -ende **304** 23
Auflösung des Arbeitsverhältnisses **304** 23
Beitragspflichtänderungen **304** 23
Berufsausbildungsbeginn und -ende **304** 23
Beschäftigungsbeginn und -ende **304** 5, 23
Beschäftigungsunterbrechung **304** 23
Einmalzahlungen **304** 26
Familienangehörige **304** 34
Geringfügige Beschäftigung **304** 31 ff
Gesellschaftergeschäftsführer **304** 34
Inhalt **304** 24
Jahresmeldung **304** 5, 30
Korrektur **304** 35
Meldefristen **304** 25
Mitgliedschaftsende KV **304** 23
Schwarzarbeitbekämpfungsgesetz **377** 13 f
Sofortmeldung **304** 29
Unständig Beschäftigte **304** 28
Unterbrechungsmeldung **304** 5, 27
Meldungen Unfallversicherung
Betriebseröffnung **304** 37
Betriebsübergang **126** 115 f
Unfallanzeige **304** 36
Unternehmensänderungen **304** 39
Unternehmerwechsel **304** 43
Mietbeihilfe Beihilfeleistungen **93** 6
Mietentschädigung Ansatz als Umzugskosten **415** 24
Mietvertrag Arbeitszimmer **61** 27 f
Mietwert Dienstwohnung **143** 33
Mietwohnung
Arbeitszimmer **61** 21
Auslandsdienstreise **79** 16
Mikrofilm Arbeitsmittel **46** 18
Miles & More
Arbeitsentgelt **37** 73
Betriebliche Übung **201** 2
LStPauschalierung **292** 59
Minderheitsgewerkschaft Tarifeinheit **400** 2, 8
Minderjährige 306
Anzeigepflichten ArbN **21** 10

Minderleistung
    Arbeitsvertrag **58** 12; **306** 3 ff
    Arbeitsvertrag Ermächtigung durch gesetzlichen Vertreter **306** 9 ff
    ArbGebStellung **306** 21 f, 36
    Aufhebungsvertrag **63** 11
    Ausgleichsquittung **306** 15
    Berufsausbildungsvertrag **72** 8
    Beschäftigungsverbot **306** 2
    Einschränkung Handlungsfähigkeit Sozialrecht **306** 44 f
    Faktisches Arbeitsverhältnis **306** 19
    Gesamtvertretung **306** 17
    Geschäftsfähigkeit beschränkte **306** 1
    Geschäftsunfähige Kinder **306** 1
    Haftung **306** 24
    Handlungsfähigkeit Sozialrecht **306** 37 ff
    Jugend- und Auszubildendenvertretung **306** 20
    Jugendarbeitsschutz **231** 2 f
    Kreditaufnahme **306** 23
    Kündigung Arbeitsverhältnis **306** 16 f
    Kündigungserklärung Ausbildungsverhältnis **72** 49
    Selbstständige Tätigkeit, Ermächtigung durch Vormundschaftsgericht **306** 22 f
    Unterrichtungspflicht gesetzliche Vertreter bei Gewährung von Sozialleistungen **306** 38, 43
    Veranlagung **306** 34
    Vertretung durch Eltern/Vormundschaftsgericht **306** 7 f
    Wettbewerbsverbot **460** 13
Minderleistung Kündigung, verhaltensbedingte **260** 38
Minderung der Erwerbsfähigkeit
    Berufskrankheit **97** 16
    Künstler, Schadensberechnung **417** 49
    Schadensberechnung bei Verletztenrente **417** 47 f
Mindestarbeitsbedingungen Arbeitnehmerentsendung **31** 4
Mindestbeschäftigungszeit Altersteilzeit **11** 46
Mindestbestandsschutz Kündigung, betriebsbedingte **258** 8
Mindestehedauerklausel Hinterbliebenenrente **223** 3
Mindestentgelt 307
    Abfallwirtschaft **307** 4
    Allgemeinverbindlicherklärung **307** 6
    Anrechnung anderweitigen Einkommens **307** 9
    ArbNEntsendung **31** 7 f; **307** 4
    Aufstocker **307** 8
    Bauwirtschaft **307** 4
    Bewachungsgewerbe **307** 4
    Europa/USA **307** 2
    GesamtSozVBeiträge **307** 20 f
    Instrumente **307** 3 f
    Kombilohn **307** 1
    LeihArbN **307** 4
    Lohnuntergrenze LeihArbN **307** 5
    Lohnwucher **307** 7
    Mindestarbeitsbedingungen **307** 3
    Mindestentgeltanspruch, Erfüllung **307** 9
    Postbranche **307** 4
    Rechtspolitische Aspekte **307** 8
    Sittenwidrigkeit **307** 7
    Verjährung Beitragspflicht **307** 17
Mindestlohn
    s a Mindestentgelt **307**
    Arbeitsentgelt **37** 17
    ArbNEntsendung **31** 7 f
    Baugewerbe, Tarifbindung **401** 12
    Bundeseinheitlicher **307** 8
    Gerüstbauer **31** 9
    Mutterschutzlohn **317** 25
    tariflicher **31** 9
    Wirtschaftszweige **31** 9
Mindestnettobetragsverordnung 11 60
Mindeststundenentgelt Heimarbeit **222** 17
Mindesturlaub
    Abgeltung **422** 3
    gesetzlicher **424** 1 ff
    Verzicht **444** 2
Minijob 308
    Arbeitsrechtliche Stellung ArbN **308** 2
    Arbeitsverhältnis **309** 2
    Aufstockungsanspruch Arbeitszeit **308** 2
    Begriff **308** 1
    Beitragsrecht **308** 7 f
    Berechnung SozVBeitrag **252** 34
    Gleichbehandlung **308** 2
    Gleitzone **308** 4, 6 f
    Gleitzonenrechner **308** 10
    Gleitzonenregelung, Ausnahmen und Verzicht **308** 11
    KVBeiträge **252** 34
    Nebentätigkeit **308** 2
    RVBeiträge **355** 20
    SozVBeiträge **308** 1 f
Minijob-Zentrale Geringfügige Beschäftigung **202** 31
Ministerialzulage Aufwandsentschädigung **66** 7
Missbrauchskontrolle
    PflegeVPflicht **340** 20 f
    Unternehmerentscheidung Kündigung, betriebsbedingte **258** 7 f
Missglückter Arbeitsversuch
    Beschäftigungsverhältnis **26** 61 f
    Missbrauchsabwehr SozVRecht **26** 62
Missionar Elterngeld **159** 14
Mitarbeiterbefragung Auskunftspflichten ArbGeb **76** 13
Mitarbeiterbeteiligung 309
    Abfindung für Verlust der Beteiligung **309** 12
    Allgemeine Geschäftsbedingungen **309** 9

Mitbestimmung Betriebsrat

Arbeitsentgelt **309** 21
ArbGebHaftung Belegschaftsaktien **309** 6
ArbNDarlehen **309** 3
Begriff **309** 1 f
Belegschaftsaktien **309** 3
Belegschaftsaktien, Übertragung **309** 9 f
Beteiligung am Eigenkapital **309** 2 f
Beteiligung am Fremdkapital **309** 2 f
Beteiligungs-Kaufvertrag **309** 4
Direkte und indirekte Beteiligung **309** 3
Formen **309** 2 f
Fortbestehen bei Beendigung Arbeitsverhältnis **309** 9 f
Genussrechte **309** 3
Gerichtszuständigkeit **309** 15
Gleichbehandlungsgrundsatz **309** 7
Koppelung an Arbeitsverhältnis **309** 11
Kündigung **309** 9 f
Mischformen **309** 2 f
Mitarbeiterkapitalbeteiligungsgesetz **309** 23
Mitbestimmung BRat **309** 13
SozVRechtliche Behandlung **309** 40 f
Staatliche Förderung **309** 14
Vermögensbeteiligung **309** 21

Mitarbeiterbeteiligungs-Sondervermögen
Anwendungszeitpunkt **309** 38
Vermögensbeteiligung **309** 30 f
Vermögensgegenstände, zulässige **309** 31

Mitarbeiterflüge Arbeitsentgelt SozV **382** 18

Mitarbeiterkapitalbeteiligungsgesetz Inhalt **309** 23

Mitarbeiterversammlung Mitbestimmung BRat **130** 3

Mitarbeitervertretung Kirchenarbeitsrecht **243** 14 f

Mitbestimmung Betriebsrat
s a die arbeitsrechtlichen Ausführungen zu den einzelnen Stichworten
Abmahnung **2** 30
Abordnung ArbN an ARGE **39** 11
Änderung Verteilungsgrundsätze übertariflicher Entgelte **16** 11 ff
Änderungskündigung **5** 41 f
Änderungsvorbehalte **6** 18 f
Aktienoptionsrechte **7** 17
Altersteilzeit **11** 9
Anrechnung übertariflicher Entgelte **16** 4 ff
Anwesenheitsprämie **19** 17
Arbeitsbereitschaft **35** 7
Arbeitsgemeinschaft **39** 11
Arbeitskleidung **41** 5
Arbeitspflicht **48** 23
Arbeitsschutzmaßnahmen **51** 8 f
Arbeitssicherheit/Arbeitsschutz **50** 20 f, 25
Arbeitsstoffe, gefährliche **52** 23
Arbeitszeit **453** 13
Arbeitszeitgestaltung **59** 36
Arbeitszeitverlängerung **59** 36
Arbeitszeitverringerung **402** 73 f
ArbGebDarlehen **23** 5
ArbGebZuschuss **25** 3
ArbNBeförderung **29** 6
ArbNDarlehen **30** 7
ArbNErfindung **32** 29
ArbNÜberlassung **34** 62 f
Attest **53** 11
Aufstockung Arbeitszeit **402** 74
Aufzeichnungspflichten **68** 6
Ausbildungsverhältnis **72** 72 f
Aushänge im Betrieb **74** 21 f, 27 f
Ausländerbeschäftigung **78** 20
Auslandszulagen **79** 6
Ausschreibung **83** 15 f
Außertarifliche Leistungen, Vergütungstopf **6** 18
Auswahlrichtlinie **86** 2
Befristetes Arbeitsverhältnis **91** 54
Beihilfeleistungen **93** 2
BEM **105** 4
Bereitschaftsdienst **95** 10
Berufsausbildungsförderung **96** 3
Bestellung und Abberufung eines ArbN zur Fachkraft für Arbeitssicherheit **111** 7
Bestellung/Abberufung Ausbilder **69** 10 f
Betriebliche Altersversorgung **103** 81 f
Betriebliche Berufsbildung **103** 7; **104** 3, 13 f
Betriebliche Berufsbildung Tendenzbetrieb **104** 17
betriebliches Vorschlagswesen **430** 6 f
Betriebsänderung **108** 7
Betriebsarztbestellung **109** 18 f
Betriebsausflug **110** 11
Betriebsbuße **112** 6
Betriebsjubiläum **114** 5
Betriebsordnung **116** 2 f
Betriebssport **122** 4
Betriebsübergang **126** 100 f
betriebsübliche Arbeitszeit **59** 37
Betriebsurlaub **127** 3, 6
Bewerbung **131** 10
Bildschirmarbeitsplatz **133** 9 ff
Bildungsurlaub **134** 26
Datenschutz **140** 22 ff
Dienstreise **141** 11
Dienstreise als Arbeitszeit **59** 40
Dienstreiseordnung Pauschbeträge **330** 4
Dienstwagen **142** 15
Dienstwohnung Zuweisung/Kündigung **143** 15 f
Doppelte Haushaltsführung **145** 3
Eilfälle **411** 20
Ein-Euro-Job **151** 4
Eingruppierung **152** 9 f
Eingruppierung AT-Angestellte **62** 11
Einmalzahlung **154** 22 f
Einstellung **156** 1 ff
Einstellung LeihArbN **34** 61
Einstellungsuntersuchung **157** 16
Entgeltformen **37** 6 f

Mitbestimmung, personelle Angelegenheiten

Entgeltzahlungsformen **166** 8 f
Entgeltzuschläge **167** 4 f
Fahrtkostenzuschuss **183** 4
Formulareinführung Arztbesuch **56** 5
Fortbildung **189** 18
Freie Mitarbeit **190** 22 f
Freistellung von der Arbeit **191** 22
Gefährdungsbeurteilung **200** 3
Geldwerter Vorteil **201** 5 f
Gemeinschaftsbetrieb, Versetzung **439** 15
Geringfügige Beschäftigung **202** 18 f
Gesundheitsschutz **50** 20
Gratifikation **154** 22 ff
Gruppenarbeitsverhältnis **211** 6 f
Handelsvertreter **220** 4
Heimarbeitsentlohnung **222** 30
Incentivereisen **225** 3
Interessenausgleich **228** 7
Internet-/Telefonnutzung **229** 17 f
Internet-/Telefonnutzung, Unterlassungsanspruch **229** 23
Internetüberwachung **229** 10
IT-basierte Whistleblower Hinweissysteme **461** 16
Kantinenpreise **170** 2
Kindervergünstigungen **242** 4
Kontrolle des ArbN **246** 4 ff
Kontrolle des ArbN außerhalb der Betriebsstätte **246** 7
Kontrolleinrichtungen **246** 11 f
Konzern **247** 12
Krankenkontrollbesuche **53** 12
Krankheits- und Fehlzeitendatenaufzeichnung **140** 11
Kurzarbeit **266** 7 f, 20, 23
Leistungsbestimmung **272** 14
Leistungsorientierte Vergütung **273** 8
Lohnzuschläge **167** 9
Massenentlassung **300** 17 ff
Mitarbeiterbeteiligung **309** 13
Mitarbeiterversammlung **130** 3
Nachtarbeit **320** 12
Namensschildeinführung **181** 10
Nichtraucherschutz **324** 4
Pausenregelung **331** 11
Pensionskasse **103** 83
Personalauswahl **334** 20 f
Personalinformationssystem Einführung **335** 5 f
Personalplanung Mitwirkung **336** 3 f
Provisionssystem **345** 21
Rauchverbot **453** 12
Regelungsspielraum bei Anrechnung übertariflicher Entgelte **16** 14 ff
Rentnerbeschäftigung **359** 1
Rufbereitschaft **362** 7
Schichtarbeit **59** 38
Sonn- und Feiertagsarbeit **381** 16
Soziale Netzwerke, Nutzung **342** 5
Sozialeinrichtungen **383** 9 f
Stellenausschreibung, innerbetriebliche **83** 7 f
Stellenbeschreibung **389** 5
Tarifvorbehalt bei Arbeitszeitgestaltung durch Betriebsvereinbarung **59** 41
Tarifvorbehalt Zulagenanrechnung **16** 5
Tarifvorrang Zulagenanrechnung **16** 5
Teilautonome Arbeitsgruppe **211** 18 f
Teiltätigkeit bei Rehabilitation **351** 15
Telearbeit **403** 7 f
Telefondatenerfassung **229** 29 f
Telefonüberwachung mit technischen Geräten **332** 9
Überstunden, Vollstreckung **411** 22
Umgruppierung **310** 7; **412** 7 f
Unterstützungskasse **103** 83
Urlaub, unbezahlter **429** 8
Urlaubsdauer **424** 22
Urlaubsgeld **426** 5
Urlaubsgewährung **427** 18
Urlaubsregelungen **428** 16
Verlängerung betriebliche Arbeitszeit **411** 19
Versetzung **439** 15 ff
Vertragsstrafe **441** 21
Verzicht Versorgungsrecht ArbN **103** 82
Vollanrechnung übertariflicher Entgelte als Druckmittel **16** 13
Werkvertrag **457** 7 f
Whistleblower-System **461** 15 f
Widerruf außertarifliche Leistungen **6** 18 ff
Zielvereinbarung **471** 19 f
Zulagen neu eingestellte Mitarbeiter **37** 7
Mitbestimmung, personelle Angelegenheiten 310
Arbeitsvertragsinhalte **310** 8
Auslandseinsatz **80** 20
Betriebliche Bildung **310** 5
Betriebsstörung **310** 35 f
Betriebsurlaub **127** 6
BRatAnhörung bei Kündigung **310** 14 ff
Ein- und Umgruppierung **310** 7
Einstellung **310** 8
GesamtBRat **203** 16
Kündigung BRatMitglied **310** 34
LeihArbN, Einsatz **310** 8
Leitende Angestellte **310** 39
Personalplanung **310** 4
Sprecherausschuss **310** 39
Tendenzbetrieb **404** 17
Versetzung **310** 8, 9 f
Vorstellungsgespräch, Beteiligung **310** 8
Zustimmungsersetzungsverfahren **310** 9 f
Mitbestimmung, soziale Angelegenheiten 311
AT-Angestellte **311** 9
Auslandseinsatz **80** 19
Betriebskrankenkasse, Einrichtung **311** 30
Eilfälle **311** 10 f
Einigungsstelle **311** 12

Einzelfällekatalog **311** 15
Erweiterung durch Tarifvertrag **311** 14
erzwingbare **311** 1, 4 ff
Form BRatBeteiligung **311** 18 f
freiwillige **311** 1, 24 f
GesamtBRat **203** 14
Gesetzesvorrang **311** 4 f
Initiativrecht BRat **311** 16 f
KonzernBRat **248** 15
Leitende Angestellte **311** 26 f
LStPauschalierung **311** 29
Nettolohnvereinbarung **311** 28
Sperrwirkung Tarifvertrag **311** 7 f
Sprecherausschuss **311** 26
Tariföffnungsklausel **311** 8
Tarifvertragsvorrang **311** 7 f
technische Einrichtungen **229** 19
Tendenzbetrieb **404** 16
Unterlassungsanspruch BRat **311** 21
Verwirkung **311** 23
Wirksamkeitsvoraussetzung **311** 20
Mitbestimmung, wirtschaftliche Angelegenheiten 312
Betriebsversammlung, Lagebericht ArbGeb **312** 2 f
GesamtBRat **203** 17
KonzernBRat **248** 16
Personalplanung **312** 5
Tendenzbetrieb **404** 14
Unternehmensübernahme **312** 25
Unterrichtungspflicht ArbGeb **312** 4 f
Wirtschaftsausschuss **312** 7 ff
Mitgliederwerbung Gewerkschaftsrechte **206** 17
Mitgliederzahl Europäischer BRat **172** 7
Mitteilungsverordnung Datenschutz **140** 43
Mittelbares Arbeitsverhältnis 313
Abgrenzung ArbNÜberlassung **313** 2 f
Arbeitspflicht **48** 10
ArbGebEigenschaft **22** 6 f; **313** 1 f
Beendigung **313** 6 f
Beschäftigungsverhältnis **313** 26 f
Betriebszugehörigkeit **313** 7
Durchgriffshaftung ArbGeb **313** 5 f
Lohnzahlung durch Dritte **313** 22
Missbrauchskontrolle **313** 4 f
Natürliche Person als Mittelsmann **313** 2 f
Scheinmittelbares **313** 3
Mittelsmann Mittelbares Arbeitsverhältnis **313** 2 f
Mitternachtsregelung Dienstreise **141** 28
Mitunternehmer
ArbN **26** 36
Ehegattenarbeitsverhältnis **185** 39 f
Mitverschuldenshaftung Arbeitgeber
ArbNHaftung **33** 12 f
Mitwirkungspflichten Arbeitgeber
Arbeitnehmerentsendung **31** 13
Behindertenangabe **92** 27
LStAußenprüfung **284** 9

Musikbearbeiter Rundfunkanstalt

Mitwirkungspflichten Arbeitnehmer
Altersteilzeitleistungsbezug **11** 91
Angaben zur Verdienstbescheinigung **432** 9 f
Arbeitsbescheinigung **36** 3
Auskunftspflichten SozV **77** 41 ff
Forderungsübergang bei Dritthaftung **188** 13 f
Grenzen SozV **77** 46
Lohnersatzleistungsbezug **277** 24 f
LStAußenprüfung **284** 10
LStAußenprüfung Datenschutz **140** 34
Meldepflichten ArbN **305** 11
Mobbing 314
Anspruchsgrundlage **314** 3
Ausschlussfrist **82** 21
Begriff **314** 2
Belästigung **314** 2
Beweislast **314** 6
BRatAufgaben **314** 7
BRatSchulung **121** 3
Diskriminierung **314** 2
Dokumentation **314** 8
Erscheinungsformen **314** 2
Konfliktlösungshinweise **314** 8
Kündigung, verhaltensbedingte **260** 29
Kündigungsgrund **260** 23
Mobbingseminar, Teilnahme BRat **314** 7
Mobbingtagebuch **314** 8
Persönlichkeitsrechtsverletzung **314** 2 f
Schadensersatzanspruch **314** 4
Schmerzensgeldanspruch **314** 4
Schulungsbedarf **314** 7
Seelische Erkrankung ArbN **314** 4
Sperrzeit **314** 16
Straining **314** 2
UV **314** 16
Werbungskosten ArbN **314** 11
Zurückbehaltungsrecht **472** 8
Mobilität Mobilitätsbeihilfe **93** 13
Mobilitätshilfen Arbeitskleidungszuschüsse **41** 26
Mobiltelefon BRatKosten **119** 22
Moderator ArbN-ABC **26** 84
Modeschöpfer ArbN-ABC **26** 84
Monatsgrenze Sachbezug **370** 10
Montage
Betriebsstätte **123** 3
Wegeunfall **451** 19
Montagearbeiter
Auslandstätigkeit **80** 5
Auslösung **81** 2 f
Leistungserbringung zugunsten Dritter **48** 18
LStFreistellung Ausländer **78** 46
Montagebeteiligung Berechnung SozVBeiträge bei hinausgeschobener Fälligkeit **163** 12
Mühlenstrukturgesetz Abfindung **1** 43
Musikbearbeiter Rundfunkanstalt ArbN-ABC **26** 84

Musiker

Musiker
  ArbN-ABC **26** 84
  Nebentätigkeit **322** 22
Musikinstrument Arbeitsmittel **46** 19
Musikkapelle
  Arbeitsverhältnis mit Gastwirt **211** 35
  Gruppenarbeitsverhältnis **211** 21
Musiklehrer
  Änderungskündigung bei Ferienüberhang **5** 26
  ArbN-ABC **26** 84
Muslim
  Gebetspausenanspruch während Arbeitszeit **207** 6
  Gewissensbetätigung, aktive **207** 10
  Kopftuch als Kündigungsgrund **78** 16
  Tragen eines Kopftuchs, Gewissensbetätigung, aktive **207** 10
Muster
  Abfindung **1** 40; **63** 24
  Abmahnung **2** 46
  Änderungskündigung **263** 148
  Änderungskündigung, allgemein **5** 42
  Altersteilzeit **11** 20
  Anrechnung übertariflicher Entgelte **16** 25
  Anrufungsauskunft **17** 16
  Antrag auf Aussetzung des Verfahrens **284** 19; **291** 16
  Antrag auf Ruhen des Verfahrens **284** 19; **291** 16
  Arbeitnehmerentsendung **80** 31
  Arbeitsvertrag **58** 80
  Arbeitsvertrag Leitende Angestellte **275** 23
  ArbNEntsendung **31** 15
  ArbNErfindung **32** 30
  AT-Arbeitsvertrag **62** 13
  Aufrechnung nach AO **64** 28
  Ausgleichsquittung **73** 16
  Ausschlussfrist **82** 37
  Befristetes Arbeitsverhältnis, Befristungsklauseln **91** 55
  Betriebsvereinbarung betriebliches Vorschlagswesen **129** 35
  BRatAnhörung **310** 40
  Einigungsstelle **153** 36
  Einspruch gegen Nachforderungsbescheide **284** 19
  Einstellung **156** 12
  Einstellungsuntersuchung **157** 17
  Elternteilzeitvereinbarung **160** 80
  Erfindungen und qualifizierte technische Verbesserungsvorschläge **430** 11
  Erklärung zur Religionszugehörigkeit **244** 5
  Freie Mitarbeit, Vertragsmuster **190** 29
  Freistellungsklausel **191** 32
  Geringfügige Beschäftigung **202** 98
  Geschäftsführererfindung **204** 34
  Geschäftsführervertrag **204** 34
  Heimarbeitsvertrag **222** 38

  Hinweis nach § 1a KSchG **256** 81
  Interessenausgleich **86** 4; **228** 27
  Kirchenlohnsteuer **244** 28
  Klage gegen eine Änderungskündigung nach Vorbehalt **5** 42
  Kündigung, außerordentliche **257** 94
  Kündigung, ordentliche **256** 81
  Kündigungsschutzklage **263** 148
  Leiharbeitsvertrag **34** 65
  Leitende Angestellte, Arbeitsvertrag **275** 23
  Lohnsteuernachforderung **291** 16
  Pauschalierung der LSt **292** 67
  Probearbeitsverhältnis **343** 10
  Rechtsanwaltskosten **350** 19
  Religionszugehörigkeit, Lohnsteuerpauschalierung **292** 67
  Rückzahlungsklausel Fortbildungsvereinbarung **189** 19
  Rückzahlungsklausel in Fortbildungsvereinbarung **361** 23
  Sozialplan **385** 60
  Sozialplanabfindung **385** 60
  Stellenausschreibung **83** 16
  Tarifliche Mehrarbeitsvergütung **411** 23
  Unterrichtung des BRat über eine beabsichtigte Versetzung **439** 31
  Urlaub **422** 12
  Verfallklausel **82** 37
  Verschwiegenheitsklausel im Arbeitsvertrag **438** 16
  Versetzung zu einer ausländischen Tochtergesellschaft **439** 31
  Verzicht-Tatsachenvergleich **444** 12
  Zeugnis **470** 44
Musterformular s Muster
Mutterschaft Anrechnungszeiten **358** 8
Mutterschaftsgeld **315**
  Adoptiveltern **315** 9
  Anrechnung anderweitigen Einkommens **15** 19
  Anrechnungszeit RV **315** 18
  Anspruchsdauer **315** 16
  Antrag **315** 20
  ArbGebZuschuss **25** 17; **37** 138; **317** 33 ff
  ArbGebZuschuss, Höhe und Berechnung **317** 34
  Beitragsfreiheit KV **315** 18
  Berufsanfängerinnen **315** 1
  Elterngeld **159** 27
  Elterngeld, Anrechnung **315** 2
  Entbindungsgeld **315** 3
  Erstattungsanspruch ArbGeb **317** 39
  Früh- und Mehrlingsgeburten **315** 17
  Geburtengeld **315** 3
  Heimarbeit **315** 11 f
  Höhe **315** 11 ff
  Kindervergünstigungen **242** 7, 48
  Lohnersatz **315** 6 f, 10
  nichtkrankenversicherte ArbN **315** 19

Nachrang

Pfändung **337** 52
Progressionsvorbehalt **315** 3, 5
Referenzprinzip **317** 36
Steuerfreiheit **315** 3
Studenten **393** 11
Urlaub, unbezahlter **429** 15
Mutterschaftshilfe 316
  ärztliche Betreuung **316** 5
  Antrag **316** 9
  Arzneimittelfreiheit **316** 6
  häuslicher Pflegeanspruch **316** 7
  Haushaltshilfe **316** 8
  Hebammenhilfe **316** 5
  Kindervergünstigungen **242** 48
  Leistungskatalog **316** 4
  Progressionsvorbehalt **316** 2
  stationäre Entbindung **316** 6
Mutterschaftsurlaub
  s *Elternzeit* **160**
  s a *Mutterschutz* **317**
Mutterschutz 317
  s a *Arbeitsentgeltschutz bei Mutterschutz*
  Abberufung Geschäftsführerin **317** 2
  ärztliches Zeugnis **317** 8, 13
  Akkordarbeitsverbot **317** 16
  Annahmeverzug **317** 44
  Arbeitsbedingungen **317** 14
  arglistige Täuschung ArbGeb **317** 47
  Aufhebungsvertrag **317** 48
  Ausgleichsumlage **317** 57
  Ausgleichsverfahren **317** 57
  Aushänge im Betrieb **74** 8
  Auslandstätigkeit **80** 21
  Ausschlussfrist Kündigung, außerordentliche **257** 29
  Auswirkung auf Anwesenheitsprämie **19** 7, 14
  Beamtin **317** 4
  Beendigung Arbeitsverhältnis **317** 45 f
  Befristetes Arbeitsverhältnis **91** 35
  Beginn bei künstlicher Befruchtung **317** 5
  Berufsausbildungsverhältnis **317** 45
  Beschäftigungsgesellschaft **317** 2
  Beschäftigungsverbot **317** 12 f
  Beschäftigungsverbot, generelles **317** 15
  Eigenkündigung **317** 48
  Einmalzahlung **154** 13
  Elternzeit **317** 38
  Entgeltschutz **317** 24 ff
  Erholungsurlaub **317** 49 f
  Erstattungsanspruch Mutterschaftsgeld **317** 39
  Faktisches Arbeitsverhältnis **317** 2, 46
  Fehlgeburt **317** 6
  Fehlzeitenauswirkung **317** 53
  Fließbandarbeitsverbot **317** 16
  Frühgeburt **317** 6
  Gefährdungsanalyse **317** 11
  Geschäftsführerin **317** 2
  Gratifikationsleistungen **317** 53
  grundgesetzlicher Schutz **317** 1 f
  Heimarbeit **222** 27
  Jahressonderleistungskürzung **317** 53
  Klagefrist Kündigungsschutz **317** 43
  Kündigungsschutz **317** 40 f
  Leistungslohnverbot **317** 16
  Mehrarbeitsverbot **317** 17
  Mehrlingsgeburt **317** 6
  Mitteilungspflichten ArbN **317** 7 f
  Nachtarbeitsverbot **317** 18
  Provisionsansprüche **345** 22
  Schutzfristen **317** 20 f
  Schwangerschaft, Begriff **317** 5
  Schwangerschaftsabbruch **317** 6
  Sonn- und Feiertagsarbeitsverbot **317** 19
  SozVPflicht **317** 58
  Stillzeiten **317** 22
  Territorialitätsprinzip **317** 3
  Totgeburt **317** 6
  Umsetzung **317** 23
  Unterbrechung Elternzeit **160** 72
  Urlaubsanspruch **317** 49 f
  Urlaubsgeld **317** 53
  Urlaubsregelungen **428** 7
  Urlaubsübertragung **317** 49
  Vermögenswirksame Leistungen, Anspruch **436** 18
  Versetzung, Zumutbarkeit **317** 23
  Wegerisiko **317** 14, 26
  Zuschuss bei mehreren ArbGeb **317** 37
  Zuschuss MuSchG bei Befristetem Arbeitsverhältnis **91** 68
  Zuschuss Mutterschaftsgeld **317** 33 ff
Mutterschutzfrist Elternzeit **160** 9
Mutterschutzlohn s *Arbeitsentgeltschutz bei Mutterschutz*
Nachbarschaftshilfe
  Schwarzarbeit **377** 12, 24 f
  UV **417** 35
  Wettbewerb **459** 6
Nachbearbeitungspflicht Sicherung Provisionsanspruch **345** 14 f, 30
Nachbindung Tarifvertrag **401** 9
Nachgelagerte Besteuerung
  Altersrente **10** 9 f; **354** 5 f
  Altersvorsorgevermögen **12** 17
  Andere Fälle **103** 145
  Betriebliche Altersversorgung **103** 101 f
  Betriebsrenten **103** 103 f
  Rentenanpassung **352** 2
  Riester-Rente **12** 17
  Sonderausgabenabzug **380** 7 f
  Tabelle **354** 6
  Übersicht Betriebsrenten **103** 104
  Versorgungsleistungen **103** 144 f
  Wohn-Riester **12** 23
Nachhaltigkeitsfaktor Rentenanpassung **352** 5
Nachrang Änderungskündigung gegenüber Direktionsrecht **5** 6

Nachrichtenreporter

Nachrichtenreporter ArbN-ABC **26** 84
Nachrichtensprecher ArbN-ABC **26** 84
Nachschieben Abmahnungsgründe Abmahnung **2** 44
Nachschieben Kündigungsgründe
  Anhörung Beteiligung BRat **256** 80; **310** 30
  Ausschlussfrist bei außerordentlicher Kündigung **256** 75 f
  nach Ausspruch der Kündigung **256** 71, 74
  Schwangere **256** 78
  Schwerbehinderte **256** 78
  Verwertungsverbot **256** 80
  vor Zugang der Kündigung entstandene **256** 72, 77
  während Kündigungsschutzklage **263** 125
  Wirksamkeitsvoraussetzung **256** 73
Nachschlagewerk Arbeitsmittel **46** 16
Nachtarbeit 320
  Arbeitszeit **320** 4 f
  Ausgleich **320** 7
  Ausgleichszeitraum bei Mehrarbeit **320** 4
  Auswirkungen gesundheitliche **320** 1 f
  Beitragsfreiheit **37** 126
  Beitragspflicht Freizeitausgleich **320** 15
  Bereitschaftsdienst **320** 6
  Einbeziehung Zuschläge in Bemessungsgrundlage Lohnersatzleistungen **320** 17
  Frauen **320** 1
  Freizeitausgleich **320** 5
  Gesundheitsschutz **320** 4
  Kinderbetreuung **320** 10
  Menschengerechte Gestaltung der Arbeit **320** 2
  Mitbestimmung BRat **320** 12
  Nachtzeit **320** 3
  Schwerpflegebedürftigkeit Angehöriger **320** 10
  Tarifliche Ausgleichsregelung **320** 6
  Umsetzung ArbN **320** 8 f
  Verbot bei Jugendlichen keine Benachteiligung **144** 89
  Verbot bei Mutterschutz **317** 18
  Weiterbildungsanspruch **320** 11
  Zuschlag **320** 5, 7, 13 f
Nachtarbeitszuschlag
  Arbeitsentgeltschutz bei Mutterschutz **317** 29
  Beitragsfreiheit **320** 16
  Einbeziehung in Bemessungsgrundlage Lohnersatzleistungen **320** 17
  Sonn- und Feiertagsarbeit **381** 27
  SozVPflicht **320** 15
  Steuerfreiheit **320** 13, 15
  Teilzeitbeschäftigung **402** 103
Nachteilsausgleich 321
  Abfindung bei Kündigung **321** 10 ff
  Änderungskündigung **321** 10
  Anspruchsentstehung **321** 7
  Aufhebungsvertrag **321** 10
  Ausschlussfrist **82** 20; **321** 15
  Behinderte **321** 20
  Beitragsfreiheit Abfindung **321** 21
  Bereitschaftsdienst **95** 9
  Betriebsänderung **108** 3
  Eigenkündigung **321** 10
  Entlassungsabfindung **321** 10
  Entstehung **321** 2
  Gehbehinderung **92** 101 f
  Höhe **321** 12 f
  Interessenausgleich **228** 1 ff
  Interessenausgleich bei Freistellung ArbN **191** 30
  Interessenausgleich, versuchter **321** 3
  Interessenausgleichsabweichung **321** 3 f, 5 f
  Interessenausgleichsunterlassung **321** 7 f
  LStPflicht **321** 19
  Masseverbindlichkeit in der Insolvenz **321** 16
  Parkerleichterungen **92** 109
  Sozialplan **385** 5, 18, 43
  Sozialplanabweichung **321** 4
  Sozialplanunabhängigkeit **321** 13
  Stufen bei Schwerbehinderung **92** 100 f
  Tendenzbetrieb **321** 1
  Umgruppierung **321** 14
  Verschulden ArbGeb **321** 2
  Versetzung **321** 14
  Verzicht **321** 14, 15
Nachtlokalbesuch Bewirtungsaufwendungen **132** 12
Nachtruhe Jugendarbeitsschutz **231** 24
Nachtzeit Bäckereien und Konditoreien **320** 3
Nachtzuschlag
  Angemessenheit **320** 5, 7
  Grundgehaltsbestandteil **320** 7
  Teilzeitbeschäftigte **320** 7
Nachunternehmerhaftung Bauwirtschaft **24** 26 ff
Nachurlaub
  Arbeitsverhinderung **424** 15
  Nichtgewährung bei persönlichen Gründen **424** 15
  Urlaubserkrankung **427** 12
Nachversicherung Austritt Mitglieder Geistlicher Genossenschaften **243** 31
Nachweis
  Ausschlussfrist **82** 2
  Dienstreisekosten **141** 18
  Pflegezeit **341** 26
Nachweisgesetz
  s a *Arbeitsvertragsnachweis*
  Arbeitsvertrag **58** 44 f
  Hauswirtschaftliches Beschäftigungsverhältnis **221** 6
  Mankoabredenaufnahme **187** 6
  Umsetzung EU-Richtlinie **171** 14
Nachweispflicht s *Arbeitsvertragsnachweis*

Nachweispflicht Arbeitnehmer Arbeitsunfähigkeit **53** 9 f
Nachweispflichten Auslandstätigkeit **80** 11
Nachweisrichtlinie EU-Richtlinien **171** 14
Nachweisverfahren KirchenLSt **244** 19
Nachwirkung
　Betriebsvereinbarung **129** 31 f
　Betriebsvereinbarung bei Insolvenz des ArbGeb **226** 9
　Entgeltzuschläge Betriebsvereinbarungen **167** 6
　Ersatzmitglied BRat, Kündigungsschutz **120** 29
　Gemeinschaftsbetriebsauflösung **102** 16
　Gratifikationsanspruch Tarifvertrag **154** 8
　Kündigungsschutz BRat **120** 16
　Tarifvertrag **401** 10, 27 f
　Tarifvertrag abgelaufener **401** 10 f
　Tarifvertrag bei Änderungskündigung **5** 25
　Tarifvertrag nach Umwandlung **414** 26
Nachzahlung
　s a Entgeltnachzahlung **163**
　Arbeitslohn **85** 9
　Arbeitslohn, Tarifermäßigung **85** 20
Nahauslösung *s Auslösung* **81**
Nahestehende Person Pensionszusage **103** 174
Nahmontage Nahauslösung **81** 4
Namensliste
　Änderungskündigung **5** 29; **228** 7
　Interessenausgleich **228** 7; **258** 44
　Interessenausgleich Betriebsänderung **258** 63
　Kündigung, außerordentliche, betriebsbedingte **257** 39
　Massenentlassung **228** 9
　Sozialauswahl **258** 65
　Zeitnahe Erstellung bei Interessenausgleich **228** 8
Namensschild Mitbestimmung BRat **181** 10
NATO Besteuerung Bedienstete **78** 43
Natürliche Person
　ArbGeb **22** 4, 26
　Herrschendes Unternehmen **248** 4
　Restschuldbefreiung nach InsO **226** 1
Naturalleistungen
　Entgeltzahlungsform **166** 4
　Sachbezug **370** 1
Naturkatastrophen ArbGebZuschuss **37** 140
Navigationsgerät Dienstwagen **142** 27
Nebenberufliche Tätigkeit Teilzeitbeschäftigung **402** 96
Nebenbeschäftigung *s Nebentätigkeit* **322**
Nebenbetrieb *s Betrieb (Begriff)* **102**
Nebeneinkommensbescheinigung
　elektronische Übermittlung **36** 18
　Widerspruchsrecht ArbN **36** 18
Nebenforderung Ausschlussfrist, Geltendmachung **82** 28

Nebentätigkeit 322
　Änderungskündigung **322** 5
　als Teil der Haupttätigkeit **322** 21
　Altersteilzeit **11** 78
　Anrechnung AlGeld **42** 46
　Anrechnung anderweitigen Einkommens **15** 7
　Anzeigepflichten ArbN **21** 7; **322** 4
　Arbeitsentgelt **37** 122 f
　Arbeitslose **322** 38
　Arbeitspflichtverletzung Haupttätigkeit **48** 14
　ArblVPflicht bei öffentlich-rechtlichem Dienstverhältnis **45** 21
　ArbNEigenschaft **26** 42
　Aufwandsentschädigung Freibetrag **66** 14; **322** 22
　Ausbilder **69** 12 f
　Ausland, Besteuerung **80** 48
　Ausschluss Betriebsvereinbarung/Tarifvertrag **322** 12
　Beitragspflicht **322** 23 f
　Beitragspflicht Aufwandsentschädigung Kirche **243** 35
　Beschäftigungsverbot **100** 15
　Betriebliche Altersversorgung **322** 2
　Ehrenamtliche Tätigkeit **150** 3
　Einheitliches Beschäftigungsverhältnis **322** 24
　Einschränkungen **322** 9
　ELENA **158** 11
　Entgelt als Arbeitsentgelt **37** 68
　Entgeltfortzahlung **162** 9; **322** 2
　Freibetrag **37** 122
　Freibetrag Bezug AlGeld **42** 47
　Freizeitbeschäftigung **194** 12
　Fußballtrainer **322** 21
　Genehmigungserfordernis **322** 3 f
　Geringfügige Beschäftigung **202** 6
　Geringfügigkeit **322** 24
　Gratifikationsausschluss **154** 4
　Hinzuverdienstgrenze Rente **322** 34 f
　Höchstarbeitszeit bei mehreren Beschäftigungen **322** 7
　Konkurrenztätigkeit **322** 6
　Kündigung, außerordentliche **257** 62
　Kündigung bei Verletzung Haupttätigkeitspflichten **322** 13
　Kündigung, verhaltensbedingte **260** 32
　Kündigungsschutz **322** 2
　Lehrtätigkeit **322** 21
　Leistungsklage auf Erteilung Genehmigung **322** 16
　LStKarte **322** 22
　Musiker **322** 22
　Öffentlicher Dienst **322** 3
　Pflegetätigkeit **339** 5
　Prüfungstätigkeit **322** 22
　RVFreiheit **356** 5
　Tatbestandsmerkmale **37** 122

Nebentätigkeitsgenehmigungen
    Teilzeitbeschäftigung **402** 4
    Teilzeitbeschäftigung Zulässigkeit **402** 97
    Übungsleiter **322** 21
    Urlaub, unbezahlter **429** 7
    Urlaubsanspruch **322** 2; **423** 8
    Verbote **322** 10
    Vermittlungstätigkeit **322** 21
    Weitergeltung Genehmigung bei Betriebs-
       übergang **126** 48
    Werbungskostenpauschbetrag **330** 12
    Wettbewerbsverbot **459** 3
    Widerrufsvorbehalt **322** 5
    Zeitungsausträger **322** 21
    Zusammenrechnung Geringfügige Beschäf-
       tigung **322** 26 f
    Zusammenrechnung Haupt- und Neben-
       beschäftigung **322** 25 f
Nebentätigkeitsgenehmigungen Auskunfts-
   pflichten ArbGeb **76** 13
Negative Einnahmen Entgeltrückzahlung
   164 18
Nettoarbeitsentgelt
    Abtastverfahren **37** 109
    Hochrechnung in Bruttoarbeitsentgelt
       37 108
    Krankengeldzuschuss **251** 3 f
    Nettolohnvereinbarung **323** 20 ff
    unmögliches **323** 23 f
Nettoentgeltdifferenz Kurzarbeitergeld
   266 53 f
Nettogehaltsklage
    Entgeltnachzahlung **163** 3
    LStEinbehaltung **135** 21
Nettolohnvereinbarung 323
    Abtastverfahren Beiträge **323** 21
    Abtretung Erstattungsanspruch **323** 16
    Altersentlastungsbetrag, Auswirkung **8** 3
    Arbeitsentgelt SozV **37** 112
    Beitragstragung PflegeV **338** 3
    Eintragung Lohnkonto **323** 19
    Entgeltrückzahlung **164** 22
    Geringfügige Beschäftigung **202** 13; **323** 3
    gesetzliche Abzüge SGB IV **323** 22
    Illegale Beschäftigung **323** 5; **377** 17
    Illegale Beschäftigung, Abtastverfahren SozV
       37 115
    Incentivereisen **225** 4 f, 16
    Jahresarbeitsentgelt **230** 12
    KirchenLSt **244** 3
    Konstanz bei LSt- und Sozialabgaben-
       änderung **323** 11
    KVBeitrag **252** 1
    KVPflichtgrenze **253** 21
    laufender Arbeitslohn, Berechnung **323** 17 f
    Lohnabzugsverfahren **276** 21
    Lohnersatzleistungsbegrenzungen **323** 26
    LStAbzugsmerkmale **323** 12
    LStBerechnung **285** 15
    LStHaftung **288** 19
    LStKlassenänderung **290** 2

    LStPauschalierung **292** 2
    Mitbestimmung, soziale Angelegenheiten
       311 28
    Nettoarbeitsentgelt **323** 20 ff
    Nettoarbeitsentgelte unmögliche **323** 23 f
    Schwarzarbeit **377** 39
    Schwarzarbeit, Abtastverfahren SozV **37** 115
    Schwarzgeldabrede **323** 4 f, 13, 25; **377** 7 f
    Solidaritätszuschlag **379** 2
    Sonstige Bezüge, Berechnung **323** 18
    SozVBeiträge **387** 18
    Wirkungen **323** 6
Nettomethode Pfändung **337** 20
Neubeginn Verjährungsfristen **434** 14
Neue Bundesländer
    Besonderheiten Betriebsübergang **126** 102
    Besonderheiten Rentenanpassung **352** 9
    Betriebsvereinbarung Besonderheiten
       129 34
    Inkrafttreten BetrAVG **103** 97
    Kurzarbeit **266** 26
    RVPflicht **356** 12
    Zuzahlungen Unterhaltsgeld **42** 10
Neurentner Erwerbsminderungsrente
   169 17 f
Neutralitätsausschuss Arbeitskampf **40** 42
Nichteheliche Lebensgemeinschaft
   s Lebensgemeinschaft (nichteheliche) 270
Nichterwerbsmäßige Pflegetätigkeit
   339 36 f
    Beitragspflicht SozV aus Pflegegeld
       339 36 f
    Beitragspflicht UV, PflegeV **339** 40
    Erwerbsmäßigkeit **339** 37 f
    UVPflicht **339** 39
Nichtigkeit
    Arbeitsvertrag **58** 53 ff, 77 f; **256** 14 f
Nichtraucherschutz 324
    Anspruch **324** 1
    ArbStättV **51** 2
    Geltungsbereich **324** 1
    Handlungspflichten **324** 2
    Kündigung aus wichtigem Grund, Sperrzeit
       324 12
    Mitbestimmung BRat **324** 4
    Raucherentwöhnung KVLeistungen **324** 9
    Rauchverbote **324** 3
Nichtselbstständige Arbeit
   s a Arbeitnehmer (Begriff) **26**
   s a Arbeitnehmer-ABC **26** 84
   s a Beschäftigungsverhältnis
    Arbeitsbescheinigung, Inhalt **36** 6–10
    Einzelfälle Beschäftigungsverhältnis **26** 84
    Familiäre Mitarbeit **26** 69
    Geschäftsführer **26** 71
    missglückter Arbeitsversuch **26** 61 f
    organisatorische Eingliederung **26** 64
    persönliche Abhängigkeit **26** 63–68
    Telearbeit **403** 12
    Unternehmerrisiko, fehlendes **26** 66

Ortsfeste Betriebsstätte

Vorstandsmitglieder **26** 72 f
Weisungsgebundenheit **26** 65
Nichtvermögensschaden
  Beweislast bei Diskriminierung **144** 123
  Entschädigungsanspruch bei Diskriminierung **144** 123
Niederlande Grenzgängerbesteuerung **209** 14 f
Niederlassungserlaubnis Ausländer **78** 57
Niederschlagung SozVBeiträge durch Vergleich **433** 27 f
Niedriglohnsektor Kombilohn **38** 3
Notdienst Betriebsausflug **110** 6
Notebook BRatKosten **119** 19
Notfall Ausnahmen Arbeitszeitgesetz **59** 21
Notfallmaßnahmen Arbeitsstoffe, gefährliche **52** 17
Notfrist Insolvenz des ArbGeb **226** 23
Notgeschäftsführer Einsetzung durch FA **204** 38
Notstandsbeihilfe Beihilfeleistungen **93** 7
Novizin KVFreiheit Kirchenarbeitsrecht **243** 23
Nullbescheinigung Ausländer **78** 38
Nur-Pension
  Anstelle Arbeitslohn bei ArbNEhegatte **103** 156
  Entgeltverzicht als Verdeckte Gewinnausschüttung **165** 15
Nutzungsentschädigung
  Arbeitsmittel Steuerfreiheit **46** 10
  Dienstwagen **142** 12 f
  Dienstwagen bei Nichtherausgabe **142** 14
Nutzungspauschale Dienstwagen **142** 26 ff
Nutzungsrechte
  obligatorische als Geldwerter Vorteil **143** 27
  Urheberrechte **421** 4 f
Nutzungsüberlassung
  Arbeitsmittel **46** 6
  Dienstwagen **142** 17 f

Obhuts- und Verwahrungspflicht Arbeitgeber s *Fürsorgepflicht* **195**
Obhutsprinzip Kindergeldanspruch **241** 10
OECD-Musterabkommen
  Diskriminierungsverbot **144** 142
  Grenzgängerregelung **209** 3 ff
  Tätigkeitsstaatsbesteuerung **80** 52
Öffentliche Verkehrsmittel Entfernungspauschale **182** 35
Öffentlicher Dienst
  Auslandstätigkeit **80** 62
  Befristetes Arbeitsverhältnis **91** 39
  Beihilfeleistungen Teilzeitbeschäftigung **402** 81
  Beitragszahlung KV Zusatzversorgung **252** 37
  Gesundheitsbescheinigung **205** 7
  Kündigung, betriebsbedingte **258** 55 f
  Meinungsfreiheit **303** 6
  Nebentätigkeit Genehmigungspflicht **322** 3
  Privilegien bei Aufwandserstattung **66** 11
  Versetzung **439** 5
Öffnungsklausel
  Altersteilzeit **11** 52
  Arbeitszeitverlängerung **320** 4
  Entgeltumwandlung betriebliche Altersversorgung **103** 21
Ökologische Steuerreform
  RVBeiträge **355** 1
  SozVBeiträge **387** 1
Ökologisches Jahr KVBeiträge **252** 36
Österreich Grenzgängerbesteuerung **209** 12
Offenbarungsbefugnis Betriebsgeheimnis **113** 22
Offenbarungspflicht Kündigung, außerordentliche **257** 63
OHG ArbGebEigenschaft **22** 9
Ohnehin geschuldeter Arbeitslohn Barlohnumwandlung **25** 5
OMS Optimiertes Meldeverfahren in der sozialen Sicherung **158** 1
Orchester Gruppenarbeitsverhältnis **211** 21
Ordensangehörige
  s a *Kirchenarbeitsrecht* **243**
  ArbN-ABC **26** 84
Ordnertätigkeit Mitglieder politischer Parteien ArbN-ABC **26** 84
Ordnungsgelder Werbungskostenabzug **456** 13
Ordnungswidrigkeit Aufzeichnungspflichten, Verletzung **68** 17
Organgesellschaft ArbGebEigenschaft **247** 22 f
Organisation Änderung als Versetzung ArbN **439** 19
Organisationsänderung Leistungsbestimmung **272** 21
Organisationsmangel Ausschlussfrist Kündigung, außerordentliche **257** 23
Organisationsstruktur
  Betriebsteilübergang **126** 11
  Betriebsübergang **126** 11
Organisationsverschulden ArbNHaftung **33** 15
Organisator und Dirigent Kulturorchester ArbN-ABC **26** 84
Organmitglied Geltungsbereich AGG **144** 25
Organmitglieder juristischer Personen
  ArbN **26** 21
  Kündigungsschutz **263** 47 f
Organspende keine Entgeltfortzahlungspflichtige Arbeitsunfähigkeit **53** 4
Organspender Krankengeld **250** 12
Organträger ArbGebEigenschaft **247** 22
Organvertreter ArbN **26** 21 f
Ortsfeste Betriebsstätte
  Betriebliche Einrichtung **182** 11 f

2823

Ortskräfte

Bildungseinrichtung **182** 13
Fahrten zwischen Wohnung und Arbeitsstätte **182** 11 f
Ortskräfte Auslandstätigkeit **80** 3
Ortskrankenkasse KVTräger **254** 6
Ortszuschlag
    Blockmodell Altersteilzeit **11** 13
    Freistellungsphase Altersteilzeit **11** 2
    Kindervergünstigungen **242** 2
    Lebenspartnerschaft **271** 4
    Teilzeitbeschäftigung **402** 97
Ortungssysteme Fahrtätigkeit **181** 6
OT-Mitgliedschaft ArbGebVerband **401** 10
Outplacement Geldwerter Vorteil **57** 11
Outsourcing
    Betriebsübergang **126** 18
    Kündigung, betriebsbedingte **258** 19
    Zeitpunkt LSt **126** 103

Parkerleichterungen Behinderte **92** 109
Parkplatz *s Betriebsparkplatz*
Patentanmeldung ArbNErfindung **32** 17
Patentberichterstatter ArbN-ABC **26** 84
Patentrecht ArbNErfindung **32** 1
Pauschalbewertung
    amtliche Durchschnittswerte **370** 24
    Bindungswirkung **370** 26
    freie Kost und Wohnung **370** 23
    Kfz-Gestellung **370** 22
    Sachbezüge **370** 21 f
Pauschalierung
    s a Lohnsteuerpauschalierung **292**
    Aufwendungsersatz Auslandsreise **79** 4
    Dienstwagenüberlassung **142** 26 ff, 38
    Doppelte Haushaltsführung **145** 29
    Fahrtkosten Kfz bei Dienstreisen **141** 23
    Überstunden **411** 11
Pauschalierungsvereinbarung
    Aufwendungsersatz **67** 4
    BRatKosten **119** 4
    Pauschbeträge **330** 5 f
Pauschalvorbehalt
    Einmalzahlungen **6** 13
    Sonderzahlungen **6** 13
Pauschbeträge 330
    s a Werbungskostenpauschbeträge
    Abwälzungsverbot Geringfügiger Beschäftigung **202** 62
    Aufwandsentschädigung Übungsleiter **66** 16
    Auslandsdienstreise **79** 10 ff, 24
    Behinderte **242** 35
    Berufsgruppen Gesamtpauschalierung **330** 14, 20
    Bindung ArbN **330** 24
    Dienstreiseordnung Mitbestimmung BRat **330** 4
    Einzelpauschalierung **330** 15, 21
    Entfernungspauschale **182** 4 ff
    Erfahrungswerte **330** 26

    fehlende Pauschalierungsabrede **330** 7
    gesetzliche **330** 11
    Hinterbliebenenrente **223** 16
    KFZ-Nutzung **330** 11
    Körperbehindertenpauschbetrag **92** 71 f
    Kostenersatz BRatSchulung **121** 24
    mehrtägige Dienstreise, Berechnung **141** 29
    Nichtbeanstandungsgrenze LSt **330** 9 f
    Pauschalierungsabrede **330** 5 f
    Pflegepauschbetrag Körperbehinderte **92** 83
    Sachbezüge **330** 11, 29; **370** 24 ff
    Schätzung **330** 22 f
    Sonderausgabenpauschbetrag **380** 4
    Trinkgeld **330** 11
    Übernachtungskosten Auslandsdienstreise **79** 24
    Übernachtungskosten Dienstreise **141** 54
    Umzugskostenpauschbetrag **415** 28
    Verpflegungsmehraufwendungen **437** 8
    Verpflegungsmehraufwendungen Auslandsdienstreise **79** 10 ff, 24
    Verpflegungsmehraufwendungen Dienstreise **141** 27
    Verwaltungspauschalen **330** 11
    Werbungskostenpauschbeträge **330** 12 f; **456** 20 f
Pauschgebührenverfahren
    Begünstigter Personenkreis **350** 25
    Beigeladene **350** 30
    Gebührenpflichtige **350** 29
    Gerichtskostenfreiheit **350** 27, 37
    Pauschgebühren **350** 28
    Rechtsanwaltskosten **350** 25 f
    Sozialgerichtsverfahren **350** 24 f
    Statusfeststellung **350** 25
Pauschsteuersatz Verpflegungsmehraufwendungen **141** 34
Pause 331
    s a Ruhepause
    Arbeitspause **331** 2
    Betriebspause **331** 2
    Dienstreisezeiten **141** 6
    Erholzeiten **331** 2
    Gebetspause **331** 2
    Kurzpause **331** 2
    Lärm- und Bildschirmpause **331** 2, 11
    Mitbestimmung BRat **331** 11
    Ruhepause **331** 1, 3 f
    Ruhepause Jugendliche **231** 21
    Überziehen als Abmahnungsgrund **2** 12
    Unterlassungsanspruch BRat **331** 11
    UVSchutz **331** 14 f
    Vergütung **331** 9
    Zwangspause bei schwankendem Arbeitsbedarf **453** 17
Peep-Show-Modell ArbN-ABC **26** 84
Pendelzeit Zumutbarkeitsgrenzen **388** 33
Pensionär KVPflicht **253** 21
Pensionen Besteuerung **10** 10

Pensionsabfindung
  Bagatellanwartschaften 103 43
  Beitragspflicht 103 237
  Betriebliche Altersversorgung 103 43, 237
  Entschädigung 85 8; 103 179
Pensionsfonds
  Auslagerung betriebliche Altersversorgung 103 148
  Beiträge an ausländische Versicherungsunternehmen 103 133
  Beitragsfreiheit Beiträge 103 216 f
  Beitragsfreiheit Zahlungen ArbGeb 37 126
  Beitragsleistungen, steuerfreie bei Beendigung Arbeitsverhältnis 103 137
  Beitragsleistungen, Steuerfreiheit 103 126 f
  Betriebliche Altersversorgung 103 30, 211
  Betriebsausgaben Beiträge 103 119
  Leistungen, nachgelagerte Besteuerung 103 102
  Leistungsanspruch 103 30
  ratierliches Berechnungsverfahren Anwartschaft 103 40
  Unterstützungskasse 103 148
  Versorgungszusagenübertragung 103 138 f
  Verzicht auf Steuerfreiheit Beitragsleistungen 103 134 f
Pensionskasse
  ArbGebBeiträge Pensionskasse 103 129 f
  ArbGebEigenschaft 22 24
  ausländische 103 118
  Beiträge an ausländische Versicherungsunternehmen 103 133
  Beitragsfreiheit Beiträge 103 216 f
  Beitragsfreiheit kraft Pauschalbesteuerung 103 218 f
  Beitragsfreiheit laufende Zuwendungen 37 126
  Beitragsleistungen, steuerfreie bei Beendigung Arbeitsverhältnis 103 137
  Beitragsleistungen, Steuerfreiheit 103 126 f
  Besteuerung Leistungen 103 144 f
  Betriebliche Altersversorgung 103 210
  Leistungsherabsetzung 103 28
  LStPauschalierung 103 135; 292 46, 49 f
  LStPauschalierung, Beitragsfreiheit 37 134
  Mitbestimmung BRat 103 83
  Sozialeinrichtung 383 6
  Überblick 103 28, 118
  Verzicht auf Steuerfreiheit Beitragsleistungen 103 134 f
Pensionskosten Doppelte Haushaltsführung 145 9
Pensionsrückstellung
  Anpassung und Bewertung 103 152
  Beherrschender Geschäftsführer Kapitalgesellschaft 103 166
  Bewertung nach BilMoG 103 152
  Doppelfinanzierungsverbot 103 176
  Ehegatten 103 158

Pensionszusage

  Einzelunternehmer 103 158
  Familienangehörige 103 161
  Geschäftsführer Personengesellschaft 103 163 f
  Überblick 103 152 ff
Pensionssicherungsverein
  s a Insolvenzsicherung
  Abfindung als Entschädigung 85 8
  Höchstgrenzen Insolvenzsicherung 103 91 f
  Insolvenzsicherung 103 88 f
  Versorgungsanwartschaft, Absicherung 226 21
Pensionsverzicht
  Drohende Überschuldung GmbH 103 180 ff
  gegen Übertragung Rückdeckungsversicherung 103 188
  Gesellschaftergeschäftsführer 103 186 f
  Übertragung auf neue Rentenversicherung 103 190
Pensionszusage
  Abfindung bei Gesellschaftergeschäftsführer 103 186 f
  Abfindungsklausel, Bilanzielle Behandlung 103 156
  Aufhebung im Sozialplan 385 21
  Begünstigter 103 124
  Betriebliche Veranlassung 103 157
  Drohende Überschuldung, Krisenszenario 103 180 f
  Dynamisierungsklausel 103 156
  Einfrieren 103 189
  Fremdvergleich Gesellschaftergeschäftsführer 103 168 f
  Gesellschafter-Geschäftsführer 103 166
  Gesellschaftergeschäftsführer, Überversorgung 103 173
  Herabsetzung bei drohender Überschuldung 103 182
  Herabsetzung des Gehalts bei drohender Überschuldung 103 183
  Inhalt 103 153
  Leistungen, nachgelagerte Besteuerung 103 102
  Mindestalter 103 157
  Nachgelagerte Besteuerung 103 147
  Nahestehende Person 103 174
  Rangrücktritt bei drohender Überschuldung 103 181
  Schriftform 103 155
  Übertragung 103 191
  Übertragung auf andere GmbH 103 191
  Übertragung auf Lebensversicherung 103 191
  Übertragung auf Pensionsfonds 103 138, 191
  Übertragung auf Pensionskasse 103 191
  Übertragung auf Unterstützungskasse 103 191
  Umwandlungsfälle 103 192
  Unverfallbarkeit 103 37

Persönliches Budget
    Verjährung Ansprüche auf Erteilung **434** 7
    Verzicht bei drohender Überschuldung **103** 185 f
    Verzicht gegen Abfindung bei drohender Überschuldung **103** 187
    Verzicht ohne Abfindung bei drohender Überschuldung **103** 186
    Vorbehalt **103** 156
    Widerruf bei drohender Überschuldung **103** 184
    Zahlungsschwierigkeiten **103** 180 f
Persönliches Budget Rehabilitation (berufliche) **351** 40
Persönlichkeitsrecht 332
    Arbeitsablaufüberwachung **332** 5
    Begrenzungen **332** 4
    Bekleidungsvorschriften **332** 12
    Beschäftigungsanspruch **98** 2
    Compliance **136** 4 f
    Datenschutzverstoß, Schadensersatz **140** 19
    Dienstkleidungsbestimmungen **41** 6
    Eignungsuntersuchung **205** 9
    Einstellungsuntersuchung **157** 2
    Fürsorgepflicht **195** 18
    Internetüberwachung durch ArbGeb **229** 9
    Merkmale LStKarte **332** 16
    Mitbestimmung BRat **332** 9
    Mithören von Telefongesprächen **140** 13
    Mobbing **314** 3 f, 4
    personenbezogene Daten **113** 19
    Rauchen im Betrieb **332** 13
    SGB-Zielsetzung **332** 17 f
    Sozialdatenberichtigung in Akten Leistungsträger **332** 23
    Soziale Netzwerke **342** 2 ff
    Sozialgeheimnis **332** 21
    Steuergeheimnis **332** 15
    systematische und ständige Überwachung **332** 6
    Telefonüberwachung **332** 7 f
    Torüberwachung **332** 6
    Verletzung bei Whistleblowing **461** 17
    Verletzungsansprüche, Ausschlussfrist **82** 10
    Verunglimpfung **332** 4
Persönlichkeitsschutz
    Aushänge im Betrieb **74** 19
    Datenschutz **140** 1
    Einsatz von Personalinformationssystemen **335** 3
    Fürsorgepflicht ArbGeb **332** 1
    Kontrolle des ArbN **246** 2 f
    Mobbing **314** 4
    Personalinformationssystem **332** 11
    personenbezogene Daten **332** 10
    Telefonüberwachung **332** 7 f
Personalabbau
    Auswahlrichtlinienfestlegung Interessenausgleich **228** 6
    Beschäftigungsgesellschaft **99** 5 f
    Betriebsänderung **108** 15, 19 f
    GesamtBRat, Interessenausgleich **228** 11
    Interessenausgleich bei mehreren Betrieben **228** 11
    Massenentlassung, Sperrzeitvermeidung bei Aufhebungsvertrag **300** 45 f
    Sozialplan **385** 15
    Sperrzeitvermeidung **388** 27
Personalakte 333
    Abmahnung, Entfernung **333** 18
    Anhörungspflicht öffentlicher Dienst **333** 19
    Behördenauskunft **333** 10
    Beifügung von Erklärungen **333** 17
    Berichtigung falscher Daten **333** 17
    Beteiligung Dritter **333** 14 f
    Bezug zum konkreten Arbeitsverhältnis **333** 6
    BRatRechte **333** 9
    Dokumentationsfunktion **333** 1 f
    Einsichtnahmerecht ArbN **333** 12 ff
    Einsichtnahmerecht FA **333** 24 f
    Einsichtsrechte, Modalitäten **333** 16
    Entfernung unrichtiger Unterlagen **333** 18
    Entfernung von Abmahnungen **2** 39, 41
    Entfernung von Vorgängen **333** 18 f
    Erkenntnisverfahren **333** 22
    Gesundheitsdaten **333** 5
    Inhalt **333** 4 f
    Offenlegung gegenüber Dritten **333** 9
    Personalinformationssystem **333** 13
    Prozessaktenaufnahme ArbGeb **333** 7
    Sonderaktenhinweis **333** 13
    Streitigkeiten **333** 21 f
    Vertraulichkeit **333** 8
    Verwahrungspflicht **333** 20
Personalauswahl 334
    Anbahnungsverhältnis **334** 22 f
    Anwerbungsmöglichkeiten **334** 1 f
    Assessment Center **334** 16
    Auskunftspflichten ArbGeb **334** 24
    Auskunftspflichten Bewerber **334** 11
    Auswahlverfahren **334** 15
    Background-checks **334** 15
    Beschränkung Auswahlfreiheit ArbGeb **334** 5 f
    Bewerberauswahl **334** 4 ff
    Bewerbungsunterlagen **334** 18, 26
    Bundesdatenschutzgesetz **334** 19
    Einschränkungen bei Stellenangeboten für Arbeitslose **334** 34
    Einstellungsgespräch **334** 9 ff
    Einstellungsuntersuchung **157** 1; **334** 15
    Fragerecht ArbGeb, Einzelfragen Einstellungsgespräch **334** 10
    Genomanalyse **334** 17
    graphologisches Gutachten **334** 14
    innerbetriebliche Stellenausschreibung **334** 3
    Internetrecherche **334** 15
    Mitbestimmung BRat **334** 20 f
    Offenbarungspflichten Bewerber **334** 12, 24

Pfändung

Personalfragebogen **334** 9 ff
psychologischer Test **334** 15
Schadensersatzpflichten ArbGeb **334** 13
Vertragsverhandlungsabbruch **334** 23
Vorstellungskostenersatz **334** 2
Personalbedarfsplanung Unterrichtungspflicht ArbGeb **336** 6 f
Personalbeurteilung GesamtBRat, Zuständigkeiten **203** 16
Personalcomputer
  Abschreibung **46** 11
  Beitragsfreiheit bei privater Nutzung **37** 126
  Berufliche Nutzung **229** 35
  BRatKosten **119** 19
  Nutzungsdauer **46** 11
Personaldeckungsplanung Beratungspflicht BRat **336** 10
Personaleinkauf Kündigung, außerordentliche **257** 64
Personaleinsatzplanung Personalplanung **336** 2
Personalentwicklung Personalplanung **336** 2
Personalfragebogen
  s a Personalauswahl **334**
  GesamtBRat, Zuständigkeiten **203** 16
Personalführungsgesellschaft ArbNÜberlassung im Konzern **34** 16
Personalgespräch
  Mobbing **314** 8
  Weisungsrecht ArbGeb **453** 3
Personalgestellung Gemeinschaftsbetrieb **102** 13
Personalinformationssystem 335
  Auskunftsrecht ArbN **335** 4
  Betriebsvereinbarung **335** 8
  Datenschutz **335** 4
  Einsatz durch BRat **335** 9
  Kontrolle des ArbN **246** 16
  Mitbestimmung BRat **335** 5 f
  PAISY-Entscheidung **335** 6
  Persönlichkeitsrechtsschutz ArbN **332** 11; **335** 3
  Personalakte Ausdruck **333** 13
Personalplanung 336
  Beteiligung BRat **336** 3 f
  Betriebsstilllegung **336** 7
  GesamtBRat, Zuständigkeiten **203** 16
  Informationsrecht Wirtschaftsausschuss **336** 5
  Leitende Angestellte **336** 4
  Mitbestimmung, soziale Angelegenheiten **310** 4
  Mitbestimmung, wirtschaftliche Angelegenheiten **312** 5
  Personalbedarfsplanung **336** 2
  Personalbedarfsplanung Streitigkeiten **336** 10
  Personaldeckungsplanung **336** 2
  Personaldeckungsplanung Streitigkeiten **336** 10

Personaleinsatzplanung **336** 2
Personalentwicklungsplanung **336** 2
Stellenbeschreibung **389** 2 f
Personalpolitik KonzernBRat, Zuständigkeiten **248** 15
Personalrabatt
  Arbeitsentgelt/Arbeitslohn **383** 22
  Betriebsübergang **126** 49
  Geldwerter Vorteil **201** 1 ff
  Lohnkontoeintragung **278** 7
  Rentner **201** 1
  Teilzeitbeschäftigung **201** 3
  Transparenzgebot **201** 3
Personalrat
  Nettoentgeltausgleich **392** 1
  Stellenausschreibung, Mitwirkung **84** 7
Personalserviceagenturen ArbNÜberlassung **34** 82
Personalstruktur Sozialauswahl **258** 27
Personalübernahme Betriebsübergang, Indiz **126** 14
Personenbeförderungsschein Fahrgastbeförderung **181** 8
Personenbezogene Feststellung SozVBeiträge **387** 57 f
Personengesellschaft
  ArbGebEigenschaft **22** 9, 28
  Ehegattenarbeitsverhältnis **185** 38 f
Personenschaden
  Haftung ArbGeb **24** 2
  Haftung ArbN **33** 1, 3
  Haftungsbeschränkung bei Arbeitsunfall **55** 1 ff
  Haftungsfreistellung **417** 21
  KV **417** 21
  Schadensersatz als Arbeitsentgelt **37** 54
Pfändung 337
  Abfindung **1** 37; **337** 27
  Abführung pfändbare Beträge **337** 18 ff
  Abtretung Verhältnis **337** 33 f
  Altersvorsorge, private **337** 27
  Altersvorsorgevermögen **12** 18
  Antrag auf Begrenzung und Erweiterung **337** 26
  Arbeitseinkommen **337** 6 f
  Arbeitsentgelt und Sozialleistungen **337** 57
  ArbGebDarlehen **23** 2
  ArbNErfindung **32** 26
  Aufrechnung **64** 8–9
  Aufwendungsersatz **67** 22
  Auskunftspflichten ArbN **77** 20
  Auslösung **81** 8
  Betriebsübergang **126** 50; **337** 8
  Drittschuldnererklärung **337** 15 f
  Drittschuldnerklage **337** 36 f
  einmalige Geldleistungen SozV **337** 51
  Einmalzahlung **154** 21
  Einwendungen Drittschuldner **337** 12 f
  Entgeltabtretung **161** 8

2827

Pfändungsschutzkonto
    Entgeltumwandlung Betriebliche Altersversorgung **103** 22
    Erinnerung Pfändungsbeschluss **337** 14
    Erlass Pfändungsbeschluss **337** 9
    erweiterte wegen Unterhaltsanspruch **337** 22
    Erziehungsgeld **337** 52
    Freigrenzen **276** 38
    Fürsorgepflicht **195** 17
    Geldwerter Vorteil Sachbezug **370** 2
    Gläubigerantrag **337** 3
    Gutglaubensschutz **337** 19
    Heimarbeit **222** 27
    Herstellungsanspruch, sozialrechtlicher **337** 52
    Hinterlegungsrecht Drittschuldner bei Mehrfachpfändung **337** 35
    Insolvenzgeld **226** 64; **337** 7
    Jubiläumszahlungen **114** 6
    Kindergeld **241** 2; **337** 44, 55
    Kündigung, verhaltensbedingte **260** 33
    Kurzarbeitergeld **266** 61
    laufende Geldleistungen **337** 52 f
    Lohnschiebung **337** 29 f, 42
    Lohnzufluss **294** 12
    Lohnzufluss bei Hinterlegung **337** 39
    LStErstattungsanspruch **337** 45 f
    LStKlassen **337** 29
    Mehrfachpfändung Rangfolge **337** 31 f
    Mutterschaftsgeld **337** 52
    Nettomethode **337** 20
    notwendiger Selbstbehalt **337** 22, 28
    Pfändungsschutzkonto **337** 56
    Pfändungstabelle **337** 20
    Schuldnerverzeichnis **337** 1
    Schwerbeschädigtenzulage **337** 52
    Sozialleistungen **337** 44, 49–56
    Sterbegeld **391** 3
    Steuererstattungsanspruch **337** 40
    Titulierter Anspruch **337** 2
    Umgehung **64** 7
    Umgehung Pfändungsschutz **337** 25
    unpfändbare und bedingt pfändbare Bezüge **337** 23 f
    Urlaubsabgeltung **422** 7
    Urlaubsentgelt **425** 14
    Urlaubsgeld **426** 4
    Vermögenswirksame Leistungen **436** 20
    verschleiertes Arbeitseinkommen **337** 29 f, 42
    Vertragliche Verbote **64** 11
    Vorschuss **445** 6
    Weihnachtsgratifikation **154** 21
    Zusammentreffen mit Entgeltabtretung **161** 12
    Zustellung Pfändungsbeschluss **337** 9
    Zwangsvollstreckung **337** 1
Pfändungsschutzkonto Sozialleistungsbezug **337** 56

Pfingstsonntag gesetzlicher Feiertag **381** 2
Pflegebedarf
    Art der Hilfeleistung **339** 14
    außer acht bleibende durch die Ausübung einer Erwerbstätigkeit veranlasste Hilfstätigkeit **339** 15
    Ernährung **339** 7
    hauswirtschaftliche Versorgung **339** 7
    Körperpflege **339** 7
    Kommunikationseinrichtungen **339** 7
    krankheitsspezifische Pflegemaßnahmen **339** 8
    Mobilität **339** 7
    PflegeVLeistungen **339** 8
    regelmäßig wiederkehrende Verrichtungen **339** 7
    zeitlicher Umfang **339** 16
Pflegebedürftigkeit
    außer acht bleibende durch die Ausübung einer Erwerbstätigkeit veranlasste Hilfstätigkeit **339** 15
    Pflegebedarf **339** 7
    PflegeVLeistungen **339** 7
    rund um die Uhr **339** 12
Pflegebereich Sonderregelungen nach AEntG **31** 11
Pflegegeld
    Anrechnung anderweitigen Einkommens **15** 20
    Beitragspflicht **339** 37 f
    PflegeVLeistungen **339** 6
    Steuerfreiheit **339** 2
Pflegehilfen
    PflegeVLeistungen **339** 21
    Steuerfreiheit **339** 2
    Verhinderungspflege **339** 22
Pflegehilfsmittel PflegeVLeistungen **339** 24
Pflegekasse
    KVTräger **254** 13
    Träger soziale PflegeV **340** 4
Pflegekinder
    Familienversicherung **186** 10 f
    Kinderfreibetrag **240** 8
    Kindergeldanspruch **241** 26
Pflegekosten Außergewöhnliche Belastungen **339** 3
Pflegekraft Hauswirtschaftliches Beschäftigungsverhältnis **221** 2
Pflegeleistungen
    Besteuerung Pflegeperson bei Pflege gegen Vergütung **339** 5
    Besteuerung Pflegeperson bei Pflege ohne Vergütung **339** 4
Pflege-Neuausrichtungsgesetz
    Betreuungsleistungen **339** 25
    Leistungen **339** 13
Pflegepauschbetrag
    Außergewöhnliche Belastung bei Schwerbehinderung **92** 83
    Pflegeperson **339** 4

Pflegeperson
  Besteuerung 339 4 f
  Pflege gegen Vergütung 339 5
  Pflege ohne Vergütung 339 4
  Pflegepauschbetrag 339 4
Pflegeperson, Besteuerung
  Erstattung Sozialaufwendungen 242 26
  Tagespflege 242 25
  Vollzeitpflege 242 26
Pflegepersonal RVPflicht 355 14; 357 8
Pflegepersonen
  RVPflicht 357 8
  UVSchutz 417 34
  zeitlicher Umfang Pflegebedarf 339 16
Pfleger Steuerfreibetrag 150 23
Pflegesachleistungen Steuerfreiheit 339 2
Pflegesätze Kinderhaus Beihilfeleistungen 93 13
Pflegestufen
  Familienangehöriger, Zeitaufwand 339 12
  PflegeVLeistungen 339 9 ff
  Wechsel 339 17
Pflegetätigkeit
  Arbeitsverhältnis 339 33 f
  Besteuerung 339 4 ff
  Freiwilligendienste 339 38
  Gestaltungsformen 339 32 ff
  Hauptberufliche, Besteuerung 339 5
  Nebenberufliche, Besteuerung 339 5
  nichterwerbsmäßige 339 36 f
Pflegeteilzeit
  Arbeitszeitverringerung, einvernehmliche 341 33
  Arbeitszeitverringerung, streitige 341 33
Pflegeversicherung
  Beitragsbemessungsgrenze 94 23
  Beitragskinderurteil 242 58
  Beitragszuschuss ArbGeb 25 15
  Familiäre Mitarbeit 185 51
  JAEGrenze 230 7
  Künstlersozialversicherung 264 15, 19, 25
  Mitgliedschaft bei Arbeitskampf 40 31
  Pflegekasse 340 4
  Pflichtversicherung 340 7
  Rechtsweg 340 6
  Vollversicherung 340 5
Pflegeversicherungsbeiträge 338
  Aktuelle Werte 338 37
  ArbGebZuschuss 338 34
  Behinderte 338 25
  Beihilfe- und Heilfürsorgeberechtigte 338 16
  Beitragsbemessungsgrenze 338 17
  Beitragsfreiheit 338 36
  Beitragssatz 338 10 f, 28
  Beitragstragung 338 27 f
  Beitragszuschlag für Kinderlose 338 7
  Bezugsgröße 338 28
  Diakonissen 338 26
  Eltern 338 13 f

Pflegeversicherungsleistungen
  Familienangehörige 338 36
  Freiwillig Versicherte 338 22 f
  Geistliche Genossenschaften 338 26
  Geringfügige Beschäftigung, Zusammenrechnung 202 87 f
  Geringfügigkeitsgrenze 338 28
  Geringverdiener Beitragstragung 338 27
  JAEGrenze 338 28
  Jugendliche 338 25
  Kinderlose, Tragung und Zahlung Zusatzbeitrag 338 31 f
  Kinderlose, Zusatzbeitrag 338 11 f
  Kompensation ArbGebBeiträge 338 4 f
  Krankengeldbezieher 338 20
  Künstler 338 25
  Landwirtschaft 338 21
  Minijobs 308 8
  Nettolohnvereinbarungen 338 3
  Pflichtmitglieder KV 338 18 f
  Praktikanten 338 25, 26
  Publizisten 338 26
  Rehabilitation (berufliche) 338 26
  Rentner 338 25, 29
  Selbstständige 338 22 f
  Sonderausgaben ArbNAnteil 338 8
  Sonderausgabenabzug 380 2
  Studenten 338 25
  Übergangsgeldbezug 338 26
  Verletztengeldbezug 338 26
  Versorgungskrankengeldbezug 338 26
  Zuschlagsfreiheit 338 15
Pflegeversicherungsleistungen 339
  Antrag 339 18
  Aufwendungen pflegebedürftige Person 339 3
  Besteuerung Pflegeperson 339 4
  erhebliche Pflegebedürftigkeit 339 10
  Erheblicher allgemeiner Betreuungsbedarf 339 13
  Ersatzpflege 339 22
  gegen Vergütung 339 5
  Häusliche Betreuung 339 25
  Häusliche Pflege 339 20
  Haushaltsnahe Dienstleistungen 339 3
  Kombinationsleistungen 339 23
  Kurzzeitpflege 339 29
  Leistungen, Steuerfreiheit 339 2
  Leistungsvoraussetzungen 339 19
  Pflegebedarf 339 8
  Pflegebedürftigkeit 339 6 f
  Pflegegeld 339 6 f
  Pflegehilfsmittel 339 24
  Pflege-Neuausrichtungsgesetz 339 13
  Pflegestufen 339 9 ff
  Pflegestufenwechsel 339 17
  Sachleistungen 339 6 f
  Schwerpflegebedürftigkeit 339 11
  Schwerstpflegebedürftigkeit 339 11
  selbstbeschaffte Pflegehilfen 339 21
  Stationäre Pflege 339 6, 26 f

Pflegeversicherungspflicht

Territorialitätsprinzip **339** 31
Verhinderungspflege **339** 22
Versicherungszeit **339** 19
Vollstationäre Pflege **339** 27
Vorversicherungszeit **339** 19
Wohngruppen **339** 30
Wohnumfeldverbessernde Maßnahmen **339** 6

Pflegeversicherungspflicht 340
AlGeld II-Bezieher **43** 36
Auszubildende **340** 9
Beamte **340** 14
Befreiung **90** 11, 30; **340** 11
Erwerbsminderungsrentenbezug **359** 45
Familienangehörige **340** 16, 19
Freiwillig Versicherte **340** 11
freiwillige PflegeV **340** 7
Kinder **340** 17 f
Kriegsopfer **340** 10
Missbrauch Scheinbeschäftigung **340** 20 f
PflegeVTräger **340** 4
Pflegezeit **341** 48
Pflichtmitglieder KV **340** 9
Praktikant **340** 9; **342** 15
Private Pflegeversicherung **340** 6
Rentner **340** 9
Rentnerbeschäftigung **359** 30
Richter **340** 14
Soldaten **340** 14
Soziale Pflegeversicherung **340** 6
Studenten **340** 9
Teilzeitbeschäftigung **402** 131
Übergangsregelung **340** 12 f
Zusammenrechnung Geringfügige Beschäftigung **322** 30 f

Pflegeversicherungsunternehmen Kostenerstattung Sozialgerichtsverfahren **350** 41

Pflegezeit 341
Ärztliche Bescheinigung **341** 14
akut aufgetretene Pflegesituation **341** 8
Ankündigungsfrist **341** 24
Anwesenheitsprämie **19** 8
Arbeitsbefreiung **341** 7
Arbeitsverhinderung, kurzzeitige **341** 7, 45 f
ArbGeb **341** 3
ArblVPflicht **45** 19; **341** 49
ArbNÄhnliche Personen **27** 14
Beitragsrecht **341** 47
Berufsausbildungszeiten, Anrechnung **341** 32
Beschäftigte **341** 2
Beschäftigungsverhältnis **341** 47, 52
Dauer **341** 10 f, 27
Diskriminierungsverbot Behinderte **341** 41
Entgeltfortzahlung **162** 4; **341** 16
Ersatzkrafteinstellung **341** 37
Ersatzkrafteinstellung, Sonderkündigungsrecht **341** 38
Familienpflegezeit **341** 42
Familienpflegezeitgesetz **341** 53

Festlegung **191** 7
Freistellung von der Arbeit **191** 7, 58 f; **341** 1
Häusliche Umgebung **341** 19
Hilfeleistung, erforderliche **341** 9
Höchstfrist Arbeitsbefreiung **341** 10 f
Kleinbetrieb **341** 6
Kurzzeitige Pflege **191** 59
KVPflicht **341** 48
Längerdauernde Pflege **191** 60
Leistungsverweigerungsrecht **274** 8; **341** 7
Mehrfache Inanspruchnahme **341** 21 f
Mitteilungs- und Nachweispflichten **341** 13 f
Nachweispflichten **341** 26
Nahe Angehörige **341** 4
Pflege durch mehrere Beschäftigte **341** 20
Pflegebedürftigkeit **341** 5
Pflegeteilzeit **341** 33
PflegeVPflicht **341** 48
Rechtsfolgen unterlassener Mitteilung **341** 15
Ruhen des Arbeitsverhältnisses **341** 22
RVPflicht **341** 50; **357** 10
Schriftformerfordernis **341** 25
Schwellenwerte Beschäftigte **341** 39
Sonderkündigungsschutz **341** 34 f
SozVPflicht **191** 61
SozVSchutz **341** 47
Teilzeitbeschäftigte **341** 12
Urlaub, unbezahlter **429** 12
Urlaubsanspruch **341** 40
UVPflicht **341** 51
Verhinderungsgrund **341** 14
Verkürzung **341** 31
Verlängerung **341** 28 f
Versicherungspflicht, Ende **341** 47
Voraussetzungen **341** 8 f, 18 f
Wartezeit **341** 6

Pflegezulage Teilzeitbeschäftigung **402** 99
Pflichtbeiträge Rentenversicherung Ausschlussfrist **82** 45
Pflichtbeitragszeiten s Beitragszeiten Rentenversicherung
Pflichtkrankenkasse KVTräger **254** 6
Pflichtveranlagung s Einkommensteuerveranlagung
Pflichtverletzung Arbeitnehmer
Leistungsbereich, Abmahnung **2** 12
Vertrauensbereich, Abmahnung **2** 13 f
Pharmaberater Außendienst ArbN-ABC **26** 84
Pharma-Cosmetologe ArbN-ABC **26** 84
Pilot
Altersgrenze **9** 1; **144** 79
Arbeitskleidung **41** 6
Kündigung, personenbedingte bei Fluglizenzverlust **259** 38
PKW Benutzung s Kraftfahrzeug

Plakatanschläger ArbN-ABC **26** 84
Plakatkleber ArbN-ABC **26** 84
Polen Grenzgängerbesteuerung **209** 14 f
Politische Betätigung
    Beeinträchtigung Arbeitsabläufe **303** 10 f
    Kündigungsgrund **260** 27
    Meinungsfreiheit **303** 5, 8, 15
    parteipolitische als Amtspflichtverletzung BRat **13** 6
Politische Partei Unternehmen **203** 2
Polizeiliches Führungszeugnis Einstellung ArbN **140** 8
Popularklage s Gewissensfreiheit **207**
Portabilität Versorgungsanwartschaften **103** 45
Portier ArbN-ABC **26** 84
Postulant KVFreiheit **243** 23
Präklusionswirkung Zustimmungsersetzungsverfahren Kündigung, außerordentliche BRatMitglied **120** 21
Prämien
    Leistungsbestimmung **272** 22
    Umlageverfahren UV **387** 67
    Verbesserungsvorschläge, Einmalzahlung SozV **430** 18
    Verbesserungsvorschläge, Versteuerung **430** 12
Prämienlohn Leistungsorientierte Vergütung **273** 3
Präsenzpflicht ArbGeb vor Ort **22** 16
Präventionsverfahren Behinderte **92** 29
Praktikant 342
    Ausbildungsverhältnis **72** 3
    Ausbildungszweck **342** 1
    Auslandspraktikum, Steuerfreiheit **342** 11
    Auszubildende **72** 3, 15; **342** 3
    Befreiung von der Versicherungspflicht **90** 25
    Beitragsbemessungsgrundlage ArbIV **44** 8
    Beschäftigungsverhältnis **342** 20
    Betriebspraktikum **231** 11
    Betriebspraktikum Schüler **342** 5
    Betriebspraktikum zur beruflichen Fortbildung **342** 7
    Definition SozV **342** 12 f
    Hochschulpraktikant **342** 1, 6
    Jugendarbeitsschutz **231** 11
    KVPflicht **253** 16; **342** 15
    PflegeVBeiträge **338** 25 f
    PflegeVPflicht **340** 9; **342** 15
    Praktikum mit Arbeitsentgelt **342** 18 f
    Praktikum ohne Arbeitsentgelt **342** 16 f
    Prüfungsschritte SozV **342** 14
    RVFreiheit **356** 9
    RVPflicht **342** 23 f
    Steuerliche Behandlung **342** 11
    Studienintegrierte Praktika **342** 6
    UVPflicht **342** 34
    Vertragsverhältnis **342** 8 f
    Volontär **342** 2

    Vor- und Nachpraktika, RVPflicht **342** 29
    Werkstudent **342** 4
    Zwischenpraktikum, RVPflicht **342** 28
Praktikum
    Anrechnung bei Kündigungsschutzfristberechnung **263** 58
    Spenden bei Entgeltverzicht **165** 11
    Übergangsgeld nach Anerkennungspraktikum **410** 25
Prediger KVPflicht **243** 24
Preisnachlass
    Dritter als Sachbezug **370** 5
    Dritter, Sachbezugsbewertung **370** 14 f
    durch Dritte als Arbeitsentgelt **37** 73
    Konzerninterner als Sachbezug **370** 30
Pressegeheimnis Bewirtungsbelege **132** 15
Primärrecht
    EU-Recht **171** 1 f, 36
    Vorrang vor Sekundärrecht bei weitergehenden Ansprüchen **171** 36
Private Krankenkasse KVPflicht **253** 20
Private Krankenversicherung
    ArbGebZuschuss **25** 12
    ArbGebZuschuss bei Familienversicherung **25** 12
    Basistarif **25** 12
Private Pflegeversicherung PflegeVPflicht **340** 6
Privatfahrten
    Dienstwagen **142** 23 f
    Nutzungsverbot bei Dienstwagen **142** 20
    Umsatzsteuer **142** 24
Privatflugzeug Werbungskosten **456** 12
Privathaushalt
    Beitragshinterziehung **377** 22
    Geringfügige Beschäftigung **202** 33, 94; **221** 33 ff
    Haushaltsscheck, Meldeverfahren **377** 15
    Schwarzarbeit **377** 7
Privatisierung Betriebsübergang **126** 5
Privatnutzung
    Dienstwagen als Vergütungsbestandteil **142** 3
    Soziale Netzwerke am Arbeitsplatz **342** 3
    Telefon **229** 4 f
Privatrenten Arten **10** 25
Privattelefon betriebliche Nutzung **229** 2
Priviligierungsverbot Gleichbehandlung **208** 5 f
Probearbeit Sperrzeit **388** 26
Probearbeitsverhältnis 343
    Ausbildungsverhältnis **343** 3
    Befristetes Arbeitsverhältnis **91** 40; **343** 1, 7 f
    Dauer **343** 3, 7
    Einführungsverhältnis **343** 1
    Eingliederungsvertrag **343** 1
    Kündigung, außerordentliche **343** 6
    Kündigungsfrist **343** 5
    Kündigungsschutz **343** 4

Probezeit
    Muster Probezeitklausel im Arbeitsvertrag **343** 10
    Schwerbehinderte **343** 2
    Verlängerung Probezeit **343** 3
    vorgeschaltete Probezeit **343** 1
Probezeit
    s a Probearbeitsverhältnis **343**
    Abmahnung **2** 10
    Angemessenheitskontrolle **262** 16
    Aufhebungsvertrag mit bedingter Wiedereinstellungszusage **343** 3
    Ausbildungsverhältnis **72** 52
    Kündigungsfristen **262** 2, 16 f
    Kündigungsschutz bei Betriebsübergang **126** 72
    Pensionszusage Gesellschaftergeschäftsführer **103** 171
    Praktikant **342** 8
    Verlängerung **343** 3
    vorgeschaltete **343** 1
Produktionsbetrieb Betriebsübergang **126** 8
Profisportler KünstlerSozV **264** 13
Programmablaufplan
    LStBerechnung **285** 14
    LStTabellen **293** 2
Progressionsvorbehalt
    AlGeld **42** 6
    Altersteilzeit, Erstattung durch ArbGeb **11** 12
    Aufstockungsbetrag Altersteilzeit **11** 27
    ausländisches Gehalt **80** 44
    Aussperrungsvergütung **40** 29 f
    Berechnung bei Lohnersatzleistungen **277** 16 f
    Bezüge Eintragung Lohnkonto **278** 6
    DBA steuerbefreiter Lohn **78** 41
    Elterngeld **159** 6
    Gründungszuschuss **210** 6
    Krankengeld **250** 10
    Kurzarbeitergeld **99** 11; **266** 27
    Leistungen nach AFG **38** 7
    Lohnersatzleistungen ABC **277** 5–9
    Lohnersatzleistungen AFG **392** 7
    Mutterschaftsgeld **315** 3, 5
    Mutterschaftshilfe **316** 2
    negativer bei Krankengeldrückzahlung **250** 9
    negativer bei Lohnersatzleistungen **277** 13
    RVBeiträge Altersteilzeit **11** 28
    Übergangsgeld **410** 10 f
    Übergangsgeld/Überbrückungsgeld **410** 4
    Unterhaltsgeld **42** 10
    Verlustabzug **277** 17
Projektarbeit Befristetes Arbeitsverhältnis **91** 41
Prokura
    s a Prokurist **344**
    Gesamtprokura **344** 2
    Umfang **344** 1
    Umfangsbeschränkungen **344** 2
    Widerruf **344** 2, 5 f

Prokurist 344
    Arbeitszeugnis **344** 7
    Kündigungsbefugnis **344** 4
    Leitender Angestellter **275** 9, 20; **344** 3
    Prokura **344** 1 f
    Titularprokurist **344** 3
    Widerruf Prokura **344** 5 f
Promotion
    s a Dissertation
    Ausbildungskosten **71** 24; **72** 88
    Berufsausbildung **240** 19
    Fortbildungskosten **189** 25
    Weiterbildung **455** 4
    Werbungskostenabzug **456** 28
Propagandist ArbN-ABC **26** 84
Prostituierte
    ArbN-ABC **26** 84
    ArbNEigenschaft **26** 51
    KVPflicht **253** 7
    RVPflicht **357** 6
Prostitution Beschäftigungsverhältnis **357** 6
Protokollnotiz Betriebsvereinbarung **129** 2
Provision 345
    Abrechnung **345** 24–27
    Anspruch nach Beendigung Arbeitsverhältnis **345** 6 f
    Anspruch Untervertreter **345** 13
    Arbeitsentgelt **37** 8; **345** 35
    Arbeitsentgelt bei Annahmeverzug **14** 15
    Arbeitsentgeltschutz bei Mutterschutz **317** 29
    ArbGebHaftung wegen anfänglicher subjektiver Unmöglichkeit **345** 8
    Auskunftspflichten ArbGeb **76** 3
    Befristete Zusage **345** 4
    Beitragsberechnung bei verspäteter Auszahlung **345** 39
    Berechnung JAEGrenze **345** 40
    Besteuerungsverfahren **345** 34
    Einfirmenvertreter **345** 30
    Einkünfte aus sonstiger Tätigkeit **345** 33
    Entlassungsentschädigung **1** 73
    Entstehung des Anspruchs **345** 13
    Höhe **345** 18 f
    Jahressollvorgabeabhängigkeit **345** 4
    Kausalzusammenhang Anspruch **345** 11
    Mindestvergütung **345** 20
    Mitbestimmung BRat **345** 21
    Mutterschutz **345** 22
    Nachbearbeitungspflicht **345** 14 f, 30
    nachträgliche Änderung **345** 19
    Rückforderung **345** 28–30
    Rückforderung auf Grund Stornierung **345** 28 f
    Saldoanerkenntnisklausel **345** 27, 29
    Schätzung **345** 18
    Schätzung bei Betriebsstilllegung **14** 15
    Stornogefahrmitteilung **345** 17
    Sukzessivlieferungsvertrag **345** 10
    Überhangprovisionen, Ausschluss **345** 7

Rechtsanwaltskosten

Umsatzprovision **345** 2
Urlaub und Krankheit **345** 22 f
Urlaubsentgeltberechnung **425** 5
Verjährung Jahresumsatzprovisionsanspruch **434** 7, 10
Vermittlungsprovision Arbeitslohn **345** 31 f
Verrechnung mit Fixum **345** 20
Verrechnung mit Garantie **345** 20
Prozessbeschäftigung Annahmeverzug **14** 20
Prozesskosten
   Schmiergeldvorwurf **375** 10
   Werbungskostenabzug **456** 30
Prozesskostenhilfe
   Lebensgemeinschaft (nichteheliche) **270** 6
   Lebenspartnerschaft **271** 5
   Verjährungshemmung **434** 21
Prozessvergleich
   Erstattungsanspruch der Agentur für Arbeit **168** 6
   Mängel **433** 7
   Schriftform Widerrufsvorbehalt **433** 9 f
   Sozialgerichtsprozess **433** 31
   Unwirksamkeit **433** 7 f
   Vollstreckungstitel **433** 5
   Widerruf per Telefax **433** 11
   Widerrufsfrist **433** 10, 11
Prozessvertretung Sozialgericht Gewerkschaftsvertreter **206** 35
Prozessverwirkung 443 13
   Betriebsübergang **126** 92
Prüfer KVPflicht **253** 7
Prüfungsanordnung
   Aussetzung der Vollziehung **284** 7
   LStAußenprüfung **284** 3 f
Prüfungstätigkeit
   ArbN-ABC **26** 84
   Nebentätigkeit **322** 20
Psychologe ArbN-ABC **26** 84
Psychologischer Test Personalauswahl **334** 15
Publizist
   Beitragsbemessungsgrundlage KV **252** 15; **264** 16
   Beitragstragung RV **355** 23
   Künstlersozialabgabe **264** 1, 2 f, 26 f
   PflegeVBeiträge **338** 26
   RVPflicht **264** 24; **355** 14; **357** 8
Punktesystem Auswahlrichtlinien Interessenausgleich **228** 6
Putzfrau s Haushaltshilfe

Qualifikation
   fehlende als Kündigungsgrund **259** 39
   Teilzeitbeschäftigung **402** 100
Qualifizierung Betriebliche Berufsbildung **104** 1
Qualifizierungsgesellschaft Beschäftigungsgesellschaft **99** 1 ff

Qualifizierungsmaßnahme
   Betriebsänderung **228** 5
   Rückzahlungsklausel **361** 17
Quotenregelung
   Behinderte Menschen, Diskriminierung positive **144** 105
   Diskriminierung **144** 103
   Gleichbehandlung **144** 103

Rabatte
   s a Sachbezug **370**
   Arbeitsentgelt **37** 73 f
   Dienstwagen **142** 27
   Dienstwohnung **143** 34
   Freibetrag im Konzern **247** 22
   Preisnachlass auf Aktien **7** 38
   Rabattfreibetrag Sachbezüge **370** 37
   Typisierung **370** 36
Rabattfreibetrag
   s Sachbezug **370**
   s a Rabatte
Radiohören im Betrieb
   Mitbestimmung BRat **246** 9; **453** 12
   Weisungsrecht ArbGeb **453** 12
Rahmenvereinbarung Arbeitsgruppe **117** 36
Rangrücktritt Pensionszusage **103** 181
Rasse Diskriminierungsverbot **144** 28 f
Ratgeberkurse Bildungsurlaub **134** 27
Rationalisierung
   Betriebsänderung **108** 31
   Kündigung, betriebsbedingte **258** 2, 57
   Kündigung, betriebsbedingte bei Betriebsübergang **126** 76
   Schutzabkommen Kündigung, betriebsbedingte **256** 21
Rauchverbot
   Abmahnungsgrund **2** 12
   Beschwerderecht ArbN **101** 3 f
   Betriebsordnung **116** 7
   Mitbestimmung BRat **246** 9; **453** 12
   Persönlichkeitsschutz **332** 13
   Weisungsrecht ArbGeb **453** 12
Rauferei kein Entgeltfortzahlungsanspruch **162** 9
Rechtsanwalt
   Abmahnungsberechtigung **2** 26
   ArbN-ABC **26** 84
   ArbNÄhnliche Personen **27** 7
   Elterngeldberechnung **159** 22
   Freie Mitarbeiter **190** 37
Rechtsanwaltskosten 350
   Beauftragung Rechtsanwalt durch BRat **119** 8; **350** 9 f
   Beigeladener im GKG-Kostenverfahren **350** 48
   Berufskraftfahrer **350** 3
   Betragsrahmengebühr im Pauschgebührenverfahren **350** 51
   Betriebsausgaben **350** 22

Rechtsbehelfe

Billige Gebühr im Sozialgerichtsverfahren 350 54
BRatWahlanfechtung 350 8
Einigungsstelle 153 33; 350 16 f
Finanzgerichtsverfahren 350 20 f
Gebührenabgeltung im Sozialgerichtsverfahren 350 55 f
Gebührenklage 350 5
Gebührenrecht 350 1
Gegenstandswertberechnung im GKV-Kostenverfahren 350 51
Gegenstandswertfestsetzung im Beschlussverfahren 350 6 f
Gerichtskostenfreiheit Sozialgericht 350 24
GKG-Kostenverfahren 350 44 f
Insolvenz ArbGeb 350 12
Kostenerstattung Erstinstanz 350 2
Kostengrundentscheidung Sozialgerichtsverfahren 350 36
Muster 350 19
nichtvermögensrechtliche Streitigkeiten 350 7 f
Pauschgebührenverfahren 350 25 f, 37 f
Rahmengebühren im Sozialgerichtsverfahren 350 53
Rechtsschutzversicherung 350 23
Schwellenwerte im Sozialgerichtsverfahren 350 54
Sonderausgaben 350 22
Sozialgerichtsverfahren 350 24 ff
Sozialgerichtsverfahren, außergerichtliche Tätigkeit 350 51
Sprecherausschuss 350 14
Steuerstrafsachen 350 22
Verkehrsunfall 350 3
Werbungskosten 350 22
Wertgebühren im Sozialgerichtsverfahren 350 52
Zustimmungsersetzungsverfahren BRatMitglied 350 13

Rechtsbehelfe
Anrufungsauskunft 17 15
Aufrechnung 64 25 f, 37 f
ELStAM 282 25
Kindergeld 241 18
KirchenLSt 244 25
LStAnmeldung 283 14 f
LStErmäßigungsverfahren 287 13 f
LStHaftungsbescheid 288 63 f
Prüfungsanordnung LStAußenprüfung 284 7
Säumniszuschlag 372 13
Solidaritätszuschlag 379 7

Rechtsform Eigengruppe 211 23
Rechtsmittel Ausschlussfrist 82 32
Rechtspraktikant ArbN-ABC 26 84
Rechtsschutzversicherung Werbungskostenabzug 350 23; 456 31
Rechtsweg
Beitragsabzug 276 40 f

Feststellung ArbNEigenschaft 26 24
Umschulungsstreitigkeiten 413 5
Rechtswirkung
EU-Rechtsnormen 171 3 f
EU-Richtlinien 171 5
EU-Verordnungen 140 2; 171 4
Primäres Unionsrecht 171 4
Redakteur
ArbNÄhnliche Person 27 7
Dienstreisezeiten 141 8
Reeder ArbGebHaftung SozVBeiträge 24 24
Referendar ArbN-ABC 26 84
Referendariat Ausbildungskosten 71 24
Referenzprinzip Mutterschaftsgeld ArbGeb-Zuschuss 317 36
Regelaltersgrenze
s a Altersgrenze 9
Altersgrenzenvereinbarung, einzelvertragliche 9 8 f
Altersteilzeit 11 8
Anhebung 9 1, 32
Arbeitsverhältnis, Fortsetzung 9 7 f
Betriebliche Altersversorgung 10 4
Neuregelung 10 4
Rentnerbeschäftigung, SozVPflicht 8 17 f
tarifvertragliche 9 9
Regelaltersrente Rentnerbeschäftigung 359 10
Regelarbeitsentgelt Altersteilzeit 11 61
Regelbedarf AlGeld II 43 30
Regelentgelt
Krankengeld 250 29
Übergangsgeldberechnung 410 27
Überstundenvergütung bei Krankengeldbezug 411 30
Regelungsabrede
Abgrenzung Betriebsvereinbarung 129 2, 23, 39
BRat ArbGeb Betriebsübergang 126 59
Regisseur ArbN-ABC 26 84
Regress
Erstattungsanspruch der Agentur für Arbeit bei Gleichwohlgewährung Lohnersatzleistungen 168 20
Inanspruchnahme Schädiger Arbeitsunfall 55 13 f
LStHaftung 288 17
Rehabilitand ArbN-ABC 26 84
Rehabilitation (berufliche) 351
Anrechnung Erholungsurlaub 423 24
Anrechnungszeiten 358 7
ArbGebLeistungen 351 39
Ausbildungsförderung 351 34
Ausbildungsgeld 351 37
Ausbildungsvertrag 351 2
BA als Träger 351 25
Behinderte 351 20
BEM 105 19

BEM, Fördermaßnahmen **105** 6
Berufsbildungswerke **351** 2
Berufsvorbereitungshilfen **351** 33
Bewerbungskostenübernahme **351** 32
Entgeltfortzahlung **162** 10
Ermessensleistung **351** 21
Erwerbsfähigkeitsgefährdung **351** 27
Fahrtkostenzuschuss **183** 6; **351** 32
Fortbildungsförderung **351** 34, 36
Gleichbehandlung ArbN **351** 3
Haushaltshilfe **221** 45
Kraftfahrzeughilfe **351** 32
Leistungen **351** 29 f
Lohnkostenzuschuss **351** 19
Mitbestimmung BRat bei Teiltätigkeit **351** 15
nach Arbeitsunfall **55** 41
persönliche Leistungsvoraussetzungen **351** 27 f
Persönliches Budget **351** 40
PflegeVBeiträge **338** 26
Reha-Träger **351** 22 ff
Reisekostenübernahme **351** 32
RVTräger **351** 23 f
Schwerbehindertenvertretung **351** 4
steuerfreie Leistungen **351** 17
stufenweise Wiedereingliederung **351** 9 ff
Teilarbeitsfähigkeit **351** 10
Tendenzschutz Einrichtungen der beruflichen Rehabilitation **351** 8
Trennungsbeihilfe **351** 32
Übergangsgeld **351** 20, 37; **410** 16, 22 ff
Umschulungsförderung **351** 34, 36
Umzugskostenübernahme **351** 32
Unterstützte Beschäftigung **351** 32
Urlaubsanspruch **351** 11 f
UVSchutz **351** 41
UVTräger **351** 26
Vergütung **351** 13
Vergütung bei Teiltätigkeit **351** 16
Vertrag eigener Art **351** 11
Weisungsrecht ArbGeb **351** 12
Werkstätten für Behinderte **351** 38
Reisekosten
s a Dienstreise **141**
Aufwandsentschädigung **66** 10
Begriff und Formen **141** 12 f
Betriebsveranstaltung **128** 16
BRatKosten Ersatz durch ArbGeb **119** 10
BRatSchulung **121** 24
Einzelnachweis Verpflegungsmehraufwand **437** 7
Geschäftsreise **141** 17
Pauschalversteuerung **141** 51
Rückforderungsrecht ArbGeb **80** 27
Übernahme bei Rehabilitation **351** 32
Umzugskosten **415** 26
Reisekostenersatz Insolvenzgeldanspruch **226** 56

Reiseleiter
ArbN-ABC **26** 84
Auslandsreise **79** 20
Rückrufklausel bei Entsendung **80** 15
Reisenebenkosten
Auslandsdienstreise **79** 17
Auswärtstätigkeit **141** 55
Dienstreise **141** 55
Reisezeit
Arbeitszeit **79** 3
Arbeitszeit Anfahrt BRatSitzung **118** 26
Freizeitausgleich **141** 4
Tarifvertragliche Regelungen **79** 3
TVöD-Regelung **141** 4
Vergütung bei Dienstreise **141** 4 f
Reitpferd Arbeitsmittel **46** 22
Religion
Arbeitsangebotsablehnung aus Gewissensgründen **207** 17
Diskriminierungsverbot **144** 35
Diskriminierung **144** 80 f
Diskriminierung, gerechtfertigte **144** 78
ELStAM **282** 14
Religionsfreiheit
Freiheit der Religionsausübung T. Kündigungsschutz **263** 14
Meinungsfreiheit **303** 17
Religionszugehörigkeit Auskunftspflicht ArbN **77** 21
Rentabilität Änderungskündigung **5** 24
Rente
s a Altersrente **10**
Antragsfrist **354** 16 f
Auslandsrente, Besteuerung **10** 18 f
Besteuerung Hinterbliebenenbezüge **223** 13 f
Besteuerungsgrenze **10** 17
Fälligkeit und Auszahlung **354** 21
Nachgelagerte Besteuerung **354** 5 f
Sozialplanrente Beitragspflicht **1** 52
Werbungskostenpauschbetrag **354** 12
Zahlung aus dem Ausland **10** 19
Zahlung ins Ausland **10** 18
Rente wegen teilweiser Erwerbsminderung Anspruchsvoraussetzungen **169** 19
Arbeitsmarktlage **169** 44
Qualitative Leistungseinschränkungen und eingeschränkter Arbeitsweg **169** 45
Verweisungstätigkeit, Mehrstufenschema **169** 39 f
Voraussetzungen **169** 35 f
Rente wegen voller Erwerbsminderung
Anspruchsvoraussetzungen **169** 20
ArblVFreiheit **45** 33
Renten, privat finanzierte
Arten **10** 25
Besteuerung der Einnahmen **10** 27
Ertragsanteil **10** 26
Werbungskosten **10** 27
Renten wegen Alters Arten **10** 41 f

Rentenabschlag

Rentenabschlag
  Vermeidung durch Ausgleichsbeträge **9** 35
  vorzeitige Inanspruchnahme **9** 34
Rentenanpassung 352
  Anpassungsformel **352** 4
  Berechnung Rentenhöhe **352** 6
  Nachgelagerte Besteuerung **352** 2
  Nachhaltigkeitsfaktor **352** 5
  Nachzahlung Versteuerung **352** 2
  Neue Bundesländer **352** 9
  persönliche Entgeltpunkte **352** 6 f
  Rentenartfaktor **352** 6
  Rentenfreibetrag, Neuermittlung **352** 3
  Rentenumwandlung **352** 2
  Rentenwertberechnung **352** 4 f
  Verzicht **352** 2
Rentenanspruch Aufrechnung **64** 31
Rentenantrag Antragsfrist **354** 16 f
Rentenartfaktor
  s a Rentenanpassung **352**
  Hinterbliebenenrente **223** 33
Rentenauskunft 353
  Auskunftsanspruch **353** 13
  Auskunftserteilung **353** 3
  Betriebliche Altersversorgung **353** 1
  Erwerbsminderung **353** 14
  Gesetzliche Grundlagen **353** 13 f
  Grundsicherung **353** 14
  Hinterbliebenenrente **353** 6
  Inhalt **353** 6
  Rentenanwartschaftshöhe Ehezeiten **353** 16
  Rentenanwartschaftshöhe Lebenspartner **353** 16
  Überschussanteile Direktversicherung **353** 6
  unrichtige, Amtshaftung **353** 15
  Verbindlichkeit **17** 30; **353** 15
  Werbungskosten **353** 11
Rentenauskunftserteilung Auskunfts-
  verlangen **353** 4
Rentenbeginn 354
  Altersgrenze **9** 33; **354** 1
  Altersrente **354** 14
  Antragsfrist **354** 16 f
  Auszahlungszeitpunkt **354** 21
  Berufsunfähigkeitsrente **354** 20
  Besteuerung Altersrente **354** 5 f, 10
  Ertragsanteil Rente **354** 5 f
  Erwerbsunfähigkeitsrente **354** 20
  Hinterbliebenenrente **354** 19
  Verletztenrente **354** 22 f
  Witwenrente **354** 20
Rentenbesteuerung
  Altersrente **9** 16; **10** 8 f
  Besteuerungsverfahren **10** 14
  Umwandlung von Renten **10** 13
Rentenbezug Befreiung von der Versiche-
  rungspflicht **90** 24
Rentenbezugsmitteilung Altersrente **10** 14
Rentenbezugszeiten Anrechnungszeiten
  358 11

Rentenfreibetrag
  Fortführung **352** 2
  Neuermittlung bei Rentenanpassung **352** 3
Rentenhöhe
  Berechnung **352** 6 f
  Zugangsfaktor **352** 8
Rentenminderung Ausgleichsbetrag **10** 43
Rentennachzahlung Versteuerungszeitpunkt
  354 7
Rentenprivileg Entlassungsentschädigung
  1 75
Rentensplitting
  Berechtigte **223** 23
  Entgeltpunkte als Basis **223** 23
  Frist- und Verfahrensvorschriften **223** 23
  Härtefallregelung **223** 23
  Hinterbliebenenrente **223** 22
  Wahlrecht **223** 22
Rentenstammrecht Verjährung **103** 80;
  434 8
Rentenversicherung
  Beitragsbemessungsgrenzen **94** 6
  Ehrenamtliche Tätigkeit, Nachteilsausgleich
    150 35
  Erwerbsminderungsrente, zweistufige
    169 15 ff
  JAEGrenze **230** 8
  Versicherungspflichtgrenze **94** 5
  Versicherungszeitenzusammenrechnung
    nach SozVAbkommen **80** 163 f
Rentenversicherungsbeiträge 355
  aktuelle Werte **355** 29
  Altersteilzeit **11** 62
  ArbNÄhnliche Selbstständige **28** 19
  Ausschlussfrist, freiwillige **82** 45
  Auszubildende, Beitragstragung **355** 22
  Beitragsbemessungsgrenzen **355** 29
  Beitragsbemessungsgrundlage **355** 9 ff
  Beitragsermäßigung Selbstständige **355** 15
  Beitragspflichtige Einnahmen, besondere
    Personengruppen **355** 10 f
  Beitragssätze **355** 8
  Beitragsschuldner **355** 17 f
  Beitragszahlung, Wirksamkeit **355** 25 f
  Beschäftigtengruppen **355** 18 f
  Einzahlung abgefundener Anwartschaften
    aus Betrieblicher Altersversorgung
    103 238 f
  Erstattung zu Unrecht entrichteter Beiträge
    355 28
  Freiwillig Versicherte **355** 16
  Freiwillige Beiträge, Steuerfreiheit **355** 6
  Geringfügige Beschäftigung **202** 59 f;
    355 19
  Geringfügige Beschäftigung, Zusammen-
    rechnung **202** 88 f
  Geringfügigkeitsgrenze **355** 22
  Gleitzone **355** 20
  KünstlerSozV **264** 24
  LStBescheinigung **286** 22

Minijobs **308** 9; **355** 20
Pflichtbeiträge, Steuerfreiheit **355** 4 f
Rückforderung irrtümlich geleisteter **355** 27
Selbstständige **355** 14 f, 23
Sonderausgaben **355** 2 f
Vertrauensschutz bei zu Unrecht entrichteter Beiträge **355** 27
Wehrdienst **452** 25 f
Werbungskosten **456** 31
Rentenversicherungsfreiheit 356
Altersrentenbezieher **356** 10
ArbNÄhnliche Selbstständige **90** 37
Beamte **356** 6
Befreiung auf Antrag **90** 31 f; **356** 11
Befreiungstatbestände **90** 32 ff
Berufssoldaten **356** 6
Diakonissen **356** 7
Entsendung **356** 13
Erzieher an nicht-öffentlichen Schulen **90** 34
Geringfügige Beschäftigte **90** 38
Handwerker **90** 36
kraft Gesetz **356** 4–10
Lehrer an nicht-öffentlichen Schulen **90** 34
Mehrfachbeschäftigung **356** 4
Mitglieder berufsständischer Versorgungseinrichtungen **90** 33
Mitglieder Geistlicher Genossenschaften **356** 7
Nebenbeschäftigung **356** 5
Neue Bundesländer **356** 12
Nichtdeutsche Seeleute **90** 35
Richter **356** 6
Studenten **356** 9
Syndikusanwalt **90** 33
Rentenversicherungspflicht 357
AlGeld II-Bezieher **357** 13
Alters-Teilrente **359** 27
Altersteilzeit-ArbN **357** 5
Altersvollrentenbezug **359** 26
Arbeitszeitmodelle **60** 27
ArbNÄhnliche Selbstständige **27** 34; **28** 6 f; **357** 9
auf Antrag **357** 14 f
Befreiung **90** 10, 31 f
Befreiung Geringfügig Beschäftigte **304** 32 f
Behinderte **357** 5
Beitragsbemessungsgrenzen **94** 5 f, 16
Bezieher Lohnersatzleistungen **357** 12
Botschaftsangehörige **357** 6
Bundesfreiwilligendienst **357** 5 f
Erwerbsminderungsrentenbezug **359** 42
Erzieher **357** 8
Geringfügige Beschäftigung **202** 63 f; **356** 8
Geschäftsführer Limited Company **357** 6
Gesellschaftergeschäftsführer **357** 9
Handelsvertreter **220** 17
Handwerker **357** 8
Hausgewerbetreibender **357** 8
Hebamme **357** 8

Künstler **357** 8
Küstenfischer **357** 8
Küstenschiffer **357** 8
Kurzarbeitergeldbezug **357** 5
Lehrer **357** 8
Mitglieder Geistlicher Genossenschaften **357** 6
Pflegepersonal **357** 8
Pflegezeit **341** 50
Praktikant **342** 23 f
Prostituierte **357** 6
Publizist **357** 8
Ruhen des Arbeitsverhältnisses **363** 27
Ruhenszeitraum **1** 87
Scheinselbstständige **357** 9
Seelotse **357** 8
Selbstständig ausgeübte Lehrtätigkeit **357** 8
Selbstständige Tätigkeit **357** 7 ff
Studenten **253** 23
Studentenbeschäftigung **393** 29
Vorstand AG **357** 6
Wehrdienstleistende **357** 11
Weiterbildung **455** 31
Zusammenrechnung Geringfügige Beschäftigung **322** 32 f
Rentenversicherungsrechtliche Zeiten 358
s a *Anrechnungszeiten*
s a *Berücksichtigungszeiten*
s a *Ersatzzeiten*
s a *Zurechnungszeit*
Annahmeverzug **14** 28
Anrechnungszeiten **358** 4 ff
Beitrags- und Beschäftigungszeiten **358** 3 ff
Berücksichtigungszeiten **358** 14 ff
Ersatzzeiten **358** 19 ff
Zurechnungszeit **358** 23
Rentenversicherungsträger
Außenprüfung SozV **84** 11 ff
Prüfung Ausgleichsverfahren **162** 58
Rentenwert
Berechnung bei Rentenanpassung **352** 4 f
Zugangsfaktor **352** 8
Rentner
ArblVBeitragsübernahme durch ArbGeb **44** 14
ArblVFreiheit **45** 33
Beitragstragung PflegeVBeiträge **338** 29
Bestandsrentner, Besteuerung Altersrente **10** 12
KVPflicht **253** 17 f
Neurentner, Besteuerung Altersrente **10** 13
Personalrabatt **201** 1
PflegeVBeiträge **338** 24, 25
PflegeVPflicht **340** 9
Rentenfreibetrag **10** 13
Versorgungsbezüge, Beitragssätze **252** 22
Rentnerbeschäftigung 359
Altersrente **359** 9 ff
Altersrentenarten **359** 9 f
Altersteilrentenbezug **359** 27 f

Reparaturkosten
   ArblVPflicht **359** 28 f
   ArblVPflicht bei Erwerbsminderungsrentenbezug **359** 43
   Befristetes Arbeitsverhältnis **359** 1
   Betriebliche Altersversorgung Teilhabe **359** 1
   Erwerbsminderungsrentenbezug **359** 31 ff
   Gleichbehandlungsgrundsatz **359** 1
   Hinterbliebenenrentenbezieher **359** 46
   Hinzuverdienst bei Erwerbsminderungsrenten **359** 35 ff
   Hinzuverdienstformel **359** 39 f
   Hinzuverdienstgrenzen **359** 13 ff
   Kündigung **359** 2
   Kürzung Rente bei Überschreiten Hinzuverdienstgrenze **359** 2, 22 f
   KVPflicht **359** 30
   KVPflicht bei Erwerbsminderungsrentenbezug **359** 45
   LStPauschalierung **359** 5
   Mehrfachbeschäftigung **302** 10 f
   Mitbestimmung BRat **359** 1
   Nachträgliche Werbungskosten aus Nichtselbstständiger Arbeit **354** 13
   PflegeVPflicht **359** 30
   PflegeVPflicht bei Erwerbsminderungsrentenbezug **359** 45
   RVPflicht bei Altersvollrente **359** 26
   RVPflicht bei Erwerbsminderungsrentenbezug **359** 42
   Sozialauswahl **359** 2
   SozVPflicht **8** 17 f
   Teilrentenbezug **359** 11 f
   Vollrentenbezug **359** 11 f
   Zwei-Drittel-Rente **359** 17, 19
Reparaturkosten Wegeunfall Werbungskosten **451** 9
Repetitor ArbN-ABC **26** 84
Reporter ArbNÄhnliche Person **27** 7
Repräsentationskosten Werbungskostenabzug **456** 17
Residenten Krankenbehandlung **249** 16
Restaurantscheck
   Sachbezug **370** 11, 23
   Versteuerung **170** 12 f
Restlohn Entlassungsentschädigung **1** 77
Restmandat Betriebsrat 117 4
   Betriebsänderung **108** 7
   Betriebsstilllegung **360** 2
   Betriebsübergang **126** 56
   Dauer **360** 4
   Freistellungsansprüche **118** 18
   Funktion **360** 1
   Inhaltliche Begrenzung **360** 3
   Kosten **360** 6
   Kostentragung BRatKosten durch ArbGeb **119** 2
   Personelle Zusammensetzung **360** 5
   stillgelegte Betriebe zur Abwicklung Sozialplan **385** 6
   Umfang **360** 3

Restmandat/Übergangsmandat 360
   s a Restmandat Betriebsrat
   s a Übergangsmandat Betriebsrat
   Restmandat **360** 2 f
   Übergangsmandat **360** 7 f
Restrukturierung Transferkurzarbeitergeld **99** 16 f
Restrukturierung, betriebliche
   Entgeltsicherung **5** 45
   Transferkurzarbeitergeld **5** 45
Restschuldbefreiung
   Abtretung Arbeitseinkommen **227** 5 f
   Handlungsbeschränkungen **226** 36
   Insolvenz des ArbN **227** 3
   LStAnspruch **227** 12
   Natürliche Personen **226** 1
   Rechte FA **226** 36
   Steuerhinterziehung **226** 36
Resturlaub Übertragung bei Elternzeit **160** 41
Rettungssanitäter Ehrenamtliche Tätigkeit **150** 2
Rhetorik Bildungsurlaub **134** 27
Richter
   ArbN (Begriff) **26** 16
   PflegeVPflicht **340** 14
   RVFreiheit **356** 6
Richterin Mutterschutz **317** 4
Richtfest
   Betriebsveranstaltung UV **128** 23
   UVSchutz **114** 13
Riester-Rente
   Altersgrenze **223** 15
   Altersvorsorgevermögen **12** 6
   Arbeitszeitkonten **103** 124
   Diskriminierung **144** 147
   Einpendler **209** 6
   Grenzgänger **12** 7
   Pensionskasse **103** 152
   Unterstützungskasse **103** 148
   Verwendung Beitragsleistungen **103** 134
Risikokapital ArbNDarlehen **30** 11
Rollierende Systeme Arbeitszeitmodelle **60** 7
Rosenmontag Betriebliche Übung **107** 8
Rotes Kreuz Tendenzbetrieb **404** 9
Rot-Kreuz-Schwester
   ArbN-ABC **26** 84
   ArbNEigenschaft **26** 20
   Ehrenamtliche Tätigkeit **150** 2
   UV **243** 32
Rückdatierung Arbeitsunfähigkeitsbescheinigung **54** 26
Rückdeckungsversicherung
   Beitragszahlungen, Arbeitsentgelt **37** 66 f
   Besteuerung Leistungen **103** 163
   Insolvenzschutz **103** 193
   Lohnzufluss bei Abtretung an ArbN **252** 8
Rückforderungsanspruch Lohnzufluss **294** 12

Rückgriffsanspruch Verzicht ArbGeb steuerpflichtiger Arbeitslohn **444** 16
Rückgriffsrecht Arbeitgeber zivilrechtliches bei LStHaftung **288** 69 f
Rückgruppierung
  Betriebsbuße **112** 7
  Eingruppierung **152** 23 ff
  Öffentlicher Dienst **152** 23
  Übergangsregelung **152** 26
Rückmeldepflicht BRatFreistellung **118** 22
Rücknahme
  Abmahnung **2** 38
  Beamtenernennung, Ruhen des Arbeitsverhältnisses **363** 13
  Kündigungserklärung **256** 63 f
Rückrufklausel
  Auslandstätigkeit **80** 15 f
  Reiseleiter **80** 15
Rückstellungen Pensionen **103** 152 ff
Rückumzug
  Auslandstätigkeit **415** 2
  Kostenübernahme ArbGeb **415** 2
  Versetzung **439** 32
Rückumzugskosten Auslandstätigkeit **80** 28
Rückwerben
  abgeworbener ArbN **3** 10
  Wettbewerbswidrigkeit **3** 10
Rückwirkung
  Allgemeinverbindlicherklärung **401** 12
  Aufhebungsvertrag **63** 4
  Aufrechnung **64** 21
  Ausschlussfristen **82** 13
  Berufskrankheit **97** 13
  Gleichbehandlungsverstoß **208** 18 f
  Kindergeldzahlung **241** 22
  Kündigung, außerordentliche **257** 6
  LStErmäßigung **287** 4
  Umwandlung Arbeitsverhältnis in Altersteilzeit **11** 3
  Wirksamkeit bei Sozialplan **385** 6
Rückzahlung
  Eingliederungszuschuss **279** 23 f
  Einmalzahlung **154** 17 f
  Kindergeld **241** 15
  Weihnachtsgratifikation **154** 17
Rückzahlungsklausel 361
  Abbruch der Aus-/Fortbildung **361** 15
  Abwesenheitszeiten während Bindungsdauer **361** 12
  Angemessenheitskontrolle **361** 7
  Arbeitslohn **361** 24
  ArbGebDarlehen **361** 19
  Ausbildungskosten **58** 41; **71** 3; **72** 89; **361** 1
  Ausscheiden innerhalb der Bleibefrist **361** 14
  Ausschlussfristen **361** 16, 20
  Beitragsrecht **361** 26 f
  Bestimmtheit **361** 6
  Betriebliche Berufsbildung **104** 12
  Betriebsbezogene Bildungsmaßnahmen **361** 8
  Beweislast **361** 22
  Bindungsdauer **361** 10 f
  Bindungsfristen **361** 13
  Bindungsfristen, Faustformel **361** 11
  Form **361** 3
  Fortbildungskosten **58** 41; **189** 12
  Fortbildungsvereinbarung, Muster **189** 19; **361** 23
  Fortbildungsvertrag **361** 1
  Geldwerter Vorteil **201** 3
  Geldwerter Vorteil aus Aus- und Weiterbildung **361** 9
  Gratifikationen **361** 1, 28
  Inhaltskontrolle **361** 5 f
  Leistungen SozVTräger **361** 25
  Leistungsgewährung unter Vorbehalt **361** 28 f
  Provision **345** 28–30
  Qualifizierungsmaßnahme **361** 17
  Rechtsgrundlage **361** 2 f
  Rückzahlungspflicht Umfang **361** 16
  Rückzahlungstatbestände **361** 10 f, 14 f
  tarifvertragliche **361** 17
  Transparenzgebot **361** 6
  Umzugskostenerstattung bei vorzeitiger Kündigung **415** 8 f, 16
  Urlaubsentgelt **361** 1
  Verbot Berufsausbildungsverhältnis **361** 4
  Vertragsfreiheit, Geltung **361** 5 f
  Weihnachtsgratifikation **154** 17 f
  Zulässigkeit **361** 4 f
  Zuschüsse Fortbildung **361** 30
Rückzahlungsverpflichtung (Arbeitslohn)
  bewusste Überzahlung **164** 2
  Fahrlässigkeit ArbGeb **164** 3
  irrtümliche Überzahlung **164** 2
  Lohnberechnung fehlerhafte **164** 3
  Umfang **164** 11 f
  Urlaubsentgelt **425** 16
  Vorschuss **164** 4; **445** 7 f
Rüge Abmahnung **2** 1
Rürup-Rente 10 22 f
  Beitragsphase **10** 22
  Leistungsphase **10** 24
Rufbereitschaft 362
  s a Arbeitsbereitschaft **35**
  s a Bereitschaftsdienst **95**
  Abrufbereitschaft nach tatsächlichem Anfall **362** 16
  Arbeitsaufnahme, Zeitraum **362** 3
  Arbeitsentgelt **362** 5
  Arbeitszeit bei Jugendlichen **231** 16
  Aufwendungsersatz **362** 6
  Bereitschaftsdienst **95** 1
  Bereitschaftsdienst, Abgrenzung **362** 3
  Erreichbarkeit **362** 1
  Fahrtenvergütung **362** 5
  Gestellung Dienstwohnung **143** 23 f

Ruhegeld
    Krankenhaus **362** 2
    Mitbestimmung BRat **362** 7
    Ruhepause **331** 4
    Ruhezeit **362** 2
    Teilnahmeanspruch **362** 4
    Teilzeitbeschäftigung **362** 4; **402** 82
    Telefonnutzung **229** 2
    Übernahmepflicht **362** 4
    Überstunden **362** 3
    Wegezeit **362** 3
    Zeitvorgabe **362** 1
Ruhegeld
    Anspruch, Ausschlussfrist **82** 10
    Besteuerung **10** 8 ff
    Verjährung Überzahlung **434** 8
Ruhen des Arbeitslosengeldanspruchs
    Abfindung **1** 60; **63** 43 f
    Abfindungszahlungen **42** 61
    Anwendungsbereich § 143, 143a SGB III **1** 60
    Arbeitsentgeltanspruch, anderweitiger **42** 50 f
    Arbeitskampf **42** 49
    Aufhebungsvertrag **63** 29, 39
    Ausschluss der ordentlichen Kündigung **1** 66
    Begrenzter Kündigungsausschluss **1** 67
    Beschäftigungsgesellschaft **99** 25
    Bestimmung **42** 55
    Dauer **42** 55
    Doppelleistungen **42** 62
    Doppelleistungen, Verhinderung **42** 50
    Einmalzahlungen als Entlassungsentschädigung **154** 58
    Entlassungsabfindung **38** 26
    Entlassungsentschädigung **263** 152
    Entlassungsentschädigungsvereinbarung im Aufhebungsvertrag **63** 43 f
    Fristgebundene Kündigung aus wichtigem Grund **1** 68
    Gründungszuschuss **210** 20
    Hauptanwendungsfall **42** 53 f
    Kündigungsfristen, fiktive **1** 65 f
    Kündigungsfristen, maßgebliche **1** 62 f
    § 1a KSchG **1** 62
    Ruhensanordnung **42** 52
    Ruhenswirkung **42** 51
    Urlaubsabgeltung **42** 56 f; **422** 16 f
    Voraussetzungen bei Beendigung Arbeitsverhältnis **1** 62
    Wiedereinstellungsanspruch **462** 10 f
Ruhen des Arbeitsverhältnisses 363
    Abwehraussperrung **363** 11
    AlGeld **363** 29
    AlHilfe **363** 29
    Anrechnung für Höherstufung **363** 17
    Anrechnungszeiten RV **363** 27
    Anwartschaftszeit ArblV **363** 28
    ARGE-Abstellung **363** 9
    Auslandsentsendung **363** 8
    Beendigung kraft einseitiger Erklärung **363** 20
    Beendigung kraft Gesetz **363** 19
    Beendigung kraft Vereinbarung **363** 19
    Betriebsstörung **363** 12
    Betriebszugehörigkeit **363** 15
    Eigenbeiträge ArbN zur betrieblichen Altersversorgung **103** 20
    Eignungsübung **363** 2
    Einmalzahlung **154** 12 f
    Elternzeit **160** 5; **363** 6
    Entgeltfortzahlung **162** 4; **363** 18
    Entgeltumwandlung Betriebliche Altersversorgung **103** 20
    Entsendung **363** 14
    Erwerbsminderung, Zeitrente **169** 7
    Erwerbsminderungsrente **363** 7
    Gratifikation **363** 16
    kraft einseitiger Erklärung **363** 9
    Kraft Vereinbarung **363** 7 f
    Kündigung **363** 18
    Mitgliedschaft KV, Fallgestaltungen **363** 26
    Pflegezeit **341** 22
    Reinigungskraft während Schulferien **363** 7
    Rücknahme der Beamtenernennung **363** 13
    Schwangerschaft **363** 26
    Sozialauswahl **363** 18
    SozVPflicht **363** 25–28
    SozVPflicht, Fristen **363** 24
    Stammbetrieb bei ARGE-Freistellung **39** 10
    Streikteilnahme **363** 10
    Suspendierung **363** 1
    Urlaub, unbezahlter **429** 1
    Urlaubsanspruch **363** 15; **423** 11
    Wehrdienst **363** 2 f
Ruhen des Krankengeldanspruchs Altersteilzeit **11** 86
Ruhenszeitraum
    AlGeld Anspruch bei Entlassungsentschädigungsvereinbarung im Aufhebungsvertrag **63** 44
    AlGeld, Bestimmung **42** 55
    AlGeld, Ruhensanordnung **42** 52
    AlGeld, Ruhenswirkung **42** 51
    AlGeld, Urlaubsabgeltungsanspruch **42** 56 f
    Anrechnung Abfindung auf AlGeld **1** 2
    Aufhebungsvertrag, Altregelung **63** 39
    Aufhebungsvertrag, Neuregelung **63** 39
    Befristetes Arbeitsverhältnis **1** 81
    Begrenzungen **1** 80
    Berechnungsbeispiel **1** 85
    Bestimmung bei Abfindung **1** 76 f
    Familienversicherung **1** 86
    Kündigung, fristlose **1** 82
    Prozentgrenze **1** 83
    RVPflicht **1** 87
    SozVSchutz **1** 86

Ruhepause
  s a Pause 331
  Aufenthaltsort 331 4
  Beginn und Ende 331 6
  Bereitschaftsdienst 331 4
  Beschäftigungsverbot 331 4
  Breakstunde 331 6
  Festlegung 331 7
  Gleichbehandlung Männer und Frauen
    331 3 ff
  Lage und Dauer 331 5
  Lenkzeitunterbrechung 181 4
  Mehrschichtbetrieb 331 9
  Rufbereitschaft 331 4
  Verlängerung Mittagspause bei Arbeitszeit-
    verkürzung 331 7
Ruhezeit
  Arbeitszeit 59 14
  Bereitschaftsunterbrechung 59 14
  Ersatzruhetage bei Sonn- und Feiertagsarbeit
    381 12
  Krankenhauspersonal 59 16
  Mindestdauer 59 14
  Rufbereitschaft 362 2
  Verkürzung 59 16
Rundfunkermittler ArbN-ABC 26 84
Rundfunkgebührenbeauftragter Arb-
  NÄhnliche Personen 27 7
Rundfunkkorrespondent
  ArbN-ABC 26 84
  Auslandstätigkeit 80 61
  Inlandstätigkeit 78 36
Rundfunkmitarbeiter
  ArbN-ABC 26 84
  ArbNÄhnliche Personen 27 6, 7
  Befristetes Arbeitsverhältnis 91 42
Rundfunksprecher ArbN-ABC 26 84

Sabbatical Tarifermäßigung bei Nichtinan-
  spruchnahme 60 17
Sachbezug 370
  Abgabeort 370 37
  Aktien 7 33 f
  Aktien Muttergesellschaft 7 35
  aktuelle Werte SozVBeiträge 387 71
  amtliche Durchschnittswerte 370 24 ff
  Amtliche Sachbezugswerte 370 50
  Arbeitsentgelt 37 40
  Arbeitsentgelt beitragspflichtiges 370 39 f
  Arbeitsentgelt SozV 37 102 f
  Arbeitslohn 370 3 ff
  Ausgabe von Restaurantschecks gegen Ge-
    haltsverzicht 370 23
  Bagatellgrenze 370 47
  Beitragspflicht SozV 370 57 f
  Beitragsrecht 46 31
  Belegschaftsrabatte 37 102 f; 370 1, 47, 52 f
  Bewertung LSt 37 78
  Bewertung nach Vorteilscharakter 370 12
  Beziehungskauf 370 6

Sachbezugsverordnung

  Dienstleistungen 370 33
  Dienstwagen 142 3
  Dienstwohnung 143 28 f, 36 f; 370 23, 41 f
  Direktversicherungsbeiträge 370 9
  eigene Aktien 7 34
  Einzelbewertung 370 13, 16 f
  Endpreis am Abgabeort 370 20, 34 f
  Endpreis nach PreisangabenVO 370 18
  Endpreis, üblicher 370 19
  Entgeltumwandlung 292 60
  Essensmarken 170 12; 370 23
  Euro-Starterpaket 370 9
  Forderungsübergang bei Dritthaftung
    188 23
  Freie Unterkunft 143 38; 370 44
  Freie Verpflegung 370 45 f
  Freie Wohnung 370 42 f
  Freigrenze LSt 330 10
  Freigrenzen 370 8 f, 47
  fremde Aktien 7 34
  Geldwerter Vorteil Verbilligung 370 48
  Incentivereisen 225 4, 13
  Jahresnetzkarte 370 10
  KFZ-Nutzung 370 51
  Konzernklausel 370 30
  Kundenbindungsprogramm 370 6
  Lohnabzugsverfahren 276 39
  Lohnzufluss 294 4
  LStAbzug bei Preisnachlässen Dritter
    370 15
  LStNachforderung 291 4
  LStPauschalierung 292 60
  Mahlzeitengestellung bei Auswärtstätigkeit
    370 23
  Marktpreisermittlung 370 36
  Monatsgrenze 370 10
  Mutterschaftsgeld 317 35
  Nächstansässiger Abnehmer 370 37
  Naturalleistungen 370 1
  Nominalwertprinzip 370 11
  Pauschalbewertung 370 13, 21 f
  Pauschbeträge 330 11, 29
  Pfändung geldwerter Vorteil 370 2
  Preisnachlässe Dritter 370 5, 14 f
  Rabattfreibetrag 370 34, 38
  Restaurantscheck 370 11
  Sachbezugswerte 370 24, 40 ff
  Sachbezugswerte Essenszuschuss 170 9, 11
  Sammelunterkunft 143 39
  Sonderbewertung 370 13, 27 ff
  Warengutschein 370 9, 11
  Zinsen aus ArbGebDarlehen 23 15 f
  Zuwendungen Dritter, Beispiele 370 5 f, 14 f
Sachbezugsverordnung 370 40 ff
  Arbeitsentgeltverordnung, Verhältnis 37 103
  Bewertung geldwerter Vorteile 37 103
  Freie Unterkunft 37 104
  Freie Verpflegung 37 104
  Freie Wohnung 37 104
  Inhalt 37 87

Sachbezugswerte

Verbilligung Sach- und Dienstleistungen 37 106
Wert sonstiger Sachbezüge 37 105 f
Sachbezugswerte Mahlzeitengestellung 141 44
Sachleistungsaushilfe
EU-Recht 171 50
Krankenbehandlung in der EU 249 15
Sachmittel BRatKosten 119 15 ff
Sachprämien Beitragsfreiheit 37 126
Sachschaden
ArbGebHaftung 24 11 f, 19 ff
ArbNHaftung 33 1, 8
Schadensersatz als Arbeitsentgelt 37 54
Sachverständiger 371
ArbN-ABC 26 84
Berater, Abgrenzung 371 2
Einigungsstellenverfahren 371 10
Erforderlichkeit Hinzuziehung 371 8 f
Gewerkschaftsvertreter 371 1
Hinzuziehung durch BRat 371 4 ff
Hinzuziehung Wirtschaftsausschusssitzung 312 20
Kostentragung durch BRat 371 11
Schlechtleistung 371 11
Zustimmungsersetzungsverfahren BRat 371 7
Zustimmungsersetzungsverfahren, Honorar 371 11
Sachzuwendungen LStPauschalierung 292 60
Sänger ArbN-ABC 26 84
Säumniszuschlag 372
Entstehung 372 2
Erlass wegen Unbilligkeit 372 12
Fälligkeit 372 5 f
Fälligkeit Beiträge aus Arbeitsentgelt ab 1.1.06 372 19 f
Höhe 372 8
Höhe SozV 372 14 f
Insolvenz des ArbGeb 372 24
Kenntnis Zahlungspflichten 372 16
Rechtsbehelfe 372 13
Rückwirkende Erhebung, Verwirkung 443 19
Schonfrist 372 11
Schuldner 372 8
Sonstige Beiträge 372 20
Steueranmeldung 372 4
Steuerfestsetzung 372 4
Verspätungszuschlag 372 6
Zahlungsrückstände SozV 372 14 f
Saisonarbeit 373
Anwartschaftszeit AlGeld 42 30 f; 373 13
Aushilfsarbeitsverhältnis 75 3
Aushilfskräfte 75 27
Befristetes Arbeitsverhältnis 91 43
Gelegenheitsarbeit 373 12
Geringfügige Beschäftigung 202 70; 373 11
Grenzgänger 209 16

Kampagnebetrieb 373 1 f
Kündigungsschutz 263 55; 373 6 f
Massenentlassung 300 3; 373 4 f
Saisonbetrieb 373 1 f
Sonderkündigungsschutz 373 8
Unständige Beschäftigung 373 12
Wartefrist KSchGBerechnung 373 7
Wiedereinstellungsanspruch 373 3; 462 7
Saisonbetrieb s Saisonarbeit 373
Saison-Kurzarbeitergeld
Bauwirtschaft 266 44 f
Beitragspflicht 266 47
Betriebe des Baugewerbes, Begriffsdefinition 266 46
Höhe 266 47
Leistungen, ergänzende 266 48
Schlechtwetterzeit 266 45
Umlageverfahren und Höhe 266 49
Winterausfallgeld 266 44
Winterbeschäftigungs-VO 266 49
Saldoanerkenntnisklausel Provision 345 27
Sammelbeförderung
ArbNBeförderung 29 19
ArbNBeförderung, LSt 29 12
Beitragsfreiheit 37 126
Entfernungspauschale 182 32
LStBescheinigung 286 21
Sammelunterkunft Sachbezug 143 39
Sanierung
Betriebsteil Kündigung, betriebsbedingte 258 4
Betriebsübergang 126 44
Einmalzahlungen 154 3
Sanierungsbeitrag Entgeltverzicht 165 8
Sanierungstarifvertrag Tarifvertrag 401 15
Sanktionen
Abwerbung 3 5 f
AlGeld II 43 32 f
Sargträger ArbN-ABC 26 84
Schadensabwehr Anzeigepflichten ArbN 21 2 f
Schadensberechnung Sach- und Vermögensschaden ArbNHaftung 33 18
Schadensersatz
Arbeitsbescheinigung, unzutreffende 36 11, 16, 23
ArbGebHaftung 24 21, 35
Auflösungsverschulden bei Kündigung, außerordentliche 257 81 f
aus Gefährdungshaftung ArbGeb 24 19
Ausbildungsverhältnis 72 61 ff
Auskünfte, fehlerhafte oder unterlassene, ArbGeb 76 24
BA aus unzutreffender Bescheinigung 24 34
Beitrags- und leistungsrechtliche Behandlung 24 35
Beschäftigungsverbot 100 5
Betriebliche Berufsbildung 104 18
Datenschutzverletzung 140 19
Entsendegesetzverstoß 31 13

Ersatz für entgangenen oder entgehenden Arbeitslohn **24** 20
Ersatzpflichten bei Kündigung, außerordentliche **257** 79 ff
Freistellung von der Arbeit **191** 31
Höhe bei Kündigung, außerordentliche **257** 83 f
Kündigung, außerordentliche **257** 78 ff
pauschalierter bei Vertragsstrafe **441** 3
Versorgungsschaden aus unterlassener Abführung RVBeiträge **387** 7, 11
Verstoß ArbN Arbeitspflicht **48** 5
Zurückbehaltung Arbeitspapiere **47** 12 f, 18
Schadensersatzanspruch
Abfindung **1** 72
Abwerbung **3** 8
Abwerbung durch Headhunter **3** 19
Abwerbung, Rechtsweg **3** 12
Abwerbung, Versteuerung **3** 17 f
AlGeld bei Auflösungsvereinbarung **42** 2 f
Arbeitsbedingungen Teilzeitbeschäftigung **402** 13
ArbGeb aus Urlaubsarbeit **423** 6
ArbN bei Mitverschulden **67** 15
aus unerlaubter Handlung **33** 28
Ausbildungsverhältnis **72** 24
Ausschlussfrist **82** 21
Beweislast ArbGeb **33** 22
Druckkündigung **124** 8
Erstattungsanspruch der Agentur für Arbeit **168** 33
Freistellung von der Arbeit **191** 31
Insolvenzgeld aus Antragsversäumung Kurzarbeitergeld, Wintergeld **226** 56
Kfz-Schaden **67** 9 ff
Leistungsverweigerung, unberechtigte **274** 18
Mitfahrer Fahrgemeinschaft **180** 6, 8 f
Mobbing **314** 4
Nichterfüllung Arbeitsvertrag Verjährung **434** 7
Realisierung bei ArbNHaftung **33** 23 f
Rentenauskunft **353** 7
Unfallverhütungsvorschriften, Nichtbeachtung **50** 32
unterlassene Schutzmaßnahmen Verjährung **434** 7
Verletzung Anzeigepflicht **20** 4
Verletzung Einstandspflichten ArbGeb **24** 32 f
Verzicht des ArbGeb **33** 28
Verzicht des ArbGeb Arbeitslohn **294** 8
Wettbewerbsverstoß **459** 13
Schadensersatzpflicht
Amtspflichtverletzung BRat **13** 3
Arzt aus unrichtiger Arbeitsunfähigkeitsbescheinigung **54** 4 f
Dritter aus unerlaubter Handlung **188** 4 ff, 27 f
Drittschuldner **76** 23

Schwarzarbeit **377** 5
Vertragsbruch ArbN **440** 8 f
Schäfer ArbN-ABC **26** 84
Schallplatten Arbeitsmittel **46** 18
Schank- und Pausenbewirtung ArbN-ABC **26** 84
Schattenwirtschaft Abtastverfahren SozV **323** 25
Schauspieler ArbN-ABC **26** 84
Scheckzahlung Entgeltzahlungsformen **166** 4
Scheidung s Ehescheidung
Scheinabfindung Beitragspflicht **1** 53 f
Scheinarbeitsverhältnis KVPflicht **253** 6
Scheindienstvertrag s a Dienstvertrag
Scheingeschäft
Arbeitsvertrag, Nichtigkeit **58** 62 f
Ehegattenarbeitsverhältnis **185** 10
Scheinselbständigkeit 374
s a Arbeitnehmer (Begriff) 26
s a Freie Mitarbeit 190
Abgrenzungsmerkmale abhängige Beschäftigung **374** 13 ff
Anfrageverfahren **374** 16
Begriff **374** 1
Beschäftigungsverhältnis **26** 77; **374** 11
Einzelfälle **374** 20
fehlerhafte Einstufung SozVRecht **374** 11
Freie Mitarbeit **190** 17
Freie Mitarbeit SozV **190** 38
Kriterienkatalog **374** 14
LStHaftung **374** 4
RVPflicht **357** 9
SozVPflicht **374** 12
Statusfeststellungsverfahren **374** 11, 19
Scheinsozius ArbNÄhnliche Person **27** 7
Scheinvertrag Freie Mitarbeit **190** 17 f
Scheinwerkunternehmer Indizien SozV **457** 25 f
Scheinwerkvertrag
s a Werkvertrag
Entleiherhaftung, SozV **457** 2 f
Ersatzsteuer **457** 2
Schenkungsteuer Vergünstigung bei Behinderung **92** 86
Schichtarbeit
Arbeitszeit **59** 23
Arbeitszeitverringerung, Ablehnungsgründe **402** 38
Betriebsversammlung Einberufung **130** 14
BRatFreistellung Lohnausfallprinzip **118** 14
Gestellung Dienstwohnung **143** 23 f
Jugendarbeitsschutz **231** 17, 22
Mitbestimmung BRat **59** 38
Wechselschichtzulage Teilzeitbeschäftigte **402** 111
Schichtdienst s Schichtarbeit
Schichtzulage Teilzeitbeschäftigte nach TVöD **167** 3
Schiedsgutachten Eingruppierung **152** 8

Schiffspersonal

Schiffspersonal Essenszuschuss **170** 9
Schiffsreise
   Auslandstagegeld **79** 14
   Betriebsveranstaltung **128** 11
Schikane Mobbing **314** 2
Schlachter ArbN-ABC **26** 84
Schlechtleistungen
   Ausschlussfrist **82** 22
   Haftung ArbN bei Einsatz Dritter **48** 11
   Haftung ArbN Eigengruppe **211** 26
   Haftung ArbN Gruppenarbeit **211** 12 f
   Kündigung, verhaltensbedingte **260** 38
   Lohnminderung **48** 15
Schlechtwetterzeit Saison-Kurzarbeitergeld **266** 45
Schlussbesprechung Bindung Beteiligte bei LStAußenprüfung **284** 11
Schmerzensgeld
   Arbeitsentgelt **37** 54
   Arbeitsunfall **55** 11
   ArbGebHaftung **24** 8, 20
   ArbNHaftung **33** 5, 7
   Datenschutzverletzung **140** 19
   Ehrverletzung **24** 14
   Mobbing **314** 4
Schmerzensgeldrente LSt **416** 10
Schmiergeld 375
   Abmahnung **2** 13
   Annahmeverweigerung **405** 12
   Arbeitsentgelt SozV **37** 92
   Betriebsausgaben **375** 10
   Bewirtungsaufwendungen **132** 6
   Herausgabeanspruch ArbGeb **375** 8
   kein Arbeitslohn **375** 9
   Kündigung, außerordentliche **257** 65
   Mitteilungspflicht FA **140** 38
   Prozesskosten als Werbungskosten **375** 10
   Rufgefährdung ArbGeb **375** 6 f
   Schmiergeldannahme Kündigung **375** 4 f
   Schmiergeldgewährung Kündigung **375** 6 f
   Schmiergeldvereinbarung Nichtigkeit **375** 3
   Werbungskosten **375** 10
Schmutzzulage Einmalzahlung **154** 39
Schönheitsoperation keine entgeltfortzahlungspflichtige Arbeitsunfähigkeit **53** 4
Schönheitsreparatur Dienstwohnung als Arbeitslohn **143** 25
Schonfrist
   5-Tages-Frist LStZahlung **372** 11
   LStAnmeldung **281** 4; **283** 6
   Wochenfrist SozV Beitragszahlung **372** 23
Schonungsurlaub
   Entgeltfortzahlung **427** 19
   Urlaubsgewährung **427** 19
Schonungszeit Kur **265** 7
Schreibmaschine Arbeitsmittel **46** 21
Schreibmaterial Arbeitsmittel **46** 18
Schriftform
   Ablehnung Arbeitszeitverringerung **402** 43

   Ablehnung Arbeitszeitverringerung bei Elternzeit **160** 32 f
Abmahnung **2** 24
Abwicklungsvertrag **63** 6
Änderungskündigung **5** 3
Änderungskündigung, Vorbehaltserklärung **5** 33
Altersteilzeitvertrag **11** 3
Anerkennung verjährte Forderung **434** 2
Anrufungsauskunft **17** 8
Anträge nach AltTZG **11** 92
Anzeige Massenentlassung **300** 42
Anzeigepflichten ArbGeb Ausbruch und Beendigung Arbeitskampf **40** 44
Arbeitsbedingungen **47** 3
Arbeitslosmeldung **42** 28
Arbeitsvertrag **58** 14
Arbeitsvertragsbedingungen, Änderungen **58** 47
Arbeitszeit, Abweichungen ArbZG **59** 17
Arbeitszeitverlängerung **59** 21
Arbeitszeitverlängerung bei Bereitschaftsdienst **95** 3
Arbeitszeitverringerung **402** 27
Arbeitszeitvorschläge BRat, Ablehnung durch ArbGeb **59** 44
ArbNErfindung **32** 13
ArbNÜberlassungsvertrag **34** 27
Aufgabenüberlassung auf Betriebsausschuss **117** 28
Aufhebungsvertrag **63** 5
Aufhebungsvertrag Betriebsvereinbarung **129** 28
Aufrechnungserklärung **64** 5
Ausschlussfrist, Geltendmachung **82** 25 f, 29
Auswahlrichtlinie **86** 1
Beendigung Arbeitsverhältnis wegen Erwerbs- oder Berufsunfähigkeit **169** 5
Befreiungsantrag RV bei Geringfügiger Beschäftigung **202** 63 f
Befristeter Arbeitsvertrag Elternzeit **160** 53
Befristetes Arbeitsverhältnis **91** 8
Berufsausbildungsvertrag **72** 9
Bestellung ArbN zum Geschäftsführer **26** 22
Bestellung Fachkraft für Arbeitssicherheit **111** 7
Betriebliche Altersversorgung **103** 6
Betriebsbedingte Abfindung **1** 3
Betriebsübergang, Widerspruch **126** 35
Betriebsvereinbarung **129** 17
Ehegattenarbeitsverhältnis **185** 6
Ehegattenarbeitsvertrag **185** 33
Einigungsstellenspruch **153** 27
Einwilligung Nutzung personenbezogener Daten **140** 6
Einwilligung zur Speicherung Sozialdaten **140** 56
Elterngeldantrag **159** 32 f
Elternzeit, Ablehnung durch ArbGeb **160** 21

Schwangerschaft

Elternzeitinanspruchnahme **160** 15
Empfangsbestätigung Ausgleichsquittung **73** 2
Entgeltabrechnung **37** 24
Entgeltabtretungsvertrag **161** 3
Freistellung bei Arbeitszeitmodellen **60** 21
Geschäftsführervertrag **204** 20
Hinweispflichterfüllung ArbGeb bei geringfügiger Beschäftigung **58** 92
Interessenausgleich **228** 8 f
Interessenausgleich Insolvenz des ArbGeb **226** 16
Kindergeldantrag **241** 12, 22
Klageverzichtserklärung **64** 5
Kündigung **256** 28 f
Kündigung, außerordentliche **257** 2
Kündigung Geschäftsführer **204** 7
Meldepflicht bei Beendigung Arbeitsverhältnis **42** 67
Mutterschutz, Kündigung **317** 42
Namensliste bei Interessenausgleich **228** 7
Pensionszusage **103** 155
Personalaktenanforderung durch FA **333** 25
Pflegezeit, Antrag **341** 25
Probearbeitsverhältnis, befristetes **343** 8
Prüfungsanordnung LStAußenprüfung **284** 3
Rentenauskunft **353** 5, 15
Rückzahlungsklausel **361** 3
Sozialleistungsauskünfte **77** 47
Sozialleistungsvergleich **433** 23
Teilerwerbstätigkeit im Elterzeit **160** 27
Telefax, Ausschlussfrist **82** 25
Urlaubsbescheinigung **423** 30
Vereinbarung über die Errichtung Europäischer BRat **172** 13
Vereinbarungen Arbeitsgruppe **117** 40
Vergleich **433** 1
Vergleichsprotokoll **433** 5 f
Vergleichsvertrag **433** 2
Vermittlungsvertrag Arbeitsvermittlung (private) **57** 4
Vermögenswirksame Anlage von Teilen des Arbeitslohns **436** 10
Versetzungszustimmung BRat **439** 26
Vertragsbedingungen Handelsvertreter **220** 3
Vertragsstrafe **441** 7
Verzicht Sozialleistungen **444** 28
Wertguthaben, Vereinbarung **458** 16
Wettbewerbsabrede **460** 8 f
Widerrufsrecht Aufhebungsvertrag **63** 18
Widerrufsvorbehalt Prozessvergleich **433** 9 f
Wiedereinstellungsanspruch bei Erwerbsminderung **169** 5
Zeugnis **470** 16
Zustimmungsverweigerung BRat bei Eingruppierung **152** 16

Zustimmungsverweigerung BRat bei Einstellung, Versetzung, Um- und Eingruppierung **310** 10
Schriftformklausel
  doppelte bei betrieblicher Übung **107** 7
  einfache bei betrieblicher Übung **107** 7
Schriftleiter ArbN-ABC **26** 84
Schriftsteller
  ArbNÄhnliche Personen **27** 6
  beschränkte Steuerpflicht LStAbzug **285** 10
Schüler
  ArbIVPflicht **45** 30
  Aushilfskräfte **75** 36
  Praktikant **342** 5
  Studentenbeschäftigung **75** 36; **393** 56
  Verfügbarkeit Arbeitsvermittlung **42** 26
Schülerbetreuungsvereine steuerliche Behandlung **242** 31
Schuldbeitritt Ausschlussfrist, Geltendmachung **82** 28
Schuldenbereinigungsplan Verbraucherinsolvenzverfahren **227** 2
Schuldnerverzeichnis Pfändung **337** 1
Schuldzinsen Werbungskosten Altersrente **10** 27
Schulgeld
  Abzugsbeträge **242** 28
  Ausländische Schulen **242** 29
  Inländische Schulen **242** 28
  Sonderausgaben **242** 28, 40
Schulungskontingent BRatschulung **121** 8
Schulungskosten BRatSchulung **121** 23 f, 31
Schulungskurse Arbeitssicherheit/Arbeitsschutz **50** 24
Schutzfrist Mutterschutz **317** 20 f
Schutzimpfung Betriebliche Gesundheitsvorsorge **106** 30
Schutzkleidung
  Arbeitskleidung **41** 11–15, 23; **50** 27
  Fürsorgepflicht ArbGeb **41** 11
  Gefahrstoffe, gefährliche **52** 10
  GefahrstoffVO **52** 10
  Kostenübernahme ArbGeb **41** 15
  Zurückbehaltungsrecht bei fehlender **41** 13
Schutzrechtsanmeldung
  ArbNErfindung Ausland **32** 18
  ArbNErfindung Inland **32** 17
Schutzvorschriften Aushänge im Betrieb **74** 5 ff
Schwangere
  Diskrimienierungsverbot **144** 34
  Nachschieben Kündigungsgründe **256** 78
Schwangerschaft
  s a Mutterschutz **317**
  Abmahnung **2** 11
  Anfechtungsgrund Arbeitsvertrag **58** 71
  Anrechnungszeiten **358** 8
  Anzeigepflichten ArbN bei vorzeitiger Beendigung **21** 4
  Arbeitsunfähigkeit **53** 4

Schwangerschaftsabbruch

Auskunftspflichten ArbN **77** 9, 22
Auskunftsverweigerungsrecht **317** 47
Benachteiligungsverbot **144** 51
Betriebsbedingte Abfindung **1** 5
Frage bei Einstellung **144** 34
Grundleiden **317** 27
Haushaltshilfe **221** 46
Kündigungsfristen **262** 9
Kündigungsschutz **263** 145; **317** 38 f
Mitteilungsfristen **317** 40
Mutterschutz rechtlicher Begriff **317** 5
Ruhen des Arbeitsverhältnisses **363** 26

Schwangerschaftsabbruch 376
Arbeitsverweigerung Arzt **376** 4
Behinderung des Kindes **376** 8
Beratungsbescheinigung **376** 9
Bescheinigung über Schwangerschafts-
  konfliktberatung **376** 7
Entgeltfortzahlungsanspruch **162** 2; **376** 3
Kosten als außergewöhnliche Belastung
  376 5
kriminologische Indikation Leistungspflicht
  KV **376** 8
medizinische Indikation **376** 8
Mutterschutz **317** 6
Pflichten angestellter Arzt **376** 4
Sachleistungen **376** 14
Straftatbestand **376** 7

Schwarzarbeit 377
Arbeitsunfälle, Aufwendungsersatz
  377 35 f
ArbGebHaftung **24** 26
ArbNEigenschaft **377** 6
Außenprüfung durch Zollverwaltung **84** 22
Bauwirtschaft, ArbGebHaftung Beitrags-
  schulden **24** 26
Begriff SozV **377** 11
Beitragshinterziehung **377** 10
Einbindung Zollverwaltung **377** 2
Empfänger von Sozialleistungen **377** 29 f
Erlöschen der Arbeitslosmeldung **377** 30
Familiäre Mithilfe **377** 24 f
fiktive bei SozV **37** 115
Gefälligkeiten **377** 26
Gruppenarbeitsverhältnis **211** 35
Kündigung, außerordentliche **377** 4
Meldepflichten ArbGeb **377** 13 f
Nachbarschaftshilfe **377** 12, 24 f
Nachentrichtung SozVBeiträge **377** 39
Nacherhebung LSt **377** 7
Nettolohnvereinbarung, fiktive **377** 39
Nichtigkeit Arbeitsvertrag **377** 3
Ordnungswidrigkeit **377** 23 f
Privathaushalte **377** 7
Sanktionen **377** 17
Schadensersatzpflicht **377** 5
Schwarzarbeitsbekämpfungsgesetz **377** 1 f,
  10 f
Schwarzarbeitsvertrag Wirksamkeit **377** 3
Schwarzgeldabrede **323** 25

Schwarzgeldabrede als Nettolohnverein-
  barung **323** 4 f, 13, 25
Schwarzlohnabrede keine Nettolohnverein-
  barung **377** 7 f
Steuerhinterziehung **377** 10
Strafrechtliche Sanktionen **377** 18 ff
UV **377** 35 f
Verjährung SozVBeiträge **377** 40
Verstoß gegen Melde- und Beitragspflichten
  als Ordnungswidrigkeit **377** 23 f
Verstoß gegen sozialversicherungsrechtliche
  Melde- und Beitragspflichten **377** 13 f
Zoll, Zuständigkeit **377** 10, 34

Schweigepflicht Betriebsarzt **109** 14

Schweiz
Alters- und Hinterbliebenenversicherung,
  Abzugsfähigkeit **78** 48
Auslandstätigkeitsbesteuerung leitende
  Angestellte **80** 52
Auspendlerbesteuerung **209** 23
Bereitschaftsdienst Grenzgänger **209** 13
Grenzgängerbesteuerung **209** 13
Kindergeld **241** 6
Quellensteueranrechnung **80** 50
Wegzugsbesteuerung **209** 22

Schwellenwert
Kleinbetrieb bei U1 und U2 **245** 21
Kleinbetrieb, Kündigungsschutz **245** 8
LeihArbN, Berücksichtigung **34** 58

Schwerbehinderte
s a Behinderte **92**
Änderungskündigung **5** 7
Altersgrenze bei Rente **9** 32
Anfechtungsgrund Arbeitsvertrag **58** 72
Anspruch auf Annahmeverzugslohn **14** 9
ArbNÄhnliche Personen **27** 18
Aushänge im Betrieb **74** 10
Auskunftspflichten ArbN **77** 10, 23
Auslandstätigkeit Ausstrahlung **80** 21
Ausschlussfrist Kündigung, außerordentliche
  257 29
Ausschreibung **83** 2
Betriebsbedingte Abfindung **1** 5
Eingliederungsmanagement **259** 5
Eingliederungszuschuss **279** 15
Erwerbsminderung **169** 6
Integrationsprojekte **351** 5
Kinderfreibetrag **240** 12 f
Kündigungsfristen **262** 6
Kündigungsschutz **263** 145
Kündigungsschutzklage **263** 111
Nachschieben Kündigungsgründe **256** 78
Nachteilsausgleich Stufen **92** 100 f
Pflegezeit **341** 41
Probearbeitsverhältnis **343** 2
Recht auf Rehabilitation **351** 20
Rückzahlung Eingliederungszuschuss
  279 26
Sozialplan **385** 28
Urlaubsgeldanspruch **426** 2

Sexuelle Belästigung

Versetzungsanspruch **439** 11
Vertretung im Konzern **248** 23
Zusatzurlaub **428** 3
Schwerbehinderte Menschen
  s *Behinderte* **92**
  s a *Schwerbehinderte*
Schwerbehindertenausweis s *Behinderte* **92**
Schwerbehindertenrente Rentnerbeschäftigung **359** 10
Schwerbehindertenvertretung 378
  Abordnungsschutz **378** 5
  Amtszeit **378** 2
  Arbeitsentgeltschutz **378** 5
  Aufgaben **378** 3
  BRatSchulung **121** 13
  BRatSchulung UVSchutz **121** 36
  Ehrenamtliche Tätigkeit **378** 5
  Entsendung Vertrauensmann Wirtschaftsausschusssitzung **312** 22
  Freistellungsanspruch **378** 5
  Gemeinschaftsbetrieb **378** 1
  Gesamtschwerbehindertenvertretung **378** 6
  Gesamtschwerbehindertenvertretung, Teilnahme an GesamtBRatSitzungen **203** 27
  Integrationsvereinbarung, verbindliche **378** 4
  Konzernschwerbehindertenvertretung **378** 6
  Kündigungsschutz **378** 5
  Rechtsstellung **378** 5
  Rehabilitation (berufliche) **351** 4
  Schulungs- und Bildungsveranstaltungen **378** 5
  Teilnahmerechte **378** 3
  Unterrichtungs- und Anhörungspflichten **378** 4
  Versetzungsschutz **378** 5
  Vertrauensperson **378** 2
  Wahl **378** 2
  Wahlberechtigte **378** 2
Schwerbeschädigtenzulage Pfändung **337** 52
Schwerstpflegebedürftigkeit PflegeVLeistungen **339** 12
Scientologie-Gemeinschaft ArbN-ABC **26** 84
Scientology
  Auskunftspflichten ArbN **77** 21
  Ehrenamtliche Tätigkeit **150** 2
  tätige Mitglieder als ArbN **26** 20
Scientology-Organisation
  keine Religionsgemeinschaft **404** 2
  Werbeverbot BRat **207** 12
Seearbeitsrecht 80 9
Seebeben steuerfreie Einnahmen **392** 22
Seebetriebsrat Wahlanfechtung **450** 1
Seeleute
  ArblVPflicht **45** 36
  Beitragspflichtige Einnahmen RV **355** 11
  Gesundheitszeugnis **205** 5
  Krankengeldberechnung **250** 32

Kündigungsschutz SeeBRat **263** 147
RVFreiheit **90** 35
SeemG Auslage an Bord **74** 11
Seelotse
  Beitragstragung RV **355** 23
  RVPflicht **355** 14; **357** 8
Seeschifffahrt LStAbführung **281** 7
Sehbrille Arbeitsmittel **46** 18
Sehhilfen Krankenbehandlung **249** 19
Sekundärrecht EU-Recht **171** 1 f, 36
Selbstanzeige
  Anzeigepflichten ArbN **21** 11, 16
  Lohnsteuer-Nachschau **284** 18
  Nachholung der Anzeigepflicht ArbGeb **20** 12; **21** 11
Selbstbeteiligung
  Dienstwagenschäden **142** 7
  Schadensbeteiligung ArbN bei grober Fahrlässigkeit **33** 17
Selbstbeurlaubung Bildungsurlaub **134** 22
Selbstkostenersatz Ehrenamtliche Tätigkeit **150** 11
Selbstmord
  ArbGebHaftung nach Kündigung **24** 14
  Hinterbliebenenanspruch **223** 37
Selbstmordklausel Hinterbliebenenrente **223** 3
Selbstständige Geltungsbereich AGG **144** 25
Selbstständige Tätigkeit
  Abschlussvertreter **220** 16
  AlGeld II **43** 8
  ArbNÄhnliche Selbstständige **28** 8
  Beitragsbemessungsgrundlage KV **252** 16, 18
  Betriebseinnahme Incentivereise **225** 6
  Bezugsgröße KV, Neuregelung **252** 18
  Einkünfte aus Aufsichtsratsvergütung **65** 9
  Existenzgründung **210** 8, 14
  Freie Berufe **190** 36
  Freie Mitarbeit **190** 41
  Geschäftsführer **204** 48
  Handelsvertreter **220** 1
  Meldepflichten **304** 44
  Meldepflichten SozV **377** 16
  Minderjährige, Erlaubnis **306** 22 f
  PflegeVBeiträge **338** 22 f
  RVBeiträge **355** 14 f
  RVPflicht **357** 7 ff
  Telearbeit **403** 12
  Vermittlungsvertreter **220** 16
Selbsttötung Hinterbliebenenrentenanspruch **223** 37
Seniorenstudium
  Berufliche Veranlassung **455** 6
  Werbungskosten **455** 6
Sexualität Diskriminierungsverbot **144** 41
Sexuelle Belästigung
  Amtspflichtverletzung BRat **13** 6
  Anbringen pornografischer Darstellungen **144** 63

Sexueller Missbrauch
    Bemerkungen sexuellen Inhalts **144** 62
    Beschwerderecht (Arbeitnehmer) **101** 13
    Geschlechtsdiskriminierung **144** 59
    körperliche Berührungen **144** 61
    Kündigung, außerordentliche **257** 66
    Leistungsverweigerungsrecht **274** 14
    Sexuelle Handlungen und Aufforderungen zu solchen **144** 60
Sexueller Missbrauch Annahmeverzug **14** 13
Sicherheitsbeauftragter 111 29 f
    s *Betriebsbeauftragte* **111**
Sicherheitseinrichtungen Werbungskostenabzug **456** 32
Sicherheitsgurt Entgeltfortzahlung bei Nichtanlegen **162** 7
Sicherheitsleistung Verjährungsneubeginn **434** 14
Sicherheitsmängel Meldepflichten ArbN **305** 2
Sicherung Wertguthaben Altersteilzeit **11** 58
Sicherung des Steueranspruchs
    Entleiher **34** 80
    Mitteilungen des FA bei ArbNÜberlassung **34** 81
    Sicherungsanordnung bei ArbNÜberlassung **34** 80
Sicherungsabtretung Entgeltabtretung **161** 3
Sicherungsanordnung s *Sicherung des Steueranspruchs*
Sicherungstreuhand Altersteilzeit **11** 15
Sic-non-Fall ArbN (Begriff) **26** 24
Signaturgesetz ELENA **158** 12
Sittenwidrigkeit
    Abwerbung **3** 4
    Ausgleichsklausel **73** 15
    Entgeltabtretung **161** 4
    Kündigungsschutz **263** 21 f
    Mithaftungsabrede **337** 33
Sitz ArbGeb **276** 10
Smartphone Internet-/Telefonnutzung **229** 2
Sofortmeldung
    Branchen **304** 29
    Meldungen SozV **304** 29
Soldaten
    ArbN (Begriff) **26** 16
    Auslandseinsatz, Auslandsverwendungszuschlag **80** 60
    PflegeVPflicht **340** 14
Soldatin Mutterschutz **317** 4
Solidaritätszuschlag 379
    ArbGebHaftung **379** 4
    Berücksichtigung Kinderfreibetrag **240** 2
    Bruttolohnvereinbarung **379** 1
    Freigrenzen **379** 5
    Höhe **379** 5
    Lohnabzugsverfahren **276** 19
    LStJahresausgleich ArbGeb **379** 6
    LStPauschalierung **292** 61
    Nettolohnvereinbarung **379** 2

    Rechtsbehelfe **379** 7
    Zuschlagsteuer **379** 4
Sonderausgaben 380
    Altersvorsorgevermögen **12** 12 f
    ArbNÄhnliche Selbstständige **28** 4
    Ausbildungskosten **71** 7, 15 f; **104** 19
    Basiskranken- und PflegeVBeiträge **380** 7
    BasisKVBeiträge **380** 2
    Basisrentenversicherungsbeiträge **380** 7
    Basisvorsorge für das Alter **380** 7
    Berufsausbildungskosten **380** 17
    Bruttoarbeitsentgelt SozV **37** 114
    Drittaufwand **380** 3
    Erststudium, Aufwendungen **71** 22 f
    Fortbildungskosten **189** 20
    Freibetrag LStKarte **380** 20
    Gesellschaftergeschäftsführer SozVBeiträge **204** 42
    Günstigerprüfung **380** 7 f
    Höchstbetragsrechnung **380** 5 f
    Höchstbetragsregelungen **380** 9 f
    Kinderbetreuungskosten **242** 12
    Kirchensteuer **244** 6; **380** 15
    Kirchgeld **380** 15
    Kostenersatz durch ArbGeb **380** 18
    KVBeiträge **252** 6
    Lebensversicherungsbeiträge **380** 7
    Pauschbetrag **380** 4
    PflegeVBeiträge **338** 8; **380** 2
    Rechtsanwaltskosten **350** 22
    RVBeiträge **355** 2 f
    Schuldzinsen **380** 4
    Schulgeld **242** 30
    SozVBeiträge **380** 6 f; **387** 14
    Steuerberatungskosten **380** 16
    UVBeiträge **416** 21; **417** 9
    Vorsorgeaufwendungen **380** 5 ff
    Vorsorgeaufwendungen, Abzugsfähigkeit **380** 7 f
    Vorsorgepauschale **380** 12
    Vorwegabzug **94** 3
Sonderkündigungsrecht
    ArbN nach gewonnener KSchKlage **263** 143
    Elternzeit **160** 51; **262** 7 f
Sonderkündigungsschutz
    ArbNÄhnliche Personen **27** 10
    Ausbildungsverhältnis **72** 50
    Behinderte **92** 36 ff
    Elternzeit **160** 44 f
    Geschäftsführer **204** 30
    Kleinbetrieb **245** 10
    Nichtteilnahme Sozialauswahl **258** 28
    Saisonarbeit **373** 8
Sonderleistungen Ausschlussfrist Anspruch **82** 10
Sonderurlaub
    s a *Urlaub, unbezahlter* **429**
    s a *Zusatzurlaub*

Sozialauswahl

Anspruchsübergang bei Betriebsübergang **126** 46
Bildungsurlaub **134** 4
Freistellung von der Arbeit **191** 7
Leistungsbestimmung **272** 24
Sozialversicherungsschutz **191** 45
Sondervergütung Kürzung wegen Arbeitsunfähigkeit **19** 6
Sonderzahlung
  s a Einmalzahlungen **154**
  Barlohnumwandlung **25** 5
  Betriebliche Altersversorgung, Pauschalsteuerpflicht **103** 122
  Freiwilligkeitsvorbehalt **6** 12; **192** 2
  Geringfügige Beschäftigung **202** 44
  Lohnzufluss **294** 38
  Versorgungsanwartschaften, LStPauschalierung **292** 56
Sonderzuwendungen
  Differenzierung zwischen ArbN und Angestellten **208** 29
  Differenzierung zwischen befristet und unbefristet Beschäftigten **208** 30
  Gleichbehandlungsgrundsatz **208** 28 f
  Kürzung freiwilliger **208** 32
  Vergütung für Betriebstreue **208** 30
  Vergütung für geleistete Dienste **208** 30
Sonn- und Feiertagsarbeit 381
  Anrechnung Zuschläge auf Lohnersatzleistungen **381** 37
  Arbeitsentgeltschutz bei Mutterschutz **317** 29
  Ausnahmekatalog **381** 4 f
  Bäckereien und Konditoreien **381** 6
  Beitragsfreiheit **37** 126
  Beitragsfreiheit Zuschläge **381** 33 f
  Beschäftigungssicherung **381** 8
  Beschäftigungsverbot **381** 3
  Entgeltzuschläge, SozV **167** 17
  Ersatzruhetage **381** 12
  Feiertagsarbeit an Sonntagen **381** 25
  Feststellung durch Aufsichtsbehörde **381** 10
  Geld- und Devisenhandel **381** 7
  gesetzliche Feiertage **381** 2
  Grundlohn **381** 19 f
  Höchstarbeitszeit **381** 11
  Jugendarbeitsschutz **231** 27 f
  Lohnzuschläge Besteuerung **381** 18 f, 22 ff
  Lohnzuschläge Einbeziehung Bemessung Lohnersatzleistungen **381** 36
  Mischzuschlag **381** 23
  Mitbestimmung BRat **381** 16
  Nachtarbeitszuschlag **381** 24, 27
  Notfälle **381** 5 f
  pauschale Lohnzuschläge **381** 27 f
  SozVPflicht **320** 15; **381** 34
  tatsächliche Arbeitsleistung Voraussetzung Steuerfreiheit Lohnzuschläge **381** 29
  Teilzeitbeschäftigung **402** 88
  Überblick steuerbegünstigte Zuschläge **381** 30 f
  Verbot bei Mutterschutz **317** 19
  Vergütung **381** 15
  Zeitversetzte Auszahlung **381** 26
Sonntagsarbeit Anrechnung Höchstarbeitszeit **59** 11
Sonstige Bezüge 382
  Altersentlastungsbetrag, Abzug **8** 11
  Arbeitsentgelt laufendes SozV **382** 16
  Arbeitsentgelt SozV **37** 129
  ausgeschiedene ArbN Versteuerung **382** 11
  Begriff SozV **37** 129
  Beitragsfreiheit bei LStPauschalierung **292** 71 f
  Beitragsrechtliche Behandlung **382** 13 f
  Berechnung bei Nettolohnvereinbarung **323** 18
  Einmalzahlungen, Abgrenzung **382** 19
  Einmalzahlungen, SozV **37** 130; **382** 15
  Eintragung Lohnkonto **278** 5
  Elterngeldberechnung **382** 21
  Entlohnung für mehrjährige Tätigkeit **382** 10
  Entschädigung **382** 10
  Geldwerter Vorteil aus Aktienoptionen **7** 41
  KirchenLStBerechnung **244** 13
  laufend gezahltes Arbeitsentgelt, SozV **37** 130
  LStBerechnung **285** 5, 15; **382** 3 f
  LStPauschalierung **292** 15
  pauschalversteuerte, SozV **37** 130, **382** 17 f
  Urlaubsabgeltung **422** 13
  Urlaubsgeld **426** 6 f
  Versteuerung Entgeltnachzahlung **163** 7 f
  Vorschuss **445** 18
  Wintergeld Waldarbeiter **463** 7
  Zuflusszeitpunkt **382** 3
  Zuschlagsteuern **382** 9
Sonstige Einkünfte
  Altersrente **354** 10
  Betriebsrenten **103** 106 ff
  Werbungskostenpauschbetrag **354** 12
Sozialauswahl
  Änderungskündigung **5** 27 f
  Änderungskündigung, betriebsbedingte **258** 26
  Alter **9** 3; **258** 35
  Altersdiskriminierung **144** 85
  Altersgesicherte ArbN **418** 20
  Altersgruppenbildung **258** 65
  Altersgruppenbildung, Zulässigkeit nach AGG **144** 85 f
  Altersteilzeit **11** 14
  Anhörung BRat **310** 30
  Anhörungspflichtwegfall bei Insolvenz des ArbGeb **226** 15
  Arbeitsgemeinschaft (ARGE) **258** 30
  ArbN ohne Kündigungsschutz **258** 28 f
  Auskunftsanspruch ArbN **258** 64 f

Sozialbetreuung

Austauschbarkeit ArbN **258** 31 f
Auswahlkriterien **247** 23
Auswahlrichtlinien **86** 2; **258** 42 f
Auswahlverfahren, subjektive Determinanten **258** 66
Behinderte **92** 68
Berücksichtigung betriebliche Interessen **258** 38 f
Betriebliches Interesse **258** 27, 38 f
Betriebliches Interesse, Herausnahme von ArbN **258** 39
Betriebliches Interesse, Kenntnisse Fähigkeiten und Leistung ArbN **258** 40
Betriebsbezogenheit **258** 30
Betriebsstilllegung **258** 26
Beurteilungsspielraum **258** 37
Beweislast bei Insolvenz ArbGeb **226** 15
Beweislast Herausnahme Leistungsträger **258** 66
Beweislast Kündigung, betriebsbedingte **258** 58 ff
Einzelarbeitsvertrag, Vereinbarungen **258** 28
Gemeinschaftsbetrieb **258** 30
gerichtliche Überprüfung **258** 67
Geringfügige Beschäftigung **202** 15
Insolvenz **228** 22; **258** 26
Insolvenz des ArbGeb, Erleichterungen **226** 15
Kriterien **258** 34 f
Lebensalterberücksichtigung **144** 85
Lebenspartnerschaft **271** 2
Leitende Angestellte **258** 29
Massenkündigung **258** 26
Mitteilungspflicht ArbGeb Sozialdaten **140** 25
Namensliste **258** 65
Nichteinbeziehung ArbN im betrieblichen Interesse **258** 27, 38 f
Nichteinbeziehung unkündbare ArbN **418** 19
Nichtteilnahme Personen mit Sonderkündigungsschutz **258** 28
Prüfung bei Kündigung, betriebsbedingte **258** 27
Punkteschema Lebensalter **144** 86
Punktesysteme **258** 44
Rentnerbeschäftigung **359** 2
Ruhen des Arbeitsverhältnisses **363** 18
Sicherung ausgewogene Personalstruktur **258** 41
Tarifliche Eingruppierung als Austauschbarkeitskriterium **258** 32
Tarifvertrag **258** 42 f
Teilbetriebsstilllegung **258** 30
Teilbetriebsstilllegung bei gleichzeitigem Betriebsteilübergang **126** 79
Unterhaltpflichten **258** 34, 36
Unternehmensübergreifende **258** 30
Vergleichbarkeit ArbN **258** 31 f
Vorbeschäftigungszeiten **258** 34

Sozialbetreuung durch Dritte als nichtsteuerbare Sozialleistung **383** 22
Sozialdaten
Auskunftsanspruch Versicherter über Leistungen der KV **332** 23
Datenschutz **140** 50 f
Interessenabwägung Kündigung, verhaltensbedingte **260** 11
Kündigung, betriebsbedingte **258** 36
Löschung und Berichtigung **332** 23
Sozialgeheimnis **332** 22
Soziale Betreuung Behandlungspflege **339** 28
Soziale Netzwerke 384
Anmeldungszwang durch ArbGeb **342** 4
Betriebsausgaben **342** 11
Betriebsgeheimnis **342** 6
Datenzugriff ArbGeb **384** 2
Internetplattformen, Beispiele **384** 1
Loyalitätspflichten gegenüber ArbGeb **342** 6
Mitbestimmung BRat **342** 5
Nutzung am Arbeitsplatz **342** 3
Nutzungsbedingungen, Festlegung **342** 5
Personenbezogene Daten bei Begründung des Arbeitsverhältnisses **342** 2
Privatnutzung als Kündigungsgrund **342** 6
Soziale Pflegeversicherung PflegeVPflicht **340** 6
Soziale Schutzbedürftigkeit ArbNÄhnliche Personen **27** 1
Soziale Sicherheit EU, Anwendungsbereich **80** 84 ff
Soziale Sicherung
Grenzgänger **209** 29 ff
Handelsvertreter **220** 3
Sozialeinrichtungen 383
Betriebsübergang **126** 49
eigenständiger Betrieb **383** 18
Einzelfälle **383** 6 f, 22
Fürsorgepflicht **195** 22, 29
GesamtBRat, Zuständigkeiten **203** 14
Leistungen als Arbeitsentgelt **383** 21 f
Merkmal für Eigenständigkeit **383** 2 f
Mitbestimmung BRat **383** 9 f
selbstständige Einrichtung **383** 15 f
steuerfreie Leistungen **383** 21
unselbstständige Einrichtung **383** 14
UVSchutz **383** 24
Veräußerung **383** 10
Sozialgeheimnis 113 19
Datenschutz **140** 47 ff
Durchbrechung gegenüber FA **140** 45 f
Persönlichkeitsschutz **332** 21
Sozialdaten **332** 22
Sozialgerichtsverfahren
s a GKG-Kostenverfahren
s a Pauschgebührenverfahren
Amtsermittlungsgrundsatz **77** 45
Anfechtung Kostenentscheidung **350** 43

Sozialplan

Behördenaufwendungen, erstattungsfähigkeit **350** 40
Beigeladene **350** 30
Gerichtskosten **350** 25 f
Gerichtskostenfreiheit **350** 24 f, 27
Gerichtsverfahren nach GKG **350** 32 f
GVG-Kostenverfahren **350** 24 f
Kosten, Erstattungsberechtigte **350** 40
Kostengrundentscheidung **350** 36 f
Pauschgebührenverfahren **350** 24 f
Rechtsanwaltskosten **350** 24 ff
Rechtsanwaltskosten, Gebührenrecht **350** 49 f
Rechtsanwaltskosten, Kostentragungspflicht **350** 36 f
Rechtsanwaltsvergütung **350** 49 f
Tragung außergerichtlicher Kosten **350** 36 f

Sozialhilfe
Beihilfeleistungen **93** 13
Kindergeldanrechnung **241** 5
KVPflicht **253** 9
Verdienstbescheinigung ArbGeb **432** 20

Sozialleistungen
Annahmeverzug **14** 31
Arbeitsentgelt **37** 53
Auskunftspflichten ArbGeb **76** 39
Elterngeld, Anrechnung **159** 28
Erschleichen als Straftatbestand **377** 32
EU-Recht **171** 47 f
Europäische Union **80** 81 ff
Gleichstellung im Konzern **247** 8
Haushaltshilfe **221** 44 f
LeihArbN **34** 103
Leistungsexport **80** 85 f
Mitteilungspflicht FA bei Leistungsmissbrauch **42** 9
Pfändung **337** 25
Pfändungsmöglichkeiten **337** 44, 49–56
Sanktionen Missbrauch **377** 31
Schwarzarbeit **377** 29 f
Vergleichsgegenstand **433** 21
Verstoß Mitteilungspflichten Empfänger **377** 29 f
Verwirkung **443** 18
Verzicht **165** 17 ff; **444** 25 f
Zollverwaltung, Zuständigkeiten **377** 34

Sozialplan 385
Abänderung **385** 47
Abfindung LSt **385** 61 f
Abfindung nach Betriebszugehörigkeit **385** 19
Abfindung nach Lebensalter **385** 19
Abfindung Punktesystem **385** 24 ff
Abfindung Teilzeitbeschäftigte **402** 76
Abfindung, Verjährung **434** 7
Abfindungshöchstbegrenzungsklauseln **385** 33
Abfindungshöhe, Differenzierungen **385** 18
Ältere ArbN **385** 19, 25
Ältere ArbN, Herausnahme **144** 100

Anfechtung **385** 54
Anspruch bei einzelvertraglich vereinbarter Abfindung **1** 1
Arbeitsförderung **385** 64
Aufhebungsvertrag **385** 22 f
Ausgleichszahlungen Beispiele **385** 30
Auslegung **385** 10
Auslegungsstreitigkeiten **385** 53
Ausschluss ältere ArbN trotz Frühverrentungsabschlag **144** 100
Ausschlussfrist **82** 10, 20; **385** 44
Auszahlung von Leistungen **385** 43 f
Befristetes Arbeitsverhältnis **385** 8
Berechnungsdurchgriff im Konzern **385** 46
Beschäftigungsgesellschaft **99** 8
Bestimmtheitsgebot **385** 11
Betriebsänderung **108** 4; **385** 1
Betriebsrente **103** 231
Betriebsübergang, Widerspruch bei der Auslegung **126** 38
Betriebsvereinbarung **385** 2
BRatloser Betrieb **385** 14
Dotierung nach Eröffnung Insolvenzverfahren **385** 56 f
Durchgriffshaftung Gesellschafter **385** 46
Eigenkündigung **385** 8, 22 f
Einbeziehung Elternzeit **160** 73
Einbeziehung Transfergesellschaft mit Einigungsstellenspruch **153** 5
Einigungsstelle **153** 25
Elternzeit **385** 8
Ersatz durch einzelvertragliche Ansprüche **385** 9
Erwerbsminderungsrentenbezieher, Herausnahme **169** 10
Erzwingung durch BRat **385** 1
erzwungener, Entscheidung Einigungsstelle **385** 34 ff
erzwungener, Obergrenze Dotierung **385** 40
erzwungener, Untergrenze Dotierung **385** 42
Finanzvolumen, Ausdehnung **385** 47
Forderungen als Masseverbindlichkeiten bei Insolvenz des ArbGeb **226** 12 f
Funktion **385** 5
GBRat, Zuständigkeit **385** 14
Gemeinschaftsbetrieb **102** 12
Gleichbehandlungsgrundsatz Aufhebungsvertrag und Eigenkündigung **385** 22 f
Gruppenbildung, Zulässigkeit **385** 22
Günstigkeitsprinzip bei Verzicht auf Anspruch **212** 7
Härtefonds **385** 29
Haustarif **385** 4
Heimarbeit **222** 31
Individualregelungsmöglichkeiten **385** 5
Inhalt **385** 18 ff
Insolvenz des ArbGeb **226** 5; **385** 55 f
Interessenausgleich **228** 9; **385** 12

2851

Sozialplankündigung

KonzernBRat, Zuständigkeiten **248** 16
Kündigung **385** 47 f
Kündigungsersatz **385** 9
Kündigungsfristen SGB III bei Abfindung **1** 69
Kurzzeitbeschäftigte **385** 8
Leitende Angestellte **385** 7
Mitbestimmung BRat Tendenzbetrieb **404** 14
Musterformular **383** 60
nach § 1a KSchG **385** 20
Nachteilsausgleich **321** 4; **385** 5, 18, 43
Nachteilsausgleichsanrechnung **321** 13
neugegründete Unternehmen **385** 16 f
Obergrenzen **385** 33
Punktesystem Berechnung Abfindung **385** 24 ff
Rechtsweg **385** 51–54
rückwirkende Wirksamkeit **385** 6
Sockelbetrag Abfindung **385** 28
Sozialauswahl, Altersdiskriminierung **144** 85
Sprinterprämie **385** 19
Standortsicherung **385** 17
Stichtagsregelung **385** 20
Tarifsozialplan **385** 4; **401** 4
Teilzeitbeschäftigte **385** 7; **402** 76
Transfermaßnahmen **385** 32
Turboprämie **385** 20
Unabdingbarkeit **385** 9
unbezahlter Urlaub **429** 4
Unzulässigkeit von belastenden Regelungen **385** 20
Vererblichkeit Ansprüche **385** 45
Verzicht **385** 43
vorsorglicher **385** 13
Wiedereinstellungsanspruch **462** 1
Wirkung **385** 9
Zustandekommen **385** 12 f
Zwangsvollstreckung **385** 45

Sozialplankündigung

außerordentliche **385** 50
ordentliche **385** 49
Wegfall Geschäftsgrundlage **385** 50

Sozialplanzuschüsse

Anspruchsvoraussetzungen **385** 69 f
Ausschlussgründe **385** 72
Evaluation **385** 70
Förderungsziel **385** 66 f
Geltendmachung Anspruch **385** 67
Höhe **385** 71
Transfermaßnahmen **385** 65 f
Zuschusshöhe **385** 71

Sozialprogramm Übergangsgeld **410** 3
Sozialschutz Freie Mitarbeit **190** 16

Sozialversicherung

Anrufungsauskunft **17** 18 ff
Ausnahmetatbestände zur SozVPflicht **202** 26 f
Gleichbehandlung Zugang **208** 57
Scheinselbstständigkeit **374** 12 f
SozVAusweis **386** 1 ff
SozVBeiträge **387** 1 ff

Sozialversicherungsabkommen

Arten **80** 92 f
Befristete Beschäftigung in Abkommenstaat **80** 134 f
Befristete Beschäftigung in Nichtabkommenstaat **80** 137 ff
Entsendung **78** 71 f; **80** 91 ff
geltende **80** 94 f
Geltungsbereich, persönlicher **80** 98
Geltungsbereich, sachlicher **80** 97
Gleichstellungsklauseln **80** 99 ff
Internationales Sozialrecht **80** 91 ff
KV **80** 166 f
Rechtsnatur **80** 91
RV, Zusammenrechnung von Versicherungszeiten **80** 163 f
unbefristete Beschäftigung im Abkommenstaat **80** 112 f
unbefristete Beschäftigung im Nichtabkommenstaat **80** 114 f

Sozialversicherungsausweis **386**

Anwendungsbereich **386** 6
Arbeitspapiere **47** 23
Ausstellung **386** 7
Ersatzausweispflicht Ausländer **386** 8
Inhalt **386** 8
Mitführungspflicht **386** 3, 11
Ordnungswidrigkeitskatalog **386** 9
Personenkreis **386** 7
Rückgabe durch ArbGeb **386** 4
Verfahren bei Verlust **386** 7
Versicherungsnummer **304** 8
Vorlagepflicht ArbN **386** 2, 10

Sozialversicherungsbeiträge **387**

s a Stichworte zu Beitrags-
aktuelle Werte **387** 71
Annahmeverzug **14** 30
Arbeitsentgelt/Arbeitslohn **387** 15
ArbGebHaftung **24** 22 f
ArbGebHaftung Bauwirtschaft **24** 26 f
ArbNDarlehen, Fälligkeit **30** 16
ArbNDarlehen, Zinsen **30** 16
Aufstockungsbetrag Altersteilzeit **11** 60
Auslösung **81** 10 f
Auszubildende **72** 96 f
Beherrschender Gesellschaftergeschäftsführer **204** 41; **387** 16
Beitragsberechnung nach Arbeitsentgeltanspruch **294** 24 f
Beitragseinzug **387** 54
Beitragsentrichtung **387** 39 f, 54, 61
Beitragserstattung **387** 35 f
Beitragshaftung **387** 40 f
Beitragsnachweis **387** 46 ff
Beitragsschuldner **387** 2, 39 f
Berechnung bei verspäteter Provisionsauszahlung **345** 39
Besonderheiten Grenzgänger **209** 33 ff

Sozialwidrigkeit Kündigung

Eingliederungszuschuss, GesamtSozVBeitrag **279** 19
Einmalzahlungen, Entstehungszeitpunkt **154** 55
Einzugsstellen **387** 55 f
Entstehung der Beitragsschuld **387** 22 f
Erlass **387** 27
Fälligkeit **387** 24 ff
GesamtSozVBeiträge **286** 23; **387** 21
GesamtSozVBeitrag, Lohnzufluss **294** 9
Geschäftsführerhaftung **204** 50
Gleitzone **387** 39
Haftungsinanspruchnahme Geschäftsführer **387** 8
Haushaltsscheckverfahren **221** 37 f
Hauswirtschaftliches Beschäftigungsverhältnis **221** 37 ff
Heimarbeit **222** 67 ff
In der Arbeitsphase gezahltes Entgelt **458** 36
Jugendfreiwilligendienste **193** 16 f
Kurzarbeit **266** 64
LStAbzug bei Beitragshinterziehung **387** 18
LStBescheinigung **286** 20
Meldepflichten ArbGeb **387** 44 f
Nachentrichtung **195** 33 f
Nachholverbot **387** 2
personenbezogene Feststellung **387** 57 f
Pflegezeit **341** 45 f
Pflichten des ArbN **387** 53
Planmäßig ausgezahltes Wertguthaben **458** 37
Rückforderungsanspruch ArbN **387** 4
Säumniszuschlag **387** 28
Schadensersatz aus ArbNHaftung **33** 31
Schadensersatz bei Versorgungsschaden **387** 7, 11
Schätzung durch Einzugsstelle **387** 50
Sonderausgabenabzug **380** 6 f; **387** 14
Sonderausgabenabzug bei geringfügiger Beschäftigung **202** 24
Stundung **387** 27
Übernahme ArbNBeiträge bei Bruttolohnvereinbarung **387** 17
Übernahme ArbNBeiträge bei Nettolohnvereinbarung **387** 18
unrichtige Berechnung, Folgen **387** 3 f
unterbliebene Beitragsabführung, Folgen **387** 8 ff, 19 f
UVBeiträge **387** 61
Vergütungsdifferenzklage ArbN **387** 10
Verjährung Anspruch **387** 29 ff; **434** 48
Verjährung, Hemmung und Unterbrechung **387** 32
Verjährung, Vorsatz **387** 30 f
Verweigerung aus Gewissensgründen **207** 19 f
Verwirkung **387** 34
Vollständigkeit der Beitragserhebung **387** 27
Wertguthabenauszahlung im Störfall **458** 38 f
Zahlungsunfähigkeit ArbGeb **387** 9
Zusammenrechnung geringfügige Beschäftigungen **387** 22

Sozialversicherungsentgeltverordnung 370 41
Anwendungsfälle **37** 126
Ermächtigungsgrundlage **37** 124 f
Inhalt **37** 87
Nichtanwendbarkeit **37** 127 f
Sonstige Bezüge **37** 129
Übereinstimmung Steuerrecht/SozVRecht **37** 124 f
Zusatzleistungen, LStfreie **37** 125

Sozialversicherungsfreiheit ArbNÄhnliche Selbstständige **28** 16 f

Sozialversicherungsnachweisheft Wegfall ab 1999 **304** 8

Sozialversicherungspflicht
 s *Krankenversicherungspflicht* **253**
 s *Pflegeversicherungspflicht* **340**
 s *Rentenversicherungspflicht* **357**
 s *Unfallversicherung* **417**
 s a *Stichworte zu Beitrags-*
Dualer Studiengang **356** 9
Duales Studium **72** 95

Sozialversicherungsschutz
Altersteilzeit **11** 57
Annahmeverzug **14** 27
Arbeitsleistung, tatsächlich **191** 43
Arbeitsleistung, vorübergehende Unterbrechung **191** 44
Arbeitslose **42** 73 f
Arbeitszeitmodelle **60** 19 ff
Aufhebungsvertrag **63** 48
Berufsfördernde Maßnahmen **410** 32
Freistellungsphase **458** 12 f
Ruhenszeitraum, Lohnersatzleistungen **1** 86 f

Sozialversicherungsträger
Anrufungsauskunft **17** 19 f, 24 f
ausländische, Steuerfreiheit Beiträge **78** 48
Beratungspflichten **17** 24 f
Wegweiserfunktion **17** 24

Sozialwidrigkeit Kündigung
Abfindungsvoraussetzung **1** 13 f
Änderungskündigung **5** 17 f
Arbeitszeitverlagerung bei Teilzeitbeschäftigung **5** 26
Auswahlrichtlinien **263** 75
Beurteilungszeitpunkt **263** 80 f
Grundsatz der Verhältnismäßigkeit Heimarbeit **222** 31
Interessenabwägung **263** 72
Kündigung, allgemein **1** 10
Kündigungsschutz **263** 66 ff
Unwirksamkeit auch aus anderen Gründen **1** 14
Weiterbeschäftigungsmöglichkeit **263** 77

Sozialzulage

Sozialzulage
  als Entgeltzuschläge **167** 2
  Teilzeitbeschäftigung **242** 2; **402** 102
Sozialzuschlag BRatFreistellung Lohnausfallprinzip **118** 23
Spätehenklausel
  Altersdiskriminierung **144** 96
  Hinterbliebenenrente **223** 3, 8
Spaltung
  Abspaltung **414** 3
  ArbGebHaftung **414** 17
  Aufspaltung **414** 3
  Ausgliederung **414** 3
  Betriebsübergang **126** 6, 24
  Übergangsmandat BRat **360** 8
Sparerfreibetrag Überzinsen **23** 14
Spartenbetriebsrat 102 5
Sparzulage Höchstbeträge **436** 33
Spende
  bei Verzicht Arbeitslohn zugunsten Dritter **165** 11
  Lohnverwendungsabrede **165** 11
  Schülerpraktikum, Entgeltverzicht **165** 11
Sperrfrist
  Arbeitszeitverringerung **402** 48
  Aufhebungsvertrag **63** 14
  Massenentlassung **300** 26 f, 43
  Vermögenswirksame Leistungen **436** 9, 42 ff
Sperrminorität Indiz für ArbGebEigenschaft Geschäftsführer **204** 45
Sperrwirkung Tarifvertrag **311** 7 f
Sperrzeit 388
  Abfindung nach § 1a KSchG **388** 30
  Abfindungsanspruch nach § 1a KSchG **388** 11
  Ablehnung Arbeitsangebot **388** 15 ff
  Ablehnung und Abbruch Eingliederungsmaßnahme **388** 21
  Abwicklungsvereinbarung **63** 31
  Abwicklungsvertrag **388** 11
  AlGeld **42** 63
  AlGeld bei Kündigung, betriebsbedingte **258** 69
  AlGeld II **43** 32
  Anrechnungszeiten **388** 43
  Arbeitsablehnung **388** 15 ff
  Arbeitsaufgabe **388** 9 ff
  Arbeitsgerichtliche Vergleiche **388** 29
  Arbeitslosmeldung, fernmündliche **388** 23
  Arbeitslosmeldung, verspätete **42** 65; **388** 22
  Arbeitsverweigerung aus Gewissensgründen **207** 16 f
  ArbGebKündigung, drohende **63** 31 f
  Aufhebungsvertrag **63** 31 f; **388** 1, 11, 27
  Aufhebungsvertrag bei Massenentlassung **300** 45 ff
  Aufhebungsvertrag wegen drohender betriebsbedingter Kündigung **388** 13
  Aufklärungs- und Belehrungspflicht BA **388** 19
  Auflösung zugunsten befristetes Arbeitsverhältnis **388** 14
  Beginn **63** 38; **388** 36
  Beschäftigungsgesellschaft **99** 26
  besondere Härte **388** 38
  besondere Härte bei Lebensgemeinschaft (nichteheliche) **270** 24 f
  Betriebsbedingte Abfindung **1** 8
  Betriebsübergang **126** 41, 114
  Beweislast **388** 24
  Bewerbungsschreiben, negatives **131** 21
  Bezugsdauerkürzung AlGeld und AlHilfe **388** 41
  Dauer **388** 36 f, 40
  Eigenkündigung ArbN **388** 10
  Eingliederungsmaßnahme, Ablehnung **388** 21
  Erlöschen Leistungsanspruch **388** 42
  Fallgruppen **388** 8 ff
  Freistellung von der Arbeit **191** 39 f
  Halbierung bei Aufhebungsvertrag **63** 37
  Hinweispflichten ArbGeb bei Aufhebungsvertrag **388** 1 f
  Kausalität Arbeitsverhältnis **388** 13
  Kausalität zwischen Arbeitslosigkeit und Auflösung des Arbeitsverhältnisses **63** 33
  Kündigung, allgemein **256** 89
  Kündigung ArbGeb **388** 12
  Kündigung, außerordentliche **257** 96
  Kündigung mit Abfindungsanspruch nach § 1a KSchG **63** 34
  Kündigung nach § 1a KSchG **388** 11
  Kündigung wegen grober Fahrlässigkeit **388** 14
  Kündigung wegen Meinungsäußerung **303** 13 ff
  Meldeversäumnis **388** 22
  Mobbing **314** 16
  Neuregelung **388** 7 f
  Nichtwahrnahme Vorstellungsgespräch **388** 18
  § 1a KSchG **1** 88
  Pendelzeitzumutbarkeit **388** 33
  Probearbeit **388** 26
  unzumutbare Beschäftigung **388** 24
  Unzureichende Eigenbemühungen **388** 20
  Vergleich, arbeitsgerichtlicher **63** 35
  Verkürzung wegen Restdauer Beschäftigung **388** 39
  Verletzung Meldepflichten **42** 63
  Vermeidung bei wichtigem Grund **388** 24
  Vermeidung bei wichtigem Grund Lebensgemeinschaft (nichteheliche) **270** 24 f
  Verschulden **388** 14
  Vertragsbruch **440** 20

Sterbegeld

Verzicht auf Kündigungsschutzklage **1** 8
Voraussetzungen **63** 31 f
Whistleblowing **461** 25
Wichtiger Grund **1** 88; **388** 24 f
Widerspruch gegen Betriebsübergang **388** 10
Wiederholungsfall **388** 40
Zumutbarkeit Arbeitsangebot **388** 30 f

Spesenbetrug
Amtspflichtverletzung (Betriebsrat) **13** 6
Kündigung, außerordentliche **257** 67

Spezialgesetze Arbeitssicherheit/Arbeitsschutz **50** 5
Spontanauskunft Ausländer **78** 40
Sportanlage Sozialeinrichtung **383** 6
Sportgeräte Arbeitsmittel **46** 20
Sportler
ArbN-ABC **26** 84
Steuerabzug **78** 45
Werbeeinnahmen Arbeitsentgelt **37** 68

Sportunfall
Dienstreise, UV-Schutz **141** 71
Entgeltfortzahlung **162** 9

Sprachkurs
Ausbildungskosten **71** 14
Bildungsurlaub **134** 27
im Ausland als Fortbildung **78** 47; **189** 29

Sprecherausschuss
Amtspflichtverletzung **13** 13
Anhörung bei Kündigung **310** 39
Auskunftspflichten ArbGeb **76** 17
Einsichtnahmerecht Lohnlisten **280** 17
Gesamtsprecherausschuss **420** 7
Mitbestimmung, soziale Angelegenheiten **311** 26
Mitwirkungsrechte Betriebsordnung **116** 11
Rechtsanwaltskosten Übernahme ArbGeb **350** 14
Wahlbekanntmachung **74** 15

Sprechstunden
BRat **117** 25
JAV **232** 24

Sprinterprämie Sozialplan **385** 19
Squeeze-Out Aktienoptionen **7** 15
Staatsangehörigkeit Diskriminierungsverbot **144** 31
Ständiger Vertreter ArbGeb **276** 11
Stalking Kündigungsgrund **257** 53
Stammarbeitsverhältnis
Lohnabwicklung ARGE **39** 7
Ruhen bei Freistellung ARGE **39** 10

Stammbetrieb
JAV **232** 2
Leitungsfunktion **102** 3

Stammdaten Datenspeicherung **140** 9 f
Standortsicherung Sozialplan **385** 17
Stasi Anrechnungszeiten **358** 3
Stationäre Pflege
Kurzzeitpflege **339** 29
PflegeVLeistungen **339** 6, 26 f

Teilstationäre **339** 29
Vollstationäre **339** 27

Statusfeststellungsverfahren
Familiäre Mitarbeit **185** 46
Familienangehörige SozV **304** 34
Gesellschaftergeschäftsführer SozV **304** 34
Pauschgebührenverfahren **350** 25
Scheinselbstständigkeit **374** 11, 19
Werbungskosten **357** 2; **456** 32

Statusklage Ausschlussfrist, Geltendmachung **82** 30

Stechuhr
Betriebsordnung **116** 8
Kontrolle des ArbN **246** 16
Manipulation als Kündigungsgrund **257** 67

Stellenangebot
Einschränkungen bei Arbeitslosen **334** 34
Einschränkungen für Arbeitslose Tendenzbetrieb **404** 25

Stellenausschreibung
s a Ausschreibung **83**
Diskriminierungsmerkmale **144** 40
innerbetriebliche **334** 3
innerbetriebliche, Inhalt **83** 9 f
innerbetriebliche, Mitbestimmung BRat **83** 7 f
Muster **83** 16

Stellenbeschreibung 389
Arbeitsvermittlung **389** 7
Arbeitsvertragsbestandteil **389** 4
Personalplanungsmittel **389** 2 f
Tarifliche Eingruppierung, Konsequenzen **389** 4

Stellensuche 390
Arbeitsunfall **55** 36
Eingliederungsvereinbarung **390** 11
Freizeitanspruch ArbN **390** 1 ff
Inanspruchnahme Arbeitsvermittlung **390** 10–11
Private Arbeitsvermittlung **390** 12
Vergütung Vorstellungszeit **390** 7 f
Vermittlungsgrundsätze BA **390** 14 f
Virtueller Arbeitsmarkt **390** 10

Stempelkarte Abmahnung bei Abänderung **2** 13
Stempeluhr s Stechuhr
Sterbegeld 391
Anrechnung Versorgungsleistungen **391** 2
Arbeitsunfall **391** 15
Berufskrankheit **391** 15
Bestattungskosten **391** 15
Leistungen aus Sterbegeldversicherung und Sterbekasse **391** 11
LStAbzug beim Erben **391** 4 f
Sammlungen von Kollegen **391** 12 f
steuerbegünstigte Versorgungsbezüge im öffentlichen Dienst **391** 9 f
Unpfändbarkeit **391** 3
Zahlung durch KV **391** 15

Sterbegeldversicherung

Sterbegeldversicherung Sterbegelder, Steuerfreiheit **391** 11
Stereoanlage Arbeitsmittel **46** 21
Sterilisation Krankenbehandlung **249** 19
Steuerabzugsbeträge LStBescheinigung **286** 18
Steuerabzugsverfahren Bauwirtschaft **377** 9
Steuerberater
    ausländischer, Inlandszulassung **78** 50
    Freie Mitarbeiter **190** 37
Steuerberatungskosten
    Sonderausgaben **380** 16
    Werbungskosten **456** 33
Steuerbescheid Änderungssperre nach LStAußenprüfung **284** 16 f
Steuerbevollmächtigter ArbN-ABC **26** 84
Steuerfahndungsprüfung 84 9
Steuerfreie Einnahmen 392
    ABC **392** 8–27
    Aids-Leistungen **392** 8
    Aufmerksamkeiten **392** 11
    Ausgleichsgeld Landwirtschaft **392** 20
    Auslagenersatz **392** 12
    Beitragsfreiheit **392** 28 f
    Bereitschaftspflege **392** 19
    Bundesfreiwilligendienst **392** 13
    Ehrenamtliche Tätigkeit **392** 15
    Eintragung Lohnkonto **278** 6
    Elterngeld **392** 15
    Gefahrenzulagen **392** 17
    Kaufkraftausgleich **392** 18
    Kindertagespflege **392** 19
    Kundenbindungsprogramm **392** 20
    Kurzarbeitergeld **266** 27
    Leistungen Jugendhilfeträger **392** 19
    Nichteinbeziehung Bemessung Leistungen SozV **392** 30 f
    Progressionsvorbehalt Lohnersatzleistungen **392** 7
    steuerbegünstigte Einnahmen **392** 7
    Streik- und Aussperrungsunterstützung **206** 26
    Tagegelder EU **392** 16
    Wertguthaben **393** 26
Steuerfreistellung Auslandstätigkeit **80** 43
Steuergeheimnis
    Betriebsgeheimnis **113** 18
    Datenschutz **140** 35 ff
    Durchbrechung gesetzliche, Beispiele **140** 36 ff
    Einschränkungen **140** 38 f
    Insolvenzverwalter **226** 25
    Persönlichkeitsschutz **332** 15
    Verstoß als Straftat **140** 39 f
Steuergehilfen ArbN-ABC **26** 84
Steuerhinterziehung
    Anzeigepflichten ArbN **21** 16
    Kündigungsgrund **257** 41
    LStHaftung, Festsetzungsfristen **288** 62
    Nichtabführung LSt **281** 8 f; **288** 42
    Restschuldbefreiung **226** 36
    Verletzung der Anzeigepflicht **20** 12; **21** 11
Steuerklasse s Lohnsteuerklassen **290**
Steuernummer
    Ausländer **78** 41
    Existenzgründer **210** 6
Steuerpflicht
    Auspendler **209** 2, 22 f
    beschränkte **78** 42 f
    beschränkte, Auslandstätigkeit **80** 59
    beschränkte, LStAbzug **285** 21 f
    DBA-Regelungen **78** 41; **80** 37 ff
    Einpendler **209** 3 f
    erweiterte unbeschränkte **78** 38 ff
    erweiterte unbeschränkte bei Auslandstätigkeit **80** 60 f
    erweiterte unbeschränkte bei Grenzgängern **209** 4 f
    erweiterte unbeschränkte, LStAbzug **285** 8
    unbeschränkte, Ausländer **78** 35 f
    unbeschränkte, LStAbzug **285** 7
Steuerschaden Entgeltnachzahlung **163** 2
Steuerschuldner
    LSt **276** 4
    LStPauschalierung **292** 3
Steuerstrafsachen Rechtsanwaltskosten **350** 22
Steuerstraftat Pflicht zur Anzeige **84** 21
Steuerverkürzung LStHaftung, Festsetzungsfristen **288** 62
Steuerverweigerung Gewissensfreiheit **207** 14
Stiefeltern Kinderfreibetrag **240** 31 f
Stiefkinder
    Familienversicherung **186** 10 f
    Kindergeldanspruch **241** 8, 25
Stille Beteiligung
    ArbNEigenschaft **26** 70
    Lohnzufluss **7** 24
Stille Gesellschaft ArbNDarlehen **30** 1
Stillzeit Mutterschutz **317** 22
Stimmengewicht
    GesamtBRat **203** 10
    KonzernBRat **248** 11
Stimmrecht JAV **232** 21
Stipendium
    Beihilfeleistungen **93** 14
    steuerfreie Leistung **96** 6
Störfallbeauftragter s Betriebsbeauftragte **111**
Stornogefahrmitteilung provisionsberechtigte Mitarbeiter **345** 17
Strafanzeige Kündigung, außerordentliche **84** 5
Strafgefangener ArbN-ABC **26** 84
Strafrecht
    Beitragshinterziehung **377** 18 ff
    Schwarzarbeit **377** 18 ff
Straftat
    Kündigung, außerordentliche **257** 67, 70

Stundung

Kündigung, verhaltensbedingte **260** 41 f
Kündigungsgrund **260** 44
Strafverteidigungskosten Werbungskosten **456** 33
Strahlenschutz s *Betriebsbeauftragte* **111**
Straining Begriff **314** 2
Straßenverkehrsgefährdung UVSchutz **451** 22
Streik
s a *Arbeitskampf (Vergütung)* **40**
s a *Aussperrung*
Anspruch auf Krankengeld **40** 32
Anwartschaftszeit AlGeldAnspruch **40** 35
Aussperrungsunterstützung **40** 22 f, 26
Beschäftigungsunterbrechung ArblV **45** 49
Freistellung von der Arbeit **191** 11
Friedenspflicht **40** 6
gesetzwidriger **40** 7
Kirchenarbeitsrecht **243** 10
Leistungsanspruch mittelbar betroffene ArbN **40** 38 f
Massenänderungskündigung, Abgrenzung **40** 1
Neutralitätsausschuss **40** 42
Neutralitätspflicht BA **40** 30
Notdienst **40** 14
politischer **40** 5
Streikbruchprämie **40** 15, 24; **434** 7
Streikgelder Beitragsfreiheit **40** 45
Streikgelder Steuerfreiheit **40** 25 f
Streikunterstützung Höhe **40** 22 f
Sympathiestreik **40** 5
Tarifsozialplan, Durchsetzung **385** 4
Überbrückungszeiten RV **40** 33
Ultima-ratio-Prinzip **40** 8
Urlaubsdaueranrechnung Streiktage **424** 16
UVSchutz **40** 34
Vergütung **40** 16 ff
Warnstreik als Erzwingungsstreik **40** 8
wilder **40** 3
wilder als Amtspflichtverletzung BRat **13** 6
Zulässigkeit **40** 2–8
Streikaufruf Gewerkschaftsrechte **206** 16
Streikbrucharbeit Weisungsrecht ArbGeb **453** 18
Streikbruchprämie
Arbeitsentgelt **40** 24
Arbeitskampf **40** 15
Streikversammlung UVSchutz **130** 39
Streitwert
Abmahnung **2** 45
Einigungsstelle **153** 35
Zeugnistreitigkeiten **470** 40
Stressseminar Bildungsurlaub **134** 27
Stripteasetänzerin ArbN-ABC **26** 84
Strom-, Wasser-, Gasableser ArbN-ABC **26** 84
Studenten
s a *Studentenbeschäftigung* **393**
ArblVPflicht **45** 30

ArbNÄhnliche Person **27** 7
Befristetes Arbeitsverhältnis **91** 34
Elternzeit **393** 11
Entlohnung **393** 10
KVPflicht **253** 15, 22
Mutterschaftsgeld **393** 11
PflegeVBeiträge **338** 25
PflegeVPflicht **340** 9
RVFreiheit **356** 9
RVPflicht **253** 23; **356** 9
Teilzeitbeschäftigung **402** 104
Verfügbarkeit Arbeitsvermittlung **42** 26
Werkstudenten, KVPflicht **253** 22
Studentenbeschäftigung **393**
Abgrenzung Praktikum **393** 54 f
Anspruch AlGeld **393** 57
ArbNÄhnliche Person **27** 7
ArbNEigenschaft **393** 3
ausländische Studenten **393** 21
Befreiung von der Versicherungspflicht **90** 25
befristetes Arbeitsverhältnis **393** 7 f
Elternzeit **393** 11
Entgeltgeringfügigkeit **393** 27
Entlohnung **393** 10
Freie Mitarbeit **393** 3 f
Geringfügigkeit **393** 35 f
Kündigungsschutz **393** 9
KV der Studenten **393** 24 f
KVPflicht **393** 22 ff
Mutterschaftsgeld **393** 11
Praktikant **393** 2
Rechtsprechungsübersicht, SozV **393** 51
RVPflicht **393** 29
SozVPflicht **393** 30 ff
Studium und Beruf, SozV **393** 50
Studiumsunterbrechung, SozV **393** 49
UV **393** 28
Volontär **393** 2
vorlesungsfreie Zeiten **393** 46
während des Studiums **393** 45 ff
Werkstudent, Versicherungsfreiheit **393** 38 ff
Zeitgeringfügigkeit **393** 37
20-Stunden-Richtwert **393** 45
Zweifelsfälle **393** 52
Studentische Hilfskraft Urlaubsanspruch **75** 8
Studiengebühren
Ausbildungskosten **71** 25
Kostenübernahme durch ArbGeb **104** 20
Übernahme durch ArbGeb **72** 91
Studium Ausbildungskosten **71** 22 f
Stützrente s *Unfallversicherung* **417**
Stufenausbildung Berufsausbildungsförderung **96** 11
Stufenklage Verjährungshemmung Hauptanspruch **434** 19
Stundung
Abgrenzung ArbNDarlehen **30** 1
GesamtSozVBeiträge **387** 27

Stuntman

SozVBeiträge durch Vergleich **433** 27 f
Steuerschulden, kein Vergleich **433** 17
Verjährungsneubeginn **434** 14
Zurückbehaltung LSt **472** 13
Stuntman Arbeitsvermittler Vergütungs-
anspruch **57** 6
Subsidiaritätsprinzip EU-Recht **171** 7
Sub-Sub-Unternehmer ArbGebHaftung
Bauwirtschaft **24** 30
Subunternehmer
ArbN-ABC **26** 84
ArbNÄhnliche Person **27** 8
Beitragshaftung SozVBeiträge **387** 2
Unternehmereigenschaft **420** 19
Werkvertrag **457** 16
Sukzessivlieferungsvertrag Provisions-
berechnung **345** 10
Summenbescheid
Aufzeichnungspflichten **68** 16
Außenprüfung **278** 21
SozVBeiträge **387** 58
Suspendierung Arbeitnehmer
Annahmeverzug **14** 1, 7
Beschäftigungspflichtbefreiung **98** 4 ff
einseitige **98** 7 f
Freistellung von der Arbeit **191** 2
Kündigung, allgemein **256** 12 f
Ruhen des Arbeitsverhältnisses **363** 1
vereinbarte **98** 5
Vergütungsanspruch **98** 8
während Kündigungsfrist **98** 6
Synchronsprecher ArbN-ABC **26** 84
Syndikusanwalt RVFreiheit **90** 33

Tätigkeitsbeschreibung s *Arbeitsplatzbeschreibung* **49**
Tätigkeitsort Grenzgängerbesteuerung DBA
ohne Grenzgängerregelung **209** 14 f
Tätigkeitsstaat Einpendler **209** 5
Tätigkeitsstaatsbesteuerung Auslandstätig-
keit **80** 37 ff, 52 f
Tätigkeitsstätte erste bei LeihArbN **26** 44
Tätlichkeit
Abmahnung **2** 13
Kündigung, außerordentliche **257** 68
Leistungsverweigerungsrecht **274** 14
Tätowierer Künstlersozialversicherung **264** 13
Täuschung arglistige bei Mutterschutz
317 47
Tagegelder Auslandsdienstreise **79** 10 ff, 24
Tagesmutter
ArbN-ABC **26** 84
Elterngeld **159** 20
Steuerbefreiung Zuschuss ArbGeb **115** 8
Wegeunfall, UVSchutz **451** 20
Tagespflege Besteuerung **242** 25
Tageszeitung Arbeitsmittel **46** 16
Taggeld Grenzgänger Schweiz **209** 22
Tankstelle Wegeunfall **451** 17
Tankstellenverwalter ArbN-ABC **26** 84

Tantieme
Anrechnung Weihnachtsgratifikation
154 16
Aufsichtsratsvergütung **65** 1
Einmalzahlung **154** 16
Einmalzahlungen **154** 32
Leistungsorientierte Vergütung **273** 3
Lohnzufluss **294** 12
Lohnzufluss Gesellschafter-Geschäftsführer
294 12
Negativ-Tantiemen bei Aktienoptionen
7 24
Verzicht Gesellschafter-Geschäftsführer als
Verdeckte Gewinnausschüttung **165** 15
Verzicht zugunsten gleichwertiger Arb-
GebLeistungen **294** 12
Tarifabstandsgebot ABM **38** 2
Tarifautonomie s *Tarifvertrag* **401**
Tarifbindung
Bundesmontagetarif **81** 2
Eingruppierung **152** 4
Flächentarifvertrag **401** 6
Gemeinschaftsbetrieb **102** 14
Mindestlohn Baugewerbe **401** 12
Nachwirkung **401** 10
Unbedingte zeitdynamische Verweisung
58 40
Verbandsmitgliedschaft **401** 5
Verwirkung tarifvertraglicher Ansprüche
443 13
Tarifeinheit 400
Arbeitnehmerentsendung **400** 2
Arbeitskampf Minderheitsgewerkschaft
400 2
Gesetzentwürfe **400** 4 f
Koalitionsgrundrecht **400** 8
Mehrheitstarifvertrag **400** 6 f
Minderheitsgewerkschaft **400** 2
Rechtsprechung BAG **400** 3 f
Tarifpluralität **400** 1 f
Tarifverträge, konkurrierende **400** 1 f
Tarifermäßigung
Außerordentliche Einkünfte **85** 4 ff
Verfahren **85** 22 f
Tariffähigkeit
ArbGeb **22** 17
CGZP **34** 43 f
Gewerkschaftsrechte **206** 2
Tarifgeltung Betriebsübergang **401** 18
Tarifkonkurrenz Tarifspezialitätsgrundsatz
401 29
Tariflohn
Anrechnung rückwirkende Erhöhung auf
Mutterschaftsgeld **317** 36
Anrechnung übertariflicher Entgelte **16** 1 ff
Anspruch nicht tarifgebundener ArbN
401 3
Arbeitnehmerentsendung **31** 7 f
Betriebliche Übung **401** 3
Erhöhung aus Betrieblicher Übung **401** 21

Tarifvertrag

Tarifnormerstreckung Arbeitnehmerentsendung 31 9
Tariföffnungsklausel
   Betriebsvereinbarung 129 9
   Günstigkeitsprinzip 212 1
   Mitbestimmung, soziale Angelegenheiten 311 8
Tarifpluralität Tarifeinheit 400 1 f
Tarifrecht Compliance 136 13
Tarifsozialplan Streikrecht 385 4
Tariftreueerklärung Öffentliche Auftragsvergabe 401 13
Tarifvertrag 401
   Allgemeinverbindlicherklärung 401 12
   Altersgrenze 9 4 f
   Altersteilzeit 11 2, 52 f
   Altersteilzeitabsicherung 11 51
   Altersteilzeitvertrag 11 48
   Angemessenheit Leistungsbestimmung 272 8
   Anspruch nichtorganisierte ArbN 401 7
   Anwendung auf Nichtgewerkschaftsmitglieder als Betriebliche Übung 107 8
   Anzeigepflichten ArbN 21 1
   Arbeitnehmerentsendung 31 6 f
   Arbeitsentgelt 37 2
   Arbeitszeit 59 32
   Arbeitszeitkonten 60 2
   Arbeitszeitmodelle 60 2
   Arbeitszeitverlängerung 320 4
   ArbNähnliche Personen 27 19
   Ausbildungskostenerstattung 71 5
   Aushang im Betrieb 74 12
   Auslandstätigkeit Geltung 80 22
   Ausschluss Befristetes Arbeitsverhältnis 91 27
   Ausschlussfrist bei rückwirkendem Anspruch 82 17
   Ausschlussfrist, Reichweite 82 9
   Ausschlussfristen 82 3 f
   Außenseiter bei Betriebsübergang 126 64
   Befristetes Arbeitsverhältnis 91 21
   Betrieb (Begriff) 102 4
   Betriebliche Altersversorgung 103 12
   Betriebliche Übung 107 7; 401 21
   Betriebsbegriffsfestlegung 102 11
   Betriebsvereinbarung 401 20 f
   Bezugnahmeklausel 401 14
   Bezugnahmeklauseln bei Außenseitern 126 64
   Bindungen Gleichbehandlungsgrundsatz 208 3
   Dynamische Verweisung 401 16
   Einzelarbeitsvertrag 401 14
   Entgeltumwandlung betriebliche Altersversorgung 103 18 f
   Erweiterung Mitbestimmung BRat 311 14
   Erweiterung Mitwirkungsrechte BRat in personellen Angelegenheiten 310 2
   Folgetarifverträge 401 26
   Fortgeltung bei Umwandlung 414 26
   Freistellungsregelung BRat 118 5
   Geringfügige Beschäftigung 202 11
   Gesundheitszeugnisvorlage 205 8
   Gewerkschaften, Tariffähigkeit 34 43 f
   Gleichbehandlung 208 3
   Gleichbehandlungsgrundsatz 208 21; 401 4, 25
   Gleichstellungsabrede 401 16
   Günstigkeitsprinzip 401 26
   Haus- oder Firmentarif 401 5
   Heimarbeit 222 14
   Internet-/Telefonnutzung 229 16
   Jugendarbeitsschutzausnahmen 231 30
   Kündigungsbeschränkungen 256 21
   Kündigungseinschränkung und -erweiterung 256 17 ff
   Kündigungsfristen ArbN 262 10, 21 ff
   Lebensgemeinschaft (nichteheliche), Geltung 270 4
   LeihArbN 34 42
   LeihArbN, Abweichungen 34 39 f
   LeihArbN, Ausnahmen vom Gleichbehandlungsgrundsatz 34 41
   Leistungsbemessung für Lohnersatzleistungen 401 43
   Mehrheitstarifvertrag, Tarifeinheit 400 6 f
   Meldepflichten ArbGeb 304 1
   Mitbestimmung BRat Tendenzbetrieb 404 18
   Mitbestimmung in reinem Ausbildungsbetrieb 232 28
   Nachbindung 401 9
   Nachwirkender, Blankettverweisung 401 28
   Nachwirkung 401 10, 27 f
   Nachwirkung bei Einmalzahlung 154 8
   Nebentätigkeitsverbot 322 12
   Öffnungsklausel 401 23
   Öffnungsklausel bei Altersteilzeit 11 52
   Rechtsfolgen unwirksamer 34 43 f
   Reisezeitregelungen 79 3
   Rückwirkende Verschlechterung 401 28
   Rückzahlungsklausel 361 2, 17
   Sonderauswahlrichtlinie, gerichtliche Überprüfung 258 67
   Sozialauswahl 258 42 f
   Statische Verweisung 401 16
   Streikrecht 401 1
   Tarifautonomie 401 1
   Tarifeinheit bei konkurrierenden 400 1 f
   Tarifkonkurrenz 401 29
   Tarifsozialplan 401 4
   Tariftreueerklärung 401 13
   Tarifvertragsparteien 401 3
   Tarifvorbehalt bei Altersteilzeit 11 51
   Teilzeitbeschäftigung, Ablehnungsgründe 402 42
   Transformation bei Betriebsübergang 126 58
   Transparenzkontrolle Tarifbestimmungen 58 30

Tarifvertragsparteien
  TVöD **401** 19
  Überstunden **411** 6
  Überwachung durch BRat **117** 45
  Umgruppierung, Veränderung **412** 6
  Urlaubsdauer **428** 12
  Urlaubsgeldanspruch **426** 2
  Urlaubsregelungen **428** 11 ff, 12
  Veränderungssperre bei Betriebsübergang **126** 58
  Verbandsklage **401** 2
  Verhältnis Betriebsvereinbarung **129** 9; **212** 2
  Verhältnis zu Sozialplan **385** 3
  Vermittlungsverbot tarifwidriges Arbeitsverhältnis **401** 44
  Vermögenswirksame Leistungen, Anspruch **436** 11 f
  Verpflegungsmehraufwendungen **437** 4
  Versetzungsklausel **439** 7
  Versorgungszusage, Änderung **103** 69
  Verweisungen im Arbeitsvertrag **58** 30
  Verwirkung Ansprüche bei Tarifbindung **443** 4 f
  Verwirkung Nachwirkung **443** 9
  Verzicht auf vertragliche Rechte **444** 4
  Vorrang Mitbestimmung BRat **311** 7 f
  Weisungsrechtsbeschränkungen **453** 15
  Widerruf Aufhebungsvertrag **63** 18
Tarifvertragsparteien Tarifbindung **401** 3
Tarifvorbehalt
  Mitbestimmung BRat Arbeitszeit **59** 41
  Mitbestimmung BRat bei Zulagenanrechnung **16** 5
Tarifvorrang Mitbestimmung BRat bei Zulagenanrechnung **16** 5
Taschengeld Freiwilligendienste, Besteuerung **193** 13
Tatbestandswirkung
  Anrufungsauskunft **353** 12
  Gesellschaftergeschäftsführer **338** 7
Tatkündigung Verdachtskündigung **431** 2
Tatsächliche Verständigung
  Vergleich Verbindlichkeit **433** 16
  Zulässigkeit Vergleich **433** 14 f
Taxikosten Betriebsveranstaltung **128** 4
Team–Dispatcher Austauschkündigung, unzulässige **258** 48
Technischer Redakteur von Bedienungsanleitungen KünstlersozV **264** 13
Teilarbeitsfähigkeit s *Arbeitsunfähigkeit* **53**
Teilarbeitslosengeld
  s a *Arbeitslosengeld* **42**
  Höhe und Dauer **42** 72
  Teilzeitbeschäftigung **402** 130
  Voraussetzungen **42** 71
Teilbefristung (außertarifliche Leistungen)
  Gratifikation **6** 16
  Provision **6** 16
  Zeitraumbezogenheit **6** 3
  Zulässigkeit **6** 14

Teilbetriebsstilllegung
  Sozialauswahl **258** 30
  Sozialauswahl bei gleichzeitigem Betriebsübergang **126** 79
Teilbetriebsübergang Weiterbeschäftigungsanspruch **258** 13
Teilerwerbstätigkeit Elternzeit **160** 25 f
Teilforderung Anerkenntnis, Verjährungsunterbrechung **434** 15
Teilkindergeld Auslandskinder **241** 11
Teilklage Verjährungshemmung **434** 19
Teilkündigung
  s *Kündigung, allgemein* **256**
  s a *Änderungsvorbehalte* **6**
  Arbeitsbedingungen, Veränderung **6** 2
  Zulässigkeit **256** 6
Teilrente
  Abgrenzung Altersteilzeit **11** 93
  Altersrente **10** 7, 53
  Altersteilzeit **11** 30
  Erörterungsanspruch ArbGeb **10** 7
  Hinterbliebenenrente **223** 2
  Hinzuverdienstgrenzen **11** 53
  Rentnerbeschäftigung **359** 11 ff
  RVPflicht bei Rentnerbeschäftigung **359** 27
Teilurlaub
  Berechnung **424** 8
  tarifvertragliche Urlaubsregelungen **428** 13
  Übertragung **423** 18
  Urlaubsentgeltrückforderung **424** 11
Teilzeitbeschäftigung 402
  Abfindung pro rata temporis **1** 1
  Ablehnungsgründe Arbeitszeitverringerung **402** 33 f
  Abrufarbeit **402** 66 f
  Änderungskündigung bei Arbeitszeitverlagerung **5** 26
  Akkordverdienst **402** 77
  AlGeldAnspruch **42** 25
  Altersteilzeit **11** 46
  Anrechnung Zwischenverdienst **14** 16
  Arbeit nach Arbeitsanfall **402** 66
  Arbeitsbedingungen, benachteiligende **402** 12
  Arbeitszeitverkürzung **402** 80
  Arbeitszeitverlängerung **402** 58 f
  Arbeitszeitverlängerung, Ablehnungsgründe **402** 61
  Arbeitszeitverlängerung, Anspruch **402** 58
  Arbeitszeitverlängerung, Auswahlentscheidung **402** 62
  Arbeitszeitverlängerung, Eignung **402** 60
  Arbeitszeitverlängerung, Freier Arbeitsplatz **402** 59
  Arbeitszeitverringerung **402** 22 ff, 110
  Arbeitszeitverringerung, gesetzliche Ansprüche **402** 21
  ArbGebDarlehen **23** 5; **402** 79
  ArblGeld **302** 27
  ArblV **402** 128 ff

Telearbeitsplatz

ArbNEigenschaft **402** 4
Ausgleichsverfahren **162** 58
Auskunftspflichten ArbGeb **76** 15
Ausschreibung **83** 5; **402** 15 f
Befristetes Arbeitsverhältnis **91** 1 f
Begriff **402** 2
Beihilfeleistungen Öffentlicher Dienst **402** 81
Benachteiligungsverbot **402** 14
Bereitschaftsdienst **95** 5; **402** 82
Berücksichtigung Sozialplan **385** 7
Beschäftigtenzahlermittlung Kleinbetrieb **245** 6; **262** 20; **263** 53
Beteiligungsrechte BRat **402** 16 f
Betriebliche Altersversorgung **103** 11; **402** 78
Betriebsversammlung Teilnahme **130** 14
Bewährungsaufstieg **402** 84
Bildschirmarbeit **402** 85
BRatMitglied **118** 29; **402** 83
BRatSchulung **121** 14, 22
Diskriminierungsverbot **402** 1, 9 f
Eingruppierung **402** 86
Einmalzahlungen **154** 3 f
Elterngeldbezug **159** 18
Elternzeit **160** 25 f, 82
Entgeltfortzahlung **402** 87
Feiertagsvergütung **402** 88
Freistellung **402** 89
Funktionszulagenkürzung **402** 89
Geldwerter Vorteil **201** 3
Geringfügigkeitsgrenze KV **402** 121
Geringfügigkeitsgrenze RV **402** 126
Geringverdienergrenze KV **402** 121
Geringverdienergrenze RV **402** 126
Gleichbehandlung **208** 10; **402** 9 f
Gleichbehandlung Betriebliche Altersversorgung **208** 19
Gleichbehandlung Gratifikation **154** 3 f
Gleichbehandlung RsprABC **402** 76 ff
Gleitzeit **402** 91
Gleitzone **402** 120
Information über freie Arbeitsplätze **402** 17
Job Sharing **402** 70
Jubiläumszahlung **402** 92
Kindervergünstigungen **242** 2
Kündigungsschutz **402** 93
Kündigungsschutz Elternzeit **160** 47 f
Lage und Verteilung **402** 5
Lohnerhöhung **402** 94
LStBescheinigung **286** 28
LStPauschalierung **292** 40; **402** 98, 115 ff
Maßregelungsverbot **402** 14
Nachtzuschlag **320** 7
nebenberufliche Tätigkeit **402** 96
Nebentätigkeit **402** 5, 97
Ortszuschlag **402** 97
Pflegezeit **341** 12
Pflegezulage **402** 99
PlegeVPflicht **402** 131

Rückwirkende Zusammenrechnung Haupt- und Nebenbeschäftigung **402** 121
Rufbereitschaft **362** 4; **402** 82
Schicht- und Wechselschichtzulage nach TVÖD **167** 3
Schwellenwertermittlung U1 und U2 **245** 21
Sozialplan **385** 19
Sozialplanabfindung Höhe **402** 76
Sozialzulage **402** 102
Studenten **402** 104
Studenten, Entlohnung **393** 10
Tarifliche Quoten **402** 42
Teilarbeitslosengeld **402** 130
Teilzeitprivileg beim Bezug AlGeld **402** 129
Übergangsgeld **402** 105; **410** 3
Überstunden **411** 13
Überstundenzuschlag **402** 95
Unkündbarkeit **402** 106
Urlaubsanspruch **402** 107; **423** 8
Urlaubsdauer **424** 5 f
Urlaubsentgeltberechnung **425** 10 ff
Urlaubsgeld **402** 109; **426** 2
Verfügbarkeit Arbeitsvermittlung **42** 25
Vergütung unterschiedliche nach sozialer Lage **402** 101
Verletztenrente **402** 132
Wechselschichtzulage **402** 111
Weihnachtsgeldanspruch **402** 112
Weiterbildung **455** 14
Weiterbildungsanspruch **402** 19 f
Wochenenddienst **402** 113
Zusammenrechnung Haupt- und Nebenbeschäftigung **402** 121
Zustimmungsfiktion Verringerung Arbeitszeit **402** 24

Telearbeit 403
Alternierende **403** 1
Arbeitszimmer **403** 13 f
ArbNEigenschaft **403** 2 f
ArbNEigenschaft, offline-Betrieb **403** 3
ArbNEigenschaft, online-Betrieb **403** 3
ausländischer Betrieb **403** 8
Auslagenersatz **403** 12
Brille als Arbeitsmittel **403** 14
Dienst- und Werkvertrag **403** 4 ff
Erscheinungsformen **403** 1
Formen **403** 1
Häusliche **403** 1, 14
Heimarbeit **222** 30
Heimarbeit SozVPflicht **403** 18
Mitbestimmung BRat **403** 7 f
Mittelpunkt der Tätigkeit **403** 14
Mobile **403** 1
Nichtselbstständige Arbeit **403** 12
Sateliten/Nachbarschaftsbüro **403** 1
Selbstständige Tätigkeit **403** 12
SozVPflicht **403** 15 ff
UV **403** 19

Telearbeitsplatz Ausland **403** 15

Telefax

Telefax
  Ausschlussfrist, Geltendmachung **82** 25
  BRatKosten **119** 21
Telefonaufzeichnung Verwertungsverbot **229** 30
Telefondaten Betriebsvereinbarung **140** 13
Telefongespräch heimliches Mithören als Persönlichkeitsrechtsverletzung **140** 13
Telefon-/Internetnutzung
  Compliance **136** 7
  Informationsverwertung bei ArbG **229** 23
  Kündigung, verhaltensbedingte **260** 32
  Kündigungsgrund **260** 32
Telefoninterviewer ArbN-ABC **26** 84
Telefonist ArbN-ABC **26** 84
Telefonkosten Auslagenersatz **67** 28
Telefonnutzung
  Abhören als Persönlichkeitsrechtsverletzung **332** 7
  Aufzeichnung Privatgespräche **332** 7
  Auto- und Mobiltelefon **229** 2
  Autotelefon **142** 27
  Beitragsfreiheit **37** 126
  Betriebliche Geräte **229** 32 f
  Betriebsordnung **116** 7
  BRatTelefon **229** 25
  Datenerfassung **229** 30 f
  Datenschutz **140** 13, 23; **229** 7 f
  Gesprächsaufzeichnung als Beweismittel **229** 29 f
  Kostentragung ArbN Privatgespräch **229** 2
  Mithörmöglichkeit **229** 30
  private als Abmahnungsgrund **2** 14
  Private Geräte **229** 35
  Private Nutzung **229** 4 f
  Privattelefon betriebliche Nutzung **229** 2
  Rufbereitschaft **229** 2
  Telefonbetreuung **229** 36
  Telefondatenerfassung **332** 8
  Überwachung als Persönlichkeitsrechtsverletzung **332** 7 f
  Verwertungsverbot Privattelefonate **229** 29 f
Telefonüberwachung Verwertungsverbot bei Außenprüfung **140** 30
Tendenzbetrieb 404
  Arbeitsförderung **38** 1
  Auflösung des Arbeitsverhältnisses gegen Abfindung **1** 25
  Ausbildungsstätte **96** 3
  außerdienstliches Verhalten als Kündigungsgrund **257** 40 f
  Befragungsrecht BA bei Arbeitsvermittlung **404** 24
  Betriebliche Berufsbildung Mitbestimmung BRat **104** 17
  Betriebsänderung **228** 17
  Einrichtungen der beruflichen Rehabilitation **351** 4
  Einschränkung Meinungsfreiheit **303** 7
  Einsichtnahmerecht BRat Lohnlisten **280** 15
  erzieherisch bestimmte **404** 10
  geistig-ideelle **404** 7
  Interessenausgleich **228** 13
  karitativ bestimmte **404** 9
  Kirchenarbeitsrecht **404** 2 f
  koalitionspolitisch bestimmte **404** 8
  konfessionell bestimmte **404** 8
  Kündigung **404** 21 f
  Kündigung wegen außerdienstlichem Verhalten **260** 27
  künstlerisch bestimmte **404** 12
  Mischbetrieb **404** 6
  Mitbestimmungseinschränkungen **404** 14–18
  Nachteilsausgleich **321** 1
  Presseunternehmen **404** 13
  Religionsgemeinschaft **404** 2–3
  Stellenangebot, Einschränkungen für Arbeitslose **404** 25
  Treuepflicht, erhöhte **405** 9
  Weltanschauungsgemeinschaft **404** 2
  Wirtschaftsausschussbildung **312** 10
  wissenschaftlich bestimmte **404** 11
Tendenzunternehmen Europäischer BRat **172** 22
Territorialitätsprinzip
  ArbIVPflicht **45** 5
  ArbNÜberlassung **34** 11
  ArbZG **59** 3
  Ausländer SozV **78** 63 f
  Auslandstätigkeit **80** 14 ff
  Kindergeldanspruch **241** 27
  Mutterschutzanspruch **317** 3
Testamentsvollstrecker ArbGebEigenschaft **22** 30
Theater Tendenzbetrieb **404** 12
Theaterintendant
  ArbNÄhnliche Person **27** 7
  nebenberufliche Tätigkeit als ArbN **26** 84
Tiere Arbeitsmittel **46** 22
Tiermodellbauer Künstlersozialversicherung **264** 13
Titular-Geschäftsführer LStHaftung **288** 33
Todesfall
  s a Vererbung
  Abfindung **1** 2; **63** 20
  Altersteilzeit **11** 90
  Arbeitsverhinderung **56** 3
  Arbeitszeitguthaben, Versteuerung **60** 17
  BRatAmt, Erlöschensgründe **120** 8
  Direktversicherungsleistung **103** 107
  Hinterbliebenenpauschbetrag **223** 16
  Hinterbliebenenrente **223** 1 f
  Leistungsverweigerungsrecht **274** 7
  Sterbegeld **391** 1 f
Tötung auf Verlangen Hinterbliebenenrentenanspruch **223** 37
Tonstudio Arbeitszimmer **61** 12

Torkontrolle
 Betriebsordnung **116** 7
 Kontrolle des ArbN **246** 8, 9
 Weisungsrecht **453** 12
 Zulässigkeit **332** 6
Totgeburt Mutterschutz **317** 6
Transfergesellschaft Sozialplaneinbeziehung **153** 5
Transferkurzarbeitergeld
 Anforderungen während Leistungsbezug **99** 22
 Anzeigeverfahren **99** 21
 Arbeitsausfall, dauerhafter **99** 17
 Beschäftigungsgesellschaft **99** 15 ff
 Eingliederungsaussichten, Feststellung **99** 20
 Leistungsumfang **99** 23
 Mitteilungspflichten **99** 24
 Qualifizierungsangebot **38** 31
 Restrukturierungsmaßnahmen **5** 45; **99** 16 f
 Voraussetzungen **99** 16 f
 Voraussetzungen, betriebliche **99** 18
 Voraussetzungen, persönliche **99** 19
Transferleistungen Arbeitsförderung **38** 28
Transfermaßnahmen Sozialplanzuschüsse **385** 69 f
Transfer-Sozialplan Interessenausgleich **228** 5
Transparenzgebot
 Aktienoptionen **7** 9
 Arbeitssicherheit/Arbeitsschutz **50** 11
 Arbeitszeit **59** 29
 Aufhebungsvertrag **63** 16
 Außertarifliche Leistungen **6** 10
 Einmalzahlungen **154** 7
 Freiwilligkeitsvorbehalt **192** 4
 Pauschalabgeltung Überstunden **58** 38
 Personalrabatt **201** 3
 Rückzahlungsklausel **361** 6
 Überstundenabgeltung **411** 10
 Versetzung **439** 6
 Vertragsstrafe **441** 11 f
 Wettbewerbsverbot **460** 12
 Widerrufsvorbehalt **6** 17
Transportmittel Arbeitsmittel **46** 23
Transsexualität Anfechtungsgrund Arbeitsvertrag **58** 69
Trennungsbeihilfe s *Beihilfeleistungen* **93**
Treu und Glauben
 Anspruchsverwirkung **443** 17
 Arbeitsverhinderung **56** 2
 Auskunftspflichten ArbN **77** 33
 Ausschlussfrist **82** 35
 Betriebliche Übung **107** 4
 Faktisches Arbeitsverhältnis **184** 3
 Geschäftsführer Abberufung **204** 6
 Kündigungsschutz **263** 19, 24 f
 Verbindliche Auskunft (FA) **17** 5
 Verfallfristen **58** 51

Treuegeld Betriebliche Übung **107** 8
Treuepflicht 405
 Abwerbung **3** 2
 ärztliche Untersuchung **405** 13
 Anzeigepflichten ArbN **405** 6 f
 AT-Angestellter **62** 4
 Geheimhaltungspflicht **405** 10 f
 Geltungsdauer **405** 2
 Gewissensfreiheiteinschränkung **207** 6 f
 Leistungstreuepflichten **405** 5
 Leitende Angestellte, erhöhte **275** 2; **405** 3
 Loyalitätspflichten **405** 9
 Schmiergeldannahmeverweigerung **405** 12
 Tendenzbetrieb, erhöhte **405** 9
 Verletzung bei Whistleblowing **461** 2
 Verschwiegenheitspflicht **405** 10 f
 Wettbewerbsverbot **459** 1
Treuhänder
 ArbNEigenschaft Geschäftsführer **204** 45
 Insolvenzschutz bei Wertguthaben **458** 27
 Wertguthaben/Zeitguthaben **458** 23
Trinkgeld 406
 Anrechnungsklausel **406** 2
 Anzeigepflicht ArbN bei freiwilligem **406** 8
 Arbeitsentgelt, beitragsfreies **406** 11
 Auf Grund Rechtsansprüche, LSt **406** 7 f
 Auskunft ArbGeb **406** 5
 Beitragsfreiheit **37** 126
 Belohnungscharakter **406** 1
 Freibetrag LSt **406** 8
 LStFreiheit **406** 6 f
 Spielbanken **406** 3 f
 Tronc-System **406** 3 f
 Urlaubsentgeltbestandteil **425** 6
Tronc-System Trinkgeld **406** 3 f
Trotzkündigung Kündigungsgründe **263** 95 f
Trümmerfrauengeld Kindervergünstigungen **242** 36
Trunkenheit Arbeitsunfall **55** 43
Tschechien Grenzgängerbesteuerung **209** 14 f
Türkei Kindergeld **241** 6
Türken Diskriminierung **144** 160
Turban Arbeitskleidung **41** 6
Turboprämie Sozialplan **385** 20
Tutor ArbN-ABC **26** 84
TVöD
 Änderungskündigung **5** 16
 Arbeitszeit bei Dienstreise **141** 8
 Reisezeitvergütung **141** 4
 Tarifvertrag **401** 19

U1
 Feststellungsverfahren **245** 19
 Umlageverfahren **245** 17 ff
U2 Neuregelung **317** 56 f
Überbrückungsbeihilfe Nebenverdienstanrechnung **410** 6; **419** 4
Überbrückungsgeld
 s a *Übergangsgeld/Überbrückungsgeld* **410**

Überbrückungszeit

Anrechnung bei Annahmeverzug **14** 18
Entlassungsabfindung **410** 15
Überbrückungszeit
Arbeitskampfdauer RV **40** 33
Aussperrung RV **40** 33
Überforderungsklausel Altersteilzeit **11** 5
Überforderungsschutz des Arbeitgebers
Altersteilzeitleistungen **11** 72
Übergangsgeld
Altersteilzeit **11** 84
Anrechnung anderweitigen Einkommens **15** 21
Anspruch UV **417** 42
ArblVPflicht **45** 15
Beihilfeleistung **93** 8, 15
Berechnung bei Einmalzahlungen **154** 62
Elternzeit **160** 74
Nichteinbeziehung nachträgliche Lohnerhöhung in Berechnungsgrundlage **163** 19
PflegeVBeiträge **338** 26
Rehabilitation (berufliche) **351** 37
Rentenersetzendes **410** 6
Teilzeitbeschäftigung **402** 105
Übergangsgeld/Überbrückungsgeld 410
Abgrenzung Betriebsrente **410** 1
AlGeld **410** 7
Anpassung **410** 28
Anrechnung anderweitigen Einkommens **410** 30–31
Anschluss-Übergangsgeld **410** 24
Ausbildungsgeld Behinderte **410** 17
Beitragsfreiheit **410** 15
Diskriminierungsverbot **410** 3
Entlassungsabfindung, Besteuerung **410** 8
Fernbleiben Maßnahme Reha **410** 24
Förderungsdauer **410** 29
Führungskräfte **410** 2
Gleichbehandlung Teilzeitbeschäftigte **410** 3
Höhe **410** 27 f
nach Abschluss Reha-Maßnahme **410** 24
nach Verletztengeldbezug **410** 27
Progressionsvorbehalt **410** 4, 10 f
Rehabilitation **410** 16
Rehabilitation, Zugangsvoraussetzungen **410** 22 ff
Sozialprogramm **410** 3
SozVSchutz **410** 32
Steuerpflicht **410** 8
steuerpflichtige Einnahmen **410** 10 f
Überbrückungsgeld **410** 1, 15
Überbrückungsübergangsgeld **410** 24
Voraussetzungen **410** 18 f
Übergangsmandat Betriebsrat 117 4
Anlässe **360** 7
Beginn **360** 11
Betriebsratsloser Betrieb **360** 9
Betriebsübergang **126** 56
Ende **360** 11
Funktion **360** 1

Kleinbetrieb **360** 9
Kontinuitätssicherung BRatArbeit **360** 9
Kostentragung **360** 13
Kündigungsschutz **360** 13
Personelle Beschränkung **360** 10
Personelle Zusammensetzung **360** 12
Restmandat BRat **360** 11
Spaltung **360** 8
Statusrechte **360** 13
Umfang **360** 10
Umwandlung **414** 21
Voraussetzungen **360** 8
zeitlich befristetes Vollmandat **360** 10
Zusammenlegung mehrerer Betriebe **360** 8
Überlastungsschutzklausel Bildungsurlaub **134** 16
Überlegungsfrist Aufhebungsvertrag **63** 22
Übermaßaufwand Arbeitskleidung **41** 21
Übernachtungskosten
Auslandsdienstreise **79** 16, 24
Bewerbungskosten **131** 5
Dienstreise **141** 47
Kürzung bei Auslandsdienstreise **79** 16
Wechsel zwischen Einzelnachweis und Pauschalerstattung **141** 54
Überschussanteile Direktversicherung **103** 26
Überstunden 411
Abgeltungsklauseln **411** 10
Annahmeverzug, Einbeziehung in Arbeitsentgelt **14** 15
Anordnung durch ArbGeb **411** 6
Anrechnung Bemessung Urlaubsentgelt **411** 17
Arbeitslohn **411** 28 f
Arbeitszeitmodelle **60** 10
ArbNAnspruch **411** 8
Aufzeichnungspflichten **411** 2
Beitragsrecht **411** 26 f
Bemessung AlGeld **411** 28
Betriebsvereinbarung **411** 6
Beweislast ArbN **411** 16
Entgeltfortzahlung **162** 13; **411** 17
Freizeitausgleich **411** 14
Inhaltliches Vorliegen **411** 4
Krankengeldberechnung Einbeziehung in Regelentgelt **411** 30
LeihArbN **411** 21
Mehrarbeit **411** 1
Mitbestimmung BRat **411** 19 f
Muster tarifliche Mehrarbeitsvergütung **411** 23
Pauschalvergütung **411** 11
Pflicht zur Leistung **411** 5 f
Rufbereitschaft **362** 3
Schwerbehinderte **411** 7
Sonderregelungen **411** 7
Tarifvertrag **411** 6
Teilzeitbeschäftigung **402** 95; **411** 13
Urlaubsentgelt **425** 1

Vergütung **37** 8; **411** 9
Vergütung an Gesellschaftergeschäftsführer als Verdeckte Gewinnausschüttung **204** 40
Vergütung bei AT-Angestellten **62** 6
Vergütung Leitende Angestellte **275** 20
Verwirkung **411** 15
Weisungsrecht **411** 5
Zeitliches Vorliegen **411** 3
Zuschläge **411** 9 f, 12
Überversorgung
  Betriebliche Altersversorgung Ehegatte **103** 115
  Versorgungsanwartschaft **103** 71
Überwachungspflichten Arbeitgeber
  s *Arbeitsstoffe, gefährliche* **52**
Überwachungspflichten Arbeitnehmer
  s *Anzeigepflichten Arbeitnehmer* **21**
Überzinsen
  ArbGebDarlehen Besteuerung **23** 14
  ArbNDarlehen **30** 10
  Verdeckte Gewinnausschüttung bei Gesellschaftergeschäftsführer **30** 10
Üble Nachrede
  s a *Meinungsfreiheit* **303**
  Auflösung des Arbeitsverhältnisses gegen Abfindung auf Antrag ArbGeb **1** 25
Übungsleiter
  ArbN-ABC **26** 84
  Aufwandsentschädigung **66** 6, 12 ff, 23
  Freibetrag aus nebenberuflicher Tätigkeit **37** 122
  Nebentätigkeit **322** 21
  Pauschale **330** 12
  SozVPflicht **150** 34
Übungsleiterpauschale Höhe **150** 17
Umbauten Wohn-Riester **12** 22
Umdeutung
  Kündigung, außerordentliche vAw **257** 93
  Kündigung wie Prozess **256** 70
  Unwirksamkeit Betriebsvereinbarung **129** 12
Umfassungszusagen Betriebliche Altersversorgung **103** 23
Umgruppierung 412
  s a *Eingruppierung* **152**
  Abfindungszahlung, SozV **412** 11
  Änderung Vergütungsgruppenordnung **412** 3
  Änderungskündigung **5** 41
  Änderungskündigung bei Herabgruppierung **412** 6
  Herabgruppierung **412** 6
  Mitbestimmung BRat **310** 7; **412** 7 f
  Nachteilsausgleich bei Abweichung Interessenausgleich **321** 14
  Tarifvertrag, geänderter **412** 6
  Veränderung Wertigkeit der Tätigkeit **412** 3
  Vertrauensschutz **412** 3
  Zustimmungsersetzungsverfahren **412** 7

Umkleidezeiten Arbeitszeit **59** 8, 30
Umlage Insolvenzgeldversicherung **226** 70
Umlage Entgeltfortzahlung
  Kleinbetrieb **245** 23 f
  U1 und U2 **245** 24
Umlagesoll Umlageverfahren UV **387** 63
Umlageverfahren
  Entgeltfortzahlung **162** 20
  Saison-Kurzarbeitergeld **266** 49
Umlageverfahren Unfallversicherung
  Beitragserhebung **387** 68 ff
  Beitragsfuß **387** 69
  BG **387** 61; **417** 22
  Gefahrklassen **387** 65
  Gefahrtarif **387** 65
  Nachlässe und Zuschläge **387** 66
  Prämien **387** 67
  Umlagesoll **387** 63
Umsatzbeteiligung Auskunftspflichten ArbGeb **76** 5
Umsatzprovision keine HGBProvision **345** 2
Umsatzsteuer
  Freie Mitarbeit **190** 33 f
  Vergünstigung bei Behinderung **92** 90
Umsatzsteuersonderprüfung 84 9
Umschüler ArbNEigenschaft **26** 18
Umschulung 413
  s a *Weiterbildung* **455**
  Abgrenzung Berufsausbildung **413** 3
  AlGeld, Versteuerung **413** 15
  Anspruch **413** 9
  Arbeitslohn **413** 14
  Aufhebungsvertrag **63** 6
  Ausbildungsverhältnis **72** 93
  außerbetriebliche **413** 5
  Beschäftigungsgesellschaft **413** 3
  Betriebsänderung **228** 5
  Elternzeit **160** 2
  Förderungsmaßnahmen **413** 16 f
  Orte **413** 3
  Rechtsweg **413** 5, 11
  Rehabilitationsmaßnahme **351** 34, 36
  Status Umschüler **413** 10
  Umschulungsvertrag **413** 4 f
  Umschulungsvertragskündigung **413** 6
  Vorweggenommene Werbungskosten **413** 13
  Weiterbeschäftigungsanspruch Kündigung, personenbedingte **259** 4
  Weiterbildungsmaßnahmen AFG **413** 16
  Wiedereinstellungsanspruch nach betriebsbedingter Kündigung **258** 15 f
  Zeugnisanspruch **413** 12; **470** 2
Umsetzung
  innerbetriebliche **439** 18
  innerbetriebliche als Wiederbesetzung nach AltTZG **11** 63 ff
  Mutterschutz, Gleichbehandlung **317** 23
  Tagesarbeitsplatz bei Nachtarbeit **320** 8 f

Umstrukturierung
    Weisungsrecht ArbGeb **453** 5
    Weiterbeschäftigungsanspruch **258** 62
Umstrukturierung Transferkurzarbeitergeld **99** 18
Umwandlung 414
    s a *Betriebsübergang* **126**
    Abspaltung **414** 3
    Abspaltung Kleinbetriebe, Kündigungsschutz **245** 3
    Arten **414** 2–5
    Aufspaltung **414** 3
    Ausgliederung **414** 3
    Auskunftspflichten ArbGeb **76** 16
    Auswahlrichtlinien Interessenausgleich **228** 6
    Betriebliche Altersversorgung **414** 19
    Folgen, unmittelbare **414** 12
    Formwechsel **414** 5
    Fortgeltung Beteiligungsrechte BRat **414** 23
    Fortgeltung Betriebsvereinbarungen **414** 24 f
    Fortgeltung Tarifvertrag **414** 26
    Geltung § 613a BGB **414** 7
    Gemeinschaftsbetrieb **414** 13, 22
    Haftung **414** 15 f
    in Kleinbetrieb, Sonderkündigungsschutz **414** 11 f
    Informationspflicht BRat **414** 20
    Kleinbetrieb **245** 3
    Konzernbetriebsvereinbarungen, Fortgeltung **414** 25
    kündigungsrechtlicher Sonderschutz **414** 11 f
    Pensionszusage **103** 192
    Sozialplan **385** 16 f
    Sozialplanansprüche nach Betriebsaufspaltung **414** 18
    Spaltung **414** 3
    Sprecherausschussrichtlinien, Fortgeltung **414** 25
    Übergangsmandat BRat **414** 21
    Unterrichtungspflichten ArbGeb **414** 10
    Vermögensübertragung **414** 4
    Verschmelzung **414** 2
    Widerspruch ArbN **414** 8 f
    Wirksamkeit **414** 6
    Zuordnung ArbN **414** 14
Umwege Wegeunfall **451** 15
Umwegfahrten
    UVSchutz bei Fahrgemeinschaft **180** 13, 15 f
    Wegeunfall **451** 4
Umweltseminar Bildungsurlaub **134** 27
Umzug Anzeigepflichten ArbN **21** 8
Umzugskosten 415
    Abstandszahlung **415** 30
    abzugsfähige Aufwendungen **415** 21 ff
    Aufwandsentschädigung Öffentlicher Dienst **66** 10
    Aufwendungsersatz **145** 1

    Ausland, Rückumzugskosten **415** 2
    Auslandstätigkeit **80** 59
    Auslandsumzug **415** 29
    außergewöhnliche Belastung bei Krankheit **415** 31
    Beförderungsauslagen **415** 22
    Beitragsrecht **415** 32 f
    berufliche Veranlassung **415** 17 ff
    Betriebliches Interesse **415** 18
    Betriebsverlegung **415** 6
    Einzelnachweis Sonstige **415** 28
    Erstattungshöhe **415** 7
    Fahrtzeitverkürzung **415** 17
    Kosten für Kochherd und Ofenbeschaffung **415** 27
    Kostenerstattungsanspruch **415** 2 f
    Maklergebühr **415** 25
    Mietentschädigung **415** 24
    Pauschbeträge **415** 28
    Reisekosten **415** 23
    Residenzpflicht **415** 3
    Rückumzug **415** 19
    Rückzahlungsvereinbarung erstatteter bei vorzeitiger Kündigung **415** 8 f, 16
    steuerfreier Ersatz aus öffentlichen Kassen **415** 12 f
    Übernahme bei Rehabilitation **351** 32
    Versetzung **415** 4
    Werbungskosten **415** 17 ff
    Werbungskostenersatz ArbGeb **415** 15
    Zusatzunterricht Kinder **415** 26
Unabdingbarkeit
    Annahmeverzug **14** 21, 22
    Ausschlussfristen **82** 11
    Beitragszuschuss KV **25** 13
    Betriebsübergang **126** 66
    Bundesurlaubsgesetz **428** 11 ff
    Elternzeit **160** 1
    Entgeltfortzahlungsanspruch **162** 21, 22
    Feiertagsvergütung **162** 30
    Fürsorgepflicht **195** 2
    GesamtBRat **203** 1
    Heimarbeitsschutz **222** 26
    KonzernBRat, Bestimmungen **248** 2
    Kündigung, außerordentliche **418** 1, 10 f
    Schriftform Kündigung Arbeitsverhältnis **256** 28 ff
    Urlaubsanspruch **423** 7
    Urlaubsdauer **424** 23
    Urlaubsentgelt **425** 15
    Urlaubsnachgewährung bei Urlaubserkrankung **427** 12
    Zeugnisanspruch **470** 14
Unbeschränkte Steuerpflicht s *Steuerpflicht*
Unbezahlter Urlaub s *Urlaub, unbezahlter* **429**
Unerlaubte Handlung Ausschlussfrist **82** 12
Unfähigkeit
    Kündigung, außerordentliche **257** 54
    Kündigungsgrund **259** 39

Unfallversicherung

Unfall Arbeitsstoffe, gefährliche **52** 17
Unfall auf dem versicherten Weg Fahrgemeinschaft **180** 9
Unfallanzeige Meldepflichten ArbGeb **304** 36
Unfallkosten
  s a Wegeunfall **451**
  berufliche Fahrten **451** 3 f
  Dienstreise **141** 22
  Entfernungspauschale **451** 3
  Schadensberechnung **451** 9 f
  Sonderfahrten **451** 5 f
  Umwegfahrten **451** 4 f
  Wegeunfall **451** 3 f
  Werbungskosten **456** 34
Unfallrente 416
  Anrechnung auf Betriebsrente **416** 4–6
  Anrechnung auf Renten der RV **417** 55
  Arbeitsentgelt **416** 20 f
  arbeitsvertraglicher Anspruch **416** 2
  Betriebsübergang **416** 15
  Entschädigung für entgangene oder entgehende Einnahmen **416** 19
  Freiwillige Versicherung **416** 11
  Gruppen-UV **416** 13
  Leibrente **416** 16
  Leistungen, LSt **416** 12 f
  Rentenzahlung als Schadensersatz **416** 3
  Schadensersatzleistungen, LSt **416** 9
  Schmerzensgeldrenten, LSt **416** 10
  Sonderausgaben **416** 21
  steuerliche Behandlung UVLeistungen **416** 7 ff
  Unterhaltsrenten, LSt **416** 10
  Verletztenrente **416** 26
  Wechsel ArbGeb **416** 14
  Werbungskosten **416** 21
Unfallverhütung
  Arbeitskleidung **41** 4
  Aushang Vorschriften BG/EG **74** 32
  Einzelanordnungen **50** 34
  Entgeltfortzahlung bei Missachtung Unfallverhütungsvorschriften **162** 9
  Prämien Sicherheitswettbewerb Arbeitslohn **417** 15
  Schadensersatzanspruch Geschädigter **50** 32
  UVTräger **52** 36
  Vorschriften UVTräger **50** 29 ff
Unfallverhütungsvorschrift Betriebsärzte und Fachkräfte für Arbeitssicherheit
  Regelungsinhalt **109** 23 f
Unfallverhütungsvorschriften Arbeitssicherheit/Arbeitsschutz **200** 22
Unfallversicherung 417
  Ablehnung Behandlung nach Arbeitsunfall aus Gewissensgründen **207** 21
  als Träger Rehabilitationsmaßnahmen **351** 26
  Anrechnung von Unfallrenten auf Altersrente **417** 55

  Arbeitgsentgelt **37** 66
  Arbeitsentgeltnachweis BG zur Beitragsberechnung **417** 25
  Arbeitskampf **40** 34
  Arbeitsmittel **46** 25 f
  Arbeitsmittel, Tätigkeiten **46** 25 f
  Arbeitsunfall **417** 35
  Arbeitszimmer **61** 31 f
  ArbGeb **22** 33
  ArbNBeförderung **29** 20
  ArbNHaftung **33** 30
  Aufgaben **417** 16 f
  Ausdehnung auf Ehegatten und Lebenspartner **417** 36
  Aushilfskräfte **75** 32
  Auskunftspflichten ArbGeb **76** 47
  Auslandsdienstreise **79** 25; **141** 64
  Beitragsentrichtung **387** 61
  Beitragsübernahme ArbGeb **417** 12
  Beitragsüberwachung durch RVTräger **76** 47
  Bereitschaftsdienst **95** 23
  BerufsUV ArbN **417** 10 f
  Betriebsausflug **110** 13
  Betriebsausgabe Beiträge ArbGeb **417** 6
  Betriebsbeauftragte **111** 34
  Betriebskindergarten **115** 12
  Betriebsprüfung **304** 45 f
  Betriebssport **122** 14 ff
  Betriebsübergang Anzeigepflicht **126** 115 f
  Betriebsveranstaltung **128** 20 f
  Betriebsversammlung **130** 37
  Bewerbung **131** 23
  Blutspender **417** 33
  BRat **117** 73
  BRatSchulung **121** 35 f
  Dienstreise **141** 64 ff
  Direktversicherung, Abgrenzung **103** 117
  DRVB, Zuständigkeit **304** 47
  ehrenamtlich Lehrender **69** 22
  Ehrenamtlich Tätige **417** 37
  Ehrenamtliche Tätigkeit **150** 36 f
  Einsatzwechseltätigkeit **155** 29
  Fälligkeit Umlagebeiträge **372** 21
  Fahrten Doppelte Haushaltsführung **145** 36 f
  Firmenlauf **122** 16
  Fortbildungsveranstaltung **128** 20
  Freistellung für die Arbeit **191** 49
  freiwillige, Sonderausgaben **417** 9
  freiwillige, steuerliche Behandlung **417** 7 ff
  Freiwillige Versicherung **417** 37
  freiwillige, Werbungskosten **417** 9
  Freiwilligendienst aller Generationen **193** 16
  Freizeitbeschäftigung **194** 14 f
  Gefälligkeiten **27** 33
  Gefahrtarif BG **417** 22 f, 26
  Geringfügige Beschäftigung **202** 28
  Geschäftsführer **204** 49

2867

Unfallversicherungspflicht
    Gesellschafter-Geschäftsführer **417** 29
    gesetzliche, steuerliche Behandlung **416** 7 ff; **417** 6
    GruppenUV **417** 3
    GruppenUV, Auskunftspflichten ArbGeb **76** 5
    GruppenUV, LStAbzug **417** 8
    Hausgewerbetreibende **417** 31
    Heilbehandlung **417** 39 f
    Heimarbeit **222** 70
    Heimarbeiter **417** 31
    helfende Tätigkeit **27** 28; **194** 15; **417** 32
    Hinterbliebenenleistungen **223** 38; **417** 52
    Incentivereise **225** 18
    JAEGrenze **230** 9
    Kleinbetrieb **245** 25
    Küstenschiffer und -fischer **417** 31
    Kuraufenthalt **265** 27
    Leistungen **417** 39 f
    Leistungen zur Teilhabe am Arbeitsleben **417** 43
    Leistungen zur Teilhabe am Leben der Gemeinschaft **417** 44
    LStPauschalierung Beiträge **292** 57; **417** 9
    Meldeverfahren **304** 45 f
    Mitglieder Geistlicher Genossenschaften **243** 32 f
    Mobbing **314** 16
    Nachbarschaftshilfe **417** 35
    nichterwerbsmäßige Pflegetätigkeit **339** 40
    Pause **331** 14 f
    Pflegeleistungen **27** 33
    Pflegepersonen **417** 34
    Praktikant **342** 34
    Rehabilitation (berufliche) **351** 41
    Reisevorbereitungen Dienstreise **141** 66
    Rentenhöhe **417** 47
    Schutzkleidung **41** 28
    Schwarzarbeit **377** 35 f
    Sozialeinrichtung **383** 24
    Streik **40** 34
    Studentenbeschäftigung **393** 28
    Telearbeit **403** 19
    Übergangsgeld **417** 42, 46
    Umlageverfahren BG **387** 61; **417** 22
    Umwegfahrten Fahrgemeinschaft **180** 15 f
    Unfallschutz, gesetzlicher **417** 1; **462** 1
    Unfallschutz, vertraglicher **417** 2
    Unfallversicherungsmodernisierungsgesetz **417** 18
    Unternehmer **417** 28, 37
    Unternehmereigenschaft **22** 25
    UVVerhütungsprämien als Arbeitslohn **417** 15
    Vereinsmitglieder **27** 33
    Verletztengeld **417** 41
    Verletztenrente **417** 45
    Versichertenkreis **417** 19 f, 27 f
    Waisenrente **417** 52
    Wegeunfall **451** 13 f
    Weiterbildungsmaßnahmen **455** 33
    Wie-Beschäftigter **417** 28
    Witwenrente **417** 52
    Zwischenmeister **417** 31
Unfallversicherungspflicht Pflegezeit **341** 51
Unfallversicherungsschutz
    s a *Unfallversicherung* **417**
    Betriebsjubiläum **114** 13
    Betriebsveranstaltung **114** 13
    private Feiern im Betrieb **114** 13
Unfallversicherungsträger
    Berufskrankheit, vorbeugende Tätigkeit **50** 29
    Haftung für mittelbare Unfallfolgen **55** 46
    Unfallverhütungsvorschriften **50** 29 ff
Ungerechtfertigte Bereicherung
    Eingruppierung, irrtümliche **164** 6
    Entreicherung **164** 8
    Mitteilungspflichten ArbN **164** 10
    sittenwidrige Zwecke **164** 7
    Überzahlung, bewusste **164** 7
    Wegfall der Bereicherung **164** 8
Ungleichbehandlung s *Gleichbehandlung* **208**
Unionsrecht
    s a *EU-Recht* **171**
    s a *EU-Richtlinien*
    s a *EU-Verordnungen*
    s a *Gemeinschaftsrecht*
    Diskriminierungsverbot **208** 59
    EU-Recht **171** 1
    Gleichbehandlungsgrundsatz **171** 23 f
    Kurbehandlung im Ausland **265** 22
    KVRecht **171** 50
    Vorrang **171** 3 ff, 37
Unisex-Versicherungstarife Betriebliche Altersversorgung **103** 9
Unkündbarkeit 418
    Abwicklungsvereinbarung **63** 31
    Änderungskündigung **5** 16
    Auslauffrist bei Kündigung, außerordentliche **418** 14
    Auslauffrist, soziale **418** 11
    Beschränkungen Kündigung, außerordentliche **418** 16 f
    Betriebliches Bündnis für Arbeit **418** 18
    Betriebsübergang **418** 9
    Betriebsvereinbarung, Wirksamkeit **418** 6
    BRatAnhörung **418** 15
    Kündigung, außerordentliche **418** 10 f
    Kündigungsausschluss, Wirksamkeit **418** 4 f
    Kündigungsfristen **418** 14 f
    Lebensstellung **418** 2 f
    Sozialauswahl **418** 19
    Teilzeitbeschäftigung **402** 106
    Vereinbarkeit mit AGG **418** 4 f
    Zulässigkeit nach AGG **144** 87
Unlauterer Wettbewerb s *Wettbewerb* **459**
UNO Besteuerung Bedienstete **78** 43

Unternehmenskrise

Unständig Beschäftigte
  ArblVFreiheit **45** 25
  ArblVPflicht bei Saisonarbeit **373** 12
  Aushilfskräfte **75** 39 f
  Befristetes Arbeitsverhältnis **91** 67
  Beitragsbemessungsgrenzen SozV **94** 19
  Beitragspflichtige Einnahmen RV **355** 11
  Gelegenheitsarbeiter **75** 39 f
  KVPflicht, Beginn und Ende **75** 44
  Listenmeldung **304** 28
  Meldepflichten **305** 9
  Meldepflichten ArbGeb **75** 44
  Meldungen SozV **304** 28
  Sonderregelungen SozV **75** 43 f
Unterarbeitsverhältnis
  Familiäre Mitarbeit **185** 30
  LStAbführung **48** 25
Unterbrechung Verjährung **434** 13 ff
Unterbrechungsmeldung
  Meldungen SozV **304** 27
  Regelmeldung Beitragsrecht **304** 5
Unterbrechungszeiten s a Anrechnungszeiten
Unterfrachtführer ArbN-ABC **26** 84
Unterhaltsgeld
  AlGeld **42** 10
  Befreiung von der Versicherungspflicht **90** 20
  PflegeVZusatzbeitrag **338** 33
  Progressionsvorbehalt **42** 10
  Versteuerung **42** 10
  Zuzahlung **42** 10
Unterhaltsleistungen
  Außergewöhnliche Belastungen Auslandszahlung **144** 149
  Grenzgängerbesteuerung **209** 17
Unterhaltspflicht
  erweiterte Pfändungsmöglichkeit **337** 22
  Interessenausgleich **228** 7
  Offenbarungspflicht Datenschutz **140** 59
  Sozialauswahl **258** 34
Unterhaltsrente LSt **416** 10
Unterhaltszahlung
  außergewöhnliche Belastung Lebensgemeinschaft (nichteheliche) **270** 13
  Kindervergünstigungen **242** 33
Unterkunftskosten
  Ansatz bei Doppelter Haushaltsführung **145** 29
  Auswärtstätigkeit **141** 47 f
  Berücksichtigungsfähige Kosten **141** 52
  Berufliche Veranlassung **141** 48
  Dienstreise **141** 47 f
  Kostenbegrenzung **141** 53
  Pauschalen **141** 54
Unterlassungsanspruch 419
  Abwerbender **3** 5
  Abwerbung **3** 7
  allgemeiner **419** 14 ff
  Antragsbefugte **419** 4

  Beseitigungsanspruch **419** 19
  Betriebsänderung **108** 3
  BRat bei Pausenzeiten **331** 11
  BRat Mitbestimmung, soziale Angelegenheiten **311** 21
  Diskriminierung **144** 127
  Einstweilige Verfügung **419** 11 f, 21
  Erheblichkeit **419** 5
  Geltendmachung **419** 2 ff
  Gewerkschaft **419** 20 f
  grober Pflichtverstoß ArbGeb Einzelfälle **419** 7
  Mitbestimmung BRat bei Internet-/Telefonnutzung **229** 23
  Rechtsweg bei Abwerbung **3** 12
  Verstoß ArbGeb betriebsverfassungsrechtliche Ordnung **419** 1 ff
  Verstoß BRat gegen Betriebsgeheimnis **113** 14
  Vollstreckung **419** 18
  Wettbewerbsverstoß **459** 12; **460** 40
Untermietverhältnis Bedarfsgemeinschaft **270** 23
Unternehmen 420
  Anrechnung Unternehmenszugehörigkeit **420** 12
  ArbNAnzahl, Europäischer BRat **172** 4
  Aufsichtsrat **420** 9
  Begriff nach BetrVG **203** 2 f
  Begriff und Abgrenzung **420** 1, 3
  Betriebsänderung, Mitbestimmung BRat **420** 11
  Europäischer BRat **172** 3
  Gemeinschaftsweite Tätigkeit **172** 4
  GesamtBRat **203** 2; **420** 6 f
  Gesamtsprecherausschuss **420** 7
  Konzernbildung **420** 14
  Natürliche Person mit mehreren Betrieben **203** 4
  Rechtsträger **420** 2
  Subunternehmer **420** 19
  Tendenzbetrieb **404** 4 f
  Unternehmensverfassung **420** 4 f
  Unterrichtung ArbN **420** 10
  UVRecht Risikoübernahme **420** 21 f
  Weiterbeschäftigungsanspruch bei Kündigung **420** 13
  Wirtschaftsausschuss **420** 8
Unternehmensänderung Meldepflichten ArbGeb **304** 39
Unternehmensberater ArbN-ABC **26** 84
Unternehmensgründung Befristetes Arbeitsverhältnis Gründerprivileg **91** 15
Unternehmensgruppe
  ArbNAnzahl, Europäischer BRat **172** 4
  Europäischer BRat **172** 3
  Gemeinschaftsweite Tätigkeit **172** 4
Unternehmenskrise Beschäftigungsgesellschaft **99** 1

Unternehmensumstrukturierung

Unternehmensumstrukturierung Beschäftigungsgesellschaft **99** 1
Unternehmensverfassung Betriebsverfassung, Abgrenzung **420** 4 f
Unternehmer
ArbGebEigenschaft **22** 3, 25
ArbN, Abgrenzung **420** 17 f
Beitragsrecht **22** 25
Berufsgenossenschaft, Zuständigkeit **420** 25
Existenzgründer **210** 8
Haftungsbeschränkung **55** 14
Meldepflicht bei Wechsel **304** 38
Pensionsrückstellung **103** 158
Teilnahmepflicht Wirtschaftsausschusssitzungen **312** 19
UV **417** 28, 37
UV, Begriff **22** 25
Unternehmerrisiko
fehlendes, Merkmal für Beschäftigungsverhältnis **26** 66
Freie Mitarbeiter **190** 9
Scheinselbstständigkeit **374** 13
Unternehmerverband Entsendung Vertreter Wirtschaftsausschusssitzung **312** 21
Unterordnungskonzern KonzernBRat **248** 3
Unterrichtungspflicht Arbeitgeber
Betriebsübergang **126** 31 ff
Betriebsübergang, Rechtsfolgen fehlerhafte **126** 34
Mindestinhalt bei Betriebsübergang **126** 32 f
Sozialplan Betriebsübergang **126** 32
Zeitpunkt bei Betriebsübergang **126** 33
Unterschlagung
Abmahnung **2** 13
Anzeigepflichten ArbN **21** 2
Aufrechnung Schadenersatz mit Vergütungsanspruch ArbN **191** 15
Ersatzleistung keine Werbungskosten **187** 31
Kündigung, außerordentliche **257** 67
Kündigungsgrund **260** 43
Unterstützte Beschäftigung Eingliederung behinderte Menschen **351** 32
Unterstützungskasse
Abfindungszahlungen, Beitragspflicht **1** 54
Beihilfeleistungen **93** 8
Betriebliche Altersversorgung **103** 212
Doppelfinanzierungsverbot **103** 176
Höchstaltersgrenze bei Eintritt **9** 13
Leistungen an die Unterstützungskasse, Versteuerung **103** 150
Leistungen im Versorgungsfall **103** 151 f
Mitbestimmung BRat **103** 83
Nachgelagerte Besteuerung **103** 147
Pensionsfonds **103** 148
Sozialeinrichtung **383** 6
Überblick **103** 29, 148 ff
Unverfallbarkeit
Anwartschaft Hinterbliebenenrente **223** 2
Entgeltumwandlung **103** 38

Fristen **103** 37
Versorgungsanwartschaft Betriebliche Altersversorgung **103** 37
Unzumutbarkeit Fortsetzung des Arbeitsverhältnisses nach Kündigung **1** 17 f
Urheberrecht 421
Computerprogramme **421** 2 f, 6
Einkünfte aus selbstständiger Tätigkeit **421** 12
Freie Werke **421** 8
Gelegenheitswerke **421** 7
Geschmacksmuster **421** 3
Immaterielles Nutzungsrecht **421** 4 f
Materielles Nutzungsrecht **421** 4 f
Nutzungsrecht ArbGeb **421** 7 f
Nutzungsrechte **421** 4 f
Umfang der Rechte **421** 4 f
Vergütungsanspruch **421** 9 f
Zweckübertragung auf ArbGeb **421** 5
Urlaub
Ersatzmitglied BRat **120** 25
Musterformular **422** 12
Urlaub (Begriff)
Auslösung **81** 7
Auswirkung auf Anwesenheitsprämie **19** 7
Bildungsurlaub **134** 1 f
BRatFreistellung **118** 16
Kündigung, außerordentliche bei eigenmächtigem Urlaubsantritt **257** 69
Leistungsbestimmung **272** 24
Sozialversicherungsschutz **191** 45
Verrechnung bei Freistellung von der Arbeit **191** 24
Urlaub, unbezahlter 429
Anspruch **429** 2 f
Arbeitsverhinderung **56** 24
Arbeitsvertrag **429** 5
Auswirkungen auf Anwesenheitsprämie **19** 8
Beendigung **429** 1
Beschäftigungsverhältnis, Fortbestand **429** 12
Beschäftigungszeit **429** 6
Betriebsvereinbarung **429** 4
Entgeltfortzahlung **429** 6
Entgeltfortzahlung Feiertag **162** 24
Freistellung von der Arbeit **429** 1
freiwillige Weiterversicherung **429** 14
Gratifikationskürzung **429** 6
Mitbestimmung BRat **429** 8
Mitgliedschaft KV **429** 13
Mutterschaftsgeld **429** 15
Nebentätigkeit **429** 7
Pflegezeit **429** 12
Ruhen des Arbeitsverhältnisses **429** 1
tarifvertraglicher Anspruch **429** 3
Urlaubsanspruchskürzung **429** 6
wichtiger Grund **429** 3
Urlaubsabgeltung 422
Abtretung **422** 7

Urlaubsdauer

Anspruchsentstehung **422** 1 f
Arbeitsunfähigkeit **422** 6
Aufhebungsvertrag **63** 42
Ausschlussfrist **82** 9, 10, 11
Ausschlussfristen tarifliche **422** 10
Befristung **422** 5
Geschäftsführer, Verdeckte Gewinnausschüttung **204** 40
Hinzuverdienstgrenzen **422** 20
Insolvenz **422** 11
Insolvenzgeld **422** 17
keine Anrechnung auf JAEGrenze **422** 15
keine Mitgliedschaft SozV **422** 14
Mindesturlaub **422** 3
Pfändbarkeit **422** 7
Ruhen des AlGeldAnspruchs **42** 56 f; **422** 16 f
Sonstige Bezüge **422** 13
Tod des ArbN **422** 1
Vererblichkeit **422** 7
Verjährung **422** 9
Verzicht **422** 8
Urlaubsanrechnung
  Freistellung von der Arbeit **191** 24
  Kur **265** 9
Urlaubsanspruch 423
  Abgeltungsanspruch bei Tod des ArbN **422** 1
  ABM-Maßnahme **423** 8
  Anrechnung bei Gesundheitsvorsorge **423** 24
  Anrechnung bei Rehabilitation (berufliche) **423** 24
  Anrechnung Erholungsurlaub **423** 23
  Arbeitsunfähigkeit **423** 13
  ArbGebPflichten **423** 2
  ArbNÄhnliche Personen **27** 12
  aufeinander folgende Arbeitsverhältnisse **423** 26
  Aushilfskräfte **75** 8; **423** 8
  Auslandstätigkeit **80** 12
  Ausschlussfrist **82** 11, 21
  Aussperrung **40** 21
  Auszubildende **423** 8
  Beendigung des Arbeitsverhältnisses **423** 33
  Befristung **423** 12 f
  Beschäftigungsverbot **100** 2
  Betriebsübergang **423** 32
  Bindung an Kalenderjahr **423** 12
  BRatFreistellung **118** 16
  Ein-Euro-Job **151** 2
  Erholungsurlaub **423** 1, 3
  Ersatzanspruch bei erfolgloser Geltendmachung **423** 22
  Ferienarbeit **423** 8
  Freie Mitarbeiter **190** 14
  Freistellung von der Arbeit **427** 2
  Geltendmachung **423** 20 f
  Geringfügige Beschäftigung **202** 8
  Geschäftsführer **204** 31
  Heimarbeit **423** 8
  Insolvenz ArbGeb **423** 31
  Krankheit (Arbeitnehmer) **423** 16
  Kurzarbeit **266** 13 f
  Kurzarbeit Null **266** 14
  LeihArbN **34** 33
  mehrere Arbeitsverhältnisse **423** 25
  Mutterschutz **317** 49 f
  Nebentätigkeit **322** 2; **423** 8
  Pflegezeit **341** 40
  Ruhen des Arbeitsverhältnisses **363** 15; **423** 11
  Teiltätigkeit bei Rehabilitation **351** 11
  Teilzeitbeschäftigung **402** 107; **423** 8
  Übertragung **423** 17 f
  Übertragungsgründe **423** 19 f
  Übertragungsregelung bei Mutterschutz **317** 49
  Übertragungszeitraum **423** 12; **427** 13
  Unabdingbarkeit **423** 7
  unbezahlter Urlaub Anspruchskürzung **429** 6
  Urlaubserkrankung **423** 23
  Verjährung nach Krankheit **423** 16
  Verzicht **444** 8
  Wartezeit **423** 9 f
  Zweck **423** 3
Urlaubsantritt unerlaubter bei Abmahnung **2** 18
Urlaubsarbeit
  Erholungsurlaub **423** 4 f
  LSt **423** 39
  Schadensersatzanspruch ArbGeb **423** 6
  Urlaubszweckwidrigkeit **423** 5
Urlaubsbescheinigung
  Gesamturlaubsanspruch **423** 29
  Schriftform **423** 30
  Vorlagepflicht bei ArbGebWechsel **423** 30
Urlaubsdauer 424
  Altersstufenstaffelung **424** 14
  bei unregelmäßiger Verteilung der Arbeitstage **424** 3
  Berechnung **424** 12 ff
  Elternzeit Kürzung **424** 20
  Fehlzeitenanrechnung **424** 19
  Jugendarbeitsschutz **231** 36
  Kinderarbeit **231** 36
  medizinische Vorsorgemaßnahmen **424** 18
  Mindestanspruch **424** 2 ff
  Mitbestimmung BRat **424** 22
  Nachurlaub **424** 15
  Staffelung nach Alter **424** 1
  Streiktageanrechnung **424** 16
  Teilurlaub **424** 8 f
  Teilzeitbeschäftigung **424** 5 f
  Transferkurzarbeit **424** 21
  Übergang von Vollzeit- zu Teilzeitbeschäftigung **424** 6
  Überschreitung, unerlaubte als Kündigungsgrund **260** 39

Urlaubsentgelt

Unabdingbarkeit **424** 23
Urlaubserkrankung **424** 17; **427** 12
variable Arbeitszeit **424** 7
Urlaubsentgelt 425
  Arbeitskampf **40** 21
  Arbeitsverdienst Bestandteile **425** 5 f
  Ausschlussfrist **82** 10
  Auszahlungszeitpunkt **425** 14
  Bemessung **425** 2 ff
  Bemessung bei AlGeld **425** 24
  Berechnungsformel **425** 9 ff
  Berechnungsregelung **425** 3
  Berechnungszeitraum **425** 4
  Berücksichtigung Verdiensterhöhung und Verdienstkürzung bei Bemessung **425** 7 f
  BRat **425** 13
  Einbeziehung Überstundenvergütung bei Bemessung **411** 17
  Elternzeit **160** 42
  flexible Arbeitszeit **425** 12
  Freiwilligkeitsklausel **426** 2
  Heimarbeit **222** 27
  Insolvenzgeldanspruch **425** 22
  Krankengeld **425** 23
  Leistungsorientierte Vergütung **273** 6
  Pfändbarkeit **425** 15
  Provisionsleistungen **425** 5
  Provisionstätigkeit **345** 23
  Rückzahlung **425** 16
  Rückzahlungsklausel **361** 1
  Teilzeitbeschäftigte **425** 10 ff
  Überstunden **425** 1
  Unabdingbarkeit **425** 15
  Unterhaltsgeldanrechnung **425** 21
  variable Arbeitszeit **425** 12
  Vererblichkeit **425** 15
  Verjährung und Verfall **425** 14
Urlaubsentgeltbestandteile
  Akkordlohn **425** 5
  Lohnerhöhung **425** 7
  Lohnkürzung **425** 8
  Nahauslösung **425** 5
  Provisionsleistungen **425** 5
  Sachbezüge **425** 5
  Über- und Mehrarbeitsstundenvergütung **425** 5
  Zulagen **425** 5
Urlaubserkrankung
  Arbeitsunfähigkeitsbescheinigung **54** 9
  Ausländer **78** 18
  Urlaubsanspruch **423** 23
  Urlaubsnachforderung **427** 12
  Urlaubsnachgewährung **427** 12
Urlaubsgeld 426
  Abtretung **426** 4
  Arbeitsunfähigkeit **426** 3
  Beitragsberechnung **426** 8–10
  Berücksichtigung bei Krankengeldberechnung **250** 27
  BRatFreistellung **118** 23

Elternzeit **160** 76
Fälligkeit **426** 3
Geringfügige Beschäftigung **202** 11
Insolvenz des ArbGeb **426** 6
Insolvenzgeldanspruch **226** 56
Mitbestimmung BRat **426** 5
Mutterschutz **317** 53
Nichtberücksichtigung Bemessung Lohnersatzleistungen **426** 11
Pfändbarkeit **426** 4
Rechtsgrundlage **426** 2
Schwerbehinderte **426** 2
Sonstiger Bezug **426** 6 f
Teilzeitbeschäftigung **402** 109; **426** 2
Verjährung und Verfall **426** 3
Urlaubsgewährung 427
  Betriebsferien **427** 7
  Ersatzurlaubsanspruch bei Nichterfüllung Urlaubsanspruch **427** 13
  In der Kündigungsfrist durch Freistellung unter Urlaubsanrechnung **427** 16
  Kurzarbeit **427** 12
  Leistungsverlangen ArbN **427** 1
  Mitbestimmung BRat **427** 18
  Nachgewährung Urlaub bei Urlaubserkrankung **427** 12
  Schonungsurlaub **427** 19
  Übertragungszeitraum **427** 13
  Unwirksamkeitsgründe **427** 17
  Unwirksamkeitsgründe Urlaubserteilung in der Kündigungsfrist Fallbeispiel **427** 17
  Urlaubsfestlegung entgegen Urlaubswunsch ArbN **427** 5 f
  Urlaubsfestlegung im gekündigten Arbeitsverhältnis **427** 14 f
  Urlaubswunsch ArbN **427** 3 f
  Urlaubswunschberücksichtigung anderer ArbN **427** 9
  Urlaubswunschverweigerung wegen dringender betrieblicher Belange **427** 7
  Urlaubszeitbestimmung durch ArbGeb **427** 1
  zusammenhängende **427** 10
Urlaubsregelungen 428
  Arbeitsplatzschutzgesetz **428** 4
  Arbeitszeitmodelle **428** 19 f
  Bundeserziehungsgeldgesetz **428** 6
  Eignungsübungsgesetz **428** 5
  Ein-Euro-Job **428** 8
  Jugendliche JArbSchG **428** 1
  landesrechtliche **428** 10
  Mitbestimmung BRat **428** 16
  Mutterschutz **428** 7
  Schwerbehinderte Zusatzurlaub **428** 3
  Seemannsgesetz **428** 2
  tarifvertragliche **428** 11 ff, 12
  Unabdingbarkeit **428** 11 ff
Urlaubsstaffelung Altersstufen **424** 14
Urlaubsvertreter ArbN-ABC **26** 84

Urlaubswiderruf übertariflicher Urlaub
272 24
Urlaubswunsch
Berücksichtigung bei Urlaubsgewährung
427 3 f
Festlegung ohne Urlaubswunsch des ArbN
427 4
Urlaubsfestlegung entgegen Urlaubswunsch
427 5 f
Verweigerung wegen betrieblicher Belange
427 7

Veränderungsgeld steuerliche Behandlung
1 42
Veräußerungsgewinn Arbeitszimmer 61 30
Veranlagung
s *Einkommensteuerveranlagung*
s a *Antragsveranlagung* 18
Verbandsklage
Behindertenverband 92 69
Tarifvertrag 401 2
Verbandstarifvertrag Fortgeltung nach Umwandlung 414 26
Verbesserungsvorschläge 430
s a *Arbeitnehmererfindung* 32
ArbNErfindung 32 8
Betriebsvereinbarung 430 8
Beweislast 430 10
Bewertungsausschuss 430 9
Drittzuwendungen 430 19
Ideenmanagement 430 1
Muster 430 11
Nebenpflicht, arbeitsvertragliche 430 3
Prämien als Einmalzahlung SozV 430 18
Prämienversteuerung 430 12
Sachzuwendungen SozV 430 20
Sonderleistung ArbN 430 5
Verfallklausel 430 5
Vergütungsanspruch ArbN 430 4
Verbindliche Auskunft (FA)
Treu und Glauben Anrufungsauskunft
17 5
Verbindliche Zusage Anrufungsauskunft
17 5
Verbindliche Auskunft (Sozialrecht)
17 18 f
Verbindliche Zusage Außenprüfung 84 8
Verbraucher
Geschäftsführer 204 22
Rückzahlungsklausel 361 6 f
Verbraucherinsolvenz Pfändung 337 22
Verbraucherinsolvenzverfahren
Abtretung Arbeitseinkommen 227 5 f
Arbeitsgerichtliches Verfahren, Auswirkungen 227 8
Insolvenz des ArbN 226 1; 227 2–7
Kündigung wegen Lohnabtretung 227 7
Personenkreis 227 1
Restschuldbefreiung 227 3
Schuldenbereinigungsplan 227 2

Verein

Verbraucherkreditgesetz ArbGebDarlehen
23 4
Verbraucherschutz
ArbNDarlehen 30 3
GefahrstoffVO 52 4
Verbundausbildung Ausbildungsverhältnis
72 6
Verbundene Unternehmen Lohnzahlung durch Dritte 276 14
Verdachtskündigung 431
Anhörung BRat 310 32
Ausschlussfrist bei außerordentlicher 431 4, 11
Beurteilungszeitpunkt Wirksamkeit 431 13 f
BRatAnhörung 431 3
Geschehnisse nach Kündigungszugang
431 14
gewichtige Vertragsverletzung 431 9
Sachverhaltsaufklärungspflicht ArbGeb
431 10 f
Tatkündigung 431 2
Tatsachenbegründung 431 6
Verdachtswahrscheinlichkeit 431 7 f
Verhältnismäßigkeitsgrundsatz 431 12
Wiedereinstellungsanspruch bei Schuldlosigkeit 431 16 f
Verdeckte Einlage Entgeltverzicht Gesellschafter 165 15
Verdeckte Gewinnausschüttung
Entgeltverzicht Gesellschafter-Geschäftsführer 165 15
Gesellschaftergeschäftsführer 37 64
Incentivereise 225 6
Pensionszusage Gesellschafter-Geschäftsführer 103 165, 170 f
Reisekostenübernahme Gesellschafter-Geschäftsführer 79 22
Überstundenvergütung Gesellschafter-Geschäftsführer 204 40
Vermögensvorteile Gesellschafter 204 40 f
Verdienstausfall
Bewerbung 131 5
Schadensersatz durch Dritte 188 5
Verdienstausfallschaden Arbeitsunfall 55 26
Verdienstbescheinigung 432
Ausbildungsförderung 432 18
Auskunftspflichten ArbGeb SozV, ArblV
432 12 f
Ausstellungspflicht ArbGeb 432 2 f
Elterngeld 432 22
Hinterbliebenenrente 432 16 f
Insolvenzgeld 432 24
Kindergeld 432 21
Kostentragung 432 4
Mitwirkungspflichten Versicherte 432 9 f
Nichtvorlage, Folgen 432 11
Rentenvorausbescheinigung 432 15
Sozialhilfe 432 20
Wohngeld 432 19
Verein ArbGeb Eigenschaft 22 14

Vereinsbeitrag

Vereinsbeitrag Arbeitslohn bei Kostenübernahme durch ArbGeb **122** 6
Vereinsgeschäftsführer ArbN-ABC **26** 84
Vereinsmitglieder ArbNÄhnliche Personen **26** 36
Vereinsvorstand Beschäftigungsverhältnis **26** 73
Vererbung
　Abfindungsansprüche **1** 38
　Altersteilzeitansprüche **11** 90
　Arbeitsleistungsanspruch **48** 17
　Arbeitszeitkontoguthaben **60** 17
　Sozialplanansprüche **385** 45
　Urlaubsabgeltungsansprüche **422** 7
　Urlaubsentgelt **425** 15
Verfahrensbeteiligte Anrufungsauskunft **17** 6
Verfall Annahmeverzugslohn **14** 22 f
Verfallfristen s *Ausschlussfrist* 82
Verfallklauseln
　Aktienoptionen **7** 11
　Prämienanspruch Verbesserungsvorschläge **430** 5
Verfehlung sittliche, Kündigung, außerordentliche **257** 66
Verfügbarkeit Arbeitslose **42** 24
Vergleich 433
　s a *Prozessvergleich*
　Abfindungsanspruch, Ausschlussfrist **82** 10
　Abfindungsvergleich als Arbeitsentgelt, verdecktes **433** 32
　Amtsermittlungspflichten **433** 24
　Anwaltsvergleich **433** 12
　Arbeitsentgeltanspruch, Ausschluss **433** 32
　Arbeitsentgeltanspruch, Übergang auf BA **433** 33
　arbeitsgerichtlicher als wichtiger Grund **63** 35
　Ausgleichsquittung **73** 3, 20–22
　außergerichtlicher **433** 1 f
　Befristetes Arbeitsverhältnis **91** 45
　bei Abmahnung **2** 43
　Betriebsübergang **126** 93
　Bindungswirkung SozVRecht **433** 26
　Erhebungsverfahren **433** 13
　Erlass SozVBeiträge **433** 27 f
　Mankoschuld **187** 20
　Mindestentgelt AEntG **31** 10
　Nichtigkeit SozVRecht **433** 30
　Niederschlagung SozVBeiträge **433** 27 f
　Prozessvergleich **433** 4 f
　Prozessvergleich Sozialgerichtsprozess **433** 31
　Schriftform **433** 1, 23
　Steuererlass **433** 17
　Steuerstundung **433** 17
　Stundung SozVBeiträge **433** 27 f
　Subordinationsrechtlicher Vertrag **433** 19
　Tatsächliche Verständigung Steuerrecht **433** 14 f
　Werbungskosten **433** 18
　Widerrufsvorbehalt **433** 9 f
　Zweckmäßigkeit SozVRecht **433** 25
Vergleichsmiete Dienstwohnung **143** 6
Vergleichsprotokoll Wirksamkeit **433** 6
Vergütung
　s a *Arbeitsentgelt* 37
　s a *Berufsausbildungsvergütung*
　Anspruch bei Leistungsverweigerung **274** 17
　Arbeitsbereitschaft **35** 6 f, 8
　Arbeitskampf **40** 16 ff
　ArbNErfindung **32** 20 f, 31
　Aufwandsentschädigung **66** 1 f
　Ausbildungsverhältnis **72** 26 ff
　Auskunftspflichten ArbN Einstellung **77** 26
　Bereitschaftsdienst **95** 7
　Betriebsversammlung Anspruch **130** 25 ff
　Dienstreise **141** 4 f
　Dienstreiseantritt an Sonn- und Feiertagen **141** 6
　Dienstreisezeiten **141** 4 f
　Dienstwagen als Bestandteil **142** 3
　erfolgsbezogene als Unternehmerrisiko **26** 37
　fehlgeschlagene Vergütungserwartung **37** 12; **434** 10
　fehlgeschlagene, Verjährung **434** 7
　Gleichbehandlung **208** 22 ff
　illegale Beschäftigung **78** 8
　leistungsbezogene **162** 14
　Mehrarbeit **37** 8
　mehrjährige Tätigkeit **85** 3, 17 f; **382** 10
　mehrjährige Tätigkeit, Entgeltnachzahlung **163** 9
　mehrjährige Tätigkeit, Lohnkontoeintragung **278** 6
　mehrjährige Tätigkeit, Versorgungsbezüge **103** 179
　Pause **331** 9
　Reduzierung **37** 19
　Suspendierung ArbN **98** 8
　tarifliche **37** 11
　Teiltätigkeit bei Rehabilitation **351** 13, 16
　Urheberrecht Anspruch **421** 9 f
　Verbesserungsvorschlag **430** 4
　Wegfall bei Vertragsbruch **440** 5
　Zeitvergütung **37** 4
Vergütung für mehrjährige Tätigkeit
　Ablösung Werkspension **85** 18
　Aktienoptionen **85** 18
　Außerordentliche Einkünfte **85** 3
　Jubiläumszahlungen **85** 19
　Kapitalabfindung für künftige Pensionsansprüche **85** 18
　Tantiemen **85** 18
　Tarifermäßigung **85** 17
　Voraussetzungen **85** 18 f
　Zuflussprinzip **85** 17
Vergütungsfortzahlung s *Entgeltfortzahlung* 162
Verhältnismäßigkeit Abmahnung **2** 28

Verjährungshemmung

Verhältniswahl BRatWahlen, Nachrücken Ersatzmitglieder **120** 27
Verhalten unsittliches als Abmahnungsgrund **2** 13
Verhalten, außerdienstliches *s Außerdienstliches Verhalten*
Verhandlungsgremium
   Europäischer BRat **172** 7 f
   Europäischer BRat, Amtszeit **172** 9
   Europäischer BRat, Rechte und Pflichten **172** 10
   Europäischer BRat, Vereinbarungen **172** 11 f
Verhinderungspflege Kostenübernahme **339** 22
Verjährung 434
   Abfindungsanspruch **434** 7
   Ablaufhemmung **434** 36 f
   Ablaufhemmung SozV **434** 46, 49
   Ansprüche aus Arbeitsverhältnis **434** 6
   Ansprüche aus positiver Forderungsverletzung **434** 7
   Ansprüche aus unerlaubter Handlung **434** 4, 7
   Arbeitsentgeltanspruch **434** 7, 10
   Arbeitspapiere, Fristen **47** 11
   Arbeitsvorverträge **434** 7
   Auslagenersatz **434** 7
   Beginn Festsetzungsfrist **434** 35
   Beitragsanspruch **434** 7
   Beitragshinterziehung bei Vorsatz **434** 48
   Beitragspflicht Mindestentgelt **307** 17
   Betriebliche Altersversorgung **103** 80
   Betriebsrentenerhöhung **434** 7
   Betriebsübergang **126** 52
   Beweislast **434** 1
   Bildungsurlaub, Schadensersatzanspruch **134** 24
   Dauer Festsetzungsfrist **434** 34
   Einrede Beitragsschuldner **434** 50
   Einredeanspruch Leistungsträger **434** 47
   Entgeltfortzahlungsanspruch **434** 7
   Entgeltrückzahlungsanspruch **164** 16
   Equal-Pay-Ansprüche **34** 38
   Erlöschen der Ansprüche Steuerschuldverhältnis **434** 31 f
   Erschwerniszulagen **434** 7
   Erstattungs- und Rückerstattungsansprüche SozV **434** 51 f
   fehlgeschlagene Vergütungserwartung **434** 7, 10
   Festsetzungsverjährung **434** 33 ff
   Fristen **434** 3 f
   Gehaltsüberzahlung **434** 7
   Hemmung **434** 46
   Hemmung bei Außenprüfung **84** 1
   Hemmung SozV **434** 49
   Hemmung und Neubeginn **434** 13 ff
   Herausgabeansprüche **434** 8
   Jahresumsatzprovisionsanspruch **434** 10
   Karenzentschädigung **434** 7
   Karenzentschädigungsanspruch **460** 38
   Leistungsverweigerungsrecht **434** 1
   Lohnanspruch aus Annahmeverzug **14** 22 f
   Lohnrückzahlungsanspruch **434** 7
   LStAußenprüfung Ablaufhemmung **284** 13; **434** 38 f
   Neubeginn durch Anspruchsanerkennung **434** 14
   Neubeginn SozV **434** 46, 49
   Pensionszusageerteilung **434** 7
   Pensionszusagenansprüche **434** 7
   positive Forderungsverletzung **434** 7
   Rentenstammrecht **103** 80; **434** 8
   Rückerstattungsanspruch LSt **434** 7
   Ruhegeldüberzahlung **434** 7
   Schadensersatz aus Nichterfüllung Arbeitsvertrag **434** 7
   Schadensersatz aus unrichtiger Arbeitsbescheinigung **36** 24
   Schadensersatz wegen unterlassener Schutzmaßnahmen **434** 7
   Schadensersatzansprüche aus Verletzung des Lebens **434** 8
   Schwarzarbeit, SozVBeiträge **377** 40
   Sittenwidrige vorsätzliche Schädigung **434** 4
   Sondervorschriften **434** 9
   Sozialleistungsansprüche **434** 46
   SozVBeiträge **387** 29 ff; **434** 48
   Streikbruchprämienanspruch **434** 7
   Teilbare Verbindlichkeiten **434** 15
   Überstundenvergütungsanspruch **411** 15
   Unterbrechung **434** 13 ff
   Unterbrechung Zahlungsverjährung **434** 43
   Unzulässigkeit nach Treu und Glauben **434** 24 f
   Urlaubsabgeltungsanspruch **422** 9
   Urlaubsanspruch nach Krankheit **423** 16
   Urlaubsentgelt **425** 14
   Urlaubsgeld **426** 3
   Vergütung ArbNErfindung **32** 23
   Verkürzungsvereinbarung **434** 27
   Verlängerungsvereinbarung **434** 27
   Verschlechterung an MA überlassene Gegenstände **434** 5
   Verschulden bei Vertragsabschluss **434** 7
   Verzugslohnanspruch **434** 7
   Vorruhestandsleistungen **434** 7
   Vorschussrückzahlung **434** 7
   Vorstellungskostenersatzanspruch **434** 7
   Wettbewerbsverstösse ArbN **434** 4
   Wettbewerbsverstoß Anspruch ArbGeb **459** 15
   Wirkung SozV **434** 46, 49
   Zahlungsverjährung **434** 40 f
   Zeugnisanspruch **470** 15
   Zeugniserteilungsanspruch **434** 7
Verjährungshemmung 434 22
   s a Hemmung
   s a Verjährung **434**

Verjährungsneubeginn
  Anspruchsaufrechnung **434** 17
  Arrestantragszustellung **434** 17
  Ende **434** 22
  Klageerhebung **434** 17
  Klagezustellung **434** 20
  Mahnbescheidzustellung **434** 17
  Nichteinrechnung in Verjährungsfrist **434** 16
  Prozesskostenhilfe **434** 21
  Rechtsverfolgung **434** 17
  Verhandlungen Schuldner – Gläubiger **434** 16
Verjährungsneubeginn
  Anspruchsanerkennung **434** 14
  Teilforderungsanerkenntnis **434** 15
  Vollstreckungshandlung **434** 14
Verjährungsunterbrechung s *Verjährung* **434**
Verkaufsautomaten Sozialeinrichtung **383** 6
Verkaufsstellenleiter ArbN-ABC **26** 84
Verkehrssicherungsmaßnahmen Fürsorgepflicht **195** 12
Verkehrsstörung Arbeitsverhinderung **56** 8
Verkehrsunfall Alkoholeinfluss Entgeltfortzahlung **162** 6
Verleiher
  ArbGebEigenschaft **34** 71, 94
  ausländischer, LSt **34** 71
  ausländischer, LStEinbehaltung **78** 46; **276** 13
  Haftung bei Insolvenz Entleiher **34** 22
  Haftung SozV, LSt **34** 26
  LStHaftung **34** 72 f, 77, 78
  Meldepflichten SozVRecht **34** 96
  Mitwirkungspflichten **34** 92
  Nachweis- und Auskunftspflichten **34** 46
  Schadensersatzpflicht **34** 22
Verletztengeld
  Altersteilzeit **11** 84
  Anrechnung anderweitigen Einkommens **15** 22
  Anspruch UV **417** 41
  ArblVPflicht **45** 15
  Beitragstragung RV **355** 24
  Berechnung bei Einmalzahlungen **154** 62
  Berechnung bei Mehrfachbeschäftigung **302** 26
  Entgeltfortzahlung **162** 56
  Nichteinbeziehung nachträgliche Lohnerhöhung in Berechnungsgrundlage **163** 19
  PflegeVBeiträge **338** 26
  Übergangsgeld nach Bezug **410** 27
Verletztenrente
  Abfindung sozialversicherungsrechtlicher Leistungen **1** 90
  Änderungsvorbehalte bei erstmaliger Festsetzung **6** 32
  Anrechnung anderweitigen Einkommens **15** 23
  Beginn **417** 46
  mehrere Unfälle **417** 50
  Rentenbeginn **354** 22 f
  Teilzeitbeschäftigung **402** 132
  Unfallrente **416** 26
  UV **417** 45
  Verletzung mehrerer Körperteile durch einen Unfall **417** 51
Verleumdung Auflösung des Arbeitsverhältnisses gegen Abfindung auf Antrag ArbGeb **1** 25
Verlobte Ehegattenarbeitsverhältnis **185** 42
Verlosung Lohnzufluss **294** 13
Verlustabzug Progressionsvorbehalt **277** 17
Vermietung und Verpachtung Eintragung Verlust auf LStKarte **287** 8 f
Vermittlung von Finanzprodukten ArbN-ABC **26** 84
Vermittlungsbudget 435
  Anbahnung Arbeitsverhältnis **435** 12
  Anbahnung oder Aufnahme versicherungspflichtige Beschäftigung **435** 11 f
  Antrag **435** 17
  Arbeitsförderung **38** 19
  Arbeitskleidung **41** 26
  Arbeitslose **435** 13
  Ausbildungssuchende **435** 13
  Bewerbungskosten **435** 14
  Einordnung **435** 10
  Ermessen BA **435** 16
  Förderung im Ausland **435** 15
  Gleichbehandlung **435** 16
  Kosten der Arbeitsaufnahme **435** 14
  Leistungen **435** 14
  Leistungsausschluss **435** 13
  Pauschalen **435** 16
  Steuerfreiheit **435** 5
  Von Arbeitslosigkeit bedrohte **435** 13
  Voraussetzungen **435** 11 f
Vermittlungsgutschein
  Arbeitsvermittlung (private) **57** 19 f
  Begünstigte **57** 20 f
  Erfolgshonorar, Höhe **57** 22
  Rechtsanspruch **57** 23
Vermittlungsprovision Arbeitsentgelt/Arbeitslohn **345** 31 f
Vermittlungstätigkeit Nebentätigkeit **322** 21
Vermittlungsvertrag Arbeitsvermittlung (private) **57** 4 f
Vermittlungsvertreter Selbstständige Tätigkeit **220** 16
Vermögensbeteiligung
  Aktienoptionen **7** 37
  ArbNSparzulage **436** 3, 30 ff, 40, 63 f
  ArbNSparzulage, SozV **436** 68
  Arten **309** 22 f
  begünstigter Personenkreis **309** 24 f
  Beitragsfreiheit **37** 126
  Entgeltumwandlung **309** 28

Verschwiegenheitspflicht

Erträge Einkünfte aus Kapitalvermögen 309 39
Formen 309 29 f
Geldwerter Vorteil, Berechnung 309 37
Mitarbeiterbeteiligungs-Sondervermögen 309 30 f
Steuerbegünstigung 309 26 f
Wertermittlung 309 34
Zuflusszeitpunkt 309 35
Vermögensbildung Anzeigepflichten ArbGeb 20 13; 92 91
Vermögensbildungsbescheinigung elektronische 436 38
Vermögenseinkommen Hinterbliebenenrente, Anrechnung 223 35
Vermögensschaden
ArbGebHaftung 24 15
ArbNHaftung 33 8
Entschädigung bei Diskriminierung 144 120
Vermögensübertragung
ArbGebHaftung 414 16 f
Betriebsübergang 126 6, 24
Umwandlung 414 4
Vermögensverwalter LStHaftung 288 30 ff
Vermögenswirksame Leistungen 436
Anlage Teile Arbeitslohn 436 10
Anlageformen 436 8
Anlageformen, LSt 436 26
Anspruchsberechtigte 436 4 f
Anzeigepflichten ArbGeb, Kreditinstitut, Versicherung 436 58 f
Arbeitsentgelt/Arbeitslohn 436 27 f
Arbeitsvertrag 436 10
ArbNSparzulage 436 3, 30 ff, 40
ArbNSparzulage, SozV 436 68
Aufzeichnungs- und Bescheinigungspflichten ArbGeb 436 36 f
Außenprüfung 436 64
Betriebsvereinbarung 436 14
Einbeziehung Bemessung Lohnersatzleistungen 436 69
Einkommensgrenze 436 7
Elternzeit Anspruch 160 77; 436 19
Erlassvertrag Zulässigkeit 436 70
Faktisches Arbeitsverhältnis 436 5
Insolvenzsicherung 436 15, 39
Leitende Angestellte 436 14
Mutterschutz 436 18
Nichtgewährung bei Kurzarbeit 266 15
Pfändung 436 20
Sondervermögen 436 48
Sperrfrist 436 9, 42 ff
tarifvertragliche Ansprüche 436 11 f
Überweisungsverpflichtung ArbGeb 436 16
Vermögensbildungsbescheinigung, elektronische 436 38
Wahlfreiheit ArbN 436 12
Verpflegungsaufwand LeihArbN 26 44

Verpflegungskosten
Arbeitsentgelt 37 37
Auslandsdienstreise Übersicht 79 24
Bewerbungskosten 131 5
Dienstreise 141 26
Doppelte Haushaltsführung 145 29
Weiterbildungsmaßnahme 455 25
Verpflegungsmehraufwendungen 437
Arbeitsessen 437 5
Auslandsdienstreise 79 10 ff, 24
Beitragsrecht 437 9 f
betriebliches Interesse 437 2
Diätaufwendungen 437 6
Dienstreise 141 26
Doppelte Haushaltsführung 145 29
Dreimonatsfrist 141 30 f
Einzelnachweis bei Reisekosten 437 7
Kürzung BRatSchulung 121 24
LStPauschalierung 292 36
LStPauschalierung, Beitragsfreiheit 37 132
Pauschbeträge 141 27; 437 8
Pauschsteuersatz 141 34
Verpflegungspauschale
Auswärtstätigkeit 141 40 f
Dienstreise 141 40 f
Kürzung bei Auswärtstätigkeit 141 42 f
Kürzungsbetrag 141 44
Kürzungspflichtige Mahlzeiten 141 43
Verrechnung § 52 SGB I *s Aufrechnung* 64
Verrechnungsvertrag 64 24
Verrichtungsgehilfe ArbGebHaftung 24 12
Verschmelzung
Aktienoptionen 7 14
ArbGebHaftung 414 16
Betriebsübergang 126 6, 24
Grenzüberschreitende 414 2
Umwandlung 414 2
Verschuldenshaftung Arbeitgeber
ArbGebHaftung 24 12 f
Eigentumsverletzungen 24 12
mitwirkendes Verschulden 187 11
Persönlichkeitsrechtsverletzung 24 14
Unterlassung von Hinweis- und Belehrungspflichten 24 15
Wertsachen ArbN 24 12
Verschwiegenheitsabrede *s Betriebsgeheimnis* 113
Verschwiegenheitspflicht 438
All-Klausel 438 7
Anzeigerecht ArbN 438 13 f
ArbGebInteresse 438 5
Auskunftspflichten ArbGeb 438 21 f
Betriebsgeheimnis 113 4, 7, 11; 438 2 f
BRatMitglied 120 4
Finanzamt 438 18
Geheimhaltungsvereinbarung 438 11 f
Geschäftsgeheimnis 438 2 f
Kündigung, außerordentliche bei Verstoß 257 71; 438 15
Lohn- und Gehaltsdaten 438 8

Versetzung
    Muster Verschwiegenheitsklausel im Arbeitsvertrag **438** 16
    nachvertragliche **438** 10 f
    sozialrechtliche Grenzen ArbN **438** 19 f
    Steuerprüfer **438** 18
    Whistleblowing **438** 13 f
    Wirtschaftsausschussmitglieder **312** 15
Versetzung 439
    Änderungskündigung **439** 29
    Angemessenheitskontrolle **439** 3
    Anspruch ArbN **439** 11 f
    Arbeitsbereich **439** 17
    Arbeitsinhalt **439** 18
    Arbeitsort **439** 5
    Arbeitsortänderung **439** 9
    Arbeitsplatzbeschreibung **49** 3
    Arbeitsumstände **439** 20
    Arbeitsvertrag, Überraschungsklauseln **439** 3
    Arbeitszeitveränderung **439** 26
    Ausübungskontrolle **439** 9
    Berücksichtigung schutzwürdige Belange **439** 9
    Betriebsbuße **112** 7
    Betriebsübergreifende **439** 24
    Betriebsvereinbarung **439** 12
    Betriebsverlagerung **439** 23
    Betriebsverlegung **439** 23
    Beweislast **439** 14
    BRat **439** 30
    BRatAmt, Erlöschensgründe **120** 11
    BRatMitglied **120** 22
    Einstweilige Verfügung **439** 14
    Entgeltausgleich **439** 8
    Feststellungsklage **439** 14
    Freistellung **439** 22
    Freistellung ArbN **439** 25
    Fürsorgepflicht ArbGeb **439** 11 f
    Gemeinschaftsbetrieb, Mitbestimmung BRat **439** 15
    Gleichwertigkeit Arbeitsplatz **439** 9
    Gleichwertigkeit der Arbeit **439** 4
    Klageverwirkung **439** 14
    konzerninterne **247** 4 f
    Konzernversetzungsklausel **439** 5
    Kündigungsrecht **439** 13
    Kurzzeitige Zuweisung anderer Tätigkeiten **439** 20
    Leistungsbestimmung **272** 6
    Leistungsklage **439** 14
    Mitbestimmung BRat **439** 15 ff; **453** 14
    Mitbestimmung, personelle Angelegenheiten **310** 8, 9 f
    Mobbing **314** 4
    Musterformulare **439** 31
    Nachteilsausgleich bei Abweichung Interessenausgleich **321** 14
    Öffentlicher Dienst **439** 5
    Organisationsänderung **439** 19
    Ortswechsel **439** 21
    Prüfung bei betriebsbedingter Kündigung **258** 12 f, 14
    Prüfung im Gesamtunternehmen **258** 14
    Rechtsfolgen **439** 10 f
    Rückumzug **439** 32
    Sozialauswahl **439** 13
    ständig wechselnde Einsatzstellen **439** 21
    Transparenzgebot **439** 6
    Umgruppierung **412** 5
    Umzugskostenerstattungsanspruch **415** 4
    Vergütungswegfall **439** 8
    Versetzungsgrund **439** 3
    Versetzungsklausel, vorformulierte **412** 5
    Weisungsrecht ArbGeb **439** 2; **453** 9, 14
    Werbungskosten Übergangszeit **439** 32
    Zumutbarkeit bei Mutterschutz **317** 23
    Zustimmungsverweigerung BRat **310** 10 f
Versetzungsklausel
    Gleichwertigkeit der Arbeit **439** 4
    Inhaltskontrolle **439** 3
    Tarifvertrag **439** 7
    Überraschungsmoment **439** 3
    Unangemessenheit **439** 4
Versetzungsvorbehalte Flexibilisierung Tätigkeit **6** 3
Versicherungsagent ArbNÄhnliche Person **27** 8
Versicherungsfreiheit
    ArblV, absolute **45** 32 f
    ArblVPflicht **45** 20 ff
Versicherungspflichtgrenze
    ArblV **94** 5
    Beitragsbemessungsgrenzen, Abgrenzung **94** 5 f
    KV **94** 7 f
    RV **94** 5
Versicherungsrente Besteuerung **354** 9
Versicherungsvermittlung Freie Mitarbeit **190** 2
Versicherungsvertreter
    ArbN-ABC **26** 84
    Handelsvertreter **220** 11
Versorgungsamt Ausstellung Behindertenausweis **92** 7
Versorgungsanspruch
    Insolvenzschutz **103** 89
    kapitalisierter als Entschädigung **85** 8
Versorgungsanwartschaft
    s a Anwartschaft
    Absicherung durch PSV **226** 21
    Insolvenz des ArbGeb **226** 20
    LStPauschalierung **292** 56
Versorgungsaufwendungen Beitragsrechtliche Behandlung, Aufbauphase **103** 207 f
Versorgungsausgleich Werbungskosten **456** 34
Versorgungsbezüge
    Altersgrenze **9** 17 f
    Altersteilzeit **9** 17
    Anspruch als Abfindung **1** 42

Vertragsfreiheit

Arbeitsentgelt **37** 127
Begriff SozVRecht **103** 206
Beitragspflicht Kapitalabfindung **103** 237
Beitragspflichtiger Personenkreis **103** 233 f
Beitragssätze **103** 234 f
Beitragssätze freiwillig Versicherter **103** 235
Beitragstragung und Zahlung **103** 236
Beitragszahlung KV **252** 37
Besteuerung **9** 17 f; **10** 10
Betriebliche Altersversorgung **103** 177, 231 f
Leistungen nach Insolvenz **103** 194
Lohnkonto **278** 4
Lohnsteuerabzug **9** 21
LStBescheinigung **286** 23
Meldepflichten ArbN **305** 10
Nachgelagerte Besteuerung **103** 147
Sterbegeld Öffentlicher Dienst Steuerbegünstigung **391** 9 f
Vergütung für mehrjährige Tätigkeit **103** 179
Versteuerung Hinterbliebenenrente **223** 12
Zahlung in einer Summe, Besteuerung **103** 179
Versorgungsehe
Beweislast **223** 21
Hinterbliebenenrente **223** 4
Witwenrente **223** 21
Versorgungsfreibetrag
Bemessungsgrundlage **9** 20
Berücksichtigung bei LStAbzug **9** 19 f
Betriebliche Altersversorgung **103** 178
Hinterbliebenenrente **9** 20; **223** 12
LStBescheinigung **286** 24
Zuschlag **9** 18
Zuschlag, LStBescheinigung **286** 24
Versorgungskrankengeld
Altersteilzeit **11** 84
ArblVPflicht **45** 15
Versorgungsleistungen
Gleichbehandlung **208** 35
Versteuerung **103** 144
Versorgungsmodelle
Arbeitszeitkonten **103** 124
ArbNFinanzierte Altersversorgung **103** 123 f
Versorgungsordnung
Anpassung **103** 53
Anpassung nach wirtschaftlicher Lage **103** 58
Anpassung, nachträgliche **103** 61
Anpassungsbedarf **103** 56
Anpassungsdurchsetzung **103** 65
Anpassungsfristen **103** 60
Anpassungsnachholung **103** 55, 61 f
Anpassungspflicht **103** 59
Anpassungsprüfung nach Kaufkraftverlust **103** 56
Betriebliche Altersversorgung **10** 2
Beweislast Anpassung **103** 65
KonzernBRat, Zuständigkeiten **248** 15

Neuzusagen, Anpassungspflicht **103** 59
Überprüfungsfristen **103** 55
Versorgungsrente Besteuerung **354** 9
Versorgungszusage
Abfindung als RVBeiträge **103** 238 f
Änderung bei ausgeschiedenen ArbN durch Betriebsvereinbarung **103** 69
Änderung im Arbeitsvertrag **103** 67
Änderung im Tarifvertrag **103** 69
Änderung mit Betriebsvereinbarung **103** 69
Änderungsgründe **103** 70
Änderungsmöglichkeiten **103** 66 ff
anderweitige Besitzstandsänderungen **103** 72
Aufrechnungsgrenzen **103** 77
Betriebliche Altersversorgung **103** 4 f
Betriebsübergang **103** 51
Betriebsvereinbarung, Kündigung **103** 78
Fortführung bei Übertragung **103** 48
gespaltene Rentenformel **103** 31
Insolvenzschutz bei Übertragung **103** 50
Liquidationsfall **103** 143
Portabilität **103** 10
Übertragung, einvernehmliche **103** 46
Übertragungsalternativen **103** 46 f
Übertragungsanspruch ArbN **103** 47
Übertragungswert, Berechnung **103** 49
Wertpapiergebundene **103** 154
Widerruf wegen Treuepflichtverletzung **103** 77
Widerruf wegen wirtschaftlicher Notlage **103** 74 f
Verspätungszuschlag
nicht fristgerechte Steueranmeldung **372** 6
verspätete LStAnmeldung **283** 6
Verteilungsgrundsätze übertarifliche Entgelte **16** 11
Verteilzeitraum Altersteilzeit **11** 52 ff
Vertragsamateur DFB ArbN-ABC **26** 84
Vertragsarbeitgeber Mittelbares Arbeitsverhältnis **313** 2
Vertragsbruch 440
Arbeitspapiere **47** 8
ArbGebAnspruch auf Arbeitsleistung **440** 2
Einarbeitungskostenersatz **440** 12
Entschädigung **440** 6 f
Inseratskostenersatz **440** 11
Konventionalstrafe **440** 11
Schadenersatzforderung an ArbN **440** 8 f
Sperrzeit **440** 20
Vergütungspflichtwegfall **440** 5
Vertragsstrafe **440** 14
Vollstreckbarkeit Anspruch auf Arbeitsleistung **440** 3 f
Werbungskosten **440** 17
Vertragsfreiheit
Arbeitsvertrag **58** 20 f
Geltung bei Rückzahlungsklausel **361** 5 f
Missbrauch bei Arbeitsvermittlung (private) **57** 9

Vertragsmuster

Vertragsmuster s *Muster*
Vertragsstrafe 441
  Abwerbeverbote **3** 11
  Akzessorität **441** 2
  Angemessenheit **441** 18
  Angemessenheitskontrolle **441** 12
  Arbeitsvertrag **58** 43
  Arbeitsvertragliche Nebenpflichten **441** 13
  Arbeitsvertragsbestandteil **58** 33 f
  Aufrechnung **441** 19
  Ausschlussfrist **82** 23
  Beitragsrecht **441** 25
  Bestimmtheitsgebot **441** 11
  Betriebsbuße Abgrenzung **112** 2; **441** 4
  Betriebsvereinbarung **129** 14; **441** 6
  Beweislast **441** 20
  Entgeltverzicht **165** 2
  Erfüllbarkeit **441** 17
  Fälligkeit **441** 17
  Funktion **441** 2
  Herabsetzung **441** 18
  Höhe **441** 15
  Inhaltskontrolle **441** 8 f
  Insolvenzgeld **441** 27
  Mitbestimmung BRat **441** 21
  Schadenersatz, pauschalierter **441** 3
  Schranken **441** 6
  Schriftform **441** 7
  selbstständiges Strafversprechen **441** 3
  Transparenzgebot **441** 11 f
  Untersagung Ausbildungsverhältnis **72** 41
  Vertragsbruch **440** 14
  Werbungskosten aus Ausbildungsverhältnis **72** 90
  Werbungskostenabzug **441** 23 f
  Wettbewerbsverbot **441** 11; **460** 42
  Wettbewerbsverbot, nachvertragliches **441** 13
  Zulässigkeit **441** 5 f
Vertragstheorie Arbeitsverhältnis **26** 78
Vertragstypen
  Dienstvertrag **27** 4
  Werklieferungsvertrag **27** 4
  Werkvertrag **27** 4
Vertragsverletzung ArbGebHaftung **24** 20
Vertragsverstoß Abmahnung **2** 5
Vertrauensarbeitszeit
  Arbeitsverdichtung **60** 16
  Arbeitszeitmodelle **60** 16
  Arbeitszeitumfang **60** 16
Vertrauensarzt
  s *Medizinischer Dienst* **301**
  s a *Betriebsarzt* **109**
Vertrauensleute 442
  s a *Gewerkschaftliche Vertrauensleute*
  Abmahnung **2** 35
  Benachteiligungsverbot **442** 3
  betriebliche **442** 6
  gewerkschaftliche **206** 12, 18; **442** 4 f
  Kündigungsschutz **442** 3
  Schwerbehinderte, Ehrenamtliche Tätigkeit **150** 1
  Vertrauensmann Schwerbehinderte **442** 7
Vertrauensmänner Sonderkündigungsschutz **442** 7
Vertrauensperson Schwerbehindertenvertretung **386** 2
Vertrauensschutz
  Ablösung Betriebsvereinbarung **129** 23
  Altersgrenze **9** 33 f; **10** 49
  Anhebung der Altersgrenzen bei Altersrente **9** 33
  Außenprüfung **84** 17
  Beitragszahlung Freie Mitarbeit **190** 40
  Betriebsvereinbarung **129** 15
  JAEGrenze KV **94** 11 f
  Rentenanspruch **10** 44 f
  Sozialrecht **17** 18 f
Vertraulichkeitspflicht
  s a *Betriebsgeheimnis* **113**
  BRat **13** 6, 11
  Personalakte **333** 8
Vertretung
  Befristetes Arbeitsverhältnis **91** 46
  Dauervertretung Befristetes Arbeitsverhältnis **91** 46
Vertriebene Ersatzzeiten **358** 22
Verunglimpfung Persönlichkeitsverletzung **332** 4
Verwahrungspflicht Arbeitgeber
  Arbeitspapiere **47** 5
  Personalakte **333** 20
Verwalter ArbN-ABC **26** 84
Verwaltungsakt
  Aufrechnungserklärung **64** 36
  Verbindliche Regelung bei Außenprüfung **84** 19
Verwaltungsrat ArbN (Begriff) **26** 72
Verwarnung Abmahnungsvorstufe **2** 6
Verwarnungsgeld
  Arbeitsentgelt bei Übernahme durch ArbGeb **459** 18
  Werbungskostenabzug **456** 13
Verweigerungsfiktion BRatKündigung **310** 34
Verweis Abmahnungsvorstufe **2** 6
Verweisung Tarifgebundenheit, unbedingte zeitdynamische **58** 40
Verweisungsberuf zumutbarer **169** 42 f
Verweisungsklauseln überraschende **58** 28
Verweisungstätigkeit
  Erwerbsminderung **169** 23
  Mehrstufenschema **169** 39 f
Verwertungsverbot Telefonaufzeichnung **229** 30
Verwirkung 443
  Abmahnung **2** 32 f; **443** 10
  Ausschlussfrist wiederkehrende Ansprüche **82** 26
  Beitragsansprüche **443** 19

Vorbehaltserklärung

Beitragsansprüche SozV **443** 19
Beitragserstattungsanspruch ArbN **443** 20
Berufung auf arglistiges Verhalten **443** 6
Betriebsübergang **126** 52
kollektivrechtliche Ansprüche **443** 4 f
Leistungsansprüche SozV **443** 18
Mitbestimmung, soziale Angelegenheiten **311** 23
Nachwirkung Tarifvertrag **443** 9
Prozessverwirkung **443** 13
Prüfung vAw **443** 1
Rückwirkende Erhebung Säumniszuschläge **443** 19
Schulungskostenersatz BRat **443** 11
SozVBeiträge **387** 34
Überstundenvergütungsanspruch **411** 15
übertarifliche Ansprüche **443** 8
Umstandsmoment **443** 2 f
Versetzungsklage **439** 14
Verstoß gegen Treu und Glauben **443** 14, 17
Vertrauensschutz **443** 2
Voraussetzungen **443** 2 f
Widerspruch Betriebsübergang **126** 39
Zeitablauf **443** 2 f, 15
Zeugniserteilungsanspruch **443** 12; **470** 15
Zumutbarkeitsmoment **443** 2
Verzehrgutschein Bewirtungsaufwendungen **132** 12
Verzicht 444
abstrakter **444** 1 f
abstrakter auf noch nicht entstandene Rechte **444** 4
Arbeitsbedingungen, günstige **444** 19
Arbeitslohn **444** 17
bereits entstandene gesetzliche Rechte **444** 5
Betriebliche Altersversorgung, Mitbestimmung BRat **103** 82
Betriebsvereinbarungsrechte **129** 14
Dienstleistungsverzicht ArbGeb **444** 13
Einzelansprüche **444** 25
Entgeltanspruch ArbN bei Forderungsübergang **188** 24
Entgeltverzicht **165** 8
Finanzamt **444** 24
Forderungsverzicht Versteuerung **444** 14 f
Gerechtigkeitsgebot **444** 3
gesetzliche Rechte **444** 2 f
gesetzliche Rechte Arbeitsverhältnis **444** 8
konkreter **444** 5–11
Kündigungsschutzklage **1** 8
Kündigungsschutzklage als Aufhebungsvertrag **444** 6
Kündigungsschutzklage ohne Gegenleistung **444** 5
Lohnverzicht Betriebsübergang **444** 7
Mindestentgelt AEntG **31** 10
Mitbestimmung soziale Angelegenheiten **311** 23

Musterformular **444** 12
Nachteilsausgleich **321** 15
Nachteilsausgleichsanspruch **321** 14
Rückgriffsanspruch ArbGeb Versteuerung **444** 16
Schriftformerfordernis bei Sozialleistungen **444** 28
Sozialleistungen **444** 25 f
Sozialleistungsansprüche **165** 17 ff
Sozialplananspruch **385** 43
tarifliche Rechte **444** 4, 9
Tatsachenvergleich **444** 11
Urlaubsanspruch **422** 8
Werbungskostenersatz **444** 20 f
Wettbewerbsverbotsabfindung als Einnahme **444** 22
Wiedereinstellung, Abfindung **444** 19
Verzinsung
Annahmeverzugslohn **14** 24
ArbGebDarlehen **23** 5, 14 f, 20 f
Entgeltnachzahlung **163** 5
Verzugsschaden
Entgeltnachzahlung **163** 3 f
Verzinsung Entgeltnachzahlung **163** 5
Videobeweis
Kündigung, außerordentliche **257** 89
Kündigung, verhaltensbedingte **260** 15
Videokontrolle Kontrolle des ArbN **246** 1
Videorekorder Arbeitsmittel **46** 21
Videoüberwachung
Compliance **136** 7
Datenschutz **140** 12
Heranziehung als Beweismittel **260** 43
Zulässigkeit **246** 3
Virtueller Arbeitsmarkt Stellensuche, Maßnahmen **390** 10 f
Volkshochschuldozent ArbNÄhnliche Person **27** 7
Volksverhetzung Meinungsfreiheit **303** 2, 6
Volljährige Berufsschulbesuch **231** 35
Vollmachtsmissbrauch Kündigung, außerordentliche **257** 72
Vollstreckung
Beitragseinzug **387** 59
LStAbführung, unterlassene **281** 8
LStBescheinigung **286** 6
Unterlassungsanspruch **419** 8 ff
Zeugnisanspruch **470** 42
Vollstreckungsschutz Antrag nach § 850i ZPO **76** 5
Vollzeitpflege Besteuerung **242** 26
Volontär
Ausbildungsverhältnis **72** 3
Auszubildender **72** 3
Praktikant **342** 2
Volontariat Berufsausbildung **240** 19
Vorabentscheidungsverfahren Europäischer Gerichtshof **171** 9 f
Vorbehaltserklärung Änderungskündigung **5** 33

Vorbeugungskur

Vorbeugungskur s *Kur* 265
Vordienstzeiten Anrechnungszeiten 358 3
Vorgabezeit Heimarbeit 222 18
Vor-GmbH ArbGebEigenschaft 22 12
Vorlagepflicht Europäischer Gerichtshof 171 9 f
Vormerkungsbescheid Verbindlichkeit 17 30
Vormund Steuerfreibetrag 150 23
Vormundschaftsgericht
    Ermächtigung Minderjährige Selbstständige Tätigkeit 306 22 f
    Vertretung Minderjährige 306 7 f
Vorratsdatenspeicherung BVerfGE 140 1
Vorruhestand
    Beitragspflichtige Einnahmen RV 355 12
    Beitragstragung RV 355 23
    Verjährung Leistungen 434 7
Vorsatz
    s a *Arbeitnehmerhaftung* 33
    Arbeitsunfall 55 13
    ArbGebHaftung 24 7
    ArbNHaftung 33 15
    Beitragshinterziehung, Verjährung 434 48
Vorschaltzeiten Betriebliche Altersversorgung 103 34
Vorschlagsrecht Arbeitnehmer Arbeitssicherheit/Arbeitsschutz 50 17
Vorschlagsrecht Betriebsrat Betriebliche Berufsbildungsmaßnahmen 104 6, 15
Vorschuss 445
    Abschlagszahlung 445 1, 12 f
    Anspruch 445 2 f
    ArbGebDarlehen, Abgrenzung 23 1 ff
    ArGebDarlehen 445 20
    Beiträge 445 23
    Beweislast 445 10
    BRatKosten 119 5
    Gehaltsvorschuss 445 3
    Insolvenzgeld 226 67
    Kündigungserschwerungsmittel 445 8
    Leistungen AFG 445 28
    Lohnpfändung 445 6
    Lohnverrechnung 445 5
    Lohnzufluss 294 14
    LStAbzug 445 16
    Rückzahlungsverpflichtung 164 4; 445 7 f
    Sonstige Bezüge 445 18
    Vergütungstilgung, vorweggenommene 445 8
    Verjährung Rückzahlungsanspruch 434 7
    Vorauszahlung für mehrere Jahre 445 19
    vorläufige Leistungen SozVRecht Abgrenzung 445 27
    Zuflusszeitpunkt SozV 445 22
Vorsitzender
    GesamtBRat, Wahl 203 25
    JAV 232 12
Vorsorgeaufwendungen
    Beschränkt StPfl 380 8
    Einwilligung Datenübermittlung durch StPfl 380 8
    Sonderausgaben 380 5 ff
Vorsorgekur s *Kur* 265
Vorsorgepauschale
    Altersentlastungsbetrag, Abzug 8 11
    Basisbeiträge KV und PflegeV 293 13 f
    Bezugsgröße bei LStBerechnung 293 3
    Günstigerprüfung 380 11
    LStTabellen 293 6, 8 f
    Neuregelungen bei LStBerechnung 293 8 ff
    Sonderausgabenabzug 380 12
Vorsorgeuntersuchung
    Anforderungen an Arzt 106 6
    Angebotsuntersuchung 106 5
    Betriebliche Gesundheitsvorsorge 106 3 ff, 18
    Betriebsarzt 106 6
    Eignungsuntersuchung 106 7
    Pflichtuntersuchung 106 4
    Verbindung mit Einstellungsuntersuchung 106 3
    Versteuerung 52 32; 106 16, 17; 109 14
    Voraussetzungen 106 3 f
Vorstand
    ArblVPflicht 45 22
    Beschäftigungsverhältnis 26 72 f
    KVPflicht 253 7
    Massenentlassung 300 5
    Mitglied 26 84
    RVPflicht 357 6
Vorstellungsgespräch
    s a *Einstellungsgespräch*
    Beteiligung BRat 310 8
    Freistellung von der Arbeit 390 1 ff
    Vergütung Vorstellungszeit 390 7 f
Vorstellungskosten
    Bewerbungskosten 131 4 ff
    Ersatz 334 2
    Ersatzanspruch Verjährung 434 7
    Fristen 131 5
    Initiativbewerbung 131 4
Vorsteuer Arbeitszimmer 61 20
Vorstrafen Anfechtungsgrund Arbeitsvertrag 58 70
Vorteilsannahme Amtspflichtverletzung BRat 13 6
Vorversicherungszeit
    Alt- und Übergangsrentner 253 19
    Altersteilzeitanspruch 11 59
Vorvertrag Wettbewerbsverbot 460 19
Vorwegabzug Sonderausgaben 380 6
Vorweggenommene Werbungskosten
    Abwerbung 3 18
    Abzugsfähigkeit 456 9
    Arbeitszimmer Arbeitslose 61 25
    Bewerbungskosten 131 16
    Elternzeit, Fortbildung 160 83
    Fortbildungskosten 189 23, 25
    Umschulungskosten 413 13

Wählbarkeit Wahlanfechtung **450** 3
Waffen Arbeitsmittel **46** 24
Wagenpflegepauschale Auslagenersatz **67** 28
Wahlanfechtung 450
   Anfechtungsberechtigte **450** 6
   Anfechtungsfolgen **450** 9
   Anfechtungsfristen **450** 7 f
   Anfechtungsvoraussetzungen **450** 2 f
   Arbeitsgerichtliches Beschlussverfahren **450** 10
   ArbGeb **450** 6
   ArbN **450** 6
   Bordvertretung **450** 1
   BRatWahl **450** 1
   BRatWahl, Ungültigkeit **450** 9
   Gewerkschaft **450** 6
   Jugend- und Auszubildendenvertretung **450** 1
   Nichtigkeit BRatWahl **450** 12 f
   SeeBRat **450** 1
   Streitwertfestsetzung **450** 11
   Verfahren **450** 10 f
   Verletzung Wahlvorschriften **450** 5
   Wählbarkeitsvorschriften **450** 3
   Wählerliste, Einspruch **450** 2
   Wählerliste, Geschlechtertrennung **450** 4
   Wahlfehler, Berichtigung **450** 5
   Wahlrechtsvorschriften **450** 2
   Wahlverfahrensvorschriften **450** 4
   Wahlvorstandsbestellung **450** 5
   Zulassung LeihArbN **450** 3
   Zulassung nicht wählbarer ArbN **450** 3
Wahlrecht Wahlanfechtung **450** 2
Wahltarife
   Bindungsfristen KV **254** 8
   Krankenbehandlung **249** 20
   KVBeiträge **252** 29 f
Wahlverfahren Wahlanfechtung **450** 4
Wahlvorstand
   JAV **232** 7
   Wahlanfechtung **450** 6
Waisenbeihilfe Beihilfeleistungen **93** 16, 21 f
Waisenrente
   Altersgrenzen **223** 30
   Anrechnung anderweitigen Einkommens **15** 24
   Anspruch UV **417** 52
   Einkommensanrechnung auf Renten wegen Todes **223** 34
   Haushaltsaufnahme **223** 30
   Hinterbliebenenrente **223** 15, 30
   Kindervergünstigungen **242** 54
Waldarbeiter Wintergeldversteuerung **463** 7
Wandelschuldverschreibung
   Arbeitsentgelt, Zufluss **294** 11
   Finanzierung durch Lohnverrechnung **7** 31
   Zinsversteuerung **7** 31
Wanderarbeitnehmer Leistungen bei Arbeitslosigkeit **209** 39

Wandlungsgenussschein Geldwerter Vorteil **7** 31
Warengutschein Sachbezug **370** 9, 11
Warenzeichen ArbNErfindung **32** 7
Warnstreik *s* Streik
Wartezeiten
   Altersrente **10** 44 f
   Altersteilzeitrente **11** 41
   Anrechnung im Konzern **263** 61
   Anrechnungszeiten **358** 13
   Berücksichtigungszeiten **358** 15
   Betriebliche Altersversorgung **103** 34
   Bildungsurlaub **134** 13
   Entgeltfortzahlung **162** 15, 53
   Erwerbsminderungsrente **169** 26 f
   Erziehungsrente **223** 31
   Hinterbliebenenrente **223** 19
   Kündigungsschutz **263** 57 f; **358** 1
   Kündigungsschutz Saisonarbeit **373** 7
   Pflegezeit **341** 6
   Urlaubsanspruch **423** 9 f
   Vordienstzeitenanrechnung **263** 64
   Zugehörigkeit zum Unternehmen **263** 61
Wartungskosten Arbeitsmittel **46** 6
Waschzeiten Arbeitszeit **59** 8, 30
Wechsel Lohnzufluss **294** 15
Wechselschichtzulage Teilzeitbeschäftigte nach TVÖD **167** 3
WEG Geringfügige Beschäftigung **202** 33; **221** 14
Weg zur Arbeit Arbeitsstätte **51** 18
Wegepauschale Arbeitsentgelt SozV **183** 9
Wegerisiko
   Betriebsstörung **124** 4
   Mutterschutz **317** 14, 26
Wegeunfall 451
   s a Unfallkosten
   Abwege **451** 16, 18
   Alkohol **451** 21
   alkoholbedingte Fahruntüchtigkeit **451** 8
   Arbeitsunfall **55** 31
   Arbeitsweg **451** 20
   ArbGebHaftung **55** 8
   Beginn und Ende des versicherten Weges **451** 19
   Betriebsweg **451** 18
   Betriebswege häuslicher Arbeitsplatz **451** 13
   Cannabiskonsum **451** 21
   Dritter Ort **451** 16
   Entfernungspauschale **451** 3
   Entgeltfortzahlung **162** 54
   Fahrgemeinschaft **180** 9; **451** 20
   Fahrten zwischen Wohnung und Arbeitsstätte **182** 39
   Fahrtunterbrechungen **451** 18
   Geringfügige Fahrtunterbrechungen **451** 18
   Haftungsausschluss **188** 28
   Haftungsprivileg **451** 23
   Kinderbetreuung **451** 20

Wegezeit
    mittägliche Heimfahrten **451** 6
    Reparaturkosten als Werbungskosten **451** 9
    Sonderfahrten **451** 5 f
    Straßenverkehrsgefährdung, vorsätzliche **451** 22
    Tankstellenfahrt **451** 17
    Umwege **451** 15
    Umwegfahrt **451** 4
    Unfallfolgekosten **451** 11
    Unfallkausalitäten **451** 14
    Unfallkosten außergewöhnliche Belastung **451** 3
    UV **451** 13 f
    UV, innerer Zusammenhang **451** 14
    UV, Mittagessen an drittem Ort **451** 14
    Verzicht Ersatzanspruch ArbGeb Arbeitslohn **451** 2
    Werbungskosten ArbN **451** 2 ff
    Wertverlust bei unterbliebener Reparatur Kfz **451** 9 f

Wegezeit
    Arbeitszeit **59** 8, 31; **141** 4; **155** 4
    Arbeitszeit Anfahrt BRatSitzung **118** 26
    Rufbereitschaft **362** 3
    Vergütung **59** 31

Wegweiserfunktionen Sozialversicherungsträger **17** 24 f

Wegzugsbesteuerung
    Schweiz **209** 22
    Wohnsitzaufgabe **80** 40

Wehrdienst 452
    Änderungskündigung **5** 7
    Alters- und Hinterbliebenenversorgung **452** 29
    Arbeitslosenversicherung **452** 27 f
    ArblVPflicht **45** 10, 12 f
    Aufhebung **452** 1
    ausländische ArbN **78** 15
    ausländischer, Leistungsverweigerungsrecht **274** 11
    Auswirkungen auf Anwesenheitsprämie **19** 8
    Beitragsbemessungsgrundlage ArblV **44** 9
    Beitragspflichtige Einnahmen RV **355** 11
    Dienstgeld Steuerfreiheit **452** 19
    Dienstverhältnis eigener Art **452** 22
    Ersatzzeiten **358** 20
    Heilfürsorgeanspruch **452** 22
    Kinderfreibetrag **240** 11; **452** 17 f
    Kündigung, personenbedingte **259** 44
    KVMitgliedschaft **452** 23
    Meldepflichten ArbN **305** 10
    Ruhen des Arbeitsverhältnisses **363** 2 f
    RV **452** 25 f
    RVPflicht **357** 11
    Schwellenwertermittlung **245** 21
    Steuerfreiheit Bezüge **452** 19

Wehrübung Freistellung von der Arbeit **191** 13

Weihnachtsgeld
    s a *Einmalzahlungen* **154**
    s a *Gratifikation*
    s a *Leistungsorientierte Vergütung* **273**
    s a *Weihnachtsgratifikation*
    Betriebliche Übung **107** 5
    BRatFreistellung Lohnausfallprinzip **118** 23
    Teilzeitbeschäftigung **402** 112

Weihnachtsgratifikation
    Anrechnung auf andere Leistungen **154** 16
    Anspruchsvoraussetzungen **154** 9 ff
    Arbeitsentgelt/Arbeitslohn **154** 32
    Arbeitsunfähigkeit, langdauernde **154** 14 f
    Bemessung Lohnersatzleistungen **154** 44
    Bindungsklausel **154** 17
    Einbezug in Abfindung **1** 35
    Gratifikation Betriebstreue **154** 12
    Pfändung **154** 21; **337** 24
    Rückzahlungsklauseln **154** 17 f
    Ruhen des Arbeitsverhältnisses **154** 12 f

Weisungsgebundenheit
    Betriebsarzt **109** 14 f
    Freie Mitarbeiter **190** 8
    Merkmal für Beschäftigungsverhältnis **26** 33, 65

Weisungsrecht 453
    AGG, Geltungsbereich sachlicher **144** 8
    Arbeitskleidung **41** 6
    Arbeitsortfestlegung **453** 5
    Arbeitszeit **59** 33; **453** 4
    Arbeitszeitlage **59** 33
    Arbeitszeitrahmen **59** 34
    Arbeitszeitverteilung **453** 17
    Arbeitszimmer, betriebliches **61** 2
    ArbGeb, mittelbarer **313** 5
    ArbN (Begriff) **26** 4
    Auslandseinsatz **80** 13; **453** 10
    Außenprüfung **84** 3 f
    Begrenzung durch Mitbestimmung BRat **453** 11 f
    Begrenzungen **453** 6 ff
    Bekleidungsvorschriften **453** 3, 12
    Beschränkung durch Tarifvertrag **453** 15
    Betriebsordnung **116** 2
    Betriebsverlegung **453** 10
    Billiges Ermessen **453** 17, 20
    Billiges Ermessen, Arbeitszeit **59** 35
    Dienstreiseanordnung **141** 3
    Dienstwagennutzung **142** 5; **181** 10
    Entziehung höherwertiger Tätigkeiten **453** 9
    Ersatztätigkeit, Zumutbarkeit **453** 17
    Erste Tätigkeitsstätte **182** 14
    Ethikrichtlinien **453** 12
    Freie Mitarbeiter **190** 8, 37
    gesetzes- oder sittenwidrige Weisungen **453** 16
    Gewissensfreiheit Arbeitsverweigerung **453** 19
    Gruppenarbeitsverhältnis **211** 1 f

Weiterbildungskosten

Gruppenleiter **211** 9
Internet-/Telefonnutzung **229** 3
Lage und Dauer Arbeitszeit Teilzeitbeschäftigung **402** 6
Leistungsbestimmung **272** 3
Leitende Angestellte **275** 11 f
Personalgespräche, Teilnahme **453** 3
Präsenzpflicht Lehrer in Schulferien **453** 4
Rauchverbot **453** 12
Rehabilitationsmaßnahmen **351** 12
Streikbrucharbeit **453** 18
Streitigkeiten **453** 20 f
Überstunden **411** 5
Übertragung Direktionsrecht an ARGE **39** 6
Umsetzung ArbN bei Spannungen **453** 5
Versetzung ArbN **439** 2; **453** 9, 14
Vorrang vor Änderungskündigung **5** 6
Weisungsabhängigkeit ArbN **453** 1
Weisungsrecht ArbGeb, Abgrenzung bei Werkvertrag **457** 6
Werkbesteller **457** 6
Zuordnung Arbeitsverhältnis Betriebsübergang **126** 22
Zwangspausen Arbeitsmangel **453** 17
Weiterarbeitsklausel Berufsausbildungsvertrag **72** 37
Weiterbeschäftigungsangebot befristetes als Änderungskündigung **5** 11
Weiterbeschäftigungsanspruch 454
Änderungskündigung **5** 39 f; **454** 3, 16
Änderungskündigung, LSt **5** 43
Arbeitslohn bei Rückabwicklung **454** 18 f
Auswahlrichtlinienverstoß **454** 4
Auszubildendenvertretung **72** 80 ff
Beitragspflicht bei nicht erfülltem Anspruch **454** 28
Durchsetzung **454** 7 f, 21 f
Erreichen der Altersgrenze **9** 12
Erwerbsminderung **169** 3
faktisches Arbeitsverhältnis **184** 5
Gemeinschaftsbetrieb **258** 14
in anderen Betrieben eines Unternehmens **420** 13
Interessenabwägung während Kündigungsrechtsstreits **454** 12 f
Konzern **258** 14
Kündigung, außerordentliche **257** 34; **454** 3
Kündigung, betriebsbedingte **258** 6
Kündigung, personenbedingte **259** 3 f
Kündigung, verhaltensbedingte **260** 13
Kündigungsschutzklage **454** 5 f, 21 f
Rückabwicklung **454** 18 f
Teilbetriebsübergang **258** 13
Umschulungs- und Fortbildungsmaßnahmen **259** 4; **454** 4
Umsetzung **258** 62
Vergütungsweitergewährung, LSt **454** 24–25

Weiterbeschäftigungspflicht Entbindung ArbGeb **454** 9 f
Widerspruchsfrist BRat **454** 4
Zwangsvollstreckung **454** 23
Weiterbeschäftigungsvereinbarung
befristete während Kündigungsschutzprozess **14** 20; **454** 19
freiwillige, faktisches Arbeitsverhältnis **184** 5
nach Erreichen der Altersgrenze **9** 12
Weiterbildung 455
Abgrenzungsfragen **455** 9 f
Ältere ArbN **4** 12
Ärzte **455** 3
AlGeldAnspruch **42** 36
AlGeldBezug **42** 27; **455** 8
allgemeine, Anspruch Bildungsurlaub **134** 8; **455** 2
anerkannte Maßnahmen **455** 17 f
Anrechnungszeiten **358** 10
Arbeitsentgelt/Arbeitslohn **455** 6
Arbeitslosigkeit drohende **455** 13
ArbLGeld **455** 22
ArbLVPflicht **455** 32
Ausschlussfrist **82** 21
Beitragspflicht SozV **455** 35 f
Beratungserfordernis durch BA **455** 16
berufliche **134** 6
berufliche, Anspruch Bildungsurlaub **455** 2
Bildungsgutschein **455** 20, 27
Bildungsurlaubsinhalt **134** 5 f
Dissertation **455** 4
Erstausbildung, Abgrenzung **455** 9
Förderung ältere ArbN (50+) **455** 27
Förderung beschäftigter ArbN **455** 27
Förderung durch die BA **455** 8 ff
Förderung in Klein- und Mittelunternehmen **455** 27
förderungsfähige Kosten **455** 23 f
KVPflicht **455** 29 f
Leistungen BA **455** 22 f
Maßnahmeträger **455** 17
Nachtarbeit **320** 11
Notwendigkeit bei Arbeitslosigkeit **455** 12 f
politische **134** 7
politische, Anspruch Bildungsurlaub **455** 2
Promotion **455** 4
Rechtsweg **455** 5
RVPflicht **455** 31
SozVPflicht **455** 29 ff
Teilzeitbeschäftigung **402** 19 f; **455** 14
Umschulungsmaßnahmen **413** 16
UVPflicht **455** 33 f
Vorkenntnisse **455** 10
Weiterversicherungsberechtigung KV **455** 30
Zulassung Träger **455** 17 f
Weiterbildung, berufliche s *Weiterbildung* **455**
Weiterbildungskosten
Fahrtkosten **455** 25

Wellenstreik
  Kinderbetreuungskosten **455** 26
  Kostenübernahme durch ArbGeb, SozV **455** 35 f
  Lehrgangskosten **455** 24
  Unterbringungskosten **455** 25
  Verpflegungskosten **455** 25
  Weiterbildungsmaßnahme **455** 23 f
Wellenstreik Ruhen des Arbeitsverhältnisses **363** 12
Weltanschauung
  Diskrimienierungsverbot **144** 36
  Diskriminierung **144** 80 f
Weltanschauungsgemeinschaft Tendenzbetrieb **404** 2
Werbedame ArbN-ABC **26** 84
Werbegeschenke Behandlung nach Betriebsordnung **116** 7
Werber ArbN-ABC **26** 84
Werbungskosten 456
  s a Vorweggenommene Werbungskosten
  Abgeltung Aufwendungsersatz **67** 31
  Abwerbungszahlungen **3** 17
  Abzug bei AlGeldBezug **42** 8
  Anhangtätigkeit BRat bei Freistellung **118** 40 f
  Arbeitsgerichtliche Streitigkeiten **456** 32
  Arbeitskleidung **41** 22 f
  Arbeitsmittel **46** 11 ff
  Arbeitszimmer **61** 20 f; **456** 11
  Arbeitszimmer bei Telearbeit **403** 13
  ArbNDarlehen Darlehensverlust **30** 11 f
  ArbNEntsendung **456** 25
  Aufwendungsersatz Anrechnung **67** 32
  Ausfall ArbNDarlehen bei Insolvenz **226** 29
  Ausländer **78** 47
  Auslandsreise **79** 19
  Begriff **456** 4 ff
  Behinderte **92** 78
  Beiträge Berufsverbände **456** 25
  berufliche Veranlassung **456** 7 f
  Berufsausbildung und Erststudium im Dienstverhältnis **71** 26
  Berufskrankheit **97** 7 ff
  Beschränkt steuerpflichtige ArbN **285** 11
  beschränkt stpfl ArbN **456** 3
  beschränkte Steuerpflicht **80** 59
  Beteiligungsverlust Geschäftsführer **204** 43
  Betriebsbuße **112** 12
  Betriebssport **122** 11 f
  Betriebsveranstaltung **128** 15 f
  Bewirtungsaufwendungen ArbN **132** 15 f
  BRat **117** 63
  Bruttoarbeitsentgelt SozV **37** 114
  Bürgschaftsinanspruchnahme **456** 26
  Bürgschaftsinanspruchnahme ArbN **30** 14
  Bürgschaftsinanspruchnahme Geschäftsführer **204** 43
  Dienstreiseschäden **141** 56
  Dissertation **456** 28
  Doppelte Haushaltsführung, Voraussetzungen **145** 7 ff
  Drittaufwand **456** 6
  Fahrgemeinschaft **180** 11
  Fahrtkosten zwischen Wohnung und Arbeitsstätte bei Dienstwagennutzung **142** 32
  Feier zur Verabschiedung in den Ruhestand **354** 13
  Fortbildung **104** 22; **189** 22 f
  Fortbildung BRat **121** 34
  Freibetrag LStKarte **456** 3
  Geldbußen **456** 13
  Geldstrafen **456** 14
  Gesellschaftergeschäftsführer **204** 43
  gesellschaftliche Veranstaltung **118** 41
  Gesundheitszeugnis Kosten **205** 14
  Gewerkschaftsbeiträge **118** 40
  Gewerkschaftsfortbildung **206** 21
  Gewerkschaftstätigkeit, ehrenamtliche **206** 23 f
  Haushaltsnahes Beschäftigungsverhältnis **221** 14
  Heimarbeit **222** 51
  Hinterziehungszinsen **456** 13
  Kinderbetreuungskosten **242** 12; **456** 28
  Kontoführungsgebühren **456** 29
  Krankheitskosten **255** 4; **456** 29
  Kundengeschenke **456** 11
  Lebenshaltungskosten **456** 15 f
  Lebenshaltungskosten Abgrenzung **456** 15
  Mankohaftung **187** 23
  Mobbing **314** 11
  nachträgliche **456** 9
  Nachträgliche bei Rentnerbeschäftigung **354** 13
  Nichtberücksichtigung LStFreibetrag bei Beitragsberechnung **456** 37
  Ordnungsgelder **456** 13
  Pauschbeträge **456** 20 f
  Pausenfahrten **331** 12
  Personalcomputer **46** 11
  Pfändungskosten ArbN **337** 43
  Prozesskosten **456** 30
  Rechtsanwaltskosten **350** 22
  Rechtsschutzversicherung **456** 31
  Refinanzierungskosten Privatrente **10** 27
  Renten, privat finanzierte **10** 27
  Rentenauskunftskosten **353** 11
  Rentenbesteuerung **10** 15
  Repräsentationskosten **456** 17
  RVBeiträge **456** 31
  Schadenersatz aus Vertragsbruch **440** 17
  Schadensersatz bei Freistellung **191** 35
  Schadensersatzleistungen ArbN **33** 27
  Schmiergeldgewährung **375** 10
  Schuldzinsen Darlehen bei Aktienerwerb **309** 39
  Seniorenstudium **455** 6

Werkvertrag

Sicherheitseinrichtungen **456** 32
Statusfeststellungsverfahren **357** 2; **456** 32
Steuerberatungskosten **456** 33
Strafverteidigungskosten **456** 33
Streikgelder **40** 28
Umschulungskosten **413** 13
Umzugskosten **415** 17 ff
unangemessene Aufwendungen **456** 12
Unfallkosten **55** 22 f; **456** 34
Unfallkosten Fahrten Wohnung und Arbeitsstätte **456** 8
UVBeiträge **416** 21; **417** 9
vergebliche **456** 9
Vergleich **433** 18
Verlust Darlehensforderung **456** 27
Verlust Darlehensforderung Geschäftsführer **204** 43
Verlustübernahme durch Geschäftsführer **204** 43
Verrechnung mit Aufwandsentschädigung **66** 6
Versorgungsausgleichszahlungen Ehegatte **456** 34
Vertragsstrafe **441** 23 f
Vertragsstrafe Ausbildungsverhältnis **72** 90
Vertragsstrafe Wettbewerbsverbotsverstoß **460** 50
Verwarnungsgelder **456** 13
vorweggenommene **456** 9
vorweggenommene bei Arbeitsvermittlung (private) **57** 11 f
Wegeunfallkosten **451** 2 ff
Weiterbildung **455** 6
Werbungskostenersatz **456** 22 f
Wertverlust Kfz **451** 9 f
Wiedereinstellungsanspruchsdurchsetzung **462** 9
Zinsen **456** 35
Zuzahlungen Dienstwagen durch ArbN **142** 25
Zwischenheimfahrt Dienstreise **331** 13
Werbungskostenersatz
s a *Aufwandsentschädigung* **66**
s a *Aufwendungsersatz* **67**
s a *Werbungskosten* **456**
Anrechnung auf ArbNPauschbetrag **67** 32
ArbGeb **456** 22 f
Aufwandsentschädigung **66** 4
Aufwendungsersatz **67** 36
Auslandsreise **79** 8 ff
Beitragsfreiheit **37** 126
Doppelte Haushaltsführung **145** 32
Schichtdienst Rufbereitschaft **143** 23 f
Umzugskostenerstattung ArbGeb **415** 15
Verzicht ArbN **444** 20 f
Werbungskostenpauschale Ehrenamtliche Betreuer **150** 24
Werbungskostenpauschbeträge
s a *Pauschbeträge* **330**
Altersrente **10** 15

Arbeitsmittel **330** 15
ArbNPauschbetrag **330** 13; **456** 20 f
Aufwandspauschale nebenberufliche Tätigkeit **330** 12
Aufwandspauschalen Berufsgruppen **330** 14
Entfernungspauschalen **330** 12
Kontoführungsgebühren **330** 15
Sonstige Einkünfte **354** 12
Werkbusverkehr Sozialeinrichtung **383** 6
Werkdienstwohnung s *Dienstwohnung* **143**
Werkleiter ArbN-ABC **26** 84
Werkmietwohnung s *Dienstwohnung* **143**
Werksbücherei Sozialeinrichtung **383** 6
Werksschutz Anzeigepflichten ArbN **21** 2
Werkstätten für Behinderte
Arbeitsentgelt **351** 7
ArbNÄhnliche Personen **27** 18
Berufsförderungsleistungen **351** 38
Betriebsverfassungsrecht **351** 8
Integrationsprojekte **351** 5
Rechtsstellung **351** 7
Rechtsstellung Beschäftigte **351** 6
Rehabilitation **351** 38
Vergütung, LSt **351** 16
Werkstatträte **351** 8
Zielsetzungen **351** 5
Werkstatt Arbeitszimmer **61** 12
Werkstattwagen Vorteilsermittlung **142** 21
Werkstudent
s a *Studentenbeschäftigung* **393**
ArbN-ABC **26** 84
Praktikant **342** 4
Versicherungsfreiheit **393** 38 ff
Werkstudentenprivileg **393** 40 ff
Werkswohnung Betriebsübergang **126** 49
Werktag Ersatzruhetag **381** 12
Werkunternehmer
Eingliederung in Arbeitsorganisation **457** 28
Scheinwerkunternehmer **457** 25 f
Weisungsrecht **457** 27
Werkvertrag **457**
Arbeitsanweisung Werkbesteller **457** 6
Arbeitsvertrag **58** 3
ArbNÄhnliche Person **27** 4
ArbNÜberlassung, Abgrenzung **457** 2 f, 16 f
ArbNÜberlassung, verdeckte **457** 21 f
Beendigung bei ArbNÄhnlichen Personen **27** 2, 20
Beschäftigungsverhältnis **457** 20
Drittbezogener Personaleinsatz **34** 6
Eigengruppe **211** 25
Jugendarbeitsschutz **231** 5
Koalitionsvertrag **457** 1
LStHaftung **457** 17
Mißbrauchsbekämpfung **457** 1 f
Mitbestimmung BRat **156** 10 f; **457** 7 f
Scheinwerkvertrag **457** 2
Scheinwerkvertrag Folgen Freie Mitarbeit **190** 17 f
steuerliche Haftung **457** 15

Werkvertragsabkommen
- Subunternehmervertrag, LSt **457** 16
- Telearbeit **403** 4 ff
- Unternehmerrisiko **457** 6
- Weisungsrecht **457** 6, 22, 27
- Werkunternehmer, Abgrenzung SozV **457** 25 f

Werkvertragsabkommen Arbeitnehmerentsendung **31** 3

Werkvertragsarbeitnehmer Betriebsübergang **126** 4

Werkzeuggeld
- Arbeitsmittel LStFreiheit **46** 8
- Beitragsfreiheit **37** 126
- Steuerfreiheit **167** 14

Wertguthaben
- Arbeitsentgelt bei Freistellung **60** 23
- Arbeitszeitmodelle **60** 20
- Aufstockungsbeträge, Verrechnung **11** 15
- Beitragsbemessungsgrenzen **94** 21
- Beitragsfreiheit **103** 217
- Ersatzpflichten ArbGeb **226** 41
- Insolvenzschutz **226** 41
- Insolvenzsicherung **226** 38
- Lohnkonto **278** 16
- Sicherung bei Altersteilzeit **11** 58
- SozVSchutz bei Freistellung von der Arbeit **26** 82
- Steuerfreie Einnahmen **393** 26
- Übertragung bei Altersteilzeit **11** 45

Wertguthaben/Zeitguthaben 458
- Aktienfonds **458** 24
- Altersteilzeit **458** 3, 12
- Anlageformen **458** 23
- Arbeitszeitkonten **458** 8
- Arbeitszeitverringerung **458** 5
- Aufbau **458** 19
- Begriff **458** 1
- Beitragsfälligkeit SozV **458** 36 f
- Beitragsfälligkeit SozV im Störfall **458** 38 f
- Betriebliche Altersversorgung **458** 4
- Einmalzahlungen, Einbringung **458** 19
- Entgeltbestandteile **458** 19
- Entgeltzahlung in Freistellungsphase **458** 14
- Flexible Arbeitszeit **458** 2
- Freistellung, gesetzliche **458** 18
- Freistellung mit Entlohnung aus Wertguthaben **458** 15
- Freistellung von der Arbeit **458** 19
- Freistellung zwecks flexibler Gestaltung Arbeitszeit **458** 15 f
- Führung und Verwaltung **458** 21 f
- Geringfügige Beschäftigte **458** 20
- Inhalt Vereinbarung über Wertguthaben **458** 17 f
- Insolvenz **458** 6
- Insolvenzschutz **458** 25 ff
- Kontoauszug, jährlicher **458** 22
- Lohnkontenführung **458** 42 f
- Meldepflichten **458** 43
- Rendite aus Anlage **458** 24
- Rentenwirksamkeit im Störfall **458** 39
- Treuhänder **458** 23
- Übertragung an Deutsche Rentenversicherung Bund **458** 7
- Übertragung auf RV Bund **458** 34
- Übertragung bei ArbGebWechsel **458** 32 f
- Vereinbarung, schriftliche **458** 16
- Verwendung Betriebliche Altersversorgung **458** 40 f
- Voraussetzungen SozV **458** 11
- Zufluss **294** 15
- Zuflussprinzip, LSt **458** 7

Wertpapiere Versorgungszusagen **103** 154

Wertverlust Wegeunfall mit Kfz **451** 9 f

Wettbewerb 459
- s a Wettbewerbsverbot **460**
- Abwerbung Kollegen **459** 8
- Abwerbung Kunden **459** 8
- Adressaten **459** 2
- Aufbauhilfe Unzulässigkeit **459** 8
- Eintrittsrecht ArbGeb **459** 14
- Einwilligung ArbGeb **459** 9
- Feststellung Schadensersatz **459** 13
- Incentivereise **459** 19
- Kombilohn **38** 4
- Losgewinne als Arbeitslohn **459** 20 f
- Nebentätigkeit Abgrenzung **459** 3
- Sachzuwendungen als Arbeitslohn **459** 19
- Strohmanngeschäft **459** 4
- Unterlassungsanspruch ArbGeb **459** 12
- Verbote **459** 4 f
- Verjährungsfristen **459** 15
- Vorbereitungshandlungen **459** 7 f
- Wettbewerbsverbotsdauer **459** 10 f
- Zuwendungen ArbGeb als Arbeitslohn **459** 17 f

Wettbewerbsverbot 460
- Abfindungsverzicht als Einnahme **444** 22
- Abwerbung **3** 4
- AGB-Kontrolle **460** 12
- Angemessenheitskontrolle **460** 12
- Anrechnung anderweitigen Einkommens **460** 46
- Arbeitsvertrag Unwirksamkeit **460** 7
- ArbNÄhnliche Personen **460** 3
- Aufhebungsvertrag **460** 25
- Aufstockung Versorgungszusage **460** 1
- Ausgleichsquittung **460** 25
- Auskunftspflichten ArbN **77** 12
- bedingtes **460** 18, 21
- Befristetes Arbeitsverhältnis **460** 8
- Berufsausbildungsvertrag **72** 37
- Beschäftigungsverbot **100** 14
- Betriebsübergang **126** 47; **460** 44
- Eigenkündigung **460** 21
- Einschränkungen **459** 6
- Erstattungspflicht ArbGeb **195** 31
- Faktisches Arbeitsverhältnis **459** 10; **460** 28
- Freie Mitarbeit **190** 24

Freistellung von der Arbeit **191** 25; **459** 10; **460** 21
Geringfügige Beschäftigung **459** 6
Grundsatz der bezahlten Karenz **460** 1
Handelsvertreter **460** 45
Höchstdauer **460** 17 f
Insolvenz des ArbGeb **460** 27
Karenzentschädigung **460** 14, 30 f
Karenzentschädigung, Beitragsfreiheit **460** 51 f
Karenzentschädigung, LSt **460** 48–49
Kündigung, außerordentliche **257** 73; **459** 12; **460** 24
Lossagerecht ArbN **460** 23 f
Mandantenschutzklausel **460** 4
Mandantenübernahmeklausel **460** 5
Masseverbindlichkeit Insolvenz **460** 39
Minderjährige **460** 13
Mindestentschädigung **460** 14
nachvertragliche bei Betriebsübergang **126** 47
Nichtigkeit **460** 13
Rechtsgrundlage **460** 2
Schriftformerfordernis **460** 8 f
Transparenzgebot **460** 12
Überschießendes **460** 15
Umgehung **460** 18 f
Unterlassungsanspruch ArbGeb **460** 40
Unterlassungsklage **460** 43
Unverbindlichkeit **460** 14 f
Urkundenaushändigung **460** 9
Urkundeninhalt **460** 10
Verschwiegenheitspflicht **438** 11 f
Verstoß als Abmahnungsgrund **2** 13
Vertragsrücktritt **460** 26
Vertragsstrafe **441** 11, 13
Verzicht ArbGeb **460** 21
Vorvertrag **460** 19
Wettbewerbsverstoß ArbN **460** 41
Zuständigkeit ArbG **460** 43
Wettbewerbsverstoß Verjährung **434** 4
Whistleblowing 84 5; **461**
Anzeigepflichten ArbN **21** 3
Anzeigerecht ArbN **21** 9
Compliance **136** 6
Datenschutz **461** 17
IT-basierte Hinweissysteme **461** 16
Klauseln **461** 12
Kündigung, außerordentliche **257** 53
Kündigung, verhaltensbedingte **260** 21
Meldepflichten, qualifizierte **461** 13 f
Mitbestimmung BRat **461** 15 f
Persönlichkeitsrechtsverletzung **461** 17
Regelungen **21** 9
Sperrzeit **461** 25
Systeme, Meldepflichten **461** 11 f
Verschwiegenheitspflicht **438** 13 f
Whistleblowing, externes 461 1 ff
Anzeige- und Beschwerderechte, gesetzliche **461** 8

Anzeigerecht ArbN **461** 3 f
Innerbetriebliche Anzeige **461** 5 f
Interessenabwägung **461** 2
Kündigungsschutz **461** 2
Rücksichtnahmepflicht ArbN **461** 4
Staatsbürgerpflicht **461** 7
Verletzung vertraglicher Treuepflicht **461** 2
Whistleblowing, internes 461 1, 9 ff
Anzeigepflichten ArbN **461** 11 ff
Compliance-Richtlinien **461** 12
Kündigungsgrund **461** 9 f
Meldeverfahren, interne **461** 12
Störung Betriebsfrieden **461** f
Whistleblowing-Klauseln **461** 12
Widerruf
Abmahnung **2** 38
Anrufungsauskunft **17** 14
Arbeitszeitverlängerung **59** 21
ArbNÜberlassungserlaubnis **34** 91
Aufhebungsvertrag **63** 18 f, 23
Ausgleichsquittung **73** 12
außertarifliche Leistungen, Mitbestimmung BRat **6** 18 ff
außertarifliche Leistungen zwecks Neuverteilung **6** 19 f
Beitragssummenbescheid **68** 16
Betriebliche Altersversorgung **103** 74 f
Betriebliche Übung **107** 5, 11
Bezugsrecht Direktversicherung **103** 27
Dienstwagennutzung **142** 3, 10
einseitige Änderung Arbeitsvertragsbedingungen **256** 9
Entgeltzuschläge **167** 8
Fahrtkostenzuschuss **183** 3
Geldwerter Vorteil **201** 7
Kündigungserklärung **256** 62
Leistungszulage **272** 26
Prokura **344** 2, 5 f
Versorgungszusage **103** 74 f
Zeugnis **470** 38
Widerrufsvorbehalt
Altverträge **6** 7
Arbeitsvertrag **58** 42 f
ArbNÜberlassungserlaubnis **34** 87
Außertarifliche Leistungen **6** 3
Ausübungskontrolle **6** 9
Betriebsübergang, Geldwerter Vorteil **201** 4
Einmalzahlung **154** 8 f
Formelle Anforderungen **6** 6 f
Formularverträge **6** 4 f
Freiwilligkeitsvorbehalt, Kombination **6** 11
Gleichbehandlungsgrundsatz **6** 9
Gratifikation **6** 9; **154** 8
Individualvereinbarungen **6** 8
Inhaltskontrolle **6** 4 f
Nebentätigkeitsgenehmigung **322** 5
Transparenzgebot **6** 10
Vergleich **433** 9 f
Vertragsgestaltung **6** 10
Verweis auf Policies **6** 5

Widerspruch

Wirksamkeitsvoraussetzungen **6** 5 f
wirtschaftliche Notwendigkeit **6** 9
Zielerreichungsbonus **471** 18
Zielvereinbarung **471** 9, 12
Widerspruch
   Aufrechnung **64** 37
   Ausschlussgründe bei Betriebsübergang **126** 40
   Betriebsübergang **126** 35 ff
   BRat Kündigung, betriebsbedingte **258** 20
   BRatAnhörung bei Betriebsübergang **126** 42
   Fristen bei nachholender Anpassung Betriebliche Altersversorgung **103** 64
   Scheinselbstständigkeit **374** 17
   Umwandlung **414** 8 f
Widerspruchsausschuss s *Behinderte* **92**
Wiederbesetzungspflicht
   Arbeitsplatz bei Altersteilzeit **11** 63 f
   Kleinbetrieb **11** 67
   Nachweis **11** 64 f
   Verstöße **11** 80
   Wiederbesetzungsketten **11** 65
Wiedereingliederung
   BEM **105** 16 f
   Entgeltfortzahlung **162** 42
   stufenweise über Rehabilitationsmaßnahmen **351** 9 ff
Wiedereinsetzung in den vorigen Stand
   Ausschlussfrist **82** 39
   Ausschlussfristversäumung bei Kündigung, außerordentliche **257** 18
   bei Unkenntnis Ausschlussfrist **82** 49
   Sozialrecht, materielles **82** 44
Wiedereinstellungsanspruch 462
   Abfindungsvergleich **1** 2
   Aussperrung **462** 8
   Betriebserwerber **462** 5
   Betriebsübergang **126** 71, 90; **462** 5
   Erwerbsminderung, Beendigung **169** 4
   Fortbildungsabschluss **189** 10
   Fürsorgepflicht ArbGeb **195** 6
   Gesundheitszustandsverbesserung **259** 10
   Kampagnebetrieb **462** 7
   Kündigung, betriebsbedingte **258** 23; **462** 3 f
   Kündigung, personenbedingte **462** 6
   Kündigung, verhaltensbedingte **462** 6
   nach Aufhebungsvertrag **63** 21
   nach Fortbildung/Umschulung **258** 15 f
   Ruhen AlGeldAnspruch **462** 10 f
   Saisonarbeit **373** 3; **462** 7
   Sozialplan **462** 1
   Verdachtskündigung **431** 16 f
   Werbungskostenabzug **462** 9
   Zeitrente, Beendigung **169** 4
Wiederholungskündigung
   Begriff **256** 8
   BRatAnhörung **310** 14

Kündigungsgründe **263** 95 f
Namensliste als Ersatz für BRatAnhörung **310** 16
Wiederholungsprüfung
   Ausbildungsverhältnis, Verlängerung **72** 14
   Berufsausbildung **72** 44
   Berufsausbildungsvergütung **72** 30
Wiederkehrende Leistungen Verjährungsneubeginn **434** 15
Wiederverheiratungsklausel Hinterbliebenenrente **223** 3
Winterausfallgeld
   Altersteilzeit **11** 83
   ArbIVPflicht **45** 46
   Auskunftspflichten gegenüber BA **76** 40
   Einmalzahlungen, Berücksichtigung **154** 59
   Erstattungsanspruch der Agentur für Arbeit **168** 14, 25 ff
   PflegeVZusatzbeitrag **338** 33
   Saison-Kurzarbeitergeld **266** 44
   Schadensersatzpflicht gegenüber BA **24** 34
Wintergarten Arbeitszimmer **61** 10
Wintergeld 463
   Antrag ArbGeb **463** 1
   Antragstellung **463** 1, 11
   Ausschlussfrist **463** 2 f
   BRatFreistellung Anspruch **118** 23
   Erstattungsanspruch der Agentur für Arbeit **168** 14
   Erstattungsanspruch des ArbGeb **463** 3
   Förderungszeit **463** 10
   Gerüstbauer **463** 3
   Höhe **463** 10
   Leistungsvoraussetzungen **463** 8
   Mehraufwands-Wintergeld **463** 10
   Progressionsvorbehalt **463** 5
   Rückzahlungsansprüche, Fristen **463** 2
   Saisonkurzarbeitergeld, ergänzende Leistung **463** 8
   Schadensersatzpflicht gegenüber BA **24** 34
   Sonstiger Bezug Waldarbeiter **463** 7
   Umlage ArbGeb **463** 12
   Winterbeihilfe Steuerpflicht **463** 7
   Zuschuss-Wintergeld **463** 9
   Zuschuss-Wintergeld, Finanzierung **463** 4
Wirksamkeit
   bedingte Kündigung **256** 8
   Teilkündigung **256** 6
   vorsorgliche Kündigung **256** 8
Wirksamkeitsvoraussetzung BRatBeteiligung bei mitbestimmungspflichtigen Maßnahmen **311** 20 f
Wirtschaftliche Abhängigkeit ArbNÄhnliche Personen **27** 2 f
Wirtschaftliche Einheit Betriebsübergang **126** 10
Wirtschaftsausschuss
   als BRatAusschuss **312** 14
   Amtszeit **312** 13

Zahlkinder

Aufgaben **312** 23 f
ausländischer Betrieb **312** 9
Einigungsstelle, Anrufung bei Streitigkeiten **312** 27
Errichtung **420** 8
Freistellungsanspruch Mitglieder **312** 12
Gemeinschaftsbetrieb **312** 8
Hinzuziehung Gewerkschaft, Verbandsvertreter **312** 21
Hinzuziehung Sachverständige **312** 20
Informationsrecht Personalplanung **336** 5
Konzern **312** 10
KonzernBRat, Errichtung **248** 16
Mitbestimmung bei gemeinsamem Betrieb **312** 8
personelle Zusammensetzung **312** 11 f
Schwerbehindertenvertrauensmann **312** 22
Sitzungen, Teilnahmepflicht Unternehmer **312** 19
Teilnahme Dritter **312** 18
Tendenzbetrieb **312** 10; **404** 14
Unterrichtungspflicht ArbGeb **312** 16 f
Verschwiegenheitspflicht **312** 15
Wirtschaftsberater ArbNÄhnliche Person **27** 7
Wirtschaftsverband Tendenzbetrieb **404** 7
Witterung Betriebsstörung **124** 16
Witwenbeihilfe Beihilfeleistungen **93** 16, 20 f
Witwengeld LStAbzug **391** 8
Witwenrente
Abfindung Leistungen SozV **1** 90
Altersgrenze **223** 19
Anrechnung anderweitigen Einkommens **15** 25
Anspruch UV **417** 52
Auslandsehen **223** 27
Betriebliche Altersversorgung, Ungleichbehandlung **103** 11
Einkommensanrechnung auf Renten wegen Todes **223** 34
Geschiedene **223** 32
Große **223** 14, 19, 26
Große UV **223** 38
Kindervergünstigungen **242** 50 f
Kleine **223** 14, 20, 25
Kleine UV **223** 38
Rentenartfaktor **223** 19 f
Rentenbeginn **354** 20
Versorgungsehe **223** 21
Witwenversorgung
Nachzahlungsverbot **103** 175
Pensionszusage Gesellschaftergeschäftsführer **103** 174 f
Wohlfahrtseinrichtungen s Sozialeinrichtungen **383**
Wohlfahrtsverband Unternehmen **203** 2
Wohngeld
ELENA **158** 11
Verdienstbescheinigung ArbGeb **432** 19

Wohngemeinschaft
Bedarfsgemeinschaft **270** 23
Doppelte Haushaltsführung **145** 13
Wohngruppe PflegeVLeistungen **339** 30
Wohnortklausel
Arbeitslosengeld **80** 87
Sozialleistungen Auslandstätigkeit **80** 86 f
Wohn-Riester
Ansparphase **12** 22
Mindestentnahme- und Mindestrestbetrag **12** 22
Nachgelagerte Besteuerung **12** 23
Schädliche Verwendung **12** 24
Umbaumaßnahmen **12** 22
Verfahren **12** 25
Wohnsitz
ArbGeb **276** 7
Auslandstätigkeit **80** 40
ELStAM bei ausländischem **282** 26
Kindergeldanspruch **241** 6
Sozialrechtlicher Anknüpfungspunkt bei Auslandstätigkeit **80** 102
Wohnsitzprinzip Kindergeld **241** 6
Wohnsitzstaat
Grenzgängerbesteuerung **209** 5
PflegeVLeistungsbezug **339** 31
Wohnung
Am Ort bei Doppelter Haushaltsführung **145** 10 f
Begriff bei Fahrten zwischen Wohnung und Arbeitsstätte **182** 27
Doppelte Haushaltsführung **145** 9 f
gelegentliche bei Fahrten zwischen Wohnung und erster Tätigkeitsstätte **182** 28
Lebensmittelpunkt bei Fahrten zwischen Wohnung und erster Tätigkeitsstätte **182** 28
mehrere bei Fahrten zwischen Wohnung und erster Tätigkeitsstätte **182** 28
wechselnde bei Fahrten zwischen Wohnung und Arbeitsstätte **182** 28
Wohnungswechsel
Anzeigepflichten ArbN **21** 8
Umzugskosten **415** 1 f
Wohnwagen Wohnung, Auslösungsanspruch **81** 5

Young Professionals Ausschreibung **83** 2

Zählkinder
eheliche Kinder **241** 26
Enkelkinder **241** 26
Geschwister **241** 26
Kindergeld **241** 13
Kindergeldanspruch **241** 26
nichteheliche Kinder **241** 26
Pflegekinder **241** 26
Stiefkinder **241** 26
Zahlkinder Rangfolgeregelung bei Kindergeld **241** 31

Zahlungsschwierigkeiten ArbGeb

Zahlungsschwierigkeiten ArbGeb Auskunftspflichten ArbGeb **76** 3
Zahlungsunfähigkeit
   Geschäftsführerhaftung SozVBeiträge **387** 9
   Lohnzufluss **294** 42
Zahlungsverjährung s *Verjährung* **434**
Zahnarzt Altersgrenze **9** 9
Zahnersatz
   Befundbezogener Festzuschuss **249** 11
   Festzuschuss, Befundbezogener **249** 11
   Kostenerstattung KV **249** 11
Zeitakkord
   s *Akkordlohn*
   Leistungsorientierte Vergütung **273** 2
Zeitarbeit
   Gleichbehandlungsgrundsatz **34** 41
   Tarifverträge **34** 42
Zeitarbeitsunternehmen Kurzarbeitergeld **14** 34
Zeitbefristung
   Aushilfskräfte **75** 33
   Befristetes Arbeitsverhältnis **91** 3
Zeitgeringfügigkeit
   s a *Geringfügige Beschäftigung* **202**
   Beurteilungszeitraum **202** 67
   Geringfügige Beschäftigung **202** 30 f, 32 f, 66
   Nach ihrer Eigenart begrenzte Beschäftigung **202** 70 ff
   Studentenbeschäftigung **393** 37
   Zusammenrechnung von mehreren Beschäftigungszeiten **202** 69
   Zwei-Monats-Frist/50-Tage-Frist **202** 68 f
Zeitkollisionsregel Betriebsvereinbarung **129** 23
Zeitrente
   Erwerbsminderung **169** 4
   Ruhen des Arbeitsverhältnisses **169** 7
Zeitsouveränität Arbeitszeitmodelle **60** 8
Zeitstempler s *Stechuhr*
Zeitungsausträger
   ArbN-ABC **26** 84
   Nebentätigkeit **322** 21
Zeitungskorrespondent ArbN-ABC **26** 84
Zeitungsredakteur ArbN-ABC **26** 84
Zeitungszusteller Gratifikation **154** 5
Zeitvergütung
   Arbeitsentgelt **37** 4
   Führungskräfte Jahresarbeitsentgelt **230** 1 f
   Leistungsunabhängige **37** 4
Zeltplatzbewacher ArbN-ABC **26** 84
Zeuge Fahrtkostenerstattung **183** 7
Zeugengeld Versteuerung als Verdienstausfall **56** 22
Zeugnis 470
   ärztliches bei Mutterschutz **317** 8, 13
   Anspruch **470** 4
   Anspruch, Ausschlussfristen **82** 11
   Anstand als einklagbare Schuld **470** 16
   Arbeitszeugnis Prokurist **344** 7
   ArbGebHaftung **470** 43
   Ausbildungsverhältnis **72** 66 f
   Ausschlussfristen **470** 15
   Ausstellungsdatum **470** 19 f
   Beendigungsgrund **470** 33
   Berichtigung **470** 39
   Bescheinigungen, Abgrenzung **470** 3
   Betriebsnachfolge **470** 11
   Betriebsübergang, Anspruch **126** 54
   Bindung an Zwischenzeugnis **470** 35
   BRatFreistellung **118** 35
   BRatMitglied Inhalte **120** 18
   BRatTätigkeit **470** 30
   einfaches **470** 3, 22 f
   Elternzeit, Erwähnung **160** 79
   Endzeugnis **470** 3
   Erteilung nach ArbNEntwurf **470** 42
   Erteilungsanspruch Verjährung **434** 7; **470** 15
   Fälligkeit **470** 9 ff
   formelle Anforderungen **470** 17
   Freie Mitarbeit **190** 27
   Freiwilligendienste **193** 7
   Fürsorgepflicht **195** 5; **470** 1, 11
   Geschäftsführer **204** 32
   Insolvenz ArbGeb **470** 7 f
   Muster **470** 44
   personelle Angaben **470** 18
   qualifiziertes **470** 3, 25 f
   Rechtsweg **470** 40
   Rückdatierung **470** 20
   Schlüssigkeit **470** 32
   Schlussformel **470** 34
   Schlussnote **470** 31
   Schuldner Zeugnisanspruch **470** 6
   Streitwert **470** 40
   Umschüler **413** 12
   Unabdingbarkeit Anspruch **470** 14
   Unterschrift ArbGeb **470** 21
   Verjährung **470** 15
   Verwirkung **470** 15
   Verwirkung Erteilungsanspruch **443** 12
   vorläufiges **470** 3
   Widerruf **470** 38
   Zeugnisartwechsel **470** 36
   Zufriedenheitsskala **470** 31
   Zwischenzeugnis **470** 3, 11 f
   Zwischenzeugnis bei Betriebsübergang **126** 54
Zielvereinbarung 471
   AGB-Kontrolle **471** 8
   Arbeitsunfähigkeit **471** 17
   Auskunftspflichten ArbGeb **76** 13
   Beendigung Rahmenvertrag **471** 11 f
   Bestand Arbeitsverhältnis am Jahresende **471** 8
   Entgeltbezogene **471** 2
   Gesetzliche Grenzen **471** 8 f
   Mitbestimmung BRat **471** 19 f
   Rahmenvertrag **471** 5 f
   Störungen bei Zielerreichung **471** 16 f

Stufen und Elemente **471** 4
Tarifliche Grenzen **471** 10
Widerruf Zielerreichungsbonus **471** 18
Widerrufsvorbehalt **471** 12
Zielfestsetzung **471** 13 f
Zielfeststellung **471** 15
Zielvorgaben **471** 3
Zielvorgabe Zielvereinbarung **471** 3
Zinsen
ArbNDarlehen, Beitragspflicht SozV **30** 16
Ausschlussklausel, tarifliche **82** 11
Sonderausgaben **380** 4
Werbungskostenabzug **456** 35
Zinsersparnisse Lohnzufluss **294** 15
Zinssatz ArbGebDarlehen **23** 15
Zinsvorteil
ArbGebDarlehen SozVBeitragspflicht **23** 20 f
Beitragspflicht ArbGebDarlehen **23** 25
Besteuerung ArbGebDarlehen **23** 14 f
Zinszuschuss
ArbGebDarlehen **23** 14
Dienstwohnung **143** 25
Zollverwaltung
Außenprüfung **84** 22
Zuständigkeiten **377** 34
Zufallsgemeinschaft Gruppenarbeitsverhältnis **211** 1
Zufluss
Aktienoptionen **7** 51
Arbeitsentgelt (ABC) **294** 6 ff
Zuflussprinzip
Aktienoptionen SozV **7** 51
Arbeitsentgelt **37** 34; **294** 6 ff
Arbeitsentgelt, Beispiele **37** 77
Durchbrechung **294** 5
Durchbrechung bei Lohnzahlung **285** 4
Einmalzahlungen **37** 98
Einmalzahlungen SozV **154** 47 f
Entgeltnachzahlung **163** 1, 6
Entgeltnachzahlung SozV **163** 12
gestundete Gehaltsforderung **37** 77
Hinterlegung pfändbaren Arbeitslohns **337** 39
Sonstige Bezüge **382** 3
Zuflusszeitpunkt Vermögensbeteiligung **309** 35
Zugangsfaktor
Hinterbliebenenrente **223** 33
Verminderung wegen Erwerbsminderungsrente **169** 30 f
Zugewinngemeinschaft Ehegattenarbeitsverhältnis **185** 40
Zukunftssicherungsleistungen
Arbeitslohn **37** 48
Beitragsfreiheit **37** 126
Lohnzufluss **294** 16
LStPauschalierung **292** 42 ff
LStPauschalierung, Beitragsfreiheit **37** 134 f
Zulässigkeit Abwerbung **3** 4

Zulagen
BRatFreistellung Lohnausfallprinzip **118** 16
Einbeziehung in nachzuzahlendes Arbeitsentgelt bei Annahmeverzug **14** 15
Leistungszulage Widerruf **167** 8; **272** 26
Mitbestimmung BRat bei Auslandszulagen **79** 6
Sozialzulage **167** 2
Streichung als Änderungskündigung **5** 25
Widerruf bei Altersteilzeit **11** 13
Zulagenanrechnung 16 1 ff
Mitbestimmung BRat **16** 4 ff
Zumutbare Arbeit AlGeld II **43** 13
Zurechnungszeit
Begriff **358** 23
Zugangsfaktorminderung bei Erwerbsminderungsrente **169** 30 f
Zurückbehaltungsrecht 472
Arbeitsbescheinigung **36** 4
Arbeitspapiere **47** 10; **472** 5
Asbestverseuchung **472** 10
Aufrechnung **472** 6
Ausgleichsquittung **73** 2
Ausübung **472** 4
Beschäftigungsverbot **100** 4
Entgeltrückstand **472** 8
Fürsorgepflichtverletzung **195** 20
Konnexität **472** 3
Kündigung, allgemein **472** 9
Kündigung, außerordentliche **472** 9
Leistungsverweigerungsrecht Abgrenzung **274** 2
Nichtbeachtung Arbeitsschutzbestimmungen **50** 16
Schutzkleidung, fehlende **41** 13
Sicherheitsleistung **472** 9
Steuern **472** 13
Verletzung Arbeitsschutzvorschriften **472** 10
Zwischenverdienst **14** 16
Zusätzlichkeitserfordernis
ohnehin geschuldeter Arbeitslohn **25** 5
Sonderzahlung **25** 5
Zusammenballung von Einnahmen
Außerordentliche Einkünfte **85** 20
Entschädigung **85** 11 f
Versorgungsleistungen, Einmalzahlung **103** 179
Zusammenrechnung Beschäftigungen **322** 26 f
Zusammenveranlagung s Antragsveranlagung **18**
Zusatzbeitrag
KV, Sonderkündigungsrecht **254** 10
KVBeiträge **252** 27
Zusatzentlohnung Arbeitsentgelt **37** 71 f
Zusatztabelle s Lohnsteuerzusatztabelle
Zusatzunterricht Kinder Ansatz als Umzugskosten **415** 26
Zusatzurlaub
s a Sonderurlaub

Zusatzversorgung
    Arbeitsstoffe, gefährliche **52** 24
    Behinderte **92** 32 f
    BRatFreistellung **118** 16
    geistig und körperlich behinderte ArbN **428** 10
    landesrechtliche Regelungen **428** 10
    Schwerbehinderte **428** 3
    tariflicher, Kürzung wegen Fehlzeiten **428** 13

Zusatzversorgung
    Anzeigepflichten ArbGeb **20** 3
    Schadensersatz wegen unterlassener, Ausschlussfrist **82** 10
    Zahlung zur Abgeltung, SozV **1** 54

Zusatzversorgung öffentlicher Dienst
    Auskunftspflichten ArbGeb **76** 3
    Beitragszahlung KV **252** 37

Zuschlagsteuer
    Kirchenlohnsteuer **244** 1 ff
    Solidaritätszuschlag **379** 4
    Sonstige Bezüge **382** 9

Zuschuss
    Arbeitskleidung SozVRecht **41** 26 f
    Aufstiegsfortbildung **189** 39
    Berufsausbildungsförderung **96** 18
    Berufsausbildungsträger **96** 26

Zuschuss Wintergeld *s Wintergeld* **463**

Zustellung
    Abmahnung **2** 27
    Kündigungserklärung **256** 57
    Pfändungsbeschluss **337** 9

Zustimmungsersetzungsverfahren
    BRatKosten **119** 13
    BRatKündigung **310** 34
    BRatMitglied, Beteiligung **120** 21
    Eingruppierung **152** 16 f
    Kündigung, außerordentliche BRatMitglied **120** 20
    Mitbestimmung, personelle Angelegenheiten **310** 9 f
    Rechtsanwaltskosten BRatMitglied **350** 13
    Sachverständigenhinzuziehung **371** 7, 11
    Umgruppierung **412** 7

Zustimmungsfiktion BRatKündigung **310** 34

Zuwanderungsgesetz
    Aufenthaltsgesetz **78** 2
    Ausländer **78** 51 f
    Freizügigkeitsgesetz **78** 2

Zuzahlungen
    Belastungsgrenze, Berechnung bei Kur **265** 25
    Krankenbehandlung **249** 18 f
    Krankenbehandlung, Höhe **249** 18
    Krankenbehandlung, Obergrenze **249** 18
    Krankenhausaufenthalt **249** 18
    Kur **265** 25
    Unterhaltsgeld **42** 10
    Zahnersatz **249** 11

Zwangsarbeit Arbeitsentgelt **37** 9

Zwangsarbeiter ArbN-ABC **26** 84
Zwangspause Weisungsrecht ArbGeb **453** 17
Zwangsversteigerung Betriebsübergang **126** 29
Zwangsverwalter ArbN-ABC **26** 84
Zwangsverwaltung Betriebsübergang **126** 30

Zwangsvollstreckung
    Betriebsübergang **126** 29
    Bruttolohnvereinbarung **135** 13 f, 20
    Pfändung **337** 1
    Sozialplananspruch **385** 45
    Verletzung Arbeitspflicht **48** 21
    Weiterbeschäftigungsanspruch **454** 23
    Wettbewerbsverbot **460** 43
    Zeugnisanspruch **470** 42

Zweckbefristung
    Aushilfskräfte **75** 33
    Befristetes Arbeitsverhältnis **91** 4, 25
    Ersatzeinstellung Elternzeit **160** 52 f

Zweckübertragungstheorie Urheberrechte **421** 5

Zwei-Drittel-Rente Rentnerbeschäftigung **359** 17, 19

Zweigstellenverwalter ArbN-ABC **26** 84

Zwei-Schranken-Theorie **311** 7

Zweitarbeitsverhältnis Betriebliche Altersversorgung **103** 11

Zweitausbildung Förderung **96** 12

Zweitstudium Fortbildung **189** 23

Zweitwohnungssteuer Doppelte Haushaltsführung, Bedeutung **145** 30

Zwillinge Elterngeld **159** 26

Zwischenbescheinigung Arbeitspapiere **47** 7

Zwischenheimfahrten
    Dienstreise **141** 25
    Dienstwagennutzung **142** 18

Zwischenmeister
    Arbeitsbescheinigung **36** 17
    ArblVPflicht **45** 26
    Direktversicherung **103** 116
    Gewerbesteuerpflicht **222** 50
    Gruppenarbeitsverhältnis **211** 35
    Heimarbeit **222** 20, 60
    SozVSchutz **222** 66
    UVSchutz **417** 31

Zwischenverdienst
    Anrechnung anderweitigen Einkommens **15** 2, 4
    Anrechnung bei Annahmeverzug **14** 16 f
    Anrechnung bei Teilzeitbeschäftigung **14** 16
    böswillig unterlassener bei Annahmeverzug **14** 17

Zwischenzeugnis *s Zeugnis* **470**

Zwölftel-Regelung Haushaltsnahes Beschäftigungsverhältnis **221** 15

Zwölftelung Ausbildungsfreibetrag **70** 9

Jedes Jahr kommt der neue Küttner!
DAS PERSONALBUCH 2015!

- **Topaktuell:** mit Rechtsstand 1. Januar 2015
- **Arbeits-, Lohnsteuer- und Sozialversicherungsrecht** in einem Band
- **Vernetzte Darstellung** aller drei Rechtsgebiete
- Die aktuelle personalrechtliche Entwicklung in **neugebildeten Stichworten**
- **Ausführliches Sachregister** zur Erschließung der gesamten Informationsfülle
- **Hochqualifizierte Autoren** mit einschlägiger Praxiserfahrung auf dem jeweiligen Rechtsgebiet
- Inklusive **Online-Version** und **Online-Aktualisierung**

Übrigens … Es lohnt sich, das Personalbuch zu „abonnieren". Einfach auf dem Coupon den Fortsetzungsbezug [F] ankreuzen, und Sie erhalten die jährliche Neuauflage
– jedesmal bei Erscheinen zugesandt
– unverbindlich für 4 Wochen.

Bestell-Coupon
P 146512

Bei Fortsetzungsbezug für künftige Auflage bitte [F] ankreuzen

[F] __ Expl. 978-3-406-66900-2
Küttner, Personalbuch 2015
22. Auflage. 2015. In Leinen inkl. Online-Zugang ca. € 125,– + € 3,65 VK

Alle Preise inkl. MwSt. (soweit nicht anders angegeben);
VK = Versandkosten in Deutschland bei Einzelbestellung beim Verlag

Name _____

Firma _____

Straße _____

PLZ/Ort _____

E-Mail-Adresse für Online-Passwort _____

Datum/Unterschrift _____

Bei schriftlicher oder telefonischer Bestellung haben Sie das Recht, die Ware innerhalb von 2 Wochen nach Lieferung ohne Begründung an Ihren Lieferanten (Buchhändler oder Verlag C. H. Beck, c/o Nördlinger Verlagsauslieferung, Augsburger Str. 67 a, 86720 Nördlingen) zurückzusenden, wobei die rechtzeitige Absendung genügt. Kosten und Gefahr der Rücksendung trägt der Lieferant. Das 2-wöchige Rückgaberecht gilt auch für künftige Auflagen. Die Bestellung zur Fortsetzung kann jederzeit ohne Begründung formfrei widerrufen werden. Ihr Verlag C. H. Beck oHG, Wilhelmstraße 9, 80801 München

Anzeige bitte kopieren, Ihrem Buchhändler geben oder faxen an:
VERLAG C. H. BECK · 80791 MÜNCHEN
Fax (089) 3 81 89-4 02 · Internet: www.beck.de · E-mail: bestellung@beck.de